Erfurter Kommentar
zum Arbeitsrecht

Im Einzelnen haben bearbeitet:

Prof. Dr. Martin Franzen	BDSG GenDG MiLoG TVG
Inken Gallner	§§ 15–19 BEEG BUrlG FamPflegeZG §§ 120–122, 125–128 InsO PflegeZG
Prof. Dr. Thomas Kania	§§ 74–132 BetrVG
Prof. Dr. Heinrich Kiel	§§ 3–26 KSchG
Prof. Dr. Ulrich Koch	ArbGG §§ 1–73 b BetrVG
Prof. Wolfgang Linsenmaier	Art. 9 GG
Dr. Rudi Müller-Glöge	ÄArbVtrG §§ 20–21 BEEG §§ 339–345, 620–630 BGB (ohne § 626) §§ 109, 110 GewO Einführung und § 113 InsO §§ 1, 3, 14–23 TzBfG WZVG
Dr. Jan-Malte Niemann	§ 626 BGB Sachverzeichnis
Prof. Dr. Hartmut Oetker	AktG DrittelbG HGB §§ 1–2 KSchG MitbestG Montan-MitbestG SprAuG UmwG
Prof. Dr. Ulrich Preis	§§ 13, 14, 104–113, 125–127, 194–218, 241–326, 611–617, 619a BGB §§ 6, 105–108 GewO NachwG §§ 2, 4–13 TzBfG
Dr. Barbara Reinhard	EFZG
Prof. Dr. Christian Rolfs	ATG SGB III, IV, V, VI, VII, IX
Prof. Dr. Monika Schlachter	AEntG AGG BBiG EntgTranspG JArbSchG MuSchG Rom I, II-VO
Ingrid Schmidt	Einleitung zum GG Art. 1 bis 6, 12, 14 GG
Prof. Dr. Heinz-Dietrich Steinmeyer	BetrAVG
Prof. Dr. Rolf Wank	ArbSchG ArbZG AÜG §§ 618, 619 BGB
Prof. Dr. Hellmut Wißmann	Vorbemerkung zum AEUV, Art. 45 und 267 AEUV

Vorwort zur 18. Auflage

Wegen der wesentlichen zum 1. Januar 2018 in Kraft tretenden Änderungen des Bundesrechts weicht die 18. Auflage des Erfurter Kommentars von der bisherigen Übung ab, den Rechtsstand des 1. September des jeweiligen Jahres zu erläutern. Vielmehr legt diese Auflage ausgehend von den bis zum 31. August 2017 im Bundesgesetzblatt verkündeten Gesetzen den Rechtsstand 1. Januar 2018 zugrunde. Damit soll auch dieses Jahr allen Nutzern eine möglichst aktuelle Arbeitsgrundlage geboten werden. Wegen der zum Jahresende 2017 außer Kraft tretenden Normen darf auf die 17. Auflage des Kommentars verwiesen werden.

Wie zum Ablauf der Legislaturperiode zu erwarten war, mussten für diese Neuauflage ungewöhnlich viele Änderungen des Bundesrechts berücksichtigt werden. Hierbei sind vorrangig das Gesetz zur Förderung der Entgelttransparenz zwischen Frauen und Männdern (Entgelttransparenzgesetz – Gesetz Nr. 290), das neue Mutterschutzgesetz, das durch das Gesetz zur Stärkung der Teilhabe und Selbstbestimmung von Menschen mit Behinderungen novellierte SGB IX, das Gesetz zur Sicherung der Sozialkassenverfahren im Baugewerbe, das Gesetz zur Verbesserung der Rechtssicherheit bei Anfechtungen nach der Insolvenzordnung, die grundlegende Änderung des Arbeitnehmerüberlassungsgesetzes sowie das Gesetz zur Flexibilisierung des Übergangs vom Erwerbsleben in den Ruhestand und zur Stärkung von Prävention und Rehabilitation im Erwerbsleben (Flexirentengesetz) zu nennen. Besondere Bedeutung hat dabei die Einfügung des „neuen" § 611a BGB erlangt, die zu erheblichen Verschiebung in den Erläuterungen zum BGB geführt hat. Auf die nationale Umsetzung der Datenschutz-Grundverordnung wird bereits hingewiesen.

Wie in den Vorjahren hat die Rechtsprechung in den vergangenen zwölf Monaten viele Entscheidungen gefällt, die für die Kommentierung auszuwerten waren. Insofern soll allein das Urteil des Bundesverfassungsgerichts zum Tarifeinheitsgesetz vom 11. Juli 2017 (NZA 2017, 915) hervorgehoben werden, das in vielen Bereichen des Arbeitsrechts Bedeutung erlangen wird.

Herausgeber und Autoren freuen sich auch weiterhin über Anregungen und Kritik.

Im Oktober 2017 *Die Herausgeber*

Vorwort der 1. Auflage

Das Arbeitsrecht kann sich nicht auf eine Kodifikation stützen. Selbst ein Arbeitsvertragsgesetz fehlt ihm. Es findet seine gesetzlichen Grundlagen im allgemeinen Zivilrecht und in zahlreichen Spezialgesetzen sowie in dem von der Wissenschaft begleiteten Richterrecht. Ziel des Erfurter Kommentars ist es, dem Praktiker des Arbeitslebens in dieser unübersichtlichen Rechtslage zu helfen. Er soll dem Leser einen klar gegliederten und unkomplizierten Überblick über das gesamte Rechtsgebiet verschaffen. Dieser Kommentar ist das Ergebnis der Zusammenarbeit von Richtern, überwiegend des BAG, Hochschullehrern und Anwaltschaft. Mit der Titelgebung des Werkes „Erfurter Kommentar zum Arbeitsrecht" soll der Ausrichtung der Kommentierung an der höchstrichterlichen Rechtsprechung sowie dem neuen Standort des Bundesarbeitsgerichts in Erfurt Rechnung getragen werden.

Der Kommentar wendet sich an alle, die sich schnell und zuverlässig über die arbeitsrechtliche Lage informieren und rechtlich fundierte Entscheidungen treffen müssen. Das sind zunächst Richter, Rechtsanwälte und Verbandsvertreter, aber auch Wissenschaftler und Politiker, vor allem aber die Normunterworfenen, die sich im Gestrüpp der Regelungen zurechtfinden müssen.

Der Erfurter Kommentar enthält nahezu alle arbeitsrechtlichen Gesetze und erläutert sie. Nach den für das Arbeitsrecht bedeutsamen Grundrechten werden die einzelnen Gesetze alphabetisch abgedruckt, um ein leichtes Auffinden zu gewährleisten. Die Numerierung der Gesetze läßt Raum, in späteren Auflagen weitere Arbeitsschutzgesetze in den Kommentar aufzunehmen, ohne daß sich die Gliederung ändert.

Die Kommentierung weist den Stand vom Sommer 1998 aus. Bereits voraussehbare Änderungen sind jedoch berücksichtigt. Dies gilt insbesondere für die am 1. Januar 1999 in Kraft tretenden Gesetze. Die Erläuterungen sind möglichst kurz gefaßt und auf die Bedürfnisse der Praxis zugeschnitten. Gleichwohl ist auf wissenschaftliche Gründlichkeit Bedacht genommen. Streitfragen werden klar angesprochen und mit Entscheidungshilfen verbunden. In manchen Fragen werden auch neue Wege beschritten.

Im Arbeitsrecht gewinnen sozialversicherungsrechtliche Regelungen immer größere Bedeutung. Die Verfasser haben auf die Verzahnung mit dem Sozialversicherungsrecht geachtet; insbesondere das Arbeitsförderungsrecht des SGB III und das Unfallversicherungsrecht sind berücksichtigt.

Herausgeber, Redaktoren und Verfasser hoffen, mit dem Erfurter Kommentar den Benutzern eine ebenso handliche wie zuverlässige Hilfe für die tägliche Arbeit zu bieten. Für alle Anregungen und Verbesserungsvorschläge sind sie stets dankbar.

Kassel/Köln/Schauenburg, im August 1998 *Die Herausgeber*

Inhaltsverzeichnis

Inhaltsverzeichnis

Abkürzungsverzeichnis

Zeitschriften werden, soweit nicht anders angegeben, nach Jahr und Seite zitiert

AA	Agentur für Arbeit, Arbeitsamt; Arbeitsrecht aktiv, Zeitschrift
aA	anderer Ansicht
AAG	Gesetz über den Ausgleich der Arbeitgeberaufwendungen für Entgeltfortzahlung (Aufwendungsausgleichsgesetz)
aaO	am angegebenen Ort
ÄArbVtrG	Gesetz über befristete Arbeitsverträge mit Ärzten in der Weiterbildung (Ärztearbeitsvertragsgesetz)
ABA	Arbeitsgemeinschaft für betriebliche Altersversorgung oder Arbeit, Beruf und Arbeitslosenhilfe, Zeitschrift
ABG	Allgemeines Berggesetz für die Preußischen Staaten
abgedr.	abgedruckt
AbgG	Gesetz über die Rechtsverhältnisse der Mitglieder des Deutschen Bundestages (Abgeordnetengesetz)
Abh.	Abhandlungen
Abk.	Abkommen
ABl.	Amtsblatt
abl.	ablehnend
ABlEG	Amtsblatt der Europäischen Gemeinschaften; vor 1958: Amtsblatt der EGKS
ABM	Arbeitsbeschaffungsmaßnahmen
Abs.	Absatz
abschl.	abschließend
Abschn.	Abschnitt
Abt.	Abteilung
abw.	abweichend
abzgl.	abzüglich
AcP	Archiv für die civilistische Praxis
ADG	Antidiskriminierungsgesetz
aE	am Ende
AE	Anteilseigner; Arbeitsrechtliche Entscheidungen, Zeitschrift
AEntG	Arbeitnehmer-Entsendegesetz
AErlV	Arbeitserlaubnisverordnung
AETR	Europäisches Übereinkommen über die Arbeit des im internationalen Straßenverkehr beschäftigten Fahrpersonals
AEUV	Vertrag über die Arbeitsweise der Europäischen Union
AEVO	Ausbilder-Eignungsverordnung
aF	alte Fassung
AfA	Absetzung für Abnutzungen
AFG	Arbeitsförderungsgesetz
AFKG	Arbeitsförderungs-Konsolidierungsgesetz
AfNS	Amt für Nationale Sicherheit
AfP	Archiv für Presserecht
AFRG	Arbeitsförderungs-Reformgesetz
AG	Arbeitgeber; Aktiengesellschaft; Amtsgericht; Ausführungsgesetz; Die Aktiengesellschaft, Zeitschrift
Ag.	Antragsgegner(in)
AGB	Allgemeine Geschäftsbedingungen
AGB-DDR	Arbeitsgesetzbuch der DDR
AGBG	Gesetz zur Regelung des Rechts der Allgemeinen Geschäftsbedingungen (AGB-Gesetz)
AGBGB	Ausführungsgesetz zum BGB
AGG	Allgemeines Gleichbehandlungsgesetz
AHB	Allgemeine Versicherungsbedingungen für die Haftpflichtversicherung
AHK	Alliierte Hohe Kommission
AiB	Arbeitsrecht im Betrieb, Zeitschrift
AK	Alternativkommentar
AKB	Allgemeine Bedingungen für die Kfz-Versicherung

Abkürzungsverzeichnis

AktG	Recht der Aktiengesellschaften und der Kommanditgesellschaften auf Aktien (Aktiengesetz)
ALG	Gesetz über die Alterssicherung der Landwirte
Alg.	Arbeitslosengeld
Allg. II-V	Verordnung zur Berechnung von Einkommen sowie zur Nichtberücksichtigung von Einkommen und Vermögen beim Arbeitslosengeld II/Sozialgeld
allg.	allgemein
allgA	allgemeine Ansicht
allgM	allgemeine Meinung
AltEinkG	Alterseinkünftegesetz
AltZertG	Altersvorsorgeverträge-Zertifizierungsgesetz
Alt.	Alternative
aM	anderer Meinung
AMRE	Allgemeine Erklärung der Menschenrechte
Amtl. Begr.	Amtliche Begründung
Amtl. Mitt.	Amtliche Mitteilungen
AN	Arbeitnehmer; Amtliche Nachrichten (des Reichsversicherungsamtes)
ANBA	Amtliche Nachrichten der Bundesagentur für Arbeit (früher Bundesanstalt für Arbeit)
Änd.	Änderung
ÄndG	Gesetz zur Änderung
ANErfG	Gesetz über Arbeitnehmererfindungen
Ang.	Angestellte/r
anges.	angesichts
AngKSchG	Gesetz über die Fristen für die Kündigung von Angestellten
AnglG	Gesetz zur Angleichung der Bestandsrenten an das Nettorentenniveau der BRD und zu weiteren rentenrechtlichen Regelungen
Anh.	Anhang
Anl.	Anlage
Anm.	Anmerkung
ant.	anteilig
AnVG	Angestelltenversicherungsgesetz
AnVNG	Gesetz zur Neuregelung des Rechts der Rentenversicherung der Angestellten
AnwBl.	Anwaltsblatt
AO	Abgabenordnung
AOK	Allgemeine Ortskrankenkasse
AöR	Archiv des öffentlichen Rechts (Band, Seite)
AP	Nachschlagewerk des Bundesarbeitsgerichts (Arbeitsrechtliche Praxis)
AR	Aufsichtsrat
ARB	Allgemeine Bedingungen für die Rechtsschutz-Versicherung
ArbG	Arbeitsgericht
ArbGeb.	Der Arbeitgeber, Zeitschrift
ArbGG	Arbeitsgerichtsgesetz
ArbGV	Arbeitsgerichtsverfahren
ArbKrankhG	Gesetz zur Verbesserung der wirtschaftlichen Stellung der Arbeiter im Krankheitsfalle
AR-Blattei	Arbeitsrecht-Blattei
ArbMedVV	Arbeitsmedizinische Vorsorgeverordnung
ArbnErfG	Gesetz über Arbeitnehmererfindungen
ArbPlSchG	Gesetz über den Schutz des Arbeitsplatzes bei Einberufung zum Wehrdienst (Arbeitsplatzschutzgesetz)
ArbR.	Arbeitsrecht; Arbeitsrecht Aktuell, Zeitschrift
ArbRB	Der Arbeits-Rechts-Berater, Zeitschrift
ArbRBerG	Gesetz zur Änderung des Kündigungsrechts und anderer arbeitsrechtlicher Vorschriften (Arbeitsrechtsbereinigungsgesetz)
ArbRBeschFG	Arbeitsrechtliches Beschäftigungsförderungsgesetz
ArbRGeg.	Das Arbeitsrecht der Gegenwart, Jahrbuch
ArbSchG	Arbeitsschutzgesetz
ArbSG	Gesetz zur Sicherstellung von Arbeitsleistungen für Zwecke der Verteidigung einschließlich des Schutzes der Zivilbevölkerung (Arbeitssicherstellungsgesetz)

ArbStättR	Arbeitsstättenrichtlinie
ArbStättV	VO über Arbeitsstätten
ArbStoffV	VO über gefährliche Arbeitsstoffe (Arbeitsstoffverordnung)
ArbuSozPol	Arbeit und Sozialpolitik, Mitteilungsblatt des Arbeitsministeriums Nordrhein-Westfalen
ArbuSozR	Arbeits- und Sozialrecht, Mitteilungsblatt des Arbeitsministeriums Baden-Württemberg
ArbVerh	Arbeitsverhältnis
ArbVG	Arbeitsvertragsgesetz
ArbZG	Arbeitszeitgesetz
ArbZRG	Gesetz zur Vereinheitlichung und Flexibilisierung des Arbeitszeitrechts (Arbeitszeitrechtsgesetz)
ArbZVO	Arbeitszeitverordnung
ArEV	Arbeitsentgeltverordnung
arg., Arg.	Argumentum, Argument, Argumentation
Arge	Arbeitsgemeinschaft
ARS	Arbeitsrechtssammlung mit Entscheidungen des Reichsarbeitsgerichts, der Landesarbeitsgerichte und Arbeitsgerichte (s. auch BenshSlg.)
ARSt.	Arbeitsrecht in Stichworten
Art.	Artikel
ArztR	Arztrecht, Zeitschrift
ASiG	Gesetz über Betriebsärzte, Sicherheitsingenieure und andere Fachkräfte für Arbeitssicherheit (Arbeitssicherheitsgesetz)
ASJ	Arbeitsgemeinschaft Sozialdemokratischer Juristinnen und Juristen
Ast.	Antragsteller(in)
AsylR	Asylrecht
AsylVfG	Gesetz über das Asylverfahren
AT	Allgemeiner Teil
ATG, ATZG	Altersteilzeitgesetz
ATO	Allgemeine Tarifordnung für Arbeitnehmer im öffentlichen Dienst
ATZ	Altersteilzeit
AU	Arbeitsunfähigkeit
AuA	Arbeit und Arbeitsrecht, Zeitschrift
AuB	Arbeit und Beruf, Zeitschrift
AUB	Allgemeine Unfallversicherungs-Bedingungen; Arbeitsunfähigkeitsbescheinigung(en)
AufenthG	Gesetz über den Aufenthalt, die Erwerbstätigkeit und die Integration von Ausländern im Bundesgebiet (Aufenthaltsgesetz)
AufenthG/EWG	Gesetz über Einreise und Aufenthalt von Staatsangehörigen der Mitgliedstaaten der Europäischen Wirtschaftsgemeinschaft, außer Kraft am 1.1.2005
Auff.	Auffassung
aufgeh.	aufgehoben
Aufl.	Auflage
Aufs.	Aufsatz
AUG	Auslandsunterhaltsgesetz
AÜG	Gesetz zur Regelung der gewerbsmäßigen Arbeitnehmerüberlassung (Arbeitnehmerüberlassungsgesetz)
AuR	Arbeit und Recht, Zeitschrift
ausdr.	ausdrücklich
ausf.	ausführlich
AusfG	Ausführungsgesetz
AusfVO	Ausführungsverordnung
ausl.	ausländisch
AuslandsrentenVO	VO über die Zahlung von Renten in das Ausland
AuslG	Ausländergesetz
AuslR	Ausländerrecht
ausschl.	ausschließlich
AV	Altersversorgung
AVAG	Anerkennungs- und Vollstreckungsausführungsgesetz
AVAVG	Gesetz über Arbeitsvermittlung und Arbeitslosenversicherung
AVB	Allgemeine Versicherungsbedingungen
AVE	Allgemeinverbindlichkeitserklärung

Abkürzungsverzeichnis

AVermV	Arbeitsvermittlungsverordnung
AVG	Angestelltenversicherungsgesetz
AVmG	Altersvermögensgesetz
AVR	Allgemeine Vertragsrichtlinien
AWD	Außenwirtschaftsdienst des Betriebs-Beraters, Zeitschrift
AWG	Außenwirtschaftsgesetz
AZ	Arbeitszeit
Az.	Aktenzeichen
AZO	Arbeitszeitordnung
AZRL	Arbeitszeitrichtlinie
BA	Bundesagentur für Arbeit, Bundesanstalt für Arbeit
BaFin	Bundesanstalt für Finanzdienstleistungen
BAföG	Bundesgesetz über individuelle Förderung der Ausbildung (Bundesausbildungsförderungsgesetz)
BAFzA	Bundesamt für Familie und zivilgesellschaftliche Aufgaben
BAG	Bundesarbeitsgericht
BAGE	Sammlung der Entscheidungen des Bundesarbeitsgerichts
BAGReport	BAGReport – Schnelldienst zur arbeitsgerichtlichen Rechtsprechung des BAG und des EuGH, Zeitschrift
BAnz.	Bundesanzeiger
BArbBl.	Bundesarbeitsblatt
BarwertVO	VO zur Ermittlung des Barwerts einer auszugleichenden Versorgung
BAT	Bundes-Angestelltentarifvertrag
BAT-O	Tarifvertrag zur Anpassung des Tarifrechts – Manteltarifliche Vorschriften
BAV	Bundesaufsichtsamt für das Versicherungswesen
BayObLG	Bayerisches Oberstes Landesgericht
BayVBl.	Bayerisches Verwaltungsblatt
BayVerfGH	Bayerischer Verfassungsgerichtshof
BayVGH	Bayerischer Verwaltungsgerichtshof
BB	Betriebs-Berater, Zeitschrift; Brandenburg
BBergG	Bundesberggesetz
BBesG	Bundesbesoldungsgesetz
BBG	Bundesbeamtengesetz; Beitragsbemessungsgrenze
BbgDSG	Brandenburgisches Datenschutzgesetz
BBiG	Berufsbildungsgesetz
Bd.	Band
BDA	Bundesvereinigung Deutscher Arbeitgeberverbände
BDI	Bundesverband der Deutschen Industrie
BDO	Bundesdisziplinarordnung
BDSG	Bundesdatenschutzgesetz
BE	Berlin
BeamtVG	Beamtenversorgungsgesetz
Bearb.	Bearbeiter; Bearbeitung
bearb.	bearbeitet
BeckEuRS	Beck online Rechtsprechung des EuGH, EuG und EuGöD
BeckOGK	beck-online.Großkommentar
BeckOK	Beck'scher Online-Kommentar
BeckRS	Beck online Rechtsprechung
beE	betriebsorganisatorisch eigenständige Einheit
BEEG	Bundeselterngeld- und Elternzeitgesetz
BEG	Bundesgesetz zur Entschädigung für Opfer der nationalsozialistischen Verfolgung (Bundesentschädigungsgesetz)
Begr., begr.	Begründung, begründet
BehinR	Behindertenrecht
Beil.	Beilage
Bek.	Bekanntmachung
Bekl., bekl.	Beklagte(r), beklagte(r)
Bem.	Bemerkung
BEM	betriebliches Eingliederungsmanagement
BenshSlg.	Entscheidungen des Reichsarbeitsgerichts und der Landesarbeitsgerichte, verlegt bei Bensheimer (Bensheimer Sammlung, s. auch ARS)

Ber.	Berichtigung
ber.	bereinigt; berichtigt
BerBiFG	Gesetz zur Förderung der Berufsbildung durch Planung und Forschung (Berufsbildungsförderungsgesetz)
BerHG	Gesetz über Rechtsberatung und Vertretung für Bürger mit geringem Einkommen (Beratungshilfegesetz)
BErzGG	Bundeserziehungsgeldgesetz
bes.	besondere(r/s); besonders
BeschFG 1985	Gesetz über arbeitsrechtliche Vorschriften zur Beschäftigungsförderung (Beschäftigungsförderungsgesetz 1985)
BeschFG 1996	Beschäftigungsförderungsgesetz 1996
Beschl.	Beschluss
BeschlV	Beschlussverfahren
BeschSG, BeschSchG	Gesetz zum Schutz der Beschäftigten vor sexueller Belästigung am Arbeitsplatz (Beschäftigtenschutzgesetz)
BeschVerh	BeschVerh
BeschwV	Beschwerdeverfahren
Bespr.	Besprechung
bestr.	bestritten
Betr., betr.	Betreff, betreffend
BetrAV	Betriebliche Altersversorgung, Zeitschrift
BetrAVG	Gesetz zur Verbesserung der betrieblichen Altersversorgung (Betriebsrentengesetz)
BetrSichV	Betriebssicherheitsverordnung
BetrVerf.	Betriebsverfassung
BetrVerf-ReformG	Betriebsverfassungs-Reformgesetz 2001
BetrVers.	Betriebsversammlung
BetrVG	Betriebsverfassungsgesetz
BeurkG	Beurkundungsgesetz
BewG	Bewertungsgesetz
BezG	Bezirksgericht
Bf.	Beschwerdeführer(in)
BfA	Bundesversicherungsanstalt für Angestellte
BfAiPG	Gesetz über das Personal der Bundesagentur für Außenwirtschaft
BfG	Bank für Gemeinwirtschaft
BFH	Bundesfinanzhof
BFH/NV	Sammlung amtlich nicht veröffentlichter Entscheidungen des BFH
BG	Die Berufsgenossenschaft, Zeitschrift
Bg.	Beschwerdegegner(in)
BGB	Bürgerliches Gesetzbuch
BGBl.	Bundesgesetzblatt
BGG	Behindertengleichstellungsgesetz
BGH	Bundesgerichtshof
BGH GS	Bundesgerichtshof Großer Senat
BGleiG	Gesetz zur Gleichstellung von Frauen und Männern in der Bundesverwaltung und in den Gerichten des Bundes (Bundesgleichstellungsgesetz)
BGremBG	Gesetz über die Berufung und Entsendung von Frauen und Männern in Gremien im Einflussbereich des Bundes (Bundesgremienbesetzungsgesetz)
BHO	Bundeshaushaltsordnung
BIBB	Bundesinstitut für berufliche Bildung
BillBG	Gesetz zur Bekämpfung der illegalen Beschäftigung
BImSchG	Gesetz zum Schutz vor schädlichen Umwelteinwirkungen durch Luftverunreinigungen, Geräusche, Erschütterungen und ähnliche Vorgänge (Bundesimmissionsschutzgesetz)
BinnSchG	Gesetz betreffend die privatrechtlichen Verhältnisse der Binnenschifffahrt (Binnenschifffahrtsgesetz)
BKGG	Bundeskindergeldgesetz
BKK	Die Betriebskrankenkasse, Zeitschrift
BKV	Berufskrankheitenverordnung
Bl.	Blatt
BLG	Bundesleistungsgesetz

Abkürzungsverzeichnis

Drs.	Drs.
DRsp	Deutsche Rechtsprechung, Zeitschrift
DruckgasVO	Druckgasverordnung
DruckluftVO	VO über Arbeiten in Druckluft (Druckluftverordnung)
DRV	Deutsche Rentenversicherung
DSB	Datenschutzbeauftragter
DSG	Datenschutzgesetz
DSG-LSA	Datenschutzgesetz Sachsen-Anhalt
DSG-MV	Datenschutzgesetz Mecklenburg-Vorpommern
DSG-NW	Datenschutzgesetz Nordrhein-Westfalen
DStR	Deutsches Steuerrecht, Zeitschrift
DStRE	Deutsches Steuerrecht, Entscheidungsdienst, Zeitschrift
DSWR	Datenverarbeitung in Steuer, Wirtschaft und Recht, Zeitschrift
dt.	deutsch
DtZ	Deutsch-Deutsche Rechtszeitschrift
DuD	Datenschutz und Datensicherung, Zeitschrift
DurchfBest.	Durchführungsbestimmung
DüVO	Verordnung über die Datenübermittlung auf maschinell verwertbaren Datenträgern im Bereich der Sozialversicherung und der Bundesanstalt für Arbeit (Datenübermittlungs-Verordnung)
DV	Dienstvereinbarung(en)
DVAuslG	Durchführungsverordnung zum Ausländergesetz
DVBl.	Deutsches Verwaltungsblatt, Zeitschrift
DVersZ	Deutsche Versicherungs-Zeitschrift für Sozialversicherung und Privatversicherung
DV-EWG	Verordnung zur Durchführung der Verordnung (EWG)
DVO	Durchführungsverordnung
DVO zum AVAVG	Durchführungsverordnung zum Gesetz über die Arbeitsvermittlung und Arbeitslosenversicherung
DZWIR	Deutsche Zeitschrift für Wirtschaftsrecht
E.	Entscheidungen des Bundesverfassungsgerichts, des Bundesverwaltungsgerichts, des Bundesfinanzhofs und des Bundessozialgerichts (jeweils Amtliche Sammlung)
EA, Euratom	Vertrag zur Gründung der Europäischen Atomgemeinschaft
EAS	Europäisches Arbeits- und Sozialrecht, Rechtsvorschriften, Systematische Darstellungen und Entscheidungssammlung
ebd.	ebenda, ebendort
EBR	Europäischer Betriebsrat
EBRG	Europäische Betriebsräte-Gesetz
Ed.	Edition
EEK	*Sabel*, Entscheidungssammlung zur Entgeltfortzahlung an Arbeiter und Angestellte bei Krankheit, Kur und anderen Arbeitsverhinderungen
EFG	Entscheidungen der Finanzgerichte, Zeitschrift
EFZ	Entgeltfortzahlung
EFZG	Gesetz über die Zahlung des Arbeitsentgeltes an Sonn- und Feiertagen und im Krankheitsfall
EG	Europäische Gemeinschaft(en); Vertrag zur Gründung der Europäischen Gemeinschaft; Einführungsgesetz
EGBGB	Einführungsgesetz zum Bürgerlichen Gesetzbuch
EGInsO	Einführungsgesetz zur Insolvenzordnung
EGKS	Europäische Gemeinschaft für Kohle und Stahl
EGKSV	Vertrag über die Gründung der Europäischen Gemeinschaft für Kohle und Stahl
EGMR	Europäischer Gerichtshof für Menschenrechte
EGV	Vertrag zur Gründung der Europäischen Gemeinschaft
EheG	Ehegesetz
ehem.	ehemalig
1. EheRG	Erstes Gesetz zur Reform des Ehe- und Familienrechts
EhfG	Entwicklungshelfergesetz
EHUG	Gesetz über elektronische Handelsregister und Genossenschaftsregister sowie das Unternehmensregister

EignÜG	Gesetz über den Einfluß von Eignungsübungen der Streitkräfte auf Vertragsverhältnisse der Arbeitnehmer und Handelsvertreter sowie auf Beamtenverhältnisse (Eignungsübungsgesetz)
Einf	Einführung
Einl	Einleitung
einschl.	einschließlich
EKD	Evangelische Kirche in Deutschland
EKMR	Europäische Kommission für Menschenrechte
EL	Ergänzungslieferung
ELR	European Law Reporter, Zeitschrift
EMRK	Konvention zum Schutze der Menschenrechte und Grundfreiheiten
ENeuOG	Eisenbahnneuordnungsgesetz
engl.	englisch(en)
EntgeltGr.	Entgeltgruppe
Entsch.	Entscheidung
Entschl.	Entschluss
entspr.	entsprechend
Entw.	Entwurf
EP	Europäisches Parlament
ER	Europäischer Rat
ErbR	Erbrecht
Erg., erg.	Ergebnis; Ergänzung, ergänzend
ErgBd.	Ergänzungsband
Erkl.	Erklärung
Erl.	Erlass, Erläuterung
Ersk.	Die Ersatzkasse, Zeitschrift
ErwGr.	Erwägungsgrund
ErzUrl.	Erziehungsurlaub
ESC	Europäische Sozialcharta
EStDV	Einkommensteuer-Durchführungsverordnung
EStER	Einkommensteuer-Ergänzungsrichtlinien
EStG	Einkommensteuergesetz
EStR	Einkommensteuerrecht, Einkommensteuer-Richtlinien
etc.	et cetera
EU	(Vertrag über die) Europäische Union
EuAbgG	Gesetz zur Regelung der Rechtsstellung von Abgeordneten des Europa-Parlaments
EuGH	Gerichtshof der Europäischen Union; Gerichtshof der Europäischen Gemeinschaften
EuGHE	Entscheidungen des Gerichtshofs der Europäischen Union (der Europäischen Gemeinschaften)
EuGöD	Gericht für den öffentlichen Dienst der Europäischen Union
EuGRZ	Europäische Grundrechte, Zeitschrift
EuGVÜ	Übereinkommen über die gerichtliche Zuständigkeit und die Vollstreckung gerichtlicher Entscheidungen in Zivil- und Handelssachen
EuGVVO	Verordnung Nr. 44/2001 über die gerichtliche Zuständigkeit und die Vollstreckung gerichtlicher Entscheidungen in Zivil- und Handelssachen
EuR	Europarecht, Zeitschrift
EuroAS	Informationsdienst zum europäischen Arbeits- und Sozialrecht (Jahr und Seite)
europ.	europäisch
EUV	Vertrag über die Europäische Union
EuZA	Europäische Zeitschrift für Arbeitsrecht (Jahr und Seite)
EuZW	Europäische Zeitschrift für Wirtschaftsrecht
eV	eingetragener Verein
ev.	evangelisch(e)
EVertr.	Vertrag zwischen der BRD und der DDR über die Herstellung der Einheit Deutschlands vom 31.8.1990 (BGBl. II S. 889)
evtl.	eventuell
EWG	Europäische Wirtschaftsgemeinschaft
EWG-Richtl.	Richtlinie(n) der Europäischen Wirtschaftsgemeinschaft
EWGV	Vertrag zur Gründung einer Europäischen Wirtschaftsgemeinschaft

EWG-VO .... Verordnung der Europäischen Wirtschaftsgemeinschaft
EWiR .... Entscheidungen zum Wirtschaftsrecht, Zeitschrift
EWIV .... Europäische wirtschaftliche Interessenvereinigung
EWS .... Europäisches Währungssystem; Europäisches Wirtschafts- und Steuerrecht, Zeitschrift
EZ................................ Elternzeit
EzA .... Entscheidungen zum Arbeitsrecht, hrsg. von *Stahlhacke* und *Kreft*
EzA-SD .... Entscheidungen zum Arbeitsrecht – Schnelldienst
EZAR .... Entscheidungssammlung zum Ausländer- und Asylrecht, hrsg. von *Wollenschläger/Weickhardt/Renner*
EzAÜG .... Entscheidungssammlung zum Arbeitnehmerüberlassungsgesetz und zum sonstigen drittbezogenen Personaleinsatz
EzB .... Entscheidungssammlung zum Berufsbildungsrecht, hrsg. von *Horst-Dieter Hurlebaus*
EZB.............................. Europäische Zentralbank
EzBAT .... Entscheidungssammlung zum BAT
EzS.............................. Entscheidungssammlung zum Sozialversicherungsrecht
EzTöD .... Entscheidungssammlung zum Tarifrecht im öffentlichen Dienst

f., ff............................. folgend(e)
FA .... Fachanwalt Arbeitsrecht, Zeitschrift
FamFG .... Gesetz über das Verfahren in Familiensachen
FamFR .... Familienrecht und Familienverfahrensrecht, Zeitschrift
FamG............................ Familiengericht
FamR............................ Familienrecht
FamRZ .... Zeitschrift für das gesamte Familienrecht
FAZ.............................. Frankfurter Allgemeine Zeitung
FdA .... Anordnung des Verwaltungsrats der Bundesanstalt für Arbeit zur Förderung der Arbeitsaufnahme
FernUSG........................ Gesetz zum Schutz der Teilnehmer am Fernunterricht (Fernunterrichtsschutzgesetz)
FFG.............................. Gesetz zur Förderung von Frauen und der Vereinbarkeit von Familie und Beruf in der Bundesverwaltung und den Gerichten des Bundes (Frauenfördergesetz)
FG .... Festgabe; Finanzgericht
FGG............................. Gesetz über die Angelegenheiten der freiwilligen Gerichtsbarkeit
FGO............................. Finanzgerichtsordnung
Film u. Recht .... Film und Recht, Zeitschrift
Fn. .... Fußnote
FPfZG........................... Familienpflegezeitgesetz
FPZ .... Familienpflegezeit
FreizügG/EU.................. Gesetz über die allgemeine Freizügigkeit von Unionsbürgern
FRG .... Fremdrentengesetz
FS .... Festschrift

G .... Gesetz
GA............................... Generalanwalt, Generalanwältin beim EuGH
GaststG .... Gaststättengesetz
GBl.............................. Gesetzblatt
GBl.-DDR...................... Gesetzblatt der DDR
GbR .... Gesellschaft bürgerlichen Rechts
GBR .... Gesamtbetriebsrat
GdB............................. Grad der Behinderung
GE .... Gesetzesentwurf
geänd........................... geändert
geb. .... geboren
GebrMG .... Gebrauchsmustergesetz
GefStoffV .... Gefahrstoffverordnung
gem............................. gemäß
GenG........................... Gesetz über die Erwerbs- und Wirtschaftsgenossenschaften (Genossenschaftsgesetz)
GenDG......................... Gendiagnostikgesetz
gepl............................. geplant

GerSiG	Gesetz über technische Arbeitsmittel (Gerätesicherheitsgesetz)
ges.	gesetzlich
GeschO	Geschäftsordnung
GesO	Gesamtvollstreckungsordnung
GesR	Gesellschaftsrecht
GewA	Gewerbe-Archiv, Zeitschrift
Gewerkschafter	Der Gewerkschafter, Zeitschrift
GewM	Gewerkschaftliche Monatshefte
GewO	Gewerbeordnung
GewR	Gewerberecht
GewStDV	Gewerbesteuer-Durchführungsverordnung
GewStG	Gewerbesteuergesetz
GF	Geschäftsführer
GFG	Graduiertenförderungsgesetz
GG	Grundgesetz
ggf.	gegebenenfalls
ggü.	gegenüber
GJAV	Gesamt Jugend- und Auszubildendenvertretung
GKG	Gerichtskostengesetz
glA	gleicher Ansicht
GleiBG, GleichberG	Gleichberechtigungsgesetz
GmbH	Gesellschaft mit beschränkter Haftung
GmbHG	Gesetz über die Gesellschaften mit beschränkter Haftung
GmbHR	GmbH-Rundschau, Zeitschrift
GMBl.	Gemeinsames Ministerialblatt
GmS-OGB	Gemeinsamer Senat der obersten Gerichtshöfe des Bundes
GO	Gemeindeordnung
GoA	Geschäftsführung ohne Auftrag
GPR	Zeitschrift für das Privatrecht der Europäischen Union
GRC	Charta der Grundrechte der Europäischen Union
Grdl., grdl.	Grundlage, grundlegend
Grds., grds.	Grundsatz, grundsätzlich
GRUR	Gewerblicher Rechtsschutz und Urheberrecht, Zeitschrift
GRUR Ausl.	Gewerblicher Rechtsschutz und Urheberrecht, Auslands- und internationaler Teil, Zeitschrift
GRUR-Int.	Gewerblicher Rechtsschutz und Urheberrecht, international
GS	Großer Senat; Gedächtnisschrift; Gedenkschrift
GS NW	Gesetzessammlung des Landes Nordrhein-Westfalen
GSG	Gesundheitsstrukturgesetz
GSP	Gesamtsozialplan
GSprAu	Gesamtsprecherausschuss
GV NW	Gesetzes- und Verordnungsblatt des Landes Nordrhein-Westfalen
GVBl.	Gesetzes- und Verordnungsblatt
GVG	Gerichtsverfassungsgesetz
GWB	Gesetz gegen Wettbewerbsbeschränkungen (Kartellgesetz)
GWR	Gesellschafts- und Wirtschaftsrecht, Zeitschrift
hA	herrschende Ansicht
HAG	Heimarbeitsgesetz
Halbbd.	Halbband; auch Hbd.
HandelsR	Handelsrecht
HandwO	Handwerksordnung
HB	Bremen
Hbd.	Halbband; auch Halbbd.
HdaVÄndG	Gesetz zur Änderung dienst- und arbeitsrechtlicher Vorschriften im Hochschulbereich
HdB	Handbuch
HE	Hessen
HebG	Hebammengesetz
HessDSG	Hessisches Datenschutzgesetz
HFVG	Gesetz über befristete Arbeitsverträge mit wissenschaftlichem Personal an Hochschulen und Forschungseinrichtungen
HGB	Handelsgesetzbuch

Abkürzungsverzeichnis

KritV	Die Kritische Vierteljahresschrift für Gesetzgebung und Rechtswissenschaft, Zeitschrift
KrPflG	Krankenpflegegesetz
KrV	Die Krankenversicherung, Zeitschrift
KS	Vertrag über die Gründung der Europäischen Gemeinschaft für Kohle und Stahl
KSchG	Kündigungsschutzgesetz
KSprAu	Konzernsprecherausschuss
KStDVO	Körperschaftsteuer-Durchführungsverordnung
KStG	Körperschaftsteuergesetz
KSVG	Künstler-Sozialversicherungsgesetz
KTS	Zeitschrift für Insolvenzrecht (Konkurs-Treuhand-Sanierung)
KündFG	Kündigungsfristengesetz
Kug	Kurzarbeitergeld
KuR	Kirche und Recht, Zeitschrift für die kirchliche und staatliche Praxis
KVLG	Gesetz über die Krankenversicherung der Landwirte
KVRS	Die Krankenversicherung in Rechtsprechung und Schrifttum
KWG	Gesetz über das Kreditwesen (Kreditwesengesetz)
LadSchlG	Gesetz über den Ladenschluss (auch LSchlG)
LAG	Landesarbeitsgericht
LAGE	Entscheidungen der Landesarbeitsgerichte, hrsg. von *Stahlhacke*
LAGReport	LAGReport – Schnelldienst zur Rechtsprechung der Landesarbeitsgerichte, Zeitschrift
LAM	Landesarbeitsministerium
LAO	Vorläufige Landarbeiterverordnung
LAV	Landesstelle für Arbeitsvermittlung
LDSG	Landesdatenschutzgesetz
Lehrb.	Lehrbuch
lfd.	laufend
Lfg.	Lieferung
LFGB	Lebensmittel-, Bedarfsgegenstände- und Futtermittelgesetzbuch
LFZ	Lohnfortzahlung
LFZG	Lohnfortzahlungsgesetz
LG	Landgericht
lit.	Buchstabe
Lit.	Literatur
Lkw	Lastkraftwagen
LM	*Lindenmaier/Möhring,* Nachschlagewerk des BGH
LohnabzVO	Lohnabzugsverordnung
LPVG	Landespersonalvertretungsgesetz (BW, NW)
LReg.	Landesregierung
LS	Leitsatz, Leitsätze
LSchlG	Gesetz über den Ladenschluss (auch LadSchlG)
LSG	Landessozialgericht
LStDV	Lohnsteuer-Durchführungsverordnung
LStR	Lohnsteuer-Richtlinien
lt.	laut
ltd.	leitend
LVA	Landesversicherungsanstalt
LVerf.	Landesverfassung
m.	mit
mÄnd.	mit Änderungen
mAnm.	mit Anmerkung
Mat.	Materialien
MAVO	Rahmenordnung für eine Mitarbeitervertretungsordnung in der kath. Kirche
maW	mit anderen Worten
max.	maximal
MB	Mahnbescheid
MBl.	Ministerialblatt
MBR	Mitbestimmungsrecht

MDK .... Medizinischer Dienst der Krankenkassen
MDR .... Monatsschrift für Deutsches Recht, Zeitschrift
mdl. .... mündlich
mE .... meines Erachtens
MedR .... Medizinrecht, Zeitschrift
MERL .... Richtlinie 98/59/EG des Rates vom 20. Juli 1998 zur Angleichung der Rechtsvorschriften der Mitgliedstaaten über Massenentlassungen
MfS .... Ministerium für Staatssicherheit
MgVG .... Gesetz über die Mitbestimmung der Arbeitnehmer bei einer grenzüberschreitenden Verschmelzung
MHRG .... Gesetz zur Regelung der Miethöhe (Zweites Wohnraum-Kündigungsschutzgesetz)
MiArbG .... Gesetz über Mindestarbeitsbedingungen
MietR .... Mietrecht
MietRÄndG .... Mietrechtsänderungsgesetz
MietSchG .... Mieterschutzgesetz
MiLoG .... Mindestlohngesetz
mind. .... mindestens
Mio .... Million(en)
MitbestErgG .... Gesetz zur Ergänzung des Gesetzes über die Mitbestimmung der Arbeitnehmer in den Aufsichtsräten und Vorständen der Unternehmen des Bergbaus und der Eisen und Stahl erzeugenden Industrie (Montan-Mitbestimmungsergänzungsgesetz)
MitbestG .... Gesetz über die Mitbestimmung der Arbeitnehmer (Mitbestimmungsgesetz)
Mitbestimmung .... Die Mitbestimmung, Zeitschrift
Mitt. .... Mitteilung
MMR .... MultiMedia und Recht, Zeitschrift
mN .... mit Nachweisen
Montan-MitbestG .... Gesetz über die Mitbestimmung der Arbeitnehmer in den Aufsichtsräten und Vorständen der Unternehmen des Bergbaus und der Eisen und Stahl erzeugenden Industrie (Montan-Mitbestimmungsgesetz)
Mot .... Motive
MPR .... Medizin Produkte Recht, Zeitschrift
Mrd. .... Milliarde(n)
MSA .... Minderjährigenschutzabkommen
mspätÄnd. .... mit späteren Änderungen
MTA .... Manteltarifvertrag für die Angestellten der Bundesanstalt für Arbeit vom 21.4.1961
MTB .... Manteltarifvertrag für Arbeiter des Bundes
mtl. .... monatlich
MTL .... Manteltarifvertrag für Arbeiter der Länder
MTM .... Methods Time Measurement
MTV .... Manteltarifvertrag
MuSchArbV .... Verordnung zum Schutze der Mütter am Arbeitsplatz
MuSchG .... Gesetz zum Schutz der erwerbstätigen Mutter (Mutterschutzgesetz)
MV .... Mecklenburg-Vorpommern
mvN .... mit vielen Nachweisen
mwH .... mit weiteren Hinweisen
mwN .... mit weiteren Nachweisen
mWv. .... mit Wirkung vom
m. zahlr. Nachw. .... mit zahlreichen Nachweisen

nachf. .... nachfolgend
Nachw. .... Nachweise
NachwG .... Gesetz über den Nachweis der für ein Arbeitsverhältnis geltenden wesentlichen Bestimmungen (Nachweisgesetz)
NATO .... North Atlantic Treaty Organization, Atlantikpakt-Organisation
Nds. .... Niedersachsen
NDSG .... Niedersächsisches Landesdatenschutzgesetz
NeutrAnO .... Neutralitätsanordnung
nF .... neue Fassung, neue Folge
NJ .... Neue Justiz, Zeitschrift

RP	Rheinland-Pfalz
Rpfleger	Der Rechtspfleger, Zeitschrift
RpflEntlG	Rechtspflegeentlastungsgesetz
RPflG	Rechtspflegergesetz
RRG	Rentenreformgesetz
r+s	Recht und Schaden, Zeitschrift
Rs	Rechtssache
Rspr	Rechtsprechung
RsprEinhG	Gesetz zur Wahrung der Einheitlichkeit der Rechtsprechung der obersten Gerichtshöfe des Bundes
RT-Sten. Ber	Verhandlungen des Deutschen Reichstages, Stenographische Berichte und Anlagen
RTV	Rahmentarifvertrag
RÜG	Gesetz zur Herstellung der Rechtseinheit in der gesetzlichen Renten- und Unfallversicherung (Rentenüberleitungsgesetz)
RuW	Recht und Wirtschaft, Zeitschrift
RV	Die Rentenversicherung, Zeitschrift
RVA	Reichsversicherungsamt
RVA in AN	Amtliche Nachrichten des früheren Reichsversicherungsamtes
RVerwBl.	Reichsverwaltungsblatt
RVG	Rechtsanwaltsvergütungsgesetz
RVO	Reichsversicherungsordnung
RV-TzA	Rahmenvereinbarung der europäischen Sozialpartner über Teilzeitarbeit
RzK	Rechtsprechung zum Kündigungsrecht
s	siehe
S.	Seite; Satz
SachBezV	Sachbezugsverordnung
SachenR	Sachenrecht
SächsDSG	Sächsisches Datenschutzgesetz
SAE	Sammlung arbeitsrechtlicher Entscheidungen, Zeitschrift
SBl	Sammelblatt
SBV	Schwerbehindertenvertretung
ScheckG	Scheckgesetz
SchG	Gesetz über die Errichtung und das Verfahren der Schiedsstellen für Arbeitsrecht vom 29.6.1990 (GBl.-DDR I S. 505)
SchlA	Schlussantrag (der Generalanwälte beim EuGH)
SchlHA	Schleswig-Holsteinische Anzeigen
SchliG	Schlichtungsgesetz
SchliO	Schlichtungsordnung
SchulPflG	Schulpflichtgesetz
SchuldR	Schuldrecht
SchwArbG	Gesetz zur Bekämpfung der Schwarzarbeit
SchwbAV	Schwerbehinderten-Ausgleichsabgabeverordnung
SchwbAwV	Schwerbehindertenausweisverordnung
SchwBeschG	Schwerbeschädigtengesetz
SchwbG	Schwerbehindertengesetz
SchwbVWO	Wahlordnung Schwerbehindertenvertretungen
SDSG	Saarländisches Datenschutzgesetz
SE	Societas Europaea
SEAG	Ausführungsgesetz der Europäischen Aktiengesellschaft
SEBG	Gesetz über die Beteiligung der Arbeitnehmer in einer Europäischen Gesellschaft
SeeArbG	Seearbeitsgesetz
SeemannsG	Seemannsgesetz
Sen.	Senat
SeuffA	Seufferts Archiv
SEVO	Verordnung über das Statut der Europäischen Aktiengesellschaft
SF	Sozialer Fortschritt, Zeitschrift
SFJ	Sammlung aktueller Entscheidungen aus dem Sozial-, Familien- und Jugendrecht
SG	Sozialgericht

SGb	Die Sozialgerichtsbarkeit, Zeitschrift
SGB	Sozialgesetzbuch
SGB I	SGB – Allgemeiner Teil
SGB II	Grundsicherung für Arbeitsuchende
SGB III	Arbeitsförderung
SGB IV	Gemeinsame Vorschriften für die Sozialversicherung
SGB V	Gesetzliche Krankenversicherung
SGB VI	Gesetzliche Rentenversicherung
SGB VII	Gesetzliche Unfallversicherung
SGB VIII	Kinder- und Jugendhilfe
SGB IX	Rehabilitation und Teilhabe behinderter Menschen
SGB X	Sozialverwaltungsverfahren und Sozialdatenschutz
SGB XI	Soziale Pflegeversicherung
SGB XII	Sozialhilfe
SGG	Sozialgerichtsgesetz
SH	Schleswig-Holstein
SigG	Signaturgesetz
SL	Saarland
Slg.	Sammlung von Entscheidungen, Gesetzen etc.
SMBl. NW	Sammelblatt des Bereinigten Ministerialblattes für das Land Nordrhein-Westfalen
SMG	Schuldrechtsmodernisierungsgesetz
SN	Sachsen
sog.	so genannt
SoldG	Gesetz über die Rechtsstellung der Soldaten (Soldatengesetz)
SozFort.	Sozialer Fortschritt, Zeitschrift
SozPlKonkG	Gesetz über den Sozialplan im Konkurs
SozPolInf.	Sozialpolitische Information
SozR	Sozialrecht; Sozialrecht, Rspr. und Schrifttum, bearb. von den Richtern des BSG
SozRecht	Soziales Recht, Zeitschrift
SozREntschS	Sozialrechtliche Entscheidungssammlung
SozSich	Soziale Sicherheit, Zeitschrift
SozVers.	Die Sozialversicherung, Zeitschrift
SozVersR	Sozialversicherungsrecht
Sp.	Spalte
SprAu	Sprecherausschuss
SprAuG	Sprecherausschussgesetz
SprengG	Sprengstoffgesetz
SprengStoffVO	DurchführungsVO zum SprengG
SpTrUG	Gesetz über die Spaltung der von der Treuhandanstalt verwalteten Unternehmen
SpuRt	Zeitschrift für Sport und Recht
SR	Sonderregelung (zum BAT); Soziales Recht, Zeitschrift
St.	Entscheidungen des Bundesgerichtshofs in Strafsachen (Amtliche Sammlung)
ST	Sachsen-Anhalt
st.	ständig
StaatsR	Staatsrecht
Staatsvertrag	Vertrag über die Schaffung einer Währungs-, Wirtschafts- und Sozialunion zwischen der BRD u. der DDR vom 18.5.1990 (BGBl. II S. 537)
StAnpG	Steueranpassungsgesetz
Stbg.	Die Steuerberatung, Zeitschrift
StBW	Steuerberater Woche, Zeitschrift
Stellungn.	Stellungnahme
SteuerR	Steuerrecht
StGB	Strafgesetzbuch
StHG	Staatshaftungsgesetz
Stichw.	Stichwort
str.	streitig
StrafR	Strafrecht
StrlSchVO	Verordnung über den Schutz vor Schäden durch Strahlen radioaktiver Stoffe (Strahlenschutzverordnung)

stRspr	ständige Rechtsprechung
StUG	Stasi-Unterlagengesetz
StVG	Straßenverkehrsgesetz
StVO	Straßenverkehrsordnung
StVollzG	Gesetz über den Vollzug der Freiheitsstrafe und der freiheitsentziehenden Maßregeln der Besserung und Sicherung
StVZO	Straßenverkehrszulassungsordnung
subj	subjetiv(e)
SuP	Sozialrecht + Praxis, Zeitschrift
Suppl	Supplement
SvEV	Verordnung über die sozialversicherungsrechtliche Beurteilung von Zuwendungen des Arbeitgebers als Arbeitsentgelt
SVG	Gesetz über die Versorgung für die ehemaligen Soldaten und ihre Hinterbliebenen (Soldatenversorgungsgesetz)
SZ	Süddeutsche Zeitung
tats.	tatsächlich
TDDSG	Teledienstedatenschutzgesetz
TDG	Teledienstegesetz
TEG	Tarifeinheitsgesetz
TH	Thüringen
ThürPersVG	Thüringisches Personalvertretungsgesetz
TKG	Telekommunikationsgesetz
TOA	Tarifordnung für Angestellte
TOK	Tarifordnung für die deutschen Kulturorchester
TPG	Transplantationsgesetz
TreuhandG	Treuhandgesetz vom 17.6.1990 (GBl.-DDR I S. 300)
TV	Tarifvertrag; Tarifverträge
TVABA	Tarifvertrag über allgemeine betriebliche Arbeitsbedingungen im rheinisch-westfälischen Steinkohlebergbau
TVAL	Tarifvertrag für Angehörige alliierter Dienststellen
TVG	Tarifvertragsgesetz
TVL	Tarifvertrag für den öffentlichen Dienst der Länder
TVöD	Tarifvertrag für den öffentlichen Dienst
TVParteien	Tarifvertragsparteien
tw	teilweise
TZ	Teilzeit
TzBfG	Teilzeit- und Befristungsgesetz
ua	unter anderem, und andere
uä	und Ähnliches
UAbs.	Unterabsatz
UAbschn.	Unterabschnitt
uÄm	und Ähnliches mehr
uam.	und andere(s) mehr
überarb.	überarbeitet
Überbl.	Überblick
überw.	überwiegend
UBGG	Gesetz über Unternehmensbeteiligungsgesellschaften
Übk.	Übereinkommen
UFITA	Archiv für Urheber-, Film-, Funk- und Theaterrecht, Zeitschrift
UKlaG	Unterlassungsklagengesetz
ULA	Union leitender Angestellter
UMAG	Gesetz zur Unternehmensintegrität und Modernisierung des Anfechtungsrechts
Umf.	Umfang
umfangr.	umfangreich
UmstG	Drittes Gesetz zur Neuordnung des Geldwesens (Umstellungsgesetz)
umstr.	umstritten
UmwG	Umwandlungsgesetz
UmwR	Umweltrecht
UN-BRK	UN Behindertenrechtskonvention vom 13.12.2006
UNO	United Nations Organization

unstr. .... unstreitig
Unterabs. .... Unterabsatz
UnternehmensG .... Gesetz über die Gründung und Tätigkeit privater Unternehmen und über Unternehmensbeteiligungen vom 7.3.1990 (GBl.-DDR I S. 141)
unv. .... unverändert; unveränderte Auflage
unveröff. .... unveröffentlicht
unzutr. .... unzutreffend
UrhG .... Gesetz über Urheberrecht und verwandte Schutzrechte
UrhR .... Urheberrecht
urspr. .... ursprünglich
Urt. .... Urteil
UrtV .... Urteilsverfahren
USG .... Gesetz über die Sicherung des Unterhalts der zum Wehrdienst einberufenen Wehrpflichtigen und ihrer Angehörigen (Unterhaltssicherungsgesetz)
USK .... Urteilssammlung für die gesetzliche Krankenversicherung
USprAu .... Unternehmenssprecherausschuss
UStDV .... Umsatzsteuer-Durchführungsverordnung
UStG .... Umsatzsteuergesetz
usw. .... und so weiter
uU .... unter Umständen
UV .... Unfallversicherung
UVNG .... Gesetz zur Neuregelung des Rechts der gesetzlichen Unfallversicherung (Unfallversicherungs-Neuregelungsgesetz)
UVV .... Unfallverhütungsvorschriften
UWG .... Gesetz gegen den unlauteren Wettbewerb

v. .... vom, von
va. .... vor allem
VA .... Verwaltungsakt
VAG .... Gesetz über die Beaufsichtigung der privaten Versicherungsunternehmen und Bausparkassen (Versicherungsaufsichtsgesetz)
Var. .... Variante
vAw. .... von Amts wegen
VBL .... Versorgungsanstalt des Bundes und der Länder
VEB .... Volkseigener Betrieb
ver.di .... Vereinte Dienstleistungsgewerkschaft
Vereinb. .... Vereinbarung
Verf. .... Verfahren, Verfassung, Verfasser
VerfDDR .... Verfassung der Deutschen Demokratischen Republik
VerfE .... Verfassungsentwurf
VerfGH .... Verfassungsgerichtshof
VerfGHG .... Gesetz über den Verfassungsgerichtshof
VerfIAO .... Verfassung Internationale Arbeitsorganisation
VerfO .... Verfahrensordnung
VergGr. .... Vergütungsgruppe
VerglO .... Vergleichsordnung
Verh. .... Verhandlungen
VerlG .... Gesetz über das Verlagsrecht
VermBDV .... Durchführungsverordnung zum Vermögensbildungsgesetz
VermBG .... [Fünftes] Gesetz zur Förderung der Vermögensbildung der Arbeitnehmer (5. VermBG)
VermG .... Gesetz zur Regelung offener Vermögensfragen
Veröff. .... Veröffentlichungen
Vers. .... Versicherung
VersAusglG .... Gesetz über den Versorgungsausgleich; Versorgungsausgleichsgesetz
VersG .... Versammlungsgesetz
VersMedV .... Versorgungsmedizin-Verordnung
VersR .... Versicherungsrecht, Juristische Zeitschrift
Verw. .... Verwaltung
VerwR .... Verwaltungsrecht
Vfg. .... Verfügung
VG .... Verwaltungsgericht

VGB I	Unfallverhütungsvorschriften, Allgemeine Vorschriften
VGG	Verwaltungsgerichtsgesetz
VGH	Verwaltungsgerichtshof
vgl.	vergleiche
vH	vom Hundert
ViZ	Zeitschrift für Vermögens- und Investitionsrecht
VkBl.	Verkündungsblatt
VMBl.	Ministerialblatt des Bundesministeriums (ab 1962: der Verteidigung)
VO	Verordnung
VOB Teil A/B	Verdingungsordnung für Bauleistungen, Teil A: Allgemeine Bestimmungen für die Vergabe von Bauleistungen, Teil B: Allgemeine Vertragsbedingungen für die Ausführung von Bauleistungen
VOBl.	Verordnungsblatt
VölkerR	Völkerrecht
Vol., vol.	volume (Band)
Voraufl.	Vorauflage
Vorb.	Vorbemerkung
vorl.	vorläufig
Vors.	Vorsitzender
Vorschr.	Vorschrift
vorst.	vorstehend
VRG	Gesetz zur Förderung von Vorruhestandsleistungen (Vorruhestandsgesetz)
VRRLUmsG	Gesetz zur Umsetzung der Verbraucherrechterichtlinie und zur Änderung des Gesetzes zur Regelung der Wohnungsvermittlung
VRTV	Vorruhestandstarifvertrag (Baugewerbe)
vs.	versus
VSSR	Vierteljahresschrift für Sozialrecht
VU	Versäumnisurteil
VVA	Allgemeine Verwaltungsvorschrift über Versicherungskarten und Aufrechnungsbescheinigungen
VVaG	Versicherungsverein auf Gegenseitigkeit
VVDStRL	Veröffentlichungen der Vereinigung der Deutschen Staatsrechtslehrer
VVG	Versicherungsvertragsgesetz
VWA	Verband weiblicher Angestellter
VwGO	Verwaltungsgerichtsordnung
VwKostG	Verwaltungskostengesetz
VwVfG	Verwaltungsverfahrensgesetz
VwVG	Verwaltungsvollstreckungsgesetz
VwZG	Verwaltungszustellungsgesetz
VwZVG	Verwaltungszustellungs- und Vollstreckungsgesetz
WahlO	Wahlordnung; s. auch WO
WasserhaushaltsG	Gesetz zur Ordnung des Wasserhaushalts
WEG	Gesetz über das Wohnungseigentum und das Dauerwohnrecht (Wohnungseigentumsgesetz)
WettbR	Wettbewerbsrecht
WfB	Werkstatt für Behinderte
WiB	Wirtschaftsberatung, Zeitschrift
WiKG	Gesetz zur Bekämpfung der Wirtschaftskriminalität
Wirt. u. Wiss.	Wirtschaft und Wissen, Die Deutsche Angestelltenzeitschrift
Wiss., wiss	Wissenschaft, wissenschaftlich
WiSta.	Wirtschaft und Statistik, Zeitschrift
wistra	Zeitschrift für Wirtschaft, Steuer, Strafrecht
WiVerw	Wirtschaft und Verwaltung (Beilage zur Zeitschrift Gewerbearchiv)
WKSchG	Gesetz über den Kündigungsschutz für Mietverhältnisse über Wohnraum
WM	Wertpapier-Mitteilungen, Zeitschrift
WMVO	Werkstätten-Mitwirkungsverordnung (zum SGB IX)
WO	Wahlordnung; s. auch WahlO
WoGG	Wohngeldgesetz
II. WohnbauG	Zweites Wohnungsbaugesetz (Wohnungsbau- und Familienheimgesetz)

WoPDV	Durchführungsverordnung zum Wohnungsbauprämiengesetz
WoPG	Wohnungsbauprämiengesetz
WOS	Zweite Verordnung zur Durchführung des Betriebsverfassungsgesetzes (Wahlordnung Seeschifffahrt)
WPflG	Wehrpflichtgesetz
WpHG	Wertpapierhandelsgesetz
WRP	Wettbewerb in Recht und Praxis, Zeitschrift
WRV	Verfassung des Deutschen Reiches v. 11.8.1919 (Weimarer Reichsverfassung)
WSI(-Mitt.)	Mitteilungen des Wirtschafts- und Sozialwissenschaftlichen Instituts des Deutschen Gewerkschaftsbundes
WSG	Wehrsoldgesetz
WVO	Werkstättenverordnung (zum SGB IX)
WzS	Wege zur Sozialversicherung, Zeitschrift
WZVG	Wissenschaftszeitvertragsgesetz
Z	Entscheidungen des Reichsgerichts und des Bundesgerichtshofs in Zivilsachen (jeweils Amtliche Sammlung)
zahlr.	zahlreich
ZA-NTS	Zusatzabkommen zu dem Abkommen zwischen den Parteien des Nordatlantikvertrages über die Rechtsstellung ihrer Truppen hinsichtlich der in der BRD stationierten ausländischen Truppen
ZAR	Zeitschrift für Ausländerrecht und Ausländerpolitik
ZAS	Zeitschrift für Arbeits- und Sozialrecht, Österreich
ZAT	Zeitschrift für Arbeitsrecht und Tarifpolitik in Kirche und Caritas
ZAV	Zentralstelle für Arbeitsvermittlung
zB	zum Beispiel
ZBlSozVers.	Zentralblatt für Sozialversicherung, Sozialhilfe und Versorgung
ZBR	Zeitschrift für Beamtenrecht
ZD	Zeitschrift für Datenschutz
ZDG	Gesetz über den Zivildienst der Kriegsdienstverweigerer (Zivildienstgesetz)
ZESAR	Zeitschrift für europäisches Sozial- und Arbeitsrecht
ZEuP	Zeitschrift für Europäisches Privatrecht
ZevKr.	Zeitschrift für evangelisches Kirchenrecht
ZfA	Zeitschrift für Arbeitsrecht
ZfB	Zeitschrift für Bergrecht
zfs	Zeitschrift für Schadensrecht
ZfS	Zentralblatt für Sozialversicherung, Sozialhilfe und Versorgung
ZfSH	Zeitschrift für Sozialhilfe
ZG	Zeitschrift für Gesetzgebung
ZGB	Zivilgesetzbuch
ZGR	Zeitschrift für Unternehmens- und Gesellschaftsrecht
ZGS	Zeitschrift für das gesamte Schuldrecht
ZHR	Zeitschrift für das gesamte Handelsrecht und Wirtschaftsrecht
ZIAS	Zeitschrift für ausländisches und internationales Arbeits- und Sozialrecht
Ziff.	Ziffer
ZInsO	Zeitschrift für das gesamte Insolvenzrecht
ZIP	Zeitschrift für Wirtschaftsrecht
zit.	zitiert
ZivG	Zivilgericht
ZivilR	Zivilrecht
ZMR	Zeitschrift für Miet- und Raumrecht
ZMV	Zeitschrift für die Praxis der Mitarbeitervertretung in den Einrichtungen der katholischen und evangelischen Kirche
ZP-EMRK	Zusatzprotokoll zur Konvention zum Schutz der Menschenrechte und Grundfreiheiten.
Zpkt.	Zeitpunkt
ZPO	Zivilprozessordnung
ZRHO	Rechtshilfeordnung für Zivilsachen
ZRP	Zeitschrift für Rechtspolitik
ZSEG	Gesetz über die Entschädigung von Zeugen und Sachverständigen

Literaturverzeichnis

Hachenburg/*Bearbeiter* .... GmbH-Gesetz, Kommentar, 8. Aufl., 1991

Hänsle .... Streik und Daseinsvorsorge, 2016

HaKo/*Bearbeiter* .... *Gallner/Mestwerdt/Nägele* (Hrsg.), Kündigungsschutzrecht, Handkommentar, 5. Aufl., 2015

HaKo-BetrVG/*Bearbeiter* .... *Düwell* (Hrsg.), Betriebsverfassungsgesetz, Handkommentar, 4. Aufl., 2014

HaKo-MiLoG/*Bearbeiter* .... *Düwell/Schubert* (Hrsg.), Mindestlohngesetz, 2. Aufl., 2016

HaKo-MuSchG/*Bearbeiter* .... *Rancke* (Hrsg.), Mutterschutz, Elterngeld, Betreuungsgeld, Elternzeit, Handkommentar, 4. Aufl., 2015

Hamacher .... Antragslexikon Arbeitsrecht, 2. Aufl., 2015

Hamann .... Erkennungsmerkmale der illegalen Arbeitnehmerüberlassung in Form von Scheindienst- und Scheinwerkverträgen, 1994

Hanau .... Die Kausalität der Pflichtwidrigkeit, 1971

Hanau/Adomeit .... Arbeitsrecht, 14. Aufl., 2007

Hanau/Ulmer .... Mitbestimmungsgesetz, 1981

Hansen .... *Hansen/Kelber/Zeißig*, Neues Arbeitsrecht, 2002

Hartmann .... Gleichbehandlung und Tarifautonomie, 1994

HARV/*Bearbeiter* .... *Hanau/Arteaga/Rieble/Veit*, Entgeltumwandlung, 3. Aufl., 2014

HBD/*Bearbeiter* .... *Hümmerich/Boecken/Düwell*, AnwaltKommentar Arbeitsrecht, 2 Bände, 2. Aufl., 2010

HBS/*Bearbeiter* .... *Hurlebaus/Baumstümmler/Schulien*, Berufsbildungsrecht, Loseblatt

HbStR/*Bearbeiter* .... *Isensee/Kirchhof* (Hrsg.), Handbuch des Staatsrechts der Bundesrepublik Deutschland, 3. Aufl., 2013

HbVerfR/*Bearbeiter* .... *Benda/Maihofer/Vogel/Hesse/Heyde* (Hrsg.), Handbuch des Verfassungsrechts, 2. Aufl., 1994

Heckelmann .... *Erhaltungsarbeiten im Arbeitskampf, 1984*

Heilmann .... Kommentar zum Mutterschutzgesetz (MuSchG), Band 15, 2. Aufl., 1991

Hennig/*Bearbeiter* .... SGB III – Arbeitsförderungsrecht, Loseblatt

Henssler .... Der Arbeitsvertrag im Konzern, 1983

HeG/*Bearbeiter* .... *Henssler/Grau* (Hrsg.), Arbeitnehmerüberlassung und Werkvertrag, 2017

Herkert/Töltl .... Das neue Berufsbildungsgesetz, Loseblatt

Hey/Forst .... Allgemeines Gleichbehandlungsgesetz, 2. Aufl., 2015

HG/*Bearbeiter* .... *Hailbronner/Geis (Hrsg.)*, Hochschulrecht in Bund und Ländern, Loseblatt

HHB/*Bearbeiter* .... *Hauck/Helml/Biebl*, Arbeitsgerichtsgesetz, Kommentar, 4. Aufl., 2011

HHL/*Bearbeiter* .... *v. Hoyningen-Huene/Linck/Krause*, Kündigungsschutzgesetz, Kommentar, 15. Aufl., 2013

HK/*Bearbeiter* .... *Dorndorf/Weller/Hauck/Kriebel/Höland/Neef*, Heidelberger Kommentar zum Kündigungsschutzgesetz, 4. Aufl., 2001

HKArbSchR/*Bearbeiter* .... *Kohte/Faber/Feldhoff* (Hrsg.), Gesamtes Arbeitsschutzrecht, Handkommentar, 2014

HKArbZR/*Bearbeiter* .... *Hahn/Pfeiffer/Schubert* (Hrsg.), Arbeitszeitrecht, Handkommentar, 2014

HKInsO/*Bearbeiter* .... *Kayser/Thole* (Hrsg.), Heidelberger Kommentar zur Insolvenzordnung, 8. Aufl., 2016

HKTzBfG/*Bearbeiter* .... *Boecken/Joussen*, Teilzeit- und Befristungsgesetz, Handkommentar, 4. Aufl., 2016

HKZ/*Bearbeiter* .... *Hansen/Kelber/Zeißig/Breezmann/Confurius*, Rechtsstellung der Führungskräfte im Unternehmen, 2006

HMB/*Bearbeiter* .... *Henssler/Moll/Bepler*, Der Tarifvertrag, 2. Aufl., 2016

HN/*Bearbeiter* .... *Hauck/Noftz* (Hrsg.), Kommentare zum SGB III, IV, VII, IX, jeweils Loseblatt

Höfer .... *Höfer/Reinhard/Reich/Veit/Verhuven*, Betriebsrentenrecht, Bd. I Arbeitsrecht, Bd. II Steuerrecht/Sozialabgaben, Loseblatt

Höpfner .... Die Tarifgeltung im Arbeitsverhältnis, 2015

Hoffmann .... Unterrichtungspflicht und Widerspruchsrecht bei Betriebsübergang gemäß § 613a V und VI BGB, 2015

HPRW/*Bearbeiter* .... *Heubeck/Höhne/Paulsdorff/Rau/Weinert*, Kommentar zum Betriebsrentengesetz, Bd. I, Arbeitsrechtliche Vorschriften, 2. Aufl., 1982

Hromadka .... Arbeitsrecht, Handbuch für Vorgesetzte, 3. Aufl., 2012

Hromadka/Maschmann .... Arbeitsrecht, 6. Aufl., Bd. 1, 2015, Bd. 2, 7. Aufl., 2017

NZA 2007, 613) das BVerfG (20.3.2007 NZA 2007, 609) hatte dafür auf eine „Verantwortungsbeziehung" zwischen Auftragsvergabe und Nichtzahlung abgestellt. Weiterhin werden Subunternehmer, die ihrerseits Nachunternehmer beauftragen, ebenso wie Generalunternehmer erfasst (LAG RP 3.8.2005 AuR 2006, 71; *Koberski* § 14 Rn. 8; *Bayreuther* NZA 2015, 961, 963). Nach der früheren Gesetzesfassung, die auf Unternehmen beschränkt war, die im Rahmen ihrer gewerbl. Tätigkeit Aufträge vergeben, fiel die öffentl. Hand aus dem Anwendungsbereich heraus (*Meyer* AuA 1999, 113, 114). Der aktuelle Wortlaut rechtfertigt eine solche Beschränkung nicht mehr. Allenfalls eine Ausnahme für hoheitliche Tätigkeiten oder Aufträge iRd. Daseinsvorsorge ist nach dem Normzweck begründbar (*Insam/Hinrichs/Tacou* NZA-RR 2014, 569, 571; a. A. *Oltmanns/Fuhlrott* NZA 2015, 392, 394). Die Haftung greift ein, sobald ein Unternehmen derartige Werk- oder Dienstleistungen in Auftrag gegeben hat, Mindestnormen iSd. § 8 geschaffen worden sind und Mindestentgelt oder Beiträge an die gemeinsamen Einrichtungen nicht gezahlt worden sind. Werk- und Dienstleistungen sind weit zu verstehen, umfassen also etwa auch Geschäftsbesorgungen oder Werklieferungsverträge, soweit sie über die Herstellung einer Sache hinausgehen; reine Kaufverträge werden nicht erfasst. Gegenstand der Haftung ist die Vergütung für geleistete Arbeit (BAG 12.1.2005 NZA 2005, 627), aber auch Ansprüche wie Entgeltfortzahlung bei Arbeitsunfähigkeit oder Feiertagen, die nach dem Entgeltausfallprinzip bestimmt werden (BAG 13.5.2015 BeckRS 2015, 70071; aA LAG K 16.1.2015 BeckRS 2015, 67360; *Bayreuther* NZA 2015, 961, 965). Die Haftung wegen Entgeltansprüchen geht über den Mindestlohn gem. § 8 selbst dann nicht hinaus, wenn einem AN im konkreten Fall ein höherer Entgeltanspruch zusteht (zur Berechnung: BAG 12.1.2005 NZA 2005, 656; 17.8.2011 NZA 2012, 563). Wenn die MindestlohnTV Stundenlöhne festsetzen, müssen einzelvertragl. ggf. festgelegte Monatslöhne so bemessen sein, dass sie pro geleisteter Arbeitsstunde den Vorgaben entsprechen. Die Haftung bezieht sich auf den **Nettolohn**, die v. AN tatsächl. zu tragenden Beiträge zur (idR. ausl.) Sozialvers. sind ebenso abzuziehen wie die v. ihm geschuldeten Steuern.

Die Haftung besteht für alle Ansprüche gegen die **„Nachunternehmerkette"** (BAG 17.8.2011 NZA 4
2012, 563). Geschützt werden also die AN des beauftragten Unternehmens, die AN des v. diesem beauftragten Nachunternehmens sowie die LeihAN (*Schwab* NZA-RR 2010, 225, 227). Die Haftung bezieht sich auf das Mindestentgelt nach dem AEntG, bei LeihAN also auf das gem. § 8 III zu gewährende Entgelt. Bedenken hatte das BAG zunächst hins. eines Verstoßes gegen die Dienstleistungsfreiheit Art. 56 AEUV (BAG 6.11.2002 NZA 2003, 490; **aA** Däubler/*Lakies* TVG § 5 Anh. 2, § 14 AEntG Rn. 7 f.). Der EuGH sieht die Dienstleistungsfreiheit nicht als verletzt, wenn der mit der Bürgenhaftung erreichte ANSchutz einen tats. und verhältnismäßig ausgestalteten Vorteil der AN bedeutet (EuGH 12.10.2004 NZA 2004, 1211; dem folgend BAG 12.1.2005 NZA 2005, 627).

Die Haftung für das **Mindestentgelt** bezieht sich auf tarifl. Entgeltansprüche gem. § 5 Nr. 1; auf den 5
tats. ausgezahlten Betrag kommt es nicht an (BAG 17.8.2011 NZA 2012, 563). Dabei sind alle nach EU-Recht dem AZ-Begriff unterfallenden Stunden als AZ (nicht als „Bereitschaft") zu rechnen (BGH 12.9.2012 NJW 2012, 3385). Die Haftung für die Zahlung v. **Beiträgen an die Gemeinsamen Einrichtungen** gem. § 5 Nr. 3 bezieht sich dagegen nicht nur auf den Mindestlohn, sondern auf alle Beiträge, die sich nach dem vertragl. geschuldeten Bruttolohn bemessen, solange dieser nicht unter dem Mindestlohn liegt (LAG HE 29.10.2007 BeckRS 2008, 53177). Besteht Streit über die Höhe des geschuldeten Urlaubskassenbeitrages, weil die Anzahl und die Einsatzzeiten der v. Subunternehmer beschäftigten AN nicht gemeldet worden sind, kann sich der Bürge mit Nichtwissen erklären; dasselbe gilt, wenn die Voraussetzung des Überwiegensprinzips gem. § 6 II strittig ist (BAG 19.11.2008 NZA-RR 2009, 541). Die geschuldete Summe ist v. Gericht nach § 287 II ZPO auf der Grdl. der Meldungen über Zahl und Einsatzzeiten der Beschäftigten des Subunternehmers zu ermitteln (BAG 2.8.2006 NZA-RR 2007, 646).

Für die nicht geleisteten Mindestarbeitsbedingungen haftet ein Generalunternehmer wie ein **Bürge** 6
nach Verzicht auf die Einrede der Vorausklage, §§ 765, 771, 773 I Nr. 1 BGB. Festzustellen ist somit das Bestehen der Hauptschuld, deren rechtzeitige Geltendmachung innerhalb der tarifl. Ausschlussfristen (BAG 12.1.2005 NZA 2005, 627; *Deckers* NZA 2008, 321; *Vogel* BauR 2002, 1093) und das Fehlen v. Einreden gem. § 768 BGB. Der Bürge kann sich auf eine Verjährung der Hauptschuld berufen (LAG HE 30.4.2014 BeckRS 2015, 67856), wenn nicht auch der Hauptschuldner verklagt worden ist. Geltend zu machen ist die Forderung ggü. der anderen Vertragspartei, also dem AG des zahlungsberechtigten AN (LAG M 17.11.2009 – 7 Sa 445/09); für eine Pflicht zur Geltendmachung auch ggü. dem Hauptunternehmer fehlt die Rechtsgrdl. Die Forderung gegen den Hauptschuldner geht gem. § 774 I BGB auf den in Anspruch Genommenen über, Regress gegen Mitbürgen in der Nachunternehmerkette ist nur ant. mögl.

§ 15 Gerichtsstand

[1] Arbeitnehmer und Arbeitnehmerinnen, die in den Geltungsbereich dieses Gesetzes entsandt sind oder waren, können eine auf den Zeitraum der Entsendung bezogene Klage auf Erfüllung der Verpflichtungen nach den §§ 2, 8 oder 14 auch vor einem deutschen Gericht für Arbeitssachen erheben. [2] Diese Klagemöglichkeit besteht auch für eine gemeinsame Einrichtung der Tarifvertragsparteien nach § 5 Nr. 3 in Bezug auf die ihr zustehenden Beiträge.

1 Die Vorschr. setzt Art. 6 EntsendeRL 96/71/EG um, um eine eigene *int.* Zust. inländischer Gerichte für AN in Entsendefällen (BAG 2.7.2008 NZA 2008, 1084; 15.2.2012 NZA 2012, 267) zu begr. Dies war erforderl., da Art. 21 VO (EU) 1215/2012 für die Zust. im Individualprozess auf den „gewöhnl." Arbeitsort als Gerichtsstand abstellt, der in den Entsendefällen idR im jeweiligen Entsendestaat verbleibt (ArbG Wiesbaden 7.10.1997 DB 1997, 2284; **aA** *Koberski* § 15 Rn. 7 ff.). Der entsandte AN müsste seine Ansprüche daher im Entsendestaat geltend machen. Eine Klage vor ausl. Gerichten kann die Wirksamkeit des AEntG beeinträchtigen, sofern diese kein gesteigertes Interesse daran zeigen, dt. Recht anzuwenden, das die Beschränkung v. Wettbewerbsvorteilen der Unternehmen des Entsendestaates geradezu bezweckt (*Jayme/Kohler* IPRax 1996, 377, 382). Mit der Begr. einer int. Zust. der Gerichte des Empfangsstaates wird jdf. gewährleistet, dass materielles und Prozessrecht gleich laufen. Der Normzweck einer effektiven und einheitl. Durchsetzung des AEntG gebietet eine einheitl. Zust. ders. Gerichtsbarkeit für Streitigkeiten aller anspruchsberechtigten AN. Zugleich regelt § 15 die Zulässigkeit des Rechtsweges zu den ArbG (BAG 11.9.2002 NZA 2003, 62; krit. *Leipold* SAE 2003, 147). Wenn die Rechtslage im Entsendestaat das zulässt, können die Ansprüche der AN auch an die Gewerkschaft abgetreten und von dieser gerichtl. geltend gemacht werden (EuGH 12.2.2015 NZA 2015, 345). Art. 5 Abs. 2 Entsende-RL und Art. 11 Abs. 3 Durchsetzungs-RL verlangen, dass geeignete Durchsetzungsmechanismen im Entsendestaat auf die Ansprüche anzuwenden sind.

2 **Klageberechtigt** vor den ArbG sind gem. S. 2 gemeinsame Einrichtungen der TVParteien wegen ihnen zustehender Beiträge aus § 5 Nr. 3 (BAG 11.9.2002 NZA 2003, 62; 15.2.2012 NZA 2012, 760), sowie gem. S. 1 die AN, die nach Deutschland entsandt worden sind oder waren. Die int. Zust. dt. ArbG für Klagen gemeinsamer Einrichtungen gem. S. 2 nimmt die Voraussetzungen des S. 1 in Bezug, verlangt also eine Entsendesituation (BAG 2.7.2008 NZA 2008, 1084; LAG HE 12.2.2007 BeckRS 2007, 44172). Ist eine dt. Zweigniederlassung eines ausl. Unternehmens als AG betroffen, fehlt es daran. Dass die Bürgenhaftung des Generalunternehmers ebenfalls in die sachl. Zust. der ArbG fällt, ergibt sich nach Ansicht der Rspr. (BAG 11.9.2002 NZA 2003, 62; 19.5.2004 NZA 2004, 1170) alternativ dazu auch aus § 2 III ArbGG, da ein unmittelbarer Zusammenhang zur Beitragsforderung der gemeinsamen Einrichtung besteht. Selbständige Werkunternehmer, die nach dt. Recht die Merkmale des ANBegriffs erfüllen, sind im Inland ebenfalls klageberechtigt, denn für die Zwecke des AEntG ist Voraussetzung, dass der ANStatus nach dt. Recht besteht. Dass das bekl. Entsendeunternehmen seinen Sitz in der EU haben müsste, wird nicht vorausgesetzt (BAG 15.2.2012 NZA 2012, 267); auch drittstaatsansässige Unternehmen können im Entsendestaat verklagt werden.

3 Wie sich aus der Formulierung („auch" vor einem dt. Gericht) des S. 1 ergibt, begr. § 15 keinen **ausschl. Gerichtsstand;** der AN hat demnach die Option, im Entsende- oder im Empfangsstaat zu klagen. Die allg. arbeitsrechtl. Gerichtsstände der Art. 20, 21 VO (EU) 1215/2012 bleiben anwendbar. Probl. bleibt das Verhältnis zu einer Gerichtsstandsvereinb. zwischen den Arbeitsvertragsparteien. Diese könnte aus den in Rn. 1 genannten Gründen die Wirksamkeit des AEntG beeinträchtigen (MüArbR/*Oetker* § 11 Rn. 139); eine Gerichtsstandsvereinb., die die Zust. dt. Gerichte abbedingt, wäre demnach nicht anzuerkennen.

Abschnitt 6. Kontrolle und Durchsetzung durch staatliche Behörden

§ 16 Zuständigkeit

Für die Prüfung der Einhaltung der Pflichten eines Arbeitgebers nach § 8, soweit sie sich auf die Gewährung von Arbeitsbedingungen nach § 5 Satz 1 Nummer 1 bis 3 beziehen, sind die Behörden der Zollverwaltung zuständig.

1 Mit Entsch. des EuGH v. 23.11.1999 (NZA 2000, 85) wurde klargestellt, dass es das Unionsrecht den Mitgliedstaaten nicht verbietet, die Beachtung der eigenen allgemeinverbindl. Mindestregelungen mit geeigneten Mitteln durchzusetzen. Die Herstellung bestimmter Unterlagen über das ArbVerh. entsandter AN sowie ihre Bereitstellung am Arbeitsort bzw. an einem anderen Ort im Hoheitsgebiet des Empfangsstaates darf zwecks Durchführung behördl. Kontrolle verlangt werden. Auch die Erteilung zusätzl. Auskünfte kann verlangt werden (EuGH 25.10.2001 NZA 2001, 1377) Ebenso ist die Verpflichtung zur Bereithaltung der Unterlagen in dt. Sprache gerechtfertigt (EuGH 18.7.2007 NZA 2007, 917). Allerdings steht die Rechtfertigungswirkung unter dem Vorbehalt, dass die AN nicht durch Schutzbestimmungen des Entsendestaates in vergleichbarem Umf. geschützt werden.

2 Zuständig für die Überprüfung der Einhaltung der AG-Pflichten gem. § 8 sind grds. die Behörden der Zollverw., OFD Köln, Abt. Finanzkontrolle Schwarzarbeit (§ 18 Rn. 4), sowie die in § 2 II SchwArbG genannten unterstützenden Einrichtungen, zB die Finanzbehörden, die BA, die Beitragseinzugsstellen gem. § 28i SGB IV, die Renten- und Unfallversicherungsträger, die Träger der Sozialhilfe usw. Dabei sind die Behörden der Zollverw. nur für die Kontrolle und Überprüfung der Pflicht zur Gewährung v. Arbeitsbedingungen gem. § 5 Nr. 1 bis 3 speziell zuständig. Die Bedingungen nach § 5 Nr. 4, die mit der Reform ebenfalls v. der RechtsVO erstreckt werden können, bleiben nach wie

vor in der Prüfzuständigkeit der in den Rechtsgrdl. aufgeführten Einrichtungen wie Arbeitsschutzbehörden der BA o. ä. Die von der DurchsetzungsRL 2014/67/EU (umzusetzen bis 18.6.2016) geforderte verbesserte Rechtsdurchsetzung, insbes. im Arbeits(zeit)schutzrecht, steht noch aus (krit. *Kohte* FS Eichenhofer (2015) S. 314).

§ 17 Befugnisse der Behörden der Zollverwaltung und anderer Behörden

[1]Die §§ 2 bis 6, 14, 15, 20, 22 und 23 des Schwarzarbeitsbekämpfungsgesetzes sind entsprechend anzuwenden mit der Maßgabe, dass

1. die dort genannten Behörden auch Einsicht in Arbeitsverträge, Niederschriften nach § 2 des Nachweisgesetzes und andere Geschäftsunterlagen nehmen können, die mittelbar oder unmittelbar Auskunft über die Einhaltung der Arbeitsbedingungen nach § 8 geben, und

2. die nach § 5 Abs. 1 des Schwarzarbeitsbekämpfungsgesetzes zur Mitwirkung Verpflichteten diese Unterlagen vorzulegen haben.

[2]Die §§ 16 bis 19 des Schwarzarbeitsbekämpfungsgesetzes finden Anwendung. [3]§ 6 Abs. 3 des Schwarzarbeitsbekämpfungsgesetzes findet entsprechende Anwendung. [4]Für die Datenverarbeitung, die dem in § 16 genannten Zweck oder der Zusammenarbeit mit den Behörden des Europäischen Wirtschaftsraums nach § 20 Abs. 2 dient, findet § 67 Abs. 2 Nr. 4 des Zehnten Buches Sozialgesetzbuch keine Anwendung.

1. Prüfungsverfahren. Die Kontrolle gem. § 16 soll feststellen, ob die tarifl. Mindestarbeitsbedingungen gem. § 8 eingehalten werden. LeiharbVerh., die nicht in den Geltungsbereich v. § 8 III fallen, unterliegen dieser Vorschr. nicht. Dort begr. jedoch § 17c AÜG eine vergleichbare Dokumentationspflicht. Die Einhaltung der Mindestbedingungen gem. § 2 wird nicht in vergleichbarer Weise behördl. überprüft, während die Bedingungen gem. § 8 als anfällig für Missachtung angesehen wurden. Insb. wurde befürchtet, dass betroffene AN weder ihre Ansprüche selbst geltend machen, noch auch nur den Tatbestand einer Rechtsverletzung aufdecken würden. 1

2. Pflichten. Die Prüfbehörden können in eigener Verantwortung entscheiden, wie sie vorgehen wollen. § 17 verweist auf den sehr umfangr. Befugniskatalog in §§ 2 bis 6 SchwArbG, die sowohl Befugnisse zur Prüfung und Befragung v. Personen, zum Betreten v. Grundstücken und Geschäftsräumen und zur Einsichtnahme in Geschäftsunterlagen begr., und den betroffenen AG und AN entspr. Duldungspflichten auferlegen. Dem BFH zufolge hat die Finanzkontrolle grds. verdachts- und anlassunabhängige Prüfbefugnisse (BFH 23.10.2012 NZA-RR 2013, 148). Aus datenschutzrechtl. Gründen ist ausdr. die Zulässigkeit der Zusammenarbeit mit den entspr. Behörden in Mitgliedstaaten des EWR geregelt, § 6 SchwArbG. Die Sondervorschr. des § 67 II Nr. 4 SGB X über den Schutz der Sozialdaten ist daher bei der Datenverarbeitung iRd. Kontrollbefugnisse für unanwendbar erklärt worden. 2

Der Inhalt der **Mitwirkungspflicht** ist primär die Erteilung v. Auskünften, § 5 SchwArbG. Den AG trifft nicht nur die Duldungspflicht, er hat vielmehr Unterlagen in Deutschland bereitzuhalten und vorzulegen, Aufzeichnungen über die AZ vorzunehmen (§ 19) und alles mind. zwei Jahre aufzubewahren. Die Unterlagen müssen in dt. Sprache abgefasst sein und auf ausdr. Verlangen der Prüfbehörde auch auf der Baustelle bereitgehalten werden (dazu *Marschall* NZA 1998, 633, 635). Muss das Unternehmen in seinem Niederlassungsstaat bereits Unterlagen über das ArbVerh. führen, können auch diese vorgelegt werden, falls sie zum Schutz des AN ausreichen. Das hängt davon ab, ob die Unterlagen ausreichen, das geschuldete Mindestentgelt zu ermitteln. 3

§ 18 Meldepflicht

(1) [1]Soweit die Rechtsnormen eines für allgemeinverbindlich erklärten Tarifvertrages nach § 4 Absatz 1 Nummer 1, § 5 Satz 1 Nummer 1 bis 3 und § 6 Absatz 2 oder einer Rechtsverordnung nach § 7 oder § 7a, soweit sie Arbeitsbedingungen nach § 5 Satz 1 Nummer 1 bis 3 vorschreibt, auf das Arbeitsverhältnis Anwendung finden, ist ein Arbeitgeber mit Sitz im Ausland, der einen Arbeitnehmer oder eine Arbeitnehmerin oder mehrere Arbeitnehmer oder Arbeitnehmerinnen innerhalb des Geltungsbereichs dieses Gesetzes beschäftigt, verpflichtet, vor Beginn jeder Werk- oder Dienstleistung eine schriftliche Anmeldung in deutscher Sprache bei der zuständigen Behörde der Zollverwaltung vorzulegen, die die für die Prüfung wesentlichen Angaben enthält. [2]Wesentlich sind die Angaben über

1. Familienname, Vornamen und Geburtsdatum der von ihm im Geltungsbereich dieses Gesetzes beschäftigten Arbeitnehmer und Arbeitnehmerinnen,

2. Beginn und voraussichtliche Dauer der Beschäftigung,

3. Ort der Beschäftigung, bei Bauleistungen die Baustelle,

4. Ort im Inland, an dem die nach § 19 erforderlichen Unterlagen bereitgehalten werden,

5. Familienname, Vornamen, Geburtsdatum und Anschrift in Deutschland des oder der verantwortlich Handelnden,
6. Branche, in die die Arbeitnehmer und Arbeitnehmerinnen entsandt werden sollen, und
7. Familienname, Vornamen und Anschrift in Deutschland eines oder einer Zustellungsbevollmächtigten, soweit dieser oder diese nicht mit dem oder der in Nummer 5 genannten verantwortlich Handelnden identisch ist.

[3] Änderungen bezüglich dieser Angaben hat der Arbeitgeber im Sinne des Satzes 1 unverzüglich zu melden.

(2) Der Arbeitgeber hat der Anmeldung eine Versicherung beizufügen, dass er seine Verpflichtungen nach § 8 einhält.

(3) [1] Überlässt ein Verleiher mit Sitz im Ausland einen Arbeitnehmer oder eine Arbeitnehmerin oder mehrere Arbeitnehmer oder Arbeitnehmerinnen zur Arbeitsleistung einem Entleiher, hat der Entleiher unter den Voraussetzungen des Absatzes 1 Satz 1 vor Beginn jeder Werk- oder Dienstleistung der zuständigen Behörde der Zollverwaltung eine schriftliche Anmeldung in deutscher Sprache mit folgenden Angaben zuzuleiten:
1. Familienname, Vornamen und Geburtsdatum der überlassenen Arbeitnehmer und Arbeitnehmerinnen,
2. Beginn und Dauer der Überlassung,
3. Ort der Beschäftigung, bei Bauleistungen die Baustelle,
4. Ort im Inland, an dem die nach § 19 erforderlichen Unterlagen bereitgehalten werden,
5. Familienname, Vornamen und Anschrift in Deutschland eines oder einer Zustellungsbevollmächtigten des Verleihers,
6. Branche, in die die Arbeitnehmer und Arbeitnehmerinnen entsandt werden sollen, und
7. Familienname, Vornamen oder Firma sowie Anschrift des Verleihers.

[2] Absatz 1 Satz 3 gilt entsprechend.

(4) Der Entleiher hat der Anmeldung eine Versicherung des Verleihers beizufügen, dass dieser seine Verpflichtungen nach § 8 einhält.

(5) Das Bundesministerium der Finanzen kann durch Rechtsverordnung im Einvernehmen mit dem Bundesministerium für Arbeit und Soziales ohne Zustimmung des Bundesrates bestimmen,
1. dass, auf welche Weise und unter welchen technischen und organisatorischen Voraussetzungen eine Anmeldung, Änderungsmeldung und Versicherung abweichend von Absatz 1 Satz 1 und 3, Absatz 2 und 3 Satz 1 und 2 und Absatz 4 elektronisch übermittelt werden kann,
2. unter welchen Voraussetzungen eine Änderungsmeldung ausnahmsweise entfallen kann, und
3. wie das Meldeverfahren vereinfacht oder abgewandelt werden kann, sofern die entsandten Arbeitnehmer und Arbeitnehmerinnen im Rahmen einer regelmäßig wiederkehrenden Werk- oder Dienstleistung eingesetzt werden oder sonstige Besonderheiten der zu erbringenden Werk- oder Dienstleistungen dies erfordern.

(6) Das Bundesministerium der Finanzen kann durch Rechtsverordnung ohne Zustimmung des Bundesrates die zuständige Behörde nach Absatz 1 Satz 1 und Absatz 3 Satz 1 bestimmen.

1 1. Die **Anmeldeverpflichtung nach Abs. 1** galt zunächst ausschl. für den Baubereich, da hier anges. der meist nur kurzen Verweildauer der entsandten AN die Überprüfung bes. schwierig war (*Koberski* § 18 Rn. 5). Abs. 1 begr. die Meldepflicht für alle AG mit Sitz im Ausland, die unter den Geltungsbereich eines durch AVE oder RechtsVO erstreckten TV über Mindestlohn und Urlaub einschl. der Sozialkassenregelung fallen. Die Verpflichtung gilt nur für Beschäftigte, deren Tätigkeit einem TV nach §§ 4 I Nr. 1, 5 S. 1 Nr. 1–3, 6 II oder einer VO nach § 7 oder § 7a unterliegt (BSG 6.3.2003 NZA 2003, 908). Die Anmeldung ist vor Beginn einer Werk- oder Dienstleistung in dt. Sprache schriftl. auf einem amtl. Vordruck einzureichen. Den Adressaten der Anmeldung (Bundesfinanzdirektion West) und deren Inhalt legt Abs. 1 abschl. fest. Für **Verleiher** mit Sitz im Ausland wird in Abs. 3 die Meldepflicht des vertragl. mit ihnen verbundenen Entleihers begründet. Regelungszweck ist eine effektive Kontrolle der Einhaltung des G durch Unternehmen mit Sitz im Ausland; Inländer werden nicht erfasst. Daher könnte eine unionswidrige Diskriminierung vorliegen. Nach der Rspr. des EuGH (25.10.2001 NZA 2001, 1377) können zusätzl. Auskunftspflichten für ausl. Unternehmen nur gerechtfertigt werden, wenn die zur Verwirklichung des Gesetzeszieles erforderl. Kontrollen nicht schon auf Grund der Unterlagen vorgenommen werden können, die nach den Vorschr. des Entsendestaates zu führen sind. Anges. der handwerks- bzw. gewerberechtl. Pflichten dt. Unternehmen ist keine Benachteiligung anzunehmen, da die bloße Anmeldung v. AN demggü. weniger restriktiv ist. Die Meldepflicht steht im Einklang mit dem EU-Vertrag (OLG D 16.3.2000 NZA-RR 2001, 461; zust. *Ulber* § 18 AEntG Rn. 4 f.). Der EuGH (7.10.2010 NZA 2010, 1404) hält die Verpflichtung zu einer vorherigen Entsendungsanmeldung dann für unionsrechtswidrig, falls damit überprüfungsbedingte Verzögerungen der Entsendung einhergehen. IÜ kommt dem Aufnahmestaat die Befugnis zur Kontrolle der Einhaltung der Mindestbedingungen zu (EuGH 19.1.2006 NZA 2006, 199).

Angaben sind im Umf. v. Abs. 1 S. 2 Nr. 1–7 zu machen; eintretende Änd. sind unverzügl. zu melden (Abs. 1 S. 3); zum Meldeverfahren Rn. 4. Dass auch eine Abmeldung erforderl. ist, zB wenn AN ausgetauscht und turnusmäßig auf mehreren Arbeitsstellen beschäftigt werden, schreibt das G nicht vor. 2

Abs. 3 erstreckt die Informationspflichten auf **Entleiher,** die v. einem Verleiher mit Sitz im Ausland AN zur Beschäftigung im Inland beziehen. Die Informationspflicht wurde auf den Entleiher übertragen, weil dieser den Kontrollbehörden aktuellere Kenntnisse über den inländischen Einsatzort der AN vermitteln kann. Ob der Entleiher seinen Unternehmenssitz im Inland oder im Ausland hat, ist für die Meldepflicht unbeachtl.; es kommt auf die Beschäftigung entsandter AN im Inland an. Die Meldepflicht gilt für alle Werk- oder Dienstleistungen und entspricht inhaltl. weitgehend derjenigen aus Abs. 1 (*Koberski* Rn. 17). 3

2. Versicherungen des AG. Die in **Abs. 2, 4** geforderte Vers. des gesetzeskonformen Verhaltens soll AG/Entleihern den Bestand und den Umf. der Pflichten aus § 8 deutl. vor Augen führen. Dies schneidet ggf. in einem Bußgeldverfahren gem. § 23 den Einwand nicht schuldhaften Verhaltens ab. Die Verpflichtung zur Abgabe einer „Tariftreueerklärung" wird damit nicht begr. (dazu: BGH 18.1.2000 NZA 2000, 327), da sich die Norm nur auf die durch AVE oder RechtsVO auf die AG selbst anwendbaren TVNormen erstreckt. **Abs. 5** ermöglicht Sonderregelungen durch RechtsVO (MiLoMeldV v. 26.11.2014, BGBl. I S. 1825), um den Erfordernissen der Kontrolle in solchen Branchen besser zu entsprechen, die durch bes. kurzfristig wechselnde, dafür aber regelm. wiederkehrende Einsatzorte gekennzeichnet sind. Dem wird durch eine vereinfachte Meldung, zB durch Übermittlung einer Einsatzplanung, entsprochen (*Koberski* Rn. 22). **Abs. 6** schafft eine Ermächtigungsgrdl. zur Bestimmung der Meldestelle gem. § 18. Bestimmt wurde die OFD Köln als zuständige Behörde der Zollverw. (AEntGMeldstellV v. 31.8.2009 BGBl. I S. 3000). 4

§ 19 Erstellen und Bereithalten von Dokumenten

(1) [1] **Soweit die Rechtsnormen eines für allgemeinverbindlich erklärten Tarifvertrages nach § 4 Absatz 1 Nummer 1, § 5 Satz 1 Nummer 1 bis 3 und § 6 Absatz 2 oder einer entsprechenden Rechtsverordnung nach § 7 oder § 7a über die Zahlung eines Mindestentgelts oder die Einziehung von Beiträgen und die Gewährung von Leistungen im Zusammenhang mit Urlaubsansprüchen auf das Arbeitsverhältnis Anwendung finden, ist der Arbeitgeber verpflichtet, Beginn, Ende und Dauer der täglichen Arbeitszeit der Arbeitnehmer und Arbeitnehmerinnen spätestens bis zum Ablauf des siebten auf den Tag der Arbeitsleistung folgenden Kalendertages aufzuzeichnen und diese Aufzeichnungen mindestens zwei Jahre beginnend ab dem für die Aufzeichnung maßgeblichen Zeitpunkt aufzubewahren.** [2] **Satz 1 gilt entsprechend für einen Entleiher, dem ein Verleiher einen Arbeitnehmer oder eine Arbeitnehmerin oder mehrere Arbeitnehmer oder Arbeitnehmerinnen zur Arbeitsleistung überlässt.**

(2) [1] **Jeder Arbeitgeber ist verpflichtet, die für die Kontrolle der Einhaltung eines für allgemeinverbindlich erklärten Tarifvertrages nach § 4 Absatz 1 Nummer 1, § 5 Satz 1 Nummer 1 bis 3 und § 6 Absatz 2 oder einer entsprechenden Rechtsverordnung nach § 7 oder § 7a erforderlichen Unterlagen im Inland für die gesamte Dauer der tatsächlichen Beschäftigung der Arbeitnehmer und Arbeitnehmerinnen im Geltungsbereich dieses Gesetzes, mindestens für die Dauer der gesamten Werk- oder Dienstleistung, insgesamt jedoch nicht länger als zwei Jahre in deutscher Sprache bereitzuhalten.** [2] **Auf Verlangen der Prüfbehörde sind die Unterlagen auch am Ort der Beschäftigung bereitzuhalten, bei Bauleistungen auf der Baustelle.**

(3) **Das Bundesministerium für Arbeit und Soziales kann durch Rechtsverordnung ohne Zustimmung des Bundesrates die Verpflichtungen des Arbeitgebers oder eines Entleihers nach § 18 und den Absätzen 1 und 2 hinsichtlich einzelner Branchen oder Gruppen von Arbeitnehmern und Arbeitnehmerinnen einschränken.**

(4) **Das Bundesministerium der Finanzen kann durch Rechtsverordnung im Einvernehmen mit dem Bundesministerium für Arbeit und Soziales ohne Zustimmung des Bundesrates bestimmen, wie die Verpflichtung des Arbeitgebers, die tägliche Arbeitszeit bei ihm beschäftigter Arbeitnehmer und Arbeitnehmerinnen aufzuzeichnen und diese Aufzeichnungen aufzubewahren, vereinfacht oder abgewandelt werden kann, sofern Besonderheiten der zu erbringenden Werk- oder Dienstleistungen oder Besonderheiten der Branche dies erfordern.**

1. Erstellen von Dokumenten (Abs. 1). Ist ein TV über die Arbeitsbedingungen gem. § 5 Nr. 1 bis 3 durch AVE oder RechtsVO geltungserstreckt worden, müssen alle in seinen Geltungsbereich fallenden AG mit Sitz im In- und Ausland Aufzeichnungen gem. § 19 herstellen und bereithalten. Zu dokumentieren sind Beginn, Ende und Dauer der tägl. AZ der im Geltungsbereich des erstreckten TV beschäftigten AN. Die Aufzeichnungspflicht ist spätestens bis zum Ablauf des 7. auf den Tag der Arbeitsleistung folgenden Kalendertages zu erfüllen. Diese Konkretisierung der Rechtspflicht soll die 1

Kontrollmöglichkeiten effektivieren. Die Aufzeichnungen sind mind. 2 Jahre aufzubewahren, gerechnet ab dem Zpkt, zu dem der Aufzeichnungspflicht spätestens genügt worden sein muss. Die Aufzeichnungspflicht trifft auch jeden Entleiher, unabhängig v. der Belegenheit seines Firmensitzes, dem AN zur Arbeitsleistung im Geltungsbereich des erstreckten TV überlassen werden (S. 2).

2 **2. Bereithalten von Dokumenten (Abs. 2).** Alle in- und ausl. AG sind verpflichtet, alle zur Kontrolle der Einhaltung der Rechtspflichten aus einem TV gem. §§ 4, 5, 6 Nr. 1 bis 3 oder aus einer RechtsVO gem. § 7 erforderl. Unterlagen im Inland in dt. Sprache bereitzuhalten (EuGH 18.7.2007 NZA 2006, 199; 7.10.2010 NZA 2010, 1404). Diese Pflicht besteht für mind. die Dauer der gesamten Werk-/Dienstleistung, jedoch insg. nicht länger als 2 Jahre. Die Prüfbehörde kann verlangen, dass die Unterlagen auch am Ort der Beschäftigung bereitzuhalten sind, ggf. auf der Baustelle, nicht nur am Sitz des jeweils für den AG verantwortl. Handelnden.

3 **3. Verordnungsermächtigungen (Abs. 3 und 4).** Das Bundesministerium für Arbeit und Soziales bzw. das Bundesministerium für Finanzen können per VO den Anwendungsbereich der Dokumentationspflichten des AG bzw. Entleihers einschränken oder sie branchenspezifisch anpassen, um den Besonderheiten bestimmter Branchen zu entsprechen. Die Regelung vollzieht § 17 Abs. 3, 4 MiLoG nach.

§ 20 Zusammenarbeit der in- und ausländischen Behörden

(1) Die Behörden der Zollverwaltung unterrichten die zuständigen örtlichen Landesfinanzbehörden über Meldungen nach § 18 Abs. 1 und 3.

(2) [1]Die Behörden der Zollverwaltung und die übrigen in § 2 des Schwarzarbeitsbekämpfungsgesetzes genannten Behörden dürfen nach Maßgabe der datenschutzrechtlichen Vorschriften auch mit Behörden anderer Vertragsstaaten des Abkommens über den Europäischen Wirtschaftsraum zusammenarbeiten, die diesem Gesetz entsprechende Aufgaben durchführen oder für die Bekämpfung illegaler Beschäftigung zuständig sind oder Auskünfte geben können, ob ein Arbeitgeber seine Verpflichtungen nach § 8 erfüllt. [2]Die Regelungen über die internationale Rechtshilfe in Strafsachen bleiben hiervon unberührt.

(3) Die Behörden der Zollverwaltung unterrichten das Gewerbezentralregister über rechtskräftige Bußgeldentscheidungen nach § 23 Abs. 1 bis 3, sofern die Geldbuße mehr als zweihundert Euro beträgt.

1 Die Vorschr. verpflichtet die Behörden der Zollverw. zur Weiterleitung relevanter Inf. an die örtl. Landesfinanzbehörden (Abs. 1). Sie dürfen mit den entspr. Überwachungsbehörden in anderen Vertragsstaaten des EWR zusammenarbeiten und Daten mit ihnen austauschen (Abs. 2 S. 1). Schließl. werden sie verpflichtet, das Gewerbezentralregister über Bußgeldentsch. gem. § 23 I bis III zu unterrichten, sofern die rkr. verhängte Geldbuße mehr als € 200,– beträgt (Abs. 3).

§ 21 Ausschluss von der Vergabe öffentlicher Aufträge

(1) [1]Von der Teilnahme an einem Wettbewerb um einen Liefer-, Bau- oder Dienstleistungsauftrag der in §§ 99 und 100 des Gesetzes gegen Wettbewerbsbeschränkungen genannten Auftraggeber sollen Bewerber oder Bewerberinnen für eine angemessene Zeit bis zur nachgewiesenen Wiederherstellung ihrer Zuverlässigkeit ausgeschlossen werden, die wegen eines Verstoßes nach § 23 mit einer Geldbuße von wenigstens zweitausendfünfhundert Euro belegt worden sind. [2]Das Gleiche gilt auch schon vor Durchführung eines Bußgeldverfahrens, wenn im Einzelfall angesichts der Beweislage kein vernünftiger Zweifel an einer schwerwiegenden Verfehlung im Sinne des Satzes 1 besteht.

(2) Die für die Verfolgung oder Ahndung der Ordnungswidrigkeiten nach § 23 zuständigen Behörden dürfen öffentlichen Auftraggebern nach § 99 des Gesetzes gegen Wettbewerbsbeschränkungen und solchen Stellen, die von öffentlichen Auftraggebern zugelassene Präqualifikationsverzeichnisse oder Unternehmer- und Lieferantenverzeichnisse führen, auf Verlangen die erforderlichen Auskünfte geben.

(3) [1]Öffentliche Auftraggeber nach Absatz 2 fordern im Rahmen ihrer Tätigkeit beim Gewerbezentralregister Auskünfte über rechtskräftige Bußgeldentscheidungen wegen einer Ordnungswidrigkeit nach § 23 Abs. 1 oder 2 an oder verlangen von Bewerbern oder Bewerberinnen eine Erklärung, dass die Voraussetzungen für einen Ausschluss nach Absatz 1 nicht vorliegen. [2]Im Falle einer Erklärung des Bewerbers oder der Bewerberin können öffentliche Auftraggeber nach Absatz 2 jederzeit zusätzlich Auskünfte des Gewerbezentralregisters nach § 150a der Gewerbeordnung anfordern.

(4) Bei Aufträgen ab einer Höhe von 30 000 Euro fordert der öffentliche Auftraggeber nach Absatz 2 für den Bewerber oder die Bewerberin, der oder die den Zuschlag erhalten soll, vor der Zuschlagserteilung eine Auskunft aus dem Gewerbezentralregister nach § 150a der Gewerbeordnung an.

(5) Vor der Entscheidung über den Ausschluss ist der Bewerber oder die Bewerberin zu hören.

§ 21 erweitert die mögl. Sanktionen über die Bußgelder des § 23 hinaus auf Mittel des Wirtschaftsrechts: Wer wegen eines Verstoßes gegen § 23 mit einer Geldbuße ab € 2500,– belegt wurde, kann zeitweilig v. öffentl. Aufträgen ausgeschlossen werden. Der Ausschluss ist nicht zwgd., soll aber den Regelfall bilden. Zum Ausschluss berechtigt sind öffentl. Auftraggeber iSd. §§ 99 und 100 GWB. Der Ausschluss verhindert die Teilnahme an einem Wettbewerb um öffentl. Aufträge und weicht damit v. § 97 GWB ab. Regelungsvorbild ist § 21 SchwArbG. Rechtsfolge ist der Ausschluss für eine „angemessene Zeit". Das gibt den Auftraggebern einen Beurteilungsspielraum; eine Orientierung an § 21 SchwArbG (bis zu 3 Jahren) ist angemessen. Der Ausschluss v. Wettbewerb setzt voraus, dass eine Ordnungswidrigkeit v. einigem Gewicht vorliegt (Geldbuße v. mind. 2500 €), und dass die öffentl. Auftraggeber v. der Tatsache der Verhängung einer Geldbuße in maßgebl. Höhe überhaupt erfahren. Außer den öffentl. Auftraggebern selbst dürfen weitere Stellen Auskünfte verlangen (Abs. 2), die Präqualifikationsverzeichnisse oder Unternehmer- und Lieferantenverzeichnisse für diese führen. Die durch § 20 III vorgesehene Pflicht zur Eintragung v. Bußgeldentsch. iHv. mehr als 200 € in das Gewerbezentralregister (§ 149 II GewO) erlaubt eine selbständige Feststellung dieses Umstandes durch die AG. Die datenschutzrechtl. Zulässigkeit einer Inf. durch die zust. Behörde begr. Abs. 2 als Spezialvorschr. Abs. 1 S. 2 erlaubt den Ausschluss bereits vor Durchführung des Bußgeldverfahrens, sofern die Beweislage für das Vorliegen einer schweren Verfehlung genügend Anhaltspunkte bietet. Die hierin liegende Durchbrechung des Prinzips der Unschuldsvermutung ist auch anges. des Normzwecks unverhältnismäßig. 1

Verschiedene Bundesländer und Gemeinden machen die Vergabe öffentl. Bauaufträge v. **„Tariftreueerklärungen"** abhängig, dh. der Verpflichtung zur Einhaltung bestimmter, nicht allgemeinverbindl. TV. Der BGH hält dies für verfassungswidrig (18.1.2000 NZA 2000, 327; krit. dazu *Schwab* NZA 2001, 701); das BVerfG hatte das Berliner Vergabegesetz nicht beanstandet (11.7.2006 NZA 2007, 42). Der EuGH hält ein Tariftreuegesetz für mit Art. 56 AEUV nicht vereinbar, das ausl. Unternehmen verpflichtet, ortsübl. Tariflöhne an AN zu zahlen, die zur Durchführung eines öffentl. Bauauftrages nach Deutschland entsandt werden (3.4.2008 NZA 2008, 537; dazu *Seifert* EuZA 2008, 526; *Koberski/Schierle* RdA 2008, 233). Ein in einer Rechtsvorschr. (Vergabeverordnung) festgelegter Vergabemindestlohn dürfte dagegen v. diesem Maßstab nicht erfasst, sondern RLkonform sein (*Greiner* ZIP 2011, 2129, 2134). 2

§ 22 *(aufgehoben)*

§ 23 Bußgeldvorschriften

(1) Ordnungswidrig handelt, wer vorsätzlich oder fahrlässig

1. **entgegen § 8 Abs. 1 Satz 1 oder Abs. 3, eine dort genannte Arbeitsbedingung nicht oder nicht rechtzeitig gewährt oder einen Beitrag nicht oder nicht rechtzeitig leistet,**
2. **entgegen § 17 Satz 1 in Verbindung mit § 5 Abs. 1 Satz 1 des Schwarzarbeitsbekämpfungsgesetzes eine Prüfung nicht duldet oder bei einer Prüfung nicht mitwirkt,**
3. **entgegen § 17 Satz 1 in Verbindung mit § 5 Abs. 1 Satz 2 des Schwarzarbeitsbekämpfungsgesetzes das Betreten eines Grundstücks oder Geschäftsraums nicht duldet,**
4. **entgegen § 17 Satz 1 in Verbindung mit § 5 Abs. 3 Satz 1 des Schwarzarbeitsbekämpfungsgesetzes Daten nicht, nicht richtig, nicht vollständig, nicht in der vorgeschriebenen Weise oder nicht rechtzeitig übermittelt,**
5. **entgegen § 18 Abs. 1 Satz 1 oder Abs. 3 Satz 1 eine Anmeldung nicht, nicht richtig, nicht vollständig, nicht in der vorgeschriebenen Weise oder nicht rechtzeitig vorlegt oder nicht, nicht richtig, nicht vollständig, nicht in der vorgeschriebenen Weise oder nicht rechtzeitig zuleitet,**
6. **entgegen § 18 Abs. 1 Satz 3, auch in Verbindung mit Absatz 3 Satz 2, eine Änderungsmeldung nicht, nicht richtig, nicht vollständig, nicht in der vorgeschriebenen Weise oder nicht rechtzeitig macht,**
7. **entgegen § 18 Abs. 2 oder 4 eine Versicherung nicht, nicht richtig oder nicht rechtzeitig beifügt,**
8. **entgegen § 19 Absatz 1 Satz 1, auch in Verbindung mit Satz 2, eine Aufzeichnung nicht, nicht richtig, nicht vollständig oder nicht rechtzeitig erstellt oder nicht oder nicht mindestens zwei Jahre aufbewahrt oder**

9. entgegen § 19 Abs. 2 eine Unterlage nicht, nicht richtig, nicht vollständig oder nicht in der vorgeschriebenen Weise bereithält.

(2) **Ordnungswidrig handelt, wer Werk- oder Dienstleistungen in erheblichem Umfang ausführen lässt, indem er als Unternehmer einen anderen Unternehmer beauftragt, von dem er weiß oder fahrlässig nicht weiß, dass dieser bei der Erfüllung dieses Auftrags**

1. entgegen § 8 Abs. 1 Satz 1 oder Abs. 3, eine dort genannte Arbeitsbedingung nicht oder nicht rechtzeitig gewährt oder einen Beitrag nicht oder nicht rechtzeitig leistet oder

2. einen Nachunternehmer einsetzt oder zulässt, dass ein Nachunternehmer tätig wird, der entgegen § 8 Abs. 1 Satz 1 oder Abs. 3, eine dort genannte Arbeitsbedingung nicht oder nicht rechtzeitig gewährt oder einen Beitrag nicht oder nicht rechtzeitig leistet.

(3) **Die Ordnungswidrigkeit kann in den Fällen des Absatzes 1 Nr. 1 und des Absatzes 2 mit einer Geldbuße bis zu fünfhunderttausend Euro, in den übrigen Fällen mit einer Geldbuße bis zu dreißigtausend Euro geahndet werden.**

(4) **Verwaltungsbehörden im Sinne des § 36 Abs. 1 Nr. 1 des Gesetzes über Ordnungswidrigkeiten sind die in § 16 genannten Behörden jeweils für ihren Geschäftsbereich.**

(5) **Für die Vollstreckung zugunsten der Behörden des Bundes und der bundesunmittelbaren juristischen Personen des öffentlichen Rechts sowie für die Vollziehung des Vermögensarrestes nach § 111e der Strafprozessordnung in Verbindung mit § 46 des Gesetzes über Ordnungswidrigkeiten durch die in § 16 genannten Behörden gilt das Verwaltungs-Vollstreckungsgesetz des Bundes.**

1 **1. Ordnungswidrigkeiten, Sanktionen.** § 23 enthält einen umfangr. Katalog für Sanktionen von zT erhebl. Umf., um von den – praktisch häufigen – Verstößen gegen das G abzuschrecken. Adressaten des Abs. 1 sind in- und ausl. AG, sofern sie die ges. Mindestbedingungen in § 8 nicht einhalten oder die Mitwirkungs-, Melde- oder Duldungspflichten gem. §§ 17 bis 19 nicht erfüllen. Verstöße gegen § 2 sind keine Ordnungswidrigkeiten gem. AEntG, sondern ggf. gem. den in Bezug genommenen Sonderbestimmungen (BT-Drs. 16/10486 S. 13). Bußgeldbewehrt ist der Verstoß sowohl inländischer wie ausl. AG, um eine Diskriminierung ausl. Dienstleister auszuschließen (BGH 21.3.2000 NZA 2000, 558). Damit wird die Durchsetzung tarifvertragl. Ansprüche, die sonst den Arbeitsvertragsparteien überlassen ist, ordnungswidrigkeitsrechtl. unterfüttert (krit. *Böhm* NZA 1999, 128, 129). Abs. 2 richtet die Sanktionsdrohung auch an Auftraggeber/Generalunternehmer, deren Subunternehmer die Mindestarbeitsbedingungen nicht einhalten, auch wenn dies fahrlässig nicht bekannt war („Übernahmefahrlässigkeit"; vgl. *Aulmann* NJW 2012, 2074, 2076). Die Normierung von Ordnungswidrigkeitstatbeständen unterliegt dem Bestimmtheitsgebot von Art. 103 II GG. Doch hat das BVerfG (25.10.1991 NJW 1992, 2624) es ausreichen lassen, dass strafrechtl. Sanktionsnormen durch rangniedrigere Vorschr. wie VO ergänzt werden. Dass die mögl. Inhalte der Verbote wechseln, ist so lange hinzunehmen, wie die Voraussetzungen der Strafbarkeit im G vorgezeichnet sind (BVerfG 25.7.1962 NJW 1962, 1563).

2 **a) Grundsätzliches.** Der Tatbestand ist erfüllt, sobald die genannten Mindestarbeitsbedingungen nicht oder nicht rechtzeitig gewährt werden oder die weiteren Dokumentations-, Versicherungs- oder Aufbewahrungspflichten nicht, nicht richtig oder nicht rechtzeitig erfüllt werden. Für die Tatbestände nach Abs. 1 kommt es auf die Nichtgewährung geschuldeter Leistungen bei Fälligkeit an (zur Berechnung des geschuldeten Mindestlohns vgl. § 5 Rn. 2,3). Spätere Nachzahlungen oder die Geringfügigkeit nicht gezahlter Differenzbeträge schließen die Ordnungswidrigkeit nicht aus. Der sachl. Geltungsbereich von § 23 wird durch Verweis auf die §§ 8, 17, 18 und 19 bestimmt; eine weitergehende analoge Anwendung kommt nicht in Betracht (OLG Hamm 18.10.2016 BeckRS 2016, 19209). Die Tat ist beendet (mit der Folge des Beginns der Verjährung), wenn die Pflicht zur Gewährung der ges. Mindestarbeitsbedingungen wegfällt, insb. weil die ges. Ansprüche der AN verjährt oder verfallen sind (OLG TH 2.2.2006 GewArch 2006, 210; Däubler/*Lakies* § 5 TVG Anh. 2 § 23 Rn. 3). Gem. § 17 III OWiG sind Grdl. für die Zumessung der Geldbuße die Bedeutung der Ordnungswidrigkeit und der Vorwurf, der den Täter trifft. Die wirtschaftl. Verhältnisse des Täters sind zu berücksichtigen. Gem. § 17 IV OWiG soll die Geldbuße den wirtschaftl. Vorteil, den der Täter aus der Ordnungswidrigkeit gezogen hat, übersteigen. Bei der Zumessung der Geldbuße wegen Nichtgewährung des Mindestlohns kommt dieser Vorschr. erhebl. Bedeutung zu (*Koberski* § 23 Rn. 30). Der Tatbestand muss schuldhaft, dh. zumindest fahrlässig verwirklicht worden sein. Zur Anerkennung eines unvermeidl. Verbotsirrtum bei einem kleinen inländischen AG: BayObLG 13.10.1999 BeckRS 1999, 10137; aA OLG BB 3.4.2003 BeckRS 2003, 30314620. Die Rspr. nimmt idR eine Erkundigungspflicht an (OLG TH 1.11.2005 BeckRS 2009, 18416), die einen Irrtum über das Bestehen eines Ordnungswidrigkeitstatbestands verhindert; auch kleine Unternehmen sind dazu verpflichtet. Als Täter kommen primär natürl. Personen in Betracht, die als AG, Unternehmer oder Verleiher bzw. Entleiher für die Einhaltung des AEntG verantwortl. sind (Däubler/*Lakies* § 5 TVG Anh. 2 § 23 Rn. 2). Die Pflichten gem. § 17 sind auch an Dritte adressiert, die Sanktionsdrohung des Abs. 2 an Auftraggeber/Generalunternehmer. Ist der AG keine natürl. Person, ist gem. § 9 I OWiG der ges. Vertreter zur Verantwortung zu ziehen. Im Einzelfall können aber auch AN Täter sein, zB durch Zurückhalten von Unterlagen usw. Die betroffenen

AN werden als „notwendige Beteiligte“ idR keinen Ordnungswidrigkeitstatbestand erfüllen. Auch wenn die StA von der Verfolgung eines Vergehens nach § 266a StGB endgültig absieht, steht dies einem Ordnungswidrigkeitsverfahren nach Abs. 1 Nr. 1 nicht entgegen (BGH 15.3.2012 NJW 2012, 2051).

b) Abgrenzung Tateinheit zu Tatmehrheit. Es ist im Einzelfall zu entscheiden, ob bei Nicht-gewäh-rung des Mindestlohns hins. verschiedener AN und/oder verschiedener Bauleistungen Tateinheit oder Tatmehrheit vorliegt; idR kann im Rahmen einer „Bauleistung iSd. Anmeldung nach dem AEntG“ Tateinheit angenommen werden mit der Folge, dass insgesamt nur eine Geldbuße festzusetzen ist. Bei Verstößen sowohl wegen Nichtgewährung des Mindestlohns als auch nicht erfolgter Anmeldung/Vers. und/oder Nichtgewährung der Urlaubsbedingungen, Nichtabführung der Beiträge zur Urlaubskasse etc. wird im Verhältnis zueinander idR Tatmehrheit vorliegen, dh. für jede Ordnungswidrig-keit eine gesonderte Geldbuße verhängt. Ebenso BayObLG 29.6.1999 DB 1999, 2220: Tateinheit bei gleichzeitigem Einsatz illegal überlassener Bauarbeiter. 3

c) Zumessung (Abs. 3). Wird ein Ordnungswidrigkeitstatbestand verwirklicht, wird idR eine Geldbuße verhängt, deren Rahmen in Abs. 3 bestimmt ist. Für die Zumessung der Geldbuße sind gem. § 17 III OWiG im konkreten Fall der Vorwurf, der den Täter trifft, sowie seine wirtschaftl. Verhältnisse zu berücksichtigen. Bei fahrlässigem Verhalten beschränkt § 17 II OWiG die Höhe des Bußgeldes auf die Hälfte der Höchstbeträge gem. Abs. 3. Eine Geldbuße wegen Nichtgewährung des Mindestlohns setzt sich im Regelfall zusammen aus dem wirtschaftl. Vorteil, der aus dem Gewinn und einem Marktvorteil besteht, und einer individuellen Geldbuße. Zur Ermittlung des **wirtschaftl. Vorteils** ist zunächst der durch die Ordnungswidrigkeit unmittelbar erzielte Gewinn festzustellen. Grdl. dafür sind die Zahl der betroffenen AN, die von diesen AN bei Nichtgewährung des Mindestlohnes geleisteten Arbeitsstunden sowie die Höhe der Mindestlohnunterschreitung (Bsp.: 10 AN je 200 Stunden 2,56 € Mindestlohnunterschreitung = 5113 € Gewinn). Neben diesem Gewinn ist für den wirtschaftl. Vorteil auch ein **Marktvorteil** zu berücksichtigen, der dem Täter dadurch zukommt, dass er gerade durch diese im Vergleich zu Mitbewerbern „günstigen“ Bedingungen Aufträge erhalten hat. Ein Marktvorteil lässt sich weder abstrakt noch im konkreten Einzelfall exakt ermitteln, eine Schätzung ist jedoch mögl. und zulässig. Diese Schätzung sollte sich an der Höhe des Gewinns orientieren; die Berücksichtigung eines Marktvorteils iHv. ca. 20% des Gewinns hielt die früher zuständige BA dabei für angemessen. Bei der Zumessung der individuellen – täterbezogenen – Geldbuße ist hins. des Vorwurfs, der den Täter trifft, auch die Bedeutung der Ordnungswidrigkeit im Einzelfall zu berücksichtigen (OLG TH 19.8.2004 GewArch 2005, 26). Da sich der Umf. des ordnungswidrigen Verhaltens bereits bei der Ermittlung des wirtschaftl. Vorteils niederschlägt, kann sich die individuelle Geldbuße ebenfalls an diesem Wert als Richtwert orientieren; sie sollte jedoch darüber liegen. Ist ein Gewinn bei dem Täter oder der jur. Person nicht entstanden oder ist er später entfallen, weil zB der Lohn nachweisl. nachgezahlt wurde, verbleibt es für die Festsetzung einer Gesamtgeldbuße bei dem Marktvorteil und der individuellen Geldbuße. 4

2. Verstöße von Unternehmen, die einen anderen Unternehmer beauftragen, Abs. 2. Ein ordnungswidriges Handeln iSd. § 23 II liegt vor, wenn ein Unternehmer Werk- oder Dienstleistungen in erhebl. Umf. in Auftrag gibt oder von einem Unternehmer ausführen lässt, von dem er weiß oder fahrlässig nicht weiß, dass dieser bei der Erfüllung seines Auftrages gegen § 8 verstößt oder einen Nachunternehmer ein-setzt oder zulässt, dass ein Nachunternehmer tätig wird, der gegen § 8 verstößt. Ob der Unternehmerbegriff hier parallel dem in § 14 Rn. 3 entwickelten zu definieren ist, ist nicht eindeutig, aber wegen des parallelen Zwecks zu befürworten. Leistungen „in erhebl. Umf.“ sind im AEntG nicht definiert. Die früher zuständige BA ging davon aus, dass bei einem Auftragsvolumen von etwa 10000 €, bezogen auf einen Auftraggeber und einen Auftragnehmer, ein erhebl. Umf. gegeben ist (zust. Däubler/*Lakies* § 5 TVG Anh. 2 § 23 Rn. 11; aA Kempen/*Zachert-Seifert* § 5 TVG Anh. 1 Rn. 6). Die Norm knüpft an ein Auswahlverschulden bei der Beauftragung an, also an dessen künftiges Fehlverhalten, das bereits bei Vertragsschluss erkennbar gewesen wäre. Bei Vertragsschluss verlangt die Sorgfaltspflicht, dass sich der Auftraggeber vom Vertragspartner gesetzeskonformes Verhalten zusichern lässt. Darüber hinaus begründet auch eine Pflicht zur Überwachung des Subunternehmers während der gesamten Auftragsdurchführung, falls objektive Anhaltspunkte für Rechtsverletzungen vorliegen (ablehnend AG M 30.12.2010 BeckRS 2011, 23481). Durch die Sanktionsregelung in § 23 wird der Auftraggeber zu bes. Sorgfalt verpflichtet. In welcher Weise er diesen Pflichten nachkommt, ist nicht ausdrückl. festgelegt. Unterlässt er jedoch die Überprüfung seines Nachunternehmers, kann dies bereits eine Pflichtverletzung iSd. § 23 darstellen. Dies gilt insb. dann, wenn bereits Umstände erkennbar sind, die für ein unrechtmäßiges Handeln des Nachunternehmers sprechen, zB Preiskalkulationen iRd. Angebotsabgabe. 5

40. Allgemeines Gleichbehandlungsgesetz (AGG)

Vom 14. August 2006 (BGBl. I S. 1897)

Zul. geänd. durch Gesetz vom 3. April 2013 (BGBl. I S. 610)

(FNA 402-40)

– Auszug –

Vorbemerkung

1 **1. Entwicklung.** Das Allg. Gleichbehandlungsgesetz setzt vier EU-RL in innerstaatl. Recht um, die es den Mitgliedstaaten auferlegen, den **Schutz vor Diskriminierung** im Bereich Beschäftigung und Beruf zu gewährleisten hins. der Merkmale Rasse, ethnische Herkunft, Religion und Weltanschauung, Behinderung, Alter, sexuelle Identität und Geschlecht.

2 **2. Verhältnis zu anderen Vorschriften.** Schon aus Spezialitätsgründen ist Prüfungsmaßstab für Benachteiligungen wegen eines im AGG geschützten Merkmales dieses Gesetz selbst (VGH BW 10.8.2016 BeckRS 2016, 50813). Auf Verf.- bzw. Unionsrecht darf nur im Falle v. Widersprüchen zu oder Umsetzungsmängeln im Verhältnis zu höherrangigen, unmittelbar anwendbaren Rechtsnormen zurückgegriffen werden.

3 Im Verhältnis zum **Unionsrecht** gilt: Das AGG ist zur Anpassung des dt. Rechts an die Vorgaben der GleichbehandlungsRL geschaffen worden, ist also weitestmögl. deren Vorgaben entspr. auszulegen. Zusätzl. ist bei der Auslegung zu beachten, dass Art. 21 GRC den Grds. der „Nichtdiskriminierung" den Mitgliedstaaten bei der Durchführung des Unionsrechts verpflichtend vorgibt (Art. 51 GRC). Die RL konkretisieren die Rechte der GRC und müssen entsprechend ausgelegt werden (EuGH 21.12.2016 NZA 2017, 109). Die dort genannten Merkmale gehen über die in den RL vorgesehenen hinaus. Jedenfalls soweit die auch im AGG geregelten Gründe betroffen sind, hat deren Auslegung aber dem Inhalt der GRC, die gem. Art. 6 I EUV den RL im Rang vorgeht, zu entsprechen (*Herresthal* EuZA 2011, 3, 18).

4 AN können sich zudem nach Ablauf der Umsetzungsfristen einem öffentl. AG ggü. auf Vorschr. einer RL berufen, wenn der Rechtsgrdl. unmittelbare Wirkung zukommt (EuGH 26.2.1986 NJW 1986, 2178; 5.10.2004 NZA 2004, 1145; 18.11.2010 NZA 2011, 29), nicht aber privaten AG ggü. In diesen Rechtsverhältnissen bleibt es grds. beim Gebot RLkonformer Auslegung nationaler Rechtsvorschr. (EuGH 5.5.1994 NJW 1994, 2077; 26.9.2013 BeckRS 2013, 81870), um die Rechtslage in den Mitgliedstaaten mit den verbindl. Zielen des Unionsrechts in Einklang zu bringen (EuGH 20.3.2003 NZA 2003, 506; *Schlachter* RdA 2005, 115 f.). Steht der Wortlaut einer Norm einer solchen Auslegung eindeutig entgegen, sind andere Vorschr. auf ihre Eignung zur Durchsetzung des RLZieles zu überprüfen (BAG 14.3.1989 NZA 1990, 21). Aus dem Vorrang des Unionsrechts, insb. v. unmittelbar anwendbaren Bestimmungen und Grundsätzen des Primärrechts oder ggf. der GRC (*Preis/Temming* NZA 2010, 185, 189 f.), kann die Pflicht der Gerichte folgen, unionsrechtswidriges nationales Recht unangewendet zu lassen (EuGH 22.11.2005 NZA 2005, 1345; 19.1.2010 NZA 2010, 85; 19.4.2016 NZA 2016, 537). Zur Schonung des Regelungsplans des Gesetzgebers kann eine Regelung dabei auf ihre unionsrechtskonformen Bestandteile zurückgeführt werden. Die Gerichte sind zur Gewährleistung des in den RL vorgegebenen Schutzes aber erst dann verpflichtet, wenn die angegriffene Maßnahme einen unionsrechtl. Bezug besitzt (EuGH 23.9.2008 NZA 2008, 1119; 26.9.2013 BeckRS 2013, 81870). Dieser wird idR durch die Umsetzung einer RL in das nationale Recht hergestellt, die als Maßstab zur Beurteilung einer „Benachteiligung" dienen soll. Ist die zu beurteilende Maßnahme älter als das Umsetzungsgesetz, kann der unionsrechtl. Bezug nicht durch Art. 18 AEUV vermittelt werden; wohl aber kann der Ablauf der Umsetzungsfrist auch einer bereits älteren Maßnahme/Norm den erforderl. unionsrechtl. Bezug vermitteln (EuGH 19.1.2010 NZA 2010, 85).

5 Im Verhältnis zum **Verfassungsrecht** ist zu beachten: Das AGG dient zugleich der Konkretisierung des Gleichberechtigungsgebotes aus Art. 3 II GG (BVerfG 16.11.1993 NZA 1994, 745; 21.9.2006 NZA 2007, 195; BAG 24.4.2008 NZA 2008, 1351; *Ossenbühl* NJW 2012, 417 ff.) sowie der Diskriminierungsverbote aus Art. 3 III GG. Auslegung und Anwendung des G haben daher auch den Anforderungen der Grundrechte zu genügen. Das Verhältnis des AGG zum arbeitsrechtl. **Gleichbehandlungsgrds.** bestimmt die Rspr. dahingehend, dass auch dieser Grds. verletzt wird, wenn eine Vereinb. oder Maßnahme gegen Normen verstößt, die die Ungleichbehandlung v. AN aus bestimmten Gründen ausdr. verbieten, wie zB § 4 TzBfG (BAG 22.10.2015 NZA 2016, 1081), das AGG oder die RL (BAG 11.4.2006 NZA 2006, 1217).

3. Fälle mit Auslandsberührung. Das AGG ist anwendbar in allen Fällen, in denen das zugrunde liegende ArbVerh. dt. Recht unterliegt. Dies bestimmt sich nach Art. 8, 9 Rom I (vgl. dort). Maßgebend ist eine vertragl. Rechtswahl oder der obj. Schwerpunkt des Vertrages. Wird eine ausl. Rechtsordnung gewählt, muss der Schutz etwaiger günstigerer Bestimmungen des dt. Rechts erhalten bleiben, Art. 8 Rom I. Ist das Recht eines anderen EU-Mitgliedstaates gewählt, der die RL bereits umgesetzt hat, ist damit der vorgeschriebene Mindeststandard gewahrt (DB/*Däubler* Einl. Rn. 261). Wird ein AN in Deutschland für seinen AG mit Sitz im Ausland tätig (Entsendefälle), sind gem. § 2 Nr. 7 AEntG (vgl. § 2 AEntG Rn. 3) alle dt. „Nichtdiskriminierungsbestimmungen" zwgd. anwendbar, Art. 9 Rom I (BAG 22.10.2015 NZA 2016, 473; anders: *MHH AGG* Einl. Rn. 46; *Junker* NZA-Beil. 2/2008, 59, 64). Handelt es sich bei dem ins Ausland Entsandten nicht um einen AN, ist die Rechtswahlfreiheit grds. weniger eingeschränkt. Doch ist gem. Art. 3 V Rom I die Wahl der Rechtsordnung eines Drittlandes nicht geeignet, die Anwendung zwingenden Unionsrechts auszuschließen, wenn der Sachverhalt mit Ausnahme der Rechtswahlklausel ausschl. Bezüge zu Mitgliedstaaten der EU aufweist. Da die im AGG umgesetzten RL zwgd. Unionsrecht enthalten, widersteht es der Abwahl. 6

4. Zeitliche Geltung. Das AGG trat am 18.8.2006 in Kraft und ist auf alle benachteiligenden Vereinb. oder Maßnahmen ab diesem Zpkt. anwendbar. Übergangsbestimmungen regelt § 33. Danach gilt altes Recht für Rechtsverhältnisse, die am 18.8.2006 bereits abgeschlossen sind, während auf später entstehende Tatsachen neues Recht anzuwenden ist. Auch ein Anwartschafts- oder Versorgungsverhältnis in der betriebl. Altersversorgung begr. ein solches fortdauerndes Rechtsverhältnis (BAG 17.4.2012 NZA 2012, 929). Für privatrechtl. Lebensversicherungsverträge, auf die die RL nicht anwendbar sind, hat der BGH eine Vertragsanpassung für Lebenspartner gem. § 313 I BGB vorgenommen (BGH 26.4.2017 NJW 2017, 2191). Maßgebl. ist die (letzte) Benachteiligungshandlung (BAG 16.9.2008 NZA 2009, 79; 14.1.2009 NZA 2009, 489; 24.9.2009 NZA 2010, 387; 18.1.2012, NZA 2012, 575). In bestehenden Dauerschuldverhältnissen kann sich eine andauernde und fortgesetzte nachteilige Behandlung als eine nicht abgeschlossene Diskriminierung darstellen, die die Anwendbarkeit des AGG eröffnet (LAG D 9.4.2010 NZA-RR 2010, 653). 7

Abschnitt 1. Allgemeiner Teil

§ 1 Ziel des Gesetzes

Ziel des Gesetzes ist, Benachteiligungen aus Gründen der Rasse oder wegen der ethnischen Herkunft, des Geschlechts, der Religion oder Weltanschauung, einer Behinderung, des Alters oder der sexuellen Identität zu verhindern oder zu beseitigen.

1. Normzweck. Die Regelungstechnik, das Gesetzesziel jeweils bes. zu normieren, ist aus den umzusetzenden RL übernommen. Im Allg. wird damit Anwendern und Gerichten eine Auslegungshilfe an die Hand gegeben. Regelungsaufgaben erfüllen diese Aussagen dagegen nur begrenzt. Im AGG wird allerdings in § 1 mittelbar der **sachl. Geltungsbereich** des Gesetzes umschrieben, weil andere Vorschr. zur Erl. ihres Anwendungsbereiches auf „Benachteiligungen aus den Gründen des § 1" verweisen. Entgegen der missverständl. Überschrift enthält § 1 mithin keine bloße Bestimmung des Auslegungsziels, sondern eine Vorverlagerung v. notwendigen Tatbestandsmerkmalen der Verbotsnorm des § 7. Entspr. den jeweiligen RL bezweckt das Gesetz den Schutz vor Benachteiligungen wegen der in § 1 genannten Merkmale. Ein Ausschließlichkeitsanspruch aus Spezialitätsgründen wird dadurch nicht erhoben; vielmehr belegt § 2 III ausdr. die Anwendbarkeit v. Diskriminierungsverboten oder Gleichbehandlungsgeboten, die sich auf andere Rechtsgrdl. stützen. Dass es der Norm um die **Merkmale** und nicht um eine Gruppenzugehörigkeit geht, wird v. EuGH (17.7.2008 NZA 2008, 932) als Arg. dafür verwandt, nicht nur Merkmalsträger, sondern jeden im ArbVerh. vor Benachteiligung „wegen" der Merkmale zu schützen (Rn. 18). 1

2. Benachteiligung. Dass als Gesetzesziel die Verhinderung v. **Benachteiligungen** (§ 7 Rn. 1) benannt wird, soll auf die *Verursachung* eines Nachteils verweisen, die aber inhaltl. gerechtfertigt sein kann oder einer Ausnahme v. Benachteiligungsverbot unterliegt. Gemeint ist mithin eine ungünstigere Behandlung als sie einem Nicht-Merkmalsträger widerfährt (BAG 16.2.2012 NZA 2012, 555); dass die fragl. Maßnahme keine Zurücksetzung der einen Gruppe ggü. einer Vergleichsgruppe *bewirken soll*, ist mithin kein Arg. gegen eine Benachteiligung (so aber LAG K 29.10.2012 LAGE AGG § 7 Nr. 4). Ein spezifischer Vermögensschaden braucht nicht eingetreten zu sein, die bloße Verletzung des Gleichbehandlungsanspruchs durch ein unfaires Verfahren genügt (BVerfG 16.11.1993 NZA 1994, 745; BAG 17.8.2010 NZA 2011, 153; 19.8.2010 NZA 2010, 1412). Der diskriminierende Ausschluss aus einem Auswahlverfahren genügt daher. Ob eine Behandlung tatsächl. ungünstiger ist, kann nur durch Vergleich mit anderen festgestellt werden (§ 3 Rn. 3 ff.) V. der im allg. Sprachgebrauch stets als rechtswidrig verstandenen Diskriminierung ist die Benachteiligung zu unterscheiden: Das Gesetz verlangt nicht allg. Gleichbehandlung, sondern verbietet die Anknüpfung v. nachteiligen Maßnahmen an best. Merkmale, die „Benach- 2 teiligungsgründe" des § 1. Daneben regelt es Ausnahmen v. Benachteiligungsverbot (§§ 5, 8, 9, 10) bzw. Rechtfertigungsgründe. Dabei will das Gesetz solche Benachteiligungen *verhindern oder beseitigen.* Dies setzt einerseits einen Präventions- oder Abschreckungszweck, andererseits den Anspruch, bereits eingetretene oder noch fortwirkende Benachteiligungen zu beseitigen. Da das Gesetz ausdr. weder einen Unterlassungs- noch einen Beseitigungsanspruch normiert, obwohl es ihn inhaltl. voraussetzt, sind dafür geeignete Bestimmungen entspr. auszulegen; anderenfalls ist gem. § 32 weitergehend auf die allg. Bestimmungen, vornehml. § 1004 BGB zurückzugreifen (*Rühl* AGG S. 82 f.).

3 **3. Benachteiligungsgründe.** Die Vorschr. legt für das gesamte Gesetz diejenigen Merkmale fest, bei deren Vorliegen eine daran anknüpfende Differenzierung dem Verdacht begegnen muss, eine unzulässige Benachteiligung darzustellen. Die Aufzählung ist abschl. Auch die RL 2000/78/EG kann durch Auslegung auf weitere, dort nicht genannte Merkmale nicht erstreckt werden (EuGH 11.7.2006 NZA 2006, 839). Die Auswahl der Merkmale folgt der Regelungskompetenz der EU, die durch Art. 19 AEUV über die in der urspr. Vertragsfassung allein angesprochene Benachteiligung wegen des Geschlechts hinaus auf zusätzl. Merkmale erweitert worden ist.

4 **a) Aus Gründen der Rasse oder ethnischen Herkunft.** Sowohl Art. 19 AEUV wie auch die RL 2000/43/EG verwenden beide Begriffe nebeneinander, um einen möglichst umfassenden Anwendungsbereich sicherzustellen, der alle Benachteiligungen erfasst, die durch die Zugehörigkeit zu einer v. der Mehrheitsgesellschaft als fremd wahrgenommenen Gruppierung beeinflusst werden können. Der Begriff der „ethnischen Herkunft" ist weit auszulegen, auf Wertungen gem. Art. 14 EMRK kann dafür zurückgegriffen werden (EuGH 16.7.2015 NZA 2015, 1247). Die Ethnie ist dabei ein weiter Begriff, in dem rassistische Benachteiligungen aufgehen (BT-Drs. 16/1780 S. 31; *Greiner* DB 2010, 1940); zugleich ist die Doppelung auch Ausdruck eines Unbehagens, an den „Rassen"-Begriff rechtl. Folgerungen zu knüpfen (LAG SN 17.9.2010 NZA-RR 2011, 72; *Nickel* NJW 2001, 2668, 2670). Der 6. Erwägungsgrund der RL 2000/43/EG hebt deswegen bes. hervor, dass mit dieser Wortwahl keinerlei Theorien über die Existenz verschiedener **menschl. Rassen** anerkannt werden soll. Anknüpfungspunkt für die Wortwahl sei vielmehr die Bewertung, dass Ideen und Annahmen „rassistisch" sind, wenn sie das Vorhandensein solcher Rassenunterschiede annehmen. Zur Inhaltsbestimmung der Begriffe können daher auch die im int. Übk. zur Beseitigung jeder Form v. Rassendiskriminierungen (7.3.1966 BGBl. 1969 II, S. 961) näher umschriebenen Kriterien zur Feststellung einer Benachteiligung wegen „Rasse oder ethnischer Herkunft" herangezogen werden: Hautfarbe, Abstammung, ethnischer Ursprung. Obj. Abgrenzungen sind jedoch nicht möglich, will man nicht die im Gesetz gerade abgelehnten Vorurteile über „Rassenunterschiede" bedienen.

4a Grds. versteht man unter einer **ethnischen Gruppierung** Bevölkerungsteile, die durch gemeinsame Herkunft, Geschichte, Kultur oder Zusammengehörigkeitsgefühl verbunden sind (BAG 21.6.2012 NZA 2012, 1345). Auch bei der Abgrenzung einer Ethnie ist freil. die Bestimmung durch Hautfarbe oder das äußere Erscheinungsbild denselben Problemen ausgesetzt wie die rassistische Diskriminierung (krit. *Greiner* DB 2010, 1940, 1941). Eine maßgebl. Kulturgemeinschaft kann sich in einem bes. Erscheinungsbild (Kleidung, Haartracht) äußern, in religiösen Gebräuchen oder der Verwendung eines Dialektes (EuGH 16.7.2015 NZA 2015, 1247). Wenn die Gemeinschaft subj. als prägend und obj. auch als identitätsstiftend wahrgenommen wird, kann es sich auch um Teilpopulationen handeln. Bedeutung kann auch der Wahrnehmung v. außen als bes., distinkte Gruppe zukommen. Aus dem Fehlen einer bes. Staatszugehörigkeit auf die fehlenden Bes. einer Gruppe zu schließen (ArbG Stuttgart 15.4.2010 NZA-RR 2010, 344) ist unangebracht; auf die Staatszugehörigkeit stellt die RL ja gerade nicht ab (LAG SH 13.11.2012 BeckRS 2013, 65280). Eine Gruppenzugehörigkeit kann durchaus auch durch die geographische Herkunft mitbestimmt werden, sobald diese durch Zuschreibung v. Außen als Sammelbezeichnung für das Vorhandensein bestimmter, negativ bewerteter Merkmale verwendet wird. Auf eine ethnische **Herkunft** kann eine Benachteiligung nur bezogen sein, solange diese für Außenstehende erkennbar ist, etwa an Aussehen, Sprechweise oder Namen; die bloße Abstammung („Migrationshintergrund") allein genügt dafür nicht. Wird eine Differenzierung nach den Merkmalen Religion oder Staatsangehörigkeit nur vorgeschoben, um die tatsächl. gewollte Benachteiligung wegen der ethnischen Herkunft zu verschleiern (vgl. so der Fall des ArbG Wuppertal 10.12.2003 E BGB 2002 § 626 Nr. 2a), handelt es sich ggf. um die in § 3 II behandelte mittelbare Benachteiligung in Form der versteckten Diskriminierung wegen ethnischer Herkunft.

5 Wird eine gute **Beherrschung der dt. Sprache** zur Einstellungsvoraussetzung erhoben, kann eine mittelbare Benachteiligung wegen ethnischer Herkunft (BAG 28.1.2010 NZA 2010, 625; 22.6.2011 NZA 2011, 1226; LAG N 5.10.2011 BeckRS 2011, 77811; LAG HM 4.2.2014 NZA-RR 2014, 412) vorliegen, weil die Mehrzahl der davon nachteilig Betroffenen nicht dt. Herkunft ist (aA *Hunold* DB 2009, 846, 849); zu prüfen ist eine sachl. Rechtfertigung iSd. § 3 II (LAG N 5.10.2011 BeckRS 2010, 66839). Liegt in der weitgehenden Beherrschung der dt. Sprache sogar eine wesentl. Anforderung iSd. § 8 I, ist die Anforderung rechtmäßig (BAG 28.1.2010 NZA 2010, 625; LAG HE 12.6.2015 BeckRS 2016, 65651; *Herbert/Oberrath* DB 2009, 2434, 2435). Für die Einstellungsvoraussetzung „Muttersprachler" wäre ebenfalls eine Ausnahme gem. § 8 I erforderl. (LAG HE 15.6.2015 BeckRS 2015, 72814; ArbG BE 11.2.2009 NZA-RR 2010, 16), die nur ausnahmsweise plausibel zu machen ist, selbst

wenn sie wohlwollend iS einer perfekten Beherrschung der Sprache interpretiert werden kann (dafür: *Hinrichs/Stütze* NZA-RR 2011, 113, 114). Wird in einem Bewerbungsformular allg. der Level der Sprachkenntnisse abgefragt, liegt darin kein Indiz für die Anforderung eines bestimmten Sprachniveaus (BAG 15.12.2016 BeckRS 2016, 119064; LAG HH 19.2.2014 NZA-RR 2014, 343). Auch die Forderung nach akzentfreier Aussprache dürfte für Tätigkeiten, bei denen nur Alltagskommunikation gefordert ist, selten eine berufl. Anforderung darstellen. Das LAG HB (29.6.2010 NZA-RR 2010, 510) spricht sich bei einer Entlassung wegen eines hörbaren Akzents für eine unmittelbare Benachteiligung aus. Das überzeugt nicht, weil die Sprache weder ein Merkmal gem. § 1 darstellt noch ihm, vergleichbar der Regelungsgehalt v. § 3 I 2, gleichgestellt ist (Rn. 18).

b) Wegen des Geschlechts. Der Begriff des **Geschlechts** meint die biologische Zuordnung zu einer 6
Geschlechtsgruppe (männl., weibl., zwischengeschlechtl.), nicht die sexuelle Ausrichtung der Betroffenen. Diese wird in § 1 nunmehr durch ein selbständiges Merkmal geschützt, so dass die früher v. EuGH befürwortete Anwendung des Verbots der Benachteiligung wegen des Geschlechts auf Transsexuelle (EuGH 30.4.1996 NZA 1996, 695) entbehrl. erscheint. Das BAG (17.12.2015 NZA 2016, 888) hält beide Zuordnungen für möglich. Aufgrund der §§ 611a, 612 III BGB aF bestehen mit dem Verbot einer Benachteiligung wegen des Geschlechts die längsten und umfangr. Erfahrungen. An die hierzu ergangene Rspr. (vgl. BAG 14.8.2007 NZA 2008, 99) kann auch unter Geltung des AGG angeknüpft werden.

c) Wegen der Religion oder der Weltanschauung. Beides iS eines Rechtsbegriffs zu definieren, 7
gelingt nur näherungsweise (*Thüsing* ZfA 2001, 397, 405 bevorzugt „intuitives" Erkennen). Zur Umschreibung herangezogen wird eine „mit der Person des Menschen verbundene Gewissheit über bestimmte Aussagen zum Weltganzen sowie zur Herkunft und zum Ziel des menschl. Lebens" (BAG 22.3.1995 NJW 1996, 143). Das Merkmal **Religion** zielt auf die Zugehörigkeit zu einer religiösen Gemeinschaft; das Vorhandensein religiöser Vorstellungen des Einzelnen („Glauben") muss iS eines Bekenntnisses zu den Verhaltensanforderungen der Religion mit enthalten sein, obwohl es v. Wortlaut nicht gefordert wird. Geschützt wird das Recht, religiöse Überzeugungen zu haben und seine Überzeugungen den Anforderungen der Religion entspr. zu praktizieren, etwa durch Beteiligung an Gottesdiensten und religiösen Unterweisungen, und Regeln oder Gepflogenheiten zu beachten und zu befolgen, vgl. Art. 9 EMRK. Dazu kann auch die Beachtung v. Bekleidungsvorschr. – Kopftuch – gehören (ArbG BE 28.3.2012 NZA-RR 2012, 627; BVerfG 18.10.2016 NZA 2016, 1522; EuGH 14.3.2017 NZA 2017, 373; NZA 2017, 375). Das BAG (10.12.2009 NZA-RR 2010, 383; 12.8.2010 NZA-RR 2011, 162) verweist darauf, dass auch Vorschr. über bestimmte Formen der Religionsbekundung „wesentl. berufl. Anforderungen" iSd. § 8 sein können, insb. im Fall einer Abwägung mit den landesges. Verboten religiöser Bekundungen in Schulen und Kindertagesstätten (BAG 20.8.2009 NZA 2010, 227; 12.8.2010 NZA-RR 2011, 162; LAG B 9.2.2017 NZA-RR 2017, 378). Das hat das BVerfG (27.1.2015 NJW 2015, 1359; 18.10.2016 NZA 2016, 1522) jedoch beanstandet, weil eine konkrete Gefahr für die Neutralität der öff. Einrichtung belegbar sein muss. Der EuGH differenziert danach, ob es sich um ein striktes Neutralitätsgebot handelt, das allen Religionen und Weltanschauungen gleichermaßen religiös geprägte Kleidung untersagt. In diesen Fällen geht der EuGH von einer nur mittelbaren Ungleichbehandlung aus, die durch das Neutralitätsinteresse ggf. gerechtfertigt werden könne. Absoluten Schutz können die aus der Religionsfreiheit abgeleiteten Verhaltensweisen nicht beanspruchen, sondern müssen sich zu den im ArbVerh. übernommenen Pflichten ins Verhältnis setzen lassen (EGMR 13.4.2006 NZA 2006, 1401; EuGH 14.3.2017,NZA 2017, 373; NZA 2017, 375). Christliche Kirchen als AG können daher ein Kopftuch während der Arbeit untersagen (BAG 24.9.2014 NZA 2014, 1407). Private AG können eine Neutralitätsregelung rechtfertigen, wenn sie sie auf AN mit Kundenkontakt begrenzen. Bei einem im Einzelfall ausgesprochenen „Kopftuchverbot" legt der EuGH dagegen eine unmittelbare Benachteiligung zugrunde. Diese kann zwar grds. durch berufl. Anforderungen gerechtfertigt werden. Kundenwünsche zählen dazu aber nicht. Als größere religiöse Gemeinschaften sind in Deutschland vertreten die Katholische Kirche, die Evangelischen Kirchen, die Orthodoxen Kirchen, die Islamischen Gemeinschaften, die Buddhistischen und die Hinduistischen Gemeinschaften sowie die Jüdische Gemeinde (näher dazu: *Lingscheid*, Antidiskriminierung im ArbR, Diss. Köln 2004 S. 132 f.). Die zahlr. kleinen religiösen Gemeinschaften, über die in der Öffentlichkeit oft wenig bekannt ist (die gerade deswegen bes. diskriminierungsgefährdet erscheinen, so: *Kriele* ZRP 2001, 495), treten hinzu.

Unter **Weltanschauung** ist bisher eine nichtreligiöse Sinndeutung der Welt im Ganzen verstanden 8
worden (Sachs/*Kokott* Art. 4 GG Rn. 22); sie muss für das Selbstverständnis v. einem vergleichbar umfassenden Geltungsanspruch getragen sein wie die Religion. Lebensregeln für Teilfragen genügen nicht (*Thüsing* AGG Rn. 196; **aA** *Säcker* ZRP 2002, 286, 289). Ob diese enge, auf die Kirchenart. der WRV zurückgehende Auslegung auch dem Sprachgebrauch der RL gerecht wird, wird bezweifelt (*Däubler* NJW 2006, 2608f.), da die Formulierung in anderen Unionssprachen sinngem. eher auf „Überzeugungen" abstellen, also deutl. geringere Anforderungen erheben (LAG K 13.2.2012 BeckRS 2012, 69616). Allg. politische Gesinnung oder Sympathie für eine pol. Partei genügen jdf. nicht (BAG 20.6.2013 NZA 2014, 21; HWK/*Rupp* Rn. 6). Das ArbG BE (30.7.2009 NZA-RR 2010, 70; zust. DB/*Däubler* Rn. 60) lässt dagegen auch die politische Überzeugung „Marxismus-Leninismus" gelten, weil es sich um eine „gesamtgesellschaftl. Theorie" handelt. Das BAG (12.5.2011 NZA-RR 2012, 43;

21.9.2011 NZA 2012, 317) hat es bislang dahinstehen lassen, ob Parteizugehörigkeit oder das Eintreten für deren Ziele als Weltanschauung gem. § 1 genügen. Die Überzeugung, es müssten BR gewählt werden dürfen, erfüllt die Anforderungen an eine Weltanschauung nicht (LAG M 10.1.2012 BeckRS 2014, 71543), denn § 1 bezweckt nicht den Schutz der Meinungsfreiheit. Auf die Zugehörigkeit zu einer Gemeinschaft kommt es bei einer Weltanschauung nicht an, die subj. individuellen Vorstellungen genügen. Die bislang umstr. Frage, ob es sich bei der Scientology-Organisation um eine Religion handelt, oder doch mehr wirtschaftl. Zwecke verfolgt werden (so: BAG 22.3.1995 NZA 1995, 823; OLG D 12.8.1983 NJW 1983, 2574; **aA** BGH 25.9.1980 NJW 1981, 675), hat damit an Bedeutung verloren, da die „subj. Weltsicht" als bestimmendes Merkmal einer Weltanschauung in diesem Falle schwer zu bestreiten sein dürfte (*Thüsing* ZfA 2001, 397, 405; **aA** *Bauer* AGG Rn. 33).

9 **d) Wegen einer Behinderung.** Der Begriff der **Behinderung** kann für das AGG ausgehend v. § 2 I SGB IX bestimmt werden (BAG 16.2.2012 NZA 2012, 667; 7.6.2011 NZA 2011, 1370), wonach Menschen behindert sind, wenn ihre „körperl. Funktion, geistige Fähigkeit oder seelische Gesundheit mit hoher Wahrscheinlichkeit länger als sechs Monate v. dem für ihr Alter typischen Zustand abweichen und daher ihre Teilhabe am Leben in der Gesellschaft beeinträchtigt ist (BAG 22.10.2009 NZA 2010, 280; 17.12.2009 NZA 2010, 383; *Welti* NJW 2001, 2210 ff.; *Düwell* BB 2006, 1741; *Lingscheid* NZA 2015, 147). Durch Kompensationsmaßnahmen kann die Beeinträchtigung aufgeh. werden; solange und soweit dies gelingt, ist keine „Behinderung" mehr anzunehmen (VG Hannover 5.5.2011 BeckRS 2011, 56436). Der Behinderungsbegriff wird sowohl im nat. Recht wie im Unionsrecht in Übereinstimmung mit Art. 1 S. 2 der UN-BRK ausgelegt, die darunter langfristige körperl., seel., geistige oder Sinnesbeeinträchtigungen versteht, die in Wechselwirkung mit verschiedenen Barrieren Betroffene an der vollen, wirksamen und gleichberechtigten Teilhabe an der Gesellschaft hindern können (EuGH 11.4.2013 NZA 2013, 553; 1.12.2016 BeckRS 2016, 82858). Dennoch ist die vom EuGH verwendete Definition nicht vollständig deckungsgleich mit der zu § 2 SGB IX; diese bleibt daher nur maßgebl., soweit sie weiter als die unionsrechtl. ist (BAG 19.12.2013 NZA 2014, 372). Eine Beeinträchtigung ist nicht erst anzunehmen, wenn die vertragl. geschuldete Leistung unmögl. ist, sondern bereits, wenn sie nicht mehr in vollem Umf. erbracht werden kann (EuGH 18.12.2014 NZA 2015, 33). Der unionsrechtl. Begriff der Behinderung schließt v. Krankheit oder (Arbeits-)Unfall verursachte Zustände ein, wenn sie Einschränkungen verursachen, die auf physische, geistige oder psychische Beeinträchtigungen zurückgehen und in Wechselwirkung mit äußeren Barrieren die Betroffenen für lange Dauer an der vollen Teilnahme am Berufsleben hindern können.

9a Das BAG stellt dafür auf Einschränkungen der Wettbewerbsfähigkeit und der Vermittlungschancen am Arbeitsmarkt ab (BAG 22.10.2009 NZA 2010, 280), lässt aber auch Beeinträchtigung der gesellschaftl. Teilhabe genügen. Dafür genügt eine symptomlose HIV-Infektion, die wegen der sozialen Stigmatisierung als Behinderung gewertet wurde (BAG 19.12.2013 NZA 2014, 372). Eine kurze zeitl. Dauer des voraussichtl. Fortbestandes der Beeinträchtigung ist zwar ein Indiz, doch wird selbst eine langwierige Erkrankung nicht schon dadurch zur Behinderung. Für die Prognose zur voraussichtl. Dauer der Beeinträchtigung, die eine Krankheit zur Behinderung werden lassen könnte, wird eine hohe Wahrscheinlichkeit vorausgesetzt, die ggf. durch Sachverständige festzustellen ist. Die längere Dauer muss sich weder auf die Krankheit (Kurzsichtigkeit, Allergie) beziehen, noch auf eine Funktionsstörung (Migräne), sondern gerade auf die Teilhabeeinschränkung, die Voraussetzung der Behinderung ist (*Selzer* EuZA 2014, 95, 100). Auch starkes Übergewicht mit der daraus abzultd. höheren Krankheitsanfälligkeit stellt keine Behinderung dar, sofern sie nicht tatsächl. die Teilhabe am Berufsleben einschränkt (EuGH 18.12.2014 NJW 2015, 391; OVG NI 31.7.2012 BeckRS 2012, 56683; LAG NI 29.11.2016 BeckRS 2016, 113549). Überschneidungsbereiche bestehen aber jdf. bei chronischem Verlauf mit entspr. Beeinträchtigungswirkung.

10 Auch der EuGH verwendet zur Abgrenzung der Behinderung v. bloßer Erkrankung eine „lange Dauer" der Einschränkung, die **über** § 2 I SGB IX **hinausgehen kann** (EuGH 1.12.2016, C-395/15). Maßgebl. ist die Prognose zum Zeitpunkt der diskriminierenden Handlung; sie hat auf objektiver Grundlage zu erfolgen, auf die subj. Einschätzung durch den AG kommt es nicht an. Die erhöhte Krankheitsanfälligkeit als solche ist keine Behinderung, und zwar auch dann nicht, wenn sie auf einem bestimmten Grundleiden beruht. Zur Behinderung wird dies, wenn durch das Grundleiden die Beteiligung am Arbeitsleben erhebl. beeinträchtigt wird, etwa durch stark eingeschränkte Belastbarkeit über lange Dauer. Auch andere Abweichungen v. Normalzustand, die in der Bevölkerung verbreitet oder für das Lebensalter nicht untypisch sind (Sehfehler) oder durch leicht erreichbare Hilfsmittel voll ausgleichbar sind, stellen keine Behinderung dar (ArbG Stuttgart 18.1.2012 NZA-RR 2012, 241). Eine nur auf krankheitsbedingte Fehlzeiten gestützte Kündigung begr. solange keinen Nachteil wegen einer Behinderung (BAG 22.10.2009 NZA 2010, 280; 28.4.2011 NJW 2011, 2458; 20.6.2013 NZA-RR 2013, 662), wie nicht der AG zuvor die verhältnismäßigen Maßnahmen zum Erhalt des Beschäftigungsverhältnisses unterlassen hat (EuGH 11.4.2013 NZA 2013, 553; BAG 19.12.2013 NZA 2014, 372). Nach Art. 5 RL 2000/78/EG muss der AG verpflichtet werden (vgl. dazu § 5 Rn. 5), **„angemessene Vorkehrungen"** zur Beseitigung der Barrieren zu treffen, die der Teilhabe Behinderter entgegenstehen, solange ihn dies nicht unverhältnismäßig belastet; dies kann Gestaltung v. Räumlichkeiten, Anpassung

des Arbeitsgeräts oder des Arbeitsrhythmus, der Aufgabenverteilung umfassen sowie ggf. auch eine AZVerkürzung (EuGH 11.4.2013 NZA 2013, 553). Damit kann auch eine automatische Beendigung des ArbVerh wegen voller Erwerbsminderung auf unbestimmte Dauer gegen die Pflicht zum Ergreifen angemessener Vorkehrungen verstoßen; das BAG hat solche TVe bislang aber akzeptiert (BAG 14.1.2015 BeckRS 2015, 68754). Die Kündigung wegen krankheitsbedingter Fehlzeiten ggü. Behinderten kann eine mittelbare Benachteiligung bedeuten. Zur Vermeidung einer krankheitsbedingten Kündigung dieser Personengruppe muss der AG zunächst das auf der Behinderung beruhende Beschäftigungshindernis auszugleichen versuchen (LAG B 5.6.2014 NZA-RR 2015, 74); dazu kann auch die Durchführung eines BEM-Verfahrens erforderl. werden (BAG 27.7.2011 ZTR 2012, 162; *Kohte* DB 2008, 582, 583; *Beyer/Wocken* DB 2013, 2270, 2272). Das Präventionsverfahren gem. § 84 I SGB IX wird vom BAG nicht zu den „angemessenen Vorkehrungen" gerechnet (BAG 21.4.2016 NZA 2016, 1131). Wird im Vorstellungsgespräch nach Erkrankungen gefragt, kann bereits dies bei chronischen Krankheiten wie sonst bei Behinderung als Indiz iSd. § 22 gewertet werden (BAG 17.12.2009 NZA 2010, 383; 26.6.2014 BeckRS 2014, 73097). Der EuGH (17.7.2008 NZA 2008, 932) erstreckt das Diskriminierungsverbot auch auf solche Personen, die nicht selbst behindert sind, sondern wegen ihrer **Verbindung zu einem Behinderten** benachteiligt werden (Rn. 18).

Anders als im Geltungsbereich des Diskriminierungsverbots gem. § 81 II SBG IX, das neben dem AGG als Sonderbestimmung enthalten bleibt, werden **nicht nur schwerbehinderte** Personen (§ 69 SGB IX Rn. 3) geschützt, sondern alle Behinderten (BAG 3.4.2007 NZA 2007, 1098; 27.1.2011 NZA 2011, 737; 13.10.2011 AP AGG § 15 Nr. 9). Diese Ausweitung des Benachteiligungsverbots ist durch das unionsrechtl. Begriffsverständnis gefordert (*Lingscheid,* Antidiskriminierung im ArbR, Diss. Köln 2004 S. 188 f.; *Rolfs/Paschke* BB 2002, 1260, 1261; *Thüsing* AGG Rn. 203; anders *Langguth* DStR 2001, 1351, 1354; wohl auch *Wiedemann/Thüsing* DB 2002, 463, 465). Der RL zufolge wäre eine so hoch liegende Erheblichkeitsschwelle wie die der Schwerbehinderung (*Düwell* BB 2006, 1741) nicht akzeptabel. Der EuGH verlangt eine unionsrechtsautonome, einheitl. geltende Auslegung des Behinderungsbegriffs (11.7.2006 NZA 2006, 839), die keine derartige Schwelle vorsieht. 11

e) Wegen des Alters. Der Begriff des Alters meint **jedes Lebensalter,** dh. weder nur ein bes. hohes bzw. niedriges oder ein Alter nach Überschreiten einer bestimmten Schwelle (BAG 19.8.2010 NZA 2010, 1412; LAG B 11.9.2008 NZA-RR 2009, 378; *Schlachter* GS Blomeyer 2003 S. 355; *Schmidt/Senne* RdA 2002, 80, 89; DB/*Däubler* Rn. 84). Auch die umzusetzende RL nennt weder Mindest- noch Höchstaltersgrenzen für die Anwendbarkeit des Diskriminierungsverbotes. Regelungsmotiv war zwar in erster Linie der Schutz älterer Beschäftigter (BAG 25.2.2010 NZA 2010, 561), um im Interesse der Funktionsfähigkeit der Sozialvers. ältere Menschen länger als bisher im Erwerbsleben zu halten (KOM (1999) 565 endg., S. 3). Das rechtfertigt es jedoch nicht, entgegen dem Wortlaut des § 1 und der ihm zugrunde liegenden RL nur Personen eines – wie auch immer abzugrenzenden – „höheren" Lebensalters als geschützt anzusehen (so aber: *Mohr,* Schutz vor Diskriminierungen im Europ. ArbR, Diss. Berlin 2004 S. 208). Zielt eine Regelung auf Schutz-/Fördermaßnahmen gerade für „ältere AN", kann dies in Anlehnung an die ILO-Empfehlung Nr. 162 (23.6.1980) darauf abstellen, dass die Betroffenen in körperl. belastenden Berufen wegen zunehmenden Alters auf Schwierigkeiten in Beschäftigung und Beruf stoßen können. Dies trifft zu, wenn eine Altersgruppe in einem Berufsfeld statistisch auffällig häufig arbeitslos oder frühverrentet ist. Eine bes. hohe Benachteiligungswirkung haben altersabhängige Entsch. im Bereich der Einstellung, der Beendigung des ArbVerh., der Einstufung in Entgeltgruppen, des Übergangs in den Ruhestand und der Teilnahme an Weiterbildungsmaßnahmen. Praktische Bedeutung in jüngerer Zeit erhält die Differenzierung nach dem Alter in folgenden Fällen: Einstellungshöchstalter (EuGH 15.11.2016 BeckRS 2016, 82679) Staffelung der Grundvergütung nach Lebensalter (EuGH 8.9.2011 NZA 2011, 1100; 19.6.2014 NZA 2014, 831; BAG 20.5.2010 NZA 2010, 961; 10.11.2011 NZA 2012, 161; OVG NW 8.2.2017 BeckRS 2017, 101366) Gewährung einer Hinterbliebenenversorgung nur bei Heirat vor dem 60. Lebensjahr (BAG 4.8.2015 NZA 2015, 1447). Übergang in den Ruhestand (EuGH 12.10.2010 NZA 2010, 1167; 13.9.2011 NZA 2011, 1039; 21.7.2011 NVwZ 2011, 1249; BAG 18.1.2012 NZA 2012, 575); Bildung v. Altersgruppen bei der Sozialauswahl (BAG 19.6.2007 E 123, 160; 6.11.2008 NZA 2009, 361; BAG 15.12.2011 NZA 2012, 1044; 27.4.2017 NZA 2017, 902); Kündigung wegen Möglichkeit des Rentenbezuges (BAG 23.7.2015 NZA 2015, 1380; 9.12.2015 BeckRS 2016, 66798); Berücksichtigung v. Betriebszugehörigkeitszeiten erst ab dem 25. Lebensjahr gem. § 622 II 2 BGB (EuGH 19.1.2010 NZA 2010, 85; BAG 29.9.2011 NZA 2012, 754); Begrenzung der Sozialplanansprüche rentennaher AN (BAG 31.7.1996 NZA 1997, 165; 2.10.2007 NJOZ 2008, 2931; 11.11.2008 NZA 2009, 210; 26.5.2009 NZA 2009, 849); Begrenzung v. Stellenausschreibungen auf Beschäftigte im ersten Berufsjahr (BAG 18.8.2009 NZA 2010, 222; 15.12.2016 NZA 2017, 715). 12

Wegen der Häufigkeit, mit der arbeits- und sozialrechtl. Regelungen an bestimmte Altersgrenzen anknüpfen, hatte die BReg. die Möglichkeit einer verlängerten Umsetzungsfrist für die RL 2000/78/EG wegen Altersdiskriminierung in Anspruch genommen. Allerdings hat die Rspr. (EuGH 22.11.2005 NZA 2005, 1345; 19.1.2010 NZA 2010, 85) das Verbot der Altersdiskriminierung nicht nur in dieser RL verankert gesehen, sondern es weitergehend als *allg. Grds.* des Unionsrechts eingestuft (EuGH 26.9.2013 BeckRS 2013, 81870; *Preis/Temming* NZA 2010, 185, 198), dessen Geltung in den Mitglied- 13 staaten gerade nicht v. der Umsetzung der RL abhängt. Durch **Art. 6 I EUV, Art. 21 GRC** ist dieses Verbot in den bes. Diskriminierungsschutz aufgenommen worden, Geltung beansprucht die GRC jedoch nur für Akte der Organe der EU und für Maßnahmen der Mitgliedstaaten bei der Durchführung v. Unionsrecht. V. EuGH wurden die nationalen Gerichte aber aufgefordert, bereits vor einer RLUmsetzung für die Anwendung dieses Grundsatzes im nationalen Recht zu sorgen (zust. BAG 11.4.2006 NZA 2006, 1217; 26.4.2006 NZA 2006, 1162; 27.6.2006 NZA 2006, 1176; abl. *Annuß* BB 2006, 325). Nach Umsetzung der RL werden nicht letztinstanzl. nationale Gerichte darauf verwiesen, dass sie eine RLwidrige, nicht auslegungsfähige Norm dem EuGH nicht vorlegen müssen, um sie unangewendet lassen zu können (EuGH 19.1.2010 NZA 2010, 85). Dieses Erg. ist v. der Pflicht zur Vorlage beim BVerfG unabhängig.

14 **f) Wegen der sexuellen Identität.** Die Aufnahme dieses Merkmals in den Katalog der unionsrechtl. Diskriminierungsverbote erklärt sich daraus, dass die Rspr. sie unter den Tatbestand einer Benachteiligung „wegen des Geschlechts" fasste (EuGH 30.4.1996 NZA 1996, 695; 17.2.1998 NZA 1998, 301; BAG 15.5.1997 NZA 1998, 207). Die sexuelle Identität meint diejenige sexuelle Ausrichtung, die als identitätsprägend wahrgenommen wird, nicht aber die biologische Beschaffenheit, die dem Merkmal „Geschlecht" zuzuordnen ist. Dabei ist das Merkmal nicht auf die tatsächl. überw. betroffene Gruppe der homosexuellen Männer und Frauen begrenzt, sondern bezieht eine heterosexuelle, trans- oder bisexuelle Ausrichtung mit ein, da der Wortlaut v. RL und Umsetzungsgesetz zwar nicht identisch sind, aber alle identitätsprägenden Aussichten erfassen sollen (BAG 17.12.2015 NZA 2016, 891). Eine direkt auf die sexuelle Identität bezogene nachteilige Differenzierung ist damit idR unzulässig, wie zB die Entfernung homosexueller Soldaten aus dem Dienst (BVerwG 23.2.1999 NVwZ-RR 1999, 770; vgl. aber EGMR 27.9.1999 NJW 2000, 2089). Zu den Bes. im kirchl. Dienst vgl. § 9.

15 Zwar bleiben gem. der 22. Begründungserwägung RL 2000/78/EG einzelstaatl. Rechtsvorschr. „über den **Familienstand** und davon abhängige Leistungen unberührt"; die Mitgliedstaaten dürfen ihre Zuständigkeit jedoch nur unter Beachtung des Diskriminierungsverbots ausüben (EuGH 1.4.2008 NZA 2008, 459; 24.11.2016 NZA 2017, 233). Sobald die Rechtsstellung v. Ehegatten und Lebenspartnern gleichartig ist, wie dies das LPartG seit 1.1.2005 grds. vorsieht, sind Leistungen, die an die Eheschließung anknüpfen und eingetragene Lebenspartnerschaften ausnehmen, eine Benachteiligung gleichgeschlechtl. Partnerschaften. Der EuGH geht sogar v. einer unmittelbaren Benachteiligung aus (10.5.2011 NZA 2011, 557), soweit die Ehe v. Merkmal der Geschlechterverschiedenheit nicht zu trennen ist und damit homosexuelle Partnerschaften automatisch ausgeschlossen werden. Die Vergleichbarkeit der Situation in der Hinterbliebenen- oder Zusatzversorgung ist zu bejahen (EuGH 10.5.2011 NZA 2011, 557; BVerfG 7.5.2013 NJW 2013, 2257; BAG 11.12.2012 NZA-RR 2013, 308; *Rolfs* SR 2013, 41, 51; *Schlachter* GPR 2008, 251, 252; *Brors* EuZA 2012, 67, 74 f.; **aA** *Thüsing* ZfA 2009, 153, 156). Die Anwendung des Benachteiligungsverbots setzt ledigl. voraus, dass ab Inkrafttreten des AGG ein Rechtsverhältnis zwischen Versorgungsschuldner und –berechtigtem besteht, wie zB eine unverfallbare Anwartschaft (BAG 15.9.2009 NZA 2010, 216; offen gelassen in BAG 14.1.2009 NZA 2009, 489). Schließt eine Pensionsordnung Hinterbliebene v. einem Zuschuss aus, falls die Ehe erst nach der Pensionierung des AN begr. wurde, gilt dasselbe auch für Lebenspartner; eine Diskriminierung liegt nicht vor, selbst wenn eine Lebenspartnerschaft zuvor rechtl. nicht mögl. war (EuGH 24.11.2016 NZA 2017, 233; BAG 15.9.2009 BeckRS 2010, 65208). Auch ein kinderbezogener Ortszuschlag für im Haushalt lebende Kinder des Lebenspartners ist zu gewähren (BAG 18.3.2010 NZA 2010, 824). Dasselbe gilt für einen an Verheiratete zu zahlenden Auslandszuschlag (BAG 18.3.2010 NZA-RR 2010, 664). Der EuGH sieht auch tarifl. Sonderleistungen anlässl. der Eheschließung (zusätzlicher freier Tag, finanzielle Zusatzzahlung) v. Diskriminierungsverbot erfasst (EuGH 12.12.2013 NZA 2014, 153).

16 Der Begriff der „sexuellen Identität" war zuvor bereits in § 75 I 1 BetrVG verwendet worden, um den Betriebspartnern eine Ungleichbehandlung wegen dieses Merkmals zu untersagen. Dass § 1 auf die sexuelle „Identität" abstellt, statt auf den v. der RL gestellten Begriff der (sexuellen) „Ausrichtung" soll vornehml. der Abgrenzung zum „sexuellen Verhalten" dienen (so bereits die Europ. Kom. in KOM (1999) 565 EntG., S. 8, Vorschlag zur RL 2000/78/EG). Identitätsbildende Merkmale müssen näml. stärker ausgeprägt sein als ggf. nur einmalig oder situationsabhängig gezeigtes Verhalten. Die deswegen befürchtete künstl. Aufspaltung (krit. *Joussen* RdA 2003, 32, 37; *Däubler* RdA 2003, 204, 208) v. identitätsbildendem Merkmal und dadurch bestimmtem Verhalten lässt sich dadurch vermeiden, dass eine Benachteiligung wegen des merkmalsentspr. Verhaltens jdf. eine mittelbare Diskriminierung wegen des Merkmals darstellt.

17 **g) Wegen anderer Merkmale.** Die Aufzählung in § 1 ist abschl. (LAG D 16.9.2011 NZA-RR 2012, 127); auf andere, dort nicht benannte Merkmale kann das Gesetz nicht erstreckt werden. Dieser Befund steht im Einklang mit den RL, die wegen der Regelungszuständigkeit der Union, die in Art. 19 AEUV auf die bereits benannten Merkmale begrenzt ist, keiner Analogie fähig sind (EuGH 11.7.2006 NZA 2006, 839; 18.12.2014 NZA 2015, 33).

18 **h) Wegen Verbindung zu Angehörigen einer geschützten Gruppe.** Beruht die ungünstigere Behandlung darauf, dass Betroffene nicht selbst der geschützten Gruppe angehören, sondern anderweitig ihr verbundene Personen, sind sie v. Schutzbereich erfasst (EuGH 17.7.2008 NZA 2008, 932; 16.7.2015

BeckRS 2015, 80950; krit: *Bayreuther* NZA 2008, 986, 987; *Melot de Beauregard* RIW 2009, 18; zust. *Welti* ZESAR 2009, 148; *Sutschet* EuZA 2009, 245). Der Gerichtshof beruft sich dafür auf den Normzweck der RL 2000/78/EG, die jede Art v. Benachteiligung „wegen" der geschützten Merkmale verhindern wollte (*Schlachter* RdA 2010, 104, 106). Um eine Erweiterung der Diskriminierungsmerkmale geht es dabei nicht, sondern um eine Feststellung der Kausalität des Merkmals („Behinderung des Kindes") für eine Benachteiligung der Betroffenen (Mutter). Das BAG (22.4.2010 NZA 2010, 947) hat die Übertragbarkeit dieser Arg. auf eine geschlechtsbedingte Benachteiligung daher verneint. Der EuGH (16.7.2015 BeckRS 2015, 80950) hat sie auf eine Benachteiligung wegen ethnischer Herkunft erstreckt und dafür keine familiäre Bindung zwischen Benachteiligten und Merkmalsträgern vorausgesetzt.

§ 2 Anwendungsbereich

(1) Benachteiligungen aus einem in § 1 genannten Grund sind nach Maßgabe dieses Gesetzes unzulässig in Bezug auf:

1. die Bedingungen, einschließlich Auswahlkriterien und Einstellungsbedingungen, für den Zugang zu unselbstständiger und selbstständiger Erwerbstätigkeit, unabhängig von Tätigkeitsfeld und beruflicher Position, sowie für den beruflichen Aufstieg,

2. die Beschäftigungs- und Arbeitsbedingungen einschließlich Arbeitsentgelt und Entlassungsbedingungen, insbesondere in individual- und kollektivrechtlichen Vereinbarungen und Maßnahmen bei der Durchführung und Beendigung eines Beschäftigungsverhältnisses sowie beim beruflichen Aufstieg,

3. den Zugang zu allen Formen und allen Ebenen der Berufsberatung, der Berufsbildung einschließlich der Berufsausbildung, der beruflichen Weiterbildung und der Umschulung sowie der praktischen Berufserfahrung,

4. die Mitgliedschaft und Mitwirkung in einer Beschäftigten- oder Arbeitgebervereinigung oder einer Vereinigung, deren Mitglieder einer bestimmten Berufsgruppe angehören, einschließlich der Inanspruchnahme der Leistungen solcher Vereinigungen,

5. den Sozialschutz, einschließlich der sozialen Sicherheit und der Gesundheitsdienste,

6. die sozialen Vergünstigungen,

7. die Bildung,

8. den Zugang zu und die Versorgung mit Gütern und Dienstleistungen, die der Öffentlichkeit zur Verfügung stehen, einschließlich von Wohnraum.

(2) [1] Für Leistungen nach dem Sozialgesetzbuch gelten § 33c des Ersten Buches Sozialgesetzbuch und § 19a des Vierten Buches Sozialgesetzbuch. [2] Für die betriebliche Altersvorsorge gilt das Betriebsrentengesetz.

(3) [1] Die Geltung sonstiger Benachteiligungsverbote oder Gebote der Gleichbehandlung wird durch dieses Gesetz nicht berührt. [2] Dies gilt auch für öffentlich-rechtliche Vorschriften, die dem Schutz bestimmter Personengruppen dienen.

(4) Für Kündigungen gelten ausschließlich die Bestimmungen zum allgemeinen und besonderen Kündigungsschutz.

1. Normaufbau. Die Vorschr. bestimmt den **sachl. gegenständl. Anwendungsbereich** des Gesetzes in Übernahme der Regelungstechnik der RL (*Nickel* NJW 2001, 2668, 2669). Die starke Differenzierung des RLTextes ist der gegenständl. begrenzten Kompetenz des Unionsgesetzgebers geschuldet; der in § 2 gewählte Geltungsbereich hätte daher eine eingängigere Umschreibung finden können. Das Verbot v. Benachteiligungen wegen eines Merkmals nach § 1 wird in Abs. 1 in zwei Gruppen unterteilt: Nr. 1 bis 4 fassen die Bereiche „Beschäftigung und Beruf" in Umsetzung v. Art. 3 I lit. a) bis d) RL 2000/43/EG, 2000/78/EG und Art. 14 I lit. a) bis d) RL 2006/54/EG. Der weiterreichende Geltungsbereich der RL 2000/43/EG, der auch sozialrechtl. und zivilrechtl. Tatbestände mit umfasst, wird in Abs. 1 Nr. 5 bis 8 übernommen, ohne ihn auf die Diskriminierungsmerkmale dieser RL zu begrenzen. Dabei wird das Benachteiligungsverbot bereits in § 2 selbst genannt, obwohl es nach der Konzeption der Entwurfsbegr. erst in § 7 geregelt werden soll. 1

2. Geltungsbereich Beschäftigung und Beruf (Abs. 1). Benachteiligungen iSd. Abs. 1 Nr. 1 bis 4 richten sich in erster Linie gegen **Beschäftigte** iSd. § 6 I; mit dem Beschäftigtenbegriff des Sozialversicherungsrechts stimmt das nicht überein (*Wank* NZA-Beil. 22/2004, 16, 17). Sollte der Anwendungsbereich des Benachteiligungsverbots jedoch weiter sein als der „Beschäftigten"-Begriff des § 6, war in der alten Entwurfsfassung eine entspr. Anwendung der Schutzbestimmungen zugunsten v. Beschäftigten auf diese Rechtsverhältnisse angeordnet; die Gesetz gewordene Fassung verzichtet darauf. 2

Eine **Benachteiligung** liegt vor, wenn wegen eines Merkmals nach § 1 eine ungünstigere Behandlung erfolgt als ggü. einer relevanten Vergleichsperson. Eine verbotene Diskriminierung liegt darin nur, wenn diese Verschiedenbehandlung weder ausnahmsweise zulässig noch konkret gerechtfertigt ist. Ob die Behandlung ungünstiger ist, ist nach obj. Maßstäben zu beurteilen (BAG 17.12.2009 NZA 2010, 383; 3

25.2.2010 NZA 2010, 561; *Wendeling-Schröder/Stein* AGG, 2008 § 3 Rn. 4). Dass jemand eine auf ihn angewendete Differenzierung ledigl. subj. als weniger günstig einstuft, genügt grds. nicht. So hat das BAG die Ablehnung des Wunsches eines älteren AN, ebenfalls gegen Zahlung einer großzügigen Abfindung einen Auflösungsvertrag v. AG angeboten zu erhalten, nicht als „Benachteiligung" anerkannt (BAG 25.2.2010 NZA 2010, 561), weil obj. der Verbleib älterer AN im ArbVerh. als Vorteil, nicht als Nachteil zu werten ist. Etwas anderes gilt allerdings für die Belästigungstatbestände des § 3 III, IV, die ausdr. auf die subj. Unerwünschtheit abstellen. Ebenso wenig kommt es auf eine subj. Benachteiligungsabsicht des Unterscheidenden an (**aA** *Adomeit/Mohr* NJW 2007, 2522, 2524, die das Benachteiligungsverbot nur bei Vorsatz verletzt sehen). Eine obj. nachteilige Differenzierung untersteht dem Benachteiligungsverbot auch dann, wenn sie nicht als ein Ausdruck einer unterschiedl. Bewertung der Person getroffen wird.

4 **a) Zugang zur Erwerbstätigkeit (Abs. 1 Nr. 1).** Nach Nr. 1 wird der vorvertragl. Kontakt wie auch die Vertragsschlusssituation in den Geltungsbereich des Benachteiligungsverbotes einbezogen, also die **Vertragsanbahnungsphase,** die dem Zugang zu jeder Form v. selbständiger oder unselbständiger Erwerbstätigkeit vorausgeht (*Kania/Merten* ZIP 2007, 8). Erfasst wird nicht nur die erstmalige Aufnahme, sondern auch die Aufrechterhaltung bzw. Fortsetzung einer Betätigung (BGH 23.4.2012 NZA 2012, 797; *Boecken* NZS 2005, 393, 394; BR/*Fuchs* Rn. 3). Vorausgesetzt wird aber, dass tatsächl. die Aufnahme einer Beschäftigung angestrebt wird, da anderenfalls kein Diskriminierungsschutz erforderlich ist (EuGH 28.7.2016 NZA 2016, 1014). Die Anbahnung des ArbVerh., die im Privatrecht anders als unter der Geltung v. Art. 33 II GG für den Zugang zu öffentl. Ämtern generell dem Auswahlermessen des AG überlassen war, unterliegt den Benachteiligungsverboten. Wichtig ist dies für die Stellenausschreibung, auf die § 11 gesondert eingeht, sowie für andere Tatbestände, die eine Vermutung für das Vorliegen einer merkmalsbedingten Benachteiligung begründen können. Öffentl. Äußerungen im Vorfeld v. Auswahlverfahren, die durch Ankündigung diskriminierender Einstellungsentsch. geeignet sind, Angehörige geschützter Gruppen v. einer Bewerbung abzuschrecken, werden v. Benachteiligungsverbot erfasst (EuGH 10.7.2008 NZA 2008, 929). Dies gilt auch, wenn die Äußerung nicht v. einer Person mit Organ- oder Repräsentantenstellung für den AG stammt, der AG sich davon aber nicht distanziert, obwohl der Handelnde in der Öffentlichkeit als AG-Repräsentant wahrgenommen wird (EuGH 25.4.2013 EuZW 2013, 469). Die RL schützt danach nicht nur Bewerber, sondern bereits potentielle Bewerber.

4a Auswirkungen hat die Regelung weiter auf die Gestaltung des Auswahlverfahrens, dh. v. Personalfragebögen, v. Auswahlkriterien, Einstellungshöchstalter (EuGH 15.11.2016 BeckRS 2016, 82679), Vorstellungsgesprächen und insb. für das **Fragerecht des AG** (*Pallasch* NZA 2007, 306; *Rolfs/Feldhaus* SAE 2012, 85). Ein berechtigtes Interesse an der Einholung v. Inf. über Bewerber tritt zurück, sofern die Inf. es ermöglicht, nicht gerechtfertigte Unterscheidungen nach unzulässigen Differenzierungsgründen zu treffen, wie bei der Frage nach der Schwangerschaft (EuGH 3.2.2000 NZA 2000, 255; BAG 6.2.2003 NZA 2003, 848; LAG K 11.10.2012 NZA-RR 2013, 232). Dementspr. Einschränkungen wird das Fragerecht in der Bewerbungssituation auch bzgl. einer Frage nach der Behinderung erfahren (BAG 3.12.1998 NZA 1999, 584; 13.10.2011 AP AGG § 15 Nr. 9; *Bayreuther* NZA 2010, 679, 680). Nach einer Behinderung soll daher auch dann nicht gefragt werden, wenn der AG die Quote der schwerbehinderten Beschäftigten erhöhen will (so aber: *Joussen* NZA 2007, 174, 177; *Giesen* RdA 2013, 47, 50). Im bereits bestehenden ArbVerh. ist jdf. nach 6 Monaten, ab Erwerb des Sonderkündigungsschutzes, die Frage nach einer Schwerbehinderung zulässig (BAG 16.2.2012 NZA 2012, 555; **aA** *Künzl* ArbR 2012, 233, 236). Fragen zu Merkmalen des § 1 bleiben zulässig, sobald auch die Nichteinstellung der jeweiligen Bewerber wegen Erfüllung der Voraussetzungen der §§ 5, 8, 9, 10 zulässig ist. Bei Falschbeantwortung einer zulässigen Frage nach der Schwerbehinderung kann sich der Gekündigte auf die Nichtbeachtung des Sonderkündigungsschutzes durch den AG nicht berufen, § 242 BGB (BAG 16.2.2012 NZA 2012, 555). IÜ kann der AG weiterhin alle für die Ausfüllung des Arbeitsplatzes relevanten Inf. ohne Merkmalsbezug erfragen; zum sog. „Recht auf Lüge" im Falle unzulässiger Fragen vgl. BGB § 611a Rn. 271, 286. Eine eigenständige Benachteiligung – mit der Folge eines Entschädigungsanspruches gem. § 15 II – liegt unionsrechtl. in einer unzulässigen Frage nicht; der relevante Nachteil liegt vielmehr in der Nichteinstellung, wie bereits der EuGH zur Frage nach der Schwangerschaft klargestellt hat (5.5.1994 NZA 1994, 609; 3.2.2000 NZA 2000, 255; 4.10.2001 NZA 2001, 1241). Schadensersatzansprüche nach allg. Regeln bleiben bei Vorliegen der Voraussetzungen mögl. (BGB § 611a Rn. 287).

5 Der Zugang zur ***Erwerbs*tätigkeit** ist betroffen, wenn der Bewerber aus der angestrebten Tätigkeit eine Gegenleistung erhält, die zur Schaffung einer Lebensgrdl. dient. Tätigkeiten ohne Erwerbszweck, zB Wehr- oder Zivildienst, fallen nicht darunter (*Schmidt/Senne* RdA 2002, 80, 82). Dasselbe gilt für unbezahlte, freiwillige Tätigkeit. Ledigl. diejenigen unbezahlten Praktika, die zum Erwerb v. Berufserfahrung bestimmten bezahlten ArbVerh. üblicherweise vorgelagert werden, müssen nach dem Normzweck einbezogen werden, selbst wenn sie formal als gesondertes Rechtsverhältnis ausgestaltet werden. Die Erwerbstätigkeit iSd. Unionsrechts ist nicht bedeutungsgleich mit dem ArbVerh. (*Mankowski* RIW 2004, 167), sondern deutl. weiter (*Schubert* ZIP 2013, 289, 291), vgl. jedoch § 6. *Zugang* zu einer Tätigkeit erstrebt, wer sich um eine Ersteinstellung oder Wiedereinstellung (EuGH 9.2.1999 BeckRS 2004, 74617) bewirbt. Wird eine abl. Einstellungsentsch. auf ein Merkmal des § 1 gestützt oder dadurch motiviert, liegt darin eine Benachteiligung beim Zugang zur Erwerbstätigkeit (BGH 23.4.2012 NZA

2012, 797). Dass die Auswahlkriterien und Einstellungsbedingungen bes. genannt werden, entspricht der Formulierung in den RL, ohne dass damit die Zugangsdiskriminierung inhaltl. erweitert würde. Dasselbe gilt für die Vorgabe, dass bestimmte Tätigkeitsfelder oder berufl. Positionen nicht v. Benachteiligungsverbot ausgenommen werden dürfen. Den RL kam es mit dieser Formulierung darauf an, bes. diskriminierungsanfällige Anwendungsbereiche ausdr. herauszustellen. Die Bezeichnung verdeutlicht mithin die Anwendbarkeit des Verbots auch auf herausgehobene Positionen wie Forschungs- und Entwicklungsabt. oder Führungskräfte.

Der Zugang zur **selbständigen Erwerbstätigkeit** ist in Abs. 1 Nr. 1 parallel zur unselbständigen 6 Erwerbstätigkeit geregelt, wohl weil dabei an die Beschäftigung freier Mitarbeiter im Unternehmen gedacht war, für die sich vergleichbare Zugangsprobleme wie für Beschäftigte stellen. Erfasst sind jedoch alle freiberufl. und unternehmerischen Dienste (*MHH AGG* Rn. 9). Für andere selbständig Tätige ist jeweils festzustellen, ob durch eine nachteilige Maßnahme überhaupt der Zugang zur Erwerbstätigkeit betroffen sein kann. Die Vergabe v. einzelnen Aufträgen an Selbständige entscheidet über den Zugang zur Erwerbstätigkeit näml. nicht, sondern ist Bestandteil der Berufsausübung. Zugangsbedingungen können etwa vorliegen bei Abschluss eines Franchisevertrages, eines Vertrages als Partner in einem freien Beruf oder als „fester" freier Mitarbeiter (*Thüsing* AGG Rn. 96). Auch die Festlegung v. Höchstaltersgrenzen für die Ausübung eines Berufs oder einer anderen freiberufl. Tätigkeit (BVerwG 26.1.2011 NZA-RR 2011, 233) zB für die öffentl. Bestellung als Sachverständiger, ist erfasst.

Das Benachteiligungsverbot gilt weiter für den **berufl. Aufstieg.** Um Indizien für eine Benachteiligung auszuschließen, können Beförderungen v. obj., für die angestrebte Position inhaltl. relevanten Auswahlkriterien abhängig gemacht werden, zB Fähigkeiten, formaler Qualifikation, Eignung und Leistung (KOM (1999) 565 endg., S. 11). Ein berufl. Aufstieg geht mit der Änd. des Tätigkeitsbereichs oder der Verantwortung der Beschäftigten einher; wird ledigl. die Gegenleistung erhöht, handelt es sich nicht um berufl. Aufstieg, sondern betrifft die Arbeitsbedingung „Entgelt" (ebenso für den Fall des „Bewährungsaufstiegs" BAG 21.3.2002 NZA 2003, 112). Der EuGH hat aus dem Benachteiligungsverbot beim berufl. Aufstieg abgeleitet, dass ein Anspruch auf Erteilung derjenigen regelm. Beurteilungen besteht, die einen Aufstieg erst ermögl. (EuGH 30.4.1998 BeckRS 2004, 74351). Voraussetzung ist jedoch, dass ein solches schematisches Beförderungssystem im Unternehmen tatsächl. praktiziert wird; auf seine Einf. besteht kein Anspruch. 7

b) Beschäftigungs- und Arbeitsbedingungen (Abs. 1 Nr. 2). Die Formulierung orientiert sich bei 8 der Einbeziehung v. Beschäftigungs- und Arbeitsbedingungen am Vorbild der GleichbehandlungsRL 76/207/EWG (inzwischen konsolidierte Neufassung: RL 2006/54/EG). Das spricht dafür, hier ebenso wie in Abs. 1 Nr. 1 die „Beschäftigungsbedingungen" selbständig Erwerbstätiger miteinbezogen zu sehen. Denn diese RL beschränkte ihren persönl. Geltungsbereich nicht auf AN. Der EuGH interpretiert die **Arbeitsbedingungen** nicht nur iS einer vertragl. Vereinb. derjenigen Bedingungen, zu denen Arbeit zu leisten ist, sondern erstreckt sie auf alle mit dem ArbVerh. verbundenen Umstände (EuGH 13.7.1995 NZA-RR 1996, 121; BAG 20.3.2012 NZA 2012, 803), auch die Versetzung oder Umsetzung an einen anderen Arbeitsplatz oder die Urlaubsansprüche. Die Regelung v. Bekleidungsvorschr., die geschlechtsspezifische Maßstäbe vorgibt, schafft ebenfalls Arbeitsbedingungen (LAG K 29.10.2012 BeckRS 2012, 75198). Einbezogen wird das Weisungsrecht gem. § 106 GewO, das keine benachteiligenden Auswirkungen verursachen darf (BAG 18.9.1986 AP BAT § 15 Nr. 9). Dasselbe gilt für tarifl. geregelte Voraussetzungen für den Bewährungsaufstieg (BAG 21.3.2002 NZA 2003, 112). Einbezogen werden auch nachwirkende Ansprüche, die den ehem. Bestand eines ArbVerh. voraussetzen, zB auf Erteilung eines Arbeitszeugnisses (EuGH 22.9.1998 NZA 1998, 1223).

Der Begriff des **Arbeitsentgelts** ist in Art. 157 II AEUV legal definiert und wird für die Auslegung 9 der DiskriminierungsRL herangezogen (EuGH 12.12.2013 NZA 2014, 153). Das dort formulierte Entgeltgleichheitsgebot wurde durch § 612 III BGB aF in nationales Recht umgesetzt (BAG 26.5.1993 NZA 1994, 413; LAG D 15.2.2008 NZA-RR 2009, 22). Diese Vorschr. wird v. AGG aufgeh., ohne eine eigene Anspruchsgrdl. für Ansprüche auf gleiches Entgelt zu schaffen. Aus § 8 II folgt freil., dass das Gesetz das Bestehen eines solchen Anspruchs voraussetzt (LAG RP 28.10.2015 – 4 Sa 12/14). Auszufüllen bleibt dieser unausgesprochen vorausgesetzte Entgeltgleichheitsgrds. durch Art. 157 II AEUV, der im Recht der Mitgliedstaaten unmittelbar anwendbar ist (Art. 157 AEUV Rn. 3), und im Rahmen seines Geltungsbereichs „Entgeltgleichheit v. Männern und Frauen" die Auslegung der Umsetzungsgesetze bestimmt (so für die RL: SchlussA 6.9.2007 Slg. 2008, I-1757). Damit wird auch gewährleistet, dass sich das Entgeltgleicheitsgebot auch auf die in der RL vorgeschriebene **gleichwertige Arbeit** bezieht (EuGH 28.2.2013 NZA 2013, 315), die sonst im AGG nicht ausdr. erwähnt wird. Das BAG (11.12.2007 NZA 2008, 532) gibt aus den Wertungen der §§ 2 I Nr. 2, 8 II einen Anspruch auf gleiches Entgelt für gleiche/gleichwertige Arbeit. Die Absenkung der Vergütung bei Neueinstellungen, die nur für behinderte AN gilt, ist damit unwirksam, auch in ArbVerh., die als Integrationsprojekt durchgeführt werden (BAG 21.6.2011 BeckRS 2011, 77831). Der Anspruch auf Erfüllung derjenigen Gegenleistung, die auch der begünstigten Gruppe zustehen, ist ein Leistungsanspruch, kein Schadensersatzanspruch, beruht also nicht auf § 15 (BAG 24.9.2009 NZA 2010, 159). Hinzuweisen ist auf die Rspr. zu Art. 157 AEUV insb. für die Sozialleistungen, weil der Entgeltbegriff zwar die staatl., nicht aber die betriebl. Systeme der sozialen Sicherheit ausschließt. Beihilfen, Familienzuschläge und Hinterbliebenenversorgung für den öffentl. Dienst unterliegen daher dem Benachteiligungsverbot. Die **Entlassungsbedingungen** umfassen sowohl die Fälle einer einseitigen Beendigung des ArbVerh. durch ordentl. oder außerordentl. Kündigung zu Abs. 4 vgl. Rn. 17, durch Anfechtung oder Geltendmachung v. Vertragsnichtigkeit, wie auch die einverständl. Aufhebung des Vertrages (EuGH 16.2.1982 NJW 1982, 2726; 21.7.2005 DVBl. 2005, 1440; BAG 25.2.2010 NZA 2010, 561); das gilt nicht, wenn AN tatsächl. Entscheidungsfreiheit haben, von einer angebotenen Vertragsänderung/-beendigung Gebrauch zu machen (BAG 17.3.2016 BeckRS 2016, 67630). Als Entlassungsbedingungn zählt weiter der Abschluss ledigl. befristeter oder bedingter Verträge (BAG 6.4.2011 NZA 2011, 970). Zwar ist die Nichtverlängerung eines wegen Befristung auslfd. Vertrages nicht selbst einer Kündigung gleichzustellen (EuGH 12.9.2013 NZA 2013, 1071); dem diskriminierungsrechtl. Entlassungsbegriff unterfällt sie dennoch. Auch die Bemessung v. Kündigungsfristen (§ 622 II BGB) gehört zu den Entlassungsbedingungen (BAG 18.9.2014 NZA 2014, 1400). Einbezogen sind weiter die Regelungen zur Festlegung v. Altersgrenzen (EuGH 26.2.1986 NJW 1986, 2178; 18.11.2010 NZA 2010, 1401).

10 Die bes. Hervorhebung der **individual- und kollektivrechtl.** Vereinb. und Maßnahmen stammt nicht aus dem RLText, sondern soll erneut auf eine bes. „Gefährdungssituation“ hinweisen. Das Verbot umfasst benachteiligende Vereinb. zwischen AG und AN, zwischen AG und ANVertretungen sowie TV auf Firmen- oder Verbandsebene (vgl. BAG 14.1.2009 NZA 2009, 489; *Lingemann/Grothmann* NZA 2007, 663). Obwohl Kollektivvereinb. erstmals in Nr. 2 angesprochen werden, müssen sie auch die bereits in Nr. 1 genannten Einstellungsvoraussetzungen bzw. Auswahlkriterien diskriminierungsfrei gestalten, nicht nur die Arbeitsbedingungen gem. Nr. 2 (*Löwisch* DB 2006, 1729). Diskriminierende Vereinb. oder Maßnahmen, insb. bei der Begr., während der Durchführung oder im Zusammenhang mit einem ArbVerh. darf der AG nicht treffen. Der Begriff der **Vereinb.** meint alle Rechtsgeschäfte (Vertragsabschluss, -änd., -beendigung, betriebl. Übung, Gesamtzusagen usw.), der der **Maßnahmen** jedes tatsächl. Verhalten wie die Ausübung des Weisungsrechts oder die Erteilung v. Abmahnungen. Eine benachteiligende Maßnahme liegt bereits darin, dass der Gleichbehandlungsanspruch durch ein merkmalsabhängiges unfaires Verfahren verletzt wird (BVerfG 16.11.1993 NZA 1994, 745; *Coester* Jura 1995, 21, 23). Ein über die Ungleichbehandlung wegen des Merkmals hinaus gehender materieller Nachteil braucht weder bezweckt worden noch eingetreten zu sein.

11 **c) Berufsberatung und -bildung (Nr. 3) sowie Mitgliedschaft in Vereinigungen (Nr. 4).** Durch die Hervorhebung v. **Berufsberatung und Berufsbildung (Abs. 1 Nr. 3)** erstreckt die Vorschr. das Benachteiligungsverbot auf die Phasen, die vor Eintritt in ein Ausbildungsverhältnis oder während dessen Verlauf zum Zwecke der Qualifizierung absolviert werden. Nach dem Wortlaut erfasst werden die Berufsberatung sowohl bei privaten wie öffentl. Trägern, die berufl. Bildung einschl. ihrer schulischen und betriebspraktischen Teile, alle Formen zur Ermöglichung berufspraktischer Erfahrungen wie Praktikum, Volontariat, Traineeprogramm, sowie die Berufsausbildung, die Fortbildung und die Umschulung (DB/*Däubler* Rn. 34). Fortbildung/Weiterbildung müssen nicht zwingend iSd. § 1 BBiG verstanden werden, sondern können die Vermittlung v. Kenntnissen einschließen, die für die Berufsausübung nicht notwendig, aber nützl. sind (*Joussen* RdA 2014, 279). Dem systematischen Standort der Vorschr. im arbeitsrechtl. Teil des Gesetzes entspr. ist allerdings eine Regelung ledigl. solcher Rechtsbeziehungen gemeint, die im Verantwortungsbereich des AG liegen, nicht aber ör. organisierter Angebote. Die Mitgliedschaft in AG- bzw. AN-**Vereinigungen und Berufsorganisationen** (Abs. 1 Nr. 4) wird in allen umzusetzenden RL einbezogen. Dabei geht es nicht um Beschäftigung, sondern um eine Regelung zur Ausgestaltung des Rechtsverhältnisses zwischen den Verbänden und ihren Mitgliedern bzw. den Bewerbern um eine Mitgliedschaft. Nach innerstaatl. Grundsätzen unterfällt dies dem Vereinsrecht und ist v. der Verf. und dem EU Primärrecht bes. geschützt. Sind diese Vereine AGVerbände oder Gewerkschaften, gestalten Vorgaben für ihre Organisationsstruktur zugleich ihre kollektive Koalitionsfreiheit. Ein Eingriff in die individuelle Koalitionsfreiheit wird damit ausweisl. des 5. Erwägungsgrundes der RL 2000/78/EG nicht beabsichtigt, die unionsrechtl. anerkannte Vereinigungsfreiheit werde iÜ „nicht berührt“. Das trifft nur zu, soweit die Freiheit zur Gründung einer merkmalshomogen zusammengesetzten Vereinigung als v. der Vereinigungsfreiheit nicht geschützt angesehen wird.

12 **d) Abs. 1 Nrn. 5 bis 8.** Die gem. **Abs. 1 Nr. 5 bis 7** geregelten Geltungsbereiche hätten unionsrechtl. ledigl. für das Merkmal Rasse/Herkunft, und in Abs. 1 Nr. 8 für das Geschlecht umgesetzt werden müssen (*Husmann* ZESAR 2005, 107, 108). Das Gesetz hat sich aber für eine einheitl. Regelung hins. aller Merkmale des § 1 entschieden. Die meisten Sachverhalte der Abs. 1 Nr. 5 bis 7 werden ör. Regelungen unterliegen, Adressat eines Benachteiligungsverbotes ist insoweit der Gesetz-, VO- oder sonstige Normgeber selbst. Die damit verbundene Frage nach der Normsetzungskompetenz (etwa: Beamtenrecht) ist für jeden Einzelfall gesondert zu prüfen. Im Bereich der Bildung nach Abs. 1 Nr. 7 tw., im Bereich der Abs. 1 Nr. 8 weit überw., geht es um Rechtsverhältnisse zwischen Privatpersonen außerhalb der „Beschäftigung“. Einschlägig ist hier das zivilrechtl. Benachteiligungsverbot des § 19, das ein generelles Benachteiligungsverbot für Massengeschäfte und Vers. vorsieht (§ 19 I), während Benachteiligungen wegen der Rasse/Herkunft gem. § 2 Abs. 1 Nr. 5 bis 8 in sämtl. zivilrechtl. Schuldverhältnissen verboten werden.

Sozialschutz und soziale Sicherheit (Abs. 1 Nr. 5) werden vielfach ör. organisiert und v. Staat angeboten. Für sozialversicherungsrechtl. Leistungen nach Abs. 2 S. 1 gilt das AGG nicht. Ansprüche auf Leistungen v. betriebl. Sozialeinrichtungen für die eigenen Beschäftigten unterliegen Abs. 1 Nr. 2. Regelungsgegenstand der Abs. 1 Nr. 5 sind dagegen soziale Einrichtungen staatl. Träger, die ihre Rechtsgrdl. nicht im SGB finden, wie Obdachlosenheime sowie privatrechtl. Vers. zur Absicherung sozialer Risiken wie private Lebens-, Kranken- oder UV. Bei den bes. genannten „Gesundheitsdiensten" könnte aus dem systematischen Zusammenhang abgeleitet werden, dass damit ebenfalls nur die staatl. organisierten allg. Gesundheitssysteme betroffen werden sollen. Das wäre mit dem Schutzzweck des Benachteiligungsverbotes jedoch nicht vereinbar: Ob Gesundheitseinrichtungen öffentl. oder privat organisiert sind, ist in den Mitgliedstaaten unterschiedl. geregelt und unterliegt auch innerhalb desselben Staates Veränd. V. solchen Zufälligkeiten kann der Geltungsbereich des Benachteiligungsverbotes nicht abhängen. Mithin werden Arzt- und Behandlungsverträge generell v. Benachteiligungsverbot erfasst werden (DB/*Däubler* Rn. 46). Als **soziale Vergünstigungen (Abs. 1 Nr. 6)** werden im Recht der Personenfreizügigkeit (Art. 7 II VO (EU) 492/2011) alle Arten v. sozialen Vorteilen bezeichnet, insb. Angebote v. Gütern und Dienstleistungen an die Allg. wie öffentl. Schwimmbäder, Büchereien, aber auch Sonderrabatte oder Sonderkonditionen v. Banken oder Verkehrsmitteln bzw. kulturellen Einrichtungen. Sie können v. öffentl. oder v. privaten Einrichtungen gewährt werden. Beim Zugang zu **Bildung**seinrichtungen **(Abs. 1 Nr. 7)** ist gleichfalls eine schutzzweckorientierte weite Auslegung geboten: Einbezogen sind nicht nur die staatl., sondern auch privat organisierte Unterrichtsangebote, unabhängig v. ihrem Inhalt (Grundbildung, weiterführende Angebote, Studium, Weiterbildung). Damit sind alle Unterrichtsverträge mit privaten Anbietern einbezogen, für betriebl. Bildungsmaßnahmen gilt wiederum Abs. 1 Nr. 2, für die Berufsbildung Abs. 1 Nr. 3. 13

Weiter wird das Benachteiligungsverbot auf **Güter und Dienstleistungen** erstreckt, die der Öffentlichkeit zur Vfg. stehen **(Abs. 1 Nr. 8).** Die Formulierung übernimmt den Sprachgebrauch der RL, so dass die verwendeten Begriffe auch durch Unionsrecht konkretisiert werden können. Danach sind „Güter" die Gegenstände der Warenverkehrsfreiheit des Art. 28 AEUV, also körperl. Gegenstände, die das Objekt v. Handelsgeschäften sein können. Dienstleistungen sind iSd. Dienstleistungsfreiheit aus Art. 57 AEUV zu verstehen, mithin nicht beschränkt auf Dienst- bzw. Werkverträge iSd. §§ 611, 631 BGB. Art. 57 AEUV meint stattdessen selbständige, entgeltl. Tätigkeiten vornehml. im gewerbl., kaufmännischen, handwerkl. und freiberufl. Bereich. Dies sind die wirtschaftl. bedeutendsten Anwendungsfälle, die aber selbst für die Bestimmung der Dienstleistungsfreiheit nicht abschl. sind („insb."). Für die Zwecke des Diskriminierungsverbotes sind sie zu ergänzen um den Zugang zu Darlehen und Finanzdienstleistungen (KOM (1999) 566 endg., S. 6), Vers. (EuGH 1.3.2011 BeckRS 2011, 80165) sowie um den gesamten Kultur-, Sport- und Freizeitbereich (Aktionsprogramm zur Bekämpfung v. Diskriminierungen, ABl. EG 2000 Nr. L 303, S. 23). Die Einbeziehung v. Verträgen über Wohnraum erfasst der Wortlaut ausdr. Es werden Kauf-, Miet- ua. Verträge umfasst, die zur Versorgung mit Wohnraum dienen können, unabhängig davon, ob sie mit dem Eigentümer oder einem Makler bzw. Verwalter geschlossen werden. Das Benachteiligungsverbot umfasst allerdings nur diejenigen Vertragsbeziehungen auf den genannten Gebieten, bei denen die Anbieter über die Privatsphäre hinausgehend einem unbestimmten Personenkreis Angebote unterbreiten (*Nickel* NJW 2001, 2669). Dafür kommt es nicht darauf an, wie umfassend die angesprochene Öffentlichkeit ist, sondern ledigl. darauf, dass sich das Angebot überhaupt über einen personalisierten Adressatenkreis hinaus an „unbestimmte" Empfänger richtet, wie dies bei Anzeigen, Aushängen, Veröff. im Internet, Schaufensterauslagen, Werbeprospekten usw. der Fall ist. Auf Leistungen, die ledigl. mit Rücksicht auf ein bestehendes ArbVerh. erbracht werden (Werkdienstwohnungen, AGDarlehen), ist die Bestimmung nicht anwendbar, hier gilt die Sonderregelung für Beschäftigungsverhältnisse. Das Verbot erfasst Benachteiligungen beim **Zugang** zum Vertragsschluss, dh iRd. Vertragsanbahnungsphase einschl. einer Verweigerung des Abschlusses aus Gründen des § 1. Damit könnten der (insoweit gleich lautende) RLText und die Umsetzungsvorschr. dahin gehend zu verstehen sein, dass sie ausschließl. die Möglichkeit zum Vertragsschluss benachteiligungsfrei gewährleisten wollen. Da aber jede Benachteiligung unzulässig sein soll, ergeben sich auch Auswirkungen auf die Gestaltung v. Vertragsbedingungen: Werden gerade den v. § 1 geschützten Personen wesentl. ungünstigere Vertragsbedingungen angeboten als anderen Kunden, handelt es sich dabei um ein Mittel, sie v. Vertragsschluss abzuhalten; es wird also der Sache nach eine diskriminierende Zugangsschranke errichtet. 14

3. Bereichsausnahmen (Abs. 2). Für die **Leistungen nach dem SGB** schafft das Gesetz eine Kollisionsregelung, der zufolge die in § 33c SGB I und § 19a SGB IV neu aufgenommenen Sonderbestimmungen über sozialrechtl. Benachteiligungsverbote gelten sollen (*Husmann* NZA-Beil. 2/2008, 94). Das AGG wird v. diesen Sonderregelungen verdrängt (BayLSG 20.5.2009 BeckRS 2009, 73592). Das dient vorrangig der Kostenbegrenzung, da jeweils in S. 2 der in Bezug genommenen Normen ausdr. bestimmt ist, dass Ansprüche v. Privatpersonen nur insoweit geltend gemacht werden können, wie sie im SGB ausdr. vorgesehen sind. Für die **betriebl. AV** wird auf das BetrAVG verwiesen (*Ahrendt* RdA 2016, 129 ff.). Solchen Verweisungen kommt ledigl. eine Hinweisfunktion zu, soweit der Gesetzgeber in den Sonderbestimmungen Benachteiligungsverbote geregelt hat, die mit den Anforderungen des AGG inhaltl. vergleichbar sind. Für das Betriebsrentenrecht gilt das jedoch nicht, soweit hier keine ges. 15

Diskriminierungsverbote bestehen (BAG 15.2.2011 NZA-RR 2011, 467; LAG D 2.12.2015 NZA-RR 2016, 214). Die AV unterliegt unionsrechtl. dem Entgeltbegriff (EntgTranspG § 5 Rn. 4), sofern es sich nicht um ein den staatl. Systemen gleichgestelltes Sicherungssystem handelt, Art. 3 III RL. Weitergehend darf die betriebl. AV v. Benachteiligungsverbot nicht ausgenommen werden. Das BAG (11.12.2007 NZA 2008, 532; 15.10.2013 NZA 2014, 308; 18.3.2014 NZA 2014, 606) versteht Abs. 2 S. 2 dahingehend, dass das AGG immer dann anwendbar bleibt, wenn im BetrAVG Sonderregeln nicht bestehen. Dasselbe gilt bei der Gewährung v. Übergangsgeld (BAG 15.2.2011 NZA 2011, 740), das als solches freil. keine Leistung der betriebl. AV darstellt (BAG 15.2.2011 NZA-RR 2011, 467). Auch bei der Auslegung des BetrAVG ist der Vorrang des Unionsrechts zu verwirklichen (BAG 28.7.2005 NZA-RR 2006, 591); wird danach eine Benachteiligung festgestellt, können die Rechtsfolgen der RL beansprucht werden (BAG 11.8.2009 NZA 2010, 408).

16 **4. Verhältnis zu anderen Benachteiligungsverboten (Abs. 3).** In **Abs. 3** wird klargestellt, dass das AGG weder eine umfassende noch eine stets vorrangig wirkende Regelung des gesamten Rechts der Benachteiligungsverbote zu enthalten beansprucht. Rechtsvorschr. zu Diskriminierungsverboten an anderer Stelle, wie etwa § 4 TzBfG, § 75 BetrVG bleiben daneben selbständig anwendbar, auch wenn sie inhaltl. den Tatbeständen des AGG nahe stehen (Benachteiligung wegen TZArbeit als mittelbare Frauendiskriminierung); anwendbar bleibt auch der allg. arbeitsrechtl. Gleichbehandlungsgrds. (*Bauer* AGG Rn. 52; *Hinrichs/Zwanziger* DB 2007, 574; **aA** *Maier/Mehlich* DB 2007, 113). Das folgt aus der sowohl im dt. Recht wie im Unionsrecht geläufigen Unterscheidung zwischen speziellen Diskriminierungsverboten und allg. Gleichheitssatz (EuGH 8.10.1980 Slg. 1980, I-2747; 12.7.2001 EuZW 2001, 728; 12.12.2002 NZA 2003, 211). Der Hinweis auf bes. ör. Schutzvorschr. meint etwa Mutterschutz oder Schutz behinderter Menschen, der gleichfalls unberührt bleiben soll; die Anwendung solcher Bestimmungen bleibt also unabhängig v. Vorliegen der Voraussetzungen einer zulässigen „positiven Maßnahme" gem. § 5 stets mögl.

17 **5. Kündigungsschutz (Abs. 4).** Eine Sonderstellung nimmt das in **Abs. 4** normierte Gebot einer verdrängenden, **ausschließl. Anwendbarkeit** der Bestimmungen zum allg. und bes. **Kündigungsschutz** ein (*Benecke* AuR 2016, 9). Diese Bestimmungen regeln die Wirksamkeit einseitiger Vertragsbeendigung durch Gestaltungserkl.; Kündigungsvereinb. über Fristen oder die ordentl. Unkündbarkeit sind nicht erfasst (anders: BT-Drs. 16/3007 S. 20), unterliegen also dem AGG. Wird dies als Unanwendbarkeit des AGG auf Kündigungen verstanden, liegt darin ein Verstoß gegen Unionsrecht. Diesen Konflikt hat die Rspr. durch Auslegung des Abs. 4 verhindert. Das BAG wendet das AGG unmittelbar auf alle **ordentl. Kündigungen an, die dem KSchG *nicht* unterliegen** (19.12.2013 NZA 2014, 372; 23.7.2015 NZA 2015, 1380), also insb. Kündigungen im Kleinbetrieb oder vor Ablauf der Wartefrist, da Abs. 4 ledigl. einen Anwendungsvorrang speziell auf Kündigungen zugeschnittener Normen begründen solle. Auch die Beweiserleichterung gem. § 22 ist auf Kündigungen außerhalb des KSchG anwendbar (BAG 19.12.2013 NZA 2014, 372; BAG 26.3.2014 NZA 2015, 734; *Günther/Frey* NZA 2014, 584, 585). Der Verstoß gegen das AGG führt zur Unwirksamkeit der Kündigung gem. § 134 BGB (BAG 19.12.2013 NZA 2014, 372), ist aber innerhalb der Frist des § 4 KSchG geltend zu machen (BAG 19.12.2013 NZA 2014, 372; ablehnend *Bertelsmann* NZA 2016, 855).

18 Nach den Grundsätzen des EuGH (5.10.2004 NZA 2004, 1145) ist die Rspr. der Mitgliedstaaten verpflichtet, die Grundwertungen der RL möglichst durch Auslegung des nationalen Rechts zur Geltung zu bringen (*Schlachter* ZESAR 2006, 391, 393; *Kamanabrou* RdA 2007, 199, 205; *Preis* ZESAR 2007, 308, 309; *Schiefer* DB 2009, 733, 734). Dies hat das BAG (6.11.2008 NZA 2009, 361; 15.12.2011 NZA 2012, 1044) für **Kündigungen, die dem KSchG unterliegen**, dadurch umgesetzt, dass die materiellen Diskriminierungsverbote einschl. der Rechtfertigungsgründe der §§ 1 bis 10 zur Auslegung der unbestimmten Rechtsbegriffe des KSchG, insb. zur Konkretisierung der „Sozialwidrigkeit" einer Kündigung heranzuziehen sind. Für § 626 BGB gilt dieser Auslegungsweg entsprechend. Zudem ist § 15 II anwendbar, ein **Entschädigungsanspruch** bei diskriminierender Kündigung besteht (BAG 12.12.2013 NZA 2014, 722; 19.12.2013 NZA 2014, 372; LAG HB 29.6.2010 NZA-RR 2010, 510; DB/*Däubler* Rn. 262a; KR/*Treber* Rn. 24; *Richardi* NZA 2006, 881, 886 f.; *Wenckebach* AuR 2010, 499, 501 f.). Soweit die Persönlichkeitsrechte Gekündigter verletzt wurden, ist eine Entschädigungspflicht auch dem Kündigungsrecht nicht fremd. Ansprüche aus § 15 I werden wegen des Anspruch auf Annahmeverzugslohn idR nicht entstehen (BAG 12.12.2013 NZA 2014, 722).

19 Für die **Frist zur Geltendmachung** v. Ansprüchen bei diskriminierender Kündigung gilt, dass die Klage gegen die Wirksamkeit der Kündigung selbst § 4 S. 1 KSchG unterliegt, bei Fristversäumung tritt die Fiktionswirkung des § 7 KSchG ein. Anges. der Forderung des EuGH (8.7.2010 NZA 2010, 869) nach Effizienz und Äquivalenz etwaiger Ausschlussfristen dürfte freil. auch im Rahmen v. § 4 KSchG zu beachten sein, dass Diskriminierungsklagen nicht praktisch unmögl. gemacht werden dürfen (vgl. § 15 Rn. 19). Ansprüche aus § 15 II sind in der Frist des § 15 IV geltend zu machen, denn der Normzweck des § 4 KSchG umfasse nur Bestandsschutzstreitigkeiten, nicht Persönlichkeitsverletzungen (DB/*Deinert* § 15 Rn. 41; KR/*Treber* Rn. 21). Auch die Fiktionswirkung aus § 7 KSchG steht nicht entgegen, da sie ledigl. die Wirksamkeit der Kündigung fingiert; das Nichtvorliegen mind. eines Kündigungsmotives, das an ein Merkmal nach § 1 anknüpft, wird nicht fingiert.

§ 3 Begriffsbestimmungen

(1) [1]Eine unmittelbare Benachteiligung liegt vor, wenn eine Person wegen eines in § 1 genannten Grundes eine weniger günstige Behandlung erfährt, als eine andere Person in einer vergleichbaren Situation erfährt, erfahren hat oder erfahren würde. [2]Eine unmittelbare Benachteiligung wegen des Geschlechts liegt in Bezug auf § 2 Abs. 1 Nr. 1 bis 4 auch im Falle einer ungünstigeren Behandlung einer Frau wegen Schwangerschaft oder Mutterschaft vor.

(2) Eine mittelbare Benachteiligung liegt vor, wenn dem Anschein nach neutrale Vorschriften, Kriterien oder Verfahren Personen wegen eines in § 1 genannten Grundes gegenüber anderen Personen in besonderer Weise benachteiligen können, es sei denn, die betreffenden Vorschriften, Kriterien oder Verfahren sind durch ein rechtmäßiges Ziel sachlich gerechtfertigt und die Mittel sind zur Erreichung dieses Ziels angemessen und erforderlich.

(3) Eine Belästigung ist eine Benachteiligung, wenn unerwünschte Verhaltensweisen, die mit einem in § 1 genannten Grund in Zusammenhang stehen, bezwecken oder bewirken, dass die Würde der betreffenden Person verletzt und ein von Einschüchterungen, Anfeindungen, Erniedrigungen, Entwürdigungen oder Beleidigungen gekennzeichnetes Umfeld geschaffen wird.

(4) Eine sexuelle Belästigung ist eine Benachteiligung in Bezug auf § 2 Abs. 1 Nr. 1 bis 4, wenn ein unerwünschtes, sexuell bestimmtes Verhalten, wozu auch unerwünschte sexuelle Handlungen und Aufforderungen zu diesen, sexuell bestimmte körperliche Berührungen, Bemerkungen sexuellen Inhalts sowie unerwünschtes Zeigen und sichtbares Anbringen von pornographischen Darstellungen gehören, bezweckt oder bewirkt, dass die Würde der betreffenden Person verletzt wird, insbesondere wenn ein von Einschüchterungen, Anfeindungen, Erniedrigungen, Entwürdigungen oder Beleidigungen gekennzeichnetes Umfeld geschaffen wird.

(5) [1]Die Anweisung zur Benachteiligung einer Person aus einem in § 1 genannten Grund gilt als Benachteiligung. [2]Eine solche Anweisung liegt in Bezug auf § 2 Abs. 1 Nr. 1 bis 4 insbesondere vor, wenn jemand eine Person zu einem Verhalten bestimmt, das einen Beschäftigten oder eine Beschäftigte wegen eines in § 1 genannten Grundes benachteiligt oder benachteiligen kann.

1. Normaufbau. Dem Regelungsvorbild der umzusetzenden RL entspr. werden die anerkannten 1 Formen der unmittelbaren und mittelbaren Benachteiligung ausdr. definiert und um die verschiedenen Arten v. Belästigung ergänzt. Durch die Technik des § 3, die Definitionen der RL nahezu wortgleich zu übernehmen, wird die Erfüllung der Umsetzungspflicht dokumentiert und der Verbotsinhalt in seiner gesamten, v. der RL benannten Breite dargelegt.

2. Unmittelbare Benachteiligung (Abs. 1). In Abs. 1 S. 1 wird die Feststellung einer Benachtei- 2 ligung durch Vergleich mit einer anderen Person vorgeschrieben, die eine günstigere Behandlung entweder derzeit erfährt, erfahren hat oder (hypothetisch) erfahren würde. Dementspr. ist eine Differenzierung nach einem der Gründe des § 1 eine *unmittelbare Benachteiligung,* wenn sie sich auf die Betroffenen ungünstiger auswirkt als auf andere Personen in vergleichbarer Lage. Eine bloße Verschiedenbehandlung genügt nicht, ein obj. Nachteil der geschützten Gruppe ist Voraussetzung (BAG 25.2.2010 NZA 2010, 561). Die nachteilig wirkende Maßnahme muss entweder ausdr. oder dem Sinne nach an dem verbotenen Differenzierungsmerkmal anknüpfen, wie Schwangerschaft (Geschlecht) oder Rentenberechtigung (Alter) (EuGH 12.10.2010 NZA 2010, 1341; 18.3.2014 BeckRS 2014, 80565; 26.2.2015 NZA 2015, 473; BAG 18.9.2014 BeckRS 2014, 73584; 23.7.2015 NZA 2015, 1380), so dass die v. der Unterscheidung benachteiligte und die nicht benachteiligte Gruppe jeweils hins. des Merkmals homogen zusammengesetzt sind (LAG K 15.2.2008 NZA-RR 2008, 622). Das BAG sieht neben dem biolog. Merkmal der Geschlechtszugehörigkeit auch tradierte Zuschreibungen mit nachteiligen Folgewirkungen für nur ein Geschlecht als umfasst; damit sind unterstellte Betreuungsaufgaben für Kinder als unmittelbare Benachteiligung einzustufen (BAG 18.9.2014 BeckRS 2014, 73584; LAG HM 11.6.2015 BeckRS 2015, 72070). Eine ungünstigere Behandlung liegt nicht erst darin, dass jemand einen materiellen Nachteil erleidet bzw. einen entspr. Vorteil nicht erhält. Auch ein Unterlassen, wie das **Vorenthalten v. Chancen,** zB durch Nichteinladung zum Vorstellungsgespräch, genügt (BAG 23.8.2012 NZA 2013, 37; 22.8.2013 NZA 2014, 82), oder die diskriminierende Nichtverlängerung eines befristeten ArbVerh. (BAG 21.6.2012 NZA 2012, 1345; 20.6.2013 NZA 2014, 21). Ein öffentl. AG kann auch durch Nichtbeachtung der Beteiligungsrechte der SBV, § 81 I 4 SGB IX, benachteiligen (VGH BW 10.9.2013 NZA-RR 2014, 159). Auch das **Unterlassen angemessener Vorkehrungen** zum Erhalt des Beschäftigungsverhältnisses v. Behinderten enthält eine Benachteiligung (EuGH 11.4.2013 NZA 2013, 553; BAG 21.4.2016 NZA 2016, 1131). Der Nachteil muss die Betroffenen „wegen" der Differenzierung nach dem Merkmal des § 1 getroffen haben, ohne dass es dafür einer Benachteiligungsabsicht bedarf (BAG 21.7.2009 NZA 2009, 1087; 26.6.2014 BeckRS 2014, 73097; 18.9.2014 BeckRS 2014, 73584). Bei einer direkt an das Merkmal anknüpfenden Differenzierung wird die Kausalität regelm. vorliegen. Eine Benachteiligung setzt voraus, dass die relativ ungünstigere Wirkung einer Differenzierung v. ders. Person oder Institution verursacht wird wie die relativ günstigere Behandlung etwaiger Vergleichspersonen. Auf „rechtmäßige Ziele", die eine mittelbare Benachteiligung (Abs. 2) ggf. rechtfertigen können, können sich die Verursacher einer unmittelbaren Benachteiligung dabei grds. (Ausnahme: § 10) nicht berufen (EuGH 18.11.2010 NZA 2010, 1401; **aA** LAG RP 29.9.2011 BeckRS 2011, 78095). Nach Ansicht des EuGH (17.7.2008 NZA 2008, 932) wird nicht vorausgesetzt, dass der Nachteil die Anspruchsteller betroffen hat, weil sie selbst ein Merkmal gem. § 1 (Behinderung) aufweisen bzw. es ihnen zugeschrieben wird (**aA** *Wank* NZA-Beil. 22/2004, 16, 21; *Bayreuther* NZA 2008, 986, 987); stattdessen genügt es, dass sie in **Beziehung zu einem Merkmalsträger** stehen und der Nachteil sie deswegen trifft (dazu *Schlachter* RdA, 2010, 104, 106). Durch Einbeziehung v. drittbezogenen Benachteiligungen erweitert der EuGH das Schutzkonzept dahingehend, dass es um den Schutz vor der Verwendung bestimmter Differenzierungskriterien im ArbVerh. geht (krit. *Melot de Beauregard* RIW 2009, 18).

3 Die ungünstigere Behandlung muss in einer **vergleichbaren Situation** erfolgen (BAG 18.3.2010 NZA 2010, 1129; 7.6.2011 NZA 2011, 1370; LAG SH 2.12.2014 NZA-RR 2015, 185; LAG HM 8.9.2015 BeckRS 2015, 72311), muss sich also auf die Situation beziehen, an der der Nachteil ansetzt; bei **Bewerbungen** ist dies die Personalauswahlsituation. Der AG definiert durch die Anforderungen in der Ausschreibung die Voraussetzungen für die Eignung der Bewerber; die Definitionsmacht wird bis zur Grenze der Willkür akzeptiert (BAG 16.2.2012 NZA 2012, 667). Der öffentl. AG hat dabei Art. 33 II GG zu beachten (LAG RP 10.2.2015 BeckRS 2015, 71670; LAG B 3.8.2016 NZA-RR 2017, 9). Das BAG hält nicht mehr daran fest, dass eine objektive Eignung von Bewerbern Voraussetzung dafür ist, dass sie sich in einer „vergleichbaren Situation" befinden (BAG 19.5.2016 NZA 2016, 1394; 26.1.2017 NZA-RR 2017, 342); auch obj. nicht geeigneten Bewerbern kann ggf. ein Anspruch aus § 15 II zustehen. Die fehlende oder geringere Eignung kann jedoch eine unterschiedl. Behandlung rechtfertigen.

4 Eine geeignete **Vergleichsperson** im bestehenden ArbVerh. muss identische oder im Wesentl. gleichartige Tätigkeiten wie der Anspruchsteller ausüben; dies ist anhand eines Gesamtvergleichs aller vertragl. geschuldeten Tätigkeiten festzustellen (BAG 23.8.1995 NZA 1996, 579; 11.4.2006 NZA 2006, 1217). Außer hins. des Merkmals gem. § 1 darf es zwischen der Vergleichsperson und dem Anspruchsteller keine wesentl. Unterschiede geben (BAG 14.8.2007 NZA 2008, 99; 18.3.2010 NZA 2010, 1129). Es genügt allerdings auch eine früher erfolgte, günstigere Behandlung der Vergleichsperson (**„erfahren hat"**). Damit wird die unionsrechtl. Vorgabe übernommen, dass die Vergleichspersonen nicht zeitgleich mit den Benachteiligten im Betrieb beschäftigt zu werden brauchen. Voraussetzung bleibt aber, dass sich trotz Ungleichzeitigkeit der Beschäftigungsverhältnisse die Personen in vergleichbarer Situation befinden. Dadurch werden solche Vergleiche ausgeschlossen, bei denen die Differenzierung bspw. veränderten Arbeitsmarktbedingungen wie plötzl. Knappheit/Überangebot v. bestimmten Qualifikationen geschuldet ist. Auch die wirksame Abschaffung einer früheren Begünstigung bewirkt keine Diskriminierung der später nicht mehr Anspruchsberechtigtwerdenden (BAG 29.4.2015 NZA 2015, 1204).

5 Die Vorschr. lässt weiter eine **hypothetische Vergleichsperson** zu, da sie auf die Behandlung abstellt, die eine andere Person „erfahren würde". Hierbei geht es weniger um die „konkrete Gefahr einer Benachteiligung" (so die Entwurfsbegr. BT-Drs. 16/1780 S. 32), denn sowohl das Benachteiligungsverbot des § 7 wie auch die Sanktionsregelung gem. § 15 knüpfen an eine Benachteiligung an und nicht an die Gefahr einer Benachteiligung (*Thüsing* AGG Rn. 231; HWK/*Rupp* Rn. 2); auf dieses Merkmal kann nicht verzichtet werden. Stattdessen sollte es bei dem Vergleich in Abs. 1 um die Frage ihrer Feststellbarkeit gehen. Zweck der Zulassung eines Vergleichs mit einer ledigl. hypothetischen Vergleichsperson, die beim AG aktuell nicht tätig ist und auch zuvor nicht tätig war, ist die Einbeziehung v. Betätigungsfeldern, die traditionell überw. V. Angehörigen eines bestimmten Merkmals besetzt werden. Bekannt ist dieses Problem für den Fall des „geschlechtsspezifischen Arbeitsmarktes" und dürfte für die anderen in § 1 geschützten Merkmale eher selten praktisch werden. Wer in einem merkmalshomogen zusammengesetzten Berufsfeld tätig ist, kann eine ungünstigere Behandlung als eine Vergleichsperson dann darlegen, wenn ein Vergleich auch mit der Behandlung zugelassen wird, die einer nicht der geschützten Gruppe zuzurechnenden Person zuteil werden würde, falls eine solche in diesem Beruf und in diesem Betrieb beschäftigt würde. Erforderl. ist allerdings, dass konkrete Anhaltspunkte dafür vorliegen, wie eine solche Vergleichsperson tatsächl. behandelt werden würde; diese können sich aus im Betrieb verwendeten generellen Regelungen ergeben (LAG RP 7.9.2012 BeckRS 2013, 66031). Ohne konkrete Anhaltspunkte kann für eine günstigere Behandlung einer ledigl. hypothetischen Vergleichsperson keinerlei Vermutung sprechen. Die Alt. des § 3 I stehen in einer notwendigen Rangfolge: Ist eine aktuelle Vergleichsperson vorhanden, kann eine ungünstigere Behandlung nur im Verhältnis zu dieser Person festgestellt werden. Fehlt sie, ist auf früher beschäftigte Vergleichspersonen zurückzugreifen, bevor eine hypothetische Betrachtung angestellt werden darf (*Diller/Krieger/Arnold* NZA 2006, 887, 892). Durch die Ausdehnung des Schutzbereichs der RL auf **potentielle Bewerber** hat der EuGH (10.7.2008 NZA 2008, 929; 25.4.2013 NZA 2013, 891) zwar in Verfahren, die v. „Einrichtungen öffentl. Interesses" betrieben werden, auf das Vorhandensein einer benachteiligten Person verzichtet. Auf Individualklagen ist die Arg. nicht übertragbar.

6 Abs. 1 S. 2 erstreckt die unmittelbare Benachteiligung wegen des Geschlechts im Zusammenhang des ArbVerh. auch auf die Fälle der Benachteiligung wegen **Schwangerschaft** und Mutterschaft. Das

erfasst Benachteiligungen einer Frau wegen Inanspruchnahme von Schutzvorschriften in direktem Zusammenhang mit Schwangerschaft und Entbindung, nicht jede Benachteiligung von Frauen, die Mütter sind (BAG 18.9.2014 BeckRS 2014, 73584). Der Beginn einer Schwangerschaft im Falle einer in-vitro-Fertilisation bestimmt sich durch die Einsetzung der befruchteten Eizelle (EuGH 26.2.2008 NZA 2008, 345). Dennoch ist eine wegen unmittelbar bevorstehender Einsetzung der befruchteten Eizelle ausgesprochene Kündigung eine geschlechtsbedingte Benachteiligung (BAG 26.3.2015 NZA 2015, 734). Eine Benachteiligung wegen Inanspruchnahme v. EZ wird v. Abs. 1 S. 2 nicht erfasst (BAG 27.1.2011 NZA 2011, 1362). Dass eine Benachteiligung wegen Schwangerschaft/Mutterschaft als unmittelbare Diskriminierung wegen des Geschlechts zu verstehen ist, hat der EuGH in st. Rspr. betont (EuGH 4.10.2001 NZA 2001, 1241 f.; 11.11.2010 NZA 2011, 143), da eine Unterscheidung nach diesem Merkmal zwar nicht die (dh. alle) Frauen, aber eben nur Frauen nachteilig treffen kann. Das Merkmal „Mutterschaft" bezieht sich wegen dieses unionsrechtl. Bezuges nur auf Umstände, die in unmittelbarem zeitl. und sachl. Zusammenhang mit Schwangerschaft und Geburt stehen und deshalb nur Frauen betreffen können (BAG 18.9.2014 BeckRS 2014, 73584; LAG HM 6.6.2013 NZA-RR 2013, 570). Das Benachteiligungsverbot umfasst nur den Bereich Beschäftigung und Beruf gem. § 2 I Nr. 1 bis 4. Demggü. ist allerdings darauf hinzuweisen, dass die RL 2004/113/EG (Geschlechtergleichbehandlung bei Versorgung mit Gütern und Dienstleistungen) in Art. 4 I a eine Schlechterstellung wegen Schwangerschaft oder Mutterschaft auch in diesem nicht arbeitsrechtl. Geltungsbereich untersagt.

Zu den mögl. benachteiligenden AG-Maßnahmen zählt insb. eine **Entlassung,** die nach der Rspr. 7
bereits dann eine Diskriminierung darstellt, wenn das ArbVerh. ledigl. kurzzeitig befristet worden war, die Schwangere also während eines erhebl. Teils der Vertragslaufzeit Beschäftigungsverboten unterlag (EuGH 4.10.2001 NZA 2001, 1241). Für Kündigungen sieht § 17 MuSchG die Unwirksamkeit als Rechtsfolge vor; das Kündigungsverbot gilt auch im Kleinbetrieb und in der Zeit, bevor ein bereits abgestorbener Fötus entfernt wurde (BAG 12.12.2013 NZA 2014, 722). Eine ohne Kenntnis v. der Schwangerschaft ausgesprochene Kündigung kann nicht auf der Schwangerschaft beruhen, ist also auch nicht diskriminierend (BAG 17.10.2013 NZA-RR 2014, 241). Der EuGH will alle Beendigungsformen erfassen, einschl. der nach dt. Recht sonst mögl. **Anfechtung** (EuGH 27.2.2003 NZA 2003, 373). Weiter kann sich ein AG weder auf unzumutbare finanzielle Belastungen noch auf Störungen im Austauschverhältnis berufen (BAG 6.2.2003 NZA 2003, 848) zB wegen schwangerschaftsbedingter Fehlzeiten (LAG K 3.6.2014 BeckRS 2014, 70523). Andererseits hatte das BVerfG (18.11.2003 NZA 2004, 33) eine Pflicht zur Reform des MuSchG mit mögl. diskriminierenden Folgewirkungen der Belastung v. Unternehmen mit Kosten des Mutterschutzes begr. Der EuGH hatte dagegen ein Anfechtungsrecht des AG für den Fall ausgeschlossen, dass die Schwangere ihren ErzUrl. beenden wollte, um den höheren Zuschuss zum Mutterschaftsgeld beanspruchen zu können (27.2.2003 NZA 2003, 373; vgl. auch 20.9.2007 NZA 2007, 1274). Eine schwangerschaftsbedingte Beendigung des ArbVerh kann seither gar nicht mit Mitteln der Vertragsgestaltung erreicht werden: selbst ein vorgeschaltetes befristetes ArbVerh. wird nicht zum vereinbarten Termin beendet, wenn der zuvor in Aussicht gestellte Anschlussvertrag gerade wegen einer Schwangerschaft nicht abgeschlossen wird (EuGH 4.10.2001 NZA 2001, 1243; LAG K 26.5.1994 NZA 1995, 1105).

Eine ungünstigere Behandlung Schwangerer ist in allen Bereichen, auch bei der **Entlohnung,** als 8
unmittelbar geschlechtsbedingte Benachteiligung unzulässig. An das Bestehen einer Schwangerschaft dürfen keine nachteiligen Wirkungen für die Entgelthöhe geknüpft, also Mutterschutzzeiten nicht aus der Bemessungsgrdl. für ergebnisorientiertes Entgelt ausgeschlossen werden (BAG 2.8.2006 NZA 2006, 1411). Zudem wird auch keine Pflicht zur Offenbarung einer Schwangerschaft im **Einstellungsverfahren** anerkannt (EuGH 27.2.2003 NZA 2003, 373; BAG 6.2.2003 NZA 2003, 848; LAG HM 1.3.1999 DB 1999, 2114). Zu den Auswirkungen auf das Fragerecht des AG: EuGH 27.2.2003 NZA 2003, 373 (vgl. § 2 Rn. 4a). Jedenfalls darf die EinstellungsEntsch. selbst nicht v. Nichtvorliegen einer Schwangerschaft abhängig gemacht werden; Ausnahmen nach § 8 sind jedoch denkbar.

3. Mittelbare Benachteiligung (Abs. 2). Die Begriffsbestimmung der **mittelbaren Benachteiligung** 9
zeigt, dass die nachteilige Maßnahme hier nicht an ein Merkmal nach § 1 anknüpft, sondern an Kriterien, die grds. auch v. Nicht-Merkmalsträgern erfüllt werden können (EuGH 16.7.2015 NZA 2015, 1247). Die Maßnahme kann in einer Vorschrift, einer (auch kollektivrechtl.) Vereinbarung oder Einzelmaßnahme/Weisung bestehen, wenn ihr eine allg. Regel oder ein verallgemeinerungsfähiges Kriterium zugrunde liegt. Eine Benachteiligung ist mittelbar merkmalsbedingt, wenn als Differenzierungskriterium, das die nachteiligen Folgen herbeiführt, zwar nicht unmittelbar die Zugehörigkeit zur geschützten Gruppe dient, wohl aber solche Merkmale, die v. Gruppenmitgliedern erhebl. häufiger als v. anderen Personen erfüllt werden (EuGH 16.7.2015 NZA 2015, 1247). In diesem Falle ist wegen der typischerweise überw. gruppenangehörige Personen treffenden nachteiligen Wirkung zu vermuten, dass gerade die Gruppenzugehörigkeit maßgebl. Ursache der Benachteiligung war (EuGH 27.10.1993 NZA 1994, 797; 7.6.2012 NZA 2012, 742; 17.7.2014 BeckRS 2014, 81243; *Dahm* BB 2010, 1792, 1793). Da die Indizienwirkung für das Vorliegen einer merkmalsbedingten Benachteiligung in diesen Fällen aber nicht zwgd. ist, kann die Vermutung durch entspr. Rechtfertigungsgründe entkräftet werden (BAG 28.1.2010 NZA 2010, 625). Die Diskriminierungseignung des fragl. Merkmals hat sich dann

konkret nicht verwirklicht (BAG 18.9.2014 NZA 2014, 1400). Die mittelbare Diskriminierung setzt zudem voraus, dass die benachteiligten und die begünstigten Gruppen miteinander vergleichbar sind (BAG 27.1.2011 NZA 2011, 1361; 13.10.2016 BeckRS 2016, 110282; *Wißmann* RdA 2011, 181, 187).

10 Nach wie vor kann eine mittelbare Benachteiligung dadurch festgestellt werden, dass **Vergleichsgruppen** gebildet werden, aus deren jeweils unterschiedl. intensiver Begünstigung oder Benachteiligung ein Rückschluss darauf gezogen werden kann, dass die Vorschr. bzw. Maßnahme besonders die Merkmalsträger im Vergleich zu anderen Personen benachteiligt (EuGH 20.10.2011 NZA 2011, 1412; 16.7.2015 NZA 2015, 1247; BAG 9.12.2015 NZA 2016, 897; LAG N 15.12.2016 NZA 2017, 715). Die unterschiedl. Zahlenverhältnisse in Vergleichsgruppen sind stets nur Hilfstatsachen, die die Merkmalsabhängigkeit der benachteiligten Auswirkungen einer Maßnahme oder einer Vorschr. belegen sollen. Die Feststellung, dass Gruppen stark unterschiedl. zusammengesetzt sind (homogene Struktur der Führungskräfte, heterogene Zusammensetzung der Belegschaft) erlaubt allein keinen Rückschluss auf eine mittelbare Benachteiligung (BAG 24.4.2008 NZA 2008, 1351; 22.7.2010 NZA 2011, 93; krit. *Bayreuther* NJW 2009, 806, 808). Zur Bestimmung der Indizwirkung des Gruppenvergleichs weicht das Gesetz am stärksten v. der alten Rechtslage ab, die eine wesentl. stärkere Belastung der einen Gruppe voraussetzte. Danach waren aussagekräftige Angaben über **ausreichend große Vergleichsgruppen** erforderl., damit nicht Zufälligkeiten und konjunkturelle Schwankungen das Erg. beeinflussen (EuGH 27.10.1993 NZA 1994, 797). Welches Zahlenverhältnis diesen Voraussetzungen genügte, war jedoch stets ungesichert, weil in den bisher entschiedenen Fällen idR die Benachteiligung v. TZBeschäftigten zu prüfen war (EuGH 10.3.2005 NZA 2005, 807; BAG 23.1.1990 NZA 1990, 778; 20.11.1990 NZA 1991, 635; 2.12.1992 NZA 1993, 367; 8.6.2005 NZA 2006, 611), also einer unbestritten „überw." (etwa 90%) aus Frauen bestehenden Gruppe. Zudem kommt es nicht allein auf die Prozentzahl, sondern auf die Signifikanz der Abweichung v. einer erwarteten Normalverteilung der Geschlechter auf die Vergleichsgruppen an (BAG 23.9.1992 NZA 1993, 891; 20.8.2002 NZA 2003, 861). Generell wurde die Vermutungswirkung jdf. bei einem Relationsunterschied v. etwa 75% anerkannt, sofern die prozentuale Abweichung ebenfalls aussagekräftig ist (*Wißmann* FS Wlotzke 1996 S. 807, 815). Die Vergleichsgruppen müssen dem persönl. Geltungsbereich der Differenzierungsregel entspr. zusammengesetzt sein (EuGH 30.11.1993 BeckRS 2004, 74804; 13.1.2004 NZA 2004, 201; BAG 27.1.2011 NZA 2011, 1362; vgl. EntgTranspG § 3 Rn. 3 ff.): für Einstellungskriterien die in Betracht kommenden Bewerbergruppen (BAG 22.7.2010 NZA 2011, 93; LAG HE 16.1.2012 NZA-RR 2012, 464), für Arbeits- oder Entlassungsbedingungen die Belegschaft des AG; für Kollektivverträge deren räuml., fachl. und personeller Geltungsbereich (BAG 22.4.2010 NZA 2010, 947; 16.10.2014 BeckRS 2014, 74116); für ges. Bestimmungen deren jeweiliger Anwendungsbereich (so für Art. 157 AEUV: BAG 18.10.2005 NZA 2006, 1159).

11 Verglichen werden die Auswirkungen der Differenzierung auf die Angehörigen der nach § 1 geschützten Gruppe einerseits und alle anderen Betroffenen andererseits. Schwierigkeiten bei der Zuordnung zu einer Gruppe ergeben sich in den auch bisher bereits ges. geregelten (Geschlecht, Behinderung) Fällen nicht; anders aber bei Merkmalen, bei denen mehrere Untergruppen gebildet und miteinander verglichen werden können; so bei Untergruppen v. Religionsgemeinschaften oder Ethnien bzw. der mittelbaren Altersdiskriminierung: soll etwa dargelegt werden, ob ein Kriterium „häufige Fehltage wegen Krankheit" 58-jährige mittelbar altersbedingt benachteiligt, ist unklar ob alle jüngeren Kollegen, nur die 20–30-jährigen oder nur die 57-jährigen günstiger behandelt werden müssen, um einen Altersbezug wahrscheinl. erscheinen zu lassen. Da das Gesetz die Frage nicht klärt, wird der Anspruchsteller die relevante Vergleichsgruppe auswählen dürfen; die Überzeugungskraft gerade der ausgewählten Gruppenzusammensetzung bewertet das Gericht.

12 Diese eher strengen Anforderungen an Indizien einer Benachteiligung wegen der Gruppenzugehörigkeit sind nach Abs. 2 nicht mehr notwendige Voraussetzung einer mittelbaren Benachteiligung (BAG 22.4.2010 NZA 2010, 947; 27.1.2011 NZA 2011, 1362; **aA** *Thüsing* AGG Rn. 253). Nunmehr genügt, dass die angegriffenen Maßnahmen eine solche bes. Benachteiligung auslösen „können", also eine **hypothetische Betrachtungsweise** (BAG 18.8.2009 NZA 2010, 222; *Colneric* NZA-Beil. 2/2008, 66, 68). Dies dürfte nicht zul. darin begr. sein, dass signifikante Statistiken über die Verteilung der übrigen in § 1 geschützten Merkmale teils schwer verfügbar sind (*Waas* ZIP 2000, 2151, 2152; *v. Roetteken* NZA 2001, 414, 417 f.), teils auch aus Datenschutzgründen (zB Rasse, Religion, sexuelle Orientierung) nicht erhoben werden. Die Feststellung einer mittelbaren Benachteiligung an die Voraussetzung des Vorhandenseins aussagekräftiger Statistiken zu binden, würde diese Rechtsfigur um einen großen Teil ihres Anwendungsbereichs bringen. Die Erweiterung auf eine hypothetische Betrachtungsweise folgt damit der Rspr. des EuGH zur mittelbaren Diskriminierung wegen der Staatsangehörigkeit (EuGH 21.9.2000 NZS 2001, 254), der zufolge es genügt, wenn sich eine Regelung „ihrem Wesen nach" bes. auf die geschützte Gruppe auswirkt. So wird die Forderung nach fehlerfreien Deutschkenntnissen als Einstellungskriterium bes. nachteilige Auswirkungen auf Bewerber anderer ethnischer Gruppen haben (LAG HM 17.7.2008 NZA-RR 2009, 13; offen gelassen: BAG 28.1.2010 NZA 2010, 625; unklar: ArbG BE 26.9.2007 BeckRS 2008, 50553; zu Rechtfertigungsmöglichkeiten § 1 Rn. 5, § 3 Rn. 14). Die Einstellungsvoraussetzung eines höchstens ein Jahr zurückliegenden Studienabschlusses wird überw. ältere Bewerber ausschließen (LAG HE 16.1.2012 NZA-RR 2012, 464). Dasselbe gilt für die Anforde-

rung „gerade frisch gebacken eine Ausbildung" absolviert zu haben (BAG 15.12.2016 NZA 2017, 715). Die Unterscheidung nach der Notwendigkeit, ein Kind im Grundschulalter betreuen zu müssen, wird vorwiegend Frauen belasten (LAG HM 6.6.2013 NZA-RR 2013, 570; aA BAG 18.9.2014 BeckRS 2014, 73584). Dasselbe gilt für eine Mindestgröße als Voraussetzung für die Ausbildung zum Piloten (LAG K 25.6.2014 BeckRS 2014, 72115). Der Ausschluss v. Abfindungsansprüchen aus einem Sozialplan wegen der Möglichkeit eines vorzeitigen Bezugs der Altersrente wird vorrangig Schwerbehinderte treffen (BAG 17.11.2015 NZA 2016, 501). Zugleich bedeutet ein Verzicht auf die indizielle Wirkung v. Gruppenvergleichen eine entspr. Verringerung der Beweiskraft des Vorbringens (*Schlachter* GS Blomeyer 2003 S. 355 ff.). Die Darlegung „in bes. Weise benachteiligt" zu werden, obliegt den Kl. Selbst wenn wegen der hypothetischen Betrachtungsweise das Vorliegen eines Nachteils leichter dargelegt werden kann, kann dies nicht als Verzicht auf das Merkmal der Benachteiligung verstanden werden (BAG 18.2.2003 BeckRS 2003, 30307330). Vielmehr wird durch die hypothetische Betrachtungsweise die Anforderung an das Glaubhaftmachen des Vorliegens der vergleichsweise schlechteren Behandlung *wegen* des geschützten Merkmals gesenkt. Anhaltspunkte für eine merkmalsbedingte Benachteiligung müssen auf andere Weise als durch den Nachw. unverhältnismäßig häufiger bes. Belastung beigebracht werden. So hatte das BAG bereits die nicht rechtzeitige Unterrichtung der SBV v. der Bewerbung eines Behinderten als Indiz für eine Benachteiligung ausreichen lassen (BAG 15.2.2005 NZA 2005, 870). Andererseits kann eine Unterscheidung nach „hohen Fehlzeiten" ohne zahlenmäßigem Beleg (Rn. 11) weder als zureichendes Indiz für eine Alters-, noch eine Behindertendiskriminierung gewertet werden (LAG K 15.2.2008 NZA-RR 2008, 622). So könnte das Vorenthalten der Möglichkeit, nach Zeitablauf eine tarifl. Höhergruppierung zu erreichen, gem. Abs. 2 selbst dann als mittelbare Benachteiligung gewertet werden, wenn in der begünstigten Tätigkeitsgruppe überhaupt kein AN eingeordnet ist (anders noch LAG HM 1.9.2006 NZA-RR 2007, 81); die bloße Existenz einer solchen Tätigkeitsgruppe belegt immerhin, dass der TV zu einem bes. Nachteil der Ausgeschlossenen führen „kann".

Der Tatbestand einer mittelbaren Benachteiligung wird durch das **Vorliegen bestimmter Elemente** 13 (= vergleichsweise ungünstigere Behandlung wegen eines geschützten Merkmals durch neutrale Vorschr. oder Maßnahmen) sowie durch das **Fehlen anderer Elemente** (= rechtfertigende Ziele und verhältnismäßige Mittel zu ihrer Durchsetzung) konstituiert. Die positiven Tatbestandsmerkmale sind v. demjenigen, der sich auf das Benachteiligungsverbot berufen will, darzulegen und in den Grenzen des § 22 zu beweisen. Dies dient der Eingrenzung des weit geratenen Verbotsumf. Die Rechtfertigungselemente des § 3 II Hs. 2 sind dagegen vom AG darzulegen und zu beweisen (EuGH 16.7.2015 BeckRS 2015, 80950; BAG 19.5.2016 BeckRS 2016, 74826; aA *Bauer/Krieger* AGG Rn. 37). Inhaltl. werden die mögl. **Rechtfertigungsgründe** nicht bestimmt; sie dürfen jedes rechtmäßige Ziel mit verhältnismäßigen Mitteln umsetzen, ohne dabei auf sozialpolitische Ziele des § 10 beschränkt zu sein (BAG 20.6.2013 NZA-RR 2013, 662; 15.12.2016 NZA 2017, 715). Liegt ein solcher Rechtfertigungsgrund vor, ist damit der Tatbestand der mittelbaren Benachteiligung ausgeschlossen (BAG 7.7.2011 NZA 2011, 1413; 22.6.2011 NJW 2012, 171). Eine Rechtfertigung nach den bes. Kriterien der §§ 8 bis 10 ist in diesen Fällen entbehrl. Mithin muss die Differenzierung einem selbst nicht diskriminierenden Zweck dienen, und sie muss in einer dem Verhältnismäßigkeitsgrds. entspr. Weise eingesetzt werden (BAG 23.1.1990 NZA 1990, 778; 18.5.2006 NZA 2007, 103; 28.1.2010 NZA 2010, 625). Das Ziel der Maßnahme muss einem legitimen Interesse entsprechen, dh insb. nicht selbst gegen ein ges. Verbot verstoßen. Dies ist etwa bei Maßnahmen, die zur Erfüllung verbindl. Vorgaben getroffen werden, bereits obj. der Fall (BAG 18.5.2006 NZA 2007, 103; 28.1.2010 NZA 2010, 625). Für subj. begr. Bedürfnisse, die nachweisl. nicht merkmalsbezogene Interessen verfolgen, kann nichts anderes gelten: Das Benachteiligungsverbot zwingt den AG nicht zur Verwendung ausschließl. obj. Differenzierungskriterien, sondern verbietet ihm die Verwendung bestimmter, diskriminierender Kriterien. Geht es um die Prüfung einer Rechtsnorm oder ihrer Auslegung durch die Gerichte, wird die Durchsetzung eines sozialpolitischen Bedürfnisses verlangt (EuGH 26.9.2000 NZA 2000, 1155; BAG 18.9.2014 NZA 2014, 1400).

Als **zulässige Differenzierungskriterien** wurden anerkannt: Längere Betriebszugehörigkeitsdauer 14 (EuGH 17.10.1989 NZA 1990, 772; 3.10.2006 NZA 2006, 1205), Flexibilität, Berufsausbildung bzw. erreichte Qualifikation; bei anderen Differenzierungsmerkmalen war iE abzuwägen, ob sie zur Erreichung eines legitimen Zwecks erforderl. sind und den AN ggü. fair verwendet werden (EuGH 17.10.1989 NZA 1990, 772; BAG 26.1.2005 NZA 2005, 1059). Das gilt auch für die Anforderung einer kurzen oder fehlenden Berufserfahrung (BAG 15.12.2016 NZA 2017, 715), die nicht mit allg. Erwägungen der Personalpolitik gerechtfertigt werden können. So kann die Bereitschaft zum Leisten v. Mehrarbeit in die Leistungsbewertung einbezogen werden, selbst wenn Personen mit Familienpflichten dem schlechter entsprechen können (LAG K 8.5.2009 NZA-RR 2009, 580). Ausreichende Kenntnis der dt. Sprache zu fordern ist gerechtfertigt, wenn diese arbeitsnotwendig ist (BAG 22.6.2011 NZA 2011, 1226; LAG HE 12.6.2015 BeckRS 2016, 65651). Haushaltserwägungen allein rechtfertigen die Auferlegung v. Nachteilen gerade bestimmten Gruppen ggü. nicht (EuGH 20.3.2003 NZA 2003, 506); notwendige Einsparungen dürfen nicht merkmalsabhängig erzielt werden. Daher ist auch der Wunsch, durch Beschäftigung v. Berufsanfängern Lohnkosten zu sparen, keine Rechtfertigung für die Diskriminierung älterer Bewerber (BAG 15.12.2016 BeckRS 2016, 118115; **aA** *Hunold* AuA 2011, 142).

Die **Tarifautonomie** bietet nicht selbst schon eine hinreichende Rechtfertigung für mittelbar benachteiligende Differenzierungen: Dass ein Kriterium durch TV festgelegt wurde, genügt trotz ihrer Gewährleistung in Art. 28 GRC (*Lehmann* BB 2012, 117, 121) nicht allein zur Rechtfertigung seiner Verwendung (BAG 9.12.2015 NZA 2016, 897). Eine Einschätzungsprärogative zur Beurteilung der Legitimität eines Differenzierungsgrunds wird den TVParteien v. EuGH jedoch zugestanden (31.5.1995 BeckRS 2004, 77045; 8.9.2011 NZA 2011, 1100; BAG 19.1.2011 NZA 2011, 860). Sie dürfen Typisierungen vornehmen und Stichtagsregelungen festlegen, sofern diese eng am Regelungssachverhalt orientiert werden und ein rechtmäßiges Ziel verfolgen.

15 **4. Belästigung (Abs. 3).** Abs. 3 legt fest, dass der Tatbestand einer Benachteiligung auch durch eine **Belästigung** erfüllt werden kann. Nach Abs. 3 ist nicht jede Art v. Belästigung eine Benachteiligung, sondern gerade solche, die sich als unerwünschte Verhaltensweise „im Zusammenhang" (BAG 24.9.2009 NZA 2010, 387) mit einem Benachteiligungsgrund des § 1 darstellen. Geschützt werden Beschäftigte daher nicht nur vor Belästigungen wegen eines Merkmals nach § 1, sondern auch wegen damit zusammenhängender Gründe, wie Weißhaarigkeit im Zusammenhang mit Alter.

16 Der Begriff des **Verhaltens** ist derart weit, dass jede bewusste Lebensäußerung darunter zu fassen ist: Berührungen, Ansprechen, Herbeiführen v. Begegnungen (zum „Stalking" vgl. *Göpfert/Siegrist* NZA 2007, 473), Äußerungen, Gesten, Blicke, Zeigen usw. (BAG 22.6.2011 NZA 2011, 1226) oder Kommentare in „sozialen Medien" (ArbG Gelsenkirchen 24.11.2015 BeckRS 2016, 67556). Unerwünscht ist eine Verhaltensweise jdf. dann, wenn sie den Verhaltenserwartungen der betroffenen Person subj. nicht entspricht. Doch muss eine Benachteiligung für die Verbotsadressaten vermeidbar, dh jdf. erkennbar sein. Dies ließe sich entweder dadurch erreichen, dass die „Unerwünschtheit" dem Handelnden ggü. erkennbar verdeutlicht werden muss, wie dies in § 2 BeschSchG verlangt wurde. Diese Voraussetzung der erkennbaren Ablehnung durch die Betroffenen ist in den Absätzen 3 und 4 jedoch gerade nicht übernommen worden. Sie sind folgl. so auszulegen, dass v. den Betroffenen nicht mehr verlangt werden kann, ihre Einstellung zu den fragl. Verhaltensweisen aktiv zu verdeutlichen (BAG 9.6.2011 NZA 2011, 1342). Auch solche Personen, deren persönl. Abwehrstrategie gegen unerwünschte Verhaltensweisen passiv im Ausweichen oder Ignorieren besteht, sind geschützt. Allerdings muss die **Unerwünschtheit** der Verhaltensweise dennoch klar sein. Die Erkennbarkeit kann sich nicht nach dem subj. Verständnishorizont der Belästigenden bestimmen, sondern nach demjenigen eines obj. Dritten (BAG 9.1.1986 NZA 1986, 467; *Hohmann* ZRP 1995, 168); bei hinreichend schweren Vorfällen steht die Unerwünschtheit ohne weiteres fest. Sie kann aber auch in Abhängigkeit v. Aufgabenbezug der jeweiligen Verhaltensweise festgestellt werden: Je weniger die Verhaltensweise zu den übl. Interaktionen der beteiligten Kreise zählt, desto wahrscheinl. ist sie nicht erwünscht (LAG RP 25.5.2009 BeckRS 2010, 65458). Vorgesetzte oder sonst übergeordnete Personen müssen generell damit rechnen, dass v. ihnen ein förmlicheres Auftreten erwartet wird als unter Gleichgeordneten übl. wäre. V. willkommenen persönl. Beziehungen und Umgangsweisen lässt sich eine „unerwünschte Verhaltensweise" etwa durch die Ein- oder Zweiseitigkeit dieses Verhaltens abgrenzen. Ein „unverkrampfter Umgangston", der ggf. Anspielungen, Witze oder körperl. Berührungen nicht unerwünscht erscheinen ließe, zeichnet sich durch die Gegenseitigkeit seiner Verwendung aus.

17 Die unerwünschte Verhaltensweise muss **„in einem Zusammenhang** mit einem Grund des § 1" stehen, fehlt also jdf. dann, wenn keine Person beteiligt ist, die ein solches Merkmal aufweist. Betrifft eine Verhaltensweise Angehörige der nach § 1 geschützten Gruppen, ist sie va. deshalb unerwünscht, weil sie obj. deren Geltungsanspruch bzw. die Würde wegen der Gruppenzugehörigkeit in Frage stellt. Die unbestimmte Formulierung in Abs. 3 lässt jedoch jede Art v. Zusammenhang zu einem Merkmal nach § 1 genügen, soweit er beweisbar ist und eine Würdeverletzung bezweckt oder bewirkt. Dass ein Belästigungstatbestand gerade die **Würde** der Betroffenen angreift, wird im Unionsrecht bereits seit einer Empfehlung der EG-Kom. „zum Schutz der Würde v. Frauen und Männern am Arbeitsplatz" (v. 27.11.1991 RdA 1993, 43) vertreten. In Abs. 3 verfolgt der Hinweis auf die Würde der Betroffenen nunmehr den Zweck einer zusätzl. **Erheblichkeitsschwelle.** Er schränkt die „unerwünschten Verhaltensweisen", die eine verbotene Belästigung begründen können, dahingehend ein, dass obj. geringfügige Vorfälle mit bloßem Lästigkeitswert nicht erfasst werden. Die Aufforderung an einen AN, der nicht „Muttersprachler" ist, einen Sprachkurs zu besuchen, enthält keine solche Würdeverletzung (BAG 22.6.2011 NZA 2011, 1226; LAG SH 23.12.2009 BB 2010, 244; **aA** *Latzel* SAE 2012, 62, 66), wenn sie nicht in schikanöser Form erfolgt und die geforderte Fähigkeit zu den vertragl. Pflichten der AN gehören. Andererseits wird aber ebenso wenig vorausgesetzt, dass die Verhaltensweise die Menschenwürde iSd. Art. 1 GG in Frage stellt (Entwurfsbegr. in BT-Drs. 16/1780 S. 33; LAG MV 13.1.2009 BeckRS 2012, 66795). Ein Verhalten braucht den Betroffenen nicht in seiner Würde als Mensch in Frage zu stellen, um eine Belästigung zu enthalten; eine Beeinträchtigung seines Selbstverständnisses in Bezug auf die Merkmale des § 1 genügt. Die Schaffung eines feindl. Umfeldes (Rn. 19) konkretisiert die Mindestschwelle der erforderl. Verletzungsintensität.

18 **Bewirkt** wird eine Würdeverletzung, wenn sie nach obj. Maßstäben tatsächl. erfolgt ist. Auf vorsätzl. Verhalten kommt es dafür nicht an (BAG 9.6.2011 NZA 2011, 1342; *Bonanni* ArbRB 2013, 82; **aA** *Hadeler* NZA 2003, 77, 78), insb. muss es der Handelnde also nicht gewollt oder auch nur in Kauf genommen

haben, dass sein Verhalten den Betroffenen in seiner Würde verletzt; fehlendes Unrechtsbewusstsein ist insoweit unerhebl. Ledigl. die obj. Erkennbarkeit der Unerwünschtheit der Verhaltensweise schränkt die Weite des Tatbestandes ein. Weiter genügt ein Verhalten, das die Würdeverletzung ledigl. **bezweckt,** also iE gerade nicht erreicht. Damit wird die Einstufung eines Verhaltens als Benachteiligung in das Versuchsstadium vorverlagert: Eine subj. als Würdeverletzung gepl. Verhaltensweise ist selbst dann erfasst, wenn sie den nachteiligen Erfolg gar nicht erzielt, sondern dazu nur abstrakt geeignet war.

Der letzte Teilsatz des Abs. 3 enthält bes. schwerwiegende **Bsp. für würdeverletzende Verhaltens- 19
weisen,** die notwendig zur Würdeverletzung hinzutreten („und") müssen. Sie konkretisieren den Maßstab für den bei einer Belästigung gem. Abs. 3 vorauszusetzenden Schweregrad eines unerwünschten Verhaltens, der bereits beträchtl. sein muss (**aA** BAG 24.9.2009 NZA 2010, 387, das in einer Konkretisierungsfunktion eine Abmilderungstendenz sieht): Einschüchterung, Anfeindung, Erniedrigung, Entwürdigung oder Beleidigung sind bereits für sich genommen Verhaltensweisen deutl. oberhalb einer bloßen Lästigkeitsschwelle. Ein Umfeld **„kennzeichnen"** können sie darüber hinaus nur, wenn sie für das fragl. ArbVerh. prägende Bedeutung entfalten (BAG 24.4.2008 NZA 2008, 1351; *Bauer* AGG Rn. 45 f.; *Thüsing* AGG Rn. 280). Die fragl. Verhaltensweise muss demnach für das betriebl. Umfeld typisch sein, es charakterisieren können. Bei einer erstmalig aufgetretenen Verhaltensweise ist das nur anzunehmen, wenn sie einen schweren Übergriff darstellt (BAG 24.9.2009 NZA 2010, 387). Das zu prägende **„Umfeld"** kann sich kaum auf den gesamten Betrieb beziehen (HWK/ *Rupp* Rn. 15), sondern ist aus Sicht des Betroffenen, also arbeitsplatzbezogen zu verstehen. Das Verhalten v. Vorgesetzten wird leicht prägend sein, das Verhalten v. Kollegen eher, wenn es v. mehreren ausgeht als bei individuellen Streitigkeiten; doch sind jeweils die konkreten Umstände maßgebend. Die Abgrenzung zu „normalen" Konflikten im ArbVerh. verlangt idR ein systematisches Fehlverhalten (LAG RP 30.11.2015 BeckRS 2016, 67330 zu „Mobbing"). **Anderweitige,** nicht durch ihren Einfluss auf das Umfeld gekennzeichnete Würdeverletzungen müssen nach Art und Schwere dem im Regelbsp. aufgestellten Maßstab genügen.

5. Sexuelle Belästigung (Abs. 4). Da eine **sexuelle Belästigung** ebenfalls eine Belästigung aus einem 20
der in § 1 genannten Gründe darstellt, ist sie prinzipiell bereits v. Abs. 3 erfasst. Dass sie dennoch gesondert in Abs. 4 erwähnt wird, ist eine Übernahme der Differenzierung zwischen „Belästigung" und „sexueller Belästigung" in Art. 2 II RL 76/207/EWG (seit 2006 ersetzt durch Art. 2 I lit. c) und d) RL 2006/54/EG). Abs. 4 ist auf den Anwendungsbereich „Beschäftigung und Beruf" gem. § 2 I Nr. 1 bis 4 beschränkt. Sollten sexuelle Belästigungen in den v. § 2 I Nr. 5 bis 8 definierten Bereichen vorkommen, bleibt darauf die Grundregel des Abs. 3 anwendbar. Festzustellen ist ein Bezug des Vorfalls zum ArbVerh. (LAG HE 21.2.2014 NZA-RR 2014, 585). Abs. 4 verweist für seinen Geltungsbereich hins. der bezweckten oder bewirkten Verletzung der Würde einschl. des Bsp. der Schaffung eines feindl. Arbeitsumfeldes auf die Voraussetzungen nach Abs. 3 (Rn. 18). „Bewirkt" ist eine Belästigung mit ihrem Eintreten, nur das „Bezwecken" stellt auf den Vorsatz ab (BAG 20.11.2014 NZA 2015, 294; LAG HE 27.2.2012 NZA-RR 2012, 471). Dabei ist die Schaffung eines feindl. Umfeldes nur beispielhaft, muss aber nicht zwgd. zur Würdeverletzung hinzutreten. Eine Würdeverletzung kann bereits infolge einer einmaligen sexuell bestimmten Verhaltensweise eintreten, selbst wenn die Belästigung nicht geeignet ist, das „Arbeitsumfeld" zu prägen (BAG 9.6.2011 NZA 2011, 1342; 20.11.2014 NZA 2015, 294). Abs. 4 stellt dabei nicht auf „vorsätzl.", sondern entspr. der RL auf „unerwünschtes" Verhalten ab (LAG NI 25.11.2008 NZA-RR 2009, 249). Dabei handelt es sich um eine subj. Vorstellung der Betroffenen, die aber für dic Handelnden erkennbar bleiben und deshalb nach objektivierten Maßstäben feststellbar sein muss (Rn. 16; *Groß* DB 2015, 2755, 2756). Weder eine nicht verdeutlichte Empfindlichkeit der Betroffenen noch ein unterdurchschnittl. entwickeltes Erkennungsvermögen der Handelnden können für die Feststellung der Unerwünschtheit maßgebl. sein. Ein Irrtum über die Unerwünschtheit ist ggf. bei der Interessenabwägung des Kündigungsrechts zu berücksichtigen (BAG 20.11.2014, NZA 2015, 294).

Wann Verhaltensweisen (Rn. 16) **sexuell bestimmt** sind, ist nicht v. subj. erstrebten Ziel des 21
Handelnden aus zu bestimmen (so aber: *Worzalla* NZA 1994, 1016, 1018; HWK/*Rupp* Rn. 17; LAG HB 16.12.2015 BeckRS 2015, 116510). Eine Definition, die eine Absicht der sexuellen Kontaktaufnahme verlangte, würde sogar v. den Betroffenen ausdr. abgelehnte körperl. Berührungen aus dem Anwendungsbereich herausfallen lassen, sofern der Handelnde sie „nur freundschaftl." gemeint hat (ArbG Weiden 16.9.2015 NZA-RR 2016, 296). „Sexuell bestimmtes Verhalten" kann nach dem Eindruck v. obj. Beobachtern bestimmt werden (BAG 9.1.1986 NZA 1986, 467; *Homann* ZRP 1995, 167 ff.). Der zweite Hs. enthält eine beispielhafte Aufzählung dessen, was „sexuell bestimmtes Verhalten" sein kann.

Sexuelle Handlungen sind unabhängig v. einer bes. Schwere stets eine Belästigung (BAG 9.1.1986 22
NZA 1986, 467; LAG HE 3.9.2009 NZA-RR 2010, 246; LAG HM 13.2.1997 NZA-RR 1997, 250, 255). Sehr problematisch ist daher die großzügige Entscheidungspraxis des BVerwG (16.7.2009 BeckRS 2009, 36795), die selbst körperl. Übergriffe eines Vorgesetzten gegen zahlr. Untergebene iE nicht genügen lässt. Eine **Aufforderung** muss die Belästigten selbst zur aktiven Vornahme solcher Handlungen veranlassen wollen. Das deutlichste Anwendungsbsp. bilden sexuell bestimmte körperl. Berüh-

rungen und entspr. Bem., etwa das Einfordern sexueller Handlungen, Äußerungen über sexuelles Verhalten oder Neigungen, Partnerwahl, Ausstrahlung oder Erscheinungsbild An- oder Abwesender (LAG NI 29.11.2008 NZA-RR 2009, 249; LAG SH 4.3.2009 BeckRS 2009, 62136; OVG NW 23.10.2015 BeckRS 2015, 54317). Das Gewicht des Fehlverhaltens ist bei Berührungen idR schwerwiegender als bei verbalen Äußerungen oder Gesten (LAG RP 25.5.2009 BeckRS 2010, 65458; LAG NI 6.12.2013 BeckRS 2014, 65809). Fehlende Anzeichen für eine Wiederholungsgefahr relativieren die Schwere des Fehlverhaltens nicht, wohl aber kann ein Irrtum des Handelnden über die Unerwünschtheit des Verhaltens berücksichtigt werden (BAG 20.11.2014 NZA 2015, 295). Zeigen und sichtbares Anbringen **pornographischer Darst.** meint im strafrechtl. Sprachgebrauch die Darbietung vergröbernder, verzerrender Darst. der Sexualität ohne Sinnzusammenhang mit anderen Lebensäußerungen (BGH 21.6.1990 NJW 1990, 3026; OLG D 28.3.1974 NJW 1974, 1474). Ob dieser enge strafrechtl. Begriff für die Ausgestaltung v. Arbeitsplätzen maßgebend sein kann, ist fragl. (bejahend: *Herzog,* Sexuelle Belästigung am Arbeitsplatz, Diss. Freiburg 1996 S. 208 f.; abl. *Schlachter AR-Blattei* SD 425 Rn. 30 ff.). Unzulässig ist die Zurschaustellung sexueller Inhalte dann, wenn sie für Betroffene **unerwünscht** erfolgt (Rn. 20).

23 **6. Anweisung (Abs. 5).** Die Vorschr. des Abs. 5 übernimmt in S. 1 den Sprachgebrauch der umzusetzenden RL, die regelm. auch die **Anweisung zur Diskriminierung** in den Diskriminierungsbegriff mit einbezieht. Meistens ist diese Regelung entbehrl., da der AG für ein auf ausdr. Anweisung beruhendes Fehlverhalten Weisungsunterworfener regelm. über die §§ 31, 278 BGB haftet. Eine „Anweisung" setzt das Bestehen eines Rechtsverhältnisses voraus, das den „Angewiesenen" zur Befolgung der Weisung verpflichtet und damit einen Zurechnungsgrund schafft. Nur in den Fällen, in denen kein Erfolg zugerechnet werden kann, weil der Angewiesene die Weisung tatsächl. nicht befolgt hat (ArbG Wuppertal 10.12.2003 BeckRS 2011, 69155), ist durch die Einbeziehung der bloßen Anweisung in den Benachteiligungsbegriff die Reichweite des Verbotes gem. § 7 erweitert worden. Eine Anweisung liegt vor, wenn jemand zu einer konkreten Handlung oder Verhaltensweise vorsätzl. bestimmt wird. Dass die angeordnete Verhaltensweise als Benachteiligung wegen eines Merkmals des § 1 verboten ist, braucht v. Vorsatz nicht umfasst zu sein. Für die in § 2 I Nr. 1 bis 4 genannten Bereiche wird der Begriff der Anweisung beispielhaft noch dahingehend verdeutlicht, dass jemand zu einem benachteiligenden Verhalten ggü. Beschäftigten bestimmt wird. Dadurch soll betont werden, dass als Angewiesene alle „Personen", nicht etwa nur die Vorgesetzen und Kollegen der Beschäftigten, in Betracht kommen, sondern auch Dritte wie etwa Kunden und Lieferanten, sofern eine Anweisungsbeziehung besteht. Rechtsfolge der fingierten Diskriminierung ist die Unwirksamkeit der Weisung, § 7 I iVm. § 134 BGB. Zudem ist die Anweisung gem. § 7 III Vertragsverletzung und entspricht als solche nicht billigem Ermessen, § 315 III BGB; die Unwirksamkeitsanordnung des § 7 II bezieht sich nur auf Vereinb. Ist die Weisung unwirksam, braucht der Angewiesene sie nicht zu befolgen, ohne seinerseits eine Vertragspflicht zu verletzen. Wird die Weisung befolgt, haftet der Anweisende aus § 15, nicht aber der Angewiesene, der nach dieser Norm nicht anspruchsverpflichtet ist mangels Stellung als AG des Benachteiligten. Er kann allenfalls aus § 823 I BGB in Anspruch genommen werden, falls die Persönlichkeitsverletzung entspr. schwer ist (BGH 22.1.1985 NJW 1985, 1617). Dem Angewiesenen braucht nicht bewusst zu sein, dass die Anweisung auf eine verbotene Benachteiligung zielt. Wird die Anweisung nicht ausgeführt, fehlt es an einem materiellen Nachteil wie an einer Persönlichkeitsrechtsverletzung. Da der Wortlaut das Vorliegen einer Benachteiligung fingiert, dürfte eine Entschädigung nach § 15 II als Rechtsfolge dennoch gewollt sein (*Thüsing* AGG Rn. 302). Der geringeren Schwere einer tatsächl. nicht erfolgten Persönlichkeitsverletzung kann bei der Bemessung des Entschädigungsumf. entsprochen werden.

§ 4 Unterschiedliche Behandlung wegen mehrerer Gründe

Erfolgt eine unterschiedliche Behandlung wegen mehrerer der in § 1 genannten Gründe, so kann diese unterschiedliche Behandlung nach den §§ 8 bis 10 und 20 nur gerechtfertigt werden, wenn sich die Rechtfertigung auf alle diese Gründe erstreckt, derentwegen die unterschiedliche Behandlung erfolgt.

1 Die Norm zielt auf die **Mehrfachdiskriminierung,** die deswegen bes. hervorgehoben wird, weil das gleichzeitige Vorhandensein mehrerer Merkmale gem. § 1 die Wahrscheinlichkeit, v. Benachteiligungen betroffen zu werden, entspr. erhöht (DB/*Däubler* Rn. 8 ff.). Da die Betroffenen bes. schutzbedürftig sind, wird auf die rechtl. Selbständigkeit der Merkmale des § 1 noch einmal aufmerksam gemacht, obwohl sachl. die hier angeordnete getrennte Betrachtungsweise keinem Zweifel unterliegt: Ist die Benachteiligung wegen verschiedener Merkmale parallel erfolgt, wird sie nicht insges. dadurch zulässig, dass die Rechtfertigung des dafür verantwortl. Verhaltens allein hins. eines der mehreren Merkmale gelingt. Auf den Verursachungsanteil kommt es nicht an, eine Benachteiligung liegt stets dann vor, wenn die Differenzierung auch nur bzgl. eines einzelnen Merkmales nicht zulässig gewesen ist. Zulässig bleibt sie – über die im Gesetz genannten Vorschr. hinaus – auch bei Vorliegen der Voraussetzungen des § 5 (*MHH AGG* Rn. 4; *Bauer* AGG Rn. 4; HWK/*Rupp* Rn. 1).

§ 5 Positive Maßnahmen

Ungeachtet der in den §§ 8 bis 10 sowie in § 20 benannten Gründe ist eine unterschiedliche Behandlung auch zulässig, wenn durch geeignete und angemessene Maßnahmen bestehende Nachteile wegen eines in § 1 genannten Grundes verhindert oder ausgeglichen werden sollen.

Regelungszweck der Bestimmung ist es, die Förderung bisher benachteiligter Gruppen zu ermöglichen. Sie schafft also eine eigenständige Ausnahme v. Differenzierungsverbot. Einen Anspruch auf Erlass solcher Maßnahmen begründet sie nicht. Die sprachl. Formulierung ist wenig glückl., weil kaum Maßnahmen denkbar sind, die „bestehende" Nachteile verhindern könnten. Wie sich aus der Entwurfsbegr. ergibt (BT-Drs. 16/1780 S. 34), sollte mit einem umfassenden Ansatz gestattet werden, **bestehende Nachteile** auszugleichen und künftige Nachteile zu verhindern, also Fördermaßnahmen zum Zwecke der Prävention zu ergreifen (*Burg*, Positive Maßnahmen zwischen Unternehmerfreiheit und Gleichbehandlung, Diss. Bonn 2009 S. 201 ff.). Diese werden häufig, müssen aber nicht notwendig unmittelbar an einem Merkmal des § 1 ansetzen. Auch ein merkmalsneutral formuliertes Verfahren, das zuvor benachteiligte Personen unterstützen soll, wird erfasst. Ebenso können spezifische Qualifizierungsangebote oder bes. Rekrutierungsanstrengungen unter benachteiligten Gruppen zulässig sein, bis hin zu Bevorzugungsregelungen, soweit sie den ges. Voraussetzungen genügen. Die Verpflichtung öffentl. AG, schwerbehinderte Bewerber zum Vorstellungsgespräch einzuladen, § 82 S. 2 SGB IX, begr. eine solche Besserstellungspflicht (BVerwG 3.3.2011 NZA 2011, 977). § 122 SGB IX trifft eine Konkurrenzregelung dahingehend, dass Schwerbehinderte durch Fördermaßnahmen zugunsten anderer Gruppen nicht zurückgesetzt werden dürfen. Mit der Begrenzung auf den Ausgleich bestehender Nachteile wird verlangt, dass eine Ausgleichsmaßnahme an die Feststellung solcher Nachteile anknüpft (EntgTranspG § 3 Rn. 11 f.; DB/*Däubler* Rn. 19). Im Streitfall ist das Bestehen dieses Nachteils v. Ag. zu beweisen. Das kann auch durch eine aussagefähige Statistik zur Unterrepräsentanz einer geschützten Gruppe gelingen (LAG B 14.1.2011 BeckRS 2011, 74343). So ist der Beschäftigungsanspruch für Schwerbehinderte aus § 81 IV Nr. 1 SGB IX dahingehend ausgelegt worden, dass Schwerbehinderten ein Anspruch auf Vertragsänd. zusteht, falls sie behinderungsbedingt die vertragl. Arbeitsleistung nicht mehr erbringen können (BAG 14.3.2006 NZA 2006, 1214). 1

Wie die Entwurfsbegr. ausdr. hervorhebt, sollen damit nicht nur dem Gesetzgeber **positive Maßnahmen** zugestanden werden, sondern auch TV- und Betriebspartnern, den Arbeitsvertragsparteien oder dem AG. Mit dieser weiten Fassung geht die Formulierung über die Ausnahmeklauseln der RL hinaus (Art. 5 RL 2000/43/EG, Art. 7 RL 2000/78/EG, Art. 3 RL 2006/54/EG). Diese RLBestimmungen erlauben den Mitgliedstaaten, spezifische positive Maßnahmen selbst zu ergreifen, nicht aber, diese Befugnis weiter zu delegieren (*Schlachter* GS Blomeyer 2003 S. 355, 364 f.; *Kamanabrou* RdA 2006, 321, 322; HWK/*Tillmanns* Art. 157 AEUV Rn. 56; *Kempter/Koch* BB 2012, 3009, 3012; **aA** *Bauer* AGG Rn. 3; Schiek/*Schiek* Rn. 11; zweifelnd *Thüsing* AGG Rn. 386; *MHH* Rn. 3; *Rolfs* NZA-Beil. 2008, 8, 9). Der Gesetzgeber muss daher Grundentsch. selbst treffen, unter welchen Voraussetzungen welche Arten v. Maßnahmen zulässigerweise v. Benachteiligungsverbot abweichen können und welche Feststellungen getroffen werden müssen, um v. ausgleichsfähigen Nachteilen ausgehen zu dürfen. 2

Die unterschiedl. Behandlung, die Benachteiligungen **ausgleichen** oder ihr Entstehen verhindern soll, setzt für die Differenzierung nach dem Geschlecht die Ausnahmebestimmung des Art. 157 IV AEUV um. § 5 ist erst Prüfungsmaßstab, wenn die Maßnahme eine „Benachteiligung" enthält und kein Ausnahmetatbestand gem. §§ 8 bis 10 und kein Grund zur Rechtfertigung einer mittelbaren Benachteiligung vorliegt. 3

Soweit Fördermaßnahmen durch § 5 zugelassen sind, müssen sie obj. zur Förderung geeignet und angemessen sein (EuGH 30.9.2010 NZA 2010, 1281) und dürfen in die Belange der v. der Begünstigung ausgenommenen Personen nicht übermäßig eingreifen (EntgTranspG § 3 Rn. 12; DB/*Däubler* Rn. 25 ff.; *Wank* FS Wißmann 2005 S. 615). Eine Maßnahme ist geeignet, wenn sie den fragl. Nachteil ausgleicht oder wahrscheinl. verhindern kann. Sie ist angemessen, wenn die v. ihr bewirkte Zurücksetzung nicht geförderter Personen weder deren völligen Ausschluss v. den fragl. Vergünstigungen bewirkt, noch eine Entscheidungsautomatik zu ihren Lasten enthält (EuGH 11.11.1997 NZA 1997, 1337; ArbG BE 5.6.2014 – 42 Ca 1530/14). Die Umstände des Einzelfalls müssen auch bei Anwendung v. Förder- oder Ausgleichsmaßnahmen stets berücksichtigt werden (BAG 21.1.2003 NZA 2003, 1036; VGH BW 21.6.2011 NVwZ-RR 2012, 73; OVG ST 6.9.2011 BeckRS 2011, 54301). Der EuGH unterscheidet dabei zwischen zulässigen Maßnahmen zur Förderung der Chancengleichheit und unzulässigen Maßnahmen zur Herstellung v. Ergebnisgleichheit (EuGH 17.10.1995 NZA 1995, 1095; 19.3.2002 NZA 2002, 501). Demnach gelten starre Quoten und unbedingte Vorrangregelungen bei gleicher Qualifikation als unzulässig (BAG 21.1.2003 NZA 2003, 1036). Ledigl. für eine Quotierung v. Ausbildungsplätzen kann bei überragender Bedeutung der Ausbildung für die Verwirklichung v. Chancengleichheit etwas anderes gelten (EuGH 28.3.2000 NZA 2000, 473; BVerwG 20.3.1996 NVwZ 1997, 288), sofern dadurch der Zugang für Angehörige nicht geförderter Gruppen nicht gesperrt wird. Eine Festlegung v. Zielvorgaben in der Privatwirtschaft hat sich an denselben Grundsätzen zu orientie- 4 ren wie im bisher vornehml. diskutierten öffentl. Dienst; bei Beachtung der genannten Grenzen ist sie sowohl nach Unions- wie nach Verfassungsrecht zulässig (*Ossenbühl* NJW 2012, 417 ff.). Als Bsp. zulässiger Maßnahmen kommen in Betracht: Zielvorgaben für eine gemischte Belegschaftszusammensetzung („diversity"), Frauenförderpläne, Integrationsvereinb. für Behinderte oder Programme zur Ausbildungsförderung für benachteiligte Jugendliche; kritisch zur Quotierung im FrauenförderungsG: *Schleusener* NZA 2016 Beil. 2, 50, 53 f.

5 Dabei sind positive **Maßnahmen zugunsten Behinderter** in weiterem Umf. zulässig als zugunsten anderer Gruppen gem. § 1, da sich „Nichtbehinderte" nicht auf bes. Diskriminierungsverbote berufen können und Art. 5 RL 2000/78/EG bes. Vergünstigungen ausdr. vorschreibt. Die Verpflichtung auf das Treffen **„angemessener Vorkehrungen"** aus Art. 5 RL ist mit den in Art. 7 RL lediglich freigestellten positiven Maßnahmen jedoch nicht identisch (*Kocher/Wenckebach* SR 2013, 17, 21), da sie die Gleichbehandlung nicht durchbricht, sondern ihre Realisierung erst ermöglicht. Der EuGH (4.7.2013 BeckRS 2013, 81408; 11.4.2013 NZA 2013, 553) verlangt, dass die MS eine Verpflichtung aller AG schaffen, die im Einzelfall wirksamen und praktikablen Maßnahmen zu ergreifen, um Behinderten den Zugang oder die weitere Ausübung einer Beschäftigung, den Aufstieg oder die Teilnahme an Weiterbildungsmaßnahmen zu ermöglichen, sofern dies den AG nicht unverhältnismäßig belastet (vgl. § 1 Rn. 9). Nach der Rspr. ist ein Präventionsverfahren gem. § 84 I SGB IX keine angemessene Vorkehrung iSd RL; unterbleibt es, liegt darin somit kein die Ersatzpflicht begründender Verstoß gegen Unionsrecht (BAG 21.4.2016 NZA 2016, 1131). Eine positive Maßnahme iSd. Art. 7 II RL 2000/78/EG ist im Präventionsverfahren jedoch zu sehen (EuGH 9.3.2017 NZA 2017, 439).

Abschnitt 2. Schutz der Beschäftigten vor Benachteiligung

Unterabschnitt 1. Verbot der Benachteiligung

§ 6 Persönlicher Anwendungsbereich

(1) [1]**Beschäftigte im Sinne dieses Gesetzes sind**

1. Arbeitnehmerinnen und Arbeitnehmer,

2. die zu ihrer Berufsbildung Beschäftigten,

3. Personen, die wegen ihrer wirtschaftlichen Unselbstständigkeit als arbeitnehmerähnliche Personen anzusehen sind; zu diesen gehören auch die in Heimarbeit Beschäftigten und die ihnen Gleichgestellten.

[2]**Als Beschäftigte gelten auch die Bewerberinnen und Bewerber für ein Beschäftigungsverhältnis sowie die Personen, deren Beschäftigungsverhältnis beendet ist.**

(2) [1]**Arbeitgeber (Arbeitgeber und Arbeitgeberinnen) im Sinne dieses Abschnitts sind natürliche und juristische Personen sowie rechtsfähige Personengesellschaften, die Personen nach Absatz 1 beschäftigen.** [2]**Werden Beschäftigte einem Dritten zur Arbeitsleistung überlassen, so gilt auch dieser als Arbeitgeber im Sinne dieses Abschnitts.** [3]**Für die in Heimarbeit Beschäftigten und die ihnen Gleichgestellten tritt an die Stelle des Arbeitgebers der Auftraggeber oder Zwischenmeister.**

(3) Soweit es die Bedingungen für den Zugang zur Erwerbstätigkeit sowie den beruflichen Aufstieg betrifft, gelten die Vorschriften dieses Abschnitts für Selbstständige und Organmitglieder, insbesondere Geschäftsführer oder Geschäftsführerinnen und Vorstände, entsprechend.

1 Der persönl. Anwendungsbereich des AGG wird in § 6 festgelegt, und in § 24 auf öffentl. Dienstverhältnisse erweitert (BVerwG 15.11.2007 NJW 2008, 868; *Böhm* PersV 2008, 364, 367); auch Beamte sind erfasst (EuGH 19.6.2014 NZA 2014, 831; 15.11.2016 BeckRS 2016, 82679; BVerfG 21.4.2015 NVwZ 2015, 1279). Zusätzl. verlangt § 18 die Anwendung des zweiten Abs. auf die Rechtsbeziehungen zwischen den dort genannten Vereinigungen und ihren Mitgliedern. Abs. 1 bestimmt für das Gesetz insges. den **Begriff des Beschäftigten,** während Abs. 2 den AGBegriff festlegt, mit Wirkung ledigl. für den zweiten Abschn. des Gesetzes. Trotz der in Abs.1 Nr. 1 enthaltenen Verweisung auf den (nationalen) AN-Begriff, kann das Gesetz nicht allein für die davon erfassten Personen maßgebl. werden. Der ANbegriff der RL verweist nämlich nicht auf das nationale Recht zurück, sondern verlangt eine unionsrechtsautonome Bestimmung (EuGH 20.9.2007 NZA 2007, 1274; 1.10.2015 NZA 2015, 1309; *Preis/Sagan* ZGR 2013, 26, 46 f.); die Auslegung durch den EuGH ist daher für § 6 maßgebend. Das stellt maßgebl. auf die Weisungsgebundenheit ab, wie zur Auslegung des Primärrechts entwickelt (AEUV Art. 45 Rn. 7 ff.). Die Einordnung der Vertragsbeziehungen nach nationalem Recht und deren Ausgestaltung ist für den autonomen unionsrechtl. AN-Begriff nicht maßgebend (EuGH 17.11.-2016 NZA 2017, 41). Für die Umsetzung von RL, denen dieser Begriff zugrunde liegt, muss daher das unionsrechtl. Verständnis angewendet werden. Ergeben sich dadurch Abweichungen, wie zB bei den an Weisungen der Gesellschafter gebundenen GmbH-GF (EuGH 7.5.1998 BeckRS 9998, 155558; 11.11.2010 NZA 2011, 143), die die Gesellschaft nicht ihrerseits kontrollieren können und

jederzeit ohne Einschränkung v. ihrem Amt entbunden werden können, gilt der AN-Begriff der RL (Rn. 5) (*Kort* NZG 2013, 601, 604 ff.).

Vor einer Benachteiligung in **Beschäftigungsverhältnissen** sollen nicht nur AN, sondern auch die zur Berufsbildung Beschäftigten und ANähnl. Personen bewahrt werden. Auf die **„Berufsbildung"** wird abgestellt, um zu verdeutlichen, dass nicht allein die dem BBiG unterliegenden Ausbildungsverhältnisse einbezogen wurden, sondern auch Umschüler, Volontäre, Praktikanten ua., die außerhalb eines ArbVerh. eingestellt werden, um berufl. Fertigkeiten, Kenntnisse oder Erfahrungen zu erwerben, § 26 BBiG. Sie müssen sich dabei in einem dem BeschVerh vergleichbaren Abhängigkeitsverhältnis befinden. **ANähnl.** sind Personen, die zwar keine AN, aber wegen ihrer wirtschaftl. Abhängigkeit einem AN vergleichbar sozial schutzbedürftig sind (BAG 30.8.2000 NZA 2000, 1359; 20.6.2013 NZA 2014, 21). Sie sind auf der Grdl. eines Dienst- oder Werkvertrages überw. für einen Auftraggeber tätig, die dafür bezogene Gegenleistung bildet ihre wesentl. Existenzgrdl., und sie erbringen die geschuldete Leistung idR persönl. Verträge mit freien Mitarbeitern waren v. EuGH in den Geltungsbereich der GeschlechtergleichbehandlungsRL bereits mit einbezogen worden (2.10.1997 NZA 1997, 1221). Nach Abs. 1 Nr. 3 werden auch Heimarbeiter und ihnen Gleichgestellte gem. § 1 I HAG geschützt. 2

Für **Bewerber** und Personen, deren BeschVerh bereits beendet ist, wird festgelegt, dass sie als Beschäftigte „gelten". Schutz vor Benachteiligung soll v. der Anbahnung des ArbVerh. (BAG 27.1.2011 NZA 2011, 737; 16.2.2012 NZA 2012, 669), während seiner Durchführung bis hin zu seiner Beendigung und darüber hinaus geboten werden. Die Eigenschaft als „Bewerber" ist nach der Rspr. (BAG 11.8.2016 NZA 2017, 43; 15.12.2016 NZA 2017, 715) formal danach zu bestimmen, ob ein Bewerbungsschreiben eingereicht worden ist. UU – wie bei Transferverh. im Profifußball – können Vertragsanbahnungskontakte einer Bewerbung gleichstehen (EuGH 25.4.2013 NZA 2013, 891). Die geschützte „Bewerber"position besteht grds. nur für die Beteiligten, deren Bewerbung bis zum Zpkt. der fristgerechten Auswahlentsch. vorliegt (BAG 19.8.2010 NZA 2011, 200). Wie das BAG festgestellt hat (22.7.2010 NZA 2011, 93), kommt es bei benachteiligenden Beförderungsentsch. nicht einmal darauf an, dass überhaupt eine formale Bewerbung um eine Aufstiegsposition vorliegt, falls der AG die Stelle ohne Ausschreibung/Bek. anderweitig besetzt hat. Die RL kennen den Begriff des „Bewerbers" nicht, doch werden Personen auch im Vertragsanbahnungsstadium gegen Benachteiligung geschützt. Ob eine Situation in den Anwendungsbereich der RL fällt, wird danach entschieden, ob einer Person ein Schaden entstanden oder sie sonst Opfer einer Benachteiligung geworden ist (Art. 17 RL 2000/78/EG, Art. 18 RL 2006/54/EG). Der EuGH (28.7.2016 NZA 2016, 1014) stellt darauf ab, dass ein Zugang zur Beschäftigung nicht gesucht wird, sofern es bei einer Bewerbung nur darum geht, Entschädigungsansprüche zu erwerben. Das BAG (11.8.2016 NZA 2017, 310) prüft dies unter dem Aspekt des Rechtsmissbrauchs (§ 15 Rn. 13). Entscheidungserhebl. sind daher die objektiven Umstände, die als Anzeichen für eine nicht ernst gemeinte Bewerbung gewertet werden dürfen, also Indizien für eine Missbrauchsabsicht (vgl. § 15 Rn. 13). 3

Die v. EuGH (10.7.2008 NZA 2008, 929; 25.4.2013 NZA 2013, 891) geforderte Erstreckung des Diskriminierungsverbots auf **öffentl. Äußerungen** eines AG, bestimmte Bewerbergruppen nicht einstellen zu wollen, könnte durch entspr. Auslegung des S. 2 übernommen werden. „Bewerbers" sind dann nicht nur Personen, die konkret ihr Interesse an einer Beschäftigung beim AG bekundet haben, sondern auch abstrakt diejenigen, die das tun könnten (BAG 19.8.2010 NZA 2011, 200). Das Verbot einer Benachteiligung beim Zugang zur Beschäftigung schützt (etwa durch § 11) auch sonst nicht nur bestimmte, sondern auch bestimmbare Personen. Die damit verbundene erhebl. Ausweitung des Adressatenkreises hat nur Auswirkungen auf die Reichweite des Verbotstatbestandes; die Rechtsfolgen des § 15 setzen das Vorhandensein konkret benachteiligter Personen voraus. Der EuGH verlangt allerdings auch für Verbandsklagen, dass eine wirksame und abschreckende Sanktion vorzusehen ist (EuGH 25.4.2013 NZA 2013, 891). Auch nach Ende eines Beschäftigungsverhältnisses können Personen nur insoweit noch als Beschäftigte gelten, wie noch nachwirkende Beziehungen aus dem ArbVerh. bestehen (BAG 14.1.2009 NZA 2009, 489). Da auch Personen deren BeschVerh **beendet** ist, als Beschäftigte „gelten", schützt das AGG trotz § 2 II 2 auch Betriebsrentner, oder mit unverfallbarer Anwartschaft aus dem ArbVerh ausgeschiedene AN, soweit diese Versorgungsverhältnisse auch im zeitl. Geltungsbereich des Gesetzes bestanden (BAG 15.10.2013 NZA 2014, 308). 4

Als **AG** wird verstanden, wer eine Person gem. Abs. 1 beschäftigt (Abs. 2). Nach den Vorgaben der RL kommt es jedoch auf einen bereits bestehenden Arbeitsvertrag nicht an; dies nimmt Abs. 2 durch den Verweis auf die „Beschäftigung" entspr. auf. Für die in Abs. 1 S. 2 als „Beschäftigte" definierten Bewerber ist AG, wer zu Bewerbungen auffordert (BAG 19.8.2010 NZA 2011, 200; 27.1.2011 NZA 2011, 737). Im BeschVerh kommt es auf die Vertragsdurchführung an, nicht deren vertragl. Grdl. Auf das Bestehen eines wirksamen ArbVerh. kommt es zur Bestimmung des AG gerade nicht an. Insb. die Beschäftigtengruppen der Auszubildenden, der ANähnlichen und der Heimarbeiter stehen nicht in einem ArbVerh.; LeihAN stehen zwar in einem ArbVerh., aber nicht zum Entleiher (EuGH 21.10.2010 NZA 2010, 1225). Zur Gewährleistung eines umfassenden Benachteiligungsschutzes wird die Definition in Abs. 2 S. 2 erweitert um die Bes. der LeiharbVerh., in denen neben dem Verleiher auch der Entleiher als AG iSd. Gesetzes in die Pflicht genommen wird. Die Abgrenzung zu anderen Formen des drittbezogenen Personaleinsatzes erfolgt entspr. der tatsächl. Vertragsdurchführung (LAG NI 5

15.9.2008 NZA-RR 2009, 126). Für Heimarbeiter und Gleichgestellte gilt die Sonderregelung des Abs. 2 S. 3. Abs. 2 verlangt, dass der AG eine natürl. oder jur. Person sein muss, während Art. 3 I RL 2000/43/EG bzw. 2000/78/EG im öffentl. Bereich bloße „Stellen" genügen lässt, also auch nicht rechtsfähige Teilbereiche einschließt. Im Privatrechtsbereich sind aber Konzerne oder Unternehmensgruppen effektiv nicht selbst Normadressaten.

6 Vom Geltungsbereich des Gesetzes an sich ausgenommen sind **Selbständige und Organmitglieder** (Abs. 3), da sie weder Beschäftigte sind, noch als solche gelten. Für den Zugang zur Erwerbstätigkeit und den beruflichen Aufstieg gilt das AGG aber auch für diese Gruppe. Selbständige sind Personen, die entgeltl. Leistungen erbringen, ohne persönl. abhängig weisungsgebunden zu sein, Rn. 7 (*Oetker* FS Otto 2008 S. 361, 372); auch freie Mitarbeiter sind erfasst (BAG 17.12.2009 NZA 2010, 383). Organmitglieder sind insb. (vgl. Rn. 7) GmbH-GF (BGH 23.4.2012 NZA 2012, 797) sowie Vorstände einer AktG (*Kliemt* RdA 2015, 232, 237), also alle Personen, deren Willensbildung für eine Gesellschaft maßgebend ist; auf das Vorliegen v. Vertretungsbefugnis kommt es nicht an. Durch Abs. 3 werden sie partiell in den Diskriminierungsschutz eingezogen (BGH 23.4.2012 NZA 2012, 797). Für solche GF, die bereits nach nationalem Recht AN ihrer Gesellschaften sind (vgl. EuGH 27.6.1996 NJW 1996, 2921; BAG 13.7.1995 NJW 1995, 3338), bleibt es ohnehin bei Abs. 1 Nr. 1 (*Oberthür* NZA 2011, 253; *Kort* NZG 2013, 601, 606 f.). Soweit weisungsabhängige vertretungsberechtigte Organmitglieder einer jur. Person nach dem weiten AN-Begriff des Unionsrechts als abhängig Beschäftigte eingeordnet werden (FremdGF, nicht beherrschende Gesellschafter-GF), müssen sie auch im nationalen Recht hins. ihrer Arbeits- und bes. ihrer Entlassungsbedingungen vor Benachteiligungen geschützt werden, weil die DiskriminierungsRL für den AN-Begriff nicht auf das nationale Recht zurückverweisen; damit ist der unionsrechtl. Begriff aus dem Freizügigkeitsrecht zugrunde zu legen (EuGH 7.4.2011 BeckRS 2013, 87054; diff. *Preis/Sagan* ZGR 2013, 26, 60 f.). Eine Einschränkung des Diskriminierungsschutzes auf Zugang zur Erwerbstätigkeit und Aufstieg ist dann mit Unionsrecht nicht vereinbar (EuGH 11.11.2010 NZA 2011, 143; 9.7.2015 NZA 2015, 861; 10.9.2015 NZA 2016, 183; *Reinfelder* RdA 2016, 87, 94).

7 Durch **Abs. 3** werden selbständige Handels- oder Versicherungsvertreter in den Diskriminierungsschutz einbezogen, Franchisenehmer, Belegärzte im Krankenhaus, Sozii einer Kanzlei oder Praxisgemeinschaft. Bei erlaubnispflichtigen Berufen ist insb. die Erlaubniserteilung diskriminierungsfrei zu gestalten (VG Berlin 31.5.2011 BeckRS 2011, 52142 für eine behinderte Heilpraktikerin; ebenso auf der Grdl. v. Art. 3 III 2 GG: BVerwG 13.12.2012, NJW 2013, 1320). Auch AR- oder ggf. Beiratsmitglieder können erfasst sein (*Kocher* BB 2010, 264; *Wilsing/Meyer* DB 2011, 341, 342; *Reifels/Molle* NZA-RR 2011, 281) sofern ihre Tätigkeit als Erwerbstätigkeit ausgestaltet und entlohnt wird. Diese punktuelle Ausdehnung des Anwendungsbereiches soll jeweils Art. 3 I lit. a RL 2000/43/EG, 2000/78/EG und Art. 1 lit. a) und Art. 14 I lit. a) RL 2006/54/EG umsetzen. Für die davon Begünstigten gelten die §§ 7 bis 18 entspr., allerdings beschränkt allein auf die Bedingungen für den **Zugang zur Erwerbstätigkeit** (§ 2 Rn. 4) und den berufl. Aufstieg. Daher müssen insb. die **Bewerber** für die Organmitgliedschaft in den Schutz gem. Abs. 3 einbezogen sein. Der „Zugang" erfasst sowohl den schuldrechtl. Anstellungsvertrag wie eine dem ggf. vorausgehende Bestellung (*Lutter* BB 2007, 725, 726; *Esser/Baluch* NZG 2007, 321, 328). Auch eine Wiederbestellung nach Vertragsablauf betrifft den „Zugang" gem. Abs. 3 (BGH 23.4.2012 NZA 2012, 797; *Kliemt* RdA 2015, 232, 235; **aA** *Bauer* AGG Rn. 31; *Krause* AG 2007, 392, 394). Ansprüche aus § 15 I, II können auch v. benachteiligten Selbständigen geltend gemacht werden (BGH 23.4.2012 NZA 2012, 797). Sie haben dafür die Frist des § 15 IV zu beachten, nicht aber die nur vor den ArbG geltende Frist des § 61b ArbGG.

8 In der Lit. wird erwogen, dass der Abs. eine „entspr." Geltung des Benachteiligungsverbotes anordnet, um großzügigere Maßstäbe zu ermöglichen als im Verhältnis zu AN (*Bauer* NZA 2005, 32, 33; *ders.* AGG Rn. 36). Diese Differenzierung überzeugt freil. nicht (OLG K 29.7.2010 NZA 2011, 211). Der Gesetzgeber wählt in § 6 den an sich im ArbR ungebräuchl. Beschäftigtenbegriff, um damit zu verdeutl., dass das Gesetz eben gerade nicht nur auf die klassischen AN Anwendung finden soll. Eine Abschwächung des Schutzniveaus war damit nicht beabsichtigt, sondern lediglich eine Anpassung der Ausnahmen/Rechtfertigungsgründe gem. §§ 8 bis 10 an die Besonderheiten bei Selbständigen und Organmitgliedern. Das kann insb. für die Beurteilung eines legitimen Ziels oder der Angemessenheit der zur Zielerreichung eingesetzten Mittel (§ 10 S. 1) bedeutsam werden. Ein generell großzügigerer Ermessensspielraum für die Gesellschaftsorgane ist damit nicht eingeräumt.

§ 7 Benachteiligungsverbot

(1) **Beschäftigte dürfen nicht wegen eines in § 1 genannten Grundes benachteiligt werden; dies gilt auch, wenn die Person, die die Benachteiligung begeht, das Vorliegen eines in § 1 genannten Grundes bei der Benachteiligung nur annimmt.**

(2) **Bestimmungen in Vereinbarungen, die gegen das Benachteiligungsverbot des Absatzes 1 verstoßen, sind unwirksam.**

(3) **Eine Benachteiligung nach Absatz 1 durch Arbeitgeber oder Beschäftigte ist eine Verletzung vertraglicher Pflichten.**

1. Verbot. Abs. 1 regelt das zentrale Verbot der Benachteiligung Beschäftigter wegen aller Merkmale 1
des § 1. Als **Benachteiligungen** gelten alle Verhaltensweisen gem. § 3, einschl. der Versagung einer Chance (BAG 28.5.2009 NZA 2009, 1016; 19.8.2010 NZA 2010, 1412); vgl. § 1 Rn. 2, § 3 Rn. 2. Dies betrifft bes. die Teilnahme an einem fairen Auswahlverfahren bei Bewerbungen. Weil öffentl. AG durch § 82 S. 2, 3 SGB IX schwerbehinderte oder gleichgestellte Bewerber zu einem Vorstellungsgespräch einladen müssen, solange die fachl. Eignung nicht offensichtl. fehlt (BAG 11.8.2016 NZA 2017, 43), enthält die Verletzung dieser Handlungspflicht bereits selbst eine Benachteiligung durch Unterlassen (BVerwG 3.3.2011 NZA 2011, 977; OVG SN 1.9.2011 – 2 A 203/10). Ob die fachliche Eignung „offensichtl." fehlt, ist durch Vergleich zwischen dem veröffentl. Anforderungsprofil und dem Leistungsprofil, das in der Bewerbung mitgeteilt worden ist, festzustellen (BAG 11.8.2016 NZA 2017, 43). Bloße Zweifel an der Eignung genügen nicht, um von einer Einladung abzusehen. Eine Benachteiligung liegt bereits in der Nichtbeachtung der Beteiligungsrechte der SBV, § 81 I 4 SGB IX, ungeachtet einer späteren Heilung des Verfahrensfehlers (VGH BW 10.9.2013 NZA-RR 2014, 159). Innerhalb der ersten 6 Monate eines ArbVerh ist ein Präventionsverfahren nach § 81 I SGB IX noch nicht geboten (BAG 21.4.2016 NZA 2016, 1131). Auf eine denkbare Benachteiligung bei der anschließenden Auswahlentsch. kommt es nicht an, wenn das Vorenthalten der ges. vorgesehenen Besserstellung schwerbehinderter Bewerber an sich schon eine Benachteiligung bildet. Eine relevante Benachteiligung erleidet nur, wer sich im Verhältnis zu der günstiger behandelten Person in einer „vergleichbaren" Situation (§ 3 Rn. 3) befindet (BAG 7.4.2011 NZA-RR 2011, 494; LAG D 12.4.2012 NZA-RR 2012, 511; BAG 14.11.2013 NZA 2014, 489).

Mit seiner Ausrichtung auf **Beschäftigte** erfasst Abs. 1 zwar den zahlenmäßig größten Teil, aber 2
nicht alle Rechtsverhältnisse, in denen nach der RL Benachteiligungen verboten werden sollen. Für die in § 7 nicht enthaltenen zivilrechtl. Anwendungsfelder schreibt § 19 bes. Verbotsvoraussetzungen fest. Das Verbot gem. Abs. 1 ist passivisch formuliert, beschränkt seinen Adressatenkreis mithin nicht auf den AG iSd. § 6 II als Vertragspartner des AN und Inhaber des Weisungsrechts. Auch wer Kollektivverträge schließt, darf Beschäftigte nicht aus Gründen des § 1 benachteiligen (BAG 8.12.2010 NZA 2011, 751). Darüber hinaus sind solche Verhaltensweisen allen Personen verboten, die rein tatsächl. Beschäftigte benachteiligen könnten. Das schließt Vorgesetze, Mitarbeiter und Kollegen ein, aber auch alle Dritten, mit denen Beschäftigte in berufl. Funktion in Berührung kommen (BAG 17.12.2009 NZA 2010, 383; 19.1.2011 NZA 2011, 860; *Wobst* NZA-RR 2016, 508). Auch wer sich zur Anbahnung eines ArbVerh. eines Dritten bedient, ist für deren Verhalten verantwortl. Obwohl die im AGG geregelten Rechtsfolgen meist an vertragl. Beziehungen zwischen den Betroffenen (§ 7 II, III) oder sogar an die AG-Position des Anspruchsgegners anknüpfen, schließt dies die Verantwortlichkeit für das Verhalten Dritter nicht aus. Durch das Verbot geschützt werden Beschäftigte gem. § 6 I. Auf Beamte und Richter ist das Verbot entspr. gem. § 24 anwendbar, für Soldaten gilt § 7 SoldGG. Verboten ist die Benachteiligung iE; ob sie durch Anwendung einer individual- oder kollektivrechtl. Regelung, eines betriebl. Entscheidungskriteriums, einer Weisung oder sonstigen Maßnahme oder eines unfairen Verfahrens zustande kommt, ist unerhebl. (vgl. § 21 GenDG Rn. 1). Eingeschränkt wird dadurch insb. das Fragerecht des AG. Würde eine Frage mit dem Ziel gestellt, eine Benachteiligung wegen eines Merkmals nach § 1 vorzunehmen, braucht sie nicht wahrheitsgem. beantwortet zu werden.

Verboten sind Benachteiligungen **wegen aller in § 1 genannten Merkmale.** Der damit geforderte 3
Kausalzusammenhang liegt vor, wenn die Benachteiligung an ein Merkmal gem. § 1 anknüpft oder dadurch motiviert ist (BAG 17.12.2009 NZA 2010, 383; 7.7.2011 NZA 2012, 34; 23.8.2012 NZA 2013, 37; vgl. Rn. 5). Das ist anzunehmen, wenn eine Benachteiligungsform iSd. § 3 vorliegt. Ist den für den Nachteil Verantwortlichen das Vorliegen eines Merkmals gem. § 1 jedoch nicht bekannt und musste die Kenntnis auch nicht vorliegen, weil der informationspflichtige Betroffene diese Mitt. ledigl. „versteckt" gegeben hat, fehlt die Kausalität (BAG 26.9.2013 NZA 2014, 258). Ist der Benachteiligende eine **jur. Person**, die v. einem Gremium als Organ vertreten wird, kommt es für den Kausalzusammenhang auf einen Mehrheitsbeschl. im Gremium an, der v. einem Grund gem. § 1 mit beeinflusst worden sein muss (BGH 23.4.2012 NZA 2012, 797; vgl. § 6 Rn. 5). In der Lit. wird vorausgesetzt, dass der Diskriminierungsgrund bei der Mehrheit des Gremiums ausschlaggebend war (*Bauer/Arnold* ZiP 2008, 993; *Thüsing/Stiebert* NZG 2011, 641, 642; *Lingemann/Weingarth* DB 2012, 2325, 2328; *Hoefs/Rentsch* DB 2012, 2733, 2734). Der BGH (23.4.2012 NZA 2012, 797) wendet darauf § 22 an und lässt als Indiz für das Vorliegen einer entspr. Willensbildung im Gremium entspr. Äußerungen des Vors. genügen. Die Entwurfsbegr. (BT-Drs. 16/2022 S. 34) weist darauf hin, dass die „wahren" Gründe für benachteiligendes Verhalten oft nicht genannt, sondern durch andere, nicht verbotene Differenzierungsmerkmale ersetzt und damit verschleiert werden, wie zB durch Abstellen auf das (zulässige) Kriterium der Staatsangehörigkeit, wenn es dem Handelnden tatsächl. um die ethnische Herkunft geht. Das Unionsrecht hat auf diesen Umstand damit reagiert, dass es neben der unmittelbaren Diskriminierung (= Anknüpfungsverbot) auch die mittelbare verbietet, die „neutrale" Differenzierungsmerkmale mit ledigl. benachteiligenden Auswirkungen in den Diskriminierungsbegriff einbezieht. Der Weg über die mittelbare Diskriminierung erfasst allerdings nicht alle problematischen Fälle. Eine Lösung für Personen, die ein Diskriminierungsmerkmal gem. § 1 tatsächl. gar nicht aufweisen, bietet sie näml. nicht. Sie erleichtert ledigl. die Feststellung der Kausalität zwischen Betroffenheit durch den Nachteil

und Zugehörigkeit zu einer geschützten Gruppe, kann also dementspr. auf letztere nicht verzichten. Daher erweitert der **zweite Hs.** den Anwendungsbereich des Verbots, in das auch solche Personen einbezogen werden, v. denen der Handelnde **ledigl. annimmt,** sie gehörten der geschützten Gruppe an (BAG 17.12.2009 NZA 2010, 383; 20.6.2013 NZA 2014, 21; 17.12.2015 NZA 2016, 888; *Greiner* DB 2010, 1940). Auch wenn es in solchen Fällen zu einer Benachteiligung „wegen eines Merkmals gem. § 1" gar nicht kommen kann, ist die Benachteiligung v. Personen untersagt, denen zB aufgrund ihrer äußeren Erscheinung oder ihres Namens derartige Merkmale nur zugeschrieben werden. Die Beweiserleichterungen des § 22 gelten auch für die Voraussetzungen des zweiten Hs (BAG 17.12.2015 NZA 2016, 888).

4 Im Falle einer direkten Diskriminierung oder einer **Anweisung** hierzu, in denen der Handelnde das Anknüpfungsverbot verletzt und damit die Kausalität offen einräumt, kann der Geltungsbereich des Verbots durch die Bestimmung in Abs. 1 erweitert werden. Die Bestimmung eröffnet ein Einfallstor für kreative Scheinbewerber, da ein entspr. Irrtum des AG vorsätzl. herbeigeführt oder aufrecht erhalten werden kann, um infolge einer provoziert erfolglosen Bewerbung Ersatzansprüche geltend zu machen. Das Problem „professioneller Diskriminierungskl." wird die Rspr. durch entspr. krit. Prüfung der Benachteiligung zu bewältigen haben (vgl. § 15 Rn. 13).

5 Eine **Benachteiligung „wegen" der Merkmale** liegt nicht nur vor, wenn sie die alleinige Ursache für den Nachteil darstellen, Mitursächlichkeit genügt. Beruht die nachteilige Maßnahme neben dem Grund des § 1 noch auf zulässigen Gründen **(Motivbündel),** geht die Rspr. bereits v. einer merkmalsbedingten Benachteiligung aus (BVerfG 16.11.1993 NZA 1994, 745; BAG; 22.10.2015 NZA 2016, 625; 26.1.2017 NZA-RR 2017, 342); der Einwand des rechtmäßigen Alternativverhaltens wird nicht beachtet. Dass eine v. einem Nachteil betroffene Person ein Merkmal gem. § 1 tatsächl. aufweist, indiziert jedoch nicht, dass der Nachteil auf dem Merkmal auch kausal beruht (BAG 22.10.2009 NZA 2010, 280; LAG SH 8.11.2013 BeckRS 2013, 75026). Darlegungspflichtig für die Merkmalsabhängigkeit ist der Anspruchsteller. Er muss gem. § 22 Indizien vortragen, die mit überw. Wahrscheinlichkeit auf das Vorligen des Kausalzusammenhangs schließen lassen.

6 **2. Vereinbarungen (Abs. 2).** Die Unwirksamkeitsfolge gilt grds. für Vereinb. aller Art, also neben Arbeitsverträgen auch für TV und BV (EuGH 12.12.2013 NZA 2014, 153; BAG 17.9.2013 NZA 2014, 33; 9.12.2015 NZA 2016, 897). Eine Beeinträchtigung der auf EU-Ebene in Art. 28 GRC gewährleisteten TVfreiheit der Verbände liegt darin nicht (EuGH 8.9.2011 NZA 2011, 1100; BAG 18.1.2012 NZA 2012, 575; *Schlachter*, Das Verbot der Altersdiskriminierung und der Gestaltungsspielraum der Tarifvertragsparteien, 2014 S. 63 ff.). Abs. 2 übernimmt die **Rechtsfolgenanordnung** für benachteiligende Vereinb. aus den RL nur tw.; so erstrecken etwa Art. 14 RL 2000/43/EG und Art. 16 RL 2000/78/EG die Nichtigkeitsfolge auch auf Bestimmungen in Satzungen v. Vereinen bzw. AG- oder AN-Verbänden, die v. Abs. 2 gerade nicht erfasst würden. In ihrem Geltungsbereich besitzt die Bestimmung klarstellende Funktionen, da sich die Nichtigkeit gesetzwidriger Vereinb. bereits aus § 134 BGB ergibt, und § 7 II Verbotsgesetz iS dieser Vorschr. ist (*Bauer* NZA 2005, 32, 33; *Kamanabrou* RdA 2006, 321). Mit dem Zweck des § 7, Benachteiligungen zu verhindern oder zu **beseitigen,** wäre es unvereinbar, diskriminierende Maßnahmen oder Vereinb. hinzunehmen und ihre Fortwirkung zu akzeptieren (BAG 20.3.2012 NZA 2012, 803). Auch die RL setzen voraus, dass die Ungleichbehandlung zu beseitigen ist; Schadensersatz-/Entschädigungsansprüche als alleinige Rechtsfolge genügen nicht. Da Abs. 2 S. 1 nur die Nichtigkeit für „Bestimmungen in Vereinb." anordnet (**aA** *Deinert* DB 2007, 398), bleibt es bei einseitigen Rechtsgeschäften bei der Anwendung des § 134 BGB iVm. § 2 I Hs. 1. Benachteiligende Kündigungen, die an allg. Bestimmungen in der gebotenen RLkonformen Auslegung gemessen werden müssen (trotz § 2 IV), sind auch dann nichtig (**aA** LAG RP 16.1.2009 BeckRS 2009, 61431), wenn das ArbVerh. dem KSchG (noch) nicht unterliegt. Das BAG (6.11.2008 NZA 2009, 361) betont jedoch, dass sich diese Unwirksamkeitsfolge gerade nicht aus dem AGG, sondern aus den in seinem Licht auszulegenden Kündigungsvorschriften ableitet. Die Rechtsfolge erfasst nur die verbotswidrige Bestimmung selbst, nicht den gesamten Arbeitsvertrag, § 139 Hs. 2 BGB, oder die regelm. mit einer Benachteiligung einhergehende Bevorzugung eines Dritten (LAG BW 23.4.2007 NZA-RR 2007, 630). Bei TV kann die Unwirksamkeitsfolge auf Klauselteile begrenzt werden, falls die Bestimmung ohne den unwirksamen Teil noch eine sinnvolle Regelung enthält (BAG 18.2.2016 NZA 2016, 709). Ist ein Arbeitsvertrag gerade wegen einer Benachteiligung gem. § 1 befristet worden, erstreckt sich die Nichtigkeitsfolge ebenfalls nur auf die Befristung (BAG 6.4.2011 NZA 2011, 970), nicht auf den Arbeitsvertrag. Da das BAG eine Umdeutung der Befristungsdauer selbst dann ausschließt, wenn eine ges. Höchstdauer einer mögl. Befristung festgelegt ist (WissZeitVG), entsteht ein unbefristetes ArbVerh. Auf **Gesetze** ist die Norm nicht anwendbar (BVerfG 18.11.2008 BeckRS 2008, 41121). Allerdings nehmen weder die RL noch der EuGH Gesetze v. den Anforderungen der Diskriminierungsverbote aus; insoweit folgt die Unanwendbarkeit diskriminierender Bestimmungen aus dem Unionsrecht selbst.

7 **a) Lückenschließung.** Was inhaltl. an die Stelle der für unwirksam erklärten benachteiligenden Vereinb. treten soll, legt das G nicht fest (*Wiedemann* NZA 2007, 950 ff.). Nach der Entwurfsfassung war vorgesehen, dass anstelle v. unwirksamen Bestimmungen diejenige Regelung hätte gelten sollen, die die

Vertragspartner vereinbart hätten, wenn sie die Unwirksamkeit gekannt hätten. Inhaltl. hätte dies zu einer **Ausgestaltungskompetenz durch die ArbG** geführt, die bei unwirksamen Tarifnormen als problematischer Eingriff in die Tarifautonomie verstanden wurde. Entspr. entfällt eine diskriminierende tarifl. Altersgrenze ersatzlos (BAG 18.1.2012 NZA 2012, 575). Die Kompetenz zur Lückenfüllung wird grds. den Tarifparteien selbst zugestanden, wenn zur Schließung der Lücke verschiedene Möglichkeiten bestehen. Dies wird insb. bei unzulässigen Differenzierungen im Entgeltbereich nicht selten sein (BAG 28.4.2011 NZA 2011, 857). Bis zur Neuregelung sind die Gerichte zum Ausschluss der Benachteiligung verpflichtet. Dies erfolgt dann durch Auslegung der Vertragsklausel: Hätten die Parteien die Leistung auch dann vereinbart, falls sie gewusst hätten, dass alle Vergleichspersonen einbezogen werden müssen? Nehmen die TVParteien eine Änd. zwecks **Beseitigung der Benachteiligung** vor, gestattet ihnen die Rspr. auch die Einf. v. Besitzstandsregelungen, die eine zeitl. begrenzte Fortschreibung der Begünstigung erlauben, um eine plötzliche Senkung v. Bezügen zu vermeiden (EuGH 8.9.2011 NZA 2011, 1100; 19.6.2014 NZA 2014, 831; 9.9.2015 NZA 2015, 1311; BAG 8.12.2011 NZA 2012, 275; 18.2.2016 NZA 2016, 709). Sogar eine dauernde Fortwirkung der Altersdiskriminierung zur Besitzstandswahrung hat der EuGH akzeptiert (19.6.2014 NZA 2014, 831; 9.9.2015 NZA 2015, 1311), wenn sie durch die Regelung graduell abgebaut wird und eine individuelle Anpassung unverhältnismäßig aufwändig wäre. Eine Benachteiligung durch G kann auch durch rückwirkende Inkraftsetzung nichtdiskriminierender Normen ausgeglichen werden (EuGH 10.7.1997 NZA 1997, 985).

b) Angleichung „nach oben". Bei Schaffung der Ersatzregelung ist als Ausgangspunkt die Rspr. des 8
EuGH zur „Angleichung nach o." zu berücksichtigen (EuGH 13.12.1989 NZA 1991, 59; 28.1.2015 NZA 2015, 217). Diese bezieht sich überw. auf Benachteiligungen beim Entgelt; dadurch wird der AG verpflichtet, **für die Vergangenheit** diskriminierende Entgelte auf das höhere Niveau anzuheben, also die diskriminierende Berechnungsgrdl. (TV, ArbV oder Gesetz) nicht anzuwenden (EuGH 7.2.1991 NJW 1991, 2207; 28.1.2015 NZA 2015, 217; BAG 18.2.2016 NZA 2016, 709; 15.11.2016 NZA 2017, 339; LAG B 11.8.2015 BeckRS 2015, 72753). Einer Angleichung „nach unten" stünde insoweit der Bestandsschutz und die weitgehende Unzulässigkeit einer Rückforderung (§§ 818 III oder 814 BGB) entgegen (EuGH 19.6.2014 NZA 2014, 831). Ist die Benachteiligung dann aber beseitigt worden, besteht kein Anspruch auf Fortführung der vergangenen Besserstellung für alle, sondern die Gleichbehandlung kann auch auf niedrigerem Niveau hergestellt werden (BAG 18.12.2011 NZA 2012, 276; 18.2.2016 NZA 2016, 709; vgl. Rn. 7). Diese Vorgabe ist entwickelt worden anhand v. Fällen, in denen eine kleinere Beschäftigtengruppe v. einer für alle geltenden begünstigenden Norm ausgenommen worden ist. Stellt sich dagegen ein gesamtes Tarifsystem als benachteiligend dar, etwa wegen Vereinb. einer altersdiskriminierenden Vergütungsregelung, fällt damit das Bezugssystem insgesamt weg. Daher hat das BVerwG (30.10.2014 NVwZ 2015, 812) eine Höherstufung von Beamten abgelehnt. Das BAG verweist dagegen darauf, dass als Bezugsgröße ledigl. die höchste bestehende Altersstufe dienen kann (BAG 10.11.2011 NZA 2012, 161; 9.12.2015 NZA 2016, 897). Dies hat der EuGH (19.6.2014 NZA 2014, 831) allerdings nicht mehr als zwgd. angesehen, sondern der Beurteilung im Einzelfall überlassen. Damit wird eine vollständige Korrektur der vergangenen Entgeltdiskriminierung nicht mehr verlangt (*Lingemann* NZA 2014, 827). Bei gesetzl. Regelung sind Stichtags- und Überleitungsbestimmungen vom Gestaltungsspielraum gedeckt (BVerfG 7.10.2015 NVwZ 2016, 56). Bei nicht auf das Entgelt bezogenen Benachteiligungen tritt neben die Beseitigungspflicht als Nichtanwendung der benachteiligenden Regelung (EuGH 22.11.2005 NZA2005, 1345; BAG 29.9.2011 NZA 2012, 754) die Pflicht zur Anwendung der für die bevorzugte Gruppe geltenden Regel. Auch das BAG gewährt für die Vergangenheit eine Angleichung nach o., wenn auf andere Weise Gleichbehandlung nicht herstellbar ist, weil der AG den Begünstigten für die Vergangenheit die Leistung praktisch nicht mehr entziehen kann (BAG 7.3.1995 NZA 1996, 48; 10.11.2011 NZA 2012, 161; 18.2.2016 NZA 2016, 709). Gleichheitswidrig gewährte kürzere AZ, längere Urlaubsansprüche stehen dann für die Vergangenheit allen Benachteiligten zu (BAG 10.11.2011 NZA-RR 2012, 100; 18.10.2016 NZA 2017, 267; 15.11.2016 NZA 2017, 339). Auch § 15 III schützt den AG davor nicht, die Norm begrenzt nur Ansprüche auf Entschädigungsleistung, nicht den Gleichbehandlungsanspruch selbst (*Löwisch* DB 2006, 1729, 1731).

3. Vertragsverletzung, Abs. 3. Abs. 3 legt fest, dass alle v. AG oder Beschäftigten begangenen 9
Benachteiligungen nach Abs. 1 **Vertragsverletzungen** darstellen. Soweit dabei das Rechtsverhältnis zwischen AG und dem selbst benachteiligten AN betroffen ist, handelt es sich um die Klarstellung, dass die Verletzung einer ges. Pflicht als Verletzung einer vertragl. Nebenpflicht verstanden wird. Handelt es sich um eine Benachteiligung v. Beschäftigten untereinander, ist Abs. 3 dahingehend zu verstehen, dass der Handelnde die Nebenpflicht aus seinem Arbeitsvertrag zum AG verletzt, dessen Interesse an einem störungsfreien Betriebsablauf nicht zu beeinträchtigen. Die Vertragswidrigkeit wird in beiden Fällen fingiert unabhängig v. tatsächl. Vertragsinhalt. Das Bestehen eines Vertrages wird jedoch nicht fingiert; Bewerber können sich daher nur auf Verletzung eines vorvertragl. Schuldverhältnisses gem. § 311 II BGB berufen. Liegt dies vor, ist Leistungsstörungsrecht anwendbar. Der AG kann die übl. arbeitsrechtl. Folgen an ein derartiges Fehlverhalten knüpfen (LAG HM 22.10.1996 NZA 1997, 769); wann er dem Betroffenen ggü. dazu sogar verpflichtet ist, bestimmt § 12 I. Vertragspflichtverletzungen können neben den speziell in § 15 geregelten Ansprüchen noch Schadensersatzansprüche

aus §§ 280 I, 241 II BGB auslösen. Auch kann den Benachteiligten ein Leistungsverweigerungsrecht aus § 14 zustehen. Daneben können deliktische Ansprüche sowie ggf. Schmerzensgeld treten, wenn die Benachteiligung zugleich die Tatbestandsvoraussetzungen der Anspruchsnormen erfüllt. Weiter kann derjenige AG gegen einen benachteiligenden AN Rückgriff wegen Vertragspflichtverletzung nehmen, der selbst dem Benachteiligten aus § 15 haftet. Ein Regress ist ausgeschlossen, falls der Benachteiligende auf Anweisung gehandelt hatte.

10 Geht die Benachteiligung v. **Dritten** aus, die zum AG nicht in arbeitsrechtl., sondern in sonstigen vertragl. Beziehungen stehen, ist Abs. 3 nicht einschlägig (HWK/*Rupp* Rn. 6). Eine Vertragspflichtverletzung aus dem Arbeitsvertrag zwischen AG und benachteiligtem AN liegt tatsächl. nicht vor. Zwar kann der Benachteiligte auch in diesem Falle die Verletzung v. Schutzpflichten aus § 241 II BGB geltend machen, doch kann dem AG das Fehlverhalten Dritter nicht als eigene Pflichtverletzung zugerechnet werden. Vertragl. Ansprüche gegen Dritte kommen daher nicht in Betracht; deliktische Ansprüche sind nicht ausgeschlossen, sofern § 7 mit Bezug auf diese Personengruppe als Schutzgesetz iSd § 823 II BGB anerkannt wird (DB *Däubler* Rn. 18c).

§ 8 Zulässige unterschiedliche Behandlung wegen beruflicher Anforderungen

(1) Eine unterschiedliche Behandlung wegen eines in § 1 genannten Grundes ist zulässig, wenn dieser Grund wegen der Art der auszuübenden Tätigkeit oder der Bedingungen ihrer Ausübung eine wesentliche und entscheidende berufliche Anforderung darstellt, sofern der Zweck rechtmäßig und die Anforderung angemessen ist.

(2) Die Vereinbarung einer geringeren Vergütung für gleiche oder gleichwertige Arbeit wegen eines in § 1 genannten Grundes wird nicht dadurch gerechtfertigt, dass wegen eines in § 1 genannten Grundes besondere Schutzvorschriften gelten.

1 **1. Allgemeine Ausnahme.** Abs. 1 schafft allg. Ausnahmen v. Benachteiligungsverbot, die v. Art. 4 I RL 2000/43/EG und 2000/78/EG sowie Art. 14 II RL 2006/54/EG zugelassen werden. Die unmittelbar auf Merkmale gem. § 1 bezogene Unterscheidung ist zulässig, wenn ein mit dem Differenzierungsgrund zusammenhängendes Merkmal eine solche berufl. Anforderung darstellt (EuGH 15.11.2016 BeckRS 2016, 82679). Zu den anderen Benachteiligungsformen vgl. Rn. 3. Die unterschiedl. Behandlung muss an den **obj. Anforderungen der Tätigkeit** selbst ansetzen (LAG HM 7.8.2012 BeckRS 2012, 75038), nicht an generalisierenden Aussagen über Gruppen (BAG 15.11.2016 NZA 2017, 339). Auch die Zulässigkeit einer gesetzl. Frauenquote für Führungspositionen in der Privatwirtschaft beurteilt sich daher nicht nach Art. 23 GRC / Art. 14 RL 2006/54 (umgesetzt in § 8), sondern nach der Zulässigkeit „positiver Maßnahmen", Art. 3 RL (vgl. § 5 Rn. 4). Schwere körperl. Arbeit auf bestimmten Arbeitsplätzen rechtfertigt die Verwendung des Differenzierungskriteriums „Körperkraft" oder „Belastbarkeit", aber nicht den generellen Ausschluss aller Bewerberinnen (EuGH 1.2.2005 BeckRS 2005, 70101; LAG K 8.11.2000 NZA-RR 2001, 232). Dasselbe gilt für die bes. Gefährlichkeit bestimmter Arbeitsplätze. Bes. Anforderungen an die körperl. Leistungsfähigkeit können Altershöchstgrenzen für die Einstellung in die Berufsfeuerwehr (EuGH 12.1.2010 BeckRS 2010, 90031), bei Verkehrspiloten (EuGH 13.9.2011 NZA 2011, 1039; BAG 18.1.2012 NZA 2012, 575) oder in ein Spezialeinsatzkommando der Polizei (EuGH 15.11.2016, BeckRS 2016, 82679; BVerwG 20.2.2012 BeckRS 2015, 54734) rechtfertigen. Voraussetzung dafür ist, dass der spezifische Zusammenhang zwischen der körperl. Eignung und dem Lebensalter für die konkrete Beschäftigung ausreichend dargelegt worden ist. Ist die obj. Anforderung mit dem Bestehen rechtl. Beschäftigungsverbote begr., sind auch diese Verbote am Maßstab des AGG zu überprüfen. Dass prognostizierte gesundheitl. Einschränkungen eines behinderten Beamtenbewerbers anges. des beamtenrechtl. Lebenszeitprinzips die Ablehnung der Bewerbung rechtfertigen können (so: OVG NI 25.1.2011 BeckRS 2011, 46692), ist abzulehnen.

2 Weiter kommen **subj. Gründe** für eine Ausnahme in Betracht: Ist die Intimsphäre betroffen (Pflegedienst; Nachtdienst im Mädcheninternat: BAG 28.5.2009 NZA 2009, 1016), oder eine spezifische Tätigkeit für Personen in Problemlagen (BAG 18.3.2010 NZA 2010, 872; LAG NI 19.4.2012 BeckRS 2014, 72814), dürfen subj. Empfindlichkeiten oder Erwartungen Dritter ausschlaggebend sein. Eine genaue Abgrenzung der Reichweite dieser Ausnahme bleibt aber noch zu leisten. Die Rspr hatte noch zu § 611a BGB aF darauf abgestellt, dass die biologische Zugehörigkeit eines Transsexuellen zum männl. Geschlecht unvereinbar mit den Anforderungen des Arbeitsplatzes einer Arzthelferin war (BAG 21.2.1991 NZA 1991, 719). Das weibl. Geschlecht durfte zur Voraussetzung für den Verkauf v. Damenbademoden erhoben werden (LAG K 19.7.1996 BeckRS 1996, 41335); für die Position einer Gleichstellungsbeauftragten (LAG HM 10.4.1997 NZA-RR 1997, 315; LAG BE 14.1.1998 NZA 1998, 312), hat das BAG bereits frühzeitig (BAG 12.11.1998 NZA 1999, 371) darauf verwiesen, dass diese nicht zwingend den Frauen vorbehalten werden dürfen, wohl aber, wenn sie für Integrationsarbeit mit Migrantinnen zust. sind (BAG 18.3.2010 NZA 2010, 872). Vergleichbar für die GF eines Frauenverbandes (ArbG M 14.2.2001 NZA-RR 2001, 365) oder für die Bestellung eines Amtsvormunds, bei der weibl. Jugendl. die Wahl einer weibl. Betreuungsperson ermögl. werden soll (LAG NI 19.4.2012

BeckRS 2014, 72814). Zur Wahl einer Frauenvertreterin (OVG B 11.12.2015 BeckRS 2016, 41030). Gründe der Authentizität oder Glaubwürdigkeit sollen Forderungen nach bestimmten Merkmalen rechtfertigen (LAG K 8.11.2000 NZA-RR 2001, 232; ArbG M 14.2.2001 NZA-RR 2001, 365; krit.: *Novara* NZA 2015, 142, 144), soweit die „Bedingungen der Ausübung" einer Tätigkeit ein Merkmal als berufswesentl. kennzeichnen.

a) **Art der Tätigkeit.** Ist ein mit dem Grund gem. § 1 zusammenhängendes Merkmal Voraussetzung 3
der „Art der auszuübenden Tätigkeit", muss die benachteiligende Maßnahme der Begr. oder Konkretisierung einer Leistungspflicht des AN dienen; auf die Gegenleistung des AG ist die Ausnahme nicht anwendbar. Daher lassen sich Unterschiede im Entgeltniveau nicht auf Abs. 1 stützen. Hält ein AG ein Merkmal für *unverzichtbar* zur Erfüllung der Arbeitsaufgabe, muss er es zur Voraussetzung der Arbeitsleistung erheben. Dass etwas eine „wesentl. und entscheidende" Voraussetzung der berufl. Tätigkeit ist, muss der Handelnde zumindest geltend gemacht haben: Wer bislang nach anderen Merkmalen entschieden hatte, wird nachträgl. kaum begründen können, dass es auf das v. ihm selbst nicht einmal erwähnte Merkmal iSd. § 1 für die auszuübende Tätigkeit „entscheidend" ankommt. Mithin gestattet § 8 keine Ausnahme v. Verbot der mittelbaren Benachteiligung. Auch kollektive Regelungen können durch § 8 I gerechtfertigt sein, wenn sie nicht generell formuliert sind, sondern tätigkeitsbezogen differenzierende Voraussetzungen schaffen (BAG 18.10.2016 NZA 2017, 267).

b) **Berufliche Anforderung.** Berufl. Anforderungen sind jdf. gerechtfertigt, sobald sie obj. für die 4
Ausübung der übertragenen Arbeiten notwendig, also tatsächl. oder rechtl. Voraussetzung dieser Tätigkeit sind (BAG 18.3.2010 NZA 2010, 872; BAG 15.12.2016 NZA 2017, 715; BVerwG 1.2.2012 BeckRS 2012, 48313). Weiterhin genügt es, wenn die übertragenen Aufgaben ohne das geforderte Merkmal nur schlechter erfüllt werden können. Wird der Eignungsmangel auf das Persönlichkeitsrecht Dritter gestützt, etwa auf die Intimsphäre mit der Leistung in Berührung kommender Personen, bleibt die Ablehnung zulässig (Rn. 1); das selbe müsste für hochrangige öffentl. Interessen gelten. Der EuGH (10.7.2008 NZA 2008, 929; 14.3.2017 NZA 2017, 375) hat nicht einmal die Möglichkeit erwogen, dass den v. Unternehmen vorgebrachten diskriminierenden Kundenwünschen Rechtfertigungswirkung zukommen könnte.

Eine wesentl. berufl. Anforderung kann dennoch uU durch ein **unternehmerisches Konzept** ge- 5
schaffen werden (BAG 18.3.2010 NZA 2010, 872; *Lüderitz*, Altersdiskriminierung durch Altersgrenzen, Diss. Potsdam 2005 S. 83). Dazu kann auch ein Konzept der religiösen/ philosophischen Neutralität gehören, das AN mit Kundenkontakt eine „neutrale" Kleidung vorschreibt (EuGH 14.3.2017 NZA 2017, 373). Um eine „berufl. Anforderung" handelt es sich aber nur dann, wenn die Anforderungen für den Unternehmenserfolg erweisl. entscheidend sind (*Duchstein* NJW 2013, 3066, 3068). Nicht jede Vorstellung davon, mit welchem Personal ein Unternehmen konkret geführt werden soll, ist schon eine „entscheidende berufl." Anforderung. Ein Unternehmenskonzept mag ja durchaus darin liegen, nur mit exotisch aussehenden Frauen oder mit sportl. Männern eine bestimmte Dienstleistung am Markt zu positionieren, eine „berufl." Anforderung läge darin aber nicht. Anderenfalls liefe das Benachteiligungsverbot stets leer, wenn auf einen Kundenkreis verwiesen werden könnte, der bestimmte Vorlieben pflegt (*Wisskirchen* DB 2006, 1491, 1492; großzügig dagegen *Linsenmaier* RdA-Sonderbeil. 5/2003, 22, 26; *Richardi* NZA 2006, 881, 883; KR/*Treber* Rn. 8 ff.; HWK/*Rupp* Rn. 2). Der EuGH legt die Norm dahingehend aus, dass der Wunsch eines konkreten Kunden, nicht mit Mitarbeitern konfrontiert zu werden, die ein bestimmtes Merkmal/ merkmaltypische Bekleidung aufweisen, keine „berufl. Anforderung" darstellt (EuGH 14.3.2017 NZA 2017, 375). Eine berufl. Anforderung setzt somit voraus, dass das Auswahlkriterium einen hinreichend engen Tätigkeitsbezug aufweist, der nachweisl. den Erfolg der Tätigkeit wesentl. bestimmt. Trendmode oder -frisuren können Jugendl. weniger überzeugend v. Mitarbeitern angepriesen werden, die der Elterngeneration angehören. Dadurch könnte die Zugehörigkeit zur „falschen" Altersgruppe den Erfolg der vertragl. geschuldeten Leistung verhindern. Anders ist dies beim Kabinenpersonal v. Fluggesellschaften zu beurteilen, dessen Betreuungsleistung Passagiere wohl nicht v. Zurschaustellen körperl. Reize abhängig machen werden. Eine wesentl. Anforderung ist in der Zugehörigkeit zur bevorzugten Gruppe nur im Ausnahmefall zu sehen (*Thüsing* RdA 2001, 319, 322 ff.; *Annuß* BB 2006, 1629, 1633), abhängig v. den Auswirkungen: nachweisl. Einbußen infolge Beschäftigung „falscher" Mitarbeiter braucht ein AG nicht hinzunehmen; die Zugehörigkeit zur „richtigen" Gruppe wäre in solchem Falle eine berufl. Anforderung. Allerdings müssen die Auswirkungen tatsächl. v. den Merkmalen verursacht worden sein. Dazu gehört auch eine präzise Bestimmung v. rechtfertigenden Kundenwünschen: Der Vertrieb komplexer Vers.- oder Altersvorsorge-Produkte an ausl. Kunden mit geringer dt. Sprachkompetenz rechtfertigt eine berufl. Anforderung „perfekte Beherrschung der (jeweiligen) Sprache der Klientel", nicht aber zugleich diejenige nach Zugehörigkeit zu deren ethnischer Gruppierung.

c) **Wesentlich und entscheidend.** Dass die berufl. Anforderung zudem **wesentl. und entscheidend** 6
sein muss, soll verdeutlichen, dass die Geringfügigkeitsgrenze klar überschritten sein muss. Auf ledigl. sachl. Gründe (BAG 27.4.2000 NZA 2001, 274) oder Zweckmäßigkeitsgesichtspunkte darf sie nicht gestützt werden. Anzeigenübl. Maximalforderungen an Bewerber, die ohnehin v. kaum jemandem überhaupt erfüllt werden können, jdf. aber sonst in diesem Unternehmen tatsächl. nicht zur Voraus-

setzung einer Beschäftigung gemacht worden sind, genügen diesem Maßstab nicht. V. solchen Übertreibungen abgesehen, können aber Anforderungen an die Leistungsfähigkeit frei festgelegt werden (BAG 28.5.2009 NZA 2009, 1016; 18.3.2010 NZA 2010, 872). **Entscheidend** ist eine berufl. Anforderung, wenn sie für die vertragsgem. Erfüllung der Arbeitsleistung erforderl. ist; **wesentl.** ist sie, wenn ein hinreichend großer Teil der Gesamtanforderungen des Arbeitsplatzes betroffen ist (ArbG BE 13.7.2005 NZA-RR 2005, 608). Dass man ohne das zu überprüfende Differenzierungsmerkmal die vertragsgem. Leistung gar nicht oder nur untaugl. erbringen kann (HWK/*Rupp* Rn. 2), wird kaum einmal gegeben sein; auf die unbedingt notwendigen Ausnahmen bleibt § 8 aber begrenzt.

7 Besonderheiten gelten für **behinderte Beschäftigte,** da Art. 5 RL 2000/78/EG eine Verpflichtung des AG begr., geeignete und konkret erforderl. Maßnahme zu ergreifen, ihnen den Zugang zur Beschäftigung oder die Berufsausübung zu ermöglichen, soweit das keine unverhältnismäßige Belastung auslöst (Erwägungsgrund Nr. 21 RL). Eine Benachteiligung Behinderter kann zwar leichter als diejenige anderer nach § 1 geschützter Gruppen den Voraussetzungen des § 8 entsprechen, gerechtfertigt ist sie dennoch nur, sofern der AG das behinderungsbedingte Beschäftigungshemmnis nicht durch angemessene Vorkehrungen iSd. Art. 5 der RL beseitigen konnte (EuGH 11.4.2013 NZA 2013, 553; BAG 19.12.2013 NZA 2014, 372; 22.5.2014 NZA 2014, 924; LAG B 5.6.2014 NZA-RR 2015, 74; DB/*Brors* Rn. 33; *Bayreuther* FS Reuter 2010 S. 453, 463 f.). Im AGG wurde dies nicht umgesetzt. § 81 IV, V SGB IX enthält zwar vergleichbare Ansprüche, allerdings begrenzt auf Schwerbehinderte, die bereits im ArbVerh zum AG stehen. Damit folgt die Verpflichtung des AG zum Ergreifen „angemessener Vorkehrungen" aus einer unionsrechtskonformen Auslegung v. § 241 II BGB (BAG 19.12.2013 NZA 2014, 372).

8 Ist die gestellte Anforderung für die Ausübung der geschuldeten Tätigkeit „wesentl.", so stellt sie einen inhaltl. **rechtmäßigen Zweck** dar. Insoweit kommt dem Hs. 2. keine eingrenzende Wirkung mehr zu. Bei der „angemessenen" Anforderung wird eine Verhältnismäßigkeitsprüfung verlangt: Der mit der Differenzierung verfolgte Zweck (= berufl. Anforderung) muss in einem akzeptablen Verhältnis zu dem durch seine Verwendung verursachten Nachteil stehen. Zur Vermeidung einer geringen oder nicht nachweisbaren Einbuße stehen Diskriminierungen außer Verhältnis. Auch eine benachteiligende tarifl. Abweichung v. sonst gültigen Regulierungen ist ohne bes. Begr. unverhältnismäßig (BAG 18.1.2012 NZA 2012, 575).

9 **2. Ausnahme vom Entgeltgleichheitsgrundsatz (Abs. 2).** Der Bestimmung über die Ausnahme bei der **Entgeltgleichheit** fehlt bereits die Kernaussage, denn einen Anspruch auf diskriminierungsfreies Entgelt formuliert die Norm gerade nicht selbst; das Entgeltgleichheitsgebot wird in Abs. 2 nur notwendig vorausgesetzt (§ 2 Rn. 9). Die Rspr. (BAG 11.12.2007 NZA 2008, 532; LAG RP 13.8.2014 NZA-RR 2015, 236; LAG RP 28.10.2015 BeckRS 2016, 66613) stützt den Entgeltgleichheitsanspruch auf den Rechtsgedanken der §§ 2 I Nr. 2, 8 II. Ausdr. formuliert ist das Gebot mittlerweile in §§ 3, 7 EntgTranspG für den Benachteiligungsgrund „Geschlecht". Es setzt voraus, dass gleiche oder gleichwertige Arbeit geleistet wird, § 4 I, II EntgTranspG. Besteht danach tatbestandsmäßig ein Anspruch auf Entgelt in derselben Höhe wie bei der Vergleichsperson, kann eine geringere Entgelthöhe nicht damit gerechtfertigt werden, dass für Betroffene gem. § 1 bes. Schutznormen gelten. Beim Entgelt bietet gerade der typische Differenzierungsgrund der teueren Schutzvorschr. keine Rechtfertigung. Verboten werden soll nicht, mit bestimmten Beschäftigtengruppen geringere Vergütung als mit anderen zu vereinbaren. Ausgeschlossen wird ledigl. ein bes. Grund zur Rechtfertigung v. Entgeltunterschieden bei gleicher bzw. gleichwertiger Arbeit, näml. das Vorhandensein bes. Schutzvorschr. zugunsten der geringer entlohnten Gruppe. Schutzvorschr. enthalten zB §§ 3–16 MuSchG, §§ 22 bis 26 ArbSchG bzw. die Förderungspflichten ggü. Behinderten gem. § 81 IV 4 SGB IX. Andere Gründe zur Rechtfertigung v. Entgeltunterschieden zulasten ges. geschützter Gruppen werden v. Abs. 2 nicht ausgeschlossen. So kann eine Vergütungsordnung durchaus nach Berufserfahrung diff.; eine solche kann aber nicht im Falle einer nach Lebensaltersstufen gestaffelten Differenzierung unterstellt werden (EuGH 8.9.2011 NZA 2011, 1100; **aA** ArbG Marburg 26.9.2001 NZA-RR 2009, 165). Geschieht dies dennoch, kommt eine Angleichung an die Bezüge der Begünstigten in Betracht (BAG 10.11.2011 NZA-RR 2012, 100).

§ 9 Zulässige unterschiedliche Behandlung wegen der Religion oder Weltanschauung

(1) Ungeachtet des § 8 ist eine unterschiedliche Behandlung wegen der Religion oder der Weltanschauung bei der Beschäftigung durch Religionsgemeinschaften, die ihnen zugeordneten Einrichtungen ohne Rücksicht auf ihre Rechtsform oder durch Vereinigungen, die sich die gemeinschaftliche Pflege einer Religion oder Weltanschauung zur Aufgabe machen, auch zulässig, wenn eine bestimmte Religion oder Weltanschauung unter Beachtung des Selbstverständnisses der jeweiligen Religionsgemeinschaft oder Vereinigung im Hinblick auf ihr Selbstbestimmungsrecht oder nach der Art der Tätigkeit eine gerechtfertigte berufliche Anforderung darstellt.

(2) Das Verbot unterschiedlicher Behandlung wegen der Religion oder der Weltanschauung berührt nicht das Recht der in Absatz 1 genannten Religionsgemeinschaften, der ihnen zugeordneten Einrichtungen ohne Rücksicht auf ihre Rechtsform oder der Vereinigungen, die sich die gemeinschaftliche Pflege einer Religion oder Weltanschauung zur Aufgabe machen, von ihren Beschäftigten ein loyales und aufrichtiges Verhalten im Sinne ihres jeweiligen Selbstverständnisses verlangen zu können.

1. Besonderer Differenzierungsgrund. Abs. 1 schafft eine **bereichsspezifische Ausnahme** zum Verbot der unterschiedl. Behandlung wegen der Religion oder Weltanschauung. Die Norm erlaubt eine Differenzierung nach der bestehenden oder fehlenden Religionszugehörigkeit (BAG 25.4.2013 NZA 2013, 1131); dies setzt logisch die Befugnis voraus, bei der Vertragsanbahnung nach der Religionszugehörigkeit fragen zu dürfen. Die begünstigten Einrichtungen dürfen also Beschäftigte auf Grund ihrer Religion oder Weltanschauung unterschiedl. behandeln, wenn die Zugehörigkeit zu ihr für die handelnde Einrichtung entweder im Hinblick auf ihr Selbstbestimmungsrecht oder nach Art der ausgeübten Tätigkeit eine gerechtfertigte berufl. Anforderung darstellt (*Pallasch* RdA 2014, 103, 106). Die Vorschr. will v. den Rechtfertigungsgründen aus Art. 4 II RL 2000/78/EG Gebrauch machen (hierzu *Joussen* RdA 2003, 32, 35 ff.; *Belling* NZA 2004, 885, 886 ff.; *Thüsing* AGG Rn. 469), die den Mitgliedstaaten die Beibehaltung bestehender Regelungen unter bestimmten Voraussetzungen erlaubt. Dass der v. der RL eröffnete Spielraum nicht überschritten wird (*Budde* AuR 2005, 353, 357 f.; DB/*Wedde* Rn. 2 ff.), ist jdf. durch Auslegung sicherzustellen. Die RL bindet eine Differenzierung nach der Religion daran, dass diese nach Art der Tätigkeit oder den Umständen ihrer Ausübung eine wesentl. berufl. Anforderung darstellt. Die Rechtfertigungswirkung hat unionsrechtl. mithin einen Tätigkeitsbezug (ArbG HH 4.12.2007 BeckRS 2008, 52272) und hängt davon ab, wie eng die konkrete berufl. Tätigkeit mit dem kirchl. Auftrag verbunden ist (LAG B 28.5.2014 BeckRS 2014, 71581; vom BAG dem EuGH vorgelegt BAG 17.3.2016 BeckRS 2016, 71139). Eine unterschiedslos auf alle Arbeitsplätze erstreckte Forderung nach Religionszugehörigkeit oder Beachtung der Anforderungen gestattet sie nicht (Rn. 3; **aA** *Joussen* NZA 2008, 675, 678). Das spricht für eine Differenzierung zwischen verkündigungsnahen und -fernen Tätigkeiten (*Schliemann* NZA 2003, 407, 413; DB/*Wedde* Rn. 52; MüKoBGB/*Thüsing* Rn. 14 f.). In § 9 I soll die Rechtfertigungswirkung dagegen deutl. über die allg. Ausnahme in § 8 I hinausgehen. Dafür wird die Feststellung einer wesentl. berufl. Anforderung nicht v. obj. Maßstäben abhängig gemacht, wie dies bei § 8 I der Fall wäre, sondern unter Beachtung des **Selbstverständnisses** der Vereinigungen bestimmt. Dieses Selbstverständnis gibt den Maßstab dafür, ob eine berufsbezogene Anforderung als gerechtfertigt eingestuft werden kann (BVerfG 4.6.1985 NJW 1987, 179; BAG 21.2.2001 NZA 2001, 1136; 17.3.2016 BeckRS 2016, 71139). Gerichtl. kontrollierbar ist nur mehr, ob die selbst aufgestellten Regeln eingehalten werden (*Reichold* NZA 2001, 1054, 1059; *Richardi* § 1 Rn. 31 ff., hält das Selbstbestimmungsrecht der Kirchen für „unionsfest"; ebenso: *Schliemann* FS *Richardi* 2007 S. 959, 974; *v. Tiling* ArbRB 2009, 80). Dagegen verlangt Art. 4 II der RL eine nicht nur „gerechtfertigte", sondern eine „wesentl. und entscheidende" berufl. Anforderung, nimmt also die engeren Voraussetzungen der allg. Rechtfertigungsgründe wieder auf (Rn. 3). Daraus leiten sich Einwände gegen die Zulässigkeit der RL ab, da die Kirche sich gegen den in ihr begr. Individualschutz als „Gefährdung des Status der Kirchen auf europarechtl. Sekundärrechtsebene verteidigen" können müssten (*Schliemann* FS *Richardi* 2007 S. 959, 970). V. diesem Standpunkt aus sind Umsetzungsdefizite in § 9 unbeachtl., da die RL keine wirksame Maßstabsnorm biete; maßgebl. bleibe allein das nationale Staatskirchenrecht (*Richardi* § 4 Rn. 10 ff.; *Mohr/v. Fürstenberg* BB 2008, 2122, krit.: *Deinert* EuZA 2009, 332, 336; *Pallasch* RdA 2014, 103, 107). 1

a) Geltungsbereich. Wem die Ausnahmevorschr. zugutekommen soll, erschließt sich wegen der komplizierten Ausdrucksweise nur schwer. Der Begriff der Religionsgemeinschaft bezieht sich auf das Merkmal „Religion" in § 1, sowie auf Art. 137 III WRV. Die Entwurfsbegr. (BT-Drs. 16/1780 S. 35) verweist zur Bestimmung des **Adressaten**kreises darauf, dass nach Art. 140 GG iVm. Art. 136 ff. WRV den Kirchen und sonstigen Religionsgesellschaften (nicht aber Weltanschauungsgemeinschaften) sowie den ihnen körperschaftl. zugeordnete Organisationen, aber auch ihnen in anderer Weise zugeordneten Einrichtungen, das Recht zusteht, über Ordnung und Verw. ihrer Angelegenheiten selbständig zu entscheiden. Eine Zuordnung wird dadurch begr., dass die Vereinigung die Erreichung eines religiösen Zieles bezweckt (BVerfG 16.10.1968 NJW 1969, 31). Die Religionsgemeinschaft muss die Einrichtung als ihr zugehörig begreifen und einen maßgebl. Einfluss auf sie haben (BAG 14.4.1988 NJW 1988, 3283). Damit sind Einrichtungen der Caritas und der Diakonie einbezogen (*Richardi* NZA 2006, 881, 882), die Aufgaben mit religiöser Ausrichtung übernehmen; eine überw. wirtschaftl. Zielsetzung oder die bezweckte Bindung v. AN an ihren kirchl. AG genügt nicht, selbst wenn die Einrichtung ausschließl. kirchl./diakonischen AG eine Mitgliedschaft ermöglicht (LAG HE 8.7.2011 BeckRS 2011, 78190). Unklar bleibt die nachf. Ausdehnung auf „Vereinigungen, die sich die gemeinschaftl. Pflege einer Religion oder Weltanschauung zur Aufgabe machen". Dies dient der Erweiterung des Anwendungsbereichs auf konfessionsgebundene Zusammenschlüsse, die eine Religion bzw. Weltanschauung kraft selbst gesetzter Übereinkunft, etwa in einer Satzung, pflegen. Ob nicht sogar eine formlose 2

Zielsetzung genügt, ist nicht eindeutig. Erfasst sind jdf. auch Vereinigungen v. Laien, die sich die „partielle Pflege des religiösen Lebens ihrer Mitglieder zum Ziel gesetzt haben". Als Anwendungsfall wäre an die v. der katholischen Kirche unabhängigen Schwangerschaftskonfliktberatungsstellen „Donum Vitae" zu denken. Darin liegt allerdings ein Widerspruch zum übrigen ArbR, das die bes. kirchl. Autonomie nur insoweit gewährt, wie die privilegierten Einrichtungen der Kirche rechtl. zuzuordnen sind (BAG 30.4.1997 NZA 1997, 1240). Welche **„Weltanschauungsgemeinschaften"** erfasst werden, ist nicht eingegrenzt oder umschrieben. § 9 ist ein Rechtfertigungsgrund nur für die genanten Adressaten. Eine v. anderen Einrichtungen zu verantwortende Benachteiligung wegen Religion oder Weltanschauung ist an allg. Grundsätzen zu messen, insb. an §§ 3 II, 8.

3 **b) Tätigkeitsbezug der Ausnahme.** Problematisch bleibt der genaue Umf. der Ausnahmeklausel. Art. 4 II RL 2000/78/EG lässt eine Ausnahme v. Benachteiligungsverbot zu, wenn die Religion oder Weltanschauung nach der **Art der Tätigkeit** oder der Umstände ihrer Ausübung eine wesentl., rechtmäßige und gerechtfertigte berufl. Anforderungen anges. **des Ethos** der Organisation darstellt. Eine Alternativität beider Anforderungen besteht danach gerade nicht. Diesen Wortlaut übernimmt Abs. 1 nicht, sondern erklärt die Benachteiligung für zulässig, wenn eine bestimmte Religion oder Weltanschauung im Hinblick auf das Selbstbestimmungsrecht *oder* nach der Art der Tätigkeit eine gerechtfertigte berufl. Anforderung darstellt. Falls es für die Art oder die Ausübung der Tätigkeit auf die Zugehörigkeit zu einer Religion obj. nicht ankommt, könnte die Religionsgemeinschaft danach unter Verweis auf ihr Selbstbestimmungsrecht diese Forderung dennoch erheben. Dies wäre mit der umzusetzenden RL nicht vereinbar (ArbG HH 4.12.2007 BeckRS 2008, 52272; offen gelassen in BAG 25.4.2013 NZA 2013, 1131; LAG B 28.5.2014 BeckRS 2014, 71581; vom BAG dem EuGH vorgelegt BAG 17.3.2016 BeckRS 2016, 71139; *Pallasch* RdA 2014, 103, 107; *Seifert* AuR 2009, 31, 32; *Deinert* EuZA 2009, 332, 340; krit. *Mohr/v. Fürstenberg* BB 2008, 2122; *Schnabel* ZfA 2008, 413; *Lelley* BB 2008, 1348). Daran ändert auch der in der Entwurfsbegr. enthaltene Hinweis auf den Erwägungsgrund Nr. 24 RL 2000/78/EG nichts, der es den Mitgliedstaaten zugesteht, spezifische Bestimmungen über die wesentl., rechtmäßigen und gerechtfertigten berufl. Anforderungen für Kirchen und weltanschaul. Gemeinschaften vorzusehen. Diese Befugnis der Mitgliedstaaten wird durch Art. 4 II der RL gerade konkretisiert; eine weitergehende, im RLText selbst nicht enthaltene Ausnahme v. Benachteiligungsverbot kann nicht aus einer Begründungserwägung abgeleitet werden, die ledigl. allg. die Zulassung v. Ausnahmen begr.

4 **2. Besondere Loyalitätspflichten (Abs. 2).** Abs. 2 erweitert die Ausnahme über die Regelung des Abs. 1 hinaus auf spezifische Verhaltensanforderungen, die eine Religionsgemeinschaft an bei ihr Beschäftigte stellen darf (LAG RP 2.7.2008 BeckRS 2008, 55651). V. diesen darf ein „loyales und aufrichtiges Verhalten iSd. jeweiligen Selbstverständnisses" der Gemeinschaften gefordert werden (konkretisiert durch (kath.) Grundordnung des kirchl. Dienstes v. 27.4.2015). V. den Beschäftigten kann neben der Zugehörigkeit zur Glaubens- oder Überzeugungsgemeinschaft eine an deren Vorgaben ausgerichtete Verhaltensweise verlangt werden. Ob dies nur die religiösen Pflichten erfasst (*Pallasch* NZA 2013, 1176, 1180; **aA** MüKoBGB/*Thüsing* § 9 Rn. 21), oder alle v. den Religionsgemeinschaften aufgestellten Verhaltenserwartungen, ist strittig (vgl. den Vorlagebeschluss BAG 28.7.2016 NZA 2017, 388). Den Inhalt derjenigen Anforderungen, nach denen sich die Beschäftigten zu richten haben, können die Gemeinschaften zwar selbst festlegen (BAG 21.2.2001 NZA 2001, 1136). Völlig schrankenlos ist diese Befugnis allerdings nicht (**aA** *Lingemann/Müller* BB 2007, 2006, 2012). Das BVerfG (22.10.2014 NZA 2014, 1387) erlaubt in Bestandsschutzstreitigkeiten zwar eine Abwägung zwischen kirchl. Selbstbestimmungsrecht und den AN-Schutzrechten; das bes. Gewicht der Kirchenautonomie ist in dieser Abwägung allerdings bereits vorgegeben. Im Falle einer Benachteiligung bei der Einstellung kann es zu dieser Abwägungssituation nicht kommen, soweit die Kirchen befugt sind, Mitgliedschaft für jede Tätigkeit zu fordern.

5 Abs. 2 formuliert ausdr., dass die Ausnahme nur v. Verbot unterschiedl. Behandlung wegen der Religion oder der Weltanschauung zugelassen wird. Noch deutl. betont Art. 4 II RL 2000/78/EG, dass eine zulässige Ungleichbehandlung „keine Diskriminierung aus einem anderen Grunde" rechtfertigt (KR/*Treber* Rn. 17; **aA** *Thüsing* AGG Rn. 488). Damit soll klargestellt werden, dass die Loyalitätsanforderungen sich in den Grenzen eines verhältnismäßigen Ausgleichs mit den Grundrechten der Beschäftigten einschl. der Diskriminierungsverbote halten müssen. Letzteres kann problematisch werden bei kirchl. Verhaltensanforderungen an homosexuell veranlagte Mitarbeiter. Soll die Ablehnung eines Stellenbewerbers oder die Kündigung eines bereits Beschäftigten (BAG 30.6.1983 NJW 1984, 1917) mit der Homosexualität des Betreffenden begr. werden, handelt es sich um eine Benachteiligung wegen der sexuellen Identität, die auch dann nicht zulässig wäre, wenn die dieses verbietenden Glaubensanforderungen an die Mitglieder auch eine Verpflichtung auf entspr. loyales Verhalten iSd. Abs. 2 begründen (**aA** AG Stuttgart 28.4.2010 NZA-RR 2011, 407). Auch Art. 4 II RL 2000/78/EG sagt hier nichts anderes (**aA** *Kamanabrou* RdA 2006, 321, 328; *Thüsing* JZ 2004, 172, 179; krit.: HWK/*Rupp* Rn. 5), da S. 2 letzter Hs. dieser Vorschr. ausdr. vorschreibt, dass eine solche Ungleichbehandlung keine Diskriminierung aus einem anderen Grund rechtfertigt, vgl. insoweit auch das Verbot der Mehrfachdiskriminierung gem. § 4. Der Widerspruch zur RL kann nicht dadurch aufgelöst werden, dass als Verhaltensanforderung an die Mitarbeiter ledigl. das Verbot gerichtet wird, ihre Homosexualität zu praktizieren (*Joussen* RdA 2003, 32, 37;

Thüsing JZ 2004, 172, 179; krit.: *Pallasch* NZA 2013, 1176, 1178); diese Anforderung knüpft zwar nicht mehr unmittelbar an das Merkmal der sexuellen Identität an, führt aber dennoch zu einer mittelbaren Benachteiligung wegen dieses Merkmals, da die Gruppe derjenigen, die Homosexualität praktiziert, wohl weit überw. aus Personen mit homosexueller Ausrichtung zusammengesetzt sein dürfte. An dem Umstand, dass in einer solchen Verhaltensanforderung eine, wenn auch nur mittelbare, Benachteiligung enthalten ist, die über die v. § 9 gerechtfertigte unterschiedl. Behandlung wegen der Religion hinausgeht, ändert sich durch die abw. Formulierung mithin nichts. Auch eine implizite Vorgabe, dauerhaft enthaltsam leben zu müssen, widerspricht dem Persönlichkeitsrecht und der Achtung des Privatlebens (EGMR 23.9.2010 NZA 2011, 279). Daraus ergibt sich allerdings ein Konflikt mit der grundrechtl. geschützten Kirchenautonomie (BVerfG 4.6.1985 NJW 1987, 179).

§ 10 Zulässige unterschiedliche Behandlung wegen des Alters

[1] Ungeachtet des § 8 ist eine unterschiedliche Behandlung wegen des Alters auch zulässig, wenn sie objektiv und angemessen und durch ein legitimes Ziel gerechtfertigt ist. [2] Die Mittel zur Erreichung dieses Ziels müssen angemessen und erforderlich sein. [3] Derartige unterschiedliche Behandlungen können insbesondere Folgendes einschließen:

1. die Festlegung besonderer Bedingungen für den Zugang zur Beschäftigung und zur beruflichen Bildung sowie besonderer Beschäftigungs- und Arbeitsbedingungen, einschließlich der Bedingungen für Entlohnung und Beendigung des Beschäftigungsverhältnisses, um die berufliche Eingliederung von Jugendlichen, älteren Beschäftigten und Personen mit Fürsorgepflichten zu fördern oder ihren Schutz sicherzustellen,

2. die Festlegung von Mindestanforderungen an das Alter, die Berufserfahrung oder das Dienstalter für den Zugang zur Beschäftigung oder für bestimmte mit der Beschäftigung verbundene Vorteile,

3. die Festsetzung eines Höchstalters für die Einstellung auf Grund der spezifischen Ausbildungsanforderungen eines bestimmten Arbeitsplatzes oder auf Grund der Notwendigkeit einer angemessenen Beschäftigungszeit vor dem Eintritt in den Ruhestand,

4. die Festsetzung von Altersgrenzen bei den betrieblichen Systemen der sozialen Sicherheit als Voraussetzung für die Mitgliedschaft oder den Bezug von Altersrente oder von Leistungen bei Invalidität einschließlich der Festsetzung unterschiedlicher Altersgrenzen im Rahmen dieser Systeme für bestimmte Beschäftigte oder Gruppen von Beschäftigten und die Verwendung von Alterskriterien im Rahmen dieser Systeme für versicherungsmathematische Berechnungen,

5. eine Vereinbarung, die die Beendigung des Beschäftigungsverhältnisses ohne Kündigung zu einem Zeitpunkt vorsieht, zu dem der oder die Beschäftigte eine Rente wegen Alters beantragen kann; § 41 des Sechsten Buches Sozialgesetzbuch bleibt unberührt,

6. Differenzierungen von Leistungen in Sozialplänen im Sinne des Betriebsverfassungsgesetzes, wenn die Parteien eine nach Alter oder Betriebszugehörigkeit gestaffelte Abfindungsregelung geschaffen haben, in der die wesentlich vom Alter abhängenden Chancen auf dem Arbeitsmarkt durch eine verhältnismäßig starke Betonung des Lebensalters erkennbar berücksichtigt worden sind, oder Beschäftigte von den Leistungen des Sozialplans ausgeschlossen haben, die wirtschaftlich abgesichert sind, weil sie, gegebenenfalls nach Bezug von Arbeitslosengeld, rentenberechtigt sind.

1 **1. Allgemeine Voraussetzungen der Ausnahmen.** S. 1 und 2 formulieren eine Generalklausel, mit der allen Akteuren des Arbeitslebens eine unterschiedl. Behandlung wegen des Alters freigestellt wird, solange sie obj. und angemessen und durch ein legitimes Ziel gerechtfertigt ist. Die benannten Bsp. sind nicht abschl. („insb."), sondern unter den Voraussetzungen des Satz 1 frei erweiterbar. Die diff. Maßnahmen oder Gesetze müssen die jeweiligen Ziele auch nicht selbst benennen, sie sind vielmehr anhand geeigneter Anhaltspunkte bei der Überprüfung zu ermitteln (EuGH 12.1.2010 NJW 2010, 587; 18.11.2010 NZA 2011, 29). Inhaltl. entsprechen die Voraussetzungen der Ausnahme gem. § 10 denjenigen, die zur Rechtfertigung einer mittelbaren Benachteiligung gem. § 3 II verlangt werden, stellen aber engere Anforderungen an die rechtfertigenden „legitimen Ziele". Durch die Einräumung einer Rechtfertigungsmöglichkeit unterscheidet sich die Benachteiligung wegen des Alters v. den anderen Merkmalen gem. § 1, die Ausnahmen v. Verbot der unmittelbaren Benachteiligung nur unter deutl. strengeren Voraussetzungen zulassen als für die Rechtfertigung einer mittelbaren Benachteiligung verlangt werden (*Schlachter* Anm. zu BAG 22.1.2009 NZA 2009, 945; *Krois* EuZA 2011, 351, 356). Dieser großzügigere Umgang mit altersbezogenen Unterscheidungen ist in der maßgebl. RL angelegt (EuGH 5.3.2009 NZA 2009, 305; BAG 25.2.2010 NZA 2010, 561).

2 Die Formulierung in § 10 lehnt sich an Art. 6 RL 2000/78/EG an, lässt aber die dort bereits in der Eingangsklausel formulierten Regelbsp. für **legitime Ziele,** näml. Beschäftigungspolitik, Arbeitsmarkt und berufl. Bildung, gerade aus. Damit sollten ausweisl. der Entwurfsbegr. (BT-Drs. 16/1780 S. 36) diese Ziele zwar nicht aus dem Katalog der mögl. und zulässigen ausgeschlossen werden, doch setzt die

Entwurfsbegr. einen deutl. anderen Akzent als die RL selbst. Während diese durch die Bsp. verdeutlicht, dass es sich bei den genannten Zielen in erster Linie um Ziele „sozialpolitischer Art" handeln soll (EuGH 16.10.2007 NZA 2007, 1219; 13.9.2011 NZA 2011, 1039; BVerfG 24.10.2011 NZA 2012, 202; BAG 15.11.2012 NZA 2013, 629; 19.12.2013 NZA-RR 2014, 185; BVerwG 1.2.2012 NJW 2012, 1018; *Schlachter* Anm. zu BAG 22.1.2009 NZA 2009, 945; *dies.* GS Blomeyer 2003 S. 355, 368; *Wiedemann/Thüsing* NZA 2002, 1234, 1237; *Reichold* NZA 2005, 1270, 1275; **aA** *Linsenmaier* RdA-Sonderbeil. 5/2003, 22, 26; *Wendeling-Schröder* NZA 2007, 1399, 1400; *Kamanabrou* SAE 2010, 269, 275; *MHH AGG* Rn. 18 ff.; Schiek/*Schmidt* Rn. 6), verzichtet § 10 auf diese Begrenzung. Folgerichtig betont die Entwurfsbegr. (BT-Drs. 16/1780 S. 36), dass die „Legitimität eines Zieles unter Berücksichtigung der fachl.-berufl. Zusammenhänge aus Sicht des AG oder der TVParteien zu beurteilen" ist. Der EuGH meint demggü., dass rein individuelle Beweggründe wie Kostenreduzierung oder Verbesserung der Wettbewerbsfähigkeit allein nicht als rechtmäßige Ziele anzusehen sind (EuGH 5.3.2009 NZA 2009, 305). Daher können ausschließl. unternehmensbezogene Ziele, wie Kostenersparnis oder Verbesserung der Wettbewerbsfähigkeit, gerade nicht genügen (BAG ; 23.7.2015 NZA 2015, 1380; 22.10.2015 NZA 2016, 1081; BVerfG 24.10.2011 NZA 2012, 202; **aA** *de Groot*, SAE 2012, 79, 81). Aber auch anders ausgerichtete staatl. Regelungsziele genügen nicht, wie die „Flugsicherheit" (EuGH 13.9.2011 NZA 2011, 1039; BAG 18.1.2012 NZA 2012, 575) oder die „Sicherstellung eines geordneten Rechtsverkehrs" (BVerwG 1.2.2012 NJW 2012, 1018). Die Erhaltung einer „ausgewogenen Altersstruktur" (EuGH 21.7.2011 NVwZ 2011, 1249) wurde dagegen für den öffentl. Dienst anerkannt.

3 Als Begrenzung bleibt die **Angemessenheit und Erforderlichkeit der Mittel**, die zur Erreichung der selbst gesetzten Ziele eingesetzt werden, S. 2. Danach ist eine Verhältnismäßigkeitsprüfung dergestalt vorzunehmen, dass die eingesetzten Differenzierungsmittel das angestrebte Ziel auch tatsächl. fördern können und die Interessen der benachteiligten Gruppe nicht unverhältnismäßig stark vernachlässigen (BAG 22.1.2009 NZA 2009, 945; 12.4.2016 NZA-RR 2016, 438). Die bloße Behauptung, bestimmte Maßnahmen dienten der Beschäftigungspolitik, genügt jdf. nicht (EuGH 5.3.2009 NZA 2009, 305). Dennoch räumt der EuGH grds. sowohl den Mitgliedstaaten wie auch den TVParteien bei der Festlegung der sozialpolitischen Ziele wie bei der Auswahl der für ihre Erreichung geeigneten Mittel einen Beurteilungsspielraum ein (EuGH 21.7.2011 NVwZ 2011, 1249; 26.2.2015 NZA 2015, 473). Das BAG dehnt dies auf einzelvertragliche Vereinbarungen aus (BAG 9.12.2015 NZA 2016, 695). Normgeber dürfen iRd. Verhältnismäßigkeit auch nach allg. Kriterien typisieren statt auf Einzelfallprüfungen angewiesen zu sein (EuGH 26.9.2013 NVwZ 2013, 1401). Die diff. Maßnahme muss nicht im Detail v. Gesetzgeber selbst ausgestaltet werden, sondern kann den Akteuren auf Tarif-/Betriebsebene Spielraum zur Ausgestaltung belassen (BAG 17.9.2013 NZA 2014, 33). Die Mittel zur Zweckerreichung müssen jedoch in sich widerspruchsfrei ausgestaltet und eingesetzt werden (EuGH 18.6.2009 NZA 2009, 891; 19.1.2010 NZA 2010, 85; 12.10.2010 NZA 2010, 1341; EuGH 26.9.2013 BeckRS 2013, 81870; BAG 6.4.2011 NZA 2011, 970; 25.3.2015 NZA 2016, 1081). **Bsp.:** So ist das Angebot günstigerer Vertragsbedingungen an solche Beschäftigte, denen wegen Unterschreitens bestimmter Altersgrenzen ein AGWechsel noch mögl. wäre, den davon ausgeschlossenen Beschäftigten ggü. als angemessenes Mittel eingestuft worden (BAG 11.4.2006 NZA 2006, 1217; deutl. krit. bereits BAG 13.10.2009 NZA 2010, 327). Eine Versetzung v. Beschäftigten in einen Stellenpool „Personalüberhang", die nur Beschäftigte über 40 Jahre erfasst, kann nicht mit der generellen Berufung auf eine ausgewogene Personalstruktur als erforderl. erwiesen werden (BAG 22.1.2009 NZA 2009, 945). Unzulässig ist das Ausschließen ledigl. rentenberechtigter, aber weiterhin arbeitsuchender AN v. Erhalt eines Übergangsgeldes (EuGH 12.10.2010 NZA 2010, 1341). Anderes gilt, wenn Anspruch auf eine abschlagsfreie Rente besteht (EuGH 26.2.2015 NZA 2015, 473). RLwidrig ist die Nichtberücksichtigung v. Beschäftigungszeiten vor dem 25. Lebensjahr für die Berechnung der ges. Kündigungsfristen gem. § 622 II 2 BGB (vgl. § 622 BGB Rn. 2, 9; EuGH 19.1.2010 NZA 2010, 85; BAG 1.9.2010 NZA 2010, 1409; 9.9.2010 NZA 2011, 343; 29.9.2011 BeckRS 2012, 67606; *Thüsing* ZIP 2010, 199; *Gaul/Koehler* BB 2010, 503, 504; *Preis* NZA 2006, 401, 406; *Waltermann* NZA 2005, 1265, 1270). Selbst wenn damit das Ziel einer verbesserten Eingliederung Jugendlicher in das Arbeitsleben verfolgt werden sollte, ist die Angemessenheit des Mittels, dem AG eine größere Flexibilität bei der Entlassung jüngerer AN zu verschaffen, nicht dargetan; die Norm ist auf den mit ihr verfolgen Zweck unzureichend abgestimmt (EuGH 19.1.2010 NZA 2010, 85).

4 Bei **Kündigungen** (vgl. § 2 Rn. 17) sieht das BAG in der Begünstigung Älterer durch § 1 III KSchG einen bes. Sozialschutz verwirklicht (25.2.2010 NZA 2010, 561), der die gleichzeitige Benachteiligung Jüngerer rechtfertigt (BAG 5.11.2009 NZA 2010, 457; 15.12.2011, NZA 2012, 1044). Die Bildung v. Altersgruppen für die Sozialauswahl dient dem Ausgleich der Interessen verschiedener Altersgruppen, bleibt aber nicht schrankenlos möglich (BAG 22.3.2012 NZA 2012, 1040; 19.7.2012 NZA 2013, 86; 24.10.2013 NZA 2014, 46). Die v. § 125 I 1 Nr. 1 InsO ermöglichte „Schaffung einer ausgewogenen Personalstruktur" durch Bildung v. Altersgruppen können, wenn sie für die Sanierung erforderl. sind, ebenfalls gerechtfertigt sein; das BAG (19.12.2013 NZA-RR 2014, 185) hält die Sanierung für ein legitimes Ziel iSd. § 10. Auch ein an den Altersgruppen orientierter Wiedereinstellungsanspruch darf nach Ansicht der Rspr. (LAG K 11.5.2012 BeckRS 2012, 72669) mit dieser Begr. gewählt werden. Eine tarifl. Unkündbarkeitsregelung zugunsten älterer AN ist grds. v. § 10 S. 1 gedeckt (BAG 20.6.2013 NZA 2014, 208); an einem legitimen Differenzierungsziel fehlt es jedoch, wenn dadurch die konkrete

Auswahlentsch. grob fehlerhaft würde. Auch die gestaffelten Kündigungsfristen des § 622 II 1 BGB sind gerechtfertigt (BAG 18.9.2014 NZA 2014, 1400). Für die **„Altersbefristung"** gem. § 14 III 1 TzBfG unterscheidet das BAG zwischen der erstmal. und wiederh. Befristungsvereinbarungen; die erstmal. Vereinbarung gilt als gerechtfertigt (BAG 28.5.2014 NZA 2015, 1131).

2. Gesetzliche Fallgruppen. a) Satz 3 Nr. 1. konkretisiert eines der nach S. 1 erforderl. „legitimen Ziele", näml. die **Förderung der berufl. Eingliederung** solcher Personen, die gegenwärtig als Problemgruppen des Arbeitsmarktes bezeichnet werden: Jugendliche und ältere Beschäftigte sowie Personen mit Fürsorgepflichten. Die „Personen mit Fürsorgepflichten" stehen nur in einem sehr losen Zusammenhang zum Lebensalter, da die Fürsorge nicht nur den eigenen Kindern (typischerweise im jüngeren Lebensalter), sondern auch den eigenen Eltern (im mittleren Lebensalter) oder dem Partner (im höheren Lebensalter) gelten kann. Es wird ausdr. gestattet, bes. Bedingungen nicht nur für den Zugang zu Beschäftigung und Berufsbildung, sondern auch bes. Arbeitsbedingungen einschl. der Entlohnungs- oder Entlassungsbedingungen vorzusehen, um die Eingliederung v. Problemgruppen in das Arbeitsleben voranzutreiben. Ab wann ein Beschäftigter „älter" iSd. Nr. 1 ist, ist nach dem Normzweck zu ermitteln. Dass ledigl. ein höheres Lebensalter als bei der Vergleichsperson besteht, genügt daher nicht (BAG 12.4.2016 NZA-RR 2016, 438; großzügiger LAG MV 23.2.2016 BeckRS 2016, 106763). Bei körperl. anstrengenden Tätigkeiten kann ein ansteigendes Erholungs- bzw. Schonungsbedürfnis ab dem 50. Lebensjahr zugrunde gelegt werden (BAG 21.10.2014 NZA 2015, 297). Das schließt auch Regelungen zur Verminderung bes. arbeitsbedingter Belastungen ein (OVG HB 15.7.2013 NZA-RR 2013, 611). Für körperl. wenig belastende Tätigkeiten kann eine solche Annahme dagegen nur schwer plausibel begründet werden. Dabei gewährt die RL den Mitgliedstaaten bei der Verfolgung ihrer Arbeitsmarktpolitik einen weiten Ermessensspielraum (EuGH 22.11.2005 NZA 2005, 1345; 16.10.2007 NZA 2007, 1219), mit welchen Maßnahmen die legitimen Ziele verwirklicht werden sollen. Allerdings dürfen grds. keine verallg. Annahmen über ANGruppen zugrunde gelegt werden: Besteht das Ziel in der Wiedereingliederung älterer Arbeitsloser, darf nicht ausschließl. das Lebensalter zum Anknüpfungskriterium der Sondervorschr. über erleichterte Vertragsbefristungen gemacht werden, ohne die Chancen der Betroffenen am Arbeitsmarkt zu berücksichtigen. 5

Als Anwendungsbsp. wurden etwa die Gewährung zusätzl. Urlaubstage oder verringerter AZdauer für ältere AN genannt (LAG SH 23.7.2015 BeckRS 2015, 73274; 13.10.2015 BeckRS 2016, 65126; *Bertelsmann* ZESAR 2005, 242, 246; *Waltermann* NZA 2005, 1265, 1269); das setzt jedoch eine Anknüpfung an ein Lebensalter voraus, die das Regelungsziel „Gesundheitsschutz" glaubhaft verfolgt. Abl. daher BAG 20.3.2012 NZA 2012, 803; 18.10.2016 –NZA 2017, 267; 15.11.2016 NZA 2017, 339; anders im Fall 21.10.2014 NZA 2015, 297). Dasselbe gilt für die Einf. v. Lohnabschlägen für Berufseinsteiger oder Langzeitarbeitslose. Gerade dieser Anwendungsfall zeigt die Problematik dieser Ausnahme, ist er doch sowohl aus Sicht der v. der Maßnahme ausgeschlossenen Mitglieder eine Benachteiligung, weil er geradezu bezweckt, ihre Chancen auf dem Arbeitsmarkt durch Einf. zusätzl. Konkurrenz zu belasten, als auch aus Sicht der Mitglieder der angesprochenen Altersgruppe, denen eine direkt merkmalsbezogene Entgeltdiskriminierung zugemutet wird. Dies. Begr. wurde für die erleichterte Zulassung v. befristeten Arbeitsverträgen mit älteren Bewerbern herangezogen (EuGH 22.11.2005 NZA 2005, 1345). Die grds. Zulässigkeit derartiger Maßnahmen nach Nr. 3 entbindet nicht v. der Verhältnismäßigkeitsprüfung im Einzelfall, der S. 2 alle Mittel zur Verfolgung legitimer Zwecke gleichermaßen unterwirft (EuGH 5.3.2009 NZA 2009, 305; 19.1.2010 NZA 2010, 85; BAG 26.4.2006 NZA 2006, 1162; 18.9.2007 BeckRS 2008, 50124). 6

b) Satz 3 Nr. 2. Nr. 2 gestattet eine Differenzierung entweder unmittelbar nach dem Alter oder mittelbar nach **Berufserfahrung oder Dienstalter** für den Zugang zur Beschäftigung oder für bestimmte Vorteile im ArbVerh. Einstellungshöchstaltersgrenzen können durch ggf. sehr hohe körperl. Belastungsanforderungen in Polizei und Feuerwehr gerechtfertigt sein (EuGH 15.11.2016 BeckRS 2016, 82679). Dem Sprachgebrauch der RL folgend sind mit den „Vorteilen" alle Beschäftigungsbedingungen einschl. des Entgelts gemeint. Diese Bestimmung konkretisiert nicht selbst ein legitimes Ziel, sondern beschreibt ein mögl. Mittel, mit der ein auf andere Weise zu legitimierendes Ziel gerechtfertigt werden kann (BAG 20.3.2012 NZA 2012, 803). Dementspr. lässt Nr. 2 nicht jede Verwendung v. **Mindestaltersstufen** bei Einstellung oder Arbeitsbedingungen als Ausnahme v. Benachteiligungsverbot zu. Auch Altersstufen sind nur rechtmäßig, sofern sie einem anderweitig legitimierten Ziel dienen, erforderl. sind und angemessen angewendet werden. Die Mindestanforderungen müssen aus der konkreten Tätigkeit abgeleitet werden können, wie zB Erfahrung bei Führungsaufgaben. Das LAG D (18.1.2011 BeckRS 2011, 73310) hat die ungewöhnl. zugeschnittenen, nach Lebensalter gestaffelten Urlaubsansprüche im Einzelhandel nicht als durch § 10 gerechtfertigt anerkannt. Auch eine Staffelung ab dem 40. Lebensjahr wurde nicht anerkannt (BAG 20.3.2012 NZA 2012, 803), wohl aber ein Zusatzurlaubsanspruch ab dem 58. Lebensjahr (BAG 21.10.2014 NZA 2015, 297). Die altersabhängigen Vorteile dürfen grds. auch Entgeltbestandteile erfassen. Insb. eine direkt lebensaltersabhängige Entgeltstaffelung verfolgt aber kein legitimes Ziel (EuGH 8.9.2011 NZA 2011, 1100; 19.6.2014 NZA 2014, 831; BAG 10.11.2011 NZA 2012, 161), denn die bloße Lebenserfahrung (anders: Berufserfahrung: BAG 27.1.2011 BeckRS 2011, 69918) rechtfertigt ein höheres Entgelt nicht (EuGH 8.9.2011 NZA 2011, 7

1100). Das BAG verweist zur Beurteilung einer nur v. Lebensalter abhängigen Grundvergütung **in TV** zudem noch auf das Grundrecht auf Kollektivverh. (BAG 20.5.2010 NZA 2010, 961). Auch wenn dieses Recht in Art. 28 GRC anerkannt ist, ist damit kein unbedingter Vorrang vor den Diskriminierungsverboten (Art. 21 GRC) festgelegt (EuGH 8.9.2011 NZA 2011, 1100). Die TVParteien dürfen in ihren Regelungen nicht dem Unionsrecht widersprechende unmittelbar an das Alter anknüpfende Vergütungen schaffen. Dass auch eine v. den TVParteien und Betriebspartnern ausgehandelte Vereinb. auf dem Ausgleich widerstreitender Interessen basiert und im Bedarfsfall rasch veränderten Umständen angepasst werden kann, hat der EuGH bei der Verhältnismäßigkeitsprüfung jedoch berücksichtigt (EuGH 6.12.2012 NZA 2012, 1435).

8 **Verdienstsicherungsklauseln** dienen dem Ziel des Ausgleichs finanzieller Nachteile bei Versetzung, gleichen also altersbedingte Nachteile aus; soweit angemessen, ist das zulässig. Bei den in Nr. 2 erlaubten Differenzierungskriterien wird nicht nur das Alter unmittelbar genannt, sondern auch **Berufserfahrung** und Dienstalter, deren Verwendung im Regelfalle als mittelbare Benachteiligung wegen des Alters einzuordnen ist. Da in diesem Falle ledigl. ein sachl. Grund für die Differenzierung erforderl. ist, hatte der EuGH bereits akzeptiert, dass eine längere Betriebszugehörigkeit idR. mit entspr. Berufserfahrung einhergeht, die regelm. eine bessere Arbeitsleistung der Beschäftigten ermöglicht (EuGH 17.10.1989 NZA 1990, 772; 3.10.2006 NZA 2006, 1205). Dem AN bleibt allerdings die Möglichkeit, durch Beibringung konkreter Indizien die Eignung des Dienstalters in Frage zu stellen und damit den AG zur konkreten Rechtfertigung seiner Verwendung zu zwingen (EuGH 3.10.2006 NZA 2006, 1205). Dies ist insb. denkbar, wenn bei Tätigkeiten mit hohem Routineanteil eine längere Beschäftigungsdauer keinen Zuwachs an Berufserfahrung mehr ermöglicht.

9 **c) Satz 3 Nr. 3.** In Nr. 3 wird ein legitimes Ziel definiert, das durch **Höchstaltersgrenzen** bei der Einstellung verfolgt werden kann. In Übereinstimmung mit dem auch in der RL gewählten Regelbsp. werden dafür spezifische Ausbildungsanforderungen eines Arbeitsplatzes oder die Notwendigkeit einer angemessenen Beschäftigungsdauer vor Eintritt in den Ruhestand genannt (BVerfG 21.4.2015 NVwZ 2015, 1279; *Kämmerer* ZBR 2008, 325, 330 f.; *Kolbe* SAE 2011, 256, 262). Die „Ausbildungsanforderungen eines bestimmten Arbeitsplatzes" verhindern die Einstellung oberhalb eines bestimmten Alters, wenn AG Investitionen in eine langfristige Karriereentwicklung im Unternehmen tätigen (Programme für „High Potentials"). Die Festsetzung eines „Höchstalters" muss das ges. benannte Ziel tatsächl. fördern und darf die ausgeschlossenen Altersgruppen nicht unverhältnismäßig belasten (BAG 8.12.2010 NZA 2011, 751; 6.4.2011 NZA 2011, 970). Pauschale Einstellungsgrenzen lassen die hierdurch gebotene Differenzierung vermissen (HWK/*Rupp* Rn. 11; *Kühling/Bertelsmann* NVwZ 2010, 87 ff.). Die Konkretisierung der wirtschaftl. sinnvollen Mindestdauer einer Beschäftigung könnte sich an der Rspr. (BAG 15.12.1993 NZA 1994, 835; 6.9.1995 NZA 1996, 314) zur Zulässigkeit einer Rückzahlung v. Weiterbildungskosten orientieren (*Thüsing* ZESAR 2009, 84). Mehr als erste Anhaltspunkte liefern die dort diskutierten Zeiträume jedoch nicht, da es in Nr. 3 um den Abstand zur Altersgrenze als dem weitgehend vorhersehbaren Ende des ArbVerh. geht, die nicht wegen eines Anreizes zur Wahrung v. Betriebstreue hinausgeschoben wird. Mit Nr. 3 sind die niedrigen Altersbegrenzungen für die Begr. ör. Dienstverhältnisse nicht zu rechtfertigen (EuGH 13.11.2014 NVwZ 2015, 427; anders BVerwG 19.2.2009 BeckRS 2009, 33325). Bes. Ausbildungsanforderungen sind nicht stets einschlägig. Wo dies im konkreten Fall anders ist (BVerwG 24.9.2009 NVwZ 2010, 251), liegt ein berechtigtes Interesse vor. Da Höchstaltersgrenzen zugleich den Leistungsgrds. aus Art. 33 II GG einschränken, bedürfen sie in jedem Falle einer ges. Regelung, eine bloße Verwaltungsanweisung genügt nicht (OVG SN 1.9.2011 – 2 A 203/10). Auch das Ziel, Pensionslasten nur im Verhältnis zu langen Beschäftigungszeiten übernehmen zu wollen (BAG 14.11.2006 NZA 2006, 1217) genügt dafür nicht; die berechtigten staatl. Interessen sind durch entspr. Gestaltung der Pensionsbestimmungen zu verfolgen, nicht durch den generellen Ausschluss älterer Bewerber (*MHH* Rn. 55; *Kühling/Bertelsmann* NVwZ 2010, 87). Altersabhängige Einstellungsgrenzen für befristete Qualifizierungspositionen für Nachwuchswissenschaftler können nicht damit gerechtfertigt werden, dass das Alter bei Erstberufungen für Professoren verringert werden soll (BAG 6.4.2011 NZA 2011, 970). Höhere Höchstaltersgrenzen, die mit flexiblen Ausnahmebestimmungen versehen sind, können gerechtfertigt sein (EuGH 12.1.2010 NVwZ 2010, 244; OVG RP 13.4.2011 BeckRS 2011, 50812).

10 **d) Satz 3 Nr. 4.** Nr. 4 schafft Sonderbestimmungen zur **betriebl. AV,** obwohl § 2 II 2 diesen Bereich insg. ins BetrAVG verweist; Art. 2 II der RL hätte sogar die Schaffung einer Ausnahmeregelung bei der Festlegung v. Altersgrenzen als Zugangsvoraussetzung zur betriebl. AV oder den Rentenbezug ermöglicht (EuGH 16.6.2016 NZA 2016, 879). Eine spezielle Rechtfertigungsprüfung nach S. 1, 2 ist zusätzl. erforderl. (BAG 12.8.2014 BeckRS 2014, 73981). Inhaltl. soll Nr. 4 ein legitimes Ziel durch Zulassung v. Altersgrenzen bei betriebl. Sozialsystemen schaffen, und zwar sowohl beim Zugang zum System als auch beim Bezug v. Leistungen daraus (BAG 12.11.2013 BeckRS 2014, 66664; 10.12.2013 NZA 2015, 50). Das damit verfolgte Allgemeininteresse besteht in der Funktionsfähigkeit **betriebl. Sozialsysteme** (BAG 11.8.2009 NZA 2010, 408; *Rolfs* SR 2013, 41 ff.), die nach versicherungsmathematischen Grundsätzen betrieben werden müssen, um ihre Leistungsfähigkeit zu gewährleisten; dazu gehören auch feste Berechnungsgrdl. für Mindestbeitragszeiten, die einen Leistungsanspruch

überhaupt erst begründen können. Damit sollen Hindernisse beseitigt werden, die der sozialpolitisch erwünschten Verbreitung einer betriebl. AV entgegenwirken können (BAG 11.8.2009 NZA 2010, 408). Das Mindestalter v. 35 Jahren bei Beendigung des ArbVerh., bis zu dem ein Verfall v. Versorgungsanwartschaften möglich ist, wird deswegen v. BAG anerkannt (15.10.2013 NZA-RR 2014, 87). Höchstaltersgrenzen für den Zugang zu Versorgungseinrichtungen müssen umso schwerer wiegende Rechtfertigungsgründe aufweisen, je niedriger sie angesetzt sind (LAG BW 23.11.2011 BeckRS 2011, 79226). Die Voraussetzung einer noch mind. 15-jährigen Betriebszugehörigkeit bis zum Erreichen der Regelaltersgrenze hat das BAG noch anerkannt (12.2.2013 NZA 2013, 733), den Ausschluss aller bei Beginn des ArbVerh. über 45-Jährigen dagegen nicht (BAG 18.3.2014 NZA 2014, 606). Nach der RL sind Altersgrenzen nur v. Benachteiligungsverbot ausgenommen, soweit sie nicht zugleich eine Benachteiligung wegen des Geschlechts enthalten. Zwar fehlt ein derartiger Hinweis in Nr. 4, doch ist dies unschädl., da sich die Rechtfertigungswirkung v. § 10 ausdr. allein auf Unterscheidungen nach dem Alter erstreckt. Die Ausnahme erfasst betriebl. Alters- und Invaliditätsversorgung, nicht aber Hinterbliebenenversorgung (BAG 4.8.2015 NZA 2015, 1447); anders ordnet dies allerdings der EuGH ein (24.11.2016 NZA 2017, 233). Daher ist an S. 1 und 2 zu prüfen, ob das legitime Interesse auch den Wunsch des AG nach Begrenzung der Leistungsrisiken durch Einf. einer Altersabstandsklausel (LAG NI 23.6.2011 NZA-RR 2011, 600) oder einer **„Spätehenklausel"** abdeckt, die eine Hinterbliebenenversorgung einschränkt (ablehnend jetzt BAG 4.8.2015 NZA 2015, 1447; zugelassen durch EuGH 24.11.2016 NZA 2017, 233); dies. Wirkung erzielt eine Klausel, die einen Versorgungsanspruch für Hinterbliebene davon abhängig macht, dass die Ehe noch während des Bestehens des ArbVerh. geschlossen wurde (BAG 15.10.2013 NZA 2014, 308) oder vor Vollendung des 60. Lebensjahres (BAG 4.8.2015 NZA 2015, 1447). Ein Stichtag ist aber zu rechtfertigen, wenn er an die Beendigung des ArbVerh oder den Versorgungsfall anknüpft. Zum Ausschluss v. **Lebenspartnern** vgl. § 1 Rn. 15.

e) Satz 3 Nr. 5. Nr. 5 gestattet Pensionsgrenzen, die an die **Rentenberechtigung** der Beschäftigten anknüpfen. Der Wortlaut lässt sowohl kollektivvertragl. wie arbeitsvertragl. Altersgrenzenregelungen zu (BAG 18.6.2008 NZA 2008, 1302; 9.12.2015 NZA 2016, 695), doch ist ihre Vereinbarkeit mit dem Unionsrecht in jedem Einzelfall gesondert zu prüfen. Auch Nr. 5 ist an RL 2000/78/EG zu messen; der Erwägungsgrund Nr. 14 dieser RL hindert ihre Anwendung auf Pensionsgrenzen nicht (EuGH 16.10.2007 NZA 2007, 1219; 5.3.2009 NZA 2009, 305; zust. *Kamanabrou* EuZA 2008, 251, 254; **aA** *Nussberger* JZ 2002, 524, 530; *Rolfs* NZA 2008, 8, 12). Die Norm stellt generell Vereinb. von Benachteiligungsverbot frei, die eine Beendigung des Beschäftigungsverh. wegen **Rentenbezugs** vorsehen; Altersgrenzen mit anderen Bezugspunkten als der Verrentung sind an S. 1 und 2 bzw. an § 8 zu messen (LAG D 5.11.2008 BeckRS 2009, 50335). Auf das 65. Lebensjahr abstellende Beendigungsvereinbarungen sind regelmäßig als auf die jeweilig gültige Regelaltersgrenze bezogen auszulegen (BAG 13.10.2015 NZA 2016, 54). Dass dies einer Kontrolle am Transparenzgebot standhält, überzeugt nicht; dem Wortlaut einer Klausel wird gerade von Laien meist besondere Bedeutung beigemessen. 11

Gesetzl. Altersgrenzen (LAG D 12.3.2008 BeckRS 2008, 58157; LAG HM 7.8.2008 BeckRS 2008, 58348; OVG NW 12.1.2012 NVwZ-RR 2012, 444) werden von der Norm nicht erfasst; dem unionsrechtl. Verbot der Altersdiskriminierung unterliegen aber auch G (BAG 7.7.2011 NZA 2011, 1412; *Gärditz* GPR 2010, 17). Altersgrenzen werden im Beamtenrecht per G festgelegt (EuGH 21.7.2011 NvWZ 2011, 1249; VGH HE 28.9.2009 NVwZ 2010, 140; OVG NW 30.9.2009 NVwZ-RR 2010, 203), iÜ werden sie in TV oder im ArbV (BAG 11.2.2015 NZA 2015, 1066) vereinbart. Altersgrenzen in BV (BAG 5.3.2013 NZA 2013, 916; krit. *Waltermann* SAE 2013, 94), müssen den Anforderungen des § 77 III BetrVG genügen (BAG 13.10.2015 NZA 2016, 54) und sind am Günstigkeitsprinzip zu messen (BAG 7.11.1989 NZA 1990, 816). Dass Altersgrenzen durch eine generelle Ausnahme wie S. 3 Nr. 5 v. den Anforderungen des Benachteiligungsverbots freigestellt werden dürfen (BAG 18.6.2008 NZA 2008, 1302; 8.12.2010 NZA 2011, 586; 21.9.2011 NZA 2012, 317; krit. dagegen: *Preis,* Gutachten zum 67. DJT 2008, D IV; *Temming,* Altersdiskriminierung im Arbeitsleben, Diss. Köln 2008 S. 311 ff.), ist unionsrechtl. bestätigt (EuGH 12.10.2010 NZA 2010, 1167; 5.7.2012 NZA 2012, 785). Die Festlegung einer Regelaltersgrenze wird als politische Entsch. akzeptiert (*Grünberger* EuZA 2011, 171; sehr krit. *Wachter* ZESAR 2013, 129). In „Palacios" machte der EuGH die Zulässigkeit v. Erreichen einer Altersrente in angemessener Höhe abhängig, um einen Ausgleich mit den Interessen des AN zu gewährleisten, in „Rosenbladt" wurde daran nicht festgehalten (bestätigt EuGH 5.7.2012 NZA 2012, 785; *Bayreuther* NJW 2011, 19, 20). Das BAG (18.6.2008 NZA 2008, 1302; 8.12.2010 NZA 2011, 586; 9.12.2015 NZA 2016, 695) will ebenfalls die abstrakte Erreichbarkeit eines ges. Rentenanspruchs genügen lassen, auf die konkrete wirtschaftl. Absicherung bei Erreichen der Altersgrenze komme es nicht an. Dabei wird die **Arbeitsmarktpolitik** als legitimes Ziel anerkannt, wenn die Vertragsbeendigungen zur Verringerung der Arbeitslosigkeit beiträgt. Dass dabei keine zusätzl. Arbeitsplätze geschaffen werden, sondern ledigl. ältere durch nicht rentennahe AN ersetzt werden, hat der EuGH akzeptiert (EuGH 12.1.2010 NJW 2010, 587; 12.10.2010 NZA 2010, 1167; 18.11.2010 NZA 2011, 29). Zwar wird daran festgehalten, dass die zur Durchsetzung dieses Ziels eingesetzten Mittel verhältnismäßig sein müssen, doch wird für generelle Altersgrenzen keine strenge Prüfung vorgenommen. Auch das in Art. 15 I GRC anerkannte Recht Älterer auf Beteiligung am Arbeitsleben kann eine automatische 12

Beendigung des ArbVerh nicht hindern, solange dem Betroffenen die (theoretische) Möglichkeit bleibt, anderweitig am Arbeitsleben teilzuhaben (EuGH 5.7.2012 NZA 2012, 785). Wird dieses Recht allerdings in Form einer Wiederbewerbung auf die vormalig innegehaltene Stelle ausgeübt, wird eine Nichteinstellung aus denselben Gründen gerechtfertigt, die zuvor das automatische Ende des ArbVerh gerechtfertigt haben (LAG K 27.6.2012 NZA-RR 2013, 50).

13 Für **bes. Altersgrenzen,** etwa für bes. Berufsgruppen oder spezielle Umstände, sind die Kontrollmaßstäbe dagegen deutl. strenger (EuGH 12.1.2010 NJW 2010, 587; 12.10.2010 NZA 2010, 1341; 18.11.2010 NZA 2011, 29; *Brors* RdA 2012, 346, 350). Insb. wird dabei die Kohärenz der überprüften Maßnahme, dh ihre innere Stimmigkeit und Folgerichtigkeit, verlangt (EuGH 18.6.2009 NZA 2009, 891; 12.1.2010 NJW 2010, 587; 13.9.2011 NZA 2011, 1039; BAG 15.2.2012 NZA 2012, 866). Knüpft eine tarifliche Altersgrenze an die Voraussetzungen für den Bezug einer ungekürzten Altersrente an, ist die Diskriminierungsproblematik neben den Voraussetzungen des § 41 S. 2 SGB VI zu prüfen (LAG HM 22.1.2015 BeckRS 2015, 66615)

14 Die allg. Rechtfertigung aus Art. 4 I der RL setzt voraus, dass das Alter auf Grund der berufl. Tätigkeit oder der Bedingungen ihrer Ausübung eine **wesentl. und entscheidende berufl. Anforderung** darstellt (EuGH 12.1.2010 NJW 2010, 587). Dies lässt sich konkret für bestimmte Berufe feststellen, in denen zB eine bes. körperl. Leistungsfähigkeit unverzichtbare Beschäftigungsvoraussetzung ist (Berufsfeuerwehr; Spezialeinsatzkommando, vgl. § 8 Rn. 1). Soweit es bei der Einf. v. Pensionsgrenzen tatsächl. um die vermutete unzureichende Belastbarkeit der Beschäftigten selbst geht (so: BVerfG 7.8.2007 NZS 2008, 311; BVerwG 26.1.2011 NZA-RR 2011, 233), besteht die erforderl. berufl. Anforderung eben gerade in dem Ausmaß der notwendigen Belastbarkeit, nicht in einem jüngeren Lebensalter. Die Annahme, eine verbindl. für alle geltende Altersgrenze sei für die Betroffenen weniger belastend als die Verpflichtung zum Nachw. fortbestehender Leistungsfähigkeit (so BVerfG 4.5.1983 NJW 1983, 2869; ebenso EuGH 5.7.2012 NZA 2012, 785), überzeugt nicht: Das Lebensalter ist ein v. Betroffenen nicht beeinflussbarer, obj. Umstand, an dessen Vorliegen Grundrechtseingriffe (Art. 12 I GG) nur unter bes. zu rechtfertigenden Umständen geknüpft werden dürfen; an die Leistungsfähigkeit anzuknüpfen, die jdf. durch Training und Lebensführung beeinflussbar ist, ist deutl. weniger belastend. Unspezifisch auf das Alter abzustellen, gestattet ledigl. Art. 2 V RL 2000/78/EG zur Gewährleistung der öffentl. Sicherheit und Ordnung, zum Gesundheitsschutz und zum Schutz der Rechte und Freiheiten anderer. Das BVerwG (21.1.2015 NVwZ 2015, 1294) rechtfertigt damit die Altersgrenze für Prüfsachverständige. Der EuGH (13.9.2011 NZA 2011, 1039; anschl. BAG 18.1.2012 NZA 2012, 575; LAG N 26.1.2012 BeckRS 2012, 68086; VG Neustadt 12.2.2014 BeckRS 2014, 48674) lässt eine im nationalen Recht niedriger als int. anerkannt angesetzte Altersgrenze für Verkehrspiloten nicht zu.

15 Noch deutl. wird das Problem, wenn die Vertragsbefristung auf die Regelaltersgrenze für eine bloße **Nebenbeschäftigung** als wirksam anerkannt wird (LAG NI 20.6.2007 BeckRS 2007, 46076). Ein legitimes Ziel, das diese Vertragsbeendigung rechtfertigt, ist kaum erkennbar: Der Bedarf der Beschäftigten nach Zuverdienst wird bei Rentenbezug eher größer als zuvor, und unternehmerische oder arbeitsmarktpolitische Gegeninteressen sind bei Tätigkeiten im Bereich bloßen Zuverdienstes schwer denkbar.

16 **f) Satz 3 Nr. 6.** Nr. 6 will nach Alter oder Betriebszugehörigkeit gestaffelte **Leistungen in Sozialplänen** gem. § 112 I BetrVG v. Benachteiligungsverbot ausnehmen (sehr krit.: *Temming* RdA 2008, 205; *T. Schmidt* ZESAR 2011, 164; **aA** *Krieger/Arnold* NZA 2008, 1153 ff.). Auch die Rspr. erkennt die Zulässigkeit v. Altersstufen für die Bemessung der Abfindungshöhe im Sozialplan an (EuGH 6.12.2012 NZA 2012, 1435; BVerfG 25.3.2015 NZA 2015, 1248; BAG 23.3.2010 NZA 2010, 774; 12.4.2011 NZA 2011, 985), um schlechtere Arbeitsmarktchancen Älterer oder sonstige bes. Belastungen ausgleichen zu können. Der vollständige Ausschluss rentennaher Jahrgänge wurde für zulässig gehalten, sofern sie eine ihnen angebotene Versetzung abgelehnt hätten (BAG 9.12.2014 NZA 2015, 365). Weiter ist eine Diskriminierung Behinderter anzunehmen, wenn Abfindungsbeträge für Personen verringert werden, die vorgezogene Altersrente beanspruchen können(EuGH 6.12.2012 NZA 2012, 1435; BAG 17.11.2015 NZA 2016, 501). Das gilt aber nicht bei Abschluss eines freiwilligen Aufhebungsvertrages (LAG B 12.3.2014 BeckRS 2014, 70648). Eine stufenweise Minderung der Sozialplanabfindung für rentennahe Jg. wurde als gerechtfertigt anerkannt (EuGH 6.12.2012 NZA 2012, 1435; BAG 23.4.2013 NZA 2013, 980; 26.3.2013 NZA 2013, 921), um die begrenzten Sozialplanmittel möglichst effektiv einzusetzen.

Unterabschnitt 2. Organisationspflichten des Arbeitgebers

§ 11 Ausschreibung

Ein Arbeitsplatz darf nicht unter Verstoß gegen § 7 Abs. 1 ausgeschrieben werden.

1 Die Vorschr. soll gewährleisten, dass die Benachteiligungsverbote bereits im Vorfeld der Begr. v. ArbVerh. wirksam werden können. Sie bezieht sich auf alle Rechtsverhältnis mit Beschäftigten gem. § 6 I (BT-Drs. 16/1780 S. 36), also über ArbVerh. hinaus auch die berufl. Aus- und Weiterbildung (BVerfG 21.9.2006 NZA 2007, 195). Eine **Ausschreibung** meint eine an eine nicht bekannte Vielzahl v. Personen

gerichtete Aufforderung, sich auf eine bei einem AG zu besetzende Stelle zu bewerben (BAG 16.12.2015 NZA 2016, 438; 15.12.2016 NZA 2017, 715). Auf schriftl. Mitt. ist das Verbot nicht begrenzt, auch mdl. Bekundungen eines Einstellungsvorhabens genügen, sofern sie an einen größeren Adressatenkreis gerichtet sind. Damit werden auch öffentl. Äußerungen im Zusammenhang eines konkreten Stellenbesetzungsverfahrens erfasst (EuGH 10.7.2008 NZA 2008, 929). Die Bekanntgabe kann darüber hinaus erfolgen zB durch Anzeige, Mitt. am Schwarzen Brett, im Intra- oder Internet, an die BA oder an eine Personalberatung. Ob öffentl. oder betriebsintern ausgeschrieben wird, ist unerhebl., § 11 verpflichtet stets zur merkmalsneutralen Ausschreibung. Die Pflicht trifft primär den AG, der das Rechtsverhältnis begründen will, wegen der passivischen Formulierung aber auch jeden Dritten, dessen sich der AG zur Abfassung und Veröff. der Mitt. bedient (*Diller* NZA 2007, 649): Verstöße Dritter gegen das Verbot sind dem AG in diesem Falle zurechenbar (so bereits BVerfG 21.9.2006 NZA 2007, 195; BAG 5.2.2004 NZA 2004, 540; OLG KA 13.9.2011 NZA-RR 2011, 632; *Bauer* AGG Rn. 7; krit. *Thüsing* AGG Rn. 667), der sich durch Einschaltung v. Hilfspersonen der Verpflichtung nicht entziehen kann, sondern ihre Einhaltung durch Überwachung sicherstellen muss (BVerfG 21.9.2006 NZA 2008, 492). Das gilt nicht, wenn sich der die Ausschreibung formulierende Dritte die Inf. nicht v. AG, sondern über eine (noch neutral abgefasste) Anzeige der BA verschafft und diskriminierend abgeändert hatte (LAG HM 24.4.2008 BeckRS 2008, 55306). Ansprüche aus § 15 II richten sich jedoch nur gegen den AG (BAG 23.1.2014 BeckRS 2014, 66478). Keine Ausschreibung liegt vor, wenn gezielt Personen zur Bewerbung aufgefordert werden; ggf. kann darin allerdings bereits selbst eine Benachteiligung liegen.

Gegen § 7 verstößt die Ausschreibung, wenn sie nach einem Merkmal des § 1 diff. (BAG 19.8.2010 2
NZA 2010, 1412; LAG HE 6.3.2008 BeckRS 2008, 54494; OLG KA 13.9.2011 NZA-RR 2011, 632). Ob eine Formulierung in der Ausschreibung an einen Grund nach S. 1 anknüpft, kann durch Auslegung ermittelt werden (BAG 26.1.2017 NZA-RR 2017, 342). Eine merkmalsbezogene Ausschreibung ist jedoch zulässig, wenn das Differenzierungskriterium wegen Vorliegens v. Ausnahmen oder Rechtfertigungsgründen verwendet werden darf (BAG 18.3.2010 NZA 2010, 872; 19.5.2016 NZA 2016, 1394; 15.12.2016 NZA 2017, 715). Obwohl ein Hinweis auf „erwünschte" Bewerbungen v. Schwerbehinderten zulässig ist, ist das Fehlen eines solchen Zusatzes in Stellenausschreibungen weder unzulässig noch Indiz iSd. § 22 (LAG K 21.1.2009 BeckRS 2009, 58395; für den Hinweis auf die gesetzeskonforme Erwünschtheit der Bewerbung v. Frauen LAG K 26.11.2009 BeckRS 2010, 71446; LAG B 14.1.2011 BeckRS 2011, 74343). Merkmalsneutral ist eine Ausschreibung, die nicht selbst auf ein verbotenes Merkmal abstellt. Das setzt für das Merkmal „Geschlecht" die Verwendung v. Berufsbezeichnungen in beiden Formen oder eines geschlechtsneutralen Oberbegriffs voraus. Dass im allg. Sprachgebrauch die weibl. Form bei Verwendung der männl. als eingeschlossen gilt, ist für die Zwecke des § 11 belanglos, hindert also einen Verstoß gegen diese Norm nicht (OLG KA 13.9.2011 NZA-RR 2011, 632; aA *Thüsing* AGG Rn. 681).

Ein Verstoß gegen das Verbot der benachteiligenden Ausschreibung ist nicht selbst schon die 3
benachteiligende Maßnahme, die Entschädigungsansprüche aus § 15 II auslöst, sondern begr. eine **Vermutung** für einen Verstoß gegen das Benachteiligungsverbot (§ 22), weil sie als Tatsache gewertet wird, die eine Benachteiligung vermuten lässt (BVerfG 16.11.1993 NZA 1994, 745; 21.9.2006 NZA 2007, 195; BAG 19.8.2010 NZA 2010, 1412; 11.8.2016 BeckRS 2016, 110546). Die Vermutung ist widerlegl., etwa durch Einstellung eines Bewerbers, der einer durch die Formulierung der Ausschreibung an sich ausgeschlossenen Gruppe angehört (LAG BE 16.5.2001 BeckRS 2001, 30791165). Ein Schutzgesetz iSd. § 823 II BGB formuliert die Vorschr. ebenso wenig wie zuvor § 611b BGB aF (*Diller* NZA 2007, 649, 650; *Portz* ZESAR 2008, 495, 504). Die Entstehung eines über die Benachteiligung gem. § 7 hinausgehenden Schadens allein durch eine merkmalsabhängige Ausschreibung ist praktisch kaum vorstellbar (BVerfG 21.9.2006 NJW 2007, 137).

§ 12 Maßnahmen und Pflichten des Arbeitgebers

(1) [1]**Der Arbeitgeber ist verpflichtet, die erforderlichen Maßnahmen zum Schutz vor Benachteiligungen wegen eines in § 1 genannten Grundes zu treffen.** [2]**Dieser Schutz umfasst auch vorbeugende Maßnahmen.**

(2) [1]**Der Arbeitgeber soll in geeigneter Art und Weise, insbesondere im Rahmen der beruflichen Aus- und Fortbildung, auf die Unzulässigkeit solcher Benachteiligungen hinweisen und darauf hinwirken, dass diese unterbleiben.** [2]**Hat der Arbeitgeber seine Beschäftigten in geeigneter Weise zum Zwecke der Verhinderung von Benachteiligung geschult, gilt dies als Erfüllung seiner Pflichten nach Absatz 1.**

(3) **Verstoßen Beschäftigte gegen das Benachteiligungsverbot des § 7 Abs. 1, so hat der Arbeitgeber die im Einzelfall geeigneten, erforderlichen und angemessenen Maßnahmen zur Unterbindung der Benachteiligung wie Abmahnung, Umsetzung, Versetzung oder Kündigung zu ergreifen.**

(4) **Werden Beschäftigte bei der Ausübung ihrer Tätigkeit durch Dritte nach § 7 Abs. 1 benachteiligt, so hat der Arbeitgeber die im Einzelfall geeigneten, erforderlichen und angemessenen Maßnahmen zum Schutz der Beschäftigten zu ergreifen.**

(5) [1]Dieses Gesetz und § 61b des Arbeitsgerichtsgesetzes sowie Informationen über die für die Behandlung von Beschwerden nach § 13 zuständigen Stellen sind im Betrieb oder in der Dienststelle bekannt zu machen. [2]Die Bekanntmachung kann durch Aushang oder Auslegung an geeigneter Stelle oder den Einsatz der im Betrieb oder der Dienststelle üblichen Informations- und Kommunikationstechnik erfolgen.

1 **1. Schutzpflichten (Abs. 1).** Die Vorschr. verpflichtet den AG, Maßnahmen zum Schutz vor Benachteiligungen zu treffen, nach Möglichkeit bereits **präventiv.** Dabei bleibt es bei dem auch schon in § 2 BeschSchG vorgegebenen Verpflichtungsumf., einen effektiven Schutz sicherzustellen, der v. einer betriebl. Veranlassung der Benachteiligung unabhängig ist. Ergänzt wird sie durch § 81 IV SGB IX im Behinderungsfalle. Die Schutzpflicht wird ausgelöst, auch wenn die Benachteiligung v. betriebsfremden Dritten ausgeht (BT-Drs. 16/1780 S. 37). Gegenständl. bezieht sich die Schutzpflicht nicht allein räuml. auf den Arbeitsplatz, denn schon der Wortlaut des Abs. 1 vermeidet jeden Bezug auf den Betrieb (für einen engen Arbeitsplatzbezug: *Bauer* AGG Rn. 6 ff.; HWK/*Rupp* Rn. 1; deutl. weiter: DB/*Buschmann* Rn. 1 f.). Die notwendigen Grenzen sind der Schutzpflicht funktional dadurch gezogen, dass der AG rechtl. und tatsächl. dafür verantwortl. sein muss, Schutzmaßnahmen zu ergreifen. Es geht also um die Abgrenzung der berufl. Sphäre, auf deren Organisation und Gestaltung der AG Einfluss nehmen kann, v. Bereich des allg. Lebensrisikos (*Schlachter* NZA 2001, 121, 124; *Hey* BB 2013, 2805, 2806). Eine Nutzung „sozialer Netzwerke" für Beleidigungen v. Vorgesetzten hindert die Ergreifung arbeitsrechtlicher Maßnahmen durch den AG jdf. nicht (LAG HM 10.10.2012 BeckRS 2012, 74357; VGH BY 29.2.2012 NZA-RR 2012, 302). Einbezogen sind betriebl. veranlasste Veranstaltungen wie Betriebsausflüge, Weihnachtsfeiern, Dienstreisen, Seminare oder Lehrgänge. Rein außerdienstl. Verhalten rechtfertigt Maßnahmen des AG nicht, es sei denn, es hätte konkret das ArbVerh. berührende Auswirkungen, etwa durch schwere Störung der betriebl. Verbundenheit der Mitarbeiter (LAG HM 10.3.1999 NZA-RR 1999, 623). Welche Maßnahmen zur Prävention geeignet sind, wird durch die betriebl. Umstände bestimmt (*Schneider/Sittard* NZA 2007, 654). Ob sie auch erforderl. sind, ist obj. zu beurteilen und v. der subj. Einschätzung der Beteiligten unabhängig. Eine Pflichtverletzung kann Haftung wegen Organisationsverschuldens begründen (*Bauer* AGG Rn. 5; *Hoch* BB 2007, 1732, 1733).

2 **2. Maßnahmen zur Verhinderung künftiger Benachteiligungen (Abs. 2).** abs. 2 verdeutlicht eine der mehreren denkbaren Möglichkeiten, Schutz vor Benachteiligungen sicherzustellen, näml. zunächst im Vorfeld durch Inf. über die Unzulässigkeit v. Verhaltensweisen, sowie dann durch erforderl. Maßnahmen zu ihrer Unterbindung. Was erforderl. ist, hängt v. den Umständen des konkreten Einzelfalles ab. Ob eine mdl. Inf. genügt oder schriftl. Mat. bereitgestellt werden bzw. in mit dem BR vereinbarte Arbeitsordnungen aufgenommen werden müssen, gibt das G nicht vor (*Wisskirchen* DB 2006, 1491, 1496). Jedenfalls kann die Einf. solcher Unternehmensgrundsätze die Behauptung einer Verletzung v. Organisations- und Schutzpflichtverletzung widerlegen (*Wisskirchen/Jordan/Bissels* DB 2005, 2190, 2193 f.). Zur Inf. über die Rechtslage hat eine Belehrung hinzuzutreten, dass der AG keine Benachteiligungen dulden wird und mit erforderl. Sanktionen gegen sie vorgeht. Der Prävention kann eine zweckentspr. Ausgestaltung der Arbeitsumgebung dienen, die die Wahrscheinlichkeit des Auftretens sexueller Belästigung verringern kann: Das Vermeiden v. „Engpässen" bei Durchgängen, eine gute Beleuchtung v. Parkplätzen und Wegen, Sichtblenden an Arbeitstischen und freischwebenden Treppen zum Schutz v. Rockträgerinnen. Einen Anhaltspunkt dafür, was AG unternehmen können, vermittelt Abs. 2 S. 2 durch die gesonderte Erwähnung betriebl. Schulungen. Eine Schulungsverpflichtung wird dadurch gerade nicht begr. (*Hoch* BB 2007, 1732). Mit betriebsfremden Dritten kann vertragl. eine Pflicht zur benachteiligungsfreien Vertragsdurchführung vereinbart werden. Auch wenn sich die Schutzpflicht des AG auf das Ziel, Herstellung einer benachteiligungsfreien Arbeitsumgebung, konkretisiert, ist doch bei präventiven Maßnahmen nicht zu verlangen, dass sie erfolgreich sein müssen (*Schneider/Sittard* NZA 2007, 654, 655). Selbst Vorbeugemaßnahmen, die letztl. nicht zum Erfolg geführt haben, haben dessen Eintrittswahrscheinlichkeit zumindest beeinflusst. Bleibt der Erfolg allerdings aus, aktualisiert sich die Verpflichtung aus Abs. 3. Der umfassende Ansatz des Abs. 2 zeigt sich in der Formulierung, der AG müsse „seine", dh alle Beschäftigen schulen, und nicht ledigl. diejenigen mit Personalverantwortung, denen bes. Einfluss auf das betriebl. Miteinander zukommt. Eine Prävention durch Inf. soll so früh und so umfassend wie mögl. einsetzen, um auch Benachteiligungen, insb. in Form v. Belästigungen, v. Mitarbeitern untereinander zu vermeiden.

3 **3. Maßnahmen zur Unterbindung (Abs. 3).** Abs. 3 verpflichtet den AG auf Maßnahmen zur Unterbindung v. Benachteiligungen; dabei geht es um die Beseitigung bereits eingetretener Benachteiligungen und ihrer Folgewirkungen und die Verhinderung ihrer Fortsetzung. Die Benachteiligung muss eingetreten sein, ein bloßer Verdacht genügt nicht; aus Abs. 1 trifft den AG dann aber eine Pflicht zur Aufklärung (LAG TH 10.4.2001 NZA-RR 2001, 347). Beschäftigte iSd. Abs. 3 sind die in § 6 I genannten Personen. Die gewählten Maßnahmen müssen iE dazu geeignet sein, die Benachteiligung zu beseitigen (BAG 9.6.2011, NZA 2011, 1342; 20.11.2014 NZA 2015, 295). Dass sich daraus ein individueller Anspruch der betroffenen AN ableitet, ist anges. der systematischen Stellung der Norm außerhalb des Unterabschn. zu den „Rechten der Beschäftigten" nicht selbstverständl. (*Gelhaar* NZA 2009, 825, 829). IE bejaht das die Rspr. aber zu Recht (BAG 25.10.2007 NZA 2008, 223), um überhaupt einen

präventiven Schutz der Betroffenen zu ermöglichen. Ein Anspruch auf eine bestimmte Maßnahme hat der Betroffene nicht (BAG 25.10.2007 NZA 2008, 223), einen Spielraum hat der AG nur bei der Auswahl zwischen mehreren gleichermaßen geeigneten Gegenmaßnahmen. Welches der in Abs. 3 nicht abschl. aufgeführten **Sanktionsinstrumente** im konkreten Fall angemessen ist, ist eine Frage der Verhältnismäßigkeit (BAG 9.6.2011 NZA 2011, 1342), hängt also v. der Schwere des Vorfalls ab sowie v. dem Umstand, ob es sich um eine erstmalige oder eine wiederholte Verfehlung handelt (BAG 20.11.2014 NZA 2015, 295; LAG BW 17.7.2013 BeckRS 2013, 71757; *Göpfert/Siegrist* ZIP 2006, 1710; *Hoch* BB 2007, 1732, 1734). Da die Benachteiligung eines AN durch einen Beschäftigten gem. § 7 III eine Vertragspflichtverletzung ggü. dem AG darstellt, kann dieser alle arbeitsrechtl. zulässigen Maßnahmen gegen den Verursacher ergreifen, deren Rechtmäßigkeitsvoraussetzungen vorliegen. Obwohl etwa eine Abmahnung als eigenständiges Sanktionsmittel genannt ist, ist sie nicht „geeignet", wenn sie zur Verhinderung künftiger Benachteiligung nicht genügt (ArbG HH 23.2.2005 NZA-RR 2005, 306). Bei wiederholtem Fehlverhalten v. einigem Gewicht wird eine Kündigung auch ohne Abmahnung zulässig (BAG 25.3.2004 NZA 2004, 1214; LAG SH 4.3.2009 BeckRS 2009, 62136; **aA** LAG NI 13.10.2009 BeckRS 2009, 74510). Zu prüfen ist die Verhältnismäßigkeit (BAG 20.11.2014 NZA 2015, 294; LAG K 28.1.2015 BeckRS 2015, 69360) für ein Abmahnungserfordernis. Einen selbständigen Kündigungsgrund schafft Abs. 3 jedoch nicht; die Rechtmäßigkeitsvoraussetzungen der einschlägigen Kündigungsgrdl. sind mithin zu beachten. Ob eine ordentl. oder außerordentl. Kündigung angemessen ist, hängt v. der Zumutbarkeit der Weiterbeschäftigung für den AG ab; auf eine Unzumutbarkeit für Betroffene allein kann die außerordentl. Kündigung nicht gestützt werden (BAG 8.6.2000 NZA 2001, 91). Die ges. Mitwirkungsrechte v. BR und PersR bleiben gewahrt; scheitert eine v. AG als geeignet eingeschätzte Gegenmaßnahme am Fehlen einer erforderl. Mitwirkungshandlung des Vertretungsorgans, verlangt die Schutzpflicht aus Abs. 1 jedoch, dass der AG den Widerstand zu überwinden versucht.

Wer **Adressat der Gegenmaßnahmen** sein kann, hängt v. den Umständen des Einzelfalls ab. Entscheidungsspielraum kommt dem AG nur bei gleichermaßen geeigneten Adressaten zu. Käme an sich sowohl eine Maßnahme ggü. dem Benachteiligenden, als auch eine Versetzung der benachteiligten Person in Betracht, darf der AG jdf. ohne Einverständnis des Benachteiligten dessen Versetzung nicht betreiben. Eine Abwägung mit dem entgegenstehenden Interesse, einen bes. qualifizierten Mitarbeiter nicht umsetzen oder demotivieren zu wollen, rechtfertigt kein sofortiges Ausweichen auf die Versetzung, vielmehr hat die Gegenmaßnahme zur Beseitigung der Beeinträchtigung zuerst beim Störer anzusetzen. Soweit dies dem AG rechtl. und tatsächl. mögl. ist, ist er zu solchen Maßnahmen auch verpflichtet, um der Schutzpflicht aus Abs. 1 zu genügen. Unmittelbar auf den Benachteiligten selbst zuzugreifen, würde den Schutzzweck des Gesetzes in sein Gegenteil verkehren, da der Benachteiligte infolge der Benachteiligung erneut eine für ihn unerwünschte Behandlung erleiden müsste. Nur wenn andere Lösungen nicht mögl. oder nicht zumutbar sind, bleibt die sofortige Versetzung Betroffener. Dies gilt auch bei Belästigungen durch betriebsfremde Dritte (Abs. 4), da die tatsächl. Möglichkeiten des AG, auf andere Weise vor Benachteiligungen Schutz zu bieten, schon aus Rechtsgründen wesentl. geringer sind. 4

4. Benachteiligung durch Dritte (Abs. 4). Gem. Abs. 4 muss der AG gegen **betriebsfremde Dritte** ebenfalls zugunsten der Benachteiligten einschreiten, obwohl die Schutzpflichten des AG in diesen Fällen v. deutl. anderem Umf. sein müssen. Regelbsp. wie in Abs. 3 nennt der Gesetzgeber in Abs. 4 nicht, doch sind die Reaktionsmöglichkeiten im Verhältnis zu betriebsfremden Dritten deutl. geringer ausgeprägt. Die Entwurfsbegr. (BT-Drs. 16/1780 S. 37) weist lediglich darauf hin, dass eine „angemessene Reaktion" anhand der konkreten Umstände des Einzelfalls zu bestimmen sei. Einen Erfolg seiner Bemühungen kann der AG hier keinesfalls schulden, schon weil es ihm an konkreten Einwirkungsmöglichkeiten auf den Dritten idR fehlt. Ob eine Aufklärung des Dritten über die Benachteiligungsverbote des AGG geeignet und erforderl. zum Schutz des Arbeitsnehmers vor Benachteiligungen sein kann, oder ob es zur Effektivierung des Schutzanspruches erforderl. ist, die Zuständigkeit für Kontakte mit solchen Personen umzuverteilen (*Wisskirchen* DB 2006, 1491, 1496), hängt v. den konkreten Umständen ab. Bei bes. schwerwiegenden Belästigungen kann die Erteilung eines Hausverbotes in Betracht kommen, etwa im Falle v. Massengeschäften mit Laufkundschaft, doch bestimmt in diesen Fällen die Zumutbarkeit für den AG die Verpflichtungsgrenze. Die Auswahl der Geschäftspartner zählt zur unternehmerischen Freiheit, ein Abbruch v. Geschäftsbeziehungen wird meist einen unverhältnismäßigen Eingriff in diese Rechte darstellen. Sachl. kann es sich bei den v. Dritten zu verantwortenden Benachteiligungen lediglich um Belästigungen handeln, da andere Benachteiligungsformen gem. § 3 v. Dritten kaum begangen werden können. Mögl. bleibt die sexuelle Belästigung gem. § 3 IV, wo eine Würdeverletzung auch dann als Benachteiligung gewertet wird, wenn sie im konkreten Falle nicht für das Arbeitsumfeld „kennzeichnend" ist. Bei Belästigungen wegen anderer Merkmale gem. § 3 III ist dies weniger wahrscheinl.: Sie entsprechen nur dann der Definition einer Benachteiligung, wenn das unerwünschte Verhalten ein v. Einschüchterungen, Erniedrigungen, Entwürdigungen oder Beleidigungen „gekennzeichnetes Umfeld schafft"; dies ist bei einem v. Dritten ausgehenden Verhalten nur in solchen Fällen denkbar, in denen Dritte in derartig engem Kontakt zu Beschäftigten stehen, dass sie durch ihr Verhalten deren Arbeitsumfeld tatsächl. „kennzeichnen" können. 5

6 **5. Bekanntgabe.** Die in Abs. 5 geregelte **Pflicht zur Bekanntgabe** im Betrieb/Dienststelle soll den Betroffenen ihre Rechte nahe bringen, sie insb. auf die Notwendigkeit einer Beachtung einer Klagefrist gem. § 61b ArbGG hinweisen. Um die Chancen auf Rechtsdurchsetzung zu verbessern, soll auch ein Hinweis auf die für die Behandlung v. Beschwerden zust. Stellen gem. § 13 erfolgen. Der Aushang oder die Auslage v. Inf. an einer Stelle, an der die AN zumutbar Kenntnis nehmen können, genügt, ebenso die Einstellung ins Intranet (ArbG Stuttgart 18.1.2012 NZA-RR 2012, 241). Eine individuelle Inf. aller Beschäftigten ist mögl., aber nicht vorausgesetzt. Pflichtverletzungen können zu Schadensersatzansprüchen gem. § 280 I BGB führen (ArbG Stuttgart 18.1.2012 NZA-RR 2012, 241).

7 **6. Rechtsfolgen.** Eine Verletzung der Pflicht aus § 12 begr. nicht selbst schon Ersatzansprüche aus § 15, denn das Unterlassen v. Präventions- oder Schutzmaßnahmen ist keine „Benachteiligung". Werden allerdings Beschäftigte durch Kollegen oder Dritte benachteiligt, kommt ein Ersatzanspruch gegen den AG wegen Verletzung eigener Organisationspflichten in Betracht (ArbG Weiden 16.9.2015 NZA-RR 2016, 296; *Göpfert/Siegrist* ZIP 2006, 1710, 1711); die Schutzpflichten sind zugleich Nebenpflichten aus dem Arbeitsvertrag. Auch als Indiz für das Vorliegen einer Benachteiligung, das zur Beweisverlagerung auf den AG führt (§ 22), kann die Nichterfüllung v. Pflichten aus § 12 ggf. gewertet werden.

Unterabschnitt 3. Rechte der Beschäftigten

§ 13 Beschwerderecht

(1) [1]**Die Beschäftigten haben das Recht, sich bei den zuständigen Stellen des Betriebs, des Unternehmens oder der Dienststelle zu beschweren, wenn sie sich im Zusammenhang mit ihrem Beschäftigungsverhältnis vom Arbeitgeber, von Vorgesetzten, anderen Beschäftigten oder Dritten wegen eines in § 1 genannten Grundes benachteiligt fühlen.** [2]**Die Beschwerde ist zu prüfen und das Ergebnis der oder dem beschwerdeführenden Beschäftigten mitzuteilen.**

(2) **Die Rechte der Arbeitnehmervertretungen bleiben unberührt.**

1 Wer sich „im Zusammenhang mit dem BeschVerh" benachteiligt fühlt, darf sich bei den **zust. Stellen** beschweren. Zur Benennung dieser Stelle ist der AG damit verpflichtet, vgl. auch § 12 V. Ein MBR des BR besteht insoweit nicht, § 87 I Eing. BetrVG (LAG HH 17.4.2007 NZA-RR 2007, 413; LAG N 19.2.2008 BeckRS 2008, 56105; VGH HE 20.3.2008 NZA-RR 2008, 554; *Oetker* NZA 2008, 264, 269 f.). Beschwerdebefugt sind nicht mehr nur AN, sondern alle Beschäftigten nach § 6, soweit sie die Voraussetzung des Abs. 1 erfüllen, eine Benachteiligung „im Zusammenhang mit ihrem BeschVerh" erlitten zu haben. Dabei muss sich ein Beschwerdeführer selbst als betroffen ansehen, die v. § 84 BetrVG ausgeschlossene „Popularbeschwerde" kennt auch § 13 nicht. Das Beschwerderecht steht Beschäftigten gegen Übergriffe seitens aller potenziell in Betracht kommenden Personen zu, das Gesetz nennt den AG selbst, Vorgesetzte, andere Beschäftigte oder Dritte. Ausreichend zur Wahrnehmung des Beschwerderechts ist es, dass sich der Betroffene benachteiligt „fühlt" (*Oetker* NZA 2008, 264, 265): Ob der fragl. Vorfall tatsächl. eine Benachteiligung darstellt, ist für das Beschwerderecht unerhebl.; Unsicherheiten hierüber soll das Prüfungsverfahren gerade klären. An die Ausübung des Beschwerderechts dürfen gem. § 16 keine nachteiligen Folgen geknüpft werden.

2 Die Bestimmung der zust. Stelle fällt in die Organisationshoheit des AG, ges. Vorgaben hierfür bestehen nicht (BAG 21.7.2009 NZA 2009, 1049). Die personelle Besetzung der Beschwerdestelle obliegt dem AG (BAG 21.7.2009 NZA 2009, 1049); werden so ungeeignete Personen ausgewählt, dass dies auf die AN abschreckend wirkt (*Ehrich/Frieters* DB 2007, 1027), könnte es sich um eine große Pflichtverletzung iSd. § 17 II 1 handeln, gegen die der BR vorgehen kann. Ein MBR kommt jedoch hins. der **Ausgestaltung v. Beschwerdeverfahren** in Betracht (BAG 22.7.2008 NZA 2008, 1248; 21.7.2009 NZA 2009, 1049; LAG RP 17.4.2008 BeckRS 2008, 54138; abl. *Oetker* NZA 2008, 264, 270), die auch Ordnungsfragen berühren können (bejahend LAG HH 17.4.2007 NZA-RR 2007, 413; LAG HE 8.5.2007 NZA-RR 2007, 637; LAG SL 6.6.2007 BeckRS 2008, 50887; LAG RP 17.4.2008 BeckRS 2008, 54145). Damit wird stets das Verhalten derjenigen AN geregelt, die v. ihrem Beschwerderecht Gebrauch machen (*Kamanabrou* RdA 2006, 321, 325; *Ehrich/Frieters* DB 2007, 1026, 1027; **aA** *Bauer* AGG Rn. 6 f.; *Westhauser* NZA 2008, 78). Eine Verhaltenssteuerung ist durch Verfahrensvorschr. näml. bezweckt, selbst wenn sich die AN tatsächl. auch anderweitig beschweren könnten (**aA** VGH HE 20.3.2008 NZA-RR 2008, 554). Allerdings ist der AG zur Festlegung eines bes. Beschwerdeverfahrens nicht ges. verpflichtet, sondern kann den Verfahrensablauf ungeregelt lassen. Dem BR kommt allerdings ein Initiativrecht zur Ausgestaltung des Beschwerdeverfahrens zu. Die Entwurfsbegr. (BT-Drs. 16/1780 S. 37) nennt als zust. Stelle beispielhaft einen Vorgesetzen, eine Gleichstellungsbeauftragte oder eine betriebl. Beschwerdestelle. Die Stelle kann im Betrieb/der Dienststelle, aber auch auf Unternehmensebene ausgesiedelt werden (S. 1). Daraus folgt, dass nicht zwgd. in jedem (Klein-)betrieb eine gesonderte Stelle zu errichten ist, sofern auf Unternehmensebene eine – für alle erreichbare – Stelle besteht (LAG B 28.2.2008 BeckRS 2011, 66985). Ausschließl. auf externe Stellen, wie eine telefonische

Hotline bei der Konzernzentrale, dürfen die Beschäftigten nicht verwiesen werden (*Bauer* AGG Rn. 7; *Gach/Julis* BB 2007, 773). Darin läge eine unangemessene Erschwerung der Wahrnehmung des Beschwerderechts.

Dennoch wird die Beschwerde wegen der Einreichung bei einer unzust. Stelle nicht unzulässig, sondern ist an die zust. Stelle weiterzuleiten. Da keine Fristen bestehen, tritt trotz zunächst unrichtigem Adressaten kein Rechtsnachteil ein (Schiek/*Kocher* Rn. 17). Formvorschr. zur Einlegung der Beschwerde bestehen nicht, daher kann die Beschwerde auch mdl. oder anonym erhoben werden. Die Beschwerdestelle darf die Beschwerde nicht unbearb. lassen, sondern ist zur Prüfung und anschließenden Mitteilung des Prüfungsergebnisses an die Beschwerdeführer verpflichtet. Eine **Begründungspflicht** formuliert S. 2 nicht ausdr. Jedenfalls bei Zurückweisung der Beschwerde ist es jedoch geboten, dem AN eine Begr. mitzuteilen, um ihm eine informierte Entsch. über einen etwaigen Folgerechtsstreit zu ermöglichen. Die Durchführung eines Beschwerdeverfahrens verlangt, dass den Beteiligten Gehör zu gewähren ist, sobald dies ohne Gefahr für den Fortgang der Aufklärungsbemühungen mögl. ist. Einen Anspruch auf vollständig vertraul. Behandlung der Beschwerde ggü. dem Beschwerdegegner kann die benachteiligte Person nicht geltend machen. Allerdings muss der AG gewährleisten, dass die Benachteiligten vor Repressalien wegen der Beschwerde effektiv geschützt werden. Einen Anspruch darauf, dass konkrete Gegenmaßnahmen ergriffen werden, haben die Benachteiligten aus § 12 I, III, IV gegen den AG. Das setzt eine Benachteiligung voraus, die v. der zust. Stelle getroffene Feststellung ist dafür ein Indiz, bindet den AG aber nicht. Entscheidet sich der AG für einen Verzicht auf konkrete Maßnahmen, kann der AN seinen Anspruch auf Beseitigung der Benachteiligung gerichtl. geltend machen. Der Hinweis auf bestehende **Rechte der ANVertretungen** in Abs. 2 bezieht sich insb. auf die betriebl. Beschwerderechte der Beschäftigten gem. §§ 84, 85 BetrVG, § 68 Nr. 3 BPersVG. Die AN-Vertretung soll mithin als Anlaufstelle auch für Benachteiligungen im Betrieb erhalten bleiben, könnte aber mit ihrem Einverständnis auch selbst als „zust. Stelle" iSd. Abs. 1 benannt werden (**aA** Schiek/*Kocher* Rn. 13; SSV/*Suckow* Rn. 14). 3

§ 14 Leistungsverweigerungsrecht

[1] Ergreift der Arbeitgeber keine oder offensichtlich ungeeignete Maßnahmen zur Unterbindung einer Belästigung oder sexuellen Belästigung am Arbeitsplatz, sind die betroffenen Beschäftigten berechtigt, ihre Tätigkeit ohne Verlust des Arbeitsentgelts einzustellen, soweit dies zu ihrem Schutz erforderlich ist. [2] § 273 des Bürgerlichen Gesetzbuchs bleibt unberührt.

§ 12 I verpflichtet den AG, seine Beschäftigten vor Benachteiligung zu schützen. Welche Maßnahmen geeignet sind, dieses Ziel tatsächl. zu erreichen, obliegt der Einschätzung des AG, ist aber im Streitfall gerichtl. nachprüfbar. Ergreift er keine Maßnahmen oder sind die ergriffenen Maßnahmen ersichtl. ungeeignet, um eine (sexuelle) Belästigung zu unterbinden, steht den hiervon Betroffenen ein **Leistungsverweigerungsrecht** aus § 14 zu, ohne Verlust des Anspruchs auf die Gegenleistung. Dass die Inanspruchnahme dieses Rechts mit Risiken behaftet bleibt, betont das BAG (13.3.2008 BeckRS 2008, 54095) allerdings mit Recht (*Gelhaar* NZA 2009, 825, 826). Auf andere Benachteiligungsformen als die Belästigung ist die Vorschr. nicht (auch nicht analog HWK/*Rupp* Rn. 1) anwendbar. Eine Belästigung darf weder ignoriert noch mit Maßnahmen beantwortet werden, die eine Wiederholung nicht ausschließen können. Ob die Maßnahme unzureichend ist, ist obj. zu bestimmen. Eine ledigl. subj. Einschätzung der Belästigten, die ergriffene Maßnahme sei offensichtl. ungeeignet, genügt nicht. Offensichtl. fehlt die Eignung, wenn ohne weiteres erfolgreichere Maßnahmen erkennbar sind, die keinen wesentl. höheren Aufwand verursachen. Vorausgesetzt wird weiterhin, dass die Arbeitseinstellung zum Schutz der Belästigten **erforderl.** ist. Die Erforderlichkeit ist durch eine Prüfung der Verhältnismäßigkeit zwischen Art und Schwere der Belästigung und der Ausübung des Verweigerungsrechts festzustellen. Damit wird das Vorhandensein geeigneter milderer Mittel eine Ausübung des Zurückbehaltungsrechts auch dann ausschließen, wenn es v. den Belästigten nicht erkannt oder nicht als geeignet eingeschätzt wird. Auch bei offensichtl. fehlender Wiederholungsgefahr scheidet ein Verweigerungsrecht aus. Das Recht auf Arbeitseinstellung betrifft nicht mehr allein, wie noch die Vorgängernorm des § 4 II BeschSchG, nur den konkreten Arbeitsplatz. Der AG kann das Leistungsverweigerungsrecht also nicht stets dadurch vermeiden, dass er ersatzweise einen Arbeitsplatz an anderer Stelle im Betrieb anbietet, der dann wie bei einer vorweggenommenen Versetzung akzeptiert werden müsste. Beschäftigte in kleineren Einheiten werden sich damit dem Kontakt mit dem Belästigenden leichter entziehen können, tragen aber weiterhin das Risiko v. Fehleinschätzungen der Tatbestandsvoraussetzungen. 1

S. 2 verweist auf **§ 273 BGB**, auf den zurückgegriffen werden darf, sofern mit der Leistungsverweigerung die Erfüllung vertragl. Verbindlichkeiten durchgesetzt werden soll. Dies trifft zu, wenn die Belästigung eine Vertragspflichtverletzung ggü. dem AN ist (§ 7 III). Wenn etwa der AG keine Gegenmaßnahmen ergreifen kann, weil er selbst die Belästigung verursacht und damit seine arbeitsvertragl. Schutzpflicht den Betroffenen ggü. verletzt hat, bleibt noch die Abgabe einer strafbewehrten Unterlassungsverpflichtung. 2

§ 15 Entschädigung und Schadensersatz

(1) [1]Bei einem Verstoß gegen das Benachteiligungsverbot ist der Arbeitgeber verpflichtet, den hierdurch entstandenen Schaden zu ersetzen. [2]Dies gilt nicht, wenn der Arbeitgeber die Pflichtverletzung nicht zu vertreten hat.

(2) [1]Wegen eines Schadens, der nicht Vermögensschaden ist, kann der oder die Beschäftigte eine angemessene Entschädigung in Geld verlangen. [2]Die Entschädigung darf bei einer Nichteinstellung drei Monatsgehälter nicht übersteigen, wenn der oder die Beschäftigte auch bei benachteiligungsfreier Auswahl nicht eingestellt worden wäre.

(3) Der Arbeitgeber ist bei der Anwendung kollektivrechtlicher Vereinbarungen nur dann zur Entschädigung verpflichtet, wenn er vorsätzlich oder grob fahrlässig handelt.

(4) [1]Ein Anspruch nach Absatz 1 oder 2 muss innerhalb einer Frist von zwei Monaten schriftlich geltend gemacht werden, es sei denn, die Tarifvertragsparteien haben etwas anderes vereinbart. [2]Die Frist beginnt im Falle einer Bewerbung oder eines beruflichen Aufstiegs mit dem Zugang der Ablehnung und in den sonstigen Fällen einer Benachteiligung zu dem Zeitpunkt, in dem der oder die Beschäftigte von der Benachteiligung Kenntnis erlangt.

(5) Im Übrigen bleiben Ansprüche gegen den Arbeitgeber, die sich aus anderen Rechtsvorschriften ergeben, unberührt.

(6) Ein Verstoß des Arbeitgebers gegen das Benachteiligungsverbot des § 7 Abs. 1 begründet keinen Anspruch auf Begründung eines Beschäftigungsverhältnisses, Berufsausbildungsverhältnisses oder einen beruflichen Aufstieg, es sei denn, ein solcher ergibt sich aus einem anderen Rechtsgrund.

1 **1. Verhältnis zu den RL.** Die Vorschr. legt als **zentrale Rechtsfolge** einer Verletzung des Benachteiligungsverbotes einen verschuldensabhängigen Anspruch gegen den AG auf Ersatz des materiellen Schadens (Abs. 1) sowie einen verschuldensunabhängigen Entschädigungsanspruch bei immateriellen Schäden (Abs. 2) fest. Die primären Beseitigungs- und Unterlassungsansprüche werden nicht formuliert. Anspruchsberechtigter ist jeder AN iSd. § 6, also auch Stellenbewerber, Betriebsrentner oder Leih-AN im Verhältnis zum Entleiher, sowie Selbständige iSd. § 6 III. Anspruchsgegner ist (ausdrücklich nach Abs. 1) der AG iSd. § 6 (BAG 23.1.2014 BeckRS 2014, 66478); zum Sonderfall der Arbeitsvermittler vgl. Rn. 9. Konkrete Vorgaben für die Ausgestaltung v. Rechtsfolgen formulieren die RL (Art. 15 RL 2000/43/EG, Art. 17 RL 2000/78/EG und Art. 17, 25 RL 2006/54/EG) allerdings nicht. Schadensersatzleistungen an die Opfer „können", müssen aber nicht als Rechtsfolge festgeschrieben werden; wenn sich der nationale Gesetzgeber allerdings dafür entscheidet, solche Ersatzansprüche vorzusehen, muss er die dazu v. der Rspr. formulierten und in den RLWortlaut übernommenen Voraussetzungen beachten: Sie müssen wirksam, verhältnismäßig und abschreckend sein (EuGH 10.4.1984 NZA 1984, 157; 22.4.1997 NZA 1997, 645; 11.10.2007 NZA 2007, 1271; 25.4.2013 NZA 2013, 891). Trotz der insoweit missverständl. Begründungserwägung Nr. 18 zur RL 2002/73/EG ist eine finanzielle Entschädigung benachteiligter Personen selbst bei Benachteiligungen wegen des Geschlechts gerade nicht zwgd. erforderl. Da sich § 15 jedoch für eine zivilrechtl. Rechtsfolge entschieden hat, darf diese nicht v. einem **Verschulden** des AG abhängig gemacht werden (EuGH 8.11.1990 NZA 1991, 171; 22.4.1997 NZA 1997, 645; **aA** BVerwG 25.7.2013 NVwZ 2014, 300). Insb. muss jeder Verstoß gegen das Diskriminierungsverbot für sich genommen ausreichen, um die volle Haftung des Urhebers auszulösen. Diese Schadensersatzregelung ist trotz des v. der Rspr. betonten Sanktionszwecks weder ein Tatbestand der Gefährdungshaftung noch als Strafschadensersatz angelegt (EuGH 22.4.1997 NZA 1997, 645), sondern als Instrument zur präventiven Verhaltenssteuerung (*Wagner* AcP (206) 2006, 352, 398 ff.). Ein „Strafschadensersatz" ist unionsrechtl. zwar zulässig, aber nicht geboten (EuGH 17.12.2015 NZA 2016, 471). Die v. Unionsrecht geforderte „abschreckende Wirkung" muss in jedem Fall sicher gestellt werden. Dies ist auch bei der Bemessung immaterieller Entschädigungsansprüche mögl., die keinen exakt bezifferbaren Schaden ausgleichen, ohne die v. der Vertragsfreiheit gezogene Grenze zu überschreiten (BAG 15.2.2005 NZA 2005, 870; **aA** *Herms/Meinel* DB 2004, 2370, 2373).

2 Die in Abs. 2 vorgesehene verschuldensunabhängige (*Thüsing* NZA-Beil. 22/2004, 3, 14 ff.; *Kamanabrou* RdA 2006, 321; **aA** *Richardi* NZA 2006, 881, 885; *Bauer/Evers* NZA 2006, 893, 896 f.) **„angemessene Entschädigung"** wird bei *unmittelbarer Benachteiligung* diese Anforderungen erfüllen: Direkt merkmalsabhängige Differenzierungen können zwar in einem Verhalten bestehen, das keinen materiellen Schaden auslöst, nicht aber in einem Verhalten, das ohne immaterielle Benachteiligung auskommt. Die Verletzung des Geltungsanspruchs bzw. der Würde der benachteiligten Personen und Gruppen sind geradezu kennzeichnend für diskriminierende Maßnahmen, Vereinb. oder Verhaltensweisen. Damit ist sichergestellt, dass eine unmittelbare Benachteiligung auch gem. § 15 einer verschuldensunabhängigen „Sanktion" ausgesetzt ist. Dies gilt zumindest dann, wenn keine „erhebl." Verletzung des Persönlichkeitsrechts als Voraussetzung verlangt wird (so aber wohl MüKoBGB/*Thüsing* Rn. 9; auf „Ausnahmefälle" begrenzt: BAG 22.1.2009 NZA 2009, 945). Die Entschädigung lässt sich dann als „volle Haftung" (EuGH 11.10.2007 NZA 2007, 1271) beschreiben, wenn kein materieller Schaden entstanden ist. Einwände könnten sich insoweit allenfalls wegen der festgelegten max. Entschädigungshöhe bei der Einstellung

ergeben, wenn mit einer auf drei Monatsgehälter begrenzten Obergrenze eine abschreckende Wirkung ggü. dem AG nicht zu erzielen ist. Die insoweit gleich lautende Regelung des § 611a BGB aF hatte der EuGH allerdings nicht beanstandet (22.4.1997 NZA 1997, 645). Wäre die benachteiligte Person dagegen bei benachteiligungsfreier Auswahl auf den ausgeschriebenen Arbeitsplatz eingestellt worden, so gilt die Beschränkung auf die Entschädigungsobergrenze v. drei Monatsgehältern nicht. Damit ist der Nichterhalt des Arbeitsplatzes über eine erhöhte Entschädigungsleistung auszugleichen und nicht, wie unter dem Gesichtspunkt des entgangenen Verdienstes anderenfalls zu erwarten, aus dem verschuldensabhängigen Schadensersatzanspruch des Abs. 1.

Die RLWidrigkeit von Abs. 1 hat keine unmittelbare Anwendbarkeit der RL zu Folge, da diese keine präzisen Vorgaben zum Sanktionsinhalt enthält. Anders sieht dies dagegen für Art. 21 GRC aus, den der EuGH als durch die RL ledigl. konkretisiert ansieht. Daneben käme ggf. eine RLkonforme Auslegung in Betracht. 3

2. Schadensersatz (Abs. 1). Abs. 1 gewährt ausdr. einen Anspruch auf Ersatz des durch die Benachteiligung entstandenen Schadens; vorausgesetzt ist also eine Benachteiligung iSd. § 3, die nicht gerechtfertigt werden kann. Dass es sich dabei um den **materiellen Schaden** handeln soll, ergibt sich aus dem systematischen Zusammenhang zu der Sonderregelung in Abs. 2, der sich ausdr. auf Schäden, die „nicht Vermögensschäden" sind, bezieht. Der Schaden ist nach allg. Grundsätzen des § 249 BGB zu ersetzen und erfasst insb. den entgangenen Gewinn (BAG 19.8.2010 NZA 2010, 1412) bzw. frustrierte Aufwendungen. Zu ersetzen ist der gesamte aus der Benachteiligung resultierende Schaden, eine Obergrenze ist hier, anders als in Abs. 2 S. 2, nicht festgelegt (LAG B 26.11.2008 BeckRS 2008, 58124); sie wäre (für das Merkmal „Geschlecht") auch mit dem Unionsrecht nicht vereinbar (EuGH 2.8.1993 EuZW 1993, 706; 17.12.2015 NZA 2016, 471; für die Benachteiligung Selbständiger ebenso Art. 10 RL 2010/41; *Hey/Forst* Rn. 16). Der Schaden, insb. entgangener Verdienst, ist so konkret wie mögl. zu berechnen. Eine abstrakte Schadensberechnung ist zwar grds. zulässig, wenn nach dem gewöhnl. zu erwartenden Verlauf der Entwicklung ein Schaden zu erwarten ist; diese Berechnungsmethode ist aber ggü. konkret bestimmten Schadensposten nur nachrangig (ArbG Wiesbaden 18.12.2008 BeckRS 2010, 73926). Der EuGH (21.2.2008 BeckRS 2008, 70276) hat jedoch bereits den Verlust einer Chance auf Einstellung als materiellen Schaden eingestuft, der zu ersetzen ist, selbst wenn ohne den maßgeblichen Verfahrensfehler ebenfalls keine Einstellung erfolgt wäre. Die Benachteiligten haben die Darlegungs- und Beweislast für die haftungsausfüllende Kausalität, insb. dass die Benachteiligung „wegen" eines Merkmals nach § 1 erfolgt ist; § 22 ist darauf nicht anwendbar (BAG 26.1.2017 NZA 2017, 854), wohl aber ggf. eine Beweiserleichterung bei Vorliegen einer hohen Wahrscheinlichkeit. Problematisch ist die diskriminierende **Nichteinstellung** eines **Bewerbers, der anderenfalls eingestellt worden wäre.** Der Bewerber hat zu beweisen, dass ihm durch die Benachteiligung ein materieller Schaden entstanden ist, dh dass er ohne Benachteiligung eingestellt worden wäre (BAG 19.8.2010 NZA 2010, 1412). Das kann grds. durch das Indiz belegt werden, der bestgeeignete Bewerber, jdf. aber besser als der tatsächl. eingestellte Bewerber geeignet zu sein (BAG 19.8.2010 NZA 2010, 1412). Dazu müsste er die Bewerbungsunterlagen kennen; ein Auskunftsanspruch steht ihm jedoch grds. nicht zu (§ 22 Rn. 9). Die Beweiserleichterung gem. § 22 ist für die Feststellung der haftungsausfüllenden Kausalität nicht maßgebend (BAG 20.6.2013 NZA 2014, 21). Der Schaden besteht im entgangenen Verdienst, denn ein Einstellungsanspruch (Naturalrestitution) wird durch Abs. 6 ausgeschlossen. Da eine **Obergrenze** des ersatzfähigen Schadens nicht besteht, obwohl die Problematik bereits zu § 611a BGB aF bekannt war, ist fragl., ob ein Entgeltersatz bis zur Pensionsgrenze gewollt war (so: LAG B 26.11.2008 BeckRS 2008, 58124; zustimmend: DB-*Deinert* Rn. 39 ff.; *Nollert-Borasio/Perreng* Rn. 15). Den Bewerber trifft eine Schadensminderungspflicht, er muss sich um eine entsprechende Stelle daher tatsächl. bemühen. Ob den Anforderungen nach „vollem Schadensausgleich" etwa durch die alternative Begrenzung des Ersatzanspruchs entspr. § 628 II BGB genügt werden kann, bleibt zweifelhaft: Wird eine Kündigung zum nächst zulässigen Termin (Probezeit) unterstellt (*Bauer/Krieger* NZA 2016, 1041, 1043), dürfte das diskriminierende Motiv der Nichteinstellung dafür weiterwirken. Eine Beschränkung der Ersatzpflicht auf das Vertrauensinteresse (so: *Bauer/Evers* NZA 2006, 893, 894; SSV/*Voigt* Rn. 18; *MHH AGG* Rn. 45) kommt nicht in Betracht (*Bauer* AGG Rn. 24; DB/*Deinert* Rn. 34); auch aus Abs. 6 ergibt sich nichts Gegenteiliges, da hier ledigl. die Naturalrestitution ausgeschlossen, aber über die Höhe eines Anspruches auf Geldersatz nichts ausgesagt wird. 4

Auf eine diskriminierende **Nichtbeförderung** kann die Einschränkung aus § 628 II BGB nicht übertragen werden, da § 628 II BGB v. einem zwischen den Vertragsparteien nicht (mehr) bestehenden ArbVerh. ausgeht, woran es bei bloßer Nichtbeförderung idR fehlt (*Benecke* DB 2011, 934, 936; aA *Hey/Forst* Rn. 86). Dass zeitl. nicht begrenzte Schadensersatzleistungen bei Nichtbeförderung außerhalb des Diskriminierungsrechts durchaus anerkannt sind, belegen Entsch. zu Konkurrentenklagen im Beamtenrecht (BAG 19.2.2008 NZA 2008, 1016; 16.9.2008 NZA 2008, 1285; BVerwG 17.8.2005 BVerwGE 124, 99). Die Beweislast dafür, dass das höhere Gehalt auch künftig erzielt worden wäre, liegt freil. beim AN. Bei benachteiligend unterbliebener Beförderung ist das entgangene höhere Einkommen zu ersetzen; der zeitl. Umf. dieses Anspruchs kann nur schwer auf das Wirksamwerden einer hypothetischen Änderungskündigung begrenzt werden (so: *Bauer* AGG Rn. 29), weil einer solchen 5 zum Zwecke der Lohnsenkung idR der Erfolg versagt bliebe (*Thüsing* AGG Rn. 546). Allen auch ohne die Benachteiligung nicht eingestellten Bewerbern entsteht kein materieller Schaden. Ersatz vergebens aufgewendeter **Vorstellungs- und Bewerbungskosten** können sie wegen Verletzung vorvertragl. Pflichten beanspruchen; daneben tritt die Entschädigung nach Abs. 2. Beruht die Benachteiligung auf dem Inhalt einer Vereinb., schließt § 7 II idR einen ersatzfähigen Schaden aus: Da die nachteilige Vereinb. nichtig ist, haben die bislang dadurch ausgeschlossenen Beschäftigten einen Anspruch auf Gleichbehandlung mit den zuvor Begünstigten (BAG 26.5.1993 NZA 1993, 1049; 20.7.1993 NZA 1994, 125). Das gilt auch bei Verletzung des Entgeltgleichheitsgebots (BAG 23.9.1992 NZA 1993, 891). Bei Entgeltdiskriminierungen ergibt sich grds. ein Anspruch auf „Anpassung nach o." (BAG 11.12.2007 NZA 2008, 532; *Thüsing* AGG Rn. 547), jdf. solange die bestehende Regelung nicht – benachteiligungsfrei – geänd. wird.

6 Der Ersatzanspruch wird v. **Verschulden** des AG (vgl. Rn. 1 f.) abhängig gemacht, das aber ausweisl. der Formulierung in S. 2 vermutet wird; etwa fehlendes Verschulden müsste der AG somit beweisen. In dieser Hinsicht geht die Vorschr. nicht über § 280 BGB hinaus (grds. für unzulässig hält diese Konstruktion: *Richardi* NZA 2006, 881, 882). Das Verschulden ist gem. §§ 276 bis 278 BGB zu bestimmen, umfasst also eigene Verstöße gegen § 7 I und eigenes Organisationsverschulden gem. § 12. Für das Verschulden v. Organmitgliedern haftet der AG gem. § 31 BGB, für Mitarbeiter oder Dritte (Personalvermittler) kommt eine Zurechnung unter den Voraussetzungen des § 278 BGB in Betracht. Dafür müssen die Benachteiligenden als Erfüllungsgehilfen des AG bei der Erfüllung seiner vertragl. oder ges. Pflichten mitwirken (*Simon/Greßlin* BB 2007, 1782, 1783). Dies wird bei Beschäftigten mit Vorgesetztenfunktion regelm. (BAG 25.10.2007 NZA 2008, 223), bei gleichrangigen Kollegen eher selten in Betracht kommen. Erfolgt die Zurechnung an den AG, kann dieser gem. § 7 III, § 280 I BGB beim Handelnden Rückgriff nehmen, solange er keine Anweisung zum benachteiligenden Verhalten erteilt hat (HWK/*Rupp* Rn. 5). Grds. sind hierbei die Grenzen des innerbetriebl. Schadensausgleichs zu beachten; beruht der Ersatzanspruch allerdings auf einer (sexuellen) Belästigung, dürfte eine Haftungsbeschränkung zugunsten des Handelnden nicht in Betracht kommen. Die Verschuldensvoraussetzung ist allerdings RLwidrig (Rn. 1 ff.). Nach den v. EuGH zur Altersdiskriminierung entwickelten Grundsätzen (19.1.2010 NZA 2010, 85) ist auf die Unanwendbarkeit des Verschuldenserfordernisses zu schließen.

7 **3. Entschädigung (Abs. 2).** In Abs. 2 wird den Benachteiligten eine angemessene **Entschädigung** in Geld für den Schaden zugesprochen, der „nicht Vermögensschaden ist". Das ist wie eine v. Abs. 1 abw. Regelung der dortigen Rechtsfolge formuliert, scheint also die Tatbestandsvoraussetzungen des Abs. 1 unverändert zu lassen (BAG 16.2.2012 NZA 2012, 667). Allerdings folgt aus der Entwurfsbegr., dass Entschädigungsansprüche gerade verschuldensunabhängig (BAG 22.1.2009 NZA 2009, 945; 22.8.2013 NZA 2014, 82; 21.4.2016 NZA 2016, 1131) gewährt werden sollten (für unbeachtl. hält dies *Thüsing* AGG Rn. 516); auch ein diskriminierendes Motiv wird nicht vorausgesetzt, und Unkenntnis der Rechtslage schützt nicht vor Entschädigungspflichten (LAG HM 3.2.2016 BeckRS 2016, 68883). Ansprüche aus Abs. 2 sind pfändbar und nicht gem. § 36 I InsO v. Insolvenzbeschlag ausgenommen (LAG BW 23.9.2011 NZA-RR 2012, 33). Auf Diskriminierung beruhende **Kündigungen** können neben der Unwirksamkeit auch einen Anspruch nach Abs. 2 zur Folge haben (BAG 12.12.2013 NZA 2014, 722).

8 **a) Immaterielle Schäden.** Ausgleichspflichtig nach Abs. 2 sind mit einer merkmalsbezogenen Diskriminierung verbundene Persönlichkeitsrechtsverletzungen (BAG 19.12.2013 NZA 2014, 372; LAG RP 28.10.2015 BeckRS 2016, 66613); somit wird ein ges. Tatbestand für den Ausgleich v. Nichtvermögensschäden geschaffen, der ggü. § 253 BGB spezieller und damit vorrangig ist, vgl. § 32. Das Vorhandensein eines immateriellen Schadens wird bei entspr. Rechtsverletzung vermutet (BAG 19.8.2010 NZA 2010, 1412; 15.3.2012 NZA 2012, 910; *Jacobs* RdA 2009, 193 ff.), um die Entschädigungspflicht nicht um ein Großteil ihres Anwendungsbereichs zu bringen. Die Vermutung ist allerdings widerlegl. etwa bei Vorliegen v. Rechtsmissbrauch (vgl. Rn. 13). Die Verletzung der Pflicht aus § 11 begr. nicht selbst einen ersatzfähigen Schaden, sondern kann nur als Indiz iSd. § 22 dienen (VG Mainz 21.1.2009 NVwZ-RR 2009, 570).

9 **Anspruchsberechtigt** ist jeder selbst durch eine erlittene Zurücksetzung in seiner Persönlichkeit verletzte Betroffene, ggf. zahlr. in demselben Verfahren diskriminierend ausgeschlossene Bewerber (BAG 5.2.2004 NZA 2004, 540). Eine bes. Schwere der Persönlichkeitsverletzung (*Thüsing* NZA-Beil. 22/2004, 3, 15) wird nicht vorausgesetzt (BAG 22.1.2009 NZA 2009, 945; 18.3.2010 NZA 2010, 1129; OVG NI 18.10.2016 BeckRS 2016, 53609; SSV/*Voigt* Rn. 29; *Diller* NZA 2007, 649, 650; **aA** LAG SH 30.9.2014 BeckRS 2014, 74310), ist aber bei der Bemessung des Entschädigungsumf. zu berücksichtigen. Eine Gefährdungshaftung liegt darin nicht. Der AG steht wie bei Abs. 1 außer für eigenes Verhalten für dasjenige v. vertretungsberechtigten Organmitgliedern (entspr. § 31 BGB) und für dasjenige v. Beschäftigten mit Vorgesetztenfunktion (entspr. § 278 BGB) ein. Sofern sie die Benachteiligung in Ausübung ihrer vertragl. Pflichten begehen, gilt das auch für Benachteiligungen v. Kollegen untereinander. Ein Dritter kann v. AG in die Durchführung eines (vertragl.) Schuldverhältnisses eingebunden sein, so dass der AG für dessen Fehlverhalten einsteht. Darüber hinaus treffen den AG auch

Überwachungs- und Organisationspflichten aus § 12, wenn er Pflichten auf Dritte überträgt, deren Verletzung ebenfalls eine Haftung auslöst. Dafür hat das BAG dem Diskriminierten einen Auskunftsanspruch gegen den Dritten über die Person des AG zuerkannt (BAG 27.8.2008 NZA 2008, 1259); dieser Prozess soll jedoch vor den ordentl. Gerichten geführt werden. Die Rspr. schließt dagegen eine Haftung eines **Personalvermittlers** aus, weil dieser nicht selbst AG werden sollte (BAG 23.1.2014 BeckRS 2014, 66478). Dasselbe gilt für eine mit der Auswahl beauftragte Konzerngesellschaft (LAG K 25.6.2014 BeckRS 2014, 72115). Da § 15 II ebenso wie das Benachteiligungsverbot des § 7 I nicht allein an den AG adressiert ist, ist diese Auslegung nicht zwingend und eröffnet Schutzlücken. Mit der AG-Definition in § 6, auf die § 15 iÜ Bezug nimmt, ist diese Einschränkung kaum vereinbar (sehr krit.: *Hey/Forst* Rn. 44 ff.). Der Dritte als eigentlicher Urheber der Diskriminierung könnte zudem nicht (oder allenfalls verschuldensabhängig aus § 823 BGB) in Anspruch genommen werden. Ob dieses umständliche Vorgehen eines mehrstufigen Klageverfahrens in verschiedenen Gerichtsbarkeiten einer wirksamen Sanktion für Diskriminierungen entspricht, ist zweifelhaft. Zur Entschädigungspflicht bei diskriminierender Kündigung: § 2 Rn. 18.

b) Anspruchsumfang. Die **Höhe des Entschädigungsanspruchs** ist mit „angemessen" nur allg. 10 umschrieben, lehnt sich darin jedoch an die Regelung des Schmerzensgeldes gem. § 253 BGB an. Entspr. kann der Anspruch klageweise mit unbeziffertem Antrag geltend gemacht werden (BAG 15.2.2005 NZA 2005, 870; 19.8.2010 NZA 2010, 1412; 15.3.2012 BeckRS 2012, 72176; *Thüsing* AGG Rn. 522). Dabei sind die Tatsachen zu nennen, auf denen die gerichtl. Ermessungsausübung beruhen soll sowie jdf. die Größenordnung der geltend gemachten Forderung (BAG 16.9.2008 NZA 2009, 79). Die Angemessenheit definiert einen Korridor, der nach o. jdf. existenzgefährdende Ansprüche ausschließt, nach unten jdf. die nur symbolischen Beträge (BGH 23.4.2012 NZA 2012, 797, 802; OLG K 29.7.2010 NZA 2011, 211). Unionsrechtl. ist die zusätzl. Einführung eines „Strafschadensersatzes" zwar zulässig, aber nicht geboten (EuGH 17.12.2015 NZA 2016, 471). Die Entwurfsbegr. (BT-Drs. 16/1780 S. 38) verweist die Gerichte auf die Berücksichtigung der Besonderheiten des Einzelfalles, unter Beachtung der Anforderung des EuGH, dass ein angemessenes Verhältnis zum erlittenen Schaden hergestellt werden muss. Berücksichtigt werden kann die Schwere des Verstoßes, das Ausmaß des Verschuldens, die Art der Beeinträchtigung oder das Vorliegen eines Wiederholungsfalles (BAG 18.3.2010 NZA 2010, 1129). Danach dürfte eine unmittelbare Benachteiligung schwerer wiegen als die mittelbare (LAG RP 14.8.2014 NZA-RR 2015, 14), die verschuldete schwerer als die unverschuldete, ein Verhalten eines zuvor geschulten (§ 12) Mitarbeiters oder Vorgesetzten schwerer als das eines ungeschulten Beschäftigten, ein Wiederholungsfall schwerer als eine Erstbegehung. Auch der Abschreckungszweck der Norm ist für die Bestimmung des Anspruchsumfangs zu berücksichtigen (BVerwG 30.10.2014 NVwZ 2015, 812). Da eine Persönlichkeitsverletzung zu entschädigen ist, kann das Entfallen des materiellen Nachteils, etwa durch spätere Einstellung einer zuvor benachteiligten Person, die Entschädigungspflicht nicht beseitigen (BAG 23.8.2012 NZA 2013, 37). Auch der v. EuGH geforderte Präventionszweck des Schadensersatzes fließt in die Bemessung der Anspruchshöhe ein. Das ist va. für (sexuelle) Belästigungen bedeutsam, wo es neben den denkbaren Gesundheitsschäden häufig an materiellen Schäden fehlt.

Ledigl. für den Fall der **Einstellungsdiskriminierung** setzt S. 2 eine Obergrenze v. 3 (Brutto-) 11 Monatsgehältern fest für diejenigen, die auch bei benachteiligungsfreier Auswahl nicht eingestellt worden wären (BAG 22.1.2009 NZA 2009, 945). Der unbegrenzte Anspruch steht nur zu, wenn der Bewerber zumindest geltend macht, dass er bei diskriminierungsfreier Auswahl die Stelle erhalten hätte (BAG 19.8.2010 NZA 2010, 1412). Der AG hat dagegen zu beweisen, dass der Bewerber auch bei benachteiligungsfreier Auswahl nicht eingestellt worden wäre, sofern er sich auf die Höchstgrenze berufen möchte (BAG 17.8.2010 NZA 2011, 153; 19.8.2010 NZA 2010, 1412). Die Obergrenze des Entschädigungsanspruchs **gilt nicht** für denjenigen, der bei benachteiligungsfreier Auswahl den ausgeschriebenen Arbeitsplatz hätte erhalten müssen. Sie gilt aber auch nicht für alle anderen Entschädigungsansprüche wegen Benachteiligungen außerhalb des Einstellungsverfahrens; dem Wortlaut nach trifft dies auch auf den **berufl. Aufstieg** zu (LAG B 26.11.2008 NJOZ 2008, 5205). Das BAG (17.8.2010 NZA 2011, 153; VGH BW 10.9.2013 NZA-RR 2014, 159) verweist dafür auf einen Erst-Recht-Schluss (so auch DB/*Deinert* Rn. 84 f.; **aA** Schiek/*Kocher* Rn. 47), weil es auch die Übertragung einer höherwertigen Tätigkeit unter den Einstellungsbegriff fasst. Zudem sind die maßgebl. drei Monatsgehälter nicht auf die bloße Vergütungsdifferenz zwischen der ehem. und der angestrebten Position begrenzt, sondern die vollen Bruttomonatsgehälter umfassen (BAG 17.8.2010 NJW 2011, 550; OVG HH 27.6.2013 BeckRS 2013, 54544). Auf die Vergütungserwartung des Kl. kommt es dagegen nicht an (LAG HH 3.4.2013 BeckRS 2013, 71686). Benachteiligungen bei einer Kündigung unterliegen keiner ges. Obergrenze (BAG 12.12.2013 NZA 2014, 722); dasselbe gilt für Benachteiligungen im laufenden ArbVerh; auch nach der monatl. Vergütung sind sie nicht zwgd. zu bemessen.

Die Einf. einer finanziellen Obergrenze im Umf. v. S. 2 hatte der EuGH gebilligt (EuGH 22.4.1997 12 NZA 1997, 645). Mit Rücksicht darauf ist sie in den Gesetzestext wieder aufgenommen worden, um aus Gründen der Rechtssicherheit und Berechenbarkeit unionsrechtskonforme Maßstäbe beizubehalten. Dies ändert nichts an dem Umstand, dass eine v. zu erwartenden Monatseinkommen abhängende

Berechnungsweise zur Ermittlung eines immateriellen Schadens bes. schlecht geeignet ist (*Kamanabrou* RdA 2006, 321, 337; *Walker* NZA 2009, 5, 7): Wie schwer eine Benachteiligung einen Bewerber oder Beschäftigten trifft, ist unabhängig v. der Höhe der entgangenen Bezüge. Eine Unterscheidung zwischen dem ohne Diskriminierung eingestellten und allen anderen Bewerbern ist für die Bemessung einer Entschädigung wegen Persönlichkeitsverletzung zudem sachl. unangebracht, da es hierbei nicht um den Ausgleich materieller Schäden geht; nur diese sind allerdings bei einem anderenfalls berücksichtigten Bewerber höher als bei allen anderen.

13 **c) Rechtsmissbrauch.** Dem Entschädigungsanspruch kann der Einwand des Rechtsmissbrauchs entgegenstehen. Strafrechtl. Folgen ergeben sich dabei nur ausnahmsweise (*Brand/Rahimi* NJW 2015, 2993). Ansprüche aus § 15 konnte nach der Rspr. nur geltend machen, wer als Bewerber obj. die für einen Arbeitsplatz vorausgesetzten Mindestanforderungen nicht so offensichtl. verfehlt, dass die Nichtberücksichtigung keinen Nachteil darstellt (BAG 19.8.2010 NZA 2011, 203; 24.1.2013 NZA 2013, 498). Mittlerweile wird die obj. Eignung eines Bewerbers nicht mehr als Kriterium herangezogen; auch auf die subj. Ernsthaftigkeit der Bewerbung kommt es nicht an (BAG 11.8.2016 BeckRS 2016, 112116). Wer auf eine Ablehnung spekuliert, um Entschädigungsansprüche geltend machen zu können, wird allerdings durch eine Ablehnung auch nicht benachteiligt. Das hatte die Rspr. bereits früh bei Bewerbungen entschieden, die nur zum Zweck des Erwerbs v. Entschädigungsansprüchen verfasst worden sind (BAG 12.11.1998 NZA 1999, 371; 17.12.2009 NZA 2010, 383; LAG BW 19.8.2016 BeckRS 2016, 71813; **aA** Schiek/*Schiek* § 3 Rn. 9). Auf Vorlage des BAG (BAG 18.6.2015 NZA 2015, 1063) hat der EuGH (28.7.2016 NZA 2016, 1014) verlangt, der Rechtsmissbrauch müsse auf objektiver Tatsachenbasis festgestellt werden; zudem sei eine Absicht zur Erlangung eines ungerechtfertigten Vorteils zu fordern (so auch BAG 19.5.2016 NZA 2016, 1394). Dass sog. „professionelle Diskriminierungskläger" gerade im Interesse der obj. Rechtsgestaltung handeln, wird in der Lit. als Einwand gegen eine Einordnung als Rechtsmissbrauch diskutiert (Schiek/*Kocher* § 15 Rn. 45). Vom Rechtsmissbrauch geht die Rspr. aus, falls ein Bewerber das ArbVerh. tatsächl. nicht begründen wollte; beweisbelastet hierfür ist der AG (BAG 19.5.2016 NZA 2016, 1394 11.8.2016 NZA 2017, 310; *Thüsing* AGG Rn. 533; *Kocher* GPR 2017, 113, 115). Indizien dafür können sein: Ersichtl. Fehlqualifikation für die fragl. Position (BAG 27.4.2000 BeckRS 2000, 30784566; LAG BE 30.3.2006 NZA-RR 2006, 513), wobei die ledigl. fehlende obj. Eignung nicht genügt (BAG 20.1.2016 NZA 2016, 681); ein anderweitig bestehendes, ungekündigtes ArbVerh. mit höherer Vergütung (LAG RP 11.1.2008 NZA-RR 2008, 34); das Aufstellen weit überhöhter Entschädigungsforderungen unter Verwendung formularmäßiger, kaum auf den Anlassfall bezogener Schriftsätze (LAG SH 29.1.2009 BeckRS 2009, 56148) oder sonst verfehltes Prozessverhalten (LAG HH 19.2.2014 NZA-RR 2014, 343); Ablehnung der Einladung zum Vorstellungsgespräch ohne nachvollziehbaren Grund (LAG SH 9.12.2008 BeckRS 2009, 50609). Die Indizwirkung ist dagegen nicht begr., wenn die Gesamtumstände des Bewerbungsverfahrens die Vermutung begründen, die Einladung diene ausschließl. der Abwehr bereits geltend gemachter Entschädigungsansprüche, ohne eine Einstellungschance im übl. Umf. zu eröffnen (LAG HM 19.5.2011 NZA-RR 2011, 399). Eine große Anzahl v. Bewerbungen wird v. Arbeitsuchenden verlangt (LAG SH 9.12.2008 BeckRS 2009, 50609; LAG HH 23.6.2010 NZA-RR 2010, 629), und das mehrfache Geltendmachen v. Entschädigungsansprüchen allein kann einen Rechtsmissbrauch nicht indizieren, ohne einen bes. häufig benachteiligten Bewerber gänzl. schutzlos zustellen (BAG 19.5.2016 NZA 2016, 1394; DB/*Deinert* Rn. 54 f.). Bei Vorhandensein mehrerer gleichgerichteter Indizien können aber auch die genannten Aspekte berücksichtigt werden.

14 **4. Kollektivrechtliche Vereinbarungen (Abs. 3).** Abs. 3 betrifft Benachteiligungen, die dem AG infolge der Anwendung v. kollektivrechtl. Vereinb. unterlaufen. Einbezogen wird in die Privilegierung nur die immaterielle Entschädigung gem. Abs. 2, nicht aber der Ersatz des materiellen Schadens gem. Abs. 1 oder die Verpflichtung zur Beseitigung der Benachteiligung § 7 Rn. 6 (BAG 20.3.2012 NZA 2012, 803). Der Normwortlaut begrenzt die Entschädigungspflicht des AG auf Fälle, in denen er vorsätzl. oder grob fahrlässig einen Nachteil durch Anwendung v. Kollektivverträgen verursacht. Eine fehlerhafte Anwendung v. selbst nicht diskriminierenden TVBestimmungen unterfällt Abs. 3 jedoch nicht (BAG 16.2.2012 NZA 2012, 667). **Kollektivrechtl. Vereinb.** sind TV, Betriebs- und Dienstvereinb., auch im Stadium der Nachwirkung oder Nachbindung; darüber hinaus müssen alle anderen normativ wirkenden Kollektivverträge einbezogen werden. Ob die privilegierte „Anwendung" solcher Vereinb. nur vorliegt, wenn diese kraft Tarifbindung oder AVE normativ auf das ArbVerh. einwirken, ist nicht eindeutig. Anges. der Üblichkeit v. Bezugnahmeklauseln auch in Verträgen beiderseits Tarifgebundener müsste der Ausschluss v. Bezugnahmeklauseln allerdings zur Bedeutungslosigkeit der Privilegierung der Anwendung v. TV führen; das dürfte nicht beabsichtigt gewesen sein. Mithin genügt die Bezugnahme auf einen fachl., räuml. und zeitl. einschlägigen TV (*Thüsing* AGG Rn. 554; **aA** *Hey/Forst* Rn. 114).

15 Das **Verschuldenserfordernis** kann sich kaum auf die Anwendung des Kollektivvertrages als solchen beziehen, denn diesen wird der AG stets absichtl. anwenden. Verschulden liegt vielmehr nur vor, wenn der AG in Anwendung bestehender kollektivrechtl. Vorschr. einen Beschäftigten benachteiligt, obwohl ihm ihre benachteiligende Wirkung bekannt (Vorsatz) oder infolge grober Fahrlässigkeit nicht bekannt

ist (*Kamanabrou* RdA 2006, 321). An grobem Verschulden fehlt es, wenn sich der AG einer vertretbaren Rechtsansicht anschließt (BAG 15.9.2011 NZA 2012, 377). V. der Rechtmäßigkeit allgemeinverbindl. TV kann der AG ausgehen; andere TV anzuwenden, wird jdf. grob fahrlässig sobald die Rspr. deren diskriminierende Wirkung festgestellt hat. Darüber hinaus liegt grobe Fahrlässigkeit vor, wenn sich eine Benachteiligung durch Anwendung der fragl. Bestimmung geradezu aufdrängt, etwa weil dies bei zumutbarer Einholung v. Inf. hätte erkannt werden müssen (LAG HE 5.10.2010 BeckRS 2010, 75816). IE bleiben die Fälle schuldloser und leicht fahrlässiger Benachteiligungen in Anwendung v. Kollektivvereinb. folgenlos. Zur Forderung des EuGH nach verschuldensunabhängigem Ersatz aller Schäden aus einer Benachteiligung, gerät eine solche Einschränkung in Widerspruch (*Thüsing* NZA 2005, 32, 35; *Kamanabrou* RdA 2006, 321; *Wagner* JZ 2006, 1085, 1091; *Walker* NZA 2009, 5, 6). Hiergegen wird eingewendet, dass das Europarecht einen Schadensersatz-/Entschädigungsanspruch gegen den AG gar nicht verlangt (*Wiedemann* NZA 2007, 950, 954; *Krebber* EuZA 2009, 200, 214). Das ist zu diff. Vorausgesetzt wird eine wirksame und abschreckende Sanktion dessen, der diskriminiert. Sind die diskriminierenden Kollektivverträge also v. AG (mit-)verursacht (BV, FirmenTV), ist die v. AGG vorgesehene Sanktionsregelung konsequent verschuldensunabhängig zu gewähren (vgl. Rn. 1). Bei VerbandsTV ist dagegen durch Haftung des AG eine „Abschreckungswirkung" ggü. dem Verursacher der Diskriminierung nicht zu erzielen. Die Verursacher werden zwar durch § 17 I auf die Ziele des AGG verpflichtet, eine Rechtsfolge für die Missachtung dieser Pflicht fehlt jedoch. Für benachteiligende TVNormen haften die TVParteien nicht selbst (*Walker* NZA 2009, 5, 7), auch ein Staatshaftungsanspruch nach Grundsätzen des Unionsrechts kommt nicht in Betracht. Der Schaden aus einer Diskriminierung bliebe – entgegen den Vorgaben der RL – nach dt. Recht ersatzlos, wenn nicht der AG als Normanwender haftet. Eine Pflicht zur Normanwendung besteht bei Gesetzeswidrigkeit nicht (BAG 18.11.2003 NZA 2004, 545); die Wirksamkeit einer Tarifnorm kann ggf. im Verfahren gem. § 9 TVG geklärt werden (*Rieble* NZA 1992, 250; **aA** Wiedemann/*Oetker* § 9 TVG Rn. 25).

5. Ausschlussfristen (Abs. 4). Abs. 4 bestimmt, dass die Ansprüche gem. Abs. 1, 2 innerhalb einer 16
Frist v. 2 Monaten schriftl. geltend zu machen sind, solange nicht tarifvertragl. anderweitige Regelungen vereinbart worden sind. Auf Erfüllungsansprüche ist Abs. 4 nicht anwendbar (BAG 22.10.2015 NZA 2016, 1081; LAG RP 13.1.2016 NZA-RR 2016, 347; NZA-RR 2015, 14). Auch auf einen unionsrechtl. Staatshaftungsanspruch wegen Erlass einer diskriminierenden Norm ist Abs. 4 unanwendbar (BGH 23.7.2015 NVwZ 2016, 90; aA VGH HE 11.5.2016 BeckRS 2016, 46363). Die Frist berechnet sich (Ereignisfrist) gem. §§ 187 I, 188 II 1 BGB (BAG 25.4.2013 BeckRS 2013, 68457). Abs. 4 setzt nicht die Einhaltung der Schriftform des § 126 I BGB voraus, sondern lässt die **Textform** gem. § 126b BGB genügen (BAG 16.2.2012 NZA 2012, 667). Die Schriftform wird durch Klageerhebung gewahrt, falls die Klage rechtzeitig zugestellt wird; das BAG lässt dafür eine rechtzeitige Klageerhebung bei Zustellung gem. § 167 ZPO genügen (22.5.2014 NZA 2014, 924; anschließend an BGH 17.7.2008 NJW 2009, 765). Bei Nichteinhaltung der **Frist** verfällt der Anspruch (BAG 24.9.2009 NZA 2010, 387). Die Fristeinhaltung ist vAw. zu beachten (BAG 15.3.2012 BeckRS 2012, 72176). Eine Verwirkung innerhalb der Frist ist nicht völlig ausgeschlossen, aber nur im Ausnahmefall denkbar (BAG 11.12.2014 NZA 2015, 808). TV dürfen andere Fristen festlegen, mit Rücksicht auf § 31 allerdings keine kürzeren; auch TVParteien sind an das Unionsrecht gebunden, müssen also den Effektivitätsgrds. beachten. Die Frist gilt für alle nach § 6 v. persönl. Geltungsbereich erfassten Anspruchsberechtigten, auch für Personen gem. § 6 III, die der Pflicht zur gerichtl. Geltendmachung gem. § 61b ArbGG nicht unterliegen (BAG 27.8.2008 NZA 2008, 1259). Die Entwurfsbegr. (BT-Drs. 16/1780 S. 38) nennt als Regelungszweck eine Erleichterung der bürokratischen Anforderungen an den AG, alle Dokumentationen aus dem Auswahlverfahren bis zum Ablauf der übl. Verjährungsfrist v. 3 Jahren aufbewahren zu müssen. Ob bereits die Einlegung einer Beschwerde gem. § 13 I eine die Ausschlussfrist wahrende Geltendmachung v. Schadensersatz enthält, dürfte v. der Formulierung abhängen. Zur Fristwahrung ist eine Bezifferung der Höhe des geltend gemachten Anspruchs aus Abs. 2 nicht erforderl. (BAG 15.2.2005 NZA 2005, 870; 12.9.2006 NZA 2007, 507; OLG K 29.7.2010 NZA 2011, 211.

Die Frist beginnt grds. zu dem Zpkt., in dem der Beschäftigte v. der Benachteiligung erfährt (BAG 15.3.2012 NZA 2012, 910; 18.9.2014 BeckRS 2014, 73584; LAG RP 13.1.2016 NZA-RR 2016, 347). Handelt es sich bei der Benachteiligung um nicht abgeschlossene Dauertatbestände (diskriminierendes Entgelt), beginnt die Ausschlussfrist erst mit Beendigung der Benachteiligung (LAG RP 28.10.2015 BeckRS 2015, 73555). Für die Kenntnis einer Entgeltdiskriminierung hält das LAG RP (21.7.2016 BeckRS 2016, 72439) die Kenntnis von einer systematischen Begehung für erforderlich. Das trifft zu, wenn diese als Indiz gem. § 22 für ein Glaubhaftmachen der Benachteiligung erforderl. ist. Bei (unionsrechtl.) ungeklärter Rechtslage ist Zpkt. der Kenntnis erst ab Klärung der Rechtslage anzunehmen (BVerwG 30.10.2014 NVwZ 2015, 812; 6.4.2017 BeckRS 2017, 110879). Dass und wann die Frist nach Abs. 4 S. 1 durch Zugang der Ablehnung zu laufen begonnen hat, ist v. AG zu beweisen (BAG 19.8.2010 NZA 2010, 1412), der AN hat den Zugang seiner schriftlichen Geltendmachung beim AG zu beweisen. Auch im Verwaltungsverfahren kommt es für die Kenntniserlangung auf den Zugang des Ablehnungsschreibens, nicht auf den Zugang des Widerspruchs an (VG SH 15.12.2016 BeckRS 2016, 114093).

17 Handelt es sich um eine **Bewerbung oder einen berufl. Aufstieg,** wird dies konkretisiert durch den Zpkt. des Zugangs der Ablehnung (LAG HE 1.11.2016 BeckRS 2016, 119027); ein nicht personalisierter Aushang am „schwarzen Brett" bewirkt den Zugang nicht (BAG 22.8.2013 BeckRS 2014, 65162). Die Ablehnung bedarf nicht der Schriftform, sondern kann auch mdl. oder konkludent erfolgen (BAG 17.8.2010 NZA 2011, 153). Die Übertragung einer Position an einen Mitbewerber genügt als konkludente Erkl. aber nur, falls eindeutig ist, dass dies nicht nur kommissarisch erfolgt, sondern das Verfahren abschließt. Dass der Bewerber v. dritter S. erfährt, die Position nicht erhalten zu haben, ersetzt die Ablehnung durch den AG nicht. Die fristauslösende Ablehnung vermittelt dem Betroffenen jedoch oft nur **Kenntnis** v. dem Umstand, dass seine Bewerbung keinen Erfolg gehabt hat, aber nicht zugleich v. dem Umstand, dass dies auf einer Benachteiligung beruht. Etwas anderes gilt ggf., wenn die geltendgemachten Indizien für eine Benachteiligung allein aus der Stellenanzeige folgen, da „Kenntnis" dann bereits anzunehmen ist. Darin liegt eine ungünstigere Regelung als sonst bei tarifl. Ausschlussfristen (*Gamillscheg,* Koll ArbR I, 1997 S. 826), die zwar ggf. noch kürzer, aber stets kenntnisabhängig gestaltet sind. Das widerspräche grds. den Anforderungen des EuGH (10.7.1997 NZA 1997, 1041; 16.5.2000 NZA 2000, 889) an eine effektive Rechtsdurchsetzung. Abs. 4 kann allerdings insoweit erg. ausgelegt werden, dass das Gesetz mit der Bezeichnung des „Zugangs der Ablehnung" ledigl. die „Kenntnis" konkretisieren wollte (GMP/*Germelmann* § 61b ArbGG Rn. 5). Diese Interpretation hat der EuGH (8.7.2010 NZA 2010, 869; 8.9.2011 NZA 2011, 1219) als unionsrechtskonform bezeichnet. Kenntnis erlangt der Bewerber nicht erst bei positiver Kenntnis der Benachteiligungsgründe, sondern bei Kenntnis v. Indizien iSd. § 22 (BAG 15.3.2012 NZA 2012, 910). Dieser einschränkenden Auslegung bedarf es jedoch nur, wenn die Ablehnung nicht selbst bereits genügt, Kenntnis v. der Benachteiligung zu vermitteln, etwa bei einer Begr. für die Ablehnung, die selbst auf ein Kriterium des § 1 Bezug nimmt (OVG SN 1.9.2011 – 2 A 203/10; LAG SL 17.11.2010 BeckRS 2011, 69655), oder bei einer Nichteinladung entgegen bestehender Pflichten aus § 82 SGB IX (BAG 15.3.2012 NZA 2012, 910). Kenntnis ist auch hins. der Identität des Anspruchsgegners erforderlich (BAG 23.1.2014 BeckRS 2014, 66478). Die grob fahrlässige Unkenntnis steht einer Kenntnis nicht gleich (BAG 15.3.2012 BeckRS 2012, 72176).

18 Dass die **Länge der Frist** dem Effektivitäts- und Äquivalenzerfordernis der Rspr. (EuGH 8.7.2010 NZA 2010, 869) entspricht, hatte das BAG (24.9.2009 NZA 2010, 387; 15.3.2012 NZA 2012, 910) bereits festgestellt (krit.: LAG HM 14.6.2011 BeckRS 2011, 76870; *Fischinger* NZA 2010, 1048, 1049). Die Frist beginnt erst mit Kenntnis der maßgebl. Tatsachen zu laufen, falls Bewerber erst nach der Ablehnung v. der Diskriminierung erfahren (*Fischinger* NZA 2010, 1048, 1052). Der AG trägt die Darlegungs- und Beweislast dafür, wann die Frist des Abs. 4 in Lauf gesetzt wurde (BAG 19.8.2010 NZA 2010, 1412), während der AN den Zugang seiner Geltendmachung beim AG zu beweisen hat. Zur anschließenden Klagefrist v. 3 Monaten nach der schriftl. Geltendmachung vgl. § 61b ArbGG.

19 Weniger problematisch ist die Ausschlussfrist, wenn es um Benachteiligungen innerhalb eines fortgesetzten ArbVerh. geht (BAG 24.9.2009 NZA 2010, 387 bejaht die RLKonformität). Hier gilt die allg. Grundregel, dass der Fristlauf erst beginnt, wenn die AN v. der Benachteiligung **Kenntnis erlangen.** Ab diesem Moment ist eine zweimonatige Ausschlussfrist keine im dt. ArbR unübl., übermäßige Erschwerung der Geltendmachung v. Ansprüchen (vgl. EuGH 14.12.1995 BeckRS 2004, 76259; *Jacobs* RdA 2009, 193, 200). Auch § 4 S. 1 KSchG und § 17 S. 1 TzBfG begründen ges. Geltendmachungsfristen, denen anges. der Bedeutung der jeweiligen Ansprüche für den Bestand des ArbVerh. jdf. kein geringeres Gewicht zukommt als den Ansprüchen aus § 15. Bei Dauertatbeständen (Entgeltdiskriminierung, Belästigung) beginnt die Frist erst mit der letzten Benachteiligungshandlung zu laufen (zur vergleichb. Persönlichkeitsrechtsverletzung: BAG 11.12.2014 NZA 2015, 808; LAG RP 29.10.2015 BeckRS 2016, 67289). Die Frist des Abs. 4 gilt für alle Ansprüche nach Abs. 1 und 2, das BAG (21.6.2012 NZA 2012, 1211; offengelassen: 15.3.2012 BeckRS 2012, 72176) verlangt die Einhaltung der Frist des Abs. 4 auch bei Ersatzansprüchen auf anderweitiger Rechtsgrdl., sofern sie sich auf eine Diskriminierung wegen eines Merkmals aus § 1 beziehen. In der Lit. wird Abs. 4 dagegen nur v. einigen Autoren auf konkurrierende deliktische Ansprüche erstreckt (*Bauer* AGG § 15 Rn. 67; *Adomeit/Mohr* § 15 Rn. 135); überzeugender ist freilich die Anwendung regelm. Verjährungsfristen (*Jacobs* RdA 2009, 193, 199; KR/*Treber* § 15 Rn. 49 f.; HWK/*Rupp* Rn. 12) bzw. vertragl. Ausschlussfristen. Entschädigungsansprüche v. freien Mitarbeitern oder Organvertretern gem. § 6 III unterliegen anschließend der Klagefrist des § 61b ArbGG nicht. Die Abs. 4 unterliegenden Ansprüche **erlöschen** mit Fristablauf, wenn sie nicht geltend gemacht werden (BAG 26.9.2013 NZA 2014, 258).

20 **6. Konkurrenzen (Abs. 5).** Durch **Abs. 5** wird klargestellt, dass nach anderen Vorschr. bestehende Ansprüche auch weiterhin geltend gemacht werden können (**aA** *Hey/Forst* Rn. 161). Die Entwurfsbegr. (BT-Drs. 16/1780 S. 38) verweist hierfür auf Schadensersatzansprüche aus §§ 823, 252 BGB sowie auf Unterlassungsansprüche nach § 1004 BGB; auch § 628 BGB kommt in Betracht (*Mückl* BB 2008, 1842, 1845). Ansprüchen aus § 280 I BGB, §§ 253, 311 II BGB ggü. ist § 15 I als Spezialregelung vorrangig (BAG 21.6.2012 NZA 2012, 1211; DB/*Deinert* Rn. 24; HWK/*Rupp* Rn. 14; *Walker* NZA 2009, 5, 10; **aA** *Bauer* AGG Rn. 65), sofern die geltend gemachte Rechtsverletzung nur im Verstoß gegen ein Benachteiligungsverbot besteht. Die Anwendung v. Abs. 4 wird v. BAG (21.6.2012 NZA 2012, 1211) auf alle deliktischen Ansprüche erstreckt, die auf einem diskriminierenden Sachverhalt gem.

§§ 1, 3, 7 beruhen. Ansprüche auf Unterlassung einer Diskriminierung bzw. Beseitigung ihrer Folgen sind nicht gesperrt (für § 4 TzBfG: BAG 22.10.2015 NZA 2016, 1081); dasselbe gilt für Abfindungsansprüche, etwa aus §§ 1a, 10 KSchG oder § 112 BetrVG.

Abs. 6 schließt ausdr. einen Schadensersatzanspruch aus, der auf Begr. eines Arbeits- oder Berufsausbildungsverhältnisses bzw. auf einen berufl. Aufstieg gerichtet ist. Die Erweiterung auf Berufsausbildungsverhältnisse hat keine Vorbilder, die Entwurfsbegr. erläutert die Ausweitung jedoch nicht. Der Vorschr. liegt die Wertung zugrunde, dass die Vertragsabschlussfreiheit des AG selbst bei schwersten Benachteiligungen nicht zur Disposition steht (BAG 21.9.2011 NZA 2012, 317; 20.10.2015 NZA 2016, 299). Benachteiligte haben grds. nur Anspruch auf Geldersatz. Diese Grundwertung hatte der EuGH bei der Versagung eines Einstellungsanspruchs gem. § 611a BGB aF nicht beanstandet (10.4.1984 NZA 1984, 157). Dass damit auch alle Vertragserg. oder Neuabschlüsse im bestehenden ArbVerh. ausgeschlossen werden (*Thüsing* AGG Rn. 549) verlangt der Wortlaut nicht (*Horcher* RdA 2014, 93, 98). Auch der Normzweck zielt nicht auf Verhinderung jeder Naturalrestitution, sondern nur auf den konkreten Fall des Vertragsschlusses (BAG 25.2.2010 NZA 2010, 561). Einen Anspruch auf Neubegr. eines ArbVerh., das infolge eines Verstoßes gegen § 612a BGB beendet worden ist, sieht das BAG jedoch durch die analoge Anwendung v. Abs. 6 als ausgeschlossen an (BAG 21.9.2011 NZA 2012, 317); ebenso einen Wiedereinstellungsanspruch (BAG 20.10.2015 NZA 2016, 299). Hier wiegt die Beeinträchtigung der Vertragsfreiheit jedoch weniger schwer als bei Erstverträgen, da dem AG kein Vertragspartner zugemutet wird, den er nicht selbst als geeignet befunden hatte. Die Entstehung eines unbefristeten ArbVerh aufgrund einer unwirksamen (= diskriminierenden) Befristung wird nicht ausgeschlossen (BAG 6.4.2011 NZA 2011, 970; LAG K 12.2.2009 ZTR 2009, 596; **aA** LAG HM 26.2.2009 BeckRS 2010, 72245). Eine Naturalrestitution ist mögl., wenn der Anspruch aus anderen Gründen besteht, wie v. BAG für Behinderte im Einzelfall anerkannt (28.4.1998 NZA 1999, 152). Zudem gilt bei der Einstellung in ein öffentl. Amt das Prinzip der Bestenauslese gem. Art. 33 II GG, das einen Einstellungsanspruch des bestgeeigneten Bewerbers entgegen Abs. 6 ermöglicht (BAG 19.2.2003 NZA 2003, 1271; 24.9.2009 NZA 2010, 159). 21

§ 16 Maßregelungsverbot

(1) [1]**Der Arbeitgeber darf Beschäftigte nicht wegen der Inanspruchnahme von Rechten nach diesem Abschnitt oder wegen der Weigerung, eine gegen diesen Abschnitt verstoßende Anweisung auszuführen, benachteiligen.** [2]**Gleiches gilt für Personen, die den Beschäftigten hierbei unterstützen oder als Zeuginnen oder Zeugen aussagen.**

(2) [1]**Die Zurückweisung oder Duldung benachteiligender Verhaltensweisen durch betroffene Beschäftigte darf nicht als Grundlage für eine Entscheidung herangezogen werden, die diese Beschäftigten berührt.** [2]**Absatz 1 Satz 2 gilt entsprechend.**

(3) **§ 22 gilt entsprechend.**

Abs. 1 nimmt den Grundgedanken des § 612a BGB auf, dem AG Benachteiligungen v. Personen zu verbieten, die ihre Rechte nach dem AGG in Anspruch nehmen oder sich weigern, eine gegen diese Rechte verstoßende Anweisung auszuführen. Geschützt sind Beschäftigte iSd. § 6 (*Hey/Forst* Rn. 14). Im Überschneidungsbereich geht § 16 als speziellere Norm vor. Der EuGH (14.10.2010 NZA 2010, 1344) sieht zudem das in Art. 47 GRC verankerte Recht auf effektiven Rechtsschutz beeinträchtigt, wenn ein AG als Reaktion auf Beschwerden oder Klagen v. AN benachteiligende „Vergeltungs"maßnahmen ergreifen dürfte. Geschützt wird durch Abs. 1 nicht nur die beschwerdeführende Person selbst, sondern nach S. 2 auch diejenigen, die Betroffene unterstützen oder als Zeugen für sie aussagen. In Anspruch genommen wird ein Recht nicht nur durch gerichtl. Geltendmachung v. Ansprüchen, sondern auch durch Behaupten einer Benachteiligung ggü. Verantwortl. oder Dritten, durch Einlegung einer betriebl. Beschwerde gem. § 13 oder durch Zurückweisen benachteiligender Maßnahmen. Das behauptete Recht muss in zulässiger Weise geltend gemacht werden, rechtswidrige oder beleidigende Vorgehensweisen sind nicht geschützt. Für die Zulässigkeit kann an die Grds. zum Whistleblowing angeknüpft werden (vgl. EGMR 21.7.2011 NJW 2011, 3501). Dass dem Beschäftigten das behauptete Recht tatsächl. zusteht, ist zwar nicht ausdrückl., aber zumindest dem Sinne nach vorausgesetzt, daher sind falsche Anschuldigungen oder treuwidrige Arten der Geltendmachung sind jedoch ausgeschlossen. Verbotsadressat ist der AG und alle Personen mit AG-Funktionen, die entspr. Maßnahmen vornehmen können (DB/*Deinert* Rn. 14). 1

Die in Abs. 1 untersagte „Benachteiligung" ist nicht bedeutungsgleich mit dem technischen Begriff des § 3, sondern ist jede ungünstigere Behandlung als diejenige, die dem Betroffenen ohne Inanspruchnahme seiner Rechte zuteil geworden wäre. Das kann nachteilige Vereinb. ebenso wie einseitige AG-Maßnahmen erfassen, soweit sie eine belastende Folge haben, die kausal mit der Inanspruchnahme v. Rechten verknüpft ist. Diese Kausalität ist anzunehmen, wenn es keinen anderen sachl. Grund für die Gegenmaßnahme gibt, der ihren Einsatz rechtfertigen würde. Beweispflichtig sind zwar grds. die Betroffenen, doch bezieht Abs. 3 die Beweiserleichterung des § 22 mit ein. Insb. wird ein enger zeitl. Zusammenhang zwischen der Rechtsausübung und dem Nachteil als Anscheinsbeweis dienen können 2

(LAG SH 25.7.1989 BeckRS 1989, 30816101; vgl. auch § 612a BGB Rn. 22; MüKoBGB/*Müller-Glöge* § 612a Rn. 24). **Rechtsfolge** einer Verletzung des Maßregelungsverbots ist die Nichtigkeit der benachteiligenden Maßnahme, auch Schadensersatzansprüche aus § 280 BGB kommen in Betracht. Besteht der verbotswidrige Nachteil in der Vorenthaltung v. Vergünstigungen, kommt ein Anspruch auf Gleichbehandlung in Betracht. Eine **Unterstützung** ist anzunehmen bei jeder Hilfeleistung von einigem Gewicht, auch in informellen internen Ermittlungen. Eine Zeugenaussage zugunsten v. Beschäftigten setzt grds. einen Bericht über Tatsachen kraft eigener Wahrnehmung in einem formalisierten Verfahren vor Behörden oder Gerichten voraus (aA Schiek/*Kocher* Rn. 14). Zieht der AG im Rahmen betriebl. Aufklärungsbemühungen allerdings Beschäftigte zur Befragung heran, muss er den Schutz des § 16 auf diese selbst geschaffene Aussagesituation erstrecken, § 242 BGB.

3 **Abs.** 2 ergänzt das Benachteiligungsverbot um die Anordnung, dass weder eine Zurückweisung noch eine Duldung benachteiligender Verhaltensweisen durch die Betroffenen als Grdl. für eine Entsch. herangezogen werden darf, die diese Beschäftigten berührt. Unzulässig sind damit nicht nur Benachteiligungen, sondern auch die Gewährung v. Vorteilen an solche AN, die Benachteiligungen hingenommen haben. Weiterhin darf sich niemand wegen vorangegangener Duldung eines Verhaltens auf Vertrauensschutz berufen; aus einer nicht erfolgten aktiven Zurückweisung einer Belästigung darf nicht auf ein Einverständnis der Betroffenen geschlossen werden (BAG 25.3.2004 NZA 2004, 1214). Der Bezugspunkt für die entspr. Geltung der Beweiserleichterung des § 22 (Abs. 3) bedarf der Konkretisierung. Die beabsichtigte Schutzwirkung würde verfehlt, wenn ledigl. der Verstoß gegen das Benachteiligungsverbot des § 7 erleichtert nachgewiesen werden könnte, dessentwegen der Beschäftigte Rechte aus dem AGG überhaupt erwirbt. Die Beweiserleichterung muss vielmehr auch die Kausalität der Inanspruchnahme v. Rechten für die nachteilige Maßnahme des AG umfassen. Danach genügt es, wenn Beschäftigte Indizien für diesen Zusammenhang beweisen, um eine Verlagerung der Beweislast zu erreichen (*Bauer* AGG Rn. 22).

Unterabschnitt 4. Ergänzende Vorschriften

§ 17 Soziale Verantwortung der Beteiligten

(1) **Tarifvertragsparteien, Arbeitgeber, Beschäftigte und deren Vertretungen sind aufgefordert, im Rahmen ihrer Aufgaben und Handlungsmöglichkeiten an der Verwirklichung des in § 1 genannten Ziels mitzuwirken.**

(2) [1]**In Betrieben, in denen die Voraussetzungen des § 1 Abs. 1 Satz 1 des Betriebsverfassungsgesetzes vorliegen, können bei einem groben Verstoß des Arbeitgebers gegen Vorschriften aus diesem Abschnitt der Betriebsrat oder eine im Betrieb vertretene Gewerkschaft unter der Voraussetzung des § 23 Abs. 3 Satz 1 des Betriebsverfassungsgesetzes die dort genannten Rechte gerichtlich geltend machen; § 23 Abs. 3 Satz 2 bis 5 des Betriebsverfassungsgesetzes gilt entsprechend.** [2]**Mit dem Antrag dürfen nicht Ansprüche des Benachteiligten geltend gemacht werden.**

1 Abs. 1 appelliert an TVParteien, an AG und Beschäftigtenvertreter in ihrer Funktion als Parteien einer Betriebs- oder Dienstvereinb. sowie an AG und Beschäftigte in ihrer Funktion als Parteien des Arbeitsvertrages, im Rahmen ihrer Möglichkeiten einen Beitrag zur Verwirklichung der Ziele des Gesetzes zu leisten. Unmittelbare Rechte, wie zB einer Verhandlungsanspruch, oder ein eigenständiges MBR gewährt die Vorschr. nicht. Als Vertretung der Beschäftigten kommen neben den Koalitionen gem. Art. 9 III GG der Betriebs- und PersR auch der SprAu, die JAV und die SBV in Betracht, aber auch Vertretungsstrukturen auf europ. Ebene oder freiwillig gebildete (*Hey/Forst* Rn. 12). Handlungsmöglichkeiten im Rahmen v. Benachteiligungsverboten werden den Betriebsparteien durch ges. Bestimmungen eröffnet, wie zB § 80 I Nr. 1, 2a, 4, 6, 7 und § 75 BetrVG. Weiter können sie in Wahrnehmung genereller Mitwirkungsrechte, insb. im personellen und sozialen Bereich, Vereinb. und Maßnahmen beeinflussen. Alle übrigen Akteure sollen bei der Gestaltung v. Rechtsbeziehungen und des betriebl. Miteinanders die Gesetzesziele berücksichtigen. Ansatzpunkte können die präventiven Maßnahmen gem. § 12 I, II, aber auch bes. Fördermaßnahmen nach § 5 bieten. Der Entwurfsbegr. zufolge (BT-Drs. 16/1780 S. 39) werden in § 17 die RLBestimmungen zum sozialen Dialog umgesetzt (Art. 11 II RL 2000/43/EG, Art. 2 V, 13 II RL 2000/78/EG, Art. 21 II, III RL 2006/54/EG). Allerdings geben diese Vorschr. den Mitgliedstaaten auf, Maßnahmen zur Förderung des sozialen Dialoges zu treffen; das lässt sich kaum auf einen **Appell** an die Kollektiv- und Individualvertragsparteien reduzieren, ihre Rechtsbeziehungen und Verträge in Übereinstimmung mit den Gesetzeszielen auszugestalten.

2 Abs. 2 eröffnet in **betriebsratsfähigen Betrieben** (*Thüsing* AGG Rn. 619; DB/*Buschmann* Rn. 14) dem BR oder einer im Betrieb vertretenen Gewerkschaft die Möglichkeit, beim ArbG einen Antrag nach § 23 III 1 BetrVG einzubringen, falls der AG gegen die §§ 7 bis 16 in grober Weise verstößt (BAG 18.8.2009 NZA 2010, 222; LAG SN 17.9.2010 NZA-RR 2011, 72; *Klumpp* NZA 2006, 904; *Hayen* AuR 2007, 6, 9). Auf das tatsächl. Vorhandensein eines BR kommt es für die Befugnis der

Gewerkschaft nicht an. Für Personalräte gibt es nichts Vergleichbares (**aA** *Besgen/Roloff* NZA 2007, 670, 671). In Kombination mit der Entsch. des EuGH (10.7.2008 NZA 2008, 929), wonach bereits öffentl. Äußerungen im Vorfeld v. Personalauswahlverfahren das Diskriminierungsverbot beachten müssen, kann der Klagebefugnis aus § 17 erhöhte Bedeutung zukommen. Antragsziel ist, dass sich der AG künftig gesetzeskonform verhält. Da auf die Voraussetzungen des § 23 III 1 BetrVG insg. Bezug genommen wird, ist ein derartiger Antrag ohnehin nur mögl., wenn der AG einen groben Rechtsverstoß begeht, der obj. erhebl. und offensichtl. schwerwiegend sein muss. Ein grober Verstoß ist unter denselben Voraussetzungen anzunehmen wie gem. § 23 III 1 BetrVG (BAG 18.8.2009 NZA 2010, 222); ein schuldhafter Verstoß oder betriebsverfassungswidriges Verhalten werden nicht vorausgesetzt. Die **Handlungsmöglichkeiten für BR** werden durch diese Vorschr. erweitert: auch wenn ein grober Verstoß des AG gegen das AGG im Regelfalle zugleich einen groben Verstoß gegen § 75 I BetrVG bedeutet, dessen Anwendungsbereich auf sämtl. Merkmale gem. § 1 erstreckt wurde, ist ein kollektivrechtl. Unterlassungsanspruch aus § 75 I BetrVG ungeklärt (LAG SN 17.9.2010 NZA-RR 2011, 72; LAG B 20.8.2015 NZA-RR 2016, 74 zu § 75 II). Das Benachteiligungsverbot schützt alle Beschäftigten gem. § 6, also einschl. der im Betrieb noch nicht beschäftigten Stellenbewerber (LAG HE 6.3.2008 BeckRS 2008, 54494). Auch grobe Verstöße gegen die Verpflichtung zur nicht diskriminierenden Stellenausschreibung gem. § 11 (BAG 18.8.2009 NZA 2010, 222) werden v. Schutzbereich des § 75 BetrVG nicht erfasst. Aus § 17 kann der BR nun gegen Stellenausschreibungen vorgehen, die sich ausschließl. an „Mitarbeiter im ersten Berufsjahr" richten (BAG 18.8.2009 NZA 2010, 222; LAG HE 6.3.2008 BeckRS 2008, 54494), da es sich um eine mittelbare Altersdiskriminierung handelt. Auch die Pflicht des AG aus § 12 III, gegen eine Belästigung Beschäftigter vorzugehen und Wiederholungen zu unterbinden, kann der BR einfordern (ArbG BE 27.1.2012 BeckRS 2012, 67603). Durch Satz 2 werden die Befugnisse des BR wieder insoweit begrenzt, als Individualansprüche auf Erfüllung, Schadensersatz oder Entschädigung v. der Geltendmachung ausgenommen sind. Dass ein Individualanspruch besteht, schließt die Befugnis nach Abs. 2 S. 1 selbst dann nicht aus, wenn sich der Betroffene gegen eine Klage entscheidet (krit.: *Klumpp* NZA 2006, 904, 905).

Handlungsmöglichkeiten für Gewerkschaften werden geschaffen unabhängig v. Vorhandensein 3
eines BR; die Betriebsratsfähigkeit des Betriebes wird aber verlangt. Nur unter dieser Voraussetzung können Gewerkschaften zugunsten v. Mitgliedern, aber auch v. Nicht- oder Andersorganisierten einschreiten, ohne ausdr. dafür legitimiert zu werden. In dieser Hinsicht gehen die Beteiligungsmöglichkeiten v. BR und Gewerkschaften über diejenigen der Verbände gem. § 23 hinaus.

§ 18 Mitgliedschaft in Vereinigungen

(1) **Die Vorschriften dieses Abschnitts gelten entsprechend für die Mitgliedschaft oder die Mitwirkung in einer**

1. **Tarifvertragspartei,**
2. **Vereinigung, deren Mitglieder einer bestimmten Berufsgruppe angehören oder die eine überragende Machtstellung im wirtschaftlichen oder sozialen Bereich innehat, wenn ein grundlegendes Interesse am Erwerb der Mitgliedschaft besteht,**

sowie deren jeweiligen Zusammenschlüssen.

(2) **Wenn die Ablehnung einen Verstoß gegen das Benachteiligungsverbot des § 7 Abs. 1 darstellt, besteht ein Anspruch auf Mitgliedschaft oder Mitwirkung in den in Absatz 1 genannten Vereinigungen.**

Die Vorschr. erstreckt den Geltungsbereich des Benachteiligungsverbotes auf die Mitgliedschaft in 1
tarifwilligen AG- und ANOrganisationen, § 2 TVG; AG-Verbände, die nach ihrer Satzung nicht tarifwillig sind (OT-Verbände) fallen unter Nr. 2 als Vereinigungen, die Personen ders. Berufsgruppe organisieren, ohne tariffähig oder tarifwillig zu sein. Dasselbe gilt für Berufsorganisationen wie Handwerksinnungen, Anwaltsverein, Kassenärztl. Vereinigung (*Bauer* AGG Rn. 9), einschl. ihrer jeweiligen Dachorganisationen. Vereinigungen mit überragender Bedeutung im Wirtschafts- oder Arbeitsleben müssen gleichfalls diskriminierungsfrei Mitwirkungsmöglichkeiten eröffnen (Schiek/*Kocher* Rn. 6), wenn ein grdl. Interesse am Beitritt besteht; das ist anzunehmen, wenn es an zumutbaren Alt. fehlt. Das könnte etwa Landessportverbände betreffen (BGH 10.12.1985 NJW-RR 1986, 583) oder einen Stadtjugendring (LG Heidelberg 12.1.1990 NJW 1991, 927). Vereine ohne entspr. wirtschaftl. und soziale Bedeutung für ihre Mitglieder dürfen in Ausübung ihrer Vereinigungsfreiheit merkmalshomogen zusammengesetzt sein. TVParteien dürfen weder bei **Zutritt bzw. Ausschluss,** noch bei der Betätigung innerhalb ihrer Vereinigung Benachteiligungen wegen eines Merkmals nach § 1 zulassen. Vor Benachteiligung geschützt sind Beschäftigte gem. § 6 im Verhältnis zu Vereinigungen, aber auch Organisationen im Verhältnis zu Dachverbänden (Schiek/*Kocher* Rn. 8).

Der entspr. **Aufnahmeanspruch** wird v. Abs. 2 nunmehr ausdr. geregelt, beschränkt auf die Fälle, in 2
denen die Ablehnung eines Aufnahmeinteressenten einen Verstoß gegen § 7 I darstellt. Abw. v. § 15 VI wird hier also eine Naturalrestitution geschuldet. IÜ wird als Rechtsfolge eines Verstoßes gegen

Benachteiligungsverbote in Abs. 1 eine „entspr. Geltung“ der §§ 7 bis 17 angeordnet. Praktische Bedeutung dürften neben dem Beschwerderecht aus § 13 vornehml. Schadensersatz- und Entschädigungsansprüche erlangen. Dabei geht die Vorschr. über die bereits zuvor v. der Rspr. anerkannten Rechtsbehelfe insoweit hinaus, als auch die Mitwirkung und Betätigung im Verband erfasst wird, sowie die Inanspruchnahme aller verbandl. Leistungen. Ein diskriminierender Ausschluss aus den erfassten Vereinigungen ist unwirksam.

Abschnitt 4. Rechtsschutz

§ 22 Beweislast

Wenn im Streitfall die eine Partei Indizien beweist, die eine Benachteiligung wegen eines in § 1 genannten Grundes vermuten lassen, trägt die andere Partei die Beweislast dafür, dass kein Verstoß gegen die Bestimmungen zum Schutz vor Benachteiligung vorgelegen hat.

1 **1. Regelungskonzept.** Die Vorschr. gewährt Benachteiligungskl. eine Beweiserleichterung dahingehend, dass diese ledigl. Indizien dafür beweisen müssen, dass eine Benachteiligung wegen eines in § 1 genannten Grundes zu vermuten ist. Gelingt dieses, trägt die andere Partei die volle Beweislast für das Nichtvorliegen eines Verstoßes gegen Benachteiligungsverbote. Mit dieser Umformulierung ist nach den Erl. der Entwurfsbegr. (BT-Drs. 16/1780 S. 47) keine Abweichung v. Verfahren nach § 611a I 3 BGB aF, § 81 II 2 Nr. 1 SGB IX aF beabsichtigt, so dass die hierzu ergangene Rspr. auch weiterhin zur Verdeutlichung des Regelungsinhalts herangezogen werden kann (*Gaier/Wendtland* AGG Rn. 143; Schiek/*Kocher* Rn. 10; **aA** *Windel* RdA 2007, 1, 3). Kl. soll ein strenger Nachw. v. Tatsachen erspart werden, die in der Sphäre des Unternehmens liegen und somit Beschäftigten oder Bewerbern nicht genügend bekannt sind. Eine **Beweislastumkehr** liegt darin nicht (§ 21 GenDG Rn. 7), die Lasten werden vielmehr zwischen den Parteien abgestuft verteilt (Rn. 2). Die Formulierung ist geprägt v. dem Bemühen, den sowohl in der Vorgängernorm, wie auch in den zugrunde liegenden RL (Art. 8 RL 2000/43/EG; Art. 10 RL 2000/78/EG; Art. 10 RL 2004/113/EG) verwendeten Begriff des Glaubhaftmachens zu vermeiden (*Boesche* EuZW 2005, 264, 265; *Grobys* NZA 2006, 898, 900; *Thüsing* AGG Rn. 654), der die Beweislastumkehr auf die andere Partei auslöst. Damit sollte klargestellt werden, dass keine Beschränkung auf präsente Beweismittel gem. § 294 II ZPO gewollt war, sondern vielmehr das notwendige Beweismaß verringert werden sollte (vgl. BAG 5.2.2004 NZA 2004, 540; 24.4.2008 NZA 2008, 1351). Eine Abkehr auch v. der Senkung des Beweismaßes (DB/*Bertzbach* Rn. 6 ff.) auf die ledigl. überw. Wahrscheinlichkeit ist trotz Änd. der Begrifflichkeit nicht mögl., da Art. 8 RL 2000/43/EG, Art. 10 RL 2000/78/EG eben diesen Maßstab verbindl. vorgeben (*Grobys* NZA 2006, 898, 900; *Düwell* BB 2006, 1741, 1743; *Windel* ZGS 2007, 60, 62).

2 **2. Abstufungen.** Das Vorliegen einer Benachteiligung selbst soll v. den Beweiserleichterungen des § 22 ebenso wenig erfasst werden wie zuvor v. § 611a BGB aF (LAG K 21.7.2004 E BGB 2002 § 307 Nr. 4a). Nach allg. Grundsätzen ist v. Anspruchsteller zu beweisen, vergleichsweise schlechter behandelt worden zu sein als andere Personen, die kein Merkmal nach § 1 aufweisen. Die ges. Beweiserleichterung setzt erst ein, um den **Kausalzusammenhang** zwischen der Zugehörigkeit zu der geschützten Gruppe und dem Betroffensein v. dem Nachteil zu erleichtern („Benachteiligung *wegen* eines in § 1 genannten Grundes“, vgl. EuGH 27.10.1993 NZA 1994, 797; 31.5.1995 BeckRS 2004, 77045; BAG 27.1.2011 NZA 2011, 737; 26.6.2014 BeckRS 2014, 73097). Der Wortlaut v. § 22 geht allerdings über dieses nach der Gesetzesbegr. verfolgte Regelungsprogramm hinaus. Zu beweisen sind Indizien, die „eine Benachteiligung wegen eines Grundes vermuten lassen“; die Formulierung scheint sich auch auf das Vorliegen eines Nachteils selbst zu erstrecken. Für dieses Merkmal wäre mithin der Anspruchsteller zwar darlegungspflichtig, nicht aber auch zur Erbringung eines Strengbeweises verpflichtet; genügend wäre vielmehr der Nachw. v. Indizien, die das Vorliegen einer Benachteiligung als überw. wahrscheinl. erscheinen lassen. Zwingend ist dies allerdings nicht. Die maßgebl. Bestimmungen der RL (Art. 8 I RL 2000/43/EG; Art. 10 I RL 2000/78/EG, Art. 9 I RL 2004/113/EG) bezieht die Beweislastregel auf das „Vorliegen einer Diskriminierung“, also auf einen Gegenstand, der dem direkten Beweis nicht zugängl. ist, da er das Fehlen v. Ausnahmetatbeständen und Rechtfertigungsgründen voraussetzt. Die Formulierung ist mithin nicht im technischen Sinne zu verstehen. Dass eine Maßnahme vorliegt und er in Anwendung dieser Maßnahme vergleichsweise ungünstiger behandelt worden ist, muss der Anspruchsteller darlegen und beweisen (vgl. BT-Drs. 16/2022 zu Nr. I. 7, S. 13; BAG 27.1.2011 NZA 2011, 737; *Annuß* BB 2006, 1629, 1635; **aA** LAG BW 1.2.2011 NZA-RR 2011, 237; *Zwanziger* DB 1998, 1330, 1333; *Röthel* NJW 1999, 611, 614; DB/*Bertzbach* Rn. 16). Für eine mittelbare Benachteiligung sind auch die Vergleichsgruppen zu benennen, auf die sich die Maßnahme ungleich auswirkt. Sodann ist der Anspruchsteller beweispflichtig für das Vorliegen eines Merkmals nach § 1, also etwa einer Behinderung (statt Krankheit) oder einer Weltanschauung (statt allg. Überzeugung). Ohne zumindest die Tatsache der Benachteiligung als solcher lässt sich ein Rückschluss auf

eine Diskriminierung nicht ziehen (*Sprenger* Das arbeitsrechtl. Verbot der Altersdiskriminierung nach der RL 2000/78/EG, Diss. Konstanz 2006 S. 142, 145). Dass die Kl. bei einer mittelbaren Benachteiligung darüber hinaus auch „den sachl. Grund für eine Rechtfertigung sowie die Erforderlichkeit und Angemessenheit der benachteiligenden Maßnahme darlegen und beweisen müssten" (BT-Drs. 16/1780 S. 33), lässt sich dem Wortlaut nicht entnehmen. Stattdessen spricht die beabsichtigte Fortführung der Rechtslage des § 611a BGB (BT-Drs. 16/1780 S. 47) dafür, den Beweis für diese Umstände bei dem insoweit sachnäheren AG zu belassen (*Prütting* FS 50 Jahre BAG 2004 S. 1311, 1319; *Grobys* NZA 2006, 898, 899; *Wichert/Zange* DB 2007, 970, 972; **aA** *Bauer* AGG Rn. 6 ff.; HWK/*Rupp* Rn. 2).

3 Dabei wird vorausgesetzt, dass der Kl. „Indizien beweist", die den Kausalzusammenhang zwischen Benachteiligung und Gruppenzugehörigkeit „vermuten lassen". Hier ist nach den Vorgaben der RL ein abgesenktes Beweismaß ausreichend (*Thüsing* AGG Rn. 656; **aA** *Wörl*, Die Beweislast nach dem AGG, Diss. Mannheim 2009 S. 129). Dass der Wortlaut („beweist") die gewollte Senkung des Beweismaßes nicht erkennen lässt, verstößt gegen das Transparenzgebot. Der Wille des Gesetzgebers, durch die Formulierung keine Rechtsänderung ggü. der früheren Rechtlage herbeiführen zu wollen, ist aber dokumentiert (Rn. 1); eine entsprechende Auslegung kommt damit in Betracht (ArbG BE 12.11.2007 NZA 2008, 492); aA *Stein* NZA 2016, 849 ff.). Die Vermutungsbegründungen der Tatsachen müssen also nur glaubhaft gemacht werden. Weiterhin müssen diese Tatsachen die Kausalität des Merkmals für die Benachteiligung mit überwiegender Wahrscheinlichkeit vermuten lassen (BAG 19.5.2016 NZA 2016, 1394; 26.1.2017 NZA 2017, 854). Die bloße Möglichkeit einer Kausalität des Merkmals nach § 1 für die Benachteiligung genügt dem nicht. Der **Indizienbeweis** dient allg. dem Nachw. tatbestandsfremder Behauptungen, die einen Schluss auf das Vorliegen des fragl. Tatbestandsmerkmals rechtfertigen (MüKoZPO/*Prütting* § 284 Rn. 24). Das Gericht muss die tatbestandsfremden Tatsachen nach seiner Überzeugung als überw. wahrscheinl. ansehen und daraus die Schlussfolgerung auf das Vorliegen des fragl. Merkmals ableiten (BAG 17.12.2009 NZA 2010, 383; 22.7.2010 NZA 2011, 93; Musielak/*Foerste* § 284 ZPO Rn. 7). Aus der Gesamtbetrachtung v. Hilfstatsachen und Umständen, die logische Rückschlüsse auf das Vorliegen eines Tatbestandsmerkmals zulassen (BAG 26.6.2014 BeckRS 2014, 73097), gewinnt der Indizienbeweis seine Beweiswirkung. Ob ein oder mehrere Indizien erforderl. sind, die überw. Wahrscheinlichkeit einer merkmalsbedingten Benachteiligung zu begründen, hängt v. deren jeweiligem Gewicht und den Umständen des konkreten Falles ab. Indizien, die für sich allein den Rückschluss auf die merkmalsbedingte Benachteiligung nicht tragen würden, können bei mehrfachem, gleichgerichtetem Auftreten einen solchen Schluss durchaus tragen (BAG 24.4.2008 NZA 2008, 1351).

4 Ein Indizienbeweis darf nur geführt werden, wenn die bewiesenen Indizien das Tatbestandsmerkmal auch belegen würden (BGH 4.5.1983 NJW 1983, 2034; 4.7.1989 NJW 1989, 2947). Dabei ist zu berücksichtigen, dass es keinen Erfahrungssatz gibt, wonach jede Ungleichbehandlung auf diskriminierenden Motiven beruht. Der Nachw., einer geschützten Gruppe anzugehören und v. einem Nachteil betroffen zu sein, begr. die Vermutung also nicht stets schon selbst (BAG 25.4.2013 BeckRS 2013, 68457; LAG SH 9.4.2014 BeckRS 2014, 69694; LAG RP 28.10.2014 BeckRS 2015, 65552); auch nicht der Umstand, trotz behauptet „optimaler" Qualifikation nicht eingeladen worden zu sein (LAG NI 19.2.2008 NZA 2009, 148; LAG K 10.2.2010 NZA-RR 2010, 234; LAG SH 13.11.2012 BeckRS 2013, 65280). Dies lässt sich schon aus der anderenfalls überflüssigen Sonderbestimmung des § 82 S. 2 SGB IX schließen. Einen Auskunftsanspruch bzgl. der Konkurrenzbewerber kann der abgelehnte Bewerber nicht auf die RL stützen (EuGH 19.4.2012 NZA 2012, 493; BAG 25.4.2013 BeckRS 2013, 68457; vgl. Rn. 8). Teilt der AG jedoch unwahre oder widersprüchliche Gründe für die Ablehnung einer Bewerbung mit, kann dem Indizwirkung zukommen (BAG 21.6.2012 NZA 2012, 1211; 21.6.2012 NZA 2012, 1345). Ersatzweise sollen mittelbare Beweise, dh ein Nachw. v. tatbestandsfremden Umständen erbracht werden dürfen, die als Indizien für das Bestehen dieser merkmalsbedingten Benachteiligung dienen. Das könnte etwa in einer den Anforderungen des § 11 zuwiderlfd. Formulierung des Ausschreibungstextes bestehen (BVerfG 16.11.1993 NZA 1994, 745; BAG 15.10.1992 NZA 1993, 257; 19.8.2010 NZA 2010, 1412; LAG HH 23.6.2010 NZA-RR 2010, 629; OLG KA 13.9.2011 NZA-RR 2011, 632), oder in einer vergleichbaren Formulierung bei der Ablehnung einer Bewerbung (LAG K 26.1.2012 BeckRS 2012, 66871), in Pressemitt. (BGH 23.4.2012 NZA 2012, 797, 800; OLG K 29.7.2010 NZA 2011, 211) bzw. im Verstoß gegen ein ges. vorgeschriebenes Verfahren (BAG 15.2.2005 NZA 2005, 870; 16.9.2008 NZA 2009, 79; zust. *Düwell* BB 2006, 1741, 1743; krit. *Diller* NZA 2007, 1321, 1323). Ein Automatismus liegt darin aber nicht, das Indiz für die Mitursächlichkeit kann durch gegenläufige Gesichtspunkte entkräftet werden (LAG N 16.5.2012 BeckRS 2012, 71383). Der Hinweis auf ein „bes. Interesse an der Bewerbung v. Frauen" oder „Schwerbehinderten" in einer sonst neutral gehaltenen Ausschreibung eines öffentl. AG ist allein kein vermutungsbegründendes Indiz (LAG D 12.11.2008 BeckRS 2009, 50334).

5 Jedenfalls während der ersten 6 Monate eines ArbVerh. begr. die Nichtdurchführung der Verfahren gem. § 84 I, II SGB IX keine Vermutung für eine Benachteiligung wegen Behinderung (BAG 24.1.2008 NZA-RR 2008, 404; 21.4.2016 NZA 2016, 1131). Als Vermutungstatsachen kommen solche Pflichtverletzungen des AG in Betracht, die sich aus einer Nichtbeachtung von Verfahrens- oder Förderpflichten zugunsten behinderter Menschen ergeben: **Schwerbehinderte Bewerber,** die für die ausgeschriebene Stelle nicht offensichtl. ungeeignet sind, müssen v. **öffentl. AG** zum Vorstellungsgespräch eingeladen werden (§ 7 Rn. 1). Weiterhin ist auch die Nichtbeteiligung der SBV als Indiz zu werten (BAG 20.1.2016

NZA 2016, 681; 26.1.2017 NZA 2017, 854). Die Einladung Schwerbehinderter hat in jedem Fall zu erfolgen, wenn der Bewerber nicht unter allen denkbaren Gesichtspunkten für die Stelle ungeeignet erscheint. Das liegt vor, wenn der Bewerber aus Rechtsgründen nicht eingestellt werden darf (BVerwG 15.12.2011 NVwZ-RR 2012, 320) oder keine Angaben zu den geforderten Qualifikationen enthalten sind (LAG RP 6.10.2016 BeckRS 2016, 74932) oder das im Anforderungsprofil festgeschriebene Mindestniveau nicht erreicht wird (LAG B 3.3.2017 BeckRS 2017, 115246); dass Mitbewerber formal deutl. besser qualifiziert sind, genügt dafür nicht (BVerwG 3.3.2011 NZA 2011, 977; BAG 11.8.2016 NZA 2017, 43); ebensowenig genügt das Nichtbestehen eines vorgeschalteten Tests, wenn dieser in der Ausschreibung nicht als Einstellungsvoraussetzung genannt war (LAG SH 9.9.2015 BeckRS 2015, 73427). Ein öffentl. AG darf sich grds. nicht auf Gründe stützen, die die fachl. Eignung betreffen, solange jdf. das in der Ausschreibung festgelegte Mindestniveau (BAG 24.1.2013 NZA 2013, 896; 11.8.2016 NZA 2017, 43; VGH BW 10.9.2013 NZA-RR 2014, 159) nicht unterschritten wird. Das Unterlassen der Einladung stellt bereits selbst eine Benachteiligung dar (§ 7 Rn. 1), weil eine ges. vorgeschriebene Chance nicht eingeräumt wird (BVerwG 3.3.2011 NZA 2011, 977; BAG 16.2.2012 NZA 2012, 671; 22.10.2015 NZA 2016, 625). Daran fehlt es, wenn der AG in engem zeitl. Zusammenhang eine Einladung ausgesprochen hatte, die in einem Parallelverfahren mit identischer Stellenausschreibung und identischem Auswahlverfahren erfolgt war (ArbG Karlsruhe 26.1.2016 NZA-RR 2016, 294). Das Unterlassen der Einladung begr. zudem noch eine Vermutung für die Benachteiligung bei der Einstellung (BAG 21.7.2009 NZA 2009, 1087; 16.2.2012 NZA 2012, 671, die freil. widerlegt werden kann (BAG 27.1.2011 NZA 2011, 737; 24.1.2013 NZA 2013, 896). Dazu muss der AG beweisen, dass ausschließl. andere, nicht mit der Behinderung zusammenhängende Gründe für die Entsch. erhebl. waren (BAG 18.11.2008 NZA 2009, 728; 20.1.2016 NZA 2016, 681). Das kann auch eine Personalpolitik einschließen, die grds. keine „überqualifizierten" Bewerber berücksichtigt. Dass die Gruppe der Schwerbehinderten im Bewerbungsverfahren insg. nicht benachteiligt wurde, genügt dafür nicht, weil § 82 S. 2 SGB IX einen Iindividualanspruch begr. (BAG 24.1.2013 NZA 2013, 896). Auch eine vor Abschluss des Besetzungsverfahrens nachgeholte Einladung kann den Verfahrensfehler nicht heilen, die Indizwirkung bleibt bestehen (BAG 22.8.2013 NZA 2014, 82). Das gilt verstärkt, wenn die Einladung mit einem Hinweis auf die voraussichtliche Erfolglosigkeit der Bewerbung verbunden wird (LAG BW 3.11.2014 NZA-RR 2015, 163). Dass der AG v. der Schwerbehinderung tatsächl. nichts wusste, weil er den diesbzgl. Hinweis im Bewerbungsschreiben nicht gelesen hat, schließt die Indizienwirkung nicht aus (BAG 16.9.2008 NZA 2009, 79); aus dem Bewerbungsschreiben muss er sich die *Kenntnis* aber verschaffen können. Der Bewerber kann sich auf die Indiztatsachen berufen, wenn auf die Eigenschaft als Schwerbehinderter in (jeder) Bewerbung gesondert hingewiesen wurde (BAG 18.9.2014 BeckRS 2014, 73585; 22.10.2015 NZA 2016, 625; LAG HM 4.2.2016 BeckRS 2016, 71262). Ist der Hinweis dagegen im Bewerbungsschreiben nicht enthalten, sondern in den Anl. unter mehrdeutiger Überschrift „versteckt", liegt eine Indizienwirkung fern (BAG 26.9.2013 NZA 2014, 258; ArbG S 29.1.2014 NZA-RR 2014, 348). Die Pflicht aus § 81 I 9 SGB IX zur unverzüglichen Unterrichtung über die Gründe für eine Auswahlentsch. im Bewerbungsverfahren trifft nach der Rspr. nur solche AG, die die Beschäftigungsquote gem. § 71 SGB IX nicht erfüllen; gegen andere AG begr. die Nichterfüllung keine Indizwirkung (BAG 21.2.2013 NZA 2013, 840; LAG N 14.4.2016 BeckRS 2016, 72462). Nicht schwer, sondern einfach behinderte, nicht gleichgestellte Bewerber können sich auf die Bestimmungen des SGB IX nicht stützen, um eine Vermutung zu indizieren (BAG 27.1.2011 NZA 2011, 737). Eine etwaige Verpflichtung zur bevorzugten Berücksichtigung anderer Gruppen tritt ggü. der Pflicht zur Einladung zurück, § 122 SGB IX. Bei einem **privaten AG** kann die in § 81 I 1, 2 SGB IX verlangte Einschaltung der BA in die Stellenausschreibung ebenfalls als Indiztatsache dienen (BAG 17.8.2010 NZA 2011, 153; 13.10.2011 BeckRS 2012, 65090; LAG B 18.6.2014 BeckRS 2014, 73957). Diese Pflicht besteht nicht nur für AG, die die Beschäftigungsquote gem. § 71 I SGB IX nicht erfüllt haben, und sie besteht nicht nur ggü. arbeitslos gemeldeten Bewerbern. Die Tatsache, dass der ausgeschriebene Arbeitsplatz bereits besetzt wurde, bevor der AG v. der Bewerbung eines schwerbehinderten Bewerbers erfuhr, schließt eine Benachteiligung nicht stets aus. Dies wird v. der Rspr. insb. dann abgelehnt, wenn die Stelle bereits vor Ablauf der Bewerbungsfrist wieder besetzt worden ist (BAG 17.8.2010 NZA 2011, 153). War die Bewerbungsfrist dagegen bereits vor Eingang der Bewerbung abgelaufen, fehlt es an einer vergleichbaren Situation und damit an einer Benachteiligung des schwerbehinderten Bewerbers (BAG 19.8.2010 NZA 2011, 200; LAG K 1.10.2010 NZA-RR 2011, 176). Dasselbe gilt grds. für eine fehlende Begr. einer Ablehnungsentsch. (BAG 21.2.2013 NZA 2013, 840).

6 Weiter indiziert das bloße Vorliegen einer **Schwangerschaft** der einem männl. Konkurrenten unterlegenen Bewerberin nicht bereits selbst schon eine Benachteiligung (BAG 24.4.2008 NZA 2008, 1351). Dagegen ist eine an die Schwangerschaft der AN anknüpfende Kündigung (wegen Beschäftigungsverbot oder Anspruch auf Mutterschutzlohn) benachteiligend (BAG 12.12.2013 NZA 2014, 722). Dasselbe gilt für eine wiederholte Kündigung ohne Beteiligung der Behörde nach § 17 MuSchG (BAG 12.12.2013 NZA 2014, 722; ArbG BE 8.5.2015 BeckRS 2015, 69271). Auf eine Indizwirkung (abgelehnt v. BAG 17.10.2013 NZA 2014, 303) kommt es insoweit nicht an. Ist v. mehreren AN mit befristeten ArbVerh. nur einer Schwangeren keine Vertragsverlängerung angeboten worden, ist dies als Indiz jedoch geeignet (LAG K 6.4.2009 NZA-RR 2009, 526). Eine Probezeitkündigung einer Schwangeren bildet kein Indiz für die Benachteiligung, wenn dem AG bei Ausspruch der Kündigung die bestehende

Schwangerschaft nicht bekannt war (BAG 17.10.2013 NZA 2014, 303). Zur **ethnischen Zugehörigkeit** hat der EuGH (10.7.2008 NZA 2008, 929) öffentl. Äußerungen eines Unternehmens über seine Politik der Nichteinstellung bestimmter Volksgruppen als zureichendes Indiz für eine diskriminierende Einstellungspraxis gelten lassen, obwohl im Streitfall gar keine Stellen zu besetzen waren. Die Ablehnung einer Bewerbung mit der Begr., dass die Bewerberin „nicht Muttersprachlerin" war, ist als Indiz selbst dann geeignet, wenn perfekte Sprachkenntnisse gem. § 8 I verlangt werden durften (ArbG BE 11.2.2009 NZA-RR 2010, 16). Eine Gesamtbetrachtung des ausgeschriebenen Anforderungsprofils kann dies allerdings relativieren (LAG N 5.10.2011 BeckRS 2011, 77811). Eine Ausschreibung, die an „junge" Bewerber gerichtet wird oder Bewerber für „ein junges Team" sucht, kann Indizien für eine Benachteiligung wegen **Alters** setzen (BAG 19.8.2010 NZA 2010, 1412; 11.8.2016 BeckRS 2016, 112116; LAG SH 29.10.2013 BeckRS 2013, 75062), doch ist diese Einschätzung kontextabhängig (LAG M 13.11.2012 BeckRS 2013, 66910; LAG B 8.8.2013 BeckRS 2013, 73478). Die indizielle Wirkung wird durch die Einstellung eines deutl. jüngeren Konkurrenten verstärkt, entfällt aber nicht automatisch, wenn die Stelle gar nicht besetzt wird (BAG 23.8.2012 NZA 2013, 37). Eine optische Hervorhebung des Alters auf den Bewerbungsunterlagen im Zuge des Bewerbungsverfahrens bildet allein kein ausreichendes Indiz einer altersbedingten Nichteinstellung (LAG K 28.6.2012 BeckRS 2013, 65063).

Wird eine mittelbare Benachteiligung geltend gemacht, können die Hilfstatsachen ua. in geeigneten **Statistiken** liegen, die die regelhafte und zugleich wesentl. stärkere nachteilige Betroffenheit v. Personen mit Merkmalen gem. § 1 belegt (BAG 18.10.2005 NZA 2006, 1159; 21.6.2012 NZA 2012, 1345). Auf die Begr. v. Vermutungstatsachen für eine mittelbare Benachteiligung ist die statistische Betrachtung nicht beschränkt. Grds. kann auch eine unmittelbar merkmalsbezogene Benachteiligung aufgrund v. Indizien als wahrscheinl. dargelegt werden (BAG 22.7.2010 NZA 2011, 93; 27.1.2011 NZA 2011, 689; LAG B 28.6.2011 NZA-RR 2011, 623; *Dahm* BB 2010, 1792; *Benecke* DB 2011, 934; **aA** LAG K 13.6.2006 BeckRS 2006, 43992), wenn eine benachteiligende Maßnahme nicht offen an dem Merkmal anknüpft (LAG BW 18.6.2007 BeckRS 2007, 45483). Problematisch bleibt allerdings die Aussagekraft solcher Statistiken. Das BAG anerkennt grds. eine Aussagekraft v. Statistiken für ein regelhaft einem Geschlecht ggü. verwendeten Verhalten (BAG 22.7.2010 NZA 2011, 93; 27.1.2011 NZA 2011, 689), verlangt dafür hinreichend konkrete und aussagekräftige Angaben. Aussagekraft für Merkmale, nach denen bereits in der Vergangenheit nicht unterschieden werden durfte (Geschlecht, Behinderung) wird man der Statistik nicht absprechen dürfen (*Bayreuther* NJW 2009, 806, 808; BAG 21.6.2012 NZA 2012, 1345). *Allein* aus der Zusammensetzung der Führungsebene eines Unternehmens auf eine unmittelbare Benachteiligung bei einer Beförderung zu schließen (LAG B 26.11.2008 BeckRS 2008, 58124), ist allerdings ebenfalls idR nicht mögl. (BAG 22.7.2010 NZA 2011, 93; 27.1.2011 NZA 2011, 689; LAG B 12.2.2009 NZA-RR 2009, 357; *Windel* RdA 2011, 193, 197). Dass systematisch ein Aufstieg v. Frauen in Führungspositionen verhindert wurde, lässt sich mit dem Frauenanteil an der Gesamtbelegschaft nicht nachweisen; in den Vergleich ist die jeweils darunter liegende Hierarchiestufe einzubeziehen. Dass die Unterrepräsentanz eines Geschlechtes aber dennoch in die Gesamtbetrachtung einzubeziehen ist, wird bereits durch Art. 157 IV AEUV, 23 II GRC belegt, die in solchen Fällen den gezielten Einsatz v. Maßnahmen zum Ausgleich (einer vermuteten Benachteiligung) gestatten (vgl. EuGH 11.11.1997 NZA 1997, 1337). 7

Als Indiz einer merkmalsbedingt ungünstigeren Behandlung kann auch die günstigere Behandlung einer abgesehen v. geschützten Merkmal vergleichbaren **„Testperson"** dienen (LAG SH 9.4.2014 BeckRS 2014, 69694; *Thüsing* AGG Rn. 666). Der Indizwert des Testingverfahrens ist v. der iÜ bestehenden Identität der nichtmerkmalsbezogenen Bewerbung mit der abgelehnten Bewerbung abhängig (ein Beweisverwertungsverbot fordern *Krieger/Günther* NZA 2015, 262, 264). Ob eine Person vergleichbar ist, bestimmt sich nach den Auswahlkriterien der anderen Vertragspartei; diese dürfen subj. sein, solange sie nicht diskriminierend sind. 8

Ob ein abgelehnter Bewerber eines **Auskunftsanspruch** geltend machen kann, um im Vergleich mit dem erfolgreichen Bewerber die Indizien für das Vorliegen einer Benachteiligung erst zu sammeln, war strittig (BAG 20.5.2010 NZA 2010, 1006; *Abele* FA 2010, 330; *Windel* RdA 2011, 193, 199; ablehnend: ArbG BE 1.2.2017 BeckRS 2017, 107036). Die Beweiserleichterung gem. § 22 setzt erst auf der anschließenden Prüfungsstufe ein, kann die Beweisnot bei der Feststellung eines Nachteils also nicht lindern (DB/*Bertzbach* Rn. 30). Da das BAG einen Auskunftsanspruch auch nicht als Nebenpflicht aus dem zum Bewerber gem. § 6 bestehenden Vertragsanbahnungsverhältnis, § 311 II Nr. 2 BGB anerkennen will (großzügiger bei bestehendem ArbVerh BAG 1.12.2004 NZA 2005, 289), kommt dt. Recht als Anspruchsgrdl. nicht in Betracht (**aA** DB/*Bertzbach* Rn. 28b). Der EuGH (21.7.2011 BeckRS 2011, 81408) hat einen Auskunftsanspruch zwar grds. abgelehnt, jedoch abhängig v. dem konkreten Ausmaß der Beweisnot der möglicherweise Benachteiligten eine gegenteilige Entsch. nicht ausgeschlossen. Weitergehend bleibt es möglich (EuGH 19.4.2012 NZA 2012, 493), die Ablehnung des AG, eine erbetene Auskunft zu erteilen, zur Bewertung der übrigen Indiztatsachen in die Gesamtbewertung mit einzubeziehen (krit. *Picker* NZA 2012, 641 ff.; *H. Hanau* EuZA 2013, 105 ff.). Als eigenständiges Indiz genügt die Auskunftsverweigerung nicht, die Vermutung einer Benachteiligung zu begründen (BAG 25.4.2013 BeckRS 2013, 68457), da den AG keine Begründungspflicht trifft. 9

Die vorgetragenen Hilfstatsachen sind v. Gericht einer **Gesamtbetrachtung** zu unterziehen (BAG 24.4.2008 NZA 2008, 1351; 27.1.2011 NZA 2011, 689), ob sie jdf. im Zusammenwirken die Vermutungs- 10 wirkung begründen können. Zieht das Gericht aus den bewiesenen Umständen den Schluss darauf, dass der Nachteil die Kl. gerade wegen eines Merkmals gem. § 1 getroffen hat, so führt dies zur **Beweisverlagerung** auf den AG (EuGH 17.7.2008 NZA 2008, 932; BAG 16.9.2008 NZA 2009, 79; 26.6.2014 BeckRS 2014, 73097). Dieser muss jetzt den vollen Gegenbeweis dafür erbringen, dass er nicht gegen ein Benachteiligungsverbot verstoßen hat (*Prütting* RdA 1999, 107, 111; *ders.* FS 50 Jahre BAG 2004 S. 1318; *Windel* RdA 2011, 193, 198; *Thüsing* AGG Rn. 674), dass also kein Grund gem. § 1 für seine Entsch. eine Rolle gespielt hat. Dies kann durch Widerlegung der Voraussetzungen für eine Beweislastumkehr erfolgen, durch Widerlegung des Vorbringens des Kl. bzw. durch Beseitigung der Indizienwirkung (BVerwG 3.3.2011 NJW 2011, 2452) der für eine mittelbare Benachteiligung verwendeten Statistiken und sonstigen Hilfstatsachen (*Thüsing* AGG Rn. 674). Dafür genügt nicht ein Nachw. darüber, dass es nicht diskriminierende Gründe gibt, die die Differenzierung hätten rechtfertigen können, sondern nur der Nachw., dass diese Kriterien im konkreten Fall tatsächl. verwendet worden sind. Das kann etwa durch Offenlegung der Dokumentation des Ablaufs der benachteiligenden Entsch. gelingen (LAG N 14.4.2016 BeckRS 2016, 72462; *Wiedemann* RdA 2005, 193, 197), durch Berücksichtigung älterer Bewerber trotz an „junge" gerichteter Ausschreibung (VG Mainz 21.1.2009 NVwZ-RR 2009, 570) oder durch die Berücksichtigung anderer Merkmalsträger für die Teilnahme an der zweiten Stufe eines Auswahlverfahrens (LAG K 13.12.2010 NZA-RR 2011, 175). Auch durch Formulierung diskriminierungsfreier Einstellungsgrundsätze und deutliche Distanzierung v. Äußerungen, die gegen eine solche Politik verstoßen, kann die Indizwirkung widerlegt werden (EuGH 25.4.2013 NZA 2013, 891).

11 Dass daraus gefolgert werden darf, auch ein privater AG sei mit allen nicht nach außen dokumentierten Gesichtspunkten abgeschnitten, die eine benachteiligende Auswahl widerlegen können, selbst mit dem Vortrag einer Auswahl des bestgeeigneten Kandidaten (LAG B 26.11.2008 BeckRS 2008, 58124; aA LAG HE 28.8.2009 BeckRS 2010, 67180), überzeugt jedoch nicht. Dass zusätzl. auch nicht diskriminierende Gründe die Benachteiligung veranlasst haben („Motivbündel"), reicht zur Widerlegung allerdings nicht aus (BAG 17.8.2010 NZA 2011, 153; 24.1.2013 NZA 2013, 498; 18.9.2014 BeckRS 2014, 73584); damit genügt auch die bessere Eignung eines Konkurrenten nicht automatisch. Jedoch ist der Qualifikationsvorsprung eines Konkurrenten als Indiz einer nicht diskriminierenden Einstellungsentsch. geeignet (BAG 24.1.2013 NZA 2013, 498; LAG HH 29.10.2008 BeckRS 2008, 58348; *Bayreuther* NZA-Beil. 1/2011, 27, 34; unklar LAG SN 19.9.2007 BeckRS 2009, 54520). Da ein privater AG auf eine Auswahl nach Qualifikation nicht verpflichtet ist, kann er dem Qualifikationsniveau aber auch andere Eignungskriterien vorziehen (LAG N 19.2.2008 NZA 2009, 148).Ledigl. im öffentl. Dienst ist der AG wegen seiner Bindung an Art. 33 II GG verpflichtet, alle für die Auswahlentsch. maßgebl. Kriterien im Vorhinein festzulegen und zu dokumentieren (BAG 7.4.2011 NZA-RR 2011, 494; 24.1.2013 NZA 2013, 498; LAG HM 7.8.2012 BeckRS 2012, 75038). IÜ ist es Aufgabe des Gerichts, bei der Beweiswürdigung festzustellen, ob ein nachträgl. vorgebrachter Differenzierungsgrund die Benachteiligung tatsächl. rechtfertigt oder nur eine Schutzbehauptung enthält. Zudem könnten Voraussetzungen einer Ausnahme v. Benachteiligungsverbot oder eines Rechtfertigungsgrundes bewiesen werden (*Grobys* NZA 2006, 898, 902; *Gaier/Wendtland* AGG Rn. 170).

12 **3. Anwendungsbereich der Beweislastregel.** § 22 ist anwendbar auf alle Prozesse wegen einer Benachteiligung aus den Gründen des § 1 (*Gaier/Wendtland* AGG Rn. 142). Insoweit folgt die Norm dem Vorbild der umzusetzenden RL, die ebenfalls nur Beweisregelungen für Ansprüche aus der jeweiligen RL formulieren (Art. 7 I RL 2000/43/EG, 9 I RL 2000/78/EG, 8 I RL 2004/113/EG). Neben den unmittelbar im Gesetz genannten Ansprüchen aus §§ 15, 16 II, gilt die Beweiserleichterung für alle anderen Ansprüche wegen Benachteiligung gem. § 7, einschl. der Gewährung gleichen Entgelts oder anderer Arbeitsbedingungen. Für Klagen gegen diskriminierende Kündigungen gilt, trotz anders lautender Formulierung in § 2 IV, die Beweiserleichterung ebenfalls. Auf konkurrierende Ansprüche aus anderem Rechtsgrund, wie etwa §§ 823 I, 826, 1004 BGB, ist § 22 nicht anwendbar (BAG 15.3.2012 NZA 2012, 910; 21.6.2012 NZA 2012, 1211; *Grobys* NZA 2006, 898, 899), weil der vorausgesetzte Bezug zum materiellen Gleichbehandlungsrecht nicht besteht; doch ist der beweisbelasteten Partei bei Geltendmachung spezialges. nicht geregelter Benachteiligungsgründe die Möglichkeit eines Anscheinsbeweises zu eröffnen. Auf Ansprüche, für deren Inhalt das AGG den Maßstab bildet, etwa als Verbotsgesetz gem. § 134 BGB, als Vertragsverletzung gem. § 280 BGB oder als Schutzgesetz gem. § 823 II BGB, ist die Beweislastregelung dagegen anwendbar.

§ 23 Unterstützung durch Antidiskriminierungsverbände

(1) [1]Antidiskriminierungsverbände sind Personenzusammenschlüsse, die nicht gewerbsmäßig und nicht nur vorübergehend entsprechend ihrer Satzung die besonderen Interessen von benachteiligten Personen oder Personengruppen nach Maßgabe von § 1 wahrnehmen. [2]Die Befugnisse nach den Absätzen 2 bis 4 stehen ihnen zu, wenn sie mindestens 75 Mitglieder haben oder einen Zusammenschluss aus mindestens sieben Verbänden bilden.

(2) [1]Antidiskriminierungsverbände sind befugt, im Rahmen ihres Satzungszwecks in gerichtlichen Verfahren als Beistände Benachteiligter in der Verhandlung aufzutreten. [2]Im Übrigen

bleiben die Vorschriften der Verfahrensordnungen, insbesondere diejenigen, nach denen Beiständen weiterer Vortrag untersagt werden kann, unberührt.

(3) **Antidiskriminierungsverbänden ist im Rahmen ihres Satzungszwecks die Besorgung von Rechtsangelegenheiten Benachteiligter gestattet.**

(4) **Besondere Klagerechte und Vertretungsbefugnisse von Verbänden zu Gunsten von behinderten Menschen bleiben unberührt.**

1 Die Vorschr. erlaubt bestimmten Verbänden, bei der Durchsetzung v. Rechten aus dem AGG durch Unterstützung benachteiligter Personen mitzuwirken. Dass solche **Mitwirkungsbefugnisse** geschaffen werden müssen, schreiben die RL vor (Art. 7 II RL 2000/43/EG; Art. 9 II RL 2000/78/EG; Art. 17 II RL 2006/54/EG; Art. 8 III RL 2004/113/EG). Dies kann dadurch erfolgen, dass solche Verbände „im Namen" der Betroffenen, oder „zu deren Unterstützung und mit deren Einwilligung" an den zur Durchsetzung der RL vorgesehenen Gerichts- oder Verwaltungsverfahren beteiligt werden (*Thüsing/Burg* ZTR 2007, 71). Auf die Vertretung v. eigenen Mitgliedern sind die Verbände nicht beschränkt, benötigen aber stets die Zustimmung der Betroffenen. Ein Verbandsklagerecht wurde damit nicht eingeführt, auch die im Entw. noch enthaltene Möglichkeit zur Prozessvertretung wieder beseitigt (DB/*Bertzbach* Rn. 3 f.). Ebenso wenig besteht ein Recht, fremde Rechte im eigenen Namen geltend zu machen; einer Tätigkeit v. „Abmahnvereinen" ist die Grdl. entzogen. Das Fehlen eines eigenständigen Verbandsklagerechts steht weder im Widerspruch zum Unionsrecht noch hat der EuGH seine Einf. gefordert (EuGH 10.7.2008 NZA 2008, 929).

2 Abs. 1 nennt die **Anforderungen** an einen Verband, dem die Rechte aus den Absätzen 2 bis 4 zugewiesen werden. Entscheidend ist, dass der Verband sich nicht gewerbsmäßig sowie dauerhaft (vgl. die entspr. Voraussetzungen in § 4 II UKlaG) der bes. Interessen benachteiligter Gruppen annimmt und mind. 75 Mitglieder aufweist (bei Dachverbänden: mind. 7 Mitgliedsverbände). Die hohe Mitgliederzahl soll wohl die Ernsthaftigkeit des Anliegens der Verbände und ihre Leistungsfähigkeit für die Interessenwahrung belegen. Rechtsfähig müssen die Personenzusammenschlüsse nicht sein, nicht eV genügen mithin. Satzungsgem. muss sich der Verband der Interessen v. Personen oder Gruppen annehmen, die wegen eines Merkmals nach § 1 benachteiligt werden. Eine inhaltl. oder überregional umfassende Zuständigkeit zur Interessenwahrung braucht sich der Verband nicht zuzulegen, doch darf der Benachteiligungsschutz nicht nur zufällige Nebenfolge des Verbandszwecks sein. Das Vorliegen dieser Voraussetzungen ist v. den Gerichten zu prüfen, die über den Streitfall zu entscheiden haben, an dem sich der Verband beteiligen möchte.

3 Abs. 2 lässt nur noch das Auftreten der Verbände als **Rechtsbeistand** zu, die im Entw. noch vorhandene Befugnis, als PV aufzutreten, wurde gestrichen. Der Beistand tritt neben der Partei zu ihrer Unterstützung auf, nicht an ihrer Stelle; daher bedarf er keiner Vollmacht. Die Verbände nach Abs. 1 müssen das Tätigwerden als Beistand in Gerichtsverfahren satzungsmäßig vorgesehen haben. Auftreten können sie im Einverständnis mit den Betroffenen; dabei gilt gem. § 90 II ZPO das v. Beistand vorgetragene als Vortrag der Partei, falls diese nicht sofort ber. oder widerruft.

4 **Abs. 3** erlaubt Verbänden die Besorgung v. Rechtsangelegenheiten Benachteiligter, deren Satzungszweck die Rechtsbesorgung in Diskriminierungsfragen umfasst. Rechtsberatung liegt vor, wenn eine Tätigkeit geeignet ist, Rechte zu verwirklichen oder Rechtsverhältnisse zu gestalten. Damit ist eine Beratung über die Rechtslage im Einzelfall ebenso zulässig wie die Wahrung fremder Rechte ggü. Dritten, etwa das Abfassen v. Schriftsätzen oder Klagen (DB/*Bertzbach* Rn. 29). Zulässig ist Rechtsbesorgung für außenstehende Dritte, nicht nur für Verbandsmitglieder. Außerhalb v. Gerichtsverfahren umfasst die Erlaubnis auch das Auftreten als Vertreter für benachteiligte Personen. Abs. 4 stellt den **Vorrang v. Sonderregelungen** zur Rechtsstellung v. Behindertenverbänden klar, wie etwa der Vorschr. zum Verbandsklagerecht gem. § 63 SGB IX (*Kocher* ZEuP 2004, 261, 263; *Düwell* BB 2006, 1741, 1745).

50. Aktiengesetz

Vom 6. September 1965 (BGBl. I S. 1089)

Zul. geänd. durch Gesetz vom 17. Juli 2017 (BGBl. I S. 802)

(FNA 4121-1)

– Auszug –

Erstes Buch. Aktiengesellschaft

Erster Teil. Allgemeine Vorschriften

§ 15 Verbundene Unternehmen

Verbundene Unternehmen sind rechtlich selbständige Unternehmen, die im Verhältnis zueinander in Mehrheitsbesitz stehende Unternehmen und mit Mehrheit beteiligte Unternehmen (§ 16), abhängige und herrschende Unternehmen (§ 17), Konzernunternehmen (§ 18), wechselseitig beteiligte Unternehmen (§ 19) oder Vertragsteile eines Unternehmensvertrags (§§ 291, 292) sind.

1 **1. Allgemeines.** Die §§ 15 bis 19 enthalten allg. Definitionsnormen, an die andere ges. Regelungen anknüpfen. § 15 fasst die Konzernierungstatbestände (§§ 16 bis 19) unter dem Oberbegriff „verbundene Unternehmen" zusammen. Die §§ 15 ff. sind rechtsformneutral und umfassen neben rein aktienrechtl. Konzernierungen auch solche, an denen GmbH und Personengesellschaften beteiligt sind (BAG 15.12.2011 NZA 2012, 633 Rn. 49; näher GroßK/*Windbichler* Rn. 15 ff.).

2 **2. Unternehmensbegriff.** Der den §§ 15 ff. zugrunde liegende Unternehmensbegriff wurde wegen großer praktischer Schwierigkeiten nicht ges. definiert (*Hüffer/Koch* Rn. 8). Im Hinblick auf seine Definition ist zwischen dem herrschenden und dem abhängigen Unternehmen zu unterscheiden.

3 **a) Herrschendes Unternehmen.** Nach heute wohl einhelliger Ansicht gilt im Aktienrecht als Unternehmen iSd. §§ 15 ff. jeder Gesellschafter ohne Rücksicht auf seine **Rechtsform** (BAG 15.12.2011 NZA 2012, 633 Rn. 49; 11.2.2015 AP BetrVG 1972 § 54 Nr. 18 Rn. 24), bei dem zu seiner Beteiligung an der Gesellschaft wirtschaftl. Interessenbindungen außerhalb der Gesellschaft hinzutreten, die stark genug sind, um die ernsthafte Gefahr zu begründen, der Gesellschafter könne um ihretwillen seinen Einfluss zum Nachteil der Gesellschaft geltend machen (BGH 13.10.1977 Z 69, 334, 336 ff.; 16.9.1985 Z 95, 330, 337; BAG 13.10.2004 NZA 2005, 647, 649; OLG DD 6.9.2006 WM 2007, 1029, 1030; *Emmerich/Habersack* Rn. 6 ff.; KölnK-AktG/*Koppensteiner* Rn. 20). Dies kann auf einer Beteiligung an anderen Gesellschaften oder auf der Verfolgung eigener wirtschaftl. Interessen beruhen, wenn der Gesellschafter selbst ein Unternehmen betreibt. Sofern andere Normen auf den aktienrechtl. Konzernbegriff verweisen (zB § 54 I 1 BetrVG, § 5 I 1 MitbestG), kann es deren Zweck gebieten, den Unternehmensbegriff teleologisch zu modifizieren und zB auf das Erfordernis einer wirtschaftl. Interessenbindung außerhalb der Gesellschaft zu verzichten (näher *Oetker* ZfA 1986, 177, 188 f.), s. a. MitbestG § 5 Rn. 2 und 3.

4 Für eine anderweitige wirtschaftl. Interessenbindung ist die Intensität der außerhalb der Gesellschaft verfolgten wirtschaftl. Interessen ausschlaggebend. Die erforderl. Intensität liegt regelm. bei einer maßgebl. Beteiligung an einer anderen (weiteren) Gesellschaft vor (BGH 13.12.1993 NJW 1994, 446; 18.6.2001 ZIP 2001, 1323, 1324 [dazu *Cahn* AG 2002, 30 ff.]; *Emmerich/Habersack* Rn. 13 ff.; KölnK-AktG/*Koppensteiner* Rn. 47; GroßK/*Windbichler* Rn. 36 ff. jeweils mwN; s. OLG KA 9.6.1999 ZIP 1999, 1176, 1177; OLG F 22.12.2003 AG 2004, 567, 568), kann sich aber auch aus einer nicht gewerbsmäßigen, insb. freiberufl. Betätigung des Gesellschafters ergeben (BGH 19.9.1994 NJW 1994, 3288, 3290; *Hüffer/Koch* Rn. 14; KölnK-AktG/*Koppensteiner* Rn. 33). Herrschende Unternehmen können unter dieser Voraussetzung **jur. und natürl. Personen** (grdl. BGH 16.9.1985 Z 95, 330, 337 mwN; s. a. BGH 25.11.1996 BB 1997, 489 f.; OLG CE 18.11.1998 AG 1999, 572, 573), aber auch **rechtsfähige Personengesellschaften,** die öffentl. Hand (grdl. BGH 13.10.1977 Z 69, 334, 336 ff.; 17.3.1997 Z 135, 107, 113 f.; s. *Emmerich/Habersack* Rn. 26 ff.) oder Gewerkschaften (*Hüffer/Koch* Rn. 17; KölnK-AktG/*Koppensteiner* Rn. 33) sein.

5 **b) Abhängiges Unternehmen.** Der Begriff des abhängigen Unternehmens ist weit zu interpretieren. Da es nicht darauf ankommt, ob Interessen außerhalb der eigenen Gesellschaft verfolgt werden, ist praktisch jede Gesellschaft Unternehmen, ohne dass die **Höhe der Beteiligung** des herrschenden Unternehmens von Bedeutung ist (*Emmerich/Habersack* Rn. 24 f.; KölnK-AktG/*Koppensteiner*

Rn. 86; *Hüffer/Koch* Rn. 19). Entspr. gilt für die **Rechtsform** des Unternehmens (BAG 11.2.2015 AP BetrVG 1972 § 54 Nr. 18 Rn. 24).

3. Rechtliche Selbständigkeit. Für die in § 15 vorausgesetzte rechtl. Selbständigkeit der Unternehmen ist, unabhängig von der Rechtsfähigkeit, die Zuordnung zu verschiedenen Rechtsträgern maßgebend (*Hüffer/Koch* Rn. 20; KölnK-AktG/*Koppensteiner* Rn. 94; GroßK/*Windbichler* Rn. 14). 6

§ 16 In Mehrheitsbesitz stehende Unternehmen und mit Mehrheit beteiligte Unternehmen

(1) Gehört die Mehrheit der Anteile eines rechtlich selbständigen Unternehmens einem anderen Unternehmen oder steht einem anderen Unternehmen die Mehrheit der Stimmrechte zu (Mehrheitsbeteiligung), so ist das Unternehmen ein in Mehrheitsbesitz stehendes Unternehmen, das andere Unternehmen ein an ihm mit Mehrheit beteiligtes Unternehmen.

(2) [1] Welcher Teil der Anteile einem Unternehmen gehört, bestimmt sich bei Kapitalgesellschaften nach dem Verhältnis des Gesamtnennbetrags der ihm gehörenden Anteile zum Nennkapital, bei Gesellschaften mit Stückaktien nach der Zahl der Aktien. [2] Eigene Anteile sind bei Kapitalgesellschaften vom Nennkapital, bei Gesellschaften mit Stückaktien von der Zahl der Aktien abzusetzen. [3] Eigenen Anteilen des Unternehmens stehen Anteile gleich, die einem anderen für Rechnung des Unternehmens gehören.

(3) [1] Welcher Teil der Stimmrechte einem Unternehmen zusteht, bestimmt sich nach dem Verhältnis der Zahl der Stimmrechte, die es aus den ihm gehörenden Anteilen ausüben kann, zur Gesamtzahl aller Stimmrechte. [2] Von der Gesamtzahl aller Stimmrechte sind die Stimmrechte aus eigenen Anteilen sowie aus Anteilen, die nach Absatz 2 Satz 3 eigenen Anteilen gleichstehen, abzusetzen.

(4) Als Anteile, die einem Unternehmen gehören, gelten auch die Anteile, die einem von ihm abhängigen Unternehmen oder einem anderen für Rechnung des Unternehmens oder eines von diesem abhängigen Unternehmens gehören und, wenn der Inhaber des Unternehmens ein Einzelkaufmann ist, auch die Anteile, die sonstiges Vermögen des Inhabers sind.

Die Norm definiert den Begriff der Mehrheitsbeteiligung und löst eine widerlegbare Abhängigkeitsvermutung aus (s. § 17 II sowie § 17 Rn. 4). Eine Mehrheitsbeteiligung liegt nach § 16 I vor, wenn die Mehrheit der Anteile eines rechtl. selbständigen Unternehmens einem anderen Unternehmen gehört (sog. Anteilsmehrheit) oder dem anderen Unternehmen die Mehrheit der Stimmen zusteht (sog. Stimmenmehrheit). Anteils- und Stimmenmehrheit werden idR zusammenfallen, können aber auch voneinander abweichen, namentl. bei der Ausgabe von Mehrstimmaktien (§ 12 II 2) oder stimmrechtslosen Vorzugsaktien (§§ 12 I 2, 139 ff.). Die Berechnung der Anteils- und der Stimmenmehrheit ist in Abs. 2 und 3 näher geregelt. Mittelbare Beteiligungen werden dem Unternehmen unter den Voraussetzungen des Abs. 4 zugerechnet. 1

§ 17 Abhängige und herrschende Unternehmen

(1) Abhängige Unternehmen sind rechtlich selbständige Unternehmen, auf die ein anderes Unternehmen (herrschendes Unternehmen) unmittelbar oder mittelbar einen beherrschenden Einfluß ausüben kann.

(2) Von einem in Mehrheitsbesitz stehenden Unternehmen wird vermutet, daß es von dem an ihm mit Mehrheit beteiligten Unternehmen abhängig ist.

1. Allgemeines. Die in § 17 umschriebene Abhängigkeit eines Unternehmens von einem anderen ist der zentrale Anknüpfungspunkt des Konzernrechts. Er stellt durch die Vermutung in § 18 I 3 den praktisch wichtigsten Bezugspunkt für den Konzernbegriff dar und bildet auch die Grdl. für die ges. (§§ 311 bis 318) Haftung im faktischen Konzern. 1

2. Abhängigkeitsbegriff (beherrschender Einfluss). Nach § 17 I liegt Abhängigkeit vor, wenn ein (herrschendes) Unternehmen auf ein anderes (abhängiges) Unternehmen unmittelbar oder mittelbar beherrschenden Einfluss ausüben kann. Eine mehrstufige (über Tochtergesellschaft vermittelte) Abhängigkeit genügt deshalb (BAG 11.2.2015 AP BetrVG 1972 § 54 Nr. 18 Rn. 31). Die Möglichkeit zur Ausübung eines beherrschenden Einflusses muss durch **gesellschaftsrechtl. Einwirkungsmöglichkeiten** auf das andere Unternehmen vermittelt werden. Damit scheiden rein wirtschaftl. Abhängigkeiten aus, die auf externen Austauschbeziehungen, wie Liefer- oder Kreditverträgen, beruhen (grdl. BGH 26.3.1984 Z 90, 381, 395 f.; ferner OLG KA 11.12.2003 NZG 2004, 334, 335; OLG F 22.12.2003 AG 2004, 567, 568; GroßK/*Windbichler* Rn. 12 f.; offen BAG 9.2.2011 NZA 2011, 866 Rn. 27; 11.2.2015 AP BetrVG 1972 § 54 Nr. 18 Rn. 26). Eine Beherrschung entsteht zwgd. durch Abschluss eines Unter- 2 nehmensvertrags nach § 291 (§ 18 I 2, s. § 18 Rn. 4). In Anknüpfung an § 17 II kann eine Beherrschung ausgeübt werden, wenn der ausübbare Einfluss nach Art und Umf. den Einflussmöglichkeiten einer Mehrheitsbeteiligung iSv. § 16 gleichkommt (*Hüffer/Koch* Rn. 5). Er kann auch bei einer **Minderheitsbeteiligung** vorliegen, wenn rechtl. oder tats. Gegebenheiten (zB HVMehrheit) einen beherrschenden Einfluss vermitteln (BGH 13.10.1977 Z 69, 334, 347; 17.3.1997 Z 135, 105, 114 f.; BAG 11.2.2015 AP BetrVG 1972 § 54 Nr. 18 Rn. 26; OLG KA 11.12.2003 NZG 2004, 334, 335; s. a. GroßK/*Windbichler* Rn. 23 f. mwN).

3 Ein beherrschender Einfluss wird vorrangig dadurch indiziert, dass das herrschende Unternehmen die **personelle Besetzung der Verwaltungsorgane** des anderen Unternehmens maßgebl. beeinflussen kann, da die Organmitglieder idR den Interessen des herrschenden Unternehmens entsprechen werden (*Emmerich/Habersack* Rn. 6 f.; MüKoAktG/*Bayer* Rn. 27; KölnK-AktG/*Koppensteiner* Rn. 21). Rein personelle Verflechtungen zwischen den Unternehmen begründen nach hM nicht zwgd. eine derartige Abhängigkeit (KölnK-AktG/*Koppensteiner* Rn. 62; **aA** *Säcker* ZHR 151 [1987], 59; s. GroßK/*Windbichler* Rn. 43 ff.). Abhängigkeit können auch Satzungsbestimmungen begründen, die einem Gesellschafter einen bes. **Einfluss auf die Geschäftsführung** der Gesellschaft einräumen (*Emmerich/Habersack* Rn. 20; KölnK-AktG/*Koppensteiner* Rn. 50). In der AG kommt dies wegen § 23 V praktisch nur bei der Ausgabe von Mehrstimmaktien (§ 12 II) in Betracht. Die Beherrschung setzt nicht voraus, dass von der bestehenden Einflussmöglichkeit Gebrauch gemacht wird; es genügt, wenn es einem Unternehmen mögl. ist, seinen Willen in einem anderen Unternehmen durchzusetzen (BGH 4.3.1974 Z 62, 193, 201; OLG KA 11.12.2003 NZG 2004, 334, 335; s. GroßK/*Windbichler* Rn. 19 f.).

4 **3. Abhängigkeitsvermutung.** § 17 II stellt die widerlegbare Vermutung auf, dass eine Mehrheitsbeteiligung (s. § 16) ein Abhängigkeitsverhältnis begr. Wegen der damit bewirkten Umkehr der Darlegungs- und Beweislast obliegt es demjenigen, der sich auf die Unabhängigkeit der Unternehmen beruft, Tatsachen vorzutragen, die die vermutete Beherrschung entkräften (*Hüffer/Koch* Rn. 18; GroßK/*Windbichler* Rn. 70). Als die Vermutung **widerlegende Tatsachen** kommen alle Umstände in Betracht, die den Einfluss des mit Mehrheit beteiligten Unternehmens auf die personelle Zusammensetzung der Verwaltungsorgane des anderen Unternehmens nachhaltig abschwächen (s. a. BAG 11.2.2015 AP BetrVG 1972 § 54 Nr. 18). So insb. durch Satzungsbestimmungen, die das **Stimmrecht** weitgehend beschränken, zB Höchststimmrechte gem. § 134 I 2, qualifizierte Beschlussmehrheiten (*Emmerich/Habersack* Rn. 39; KölnK-AktG/*Koppensteiner* Rn. 104), Stimmbindungsverträge, die eine Ausübung der Stimmenmehrheit ausschließen (hierzu KölnK-AktG/*Koppensteiner* Rn. 107 sowie ArbG D 8.9.2004 AuR 2005, 338, 339) oder sog. **Entherrschungsverträge** (hierzu *Emmerich/Habersack* Rn. 42 ff.; KölnK-AktG/*Koppensteiner* Rn. 109; GroßK/*Windbichler* Rn. 80 ff. mwN). Entspr. gilt für Beherrschungsverträge, die zu anderen Konzernunternehmen bestehen (OLG D 30.11.2006 ZIP 2006, 2375, 2376 f.).

5 **4. Gemeinschaftsunternehmen.** Ein Gemeinschaftsunternehmen liegt vor, wenn ein Unternehmen von mind. zwei anderen Unternehmen in der Weise beherrscht wird, dass erst die Summe des Einflusspotentials zu einer Abhängigkeit führt (*Emmerich/Habersack* Rn. 30; *Hüffer/Koch* Rn. 13; KölnK-AktG/*Koppensteiner* Rn. 83 mwN). Die mehrfache Abhängigkeit setzt eine **Koordination der Einflusspotentiale** der beteiligten Mutterunternehmen voraus, die durch vertragl. Vereinb., aber auch in Form eines Gleichordnungskonzerns (§ 18 Rn. 5) hergestellt werden kann (BAG 13.10.2004 NZA 2005, 647, 649 f.; 11.2.2015 AP BetrVG 1972 § 54 Nr. 18 Rn. 27; KölnK-AktG/*Koppensteiner* Rn. 74). Dass bei paritätischen Gemeinschaftsunternehmen, dh. bei einer gleichgewichtigen Beteiligung beider Mutterunternehmen, grds. eine Abhängigkeit wegen des faktischen Einigungszwangs besteht bzw. zu vermuten ist (so *Säcker* NJW 1980, 401, 404; *Klinkhammer,* Mitbestimmung in Gemeinschaftsunternehmen, 1977 S. 70 ff.; iE a. OLG D 30.11.2006 ZIP 2006, 2375, 2378), verneint die hM (BGH 5.8.1979 Z 74, 359, 366; *Hüffer/Koch* Rn. 16; KölnK-AktG/*Koppensteiner* Rn. 93; *Steindorff* NJW 1980, 1921, 1922; iE a. BAG 11.2.2015 AP BetrVG 1972 § 54 Nr. 18 Rn. 27 iVm. Rn. 34); idR werden sich bei der Feststellung keine Unterschiede ergeben (s. a. *Emmerich/Habersack* Rn. 31). Das Abhängigkeitsverhältnis besteht zu den gemeinsam herrschenden Unternehmen und nicht zu der häufig zwischen ihnen bestehenden GbR (grdl. BGH 4.3.1974 Z 62, 193, 195 ff. sowie BAG 13.10.2004 NZA 2005, 647, 650; 11.2.2015 AP BetrVG 1972 § 54 Nr. 18 Rn. 27; MüKoAktG/*Bayer* Rn. 83; KölnK-AktG/*Koppensteiner* Rn. 86). IdR wird auch ein Konzern iSv. § 18 I begr. (§ 18 Rn. 3). Zu mitbestimmungsrechtl. Besonderheiten MitbestG § 5 Rn. 10.

6 **5. Rechtsfolgen.** Wichtigste Rechtsfolge der Abhängigkeit ist die **Konzernvermutung nach** § 18 I 3 (§ 18 Rn. 4). Daneben dient sie als Anknüpfungspunkt für zahlreiche andere Regelungen: zB die Beschränkung der Zahl der ARMandate (§ 100 Rn. 3) und die Genehmigungspflicht der Kreditgewährung an ARMitglieder (§ 115), ausf. GroßK/*Windbichler* Rn. 4 ff.

§ 18 Konzern und Konzernunternehmen

(1) [1]Sind ein herrschendes und ein oder mehrere abhängige Unternehmen unter der einheitlichen Leitung des herrschenden Unternehmens zusammengefaßt, so bilden sie einen Konzern; die einzelnen Unternehmen sind Konzernunternehmen. [2]Unternehmen, zwischen denen ein Beherrschungsvertrag (§ 291) besteht oder von denen das eine in das andere eingegliedert ist (§ 319), sind als unter einheitlicher Leitung zusammengefaßt anzusehen. [3]Von einem abhängigen Unternehmen wird vermutet, daß es mit dem herrschenden Unternehmen einen Konzern bildet.

(2) Sind rechtlich selbständige Unternehmen, ohne daß das eine Unternehmen von dem anderen abhängig ist, unter einheitlicher Leitung zusammengefaßt, so bilden sie auch einen Konzern; die einzelnen Unternehmen sind Konzernunternehmen.

1. Allgemeines. § 18 definiert den Konzern als die Zusammenfassung mehrerer Unternehmen unter der einheitl. Leitung eines anderen Unternehmens und diff. zwischen dem praktisch wichtigen **Unterordnungskonzern** (Abs. 1) sowie dem **Gleichordnungskonzern** (Abs. 2). Im Vergleich zum Abhängigkeitstatbestand kommt dem Konzernbegriff eine weitaus geringere Bedeutung zu, weil die Mehrheit der ges. Regelungen bereits an ersteren anknüpft (s. aber GroßK/*Windbichler* Rn. 8 ff.). 1

2. Unterordnungskonzern. Nach § 18 I 1 liegt ein Unterordnungskonzern vor, wenn ein herrschendes ein oder mehrere abhängige Unternehmen unter einheitl. Leitung zusammengefasst hat. Die so zusammengefassten Unternehmen sind Konzernunternehmen (§ 18 I 1 Hs. 2). Das zentrale Konzernierungsmerkmal der einheitl. Leitung ist gegeben, wenn die bestimmenden **Leitungs- und Planungsentsch.** der beteiligten Unternehmen in den Händen des herrschenden Unternehmens liegen und dieses seine unternehmerische Zielkonzeption in den beteiligten Unternehmen verwirklicht (iE str.; s. KölnK-AktG/*Koppensteiner* Rn. 17 ff.; *Hüffer/Koch* Rn. 8 ff.; GroßK/*Windbichler* Rn. 24 ff. jeweils mwN). IdR liegt eine einheitl. Leitung bei **einheitl. Finanzplanung und -kontrolle** der beteiligten Unternehmen vor (*Emmerich/Habersack* Rn. 14a; *Hüffer/Koch* Rn. 9, 11; KölnK-AktG/*Koppensteiner* Rn. 25; s. a. *Scheffler* AG 1990, 173 ff.). 2

Ein **Konzern im Konzern** liegt vor, wenn innerhalb einer mehrstufigen Abhängigkeit die einheitl. Leitung sowohl durch die Muttergesellschaft, als auch durch die Tochtergesellschaft in der Enkelgesellschaft ausgeübt wird. Dieser Tatbestand der Konzernierung wird für das gesellschaftsrechtl. orientierte Konzernrecht einhellig abgelehnt, da er für die Lösung der dort auftretenden Probleme nicht erforderl. ist (s. *Emmerich/Habersack* Rn. 17 ff.; *Hüffer/Koch* Rn. 14; KölnK-AktG/*Koppensteiner* Rn. 31). Eine andere Beurteilung gilt für die Konzernzurechnung im MBR, s. MitbestG § 5 Rn. 8 f.; s. a. BetrVG § 54 Rn. 5 u. 7. **Gemeinschaftsunternehmen** (§ 17 Rn. 5) stehen bei einheitl. Ausübung der Leitung in einem Konzernverhältnis zu den beteiligten herrschenden Unternehmen (BAG 11.2.2015 AP BetrVG 1972 § 54 Nr. 18 Rn. 27; *Emmerich/Habersack* § 17 Rn. 28 ff.; KölnK-AktG/*Koppensteiner* Rn. 34). 3

Besteht zwischen den Unternehmen ein **Beherrschungsvertrag** (§ 291 I 1. Fall) oder ist das eine Unternehmen in das andere **eingegliedert** (§§ 319 ff.), wird nach § 18 I 2 unwiderlegbar vermutet, dass zwischen den beteiligten Unternehmen ein Konzernverhältnis besteht. Auch für den Fall der **Abhängigkeit** stellt § 18 I 3 die Vermutung für das Bestehen einer einheitl. Leitung auf. Sie kann jedoch im Einzelfall durch Widerlegung der in § 17 II vermuteten Abhängigkeit (§ 17 Rn. 4) oder des in § 18 I 3 unterstellten Sachverhalts der einheitl. Leitung entkräftet werden (BAG 11.2.2015 AP BetrVG 1972 § 54 Nr. 18 Rn. 25). Letzterer wird insb. durch den Nachw. von Umständen widerlegt, nach denen eine finanzielle Koordinierung der Gesellschaften ausgeschlossen ist (*Hüffer/Koch* Rn. 19; GroßK/*Windbichler* Rn. 36 ff. mwN) bzw. die Unternehmensentsch. in allen wesentl. Bereichen der Unternehmenspolitik ohne beherrschende Einflussnahme der Mehrheitsgesellschaft getroffen werden (BAG 15.12.2011 NZA 2012, 633 Rn. 52; 11.2.2015 AP BetrVG 1972 § 54 Nr. 18 Rn. 25). Zur Konzernvermutung bei Gemeinschaftsunternehmen s. MitbestG § 5 Rn. 11. 4

3. Gleichordnungskonzern. Bei einem Gleichordnungskonzern sind nach § 18 II mehrere Unternehmen unter einer einheitl. Leitung zusammengefasst, ohne dass zwischen den beteiligten Unternehmen ein Beherrschungs- bzw. Abhängigkeitsverhältnis besteht (s. a. § 291 II). Ihrer Rechtsnatur nach bilden vertragl. begr. Gleichordnungskonzerne eine GbR (*Emmerich/Habersack* Rn. 29; *Hüffer/Koch* Rn. 20; s. a. *K. Schmidt* ZHR 155 [1991], 417 ff.). 5

4. Rechtsfolgen. Der Tatbestand des Unterordnungskonzerns hat primär für die (Konzern-)Rechnungslegung der Unternehmen Bedeutung (s. §§ 290 ff. HGB). Andere Anknüpfungspunkte finden sich in § 97 (Statusverfahren) und in § 100 II 2 (s. dort Rn. 3). Für den Gleichordnungskonzern werden nur die Rechtsfolgen des § 15 praktisch relevant. 6

Vierter Teil. Verfassung der Aktiengesellschaft

Zweiter Abschnitt. Aufsichtsrat

§ 95 Zahl der Aufsichtsratsmitglieder

[1] Der Aufsichtsrat besteht aus drei Mitgliedern. [2] Die Satzung kann eine bestimmte höhere Zahl festsetzen. [3] Die Zahl muß durch drei teilbar sein, wenn dies zur Erfüllung mitbestimmungsrechtlicher Vorgaben erforderlich ist. [4] Die Höchstzahl der Aufsichtsratsmitglieder beträgt bei Gesellschaften mit einem Grundkapital

bis zu	**1 500 000 Euro neun,**
von mehr als	**1 500 000 Euro fünfzehn,**
von mehr als	**10 000 000 Euro einundzwanzig.**

[5] Durch die vorstehenden Vorschriften werden hiervon abweichende Vorschriften des Mitbestimmungsgesetzes vom 4. Mai 1976 (Bundesgesetzbl. I S. 1153), des Montan-Mitbestimmungsgesetzes und des Gesetzes zur Ergänzung des Gesetzes über die Mitbestimmung der Arbeitnehmer in den Aufsichtsräten und Vorständen der Unternehmen des Bergbaus und der Eisen und Stahl erzeugenden Industrie in der im Bundesgesetzblatt Teil III, Gliederungsnummer 801–3, veröffentlichten bereinigten Fassung – Mitbestimmungsergänzungsgesetz – nicht berührt.

1 § 95 beschränkt den Spielraum der Satzung im Hinblick auf die Größe des AR. Damit wird zum einen die Möglichkeit der HV begrenzt, die **Beteiligung von ANVertretern** durch Verminderung der ARGröße zu beeinflussen. Hierauf beruht auch S. 3, der gewährleisten soll, dass in Gesellschaften, die dem DrittelbG unterliegen, der AR zu einem Drittel aus Vertretern der AN besteht (s. § 4 I DrittelbG), so dass es unschädl. ist, dass S. 5 das DrittelbG nicht benennt. Demggü. soll die Einf. von **Höchstzahlen** (S. 4) die Effektivität der ARArbeit gewährleisten (GroßK/*Hopt/Roth* Rn. 32; KölnK-AktG/*Mertens/Cahn* Rn. 5). S. 5 stellt den **Vorrang der mitbestimmungsrechtl. Regelungen** klar; unterliegt eine Gesellschaft einem der genannten G, dann gelten die dortigen Bestimmungen zur Zusammensetzung des AR (s. § 7 MitbestG, § 4 Montan-MitbestG, § 5 MitbestErgG).

2 Der **Anwendungsbereich** der Vorschr. beschränkt sich auf die mitbestimmungsfreie AG und solche, die dem DrittelbG unterliegen. Nach der ges. Grundregel in S. 1 muss der AR mind. aus drei Mitgliedern bestehen. Nach S. 2 kann die Satzung eine höhere, nicht aber eine variable Mitgliederzahl bestimmen (GroßK/*Hopt/Roth* Rn. 60). Den Gestaltungsspielraum begrenzen S. 3 und 4 durch das Erfordernis der **Dreiteilbarkeit** sowie am Grundkapital orientierte **Höchstzahlen,** für die das tats. ausgegebene Grundkapital maßgebl. ist (KölnK-AktG/*Mertens/Cahn* Rn. 13). S. 3 beschränkt den Dreiteilbarkeitsgrds. seit der Aktienrechtsnovelle 2016 v. 22.12.2015 (BGBl. I S. 2565) auf mitbestimmte AG (s. *Harbarth* AG 2016, 145, 149 f.; ferner *Bayer/Scholz* ZIP 2016, 193 ff.), die dem DrittelbG unterliegen. Erforderl. ist die Dreiteilbarkeit ausschl., wenn der AR auf Grund eines Statusverfahrens (§§ 97 ff.) nach dem DrittelbG zusammenzusetzen ist (Begr. BT-Drs. 18/6681, 11; zum Hineinwachsen *Bayer/Scholz* ZIP 2016, 193, 194 f.). Unterbleibt bei der AG gesetzeswidrig die Anwendung des DrittelbG, findet S. 3 bei der Gesellschaft keine Anwendung. Eine Beteiligung von AN-Vertretern auf freiwilliger Basis (DrittelbG Einf. Rn. 7) genügt nicht; S. 3 verknüpft die Bindung an die Dreiteilbarkeit ausdr. mit der Anwendung rechtl. Vorgaben. Die freiwillige und ggf. durch Stimmbindungsvertrag abgesicherte Bestellung von AN in den AR zwingt nicht zur Anwendung des Dreiteilbarkeitsgrds.; hierbei handelt es sich nicht um mitbestimmungsrechtl. Vorgaben iSd. S. 3.

3 Bei Änd. **der ARGröße durch die Satzung** ist zwischen der Erhöhung und der Verminderung zu unterscheiden. Wird die Zahl der ARMandate **erhöht**, ist unabhängig vom Mitbestimmungsstatut eine Ergänzungswahl durch die HV bzw. nach dem einschlägigen MitbestimmungsG durchzuführen. Bei einer **Verminderung** der ARGröße, namentl. auch soweit die Gesellschaft dem DrittelbG unterliegt, bleiben nach hM die ARMitglieder bis zum Ablauf der Amtszeit im Amt (OLG HH 26.8.1988 DB 1988, 1941, 1941 f.; OLG DD 18.2.1997 ZIP 1997, 589, 591; *Martens* DB 1978, 1065, 1069; *Hüffer/Koch* Rn. 5; MüKoAktG/*Habersack* Rn. 19 ff.; KölnK-AktG/*Mertens/Cahn* Rn. 25; für mitbestimmte AG s. a. GroßK/*Hopt/Roth* Rn. 96 mwN; **aA** bei mitbestimmungsfreier AG HS/*Henssler* Rn. 2: Abberufung nach § 103). Näher zu den Voraussetzungen des Statusverfahrens §§ 97 bis 99 Rn. 4 ff.

4 **Verstöße** gegen S. 1 führen zur Nichtigkeit der Satzungsbestimmung (ebenso MüKoAktG/*Habersack* Rn. 22; GroßK/*Hopt/Roth* Rn. 71; KölnK-AktG/*Mertens/Cahn* Rn. 16). Bei einer Verletzung von S. 2 oder 4 gelten statt der Satzungsbestimmung die ges. Regelung (str., s. GroßK/*Hopt/Roth* Rn. 72). Entspr. gilt, wenn die ARGröße nicht mit S. 3 übereinstimmt, obwohl die AG dem DrittelbG unterliegt. Ein HVBeschl. über die Bestellung der ARMitglieder ist nach § 250 I Nr. 3 nur nichtig, wenn die nach § 95 oder den MitbestimmungsG zulässige Höchstzahl überschritten wird. Alle nicht hierunter fallenden Verletzungen des G oder der Satzung führen ledigl. zur Anfechtbarkeit des Beschl. (*Hüffer/Koch* Rn. 7; MüKoAktG/*Habersack* Rn. 26).

Beschlussergebnis relevant war (Begr. RegE, BT-Drs. 18/3784, 128; s. § 101 Rn. 5). Für die Wahl der **ANVertreter** nach dem **MitbestG** fehlt eine ausdr. Rechtsfolge, da § 18a MitbestG nur für die Getrennterfüllung gilt (s. MitbestG § 18a Rn. 1). Hieraus wird tw. der Schluss gezogen, dass die Rechtswirksamkeit ihrer Wahl nicht in Frage gestellt sei (so *Schulz/Ruf* BB 2015, 1155, 1159; *Wißmann* FS Höland 2015 S. 600, 606; WKS/*Wißmann* § 6 MitbestG Rn. 73; wohl a. *FKP* Rn. 744; *Junker/Schmidt-Pfitzner* NZG 2015, 929, 931; **aA** *Oetker* ZHR 179 [2015], 707, 726; *Hüffer/Koch* Rn. 25; *Seibt* ZIP 2015, 1193, 1201; iE a. *Röder/Arnold* NZA 2015, 297, 282 f.; NK-GA/*Heither/v. Morgen* § 7 MitbestG Rn. 37: § 18a MitbestG analog). Damit würde das Risiko eines „leeren Stuhls" jedoch systemwidrig einseitig auf die AESeite verlagert, die wegen des fehlenden Widerspruchs mit der Pflicht belastet würde, für die Wahrung des Mindestanteils Sorge zu tragen. Andererseits steht einer Analogie zu § 18a MitbestG entgegen, dass auf diese Weise indirekt ein Wechsel zur Getrennterfüllung eintreten würde, ohne dass ein entspr. Widerspruch vorliegt.

d) Getrennterfüllung. Zu einer Getrennterfüllung kommt es nur, wenn der Gesamterfüllung widersprochen wird, wobei das **Widerspruchsrecht** den noch amtierenden ARMitgliedern der AE-oder der ANSeite zusteht, da dieses **vor der Wahl** ausgeübt werden muss. Der Zpkt. kann deshalb für die AE- und die ANVertreter unterschiedl. sein. Dabei bindet der Widerspruch der einen Seite die jeweils andere Seite. In **zeitl. Hinsicht** kann ein Widerspruch von der jeweiligen Seite jdf. dann nicht mehr beschlossen werden, wenn diese die Wahl ihrer Vertreter bereits eingeleitet hat (**aA** NK-GA/*Heither/v. Morgen* § 7 MitbestG Rn. 24; *Röder/Arnold* NZA 2015, 279, 284). Dies ergibt sich für die AESeite aus § 124 II 4 und für die ANSeite aus § 18a MitbestG bzw. § 5a Montan-MitbestG. Zudem hat die Wahl der ARMitglieder für beide Seiten einheitl. zu erfolgen, so dass die eingeleitete Wahl der ANVertreter im Modus der Gesamterfüllung den AEVertretern die Möglichkeit entzieht, mittels eines Widerspruchs in den Modus der Getrennterfüllung zu wechseln (näher *Oetker* ZHR 179 [2015], 707, 718, 722; *ders.* ArbRGeg. 53 [2016], 47, 67 f.; ebenso NK-GA/*Heither/v. Morgen* § 7 MitbestG Rn. 20; WKS/*Wißmann* § 6 MitbestG Rn. 70; **aA** *Röder/Arnold* NZA 2015, 279, 284; *Wißmann* FS Höland 2015 S. 600, 606; wohl a. *Schulz/Ruf* BB 2015, 1155, 1157). 8

Ein wirksamer und zur Getrennterfüllung führender Widerspruch setzt einen **Mehrheitsbeschl.** voraus, für den auf die Mehrheit der noch amtierenden und nicht auf die an der Abstimmung teilnehmenden Mitglieder abzustellen ist (*Oetker* ZHR 179 [2015], 707, 720 f.; **aA** SL/*Drygala* Rn. 47; *Junker/Schmidt-Pfitzner* NZG 2015, 929, 930; WKS/*Wißmann* § 6 MitbestG Rn. 68: einfache Mehrheit). Seine Rechtswirkungen entfaltet der Beschl. mit Zugang beim ARVors. (SL/*Drygala* Rn. 47; Spindler/Stilz/*Spindler* Rn. 33; WKS/*Wißmann* § 6 MitbestG Rn. 68). **Formvorschr.** sind für den Widerspruch nicht zu wahren (SL/*Drygala* Rn. 47; *Düwell* FA 2015, 100, 102; *Schulz/Ruf* BB 2015, 1155, 1157). Wegen seiner rechtsgestaltenden Wirkung ist ein rechtswirksam beschlossener Widerspruch grds. unwiderrufl. (BT-Ausschuss, BT-Drs. 18/4227, 25; *Oetker* ZHR 179 [2015], 707, 723 f.; Spindler/Stilz/*Spindler* Rn. 33). Seine **Bindungswirkung** beschränkt sich auf die unmittelbar bevorstehende Wahl („für diese Wahl") (Begr. RegE, BT-Drs. 18/3784, 127; SL/*Drygala* Rn. 46); bei der nachf. Wahl ist nur dann die Getrennterfüllung für die Wahrung des Mindestanteilsgebots maßgebl., wenn die ARMitglieder der AE- oder der ANSeite erneut einen Widerspruch beschließen (Begr. RegE, BT-Drs. 18/2784, 127; *Hüffer/Koch* Rn. 15; *Junker/Schmidt-Pfitzner* NZG 2015, 929, 930; *Oetker* ZHR 179 [2015], 707, 724 f.; WKS/*Wißmann* § 6 MitbestG Rn. 75). Andererseits bleibt die bei der Wahl des AR maßgebl. Getrennterfüllung für die gesamte Amtsperiode zu beachten (zust. WKS/*Wißmann* § 6 MitbestG Rn. 75) und gilt insb. bei einer Nachwahl oder einer gerichtl. Ersatzbestellung (§ 104 V; s. § 104 Rn. 6). Ohne rechtzeitig beschlossenen und erklärten Widerspruch richtet sich die Wahrung des Mindestanteilsgebots zwgd. nach dem Prinzip der Gesamterfüllung. 9

Den **Wechsel zur Getrennterfüllung** eröffnet § 96 II 5 auch **nach einer Wahl,** für die die Gesamterfüllung maßgebl. war. Der Widerspruch ist in dieser Konstellation jedoch nur derjenigen Seite eröffnet, die zunächst einen höheren Frauenanteil als die andere Seite hatte. Zudem muss sich der höhere Frauenanteil einer Seite nachträgl. verringert haben (insb. Amtsverlust, aber a. Geschlechtsumwandlung). Eine rechtl. Verpflichtung, die urspr. Übererfüllung während der Wahlperiode zugunsten der anderen Seite aufrechtzuerhalten, besteht nicht (s. Begr. RegE, BT-Drs. 18/3784, 127; *Düwell* FA 2015, 100, 103; *Grobe* AG 2015, 289, 293). Für die entspr. Nachwahl bzw. Ersatzbestellung (s. § 104 V) kann nunmehr ein Wechsel zur Getrennterfüllung vollzogen werden, ohne dass sich dies auf die Zusammensetzung der ARVertreter der anderen Seite auswirkt. Obwohl diese bei isolierter Betrachtung nicht mehr das Mindestanteilsgebot wahrt, bleibt die Bestellung ihrer ARMitglieder bis zum Ablauf ihrer Amtszeit rechtswirksam. Erst beim vorzeitigen Ausscheiden eines AR-Mitglieds dieser Seite ist für die Nachwahl oder die Ersatzbestellung das Mindestanteilsgebot auch von ihr zu beachten (Begr. RegE, BT-Drs. 18/3784, 127; *Düwell* FA 2015, 100, 103; *Grobe* AG 2015, 289, 293; *Teichmann/Rüb* BB 2015, 898, 899). 10

e) Grenzüberschreitende Verschmelzung. Soweit es infolge einer grenzüberschreitenden Verschmelzung zur Errichtung einer Gesellschaft kommt, trifft § 96 III eine Sonderregelung, die partiell von § 96 II abweicht. Wegen der notwendigen Börsennotierung (§ 3 II) werden von § 96 III nur AG erfasst. Ferner gilt das Mindestanteilsgebot von 30% für die AG nur, wenn das Aufsichts- oder 11

Verwaltungsorgan aus einer gleich großen Anzahl von AE- und ARVertretern besteht (s. auch MitbestG Einl. Rn. 12). Obwohl § 96 III 1 das MgVG in Bezug nimmt, gilt das Mindestanteilsgebot nicht nur, wenn die **ges. Auffangregelung** (s. § 24 MgVG) hierfür die Grdl. bildet. Es genügt, wenn die paritätische Zusammensetzung des AR auf einer **Mitbestimmungsvereinb.** beruht, weil diese ihre Rechtsgrdl. im MgVG hat (s. § 22 I MgVG) (wie hier Begr. RegE, BT-Drs. 18/3784, 129; *Hüffer/Koch* Rn. 27; HS/*Henssler* Rn. 18; *Oetker* ZHR 179 [2015], 707, 744; *Seibt* ZIP 2015, 1193, 1201; **aA** SL/*Drygala* Rn. 60; *Drygala /v. Bressensdorf* NZG 2016, 1161, 1164). Da § 96 III 2 die Bestimmungen in § 96 II zur Getrennterfüllung ausklammert, ist für die Wahrung des Mindestanteilsgebots im Interesse der transnationalen Zusammensetzung der ANVertreter ausschl. die **Gesamterfüllung** maßgebl. (BT-Ausschuss, BT-Drs. 18/4227, 25; SL/*Drygala* Rn. 64; HS/*Henssler* Rn. 18; *Oetker* ZHR 179 [2015], 707, 744; *Röder/Arnold* NZA 2015, 279, 280; *Seibt* ZIP 2015, 1193, 1202). Durch eine **Mitbestimmungsvereinb.** kann hiervon nur indirekt abgewichen werden, indem für die ANVertreter eine prozentuale oder zahlenmäßige Verteilung nach den Geschlechtern vorgegeben wird. Die verbleibenden Sitze im AR sind von der AESeite nach Maßgabe des Prinzips der Gesamterfüllung zu besetzen. Eine Mitbestimmungsvereinb. kann den **Prozentsatz des Mindestanteilsgebots** nicht auf unter 30% festlegen; hierdurch würde sie die Inhaltsschranken überschreiten, die ihr durch die Legaldefinition der Mitbestimmung in § 2 VII MgVG gezogen sind (**aA** SL/*Drygala* Rn. 60 sowie für die SE LHT/*Drygala* Art. 40 SE-VO Rn. 16). Eine Befreiung von dem Mindestanteilsgebot kann über die Mitbestimmungsvereinb. nur erfolgen, indem die Zahl der AE- und der ANVertreter unterschiedl. groß festgelegt wird. In diesem Fall findet § 96 III auf die Gesellschaft keine Anwendung (*Grobe* AG 2015, 289, 298; *Seibt* ZIP 2015, 1193, 1201; ebenso zur SE LHT/*Drygala* Art. 40 SE-VO Rn. 9).

12 **f) Übergangsregelung.** Die Vorgaben in § 96 II und III für das Mindestanteilsgebot gelten stets, wenn der AR **nach dem 1.1.2016** vollständig neu gewählt wird (§ 25 II 1 EGAktG). Wurden die ARMitglieder zuvor gewählt oder entsandt, können diese ihr Mandat bis zum Ende der Amtszeit wahrnehmen, selbst wenn der AR nicht mehr den Vorgaben des Mindestanteilsgebots entspricht (§ 25 II 3 EGAktG). Das Mindestanteilsgebot ist jedoch stets dann zu berücksichtigen, wenn ab dem 1.1.2016 ARSitze frei werden. Für diesen Fall verpflichtet § 25 II 2 EGAktG dazu, die Sitze mit Personen des unterrepräsentierten Geschlechts zu besetzen, was faktisch dazu führt, dass frei werdende ARSitze ausschließl. mit Frauen zu besetzen sind, bis das Mindestanteilsgebot erreicht ist (krit. SL/*Drygala* Rn. 65).

13 **3. Grundsatz der Amtskontinuität.** Abs. 4 schreibt den Grds. der Amtskontinuität fest. Die Zusammensetzung des AR gilt danach als richtig, solange im Statusverfahren nach den §§ 97 ff. keine andere verbindl. Feststellung getroffen worden ist (BGH 27.1.2015 NZG 2015, 438 Rn. 13; OLG D 10.10.1995 AG 1996, 87 f.; GroßK/*Hopt/Roth* Rn. 5); auch über ein Ordnungsgeld nach § 335 HGB kann eine andere Zusammensetzung des AR nicht erzwungen werden (s. BVerfG 9.1.2014 NZG 2014, 460 Rn. 28 ff.; dazu a. *Manthey/Hinrichs* NZG 2014, 1096 ff.). Das gilt ebenso, wenn die Voraussetzung für eine Anwendung des MitbestG bzw. DrittelbG zB durch Herabsinken der ANZahl entfällt und die Gesellschaft mitbestimmungsfrei wird (OLG F 2.11.2010 NZG 2011, 353, 354; LAG HE 29.7.2010 Der Konzern 2011, 72). Bis zum rkr. Abschluss des Statusverfahrens ist auch in diesem Fall das bislang maßgebende G unverändert anzuwenden und ein AR mit Beteiligung von ANVertretern zu bilden (OLG F 2.11.2010 NZG 2011, 353, 354).

§ 97 Bekanntmachung über die Zusammensetzung des Aufsichtsrats

(1) [1]Ist der Vorstand der Ansicht, daß der Aufsichtsrat nicht nach den für ihn maßgebenden gesetzlichen Vorschriften zusammengesetzt ist, so hat er dies unverzüglich in den Gesellschaftsblättern und gleichzeitig durch Aushang in sämtlichen Betrieben der Gesellschaft und ihrer Konzernunternehmen bekanntzumachen. [2]In der Bekanntmachung sind die nach Ansicht des Vorstands maßgebenden gesetzlichen Vorschriften anzugeben. [3]Es ist darauf hinzuweisen, daß der Aufsichtsrat nach diesen Vorschriften zusammengesetzt wird, wenn nicht Antragsberechtigte nach § 98 Abs. 2 innerhalb eines Monats nach der Bekanntmachung im Bundesanzeiger das nach § 98 Abs. 1 zuständige Gericht anrufen.

(2) [1]Wird das nach § 98 Abs. 1 zuständige Gericht nicht innerhalb eines Monats nach der Bekanntmachung im Bundesanzeiger angerufen, so ist der neue Aufsichtsrat nach den in der Bekanntmachung des Vorstands angegebenen gesetzlichen Vorschriften zusammenzusetzen. [2]Die Bestimmungen der Satzung über die Zusammensetzung des Aufsichtsrats, über die Zahl der Aufsichtsratsmitglieder sowie über die Wahl, Abberufung und Entsendung von Aufsichtsratsmitgliedern treten mit der Beendigung der ersten Hauptversammlung, die nach Ablauf der Anrufungsfrist einberufen wird, spätestens sechs Monate nach Ablauf dieser Frist insoweit außer Kraft, als sie den nunmehr anzuwendenden gesetzlichen Vorschriften widersprechen. [3]Mit demselben Zeitpunkt erlischt das Amt der bisherigen Aufsichtsratsmitglieder. [4]Eine Hauptversammlung, die

innerhalb der Frist von sechs Monaten stattfindet, kann an Stelle der außer Kraft tretenden Satzungsbestimmungen mit einfacher Stimmenmehrheit neue Satzungsbestimmungen beschließen.

(3) Solange ein gerichtliches Verfahren nach §§ 98, 99 anhängig ist, kann eine Bekanntmachung über die Zusammensetzung des Aufsichtsrats nicht erfolgen.

§ 98 Gerichtliche Entscheidung über die Zusammensetzung des Aufsichtsrats

(1) [1]Ist streitig oder ungewiss, nach welchen gesetzlichen Vorschriften der Aufsichtsrat zusammenzusetzen ist, so entscheidet darüber auf Antrag ausschließlich das Landgericht, in dessen Bezirk die Gesellschaft ihren Sitz hat.

(2) [1]Antragsberechtigt sind

1. der Vorstand,
2. jedes Aufsichtsratsmitglied,
3. jeder Aktionär,
4. der Gesamtbetriebsrat der Gesellschaft oder, wenn in der Gesellschaft nur ein Betriebsrat besteht, der Betriebsrat,
5. der Gesamt- oder Unternehmenssprecherausschuss der Gesellschaft oder, wenn in der Gesellschaft nur ein Sprecherausschuss besteht, der Sprecherausschuss,
6. der Gesamtbetriebsrat eines anderen Unternehmens, dessen Arbeitnehmer nach den gesetzlichen Vorschriften, deren Anwendung streitig oder ungewiß ist, selbst oder durch Delegierte an der Wahl von Aufsichtsratsmitgliedern der Gesellschaft teilnehmen, oder, wenn in dem anderen Unternehmen nur ein Betriebsrat besteht, der Betriebsrat,
7. der Gesamt- oder Unternehmenssprecherausschuss eines anderen Unternehmens, dessen Arbeitnehmer nach den gesetzlichen Vorschriften, deren Anwendung streitig oder ungewiss ist, selbst oder durch Delegierte an der Wahl von Aufsichtsratsmitgliedern der Gesellschaft teilnehmen, oder, wenn in dem anderen Unternehmen nur ein Sprecherausschuss besteht, der Sprecherausschuss,
8. mindestens ein Zehntel oder einhundert der Arbeitnehmer, die nach den gesetzlichen Vorschriften, deren Anwendung streitig oder ungewiß ist, selbst oder durch Delegierte an der Wahl von Aufsichtsratsmitgliedern der Gesellschaft teilnehmen,
9. Spitzenorganisationen der Gewerkschaften, die nach den gesetzlichen Vorschriften, deren Anwendung streitig oder ungewiß ist, ein Vorschlagsrecht hätten,
10. Gewerkschaften, die nach den gesetzlichen Vorschriften, deren Anwendung streitig oder ungewiß ist, ein Vorschlagsrecht hätten.

[2]Ist die Anwendung des Mitbestimmungsgesetzes oder die Anwendung von Vorschriften des Mitbestimmungsgesetzes streitig oder ungewiß, so sind außer den nach Satz 1 Antragsberechtigten auch je ein Zehntel der wahlberechtigten in § 3 Abs. 1 Nr. 1 des Mitbestimmungsgesetzes bezeichneten Arbeitnehmer oder der wahlberechtigten leitenden Angestellten im Sinne des Mitbestimmungsgesetzes antragsberechtigt.

(3) Die Absätze 1 und 2 gelten sinngemäß, wenn streitig ist, ob der Abschlußprüfer das nach § 3 oder § 16 des Mitbestimmungsergänzungsgesetzes maßgebliche Umsatzverhältnis richtig ermittelt hat.

(4) [1]Entspricht die Zusammensetzung des Aufsichtsrats nicht der gerichtlichen Entscheidung, so ist der neue Aufsichtsrat nach den in der Entscheidung angegebenen gesetzlichen Vorschriften zusammenzusetzen. [2]§ 97 Abs. 2 gilt sinngemäß mit der Maßgabe, daß die Frist von sechs Monaten mit dem Eintritt der Rechtskraft beginnt.

§ 99 Verfahren

(1) Auf das Verfahren ist das Gesetz über das Verfahren in Familiensachen und in den Angelegenheiten der freiwilligen Gerichtsbarkeit anzuwenden, soweit in den Absätzen 2 bis 5 nichts anderes bestimmt ist.

(2) [1]Das Landgericht hat den Antrag in den Gesellschaftsblättern bekanntzumachen. [2]Der Vorstand und jedes Aufsichtsratsmitglied sowie die nach § 98 Abs. 2 antragsberechtigten Betriebsräte, Sprecherausschüsse, Spitzenorganisationen und Gewerkschaften sind zu hören.

(3) [1]Das Landgericht entscheidet durch einen mit Gründen versehenen Beschluss. [2]Gegen die Entscheidung des Landgerichts findet die Beschwerde statt. [3]Sie kann nur auf eine Verletzung des Rechts gestützt werden; § 72 Abs. 1 Satz 2 und § 74 Abs. 2 und 3 des Gesetzes über das Verfahren in Familiensachen und in den Angelegenheiten der freiwilligen Gerichtsbarkeit sowie § 547 der Zivilprozessordnung gelten sinngemäß. [4]Die Beschwerde kann nur durch die Einreichung einer von einem Rechtsanwalt unterzeichneten Beschwerdeschrift eingelegt werden. [5]Die Landesregie-

rung kann durch Rechtsverordnung die Entscheidung über die Beschwerde für die Bezirke mehrerer Oberlandesgerichte einem der Oberlandesgerichte oder dem Obersten Landesgericht übertragen, wenn dies der Sicherung einer einheitlichen Rechtsprechung dient. [6]Die Landesregierung kann die Ermächtigung auf die Landesjustizverwaltung übertragen.

(4) [1]Das Gericht hat seine Entscheidung dem Antragsteller und der Gesellschaft zuzustellen. [2]Es hat sie ferner ohne Gründe in den Gesellschaftsblättern bekanntzumachen. [3]Die Beschwerde steht jedem nach § 98 Abs. 2 Antragsberechtigten zu. [4]Die Beschwerdefrist beginnt mit der Bekanntmachung der Entscheidung im Bundesanzeiger, für den Antragsteller und die Gesellschaft jedoch nicht vor der Zustellung der Entscheidung.

(5) [1]Die Entscheidung wird erst mit der Rechtskraft wirksam. [2]Sie wirkt für und gegen alle. [3]Der Vorstand hat die rechtskräftige Entscheidung unverzüglich zum Handelsregister einzureichen.

(6) [1]Die Kosten können ganz oder zum Teil dem Antragsteller auferlegt werden, wenn dies der Billigkeit entspricht. [2]Kosten der Beteiligten werden nicht erstattet.

1 **1. Regelungszweck/-inhalt.** Die §§ 97 bis 99 tragen der vom Mitbestimmungsstatut abhängigen unterschiedl. gruppenmäßigen Zusammensetzung des AR Rechnung. Sie stellen hieran interessierten Organen und Gruppen ein formalisiertes Verfahren zur Vfg., in dem die zutr. ARZusammensetzung verbindl. festgestellt werden kann. Das Statusverfahren findet gem. § 27 EGAktG bei der **GmbH** entspr. Anwendung (s. a. DrittelbG § 1 Rn. 14; BVerfG 9.1.2014 NZG 2014, 460 Rn. 28; OLG SL 2.3.2016 NZG 2016, 941). Verweisungen auf die §§ 97 ff. finden sich ua. in § 6 II MitbestG, § 3 II Montan-MitbestG, § 3 MitbestErgG und § 1 I Nr. 3 und 5 DrittelbG. Bei dualistisch verfasster **SE** gelten die §§ 97 bis 99 auf Grund Art. 9 I SE-VO mit der Maßgabe in § 17 III 1 SEAG; bei monistischer Verf. der SE treffen die §§ 25 und 26 SEAG eigenständige, jedoch an die §§ 97 bis 99 angelehnte Bestimmungen. Das Statusverfahren ist ein zweistufiger Anpassungsprozess. Zunächst wird ermittelt, nach welchen Vorschr. der AR zukünftig zusammenzusetzen ist. Sodann werden die Satzung und die Zusammensetzung des AR an die verbindl. festgestellten Vorschr. angepasst.

2 **2. Verfahren. a) Allgemeine Voraussetzung.** Voraussetzung des Statusverfahrens ist eine tats. Zusammensetzung des AR, die im Widerspruch zu den **ges. Vorschr.** steht. Durch § 97 wird vorrangig eine Änd. des Mitbestimmungsstatuts und die damit verbundene Veränderung der Größe und der Zusammensetzung des AR erfasst. Dies ist sowohl bei einem Wechsel des konkreten Mitbestimmungsstatuts, aber auch bei einer Veränderung der Schwellenzahlen, wie zB der ANZahl nach § 7 I 1 MitbestG, der Fall (GroßK/*Hopt/Roth* § 95 Rn. 101 mwN; s. a. *Weiler* NZG 2004, 988 ff.). Das Statusverfahren ist ferner einzuleiten, wenn die Voraussetzungen für die Anwendung eines MitbestimmungsG entfallen (OLG F 2.11.2010 NZG 2011, 353, 354; LAG HE 29.7.2010 Der Konzern 2011, 72). Die Einl. des Statusverfahrens ist über den Wortlaut der §§ 97, 98 hinaus auch erforderl., wenn der AR durch die **Satzung** verkleinert wird (BAG 3.10.1989 AP BetrVG 1952 § 76 Nr. 28; *Oetker* ZHR 149 [1985], 575, 585 f.; Scholz/*Schneider* § 52 Rn. 44; **aA** OLG HH 26.8.1988 DB 1988, 1941, 1942; MüKoAktG/*Habersack* § 97 Rn. 14; HS/*Henssler* § 97 Rn. 3; KölnK-AktG/*Mertens/Cahn* §§ 97–99 Rn. 44; GroßK/*Hopt/Roth* § 95 Rn. 97; s. § 95 Rn. 4, DrittelbG § 4 Rn. 19 ff.).

3 Bei einer **formwechselnden Umwandlung** iSv. § 190 UmwG ist das Statusverfahren durchzuführen, wenn der AR beim Rechtsträger neuer Rechtsform nach anderen ges. Vorschr. gebildet und zusammengesetzt wird sowie die Voraussetzungen des § 203 UmwG für eine Kontinuität der ARMandate nicht vorliegen (Lutter/*Decher/Hoger* § 203 Rn. 14; MüKoAktG/*Habersack* § 97 Rn. 9; **aA** *Goutier/Knopf/Tulloch/Laumann*, Kom. zum Umwandlungsrecht, 1996, § 203 Rn. 6; weiter gehend indes GroßK/*Hopt/Roth* § 97 Rn. 18 ff.). Soweit bei einer **Abspaltung** oder **Ausgliederung** nach § 325 UmwG die Mitbestimmung befristet beibehalten wird, ist das Statusverfahren mit Ablauf der Frist durchzuführen (s. UmwG § 325 Rn. 11). Für die **Verschmelzung** zwischen AG s. *Kiem/Uhrig* NZG 2001, 680 ff. **Keine Anwendung** findet das Statusverfahren zB bei einer veränderten Zusammensetzung der Belegschaft, die zu einem anderen Gruppenproporz nach § 15 I MitbestG führt, und bei Änd. im Konzernverbund, soweit die maßgebl. Schwellenzahlen hiervon unberührt bleiben (OLG Z 20.2.2014 NZG 2014, 740; UHH/*Ulmer/Habersack* § 6 MitbestG Rn. 16; GroßK/*Hopt/Roth/Peddinghaus* § 97 Rn. 10; tw. **aA** *Martens* DB 1978, 1065, 1069 f.).

4 **b) Außergerichtliches Verfahren nach § 97.** Der Vorstand ist verpflichtet, für eine gesetzmäßige Zusammensetzung des AR zu sorgen (s. *Hellwig/Behme* FS Hommelhoff 2012 S. 343, 357 ff.). Mit dem Statusverfahren kann er auf einfache und kostengünstige Weise eine verbindl. Feststellung über die maßgebl. ARZusammensetzung oder die Bildung eines AR herbeiführen.

5 Nach § 97 I 1 hat der Vorstand das Verfahren unverzügl. (§ 121 I 1 BGB) durch Bek. einzuleiten, wenn der AR seiner Ansicht nach fehlerhaft zusammengesetzt ist. Die Bek. erfolgt in der in § 97 I 1 beschriebenen Weise, wobei für die einmonatige Anfechtungsfrist die Bek. im BAnz. maßgebl. ist (§ 97 II). Diese beinhaltet neben der Mitt. über die nach Ansicht des Vorstands fehlerhafte Zusammensetzung die Angabe der anzuwendenden ges. Vorschr. (*Oetker* ZHR 149 [1985], 575, 590). Im Hinblick

auf die sachgemäße Ausübung des Anfechtungsrechts durch die hierzu berechtigten Organe und Gruppen sind auch die Zahl der beschäftigten AN und die konzernzugehörigen Unternehmen anzugeben (*Oetker* ZHR 149 [1985], 575, 590; **aA** KölnK-AktG/*Mertens/Cahn* §§ 97–99 Rn. 11; MüKo-AktG/*Habersack* § 97 Rn. 24; GroßK/*Hopt/Roth/Peddinghaus* § 97 Rn. 38). Nach § 97 I 3 muss die Bek. die Rechtsfolgen benennen, die bei einer Nichtanrufung des zust. Gerichts eintreten.

Die Bek. löst die Sperrwirkung nach § 97 III aus, die ein zweites paralleles außergerichtl. Verfahren ausschließt. Soweit kein Antrag auf gerichtl. Entsch. gestellt wird, ist die in der Bek. angegebene ARZusammensetzung verbindl. In der anschließenden zweiten Stufe erfolgt die Anpassung der Satzung und Neubestellung des gesamten AR; s. iE § 97 II 2 bis 4 (s. a. *Schnitker/Grau* NZG 2007, 486 ff.). Wird der Antrag auf gerichtl. Entsch. fristgemäß gestellt, entfaltet die Bek. nach § 97 I keine Rechtswirkungen, es schließt sich das gerichtl. Verfahren nach § 98 an. 6

c) Gerichtliches Verfahren nach den §§ 98, 99. Das gerichtl. Verfahren wird bei Anfechtung der Bek. nach § 97 oder auf Antrag eines nach § 98 II **Antragsberechtigten** durchgeführt. Die antragsberechtigten Organe bzw. Gruppen zählt § 98 II abschl. auf. Während für die Antragsberechtigung der in Nr. 1 bis 5 Genannten keine weiteren Voraussetzungen bestehen, haben die in Nr. 6 bis 10 Genannten zusätzl. die Wahrnehmung von mitbestimmungsrechtl. Belangen nachzuweisen (OLG SL 2.3.2016 NZG 2016, 941; GroßK/*Hopt/Roth/Peddinghaus* § 99 Rn. 9; HS/*Henssler* § 98 Rn. 6). S. 2 eröffnet über Nr. 6 hinaus eine Antragsberechtigung für die im MitbestG genannten AN, einschl. der ltd. Ang. 7

Für die gerichtl. Entsch. ist gem. § 98 I 1 das LG am Sitz der Gesellschaft zust. (OLG SL 2.3.2016 NZG 2016, 941). Neben den vorrangigen § 99 II bis VI kommt nach § 99 I subsidiär das FamFG zur Anwendung. Eine **Rücknahme** des Antrags ist nach § 22 I FamFG bis zur Rechtskraft der Endentsch. zulässig; einer Zust. der übrigen Beteiligten bedarf es erst nach Erlass der Endentsch. (§ 22 I 2 FamFG; iE a. HS/*Henssler* § 99 Rn. 2). Der Antragsrücknahme wird zwar eine ex-tunc-Wirkung zugemessen (s. MüKoFamFG/*Pabst* § 22 Rn. 8), wegen des Zwecks der Frist in § 97 II ist die Rückwirkung aber einzuschränken, so dass die Frist erst mit Rechtskraft der Endentsch. zu laufen beginnt. Gegen die Entsch. des LG ist die dort einzulegende (§ 64 I FamFG) **Beschwerde** zum OLG statthaft (§ 99 III 2; OLG SL 2.3.2016 NZG 2016, 941), muss allerdings darauf gestützt werden, dass eine Rechtsnorm nicht oder nicht richtig angewendet worden ist (§ 99 III 3 iVm. § 72 I 2 FamFG; OLG SL 2.3.2016 NZG 2016, 941). Bei entspr. Zulassung durch das OLG ist gegen die Beschwerdeentsch. die **Rechtsbeschwerde** statthaft (§ 70 FamFG). Deshalb ist für eine außerordentl. Beschwerde wegen greifbarer Gesetzwidrigkeit im Verfahren nach § 99 kein Raum (BGH 8.5.2006 NJW-RR 2006, 1184, 1185; 21.5.2007 ZIP 2007, 1431). Eine eingelegte Rechtsbeschwerde wird idR unzulässig, wenn die Gesellschaft (zB wegen Verschmelzung) erlischt und damit die Organstellung des AR endet (BGH 27.1.2015 NZG 2015, 438 Rn. 6 ff.) und der Beschwerdeführer kein berechtigtes Interesse an der Feststellung darlegt, dass die angegriffene Entsch. ihn in seinen Rechten verletzt (§ 62 FamFG; s. BGH 27.1.2015 NZG 2015, 438 Rn. 10 ff.). Entspricht die Zusammensetzung des AR nicht der gerichtl. Entsch., ist nach § 98 IV der AR entspr. der festgestellten Zusammensetzung zu bilden. Hierfür gelten die Regelungen des AktG bzw. des anzuwendenden MitbestimmungsG (s. § 101). 8

Die **Kosten des Verfahrens** richten sich nach dem GNotKG (§ 1 II Nr. 1; s. *Simons* AG 2014, 182, 183 f.). Der Geschäftswert beträgt vorbehaltl. anderer Anhaltspunkte (§ 36 II GNotKG) € 50000 (§ 75 GNotKG; BGH 27.1.2015 NZG 2015, 438 Rn. 16; OLG SL 2.3.2016 NZG 2016, 941); grds. sind die Kosten von der Gesellschaft zu tragen (§ 23 Nr. 10 GNotKG). Eine abw. Entsch. kann das Gericht treffen, wenn dies der Billigkeit (zB offensichtl. unzulässiger oder unbegründeter Antrag) entspricht (OLG SL 2.3.2016 NZG 2016, 941). Die außergerichtl. Kosten der Beteiligten werden nicht erstattet (§ 99 VI 2; OLG SL 2.3.2016 NZG 2016, 941). Hierdurch ist nur ein prozessualer Kostenerstattungsanspruch ausgeschlossen; materiellrechtl. Kostenerstattungsansprüche (zB § 40 BetrVG) bleiben unberührt (LAG SH 8.1.1997 LAGE § 40 BetrVG 1972 Nr. 53; HS/*Henssler* § 99 Rn. 7). 9

§ 100 Persönliche Voraussetzungen für Aufsichtsratsmitglieder

(1) [1] Mitglied des Aufsichtsrats kann nur eine natürliche, unbeschränkt geschäftsfähige Person sein. [2] Ein Betreuter, der bei der Besorgung seiner Vermögensangelegenheiten ganz oder teilweise einem Einwilligungsvorbehalt (§ 1903 des Bürgerlichen Gesetzbuchs) unterliegt, kann nicht Mitglied des Aufsichtsrats sein.

(2) [1] Mitglied des Aufsichtsrats kann nicht sein, wer

1. **bereits in zehn Handelsgesellschaften, die gesetzlich einen Aufsichtsrat zu bilden haben, Aufsichtsratsmitglied ist,**
2. **gesetzlicher Vertreter eines von der Gesellschaft abhängigen Unternehmens ist,**
3. **gesetzlicher Vertreter einer anderen Kapitalgesellschaft ist, deren Aufsichtsrat ein Vorstandsmitglied der Gesellschaft angehört, oder**
4. **in den letzten zwei Jahren Vorstandsmitglied derselben börsennotierten Gesellschaft war, es sei denn, seine Wahl erfolgt auf Vorschlag von Aktionären, die mehr als 25 Prozent der Stimmrechte an der Gesellschaft halten.**

[2]Auf die Höchstzahl nach Satz 1 Nr. 1 sind bis zu fünf Aufsichtsratssitze nicht anzurechnen, die ein gesetzlicher Vertreter (beim Einzelkaufmann der Inhaber) des herrschenden Unternehmens eines Konzerns in zum Konzern gehörenden Handelsgesellschaften, die gesetzlich einen Aufsichtsrat zu bilden haben, inne hat. [3]Auf die Höchstzahl nach Satz 1 Nr. 1 sind Aufsichtsratsämter im Sinne der Nummer 1 doppelt anzurechnen, für die das Mitglied zum Vorsitzenden gewählt worden ist.

(3) Die anderen persönlichen Voraussetzungen der Aufsichtsratsmitglieder der Arbeitnehmer sowie der weiteren Mitglieder bestimmen sich nach dem Mitbestimmungsgesetz, dem Montan-Mitbestimmungsgesetz, dem Mitbestimmungsergänzungsgesetz, dem Drittelbeteiligungsgesetz und dem Gesetz über die Mitbestimmung der Arbeitnehmer bei einer grenzüberschreitenden Verschmelzung.

(4) Die Satzung kann persönliche Voraussetzungen nur für Aufsichtsratsmitglieder fordern, die von der Hauptversammlung ohne Bindung an Wahlvorschläge gewählt oder auf Grund der Satzung in den Aufsichtsrat entsandt werden.

(5) Bei Gesellschaften, die kapitalmarktorientiert im Sinne des § 264d des Handelsgesetzbuchs, die CRR-Kreditinstitute im Sinne des § 1 Absatz 3d Satz 1 des Kreditwesengesetzes, mit Ausnahme der in § 2 Absatz 1 Nummer 1 und 2 des Kreditwesengesetzes genannten Institute, oder die Versicherungsunternehmen im Sinne des Artikels 2 Absatz 1 der Richtlinie 91/674/EWG des Rates vom 19. Dezember 1991 über den Jahresabschluß und den konsolidierten Abschluß von Versicherungsunternehmen (ABl. L 374 vom 31.12.1991, S. 7), die zuletzt durch die Richtlinie 2006/46/EG (ABl. L 224 vom 16.8.2006, S. 1) geändert worden ist, sind, muss mindestens ein Mitglied des Aufsichtsrats über Sachverstand auf den Gebieten Rechnungslegung oder Abschlussprüfung verfügen; die Mitglieder müssen in ihrer Gesamtheit mit dem Sektor, in dem die Gesellschaft tätig ist, vertraut sein.

1 **1. Allgemeines.** Die Vorschr., die auch für die Vertreter der AN gilt, stellt pers. Voraussetzungen für ARMitglieder auf und beschränkt insoweit den Gestaltungsspielraum der Satzung. Die Mandatsbeschränkungen in Abs. 2 sollen die Effektivität der ARArbeit gewährleisten und eine Machtkonzentration verhindern.

2 **2. Persönliche Voraussetzungen.** Nach **Abs. 1** kann nur eine natürl., unbeschränkt geschäftsfähige Person Mitglied des AR werden. Das schließt jur. Personen und Minderjährige zwgd. von der Übernahme eines Mandats aus. Weitere Voraussetzungen, wie eine **bes. Qualifikation** oder der Besitz von Aktien der Gesellschaft, bestehen grds. nicht (s. aber §§ 100 V, 107 IV; dazu § 100 Rn. 4 sowie *Jung* WM 2013, 2110 ff.). Fehlende Sachkunde des ARMitglieds kann dessen Haftung begründen (§ 116 Rn. 2). Die bei Banken (einschl. Finanzholdings) und Vers. von Mitgliedern des AR nach § 25d KWG bzw. § 24 I I VAG geforderte Sachkunde im Hinblick auf die Geschäfte des Unternehmens (s. *Schneider/Schneider* NZG 2016, 41, 43 f.) sowie die Wahrnehmung der Kontrollfunktion gilt für alle ARMitglieder (s. Begr. RegE, BT-Drs. 18/2956, S. 240: ARMitglieder als Personen iSd. § 24 I VAG die „andere Schlüsselaufgaben" wahrnehmen [krit. *Hiersch* VersR 2016, 145, 151]; zu § 24 I VAG s. a. *Hiersch* VersR 2016, 145, 153), also auch für ANVertreter im AR (*Schneider/Schneider* NZG 2016, 41, 44; WKS/*Wißmann* § 6 MitbestG Rn. 47; anders hingegen §§ 119 III, 147 III KAGB); entspr. gilt für die Anforderung in Abs. 5, dass die Mitglieder des AR mit dem Sektor vertraut sein müssen, in dem die Gesellschaft tätig ist (s. *Schüppen* NZG 2016, 247, 253 f.). Die Verweisung auf die MitbestimmungsG in **Abs. 3** konkretisiert die pers Voraussetzungen für Vertreter der AN; s. hierzu § 7 II bis IV MitbestG, §§ 4 II, 6 I Montan-MitbestG, §§ 5, 6 MitbestErgG, § 4 III DrittelbG. Die **Anforderungen des DCGK** (zB bzgl. Lebensalters, Interessenskonflikten) können nicht die Anfechtbarkeit des von der HV gefassten Beschl. rechtfertigen (OLG M 6.8.2008 NZG 2009, 508; LG M I 22.11.2007 WM 2008, 130, 132). Anderes kommt nur für einen im Widerspruch zu der (nicht angepassten) **Entsprechenserkl.** (§ 161) stehenden Beschl. der HV in Betracht (LG H 17.3.2010 NZG 2010, 744 u. zuvor OLG M 6.8.2008 NZG 2009, 508; zust. HS/*Henssler* Rn. 18; **aA** *Schubert/Jacobsen* WM 2011, 726, 732 ff. mwN; zur Anfechtbarkeit eines HVBeschl. über die Entlastung s. BGH 16.2.2009 NZG 2009, 342 Rn. 26 f.; 10.7.2012 NJW 2012, 3235 Rn. 27 f.).

3 Die Mandatsbeschränkungen in **Abs. 2** gelten grds. für alle ARMitglieder, können für ANVertreter aber nur im Fall der Nr. 1 praktisch werden. Nr. 1 beschränkt die Zahl der ausgeübten Mandate in obligatorischen AR auf 10 (strenger § 25d III 1 Nr. 4 KWG, § 24 IV 2 VAG). Hierauf werden gem. S. 2 fünf ARSitze nicht angerechnet, die ein ges. Vertreter eines herrschenden Konzernunternehmens in AR der Konzerntöchter innehat (sog. Konzernprivileg; s. a. § 24 IV 2 2. Hs. VAG). Die zulässige Höchstzahl nach Nr. 1 verringert sich ggf. nach S. 3. Gem. Nr. 2 kann ein **ges. Vertreter** eines von der Gesellschaft abhängigen Unternehmens nicht Mitglied des AR des herrschenden Unternehmens sein, um dem natürl. Organisationsgefälle im Konzern Rechnung zu tragen. Das **Verbot der Überkreuzverflechtungen** in Nr. 3 soll eine unabhängige und unparteiische Überwachungstätigkeit sichern (GroßK/*Hopt/Roth* Rn. 58; KölnK-AktG/*Mertens/Cahn* Rn. 35). Danach ist ein ges. Vertreter einer

anderen Kapitalgesellschaft von der Ausübung eines ARMandats in der Gesellschaft ausgeschlossen, wenn gleichzeitig ein Vorstandsmitglied der Gesellschaft Mitglied des AR der anderen Gesellschaft ist. Die Mitgliedschaft im AR eines **konkurrierenden Unternehmens** ist dagegen nach hM kein Hinderungsgrund (OLG SH 26.4.2004 AG 2004, 453, 454 [dazu *Lutter/Kirschbaum* ZIP 2005, 103 ff.; *Wirth* ZGR 2005, 327, 343 ff.]; LG M I 22.11.2007 WM 2008, 130, 133; GroßK/*Hopt/Roth* Rn. 78 ff.; KölnK-AktG/*Mertens/Cahn* Rn. 14; MüKoAktG/*Habersack* Rn. 82; *Langenbucher* ZGR 2007, 571, 585 f.; **aA** *Lutter* FS Beusch 1993 S. 509 ff.; *Säcker* FS Rebmann 1989 S. 781, 788), kann aber uU zur Abberufung nach § 103 III führen (§ 103 Rn. 5). Ferner sieht Nr. 4 eine Mandatsbeschränkung für **ehem. Mitglieder des Vorstands** vor (s. dazu *Fleischer* NZG 2009, 801, 806; *Seibert* WM 2009, 1489, 1492 f.; *Sünner* AG 2010, 111 ff.; *Bungert/Wansleben* DB 2012, 2617), wird bei Vers. jedoch durch die lex specialis in § 24 IV VAG überlagert (s. a. § 25d III 1 Nr. 2 u. IIIa Nr. 2 KWG).

Nach **Abs. 5** muss bei den dort genannten AG („Unternehmen von öffentlichem Interesse") mind. ein ARMitglied über **Sachverstand** auf den Gebieten Rechnungslegung oder Abschlussprüfung verfügen (s. näher Begr. BT-Drs. 16/10067 S. 101 f.; *Vetter* ZGR 2010, 751, 780 ff.). Eine vorherige Tätigkeit als Organmitglied einer Kapitalgesellschaft mit entspr. Zuständigkeitsbereich ist hierfür nicht erforderl. (OLG HM 28.5.2013 NZG 2013, 1099, 1100; LG M I 5.11.2009 NZG 2010, 464), auch eine dem Abschlussprüfer äquivalente Berufsausbildung ist nicht notwendig (OLG M 28.4.2010 NZG 2010, 784), sofern die erforderl. Sachkunde anderweitig erlangt wurde (*Hüffer/Koch* Rn. 25). Die Bestimmung gilt ebenfalls, wenn dem AR ANVertreter angehören und schränkt damit die Wahlfreiheit der AE ein, selbst wenn die Gesellschaft dem MitbestG oder Montan-MitbestG unterliegt. ARMitglied mit dem erforderl. Sachverstand kann auch ein dem AR als ANVertreter angehörendes **BRMitglied** sein (zu § 100 V aF s. Begr. BT-Drs. 16/10067 S. 102; *Gesell* ZGR 2011, 361, 388 f.; WWKK/*Wißmann* § 6 MitbestG Rn. 40b; KölnK-AktG/*Mertens/Cahn* Rn. 70, 76; krit. *Staake* ZIP 2010, 1013, 1016). Die früher in Abs. 5 geforderte Unabhängigkeit des ARMitglieds (s. 16. Aufl., AktG § 100 Rn. 4; WKS/*Wißmann* § 6 MitbestG Rn. 48) wurde durch Art. 5 Nr. 1 AReG (BGBl. 2016 I S. 1142) gestrichen, um klarzustellen, dass auch ANVertreter sachkundige ARMitglieder iSv. Abs. 5 sein können (Begr. RegE, BT-Drs. 18/7219, 56; krit. *Nodoushani* AG 2016, 381, 384; s. a. *Staake* NZG 2016, 853 ff.). Das Vertrautsein mit dem Sektor, in dem die Gesellschaft tätig ist, fordert § 100 V von der „Gesamtheit der Mitglieder". Damit sind zwar auch ANVertreter im AR erfasst, da das G aber auf die „Gesamtheit" und nicht auf die Mitglieder abstellt, muss das Vertrautsein mit dem Sektor nicht bei jedem einzelnen ARMitglied vorliegen. Es genügt, wenn die Voraussetzung bei einer Gesamtschau der ARMitglieder erfüllt ist (*Hersch* VersR 2017, 257, 263; *Merkt* ZHR 179 [2015], 601, 619; *Nodoushani* AG 2016, 381, 385). Bestätigt wird dies durch § 25d II 1 KWG, wonach die Vorschriften der MitbestimmungsG unberührt bleiben, obwohl § 25d II 1 KWG auf den AR in seiner „Gesamtheit" abstellt. 4

3. Erweiterung durch Satzungsbestimmungen. Nach **Abs. 4** kann die Satzung für ARMitglieder der Aktionäre weitere pers. Voraussetzungen aufstellen, wenn sie von der HV ohne Bindung an einen Wahlvorschlag gewählt (§ 101 I 2) oder auf Grund der Satzung entsandt werden. Die pers. Voraussetzungen für ANVertreter kann die Satzung nicht erweitern, da dies die Wahlfreiheit der AN beeinträchtigen würde (BGH 21.2.1963 Z 39, 116, 122 f.; GroßK/*Hopt/Roth* Rn. 100). 5

4. Rechtsfolgen bei Verstoß. Maßgebl. Zpkt. für das Vorliegen der pers. Voraussetzungen ist, wie sich aus § 250 I Nr. 4 ergibt, der Beginn der Amtszeit. Das Fehlen pers. Voraussetzungen nach § 100 I und II bei Beginn der Amtszeit führt zur Nichtigkeit des Wahlbeschl. nach § 250 I Nr. 4. Auf einen Verstoß gegen § 100 V kann die Norm nicht entspr. angewendet werden, der Wahlbeschl. ist ledigl. anfechtbar (LG München I 26.2.2010 AG 2010, 922, 923 f.). Soweit pers. Voraussetzungen nach Amtsantritt wegfallen, erlischt das Amt des ARMitglieds (GroßK/*Hopt/Roth* Rn. 119; MüKoAktG/*Habersack* Rn. 60 ff.; KölnK-AktG/*Mertens/Cahn* Rn. 52; s. a. § 36 III KWG: Abberufungsverlangen durch die BaFin). Beim Wegfall pers. Voraussetzungen für ANVertreter (§ 100 Rn. 2) sind die Sonderregelungen der MitbestimmungsG anzuwenden. 6

§ 101 Bestellung der Aufsichtsratsmitglieder

(1) [1]**Die Mitglieder des Aufsichtsrats werden von der Hauptversammlung gewählt, soweit sie nicht in den Aufsichtsrat zu entsenden oder als Aufsichtsratsmitglieder der Arbeitnehmer nach dem Mitbestimmungsgesetz, dem Mitbestimmungsergänzungsgesetz, dem Drittelbeteiligungsgesetz oder dem Gesetz über die Mitbestimmung der Arbeitnehmer bei einer grenzüberschreitenden Verschmelzung zu wählen sind.** [2]**An Wahlvorschläge ist die Hauptversammlung nur gemäß §§ 6 und 8 des Montan-Mitbestimmungsgesetzes gebunden.**

(2) [1]**Ein Recht, Mitglieder in den Aufsichtsrat zu entsenden, kann nur durch die Satzung und nur für bestimmte Aktionäre oder für die jeweiligen Inhaber bestimmter Aktien begründet werden.** [2]**Inhabern bestimmter Aktien kann das Entsendungsrecht nur eingeräumt werden, wenn die Aktien auf Namen lauten und ihre Übertragung an die Zustimmung der Gesellschaft gebunden ist.** [3]**Die Aktien der Entsendungsberechtigten gelten nicht als eine besondere Gattung.** [4]**Die**

Entsendungsrechte können insgesamt höchstens für ein Drittel der sich aus dem Gesetz oder der Satzung ergebenden Zahl der Aufsichtsratsmitglieder der Aktionäre eingeräumt werden.

(3) [1]**Stellvertreter von Aufsichtsratsmitgliedern können nicht bestellt werden.** [2]**Jedoch kann für jedes Aufsichtsratsmitglied mit Ausnahme des weiteren Mitglieds, das nach dem Montan-Mitbestimmungsgesetz oder dem Mitbestimmungsergänzungsgesetz auf Vorschlag der übrigen Aufsichtsratsmitglieder gewählt wird, ein Ersatzmitglied bestellt werden, das Mitglied des Aufsichtsrats wird, wenn das Aufsichtsratsmitglied vor Ablauf seiner Amtszeit wegfällt.** [3]**Das Ersatzmitglied kann nur gleichzeitig mit dem Aufsichtsratsmitglied bestellt werden.** [4]**Auf seine Bestellung sowie die Nichtigkeit und Anfechtung seiner Bestellung sind die für das Aufsichtsratsmitglied geltenden Vorschriften anzuwenden.**

1 **1. Allgemeines.** Nach § 101 werden die ARMitglieder durch Wahl der HV, Entsendung oder entspr. dem anzuwendenden MitbestimmungsG bestellt. Abs. 3 eröffnet die Möglichkeit, Ersatzmitglieder zu bestellen. Die ANVertreter werden nach Maßgabe des anzuwendenden MitbestimmungsG bestellt (s. §§ 9 ff. MitbestG, § 6 Montan-MitbestG, §§ 7 ff. MitbestErgG, §§ 5 ff. DrittelbG).

2 Hins. der **Rechtsstellung des ARMitglieds zur Gesellschaft** wurde früher zwischen der Bestellung und der Anstellung unterschieden (s. *Hüffer/Koch* Rn. 2; KölnK-AktG/*Mertens/Cahn* Rn. 5). Die Bestellung ist ein körperschaftl. Rechtsakt, der neben dem Wahl- bzw. Entsendungsakt der Bekanntgabe und der zumindest konkludenten Annahme durch den Gewählten bedarf. Mit der Annahme entsteht ein organschaftl. Verhältnis zur Gesellschaft, das AktG und Satzung näher ausgestalten. Soweit nach älterer Ansicht ein daneben bestehendes Anstellungsverhältnis bejaht wurde, widerspricht dem die heute vorherrschende Ansicht (s. KölnK-AktG/*Mertens/Cahn* Rn. 5; MüKoAktG/*Habersack* Rn. 67; GroßK/*Hopt/Roth* Rn. 92; offen BGH 7.7.2008 NZG 2008, 834 Rn. 3), ohne indes eine – entspr. – Anwendung einzelner Bestimmungen der §§ 662 ff. BGB auf das körperschaftl. Rechtsverhältnis auszuschließen (treffend KölnK-AktG/*Mertens/Cahn* Rn. 5; s. a. BGH 7.7.2008 NZG 2008, 834 Rn. 3 zu §§ 666 f. BGB).

3 **2. Bestellung durch die Hauptversammlung und Entsendung.** Abs. 1 weist die Kompetenz zur Bestellung der ARMitglieder grds. der HV zu, beschränkt diese aber gleichzeitig auf die ARMandate, die nicht durch Entsendung (II) oder Wahl der AN besetzt werden. Bei der Wahl ist die HV frei und nur bei einem Wahlvorschlag nach den §§ 6 und 8 Montan-MitbestG gebunden (§ 103 I 2). Das Wahlverfahren der HV gestalten die §§ 121 ff. näher aus. Nach § 124 II 1 ist in der Bek. über die Einberufung der HV anzugeben, nach welchen ges. Vorschr. der AR zusammenzusetzen ist; ferner muss diese Angaben zum Mindestanteilsgebot enthalten (§ 124 II 2). Zur Wahl der ARMitglieder ist gem. § 133 die Mehrheit der Stimmen erforderl., soweit die Satzung keine qualifizierte Mehrheit verlangt (BGH 13.3.1980 Z 76, 191, 193). Eine Listenwahl bzw. Blockwahl ist jdf. zulässig, wenn ihr kein Aktionär in der HV widerspricht (s. LG M I 15.4.2004 WM 2004, 880, 882 f.; ferner BGH 16.2.2009 NZG 2009, 342 Rn. 29 ff.). Offen ist, ob eine Listenwahl auch dann durchgeführt werden darf, wenn zuvor über den Widerspruch abgestimmt und dieser abgelehnt wurde (s. dazu *Henze* BB 2005, 165, 170 f.; GroßK/*Hopt/Roth* Rn. 44 ff.). Nach Abs. 2 kann die Satzung zugunsten eines Aktionärs für höchstens ein Drittel der AEVertreter im AR ein Entsendungsrecht einräumen.

4 **3. Ersatzmitglieder.** Abs. 3 erklärt die Bestellung von Stellvertretern für unzulässig, ermöglicht den Aktionären und AN aber, für jedes ihrer ARMitglieder ein Ersatzmitglied zu bestellen. Ausgeschlossen ist dies nach S. 2 nur für das weitere Mitglied iSv. § 4 I lit. c Montan-MitbestG. Ob das für die Bestellung zust. Organ von seiner Befugnis in § 101 III Gebrauch macht, steht in seinem Ermessen (BayObLG 29.3.2000 AG 2001, 50, 51). Für die **Bestellung** des Ersatzmitglieds, das nach S. 3 gleichzeitig mit dem ARMitglied bestellt werden muss, gelten die gleichen Regeln wie bei der Bestellung des ordentl. Mitglieds. Ersatzmitglieder der AE können grds. für mehrere ARMitglieder in der Weise bestellt werden, dass sie mit der ersten Nachfolge in den AR ihre Ersatzstellung für die übrigen ARMitglieder nicht verlieren (BGH 15.12.1986 Z 99, 211, 214; s. *Rellermeyer* ZGR 1987, 563 ff.). Bei ANVertretern lassen die MitbestimmungsG eine Mehrfachbestellung nur eingeschränkt zu, s. iE § 17 MitbestG, § 7 DrittelbG und die entspr. WO. Mit endgültigem Ausscheiden des ordentl. Mitglieds aus dem AR (zB Amtsniederlegung oder Tod) rückt das Ersatzmitglied in dessen Rechtsstellung ein. Eine vorübergehende Verhinderung des ordentl. ARMitglieds genügt hierfür nicht. Die **Amtszeit** wird durch die des Vorgängers bestimmt (§ 102 II), die Satzung kann diese aber für Vertreter der AE auf die Zeit bis zu einer Nachwahl beschränken (zur Abberufung § 103 V).

5 **4. Fehlerhafte Bestellung.** Die Rechtsfolgen einer fehlerhaften Bestellung richten sich nach den für das jeweilige ARMitglied anzuwendenden Vorschr. Für die Vertreter der Aktionäre gelten die §§ 250 ff., bei den ANVertretern die mitbestimmungsrechtl. Vorschr., s. § 22 MitbestG, § 10k MitbestErgG, § 11 DrittelbG. Hins. der **Rechtsstellung eines fehlerhaft bestellten ARMitglieds** ist zu diff. Die Verantwortlichkeit des ARMitglieds richtet sich unabhängig von der fehlerhaften Bestellung nach den §§ 116 S. 1, 93 (RG 9.10.1936 Z 152, 273, 279; GroßK/*Hopt/Roth* Rn. 218). Bei einer Anfechtung der Bestellung ist das ARMitglied bis zur Rechtskraft des der Anfechtung stattgebenden

Urt. wie ein vollwertiges Mitglied zu behandeln (GroßK/*Hopt/Roth* Rn. 227; GroßK/*K. Schmidt* § 252 Rn. 12). Eine nichtige Bestellung entfaltet demggü. keine Rechtswirkungen (GroßK/*Hopt/Roth* Rn. 214 ff.). Die Wirksamkeit der Beschl. des AR ist danach zu beurteilen, ob diese auch ohne die Stimme des betr. ARMitglieds fehlerfrei, insb. unter Beachtung der erforderl. Mehrheit und der Beschlussfähigkeit, zustande gekommen sind (BGH 19.2.2013 NZG 2013, 456 Rn. 20 ff. [abl. *Schürnbrand* NZG 2013, 481 ff.]; GroßK/*Hopt/Roth* Rn. 222; *Werner* WM 2014, 2207, 2208; weiter gehend indes KölnK-AktG/*Mertens/Cahn* Rn. 107; MüKoAktG/*Habersack* Rn. 70; *Höpfner* ZGR 2016, 505 ff.: Behandlung wie ein wirksam bestelltes Organmitglied).

§ 102 Amtszeit der Aufsichtsratsmitglieder

(1) [1] **Aufsichtsratsmitglieder können nicht für längere Zeit als bis zur Beendigung der Hauptversammlung bestellt werden, die über die Entlastung für das vierte Geschäftsjahr nach dem Beginn der Amtszeit beschließt.** [2] **Das Geschäftsjahr, in dem die Amtszeit beginnt, wird nicht mitgerechnet.**

(2) **Das Amt des Ersatzmitglieds erlischt spätestens mit Ablauf der Amtszeit des weggefallenen Aufsichtsratsmitglieds.**

Die Norm beschränkt den Gestaltungsspielraum der Satzung hins. der Amtszeit und deren Höchstdauer. Sie gilt ohne Einschränkungen für die Vertreter der AE und der AN, s. § 15 I MitbestG, § 10c MitbestErgG, § 5 I DrittelbG. Entspr. dem Wortlaut bezieht sich die Amtszeit und damit die Amtsperiode auf das einzelne ARMitglied. Die daraus resultierende Unabhängigkeit der einzelnen Amtszeiten überwindet die Praxis durch die satzungsmäßige Festlegung von ARPerioden, die jedoch die ges. Höchstdauer (s. § 102 Rn. 2) nicht überschreiten dürfen. Ebenso steht der aktienrechtl. Gleichbehandlungsgrds. unterschiedl. Amtszeiten für AEVertreter und ANVertreter entgegen (MüKoAktG/*Habersack* Rn. 8 f; GroßK/*Hopt/Roth/Peddinghaus* Rn. 59). Unterschiedl. Amtszeiten für verschiedene Gruppen von ARMitgliedern (**„staggered board"**, s. Nr. 5.4.6 DCGK) kann die Satzung jdf. für AEVertreter festlegen (MüKoAktG/*Habersack* Rn. 9), bzgl. der ANVertreter sollen einer derartigen Satzungsbestimmung die zwgd. MitbestimmungsG entgegenstehen, weil diese von einer vollständigen und gleichzeitigen Wahl aller ARMitglieder der AN ausgehen (*Blasche* AG 2017, 112, 114 f.; MüKoAktG/*Habersack* Rn. 13; WKS/*Wißmann* § 15 MitbestG Rn. 148; **aA** GroßK/*Hopt/Roth/Peddinghaus* Rn. 60; KölnK-AktG/*Mertens/Cahn* Rn. 9). Die hiermit verbundene Differenzierung zwischen AEVertretern und ANVertretern widerspricht jedoch der zwgd. Vorgabe, dass die Amtszeiten beider ARMitgliedergruppen gleich lang sein müssen. 1

Nach Abs. 1 können ARMitglieder nicht länger als bis zum Ende der ersten HV bestellt werden, die über die Entlastung für das vierte Geschäftsjahr beschließt. Die **Höchstdauer** beträgt somit idR fünf Jahre (BAG 4.11.2015 NZA 2016, 559 Rn. 23). Beschließt die hiernach maßgebl. HV nicht über die Entlastung des AR, verlängert sich entgegen früher hM (*Hüffer/Koch* Rn. 3; MüGesR IV/*Hoffmann-Becking*[2] § 30 Rn. 36) nicht die Amtszeit der ARMitglieder (BGH 24.6.2002 NJW-RR 2002, 1461, 1462; MüKoAktG/*Habersack* Rn. 18; GroßK/*Hopt/Roth/Peddinghaus* Rn. 12). Vielmehr endet diese spätestens in dem Zpkt., in dem die HV über die Entlastung für das vierte Geschäftsjahr seit Amtsantritt hätte beschließen müssen (BGH 24.6.2002 NJW-RR 2002, 1461, 1462; OLG M 9.11.2009 NZG 2009, 1430, 1431; MüKoAktG/*Habersack* Rn. 18; s. a. KölnK-AktG/*Mertens/Cahn* Rn. 5 ff.). Zur vorzeitigen Beendigung der Amtszeit § 103 Rn. 13 ff. Mit der Beendigung des Amtes hat das ausscheidende ARMitglied die ihm im Rahmen seiner Amtstätigkeit überlassenen Geschäftsunterlagen zurückzugeben (BGH 7.7.2008 NZG 2008, 834 Rn. 3 ff.). 2

§ 103 Abberufung der Aufsichtsratsmitglieder

(1) [1] **Aufsichtsratsmitglieder, die von der Hauptversammlung ohne Bindung an einen Wahlvorschlag gewählt sind, können von ihr vor Ablauf der Amtszeit abberufen werden.** [2] **Der Beschluß bedarf einer Mehrheit, die mindestens drei Viertel der abgegebenen Stimmen umfaßt.** [3] **Die Satzung kann eine andere Mehrheit und weitere Erfordernisse bestimmen.**

(2) [1] **Ein Aufsichtsratsmitglied, das auf Grund der Satzung in den Aufsichtsrat entsandt ist, kann von dem Entsendungsberechtigten jederzeit abberufen und durch ein anderes ersetzt werden.** [2] **Sind die in der Satzung bestimmten Voraussetzungen des Entsendungsrechts weggefallen, so kann die Hauptversammlung das entsandte Mitglied mit einfacher Stimmenmehrheit abberufen.**

(3) [1] **Das Gericht hat auf Antrag des Aufsichtsrats ein Aufsichtsratsmitglied abzuberufen, wenn in dessen Person ein wichtiger Grund vorliegt.** [2] **Der Aufsichtsrat beschließt über die Antragstellung mit einfacher Mehrheit.** [3] **Ist das Aufsichtsratsmitglied auf Grund der Satzung in den Aufsichtsrat entsandt worden, so können auch Aktionäre, deren Anteile zusammen den zehnten Teil des Grundkapitals oder den anteiligen Betrag von einer Million Euro erreichen, den Antrag stellen.** [4] **Gegen die Entscheidung ist die Beschwerde zulässig.**

(4) Für die Abberufung der Aufsichtsratsmitglieder, die weder von der Hauptversammlung ohne Bindung an einen Wahlvorschlag gewählt worden sind noch auf Grund der Satzung in den Aufsichtsrat entsandt sind, gelten außer Absatz 3 das Mitbestimmungsgesetz, das Montan-Mitbestimmungsgesetz, das Mitbestimmungsergänzungsgesetz, das Drittelbeteiligungsgesetz, das SE-Beteiligungsgesetz und das Gesetz über die Mitbestimmung der Arbeitnehmer bei einer grenzüberschreitenden Verschmelzung.

(5) Für die Abberufung eines Ersatzmitglieds gelten die Vorschriften über die Abberufung des Aufsichtsratsmitglieds, für das es bestellt ist.

1 **1. Allgemeines.** Die Norm regelt zusf. die Abberufung von ARMitgliedern. Neben derjenigen durch den jeweils Bestellungsberechtigten (Abs. 1, 2 und 4), sieht Abs. 3 ein gerichtl. Abberufungsverfahren aus wichtigem Grund vor. Gem. Abs. 5 finden die Vorschr. über die Abberufung auf noch nicht in den AR nachgerückte Ersatzmitglieder entspr. Anwendung (§ 101 III). Die Abberufung ist ein körperschaftl. Rechtsakt, der der Bekanntgabe an das betroffene ARMitglied bedarf. Nach richtiger Ansicht genügt es, den Abberufungsbeschl. dem ARMitglied ggü. irgendwie zu verlautbaren (KölnK-AktG/*Mertens/Cahn* Rn. 11; MüGesR IV/*Hofmann-Becking* § 30 Rn. 84; GroßK/*Hopt/Roth* Rn. 17; **aA** *Hüffer/Koch* Rn. 5; MüKoAktG/*Habersack* Rn. 19; HS/*Henssler* Rn. 6: Erkl. durch Vorstand). Eine wirksame Abberufung führt zum Verlust des ARAmts; etwaige Vergütungsansprüche des ARMitglieds erlöschen für die Zukunft (RG 31.3.1908 Z 68, 223, 225 ff.; KölnK-AktG/*Mertens/Cahn* Rn. 6; MüKoAktG/*Habersack* Rn. 21).

2 **2. Reguläre Abberufung.** Nach Abs. 1 kann die HV nach freiem Ermessen (s. aber a. § 36 III KWG) die von ihr bestellten ARMitglieder abberufen. Hierzu bedarf es eines ausdr. Beschl. mit einer Mehrheit von drei Viertel der abgegebenen Stimmen (§ 103 I 2). Die Satzung kann andere Mehrheiten und weitere Erfordernisse verfahrensrechtl. Art bestimmen (§ 103 I 3). Unwirksam ist eine Satzungsbestimmung, die unterschiedl. Mehrheiten aufstellt (BGH 15.12.1986 Z 99, 211, 215) oder die Mehrheitserfordernisse nach dem Anlass der Abberufung diff. (*Hüffer/Koch* Rn. 4; KölnK-AktG/*Mertens/Cahn* Rn. 16; GroßK/*Hopt/Roth* Rn. 24). Abs. 2 räumt dem Entsendungsberechtigten die Befugnis ein, das entsandte ARMitglied jederzeit abzuberufen und durch ein anderes zu ersetzen. Bei Wegfall des satzungsmäßigen Entsendungsrechts kann auch die HV mit einfacher Stimmenmehrheit das entsandte ARMitglied abberufen (§ 103 II 2). Nach Abs. 4 gelten für die Abberufung auf Grund mitbestimmungsrechtl. Vorschr. gewählte ARMitglieder § 23 MitbestG, § 11 Montan-MitbestG, § 10n MitbestErgG, § 12 DrittelbG.

3 **3. Gerichtliches Abberufungsverfahren.** Das gerichtl. Verfahren zur Abberufung aus wichtigem Grund (§ 103 III) ist unabhängig von den übrigen Abberufungskompetenzen der Abs. 1, 2 u. 4. Es soll der Gesellschaft ermöglichen, sich von einem untragbar gewordenen ARMitglied zu trennen.

4 **a) Antragsberechtigung.** Den Antrag zur Einl. des Verfahrens kann gem. § 103 III 1 nur der AR stellen. Bei der Beschlussfassung, für die die einfache Stimmenmehrheit genügt (§ 103 III 2), ist das betroffene ARMitglied nicht stimmberechtigt (BayObLG 28.3.2003 ZIP 2003, 1194, 1196 f.; KölnK-AktG/*Mertens/Cahn* Rn. 30; UHH/*Ulmer/Habersack* § 6 MitbestG Rn. 70; MüKoAktG/*Habersack* Rn. 35; GroßK/*Hopt/Roth* Rn. 49; **aA** *Hoffmann/Kirchhoff* FS Beusch 1993 S. 377, 380). Das gilt auch, wenn der Ausschluss von der Abstimmung zur Beschlussunfähigkeit führt, da der AR im Wege des § 104 I ergänzt werden kann (BayObLG 28.3.2003 ZIP 2003, 1194, 1197; MüKoAktG/*Habersack* Rn. 35; abl. *Stadler/Berner* AG 2004, 27 ff.; GroßK/*Hopt/Roth* Rn. 50; s. a. OLG F 21.9.2005 ZIP 2005, 2322, 2324; **aA** BGH 2.4.2007 NZG 2007, 516 Rn. 13: Pflicht zur Stimmenthaltung zwecks Vermeidung der Beschlussunfähigkeit des Organs). Wurde das betroffene ARMitglied auf Grund der Satzung in den AR entsandt, steht nach § 103 III 3 auch einer Aktionärsminderheit, deren Anteile 10% des Grundkapitals oder einen Nennwert von 1 Mio. Euro erreichen, das Antragsrecht zu.

5 **b) Wichtiger Grund.** Die Abberufung setzt in der Person des ARMitglieds einen wichtigen Grund voraus. Der BGH bejahte diesen früher, wenn ein krasses gesellschaftswidriges Verhalten vorliegt oder das Mitglied schlechthin untragbar für die Gesellschaft geworden ist (BGH 21.2.1963 Z 39, 111, 123). Heute wird darauf abgestellt, ob bei Abwägung der beteiligten Interessen ein Verbleiben des ARMitglieds in der Gesellschaft bis zum Ende der Amtszeit nicht zumutbar ist (OLG F 1.10.2007 NZG 2008, 272; OLG HH 23.1.1990 ZIP 1990, 311, 313; vgl. LG F 14.10.1986 NJW 1987, 505, 506; *Hofmann* BB 1973, 1081 ff.; MüKoAktG/*Habersack* Rn. 39; GroßK/*Hopt/Roth* Rn. 57). Ein wichtiger Grund **liegt vor,** wenn ein ARMitglied auf Grund einer Tätigkeit außerhalb der Gesellschaft in einen Pflichten- und Interessenkonflikt mit den Unternehmenszielen gerät, namentl. durch das Eintreten für politische Zielsetzungen, die den Unternehmensgegenstand unterminieren (OLG HH 23.1.1990 ZIP 1990, 311; LG HH 15.9.1989 ZIP 1990, 102), sich im Hinblick auf ein geplantes Fusionsvorhaben mit einer negativen Stellungn. an das Bundeskartellamt wenden (LG F 14.10.1986 NJW 1987, 505) bzw. sich ggü. dem Vorstand Befugnisse anmaßen, die nur dem AR als Organ zustehen (OLG F 1.10.2007 NZG 2008, 272, 273), oder ohne Wissen des Vorstands Kontakt zu Geschäftspartnern der Gesellschaft aufnehmen (OLG Z 28.5.1990 AG 1991, 70). Eine Verletzung der Verschwiegenheitspflichten kann abhängig von

Art und Umf. der Pflichtverletzung ein wichtiger Grund sein (BAG 23.10.2008 NZG 2009, 669 Rn. 20; OLG S 7.11.2006 NZG 2007, 72 ff.). Das gilt auch, wenn ANVertreter im AR vertraul. Inf. an den BR oder auf einer Betriebsversammlung weitergegeben haben (BAG 23.10.2008 NZG 2009, 669 Rn. 22; OLG S 7.11.2006 NZG 2007, 72 ff.). Bei einer Tätigkeit des ARMitglieds im Vorstand oder AR eines Konkurrenzunternehmens wird tw. ein Abberufungsgrund angenommen (*Lutter* FS Beusch 1993 S. 509, 521 ff.). Richtigerweise ist dies jedoch nur bei Anhaltspunkten für die konkrete Gefahr eines nicht überbrückbaren Pflichten- und Loyalitätskonflikts zu bejahen (s. KölnK-AktG/*Mertens/Cahn* Rn. 35; GroßK/*Hopt/Roth* Rn. 59; *Hüffer/Koch* Rn. 13a f.; MüKoAktG/*Habersack* Rn. 42).

c) **Verfahren.** Über den Antrag entscheidet gem. § 14 iVm. § 377 I FamFG das AG des Sitzes der Gesellschaft im Verfahren der freiwilligen Gerichtsbarkeit. Gegen den Beschl. des AG ist nach § 103 III 4 die Beschwerde und gegen die Entsch. des Beschwerdegerichts bei entspr. Zulassung nach § 70 II FamFG die Rechtsbeschwerde gegeben. Da die Beschwerde keine aufschiebende Wirkung hat, erlischt das Amt des ARMitglieds bereits mit Bekanntgabe der stattgebenden Entsch. gem. § 41 FamFG. Soweit diese durch die Beschwerdeinstanz aufgeh. wird, lebt die Mitgliedschaft des abberufenen ARMitglieds nur wieder auf, wenn zwischenzeitl. kein neues ARMitglied das Amt übernommen hat (OLG K 12.10.1988 ZIP 1989, 572, 574; KölnK-AktG/*Mertens/Cahn* Rn. 43; MüKoAktG/*Habersack* Rn. 48). 6

4. **Sonstige Beendigungsgründe.** Weitere Gründe einer Beendigung des Mandats sind der Tod, der Wegfall pers. Voraussetzungen nach § 100 I, II (s. § 100 Rn. 2 f.) sowie die wirksame Anfechtung der Bestellung nach den §§ 251, 252 bzw. § 22 MitbestG und § 11 DrittelbG. Das Mandat endet nicht durch Auflösung der Gesellschaft oder formwechselnde Umwandlung, welche die Voraussetzungen des § 203 UmwG erfüllt (s. dazu UmwG § 190 Rn. 2). Eine **Amtsniederlegung** ist zulässig (s. *Singhof* AG 1998, 318 ff.; *Wardenbach* AG 1999, 74) und erfordert keinen wichtigen Grund (*Hüffer/Koch* Rn. 17; KölnK-AktG/*Mertens/Cahn* Rn. 57; GroßK/*Hopt/Roth* Rn. 83 ff.). Zur Wirksamkeit ist nach tw. vertretener Ansicht stets die Erkl. ggü. dem Vorstand erforderl. (MüKoAktG/*Habersack* Rn. 61; *Hüffer/Koch* Rn. 17), verbreitet wird eine Empfangszust. des ARVors. bejaht, der die Erkl. an den Vorstand weiterleiten muss (GroßK/*Hopt/Roth* Rn. 89 mwN; s. exemplarisch OLG SH 8.12.2005 NZG 2006, 951, 956; weiter gehend KölnK-AktG/*Mertens/Cahn* Rn. 59: Erkl. ggü. ARVors. allein ausreichend). 7

§ 104 Bestellung durch das Gericht

(1) [1]Gehört dem Aufsichtsrat die zur Beschlußfähigkeit nötige Zahl von Mitgliedern nicht an, so hat ihn das Gericht auf Antrag des Vorstands, eines Aufsichtsratsmitglieds oder eines Aktionärs auf diese Zahl zu ergänzen. [2]Der Vorstand ist verpflichtet, den Antrag unverzüglich zu stellen, es sei denn, daß die rechtzeitige Ergänzung vor der nächsten Aufsichtsratssitzung zu erwarten ist. [3]Hat der Aufsichtsrat auch aus Aufsichtsratsmitgliedern der Arbeitnehmer zu bestehen, so können auch den Antrag stellen

1. der Gesamtbetriebsrat der Gesellschaft oder, wenn in der Gesellschaft nur ein Betriebsrat besteht, der Betriebsrat, sowie, wenn die Gesellschaft herrschendes Unternehmen eines Konzerns ist, der Konzernbetriebsrat,
2. der Gesamt- oder Unternehmenssprecherausschuss der Gesellschaft oder, wenn in der Gesellschaft nur ein Sprecherausschuss besteht, der Sprecherausschuss sowie, wenn die Gesellschaft herrschendes Unternehmen eines Konzerns ist, der Konzernsprecherausschuss,
3. der Gesamtbetriebsrat eines anderen Unternehmens, dessen Arbeitnehmer selbst oder durch Delegierte an der Wahl teilnehmen, oder, wenn in dem anderen Unternehmen nur ein Betriebsrat besteht, der Betriebsrat,
4. der Gesamt- oder Unternehmenssprecherausschuss eines anderen Unternehmens, dessen Arbeitnehmer selbst oder durch Delegierte an der Wahl teilnehmen, oder, wenn in dem anderen Unternehmen nur ein Sprecherausschuss besteht, der Sprecherausschuss,
5. mindestens ein Zehntel oder einhundert der Arbeitnehmer, die selbst oder durch Delegierte an der Wahl teilnehmen,
6. Spitzenorganisationen der Gewerkschaften, die das Recht haben, Aufsichtsratsmitglieder der Arbeitnehmer vorzuschlagen,
7. Gewerkschaften, die das Recht haben, Aufsichtsratsmitglieder der Arbeitnehmer vorzuschlagen.

[4]Hat der Aufsichtsrat nach dem Mitbestimmungsgesetz auch aus Aufsichtsratsmitgliedern der Arbeitnehmer zu bestehen, so sind außer den nach Satz 3 Antragsberechtigten auch je ein Zehntel der wahlberechtigten in § 3 Abs. 1 Nr. 1 des Mitbestimmungsgesetzes bezeichneten Arbeitnehmer oder der wahlberechtigten leitenden Angestellten im Sinne des Mitbestimmungsgesetzes antragsberechtigt. [5]Gegen die Entscheidung ist die Beschwerde zulässig.

(2) [1]Gehören dem Aufsichtsrat länger als drei Monate weniger Mitglieder als die durch Gesetz oder Satzung festgesetzte Zahl an, so hat ihn das Gericht auf Antrag auf diese Zahl zu ergänzen.

[2]In dringenden Fällen hat das Gericht auf Antrag den Aufsichtsrat auch vor Ablauf der Frist zu ergänzen. [3]Das Antragsrecht bestimmt sich nach Absatz 1. [4]Gegen die Entscheidung ist die Beschwerde zulässig.

(3) Absatz 2 ist auf einen Aufsichtsrat, in dem die Arbeitnehmer ein Mitbestimmungsrecht nach dem Mitbestimmungsgesetz, dem Montan-Mitbestimmungsgesetz oder dem Mitbestimmungsergänzungsgesetz haben, mit der Maßgabe anzuwenden,

1. daß das Gericht den Aufsichtsrat hinsichtlich des weiteren Mitglieds, das nach dem Montan-Mitbestimmungsgesetz oder dem Mitbestimmungsergänzungsgesetz auf Vorschlag der übrigen Aufsichtsratsmitglieder gewählt wird, nicht ergänzen kann,
2. daß es stets ein dringender Fall ist, wenn dem Aufsichtsrat, abgesehen von dem in Nummer 1 genannten weiteren Mitglied, nicht alle Mitglieder angehören, aus denen er nach Gesetz oder Satzung zu bestehen hat.

(4) [1]Hat der Aufsichtsrat auch aus Aufsichtsratsmitgliedern der Arbeitnehmer zu bestehen, so hat das Gericht ihn so zu ergänzen, daß das für seine Zusammensetzung maßgebende zahlenmäßige Verhältnis hergestellt wird. [2]Wenn der Aufsichtsrat zur Herstellung seiner Beschlußfähigkeit ergänzt wird, gilt dies nur, soweit die zur Beschlußfähigkeit nötige Zahl der Aufsichtsratsmitglieder die Wahrung dieses Verhältnisses möglich macht. [3]Ist ein Aufsichtsratsmitglied zu ersetzen, das nach Gesetz oder Satzung in persönlicher Hinsicht besonderen Voraussetzungen entsprechen muß, so muß auch das vom Gericht bestellte Aufsichtsratsmitglied diesen Voraussetzungen entsprechen. [4]Ist ein Aufsichtsratsmitglied zu ersetzen, bei dessen Wahl eine Spitzenorganisation der Gewerkschaften, eine Gewerkschaft oder die Betriebsräte ein Vorschlagsrecht hätten, so soll das Gericht Vorschläge dieser Stellen berücksichtigen, soweit nicht überwiegende Belange der Gesellschaft oder der Allgemeinheit der Bestellung des Vorgeschlagenen entgegenstehen; das gleiche gilt, wenn das Aufsichtsratsmitglied durch Delegierte zu wählen wäre, für gemeinsame Vorschläge der Betriebsräte der Unternehmen, in denen Delegierte zu wählen sind.

(5) Die Ergänzung durch das Gericht ist bei börsennotierten Gesellschaften, für die das Mitbestimmungsgesetz, das Montan-Mitbestimmungsgesetz oder das Mitbestimmungsergänzungsgesetz gilt, nach Maßgabe des § 96 Absatz 2 Satz 1 bis 5 vorzunehmen.

(6) Das Amt des gerichtlich bestellten Aufsichtsratsmitglieds erlischt in jedem Fall, sobald der Mangel behoben ist.

(7) [1]Das gerichtlich bestellte Aufsichtsratsmitglied hat Anspruch auf Ersatz angemessener barer Auslagen und, wenn den Aufsichtsratsmitgliedern der Gesellschaft eine Vergütung gewährt wird, auf Vergütung für seine Tätigkeit. [2]Auf Antrag des Aufsichtsratsmitglieds setzt das Gericht die Auslagen und die Vergütung fest. [3]Gegen die Entscheidung ist die Beschwerde zulässig; die Rechtsbeschwerde ist ausgeschlossen. [4]Aus der rechtskräftigen Entscheidung findet die Zwangsvollstreckung nach der Zivilprozeßordnung statt.

1 **1. Allgemeines.** Nach § 104 kann ein beschlussunfähiger (Abs. 1) oder unterbesetzter AR (Abs. 2) auf Antrag durch gerichtl. Entsch. (a. nach Eröffnung eines Insolvenzverfahrens; KG 4.8.2005 DB 2005, 2346) ergänzt werden, um dessen Funktions- und Arbeitsfähigkeit sicherzustellen (BGH 24.6.2002 NJW-RR 2002, 1461, 1462; OLG F 8.9.2014 NZG 2015, 1154, 1155; *Hüffer/Koch* Rn. 1; MüKoAktG/*Habersack* Rn. 1; s. a. OLG F 19.11.2013 NZG 2014, 462, 463; BayVerfGH 24.8.2005 NZG 2006, 25, 27). Ein beschlussunfähiger AR kann nach § 104 I auf die zur Beschlussfähigkeit notwendige Zahl von ARMitgliedern ergänzt werden. Wird die Wahl eines ARMitglieds angefochten, findet § 104 keine entspr. Anwendung (OLG K 29.3.2007 WM 2007, 837, 838 f.; 23.2.2011 WM 2011, 1174, 1176 ff.; aA *Kocher* NZG 2007, 372 ff.). Ebenso findet die Vorschr. nur bei Gesellschaften Anwendung, bei denen kraft G ein AR zu bilden ist (s. OLG F 19.11.2013 NZG 2014, 462, 463 f., zur GmbH mit fakultativem AR).

2 **2. Beschlussunfähigkeit.** Der AR einer mitbestimmten Gesellschaft ist beschlussunfähig, wenn diesem weniger als die Hälfte der erforderl. Mitgliederzahl angehört, s. § 28 MitbestG, § 10 Montan-MitbestG. Soweit die Gesellschaft dem DrittelbG unterliegt oder mitbestimmungsfrei ist, bestimmt sich die Beschlussfähigkeit nach § 108 II (s. a. BGH 2.4.2007 NZG 2007, 516 Rn. 13).

3 **3. Antragsberechtigung.** Den Antrag kann nach § 104 I 1 der Vorstand, jedes ARMitglied und jeder Aktionär stellen, nicht aber die Gesellschaft selbst (OLG F 8.9.2014 NZG 2015, 1154). Der Vorstand ist nach § 104 I 2 verpflichtet, den Antrag unverzügl. (§ 121 I 1 BGB) zu stellen, sofern nicht die rechtzeitige Erg. vor der nächsten ARSitzung zu erwarten ist. Daneben sind die in § 104 I 3 Nr. 1 bis 7 aufgezählten Gremien, Organisationen und Gruppen sowie die im MitbestG definierten AN (§ 104 I 4) zur Antragstellung berechtigt, unabhängig davon, ob die Beschlussunfähigkeit des AR auf fehlenden AE- oder ANVertretern beruht (HS/*Henssler* Rn. 3).

4 **4. Ergänzung bei Unterbesetzung.** Eine Erg. des AR ist nach § 104 II 1 mögl., wenn diesem länger als drei Monate weniger als die durch G und Satzung vorgeschriebene Zahl von Mitgliedern angehören.

Den Antrag können alle in Abs. 1 genannten Antragsberechtigten stellen (§ 104 II 3), eine Verpflichtung hierzu trifft sie jedoch – wie § 104 I bestätigt – nicht. Das gilt auch für den Vorstand einer mitbestimmten Gesellschaft (BayObLG 29.3.2000 AG 2001, 50, 51). Die Dreimonatsfrist ist nicht einzuhalten, wenn ein dringender Fall iSv. § 104 II 2 vorliegt, der gem. § 104 III Nr. 2 stets zu bejahen ist, wenn die Gesellschaft dem MitbestG, dem Montan-MitbestG oder MitbestErgG unterliegt. IÜ ist Dringlichkeit anzunehmen, wenn bei wichtigen Entsch. auf Grund der Unterrepräsentierung einer Interessengruppe konkrete Auswirkungen auf das Beschlussergebnis zu erwarten sind (KölnK-AktG/*Mertens/Cahn* Rn. 17; MüKoAktG/*Habersack* Rn. 26; *Hüffer/Koch* Rn. 10). Auf die Dringlichkeit kommt es jedoch nicht an, wenn die Unterbesetzung des AR zur Beschlussunfähigkeit führt, da für diesen Fall Abs. 1 ggü. Abs. 2 spezieller ist (OLG D 28.1.2010 NZG 2010, 313 f.).

5. Gerichtliche Entscheidung. Über den Antrag entscheidet gem. § 377 I FamFG iVm. § 14 das AG 5
am Sitz der Gesellschaft im Verfahren der freiwilligen Gerichtsbarkeit. Gegen den Beschl. ist gem. § 104 I 5 bzw. § 104 II 4 die Beschwerde und gegen die Entsch. des Beschwerdegerichts ggf. die Rechtsbeschwerde (§ 70 FamFG) eröffnet. Zur Beschwerdebefugnis OLG DD 30.9.1997 AG 1998, 427; OLG SH 26.4.2004 AG 2004, 453, 454; OLG F 8.9.2014 NZG 2015, 1154 f.; zur Aussetzung der Entsch. mittels einstweiliger Anordnung LG H 5.3.2009 ZIP 2009, 760 f. Bei der Entsch., insb. bei der Auswahl, ist das Gericht vorbehaltl. Abs. 4 und 5 unter Berücksichtigung der Interessen der Gesellschaft bei der Ausübung seines pflichtgemäßen Ermessens frei (s. OLG SH 26.4.2004 AG 2004, 453, 454; 12.7.2006 ZIP 2006, 1770, 1772; OLG M 2.7.2009 NZG 2009, 1149, 1150; OLG HM 28.5.2013 NZG 2013, 1099; OLG BA 19.2.2014 NZG 2014, 497; OLG F 8.9.2014 NZG 2015, 1154, 1155, 1157; OLG BS 24.5.2016 BeckRS 2016, 15591; OLG S 24.2.2017 BeckRS 2017, 105058) und kann das ARMitglied auch befristet bestellen (OLG M 9.11.2009 NZG 2009, 1430, 1431). IRd. § 104 IV ist das Gericht an Einschränkungen gebunden (BayObLG 20.8.1997 ZIP 1997, 1883, 1884 f.); hat der AR auch aus Vertretern der AN zu bestehen, ist er nach § 104 IV 1 so zu ergänzen, dass das für die Zusammensetzung des AR maßgebl. zahlenmäßige Verhältnis unter Beachtung der Parität und des Gruppenproporzes hergestellt wird (UHH/*Ulmer/Habersack* § 6 MitbestG Rn. 61). Bei der Erg. wegen Beschlussunfähigkeit nach Abs. 1 hat das Gericht nach § 104 IV 2 den AR abw. hiervon unter weit gehender Herstellung der gruppenmäßigen Zusammensetzung zu ergänzen, bis die Beschlussfähigkeit erreicht ist (KölnK-AktG/*Mertens/Cahn* Rn. 19; MüKoAktG/*Habersack* Rn. 32). Das vom Gericht bestellte ARMitglied muss nach § 104 IV 3 die bes. pers. Voraussetzungen aufweisen, die G oder Satzung aufstellen, insb. auch die erweiterten mitbestimmungsrechtl. Voraussetzungen, s. § 100 Rn. 2. IRd. § 104 IV 4 ist das Gericht gehalten, die nach dem MBR bestehenden Vorschlagsrechte zu berücksichtigen, s. § 16 II MitbestG, § 6 I, III Montan-MitbestG, § 6 S. 2 DrittelbG sowie BayObLG 20.8.1997 ZIP 1997, 1883, 1884; 14.12.2004 AG 2005, 350, 351; OLG F 8.9.2014 NZG 2015, 1154, 1157; OLG S 24.2.2017 BeckRS 2017, 105058.

Das Ermessen des Gerichts wird bei den von § 96 II 1 erfassten Gesellschaften (s. § 96 Rn. 2) zusätzl. 6
durch § 104 V begrenzt, da die Ersatzbestellung nicht dazu führen darf, dass das auf das Geschlecht der ARMitglieder bezogene **Mindestanteilsgebot** unterschritten wird. Solange dieses jedoch gewahrt bleibt, ist das Gericht frei in der Wahl des Geschlechts, dem das zukünftige ARMitglied angehört. Diese Grds. gelten unabhängig davon, ob für die Wahrung des Mindestanteilsgebots bei der Wahl des AR Gesamterfüllung oder Getrennterfüllung maßgebl. war (WKS/*Wißmann* § 6 MitbestG Rn. 86). Bei einer urspr. Gesamterfüllung kann die Seite, deren höherer Frauenanteil sich verringert hat, durch einen Widerspruch zur Getrennterfüllung wechseln (§ 99 II 5; s. § 96 Rn. 10). Wurde bei der Wahl zum AR der Gesamterfüllung widersprochen und ist damit für das Mindestanteilsgebot die Getrennterfüllung maßgebl., bleiben sowohl das Gericht als auch die amtierenden ARMitglieder jeder Seite hieran gebunden und können für den Fall einer Ersatzbestellung nicht zu einer Gesamterfüllung wechseln (*Hüffer/Koch* Rn. 14a). Hins. **Zielgrößen zum Frauenanteil** unter den ARMitglieder (§ 111 V) greift § 104 V nicht ein (WKS/*Wißmann* § 6 MitbestG Rn. 87), jedoch wird das Gericht im Rahmen seines Ermessens (s. § 104 Rn. 5) berücksichtigen müssen, dass die vom AR beschlossene Zielgröße nicht ohne gewichtige Gründe unterschritten wird (*FKP* Rn. 720; schwächer wohl WKS/*Wißmann* § 6 MitbestG Rn. 87).

6. Rechtsstellung des Bestellten. Nach § 104 VI erlischt das Amt des gerichtl. bestellten ARMit- 7
glieds, wenn der Mangel behoben ist. Dies ist bei der Erg. wegen Beschlussunfähigkeit nach § 104 I der Fall, wenn der AR auch ohne das gerichtl. bestellte Mitglied seine Beschlussfähigkeit wiedererlangt hat, bei der Erg. nach § 104 II nur dann, wenn die Unterbesetzung beseitigt worden ist (zur Unverhältnismäßigkeit einer Nachwahl LAG K 30.6.2000 NZA-RR 2001, 317 f.). Der Mangel iSv. § 104 VI ist behoben, wenn das ARMitglied ordentl. bestellt worden ist (BayObLG 9.7.2004 ZIP 2004, 2190, 2191; OLG M 12.7.2006 ZIP 2006, 1770, 1771; 9.11.2009 NZG 2009, 1430, 1431) oder in der Satzung festgelegte Bestimmungen über die Mitgliederzahl und die Beschlussfähigkeit herabgesetzt werden (*Hüffer/Koch* Rn. 16; MüKoAktG/*Habersack* Rn. 48, 49). Das gerichtl. bestellte ARMitglied hat während seiner Amtszeit dies. Rechte und Pflichten wie ein ordentl. bestelltes Mitglied, insb. auch einen Vergütungsanspruch, § 104 VII. Auf Antrag setzt das zust. Gericht die von der Gesellschaft zu zahlenden Auslagen und die Vergütung fest, s. iE § 104 VII.

§ 105 Unvereinbarkeit der Zugehörigkeit zum Vorstand und zum Aufsichtsrat

(1) Ein Aufsichtsratsmitglied kann nicht zugleich Vorstandsmitglied, dauernd Stellvertreter von Vorstandsmitgliedern, Prokurist oder zum gesamten Geschäftsbetrieb ermächtigter Handlungsbevollmächtigter der Gesellschaft sein.

(2) [1] Nur für einen im voraus begrenzten Zeitraum, höchstens für ein Jahr, kann der Aufsichtsrat einzelne seiner Mitglieder zu Stellvertretern von fehlenden oder verhinderten Vorstandsmitgliedern bestellen. [2] Eine wiederholte Bestellung oder Verlängerung der Amtszeit ist zulässig, wenn dadurch die Amtszeit insgesamt ein Jahr nicht übersteigt. [3] Während ihrer Amtszeit als Stellvertreter von Vorstandsmitgliedern können die Aufsichtsratsmitglieder keine Tätigkeit als Aufsichtsratsmitglied ausüben. [4] Das Wettbewerbsverbot des § 88 gilt für sie nicht.

1 **1. Allgemeines.** § 105 regelt die Inkompatibilität der ARMitgliedschaft mit der Mitgliedschaft im Vorstand und der Ausübung weiterer ltd. Funktionen. Damit setzt die Norm die Funktionsabgrenzung zwischen dem Geschäftsführungsorgan Vorstand und dem Überwachungsorgan AR auch in personeller Hinsicht um. Die in Abs. 2 ermöglichte Bestellung von ARMitgliedern zu Stellvertretern von Vorstandsmitgliedern durchbricht partiell den Inkompatibilitätsgrds. Der Unvereinbarkeitsgrds. in § 105 I stellt keinen absoluten Vorrang des ARMandats ggü. den anderen dazu inkompatiblen Rechtsstellungen auf. Vielmehr besteht dahingehend eine Priorität, dass die Eingehung der späteren Rechtsstellung unzulässig ist, sofern die frühere bei Übernahme des Amts nicht gleichzeitig aufgegeben wird (KölnK-AktG/*Mertens/Cahn* Rn. 7; MüKoAktG/*Habersack* Rn. 18 mwN).

2 **2. Unvereinbare Rechtsstellungen.** Nach § 105 I 1. und 2. Fall kann ein ARMitglied nicht zugleich Mitglied des Vorstands oder dauernder Stellvertreter eines Vorstandsmitglieds ders. Gesellschaft sein (s. a. § 25d III Nr. 1 KWG). Zur Mitgliedschaft in Vorstand und AR verschiedener Gesellschaften s. § 100 Rn. 3. Unvereinbar mit dem ARAmt sind nach § 105 I 3. und 4. Var. auch die Stellung als Prokurist, unabhängig von der Art der Prokura, und die eines Generalhandlungsbevollmächtigten iSv. § 54 I 1. Var. HGB. Im Anwendungsbereich des MitbestG ist dessen § 6 II 2 zu beachten (s. MitbestG § 6 Rn. 6). Auf andere als in § 105 I genannte Rechtsstellungen, zB nicht erfasste Funktionen der Leitungsebene, ist die Inkompatibilitätsregel nicht anzuwenden (OLG S 24.2.2017 BeckRS 2017, 105058; KölnK-AktG/*Mertens/Cahn* Rn. 14; MüKoAktG/*Habersack* Rn. 15; HS/*Henssler* Rn. 5). Das gilt auch für eine frühere Tätigkeit als Vorstand der Gesellschaft; § 105 I steht einem Wechsel vom Amt des Vorstandsvors. in den AR ders. Gesellschaft nicht entgegen (LG M I 15.4.2004 WM 2004, 880, 883 f.; s. ferner Nr. 5.4.2. S. 2 DCGK, der eine Sollregelung trifft, von der abgewichen werden kann [s. aber § 100 Rn. 2]); anderes gilt uU bei Vers. (§ 24 IV 1 VAG) und Banken (§ 25d III 1 Nr. 2 u. IIIa Nr. 2 KWG), zudem bleibt die Karenzzeit (zwei Jahre) nach § 100 II 1 Nr. 4 unberührt.

3 **3. Rechtsfolgen bei Verstoß.** Für die Inkompatibilität zwischen ARMandat und den damit unvereinbaren Rechtsstellungen ist der Zpkt. des Amtsantritts maßgebl. Die Bestellung ist bis zur auch konkludent erklärbaren Niederlegung des anderen Amtes schwebend unwirksam. Wird das Amt nicht niedergelegt, ist die Bestellung nach § 134 BGB bzw. analog § 250 I nichtig (*Hüffer/Koch* Rn. 6; MüKoAktG/*Habersack* Rn. 19). Die Stellung als Prokurist oder Generalhandlungsbevollmächtigter kann abw. von den Vertretungsregeln des BGB bzw. HGB durch Erkl. ggü. der Gesellschaft beendet werden (*Brox* NJW 1967, 804 f.; KölnK-AktG/*Mertens/Cahn* Rn. 16).

4 **4. Aufsichtsratsmitglied als stellvertretendes Vorstandsmitglied.** Nach Abs. 2 kann der AR einzelne seiner Mitglieder zu Stellvertretern von fehlenden oder verhinderten Vorstandsmitgliedern für eine im Voraus zu bestimmende Amtszeit von höchstens einem Jahr bestellen. Ein Fehlen idS ist gegeben, wenn die nach G, Satzung oder GeschO vorgeschriebene Mitgliederzahl unterschritten ist. Verhindert ist ein Vorstandsmitglied, wenn es infolge langer Abwesenheit dauernd an der Ausübung des Vorstandsamts gehindert ist (KölnK-AktG/*Mertens/Cahn* Rn. 20, 21). Die Bestellung erfolgt durch Beschl. des AR, bei dem auch das zu bestellende Mitglied stimmberechtigt ist (s. a. § 107 Rn. 9). Soweit die Gesellschaft dem MitbestG unterliegt, ist für die Beschlussfassung § 29 MitbestG und nicht § 31 MitbestG anzuwenden (KölnK-AktG/*Mertens/Cahn* Rn. 18; MüKoAktG/*Habersack* Rn. 28; *Krieger*, Personalentsch. des AR, 1981 S. 228 ff.). Das zum Stellvertreter eines Vorstandsmitglieds bestellte ARMitglied tritt in dessen Rechtsposition mit allen sich daraus ergebenden Rechten und Pflichten mit Ausnahme des Wettbewerbsverbots nach § 88 (§ 105 II 4) ein (s. näher GroßK/*Hopt/Roth* Rn. 65 ff.). Während der Amtszeit als Stellvertreter von Vorstandsmitgliedern ruht das ARMandat (s. § 105 II 3).

§ 106 Bekanntmachung der Änderungen im Aufsichtsrat

Der Vorstand hat bei jeder Änderung in den Personen der Aufsichtsratsmitglieder unverzüglich eine Liste der Mitglieder des Aufsichtsrats, aus welcher Name, Vorname, ausgeübter Beruf und

Wohnort der Mitglieder ersichtlich ist, zum Handelsregister einzureichen; das Gericht hat nach § 10 des Handelsgesetzbuchs einen Hinweis darauf bekannt zu machen, dass die Liste zum Handelsregister eingereicht worden ist.

Die Vorschr. regelt die Publizität der personellen ARZusammensetzung. Die frühere Pflicht zur Bek. 1
in den Gesellschaftsblättern ist hierdurch entfallen. Hins. der in die Liste aufzunehmenden pers. Angaben zu den ARMitglieder übernimmt § 106 die früher hM (s. GroßK/*Hopt/Roth* Rn. 12).

§ 107 Innere Ordnung des Aufsichtsrats

(1) [1]Der Aufsichtsrat hat nach näherer Bestimmung der Satzung aus seiner Mitte einen Vorsitzenden und mindestens einen Stellvertreter zu wählen. [2]Der Vorstand hat zum Handelsregister anzumelden, wer gewählt ist. [3]Der Stellvertreter hat nur dann die Rechte und Pflichten des Vorsitzenden, wenn dieser verhindert ist.

(2) [1]Über die Sitzungen des Aufsichtsrats ist eine Niederschrift anzufertigen, die der Vorsitzende zu unterzeichnen hat. [2]In der Niederschrift sind der Ort und der Tag der Sitzung, die Teilnehmer, die Gegenstände der Tagesordnung, der wesentliche Inhalt der Verhandlungen und die Beschlüsse des Aufsichtsrats anzugeben. [3]Ein Verstoß gegen Satz 1 oder Satz 2 macht einen Beschluß nicht unwirksam. [4]Jedem Mitglied des Aufsichtsrats ist auf Verlangen eine Abschrift der Sitzungsniederschrift auszuhändigen.

(3) [1]Der Aufsichtsrat kann aus seiner Mitte einen oder mehrere Ausschüsse bestellen, namentlich, um seine Verhandlungen und Beschlüsse vorzubereiten oder die Ausführung seiner Beschlüsse zu überwachen. [2]Er kann insbesondere einen Prüfungsausschuss bestellen, der sich mit der Überwachung des Rechnungslegungsprozesses, der Wirksamkeit des internen Kontrollsystems, des Risikomanagementsystems und des internen Revisionssystems sowie der Abschlussprüfung, hier insbesondere der Auswahl und der Unabhängigkeit des Abschlussprüfers und der vom Abschlussprüfer zusätzlich erbrachten Leistungen, befasst. [3]Der Prüfungsausschuss kann Empfehlungen oder Vorschläge zur Gewährleistung der Integrität des Rechnungslegungsprozesses unterbreiten. [4]Die Aufgaben nach Absatz 1 Satz 1, § 59 Abs. 3, § 77 Abs. 2 Satz 1, § 84 Abs. 1 Satz 1 und 3, Abs. 2 und Abs. 3 Satz 1, § 87 Abs. 1 und Abs. 2 Satz 1 und 2, § 111 Abs. 3, §§ 171, 314 Abs. 2 und 3 sowie Beschlüsse, daß bestimmte Arten von Geschäften nur mit Zustimmung des Aufsichtsrats vorgenommen werden dürfen, können einem Ausschuß nicht an Stelle des Aufsichtsrats zur Beschlußfassung überwiesen werden. [5]Dem Aufsichtsrat ist regelmäßig über die Arbeit der Ausschüsse zu berichten.

(4) Richtet der Aufsichtsrat einer Gesellschaft, die kapitalmarktorientiert im Sinne des § 264d des Handelsgesetzbuchs, die CRR-Kreditinstitut im Sinne des § 1 Absatz 3d Satz 1 des Kreditwesengesetzes, mit Ausnahme der in § 2 Absatz 1 Nummer 1 und 2 des Kreditwesengesetzes genannten Institute, oder die Versicherungsunternehmen im Sinne des Artikels 2 Absatz 1 der Richtlinie 91/674/EWG ist, einen Prüfungsausschuss im Sinn des Absatzes 3 Satz 2 ein, müssen die Voraussetzungen des § 100 Absatz 5 erfüllen.

1. Allgemeines. a) Regelungsinhalt. § 107 regelt die innere Ordnung des AR, namentl. die Wahl 1
des Vors. und seines Stellvertreters (Abs. 1), die Anfertigung von Sitzungsniederschriften (Abs. 2) sowie die Bildung von Ausschüssen (Abs. 3). Die unvollständig gehaltene Regelung überlässt Satzung bzw. GeschO bei der näheren Ausgestaltung der inneren Ordnung des AR und seiner Ausschüsse einen weiten Spielraum.

b) Geschäftsordnung, Satzung. Die innere Organisation des AR obliegt vorrangig dem AR, der 2
diese regelm. durch eine mit einfacher Stimmenmehrheit zu beschließende GeschO näher ausgestaltet (*Hüffer/Koch* Rn. 34). Diese bleibt solange in Kraft, bis sie der AR durch Beschl. ändert bzw. aufhebt, verliert ihre Geltung aber nicht mit Ende der Amtsperiode (OLG HH 23.7.1982 WM 1982, 1090, 1092; *Hüffer/Koch* Rn. 35; MüKoAktG/*Habersack* Rn. 174; GroßK/*Hopt/Roth* Rn. 212 mwN; aA *Säcker* DB 1977, 2031, 2035 f.). Regelungsgegenstände der GeschO sind insb. das Verfahren zur Einberufung einschl. der Bek. der Tagesordnung, das Abstimmungsverfahren und die Einsetzung und Besetzung von Ausschüssen. Regelungen durch die Satzung sind zulässig, solange die Selbstorganisationsautonomie des AR gewahrt bleibt. Als höherrangige Norm gehen wirksame Satzungsbestimmungen der vom AR beschlossenen GeschO vor (BGH 5.6.1975 Z 64, 325, 327 f.; GroßK/*Hopt/Roth* Rn. 210).

2. Aufsichtsratsvorsitzender und Stellvertreter. a) Allgemeines. Nach § 107 I 1 wählt der AR aus 3
seiner Mitte einen Vors. und mind. einen Stellvertreter. Unterbleibt die Wahl, so kommt eine gerichtl. Bestellung des Vors. analog § 104 in Betracht, da andernfalls die Funktionsfähigkeit des AR auf Grund der ihm nach dem AktG und den MitbestimmungsG zustehenden Kompetenzen beeinträchtigt ist (KölnK-AktG/*Mertens/Cahn* Rn. 23; MüKoAktG/*Habersack* Rn. 25; GroßK/*Hopt/Roth* Rn. 21; *LKV* Rn. 660, 674).

4 **b) Wahl des Aufsichtsratsvorsitzenden.** Im Anwendungsbereich des MitbestG ist dessen § 27 zu beachten. Außerhalb davon, dh. insb. im Anwendungsbereich der übrigen MitbestimmungsG, erfolgt die Wahl des Vors. und seines Stellvertreters entspr. dem AktG. Die Wahl, bei der auch der zu wählende Kandidat stimmberechtigt ist, erfordert die einfache Stimmenmehrheit, sofern die Satzung keine auch in qualifizierter Form mögl. Mehrheitserfordernisse aufstellt (*Hüffer/Koch* Rn. 4; *LKV* Rn. 664; MüKoAktG/*Habersack* Rn. 21 f.; **aA** KölnK-AktG/*Mertens/Cahn* Rn. 14). Die Wahl bedarf zu ihrer Wirksamkeit der Annahme durch den Gewählten und ist vom Vorstand zum Handelsregister anzumelden (§ 107 I 2).

5 **c) Rechtsstellung des Aufsichtsratsvorsitzenden.** Die Amtszeit kann grds. durch Satzung, GeschO oder Wahlbeschl. festgelegt werden, endet aber stets mit Ende der Mitgliedschaft im AR (RG 19.3.1910 Z 73, 234, 237; KölnK-AktG/*Mertens/Cahn* Rn. 29; *LKV* Rn. 666). Der AR kann die Bestellung durch Beschl., der der gleichen Mehrheit wie der Wahlbeschl. bedarf, jederzeit widerrufen. Die Satzung und die GeschO können Verfahren und Voraussetzungen der Abberufung näher ausgestalten, wobei eine solche aus wichtigem Grund mit einfacher Mehrheit mögl. sein muss (KölnK-AktG/*Mertens/Cahn* Rn. 36; GroßK/*Hopt/Roth* Rn. 55). Zu § 27 MitbestG s. MitbestG § 27 Rn. 4. Aufgaben und Befugnisse des ARVors. regelt das G nur vereinzelt. Ihm stehen die Befugnis zur Einberufung (§ 110 I 1) und Leitung der ARSitzung zu (KölnK-AktG/*Mertens/Cahn* Rn. 44), ferner die Aufgaben und Rechte, die dem Vors. eines Gremiums üblicherweise zustehen (KölnK-AktG/*Mertens/Cahn* Rn. 40; s. ausf. GroßK/*Hopt/Roth* Rn. 62 ff.; *Drinhausen/Marsch-Barner* AG 2014, 337 ff.). Hierzu gehört die allg. Koordination der ARTätigkeit, insb. hins. der Arbeit der Ausschüsse, und die Einhaltung der Ordnungsmäßigkeit der ARSitzungen. Hinzu kommt die Funktion als Repräsentant des AR ggü. Vorstand und HV sowie der Öffentlichkeit und daneben idR auch die Vertretung ggü. dem Vorstand (s. § 112 sowie § 108 Rn. 2). Zu den bes. Funktionen nach dem MitbestG s. MitbestG § 29 Rn. 3, 5.

6 **d) Stellvertreter.** Nach § 107 I 1 können ein oder mehrere Stellvertreter bestellt werden, deren Amtszeit von der des Vors. abweichen kann (KölnK-AktG/*Mertens/Cahn* Rn. 30; *LKV* Rn. 666; zur Bestellung weiterer Stellvertreter BGH 25.2.1982 Z 83, 106 sowie MitbestG § 27 Rn. 7). Besonderheiten bei der Wahl sowie der Rechtsstellung der Stellvertreter bestehen nach § 27 MitbestG (s. dort). Der Stellvertreter hat gem. § 107 I 3 die Rechte und Pflichten des Vors., wenn dieser verhindert ist. Das ist der Fall, wenn der ARVors. eine ihm obliegende Maßnahme innerhalb des zur Vfg. stehenden Zeitraums nicht selbst wahrnehmen kann, dagegen nicht, wenn er zu deren Wahrnehmung nicht gewillt ist (GroßK/*Hopt/Roth* Rn. 155; KölnK-AktG/*Mertens/Cahn* Rn. 72; MüKoAktG/*Habersack* Rn. 70). Außerhalb des Vertretungsfalls hat der Stellvertreter mit Ausnahme des § 27 III MitbestG keine herausgehobene Rechtsstellung (KölnK-AktG/*Mertens/Cahn* Rn. 70; **aA** *Peus,* Der ARVors., 1983 S. 205 ff.).

7 **3. Niederschrift über die Sitzung.** Nach § 107 II ist über die Sitzungen des AR eine Niederschrift anzufertigen, zu deren Erstellung der Vors. entgegen § 109 einen Protokollführer hinzuziehen kann, wenn kein ARMitglied widerspricht (*Hüffer/Koch* Rn. 13; für Mehrheitsbeschl. *Brinkschmidt,* Prot. des AR und seiner Ausschüsse, 1992 S. 52; MüGesR IV/*Hoffmann-Becking* § 31 Rn. 54; GroßK/*Hopt/Roth* Rn. 175; MüKoAktG/*Habersack* Rn. 76; *LKV* Rn. 703). Das vom ARVors. zu unterzeichnende Sitzungsprot. muss nach § 107 II 2 Ort und Tag der Sitzung, die Teilnehmer, die Gegenstände der Tagesordnung, den wesentl. Inhalt der Verh. und die Beschl. enthalten. Nach § 107 II 4 ist allen Mitgliedern des AR auf ihr Verlangen das Prot. der ARSitzungen und der Ausschusssitzungen auszuhändigen. Die Niederschrift hat Beweisfunktion, sie begr. eine tats. Vermutung für die Richtigkeit und Vollständigkeit ihres Inhalts, insb. über den Sitzungsverlauf und die gefassten Beschl. (KölnK-AktG/*Mertens/Cahn* Rn. 85; *Hüffer/Koch* Rn. 15; ausf. *Brinkschmidt,* Prot. des AR und seiner Ausschüsse, 1992 S. 33 ff.), ohne indes den Beweis des Gegenteils auszuschließen (s. HS/*Henssler* Rn. 19). Für die Wirksamkeit der Beschl. hat sie nach § 107 II 3 keine Bedeutung (GroßK/*Hopt/Roth* Rn. 190 f.). Eine Vorlagepflicht ggü. gesellschaftsfremden Dritten kommt iRd. ges. Vorschr. in Betracht. Sie besteht im Zuge steuerl. Buch- und Betriebsprüfungen ggü. der Finanzbehörde, beschränkt auf den zur Durchführung der Maßnahme erforderl. Umf. (BFH 11.7.1967 BStBl. II S. 365; 27.6.1968 BStBl. II S. 592), des Weiteren aber auch ggü. parlamentarischen Untersuchungsausschüssen, soweit die Tätigkeit der Gesellschaft zulässiger Gegenstand der Untersuchung ist (BVerfG 1.10.1987 E 77, 1, 43 ff.).

8 **4. Aufsichtsratsausschüsse. a) Allgemeines.** Nach § 107 III 1 kann der AR aus seiner Mitte Ausschüsse bestellen, va. zur Vorbereitung seiner Verh. und Beschl. sowie zur Überwachung von deren Ausführung. Die Delegation von Aufgaben auf Ausschüsse soll eine effiziente ARArbeit verwirklichen. In Konkretisierung der durch die Satzung nicht beschränkbaren Organisationsautonomie des AR entscheidet dieser grds. eigenverantwortl. über Bildung und personelle Zusammensetzung bzw. Besetzung der Ausschüsse (BGH 25.2.1982 Z 83, 106, 112, 115; 17.5.1993 Z 122, 342, 357 f.; *Paefgen* S. 308 ff., 319 ff.; KölnK-AktG/*Mertens/Cahn* Rn. 96). Nach dem MitbestG besteht eine Verpflichtung zur Bildung des sog. **Vermittlungsausschusses** (s. MitbestG § 27 Rn. 8). Eine vergleichbare Bestimmung enthält § 8 II Montan-MitbestG für die Wahl des „neutralen" ARMitglieds. Die Einrichtung eines

Prüfungsausschusses (§ 107 III 2) ist nicht zwgd. vorgeschrieben (krit. zur EU-Konformität *Hoffmann* NZG 2016, 441 ff.), wird aber im Hinblick auf die Empfehlung in Nr. 5.3.2 DCGK idR erfolgen (s. a. Begr. BT-Drs. 16/10067 S. 102 f.). In diesem Fall müssen dem Prüfungsausschuss Mitglieder angehören, die über Sachverstand auf den Gebieten Rechnungslegung oder Abschlussprüfung verfügen (§ 107 IV iVm. § 100 V sowie § 100 Rn. 4). Kraft G sind bei den vom KWG erfassten Instituten Ausschüsse uU nach § 25d VI-XII KWG einzurichten (Risikoausschuss, Prüfungsausschuss, Nominierungsausschuss, Vergütungskontrollausschuss; dazu *Hönsch/Kaspar* AG 2014, 297 ff.; *Schneider/Schneider* NZG 2016, 41, 46).

b) Bestellung. Über die Bildung eines Ausschusses und Bestellung der Mitglieder beschließt der AR mit einfacher Stimmenmehrheit. In Gesellschaften, die dem MitbestG unterliegen, findet § 29 MitbestG und nicht § 27 MitbestG Anwendung (MüGesR IV/*Hoffmann-Becking* § 32 Rn. 38; UHH/*Ulmer/Habersack* § 25 MitbestG Rn. 126; **aA** *Fitting/Wlotzke/Wißmann* § 29 Rn. 41). 9

c) Besetzung. Für die Bildung des Vermittlungsausschusses nach dem MitbestG gilt die Sonderregelung des § 27 III MitbestG (s. MitbestG § 27 Rn. 8). Über die Besetzung der sonstigen Ausschüsse entscheidet der AR – abgesehen von den Vorgaben in § 107 IV iVm. § 100 V für den Prüfungsausschuss (s. § 107 Rn. 8) – autonom (s. § 107 Rn. 13). Dem Grunde nach besteht diese Organisationsautonomie auch in mitbestimmten Gesellschaften, wird bei diesen aber durch den Zweck der Mitbestimmung überlagert. Dies führt jedoch nicht dazu, dass die personelle Zusammensetzung der Ausschüsse der des GesamtAR entsprechen muss (BGH 17.5.1993 Z 122, 342, 355 ff. mwN; **aA** *Säcker* S. 56 ff.). Allerdings dürfen ANVertreter bei der Besetzung der Ausschüsse nicht allein auf Grund ihrer Gruppenzugehörigkeit von der Mitarbeit ausgeschlossen werden, ohne dass dafür im Einzelfall erhebl. sachl. Gründe vorliegen (BGH 17.5.1993 Z 122, 342, 355; KölnK-AktG/*Mertens/Cahn* Rn. 121 ff. mwN; *Henssler* FS 50 Jahre BGH Bd. II 2000 S. 387, 395 ff.; *LKV* Rn. 766; tw. **aA** *Zöllner* FS Zeuner 1994 S. 161, 182 ff.). Das gilt nicht nur im Anwendungsbereich des MitbestG, sondern auch, wenn die Gesellschaft dem DrittelbG unterliegt (GroßK/*Hopt/Roth* Rn. 278; MüGesR IV/*Hoffmann-Becking* § 32 Rn. 39; KölnK-AktG/*Mertens/Cahn* Rn. 123; s. aber einschränkend *Altmeppen* FS Brandner 1996 S. 3 ff.; MüKoAktG/*Habersack* Rn. 140; *LKV* Rn. 767). Ob wegen des Diskriminierungsverbots die Beteiligung wenigstens eines ANVertreters an den Ausschüssen geboten ist, hängt von den Umständen des Einzelfalls ab. In Unternehmen, in denen der AR nach dem MitbestG paritätisch besetzt ist, werden allg. höhere Anforderungen an den sachl. Grund für den vollständigen Ausschluss der ANVertreter von der Beteiligung an den Ausschüssen zu stellen sein (KölnK-AktG/*Mertens/Cahn* Rn. 126 mwN; s. *Henssler* FS 50 Jahre BGH Bd. II 2000 S. 387, 396 f.; *Oetker* ZGR 2000, 19, 52 ff.; MüKoAktG/*Habersack* Rn. 137 ff.; GroßK/*Hopt/Roth* Rn. 282). 10

Deshalb sind ANVertreter an sog. beschließenden **Personalausschüssen** zu beteiligen, welche die Bestellung der Mitglieder des ges. Vertretungsorgans vorbereiten, insb. die Bedingungen der Anstellung festlegen (BGH 17.5.1993 Z 122, 342, 360; *Brandes* WM 1994, 2177, 2182; KölnK-AktG/*Mertens/Cahn* Rn. 125, 126). Ebenso ist eine Beteiligung der ANVertreter an Ausschüssen angezeigt, die über dic **Ausübung eines Zustimmungsvorbehalts** nach § 111 IV 2 (s. § 111 Rn. 12 ff.) entscheiden (OLG M 27.1.1995 ZIP 1995, 1753, 1754; zust. *Wank* EWiR 1995, 605 f.; **aA** OLG HH 15.9.1995 ZIP 1995, 1673, 1675 f.; *Fleck* EWiR 1995, 1147 f.; *Jaeger* ZIP 1995, 1735, 1737). Ferner ist an Ausschüssen mit **sozialem Tätigkeitsfeld** idR eine Beteiligung geboten (*Rellermeyer* ARAusschüsse, 1986 S. 107; *LKV* Rn. 767; MüGesR IV/*Hoffmann-Becking* § 32 Rn. 39). Bei **Prüfungsausschüssen** (audit committees) kommt eine Nichtbeteiligung der ANVertreter allenfalls in Betracht, wenn keiner von ihnen die notwendige fachl. Qualifikation hat (*Altmeppen* ZGR 2004, 390, 401, 410; *Huwer,* Der Prüfungsausschuss des AR, 2008 S. 240 f.; *Kirsten* BB 2004, 173, 175; weiter gehend *Kersting* ZIP 2003, 233, 238 f.; *Krause* WM 2003, 762, 770 f.; *Scheffler* ZGR 2003, 236, 260: generelle Nichtbeteiligung wegen fehlender Unabhängigkeit; zurückhaltend GroßK/*Hopt/Roth* Rn. 283 aE, 322). Auch bei sog. **Beteiligungsausschüssen,** die nach § 32 MitbestG über die Ausübung von Beteiligungsrechten entscheiden, liegt idR kein sachl. Grund für den Ausschluss von ANVertretern vor. Der Regelungszweck des § 32 MitbestG (s. MitbestG § 32 Rn. 1) wird durch die Teilnahme der ANVertreter nicht berührt, da für Entsch. iSv. § 32 I 3 MitbestG nur die Stimmen der AE maßgebl. sind (UHH/*Ulmer/Habersack* § 32 MitbestG Rn. 28; RVJ/*Raiser/Veil* § 32 MitbestG Rn. 22; **aA** *Paefgen* S. 383 ff.; GroßK/*Hopt/Roth* Rn. 283; KölnK-AktG/*Mertens/Cahn* § 117 Anh. B § 32 MitbestG Rn. 22). Dem bei CRR-Kreditinstituten (s. § 1 IIId KWG) zu bildenden **Vergütungskontrollausschuss** muss bei mitbestimmter AG unabhängig von dem Mitbestimmungsstatut mind. ein ANVertreter angehören (§ 25d XII 4 KWG). 11

d) Grenzen der Aufgabendelegierung. Nach § 107 III 4 sind bestimmte Entsch. des AR dem Plenum vorbehalten. Hierunter fallen insb. die Wahl des Vors., die Bestellung zum Vorstand und der Widerruf aus wichtigem Grund, die Festsetzung der Vergütung und deren ggf. erforderl. Herabsetzung sowie die Festlegung des Katalogs zustimmungspflichtiger Geschäfte nach § 111 IV 2. Darüber hinaus kann der GesamtAR die Überwachung des Vorstands nicht auf einen Ausschuss zur ausschl. Wahrnehmung delegieren (KölnK-AktG/*Mertens/Cahn* Rn. 145; *Rellermeyer* ARAusschüsse, 1986 S. 32 ff.; *LKV* Rn. 746; GroßK/*Hopt/Roth* Rn. 370 ff.). Dem AR bleibt es unbenommen, die Vorbehaltsentsch. 12

einem Ausschuss zur Vorbereitung zu übertragen, so zB Auswahl und Anstellungsbedingungen eines Vorstandsmitglieds (*Hüffer/Koch* Rn. 27; *LKV* Rn. 748). Die Tätigkeit der Ausschüsse darf die Entsch. des GesamtAR jedoch nicht präjudizieren (BGH 24.11.1980 Z 79, 38 ff.; GroßK/*Hopt/Roth* Rn. 381). Die Delegierung an die Ausschüsse berührt nicht die Kompetenz des AR, die Aufgaben wieder an sich zu ziehen und im Plenum zu entscheiden. Das schließt ein umfassendes Informationsrecht ggü. dem Ausschuss ein (KölnK-AktG/*Mertens/Cahn* Rn. 142; *Rellermeyer* ARAusschüsse, 1986 S. 204 ff.; *LKV* Rn. 748); § 107 III 5 sichert dies durch eine Pflicht des Ausschusses zur Unterrichtung ab. Für Form und Inhalt der Berichterstattung an das Plenum enthält das G keine Vorgaben, mit einem Ergebnisbericht genügt der Ausschuss seiner Verpflichtung in § 107 III 5 (Begr. BT-Drs. 14/8769, 16; *LKV* Rn. 748); ggü. dem einzelnen ARMitglied sind weder der Ausschuss noch einzelne seiner Mitglieder zur Berichterstattung verpflichtet, § 107 III 5 hat andererseits keine abschl. Wirkung und steht einer Unterrichtung einzelner ARMitglieder nicht entgegen (s. a. § 109 Rn. 5 sowie *Oetker* FS Hopt 2010 S. 1091 ff.). Einzelheiten zur Berichterstattung nach § 107 III 5 kann der AR in seiner GeschO oder bei Einsetzung des Ausschusses festlegen.

13 **e) Verfahren.** Für das ges. nicht geregelte Verfahren in den Ausschüssen sind die Vorschr. für den GesamtAR entspr. heranzuziehen. Einberufung und Leitung der Sitzungen obliegen regelm. dem Ausschussvors. Über die Sitzung ist entspr. § 107 II eine Niederschrift anzufertigen (s. § 107 Rn. 7). Das Verfahren iÜ können GeschO und Satzung näher ausgestalten (s. § 107 Rn. 2 f.). Für die in § 107 III 4 vorausgesetzten beschließenden Ausschüsse ist die Beschlussfähigkeit zu beachten (s. § 108 Rn. 7). Das Zweitstimmrecht des ARVors. nach § 29 II MitbestG ist nicht auf den Vors. des Ausschusses übertragbar; Satzung oder GeschO können ihm dieses aber einräumen (BGH 25.2.1982 Z 83, 144, 147 f.).

§ 108 Beschlußfassung des Aufsichtsrats

(1) Der Aufsichtsrat entscheidet durch Beschluß.

(2) [1]Die Beschlußfähigkeit des Aufsichtsrats kann, soweit sie nicht gesetzlich geregelt ist, durch die Satzung bestimmt werden. [2]Ist sie weder gesetzlich noch durch die Satzung geregelt, so ist der Aufsichtsrat nur beschlußfähig, wenn mindestens die Hälfte der Mitglieder, aus denen er nach Gesetz oder Satzung insgesamt zu bestehen hat, an der Beschlußfassung teilnimmt. [3]In jedem Fall müssen mindestens drei Mitglieder an der Beschlußfassung teilnehmen. [4]Der Beschlußfähigkeit steht nicht entgegen, daß dem Aufsichtsrat weniger Mitglieder als die durch Gesetz oder Satzung festgesetzte Zahl angehören, auch wenn das für seine Zusammensetzung maßgebende zahlenmäßige Verhältnis nicht gewahrt ist.

(3) [1]Abwesende Aufsichtsratsmitglieder können dadurch an der Beschlußfassung des Aufsichtsrats und seiner Ausschüsse teilnehmen, daß sie schriftliche Stimmabgaben überreichen lassen. [2]Die schriftlichen Stimmabgaben können durch andere Aufsichtsratsmitglieder überreicht werden. [3]Sie können auch durch Personen, die nicht dem Aufsichtsrat angehören, übergeben werden, wenn diese nach § 109 Abs. 3 zur Teilnahme an der Sitzung berechtigt sind.

(4) Schriftliche, fernmündliche oder andere vergleichbare Formen der Beschlussfassung des Aufsichtsrats und seiner Ausschüsse sind vorbehaltlich einer näheren Regelung durch die Satzung oder eine Geschäftsordnung des Aufsichtsrats nur zulässig, wenn kein Mitglied diesem Verfahren widerspricht.

1 **1. Allgemeines.** § 108 regelt die Grds. der Beschlussfassung des AR und seiner Ausschüsse. Entsch. muss der AR nach Abs. 1 durch Beschl. fassen; für die Beschlussfähigkeit sind die in Abs. 2 aufgestellten Mindestanforderungen zu beachten. Außerdem lässt § 108 die Abstimmung durch Stimmboten (Abs. 3) sowie die Beschlussfassung ohne Sitzung zu (Abs. 4).

2 **2. Beschlussfassung des Aufsichtsrats. a) Entscheidung durch Beschluss.** Der Beschl. ist die Bildung des Organwillens durch Abstimmung über einen Antrag (KölnK-AktG/*Mertens/Cahn* Rn. 7). Gegenstand eines Beschl. können neben Handlungen, an die G oder Satzung Rechtswirkungen knüpfen, auch sonstige Erkl. sein, die der AR auf Grund G abgeben muss. In Betracht kommen insb. Willenserkl. des AR (zB nach §§ 112, 88 I, 89 I und V), nicht aber rein tats. Äußerungen und Stellungn., soweit sie keine Rechtswirkungen entfalten (GroßK/*Hopt/Roth* Rn. 18; aA KölnK-AktG/*Mertens/Cahn* Rn. 13). Eine Beschlussfassung ist ferner erforderl., wenn ein Mitglied des AR diese beantragt (*Hüffer/Koch* Rn. 2). Die Übermittlung des Beschl. erfolgt durch den ARVors. als Erklärungsvertreter, der hierfür einer Ermächtigung bedarf (BGH 17.3.2008 NZG 2008, 471 Rn. 11; OLG D 24.2.2012 AG 2012, 511 f.; OLG DD 6.9.2006 WM 2007, 1029, 1032; OLG Z 23.6.2010 AG 2010, 918; OLG F 7.7.2015 NZG 2015, 1112, 1114), die sich – sofern nicht bereits in der Satzung oder GeschO des AR enthalten – ggf. konkludent aus dem ARBeschl. ergeben kann (s. OLG D 17.11.2003 NZG 2004, 141, 143).

b) Beschlussfassung. Der AR kann aus Gründen der Rechtssicherheit, insb. im Hinblick auf die Feststellung der Beschlussfähigkeit und des Abstimmungsergebnisses, seine Beschl. nur ausdr. fassen (BGH 6.4.1964 Z 41, 282, 286; 19.12.1988 NJW 1989, 1928, 1929; GroßK/*Hopt/Roth* Rn. 20 mwN). Liegt ein Beschl. vor, ist dessen Inhalt aber nach den allg. Auslegungsregeln zu ermitteln (BGH 19.12.1988 NJW 1989, 1928, 1929; GroßK/*Hopt/Roth* Rn. 22 MüKoAktG/*Habersack* Rn. 13). 3

Der ges. Regelfall ist die **Beschlussfassung in der Sitzung.** Eine solche ist jede unmittelbare Kommunikation zwischen den ARMitgliedern bei gleichzeitiger allseitiger Sicht- und Hörbarkeit (KölnK-AktG/*Mertens/Cahn* Rn. 19; GroßK/*Hopt/Roth* Rn. 27). Abs. 3 ermöglicht den abwesenden ARMitgliedern die **schriftl. Stimmabgabe** durch sog. Stimmboten innerhalb einer Sitzung und gleicht damit die Nachteile aus, die aus der Unzulässigkeit der Bestellung von Stellvertretern resultieren (s. § 101 III 1). Die vorgefertigte Stimmerkl. können andere ARMitglieder (§ 108 III 2) oder Personen, die nach § 109 III zur Teilnahme an der Sitzung berechtigt sind (§ 108 III 3), überreichen. Das Schriftformerfordernis wird auch durch Telegramm, Telex oder Telefax erfüllt (KölnK-AktG/*Mertens/Cahn* Rn. 25; *Kindl* ZHR 166 [2002], 335, 347; *Lutter* FS Duden 1977 S. 280 f.; diff. *LKV* Rn. 725; HS/*Henssler* Rn. 15; **aA** UHH/*Ulmer/Habersack* § 25 MitbestG Rn. 31a). Eine wirksame Stimmbotenschaft muss den Willen des abwesenden ARMitglieds zur Geltung bringen und darf dem Stimmboten keinen Entscheidungsspielraum belassen (*Lutter* FS Duden 1977 S. 276). Über die konkrete Verfahrensweise der Stimmbotenschaft besteht Uneinigkeit (dazu KölnK-AktG/*Mertens/Cahn* Rn. 33 f.; GroßK/*Hopt/Roth* Rn. 109 jeweils mwN). Im Interesse einer flexiblen Handhabung kann der Bote, ggf. nach Unterrichtung des abwesenden ARMitglieds über den Gang der Beratungen, ein nach dessen konkreten Weisungen ausgefülltes Blankett in der Sitzung überreichen (*Lutter* FS Duden 1977 S. 276; GroßK/*Hopt/Roth* Rn. 112; **aA** UHH/*Ulmer/Habersack* § 25 MitbestG Rn. 31). 4

§ 108 IV lässt die **Beschlussfassung ohne Sitzung** mit schriftl. oder fernmdl. Stimmabgabe zu; dem ist die Stimmabgabe durch Telefax gleichzustellen (*Hüffer/Koch* Rn. 21; *LKV* Rn. 728; s. näher *Kindl* ZHR 166 [2002], 335 ff.). Voraussetzung ist jedoch, dass nach ordnungsgemäßer Unterrichtung über Beschlussantrag und Form der Beschlussfassung kein ARMitglied dieser Form der Stimmabgabe widerspricht. Das gilt auch, wenn es sich um eine Pflichtsitzung des AR handelt (§ 110 III) und er diese als „virtuelle" Sitzung abhält (s. § 110 Rn. 5). Sollte sich ein Mitglied nicht äußern, so liegt darin weder ein Widerspruch noch eine Stimmenthaltung (KölnK-AktG/*Mertens/Cahn* Rn. 41; *LKV* Rn. 728; MüKoAktG/*Habersack* Rn. 61). Satzung und GeschO des AR können eine nähere Bestimmung treffen und auch das Widerspruchsrecht des einzelnen ARMitglieds durch eine Mehrheitsentsch. des AR ablösen (*Kindl* ZHR 166 [2002], 335, 338 f.; s. a. GroßK/*Hopt/Roth* Rn. 125). 5

Zulässig ist auch eine **gemischte Abstimmung,** bei der ein Teil der Stimmen in der Sitzung abgegeben und den abwesenden ARMitgliedern ermöglicht wird, ihre Stimmen nachträgl. innerhalb einer angemessenen Frist abzugeben (KölnK-AktG/*Mertens/Cahn* Rn. 24). Dem darf jedoch entspr. § 108 IV kein ARMitglied widersprechen (MüKoAktG/*Habersack* Rn. 71; GroßK/*Hopt/Roth* Rn. 129 jeweils mwN). 6

c) Beschlussfähigkeit. Ein wirksamer Beschl. setzt die Beschlussfähigkeit des AR voraus. Sie liegt nach § 108 II 2 vor, wenn mind. die Hälfte der Mitglieder an der Beschlussfassung teilnehmen, aus denen er nach G oder Satzung zu bestehen hat. Diese Regelung ist nach § 28 MitbestG und § 10 Montan-MitbestG insoweit zwgd., als die Satzung keine geringeren Anforderungen aufstellen darf. In allen übrigen Gesellschaften, einschl. den nach dem DrittelbG mitbestimmten Unternehmen, kann die Satzung die Beschlussfähigkeit gem. § 108 II 1 nur unter Beachtung der zwgd. Regelungen und Grds. näher regeln. So ist zB eine Bestimmung unzulässig, nach der die Beschlussfähigkeit von der Teilnahme bestimmter ARMitglieder abhängt (BGH 25.2.1982 Z 83, 151, 154 ff.). Nach § 108 II 3 müssen in jedem Fall mind. drei Mitglieder an der Beschlussfassung teilnehmen, während die bloße Unterbesetzung nicht die Beschlussunfähigkeit zur Folge hat, auch wenn dies eine Gruppenparität berührt (§ 108 II 4). Zur Teilnahme von drei Mitgliedern an der Beschlussfassung, wenn eines der Mitglieder an sich von der Abstimmung ausgeschlossen ist, s. § 108 Rn. 9 (BGH 2.4.2007 NZG 2007, 516 Rn. 13 sowie § 103 Rn. 4). 7

d) Abstimmung. aa) Erforderliche Stimmenmehrheit. Die Annahme bzw. Ablehnung eines Beschlussantrags erfordert grds. die Mehrheit der abgegebenen Stimmen (§ 29 I MitbestG bzw. § 32 I 3 BGB analog). Andernfalls ist dieser mangels erforderl. Mehrheit abgelehnt. Stimmenthaltungen und ungültige Stimmen werden bei der Feststellung des Stimmenverhältnisses nicht mitgezählt (BGH 25.2.1982 Z 83, 35, 36 f.; 8.12.1988 Z 106, 179, 183 f.). **Abw. Mehrheitserfordernisse** bestehen nach § 27 MitbestG für die Wahl des ARVors. und die Bestellung des ges. Vertretungsorgans (§ 31 MitbestG) sowie bei der Ausübung von Beteiligungsrechten nach § 32 MitbestG, zu den Einzelheiten dort. Für mitbestimmungsfreie und nach dem DrittelbG mitbestimmte Gesellschaften kann die Satzung qualifizierte Mehrheiten festlegen, sofern die Funktionsfähigkeit des AR bei der Erfüllung der ges. Pflichten gewährleistet bleibt (KölnK-AktG/*Mertens/Cahn* Rn. 62; *Jürgenmeyer* ZGR 2007, 112 ff.). 8

bb) Stimmrecht und Stimmrechtsausschluss. Aus dem Grds. der gleichen Berechtigung aller AR-Mitglieder folgt die Gleichwertigkeit aller Stimmen. Im Anwendungsbereich des MitbestG steht dem ARVors. nach § 29 II und § 31 IV MitbestG bei Stimmengleichheit ein Zweitstimmrecht zu. In allen 9 übrigen Gesellschaften kann die Satzung dem ARVors. oder seinem Stellvertreter ein Recht zum Stichentscheid einräumen (*Hüffer/Koch* Rn. 8; KölnK-AktG/*Mertens/Cahn* Rn. 61; MüKoAktG/*Habersack* Rn. 25). Ein Stimmrechtsausschluss greift entspr. § 34 BGB ein, wenn die Beschlussfassung die Vornahme eines Rechtsgeschäfts mit dem ARMitglied oder die Einl. oder Erledigung eines Rechtsstreits zwischen ihm und der Gesellschaft betrifft. Dies gilt nach dem Normzweck auch, wenn die Beschlussfassung ein Rechtsgeschäft mit einer anderen Gesellschaft betrifft, bei der das ARMitglied zugleich Organmitglied ist (*Hanau/Ulmer* § 25 Rn. 27; GroßK/*Hopt/Roth* Rn. 54 aE mwN; **aA** KölnK-AktG/*Mertens/Cahn* Rn. 68; UHH/*Ulmer/Habersack* § 25 MitbestG Rn. 27). Kein Stimmverbot besteht bei Abstimmungen zur **inneren Ordnung des AR**, wie zB der Wahl des ARVors. (*Hüffer/Koch* Rn. 9; KölnK-AktG/*Mertens/Cahn* Rn. 67; GroßK/*Hopt/Roth* Rn. 56). Andererseits befürwortet die hM bei Abstimmungen über die Bestellung eines ARMitglieds zum Vorstand einen Stimmrechtsausschluss für das betr. ARMitglied (so GroßK/*Hopt/Roth* Rn. 56; HS/*Henssler* Rn. 7; *Hüffer/Koch* Rn. 9; MüKoAktG/*Habersack* Rn. 32; *Seibt* FS Hopt 2010 S. 1361, 1378; **aA** KölnK-AktG/*Mertens/Cahn* Rn. 67; *LKV* Rn. 347, 731). Eine Erweiterung des Stimmrechtsausschlusses auf Fälle, die zu einem Interessenkonflikt bei **ANVertretern** führen können, namentl. bei Abstimmungen über arbeitskampf- oder tarifpolitische Entsch., lehnt die hM ab (UHH/*Ulmer/Habersack* § 25 MitbestG Rn. 28; KölnK-AktG/*Mertens/Cahn* Rn. 70; MüKoAktG/*Habersack* Rn. 31; **aA** *Säcker* DB 1977, 1794; *Wiedemann* GesR I, 1980 S. 632; GroßK/*Hopt/Roth* Rn. 62). Gegen einen Stimmrechtsausschluss lässt sich der Grds. der gleichen Berechtigung und Verpflichtung der ARMitglieder und deren Verpflichtung auf das Unternehmensinteresse anführen (hierzu BGH 26.11.1988 Z 106, 54, 65).

10 **cc) Geheime Abstimmung.** Der AR fasst seine Beschl. grds. in geheimer Abstimmung (UHH/*Ulmer/Habersack* § 25 MitbestG Rn. 26; *Hüffer/Koch* Rn. 5 f.; *LKV* Rn. 722; *Peus,* Der ARVors., 1983 S. 120 ff.; **aA** KölnK-AktG/*Mertens/Cahn* Rn. 52), wenn dies ein Mitglied verlangt (*Peus* DStR 1996, 1656 f.; *Hüffer/Koch* Rn. 5a; für Minderheit von zwei Mitgliedern *Ulmer* AG 1982, 300, 305 f.; ebenso MüKoAktG/*Habersack* Rn. 19; für Mehrheitsbeschl. HS/*Henssler* Rn. 4; *LKV* Rn. 722). Die geheime Abstimmung wirkt sachfremder Druckausübung und der Gefahr einer Disziplinierung der jeweiligen Gruppe entgegen (GroßK/*Hopt/Roth* Rn. 42; UHH/*Ulmer/Habersack* § 25 MitbestG Rn. 26). Haftungsrechtl. Gesichtspunkte treten in den Hintergrund (dazu KölnK-AktG/*Mertens/Cahn* Rn. 52 mwN), denn auch den dissentierenden ARMitgliedern obliegt es, gegen einen sorgfaltswidrigen Beschl. vorzugehen (UHH/*Ulmer/Habersack* § 25 MitbestG Rn. 26).

11 **3. Fehlerhafte Aufsichtsratsbeschlüsse. a) Grundsätze.** Ein fehlerhafter ARBeschl. liegt vor, wenn das Beschlussverfahren unter Mängeln leidet oder der Beschl. seinem Inhalt nach gegen G oder Satzung verstößt. Die dogmatische Einordnung des fehlerhaften ARBeschl. ist im Hinblick auf Geltendmachung und Rechtsfolgen umstr. Eine verbreitete Meinung diff. zwischen nichtigen und anfechtbaren ARBeschl., überw. in Anlehnung an die §§ 241 ff. (OLG HH 6.3.1992 AG 1992, 197 f.; *Baums* ZGR 1983, 300, 305 ff.; *Lemke,* Der fehlerhafte ARBeschl., 1994 S. 94 ff.; s. *LKV* Rn. 737 ff.). Demggü. lehnt der BGH die entspr. Anwendung der §§ 241 ff. im Grds. ab, lässt jedoch offen, ob bei der Fehlerhaftigkeit zwischen nichtigen und anfechtbaren Beschl. zu unterscheiden ist (BGH 17.5.1993 Z 122, 342, 347 ff.; zust. BayObLG 28.3.2003 ZIP 2003, 1194, 1197; OLG F 4.2.2003 AG 2003, 276, 277; GroßK/*Hopt/Roth* Rn. 138; *Hüffer/Koch* Rn. 28 f.; *Kindl* DB 1993, 2065 ff.).

12 **b) Beschlussfehler und Rechtsfolgen.** Nach der Rspr. sind ARBeschl. nichtig, die verfahrensmäßig oder inhaltl. gegen zwgd. Gesetzes- oder Satzungsrecht verstoßen (BGH 17.5.1993 Z 122, 342, 351; BAG 20.9.2016 NZG 2017, 69 Rn. 89 mwN). Nichtigkeit wird idR bei schweren inhaltl. Mängeln des Beschl. sowie bei schwerwiegenden Verfahrensfehlern, wie Beschlussunfähigkeit (OLG F 21.9.2005 NZG 2006, 29, 31; s. a. *Fortun/Knies* DB 2007, 1451 ff.), gesetzeswidriger Zusammensetzung des AR und Kompetenzüberschreitung, anzunehmen sein. Bei Verstößen gegen reine Ordnungsvorschr. oder minderschweren Verfahrensfehlern, die keine konkreten Auswirkungen auf das Beschlussergebnis hatten oder die Mitwirkungsrechte von ARMitgliedern nur unwesentl. berühren, tritt keine Nichtigkeit ein (s. GroßK/*Hopt/Roth* Rn. 137, 147 ff.; MüKoAktG/*Habersack* Rn. 76 ff. mwN).

13 **c) Geltendmachung.** Die Nichtigkeit eines ARBeschl. kann mit einer Feststellungsklage von jedem gerichtl. geltend gemacht werden, der ein rechtl. Interesse an dieser Feststellung hat. Nach Ansicht des BGH ist der zur Geltendmachung des Beschlussmangels berechtigte Personenkreis durch sachgerechte Bestimmung des erforderl. Rechtsschutzinteresses zu begrenzen (BGH 17.5.1993 Z 122, 342, 351). IdR sind ARMitglieder zur Geltendmachung des Beschlussmangels berechtigt, Aktionäre jedoch nicht (KölnK-AktG/*Mertens/Cahn* Rn. 112; GroßK/*Hopt/Roth* Rn. 176 ff.). Die Klage ist gegen die Gesellschaft, vertreten durch den Vorstand, zu richten (BGH 15.11.1982 Z 85, 293, 295; 17.5.1993 Z 122, 342, 344 ff.; OLG Z 3.2.2011 NZG 2011, 433, 434; MüKoAktG/*Habersack* Rn. 85 mwN; **aA** *Hommelhoff* ZHR 143 [1979], 288, 313 ff.). Eine Frist für die Geltendmachung, orientiert an der einmonatigen Anfechtungsfrist des § 246, besteht nicht (dafür aber OLG HH 6.3.1992 AG 1992, 197, 199; HS/*Henssler* Rn. 23; *Lemke,* Der fehlerhafte ARBeschl., 1994 S. 183 ff.). Allerdings kommt eine Verwirkung in Betracht, soweit der Beschlussmangel nicht binnen angemessener Zeit ggü. dem ARVors. und daran anschließend ggü. dem Gericht geltend gemacht wird (BGH 17.5.1993 Z 122, 342, 351; *Hüffer/*

Koch Rn. 30; vgl. *LKV* Rn. 742; GroßK/*Hopt/Roth* Rn. 183). Dies betrifft vorwiegend minderschwere Mängel, wie Verstöße gegen Verfahrensvorschr. (BGH 17.5.1993 Z 122, 342, 351), oder aber widersprüchl. Verhalten. Bei bes. schwerwiegenden Mängeln, die zur Nichtigkeit des Beschl. führen, scheidet eine Verwirkung idR aus (OLG Z 3.2.2011 NZG 2011, 433, 434).

Ein die Nichtigkeit feststellendes rkr. **Urteil** wirkt analog § 248 I für und gegen alle Aktionäre sowie die Mitglieder des Vorstands und des AR (*Baums* ZGR 1983, 300, 308; MüKoAktG/*Habersack* Rn. 85; KölnK-AktG/*Mertens/Cahn* Rn. 114 mwN; tw. **aA** *Lemke,* Der fehlerhafte ARBeschl., 1994 S. 176). Der BGH erwägt eine ähnl. Rechtskraftwirkung in Anlehnung an die Rspr. zum Vereinsrecht (BGH 17.5.1993 Z 122, 342, 350 unter Hinweis auf BGH 25.5.1992 NJW-RR 1992, 1209). Erfasst der zur Nichtigkeit führende Fehler nur einen Teil des Beschl., finden die Grds. zur Teilnichtigkeit von Rechtsgeschäften entspr. § 139 BGB Anwendung (BGH 15.11.1993 Z 142, 111, 121 f.; *Brandes* WM 1994, 2177, 2182). Für die **Bemessung des Streitwerts** gilt nicht § 247 I, sondern maßgebl. ist das wirtschaftl. Interesse des Klägers (§ 3 ZPO). 14

§ 109 Teilnahme an Sitzungen des Aufsichtsrats und seiner Ausschüsse

(1) [1] **An den Sitzungen des Aufsichtsrats und seiner Ausschüsse sollen Personen, die weder dem Aufsichtsrat noch dem Vorstand angehören, nicht teilnehmen.** [2] **Sachverständige und Auskunftspersonen können zur Beratung über einzelne Gegenstände zugezogen werden.**

(2) **Aufsichtsratsmitglieder, die dem Ausschuß nicht angehören, können an den Ausschußsitzungen teilnehmen, wenn der Vorsitzende des Aufsichtsrats nichts anderes bestimmt.**

(3) **Die Satzung kann zulassen, daß an den Sitzungen des Aufsichtsrats und seiner Ausschüsse Personen, die dem Aufsichtsrat nicht angehören, an Stelle von verhinderten Aufsichtsratsmitgliedern teilnehmen können, wenn diese sie hierzu in Textform ermächtigt haben.**

(4) **Abweichende gesetzliche Vorschriften bleiben unberührt.**

1. Allgemeines. § 109 regelt, welche Personen zur Teilnahme an den Sitzungen des AR und seiner Ausschüsse berechtigt sind. Die Vorschr. ist zwgd., insb. kann die Satzung den Kreis der teilnahmeberechtigten Personen nicht über das G hinaus erweitern (BGH 30.1.2012 NZG 2012, 347 Rn. 15). Nach Abs. 3 können bei Verhinderung eines Mitglieds Personen zur Teilnahme an den Sitzungen ermächtigt werden, die nicht dem AR angehören. Nehmen nicht teilnahmeberechtigte Personen an der ARSitzung teil, so führt dies nach hM grds. nicht zur Nichtigkeit der gefassten Beschl. (BGH 24.2.1954 Z 12, 327, 330; 17.4.1967 Z 47, 341, 349 f.; MüKoAktG/*Habersack* Rn. 3; *Hüffer/Koch* Rn. 4). 1

2. Teilnahmeberechtigte Personen. Die **Mitglieder des AR** haben kraft Amtes ein unentziehbares Recht, aber auch die Pflicht zur Teilnahme an den Sitzungen des AR (KölnK-AktG/*Mertens/Cahn* Rn. 11; *LKV* Rn. 700; MüKoAktG/*Habersack* Rn. 7). Die Teilnahmeberechtigung besteht selbst dann, wenn das ARMitglied in Bezug auf den betr. Beratungsgegenstand einem Stimmrechtsausschluss unterliegt (KölnK-AktG/*Mertens/Cahn* Rn. 14; diff. GroßK/*Hopt/Roth* Rn. 17 ff.). Ein **Ausschluss von der Sitzung** kann durch den ARVors. erklärt werden. Hieran sind jedoch strenge Anforderungen zu stellen. Er kommt erst bei konkreten Anhaltspunkten in Betracht, dass durch die Teilnahme wichtige Belange der Gesellschaft beeinträchtigt werden könnten, so zB bei drohendem Geheimnisverrat (*Hüffer/Koch* Rn. 2; *LKV* Rn. 700; MüKoAktG/*Habersack* Rn. 9 mwN), oder die erforderl. Sitzungsordnung anders nicht hergestellt werden kann (KölnK-AktG/*Mertens/Cahn* Rn. 12; MüKoAktG/*Habersack* Rn. 9; GroßK/*Hopt/Roth* Rn. 25). 2

Nach Abs. 1 können **Vorstandsmitglieder** an den Sitzungen des AR teilnehmen, ohne dass es eines bes. Anlasses bedarf (s. dazu *Schneider* ZIP 2002, 873 ff.). Der Vorstand bzw. seine Mitglieder sind zur Teilnahme verpflichtet, wenn der AR dies verlangt (*Hüffer/Koch* Rn. 3; MüGesR IV/*Hoffmann-Becking* § 31 Rn. 52; MüKoAktG/*Habersack* Rn. 12). Ein ges. Teilnahmerecht zugunsten der Vorstandsmitglieder besteht nicht (KölnK-AktG/*Mertens/Cahn* Rn. 16; *Hüffer/Koch* Rn. 3; *LKV* Rn. 702). 3

§ 109 I 2 ermöglicht dem AR, **Sachverständige und Auskunftspersonen** zur Beratung einzelner Gegenstände hinzuzuziehen. Damit ist eine st. Beteiligung weiterer Personen an der ARSitzung nicht vereinbar, insb. rechtfertigt § 109 I 2 nicht die Einf. beratender, aber nicht stimmberechtigter ARMitglieder (BGH 30.1.2012 NZG 2012, 347 Rn. 13, 16). Zur Teilnahme berechtigt sind alle Personen, die auf Grund ihrer Sachkunde bzw. ihres Informationsstandes zum Beratungsgegenstand etwas beitragen können (*Dreher* FS Ulmer 2003 S. 87, 94 ff.; *Kropff* FS Raiser 2005 S. 225, 242 f.; MüKoAktG/*Habersack* Rn. 17). Die Hinzuziehung sachkundiger Dritter wird jedoch durch den Grds. der eigenverantwortl. Amtsausübung begrenzt, der eine über den Einzelfall hinausgehende dauernde Teilnahme und Beratung durch nicht dem AR angehörige Personen ausschließt (BGH 15.12.1982 Z 85, 293, 295 ff.). Dieser Grds. kann nicht durch Bestellung zusätzl. ARMitglieder mit beratender Stimme umgangen werden (s. BGH 30.1.2012 NZG 2012, 347 Rn. 16). 4

5 **3. Teilnahme an Ausschusssitzungen.** Zur Teilnahme an Ausschusssitzungen sind die Mitglieder des Ausschusses berechtigt. Ihm nicht angehörende ARMitglieder haben nach § 109 II ein Recht zur Teilnahme an dessen Sitzung. Der ARVors., nicht der Vors. des Ausschusses, kann jedoch nach § 109 II ausschussfremde ARMitglieder von den Ausschusssitzungen ausschließen, sofern dies nicht in genereller Weise erfolgt oder zu einer Diskriminierung einzelner oder einer Gruppe von ARMitgliedern führt (hierzu § 107 Rn. 10 sowie *Hüffer/Koch* Rn. 6; MüKoAktG/*Habersack* Rn. 26). So kann die Behandlung vertraul. Themen in einem Personalausschuss den Ausschluss von ARMitgliedern rechtfertigen, die dem Ausschuss nicht angehören (LG München I 26.7.2007 NZG 2008, 348, 349 f.). Wurde ein ARMitglied von der Teilnahme ausgeschlossen, entfällt hierdurch nicht nur das Recht auf eine Abschrift von der Sitzungsniederschrift (§ 107 II), sondern auch iÜ ist die Weitergabe von Inf. durch Mitglieder des Ausschusses an das ausgeschlossene ARMitglied wegen des Zwecks von § 109 II 2 untersagt (näher *Oetker* FS Hopt 2010 S. 1091, 1101 ff.).

6 **4. Teilnahme von Beauftragten.** Gem. Abs. 3 kann die Satzung zulassen, dass bei Verhinderung eines ARMitglieds eine nicht zum AR gehörende Person zur Teilnahme an den Sitzungen berechtigt ist. Dies setzt voraus, dass das ARMitglied obj. verhindert ist und den Beauftragten ermächtigt, wobei die Textform (§ 126b BGB) zu wahren ist. Der Beauftragte hat die Stellung eines Boten und kann innerhalb seiner Ermächtigung Erkl. des verhinderten ARMitglieds abgeben und vorformulierte Anträge stellen, hat aber kein eigenes Rede- und Antragsrecht (*Hüffer/Koch* Rn. 7; KölnK-AktG/*Mertens/Cahn* Rn. 41; *LKV* Rn. 701; zur Botenschaft bei der Abstimmung s. § 108 Rn. 5).

§ 110 Einberufung des Aufsichtsrats

(1) [1] **Jedes Aufsichtsratsmitglied oder der Vorstand kann unter Angabe des Zwecks und der Gründe verlangen, daß der Vorsitzende des Aufsichtsrats unverzüglich den Aufsichtsrat einberuft.** [2] **Die Sitzung muß binnen zwei Wochen nach der Einberufung stattfinden.**

(2) **Wird dem Verlangen nicht entsprochen, so kann das Aufsichtsratsmitglied oder der Vorstand unter Mitteilung des Sachverhalts und der Angabe einer Tagesordnung selbst den Aufsichtsrat einberufen.**

(3) [1] **Der Aufsichtsrat muss zwei Sitzungen im Kalenderhalbjahr abhalten.** [2] **In nichtbörsennotierten Gesellschaften kann der Aufsichtsrat beschließen, dass eine Sitzung im Kalenderhalbjahr abzuhalten ist.**

1 **1. Allgemeines.** Die Vorschr. regelt die Grdl. der Einberufung des AR. IE wird das Recht zur Einberufung (Abs. 1) und ein damit korrespondierendes Selbsthilferecht der ARMitglieder und des Vorstands (Abs. 2) normiert und eine Mindestzahl von ARSitzungen vorgeschrieben (Abs. 3). Innerhalb dieses Rahmens können Satzung oder GeschO die weiteren Modalitäten der Einberufung festlegen (GroßK/*Hopt/Roth* Rn. 19).

2 **2. Einberufung durch den Aufsichtsratsvorsitzenden.** Der in § 110 I vorausgesetzte Regelfall ist die Einberufung durch den ARVors. bzw. bei seiner Verhinderung durch dessen Stellvertreter, die unter Angabe von Ort, Tag und Zeit der Sitzung aber nicht notwendig in schriftl. Form erfolgt. Dabei ist eine angemessene Frist zwischen Einberufung und Sitzung einzuhalten (*Hüffer/Koch* Rn. 3; *LKV* Rn. 692), idR ist eine Woche ausreichend (MüKoAktG/*Habersack* Rn. 16; GroßK/*Hopt/Roth* Rn. 18). Die **Tagesordnung** wird üblicherweise mit der Einberufung mitgeteilt, kann aber auch separat unter Einhaltung einer angemessenen Frist bekanntgegeben werden (GroßK/*Hopt/Roth* Rn. 22; KölnK-AktG/*Mertens/Cahn* Rn. 4). In ihr sind die Beschlussgegenstände so konkret anzugeben, dass es den ARMitgliedern mögl. ist, über die Teilnahme zu entscheiden und sich auf die Sitzung vorzubereiten (KölnK-AktG/*Mertens/Cahn* Rn. 4). Eine förml. Tagesordnung ist nicht zwgd. erforderl. (*Hüffer/Koch* Rn. 4), wird aber idR am ehesten diesen Anforderungen gerecht (GroßK/*Hopt/Roth* Rn. 21).

3 **3. Einberufungsantrag.** Nach Abs. 1 können einzelne ARMitglieder oder der Vorstand vom ARVors. die Einberufung des AR verlangen. Der Antrag muss den Zweck, dh. den Gegenstand der Einberufung, und den Grund für die Notwendigkeit sowie den Zpkt. der Einberufung angeben. Der ARVors. ist grds. verpflichtet, dem Verlangen durch unverzügl. (§ 121 I 1 BGB) Einberufung des AR zu entsprechen. Die Sitzung muss spätestens zwei Wochen nach der Einberufung stattfinden (§ 110 I). Der ARVors. kann die Einberufung ablehnen, wenn das Verlangen rechtsmissbräuchl. ist (KölnK-AktG/*Mertens/Cahn* Rn. 11; MüGesR IV/*Hoffmann-Becking* § 31 Rn. 44; *LKV* Rn. 695). Hieran sind jedoch hohe Anforderungen zu stellen. Ein Rechtsmissbrauch ist zB in Betracht zu ziehen, wenn der AR schon abschl. unter Berücksichtigung aller entscheidungsrelevanten Umstände entschieden hat oder der Berufungsgegenstand ausschl. gesellschaftsexterne Angelegenheiten betrifft (KölnK-AktG/*Mertens/Cahn* Rn. 11; s. ferner GroßK/*Hopt/Roth* Rn. 35; MüKoAktG/*Habersack* Rn. 32). Unerhebl. ist, ob die durch die Einberufung angestrebte Beschlussfassung keine Aussicht auf Erfolg hat (*Hüffer/Koch* Rn. 7; MüKoAktG/*Habersack* Rn. 32).

4. Selbsteinberufung. Das Selbsthilferecht in Abs. 2 ermöglicht es einem einzelnen ARMitglied sowie dem Vorstand, den AR selbst einzuberufen, sofern ein Einberufungsantrag nach Abs. 1 erfolglos blieb, die Sitzung also nicht unverzügl. bzw. innerhalb der Zweiwochenfrist (§ 110 I 2) zu dem im Verlangen angegebenen Beschlussgegenstand einberufen wurde (*Hüffer/Koch* Rn. 9). Von der Befugnis zur Selbsteinberufung ist unverzügl. Gebrauch zu machen, andernfalls erlischt diese. Die Zweiwochenfrist des § 110 I 2 findet keine Anwendung (GroßK/*Hopt/Roth* Rn. 45; MüKoAktG/*Habersack* Rn. 36). Mit der Einberufung ist neben den allg. Angaben (§ 110 Rn. 2) auch der Sachverhalt mitzuteilen, der der Selbsteinberufung zugrunde liegt (§ 110 II aE). Bei der Beschlussfassung sind die allg. Wirksamkeitsvoraussetzungen wie zB die Beschlussfähigkeit einzuhalten. 4

5. Mindestzahl der Aufsichtsratssitzungen. Nach Abs. 3 ist der AR grds. zwgd. mind. **zweimal im Kalenderhalbjahr** einzuberufen. Die halbjährl. zweimalige Einberufung sieht der Gesetzgeber bei börsennotierten Gesellschaften als Grundvoraussetzung einer wirksamen ARTätigkeit an, verzichtet aber auf eine spezielle Sanktion, wenn die Zahl der notwendigen Pflichtsitzungen das ges. Maß unterschreitet (s. MüKoAktG/*Habersack* Rn. 43: ARVors. verletzt seine Sorgfaltspflicht). Sie kann nicht generell durch eine Beschlussfassung außerhalb der Sitzung ersetzt werden (KölnK-AktG/*Mertens/Cahn* Rn. 31; MüKoAktG/*Habersack* Rn. 45). Da § 110 III 1 nicht mehr verlangt, dass der AR „zusammentritt", steht der GWortlaut („abhalten") einer **„virtuellen" Sitzung** nicht entgegen (Begr. BT-Drs. 14/8769 S. 17; *Knigge* WM 2002, 1729, 1732 f.; MüKoAktG/*Habersack* Rn. 45; einschränkend *Neuling* AG 2002, 610 ff.: wegen der Teilnahme des Abschlussprüfers nicht bei Bilanzsitzung; dem zust. GroßK/*Hopt/Roth* Rn. 71). Bei Abstimmungen in derartigen Sitzungen ist jedoch § 108 IV zu beachten (*LKV* Rn. 728; MüKoAktG/*Habersack* Rn. 45; GroßK/*Hopt/Roth* Rn. 72; **aA** *Kindl* ZHR 166 [2002], 335, 345). Das gilt auch für die nach Abs. 3 abzuhaltenden Pflichtsitzungen des AR. Über die **Lage der Sitzungen** entscheidet der ARVors. nach pflichtgemäßem Ermessen; er kann sie auf beide Quartale verteilen, ist hierzu aber nicht verpflichtet. Bei nicht börsennotierten Gesellschaften kann der AR beschließen, die Zahl der Sitzungen auf eine pro Kalenderhalbjahr zu beschränken; die Satzung kann dies nicht festlegen. Das Einberufungsrecht des einzelnen ARMitglieds (§ 110 I) bleibt hiervon unberührt (Begr. BT-Drs. 14/8769 S. 17). 5

§ 111 Aufgaben und Rechte des Aufsichtsrats

(1) Der Aufsichtsrat hat die Geschäftsführung zu überwachen.

(2) [1]Der Aufsichtsrat kann die Bücher und Schriften der Gesellschaft sowie die Vermögensgegenstände, namentlich die Gesellschaftskasse und die Bestände an Wertpapieren und Waren, einsehen und prüfen. [2]Er kann damit auch einzelne Mitglieder oder für bestimmte Aufgaben besondere Sachverständige beauftragen. [3]Er erteilt dem Abschlußprüfer den Prüfungsauftrag für den Jahres- und den Konzernabschluß gemäß § 290 des Handelsgesetzbuchs. [4]Er kann darüber hinaus eine externe inhaltliche Überprüfung der nichtfinanziellen Erklärung oder des gesonderten nichtfinanziellen Berichts (§ 289b des Handelsgesetzbuchs), der nichtfinanziellen Konzernerklärung oder des gesonderten nichtfinanziellen Konzernberichts (§ 315b des Handelsgesetzbuchs) beauftragen.

(3) [1]Der Aufsichtsrat hat eine Hauptversammlung einzuberufen, wenn das Wohl der Gesellschaft es fordert. [2]Für den Beschluß genügt die einfache Mehrheit.

(4) [1]Maßnahmen der Geschäftsführung können dem Aufsichtsrat nicht übertragen werden. [2]Die Satzung oder der Aufsichtsrat hat jedoch zu bestimmen, daß bestimmte Arten von Geschäften nur mit seiner Zustimmung vorgenommen werden dürfen. [3]Verweigert der Aufsichtsrat seine Zustimmung, so kann der Vorstand verlangen, daß die Hauptversammlung über die Zustimmung beschließt. [4]Der Beschluß, durch den die Hauptversammlung zustimmt, bedarf einer Mehrheit, die mindestens drei Viertel der abgegebenen Stimmen umfaßt. [5]Die Satzung kann weder eine andere Mehrheit noch weitere Erfordernisse bestimmen.

(5) [1]Der Aufsichtsrat von Gesellschaften, die börsennotiert sind oder der Mitbestimmung unterliegen, legt für den Frauenanteil im Aufsichtsrat und im Vorstand Zielgrößen fest. [2]Liegt der Frauenanteil bei Festlegung der Zielgrößen unter 30 Prozent, so dürfen die Zielgrößen den jeweils erreichten Anteil nicht mehr unterschreiten. [3]Gleichzeitig sind Fristen zur Erreichung der Zielgrößen festzulegen. [4]Die Fristen dürfen jeweils nicht länger als fünf Jahre sein. [5]Soweit für den Aufsichtsrat bereits eine Quote nach § 96 Absatz 2 gilt, sind die Festlegungen nur für den Vorstand vorzunehmen.

(6) Die Aufsichtsratsmitglieder können ihre Aufgaben nicht durch andere wahrnehmen lassen.

1. Allgemeines. § 111 regelt die Überwachung der Geschäftsführung durch den AR. Hierzu wird ihm ein Einwirkungsinstrumentarium zur Vfg. gestellt (Abs. 2 bis 4), das durch Befugnisse nach anderen Vorschr. ergänzt wird (Rn. 12 ff.). Abs. 5 schließt die dauernde Wahrnehmung des ARMandats durch Dritte aus (Rn. 16). 1

2 **2. Überwachungsaufgabe. a) Adressat und Gegenstand.** Nach § 111 I hat der AR die Geschäftsführung des Vorstands zu überwachen. Adressat dieser Aufgabe ist der AR als Organ, nicht dessen Mitglieder (BGH 25.3.1991 Z 114, 127, 130; KölnK-AktG/*Mertens/Cahn* Rn. 13; MüKoAktG/*Habersack* Rn. 17); dies schließt die Unterstützung und Vorbereitung durch Ausschüsse oder einzelne Mitglieder nicht aus. Die Überwachung umfasst nicht die gesamte Geschäftsführung des Vorstands, sondern nur Geschäftsführungsmaßnahmen mit bes. Bedeutung für die Leitung der Gesellschaft, idR also **Leitungsmaßnahmen,** aber auch **wesentl. Einzelmaßnahmen** (*LKV* Rn. 65; MüKoAktG/*Habersack* Rn. 19 f.; *Säcker/Rehm* DB 2008, 2814 ff.). Anhaltspunkt für die Konkretisierung liefern die Berichtspflichten des Vorstands nach § 90 I (s. Rn. 5; *Hüffer/Koch* Rn. 3; GroßK/*Hopt/Roth* Rn. 162). In zeitl. Hinsicht bezieht sich die Überwachung auf abgeschlossene Geschäftsführungsvorgänge, einschl. solcher von ehem. Vorstandsmitgliedern (BGH 16.2.2009 NZG 2009, 342 Rn. 23). Grdl. sind hierbei vorrangig die nach § 90 I Nr. 2 und 3 zu erstattenden Berichte (Rn. 5) sowie der nach § 171 I zu prüfende Jahresabschluss und der Lagebericht (Rn. 14). Über eine vergangenheitsbezogene Kontrolle hinaus erstreckt sich die Überwachung auch auf die gegenwärtige Geschäftsführung und grds. **Fragen der künftigen Geschäftspolitik** (BGH 25.3.1991 Z 114, 127, 129 f.; 2.4.2007 NZG 2007, 516 Rn. 27; *LKV* Rn. 66; GroßK/*Hopt/Roth* Rn. 204 ff.). Die Überwachungsaufgabe umfasst zudem die **Beratung** des Vorstands, da diese das vorrangige Mittel einer in die Zukunft gerichteten Kontrolle ist (BGH 25.3.1991 Z 114, 127, 130; GroßK/*Hopt/Roth* Rn. 288 ff.; s. MüKoAktG/*Habersack* Rn. 39; *LKV* Rn. 103 ff.; *Lutter/Kremer* ZGR 1992, 87, 88 ff.; *Deckert* AG 1997, 109, 111 ff.).

3 **b) Maßstäbe der Überwachung.** Der AR hat über Rechtmäßigkeit, Ordnungsmäßigkeit sowie über Zweckmäßig- bzw. Wirtschaftlichkeit der Geschäftsführung zu wachen (BGH 25.3.1991 Z 114, 127, 129 f.; *LKV* Rn. 73 ff.; GroßK/*Hopt/Roth* Rn. 301 ff.; *Semler* S. 68 ff.). Bei der **Rechtmäßigkeitskontrolle** hat der AR darauf zu achten, dass sich die Geschäftsführung des Vorstands iRd. G hält (OLG KA 4.9.2008 AG 2008, 900, 902; *LKV* Rn. 74). Das betrifft neben den Vorschr. des AktG und des sonstigen Wirtschaftsrechts die Satzung und den dort festgelegten Unternehmensgegenstand. Die **Ordnungsmäßigkeit** zielt hingegen auf die Gewährleistung einer fehlerfreien Entscheidungsbasis ab. Danach ist die Geschäftsführung so zu organisieren, dass die Leitung des Unternehmens auf hinreichenden und zutr. Entscheidungsgrdl. aufbaut (MüKoAktG/*Habersack* Rn. 42; Scholz/*Schneider* § 52 Rn. 98). Die Kontrolle der **Zweckmäßig- und Wirtschaftlichkeit** erstreckt sich im Wesentlichen auf grds. Fragen der Rentabilität des Unternehmens (vgl. *Semler* S. 71 f.; *LKV* Rn. 89 f.).

4 **c) Intensität der Überwachung.** Die Intensität der Überwachung hängt von der wirtschaftl. Lage der Gesellschaft ab (s. *Semler* S. 87 ff.; *ders.* AG 1984, 141 ff.; *LKV* Rn. 92 ff.; krit. KölnK-AktG/*Mertens/Cahn* Rn. 25; *Claussen* AG 1984, 20, 21; *Koch* ZHR 180 [2016], 578 ff.). Bei normalem Geschäftsverlauf kann sich der AR zurückhalten und auf eine allg. Kontrolle beschränken. Eine Verschlechterung der Lage des Unternehmens zwingt ihn jedoch zu einer Intensivierung der Überwachungstätigkeit (BGH 2.4.2007 NZG 2007, 516 Rn. 27; 16.3.2009 NZG 2009, 550 Rn. 15; OLG S 19.6.2012 BeckRS 2012, 14126; *LKV* Rn. 95 ff.; GroßK/*Hopt/Roth* Rn. 313 ff.). Ob der AR gegen rechtswidrige Geschäftsführungsmaßnahmen des Vorstands einschreiten muss, hängt von den Umständen des Einzelfalls ab, bei schwerwiegenden Unregelmäßigkeiten und der Verletzung von Rechtsvorschr. aber idR zu bejahen (s. OLG BB 14.6.2012 NZG 2012, 1196, 1197; OLG D 6.11.2014 AG 2015, 434, 437), anders hingegen bei geringfügigen Verstößen, die keinen wesentl. Einfluss auf die Rentabilität der Gesellschaft haben (s. LG S 29.10.1999 DB 1999, 2462 ff.).

5 **3. Mittel der Überwachung. a) Berichtspflichten des Vorstands.** Die vom Vorstand nach § 90 periodisch zu erstattenden Berichte bilden die wesentl. Grdl. der Überwachungstätigkeit. Der Vorstand ist verpflichtet, über die in § 90 I aufgezählten Gegenstände innerhalb eines bestimmten Turnus (§ 90 II) ordnungsgemäß (§ 90 IV) Bericht zu erstatten. Außerhalb der periodischen Berichterstattung ist dem ARVors. aus wichtigem Anlass zu berichten (§ 90 I 2). Weiter gehende Berichte hat der Vorstand auf Verlangen des GesamtAR zu erstatten (§ 90 III). Auch ein einzelnes ARMitglied kann Berichte des Vorstands an den GesamtAR anfordern (§ 90 III 2). Der AR kann auf der Grdl. der ihm nach § 90 vorgelegten Berichte zu deren Gegenständen Stellung nehmen und die Geschäftsführung ggf. beanstanden (*LKV* Rn. 103, 110; MüGesR IV/*Hoffmann-Becking* § 29 Rn. 43; MüKoAktG/*Habersack* Rn. 32). Auch wenn diese Meinungsäußerung für den Vorstand rechtl. unverbindl. ist, wirkt sie mittelbar auf dessen Geschäftsführung ein, da dieser regelm. zur Überprüfung seiner Geschäftsführungsmaßnahmen angehalten ist.

6 **b) Einsichts- und Prüfungsrecht.** Nach § 111 II kann der AR, nicht aber das einzelne Mitglied (OLG S 30.5.2007 NZG 2007, 549, 550; OVG RP 10.6.2016 BeckRS 2016, 48854), die Bücher und Schriften der Gesellschaft sowie die Vermögensgegenstände einsehen. Das Einsichts- und Prüfungsrecht ist eine notwendige Fortsetzung der den Vorstand nach § 90 treffenden Berichtspflichten und kommt nur aus konkretem Anlass in Betracht (KölnK-AktG/*Mertens/Cahn* Rn. 42). **Gegenstand** der Einsichtnahme sind alle Unterlagen der Gesellschaft und deren Vermögensgegenstände, einschl. der Produktionsanlagen (MüKoAktG/*Habersack* Rn. 63). Bei der Wahrnehmung des Einsichts- und Prüfungsrechts ist der AR zur Befragung von Vorstandsmitgliedern und Ang. befugt, sofern diese einen sachl. Bezug zum Gegen-

stand der Einsichtnahme haben (KölnK-AktG/*Mertens/Cahn* Rn. 55; s. *Brandi* ZIP 2000, 173 ff.; *Dreher* FS Ulmer 2003 S. 87, 96 f.; weiter gehend *M. Roth* AG 2004, 1, 8 f.). Ein eigenes Informationsrecht ggü. AN der Gesellschaft steht den Mitgliedern des AR nicht zu. Auch § 25d VIII 7, IX 4, XII 7 KWG räumt Informationsrechte nur dem ARVorsitzenden oder dem Ausschussvorsitzenden und auch nur ggü. bestimmten ltd. AN ein; Vergleichbares gilt nach § 4 VII 3 VersVergV für das Auskunftsrecht ggü. dem Vergütungsauschuss. Der AR kann nach § 111 II 2 einzelne ARMitglieder und bes. Sachverständige mit der Ausübung des Einsichts- und Prüfungsrechts beauftragen; dies schließt die Einsetzung eines Ausschusses ein (*Hüffer/Koch* Rn. 17). Die Beauftragung von Sachverständigen ist nur zeitl. und gegenständl. begrenzt zulässig (BGH 15.11.1982 Z 85, 293, 296).

c) Zustimmungsvorbehalt. Nach der Funktionsaufteilung zwischen Vorstand und AR obliegt allein dem Vorstand die Geschäftsführung der Gesellschaft, während der AR von deren Ausübung nach § 111 IV 1 grds. ausgeschlossen und auf deren Überwachung beschränkt ist. § 111 IV 2 durchbricht diese Kompetenzabgrenzung, indem die Vornahme bestimmter Geschäftsführungsmaßnahmen von der Zust. des AR abhängig gemacht werden muss. Mit der Aufstellung eines Zustimmungsvorbehalts wird der AR an der Geschäftsführung des Vorstands beteiligt, erlangt hierdurch jedoch keine gleichberechtigte Stellung hins. der Geschäftsführung, da die Aufstellung von Vorbehalten kein eigenes Initiativrecht begr. (MüKoAktG/*Habersack* Rn. 100; GroßK/*Hopt/Roth* Rn. 583). Zur Formulierung eines Katalogs zustimmungspflichtiger Geschäfte sind das Satzungsorgan und der AR verpflichtet. Über den Umf. der aufzunehmenden Geschäftsführungsmaßnahmen entscheidet das Satzungsorgan bzw. der AR aber nach pflichtgemäßem Ermessen (s. a. § 111 Rn. 9). 7

Die HV und der AR haben nach § 111 IV 2 eine konkurrierende Pflicht zur Anordnung eines Zustimmungsvorbehalts. Für dessen Festlegung durch die HV verlangt § 111 IV 2 eine Regelung in der Satzung; ob ein entspr. Vorbehalt auch durch bloßen Beschl. der HV geschaffen werden kann, ist str. (abl. *Bergau* AG 2006, 769, 771 ff.). Begründet die Satzung das Zustimmungserfordernis, so kann der AR dieses nicht aufheben (*LKV* Rn. 114; *Götz* ZGR 1990, 633, 634 ff.), er kann aber den in der Satzung formulierten Katalog zustimmungspflichtiger Geschäfte um weitere ergänzen (GroßK/*Hopt/Roth* Rn. 590 mwN), da die Satzung die Befugnis des AR zur Aufstellung von Zustimmungsvorbehalten nicht ausschließen oder einschränken darf (*Götz* ZGR 1990, 633, 637; MüKoAktG/*Habersack* Rn. 103). Der AR entscheidet über den Inhalt des Zustimmungskatalogs nach eigenem Ermessen. Im Einzelfall kann sich dieses zu einer Aufnahmepflicht verdichten, insb. wenn eine gesetzwidrige Geschäftsführungsmaßnahme des Vorstands nicht anders unterbunden werden kann (BGH 15.11.1993 Z 124, 111, 127; hierzu OLG D 15.1.2015 AG 2016, 410, 411; *Boujong* AG 1995, 203, 206; *Götz* ZGR 1990, 633, 639; s. a. OLG BB 14.6.2012 NZG 2012, 1196, 1198; GroßK/*Hopt/Roth* Rn. 595; KölnK-AktG/*Mertens/Cahn* Rn. 103). 8

Zustimmungsvorbehalte können nur für nach Art, Gegenstand und Risiko bedeutsame Geschäfte (GroßK/*Hopt/Roth* Rn. 641; s. ausf. *Schönberger,* Der Zustimmungsvorbehalt des AR bei Geschäftsführungsmaßnahmen, 2006 S. 66 ff. sowie *Fleischer* BB 2013, 835, 839 ff.; *Habersack* ZHR 178 [2014], 131, 138 ff.), nicht aber für Maßnahmen des gewöhnl. Geschäftsbetriebs aufgestellt werden, da andernfalls die Eigenverantwortlichkeit des Vorstands gefährdet würde (MüKoAktG/*Habersack* Rn. 106; *Fonk* ZGR 2006, 841, 846, *Säcker/Rehm* DB 2008, 2814, 2817 ff.). Auch Einzelmaßnahmen können einem Zustimmungsvorbehalt unterworfen werden, wenn das Geschäft erhebl. Bedeutung für die Gesellschaft hat (BGH 15.11.1993 Z 124, 111, 127; GroßK/*Hopt/Roth* Rn. 650 f.; *Götz* ZGR 1990, 633, 642 f.; *Fonk* ZGR 2006, 841, 851 f.; s. a. KölnK-AktG/*Mertens/Cahn* Rn. 104). Inhaltl. müssen Zustimmungsvorbehalte so bestimmt sein, dass für die Beteiligten erkennbar ist, welche Geschäftsführungsmaßnahmen der Zust. des AR unterliegen; generalklauselartige Vorbehalte sind unzulässig (OLG D 15.1.2015 AG 2016, 410, 411; *Götz* ZGR 1990, 633, 640; *LKV* Rn. 121; GroßK/*Hopt/Roth* Rn. 643; MüKoAktG/*Habersack* Rn. 106). 9

Der Zustimmungsvorbehalt entfaltet keine Außenwirkung (KölnK-AktG/*Mertens/Cahn* Rn. 112; MüKoAktG/*Habersack* Rn. 129; Spindler/Stilz/*Spindler* Rn. 75), verpflichtet den Vorstand jedoch im Innenverhältnis, die Zust. des AR vor der Vornahme des Geschäfts einzuholen (*Hüffer/Koch* Rn. 49; GroßK/*Hopt/Roth* Rn. 714). Nur in dringenden Fällen kann er hiervon absehen, wenn die Beteiligung des AR aus tatsächl. Gründen unmögl. ist und er pflichtgemäß davon ausgehen kann, der AR werde der Geschäftsführungsmaßnahme zustimmen (KölnK-AktG/*Mertens/Cahn* Rn. 106). Die Zust. zu einer Geschäftsführungsmaßnahme liegt grds. im Ermessen des AR (GroßK/*Hopt/Roth* Rn. 667 ff.; s. a. BGH 11.12.2006 NJW-RR 2007, 390 f.), dabei kann er eine eigene unternehmenspolitische Konzeption ggü. dem Vorstand verfolgen (KölnK-AktG/*Mertens/Cahn* Rn. 111; **aA** *Fonk* ZGR 2006, 841, 866 f.). Bei einer Verweigerung der Zust. kann der Vorstand nach § 111 IV 3 eine Beschlussfassung der HV herbeiführen. Ein ersetzender Beschl. bedarf einer qualifizierten, von der Satzung nicht abänderbaren Mehrheit von drei Viertel der abgegebenen Stimmen (§ 111 IV 4 und 5). 10

4. Zielgrößen für den Frauenanteil. Mit der durch das G für die gleichberechtigte Teilhabe von Frauen und Männern an Führungspositionen in der Privatwirtschaft und im öffentl. Dienst v. 24.4.2015 (BGBl. I 642) in Abs. 5 aufgenommenen Regelung schließt das G im Hinblick auf den Frauenanteil im AR eine Lücke für diejenigen Gesellschaften, die von dem Mindestanteilsgebot in § 96 II 1 nicht erfasst 11 werden. Hierbei handelt es sich einerseits um AG, die börsennotiert iSv. § 3 II sind, aber nicht der Mitbestimmung unterliegen, sowie andererseits um AG, die unabhängig von der Börsennotierung der Mitbestimmung unterliegen. Im Umkehrschluss zu § 96 II 1 handelt es sich hierbei um AG, in denen die Mitbestimmung nach dem DrittelbG gilt. Bei den von § 96 II 1 erfassten AG entfällt die Pflicht zur Festlegung von Zielgrößen nicht vollständig, sie beschränkt sich aber auf den Frauenanteil im Vorstand (§ 111 V 5). Auf AG, die weder börsennotiert sind noch der Mitbestimmung unterliegen, findet die an den AR adressierte Pflicht des § 111 V keine Anwendung. Mit der Mitbestimmung meint § 111 V ausschl. die Beteiligung von ANVertretern im AR, eine betriebl. Mitbestimmung durch BR reicht nicht aus. Mit § 111 V vergleichbare Bestimmungen treffen im Hinblick auf den AR § 52 II GmbHG und § 9 IV GenG.; über § 186 III VAG gilt § 111 V auch für den VVaG. Bei der GmbH trifft den AR die Pflicht aus § 111 V allerdings nur, wenn die Gesellschaft dem MitbestG oder dem Montan-MitbestG unterliegt (§ 52 II 2 GmbHG), ansonsten – insb. auch bei Anwendung des DrittelbG – richtet sich § 111 V an die Gesellschafterversammlung (§ 52 II 1 GmbHG, der insoweit auch lex specialis zu der Verweisungsnorm in § 1 I Nr. 3 S. 2 DrittelbG ist; ebenso *Fromholzer/Simons* AG 2015, 458, 459).

12 Für die Frage, ob eine AG der **Mitbestimmung** unterliegt, ist ausschl. auf den **Istzustand** abzustellen (*Bayer/Hoffmann* GmbHR 2017, 441, 443 f.; SL/*Drygala* Rn. 67a; *Fromholzer/Simons* AG 2015, 457, 458; *Hüffer/Koch* Rn. 56; WKS/*Schubert* § 25 MitbestG Rn. 148; *Seibt* ZIP 2015, 1193, 1204); die Zielgröße für den Frauenanteil ist **unabhängig von der ANZahl** festzulegen, was bei vor dem 10.8.1994 eingetragenen AG wegen der für die Mitbestimmung nicht notwendigen ANMindestzahl (s. § 1 I Nr. 1 S. 2 DrittelbG) probl. ist. Die Verpflichtung zur Festlegung von Zielgrößen besteht unabhängig von dem **tats. Frauenanteil** im AR oder im Vorstand, ggf. also auch wenn dieser bereits den Schwellenwert von 30% überschreitet (zust. WKS/*Schubert* § 25 MitbestG Rn. 149). Bzgl. des Frauenanteils im AR ist dies jedoch zw., da eine vergleichbare Verpflichtung für die von § 96 II 1 erfassten AG nicht besteht (§ 111 V 5). Tw. wird darüber hinaus eine teleologische Reduktion der Norm in dem Ausnahmefall befürwortet, dass der tats. Frauenanteil im AR oder Vorstand bereits den Schwellenwert von 50% überschreitet (hierfür SL/*Drygala* Rn. 67d; **aA** *Fromholzer/Simons* AG 2015, 457, 461; *Herb* DB 2015, 964, 968). Liegt der tats. Frauenanteil im AR oder im Vorstand unter 30% darf der Status quo über die Zielgröße nicht unterschritten werden (**Verschlechterungsverbot,** § 111 V 2); wird der Schwellenwert überschritten, findet das Verschlechterungsverbot keine Anwendung (SL/*Drygala* Rn. 67e; *Fromholzer/Simons* AG 2015, 457, 460; *Grobe* AG 2015, 289, 298; *Herb* DB 2015, 964, 968; *Schulz/Ruf* BB 2015, 1155, 1161; *Seibt* ZIP 2015, 1193, 1204). Bzgl. der Zielgröße für den AR ist auf das **Gesamtgremium** und nicht nur auf die Vertreter der AE abzustellen (*Fromholzer/Simons* AG 2015, 457, 462; Spindler/Stilz/*Spindler* Rn. 776; *Schulz/Ruf* BB 2015, 1155, 1161). **Getrennte Zielgrößen** und Fristen für AE- und ANVertreter sind mit GWortlaut, der auf den Frauenteil im Gesamtorgan abstellt, nicht vereinbar (**aA** HWK/*Seibt* § 4 DrittelbG Rn. 15). Für die Zusammensetzung von **ARAusschüssen** haben § 111 V sowie eine vom AR beschlossene Zielgröße keine Bedeutung, da § 111 V 1 ausschl. auf den AR als Organ abstellt (**aA** Spindler/Stilz/*Spindler* Rn. 77b). Über die Festlegung der Zielgröße beschließt der AR durch **Mehrheitsbeschl.** (Begr. RegE, BT-Drs. 18/3784, 130; *Hüffer/Koch* Rn. 58). Er kann die Beschlussfassung auch auf einen **Ausschuss** (§ 107 III 4) delegieren (HWK/*Seibt* § 4 DrittelbG Rn. 15; WKS/*Schubert* § 25 MitbestG Rn. 148). Zugleich sind **Fristen** für die Erreichung der Zielgrößen festzulegen, die jedoch nicht länger als fünf Jahre sein und bei der erstmaligen Festlegung den Zeitraum von zwei Jahren nicht überschreiten dürfen (§ 25 I EGAktG). Die vom AR beschlossene Festlegung ist in die **Erkl. zur Unternehmensführung** (§ 289 f II Nr. 4 u. IV HGB) aufzunehmen und als Teil des Lageberichts offenzulegen.

13 Wird die vom AR beschlossene Zielgröße innerhalb der selbst gesetzten Frist **nicht erreicht,** dann hat die Gesellschaft dies in der **Erkl. zur Unternehmensführung** offenzulegen und hierbei auch die Gründe für das Nichterreichen der Zielgröße anzugeben (§ 289 f II Nr. 4, IV HGB); eine Verletzung dieser Pflicht kann als Ordnungswidrigkeit geahndet werden (§ 334 I Nr. 3 HGB). Die Wahl eines ARMitglieds oder die Bestellung des Vorstands ist auch dann rechtswirksam, wenn dies dazu führt, dass die vom AR beschlossene Zielgröße nicht fristgerecht erreicht wird (SL/*Drygala* Rn. 67h, m; *Schulz/Ruf* BB 2015, 1155, 1162). **Unterlässt** der AR entgegen § 111 V die Festlegung von Zielgrößen, so hat dies auf die Wahl von ARMitgliedern oder die Bestellung zum Vorstand keine Auswirkungen (WKS/*Schubert* § 25 MitbestG Rn. 153; wohl a. *Schulz/Ruf* BB 2015, 1155, 1162 f.). Die ARMitglieder handeln in diesem Fall zwar pflichtwidrig, für eine **Ersatzpflicht** nach § 116 iVm § 93 II AktG (s. Begr. RegE, BT-Drs. 18/3784, 130) ist ein auszugleichender Vermögensschaden aber nicht vorstellbar (SL/*Drygala* Rn. 67i; *Hüffer/Koch* Rn. 58; *Junker/Schmidt-Pfitzner* NZG 2015, 929, 937; WKS/*Schubert* § 25 MitbestG Rn. 154; *Schulz/Ruf* BB 2015, 1155, 1162; *Weller/Benz* AG 2015, 467, 473). Allenfalls über die **Verweigerung der Entlastung** kann einem pflichtwidrigen Verhalten der ARMitglieder Rechnung getragen werden (s. a. SL/*Drygala* Rn. 67j; WKS/*Schubert* § 25 MitbestG Rn. 154). Im Rahmen einer gerichtl. **Ersatzbestellung** ist die vom AR festgelegte Zielgröße iRd. Ermessensausübung zu berücksichtigen (s. § 104 Rn. 6).

14 **5. Einberufung der Hauptversammlung.** Nach § 111 III hat der AR die HV einzuberufen, wenn das Wohl der Gesellschaft dies erfordert. Zur Beschlussfassung genügt gem. § 111 III 2 zwgd. die einfache Mehrheit. Die Entsch. liegt im pflichtgemäßen Ermessen des AR. Gegenstand einer derartigen

HV können alle Entsch. sein, die in deren Zuständigkeitsbereich fallen (*Hüffer/Koch* Rn. 30; *LKV* Rn. 136). Darüber hinaus wird es auch für zulässig erachtet, dass der AR die HV zur Erörterung von Geschäftsführungsmaßnahmen einberuft (*LKV* Rn. 136; MüGesR IV/*Semler* § 35 Rn. 9). Für eine Erweiterung der Einberufungskompetenz auf Geschäftsführungsmaßnahmen finden sich jedoch keine Anhaltspunkte im G. Vielmehr ist diese im Umkehrschluss aus § 119 II abzulehnen (vgl. *Hüffer/Koch* Rn. 31). Ein Einberufungsrecht des AR wird andererseits im Anschluss an die vom BGH entwickelten Grds. (BGH 25.2.1982 Z 83, 122, 131; 26.4.2004 Z 159, 30, 43 ff.; hierzu GroßK/*Mülbert* § 119 Rn. 17 ff. mwN sowie *Bungert* BB 2004, 1345 ff.; *Fleischer* NJW 2004, 2335 ff.; *Habersack* AG 2005, 137 ff.; *Liebscher* ZGR 2005, 1 ff.) bei solchen Geschäftsführungsmaßnahmen des Vorstands in Betracht kommen, die wesentl. Strukturveränderungen der Gesellschaft zum Inhalt haben (*Hüffer/Koch* Rn. 31; MüKoAktG/*Habersack* Rn. 90; s. a. GroßK/*Hopt/Roth* Rn. 545).

6. Weitere Befugnisse des Aufsichtsrats. Neben der Überwachung der Geschäftsführung obliegt dem AR die umfassende **Personalkompetenz** in Bezug auf Bestellung und Abberufung des Vorstands (§ 84). Der AR hat nach § 84 I den Vorstand zu bestellen und die Anstellungsverträge abzuschließen (zur Vergütung s. § 87 I sowie zur Beschlusskompetenz der HV § 120 IV). Bei einem mehrgliedrigen Vorstand kann der AR einen Vors. ernennen (§ 84 II). In paritätisch mitbestimmten Unternehmen bestellt der AR auch den Arbeitsdirektor (§ 33 MitbestG, § 13 Montan-MitbestG). Dem AR ist ferner die Abberufung des Vorstands zugewiesen (§ 84 III). Die Bestellung zum Vorstandsmitglied und Vorstandsvors. kann widerrufen werden, wenn ein wichtiger Grund vorliegt. Hierfür kommen va. grobe Pflichtverletzung, Unfähigkeit oder Vertrauensentzug durch die HV in Betracht (§ 84 III 2). Letzterer liegt idR in der Verweigerung der Entlastung. 15

In seiner Funktion als ges. Vertreter ist der AR nach den §§ 112, 93 dazu berufen, **Schadensersatzansprüche gegen die Vorstandsmitglieder** geltend zu machen. Soweit der AR davon ausgehen kann, dass der Vorstand die Gesellschaft in vorwerfbarer Weise durch ein gegen G oder Satzung verstoßendes Verhalten geschädigt hat, ist er verpflichtet, die Schadensersatzansprüche durchzusetzen. Eine andere Beurteilung kann sich ergeben, wenn die Interessen der Gesellschaft der Geltendmachung entgegenstehen, insb. eine gerichtl. Auseinandersetzung wirtschaftl. Schwierigkeiten der Gesellschaft zur Folge hätte (BGH 21.4.1997 Z 135, 244, 255 f.; hierzu a. *Casper* ZHR 176 [2012], 617; *Goette* ZHR 176 [2012], 588; *Heermann* AG 1998, 201; *Kindler* ZHR 162 [1998], 101; *Thümmel* DB 1997, 1117; **aA** OLG D 27.6.1995 ZIP 1995, 1183 ff. [hierzu *Jaeger/Trölitzsch* ZIP 1995, 1157 ff.]). 16

Der AR hat nach den §§ 170 ff. den durch den Vorstand vorzulegenden **Jahresabschluss** zu prüfen und ihn nach Billigung gemeinsam mit dem Vorstand festzustellen (hierzu MüGesR IV/*Hoffmann-Becking* §§ 44 ff.; *Schulze-Osterloh* ZIP 1998, 2129, 2133 f.; zur CSR-Berichterstattung s. *Hennrichs/Pöschke* NZG 2017, 121 ff.; *Landfermann* BB 2017, 747 ff.); über das Erg. der Prüfung ist der HV schriftl. zu berichten (§ 171 II 1; dazu *Lutter* AG 2008, 1 ff.; *Sünner* AG 2008, 411 ff.; *Vetter* ZIP 2006, 257 ff.). Die Vertretung der Gesellschaft ggü. dem **Abschlussprüfer** obliegt dem AR (§ 111 II 3), auf der Grdl. des Beschl. der HV (§ 119 I Nr. 4). 17

Nach § 77 II kann die Satzung die Kompetenz zu einer **GeschO für den Vorstand** auf den AR übertragen. In Gesellschaften, die dem MitbestG unterliegen, bedarf die Ausübung von Beteiligungsrechten der Zust. des AR (§ 32 MitbestG). Die Erkl. zum **Corporate Governance Kodex** nach § 161 ist neben dem Vorstand auch vom AR abzugeben. 18

7. Rechtsstellung der Aufsichtsratsmitglieder. a) Allgemeines. Die Mitglieder des AR haben, unabhängig von wem sie bestellt werden, die gleichen Rechte und Pflichten (BGH 25.2.1982 Z 83, 106, 112 f.; 15.12.1986 Z 99, 211, 216; 15.11.1993 Z 124, 111, 127; 30.1.2012 NZG 2012, 347 Rn. 18; ausdr. § 4 III 1 Montan-MitbestG, § 38 I SEBG). Entspr. ihrer gleichen Berechtigung und Verpflichtung stehen allen ARMitgliedern die gleichen Mitwirkungs-, Informations- und Stimmrechte zu; sie sind aber auch im gleichen Maße zur Mitwirkung verpflichtet und ggü. der Gesellschaft haftungsrechtl. verantwortl. Im Rahmen ihrer Organtätigkeit sind ARMitglieder weder an Weisungen des Bestellungsorgans, des Entsendungsberechtigten oder eines Dritten gebunden (BGH 18.9.2006 NZG 2006, 945, 947; *LKV* Rn. 822; MüGesR IV/*Hoffmann-Becking* § 33 Rn. 7 ff.; vgl. § 4 III 2 Montan-MitbestG) noch können sie sich selbst dem Weisungsrecht eines Dritten unterwerfen (UHH/*Ulmer/Habersack* § 25 MitbestG Rn. 78). Ein weiteres Wesensmerkmal des ARMandats ist die Eigenverantwortlichkeit der Amtsausübung, welche zur pers. Wahrnehmung der Aufgaben verpflichtet. Unzulässig ist deshalb nach § 111 VI eine dauerhafte Übertragung der Aufgaben auf Dritte (BGH 15.11.1982 Z 85, 293, 295 f.; *Hüffer/Koch* Rn. 59; KölnK-AktG/*Mertens/Cahn* Rn. 116 ff.). 19

b) Arbeitnehmervertreter. Besonderheiten ergeben sich bei ANVertretern im AR, da sie regelm. in einem ArbVerh. zur Gesellschaft stehen. Im Hinblick auf die aus dem Arbeitsvertrag geschuldete Tätigkeit gilt für die ANVertreter ein allg. **Benachteiligungsverbot,** das eine sachl. nicht gerechtfertigte Schlechterstellung wegen der Tätigkeit im AR verbietet. Dies ergibt sich aus § 26 MitbestG (s. MitbestG § 26 Rn. 6) und § 9 DrittelbG; in Unternehmen, die der Montanmitbestimmung unterliegen, folgt es aus einer Rechtsanalogie zu den genannten Vorschr. bzw. aus § 612a BGB. Ein **absoluter Kündigungsschutz** zugunsten der ANVertreter besteht nicht (s. MitbestG § 26 Rn. 7). Soweit es die Wahrnehmung der ARTätigkeit 20 erfordert, sind die ANVertreter von ihren arbeitsvertragl. Verpflichtungen freizustellen. Ob in diesem Fall ein Anspruch auf **EFZ** besteht, ist diff. zu beurteilen; s. MitbestG § 26 Rn. 4.

21 Probleme ergeben sich, wenn das Unternehmen von einem **Arbeitskampf** unmittelbar betroffen ist. Die Beteiligung an einem **rechtswidrigen Streik** stellt eine Verletzung des Arbeitsvertrags dar und kann im Einzelfall eine Kündigung des ArbVerh. rechtfertigen (GK-BetrVG/*Kraft*[7] § 76 BetrVG 1952 Rn. 137). Sie stellt darüber hinaus auch eine Verletzung der gesellschaftsrechtl. Pflichten des ARMitglieds ggü. dem Unternehmen dar und kann uU eine gerichtl. Abberufung (MüKoAktG/*Habersack* § 100 Rn. 177) oder eine Abberufung nach dem anzuwendenden MitbestimmungsG (s. § 103 Rn. 2) rechtfertigen. Bei einem **rechtmäßigen Streik** ist eine **passive Streikteilnahme** grds. zulässig (KölnK-AktG/*Mertens/Cahn* Anh. § 117 B § 25 MitbestG Rn. 13; GK-BetrVG/*Kraft*[7] § 76 BetrVG 1952 Rn. 139). Eine **aktive Streikbeteiligung** soll nach verbreiteter Ansicht mit der bes. Pflichtenbindung ggü. dem Unternehmen unvereinbar sein (KölnK-AktG/*Mertens/Cahn* Anh. § 117 B § 25 MitbestG Rn. 13; GroßK/*Hopt/Roth* Rn. 209 f. mwN; mit Einschränkungen auch *Moll* FS Lüer 2008 S. 259 ff.; aA *Gaumann/Schafft* DB 2000, 1514, 1517 f.; UHH/*Henssler* § 26 MitbestG Rn. 27; *Kempen* GS Heinze 2005 S. 437, 440 ff.; im Grds. a. *Hanau/Wackerbarth,* Unternehmensmitbestimmung und Koalitionsfreiheit, 2004 S. 69 ff.; *Jacklofsky* S. 135 ff.; MüKoAktG/*Habersack* § 100 Rn. 90; *Lutter/Quack* FS Raiser 2005 S. 259 ff.; *Möllers* NZG 2003, 697 ff.; *Ruzik* NZG 2004, 455 ff.; *Weninger*, Mitbestimmungsspezifische Interessenkonflikte von ANVertretern im AR, 2011 S. 193 ff.).

§ 112 Vertretung der Gesellschaft gegenüber Vorstandsmitgliedern

[1]Vorstandsmitgliedern gegenüber vertritt der Aufsichtsrat die Gesellschaft gerichtlich und außergerichtlich. [2]§ 78 Abs. 2 Satz 2 gilt entsprechend.

1 **1. Allgemeines.** § 112 regelt die Vertretung der Gesellschaft ggü. den Vorstandsmitgliedern (vgl. *Schwarz* ZfgG 52 [2002], 61 ff.). Abw. von § 78 steht dem AR die Vertretungsbefugnis ggü. den Vorstandsmitgliedern zu. Weitere Vertretungszust. des AR begr. das G für die Beauftragung von Sachverständigen nach § 111 II 2 und die Prozessvertretung im Rahmen einer Anfechtungs- oder Nichtigkeitsklage nach den §§ 246 II, 249 I 1. Satz 1 des § 112 betrifft die **Aktivvertretung;** bzgl. der **Passivvertretung** gilt § 78 II 2 entspr. (§ 112 S. 2). § 112 will die unbefangene Vertretung der Gesellschaft sicherstellen, um eine Beeinflussung durch sachfremde Erwägungen auszuschließen (BGH 16.2.2009 NZG 2009, 466 Rn. 7; 16.10.2006 NZG 2007, 31 Rn. 5; BAG 4.7.2001 NZA 2002, 401, 402 f.; 20.9.2016 NZA 2017, 644 Rn. 52 f.). Maßgebl. Regelungszweck ist die abstrakte Gefährdung, die bei typisierender Betrachtung von einer Vertretung des Vorstands mit seinen Mitgliedern ausgeht (BGH 16.2.2009 NZG 2009, 466 Rn. 7; 16.10.2006 NZG 2007, 31 Rn. 5; 29.11.2004 NZG 2005, 276; BAG 4.7.2001 NZA 2002, 401, 403; 20.9.2016 NZA 2017, 644 Rn. 52); der Nachw. einer konkreten Gefahr der Befangenheit ist nicht erforderl. (GroßK/*Hopt/Roth* Rn. 8).

2 **2. Anwendungsbereich. a) Persönlicher Anwendungsbereich.** Die Vertretungszust. besteht ggü. Vorstandsmitgliedern. Erfasst werden damit sowohl amtierende als auch werdende Vorstandsmitglieder, (OLG BB 14.1.2015 AG 2015, 428, 429), unabhängig davon, ob ihre Bestellung rechtswirksam ist (MüKoAktG/*Habersack* Rn. 10; KölnK-AktG/*Mertens/Cahn* Rn. 20; *Werner* ZGR 1989, 369, 376 f.). Ferner folgt aus dem Normzweck auch eine Vertretungsbefugnis ggü. ehem. Vorstandsmitgliedern (BGH 8.2.1988 Z 103, 213, 216 ff.; 16.2.2009 NZG 2009, 466 Rn. 7; 29.1.2013 NZG 2013, 297 Rn. 10; BAG 4.7.2001 NZA 2002, 401, 403; 20.9.2016 NZA 2017, 644 Rn. 53; *Werner* ZGR 1989, 369, 377 ff.; *Brandner* FS Quack 1991 S. 206 f.; MüKoAktG/*Habersack* Rn. 12; zur Kritik *Behr/Kindl* DStR 1999, 119 ff.; dagegen GroßK/*Hopt/Roth* Rn. 27), insb. soweit der Widerruf Gegenstand der Auseinandersetzung ist (*Hüffer/Koch* Rn. 2). Eine Ausnahme gilt ledigl., wenn nicht das dem Organverhältnis zugrundeliegende Dienstverhältnis, sondern ein sich anschließendes ArbVerh. betroffen ist, weil diesbzgl. bei typisierender Betrachtung nicht die notwendige Besorgnis einer Befangenheit besteht (BAG 20.9.2016 NZA 2017, 644 Rn. 55). Die Vertretungszust. des AR besteht ebenfalls ggü. Familienmitgliedern (zB Hinterbliebenen), wenn der fragl. Gegenstand im Vorstandsverhältnis wurzelt (BGH 16.10.2006 NZG 2007, 31 Rn. 6; KölnK-AktG/*Mertens/Cahn* Rn. 17; MüKoAktG/*Habersack* Rn. 16; **aA** OLG M 25.10.1995 WM 1996, 346 [dagegen treffend GroßK/*Hopt/Roth* Rn. 38]), sowie einer Gesellschaft, die mit dem ehem. Vorstandsmitglied identisch ist (OLG BB 14.1.2015 AG 2015, 428, 429; OLG SL 11.10.2012 NZG 2012, 1348, 1349 f.; offen BGH 12.3.2013 NZG 2013, 496 Rn. 9). Zur Zust. des AR für Drittanstellungsverträge s. BGH 28.4.2015 NZG 2015, 792 Rn. 24 (dazu *Kort* AG 2015, 531 ff.; *Vetter* NZG 2015, 889 ff.).

3 **b) Sachlicher Anwendungsbereich.** Die Vertretungsbefugnis erstreckt sich auf alle Rechtsgeschäfte und Rechtshandlungen mit Vorstandsmitgliedern ohne Rücksicht auf deren Umf., einschl. Geschäften des tägl. Lebens (KölnK-AktG/*Mertens/Cahn* Rn. 22; GroßK/*Hopt/Roth* Rn. 53). Das gilt auch im Hinblick auf die Kündigung des ruhenden ArbVerh. eines ausgeschiedenen Vorstandsmitglieds, wenn die Kündigungsgründe ihren Ursprung in der früheren Vorstandstätigkeit haben (BAG 4.7.2001 NZA 2002, 401, 403). In diesem Rahmen obliegt dem AR als ges. Vertreter iSv. § 51 I ZPO die Prozess-

vertretung in allen Rechtsstreitigkeiten (MüKoAktG/*Habersack* Rn. 17; GroßK/*Hopt/Roth* Rn. 76). Zur Zustellung einer Klage s. OLG HH 4.5.2001 NZG 2001, 898 f.

3. Ausübung der Vertretungsmacht. Grds. steht die Vertretungsbefugnis dem GesamtAR zu, so dass deren Ausübung einen entspr. Beschl. voraussetzt (§ 108 I; BGH 29.1.2013 NZG 2013, 297 Rn. 11; OLG Z 23.6.2010 AG 2010, 918). Das gilt auch, wenn der AR ein einzelnes ARMitglied mit den Vertragsverh. beauftragt hat (OLG M 5.3.2015 NZG 2015, 706). Der Beschl. kann von der Mehrheit ggü. dem Vorstandsmitglied erklärt werden (OLG F 23.4.1981 AG 1981, 230, 231; OLG D 24.2.2012 AG 2012, 511 f.; KölnK-AktG/*Mertens/Cahn* Rn. 31). IdR ist der ARVors. zur Übermittlung des Beschl. ermächtigt (s. § 108 Rn. 2; GroßK/*Hopt/Roth* Rn. 85); sofern dies dem Erklärungsempfänger nicht bekannt ist, kann dieser analog § 174 BGB berechtigt sein, eine Willens-, insb. Kündigungserkl. unverzügl. zurückzuweisen (s. OLG D 17.11.2003 NZG 2004, 141, 143 f.; GroßK/*Hopt/Roth* Rn. 103; abl. *Bednarz* NZG 2005, 418 ff.). Bei der Entgegennahme von Erkl. genügt analog § 78 II 2 (§ 112 S. 2) die Abgabe ggü. einem ARMitglied (s. § 112 Rn. 1). Die Vertretungsbefugnis kann grds. auf Ausschüsse oder einzelne ARMitglieder übertragen werden. Bei der Delegation an einen Ausschuss ist eine Vertretung iRd. dem AR nach § 107 III 4 vorbehaltenen Entsch. nicht mögl. (KölnK-AktG/*Mertens/Cahn* Rn. 36; GroßK/*Hopt/Roth* Rn. 86 mwN). Der AR kann zwar ein einzelnes ARMitglied zur Erkl. ermächtigen, die Willensbildung muss aber dem AR überlassen bleiben (*LKV* Rn. 444; KölnK-AktG/*Mertens/Cahn* Rn. 37 f.). 4

4. Fehlerhafte Vertretung. Wird die Gesellschaft fehlerhaft durch den Vorstand vertreten, ist das betr. Geschäft schwebend unwirksam, der AR kann dieses aber **analog** §§ 177 ff. BGB genehmigen (OLG CE 25.2.2002 BB 2002, 1438 f.; OLG M 18.10.2007 BB 2008, 189; *Hüffer/Koch* Rn. 12; *Werner* ZGR 1989, 369, 392 ff.; MüKoAktG/*Habersack* Rn. 31 f.; HS/*Henssler* Rn. 8; *LKV* Rn. 445; *Schmitt* FS Hopt 2010 S. 1313, 1317 ff.; **aA** für Nichtigkeit OLG BB 14.1.2015 AG 2015, 428, 430; OLG HH 16.5.1986 AG 1986, 259, 260; *Schmits* AG 1992, 149, 155; GroßK/*Hopt/Roth* Rn. 109; diff. KölnK-AktG/*Mertens/Cahn* Rn. 11 sowie zuvor *Mertens* FS Lutter 2000 S. 523, 531 ff.; offen BGH 29.11.2004 NZG 2005, 276, 277; 17.3.2008 NZG 2008, 471 Rn. 12; 16.3.2009 NZG 2009, 550 Rn. 34; BAG 20.9.2016 NZA 2017, 644 Rn. 84). Eine Erkl. allein des ARVors. reicht hierfür wegen der dem GesamtAR zustehenden Vertretungsbefugnis (§ 112 Rn. 4) nicht aus. 5

Eine **fehlerhafte prozessuale Vertretung** der Gesellschaft durch den Vorstand hat die Unzulässigkeit der Klage zur Folge (GroßK/*Hopt/Roth* Rn. 112 mwN). Das gilt auch, wenn die Gesellschaft verklagt und der Vorstand entgegen § 112 als ges. Vertreter benannt wird (HS/*Henssler* Rn. 9). Der AR kann die Prozessführung des Vorstands jedoch genehmigen (BGH 16.10.2006 NZG 2007, 31 Rn. 7; BAG 4.7.2001 NZA 2002, 401, 404). Hierzu bedarf es eines ARBeschl., eine vom Gericht vorgenommene Rubrumsber. genügt nicht (BGH 16.2.2009 NZG 2009, 466 Rn. 10). Das gilt insb., wenn die Klage gegen die Gesellschaft gerichtet wird. Eine Verweigerung der Genehmigung durch den AR ist grds. nicht rechtsmissbräuchl. (BGH 22.4.1991 AG 1991, 269 f.; OLG SL 11.10.2012 NZG 2012, 1348, 1350). Für die **Einlegung eines Rechtsmittels** gilt dies entspr.; legt der Vorstand als „ges. Vertreter" der Gesellschaft Berufung gegen ein erstinstanzl. Urt. ein, so ist diese unzulässig (s. aber a. BGH 1.12.2003 NZA 2004, 173, 174), selbst dann, wenn das der Berufungsschrift beigefügte angefochtene Urt. (§ 519 III ZPO) die Vertretungsverhältnisse zutr. wiedergibt, da die Einlegung des Rechtsmittels auf einem Beschl. des AR beruhen muss (BGH 29.1.2013 NZG 2013, 297 Rn. 11). Auch ein nach diesen Maßstäben unzulässiges Rechtsmittel kann der AR jedoch genehmigen (BGH 1.12.2003 NZA 2004, 173, 175), muss hierbei allerdings die Frist für die Einlegung des Rechtsmittels wahren. 6

§ 113 Vergütung der Aufsichtsratsmitglieder

(1) [1]Den Aufsichtsratsmitgliedern kann für ihre Tätigkeit eine Vergütung gewährt werden. [2]Sie kann in der Satzung festgesetzt oder von der Hauptversammlung bewilligt werden. [3]Sie soll in einem angemessenen Verhältnis zu den Aufgaben der Aufsichtsratsmitglieder und zur Lage der Gesellschaft stehen. [4]Ist die Vergütung in der Satzung festgesetzt, so kann die Hauptversammlung eine Satzungsänderung, durch welche die Vergütung herabgesetzt wird, mit einfacher Stimmenmehrheit beschließen.

(2) [1]Den Mitgliedern des ersten Aufsichtsrats kann nur die Hauptversammlung eine Vergütung für ihre Tätigkeit bewilligen. [2]Der Beschluß kann erst in der Hauptversammlung gefaßt werden, die über die Entlastung der Mitglieder des ersten Aufsichtsrats beschließt.

(3) [1]Wird den Aufsichtsratsmitgliedern ein Anteil am Jahresgewinn der Gesellschaft gewährt, so berechnet sich der Anteil nach dem Bilanzgewinn, vermindert um einen Betrag von mindestens vier vom Hundert der auf den geringsten Ausgabebetrag der Aktien geleisteten Einlagen. [2]Entgegenstehende Festsetzungen sind nichtig.

1. Allgemeines. Ein Vergütungsanspruch für die ARTätigkeit kann nur unter den Voraussetzungen des § 113 begr. werden (s. a. *Vetter* ZIP 2008, 1, 2 ff.). Die Vorschr. setzt einen Vergütungsanspruch der 1

ARMitglieder voraus und überträgt die Zust. für dessen Festlegung der HV (§ 113 I 2, II). Weiterer Regelungsgegenstand ist die materielle Begrenzung der Vergütungshöhe, einschl. der zu gewährenden Gewinntantieme (§ 113 I 3, III). Die mit der Kompetenzzuweisung verwirklichte Publizität und eröffnete Möglichkeit der Anfechtung eines diesbzgl. HVBeschl. (KölnK-AktG/*Mertens/Cahn* Rn. 6; *Lutter* AG 1979, 85, 88) bezweckt in erster Linie den Schutz der Gläubiger und Aktionäre der Gesellschaft (BGH 3.7.2006 NZG 2006, 710 Rn. 9) und sichert die unabhängige Wahrnehmung der organschaftl. Überwachungstätigkeit des ARMitglieds (BGH 20.11.2006 NZG 2007, 103 Rn. 8).

2 **2. Zuständigkeit.** Die Vergütung kann durch Satzung oder HVBeschl. bewilligt werden (§ 113 I 2); die Zust. der HV ist zwgd. und darf nicht dadurch unterlaufen werden, dass sie den Vorstand zur näheren Ausgestaltung der Vergütungsregelung ermächtigt (LG M I 7.12.2000 DB 2001, 193). Soweit die Festsetzung in der Satzung erfolgt, kann sie abw. von § 179 mit einfacher Stimmenmehrheit herabgesetzt werden (§ 113 I 4). Die Bewilligung der Vergütung für die Mitglieder des ersten AR obliegt der HV, die über deren Entlastung beschließt (§ 113 II 1, 2).

3 **3. Vergütungsanspruch. Bestandteile der Vergütung** können alle in § 87 I 1 aufgezählten Entgelte sein. Übl. sind Satzungsregelungen, die neben einem festen ein variables Entgelt vorsehen, das zB an die ausgeschüttete Dividende gekoppelt ist (s. a. GroßK/*Hopt/Roth* Rn. 49). Soweit die Gewinntantieme auf der Grdl. des festgestellten Bilanzgewinns berechnet wird, ist § 113 III zu beachten. Zu aktienkursorientierten Vergütungsbestandteilen *Gehling* ZIP 2005, 549 ff.; *Roller,* Die Vergütung des AR in Abhängigkeit vom Aktienkurs, 2000; GroßK/*Hopt/Roth* Rn. 47. Die Ausgabe von **Aktienoptionen** an ARMitglieder ist mit dem AktG nicht vereinbar (BGH 16.2.2004 Z 158, 122 ff.; dazu *Fuchs* JZ 2004, 1185 ff.; *Habersack* ZGR 2004, 721 ff.; *Meyer/Ludwig* ZIP 2004, 940 ff.; *Paefgen* WM 2004, 1169 ff.; *Vetter* AG 2004, 234 ff.). Nicht zur Vergütung gehören von der Gesellschaft zu ersetzende **Auslagen der ARMitglieder,** wie zB Reise- und Übernachtungskosten. Diese sind unabhängig von etwaigen Satzungsregelungen analog § 670 BGB zu erstatten (GroßK/*Hopt/Roth* Rn. 18 ff.; *Hüffer/Koch* Rn. 2b; MüGesR IV/*Hoffmann-Becking* § 33 Rn. 13; s. a. *Fonk* NZG 2009, 761 ff.; *Thüsing/Veil* AG 2008, 359 ff.), sofern diese nicht durch die Vergütung als abgegolten anzusehen sind. Zur Pauschalierung von Aufwendungsersatz *Fonk* NZG 2009, 761, 767 f.; *Hüffer/Koch* Rn. 2b; HS/*Henssler* Rn. 3.

4 Nach § 113 I 3 soll die Vergütung in einem **angemessenen Verhältnis** zu den Aufgaben der ARMitglieder und zur Lage der Gesellschaft stehen (GroßK/*Hopt/Roth* Rn. 56 ff.). Bei der Festsetzung der Höhe gilt der Grds. der Gleichbehandlung aller ARMitglieder (GroßK/*Hopt/Roth* Rn. 67; s. a. § 111 Rn. 24). In diesem Rahmen kann jedoch nach den wahrgenommenen Funktionen und Aufgaben diff. werden, namentl. bei der Vergütung des ARVors. und seines Stellvertreters (GroßK/*Hopt/Roth* Rn. 68; MüKoAktG/*Habersack* Rn. 39; KölnK-AktG/*Mertens/Cahn* Rn. 9 f., 31).

5 Die Vergütung ist bei der Gesellschaft gem. § 10 Nr. 4 KStG nur zur Hälfte als Betriebsausgabe abzugsfähig (s. GroßK/*Hopt/Roth* Rn. 131 f.). Von den ARMitgliedern ist sie als Einnahme aus selbständiger Tätigkeit zu versteuern (BFH 20.8.2009 NZG 2009, 1278 f.) und grds. umsatzsteuerpflichtig (BFH 2.10.1986 AG 1987, 180; näher GroßK/*Hopt/Roth* Rn. 135 ff. mwN). ANVertreter können den an die Hans-Böckler-Stiftung abgeführten Teil ihrer Vergütung (s. den Beschl. des DGB bei *KMS* Rn. 754) als Betriebsausgabe geltend machen (BFH 9.10.1980 BStBl. II 1981, 29; OLG S 5.2.2008 AuR 2008, 190, 191 f.). Zur Rechtswirksamkeit der verbandsrechtl. und ggf. arbeitsvertragl. umgesetzten Verpflichtung BAG 21.5.2015 NZA 2015, 1319 Rn. 34 ff.; OLG S 5.2.2008 AuR 2008, 190, 191; OLG F 22.8.2001 NZA-RR 2002, 531, 533 f.; *Fischer/Theuner* AuR 2011, 466 ff.; *Hanau,* Die Verpflichtung zur Abführung von ARVergütungen an die Hans-Böckler-Stiftung, 2012; offen LAG NI 22.7.2014 BeckRS 2014, 73602; **aA** LG M I 17.3.2005 NJW 2005, 1724, 1725 sowie *Thüsing/Forst* FS Graf v. Westphalen 2010 S. 693 ff.

6 **4. Fehlerhafte Vergütungsregelungen.** Vergütungsregelungen und -absprachen, die nicht den Voraussetzungen des § 113 entsprechen, sind nichtig. Dies gilt auch für Beraterverträge, die ARMitgliedern eine Vergütung für Tätigkeiten gewähren, deren Erfüllung zum organschaftl. Aufgabenbereich des AR gehört (BGH 25.3.1991 Z 114, 127, 129 f.; 4.7.1994 Z 126, 340, 346 ff.; 3.7.2006 NZG 2006, 712 Rn. 16; 2.4.2007 NZG 2007, 517 Rn. 15; OLG K 31.1.2013 NZG 2013, 548, 550; *Hüffer/Koch* Rn. 5; *Lutter/Kremer* ZGR 1992, 87, 91 f.; *Beater* ZHR 157 [1993], 420, 432 ff.). Kommt es zum Vollzug eines entspr. Vertrags, kann die Gesellschaft ggü. dem ARMitglied die Rückgewähr gem. § 114 II beanspruchen (BGH 3.7.2006 NZG 2006, 712 Rn. 20). Zu sonstigen Verträgen s. § 114.

§ 114 Verträge mit Aufsichtsratsmitgliedern

(1) **Verpflichtet sich ein Aufsichtsratsmitglied außerhalb seiner Tätigkeit im Aufsichtsrat durch einen Dienstvertrag, durch den ein Arbeitsverhältnis nicht begründet wird, oder durch einen Werkvertrag gegenüber der Gesellschaft zu einer Tätigkeit höherer Art, so hängt die Wirksamkeit des Vertrags von der Zustimmung des Aufsichtsrats ab.**

(2) [1] **Gewährt die Gesellschaft auf Grund eines solchen Vertrags dem Aufsichtsratsmitglied eine Vergütung, ohne daß der Aufsichtsrat dem Vertrag zugestimmt hat, so hat das Aufsichtsrats-**

mitglied die Vergütung zurückzugewähren, es sei denn, daß der Aufsichtsrat den Vertrag genehmigt. [2]Ein Anspruch des Aufsichtsratsmitglieds gegen die Gesellschaft auf Herausgabe der durch die geleistete Tätigkeit erlangten Bereicherung bleibt unberührt; der Anspruch kann jedoch nicht gegen den Rückgewähranspruch aufgerechnet werden.

1. Allgemeines. Nach § 114 unterliegen bestimmte Verträge zwischen den ARMitgliedern und der Gesellschaft der **Zust. des AR,** um Umgehungen des § 113 zu verhindern und einer sachfremden Beeinflussung der ARMitglieder durch vom Vorstand gewährte unzulässige Sondervergütungen entgegenzuwirken (BGH 3.7.2006 NZG 2006, 712; 20.11.2006 NZG 2007, 103 Rn. 9; 10.7.2012 NJW 2012, 3235 Rn. 13; OLG F 5.2.2011 NZG 2011, 350, 351; KölnK-AktG/*Mertens/Cahn* Rn. 2; GroßK/*Hopt/Roth* Rn. 4 f. mwN). § 114 II normiert einen eigenständigen aktienrechtl. **Rückforderungsanspruch** für die auf Grund eines unzulässigen Vertrags gewährten Vergütungen. Dieser gilt nicht nur für vom AR genehmigungsfähige Verträge, sondern auch bei solchen, die unter Vorstoß gegen § 113 abgeschlossen wurden und daher nicht vom AR genehmigt werden können (BGH 3.7.2006 NZG 2006, 712 Rn. 20; 20.11.2006 NZG 2007, 103 Rn. 16; 2.4.2007 NZG 2007, 516 Rn. 15). Die Vorschr. ist ferner anwendbar, wenn die **Beratung ggü. dem AR** erfolgen soll (*Lutter/Drygala* FS Ulmer 2003 S. 381 ff.). 1

2. Anwendungsbereich. a) Vertragsarten. Zustimmungspflichtig sind nur Dienst- und Werkverträge, die eine Tätigkeit höherer Art iSv. § 627 BGB zum Gegenstand haben (*Beater* ZHR 157 [1993], 420, 426 f.; KölnK-AktG/*Mertens* Rn. 10; *Hüffer/Koch* Rn. 5); dies sind zB Dienstleistungen oder Beratungen, die bes. Kenntnisse erfordern. Nicht erfasst werden die Arbeitsverträge der ANVertreter, sofern keine über das gewöhnl. ArbVerh. hinausgehenden Vereinb. hinzukommen (*Hüffer/Koch* Rn. 5). 2

b) Aufsichtsratsmitglieder. Das Zustimmungserfordernis erstreckt sich auf Verträge mit ARMitgliedern ohne Rücksicht darauf, ob der Vertrag vor oder nach Amtsantritt geschlossen worden ist (BGH 25.3.1991 Z 114, 127, 133; 4.7.1994 Z 126, 340, 346 ff.; *Mertens* FS Steindorff 1990 S. 173, 182 f.; *Hüffer/Koch* Rn. 2; *Lutter/Kremer* ZGR 1992, 87, 99). Nicht zustimmungspflichtig sind Verträge mit Ersatzmitgliedern des AR (OLG HH 17.1.2007 NZG 2007, 470, 472) sowie ARMitgliedern verbundener Unternehmen (KölnK-AktG/*Mertens/Cahn* Rn. 11; *Hüffer/Koch* Rn. 2; MüGesR IV/*Hoffmann-Becking* § 33 Rn. 29; **aA** GroßK/*Hopt/Roth* Rn. 40 f.; HS/*Henssler* Rn. 14; für Beraterverträge mit Tochtergesellschaften *Lutter/Kremer* ZGR 1992, 87, 104 f.; s. a. BGH 10.7.2012 NJW 2012, 3235 Rn. 16; *v. Bünau,* Beratungsverträge mit ARMitgliedern im Konzern, 2004). In Fortführung des Rechtsgedankens in § 115 III soll § 114 jedoch entspr. anzuwenden sein, wenn der Vertrag mit einer Gesellschaft abgeschlossen wird, deren ges. Vertreter dem AR angehört (BGH 10.7.2012 NJW 2012, 3235 Rn. 14; OLG F 21.9.2005 NZG 2006, 29, 29 f. [dazu *Vetter* AG 2006, 173 ff.]; zust. MüKoAktG/*Habersack* Rn. 17; **aA** GroßK/*Hopt/Roth* Rn. 42). Das gilt nicht nur, wenn das ARMitglied Alleingesellschafter (und GF) der vertragsschließenden Gesellschaft ist (BGH 3.7.2006 NZG 2006, 712 Rn. 10), sondern auch, wenn eine nicht notwendig beherrschende Beteiligung an dieser besteht (BGH 20.11.2006 NZG 2007, 103 Rn. 8; 2.4.2007 NZG 2007, 516 Rn. 11; *Spindler* NZG 2011, 334, 335; HS/*Henssler* Rn. 11; *Fuhrmann* NZG 2017, 291, 296). Allenfalls bei ganz geringfügigen mittelbaren Zuwendungen kommt wegen des fehlenden Gefährdungspotenzials eine teleologische Reduktion des Verbotstatbestands in Betracht (BGH 20.11.2006 NZG 2007, 103 Rn. 8; 10.7.2012 NJW 2012, 3235 Rn. 14). 3

c) Tätigkeit außerhalb des Aufsichtsrats. Der Vertrag muss eine Tätigkeit zum Gegenstand haben, die nicht zum organschaftl. Aufgabenbereich des ARMitglieds gehört, andernfalls ist der Vertrag nichtig (s. § 113 Rn. 8). Zulässig sind solche Verträge, die Fragen eines bestimmten Fachgebiets betreffen und regelm. ein über die ARTätigkeit hinausgehendes Sonderwissen erfordern (s. GroßK/*Hopt/Roth* Rn. 17 ff.). Eine allg. gefasste Verpflichtung zur Beratung „in betriebswirtschaftl. Fragen" reicht hierfür nicht aus (BGH 3.7.2006 NZG 2006, 712 Rn. 17; s. a. exemplarisch BGH 20.11.2006 NZG 2007, 103 Rn. 14; 2.4.2007 NZG 2007, 516 Rn. 17; 27.4.2009 NZG 2009, 1027 f.). Für die erforderl. Abgrenzung ist ausschl. auf die Art der Tätigkeit, nicht auf deren Umf. abzustellen (BGH 25.3.1991 Z 114, 127, 130; 4.7.1994 Z 126, 340, 344; s. *Lutter/Drygala* FS Ulmer 2003 S. 381, 388 ff.). Ein nach § 114 zu genehmigender Vertrag muss eindeutige Feststellungen ermöglichen, ob die zu erbringende Leistung jenseits des organschaftl. Aufgabenbereichs liegt (BGH 4.7.1994 Z 126, 304, 344; 3.7.2006 NZG 2006, 712 Rn. 16; 20.11.2006 NZG 2007, 103 Rn. 14; 2.4.2007 NZG 2007, 516 Rn. 17; OLG F 21.9.2005 NZG 2006, 29, 30; OLG K 31.1.2013 NZG 2013, 548, 550). 4

3. Rechtsfolgen. Solange der AR die Zust. nicht erteilt, ist der Vertrag schwebend (BGH 10.7.2012 NJW 2012, 3235 Rn. 18; KölnK-AktG/*Mertens/Cahn* Rn. 25) und bei einer Verweigerung endgültig unwirksam (GroßK/*Hopt/Roth* Rn. 47). Die tw. vertretene Auff., die eine Genehmigung durch den AR ausschließt (so OLG F 15.2.2011 NZG 2011, 350, 352; zust. *Spindler* NZG 2011, 334, 336 f.) widerspricht den §§ 182 ff. BGB, wonach der Rechtsbegriff der Zust. sowohl Einwilligung als auch Genehmigung umfasst (iE a. HS/*Henssler* Rn. 17, 20). Eine Genehmigung durch den AR führt indes nicht dazu, dass eine vorherige Vergütungszahlung durch den Vorstand rechtmäßig war (BGH 5

10.7.2012 NJW 2012, 3235 Rn. 19f. [krit. *Spindler* NZG 2012, 1161, 1163]). Einen Anspruch aus § 280 I BGB iVm. § 311 II BGB löst die Zustimmungsverweigerung nicht aus (GroßK/*Hopt/Roth* Rn. 62: *Hüffer/Koch* Rn. 8; MüKoAktG/*Habersack* Rn. 36). Die Vergütung ist nach § 114 II 1 zurückzugewähren, solange eine Zust. durch den AR unterbleibt. Das ARMitglied seinerseits hat nach § 114 II 2 einen Bereicherungsanspruch gegen die Gesellschaft (s. BGH 2.4.2007 WM 2007, 1025, 1028; 27.4.2009 NZG 2009, 1027), der aber idR durch § 814 BGB ausgeschlossen sein dürfte (MüKoAktG/*Habersack* Rn. 100; *Fuhrmann* NZG 2017, 291, 298; gegen die Anwendbarkeit idR GroßK/*Hopt/Roth* Rn. 61). Mit dem Bereicherungsanspruch kann nicht gegen den Rückforderungsanspruch der Gesellschaft aufgerechnet werden (§ 113 II 2 aE).

§ 115 Kreditgewährung an Aufsichtsratsmitglieder

(1) [1]Die Gesellschaft darf ihren Aufsichtsratsmitgliedern Kredit nur mit Einwilligung des Aufsichtsrats gewähren. [2]Eine herrschende Gesellschaft darf Kredite an Aufsichtsratsmitglieder eines abhängigen Unternehmens nur mit Einwilligung ihres Aufsichtsrats, eine abhängige Gesellschaft darf Kredite an Aufsichtsratsmitglieder des herrschenden Unternehmens nur mit Einwilligung des Aufsichtsrats des herrschenden Unternehmens gewähren. [3]Die Einwilligung kann nur für bestimmte Kreditgeschäfte oder Arten von Kreditgeschäften und nicht für länger als drei Monate im voraus erteilt werden. [4]Der Beschluß über die Einwilligung hat die Verzinsung und Rückzahlung des Kredits zu regeln. [5]Betreibt das Aufsichtsratsmitglied ein Handelsgewerbe als Einzelkaufmann, so ist die Einwilligung nicht erforderlich, wenn der Kredit für die Bezahlung von Waren gewährt wird, welche die Gesellschaft seinem Handelsgeschäft liefert.

(2) Absatz 1 gilt auch für Kredite an den Ehegatten, Lebenspartner oder an ein minderjähriges Kind eines Aufsichtsratsmitglieds und für Kredite an einen Dritten, der für Rechnung dieser Personen oder für Rechnung eines Aufsichtsratsmitglieds handelt.

(3) [1]Ist ein Aufsichtsratsmitglied zugleich gesetzlicher Vertreter einer anderen juristischen Person oder Gesellschafter einer Personenhandelsgesellschaft, so darf die Gesellschaft der juristischen Person oder der Personenhandelsgesellschaft Kredit nur mit Einwilligung des Aufsichtsrats gewähren; Absatz 1 Satz 3 und 4 gilt sinngemäß. [2]Dies gilt nicht, wenn die juristische Person oder die Personenhandelsgesellschaft mit der Gesellschaft verbunden ist oder wenn der Kredit für die Bezahlung von Waren gewährt wird, welche die Gesellschaft der juristischen Person oder der Personenhandelsgesellschaft liefert.

(4) Wird entgegen den Absätzen 1 bis 3 Kredit gewährt, so ist der Kredit ohne Rücksicht auf entgegenstehende Vereinbarungen sofort zurückzugewähren, wenn nicht der Aufsichtsrat nachträglich zustimmt.

(5) Ist die Gesellschaft ein Kreditinstitut oder Finanzdienstleistungsinstitut, auf das § 15 des Gesetzes über das Kreditwesen anzuwenden ist, gelten anstelle der Absätze 1 bis 4 die Vorschriften des Gesetzes über das Kreditwesen.

1 Die Norm soll der Gefahr sachfremder Beeinflussung des AR durch den Vorstand entgegenwirken, die mit der grds. zulässigen Kreditgewährung an Mitglieder des AR verbunden ist. Eine Kreditgewährung seitens des Vorstands hängt deshalb von der Einwilligung des AR ab. Einwilligungspflichtig ist die Kreditgewährung an die Mitglieder des AR (§ 115 I 1) sowie an nahe stehende Angehörige (§ 115 II), an ARMitglieder in bestimmten verbundenen Unternehmen (§ 115 I 2) und Gesellschaften, zu denen in der Person des ARMitglieds begr. personelle Verflechtungen bestehen (§ 115 III). Der AR hat vor der Kreditgewährung seine Zust. durch Beschl. zu erteilen, der bestimmte inhaltl. Anforderungen erfüllen muss (§ 115 I 3 bis 5). Ein ohne Zust. gewährter Kredit ist sofort zurückzugewähren, soweit der AR diesem nicht nachträgl. zustimmt (§ 115 IV).

§ 116 Sorgfaltspflicht und Verantwortlichkeit der Aufsichtsratsmitglieder

[1]Für die Sorgfaltspflicht und Verantwortlichkeit der Aufsichtsratsmitglieder gilt § 93 mit Ausnahme des Absatzes 2 Satz 3 über die Sorgfaltspflicht und Verantwortlichkeit der Vorstandsmitglieder sinngemäß. [2]Die Aufsichtsratsmitglieder sind insbesondere zur Verschwiegenheit über erhaltene vertrauliche Berichte und vertrauliche Beratungen verpflichtet. [3]Sie sind namentlich zum Ersatz verpflichtet, wenn sie eine unangemessene Vergütung festsetzen (§ 87 Absatz 1).

§ 93 lautet:

§ 93 Sorgfaltspflicht und Verantwortlichkeit der Vorstandsmitglieder

(1) [1]Die Vorstandsmitglieder haben bei ihrer Geschäftsführung die Sorgfalt eines ordentlichen und gewissenhaften Geschäftsleiters anzuwenden. [2]Eine Pflichtverletzung liegt nicht vor, wenn das Vorstandsmitglied bei einer unternehmerischen Entscheidung vernünftigerweise annehmen durfte, auf der Grundlage angemes-

sener Information zum Wohle der Gesellschaft zu handeln. [3]Über vertrauliche Angaben und Geheimnisse der Gesellschaft, namentlich Betriebs- oder Geschäftsgeheimnisse, die den Vorstandsmitgliedern durch ihre Tätigkeit im Vorstand bekanntgeworden sind, haben sie Stillschweigen zu bewahren. [4]Die Pflicht des Satzes 3 gilt nicht gegenüber einer nach § 342b des Handelsgesetzbuchs anerkannten Prüfstelle im Rahmen einer von dieser durchgeführten Prüfung.

(2) [1]Vorstandsmitglieder, die ihre Pflichten verletzen, sind der Gesellschaft zum Ersatz des daraus entstehenden Schadens als Gesamtschuldner verpflichtet. [2]Ist streitig, ob sie die Sorgfalt eines ordentlichen und gewissenhaften Geschäftsleiters angewandt haben, so trifft sie die Beweislast. [3]Schließt die Gesellschaft eine Versicherung zur Absicherung eines Vorstandsmitglieds gegen Risiken und dessen beruflicher Tätigkeit für die Gesellschaft ab, ist ein Selbstbehalt von mindestens 10 Prozent des Schadens bis mindestens zur Höhe des Eineinhalbfachen der festen jährlichen Vergütung des Vorstandsmitglieds vorzusehen.

(3) Die Vorstandsmitglieder sind namentlich zum Ersatz verpflichtet, wenn entgegen diesem Gesetz
1. Einlagen an die Aktionäre zurückgewährt werden,
2. den Aktionären Zinsen oder Gewinnanteile gezahlt werden,
3. eigene Aktien der Gesellschaft oder einer anderen Gesellschaft gezeichnet, erworben, als Pfand genommen oder eingezogen werden,
4. Aktien vor der vollen Leistung des Ausgabebetrags ausgegeben werden,
5. Gesellschaftsvermögen verteilt wird,
6. Zahlungen entgegen § 92 Abs. 2 geleistet werden,
7. Vergütungen an Aufsichtsratsmitglieder gewährt werden,
8. Kredit gewährt wird,
9. bei der bedingten Kapitalerhöhung außerhalb des festgesetzten Zwecks oder vor der vollen Leistung des Gegenwerts Bezugsaktien ausgegeben werden.

(4) [1]Der Gesellschaft gegenüber tritt die Ersatzpflicht nicht ein, wenn die Handlung auf einem gesetzmäßigen Beschluß der Hauptversammlung beruht. [2]Dadurch, daß der Aufsichtsrat die Handlung gebilligt hat, wird die Ersatzpflicht nicht ausgeschlossen. [3]Die Gesellschaft kann erst drei Jahre nach der Entstehung des Anspruchs und nur dann auf Ersatzansprüche verzichten oder sich über sie vergleichen, wenn die Hauptversammlung zustimmt und nicht eine Minderheit, deren Anteile zusammen den zehnten Teil des Grundkapitals erreichen, zur Niederschrift Widerspruch erhebt. [4]Die zeitliche Beschränkung gilt nicht, wenn der Ersatzpflichtige zahlungsunfähig ist und sich zur Abwendung des Insolvenzverfahrens mit seinen Gläubigern vergleicht oder wenn die Ersatzpflicht in einem Insolvenzplan geregelt wird.

(5) [1]Der Ersatzanspruch der Gesellschaft kann auch von den Gläubigern der Gesellschaft geltend gemacht werden, soweit sie von dieser keine Befriedigung erlangen können. [2]Dies gilt jedoch in anderen Fällen als denen des Absatzes 3 nur dann, wenn die Vorstandsmitglieder die Sorgfalt eines ordentlichen und gewissenhaften Geschäftsleiters gröblich verletzt haben; Absatz 2 Satz 2 gilt sinngemäß. [3]Den Gläubigern gegenüber wird die Ersatzpflicht weder durch einen Verzicht oder Vergleich der Gesellschaft noch dadurch aufgehoben, daß die Handlung auf einem Beschluß der Hauptversammlung beruht. [4]Ist über das Vermögen der Gesellschaft das Insolvenzverfahren eröffnet, so übt während dessen Dauer der Insolvenzverwalter oder der Sachwalter das Recht der Gläubiger gegen die Vorstandsmitglieder aus.

(6) Die Ansprüche aus diesen Vorschriften verjähren bei Gesellschaften, die zum Zeitpunkt der Pflichtverletzung börsennotiert sind, in zehn Jahren, bei anderen Gesellschaften in fünf Jahren.

1. Allgemeines. § 116 regelt die Sorgfalts- und Verschwiegenheitspflicht sowie die Verantwortlichkeit der ARMitglieder. Wegen der Verweisung auf § 93 sind im Grds. die für den Vorstand geltenden Regelungen anzuwenden. Auf Grund der spezifischen Organstellung des AR ergeben sich aber auch zahlreiche Besonderheiten (s. § 116 Rn. 2, 7; GroßK/*Hopt/Roth* Rn. 11; *Hüffer/Koch* Rn. 1). Bes. hervorgehoben ist die Pflicht zur Verschwiegenheit (§ 116 S. 2 sowie § 116 Rn. 5 f.). Dem mit der Anwendung der Sorgfalt eines ordentl. und gewissenhaften Geschäftsleiters (§ 93 I 1) umschriebenen maßgebl. Anknüpfungspunkt kommt nach überw. Ansicht eine **Doppelfunktion** zu (*Hüffer/Koch* § 93 Rn. 5; KölnK-AktG/*Mertens/Cahn* § 93 Rn. 6 f.). Er beschreibt sowohl einen allg. Verschuldensmaßstab als auch in generalklauselartiger Weise **obj. Verhaltenspflichten,** die einer näheren Konkretisierung im Einzelfall bedürfen. Dabei ist zu beachten, dass die **„business judgement rule"** (§ 93 I 2) bei unternehmerischen Entsch. eine Pflichtverletzung ausschließt, wenn das Vorstandsmitglied auf der Grdl. angemessener Inf. annehmen durfte, zum Wohle der Gesellschaft zu handeln (BT-Drs. 15/5092). Für ARMitglieder gilt das entspr. (s. OLG M 12.1.2017 BeckRS 2017, 100878; *Fonk* ZGR 2006, 841, 861 ff.; HS/*Henssler* Rn. 5; *Schäfer* ZIP 2005, 1253, 1258; GroßK/*Hopt/Roth* Rn. 75 ff.; ausf. *Cahn* WM 2013, 1293 ff.; *Göppert,* Die Reichweite der Business Judgement Rule bei unternehmerischen Entsch. des AR der AG, 2009). 1

2. Sorgfalts- und Verhaltenspflichten. a) Grundsätze. Grds. gelten für alle ARMitglieder unabhängig von ihrer Herkunft und ihren Kenntnissen die gleichen Sorgfaltspflichten (GroßK/*Hopt/Roth* Rn. 41 ff.; UHH/*Ulmer/Habersack* § 25 MitbestG Rn. 118a; KölnK-AktG/*Mertens/Cahn* Rn. 4). Jedes ARMitglied muss diejenigen Mindestkenntnisse und -fähigkeiten besitzen oder sich aneignen, die es benötigt, um alle normalerweise anfallenden Geschäftsvorgänge beurteilen zu können (BGH 15.11.1982 Z 85, 293, 295; OLG D 6.11.2014 AG 2015, 434, 436; KölnK-AktG/*Mertens/Cahn* Rn. 7). Das gilt auch für ANVertreter im AR (GroßK/*Hopt/Roth* Rn. 56; *Edenfeld/Neufang* AG 1999, 49 ff.; *Jacklofsky* S. 280 ff.; *Jürgens,* Mitbestimmung und Verantwortlichkeit, 2001 S. 107 ff.; *Schlüter* FS Baetge 1997 S. 981, 994 ff.; diff. *Henssler* FS 50 Jahre BGH Bd. II 2000 S. 387, 414 ff.). Unterschiede 2 hins. der an die ARMitglieder zu stellenden Sorgfaltspflichten sind auf Grund der jeweils wahrgenommenen Funktion bzw. der Ressortverteilung im AR, aber auch nach der Art und Größe des Unternehmens mögl. (LG HH 16.12.1980 ZIP 1981, 194, 197; GroßK/*Hopt/Roth* Rn. 53 f., 60 ff.; MüGesR IV/*Hoffmann-Becking* § 33 Rn. 74).

3 **b) Allgemeine Sorgfaltspflichten.** Die von den ARMitgliedern einzuhaltende Sorgfalt orientiert sich an der Organfunktion des GesamtAR. Im Mittelpunkt der die einzelnen ARMitglieder treffenden Sorgfaltspflichten steht die Überwachungsfunktion (s. § 111 Rn. 2 ff.). Abw. von § 93 I 1 haben die ARMitglieder die Sorgfaltspflichten einzuhalten, die eine ordentl. und gewissenhafte Erfüllung der Aufgaben des AR erfordert (*Hüffer/Koch* Rn. 2; Scholz/*Schneider* § 52 Rn. 472; MüGesR IV/*Hoffmann-Becking* § 33 Rn. 72; GroßK/*Hopt/Roth* Rn. 11 mwN). Bei der Wahrnehmung der Überwachungsaufgabe sind sie insb. verpflichtet, für eine funktionsgerechte Organisation des AR und ausreichende Berichterstattung durch den Vorstand zu sorgen (KölnK-AktG/*Mertens/Cahn* Rn. 12 ff.; GroßK/*Hopt/Roth* Rn. 120 ff., 126 ff.). Liegen Anhaltspunkte für eine fehlerhafte Geschäftsführung vor, haben die ARMitglieder auf entspr. Maßnahmen des GesamtAR hinzuwirken (GroßK/*Hopt/Roth* Rn. 144 ff.).

4 **c) Treuepflicht.** Die Mitglieder des AR stehen ggü. der Gesellschaft in einem bes. Treueverhältnis (ausf. GroßK/*Hopt/Roth* Rn. 177 ff.), das sie zur Loyalität ggü. der Gesellschaft und zur Wahrung des Unternehmensinteresses verpflichtet (KölnK-AktG/*Mertens/Cahn* Rn. 29 f.; *LKV* Rn. 893 f.; *Säcker* FS Rebmann 1989 S. 781, 783 ff.; MüKoAktG/*Habersack* Rn. 43; s. a. BGH 18.9.2006 NZG 2006, 945 Rn. 18). Der Charakter des ARMandats als Nebenamt bedingt jedoch, dass das ARMitglied bei Interessenkonflikten im Rahmen seiner Organtätigkeit nicht stets den Belangen der Gesellschaft den Vorrang einräumen muss (*Hüffer/Koch* Rn. 7; KölnK-AktG/*Mertens/Cahn* Rn. 30; *Fleck* FS Heinsius 1991 S. 89, 91; *Ulmer* NJW 1980, 1603, 1606). Die ARMitglieder unterliegen weder einem Wettbewerbsverbot (KölnK-AktG/*Mertens/Cahn* Rn. 31; *Ulmer* NJW 1980, 1603, 1606; GroßK/*Hopt/Roth* Rn. 193) noch sind sie gehindert, im Rahmen selbständiger Vertragsbeziehungen mit der Gesellschaft einen eigenen Vorteil zu erstreben (*Fleck* FS Heinsius 1991 S. 89, 91; *Ulmer* NJW 1980, 1603, 1606 f.). Eine **Treuwidrigkeit** ist anzunehmen, wenn ARMitglieder ihr Mandat und die dadurch erlangten Kenntnisse willkürl. und ausschl. eigennützig benutzen, namentl. beim Missbrauch von Insiderkenntnissen (*Fleck* FS Heinsius 1991 S. 89, 91; KölnK-AktG/*Mertens/Cahn* Rn. 31; s. a. *Ulmer* NJW 1980, 1603, 1606). Gleiches gilt, wenn ein ARMitglied seine Stellung gebraucht, um die Gesellschaft zu gesellschaftsschädigenden Handlungen zu veranlassen (BGH 21.2.1979 NJW 1980, 1629 f.; 6.12.2001 AG 2002, 347, 351; *Hüffer/Koch* Rn. 7; KölnK-AktG/*Mertens/Cahn* Rn. 32 f.; MüKoAktG/*Habersack* Rn. 47).

5 **d) Verschwiegenheitspflicht.** Die ARMitglieder haben nach § 116 S. 1 iVm. § 93 I 3 über vertraul. Angaben und Geheimnisse der Gesellschaft, die ihnen durch ihre ARTätigkeit bekannt geworden sind, Stillschweigen zu bewahren, sofern sie nicht kraft G zur Offenbarung der Inf. verpflichtet sind. Dieser allg. Grds. besteht neben § 116 S. 2 (Begr. BT-Drs. 14/8769 S. 18), der die Vertraulichkeit bes. betont und bzgl. der erhaltenen Berichte sowie Beratungen präzisiert (s. dazu MüKoAktG/*Habersack* Rn. 467 ff.). Die erg. Regelung in § 116 S. 2 führt nicht dazu, dass für den AR höhere Verschwiegenheitspflichten als für den Vorstand gelten (Rechtsausschuss, BT-Drs. 14/9029 S. 18). Die Verschwiegenheitspflicht, die notwendiges Korrelat zur Berichtspflicht des Vorstands ist (BGH 26.4.2016 NZG 2016, 910 Rn. 32; *Hüffer/Koch* Rn. 9; *Lutter* Rn. 384), gilt für alle ARMitglieder gleichermaßen (BGH 5.7.1975 Z 64, 325, 330; 6.3.1997 Z 135, 48, 57 f.; KölnK-AktG/*Mertens/Cahn* Rn. 39). Damit sind auch die **ANVertreter** betr. Einschränkungen der Verschwiegenheitspflicht zugunsten des BR bzw. dessen Mitgliedern oder der Belegschaft ausgeschlossen (BAG 23.10.2008 NZG 2009, 669, 671; OLG S 7.11.2006 NZG 2007, 72, 73 f.; *Henssler/Beckmann* SAE 2010, 60, 61; GroßK/*Hopt/Roth* Rn. 219 ff., 222 f.; KölnK-AktG/*Mertens/Cahn* Rn. 39; *Lutter* Rn. 534 ff.; MüKoAktG/*Habersack* Rn. 55; **aA** *KMS* Rn. 574 ff.; *Kittner* ZHR 136 [1972], 208, 231). UU kann es jedoch im Interesse des Unternehmens notwendig sein, eine im AR besprochene Angelegenheit mit den AN zu erörtern, um Missverständnisse auszuräumen, Gerüchten entgegenzutreten oder Unruhen zu vermeiden (BGH 5.7.1975 Z 64, 325, 331; s. a. *Weninger*, Mitbestimmungsspezifische Interessenkonflikte von ANVertretern im AR, 2011 S. 280 ff.). Die aktienrechtl. Pflicht zur Geheimhaltung wird ergänzt durch das Mitteilungsverbot in Bezug auf **Insiderinformationen** (Art. 14 lit. c MAR; zuvor: § 14 I Nr. 2 WpHG iVm. § 13 I 1 WpHG [s. dazu *Lutter* Rn. 633 ff.]), das auch für ANVertreter im AR gilt (s. noch zu § 14 I Nr. 2 WpHG EuGH 22.11.2005 NJW 2006, 133, 135; *Bruder*, Die Weitergabe von Insiderinformationen durch ANVertreter, 2008).

6 Die Verschwiegenheitspflicht kann in der Satzung nicht begrenzt oder erweitert werden (BGH 5.7.1975 Z 64, 325, 327 ff.). Ihr Umf. beurteilt sich nach bislang hM nach dem obj. zu bestimmenden Interesse der Gesellschaft an der Geheimhaltung (BGH 5.6.1975 Z 64, 325, 329; 26.4.2016, NZG 2016, 910 Rn. 31; *Lutter* Rn. 415 ff.; GroßK/*Hopt/Roth* Rn. 236; krit. *Oetker* ZESAR 2017, 257, 259). Welche Tatsachen der Verschwiegenheitspflicht unterliegen, hat das ARMitglied nach obj. Kriterien eigenverantwortl. zu entscheiden. Im Grds. wird den Gesellschaftsinteressen der Vorrang vor den Informationsinteressen Dritter einzuräumen sein. So unterliegen die Beratung und das Abstimmungs-

verhalten im AR grds. der Verschwiegenheitspflicht (KölnK-AktG/*Mertens/Cahn* Rn. 53 f.; *Säcker/Oetker* NJW 1986, 803, 806 f.; MüGesR IV/*Hoffmann-Becking* § 33 Rn. 63; GroßK/*Hopt/Roth* Rn. 250 ff. mwN; s. ferner zB OVG B 1.4.2014 BeckRS 2014, 49570; 28.1.2015 NVwZ 2015, 1229). Das gilt insb. wenn AR oder Vorstand einzelne Inf. oder Vorgänge als „vertraulich" bezeichnen. Inwieweit hiervon Ausnahmen gemacht werden können, ist letztl. anhand des Einzelfalls zu entscheiden, kommt idR aber nur in Ausnahmefällen in Betracht (s. iE *Lutter* Rn. 437 ff.; MüGesR IV/*Hoffmann-Becking* § 33 Rn. 65; GroßK/*Hopt/Roth* Rn. 243 mwN). Keine Pflicht zur Verschwiegenheit besteht zwischen den Mitgliedern des AR (näher *Oetker* FS Hopt 2010 S. 1095 ff. 1098 ff.; s. a. *KMS* Rn. 573).

3. Verantwortlichkeit. ARMitglieder, die ihre Pflichten verletzen, sind der Gesellschaft nach § 116 7
S. 1 iVm. § 93 II zum Schadensersatz verpflichtet **(Innenhaftung).** Hins. Geltendmachung und Verjährung des Schadensersatzanspruchs findet § 93 IV bis VI sinngemäße Anwendung. Der Haftung nach § 116 S. 1 iVm. § 93 II unterliegen alle zum AR bestellten Personen, ohne Rücksicht auf die Wirksamkeit der Bestellung. Die Haftung beginnt mit Übernahme des ARAmts und endet mit Ablauf der Amtszeit (vgl. § 103 Rn. 12 f.). Das ARMitglied muss eine ihn treffende Sorgfalts- oder Verhaltenspflicht verletzt haben. Diese kann sich aus § 93 III ergeben. In erster Linie kommt sie aber im Zusammenhang mit der Überwachung in Betracht, so zB wenn ARMitglieder Unregelmäßigkeiten in der Geschäftsführung trotz gegebener Anhaltspunkte nicht nachgehen (*LKV* Rn. 892, 997; s. OLG D 6.11.2014 AG 2015, 434, 436 f.; OLG KA 4.9.2008 WM 2009, 1147, 1149), Ersatzansprüche der Gesellschaft gegen Vorstandsmitglieder nicht geltend machen (BGH 16.3.2009 ZIP 2009, 860, 862 f.; s. a. *Casper* ZHR 176 [2012] 617 ff.; *Goette* ZHR 176 [2012], 588 ff.) oder hinnehmen, dass die Einl. eines Insolvenzverfahrens nur verzögernd betrieben wird, obwohl die Insolvenz offensichtl. ist (BGH 9.7.1979 Z 75, 96, 106 ff.; 16.3.2009 ZIP 2009, 860, 861). Die Pflichtverletzung ist verschuldet, wenn die Sorgfalt eines ordentl. und gewissenhaften ARMitglieds nicht beachtet wird (s. Rn. 3). Bei dem im Einzelfall zu konkretisierenden Verschuldensmaßstab ist zu berücksichtigen, dass der AR im Vergleich zum Vorstand einen anderen Funktions- und Aufgabenbereich hat und bei der Erfüllung seiner Aufgaben nur zeitl. begrenzt in Anspruch genommen werden kann. Die verschuldete Pflichtverletzung muss zu einem Schaden der Gesellschaft geführt haben. Hierbei wird es sich idR um einen Vermögensschaden handeln. Ob der Schaden nur auf solche Vermögensbeeinträchtigungen zu beschränken ist, die dem Unternehmenszweck widersprechen (so KölnK-AktG/*Mertens/Cahn* § 93 Rn. 23 ff.), ist zw. (s. *Hüffer/Koch* § 93 Rn. 47; GroßK/*Hopt* § 93 Rn. 263). Die Feststellung des Schadens richtet sich nach allg. Grds. (§§ 249 ff. BGB; OLG S 19.6.2012 BeckRS 2012, 14126), so dass erlangte Vermögensvorteile nach den Grds. der Vorteilsausgleichung anzurechnen sind (OLG HH 18.9.2009 NZG 2010, 309, 310). Erg. hat das G zur Angemessenheit der Vorstandsvergütung (VorstAG) als S. 3 einen Haftungsanspruch festgeschrieben, wenn die ARMitglieder eine unangemessene Vergütung (§ 87 I) festsetzen, der sich jedoch bereits aus § 116 S. 1 iVm. § 93 II ergibt, so dass § 116 S. 3 tw. ledigl. deklaratorische Bedeutung beigemessen wird (*Hüffer/Koch* Rn. 18; HS/*Henssler* Rn. 18; s. a. *Seibert* WM 2009, 1489, 1491). Das Unterlassen einer Herabsetzung (§ 87 II) wird von § 116 S. 3 nicht erfasst (s. BT-Drs. 16/12278). Dies ist jedoch unschädl., da ein Verstoß gegen § 87 II schon nach bisheriger Rechtslage zur Ersatzpflicht nach § 116 S. 1 iVm. § 93 II führen konnte und dies durch § 116 S. 3 nicht modifiziert werden sollte (s. *Fleischer* NZG 2009, 801, 804; *Hüffer* Rn. 18; *Oetker* ZHR 175 [2011], 548, 547).

Nach § 116 S. 1 iVm. § 93 II 2 liegt die **Beweislast** für die Anwendung der Sorgfalt eines ordentl. 8
und gewissenhaften ARMitglieds beim in Anspruch Genommenen (OLG D 6.11.2014 AG 2015, 434, 435; OLG S 19.6.2012 BeckRS 2012, 14126). IdR hat der Anspruchsteller, dh. zumeist die Gesellschaft, nur das Vorliegen einer Pflichtverletzung und eines dazu kausalen Schadens einschl. dessen Höhe zu beweisen (hierzu *Fleck* GmbHR 1997, 237 ff.). Das ARMitglied seinerseits muss zur Abwendung des Schadensersatzanspruchs wenigstens den Beweis für ein nicht schuldhaftes Handeln führen (BGH 16.3.2009 ZIP 2009, 860, 861).

Neben der Organhaftung nach § 116 S. 1 iVm. § 93 II bestehen **weitere** den AR betr. aktienrechtl. 9
Haftungsnormen: § 117 bei vorsätzl. Schadenszufügung unter Benutzung des Einflusses auf die Gesellschaft (vgl. BGH 4.3.1985 Z 94, 55, 57 ff.; 22.6.1992 NJW 1992, 3167, 3171 f.) und §§ 310, 318 II bei konzernrechtl. Sachverhalten. Daneben finden die allg. bürgerl.-rechtl. Haftungsnormen Anwendung. Insb. kann sich eine Schadensersatzverpflichtung der ARMitglieder gem. § 15a I InsO iVm. den §§ 823 II, 830 II BGB ergeben, wenn der Vorstand seine Insolvenzantragspflicht verletzt (BGH 9.7.1979 Z 75, 69, 107; KölnK-AktG/*Mertens/Cahn* § 92 Rn. 48 f.; MüKoAktG/*Spindler* § 92 Rn. 85 mwN). Entspr. gilt gem. §§ 826, 830 BGB, wenn ein ARMitglied ein strafbares oder sittenwidriges Verhalten des Vorstands (zB im Zusammenhang mit Kapitalerhöhungen) vorsätzl. veranlasst oder aktiv unterstützt (OLG D 23.6.2008 WM 2008, 1829, 1830).

60. Arbeitsgerichtsgesetz (ArbGG)*

In der Fassung der Bekanntmachung vom 2. Juli 1979 (BGBl. I S. 853, ber. S. 1036)
Zul. geänd. durch Gesetz vom 7. September 2017 (BGBl. I S. 3356)**

(FNA 320-1)

Erster Teil. Allgemeine Vorschriften

§ 1 Gerichte für Arbeitssachen

Die Gerichtsbarkeit in Arbeitssachen – §§ 2 bis 3 – wird ausgeübt durch die Arbeitsgerichte – §§ 14 bis 31 –, die Landesarbeitsgerichte – §§ 33 bis 39 – und das Bundesarbeitsgericht – §§ 40 bis 45 – (Gerichte für Arbeitssachen).

1 **1. Allgemeines.** Die ArbG bzw. ihre Vorläufer, die Gewerbe- und Kaufmannsgerichte, wurden urspr. als bes. Zivilgerichte geschaffen, um arbeitsgericht1. Verfahren schneller und kostengünstiger abzuwickeln, die bes. Kenntnisse von Personen aus dem Arbeitsleben zu nutzen und eine bes. Spezialisierung der Richterschaft zu erreichen. In Art. 95 GG wird die Arbeitsgerichtsbarkeit als eigenständige und ggü. den anderen Fachgerichtsbarkeiten gleichwertige Gerichtsbarkeit genannt. Auch ggü. der Zivilgerichtsbarkeit besteht hins. des Rechtswegs nach der Einf. der §§ 17, 17a GVG kein bes. Nähe- bzw. Verwandtschaftsverhältnis mehr, dass bei der Anwendung und Auslegung von Normen über die Zust. und den Rechtsweg, insb. bei der gerichtsbarkeitsübergreifenden Verweisung von Verfahren zu berücksichtigen ist.

2 **2. Deutsche Gerichtsbarkeit. a) Exterritorialität, Stationierungsstreitkräfte.** Das ArbGG setzt voraus, dass überhaupt ein dt. Gericht zur Entsch. des Rechtsstreits befugt ist. Daran fehlt es in den Fällen der Exterritorialität (§§ 18 ff. GVG). Der BRD steht es frei, in int. Verträgen die dt. Gerichtsbarkeit auszuschließen. Dies ist ua. geschehen für das Personal der Europ. Weltraumforschungsorganisation (BAG 24.1.1958 AP Truppenvertrag Art. 44 Nr. 12). Ein ausl. Staat ist hins. Bestandsstreitigkeiten mit Konsulatsangestellten, die nach dem Inhalt ihres ArbVerh. originär konsularische (hoheitl.) Aufgaben wahrnehmen, grundsätzl. nicht der dt. Gerichtsbarkeit unterworfen (BAG 15.2.2005 NZA 2005, 1117; 3.7.1996 NZA 1996, 1229). Anders ist es bei Bestandsstreitigkeiten von AN, die keine hoheitl. Aufgaben wahrnehmen (BAG 20.11.1997 NZA 1998, 813). Für die Abgrenzung maßgebl. ist nicht Motiv oder Zweck der Staatstätigkeit, sondern die Natur der staatl. Handlung oder des entstandenen Rechtsverhältnisses (BAG 18.12.2014 NZA-RR 2015, 546). Für arbeitsrechtl. Streitigkeiten der zivilen Arbeitskräfte bei den in der BRD stationierten Truppen der NATO sind die dt. ArbG zust. (BAG 15.5.1991 NZA 1992, 43). Die Klage ist im Wege der Prozessstandschaft gegen die BRD zu richten (BAG 20.2.2014 NZA-RR 2015, 380).

3 **b) Kirchen.** Soweit die Kirchen innerhalb der für alle geltenden G ihre Angelegenheiten verwalten und ordnen, errichten sie ihre eigenen Gerichte (Art. 140 GG, 137 III WRV). Staatl. Gerichte sind für Streitigkeiten von kirchl. Beamten, Geistl. und Ordensangehörigen nicht zust. (einschränkend BGH 28.3.2003 NJW 2003, 2097). Das gilt auch für exklaustrierte, noch nicht säkularisierte Ordensgeistliche (BAG 7.2.1990 NJW 1990, 2082). Dagegen gilt für AN der Kirchen in privatrechtl. ArbVerh. das staatl. ArbR und damit auch der Rechtsweg zu den Gerichten für Arbeitssachen. Dieser wird nicht durch die Vereinb. einer Anrufungspflicht einer kirchl. Schiedsstelle ausgeschlossen (BAG 18.5.1999 NZA 1999, 1350; zu den Schlichtungsstellen der ev. Kirche *Schliemann* NZA 2000, 1311; zur katholischen Kirche *Fischermeier* RdA 2007, 193; *Richardi* FS Birk S. 741; allg. *v. Tiling* NZA 2009, 590). Zum Selbstbestimmungsrecht der Kirchen zählt auch die Einrichtung von Mitarbeitervertretungen. Bei Streitigkeiten, bei denen es ausschl. um die Anwendung kirchl. Mitarbeitervertretungsrechts geht, ist zwar die Zust. staatl. Gerichte ausgeschlossen, was durch Urt. auszusprechen ist (BAG 25.4.1989 NJW 1989, 2284; RB anhängig 7 AZB 56/16); der Rechtsweg zu den ArbG ist aber gegeben für Ansprüche ihrer Mitglieder, soweit diese bürgerl.-rechtl. Natur sind (BAG 11.11.2008 NZA 2009, 512).

---

* Das Gesetz ist in der Fassung wiedergegeben, die es durch das „Gesetz zur Stärkung der Tarifautonomie" (BGBl. I S. 1348) mit Rechtsstand zum 1.1.2015 erfahren hat. Zum früheren Rechtsstand wird auf die Vorauflage verwiesen. Noch unberücksichtigt blieben dauch die zum **1.1.2018** in Kraft tretenden Änderungen durch das Gesetz zur Förderung des elektronischen Rechtsverkehrs mit den Gerichten v. 10.10.2013 (BGBl. I S. 3786).

** Die Kommentierung ist auf dem Stand der Gesetzgebung v. 1.1.2018. Für die Rechtslage bis 31.12.2017 ist auf die Voraufl. zu verweisen. Gesetzesänderungen nach dem 1.1.2018 werden in Folgeauflagen berücksichtigt.

3. Internationale Zuständigkeit. a) Örtliche Zuständigkeit nach der ZPO; EuGVVO. Das ArbGG gilt örtl. in der gesamten Bundesrepublik. Ob ein dt. oder ausl. Gericht zust. ist, richtet sich nach der int. Zust. (dazu *Mankowski AR-Blattei* SD 160.5.5); dies gilt auch für Streitigkeiten, die im BeschlV auszutragen sind (BAG 18.4.2007 NZA 2007, 1375; LAG BB 8.2.2011 NZA-RR 2011, 491; dag. *Boemke* DB 2012, 802). Für diese sind bei Fehlen von Regelungen in int. Verträgen oder Abk. grundsätzl. die Vorschr. der ZPO über die örtl. Zust. (§§ 12 ff. ZPO) maßgebl. (BAG 9.10.2002 NZA 2003, 339), zu Ausnahmen Rn. 2, 5, s. § 48 Rn. 20; Art. 9 Rom I Rn. 8). Ist ein dt. Gericht örtl. zust., ist es auch int. zust. (BAG 3.5.1995 NZA 1995, 1191). Einschränkungen bestehen ledigl. beim Gerichtsstand des Vermögens (§ 23 ZPO). Dieser ist zwar nicht nur gegeben, wenn sich an diesem Ort das gesamte Vermögen des AG befindet, sondern auch dann, wenn das dort befindl. Vermögen nicht nur geringwertig oder unpfändbar ist (BAG 13.11.2007 NZA 2008, 761). Der Rechtsstreit muss einen hinreichenden Bezug zum Inland aufweisen (BAG 17.7.1997 NZA 1997, 1182; zum Gerichtsstand bei Aufhebungsverträgen *Knöfel* ZfA 2006, 397). Nach Art. 6 der EntsendeRL sind die ArbG des Staates, in dem der AN tätig ist, zust. für Klagen, mit denen in der RL garantierte Arbeitsbedingungen geltend gemacht werden. Diese Bestimmung ist nunmehr in § 8 AEntG in nationales Recht umgesetzt worden, der nicht nur die int. Zust. dt. Gerichte, sondern auch den Rechtsweg zu den Gerichten für Arbeitssachen begr. (BAG 11.9.2002 NZA 2003, 62). Die int. Zust. muss zum Zeitpunkt der Klageerhebung noch bestehen; sie fehlt bei einer Klage der Zusatzversorgungskasse gegen einen ausl. Bauunternehmer, der seine Zweigniederlassung in Deutschland bis zur Klageerhebung aufgegeben hat (BAG 2.7.2008 NZA 2008, 1084). Zum kollektiven int. Arbeitsrecht s. Art. 9 Rom I Rn. 26. Für Unionsbürger richtet sich die int. Zust. seit dem 1.3.2002 nach der VO (EG) Nr. 44/2001 des Rates vom 22.12.2000 über die gerichtl. Zust. und die Anerkennung und Vollstreckung von Entscheidungen in Zivil- und Handelssachen – EuGVVO – s. ROM I Rn. 1 f. 4

b) Vereinbarung, Verfahren. Haben die Parteien eines Arbeitsvertrags mit Auslandsberührung außerhalb des Geltungsbereichs der EuGVVO (dazu ROM I Rn. 1) die Geltung ausl. Rechts und die ausschl. Zust. ausl. Gerichte vereinbart, dann richtet sich die Frage, ob eine Zuständigkeitsvereinb. zustande gekommen ist, nach dem vereinbarten ausl. Recht. Die Zulässigkeit und die Formwirksamkeit einer vorprozessual getroffenen Vereinb. sind nach dt. Prozessrecht zu beurteilen, wenn ein dt. Gericht angerufen wird (BAG 27.1.1983 AP ZPO § 38 Internationale Zust. Nr. 12; s. Art. 9 Rom I Rn. 4 zur Rechtswahlfreiheit). Die Zust. der dt. ArbG kann durch rügelose Einlassung der Beklagten nach § 39 ZPO begr. werden. Das Vorliegen der int. Zust. ist in allen Instanzen vAw. zu prüfen (BAG 13.11.2007 NZA 2008, 761). Fehlt die int. Zust., ist eine Verweisung an das ausl. Gericht nicht mögl. Die Klage ist als unzulässig abzuweisen. Ist die int. Zust. gegeben, kann dies durch Zwischenurt. (§ 280 ZPO) ausgesprochen werden (BAG 23.11.2000 NZA 2001, 683). 5

§ 2 Zuständigkeit im Urteilsverfahren

(1) Die Gerichte für Arbeitssachen sind ausschließlich zuständig für

1. bürgerliche Rechtsstreitigkeiten zwischen Tarifvertragsparteien oder zwischen diesen und Dritten aus Tarifverträgen oder über das Bestehen oder Nichtbestehen von Tarifverträgen;

2. bürgerliche Rechtsstreitigkeiten zwischen tariffähigen Parteien oder zwischen diesen und Dritten aus unerlaubten Handlungen, soweit es sich um Maßnahmen zum Zwecke des Arbeitskampfes oder um Fragen der Vereinigungsfreiheit einschließlich des hiermit im Zusammenhang stehenden Betätigungsrechts der Vereinigungen handelt;

3. bürgerliche Rechtsstreitigkeiten zwischen Arbeitnehmern und Arbeitgebern

a) aus dem Arbeitsverhältnis;

b) über das Bestehen oder Nichtbestehen eines Arbeitsverhältnisses;

c) aus Verhandlungen über die Eingehung eines Arbeitsverhältnisses und aus dessen Nachwirkungen;

d) aus unerlaubten Handlungen, soweit diese mit dem Arbeitsverhältnis im Zusammenhang stehen;

e) über Arbeitspapiere;

4. bürgerliche Rechtsstreitigkeiten zwischen Arbeitnehmern oder ihren Hinterbliebenen und

a) Arbeitgebern über Ansprüche, die mit dem Arbeitsverhältnis in rechtlichem oder unmittelbar wirtschaftlichem Zusammenhang stehen;

b) gemeinsamen Einrichtungen der Tarifvertragsparteien oder Sozialeinrichtungen des privaten Rechts über Ansprüche aus dem Arbeitsverhältnis oder Ansprüche, die mit dem Arbeitsverhältnis in rechtlichem oder unmittelbar wirtschaftlichem Zusammenhang stehen,

soweit nicht die ausschließliche Zuständigkeit eines anderen Gerichts gegeben ist;

5. bürgerliche Rechtsstreitigkeiten zwischen Arbeitnehmern oder ihren Hinterbliebenen und dem Träger der Insolvenzsicherung über Ansprüche auf Leistungen der Insolvenzsicherung

nach dem Vierten Abschnitt des Ersten Teils des Gesetzes zur Verbesserung der betrieblichen Altersversorgung;

6. bürgerliche Rechtsstreitigkeiten zwischen Arbeitgebern und Einrichtungen nach Nummer 4 Buchstabe b und Nummer 5 sowie zwischen diesen Einrichtungen, soweit nicht die ausschließliche Zuständigkeit eines anderen Gerichts gegeben ist;

7. bürgerliche Rechtsstreitigkeiten zwischen Entwicklungshelfern und Trägern des Entwicklungsdienstes nach dem Entwicklungshelfergesetz;

8. bürgerliche Rechtsstreitigkeiten zwischen den Trägern des freiwilligen sozialen oder ökologischen Jahres oder den Einsatzstellen und Freiwilligen nach dem Jugendfreiwilligendienstegesetz;

8a. bürgerliche Rechtsstreitigkeiten zwischen dem Bund oder den Einsatzstellen des Bundesfreiwilligendienstes oder deren Trägern und Freiwilligen nach dem Bundesfreiwilligendienstgesetz;

9. bürgerliche Rechtsstreitigkeiten zwischen Arbeitnehmern aus gemeinsamer Arbeit und aus unerlaubten Handlungen, soweit diese mit dem Arbeitsverhältnis im Zusammenhang stehen;

10. bürgerliche Rechtsstreitigkeiten zwischen behinderten Menschen im Arbeitsbereich von Werkstätten für behinderte Menschen und den Trägern der Werkstätten aus den in § 221 des Neunten Buches Sozialgesetzbuch geregelten arbeitnehmerähnlichen Rechtsverhältnissen.

(2) Die Gerichte für Arbeitssachen sind auch zuständig für bürgerliche Rechtsstreitigkeiten zwischen Arbeitnehmern und Arbeitgebern,

a) die ausschließlich Ansprüche auf Leistung einer festgestellten oder festgesetzten Vergütung für eine Arbeitnehmererfindung oder für einen technischen Verbesserungsvorschlag nach § 20 Abs. 1 des Gesetzes über Arbeitnehmererfindungen zum Gegenstand haben;

b) die als Urheberrechtsstreitsachen aus Arbeitsverhältnissen ausschließlich Ansprüche auf Leistung einer vereinbarten Vergütung zum Gegenstand haben.

(3) Vor die Gerichte für Arbeitssachen können auch nicht unter die Absätze 1 und 2 fallende Rechtsstreitigkeiten gebracht werden, wenn der Anspruch mit einer bei einem Arbeitsgericht anhängigen oder gleichzeitig anhängig werdenden bürgerlichen Rechtsstreitigkeit der in den Absätzen 1 und 2 bezeichneten Art in rechtlichem oder unmittelbar wirtschaftlichem Zusammenhang steht und für seine Geltendmachung nicht die ausschließliche Zuständigkeit eines anderen Gerichts gegeben ist.

(4) Auf Grund einer Vereinbarung können auch bürgerliche Rechtsstreitigkeiten zwischen juristischen Personen des Privatrechts und Personen, die kraft Gesetzes allein oder als Mitglieder des Vertretungsorgans der juristischen Person zu deren Vertretung berufen sind, vor die Gerichte für Arbeitssachen gebracht werden.

(5) In Rechtsstreitigkeiten nach diesen Vorschriften findet das Urteilsverfahren statt.

I. Allgemeines

1 **1. Grundsatz.** § 2 regelt die Zulässigkeit des Rechtswegs zu den Gerichten für Arbeitssachen und die Zuweisung der dort genannten Streitigkeiten in das UrtV (§ 2 V). In § 2 I, II ist die ausschl. Zust. geregelt, in § 2 III die Zust. kraft Sachzusammenhangs und in § 2 IV die fakultative Zust. bei Rechtsstreitigkeiten von Organmitgliedern. Die Norm wird ergänzt durch § 2a, der eine entspr. Regelung für das BeschlV enthält. Ausschl. Zust. bedeutet, dass nur die ArbG für die Entsch. des Rechtsstreits zust. sind. Es kann weder eine andere Gerichtsbarkeit vereinbart noch ihre Zust. im Wege rügeloser Einlassung begr. werden (§ 39 ZPO). Mögl. Ausnahmen ergeben sich aus § 2 III, IV (s. Rn. 29) und wenn der Rechtsstreit aufgrund einer rechtskräftigen Verweisung eines anderen Gerichts einer anderen Gerichtsbarkeit zu den ArbG gelangt. Wird eine nach §§ 2, 2a den ArbG zugewiesene Streitigkeit vor einem Gericht einer anderen Gerichtsbarkeit anhängig, ist das Verfahren nach § 17a II GVG an die ArbG zu verweisen. Hat das ArbG den Rechtsweg im Verfahren nach §§ 17, 17a GVG (s. § 48 Rn. 2) verfahrensfehlerfrei bejaht, sind die Rechtsmittelinstanzen an die Entsch. gebunden (§ 17a V GVG).

2 **2. Urteilsverfahren/Beschlussverfahren.** Die in § 2 genannten Verfahren sind im UrtV (§ 2 V) und die in § 2a aufgeführten kollektiven Streitigkeiten im BeschlV (§ 2a I) zu entscheiden. UrtV und BeschlV schließen sich wechselseitig aus. Wird ein Rechtsstreit in der falschen Verfahrensart anhängig gemacht, ist er in entspr. Anwendung der §§ 17, 17a GVG in die zutreffende Verfahrensart überzuleiten. Die Berufungs- bzw. Revisionsinstanz ist regelmäßig an die erstinstanzl. durchgeführte Verfahrensart gebunden (§ 17a V GVG, zu Ausn. s. § 48 Rn. 12, § 88 Rn. 1). Die Bindungswirkung erstreckt sich auf die anzuwendenden Verfahrensgrundsätze (Parteiprozess oder Amtsermittlungsgrundsatz). Hat das ArbG unzutreffend – aber mit Bindungswirkung – den Rechtsstreit dem UrtV zugewiesen, sind die nur im BeschlV beteiligtenfähigen „Stellen" auch im UrtV als prozessfähig anzusehen, insoweit ist § 10 analog anzuwenden (GMP/*Matthes/Schlewing* § 2a Rn. 102 f.).

II. Die Einzelfälle des § 2 I

1. Bürgerlicher Rechtsstreit. a) Begriff. Die ArbG sind nach § 2 I nur zust. für bürgerl. Rechtsstreitigkeiten (§ 13 GVG). Eine solche ist gegeben, wenn der Streitgegenstand eine unmittelbare Rechtsfolge des Zivilrechts darstellt, dh. sich die Parteien einander gleichberechtigt gegenüberstehen (BAG 10.9.1985 NZA 1985, 814). Dafür ist die Natur des Rechtsverhältnisses entscheidend, aus dem der Klageanspruch hergeleitet wird (GmS-OGB 10.4.1986 NJW 1986, 2359; BAG 22.11.2016 NZA 2017, 581). Maßgebl. ist, ob der zur Klagebegr. vorgetragene Sachverhalt für die aus ihm hergeleitete Rechtsfolge von Rechtssätzen des bürgerl. oder des öffentl. Rechts geprägt wird. Dabei obliegt dem Gericht die Entsch. darüber, ob und ggf. welche Anspruchstatbestände aufgrund des ermittelten Sachverhalts erfüllt sind. Die Auswahl der anzuwendenden Anspruchsgrundlagen ist nicht Sache der kl. oder bekl. Partei (BAG 16.2.2000 NZA 2000, 385). Lässt sich das prozessuale Begehren aus mehreren Klagegründen herleiten, muss das angerufene Gericht den Rechtsstreit umfassend unter allen rechtl. Gesichtspunkten entscheiden. Daher genügt es, wenn es für einen Klagegrund zust. ist (BAG 18.8.1997 NZA 1997, 1362 – sog. rechtswegüberschreitende Kompetenz). Eine Ausn. besteht nur bei Ansprüchen für die eine ausschl. Zust. eines Gerichts besteht (ArbG Heilbronn 25.2.2004 AuR 2004, 438 – § 839 BGB). Bei teilbaren Streitgegenständen besteht die Zust. der ArbG nach § 2 I, II für die arbeitsrechtl. Streitigkeit (BAG 13.1.2003 NZA 2003, 286 – Abtretung); ansonsten darf über einen einer anderen Gerichtsbarkeit zugewiesenen Anspruch nicht von den ArbG entschieden werden (LAG HM 7.9.2016 – 2 Ta 21/16 – Amtshaftung). Besteht zwischen den Parteien eine **Beziehung, die dem ZivilR zugeordnet wird,** ist es unerhebl., ob die Anspruchsgrundlage für den hieraus geltend gemachten Anspruch dem öffentl. Recht angehört, öffentl.-rechtl. Vorfragen zu entscheiden sind (s. Rn. 5 f.) oder eine der Parteien ansonsten mit hoheitl. Befugnissen ausgestattet ist. So fallen insb. die Streitigkeiten der Dienstordnungs-Angestellten trotz ihrer Beschäftigung bei den Trägern der Sozialversicherung unter § 2 I, II. Ob für eine bürgerl. Rechtsstreitigkeit der Rechtsweg zu den ordentl. Gerichten oder der zu den ArbG gegeben ist, bestimmt sich nach dem prozessualen Streitgegenstand. Erfüllt dieser einen der Tatbestände der §§ 2 ff., ist der – eine ausschl. Zust. begründende – Rechtsweg zu den ArbG eröffnet (GmS-OGB 27.9.2010 NZA 2011, 534). 3

b) Öffentlich-rechtliche Rechtsverhältnisse. Keine bürgerl. Rechtsstreitigkeiten sind gegeben, wenn die Parteien über Ansprüche aus einem ör. Rechtsverhältnis streiten, innerhalb derer sie zueinander in einem Subordinationsverhältnis oder in einem Gleichordnungsverhältnis stehen, wenn die das Rechtsverhältnis beherrschenden Rechtsnormen nicht für jedermann gelten, sondern Sonderrecht des Staates oder sonstiger Träger öffentl. Aufgaben sind, das sich zumindest auf einer Seite nur an Hoheitsträger wendet (BAG 22.11.2016 NZA 2017, 581). Zu den bürgerl.-rechtl. Streitigkeiten zählen daher nicht Streitigkeiten aus ör. ausgestalteten Ausbildungsverhältnissen. Die ArbG sind daher nicht zust. für Klagen einer ausl. Rechtsreferendarin auf Vergütung (BAG 28.6.1989 NZA 1990, 325), Schadensersatz wegen verzögerter Ausbildung in einem Referendarverhältnis (BAG 14.12.1988 NZA 1989, 820) oder der Zulassung zur wissenschaftl. Ausbildung und Prüfung in einer sonderpädagogischen Fachrichtung (BAG 22.9.1999 NZA 2000, 55). Hingegen ist der Rechtsweg zu den ArbG gegeben, wenn es sich um eine bürgerl.-rechtl. Streitigkeit nach § 2 I handelt, in deren Rahmen ör. Vorfragen von Bedeutung sind. Für Streitigkeiten über den Bewerberverfahrensanspruch für ein privatrechtl. Dienstverhältnis sind die ArbG zust. (VGH M 7.4.2014 DVBl. 2014, 875; OVG NRW 27.4.2010 NZA-RR 2010, 433); zum Rechtsweg bei Streitigkeiten aus dem Sozialversicherungs- und SteuerR Rn. 5 f. und dem Beamtenverhältnis s. § 5 Rn. 11. 4

c) Ansprüche in Zusammenhang mit dem Sozialversicherungs- und Steuerrecht. Bei diesen Ansprüchen ist zwischen Rechtswegzuständigkeit und Begründetheit zu unterscheiden. Für die Sozialversicherungspflicht ist regelmäßig (zu Ausn. Rn. 6) nicht das Arbeitsverhältnis, sondern das sozialversicherungsrechtl. **BeschVerh** maßgebl. Aus dem Arbeitsvertrag ergeben sich keine eigenständigen vertragl. Verpflichtungen des AG zur Beitragsabführung an die Sozialversicherungsträger, auch eine entspr. Nebenpflicht besteht nicht. Vielmehr folgen diese ausschl. aus dem Bestehen eines Beschäftigungsverhältnisses (§ 7 I SGB IV) und der sich daraus ergebenden Beitragspflicht von AG und AN. Das BeschVerh begr. sowohl für den AN wie auch den AG ggü. den Sozialversicherungsträgern ör. Leistungspflichten. Über dessen Inhalt und Umf. entscheiden ausschl. die SG (§ 55 I Nr. 1, II SGG). Entspr. gilt für die Berechnung und Abführung von Lohnsteuer durch den AG (BAG 17.9.2014 NZI 2014, 1013). Die ArbG können schon wegen der fehlenden Beteiligung der Steuerbehörden bzw. Einzugsstellen und der damit verbundenen Gefahr widersprechender Entscheidungen nicht mit Bindungswirkung ggü. Dritten festlegen, ob ein Betrag abgabenpflichtig ist oder nicht (BAG 26.5.1998 NZA 1998, 1124). Aus diesem Grund ist der Rechtsweg zu den SG gegeben für Rechtsstreitigkeiten über das Bestehen der Versicherungspflicht in der ges. Krankenversicherung (BAG 30.8.2000 NZA 2000, 1359; 11.7.1975 AP SGG § 1 Nr. 55), Anmeldung zur Krankenkasse (BAG 5.10.2005 NZA 2005, 1429), um die Zuschusspflicht zur ges. Kranken- und Pflegeversicherung (§ 257 SGB V, dazu BAG 19.8.2008 NZA 2008, 1313; GmS-OGB 4.6.1974 NJW 1974, 2087) oder bei der Übertragung von Wertguthaben (BSG 10.12.2015 SozR 4–1720 § 17a Nr. 14). 5

6 Ist die **Übernahme von Abgaben** zwischen den Parteien im Streit, ist der Rechtsweg zu den ArbG nach § 2 I eröffnet, wenn sich die Verpflichtung zur Beitragszahlung bzw. -übernahme aus einer eigenständigen tarif- oder arbeitsvertragl. Vereinb. zwischen AG und AN ergibt; das Bestehen eines ArbVerh. allein ist hierzu nicht ausreichend. Eine solche Vereinb. liegt regelmäßig in einer **Nettolohnvereinbarung,** in der sich der AG unabhängig von der bestehenden Abgabenpflicht zur Zahlung der vereinbarten (Netto-)Vergütung verpflichtet hat. Ansonsten wird die Entsch. von den Finanzbehörden und Sozialversicherungsträgern getroffen (BAG 10.11.1982 AP TVG § 1 Tarifverträge: Bau Nr. 44 – Verpflegungszuschuss; aA aber BAG 9.11.1988 NZA 1989, 270 – Sozialversicherungsabgaben auf eine Abfindung). Wird der Streit um ör. Abgaben im Rahmen einer Klage auf (weitergehende) Nettovergütung ausgetragen, ist für diese der Rechtsweg zu den ArbG gegeben; die Abführung von Steuern bzw. Sozialversicherungsbeiträgen begr. materiell-rechtl. einen bes. Erfüllungseinwand, den der AG dem Anspruch des AN entgegenhalten kann (BAG 30.4.2008 NZA 2008, 884). Macht der Anspruchsteller eine entspr. vertragl. Absprache geltend, handelt es sich um einen sog. sic-non-Fall (s. Rn. 36), für den der Rechtsweg zu den ArbG gegeben ist. Stehen hingegen die Pflicht zur Beitragszahlung und die Höhe der Beiträge fest, sind zB Verfahren um das Nachholverbot (§ 28g SGB IV) nach § 2 I vor den ArbG auszutragen (BAG 15.12.1993 NZA 1994, 620). Die Zust. der ArbG besteht auch bei einem Streit aus einer Altersteilzeitvereinb. über die Frage, in welcher Höhe der AG den vereinbarten Aufstockungsbetrag zur ges. Rentenversicherung zu erbringen hat (LAG K 16.1.2002 ZTR 2002, 294) oder um die Rückzahlung rechtsgrundlos gezahlter Beitragszuschüsse zur freiwilligen Pflegeversicherung des AN (§ 61 I 1 SGB XI, LAG BE 8.3.2001 ZTR 2001, 567); zu Arbeitspapieren Rn. 19.

7 **2. Streitigkeiten aus Tarifverträgen (§ 2 I Nr. 1).** Die ArbG sind ausschl. zust. für bürgerl. Rechtsstreitigkeiten zwischen TVParteien oder zwischen diesen und Dritten aus TV oder über das Bestehen oder Nichtbestehen von TV. Erfasst werden Rechtsstreitigkeiten der TVParteien aus dem obligatorischen Teil des TV (s. § 79 1 TVG Rn. 79). Parteien können nur TVParteien sein. Die Klage kann sich richten auf die Durchführung des TV gegen den Tarifpartner (BAG 11.9.1991 NZA 1992, 321), die Pflicht zur Einwirkung auf Verbandsmitglieder, den TV einzuhalten (BAG 29.4.1992 NZA 1992, 846), Wahrung der Friedenspflicht sowie die Unterlassung von Arbeitskampfmaßnahmen; s. § 9 TVG Rn. 6. Unter § 2 I Nr. 1 fallen daneben Rechtsstreitigkeiten über die **Auslegung** des normativen Teils des TV oder einzelner Vorschr. Hierzu gehören Verfahren nach § 9 TVG (BAG 25.9.1987 NZA 1988, 358), insb. soweit Durchführungs- und Friedenspflichten davon abhängen (BAG 29.4.1992 NZA 1992, 846). So kann Gegenstand eines Rechtsstreits sein, ob der TV nach seinem Geltungsbereich eine genau bestimmte ANGruppe erfasst (BAG 23.2.1995 NZA 1996, 109). Zu den Rechtsstreitigkeiten über Bestehen oder Nichtbestehen von TV zählen auch die Frage der Wirksamkeit des TVabschlusses, seiner Auslegung und Vereinbarkeit mit höherrangigem Recht, seines räuml., fachl. und betriebl. Geltungsbereichs, nicht aber der Tarifzuständigkeit der Koalition (s. § 97 Rn. 1) oder die Wirksamkeit seiner Kündigung. Ausreichend ist, wenn über einzelne Normen des TV gestritten wird (BAG 28.9.1977 AP TVG 1969 § 9 Nr. 1). Ferner gehören zur Zust. der ArbG Fragen über Umf. und Wirksamkeit der AVE (§ 5 TVG, s. § 98 Rn. 1). Dies gilt auch für Rechtsstreitigkeiten zwischen einer TVPartei und den für die AVE zust. Behörden (§ 5 I, VI TVG). Die ArbG sind zuständig für Rechtsstreitigkeiten zwischen den **TVParteien und Dritten** aus dem TV. Dritte sind alle, die nicht selbst TVPartei sind, zB andere Koalitionen, Mitglieder einer anderen TVPartei, Außenseiter). Unter den Voraussetzungen des § 66 ZPO können tarifgebundenen Parteien eines Individualrechtsstreits einem Verfahren nach § 9 TVG als Nebenintervenient beitreten. Für Streitigkeiten aus dem Mitgliedschaftsverhältnis zu einer TVPartei ist der Rechtsweg zu den ordentl. Gerichten gegeben (s. Rn. 10).

8 **3. Unerlaubte Handlungen im Zusammenhang mit einem Arbeitskampf und der Vereinigungsfreiheit (§ 2 I Nr. 2). a) Grundsatz.** Die ArbG sind zust. für Rechtsstreitigkeiten zwischen tariffähigen Parteien oder zwischen diesen und Dritten aus unerlaubten Handlungen, soweit es sich um Maßnahmen zum Zwecke des Arbeitskampfs oder um Fragen der Vereinigungsfreiheit einschließl. des hiermit im Zusammenhang stehenden Betätigungsrechts der Vereinigungen handelt. Die Zust. besteht nur für bürgerl. Rechtsstreitigkeiten. Um eine solche handelt es sich auch, wenn eine ör. Körperschaft des AG Beamte auf bestimmten ANStellen einsetzt (BAG 10.9.1985 NZA 1985, 814). Über die Einhaltung der Neutralitätspflicht der BA entscheiden die SG (§ 51 I SGG).

9 **b) Arbeitskampf.** Die unerlaubte Handlung muss zum Zweck des Arbeitskampfs erfolgen; unzureichend sind unerlaubte Handlungen, die nur anlässl. eines Arbeitskampfs begangen werden (OLG DD 11.11.2012 NZA-RR 2012, 210). Unerlaubte Handlung ist jedes rechtswidrige Verhalten, das zum Schadensersatz führt. Das kann auch der Arbeitskampf selbst sein, weshalb auch Streitigkeiten bei einem unzulässigen Arbeitskampf vor den ArbG auszutragen sind (GMP/*Schlewing* Rn. 36; aA BGH 29.9.1954 AP ArbGG 1953 § 2 Nr. 2). Der Begriff der unerlaubten Handlung ist weit auszulegen. Es kommt nicht darauf an, ob die Voraussetzungen von § 823 I BGB vorliegen (GMP/*Schlewing* Rn. 34). Für die Zulässigkeit ist es ausreichend, wenn der Kl. geltend macht, dass es sich um eine Maßnahme im Rahmen eines Arbeitskampfs handelt; die Rechtswidrigkeit und das Verschulden sind erst iRd. Begründetheit von Bedeutung. Als einzelne Maßnahmen im Rahmen eines Arbeitskampfs werden zB die

Verweigerung von Notdienstarbeiten, Werksbesetzungen, Behinderung oder Benachteiligung von Arbeitswilligen, Behinderung von TVverhandlungen erfasst. Kraft ausdr. Zuweisung ist der Rechtsweg zu den ArbG nicht für Amtspflichtverletzungen nach § 839 BGB eröffnet, selbst wenn sie in Zusammenhang mit einem Arbeitskampf stehen (BAG 14.12.1998 NZA 1999, 390). Zu den Rechtsstreitigkeiten zwischen den tariffähigen Parteien und Dritten gehören Ansprüche der AN bei **rechtswidriger Aussperrung** (zB Vergütung) oder **Schadensersatzansprüche der AG bei rechtswidrigem Streik.** Dritte sind auch die nur mittelbar vom Arbeitskampf betroffenen AG, soweit sie Schadensersatzansprüche gegen die am Arbeitskampf Beteiligten geltend machen. Dritte sind nicht der BR bzw. BRMitglieder, wenn ihnen eine Amtspflichtverletzung vorgeworfen wird, insoweit liegt eine Streitigkeit nach § 2a I Nr. 1 vor.

c) Vereinigungsfreiheit. Fragen der Vereinigungsfreiheit und des Betätigungsrechts der Koalitionen 10
werden betroffen, wenn es sich um Streitigkeiten über die positive oder negative Koalitionsfreiheit (BAG 18.8.1987 AP ArbGG 1979 § 72a Grundsatz Nr. 33), das Zutrittsrecht zum Betrieb für Gewerkschaftsbeauftragte oder deren Werbemaßnahmen (BAG 14.2.1978 AP GG Art. 9 Nr. 26; OLG F 28.3.2007 NZA 2007, 710), die Zulässigkeit einer Wahl von gewerkschaftl. Vertrauensleuten (BAG 8.12.1978 AP Art. 9 GG Nr. 28), die Unterlassung von Äußerungen eines Gewerkschaftssekretärs über mangelnde Tariftreue eines AG (BAG 29.10.2001 NZA 2002, 166) oder die Durchführung von Unterschriftsaktionen durch eine Gewerkschaft (BAG 25.1.2005 NZA 2005, 592; best. d. BVerfG 6.2.2007 NZA 2007, 394) handelt. Umstr. ist die Zust. für **Streitigkeiten der Koalitionen untereinander,** soweit die Vereinigungsfreiheit betroffen ist. Insoweit geht der BGH (BGH 18.5.1971 AP GG Art. 5 Abs. 1 Meinungsfreiheit Nr. 6; 7.1.1964 AP BGB § 1004 Nr. 1) von der Zust. der ordentl. Gerichte aus, während das arbeitsrechtl. Schrifttum zutreffend den Rechtsweg zu den ArbG für einschlägig ansieht (GMP/*Schlewing* Rn. 46; GK-ArbGG/*Schütz* Rn. 102; HHB/*Helml* Rn. 19), da die Zuweisung in § 2 I Nr. 2 einschränkungslos erfolgt ist. Gleiches gilt entgegen der Auff. der Rspr. (BGH 28.9.1972 AP GG Art. 9 Nr. 21) auch für **Streitigkeiten der Koalition und ihren Mitgliedern,** soweit die Vereinigungsfreiheit berührt wird. Dies kann zB der Fall sein, wenn dem Ast. die Aufnahme in den Verband versagt wird, bei seinem Ausschluss oder einem Streit um die Dauer der einschlägigen Kündigungsfrist. Für andere Streitigkeiten aus dem Mitgliedschaftsverhältnis sind dagegen die ordentl. Gerichte zust., etwa für Beitrags- und Leistungsklagen.

4. Bürgerliche Rechtsstreitigkeiten zwischen Arbeitnehmer und Arbeitgeber (§ 2 I Nr. 3). a) Ar- 11
beitnehmer-/Arbeitgeberbegriff. Die ArbG haben eine umfassende Zust. für alle bürgerl.-rechtl. Streitigkeiten zwischen AN und AG. Für den **ANBegriff** des ArbGG gilt § 5 I. Danach sind AN Arbeiter, Angestellte und die zu ihrer Berufsausbildung Beschäftigten, auf eine weitergehende Definition hat der Gesetzgeber verzichtet. Für die Auslegung und Begriffsbestimmung wird daher auf den allg. ANBegriff zurückgegriffen (s. § 611a BGB Rn. 8). Auch für das ArbGG gilt der allg. **AGBegriff** (s. § 611a BGB Rn. 183). Danach ist AG derjenige, der zumindest einen AN beschäftigt (BAG 15.3.2011 NZA 2011, 653). Als AG gilt zunächst die natürl. oder jur. Person, zu der der AN in einem ArbVerh. (s. Rn. 15) steht (zur GbR s. § 10 Rn. 13). Diesem steht bei der Zuständigkeitsbestimmung nach § 2 I der persönl. haftende Gesellschafter einer Personen- oder Handelsgesellschaft (BAG 28.2.2006 NZA 2006, 453; 1.3.1993 NZA 1993, 617 – KG; 6.5.1986 NZA 1986, 800 – OHG) gleich, nicht dagegen der Kommanditist (BAG 23.6.1992 NZA 1993, 862). AG iSd. § 2 I sind auch die als Organ der jur. Person handelnden natürl. Personen (BAG 24.6.1996 NZA 1997, 115; LAG BW 29.7.2014 NZA-RR 2014, 562 – GF) und die Partei kraft Amtes (iE BAG 9.7.2003 NZA 2004, 400 – Rechtsnachfolge). Die Mitarbeiter einer GmbH sind dann keine AN, wenn alle Gesellschafter zu GF bestellt sind (BAG 10.4.1991 NZA 1991, 856; zum GF einer GmbH s. § 7 SGB IV Rn. 20). Ansonsten kann ein Gesellschafter einer Personenhandelsgesellschaft oder ein Anteilsinhaber einer jur. Person deren AN sein, wenn er abhängig beschäftigt wird (BAG 17.9.2014 NZA 2014, 1293; OLG K 5.10.2000 BB 2001, 538 – Gesellschafter einer GbR). Die AGStellung kann von mehreren natürl. oder jur. Personen bzw. rechtl. selbständigen Gesellschaften wahrgenommen werden (BAG 27.3.1981 NJW 1984, 1703). Nicht nach § 2 I Nr. 3, sondern nach § 3 ist der Rechtsweg zu den ArbG eröffnet, wenn der AN einen Gesellschafter oder eine Konzernobergesellschaft seines AG nach **§ 826 BGB** in Anspruch nimmt (BAG 15.3.2000 NZA 2000, 671; 13.6.1997 NZA 1997, 1128).

b) Streitigkeiten aus dem Arbeitsverhältnis. aa) Arbeitsverhältnis. Nach § 2 I Nr. 3a sind die 12
ArbG zust. für Streitigkeiten aus dem ArbVerh. Die Rechtsstreitigkeit muss sich aus einem ArbVerh. ergeben, das zzt. der Klage besteht, zuvor bestanden hat oder hätte begr. werden sollen. Ausreichend ist es, wenn der AG die wesentl. AGfunktionen ausübt (BAG 15.3.2011 NZA 2011, 653), ein Arbeitsvertragsschluss ist nicht erforderl. ArbVerh. ist daher auch das BeschVerh, das sich bei einem unwirksamen oder angefochtenen aber willentl. begr. Arbeitsvertragsschluss ergibt (faktisches ArbVerh. s. § 611a BGB Rn. 145) oder die vertragl. Beziehung, die im Fall der fehlgeschlagenen Vergütungserwartung (BAG 28.9.1977 NJW 1978, 444) bestanden hat, sofern nur **die tatsächliche Arbeitsleistung einvernehml. erbracht worden ist** (BAG 25.11.2014 NZA 2015, 252). AG kann je nach Vertragsgestaltung oder – durchführung auch eine Beschäftigungsgesellschaft sein. Das ArbVerh. muss aber zwischen den Parteien des Rechtsstreits (und nicht mit einem Dritten) bestehen oder bestanden haben.

Keine Ansprüche aus dem ArbVerh. sind die Entschädigungsansprüche ehem. Zwangsarbeiter, da diese ihre Arbeitsleistung nicht aufgrund einer rechtsgeschäftl. eingegangenen Verpflichtung erbracht haben (BAG 16.2.2000 NZA 2000, 385); ebenso, wenn ein Sozialhilfeempfänger durch VA zur Arbeitsleistung herangezogen wird (BAG 14.12.1988 – 5 AZR 760/87); Arbeitsgelegenheiten mit Mehraufwandsentschädigung (§ 16d SGB II) begründen ein ör. Rechtsverhältnis (BAG 8.11.2006 NJW 2007, 1227; *Steppler/Denecke* NZA 2013, 482). Kraft ausdr. ges. Regelung (§ 10 AÜG) wird der Arbeitsvertragsschluss fingiert bei unerlaubter ANüberlassung und unter den Voraussetzungen von § 10 ASG. Als ArbVerh. gilt schließl. das Berufsausbildungsverhältnis (s. § 5 Rn. 3).

13 **bb) Einzelfälle.** Zu den von § 2 I Nr. 3 a erfassten Ansprüchen der AN gehören Ansprüche auf Vergütung, Urlaub, Auslagenersatz, Auslobung, Schadensersatz (LAG SN 27.1.2014 NZA-RR 2014, 493 – Steuerschaden) usw. Zu den Ansprüchen des AG gehören Schadensersatzansprüche, Rückforderungsansprüche (LAG BE 8.3.2001 ZTR 2001, 567 – Zuschuss zur privaten Pflegeversicherung), Auskunfts- oder Herausgabeansprüche oder ein Streit um das Bestehen einer internen Fortbildungsmaßnahme (VGH M 14.6.2002 NVwZ 2002, 1392 – BA). Um eine Streitigkeit nach Nr. 3a handelt es sich auch bei einer Klage nach § 850h II ZPO (ArbG Passau 26.6.2006 NZA-RR 2006, 541), bei einem Streit um die Rückzahlung eines Darlehens, das auf einer entspr. Umwandlung von Lohnrückständen beruht (LAG SH 8.7.2013 – 5 Ta 110/13) und Anspr. auf Rückgewähr vom Gemeinschuldner geleisteter **Vergütung nach § 143 I InsO** (GmS-OGB 27.9.2010 NZA 2011, 534; BAG 25.11.2014 NZA 2015, 252; aA entgegen dem GmS BGH 19.7.2012 NZA 2012, 1181 – Dritter; 29.7.2012 ZInsO 2012, 2302 – InsV; s. InsO Rn. 25a). Nicht hierhin zählen Ansprüche aus einem Beamtenverhältnis oder ör. Beschäftigungsverhältnissen (BAG 10.10.1990 NZA 1991, 180, s. Rn. 3) oder wenn nur eine Vergütung ohne Verpflichtung zu einer Arbeitsleistung gezahlt wird (LAG B 22.2.2016 – 15 Ta 123/16). Individualrechtl. Ansprüche aus dem ArbVerh. können sich zB auch aus dem BetrVG ergeben (s. Rn. 15). Es handelt sich auch dann um Ansprüche aus dem ArbVerh., wenn sie aus einem Vergleich oder Scheck über eine arbeitsrechtl. Forderung herrühren (BAG 7.11.1996 NZA 1997, 228) oder gegen arbeitsrechtl. Titel im Wege der Vollstreckungsgegenklage (§ 767 ZPO) vorgegangen wird (OLG F 10.12.1984 MDR 1985, 330). Dagegen schließt ein Anspruch aus Geschäftsführung ohne Auftrag begriffl. ein ArbVerh. aus. Streitigkeiten aus einem Redaktionsstatut können unter § 2 I Nr. 3 a, b fallen, wenn es Gegenstand des Arbeitsvertrags geworden ist (BAG 21.5.1999 NZA 1999, 837). Auch Ansprüche zwischen Entleiher und LeihAN fallen unter § 2 I Nr. 3 a, obwohl zwischen ihnen keine arbeitsvertragl. Beziehungen bestehen (BAG 15.3.2011 NZA 2011, 653 – Schmerzensgeld). Damit sind auch Ansprüche von LeihAN auf Schadensersatz und auf Auskunft (§ 13 AÜG) sowie nach §§ 13a, 13b AÜG vor den ArbG zu verfolgen.

14 **cc) Wohnraum.** Bei Streitigkeiten aus der Überlassung von Wohnraum in Zusammenhang mit einem ArbVerh. ist zwischen Werkmietwohnungen und Werkdienstwohnungen zu differenzieren. **Werkmietwohnungen** sind solche, die in Hinblick auf das ArbVerh. vermietet werden (§ 576 BGB). Arbeits- und Mietvertrag bestehen unabhängig voneinander, für letzteres gelten die allg. Vorschr. des Mietrechts mit den Besonderh. der §§ 576 ff. BGB für die Kündigung. Streitigkeiten aus dem Mietverhältnis gehören vor die ordentl. Gerichte (§ 23 Nr. 2 GVG; hierzu BAG 24.1.1990 NZA 1990, 539). Streiten die Parteien im Rahmen einer Lohnklage über die Mietzinshöhe, sind für die Vergütungsansprüche die ArbG und für den Streit aus dem Mietverhältnis die ordentl. Gerichte ausschl. zust. Rechnet zB der bekl. AN gegen eine von ihm nicht bestr. Mietzinsforderung mit Lohnansprüchen auf, ist eine Verweisung des gesamten Rechtsstreits an das ArbG unzulässig (BAG 22.7.1998 NZA 1998, 1190; aA LAG M 19.9.2005 LAGE § 48 ArbGG 1979 Nr. 18 – bei Aufrechnung des AG gegen den Lohnanspruch). Zur Aufrechnung mit einer Mietforderung Rn. 34. Von Werkmietwohnungen sind **Werkdienstwohnungen** (§ 576b BGB) zu unterscheiden, die dem AN iRd. ArbVerh. überlassen werden. Hier besteht kein eigenständiges Mietverhältnis, vielmehr berechtigt (und verpflichtet) der Arbeitsvertrag zur Nutzung des Wohnraums. Daher ist für alle Streitigkeiten über eine Werksdienstwohnung (auch Räumung) der Rechtsweg zu den ArbG gegeben (BAG 2.11.1999 NZA 2000, 277).

15 **dd) Betriebsverfassungsrechtliche Vorfragen; Zwangsvollstreckung.** Die ArbG sind im UrtV zuständig, wenn der AN Ansprüche aus dem ArbVerh. geltend macht, die sich aus dem BetrVG ergeben oder mit diesem in Zusammenhang stehen. Voraussetzung ist, dass der Anspruch auf dem Arbeitsvertrag beruht. Dies ist der Fall bei dem Weiterbeschäftigungsanspruch nach § 102 V BetrVG, einem Weiterbeschäftigungsverlangen eines Auszubildenden (§ 78a BetrVG; zum Entbindungsanspruch des AG s. § 78a BetrVG Rn. 6) sowie dem Vergütungsanspruch für die Teilnahme an einer Betriebsversammlung (§ 44 BetrVG, BAG 1.10.1974 AP BetrVG 1972 § 44 Nr. 2) sowie beim Nachteilsausgleich (§ 113 BetrVG). Nach Ansicht des BAG sind auch die Ansprüche der Mitglieder der Betriebsverfassungs- bzw. Personalvertretungsorgane auf Fortzahlung ihrer Vergütung für die Zeit der Amtstätigkeit (zB § 37 II, VI BetrVG) im UrtV zu verfolgen (BAG 30.6.1993 NZA 1994, 284). Dies soll sogar für Ansprüche aus § 37 III BetrVG gelten (BAG 12.2.1987 – 6 AZR 366/85; zutreffend aA GMP/*Matthes/Schlewing* § 2a Rn. 17). Folgt man der Rspr., gehören Entgeltansprüche beim Restmandat wegen der BRtätigkeit in das UrtV, wenn das ArbVerh. bereits beendet ist. Dagegen sind Ansprüche auf Ersatz von Auslagen aus der BRTätigkeit nach allg. Ansicht stets im BeschlV geltend zu

machen. Zur Zust. des ArbG im BeschlV bei betriebsverfassungsrechtl. Streitigkeiten s. § 2a Rn. 2 Keine Ansprüche aus dem ArbVerh. sind gegeben bei Streitigkeiten der **ANVertreter über Ansprüche aus ihrer ARmitgliedschaft**, diese sind vor den Zivilgerichten zu verfolgen; die Zust. der ArbG ist auf das Wahlverfahren beschränkt s. § 2a Rn. 8. Ebenso liegt keine Streitigkeit aus dem ArbVerh. bei der Verletzung der **Auskunftspflicht eines Drittschuldners** nach § 840 ZPO vor (BAG 31.10.1984 NZA 1985, 289).

c) Bestandsstreitigkeiten. Die ArbG sind nach § 2 I Nr. 3b ausschl. zust. für Rechtsstreitigkeiten über Bestehen oder Nichtbestehen eines ArbVerh. Erfasst werden Rechtsstreitigkeiten über die Begr. des ArbVerh. oder seine Beendigung infolge Kündigung oder Anfechtung, auflösende Bedingung oder Befristung. Hierhin gehören auch Streitigkeiten über die Qualifikation eines Vertragsverhältnisses als Arbeitsverhältnis, insb. wenn über den **Status** als AN, arbeitnehmerähnl. Person oder freier Mitarbeiter gestr. wird. 16

d) Eingehung und Nachwirkung. Die ArbG sind ausschl. zust. für alle Rechtsstreitigkeiten aus Verhandlungen über die Eingehung eines ArbVerh. (nicht: Beamtenverhältnis LAG HM 6.10.2005 NZA-RR 2006, 157) sowie aus dessen Nachwirkung (§ 2 I Nr. 3 c). Zu den Ansprüchen aus Verhandlungen über die Eingehung von ArbVerh. gehören Schadensersatzansprüche aus Verschulden bei Vertragsschluss, Schadensersatz bzw. Entschädigung nach § 15 AGG (BAG 27.8.2008 NZA 2008, 1259 – nicht bei Anspr. gegen Dritte; *Diller* NZA 2007, 649), Ersatz von Vorstellungskosten, Ansprüche aus Vorverträgen, Herausgabe von Bewerbungsunterlagen und Vernichtung des Personalfragebogens (BAG 6.6.1984 NZA 1984, 321). Ansprüche aus der Nachwirkung sind Ansprüche auf Erteilung eines Zeugnisses und Schadensersatzansprüche bei unrichtiger Auskunft. Hierher gehören ferner Ansprüche auf Karenzentschädigung, Unterlassung von Wettbewerb (BAG 18.8.1997 NZA 1997, 1362), Vorruhestandsleistungen (LAG K 16.1.2002 ZTR 2002, 294 – Altersteilzeit) oder die Nachversicherung in der Rentenversicherung (s. Rn. 5 f.). Nicht von § 2 I Nr. 3 c erfasst werden Schadensersatzansprüche wegen angebl. Nichteinhaltung der Sozietätszusage, selbst wenn diese mit einem früheren ArbVerh. in Zusammenhang steht (BAG 15.8.1975 AP ArbGG 1953 § 2 Zuständigkeitsprüfung Nr. 32 – aber Zusammenhangsklage möglich). 17

e) Unerlaubte Handlungen. Die ArbG sind zust. für unerlaubte Handlungen zwischen AG und AN im Zusammenhang mit dem ArbVerh. (§ 2 I Nr. 3d); dies gilt auch für solche zwischen dem Entleiher und einem LeihAN (BAG 15.3.2011 NZA 2011, 653). Die Zust. nach Nr. 3d setzt weder voraus, dass ein Verstoß gegen arbeitsvertragl. Pflichten geltend gemacht wird, das ArbVerh. zum Zeitpunkt des Begehens der unerlaubten Handlung noch besteht (OLG F 20.5.2005 GRUR 2005, 792), noch dass die unerlaubte Handlung während des Bestands des ArbVerh. erfolgt ist; sie kann daher sowohl vor dem Beginn (LAG RP 23.1.2012 NZA-RR 2012, 272 – Stellenausschreibung) als auch nach der Beendigung des ArbVerh. begangen worden sein (LAG K 11.12.2009 ZInsO 2010, 591). Sie muss aber in einer inneren Beziehung zu einem ArbVerh. der Parteien stehen. Dies ist der Fall, wenn sie in der Eigenart des ArbVerh. und den ihm eigentüml. Berührungspunkten und Reibungen ihre Ursache findet (BAG 11.7.1995 NZA 1996, 951). Dies kann zB bei geschäftsschädigenden Äußerungen eines AN ggü. Kollegen oder Dritten der Fall sein, wenn sie dazu dienen, einen Konkurrenztätigkeit vorzubereiten (OLG D 19.7.2002 NZA-RR 2003, 211), Wettbewerbsverstößen (OLG F 23.9.2010 NZA-RR 2011, 102; OLG BB 4.3.2008 MDR 2008, 1417 – Abwerbung; einschr. OLG N 24.7.2008 WRP 2008, 1475) oder bei Streitigkeiten im Zusammenhang mit Schmiergeldzahlungen. Für den Rechtsweg ist es ohne Bedeutung, wenn der Schaden erst nach der Beendigung des ArbVerh. eintritt oder bekannt wird (OLG M 6.10.2003 NZA-RR 2004, 266). Die Zust. ist auch dann gegeben, wenn ein AN einer jur. Person deren GF aus unerlaubter Handlung verklagt, da § 2 I Nr. 3 d insoweit entspr. anzuwenden ist (BAG 24.6.1996 NZA 1997, 115; LAG HM 6.10.2005 LAGE ArbGG 1979 § 2 Nr. 48 – Abführung von Beiträgen). Für die Klage des Versicherers gegen den Fahrer auf Ausgleich des regulierten Haftpflichtschadens ist der Rechtsweg zu den ordentl. Gerichten gegeben, selbst wenn der Fahrer AN des Versicherungsnehmers war (LAG D 12.2.2003 PVR 2003, 289; BAG 7.7.2009 NZA 2009, 919 – Leasingfahrzeug). Über die Zusammenhangsklage (s. Rn. 30) können auch Mittäter des AN vor den ArbG verklagt werden, sofern keine ausschl. Zust. eines anderen Gerichts besteht. 18

f) Arbeitspapiere. Nach § 2 I Nr. 3 e sind die ArbG zuständig für bürgerl. Rechtsstreitigkeiten über Arbeitspapiere. Darunter fallen alle Bescheinigungen und Erkl., die der AG über das ArbVerh. oder einzelne seiner Elemente aufgrund privatrechtl. oder ör. Verpflichtungen abzugeben hat. Hierzu zählen insb. die Urlaubsbescheinigung (§ 6 II BUrlG), das Zeugnis (§ 109 GewO, § 630 BGB), Entgeltbelege (§ 9 HAG) oder Verdienstbescheinigungen. Zu den Arbeitspapieren zählen auch die in Zusammenhang mit ör. Leistungen stehenden Bescheinigungen nach dem SGB III, die für die Berechnung der Entgeltersatzleistungen von Bedeutung sind (Arbeitsbescheinigung [§ 312 SGB III], Nebeneinkommensbescheinigung [§ 313 SGB III], Insolvenzgeldbescheinigung [§ 314 SGB III]), die Nachweise über die Sozialversicherungsbeiträge sowie der Nachweis über die abgeführte Lohnsteuer. Bei den zul. gen. Arbeitspapieren ist nach der Rspr. des BAG der Rechtsweg zu den Gerichten für Arbeitsachen nur für die Herausgabe, nicht aber bei einem Streit um die Verpflichtung zum Ausfüllen bzw. zur Ber. gegeben (BAG 7.5.2013 NZA 2013, 862 – Lohnsteuerbescheinigung; aA FG Münster 30.3.2011 EFG 2011, 19

1735; GMP/*Matthes/Schlewing* Rn. 77; krit. *Hoehl* NZS 2005, 631). Der BFH hält den Rechtsweg zu den ArbG für gegeben, wenn es bei dem Streit „im Kern" um arbeitsrechtl. Fragen geht, zu denen die umstr. Eintragungen in der Lohnsteuerbescheinigung oder das Begehren des AN auf Ausstellung einer Lohnsteuerbescheinigung einen bloßen Reflex bilden. Dies soll der Fall sein bei einem Streit, ob und ggf. wie lange ein ArbVerh. vorgelegen hat oder welche arbeitsrechtl. Ansprüche bestehen oder bestanden haben (BFH 4.9.2008 BFH/NV 2009, 175). Diese Abgrenzung ist kaum rechtssicher zu handhaben. Der Anspruch auf Herausgabe der Arbeitsbescheinigung besteht als Nebenpflicht aus dem ArbVerh.; der AG soll dem AN zur Hilfe bei der Erlangung sozialrechtl. Leistungen, ggf. durch Ausfüllung und Herausgabe dazu benötigter Bescheinigungen, verpflichtet sein (BAG 13.5.1970 AP BGB § 611 Fürsorgepflicht Nr. 79). Folgt man dem, ist es nicht einsichtig, warum sich diese Pflichtenstellung in der bloßen Herausgabe der Arbeitspapiere erschöpfen soll, vielmehr kann das Ziel nur erreicht werden, wenn der AG die Papiere auch inhaltl. zutreffend ausfüllt. Daher gehören auch Streitigkeiten um die inhaltl. Korrektur und ggf. um Schadensersatzansprüche aus einer unrichtigen Bescheinigung vor die ArbG. Ob daneben für den AG eine inhaltsgleiche ör. Verpflichtung besteht, ist für den Rechtsweg unerhebl. Der AN könnte daher nach beendeten ArbVerh. vor den ArbG eine inhaltl. Korrektur der Angaben in den Arbeitspapieren erreichen, soweit die Angaben *(1)* objektiv unrichtig sind und *(2)* nicht zu einer Bindung der Sozialversicherungsträger oder Steuerbehörden führen. Eine Änd. der vom AG erklärten **Wertungen** kann er hingegen nicht verlangen. Dies betrifft etwa die Frage nach einem Verschuldensvorwurf bei der Auflösung des ArbVerh. in Hinblick auf eine Sperrzeit (§ 159 SGB III).

20 **5. Rechtlicher und wirtschaftlicher Zusammenhang (§ 2 I Nr. 4a, b).** Die ArbG sind ausschl. zust. für Rechtsstreitigkeiten zwischen AN oder ihren Hinterbliebenen und AG über Ansprüche, die mit dem ArbVerh. in rechtl. oder unmittelbar wirtschaftl. Zusammenhang stehen; hierzu zählt auch ein Streit aus einem erst zu begründenden ArbVerh. (OLG Dü 26.9.2011 MDR 2011, 1301). Ein rechtl. Zusammenhang ist gegeben, wenn der Anspruch auf dem ArbVerh. beruht oder durch dieses bedingt ist (BAG 3.2.2014 NZA 2014, 391 – § 34 BSDG). Ein unmittelbarer wirtschaftl. Zusammenhang liegt vor, wenn der Anspruch auf demselben wirtschaftl. Verhältnis beruht oder wirtschaftl. Folge desselben Tatbestands ist; die Ansprüche müssen innerl. eng zusammengehören. Diese Voraussetzungen sind regelmäßig gegeben, wenn eine nicht aus dem ArbVerh. resultierende Leistung im Hinblick auf das ArbVerh. erbracht wird oder beansprucht werden kann (BAG 16.4.2014 – 10 AZB 12/14). Dies ist zB. der Fall bei einer Klage auf Rückzahlung eines dem AG zur Arbeitsplatzsicherung vom AN gewährten Darlehens oder eines vom AG mit Rücksicht auf das ArbVerh. dem AN gewährtes Darlehns. Nicht zwgd. erf. ist die Verknüpfung des Darlehns mit einer bes. Betriebsbindung. Hinterbliebene sind solche Personen, die beim Ableben des AN eigene Ansprüche aus dem ArbVerh. erwerben, zB Sterbehilfen, Hinterbliebenenrenten oder Schadensersatzansprüche (§§ 844, 845 BGB). Die ausschl. Zust. nach § 2 I Nr. 4 a und die Möglichkeit durch Zusammenhangsklage (§ 2 III) einen Anspruch vor dem ArbG geltend zu machen, überschneiden sich tw. Während für § 2 I Nr. 4 a eine Verbindung des geltend gemachten Anspruchs mit dem ArbVerh. erforderl. ist, reicht für die Klage nach § 2 III bereits ein Zusammenhang mit einem arbeitsrechtl. Rechtsstreit aus (GMP/*Schlewing* Rn. 83). Von § 2 I Nr. 4 a erfasst werden Streitigkeiten über Nebenleistungen aus dem Arbeitsverhältnis, insb. solche auf betriebl. Altersversorgung (BAG 29.4.1994 NZA 1994, 862; BSG 24.8.1994 AP ArbGG 1979 § 2 Nr. 27), Versicherungsleistungen aus einer vom AG abgeschlossenen Vers. (KG BE 22.6.2001 KGR BE 2001, 324) und einer typisch Stillen Gesellschaft (ArbG D 8.3.2013 NZA-RR 2013, 312). Für Versorgungsansprüche eines vorzeitig aus dem Amt ausgeschiedenen Richters, der eine Gleichstellung mit der Versorgung von AN des öffentl. Dienstes anstrebt, sind aber die VG zust. (BAG 17.7.1995 NZA 1995, 1175). Zum Begriff der gemeinsamen Einrichtung s. § 4 TVG Rn. 22 bzw. Sozialeinrichtung Rn. 22 sowie § 87 BetrVG Rn. 68; eine Zusammenhangsstreitigkeit kommt auch dann nicht in Betracht, wenn das Rechtsverhältnis einer der in § 5 I 3 genannten Personen ein ArbVerh. ist, da ein Organvertreter kraft Fiktion nicht als AN gilt. Daneben besteht eine Zust. für Rechtsstreitigkeiten von AN oder ihren Hinterbliebenen mit gemeinsamen Einrichtungen oder Sozialeinrichtungen des privaten Rechts nach § 2 I Nr. 4b, s. Rn. 22.

21 **6. Insolvenzsicherung.** Nach § 2 I Nr. 5 sind die ArbG ausschl. zust. für bürgerl. Rechtsstreitigkeiten zwischen AN und ihren Hinterbliebenen und dem Träger der Insolvenzsicherung über Ansprüche auf Leistungen der Insolvenzsicherung nach dem Vierten Abschn. des ersten Teils des BetrAVG. Das sind Ansprüche bei Insolvenz des AG gegen den PSV oder die Lastenausgleichbank (§ 14 I, II BetrAVG). Es muss sich um eine bürgerl. Rechtsstreitigkeit handeln, dh. Ansprüche gegen den AG oder dessen Sozialeinrichtung nach § 2 I Nr. 4 a, b. Zuständig sind die ArbG, wenn über die Kürzung der Leistungen der betriebl. Altersversorgung gestr. wird oder soweit Ansprüche der AN auf den PSV übergegangen sind (§ 9 II BetrAVG; BAG 11.11.1986 AP ArbGG 1979 § 2 Nr. 6). Dagegen ist das Rechtsverhältnis zwischen dem Träger der Insolvenzsicherung und den einzelnen AG ör. ausgestaltet (§ 10 I BetrAVG). Für derartige Ansprüche sind die VG zust. Die ordentl. Gerichte sind zust. für Streitigkeiten von NichtAN (§ 17 BetrAVG) und dem Träger der Insolvenzsicherung.

7. Gemeinsame Einrichtungen und Sozialeinrichtungen. Nach § 2 I Nr. 6 ArbGG sind die ArbG 22
zust. für bürgerl. Rechtsstreitigkeiten zwischen AG (nicht: InsV BGH 6.12.2012 NZA 2013, 694; Soloselbständige – RB anh. 9 AZB 36/17) und gemeinsamen Einrichtungen der TVParteien oder Sozialeinrichtungen des privaten Rechts nach § 2 I Nr. 4b, 5, soweit nicht die ausschl. Zust. eines anderen Gerichts gegeben ist. Zum Begriff der gemeinsamen Einrichtung s. § 4 TVG Rn. 22, Sozialeinrichtungen sind von einem einzelnen AG oder mehreren AG errichtete Einrichtungen, die eine soziale Leistung nach allg. RL aus einer abgesonderten, bes. zu verwaltenden Vermögensmasse erbringen und der Verbesserung der sozialen Lebensbedingungen der AN und/oder ihrer Hinterbliebenen dienen (BAG 5.12.2013 NZA 2014, 221 s. § 87 BetrVG Rn. 68). Hierzu zählt auch eine Versicherungsgesellschaft, die nach ihrer Satzung der Pensions- und Hinterbliebenenversorgung der AN dient, selbst wenn diese eigene Beiträge leisten (KG BE 22.6.2001 KGR BE 2001, 324), nicht aber eine vom Unternehmen losgelöste Selbsthilfeeinrichtung der Belegschaft. Eine Sozialeinrichtung kann auch eine Beschäftigungs- und Qualifizierungsgesellschaft eines AG sein, wenn sie mit den früheren Beschäftigten befristete ArbVerh. eingeht, um ihnen den Bezug von Kug zu ermögl. (BAG 23.8.2001 NZA 2002, 230). Bei den Gemeinsamen Einrichtungen der TVParteien wie auch den Sozialeinrichtungen muss es sich um rechtsfähige, zumindest passiv parteifähige Einrichtungen handeln. Nicht unter § 2 I Nr. 6 fallen die nicht privatrechtl. organisierten Zusatzversorgungskassen für die AN des öffentl. Dienstes; für sie sind die ordentl. Gerichten zuständig (BAG 10.8.2004 ZTR 2004, 603; *Stürmer* NJW 2004, 2480).

8. Entwicklungshilfe, FSJ, FÖJ und BFD. Die ArbG sind kraft ausdrückl. Zuweisung zust. für die 23
in Nrn. 7 und 8, 8a genannten bürgerl. Rechtsstreitigkeiten (LAG TH 1.3.2016 – 1 Sa 314/14, BFDG). Bei Entwicklungshelfern und den in Nr. 8, 8a bezeichneten Personen handelt es sich um keine AN (*Leube* ZTR 2012, 207; s. § 611a BGB Rn. 135).

9. Gemeinsame Arbeit. Nach § 2 I Nr. 9 sind die ArbG ausschl. zust. für bürgerl. Rechtsstreitig- 24
keiten zwischen AN aus gemeinsamer Arbeit und aus unerlaubten Handlungen, soweit diese mit dem ArbVerh. im Zusammenhang stehen (zu den Voraussetzungen Rn. 18). Die Vorschr. ist auch anwendbar, wenn die AN bei verschiedenen AG beschäftigt werden (LG Frankenthal 10.2.2003 NZA 2003, 752). Rechtsstreitigkeiten aus gemeinsamer Arbeit sind solche aus Gruppenarbeitsverhältnissen oder über Schadensersatzansprüche untereinander, zB bei Arbeitsunfällen oder bei einem Betriebsausflug. Hierhin gehört auch der Streit unter mehreren Chefärzten über die Honorarverteilung (BGH 26.2.1998 NJW 1998, 2745). Von § 2 I Nr. 9 erfasst werden Ansprüche auf Schadensersatz, Unterlassung von Ehrverletzungen, Verletzungen der Verschwiegenheitspflicht (§ 79 BetrVG) usw., nicht aber Ansprüche wegen Tätlichkeiten unter Arbeitskollegen auf dem Weg zur Arbeitsstätte, wenn die Arbeitsleistung oder die Umstände, unter denen sie zu leisten ist, nicht hierfür zumindest mitursächl. war (BAG 11.7.1995 NZA 1996, 951).

10. Behinderte Menschen. Durch die Neufassung des § 2 I hat der Gesetzgeber nunmehr klar- 25
stellend die Rechtsstreitigkeiten zwischen den im Arbeitsbereich von Werkstätten für behinderte Menschen Beschäftigten und den Trägern der Werkstätten aus den in § 221 SGB IX geregelten arbeitnehmerähnl. Rechtsverhältnissen den ArbG zugewiesen (dazu *Schröder* AuR 2001, 172). Dies sind im Wesentl. Streitigkeiten aus dem Werkstattvertrag (§ 221 SGB IX, s. § 611a BGB Rn. 180), insb. dem leistungsabhängigen Steigerungsbetrag (§ 221 II IX). Soweit ein ArbVerh. begr. worden ist, folgt die Zust. bereits aus § 2 I Nr. 3.

III. Arbeitnehmererfindung (§ 2 II)

§ 2 II wiederholt die in § 39 I ArbnErfG enthaltene Regelung, wonach für alle Rechtsstreitigkeiten 26
über Erfindungen eines AN die für Patentstreitsachen berufenen LG (§ 143 PatG) zust. sind. Hierunter fallen auch Verfahren aus beendeten ArbVerh. (BAG 31.5.2016 NZA-RR 2016, 548). § 2 II schränkt den Rechtsweg zu den ArbG für bürgerl. Rechtsstreitigkeiten zwischen AN und AG aus dem ArbVerh. (§ 2 I Nr. 3a) und für Zusammenhangsklagen (§ 2 III) ein. Eine Zust. besteht daher nur für Ansprüche, die *(1)* ausschl. Ansprüche auf Leistung einer festgestellten oder festgesetzten bzw. nach § 12 ArbnErfG vereinbarten (BAG 31.5.2016 NZA-RR 2016, 548) Vergütung für eine ANErfindung oder *(2)* einen technischen Verbesserungsvorschlag (§ 20 I ArbnErfG) zum Gegenstand haben (BAG 9.7.1997 NZA 1997, 1181). Hierzu zählen auch Klagen auf Auskunft oder Rechnungslegung, nicht aber der Anspruch aus § 32 I 2 UrhG auf die Zahlung einer angemessenen Vergütung (OLG D 7.1.2016 GRUR-RR 2016, 311). Für Vergütungsansprüche aus anderen als den in § 2 II genannten Ansprüchen kann sich die Zust. der ArbG aus § 2 I Nr. 3a ergeben (LAG N 27.8.2004 AuR 2004, 439). Die ArbG sind dagegen nicht zust., wenn andere Ansprüche aus der ANErfindung oder der Urheberrechtsstreitigkeit erhoben werden. So sind für Auseinandersetzungen zwischen AN und AG über die Nutzung von Computerprogrammen, die der AN geschaffen oder eingebracht hat, die ordentl. Gerichte zust. (BAG 21.8.1996 NZA 1996, 1342).

IV. Zusammenhangsklage (§ 2 III)

27 **1. Grundsatz.** Nach § 2 III ist die Zust. der ArbG erweitert für Rechtsstreitigkeiten im UrtV, die nicht unter den Zuständigkeitskatalog fallen, aber mit diesem in einem rechtl. oder unmittelbar wirtschaftl. Zusammenhang stehen. Die Zust. der ArbG für die Zusammenhangsklage ist fakultativ, weil sie erst durch eine entspr. Klageerhebung entsteht. Zweck der Vorschr. ist es, die Teilung rechtl. oder wirtschaftl. zusammenhängender Verfahren und divergierende Entscheidungen der ordentl. Gerichte und der ArbG zu vermeiden (BAG 27.2.1975 AP ArbGG 1953 § 3 Nr. 1). Dagegen besteht keine Möglichkeit, die in den §§ 2, 2a genannten Streitigkeiten vor eine andere Gerichtsbarkeit zu bringen; § 2 III gilt auch für die Verfahren des einstw. Rechtsschutzes.

28 **2. Auslegung.** Die Vorschr. ist verfassungsgem. (aA *Kluth* NZA 2000, 1275), da durch die tatbestandsmäßigen Voraussetzungen der ges. Richter ausreichend bestimmt wird. Zutreffend hat allerdings das BVerfG darauf hingewiesen, dass die Gefahr einer Manipulation des ges. Richters dann nicht ausgeschlossen werden kann, wenn der Kl. als Hauptklage eine Klage erhoben hat, bei der bereits die Rechtsbehauptung der ANEigenschaft zur Begr. der arbeitsgerichtl. Zust. ausreicht (sog. sic-non-Fall, BVerfG 31.8.1999 AP ArbGG 1979 § 2 Zuständigkeitsprüfung Nr. 6, s. Rn. 36). Durch die Zusammenhangsklage könnten dann weitere Streitgegenstände vor das ArbG gebracht werden, für die ansonsten zumindest die schlüssige Darlegung der ANEigenschaft erforderl. ist (sog. aut-aut bzw. et-et-Fälle). Aus diesem Grund ist § 2 III verfassungskonform dahingehend auszulegen, dass die Vorschr. dann nicht anzuwenden ist, wenn der Hauptklage ein sic-non-Fall zugrunde liegt (BAG 11.6.2003 NZA 2003, 1163). Der Anspruchsteller muss die Tatsachen für den Rechtsweg zu den ArbG zumindest schlüssig vortragen, s. Rn. 37. Nach anderer Ansicht wird § 2 III durch den auch im Prozessrecht geltenden Grundsatz von Treu und Glauben eingeschränkt; der Rechtsweg zu den ArbG für die mit der Zusammenhangsklage erhobenen Ansprüche ist ausgeschlossen, wenn die Hauptklage offensichtl. unbegr. ist (LAG K 5.3.1997 LAGE § 2 ArbGG 1979 Nr. 22). Ansprüche von **Organvertretern** aus ihrem Anstellungsverhältnis können nicht im Wege der Zusammenhangsklage vor die ArbG gebracht werden, da § 5 I 3 eine negative Rechtswegzuweisung darstellt.

29 **3. Voraussetzungen. a) Urteilsverfahren.** Gegenstand der Zusammenhangsklage muss eine bürgerl.-rechtl. Streitigkeit sein. Dies folgt aus § 2 V, wonach die Zusammenhangsklage im UrtV zu verhandeln ist. Betriebsverfassungsrechtl. Angelegenheiten nach § 2a I können daher nicht Gegenstand einer Klage nach § 2 III sein. Für die Hauptklage muss der Rechtsweg zu den ArbG gegeben sein. Deren Zust. nur für einen Hilfsantrag (BAG 15.8.1975 NJW 1976, 206) oder eine Zwischenfeststellungsklage auf Feststellung gerade des Rechtsverhältnisses, von dessen rechtl. Qualifikation die Zust. des einen oder anderen Rechtswegs abhängt (BAG 28.10.1993 NZA 1994, 234), ist nicht ausreichend. Gleiches gilt, wenn durch Änd. des Tatsachenvortrags die Zust. nach § 2 I für Hauptklage entfällt (BAG 27.2.1975 AP ArbGG 1953 § 3 Nr. 1). Die Erhebung einer Zusammenhangsklage kommt auch nicht in Betracht, wenn für die Streitigkeit der Rechtsweg zu den ArbG ausgeschlossen ist (zB. § 5 I 3), die ausschl. Zust. eines anderen Gerichts (zB nach § 29a ZPO; § 13 I UWG, § 143 PatG, BAG 10.6.2010 NZA 2010, 1086) gegeben ist oder ihre Erhebung vor dem ArbG durch Parteivereinb. ausgeschlossen wurde (GMP/*Schlewing* Rn. 129).

30 **b) Zusammenhang.** Die Klage nach § 2 III setzt voraus, dass die Rechtsstreitigkeit nicht unter den Zuständigkeitskatalog des § 2 I fällt, aber mit diesem in einem rechtl. oder unmittelbar wirtschaftl. Zusammenhang steht. Die Begriffe sind wegen der mit der Vorschr. bezweckten ganzeinheitl. Streitentsch. weit auszulegen. Ein rechtl. Zusammenhang ist in den in § 33 ZPO genannten Fällen gegeben, während ein wirtschaftl. Zusammenhang vorliegt, wenn die arbeitsrechtl. Streitigkeit und die Streitigkeit der Zusammenhangsklage aus dem gleichen einheitl. Lebenssachverhalt entspringen und keine zufällige Verbindung besteht (BAG 18.8.1997 NZA 1997, 1362. Ein Zusammenhang mit den Verteidigungsmitteln des Bekl. ist ausr. Ein Zusammenhang besteht zB bei Widerklage (BAG 23.8.2001 AP ArbGG 1979 § 2 Nr. 76 – Wider-Widerklage), einer Klage gegen den Schuldner und den Bürgen (BAG 11.9.2002 NZA 2003, 62 – zu § 1a AEntG), der Verfolgung von Schadenersatzansprüchen gegen Mittäter oder den Drittschuldner wegen der Prozesskosten, die durch seine fehlende oder unrichtige Auskunft entstanden sind (LAG K 17.11.1989 LAGE ArbGG 1979 § 12a Nr. 14) sowie der Rückzahlung von vermögenswirks. Leistungen (LAG K 7.2.2008 AE 2009, 82). Daneben kann es insb. bei gemischten Verträgen, von denen einer ein Arbeitsvertrag ist, zu Zusammenhangsstreitigkeiten kommen. Nur wenn um die Beendigung des gesamten Verhältnisses gestr. wird, liegt ein einheitl. Rechtsstreit vor. Zuständig ist dann das Gericht, das für das wirtschaftl. Schwergewicht des Vertrags und das Vertragselement zust. ist, das eine wirtschaftl. sinnvolle Beendigung ermöglicht (BAG 15.8.1975 AP ArbGG 1953 § 2 Zuständigkeitsprüfung Nr. 32). Kein wirtschaftl. Zusammenhang besteht bei dem Streit eines PV gegen seinen Mandanten wegen Gebühren und Auslagen im Zusammenhang mit einem Rechtsstreit vor dem ArbG (BAG 28.10.1997 NZA 1998, 219 – ordentl. Gerichte).

31 **c) Zeitpunkt.** Die Klage nach § 2 III muss nicht in dem gleichen Rechtsstreit wie die Hauptklage, sondern kann auch als selbständige Klage erhoben werden (GK-ArbGG/*Schütz* Rn. 206). Sie erfordert

keine Parteiidentität; es genügt, wenn die Partei der Hauptklage auch Partei der Zusammenhangsklage ist (BAG 2.12.1992 NJW 1993, 1220). Der nach § 2 III erforderl. Zusammenhang besteht nur, wenn die Hauptklage erhoben ist oder gleichzeitig mit der Zusammenhangsklage erhoben wird. Ist die Zusammenhangsklage zuerst erhoben, wird nach hM das ArbG zust., wenn die Hauptklage später erhoben wird (LAG D 28.11.1991 LAGE § 2 ArbGG 1979 Nr. 10; OLG D 28.1.1997 NZA-RR 1997, 222; GMP/*Schlewing* Rn. 122). Dem kann jedoch wegen des Wortlauts des § 2 III auch nicht aus prozessökonomischen Gründen gefolgt werden. Vielmehr wird die Zust. des ArbG in diesem Fall nur begr., wenn die ursprüngl. Klage zurückgenommen und nach Anhängigkeit der Hauptklage erneut erhoben wird, was bei fristgebundenen Klagen zur Fristversäumung führen kann. Dementspr. entfällt die Zust. nach § 2 III, wenn die Hauptklage zurückgenommen wird, bevor der Bekl. zur Hauptsache verhandelt hat (BAG 29.11.2006 NZA 2007, 110). Sie bleibt hingegen bestehen, wenn die Hauptklage zB abgetrennt (LAG HE 21.12.1998 AuR 1999, 198), später zurückgenommen, für erledigt erklärt, durch Teilurt. rechtskräftig abgewiesen (LAG K 28.2.1995 AP ArbGG 1979 § 2 Nr. 37) oder nur wegen der Zusammenhangsklage ein Rechtsmittel eingelegt wird (LAG HE 20.1.2000 NZA 2000, 1304). Die Erhebung der Zusammenhangsklage kann wegen des Wortlauts des § 2 III („beim ArbG") nur erhoben werden, wenn der Rechtsstreit noch in der ersten Instanz anhängig ist (GMP/*Schlewing* Rn. 126).

V. Organmitglieder (§ 2 IV)

Die Zust. der ArbG für Organmitglieder ist in § 2 IV geregelt. Hiernach kann mit Organen von jur. 32 Personen des Privatrechts für bürgerl. Rechtsstreitigkeiten die Zust. der ArbG vereinbart werden. Wegen des eindeutigen Wortlauts der § 2 IV, § 5 I 3 (s. § 5 Rn. 6) werden die parteifähigen Personengesellschaften von § 2 IV nicht erfasst, ebenso können Streitigkeiten der Organe von jur. Personen des öffentl. Rechts nicht vor die ArbG gebracht werden. Die Vereinb. nach § 2 IV kann generell oder für den Einzelfall getroffen werden und bereits im Anstellungs-, Gesellschaftsvertrag oder in der Satzung enthalten sein. Sie bedarf keiner Schriftform, da § 38 II ZPO von § 2 IV verdrängt wird. Eine Zuständigkeitsvereinb. kann vorliegen, wenn sich die bekl. Partei mit einer Verhandlung vor dem ArbG ausdr. einverstanden erklärt (LAG ST 20.4.1995 LAGE § 2 ArbGG 1979 Nr. 16). Eine rügelose Einlassung nach § 39 ZPO ist hingegen nicht ausreichend, da die Vorschr. auf das Verhältnis der ordentl. Gerichten zu den ArbG keine Anwendung findet (GK-ArbGG/*Schütz* Rn. 222; GMP/*Schlewing* Rn. 133).

VI. Zuständigkeit in Sonderfällen

1. Verweisung und Widerklage. Die Zust. der ArbG kann sich aufgrund einer mit Bindungswir- 33 kung ausgesprochen Verweisung eines Gerichts eines anderen Rechtswegs ergeben (§ 17a II GVG, s. § 48 Rn. 12 f.). Wird in einem vor dem ArbG anhängigen Rechtsstreit eine Widerklage erhoben, kann sich die Zust. des ArbG aus § 2 I, III ergeben, letzteres wenn die Widerklage im Zusammenhang mit der (Haupt-)Klage steht. Fällt die Widerklage jedoch weder unter den Zuständigkeitskatalog des § 2 I und liegt auch eine Zusammenhangsstreitigkeit (§ 2 III, s. Rn. 28) nicht vor, ist die Widerklage abzutrennen und an das Gericht des zust. Rechtswegs zu verweisen (GK-ArbGG/*Schütz* Rn. 25).

2. Aufrechnung. Wird in einer arbeitsgerichtl. Streitigkeit mit einer Forderung aufgerechnet, für die 34 nach den §§ 2 I, II, 3 der Rechtsweg zu den ArbG gegeben ist, unterliegt die Entsch. über die Aufrechnung keinen zuständigkeitsrechtl. Bedenken. Regelmäßig wird auch ein Vorbehaltsurt. (§ 302 ZPO) nicht in Betracht kommen. Wird dagegen mit einer Forderung aufgerechnet, für die der Rechtsweg zu den ArbG nicht gegeben ist, ist zu differenzieren. Hat der Bekl. die Aufrechnung erklärt, wird aber die Klage bereits aus anderen Gründen abgewiesen, bedarf es keines Eingehens mehr auf die zur Aufrechnung gestellte Gegenforderung. Auch eine Vorabentsch. nach den §§ 17, 17a GVG ist nicht erforderl., da über die rechtswegfremde Gegenforderung nicht mit Rechtskraftwirkung (§ 322 II ZPO) entschieden wird. Nach Inkrafttreten der §§ 17, 17a GVG ist bei der Entscheidung über die Aufrechnung mit einer **rechtswegfremden Gegenforderung** wie folgt zu differenzieren: Ist die zur Aufrechnung gestellte Gegenforderung rechts- bzw. bestandskräftig festgestellt oder unbestr. bzw. anerkannt, kann das ArbG über rechtswegfremde Gegenforderungen mit Rechtskraftwirkung entscheiden (BVerwG 31.3.1993 NJW 1993, 2255; offen BAG 22.7.1998 NZA 1998, 1190). Daneben kann über eine zur Aufrechnung gestellte rechtswegfremde Gegenforderung entschieden werden, wenn die Gegenforderung die Voraussetzungen des § 2 III erfüllt, sie also von dem Bekl. als Widerklage vor die ArbG gebracht werden könnte und nicht eine ausschl. Zust. eines anderen Gerichts besteht (BAG 23.8.2001 NZA 2001, 1158). In den anderen Fällen fehlt es den ArbG an einer Entscheidungskompetenz. Hieran ändert auch § 17 II 1 GVG nichts, da die Aufrechnung kein „rechtl. Gesichtspunkt" ist, sondern ein selbständiges Gegenrecht, das dem durch die Klage bestimmten Streitgegenstand einen weiteren selbständigen Gegenstand hinzufügt (BAG 23.8.2001 NZA 2001, 1158; BFH 9.4.2002 NJW 2002, 3126). In diesem Fall ist über die Klage ggf. durch Vorbehaltsurt. (§ 302 ZPO) zu entscheiden. Das ArbG ist nicht verpflichtet, das Verfahren nach § 148 ZPO auszusetzen und die bekl. Partei auf einen neuen Rechtsstreit vor dem zust. Gericht zu verweisen. Es kann den Rechtsstreit nach Rechtskraft des Vorbehaltsurt. wegen der Gegenforderung an das zust. Gericht verweisen. Dadurch bleibt die ges. eingeräumte Möglichkeit erhalten, dass in einem Rechtsstreit über Klageforderung und Gegenforderung entschieden wird. Das Gericht, an welches der Rechtsstreit verwiesen wird, muss in diesem Fall – anders als bei der Aussetzung – das Nachverfahren (§ 302 IV ZPO) durchführen. Es entscheidet dann über die Aufrechterhaltung oder Aufhebung des Vorbehaltsurt. und über einen geltend gemachten Anspruch auf Schadensersatz und damit nicht über eine rechtswegfremde Forderung (BAG 28.11.2007 NZA 2008, 843; krit. dazu *Wieser* MDR 2008, 785).

VII. Entscheidungsgrundlagen bei bürgerlich-rechtlichen Streitigkeiten

35 **1. Einteilung in Fallgruppen.** Bei den Anforderungen an den Vortrag zur Begr. der Rechtswegzuständigkeit unterscheidet das BAG nach dem Klageziel. Dabei kommen drei Fallgestaltungen in Betracht: Der Erfolg der Klage ist abhängig vom Vorliegen der ANEigenschaft des Kl. **(sog. sic-non-Fall)**; das Klagebegehen kann auf eine arbeitsrechtl. oder eine bürgerl.-rechtl. Anspruchsgrundlage gestützt werden, die sich aber gegenseitig ausschließen **(sog. aut-aut-Fall)** oder ein (einheitl.) Anspruch kann widerspruchslos sowohl auf eine arbeitsrechtl. als auch auf eine nicht arbeitsrechtl. Anspruchsgrundlage gestützt werden kann **(sog. et-et-Fall).** Eine Wahlfeststellung bei der Begr. des Rechtswegs zu den ArbG ist zulässig, so kann die abschl. Beurteilung der ANEigenschaft des Anspruchsstellers offen gelassen werden, wenn dieser jdf. als arbeitnehmerähnl. Person anzusehen ist, da für Streitigkeiten aus beiden Rechtsverhältnissen die ArbG zust. sind (BAG 14.1.1997 NZA 1997, 399; BGH 4.11.1998 NJW 1999, 218). Zur rechtswegüberschreitenden Kompetenz der Gerichte s. Rn. 3 f. Für Streitigkeiten von **Organvertretern** aus dem Anstellungsvertrag sind die ArbG regelmäßig nicht zust.; zu Zusammenhangverfahren Rn. 24, 28. Für die Klage eines Organvertreters ist die Rechtsbehauptung der ANeigenschaft nur ausreichend, wenn das Vertragsverhältnis nicht von der Fiktion des § 5 I 3 erfasst wird (s. § 5 Rn. 6).

36 **2. Sic-non-Fälle.** Für diese ist kennzeichnend, dass nicht nur die Rechtswegzuständigkeit, sondern auch gleichzeitig der Erfolg der erhobenen Klage von dem ANStatus des Anspruchsstellers abhängig ist. Ist dieser kein AN, wären nicht die ArbG, sondern die ordentl. Gerichte zust. Jedoch ist mit der Verneinung der Zust. der Rechtsstreit auch in der Sache praktisch entschieden; die Klage müsste wegen der fehlenden ANeigenschaft vor dem ArbG sowohl wegen der fehlenden Rechtswegzuständigkeit wie auch in der Sache selbst ohne Erfolg bleiben. Die statusbegründenden Tatsachen sind daher für den Rechtsweg und die Sachentsch. gleichermaßen von Bedeutung, dh. doppelt relevant. In diesen Fällen reicht die bloße Rechtsbehauptung des Kl., er sei AN, zur Begr. der arbeitsgerichtl. Zust. aus (BAG 22.10.2014 NZA 2015, 60). Ist sein Vortrag nicht schlüssig oder nicht erweisl., ist die Klage nicht als unzulässig, sondern als unbegr. abzuweisen (BAG 24.4.1996 NZA 1996, 1005; BGH 11.7.1996 NJW 1996, 3012; aA LAG SL 19.12.1997 NZA-RR 1998, 316). Diese Rspr. hat das BVerfG aus verfassungsrechtl. Sicht nicht beanstandet, jedoch zu Recht auf die Gefahr der Manipulation hingewiesen, wenn der Kl. mit einer Zusammenhangsklage (s. Rn. 28) weitere Streitgegenstände mit dem sic-non-Fall verbindet (BVerfG 31.8.1999 AP ArbGG 1979 § 2 Zuständigkeitsprüfung Nr. 6).

37 **Bsp.** für sic-non-Fälle sind die Statusklage auf Feststellung der ANEigenschaft, die nur auf die Anwendung des KSchG gestützte Klage nach § 4 KSchG gegen eine ordentl. Kündigung, ebenso wenn die Unwirksamkeit mit einem Verstoß gegen ausschl. für AN geltende Normen (zB §§ 102 BetrVG, 168 SGB IX, 17 MuSchG, 623 BGB) begr. wird. Etwa anders gilt, wenn die Norm sowohl für Arbeits- wie auch für Dienstverhältnisse gilt (zB §§ 174, 242 BGB); in diesem Fall ist die Rechtsbehauptung nicht (mehr) ausreichend. Ein sic-non-Fall liegt unabhängig von den geltend gemachten Unwirksamkeitsgründen stets dann vor, wenn der Kl. das Bestehen bzw. Fortbestehen eines „Arbeitsverhältnisses" (BAG 17.1.2001 NZA 2001, 341) oder eines Berufsbildungsverhältnisses (LAG K 16.6.2010 NZA-RR 2010, 490) beantragt. Auch Zahlungsklagen können Sic-non-Fälle darstellen, wenn die allein in Betracht kommende Anspruchsgrundlage nur für AN gilt, zB die Klage auf Vergütung für die Zeit der nur für AN verlängerten Kündigungsfristen (§ 622 BGB) bzw. Urlaubsabgeltung (LAG K 3.4.2001 NZA-RR 2001, 547), bei Ansprüchen aus dem arbeitsrechtl. Gleichbehandlungsgrundsatz oder einem Freistellungsanspruch (s. § 619a BGB Rn. 26) ggü. der Inanspruchnahme durch einen Dritten, nicht aber bei einer ausdr. als „Bruttoklage" bezeichneten Vergütungsklage (LAG B 22.7.2005 NZA-RR 2006, 98). Die zur Zuständigkeitsprüfung für Sic-non-Fälle entwickelten Grundsätze gelten aber nicht für die Frage der zulässigen Verfahrensart (UrtV/BeschlV, LAG HE 12.5.1997 NZA 1997, 1360).

38 **3. Übrige Fallgruppen.** In aut-aut- bzw. et-et-Fällen reicht hingegen die bloße Rechtsbehauptung des Kl., er sei AN, nicht zur Begr. der arbeitsgerichtl. Zust. aus (LAG MV 3.11.2016 NZA-RR 2017, 155). Umstr. ist jedoch, ob es ausreichend ist, dass er die Tatsachen, die zu der ANEigenschaft führen, schlüssig vorträgt oder ob darüber hinaus ihre Erweislichkeit erforderl. ist (dies fordern BGH 21.10.2015 NJW 2016, 316; LAG K 24.7.2007 NZA-RR 2007, 661; aA OLG N 15.7.2015 MDR 2015, 1202). Das BAG hat diese Frage bisher offen gelassen (BAG 8.9.2015 NZA 2015, 1342), während es in älteren Entscheidungen noch die Erweislichkeit der die ANEigenschaft begründenden Tatsachen gefordert hat

(BAG 28.10.1993 NZA 1994, 234; 30.8.1993 NZA 1994, 141; ebenso KG 30.1.2001 NZA-RR 2001, 605; GMP/*Schlewing* Rn. 166). Der ersteren Ansicht ist zu folgen, die schlüssige Darlegung der ANEigenschaft ist zur Begr. der Rechtswegzuständigkeit zu den ArbG ausreichend, die Erweislichkeit des kl. Vorbringens ist – nach erhebl. Beklagtenvortrag – erst iRd. Begründetheit zu berücksichtigen. Dies folgt letztl. aus den Ausführungen des GmS-OGB zur Abgrenzung der Zust. der einzelnen Gerichtsbarkeiten, die sich nach der Natur des Rechtsverhältnisses richtet, aus dem der Klageanspruch hergeleitet wird; entscheidend dafür ist die wahre Natur des Anspruchs, wie er sich nach dem Sachvortrag des Kl. darstellt (GmS-OGB 10.7.1989 NJW 1990, 1527; 29.10.1987 NJW 1988, 2295; *Reinecke* ZfA 1998, 359, s. Rn. 3). Hierfür spricht das Gebot der Verfahrensbeschleunigung (aA BGH 27.10.2009 NJW 2010, 873). Art. 101 I 2 GG steht dem nicht entgegen; bestehen Anzeichen für ein Erschleichen der Arbeitsgerichtsbarkeit, ist der Vortrag des Kl. entspr. zu würdigen. Die Frage ist aber nur von Bedeutung, wenn die zuständigkeitsbegründenden (und entscheidungserhebl.) Tatsachen zwischen den Parteien streitig sind. Als Bsp. für einen aut-aut-Fall wird vom BAG stets die Vergütungsklage aus einem Rechtsverhältnis genannt, dass der Kl. für ein ArbVerh. und die bekl. Partei für ein freies und (nicht arbeitnehmerähnl.) Mitarbeiterverhältnis hält (BAG 24.4.1996 NZA 1996, 1005). Hingegen ist die Feststellung der Unwirksamkeit einer fristlosen Kündigung als et-et-Fall anzusehen, wenn sich der Kl. darauf beschränkt, die Unwirksamkeit der Kündigung mit einem Verstoß gegen § 626 BGB zu begründen, da diese Norm für Arbeits- und Dienstverhältnisse gleichermaßen gilt (LAG MV 19.11.2015 NZA-RR 2016, 100). Ebenso kein Fall von doppelt relevanten Tatsachen liegt vor bei einer Klage auf Rückzahlung von überzahlter Provision, ob der Bekl. AN oder Handelsvertreter ist, ist für die maßgebl. Anspruchsgrundlage ohne Bedeutung (BGH 27.10.2009 GWR 2009, 464).

§ 2a Zuständigkeit im Beschlußverfahren

(1) Die Gerichte für Arbeitssachen sind ferner ausschließlich zuständig für

1. Angelegenheiten aus dem Betriebsverfassungsgesetz, soweit nicht für Maßnahmen nach seinen §§ 119 bis 121 die Zuständigkeit eines anderen Gerichts gegeben ist;

2. Angelegenheiten aus dem Sprecherausschußgesetz, soweit nicht für Maßnahmen nach seinen §§ 34 bis 36 die Zuständigkeit eines anderen Gerichts gegeben ist;

3. Angelegenheiten aus dem Mitbestimmungsgesetz, dem Mitbestimmungsergänzungsgesetz und dem Drittelbeteiligungsgesetz, soweit über die Wahl von Vertretern der Arbeitnehmer in den Aufsichtsrat und über ihre Abberufung mit Ausnahme der Abberufung nach § 103 Abs. 3 des Aktiengesetzes zu entscheiden ist;

3a. Angelegenheiten aus den §§ 177, 178 und 222 des Neunten Buches Sozialgesetzbuch;

3b. Angelegenheiten aus dem Gesetz über Europäische Betriebsräte, soweit nicht für Maßnahmen nach seinen §§ 43 bis 45 die Zuständigkeit eines anderen Gerichts gegeben ist;

3c. Angelegenheiten aus § 51 des Berufsbildungsgesetzes;

3d. Angelegenheiten aus § 10 des Bundesfreiwilligendienstgesetzes;

3e. Angelegenheiten aus dem SE-Beteiligungsgesetz vom 22. Dezember 2004 (BGBl. I S. 3675, 3686) mit Ausnahme der §§ 45 und 46 und nach den §§ 34 bis 39 nur insoweit, als über die Wahl von Vertretern der Arbeitnehmer in das Aufsichts- oder Verwaltungsorgan sowie deren Abberufung mit Ausnahme der Abberufung nach § 103 Abs. 3 des Aktiengesetzes zu entscheiden ist;

3f. Angelegenheiten aus dem SCE-Beteiligungsgesetz vom 14. August 2006 (BGBl. I S. 1911, 1917) mit Ausnahme der §§ 47 und 48 und nach den §§ 34 bis 39 nur insoweit, als über die Wahl von Vertretern der Arbeitnehmer in das Aufsichts- oder Verwaltungsorgan sowie deren Abberufung zu entscheiden ist;

3g. Angelegenheiten aus dem Gesetz über die Mitbestimmung der Arbeitnehmer bei einer grenzüberschreitenden Verschmelzung vom 21. Dezember 2006 (BGBl. I S. 3332) mit Ausnahme der §§ 34 und 35 und nach den §§ 23 bis 28 nur insoweit, als über die Wahl von Vertretern der Arbeitnehmer in das Aufsichts- oder Verwaltungsorgan sowie deren Abberufung mit Ausnahme der Abberufung nach § 103 Abs. 3 des Aktiengesetzes zu entscheiden ist;

4. die Entscheidung über die Tariffähigkeit und die Tarifzuständigkeit einer Vereinigung;

5. die Entscheidung über die Wirksamkeit einer Allgemeinverbindlicherklärung nach § 5 des Tarifvertragsgesetzes, einer Rechtsverordnung nach § 7 oder § 7a des Arbeitnehmer-Entsendegesetzes und einer Rechtsverordnung nach § 3a des Arbeitnehmerüberlassungsgesetzes;

6. die Entscheidung über den nach § 4a Absatz 2 Satz 2 des Tarifvertragsgesetzes im Betrieb anwendbaren Tarifvertrag.

(2) In Streitigkeiten nach diesen Vorschriften findet das Beschlußverfahren statt.

1. Allgemeines. Die Vorschr. regelt die ausschl. Zust. (s. § 2 Rn. 1) der ArbG im BeschlV und die 1
Zuweisung der aufgezählten Streitigkeiten in das BeschlV. Unerhebl. ist, ob eine bürgerl.-rechtl. Streitigkeit vorliegt. Die ausschl. Zust. ist vAw. zu prüfen. Über den Rechtsweg und die richtige

Verfahrensart ist nach § 17a II GVG, § 48 ArbGG (s. § 2 Rn. 2) zu entscheiden, ggf. ist das Verfahren in die richtige Verfahrensart zu verweisen. Eine Verbindung von Streitigkeiten im UrtV und BeschlV nach § 147 ZPO ist nicht zulässig. Dagegen kann über kollektivrechtl. Vorfragen auch im UrtV entschieden werden. Zu § 2 I Nr. 3c s. § 51 BBiG Rn. 1, zu Nr. 4 s. § 97 Rn. 1, Nr. 5 s. § 98 Rn. 1 und zu Nr. 6 s. § 99 Rn. 1.

2 **2. Ausschließliche Zuständigkeit nach § 2a I Nr. 2. a) Abgrenzung.** Die ArbG sind ausschl. zust. für Angelegenheiten aus dem BetrVG, nur für Maßnahmen nach den §§ 119 bis 121 BetrVG ist der Rechtsweg zu den ordentl. Gerichten gegeben. Zur arbeitsgerichtl. Zust. zählen insb. Streitigkeiten zwischen den Betriebsverfassungsorganen über ihre Stellung und die Reichweite der Rechte und Pflichten aus der Betriebsverfassung (BAG 16.7.1985 NZA 1986, 235; 19.5.1978 AP BetrVG 1972 § 88 Nr. 1). Keine betriebsverfassungsrechtl. Streitigkeit nach § 2a liegt vor, wenn die Anspruchsnorm zwar im BetrVG enthalten ist, diese aber einen individualrechtl. Anspruch zum Gegenstand hat (s. Rn. 5, § 2 Rn. 18). Die ArbG sind auch nicht zust. für Streitigkeiten aus dem Personalvertretungsrecht (§ 130 BetrVG); in diesen entscheiden die VG.

3 **b) Streitigkeiten aus dem BetrVG.** Das BeschlV ist gegeben für Streitigkeiten über die Errichtung von Betriebsverfassungsorganen (BAG 8.9.2000 NZA 2001, 116), die Durchführung und Gültigkeit ihrer Wahl (BAG 22.3.2000 NZA 2000, 1119), innerhalb ihrer Organe (BAG 15.1.1992 NZA 1992, 1091), die sich aus dem BetrVG ergebenden Rechte und Pflichten (BAG 13.3.2001 NZA 2001, 1037 – tarifwidrige BV), Umf. der Kostentragungspflicht des AG (BAG 27.7.1994 NZA 1995, 545 – Einigungsstelle; 18.1.1989 NZA 1989, 641), Einrichtung und Tätigkeit einer Einigungsstelle (BAG 28.2.1984 NZA 1984, 230), der SBV ggü. AG und BR (BAG 21.9.1989 NZA 1990, 362; LAG K 5.7.2001 AuR 2002, 37) und für die Anfechtung der Anerkennung einer Schulung als geeignet iSv. § 37 VII BetrVG (BAG 11.8.1993 NZA 1994, 517). Ein Streit zw. einzelnen BRmitgliedern ist im UrtV auszutragen (aA ArbG Gießen 25.5.2016 – 2 Ca 41/16).

4 **c) Sonstige kollektivrechtliche Streitigkeiten.** Die ArbG sind ferner zust. für betriebsverfassungsrechtl. Streitigkeiten außerhalb des BetrVG. Hierzu gehören zB Streitigkeiten nach § 17 KSchG, § 9 ASiG, §§ 120 ff. InsO, § 21a JArbSchG, § 14 AÜG und aus der Betriebsvertretung der bei den Stationierungsstreitkräften beschäftigten zivilen Arbeitskräfte (Art. 56 IX ZA-Nato-Truppenstatut, dazu BAG 12.2.1985 AP Nato-Truppenstatut Art. 1 Nr. 1). Nach § 2a Nr. 3a sind die ArbG nunmehr ausdr. zust. in allen organschaftl. Streitigkeiten der SBV und Werkstattvertretungen §§ 177 f., 222 SGB IX. Für die Frage der Rechtswegzuständigkeit ist es ohne Bedeutung, ob die SBV in einem Betrieb oder in einer Dienststelle gewählt worden ist (BAG 11.11.2003 NZA-RR 2004, 657; LAG SN 2.10.2009 LAGE § 96 SGB IX Nr. 1; LAG N 22.10.2007 ZTR 2008, 116). Die Rechtswegzuweisung erfasst alle kollektivrechtl. Angelegenheiten der SBV unabhängig davon, ob diese in einem Betrieb oder in einer Dienststelle gebildet ist (BAG 22.3.2012 NZA 2012, 690); zur Zust. bei Ansprüchen aus dem Mitarbeitervertretungsrecht § 1 Rn. 3, zu Vertretungen nach dem BBiG s. § 51 BBiG, für Vertretungen nach dem BFDG gilt die BFD-WahlV.

5 **d) Betriebsverfassungsrechtliche Vorfragen.** Die Zust. im BeschlV setzt stets voraus, dass die Angelegenheit aus dem BetrVG selbst Gegenstand der Streitigkeit und nicht nur Vorfrage einer bürgerl.-rechtl. Rechtsstreitigkeit ist (§ 2 Rn. 20). Damit ist zB über die Ersetzung der Zustimmung des BR zur Kündigung nach § 103 BetrVG im BeschlV zu befinden, während im UrtV über die Wirksamkeit der Kündigung zu entscheiden ist. Werden Beamte eines Nachfolgeunternehmens der Dt. Bundespost einem anderen Unternehmensteil zugewiesen und nimmt der BR ein Mitbestimmungsrecht in Anspruch, sind die ArbG zust. (BAG 26.6.1996 NZA 1996, 1061). Zur Abgrenzung von im UrtV zu verfolgenden Ansprüchen s. § 2 Rn. 15 sowie die Einzelkommentierung zum BetrVG.

6 **3. Sprecherausschussverfassung; Unternehmensmitbestimmung und Auslandsbezug.** Die ArbG entscheiden im BeschlV über Angelegenheiten aus dem SprAuG (Ausnahme: §§ 34 bis 36 SprAuG – ordentl. Gerichte). Hierzu gehören va. Streitigkeiten über die Bildung von Sprecherausschüssen, die Rechtsstellung ihrer Mitglieder sowie die Beteiligungsrechte. Daneben entscheiden die ArbG im BeschlV auch über die Zuordnung eines AN zu den leitenden Angestellten (§ 5 III BetrVG). Die ausschl. Zust. der ArbG ist gegeben für Angelegenheiten aus dem MitbestG, dem MontanMitBestErgG und dem DrittelbG, soweit über die Wahl von Vertretern der AN in den AR und über ihre Abberufung mit Ausnahme der Abberufung nach § 103 III AktG zu entscheiden ist. Hierzu gehören Rechtsstreitigkeiten um die Anfechtung und Nichtigkeit der Wahl der ANVertreter zum AR, Streitigkeiten während des Wahlverfahrens sowie Rechtsstreitigkeiten um die Abberufung von ARmitgliedern. Dagegen sind für Streitigkeiten der ANVertreter im AR über die sich aus ihrem Amt ergebenden Rechte und Pflichten die ordentl. Gerichte zust. Streitigkeiten nach **§ 2a I Nr. 3d–f** sind wegen der auf das Bundesgebiet beschränkten Gesetzgebungskompetenz nur im BeschlV vor den dt. ArbG auszutragen (zur SE: *Wißmann* FS Richardi S. 841), wenn sich die streitige Angelegenheit nach nat. Recht richtet. Für die örtl. Zust. gilt § 82.

§ 3 Zuständigkeit in sonstigen Fällen

Die in den §§ 2 und 2a begründete Zuständigkeit besteht auch in den Fällen, in denen der Rechtsstreit durch einen Rechtsnachfolger oder durch eine Person geführt wird, die kraft Gesetzes an Stelle des sachlich Berechtigten oder Verpflichteten hierzu befugt ist.

1. Bedeutung. Nach § 3 besteht die ausschl. Zust. in allen Fällen der §§ 2, 2a auch dann fort, wenn 1 das geltend gemachte Recht vor Rechtshängigkeit im Wege der Rechtsnachfolge auf einen anderen übergeht oder eine ges. Prozessstandschaft besteht, das Recht an Stelle des sachl. Berechtigten oder Verpflichteten geltend zu machen. Die Vorschr. ergänzt § 261 III Nr. 2 ZPO, der das Fortbestehen der einmal begr. Zust. für entspr. Änd. nach Rechtshängigkeit regelt. § 3 will verhindern, dass über Inhalt und Umf. arbeitsrechtl. Rechte und Pflichten verschiedene Gerichtsbarkeiten entscheiden müssen. Zur Begr. der Zust. nach § 3 ist bereits die Behauptung ausreichend, es liege eine ges. Rechtsnachfolge oder Prozessstandschaft vor (BAG 15.3.2000 NZA 2000, 671). Von § 3 abw. Parteivereinb. sind unwirksam, da es sich um einen Fall der ausschl. Zust. handelt. Kein Fall der ges. Rechtsnachfolge, sondern der ausschl. Zust. nach den §§ 2, 2a ist bei **Betriebsübergang** nach § 613a BGB gegeben. Der Betrieb- oder Betriebsteilerwerber tritt in die ArbVerh. ein. Keine Rechtsnachfolge ist auch gegeben, wenn im Laufe des Verfahrens eine betriebsverfassungsrechtl. Stelle neu gewählt wird oder der Betrieb auf einen anderen Inhaber übergeht (BAG 23.6.1992 NZA 1993, 862). Besonderh. bestehen bei der Privatisierung von Post und Bahn (BAG 28.10.1997 NZA 1998, 165).

2. Rechtsnachfolge. a) Gesetz. Eine Rechtsnachfolge iSv. § 3 ist in allen Fällen der ges. Gesamt- 2 oder Einzelrechtsnachfolge oder der Rechtsnachfolge kraft Rechtsgeschäfts gegeben. Erforderl. ist der Übergang von Rechten des Gläubigers oder von Pflichten des Schuldners auf eine andere Person (BAG 20.3.2002 NZA 2002, 695). Unerhebl. ist, ob der Rechtsnachfolger den AG als bisherigen Schuldner ersetzt oder neben ihm für die Schuld einsteht (BGH 14.7.2011 NZA-RR 2011, 603). Zur ges. Gesamtrechtsnachfolge zählen der Erbfall (BAG 7.10.1981 AP ArbGG 1979 § 48 Nr. 1), die verschiedenen Umwandlungsarten (§ 1 UmwG) sowie eine Funktionsnachfolge (BAG 25.10.1983 – 3 AZR 406/81). Eine ges. Einzelrechtsnachfolge besteht bei den Forderungsübergängen nach §§ 426 II, 774 BGB, § 6 EFZG, § 9 II, III BetrAVG (BAG 11.11.1986 AP ArbGG 1979 § 2 Nr. 6), § 187 SGB III (BAG 12.6.1997 NZA 1997, 1070) und § 115 SGB X (BAG 12.6.1997 NZA 1997, 1070). Ferner ist der Pfändungsgläubiger eines Anspruchs Rechtsnachfolger iSv. § 3. Umstr. ist, ob Schadensersatzansprüche nach § 840 II ZPO in die Zust. der ArbG oder der ordentl. Gerichte gehören (dagegen BAG 31.10.1984 NZA 1985, 289). Für einen Rechtsstreit gegen den Kommanditisten nach § 171 HGB sind die ArbG nicht zust. (BAG 23.6.1992 NZA 1993, 862), ebenso wenig für originäre Schadensersatzansprüche aus § 826 BGB wegen einer Insolvenzverschleppung (BAG 20.3.2002 NZA 2002, 695 – BA).

b) Rechtsgeschäft. Die Rspr. geht davon aus, dass der Begriff des Rechtsnachfolgers iSv. § 3 nicht 3 wörtl., sondern iwS zu verstehen ist. Es ist nicht erforderl., dass der Rechtsnachfolger an die Stelle des ursprüngl. Schuldners getreten ist. Es genügt die Erhebung oder Abwehr einer Forderung anstelle des AG oder AN, unabhängig davon, ob der jeweilige AG/AN die Leistung unter denselben tatsächl. Voraussetzungen fordern könnte oder sie schulden oder für sie haften müsste (BAG 5.12.2013 NZA 2014, 221). Deshalb werden unter den Begriff der Rechtsnachfolge iSd. § 3 ArbGG auch die Haftung für arbeitsrechtl. Ansprüche aus eigenständigen Rechtsgründen wie § 826 BGB (zB bei einem existenzvernichtenden Eingriff, überholt daher BAG 15.3.2000 NZA 2000, 671, § 2 Rn. 14), die Bürgschaft (offengelassen noch von BAG 11.9.2002 NZA 2003, 62), das Handeln des Vertreters ohne Vertretungsmacht (§ 179 BGB, BAG 7.4.2003 NZA 2003, 813), die Firmenfortführung (§§ 25, 28 HGB) sowie der Schuldbeitritt subsumiert. Danach liegt eine ges. Rechtnachfolge vor, wenn der InsV nach § 61 InsO in Anspruch genommen wird (BAG 9.7.2003 ZIP 2003, 1617; BGH 16.11.2006 ZIP 2007, 94 – offen gelassen für Ansprüche aus § 60 InsO). Eine Rechtsnachfolge aufgrund eines Rechtsgeschäfts besteht bei einem Arbeitsvertrag zugunsten oder mit Schutzwirkung für Dritte sowie im Falle der Abtretung (§ 398 BGB) ebenso wie bei einer einverständl. Drittzahlung (§ 267 I BGB, aA BGH 19.7.2012 NZA 2012, 1181). Das BAG hat die Zust. nach § 3 bejaht, wenn im Wege der Haftung nach § 826 BGB ein Anspruch aus dem ArbVerh. gegen den Alleingesellschafter einer Kapitalgesellschaft (BAG 13.6.1997 AP ArbGG 1979 § 3 Nr. 5) bzw. die Konzernobergesellschaft (BAG 15.3.2000 NZA 2000, 671) geltend gemacht wird oder der Schuldner aufgrund eines VA für Versorgungsansprüche haftet (BAG 23.10.1990 NZA 1991, 935).

3. Prozessstandschaft. Diese liegt vor, wenn eine Person an Stelle des sachl. Berechtigten oder 4 Verpflichteten ein Recht im eigenen Namen geltend machen kann. Hierzu sind berechtigt der Testamentvollstrecker, der Nachlass-, Zwangs- und der vorl. bzw. endg. InsV für Ansprüche vor der Verfahrenseröffnung. Ferner ergibt sich eine ges. Prozessstandschaft aus § 25 HAG, wonach die Länder für Heimarbeiter Entgeltansprüche geltend machen können (BAG 10.4.1984 NZA 1985, 362) und aus § 48 TVAL II (BAG 29.1.1986 NZA 1987, 384). Auf die gewillkürte Prozessstandschaft ist § 3 entspr. anzuwenden.

§ 4 Ausschluß der Arbeitsgerichtsbarkeit

In den Fällen des § 2 Abs. 1 und 2 kann die Arbeitsgerichtsbarkeit nach Maßgabe der §§ 101 bis 110 ausgeschlossen werden.

1 **1. Allgemeines.** Die ArbG sind in den Fällen des § 2 I und II ausschl. zust. Eine Ausnahme besteht nur nach Maßgabe des in §§ 101 bis 110 geregelten Schiedsverfahrens. In anderen Fällen kann weder ein Schiedsverfahren noch der Rechtsweg zu einem anderen Gericht vereinbart werden. Zweck der Vorschr. ist es, eine einheitl. Anwendung und Auslegung des ArbR zu gewährleisten. Dies gilt auch bei Inbezugnahme einer tarifl. Schiedsklausel (BAG 6.8.1997 NZA 1998, 220). Soweit die ArbG nach § 2 III und IV nur fakultativ zust. sind, gilt der Ausschluss der Beschränkung der Schiedsgerichtsbarkeit nicht; die Zust. der Schiedsgerichte kann uneingeschränkt vereinbart werden. In diesem Fall sind die §§ 1025 ff. ZPO anwendbar; zu Schiedsgerichtsklauseln in nationalen und int. Verträgen *Lejeune* ITRB 2008, 116.

2 **2. Durchführungsregelung. a) Erfasste Streitigkeiten.** Ein Schiedsverfahren kann nur anstatt einer im UrtV zu verfolgenden Angelegenheit der § 2 I, II eingeführt werden, nicht jedoch in den in § 2a aufgeführten Fällen. Hieraus leitet das BAG ab, dass AG und BR keine verbindl. Streitbeilegung vereinbaren können. Vereinb. in einem Sozialplan, wonach Meinungsverschiedenheiten zwischen AG und AN abschl. durch die Einigungsstelle entschieden werden, stellen danach eine unzulässige Schiedsabrede dar (BAG 27.10.1987 NZA 1988, 207). Ledigl. die Vereinb. einer zusätzl. Entsch. der Einigungsstelle sei zulässig (BAG 16.8.2011 NZA 2012, 342). Dem kann wegen der Möglichkeit der Betriebspartner zu einer vorherigen Unterwerfung (§ 76 VI 2 BetrVG) nicht gefolgt werden.

3 **b) Zusätzliches Vorverfahren.** Der Ausschluss der Gerichte für Arbeitssachen kann allg. oder nur für den Einzelfall (s. § 110 Rn. 1) und nur durch die TVparteien erfolgen. Zul. ist jedoch, dass von anderen als den TVparteien die Durchführung eines (unverbindl. und zusätzl.) außergerichtl. Vorverfahrens vereinbart wird. Eine solche Vereinb. ist auch für betriebsverfassungsrechtl. Streitigkeiten mögl. Liegt eine entspr. Regelung vor, muss das vereinbarte Verfahren von den Parteien bzw. den Beteiligten durchlaufen werden (Ausn.: bei einstweiligem Rechtsschutz). Ein Antrag im BeschlV auf Feststellung des Inhalts einer BV oder deren Durchführung ist daher unzulässig, solange ein vereinbartes Einigungsstellenverfahren nicht durchgeführt worden ist (BAG 23.2.2016 NZA 2016, 972; 11.2.2014 NZA-RR 2015, 26). Die Überprüfung eines etwaigen Spruchs ist aber in jedem Fall den Gerichten vorbehalten (s. § 76 VII BetrVG). Ist im Arbeitsvertrag eines kirchl. AG vereinbart, zunächst eine kirchl. Schlichtungsstelle anzurufen, wird hierdurch nur ein Wahlrecht des Anspruchstellers begr., an Stelle der staatl. Gerichte zunächst ein Schlichtungsverfahren durchzuführen (BAG 18.5.1999 NZA 1999, 1350).

4 **3. Schiedsgutachten.** Zul. ist die Vereinb. eines Schiedsgutachtens, da dadurch die ausschl. Zust. der ArbG nicht berührt wird (aA GMP/*Germelmann* Rn. 9). Im Schiedsgutachten wird ledigl. für die Parteien bindend festgestellt, ob ein Tatbestandsmerkmal gegeben ist oder nicht. Dies Regelungsbefugnis von TV erstreckt sich zB. auf paritätische Kommissionen oder andere Stellen, denen die Aufgabe eines Schiedsgutachters zukommt. Solche Vereinbarungen binden nur materiell-rechtlich. Eine unzulässige Schiedsgerichtsvereinbarung liegt aber vor, wenn der dritten Stelle nicht nur die Feststellung von Tatsachen, sondern auch deren verbindl. Subsumtion unter einzelne Tatbestandsmerkmale übertragen wird (BAG 18.5.2016 NZA 2016, 1089; 16.12.2014 NZA-RR 2015, 229).

§ 5 Begriff des Arbeitnehmers

(1) [1] **Arbeitnehmer im Sinne dieses Gesetzes sind Arbeiter und Angestellte sowie die zu ihrer Berufsausbildung Beschäftigten.** [2] **Als Arbeitnehmer gelten auch die in Heimarbeit Beschäftigten und die ihnen Gleichgestellten (§ 1 des Heimarbeitsgesetzes vom 14. März 1951 – Bundesgesetzbl. I S. 191 –) sowie sonstige Personen, die wegen ihrer wirtschaftlichen Unselbständigkeit als arbeitnehmerähnliche Personen anzusehen sind.** [3] **Als Arbeitnehmer gelten nicht in Betrieben einer juristischen Person oder einer Personengesamtheit Personen, die kraft Gesetzes, Satzung oder Gesellschaftsvertrags allein oder als Mitglieder des Vertretungsorgans zur Vertretung der juristischen Person oder der Personengesamtheit berufen sind.**

(2) **Beamte sind als solche keine Arbeitnehmer.**

(3) [1] **Handelsvertreter gelten nur dann als Arbeitnehmer im Sinne dieses Gesetzes, wenn sie zu dem Personenkreis gehören, für den nach § 92a des Handelsgesetzbuchs die untere Grenze der vertraglichen Leistungen des Unternehmers festgesetzt werden kann, und wenn sie während der letzten sechs Monate des Vertragsverhältnisses, bei kürzerer Vertragsdauer während dieser, im Durchschnitt monatlich nicht mehr als 1000 Euro auf Grund des Vertragsverhältnisses an Vergütung einschließlich Provision und Ersatz für im regelmäßigen Geschäftsbetrieb entstandene Aufwendungen bezogen haben.** [2] **Das Bundesministerium für Arbeit und Soziales und das Bundes-**

ministerium der Justiz und für Verbraucherschutz können im Einvernehmen mit dem Bundesministerium für Wirtschaft und Energie die in Satz 1 bestimmte Vergütungsgrenze durch Rechtsverordnung, die nicht der Zustimmung des Bundesrates bedarf, den jeweiligen Lohn- und Preisverhältnissen anpassen.

1. Allgemeines. Die Vorschr. regelt für das ArbGG, wer AN ist, was im Wesentl. für die Zust. der ArbG von Bedeutung ist. Dagegen ist der Begriff des AG nicht geregelt. Er richtet sich nach allg. ArbR (s. § 2 Rn. 11). § 5 I 1 geht von dem allg. ANBegriff aus (s. § 611a BGB Rn. 8 ff.). AN sind Arbeiter und Angestellte sowie die zu ihrer Berufsausbildung Beschäftigten. Der Unterscheidung von Arbeitern und Angestellten kommt verfahrensrechtl. keine Bedeutung mehr zu. Vereinbaren die Parteien ausdr. und nicht nur zum Schein ein Arbeitsverhältnis, ist der Rechtsweg zu den ArbG gegeben, weil hiervon zugleich die Einräumung einer Weisungsbefugnis umfasst ist. 1, 2

2. Berufsausbildung. Der Begriff ist weiter als der des BBiG (s. § 1 BBiG Rn. 1) oder BetrVG (s. § 5 BetrVG Rn. 6). Berufsausbildung iSd. § 5 I sind daher nicht nur alle Bereiche der Berufsbildung nach § 1 I BBiG (BAG 27.9.2006 NZA 2006, 1432). Zu ihrer Berufsausbildung sind alle Personen beschäftigt, denen aufgrund eines privatrechtl. Rechtsverhältnisses auf betriebl. Ebene Kenntnisse und Fähigkeiten vermittelt werden. Der Ausbildungsort und die -methode sind nicht entscheidend. Erforderl. ist aber, dass die ausgebildete Person einem Weisungsrecht des Ausbildenden hins. des Inhalts, der Zeit und des Orts der Tätigkeit unterliegt, nicht hingegen dass die Tätigkeit für ihn einen wirtschaftl. Wert hat (BAG 15.4.2015 – 9 AZB 10/15). Auch Auszubildende in berufsbildenden Schulen und sonstigen Berufsbildungseinrichtungen (§ 1 V BBiG) können zum Kreis der Personen des § 5 I 1 zählen (BAG 24.2.1999 NZA 1999, 557). Zu ihrer Berufsausbildung beschäftigt sind Auszubildende, Umschüler (BAG 21.5.1997 NZA 1997, 1013; LAG K 8.9.1997 NZA-RR 1998, 135), Teilnehmer an berufsvorbereitenden Lehrgängen (BAG 10.2.1981 AP BetrVG 1972 § 5 Nr. 25), Rehabilitanden (LAG RP 18.11.1998 MDR 1999, 552, sofern die Ausbildung im Vordergrund steht), Anlernlinge, Praktikanten, Volontäre und Altenpflegeaspiranten (LAG K 3.7.1998 ZTR 1998, 568). Notwendig ist jedoch stets, dass die Ausbildung aufgrund eines privatrechtl. Vertrags und auf betriebl. Ebene erfolgt (BAG 26.1.1994 NZA 1995, 120). Dies ist nicht der Fall bei Studenten, die innerhalb ihres Studiums und als dessen Bestandteil Praktika absolvieren (LAG HM 13.10.2006 NZA-RR 2007, 97 – Soester Modell). Für die Tätigkeit von Strafgefangenen in Vollzugsanstalten sind die ArbG nicht zust. (KG 29.6.2015 NZA-RR 2015, 602), selbst wenn zwischen dem Träger der Vollzugsanstalt und einem Strafgefangenen ein Berufsausbildungsverhältnis begr. wird (BAG 18.11.1986 AP ArbGG 1979 § 2 Nr. 5); zust. sind die Strafvollstreckungskammern nach §§ 109, 110 StVollzG. 3

3. Heimarbeiter. Nach der unwiderlegbaren Fiktion in § 5 I 2 1. Alt. gelten auch die in Heimarbeit Beschäftigten und die ihnen Gleichgestellten (§ 1 HAG) als AN im Verhältnis zu ihrem jeweiligen Auftraggeber oder Zwischenmeister. In Heimarbeit beschäftigt werden Heimarbeiter (§§ 1 I, 2 I HAG) und Hausgewerbetreibende (§§ 1 I, 2 II HAG) sowie die ihnen Gleichgestellten (§ 1 II HAG). Diese gelten nach § 5 I 2 bereits dann als AN, wenn eine förml. Gleichstellung durch den Heimarbeitsausschuss (§ 4 HAG) erfolgt ist. Eine nur partielle Gleichstellung (§ 1 III 2, 3 HAG) ist ausreichend, auch die inhaltl. Richtigkeit der Entsch. des Ausschusses für die ANEigenschaft ohne Bedeutung (GMP/*Müller-Glöge* Rn. 30). Zwischenmeister gelten ggü. ihrem Auftraggeber nur als AN iSd. § 5 I 2, wenn sie nach § 1 II HAG den Heimarbeitern gleichgestellt worden sind. 4

4. Arbeitnehmerähnliche Personen. Sie unterscheiden sich von AN durch den Grad der persönl. Abhängigkeit und gelten nach § 5 I 2 Alt. 2 als AN, obwohl sie Selbständige sind. Eine arbeitnehmerähnl. Person kann für mehrere Auftraggeber tätig sein, wenn die Beschäftigung für einen von ihnen überwiegt und die daraus fließende Vergütung die entscheidende Existenzgrundlage darstellt. Der Status ist für jedes einzelne Rechtsverhältnis zu beurteilen, ob noch eine ANähnlichkeit vorliegt. Wird sie verneint, sind die ordentl. Gerichte zust. Das BAG lässt iRd. Rechtswegprüfung eine **Wahlfeststellung** zwischen der ANEigenschaft und der Zuordnung zu den arbeitnehmerähnl. Personen zu. Für den Rechtsweg zu den ArbG ist es ausreichend, wenn der Kl. zumindest als arbeitnehmerähnl. Person anzusehen ist, eine rechtl. Festlegung auf die Qualifikation des Rechtsverhältnisses als ArbVerh. ist nicht erforderl. (BAG 16.7.1997 NZA 1997, 1126; 14.1.1997 NZA 1997, 399). Zum Begriff der arbeitnehmerähnl. Person s. § 611a BGB Rn. 80. 5

5. Gesetzliche Vertreter. a) Gesetzliche Vertretungsmacht. Kraft der Fiktion des § 5 I 3 gelten unabhängig von ihrer materiell-rechtl. Rechtsstellung Personen, die aufgrund G, Satzung oder Gesellschaftsvertrag zur Vertretung einer jur. Person oder Personengesamtheit berufen sind, nicht als AN (s. § 611a BGB Rn. 88 ff.; *Reinfelder* RdA 2016, 87; *Lunk* NJW 2015, 528; *Graef/Heilemann* GmbHR 2015, 225; *Preis/Sagan* ZGR 2013, 26, 29; *Stagat* NZA 2015, 193; *Vielmeier* NZA 2016, 1241). Die Norm soll sicherstellen, dass die Mitglieder der Vertretungsorgane mit der jur. Person selbst dann keinen Rechtsstreit im „Arbeitgeberlager" vor dem ArbG führen, wenn die der Organstellung zugrunde liegende Beziehung als ArbVerh. zu qualifizieren ist. Sie greift sogar ein, wenn objektiv feststeht, dass das Anstellungsverhältnis ein ArbVerh. ist (BAG 3.12.2014 NZA 2015, 180) oder sich durch die 6

Vereinb. der Organstellung an der vorherigen ANeigenschaft nichts geänd. hat (LAG BB 26.1.2009 LAGE § 5 ArbGG 1979 Nr. 14). Eine im Anstellungsvertrag vereinbarte Probezeit ist für die Fiktion unbeachtl. (LAG K 12.1.2012 NZA-RR 2012, 327). § 5 I 3 ist nicht anzuwenden, wenn bei einem Einzelunternehmen eine Tätigkeit als „Geschäftsführer" vereinbart ist (LAG N 28.6.2004 AuR 2004, 359) oder die Vertretungsmacht nur auf rechtsgeschäftl. Vereinbarung beruht (BAG 13.7.1995 NZA 1995, 1070 – Prokura; LAG HE 19.1.2007 NZA-RR 2007, 262; LAG N 5.3.2001 AuR 2001, 199 – GF eines Vereins). Die von § 5 I 3 geforderte Vertretungsmacht muss im Verhältnis zur jew. jur. Person oder der Personengesamtheit bestehen. Der GF einer Betriebskrankenkasse ist daher nur im Verhältnis zu dieser, nicht aber zu dem Trägerunternehmen, für das die Betriebskrankenkasse eingerichtet ist, als ges. Vertreter anzusehen; im Verhältnis zu diesem kann er arbeitnehmerähnl. Person sein (BAG 25.7.1996 NZA 1997, 63). Nicht erforderl. ist das Bestehen einer Alleinvertretungsbefugnis (BGH 25.7.2002 AP KSchG 1969 § 14 Nr. 9). Zu den jur. Personen zählen auch die nach ausl. Recht gegründeten Gesellschaften; der „director" einer englischen Limited kann daher unter § 5 I 3 fallen (LAG BW 12.2.2010 ZInsO 2010, 726), nicht aber deren GF (LAG HM 31.5.2013 – 2 Ta 560/12). Das Unionsrecht ist für die nat. Rechtswegzuweisung ohne Bedeutung (GMP/*Müller-Glöge* Rn. 45a).

7 **b) Beginn und Ende der Fiktion.** Die Fiktion des § 5 I 3 beginnt mit Abschluss des Anstellungsvertrags als GF. Durch diesen wird ein vertragl. Verhältnis begr., für das der Rechtsweg zu den ArbG nicht eröffnet ist (BAG 10.12.1996 NZA 1997, 674); eine formlose Abrede reicht aus (BAG 26.10.2012 – 10 AZB 55/12). Sie endet mit der wirks. Abberufung als Organvertreter oder mit der Amtsniederlegung; die jew. Eintragung ins Handelsregister wirkt nur deklaratorisch. Das Eingreifen der Fiktion beurteilt sich nach den Umständen bei Klageerhebung, eine spätere Abberufung/Amtsniederlegung ist zu berücksichtigen, wenn sie vor Rechtskraft der Verweisungsentscheidung erfolgt (BAG 3.12.2014 NZA 2015, 180). Liegen die Voraussetzungen des § 5 I 3 nicht mehr vor, sind die ArbG auch für arbeitsrechtl. Ansprüche (LAG SN 18.3.2015 NZA-RR 2015, 493; s. § 2 Rn. 35) zuständig, die in einem Zeitraum begründet wurden, in dem die Organvertreterstellung noch bestanden hat (BAG 8.9.2015 NZA 2015, 1342). Die Fiktion greift nicht, wenn die Parteien über Ansprüche aus einer **neben dem Anstellungsverhältnis bestehenden Rechtsbeziehung** streiten (BAG 15.11.2013 – 10 AZB 28/13, Rn. 9), sie den auf die Anstellung zum Organvertreter gerichteten Vertragsinhalt aufgeh. und ein ArbVerh. begr. haben oder dieses auch während der Zeit der Stellung als Organvertreter bestanden hat (BAG 26.10.2012 NZA 2013, 54 – Klage nach § 4 KSchG). Schließt zB ein abberufener Organvertreter einen neuen Arbeitsvertrag ab, gilt für diesen die Fiktion des § 5 I 3 nicht.

8 **c) Einzelfälle.** Ges. Vertreter und deshalb keine AN sind der GF einer Kreishandwerkerschaft, wenn er diese aufgrund der Satzung vertritt (BAG 11.4.1997 NZA 1997, 902; LAG NI 4.2.2002 NZA-RR 2002, 491 – Landesinnungsverband) und der bes. Vertreter eines Vereins nach § 30 BGB, wenn dessen Vertretungsmacht auf der Satzung beruht (BAG 5.5.1997 NZA 1997, 959). Auch GF einer Vor-GmbH (BAG 13.5.1996 NZA 1996, 952) oder Vertreter eines ausl. Kreditinstituts nach § 53 II Nr. 1 KWG (BAG 15.10.1997 NZA 1998, 51). Umstr. war, ob § 5 I 3 auch für **mittelbare Organvertreter** gilt. Nach Sinn und Zweck der Vorschr. ist das jdf. für das Anstellungsverhältnis eines GF der Komplementär-GmbH einer GmbH & Co KG zu bejahen, die ihrerseits als persönl. haftende Gesellschafterin zur Vertretung der KG befugt ist (BAG 20.8.2003 NZA 2003, 1108; aA noch BAG 13.7.1995 NZA 1995, 1070). Hingegen kann der Werkleiter eines Eigenbetriebs – je nach landesrechtl. Ausgestaltung – AN iSd. § 5 I 1 sein (BAG 17.12.2008 NZA-RR 2009, 330). § 5 I 3 soll nicht anzuwenden sein, wenn es sich um eine Versorgungszusage aus einem früheren ArbVerh. handelt, die im Anstellungsvertrag des GF fortgilt (LAG K 12.7.2004 AuR 2004, 399 – zweifelhaft, weil der Anspruch aus dem Anstellungsvertrag folgt).

9 **d) Ruhendes Arbeitsverhältnis.** Nach der Bestellung eines AN zum Organvertreter ist das Bestehen einer **weiteren Rechtsbeziehung** regelmäßig zu verneinen. Mit dem Abschluss des zugrunde liegenden Anstellungsvertrags wird das bisherige ArbVerh. im Zweifel aufgeh. (BAG 3.2.2009 NZA 2009, 669). Dies gilt wegen § 623 BGB aber nur, wenn die Aufhebungsvereinb. über das bisherige ArbVerh. schriftl. abgeschlossen wird (BAG 15.3.2011 NZA 2011, 874; s. § 623 BGB Rn. 5). Es ist zwar immer noch mögl., dass die Parteien das Ruhen bzw. Wiederaufleben des bisherigen ArbVerh. oder den Neuabschluss eines Arbeitsvertrags in Zusammenhang mit der Beendigung des Anstellungsvertrags vereinbaren (BAG 24.11.2005 NZA 2006, 366). Für eine solche Vereinb. müssen aber deutl. erkennbare Anhaltspunkte bestehen (BAG 14.6.2006 NZA 2006, 1154). Durch die Bestellung eines AN zum GF einer konzernabhängigen GmbH wird grds. weder das ArbVerh. noch sein ANStatus zu seinem bisherigen AG aufgeh. (BAG 20.10.1995 NZA 1996, 200). Ohne bes. Vereinbarung lebt ein zuvor bestandenes ArbVerh. nach der Beendigung des Anstellungsvertrags nicht wieder auf (BAG 24.11.2005 NZA 2006, 366).

10 **e) Prorogation.** Nach § 2 IV können bürgerl. Rechtsstreitigkeiten zwischen jur. Personen des Privatrechts und Personen, die kraft G allein oder als Mitglieder des Vertretungsorgans der jur. Person zu deren Vertretung berufen sind, vor die Gerichte für Arbeitssachen gebracht werden (s. § 2 Rn. 32). Zur Möglichkeit des Urkundenprozesses eines Organvertreters *Fischer* NJW 2003, 333; *Pesch* NZA 2002, 957.

6. Beamte. Beamte sind keine AN (§ 5 II), für ihre Streitigkeiten sind die Verwaltungsgerichte zust. 11
Dies gilt etwa, wenn ein der Bahn AG zugewiesener Beamter Ansprüche aus einem Sozialplan geltend macht, der sein Beamtenverhältnis betrifft (BAG 24.10.1997 NZA 1998, 165). Sie gelten als AN, wenn sie Ansprüche aus einem neben dem Beamtenverhältnis bestehenden oder vermeintl. bestehenden ArbVerh. geltend machen, ebenso bei Statusfragen, wenn der Anspruchsteller den Bestand eines ArbVerh. behauptet (BAG 16.6.1999 NZA 1999, 1008 – Anspruch auf Arbeitsvertragsschluss). Der Rechtsweg zu den ArbG ist auch eröffnet, wenn Statusfragen von zugewiesenen Beamten iRd. § 5 I 3 BetrVG (s. § 5 Rn. 3a BetrVG) betroffen sind. Reklamiert der BR für die seinem Betrieb zugewiesenen Beamten ein Mitbestimmungsrecht, ist für die Entsch. über den Streit, ob ein solches Mitbestimmungsrecht besteht, der Rechtsweg zu den ArbG eröffnet (BAG 26.6.1996 NZA 1996, 1061 – personelle Einzelmaßnahme). § 5 II gilt auch für Kirchenbeamte (BAG 7.2.1990 NJW 1990, 2082), nicht jedoch für die ArbVerh. der Kirche. Zur Rückforderung von Überzahlungen im Rahmen von ör. Ausbildungsverhältnissen § 2 Rn. 4.

7. Handelsvertreter. Handelsvertreter sind grds. selbständige Kaufleute, so dass für sie die Zust. der 12
ArbG nicht gegeben ist (s. § 611a BGB Rn. 76). Zuständig sind dagegen die ArbG für die sog. Handelsagenten. Dies sind Personen, die aufgrund eines ArbVerh. wie Handelsvertreter tätig werden. Handelsvertreter gelten – unabhängig von ihrer ANeigenschaft – nur dann als AN iSd. ArbGG, wenn sie Einfirmenvertreter kraft Vertrags oder kraft Weisung (§ 92a HGB, dazu BGH 16.10.2014 NZA-RR 2015, 156) sind und während der letzten 6 Monate des Vertragsverhältnisses, bei kürzerer Vertragsdauer während dieser, im Durchschnitt mtl. nicht mehr als 1000,00 Euro aufgrund des Vertragsverhältnisses an Vergütung einschließl. Provision und (vereinbarten) Ersatz für im regelmäßigen Geschäftsbetrieb entstandener Aufwendungen verdient und tatsächl. bezogen haben. Maßgebl. für die Berechnung des 6-Monats-Zeitraums ist die Zeit vor Rechtshängigkeit der Klage, selbst wenn der Handelsvertreter Ansprüche geltend macht aus einer Zeit, in der seiner Bezüge die Einkommensgrenze überstiegen haben oder er in diesen Monaten nicht gearbeitet bzw. und nichts verdient hat (BAG 15.2.2005 NZA 2005, 487). Zu berücksichtigen sind nur die in diesem Zeitraum tatsächl. erzielten oder durch Aufrechnung erloschenen Leistungen (OLG KA 12.5.2006 VersR 2007, 207), soweit sie verdient worden sind; hierzu gehören auch nicht rückzahlbare Vorschüsse. Außer Betracht bleiben Provisionen, die in dem 6-Monats-Zeitraum verdient, aber nicht zugeflossen sind, rückzahlbare Vorschüsse, das Entgelt für erworbene Betriebsmittel (aA BGH 12.2.2008 MDR 2008, 578) sowie Gegenforderungen des Unternehmers (BGH 4.2.2015 ZIP 2015, 1411). In diesem Zeitraum angefallene Provisionsstorni sind in Abzug zu bringen. Ein Abzug für Aufwendungen ist im G nicht vorgesehen; hingegen sollen erstattete Aufwendungen in den Verdienst einzuberechnen sein (BGH 12.2.2008 MDR 2008, 578 – zweifelhaft). Vorschüsse sind zu berücksichtigen, wenn sie nachträgl. durch unbedingt entstandene Provisionsansprüche gedeckt werden (BGH 27.10.2015 NJW 2016, 316). Liegen die Voraussetzungen des § 5 III nicht vor, sind die ordentl. Gerichte zuständig, unabhängig davon, ob die Handelsvertreter arbeitnehmerähnl. sind (BGH 21.10.2015 NJW 2016, 316). Versicherungsvertreter gelten auch als Einfirmenvertreter iSv. § 92a I HGB, wenn *(a)* es ihnen nach dem Umf. der abverlangten Leistungen praktisch unmögl. ist, für andere Versicherungsunternehmen gem. § 92a II HGB tätig zu werden oder *(b)* sie nur mit Genehmigung für ein anderes Unternehmen tätig werden dürfen, solange eine solche Genehmigung nicht erteilt worden ist (BGH 21.10.2015 NJW 2016, 316).

§ 6 Besetzung der Gerichte für Arbeitssachen

(1) **Die Gerichte für Arbeitssachen sind mit Berufsrichtern und mit ehrenamtlichen Richtern aus den Kreisen der Arbeitnehmer und Arbeitgeber besetzt.**

(2) (weggefallen)

Die Vorschr. regelt allg. die Besetzung der Gerichte für Arbeitssachen. Wie ArbG, LAG oder BAG 1
besetzt werden, ergibt sich aus §§ 14 bis 31, 33 bis 39 und 40 bis 45 ArbGG. Berufsrichter ist, wer durch Aushändigung einer Urkunde zum Berufsrichter ernannt worden ist (s. § 8 DRiG). Nach Art. 97 GG sind die Richter unabhängig und nur dem Gesetz unterworfen. Die Rechtsstellung der Richter wird iE geregelt durch das DRiG idF vom 19.4.1972 (BGBl. I S. 713) mit spät. Änd. sowie die RiG der Länder. Nach § 44 DRiG dürfen **ehrenamtliche Richter** bei einem Gericht nur aufgrund eines G und unter den ges. bestimmten Voraussetzungen tätig werden. Die paritätische Beteiligung von ehrenamtl. Richtern aus Kreisen der AN und AG hat bei den ArbG eine mehr als 100-jährige Tradition. Durch diese soll erreicht werden, dass die Erfahrungen der beteiligten Berufskreise bei der Rechtsfindung berücksichtigt werden und die Entscheidungen eine größere Akzeptanz erhalten. Die ehrenamtl. Richter haben grds. die gleichen Rechte und Pflichten wie die Berufsrichter (§ 53 II). Nach § 53 I werden alle Vfg. und Beschlüsse außerhalb der mdl. Verhandlung vom Vors. vorgenommen, soweit nichts anderes bestimmt ist. Er führt die Güteverhandlung (§ 54) und entscheidet in den Fällen des § 55. Gleichgestellt sind die e. R. jedoch in der mdl. Verhandlung. Sie haben das Recht, Fragen an die Parteien zu stellen. Ihre Stimme hat bei Beratungen das gleiche Gewicht (§§ 192 ff. GVG). Die ehren-

amtl. Richter sind in der Sache unabhängig und nur dem Gesetz unterworfen (Art. 97 I GG). Ihre persönl. Rechtsstellung ist bes. gesichert (§ 26). Sie sind an Weisungen und Empfehlungen der sie benennenden Organisationen nicht gebunden. Die ehrenamtl. Richter haften wie die Berufsrichter nur im Rahmen von § 839 II BGB auf Schadensersatz, wenn die Pflichtverletzung in einer Straftat besteht. Das Amt eines ehrenamtl. Richters ist ein **Ehrenamt.** Bei der Übernahme handelt es sich um eine staatsbürgerl. Pflicht. Sie erhalten für die Amtstätigkeit kein Entgelt, sondern ledigl. Aufwendungsersatz nach dem Gesetz über die Entschädigung der ehrenamtl. Richter idF vom 1.10.1969 (BGBl. I S. 1753) mit spät. Änd. (EhRiG). Der ehrenamtl. Richter hat Anspruch darauf, dass er zur Amtsausübung von der Arbeit unentgeltl. freigestellt wird (§ 45 I a DRiG). Ein Anspruch auf Entgeltfortzahlung für die Amtstätigkeit besteht nach § 616 BGB, der jedoch arbeits- oder tarifvertragl. abbedungen werden kann (s. § 616 BGB Rn. 13).

§ 6a Allgemeine Vorschriften über das Präsidium und die Geschäftsverteilung

Für die Gerichte für Arbeitssachen gelten die Vorschriften des Zweiten Titels des Gerichtsverfassungsgesetzes nach Maßgabe der folgenden Vorschriften entsprechend:

1. **Bei einem Arbeitsgericht mit weniger als drei Richterplanstellen werden die Aufgaben des Präsidiums durch den Vorsitzenden oder, wenn zwei Vorsitzende bestellt sind, im Einvernehmen der Vorsitzenden wahrgenommen. Einigen sich die Vorsitzenden nicht, so entscheidet das Präsidium des Landesarbeitsgerichts oder, soweit ein solches nicht besteht, der Präsident dieses Gerichts.**
2. **Bei einem Landesarbeitsgericht mit weniger als drei Richterplanstellen werden die Aufgaben des Präsidiums durch den Präsidenten, soweit ein zweiter Vorsitzender vorhanden ist, im Benehmen mit diesem wahrgenommen.**
3. **Der aufsichtführende Richter bestimmt, welche richterlichen Aufgaben er wahrnimmt.**
4. **Jeder ehrenamtliche Richter kann mehreren Spruchkörpern angehören.**
5. **Den Vorsitz in den Kammern der Arbeitsgerichte führen die Berufsrichter.**

1 Für das Präsidium und die Geschäftsverteilung der ArbG gelten die Regelungen der §§ 21a bis 21i GVG. In den Nr. 1 bis 5 sind darüber hinaus Sonderregelungen für die ArbG und LAG enthalten. Die Interessen der ehrenamtl. Richter werden durch den Ausschuss der ehrenamtl. Richter gewahrt (§ 29). Nach § 21a GVG ist bei jedem Gericht ein **Präsidium** zu bilden. Dabei handelt es sich um ein richterl. Selbstverwaltungsorgan zur Wahrnehmung von Aufgaben der Gerichtsverwaltung (BVerfG 28.11.2007 DRiZ 2008, 122 – keine Ausrichtung an Art. 33 II GG). Die Entscheidungen des Präsidiums werden von der richterl. Unabhängigkeit umfasst (BGH 14.9.1990 NJW 1991, 423; LAG HE 13.5.1991 NZA 1992, 188). Nach § 21a II GVG ist Mitglied des Präsidiums stets der Präsident oder der aufsichtsführende Richter. Die Zahl der übrigen Mitglieder richtet sich nach der Zahl der Richterplanstellen (§§ 21a II, 21d I GVG). Bis zu einschließl. 7 Richterplanstellen gehören dem Präsidium alle wählbaren Richter an (§§ 21a II Nr. 5, 21b I 2 GVG), ansonsten werden die Mitglieder des Präsidiums gewählt. Für die Wahl besteht Wahlpflicht (BVerwG 23.5.1973 AP GVG § 21b Nr. 1). Aufgabe des Präsidiums ist die Verteilung der richterl. Dienstgeschäfte und die Besetzung der Spruchkammern (§ 21e GVG). Das Präsidium bestimmt damit den ges. Richter; zum Bestimmungsrecht des Behördenleiters § 6a Nr. 3. Im **Geschäftsverteilungsplan** (GVP) müssen sowohl die Zuteilung der Richter auf die einzelnen Spruchkörper wie auch die Zuweisung der Streitverfahren nach allg., abstrakten, sachlich-objektiven Merkmalen geregelt werden (dazu BVerfG 8.7.1994 AP GG Art. 101 Nr. 53). Änd. im laufenden Geschäftsjahr sind nur iRd. nach § 21e III GVG zulässig (BAG 15.3.1995 NZA 1995, 1169 – Krankheit; BSG 15.7.1982 AP GVG § 21e Nr. 2 – neuer Richter). Eine spruchkörperübergreifende Verbindung nach § 147 ZPO ohne Grdl. im GVP ist unzulässig (LAG K 14.6.2010 – 4 Ta 211/10). Der ges. Richter ist bei der Zuteilung der Verfahren und der mitwirkenden Richter erst dann verletzt, wenn entweder die Auslegung des GVP oder seine Handhabung im Einzelfall willkürl. oder offensichtl. unhaltbar sind. Dies ist nicht der Fall, wenn die Heranziehung der ehrenamtl. Richter nach der Reihenfolge der Terminierung erfolgt (BAG 23.3.2010 NZA 2010, 779). Der GVP kann nur von den betroffenen Richtern (BVerwG 28.11.1975 AP GVG § 21e Nr. 1), nicht aber von den Parteien unmittelbar zur gerichtl. Entscheidung gestellt werden (LAG HE 10.6.1988 BB 1988, 2180). Den Vorsitz in der Kammer hat nach Nr. 5 der Berufsrichter zu führen. Ein ehrenamtl. Richter kann daher nicht mit der Vertretung des Vors. beauftragt werden. Zweifelhaft ist die Rechtslage im Falle der Tatbestandsberichtigung (§ 319 ZPO), wenn der Berufsrichter etwa wegen Besorgnis der Befangenheit abgelehnt wird. Insoweit wird die Bestimmung des § 319 ZPO vorgehen, wenn nicht das rechtl. Gehör der Parteien verletzt werden soll. Ein ehrenamtl. Richter kann **mehreren Kammern oder Senaten** angehören (Nr. 4, BAG 16.10.2008 NZA 2009, 510). Wird wegen Arbeitsüberlastung des LAG eine Hilfskammer eingerichtet (§ 21e GVG), können bereits zum LAG berufene und anderen Kammern zugewiesene ehrenamtl. Richter an die Hilfskammer zugewiesen werden (BAG 24.3.1998 NZA 1999, 107).

§ 7 Geschäftsstelle, Aufbringung der Mittel

(1) [1]Bei jedem Gericht für Arbeitssachen wird eine Geschäftsstelle eingerichtet, die mit der erforderlichen Zahl von Urkundsbeamten besetzt wird. [2]Die Einrichtung der Geschäftsstelle bestimmt bei dem Bundesarbeitsgericht das Bundesministerium für Arbeit und Soziales im Benehmen mit dem Bundesministerium der Justiz und für Verbraucherschutz. [3]Die Einrichtung der Geschäftsstelle bestimmt bei den Arbeitsgerichten und Landesarbeitsgerichten die zuständige oberste Landesbehörde.

(2) [1]Die Kosten der Arbeitsgerichte und der Landesarbeitsgerichte trägt das Land, das sie errichtet. [2]Die Kosten des Bundesarbeitsgerichts trägt der Bund.

§ 8 Gang des Verfahrens

(1) Im ersten Rechtszug sind die Arbeitsgerichte zuständig, soweit durch Gesetz nichts anderes bestimmt ist.

(2) Gegen die Urteile der Arbeitsgerichte findet die Berufung an die Landesarbeitsgerichte nach Maßgabe des § 64 Abs. 1 statt.

(3) Gegen die Urteile der Landesarbeitsgerichte findet die Revision an das Bundesarbeitsgericht nach Maßgabe des § 72 Abs. 1 statt.

(4) Gegen die Beschlüsse der Arbeitsgerichte und ihrer Vorsitzenden im Beschlußverfahren findet die Beschwerde an das Landesarbeitsgericht nach Maßgabe des § 87 statt.

(5) Gegen die Beschlüsse der Landesarbeitsgerichte im Beschlußverfahren findet die Rechtsbeschwerde an das Bundesarbeitsgericht nach Maßgabe des § 92 statt.

Die Vorschr. regelt die sachl. und funktionelle Zust. im Instanzenzug des UrtV und BeschlV, nicht 1
jedoch die Aufgabenabgrenzung zwischen Vors. und Kammer oder Richter und Rechtspfleger. Die Regelung ist zwgd. Von ihr kann durch Parteivereinb. nicht abgewichen werden. Wird die Klage beim LAG eingereicht, ist das Verfahren entspr. §§ 48 I, 17a II 1 GVG an das ArbG zu verweisen. Die ArbG (§§ 14 bis 31) sind stets und unabhängig vom Streitwert oder der Bedeutung des Rechtsstreits zuständig im ersten Rechtszug; Ausn.: Verfahren nach §§ 97, 98. Die LAG (§§ 33 bis 39) und das BAG (§§ 40 bis 45) sind nur Rechtsmittelgerichte. Von diesem Grundsatz bestehen zwei Ausnahmen. LAG und BAG sind in erster und letzter Instanz zuständig für die Amtsentbindung und Amtsenthebung der bei ihnen ernannten ehrenamtl. Richter (§§ 21 V, 27 Satz 2, 37 III, 43 III) sowie die Verhängung von Ordnungsgeldern ihnen ggü. (§§ 21 V, 28, 37 III, 43 III). Eine weitere Ausnahme ergibt sich aus § 240 Nr. 5 SGB IX. Das BAG ist in erster und letzter Instanz zuständig für Rechtsstreitigkeiten aus dem SGB IX im Geschäftsbereich des BND, wenn der Rechtsweg zu den ArbG zulässig ist. Wird das Verfahren beim ArbG eingeleitet, ist das Verfahren an das BAG zu verweisen (§§ 48 I, 17a II 1 GVG). Die LAG entscheiden über Berufungen gegen Urt. der ArbG im UrtV (§§ 64 ff.) und Beschwerde gegen Beschlüsse der ArbG im BeschlV (§§ 87 ff.). Sie sind ferner zuständig für sof. Beschwerde gegen Entscheidungen der ArbG (§ 78 I 1 iVm. §§ 567 ff. ZPO). Das BAG entscheidet in dritter Instanz über Revisionen (§§ 72 ff.) gegen Urt. der LAG und Sprungrevisionen (§ 76) gegen Urt. der ArbG sowie über RB (§ 92), gegen die das Verfahren beendenden Beschlüsse der LAG und Sprungrechtsbeschwerde (§ 96a) gegen die das Verfahren beendenden Beschlüsse der ArbG im BeschlV. Das BAG ist ferner zuständig für die Entsch. über NZB im UrtV und BeschlV (§§ 72a ff., 92a), über die Revisionsbeschwerde (§ 77) sowie über die RB gegen Beschwerdeentscheidungen der LAG im Falle ihrer Zulassung (§ 78) und in den Fällen der Vorabentsch. über den Rechtsweg (§ 17a II, III GVG).

§ 9 Allgemeine Verfahrensvorschriften und Rechtsschutz bei überlangen Gerichtsverfahren

(1) Das Verfahren ist in allen Rechtszügen zu beschleunigen.

(2) [1]Die Vorschriften des Gerichtsverfassungsgesetzes über Zustellungs- und Vollstreckungsbeamte, über die Aufrechterhaltung der Ordnung in der Sitzung, über die Gerichtssprache, über die Wahrnehmung richterlicher Geschäfte durch Referendare und über Beratung und Abstimmung gelten in allen Rechtszügen entsprechend. [2]Die Vorschriften des Siebzehnten Titels des Gerichtsverfassungsgesetzes sind mit der Maßgabe entsprechend anzuwenden, dass an die Stelle des Oberlandesgerichts das Landesarbeitsgericht, an die Stelle des Bundesgerichtshofs das Bundesarbeitsgericht und an die Stelle der Zivilprozessordnung das Arbeitsgerichtsgesetz tritt.

(3) [1]Die Vorschriften über die Wahrnehmung der Geschäfte bei den ordentlichen Gerichten durch Rechtspfleger gelten in allen Rechtszügen entsprechend. [2]Als Rechtspfleger können nur

Beamte bestellt werden, die die Rechtspflegerprüfung oder die Prüfung für den gehobenen Dienst bei der Arbeitsgerichtsbarkeit bestanden haben.

(4) **Zeugen und Sachverständige erhalten eine Entschädigung oder Vergütung nach dem Justizvergütungs- und -entschädigungsgesetz.**

(5) [1]**Alle mit einem befristeten Rechtsmittel anfechtbaren Entscheidungen enthalten die Belehrung über das Rechtsmittel.** [2]**Soweit ein Rechtsmittel nicht gegeben ist, ist eine entsprechende Belehrung zu erteilen.** [3]**Die Frist für ein Rechtsmittel beginnt nur, wenn die Partei oder der Beteiligte über das Rechtsmittel und das Gericht, bei dem das Rechtsmittel einzulegen ist, die Anschrift des Gerichts und die einzuhaltende Frist und Form schriftlich belehrt worden ist.** [4]**Ist die Belehrung unterblieben oder unrichtig erteilt, so ist die Einlegung des Rechtsmittels nur innerhalb eines Jahres seit Zustellung der Entscheidung zulässig, außer wenn die Einlegung vor Ablauf der Jahresfrist infolge höherer Gewalt unmöglich war oder eine Belehrung dahin erfolgt ist, daß ein Rechtsmittel nicht gegeben sei; § 234 Abs. 1, 2 und § 236 Abs. 2 der Zivilprozeßordnung gelten für den Fall höherer Gewalt entsprechend.**

1 **1. Beschleunigungsgrundsatz. a) Bedeutung.** Der Beschleunigungsgrundsatz (für Bestandsstreitigkeiten gilt § 61a I) stellt einen allg. Rechtsgrundsatz dar, der von allen Gerichten für Arbeitssachen (BAG 23.2.1967 AP ZPO § 256 Nr. 45 – Revisionsgericht) zu beachten ist. Zu seiner Konkretisierung hat der Gesetzgeber im arbeitsgerichtl. Verfahren tw. bes. Fristenregelungen getroffen, die ggü. den zivilprozessualen Vorschr. zu einer Verkürzung der Verfahrensdauer führen sollen (zB §§ 47 I, II, 57 I, 59, 60 I, 68). IÜ ist die Bedeutung des Beschleunigungsgrundsatzes umstr. Einigkeit besteht nur insoweit, dass allein auf einen Verstoß gegen § 9 I Rechtsmittel oder selbständige prozessuale Rügen nicht gestützt werden können (BAG 13.5.1981 AP TVG § 1 Tarifverträge: Presse Nr. 1). Darüber hinaus ist der Beschleunigungsgrundsatz auch bei der Auslegung und Anwendung von Verfahrensvorschriften zu beachten, die Einfluss auf die Verfahrensdauer haben (BAG 5.8.1982 AP ZPO § 794 Nr. 31; GK-ArbGG/*Bader* Rn. 11; aA GMP/*Prütting* Rn. 5, 7) Einer raschen Verfahrensbeendigung ist durch § 9 I aber kein absoluter Vorrang ggü. der Verwirklichung von materieller Gerechtigkeit eingeräumt worden. Deren Wert kann jedoch durch eine verzögerte oder verspätete Entsch. beeinträchtigt werden (BAG 24.7.2012 NZA 2012, 1061). Dies gilt sowohl dann, wenn das ArbVerh. noch besteht, da dieses durch eine gerichtl. Auseinandersetzung erhöhten Belastungen ausgesetzt ist, wie auch bei Bestandsstreitigkeiten. So stellen die Bezüge aus dem ArbVerh. für den AN vielfach seine alleinige wirtschaftl. Lebensgrundlage dar, während der AG wegen der drohenden Kostenbelastung durch mögl. Verzugslohnansprüche einem bes. wirtschaftl. Risiko ausgesetzt ist. Das Interesse an einem baldigen Verfahrensabschluss überwiegt jdf., wenn den Parteien hierdurch kein ins Gewicht fallender Nachteil entsteht. Der Beschleunigungsgrundsatz ist zu berücksichtigen bei der Entsch. über die Unzulässigkeit eines Rechtsmittels (BAG 2.7.1981 AP ZPO § 234 Nr. 13 – „alsbald"), Zurückverweisung wegen Verfahrensmängeln (BAG 29.7.1982 AP ArbGG 1979 § 83 Nr. 5; s. § 68 Rn. 2), der Fortsetzung des Verfahrens bei materiell-rechtl. Mängeln eines Prozessvergleichs (BAG 5.8.1982 AP ZPO § 794 Nr. 31), Fristverlängerungs- bzw. Vertagungsanträgen sowie bei dem Beschl. über die Aussetzung und das Ruhen des Verfahrens (BAG 26.3.1987 – 8 AZR 54/86).

2 **b) Aussetzung des Verfahrens. aa) Voraussetzungen.** Eine Aussetzung wegen Vorgreiflichkeit (§ 148 ZPO) kann im arbeitsgerichtl. Verfahren regelmäßig nur im Einverständnis mit beiden Parteien erfolgen, da sich das Beschleunigungsgebot der §§ 9 I, 61a I gegen die durch § 148 ZPO geschützte Verfahrensökonomie durchsetzt. Dies gilt umso mehr, je länger der Prozess durch die Aussetzung mutmaßl. verzögert wird (LAG M 22.2.1989 LAGE § 148 ZPO Nr. 20). Voraussetzung für die Aussetzung gegen den übereinstimmenden Willen der Parteien ist die positive Feststellung der Vorgreiflichkeit des anderen Rechtsstreits oder Verwaltungsverfahrens. Vorgreiflichkeit besteht nicht bei einem anhängigen Ermittlungs- bzw. Strafverfahren; iÜ haben strafprozessuale Aufklärungsmöglichkeiten keinen Vorrang vor einer Beweisaufnahme nach zivilrechtl. Grundsätzen. Eine Aussetzung kommt in Hinblick auf ein beim BVerfG anhängiges Normenkontrollverfahren nur in Betracht, wenn das Gericht die Norm gleichfalls für verfassungswidrig hält (LAG D 12.6.1986 LAGE § 148 ZPO Nr. 16; aA LAG K 11.9.1987 LAGE § 148 ZPO Nr. 19), ebenso bei Anhängigkeit eines Verfahrens nach § 97 I, V, § 98 I, VI (s. jew. dort) sowie § 9 TVG (LAG HH 9.3.2000 NZA-RR 2000, 483) und in Ausnahmefällen bei einer bevorstehenden höchstrichterl. Entsch. (BAG 24.3.1998 – 3 AZR 141/97). Die Ermessensentsch. ist aber nicht „frei", sondern unter Beachtung der widerstreitenden Interessen zu treffen. Einfach-rechtl. sind zu berücksichtigen: das ges. Beschleunigungsgebot, der Stand des vorgreifl. Verfahrens und dessen voraussichtl. Dauer sowie die Dauer der mit einer Aussetzung verbundenen Verzögerung; die voraussichtl. Gefahr sich widersprechender Entscheidungen; ob bereits ein Urt. zugunsten der Klagepartei ergangen ist und wie ggf. die Erfolgsaussichten eines Rechtsmittels zu beurteilen sind; die wirtschaftl. Situation beider Parteien; die Notwendigkeit der gerichtl. Inanspruchnahme und das Verhalten der Klagepartei (LAG B 6.3.2008 LAGE § 148 ZPO 2002 Nr. 5). Aus verfassungsrechtl. Sicht sind die mögl. Verfahrensverzögerung mit der Verfahrensökonomie und der

Vermeidung sich widersprechender Entscheidungen abzuwägen, die Gesamtdauer des Verfahrens zu berücksichtigen; der zunächst ausgesetzte Rechtsstreit ist bes. zu fördern (BVerfG 5.8.2013 NZA 2013, 1229).

bb) Bestandsstreitigkeiten. Bei Bestandsstreitigkeiten wird eine Aussetzung wegen § 61a I regelmäßig ermessensfehlerhaft sein. Dies gilt zunächst bei Kündigungen von schwerbehinderten Menschen, bei denen zwar die Zustimmung des Integrationsamts vorliegt, diese aber wegen eines Widerspruchs oder einer Anfechtungsklage noch nicht bestands- bzw. rechtskräftig geworden ist. Nach Auff. des BAG ist die Aussetzung des Kündigungsverfahrens nach § 148 ZPO bis zum Abschluss des Verwaltungsrechtsstreits grds. ermessensfehlerhaft (BAG 23.5.2013 NZA 2013, 1373). Bei einer unwirksamen Kündigung kann der Klage unabhängig vom Ausgang des verwaltungsgerichtl. Verfahrens stattgegeben werden. Aber selbst bei (arbeitsrechtl.) Wirksamkeit der Kündigung spricht für die Fortführung neben dem Beschleunigungsgrundsatz und der langen Verfahrensdauer bei den Verwaltungsgerichten va. die gesetzgeberische Wertung des § 171 IV SGB IX, wonach Widerspruch und Anfechtungsklage gegen die Entsch. des Integrationsamts eben keine aufschiebende Wirkung haben. Durch die Fortführung entsteht dem AN auch kein Nachteil, da er notfalls die Abänd. eines die Klage rechtskräftig abweisenden arbeitsgerichtl. Urt. im Wege der Restitutionsklage gem. § 580 Nr. 6 ZPO erreichen kann (BAG 26.9.1991 NZA 1992, 1073); entspr. gilt bei der Zustimmung nach § 17 II MuSchG (BAG 17.6.2003 NZA 2003, 1329). 3

Keine Aussetzung kommt beim Ausspruch von **mehreren Kündigungen** in Betracht; es ist regelmäßig ermessensfehlerhaft, die Verfahren wegen der zeitl. später ausgesprochenen Kündigung(en) bis zur rechtskräftigen Entsch. der ersten Kündigungsschutzklage auszusetzen (LAG HE 13.8.1999 LAGE § 148 ZPO Nr. 36; LAG SH 25.9.1998 AP ZPO § 148 Nr. 5; LAG K 24.11.1997 LAGE § 148 ZPO Nr. 32; LAG D 30.3.1995 NZA-RR 1996, 49). Gleiches gilt, wenn der Kl. im Wege der Klagehäufung im selben Rechtsstreit oder in einem gesonderten Verfahren **Verzugslohnansprüche** für die Zeit nach dem Wirksamwerden der Kündigung gerichtl. geltend macht; hier ist die Aussetzung regelmäßig ermessensfehlerhaft (BAG 16.4.2014 NJW 2014, 1903). Der AG kann seinerseits die Rückzahlung der geleisteten Beträge für den Fall der rechtskräftigen Abweisung der Kündigungsschutzklage mit einer Hilfswiderklage geltend machen. Eine Aussetzung kommt nur bei einer Gefahr widersprechender rechtskräftiger Entscheidungen in Betracht. Daher muss das LAG gewährleisten, dass über nachf. Kündigungen oder den Annahmeverzug erst nach Rechtskraft der vorgreifl. Entscheidung über einen im Streit stehenden Beendigungstatbestand entschieden wird (BAG 11.1.2006 NZA 2006, 314). Es ist auch grds. ermessensfehlerhaft, über einen Kündigungsschutzantrag hins. einer Kündigung und über einen darauf bezogenen Auflösungsantrag eher zu entscheiden, als über einen zeitl. vorgehenden Auflösungsantrag (BAG 27.4.2006 NZA 2007, 229). 4

2. Bezugnahme auf das GVG. Aufgrund der Verweisung in § 9 II 1 gelten die Vorschr. des GVG über die Wahrnehmung richterl. Geschäfte durch Referendare (§ 10 GVG), Zustellungs- und Vollstreckungsbeamte (§§ 154, 155 GVG), Gerichtssprache (§§ 184 bis 191 GVG), Aufrechterhaltung der Ordnung in der Sitzung (§§ 176 bis 183 GVG) und Beratung und Abstimmung (§§ 192 bis 197 GVG). Von der Bezugnahme in § 9 II 2 sind die Vorschr. über den **Rechtsschutz bei überlangen Gerichtsverfahren** erfasst (§§ 198–201 GVG; dazu *Link/v. Dorp* AuA 2015, 340; *Brand/v. Stein* NZA 2014, 113; *Steinbeiß-Winkelmann/Sporrer* NJW 2014, 177). Danach erhält derjenige eine Entschädigung, der infolge unangemessener Dauer eines Gerichtsverfahrens als Verfahrensbeteiligter einen Nachteil erleidet, sofern zuvor eine Verzögerungsrüge erhoben worden ist (§ 198 I 1 GVG). § 9 II 2 regelt die verfahrensrechtl. Besonderheiten dieser Verfahren. Zuständig für die Geltendmachung der Entschädigung ist – soweit die Verfahrensdauer beim BAG beanstandet wird – das BAG, ansonsten das nach Landesrecht zust. LAG (§ 201 GVG iVm. § 9 II 2). Für Klagen ist das UrtV gegeben, die Zulässigkeit einer Revision gegen eine Entsch. des LAG richtet sich nach § 72 II, § 72a. Gegen die Entscheidung des BAG ist kein Rechtsmittel gegeben. Seit Inkrafttreten der §§ 198 ff. GVG ist eine Untätigkeitsbeschwerde nicht mehr statthaft (BGH 20.11.2012 NJW 2013, 385). 5

3. Rechtsmittelbelehrung. a) Rechtsmittel und Rechtsbehelfe. aa) Belehrungspflicht. Alle Entscheidungen der ArbG im UrtV und BeschlV, die mit einem befristeten Rechtsmittel angefochten werden können, müssen eine RMB enthalten. Zu diesen zählen Berufung und Revision bzw. Beschwerde und RB im BeschlV sowie die sof. Beschwerde, die Revisionsbeschwerde und die RB nach § 78 ArbGG. Gleiches gilt für Sprungrevision und -rechtsbeschwerde, über sie sind die Parteien ebenso zu belehren, soweit sie in Betracht kommen (BAG 16.6.1998 NZA 1998, 1288). Ist ein Rechtsmittel nicht gegeben, ist entspr. zu belehren. Keine RMB ist vorgesehen für Entscheidungen, die mit unbefristeten Rechtsmitteln oder ledigl. mit Rechtsbehelfen anfechtbar sind. Keine Belehrungspflicht besteht bei Anschlussberufung und -revision (BAG 20.2.1997 NZA 1997, 901), bei den sog. außerordentl. Rechtsbehelfen, zB Wiederaufnahme des Verfahrens (§ 79), Wiedereinsetzung in den vorherigen Stand (§§ 233 ff. ZPO) bzw. nachträgl. Zulassung der Kündigungsschutzklage (§ 5 KSchG), Abänderungsklage (§ 323 ZPO) und Vollstreckungsabwehrklage (§ 767 ZPO). Eine Belehrungspflicht über die Rüge nach § 78a besteht nicht, 6 weil es sich um einen Rechtsbehelf handelt. Kraft ausdr. Regelung gilt § 9 V auch bei Entscheidungen in Ausbildungsstreitigkeiten (§ 111 II 4, dazu LAG HE 14.6.1989 DB 1990, 589).

7 **bb) Rechtsbehelfe.** Von den Rechtsmitteln sind die Rechtsbehelfe zu unterscheiden. Im Gegensatz zu den Rechtsmitteln führen sie regelmäßig nicht zu einem Suspensiv- oder Devolutiveffekt. Zu den Rechtsbehelfen gehören der Widerspruch gegen den MB, der Einspruch gegen ein VU bzw. VB. Über diese besteht keine Belehrungspflicht nach § 9 V; soweit eine Belehrung zu erfolgen hat, ist dies ges. bes. angeordnet, zB in § 59 (LAG N 10.5.1988 LAGE § 59 ArbGG 1979 Nr. 1 – keine analoge Anwendung von § 9 V). Ob die **Nichtzulassungsbeschwerde** ein Rechtsmittel darstellt, ist umstr. Da im Verfahren nach §§ 72a, 72b die Entsch. des LAG nicht in vollem Umf. überprüft wird, kommt ihr ein Devolutiveffekt nur beschränkt zu, das BAG sieht sie daher nicht als Rechtsmittel an (BAG 9.7.2003 NZA-RR 2004, 42; zustimmend GMP/*Müller-Glöge* § 72a Rn. 7; aA GMP/*Prütting* Rn. 26; GK-ArbGG/*Bader* Rn. 88). Jedoch verlangt auch das BAG einen Hinweis über die Möglichkeit, eine NZB einzulegen (BAG 1.4.1980 AP ArbGG 1979 § 72a Nr. 5).

8 **b) Belehrung.** Die RMB ist Bestandteil der Entsch. des Gerichts und muss von der Unterschrift der Richter umfasst sein (§ 60 IV 1, § 69 I 1, § 75 II; BAG 6.3.1980 AP ArbGG 1979 Nr. 1). Ein Hinweis auf eine nachf. oder auf die rückseitig befindl. Belehrung ist unzureichend (BAG 1.3.1994 NZA 1994, 1053; 30.9.1998 NZA 1999, 265 – Ausschuss nach § 111). Die RMB muss die Prozessbeteiligten konkret und auf den Einzelfall bezogen informieren, ob und welches Rechtsmittel gegen die Entsch. gegeben ist, bei welchem Gericht, in welcher Form (Schriftform, elektronische Form bzw. Vertretungszwang, BAG 29.4.1983 AP ArbGG 1979 § 9 Nr. 2) und in welcher Frist das Rechtsmittel einzulegen ist (BAG 20.2.1997 NZA 1997, 901). Es ist das statthafte Rechtsmittel zu bezeichnen und das Gericht mit vollständiger Anschrift und Telefaxnummer anzugeben (BAG 6.3.1980 AP ArbGG 1979 Nr. 1; LAG MV 21.8.1997 NZA-RR 1998, 32) sowie auf die Möglichkeit zur Einreichung in der Form des § 46c hinzuweisen. Eine nur abstrakt erteilte RMB genügt den Anforderungen des § 9 V 3 regelmäßig nicht, da auch die nicht rechtskundige Partei erkennen soll, ob und welches Rechtsmittel einzulegen ist (LAG HB 24.7.2002 NZA-RR 2003, 265 – Ausn.: Bestandsschutzstreitigkeit). Nicht erforderl. ist es aber, den Parteien individuell abgestimmte Belehrungen über ihre Rechtsmittelmöglichkeiten zu erteilen. Ausreichend ist es, wenn in der Belehrung das konkret in der jeweiligen prozessualen Situation in Betracht kommende Rechtsmittel bezeichnet wird. Das BAG hat – sehr weitgehend – bei unterschiedl. Unterliegen und Obsiegen mehrerer Bekl. die Belehrung „Gegen dieses Urt. kann das Rechtsmittel der Berufung eingelegt werden. In vermögensrechtl. Streitigkeiten kann Berufung nur eingelegt werden, sofern der Wert des Beschwerdegegenstandes … übersteigt" als ausreichend angesehen (BAG 20.2.1997 NZA 1997, 901; aA GMP/*Prütting* Rn. 38). Dagegen braucht über die Begr. des Rechtsmittels und deren Form und Frist nicht belehrt werden (BAG 4.6.2003 NZA 2003, 1087; BVerwG 17.4.2013 NZA-RR 2013, 381; aA GK-ArbGG/*Bader* Rn. 89b).

9 **c) Fehlende oder fehlerhafte Rechtsmittelbelehrung. aa) Grundsatz.** Die Frist für ein Rechtsmittel beginnt nur, wenn die Partei über das Rechtsmittel und das Rechtsmittelgericht belehrt worden ist (§ 9 V 3). Ist eine Belehrung über die der Belehrungspflicht unterliegenden Punkte unterblieben oder objektiv unrichtig erteilt, ist die Einlegung grds. innerhalb eines Jahres seit Zustellung der Entsch. zulässig (BVerwG 25.10.2016 NZA-RR 2017, 102 – Begr.frist). Die Jahresfrist gilt nicht, wenn die Einlegung vor Ablauf der Jahresfrist infolge höherer Gewalt unmögl. war oder eine Belehrung dahin erfolgt ist, dass ein Rechtsmittel nicht gegeben ist. In den letzten beiden Fällen ist die Rechtsmitteleinlegung zeitl. unbegrenzt mögl. Der unterbliebene Hinweis auf die Unanfechtbarkeit der Entsch. ist folgenlos. Durch eine rechtsirrtüml. RMB wird auch die Anfechtbarkeit eines nicht anfechtbaren Urt. nicht begr. (BAG 20.9.2000 NZA 2001, 52). Eine fehlerhafte RMB ändert daher nichts an der zuvor erfolgten oder verweigerten Zulassung des Rechtsmittels (BAG 4.4.1989 NZA 1989, 693 – Berufung gegen zweites VU; 24.2.1988 NZA 1988, 553); zum Verkündungserfordernis § 64 Rn. 5 und § 72 Rn. 17. Die RMB ist auch fehlerhaft, wenn die Vorinstanz die Klage irrtüml. als unzulässig anstatt als unbegr. abgewiesen hat und die Entsch. ein Rechtsmittel für die bekl. Partei nicht erwähnt (BAG 19.11.1985 NZA 1986, 480) oder das in Betracht kommende Rechtsmittel falsch bezeichnet ist (BAG 3.12.1985 AP BAT § 74 Nr. 1). Ohne Bedeutung ist, ob die Unrichtigkeit offensichtl. ist, für die unterlegene Partei erkennbar war oder sie die Unrichtigkeit erkannt hat (BAG 13.4.2005 NZA 2005, 836). Besonderh. ergeben sich aus § 9 V, wenn die Entsch. des ArbG oder LAG nicht oder nicht rechtzeitig zugestellt wird. Nach der Rspr. des BAG stellen die §§ 66 I, 74 I Sonderregelungen für die Berufung und Revision dar, wenn die Entscheidung nicht oder nicht rechtzeitig zugestellt wird (Einzelh. bei § 66 Rn. 11 sowie § 72b). Danach findet § 9 V 4 nur noch auf andere fristgebundene Rechtsmittel Anwendung, insb. die sof. Beschwerde. Die in § 569 I ZPO genannte Frist wäre aber dann gleichfalls als eine spezielle Regelung anzusehen, die § 9 V 4 verdrängt.

10 **bb) Wiedereinsetzung, Heilung und Kosten.** Eine unrichtige RMB kann die Wiedereinsetzung ggü. der Versäumung der Rechtsmittelfrist rechtfertigen. Den PV trifft regelmäßig kein Verschulden an der Fristversäumnis. Nur wenn die RMB offensichtl. nicht geeignet ist, den Anschein der Richtigkeit zu erwecken, ist die Fristversäumnis als schuldhaft anzusehen (BAG 25.1.2007 NZA 2007, 580; 16.12.2004 NZA 2005, 1133). Auch bei Verhinderung der Einhaltung der Jahresfrist aufgrund höherer Gewalt ist

ein Wiedereinsetzungsantrag nach § 243 und § 236 II ZPO erforderl. Höhere Gewalt ist dabei mehr als ein Verschulden der Partei oder ihres PV (GK-ArbGG/*Bader* Rn. 110; HHB/*Helml* Rn. 19; aA GMP/*Prütting* Rn. 50f., der dazu auf die Gesetzgebungsgeschichte des ArbGG 1979 verweist). Der Mangel der fehlenden oder unrichtigen RMB kann dadurch **geheilt** werden, dass das Gericht nach § 319 ZPO die RMB berichtigt und das Urt. erneut mit der RMB zustellt (BAG 13.4.2005 NZA 2005, 836), die Zustellung des Berichtigungsbeschl. allein reicht nicht aus. Mit der Zustellung beginnt der Lauf der Rechtsmittelfrist, die Ber. wirkt nicht zurück. Der Mangel ist auch dann geheilt, wenn die Partei rechtzeitig das zulässige Rechtsmittel einlegt. Sind einer Partei aufgrund einer fehlerhaften RMB und Rechtsmitteleinlegung Gerichtskosten entstanden, sind diese nach § 21 I GKG wegen unrichtiger Sachbehandlung nicht zu erheben.

§ 10 Parteifähigkeit

[1] Parteifähig im arbeitsgerichtlichen Verfahren sind auch Gewerkschaften und Vereinigungen von Arbeitgebern sowie Zusammenschlüsse solcher Verbände; in den Fällen des § 2a Abs. 1 Nr. 1 bis 3f sind auch die nach dem Betriebsverfassungsgesetz, dem Sprecherausschussgesetz, dem Mitbestimmungsgesetz, dem Mitbestimmungsergänzungsgesetz, dem Drittelbeteiligungsgesetz, dem § 222 des Neunten Buches Sozialgesetzbuch, dem § 51 des Berufsbildungsgesetzes und den zu diesen Gesetzen ergangenen Rechtsverordnungen sowie die nach dem Gesetz über Europäische Betriebsräte, dem SE-Beteiligungsgesetz, dem SCE-Beteiligungsgesetz und dem Gesetz über die Mitbestimmung der Arbeitnehmer bei einer grenzüberschreitenden Verschmelzung beteiligten Personen und Stellen Beteiligte. [2] Parteifähig im arbeitsgerichtlichen Verfahren sind in den Fällen des § 2a Abs. 1 Nr. 4 auch die beteiligten Vereinigungen von Arbeitnehmern und Arbeitgebern sowie die oberste Arbeitsbehörde des Bundes oder derjenigen Länder, auf deren Bereich sich die Tätigkeit der Vereinigung erstreckt. [3] Parteifähig im arbeitsgerichtlichen Verfahren sind in den Fällen des § 2a Absatz 1 Nummer 5 auch die oberste Arbeitsbehörde des Bundes oder die oberste Arbeitsbehörde eines Landes, soweit ihr nach § 5 Absatz 6 des Tarifvertragsgesetzes Rechte übertragen sind.

1. Begriff. Als Parteifähigkeit wird die Fähigkeit bezeichnet, Partei (Kl. oder Bekl.) eines Rechts- 1
streits zu sein. § 10 ergänzt die Vorschr. des § 50 ZPO über die Parteifähigkeit im Zivilprozess für die beiden arbeitsgerichtl. Verfahrensarten. Wer nach § 50 ZPO parteifähig ist, ist dies auch im arbeitsgerichtl. UrtV und BeschlV. Da Letzteres keine Parteien, sondern nur Beteiligte kennt, verwendet das Gesetz für diese – mit Ausnahme von § 10 S. 2 – nicht den Begriff der Parteifähigkeit, sondern den der Beteiligtenfähigkeit.

2. Urteilsverfahren. a) Rechtsfähigkeit. Nach § 50 I ZPO ist parteifähig, wer rechtsfähig ist. Die 2
Rechtsfähigkeit richtet sich nach materiellem Recht. Parteifähig sind alle natürl. oder jur. Personen des privaten oder öffentl. Rechts. Hierzu gehören auch die Kirchen. Parteifähig sind auch die Vorgesellschaften der jur. Personen. Eine Vorgesellschaft ist dann gegeben, wenn der Gründungsvertrag bereits geschlossen, aber die Eintragung in die Register noch nicht erfolgt ist. Die Parteifähigkeit bleibt bis zum vollständigen Abschluss der Abwicklung erhalten (BAG 22.3.1988 NZA 1988, 841; 8.11.1962 AP GmbHG § 11 Nr. 1). Die Parteifähigkeit ausl., natürl. oder jur. Personen richtet sich nach Art. 7 EGBGB, Art. 13 Rom I, § 55 ZPO sowie den zwischenstaatl. Verträgen. Für die Beurteilung der Rechtsfähigkeit einer ausl. jur. Person ist grundsätzl. das Recht des Staats maßgebl., in dem die jur. Person ihren tatsächl. Verwaltungssitz hat. Wird der Sitz der jur. Person nach ihrer wirksamen Gründung in die Bundesrepublik verlagert, setzt sich die Rechtsfähigkeit nach dem ausl. Recht nicht ohne weiteres fort. Sie ist nur anzuerkennen, wenn die Gesellschaft nach dem Recht des Gründungsstaats fortbesteht und nach dt. Recht rechtsfähig (BGH 29.1.2003 NJW 2003, 1607) bzw. zum selbständigen Abschluss von Rechtsgeschäften befugt ist (BAG 11.6.2002 NZA 2003, 226 – Eintragung nach den §§ 13d, 13e HGB). Von den Regeln des dt. intern. Gesellschaftsrechts kann aber durch Staatsverträge abgewichen werden. Für den Bereich der EU hat der EuGH weitergehend entschieden, dass eine in einem Mitgliedstaat gegründete, dort zunächst ansässige und nach dem Recht des Mitgliedstaats rechtsfähige Gesellschaft, in einem anderen Mitgliedstaat die Rechtsfähigkeit und Parteifähigkeit besitzen muss, die diese Gesellschaft nach dem Recht ihres Gründungsstaats besitzt (EuGH 5.11.2002 NJW 2002, 3614; nachf. BGH 13.3.2003 NJW 2003, 1461 – fortbestehende Rechtsfähigkeit auch bei Verlegung des Sitzes in die Bundesrepublik).

b) Kapitalgesellschaften. Die Löschung einer GmbH im Handelsregister hat nur deklaratorische 3
Bedeutung. Trotz der Löschung besteht die Parteifähigkeit dann fort, wenn noch verteilbares Vermögen vorhanden ist. Streitig ist nur, ob die Parteifähigkeit auch dann endet, wenn die Abwicklung abgeschlossen worden ist, bevor alle Gläubiger der Liquidationsgesellschaft befriedigt worden sind (BAG 17.10.1989 NZA 1990, 443). Im Streit über die Partei- und Prozessfähigkeit einer bekl. GmbH wird diese als parteifähig behandelt (BAG 22.3.1988 NZA 1988, 841). Wird eine bekl. GmbH während des Rechtsstreits aufgelöst, nach Anmeldung der Beendigung der Liquidation im Handelsregister

gelöscht und ist außerdem kein verteilbares Vermögen mehr vorhanden, verliert sie auch dann nicht ihre Parteifähigkeit in einem Rechtsstreit, wenn Ansprüche geltend gemacht werden, die kein Aktivvermögen voraussetzen (BAG 9.7.1981 ZPO § 50 Nr. 4 – Kündigungsrechtsstreit; LAG HE 7.9.1998 LAGE § 50 ZPO Nr. 1 – Auskunftsanspruch; BFH 1.10.1992 NJW 1993, 2133); zu den Möglichkeiten der anderen Partei bei der Unterbrechung des Verfahrens wegen Verlusts der Prozessfähigkeit BAG 19.9.2007 NZA 2008, 1030. Eine wegen Vermögenslosigkeit gelöschte GmbH kann regelmäßig keine Ansprüche als Prozessstandschafter verfolgen (BAG 19.3.2002 NZA 2003, 59).

4 **c) Personengesellschaften.** Nach § 124 I, § 161 II HGB sind auch die OHG und KG parteifähig. Dasselbe gilt für Partnerschaftsgesellschaften freier Berufe (§ 7 PartGG, § 124 HGB) und auch für die GbR, soweit sie durch Teilnahme am Rechtsverkehr eigene Rechte und Pflichten begr. (BGH 29.1.2001 AP ZPO § 50 Nr. 9; ihm folgend BAG 1.12.2004 NZA 2005, 318; aA noch BAG 6.7.1989 NZA 1989, 961). Die Klage kann daher gegen die Gesellschaft gerichtet werden; soll nicht nur gegen das Gesellschaftsvermögen vollstreckt werden, sind auch die einzelnen Gesellschafter zu verklagen. Ein nicht rechtsfähiger Verein ist nach § 50 II ZPO passiv parteifähig. Ob er nach den Grundsätzen der BGH-Entsch. zur GbR auch die aktive Parteifähigkeit besitzt ist höchstrichterl. noch nicht entschieden, aber wohl zu bejahen.

5 **d) Gewerkschaften und Arbeitgebervereinigungen.** Nach § 10 S. 1 sind im arbeitsgerichtl. Verfahren auch Gewerkschaften und Vereinigungen von AG sowie Zusammenschlüsse solcher Verbände parteifähig. Dies gilt auch dann, wenn sie in ihrer Eigenschaft als AG klagen oder verklagt werden (BGH 22.12.1960 AP ArbGG 1953 § 11 Nr. 25). Zum Begriff der Gewerkschaft s. § 2 TVG Rn. 1. Bei der Parteifähigkeit wird auf den allg. arbeitsrechtl. Gewerkschaftsbegriff zurückgegriffen (krit. GMP/*Germelmann* Rn. 33; *Schleusener* NZA 1999, 408). Dem ist zuzustimmen, da nicht ersichtl. ist, dass der Gesetzgeber im ArbGG einen eigenständigen Gewerkschaftsbegriff schaffen wollte. Endet die Tariffähigkeit im Laufe des Verfahrens, endet damit auch die Parteifähigkeit (BAG 25.9.1990 NZA 1991, 314). Unterorganisationen einer Gewerkschaft können – unbeschadet ihrer unselbständigen Tätigkeit als Organ der Hauptgewerkschaft – dann parteifähig sein, wenn sie körperschaftl. organisiert und ggü. der Hauptorganisation weitgehend selbständig sind (BAG 29.11.1989 NZA 1990, 615; LAG HE 17.9.2008 NZA-RR 2009, 26 – Bezirksleitung/Verwaltungsstelle der IG Metall; LAG HM 31.5.2000 NZA-RR 2000, 535). Der Landesbezirk des DGB ist nicht partei- oder beteiligtenfähig (LAG M 16.7.1997 LAGE BetrVG 1972 § 112 Interessenausgleich Nr. 1). Zusammenschlüsse von AN und AGVerbänden sind die Spitzenverbände, zu deren satzungsgem. Aufgaben der Abschluss von TV gehört (§ 2 II TVG, dort Rn. 32). Nicht parteifähig sind selbständige Vereinigungen von AN mit sozial- oder berufspolitischer Zwecksetzung (s. § 11 I 2). Etwas anderes gilt nur, wenn sie die Voraussetzungen des § 51 ZPO erfüllen.

6 **3. Beschlussverfahren.** Im BeschlV entspricht die Parteifähigkeit der Fähigkeit, Beteiligter eines BeschlV zu sein. Dies sind grds. alle Rechtssubjekte, die auch im UrtV nach §§ 10 S. 1 Halbs. 1, 46 II parteifähig sind. Beteiligungsfähig sind darüber hinaus die in § 10 S. 1 Halbs. 2 aufgezählten Personen und Stellen. Um eine beteiligte Stelle handelt es sich, wenn einer Person oder einer Personengesamtheit, deren Bestand vom Wechsel der Mitglieder unabhängig ist, betriebsverfassungsrechtl. Befugnisse zugeordnet sind. Nimmt eine beteiligungsfähige Stelle in einem BeschlV für sich in Anspruch, mit eigenen Rechten ausgestattet zu sein (Doppelrelevanz), ist sie nach § 10 S. 1 Halbs. 2 beteiligtenfähig (BAG 19.9.2006 NZA 2007, 518); zum Restmandat des BR § 21b BetrVG. Nach dem BetrVG sind beteiligungsfähig auch die Arbeitsgruppe (§ 28a BetrVG), Gruppen von AN, soweit ihnen durch das BetrVG bes. Rechte zuerkannt werden (zB § 86a BetrVG), sowie die in Einheiten nach § 3 I Nr. 1 bis 3 BetrVG gebildeten ANVertretungen (§ 3 V 2 BetrVG). Darüber hinaus sind auch die SBV (§§ 177 f. SGB IX), der Vertrauensmann der Zivildienstleistenden und die Beauftragten des AG beteiligungsfähig, letztere jedoch nur, soweit ihnen eigene Rechte verliehen worden sind (zB Beauftragter für Angelegenheiten der schwerbehinderten Menschen, §§ 181 f. SGB IX). Hieraus folgt jedoch nicht, dass die in § 10 S. 1 Halbs. 2 aufgezählten Personen und Stellen in den BeschlV stets zu beteiligen sind. Die Stellung als Beteiligter eines konkreten BeschlV folgt vielmehr aus dem materiellen Recht (s. § 83 Rn. 6). Von der Beteiligungsfähigkeit ist die Antragsbefugnis im BeschlV zu unterscheiden (s. § 81 Rn. 9). Die Beteiligtenstellung der Arbeitsbehörden in Verfahren nach §§ 97, 98 ist dort behandelt.

7 **4. Prozessfähigkeit.** Prozessfähigkeit ist die Fähigkeit, Prozesshandlungen selbst oder durch einen gewählten Vertreter vorzunehmen. Für das arbeitsgerichtl. Verfahren gelten die allg. Vorschr. der ZPO (§§ 52 ff. ZPO). Eine Person ist prozessfähig, soweit sie sich durch Verträge verpflichten kann. Dies ist der Fall, wenn sie geschäftsfähig ist. Geschäftsunfähigen oder beschränkt Geschäftsfähigen (§§ 104, 106, 114 BGB) fehlt daher die Prozessfähigkeit. Minderjährige sind geschäftsfähig, soweit sie zum selbständigen Betrieb eines Erwerbsgeschäfts (§ 112 BGB) oder zum Abschluss eines Dienst- oder Arbeitsvertrags ermächtigt sind (§ 113 BGB); insoweit ist auch der Minderjährige prozessfähig. Wegen des Erziehungscharakters des Berufsausbildungsverhältnisses deckt die Ermächtigung nach § 113 BGB nicht die Eingehung von Ausbildungsverhältnissen. Jur. Personen und parteifähige Personenhandelsgesellschaften sind prozessunfähig, sie können nur durch ihre ges. Vertreter handeln. Dies sind bei

einer AG der Vorstand (§ 78 I AktG) bzw. der AR (§ 112 AktG, BAG 4.7.2001 NZA 2002, 401), einer GmbH der/die GF (§ 35 GmbHG), Vereinen, Stiftungen und Genossenschaften der Vorstand (§§ 26 II, 86 BGB, 24 GenG), einer GbR, OHG, PartGG und KG die Gesellschafter bzw. Komplementäre sowie Partner (§§ 125, 161 HGB, § 7 III PartGG) und einer KGaA der/die persönl. haftenden Gesellschafter (§ 278 II AktG). Ist die Prozessfähigkeit eines Verfahrensbeteiligten zweifelhaft, muss das ArbG sämtl. Beweismittel ausschöpfen, insb. ein SVgutachten einholen und vor einer Beweisaufnahme zur Prozessfähigkeit eine pers. Anhörung durchführen sowie – bei angenommener **Prozessunfähigkeit** – auf die Bestellung einer Betreuungsperson hinzuwirken (BVerfG 16.6.2016 NZA-RR 2016, 495; BAG 28.5.2009 NZA 2009, 1109).

Im **BeschlV** sind zunächst diejenigen Personen und Stellen prozessfähig, die diese Eigenschaft auch 8 im UrtV besitzen. Dies gilt für Minderjährige, wenn sie betriebsverfassungsrechtl. Rechte wahrnehmen, hierzu zählt nicht das Weiterbeschäftigungsverlangen des Jugendvertreters nach § 78a BetrVG. Voraussetzung für die wirksame Verfahrensbeteiligung des BR und die Beauftragung eines Bevollmächtigten sind eine wirksame Beschlussfassung, die vom BR darzulegen ist; eine solche ist für die Einlegung eines Rechtsmittels nicht mehr erforderl. (BAG 4.12.2013 – 7 ABR 7/12). Das ArbG hat die entspr. Tatsachen nur aufzuklären, wenn diese in Zweifel gezogen werden. Ist eine Beschlussfassung zunächst unterblieben oder fehlerhaft erfolgt, ist der BR in dem BeschlV nicht ordnungsgem. vertreten. Der für den BR gestellte Antrag ist als unzulässig abzuweisen. Der BR kann die bereits erfolgte Einl. eines BeschlV genehmigen. Der durch die nicht ordnungsgem. Beschlussfassung vermittelte Vertretungsmangel kann grundsätzl. in jeder Lage des Verfahrens geheilt werden. Die Genehmigung durch eine nachträgl. Beschlussfassung ist bis zum Ergehen einer Prozessentscheidung, durch die der Antrag wegen des Vertretungsmangels als unzulässig abgewiesen wird, mögl. Der Nachweis über die bis zum Zeitpunkt der Prozessentscheidung erfolgte Beschlussfassung kann noch im Rechtsmittelverfahren erfolgen (BAG 16.11.2005 NZA 2006, 553).

5. Prozessführungsbefugnis. Prozessführungsbefugnis ist die Berechtigung, ein eigenes oder frem- 9 des Recht im eigenen Namen gerichtl. geltend zu machen. Prozessführungsbefugt ist der materiellrechtl. Berechtigte und Verpflichtete. Ausnahmsweise kann auch ein Dritter prozessführungsbefugt sein, wenn er aufgrund des materiellen Rechts hierzu ermächtigt ist. Eine ges. Prozessstandschaft besteht nach §§ 265, 841 ZPO, § 25 HAG, § 13 I UWG und Art. 56 VIII ZA zum NATO-Truppenstatut (BAG 30.11.1984 AP ZA-Nato-Truppenstatut Art. 56 Nr. 6 – BRD) sowie für die sog. Partei kraft Amtes (zB InsV und Testamentsvollstrecker). Eine gewillkürte Prozessstandschaft kommt in Betracht, wenn der Dritte durch Rechtsgeschäft zur Prozessführung berechtigt ist. Sie ist nur zulässig, wenn der Dritte durch Rechtsgeschäft ermächtigt wird, das Recht im eigenen Namen geltend zu machen und der Prozessstandschafter ein eigenes schutzwürdiges Interesse hat.

6. Prozessuales. Die Partei-, Beteiligten- und Prozessfähigkeit ist vom Gericht in jeder Lage des 10 Verfahrens vAw. zu prüfen (§ 56 I ZPO; BAG 15.9.1977 AP ZPO § 56 Nr. 5). Die Parteien sind zwar grds. für das Vorliegen der Voraussetzungen für die Prozessführung darlegungs- und beweispflichtig. Jedoch ist das Gericht vAw. zur Beweiserhebung, insb. zur Einholung eines Sachverständigengutachtens, verpflichtet, um bestehende Zweifel nach Möglichkeit aufzuklären. Nur wenn dies nicht mögl. ist, gehen diese zulasten der jeweiligen Partei (BAG 20.1.2000 NZA 2000, 613; 1.3.1963 AP ZPO § 56 Nr. 2). Eine erteilte Prozessvollmacht bleibt aber wirksam, wenn die Partei nachträgl. prozessunfähig wird. Besteht Streit über das Bestehen der Prozessvoraussetzungen, ist die Partei insoweit zuzulassen und kann auch Rechtsmittel einlegen (BAG 19.11.1985 NZA 1986, 480). Über das Vorliegen der Prozessvoraussetzungen kann durch Zwischenurt. nach § 303 ZPO entschieden werden. Lässt sich nach Erschöpfung der zur Vfg. stehenden Erkenntnisquellen die Prozessfähigkeit nicht feststellen, ist die Klage als unzulässig abzuweisen, unabhängig davon, ob die Prozessfähigkeit beim Kl., der bekl. Partei oder einem Beteiligten gefehlt hat. Ergeht dennoch eine Entscheidung, kann gegen diese Nichtigkeitsklage erhoben werden. Der Mangel der Prozessvoraussetzungen kann geheilt werden, wenn die zust. Partei die Prozessführung genehmigt (BAG 30.9.1970 AP ZPO § 56 Nr. 3).

§ 11 Prozessvertretung

(1) [1]Die Parteien können vor dem Arbeitsgericht den Rechtsstreit selbst führen. [2]Parteien, die eine fremde oder ihnen zum Zweck der Einziehung auf fremde Rechnung abgetretene Geldforderung geltend machen, müssen sich durch einen Rechtsanwalt als Bevollmächtigten vertreten lassen, soweit sie nicht nach Maßgabe des Absatzes 2 zur Vertretung des Gläubigers befugt wären oder eine Forderung einziehen, deren ursprünglicher Gläubiger sie sind.

(2) [1]Die Parteien können sich durch einen Rechtsanwalt als Bevollmächtigten vertreten lassen. [2]Darüber hinaus sind als Bevollmächtigte vor dem Arbeitsgericht vertretungsbefugt nur

1. Beschäftigte der Partei oder eines mit ihr verbundenen Unternehmens (§ 15 des Aktiengesetzes); Behörden und juristische Personen des öffentlichen Rechts einschließlich der von ihnen zur Erfüllung ihrer öffentlichen Aufgaben gebildeten Zusammenschlüsse können sich auch durch

Beschäftigte anderer Behörden oder juristischer Personen des öffentlichen Rechts einschließlich der von ihnen zur Erfüllung ihrer öffentlichen Aufgaben gebildeten Zusammenschlüsse vertreten lassen,

2. volljährige Familienangehörige (§ 15 der Abgabenordnung, § 11 des Lebenspartnerschaftsgesetzes), Personen mit Befähigung zum Richteramt und Streitgenossen, wenn die Vertretung nicht im Zusammenhang mit einer entgeltlichen Tätigkeit steht,

3. selbständige Vereinigungen von Arbeitnehmern mit sozial- oder berufspolitischer Zwecksetzung für ihre Mitglieder,

4. Gewerkschaften und Vereinigungen von Arbeitgebern sowie Zusammenschlüsse solcher Verbände für ihre Mitglieder oder für andere Verbände oder Zusammenschlüsse mit vergleichbarer Ausrichtung und deren Mitglieder,

5. juristische Personen, deren Anteile sämtlich im wirtschaftlichen Eigentum einer der in Nummer 4 bezeichneten Organisationen stehen, wenn die juristische Person ausschließlich die Rechtsberatung und Prozessvertretung dieser Organisation und ihrer Mitglieder oder anderer Verbände oder Zusammenschlüsse mit vergleichbarer Ausrichtung und deren Mitglieder entsprechend deren Satzung durchführt, und wenn die Organisation für die Tätigkeit der Bevollmächtigten haftet.

[3] Bevollmächtigte, die keine natürlichen Personen sind, handeln durch ihre Organe und mit der Prozessvertretung beauftragten Vertreter.

(3) [1] Das Gericht weist Bevollmächtigte, die nicht nach Maßgabe des Absatzes 2 vertretungsbefugt sind, durch unanfechtbaren Beschluss zurück. [2] Prozesshandlungen eines nicht vertretungsbefugten Bevollmächtigten und Zustellungen oder Mitteilungen an diesen Bevollmächtigten sind bis zu seiner Zurückweisung wirksam. [3] Das Gericht kann den in Absatz 2 Satz 2 Nr. 1 bis 3 bezeichneten Bevollmächtigten durch unanfechtbaren Beschluss die weitere Vertretung untersagen, wenn sie nicht in der Lage sind, das Sach- und Streitverhältnis sachgerecht darzustellen.

(4) [1] Vor dem Bundesarbeitsgericht und dem Landesarbeitsgericht müssen sich die Parteien, außer im Verfahren vor einem beauftragten oder ersuchten Richter und bei Prozesshandlungen, die vor dem Urkundsbeamten der Geschäftsstelle vorgenommen werden können, durch Prozessbevollmächtigte vertreten lassen. [2] Als Bevollmächtigte sind außer Rechtsanwälten nur die in Absatz 2 Satz 2 Nr. 4 und 5 bezeichneten Organisationen zugelassen. [3] Diese müssen in Verfahren vor dem Bundesarbeitsgericht durch Personen mit Befähigung zum Richteramt handeln. [4] Eine Partei, die nach Maßgabe des Satzes 2 zur Vertretung berechtigt ist, kann sich selbst vertreten; Satz 3 bleibt unberührt.

(5) [1] Richter dürfen nicht als Bevollmächtigte vor dem Gericht auftreten, dem sie angehören. [2] Ehrenamtliche Richter dürfen, außer in den Fällen des Absatzes 2 Satz 2 Nr. 1, nicht vor einem Spruchkörper auftreten, dem sie angehören. [3] Absatz 3 Satz 1 und 2 gilt entsprechend.

(6) [1] In der Verhandlung können die Parteien mit Beiständen erscheinen. [2] Beistand kann sein, wer in Verfahren, in denen die Parteien den Rechtsstreit selbst führen können, als Bevollmächtigter zur Vertretung in der Verhandlung befugt ist. [3] Das Gericht kann andere Personen als Beistand zulassen, wenn dies sachdienlich ist und hierfür nach den Umständen des Einzelfalls ein Bedürfnis besteht. [4] Absatz 3 Satz 1 und 3 und Absatz 5 gelten entsprechend. [5] Das von dem Beistand Vorgetragene gilt als von der Partei vorgebracht, soweit es nicht von dieser sofort widerrufen oder berichtigt wird.

1 **1. Allgemeines.** Die Vorschr. regelt das Auftreten und die Vertretung einer prozess- und verfahrensfähigen Partei (s. § 10) vor den Gerichten für Arbeitssachen. Durch § 11 werden die §§ 78, 79, 90, 157 ZPO für das arbeitsgerichtl. Verfahren modifiziert. Die Vorschr. gilt für das UrtV und aufgrund der Verweisungen in den §§ 80 II, 87 II 2, 92 II 2 für das BeschlV, zu den Besonderheiten Rn. 10. § 11 I bis III, V betrifft das Verfahren vor dem ArbG, während § 11 IV Regelungen für die Rechtsmittelinstanzen enthält. Soweit keine Sondervorschriften bestehen, gelten ansonsten die §§ 78 ff. ZPO über die Verweisung in § 46 II.

2 **2. Prozessvertretung in der ersten Instanz.** Die Parteien können vor den ArbG nach § 11 I 1 den Rechtsstreit **selbst führen.** Abs. 1 S. 1 enthält von diesem Grds. eine Ausn., die ihrerseits mit einer Rückausnahme verbunden ist. Parteien, die eine fremde oder ihnen zum Zweck der Einziehung auf fremde Rechnung abgetretene Geldforderung geltend machen, müssen sich durch einen RA vertreten lassen. Diese Einschränkung gilt nur dann nicht, wenn sie nicht nach § 11 II zur Vertretung des Gläubigers befugt wären oder im Wege gewillkürter Prozessstandschaft eine Forderung einziehen, deren ursprüngl. Gläubiger sie sind. Die Rückausnahme betrifft Forderungen, die von der kl. Partei nicht nur zur Einziehung, sondern im Wege der Voll- oder Sicherungsabtretung erworben worden sind (GMP/*Germelmann* Rn. 21).

3 Nach § 11 II kann sich die **Partei** vor dem ArbG auch durch die in § 11 II 2 genannten Personen und Stellen **vertreten lassen;** für den Nachweis der Vollmacht gilt § 80 ZPO. Nach § 11 II 2 Nr. 1 sind

Beschäftigte einer Partei zur ihrer Vertretung berechtigt. Hierzu zählen nicht nur Beschäftigte der Partei selbst, sondern auch die eines mit ihr verbundenen Unternehmens (§ 15 AktG, s. zu Einzelh. die dort. Kommentierung) sowie die Angehörigen der in der Vorschr. näher bezeichneten Behörden und jur. Personen des öffentl. Rechts. Die Beschäftigung muss nicht notw. auf einem Arbeits-, sondern kann auch auf einem Dienstvertrag beruhen; erforderl. ist aber die Weisungsgebundenheit des Vertreters gegenüber seinem Unternehmen. Eine Vertretungsbefugnis besteht nur für ein Unternehmen innerhalb des Unternehmensverbunds des § 15 AktG. Auch bei Behörden muss der Vertreter nicht der Behörde angehören, die Partei des Rechtsstreits ist; nicht einmal die Zugehörigkeit zu dem gleichen Dienstherrn ist notwendig (einschr. daher BCF/*Bader* Rn. 13 – nur Behörden im Unterordnungsverhältnis). Nach § 11 II 2 Nr. 2 ist die Vertretung der Partei durch volljährige **Familienangehörige** iSd. § 15 AO, § 11 LPartG zulässig. Dies sind der Verlobte, Ehegatte, Verwandte und Verschwägerte gerader Linie, Geschwister, Kinder der Geschwister, Ehegatten der Geschwister und Geschwister der Ehegatten, Geschwister der Eltern, Pflegeeltern und Pflegekinder sowie der Lebenspartner und seine Verwandten, die mit der Partei nach § 11 II LPartG als verschwägert gelten. Zur erstinstanzl. unentgeltl. Prozessvertretung sind neben volljährigen Familienangehörigen alle Personen zugelassen, die entweder **Streitgenossen** der Partei sind oder selbst die (formale) **Befähigung zum Richteramt** haben. Dies gilt unabhängig davon, ob die Vertretung einmalig oder „geschäftsmäßig" erfolgt, sie muss nur ohne eine Gegenleistung erbracht werden. Die Befähigung zum Richteramt ist in § 5 DRiG geregelt; Diplom-Juristen, die nach dem 3.10.1990 zum Richter, StA oder Notar ernannt, im höheren Verwaltungsdienst beschäftigt oder als RA zugelassen worden, sind bei der Anwendung der § 11 II 2 Nr. 2, IV 3 nach § 5 RDGEG gleichgestellt. Die Unentgeltlichkeit steht einem Auslagenersatz für die mit der Prozessvertretung entstehenden Aufwendungen nicht entgegen. Ein Zusammenhang mit einer anderen entgeltpflichtigen Tätigkeit oder Mitgliedschaft (BCF/*Bader* Rn. 21) fällt nicht unter § 11 II 2 Nr. 2. Für die Vertretung durch Richter gelten weitere Einschränkungen (s. Rn. 8). Postulationsfähig vor dem ArbG sind auch die Organe oder die mit der Prozessvertretung beauftragten Vertreter von **selbständigen Vereinigungen von AN mit sozial- oder berufspolitischer Zwecksetzung** (§ 11 II 2 Nr. 3). Dagegen werden Vertreter von entspr. AGVereinigungen nicht erfasst. Der Begriff der sozial- oder berufspolitischen Zwecksetzung ist weit auszulegen. Vertretungsbefugt sind zB die katholische ANBewegung, die christl. Gewerkschaften, soweit ihnen die Tariffähigkeit fehlt, der Verband der Bergmanns-Versorgungsscheininhaber oder der Allgemeine Beamtenschutzbund. Keine Vereinigungen iSd. § 11 II 2 Nr. 3 sind die ANKammern in BE oder dem SL, die Schwerbehinderten- bzw. Kriegsopferverbände und solche Verbände, die unterschiedslos AN und AG aufnehmen. Nicht postulationsfähig sind schließl. die Zusammenschlüsse von Vereinigungen nach § 11 II 2 Nr. 3; zur Zurückweisung der Bevollmächtigten nach § 11 II 2 Nr. 1 bis 3 Rn. 11. Daneben kann sich eine Partei, durch ein Organ oder einen mit der Prozessvertretung beauftragten Vertreter der in § 11 II 2 Nr. 4 und 5 genannten Verbände bzw. Gesellschaften vertreten lassen (s. Rn. 5).

3. Prozessvertretung durch Rechtsanwälte und gleichgestellte Personen. Die Parteien können 4
sich in allen Instanzen durch einen RA vertreten lassen; ein bes. Vertretungszwang zB durch einen FA für ArbR besteht nicht. Eine Ausnahme gilt für RA, die beim BGH zugelassen sind (§ 172 I BRAO). Einem RA gleichgestellt sind RAgesellschaften (§ 59c, § 59l BRAO). Vertretungsbefugt sind auch Syndikusanwälte, soweit sie nicht in dieser Eigenschaft für ihren AG tätig werden (§ 46 BRAO, BAG 19.3.1996 NZA 1996, 671). Der bei der Partei angestellte Anwalt muss bei der Rechtsmitteleinlegung eindeutig zu erkennen geben, dass er als unabhängiger RA auftritt (BAG 17.9.2013 NZA 2014, 502). Ausl. RA sind hins. der Vertretung inländischen RA gleichgestellt, wenn sie sich in der BRD niedergelassen haben (§ 2 I EuRAG, zur Angabe in einer RMB BSG 18.10.2007 NZS 2008, 615). Besteht Vertretungszwang (§ 11 IV 1), kann ein im Inland nur vorübergehend tätiger europ. RA Prozesshandlungen nur im Einvernehmen mit einem in der BRD zugelassenen RA vornehmen (§ 28 I EuRAG, BAG 13.12.2012 NZA 2013, 636). RA sind von der Vertretung ausgeschlossen, wenn sie aus der Anwaltschaft ausgeschlossen wurden (§ 114 Nr. 5 BRAO), ihre Zulassung zurückgenommen haben (§§ 14, 15 BRAO) oder ein Berufsverbot verhängt worden ist (BAG 16.8.1991 NZA 1992, 617). Ein RA kann anderen Personen Untervollmacht erteilen. Als Unterbevollmächtigte kommen in Betracht andere (auch angestellte) RA (BAG 22.5.1990 NZA 1990, 828) und postulationsfähige Personen eines Verbands oder Unternehmens nach § 11 II Nr. 3–5. Der RA kann vor dem ArbG einem bei ihm beschäftigten Stationsreferendar Untervollmacht erteilen (§ 157 ZPO). Die Möglichkeit, einem nebenberufl. beschäftigten Referendar, Assessor und Bürovorsteher Untervollmacht zu erteilen, ist nach der Aufhebung des § 57 BRAO entfallen. Dem RA nach § 11 II 1 für die Vertretung vor dem ArbG (BCF/*Bader* Rn. 13) **gleichgestellt** sind Kammerrechtsbeistände (§ 1 II, § 3 I Nr. 3 RDGEG) und registrierte Erlaubnisinhaber (§ 3 II, § 1 III RDGEG), soweit ihnen die gerichtl. Vertretung oder das Auftreten in der Verhandlung bisher gestattet war; der Umf. dieser Befugnis ist in das allg. zugängl. Rechtsdienstleistungsregister einzutragen (§§ 10, 16 I 2 lit. e RDG); zur Zurückweisung Rn. 11.

4. Prozessvertretung durch Verbandsvertreter. a) Begriff. Die Parteien können sich nach § 11 II 2 5
Nr. 4 durch Vertreter von Gewerkschaften, von Vereinigungen von AG oder von Zusammenschlüssen solcher Verbände vertreten lassen, wenn diese Personen kraft Satzung oder Vollmacht zur Vertretung

befugt sind und der Zusammenschluss, der Verband oder deren Mitglieder Partei sind. Für den Begriff der Gewerkschaft ist der allg. arbeitsrechtl. Begriff maßgebend (s. § 2 TVG Rn. 1, 32). Die Vertretung von Mitgliedern der DGB-Einzelgewerkschaften durch die DGB-Rechtsschutz GmbH wird von § 11 II 2 Nr. 5 umfasst. Diese ist selbst Prozessbevollmächtigte (BAG 7.11.2012 NZA 2013, 582). Nach § 11 II 2 Nr. 4 kann sich eine Partei auch durch einen Vertreter eines anderen Verbands oder Zusammenschlusses mit vergleichbarer Ausrichtung vertreten lassen. Hierunter ist nicht die fachl. Ausrichtung, sondern der generelle Verbandszweck (AN-/AGKoalition) gemeint (GMP/*Germelmann* Rn. 58). Der Verbandsvertreter ist postulationsfähig, wenn der Zusammenschluss, Verband oder deren Mitglieder Partei des Rechtsstreits sind. Die Tarifbindung des zu vertretenen Mitglieds ist nicht erforderl. (BAG 16.11.1989 NZA 1990, 666), seine Mitgliedschaft im Verband ist ausreichend (GMP/*Germelmann* Rn. 70; zur Verbandsmitgliedschaft ohne Tarifbindung s. § 2 TVG Rn. 9). Der Verbandsvertreter ist nicht postulationsfähig, wenn die Prozesspartei nicht (mehr) seinem Verband angehört (BAG 16.5.1975 AP ArbGG 1953 § 11 Nr. 35), die bis zum Ausscheiden vorgenommenen Handlungen bleiben wirksam. Bei mehreren Streitgenossen auf einer Seite ist es ausreichend, wenn nur einer von ihnen Verbandsmitglied ist (BAG 8.12.1970 AP BetrVG § 76 Nr. 21). Danach besteht für den InsV keine Vertretungsmöglichkeit durch einen Verbandsvertreter, wenn der Gemeinschuldner nicht mehr Mitglied des AGVerbands ist (BAG 20.11.1997 NZA 1998, 334). Auch ein rechtsfähiges Berufbildungswerk einer Gewerkschaft kann sich nicht durch Rechtssekretäre einer Gewerkschaft vertreten lassen, wenn dem Berufsbildungswerk nach der Satzung auch Nichtgewerkschaftsmitglieder angehören können (BAG 29.1.1992 NZA 1993, 379). Zu den Verbandsvertretern zählen Vertreter von Innungen, die nach § 54 III Nr. 1 HwO tariffähig sind.

6 **b) Vertretungsmacht und Rechtsstellung.** Verbandsvertreter sind nur dann postulationsfähig, wenn sie kraft Satzung oder Vollmacht zur Vertretung der Mitglieder befugt sind. Ihre Sach- und Fachkompetenz ist vom Gericht nicht zu überprüfen. Durch die Beauftragung bringt der Verband zum Ausdruck, dass der Vertreter zu einer interessen- und sachgerechten Vertretung der Verbandsmitglieder in der Lage ist (BAG 16.11.1989 NZA 1990, 666). Er muss weder Verbandsmitglied sein noch in einem ArbVerh. zu diesem stehen oder die Befugnis zu rechtsgeschäftl. Erkl. für ihn besitzen. Der Verband kann die Vollmacht einschränken, zB auf Einzelfälle, für bestimmte Mitglieder, auf bestimmte Verfahren oder auf eine Instanz (BAG 29.4.1983 AP ArbGG 1979 § 9 Nr. 2). Die Verbände können die Vollmacht für die Führung der erstinstanzl. Verfahren ihren Mitarbeitern (aA LAG BE 7.8.1995 LAGE § 11 ArbGG 1979 Nr. 10; krit. dazu BVerfG 10.3.1997, 1 BvR 1872/95), Referendaren oder Syndikusanwälten erteilen. Die Vertretung des Mitglieds darf sich nicht außerhalb der satzungsgem. Aufgaben des Verbands bewegen (BAG 20.2.1986 AP ArbGG 1979 § 11 Prozessvertreter Nr. 8). Ist die Vertretung von der Satzung gedeckt, ist unerhebl., ob die Rechtsschutzgewährung im Einzelfall zu Recht erfolgt ist (großzügiger wohl BAG 28.4.2004 AP ArbGG 1979 § 11 Prozessvertreter Nr. 18 [Vertretungsbefugnis kraft Satzung oder Vollmacht und Verbandsmitgliedschaft genügt]). Das ArbG hat keine Prüfungskompetenz, ob die Partei in dem richtigen Verband organisiert ist. Die Bevollmächtigung muss keine ausdr. Grdl. in der Verbandssatzung haben (BAG 6.9.2006 NZA 2007, 526 – Vereinszweck ist ausreichend). Die Verbandsvertreter haben grds. die gleiche Rechtsstellung wie RA. Ihnen gegenüber kann die Zustellung daher im vereinfachten Zustellungsverfahren erfolgen (§ 50 II, §§ 174, 178 I Nr. 2 ZPO). Dagegen ist nicht vorgesehen, dass Verbandsvertreter Schriftstücke selbst beglaubigen (§ 169 II ZPO) oder nach § 195 ZPO von RA zu RA zustellen. Sie haben ein Zeugnisverweigerungsrecht nach § 383 I Nr. 6 ZPO, wie ggü. einem Anwalt können gegen sie keine Ordnungsmittel wegen Ungebühr (§ 178 GVG) verhängt werden, ebenso erfolgt über § 85 II ZPO eine Zurechnung ihres Verschuldens ggü. der Partei. Sie unterliegen nicht dem Standesrecht der RA.

7 **5. Prozessvertretung in den Rechtsmittelinstanzen.** In den Verfahren vor dem LAG und BAG kann sich die Partei nicht mehr selbst vertreten, es besteht Vertretungszwang (§ 11 IV 1; zum BeschlV Rn. 11). Eine Ausn. besteht im UrtV für das Verfahren vor einem beauftr. oder ers. Richter und für Prozesshandlungen, die vor dem Urkundsbeamten der Geschäftsstelle vorgenommen werden können. Hierzu zählen insb. die Einlegung der sof. Beschwerde, der Einspruch gegen ein VU des LAG (nicht beim BAG, BAG 4.5.1956 AP ArbGG 1953 § 72 Nr. 44) sowie die Zustimmung zur Einlegung der Sprungrechtsmittel. Vertretungsberechtigt sind RA (s. Rn. 4) und Verbandsvertreter (s. Rn. 5 f.), nicht hingegen Vertreter von selbständigen Vereinigungen von AN mit sozial- oder berufspolitischer Zwecksetzung nach § 11 II 2 Nr. 3 (s. Rn. 3) oder Beistände (BAG 18.6.2015 NZA 2016, 380). Ges. Regelungen über bes. persönl. Voraussetzungen oder über den Ausschluss bestimmter Personen oder Personengruppen bestehen nicht; § 11 IV verlangt weder einen Wechsel des Prozessvertreters noch eine „besondere Vertretungskompetenz" (BAG 6.9.2006 NZA 2007, 526). Vor dem BAG sind nur Verbandsvertreter postulationsfähig, die über eine Befähigung zum Richteramt verfügen (§ 11 IV 3). Die in den Rechtsmittelinstanzen Vertretungsberechtigten dürfen nur solchen Personen Untervollmacht erteilen, die jeweils selbst vor dem LAG bzw. BAG postulationsfähig sind. Die Partei selbst ist vor dem LAG nur für die Prozesshandlungen postulationsfähig, die vor dem Urkundsbeamten der Geschäftsstelle vorgenommen werden können. Nach Satz 4 kann sich eine Partei, die in den Rechtsmittelinstanzen postulationsfähig ist, selbst vertreten. Fehlt die Postulationsfähigkeit, ist die von einer

nicht postulationsfähigen Person vorgenommene prozessuale Rechtshandlung unwirksam (BAG 29.1.1992 NZA 1993, 379). Eine mangels Postulationsfähigkeit des Handelnden unwirksame Prozesshandlung kann regelmäßig durch einen postulationsfähigen PV genehmigt werden. Bei fristgebundenen Prozesshandlungen ist jedoch erforderl., dass die Genehmigung vor Fristablauf erklärt wird. Nach Fristablauf ist eine rückwirkende Heilung grds. ausgeschlossen (BAG 17.9.2013 NZA 2014, 502).

6. Richter. Nach § 11 V unterliegt das Auftreten von Richtern vor Gericht wegen der Unvereinbar- 8
keit der Prozessvertretung mit einer richterl. Tätigkeit an demselben Gericht Beschränkungen. Berufsrichtern ist nach § 11 V 1 generell und unabhängig von der vertretenen Person ein Auftreten vor allen Spruchkörpern des Gerichts, dem sie angehören, untersagt. Das Verbot gilt bis zu ihrem Ausscheiden aus dem Richterverhältnis. Bei ehrenamtl. Richtern ist nach § 11 V 2 das Vertretungsverbot auf den jeweiligen Spruchkörper beschränkt, dem der ehrenamtl. Richter angehört. Ist er keinem Spruchkörper zugeteilt, ist er von einem Auftreten vor diesem Gericht ausgeschlossen. Hiervon besteht nur eine Ausn., wenn der ehrenamtl. Richter als Beschäftigter iSd. § 11 II 2 Nr. 1 vor dem ArbG auftritt.

7. Beistände. Nach § 11 VI können die Parteien in der mdl. Verhandlung mit Beiständen erscheinen; 9
dies gilt auch, wenn die Partei durch einen RA oder Verbandsvertreter vertreten wird (BCF/*Bader* Rn. 41). Beistand kann sein, wer in Verfahren, in denen die Parteien den Rechtsstreit selbst führen können, als Bevollmächtigter zur Vertretung in der Verhandlung befugt ist. Das Gericht kann andere Personen als Beistand zulassen, wenn dies sachdienl. ist und hierfür nach den Umständen des Einzelfalls ein Bedürfnis besteht.

8. Beschlussverfahren. Für das Verfahren vor dem ArbG nimmt § 80 II auf das UrtV erster Instanz 10
Bezug. Die Beteiligten können sich daher vor dem ArbG selbst vertreten, soweit sie partei- und prozessfähig sind (§ 10 Rn. 6). Die ANvertretungen werden dabei iRd. gefassten Beschl. ihrem Vors. vertreten (§ 26 II 1 BetrVG). In der Beschwerde- und RBinstanz müssen die Rechtsmittel und die Rechtsmittelbegr. (Beschwerde/RB) ebenso wie die NZB (BAG 18.8.2015 NZA 2015, 1211) von einem nach § 11 IV postulationsfähigen Vertreter unterzeichnet sein (§§ 89 I, 94 I). Darüber hinaus können sich die Beteiligten selbst vertreten oder durch eine nach § 11 I bis III, VI postulationsfähige Person vertreten lassen (§ 87 II 2, § 92 II, BAG 20.3.1990 NZA 1990, 699).

9. Zurückweisung. Nicht nach § 11 II vertretungsberechtigte Personen müssen vom ArbG durch 11
(unanfechtbaren) Beschl. zurückgewiesen werden (§ 11 III 1). Dies gilt auch für registrierte Erlaubnisinhaber, soweit sie nicht nach Maßgabe des § 3 II RDGEG zur gerichtl. Vertretung oder zum Auftreten in der Verhandlung befugt sind (§ 3 III 1 RDGEG). Die Wirksamkeit der bisherigen Prozesshandlungen bleibt davon nach Maßgabe des § 11 III 2 bzw. § 3 III 2 unberührt. Das ArbG kann den in § 11 II Nr. 1 bis 3 genannten Bevollmächtigten sowie registrierten Erlaubnisinhabern durch unanfechtbaren Beschl. die weitere Vertretung oder das weitere Auftreten in der Verhandlung untersagen, wenn sie nicht in der Lage sind, das Sach- und Streitverhältnis sachgerecht darzustellen (§ 11 III 2, § 3 III 3 RDGEG). Funktionell zuständig ist nach § 55 I Nr. 11 in der Kammerverhandlung die gesamte Kammer, ansonsten der Vors., der jeweils vor der Entscheidung rechtl. Gehör zu gewähren hat. Ein VU kann nach § 335 I Nr. 5 ZPO nicht erlassen werden, wenn die Zurückweisung des Bevollmächtigten oder die Untersagung der weiteren Vertretung erst in dem Termin erfolgt oder der nicht erschienenen Partei nicht rechtzeitig mitgeteilt worden ist.

§ 11a Beiordnung eines Rechtsanwalts, Prozeßkostenhilfe

(1) Die Vorschriften der Zivilprozessordnung über die Prozesskostenhilfe und über die grenzüberschreitende Prozesskostenhilfe innerhalb der Europäischen Union nach der Richtlinie 2003/8/EG gelten in Verfahren vor den Gerichten für Arbeitssachen entsprechend.

(2) Das Bundesministerium für Arbeit und Soziales wird ermächtigt, zur Vereinfachung und Vereinheitlichung des Verfahrens durch Rechtsverordnung mit Zustimmung des Bundesrates Formulare für die Erklärung der Partei über ihre persönlichen und wirtschaftlichen Verhältnisse (§ 117 Abs. 2 der Zivilprozeßordnung) einzuführen.

I. Prozesskostenhilfe

1. Neuregelung 2013. Durch das Gesetz zur Änderung des Prozesskostenhilfe- und Beratungshilfe- 1
rechts v. 31.8.2013 (BGBl. I S. 3533) sind die Voraussetzungen für die Gewährung von PKH mit Wirkung zum 1.1.2014 geänd. worden (dazu *Schrader/Siebert* NZA 2014, 348; *Nickel* MDR 2013, 890). § 11a verweist nunmehr auch für die Anwaltsbeiordnung nur noch auf die allg. Vorschriften (§ 121 ZPO). Die Verordnungsermächtigung aus 11a II ist durch die Prozesskostenhilfeformularverordnung (PKHFV) vom 6.1.2014 ausgeübt worden (BGBl. I S. 34).

2. Grundzüge. Jede Partei hat Anspruch auf Gewährung von PKH, wenn sie nach ihren persönl. 2
und wirtschaftl. Verhältnissen nicht in der Lage ist, die Kosten der Prozessführung gänzl. oder jdf.

zum Teil zu tragen, und wenn die beabsichtigte Rechtsverfolgung/-verteidigung hinreichende Aussicht auf Erfolg bietet und nicht mutwillig erscheint (§ 114 ZPO). PKH ist eine Sozialhilfeform im Bereich der Rechtspflege (BAG 28.4.2016 – 8 AZB 65/15). Der Anspruch ist auf die Rechtsverfolgung vor staatl. Gerichten beschränkt (LAG N 30.4.1997 LAGE § 114 ZPO Nr. 29, zweifelhaft). IRd. kann der Partei nach § 121 ZPO ein RA beigeordnet werden.

3 **3. Die Ermittlung der wirtschaftlichen Verhältnisse.** Nach den §§ 114 ff. ZPO hängt die Bewilligung von PKH neben der Erfolgsaussicht von den wirtschaftl. Verhältnissen des Ast. ab. § 115 ZPO bestimmt, in welchem Umf. die Partei Einkommen und Vermögen für die Verfahrenskosten einzusetzen hat. Die Bewilligung von PKH scheidet aus, wenn bereits vier Raten die aus dem Vermögen aufzubringenden Teilbeträge die Prozesskosten übersteigen würden (§ 115 IV ZPO). Die Ermittlung des entscheidungsrelevanten Sachverhalts ist nicht aufgrund einer logischen Reihenfolge, sondern nach pragmatischen Gesichtspunkten vorzunehmen. PKH muss im Zweifel sowohl unter Ratenzahlung als auch unter Beteiligung aus dem Vermögen bewilligt werden. Von der Möglichkeit pauschalierter Betrachtung bzw. Schätzung sollte soweit vertretbar Gebrauch gemacht werden. Eine Partei, die Sozialleistungen nach dem SGB XII bezieht, muss die Abschnitte E bis J im Vordruck nicht ausfüllen, wenn sie der Erkl. den aktuellen Bewilligungsbescheid beifügt (§ 2 II PKHFV; BVerfG 14.10.2003 NVwZ 2004, 334). Diese Regelung gilt nicht analog für einen SGB II-Bescheid (BFH 8.3.2016 Rpfleger 2016, 371). Die Eröffnung des Insolvenzverfahrens über das Vermögen des Ast. entbindet nicht von der Pflicht zur Abgabe der PKHErkl. (BGH 4.7.2002 NJW 2002, 2793).

4 **4. Einkommen. a) Begriff.** Zum Einkommen (§ 115 I ZPO) gehören alle Einkünfte in Geld oder Geldwert ohne Rücksicht auf ihre Herkunft und Rechtsnatur oder darauf, ob sie zu den Einkunftsarten des EStG zählen oder der Steuerpflicht unterliegen (§ 1 DVO zu § 82 SGB XII). Der Einkommensbegriff erfasst daher alle nach § 2 EStG steuerrechtl. relevanten Einkunftsarten, Renten- und Unterhaltszahlungen sowie tatsächl. Zahlungen und geldwerte Vorteile, die ohne Rechtspflicht geleistet werden. Unterfällt das Einkommen § 2 EStG, gelten auch dessen Vorschr. zur Berechnung der Einkünfte (§ 2 II EStG). Bei AN erfolgt die Berechnung nach § 3 DVO zu § 82 SGB XII, die ihrerseits auf den Begriff der Einkünfte aus nichtselbständiger Arbeit in § 19 I Nr. 1 EStG verweist. Ergänzend ist die Alg. II/SozialgeldVO v. 17.12.2007 (BGBl. I S. 2942 – Alg II-V) heranzuziehen.

5 **b) Einzelfragen. aa) Arbeitskraft.** Die nicht genutzte Arbeitskraft des Ast. zählt weder zu seinem Einkommen noch zu seinem Vermögen (OLG D 4.12.1986 FamRZ 1987, 398). Fiktives Einkommen kann dem Ast. nur angerechnet werden, wenn er einer tatsächl. bestehenden und zumutbaren Erwerbsmöglichkeit vorsätzl. oder offenkundig leichtfertig nicht nachgeht (BGH 30.9.2009 NJW 2009, 3658). Ist der Ast. AG und erzielt er aus seiner Tätigkeit derzeit keine positiven Einkünfte, kann er nicht auf eine Erwerbschance aus abhängiger Arbeit verwiesen werden, wenn damit die Aufgabe der freiberufl. Tätigkeit verbunden wäre. Geht der Ast. allerdings einer Erwerbstätigkeit nach, ohne hierfür ein Entgelt zu verlangen oder zu erhalten, wird ihm ein fiktives Einkommen iHd. verkehrsübl. Vergütung anzurechnen sein, sofern die erbrachten Dienste üblicherweise gegen Entgelt erbracht werden (GK-ArbGG/*Bader* Rn. 74). Dies folgt für die Mitarbeit innerhalb der Familie aus § 3 II DVO zu § 82 SGB XII, der iÜ entspr. anzuwenden ist.

6 **bb) Aufwendungsersatz.** Fließen dem AN Mittel zur (Mit-)Finanzierung seiner Werbungskosten zu (zB Fahrtkosten- bzw. Essensgeldzuschüsse, Auslandszulagen etc), zählen diese zum Einkommen (aA LAG K 15.1.2009 – 5 Ta 534/08); die damit abgegoltenen Werbungskosten können allerdings nach § 115 I 3 Nr. 1a ZPO, § 82 II Nr. 4 SGB XII abgesetzt werden, die Differenz zwischen beiden Beträgen vermehrt ggf. das Einkommen. Das Gericht darf regelmäßig davon ausgehen, dass dem Ast. Aufwendungen iHd. gewährten Aufwendungsersatzes tatsächl. entstehen; etwas anderes gilt nur, wenn der Aufwendungsersatz der ESt. unterliegt (zB Fernauslösungen). Der Aufwendungsersatz bleibt bei der Bemessung des Einkommens außer Ansatz, wenn er zum Ausgleich einer bes. Belastung iSv. § 115 I 3 Nr. 5 ZPO gezahlt wird.

7 **cc) Ehegatte; Unterhaltszahlungen/-vorschuss.** Eine Berücksichtigung des Einkommens des Ehegatten als eigenes Einkommen beim Ast. ist unzulässig. Unterhaltszahlungen an den Ast. gehören dagegen zum Einkommen, ob eine Rechtspflicht besteht, ist ohne Bedeutung. Der Anspruch gegen den Ehegatten auf Leistung von Prozesskostenvorschuss nach § 1360a IV BGB zählt zum Vermögen des Ast., wenn der Rechtsstreit eine „persönliche Angelegenheit" des Ehepartners betrifft. Das trifft für arbeitsrechtl. Bestandsstreitigkeiten zu (BAG 5.4.2006 NZA 2006, 694); zu den Bestandsstreitigkeiten zählt auch das Zustimmungsersetzungsverfahren nach § 103 BetrVG für ein BRMitglied (BAG 29.10.2007 NJW 2008, 1400). Der Ast. kann allerdings auf den PKHVorschuss gegen seinen Ehegatten nur verwiesen werden, soweit der Anspruch alsbald realisierbar ist und soweit seine Durchsetzung zumutbar und nicht mit Rechtseinbußen verbunden ist (Zöller/*Geimer* § 115 Rn. 66). Ein solcher Anspruch ist nicht realisierbar, wenn der verpflichtete Ehegatte seinerseits bedürftig ist (BFH 31.1.2012 BFH/NV 2012, 765); bei einem Unterhaltsanspruch ggü. den Eltern ist vor Bewilligung von PKH deren Leistungsunfähigkeit darzulegen (LAG B 21.10.2016 NZA-RR 2017, 39).

dd) Arbeitseinkommen, Sachbezüge. Bei der Berechnung der Einkünfte ist bei AN von den mtl. Bruttoeinnahmen auszugehen. Einmalzahlungen sind von dem Monat an zu berücksichtigen, in dem sie anfallen; sie sind, soweit nicht im Einzelfall eine andere Regelung angezeigt ist, auf einen angemessenen Zeitraum aufzuteilen und mtl. mit einem entspr. Teilbetrag anzusetzen (§ 3 III DVO zu § 82 SGB XII). Dies gilt entspr. für Nachzahlungen für einen größeren Zeitraum; führen sie allerdings zur Bildung von Vermögen, sind sie stattdessen dort zu berücksichtigen. Werden Teile des Einkommens **gepfändet,** stehen diese dem Ast. nicht mehr zur Vfg. und bleiben daher insoweit außer Ansatz. Zu Steuern und Versicherungen Rn. 12 sowie zu Werbungskosten Rn. 13. Vom AG gewährte Sachbezüge (s. § 611a BGB Rn. 518) sind dem Einkommen zuzurechnen, sofern ihnen Geldwert zukommt; Einzelheiten ergeben sich aus § 2 DVO zu § 82 SGB XII iVm. der SvEV v. 21.12.2006 (BGBl. I S. 3385). § 3 SvEV verweist auf die steuerrechtl. Vorschr.; daher ist die Privatnutzung eines Firmenfahrzeugs mtl. mit 1% des Listenpreises als geldwerter Vort. anzurechnen (§§ 8 II iVm. 6 I Nr. 4 EStG). 8

ee) Staatliche Leistungen und Kindergeld. Grds. zählen alle staatl. Leistungen und solche der Sozialversicherungsträger zum Einkommen des Ast. (zB Alg., Wohngeld und Renten, Lohnersatzleistungen, Ausn.: SGB XII-Leistungen und die in § 82 I 1 SGB XII gen. Leistungen). Nach BGH (8.1.2008 WuM 2008, 157) ist das nach §§ 19 ff. SGB II gezahlte Alg. II als eigenes Einkommen zu zählen, wenn der Ast. auch noch über andere Einkünfte verfügt. Keine Anrechnung erfolgt bei zweckbezogenen Zuwendungen, wenn die Zweckerreichung durch die Anrechnung gefährdet wäre (§ 83 I 1 SGB XII); (teilweise) anrechnungsfrei sind daher zB das **Elterngeld** (§ 10 I BEEG OLG M 4.5.2004 FamRZ 2004, 1498) und die Erhöhungsbeträge des Arbeitsentgelts iSv. § 59 SGB IX (§ 82 II Nr. 5 SGB XII). Das **Kindergeld** ist nach § 82 I 2 SGB XII bei minderjährigen Kindern dem jeweiligen Kind als Einkommen zuzurechnen, soweit es zur Deckung des notw. Lebensunterhalts benötigt wird (s. § 1 I Nr. 8 Alg. II–V); ansonsten ist es als Einkommen der Eltern anzusehen (BGH 14.12.2016 NJW 2017, 962). Die Einzelheiten sind str; wird das Kindergeld als Unterstützung des Kindes angesehen, kann es aufgrund der Regelung in § 83 I SGB XII nicht dem Einkommen der Eltern zugerechnet werden (LAG RP 22.7.1994 NZA 1995, 911; aA OLG NMB 19.1.2003 OLGR NMB 2003, 441; LAG BB 3.11.1998 JurBüro 1999, 143 – Unterstützung der Eltern). Wird das Einkommen bei den Eltern berücksichtigt, ist es dem bezugsberechtigten Elternteil zuzuordnen (GMP/*Germelmann* Rn. 30). Die darlehensweise gewährte **Ausbildungsförderung** (BAföG) zählt zum Einkommen iSv § 82 SGB XII (BVerwG 17.12.2015 NJW 2016, 1602), ebenso ein KfW-Studiendarlehen (BAG 28.4.2016 NZA-RR 2016, 434). 9

ff) Wohlfahrtsleistungen. Nach § 84 SGB XII bleiben bei der Ermittlung des Einkommens Zuwendungen der freien Wohlfahrtspflege oder der Kirchen außer Betracht, soweit nicht die Zuwendung die Lage des Empfängers so günstig beeinflusst, dass daneben Sozialhilfe ungerechtfertigt wäre. Die Nichtanrechnung setzt die Freiwilligkeit der Leistung voraus. Leistungen aufgrund einer rechtl. oder sittl. Pflicht zählen als Einkommen. § 84 SGB XII ist bei entspr. Zweckbestimmung auf Zuwendungen Privater analog anzuwenden. 10

c) Abzugsbeträge vom Einkommen. Von dem ermittelten Einkommen sind nach § 115 I 3 ZPO die sich aus den Nrn. 1a, 2–5 sowie aus § 82 II, 28 II 1 SGB XII ergebenden Abzüge vorzunehmen. Aus § 115 I 3 Nr. 2, 3 ZPO folgt ein eigenständiger prozesskostenhilferechtl. Begriff des Grundbedarfs, der durch die Berücksichtigung der tatsächl. Kosten der Unterkunft und Heizung (Nr. 3) und die Anbindung an § 28 SGB XII (Nr. 2a) dynamisch ausgestaltet ist. Für eine Anrechnung weiterer einkommensmindernder Faktoren bleibt kein Raum. Die Abzugsbeträge umfassen zum einen die übl. Abzüge vom Bruttoeinkommen zuzügl. der Werbungskosten (§ 82 II SGB XII), die Freibeträge (Nr. 1b, 2) und die Kosten der Unterkunft und Heizung (Nr. 3); erg. treten nach Nr. 4 die Mehrbedarfe (§ 21 SGB II, § 30 SGB XII) sowie nach Nr. 5 die bes. Belastungen aus § 115 I 3 Nr. 5 ZPO hinzu. 11

aa) Steuern, Sozialversicherungsbeiträge und gleichgestellte Versicherungen (§ 82 II Nr. 1–3 SGB XII). Nach § 115 I 3 Nr. 1a ZPO iVm § 82 II Nr. 1 SGB XII sind zunächst die auf das Einkommen entrichteten Steuern abzuziehen. Dies sind die auf das Einkommen entrichteten Steuern; hierzu zählen Lohn-, Einkommen- und Kirchensteuer sowie der Solidaritätszuschlag, nicht die Gewerbe- und Umsatzsteuer. Abzusetzen sind auch die vom AN abzuführenden Beitragsanteile zur SV (§ 82 II Nr. 2 SGB XII). Besteht keine Versicherungspflicht, sind die Beiträge zu entspr. privaten Versicherungen in angemessenem Umf. berücksichtigungsfähig. Außerdem sind nach § 82 II Nr. 3 SGB XII die Prämien zu Unfall-, Sterbegeld- oder Haftpflichtversicherungen sowie Hausrat-, Einbruch-, Diebstahl-, Feuer-, Wasserschaden und Glasbruchversicherungen, soweit sie iRd. übl. Risikovorsorge liegen, absetzbar; hierzu gehören auch Beiträge iRd. nach § 82 EStG geförderten Altersvorsorge (§ 82 II Nr. 3 SGB XII). Ansonsten sind Lebensversicherungsbeiträge absetzbar, wenn nicht erwartet werden kann, dass für das Alter eine zur Deckung des Lebensbedarfs ausreichende Sozialversicherungsrente oder sonst ausreichendes Einkommen vorhanden sein wird und auch kein hierfür ausreichendes Vermögen zur Vfg. steht. 12

13 **bb) Werbungskosten (§ 82 II Nr. 4 SGB XII).** Zu den nach § 115 I 3 Nr. 1 a ZPO, 82 II Nr. 4 SGB XII abzugsfähigen, weil mit der Erzielung des Einkommens verbundenen Aufwendungen zählen va. die notwendigen Aufwendungen für Arbeitsmittel und für die Fahrten zwischen Wohnung und Arbeitsstätte sowie notwendige **Beiträge für Berufsverbände.** Die **Aufwendungen für Arbeitsmittel** können ohne bes. Nachweis iHv. 5,20 € mtl. anerkannt werden; höhere Aufwendungen müssen nachgewiesen werden (§ 3 V DVO zu § 82 SGB XII). Für die **Fahrten zwischen Wohnung und Arbeitsstätte** ist mind. der Betrag für die tarifl. günstigste Zeitkarte im öffentl. Personennahverkehr abzusetzen, selbst wenn tatsächl. das eigene Kfz verwendet wird (arg. § 3 VI Nr. 1 DVO zu § 82 SGB XII). Ist ein öffentl. Verkehrsmittel nicht vorhanden oder dessen Benutzung unzumutbar und deshalb die Benutzung eines Kfz notwendig, können mtl. für die Benutzung des Kfz pro Entfernungskilometer 5,20 € angesetzt werden, wobei max. 40 Entfernungskilometer berücksichtigungsfähig sind (§ 3 VI Nr. 2 DVO zu § 82 SGB XII, dort auch zur Berücksichtigung anderer Verkehrsmittel). Zusätzl. sind konkret nachgewiesene Anschaffungskosten eines für den Weg zur Arbeit erforderlichen Fahrzeugs zu berücksichtigen (BGH 8.8.2012 NJW-RR 2012, 1281). Ist der Ast. außerhalb des Orts beschäftigt, an dem er einen eigenen Hausstand unterhält, und kann ihm weder der Umzug noch die tägl. Rückkehr an den Ort des eigenen Hausstands zugemutet werden, sind die durch die **doppelte Haushaltsführung** entstehenden Mehraufwendungen bis zu einem Betrag von 130 € mtl. sowie die Kosten für eine Familienheimfahrt mtl. abzusetzen (§ 3 VII DVO zu § 82 SGB XII). Weitere Werbungskosten (zB Arbeitszimmer) können auf Nachweis entspr. den steuerrechtl. Vorgaben abgesetzt werden.

14 **cc) Erwerbstätigenfreibetrag (§ 115 I 2 Nr. 1b ZPO).** Nach § 115 I 3 Nr. 1 b ZPO ist bei erwerbstätigen Ast. vom Einkommen ein zusätzl. Betrag iHv. 50% des Regelsatzes nach § 28 II SGB XII abzusetzen. Die Höhe des Freibetrags wird regelmäßig durch das BMJV bekannt gegeben (§ 115 I 5 ZPO); er beträgt ab 1.1.2017 215 € (BGBl. I 2016 S. 2869). Der Freibetrag soll die Aufnahme oder Beibehaltung einer Erwerbstätigkeit trotz schwieriger persönl. oder wirtschaftl. Lage fördern und ist daher zus. zu den Werbungskosten zu berücksichtigen. Zeiten des Krankengeldbezugs unterbrechen die Erwerbstätigkeit nicht (BAG 22.4.2009 – 3 AZB 90/08). Bei einem ruhenden Arbeitsverhältnis ist der Freibetrag entspr. zu reduzieren, nicht hingegen bei einer Freistellung (LAG RP 28.7.2008 – 9 Ta 118/08).

15 **dd) Freibetrag für Ast. und Ehegatten (§ 115 I 3 Nr. 2a ZPO).** Vom berücksichtigungsfähigen Einkommen sind für den Ast. und dessen Ehegatten Freibeträge abzuziehen. Zum Ehegatten zählt auch der Lebenspartner nach § 1 LPartG, nicht aber andere Lebensgefährten, selbst wenn es sich um ein eheähnl. Verhältnis handelt; dadurch erwachsende Belastungen können iHd. Freibeträge als Belastung wegen tatsächl. gewährten Unterhalts im Rahmen von § 115 I 3 Nr. 5 ZPO anerkannt werden (s. Rn. 18). Der Abzugsbetrag beträgt 110% des Eckregelsatzes nach der RechtsVO zu § 28 II SGB XII. Seine Höhe wird vom BMJV bekannt gegeben (§ 115 I 5 ZPO). Er beträgt ab dem 1.1.2017473 € (BGBl. I 2016 S. 2869). Die Festsetzung ist verfassungsgem. (BVerfG 25.9.1992 NJW 1992, 3153) und entspr. den Vorgaben des BVerfG, wonach dem Ast. auch nach Übernahme der Aufwendungen für die Prozesskosten der Sozialhilferegelsatz (§ 28 SGB XII) verbleiben muss (BVerfG 24.4.1988 NJW 1988, 2231). Die Freibeträge für den Ehegatten und die weiteren unterhaltsberechtigten Personen (s. Rn. 16) vermindern sich um deren eigene Einkünfte (§ 115 I 3 Nr. 2 ZPO). Ihre Berechnung entspricht den für den Ast. geltenden Grds.; Abzugsbeträge nach § 115 I 3 ZPO und § 82 II SGB XII sind zu berücksichtigen (BAG 4.5.2009 – 3 AZB 76/08 – Erwerbstätigenfreibetrag). Allerdings können die Freibeträge für Kinder insg. nur einmal angesetzt werden (GMP/*Germelmann* Rn. 36).

16 **ee) Unterhaltsleistungen (§ 115 I 3 Nr. 2b ZPO).** Es werden die Regelbedarfsstufen nach der Anl. zu § 28 SGB XII mit nach Altersstufen gestaffelten unterschiedl. hohen Freibeträgen berücksichtigt. Als Unterhaltspflicht gilt nur die ges., nicht die durch Vertrag begr. Die letztgenannten Aufwendungen sind ggf. nach § 115 I 3 Nr. 5 ZPO berücksichtigungsfähig (s. Rn. 18). Die Höhe des Unterhaltsfreibetrags wird regelm. fortgeschrieben und vom BMJV bekannt gegeben (§ 115 I 5 ZPO). Maßgebl. ist derzeit die Bekanntmachung vom 12.12.2015 (BGBl. I 2016 S. 2869). Der Unterhaltsfreibetrag beträgt ab 1.1.2017 für Erwachsene 377 €, für Jugendliche vom 15. bis zum 18. Lbj. 359 €, für sieben- bis 14jährige Kinder 333 € und für Kinder bis 6 Jahren Alter 272 €. Die Unterhaltsleistung kann in einer Geldzahlung oder Betreuung bestehen, erforderl. ist aber, dass sie tatsächl. erbracht wird. Leben minderjährige oder noch in der Ausbildung befindl. Kinder im Haushalt des Ast., kann von einem Nachweis der Unterhaltsleistung abgesehen werden, ggf. ist das Einkommen des betreuten Unterhaltsberechtigten anzurechnen (s. Rn. 15). Bei gemeinsamer Betreuung eines Kindes durch die getrennt lebenden oder geschiedenen Eltern ist der Freibetrag ungekürzt zu gewähren (str.). Wird der Unterhalt durch eine Geldrente geleistet, ist deren Höhe maßgebl., auch wenn sie den Freibetrag übersteigt (Zöller/*Geimer* § 115 ZPO Rn. 32); ledigl. unverhältnismäßig hohe Unterhaltszahlungen sind auf ein angemessenes Maß zu reduzieren. Bei gemischter Unterhaltsgewährung (Betreuung und Geldzahlung) ist der Geldwert des Betreuungsunterhalts zu schätzen. Beide Unterhaltsformen werden zusammengerechnet und ggf. auf eine angemessene Höhe zurückgeführt.

17 **ff) Kosten der Unterkunft und Heizung (§ 115 I 3 Nr. 3 ZPO).** Nicht zu den abzugsfähigen KdU zählen die Aufwendungen für Wasser sowie für nicht zur Heizung verwendete Energie, da diese bereits

in dem Freibetrag nach § 115 I 3 Nr. 2 ZPO enthalten sind (BGH 8.1.2008 NJW-RR 2008, 595). Berücksichtigt werden der Mietzins und etwaige Betriebskosten der Unterkunft. Bei selbstgenutzten Eigentumswohnungen oder Wohnhäusern sind die Zinsen für Fremdmittel, nicht aber Tilgungsbeträge (aA LAG SH 10.7.2008 – 1 Ta 35/08). sowie Instandhaltungskosten. Stehen die Unterkunftskosten in einem auffälligen Missverhältnis zu den Lebensverhältnissen der Partei, sind sie vom Gericht auf die angemessenen (ggf. zu schätzenden) Kosten zu reduzieren. Das Missverhältnis kann sich entweder an der unangemessenen Größe des Wohnraumes oder aus ihren unangemessenen hohen Kosten ergeben; Wohnungskosten bis zu 50 Prozent des Nettoeinkommens dürften im Regelfall noch nicht als unangemessen zu bezeichnen sein. Zur näheren Bestimmung der Mietkosten oder der Belastungen kann auf §§ 9 ff. WoGG zurückgegriffen werden; überhöhte Ansätze können nach § 12 WoGG zurückgeführt werden.

gg) Mehrbedarfe und besondere Belastungen (§ 115 I 3 Nrn. 4, 5 ZPO). Abzugsfähig sind nach § 115 I 3 Nr. 4 ZPO Mehrbedarfe nach § 21 SGB II, § 30 SGB XII sowie nach Nr. 5 weitere Beträge, soweit dies mit Rücksicht auf die bes. Belastungen des Ast. angemessen ist. Über diese Generalklausel werden Absetzbeträge anerkannt, die auf Belastungen beruhen, die nicht vom Regelsatz iSv. § 27 SGB XII und den anderen in § 115 I 3 ZPO genannten Aufwendungen erfasst werden. Hierzu zählen insb. **Kreditbelastungen** (Zinsen und Tilgung), wenn das Darlehen vor Verfahrensbeginn oder ohne Ktn. von dem bevorstehenden Verfahren aufgenommen worden ist (LAG K 13.6.2003 – 7 (13) Ta 245/02). Diese können abgesetzt werden, selbst wenn die Verbindlichkeit für Anschaffungen der allg. Lebenshaltung eingegangen worden ist (enger LAG HH 13.8.1997 LAGE § 115 ZPO Nr. 52). Die seinerzeit eingegangenen Belastungen müssen allerdings im Verhältnis zum damaligen Einkommen angemessen gewesen sein, Beurteilungszeitpunkt ist der jew. Vertragsabschluss. Eine zum Zeitpunkt der Anschaffung eines notwendigen Pkw eingegangene Kreditverpflichtung wird daher nicht dadurch unangemessen, dass der Ast. arbeitslos wird und das Fahrzeug für eine berufl. Tätigkeit zunächst nicht benötigt (LAG SN 13.2.1998 LAGE § 115 ZPO Nr. 54). Allerdings können Schulden nur berücksichtigt werden, wenn der Ast. tatsächl. darauf Zahlungen leistet (LAG RP 17.3.2004 MDR 2004, 718; OLG N 4.2.2003 OLGR N 2003, 189 will bei „Überschuldung" generell von Ratenzahlung absehen). Soweit der Ast. im Rahmen der Privatinsolvenz aus seinem Einkommen Beiträge an den Treuhänder zahlt, können diese einkommensmindernd berücksichtigt werden (LAG HM 6.8.2015 – 5 Ta 415/15). Ansonsten können die steuerl. anerkannten Sonderausgaben auch hier als Leitlinie Berücksichtigung finden. Als bes. Belastung können insb. anerkannt werden, Unterhaltsleistungen an Personen, die nicht von § 115 I 3 Nr. 2 ZPO erfasst sind. Ihre Höhe bemisst sich nach den Werten der SvEV bis zur Höhe der Freibeträge nach § 115 I 3 Nr. 2 ZPO. Wirtschaftl. Vorteile, die der Ast. aus einer Haushaltsgemeinschaft zieht, sind bei der Feststellung des einzusetzenden Einkommens nach denselben Regelungen zu berücksichtigen. Ggf. können Aufwendungen für bes. Familienereignisse (Hochzeit, Geburt, Todesfall), durch Krankheit (LAG RP 4.8.2008 – 8 Ta 144/08) oder Pflegebedürftigkeit bedingte Mehraufwendungen anzuerkennen sein, soweit sie nicht anderweitig erstattet werden sowie Kosten für Aus- und Weiterbildung, nicht hingegen die Begleichung einer Geldstrafe (BGH 12.1.2011 NJW 2011, 1007). 18

d) Anwendung der Tabelle. Das tatsächl. feststellbare Einkommen des Ast. wird nach Maßgabe von § 115 I 3 ZPO reduziert. Das verbleibende Resteinkommen ist nach der Tabelle zu § 115 ZPO zur Finanzierung des Rechtsstreits einzusetzen. 19

5. Vermögen. a) Begriff. Unter Vermögen iSv. § 115 III ZPO, § 90 SGB XII ist nur das materielle Vermögen zu verstehen, also Geld und sonstige geldwerte Gegenstände sowie Ansprüche auf geldwerte Leistungen (zB aus einer Rechtsschutzversicherung oder der familienrechtl. Anspruch auf Prozesskostenvorschuss). Zum Vermögen gehören bewegl. und unbewegl. Sachen (auch Tiere, § 90a BGB) sowie Forderungen und dingl. Rechte. Geldwerte Vermögensgegenstände dürfen nur berücksichtigt werden, soweit sie verwertbar sind (§ 90 I SGB XII, Rn. 21). Zum Vermögen zählen alle Werte, die zu Beginn des Bewilligungsmonats vorhanden sind, zuzügl. des zum Ende des Bewilligungsmonats nicht verbrauchten Einkommens. Die **Abgrenzung** zwischen Einkommen und Vermögen hat eine bes. Bedeutung, da beim Einsatz des Vermögens regelmäßig unbeachtl. ist, wie es erworben worden ist. So bleibt zB Schmerzensgeld bei der Bewertung als Einkommen außer Ansatz, während das hieraus erworbene Vermögen einzusetzen ist, soweit nicht § 90 II, III SGB XII einschlägig ist (BGH 10.1.2006 NJW 2006, 1068). Wird ein Vermögensgegenstand verwertet, gehören die zufließenden Mittel nicht zum Einkommen, sondern zum Vermögen. Zum Vermögen zählen auch fällige Forderungen, die zum Zwecke des Ansparens nicht realisiert werden. Entscheidungserhebl. ist allein das Vermögen zum Zeitpunkt der Entscheidung über den PKHAntrag. 20

Das Vermögen muss verwertbar sein (§ 90 I SGB XII). Das ist bei Geldvermögen und geldesgleichem Vermögen (zB Bankguthaben) stets der Fall. Andere Vermögensgegenstände gelten als verwertbar, wenn sie durch Veräußerung oder ähnl. Rechtsgeschäfte, zu denen auch die Beleihung gehört (OLG KA 30.10.2003 FamRZ 2004, 1499), zu einem Zufluss von Geld führen können (OVG Münster 17.1.2000 NVwZ-RR 2000, 685). Eine Beleihung zur Finanzierung der Prozesskosten scheidet aus, wenn das Einkommen so niedrig ist, dass auch niedrig angesetzte Raten nicht bedient werden könnten 21

(LG HRO 13.6.2003 MDR 2003, 1438). Der erzielbare Erlös muss ledigl. wirtschaftl. vertretbar sein und die Verwertung muss innerhalb eines absehbaren Zeitraums mögl. sein. Die übl. Vorlaufzeit zum Verkauf einer Immobilie hindert nicht ihre Verwertung; ggf. ist für den Vermögenseinsatz eine Frist zu bestimmen, die den vermutl. Zeitraum bis zur Veräußerung des Grundstücks umfasst (OLG HM 15.12.2003 ZFE 2004, 58, Rn. 23); ebenso für einen demnächst zuteilungsreifen Bausparvertrag (BAG 26.4.2006 NZA 2007, 646). Der AG kann auf eine Kreditaufnahme verwiesen werden, wenn diese im Rahmen eines ordnungsgem. kaufmännischen Geschäftsbetriebs erfolgen kann (BGH 7.12.2006 NJW-RR 2007, 379).

22 **b) Schonvermögen. aa) Grundsatz.** Aus sozialpolitischen Gesichtspunkten sind nach § 90 II SGB XII eine Reihe von Vermögensgegenständen von der Verwertung ausgeschlossen, so ua. der Hausrat (§ 90 II Nr. 4 SGB XII). Hierzu gehören insb. Möbel und die sonstige Wohnungseinrichtung, Haushaltsgeräte, Wäsche, Bücher etc, nicht hingegen ein Auto (BVerwG 8.7.1991 – 5 B 57/91). Geschützt ist nur der angem. Hausrat; dabei ist auf den Lebenszuschnitt vergleichbarer Bevölkerungsgruppen abzustellen, die Prüfung sollte aber nicht kleinl. erfolgen. Ausgeschlossen sind auch Vermögensgegenstände, die für die **Berufsausbildung oder Erwerbstätigkeit** unentbehrl. sind (§ 90 II Nr. 5 SGB XII). Hierzu zählen Gegenstände, ohne die eine Ausbildung oder Erwerbstätigkeit unmögl. ist, zB ein Betriebsgrundstück, Arbeitsgerät jeder Art, Schutzkleidung, Fachliteratur usw. Ein Auto ist für die Erwerbstätigkeit eines AN insb. dann unentbehrl., wenn er anders nicht den Arbeitsplatz erreichen kann (OLG K 1.8.1997 FamRZ 1998, 1522), nicht hingegen, wenn öffentl. Verkehrsmitteln benutzt werden können (OVG MÜ 27.10.1992 NJW 1993, 1412).

23 **bb) Eigengenutztes Hausgrundstück.** Nach § 90 II Nr. 8 SGB XII ist ein angem. Hausgrundstück, das vom Ast. allein oder zusammen mit Angehörigen ganz oder teilweise bewohnt wird, nicht einzusetzen. Der angemessene Wohnbedarf richtet sich nach der Anzahl der zum Haushalt gehörenden angehörigen Bewohner. Auch nach Aufhebung des 2. WohbauG wird auf die dortigen Obergrenzen für die Wohnfläche abzustellen sein (Einfamilienhaus: 130 qm bzw. Eigentumswohnung: 120 qm bei 4-Personen-Haushalt). Der Wert ist entspr. zu vermindern, wenn die Wohnfläche von weniger als vier Personen genutzt wird (OLG KA 29.12.1999 FamRZ 2001, 236–20 qm/Person). Die angemessene Grundstücksgröße beträgt zwischen 250 qm (Reihenhaus) und 500 qm (freistehendes Einfamilienhaus). Mit dem Abstellen auf den Wert des Grundstücks soll sichergestellt werden, dass die Vorschr. nicht missbraucht wird. Ist das Haus bzw. die Wohnung zwar noch angemessen groß, jedoch aufgrund ihrer Lage unangemessen wertvoll, handelt es sich nicht mehr um Schonvermögen. Maßgebl. ist der Verkehrswert. Maßstab für einen noch angemessenen Wert können die vor Ort übl. Kosten für den sozialen Wohnungsbau sein. Geschützt ist nur das selbst genutzte Hausgrundstück, das bereits bei Antragstellung vorhanden war und nicht erst während des Verfahrens erworben wird (OLG M 19.8.1998 FamRZ 1999, 303). Ansonsten stellen Immobilien Sachwerte dar, deren Verwertung im Regelfall zumutbar ist. Die Inanspruchnahme kann dabei sowohl durch Verkauf wie auch durch Beleihung erfolgen; sie wird nicht dadurch ausgeschlossen, dass sie mit finanziellen Einbußen verbunden ist (LAG TH 18.4.2016 NZA-RR 2016, 614).

24 **cc) Kleinere Barbeträge oder sonstige Geldwerte.** Nicht einzusetzen sind nach § 90 II Nr. 9 SGB XII dem Vermögen zuzurechnende kleinere Barbeträge oder sonstige Geldwerte. Diese Vermögensgegenstände bleiben auch dann unberücksichtigt, wenn der Ast. über ein schonfähiges selbst genutztes Wohngrundstück verfügt (OLG K 16.10.2003 FamRZ 2004, 647); s. zu Einzelh. die aufgrund § 96 II SGB XII ergangene DVO v. 11.2.1988 (BGBl. I S. 150, DVO), wobei nach dem Gesetz keine Bindung der Gerichte besteht (str., wie hier GK-ArbGG/*Bader* Rn. 99). Da PKH der Sache nach eine Sozialhilfe in bes. Lebenslagen ist, ist der erhöhte Betrag nach § 1 I Nr. 1 lit. b DVO anzusetzen (LAG TH 21.1.2009 – 8 Ta 99/08; aA LSG SN 17.5.2006 FamRZ 2007, 156). Der Freibetrag für den Ast. beträgt danach z. Zt. 2600 €. Er erhöht sich für den im Haushalt lebenden Ehegatten um 614 € und für jede weitere Person, die vom Ast. oder seinem Ehegatten überw. unterhalten wird, um weitere 256 € (§ 1 I Nr. 2 DVO). Nach § 2 I DVO kann der Schonbetrag „angemessen erhöht" werden, wenn im Einzelfall eine bes. Notlage des Ast. besteht. Dabei sollen die Verfahrenskosten und seine bes. Belastungen zu berücksichtigen sein. Dazu kann auf die Auslegung der „besonderen Belastungen" in § 115 I 3 Nr. 5 ZPO bei der Einkommensbemessung zurückgegriffen werden. So kann insb. ein größeres Vermögen verschont bleiben, wenn der Ast. dieses durch mtl. Verringerung zum Lebensunterhalt verwendet, da er kein Einkommen erzielen kann. Nach § 2 II DVO kann der Schonbetrag „angemessen herabgesetzt" werden, wenn die Bedürftigkeit vorsätzl. oder grob fahrlässig herbeigeführt wurde. Wird das Schonvermögen durch die liquiden Mittel nicht voll erreicht, können auch Sachwerte, insb. Kfz. erg. in die Freistellung einbezogen werden; maßgebl. ist dann der derzeitige mutmaßl. Verkaufserlös (BVerwG 19.12.1997 NJW 1998, 1897). Bleiben kleinere Barbeträge beim Vermögenseinsatz außer Ansatz, sind die daraus gezogenen Früchte (Zinsen, Prämien etc.) gleichwohl beim Einkommen zu berücksichtigen.

25 **c) Unzumutbarkeit des Vermögenseinsatzes (§ 90 III SGB XII).** Einsatz und Verwertung des Vermögens sind nach § 90 III SGB XII ausgeschlossen, wenn dies für den Ast. oder seine unterhaltsberechtigten Angehörigen eine Härte bedeuten würde. Dieser Begriff ist im Zusammenhang mit den

vorangehenden Vorschr. des SGB XII über das Schonvermögen zu bestimmen. Diese sollen gewährleisten, dass die Sozialhilfe nicht zu einer wesentl. Beeinträchtigung der vorhandenen Lebensgrundlagen führt. Aus diesem Grund kommt es bei der Anwendung des § 90 III SGB XII darauf an, ob die Anwendung der Regelvorschriften zu einem den Leitvorstellungen dieser Norm nicht entspr. Erg. führen würde (BVerwG 29.4.1993 BVerwGE 92, 254).

d) Einzelfälle. aa) Arbeitsrechtliche Abfindungen. Eine wg. der Beendigung des AV gezahlte Abfindung zählt ab dem Moment ihres Zuflusses zum Vermögen des AN und ist daher nach den übl. Grundsätzen einzusetzen (BAG 24.4.2006 NZA 2006, 751; BSG 3.3.2009 NJW 2009, 3323 – zum SGB II). Nach diesem Zeitpunkt kommt auch eine nachträgl. Heranziehung zu einem Vermögensbeitrag in Betracht (§ 120a III ZPO, Rn. 38). Die Abfindung bleibt außer Ansatz, soweit sie die Grenzen für das Schonvermögen nach § 90 II Nr. 9 SGB XII nicht übersteigt. Dabei kann nach § 2 I DVO zu § 90 SGB XII der im G gen. Freibetrag angemessen erhöht werden (s. Rn. 24; LAG K 8.6.2012 LAGE § 115 ZPO 2002 Nr. 7). Anerkannt werden können die mit dem Arbeitsplatzwechsel im Regelfall verbundenen, ggf. zu pauschalierenden Aufwendungen; diese können iHd. Schonvermögens eines Ledigen (§ 1 der DVO zu § 90 SGB XII) zusätzl. abgesetzt werden (LAG N 7.7.2016 NZS 2016, 398). Die Abfindung kann daneben unberücksichtigt bleiben, wenn damit zu rechnen ist, dass sie in den nächsten Monaten wegen fehlender eigener Einkünfte aufgebraucht werden muss (s. Rn. 24). Sie bleibt außer Betracht, wenn der AN zum Einsatz der Abfindung zur Erfüllung der Unterhaltsansprüche gerichtl. verpflichtet wird (OLG K 20.6.1995 JurBüro 1996, 143). 26

bb) Sonstiges durch Prozesserfolg erworbenes Vermögen. Die dem AN aufgrund eines Prozesserfolgs zufließenden Geldbeträge können zu einer nachträgl. Beteiligung an den Prozesskosten führen (§ 120a III ZPO, Rn. 38); die Absicht, mit dem Vermögenszufluss Schonvermögen zu erwerben, ist nicht geschützt (OLG CE 8.9.2000 MDR 2001, 230; OLG BA 30.10.1990 JurBüro 1991, 255 – Prozessvergleich). Etwas anderes kommt nur in Betracht, wenn es sich um eine Zahlung für zukünftig noch zu erwartende Schäden in einem Schadensersatzprozess handelt. Hier kann es angezeigt sein, die zugeflossenen Mittel ganz oder teilweise nach § 90 III SGB XII in Hinblick auf die zukünftig zu erwarteten (Mehr-)Ausgaben außer Ansatz zu lassen. Es gibt aber keinen Rechtssatz, nach dem durch Prozesserfolg entstandenes Vermögen „vorrangig“ zur Tilgung von Prozesskosten einzusetzen ist (BGH 21.9.2006 NJW-RR 2007, 628). 27

cc) Lebensversicherungen, Sparguthaben. Zu dem einzusetzenden Vermögen gehören grundsätzl. auch private Kapitallebensversicherungen; ledigl. die sog. Riester-Rente zählt zum Schonvermögen (§ 90 II Nr. 2 SGB XII). Die Lebensversicherung ist einzusetzen, wenn es rechtl. mögl. ist, die Vers. (auch teilweise) zurückkaufen zu lassen (BAG 5.5.2006 NZA-RR 2006, 616; OLG K 23.4.2003 FamRZ 2004, 382; KG 4.2.2003 FamRZ 2003, 1394; OLG S 30.9.1998 FamRZ 1999, 598). Es begr. auch keine bes. Härte, wenn der Rückkaufswert einer Lebensversicherung um mehr als die Hälfte hinter den auf sie erbrachten Eigenleistungen zurückbleibt (BVerwG 19.12.1997 NJW 1998, 1879). Nur wenn sie zur Altersversorgung benötigt wird, kann ihre völlige Verwertung unzumutbar sein. Auch Sparguthaben sind einzusetzen, wenn sie den in § 90 II Nr. 9 SGB XII genannten Wert übersteigen. Dies gilt auch für Sparformen, bei den das Sparvermögen bes. angelegt wird (BAG 26.4.2006 NZA 2007, 646 – Bausparvertrag; OVG LÜ 3.9.1999 NVwZ-RR 2000, 166 – Prämiensparen; OLG KO 27.8.1999 MDR 1999, 1346 – Sparvertrag; OLG N 14.8.1997 FamRZ 1998, 247 – Bundesschatzbriefe). Besteht keine sof. Verfügbarkeit, kann ein Zwischenkredit zumutbar sein; alt. kann PKH mit der Bestimmung bewilligt werden, den Beitrag aus dem Vermögen zu einem festen späteren Termin zu leisten, an dem das Geld zur Vfg. steht (BAG 26.4.2006 NZA 2007, 646). 28

dd) Schmerzensgeld. Nach § 83 II SGB XII kann die Zahlung eines Schmerzensgelds sozialhilferechtl. zwar nicht als Einkommen bewertet werden, dennoch kann ein Vermögensteil, der auf eine Schmerzensgeldzahlung zurückgeht, einzusetzen sein, wenn dies zumutbar ist. Das ist der Fall, wenn die Funktionen des Schmerzensgelds, ausgleichende Erleichterungen und Annehmlichkeiten zu ermögl., nicht in erhebl. Maße beeinträchtigt werden (OLG Z 15.8.1997 JurBüro 1998, 478), weshalb der Einsatz eines durch Schmerzensgeld entstandenen Vermögens unzumutbar sein kann (BVerwG 26.5.2011 JurBüro 2012, 39; aA wohl BGH 10.1.2006 NJW 2006, 1068; LAG BW 23.9.2011 NZA-RR 2012, 33 – zur Pfändbarkeit). 29

ee) Verbandsmitgliedschaft; Rechtsschutzversicherung. PKH ist zu versagen, wenn der Partei die Vertretung durch einen Verbandsvertreter mögl. ist (LAG SH 24.10.2003 NZA-RR 2004, 104; zu weit LAG SH 15.12.2006 – 1 Ta 187/06). Eine Ausnahme gilt, wenn die erforderl. Wartezeit für eine Vertretung durch den Verband noch nicht erfüllt ist oder die Vertretung für die Partei nicht zumutbar ist. An die Unzumutbarkeit sind allerdings strenge Anforderungen zu stellen. Sie liegt regelmäßig nicht bereits dann vor, wenn Bespr. und Verhandlungstermine nicht immer durch ein und dies. Person wahrgenommen werden können (LAG RP 7.1.1988 LAGE § 114 ZPO Nr. 13), die Gegenseite anwaltl. vertreten ist (LAG HE 14.8.1987 ARST 1988, 163) oder der Rechtsschutzantrag aus von dem Mitglied zu verantwortenden Gründen abgelehnt worden ist (LAG HE 8.6.1984 NZA 1984, 236), wohl aber bei Mandatsentzug oder Verbandsaustritt (LAG HE 21.5.2008 – 16 Ta 195/08). Unzumutbarkeit kann 30 gegeben sein, wenn die Partei aufgrund objektiver Anhaltspunkte nicht das notwendige Vertrauen in die Vertretung durch den Verband hat (LAG HB 8.11.1994 LAGE § 115 ZPO Nr. 48 – substantiierte Darlegung erforderl.; LAG M 26.6.1987 AnwBl. 1987, 499) oder im Einzelfall aus Sicht eines verständigen Dritten die gewerkschaftl. Vertretung ungeeignet ist (LAG D 25.3.1983 EzA § 115 ZPO Nr. 8; zB wegen einer mögl. Interessenkollision). Über die Mitgliedschaft in einer Gewerkschaft oder einem AGVerband hat sich der Ast. zu erklären, andernfalls ist die Beiordnung zu versagen (LAG HM 8.6.1993 LAGE § 118 ZPO Nr. 7). Der Ast. ist nicht bedürftig, wenn eine Rechtsschutzversicherung zur Übernahme der Prozesskosten verpflichtet ist (BGH 25.4.2006 – VI ZR 255/05); für eine Selbstbeteiligung kann PKH bewilligt werden (BSG 14.6.2006 NZS 2006, 612). Die Zusage eines leistungsfähigen und leistungsbereiten Dritten, einen beabsichtigten Prozess zu finanzieren, stellt verwertbares Vermögen dar (BGH 3.9.2015 NJW 2015, 3101).

31 **6. Hinreichende Erfolgsaussichten und fehlende Mutwilligkeit.** Die hinreichende Erfolgsaussicht (§ 114 ZPO) muss (noch) bei der erstmaligen Entscheidungsreife des Antrags bestehen (str.; BGH 18.11.2009 MDR 2010, 402 – PKH nach Klagerücknahme). Sie liegt vor, wenn die Klage schlüssig ist und erhebl. Einwendungen nicht vorgebracht sind. Dabei reicht es aus, wenn der vom Kl. vertretene Rechtsstandpunkt zumindest vertretbar erscheint (BVerfG 7.5.1997 NJW 1997, 2745). Schwierige ungeklärte Rechtsfragen dürfen nicht im PKHVerfahren entschieden werden (BVerfG 8.12.2009 NJW 2010, 1129; 18.2.2008 NJW 2008, 1060); um solche handelt es sich, wenn sie nicht einfach und eindeutig beantwortet werden können. Trotz Schlüssigkeit kann PKH abgelehnt werden, wenn die Beweisaufnahme – auf Basis konkreter und nachvollziehbarer Anhaltspunkte (BVerfG 29.10.2009 NJW 2010, 288) – voraussichtl. unergiebig sein wird (BVerfG 18.2.2008 NJW 2008, 1060). Nach § 119 I 2 ZPO kommt es im Rechtsmittelzug nicht auf die Erfolgsaussichten an, wenn der Rechtsmittelgegner PKH begehrt; ihm kann PKH nur ausnahmsweise verweigert werden (BVerfG 29.12.2009 NJW 2010, 987). Bei einem Rechtsmittel besteht nicht allein deshalb hinreichende Erfolgsaussicht, weil die Vorentsch. aufgrund eines Verfahrensfehlers aufzuheben ist; vielmehr müssen Klage bzw. Verteidigung insg erfolgversprechend sein (BGH 12.11.2011 NJW 2012, 682, zu großzügig BAG 5.7.2016 – 8 AZB 1/16); PKH für die Rechtsmittelinstanz kann für die in der Vorinstanz obsiegende Partei erst bewilligt werden, wenn feststeht, dass das Rechtsmittel rechtzeitig eingelegt und begr. wurde (BAG 15.2.2005 NJW 2005, 1213; BGH 28.4.2010 FamRZ 2010, 1147). Die Durchsetzbarkeit des Titels in der ZV ist für die Erfolgsaussicht grds. ohne Bedeutung. Jedoch kann Mutwilligkeit gegeben sein, wenn die Aussichtslosigkeit der Vollstreckung feststeht (LAG NI 4.6.2004 LAGE § 114 ZPO 2002 Nr. 2). Auch bei PKH für einen Vergleichsmehrwert muss hinreichende Erfolgsaussicht bestehen, der Vergleichsabschluss ist jedoch im Regelfall ausreichendes Indiz (BAG 16.2.2012 NZA 2012, 1390; zu einem Mehrvergleich Rn. 33). Nach § 114 S. 1 ZPO kann PKH ledigl. für eine beabsichtigte Rechtsverfolgung gewährt werden. Die Bewilligung darf rückwirkend frühestens auf den Zeitpunkt der vollständigen Antragstellung vorgenommen werden (BAG 8.11.2004 – 3 AZB 54/03; 3.12.2003 MDR 2004, 415).

31a **Mutwillig** ist die Rechtsverfolgung oder -verteidigung, wenn eine Partei, die keine PKH beansprucht, bei verständiger Würdigung aller Umstände von ihr absehen würde, obwohl eine hinreichende Aussicht auf Erfolg besteht (§ 114 II ZPO). Dies ist der Fall, wenn die Klageerhebung zur Rechtsdurchsetzung nicht erforderl. ist, etwa wenn ein einfacherer und billigerer Weg genauso Erfolg versprechend ist (OLG BA 2.12.1991 FamRZ 1992, 456). Mutwillig kann zB. die Klageerhebung ohne vorherige außergerichtl. Anspruchserhebung sein (LAG HM 16.12.2004 LAGReport 2005, 124 – Zeugnis), die Klageerhebung statt eines MBantrags bei vorprozessual anerkannter Forderung (LAG NI 4.6.2004 LAGE § 114 ZPO 2002 Nr. 2), die Erhebung einer neuen Klage anstatt einer Klagerweiterung ohne sachl. Grund (BAG 8.9.2011 NZA 2011, 1382; 17.2.2011 NJW 2011, 1161, Rn. 33), die Weiterverfolgung der Klage bei bereits anhängigen Musterverfahren in der Revisionsinstanz (BVerfG 18.11.2009 NJW 2010, 988). PKH kann einem InsoV zur Durchsetzung eines Anfechtungsanspruchs verweigert werden, wenn das Obsiegen die Massekostenarmut nicht beseitigen könnte (BGH 22.11.2012 NJW-RR 2013, 422). Die fehlende Mutwilligkeit muss zum Zeitpunkt der Beschlussfassung über die PKH gegeben sein.

32 **7. Beiordnung eines Rechtsanwalts.** Der Partei ist ein RA, RAsozietät (BGH 17.9.2008 NJW 2009, 440) oder eine RAgesellschaft (OLG N 1.7.2002 Rpfleger 2002, 628) beizuordnen, wenn die Vertretung vor Gericht durch Anwälte vorgeschrieben ist. Ist die Partei RA, kommt seine eigene Beiordnung nicht in Betracht (BAG 14.11.2007 NZA 2008, 375). Wird kein beizuordnenden RA benannt, kann dies noch nach PKHGewährung nachgeholt werden (BVerwG 28.1.2004 DÖV 2004, 537). Ansonsten ist der Partei ein Anwalt beizuordnen, wenn die Vertretung durch einen RA erforderl. erscheint oder der Gegner durch einen RA vertreten ist (§ 121 II ZPO, BGH 6.4.2006 NJW 2006, 1881 – Ast. war RA). Die Beiordnung muss ausdr. beantragt werden (LAG SH 27.1.2005 NZA-RR 2005, 327). Bei der Erforderlichkeitsprüfung kommt es auf obj. Merkmale (zB tatsächl. oder rechtl. Schwierigkeit der Sache, ihr Umf., die wirtschaftl. und persönl. Bedeutung für die Partei) und auf subjektive Merkmale (Vorbildung, geistige Fähigkeiten, mündl. und schriftl. Ausdrucksfähigkeit) an. Ein PV ist danach beizuordnen, wenn ein Bemittelter in der Lage des Unbemittelten vernünftigerweise solchen mit der Wahrnehmung seiner Interessen beauftragt hätte; eine Beiordnung ist grds. bei einem Ungleichgewicht

in Bezug auf Kenntnisse und Fähigkeiten erforderl. (BVerfG 24.3.2011 NJW 2011, 2039; BAG 18.5.2010 NJW 2010, 2748). Für das Mahnverfahren ist die Notwendigkeit der Beiordnung eines RA regelmäßig zu verneinen (BGH 11.2.2010 ZInsO 2010, 478), bei der ZV hängt sie von der konkret beabsichtigten Vollstreckungsmaßnahme ab (BGH 10.12.2009 MDR 2010, 286). Wird die Beiordnung eines nicht im Gerichtsbezirk ansässigen RA beantragt, kann dieser nur beigeordnet werden, wenn dadurch keine Mehrkosten entstehen (§ 121 III ZPO; dazu *Fölsch* NZA 2007, 418). Ein auswärtiger RA ist „zu den Bedingungen eines im Gerichtsbezirk ansässigen RA" beizuordnen; in dem Beiordnungsantrag liegt das entspr. Einverständnis (BGH 10.10.2006 NJW 2006, 3783). Bei Vorliegen der Vor. des § 121 IV ZPO muss die Beiordnung des auswärtigen RA sogar unbeschränkt erfolgen (zur alten Rechtslage BAG 18.7.2005 NJW 2005, 3083). Die Voraussetzungen von § 121 IV ZPO dürfen nicht kleinl. ausgelegt werden. Es ist einem Rechtsuchenden regelmäßig nicht zumutbar, statt eines wohnsitznahen RA einen bezirksansässigen RA schriftl. oder telef. zu beauftragen und zu unterrichten oder eine mehrstündige Fahrt zum Anwalt auf sich zu nehmen (BAG 17.9.2007 NZA 2007, 1317 – 120 km). Die Voraussetzungen für die Beiordnung eines wohnsitznahen auswärtigen RA liegen zB bei einem Verfahren, in dem es auf eine Vielzahl von Einzelheiten ankommt, vor (BGH 29.6.2011 – V ZA 10/11). Die Aufhebung der Beiordnung bedarf eines wichtigen Grundes (§ 48 II BRAO); dieser liegt bei einer nachhaltigen und tiefen Störung des Vertrauensverhältnisses zwischen RA und Mandant vor (BGH 15.9.2010 – IV ZR 240/08).

8. Rechtsfolgen. Die Rechtsstellung der Parteien und des beigeordneten RA richteten sich nach 33
§ 122 ZPO. Die Beiordnung umfasst ggf. auch die Vertretung vor dem EuGH (BGH 16.1.2014 NJW 2014, 1539; BFH 15.6.2015 – III R 17/13), nicht jedoch für eine Anhörungsrüge nach § 321 ZPO (BGH 28.1.2014 XI ZR 372/12; BSG 2.3.2016 – B 13 SF 7/16 S). Die Frage, ob bei grenzüberschreitender PKH mit Antrag vor einem dt. Gericht vom Staat auch die Übersetzungskosten der Dok. zu tragen sind, ist Gegenstand einer Vorabentscheidung (BAG 5.11.2015 NZA 2016, 61). Der beigeordnete RA verliert das Recht, sein Honorar ggü. dem Mandanten geltend machen zu können (§ 122 I 3 ZPO). Vielmehr ist er auf die Geltendmachung der (geringeren) Gebühren und Auslagen ggü. der Staatskasse nach §§ 45 ff. RVG beschränkt; seine Vergütungsansprüche gelten insoweit als gestundet. Besteht der Honorarvertrag zu einer RASozietät läuft § 122 I 3 ZPO uU ins Leere; hierauf ist bei Abschluss des Anwaltsvertrags hinzuweisen (BGH 15.7.2010 NJW 2011, 229). Ist PKH für zwei Klagen statt für eine Klageerweiterung bewilligt worden (zur mögl. Mutwilligkeit Rn. 31a), können im Kostenfestsetzungsverfahren nach § 55 RVG nicht beide Rechtsstreitigkeiten fiktiv wie ein Rechtsstreit behandelt werden (LAG N 22.10.2015 NZA-RR 2016, 36). Für einen Mehrvergleich kann eine 1,0 Einigungsgebühr angesetzt werden (LAG HM 18.8.2015 – 6 Ta 277/15 – keine 1,2 Terminsgebühr; aA LAG D 13.10.2014 NZA-RR 2014, 661). Die Kostenerstattungspflicht ggü. dem Gegner bleibt auch bei PKHGewährung erhalten (§ 123 ZPO). Umgekehrt hat auch die bedürftige Partei bei Bewilligung von ratenfreier PKH einen Kostenerstattungsanspruch gegen die unterlegene Partei (BGH 9.7.2009 NJW 2009, 2962), soweit dieser nicht durch § 12a ausgeschlossen ist.

9. Bewilligungsverfahren. a) Antrag und Antragsberechtigung. PKH wird nur auf Antrag ge- 34
währt (§ 117 IV ZPO – Formularzwang). Antragsberechtigt sind natürl. Personen unabhängig von ihrer Staatsangehörigkeit (LAG HE 23.8.2000 LAGE ZPO § 114 Nr. 38) und Prozessfähigkeit. Der Anspr. auf grenzüberschreitende PKH richtet sich nach §§ 1076 ff ZPO (EG-Prozesskostenvordruck-VO v. 21.12.2004 BGBl I. 3539).Auch inländischen jur. Personen und parteifähigen Vereinigungen kann nach § 116 S. 1 Nr. 2 ZPO PKH bewilligt werden (LAG ST 26.11.1997 AnwBl. 1998, 543 – Verein, GMP/*Germelmann* Rn. 9). Nach § 116 S. 1 Nr. 1 ZPO kann die Bewilligung auch für eine Partei kraft Amtes ausgesprochen werden (BAG 8.5.2003 NZA 2004, 1407 – Insolvenzverwalter; LAG K 23.4.2006 NZA-RR 2006, 539 – Verbraucherinsolvenz; BGH 23.3.2006 NJW 2006, 1597 – Insolvenzanfechtung). Die Voraussetzungen des § 116 S. 1 Nr. 1 ZPO liegen nicht vor, wenn der bei der Masseverteilung zu erwartende Betrag denjenigen deutl. übersteigt, den er für die Kosten aufzubringen hat, und er die Zahlung unschwer leisten kann (BGH 14.12.2011 NZI 2012, 192; 7.6.2011 ZInsO 2011, 1552). Ein allgem. Interesse (§ 116 S. 1 Nr. 2 ZPO) liegt vor, wenn außer den an der Führung des Rechtsstreits wirtschaftl. Beteiligten (dazu BVerwG 16.3.2011 Buchholz 303 § 116 ZPO Nr. 2) ein erhebl. Kreis von Personen durch die unterbliebene Rechtsverfolgung in Mitleidenschaft gezogen würde (BAG 3.8.2011 NZA 2011, 1243; BGH 10.2.2011 NJW 2011, 1595 – nicht bei RAGebühren). Zu den Berechtigten zählen auch Nebenintervenienten und Streitgenossen. § 11a gilt auch im BeschlV. PKH für den BR und BRMitglieder scheidet wegen des Kostenerstattungsanspruchs (§ 40 I BetrVG) regelmäßig aus. PKH kann nur bewilligt werden, wenn der AG die Anwaltskosten nicht aufbringen kann (LAG RP 4.5.1990 NZA 1991, 32; LAG SN 25.7.2008 LAGE § 114 ZPO 2002 Nr. 9 – Insolvenz). BR und BRMitglieder sind nicht zur Vermeidung von Kosten verpflichtet, vorrangig gewerkschaftl. Rechtsschutz in Anspruch zu nehmen (BAG 4.12.1979 AP BetrVG 1972 § 40 Nr. 18; LAG HM 13.2.1990 LAGE § 115 ZPO Nr. 42). Eine Unterbrechung wegen Eröffnung des Insolvenzverfahrens des Klagegegners betrifft nicht das PKHverfahren (BAG 24.8.2010 AP § 117 ZPO Nr. 1; BGH 4.5.2006 NJW-RR 2006, 1208). Auch die Verfahrenseröffnung über das Vermögen der ast. Partei wirkt sich nicht auf das PKHVerfahren aus (BAG 3.8.2011 NZA 2011, 1243).

35 **b) Beurteilungszeitpunkt.** Das Gericht hat den Antrag zu bescheiden, sobald die Unterlagen in vollständiger Form beigebracht worden sind. Eine Ablehnung wegen unvollständiger Unterlagen darf nur erfolgen, wenn dem Ast. zuvor unter Fristsetzung aufgegeben worden ist, konkrete Angaben zu machen oder Nachweise einzureichen (LAG SH 18.12.2015 NZA-RR 2016, 212); die Aufforderung ist zuzustellen (LAG SH 9.12.2015 – 1 Ta 194/15; LAG K 28.10.2015 – 11 Ta 308/15). Ist die Nachfrist wirksam gesetzt worden, sind spätere Angaben und Nachweise nicht mehr zu berücksichtigen; dies gilt auch, wenn der Ast. Rechtsmittel einlegt; § 571 II 1 ZPO wird durch § 118 II 4 ZPO verdrängt (LAG N 15.4.2003 MDR 2003, 1022; LAG K 7.4.2003 LAGE § 571 ZPO 2002 Nr. 1; aA BAG 18.11.2003 NZA 2004, 1062 – Verfahren nach § 120a ZPO, aA LAG HM 1.7.2015 – 14 Ta 6/15). Maßgebl. Beurteilungszeitpunkt für die Erfolgsaussichten ist derjenige der frühestmögl. Entscheidungsreife über den Antrag. Wird erst später entscheiden, ist ab diesem Zeitpunkt rückwirkend zu bewilligen (BAG 8.11.2004 – 3 AZB 54/03). Ist der Antrag erst zu einem Zeitpunkt entscheidungsreif, zu dem Aussichtslosigkeit feststeht, ist er abzulehnen (str.). Entscheidungs- und damit Bewilligungsreife liegt frühestens vor, wenn alle notwendigen Voraussetzungen für die Bewilligung erfüllt sind, insb. alle Unterlagen beigebracht sind. Dies gilt nur dann nicht, wenn den Ast. an der verzögerten Einreichung kein Verschulden trifft (LAG N 10.11.1987 LAGE § 119 ZPO Nr. 6) oder das Gericht die Nachreichung gestattet hatte (LAG NI 10.2.1992 MDR 1993, 91, str.). Nach einem Vgl. (LAG N 25.2.2013 Rpfleger 2013, 345) oder einer Klagerücknahme kommt eine Beiordnung idR nicht mehr in Betracht (BGH 17.10.2013 FamRZ 2014, 196), Ausn.: die Klagerücknahme erfolgt wg. der Erfüllung des Klagebegehrens (LAG K 13.12.1999 AuR 2000, 159). Der PKHAntrag erfasst grds. (konkludent) auch PKH für einen späteren Mehrvergleich (s. Rn. 37) und die dort miterledigten Streitpunkte (BAG 30.4.2014 NZA-RR 2014, 382).

36 **c) Entscheidung.** Die Entsch. über die PKH ergeht durch Beschl. des Vors. ohne Beteiligung der ehrenamtl. Richter und grds. ohne mündl. Verhandlung, dem Gegner ist zuvor rechtl. Gehör zu gewähren (§ 118 I ZPO, BGH 29.4.2015 NJW 2015, 1827 – kein Akteneinsichtsrecht). Die PKHErklärung nebst beigefügten Unterlagen kann nur mit Zustimmung des Ast. oder nach § 117 II 2 ZPO dem Gegner zugängl. gemacht werden. Wird PKH bewilligt, ist in der Entsch. der Bewilligungszeitpunkt (s. Rn. 35) und der beigeordnete RA zu bezeichnen und über eine Ratenzahlung bzw. den Vermögenseinsatz zu befinden. Der zu unterzeichnende Beschl. ist dem Ast. zuzustellen (§ 329 II 2 ZPO, BAG 18.5.2010 NJW 2010, 2748 – keine Heilung nach § 189 ZPO). Wird dem Antrag nicht vollständig entsprochen, ist dem Ast. rechtliches Gehör zu gewähren. Auch eine nachträgliche Entscheidung nach § 120a ZPO ist nach § 172 ZPO an den PV des Ast. zuzustellen, wenn dieser den PKHAntrag gestellt hatte (BAG 19.7.2006 NZA 2006, 1128), zur Bindungswirkung eines Verweisungsbeschlusses im PKHVerfahren s. § 48 Rn. 13).

37 **d) Rechtsmittel.** Der Beschl. enthält im Fall seiner Anfechtbarkeit eine RMB (§ 9 V). Gegen die Entsch. findet die sof. Beschwerde nach Maßgabe der § 127 II, III ZPO, § 46 II 3 statt. Soweit das Gericht ausschl. die persönl. und wirtschaftl. Voraussetzungen für die PKH verneint hat, ist diese stets statthaft, iÜ nur, wenn die Hauptsache nach § 64 II berufungsfähig wäre. Das Beschwerderecht der Staatskasse ist nach § 127 III 1 ZPO beschränkt auf die Beteiligung des Ast. an den Prozesskosten (BAG 18.11.2015 NJW 2016, 892; BGH 17.11.2009 Rpfl. 2010, 220) und bezieht sich nicht auf Anträge nach § 116 ZPO (BGH 21.1.2016 NZI 2016, 279). Daher besteht selbst bei greifbarer Gesetzeswidrigkeit des PKHBeschl. keine Rechtsschutzmöglichkeit der Staatskasse. Der Ast. ist beschwert, soweit seinem Antrag nicht entsprochen wird (§ 127 II, zB Anordnung einer Ratenzahlung oder Einsatz von Vermögen). Hat das Gericht einen Teil des Antrags übergangen (zB PKH für einen Mehrvergleich), muss fristgem. Antrag auf Ergänzung nach § 321 ZPO gestellt werden (BAG 30.4.2014 NZA-RR 2014, 382). Ein die PKH versagender Beschl. erlangt im Falle seiner Unanfechtbarkeit keine materielle Rechtskraft. Einem neuerl. Antrag auf PKH kann es am Rechtsschutzbedürfnis fehlen, wenn sich die tatsächl. und rechtl. Verhältnisse nicht geänd. haben (LAG B 15.5.2015 LAGE § 114 ZPO 2002 Nr 21; BGH 10.3.2005 NJW 2005, 1498, BGH 12.7.2005 NJW-RR 2006, 197 zur Neubewilligung nach Ratenrückstand). Für das BeschwV gelten die allg. Vorschr. (§ 78, §§ 567 ff. ZPO, s. § 78 Rn. 2); nur die Frist für die Einlegung der sof. Beschw. beträgt für den Ast. und die Staatskasse gleichermaßen einen Monat (§ 127 II 3, III 3 ZPO). Das ArbG ist nach § 572 I ZPO auch zu einer Abhilfeentscheidung befugt, wenn die Beschwerde unzulässig ist (LAG RP 16.7.2009 – 1 Ta 139/09; Zöller/*Heßler* § 572 Rn. 14, *Lipp* NJW 2002, 1702). Die Gerichtsgebühr für eine erfolglose Beschw. beträgt nach Nr. 8614 der Anl. 1 zu § 3 II GKG 50 Euro; die Kosten des BeschwV werden nicht erstattet (§ 127 IV ZPO), ebenso besteht keine Kostenerstattung für den Gegner (§ 118 I 4 ZPO; BGH 9.3.2010 MDR 2010, 767). Für den RA entsteht für die Vertretung im BeschwV eine 0,5-Gebühr nach Nr. 3500 des VV RVG für den Hauptsachestreitwert. Die RB kann nur wegen solcher Fragen zugelassen werden, die das Verfahren oder die persönl. Voraussetzungen betreffen (BAG 10.7.2015 NZA 2015, 1279), eine NZB gegen die Nichtzulassung der RB ist nicht statthaft (BAG 11.6.2009 NZA 2009, 1374).

38 **e) Abänderung und Aufhebung der PKH-Bewilligung (§§ 120a, 124 ZPO).** Haben sich die für die PKH maßgebl. persönl. und wirtschaftl. Verhältnisse wes. geänd., soll (nicht: kann) das Gericht die Entscheidung über die zu leistenden Zahlungen abändern (§ 120a I 1 ZPO); funktional zuständig ist

der Rechtspfleger (§ 20 Nr. 4c RPflG). Eine wesentl. Änd. der wirtschaftl. Verhältnisse iSv. § 120a I ZPO, über die sich eine Partei jederzeit erklären muss, liegt vor, wenn der Begünstigte statt der ratenfreien PKH zumindest zur Zahlung von Monatsraten in der Lage oder nicht mehr bedürftig ist; eine Berücksichtigung der Freibeträge aus § 115 I 3 Nr. 1b und Nr. 2 ZPO ist nur auf Antrag und nur dann zu berücksichtigen, wenn sie dazu führt, dass keine Monatsrate zu zahlen ist (§ 120a I 2 ZPO). Verbessern sich die wirtschaftl. Verhältnisse der Partei wesentl. oder ändert sich ihre Anschrift, hat sie dies dem Gericht unverzügl. mitzuteilen (§ 120a II 1 ZPO). Nach S. 2 ist eine Einkommensverbesserung nur wesentl., wenn sie 100 € übersteigt *und* dies dazu führt, dass sich die Partei nunmehr an den Kosten beteiligen muss (LAG BW 29.10.2015 Rpfl. 2016, 166). Die Abänd. darf nicht zur Korrektur einer vorherigen unzutr. gerichtl. Entscheidung, genutzt werden (OLG BB 1.7.1999 FamRZ 2000, 1229). Das Gericht soll nach der Verfahrensbeendigung prüfen, ob eine Änderung der Entscheidung über die zu leistenden Zahlungen mit Rücksicht auf das durch die Rechtsverfolgung oder -verteidigung Erlangte geboten ist (§ 120a III 2 ZPO, Rn. 26 f.). Die Aufforderung, sich über eine Änd. ihrer persönl. oder wirtschaftl. Verhältnisse zu erklären, ist nicht an die Partei selbst, sondern an deren PV zu richten, wenn dieser für das PKHVerfahren bestellt war (BAG 19.7.2006 NZA 2006, 1128). Wird die Bewilligung der PKH nach § 124 I ZPO aufgeh., kann die Mitwirkung im BeschwV noch nachgeholt werden (BAG 18.11.2003 NZA 2004, 1062). In § 124 I ZPO sind Gründe für die Aufhebung der PKH genannt; hierzu gehören – nach entspr. Belehrung (§ 120a II 4 ZPO) – insb. die schuldhafte Verletzung der Mitteilungspflichten nach § 120a I 3, II 1 bis 3 ZPO. Die Aufhebung der PKHBewilligung wegen nicht unverzügl. Mitteilung eines Anschriftswechsels oder einer wesentl. Verbesserung der wirtschaftl. Lage der Partei setzt voraus, dass diese oder ihr PV die unverzügl. Mitteilung absichtl. oder aus grober Nachlässigkeit unterlassen haben (BAG 18.8.2016 NZA 2017, 533). Ein Anwaltsverschulden bei der unterlassenen Mitteilung ist wegen § 85 II ZPO ausr. (LAG BW 5.3.2015 JurBüro 2015, 486; aA LAG K 22.6.2015 FA 2015, 310). Die Aufhebung nach § 124 I Nr. 5 ZPO erfordert die zutreffende Anwendung des § 115 ZPO in der Ausgangsentscheidung (LAG B 30.9.2016 NZA-RR 2017, 40), die schuldhafte Nichtzahlung der Raten (BGH 9.1.1997 NJW 1997, 1077) und deren fehlende Nachentrichtung (LAG RP 23.4.2012 MDR 2012, 934). Ist dem Ast. für mehrere Verfahren PKH bewilligt worden, dürfen diese nicht zur Nachkontrolle nach § 120a ZPO verbunden werden (LAG HM 23.3.2015 NZA-RR 2015, 383). Ist erstinstanzl. ratenfreie PKH bewilligt worden, im Berufungsrechtszug mit Ratenzahlung, kann die erstinstanzl. Bewilligung nicht ohne Verfahren nach § 120a ZPO abgeändert werden (LAG HM 17.2.2015 NZA-RR 2015, 327).

II. Beratungshilfe

Einem Rechtsuchenden wird nach § 2 BeratungshilfeG auch in Arbeitssachen auf seinen Antrag 39
Beratungshilfe gewährt, wenn er die für eine anwaltl. Beratung erforderl. Mittel nicht selbst aufbringen kann und die beabsichtigte Wahrnehmung seiner Rechte nicht mutwillig erscheint. Die Beratungshilfe kann nicht abgelehnt werden, weil die Behörde, um deren Bescheid es geht, eine kostenfreie Rechtsberatung anbietet (BVerfG 11.5.2009 NJW 2009, 3417). Wegen der Einkommensverhältnisse gelten die Vorschr. zur PKH entspr. Der Antrag kann mündl. oder schriftl. bei dem AmtsG gestellt werden, in dessen Bereich der Ast. seinen allg. Gerichtsstand hat. Ist der Antrag begr., stellt das AmtsG einen Beratungsschein für einen RA aus. Dessen Gebühren richten sich nach Nrn. 2500 ff des VV RVG.

§ 12 Kosten

[1] Das Justizverwaltungskostengesetz und die Justizbeitreibungsordnung gelten entsprechend, soweit sie nicht unmittelbar Anwendung finden. [2] Bei Einziehung der Gerichts- und Verwaltungskosten leisten die Vollstreckungsbehörden der Justizverwaltung oder die sonst nach Landesrecht zuständigen Stellen den Gerichten für Arbeitssachen Amtshilfe, soweit sie diese Aufgaben nicht als eigene wahrnehmen. [3] Vollstreckungsbehörde ist für die Ansprüche, die beim Bundesarbeitsgericht entstehen, die Justizbeitreibungsstelle des Bundesarbeitsgerichts.

I. Allgemeines

§ 12 ist im Jahr 2004 grdl. geänd. worden. Die bisherigen Regelungen über die Gerichtskosten und 1
die Streitwertfestsetzung wurden in das GKG aufgenommen worden, während die Entschädigung für Dolmetscher und Übersetzer in §§ 8 ff. JEVG geregelt ist. Für die Verfahren wegen **überlanger Verfahrensdauer** bestehen bes. Gebührentatbestände (Teil 8 Nrn. 8212 bis 8215; 8233 bis 8235).

II. Kosten

1. Begriff. Zu den Gerichtskosten gehören die Gebühren und Auslagen des Gerichts. Die Gebühren 2
sind die in den ges. geregelten Fällen zu erhebenden öffentl. Abgaben. Auslagen sind die Aufwendungen des Gerichts, zB für die Entschädigungen für Zeugen, Sachverständige oder Zustellungen, Allg. zu

Gerichtskosten *Steffen AR-Blattei* SD 160.13.2; zur Kostenentsch. im Urt. *Bader* NZA 2005, 971; *Bader/Nungeßer* NZA 2007, 1200; *Creutzfeldt* RdA 2004, 281).

3 **2. Urteilsverfahren vor dem ArbG. a) Grundsatz.** Durch das Kostenrechtsmodernisierungsgesetz ist die Berechnung der Gebührenhöhe vor den Gerichten für Arbeitssachen geänd. worden. Im UrtV wurde bis zum 30.6.2004 eine einmalige streitwertabhängige Pauschalgebühr von bis zu € 500,– erhoben. Nach neuem Recht ist für die Wertberechung einheitl. die Höhe der Gebühr nach §§ 3, 34 GKG maßgebl., für die es an einer Betragsobergrenze fehlt. Zum Ausgleich sind die Verfahrensgebühren im UrtV ggü. dem zivilgerichtl. Verfahren ermäßigt. Die bisherigen § 12 I, III sind nunmehr im Teil 8 des neuen Kostenverzeichnisses zum GKG enthalten und konnten entfallen. Wie bisher sind neben den Gerichtsgebühren die Auslagen des Gerichts zu erstatten. Hierzu gehören Schreibauslagen, Zustellkosten sowie die Aufwendungen für Zeugen und Sachverständige, die einzelnen Beträge ergeben sich aus Teil 9 des Kostenverzeichnisses zum GKG. In der Kostengrundentscheidung ist auszusprechen, ob die Verfahrenskosten Masse- oder Insolvenzforderungen sind (BAG 11.3.2015 NZI 2015, 462).

4 **b) Verfahrensgebühr.** Grds. wird für die Verfahrensdurchführung vor den ArbG eine streitwertabhängige Verfahrensgebühr erhoben (Nr. 8210 – 2 Gebühren in der I. Instanz). Maßgebl. ist die Verfahrenseinl. (§ 40 GKG). Für das Mahnverfahren fällt eine Verfahrensgebühr von 0,4 an, wenn Antrag auf Erlass eines VB gestellt wird (Nr. 8100). Geht dem Verfahren vor dem Prozessgericht ein Mahnverfahren voraus, entsteht die Verfahrensgebühr bei Eingang der Akten beim Prozessgericht; wurde bereits im Mahnverfahren ein Antrag auf Erlass eines VB gestellt, wird die Gebühr für das Mahnverfahren angerechnet (Nr. 8210 [1]). Die Verfahrensgebühr entfällt bei einer Verfahrensbeendigung ohne streitige Verhandlung; bei einer Entsch. nach § 91a ZPO nur, wenn keine Kostenentsch. erforderl. wird (Nr. 8210 [2]). Wird das Verfahren nach streitiger Verhandlung durch Klagerücknahme, Beschl. nach § 91a ZPO ohne Kostenausspruch, Anerkenntnis- bzw. Verzichtsurt. oder abgekürztes Urt. nach § 313a ZPO beendet, ermäßigt sich die Verfahrensgebühr auf 0,4 (Nr. 8211). Wird ein Rechtsstreit durch Gebührenermäßigungstatbestände gem. Teil 8 KV-GKG, die teils vor und teils nach streitiger Verhandlung angefallen sind, vollständig beendet, soll sich die Verfahrensgebühr für den gesamten Rechtsstreit in analoger Anwendung des Satzes 2 der Anmerkung zu Nr. 8211 KV-GKG auf das 0,4-fache ermäßigen (LAG HE 8.10.2008 – 13 Ta 313/08). Bei einer Beendigung durch VU wird stets die volle Verfahrensgebühr von 2,0 berechnet. Nimmt der Kläger nach einem VU einen Teil seiner Klage zurück, richten sich die Gerichtskosten nicht nach der Streitwertfestsetzung im Endurt., sondern nach dem Wert des Streitgegenstands der ursprüngl. Klage. Bei Abschluss eines gerichtl. Vergleichs entfällt die Verfahrensgebühr im betr. Rechtszug; dazu zählt auch ein Vergleichsschluss nach § 278 VI ZPO (Vorbem. Nr. 8). Für die Verfahren des einstw. Rechtsschutzes gelten die Regelungen der Nr. 8310 ff. Die Verfahrensgebühr für ein selbständiges Beweisverfahren beträgt 0,6 (Nr. 8400); die erfolglose Rüge nach § 78a löst eine Pauschalgebühr von € 40,– aus (Nr. 8500; keine Vergütung nach dem RVG: LAG M 13.11.2008 AGS 2009, 24); für Verfahren wegen überlanger Verfahrensdauer gelten die bes. Gebührentatbestände der Nr. 8212 ff. Unter den Voraussetzungen des § 38 GKG kann insb. bei einer „Flucht in die Säumnis" eine Verzögerungsgebühr als bes. Gebühr erhoben werden (Nr. 8700; LAG ST 8.5.2000 LAGE § 34 GKG Nr. 1; *Beckmann* MDR 2004, 430).

5 **c) Einzelfälle.** Wird der Rechtsstreit teils durch Urt. und teils durch Vergleich erledigt, tritt keine Kostenfreiheit ein (BAG 16.4.2008 NZA 2008, 783). Ein Vergleichsabschluss nach der Urteilsverkündung, aber vor dessen Zustellung führt nicht zum Wegfall der Verfahrensgebühr (LAG BE 8.7.1991 NZA 1992, 142; LAG K 21.8.1985 MDR 1986, 84; aA LAG HM 24.7.1974 AP ArbGG 1953 § 12 Nr. 12). Ruht das Verfahren nach § 54 V und wird es anschließend länger als 6 Monate nicht betrieben, gilt dies als Klagerücknahme (§§ 54 V 2, 269 III bis V ZPO), weshalb nach Nr. 8210 keine Verfahrensgebühr erhoben wird (LAG RP 20.2.1991 LAGE § 54 ArbGG 1979 Nr. 4; aA LAG K 22.4.2008 AE 2009, 79). Ein Vergleich in der Hauptsache lässt die Gebühren für das vorausgegangene Verfahren des einstweiligen Rechtsschutzes nicht entfallen, wenn dieses bereits beendet ist (LAG SH 21.1.1965 AuR 1965, 348). Wird ein Verfahren nach §§ 17, 17a GVG an das ArbG verwiesen, gelten für die Kostenberechnung die §§ 17b II GVG, 4 II GKG. Die vor dem unzuständigen Gericht entstandenen Kosten sind als vor dem ArbG entstandene zu behandeln; die Berechnung der Gerichtskosten erfolgt nach den Nr. 8120 ff., bereits gezahlte Vorschüsse werden angerechnet. Wird das Verfahren an ein ordentl. Gericht verwiesen, ist die Vorschusspflicht in § 12 GKG zu beachten; die Wirkungen des § 11 GKG entfallen mit Rechtskraft des Verweisungsbeschlusses.

6 **3. Urteilsverfahren zweiter und dritter Instanz, Beschwerdeverfahren.** Vor dem LAG und BAG fallen im UrtV Verfahrensgebühren an, deren Höhe sich aus den Nr. 8220 ff. bzw. 8230 ff. ergibt (Grundsatz: Nr. 8220 – 3,2 Gebühren für das Berufungsverfahren; Nr. 8230 – 4 Gebühren für das Revisionsverfahren); eine Ermäßigung der Verfahrensgebühr bei einem Verzicht auf Tatbestand und Entscheidungsgründe ist nur im Berufungsverfahren vorgesehen. Die Verfahrensgebühr entfällt für die jeweilige Instanz, wenn das Verfahren durch einen gerichtl. Vergleich beendet wird. Erfolgt der Vergleichsschluss nach einer Zurückverweisung, bleiben die bisher entstandenen Gebühren trotz der

Vergütung. *10.3 Zahlung*: Nennbetrag (ggf. nach der geäußerten Erwartung der kl. Partei, unter Berücksichtigung von § 44 GKG). **11. Befristung, sonstige Beendigungstatbestände:** Für den Streit über die Wirksamkeit einer Befristungsabrede, einer aufl. Bedingung, einer Anf. des Arbeitsvertrags, einer Eigenkündigung und eines Auflösungs- oder Aufhebungsvertrags gelten die Bewertungsgrundsätze in Nrn. 19 und 20 sowie der Nr. 17. **12. Beschäftigungsanspruch:** 1 Monatsvergütung. **13. Betriebsübergang:** *Bestandsschutzklage gegen Veräußerer und Feststellungs- bzw. Bestandsschutzklage gegen Erwerber*: allein Bewertung der Beendigungstatbestände nach Nrn. 11, 19 und 20, keine Erhöhung nur wegen subjektiver Klagehäufung (also zB. bei Klage gegen eine Kündigung des Veräußerers und Feststellungsklage gegen Erwerber im selben Verfahren: Vergütung für ein Vierteljahr). *Bestandsschutzklage gegen Veräußerer und Beschäftigungsklage/Weiterbeschäftigungsklage gegen Erwerber*: Bewertung nach Nrn. 11, 12, 19 und 20, keine Erhöhung allein wegen subj. Klagehäufung (also zB. bei Klage gegen eine Kündigung des Veräußerers und Beschäftigungsklage gegen Erwerber im selben Verfahren): 4 Monatsvergütungen. *Alleiniger Streit in Rechtsmittelinstanz über Bestand Arbeitsverhältnis mit Betriebserwerber*: Vergütung für ein Vierteljahr. **14. Direktionsrecht – Versetzung**: Von in der Regel 1 Monatsvergütung bis zu einem Vierteljahresentgelt, abhängig vom Grad der Belastungen aus der Änderung der Arbeitsbedingungen für die kl. Partei. **15. Einstellungsanspruch/Wiedereinstellungsanspruch**: Die Vergütung für ein Vierteljahr; ggf. unter Berücksichtigung von Nr. 18. **16. Einstweilige Verfügung**: *16.1 Bei Vorwegnahme der Hauptsache*: 100% des allgem. Wertes. *16.2 Einstweilige Regelung*: Je nach Einzelfall, i. d. R. 50% des Hauptsachestreitwerts. **17. Feststellungsantrag, allgemeiner (Schleppnetzantrag):** *17.1 Allgemeiner Feststellungsantrag isoliert*: höchstens Vergütung für ein Vierteljahr. *17.2 Allgemeiner Feststellungsantrag neben punktuellen Bestandsschutzanträgen (Schleppnetzantrag)*: keine zusätzliche Bewertung (arg. § 42 II 1 GKG). **18. Hilfsantrag:** Auch uneigentl./unechter Hilfsantrag: Es gilt § 45 I 2, 3 GKG. **19. Kündigung (eine):** Die Vergütung für ein Vierteljahr, es sei denn unter Auslegung des Klageantrags und der Klagebegr ist nur ein Fortbestand des ArbVerh. von unter 3 Monaten im Streit (dann entspr. geringerer Wert). **20. Kündigung (mehrere):** *20.1 Außerordentl. Kündigung, die hilfsw. als ordentl. erklärt wird (einschl. Umdeutung nach § 140 BGB)*: höchstens die Vergütung für ein Vierteljahr, unabhängig davon, ob sie in einem oder in mehreren Schreiben erklärt werden. *20.2 Mehrere Kündigungen ohne Veränderung des Beendigungszeitpunktes*: keine Erhöhung. *20.3 Folgekündigungen mit Veränderung des Beendigungszeitpunktes*: Für jede Folgekündigung die Entgeltdifferenz zwischen den verschiedenen Beendigungszeitpunkten, max. jedoch die Vergütung für ein Vierteljahr für jede Folgekündigung. Die erste Kündigung – bewertet nach den Grds. von Nr. 19 – ist stets die mit dem frühesten Beendigungszeitpunkt, auch wenn sie später ausgesprochen und später angegriffen wird. Die Grds. von Nr. 20.1 gelten jew. für die betr. Instanz. Fallen Klagen gegen einzelne Kündigungen im Laufe des Verfahrens in einer Instanz weg, gelten die Grds. von Nr. 20.1 ab diesem Zeitpunkt für die in dieser Instanz verbleibenden Kündigungen. **21. Rechnungslegung:** siehe Auskunft (Nr. 10.) **22. Vergleichsmehrwert: 22.1:** Ein Vergleichsmehrwert fällt nur an, wenn durch den Vergleichsabschluss ein weiterer Rechtsstreit und/oder außergerichtl. Streit erledigt und/oder die Ungewissheit über ein Rechtsverhältnis beseitigt werden. Bsp.: Wird im Rahmen eines Abmahnungsrechtsstreits oder des Streits über eine Versetzung die Beendigung des ArbVerh. vereinbart oder im Rahmen einer verhaltensbed. Kündigung eine Regelung zum Arbeitszeugnis mit inhaltl. Festlegungen vereinbart, ist dies mit dem Wert der Hauptsache zu bewerten. Nur wenn eine Partei sich eines Anspruchs auf oder eines Rechts zur **Freistellung** berühmt hat, wird die Freistellungsvereinbarung mit bis zu 1 Monatsvergütung (unter Anrechnung des Werts einer Beschäftigungs- oder Weiterbeschäftigungsklage) bewertet. Die Freistellung wird nur zukunftsbezogen ab dem Zeitpunkt des Vergleichsabschlusses bewertet, etwaige Zeiten einer Freistellung zuvor spielen keine Rolle. **22.2:** Ist ein Anspruch unstreitig und gewiss, aber seine Durchsetzung ungewiss, wird das Titulierungsinteresse mit 20% des Wertes des Anspruches bewertet. **23. Wiedereinstellungsanspruch:** siehe Einstellungsanspruch (Nr. 15.). **24. Weiterbeschäftigungsantrag incl. Anspruch nach § 102 V BetrVG**: 1 Monatsvergütung. **25. Zeugnis:** *25.1 Erteilung oder Berichtigung eines einfachen Zeugnisses*: 10% einer Monatsvergütung. *25.2 Erteilung oder Berichtigung eines qualifizierten Zeugnisses*: 1 Monatsvergütung, und zwar unabh. von Art und Inhalt eines Berichtigungsverlangens, auch bei kurzem Arbeitsverhältnis. *25.3 Zwischenzeugnis*: Bewertung wie Nr. 25.2. Wird ein Zwischen- und ein Endzeugnis (kumulativ oder hilfsw.) im Verfahren verlangt: Insgesamt 1 Monatsvergütung.

b) Weitere Streitwerte außerhalb des Streitwertkatalogs: Dienstwagen: Ein Antrag, mit dem die unveränderte Nutzungsüberlassung eines Firmenwagens für dienstliche Zwecke und Privatfahrten begehrt wird, ist mit dem 36-fachen mtl. Sachbezugswert zu bemessen (LAG HH 2.8.2012 JurBüro 2013, 24). **Doppelte Anhängigkeit:** Werden ident. Vergütungsansprüche in zwei unterschiedl. Schriftsätzen nur versehentl. klageerweiternd geltend gemacht, führt dies nicht zu einer Addition des Gegenstandswerts, selbst wenn die entspr. Anträge im Termin gestellt werden (LAG RP 25.10.2004 NZA-RR 2005, 272). **Entschädigungsanspruch** (§ 61 II 1): nur bei eigenem wirtschaftl. Wert streitwerterhöhend (LAG SN 27.5.2016 – 4 Ta 28/16 [3]). **Feststellungsklage:** Der Wert einer Feststellungsklage entspricht regelmäßig dem Wert des Anspruchs abzgl. eines Abschlags von 20%. **Konkurrentenklage:** Der Wert berechnet sich nach dem dreijährigen Unterschiedsbetrag (§ 42 II GKG) zwischen der 16

Vergütung nach der ausgeübten Tätigkeit und der Vergütung, die für die angestrebte Tätigkeit gezahlt wird. Beim einstweiligen Rechtsschutzverfahren ist regelmäßig ein Abschlag von 50% angemessen, da es hier regelmäßig nur um die Neubescheidung der Bewerbung geht. Bei einem auf Nichtbesetzung der ausgeschriebenen Stelle gerichteten Antrag ist die Hälfte eines Vierteljahresverdiensts als angemessen angesehen worden (LAG HE 17.7.2008 – 15 Ta 138/08). **Nichtvermögensrechtliche Streitigkeiten:** Der Streitwert ist nach § 48 II GKG im Einzelfall zu bestimmen, er darf 1 Mio. € nicht überschreiten. Von einem vermögensrechtl. Gegenstand ist auszugehen, wenn mit dem Recht oder Rechtsverhältnis, auf das sich die Tätigkeit des Verfahrensbevollmächtigten bezieht, vornehml. wirtschaftl. Zwecke verfolgt werden. Vermögensrechtl. ist der Gegenstand der Tätigkeit insb., wenn diese auf die Durchsetzung von Ansprüchen gerichtet ist, die auf Geld oder geldwerte Leistungen gerichtet sind (BAG 28.9.1989 NZA 1990, 202 – Zurückbehaltungsrecht). Nicht erforderl. ist, dass die Ansprüche aus einem vermögensrechtl. Grundverhältnis entspringen; ausschlaggebend ist der Rechtscharakter des Anspruchs selbst. Bei einer Herausgabeklage wird der Wert des Streitgegenstands bestimmt durch den obj. Verkehrswert der Sache bei Klageeinreichung. **Teilzeit:** WE zur Erhöhung der vertragl. AZ: Monatsvergütung bis Vierteljahresentgelt (LAG K 4.4.2016 JurBüro 2016, 422). **Urlaub:** Bei einer Streitigkeit über die Gewährung von Urlaub handelt es sich um eine vermögensrechtl. Streitigkeit (LAG RP 22.4.2009 – 1 Ta 71/09), wobei das für die Dauer des Urlaubs zu zahlende Urlaubsentgelt bei der Wertfestsetzung heranzuziehen sein soll (LAG HB 22.10.2008 LAGE § 23 RVG Nr. 13). **Vergütung:** Bei einer Bruttolohnklage ist der eingekl. Bruttobetrag maßgebend, etwaige auf die BA übergegangenen Ansprüche sind streitwertmindernd zu berücksichtigen. Bei Anträgen „*Brutto abzgl. netto*“: stets die Differenz der beiden Beträge. **Wettbewerbsverstoß:** Maßgebl. für die Wertfestsetzung bei einem auf Unterlassung von Wettbewerbsverstößen gerichteten Verfahren ist das Interesse, dass der Kl. an der Unterbindung weiterer gleichartiger Verstöße hat. Dieser Betrag mindert sich im Verfahren auf Erlass einer einstweiligen Vfg. um einen angemessenen Abschlag (LAG K 24.5.2005 NZA-RR 2005, 547 – Abschlag 50%).

§ 12a Kostentragungspflicht

(1) [1]In Urteilsverfahren des ersten Rechtszugs besteht kein Anspruch der obsiegenden Partei auf Entschädigung wegen Zeitversäumnis und auf Erstattung der Kosten für die Zuziehung eines Prozeßbevollmächtigten oder Beistandes. [2]Vor Abschluß der Vereinbarung über die Vertretung ist auf den Ausschluß der Kostenerstattung nach Satz 1 hinzuweisen. [3]Satz 1 gilt nicht für Kosten, die dem Beklagten dadurch entstanden sind, daß der Kläger ein Gericht der ordentlichen Gerichtsbarkeit, der allgemeinen Verwaltungsgerichtsbarkeit, der Finanz- oder Sozialgerichtsbarkeit angerufen und dieses den Rechtsstreit an das Arbeitsgericht verwiesen hat.

(2) [1]Werden im Urteilsverfahren des zweiten und dritten Rechtszugs die Kosten nach § 92 Abs. 1 der Zivilprozeßordnung verhältnismäßig geteilt und ist die eine Partei durch einen Rechtsanwalt, die andere Partei durch einen Verbandsvertreter nach § 11 Abs. 2 Satz 2 Nr. 4 und 5 vertreten, so ist diese Partei hinsichtlich der außergerichtlichen Kosten so zu stellen, als wenn sie durch einen Rechtsanwalt vertreten worden wäre. [2]Ansprüche auf Erstattung stehen ihr jedoch nur insoweit zu, als ihr Kosten im Einzelfall tatsächlich erwachsen sind.

1 **1. Ausschluss der Kostenerstattung. a) Allgemeines.** Kostentragung und Kostenerstattung richten sich grds. nach den §§ 91 ff. ZPO. Jedoch enthält § 12a zur Verbilligung des arbeitsgerichtl. Verfahrens eine Reihe von Ausnahmen (*Schleusener/Kühn* NZA 2008, 147). Die Vorschr. gilt in allen Verfahren des § 2; hierzu zählen nicht nur das UrtV, sondern auch das Mahnverfahren und die Verfahren des einstweiligen Rechtsschutzes. Erfasst wird insoweit auch der Anspruch für das vorgerichtl. Tätigwerden (LAG K 17.9.2007 ZTR 2008, 397; LAG NI 15.5.2007 NdsRpfl. 2007, 288; aA *Ostermeier* NJW 2008, 551) und der auf die Pauschale nach § 288 V 1 BGB (das Verfahren 7 AZR 796/16 ist durch Vgl. beendet worden; wie hier *Diller* NZA 2015, 1095; aA *Färber/Pipoh* DB 2017, 67; *Lembke* NZA 2016, 1501; *P. Stein* ArbuR 2017, 13). § 12a ist im BeschlV (BAG 2.10.2007 NZA 2008, 372; Ausnahme: § 126 InsO, s. Rn. 2), dem Verfahren nach § 111 II und bei ZVMaßnahmen (LAG BE 17.2.1986 DB 1986, 753; einschr. LAG RP 8.4.1991 LAGE § 12a ArbGG 1979 Nr. 17 für das Klauselerteilungsverfahren) nicht anwendbar.

2 **b) Ausschluss der Kostenerstattung erster Instanz.** Im UrtV vor dem ArbG besteht kein Anspruch der obsiegenden Partei auf Entschädigung wegen Zeitversäumnis und auf Erstattung der Kosten für die Hinzuziehung eines PV oder Beistands. Die Vorschr. beschränkt das Kostenrisiko in der ersten Instanz. Sie stellt aber auch eine erhebl. Belastung des Obsiegenden dar, weil er keine volle Kostenerstattung erlangt, was den Erfolg des Prozesses vernichten kann, etwa wenn der Streitwert sehr hoch war. Die Vorschr. ist verfassungsrechtl. unbedenkl. (BVerfG 20.7.1971 AP ArbGG 1953 § 61 Nr. 12). Sie findet auch Anwendung, wenn zwei AG am Verfahren beteiligt sind. Der Ausschluss der Kostenerstattung im UrtV gilt sowohl für den prozessualen (§§ 91 ff. ZPO) wie auch für den materiell-rechtl. Kostenerstattungsanspruch zB aus Verzug oder Schadensersatz (BAG 27.10.2005 NZA 2006, 259;

30.4.1992 NZA 1992, 1101). Hierzu zählt auch die Erstattung von erstinstanzl. Anwaltsgebühren bei Verfolgung von Lohnansprüchen eines BRMitglieds nach § 37 II BetrVG (BAG 20.1.2010 NZA 2010, 777; 30.6.1993 NZA 1994, 284; aA LAG HE 10.4.2008 ArbuR 2009, 222) oder einer Klage nach § 767 ZPO und § 771 ZPO (LAG BW 12.9.1985 LAGE ArbGG 1979 § 12a Nr. 3). Nicht ausgeschlossen ist der Anspruch auf Ersatz der Anwaltskosten, wenn der Drittschuldner seinen Auskunftspflichten nach § 840 II ZPO nicht nachkommt (BAG 16.5.1990 NZA 1991, 27; aber keine Durchsetzung im Verfahren nach § 104 ZPO: BAG 16.11.2005 NZA 2006, 343; LAG M 14.7.2009 JurBüro 2009, 554). Denkbar ist jedoch, dass trotz § 12a ein materiell-rechtl. Kostenerstattungsanspruch bei Vorliegen der Voraussetzungen des § 826 BGB besteht; dies ist der Fall, wenn gerade die Regelung in § 12a der Grund für die Klageerhebung war (ausdr. offen gelassen von BAG 23.9.1960 AP ArbGG 1953 § 61 Kosten Nr. 3; dafür LAG SN 16.11.2007 LAGE § 826 BGB 2002 Nr. 2; ArbG Leipzig 10.5.2006 LAGE § 826 BGB 2002 Nr. 1; dazu *Ulrici* AuR 2007, 12; *Löw* MDR 2007, 637). Zur vertragl. Übernahme der Prozesskosten Rn. 6.

aa) Fiktive Kostenerstattung. Ausgeschlossen ist der Anspruch eines Verfahrensbeteiligten (Partei, Nebenintervenienten oder Streitgenossen) auf eine Kostenerstattung für die Hinzuziehung eines PV (RA/Verbandsvertreter), Beistands, Unterbevollmächtigten oder Verkehrsanwalts. Der Ausschluss betrifft den Anspruch auf jegl. Kostenerstattung für den RA (Gebühren und Auslagen, Porto und Fahrtkosten) einschließl. der darauf entfallenden Umsatzsteuer. Eine (fiktive) Erstattung der Anwaltsgebühren findet statt, wenn die Partei durch dessen Beauftragung erstattungsfähige Auslagen (s. Rn. 4) einspart (enger LAG BW 10.4.1985 AnwBl. 1986, 160 – keine Erstattung fiktiver Reisekosten, wenn die Partei mit Sicherheit nicht angereist wäre; LAG K 15.10.1982 LAGE § 91 ZPO Nr. 3 – keine Erstattungsfähigkeit, wenn Reisekosten außer Verhältnis; LAG BE 12.5.2006 NZA-RR 2006, 538 – günstigste Beförderungsklasse; LAG HH 9.10.2009 ArbRB 2010, 17 – günstigste Fluglinie, Economy-Class). Die Erstattung der Anwaltskosten erfolgt bis zur Höhe der Einsparungen (LAG N 22.11.1994 JurBüro 1995, 266). Gleiches gilt für den Anspruch eines Verfahrensbeteiligten wegen der erlittenen Zeitversäumnis, zB für die Klageerhebung, das Aufsuchen des Gerichts oder des Bevollmächtigten oder das persönl. Erscheinen vor Gericht. 3

bb) Erstattungsfähige Kosten der Prozessführung. Erstattungsfähig sind die Kosten eines Verfahrensbeteiligten für die Prozessführung, soweit es um Fahrt-, Verpflegungs- und Übernachtungskosten geht und diese zur zweckentspr. Rechtsverfolgung oder -verteidigung notwendig waren (LAG N 12.11.2010 NZA-RR 2011, 101). Die Partei kann die Termine auch selbst wahrnehmen, selbst wenn ihr bei Vertretung durch einen RA nur geringere Kosten entstanden wären (LAG HH 13.8.1992 LAGE § 12a ArbGG 1979 Nr. 18). Kein Anspruch auf Erstattung der Kosten für die Terminwahrnehmung besteht grds., wenn der AG am Gerichtsstand des Erfüllungsorts verklagt wird, maßgebl. sind die Einzelfallumstände (BAG 17.8.2015 NZA 2015, 1150; LAG MV 23.10.2015 NZA-RR 2016, 34). Bei jur. Personen des öffentl. Rechts ist die Kostenerstattung ausgeschlossen, wenn am Gerichtsort eine Außenstelle besteht, der Termin aber von Bediensteten einer auswärtigen Hauptverwaltung wahrgenommen wird (BAG 21.1.2004 NZA 2004, 398). Entspr. gilt auch für die Privatwirtschaft (LAG N 23.11.1992 LAGE § 91 ZPO Nr. 20). Eine Ausnahme kann gelten, wenn dargelegt wird, dass sich in der Außenstelle oder der Niederlassung keine zur Prozessführung geeignete Person befunden hat. Erfolgt die Terminwahrnehmung allein durch einen RA, kann ein Anspruch auf Erstattung der hypothetischen Reisekosten seines Mandanten bestehen (*Diller/Kern* FA 2008, 258 – Fahrtkosten, § 5 JVEG; Tagegeld § 6 I JVEG; Übernachtungsgeld § 6 II JVEG) und Auslagen für Büromaterial. 4

c) Belehrung. Nach § 12a I 2 ist vor Abschluss der Vereinb. über die gerichtl. Vertretung auf den Ausschluss der Kostenerstattung hinzuweisen (dazu *Weimar* AuR 2003, 172). Der Partei sind auf Verlangen die voraussichtl. Kosten mitzuteilen. Unterbleibt die Belehrung und war die Regelung der Partei unbekannt, kann ein Schadensersatzanspruch gegen den PV aus Verschulden bei Vertragsschluss bestehen. Der Anspruch ist auf das negative Interesse gerichtet, also auf den Betrag, der nicht entstanden wäre, wenn die Belehrung rechtzeitig erfolgt wäre. Mit ihm kann gegen die Gebührenforderung aufgerechnet werden. Die Belehrung kann unterbleiben, wenn feststeht, dass eine Rechtsschutzversicherung in vollem Umf. eintritt und die Partei kein Kostenrisiko treffen kann (GMP/*Germelmann* Rn. 33) oder ihr die Regelung des § 12a bekannt war (LAG D 22.12.2003 NZA-RR 2004, 433 – außergebührenrechtl. Einwendung). Die mögl. Bewilligung von PKH schließt hingegen die Belehrungspflicht nicht aus (LAG RP 4.3.2011 – 10 Ta 33/11). 5

2. Ausnahmen von dem Ausschluss der Kostenerstattung. a) Verweisung. § 12a findet keine Anwendung, wenn dem Bekl. Kosten dadurch entstehen, dass der Kl. ein Gericht der ordentl. Gerichtsbarkeit, der allg. Verwaltungsgerichtsbarkeit, der Finanz- und Sozialgerichtsbarkeit angerufen und dieses den Rechtsstreit an das ArbG verwiesen hat. Nach Auff. des BAG schafft § 12a I 3 einen eigenständigen Erstattungsanspruch für die gesamten, vor dem unzuständigen Gericht entstandenen Kosten, unabhängig davon, ob sie beim ArbG noch einmal entstehen (BAG 19.2.2013 NZA 2013, 395; LAG HE 30.7.2009 NZA-RR 2010, 155). Abgelehnt hat das BAG die Beschränkung auf die „Mehrkosten" sowie die Notwendigkeit einer bes. Kausalitätsprüfung. Keine Erstattungspflicht besteht, wenn 6 die Parteien später vor dem ArbG einen Vergleich ohne gesonderte Kostenregelung schließen (LAG D 15.8.2006 NZA-RR 2006, 658). Wird zunächst das unzuständige ArbG angerufen und dann der Rechtsstreit in einen anderen zust. Gerichtszweig verwiesen, sind die beim ArbG angefallenen Kosten nicht erstattungsfähig. Die Kosten werden nur dann erstattungsfähig, wenn sie später noch einmal entstehen (OLG BB 9.3.2000 MDR 2000, 788; OLG KA 1.8.1991 JurBüro 1991, 1637; Thüringer FG 3.11.2006 EFG 2007, 453). Die Parteien können eine Erstattung der Kosten für das Verfahren vor dem ArbG vertragl. vereinbaren (LAG HM 26.2.1991 NZA 1992, 524). Selbst wenn die Kosten erster Instanz vergleichsweise übernommen werden, ist das Festsetzungsverfahren nach § 104 ZPO ausgeschlossen (LAG RP 28.8.1990 NZA 1992, 141; LAG D 27.5.2004 NZA-RR 2004, 550; aA LAG M 4.12.1978 AnwBl. 1979, 67; weitergehend *Weimar* NZA 2003, 540 – Wahlmöglichkeit zwischen Klage und Kostenfestsetzung), da § 12a auch den prozessualen Kostenerstattungsanspruch erfasst (s. Rn. 2).

7 **b) Rechtsmittelinstanzen.** Nach § 12a I 1 gilt der Ausschluss der Kostenerstattung nur für das UrtV in der ersten Instanz, nicht jedoch für das Berufungs-, Beschwerde- und Revisionsverfahren, da es insoweit an einer Bezugnahme in den §§ 64 VII, 72 VI auf § 12a fehlt (BAG 27.10.2014 NZA 2015, 182). Dies gilt auch für das BeschwV nach § 78. In den Rechtsmittelinstanzen gelten für die Kostenerstattung die §§ 91 ff. ZPO uneingeschränkt. Erstattungsfähig sind sowohl die Kosten eines Prozessvertreters, wenn ein RA am Wohnort der Partei des ersten Rechtszugs als auch am Sitz des Berufungs- oder Revisionsgerichts beauftragt wird. § 12a II 1 enthält daneben eine Sonderregelung für den Fall, dass die Kosten in der Berufungsinstanz verhältnismäßig geteilt werden und die eine Partei durch einen RA und die andere Partei durch einen **Verbandsvertreter** vertreten wird. Würde die durch den RA vertretene Partei Kostenausgleichsansprüche erhalten, hätte die durch den Verbandsvertreter vertretene Partei wegen des Fehlens von Ausgleichsansprüchen häufig einen Kostennachteil. Für die durch den Verbandsvertreter vertretene Partei sind daher fiktive Anwaltsgebühren einschließl. der Auslagen in Ansatz zu bringen, anschließend ist eine Quote zu bilden. Ein Erstattungsanspruch für die Hinzuziehung eines Verbandsvertreters besteht aber, soweit die Partei tatsächl. Kosten hat (§ 12a II 2). Die Regelung gilt nach der Änderung des § 12 II durch das 2. KostenmodernisierungsG für die Vertretung durch Verbandsvertreter im Berufungs- und Revisionsverfahren. Sie findet gleichermaßen im BeschwV entspr. Anwendung, soweit dort eine Kostenteilung erfolgt.

§ 13 Rechtshilfe

(1) [1]**Die Arbeitsgerichte leisten den Gerichten für Arbeitssachen Rechtshilfe.** [2]**Ist die Amtshandlung außerhalb des Sitzes eines Arbeitsgerichts vorzunehmen, so leistet das Amtsgericht Rechtshilfe.**

(2) **Die Vorschriften des Gerichtsverfassungsgesetzes über Rechtshilfe und des Einführungsgesetzes zum Gerichtsverfassungsgesetz über verfahrensübergreifende Mitteilungen von Amts wegen finden entsprechende Anwendung.**

1 **1. Allgemeines.** Die Vorschr. regelt in Abs. 1 die Rechtshilfe im Inland. Erg. sind die Vorschr. des GVG anzuwenden. Grdl. der für Rechtshilfemaßnahmen ist Art. 35 I GG, wonach sich alle Behörden des Bundes und der Länder wechselseitig Rechts- und Amtshilfe leisten. Als Rechtshilfe wird die Hilfeleistung eines Gerichts ggü. einem anderen sachl. zust. Gericht bezeichnet, während bei der Amtshilfe der ersuchenden Behörde entweder die Befugnis zur Vornahme der Amtshandlung fehlt oder von der ersuchten Behörde andere Handlungen vorgenommen werden sollen, die der Ausübung der Amtsgeschäfte der ersuchenden Behörde dienen.

2 **2. Rechtshilfe im Inland. a) Grundsatz.** Innerhalb der Arbeitsgerichtsbarkeit leisten grds. die ArbG anderen ArbG oder den Rechtsmittelgerichten Rechtshilfe. Ausnahmsweise kann das zust. AG um Rechtshilfe ersucht werden, wenn die Amtshandlung zwar innerhalb des Bezirks eines ArbG, aber nicht am Ort seines Gerichtssitzes vorgenommen werden soll (OLG BA 5.8.1983 BB 1984, 1099). Es steht im Ermessen des ersuchenden Gerichts, ob das ArbG des Gerichtsbezirks oder das AG ersucht wird (LAG HE 18.6.1963 AuR 1964, 58). Ein Rechtshilfeersuchen ist nur zulässig, wenn die Amtshandlung außerhalb des Gerichtsbezirks des ersuchenden ArbG vorzunehmen ist. Innerhalb des Gerichtsbezirks muss sie das Gericht selbst vornehmen oder insoweit den Vors. beauftragen (§ 58 I 2). Nach § 13 II iVm. § 166 GVG kann das Gericht auch Amtshandlungen außerhalb des Bezirks wahrnehmen.

3 **b) Verfahren.** Das Rechtshilfeersuchen ist an das ersuchte ArbG bzw. AG zu richten, in dessen Bezirk die Amtshandlung vorzunehmen ist (§ 13 II iVm. § 157 II GVG), die Verfahrensakten und das Rechtshilfeersuchen sind im Original beizufügen. Ist das ersuchte Gericht für das Rechtshilfeersuchen örtl. nicht zuständig, reicht das Ersuchen an das zust. Gericht weiter. Seine Durchführung darf von dem örtl. zust. Gericht nach § 158 II GVG nur abgelehnt werden, wenn es *(1)* nicht von einem im Rechtszug vorgesetzten Gericht (LAG des eigenen Bezirks, BAG) kommt und *(2)* die vorzunehmende Handlung gegen Bundes- oder Landesrecht verstößt (BAG 16.1.1991 NZA 1991, 364). Das ersuchte

Gericht darf die Ausführung nicht mit der Begr. verweigern, dass die Übertragung der Amtshandlung unzweckmäßig oder nicht notwendig ist (BGH 31.5.1990 NJW 1990, 2936).

c) Beweiserhebung. Unzulässig ist ein Rechtshilfeersuchen, wenn die Vernehmung einer Partei oder eines ges. Vertreters als Zeugen angeordnet oder eine unzulässige Vereidigung vorgenommen werden soll. Umstr. ist, unter welchen Voraussetzungen ein Rechtshilfeersuchen ansonsten zurückgewiesen werden kann. Nach der Rspr. des BAG ist ein Rechtshilfeersuchen nur dann unzulässig, wenn es überhaupt keine Tatsachen enthält, über die das ersuchte Gericht Beweis erheben könnte. Das ist dann der Fall, wenn im Rechtshilfeersuchen nur eine Rechtsnorm zitiert wird und der ersuchte Richter dazu die Tatsachen ermitteln soll oder das Rechtshilfeersuchen wegen der Tatsachen schlicht auf die Akten verweist (BAG 26.10.1999 NZA 2000, 791; 16.1.1991 NZA 1991, 364). Dagegen kann ein Ersuchen nicht mit der Begr. abgelehnt werden, es enthalte einen unzulässigen Ausforschungsbeweis, es sei denn, dieser ist offensichtl. (GMP/*Germelmann* Rn. 5). Lehnt das ersuchte Gericht das Rechtshilfeersuchen ab, kann nach § 159 GVG die Entsch. des übergeordneten LAG eingeholt werden. Gegen dessen Entsch. ist die weitere Beschwerde zum BAG gegeben (§ 159 I 3 GVG). Beschwerdeberechtigt ist auch das ersuchende Gericht (BAG 16.1.1991 NZA 1991, 364). 4

d) Durchführung. Über das Rechtshilfeersuchen entscheidet das ersuchte Gericht bzw. nach § 53 I 2 der Vorsitzende ohne Hinzuziehung der ehrenamtl. Richter. Der ersuchte Richter nimmt eine Vereidigung nur vor, wenn er entspr. angewiesen worden ist. Die Beweisaufnahme vor dem ersuchten Richter ist nicht öffentl. (§ 169 Satz 1 GVG), die Parteien sind jedoch zum Termin zu laden und haben die gleichen Rechte wie bei einer Beweisaufnahme. Erscheinen sie nicht zum Termin, muss die Rechtshilfehandlung von dem ersuchten Gericht dennoch vorgenommen werden. Nach Erledigung des Rechtshilfeersuchens reicht das Rechtshilfegericht die Akten an das ersuchende Gericht zurück, das alsdann Termin zur Fortsetzung der Verhandlung anberaumt. Das Terminsprotokoll des ersuchten Gerichts ist nach § 285 II, § 137 III ZPO zu berücksichtigen. Die Kosten der Rechtshilfe sind Teil der Verfahrenskosten. Sie werden durch das ersuchende Gericht nicht dem ersuchten Gericht erstattet (§ 164 I GVG), selbst wenn das AG als Rechtshilfegericht tätig geworden ist. 5

3. Rechtshilfe ins Ausland. Die Rechtshilfe ins Ausland richtet sich nach § 46 II iVm. §§ 199 ff., 363 ZPO sowie den zwischenstaatl. Rechtshilfeabk. Das Ersuchen erfolgt grds. im diplomatischen Rechtsverkehr, ausnahmsweise direkt durch Ersuchen an die zust. ausl. Behörde. Die Durchführung richtet sich nach der Rechtshilfeordnung für Zivilsachen vom 19.10.1956 (ZRHO, BAnz. 1957 Nr. 63) und der gemeinsamen Anordnung des BMJV und BMAS über den Rechtshilfeverkehr mit dem Ausland vom 30.12.1959 (BAnz. 1960 Nr. 9). Für die Beweisaufnahme gilt ab dem 1.1.2004 für die Gerichte in den Mitgliedstaaten der EU die Verordnung (EG) Nr. 1206/2001 des Rates vom 28.5.2001 (ABl. L 174 vom 27.6.2001 S. 1; §§ 1072 ff. ZPO). Für Rechtshilfeersuchen ausl. ArbG sind iÜ die ordentl. Gerichte zuständig (Abs. III der Gem. AO vom 30.12.1959). 6

4. Übermittlung personenbezogener Daten. § 13 II ist durch das Justizmitteilungsgesetz und Gesetz zur Änd. kostenrechtl. Vorschr. und anderer Gesetze (JuMiG) vom 18.6.1997 (BGBl. I S. 1430) geänd. worden. Inhalt der Neuregelung ist die Bezugnahme auf die Vorschr. der §§ 13 ff. EGGVG über die Übermittlung personenbezogener Daten vAw. Die Neuregelung war aus Gründen des Datenschutzes erforderl., zuvor wurden entspr. Mitteilungen auf der Grdl. einfacher Verwaltungsvorschriften vorgenommen. Die Vorschr. des EGGVG sind nicht anwendbar, wenn das Gericht nach § 13 I tätig wird. Zuständig für die Datenübermittlung ist der Behördenleiter (Präsident/Direktor). Werden die Gerichte für Arbeitssachen um Auskunft angegangen, richtet sich die Zulässigkeit der Übermittlung personenbezogener Daten nach den §§ 13 ff. EGGVG. Für die ArbG von größerer praktischer Bedeutung sind dabei die §§ 13, 17 EGGVG. Die Übermittlung ist insb. dann zulässig, wenn sie in einer Rechtsvorschrift vorgesehen oder zwgd. vorausgesetzt wird (§ 13 I Nr. 1 EGGVG), bei Einwilligung des Betroffenen (§ 13 I Nr. 2 EGGVG) oder offensichtl. ist, dass die Übermittlung im Interesse des Betroffenen liegt und kein Grund zur Annahme besteht, dass er in Kenntnis dieses Zwecks seine Einwilligung verweigern würde (§ 13 I Nr. 3 EGGVG). Nach § 17 EGGVG ist die Übermittlung personenbezogener Daten zulässig, wenn die Kenntnis der Daten aus der Sicht der übermittelnden Stelle der Verfolgung von Straftaten oder Ordnungswidrigkeiten dient (§ 17 Nr. 1 EGGVG), zur Abwehr einer schwerwiegenden Beeinträchtigung von Personen (§ 17 Nr. 4 EGGVG) bzw. erhebl. Gefährdung Minderjähriger (§ 17 Nr. 5 EGGVG). Von den §§ 13 ff. EGGVG nicht erfasst werden Mitteilungen an die Sozialversicherungsträger über den Ausgang eines Verfahrens, der für den Leistungsbezug bedeutsam ist. Solche Auskünfte können nur mit Einwilligung der Betroffenen erteilt werden. Nach § 21 I EGGVG ist auf Antrag dem Betroffenen Auskunft über die übermittelten Daten und deren Empfänger zu erteilen; § 22 EGGVG stellt klar, dass gegen die unbefugte Übermittlung von personenbezogenen Daten der Rechtsweg nach den §§ 23 ff. EGGVG eröffnet ist (BVerfG 2.12.2014 NJW 2015, 610). 7

§ 13a Internationale Verfahren

Die Vorschriften des Buches 11 der Zivilprozessordnung über die justizielle Zusammenarbeit in der Europäischen Union finden in Verfahren vor den Gerichten für Arbeitssachen Anwendung, soweit dieses Gesetz nichts anderes bestimmt.

1 Die Vorschr. ist durch G v. 18.8.2005 (BGBl. I 2477) mit Wirkung zum 21.10.2005 in das ArbGG neu eingefügt worden. Durch dieses wird die VO (EG) Nr. 805/2004 v. 21.4.2004 (ABl. EU Nr. L 143 S. 15) über den Europ. Vollstreckungstitel in nationales Recht umgesetzt (*Reichel* NZA 2005, 1096). Wichtige Änderungen für das Verfahren vor den ArbG ergeben sich aus den neuen Belehrungspflichten bei der Zustellung der Klageschrift (§ 499 ZPO) und insb. der Ladung zur mdl. Verhandlung (§ 215 ZPO), ohne deren Einhaltung ein VU nicht erlassen werden darf (§ 335 I Nr. 2 ZPO).

Zweiter Teil. Aufbau der Gerichte für Arbeitssachen

Erster Abschnitt. Arbeitsgerichte

§ 14 Errichtung und Organisation

(1) In den Ländern werden Arbeitsgerichte errichtet.

(2) Durch Gesetz werden angeordnet
1. die Errichtung und Aufhebung eines Arbeitsgerichts;
2. die Verlegung eines Gerichtssitzes;
3. Änderungen in der Abgrenzung der Gerichtsbezirke;
4. die Zuweisung einzelner Sachgebiete an ein Arbeitsgericht für die Bezirke mehrerer Arbeitsgerichte;
5. die Errichtung von Kammern des Arbeitsgerichts an anderen Orten;
6. der Übergang anhängiger Verfahren auf ein anderes Gericht bei Maßnahmen nach den Nummern 1, 3 und 4, wenn sich die Zuständigkeit nicht nach den bisher geltenden Vorschriften richten soll.

(3) Mehrere Länder können die Errichtung eines gemeinsamen Arbeitsgerichts oder gemeinsamer Kammern eines Arbeitsgerichts oder die Ausdehnung von Gerichtsbezirken über die Landesgrenzen hinaus, auch für einzelne Sachgebiete, vereinbaren.

(4) [1]Die zuständige oberste Landesbehörde kann anordnen, daß außerhalb des Sitzes des Arbeitsgerichts Gerichtstage abgehalten werden. [2]Die Landesregierung kann ferner durch Rechtsverordnung bestimmen, daß Gerichtstage außerhalb des Sitzes des Arbeitsgerichts abgehalten werden. [3]Die Landesregierung kann die Ermächtigung nach Satz 2 durch Rechtsverordnung auf die zuständige oberste Landesbehörde übertragen.

(5) Bei der Vorbereitung gesetzlicher Regelungen nach Absatz 2 Nr. 1 bis 5 und Absatz 3 sind die Gewerkschaften und Vereinigungen von Arbeitgebern, die für das Arbeitsleben im Landesgebiet wesentliche Bedeutung haben, zu hören.

§ 15 Verwaltung und Dienstaufsicht

(1) [1]Die Geschäfte der Verwaltung und Dienstaufsicht führt die zuständige oberste Landesbehörde. [2]Vor Erlaß allgemeiner Anordnungen, die die Verwaltung und Dienstaufsicht betreffen, soweit sie nicht rein technischer Art sind, sind die in § 14 Abs. 5 genannten Verbände zu hören.

(2) [1]Die Landesregierung kann durch Rechtsverordnung Geschäfte der Verwaltung und Dienstaufsicht dem Präsidenten des Landesarbeitsgerichts oder dem Vorsitzenden des Arbeitsgerichts oder, wenn mehrere Vorsitzende vorhanden sind, einem von ihnen übertragen. [2]Die Landesregierung kann die Ermächtigung nach Satz 1 durch Rechtsverordnung auf die zuständige oberste Landesbehörde übertragen.

§ 16 Zusammensetzung

(1) [1]Das Arbeitsgericht besteht aus der erforderlichen Zahl von Vorsitzenden und ehrenamtlichen Richtern. [2]Die ehrenamtlichen Richter werden je zur Hälfte aus den Kreisen der Arbeitnehmer und der Arbeitgeber entnommen.

(2) Jede Kammer des Arbeitsgerichts wird in der Besetzung mit einem Vorsitzenden und je einem ehrenamtlichen Richter aus Kreisen der Arbeitnehmer und der Arbeitgeber tätig.

§ 17 Bildung von Kammern

(1) Die zuständige oberste Landesbehörde bestimmt die Zahl der Kammern nach Anhörung der in § 14 Abs. 5 genannten Verbände.

(2) [1]Soweit ein Bedürfnis besteht, kann die Landesregierung durch Rechtsverordnung für die Streitigkeiten bestimmter Berufe und Gewerbe und bestimmter Gruppen von Arbeitnehmern Fachkammern bilden. [2]Die Zuständigkeit einer Fachkammer kann durch Rechtsverordnung auf die Bezirke anderer Arbeitsgerichte oder Teile von ihnen erstreckt werden, sofern die Erstreckung für eine sachdienliche Förderung oder schnellere Erledigung der Verfahren zweckmäßig ist. [3]Die Rechtsverordnungen auf Grund der Sätze 1 und 2 treffen Regelungen zum Übergang anhängiger Verfahren auf ein anderes Gericht, sofern die Regelungen zur sachdienlichen Erledigung der Verfahren zweckmäßig sind und sich die Zuständigkeit nicht nach den bisher geltenden Vorschriften richten soll. [4]§ 14 Abs. 5 ist entsprechend anzuwenden.

(3) Die Landesregierung kann die Ermächtigung nach Absatz 2 durch Rechtsverordnung auf die zuständige oberste Landesbehörde übertragen.

§ 18 Ernennung der Vorsitzenden

(1) Die Vorsitzenden werden auf Vorschlag der zuständigen obersten Landesbehörde nach Beratung mit einem Ausschuß entsprechend den landesrechtlichen Vorschriften bestellt.

(2) [1]Der Ausschuß ist von der zuständigen obersten Landesbehörde zu errichten. [2]Ihm müssen in gleichem Verhältnis Vertreter der in § 14 Abs. 5 genannten Gewerkschaften und Vereinigungen von Arbeitgebern sowie der Arbeitsgerichtsbarkeit angehören.

(3) Einem Vorsitzenden kann zugleich ein weiteres Richteramt bei einem anderen Arbeitsgericht übertragen werden.

(4)–(6) (weggefallen)

(7) Bei den Arbeitsgerichten können Richter auf Probe und Richter kraft Auftrags verwendet werden.

§ 19 Ständige Vertretung

(1) Ist ein Arbeitsgericht nur mit einem Vorsitzenden besetzt, so beauftragt das Präsidium des Landesarbeitsgerichts einen Richter seines Bezirks mit der ständigen Vertretung des Vorsitzenden.

(2) [1]Wird an einem Arbeitsgericht die vorübergehende Vertretung durch einen Richter eines anderen Gerichts nötig, so beauftragt das Präsidium des Landesarbeitsgerichts einen Richter seines Bezirks längstens für zwei Monate mit der Vertretung. [2]In Eilfällen kann an Stelle des Präsidiums der Präsident des Landesarbeitsgerichts einen zeitweiligen Vertreter bestellen. [3]Die Gründe für die getroffene Anordnung sind schriftlich niederzulegen.

§ 20 Berufung der ehrenamtlichen Richter

(1) [1]Die ehrenamtlichen Richter werden von der zuständigen obersten Landesbehörde oder von der von der Landesregierung durch Rechtsverordnung beauftragten Stelle auf die Dauer von fünf Jahren berufen. [2]Die Landesregierung kann die Ermächtigung nach Satz 1 durch Rechtsverordnung auf die zuständige oberste Landesbehörde übertragen.

(2) Die ehrenamtlichen Richter sind in angemessenem Verhältnis unter billiger Berücksichtigung der Minderheiten aus den Vorschlagslisten zu entnehmen, die der zuständigen Stelle von den im Land bestehenden Gewerkschaften, selbständigen Vereinigungen von Arbeitnehmern mit sozial- oder berufspolitischer Zwecksetzung und Vereinigungen von Arbeitgebern sowie von den in § 22 Abs. 2 Nr. 3 bezeichneten Körperschaften oder deren Arbeitgebervereinigungen eingereicht werden.

§ 21 Voraussetzungen für die Berufung als ehrenamtlicher Richter

(1) Als ehrenamtliche Richter sind Arbeitnehmer und Arbeitgeber zu berufen, die das 25. Lebensjahr vollendet haben und im Bezirk des Arbeitsgerichts tätig sind oder wohnen.

(2) [1]Vom Amt des ehrenamtlichen Richters ist ausgeschlossen,

1. wer infolge Richterspruchs die Fähigkeit zur Bekleidung öffentlicher Ämter nicht besitzt oder wegen einer vorsätzlichen Tat zu einer Freiheitsstrafe von mehr als sechs Monaten verurteilt worden ist;

2. wer wegen einer Tat angeklagt ist, die den Verlust der Fähigkeit zur Bekleidung öffentlicher Ämter zur Folge haben kann;
3. wer das Wahlrecht zum Deutschen Bundestag nicht besitzt.

[2]Personen, die in Vermögensverfall geraten sind, sollen nicht als ehrenamtliche Richter berufen werden.

(3) Beamte und Angestellte eines Gerichts für Arbeitssachen dürfen nicht als ehrenamtliche Richter berufen werden.

(4) [1]Das Amt des ehrenamtlichen Richters, der zum ehrenamtlichen Richter in einem höheren Rechtszug berufen wird, endet mit Beginn der Amtszeit im höheren Rechtszug. [2]Niemand darf gleichzeitig ehrenamtlicher Richter der Arbeitnehmerseite und der Arbeitgeberseite sein oder als ehrenamtlicher Richter bei mehr als einem Gericht für Arbeitssachen berufen werden.

(5) [1]Wird das Fehlen einer Voraussetzung für die Berufung nachträglich bekannt oder fällt eine Voraussetzung nachträglich fort, so ist der ehrenamtliche Richter auf Antrag der zuständigen Stelle (§ 20) oder auf eigenen Antrag von seinem Amt zu entbinden. [2]Über den Antrag entscheidet die vom Präsidium für jedes Geschäftsjahr im voraus bestimmte Kammer des Landesarbeitsgerichts. [3]Vor der Entscheidung ist der ehrenamtliche Richter zu hören. [4]Die Entscheidung ist unanfechtbar. [5]Die nach Satz 2 zuständige Kammer kann anordnen, daß der ehrenamtliche Richter bis zu der Entscheidung über die Entbindung vom Amt nicht heranzuziehen ist.

(6) Verliert der ehrenamtliche Richter seine Eigenschaft als Arbeitnehmer oder Arbeitgeber wegen Erreichens der Altersgrenze, findet Absatz 5 mit der Maßgabe Anwendung, daß die Entbindung vom Amt nur auf Antrag des ehrenamtlichen Richters zulässig ist.

§ 22 Ehrenamtlicher Richter aus Kreisen der Arbeitgeber

(1) Ehrenamtlicher Richter aus Kreisen der Arbeitgeber kann auch sein, wer vorübergehend oder regelmäßig zu gewissen Zeiten des Jahres keine Arbeitnehmer beschäftigt.

(2) Zu ehrenamtlichen Richtern aus Kreisen der Arbeitgeber können auch berufen werden
1. bei Betrieben einer juristischen Person oder einer Personengesamtheit Personen, die kraft Gesetzes, Satzung oder Gesellschaftsvertrag allein oder als Mitglieder des Vertretungsorgans zur Vertretung der juristischen Person oder der Personengesamtheit berufen sind;
2. Geschäftsführer, Betriebsleiter oder Personalleiter, soweit sie zur Einstellung von Arbeitnehmern in den Betrieb berechtigt sind, oder Personen, denen Prokura oder Generalvollmacht erteilt ist;
3. bei dem Bunde, den Ländern, den Gemeinden, den Gemeindeverbänden und anderen Körperschaften, Anstalten und Stiftungen des öffentlichen Rechts Beamte und Angestellte nach näherer Anordnung der zuständigen obersten Bundes- oder Landesbehörde;
4. Mitglieder und Angestellte von Vereinigungen von Arbeitgebern sowie Vorstandsmitglieder und Angestellte von Zusammenschlüssen solcher Vereinigungen, wenn diese Personen kraft Satzung oder Vollmacht zur Vertretung befugt sind.

§ 23 Ehrenamtlicher Richter aus Kreisen der Arbeitnehmer

(1) Ehrenamtlicher Richter aus Kreisen der Arbeitnehmer kann auch sein, wer arbeitslos ist.

(2) [1]Den Arbeitnehmern stehen für die Berufung als ehrenamtliche Richter Mitglieder und Angestellte von Gewerkschaften, von selbständigen Vereinigungen von Arbeitnehmern mit sozial- oder berufspolitischer Zwecksetzung sowie Vorstandsmitglieder und Angestellte von Zusammenschlüssen von Gewerkschaften gleich, wenn diese Personen kraft Satzung oder Vollmacht zur Vertretung befugt sind. [2]Gleiches gilt für Bevollmächtigte, die als Angestellte juristischer Personen, deren Anteile sämtlich im wirtschaftlichen Eigentum einer der in Satz 1 genannten Organisationen stehen, handeln und wenn die juristische Person ausschließlich die Rechtsberatung und Prozeßvertretung der Mitglieder der Organisation entsprechend deren Satzung durchführt.

§ 24 Ablehnung und Niederlegung des ehrenamtlichen Richteramtes

(1) Das Amt des ehrenamtlichen Richters kann ablehnen oder niederlegen,
1. wer die Regelaltersgrenze nach dem Sechsten Buch Sozialgesetzbuch erreicht hat;
2. wer aus gesundheitlichen Gründen daran gehindert ist, das Amt ordnungsgemäß auszuüben;
3. wer durch ehrenamtliche Tätigkeit für die Allgemeinheit so in Anspruch genommen ist, daß ihm die Übernahme des Amtes nicht zugemutet werden kann;
4. wer in den zehn der Berufung vorhergehenden Jahren als ehrenamtlicher Richter bei einem Gericht für Arbeitssachen tätig gewesen ist;

5. wer glaubhaft macht, daß ihm wichtige Gründe, insbesondere die Fürsorge für seine Familie, die Ausübung des Amtes in besonderem Maße erschweren.

(2) [1]**Über die Berechtigung zur Ablehnung oder Niederlegung entscheidet die zuständige Stelle (§ 20).** [2]**Die Entscheidung ist endgültig.**

§ 25 (weggefallen)

§ 26 Schutz der ehrenamtlichen Richter

(1) **Niemand darf in der Übernahme oder Ausübung des Amtes als ehrenamtlicher Richter beschränkt oder wegen der Übernahme oder Ausübung des Amtes benachteiligt werden.**

(2) **Wer einen anderen in der Übernahme oder Ausübung seines Amtes als ehrenamtlicher Richter beschränkt oder wegen der Übernahme oder Ausübung des Amtes benachteiligt, wird mit Freiheitsstrafe bis zu einem Jahr oder mit Geldstrafe bestraft.**

Ehrenamtl. Richter üben ein Ehrenamt aus (s. § 6 Rn. 1). Die Vorschr. gewährleistet den zivil- und 1 strafrechtl. Schutz und dient damit der Unabhängigkeit der Rspr. Nach § 26 I ist der ehrenamtl. Richter vor jeder Beschränkung oder Benachteiligung wegen der Übernahme des Amts oder der damit verbundenen Tätigkeit geschützt. Das Verbot richtet sich gegen jedermann, also zB gegen den AG des ehrenamtl. Richters, die vorschlagende Organisation, Arbeitskollegen, BR und Gewerkschaften. Da auf die Amtsübernahme abgestellt wird, besteht der Schutz noch nicht bei Aufnahme in die Vorschlagsliste (GK-ArbGG/*Dörner* Rn. 3; aA GMP/*Prütting* Rn. 11). Zur Amtstätigkeit gehören die Teilnahme an den Sitzungen, das Aktenstudium und die Teilnahme an Schulungsveranstaltungen (BAG 25.8.1982 AP ArbGG 1979 § 26 Nr. 1). Verboten ist jede **Beschränkung.** Eine solche ist gegeben bei Androhung von Nachteilen im Falle der Amtsübernahme (ArbG Neuruppin 1.6.1994 AuA 1995, 26 – Kündigung), Verweigerung von Freistellung zur Amtsausübung oder Teilnahme an Schulungen. Eine **Benachteiligung** liegt vor, wenn der ehrenamtl. Richter wegen seines Amtes gekündigt, versetzt oder herabgruppiert wird, von Beförderungen bzw. Sonderleistungen ausgeschlossen wird oder wenn ihm in seiner Organisation wegen seiner Amtsausübung Funktionen entzogen werden. Es stellt es keine Benachteiligung dar, wenn der ehrenamtl. Richter für die Zeit der Amtsausübung keine Vergütung erhält und ggf. bei einer Gleitzeitvereinbarung Freizeit in Anspruch nehmen muss (BAG 22.1.2009 NZA 2009, 735). Sie begr. dies damit, dass er einen Anspruch nach dem Gesetz über Entschädigung der ehrenamtl. Richter erhält. Wird ein ehrenamtl. Richter wegen seines Amts benachteiligt oder beschränkt, sind die entspr. Maßnahmen bzw. Rechtsgeschäfte unwirksam (§ 134 BGB). Der ehrenamtl. Richter kann ihre Unwirksamkeit gerichtl. geltend machen, hat aber die Benachteiligungsabsicht darzulegen und ggf. zu beweisen. § 26 ist Schutzgesetz zugunsten des ehrenamtl. Richters, dieser kann daher auch nach § 823 II BGB Schadensersatz verlangen, soweit die Benachteiligung schuldhaft erfolgt. Ferner steht ihm eine vorbeugende Unterlassungsklage zu, wenn weitere Benachteiligungen zu befürchten sind (§ 1004 BGB). Nach Abs. 2 stellt die Beschränkung oder Benachteiligung eine strafbare Handlung dar.

§ 27 Amtsenthebung der ehrenamtlichen Richter

[1]**Ein ehrenamtlicher Richter ist auf Antrag der zuständigen Stelle (§ 20) seines Amtes zu entheben, wenn er seine Amtspflicht grob verletzt.** [2]**§ 21 Abs. 5 Satz 2 bis 5 ist entsprechend anzuwenden.**

§ 27 regelt die Fälle der groben Amtspflichtverletzung. In § 21 V sind dagegen die Fälle der Amts- 1 entbindung wegen Fehlens oder Wegfalls der Berufungsvoraussetzungen geregelt. § 28 regelt die Rechtsfolgen bei leichteren Verstößen. Ein ehrenamtl. Richter kann seines Amtes enthoben werden, wenn er seine **Amtspflichten grob verletzt.** Amtspflichtverletzungen sind zB die Weigerung zu Beginn der Amtsperiode einen Eid zu leisten, verspätetes Erscheinen zur Sitzung, unentschuldigtes Fehlen, Vernachlässigung von Mitberatung und Abstimmung, Verletzung der Verschwiegenheitspflichten, Verweigerung der Unterschriftsleistung unter Entscheidungen. Keine Verzögerung der Unterschrift liegt vor, wenn der ehrenamtl. Richter Einwendungen gegen Formulierungen des Vors. erhebt. Das Verhalten außerhalb des Amtes ist noch nicht ohne weiteres eine Amtspflichtverletzung. Politische, gewerkschaftl., religiöse oder sozialpolitische Anschauungen oder Tätigkeiten bilden grds. keine Grdl. für die Amtsenthebung, solange es an einer konkreten Verletzung der ges. Verhaltenspflichten fehlt (LAG HM 25.8.1993 AP ArbGG 1979 § 21 Nr. 3; 26.11.1992 NZA 1993, 476). Eine Amtsenthebung bei fehlender Verfassungstreue ist zulässig (BVerfG 6.5.2008 NZA 2008, 962 – Neonazi). Eine grobe Amtspflichtverletzung ist gegeben, wenn es sich um einen **schwerwiegenden Pflichtverstoß** handelt. Ein solcher liegt vor bei einem wiederholten oder nachhaltigen Verhalten; schuldhaftes

Handeln ist nicht zwgd. erforderl. So kann eine grobe Amtspflichtverletzung auch bei einem leicht fahrlässigen Verhalten gegeben sein, wenn das Ansehen der Rechtspflege oder des Gerichts gefährdet ist. Das Amtsenthebungsverfahren wird durch einen Antrag der zust. Stelle (§ 20) in Gang gesetzt. Bejaht diese eine grobe Amtspflichtverletzung, so ist das Verfahren einzuleiten. Für das weitere Verfahren wird auf § 21 V 2 bis 5 verwiesen. Da in einem gerichtsförmigen Verfahren entschieden wird, bestehen gegen die Regelungen keine verfassungsrechtl. Bedenken. Nimmt die Klärung der geltend gemachten Amtspflichtverletzungen gem. § 27 einige Zeit in Anspruch und ist dem Amtsenthebungsverfahren Erfolgsaussicht beizumessen, kann der ehrenamtl. Richter gem. § 21 V 5 durch einstweilige Anordnung von der Ausübung des Richteramtes vorl. suspendiert werden (LAG HM 28.1.1993 NZA 1993, 479).

§ 28 Ordnungsgeld gegen ehrenamtliche Richter

[1]Die vom Präsidium für jedes Geschäftsjahr im voraus bestimmte Kammer des Landesarbeitsgerichts kann auf Antrag des Vorsitzenden des Arbeitsgerichts gegen einen ehrenamtlichen Richter, der sich der Erfüllung seiner Pflichten entzieht, insbesondere ohne genügende Entschuldigung nicht oder nicht rechtzeitig zu den Sitzungen erscheint, ein Ordnungsgeld festsetzen. [2]Vor dem Antrag hat der Vorsitzende des Arbeitsgerichts den ehrenamtlichen Richter zu hören. [3]Die Entscheidung ist endgültig.

§ 29 Ausschuß der ehrenamtlichen Richter

(1) [1]Bei jedem Arbeitsgericht mit mehr als einer Kammer wird ein Ausschuß der ehrenamtlichen Richter gebildet. [2]Er besteht aus mindestens je drei ehrenamtlichen Richtern aus den Kreisen der Arbeitnehmer und der Arbeitgeber in gleicher Zahl, die von den ehrenamtlichen Richtern aus den Kreisen der Arbeitnehmer und der Arbeitgeber in getrennter Wahl gewählt werden. [3]Der Ausschuß tagt unter der Leitung des aufsichtführenden oder, wenn ein solcher nicht vorhanden oder verhindert ist, des dienstältesten Vorsitzenden des Arbeitsgerichts.

(2) [1]Der Ausschuß ist vor der Bildung von Kammern, vor der Geschäftsverteilung, vor der Verteilung der ehrenamtlichen Richter auf die Kammern und vor der Aufstellung der Listen über die Heranziehung der ehrenamtlichen Richter zu den Sitzungen mündlich oder schriftlich zu hören. [2]Er kann den Vorsitzenden des Arbeitsgerichts und den die Verwaltung und Dienstaufsicht führenden Stellen (§ 15) Wünsche der ehrenamtlichen Richter übermitteln.

§ 30 Besetzung der Fachkammern

[1]Die ehrenamtlichen Richter einer Fachkammer sollen aus den Kreisen der Arbeitnehmer und der Arbeitgeber entnommen werden, für die die Fachkammer gebildet ist. [2]Werden für Streitigkeiten der in § 22 Abs. 2 Nr. 2 bezeichneten Angestellten Fachkammern gebildet, so dürfen ihnen diese Angestellten nicht als ehrenamtliche Richter aus Kreisen der Arbeitgeber angehören. [3]Wird die Zuständigkeit einer Fachkammer gemäß § 17 Abs. 2 erstreckt, so sollen die ehrenamtlichen Richter dieser Kammer aus den Bezirken derjenigen Arbeitsgerichte berufen werden, für deren Bezirke die Fachkammer zuständig ist.

§ 31 Heranziehung der ehrenamtlichen Richter

(1) Die ehrenamtlichen Richter sollen zu den Sitzungen nach der Reihenfolge einer Liste herangezogen werden, die der Vorsitzende vor Beginn des Geschäftsjahres oder vor Beginn der Amtszeit neu berufener ehrenamtlicher Richter gemäß § 29 Abs. 2 aufstellt.

(2) Für die Heranziehung von Vertretern bei unvorhergesehener Verhinderung kann eine Hilfsliste von ehrenamtlichen Richtern aufgestellt werden, die am Gerichtssitz oder in der Nähe wohnen oder ihren Dienstsitz haben.

1 **1. Allgemeines.** In § 6a ist geregelt, dass die ehrenamtl. Richter den Kammern des Gerichts zugeteilt werden. Sind die ehrenamtl. Richter allen oder einzelnen Kammern zugeteilt, so bedarf es einer Regelung, in welcher Reihenfolge sie zu den einzelnen Sitzungen herangezogen werden, damit das Gebot des ges. Richters gewahrt bleibt. § 31 konkretisiert für die Heranziehung der ehrenamtl. Richter die Garantie des ges. Richters (BVerfG 6.2.1998 AP GG Art. 101 Nr. 55). Die Vorschr. gilt für das UrtV und BeschlV vor dem ArbG, für das Berufungs- und BeschwV (§§ 87 ff.) enthält § 39 inhaltsgl. Regelungen.

2. Liste. Sind die ehramtl. Richter einer oder mehreren, nicht aber allen Kammern zugeteilt, haben der Vorsitzende bzw. die Vors. eine Liste der ehrenamtl. Richter getrennt nach AN und AG aufzustellen, aus der die Reihenfolge ihrer Heranziehung ersichtl. wird. Sind dagegen die ehrenamtl. Richter allen Kammern eines Gerichts zugeteilt, ist es ausreichend, dass das Präsidium des Gerichts eine Liste für die Kammern des Gerichts aufstellt und die jeweiligen Vors. die Liste billigen (BAG 16.10.2008 NZA 2009, 510). Das G schreibt nicht vor, in welcher Reihenfolge die ehrenamtl. Richter in die Liste aufgenommen werden. Üblicherweise wird die alphabetische Reihenfolge gewählt, im Geschäftsverteilungsplan muss weiterhin festgelegt werden, ob zu Beginn des Geschäftsjahres die Reihenfolge fortgesetzt oder neu begonnen wird. Werden während eines Geschäftsjahres ehrenamtl. Richter neu berufen, müssen diese vom Präsidium zugeteilt werden, daneben hat der Geschäftsverteilungsplan zu bestimmen, an welcher Stelle sie bei der Heranziehung zukünftig berücksichtigt werden. Vor Aufstellung der Liste ist der Ausschuss (§ 29) zu hören. Bei der Heranziehung der ehrenamtl. Richter ist der Vorsitzende an die Reihenfolge der Liste gebunden. Hiervon kann nur abgewichen werden, wenn der ehrenamtl. Richter verhindert ist (Krankheit, Urlaub usw.). Weicht der Vorsitzende willkürl. von der Reihenfolge der Liste ab, liegt ein Verstoß gegen Art. 101 GG vor (BAG 2.3.1962 AP ArbGG 1953 § 39 Nr. 1). Ein solcher Verstoß kann den absoluten Revisionsgrund des § 547 Nr. 1 ZPO darstellen. Nach Erschöpfung des Rechtswegs ist die Verfassungsbeschwerde gegeben. Wird dagegen irrtüml. gegen die Liste verstoßen, ist dies unschädl. (BAG 16.9.1982 AP BGB § 123 Nr. 24). 2

3. Heranziehung. Nach hM ist unter Sitzung der einzelne Sitzungstag und nicht der jeweilige Termin in einer Streitsache zu verstehen (GK-ArbGG/*Dörner* Rn. 7; HHB/*Hauck* Rn. 5). Bei einer Verlegung oder Vertagung einer Sache sind dann die nach der Liste heranzuziehenden ehrenamtl. Richter und nicht die urspr. festgelegten bzw. geladenen Richter heranzuziehen. Bei Entscheidungen, die ohne mdl. Verhandlung durch Beschl. ergehen können, ist deshalb der maßgebl. Sitzungstag der jeweilige Beratungstermin. Die Festlegung, welche ehrenamtl. Richter an der Beschlussfassung zu beteiligen sind, muss nachprüfbar sein und dokumentiert werden. Das BVerfG sieht es daher als unzulässig an, wenn für eine Entsch. ohne mdl. Verhandlung beliebig eine der demnächst anberaumten Sitzungen zur Beratung ausgewählt wird (BVerfG 6.2.1998 AP GG Art. 101 Nr. 55). Die einmal mit der Sache befassten ehrenamtl. Richter dürfen nur dann erneut zu einem **Fortsetzungstermin** an einem anderen Sitzungstag herangezogen werden, wenn dies im Geschäftsverteilungsplan aufgrund einer abstrakt-generellen Regelung so vorgesehen ist. Ein Verstoß gegen die §§ 31, 39 kann einen absoluten Revisionsgrund iSv. § 547 Nr. 1 ZPO begründen (BAG 26.9.1996 NZA 1997, 333; 16.11.1995 NZA 1996, 589). Eine Regelung im Geschäftsverteilungsplan, die dem Vors. oder der Kammer ein Ermessen bei der Hinzuziehung der ehrenamtl. Richter einräumt, ist daher unwirksam (BAG 16.5.2002 AP GG Art. 101 Nr. 61 – Verschiebung des Verkündungstermins bis zur Wiederernennung des ehrenamtl. Richters). Gleiches gilt für einen entspr. Beschl. der Kammer, in der gleichen Besetzung (weiter) zu verhandeln (aA noch BAG 19.6.1973 AP GG Art. 9 Arbeitskampf Nr. 47; 2.3.1962 AP ArbGG 1953 § 39 Nr. 1). Dies gilt auch dann, wenn die Parteien mit der Handhabung des Gerichts einverstanden sind (BAG 25.8.1983 AP ZPO § 551 Nr. 11). Fehler bei der Heranziehung der ehrenamtl. Richter in einer Sache führen nicht im Wege des sog. Domino-Effekts dazu, dass in den Folgeterminen in (allen) anderen Sachen der ges. Richter nicht gewahrt ist (BAG 7.5.1998 NZA 1998, 1301). Ist nach einer Regelung im Geschäftsverteilungsplan mit den bisherigen ehrenamtl. Richtern weiterzuverhandeln, ist bei Verhinderung eines der ehrenamtl. Richter an seiner Stelle der nach der Reihenfolge der Liste nächstberufene ehrenamtl. Richter heranzuziehen (BAG 16.10.1974 AP BAT §§ 22, 23 Nr. 81). Werden dies. ehrenamtl. Richter zu einem Fortsetzungstermin herangezogen und finden an dem Sitzungstag noch andere Termine statt, muss ggf. mit verschiedenen ehrenamtl. Richtern verhandelt werden. Für den Fall einer unvorhergesehenen Verhinderung eines ehrenamtl. Richters kann eine **Hilfsliste** aufgestellt werden. In die Hilfsliste werden solche ehrenamtl. Richter aufgenommen, die am Gerichtssitz oder in dessen unmittelbarer Nähe wohnen. Die Aufstellung der Hilfsliste erfolgt nach denselben Grundsätzen wie die Aufstellung der Liste der ehrenamtl. Richter. Es müssen also regelmäßig nach der Liste die ehrenamtl. Richter abtelefoniert werden. 3

§ 32 (weggefallen)

Zweiter Abschnitt. Landesarbeitsgerichte

§ 33 Errichtung und Organisation

[1]In den Ländern werden Landesarbeitsgerichte errichtet. [2]§ 14 Abs. 2 bis 5 ist entsprechend anzuwenden.

§ 34 Verwaltung und Dienstaufsicht

(1) [1]Die Geschäfte der Verwaltung und Dienstaufsicht führt die zuständige oberste Landesbehörde. [2]§ 15 Abs. 1 Satz 2 gilt entsprechend.

(2) [1]Die Landesregierung kann durch Rechtsverordnung Geschäfte der Verwaltung und Dienstaufsicht dem Präsidenten des Landesarbeitsgerichts übertragen. [2]Die Landesregierung kann die Ermächtigung nach Satz 1 durch Rechtsverordnung auf die zuständige oberste Landesbehörde übertragen.

§ 35 Zusammensetzung, Bildung von Kammern

(1) [1]Das Landesarbeitsgericht besteht aus dem Präsidenten, der erforderlichen Zahl von weiteren Vorsitzenden und von ehrenamtlichen Richtern. [2]Die ehrenamtlichen Richter werden je zur Hälfte aus den Kreisen der Arbeitnehmer und der Arbeitgeber entnommen.

(2) Jede Kammer des Landesarbeitsgerichts wird in der Besetzung mit einem Vorsitzenden und je einem ehrenamtlichen Richter aus den Kreisen der Arbeitnehmer und der Arbeitgeber tätig.

(3) [1]Die zuständige oberste Landesbehörde bestimmt die Zahl der Kammern. [2]§ 17 gilt entsprechend.

§ 36 Vorsitzende

Der Präsident und die weiteren Vorsitzenden werden auf Vorschlag der zuständigen obersten Landesbehörde nach Anhörung der in § 14 Abs. 5 genannten Gewerkschaften und Vereinigungen von Arbeitgebern als Richter auf Lebenszeit entsprechend den landesrechtlichen Vorschriften bestellt.

§ 37 Ehrenamtliche Richter

(1) Die ehrenamtlichen Richter müssen das dreißigste Lebensjahr vollendet haben und sollen mindestens fünf Jahre ehrenamtliche Richter eines Gerichts für Arbeitssachen gewesen sein.

(2) Im übrigen gelten für die Berufung und Stellung der ehrenamtlichen Richter sowie für die Amtsenthebung und die Amtsentbindung die §§ 20 bis 28 entsprechend.

§ 38 Ausschuß der ehrenamtlichen Richter

[1]Bei jedem Landesarbeitsgericht wird ein Ausschuß der ehrenamtlichen Richter gebildet. [2]Die Vorschriften des § 29 Abs. 1 Satz 2 und 3 und Abs. 2 gelten entsprechend.

§ 39 Heranziehung der ehrenamtlichen Richter

[1]Die ehrenamtlichen Richter sollen zu den Sitzungen nach der Reihenfolge einer Liste herangezogen werden, die der Vorsitzende vor Beginn des Geschäftsjahres oder vor Beginn der Amtszeit neu berufener ehrenamtlicher Richter gemäß § 38 Satz 2 aufstellt. [2]§ 31 Abs. 2 ist entsprechend anzuwenden.

Dritter Abschnitt. Bundesarbeitsgericht

§ 40 Errichtung

(1) Das Bundesarbeitsgericht hat seinen Sitz in Erfurt.

(2) [1]Die Geschäfte der Verwaltung und Dienstaufsicht führt das Bundesministerium für Arbeit und Soziales im Einvernehmen mit dem Bundesministerium der Justiz und für Verbraucherschutz. [2]Das Bundesministerium für Arbeit und Soziales kann im Einvernehmen mit dem Bundesministerium der Justiz und für Verbraucherschutz Geschäfte der Verwaltung und Dienstaufsicht auf den Präsidenten des Bundesarbeitsgerichts übertragen.

§ 41 Zusammensetzung, Senate

(1) [1]Das Bundesarbeitsgericht besteht aus dem Präsidenten, der erforderlichen Zahl von Vorsitzenden Richtern, von berufsrichterlichen Beisitzern sowie ehrenamtlichen Richtern. [2]Die eh-

renamtlichen Richter werden je zur Hälfte aus den Kreisen der Arbeitnehmer und der Arbeitgeber entnommen.

(2) Jeder Senat wird in der Besetzung mit einem Vorsitzenden, zwei berufsrichterlichen Beisitzern und je einem ehrenamtlichen Richter aus den Kreisen der Arbeitnehmer und der Arbeitgeber tätig.

(3) Die Zahl der Senate bestimmt das Bundesministerium für Arbeit und Soziales im Einvernehmen mit dem Bundesministerium der Justiz und für Verbraucherschutz.

§ 42 Bundesrichter

(1) [1]Für die Berufung der Bundesrichter (Präsident, Vorsitzende Richter und berufsrichterliche Beisitzer nach § 41 Abs. 1 Satz 1) gelten die Vorschriften des Richterwahlgesetzes. [2]Zuständiges Ministerium im Sinne des § 1 Abs. 1 des Richterwahlgesetzes ist das Bundesministerium für Arbeit und Soziales; es entscheidet im Benehmen mit dem Bundesministerium der Justiz und für Verbraucherschutz.

(2) Die zu berufenden Personen müssen das fünfunddreißigste Lebensjahr vollendet haben.

§ 43 Ehrenamtliche Richter

(1) [1]Die ehrenamtlichen Richter werden vom Bundesministerium für Arbeit und Soziales für die Dauer von fünf Jahren berufen. [2]Sie sind im angemessenen Verhältnis unter billiger Berücksichtigung der Minderheiten aus den Vorschlagslisten zu entnehmen, die von den Gewerkschaften, den selbständigen Vereinigungen von Arbeitnehmern mit sozial- oder berufspolitischer Zwecksetzung und Vereinigungen von Arbeitgebern, die für das Arbeitsleben des Bundesgebietes wesentliche Bedeutung haben, sowie von den in § 22 Abs. 2 Nr. 3 bezeichneten Körperschaften eingereicht worden sind.

(2) [1]Die ehrenamtlichen Richter müssen das fünfunddreißigste Lebensjahr vollendet haben, besondere Kenntnisse und Erfahrungen auf dem Gebiet des Arbeitsrechts und des Arbeitslebens besitzen und sollen mindestens fünf Jahre ehrenamtliche Richter eines Gerichts für Arbeitssachen gewesen sein. [2]Sie sollen längere Zeit in Deutschland als Arbeitnehmer oder als Arbeitgeber tätig gewesen sein.

(3) Für die Berufung, Stellung und Heranziehung der ehrenamtlichen Richter sowie für die Amtsenthebung und die Amtsentbindung sind im übrigen die Vorschriften der §§ 21 bis 28 und des § 31 entsprechend anzuwenden mit der Maßgabe, daß die in § 21 Abs. 5, § 27 Satz 2 und § 28 Satz 1 bezeichneten Entscheidungen durch den vom Präsidium für jedes Geschäftsjahr im voraus bestimmten Senat des Bundesarbeitsgerichts getroffen werden.

§ 44 Anhörung der ehrenamtlichen Richter, Geschäftsordnung

(1) Bevor zu Beginn des Geschäftsjahres die Geschäfte verteilt sowie die berufsrichterlichen Beisitzer und die ehrenamtlichen Richter den einzelnen Senaten und dem Großen Senat zugeteilt werden, sind je die beiden lebensältesten ehrenamtlichen Richter aus den Kreisen der Arbeitnehmer und der Arbeitgeber zu hören.

(2) [1]Der Geschäftsgang wird durch eine Geschäftsordnung geregelt, die das Präsidium beschließt. [2]Absatz 1 gilt entsprechend.

§ 45 Großer Senat

(1) Bei dem Bundesarbeitsgericht wird ein Großer Senat gebildet.

(2) Der Große Senat entscheidet, wenn ein Senat in einer Rechtsfrage von der Entscheidung eines anderen Senats oder des Großen Senats abweichen will.

(3) [1]Eine Vorlage an den Großen Senat ist nur zulässig, wenn der Senat, von dessen Entscheidung abgewichen werden soll, auf Anfrage des erkennenden Senats erklärt hat, daß er an seiner Rechtsauffassung festhält. [2]Kann der Senat, von dessen Entscheidung abgewichen werden soll, wegen einer Änderung des Geschäftsverteilungsplanes mit der Rechtsfrage nicht mehr befaßt werden, tritt der Senat an seine Stelle, der nach dem Geschäftsverteilungsplan für den Fall, in dem abweichend entschieden wurde, nunmehr zuständig wäre. [3]Über die Anfrage und die Antwort entscheidet der jeweilige Senat durch Beschluß in der für Urteile erforderlichen Besetzung.

(4) Der erkennende Senat kann eine Frage von grundsätzlicher Bedeutung dem Großen Senat zur Entscheidung vorlegen, wenn das nach seiner Auffassung zur Fortbildung des Rechts oder zur Sicherung einer einheitlichen Rechtsprechung erforderlich ist.

(5) [1]Der Große Senat besteht aus dem Präsidenten, je einem Berufsrichter der Senate, in denen der Präsident nicht den Vorsitz führt, und je drei ehrenamtlichen Richtern aus den Kreisen der Arbeitnehmer und Arbeitgeber. [2]Bei einer Verhinderung des Präsidenten tritt ein Berufsrichter des Senats, dem er angehört, an seine Stelle.

(6) [1]Die Mitglieder und die Vertreter werden durch das Präsidium für ein Geschäftsjahr bestellt. [2]Den Vorsitz im Großen Senat führt der Präsident, bei Verhinderung das dienstälteste Mitglied. [3]Bei Stimmengleichheit gibt die Stimme des Vorsitzenden den Ausschlag.

(7) [1]Der Große Senat entscheidet nur über die Rechtsfrage. [2]Er kann ohne mündliche Verhandlung entscheiden. [3]Seine Entscheidung ist in der vorliegenden Sache für den erkennenden Senat bindend.

1 **1. Allgemeines.** Beim BAG wird wie bei allen OGB der einzelnen Gerichtszweige ein GS (GS) gebildet. Er dient dazu, die Rechtseinheit zwischen den Senaten zu wahren und ggf. das Recht fortzubilden. Geht es um die Rechtseinheit zwischen den einzelnen Gerichtszweigen bzw. den obersten Gerichtshöfen des Bundes, ist der Gemeinsame Sen. der OGB zuständig (Art. 95 GG). Der GS setzt sich zusammen aus der Präsidentin des BAG und je einem berufsrichterl. Mitglied der Senate, in denen der Präsident nicht den Vorsitz führt, sowie je drei ehrenamtl. Richtern aus Kreisen der AG und AN (§ 45 V 1). Da das BAG zzt. zehn Senate hat, besteht der GS aus 16 Mitgliedern. Die Präsidentin ist geb. Mitglied, die übrigen Mitglieder werden durch das Präsidium bestimmt. Vor der Zuteilung sind die ehrenamtl. Richter nach § 44 zu hören. Bei Verhinderung des Präsidenten tritt ein Mitglied seines Senates an seine Stelle (§ 45 V 2).

2 **2. Zuständigkeit des Großen Senats. a) Grundsatz.** Die Zust. des GS ist abschl. in § 45 II bis IV geregelt. In allen anderen Fällen muss der erkennende Sen. selbst entscheiden, soweit nicht ein Normenkontrollverfahren vor dem BVerfG (Art. 100 GG) oder ein Vorabentscheidungsverfahren beim EuGH (Art. 267 AEUV Rn. 1) durchzuführen ist.

3 **b) Divergenz.** Der GS ist zuständig, wenn ein Sen. in einer Rechtsfrage von der Entsch. eines anderen Senats oder des GS abweichen will (§ 45 II). Die Rechtsfrage, bei der die Divergenz auftritt, muss klärungsfähig und -bedürftig sein (zum Begriff s. § 72 Rn. 7); sie kann die Zulässigkeit oder die Begründetheit einer Klage bzw., eines Antrags betreffen. Unerhebl. ist, in welcher Entscheidungsform (Urt./Beschl.) der frühere Rechtssatz enthalten ist. Unzureichend ist jedoch eine Aufnahme in einen Vorlagebeschl. eines Senats an den GS (BAG 20.8.1986 NZA 1987, 68). Nicht divergenzfähig ist gleichfalls ein Rechtssatz in einer Entscheidung, die inzwischen von einem anderen Sen. aufgegeben worden ist. Der Rechtssatz muss sowohl für die frühere wie auch jetzige Entsch. tragend sein. Eine Vorlagepflicht besteht daher nicht, wenn ein für eine Rechtsfrage unzuständiger Sen. beiläufig eine Meinung im Zuständigkeitsbereich eines anderen Senats äußert (BAG 16.1.1991 NZA 1991, 679) oder die anderen Senate an der Fortführung der bisherigen Rspr. gehindert sind (BAG 19.9.2012 NZA 2013, 156). Die Vorlage ist nur zulässig, wenn der Sen., von dessen Entsch. abgewichen werden soll, auf **Anfrage** des erkennenden Senats zuvor erklärt hat, dass er an seiner Rechtsauffassung festhält (§ 45 III 1). Hat inzwischen die Zust. der Senate gewechselt, ist für die Anfrage der jetzt zust. Sen. zust. Über Anfrage und Antwort entscheidet der jeweilige Sen. durch Beschl. unter Hinzuziehung der ehrenamtl. Richter.

4 **c) Grundsätzliche Bedeutung.** Nach § 45 IV kann der erkennende Sen. auch eine Frage von grds. Bedeutung dem GS zur Entsch. vorlegen, wenn das nach seiner Auff. zur Fortbildung des Rechts oder zur Sicherung einer einheitl. Rspr. erforderl. ist. Zur Rechtsfortbildung berechtigt sind auch die einzelnen Senate. Diese (unklare) Zuständigkeitsabgrenzung begegnet unter dem Gesichtspunkt des ges. Richters Bedenken, da taugl. Kriterien für die Abgrenzung fehlen, wann die „grundsätzl. Bedeutung" der Rechtsfrage noch in die Zust. der Einzelsenate fällt. Andererseits kann der Begriff der grds. Bedeutung nicht wie in § 72 II ausgelegt werden. Während § 72 II Nr. 1 die Frage regelt, wann eine einheitl. Entscheidung durch das BAG herbeizuführen ist, dient die Vorlage an den GS dazu, in den bes. Fällen, in denen eine Entscheidung durch die einzelnen Senate der Bedeutung der Rechtsfrage nicht gerecht wird, eine Klärung herbeizuführen (BAG 27.1.2010 NZA 2010, 645; 28.7.2009 NZA 2010, 356). Aus diesem Grund sollte von der Anwendung des § 45 IV nur zurückhaltend Gebrauch gemacht werden. Eine Vorlage an den GS wegen grds. Bedeutung wird nur in Betracht kommen, wenn die Rechtsfrage entweder mehrere Fachsenate oder ein Rechtsgebiet betrifft, bei dem größere Schnittstellen zu Entscheidungen anderer Gerichtsbarkeiten bestehen (zB Beschränkung der ANHaftung, Begriff der arbeitnehmerähnl. Person). Bejaht der Fachsenat die Voraussetzungen des § 45 IV, ist er wegen Art. 101 II GG zur Vorlage an den GS verpflichtet, ein Ermessen besteht insoweit nicht.

5 **3. Verfahren.** Den Vorsitz im GS führt die Präsidentin, bei deren Verhinderung das dienstälteste Mitglied des GS. Dies braucht nicht der Vizepräsident zu sein, selbst wenn er dem GS angehört. Bei Abstimmungen gibt im Falle von Stimmengleichheit die Stimme des Vors. den Ausschlag. Zur Vorbereitung der Entsch. des GS werden zwei Berichterstatter ernannt (§ 7 III GO BAG). Der GS kann nach seinem Ermessen mit oder ohne mdl. Verhandlung entscheiden (BAG 2.11.1983 AP ArbGG 1979

§ 45 Nr. 1). Der GS prüft nach, ob die behauptete Divergenz oder die grds. Bedeutung der Rechtssache tatsächl. vorliegt (BAG GS 27.2.1985 NZA 1985, 702) und ob die Rechtsfrage klärungsfähig und -bedürftig ist (BAG 3.12.1991 NZA 1992, 749). Dies ist erforderl., da anders als für die Revisionszulassung keine Bindung an die Vorlageentsch. besteht; eine § 72 III vergleichbare Vorschr. fehlt. Die Entsch. ergeht durch Beschl. Bei Unzulässigkeit der Vorlage wird die Entsch. der Rechtsfrage abgelehnt. Über die Zulässigkeit der Vorlage kann durch Zwischenbeschl. (§§ 280, 303 ZPO) entschieden werden (BAG 2.11.1983 AP ArbGG 1979 § 45 Nr. 1). Ist die Vorlage zulässig, wird allein über die Rechtsfrage entschieden, dagegen nicht über den gesamten Rechtsstreit. Zu einer Entsch. kommt es nicht, wenn die Zust. des GS wegfällt, weil sich der Rechtsstreit ohne Sachentsch. erledigt hat (BAG 4.9.1987 NZA 1988, 259). Die Entsch. des GS kann nicht unmittelbar mit der Verfassungsbeschwerde angegriffen werden, sondern nur die nachf. Entsch. des später erkennenden Senats (BVerfG 4.5.1971 AP GG Art. 9 Nr. 19).

4. Ausgangsrechtsstreit. Die Entsch. des GS ist den Parteien des Ausgangsrechtsstreits zuzustellen; 6
diese sind im Fall einer mdl. Verhandlung von dem erkennenden Sen. zu laden (§ 138 III GVG). Der erkennende Sen. ist an den Beschl. gebunden (§ 45 VII 3). Eine weitere Vorlage kommt nur dann in Betracht, wenn neue oder andere Rechtsfragen auftreten. Treten im Ausgangsrechtsstreit Umstände ein, nach denen es auf die Rechtsfrage nicht mehr ankommt, ist die Vorlage an den GS zurückzunehmen.

5. Gemeinsamer Senat. Nach Art. 95 III GG ist ein Gemeinsamer Sen. der OGB zu bilden. Dies ist 7
durch das Gesetz zur Wahrung der Einheitlichkeit der Rspr. der OGB vom 19.6.1968 (BGBl. I S. 661 – RsprEinhG) geschehen. Der Gemeinsame Sen. entscheidet, wenn ein oberster Gerichtshof in einer Rechtsfrage von der Entsch. eines anderen obersten Gerichtshofs oder des Gemeinsamen Senats abweichen will (§ 2 RsprEinhG). Das Verfahren beim Gemeinsamen Sen. wird durch einen Vorlagebeschl. eingeleitet. Die Entsch. des Gemeinsamen Senats ist für den vorlegenden Sen. bindend (§ 16 RsprEinhG).

Dritter Teil. Verfahren vor den Gerichten für Arbeitssachen

Erster Abschnitt. Urteilsverfahren

Erster Unterabschnitt. Erster Rechtszug

§ 46 Grundsatz

(1) Das Urteilsverfahren findet in den in § 2 Abs. 1 bis 4 bezeichneten bürgerlichen Rechtsstreitigkeiten Anwendung.

(2) [1]Für das Urteilsverfahren des ersten Rechtszugs gelten die Vorschriften der Zivilprozeßordnung über das Verfahren vor den Amtsgerichten entsprechend, soweit dieses Gesetz nichts anderes bestimmt. [2]Die Vorschriften über den frühen ersten Termin zur mündlichen Verhandlung und das schriftliche Vorverfahren (§§ 275 bis 277 der Zivilprozeßordnung), über das vereinfachte Verfahren (§ 495a der Zivilprozeßordnung), über den Urkunden- und Wechselprozeß (§§ 592 bis 605a der Zivilprozeßordnung), über die Entscheidung ohne mündliche Verhandlung (§ 128 Abs. 2 der Zivilprozeßordnung) und über die Verlegung von Terminen in der Zeit vom 1. Juli bis 31. August (§ 227 Abs. 3 Satz 1 der Zivilprozeßordnung) finden keine Anwendung. [3]§ 127 Abs. 2 der Zivilprozessordnung findet mit der Maßgabe Anwendung, dass die sofortige Beschwerde bei Bestandsschutzstreitigkeiten unabhängig von dem Streitwert zulässig ist.

I. Anwendbare Vorschriften

Aus § 46 I ergibt sich, in welchen Fällen das UrtV Anwendung findet. Abs. 2 regelt, welche Ver- 1
fahrensvorschriften in der ersten Instanz anzuwenden bzw. ausgenommen sind. Zur Abgrenzung von UrtV und BeschlV s. § 2 Rn. 2 sowie zu den Wirkungen einer Schiedsklausel § 4 Rn. 1. Für das Verfahren vor dem ArbG erster Instanz gelten die Sonderregeln der §§ 46 bis 63. Diese werden über die Verweisung in § 46 II ergänzt durch die Vorschr. der ZPO über das Verfahren vor den AG (§§ 495 bis 510b ZPO), soweit sie nicht in den §§ 46ff. ausdr. ausgenommen sind oder durch die Sondervorschriften des ArbGG wegen der Eigenarten des arbeitsgerichtl. Verfahrens verdrängt werden. Über § 495 ZPO gelten schließl. die Vorschr. über das Verfahren vor den LG (§§ 253 bis 494 ZPO). Die Regeln über das selbständige Beweisverfahren sind anzuw. (BAG 30.9.2008 NZA 2009, 112). Nach § 46 II 2 finden im arbeitsgerichtl. Verfahren keine Anwendung die Vorschr. über den frühen ersten Termin zur mdl. Verhandlung und das schriftl. Vorverfahren (§§ 275 bis 277 ZPO); insoweit stellen die Regelungen über die Güteverhandlung (§ 54) und die Vorbereitung der streitigen Verhandlung (§§ 56, 61a) Sonderregelungen zur Verfahrensbeschleunigung dar. Wegen des Mündlichkeitsgrundsatzes sind

die Vorschr. über das schriftl. Verfahren (§ 128 II ZPO) vor den ArbG erster Instanz nicht anzuwenden. Dagegen ist das schriftl. Verfahren im Berufungs- und Revisionsverfahren zulässig (§ 64 VII, § 72 VI). Ausgenommen ist schließl. das vereinfachte Verfahren (§ 495a ZPO). Ein **Urkunden- und Wechselprozess** findet im gesamten arbeitsgerichtl. Verfahren nicht statt. Ausgeschlossen ist nur die bes. Verfahrensart der §§ 592 bis 605a ZPO. Die ArbG sind zuständig, wenn eine arbeitsrechtl. Forderung aus einem Wechsel oder Scheck geltend gemacht wird (BAG 7.11.1996 NZA 1997, 228).

II. Allgemeine Verfahrensgrundsätze

2 **1. Grundsatz der Mündlichkeit. a) Mündliche Verhandlung.** Er besagt, dass der Rechtsstreit mdl. zu verhandeln (§ 128 I ZPO) ist und dass ein Urt. auf Grdl. des in der mdl. Verhandlung vorgetragenen Tatsachenstoffs ergehen muss. Dabei ist nur das Parteivorbringen zu berücksichtigen, über das mdl. verhandelt worden ist (BAG 23.1.1996 NJW 1996, 2749). Entscheidungen des Gerichts, die nicht Urt. sind (Beschlüsse und Vfg.) können ohne mdl. Verhandlung ergehen (§ 128 IV ZPO). Ist nur noch über die Kosten zu entscheiden, kann auch diese Entsch. ohne mdl. Verhandlung ergehen, selbst wenn hierfür ein Urt. erforderl. ist (§ 128 III ZPO). Zuständig ist der Vors. (§ 55 I Nr. 9). Ein schriftl. Verfahrensvorbereitung ist zulässig. Die mdl. Verhandlung wird geschlossen, wenn nach Ansicht des Gerichts die Sache vollständig erörtert ist. Ihre Wiedereröffnung ist nach § 156 ZPO mögl. Die darauf bezogene Entsch. obliegt der Kammer, der Vors. kann sie ggü. den ehrenamtl. Richtern nur anregen. Die Wiedereröffnung ist nicht bereits dann geboten, wenn nach Schluss der mdl. Verhandlung noch Angriffs- oder Verteidigungsmittel vorgebracht werden (GK-ArbGG/*Schütz* Rn. 47). Eine Pflicht zum Wiedereintritt in die mdl. Verhandlung besteht, wenn erkennbar wird, dass dem Gericht zuvor ein rügbarer Verfahrensfehler unterlaufen ist, insb. eine Verletzung der Pflichten aus § 139 ZPO oder des Anspruchs auf rechtl. Gehör (§ 156 II Nr. 1 ZPO). Gleiches gilt bei einem glaubhaft gemachten Vortrag von Wiederaufnahmegründen (§ 156 II Nr. 2 ZPO) und bei Ausscheiden eines Richters vor der Beratung und Abstimmung (§ 156 II Nr. 3 ZPO). Jedenfalls in den aufgezählten Fällen ist das Ermessen des Gerichts auf Null reduziert, wobei der Gesetzgeber davon ausgegangen ist, dass die Aufzählung als nicht abschl. anzusehen ist (BT-Drs. 14/4722 S. 79). Das BVerfG sieht den Anspruch auf die Gewährung des rechtlichen Gehörs als verletzt an, wenn das Gericht aus Gründen von der Wiedereröffnung der mündl. Verhandlung abgesehen hat, die bei verständiger Würdigung der das GG beherrschenden Gedanken nicht mehr verständl. sind (BVerfG 26.11.2008 BVerfGK 14, 439).

3 **b) Schriftsatznachlass.** Eine tw. Durchbrechung des Mündlichkeitsgrundsatzes stellt der im arbeitsgerichtl. Verfahren aufgrund der Bezugnahme in § 46 II anwendbare § 283 ZPO dar. Danach kann einer Partei nachgelassen werden (Ausnahme: Verfahren des vorl. Rechtsschutzes), Schriftsätze nachzureichen, wenn das Vorbringen der Gegenseite zwar spät erfolgt, aber in der mdl. Verhandlung nicht von vornherein ausgeschlossen werden oder deshalb unberücksichtigt bleiben kann, weil es nicht entscheidungserhebl. ist. Dies führt dazu, dass die durch den Schriftsatznachlass begünstigte Partei zu den im letzten Schriftsatz des Gegners vorgetragenen Tatsachen erg. vortragen kann. In diesem Fall ist die mdl. Verhandlung zu schließen und Verkündigungstermin anzuberaumen. Die Kammer kann dann am Sitzungstag nicht abschl. beraten und muss nach Eingang des nachgelassenen Schriftsatzes erneut zusammentreten. Das Gericht hat bei der dann stattfindenden Beratung zu entscheiden, ob das nachgelassene Vorbringen dazu führt, den vorangegangenen Vortrag des Gegners als verspätet zurückzuweisen, weil eine Wiedereröffnung der mdl. Verhandlung erforderl. wird. Keine Zurückweisung darf erfolgen, wenn der vorausgehende Vortrag im nachgelassenen Schriftsatz nicht bestr. wird oder dessen Inhalt nicht erhebl. ist (BAG 2.3.1989 NZA 1989, 635; aA wohl LAG K 2.6.1995 LAGE § 67 ArbGG 1979 Nr. 4, das auch bereits die Anberaumung eines Verkündungstermins als Verzögerung ansehen will). In beiden Fällen ist das Vorbringen aus dem vorangegangenen Schriftsatz ohne Wiedereintritt in die mdl. Verhandlung für die Entsch. zu berücksichtigen. Erkennt das Gericht aus einem nicht nachgelassenen Schriftsatz, dass die betroffene Partei sich bisher nicht ausreichend hat erklären können, ist es zur Wiedereröffnung der mdl. Verhandlung verpflichtet; dies gilt auch für einen in der mündl. Verhandlung erteilten gerichtl. Hinweis (BGH 4.7.2013 NJW-RR 2014, 177); s. § 56 Rn. 7.

4 **c) Nachgereichter Schriftsatz.** Nach § 296a S. 1 ZPO können nach Schluss der mündl. Verhandlung, auf die das Urt. ergeht, Angriffs- und Verteidigungsmittel nicht mehr vorgebracht werden. Aus § 296a S. 1 ZPO folgt nicht, dass das Gericht einen nach Schluss der mündl. Verhandlung oder einer nach § 283 S. 1 gesetzten Frist (BGH 20.2.2014 NJW-RR 2014, 505) eingereichten Schriftsatz von vornherein unberücksichtigt lassen darf. Es muss das Vorbringen zB beachten, wenn der Schriftsatz nur Rechtsausführungen enthält. Das Gericht muss daneben stets prüfen, ob Gründe für eine Wiedereröffnung der mündl. Verhandlung gegeben sind oder ob es von der Möglichkeit. des § 156 I ZPO Gebrauch macht. Selbst wenn eine Beratung und Abstimmung bereits erfolgt ist und das Urt. iSd. § 309 ZPO gefällt, aber noch nicht verkündet ist, hat das Gericht weiterhin bis zur Urteilsverkündung eingehende Schriftsätze zur Kenntnis zu nehmen und eine Wiedereröffnung der mündl. Verhandlung zu prüfen (BAG 6.5.2015 NZA 2015, 956; 25.1.2012 NZA-RR 2013, 41). Der Vors. muss nachgereichte Schriftsätze den ehrenamtl. Richtern zur Kenntnis bringen und mit ihnen hierüber beraten (BAG

14.4.2015 NZA 2015, 1212; 26.3.2015 NZA 2015, 1083), ansonsten wird der Prozesspartei, die diesen Schriftsatz verfasst hat, nicht nur der ges. Richter entzogen, sondern auch rechtl. Gehör versagt (BAG 18.12.2008 NZA 2009, 334; s. § 72 Rn. 11). Ein Verstoß gegen Art. 103 I GG liegt allerdings nicht vor, wenn die Partei es ohne sachl. Grund versäumt hat, Sachvortrag in der mdl. Verhandlung vorzubringen und dies nach deren Schluss mit einem nicht nachgelassenen Schriftsatz nachholen will (BAG 14.12.2010 NZA 2011, 229).

2. Verhandlungsgrundsatz. a) Parteivorbringen. Er besagt, dass das Gericht grds. alle Umstände 5
zu berücksichtigen hat, die Gegenstand der mdl. Verhandlung geworden sind, gleichgültig, ob sie von der darlegungspflichtigen Partei vorgetragen worden sind oder nicht (BAG 18.10.1984 NZA 1985, 423). Er hat zur Folge, dass allein die Parteien darüber entscheiden, welche Tatsachen sie dem Gericht unterbreiten wollen und sich das Gericht auf die Prüfung der vorgebrachten Angriffs- und Verteidigungsmittel beschränken muss (BAG 16.3.1972 AP ZPO § 542 Nr. 1). Diese Grundsätze gelten auch bei offenkundigen Tatsachen, diese müssen von zumindest einer Partei in das Verfahren eingeführt werden (BAG 25.10.1989 NZA 1990, 561). Jedoch darf das Gericht auch ohne entspr. Parteivortrag Tatsachen, deren Gegenteil offenkundig ist, nicht berücksichtigen (BAG 9.12.1997 NZA 1998, 661). Danach ist es unzulässig, wenn das Gericht für eine Partei Akten, zu denen diese selbst nicht Stellung nehmen konnte, liest und entscheidet, was es daraus für die Partei Günstiges oder Ungünstiges verwerten will (BAG 25.2.1993 NZA 1993, 1036) oder Kündigungsgründe berücksichtigt, die der AG bisher nicht in das Verfahren eingeführt hat (BAG 20.1.1994 NZA 1994, 1026). Das Gericht ist zur Klarstellung eines zweifelhaften Sachvortrags verpflichtet (§ 139 I, III ZPO) bzw. hat die Parteien nach §§ 56, 61a zu ergänzendem Vortrag anzuhalten.

b) Ausländisches Recht. Nicht der Verhandlungs-, sondern der Untersuchungsgrundsatz findet bei 6
der Ermittlung von ausl.m Recht, Gewohnheitsrecht und Satzungen Anwendung (§ 293 ZPO); zu dem autonomen Recht zählen auch Betriebsvereinbarungen. Kommt bei der Beurteilung eines Sachverhalts die Anwendung ausl. Rechts in Betracht, hat das Gericht vAw. zu prüfen, ob das dt. int. Privatrecht die Anwendung des dt. oder des ausl. Rechts vorschreibt. Die Regelungen des int. Privatrechts, wozu auch die einschlägigen Normen des europ. Unionsrechts sowie die von Deutschland ratifizierten kollisionsrechtlichen Staatsverträge gehören, beanspruchen allg. Verbindlichkeit, ohne dass es darauf ankäme, ob sich eine der Parteien auf die Anwendung ausl. Rechts beruft (BGH 15.7.2008 NJW 2009, 916). Ausl. Recht kann insb. auch bedeutsam werden für die Frage der Parteifähigkeit ausl. jur. Personen. Danach ist das ausl. Recht zu ermitteln, das sich aufgrund der Rechtslehre und Rspr. entwickelt hat (BGH 14.1.2014 NJW 2014, 1244; 25.10.2006 MDR 2007, 487). Dabei ist das Gericht nicht an die in der ZPO enthaltenen Beweismittel gebunden (BAG 25.6.2013 NZA-RR 2014, 46 – Freibeweis). Tragen die Parteien übereinstimmend den Inhalt des anzuwendenden ausl. Rechts vor, kann das Gericht diesen Vortrag aber regelm. als richtig zugrunde legen (BAG 10.4.1975 AP Internat. Privatrecht, Arbeitsrecht Nr. 12).

c) Tarifnormen. Auf tarifl. Normen sind die Grundsätze des § 293 ZPO anzuwenden, soweit der 7
TV kraft Tarifbindung (§ 3 I TVG) oder AVE (§ 5 TVG) Anwendung findet, nicht hingegen bei nur einzelvertragl. Bezugnahme. Ergibt sich aus dem Vortrag der Parteien im Rechtsstreit, dass tarifl. Normen bestehen könnten, die für die Entsch. des Rechtsstreits erhebl. sind, muss das Gericht prüfen, ob die tarifl. Normen für das einzelne ArbVerh. einschlägig sind. Dazu gehört auch die Frage, wann ein TV wirksam geworden ist (BAG 20.3.1997 NZA 1997, 896 – Unterschrift der TVParteien) und die Frage der zeitl. Geltung (BAG 21.9.2010 NZA-RR 2011, 448). Eine subjektive Beweislast besteht im Anwendungsbereich des § 293 ZPO nicht (BAG 9.8.1995 NZA 1996, 994). Das ArbG ist nicht an Beweisangebote gebunden, sondern darf auch andere Erkenntnisquellen einschließl. des Freibeweises nutzen (BAG 15.4.2008 NZA-RR 2008, 586). Das BAG billigt den Gerichten bei der Einholung von Rechtsauskünften über die TVauslegung einen Ermessensspielraum zu. Die Auskunft darf aber nicht auf die Beantwortung einer Rechtsfrage, sondern nur über das Vorliegen von Tatsachen, zB das tatsächl. Tarifgeschehen oder einvernehml. tarifl. Übungen, gerichtet sein (BAG 18.8.1999 NZA 2000, 432; 16.12.1998 NZA 1999, 1287 – unzulässige Frage nach der „Eigenständigkeit" einer Tarifnorm). Die vorstehenden Grds. gelten sinngem. auch für BV (BAG 28.10.2008 NZA-RR 2009, 327).

3. Dispositionsmaxime. Sie besagt, dass die Parteien über Beginn und Ende des Verfahrens ent- 8
scheiden. Nach der Dispositionsmaxime entscheidet der Kl., ggf. mit Zustimmung des Bekl., über die Klagerücknahme (§ 269 ZPO), die Klageänd. (§§ 263 ff. ZPO), Verzicht und Anerkenntnis (§§ 306 ff. ZPO) sowie die Erledigung der Hauptsache (§ 91a ZPO). Die Dispositionsmaxime gilt auch für den Abschluss von Vergleichen, wobei anerkannt ist, dass das Gericht nicht verpflichtet ist, an dem Zustandekommen eines gesetzes- bzw. sittenwidrigen Vergleiches mitzuwirken. Dessen Protokollierung kann abgelehnt werden, wenn ein entspr. Verstoß offensichtl. ist. Nach dem **Unmittelbarkeitsgrundsatz** erfolgt das Verfahren und die Beweisaufnahme vor dem erkennenden Gericht.

III. Klageerhebung und Klagearten

9–12 **1. Klageerhebung.** Das arbeitsgerichtl. UrtV kann eingeleitet werden entweder durch die Erhebung einer Klage, den Antrag auf Erlass eines MB (s. § 46a Rn. 1) oder Antrag auf Erlass eines Arrests sowie einer einstweiligen Vfg. Für die Klageerhebung gelten die allg. Voraussetzungen des § 253 II ZPO; zu Einzelheiten s. § 4 KSchG Rn. 9. Die Klage kann auch wirksam per Telefax erhoben werden, sofern nur der als Vorlage für die Übermittlung dienende Schriftsatz eigenhändig unterschrieben ist; zur elektronischen Form s. § 46c. Soll durch die Klageerhebung oder den Antrag auf Erlass des MB eine gerichtl. (nicht: rechtsgeschäftl.) Frist gewahrt oder die Verjährung gehemmt werden bzw. neu beginnen (§ 204 BGB), ist zusätzl. erforderl., dass die Klage der bekl. Partei demnächst zugestellt wird (§ 167 ZPO), s. § 4 KSchG Rn. 20.

13 **2. Leistungsklagen. a) Grundsatz.** Bei der Leistungsklage begehrt der Kl. die Verurteilung des Bekl. zu einer Leistung, Duldung oder Unterlassung. Mit einem Leistungsurt. wird das Bestehen des Anspruchs festgestellt und ein Befehl zur Erfüllung ausgesprochen. Bei der Leistungsklage liegt ein Rechtsschutzbedürfnis regelm. vor. Es kann jedoch entfallen, wenn das Rechtsverhältnis der Parteien zwischenzeitl. unstreitig beendet worden ist (BAG 14.9.1994 NZA 1995, 220 – Entfernung einer Abmahnung aus der Personalakte). Auch eine Klage auf Urlaubsgewährung ist bzw. wird unzulässig, wenn der im Antrag genannte Urlaubstermin vor der Entsch. verstrichen ist (BAG 18.12.1986 NZA 1987, 379). Unzulässig ist auch eine Leistungsklage auf **„ordnungsgemäße Abrechnung"**; da es einem entspr. Antrag an der hinreichenden Bestimmtheit iSv. § 253 II Nr. 2 ZPO fehlt (BAG 25.4.2001 NZA 2001, 1157). Eine Leistungsklage ist schließl. unzulässig, wenn die klagende Partei ihr Begehren auf einem einfacheren Weg durchsetzen kann. Mit einem Sachurt., das eine Leistungsklage abweist, wird festgestellt, dass die begehrte Rechtsfolge aus dem Lebenssachverhalt unter keinem rechtl. Gesichtspunkt hergeleitet werden kann (BAG 28.4.1998 NZA 1998, 1126). Ein klageabweisendes Sachurt. stellt grds. fest, dass die begehrte Rechtsfolge aus dem der Entscheidung zugrunde liegenden Lebenssachverhalt unter keinem rechtlichen Gesichtspunkt mehr hergeleitet werden kann, selbst wenn das Gericht nicht alle in Betracht kommenden Anspruchsgrundlagen geprüft hat (BAG 19.8.2010 NZA 2010, 1443). Einzelheiten zu Klagen auf **Weiterbeschäftigung** s. § 4 KSchG Rn. 42, Wiedereinstellung s. § 4 KSchG Rn. 40, auf **Urlaubsgewährung** s. § 7 BUrlG Rn. 28, zur tarifl. **Einwirkungspflicht** s. § 1 TVG Rn. 88 und zur **Verbandsklage** s. § 9 TVG Rn. 1.

14 **b) Bruttolohnklage.** Hauptanwendungsfall der Leistungsklage im ArbVerh. ist die Leistungsklage auf die Arbeitsvergütung. Diese ist regelm. als Bruttobetrag einzuklagen, da der AG regelm. einen Bruttobetrag schuldet. Dies gilt auch, wenn der AN eine Abrechnung erhalten hat, aus dem der Nettobetrag ersichtl. wird. Die auf den Bruttolohn gerichtete Klage hat für den AN stets den Vorteil, dass ein etwaiger Titel auch die Abführung der auf ihn entfallenden Sozialversicherungsbeiträge und die Lohnsteuer umfasst und eine erneute Klage insoweit entbehrl. ist (BAG 11.2.1998 NZA 1998, 710; 26.7.1995 NZA 1996, 30 – Klage in Fremdwährung). Nur wenn der AG Beiträge und Steuern gezahlt hat, ist die Klage insoweit unbegr. und auf den verbleibenden Nettobetrag zu richten.

15 **c) Nettolohnklage.** Wurde hingegen eine Nettolohnvereinb. getroffen, kann der AN keinen Bruttolohn fordern, da sein Anspruch von vornherein auf das um die ges. Lohnabzüge verminderte Arbeitsentgelt beschränkt ist (BAG 4.8.2016 NZA-RR 2016, 627; zur Schwarzgeldabrede BAG 17.3.2010 NZA 2010, 881). Eine Klage auf Nettolohn unterliegt ansonsten regelm. Bedenken (Ausn.: § 1a AEntG, BAG 17.8.2011 NZA 2012, 563). Dies gilt insb., wenn zwischen den Parteien Streit darüber besteht, ob bestimmte Teile der Vergütung der Steuer- bzw. Sozialversicherungspflicht unterliegen (zB Auslöse, Tagegelder, Verpflegungsmehraufwendungen). Die Aufnahme des Zusatzes „netto" in den Entscheidungstenor und eine entspr. Verurteilung des AG kommt in diesen Fällen nur in Betracht, wenn der AG aus arbeitsrechtl. Gründen gehalten ist, alle etwaigen Abgaben zu tragen, dh. bei einer bestehenden Nettolohnvereinb. Die ArbG können nicht mit Bindungswirkung für die Steuerbehörden und Krankenkassen festlegen, ob ein Betrag abgabenpflichtig ist oder nicht (BAG 26.5.1998 NZA 1998, 1124). Da die Steuerlast für die Bezüge aus nichtselbständiger Tätigkeit den AN trifft, muss dieser darlegen und ggf. beweisen, dass eine Vereinb. besteht, wonach der AN den Betrag stets ohne steuerl. Abzüge erhalten soll (BAG 18.1.1974 AP BGB § 670 Nr. 19). Zur schlüssigen Begr. einer Nettolohnklage hat der Kläger die für den Tag des Zuflusses des Arbeitsentgelts geltenden Besteuerungsmerkmale iE darzulegen (BAG 26.2.2003 NZA 2003, 922); s. § 2 Rn. 5.

16 **d) Anspruchsübergang auf Dritte.** Bei der Geltendmachung von Verzugslohnansprüchen ist bei der Vergütungsklage ein nach Rechtshängigkeit erfolgter Anspruchsübergang auf die Sozialversicherungsträger vAw. zu berücksichtigen, da der AN nach dem Anspruchsübergang nicht mehr aktivlegitimiert ist. Hierzu gehören auch Ansprüche aus Annahmeverzug (BAG 22.10.2009 NZA-RR 2010, 660). Macht der AN zB Lohnansprüche für einen Zeitraum geltend, für den er Alg. erhalten hat, muss er die erhaltenen Leistungen bei der Zahlungsklage berücksichtigen. Von der urspr. geschuldeten Vergütung ist das bezogene Alg. betragsmäßig in Abzug zu bringen. Eine Antragsformulierung, den AG zur Zahlung einer bestimmten Bruttolohnsumme „abzgl. erhaltenen Arbeitslosengeldes" zu verurteilen, ist

daher nicht bestimmt genug (BAG 11.2.1998 NZA 1998, 710 – Lohnsteuer bei Insolvenzgeld; GK-ArbGG/*Schütz* Rn. 88). Tritt der Anspruchsübergang erst nach Rechtshängigkeit ein, bleibt die Aktivlegitimation des AN erhalten. Er muss hins. der übergegangenen Teile seine Klage auf Zahlung an den Nachfolger umstellen, andernfalls ist sie als unbegr. abzuweisen (§ 265 II ZPO). Der AN kann Vergütungsansprüche, die wegen der Zahlung von Alg. auf die BA übergegangen sind, im Wege der gewillkürten Prozessstandschaft für die BA geltend machen (BAG 23.9.2009 NZA 2010, 781). Demgegenüber kann der AG einer gem. § 115 I SGB X auf die BA übergegangenen Forderung die Einwendungen entgegenhalten, die zur Zeit des Übergangs der Forderung gegen den AN begr. waren (BAG 19.2.2003 – 4 AZR 168/02).

e) Aufrechnung. Gegen Bruttolohnforderungen des AN und Ansprüche, die auf die Differenz zwischen einem Brutto- und einem Nettobetrag gerichtet sind, kann der AG nicht mit Gegenansprüchen aufrechnen, es sei denn, die Höhe der Abzüge ist bekannt, zB wenn die Forderung vom AG abgerechnet ist. Nach Auff. des BAG verstößt die Aufrechnung gegen Bruttolohnansprüche gegen § 394 BGB. Da die ANanteile zur Sozialversicherung und die Lohnsteuer nach § 850e ZPO nicht der Pfändung und damit der Aufrechnung unterworfen sind, stünde bei einer Aufrechnung gegen den Bruttolohn nicht fest, in welchem Umf. die Gegenforderung erloschen ist (BAG 19.2.2004 NZA 2004, 1120). Darüber hinaus muss der Aufrechnende bei einer Aufrechnung gegen Arbeitseinkommen iSd. §§ 850 ff. ZPO darlegen, in welchem Umf. gegen die Nettolohnforderung aufgerechnet werden kann, dh. es müssen vom AG die Tatsachen vorgetragen werden, aus denen das Gericht die Höhe des pfändbaren (Netto-)Einkommens des AN berechnen kann (BAG 5.12.2002 NZA 2003, 802). 17

f) Zukünftiges Arbeitsentgelt. Für die Verurteilung zur Zahlung des zukünftig fälligen Arbeitsentgelts gelten die §§ 257 bis 259 ZPO. Die Voraussetzungen der §§ 257, 258 ZPO werden jedoch selten vorliegen, da der Anspruch nicht von einer Gegenleistung abhängen darf, was bei Vergütungsansprüchen jedoch regelm. der Fall sein wird und diese auch keine wiederkehrenden Leistungen iSd. § 258 ZPO darstellen (BAG 20.6.1984 AP TVG § 1 Tarifverträge: Großhandel Nr. 2). Zul. nach § 258 ZPO sind Klagen auf zukünftiges Ruhegeld (BAG 27.3.2012 – 3 AZR 218/10). Eine Verurteilung zur Zahlung von zukünftigem Arbeitsentgelt (§ 259 ZPO) kommt zwar in Betracht, wenn die Besorgnis besteht, dass der Schuldner sich der rechtzeitigen Leistung entziehen wird oder die Leistung von einer noch ausstehenden behördl. Zustimmung abhängt (BAG 10.12.1992 NZA 1993, 899). Allerdings muss der Anspruch bereits entstanden sein (BAG 27.10.2010 NZA 2011, 527 – BetrVG). Vergütungsansprüche aus dem ArbVerh. entstehen erst mit Erbringung der Arbeitsleistung, der Abschluss des Arbeitsvertrags reicht nicht aus, früher erhobene Anträge sind unzulässig (BAG 22.10.2014 NZA 2015, 501; 9.4.2008 NZA-RR 2009, 79). Bei einer Verurteilung nach § 259 ZPO müssen etwaige Einwendungen des AG aus einer künftigen Nichterbringung der Arbeitsleistung im Wege der Vollstreckungsgegenklage (§ 767 ZPO) geltend gemacht werden (BAG 23.2.1983 AP ZPO § 850c Nr. 4). 18

g) Verzinsung. Verzugszinsen kann der AN aus dem Bruttobetrag verlangen, soweit er sich auf den ges. Zinssatz beschränkt (§§ 288, 247 BGB); der bisherige Meinungsstreit ist für die Praxis durch die Entsch. des GS hinfällig geworden (BAG 7.3.2001 NZA 2001, 1195). Soweit der AN einen darüber hinausgehenden Verzugsschaden geltend macht, hat er den Nettobetrag zugrunde zu legen. Bei einer Verurteilung nach § 259 ZPO kann der AN die jeweiligen Zinsen erst ab Fälligkeit der zukünftigen Leistung verlangen. Der Klageantrag „… *zuzügl. (x) Prozentpunkte über dem Basiszinssatz der EZB*“ ist ausreichend bestimmt (BAG 1.10.2002 NZA 2003, 567). 19

3. Feststellungsklagen. a) Grundsatz. Mit einer Feststellungsklage nach § 256 I ZPO kann auf die Feststellung des Bestehens oder Nichtbestehens eines Rechtsverhältnisses, auf Anerkennung einer Urkunde oder auf Feststellung ihrer Unrichtigkeit geklagt werden. Eine solche Klage muss sich nicht notwendig auf das Rechtsverhältnis im Ganzen erstrecken, sondern kann auch einzelne Beziehungen oder Folgen aus einem Rechtsverhältnis treffen, wie bestimmte Ansprüche oder Verpflichtungen oder den Umf. einer Leistungspflicht. Rechtsverhältnis iSv. § 256 I ZPO ist jedes durch die Herrschaft einer Rechtsnorm über einen konkreten Sachverhalt entstandene rechtl. Verhältnis einer Person zu einer anderen Person oder zu einer Sache. Die Eigenschaft oder Fähigkeit einer Person oder Stelle ist kein Rechtsverhältnis. Sie kann nicht Gegenstand einer selbständigen gerichtl. Feststellung sein, sofern das Gesetz dies nicht ausdr. vorsieht (BAG 24.4.2007 NZA 2007, 1011). Hingegen sind die Feststellung von abstrakten Rechtsfragen, bloßen Vorfragen, einzelnen Elementen, Tatsachen oder tatsächl. Vorgängen eines Rechtsverhältnisses unzulässig (BAG 25.5.2005 NZA 2005, 981; s. aber Rn. 23); zur Verjährung s. § 218 BGB Rn. 18. 20

b) Zwischenfeststellungsklage. Ein bes. Fall der Feststellungsklage ist die Zwischenfeststellungsklage (§ 256 II ZPO). Mit ihr kann auf Feststellung eines im Laufe des Prozesses streitig gewordenen Rechtsverhältnisses, von dessen Bestehen oder Nichtbestehen die Entsch. des Rechtsstreits ganz oder zum Teil abhängt, geklagt werden (zB Anwendbarkeit von dt. Recht, Wirksamkeit und Umf. eines in einem anderen Verfahrens abgeschlossenen Gesamtvergleichs). Sie ist auch zulässig, wenn beide Parteien mit Klage und Widerklage selbständige Ansprüche verfolgen, für die das streitige Rechtsverhältnis vorgreifl. ist (BGH 7.3.2013 NJW 2013, 1744). Die Entsch. über die Zwischenfeststellungsklage 21 erstreckt die Rechtskraft auf das streitige Rechtsverhältnis in dem noch anhängigen Verfahren. Aus diesem Grund ist auch die Zwischenfeststellungsklage kein Hilfsantrag, sondern tritt vielmehr als zusätzl. Antrag neben den Hauptantrag. Ihre Besonderh. liegt darin, dass das Feststellungsinteresse an der beantragten Feststellung bereits dann besteht, wenn die Entsch. über den Hauptantrag ganz oder tw. von dem Bestehen oder Nichtbestehen des streitigen Rechtsverhältnisses abhängt (BAG 24.4.1996 NZA 1997, 50). An der Vorgreiflichkeit fehlt es, wenn die Klage zur Hauptsache unabhängig von der begehrten Feststellung abweisungsreif ist (BAG 20.1.2010 NZA 2010, 840). Die Zwischenfeststellungsklage kann nur bis zum Schluss der letzten mdl. Verhandlung erhoben werden (BAG 25.6.1981 AP ZPO 1977 § 256 Nr. 1).

22 **c) Besonderes Feststellungsinteresse.** Die Feststellungsklage ist nur zulässig, wenn ein bes. rechtl. Interesse an der gerichtl. Entsch. besteht (§ 256 I ZPO). Hieran fehlt es vielfach bei einer nur auf die Feststellung eines beendeten Rechtsverhältnisses gerichtete Klage. Letztere wird von der Rspr. nur als zulässig angesehen, wenn sich aus der Feststellung Folgen für Gegenwart oder Zukunft ergeben können (BAG 26.9.2002 NZA 2003, 230 – Direktionsrecht; 2.3.2004 NZA 2004, 752). Dies gilt insb. für Statusprozesse, in denen über die ANEigenschaft gestr. wird (BAG 9.7.2003 NZA-RR 2004, 9; *Reinecke* RdA 2001, 357, 360 f.). Wird ein zunächst gegenwärtiges Rechtsverhältnis während des Rechtsstreits durch Zeitablauf zu einem vergangenen, bleibt die Feststellungsklage nur zulässig, wenn sich aus der beantragten Feststellung noch Rechtswirkungen für die Zukunft ergeben können (BAG 21.7.2009 NZA 2010, 415). Hier muss die klagende Partei darlegen, dass eine obsiegende Entsch. zu konkreten arbeits- oder sozialversicherungsrechtl. Konsequenzen führen würde. Dies ist bei rein gegenwartsbezogenen Statusklagen stets der Fall. Bei ausschl. vergangenheitsbezogenen Klagen ist das Feststellungsinteresse nur gegeben, wenn die gerichtl. Entsch. konkrete Folgen für die Gegenwart oder die Zukunft hat. Ein Hinweis auf die mögl. Geltendmachung nicht weiter benannter Ansprüche ist nicht ausreichend, da keine Bindung der Sozialversicherungsträger und Steuerbehörden an die arbeitsgerichtl. Entsch. besteht (BAG 24.9.1997 NZA 1998, 330). Bei einem Klageziel, dass sich gleichzeitig auf die Gegenwart und die Vergangenheit richtet (festzustellen, dass seit dem … ein ArbVerh. besteht), soll sich das Feststellungsinteresse für den Antrag insg nach den Grundsätzen für rein vergangenheitsbezogene Klagen richten (BAG 6.11.2002 AP ZPO 1977 § 256 Nr. 78). Umstr. ist, ob das Bestehen eines Feststellungsinteresses stets Sachurteilsvoraussetzung ist oder ob es nur bei Stattgabe der Feststellungsklage vorliegen muss. Nach Ansicht der Rspr. kann die Prüfung des Feststellungsinteresses dahingestellt bleiben, wenn die Klage als unbegr. abgewiesen wird (BGH 14.3.1978 NJW 1978, 2031; ähnl. BAG 10.12.1992 NZA 1993, 1040 – kein Feststellungsinteresse erforderl., wenn Leistungsklage aus gleichem Sachverhalt als unbegr. abzuweisen wäre; zu Recht aA GMP/*Germelmann* Rn. 85 f.; GK-ArbGG/*Schütz* Rn. 160).

23 **d) Vorrang der Leistungsklage.** Eine Feststellungsklage ist wegen der fehlenden Vollstreckbarkeit eines Feststellungsurt. regelm. unzulässig, wenn eine Leistungsklage gleichen oder wesentl. gleichen Inhalts erhoben werden kann. Von diesen Grundsätzen lässt die Rspr. jedoch aus Gründen der Prozesswirtschaftlichkeit Ausnahmen zu, wenn *(1)* die Parteien im Wesentl. nur über ein Element des Zahlungsanspruchs streiten, die Leistungsklage schwierige Berechnungen erfordern würde und ein Feststellungsurt. zu einer abschl. Klärung des Streits führt (BAG 29.11.2001 AP ZPO 1977 § 256 Nr. 69) oder *(2)* feststeht, dass durch die Feststellungsklage der Streit insges. beseitigt und das Rechtsverhältnis der Parteien abschl. geklärt werden kann (BAG 27.8.2014 NZA-RR 2015, 211). Ebenso ist *(3)* die isolierte Feststellung über den Status eines Vertragsverhältnisses zulässig, selbst wenn erkennbar ist, dass später über einzelne Arbeitsbedingungen gestr. wird (BAG 20.7.1994 NZA 1995, 190) oder *(4)* sie sich gegen eine ör. Körperschaft richtet, da die Erwartung besteht, dass diese einem Feststellungsurt. nachkommen und die sich daraus ergebenden Leistungsansprüche erfüllen wird (BAG 27.1.2011 NZA 2011, 1312). Wird *(5)* erst im Verlauf des Rechtsmittelverfahrens die Bezifferung einer Forderung mögl., muss der Kl. nicht von der Feststellungs- zur Leistungsklage übergehen (BAG 18.3.1997 NZA 1997, 1168) und schließl. *(6)* kann sie nicht als unzulässig abgewiesen werden, wenn zuvor das Gericht den Übergang von der Leistungs- zur Feststellungsklage angeregt hat (BAG 24.3.1993 NZA 1994, 35).

24 **e) Beispiele für Feststellungsklagen.** Hauptanwendungsfälle für die Feststellungsklage im arbeitsgerichtl. Verfahren sind die Bestandsstreitigkeiten, insb. im Kündigungsschutzprozess (§ 4 KSchG), Statusklagen (s. Rn. 22), und Eingruppierungsstreitigkeiten (s. Rn. 26). Daneben haben die Rspr. Feststellungsklagen beschäftigt über das Zustandekommen und den Inhalt des ArbVerh. (BAG 26.5.1999 NZA 1999, 1118 – Auftrittsverpflichtung; 7.9.1995 NZA 1996, 637 – Fragebogen), die Ausübung des Direktionsrechts (BAG 13.3.2007 NZA-RR 2007, 549 – Versetzung), die korrekte Urlaubsgewährung (BAG 15.1.2013 NZA 2013, 1091), Feststellung von Schadensersatzansprüchen (BAG 17.10.2000 NZA 2001, 203 – Verschaffung einer Betriebsrente), Vorliegen eines Betriebsübergangs und seiner rechtl. Folgen (BAG 19.11.2014 NZA 2015, 950; 10.5.2012 NZA 2012, 1161), Widerruf einer Abmahnung (BAG 15.4.1999 NZA 1999, 1037), Eintritt einer auflösenden Bedingung (BAG 21.1.2009 AP TVG § 1 Tarifverträge: Waldarbeiter Nr. 7) sowie über den Inhalt von mögl. Ruhegeldansprüchen (BAG 26.8.1997 NZA 1998, 817; 7.3.1995 NZA 1996, 48); s. auch die Übersicht bei GK-ArbGG/*Schütz* Rn. 144.

4. Gestaltungsklagen. Mit der Gestaltungsklage erstrebt der Kl. die Änd. der Rechtslage durch Richterspruch. Als Gestaltungsklagen kommen va. in Betracht *(a)* die Auflösung eines ArbVerh. gegen Zahlung einer Abfindung nach §§ 9, 10 KSchG, *(b)* die Auflösung des ArbVerh. nach § 78a Abs. 4 Nr. 2 BetrVG, *(c)* die Abänderungsklage nach § 323 ZPO sowie die verschiedenen Vollstreckungsgegenklagen (§§ 767, 771 ZPO), *(d)* die Herabsetzung einer Vertragsstrafe nach § 343 BGB sowie *(e)* die Festsetzung der geschuldeten Leistung nach § 315 III BGB. 25

5. Klagen bei Ein- und Umgruppierung. a) Begriff. Unter **Eingruppierung** ist die Zuordnung einer vom AN auszuübenden Tätigkeit zu den Tätigkeitsmerkmalen der Lohn- oder VergGr. einer im Betrieb geltenden Lohn- oder Vergütungsordnung zu verstehen. **Umgruppierung** ist die Feststellung des AG, dass die Tätigkeit des AN nicht – oder nicht mehr – den Tätigkeitsmerkmalen derjenigen VergGr. entspricht, in die der AN eingruppiert ist, sondern den Tätigkeitsmerkmalen einer anderen – höheren oder niedrigeren – VergGr. (EntgeltGr.) Anlass für eine solche Feststellung kann eine Änd. der Tätigkeit des AN sein (infolge Versetzung, Übernahme zusätzl. Aufgaben), eine Änd. der Vergütungsgruppenordnung oder auch nur eine Überlegung des AG, die zu einer anderen Beurteilung der Rechtslage geführt hat (BAG 20.3.1990 NZA 1990, 699); dieser Vorgang wird meist als korrigierende Rückgruppierung bezeichnet. Von der Umgruppierung zu unterscheiden ist die **Versetzung,** also die Änd. der Art der Arbeit durch Zuweisung anderer Aufgaben und Tätigkeiten. Erst die mit der Versetzung verbundene Neueinstufung in eine andere VergGr. (EntgeltGr.) ist die Umgruppierung. 26

b) Antragstellung. Innerhalb eines bestehenden ArbVerh. ist regelm. die sog. **Eingruppierungsfeststellungsklage** die zweckmäßigste Klageart. Durch sie wird der Status des AN umfassend festgestellt. Bspw.: *... festzustellen, dass die Bekl. verpflichtet ist, dem Kl. seit dem 1. November 2015 nach der VergGr. ... zu vergüten und die anfallenden mtl. Bruttonachzahlungsbeträge zwischen den VergGr. ... und ... beginnend mit dem (Datum) ab dem jeweiligen Fälligkeitszeitpunkt an hilfsweise seit Rechtshängigkeit mit acht Prozentpunkten über dem Basiszinssatz der EZB zu verzinsen.“* Das nach § 256 I ZPO erforderl. bes. Feststellungsinteresse wird vom BAG nicht nur bei Klagen im öD, sondern auch in der Privatwirtschaft regelm. bejaht (grdl. BAG 20.6.1984 AP TVG § 1 Tarifverträge: Großhandel Nr. 2). Dies gilt auch für den Zinsantrag (dazu BAG 21.1.1970 AP BAT §§ 22, 23 Nr. 30). Wird die Klage erst nach Beendigung des ArbVerh. erhoben und können die Nachzahlungsbeträge beziffert werden, ist Leistungsklage zu erheben. Die Angabe einer bestimmten Fallgruppe im Antrag hat zu unterbleiben. Sie ist zwar regelm. unschädl., kann aber die Prüfung durch das ArbG auf die Anspruchsvoraussetzungen der genannten Fallgruppe beschränken, während sich ansonsten die gerichtl. Prüfungspflicht auf sämtl. Fallgruppen einer VergGr. erstreckt. 27

c) Anspruchsgrundlagen. aa) Tarifvertrag und Betriebsvereinbarung. Voraussetzung für die Eingruppierung des AN in eine bestimmte VergGr. ist die Anwendbarkeit einer tarifl. oder betriebl. Vergütungsordnung auf das Arbeitsverhältnis. Beansprucht der AN die Eingruppierung nach einem TV, hat er die Tatsachen darzulegen, aus denen sich die Anwendbarkeit des TV kraft Tarifbindung (§§ 3 I, 4 I TVG), AVE (§ 5 TVG), betriebl. Übung (BAG 23.11.1993 NZA 1994, 461) oder einzelvertragl. Bezugnahme ergibt. Ist Letzteres der Fall, muss der AN vortragen, dass die tarifl. Vergütungsordnung entweder im Arbeitsvertrag, durch schlüssiges Verhalten oder kraft betriebl. Übung vereinbart worden ist (BAG 23.11.1993 NZA 1994, 461). Ist zwischen den Parteien das Eingreifen eines bestimmten TV umstr., kann es für den AN erforderl. werden, dass er darlegt, dass seine Tätigkeit im Betrieb unter den Geltungsbereich des beanspruchten TV fällt. Eine betriebl. Vergütungsordnung kann zwischen AG und BR nach § 87 I Nr. 10 BetrVG als BV vereinbart werden. Diese gilt dann für alle AN des Betriebs unmittelbar und zwgd. (§ 77 IV BetrVG), sofern nicht in der BV selbst etwas anderes vereinbart worden ist. Die Tatsachen, aus denen sich die Anwendbarkeit der geltend gemachten Vergütungsordnung ergeben, zählen zur Schlüssigkeit des kl. Vortrags. 28

bb) Gleichbehandlungsgrundsatz. Der Gleichbehandlungsgrundsatz (s. § 611a BGB Rn. 572) kommt in Betrieben mit Vergütungsordnungen auf tarifl. oder betriebsverfassungsrechtl. Ebene nur in Ausnahmefällen als Anspruchsgrundlage in Betracht, da die Vergütungsordnungen in diesen Fällen selbst normativ wirken und daher aus sich heraus für Gleichbehandlung sorgen. Bes. Bedeutung erlangt der Gleichbehandlungsgrundsatz allerdings dann, wenn der AG von sich aus einseitig eine Vergütungsordnung schafft oder die seines AGverbands anwendet (zB die „TdL-Richtlinien“). Stellt der AG bei der Eingruppierung ledigl. einzelne AN bewusst oder unbewusst besser, können daraus andere AN keinen Anspruch auf Gleichbehandlung herleiten. Der Gleichbehandlungsgrundsatz ist wegen der Tarifautomatik nur im außer- oder übertarifl. Bereich von nennenswerter Bedeutung. Schließl. kann bei der Eingruppierung noch der **Lohngleichheitssatz** des Art. 157 AEUV als Anspruchsgrundlage von Bedeutung sein (BAG 23.9.1992 NZA 1993, 891; zur Vergleichsgruppenbildung BAG 10.12.1997 NZA 1998, 599; s. Art. 157 AEUV Rn. 3). 29, 30

d) Tarifautomatik. Eine bestehende Lohn oder Gehaltsgruppenordnung begr. regelm. einen Rechtsanspruch des AN auf Vergütung entspr. dieser Ordnung und damit auch einen Anspruch auf Zuordnung seiner Tätigkeit. Die Eingruppierung ist aber keine nach außen wirkende konstitutive Maßnahme, sondern ein gedankl. Vorgang, ein Akt der Rechtsanwendung. Die Eingruppierung eines AN in eine 31

VergGr. eines TV oder einer BV erfolgt ausschl. auf Grdl. der vom AN auszuübenden Tätigkeit, ein bes. Eingruppierungsakt des AG ist nicht erforderl. (BAG 9.3.1993 NZA 1993, 1045). Verlangt der AN eine „höhere Eingruppierung", besteht kein „Anspruch auf Eingruppierung" durch den AG, der klageweise durchgesetzt werden könnte. Vielmehr hängt die Zahlung der höheren Vergütung nicht von der Eingruppierung, sondern allein von der Erfüllung der Tätigkeitsmerkmale der begehrten VergGr. ab (BAG 16.10.1974 AP BAT 1975 §§ 22, 23 Nr. 81). Im Eingruppierungsprozess geht es daher ausschl. um die Feststellung der zutreffenden Zuordnung der vom AN auszuübenden Tätigkeit, letztl. also um die gerichtl. Feststellung des Frage, welchen Tätigkeitsmerkmalen die vom AN zu verrichtende Tätigkeit entspricht und aus welcher VergGr. er zu vergüten ist. Wegen der Tarifautomatik hat die **Angabe der Vergütungsgruppe im Arbeitsvertrag** oder das **Beteiligungsverfahren ggü. dem BR** (§ 99 BetrVG) regelm. keine Bedeutung für den Vergütungsanspruch (BAG 6.8.1997 NZA 1998, 263 – kirchl. Schiedsstelle; 26.8.1992 NZA 1993, 469; 30.5.1990 NZA 1990, 899). Die entspr. Angaben im Arbeitsvertrag oder ggü. der ANvertretung sind nur von deklaratorischer, nicht aber von konstitutiver Bedeutung (BAG 21.8.2013 NZA 2014, 561 – Ausn.: fehlende Eingruppierungsmerkmale). Etwas anderes kann bei einer arbeitsvertragl. Vereinb. gelten, wenn beide Vertragsparteien übereinstimmend eine übertarifl. Vergütung des AN für seine Tätigkeit herbeiführen wollten, was ggf. der AN darzulegen und ggf. zu beweisen hat. Daneben soll sich nach Ansicht des BAG ein AN auf eine bestimmte Entgeltgruppe berufen können, wenn diese im Zustimmungsverfahren nach § 99 IV BetrVG als zutreffend ermittelt wurde (BAG 28.8.2008 NZA 2009, 505). Hat der AG dem AN fehlerhaft eine höhere VergGr. mitgeteilt, greifen zugunsten des AN die allg. Beweiswirkungen des Vertrags bzw. des Nachweises (s. NachwG Einf. Rn. 16). Der Gegenteilsbeweis durch den AG ist zulässig (EuGH 4.12.1997 NZA 1998, 137). Da sich die Eingruppierung als Normanwendung darstellt, kann die gewünschte Eingruppierung auch nicht mit der Eingruppierung des vorausgegangenen Stelleninhabers oder damit begr. werden, dass andere AN die begehrte Eingruppierung haben.

32 **e) Aufbau der Vergütungsgruppen, Tariflücke.** Tarifl. VergGr. enthalten regelm. eine abstrakte Definition der für die Eingruppierung in die VergGr. notwendigen Voraussetzungen. Daneben sind im TVtext vielfach bestimmte Beispielstätigkeiten aufgeführt. Nach den von der Rspr. aufgestellten Grundsätzen ist zunächst zu prüfen, ob der AN die **Beispielstätigkeit** erfüllt. Ist dies der Fall, sind die Voraussetzungen für die Eingruppierung in die konkrete VergGr. regelm. erfüllt. Eine darüber hinausgehende Prüfung, ob die konkrete oder die Beispielstätigkeit die allg. Oberbegriffe der VergGr. erfüllt, ist entbehrl. (BAG 25.9.1991 NZA 1992, 273). Sind allerdings die aufgeführten Beispielstätigkeiten nicht eindeutig oder enthalten sie Beurteilungsspielräume, ist gesondert zu prüfen, ob die vom AN ausgeübte Beispielstätigkeit unter den allg. Oberbegriff der VergGr. fällt (BAG 13.11.1991 NZA 1992, 613). Nur wenn die vom AN auszuübende Tätigkeit von den aufgeführten Beispielstätigkeiten nicht umfasst wird, ist allein anhand der **allg. Oberbegriffe** zu prüfen, ob der AN in die VergGr. eingruppiert ist. Ergibt sich aus dem Tarifinhalt, insb. seinem Wortlaut, dass eine Eingruppierung nur bei Vorliegen einer genannten Beispielstätigkeit erfolgen soll, ist der Rückgriff auf den allg. Oberbegriff unzul. Kann die Tätigkeit eines AN den Merkmalen einer Vergütungsordnung nicht zugeordnet werden, ist die **Vergütungsordnung unvollständig** (sog. Tariflücke). Eine richterl. Lückenfüllung kommt nur in Betracht, wenn *(1)* es sich nicht um eine bew. Auslassung der TVparteien handelt, *(2)* diese eine vollst. Regelung für alle im Geltungsbereich ausgeübten Tätigkeiten schaffen wollten und *(3)* die Tätigkeitsmerkmale der VergGr. eindeutige Hinweise darauf enthalten, wie die TVparteien die nicht berücksichtigte Tätigkeit bewertet hätten (BAG 24.9.2008 ZTR 2009, 81). Liegt hingegen eine bewusste Tariflücke vor, ist eine Eingruppierung in die Vergütungsordnung nicht mögl. (BAG 8.11.2006 NZA-RR 2007, 205).

33 **f) Auszuübende Tätigkeit.** Für die Eingruppierung des AN ist regelm. die auszuübende Tätigkeit maßgebl. Bewertungsgrundlage. Dies sind die Aufgaben, die dem AN vom AG entweder im Arbeitsvertrag oder im Wege des Direktionsrechts übertragen worden sind. Besteht für den Arbeitsplatz eine **Tätigkeitsbeschreibung,** stellt diese regelm. die Ausübung des Direktionsrechts des AG bei der Bestimmung der Art und des zeitl. Umfangs der geschuldeten Arbeitsleistung dar. Weicht die tatsächl. Vertragshandhabung von dem Inhalt der Tätigkeitsbeschreibung ab, ist dies für die Eingruppierung regelm. unbeachtl., wenn der AG diese Handhabung nicht billigt. Die Übertragung muss nicht ausdr. erfolgen, ausreichend ist auch die schlüssige Zuweisung oder Übernahme mit stillschweigender Billigung des AG. Allerdings führt nicht jede Übernahme von Tätigkeiten mit Wissen eines Vorgesetzten zu einer entspr. Übertragung. Eine Zurechnung über die Grundsätze der Duldungs- und Rechtsscheinsvollmacht kommt nur bei Vorliegen der allg. Voraussetzungen in Betracht (dazu BAG 20.7.1994 NZA 1995, 161). Zur Schlüssigkeit der Eingruppierungsfeststellungsklage zählt dementspr. nicht nur die Darlegung der vom AN tatsächl. ausgeübten Tätigkeit, notwendig ist darüber hinaus, wann und in welcher Form ihm die ausgeübten Aufgaben vom AG bzw. seinem Vertreter übertragen worden sind (BAG 26.3.1997 NZA-RR 1998, 287). Übt der AN mehrere Teiltätigkeiten aus, erfolgt die Eingruppierung im Bereich der Privatwirtschaft bei Fehlen einer anderweitigen Regelung regelm. nach der überw. auszuübenden Tätigkeit. Dies ist diejenige Tätigkeit, die mehr als 50% der AZ des AN ausmacht (BAG 13.11.1991 NZA 1992, 613).

g) **Ausschlussfristen.** Die Eingruppierung in ein tarifl. oder betriebl. Regelwerk unterliegt keinen Ausschlussfristen, da dieser Vorgang ledigl. einen Akt der Rechtsanwendung und keine tatsächl. Handlung des AG mit konstitutiver Wirkung darstellt. Hingegen fällt der sich aus der Eingruppierung ergebende **Vergütungsanspruch** des AN unter bestehende Ausschlussfristen und kann bei nicht oder nicht formgerechter Geltendmachung verfallen. Die Darlegung des rechtzeitigen Zugangs des Anspruchsschreibens beim AG zählt zur Schlüssigkeit des kl. Vortrags. Für die wirksame Geltendmachung ist es ausreichend, wenn die „Eingruppierung" in eine bestimmte VergGr. verlangt wird, die ausdr. Aufnahme einer Zahlungsaufforderung ist zwar empfehlenswert, wohl aber entbehrl. Nicht ausreichend ist, wenn der AN den AG nur zur „Prüfung" oder zum „Überdenken" der Eingruppierung auffordert (BAG 10.12.1997 NZA-RR 1998, 429). Zur Verbrauchereigenschaft des AN und der damit verbundenen Frage der Zinshöhe s. § 611a BGB Rn. 181. 34

h) **Sonderfall: Korrigierende Rückgruppierung. aa) Grundsatz.** Der AG kann grundsätzl. die Eingruppierung des AN korrigieren, wenn die auszuübende Tätigkeit nicht den Tätigkeitsmerkmalen der anwendbaren VergGr. entspricht. In welcher Form diese Maßnahme erfolgen muss, ist abhängig von den Umständen des Einzelfalls. Die Korrektur muss durch den Ausspruch einer Änderungskündigung erfolgen, wenn die Vergütungsabrede **Vertragsgegenstand** geworden ist. Dies ist der Fall, wenn sie zwischen AG und AN einvernehml. vereinbart worden ist. Ob eine solche Vereinb. vorliegt, bedarf der Auslegung im Einzelfall. Besteht kein arbeitsvertragl. Anspruch des AN auf Vergütung nach einer bestimmten VergGr., kann die Eingruppierung auch ohne Änderungskündigung korrigiert werden. Entspricht die gezahlte Vergütung nicht der Wertigkeit der auszuübenden Tätigkeit, ist der AG zur einseitigen Lossagung von der – aus seiner Sicht – rechtsfehlerhaften Tarifanwendung berechtigt (BAG 13.5.1998 NZA-RR 1998, 523). Im öD liegt in der Angabe der VergGr. in den Arbeitsverträgen keine vertragl. Vereinb. der Vergütung. Sie soll ledigl. eine Wiedergabe der VergGr. darstellen, die von den Vertragsparteien bei Vertragsschluss als zutreffend angesehen worden ist. Ohne Hinzutreten weiterer Umstände kann ein AN des öD der Angabe der Verg. Gr. in dem Arbeitsvertrag oder in der Eingruppierungsmitteilung nicht entnehmen, dass ihm ein eigenständiger, von den tarifl. Bestimmungen unabhängiger arbeitsvertragl. Anspruch auf die bezeichnete Vergütung zustehen soll. Die Korrektur einer unzutreffenden Eingruppierung kann daher regelm. durch eine korrigierende Rückgruppierung erfolgen. Dennoch kann es im Einzelfall gegen **Treu und Glauben** (§ 242 BGB) in der Erscheinungsform des widersprüchl. Verhaltens verstoßen, wenn sich der AG auf die Fehlerhaftigkeit der bisherigen tarifl. Bewertung beruft. Dies ist der Fall, wenn das Verhalten des AG für den AN einen Vertrauenstatbestand geschaffen hat (BAG 20.4.2011 NZA-RR 2011, 609; 14.9.2005 NZA-RR 2006, 336). Die wiederholte korrigierende Rückgruppierung des AN bei unveränderter Tätigkeit und Tarifrechtslage ist regelm. unzulässig (BAG 23.8.2006 NZA 2007, 516). 35

bb) Darlegungslast. Spricht der AG zum Zwecke der Herabgruppierung eine Änderungskündigung aus, kann der AN nach allg. Grundsätzen Änderungsschutzklage erheben. Hat der AG hingegen keine Änderungskündigung ausgesprochen, ist die Erhebung einer Eingruppierungsfeststellungsklage sinnvoll. In Zweifelsfällen, wenn nicht eindeutig erkennbar ist, ob eine Erkl. des AG eine Änderungskündigung darstellt, kann zur Fristwahrung hilfsweise Änderungsschutzklage erhoben werden. Insoweit gelten für die Darlegungslast die allg. Grundsätze. Ist streitig, ob zwischen den Parteien eine vertragl. Abrede getroffen worden ist, trägt der AN die Darlegungslast für die konstitutive Vereinb. der VergGr. (BAG 17.5.2000 NZA 2001, 1316). Beruft sich der AN auf die vom AG mitgeteilte VergGr., muss der AG die obj. Fehlerhaftigkeit der mitgeteilten VergGr. darlegen und ggf. beweisen. Diese Fehlerhaftigkeit ist gegeben, wenn eine der tarifl. Voraussetzungen für die mitgeteilte Eingruppierung fehlt (BAG 24.9.2008 NZA 2009, 499). Diese Grundsätze gelten auch für den Fall der Verweigerung des Bewährungsaufstiegs, soweit sich aus der Mitteilung des AG das Tätigkeitsmerkmal ergibt, aus dem der Bewährungsaufstieg stattfindet (BAG 14.1.2004 NZA 2005, 712). Nach Ansicht des BAG ergeben sich für dem AN aus dem NachwG keine Erleichterungen bei der Darlegungs- und Beweislast (BAG 16.2.2000 NZA-RR 2001, 216). 36

§ 46a Mahnverfahren

(1) [1]Für das Mahnverfahren vor den Gerichten für Arbeitssachen gelten die Vorschriften der Zivilprozeßordnung über das Mahnverfahren einschließlich der maschinellen Bearbeitung entsprechend, soweit dieses Gesetz nichts anderes bestimmt. [2]§ 702 Absatz 2 Satz 2 der Zivilprozessordnung ist nicht anzuwenden.

(2) [1]Zuständig für die Durchführung des Mahnverfahrens ist das Arbeitsgericht, das für die im Urteilsverfahren erhobene Klage zuständig sein würde. [2]Die Landesregierungen werden ermächtigt, einem Arbeitsgericht durch Rechtsverordnung Mahnverfahren für die Bezirke mehrerer Arbeitsgerichte zuzuweisen. [3]Die Zuweisung kann auf Mahnverfahren beschränkt werden, die maschinell bearbeitet werden. [4]Die Landesregierungen können die Ermächtigung durch Rechtsverordnung auf die jeweils zuständige oberste Landesbehörde übertragen. [5]Mehrere Länder können die Zuständigkeit eines Arbeitsgerichts über die Landesgrenzen hinaus vereinbaren.

(3) Die in den Mahnbescheid nach § 692 Abs. 1 Nr. 3 der Zivilprozeßordnung aufzunehmende Frist beträgt eine Woche.

(4) [1]Wird rechtzeitig Widerspruch erhoben und beantragt eine Partei die Durchführung der mündlichen Verhandlung, so gibt das Gericht, das den Mahnbescheid erlassen hat, den Rechtsstreit von Amts wegen an das Gericht ab, das in dem Mahnbescheid gemäß § 692 Absatz 1 Nummer 1 der Zivilprozessordnung bezeichnet worden ist. [2]Verlangen die Parteien übereinstimmend die Abgabe an ein anderes als das im Mahnbescheid bezeichnete Gericht, erfolgt die Abgabe dorthin. [3]Die Geschäftsstelle hat dem Antragsteller unverzüglich aufzugeben, seinen Anspruch binnen zwei Wochen schriftlich zu begründen. [4]Bei Eingang der Anspruchsbegründung bestimmt der Vorsitzende den Termin zur mündlichen Verhandlung. [5]Geht die Anspruchsbegründung nicht rechtzeitig ein, so wird bis zu ihrem Eingang der Termin nur auf Antrag des Antragsgegners bestimmt.

(5) Die Streitsache gilt als mit Zustellung des Mahnbescheids rechtshängig geworden, wenn alsbald nach Erhebung des Widerspruchs Termin zur mündlichen Verhandlung bestimmt wird.

(6) [1]Im Fall des Einspruchs hat das Gericht von Amts wegen zu prüfen, ob der Einspruch an sich statthaft und ob er in der gesetzlichen Form und Frist eingelegt ist. [2]Fehlt es an einem dieser Erfordernisse, so ist der Einspruch als unzulässig zu verwerfen. [3]Ist der Einspruch zulässig, hat die Geschäftsstelle dem Antragsteller unverzüglich aufzugeben, seinen Anspruch binnen zwei Wochen schriftlich zu begründen. [4]Nach Ablauf der Begründungsfrist bestimmt der Vorsitzende unverzüglich Termin zur mündlichen Verhandlung.

(7) Das Bundesministerium für Arbeit und Soziales wird ermächtigt, durch Rechtsverordnung mit Zustimmung des Bundesrates den Verfahrensablauf zu regeln, soweit dies für eine einheitliche maschinelle Bearbeitung der Mahnverfahren erforderlich ist (Verfahrensablaufplan).

(8) [1]Das Bundesministerium für Arbeit und Soziales wird ermächtigt, durch Rechtsverordnung mit Zustimmung des Bundesrates zur Vereinfachung des Mahnverfahrens und zum Schutze der in Anspruch genommenen Partei Formulare einzuführen. [2]Dabei können für Mahnverfahren bei Gerichten, die die Verfahren maschinell bearbeiten, und für Mahnverfahren bei Gerichten, die die Verfahren nicht maschinell bearbeiten, unterschiedliche Formulare eingeführt werden. [3]Die Rechtsverordnung kann ein elektronisches Formular vorsehen; § 130c Satz 2 bis 4 der Zivilprozessordnung gilt entsprechend.

1 **1. Allgemeines.** Für das Mahnverfahren vor den Gerichten für Arbeitssachen gelten die §§ 688 ff. ZPO entspr., soweit in § 46a keine Sonderregelungen enthalten sind. Nach § 46a I 2 besteht keine Pflicht zur Einreichung des Mahnantrags in elektronischer Form (§ 702 II 2 ZPO, dazu *Messias* JurBüro 2008, 571). Ausgeschlossen ist nach § 46 II 2 ArbGG das Urkunden-, Scheck- und Wechselmahnverfahren (§ 703a ZPO). Besonderh. gelten für die Zust. und die Widerspruchsfrist (§ 46a II, III). Für die Durchführung des arbeitsgerichtl. Mahnverfahrens müssen schließl. die allg. Prozessvoraussetzungen vorliegen, also Partei- und Prozessfähigkeit, ges. Vertretung und Rechtschutzbedürfnis.

2 **2. Voraussetzungen des Mahnverfahrens. a) Zuständigkeit.** Nach § 689 II 1 ZPO ist für das Mahnverfahren ausschl. das AG am Wohnsitz des Ast. zust. Nach § 46a II ist für die Durchführung des Mahnverfahrens das ArbG zuständig, das für die im UrtV erhobene Klage zuständig sein würde; dem Ast. wird hierdurch ein Wahlrecht unter den verschiedenen in Betracht kommenden Gerichtsständen (§§ 12, 13, 17, 21, 29, 38 II, III ZPO, § 48) auch für das Mahnverfahren ermöglicht. Eine Verweisung wegen örtl. Unzuständigkeit kann nur erfolgen, wenn das angerufene ArbG unter keinem Gesichtpunkt für die Durchführung des Mahnverfahrens zuständig ist; das Mahnverfahren ist auf Antrag des Gläubigers oder nach dessen Anhörung an das örtl. zust. ArbG zu verweisen; § 48 I gilt entspr. (GK-ArbGG/*Bader* Rn. 17; aA GMP/*Germelmann* Rn. 16 – Abgabe). Nach Erlass des MB ist eine Verweisung nur mögl., wenn das Gericht feststellt, dass der MB dem Schuldner unter der angegebenen Anschrift nicht zugestellt werden kann und der Gläubiger deshalb eine neue Anschrift des Schuldners bekannt gibt, wonach die Zust. eines anderen Mahngerichts begr. wird; (BAG 28.12.1981 AP ZPO § 26 Nr. 28). Eine Bindungswirkung hins. der örtl. Zust. tritt nur für das Mahnverfahren ein (BAG 4.9.1973 AP ZPO § 36 Nr. 14).

3 **b) Besondere Voraussetzungen des Mahnverfahrens.** Nach § 688 I ZPO ist das Mahnverfahren nur zulässig wegen Ansprüchen auf Zahlung einer bestimmten Geldsumme in Euro. Muss die Zustellung des MB im Ausland erfolgen, findet das Mahnverfahren nur statt, soweit das Anerkennungs- und Vollstreckungsausführungsgesetz (AVAG) vom 19.2.2001 (BGBl. I S. 288) idF der Bekanntmachung vom 3.12.2009 (BGBl. I S. 3830) dies vorsieht (Übersicht über die geltenden Abk. in § 1 AVAG mit den Besonderh. der §§ 35 ff. AVAG bei Baumbach/*Hartmann* Schlussanh. V C–E). Ist das Mahnverfahren danach zulässig, kann der Anspruch auch die Zahlung einer bestimmten Geldsumme in ausl. Währung zum Gegenstand haben (§ 32 I 2 AVAG). Leitet sich die Zust. des ausl. Gerichts aus einer Gerichtsstandsvereinb. ab, sind die erforderl. Schriftstücke dem Antrag beizufügen (§ 32 II AVAG). Weiterhin beträgt bei Zustellungen nach dem AVAG die Widerspruchsfrist einen Monat (§ 32 III 1 AVAG). Zustellungen innerhalb der EU richten sich nach § 46b. Das Mahnverfahren ist aus-

geschlossen, wenn die Mahnforderung von einer noch nicht erbrachten Gegenleistung abhängig ist (§ 688 II Nr. 2 ZPO); maßgebend dafür ist der Zeitpunkt des Erlasses des MB oder die Zustellung des MB durch öffentl. Bekanntmachung erfolgen müsste (§ 688 II Nr. 3 ZPO).

3. Durchführung des Mahnverfahrens. a) Antrag. Das Mahnverfahren wird nur auf Antrag durchgeführt, hierfür ist das für den Mahnantrag vorgeschriebene Formular zu verwenden (§§ 703c II, 702 I ZPO); s. dazu die aufgrund der Ermächtigung in § 46a VII ergangene VO vom 7.3.2001 (BGBl. I S. 363). Der Antrag muss handschriftl. unterzeichnet werden, seine Übermittlung durch Telefax oder Telekopie ist zul. Nach § 1 I 2 Nr. 1 der VO entfällt der Vordruckzwang und in entspr. Anwendung des § 702 II 4 ZPO die handschriftl. Unterzeichnung, wenn der Ast. das Mahnverfahren maschinell betreibt. Kein Vordruckzwang besteht bei einer Zustellung des MB im Ausland oder nach Art. 32 des ZA zum NATO-Truppenstatut (§ 1 I 2 Nr. 2 der VO). Der Mahnantrag muss die in § 690 I ZPO aufgezählten Angaben enthalten; hierzu gehören: *(1)* Die Bezeichnung der Parteien, ihrer ges. Vertreter und ggf. der PV; *(2)* die Bezeichnung des Gerichts, bei dem der Antrag gestellt wird; *(3)* die Bezeichnung des Anspruchs unter bestimmter Angabe der verlangten Leistung; Haupt- und Nebenforderungen sind gesondert und einzeln zu bezeichnen; *(4)* die Erkl., dass der Anspruch nicht von einer Gegenleistung abhängt oder diese bereits erbracht ist; dagegen bedarf es nicht der Bezeichnung des Gerichts, das für ein streitiges Verfahren zuständig ist, da für das Mahnverfahren bereits ein für das nachf. Streitverfahren zust. Gericht angerufen ist (§ 46a II 1; zur Abgabe § 46a IV 1, 2). Der Anspruch ist zu beziffern und anzugeben, für welchen Zeitraum Leistungen verlangt werden. Wegen des Fehlens einer Schlüssigkeitsprüfung ist der Sachverhalt nur so darzustellen, dass die Zust. der Gerichte für Arbeitssachen erkennbar wird. Bei der Geltendmachung der Zinsen reichen der Zinssatz und Laufzeit sowie die Angabe des Geldbetrages, aus dem Zinsen verlangt werden, aus. 4

b) Zurückweisung des Antrags. Über den Antrag auf Erlass des MB entscheidet der Rechtspfleger (§ 9 III; § 20 Nr. 1 RPflG). Er prüft dabei nur, ob die allg. und bes. Prozessvoraussetzungen vorliegen, nicht aber die schlüssige Darlegung des geltend gemachten Anspruchs. Der Antrag ist zurückzuweisen, wenn *(1)* die ges. Voraussetzungen der §§ 688, 689, 690, 703c II ZPO (s. Rn. 2 f.) nicht gegeben sind oder *(2)* er nur wegen eines Teils des Anspruchs nicht erlassen werden kann (§ 691 I Nr. 1, 2 ZPO). Vor der Zurückweisung ist der Ast. zu hören (§ 691 I 2 ZPO) und eine Frist zu setzen, innerhalb derer die Mängel zu beheben sind. Die Fristsetzung ist mit einem Hinweis auf die ansonsten beabsichtigte Zurückweisung des Antrags zu verbinden. Die ablehnende Entsch. ergeht durch Beschl., der zu begründen und vAw. zuzustellen ist (§ 329 III ZPO). Gegen den **Zurückweisungsbeschluss** ist die Erinnerung innerhalb von zwei Wochen (§ 573 I 1 ZPO) zulässig. Über sie entscheidet nach § 11 II 3 RPflG der Richter. Er kann die Erinnerung zurückweisen oder den Rechtspfleger anweisen, den MB zu erlassen. Hat der Richter die Erinnerung zurückgewiesen, findet gegen diese Entsch. die sof. Beschwerde nur nach Maßgabe von § 691 III 1 ZPO statt. Die Zurückweisung erwächst aber wegen der fehlenden Schlüssigkeitsprüfung nicht in Rechtskraft; der Ast. kann seinen Antrag im UrtV weiterverfolgen. 5

c) Erlass des Mahnbescheids. Der Rechtspfleger erlässt den MB, wenn die ges. Voraussetzungen gegeben sind. Der Inhalt des MB richtet sich nach § 692 ZPO. Er enthält den Hinweis, dass das Gericht die Schlüssigkeit des Klageanspruchs nicht geprüft hat (§ 692 I Nr. 2 ZPO) sowie die Aufforderung an den Ag., innerhalb einer Woche ab Zustellung des MB entweder die behauptete Schuld zu begleichen oder dem Gericht mitzuteilen, ob und in welchem Umf. dem geltend gemachten Anspruch widersprochen wird (§ 692 I Nr. 3 ZPO). Der MB wird vAw. zugestellt (§ 693 I ZPO). Der Ast. wird von der Zustellung benachrichtigt (§ 693 II ZPO). Soll durch die Zustellung eine Frist gewahrt oder die Verjährung gehemmt werden, tritt diese Wirkung bereits mit Eingang des Mahnantrags ein, wenn nur die Zustellung demnächst erfolgt (§ 167 ZPO, s. § 218 BGB Rn. 22). Die Verjährung wird auch dann gehemmt, wenn vor ihrem Ablauf ein MB beim unzuständigen ArbG beantragt, auf entspr. Antrag das Verfahren an das zust. ArbG abgegeben und der von diesem erlassene MB nach Ablauf der Verjährungsfrist demnächst zugestellt wird (BAG 13.5.1987 NZA 1988, 175). Die Unterzeichnung des MB kann durch einen Faksimile-Stempel erfolgen. 6

d) Widerspruch. Wird der MB erlassen, kann der Ag. Widerspruch einlegen (§ 694 I ZPO); er soll hierfür den Vordruck benutzen (§ 692 I Nr. 5 ZPO). Zwingend vorgeschrieben ist dies nicht. Der Widerspruch ist schriftl. einzulegen; die ordnungsgem. Bevollmächtigung muss im Mahnverfahren nicht nachgewiesen, sondern nur versichert werden (§ 703 S. 2 ZPO). Der Widerspruch kann auch vor dem Urkundsbeamten der Geschäftsstelle abgegeben werden (§ 702 I 1 ZPO). Eine Begr. des Widerspruchs ist nicht vorgeschrieben. Die Widerspruchsfrist beträgt nach § 46a III eine Woche. Ein außerhalb der Wochenfrist eingegangener Widerspruch ist zulässig, solange der VB noch nicht erlassen ist (§ 694 I ZPO). Dies ist erst der Fall, wenn der Rechtspfleger ihn unterzeichnet und in den Geschäftsgang gegeben hat. Ist der Widerspruch rechtzeitig eingegangen, kann ein VB nicht mehr ergehen. Ist bei Eingang des Widerspruchs der VB bereits erlassen, wird der Widerspruch als Einspruch gegen den VB behandelt (§ 694 II 1 ZPO). Wird rechtzeitig Widerspruch erhoben und hat eine Partei die Durchführung der mdl. Verhandlung beantragt, so hat die Geschäftsstelle dem Ast. unverzügl. aufzugeben, seinen Anspruch binnen zwei Wochen schriftl. zu begründen (§ 46a IV 3). Der Antrag auf Durch- 7 führung der mdl. Verhandlung kann bereits im Mahnantrag oder im Widerspruch enthalten sein, aber auch unabhängig hiervon gestellt werden. Nach Eingang der Anspruchsbegr. bestimmt der Vorsitzende Termin zur Güteverhandlung (§ 54 IV 2). Geht eine Anspruchsbegr. nicht rechtzeitig ein, wird bis zu ihrem Eingang der Termin nur auf Antrag des Ag. bestimmt (§ 46a IV 2). Wird kein Antrag gestellt, werden die Akten nach Ablauf von sechs Monaten nach der Aktenordnung weggelegt. Die Streitsache gilt nur dann als mit Zustellung des MB rechtshängig geworden, wenn nach Erhebung des Widerspruchs Termin zur mdl. Verhandlung bestimmt wird (§ 46a V). Dem Ast. wird der Widerspruch und der Zeitpunkt seines Eingangs mitgeteilt (§ 695 I ZPO). Dagegen wird dem Ag. der Antrag auf Erlass eines MB oder VB nicht mitgeteilt (§ 702 III ZPO).

8 **4. Vollstreckungsbescheid. a) Erlass.** Nach Ablauf der Widerspruchsfrist erlässt das Gericht auf Antrag einen VB, wenn der Ag. nicht rechtzeitig Widerspruch erhoben hat (§ 699 I 1 ZPO) oder der Widerspruch zurückgenommen wird (§ 697 IV ZPO). Nach § 699 I 2 ZPO kann der Antrag auf Erlass des VB nicht vor Ablauf der Widerspruchsfrist (§ 46a III) gestellt werden; ein früher gestellter Antrag ist zurückzuweisen. Für den Antrag besteht gleichfalls Vordruckzwang (§ 703c II ZPO). Er hat die Erkl. zu enthalten, ob und welche Zahlungen auf den MB geleistet worden sind (§ 699 I 2 ZPO). Ist kein Widerspruch erhoben worden und beantragt der Ast. den Erlass des VB nicht binnen einer sechsmonatigen Frist, die mit Zustellung des MB beginnt, entfallen die Wirkungen des MB. Dasselbe gilt, wenn der VB rechtzeitig beantragt ist, der Antrag aber zurückgewiesen wird. Die **Entsch.** über den Erlass des VB trifft der Rechtspfleger (§ 20 Nr. 1 RPflG; § 9 III). Er hat vAw. zu prüfen, ob die Voraussetzungen vorliegen. Ist dies nicht der Fall, wird der Antrag durch Beschl. zurückgewiesen. Der Beschl. ist dem Ast. formlos mitzuteilen. Der Ast. hat dagegen die Erinnerung nach § 11 I 1 RPflG. Ansonsten erlässt der Rechtspfleger den VB, der anschließend vAw. zuzustellen ist (§ 699 IV 1 ZPO). Der VB steht einem arbeitsgerichtl. VU gleich, er ist damit nach § 62 I vorl. vollstreckbar. Zweifelhaft wird zunehmend, ob nicht in entspr. Anwendung von § 9 V aus verfassungsrechtl. Gründen eine RMB beigefügt werden muss (verneinend: LAG K 7.8.1998 AP ArbGG 1979 § 9 Nr. 19 – keine Analogie; LAG N 10.5.1988 LAGE § 59 ArbGG 1979 Nr. 1, s. § 9 Rn. 6).

9 **b) Einspruch.** Gegen den VB kann in entspr. Anwendung von § 59 binnen einer Woche Einspruch eingelegt werden. Der Einspruch muss schriftl. oder zur Niederschrift der Geschäftsstelle erfolgen. Nach § 700 III ZPO findet § 340 I, II ZPO nicht aber dessen Abs. 3 entspr. Anwendung. Es brauchen daher die Angriffs- und Verteidigungsmittel nicht bezeichnet werden. Im Fall des Einspruchs hat das Gericht dessen Zulässigkeit vAw. zu prüfen. Fehlt es hieran, ist er durch Beschl. als unzulässig zu verwerfen (§ 46a VI 1, 2). Ist der Einspruch zulässig, hat die Geschäftsstelle dem ASt. unverzügl. aufzugeben, seinen Anspruch binnen zwei Wochen schriftl. zu begründen; anschließend bestimmt der Vorsitzende unverzügl. Termin zur mdl. Verhandlung (§ 46 IV 3, 4 ZPO). Es ist Termin vor der Kammer anzuberaumen, da der VB einem VU gleichsteht; die Ansetzung einer Güteverhandlung ist unzulässig. Die Verwerfung des Einspruchs als unzulässig erfolgt ohne mdl. Verhandlung durch den Vors. (§ 55 I Nr. 4a). Ist im Termin zur mdl. Verhandlung die Partei, die Einspruch eingelegt hat, säumig, hat ein zweites VU zu ergehen (§ 345 ZPO). Dieses setzt die Zulässigkeit des Einspruchs, das Vorliegen der Voraussetzungen für den Erlass des VB sowie die Zulässigkeit und Schlüssigkeit der Klage voraus. Diese ist von der Kammer zu prüfen, da eine richterl. Prüfung der dem VB zugrunde liegenden Forderung bis dahin nicht stattgefunden hat (BGH 6.5.1999 NJW 1999, 2599; ähnl. BAG 2.2.1994 NZA 1994, 1102). Ist dagegen die Klage unzulässig oder unschlüssig, wird der VB durch unechtes VU aufgeh. und die Klage abgewiesen (§ 700 VI ZPO).

10 **5. Kosten und Prozesskostenhilfe.** Nach Nr. 8100 des Gebührenverzeichnisses der Anl. zu § 34 GKG beträgt die Gebühr für das Mahnverfahren 0,4 der Verfahrensgebühr, wenn das Verfahren durch einen VB abgeschlossen wird. Daneben können Auslagen für die Zustellung anfallen. Wird das Verfahren nach Widerspruch bzw. Einspruch fortgeführt, fällt mit Eingang der Akten beim Prozessgericht eine Verfahrensgebühr iHv. 2 Gebühren an (Nr. 8210). Wird der Antrag auf Durchführung des streitigen Verfahrens, der Widerspruch oder der Einspruch nach diesem Zeitpunkt zurückgenommen, ermäßigt sich die Verfahrensgebühr auf 0,4 (Nr. 8211). Wird vor dem Prozessgericht ein verfahrensbeendender Vergleich abgeschlossen, entfällt auch die Verfahrensgebühr (Vorbem. Nr. 8 zum Gebührenverzeichnis). Für das Mahnverfahren vor dem ArbG besteht keine Vorschusspflicht (§ 11 GKG). Für das Mahnverfahren kann PKH bewilligt werden, eine Beiordnung eines RA wird aber regelm. nicht erforderl. sein (LAG RP 16.1.2008 – 7 Ta 251/07). Zuständig für die Bewilligung ist der Rechtspfleger. Die bewilligte PKH erstreckt sich nicht auf das anschließende Streitverfahren.

§ 46b Europäisches Mahnverfahren nach der Verordnung (EG) Nr. 1896/2006

(1) **Für das Europäische Mahnverfahren nach der Verordnung (EG) Nr. 1896/2006 des Europäischen Parlaments und des Rates vom 12. Dezember 2006 zur Einführung eines Europäischen Mahnverfahrens (ABl. EU Nr. L 399 S. 1) gelten die Vorschriften des Abschnitts 5 des Buchs 11 der Zivilprozessordnung entsprechend, soweit dieses Gesetz nichts anderes bestimmt.**

(2) Für die Bearbeitung von Anträgen auf Erlass und Überprüfung sowie die Vollstreckbarerklärung eines Europäischen Zahlungsbefehls nach der Verordnung (EG) Nr. 1896/2006 ist das Arbeitsgericht zuständig, das für die im Urteilsverfahren erhobene Klage zuständig sein würde.

(3) Im Fall des Artikels 17 Abs. 1 der Verordnung (EG) Nr. 1896/2006 ist § 46a Abs. 4 und 5 entsprechend anzuwenden. Der Antrag auf Durchführung der mündlichen Verhandlung gilt als vom Antragsteller gestellt.

§ 46b I verweist klarstellend auf die Vorschr. der ZPO zum Europ. Mahnverfahren (§§ 1087 bis 1096 ZPO). Nach Abs. 2 ist abw. vom Mahnverfahren in der ord. Gerichtsbarkeit das ArbG zuständig, das für eine im UrtV erhobene Klage zuständig wäre. § 46b III regelt anders als § 1090 ZPO die Überleitung in das streitige Verfahren. Dem Ast. ist nach einem Widerspruch ohne weitere Zwischenschritte die Begr. des geltend gemachten Anspruchs aufzugeben. Eines Antrags auf Durchführung der mdl. Verhandlung bedarf es – anders als nach § 46 IV 1 – wegen der in der VO (EG) Nr. 1896/2006 enthaltenen Vorgaben nicht. Reicht der Ast. die Anspruchsbegr. nicht fristgerecht ein, treten die in § 46a V bestimmten Folgen über die Rückwirkung der Rechtshängigkeit nicht ein. Geht keine Begr. ein, wird das Verfahren nach sechs Monaten entspr. der AktenO weggelegt. 1

§ 46c Einreichung elektronischer Dokumente

(1) [1]Soweit für vorbereitende Schriftsätze und deren Anlagen, für Anträge und Erklärungen der Parteien sowie für Auskünfte, Aussagen, Gutachten und Erklärungen Dritter die Schriftform vorgesehen ist, genügt dieser Form die Aufzeichnung als elektronisches Dokument, wenn dieses für die Bearbeitung durch das Gericht geeignet ist. [2]Die verantwortende Person soll das Dokument mit einer qualifizierten elektronischen Signatur versehen. [3]Ist ein übermitteltes elektronisches Dokument für das Gericht zur Bearbeitung nicht geeignet, ist dies dem Absender unter Angabe der geltenden technischen Rahmenbedingungen unverzüglich mitzuteilen.

(2) [1]Die Bundesregierung und die Landesregierungen bestimmen für ihren Bereich durch Rechtsverordnung den Zeitpunkt, von dem an elektronische Dokumente bei den Gerichten eingereicht werden können, sowie die für die Bearbeitung der Dokumente geeignete Form. [2]Die Landesregierungen können die Ermächtigung durch Rechtsverordnung auf die jeweils zuständige oberste Landesbehörde übertragen. [3]Die Zulassung der elektronischen Form kann auf einzelne Gerichte oder Verfahren beschränkt werden.

(3) Ein elektronisches Dokument ist eingereicht, sobald die für den Empfang bestimmte Einrichtung des Gerichts es aufgezeichnet hat.

§ 46d Gerichtliches elektronisches Dokument

[1]Soweit dieses Gesetz dem Richter, dem Rechtspfleger, dem Urkundsbeamten der Geschäftsstelle oder dem Gerichtsvollzieher die handschriftliche Unterzeichnung vorschreibt, genügt dieser Form die Aufzeichnung als elektronisches Dokument, wenn die verantwortenden Personen am Ende des Dokuments ihren Namen hinzufügen und das Dokument mit einer qualifizierten elektronischen Signatur versehen. [2]Der in Satz 1 genannten Form genügt auch ein elektronisches Dokument, in welches das handschriftlich unterzeichnete Schriftstück gemäß § 46e Absatz 2 übertragen worden ist.

§ 46e Elektronische Akte; Verordnungsermächtigung

(1) [1]Die Prozessakten können elektronisch geführt werden. [2]Die Bundesregierung und die Landesregierungen bestimmen für ihren Bereich durch Rechtsverordnung den Zeitpunkt, von dem an elektronische Akten geführt werden sowie die hierfür geltenden organisatorisch-technischen Rahmenbedingungen für die Bildung, Führung und Aufbewahrung der elektronischen Akten. [3]Die Landesregierungen können die Ermächtigung durch Rechtsverordnung auf die jeweils zuständige oberste Landesbehörde übertragen. [4]Die Zulassung der elektronischen Akte kann auf einzelne Gerichte oder Verfahren beschränkt werden; wird von dieser Möglichkeit Gebrauch gemacht, kann in der Rechtsverordnung bestimmt werden, dass durch Verwaltungsvorschrift, die öffentlich bekanntzumachen ist, geregelt wird, in welchen Verfahren die Akten elektronisch zu führen sind.

(1a) [1]Die Prozessakten werden ab dem 1. Januar 2026 elektronisch geführt. [2]Die Bundesregierung und die Landesregierungen bestimmen jeweils für ihren Bereich durch Rechtsverordnung die organisatorischen und dem Stand der Technik entsprechenden technischen Rahmenbedingungen für die Bildung, Führung und Aufbewahrung der elektronischen Akten einschließlich der einzuhaltenden Anforderungen der Barrierefreiheit. [3]Die Bundesregierung und die Landesregierungen können jeweils für ihren Bereich durch Rechtsverordnung bestimmen, dass Akten, die in Papierform angelegt wurden, in Papierform weitergeführt werden. [4]Die Landesregierungen kön-

nen die Ermächtigungen nach den Sätzen 2 und 3 durch Rechtsverordnung auf die für die Arbeitsgerichtsbarkeit zuständigen obersten Landesbehörden übertragen. [5]Die Rechtsverordnungen der Bundesregierung bedürfen nicht der Zustimmung des Bundesrates.

(2) [1]Werden die Prozessakten elektronisch geführt, sind in Papierform vorliegende Schriftstücke und sonstige Unterlagen nach dem Stand der Technik zur Ersetzung der Urschrift in ein elektronisches Dokument zu übertragen. [2]Es ist sicherzustellen, dass das elektronische Dokument mit den vorliegenden Schriftstücken und sonstigen Unterlagen bildlich und inhaltlich übereinstimmt. [3]Das elektronische Dokument ist mit einem Übertragungsnachweis zu versehen, der das bei der Übertragung angewandte Verfahren und die bildliche und inhaltliche Übereinstimmung dokumentiert. [4]Wird ein von den verantwortenden Personen handschriftlich unterzeichnetes gerichtliches Schriftstück übertragen, ist der Übertragungsnachweis mit einer qualifizierten elektronischen Signatur des Urkundsbeamten der Geschäftsstelle zu versehen. [5]Die in Papierform vorliegenden Schriftstücke und sonstigen Unterlagen können sechs Monate nach der Übertragung vernichtet werden, sofern sie nicht rückgabepflichtig sind.

(3) Das elektronische Dokument muss den Vermerk enthalten, wann und durch wen die Unterlagen in ein elektronisches Dokument übertragen worden sind.

1 Der jetzige § 46c wurde als § 46b mit Wirkung zum 1.8.2001 in das ArbGG eingefügt. Die Norm regelt die Verwendung von elektron. Medien im Verfahren vor den ArbG und dient gleichzeitig der Umsetzung der RL 1999/93/EG über die gemeinschaftl. Rahmenbedingungen für elektronische Signaturen vom 13.12.1999 und 2000/31/EG über den elektron. Geschäftsverkehr vom 8.6.2000. § 46c wurde zuletzt durch das G zur Förderung des elektronischen Rechtsverkehrs mit den Gerichten vom 10.10.2013 mWz 1.1.2018 geänd. Daneben sind durch dieses G § 46e ergänzt und die §§ 46f, 46g neu eingefügt worden. Nach § 46c I müssen die ArbG ab dem 1.1.2018 die für den Empfang elektron. Dokumente auf den in Abs. 4 gen. Übermittlungswegen erf. techn. und person. Voraussetzungen schaffen, soweit dieser Zeitpunkt nicht nach Landesrecht bis zum 31.12.2018/31.12.2019 hinausgeschoben wird. Ab dem 1.1.2018 besteht dementspr. nach § § 31a VI BRAO eine passive Nutzungspflicht des RA für das bes. elektron. Anwaltspostfach (beA), dh der Inhaber eines beA muss Zustellungen und Mitteilungen über dieses zur Kenntnis nehmen. Erst ab dem 1.1.2022 besteht eine Pflicht für RA, Behörden und PV, Schriftsätze als elektron. Dokument zu übermitteln (§ 46g S. 2 – aktive Nutzungspflicht). Der RA selbst kann den Versand ohne qualifizierte elektronische Signatur vornehmen, während sein Kanzleipersonal dies nur unter deren Verwendung bewirken kann. Elektron. EB sind gem. § 174 IV 3 ZPO über das beA zu übermitteln. Die Rechtslage für Verbandsvertreter ist nicht eindeutig (*Natter/Haßel* NZA 2017, 1017, 1023). 46c gilt für alle im Verfahren zu wechselnden Schriftsätze, dh. sowohl für bestimmende als auch für nicht bestimmende. Sie erstreckt sich auch auf die Anl., auf Anträge und Erkl. der Parteien sowie auf Auskünfte, Aussagen, Gutachten und Erkl. Dritter. Ist für diese Schriftsätze oder Erkl. ges. die Schriftform vorgesehen, wird dieser Form genügt, wenn das elektronische Dok. für die Bearbeitung durch das Gericht geeignet ist. Ein nicht mit der geforderten Signatur eingereichter Schriftsatz ist nicht wirksam bei Gericht eingegangen (zu § 130a I 2 ZPO: BAG 11.7.2013 NZA 2013, 983). § 46c V 1 bestimmt, dass ein elektronisches Dok. erst dann bei Gericht eingereicht ist, sobald die für den Empfang bestimmte Einrichtung des Gerichts es lesbar aufgezeichnet hat. § 46c verdrängt als Sonderregelung für das arbeitsgerichtl. Verfahren den nahezu gleich lautenden § 130a ZPO; neben § 46c anwendbar sind jedoch die §§ 299 III, 299a ZPO über die Akteneinsicht und das Datenträgerarchiv; zur Möglichkeit des elektronischen Rechtsverkehrs beim BAG s. VO v. 9.3.2006 (BGBl. I S. 519) sowie die Hinweise unter www.bundesarbeitsgericht.de.

§ 46f Formulare; Verordnungsermächtigung

[1]Das Bundesministerium für Arbeit und Soziales kann durch Rechtsverordnung mit Zustimmung des Bundesrates elektronische Formulare einführen. [2]Die Rechtsverordnung kann bestimmen, dass die in den Formularen enthaltenen Angaben ganz oder teilweise in strukturierter maschinenlesbarer Form zu übermitteln sind. [3]Die Formulare sind auf einer in der Rechtsverordnung zu bestimmenden Kommunikationsplattform im Internet zur Nutzung bereitzustellen. [4]Die Rechtsverordnung kann bestimmen, dass eine Identifikation des Formularverwenders abweichend von § 46c Absatz 3 auch durch Nutzung des elektronischen Identitätsnachweises nach § 18 des Personalausweisgesetzes oder § 78 Absatz 5 des Aufenthaltsgesetzes erfolgen kann.

1 Die Vorschrift ist mit Wirkung vom 1.7.2014 durch das G zur Förderung des elektronischen Rechtsverkehrs mit den Gerichten vom 10.10.2013 in das ArbGG eingefügt worden (BGBl. I 2013 S. 3786, 3790, 3798). Sie entspricht insb. § 130c ZPO und den in and. Verfahrensordnungen (zB. § 52c FGO, § 65c SGG, § 55c VwGO) enthaltenen Normen. Der DRB hat im Gesetzgebungsverfahren ggü. § 130a IV ZPO-E verfassungsrechtl. Bedenken geäußert. Dieser enthalte keine ausr. Angaben zu Inhalt, Zweck und Ausmaß der erteilten Ermächtigung. Konkret vermisst wird die Festlegung, in welchen Bereichen und zu welchem Zweck die Formulare eingesetzt werden sollen.

§ 47 Sondervorschriften über *Ladung und*[1] Einlassung

(1) Die Klageschrift muß mindestens eine Woche vor dem Termin zugestellt sein.

(2) Eine Aufforderung an den Beklagten, sich auf die Klage schriftlich zu äußern, erfolgt in der Regel nicht.

1. Einlassungsfrist. § 47 regelt nur noch die Einlassungsfrist im arbeitsgerichtl. Verfahren. Die Sonderregelung für die Ladungsfrist ist durch die Beschleunigungsnovelle vom 21.5.1979 (BGBl. I S. 545) aufgeh. worden. Einlassungsfrist ist diejenige Frist, die der Bekl. beanspruchen kann, um sich auf den Rechtsstreit vorzubereiten (§ 274 III 1 ZPO). Die Klageerhebung richtet sich nach § 46 II, § 253 ZPO. Mit der Einreichung der Klageschrift bei Gericht wird die Sache anhängig, mit ihrer Zustellung rechtshängig (§ 261 I ZPO). Zwischen der Zustellung der Klageschrift und dem Termin muss mind. eine Woche liegen (§ 47 I). Die Fristberechnung richtet sich nach § 222 I ZPO, §§ 187 I, 188 II BGB. Hiernach bleibt der Tag der Zustellung außer Betracht, so dass die Frist in der Folgewoche an dem der Zustellung entspr. Tag abläuft. Fällt der letzte Tag der Frist auf einen Sonntag, einen allg. Feiertag oder einen Sonnabend (§ 222 II ZPO), endet die Frist am nächsten Werktag. Die Einlassungsfrist muss gewahrt werden bei Klagen, -erweiterungen und Widerklagen, nicht hingegen in den Verfahren des einstweiligen Rechtsschutzes, bei Mahnverfahren und bei öffentl. Zustellung der Klage. Bei einer Zustellung im Ausland hat der Vorsitzende bei der Festsetzung des Termins die Einlassungsfrist zu bestimmen (§ 46 II, § 274 III 3 ZPO). Wegen des Gebots des rechtl. Gehörs wird idR eine wesentl. längere Frist festzusetzen sein (GK-ArbGG/*Bader* Rn. 38 – vier Wochen). Die Einlassungsfrist kann auf Antrag des Kl. **abgekürzt** werden (§ 46 II, § 226 ZPO). Vor der Abkürzung braucht der Gegner nicht gehört zu werden. Die Abkürzung darf nicht zu einer Verkürzung des rechtl. Gehörs in der anberaumten Verhandlung führen. Die Entsch. über die Abkürzung der Einlassungsfrist ist zu begründen, auch wenn sie antragsgem. erfolgt. Wird die Abkürzung abgelehnt, kann sie mit der sof. Beschwerde angefochten werden (§ 78, § 567 I Nr. 2 ZPO). Wird die Einlassungsfrist antragsgem. verkürzt, erfolgt die Überprüfung mit der Endentscheidung. Eine Verlängerung der Einlassungsfrist ist nicht vorgesehen. Ist die Einlassungsfrist nicht eingehalten, ist der Termin zur mdl. Verhandlung auf Rüge des Bekl. zu **vertagen.** Ein VU kann gegen den Bekl. nicht erlassen werden (§ 335 I Nr. 2 ZPO). Verhandelt der erschienene Bekl. zur Hauptsache, wird der Mangel nach § 295 ZPO geheilt. Das BAG hat das Auftreten des Bekl. in der Güteverhandlung nicht als rügelose Einlassung iSd. Art. 24 S. 1 EuGVVO angesehen (BAG 2.7.2008 NZA 2008, 1084). 1

2. Ladungsfrist, Gegenäußerung. Die Ladungsfrist liegt zwischen der Zustellung der Ladung und dem Terminstag (§ 217 ZPO). Sie ist bei allen Terminsbestimmungen einzuhalten, auch bei Terminsverlegungen sowie bei der Zustellung von Klageerweiterungen und Widerklagen. Die Ladungsfrist beträgt nach § 46 II, § 217 ZPO in der ersten Instanz drei Tage, da es sich nicht um einen Anwaltsprozess handelt (§ 11 I 1 ArbGG). Die Fristberechnung erfolgt nach § 222 ZPO. Auch die Ladungsfrist kann auf Antrag abgekürzt werden; eine Verlängerung ist nicht vorgesehen (§ 224 II ZPO). Ihre Abkürzung ohne Antrag kommt auch in den Verfahren des einstweiligen Rechtsschutzes nicht in Betracht, vielmehr hat der Ast. ggf. die Fristverkürzung für den Fall einer mdl. Verhandlung vorsorgl. zu beantragen. Der Antrag muss ausdr. gestellt werden (GK-ArbGG/*Bader* Rn. 22; aA GMP/*Germelmann* Rn. 23 – konkludente Antragstellung, wenn ohne mdl. Verhandlung beantragt ist). Die Entsch. ergeht durch den Vors. ohne mdl. Verhandlung (§§ 226 III, 225 I ZPO, 53 I 1). Einer vorherigen Anhörung des Gegners bedarf es nicht. Wird die beantragte Fristverkürzung abgelehnt, kann hiergegen sof. Beschwerde eingelegt werden, was angs. des Zeitablaufs kaum Erfolg versprechend sein dürfte. Ggü. einer Bewilligung steht der belasteten Partei kein gesondertes Rechtsmittel zu; es bleibt die Rüge einer unzureichenden Terminsvorbereitung (ggf. im Berufungsverfahren). Eine Aufforderung des Bekl. zur schriftl. **Gegenäußerung** erfolgt idR nicht (§ 47 II). Das Gesetz will eine mdl. Erörterung erreichen, um auch schreibungewandten Parteien ausreichend gerecht zu werden. Das Güteverfahren braucht nicht schriftl. vorbereitet werden, die Vorschr. über das schriftl. Vorverfahren (§§ 275 bis 277 ZPO) sind in erster Instanz nicht anwendbar. Die bekl. Partei kann zur Äußerung aufgefordert werden, wenn dies zur Vorbereitung des Termins sachgem. ist (zB Erkl. über die Echtheit der bisher nur vom Kl. als Ablichtungen beigefügten Urkunden). An das Unterbleiben einer angeforderten Äußerung sind aber keine Rechtsfolgen geknüpft. 2

§ 48 Rechtsweg und Zuständigkeit

(1) Für die Zulässigkeit des Rechtsweges und der Verfahrensart sowie für die sachliche und örtliche Zuständigkeit gelten die §§ 17 bis 17b des Gerichtsverfassungsgesetzes mit folgender Maßgabe entsprechend:

1. Beschlüsse entsprechend § 17a Abs. 2 und 3 des Gerichtsverfassungsgesetzes über die örtliche Zuständigkeit sind unanfechtbar.

[1] **Amtl. Anm.:** Die Worte „Ladung und" sind gegenstandslos.

2. Der Beschluß nach § 17a Abs. 4 des Gerichtsverfassungsgesetzes ergeht, sofern er nicht lediglich die örtliche Zuständigkeit zum Gegenstand hat, auch außerhalb der mündlichen Verhandlung stets durch die Kammer.

(1a) [1]Für Streitigkeiten nach § 2 Abs. 1 Nr. 3, 4a, 7, 8 und 10 sowie Abs. 2 ist auch das Arbeitsgericht zuständig, in dessen Bezirk der Arbeitnehmer gewöhnlich seine Arbeit verrichtet oder zuletzt gewöhnlich verrichtet hat. [2]Ist ein gewöhnlicher Arbeitsort im Sinne des Satzes 1 nicht feststellbar, ist das Arbeitsgericht örtlich zuständig, von dessen Bezirk aus der Arbeitnehmer gewöhnlich seine Arbeit verrichtet oder zuletzt gewöhnlich verrichtet hat.

(2) [1]Die Tarifvertragsparteien können im Tarifvertrag die Zuständigkeit eines an sich örtlich unzuständigen Arbeitsgerichts festlegen für
1. bürgerliche Rechtsstreitigkeiten zwischen Arbeitnehmern und Arbeitgebern aus einem Arbeitsverhältnis und aus Verhandlungen über die Eingehung eines Arbeitsverhältnisses, das sich nach einem Tarifvertrag bestimmt,
2. bürgerliche Rechtsstreitigkeiten aus dem Verhältnis einer gemeinsamen Einrichtung der Tarifvertragsparteien zu den Arbeitnehmern oder Arbeitgebern.

[2]Im Geltungsbereich eines Tarifvertrags nach Satz 1 Nr. 1 gelten die tarifvertraglichen Bestimmungen über das örtlich zuständige Arbeitsgericht zwischen nicht tarifgebundenen Arbeitgebern und Arbeitnehmern, wenn die Anwendung des gesamten Tarifvertrags zwischen ihnen vereinbart ist. [3]Die in § 38 Abs. 2 und 3 der Zivilprozeßordnung vorgesehenen Beschränkungen finden keine Anwendung.

I. Allgemeines

1 Nach § 48 und §§ 17 bis 17b GVG ist die Zulässigkeit des Rechtswegs, die richtige Verfahrensart und die örtl. Zust. in einem Vorabentscheidungsverfahren zu klären. Hierdurch sollen Verfahrensverzögerungen und Rechtswegstreitigkeiten weitgehend vermieden werden. Das Vorabentscheidungsverfahren soll zu einer frühzeitigen und bindenden Entsch. über die Zulässigkeit des beschrittenen Rechtswegs und der örtl. Zust. führen. Da die §§ 17, 17a GVG von der Gleichwertigkeit aller Rechtswege ausgehen, ist die Abgrenzung der ArbG nicht nur ggü. den Verwaltungs-, Finanz- und Sozialgerichten, sondern auch ggü. den ordentl. Gerichten keine Frage der sachl. Zust., sondern der Zulässigkeit des Rechtswegs (BAG 26.3.1992 NZA 1992, 954). Aus diesem Grund besteht keine Eilzuständigkeit der AG in den Verfahren des einstweiligen Rechtsschutzes (Arrest, einstweilige Vfg.). Die ArbG haben daher ggf. einen Bereitschafts- bzw. Eildienst sicherzustellen. Die Vorschrift gilt nicht im Verhältnis zu Streitigkeiten in mitarbeitervertretungsrechtl. Angelegenheiten, die vor den Kirchengerichten auszutragen sind (RB anh. 7 AZB 56/16).

II. Vorabentscheidungsverfahren

2 **1. Anwendungsbereich.** Ist zweifelhaft, ob für ein Verfahren der Rechtsweg zu den ArbG gegeben ist, hat ein Vorabentscheidungsverfahren nach den §§ 17, 17a GVG stattzufinden. Die Vorschr. ist zwgd. Die Zulässigkeit des Rechtswegs kann weder durch Parteivereinb. noch durch rügelose Einlassung begr. werden (Ausnahme: § 2 IV, s. § 2 Rn. 32). Nicht von § 48 erfasst wird die Prüfung der int. Zust., da das GVG nur für innerstaatl. Gerichte gilt (s. § 1 Rn. 4); zur örtl. Zust. Rn. 16. Sie findet auch auf das Verhältnis von UrtV zum BeschlV entspr. Anwendung (BVerwG 30.1.2013 NZA-RR 2013, 446). Lässt sich das prozessuale Begehren aus mehreren Klagegründen herleiten, muss das angerufene Gericht den Rechtsstreit umfassend unter allen rechtl. Gesichtspunkten entscheiden. Eine Verweisung ist nur zulässig, wenn der beschrittene Rechtsweg für den Klageanspruch mit allen in Betracht kommenden Klagegründen unzulässig ist. Daher genügt es, wenn das angerufene Gericht für einen Klagegrund zuständig ist (BAG 18.8.1997 NZA 1997, 1362 – sog. rechtswegüberschreitende Kompetenz); eine „Teilverweisung" hins. einzelner Anspruchsgrundlagen ist unzulässig (BGH 5.7.1990 NVwZ 1990, 1103). Werden mehrere prozessual selbständige Ansprüche erhoben, ist für jeden dieser Ansprüche gesondert zu prüfen, ob der gewählte Rechtsweg zulässig ist (BAG 13.1.2003 NZA 2003, 285; BGH 5.6.1997 NJW 1998, 826). Entspr. gilt bei einer Klageänd., auch hier ist bei Zweifeln des Gerichts oder auf Rüge über den Rechtsweg vorab zu entscheiden. **Vor Rechtshängigkeit** kommt regelmäßig nur eine Abgabe der Sache an ein anderes Gericht in Betracht (BAG 9.2.2006 NZA 2006, 454; BGH 10.8.2011 – X ARZ 263/11). Maßgebl. Beurteilungszeitpunkt ist der Eintritt der Rechtshängigkeit; spätere Veränderungen führen aber nicht zum Verlust des einmal gegebenen Rechtswegs (§ 17 I 1 GVG, rechtswegerhaltende Sperre). Die bis zur letzten Tatsachenverhandlung eintretenden Umstände sind hingegen zu berücksichtigen, wenn sie die zunächst bestehende Unzulässigkeit des Rechtswegs beseitigen (BAG 22.10.2014 NZA 2015, 60).

3 **2. Erforderlichkeit.** Eine Vorabentsch. des ArbG muss stattfinden, wenn entweder das Gericht selbst Zweifel an der Rechtswegzuständigkeit hat oder eine Partei die Zulässigkeit des beschrittenen Rechtswegs rügt (§ 17a III 2 GVG, Ausn.:, reine Kostenentscheidung, BAG 16.8.2016 NZA 2016, 1358). § 17a GVG zwingt das ArbG nicht zu einer Entscheidung über die Zulässigkeit des Rechtswegs, wenn es hiervon ausgeht und keine der Parteien eine Rüge erhebt (BGH 18.9.2008 NJW 2008, 3572).

Die Rüge kann vor Rechtskraft der Vorabentsch. zurückgenommen oder für erledigt erklärt werden (BGH 11.1.2001 NJW-RR 2001, 1007); allerdings ist das erstinstanzl. Gericht auch in diesem Fall wegen § 17a III 1 GVG nicht an einer Vorabentsch. vAw. gehindert. Die Verweisung kann nicht mehr ausgesprochen werden, wenn über den maßgebl. Streitgegenstand bereits durch Teilanerkenntnisurt. entscheiden worden ist (aA OLG N 11.12.2006 OLGR N 2007, 148). Die §§ 17, 17a GVG sind auch im BeschlV anwendbar, obwohl der Wortlaut nur Kl./Bekl. nennt, im Mahnverfahren und in den Verfahren des einstweiligen Rechtsschutzes (BAG 24.5.2000 NZA 2000, 903) sowie im PKHverfahren (BGH 16.7.2001 NJW 2001, 3633; zur Bindungswirkung Rn. 13). Sie finden keine Anwendung auf das Verhältnis der einzelnen Spruchkörper eines Gerichts zueinander, zB wenn nach § 17 II durch RechtsVO bes. Fachkammern gebildet worden sind. Nach Auff. des BGH ist über die Rüge der bekl. Partei nur zu entscheiden, wenn sie nach § 282 III ZPO innerhalb einer ihm für die Klageerwiderung gesetzten Frist erhoben wird (BGH 18.11.1998 NJW 1999, 651; 25.2.1993 Z 121, 367; krit. dazu *Brückner* NJW 2006, 13). Da § 296 III ZPO auch vor den ArbG gilt, muss die Rüge von der bekl. Partei innerhalb einer nach § 56 II wirksam gesetzten Frist erhoben werden. Maßgebl. Beurteilungszeitpunkt ist die letzte mdl. Verhandlung vor dem Arbeitsgericht. Ändert sich der Klagegrund während des Verfahrens, ist ggf. über den Rechtsweg neu zu entscheiden; hingegen kann die Rechtswegzuständigkeit erhalten bleiben, wenn nur die bekl. Partei ausgewechselt wird (LAG BE 5.7.2002 AP ZPO § 261 Nr. 2). Vor einer rkr. Entscheidung über den Rechtsweg soll über ein PKHgesuch nicht zu entscheiden sein (LAG HH 3.6.2016 NZA-RR 2016, 437).

3. Entscheidung. Über die Zulässigkeit des Rechtswegs hat stets das ArbG zu entscheiden. Das LAG 4
ist nur dann zuständig, wenn nach einer zulässige Klageänd. in der Berufungs- bzw. Beschwerdeinstanz Zweifel an der Zust. für den geänd. Antrag bestehen oder die bekl. Partei ausdr. eine entspr. Rüge erhebt (s. aber Rn. 3 zur Rücknahme und Erledigungserkl.). Die Entsch. muss stets durch Beschl. und vor anderen Zulässigkeits- bzw. Sachfragen erfolgen (BGH 23.9.1992 NJW 1993, 470 – Beurteilung des Feststellungsinteresses), insb. ist eine Verbindung der Entsch. über den Rechtsweg mit der Entsch. im Urt. unzulässig (s. Rn. 10 f.). Auch ein VU kann bei einer erhobenen Rüge der bekl. Partei nicht ergehen. Der Beschl. kann ohne mdl. Verhandlung erlassen werden, muss aber begr. werden (§ 17a IV 1, 2 GVG; BAG 16.6.2015 NZA 2015, 1020). Die ehrenamtl. Richter sind stets hinzuzuziehen (§ 48 I Nr. 2), da die Vorabentsch. keine verfahrensbeendende Entsch. iSd. § 55 III ist (aA LAG NI 23.1.1995 LAGE § 48 ArbGG 1979 Nr. 10). Wird ledigl. der Tenor, nicht aber die (angehefteten) Gründe unterzeichnet, führt dies nicht zur Nichtigkeit des Beschl. (BAG 31.8.2010 NJW 2011, 473). Vor einer Entsch. ist stets beiden Parteien rechtl. Gehör zu gewähren. Die Prüfung erfolgt nach dem Streitgegenstand, wie er sich aus dem Sachvortrag des Kl. und seinen Anträgen ergibt. Das Gericht entscheidet aufgrund des kl. Vorbringens, ob der Rechtsweg zu den Gerichten für Arbeitssachen gegeben ist und ob es in der richtigen Verfahrensart angegangen und örtl. zuständig ist. Maßgebl. Zeitpunkt ist die Rechtshängigkeit der Klage; wird der Streitgegenstand geänd., kann der Rechtsweg nachträgl. unzulässig werden (BAG 29.11.2006 NZA 2007, 110). Für das Prüfungsverfahren gelten die in § 2 Rn. 3 f., 38 dargestellten Grundsätze.

4. Inhalt. Gegenstand der Entsch. nach den §§ 17, 17a GVG ist nur die Zulässigkeit des beschritte- 5
nen Rechtswegs. Hält das Gericht den Rechtsweg zu den ArbG für gegeben, spricht es dies im Tenor der Entsch. aus. Ist es der Auff., dass der beschrittene Rechtsweg nicht gegeben ist, hat es zunächst die Feststellung über die Unzulässigkeit des Rechtswegs im Tenor aufzunehmen und darüber hinaus eine Verweisung an das zust. Gericht des zulässigen Rechtswegs auszusprechen (§ 17a II 1 GVG); eine Klageabweisung durch Urt. als unzulässig, zB weil der Kl. kein AN ist, kommt nicht in Betracht. Sind mehrere Gerichte zuständig, erfolgt die Verweisung an das vom Kl. ausgewählte Gericht oder, sofern die Wahl unterbleibt, an ein vAw. bestimmtes Gericht. Der Beschl. enthält keine Kostenentsch. (§ 17b II GVG, s. Rn. 14), aber eine RMB.

5. Rechtsmittel. a) Beschwer. Gegen die Entsch. des ArbG steht der unterlegenen Partei unabhängig 6
vom Streitwert stets das Rechtsmittel der sof. Beschwerde zu (§ 17a IV 3 GVG iVm. § 78 ArbGG). Die erf. Beschwer fehlt jedoch bei übereinstimmenden Verweisungsanträgen der Parteien. Dies gilt für den Kl. dann nicht, wenn sein Verweisungsantrag nur hilfsweise gestellt worden ist und er vorrangig am Rechtsweg zu den ArbG festhalten wollte. Hat das Gericht vAw. eine Vorabentsch. getroffen und haben beide Parteien keine Rüge erhoben, sind diese auch gleichermaßen beschwerdeberechtigt. Die sof. Beschwerde kann darauf gestützt werden, dass in den falschen Rechtsweg verwiesen worden ist, nicht jedoch auf eine vermeintl. unrichtige Entsch. über die örtl. oder sachl. Zust. des Gerichts in dem Rechtsweg, in den verwiesen worden ist (AG statt LG, dazu BAG 20.9.1995 NZA 1996, 112), da insoweit keine Bindungswirkung durch den Beschl. entsteht. Im PKHVerfahren hat nur der Ast. bei einer für ihn ungünstigen Entscheidung nach § 17a IV eine Beschwerdemöglichkeit (BGH 25.2.2016 NJW 2016, 1520).

b) Frist. Die Frist für die sof. Beschwerde beträgt zwei Wochen und beginnt mit der Zustellung des 7
Beschl. an die Parteien. Die sof. Beschwerde kann auch vor der Zustellung des Beschl. eingelegt werden (BAG 22.10.1999 NZA 2000, 503; BGH 12.10.1993 ZIP 1993, 1731). Wird der Beschl. eines ordentl. Gerichts den Parteien nicht oder verspätet zugestellt, beginnt die Frist zur Einlegung der sof. Beschwerde fünf Monate nach der Verkündung (analog §§ 516, 522 ZPO aF) oder – bei nicht ver-

kündeten Beschlüssen – fünf Monate nach der formlosen Mitteilung des Verweisungsbeschlusses (BAG 1.7.1992 NZA 1992, 1047). Wird ein vom ArbG verkündeter Beschl. nach § 17a GVG später als fünf Monate seit der Verkündung zugestellt, schloss sich nach bisheriger Ansicht des BAG an den Lauf der Fünf-Monats-Frist zusätzl. die Jahresfrist des § 9 V 4 an (BAG 5.8.1996 NZA 1996, 1175; dazu aber § 9 Rn. 9). Wird der Beschl. nicht oder nicht rechtzeitig angefochten, entfaltet er Bindungswirkung (s. Rn. 12). Die Beschwerde ist wahlweise beim ArbG oder dem zust. LAG einzulegen.

8 **c) Verfahren.** Über die sof. Beschwerde entscheidet zunächst das erstinstanzl. ArbG im Abhilfeverfahren (§§ 78 ArbGG, 572 I ZPO). Die Abhilfeentsch. ergeht durch die Kammer, dh. unter Hinzuziehung der ehrenamtl. Richter des jeweiligen Sitzungstages; ein Besetzungsfehler bei den Entscheidungen des ArbG bleibt aber grds. ohne Auswirkungen (BAG 8.9.2015 NZA 2015, 1342, s. § 78 Rn. 6). Gegen die abhelfende Entsch. steht dem nunmehr erstmals beschwerten Bg. bei Vorliegen der allg. Voraussetzungen die sof. Beschwerde zu. Aufgrund der ausdr. Regelung in § 78 S. 2 entscheidet das LAG ohne Beteiligung der ehrenamtl. Richter, selbst wenn es eine Beweisaufnahme für erforderl. hält. Eine Zurückverweisung an das ArbG ist unzulässig (BAG 17.9.2014 NZI 2014, 1013). Das LAG hat die weitere sof. Beschwerde zum BAG unter den Voraussetzungen des § 17 IV 4 GVG zuzulassen, dies gilt auch in den Verfahren des einstweiligen Rechtsschutzes (BGH 9.11.2006 NJW 2007, 1819; aA BSG 24.1.2008 SozR 4–1720 § 17a Nr. 4; BVerwG 8.8.2006 NVwZ 2006, 1291). Die Zulassung der RB muss im Beschl. des LAG selbst ausdr. ausgesprochen sein, eine nachträgl. Zulassung ist unstatthaft und bindet des RBgericht nicht (BAG 27.8.2003 – 5 AZB 45/03; BGH 24.11.2003 NJW 2004, 779). Verhält sich der Beschl. zu dieser Frage nicht, ist die RB nicht zugelassen. Die Zulassungsentsch. kann bei nicht verkündeten Beschlüssen in den Gründen erfolgen (BAG 17.1.2007 NZA 2007, 644). Eine Anfechtung der Nichtzulassungsentscheidung ist in § 17a IV GVG nicht vorgesehen, § 72a ist auch nicht entspr. anwendbar (BAG 19.12.2002 NZA 2003, 287). Dies gilt selbst wenn die Entsch. des Beschwerdegerichts gegen ein Verfahrensgrundrecht verstößt (s. § 78 Rn. 12). Das BAG ist an die Zulassung der weiteren sof. Beschwerde durch das LAG gebunden, seine Entsch. ergeht gleichfalls ohne Hinzuziehung der ehrenamtl. Richter (BAG 10.12.1992 NZA 1993, 619). Auf die Beschwerde nach § 17a IV 4 an die obersten Bundesgerichte sind iÜ die Vorschr. über die RB (§§ 574 ff. ZPO) anzuwenden (BAG 26.9.2002 NZA 2002, 1302; BGH 12.11.2002 NJW 2003, 433: s. § 78 Rn. 8). Bis zur rechtskräftigen Beendigung des Vorabentscheidungsverfahrens ist der Rechtsstreit vor dem ArbG/LAG auszusetzen (BAG 26.3.1992 NZA 1992, 954).

9 **d) Entscheidung der Rechtsmittelgerichte.** Die Beschwerde kann nur darauf gestützt werden, dass die Entsch. über die Zulässigkeit des Rechtswegs unzutreffend erfolgt ist. Hierzu zählt auch, ob an ein Gericht des zutreffenden Rechtswegs verwiesen worden ist, da dieser Ausspruch gleichfalls von der Bindungswirkung (s. Rn. 12) der Vorabentsch. erfasst wird. Keiner Beurteilung der Rechtsmittelgerichte unterliegt die Frage, ob ein anderes Gericht des Rechtswegs (zB AG oder LG) sachl. zuständig ist (BAG 20.9.1995 NZA 1996, 112). Dementspr. können die Rechtsmittelgerichte bei einer Verweisung an eine andere Gerichtsbarkeit entweder *(1)* die Beschwerde zurückweisen, *(2)* die Entsch. des ArbG aufheben und die Zulässigkeit des Rechtswegs zu den Gerichten für Arbeitssachen feststellen oder *(3)* sich darauf beschränken, den Rechtsweg oder das Gericht, an den bzw. das der Rechtsstreit verwiesen wird, neu zu bestimmen.

10 **e) Unterbliebene Vorabentscheidung. aa) Rechtsmittel.** Hat das ArbG eine erhobene Rüge der bekl. Partei übergangen und unmittelbar durch Urt. entschieden, soll nach dem Grundsatz der Meistbegünstigung die unterlegene Partei entweder sof. Beschwerde bzw. Berufung (im BeschlV: Beschwerde, §§ 87 ff.) einlegen können (*Schenkel* MDR 2003, 136). Jedoch ist wie folgt zu differenzieren: Ist der Kl. im Urt. unterlegen, kann er nur Berufung, nicht aber sof. Beschwerde einlegen, durch die unterbliebene Rechtswegentsch. ist er nicht beschwert; etwas anderes gilt, wenn er die Verweisung nicht nur hilfsweise beantragt hat. Hingegen steht der bekl. Partei die Wahlmöglichkeit zwischen sof. Beschwerde und Berufung stets zu, obwohl sie zwar nicht durch die Sachentsch. (Klageabweisung), wohl aber durch deren Form und das Fehlen einer Bindungswirkung beschwert wird. Hält die bekl. Partei ihre vor dem ArbG erhobene Rüge in der zweiten Instanz nicht mehr aufrecht oder wird sie für erledigt erklärt, tritt die Bindungswirkung (nachträglich) ein, das Verfahren ist vor den Gerichten für Arbeitssachen fortzusetzen (BAG 19.11.1997 NZA 1998, 595). Bei einfacher Streitgenossenschaft tritt die Bindungswirkung einer Entsch. ggü. den Streitgenossen ein, die kein Rechtsmittel einlegen (BGH 27.10.2005 NZA 2006, 119).

11 **bb) Weiteres Verfahren.** Das LAG darf allein wegen der unterbliebenen Rechtswegentsch. das Verfahren nicht an das ArbG zurückverweisen, da eine Bindungswirkung trotz der entspr. Regelung in § 65 nicht eintritt. Hält das LAG die Zulässigkeit des Rechtswegs nicht für gegeben, hat es dies durch Beschl. auszusprechen und in diesem unter Abänd. des arbeitsgerichtl. Urt. den Rechtsstreit an das zust. Gericht des zulässigen Rechtswegs zu verweisen (BAG 26.3.1992 NZA 1992, 954; BGH 4.3.1998 NJW 1998, 2057). Lässt es hiergegen keine weitere Beschwerde zu, ist der Beschl. rechtskräftig und bindet das Gericht, an das verwiesen wurde, hins. des Rechtswegs. Umstr. ist, ob das LAG nach einer unterbliebenen Rechtswegentsch. des ArbG auch zu einer Vorabentsch. durch Beschl. verpflichtet ist, wenn es die Zulässigkeit des beschrittenen Rechtswegs bejaht. Dies wird stets dann zu bejahen sein,

wenn es die weitere sof. Beschwerde zum BAG zulässt (§ 17a IV 4, 5 GVG), dessen Prüfungsumfang sich auf die Rechtswegfrage beschränkt. In anderen Fällen wird eine Vorabentsch. für entbehrl. gehalten, wenn das Berufungsgericht nicht nur die Zulässigkeit des Rechtswegs bejaht hätte, sondern auch bei einer Vorabentsch. keinen Anlass zur Zulassung der weiteren sof. Beschwerde gesehen hätte (BGH 18.11.1998 NJW 1999, 651). Dabei wird verkannt, dass eine Bindungswirkung nach dem Gesetz nur bei einer rechtskräftigen Vorabentsch. durch Beschl. eintritt. Überdies ist das Abstellen auf eine (nur fiktive und damit letztl. spekulative) Zulassungsentsch. nicht sachgerecht, da es den Parteien die Möglichkeit zur Reaktion auf die Rechtsauffassung des Gerichts nimmt.

6. Bindungswirkung. a) Grundsatz. Eine Verweisung, mit der ein Gericht den zu ihm beschrittenen Rechtsweg für unzulässig erklärt und den Rechtsstreit an das Gericht eines anderen Rechtswegs verwiesen hat, ist einer weiteren Überprüfung entzogen und gem. § 17a II 3 GVG bindend, sobald sie unanfechtbar geworden ist. Rechtskräftige Verweisungsbeschlüsse, die zwar fehlerhaft, aber nicht offensichtl. gesetzwidrig sind, entfalten daher Bindungswirkung (BAG 19.3.2003 NZA 2003, 683; BGH 8.7.2003 NJW 2003, 2990). Sämtl. Rechtsmittelgerichte sind hieran gebunden (§§ 65, 73 II, 88, 93 II ArbGG). Nicht das Gericht des von dem verweisenden Gericht für zulässig erachteten Rechtswegs, sondern allein ein von einer Partei angerufenes Rechtsmittelgericht ist zu dieser Überprüfung berufen (BGH 29.4.2014 NJW 2014, 2125). Nutzen diese ein Rechtsmittel nicht, besteht kein Anlass, dem Gericht des für zulässig erklärten Rechtswegs die Befugnis zuzubilligen, sich an die Stelle des Rechtsmittelgerichts zu setzen (BGH 14.5.2013 MDR 2013, 1242). Bindungswirkung tritt auch ein, wenn das erstinstanzl. Gericht den Rechtsweg ohne bes. Ausführungen, dh. stillschweigend im Urt. bejaht hat und die Parteien eine Rüge nach § 17a III 2 GVG nicht erhoben haben (BAG 8.6.1999 NZA 1999, 1103; BGH 18.9.2008 NJW 2008, 3572). 12

b) Ausnahmen. Die Bindungswirkung entfällt, wenn *(1)* das erstinstanzl. Gericht trotz Rüge einer oder beider Parteien über die Zulässigkeit des Rechtswegs nicht vorab durch Beschl., sondern durch Urt. entschieden hat (s. Rn. 10) oder *(2)* der Verweisungsbeschl sich in willkürl. Weise von dem verfassungsrechtl. Grds. des ges. Richters entfernt. Dies gilt auch, wenn ein Gericht seine Rechtswegzuständigkeit zunächst bejaht und erst später verneint (BGH 26.7.2001 NJW 2001, 3631). Die Bindungswirkung entfällt nur, wenn die Verweisung auf so schwerwiegenden Rechtsfehlern beruht, dass dies zu einer im Hinblick auf das Gebot des ges. Richters gem. Art. 101 I 2 GG nicht mehr hinnehmbaren Verletzung der Rechts(weg)ordnung führen würde (BGH 11.8.2015 NZA-RR 2015, 552). Dies ist der Fall, wenn der Verweisungsbeschluss, wenn *(1)* vor Rechtshängigkeit der Klage (BAG 9.2.2006 NZA 2006, 454) oder nach Anhängigkeit der Sache beim entscheidenden Gericht (BAG 21.12.2015 NZA 2016, 446) ergangen ist, *(2)* jeder Rechtsgrundlage entbehrt (BAG 17.7.1995 NZA 1995, 1175), willkürl. gefasst ist oder keine Begr. enthält (BAG 16.6.2015 NZA 2015, 1020) oder *(3)* auf der Versagung rechtl. Gehörs ggü. den Verfahrensbeteiligten oder einem von ihnen beruht (BAG 22.10.1999 NZA 2000, 503; aA BGH 8.7.2003 NJW 2003, 2990). **Willkürlichkeit** liegt vor, wenn sich die Verweisungsentscheidung bei der Auslegung und Anwendung der Zuständigkeitsnormen so weit von dem diese beherrschenden verfassungsrechtl. Grds. des ges. Richters (Art. 101 I 2 GG) entfernt hat, dass sie schlechthin nicht mehr zu rechtfertigen ist, dh. wenn sie unverständl. und offensichtl. unhaltbar ist (BGH 9.12.2010 MDR 2011, 253 – „extreme Verstöße"; BVerwG 27.6.2013 – 8 AV 2/12). Dies kann insb. in Betracht kommen bei bewusstem Übersehen bzw. Übergehen der eigenen Zust. (BGH 16.12.2003 AP GVG § 17a Nr. 53; aA Nichtberücksichtigung von § 5 I 3 ArbGG reicht BAG 12.7.2006 NZA 2006, 1004) oder falscher Inf. durch das Gericht (BayObLG 7.11.2000 NJW-RR 2001, 928 – Drohung mit Prozessurt.). Ein Verweisungsbeschl. ist nicht offensichtl. gesetzwidrig, nur weil ihn der Vorsitzende allein erlassen hat (BAG 17.9.2014 NZA 2014, 1293), das LAG von der höchstrichterl. Rspr. abgewichen ist (BGH 9.7.2002 MDR 2002, 1450) oder das erstinstanzl. Gericht versehentl. eine Vorschr. übersehen hat (BGH 16.12.2003 NZA 2004, 341; aA LAG M 28.10.2008 NZA-RR 2009, 218). Keine Bindungswirkung entsteht gegenüber einer nicht am Verfahren beteiligten oder übergangenen Partei (OLG F 28.3.2007 NZA 2007, 710). Geht das Gericht, an das der Rechtsstreit rkr. verwiesen worden ist, von einer fehlenden Bindungswirkung der Verweisung aus, darf es das Verfahren nicht zurückverweisen, sondern muss es entspr. § 36 I Nr. 6 ZPO dem zuständigen OGB vorlegen. 12a

c) Umfang. Rechtskräftige Verweisungsbeschlüsse von einem Rechtsweg in den anderen sind für das Gericht, an das verwiesen worden ist, hins. des Rechtswegs bindend (§§ 17a II 3 GVG, 48 I). Vorangegangene Verweisungen innerhalb eines (Zivilkammer/KfH) oder mehrerer Gerichte desselben Rechtswegs (zB wegen örtl. Unzuständigkeit) schließen die Weiterverweisung in einen anderen Rechtsweg nicht aus (BAG 4.1.1993 NZA 1993, 522; LAG N 21.5.2001 AuR 2001, 319). Etwas anderes gilt nur, wenn zuvor eine (ggf. inzidenter getroffene) positive Entsch. über den beschrittenen Rechtsweg getroffen worden ist. § 17a II 3 GVG erstreckt die Bindungswirkung aber nur auf den Rechtsweg, nicht hingegen auf die funktionelle (AG/LG; BGH 18.5.2011 NJW-RR 2011, 1497) oder örtl. Zust. des anderen Rechtswegs. Das Gericht, an das verwiesen worden ist, ist daher nicht daran gehindert, wegen örtl. Unzuständigkeit innerhalb „seines" Rechtswegs weiterzuverweisen (BAG 14.1.1994 NZA 1994, 478; 1.7.1992 NZA 1992, 1047). Die Verweisung erfasst auch den Hilfsantrag, jedoch besteht insoweit keine Bindungswirkung; das Gericht, an das verwiesen worden ist, ist nicht gehindert nach Abweisung des Hauptantrags 13 den Hilfsantrag bei Unzulässigkeit des Rechtswegs zurück- oder weiterzuverweisen (BAG 22.7.1998 – 5 AS 30/98). Keine Bindungswirkung besteht auch im Verhältnis eines PKHVerfahrens zum nachf. Hauptsacheverfahren (BAG 27.10.1992 NZA 1993, 285; BGH 30.7.2009 NJW-RR 2010, 209); zur beschränkten Bindungswirkung bei einfachen Streitgenossen BGH 27.10.2005 NZA 2006, 119.

14 **7. Kosten.** Nach § 17b II 1 GVG gilt der Grds. der Kosteneinheit. Über die Kosten wird mit der Hauptsache entschieden. Über die Kosten der Rechtsmittel im Vorabentscheidungsverfahren ist gesondert zu entscheiden sein (BSG 1.4.2009 SozR 4–1500 § 51 Nr. 6; BGH 17.6.1993 NJW 1993, 2541). Die durch die Anrufung des unzuständigen Gerichts erwachsenen Mehrkosten sind dem obsiegenden Kl. aufzuerlegen (s. § 12a Rn. 6).

15 **8. Wirkungen der Verweisung.** Das abgebende Gericht darf die Akten nicht vor Rechtskraft des Verweisungsbeschlusses an das Gericht, an das der Rechtsstreit verwiesen worden ist, übersenden (BAG 1.7.1992 NZA 1992, 1047). Mit der Rechtskraft des Verweisungsbeschlusses wird der Rechtsstreit bei dem Gericht, an das verwiesen ist, anhängig (§ 17b I 1 GVG). Die Wirkungen der Rechtshängigkeit bleiben bestehen. Soweit durch die Klageerhebung Fristen einzuhalten waren, gilt diese Wirkung weiter. Für das weitere Verfahren gelten die Vorschr. des angewiesenen Gerichtes. Dieses hat den Anspruch unter jedem rechtl. Gesichtspunkt zu überprüfen. Das LAG darf im Berufungsverfahren die Zulässigkeit des beschrittenen Rechtswegs auch dann nicht prüfen, wenn das LG einen Rechtsstreit über Schadensersatzansprüche, die unter anderem auf Amtspflichtverletzung gestützt werden, an das ArbG verwiesen hat (BAG 14.12.1998 NZA 1999, 390).

16 **9. Örtliche Zuständigkeit.** § 48 I stellt klar, dass die §§ 17, 17a GVG (s. Rn. 2) grds. mit einigen Modifizierungen auch für die Entsch. der ArbG über die örtl. Zust. gelten. Der Beschl. ist unanfechtbar, soweit er sich auf einen Ausspruch zur örtl. Zust. beschränkt (§ 48 I Nr. 1). Er wird vom Vors. allein erlassen (§ 48 I Nr. 2). Dies gilt auch, wenn über ihn in der Kammerverhandlung entschieden wird. Die Entsch. ist zu begründen (§§ 48 I, 17a IV 2 GVG), ledigl. formelhafte Wendungen reichen hierfür nicht (BAG 3.11.1993 NZA 1994, 479). Wird innerhalb einer Gerichtsbarkeit wegen örtl. Unzuständigkeit verwiesen, ist dieser Beschl. grds. für das Gericht, an das verwiesen worden ist, bindend, es sei denn, es liegt ausnahmsweise eine offensichtl. Gesetzeswidrigkeit vor. Dies ist der Fall, wenn *(1)* den Parteien vor der Entsch. kein oder kein ausreichendes rechtl. Gehör gewährt worden ist (LAG BW 16.2.2005 AuR 2005, 165) oder *(2)* – bei mehreren zust. Gerichten – sich das weiterverweisende Gericht willkürl. über die vom Kl. getroffene Wahl hinwegsetzt (BAG 14.1.1994 NZA 1994, 478; BGH 10.9.2002 NJW 2002, 3634). Bei der Entsch. über die örtl. Zust. ist von dem angerufenen Gericht eine ggf. von den Parteien getroffene nachträgl. Gerichtsstandsvereinb. zu beachten; ebenso die Ausübung des Wahlrechts unter mehreren in Betracht kommenden Gerichtsständen (dazu auch § 46a Rn. 2). Die Bindungswirkung besteht schließl. dann nicht, wenn sich das verweisende Gericht über die Zuordnung des von ihm für maßgebl. gehaltenen Orts (zB Wohnsitz, Sitz, Erfüllungs- bzw. Begehungsort) zu dem Bezirk des Gerichts, an das verwiesen worden ist, erkennbar geirrt hat (BAG 11.11.1996 NZA 1997, 228; 31.1.1994 NZA 1994, 959; enger BSG 1.6.2005 SozR 4–1500 § 58 Nr. 6). Stellt das Gericht auf einen Rechtsbehelf einer der Parteien fest, dass es an der Gewährung rechtl. Gehörs gefehlt hat, kann es seine ursprüngl. Entsch. nach § 78a aufheben und unter Berücksichtigung des übergangenen Vorbringens erneut entscheiden. Wird die Rüge der örtl. Unzuständigkeit übergangen, bleibt es jedoch für die Rechtsmittelinstanz bei der Prüfungssperre der §§ 65, 73 II (BAG 5.9.1995 NZA 1996, 610).

III. Die Bestimmung des zuständigen Gerichts nach § 36 ZPO

17 **1. Kompetenzkonflikt.** Durch die Regelungen in §§ 17 bis 17b GVG ist ein positiver oder negativer Kompetenzkonflikt weitgehend ausgeschlossen. Gleichwohl kann die Bestimmung des zust. Gerichts notwendig werden. Das Verfahren richtet sich nach § 36 I Nr. 6 ZPO, zust. ist der Vors. In negativen Kompetenzkonflikten zwischen Gerichten verschiedener Gerichtsbarkeiten sind die OGB für die Bestimmung zuständig, dies ist der OGB, der zuerst darum angegangen wird (BAG 13.1.2003 NZA 2003, 285). Handelt es sich um einen Streit über die örtl. Zust. innerhalb des beschrittenen Rechtswegs, ist für die ArbG nach § 36 II ZPO das LAG zuständig, zu dessen Bezirk das zuerst mit der Sache befasste Gericht gehört (BAG 2.7.2014 NZA 2015, 448). Ein Antrag nach § 36 ZPO ist unzulässig, wenn bereits ein Gericht die Unzulässigkeit des zu ihm beschrittenen Rechtswegs mit Bindungswirkung (s. Rn. 12) ausgesprochen hat (BGH 12.3.2002 AP ZPO § 36 Nr. 56); in entspr. Anw. von § 36 I Nr. 6 ZPO ist ein Bestimmungsverfahren durchzuführen, wenn Zweifel über die Bindungswirkung bestehen und kein Gericht die Sache bearbeitet (BAG 12.7.2006 NZA 2006, 1004).

18 **2. Bestimmung.** Auch bei Bestimmung des zust. Gerichts ist die bindende Wirkung von Verweisungsbeschlüssen (§§ 48 ArbGG, 17a II 3 GVG) zu beachten (BAG 17.7.1995 NZA 1995, 1175). Es ist damit das durch Beschl. zuerst angewiesene Gericht als zuständig zu bestimmen. Nur wenn der Verweisungsbeschl. ausnahmsweise nicht bindend war (s. Rn. 12, 16), ist an das Gericht zu verweisen, an das die Sache durch den zweiten Verweisungsbeschl. gelangt ist, sofern dieser Bindungswirkung hat (BAG 14.1.1994 NZA 1994, 478). Ein gemeinsamer Gerichtsstand für einen Rechtsstreit gegen Be-

triebsveräußerer und Betriebserwerber kann nach § 36 Nr. 3 ZPO nicht bestimmt werden, wenn der Rechtsstreit gegen einen der Beteiligten durch bindenden Beschl. an ein anderes Gericht verwiesen worden ist, da auf der Beklagtenseite keine notwendige, sondern nur eine einfache Streitgenossenschaft besteht (BAG 13.11.1996 NZA 1997, 227). Eine Widerklage, die sich gegen einen bislang am Rechtsstreit nicht beteiligten Drittwiderbekl. richtet, bedarf einer Gerichtsstandsbestimmung (BAG 16.5.1997 NZA 1997, 1071). Keine Bestimmung nach § 36 I Nr. 3 ZPO erfolgt, wenn mehrere Streitgenossen zumindest einen gemeinsamen bes. Gerichtsstand haben und nicht an ihrem allg. Gerichtsstand verklagt werden sollen (LAG BE 3.9.2003 FA 2004, 29).

IV. Örtliche Zuständigkeit

1. Allgemeiner Gerichtsstand. Das ArbGG enthielt bis zum 1.4.2008 keine eigenständigen Vorschr. 19
über die örtl. Zust. im UrtV. Nunmehr enthält § 48 I a eine Regelung über den Gerichtsstand des Arbeitsorts (dazu *Damröse* DB 2008, 1626; *Reinhard/Bögemann* NJW 2008, 1263; *Künzl* ArbR 2009, 59). Daneben gelten über § 46 II 1 die Vorschr. der ZPO in den §§ 12–40. Kommen mehrere Gerichtsstände in Betracht hat der Kl. ein Wahlrecht (§ 35 ZPO), das grds. mit der Klageerhebung bei einem bestimmten Gericht ausgeübt wird (zum Mahnverfahren § 46a Rn. 2). Nach § 12 ZPO kann die bekl. Partei an ihrem allg. Gerichtsstand verklagt werden. Der allg. Gerichtsstand des AN bestimmt sich nach seinem Wohnsitz (§§ 13 ZPO, 7 BGB), gleiches gilt für den AG, wenn dieser eine natürl. Person ist. Bei parteifähigen Personengesellschaften und jur. Personen befindet sich der allg. Gerichtsstand an dem Ort, an dem die Gesellschaft ihren Sitz hat (§ 17 ZPO); für Behörden gilt § 18 ZPO. § 17 I 2 ZPO gilt als ges. Auslegungsregel auch dann, wenn bei mehreren Geschäftsorten ein eindeutiger Sitz nicht feststellbar ist. Die für die Bestimmung des Rechtswegs in sog. sic-non-Fällen entwickelten Grundsätze (§ 2 Rn. 38) gelten auch für die örtliche Zust. (ArbG B 8.12.2010 ArbR 2011, 156).

2. Besondere Gerichtsstände. a) Gewöhnlicher Arbeitsort. Der Wortlaut der Vorschr. entspricht 20
der Formulierung in Art. 19 Nr. 2aEuGVVO (s. § 1 Rn. 5). Er ist von Bedeutung für AN, die ihre Arbeitsleistung gewöhnl. nicht am Sitz oder in einer Niederlassung des AG erbringen. Arbeitsort ist der tatsächl. Mittelpunkt der Berufstätigkeit des AN; auf die getroffene Vereinbarung kommt es nicht an (dafür wohl *Bergwitz* NZA 2008, 443). Ebenso ist ohne Bedeutung, von wo aus das Arbeitsentgelt gezahlt wird und wo sich die ANVertretung befindet (BAG 3.11.1993 NZA 1994, 479). Wird der AN **vom Betrieb des AG aus** an ständig wechselnden Orten eingesetzt (Montagearbeiter), ist der Sitz oder die Niederlassung des AG als gewöhnl. Arbeitsort anzusehen. Nur bei langfristigen Einsätzen kann die Einsatzsstelle zum gewöhl. Arbeitsort werden. Bei erst kurzzeitigem Bestand des ArbVerh. kann der bish. Arbeitsort den Gerichtsstand nach Abs. 1a begründen, wenn die Arbeit dort weiterhin erbracht werden soll. Der Gerichtsstand bleibt auch nach Beendigung des ArbVerh. bestehen (BAG 26.9.2000 NZA 2001, 286). Bei zeitl. überw. am häusl. Arbeitsplatz beschäftigten AN (zB Telearbeiter) gilt ihr Wohnsitz nach Satz 1 als gewöhl. Arbeitsort. Bei AußendienstAN, die **von ihrem Wohnsitz aus** einen größeren Bezirk zu betreuen haben, kann ihr Wohnsitz nach Satz 2 als Arbeitsort gelten, wenn sie dort eine Arbeitsleistung erbringen oder über eine eigene betriebl. Organisation verfügen (zB ein Home-Office, EuGH 9.1.1997 NZA 1997, 225); einen zeitl. bestimmten Mindestumfang muss die am Wohnort verrichtete Tätigkeit nicht haben (LAG HE 26.8.2008 ArbuR 2009, 62). Unerhebl. ist dann, ob der AN tägl. an diesen Wohnsitz zurückkehrt und in welchem Umf. er vom Betrieb Anweisungen für die Gestaltung seiner Reisetätigkeit erhält (BAG 12.6.1986 NJW-RR 1988, 482; *Müller* BB 2002, 1094). Für einen Außendienstmitarbeiter, der über keine Arbeitsorganisation an seinem Wohnort verfügt und sich von dort nur zur Aufnahme seiner geschuldeten Tätigkeit zu einem anderen Ort begibt, gilt nach Satz 2 sein Wohnort nicht als gewöhnl. Arbeitsort (ArbG Mannheim 5.10.2009 AE 2010, 55). Beim Flugpersonal ist dies der Einsatzort, von dem aus es die Arbeitsleistung erbringt (LAG M 8.2.2010 – 1 SHa 4/10). Lässt sich ein Schwerpunkt seiner Arbeitsleistung nicht eindeutig bestimmen, ist der Ort maßgebl., von dem aus die tatsächl. Arbeitsleistung gelenkt wird, was im Regelfall der Sitz oder eine Niederlassung des AG sein wird. Der Gerichtsstand nach Abs. 1a gilt für alle Klagen aus dem ArbVerh. soweit es sich um eine Streitigkeit nach § 2 handelt; für Streitigkeiten vor anderen Gerichtsbarkeiten gilt Abs. 1a nicht. Die Darlegungslast für das Vorliegen der Voraussetzungen des § 48 I a trifft die Partei, die sich auf diesen Gerichtsstand beruft.

b) Weitere bes. Gerichtsstände. Nach § 29 I ZPO kann die Klage auch am Gericht des Orts 21
erhoben werden, an dem die streitige Verpflichtung zu erfüllen ist; das Bestehen einer betriebl. Organisation ist nicht erforderl. Bei ArbVerh. ist dabei regelm. von einem einheitl. (gemeinsamen) Erfüllungsort auszugehen (s. § 611a BGB Rn. 650; *Reinhard/Bögemann* NJW 2008, 1263, 1264). Der AG kann nach § 21 ZPO auch am Sitz einer selbständigen Niederlassung verklagt werden. Dies ist jede vom AG an einem anderen Ort als dem seines Sitzes, für eine gewisse Dauer errichtete, auf seinen Namen und für seine Rechnung betriebene und in der Regel zum selbständigen Geschäftsabschluss und Handeln berechtigte Geschäftsstelle (LAG HE 31.7.1987 DB 1988, 816). Die Klage kann beim örtl. zust. ArbG der Niederlassung erhoben werden, sofern ihr Gegenstand einen Bezug zum dortigen Geschäftsbetrieb hat. Daneben kommen schließl. die bes. Gerichtsstände der unerlaubten Handlung

(§ 32 ZPO) und der Widerklage (§ 33 ZPO) in Betracht. Zum bes. Gerichtsstand bei geschlechtsspezifischen Diskriminierungen s. § 61b Rn. 6.

22 **3. Gerichtsstandsvereinbarung.** Die Zust. eines örtl. an sich unzuständiges Gerichts kann von den Parteien auch durch eine Vereinb. begr. werden. Dies gilt zunächst für den Fall, dass eine der Parteien im Inland über keinen allg. Gerichtstand verfügt und die sonstigen, in § 38 II ZPO genannten formellen Voraussetzungen erfüllt sind. Darüber hinaus kann vor Anhängigkeit, aber nach Entstehen einer Streitigkeit eine Gerichtsstandsvereinb. getroffen werden, sofern sie nur ausdr. und schriftl. geschlossen wird (§ 38 III Nr. 1 ZPO). Nach Rechtshängigkeit kann die Zust. eines unzuständigen ArbG schließl. durch rügeloses Einlassen begr. werden, wenn der Bekl. die örtl. Unzuständigkeit des angerufenen Gerichts trotz eines Hinweises des Gerichts nicht gerügt hat. Mit der Antragstellung in der mdl. Verhandlung wird das angerufene Gericht dann örtl. zust. Eine unter Missachtung einer dem Gericht bekannten und wirksamen Gerichtsstandsvereinb. vorgenommene Verweisung ist willkürl. und entfaltet keine Bindungswirkung.

V. Tarifvertragliche Zuständigkeitsregelung

23 Nach § 48 II können die TVParteien die Zust. eines an sich örtl. unzuständigen ArbG festlegen. Die Vereinb. muss im normativen Teil des TV erfolgen. Mögl. ist die Begr. einer ausschl. oder zusätzl. Zust. (GMP/*Germelmann* Rn. 134). Die abw. Zuständigkeitsbestimmung ist nur zulässig für bürgerl. Rechtsstreitigkeiten zwischen AN und AG aus einem ArbVerh. und aus Verhandlungen über die Eingehung eines ArbVerh., das sich nach einem TV bestimmt. Wegen dieses insoweit eindeutigen und mit § 2 I Nr. 3a übereinstimmenden Wortlauts gilt § 48 II nicht für Bestandsstreitigkeiten (ArbG Limburg 21.4.2008 ArbuR 2008, 363; aA ArbG Kiel 10.12.2009 DB 2010, 288) sowie für Ansprüche aus der Nachwirkung eines ArbVerh. (§ 2 I Nr. 3c 2. Alt.) oder aus unerlaubter Handlung (§ 2 I Nr. 3d, GK-ArbGG/*Bader* Rn. 95). Ein ArbVerh. richtet sich nach einem TV, wenn die Parteien tarifgebunden sind (§ 3 TVG; s. § 3 TVG Rn. 3), der TV allgemeinverbindl. ist (s. § 5 TVG Rn. 1) oder individualvertragl. in Bezug genommen ist (§ 3 TVG Rn. 40). Die Bezugnahme muss sich auf den gesamten TV und nicht nur einzelne Teile beziehen. Die Vereinb. kann im Voraus erfolgen und unterliegt nicht der Schriftform nach § 38 II, III ZPO (§ 48 II 3). Sie kann nur im räuml., fachl. und personellen Geltungsbereich des TV erfolgen, da einheitl. Arbeitsbedingungen für Tarifgebundene und Außenseiter ermöglicht werden sollen. Nach § 48 II Nr. 2 kann für bürgerl. Rechtsstreitigkeiten aus dem Verhältnis einer **gemeinsamen Einrichtung** der TVparteien zu den AN oder AG die örtl. Zust. eines ArbG festgelegt werden. Streitigkeiten mit Hinterbliebenen (§ 2 I Nr. 4) werden durch diese Vorschr. nicht erfasst. Für Klagen der Urlaubs- und Lohnausgleichskasse der Bauwirtschaft (ULAK), die auf die Vorschr. des § 14 AEntG gestützt werden, soll das ArbG Wiesbaden örtl. ausschl. zuständig sein (LAG B 10.6.2009 – 6 SHa 977/09; ArbG Hannover 17.9.2003 EzAÜG § 1a AEntG Nr. 3).

§ 48a *(aufgehoben)*

§ 49 Ablehnung von Gerichtspersonen

(1) **Über die Ablehnung von Gerichtspersonen entscheidet die Kammer des Arbeitsgerichts.**

(2) **Wird sie durch das Ausscheiden des abgelehnten Mitgliedes beschlußunfähig, so entscheidet das Landesarbeitsgericht.**

(3) **Gegen den Beschluß findet kein Rechtsmittel statt.**

1 **1. Allgemeines.** Die Vorschr. enthält Regelungen zur Ablehnung von Gerichtspersonen. Sie wird ergänzt durch die §§ 41 bis 49 ZPO, die über § 46 II im arbeitsgerichtl. Verfahren anzuwenden sind. Durch den Ausschluss und die Ablehnungsmöglichkeit von Gerichtspersonen soll sichergestellt werden, dass im Einzelfall eine Gerichtsperson, die nicht die Gewähr der Unparteilichkeit bietet, an dem weiteren Verfahren nicht mehr mitwirkt. Während bei Vorliegen einer der Ausschließungsgründe des § 41 ZPO die Person kraft G von der weiteren Beteiligung ausgeschlossen ist, wird sowohl den Parteien wie auch der betroffenen Gerichtsperson durch die Ablehnung (§ 42 ZPO) und dem damit verbundenen Antragsrecht ermöglicht, eine gerichtl. Entsch. über die Konfliktlage herbeizuführen. § 49 I gilt über die Bezugnahme in §§ 64 VI, 72 IV für alle drei Instanzen, Abs. 2 nur für die ArbG, während der Rechtsmittelausschluss in § 49 III nicht nur im erstinstanzl. Verfahren, sondern auch vor den LAG anzuwenden ist. § 49 gilt nicht nur im UrtV, sondern auch im Mahn- und BeschlV (§ 80 II); zur Mediation s. § 54 Rn. 11.

2 **2. Personenkreis.** Gerichtspersonen sind die Berufsrichter und ehrenamtl. Richter. Erfasst werden daneben die Urkundsbeamten der Geschäftsstelle (§ 49 ZPO) und die Rechtspfleger (§ 10 RpflG). Auch über ein Ablehnungsgesuch gegen die Letztgenannten entscheidet nach § 49 I die Kammer. Darüber hinaus wendet das BAG § 49 auch auf Sachverständige an (BAG 22.7.2008 NZA 2009, 453;

aA LAG HM 19.6.1986 AP ArbGG 1979 § 49 Nr. 1). Keine Gerichtspersonen sind hingegen die Schreibkräfte, Gerichtswachtmeister und Geschäftsstellenverwalter (GK-ArbGG/*Schütz* Rn. 5); sie können nicht abgelehnt werden. Sonderregeln bestehen für Dolmetscher (§ 191 GVG) und Gerichtsvollzieher (§ 155 GVG). Auf Vorsitzende von **Einigungsstellen** finden §§ 1036 ff. ZPO entspr. Anwendung (BAG 7.11.2010 NZA 2011, 940). Die Ablehnung eines Richters ist auch dann mögl., wenn bereits ein Ausschließungsgrund nach § 41 ZPO vorliegt.

3. Ausschluss. Partei: Nach § 41 Nr. 1 ZPO ist ein Richter von der Amtsausübung ausgeschlossen 3 in Sachen, in denen er selbst Partei ist oder bei denen er zu einer Partei in dem Verhältnis eines Mitberechtigten, Mitverpflichteten oder Regresspflichtigen steht. Partei ist jeder Prozessbeteiligte, auf die sich die Rechtskraft erstreckt (GMP/*Germelmann* Rn. 7; GK-ArbGG/*Schütz* Rn. 7). Ausgeschlossen sind daher Kl. und Bekl., Ast. und die Beteiligten im BeschlV, Streitgenossen und Streithelfer, InsV und Gemeinschuldner. Eine Mitberechtigung und Mitverpflichtung iSd. Nr. 1 ist gegeben bei den Gesellschaftern einer Personengesellschaft und bei Vorständen oder GF von Kapitalgesellschaften. Die Voraussetzungen liegen nicht vor bei Aktionären, einer Mitgliedschaft des Richters in einer Gewerkschaft, die als Bevollmächtigte einer Partei auftritt oder wenn ein Arbeitskollege des Richters Partei ist. In dem letztgenannten Fall kommt nur eine Ablehnung nach § 42 ZPO in Betracht. **Verwandtschaftsverhältnis:** Ausgeschlossen ist ein Richter, wenn er Lebenspartner (§ 41 Nr. 2a ZPO) oder Ehegatte einer Partei ist, auch wenn er die Ehe nicht mehr besteht (§ 41 Nr. 2 ZPO). Gleiches gilt, wenn er in einem in § 41 Nr. 3 ZPO genannten Verwandtschaftsverhältnis zu einer Partei steht. Die Verwandtschaft zu einem PV ist nicht ausreichend (aA LSG SH 5.3.1998 NJW 1998, 2925), kann aber die Besorgnis der Befangenheit (§ 42 ZPO) rechtfertigen. **Vertreter:** Ausgeschlossen ist die Gerichtsperson, wenn sie in ders. Sache als PV oder Beistand einer Partei bestellt oder als ges. Vertreter aufzutreten berechtigt ist oder war (§ 41 Nr. 4 ZPO). Die Regelung gilt auch für Unterbevollmächtigte (§ 53 BRAO). Ist auf einer Prozessvollmacht eine Mehrzahl von Prozessvertretern aufgeführt, sind sie alle von der Mitwirkung ausgeschlossen, selbst wenn sie intern nicht mit der Prozessführung befasst waren (GMP/*Germelmann* Rn. 9). Wird eine Prozesspartei von einer jur. Person als Prozessvertreter vertreten, können die für sie handlungsberechtigten Personen kraft G vom Richteramt ausgeschlossen sein; die Anstellung als Rechtssekretär ist hingegen nicht ausreichend (BAG 7.11.2012 NZA 2013, 582 – DGB-Rechtsschutz GmbH). **Zeuge/Sachverständiger:** Ausgeschlossen ist, wer in der Sache als Zeuge oder Sachverständiger vernommen worden ist (§ 41 Nr. 5 ZPO). Notwendig ist die Vernehmung; unzureichend ist ledigl. die Benennung im Prozess, weil sonst eine Gerichtsperson leicht ausgeschaltet werden könnte. Sie ist ausgeschlossen, wenn sie in einem anderen Verfahren zu demselben Sachverhalt vernommen worden ist. Die Abgabe einer dienstl. Äußerung führt nicht zum Ausschluss, da eine dienstl. Äußerung nicht einer Vernehmung als Zeuge gleichzusetzen ist (BAG 7.5.1998 NZA 1998, 1301). **Früheres Verfahren:** Nach § 41 Nr. 6 ZPO ist schließl. ein Richter ausgeschlossen, der in einem früheren Rechtszug oder im schiedsrichterl. Verfahren bei der Entsch. mitgewirkt hat; nicht aber für die Tätigkeit von beauftragten oder ersuchten Richtern. Die Vorschr. findet keine Anwendung auf Ehegatten des Richters, die an einer Vorentsch. beteiligt waren (BGH 20.10.2003 MDR 2004, 288). Eine Mitwirkung liegt nur vor, wenn der Richter materiell an der Entsch. beteiligt gewesen ist, ihre bloße Verkündung ist nicht ausreichend. Von § 41 Nr. 6 ZPO erfasst ist nicht nur die Mitwirkung an einer die Instanz abschl. Endscheidung, sondern auch die Beteiligung im Nachverfahren in den Verfahren des einstweiligen Rechtsschutzes, einem VU oder einer ein VU bestätigenden Entscheidung, soweit die Schlüssigkeit zu überprüfen war (BAG 7.2.1968 AP ZPO § 41 Nr. 3). Dies ist nicht der Fall bei einem die Klage abweisenden VU, bei dem wegen der Säumnis des Kl. eine Schlüssigkeitsprüfung nicht erforderl. ist. Schließl. liegt keine Mitwirkung vor, wenn der Richter ledigl. an einem Beweisbeschl. oder einer Beweisaufnahme mitgewirkt hat oder an der Entscheidung, die vom Rechtsmittelgericht aufgeh. und zurückverwiesen worden ist. Die bloße Durchführung des Gütetermins in einem vorangegangenen Verfahren fällt auch nicht unter § 41 Nr. 6 ZPO. Ein Mitglied einer Einigungsstelle ist ausgeschlossen, wenn es an der Beschlussfassung teilgenommen hat und die Gültigkeit des Spruchs zur Überprüfung des Gerichts ansteht. Die vorprozessuale Erörterung eines späteren Verfahrens führt nicht nach § 41 Nr. 6 ZPO zum Ausschluss, kann aber die Besorgnis der Befangenheit begründen (GMP/*Germelmann* Rn. 29; aA wohl LAG SN 21.12.2000 MDR 2001, 516). Dabeben ist ein Richter bei einer Vorbefassung nach Maßgabe der Nrn. 7 und 8 (überlange Verfahrensdauer, außergerichtl. Konfliktlösung, Güterrichter) ausgeschlossen. **Entscheidung über die Ausschließung:** Der Ausschluss einer Gerichtsperson nach § 41 ZPO ist vAw. zu beachten. An Stelle des ausgeschlossenen Richters tritt der geschäftsplanmäßige Vertreter bzw. bei den ehrenamtl. Richtern der Nächste auf der Liste. Bei Zweifeln über die Ausschließung entscheidet die Kammer nach Anhörung der Parteien und unter Ausschluss des betroffenen Richters (BVerfG 8.6.1993 AP ArbGG 1979 § 49 Nr. 3).

4. Ablehnung. a) Voraussetzungen. Die Ablehnung einer Gerichtsperson ist mögl., wenn ein ges. 4 Ausschließungsgrund (s. Rn. 2) oder die Besorgnis der Befangenheit besteht (§ 42 I ZPO). Die Ablehnung wegen Besorgnis der Befangenheit setzt einen Grund voraus, der geeignet ist, Misstrauen gegen die Unparteilichkeit eines Richters zu rechtfertigen (§ 42 II ZPO). Gründe für ein solches Misstrauen sind gegeben, wenn ein Beteiligter von seinem Standpunkt aus bei vernünftiger, objektiver Betrachtung davon ausgehen kann, dass der Richter nicht unvoreingenommen entscheiden wird (BAG 29.10.1992 NZA 1993, 238). Aus Sicht der antragstellenden Partei muss ein Anlass für die Befürchtung bestehen, dass der abgelehnte Richter in die Verhandlung und Entsch. des anstehenden Falls sachfremde, unsachl. Momente mit einfließen lassen könnte und ihn nicht ohne Ansehen der Person nur aufgrund der sachl. Gegebenheiten und allein nach Recht und Gesetz entscheidet (BAG 6.8.1997 NZA 1998, 332; ähnl. auch BVerfG 16.2.1995 NJW 1995, 1277; 5.4.1990 NJW 1990, 2457). Ob die Befangenheit tatsächl. besteht, ist unerhebl. Ein Besetzungsmangel kann nicht mit Hilfe eines Ablehnungsgesuchs gerügt werden (BGH 13.11.2008 NJW-RR 2009, 210). **Verlust des Ablehnungsrechts:** Eine Partei verliert das Recht zur Ablehnung wegen Besorgnis der Befangenheit, wenn sie sich bei dem Richter auf eine Verhandlung eingelassen oder Anträge gestellt hat (§ 43 ZPO). Ein „Einlassen" bedeutet jedes prozessuale und der Erledigung eines Streitpunktes dienende Handeln unter Mitwirkung eines Richters. Hierzu gehört auch das Einreichen eines Schriftsatzes. Eine Antragstellung liegt auch bei Prozessanträgen vor (zB Antrag auf Fristverlängerung bzw. Terminsverlegung; BFH 10.9.1995 BFH/NV 1996, 232; aA GMP/*Germelmann* Rn. 33). Wird das Ablehnungsgesuch erst später angebracht, muss die Partei glaubhaft machen, dass der Ablehnungsgrund erst später entstanden oder ihr bekannt geworden ist (§ 44 IV ZPO). § 43 ZPO findet keine Anwendung, wenn das Ablehnungsgesuch vor der Antragstellung oder vor Äußerungen im Termin angebracht worden ist (BGH 26.4.2016 NJW-RR 2016, 887). Unzulässig ist auch ein Ablehnungsgesuch, das offensichtl. nicht ernst gemeint ist, der Prozessverschleppung dient oder sonst rechtsmissbräuchl. ist sowie ein gegen einen gesamten Spruchkörper gerichtetes Gesuch. Nach einer Ablehnung kann ein Antrag erneut gestellt werden, wenn neue Tatsachen zu den bisher bekannten Gründen hinzugekommen sind. **Antrag:** Das Ablehnungsgesuch ist mdl., schriftl. oder zu Protokoll der Geschäftsstelle bei dem Gericht (ArbG, LAG oder BAG) anzubringen, dem der abgelehnte Richter angehört. Dieser ist regelmäßig namentl. zu bezeichnen. Das Ablehnungsgesuch muss die Tatsachen enthalten, auf die die Ablehnung gestützt wird. Diese sind glaubhaft zu machen, hierzu kann die Partei auch auf die dienstl. Äußerung des abgelehnten Richters Bezug nehmen (§ 44 II ZPO). Der abgelehnte Richter hat sich über das Ablehnungsgesuch dienstl. zu äußern (§ 44 III ZPO). Diese soll keine Stellungn. zur Erfolgsaussicht des Gesuchs beinhalten, sondern sich nur mit den behaupteten Tatsachen befassen und eine Äußerung enthalten, ob diese inhaltl. zutreffend sind.

5 **b) Ablehnungsgründe. Besondere Nähe:** Ablehnungsgründe können sich ergeben aus den Beziehungen des Richters zu einer Partei oder zu deren PV (BGH 15.3.2012 NJW 2012, 1890 – Ehegatte). Dies können freundschaftl. sein, aber auch ein gestörtes Verhältnis zu Gewerkschaften oder AGVerbänden. Bei Sachverständigen ist die freundschaftl. Beziehung zu einem Vorstand der Krankenkasse unzureichend (LSG NW 23.12.1996 BB 1998, 376). Eine Ablehnung ist auch nicht gerechtfertigt, wenn ein GF eines Verbands, der mit der Prozessführung nicht befasst ist, zum ehrenamtl. Richter in einem Verfahren eines Verbandsmitglieds berufen ist (BAG 6.8.1997 NZA 1998, 332). Eine Prozessführung als PV in einem Parallelverfahren kann ausreichend sein (BAG 7.11.2012 NZA 2013, 582). Ein Sachverständiger ist befangen, wenn er in einem vorangegangenen Verfahren ein Gutachten erstellt hat (BGH 13.12.2016 NJW 2017, 1247) oder er sich zu einer gleichartigen Fragestellung in einem gleichartigen Sachverhalt geäußert hat (BGH 10.1.2017 NJW-RR 2017, 569). **Prozessführung:** Keine Ablehnungsgründe lassen sich aus der Äußerung von Rechtsansichten des Richters im Verfahren herleiten (BAG 29.10.1992 NZA 1993, 238). Wegen der sich aus § 139 ZPO ergebenden Hinweispflicht ist das Gericht vielmehr berechtigt, die Parteien auf die Erfolgsaussichten hinzuweisen. Der Hinweis kann nur dann zu einer Ablehnung führen, wenn erkennbar wird, dass sich der Abgelehnte zukünftigem Vortrag einer Partei verschließen wird. Zur Ablehnung kann auch eine unangemessene Prozessführung führen, zB ein unsachl. Benehmen ggü. einer Partei, die Erteilung von Ratschlägen (BGH 2.10.2003 NJW 2004, 164 – Verjährung), überzogene Formulierungen oder Gestik, bes. Interesse des Richters am Prozessausgang, gehäufte Rechtsfehler im bisherigen Verlauf des Rechtsstreits, wenn sie sich stets zum Nachteil einer Partei auswirken sowie die ungleichmäßige Inf. der Parteien außerhalb der mdl. Verhandlung (LAG BE 18.12.1996 LAGE § 49 ArbGG Nr. 7). Keine Ablehnungsgründe sind maßvolle und prozessneutrale Äußerungen von politischen Rechtsansichten (BVerfG 15.9.1998 NJW 1999, 132; ArbG F 11.5.1982 NJW 1984, 142) sowie die Mitgliedschaft eines ehrenamtl. Richters in der Gewerkschaft (BVerfG 16.9.1991 EzA TVG § 2 Nr. 19; BAG 14.7.1961 AP ZPO § 322 Nr. 6), selbst wenn dieser an dem TVabschluss beteiligt war und das Verfahren um die Auslegung des TVinhalts geführt wird (BAG 10.7.1996 NZA 1997, 229). Auch wissenschaftl. Äußerungen eines Richters können seine Befangenheit nur begründen, wenn diese die Ebene der sachl. Darst. verlassen (so jdf. BSG 1.3.1993 AP ArbGG 1979 § 49 Nr. 2) oder sie während der Rechtshängigkeit zum Dezernat des Richters und in Hinblick auf die mit dem Verfahren verbundene Rechtsfrage erfolgt sind; in diesem Fall bestehen aus Sicht der Partei nachvollziehbare Anhaltspunkte, dass sich die Meinungsbildung bei dem Richter weitgehend verfestigt hat.

6 **c) Selbstablehnung.** Ein Richter kann sich auch selbst ablehnen (§ 48 ZPO). Dies ist mögl., wenn *(1)* ein ges. Ausschließungsgrund vorliegt bzw. *(2)* aus anderen Verhältnissen Zweifel darüber bestehen, ob ein Richter kraft G ausgeschlossen ist oder *(3)* der Richter von einem Verhältnis Anzeige macht, das

seine Ablehnung rechtfertigen könnte. Die Selbstablehnung erfolgt idR durch eine dienstl. Äußerung, zu der die Parteien rechtl. Gehör erhalten (BVerfG 8.6.1993 AP ArbGG 1979 § 49 Nr. 3). Liegt ein Grund für eine Ausschließung zweifelsfrei vor, tritt an seine Stelle der Vertreter. Anderenfalls entscheidet die Kammer durch Beschl.

5. Verfahren. a) Entscheidung. aa) Mitwirkung. Über die Ablehnung entscheidet nach § 49 die Kammer, selbst wenn außerhalb der mdl. Verhandlung entschieden wird. § 49 I ist insoweit ggü. § 53 lex specialis. Das Rechtsschutzbedürfnis für einen Ablehnungsantrag entfällt, wenn die Instanz unter Mitwirkung des abgelehnten Richters vollständig abgeschlossen ist (BGH 18.10.2006 NJW-RR 2007, 411). Nach § 47 II ZPO kann der Termin unter Mitwirkung eines abgelehnten Richters fortgesetzt werden, wenn die Entscheidung über die Ablehnung eine Vertagung der Verhandlung erfordern würde. Wird die Ablehnung für begr. erklärt, ist der nach Anbringung des Ablehnungsgesuchs liegende Teil der Verhandlung zu wiederholen. Eine Endentsch. darf grds. erst nach Bescheidung des Ablehnungsgesuchs ergehen (BGH 21.6.2007 NJW-RR 2008, 216). Der abgelehnte Richter darf nur mitentscheiden, wenn ein ganzes Gericht als solches abgelehnt wird (großzügiger BGH 6.6.2016 – V ZA 35/15, Spruchkörper) oder das Ablehnungsgesuch offenbar grundlos ist bzw. nur der Verschleppung dient und sich damit als rechtsmissbräuchl. erweist. Dies ist der Fall, wenn der Ablehnungsgrund nicht durch nachvollziehbaren Bezug zum konkreten Rechtsstreit wenigstens ansatzweise substantiiert wird. Ist zur Bescheidung des Gesuchs ein Eingehen auf den Verfahrensgegenstand erforderl., darf der abgelehnte Richter nicht mitwirken (BVerfG 15.6.2015 – 1 BvR 1288/14 – Formalprüfung; weiter GK-ArbGG/*Schütz* Rn. 40, 48 bei einstweiligem Rechtsschutz). Entscheidet der abgelehnte Richter zu Unrecht über das gegen ihn gerichtete Gesuch, liegt hierin ein Verstoß gegen Art. 101 I 2 GG, der mit einer NZB geltend gemacht werden kann (BAG 17.3.2016 NZA 2016, 1100). Ein abgelehnter Berufsrichter wird bei der Entsch. über das Ablehnungsgesuch durch seinen geschäftsplanmäßigen Vertreter ersetzt. An der Entsch. wirken die ehrenamtl. Richter mit, die an der mdl. Verhandlung beteiligt waren. Wird das Gesuch gegen einen Berufsrichter außerhalb der mdl. Verhandlung angebracht, sind die ehrenamtl. Richter seiner Kammer aus der nächsten erreichbaren Sitzung zu beteiligen. Dabei ist es erforderl., dass den Parteien der voraussichtl. Entscheidungszeitpunkt und der Hinweis auf die Beteiligung der ehrenamtl. Richter mitgeteilt wird oder sich ihre Hinzuziehung aus der Aktenlage nachvollziehen lässt. An Stelle eines abgelehnten ehrenamtl. Richters tritt der nächste ehrenamtl. Richter der Liste, möglicherweise auch der nächst erreichbare Richter der Eil- bzw. Reserveliste. Wird das Gericht, zu dem der abgelehnte Richter gehört, durch die Ablehnung beschlussunfähig, entscheidet das übergeordnete Gericht. 7

bb) Form. Die Entsch. erfolgt durch Beschl. Den Parteien ist vorab rechtl. Gehör zu gewähren, ihnen ist insb. Gelegenheit zu geben, zur dienstl. Äußerung des Richters (zu deren Entbehrlichkeit BVerwG 23.10.2007 NVwZ-RR 2008, 140) Stellung zu nehmen. Das Ablehnungsgesuch kann im Beschl. als unzulässig verworfen, als unbegr. zurückgewiesen oder für begr. erklärt werden. Eine Kostenentsch. wird nicht getroffen. Die Entsch. ist dem abgelehnten Richter auf dem Dienstweg und den Parteien formlos zuzuleiten. Da ein Rechtsmittel gegen den Beschl. nach § 49 III nicht stattfindet, ist nur ein Hinweis nach § 9 V 2 erforderl. Der Rechtsmittelausschluss ist verfassungsrechtl. unbedenkl. (BAG 22.7.2008 NZA 2009, 453; 27.7.1998 NZA 1999, 335). Verletzungen des Anspruchs auf rechtl. Gehör bei einem Ablehnungsgesuch können mit der Rüge nach § 78a geltend gemacht werden (BAG 23.9.2008 NZA 2009, 396) und während des lfd. Verfahrens mit der Verfassungsbeschwerde angefochten werden (BVerfG 23.10.2007 NZA 2008, 1201). Eine inzidente Überprüfung der Entscheidung über ein Ablehnungsgesuch durch das BAG im Rahmen einer NZB oder der Hauptentscheidung erfolgt grds. nicht (BAG 11.10.2010 NZA 2011, 117; 20.1.2009 NZA 2009, 640); das Gericht hat aber offen gelassen, ob diese Beschränkung auch dann gilt, wenn die Zurückweisung des Ablehnungsgesuchs auf willkürl. oder manipulativen Erwägungen beruht oder wenn sie darauf hindeutet, dass das LAG Bedeutung und Tragweite der Verfassungsgarantie des Art. 101 I 2 GG grundlegend verkannt hat (BAG 23.9.2008 NZA 2009, 396). Der **Streitwert** ist derjenige der Hauptsache (OLG D 29.3.1994 AnwBl. 1994, 425). Eine Richterablehnung 1. Instanz erhöht nicht den Streitwert (LAG K 19.3.1996 AnwBl. 1996, 644). Außergerichtl. Kosten der Richterablehnung sind nicht erstattungsfähig (OLG M 16.2.1994 AnwBl. 1994, 426). 8

b) Rechtsfolgen. Ist eine Gerichtsperson nach § 41 ZPO kraft G ausgeschlossen, hat sie sich jegl. Amtshandlungen zu enthalten. Sind solche dennoch vorgenommen worden, können sie durch ihre erneute Vornahme geheilt werden. Hat der ausgeschlossene oder wirksam abgelehnte Richter an einer verfahrensbeendenden Entsch. mitgewirkt, kann hierauf die Berufung gestützt werden, die Zurückverweisung allein aus diesem Grund kommt wegen § 68 ArbGG nicht in Betracht. Hat hingegen ein ausgeschlossener Richter unzulässigerweise in der Berufungsinstanz mitgewirkt, ist der absolute Revisionsgrund nach § 547 Nr. 2 ZPO gegeben. Ist das Urt. bereits rechtskräftig, kann ein Wiederaufnahmegrund nach § 579 I Nr. 2 ZPO gegeben sein. Auch der abgelehnte Richter hat sich nach Eingang des Ablehnungsgesuchs zunächst weiterer Prozesshandlungen zu enthalten. Eine Ausnahme gilt nach § 47 ZPO nur für solche Handlungen, die keinen Aufschub gestatten. Zu diesen gehören regelm. die Ladung oder Abladung von Parteien bzw. Zeugen; in Ausnahmefällen auch die Durchführung einer 9

Beweisaufnahme, wenn das Beweismittel später nicht mehr zur Vfg. steht. Wird das Gesuch für begr. erklärt, darf der Abgelehnte weitere Prozesshandlungen in dem Verfahren nicht mehr vornehmen, anderenfalls liegt gleichfalls ein absoluter Revisions- (§ 547 Nr. 3 ZPO) oder Wiederaufnahmegrund (§ 579 I Nr. 3 ZPO) vor. Ein auf Besorgnis der Befangenheit des Richters gestütztes Ablehnungsgesuch führt nicht zu einer Unterbrechung oder Hemmung von Notfristen (BAG 28.12.1999 AP ArbGG 1979 § 49 Nr. 7).

§ 50 Zustellung

(1) [1]Die Urteile werden von Amts wegen binnen drei Wochen seit Übermittlung an die Geschäftsstelle zugestellt. [2]§ 317 Abs. 1 Satz 3 der Zivilprozeßordnung ist nicht anzuwenden.

(2) Die §§ 174, 178 Abs. 1 Nr. 2 der Zivilprozessordnung sind auf die nach § 11 zur Prozessvertretung zugelassenen Personen entsprechend anzuwenden.

1 **1. Allgemeines.** Von der Verweisung in § 46 II werden auch die Vorschr. der ZPO über die Zustellung erfasst. Die §§ 166 bis 195 ZPO sind daher grds. anwendbar, soweit nicht § 50 Besonderh. für das arbeitsgerichtl. Verfahren regelt. Die Vorschr. gilt kraft ausdr. Verweisung auch im Berufungs-, Revisions- und BeschlV (§§ 64 VII, 72 VI, 80 II). Durch das Gesetz zur Reform des Verfahrens bei Zustellungen im gerichtl. Verfahren – ZustRG – vom 25.6.2001 (BGBl. I S. 1206) sind die Zustellungsvorschriften der ZPO geänd. und neu gefasst worden. Die Neuregelung sieht erhebl. Vereinfachungen vor und kommt mit insg weniger Vorschr. aus. Dabei ist auch den neuen Übermittlungsmethoden Rechnung getragen worden (Telekopie; elektronische Dok.).

2 **2. Zustellung. a) Verfahren.** Zustellung ist die Bekanntgabe eines Schriftstücks an den Zustellungsadressaten in der ges. vorgeschriebenen Form (§ 166 I ZPO). Die Beurkundung des Vorgangs ist nicht Bestandteil der Zustellung, sondern dient nur ihrem Nachweis (§ 182 I ZPO). Durch die Zustellung wird der Zustellungsadressat in die Lage versetzt, vom Inhalt des Schriftstücks Kenntnis zu nehmen. Nach den §§ 46 II 1 ArbGG, 166 II ZPO erfolgen Zustellungen grds. vAw., soweit nichts anderes vorgeschrieben ist. Die Amtszustellung gilt für die Zustellung der Klageschrift, von Ladungen, Prozesserkl., Entsch. und Rechtsmitteln. Das Verfahren richtet sich nach den §§ 166 bis 190 ZPO. Im **Parteibetrieb** zugestellt werden *(1)* durch Beschl. erlassene Arrestbefehle und einstweilige Vfg. (§ 62 ArbGG, §§ 902 II, 936, 922 II ZPO); wird durch Urt. entschieden, bleibt es bei der Amtszustellung (§ 50 I 1) sowie *(2)* Prozessvergleiche, soweit aus ihnen die ZV erfolgen soll (§§ 794 I Nr. 1, 795, 750 I ZPO) und Urkunden (§ 794 I Nr. 5 ZPO). Für die Zustellung im Parteibetrieb gelten die §§ 191 bis 194 ZPO. Nach wie vor können Schriftsätze, auch solche, die normalerweise vAw. zuzustellen sind, von Anwalt zu Anwalt zugestellt werden; hierfür gilt § 195 ZPO. Die Zustellung wird vom Urkundsbeamten der Geschäftsstelle des Gerichts, bei dem der Prozess anhängig ist, nicht nur veranlasst, sondern auch durchgeführt (§ 168 I 1 ZPO). Dies geschieht entweder *(1)* durch Übergabe des Schriftstücks an den Zustellungsempfänger an der Amtsstelle (§ 173 ZPO), *(2)* Übersendung gegen Empfangsbekenntnis an bestimmte Personen (§ 174 ZPO) oder *(3)* Versenden als Einschreiben mit Rückschein (§ 175 ZPO). An Stelle der Übersendung gegen Empfangsbekenntnis kann an geeignete Personen auch *(4)* durch Telekopie oder elektronisches Dok. zugestellt werden (§ 174 II, III ZPO). Der Urkundsbeamte kann schließl. *(5)* die Post als Beliehene (§ 33 I PostG) oder *(6)* einen Justizbediensteten mit der Ausführung der Zustellung beauftragen (§ 168 I 2 ZPO). In den zul. genannten Fällen hat er dem Zustellungsbeauftragten das Schriftstück in einem verschlossenen Umschlag mit einer vorbereiteten Zustellungsurkunde zu übergeben (§ 176 ZPO). Der so Beauftragte hat dann nach den §§ 177 bis 181 ZPO zu verfahren (§ 176 II ZPO). Für den Auftrag an die Post ist ein dafür vorgesehener Vordruck zu verwenden (§ 168 I 3 ZPO). Die unter *(1)* bis *(6)* dargestellten Zustellungsarten stehen gleichwertig nebeneinander; der Urkundsbeamte entscheidet nach pflichtgem. Ermessen. Verspricht die Zustellung nach § 168 I ZPO keinen Erfolg kann nach dessen Abs. 2 der Vorsitzende den Gerichtsvollzieher oder eine zu ersuchende Behörde mit der Zustellung beauftragen. Das Verfahren richtet sich dann nach den §§ 176 I, II, 177 bis 181 ZPO. Der Urkundsbeamte der Geschäftsstelle hat die notwendigen Ausfertigungen und beglaubigten Abschriften zu fertigen (§ 169 II 1 ZPO).

3 **b) Zustellungsempfänger.** Die Zustellung muss an den richtigen Zustellungsempfänger erfolgen. Bei mehreren Bekl. oder Streitgenossen ist an jeden zuzustellen. Bei der einfachen Nebenintervention wird nur an die Hauptpartei zugestellt, bei nicht prozessfähigen oder jur. Personen an den ges. Vertreter (§ 170 ZPO). Kann ein Bevollmächtigter eine schriftl. Vollmacht vorlegen, ist die Zustellung an ihn mit ders. Wirkung wie an den Vertretenen mögl. (§ 171 ZPO, dazu *Hentzen* MDR 2003, 361). Hat eine Partei einen Bevollmächtigten bestellt, ist an diesen zuzustellen (§ 172 ZPO), anderenfalls ist die Zustellung unwirksam. Führt der Urkundsbeamte die Zustellung selbst durch (§§ 173 bis 175 ZPO), ist die Zustellung fehlgeschlagen, wenn sie den Adressat nicht erreicht. Findet die Zustellung durch einen Beauftragten statt, kann sie an jedem Ort erfolgen, an dem der Zustellungsempfänger angetroffen wird (§ 177 ZPO). Verweigert er die Annahme, ist das zuzustellende Schriftstück am Ort

der Zustellung zurückzulassen. Hat der Zustellungsempfänger keine Wohnung oder ist ein Geschäftslokal nicht vorhanden, ist das zuzustellende Schriftstück zurückzusenden; mit der Annahmeverweigerung gilt die Zustellung als erfolgt (§ 179 ZPO). Etwas anderes gilt nur für die Zustellung durch Einschreiben mit Rückschein; bei Verweigerung der Annahme wird das Schriftstück als unzustellbar zurückgesendet.

c) Ersatzzustellung. Sie erfolgt, wenn der Zustellungsadressat nicht angetroffen wird. Das ZustRG 4
(s. Rn. 1) vereinfacht und vereinheitlicht die Ersatzzustellung stark. Wird der Zustellungsadressat in der Wohnung, dem Geschäftsraum oder einer Gemeinschaftseinrichtung (zB Altenheim, Kaserne, Studentenwohnheim) nicht angetroffen, kann die Zustellung nach § 178 I ZPO *(1)* in der **Wohnung** entweder an erwachsene Familienangehörige, eine im Familienhaushalt beschäftigte Person oder einen erwachsenen st. Mitbewohner (§ 178 I Nr. 1 ZPO), *(2)* in **Geschäftsräumen** an eine dort beschäftigte Person (§ 178 I Nr. 2 ZPO) sowie *(3)* in **Gemeinschaftseinrichtungen** an deren Leiter oder eine dazu ermächtigte Person (§ 178 I Nr. 3 ZPO) erfolgen. Die Ersatzzustellung an diese Personen hat nur zu unterbleiben, wenn die Person an dem Rechtsstreit als Gegner des Zustellungsadressaten beteiligt ist (§ 178 II ZPO). Diese Vorschr. ist wegen einer mögl. Interessenkollision des Annehmenden weit auszulegen. Unzulässig ist daher die Ersatzzustellung an einen AN des AG, wenn das Einkommen des AN gepfändet und zur Einziehung überwiesen worden ist. Wird eine ersatzzustellfähige Person nicht angetroffen, kann in den Fällen des § 178 I Nr. 1, 2 ZPO (Wohnung, Geschäftsraum) das Schriftstück in eine gesicherte Aufbewahrungseinrichtung (Briefkasten o. ä.) gelegt werden; die Zustellung gilt mit Einlegen in das Behältnis als bewirkt (§ 180 ZPO). Wenn dies nicht mögl. ist, kann gem. § 181 ZPO eine Niederlegung bei der Post oder der Geschäftstelle des für den Ort der Zustellung örtl. zust. AG erfolgen. Gleiches gilt bei der Zustellung in Gemeinschaftsunterkünften (§ 178 I Nr. 3 ZPO). Die Ersatzzustellung durch Niederlegung ist in allen Fällen des § 180 Satz 1 ZPO mögl., sofern eine Zustellung durch Einlegen in die gesicherte Aufbewahrungseinrichtung nicht mögl. ist. Dies gilt wegen der ausdr. Bezugnahme in § 180 ZPO auch bei Gewerbetreibenden, die ein bes. Geschäftslokal haben, sofern eine Zustellung nach § 178 I Nr. 2 ZPO nicht vorgenommen werden kann.

d) Beurkundung. Über die Zustellung ist ein Nachweis zu führen. Dieser kann entweder durch 5
einen Vermerk auf dem Schriftstück bzw. in der Akte (§ 173 ZPO), ein Empfangsbekenntnis (§ 174 I 2 ZPO), einen Rückschein (§ 175 ZPO) oder durch eine Zustellungsurkunde (§ 182 I ZPO) erfolgen. Der Zustellungsurkunde kommt die bes. Beweiskraft des § 418 ZPO zu; dem Rückschein nur die einer einfachen Urkunde. Die Rspr., nach der wesentl. Fehler in der Urkunde die Zustellung als unwirksam erscheinen lassen (BAG 9.11.1978 AP BGB § 242 Ruhegehalt Nr. 179; 22.6.1972 AP ZPO § 829 Nr. 3), dürfte danach überholt sein, denn die Zustellungsurkunde ist nicht Wirksamkeitserfordernis für die Zustellung, sondern dient nur noch ihrem Nachweis.

e) Fehlerhafte Zustellung. Ist die Zustellung fehlerhaft erfolgt, kann sie mit Wirkung für die 6
Zukunft wiederholt werden. Ist dem Zustellungsadressaten das Schriftstück tatsächl. zugegangen, gilt es als in diesem Zeitpunkt zugestellt (§ 189 ZPO; dazu BAG 28.2.2008 NZA 2008, 660), selbst wenn durch die Zustellung eine Notfrist in Gang gesetzt wird (BAG 5.5.2015 NZA 2015, 1331).

f) Zustellung ins Ausland, Parteibetrieb und öffentliche Zustellung. Die Auslandszustellung 7
richtet sich nach § 183 ZPO und der VO Nr. 1348/2000 des Rates vom 29.5.2000 über die Zustellung gerichtl. und außergerichtl. Schriftstücke in Zivil- oder Handelssachen in den Mitgliedsstaaten (ABl. EG Nr. L 160 S. 37; §§ 1067 ff. ZPO). Für Zustellungen außerhalb der EU gilt § 183 ZPO nur subsidiär ggü. spezielleren int. Abk. Soweit aufgrund völkerrechtl. Vereinb. Schriftstücke unmittelbar durch die Post übersandt werden dürfen, ist nach § 1068 I ZPO eine Zustellung in einem anderen Mitgliedsstaat der EU nur durch Einschreiben mit Rückschein zulässig. Die Übermittlung mit einfacher Post genügt zur Bewirkung einer wirksamen Zustellung nicht (LAG K 24.9.2008 – 3 Sa 1484/07). Für die Zustellung im Parteibetrieb gelten die §§ 191 bis 194 ZPO. Die öffentl. Zustellung richtet sich nach den §§ 186 bis 188 ZPO; die bisher obligatorische Veröffentlichung im Bundesanzeiger ist entfallen.

3. Arbeitsrechtliche Sondervorschriften. a) Amtszustellung und Frist. In § 50 I wird der Grund- 8
satz wiederholt, dass alle Urt. vAw. zuzustellen sind (s. Rn. 2). Dies gilt für alle Verfahren und alle Instanzen und das BeschlV. Nach hM sind entgegen § 699 IV 2 ZPO auch VB vAw. zuzustellen (GMP/*Germelmann* Rn. 9; aA GK-ArbGG/*Schütz* Rn. 68). Die Zustellung hat binnen drei Wochen seit Übergabe der Urt. an die Geschäftsstelle zu erfolgen. Die Frist beginnt, wenn das Urt. in vollständiger Form abgefasst und unterschrieben der Geschäftsstelle übergeben worden ist. § 317 I 3 ZPO, wonach der Vorsitzende auf übereinstimmenden Antrag der Parteien die Zustellung verkündeter Urt. aussetzen kann, ist wegen §§ 9 I, 61a I nicht anzuwenden.

b) Gleichstellung von Verbandsvertretern. aa) Zustellungsempfänger. Gewerkschaftssekretäre 9
und Vertreter von AGVerbänden sind Rechtsanwälten gleichgestellt, soweit sie Zustellungsempfänger des Schriftstücks sind. § 50 II verweist nicht auf § 195 ZPO, weshalb der Verbandsvertreter nicht von Anwalt zu Anwalt aktiv zustellen kann. Zustellungen an einen Verbandsvertreter sind hingegen durch Empfangsbekenntnis, Telekopie oder als elektronisches Dok. (§ 174 ZPO) zulässig; die Aushändigung

kann auch an eine bei dem Verband beschäftigte Person erfolgen (§ 178 I Nr. 2 ZPO). Das Empfangsbekenntnis muss dagegen stets von einer postulationsfähigen Person unterschrieben werden (BAG 27.5.1971 AP ZPO § 212a Nr. 4; LAG HM 10.7.1991 AuR 1992, 61; zum Stationsreferendar BAG 3.10.1975 AP ZPO § 212a Nr. 5). Eine vereinfachte Zustellung ist nicht mögl., wenn der Gewerkschaftssekretär einen nicht organisierten AN vertreten hat (BAG 16.5.1975 AP ArbGG 1953 § 11 Nr. 35). Die Gleichstellung nach § 174 ZPO erfasst auch das BeschlV (BAG 17.2.1983 AP ZPO § 212a Nr. 6).

10 **bb) Empfangsbekenntnis.** Die Zustellung nach § 174 ZPO setzt voraus, dass *(1)* das zuzustellende Schriftstück in den Gewahrsam einer Person kommt, *(2)* der Zustellungsempfänger den Willen hat, das zuzustellende Schriftstück entgegenzunehmen und *(3)* ein Empfangsbekenntnis ausstellt (BAG 2.12.1994 NZA 1995, 287). Der Zustellungsempfänger kann das Empfangsbekenntnis in beliebiger Form ausstellen (BAG 27.5.1971 AP ZPO § 212a Nr. 4). Die Zustellung gegen Empfangsbekenntnis ist zu dem Zeitpunkt als bewirkt anzusehen, in dem der Anwalt durch Datierung und Unterschrift seinen entspr. Willen zur Entgegennahme bekundet hat (LAG K 9.6.1995 NZA-RR 1996, 148), der Eingang in seiner Kanzlei ist nicht entscheidend. Der Gegenbeweis unrichtiger Datierung ist unbeschränkt zulässig (BAG 30.5.1974 AP ArbGG 1953 § 92 Nr. 14; LAG K 27.2.1987 MDR 1987, 699). Ergibt das Empfangsbekenntnis berechtigte Zweifel an der Richtigkeit des vermerkten Zustellungsdatums, trägt der Anwalt die volle Darlegungs- und Beweislast dafür, dass er unverschuldet erst erhebl. Zeit nach Eingang des Urt. in der Kanzlei positive Kenntnis von der Zustellung erlangt hat.

§ 51 Persönliches Erscheinen der Parteien

(1) [1]**Der Vorsitzende kann das persönliche Erscheinen der Parteien in jeder Lage des Rechtsstreits anordnen.** [2]**Im übrigen finden die Vorschriften des § 141 Abs. 2 und 3 der Zivilprozeßordnung entsprechende Anwendung.**

(2) [1]**Der Vorsitzende kann die Zulassung eines Prozeßbevollmächtigten ablehnen, wenn die Partei trotz Anordnung ihres persönlichen Erscheinens unbegründet ausgeblieben ist und hierdurch der Zweck der Anordnung vereitelt wird.** [2]**§ 141 Abs. 3 Satz 2 und 3 der Zivilprozeßordnung findet entsprechende Anwendung.**

1 **1. Allgemeines.** Die Vorschr. will die Anwesenheit der Parteien vor Gericht sicherstellen, soweit dies dem Gericht für den Verfahrensverlauf als zweckmäßig erscheint. § 51 stellt für das arbeitsgerichtl. Verfahren eine Sonderregelung dar, die zur Nichtanwendbarkeit der §§ 141 I, 278 III 1 ZPO führt, da diese für die Anordnung des persönl. Erscheinens im Güteversuch und der mdl. Verhandlung abw. Regelungen enthalten. Dies gilt zunächst für die Zust. Im arbeitsgerichtl. Verfahren werden Maßnahmen nach § 51 stets vom Vors. allein angeordnet, während sie im Zivilprozess vom Gericht getroffen werden. Daneben ist die Anordnung nach den §§ 141 I 1, 278 III 1 ZPO eine gebundene Ermessensentscheidung, § 51 hingegen belässt dem Vors. einen größeren Entscheidungsspielraum. Schließl. kann das persönl. Erscheinen der Parteien vor dem ArbG und LAG zur mdl. Verhandlung mit dem Ziel der Herbeiführung einer gütl. Streitbeilegung angeordnet werden, während es nach § 141 I 1 ZPO nur zur Sachverhaltsaufklärung zulässig ist. § 51 gilt im UrtV und BeschlV vor dem ArbG und LAG (zu Einschränkungen Rn. 13 sowie § 80 Rn. 3). Vor dem BAG kann das persönl. Erscheinen nur unter den Voraussetzungen des § 141 ZPO angeordnet werden, da § 51 nicht von der Bezugnahme in § 72 VI erfasst ist. Über die Verweisung in §§ 72 V, 92 II ArbGG, 555 ZPO gilt § 141 I 1 ZPO auch vor dem BAG, jedoch erfolgt in dritter Instanz eine Sachverhaltsaufklärung nur im Ausnahmefall.

2 **2. Anordnung des persönlichen Erscheinens. a) Partei.** Die Anordnung des persönl. Erscheinens der Parteien steht im Ermessen des Vors. (s. Rn. 5), der das Erscheinen auch nur einer der beider Parteien anordnen kann. Wer Partei ist, richtet sich nach § 50 ZPO bzw. § 10. Partei ist auch der Streithelfer einer Hauptpartei (§ 69 ZPO), dagegen nicht der Nebenintervenient (§ 66 ZPO). Ist die Partei geschäftsunfähig oder eine jur. Person, ist das Erscheinen ihres ges. Vertreters anzuordnen (BGH 30.3.2017 ZIP 2017, 1183). Wer ges. Vertreter ist, bestimmt sich nach materiellem Recht. Die zum Erscheinen verpflichtete Person muss namentl. benannt werden, bei einer jur. Person ist das jeweilige Mitglied des Vertretungsorgans zu bezeichnen (LAG HM 25.1.1999 MDR 1999, 825; LAG D 6.1.1995 MDR 1996, 98).

3 **b) Anordnung. aa) Begründung.** Die Entsch. über die Anordnung des persönl. Erscheinens erfolgt außerhalb der mdl. Verhandlung durch prozessleitende Vfg., ansonsten durch Beschl. Eine Begr. ist nicht vorgesehen, auch wird überw. die Angabe des Anordnungszwecks nicht als notwendig, sondern nur als zweckmäßig angesehen (LAG N 25.11.1988 LAGE § 141 ZPO Nr. 6; GK-ArbGG/*Schütz* Rn. 12; GMP/*Germelmann* Rn. 11). Dem ist nicht zuzustimmen, die Angabe des Anordnungszwecks ist wegen des Gebots des fairen Verfahrens Wirksamkeitsvoraussetzung für die Ladung einer Partei nach § 51 (ebenso LAG BB 23.5.2000 NZA 2001, 173; LAG HM 22.12.1994 LAGE § 51 ArbGG 1979 Nr. 5). Die Pflicht zum Erscheinen besteht für die Partei nur unter den in § 51 genannten Voraus-

setzungen. Die fehlende Angabe des Anordnungsgrunds nimmt ihr die Möglichkeit, vor dem Termin auf die sie belastende Maßnahme angemessen zu reagieren, insb. eine Befreiung zu erwirken oder für eine sachgerechte Vertretung zu sorgen. Soll der Sachverhalt aufgeklärt werden, ist das Gericht nicht zur Angabe einer genau bezeichneten Tatsache verpflichtet (aA *Tschöpe/Fleddermann* NZA 2000, 1270 f.), da sich der Klärungsbedarf oftmals erst aus dem Verhandlungsverlauf ergibt, insb. bei einer Erörterung des Streitverhältnisses in der Güteverhandlung. Die Auskunftspflicht wird nur begrenzt durch den Streitgegenstand zum Zeitpunkt der Anordnung.

bb) Form. Die Anordnung muss unterschrieben sein, eine Paraphe ist nicht ausreichend (LAG HM 11.3.1982 EzA ZPO § 141 Nr. 2). Von der Unterzeichnung muss auch der Anordnungszweck umfasst sein. Ist das persönl. Erscheinen einer Partei angeordnet, ist diese vAw. durch die Geschäftsstelle zu laden. Die Ladung ist der Partei selbst formlos mitzuteilen (§ 141 II 2 ZPO), auch wenn sie einen PV bestellt hat. Ihre Zustellung kann aber zweckmäßig sein, da der Zugang der Ladung ggf. für die Verhängung von Ordnungsmaßnahmen bedeutsam werden kann (s. Rn. 8). In der Ladung ist die Partei auf die Folgen ihres Ausbleibens hinzuweisen (§ 141 III 3 ZPO). Erfolgt die Anordnung zur Sachverhaltsaufklärung, soll in der Landung bes. darauf hingewiesen werden, dass ein Bevollmächtigter, der zwar auskunftsbereit, aber zur Aufklärung des Sachverhalts nicht in der Lage ist, ausgeschlossen werden kann (LAG HM 29.11.1990 DB 1991, 1684). Einem Mitglied des Vertretungsorgans einer jur. Person muss die Ladung zu seinem persönl. Erscheinen zu einem Gerichtstermin und ein wegen seines Nichterscheinens erlassener Ordnungsgeldbeschluss an seinem privaten Wohnsitz oder persönl. an seinem Dienstsitz zugestellt werden (LAG HE 6.10.2006 NZA-RR 2007, 266 – keine Ersatzzustellung nach § 178 I Nr. 2 ZPO). Die PV beider Parteien sind von der Anordnung des persönl. Erscheinens und der Ladung zu unterrichten. 4

c) Ermessen. aa) Gebundenes Ermessen. § 51 stellt die Anordnung des persönl. Erscheinens in das Ermessen des Vors. (dazu GK-ArbGG/*Schütz* Rn. 11 f.; *Löw* MDR 2008, 180). Abzuwägen sind bei der Entsch. stets die Vorteile, die sich für die Beschleunigung des Verfahrens aus der Anwesenheit der Partei ergeben und die Belastungen, die ihr durch die Terminswahrnehmung entstehen (zB Zeitaufwand, Reisekosten). Maßnahmen nach § 51 sind unzulässig, wenn sie nur der Disziplinierung der Partei oder ihres Bevollmächtigten dienen oder zur Förderung des Verfahrensabschlusses nicht geeignet sind. Dies ist der Fall, wenn entweder im Zeitpunkt der Anordnung oder später ersichtl. ist, dass der mit ihr verfolgte Zweck nicht erreicht werden kann. Von der Anordnung zur Sachverhaltsaufklärung ist bspw. abzusehen, wenn nur Rechtsfragen zu entscheiden sind, der Sachverhalt unstreitig ist oder die Partei eindeutig erklärt hat, sie wolle ihr bisheriges Vorbringen nicht ergänzen bzw. sich nicht weiter einlassen. Das persönl. Erscheinen und die Beschränkung der Zulässigkeit der Entsendung von Vertretern dient nicht der Erzwingung eines Vergleichs. Zur Herbeiführung einer gütl. Einigung kann das Erscheinen nicht angeordnet werden, wenn die Partei eindeutig erklärt hat, nicht zu einem Vergleichsabschluss bereit zu sein. Der Abschluss eines Vergleichs darf durch eine Anordnung nach § 51 nicht erzwungen oder gefördert werden (BAG 1.10.2014 NZA 2014, 1421; aA *J. Griebeling* NJW 2008, 253), selbst wenn der Vergleich aus Sicht des Gerichts für die Partei vorteilhaft ist (dazu auch Rn. 10). Fehlt es an einer Erkl. über die fehlende Bereitschaft zum Vergleichsabschluss, ist die Partei verpflichtet, einen Vertreter zu entsenden, der über das Verfahren wie sie selber disponieren kann. 5

bb) Verhältnismäßigkeit. Selbst wenn die Anwesenheit einer Partei der Verfahrensförderung dient, kann eine entspr. Anordnung dennoch ermessensfehlerhaft sein, wenn das Ziel auch durch gleich geeignete, aber die Partei weniger belastende Maßnahmen erreicht werden kann. Dies kann etwa ein schriftl. begr. Vergleichsvorschlag des Gerichts sein, ein Hinweis- und Aufklärungsbeschl. zu einzelnen Tatsachen oder die Befragung der Partei im Wege der Rechtshilfe (§ 13). Zwar wird in § 51 nicht auf § 141 I 2 ZPO verwiesen, jedoch sind die dort genannten Gründe für ein Absehen von einer Anordnung zum persönl. Erscheinen (große Entfernung, sonstige wichtigen Gründe) auch iRd. Ermessensausübung bei Maßnahmen nach § 51 zu berücksichtigen. 6

d) Entschuldigung. Die zum Erscheinen verpflichtete Partei kann sich vor dem Termin entschuldigen, wenn sie durch Krankheit iSe. Verhandlungsunfähigkeit, Urlaub, Ortsabwesenheit oder anderer dringender Geschäfte am Erscheinen verhindert ist (dazu *Löw* MDR 2008, 180). Zur Entsendung eines Vertreters Rn. 9 f. Maßnahmen wegen des Ausbleibens sind auch dann unzulässig, wenn das Ausbleiben der Partei rechtzeitig und genügend entschuldigt ist, § 381 I ZPO ist insoweit entspr. heranzuziehen. Eine Verhinderung muss danach dem Gericht unverzügl. (dh. ohne schuldhaftes Zögern) mitgeteilt werden, damit ggf. über eine Terminsverlegung entschieden werden kann (LAG K 15.3.1996 AuR 1996, 459). Erfolgt die Mitteilung nicht rechtzeitig, ist von Ordnungsmaßnahmen nur dann abzusehen, wenn die Partei glaubhaft macht, dass sie an der verspäteten Entschuldigung kein Verschulden trifft (§ 381 I 2 ZPO). 7

Unzureichend ist eine nachträgl. Entschuldigung, wenn der Termin vergessen wurde (LAG D 1.3.1993 LAGE ArbGG 1979 § 51 Nr. 4) oder die Partei ihr Ausbleiben damit erklärt, dass ihr eine Angestellte ihres Bevollmächtigten erklärt habe, sie brauche zum Termin nicht zu erscheinen (LAG HE 17.7.1986 NZA 1987, 284). Gleiches gilt, wenn sie diese Auskunft von ihrem Bevollmächtigten erhalten hat, da sich die Partei entweder über § 85 II ZPO ein Vertreterverschulden zurechnen lassen 8 muss (so LAG RP 19.4.1985 LAGE ArbGG 1979 § 51 Nr. 2; dagegen LAG K 27.7.1987 LAGE § 141 ZPO Nr. 5; GK-ArbGG/*Schütz* Rn. 36 – strafähnl. Charakter steht Zurechnung entgegen) oder ein individuelles Fehlverhalten vorliegt. Aufgrund der mit der Ladung verbundenen Belehrung darf die Partei regelm. nicht auf die Auskunft des Bevollmächtigten vertrauen, sondern muss eine Entbindung durch das Gericht erwirken (ähnl. LAG HE 30.11.1995 LAGE § 141 ZPO Nr. 7; LAG K 14.11.1994 NZA 1995, 864). Der Vorsitzende hat über die Entschuldigung nach pflichtgem. Ermessen zu entscheiden. Erfolgt sie erst nach dem Termin, sind etwaige Ordnungsmaßnahmen wieder aufzuheben, wenn die Entschuldigung als ausreichend anzusehen ist (§ 381 I 3 ZPO). Kein Ordnungsgeld darf auch verhängt werden, wenn der Zugang des Ladungsschreibens von der Partei bestr. wird und ihr Gegenteiliges nicht nachgewiesen werden kann; eine bes. Glaubhaftmachung darf von der Partei nicht verlangt werden (GK-ArbGG/*Schütz* Rn. 22; aA wohl GMP/*Germelmann* Rn. 17).

9 **e) Vertreter. aa) Sachverhaltsaufklärung.** Das Ausbleiben einer Partei bleibt auch folgenlos, wenn sie zur Verhandlung einen Vertreter entsendet, der zur Aufklärung des Sachverhalts in der Lage und zur Abgabe der gebotenen Erkl., insb. zu einem Vergleichsabschluss ermächtigt ist (§ 51 I iVm. § 141 III 2 ZPO). Der Vertreter muss über die Einzelheiten des Sachverhalts informiert und in der Lage sein, entspr. Fragen des Gerichts zu beantworten. Er verfügt über einen ausreichenden Kenntnisstand, wenn auch die persönl. geladene Partei zu einer besseren Auskunftserteilung nicht in der Lage wäre (LAG N 25.11.1988 LAGE § 141 ZPO Nr. 6). Eine unmittelbare Sachkenntnis ist nicht notwendig. Damit kann auch der PV nach einer entspr. Erkl. selbst Vertreter iSv. § 141 ZPO sein, insb. wenn er bereits vorprozessual mit der Sache befasst war. Ansonsten wird aber regelm. seine einfache Unterrichtung durch die Partei ebenso wenig für die Herstellung eines vergleichbaren Kenntnisstands genügen, wie eine Lektüre der bisherigen Schriftsätze (LAG RP 19.4.1985 LAGE § 51 ArbGG 1979 Nr. 2; enger LAG HM 28.10.1971 MDR 1972, 362; zum Streitstand *Tschöpe/Fleddermann* NZA 2000, 1271).

10 **bb) Vergleichsschluss.** Ob die Ermächtigung zum Vergleichsabschluss die Vollmacht umfassen muss, einen Vergleich unwiderrufl. abzuschließen, ist umstr. Nach der hier vertretenen Auff. (s. Rn. 5) kann die Herbeiführung eines Vergleichs durch das Gericht nicht erzwungen werden, weshalb Ordnungsmittel, die auf der Unwilligkeit oder fehlenden Bereitschaft zum Vergleichsschluss einer Partei oder ihres Vertreters beruhen, stets unzulässig sind. Eine Partei, die trotz des Hinweises in der Ladung auf den Vergleichsschluss keinen entspr. bevollmächtigten Vertreter entsendet, kann damit zum Ausdruck bringen, dass sie keinen Vergleich abschl. will. Folgt man dem nicht, so wird tw. vertreten, dass eine Vollmacht zu einem nur widerrufl. Vergleichsschluss wegen der nicht sichergestellten Verfahrenserledigung nicht ausreicht bzw. entscheidend ist, ob die Partei im Fall ihrer Anwesenheit einen unwiderrufl. Vergleich abgeschlossen hätte (LAG BB 23.5.2000 NZA 2001, 173; LAG N 25.11.1988 LAGE § 141 ZPO Nr. 6), während die Gegenansicht stets auch einen Abschluss unter Widerruf für ausreichend hält. Die Vollmacht zum Vergleichsschluss muss nicht vorgelegt werden.

11 **3. Rechtsfolgen des Ausbleibens. a) Ordnungsmaßnahmen.** Das Gericht kann bei Ausbleiben der Partei Ordnungsmaßnahmen ergreifen. In Betracht kommt die Verhängung eines Ordnungsgeldes oder die Zurückweisung des PV der Partei. Nach hM können beide Maßnahmen kumulativ und unabhängig voneinander ergriffen werden (LAG SH 24.11.2003 NZA-RR 2004, 153; GMP/*Germelmann* Rn. 26; GK-ArbGG/*Schütz* Rn. 34). Voraussetzung ist die *(1)* ordnungsgem. Anordnung nach § 51 durch den Vors. (s. Rn. 3, 5 f.) sowie *(2)* Ladung der Partei (s. Rn. 2, 4), *(3)* ihre fehlende bzw. unzureichende Entschuldigung (s. Rn. 7 f.) und *(4)* Entsendung eines ungeeigneten Vertreters (s. Rn. 9 f.). Ordnungsmaßnahmen dürfen aber nur ergriffen werden, wenn *(5)* durch das Ausbleiben der Partei der mit der Anordnung ihres Erscheinens verbundene Zweck vereitelt wird (s. § 51 II). Die Verhängung eines Ordnungsgeldes kommt hingegen bereits unter den unter *(1)* bis *(4)* genannten Voraussetzungen in Betracht, da die Vereitelung des Anordnungszwecks in § 141 II, III ZPO nicht genannt ist (LAG BW 3.8.1987 NZA 1987, 827; s. Rn. 12).

12 **b) Ordnungsgeld.** Bleibt eine Partei im Termin aus, kann gegen sie Ordnungsgeld wie gegen einen im Verhandlungstermin nicht erschienenen Zeugen festgesetzt werden (§ 51 I 2, § 141 III ZPO). Das Ordnungsgeld beträgt zwischen 5 bis 1000 Euro (§ 6 I EGStGB). Das Verschulden des ges. Vertreters wird der Partei zugerechnet (§ 51 II ZPO). Das Ordnungsgeld gegen eine jur. Person wird gegen diese festgesetzt (BGH 30.3.2017 ZIP 2017, 1183; aA LAG K 13.2.2008 NZA-RR 2008, 491). Unzulässig, da in § 141 III ZPO nicht vorgesehen, ist die Verhängung von Ordnungshaft, Auferlegung der Kosten des Termins (LAG BE 17.11.1977 AP ZPO § 141 Nr. 2) oder der Vorführung der Partei. Zul. ist die Auferlegung einer Verzögerungsgebühr (§ 38 GKG). Ein Ordnungsgeldbeschl. darf nur erfolgen, wenn das unentschuldigte Ausbleiben der Partei die Sachaufklärung erschwert und dadurch der Prozess verzögert wird (BAG 1.10.2014 NZA 2014, 1421). Er ist unzulässig, wenn die Sachverhaltsaufklärung im Termin auf andere Weise erfolgt, das Verfahren beendet wird oder entscheidungsreif ist. Zweck des § 141 ZPO ist nicht die Sicherung der gerichtl. Autorität oder die Förderung eines Vergleichs (BGH 22.6.2011 NJW-RR 2011, 1363). Er soll Erzwingungsmaßnahmen ermögl., durch die eine Partei veranlasst werden soll, in der ihr zumutbaren Weise zur Förderung des Prozesses beizutragen (BAG 20.8.2007 NZA 2008, 1151; LAG RP 27.4.2007 DB 2007, 2724).

c) **Zurückweisung eines Prozessbevollmächtigten.** Der Vorsitzende kann nach § 51 II 1 neben der Verhängung des Ordnungsgelds bei unentschuldigtem Ausbleiben einer Partei die Zulassung eines PV ablehnen, wenn die in Rn. 11 unter *(1)* bis *(4)* genannten Voraussetzungen vorliegen und *(e)* hierdurch der Zweck der Anordnung vereitelt wird. Hiervon ist auszugehen, wenn der PV zur Aufklärung des Sachverhalts nicht in der Lage ist, die unentschuldigt ferngebliebene Partei jedoch zur Aufklärung des Sachverhalts hätte beitragen können (LAG K 12.11.1997 LAGE § 513 ZPO Nr. 14); zum Vergleichsschluss Rn. 10. Die Vorschr. findet nur vor dem ArbG und nicht vor dem LAG Anwendung, da hier Vertretungszwang für die Parteien besteht. Der Ausschluss gilt nur für den einzelnen Termin; er kann jedoch bei Vorliegen der Voraussetzungen des § 51 II 1 in einem späteren Termin erneut erfolgen. Der Ausschluss des PV ist auch im Gütetermin zulässig (GMP/*Germelmann* Rn. 28 – „wenig sinnvoll"; GK-ArbGG/*Schütz* Rn. 30). Wird die Zulassung abgelehnt und ist auch für die Partei kein anderer Vertreter zugegen, ist die Partei säumig, jedoch kann wegen § 335 I Nr. 5 ZPO kein VU ergehen. 13

d) **Gerichtliche Entscheidung.** Die Verhängung der nach § 51 mögl. Ordnungsmaßnahmen steht im Ermessen des Gerichts („kann"). Vor der Entsch. ist zunächst der belasteten Partei bzw. dem anwesenden PV rechtl. Gehör zu gewähren. Aus diesem Grund wird auf ein Ordnungsgeld regelm. nicht bereits in der mdl. Verhandlung erkannt werden können. Die Entscheidungen über die Zurückweisung und das Ordnungsgeld ergehen durch Beschl.; zuständig ist stets der Vorsitzende (§ 53 I), selbst wenn die Verhängung des Ordnungsgelds noch in der mdl. Verhandlung erfolgt (GK-ArbGG/*Schütz* Rn. 34a; aA LAG SH 16.1.2003 NZA-RR 2003, 215; LAG BE 4.8.1993 MDR 1993, 1007; GMP/*Germelmann* Rn. 24 – Kammer). Das Gericht muss sowohl bei der Zurückweisung des PV wie auch bei der Verhängung des Ordnungsgelds die negativen Folgen des Ausbleibens der Partei positiv feststellen können. Die Entsch. muss daher erkennen lassen, auf welche Weise die Partei die Förderungspflicht verletzt hat (LAG BE 24.1.2002 LAGE 51 ArbGG 1979 Nr. 8). Dies ist insb. probl. bei einem Vertreter, der sich weigert, einen Vergleich abzuschließen, da hieraus nicht ohne weiteres entnommen werden kann, dass ihm die Abschlussvollmacht gefehlt hat. Bei der Bestimmung der Höhe des Ordnungsgelds sind schließl. die finanziellen Verhältnisse der Partei zu berücksichtigen (LAG D 1.3.1993 LAGE § 51 ArbGG 1979 Nr. 4). 14

4. Rechtsbehelfe und -mittel. Gegen die Anordnung des persönl. Erscheinens ist ein Rechtsbehelf nicht gegeben. Die Partei kann sich allerdings entschuldigen. Gegen die Verhängung eines Ordnungsgelds sowie die Auferlegung einer Verzögerungsgebühr ist die sof. Beschwerde gegeben (§ 380 III ZPO, § 38 GKG). Der Beschl. ist der säumigen Partei selbst zuzustellen (LAG K 13.2.2008 NZA-RR 2008, 491); ansonsten beginnt der Fristlauf für die sof. Beschwerde nicht. Gegen den Beschl., mit dem ein PV zurückgewiesen wird, ist ein Rechtsmittel nicht gegeben (LAG HM 4.10.1984 MDR 1985, 435). Es kann ledigl. in der Hauptsache mit den zulässigen Rechtsbehelfen gerügt werden, ein Fall der Säumnis habe nicht vorgelegen. Die Kosten der erfolgreichen Beschwerde gegen eine gerichtl. Anordnung nach § 51 gehen zulasten der letztl. kostenpflichtigen Partei (BAG 20.8.2007 NZA 2008, 1151). 15

§ 52 Öffentlichkeit

[1] Die Verhandlungen vor dem erkennenden Gericht einschließlich der Beweisaufnahme und der Verkündung der Entscheidung ist öffentlich. [2] Das Arbeitsgericht kann die Öffentlichkeit für die Verhandlung oder für einen Teil der Verhandlung ausschließen, wenn durch die Öffentlichkeit eine Gefährdung der öffentlichen Ordnung, insbesondere der Staatssicherheit, oder eine Gefährdung der Sittlichkeit zu besorgen ist oder wenn eine Partei den Ausschluß der Öffentlichkeit beantragt, weil Betriebs-, Geschäfts- oder Erfindungsgeheimnisse zum Gegenstand der Verhandlung oder der Beweisaufnahme gemacht werden; außerdem ist § 171b des Gerichtsverfassungsgesetzes entsprechend anzuwenden. [3] Im Güteverfahren kann es die Öffentlichkeit auch aus Zweckmäßigkeitsgründen ausschließen. [4] § 169 Satz 2 sowie die §§ 173 bis 175 des Gerichtsverfassungsgesetzes sind entsprechend anzuwenden.

1. Allgemeines. Vor den ArbG gilt wie bei den Gerichten aller anderen Gerichtszweige der Grundsatz der Öffentlichkeit (§§ 169 ff. GVG). Durch ihn soll ein rechtsstaatl. Verfahren gewährleistet und das Vertrauen der Bevölkerung in die Rspr. gestärkt werden. In § 52 sind eine Reihe von Ausnahmen enthalten, die zum Teil auf Zweckmäßigkeitserwägungen insb. bei der Durchführung eines Güteverfahrens beruhen. In der Praxis wird von dem Ausschluss kaum Gebrauch gemacht. **Ton- und Fernseh-Rundfunk-Aufnahmen:** Nach § 52 Satz 4 iVm. § 169 S. 2 GVG sind Ton- und Fernsehaufnahmen sowie Ton- und Filmaufnahmen unzulässig, soweit sie zum Zwecke der öffentl. Vorführung oder Veröffentlichung ihres Inhalts vorgenommen werden. Zul. sind Aufnahmen außerhalb der mdl. Verhandlung, also vor Beginn und nach Beendigung der Verhandlung sowie in den Verhandlungspausen (BVerfG 3.4.2009 NJW 2009, 2117; 19.12.2007 NJW 2008, 977). Zum Schutz des Persönlichkeitsrechts ist eine Erlaubnis der Behördenleitung, nicht aber der im Gerichtssaal Anwesenden erforderl. (zum Persönlichkeitsrecht der Gerichtspersonen BVerfG 21.7.2001 NJW 2001, 2890). Zul. sind auch hand- 1 schriftl. Aufzeichnungen zum Zwecke der Berichterstattung durch die Presse, die Benutzung von Laptops und Notebooks kann untersagt werden (BVerfG 3.12.2008 NJW 2009, 352). Nach dem am 22.6.2017 vom BT verabschiedeten Entwurf eines Gesetzes zur Erweiterung der Medienöffentlichkeit in Gerichtsverfahren und zur Verbesserung von Kommunikationshilfen für Menschen mit Sprach- und Hörbehinderungen (BT-Drs. 18/10144) soll das Verbot von Ton- und Fernsehaufnahmen für die OGB zukünftig des Bundes gelockert werden (§ 169 II GVG – neu).

2 **2. Grundsatz der Öffentlichkeit. a) Öffentlichkeit. aa) Begriff.** Die Verhandlung, die Verkündung der Entsch. sowie eine vorherige Beweisaufnahme sind öffentl. (§ 52 Satz 1); dies gilt nicht, wenn diese im Wege der Rechtshilfe vor dem beauftragten oder ersuchten Richter erfolgt (BAG 22.9.2016 NZA 2016, 1356). Öffentlichkeit bedeutet, dass beliebige Zuhörer die Möglichkeit des Zutritts haben. Hiervon zu unterscheiden ist die Parteiöffentlichkeit, dh. die Frage, in welchem Umf. die am Verfahren Beteiligten an der Verhandlung oder Verkündung teilnehmen können. Sie ist für das zivil- und arbeitsgerichtl. Verfahren in den Vorschr. der §§ 128, 357 ZPO geregelt (BAG 25.2.1983 – 2 AZR 324/81). Voraussetzung für eine öffentl. Verhandlung iSd. §§ 169 ff. GVG ist, dass der Verhandlungstermin bekannt gemacht wird. Ausreichend ist ein Terminsaushang an einer frei zugängl. Stelle im Gericht. Das Gerichtsgebäude selbst muss ungehindert zugängl. sein. Unschädl. ist jedoch, wenn sich die Zuhörer durch eine Klingel Einlass verschaffen müssen (BAG 19.2.2008 NZA 2008, 848; BVerwG 23.11.1989 NJW 1990, 1249). Daneben ist das Gericht verpflichtet, auf Anfrage über die auf dem Terminsaushang enthaltenen Angaben Auskunft zu erteilen.

3 **bb) Beschränkungen.** Die Vorschr. über die Öffentlichkeit der Verhandlung sind nur verletzt, wenn die Ausschließung oder Beschränkung der Öffentlichkeit entweder auf einer Anordnung des Gerichts beruht oder wenn eine tatsächl. eingetretene Beschränkung des Zugangs zum Sitzungssaal vom Gericht nicht sofort beseitigt wird, obwohl es die Beschränkung bemerkt hat oder bei Anwendung der gebotenen Aufmerksamkeit jdf. hätte bemerken müssen (BAG 12.4.1973 AP BGB § 611 Direktionsrecht Nr. 24). Eine versehentl. und dem Gericht unbekannt gebliebene Behinderung ist danach unschädl., zB wenn die Tür ins Schloss gefallen ist, dies aber nicht bemerkt wird (BVerwG 18.1.1984 NJW 1985, 448). Kein Verstoß gegen die Öffentlichkeit ist gegeben, wenn wegen großen Andrangs Platzkarten ausgegeben werden. Aber auch insoweit darf der Zugang nicht auf einzelne Gruppen beschränkt werden, darüber hinaus sollten Vertreter der Medien zugelassen werden. Kein Verstoß gegen das Gebot der Öffentlichkeit liegt schließl. vor, wenn der Vorsitzende einen von einer Partei benannten anwesenden Zeugen, über dessen Vernehmung noch zu entscheiden ist, unmittelbar nach Eröffnung der Verhandlung veranlasst oder auffordert, den Sitzungssaal bis zur Zeugenvernehmung zu verlassen (BAG 21.1.1988 NZA 1988, 706).

4 **b) Einzelne Verfahrensabschnitte.** Der Grundsatz der Öffentlichkeit betrifft die Verhandlung, die Beweisaufnahme (auch wenn sie außerhalb des Gerichtsgebäudes durchgeführt wird) und die Verkündung der Entscheidung. Die Verhandlung beginnt mit dem Aufruf der Sache (§ 220 I ZPO) und endet mit ihrer Schließung (§ 136 IV ZPO). Nichtöffentl. ist dagegen die Verhandlung vor dem Güterichter (§ 54 Rn. 11) und die Beweisaufnahme vor dem beauftragten oder ersuchten Richter (§ 13). Die Verkündung der Entsch. ist öffentl., selbst wenn das Gericht eine Entsch. im schriftl. Verfahren verkündet. Nur ausnahmsweise kann nach § 173 II GVG unter den Voraussetzungen der §§ 171b, 172 GVG auch die Verkündung der Urteilsgründe oder eines Teils der Gründe nichtöffentl. erfolgen (§ 52 Satz 4, § 173 GVG). War die Öffentlichkeit zuvor ausgeschlossen, bedarf es wegen § 173 I GVG keines bes. Beschl. über ihre Wiederherstellung. Da das Gebot der Öffentlichkeit nur die Möglichkeit der Anwesenheit von beliebigen Zuhörern verlangt, ist es unschädl., wenn die Parteien von einem anberaumten oder vorverlegten Verkündungstermin erst so spät erfahren, dass sie hieran nicht mehr teilnehmen können (BAG 25.2.1983 – 2 AZR 324/81). Im Protokoll ist festzuhalten, dass öffentl. verhandelt worden ist (§ 160 I Nr. 5 ZPO). Will die Partei geltend machen, dass gegen das Öffentlichkeitsgebot verstoßen worden ist, muss sie die Beweiskraft einer etwaigen gegenteiligen Feststellung im Protokoll entkräften (s. § 165 I ZPO, BAG 13.11.2007 NZA 2008, 248). Nach § 160a I ZPO kann der Inhalt des Protokolls auf Ton- oder Datenträger vorl. aufgezeichnet werden.

5 **3. Ausschluss der Öffentlichkeit.** In § 52 S. 2 und 3 sind fünf Fälle des Ausschlusses der Öffentlichkeit enthalten. Der Ausschluss kann sich auf Teile wie auch auf die ganze Verhandlung beziehen. Das Gericht hat vAw. zu entscheiden, ob der Ausschluss wegen Gefährdung der öffentl. Ordnung oder Sittlichkeit, des Persönlichkeitsschutzes oder aus Zweckmäßigkeitsgründen vorgenommen werden soll. Bei seiner Entsch. hat das Gericht die Interessen der Öffentlichkeit an der Transparenz der Verhandlung und das jeweils durch die Vorschr. geschützte Rechtsgut gegeneinander abzuwägen. Soweit der Ausschluss der Öffentlichkeit von einem Antrag eines Betroffenen abhängig ist, kann dieser jederzeit zurückgenommen werden; die Öffentlichkeit ist dann unverzügl. wieder herzustellen. Die unter Ausschluss der Öffentlichkeit vorgenommenen Prozesshandlungen brauchen nicht wiederholt zu werden, da die Rücknahme nur ex nunc wirkt. **Gefährdung der öffentlichen Ordnung:** Die Öffentlichkeit kann ausgeschlossen werden, wenn durch die Öffentlichkeit eine Gefährdung der öffentl. Ordnung, insb. der Staatssicherheit, oder der öffentl. Sicherheit zu erwarten ist. Die öffentl. Ordnung ist

gefährdet, wenn außerhalb des Gerichtssaals in der Bevölkerung oder den am Arbeitsleben Beteiligten Ausschreitungen drohen. Unzureichend ist eine Gefährdung der Ordnung im Gerichtssaal, da diese mit Ordnungsmitteln zu beseitigen ist (§§ 176ff. GVG). Die Staatssicherheit ist gefährdet, wenn im verteidigungs- und nachrichtendienstl. Bereich Umstände erörtert werden müssen, die geheimhaltungsbedürftig sind. Soweit arbeitsrechtl. Ansprüche des AN von ihrer Darlegung im Verfahren abhängig sind, ist er von seinem AG regelm. ggü. den PV und dem Gericht von der Schweigepflicht zu befreien (BAG 25.8.1966 AP BGB § 611 Schweigepflicht Nr. 1; LAG N 30.9.1989 ZTR 1987, 246 – Eingruppierung). Eine Gefährdung der Sittlichkeit kann eintreten, wenn im Rahmen von Verfahren wegen Mobbing und nach dem AGG sexuelle Handlungen zu erörtern sind; insoweit kommt auch ein Ausschluss nach § 171b GVG in Betracht. **Persönlicher Lebensbereich:** Nach § 52 Satz 2 iVm. § 171b GVG kann die Öffentlichkeit ausgeschlossen werden, wenn dies zum Schutz des persönl. Lebensbereichs eines Prozessbeteiligten notwendig ist. Dies sind die Parteien, Nebenintervenienten und Zeugen sowie am BeschlV alle Beteiligten. Geschützt sind aus dem persönl. Lebensbereich insb. medizinische Diagnosen sowie gesundheitl. und familiäre Umstände. Keine Notwendigkeit liegt vor, wenn die Erörterung ledigl. zu einer Kränkung führt oder eine Empfindsamkeit auslöst. Die Öffentlichkeit ist bei Vorliegen der Voraussetzungen auf entspr. Antrag des Betroffenen zwgd. auszuschließen (§ 171b II GVG). Der Ausschluss ist unzulässig, wenn ihm die betroffene Person widerspricht (§ 171b I 2 GVG). **Betriebs- und Geschäftsgeheimnisse:** Die Öffentlichkeit kann ausgeschlossen werden, wenn eine Partei den Ausschluss beantragt, weil Betriebs-, Geschäfts- oder Erfindungsgeheimnisse zum Gegenstand der Verhandlung oder der Beweisaufnahme gemacht werden. Das Gericht hat die Partei auf ihr Antragsrecht hinzuweisen. Der Begriff des Betriebs- und Geschäftsgeheimnisses entspricht dem des BetrVG (s. § 79 BetrVG Rn. 2). Erfindungsgeheimnis ist nicht nur die patentierte oder sonst geschützte Erfindung, sondern alle Entwicklungs- und Forschungsergebnisse, die patent- und gebrauchsmusterfähig sind (*Kissel* § 172 Rn. 76). Da das Steuergeheimnis nicht bes. erwähnt ist, kommt ein Ausschluss nur in Betracht, wenn es zugleich ein Geschäftsgeheimnis darstellt. **Verschwiegenheit:** Ist die Öffentlichkeit in den Fällen der Rn. 7 bis 9 ausgeschlossen worden, kann das Gericht nach § 174 III GVG durch einen Beschl. ein bes. und strafbewehrtes Schweigegebot verhängen. Dies ist insb. dann geboten, wenn der AG seiner Darlegungslast nur durch die Preisgabe von Betriebs- oder Geschäftsgeheimnissen genügen kann (BAG 23.4.1985 NZA 1985, 499 – betriebl. Altersversorgung). Die Entsch. ist anfechtbar, die Beschwerde hat keine aufschiebende Wirkung. **Güteverfahren:** Nach § 52 Satz 3 kann im Güteverfahren allein aus Zweckmäßigkeitsgründen die Öffentlichkeit ausgeschlossen werden. Hierdurch soll die gütl. Beilegung des Rechtsstreits erleichtert werden. Wird im Anschluss an eine Güteverhandlung streitig verhandelt oder eine Entsch. verkündet, ist die Öffentlichkeit wieder herzustellen. Die Verhängung eines Schweigegebots ist in § 52 Satz 3 nicht vorgesehen und daher unzulässig.

4. Verfahren. Ob die Öffentlichkeit auszuschließen ist, ist noch in öffentl. Verhandlung zu erörtern, 6
es sei denn, dass ein Beteiligter den Ausschluss beantragt oder bereits geheimhaltungsbedürftige Tatsachen erörtert werden (§ 174 I GVG). Die Entsch. erfolgt durch Beschl., der idR öffentl. verkündet wird (§ 174 I 2 GVG). Die Entsch. trifft in der Güteverhandlung der Vorsitzende, ansonsten die Kammer, da über den Ausschluss mdl. verhandelt werden muss. Die Entsch. über den Ausschluss der Öffentlichkeit ist stets unanfechtbar (s. § 171b III GVG). Sein Erg. ist überdies im Protokoll festzuhalten (§ 160 I Nr. 5 ZPO), zu dessen Beweiskraft Rn. 4. Die Verletzung des Grds. der Öffentlichkeit ist ein Verfahrensmangel. Ist sie vom ArbG zu Unrecht ausgeschlossen worden, bleibt dies in der Berufungsinstanz folgenlos, da eine Zurückverweisung aus diesem Grund nicht in Betracht kommt. Hat dagegen das LAG die Öffentlichkeit zu Unrecht ausgeschlossen oder nicht ausgeschlossen, stellt dies nach § 547 Nr. 6 ZPO einen absoluten Revisionsgrund dar, der nach statthafter Revision zur Aufhebung führt. Dies kann allein dann zweifelhaft sein, wenn die Öffentlichkeit zu Unrecht nicht ausgeschlossen war, weil die Verletzung des Geheimhaltungsinteresses einer Partei nicht wieder beseitigt werden kann.

§ 53 Befugnisse des Vorsitzenden und der ehrenamtlichen Richter

(1) [1]**Die nicht auf Grund einer mündlichen Verhandlung ergehenden Beschlüsse und Verfügungen erläßt, soweit nichts anderes bestimmt ist, der Vorsitzende allein.** [2]**Entsprechendes gilt für Amtshandlungen auf Grund eines Rechtshilfeersuchens.**

(2) **Im übrigen gelten für die Befugnisse des Vorsitzenden und der ehrenamtlichen Richter die Vorschriften der Zivilprozeßordnung über das landgerichtliche Verfahren entsprechend.**

Die Vorschr. dient der Abgrenzung der Befugnisse des Vors. und der ehrenamtl. Richter. Die 1
Übertragung der Zust. auf den Vors. für die nicht aufgrund der mdl. Verhandlung ergehenden Beschlüsse und Vfg. ist notwendig, da die ehrenamtl. Richter nur zu den streitigen Verhandlungen herangezogen werden. Die Verteilung der Zust. ist zwgd., von ihr kann nicht im Einvernehmen mit den Parteien abgewichen werden. Im Berufungsverfahren gilt § 53 über § 64 VII unverändert, im

Revisionsverfahren mit der Maßgabe, dass an die Stelle des Vors. der Sen. durch seine berufsrichterl. Mitglieder entscheidet (BAG 2.6.1954 AP ArbGG 1953 § 53 Nr. 1). Außerhalb der mdl. Verhandlung erlässt der Vorsitzende die Beschlüsse und Vfg. allein (§ 53 I). Für den Begriff des Beschl. und der Vfg. ist der allg. zivilprozessuale maßgebend. § 53 erfasst somit alle Entscheidungen, die nicht Urt. sind. Der Vorsitzende ist auch zuständig für die Durchführung eines Rechtshilfeersuchens (§ 13) und soweit ihm im Gesetz ausdr. bes. Befugnisse zugewiesen werden (zB bei sitzungspolizeil. Maßnahmen, Beratung und Abstimmung, Entsch. über die örtl. Zust. s. § 48 Rn. 16). Abw. von § 53 II entscheidet die Kammer auch dann, wenn zwar keine mdl. Verhandlung, aber die Hinzuziehung der ehrenamtl. Richter ausdr. vorgesehen ist, zB bei Entscheidungen über die Ablehnung von Gerichtspersonen (§ 49), nachträgl. Zulassung als Kündigungsschutzklage (§ 5 IV KSchG), Zulässigkeit des beschrittenen Rechtswegs (§ 48 I Nr. 2), Tatbestandsberichtigung (§ 320 ZPO; Ausn. § 55 I Nr. 10) und Urteilsergänzung (§ 321 ZPO). Nach § 53 II gelten für die Befugnisse des Vors. und der ehrenamtl. Richter die Abgrenzungen im landgerichtl. Verfahren entspr. Hiernach ist der Vorsitzende insb. zuständig für die Terminsbestimmung (§ 216 II ZPO), die Eröffnung, Leitung und Schließung der mdl. Verhandlung (§ 136 ZPO) sowie die Aufrechterhaltung der Ordnung in den Sitzungen (§ 9 II). Die ehrenamtl. Richter haben die gleichen richterl. Befugnisse wie die beisitzenden Richter bei den LG. Sie können gem. § 136 III ZPO Fragen stellen, entscheiden nach § 140 ZPO mit, wenn der Vorsitzende eine Frage nicht zulassen will und gem. § 156 ZPO über eine bereits geschlossene Verhandlung, die wiedereröffnet werden soll. Durch die Neufassung des § 139 ZPO ist klargestellt, dass die richterl. Aufklärungs- und Fürsorgepflicht in der mdl. Verhandlung nicht nur dem Vors., sondern der gesamten Kammer obliegt. Dagegen können den ehrenamtl. Richtern selbst bei Verhinderung des Vors. keine einzelnen richterl. Handlungen übertragen werden, die ansonsten den Berufsrichtern vorbehalten sind.

§ 54 Güteverfahren

(1) [1]Die mündliche Verhandlung beginnt mit einer Verhandlung vor dem Vorsitzenden zum Zwecke der gütlichen Einigung der Parteien (Güteverhandlung). [2]Der Vorsitzende hat zu diesem Zwecke das gesamte Streitverhältnis mit den Parteien unter freier Würdigung aller Umstände zu erörtern. [3]Zur Aufklärung des Sachverhalts kann er alle Handlungen vornehmen, die sofort erfolgen können. [4]Eidliche Vernehmungen sind jedoch ausgeschlossen. [5]Der Vorsitzende kann die Güteverhandlung mit Zustimmung der Parteien in einem weiteren Termin, der alsbald stattzufinden hat, fortsetzen.

(2) [1]Die Klage kann bis zum Stellen der Anträge ohne Einwilligung des Beklagten zurückgenommen werden. [2]In der Güteverhandlung erklärte gerichtliche Geständnisse nach § 288 der Zivilprozeßordnung haben nur dann bindende Wirkung, wenn sie zu Protokoll erklärt worden sind. [3]§ 39 Satz 1 und § 282 Abs. 3 Satz 1 der Zivilprozeßordnung sind nicht anzuwenden.

(3) Das Ergebnis der Güteverhandlung, insbesondere der Abschluß eines Vergleichs, ist in das Protokoll aufzunehmen.

(4) Erscheint eine Partei in der Güteverhandlung nicht oder ist die Güteverhandlung erfolglos, schließt sich die weitere Verhandlung unmittelbar an oder es ist, falls der weiteren Verhandlung Hinderungsgründe entgegenstehen, Termin zur streitigen Verhandlung zu bestimmen; diese hat alsbald stattzufinden.

(5) [1]Erscheinen oder verhandeln beide Parteien in der Güteverhandlung nicht, ist das Ruhen des Verfahrens anzuordnen. [2]Auf Antrag einer Partei ist Termin zur streitigen Verhandlung zu bestimmen. [3]Dieser Antrag kann nur innerhalb von sechs Monaten nach der Güteverhandlung gestellt werden. [4]Nach Ablauf der Frist ist § 269 Abs. 3 bis 5 der Zivilprozeßordnung entsprechend anzuwenden.

(6) [1]Der Vorsitzende kann die Parteien für die Güteverhandlung sowie deren Fortsetzung vor einen hierfür bestimmten und nicht entscheidungsbefugten Richter (Güterichter) verweisen. [2]Der Güterichter kann alle Methoden der Konfliktbeilegung einschließlich der Mediation einsetzen.

1 **1. Allgemeines.** Die Güteverhandlung ist zwar Teil der mdl. Verhandlung, ihr aber als bes. Verfahrensabschnitt vorangestellt. Sie dient in bes. Maß der Herbeiführung einer gütl. Einigung zwischen den Parteien und ggf. der Vorbereitung der streitigen Verhandlung. § 54 verdrängt § 278 II–V ZPO, der für das Verfahren vor den Zivilgerichten in bestimmten Fällen eine Güteverhandlung vorsieht, zur Mediation Rn. 11 sowie § 54a.

2 **2. Güteverhandlung. a) Erforderlichkeit.** Die Durchführung einer Güteverhandlung ist nicht erforderl. *(1)* in Verfahren des einstweiligen Rechtsschutzes, *(2)* bei einem Einspruch gegen einen VB, da dieser einem VU gleichsteht, *(3)* einer Klageänd., *(4)* Erhebung einer Widerklage, *(5)* einem Parteiwechsel oder *(6)* nach einer Verweisung, wenn ein Güteversuch bereits stattgefunden hat. Ansonsten ist die Güteverhandlung obligatorisch, selbst wenn die Parteien auf einen Güteversuch verzichtet haben, ein solcher erkennbar aussichtslos erscheint oder in Ausbildungsstreitigkeiten eine Verhandlung vor dem

Schlichtungsausschuss vorausgegangen ist (einschr. *Diller* FA 2008, 34). Allerdings kann der Gütetermin nach einer schriftsätzl. Vorbereitung durch die Parteien unmittelbar vor der streitigen Kammerverhandlung durchgeführt werden.

b) Vorbereitung. Ob zur Vorbereitung der Güteverhandlung prozessleitende Vfg. ergehen können, ist umstr., aber zu verneinen. Anordnungen nach § 56 sind nicht zulässig, da die Vorschr. nur die Vorbereitung der streitigen Verhandlung betrifft (aA DL/*Ziemann* Rn. 17). Eine vorbereitende Ladung von Zeugen und Sachverständigen zur Güteverhandlung kommt daher nicht in Betracht; die in § 56 Nr. 1 bis 4 genannten Vorbereitungshandlungen können nur für eine sich ggf. unmittelbar anschließende mdl. Verhandlung getroffen werden. Daneben erfolgt wegen § 47 II idR auch keine Aufforderung an den Bekl., sich auf die Klage schriftl. zu äußern. Gesetzgeberisches Motiv ist, die gütl. Einigung durch einen substantiierten Vortrag des Bekl. nicht zu erschweren. Vorbereitende Maßnahmen sind schließl. auch nicht nach den §§ 273 II, 129 II zulässig, da diese Regelungen durch die §§ 56 I, 47 II verdrängt werden (aA GK-ArbGG/*Schütz* Rn. 24; GMP/*Germelmann* Rn. 17 für die Mitteilung von Urkunden). An der Gerichtsstelle anwesende Personen kann der Vorsitzende informatorisch befragen (§ 54 I 2, 3); eine förml. Beweisaufnahme hat aber vor der Kammer stattzufinden (§ 58). Allerdings ist denkbar, dass die Aussage protokolliert wird und im Einverständnis der Parteien im Wege des Urkundenbeweises verwertet wird (aA GK-ArbGG/*Schütz* Rn. 37 f.). 3

c) Verlauf. Anträge werden in der Güteverhandlung nicht gestellt (LAG M 24.1.1989 NZA 1989, 863); zum Übergang in die weitere Verhandlung Rn. 5. Nach § 54 II 3 bleiben prozesshindernde Einreden erhalten, auch wenn sie in der Güteverhandlung nicht vorgebracht werden; die §§ 39 Satz 1, 282 III 1 ZPO sind insoweit nicht anzuwenden. Die Güteverhandlung findet vor dem Vors. statt. Die ehrenamtl. Richter sind nicht hinzuzuziehen und dürfen daher nicht (auch nicht als „Unbeteiligte") auf der Richterbank Platz nehmen. Ihre Anwesenheit im Verhandlungssaal ist hingegen zulässig. Auf eine Zuwiderhandlung kann aber ein Befangenheitsantrag oder ein Rechtsmittel allein nicht gestützt werden. Nach § 9 II iVm. § 10 Satz 1 GVG kann der Vorsitzende die Leitung der Verhandlung einem zur Ausbildung zugewiesenen Referendar übertragen. Der Verlauf und das Erg. der Güteverhandlung sind im Protokoll festzuhalten (§§ 159 I, 160 ZPO); das in der Güteverhandlung erklärte gerichtl. Geständnis ist nur wirksam und hat Bindungswirkung, wenn es zu Protokoll genommen worden ist (§ 54 II 2). In der Güteverhandlung hat der Vorsitzende das gesamte Streitverhältnis unter Würdigung aller Umstände mit den Parteien zu erörtern. Zweckmäßigerweise wird zunächst der Sachverhalt aufzuklären sein (dazu *Schmädicke* NZA 2007, 1029), hieran kann sich die Erörterung der Rechtslage anschließen. Die Aussprache soll offen erfolgen und den Parteien die Risiken des Verfahrens aufzeigen. Ein übermäßiges Drängen auf eine gütl. Einigung hat zu unterbleiben, wenn eine oder beide Parteien erklären, dass eine vergleichsweise Beendigung des Rechtsstreits für sie nicht in Betracht kommt. Die Erörterung in der Güteverhandlung ist daneben so umfassend vorzunehmen, dass auch eine nicht rechtskundig vertretene Partei in die Lage versetzt wird, die streitige Verhandlung vor der Kammer unter Beachtung der vom Gericht ggf. erteilten Auflagen (§ 56 I) vorzubereiten (LAG NI 12.12.1989 LAGE § 56 ArbGG 1979 Nr. 2). Die Güteverhandlung ist grds. in einem Termin durchzuführen. Jedoch ist es zulässig, im ausdr. erklärten Einverständnis aller Prozessbeteiligten eine **zweite** oder **weitere Güteverhandlungen** durchzuführen, die jedoch alsbald, dh. regelm. binnen zwei Wochen stattfinden müssen (GK-ArbGG/*Schütz* Rn. 16 f.). In einer zusätzl. Güteverhandlung kann bei Säumnis einer Partei nur VU oder ein 2. VU ergehen, wenn die Parteien mit ihrer Durchführung einverstanden waren (ArbG HH 9.3.2007 – 11 Ca 422/06). Eine Entsch. nach Aktenlage (§ 251a ZPO) scheidet hingegen aus, da noch keine Anträge gestellt worden sind (LAG HM 4.3.2011 – 18 Sa 907/10; aA ArbG K 2.9.2011 LAGE § 251a ZPO 2002 Nr. 2). 4

d) Vorbereitung der streitigen Verhandlung. Bleibt die Güteverhandlung erfolglos, wird regelm. ein gesonderter Termin zur Durchführung der mdl. Verhandlung anberaumt. Eine unmittelbar folgende streitige Verhandlung ist regelm. ausgeschlossen, da entweder keine ehrenamtl. Richter zur Vfg. stehen oder der Termin durch Schriftsätze vorbereitet werden muss. Am Ende der Güteverhandlung wird daher üblicherweise ein Beschl. verkündet, der eine Terminsbestimmung und Auflagen für den schriftsätzl. Vortrag enthält. Sind die Parteien bei der Verkündung anwesend, erfolgt eine bes. Ladung und Zustellung nicht (§ 218 ZPO). 5

3. Beendigung des Verfahrens. a) Klagerücknahme. Eine Klagerücknahme kann im arbeitsgerichtl. UrtV bis zum Beginn der mdl. Verhandlung ohne Zustimmung des Gegners erfolgen, da in der Güteverhandlung regelm. keine Antragstellung erfolgt (s. Rn. 4; § 54 II 1). Auf Antrag des Bekl. sind dem Kl. die Kosten des Verfahrens aufzuerlegen (§ 269 III, IV ZPO). Ist die Zustimmung des Bekl. zur Klagerücknahme erforderl., ist er zur Stellungn. aufzufordern. Seine ausdr. Einverständniserkl. wird fingiert, wenn dem Bekl. der Schriftsatz mit der Klagerücknahme zugestellt wird und er dieser nicht binnen einer Notfrist von zwei Wochen widerspricht. Dies gilt jedoch nur, wenn er zugleich über die Folgen seiner Untätigkeit belehrt wird (§ 269 II ZPO); zur Auslegung und Umdeutung einer Klagerücknahme in eine einseitige Erledigungserkl. sowie zum Widerruf einer Klagerücknahme (BGH 13.12.2006 NJW 2007, 1460). Wird die Klagerücknahme im Termin erklärt, ist § 269 II ZPO entspr. 6

anzuwenden; dem nicht anwesenden Bekl. ist dann das Protokoll mit der Belehrung zuzustellen. Wird die Frist des § 269 II 4 ZPO versäumt, kann hiergegen Wiedereinsetzung in den vorherigen Stand beantragt werden. Die Parteien können eine Verpflichtung zur Klagerücknahme formlos vereinbaren (BGH 14.5.1986 NJW-RR 1987, 307). Wird die Klage abredewidrig weiter betrieben, ist sie auf Einrede des Bekl. als unzulässig abzuweisen (BGH 18.12.1963 NJW 1964, 549). Besteht zwischen den Parteien Streit über die Zulässigkeit oder Wirksamkeit der Klagerücknahme, ist hierüber mdl. zu verhandeln. Ist die Klagerücknahme unwirksam, kann dies durch Zwischenurt. (§ 303 ZPO) ausgesprochen werden; ansonsten entscheidet das Gericht durch Feststellungsurt. über ihre Wirksamkeit (Zöller/*Greger* § 269 Rn. 19b). Zur Klagerücknahme außerhalb der Güteverhandlung § 55 Rn. 3.

7 **b) Klageverzicht und Anerkenntnis.** Der Kl. kann auf den Klageanspruch ganz oder tw. verzichten (§ 306 ZPO), hierdurch ist er, anders als bei der Klagerücknahme, an der Erhebung einer neuen Klage gehindert. Ein Klageverzicht ist unwirksam, wenn mit ihm auf tarifl. Rechte oder Rechte aus einer BV verzichtet wird und die erforderl. Zustimmung nicht vorliegt (§ 4 IV TVG, § 77 IV BetrVG). Bei einem Klageverzicht erfolgt eine entspr. Verurteilung nur auf Antrag, während ein Anerkenntnisurt. (§ 307 ZPO) einen Antrag des Kl. nicht voraussetzt. Wird ein Klageverzicht oder ein Anerkenntnis erklärt, ist das Güteverfahren beendet und es schließt sich unmittelbar die weitere Verhandlung an (§ 55 IV 1 analog). In dieser ergeht dann nach Antragstellung die entspr. Entscheidung. Zuständig ist stets der Vorsitzende allein (§ 55 I Nr. 2, 3). Gerichtsgebühren entstehen bei einer Beendigung durch Klagerücknahme, -verzicht oder Anerkenntnis ohne streitige Verhandlung nicht, ansonsten fällt eine auf 0,4 ermäßigte Gebühr an (Gebührenverzeichnis Nr. 8211 Nr. 1, 2 zum § 34 GKG).

8 **c) Erledigung der Hauptsache.** Erklären beide Parteien den Rechtsstreit in der Hauptsache übereinstimmend für erledigt, ist dieser beendet. Der Vorsitzende entscheidet über die Gerichtsgebühren unter den Voraussetzungen der §§ 53 I, 55 I Nr. 9 durch Beschl., da nur noch die Kostentragungspflicht im Streit ist (§ 128 III ZPO). Nur wenn die Entscheidung in der mdl. Verhandl. erfolgt, sind die ehrenamtl. Richter zu beteiligen. Der Beschl. löst gleichfalls eine auf 0,4 ermäßigte Gebühr aus (Gebührenverzeichnis Nr. 8211 zu § 34 GKG), sofern keine Entsch. über die Kosten ergeht. Die Parteien können auf eine Entsch. nach § 91a ZPO verzichten, in diesem Fall entsteht keine Gebühr, soweit noch nicht streitig verhandelt worden ist (Gebührenverzeichnis Nr. 8211 Nr. 3 zu § 34 GKG).

9 **d) Vergleich.** Die Parteien können sich im Gütetermin vergleichen. Der Vergleich ist in das Protokoll aufzunehmen (§ 54 III) und nach Verlesung von den Parteien zu genehmigen (§ 162 I ZPO). Das Verfahren kann auch nach § 278 VI ZPO durch die Unterbreitung oder die Annahme eines gerichtl. Vergleichsvorschlags beendet werden (*Nungeßner* NZA 2005, 1027). Die Vorschr. ist trotz ihrer systematischen Stellung auch im arbeitsgerichtl. Verfahren anwendbar. Die Parteien brauchen danach zum Vergleichsschluss nicht mehr vor Gericht erscheinen. Das Gericht stellt durch Beschl. das Zustandekommen und den Inhalt des Vergleichs sowie die Verfahrensbeendigung fest. Der Vergleichstext ist in den Tenor aufzunehmen. Gegen den Beschl. findet kein Rechtsmittel statt, § 83a ist auch nicht entspr. anzuwenden. Mögl. ist nur eine Ber., da § 164 ZPO auch für die Beschl. des Gerichts gilt (§ 278 VI 3 ZPO). Besteht Streit über die Wirksamkeit des Vergleichsschlusses oder ob das Verfahren durch seinen Abschluss vollständig beendet worden ist, ist Termin zur mdl. Verhandlung anzuberaumen (BT-Drs. 14/4722 S. 82), in dem der Rechtsstreit über diese Frage fortgesetzt wird. Das Gericht entscheidet dann in der Sache oder stellt durch Urt. fest, dass der Rechtsstreit durch den Vergleich beendet ist (*Abramenko* NJW 2003, 1356). Bei einem Vergleichsschluss entfällt die Verfahrensgebühr des betr. Rechtszugs (Vorbem. Nr. 8 des Gebührenverzeichnisses zu § 34 GKG).

10 **e) Säumnis einer oder beider Parteien.** Erscheint der Kl. in der Güteverhandlung nicht, schließt sich die weitere Verhandlung an, in der auf Antrag des Bekl. klageabweisendes VU ergehen kann. Erscheint der Bekl. in der Güteverhandlung nicht, kann auf Antrag des Kl. VU ergehen, sofern die Klage schlüssig war, andernfalls wird sie durch unechtes VU abgewiesen. Eine Säumnisentsch. kann auch ergehen, wenn eine erschienene Partei nicht verhandelt, insb. keine Erkl. zur Sache abgibt (§§ 333, 334 ZPO; zum Begriff § 59 Rn. 2). Erscheinen oder verhandeln – aus welchen Gründen – beide Parteien in der Güteverhandlung nicht, ist das Ruhen des Verfahrens anzuordnen (§ 54 V 1). Ein Verhandeln der Parteien liegt vor, wenn sie bezogen auf den Zweck des Gütetermins, eine gütl. Einigung herbeizuführen, Erkl. abgeben. Weitergehende Anforderungen können nach Ansicht des BAG nicht gestellt werden (BAG 22.4.2009 NZA 2009, 804). Dies erscheint zweifelhaft, weil der Gütetermin auch der Vorbereitung der streitigen Verhandlung dient. Ruht das Verfahren, ist Termin zur streitigen Verhandlung nur auf Antrag einer Partei anzuberaumen. Wird der Antrag nicht innerhalb einer Frist von sechs Monaten gestellt, gilt nach § 54 V 4 die Klage mit der Kostenfolge des § 269 III bis V als zurückgenommen (LAG RP 20.2.1991 LAGE ArbGG 1979 § 54 Nr. 4 – Gebührenberechnung; LAG D 31.3.1982 LAGE ArbGG 1979 § 54 Nr. 1); Voraussetzung ist allerdings, dass die Terminsansetzung ordnungsgem. erfolgt ist (LAG D 13.7.1984 LAGE ArbGG 1979 § 54 Nr. 3). Im Fall der Säumnis einer oder beider Parteien entscheidet der Vorsitzende in der sich anschließenden Verhandlung allein (§ 55 I Nr. 4). § 54 V ist nicht (auch nicht analog) auf die Fälle des vom Gericht angeordneten Ruhens oder des Nichtbetreibens eines Verfahrens anzuwenden, wenn keine Säumnis der Parteien bestanden hat (LAG SL 9.6.2000 NZA-RR 2000, 546; LAG HM 21.7.1983 LAGE ArbGG 1979 § 54 Nr. 2), wohl

aber dann, wenn die Parteien übereinkommen, den Ausgang eines Parallelverfahrens abzuwarten und deshalb nicht zum Termin erscheinen (aA LAG BE 19.9.2003 LAGE § 54 ArbGG 1979 Nr. 7). Durch das Nichtbetreiben kann die Hemmung der Verjährung bzw. die Wirkung einer zunächst wirksamen gerichtl. Geltendmachung erlöschen (s. § 218 BGB Rn. 24). Die Fiktionswirkung des § 54 V erstreckt sich nicht auf die Kammerverhandlung.

4. Güterichter, Mediation. Durch G vom 21.7.2012 ist dem § 54 ein neuer Abs. 6 angefügt worden. 11
Neu eingefügt wurde § 54a für die Mediation und die außergerichtliche Konfliktbeilegung; daneben ist die Bezugnahme in § 64 VII ergänzt worden. Die das BeschlV betreffenden Änderungen sind in § 80 II 1, § 83a I sowie in § 87 II 1 enthalten. Soweit es grenzüberschreitende Sachverhalte betrifft, setzt das G die Vorgaben der RL 2008/52/EG v. 21.5.2008 über bestimmte Aspekte der Mediation in Zivil- und Handelssachen (ABl. EU 2008, Nr. L 136, 3) um, was ggf. bei einer unionskonformen Auslegung des nationalen Rechts zu berücksichtigen ist. Für innerstaatl. Sachverhalte enthält die RL 2008/52/EG hingegen keine unionsrechtl. Vorgaben. Durch § 54 VI wird eine Rechtsgrundlage für das sog. **Güterichtermodell** geschaffen (*Francken* NZA 2015, 641; *Künzl* MDR 2016, 952). Danach kann der Vors. ein Verfahren für die Güteverhandlung (und deren Fortsetzung) an einen hierfür nach dem GVP des ArbG bestimmten Güterichter verweisen. Dieser darf nicht entscheidungsbefugt sein und muss dem gleichen Gericht angehören, für eine gerichtsübergreifende Verweisungsmöglichkeit fehlt es an der erf. ausdrückl. Rechtsgrundlage (str., die Praxis verfährt zudem anders). Die Verweisung, die erstinstanzl. nur bis zum Scheitern der Güteverhandlung erfolgen kann, darf nur im Einverständnis beider Parteien erfolgen; eine Streitschlichtung gegen den Willen eines Verfahrensbeteiligten ist unzulässig (*Francken* NZA 2012, 836, 837); sie wäre auch mit § 9 I, § 61a I unvereinbar. Eine solche Vereinbarung kann nicht vorab im Arbeitsvertrag getroffen werden. Die Verhandlung vor dem Güterichter ist nicht öffentl. (§ 52 S. 1 betrifft nur das erkennende Gericht) und unterliegt keinen bes. normierten Verfahrensvorschriften, so dass zB. auch Einzelgespräche mit den Parteien zulässig sind. Eine Anordnung zum persönl. Erscheinen ist ausgeschlossen, ebenso der Erlass eines VU. Die Parteien können vereinbaren, dass der Verlauf der Verhandlung vor dem Güterichter und die dort abgegebenen Erkl. nicht in das Streitverfahren eingeführt werden dürfen (so *Francken* NZA 2012, 836, 839), wobei solche Abreden mit der Erklärungspflicht nach § 138 I ZPO kollidieren können. Ein vor dem Güterichter abgeschlossener Vergleich beendet wie ein gerichtl. Vergleich das Verfahren und ist zugleich Vollstreckungstitel (§ 794 I Nr. 5, § 797, § 796a ZPO). Nach einem erfolglosen Schlichtungsversuch vor dem Güterichter ist die Güteverhandlung vor dem Vors. fortzusetzen; dieser hat insb. die Auflagen über die klärungsbedürftigen Punkte zu setzen. Die Verweisung an den Güterichter mit Zustimmung aller Beteiligten kann auch im BeschlV erfolgen (§ 80 II 1); eine solche Maßnahme ist unter den gleichen Voraussetzungen in den zweitinstanzl. Verfahren mögl. (§ 64 VII, § 87 II), in den Verfahren vor dem BAG gilt § 278a ZPO. Nach den für das erstinstanzl. Verfahren geltenden Vorschr. der ZPO haben sich die Parteien in der **Klageschrift** zu Hinderungsgründen für die Durchführung einer außergerichtl. Streitbeilegung zu äußern (§ 253 III Nr. 1. ZPO). Über die Verhandlung vor dem Güterichter ist ein **Protokoll** nur auf übereinstimmenden Antrag sämtl. Beteiligter zu erstellen (§ 159 II 2 ZPO), dieser hat ein erweitertes Zeugnisverweigerungsrecht (§ 383 I Nr. 6 ZPO). Die vorherige Tätigkeit als Güterichter stellt für diesen einen Ausschlussgrund nach § 41 Nr. 8 ZPO dar. Durch § 69b GKG werden landesges. Möglichkeiten zur Kostenermäßigung bei Durchführung einer bes. gerichtl. oder außergerichtl. Schlichtung eröffnet.

§ 54a Mediation, außergerichtliche Konfliktbeilegung

(1) Das Gericht kann den Parteien eine Mediation oder ein anderes Verfahren der außergerichtlichen Konfliktbeilegung vorschlagen.

(2) [1]Entscheiden sich die Parteien zur Durchführung einer Mediation oder eines anderen Verfahrens der außergerichtlichen Konfliktbeilegung, ordnet das Gericht das Ruhen des Verfahrens an. [2]Auf Antrag einer Partei ist Termin zur mündlichen Verhandlung zu bestimmen. [3]Im Übrigen nimmt das Gericht das Verfahren nach drei Monaten wieder auf, es sei denn, die Parteien legen übereinstimmend dar, dass eine Mediation oder eine außergerichtliche Konfliktbeilegung noch betrieben wird.

§ 55 Alleinentscheidung durch den Vorsitzenden

(1) Der Vorsitzende entscheidet außerhalb der streitigen Verhandlung allein
1. bei Zurücknahme der Klage;
2. bei Verzicht auf den geltend gemachten Anspruch;
3. bei Anerkenntnis des geltend gemachten Anspruchs;
4. bei Säumnis einer Partei;

4a. über die Verwerfung des Einspruchs gegen ein Versäumnisurteil oder einen Vollstreckungsbescheid als unzulässig;
5. bei Säumnis beider Parteien;
6. über die einstweilige Einstellung der Zwangsvollstreckung;
7. über die örtliche Zuständigkeit;
8. über die Aussetzung und Anordnung des Ruhens des Verfahrens;
9. wenn nur noch über die Kosten zu entscheiden ist;
10. bei Entscheidungen über eine Berichtigung des Tatbestandes, soweit nicht eine Partei eine mündliche Verhandlung hierüber beantragt;
11. im Fall des § 11 Abs. 3 über die Zurückweisung des Bevollmächtigten oder die Untersagung der weiteren Vertretung.

(2) [1]**Der Vorsitzende kann in den Fällen des Absatzes 1 Nr. 1, 3 und 4a bis 10 eine Entscheidung ohne mündliche Verhandlung treffen.** [2]**Dies gilt mit Zustimmung der Parteien auch in dem Fall des Absatzes 1 Nr. 2.**

(3) **Der Vorsitzende entscheidet ferner allein, wenn in der Verhandlung, die sich unmittelbar an die Güteverhandlung anschließt, eine das Verfahren beendende Entscheidung ergehen kann und die Parteien übereinstimmend eine Entscheidung durch den Vorsitzenden beantragen; der Antrag ist in das Protokoll aufzunehmen.**

(4) [1]**Der Vorsitzende kann vor der streitigen Verhandlung einen Beweisbeschluß erlassen, soweit er anordnet**
1. eine Beweisaufnahme durch den ersuchten Richter;
2. eine schriftliche Beantwortung der Beweisfrage nach § 377 Abs. 3 der Zivilprozeßordnung;
3. die Einholung amtlicher Auskünfte;
4. eine Parteivernehmung;
5. die Einholung eines schriftlichen Sachverständigengutachtens.

[2]**Anordnungen nach den Nummern 1 bis 3 und 5 können vor der streitigen Verhandlung ausgeführt werden.**

1 **1. Zuständigkeit.** Die Vorschr. regelt die Alleinentscheidungskompetenz des Vors. in der Güteverhandlung und in der mdl. Verhandlung. Sie ergänzt damit § 53, der die Befugnisse des Vors. außerhalb der mdl. Verhandlung bestimmt. Die §§ 349 II, 358a ZPO sind im arbeitsgerichtl. Verfahren nicht anzuwenden. Aufgrund der Bezugnahme in § 64 VII ist § 55 I, II, IV im Berufungsverfahren entspr. anzuwenden; § 527 III ZPO wird verdrängt. Für das Revisions- und BeschlV gilt die Vorschr. nicht.

2 **2. Gesetzlicher Richter.** Die Regelung in § 55 I über die Alleinentscheidungsbefugnisse des Vors. ist zwgd., durch sie wird der ges. Richter bestimmt. In den in § 55 I Nr. 1 bis 11 genannten Fällen entscheidet der Vorsitzende außerhalb der streitigen Verhandlung ohne Beteiligung der ehrenamtl. Richter. Erfolgt eine Entscheidung in Anwesenheit der ehrenamtl. Richter, sind diese in den in § 55 I gen. Fällen zu beteiligen. Entscheidet der Vorsitzende allein, obwohl ein Fall der §§ 53 bis 55 nicht vorliegt, ist daher das Gericht nicht ordnungsgem. besetzt. Gleiches gilt im umgekehrten Fall, wenn an Stelle des Vors. die Kammer entscheidet. Wird erstinstanzl. die funktionelle Zust. verkannt, kommt wegen § 68 eine allein hierauf gestützte Zurückverweisung nicht in Betracht. Nur wenn die Entsch. mit einer statthaften Sprungrevision angegriffen wird, liegt der absolute Revisionsgrund des § 547 Nr. 1 ZPO vor. Entspr. gilt für ein Berufungsurt., bei dem die funktionelle Zust. verkannt wird. Ist die Entsch. bereits rechtskräftig, kann ein Wiederaufnahmegrund nach § 579 I Nr. 1 ZPO gegeben sein (GK-ArbGG/*Schütz* Rn. 15 f.).

3 **3. Einzelfälle der Alleinentscheidung. a) Klagerücknahme, Verzicht und Anerkenntnis.** Der Vorsitzende entscheidet allein nach einer wirksamen Rücknahme der Klage. Über einen Antrag nach § 269 IV ZPO entscheidet der Vorsitzende außerhalb der mdl. Verhandlung nach § 53 und in der Güteverhandlung nach § 54. In der streitigen Verhandlung sind die ehrenamtl. Richter nach § 55 I Nr. 1 zu beteiligen. Bei Streit über die Zulässigkeit und die Wirksamkeit einer Klagerücknahme entscheidet die Kammer. Bei Verzicht und Anerkenntnis ergeht das Verzichts- bzw. Anerkenntnisurt. (§ 55 I Nr. 2, 3) außerhalb der streitigen Verhandlung durch den Vors. allein, im Fall der Nr. 3 selbst bei vorangegangener streitiger Verhandlung (§ 307 ZPO, *Troje* NZA 2008, 690). Bezieht sich der Verzicht oder das Anerkenntnis nur auf einen abtrennbaren Teil des Anspruchs, ergeht ein entspr. Teilurt. (BAG 26.10.1979 AP KSchG 1969 § 9 Nr. 5). Ein Verzichtsurt. kann nur mit Zustimmung der Parteien außerhalb der mdl. Verhandlung ergehen (§ 55 II 2).

4 **b) Säumnis der Parteien.** Bei Säumnis einer oder beider Parteien (§ 55 I Nr. 4, 5) entscheidet der Vorsitzende nur allein, wenn die ehrenamtl. Richter in der streitigen Verhandlung nicht anwesend sind. Mit streitiger Verhandlung wird nicht die „weitere" Verhandlung iSd. § 54 IV bezeichnet, sondern nur der vom Vors. nach § 56 vorbereitete Kammertermin, der unter Beteiligung der ehrenamtl. Richter stattfindet (wie hier BCF/*Creutzfeldt* Rn. 1a). Anders als nach der früheren Fassung des G braucht die

Entsch. aber nicht aufgrund der Säumnis zu ergehen. Hieraus folgt, dass der Vorsitzende bzw. die Kammer sowohl ein echtes als auch ein unechtes (klagabweisendes) VU erlassen müssen. Von § 55 I Nr. 4, 5 nicht erfasst wird die Entsch. über einen zulässigen Einspruch gegen ein VU oder einen VB, wenn beide Parteien in der daraufhin anberaumten mdl. Verhandlung anwesend sind (aA *J. Griebeling* NZA 2002, 1073). Die Alleinentscheidungsbefugnis soll auch für eine Entsch. nach **Aktenlage** (§ 331a ZPO) bestehen, die aber nur dann zulässig ist, wenn bereits eine mdl. Verhandlung vorangegangen ist, in der die Parteien Anträge gestellt haben (LAG HM 1.6.2012 LAGE § 4 TVG Ausschlussfristen Nr. 60; aA LAG HE 31.10.2000 MDR 2001, 517; LAG BE 3.2.1997 LAGE ZPO § 251a Nr. 1; GMP/*Germelmann* Rn. 18). Wird eine Entsch. nach Lage der Akten abgelehnt, findet ein Rechtsmittel nicht statt (§ 336 II ZPO). Eine Entsch. nach § 55 I Nr. 4, 5 darf nur erfolgen, wenn die allg. Voraussetzungen für eine Säumnisentsch. vorliegen (BAG 14.11.1985 AP ZPO § 251a Nr. 1; s. § 59 Rn. 2, 16).

c) Weitere Zuständigkeiten. Der Vorsitzende entscheidet über die einstweilige Einstellung der ZV außerhalb der mdl. Verhandlung nach § 53, im Berufungsverfahren nach §§ 62, 64 VII, §§ 707, 719, 769 ZPO. Nach § 55 I Nr. 6 ist die Kammer nur zuständig, wenn die Entscheidung in einer streitigen Verhandlung erfolgt. Auch Entscheidungen über die örtl. Zust. (§ 55 I Nr. 7) und über die Aussetzung sowie das Ruhen eines Verfahrens (§ 55 I Nr. 8) ergehen nur außerhalb der streitigen Verhandlung durch den Vors. allein, es kann aber zuvor mdl. verhandelt worden sein. Von § 55 I Nr. 8 nicht erfasst werden Entscheidungen über die Vorlage an den EuGH (Art. 267 AEUV) oder das BVerfG (Art. 100 GG), diese erfolgen stets unter Beteiligung der ehrenamtl. Richter. Nur soweit in der Vorlageentsch. von dem Ausspruch einer Aussetzung oder des Ruhens abgesehen worden ist, kann diese Entsch. außerhalb der streitigen Verhandlung durch den Vors. allein ergehen. Zu den Voraussetzungen für die Aussetzung eines Verfahrens wegen Vorgreiflichkeit § 9 Rn. 2. Nach Nr. 9 entscheidet der Vors. außerhalb der streitigen Verhandlung allein, wenn nur noch eine Entscheidung über die Kosten zu treffen ist. Über einen Tatbestandsberichtigungsantrag (Nr. 10; nicht Urteilsergänzung bzw. -berichtigung, §§ 321, 319 ZPO) kann er ohne Hinzuziehung der ehrenamtl. Richter entscheiden, sofern nicht eine Partei eine mdl. Verhandlung hierüber beantragt hat (§ 320 III ZPO); zur Befugnis nach Nr. 11 s. § 11 Rn. 11. 5

d) Alleinentscheidung auf Antrag. Nach § 55 III entscheidet der Vorsitzende allein auf übereinstimmenden Antrag der Parteien. Das Einverständnis muss noch vor dem Scheitern der Güteverhandlung erklärt werden (LAG HM 2.7.1997 LAGE § 60 KO Nr. 3), die Erkl. können auch noch in einem weiteren Gütetermin erfolgen. Sie sind in das Protokoll aufzunehmen und unwiderrufl. Voraussetzung für die Alleinentscheidungsbefugnis ist aber stets, dass eine das Verfahren vor dem ArbG abschl. Entsch. ergehen kann. Dies kann ein stattgebender Verweisungsbeschl. (LAG NI 23.1.1995 LAGE ArbGG 1979 § 48 Nr. 10) oder ein sonstiger, das Verfahren beendender Beschl. (zB § 91a ZPO) sein. Nicht ausreichend ist hingegen ein Beweisbeschluss, ebenso wird die nachträgl. Zulassung der Klage als Kündigungsschutzklage (§ 5 KSchG) nicht von § 55 III erfasst (HE 19.12.1986 LAGE ArbGG 1979 § 55 Nr. 1; aA LAG HE 27.3.1987 LAGE ArbGG 1979 § 55 Nr. 2 – selbständiges Nebenverfahren; GK-ArbGG/*Schütz* Rn. 65). Die Durchführung einer Beweisaufnahme steht der Alleinentsch. des Vors. nicht entgegen, wenn sämtl. Beweismittel präsent sind. Erweist sich nach ihrer Durchführung, dass eine Vertagung notwendig ist, muss das Verfahren vor der Kammer fortgesetzt werden, ggf. ist die Beweisaufnahme zu wiederholen. Nach Durchführung der Kammerverhandlung kommt eine Entsch. durch den Vors. allein nicht in Betracht. 6

e) Beweisbeschluss vor der streitigen Verhandlung. Der Vorsitzende kann vor der streitigen Verhandlung einen Beweisbeschl. erlassen (§ 55 V), soweit er *(1)* die Beweisaufnahme durch den ersuchten Richter; hierzu gehören die Rechtshilfeersuchen, *(2)* eine schriftl. Beantwortung der Beweisfrage nach § 377 III ZPO; *(3)* die Einholung amtl. Auskünfte, *(4)* die Parteivernehmung sowie *(5)* die Einholung eines Sachverständigengutachtens anordnet. Der Beweisbeschl. dient der beschleunigten Durchführung des Verfahrens. Die Anordnungen nach *(1)* bis *(3)* und *(5)* können bereits vor der streitigen Verhandlung ausgeführt werden; Zeugen können nach § 56 I Nr. 4 zum Termin vorbereitend geladen werden. 7

§ 56 Vorbereitung der streitigen Verhandlung

(1) [1]Der Vorsitzende hat die streitige Verhandlung so vorzubereiten, daß sie möglichst in einem Termin zu Ende geführt werden kann. [2]Zu diesem Zweck soll er, soweit es sachdienlich erscheint, insbesondere

1. **den Parteien die Ergänzung oder Erläuterung ihrer vorbereitenden Schriftsätze sowie die Vorlegung von Urkunden und von anderen zur Niederlegung bei Gericht geeigneten Gegenständen aufgeben, insbesondere eine Frist zur Erklärung über bestimmte klärungsbedürftige Punkte setzen;**
2. **Behörden oder Träger eines öffentlichen Amtes um Mitteilung von Urkunden oder um Erteilung amtlicher Auskünfte ersuchen;**
3. **das persönliche Erscheinen der Parteien anordnen;**

4. Zeugen, auf die sich eine Partei bezogen hat, und Sachverständige zur mündlichen Verhandlung laden sowie eine Anordnung nach § 378 der Zivilprozeßordnung treffen.

[3] Von diesen Maßnahmen sind die Parteien zu benachrichtigen.

(2) [1] Angriffs- und Verteidigungsmittel, die erst nach Ablauf einer nach Absatz 1 Satz 2 Nr. 1 gesetzten Frist vorgebracht werden, sind nur zuzulassen, wenn nach der freien Überzeugung des Gerichts ihre Zulassung die Erledigung des Rechtsstreits nicht verzögern würde oder wenn die Partei die Verspätung genügend entschuldigt. [2] Die Parteien sind über die Folgen der Versäumung der nach Absatz 1 Satz 2 Nr. 1 gesetzten Frist zu belehren.

1 **1. Allgemeines.** Die Vorschr. regelt die Befugnisse des Vors. bei der Vorbereitung der streitigen Verhandlung sowie den Ausschluss von Parteivorbringen in der ersten Instanz. Für Bestandsstreitigkeiten gilt § 61a. Über die Verweisung in § 64 VII ist § 56 grds. auch im Berufungsverfahren, nicht hingegen im Revisionsverfahren anzuwenden, da sie in § 72 VI nicht genannt ist. § 56 I gilt auch im BeschlV (§ 80 II), während § 56 II von der Sonderregelung in § 83 I a verdrängt wird. Von den getroffenen Maßnahmen sind die Parteien zu benachrichtigen (§ 56 I 3). Die Parteien sollen sich auf die getroffenen Maßnahmen einrichten können. Dies entspricht dem Grundsatz des rechtl. Gehörs.

2 **2. Vorbereitung der streitigen Verhandlung. a) Konzentrationsmaxime.** § 56 I gilt nur für die Vorbereitung der streitigen Verhandlung und der Folgetermine, sie ist auf die Vorbereitung des Gütetermins nicht anzuwenden (s. § 54 Rn. 3). Die Vorbereitungsmaßnahmen dienen der Beschleunigung des Verfahrens, das nach dem Willen des Gesetzgebers nach Möglichkeit in einem Termin zu Ende geführt werden soll. Die Aufzählung der mögl. Vorbereitungshandlungen in § 56 I ist nicht abschl. Vielmehr kann der Vorsitzende alle ges. zulässigen Maßnahmen ergreifen, die sachl. geboten sind, damit der Termin in einer Verhandlung zu Ende geführt werden kann. Die in § 56 I bezeichneten Maßnahmen stehen nicht im freien, sondern im pflichtgem. Ermessen des Vors.; er ist zur Vornahme der geeigneten Vorbereitungsmaßnahmen verpflichtet (LAG BE 24.10.1988 NZA 1989, 236; GK-ArbGG/*Schütz* Rn. 4). Bei mehreren mögl. Maßnahmen besteht ledigl. ein Beurteilungsermessen, welche Maßnahmen zunächst durchgeführt werden. Allerdings kann auf eine Verletzung der Vorbereitungspflicht ein Rechtsmittel allein nicht gestützt werden, ein fortgesetzter Verstoß gegen § 56 I kann Gegenstand von Maßnahmen der Dienstaufsicht sein (GK-ArbGG/*Schütz* Rn. 9).

3 **b) Richterliche Aufklärung. aa) Parteien.** Nach § 56 I Nr. 1 hat der Vorsitzende den Parteien die Erg. oder Erläuterung der bereits in ihren vorbereitenden Schriftsätzen angesprochenen Punkte aufzugeben (LAG K 30.1.1998 NZA 1998, 1284). Die aufklärungsbedürftigen Punkte sind genau zu bezeichnen (BAG 19.6.1980 AP ArbGG 1979 § 56 Nr. 1; LAG N 18.12.1989 LAGE § 56 ArbGG 1979 Nr. 1). Unzureichend ist daher die allg. Aufforderung zur Klage oder Klageerwiderung Stellung zu nehmen. Die Hinweispflicht betrifft auch den Vortrag der Parteien, der zur Durchführung einer Beweisaufnahme erforderl. ist. Hat zB eine beweisbelastete Partei die ladungsfähige Anschrift eines Zeugen nicht angegeben, ist sie regelm. auf die gebotene Vervollständigung der Angaben hinzuweisen (BVerfG 26.10.1999 AP GG Art. 103 Nr. 63; LAG HE 17.5.1993 § 373 ZPO Nr. 3). Eine stattgebende oder abweisende Endentscheidung ist unstatthaft, wenn das Gericht der jeweils darlegungs- und beweisbelasteten Partei nicht zuvor durch auf den Einzelfall zugeschnittene Auflagen die Möglichkeit zu ausreichendem Sachvortrag gegeben hat (BAG 12.11.2008 – 7 AZR 499/07). Dies gilt auch für die Berufungsinstanz.

4 **bb) Dritte.** Zu den vorbereitenden Maßnahmen zählt auch die Anordnung über die Vorlegung von Urkunden und anderen zur Niederlegung bei Gericht geeigneten Gegenständen. Von der Befugnis der Vors. gedeckt sind auch Anordnungen ggü. Dritten, soweit diese nach den §§ 142 bis 144 ZPO zulässig sind. Zwar ist § 56 I Nr. 1 im ZPO-RG redaktionell nicht an § 273 II Nr. 5 ZPO angegl. worden, dieses Versäumnis beruht aber offenbar auf einem Versehen des Gesetzgebers. Aus der Gesetzesgeschichte wird jdf. nicht erkennbar, dass die Befugnisse nach der ZPO und dem ArbGG voneinander abweichen sollten. Eine Anordnung ist nur zulässig, wenn sich die Partei auf die Urkunden berufen hat (weitergehend LAG M 11.11.1977 EzB BBiG § 15 Abs. 3 Nr. 10 – Vorlage des Kündigungsschreibens auch wenn sich keine Partei darauf berufen hat). Die Vorlage von Personalakten kommt nur im Einverständnis der Parteien in Betracht (BAG 13.2.1974 AP BAT § 70 Nr. 4).

5 **c) Auskunft von Behörden und persönliches Erscheinen.** Der Vorsitzende kann Behörden oder Träger eines öffentl. Amtes um Mitteilung von Urkunden oder um Erteilung amtl. Auskünfte ersuchen (§ 55 I Nr. 2) und das persönl. Erscheinen von Parteien anordnen (§ 56 I Nr. 3, s. § 51 Rn. 2).

6 **d) Zeugen und Sachverständige.** Nach § 55 I Nr. 4 soll der Vorsitzende im Interesse der Verfahrensbeschleunigung die Beweisaufnahme vor der Kammer vorbereiten. Hierzu kann er Sachverständige und Zeugen laden, letztere jedoch nur, soweit sich eine Partei auf sie bezogen hat. Mit der Ladung ist ihnen in Hinblick auf etwaige Zeugnisverweigerungsrechte oder erforderl. Aussagegenehmigungen der voraussichtl. Gegenstand der Vernehmung mitzuteilen, anderenfalls kann bei Ausbleiben des Zeugen ein Ordnungsgeld gegen ihn nicht verhängt werden (BAG 29.10.1980 AP BAT 1975 §§ 22, 23 Nr. 41). Die Angabe eines genauen Beweisthemas ist bei einer Ladung nach § 56 I nicht erforderl.

(§ 358 ZPO) und vielfach wegen der notwendigen Unvorgenommenheit des Zeugen auch nicht geboten. In geeigneten Fällen sind die Zeugen mit der vorbereitenden Ladung aufzufordern, aussageerleichternde Unterlagen, die sich in ihrem Besitz befinden, zum Termin mitzubringen (§ 378 ZPO). Eine Ladung von Zeugen hat zu unterbleiben, wenn die entscheidungserhebl. Tatsachen unstreitig sind, weil sie zB im Gütetermin zugestanden worden sind (BAG 28.4.1982 AP BAT 1975 §§ 22, 23 Nr. 60). Allerdings sind die Auslagen für vorbereitend geladene Zeugen auch zu erheben, wenn sie unvernommen entlassen werden (LAG SH 29.4.1997 – 4 Ta 33/97).

3. Zurückweisung von Parteivorbringen. a) Ausschluss von nicht fristgemäßem Parteivorbringen. aa) Keine Ermessensentscheidung. Nach § 56 II 1 sind Angriffs- oder Verteidigungsmittel, die erst nach Ablauf einer nach § 56 I 2 Nr. 1 gesetzten Frist vorgebracht werden, nur zuzulassen, wenn nach der freien Überzeugung des Gerichts ihre Zulassung die Erledigung des Rechtsstreits nicht verzögern würde oder wenn die Partei die Verzögerung genügend entschuldigt. Die Partei ist mit dem Vorbringen nach dem Gesetzeswortlaut bereits dann ausgeschlossen, wenn die Voraussetzungen vorliegen; ein **Ermessensspielraum** ist nicht vorgesehen. Das BVerfG sieht in der Nichtberücksichtigung von Vorbringen keinen Verstoß gegen den Grundsatz des rechtl. Gehörs, wenn es aus Gründen des formellen Rechts nicht berücksichtigt wird (BVerfG 3.8.1989 AP GG Art. 103 Nr. 40; 2.7.1979 AP GG Art. 103 Nr. 31; auch GK-ArbGG/*Schütz* Rn. 40). 7

bb) Gegenstand der Zurückweisung. Angriff- und Verteidigungsmittel sind alle tatsächl. Behauptungen oder deren Bestreiten, die Erhebung von Einwendungen und Einreden sowie das Vorbringen von Beweismitteln und Beweiseinreden (§ 282 I ZPO), ferner Verzicht und Anerkenntnis. Auch bei der Anfechtung (BAG 9.11.1983 AP ZPO § 340 Nr. 3) und Aufrechnung (BGH 30.5.1984 NJW 1984, 1964) handelt es sich um Verteidigungsmittel, wenn die zugrunde liegenden Tatsachen in das Verfahren eingeführt werden (dazu auch § 67 Rn. 7). Angriffs- und Verteidigungsmittel sind nicht der Angriff oder die Verteidigung selbst wie zB die Klage, Klageerweiterung, Klageänd., Widerklage, der Antrag auf Auflösung des ArbVerh. (§ 9 KSchG) oder die Äußerung von Rechtsansichten. Zu unstreitigem Vorbringen Rn. 11. 8

cc) Auflage mit Fristsetzung. Voraussetzung der Nichtzulassung ist eine wirksame Auflage nach § 56 I 2 Nr. 1. Es muss dementspr. eine fristgebundene Auflage unter Bezeichnung der klärungsbedürftigen Punkte gesetzt worden sein (BAG 25.3.2004 NZA 2004, 1407). Nicht ausreichend ist es, wenn einer Partei ledigl. aufgegeben wird, auf das Vorbringen der Gegenseite fristgebunden zu erwidern (BAG 19.6.1980 AP ArbGG 1979 § 56 Nr. 1; BGH 15.3.1990 NJW-RR 1990, 856). Eine Ausnahme gilt nur dann, wenn die einzelnen klärungsbedürftigen Punkte vorher iRd. Erörterung der Sach- und Rechtslage genau bezeichnet und im Protokoll so festgehalten wurden, dass kein Zweifel über den Inhalt der Auflage besteht (LAG N 18.12.1989 LAGE § 56 ArbGG 1979 Nr. 1). Die Anordnung ist mit vollem Namen des Richters zu unterzeichnen (LAG HM 22.7.1982 LAGE § 340 ZPO Nr. 2). Sofern sie nicht in einem Termin verkündet worden ist, ist sie den Parteien zuzustellen (§ 329 II ZPO). Die Frist muss angemessen sein, ansonsten kann das Vorbringen nicht zurückgewiesen werden. Auch eine anwaltl. vertretene Partei ist über die Rechtsfolgen verspäteten Vorbringens zu belehren, allerdings genügt in diesem Fall der Hinweis auf die ges. Vorschr. (BAG 14.3.2013 – 8 AZR 153/12). Die Belehrung kann mdl. erfolgen, wenn die Auflage im Termin verkündet wird; anderenfalls ist die Belehrung mit der Fristsetzung zuzustellen (§ 329 II ZPO). Eine hinreichende Belehrung liegt nur vor, wenn auch bei anwaltl. vertretenen Parteien auf die Folgen in konkreter Form hingewiesen wird (BGH 11.7.1985 NJW 1986, 133); der Hinweis auf die Rechtsnorm reicht nicht aus. 9

dd) Verzögerung. Die Partei ist nur mit solchen Angriffs- oder Verteidigungsmitteln ausgeschlossen, bei deren Berücksichtigung eine Verzögerung des Rechtsstreits einträte. Unstreitiges oder unerhebl. Vorbringen führt niemals zu einer Verzögerung und darf nicht ausgeschlossen werden. Eine Verzögerung liegt nur vor, wenn der Rechtsstreit bei Zulassung länger dauern würde als bei Nichtzulassung des Vortrags. Dies ist nicht der Fall, wenn der Rechtsstreit bei Zulassung gleich lang dauern würde (es ist ohnehin ein weiterer Termin erforderlich), sondern nur, wenn ein neuer, ansonsten nicht erforderl. Termin durchzuführen ist. Ob auch in der Einräumung eines Schriftsatznachlasses (§ 283 ZPO) und der deshalb notwendigen Anberaumung eines Verkündungstermins eine Verzögerung liegen kann, ist umstr. Dies ist zu bejahen, wenn ansonsten eine Entsch. noch am gleichen Tag verkündet worden wäre (LAG K 2.6.1995 LAGE § 67 ArbGG 1979 Nr. 4; aA BAG 2.3.1989 NZA 1989, 635; LAG B 12.3.2007 LAGE § 296 ZPO 2002 Nr. 1; BGH 26.11.1984 NJW 1985, 1556; s. § 46 Rn. 4). 10

ee) Fehlverhalten des Gerichts. Verspätetes Vorbringen ist stets zu berücksichtigen, wenn die Verzögerung auf einem Fehlverhalten des Gerichts beruht. Gem. § 139 IV ZPO sind Hinweise grundsätzl. so frühzeitig vor der mdl. Verhandlung zu erteilen, dass die Partei Gelegenheit hat, ihre Prozessführung darauf einzurichten. Erteilt das Gericht denHinweis erst in der mdl. Verhandlung, muss es der betroffenen Partei genügend Gelegenheit zur Reaktion hierauf geben. Kann eine sofortige Äußerung nach den konkreten Umständen nicht erwartet werden, darf die mdl. Verhandlung nicht ohne weiteres geschlossen werden. Vielmehr muss das Gericht die mdl. Verhandlung dann vertagen (BGH 18.9.2006 NJW-RR 2007, 412). Das Gericht ist darüber hinaus bei nicht fristgem. Vorbringen aus rechtsstaatl. 11

Gründen gehalten, alle ihm zur Vfg. stehenden Maßnahmen zu ergreifen, um die Verzögerung zu verhindern (BVerfG 21.2.1990 NJW 1990, 2373). In Betracht kommt zB die Einräumung einer zusätzl. Schriftsatzfrist vor dem Termin oder eine Zeugenladung im Wege prozessleitender Vfg. Ein Zeitraum von zehn Tagen zwischen Eingang des Schriftsatzes und Termin ist dafür noch als ausreichend angesehen worden (BAG 23.11.1988 NZA 1989, 436). Bleibt der vorbereitend geladene Zeuge unentschuldigt oder entschuldigt dem Termin fern, soll eine Zurückweisung unzulässig sein (BGH 19.10.1988 NJW 1989, 719; 23.4.1986 NJW 1986, 2319). Dem ist dann nicht zu folgen, wenn das Ausbleiben des Zeugen auf der zu kurzfristigen Ladung beruht. Andererseits ist das Gericht nicht gehalten, Eilmaßnahmen zu ergreifen (GMP/*Germelmann* Rn. 35; GK-ArbGG/*Schütz* Rn. 66; HHB/*Helml* Rn. 5). Keine Verzögerung tritt ein, wenn die Partei einen Zeugen zum Termin mitbringt. Dagegen kommt es zu einer Verzögerung, wenn Gegenzeugen geladen und vernommen werden müssen oder der Partei Schriftsatznachlass zur Glaubwürdigkeit des Zeugen einzuräumen ist (LAG K 2.6.1995 LAGE § 67 ArbGG 1979 Nr. 4).

12 ff) **Entschuldigung.** Verspätetes Vorbringen, das die Entsch. verzögert, muss berücksichtigt werden, wenn die Verspätung genügend **entschuldigt** wird. Der Partei wird ein Verschulden ihres PV zugerechnet (§ 85 II ZPO). Zuzulassen ist der Vortrag, wenn überhaupt kein Verschulden vorliegt sowie dann, wenn vernünftige Entschuldigungsgründe bestehen, zB Erkrankung oder Überlastung der Partei oder ihres Vertreters, Urlaub, Verzögerung der Postlaufzeit oder in jedem Fall bei Verschulden des Gerichts. Das Gericht darf ein verspätetes Vorbringen nicht wegen Unglaubwürdigkeit des vorgetragenen Entschuldigungsgrunds zurückweisen, ohne dass es die Partei zur Glaubhaftmachung aufgefordert (§ 296 IV ZPO analog, Rn. 16) und ihr dazu binnen einer regelm. kurzen Frist in angemessener Weise Gelegenheit gegeben hat (BGH 10.3.1986 NJW 1986, 3193).

13 b) **Entscheidung.** Vor der Nichtzulassung von Parteivorbringen nach § 56 II ist der Partei stets (auch bei Schriftsatznachlass § 46 Rn. 4) rechtl. Gehör zu gewähren, dabei ist auf die Verzögerung und die Möglichkeit der Entschuldigung hinzuweisen. Die zurückweisende Entsch. erfolgt idR zusammen mit der Endentscheidung, bei der das Vorbringen der Partei so darzustellen und zu berücksichtigen ist, als ob diese den Sachverhalt nicht vorgetragen hätte (BGH 17.4.1996 NJW-RR 1996, 961). Zurückgewiesen werden kann aber nur tatsächl. Vorbringen, nicht der Angriff oder die Verteidigung selbst. Auch die Zulassung des Vorbringens wird nicht bes. dargestellt. Die Nichtzulassung ist nur mit der Endentsch. anfechtbar. Ist diese unanfechtbar, kommt die Einlegung einer Verfassungsbeschwerde in Betracht. Die Kontrolle der Fachgerichte durch das BVerfG bei der Zurückweisung von Vorbringen geht dabei über eine bloße Willkürkontrolle hinaus (BVerfG 26.10.1999 AP GG Art. 103 Nr. 63). Hat das ArbG zu Recht Vorbringen nicht zugelassen, ist die Partei auch in der Berufungsinstanz damit ausgeschlossen (§ 67 I). Die Zulassung verspäteten Vorbringens ist gleichfalls nicht anfechtbar, selbst wenn sie zu Unrecht erfolgt ist, da die Verzögerung ohnehin eingetreten ist.

14 c) **Konkurrenzen.** § 56 II ist ggü. §§ 273, 296 I ZPO Spezialregelung. Diese finden daher keine Anwendung, ledigl. § 340 III 3 ZPO verweist für die Einspruchsschrift auf § 296 I ZPO (LAG D 17.2.1989 LAGE § 340 ZPO Nr. 3; LAG BE 12.12.1988 LAGE § 340 ZPO Nr. 4). Neben § 56 II gilt jedoch § 296 II ZPO, da die Parteien auch im UrtV eine allg. **Prozessförderungspflicht** (§ 282 I, II ZPO) haben (LAG K 10.7.1984 LAGE § 528 ZPO Nr. 2). Im Unterschied zu § 56 II kommt eine Zurückweisung von Vorbringen nach § 296 II auch in Betracht, wenn eine Fristsetzung für die schriftsätzl. Erkl. einer Partei unterblieben ist. Voraussetzung ist jedoch, dass *(1)* entweder Sachvortrag oder Beweismittel verspätet vorgebracht werden, *(2)* die andere Partei das Vorbringen sofort oder in einem nachgelassenen Schriftsatz rechtswirksam bestreitet, *(3)* es zu einer Verzögerung des Rechtsstreits kommt (zum Verzögerungsbegriff Rn. 11) und *(4)* die Verspätung auf grober Nachlässigkeit beruht. Grob nachlässig handelt eine Partei nur, wenn sie ihre Prozessförderungspflicht in bes. hohem Maße vernachlässigt, sie also dasjenige unterlässt, was nach dem Stand des Verfahrens jeder Partei als notwendig hätte einleuchten müssen (BGH 24.9.1986 NJW 1987, 501). Das Vorliegen des erforderl. Verschuldensmaßstabs muss das Gericht positiv feststellen (BVerfG 29.11.1990 NJW 1991, 2275). Für das Vorliegen einer groben Nachlässigkeit kann aber bei einem objektiv schwerwiegenden Verstoß gegen die allg. Prozessförderungspflicht eine Vermutung sprechen, die dann von der Partei zu entkräften ist (Zöller/*Greger* § 296 Rn. 30). Anders als nach § 56 II steht der Ausschluss von Vorbringen nach § 296 II ZPO im Ermessen des Gerichts, er ist auch bei nicht mehr mit ordentl. Rechtsmitteln anfechtbaren Entscheidungen stets zu begründen. Gleichfalls nicht durch § 56 II verdrängt wird § 296 III ZPO, wenn auch die Regelung im arbeitsgerichtl. Verfahren kaum von praktischer Bedeutung ist (Ausnahme: bei Rüge nach § 17a GVG durch die bekl. Partei, s. § 48 Rn. 3). Auch § 296 IV ZPO findet Anwendung im arbeitsgerichtl. Verfahren, da § 56 II insoweit eine Regelungslücke enthält. Das Gericht kann daher verlangen, dass die **Entschuldigungsgründe glaubhaft** gemacht werden. Vorbringen, dass nach Schluss der mdl. Verhandlung erfolgt, kann nicht ausgeschlossen werden, da es ohnehin nach § 296a ZPO unberücksichtigt bleibt. Zur Wiedereröffnung der mdl. Verhandlung § 46 Rn. 3.

15 d) **Vermeidung der Zurückweisung.** Eine Partei kann die Zurückweisung von Vorbringen verhindern, wenn sie im Termin zur mdl. Verhandlung auf eine Antragstellung verzichtet (**Flucht in die**

Säumnis). Zwar kann in diesem Fall auf Antrag des Gegners VU ergehen, das vorl. vollstreckbar ist; die Partei kann ihr bisheriges Vorbringen in der Einspruchsbegr. ergänzen oder auf den bereits erfolgten Vortrag Bezug nehmen. Allerdings hat die Partei keinen Anspruch auf eine Terminsbestimmung, durch die eine Verzögerung vermieden wird. Jedoch darf bei einer aus sachwidrigen Gründen vorgenommenen kurzeitigen Terminierung keine Zurückweisung erfolgen (dazu LAG BE 12.12.1988 LAGE § 340 ZPO Nr. 4), ebenso ist das Gericht auch bei einem knappen Zeitrahmen verpflichtet, alle zumutbaren Maßnahmen zur Durchführung einer Beweisaufnahme zu treffen (s. Rn. 12). Nach wie vor mögl. ist im arbeitsgerichtl. Verfahren das Zurückhalten von Tatsachenvortrag und seine Einf. erst in der zweiten Instanz **(Flucht in die Berufung).** Eine Zurückweisung von Tatsachen, die erstmals in der Berufungsbegr. bzw. -erwiderung vorgebracht worden sind, ist nur mögl., wenn ihre Berücksichtigung zu einer Verzögerung des Berufungsverfahrens führen würde und/oder die Partei die Verspätung nicht genügend entschuldigt oder das Vorbringen in der Vorinstanz aus grober Nachlässigkeit unterblieben ist (§ 67 II, III); § 531 II Nr. 3 ZPO gilt für das Verfahren vor den LAG nicht. Schließl. kann der Kl. durch eine Änd. seines Antrags und der Bekl. durch **Erhebung einer Widerklage** die Entsch. hinauszögern, wenn die Änd. der jeweiligen Anträge im Termin erfolgt. Der Präklusion unterliegen nur die Angriffs- und Verteidigungsmittel, nicht aber der Angriff selber; von einem Ausschluss kann daher nur der den Anträgen zugrunde liegende Tatsachenvortrag bzw. das Beweisangebot erfasst werden. Zwar kann das Gericht grds. durch Teilurt. (§ 301 ZPO) entscheiden, dies setzt aber voraus, dass Entscheidungsreife hins. eines selbständigen prozessualen Anspruchs besteht. Hieran fehlt es, wenn die Klageforderung nur betragsmäßig erhöht wird, der vom Kl. verfolgte Anspruch aber unverändert erhalten bleibt (BGH 26.4.1989 NJW 1989, 2821). Entspr. gilt für die Widerklage; grds. darf über Klage und Widerklage nur gemeinsam entscheiden werden, wenn sie einen einheitl. Gegenstand betreffen. Eine Entsch. durch Teilurt. ist nur zulässig, wenn die Gefahr widersprüchl. Entscheidungen im Teil- und Schlussurt. ausgeschlossen ist (BGH 28.11.2002 DB 2003, 553; 15.6.1991 NJW 1991, 2699).

§ 57 Verhandlung vor der Kammer

(1) [1]**Die Verhandlung ist möglichst in einem Termin zu Ende zu führen.** [2]**Ist das nicht durchführbar, insbesondere weil eine Beweisaufnahme nicht sofort stattfinden kann, so ist der Termin zur weiteren Verhandlung, die sich alsbald anschließen soll, sofort zu verkünden.**

(2) **Die gütliche Erledigung des Rechtsstreits soll während des ganzen Verfahrens angestrebt werden.**

Die Vorschr. soll zur Beschleunigung des Verfahrens beitragen, aber auch die bes. Pflicht des Gerichts zur Herbeiführung einer gütl. Beilegung des Rechtsstreits hervorheben. Sie gilt kraft ausdr. Bezugnahme im Berufungs- (§ 64 VII) bzw. Revisionsverfahren (§ 72 VI) sowie im BeschlV (§§ 80 II, 87 II, 92 II). Damit ist klargestellt, dass nicht nur im Gütetermin, sondern auch in der streitigen Verhandlung vorrangig eine gütl. Beilegung des Rechtsstreits angestrebt werden soll. Das entspricht § 278 I ZPO und der Kostenprivilegierung von Vergleichen (Vorbem. Nr. 8 zum Gebührenverzeichnis zu § 34 GKG). Das ArbGG enthält keine Sonderregelungen über die mdl. Verhandlung, deren Ablauf sich daher nach den §§ 136, 137 ZPO richtet. Das Verfahren ist grds. im ersten Kammertermin zu Ende zu führen (§ 57 I 1). Ist dies nicht mögl., weil zB eine Beweisaufnahme nicht stattfinden kann, ist der Fortsetzungstermin sofort festzusetzen und zu verkünden. Einer bes. Ladung der anwesenden Parteien bedarf es dann nicht mehr. Neben der Unmöglichkeit einer sof. Beweisaufnahme kommt als Vertagungsgrund noch die Erforderlichkeit einer erg. Stellungn. aufgrund neuer rechtl. oder tatsächl. Umstände oder das entschuldigte Ausbleiben einer persönl. geladenen Partei in Betracht. Keine Vertagungsgründe sind die mangelhafte Vorbereitung einer Partei oder ihres PV (§ 227 ZPO). Die neue Verhandlung soll alsbald stattfinden. Ist ein erneuter Auflagenbeschl. erforderl., ist auch dieser sofort zu verkünden. Etwas anderes gilt nur, wenn die Kammer seine Abfassung dem Vors. übertragen hat. Wird ein Termin zur Verkündung einer Entsch. bestimmt, ist dies keine Vertagung (§ 310 ZPO). Die Vertagung eines Termins ist grds. nicht anfechtbar. Eine Ausnahme gilt nur, wenn die Vertagung einer Aussetzung des Verfahrens gleichkommt (LAG SN 14.3.2008 LAGE GG Art. 19 Nr. 1). 1

§ 58 Beweisaufnahme

(1) [1]**Soweit die Beweisaufnahme an der Gerichtsstelle möglich ist, erfolgt sie vor der Kammer.** [2]**In den übrigen Fällen kann die Beweisaufnahme, unbeschadet des § 13, dem Vorsitzenden übertragen werden.**

(2) [1]**Zeugen und Sachverständige werden nur beeidigt, wenn die Kammer dies im Hinblick auf die Bedeutung des Zeugnisses für die Entscheidung des Rechtsstreits für notwendig erachtet.** [2]**Im Falle des § 377 Abs. 3 der Zivilprozeßordnung ist die eidesstattliche Versicherung nur erforderlich, wenn die Kammer sie aus dem gleichen Grunde für notwendig hält.**

(3) **Insbesondere über die Zahl der in einem Arbeitsverhältnis stehenden Mitglieder oder das Vertretensein einer Gewerkschaft in einem Betrieb kann Beweis auch durch die Vorlegung öffentlicher Urkunden angetreten werden.**

1 **1. Allgemeines.** Die Vorschr. regelt nur die wenigen arbeitsgerichtl. Besonderh. des Beweisrechts und gilt sowohl im Berufungsverfahren (§ 64 VII) als auch im BeschlV (§ 80 II). Im Revisions- und RechtsbeschwV ist § 58 nicht anzuwenden, da es in den §§ 72 IV, 92 II insoweit an einer Verweisung fehlt. IÜ gelten nach § 46 II die allg. Vorschr. der ZPO. Die allg. Grdl. des Beweisrechts sind in den §§ 284 bis 294 ZPO geregelt. Hervorzuheben ist der Grundsatz der freien Beweiswürdigung (§ 286 ZPO), der auch im arbeitsgerichtl. Verfahren gilt. Die allg. Vorschr. zu Durchführung der Beweisaufnahme enthalten die §§ 355 bis 370 ZPO. Zul. sind im arbeitsgerichtl. Verfahren dies. Beweismittel wie im Zivilprozess: Augenschein (§§ 371 bis 372a ZPO), Zeugen (§§ 373 bis 402 ZPO), Sachverständige (§§ 402 bis 414 ZPO), Urkunden (§§ 415 bis 444 ZPO) und Parteivernehmung (§§ 445 bis 455 ZPO). Die §§ 478 bis 484 ZPO enthalten die allg. Regeln zur Vereidigung, von denen § 58 II tw. abweicht (dazu unten Rn. 5). Das selbständige Beweisverfahren, das in den §§ 485 bis 494a ZPO geregelt ist, ist auch im arbeitsgerichtl. Verfahren anwendbar.

2 **2. Besonderheiten des arbeitsgerichtlichen Verfahrens.** § 58 I ordnet an, dass die Beweisaufnahme stets vor der Kammer zu erfolgen hat, wenn diese im Gericht mögl. ist. Damit folgt die Vorschr. dem Grundsatz der Unmittelbarkeit des Verfahrens. Davon werden Ausnahmen zugelassen. Die Kammer kann sich des Rechts und der Pflicht der gemeinsamen Beweisaufnahme begeben, wenn sie an einem anderen Ort stattfinden muss, etwa bei einer sog. Ortsbesichtigung (Augenschein). Daneben kann der Vorsitzende ohne Beteiligung der ehrenamtl. Richter auch die Beweisaufnahme durch den ersuchten Richter (§ 13) anordnen (§ 55 IV Nr. 1). Im Allg. wird angenommen, dass die Kammer, vor der die Beweisaufnahme stattgefunden hat, nicht in derselben **Besetzung,** dh. mit denselben ehrenamtl. Richtern, die instanzbeendende Entsch. treffen muss (GMP/*Prütting* Rn. 46). Das widerspricht dem Grundsatz der Unmittelbarkeit und unterläuft dessen Sinn und dem des § 58 I 1. Allerdings muss die Hinzuziehung der gleichen ehrenamtl. Richter zwgd. im Geschäftsverteilungsplan des Gerichts geregelt sein; die Hinzuziehung allein durch Beschl. der Kammer ist unzulässig, s. § 31. Sowohl im Zivilprozess als auch im arbeitsgerichtl. Verfahren werden Zeugen und Sachverständige regelm. nicht **vereidigt.** Anders als im Zivilprozess (§ 391 ZPO) ist im arbeitsgerichtl. Verfahren eine Vereidigung nur zulässig, wenn die Bedeutung der Aussage für den Rechtstreit dies erfordert, nicht aber, zur Herbeiführung einer wahren Aussage. Die für den Zivilprozess wohl streitige Frage, ob bei einer schriftl. Beantwortung einer Beweisfrage die eidesstattl. Vers. als Aussagebekräftigung an Stelle eines Eides zulässig ist oder nicht, wird für das arbeitsgerichtl. Verfahren durch § 58 II 2 entschieden. Danach ist diese mögl., aber nur erforderl., wenn *(1)* die Kammer dies beschließt und *(2)* wegen der Bedeutung des Aussage für den Rechtsstreit.

3 **3. Öffentliche Urkunden.** Abs. 3 ist durch Art. 2 Nr. 2 des G zur Tarifeinheit vom 3.7.2015 (BGBl. I S. 1130) mWv 10.7.2015 den bisherigen Abs. 1 und 2 angefügt worden. Abs. 3 ist nicht auf BeschlV nach § 99 beschränkt, sondern gilt auch im UrtV. Die Vorschrift soll die Feststellung des Vertretenseins einer Gewerkschaft im Betrieb und die Anzahl der dort beschäftigten Mitglieder ermöglichen (BT-Drs. 18/4062 S. 16). Sie stellt deklaratorisch die grds. Zulässigkeit einer mittelbaren Beweisführung zum Nachweis einer beweisbedürftigen Tatsache in den Verfahren vor den ArbG klar. Diese Möglichkeit besteht auch, wenn der beweisbelasteten Partei Beweismittel zur Verfügung stehen, durch den sie einen unmittelbaren Beweis führen könnte. Es ist Sache einer Partei oder des Beteiligten eines BeschlV, wie sie das Gericht von dem Vorhandensein einer Tatsache überzeugen. Nach der Vorstellung des Gesetzgebers soll eine solche mittelbare Beweisführung durch die Verwertung einer notariellen Erkl. im Wege des Urkundenbeweises nach § 415 ZPO zulässig und bei Bestehen von entspr. verfassungsrechtl. Rechtspositionen geboten sein (BT-Drs. 18/4062 S. 16). Für die Repräsentanz einer Gewerkschaft im Betrieb iSd. § 2 II BetrVG war ein solcher mittelbarer Nachweis bereits in der Vergangenheit vom BAG anerkannt worden. Nach seiner Ansicht kann eine Gewerkschaft den erforderlichen Beweis führen, ohne den Namen ihres im Betrieb des AG beschäftigten Mitgleids zu nennen. Insb. könne sich das Gericht mit einer mittelbaren Beweisführung begnügen, wenn die bisherige Beweisaufnahme zur Überzeugungsbildung ausreicht und die auf mittelbare Beweismittel gestützte Beweisführung eines Beteiligten objektiv dazu dient, die Beeinträchtung verfassungsrechtl. geschützter Rechtspositionen zu verhindern (BAG 25.3.1992 NZA 1993, 134; abl. *Prütting/Weth* NJW 1993, 576; *Schilken* SAE 1993, 308). Das LAG hatte eine notarielle Urkunde als Teil der Beweisführung der ast. Gewerkschaft ausreichen lassen, in der der Notar erklärt hatte, vor ihm sei eine Person erschienen, die eidesstattl. versichert habe, in einem bestimmten Werk der AG beschäftigt zu sein und in einem ungekündigten Arbeitsverhältnis zu stehen. Zum Nachweis ist dem Notar, was dieser beurkundet hatte, ein amtl. Ausweisdok. und einen Überweisungsträger des AG vorgelegt worden (darauf aufbauender Formulierungsvorschlag bei *Becker* BWNotZ 2013, 175). Das BAG hat in einer solchen Erkl. eine iSd. § 415 ZPO gesehen, in der eine mit öffentl. Glauben versehene Person (Notar) innerhalb des ihr durch § 20 Abs. 1 BNotG zugewiesenen Geschäftskreises eine amtl. Erkl. über eine von ihm

wahrgenommene Tatsache in der vorgeschriebenen Form erstellt habe. Diese Rspr. hat das BVerfG aus verfassungsrechtl. Gründen nicht beanstandet (BVerfG 21.3.1994 NZA 1994, 891). Das Absehen von der namentl. Benennung von Gewerkschaftsmitgliedern ist nach der Vorstellung des Gesetzgebers auch bei der Feststellung der Anzahl der in einem Arbeitsverhältnis stehenden Mitglieder im Betrieb iSd. § 4a II 2 TVG geboten (zu den notw. Angaben und dem Verfahren s. § 99 Rn. 6).

§ 59 Versäumnisverfahren

[1]Gegen ein Versäumnisurteil kann eine Partei, gegen die das Urteil ergangen ist, binnen einer Notfrist von einer Woche nach seiner Zustellung Einspruch einlegen. [2]Der Einspruch wird beim Arbeitsgericht schriftlich oder durch Abgabe einer Erklärung zu Protokoll der Geschäftsstelle eingelegt. [3]Hierauf ist die Partei zugleich mit der Zustellung des Urteils schriftlich hinzuweisen. [4]§ 345 der Zivilprozeßordnung bleibt unberührt.

1. Allgemeines. Die Vorschr. regelt Teilbereiche des Versäumnisverfahrens. Soweit in ihr keine 1 Sonderregelungen enthalten sind, gelten über § 46 II 1 die §§ 330 bis 347 ZPO für das Verfahren vor dem ArbG entspr. Ausgenommen sind §§ 331 III, 335 I Nr. 4 ZPO, weil es kein schriftl. Vorverfahren gibt (§ 46 II 2). Nach § 64 VII gilt § 59 auch im Berufungsverfahren. Dagegen wird für das Revisionsverfahren in § 72 VI nicht auf § 59 Bezug genommen. VU des BAG sind nach den §§ 555, 330 ff. ZPO für vorl. vollstreckbar zu erklären (BAG 28.10.1981 AP ZPO § 522a Nr. 6). Im BeschlV findet kein Säumnisverfahren statt (§ 83 IV 2).

2. Versäumnisurteil. a) Säumnis. Ein VU darf nur ergehen, wenn die allg. Prozessvoraussetzungen 2 gegeben sind und die säumige Partei zum Termin ordnungsgem. unter Wahrung der Ladungs- und Einlassungsfristen geladen und über die Folgen seines Ausbleibens belehrt (§ 215 ZPO) worden ist. Nicht statthaft ist der Erlass eines VU bei Säumnis in einem Verkündungstermin oder wenn ausschl. eine Beweisaufnahme erfolgen soll, ebenso bei einer Zeugenvernehmung durch den ersuchten Richter. Gleiches gilt bei einer Verhandlung über einen Tatbestandsberichtigungsantrag oder wenn das Verfahren nach den §§ 239 ff. ZPO unterbrochen ist. Säumig ist eine Partei, wenn sie im Termin nicht erscheint oder im Termin nicht verhandelt (§ 333 ZPO). Verhandeln ist jede aktive Beteiligung an der Erörterung des Rechtsstreits vor Gericht. Dies ist jedes Verhandeln zur Sache, auch ein Verhandeln zu den Prozessvoraussetzungen (BGH 15.12.1992 NJW 1993, 861; OLG BA 24.8.1995 NJW-RR 1996, 317), jedoch ist die Stellung eines Sachantrags regelm. unverzichtbar (BAG 4.12.2002 NZA 2003, 341). Eine Ausn. gilt nur, wenn sich das Verhalten der Partei als derartige Teilnahme am Verfahren darstellt, dass sie auf eine bestimmte gerichtl. Entscheidung gerichtet ist (BAG 23.1.2007 NZA 2007, 1450). Dagegen liegt kein Verhandeln zur Sache vor, wenn nur Anträge zur Vertagung, Aussetzung, Trennung oder Verbindung von Rechtsstreitigkeiten gestellt werden oder eine Richterablehnung erfolgt. Regelm. ist ein Verhandeln gegeben, wenn (Sach-)Anträge gestellt werden (§ 297 ZPO) und auf das frühere Sachvorbringen verwiesen wird (GK-ArbGG/*Schütz* Rn. 18). Hat eine Partei im Termin zunächst verhandelt, dann aber nach der Beweisaufnahme keine Anträge mehr gestellt, liegt wegen der Einheit des Termins kein Fall der Säumnis vor (BGH 9.10.1974 NJW 1974, 2322). Dies gilt aufgrund der ausdr. Regelung in § 334 ZPO auch, wenn eine Partei zwar in dem Termin verhandelt, sich jedoch über Tatsachen, Urkunden oder Anträge auf Parteivernehmung nicht erklärt (GK-ArbGG/*Schütz* Rn. 20), ein solches Verhalten kann aber nach § 138 ZPO für die Partei negative Folgen haben.

b) Echtes und unechtes Versäumnisurteil. VU ist nur die gegen die säumige Partei aufgrund der 3 Säumnis ergehende Entsch. (sog. echtes VU). Hiervon zu unterscheiden ist das unechte VU, das bei Säumnis einer Partei gegen die erschienene Gegenpartei ergeht. Hier trifft das Gericht inhaltl. die gleiche. Entscheidung, die es auch bei Erscheinen der säumigen Partei getroffen hätte (BAG 10.6.1988 NZA 1989, 105), zB die Abweisung der Klage als unzulässig oder unbegr. Ein echtes VU enthält weder Tatbestand noch Entscheidungsgründe (§ 313b ZPO), während das unechte VU wie ein streitiges Urt. mit Tatbestand und Entscheidungsgründen abzufassen ist. Unterschiede bestehen auch in den Rechtsmitteln; nur gegen ein echtes VU ist der Einspruch statthaft. Beim unechten VU bestehen keine Unterschiede zu den ansonsten statthaften Rechtsmitteln, auch die RMB richtet sich nach § 9 V.

c) Versäumnisurteil gegen den Kläger. Auf Antrag des Bekl. wird gegen den nicht erschienenen Kl. 4 die Klage abgewiesen (§ 330 ZPO). Der Antrag auf Erlass eines VU liegt bereits im Abweisungsantrag. Liegen die allg. Prozessvoraussetzungen nicht vor und können sie auch nicht geheilt werden, ist die Klage unabhängig vom Antrag des Bekl. durch unechtes VU als unzulässig abzuweisen (OLG M 16.6.1987 NJW-RR 1989, 1405). Auch gegen die Partei, an deren Prozessfähigkeit Zweifel bestehen, kann ein VU nicht erlassen werden. Zunächst ist die Frage der Prozessfähigkeit zu klären (BAG 28.2.1974 AP ZPO § 56 Nr. 4).

d) Versäumnisurteil gegen den Beklagten. Auf Antrag des Kl. wird gegen den Bekl. nur dann ein 5 VU erlassen, wenn sein tatsächl. mdl. Vorbringen den Klageantrag rechtfertigt. Wegen der Säumnis gilt das tatsächl. mdl. Vorbringen des Kl. als zugestanden (§ 331 I 1 ZPO). Die Klage muss daher

„schlüssig" sein. Hat der Kl. rechtshindernde oder rechtsvernichtende Einwände als unstreitig vorgetragen, ist die Klage unschlüssig, weshalb kein VU ergehen kann (BAG 14.6.1994 NZA 1995, 1056; OLG D 5.2.1991 NJW 1991, 2089). Umstände, die für die Unrichtigkeit des kl. Vortrags sprechen sind nicht zu berücksichtigen (BAG 25.1.2006 NZA 2006, 808). Die Geständnisfiktion erfasst nicht die Tatsachen, die die Zust. des Gerichts aufgrund der Gerichtsstände des Erfüllungsorts oder der Gerichtsstandsvereinb. begründen (§§ 331, 29 II, 38 ZPO). Diese sind vom Kl. nachzuweisen. Soweit die Klage schlüssig ist und die Tatsachen zugestanden bzw. in erforderl. Umf. nachgewiesen sind, ist dem Antrag stattzugeben. Soweit dies nicht der Fall ist, ist die Klage abzuweisen (§ 331 II ZPO). Das Gericht kann auch zugunsten der anwesenden Partei durch kontradiktorisches Urt. entscheiden, selbst wenn diese nur ein VU beantragt hat (BAG 23.1.2007 NZA 2007, 1450).

6 **e) Zurückweisung des Antrags auf Erlass eines Versäumnisurteils. aa) Gesetzliche Hinderungsgründe.** Der Antrag auf Erlass eines VU oder einer Entsch. nach Lage der Akten (§ 331a ZPO, dazu auch § 55 Rn. 4) ist zurückzuweisen, wenn ein Hinderungsgrund aus § 335 I ZPO besteht. Dies ist zunächst der Fall, wenn die erschienene Partei den Nachweis für das Vorliegen der allg. Prozessvoraussetzungen oder der bes. Zulässigkeitsvoraussetzungen für ein VU nicht erbringen kann (§ 335 I Nr. 1 ZPO, s. Rn. 2, 5). Steht ihr Fehlen endgültig fest, ist die Klage durch unechtes VU abzuweisen. Der Antrag ist nach § 335 I Nr. 2 ZPO auch zurückzuweisen, wenn aus den Akten nicht festgestellt werden kann, dass die säumige Partei ordnungsgem. geladen worden ist (LAG HM 18.2.1981 LAGE § 345 ZPO Nr. 2). Gleiches gilt, wenn ihr ein entscheidungserhebl. tatsächl. mdl. Vorbringen oder ein Sachantrag nicht rechtzeitig mittels Schriftsatz mitgeteilt worden ist (§ 335 I Nr. 3 ZPO). Dies wird auch für neue Beweismittel gelten (OLG F 25.11.1992 FamRZ 1993, 1467). Einer Mitteilung bedarf es dann nicht, wenn der Tatsachenvortrag bereits in einer früheren Verhandlung erfolgt ist. Ein VU kann auch auf einen im Termin geänd. Antrag ergehen, wenn dieser durch die Umstellung ermäßigt wird. § 335 I Nr. 3 ZPO gilt nur für ein VU gegen den Bekl., da ein VU gegen den Kl. bzw. Rechtsmittelführer bereits dann ergeht, wenn dieser im Termin nicht erscheint.

7 **bb) Sonstige Hinderungsgründe.** Nach § 337 ZPO ist der Erlass eines Versäumnisurt. auch bei einer **zu kurz bemessenen Einlassungs- und Ladungsfrist** (§§ 226, 239 III, 274 III ZPO; § 47 Rn. 2) unzulässig oder wenn die Partei **ohne** ihr **Verschulden** am Erscheinen verhindert war; maßgebl. ist die Beachtung der üblicherweise zu fordernden Sorgfalt (GK-ArbGG/*Schütz* Rn. 26). **Unverschuldet** ist zB eine kurzfristig aufgetretenen Krankheit, eine Autopanne (BAG 19.10.1971 AP ZPO § 337 Nr. 3; LAG K 6.10.1997 LAGE § 513 ZPO Nr. 13; einschränkend BGH 19.11.1998 NJW 1999, 724 für widrige Verkehrsverhältnisse), das Übersehen eines Benachrichtigungszettels bei Niederlegung der Ladung zur Post (LAG BW 24.3.1983 EzA ZPO § 513 Nr. 6) oder wenn die Partei zuvor mitteilt hat, sie sei mittellos und könne die Reisekosten nicht bezahlen (LAG HE 30.5.1994 NZA 1995, 239). Bei Rechtsanwälten kann auch ein Nichterscheinen als unverschuldet gelten, wenn der gegnerische Anwalt entgegen einer Zusage ein VU nimmt (OLG KA 19.12.1973 NJW 1974, 1096; GK-ArbGG/*Schütz* Rn. 28; zur Verfassungswidrigkeit von § 13 BRAO BVerfG 14.12.1999 AP ZPO § 337 Nr. 4), bei einem Gericht die Übung besteht, bei einem durch einen Verbandsvertreter oder RA vertretenen Partei eine gewisse Zeitspanne zu warten (BGH 9.10.1975 NJW 1976, 1096 – 15 Minuten) oder ein PKHAntrag bisher nicht oder erst unmittelbar vor dem Termin beschieden worden ist (OLG BB 27.2.2001 NJW-RR 2002, 285; aA OLG KO 15.6.1989 NJW-RR 1990, 382). Die Säumnis ist **verschuldet,** wenn ein Vertreter bei Anordnung des persönl. Erscheinens berechtigt zurückgewiesen und auf diese Folgen zuvor hingewiesen worden ist (LAG HM 18.2.1981 LAGE § 345 ZPO Nr. 2). Ebenso ist das Gericht nicht gehindert, ein VU zu erlassen, wenn eine Partei vor dem Termin Vertagung beantragt hat und dieser Antrag noch nicht beschieden ist (LAG BE 23.10.1969 AP ZPO § 337 Nr. 2).

8 **f) Rechtsbehelfe und -mittel.** Erlässt das Gericht ein VU, ist der Einspruch (s. Rn. 9) unabhängig davon gegeben, ob ein Fall der Säumnis vorgelegen hat (BGH 11.5.1994 NJW-RR 1995, 257; 3.12.1993 NJW 1994, 665 – keine Berufung). Weist das Gericht den Antrag auf Erlass eines VU zurück, ist die nicht erschienene Partei zu dem neuen Termin zu laden (§§ 335 II, 337 Satz 2 ZPO). Wird der Antrag auf Erlass eines VU zurückgewiesen, findet hiergegen die sof. Beschwerde statt (§ 336 I 1 ZPO). Wird hierauf der zurückweisende Beschl. aufgeh., ist die nicht erschienene Partei zu dem neuen Termin nicht zu laden (§ 336 I 2 ZPO).

9 **3. Einspruch. a) Statthaftigkeit des Einspruchs, Einspruchsfrist.** Der Partei, gegen die ein VU erlassen ist, steht gegen ein echtes VU der Einspruch zu (§§ 59, 338 ZPO). Da über den Einspruch dies. Instanz entscheidet, ist der Einspruch mangels Devolutiveffekt ein Rechtsbehelf. Zu den Rechtsmitteln gegen ein unechtes VU s. Rn. 8 sowie § 64 Rn. 5; § 72 Rn. 2. Die Einspruchsfrist ist ggü. dem Zivilprozess im Interesse der Verfahrensbeschleunigung verkürzt und beträgt eine Woche. Die Fristberechnung erfolgt nach § 222 ZPO, §§ 187 ff. BGB. Die Einspruchsfrist endet an dem Tag der folgenden Woche, der nach seiner Benennung dem Zustellungstag entspricht. Ist dies ein Sonnabend, Sonntag oder allg. Feiertag, endet die Frist an dem darauf folgenden Werktag (§ 222 II ZPO). Da die Einspruchsfrist eine Notfrist ist, kann bei ihrer Versäumung die Wiedereinsetzung in den vorigen Stand in Betracht kommen.

b) Form. Der Einspruch wird beim ArbG schriftl. oder durch Abgabe einer Erkl. zur Niederschrift der Geschäftsstelle eingelegt. Dagegen ist ein fernmdl. erfolgter Einspruch unzulässig, auch wenn die Geschäftsstelle hierüber ein Schriftstück aufnimmt. Die schriftl. Einlegung kann auch durch Computerfax (LAG K 10.4.2001 ZTR 2001, 431), Telefax, Telekopie, Telegramm oder Fotokopie eines handschriftl. Einspruchs (LAG N 16.6.1982 NJW 1983, 2285) erfolgen. Notwendig ist jedoch, dass die Unterschrift des Originals erkennbar ist. Der Einspruch kann auch vor Zustellung des VU zum Sitzungsprotokoll erfolgen, wenn die Partei nach Verkündung des VU erscheint (GK-ArbGG/*Schütz* Rn. 65). Für den Einspruch gilt auch im Berufungsrechtszug wg. der Bezugnahme auf § 59 in § 64 VII kein Vertretungszwang nach § 11 IV 1. Wird der Einspruch durch einen vollmachtlosen Vertreter eingereicht, ist die Heilung des Mangels mit rückwirkender Kraft mögl., sofern der Einspruch zulässig ist (LAG RP 22.6.1988 LAGE § 59 ArbGG 1979 Nr. 2). Nach § 340a ZPO soll die Partei bei der schriftl. Einlegung des Einspruchs die erforderl. Anzahl von Abschriften einreichen. 10

c) Einspruchsschrift. Der Inhalt der Einspruchsschrift richtet sich nach § 340 II ZPO. Die Einspruchsschrift muss enthalten *(1)* die Bezeichnung des Urt., gegen das der Einspruch gerichtet war und *(2)* die Erkl., dass gegen dieses Urt. Einspruch eingelegt werde. Soll das Urt. nur zum Teil angefochten werden, ist der Umf. der Anfechtung zu bezeichnen. Die Angaben sollen gewährleisten, dass bei Ablauf der Einspruchsfrist für Gericht und Parteien eindeutig feststeht, ob das VU rechtskräftig ist oder ob das Verfahren fortgesetzt wird (BGH 9.6.1994 NJW-RR 1994, 1213). Der Einspruch kann danach zulässig sein, wenn das Urt. zwar nur unzureichend bezeichnet wird, die angefochtene Entscheidung aber ggf. durch Auslegung ermittelt werden kann. Es ist nicht erforderl., dass der Rechtsbehelf ausdr. als Einspruch bezeichnet wird, sofern sich aus dem Gesamtzusammenhang ergibt, dass die Partei das VU nicht hinnehmen will. Dies kann zB der Fall sein, wenn die Partei nur ihr Nichterscheinen im Termin entschuldigt (BAG 11.3.1971 AP ZPO § 340 Nr. 2). Ein Wiedereinsetzungsgesuch ist bei Versäumung der Einspruchsfrist regelm. zugleich als Einspruch anzusehen (BVerfG 2.3.1993 NJW 1993, 1635). Nach § 340 III ZPO hat die Partei ihre Angriffs- und Verteidigungsmittel, soweit es nach der Prozesslage einer sorgfältigen und auf Förderung des Verfahrens bedachten Prozessführung entspricht, sowie Rügen, welche die Zulässigkeit der Klage betreffen, in der Einspruchsschrift vorzutragen. Der Vortrag ist keine Zulässigkeitsvoraussetzung für den Einspruch (BAG 9.11.1983 AP ZPO § 340 Nr. 3). Die Partei kann mit verspätetem Vorbringen ausgeschlossen werden (BAG 9.11.1983 NZA 1985, 130; OLG M 8.11.1988 NJW-RR 1989, 255; BGH 7.4.1992 NJW-RR 1992, 957). 11

d) Belehrung. Nach § 59 S. 3 sind die Parteien mit Zustellung des (echten) VU zugleich über den Einspruch und seine Form und Frist zu belehren. § 9 V ist weder direkt noch analog anzuwenden, weil es sich bei dem Einspruch nicht um ein Rechtsmittel, sondern einen Rechtsbehelf handelt (s. § 9 Rn. 7). Fehlt bei der Zustellung des VU eine Rechtsbehelfsbelehrung, beginnt die Einspruchsfrist nicht zu laufen. Das VU muss mit einer Rechtsbehelfsbelehrung erneut zugestellt werden. Zum unechten VU Rn. 8. 12

e) Wirkung des Einspruchs. Ist der Einspruch zulässig, wird der Rechtsstreit, soweit der Einspruch reicht, in die Lage zurückversetzt, in der er sich vor Eintritt der Säumnis befand (§ 342 ZPO). Alle früheren Prozesshandlungen des Gerichts und der Parteien bleiben wirksam. Eine Zurückweisung von Vorbringen ist jedoch ohne weitere Fristsetzung unter den Voraussetzungen des § 340 III ZPO (s. § 56 Rn. 9). VU der ArbG und LAG sind vorl. vollstreckbar (§ 62 I 1), die ZV kann jedoch einstweilen eingestellt werden (§ 62 I 3). VU des BAG müssen für vorl. vollstreckbar erklärt werden. 13

4. Verfahren bei Einspruch. a) Zulässigkeitsprüfung. Das Gericht hat vAw. zu prüfen, ob der Einspruch an sich statthaft und in der ges. Form und Frist eingelegt ist. Fehlt es hieran, ist er als unzulässig zu verwerfen (§ 341 I ZPO). Die Entsch. kann ohne mdl. Verhandlung und durch den Vors. allein ergehen (§ 55 I Nr. 4a); sie erfolgt stets durch Urt. Sind die ehrenamtl. Richter in der mdl. Verhandlung anwesend, entscheiden sie mit (§ 55 I Eingangssatz; § 55 Rn. 4). Entscheidet das ArbG fehlerhaft durch Beschl., ist nach dem Grundsatz der Meistbegünstigung gegen diese Entsch. sowohl sof. Beschwerde (mit Abhilfemöglichkeit) wie auch die Berufung zulässig (LAG HM 28.2.2002 AuR 2002, 198). Das Berufungsgericht entscheidet in jedem Fall durch Urt. Wird im Kammertermin entschieden, wirken die ehrenamtl. Richter mit. Ist auch der Einspruch verspätet, kann die säumige Partei gegen die Versäumung der Einspruchsfrist Wiedereinsetzung in den vorherigen Stand (§§ 233 ff. ZPO) beantragen. Die Frist für die Wiedereinsetzung (2 Wochen), die Berechnung des Fristbeginns (Behebung des Hindernisses für die Einspruchseinlegung) und die Höchstfrist (1 Jahr) ergeben sich aus § 234 ZPO. Erforderl. ist regelm. ein entspr. Antrag (§ 236 ZPO), der sich jedoch auch aus dem Vorbringen der Partei ergeben kann. Ausnahmsweise kann das Antragserfordernis entfallen, wenn *(1)* die versäumte Prozesshandlung nachgeholt worden ist und *(2)* die Tatsachen offenkundig sind, aus denen das fehlende Verschulden der Partei oder ihres Bevollmächtigten erkennbar wird (BAG 27.6.2002 NZA 2003, 573; BGH 24.5.2000 NJW-RR 2000, 1590). Zu den Voraussetzungen für das fehlende Verschulden gelten die Ausführungen zur nachträgl. Zulassung der Kündigungsschutzklage s. § 5 KSchG Rn. 2 sinngem. Das ArbG wird regelm. eine (ablehnende) Entsch. über den Wiedereinsetzungsantrag 14 mit der Entsch. über die Verwerfung des Einspruchs verbinden (§ 238 I 1 ZPO). Nur im Ausnahmefall kann es auch erst über die Zurückweisung der Wiedereinsetzung durch (Zwischen-)Urt. entscheiden, gegen dass die Berufung statthaft ist, wenn auch die Hauptsache berufungsfähig ist. Nach der Rechtskraft des Zwischenurt. ist dann über den Einspruch zu entscheiden (§ 238 I 2 ZPO). Hat das ArbG gleichzeitig, aber in getrennten Entscheidungen zulasten der säumigen Partei entschieden, muss diese gegen beide Entscheidungen Rechtsmittel einlegen, eine isolierte Anfechtung ist nicht ausreichend (BGH 16.4.2002 NJW 2002, 2397). Gegen die Gewährung der Wiedereinsetzung findet ein Rechtsmittel nicht statt (§ 238 II ZPO), sie wird regelm. im (Sach-)Urt. mit ausgesprochen.

15 **b) Sachentscheidung.** Ist der Einspruch statthaft und zulässig, ist der Termin zur mdl. Verhandlung über den Einspruch und die Hauptsache zu bestimmen und den Prozessparteien bekannt zu machen (§ 341a ZPO). Nach § 340a ZPO ist die Einspruchsschrift der Gegenpartei zuzustellen. Dabei ist mitzuteilen, wann das VU zugestellt und der Einspruch eingelegt worden ist. Nur wenn in dem auf den Einspruch anberaumten Termin beide Parteien erscheinen, wird über Einspruch und Hauptsache verhandelt. Bleibt es bei der im VU getroffenen Entscheidung, ist im Tenor auszusprechen, dass das VU aufrechterhalten bleibt und die urspr. säumige Partei auch die weiteren Kosten des Rechtsstreits zu tragen hat. Andernfalls wird das VU in dem neuen Urt. aufgeh. (§ 343 ZPO), jedoch trägt die säumige Partei stets die durch die Säumnis entstandenen Kosten, wenn das VU rechtmäßig ergangen ist (§ 344 ZPO), was zur Klarstellung im Tenor auszusprechen ist.

16 **c) Verfahren bei erneuter Säumnis.** Erscheint im Termin zur weiteren Verhandlung die Partei, die das VU erstritten hat, nicht, so kann, wenn die Voraussetzungen eines VU vorliegen, ein echtes VU gegen sie ergehen. Das erste VU ist dann aufzuheben. Ein 2. VU darf nur ergehen, wenn die Partei, die Einspruch eingelegt hat, in dem zur mdl. Verhandlung bestimmten Termin oder demjenigen Termin, auf den die Verhandlung vertagt ist, nicht erscheint oder nicht zur Hauptsache verhandelt (§§ 59 S. 4 ArbGG, 345 ZPO; zum statthaften Rechtsmittel bei einem Verstoß gegen § 345 ZPO: BGH 8.2.1984 VersR 1984, 287); dies kann auch ein ordnungsgem. anberaumter 2. Gütetermin sein (ArbG HH 9.3.2007 – 11 Ca 422/06). Das ArbG prüft ledigl., ob die allg. Prozessvoraussetzungen und ein Fall der (erneuten) Säumnis besteht. Verhandelt die zunächst säumige Partei in dem auf den Einspruch bestimmten Termin, darf ein 2. VU gegen sie nicht ergehen, wenn sie in einem weiteren Termin säumig bleibt (BAG 26.6.2008 NZA 2008, 1204). Umstr. ist, ob vor Erlass eines 2. VU eine weitere Schlüssigkeitsprüfung erforderl. ist, durch die das Gericht seine ursprüngl. Entscheidung, die zum Erlass des (ersten) VU geführt hat, überprüft (so insb. BAG 2.2.1994 NZA 1994, 1102). Dies ist schon in Hinblick auf den Wortlaut des § 345 ZPO und in Hinblick auf die Bindungswirkung von Urt. (§ 318 ZPO) zu verneinen, zumal das BAG die gegen das 2. VU gerichtete Berufung nicht mit der Begr. zulassen will, dass die Klage nicht schlüssig gewesen ist (GK-ArbGG/*Schütz* Rn. 90). Etwas anderes gilt nur, wenn sich der Einspruch gegen einen VB richtet, bei dem die ges. vorgesehene Schlüssigkeitsprüfung (§ 700 VI ZPO) bis zur mdl. Verhandlung über den Einspruch nicht erfolgen konnte (so auch BGH 5.6.1999 NJW 1999, 2599). Gegen ein 2. VU ist die Berufung stets statthaft (§ 64 Rn. 12). Erlässt das ArbG gegen die säumige Partei ein 2. VU (§ 345 ZPO), ohne dass die Voraussetzungen hierfür vorgelegen haben, ist auf die Berufung der säumigen Partei das arbeitsgerichtl. (End-)Urt. aufzuheben und die Sache zur Verhandlung an das ArbG zurückzuverweisen (LAG HM 5.10.2010 – 19 Sa 803/10).

§ 60 Verkündung des Urteils

(1) [1]Zur Verkündung des Urteils kann ein besonderer Termin nur bestimmt werden, wenn die sofortige Verkündung in dem Termin, auf Grund dessen es erlassen wird, aus besonderen Gründen nicht möglich ist, insbesondere weil die Beratung nicht mehr am Tage der Verhandlung stattfinden kann. [2]Der Verkündungstermin wird nur dann über drei Wochen hinaus angesetzt, wenn wichtige Gründe, insbesondere der Umfang oder die Schwierigkeit der Sache, dies erfordern. [3]Dies gilt auch dann, wenn ein Urteil nach der Lage der Akten erlassen wird.

(2) [1]Bei Verkündung des Urteils ist der wesentliche Inhalt der Entscheidungsgründe mitzuteilen. [2]Dies gilt nicht, wenn beide Parteien abwesend sind; in diesem Fall genügt die Bezugnahme auf die unterschriebene Urteilsformel.

(3) [1]Die Wirksamkeit der Verkündung ist von der Anwesenheit der ehrenamtlichen Richter nicht abhängig. [2]Wird ein von der Kammer gefälltes Urteil ohne Zuziehung der ehrenamtlichen Richter verkündet, so ist die Urteilsformel vorher von dem Vorsitzenden und den ehrenamtlichen Richtern zu unterschreiben.

(4) [1]Das Urteil nebst Tatbestand und Entscheidungsgründen ist vom Vorsitzenden zu unterschreiben. [2]Wird das Urteil nicht in dem Termin verkündet, in dem die mündliche Verhandlung geschlossen wird, so muß es bei der Verkündung in vollständiger Form abgefaßt sein. [3]Ein Urteil, das in dem Termin, in dem die mündliche Verhandlung geschlossen wird, verkündet wird, ist vor Ablauf von drei Wochen, vom Tage der Verkündung an gerechnet, vollständig abgefaßt der

Geschäftsstelle zu übermitteln; kann dies ausnahmsweise nicht geschehen, so ist innerhalb dieser Frist das von dem Vorsitzenden unterschriebene Urteil ohne Tatbestand und Entscheidungsgründe der Geschäftsstelle zu übermitteln. [4]In diesem Fall sind Tatbestand und Entscheidungsgründe alsbald nachträglich anzufertigen, von dem Vorsitzenden besonders zu unterschreiben und der Geschäftsstelle zu übermitteln.

1. Allgemeines. Nach § 46 II gelten für das Urt. des ArbG die Vorschr. der §§ 310 ff. ZPO. § 60 enthält wegen des Beschleunigungsgrundsatzes und der Beteiligung der ehrenamtl. Richter tw. Sonderregelungen. Nach § 69 I 2 ist § 60 mit geringfügigen Abweichungen auch für das Berufungsurt. anzuwenden. Für Urt. des BAG gilt § 60 nicht, da § 72 VI hierauf nicht Bezug nimmt. Nach § 84 Satz 3, § 91 I 2 findet § 60 auch für vergleichbare instanzbeendende Beschlüsse des ArbG und LAG im BeschlV Anwendung, nicht hingegen in der RBinstanz oder für die Entsch. nach § 5 KSchG. 1

2. Arbeitsgerichtliche Besonderheiten. a) Bestandteile des Urteils. Der Inhalt des Urt. folgt aus § 313 ZPO. Da die Urt. der ArbG und LAG vorl. vollstreckbar sind (§ 62 I 1), bedarf es keines Ausspruchs über die vorl. Vollstreckbarkeit; er ist nur erforderl., wenn die Vollstreckung ausgeschlossen wird. Ferner enthält die Urteilsformel stets eine Streitwertfestsetzung (§ 61 I, s. § 62 Rn. 2) und ggf. einen Ausspruch über die Zulassung der Berufung (§ 64 III a, s. § 64 Rn. 5). Im Tatbestand sollen die erhobenen Ansprüche und die dazu vorgetragenen Angriffs- und Verteidigungsmittel unter Hervorhebung der gestellten Anträge nur ihrem wesentl. Inhalt nach dargestellt werden (§ 313 II ZPO). Die Entscheidungsgründe enthalten eine kurze Zusammenfassung der Erwägungen, auf denen die Entsch. in tatsächl. und rechtl. Hinsicht beruht. Unter den Voraussetzungen der §§ 313a, b ZPO können Tatbestand und Entscheidungsgründe weggelassen werden. 2

b) Verkündung. Arbeitsgerichtl. Urt. werden wie im allg. Zivilprozess verkündet (§ 311 ZPO). Das gilt auch, wenn nach Lage der Akten oder zweitinstanzl. im schriftl. Verfahren entschieden worden ist. Keiner Verkündung bedarf es, wenn der Vors. im Fall des Anerkenntnisses (§ 55 I Nr. 3) oder des Verzichts (§ 55 I Nr. 2) im Einverständnis der Parteien ohne mdl. Verhandlung entscheidet. In diesen Fällen wird die Verkündung durch die Zustellung des Urt. ersetzt (§ 310 III ZPO). Die Urteilsverkündung ist stets öffentl. (§ 173 GVG) und zu protokollieren (§ 160 III Nr. 7 ZPO). Durch die Niederschrift wird bewiesen, dass die vorgeschriebenen Formalien beachtet sind (§ 165 Satz 1 ZPO; dazu BAG 13.4.1956 AP ZPO § 319 Nr. 3). Der auf dem Urt. angebrachte Verkündungsvermerk ersetzt die Verkündung nicht. Zur Beschleunigung des Verfahrens bestimmt § 60 I 1, dass die Verkündung idR am Schluss des Termins, aufgrund dessen das Urt. ergeht, stattzufinden hat. Nur ausnahmsweise darf für die Verkündung ein bes. Termin festgesetzt werden, insb. wenn die Beratung nicht mehr am Tag der Verhandlung stattfinden kann. Dies kann der Fall sein, wenn ein Richter aufgrund anderer Termine verhindert oder wegen der Schwierigkeit der Sach- und Rechtslage eine weitere Beratung notwendig ist, zwischen den Parteien Vergleichsgespräche stattfinden, ein Widerrufsvergleich geschlossen ist oder eine Partei noch einen Schriftsatznachlass (§ 283 ZPO) erhalten hat (§ 46 Rn. 4). Der **Verkündungstermin** darf grds. nicht später als drei Wochen nach dem Schluss der mdl. Verhandlung anberaumt werden. Eine darüber hinausgehende Ansetzung ist nur mögl., wenn wichtige Gründe, insb. der Umf. oder die Schwierigkeit der Sache dies erfordern. Dies kann der Lauf von Vergleichswiderrufsfristen sein oder die Unmöglichkeit, das Urt. innerhalb einer Frist von drei Wochen abzusetzen. Die **Bestimmung des Verkündungstermins** erfolgt am Ende der mdl. Verhandlung durch die Kammer. Der Termin ist kalendermäßig anzugeben. Unzureichend ist ein Beschl., nach dem der Termin zur Verkündung der Entsch. vAw. bestimmt wird (GK-ArbGG/*Schütz* Rn. 10; wohl auch GMP/*Germelmann* Rn. 11). Ein Rechtsmittel ist bei einem Verstoß gegen § 60 I 2 nicht vorgesehen, in Betracht kommt nur eine sof. Beschwerde (§ 252 ZPO analog) und die Einlegung einer Dienstaufsichtsbeschwerde (BAG 9.2.1994 NZA 1994, 686). 3

c) Mitteilung der Entscheidungsgründe. Bei der Verkündung ist der wesentl. Inhalt der Entscheidungsgründe mitzuteilen, wenn eine oder beide Parteien bei der Verkündung anwesend sind (§ 60 II). Dies steht anders als nach § 311 III ZPO nicht im Ermessen des Gerichts. Eine Mitteilung der Entscheidungsgründe kann auch in Abwesenheit der Parteien erfolgen, wenn das Verfahren öffentlichkeitswirksam ist und eine erhebl. Zahl von Zuhörern oder Medienvertretern noch im Sitzungssaal anwesend sind. Ein Rechtsmittel kann auf den Verstoß gegen § 60 II nicht gestützt werden. Bei der Verkündung ist die **Anwesenheit der ehrenamtl. Richter** nicht erforderl. (§ 60 III 1). Es ist daher unschädl., wenn bei der Verkündung andere ehrenamtl. Richter anwesend sind als diejenigen, die an der Entsch. mitgewirkt haben. Wird jedoch das Urt. in Abwesenheit der ehrenamtl. Richter verkündet, ist vor der Verkündung die Urteilsformel von dem Vors. und den ehrenamtl. Richtern zu unterschreiben (§ 60 III 2). Nach hM bleibt ein Verstoß gegen die Unterzeichnungspflicht ohne Einfluss auf die Wirksamkeit des verkündeten Urt. (GMP/*Germelmann* Rn. 23), während nach der Gegenauffassung nur ein Scheinurt. vorliegen soll (LAG SN 2.8.1994 LAGE § 60 ArbGG 1979 Nr. 1). Letztgenannter Auff. ist nicht zu folgen; die Unterschrift der beteiligten Richter kann bei einem verkündeten Urt. nachgeholt werden, wenn der verkündete Tenor auf einer gemeinsamen Beratung beruht. Die Rechtsmittelfrist beginnt bei zwischenzeitl. Zustellung jedoch nicht vor der vollständigen Unterzeich- 4 nung des Tenors bzw. des vollständig abgefassten Urt. Die Nachholung kann auch noch nach Rechtsmitteleinlegung erfolgen, eine Zurückverweisung allein wegen dieses Mangels ist wegen § 68 ausgeschlossen (OVG Münster 26.9.1983 BB 1984, 1490).

5 **d) Urteilsabfassung.** § 60 IV enthält Sonderregeln über die vollständige Abfassung des Urt. Das Urt. nebst Tatbestand und Entscheidungsgründen wird in der ersten Instanz nur vom Vors. unterzeichnet. Ist dieser an der Unterschriftsleistung verhindert, soll nach hM eine Unterzeichnung durch den ältesten ehrenamtl. Richter nicht in Betracht kommen, da § 315 ZPO durch § 60 IV verdrängt wird (GMP/*Germelmann* Rn. 37; GK-ArbGG/*Schütz* Rn. 32; aA für die Berufungsinstanz BAG 30.4.1971 AP ArbGG 1953 § 9 Nr. 15 – § 315 ZPO ist anwendbar). Zum Berufungsurt. § 69 Rn. 2

6 **e) Übergabe an die Geschäftsstelle.** Ein Urt., das in dem Termin, in dem die mdl. Verhandlung geschlossen wird, verkündet wird, ist vor Ablauf von drei Wochen, vom Tage der Verkündung an gerechnet, vollständig abgefasst, dh. vom Vors. unterschrieben und mit Tatbestand und Entscheidungsgründen versehen, der Geschäftsstelle zu übergeben. Kann dies ausnahmsweise nicht geschehen, ist innerhalb dieser Frist das von dem Vors. unterschriebene Urt. ohne Tatbestand und Entscheidungsgründe der Geschäftsstelle zu übergeben. Es besteht in diesem Fall aus dem Rubrum, der Bezeichnung der beteiligten Richter, dem Verkündungsdatum und der RMB (ähnl. GK-ArbGG/*Schütz* Rn. 35). Tatbestand und Entscheidungsgründe sind in diesem Fall unverzügl. nachträgl. anzufertigen und vom Vors. unterschrieben der Geschäftsstelle zu übergeben. Wird das Urt. nicht in dem Termin verkündet, in dem die mdl. Verhandlung geschlossen wird, muss es bei der Verkündung in vollständiger Form abgefasst sein (§ 60 IV 2). Ist im Verkündungstermin das Urt. noch nicht abgefasst, muss der Termin verlegt werden. Die Fristbestimmungen über die Absetzung des Urt. sind **Ordnungsvorschriften** (BAG 15.4.2008 NZA 2008, 1020). Der Lauf der 3-Monats-Frist des § 320 II 2 ZPO für einen **Tatbestandsberichtigungsantrag** wird bei fehlender Urteilszustellung nicht gehemmt (BGH 25.1.1960 NJW 1960, 866; aA KG 1.3.2001 NJW-RR 2001, 1296 – Gebot des fairen Verfahrens). Auf die Versäumung einer der Fristen des § 60 kann ein Rechtsmittel allein nicht gestützt werden (BAG 9.2.1994 NZA 1994, 686). Nach Ablauf der Fünf-Monats-Frist kann und muss auch ohne Zustellung der Entsch. Berufung eingelegt werden (s. § 66 Rn. 14); für die Berufungsbegr. ist der Hinweis auf die fehlende Zustellung (nur) ausreichend, wenn diese bei Berufungseinlegung noch nicht erfolgt ist (BAG 9.3.2011 NZA 2011, 1147). Eine Zurückverweisung des Verfahrens an das ArbG kommt wegen § 68 nicht in Betracht (BAG 24.4.1996 NZA 1997, 176); zum Berufungsurt. § 69 Rn. 7.

§ 61 Inhalt des Urteils

(1) **Den Wert des Streitgegenstandes setzt das Arbeitsgericht im Urteil fest.**

(2) [1] **Spricht das Urteil die Verpflichtung zur Vornahme einer Handlung aus, so ist der Beklagte auf Antrag des Klägers zugleich für den Fall, daß die Handlung nicht binnen einer bestimmten Frist vorgenommen ist, zur Zahlung einer vom Arbeitsgericht nach freiem Ermessen festzusetzenden Entschädigung zu verurteilen.** [2] **Die Zwangsvollstreckung nach §§ 887 und 888 der Zivilprozeßordnung ist in diesem Falle ausgeschlossen.**

(3) **Ein über den Grund des Anspruchs vorab entscheidendes Zwischenurteil ist wegen der Rechtsmittel nicht als Endurteil anzusehen.**

1 **1. Allgemeines.** Die Vorschr. ergänzt hins. Form und Inhalt des Urt. die über § 46 II anwendbaren §§ 313 bis 313b ZPO (zu Tenorierungsbeisp. *Wallisch/Spinner* JuS 2007, 532). Außerdem sind die §§ 9 V, 64 III a zu beachten; danach muss das Urt. eine RMB und, wenn die Berufung nicht ohnehin statthaft ist, im Tenor einen Ausspruch zur Berufungszulassung enthalten (s. § 64 Rn. 5). Für das Verfahren vor dem LAG gelten § 61 II, III (s. § 69 Rn. 4) und vor dem BAG § 61 II entspr. Nach § 61 III kann zwar über den Grund des Anspruchs durch Zwischenurt. entschieden werden, anders als nach § 304 II ZPO kann das Grundurt. aber nicht selbständig angefochten werden, auch wenn das ArbG in dem Grundurt. ein Rechtsmittel ausdr. zugelassen hat (BAG 1.12.1975 AP ArbGG 1953 § 61 Grundurteil Nr. 2).

2 **2. Streitwertfestsetzung.** Den Wert des Streitgegenstands setzt das ArbG im Urt. fest. Die Streitwertfestsetzung nach § 61 ist ledigl. für die Zulässigkeit der Berufung von Bedeutung, die in vermögensrechtl. Streitigkeiten nur statthaft ist, wenn der Wert des Beschwerdegegenstands € 600,– übersteigt. Zur Bindungswirkung der Festsetzung § 64 Rn. 9 und zum Gebührenstreitwert § 12 Rn. 10. Der Streitwert ist in jedem Urt. des ArbG festzusetzen, also in einem Endurt., Teilurt. (§ 301 ZPO), Vorbehaltsurt. (§ 302 ZPO) und Zwischenurt. über die Zulässigkeit der Klage (§ 280 I ZPO). Dagegen ist umstr., ob eine Streitwertfestsetzung auch erfolgen muss, wenn eine Berufung gegen das Urt. ausnahmsweise nicht statthaft ist. Dies gilt für Zwischenurt. nach § 303 ZPO, Grundurt. (§ 304 ZPO) sowie bei Zwischenurteilen, gegen die das Rechtsmittel der sof. Beschwerde gegeben ist (§ 64 Rn. 2). Dabei wird zutreffend vertreten, dass die Festsetzung wegen der fehlenden Berufungsmöglichkeit nicht erforderl. ist (GMP/*Germelmann* Rn. 14), obwohl der Gegenauffassung zuzugeben ist, dass der Wort-

laut von § 61 einschränkungslos für alle arbeitsgerichtl. Urt. gilt (GK-ArbGG/*Schütz* Rn. 26; HHB/*Helml* Rn. 4). Die Streitwertfestsetzung erfolgt im Tenor des Urt. und ist mit der Berufung nicht gesondert anfechtbar (LAG RP 21.12.1984 NZA 1985, 195). Unzureichend ist eine Streitwertfestsetzung in den Gründen (GK-ArbGG/*Schütz* Rn. 26): Ist die Streitwertfestsetzung irrtüml. unterblieben, kann eine Urteilsberichtigung nach § 319 ZPO oder eine Urteilsergänzung nach § 321 ZPO in Betracht kommen. Die Berechnung des Streitwerts erfolgt nach den §§ 3 bis 9 ZPO sowie §§ 39 ff. GKG, s. § 12 Rn. 2.

3. Verurteilung zur Vornahme einer Handlung. a) Anwendungsbereich. Die Entsch. nach § 61 II 3
steht anders als nach § 510b ZPO nicht im Ermessen des Gerichts. Sie ermöglicht dem Anspruchsteller, zur Vereinfachung und Beschleunigung die Verurteilung zur Vornahme einer Handlung mit einer Fristsetzung für deren Vornahme und einer Verurteilung zur Entschädigung für den Fall des fruchtlosen Fristablaufs zu verbinden (*Böhm* ArbRB 2006, 93). § 61 II gilt nur für diejenigen Leistungsurt., bei denen die ZV nach §§ 887, 888 ZPO erfolgt. Die Verurteilung zu einer Entschädigung kommt deshalb in Betracht bei einer Entsch. über die Erbringung der Arbeitsleistung, Erteilung einer Auskunft, Abrechnung, Ausfüllung der Arbeitspapiere und Erläuterung des Arbeitsentgelts (LAG K 31.5.2007 AuR 2007, 405). Die Zahlung einer Entschädigung darf hingegen nicht erfolgen bei einem Urt. auf Unterlassung oder Duldung, Herausgabe von Sachen (zB der Arbeitspapiere) oder Abgabe einer Willenserkl. In diesen Fällen erfolgt die Vollstreckung nach §§ 890, 883 bzw. 894 ZPO. Wird eine Klage auf Erteilung von Auskünften verbunden mit einem Antrag nach § 61 II, ist eine gleichzeitig auf die Leistung, die sich aus der Auskunft ergibt, gerichtete Stufenklage unzulässig (BAG 24.11.2004 NZA 2005, 362). § 61 II gilt auch im einstweiligen Verfügungsverfahren.

b) Entscheidung des Gerichts. Die Verurteilung erfolgt nur auf Antrag des Kl. Er trägt die 4
Darlegungs- und Beweislast, dass ihm durch die Pflichtwidrigkeit ein konkreter Schaden entstehen wird; dies gilt auch für Auskunftsklagen der ZVK. Maßgebl. ist der Schaden, der dem Kl. unter Würdigung aller Umstände voraussichtl. dadurch entsteht, dass die Bekl. ihre Verpflichtung aus dem Urt. nicht erfüllt. Die Schadenshöhe ist zu beziffern, soweit dies mögl. ist. Zul. ist, dass der Kl. die Höhe der Entschädigung und die Länge der zu bestimmenden Frist in das Ermessen des Gerichts stellt. Jedoch sind dann die Umstände darzulegen, aus denen auf die Schadenshöhe geschlossen werden kann (GMP/*Germelmann* Rn. 31; HHB/*Helml* Rn. 10). Über den Antrag ist zusammen mit dem Antrag auf Verpflichtung zur Vornahme der Handlung zu entscheiden. Nach überw. Meinung kann nicht jeweils durch Teilurt. entschieden werden (GMP/*Germelmann* Rn. 39; GK-ArbGG/*Schütz* Rn. 42; HHB/*Helml* Rn. 11). Die Höhe der Entschädigung bei einer Auskunftsklage der Zusatzversorgungskasse des Baugewerbes ist in der Regel mit 80% der erwarteten Beitragssumme zu berechnen (BAG 28.7.2004 NZA 2005, 1188).

c) Fristbestimmung. Die Länge der Frist richtet sich nach den Umständen des Einzelfalls. Sie darf 5
nicht kürzer sein als die Rechtsmittelfrist (BAG 5.6.1985 AP TVG § 1 Tarifverträge: Bau Nr. 67). Zu berücksichtigen ist, wie lange die bekl. Partei braucht, um die Handlung vorzunehmen. Ist der Bekl. innerhalb einer Frist von sechs Wochen nach Urteilszustellung zur Erfüllung gehalten, kann er auch noch später erfüllen, wenn das Urt. zunächst mit Rechtsmitteln angefochten, aber später bestätigt wird (BAG 28.10.1992 NZA 1993, 520). Bei nicht fristgem. Leistung kann die Vollstreckungsklausel bereits vor Fristablauf und ohne Nachweis der Nichterfüllung vom Urkundsbeamten erteilt werden (LAG BE 16.5.2006 LAGE § 61 ArbGG 1979 Nr. 14).

d) Rechtsfolgen. Ist der Bekl. zur Vornahme der Handlung und Zahlung der Entschädigung ver- 6
urteilt worden, ist die ZV nach §§ 887, 888 ZPO ausgeschlossen. Macht der AN neben der Herausgabe der ausgefüllten Lohnsteuerkarte zugleich für den Fall nicht fristgerechter Herausgabe uneingeschränkt eine Entschädigung geltend, sind mit dieser sämtl. Schadensersatzansprüche wegen der Nichtherausgabe (entgangene Lohnsteuererstattung) abgegolten (BAG 20.2.1997 NZA 1997, 880). Nach Ablauf der gesetzten Frist wandelt sich der Erfüllungsanspruch in einen Schadensersatzanspruch um (aA BAG 4.10.1989 NZA 1990, 328). Die Verurteilung zur Auskunftserteilung und Zahlung einer Entschädigung schließt bei fehlender Auskunftserteilung die Geltendmachung eines Leistungsanspruchs, der sich aus der Auskunft ergeben könnte, nicht aus. Der Beweis kann mit allen Beweismitteln geführt und die Höhe der geschuldeten Leistung ggf. nach § 287 II ZPO geschätzt werden (BAG 6.5.1987 NZA 1988, 259). Behauptet der Bekl. die rechtzeitige Erfüllung der Vornahme der Handlung, muss er dies im Wege der Vollstreckungsgegenklage geltend machen (BAG 28.10.1992 NZA 1993, 520). Der Kl. kann aber die urspr. geschuldete Leistung nach Ablauf der Frist noch annehmen. Er verliert dann den Entschädigungsanspruch (BAG 4.10.1989 NZA 1990, 328). Ist der Antrag auf Entschädigung abgewiesen worden, weil der Schaden nicht schlüssig dargelegt worden ist, bleibt der Erfüllungsanspruch unberührt.

§ 61a Besondere Prozeßförderung in Kündigungsverfahren

(1) Verfahren in Rechtsstreitigkeiten über das Bestehen, das Nichtbestehen oder die Kündigung eines Arbeitsverhältnisses sind nach Maßgabe der folgenden Vorschriften vorrangig zu erledigen.

(2) Die Güteverhandlung soll innerhalb von zwei Wochen nach Klageerhebung stattfinden.

(3) Ist die Güteverhandlung erfolglos oder wird das Verfahren nicht in einer sich unmittelbar anschließenden weiteren Verhandlung abgeschlossen, fordert der Vorsitzende den Beklagten auf, binnen einer angemessenen Frist, die mindestens zwei Wochen betragen muß, im einzelnen unter Beweisantritt schriftlich die Klage zu erwidern, wenn der Beklagte noch nicht oder nicht ausreichend auf die Klage erwidert hat.

(4) Der Vorsitzende kann dem Kläger eine angemessene Frist, die mindestens zwei Wochen betragen muß, zur schriftlichen Stellungnahme auf die Klageerwiderung setzen.

(5) Angriffs- und Verteidigungsmittel, die erst nach Ablauf der nach Absatz 3 oder 4 gesetzten Fristen vorgebracht werden, sind nur zuzulassen, wenn nach der freien Überzeugung des Gerichts ihre Zulassung die Erledigung des Rechtsstreits nicht verzögert oder wenn die Partei die Verspätung genügend entschuldigt.

(6) Die Parteien sind über die Folgen der Versäumung der nach Absatz 3 oder 4 gesetzten Fristen zu belehren.

1 Zur Zurückweisung von verspätetem Vorbringen § 56 Rn. 7.

§ 61b Klage wegen Benachteiligung

(1) Eine Klage auf Entschädigung nach § 15 des Allgemeinen Gleichbehandlungsgesetzes muss innerhalb von drei Monaten, nachdem der Anspruch schriftlich geltend gemacht worden ist, erhoben werden.

(2) [1]Machen mehrere Bewerber wegen Benachteiligung bei der Begründung eines Arbeitsverhältnisses oder beim beruflichen Aufstieg eine Entschädigung nach § 15 des Allgemeinen Gleichbehandlungsgesetzes gerichtlich geltend, so wird auf Antrag des Arbeitgebers das Arbeitsgericht, bei dem die erste Klage erhoben ist, auch für die übrigen Klagen ausschließlich zuständig. [2]Die Rechtsstreitigkeiten sind von Amts wegen an dieses Arbeitsgericht zu verweisen; die Prozesse sind zur gleichzeitigen Verhandlung und Entscheidung zu verbinden.

(3) Auf Antrag des Arbeitgebers findet die mündliche Verhandlung nicht vor Ablauf von sechs Monaten seit Erhebung der ersten Klage statt.

1 **1. Allgemeines.** § 61b regelt die Durchsetzung der in § 15 II–IV AGG vorgesehenen Entschädigungsansprüche (s. § 15 Rn. 1 AGG) von AN (zu Organvertretern *Oberthür/Becker* ArbRB 2009, 26) wegen eines Verstoßes gegen das Benachteiligungsverbot in § 7 I AGG. Die Vorschr. ist durch Art. 3 Nr. 2 des G zur Umsetzung europ. RL zur Verwirklichung des Grds. der Gleichbehandlung geänd. worden. § 61b erfasste zunächst nur die Entschädigungen wegen Diskriminierungen aufgrund des Geschlechts (§ 611a BGB aF). Abs. 1 enthält eine Ausschlussfrist für Entschädigungsansprüche, während Abs. 2 und 3 gesonderte Verfahrensregelungen für Entschädigungen bei der Begr. des ArbVerh. und beim berufl. Aufstieg enthalten. § 61b II, III gilt nicht für andere als die dort gen. Entschädigungsansprüche (offen BAG 22.7.2010 NZA 2011, 93; aA *Jacobs* RdA 2010, 193); zum Rechtsweg bei Einschaltung eines Dritten BAG 27.8.2008 NZA 2008, 1259; *Diller* NZA 2007, 649.

2 **2. Klagefrist. a) Ausschlussfrist.** § 61b I enthält eine Frist zur Klageerhebung für Entschädigungsansprüchen aus § 15 II–IV AGG. Es handelt sich um eine materiell-rechtl. Ausschlussfrist, die vAw. zu beachten ist und deren Nichteinhaltung zum Verfall des Anspruchs führt. Eine verspätet erhobene Klage ist als unbegr. abzuweisen, eine Wiedereinsetzung in den vorigen Stand ist im Gesetz bewusst nicht vorgesehen (BT-Drs. 12/5468 S. 44), um in absehbarer Zeit Rechtsklarheit zu schaffen. Auf die Kenntnis der klagenden Partei von der Frist kommt es grds. nicht an (ArbG S 18.1.2012 NZA-RR 2012, 241). Die von der Rspr. entwickelten Grundsätze zur Anwendung tarifl. Ausschlussfristen gelten auch für § 61b I, so dass auch die Einrede der Arglist ggü. dem Fristablauf in Betracht kommt (aA GMP/*Germelmann* Rn. 10 f.).

3 **b) Berechnung.** Der Entschädigungsanspruch muss zunächst innerhalb von 2 Monaten schriftl. beim AG geltend gemacht werden (§ 15 IV AGG). An die sich aus § 15 IV 1, 2 AGG ergebende Frist (s. § 15 AGG Rn. 16) schließt sich diejenige aus § 61b I an: Wird der Entschädigungsanspruch nicht erfüllt, ist spätestens drei Monate nach der schriftl. Geltendmachung die Klage beim zust. ArbG zu erheben; als Fristbeginn gilt der Eingang der schriftl. Geltendmachung beim AG. Der AN bzw. Bewerber ist berechtigt, statt der schriftl. Geltendmachung des Anspruchs beim AG sofort Klage zu erheben, da die Frist des Abs. 1 die zweite Stufe einer zweistufigen ges. Ausschlussfrist enthält. In

diesem Fall ist aber die 2-Monats-Frist des § 15 IV AGG zu beachten, die Dreimonatsfrist des § 61b I steht nur zur Vfg., wenn der Anspruch zuvor fristgerecht geltend gemacht worden ist; § 167 ZPO findet in diesem Fall Anwendung (BAG 22.5.2014 NZA-RR 2014, 667.; aA noch BAG 21.6.2012 NZA 2012, 1211). Gegen die Länge der Frist des § 61b I bestehen keine unionsrechtl. Bedenken (s. § 15 AGG Rn. 17). Eine Schadenersatzklage wegen der Benachteiligung, eine Feststellungsklage (BAG 20.6.2013 NZA 2014, 21) oder ein Auskunftsanspruch wegen der Höhe der entgangenen Vergütung wahren die Frist des § 61b I nicht, für die Entschädigung nach § 15 II AGG sind sie nicht vorgreifl. Eine Stufenklage ist nur fristwahrend, wenn der Anspruch erst nach einer Auskunft des Schuldners beziffert werden kann (BAG 23.2.1977 AP TVG § 4 Ausschlussfristen Nr. 58) und dies Voraussetzung für die Leistungsklage ist. Die übergangenen Bewerber müssen den Anspruch aus § 15 II AGG nicht beziffern, die Höhe der beanspruchten Entschädigung kann in das Ermessen des Gerichts gestellt werden, § 287 II ZPO.

3. Verfahren. a) Klage mehrerer Bewerber. Eine Geltendmachung von Ansprüchen durch mehrere Bewerber setzt voraus, dass diese form- und fristgerecht Klage beim ArbG erheben. Die Klagen müssen nicht bei demselben ArbG anhängig gemacht worden sein. Inhaltl. muss es sich um Leistungsklagen auf Ersatz von materiellen und immateriellen Schäden wg. einer Benachteiligung iSd. AGG handeln; wegen der Möglichkeit einen unbestimmten Leistungsantrag zu stellen, fehlt einer Feststellungsklage regelm. das bes. Feststellungsinteresse iSd. § 256 I ZPO. 4

b) Örtliche Zuständigkeit. Erheben mehrere Personen Klage wegen Benachteiligung bei der Begr. eines ArbVerh. oder beim Aufstieg, begr. ein formloser Antrag des AG einen ausschl. Gerichtsstand bei dem ArbG, das als erstes eine Klage zugestellt hat, § 253 I ZPO (GK-ArbGG/*Schütz* Rn. 27). Die §§ 12 ff. ZPO sind dadurch ausgeschlossen, auch rügelose Einlassung (§ 39 ZPO) kann keine abw. Zust. begründen. Die Zust. bleibt auch nach einer Klagerücknahme oder einem Vergleich bestehen. Die später erhobenen Klagen sind vAw. an das zuerst angegangene Gericht zu verweisen und zur gemeinsamen Entsch. zu verbinden; ein Ermessen steht dem Gericht nicht zu. Ist nicht zu ermitteln, welche Klage zuerst erhoben wurde, wird das zust. Gericht entspr. § 36 ZPO vom nächst höheren Gericht bestimmt (BT-Drs. 12/5468 S. 46). Ist die Verweisung unterblieben, zB weil dem ArbG die Existenz weiterer Klagen nicht bekannt war, kann der AG den Antrag nach Abs. 2 nicht mehr in der Berufungsinstanz stellen. Gem. § 17a V GVG iVm. § 48 ist die Entsch. des ArbG über die örtl. Zust. bindend und kann in der Berufungsinstanz nicht mehr korrigiert werden; entspr. muss für eine Entsch. auf den Antrag gem. Abs. 2 S. 1 gelten. Daher ist es Sache des AG, das Gericht rechtzeitig auf die Existenz mehrerer Klagen hinzuweisen. 5

4. Mündliche Verhandlung. Im Widerspruch zu dem Beschleunigungsgrundsatz (§ 9 I) sieht § 61b IV eine Verschiebung der mdl. Verhandlung vor dem ArbG vor, die auf Antrag des AG nicht vor Ablauf von sechs Monaten seit Erhebung der ersten Klage stattfinden darf. Die Möglichkeit des Hinausschiebens besteht nur für die Kammerverhandlung, nicht hingegen für die Güteverhandlung, da in dieser ohne Zustimmung des AG keine (Sach-)Entsch. ergehen kann (aA GK-ArbGG/*Schütz* Rn. 44). Die Verschiebung muss ausdr. beantragt werden, der Antrag nach Abs. 2 ist allein nicht ausreichend. Der Gesetzgeber hat auf diese Weise verfahrensmäßig absichern wollen, dass das einheitl. Verfahren vor dem ausschl. zust. Gericht (Abs. 2) unter Einbeziehung aller fristgerecht erhobenen Klagen ermöglicht wird. Weitere Voraussetzungen für das Verschieben der mdl. Verhandlung bestehen nicht, ein (formloser) Antrag ist ausreichend. Nach dem Normzweck ist nicht vorausgesetzt, dass schon eine weitere Klage anhängig ist (aA GMP/*Germelmann* Rn. 28; GK-ArbGG/*Schütz* Rn. 44 unter Berufung auf den Wortlaut); der AG kann den Antrag daher bereits auf die erste Klage hin stellen, sofern die Möglichkeit weiterer Klagen innerhalb der Frist besteht. 6

§ 62 Zwangsvollstreckung

(1) [1]**Urteile der Arbeitsgerichte, gegen die Einspruch oder Berufung zulässig ist, sind vorläufig vollstreckbar.** [2]**Macht der Beklagte glaubhaft, daß die Vollstreckung ihm einen nicht zu ersetzenden Nachteil bringen würde, so hat das Arbeitsgericht auf seinen Antrag die vorläufige Vollstreckbarkeit im Urteil auszuschließen.** [3]**In den Fällen des § 707 Abs. 1 und des § 719 Abs. 1 der Zivilprozeßordnung kann die Zwangsvollstreckung nur unter derselben Voraussetzung eingestellt werden.** [4]**Die Einstellung der Zwangsvollstreckung nach Satz 3 erfolgt ohne Sicherheitsleistung.** [5]**Die Entscheidung ergeht durch unanfechtbaren Beschluss.**

(2) [1]**Im übrigen finden auf die Zwangsvollstreckung einschließlich des Arrestes und der einstweiligen Verfügung die Vorschriften des Achten Buchs der Zivilprozeßordnung Anwendung.** [2]**Die Entscheidung über den Antrag auf Erlaß einer einstweiligen Verfügung kann in dringenden Fällen, auch dann, wenn der Antrag zurückzuweisen ist, ohne mündliche Verhandlung ergehen.** [3]**Eine in das Schutzschriftenregister nach § 945a Absatz 1 der Zivilprozessordnung eingestellte Schutzschrift gilt auch als bei allen Arbeitsgerichten der Länder eingereicht.**

1 **1. Allgemeines.** Die Vorschr. enthält Sonderregeln für die vorl. Vollstreckbarkeit, die Einstellung der ZV sowie für die Verfahren des einstw. Rechtsschutzes (weitergehend *Korinth,* Einstweiliger Rechtsschutz im Arbeitsgerichtsverfahren). Soweit die Sonderregeln nicht eingreifen, finden auf die ZV die Vorschr. der ZPO entspr. Anwendung. Die Vorschr. gilt nach § 64 VII auch im Berufungsverfahren. Für das Revisionsverfahren ist sie nicht in Bezug genommen. Für das BeschlV wird in § 85 I 2 ledigl. auf § 61 I 2, 3 verwiesen; iÜ enthält § 85 eigene Verweisungen auf anwendbare Vorschr. für die ZV und den einstweiligen Rechtsschutz. Nach § 62 II 1 finden die Vorschr. des Achten Buchs der ZPO auch wegen des Arrests und der einstweiligen Vfg. (§§ 916 bis 945 ZPO) Anwendung.

2 **2. Vorläufige Vollstreckbarkeit. a) Grundsatz.** Nach § 62 I 1 sind alle End- und Teilurt. der ArbG und LAG, nicht dagegen deren Zwischenurt. nach § 304 ZPO, vorl. vollstreckbar, selbst wenn sie noch nicht rkr. sind. Hierzu gehören zählen auch VU und (Gestaltungs-)Urt. nach §§ 9, 10 KSchG hins. der festgesetzten Abfindung (BAG 9.12.1987 NZA 1988, 329). Wg. § 62 I 1 sind die §§ 708–716 ZPO nicht anzuwenden. Der Urteilstenor muss keinen bes. Ausspruch über die vorl. Vollstreckbarkeit enthalten. Urt. im Arrest- und Verfügungsverfahren sind schon nach allg. Zivilprozessrecht vorl. vollstreckbar (§ 929 ZPO). § 62 ist anzuw. in den Fällen des § 78a und der Wiedereinsetzung in den vorherigen Stand sowie der Wiederaufnahme. Erfasst werden dagegen nicht sonstige Vollstreckungstitel nach § 794 ZPO, zB. Vergleich, Beschlüsse. Für sie gelten die allg. Regelungen über die ZV in der ZPO. Bei einem Vergleich kann die ZV nur unter den Voraussetzungen des § 707 I ZPO eingestellt werden (LAG HE 5.8.2002 NZA-RR 2004, 158; LAG N 7.5.1999 BB 1999, 1387). Bei einer Vollstreckungsgegen-, Drittwiderspruchs- oder Titelgegenklage (BGH 19.12.2014 NJW 2015, 1181; RB anhängig 10 AZB 18/16) kann nach §§ 769, 771 III ZPO die ZV mit und ohne Sicherheitsleistung eingestellt werden (LAG HH 29.1.2003 – 5 Ta 21/02; LAG HE 10.9.1997 MDR 1998, 925; LAG BW 22.12.1986 NZA 1988, 40; LAG K 16.5.1983 DB 1983, 1827; GK-ArbGG/*Vossen* Rn. 39; GMP/*Germelmann* Rn. 50; aA LAG K 12.6.2002 LAGE ArbGG 1979 § 62 Nr. 28; LAG HB 24.6.1996 MDR 1996, 1045). Gleiches gilt bei Entscheidungen nach § 732 ZPO (Erteilung der Vollstreckungsklausel), § 766 ZPO (Erinnerung gegen die Art und Weise der ZV) und § 768 ZPO (Klage gegen Vollstreckungsklausel). Die ZV kann in diesen Fällen auch tw. ausgeschlossen werden. § 62 I 1 iVm. § 769 ZPO findet keine Anwendung, wenn der Schuldner gegen den im Urt. festgestellten Anspruch nachträgl. Einwendungen erhebt, die nicht nach § 767 II ZPO präkludiert sind und daher grds. mit der Klage nach § 767 I ZPO geltend gemacht werden könnten; die vorl. Einstellung der ZV ist auch dann nur unter den Voraussetzungen des § 62 I 2 mgl. (LAG HM 10.11.2008 – 14 Sa 1507/08; LAG BE 14.7.1993 LAGE ArbGG 1979 § 62 Nr. 20; aA LAG ST 25.9.2002 – 8 Sa 344/02; LAG BW 30.6.2010 LAGE § 62 ArbGG 1979 Nr. 34). Die ArbG sind auch für die Vollstreckbarkeitserkl. und die Niederlegung von Anwaltsvergl. zust. (GMP/*Germelmann* Rn. 9 f.). Für Entscheidungen nach §§ 101, 111 II ist § 62 I nicht anwendbar.

3 **b) Ausschließung der vorläufigen Vollstreckbarkeit im Urteil (§ 62 I 2–5). aa) Verfahren.** Das ArbG hat nach § 62 I die vorl. Vollstreckbarkeit im Urt. auszuschließen, wenn der Bekl. *(1)* einen Antrag stellt, *(2)* darlegt, dass ihm die Vollstreckung einen nicht zu ersetzenden Nachteil bringen würde und *(3)* dies glaubhaft macht (§ 294 ZPO). Der Ausschluss der Vollstreckbarkeit erfolgt nur auf Antrag. Die pos. oder neg. Entsch. nach § 62 I 2 ist in den Tenor aufzunehmen und zu begründen. Wird der Antrag versehentl. nicht beschieden oder übergangen, kommt unter den Voraussetzungen der §§ 319, 321 ZPO die Ber. bzw. Erg. des Urt. in Betracht. Die Vollstreckbarkeit wird nach § 62 I 4 ohne Sicherheitsleistung ausgeschlossen; er kann auf bestimmte Vollstreckungsmaßnahmen beschränkt werden. Die Entscheidung nach § 62 I 2 ist nicht isoliert anfechtbar.

4 **bb) Nachteil.** Ein nicht zu ersetzender Nachteil ist mehr als ein schwer zu ersetzender Nachteil und liegt vor, wenn er nicht abgewendet und bei Wegfall des Vollstreckungstitels nicht durch Geld oder andere Mittel ausgegl. werden kann. Durch die vorl. Vollstreckbarkeit sollen keine endgültigen Verhältnisse geschaffen werden. Umstr. ist, ob die Erfolgsaussichten eines Rechtsmittels bei Entscheidungen nach § 62 I 3 zu berücksichtigen sind (verneinend GMP/*Germelmann* Rn. 20; aA GK-ArbGG/*Vossen* Rn. 34; *Groeger* NZA 1994, 251). Es ist jedoch zu differenzieren; ist nach dem bisherigen Vorbringen absehbar, dass das Rechtsmittel keinen Erfolg haben wird, kann durch die vorl. Vollstreckbarkeit kein unersetzbarer Nachteil entstehen. Ansonsten ist bei der **Durchsetzung eines Titels auf Unterlassung, Duldung oder Vornahme einer Handlung** eine Abwägung der Interessen des Kl. an der Beibehaltung der Vollstreckbarkeit mit denen des Bekl. vorzunehmen (LAG D 4.10.1979 LAGE ArbGG 1979 § 62 Nr. 1), da in diesen Fällen die durch die Vollstreckung entstehenden Folgen nicht mehr rückgängig gemacht werden können. Dabei ist aber auch zu berücksichtigen, ob durch die Stattgabe des Antrags die Wirkungen des Titels leerlaufen würden (GMP/*Germelmann* Rn. 21 – zeitl. begrenztes Wettbewerbsverbot) Bei der Vollstreckung des allg. Weiterbeschäftigungsanspruchs wird ein nicht zu ersetzender Nachteil regelm. zu verneinen sein, da der AG eine Gegenleistung für die Vergütung erhält (BAG GS 27.2.1985 NZA 1985, 702). Etwas anderes gilt wenn eine Beschäftigungsmöglichkeit nicht besteht und erst geschaffen werden müsste. Ein nicht zu ersetzender Nachteil, der zur Einstellung der ZV führen kann, kommt zB in Betracht bei der **Vollstreckung von Zahlungstiteln** bei bestehender Vermögenslosigkeit des AN (LAG HE 8.1.1992 NZA 1992, 427; LAG D 20.12.1985 LAGE ArbGG 1979 § 62 Nr. 13; der Bezug von Alg. ist allein nicht ausr.), absehbarer Existenzgefähr-

dung des Schuldners (LAG B 6.1.2009 BB 2010, 52 – drohende Betriebseinstellung) und wenn konkrete Anhaltspunkte bestehen, dass sich der Vollstreckungsgläubiger in ein Land außerhalb der EU absetzen will, um sich der Rückabwicklung zu entziehen (LAG SH 12.6.1998 LAGE ArbGG 1979 § 62 Nr. 25). Die ausl. Staatsbürgerschaft allein ist dazu nicht ausr., ebenso die Bewilligung von ratenfreier PKH (LAG HB 20.11.1992 LAGE ArbGG 1979 § 62 Nr. 19) oder absehbare Schwierigkeiten bei der Rückerstattung von vollstrecktem Arbeitsentgelt (LAG BE 14.7.1993 LAGE ArbGG 1979 § 62 Nr. 20).

c) **Nachträgliche Einstellung der Zwangsvollstreckung.** Hat der Bekl. einen Antrag nach § 62 I 2 nicht gestellt oder war dieser nicht erfolgreich, kann die ZV auch nach Verkündung des Urt. eingestellt werden (*Korinth* ArbRB 2008, 289). Die nachträgl. Einstellung der ZV kommt in Betracht, wenn *(1)* gegen eine rechtskräftige Entsch. eine Wiedereinsetzung in den vorigen Stand beantragt worden ist, *(2)* die Wiederaufnahme des Verfahrens erfolgt (§ 707 I ZPO) oder *(3)* bei Einspruch oder Berufung gegen ein vorl. vollstreckbares Urt. (§ 719 I ZPO). Die Einstellung erfolgt nur unter denselben Voraussetzungen, unter denen ein Ausschluss der ZV erfolgen kann (dazu bereits Rn. 3 f.). Sie kann selbst dann erfolgen, wenn eine Antragstellung nach § 62 I 2 unterblieben ist (LAG B 6.1.2009 BB 2010, 52; LAG BW 26.8.2008 ArbuR 2008, 363). Die ZV wird ohne Sicherheitsleitung eingestellt (§ 62 I 4). Die Entsch. über den Antrag kann ohne mdl. Verhandlung ergehen, dem Ag. ist aber rechtl. Gehör zu gewähren. Auch eine vorl. Einstellung (zB bis zum Vorliegen der Berufungsbegr./-erwiderung) ist zulässig. Die zu begründende Entsch. ergeht ohne Beteiligung der ehrenamtl. Richter (§§ 53 I 1, 55 I Nr. 6, 64 VII). Die Entscheidung kann wiederholt oder auf Antrag abgeändert werden, wenn sich der zugrunde liegende Sachverhalt geänd. hat. 5

d) **Rechtsmittel.** Gegen die Entsch. des Vors. des ArbG ist grds. die sof. Beschwerde an das LAG gegeben (§ 793 ZPO, § 62 II 1 ArbGG, die in den Fällen des § 707 I ZPO jedoch ausgeschlossen ist (§ 707 II 2 ZPO). Nach der Entscheidung des BVerfG zur Unzulässigkeit von ungeschriebenen außerordentl. Rechtsmitteln gilt dies selbst bei erkennbar fehlender Ermessensausübung oder grober Gesetzwidrigkeit (aA LAG TH 29.12.1997 NZA 1998, 1358; LAG HE 4.3.2002 NZA-RR 2003, 219). Gegen die Entsch. des Vors. des LAG ist ein Rechtsmittel nicht statthaft (BAG 5.11.2003 NZA 2003, 1421). Bei unanfechtbaren Entscheidungen kann nur die Rüge nach § 78a erhoben werden. 6

3. Zwangsvollstreckung (§ 62 II 1). a) Zuständigkeit. Nach § 62 II 1 richtet sich die ZV im Inland nach den Vorschr. des Achten Buchs der ZPO. Die allg. Vollstreckungsvoraussetzungen (Titel, Klausel, Zustellung) müssen vorliegen. Der Gerichtsvollzieher ist sachl. und funktionell für jede Vollstreckung zuständig, die nicht den AmtsG oder den ArbG als Prozessgericht zugewiesen sind (§ 753 I ZPO). Die wichtigsten Fälle der Vollstreckung durch den Gerichtsvollzieher sind in §§ 808, 883 bis 885 ZPO enthalten. Das sind die Beitreibung von Geldforderungen durch Pfändung in das bewegl. Vermögen und die Wegnahme von Gegenständen (Herausgabeansprüche). Die örtl. Zust. der Gerichtsvollzieher ist in den §§ 12 ff. ZPO, 154 GVG und durch Vorschr. der Landesjustizverwaltung (Gerichtsvollzieherordnung) geregelt. Die ZV von inländischen Titeln in der EU richtet sich nach §§ 1079 ff. ZPO; für die ZV aus EU-Vollstreckungstiteln im Inland gelten die §§ 1082 ff. ZPO. Das **Amtsgericht** ist va. Vollstreckungsgericht, wenn Forderungen gepfändet werden sollen. In Betracht kommen in erster Linie der Erlass eines Pfändungs- und Überweisungsbeschlusses. Auch insoweit werden vom AmtsG keine Kostenvorschüsse erhoben (§ 11 GKG). Bleibt die Vollstreckung erfolglos, haftet auch der Ast. für die Kosten (§ 31 II GKG). Das **Arbeitsgericht** ist als Prozessgericht für Vollstreckungsmaßnahmen zuständig, wenn die Verurteilung zu einer *(1)* vertretbaren Handlung (§ 887 ZPO), *(2)* unvertretbaren Handlung (§ 888 ZPO) oder *(3)* einer Unterlassung (zB von Wettbewerb oder zur Duldung der Vornahme einer Handlung) vollstreckt werden muss (§ 890 ZPO). 7

b) Einzelne Ansprüche. Arbeitszeitveränderung: Die Vollstreckung eines Urt., in dem der AG zur Verringerung der AZ verurteilt worden ist, erfolgt nach § 894 ZPO (BAG 19.8.2003 AP TzBfG § 8 Nr. 4; aA LAG NI 15.4.2008 ArbuR 2009, 58 – § 62 I 1). **Auskunft, Rechnungslegung, Einsichtnahme in Unterlagen:** Kann nur der Schuldner die entspr. Handlung vornehmen, ist § 888 ZPO anzuwenden (GK-ArbGG/*Vossen* Rn. 49). **Geldforderungen:** Die Vollstreckung richtet sich nach den §§ 803–832 ZPO. Bei einer Verurteilung zur Zahlung des Bruttobetrags hat der AN die ges. Abzüge zu berechnen und an die zust. Stellen (Einzugsstelle/FA) abzuführen (*Korinth* ArbRB 2008, 129). Ist die Verurteilung zur Zahlung eines Bruttobetrags abzgl. eines Nettobetrags erfolgt, kann nur dieser beigetrieben werden; der AG hat ggü. dem Gerichtsvollzieher die Vornahme der Abzüge durch entspr. Belege nachzuweisen (GMP/*Germelmann* Rn. 56). Ist die zu vollstreckende Forderung zB. in einem Vergleich mit „brutto = netto" bezeichnet, kann die ZV wie bei der Verurteilung auf den Bruttobetrag hins. der gesamten Summe erfolgen. **Arbeitspapiere:** Die Vollstreckung ist abhängig von der Tenorierung. Bei der Verurt. zur Herausgabe der (genau bezeichneten) Arbeitspapiere richtet sich die Vollstreckung nach § 883 ZPO. Nur wenn der Titel zus. auf weitere Erkl. bzw. Handlungen des Schuldners gerichtet ist (Ausfüllen/Berichtigen), kann er nach § 888 I ZPO hierzu durch Zwangsgeld bzw. -haft angehalten werden. Diese Möglichkeit entfällt, wenn eine Verurteilung nach § 61 II erfolgt ist (§ 61 Rn. 6). Bei der Erteilung einer im Titel genau bezeichneten **Lohnabrechnung** handelt es sich um eine vertretbare Handlung iSd. § 887 ZPO (LAG K 22.11.1990 MDR 1991, 650 aA LAG HH 29.1.1996 8

NZA-RR 1996, 422); unzureichend, weil zu unbestimmt ist die Bezeichnung „ordnungsgemäße Abrechnung“ im Vollstreckungstitel (BAG 25.4.2001 NZA 2001, 1157). **Weiterbeschäftigungsantrag:** Die Verurteilung zur Weiterbeschäftigung bis zum rkr. Abschluss des Verfahrens kann vom AN durch Zwangsmittel nach § 888 ZPO durchgesetzt werden (LAG SH 6.1.1987 NZA 1987, 322); sie entfällt nach einer abändernden Entscheidung in der Berufungsinstanz (ArbG Marburg 18.2.2008 DB 2008, 1443). Der Vollstreckungstitel ist hinr. bestimmt, wenn der Tenor die maßgebl. Beschäftigungsbedingungen enthält. Die Formulierung „unveränderte Arbeitsbedingungen“ ist dazu regelmäßig nicht ausr. (LAG K 16.12.2004 LAGE § 62 ArbGG 1979 Nr. 31; LAG HE 27.11.1992 LAGE § 888 ZPO Nr. 30 – nur, wenn Beschäftigungssituation aus dem Tatbestand ersichtl. ist). Es ist ausreichend, wenn die Art der ausgeurteilten Beschäftigung aus dem Titel ersichtl. ist. Einzelheiten hins. der Art der Beschäftigung oder der sonstigen Arbeitsbedingungen sind entbehrl. (BAG 15.4.2009 NZA 2009, 917). Der AG kann im Vollstreckungsverfahren einwenden, der Arbeitsplatz sei inzwischen fortgefallen (LAG SH 11.12.2003 NZA-RR 2004, 408) oder er habe erneut gekündigt (LAG ST 25.9.2002 – 8 Sa 344/02; LAG BE 14.7.1993 LAGE § 62 ArbGG 1979 Nr. 20; aA LAG RP 27.11.2007 ArbuR 2008, 193; LAG HE 28.1.1985 NZA 1985, 460). **Zeugnis:** Die Vollstreckung richtet sich nicht nach § 894 ZPO, sondern nach § 888 ZPO (LAG D 7.11.2003 NZA-RR 2004, 206 – InsV). Im Vollstreckungsverfahren kann die inhaltl. Richtigkeit des Zeugnistextes nur beanstandet werden, wenn der Schuldner nach dem Vollstreckungstitel einen genau bezeichneten Zeugnistext verwenden oder das Zeugnis bestimmte Formulierungen enthalten musste (LAG HE 17.3.2003 NZA-RR 2004, 382).

9 **c) Rechtsbehelfe.** Wird die Art und Weise der ZV durch den Gerichtsvollzieher oder das AmtsG gerügt, ist der Rechtsbehelf der Erinnerung an das AmtsG gegeben (§ 766 ZPO). Dies ist zB der Fall, wenn Gegenstände gepfändet werden, die der Pfändung nicht unterliegen. Gegen Beschlüsse des AmtsG ist das Rechtsmittel der sof. Beschwerde statthaft (§ 793 ZPO), über die das LG entscheidet. Gegen Vollstreckungshandlungen des ArbG als Prozessgericht ist allein das Rechtsmittel der sof. Beschwerde gegeben. Soll dagegen eingewandt werden, dass die im Urt. enthaltene Verpflichtung nach der letzten mdl. Verhandlung erfüllt worden ist (zB durch Zahlung), muss der Vollstreckungsschuldner Vollstreckungsgegenklage (§ 767 ZPO) erheben. Wird iRd. Vollstreckung in die Rechte Dritter, zB durch Pfändung eines dem Schuldner nicht gehörenden Gegenstands, eingegriffen, kann der Dritte Drittwiderspruchsklage (§ 771 ZPO) erheben. Bei einstweiligen Anordnungen des ArbG nach § 769 ZPO iRd. §§ 767, 771 ZPO ist die sof. Beschwerde entspr. § 707 II 2 ZPO nicht statthaft (BGH 11.5.2005 NJW-RR 2005, 1009). Gegen Entscheidungen des LAG findet kein Rechtsmittel statt (§ 70).

10 **4. Arrest. a) Persönlicher und dringlicher Arrest.** Der Arrest (*Clemenz* NZA 2007, 64) ist zulässig zur Sicherung der ZV wegen einer Geldforderung oder eines Anspruchs, der in eine Geldforderung übergehen kann (§ 916 I ZPO). Es sind zu unterscheiden zwischen dem dingl. und dem persönl. Arrest. Der dingl. Arrest findet statt, wenn zu befürchten ist, dass ohne dessen Verhängung die Vollstreckung des Urt. vereitelt oder wesentl. erschwert werden würde. Der persönl. Sicherheitsarrest findet nur statt, wenn er zur Sicherung der ZV in das Vermögen des Schuldners erforderl. ist. Die Vollziehung des persönl. Sicherheitsarrests richtet sich, wenn sie durch Haft erfolgt, nach den Vorschr. der §§ 904 bis 913 ZPO und, wenn sie durch sonstige Beschränkungen der persönl. Freiheit erfolgt, nach den vom Arrestgericht zu treffenden bes. Anordnungen, für welche die Beschränkung der Haft maßgebend sind (§ 933 ZPO).

11 **b) Voraussetzungen.** Ein Arrest setzt voraus *(1)* einen Arrestantrag, *(2)* einen Arrestanspruch, *(3)* einen Arrestgrund und *(4)* die Glaubhaftmachung von Arrestanspruch und -grund (§ 294 ZPO). Der Arrestantrag kann schriftl. oder mdl. bei dem Gericht angebracht werden (§ 920 III ZPO). Es besteht daher auch vor dem LAG kein Vertretungszwang, wenn das LAG Arrestgericht ist. Ein Arrestgrund ist gegeben, wenn die Besorgnis besteht, dass ohne Verhängung des Arrests die Vollstreckung des Urt. vereitelt oder wesentl. erschwert wird (§ 917 I ZPO). Als ein zureichender Arrestgrund wird angesehen, wenn das Urt. ansonsten im Ausland außerhalb der EU vollstreckt werden müsste (EuGH 10.2.1994 NJW 1994, 1271). Ein Arrestgrund wurde bejaht, wenn bereits ein Titel vorliegt (OLG HM 27.11.1989 NJW-RR 1990, 1536). Dagegen wurde ein Arrestgrund verneint, wenn sich nur die Vermögenslage des Schuldners verschlechtert (OLG F 11.4.1995 Rechtspfleger 1995, 468). Für den persönl. Arrest kann ein Arrestgrund gegeben sein, wenn der Schuldner das Gebiet der EU erlassen will. Im Allg. erfolgt keine Freiheitsentziehung, ausreichend ist die Einziehung der Ausweisdok.

12 **c) Verfahren.** Zuständig für den Arrest ist das Gericht der Hauptsache (§ 919 ZPO). Dies kann auch das LAG sein, wenn bereits Berufung eingelegt ist (§ 943 I ZPO). Ist die Hauptsache im Revisionsverfahren anhängig, ist das ArbG Arrestgericht. Dagegen besteht keine Eilzuständigkeit des AmtsG mehr, § 942 ZPO betrifft nur die örtl. Zust. (s. § 48 Rn. 1). Das Gericht kann über den Arrestantrag nach pflichtgem. Ermessen mit und ohne mdl. Verhandlung entscheiden (§ 921 I ZPO). Die Durchführung einer mdl. Verhandlung steht – anders als bei der einstweiligen Vfg. – im Ermessen des Gerichts. Von ihr kann abgesehen werden, wenn dies im Interesse eines effektiven Rechtsschutzes notwendig ist, zB bes. Eile geboten ist oder sonstige Gründe vorliegen, die eine bes. Dringlichkeit begründen.

d) Entscheidung. Entscheidet das Gericht aufgrund mdl. Verhandlung, ergeht ein Endurt. durch die Kammer (§ 922 I ZPO). Unter den allg. Voraussetzungen von § 64 ist die Berufung an das LAG mögl. Entscheidet das LAG, ist eine Revision (§ 72 IV) ebenso wie eine RB unstatthaft (§ 72 IV), selbst wenn ein Rechtsmittel vom LAG ausdr. zugelassen wird (BAG 22.1.2003 NZA 2003, 399). Entscheidet das ArbG mit oder ohne vorherige Anhörung des Arrestgegners ohne mdl. Verhandlung, ergeht die Entsch. durch den Vors. der Kammer (§§ 53, 64 VII) durch Beschl. (§ 921 ZPO; aA LAG N 1.4.1999 NZA 2000, 335 – Kammer). Gegen den stattgebenden Beschl. ist nur der Widerspruch nach § 924 ZPO gegeben. Über diesen entscheidet die Kammer des ArbG nach vorheriger mdl. Verhandlung durch Endurt., gegen das unter den Voraussetzungen des § 64 die Berufung statthaft ist. Weist dagegen das Gericht ohne mdl. Verhandlung den Antrag auf Erlass des Arrests ab, findet gegen den Beschl. die sof. Beschwerde statt (§ 567 ZPO). Erlässt das Gericht einen Arrestbefehl, ist nach § 923 ZPO ein Geldbetrag festzusetzen durch dessen Hinterlegung die Vollziehung des Arrests gehemmt wird. 13

e) Vollziehung und Aufhebung des Arrests. Der Arrest wird entspr. den Vorschr. über die ZV vollzogen (§ 928 ZPO). Die Zustellung des Arrests muss im Parteibetrieb innerhalb einer Woche erfolgen. Nach § 929 III ZPO kann die Vollziehung bereits vor Zustellung erfolgen. Eine Vollstreckungsklausel für den Arrest ist nur erforderl., wenn die Vollziehung für oder gegen eine andere im Arrestbefehl genannte Person erfolgen soll (§ 929 I ZPO). Nach Ablauf eines Monats ist die Vollziehung unzulässig (§ 929 II ZPO). Die Art der Vollziehung ist in den §§ 930 bis 934 ZPO geregelt. Der Arrest ist aufzuheben, wenn *(1)* er zu Unrecht erlassen worden ist, *(2)* dem Ast. aufgegeben worden ist, Klage zur Hauptsache zu erheben und diese nicht oder nicht fristgem. erhoben worden ist (§ 926 II ZPO) und *(3)* bei Veränd. der Umstände, die zu seinem Erlass geführt haben. 14

5. Einstweilige Verfügung. a) Voraussetzungen. Für den Erlass der einstweiligen Vfg. finden die Vorschr. der §§ 935 bis 945 ZPO Anwendung. Dabei gelten grds. die Vorschr. für den Arrest, soweit für das einstweilige Verfügungsverfahren keine Besonderh. geregelt sind (§ 936 ZPO). Auch die einstweilige Vfg. dient grds. nur der Sicherung von Ansprüchen. Nur in Ausnahmefällen kann sie auch auf Erfüllung gerichtet sein. Die einstweilige Vfg. setzt voraus *(1)* einen Antrag auf Erlass einer einstweiligen Vfg., *(2)* einen Verfügungsanspruch, *(3)* einen Verfügungsgrund und *(4)* die Glaubhaftmachung von Verfügungsanspruch und Verfügungsgrund. Ein Verfügungsgrund ist gegeben, wenn nach einem objektiven Urt. die Befürchtung besteht, dass die Verwirklichung des Individualanspruchs durch bevorstehende Veränd. des bestehenden Zustands gefährdet wird (§ 935 ZPO). Der Antrag auf Erlass einer einstweiligen Vfg. verliert nicht schon seine Dringlichkeit, wenn nach abweisendem Urt. der AN sowohl die Berufungsfrist als auch die Berufungsbegründungsfrist ausschöpft (aA LAG D 1.6.2005 MDR 2005, 1419). Zum einstweiligen Verfügungsverfahren im ArbR *Clemenz* NZA 2005, 129; *Reinhard/Kliemt* NZA 2005, 545; *Walker* ZfA 2005, 45. 15

b) Verfügungsarten. Die einstweilige Vfg. ist als Sicherungs- oder Regelungsverfügung sowie zur Erfüllung einer bestimmten Leistung statthaft. Eine Sicherungsverfügung (§ 935 ZPO) ist zulässig, wenn zu befürchten ist, dass durch eine Veränd. des bestehenden Zustands die Verwirklichung des Rechts einer Partei vereitelt oder wesentl. erschwert werden könnte. Durch die Regelungsverfügung (§ 940 ZPO) wird ein einstweiliger Zustand in Bezug auf ein streitiges Rechtsverhältnis geregelt, sofern diese Regelung, insb. bei dauerndem Rechtsverhältnis zur Abwendung wesentl. Nachteile oder zur Verhinderung drohender Gewalt oder aus anderen Gründen nötig erscheint. In Ausnahmefällen kann aber die einstweilige Vfg. bereits auf die Erfüllung eines Anspruchs gerichtet sein. Dies kann in Betracht kommen, wenn ein Teil des Entgeltanspruchs im Wege der einstweiligen Vfg. zugesprochen wird, weil der Gläubiger sonst in eine Notlage geraten würde (LAG K 9.2.1991 NZA 1991, 396; LAG SH 26.8.1958 AP ZPO § 940 Nr. 1), zB weil der Anspruch auf Sozialleistungen nicht realisiert werden kann. Weiterhin ist die Leistungsverfügung zulässig zur Sicherung eines nachvertragl. Wettbewerbsverbots. 16

c) Verfahren. Zuständig für den Erlass der einstweiligen Vfg. ist stets das ArbG der Hauptsache (§§ 937, 943 ZPO), die Eilzuständigkeit der AG ist nach Inkrafttreten der §§ 17, 17a GVG entfallen (§ 48 Rn. 1). Nach § 62 II 2 kann vom ArbG oder LAG nur in dringenden Fällen ohne mdl. Verhandlung entschieden werden, selbst wenn der Antrag zurückgewiesen werden soll (LAG HH 18.7.2002 NZA-RR 2003, 104; LAG HE 28.1.2002 NZA-RR 2002, 424 – LAG). Für den Verfahrensverlauf und die Rechtsbehelfe gelten die Ausführungen zum Arrest sinngem. (s. Rn. 10). Der Verfügungsbekl. kann im Verfügungsverfahren nicht die fehlende Einl. eines Hauptverfahrens geltend machen, wenn er nicht zuvor gem. § 936, § 926 I ZPO die Anordnung beantragt hat, dass dem Verfügungskl. binnen einer bestimmten Frist die Klageerhebung aufgegeben wird. 17

6. Schutzschrift. Erwartet ein Verfügungsgegner, dass gegen ihn eine einstweilige Vfg. ausgebracht wird, kann er sich an die potenziell zust. Gerichte wenden und eine Schutzschrift einreichen. Nach § 62 II 3 gilt eine in das elektron. Zentrale Schutzschriftenregister (§ 945a I ZPO, *Dötsch* MDR 2016, 495; *Tiedemann* ArbRB 2016, 220) eingestellte Schutzschrift bei allen ArbG als eingereicht. Mit Schutzschriften soll insb. bei Arbeitskämpfen erreicht werden, *(1)* den Antrag auf einstweilige Vfg. zurückzuweisen oder *(2)* zumindest nicht ohne mdl. Verhandlung zu entscheiden. Wegen des Grund- 18 satzes des rechtl. Gehörs ist das Sachvorbringen aus der Schutzschrift bei der Entsch. über den Antrag der nachf. einstweiligen Vfg. zu berücksichtigen. Ihre Kosten können im nachf. Verfahren erstattungsfähig sein (BGH 13.2.2003 NJW 2003, 1257).

§ 63 Übermittlung von Urteilen in Tarifvertragssachen

[1] Rechtskräftige Urteile, die in bürgerlichen Rechtsstreitigkeiten zwischen Tarifvertragsparteien aus dem Tarifvertrag oder über das Bestehen oder Nichtbestehen des Tarifvertrags ergangen sind, sind alsbald der zuständigen obersten Landesbehörde und dem Bundesministerium für Arbeit und Soziales in vollständiger Form abschriftlich zu übersenden oder elektronisch zu übermitteln. [2] Ist die zuständige oberste Landesbehörde die Landesjustizverwaltung, so sind die Urteilsabschriften oder das Urteil in elektronischer Form auch der obersten Arbeitsbehörde des Landes zu übermitteln.

Zweiter Unterabschnitt. Berufungsverfahren

§ 64 Grundsatz

(1) Gegen die Urteile der Arbeitsgerichte findet, soweit nicht nach § 78 das Rechtsmittel der sofortigen Beschwerde gegeben ist, die Berufung an die Landesarbeitsgerichte statt.

(2) Die Berufung kann nur eingelegt werden,

a) wenn sie in dem Urteil des Arbeitsgerichts zugelassen worden ist,

b) wenn der Wert des Beschwerdegegenstandes 600 Euro übersteigt,

c) in Rechtsstreitigkeiten über das Bestehen, das Nichtbestehen oder die Kündigung eines Arbeitsverhältnisses oder

d) wenn es sich um ein Versäumnisurteil handelt, gegen das der Einspruch an sich nicht statthaft ist, wenn die Berufung oder Anschlussberufung darauf gestützt wird, dass der Fall der schuldhaften Versäumung nicht vorgelegen habe.

(3) Das Arbeitsgericht hat die Berufung zuzulassen, wenn

1. die Rechtssache grundsätzliche Bedeutung hat,

2. die Rechtssache Rechtsstreitigkeiten betrifft

a) zwischen Tarifvertragsparteien aus Tarifverträgen oder über das Bestehen oder Nichtbestehen von Tarifverträgen,

b) über die Auslegung eines Tarifvertrags, dessen Geltungsbereich sich über den Bezirk eines Arbeitsgerichts hinaus erstreckt, oder

c) zwischen tariffähigen Parteien oder zwischen diesen und Dritten aus unerlaubten Handlungen, soweit es sich um Maßnahmen zum Zwecke des Arbeitskampfes oder um Fragen der Vereinigungsfreiheit einschließlich des hiermit im Zusammenhang stehenden Betätigungsrechts der Vereinigungen handelt, oder

3. das Arbeitsgericht in der Auslegung einer Rechtsvorschrift von einem ihm im Verfahren vorgelegten Urteil, das für oder gegen eine Partei des Rechtsstreits ergangen ist, oder von einem Urteil des im Rechtszug übergeordneten Landesarbeitsgerichts abweicht und die Entscheidung auf dieser Abweichung beruht.

(3a) [1] Die Entscheidung des Arbeitsgerichts, ob die Berufung zugelassen oder nicht zugelassen wird, ist in den Urteilstenor aufzunehmen. [2] Ist dies unterblieben, kann binnen zwei Wochen ab Verkündung des Urteils eine entsprechende Ergänzung beantragt werden. [3] Über den Antrag kann die Kammer ohne mündliche Verhandlung entscheiden.

(4) Das Landesarbeitsgericht ist an die Zulassung gebunden.

(5) Ist die Berufung nicht zugelassen worden, hat der Berufungskläger den Wert des Beschwerdegegenstandes glaubhaft zu machen; zur Versicherung an Eides Statt darf er nicht zugelassen werden.

(6) [1] Für das Verfahren vor den Landesarbeitsgerichten gelten, soweit dieses Gesetz nichts anderes bestimmt, die Vorschriften der Zivilprozeßordnung über die Berufung entsprechend. [2] Die Vorschriften über das Verfahren vor dem Einzelrichter finden keine Anwendung.

(7) Die Vorschriften des § 49 Abs. 1 und 3, des § 50, des § 51 Abs. 1, der §§ 52, 53, 55 Abs. 1 Nr. 1 bis 9, Abs. 2 und 4, des § 54 Absatz 6, des § 54a, der §§ 56 bis 59, 61 Abs. 2 und 3 und der §§ 62 und 63 über Ablehnung von Gerichtspersonen, Zustellungen, persönliches Erscheinen der Parteien, Öffentlichkeit, Befugnisse des Vorsitzenden und der ehrenamtlichen Richter, Güterichter, Mediation und außergerichtliche Konfliktbeilegung, Vorbereitung der streitigen Verhandlung, Verhandlung vor der Kammer, Beweisaufnahme, Versäumnisverfahren, Inhalt des Urteils, Zwangsvollstreckung und Übersendung von Urteilen in Tarifvertragssachen gelten entsprechend.

(8) Berufungen in Rechtsstreitigkeiten über das Bestehen, das Nichtbestehen oder die Kündigung eines Arbeitsverhältnisses sind vorrangig zu erledigen.

1. Allgemeines. Die Berufung ist ein Instrument zur Fehlerkontrolle und -beseitigung der Urt. der ArbG durch das LAG. Die Berufung hat Suspensiveffekt (§ 707 ZPO) und Devolutiveffekt. Neues Sachvorbringen ist nur in den Grenzen von § 67 mögl. In bes. Fällen kann gegen ein Urt. des ArbG auch die sof. Beschwerde statthaft sein (s. Rn. 2). Im BeschlV entspricht die Beschwerde (§ 87) der Berufung. Nach § 64 VIII sind Berufungen über das Bestehen oder Nichtbestehen oder die Kündigung eines ArbVerh. vorrangig zu erledigen. Wird die Vorschr. verletzt, sind im Gesetz keine Sanktionen vorgesehen. 1

2. Statthaftigkeit der Berufung. Berufungsfähig sind grds. nur Endurt. oder diesen gleichgestellte Urt. der ArbG. Hierzu gehören Teilurt. (§ 301 ZPO), Vorbehaltsurt. (§ 302 ZPO), Ergänzungsurt. (§ 321 ZPO), Zwischenurt. über die Zulässigkeit der Klage (§ 280 II ZPO) und wenn der Antrag auf Wiedereinsetzung in den vorigen Stand abgelehnt worden ist (BGH 15.10.1981 NJW 1982, 184) sowie Urt. im einstweiligen Rechtsschutz. Nicht berufungsfähig sind Zwischenurt., mit denen über den Grund des Anspruchs oder ein Zwischenstreit entschieden wird (§ 61 III; §§ 303, 304 ZPO), diese können nach § 512 ZPO nur zusammen mit dem Endurt. angegriffen werden. Gegen VU ist nicht die Berufung, sondern der Einspruch gegeben. Gegen 2. VU ist die Berufung nur mit der Begr. zulässig, dass ein Fall der Säumnis nicht vorgelegen habe (§ 514 II 1 ZPO), s. § 59 Rn. 16. Nicht berufungsfähig sind Urt. der ArbG, gegen die sof. Beschwerde statthaft ist. Dies ist der Fall bei Zulassung oder Zurückweisung eines Streitgenossen (§ 71 II ZPO), der Kostenentsch. bei einem Anerkenntnisurt. (§ 99 II ZPO), Zwischenurt. über ein Aussageverweigerungsrecht eines Zeugen (§ 387 III ZPO). Hat das ArbG anstatt durch Urt. durch Beschl. entschieden, ist nach dem Grundsatz der Meistbegünstigung sowohl die Berufung als auch die sof. Beschwerde statthaft (BAG 5.12.1984 NZA 1985, 436). Ein Rechtsmittel ist nur dann gegeben, wenn auch gegen die in richtiger Form erlassene Entsch. ein Rechtsmittel zulässig wäre. Das Berufungsgericht entscheidet in diesem Fall durch Urt. und nicht durch Beschl. (BAG 26.3.1992 NZA 1992, 954). Nach dem Grundsatz der Meistbegünstigung ist die Berufung auch im umgekehrten Fall statthaft, wenn das ArbG zu Unrecht durch kontradiktorisches Urt. entschieden oder im Rubrum eine falsche Bezeichnung gewählt hat (Urt. statt VU; 2. VU statt VU). 2

3. Berufungsmöglichkeiten. a) Bindung. § 64 II zählt enumerativ die Fälle auf, in denen gegen ein Urt. des ArbG Berufung eingelegt werden kann. Sind die dort genannten Voraussetzungen nicht gegeben, ist die Berufung unzulässig. Dies gilt auch bei schwersten Gesetzesverstößen und greifbarer Gesetzwidrigkeit. Ist die Berufung gegen eine Entsch. nicht statthaft, wird sie auch nicht durch eine entspr. RMB eines ArbG eröffnet (BAG 23.6.1993 NZA 1994, 264). Die Berufung ist zulässig, wenn sie vom ArbG zugelassen worden ist (§ 64 II lit. a). Das ArbG muss die Berufung zulassen, wenn die in § 64 III genannten Zulassungsgründe gegeben sind; einen Ermessens- oder Beurteilungsspielraum hat das ArbG nicht. Das LAG ist an die Zulassung gebunden (§ 64 IV), selbst wenn es die Voraussetzungen anderes beurteilt. Etwas anderes gilt nur, wenn die Berufung gegen ein Urt. zugelassen wird, gegen das die Berufung unstatthaft ist (s. Rn. 2). Die Nichtzulassung der Berufung durch das ArbG kann nicht eigenständig angefochten werden, § 72a ist nicht entspr. anzuwenden (LAG K 26.6.2001 MDR 2001, 1374). Die Zulassung kann wie die Revisionszulassung beschränkt werden (s. § 72 Rn. 18). 3

b) Zulassungsgründe. Die Berufung ist zuzulassen, wenn die Rechtssache **grds. Bedeutung** hat (§ 64 III Nr. 1). An den Begriff sind geringere Anforderungen zu stellen als bei § 72 II Nr. 1. Ausreichend ist, wenn die grds. Bedeutung nur für den Bezirk des LAG besteht. Die Rechtsfrage, wegen derer die Zulassung erfolgt, muss klärungsfähig und -bedürftig sein (s. § 72 Rn. 5). Die Berufung ist nach § 64 III Nr. 2 zuzulassen, wenn die Rechtssache **Rechtsstreitigkeiten** betrifft *(1)* zwischen TVParteien aus TV oder über das **Bestehen oder Nichtbestehen von TV,** *(2)* über die **Auslegung eines TV,** dessen Geltungsbereich sich über den Bezirk eines ArbG hinaus erstreckt, oder *(3)* zwischen tariffähigen Parteien oder zwischen diesen und Dritten aus unerlaubten Handlungen, soweit es sich um Maßnahmen zum Zwecke des **Arbeitskampfs** oder um Fragen der **Vereinigungsfreiheit** einschließl. des hiermit im Zusammenhang stehenden Betätigungsrechts der Vereinigungen handelt (s. § 2 Rn. 7). Die Berufung ist schließl. zuzulassen, wenn das ArbG in der **Auslegung einer Rechtsvorschrift** von einem ihm im Verfahren vorgelegten Urt., das für oder gegen eine Partei des Rechtsstreits ergangen ist, oder **von einem Urt. des im Rechtszug übergeordneten LAG** abweicht und die Entsch. auf dieser Abweichung beruht (§ 64 III Nr. 3). Die Vorschr. dient wie § 72 II Nr. 2 (§ 72 Rn. 7) der Wahrung der Rechtseinheit im Bezirk des LAG. Die Entsch. muss nur vorgelegt werden, wenn das ArbG sie nicht kennt (GK-ArbGG/*Vossen* Rn. 71). An die Form stellt das Gesetz keine bes. Anforderungen, die Vorlage einer einfachen Ablichtung ist daher ausreichend. Auch ein für oder gegen den Rechtsvorgänger einer Partei ergangenes Urt. erfüllt die Voraussetzungen des § 64 III Nr. 3. Für die Zulassung ist es erforderl., dass die Abweichung von den Rechtssätzen entscheidungserhebl. ist. Weicht die Entsch. des ArbG von der Entsch. eines nicht im Instanzenzug übergeordneten LAG oder des BAG ab, ist der Zulassungsgrund nicht gegeben. Regelm. wird die Berufung in diesem Fall aber wegen grds. Bedeutung (§ 64 III Nr. 1) zuzulassen sein. 4

5 **c) Zulassungsentscheidung. aa) Erforderlichkeit.** Die Entsch. über die Zulassung erfolgt vAw., entspr. Anträge der Parteien stellen für das Gericht nur Anregungen dar. Nach § 64 III a muss die Entsch. über die Zulassung oder Nichtzulassung der Berufung jdf. dann in den Tenor des Urt. aufgenommen werden, wenn eine Berufungsmöglichkeit nicht ohnehin nach § 64 II lit. c, d (Bestandsstreitigkeit, 2. VU) gegeben oder nach dem Tenor die Beschwer einer Partei 600 Euro übersteigt. Noch nicht höchstrichterl. entschieden ist, ob § 64 III a darüber hinaus stets und unabhängig von der Wertgrenze bzw. der Beschwer einer Partei eine Entsch. über die Zulassung erfordert. Dies wird nach Sinn und Zweck der Norm zu bejahen sein. Durch die Aufnahme der Zulassungsentsch. soll die Partei bereits vor der Urteilszustellung eindeutig erkennen können, ob und ggf. in welchem Umf. ihr die Möglichkeit zur Rechtsmitteleinlegung eröffnet worden ist. Diese Voraussetzungen sind nur erfüllt, wenn aus dem verkündeten Tenor und ungeachtet einer mögl. Beschwer für die Partei ersichtl. ist, ob das Gericht die Voraussetzungen des § 64 II lit. a bejaht hat, was insb. bei teilbaren Streitgegenständen von Bedeutung sein kann (ebenso *Stock* NZA 2001, 481, 484; *Schwab/Wildschütz/Heege* NZA 2003, 999, 1003; wohl auch GMP/*Germelmann* Rn. 29; ähnl. *Jauernig* NJW 2003, 465, 467 für § 511 ZPO; der Sachverhalt in BAG 11.12.2007 NZA-RR 2008, 373 belegt die Notwendigkeit einer ausdr. Entscheidung über die Berufungszulassung).

6 **bb) Nachträgliche Zulassungsentscheidung.** Ist eine an sich erforderl. Zulassungsentsch. im Tenor unterblieben, kann jede Partei binnen zwei Wochen ab der Urteilsverkündung durch Schriftsatz oder zur Niederschrift der Geschäftsstelle eine Erg. des Urt. beantragen. Die Frist läuft stets ab Verkündung der Entscheidung, selbst wenn das Urt. noch nicht zugestellt oder das Sitzungsprotokoll noch nicht übersandt worden ist. Bei Fristversäumnis findet eine Wiedereinsetzung nicht statt, da es sich nicht um eine Notfrist handelt. Die Zulassung in den Entscheidungsgründen oder in der RMB ist nicht zulässig (LAG B 19.8.2010 LAGE § 64 ArbGG 1979 Nr. 39). Über den Antrag entscheidet die Kammer in der gleichen Besetzung (BAG 23.8.2011 NZA 2012, 37). Die Durchführung einer mdl. Verhandlung ist nicht vorgesehen, aber wahlweise mögl. Das ArbG kann die **Zulassungsentsch. ohne Antrag einer der Parteien nicht nachholen** (aA *Lakies* BB 2000, 667, 669), ebenso führt auch eine nachträgl. Berufungszulassung in den Entscheidungsgründen nicht zur Zulässigkeit der Berufung (GK-ArbGG/*Vossen* Rn. 62a; *Appel/Kaiser* AuR 2000, 281, 282; aA *Ostowicz/Künzl/Schäfer* Rn. 176, 226). Diese Sicht ist mit verfassungsrechtl. Vorgaben (BVerfG 26.3.2001 AP GG Art. 20 Nr. 33) vereinbar. Nach dem eindeutigen Wortlaut in § 64 III a 2 steht es ausschl. im Belieben der Parteien, eine fehlende Entsch. über die Zulassung der Berufung zu erzwingen. Nehmen sie die Gelegenheit nicht wahr, zB weil sie kein Interesse an der Fortführung des Rechtsstreits haben, ist auch eine weitere Korrekturmöglichkeit durch das Gericht verfassungsrechtl. nicht geboten. § 64 III a verdrängt § 321 ZPO, der eine Urteilsergänzung bei dem Übergehen einer Nebenentsch. vorsieht (GMP/*Germelmann* Rn. 31; iE auch GK-ArbGG/*Vossen* Rn. 64). Auch eine Nachholung durch eine Urteilsberichtigung wird kaum in Betracht kommen, etwas anderes kann gelten, wenn die Zulassungsentsch. Gegenstand der verkündeten Entscheidungsgründe war (so auch *Schwab/Wildschütz/Heege* NZA 2003, 999, 1003); eine Zulassungsmöglichkeit für das BAG besteht nicht (BAG 23.2.2016 NJW 2016, 1900).

7 **d) Überschreitung des Beschwerdewerts. aa) Berechnung, Beschwer.** Die Berufung ist statthaft, wenn der Wert des Beschwerdegegenstands 600,– Euro übersteigt (§ 64 II lit. b). Voraussetzung der Berufung ist daher die Beschwer einer Partei. Ein Kl. ist durch ein Urt. beschwert, wenn es hinter seinem in der ersten Instanz gestellten Antrag zurückbleibt (formelle Beschwer). Dies gilt auch, wenn nach dem Prozessverlauf eine Antragsreduzierung unter die Berufungsgrenze geboten gewesen wäre (BAG 11.12.2007 NZA-RR 2008, 373). Daneben ist der Wert des Beschwerdegegenstands abhängig von dem in der nächsten Instanz gestellten Antrag. Ob dieser 600,– Euro übersteigt, ist aus dem festgesetzten Streitwert zu ermitteln (BAG 30.11.1984 NZA 1985, 369; 2.3.1983 AP ArbGG 1979 § 64 Nr. 6). Ein Bekl. ist dann beschwert (materielle Beschwer), wenn er eine für ihn günstigere Entsch. begehrt. Die Verurteilung mehrerer Bekl. als Gesamtschuldner erhöht die Beschwer für die bekl. Partei nicht (BGH 25.11.2003 MDR 2004, 406). Materiell beschwert ist der Bekl. wegen der unterschiedl. Rechtskraftwirkungen auch dann, wenn die Klage anstatt als unbegr. bereits als unzulässig abgewiesen worden ist (BAG 19.11.1985 NZA 1986, 480). § 42 IV 1 GKG findet keine Anwendung (BAG 4.6.2008 NZA-RR 2009, 555), unberücksichtigt bleiben bei der Berechnung der Beschwer Zinsen und Verfahrenskosten. Erledigt sich die Hauptsache vor der Berufungseinlegung, bleibt diese zulässig, wenn der Beschwerdewert aufgrund der erstinstanzl. Kosten (BGH 15.1.1992 NJW 1992, 1513) oder durch die fortbestehenden materiellen Rechtskraftwirkungen des angefochtenen Urt. erreicht wird. Die Beschwer entfällt, wenn der Urteilsbetrag nicht nur zur Abwendung der ZV bezahlt, sondern der Klageanspruch aus freien Stücken ohne Vorbehalt erfüllt wird (BAG 21.3.2012 NZA-RR 2012, 601).

8 **bb) Klageänderung, Klagehäufung.** Die Berufung ist nur zulässig, wenn der Berufungskl. mit ihr die Beseitigung einer in dem angefochtenen Urt. liegenden Beschwer erstrebt. Hieran fehlt es, wenn er im Wege der Klageänderung einen bislang nicht geltend gemachten Anspruch zur Entscheidung stellt, ohne den in 1. Instanz erhobenen Klageanspruch nicht wenigstens teilw. weiterzuverfolgen (BGH 29.6.2006 NJW-RR 2006, 1502). Werden mehrere Klageanträge gestellt, ist ihr Wert für die Berechnung der Beschwer zusammenzurechnen, soweit die ZPO keine ausdr. Begrenzung des Werts enthält (BAG

4.6.2008 NZA-RR 2009, 555 – § 9 ZPO). Eine Berufung ist unzulässig, wenn sich der Berufungskl. bei einem teilbaren Streitgegenstand in seiner Begr. nur gegen eine Verurteilung wendet, die unterhalb des Beschwerdewerts liegt (BGH 16.10.2007 MDR 2008, 225; LAG RP 10.4.2001 AuR 2001, 359). Bei Haupt- und Hilfsanträgen erfolgt eine Wertaddition nur, wenn über alle Anträge entschieden worden ist. Wird der Hauptantrag abgewiesen und nach dem Hilfsantrag entschieden, liegt der Beschwerdewert im Streitwert des Hauptantrags. Ist bei einem Bruttoantrag nur zu einem Nettobetrag verurteilt, ergibt sich für den Kl. der Beschwerdewert aus der Differenz zum urspr. eingekl. Bruttobetrag ohne Berücksichtigung der AGbeiträge. Ist der Klageantrag in zulässiger Weise nicht beziffert worden, ist der Kl. dann beschwert, wenn das Urt. hinter dem von ihm anzugebenen Orientierungswert zurückbleibt. Hat er einen solchen nicht genannt, kann er wegen der Höhe des zuerkannten Betrags keine Berufung einlegen (LAG HM 5.12.1996 LAGE § 64 ArbGG 1979 Nr. 32). Zum Teil wird auch vertreten, dass eine Beschwer dann nicht gegeben sei, wenn das Gericht überhaupt etwas zugesprochen hat (HHB/*Hauck/Biebl* Rn. 4). Keine Beschwer des Kl. ist daher gegeben, wenn das Gericht auf seinen Antrag das ArbVerh. gegen Zahlung einer Abfindung auflöst und er die festgesetzte Abfindung nicht angreift (BAG 23.6.1993 NZA 1994, 264). Bei einer Verurteilung zur Auskunftserteilung, zur Rechnungslegung oder zur Abgabe einer eidesstattlichen Vers. bemisst sich die Beschwer nach dem Aufwand an Zeit und Kosten, die die Erfüllung des titulierten Anspruchs erfordert (BAG 27.5.1994 NZA 1994, 1054; BGH 24.11.1994 NJW 1995, 664). In Eingruppierungsstreitigkeiten des öD bleibt die Sonderzuwendung unberücksichtigt (BAG 4.9.1996 NZA 1997, 283).

cc) Bindung. Im Allg. kann der Beschwerdewert nicht höher sein als der im Urt. festgesetzte Streitwert (§ 61 I). Ist der Kl. in der ersten Instanz in vollem Umf. unterlegen, stimmen bei uneingeschränkter Berufungseinlegung Streit- und Beschwerdewert überein (BAG 13.1.1988 NZA 1988, 705). Im Interesse der Rechtsmittelklarheit ist das LAG an die Streitwertfestsetzung gebunden. Dies gilt nur dann nicht, wenn sie offensichtl. unrichtig ist (BAG 19.1.2011 NZA 2011, 1054, krit. *Ulrici* ArbuR 2008, 384). Dies ist zB der Fall, wenn die Streitwertfestsetzung in jeder Beziehung unverständl. und unter keinem vernünftigen Gesichtspunkt zu rechtfertigen ist und außerdem der zutreffende Streitwert auf den ersten Blick die für den Beschwerdewert maßgebl. Grenze übersteigt oder unterschreitet (BAG 27.5.1994 NZA 1994, 1054; 11.6.1986 AP ArbGG 1979 § 61 Nr. 3; LAG HE 25.2.2008 LAGE ArbGG 1979 § 64 Nr. 38 – Wert einer Insolvenzforderung; GK-ArbGG/*Vossen* Rn. 32). 9

dd) Zeitpunkt. Für die Feststellung des Beschwerdewerts ist der Zeitpunkt der Einlegung der Berufung maßgebend (§ 4 I ZPO). Der Berufungskl. hat den Wert glaubhaft zu machen (§ 64 V), ansonsten ist er zu schätzen. Der Wert kann nicht dadurch erhöht werden, dass mit der Berufung der Kl. die Klage erhöht, den Streitgegenstand erweitert oder der Bekl. eine Widerklage erhebt. Andererseits ist eine Berufung unzulässig, wenn der Wert des Beschwerdegegenstands vor der Berufungseinlegung unter die Rechtsmittelgrenze sinkt, insb. wenn die verurteilte Partei zwischenzeitl. die im erstinstanzl. Urt. festgestellte Verpflichtung nicht nur zur Abwendung der ZV erfüllt hat (LAG K 10.2.2006 NZA-RR 2006, 660). Etwas anderes gilt aber, wenn die Ermäßigung während der Berufungsinstanz nach der Entwicklung des Rechtsstreits wegen einer „objektiven Veränd. der Rechtslage" geboten war (BGH 8.10.1982 NJW 1983, 1063). Eine solche liegt insb. bei einer Erledigung der Hauptsache vor. Daneben soll nach Auff. des BAG offenbar jede freiwillige Ermäßigung der Beschwer im Berufungsverfahrens unter die Grenze des § 64 II b zur Unzulässigkeit der Berufung führen (BAG 23.2.2016 NJW 2016, 1900; 23.3.2004 NZA 2004, 808; enger BAG 27.1.2004 NZA 2004, 1239 – nur bei willkürl. Ermäßigung). Dieser Auff. ist für eine Ermäßigung der Beschwer aufgrund eines gerichtl. Hinweises in der Berufungsinstanz nicht zu folgen. Eine solche Verhaltensweise entspricht einer vernünftigen Prozessführung und ist vielfach aus Kostengründen geboten, sie ist jdf. nicht willkürl. 10

e) Bestandsstreitigkeiten. Nach § 64 II lit. c sind alle Bestandsstreitigkeiten wegen ihrer existentiellen Bedeutung für den AN berufungsfähig. Bestandsstreitigkeiten sind gegeben, wenn über Bestehen oder Nichtbestehen des ArbVerh. gestr. wird. Der Wortlaut entspricht insoweit § 2 I Nr. 3b (s. § 2 Rn. 19). Erfasst werden neben Streitigkeiten über die Wirksamkeit einer Kündigung auch Verfahren, in denen die Rechtsgültigkeit einer Anfechtung, von Aufhebungs- und Abwicklungsverträgen sowie einer Befristungsabrede mittelbar oder unmittelbar betroffen ist oder wenn die Parteien um die zutreffende Berechnung einer Kündigungsfrist streiten; hingegen wird ein Streit um die vorläufige Weiterbeschäftigung des AN nicht von § 64 II lit. c erfasst. 11

f) Versäumnisurteil. Nach § 64 II lit. d findet die Berufung gegen ein 2. VU unabhängig von der Wertgrenze des § 64 II lit. b statt, da die Berufungsmöglichkeiten des § 64 II unabhängig voneinander bestehen. Die bisherige Rspr. des BAG, wonach entweder der Beschwerdewert erreicht oder die Berufung vom ArbG zugelassen werden musste (BAG 4.4.1989 NZA 1989, 693), ist durch die Neuregelung überholt. Zu den Berufungsmöglichkeiten gegen ein 2. VU s. § 59 Rn. 16. 12

4. Anzuwendende Vorschriften. a) Bezugnahme auf ArbGG und ZPO. Nach § 64 VI gelten für das Berufungsverfahren vor den Gerichten für Arbeitssachen *(1)* die bes. Vorschr. des ArbGG und *(2)* soweit diese Vorschr. keine Regelung enthalten, die Vorschr. der ZPO für das Berufungsverfahren entspr. Hiervon ausgenommen sind nur die Vorschr. über den Einzelrichter (§ 526 ZPO). Zu den 13 anzuwendenden Vorschr. gehören iE §§ 518 bis 520 ZPO über die Berufungseinlegung und -begr. mit der Maßgabe des § 66 I (§ 66 Rn. 2), § 522 ZPO über die Prüfung der Zulässigkeit der Berufung mit der Maßgabe über die Verwerfung einer unzulässigen Berufung in § 66 II (§ 66 Rn. 22), § 524 ZPO über die Anschlussberufung (s. Rn. 14), § 515 ZPO zum Berufungsverzicht (s. Rn. 17) sowie § 516 ZPO über die Zurücknahme der Berufung (s. Rn. 18), zur Mediation § 54 Rn. 11.

14 **b) Anschlussberufung. aa) Zweck.** Sie ist ein angriffsweise wirkender Antrag innerhalb des fremden Rechtsmittels. Die Anschlussberufung gibt dem Berufungsbekl. die Möglichkeit, mehr als die Zurückweisung der Berufung zu erreichen. Einer Beschwer bedarf es dafür nicht (BAG 19.5.2016 NZA-RR 2016, 550). Der Berufungsbekl. kann mit der Anschlussberufung entweder eine Klageerweiterung (§ 264 Nr. 2 ZPO, BGH 22.1.2015 NJW 2015, 1608 – Hilfsantrag) vornehmen oder neue Ansprüche iSd. § 533 ZPO erheben, zB. die Klage auf einen weiteren Streitgegenstand stützen oder Widerklage erheben. Das ZPO-ReformG 2002 hat die bisher zulässige selbständige Anschlussberufung abgeschafft. Insoweit bleibt dem Berufungsbekl. neben der Anschlussberufung nur die Möglichkeit selbst Berufung einzulegen, soweit diese nach den §§ 64 II, III statthaft ist.

15 **bb) Zulässigkeit.** Nach § 524 II 2 ZPO ist die Anschließung zulässig bis zum Ablauf der dem Berufungsbekl. gesetzten Frist zur Berufungserwiderung; die Frist gilt auch für eine den Streitgegenstand verändernde Anschlussberufung (BGH 7.12.2007 NJW 2008, 1953). Die Vorschr. ist im arbeitsgerichtl. Verfahren anwendbar, obwohl dem Berufungsbekl. vom Gericht keine Frist zur Berufungserwiderung „gesetzt" wird; es erfolgt nach § 66 I 4 ledigl. ein entspr. Hinweis durch die Geschäftsstelle (§ 66 Rn. 20). Eine nicht innerhalb eines Monats nach Zustellung der Berufungsbegr. eingelegte Anschlussberufung ist unzulässig, wenn das Berufungsgericht mit der Zustellung der Berufungsbegr. den nach § 66 I 4 gebotenen Hinweis erteilt hat und dieser zugestellt wurde; einer Belehrung über die Möglichkeit der Anschließung bedarf es nicht (BAG 24.5.2012 NZA 2012, 1223). Ohne Hinweis wird weder die Berufungsbeantwortungs- noch die Anschlussberufungsfrist in Lauf gesetzt (BAG 30.5.2006 NZA 2006, 1170). In Fällen einer Verurteilung zu künftig fällig werdenden Leistungen ist die Anschließung darüber hinaus bis zum Schluss der letzten mündl. Verhandlung mögl. (§ 524 II 3 ZPO, BGH 22.3.2016 NJW 2016, 1963). Die Anschlussberufung erfolgt durch Einreichung einer Anschlussberufungsschrift beim LAG (§ 524 I 2 ZPO). Unzureichend ist die Erkl. zu Protokoll oder in der mdl. Verhandlung (BAG 28.10.1981 AP ZPO § 522a Nr. 6). Einer Bezeichnung der Anschlussberufung als solche bedarf es aber nicht. Sie darf sich nicht gegen Dritte richten (BAG 19.10.2011 – 7 AZR 471/10) und kann bedingt eingelegt werden (BGH 30.9.1960 NJW 1961, 28), zB für den Fall dass einem Antrag auf Verwerfung oder Zurückweisung der gegnerischen Berufung nicht entsprochen wird oder unter der Bedingung der Bewilligung von PKH. Nach § 524 III 1 ZPO ist sie grds. in der Anschlussberufungsschrift zu begründen; eine Fristverlängerung ist nicht vorgesehen. Die Anschlussberufung kann nach Ablauf der Einlegungsfrist des § 524 II 2 ZPO erweitert werden, soweit die Erweiterung innerhalb des gleichen Streitgegenstands erfolgt und durch die vorherige Anschlussberufungsbegr. gedeckt ist (BGH 6.7.2005 NJW 2005, 3067). Eine unzulässige Hauptberufung ist in eine Anschlussberufung umzudeuten (BGH 2.2.2016 NJW-RR 2016, 445; zur Hinweispflicht BAG 31.7.2007 NZA 2008, 432). Eine Wiedereinsetzung bei einer Fristversäumung kommt nicht in Betracht, da die Frist des § 524 II 2 ZPO keine Notfrist ist (OLG HM 19.9.2003 MDR 2004, 411). Entspricht die Anschlussberufung nicht der ges. Form, ist sie entweder in der mdl. Verhandlung durch Urt. mit oder durch einen Beschl. ohne Beteiligung der ehrenamtl. Richter (§ 66 II 2) als unzulässig zu verwerfen. In der nachträgl. Begr. einer Anschlussberufung ist regelm. ihre Wiederholung zu sehen (BAG 6.9.1994 NZA 1995, 232). Die Anschlussberufung verliert ihre Wirkung, wenn die Berufung verworfen, zurückgewiesen oder zurückgenommen wird (§ 524 IV ZPO), die Parteien sich vergleichen (BAG 24.4.2014 NZA 2015, 185) oder den Rechtsstreit übereinstimmend für erledigt erklären, Letzteres nur, sofern eine Kostenentscheidung nach § 91a ZPO nicht mehr ergeht (BGH 22.5.1984 NJW 1986, 852; aA *Walchshöfer* Anm. AP ZPO § 522 Nr. 1). Eine Anschlussberufung kann nicht mehr eingelegt werden, wenn der Rechtsstreit beendet ist (LAG HB 15.2.1991 BB 1991, 1272).

16 **cc) Kosten.** Die Kosten von Berufung und Anschlussberufung sind grds. zu quoteln. Wird die Berufung zurückgenommen, hat der Berufungskl. unabhängig von einer durchgeführten mdl. Verhandlung auch die Kosten der Anschlussberufung zu tragen (GK-ArbGG/*Vossen* Rn. 107). Etwas anderes gilt nur, wenn bereits die Hauptberufung oder die Anschlussberufung unzulässig war (BGH 7.2.2007 NJW-RR 2007, 786; LAG HM 7.10.1991 LAGE § 97 ZPO Nr. 1) oder die Anschließung erst nach der Erkl. der Berufungsrücknahme erfolgt ist.

17 **c) Berufungsverzicht.** Der Berufungsverzicht (§ 515 ZPO) ist unanfechtbar und unwiderrufl., eine Zustimmung des Berufungsgegners ist ebenso nicht erforderl. wie eine Protokollierung der iRd. mdl. Verhandlung abgegebenen Erkl. (BGH 4.7.2007 FamRZ 2007, 1631). Der dem Gericht ggü. erklärte Verzicht macht die Berufung unzulässig, diese ist dann vAw. durch Beschl. zu verwerfen. Ob ein Verzicht erklärt worden ist, kann bei nicht eindeutigen Erkl. durch Auslegung ermittelt werden, die Verwendung des Ausdrucks „Verzicht" ist nicht erforderl. Es genügt, dass klar und eindeutig der Wille zum Ausdruck gebracht wird, das Urt. endgültig hinzunehmen und es nicht anfechten zu wollen (BAG 16.3.2004 NZA 2004, 1047). Ein Verzicht auf die Urteilsgründe steht einem Berufungsverzicht nicht

gleich. Als ausreichend sind die Erkl. angesehen worden „Klägerin legt keine Berufung ein" bzw. „Herr ... wird gegen das Urteil des ... keine Berufung einlegen" (BGH 28.3.1989 AP ZPO § 514 Nr. 4). Auch die Ankündigung einer Berufungsrücknahme kann ausreichend sein (BGH 12.3.2002 NJW 2002, 2018). Der Berufungsverzicht kann auch ggü. dem Prozessgegner erklärt werden (BGH 6.3.1985 AP ZPO § 514 Nr. 3). Die entspr. Erkl. führt anders als bei dem ggü. dem Gericht erklärten Berufungsverzicht erst auf eine Einrede des Prozessgegners hin zur Verwerfung der Berufung. Er ist auch als Teilverzicht zulässig, soweit eine Teilanfechtung mögl. ist. Der Berufungsverzicht kann nicht wegen eines Willensmangels angefochten werden, sondern nur bei Vorliegen eines Restitutionsgrunds widerrufen werden (BGH 6.3.1985 AP ZPO § 514 Nr. 3).

d) Berufungsrücknahme. aa) Zulässigkeit. Die Berufung kann bis zur Verkündung des Berufungs- 18 urt. ohne Einwilligung des Berufungsbekl. zurückgenommen werden (§ 516 I ZPO). Die Rücknahme muss bis zum Beginn der Verkündung erfolgen (BGH 30.6.2011 NJW 2011, 2662). Die Berufungsrücknahme unterliegt dem Vertretungszwang; sie erfolgt durch Schriftsatz oder durch entspr. Erkl. in der mdl. Verhandlung. Der Rechtsmittelführer muss dabei klar und unzweideutig zum Ausdruck bringen, dass er das Verfahren nicht mehr fortsetzen und ohne Entscheidung des Rechtsmittelgerichts beenden will. Haben zwei PV unabhängig voneinander Berufung eingelegt und nimmt einer von ihnen „die Berufung" ohne weitere Beschränkung zurück, führt dies regelmäßig zum Rechtsmittelverlust (BAG 18.11.2009 NZA 2010, 183). Die Rücknahme ist bedingungsfeindl. und kann nicht von einer innerprozessualen Bedingung abhängig gemacht werden; die entspr. Erkl. ist grds. unwiderrufl. und unanfechtbar (BGH 26.9.2007 FamRZ 2008, 43; 30.5.2007 NJW 2007, 3640 – doppelte Einlegung der Berufung durch zwei RA). Eine Wiedereinsetzungsmöglichkeit bei irrtüml. Berufungsrücknahme besteht nicht, eine Ausnahme kommt in Betracht bei arglistiger Täuschung oder bei Vorliegen eines Restitutionsgrunds (BGH 6.3.1985 AP ZPO § 514 Nr. 3 zum Berufungsverzicht). Wird die Berufung nach Ablauf der Berufungsfrist zurückgenommen, tritt die Rechtskraft des angefochtenen Urt. mit der Rücknahme ein (BGH 25.9.2007 NJW 2008, 373). Nimmt der Kl. seine Berufung gegen ein abweisendes Urt. zurück, kann der Streithelfer, der selbst kein Rechtsmittel eingelegt hat, das Verfahren nicht fortführen (BGH 16.12.2010 NJW-RR 2011, 263). Die Berufungsrücknahme hat den Verlust des eingelegten Rechtsmittels und die Verpflichtung, die Kosten des Berufungsverfahrens bis zu dessen Beendigung (BGH 25.2.2016 MDR 2016, 487) zu tragen, zur Folge (Ausnahme: BAG 3.4.2008 NZA 2008, 1258). Die Wirkungen sind auch ohne Antrag des Gegners nach Anhörung beider Parteien durch Beschl. auszusprechen (§ 516 III ZPO). Die Anhörung soll es insb. den Parteien ermögl., einen außergerichtl. Vergleich oder eine abw. Kostentragungsvereinb. dem Gericht mitzuteilen. § 516 III ZPO ist auch anzuwenden, wenn die Parteien die Berufungsrücknahme nur in einem außergerichtl. Vergleich vereinbart haben (BAG 20.6.1958 AP ZPO § 515 Nr. 3). Sofern die Berufungsfristen noch laufen, kann anders als beim Berufungsverzicht erneut Berufung eingelegt werden. Unabhängig von der Berufung kann auch die Klage zurückgenommen werden, wozu aber regelm. die Zustimmung des Bekl. notwendig ist. Nimmt der unterlegene AG die von ihm eingelegte Berufung zurück, wird damit der vom AN erstmals durch Anschlussberufung verfolgte Auflösungsantrag unzulässig (BAG 3.4.2008 NZA 2008, 1258).

bb) Kosten. Treffen die Parteien in einem außergerichtl. Vergleich eine Kostenregelung, sind auch 19 die Prozesskosten entspr. zu verteilen. Fehlt es an einer Vereinb. über die Kosten des Berufungsverfahrens, sind diese gegeneinander aufzuheben, wenn der Berufungskl. entspr. dem Vergleichsinhalt die Berufung zurücknimmt; § 516 III ZPO tritt stets hinter § 98 ZPO zurück (LAG N 18.10.1993 LAGE § 515 ZPO Nr. 1; LAG M 7.12.1987 LAGE § 98 ZPO Nr. 4). Grds. darf der Rechtsmittelbekl. einen PV für die Rechtsmittelinstanz beauftragen und dieser seine Vertretung gegenüber dem Rechtsmittelgericht anzeigen, sobald das Rechtsmittel eingelegt ist (BAG 16.7.2003 NZA 2003, 1293; einschr. bei offensichtl. Unzulässigkeit BAG 14.11.2007 NZA 2008, 606). Umstr. ist, ob die außergerichtl. Kosten auch dann zu erstatten sind, wenn die Berufung ausdr. nur zur Fristwahrung eingelegt wird und der Gegner gebeten wird, zunächst noch keinen PV zu beauftragen, weil die Durchführung der Berufung unsicher sei (dies wird verneint von LAG HM 20.7.1998 NZA 1999, 335; aA LAG HE 13.12.1999 NZA-RR 2001, 51; LAG K 17.12.1996 MDR 1997, 754; LAG ST 21.2.1996 LAGE § 91 ZPO Nr. 27). Dabei ist zu differenzieren. Eine Kostenerstattung scheidet aus, wenn die RAbestellung rechtsmissbräuchl. erfolgt, zB bei einem Stillhalteabkommen oder wenn sie offensichtl. nutzlos und obj. nur dazu dient, dem Gegner Kosten zu verursachen (LAG K 13.9.1984 MDR 1985, 83 – die bevorstehende Berufungsrücknahme muss ersichtl. sein). Darüber hinaus kann vom Berufungsbekl. das Absehen von der Beauftragung regelm. nicht verlangt werden (BGH 17.12.2002 NJW 2003, 756); allerdings ist die Stellung des Zurückweisungsantrags bis zur Zustellung der Berufungsbegr. nicht zur zweckentspr. Rechtsverfolgung notwendig (BAG 16.7.2003 NZA 2003, 1293). Nach einem dem Rechtsmittelbekl. bekannten gerichtl. Hinweis auf den verspäteten Eingang des Rechtsmittels oder seiner Begr., hat dieser regelmäßig keine Veranlassung, innerhalb einer gesetzten Stellungnahmefrist kostenauslösende Maßnahmen zu ergreifen (BGH 10.11.2009 MDR 2010, 165).

5. Anwendbare Vorschriften im Berufungsverfahren. Nach § 64 VII gelten die dort aufgezählten 20 Vorschr. für das Verfahren 1. Instanz entspr. Dies sind: § 49 I und III über die Ablehnung von

Gerichtspersonen, § 50 über die Zustellung von Urt., § 51 I über das persönl. Erscheinen; dagegen ist auf die Vorschr. wegen der Zurückweisung eines PV nicht verwiesen, § 52 über die Öffentlichkeit, § 53 über die Befugnisse des Vors. und der ehrenamtl. Richter, § 55 I, II und IV. Insoweit ist verwiesen auf die Befugnisse des Vors. erster Instanz. Dagegen ist nicht verwiesen auf Abs. 3, weil in der zweiten Instanz keine Güteverhandlung stattfindet, § 56 über die Vorbereitung der streitigen Verhandlung, § 57 über die Verhandlung vor der Kammer, § 58 über die Beweisaufnahme, § 59 über das Versäumnisverfahren, § 61 II, III über die Verkündung des Urt., § 62 über die ZV, § 63 über die Übersendung von Urt. in TVsachen. Da nicht auf § 46 verwiesen ist, kann anders als bei den ArbG auch ohne mdl. Verhandlung im schriftl. Verfahren nach § 128 II ZPO entschieden werden. Zur Entsch. bei Zweifeln über den beschrittenen Rechtsweg in der Berufungsinstanz § 48 Rn. 2.

§ 65 Beschränkung der Berufung

Das Berufungsgericht prüft nicht, ob der beschrittene Rechtsweg und die Verfahrensart zulässig sind und ob bei der Berufung der ehrenamtlichen Richter Verfahrensmängel unterlaufen sind oder Umstände vorgelegen haben, die die Berufung eines ehrenamtlichen Richters zu seinem Amte ausschließen.

1 **1. Allgemeines.** Die Vorschr. ist im Zusammenhang mit der Neuregelung des Verweisungsrechts nach § 48 iVm. §§ 17 ff. GVG (s. § 48 Rn. 1) neugefasst und durch das ZPO-ReformG redaktionell an das zivilgerichtl. Berufungsrecht angepasst worden. Da die Zulässigkeit des Rechtsweges, die Verfahrensart und die Zust. zur Verfahrensbeschleunigung grds. mit Abschluss des erstinstanzl. Verfahrens feststehen sollen, enthalten die §§ 65 ArbGG, 513 II ZPO eine entspr. Beschränkung des Prüfungsumfangs des Berufungsgerichts. Die Vorschrift findet keine Anwendung auf das Verhältnis der ArbG zu Schlichtungsstellen (BAG 11.2.2014 NZA-RR 2015, 26; 10.4.1996 NZA 1996, 942)

2 **2. Beschränkung des Nachprüfungsrechts des LAG. a) Zulässigkeit des Rechtswegs und der Verfahrensart.** § 48 ArbGG iVm. § 17 GVG sieht für die Prüfung der Zulässigkeit des Rechtswegs und der richtigen Verfahrensart ein Vorabentscheidungsverfahren vor. § 65 ergänzt diese Regelung dahin, dass das LAG nicht erneut über die Zulässigkeit des Rechtswegs und die Verfahrensart entscheidet (s. § 48 Rn. 2), zur Bindungswirkung von Verweisungsbeschlüssen insb. § 48 Rn. 12. Eine Ausnahme von der eingeschränkten Überprüfung besteht, wenn das ArbG die Prüfung noch nicht vornehmen konnte, weil zB die Klage in der Berufungsinstanz um einen neuen prozessualen Anspruch erweitert, eine Widerklage erhoben oder eine Aufrechnung (§ 530 ZPO) erklärt wird. In diesen Fällen ist das LAG zur Prüfung der Zulässigkeit des beschrittenen Rechtswegs verpflichtet. Hingegen bleibt es in den Fällen des § 264 ZPO bei der Prüfungssperre des § 65. Diese besteht auch bei einer Entscheidung des ArbG über die Aufrechnung mit einer rechtswegfremden Gegenforderung (LAG RP 26.1.2011 – 7 Sa 534/10). Hat das LAG das in § 48 ArbGG, § 17a III 2 GVG geregelte Verfahren nicht eingehalten, ist das BAG nicht an eine stillschweigende Bejahung der Rechtswegzuständigkeit durch das LAG gebunden (BAG 16.12.2009 NZA 2010, 472); zu weiteren Ausn. § 48 Rn. 12.

3 **b) Zuständigkeit.** Durch das ZPO-ReformG 2002 ist § 65 redaktionell angepasst worden. Die früher in der Vorschr. enthaltene Beschränkung des Prüfungsumfangs hins. der Zust. des erstinstanzl. Gerichts konnte entfallen, da § 513 II ZPO eine inhaltsgleiche Regelung enthält, die auch im arbeitsgerichtl. Berufungsverfahren anzuwenden ist. Danach kann die Berufung nicht darauf gestützt werden, dass das ArbG seine Zust. zu Unrecht angenommen hat. § 513 II enthält eine Prüfungssperre zumindest hins. der örtl. Zust. des erstinstanzl. Gerichts. Die fehlende Nachprüfung der **örtlichen Zuständigkeit** folgt zusätzl. aus § 48 I Nr. 1, da Beschlüsse der ArbG zur örtl. Zust. unanfechtbar sind (s. § 48 Rn. 16). Eine Ausnahme von der Prüfungssperre besteht nur, wenn das ArbG die Rüge der örtl. Zust. verfahrensfehlerhaft behandelt hat (BAG 5.9.1995 NZA 1996, 610). Eine Verkennung der **int. Zuständigkeit** (§ 1 Rn. 4) kann hingegen in allen Instanzen gerügt werden (BAG 26.2.1985 NZA 1985, 635, dazu auch § 48 Rn. 2), sie wird von § 513 II ZPO nicht erfasst. Ob auch Fehler bei der funktionellen Zust. von § 65 erfasst werden, ist umstr. (dafür Zöller/*Gummer* § 513 Rn. 7; aA GMP/*Germelmann* Rn. 7), aber für das arbeitsgerichtl. Verfahren ohne Bedeutung. Selbst bei einer fehlerhaften Zuweisung des Verfahrens innerhalb der Spruchkörper des Gerichts (allg. Kammern/Fachkammer) ist die Zurückverweisung wegen § 68 ausgeschlossen.

4 **c) Berufung der ehrenamtl. Richter.** Das LAG überprüft nicht, ob bei der Berufung der ehrenamtl. Richter *a)* Verfahrensmängel unterlaufen sind, *b)* Umstände vorgelegen haben, die die Berufung eines ehrenamtl. Richters zu seinem Amt ausschließen (§§ 21 bis 23) oder *c)* die oberste Landesbehörde bzw. zust. Stelle bei der Berufung Fehler begangen hat. Gleichfalls unbeachtl. für das Berufungsverfahren ist der Fortfall der Berufungsvoraussetzungen und eine etwaige Verletzung der Amtspflichten der ehrenamtl. Richter, die an der erstinstanzl. Entsch. mitgewirkt haben. Dagegen können Verfahrensfehler, die nach der Berufung der beteiligten ehrenamtl. Richter aufgetreten sind, überprüft werden. Hierzu gehören zB eine nach § 45 II DRiG notwendige Vereidigung, Verletzung der Reihenfolge bei der

Heranziehung der ehrenamtl. Richter (§ 31) und ob ein ehrenamtl. Richter kraft G von der Ausübung des Richteramts ausgeschlossen war (§ 41 ZPO).

d) Verfahrenswidrige Überprüfung. Hat das LAG zu Unrecht die nach § 65 ausgeschlossenen Verfahrensmängel überprüft, ist sein Urt. auf Rüge in der Revisionsinstanz aufzuheben und das Verfahren zurückzuverweisen, wenn es auf dem Verfahrensfehler beruht (§§ 562, 563 ZPO). Eine Zurückverweisung unterbleibt, wenn sich der Verstoß gegen § 65 bei der Entsch. nicht ausgewirkt hat. Dies ist zB der Fall, wenn das LAG zutreffend die Zulässigkeit des beschrittenen Rechtswegs bejaht hat. Hat das LAG entgegen § 65 das Verfahren an ein Gericht eines anderen Rechtswegs verwiesen, tritt wegen der offensichtl. Gesetzwidrigkeit keine Bindungswirkung ein (§ 48 Rn. 12). 5

§ 66 Einlegung der Berufung, Terminbestimmung

(1) [1] **Die Frist für die Einlegung der Berufung beträgt einen Monat, die Frist für die Begründung der Berufung zwei Monate.** [2] **Beide Fristen beginnen mit der Zustellung des in vollständiger Form abgefassten Urteils, spätestens aber mit Ablauf von fünf Monaten nach der Verkündung.** [3] **Die Berufung muß innerhalb einer Frist von einem Monat nach Zustellung der Berufungsbegründung beantwortet werden.** [4] **Mit der Zustellung der Berufungsbegründung ist der Berufungsbeklagte auf die Frist für die Berufungsbeantwortung hinzuweisen.** [5] **Die Fristen zur Begründung der Berufung und zur Berufungsbeantwortung können vom Vorsitzenden einmal auf Antrag verlängert werden, wenn nach seiner freien Überzeugung der Rechtsstreit durch die Verlängerung nicht verzögert wird oder wenn die Partei erhebliche Gründe darlegt.**

(2) [1] **Die Bestimmung des Termins zur mündlichen Verhandlung muss unverzüglich erfolgen.** [2] **§ 522 Abs. 1 der Zivilprozessordnung bleibt unberührt; die Verwerfung der Berufung ohne mündliche Verhandlung ergeht durch Beschluss des Vorsitzenden.** [3] **§ 522 Abs. 2 und 3 der Zivilprozessordnung findet keine Anwendung.**

I. Allgemeines

Die Vorschr. regelt die Art und Weise der Berufungseinlegung. Daneben gelten die Vorschr. der ZPO. Auf sie wird in § 87 II für die Einlegung der Beschwerde im BeschlV verwiesen. Durch § 66 II 3 ist klargestellt, dass die Vorschr. über die Zurückweisung der Berufung durch einstimmigen Beschl. im arbeitsgerichtl. Berufungsverfahren nicht anzuwenden sind. 1

II. Berufung

1. Berufungseinlegung. a) Gericht. Für die Einlegung der Berufung gelten über § 64 VI erg. die Vorschr. der ZPO. Nach § 519 I ZPO ist die Berufung durch Einreichung der Berufungsschrift bei dem LAG als Berufungsgericht einzulegen (zum Einwurf in den Nachtbriefkasten BGH 8.5.2007 NJW 2007, 3069). Die Berufungsschrift kann auch bei den Außenkammern eines LAG oder bei diesen für das Stammgericht eingelegt werden (BAG 23.9.1981 AP ArbGG 1979 § 64 Nr. 2). War die Berufung an das ArbG adressiert, geht die Berufung erst dem LAG zu, wenn sie beim Berufungsgericht tatsächl. eingeht. Das gilt nicht, wenn ArbG und LAG über eine gemeinsame Posteingangsstelle verfügen (BVerfG 9.10.2007 NJW-RR 2008, 446 – Telefax; BGH 23.5.2012 NJW-RR 2012, 1461; aA BAG 29.8.2001 NZA 2002, 347 – Brief). Auf ein Aktenzeichen kann zur Zuordnung erst zurückgegriffen werden, wenn der Schriftsatz nicht adressiert ist. Das ArbG ist zur Weiterleitung des fehlgeleiteten Schriftsatzes an das Berufungsgericht verpflichtet (BVerfG 20.6.1995 AP ArbGG 1979 § 9 Nr. 15). Wird die Berufung statt an das LAG an das ArbG adressiert und verzögert sich die Weiterleitung des Schriftsatzes an das LAG, ist Wiedereinsetzung nur dann zu gewähren, wenn der Schriftsatz bei unverzögerter Weiterleitung im ordentl. Geschäftsgang noch fristgerecht beim LAG eingegangen wäre (BAG 20.8.1997 NZA 1997, 1365). Dies ist auch der Fall, wenn eine rechtzeitig erfolgte gerichtl. Vfg. zur Weiterleitung nicht ordnungsgem. ausgeführt wird und die Rechtsmittelschrift nur deshalb verspätet zum Rechtsmittelgericht gelangt (BGH 24.9.1997 AP ZPO 1977 § 233 Nr. 54). Erkennt das Gericht das Versehen des PV, ist es neben der Weiterleitung auch zu dessen Benachrichtigung iRd. übl. Geschäftsgangs verpflichtet (LAG MV 27.7.1999 LAGE § 5 KSchG Nr. 95 – kein Verstoß gegen Neutralitätspflicht). Dies kann auch die unverzügl. telefonische Benachrichtigung des Rechtsmittelführers erfordern, damit dieser selbst durch geeignete Maßnahmen die Frist einhalten kann (aA BAG 20.8.1997 NZA 1997, 1365). 2

b) Unterschrift, Übermittlung durch moderne Kommunikationsmittel und dabei bestehende Sorgfaltspflichten. Die Ausführungen zur Kündigungsschutzklage (s. § 4 KSchG Rn. 12) gelten gleichermaßen für die Einlegung der Berufung und ihrer Begr. 3

c) Inhalt. Nach § 519 II ZPO muss die Berufungsschrift enthalten: *(1)* die Bezeichnung des Urt. gegen das die Berufung gerichtet wird und *(2)* die Erkl., dass gegen dieses Urt. Berufung eingelegt wird. Zur Bezeichnung des anzufechtenden Urt. sind das erstinstanzl. Gericht, Verkündungsdatum und 4

Aktenzeichen der Entsch. anzugeben (BAG 27.7.2011 NZA 2011, 998). Daneben ist die Angabe erforderl., für wen und gegen wen das Rechtsmittel eingelegt wird (BAG 17.5.2001 – 8 AZB 15/01; BGH 4.6.1997 AP ZPO § 518 Nr. 71); hierauf ist insb. bei subj. Klagehäufung bzw. mehreren Streitgenossen bes. Sorgfalt aufzuwenden (BGH 9.9.2008 MDR 2008, 1352). Bei Unklarheiten können zur Auslegung nur die Berufungsschrift und die bei Ablauf der Berufungsfrist dem LAG vorliegenden Unterlagen herangezogen werden (BAG 9.2.1981 AP ZPO § 518 Nr. 45 – Verkündungsdatum), zu denen auch die in einer Datenbank gespeicherten Angaben zählen (BAG 18.5.2010 NZA 2010, 935). Zweifel gehen zulasten des Berufungskl. Nicht erforderl. ist, dass sich aus der Berufungsschrift die ladungsfähige Anschrift des Berufungsbekl. ergibt (BAG GS 16.9.1986 NZA 1987, 136). Nach § 519 III ZPO soll mit der Berufungsschrift eine Ausfertigung oder beglaubigte Abschrift des angefochtenen Urt. vorgelegt werden. Sind ges. Anforderungen an eine Berufungsschrift oder eine Berufungsbegr. erfüllt, kommt die Deutung, dass der Schriftsatz nicht als zugleich eingelegte Berufung oder Berufungsbegr. bestimmt war, nur dann in Betracht, wenn sich dies aus den Begleitumständen mit einer jeden vernünftigen Zweifel ausschließenden Deutlichkeit ergibt (BGH 17.12.2008 FamRZ 2009, 494).

5 **d) Prozesskostenhilfe. aa) Einlegung.** Eine an die Gewährung von PKH geknüpfte Berufungseinlegung ist unzulässig (BGH 20.7.2005 MDR 2006, 43; LAG K 3.1.2012 LAGE § 522 ZPO 2002 Nr. 1). Eine solche liegt zB vor, wenn der betreffende Schriftsatz die ausdr. Erkl. enthält, es handele sich um eine „vorbereitete" Berufungsschrift (BGH 14.3.2007 FamRZ 2007, 895). Eine Berufung ist unbedingt und damit wirksam eingelegt, wenn nur ihre „Durchführung" von der Gewährung von PKH abhängig gemacht wird (BGH 18.7.2007 FamRZ 2007, 1726). Da die Berufung nur von einem RA oder Verbandsvertreter wirksam eingelegt werden kann, hindert eine Mittellosigkeit den Rechtsmittelführer grds. daran, die Rechtsmittelfrist einzuhalten. Die vor dem ArbG unterlegene Partei kann sich daher darauf beschränken, zunächst die Gewährung von PKH für das Berufungsverfahren zu beantragen. Hat die Partei innerhalb der Berufungsfrist PKH beantragt und eine ordnungsgemäß ausgefüllte Erkl. über die persönl. und wirtschaft. Verhältnisse nebst den erforderl. Belegen eingereicht, darf ihre Berufung nicht wegen fehlender Begr. als unzul. verworfen werden, bevor über den PKHAntrag entschieden worden ist (BGH 13.12.2016 MDR 2017, 419).

6 **bb) Wiedereinsetzung.** Nach der positiven Bescheidung des PKHGesuchs ist Wiedereinsetzung gegen die Versäumung der Berufungsfrist zu beantragen (BGH 8.5.2007 FamRZ 2007, 1319). Wiedereinsetzung ist nur zu gewähren, wenn die Mittellosigkeit für die Fristversäumung kausal geworden ist. Hieran fehlt es, wenn die mittellose Partei einen zur Vertretung bereiten RA findet (BGH 19.9.2013 NJW 2014, 1307) oder sich ihre wirtschaftl. Verhältnisse bessern (BGH 23.9.2014 NJW-RR 2015, 753). Anschließend ist die Wiedereinsetzung gegen die Versäumung der Berufungsbegründungsfrist zu beantragen; die Frist für den Antrag beginnt erst mit der Mitteilung der Wiedereinsetzungsentscheidung gegenüber der Versäumung der Berufungsfrist (BGH 30.4.2014 NJW 2014, 2442). Sie beginnt jedoch vorher, sobald dem Ast. ein gerichtl. Hinweis zugeht, dass die Voraussetzungen für eine Bewilligung von PKH nicht vorliegen (BGH 14.5.2014 NJW-RR 2014, 1347) oder wenn er vernünftigerweise davon ausgehen muss, dass er die Zweifel des Gerichts nicht ausräumen kann (BGH 13.1.2010 NJW-RR 2010, 424). Die Frist für den Wiedereinsetzungsantrag gegenüber der Versäumung der Berufungsbegründungsfrist beträgt dann einen Monat (§ 234 I 2 ZPO, BAG 24.8.2005 NZA 2005, 1262; BGH 15.1.2008 NJW 2008, 1164). Hat die Partei zwar keinen Wiedereinsetzungsantrag gestellt, aber die Prozesshandlung vor (BGH 17.1.2013 NJW-RR 2013, 692) oder innerhalb der Wiedereinsetzungsfrist nachgeholt, kann ihr Wiedereinsetzung vAw. gewährt werden (BGH 19.7.2007 MDR 2008, 99). Wird die PKH abgelehnt, beträgt die Frist für einen Wiedereinsetzungsantrag in die versäumte Berufungsfrist zwei Wochen; sie beginnt grds. mit der Zustellung des die PKH abl. Beschl. In diesem Fall ist dem Ast. eine zusätzl. Überlegungsfrist von ca. 3 bis 4 Tagen zuzubilligen, damit er sich darüber schlüssig werden kann, ob er das Rechtsmittel nun auf eigene Kosten durchführen will (BGH 20.1.2009 NJW-RR 2009, 789); dies gilt auch dann, wenn das Gericht nicht die Mittellosigkeit, sondern die Erfolgsaussicht der beabsichtigten Rechtsverfolgung verneint hat (BAG 3.7.2013 NZA-RR 2013, 660). Allerdings ist ihr Wiedereinsetzung nur dann zu bewilligen, wenn sie vernünftigerweise nicht mit einer Verweigerung der PKH mangels Bedürftigkeit (BGH 13.1.2010 NJW-RR 2010, 424) oder ungenügender Unterlagen (BGH 16.12.2014 NJW 2015, 1312) rechnen musste. Die Frist für einen Wiedereinsetzungsantrag in die versäumte Berufungsfrist läuft ungeachtet einer erhobenen Anhörungsrüge (BGH 24.6.2009 – IV ZB 2/09). War die Wiedereinsetzungsfrist nicht eingehalten, kann Wiedereinsetzung in die versäumte Wiedereinsetzungsfrist beantragt werden (BGH 28.11.2012 NJW 2013, 697). Die Jahresfrist des § 234 III ZPO ist nicht anwendbar, wenn die Ursache der Fristüberschreitung allein der Sphäre des Gerichts und nicht derjenigen des Ast. zuzurechnen ist (BGH 21.1.2016 NJW-RR 2016, 638).

6a **cc) Erfolgsaussicht.** Nach Ansicht des 8. Senats des BAG muss der Ast. nicht aufzeigen, weshalb die Ent. des ArbG fehlerhaft ist und woraus sich die Erfolgsaussicht des beabsichtigten Rechtsmittels ergibt; das LAG müsse die Erfolgsaussicht anhand der Gerichtsakten selbst beurteilen (BAG 5.7.2016 – 8 AZB 1/16). Dem ist nicht zu folgen. Auch eine mittellose Partei muss jdf. in Grundzügen angeben, weshalb sie die Entscheidung für fehlerhaft hält (so wohl BVerfG 11.3.2010 NZA 2010, 965). Dem

Rechtsmittelgegner ist PKH grundsätzl. erst zu gewähren, wenn das Rechtsmittel begr. worden ist und die Voraussetzungen für eine Verwerfung des Rechtsmittels nicht gegeben sind (§ 119 I 2 ZPO, BAG 15.2.2005 AP ZPO § 119 Nr. 2).

e) Mehrfache Einlegung. Rechtsmittel können grds. wiederholt eingelegt werden. Der Berufungskl. kann daher bestimmen, ob er eine oder mehrere Berufungen gegen ein arbeitsgerichtl. Urt. einlegen will. Fehlt es an einer ausdr. Erkl., kommt es auf sein prozessuales Verhalten an (BAG 17.10.1995 NZA 1996, 278). Die Rspr. hat bisher bei fehlenden Anhaltspunkten die mehrfache Einlegung eines einheitl. Rechtsmittels unterstellt, wenn per Telefax zulässigerweise Berufung eingelegt und innerhalb der Berufungsfrist auch das Original des Schriftsatzes bei Gericht eingereicht wird. Die zunächst wirkungslose zweite Einlegung wird (nur) wirksam, wenn die per Telefax eingelegte Berufung ihre Wirksamkeit verliert (BAG 19.5.1999 NZA 1999, 895; BGH 20.9.1993 AP ZPO § 518 Nr. 62). An dieser Ansicht wird wohl nach dem allein an die Urteilszustellung anknüpfenden Fristbeginn für die Begr. der Berufung nicht mehr festzuhalten sein, da ein entspr. Wille des Berufungskl. regelm. nicht mehr bestehen wird. Sind mehrere Berufungen eingelegt, hat das LAG entspr. ihrer zeitl. Reihenfolge zu prüfen, ob eines der in verschiedener Form eingelegten Rechtsmittel zu einer sachl. Überprüfung des Urt. führen kann. Der zweite „Einlegungsakt“ ist nur dann von Bedeutung, wenn und sobald die Unwirksamkeit der ersten Einlegung feststeht (zur Hinweispflicht auf eine mgl. Anschlussberufung BAG 31.7.2007 NZA 2008, 432). Wird mehrfach Berufung eingelegt, kommt die Verwerfung einer einzelnen Berufung wegen des Grundsatzes der Rechtsmitteleinheit nicht in Betracht (BAG 18.3.2010 NZA 2010, 1129). Sind sämtl. Rechtsmittel unzulässig, ist gleichfalls nur einheitl. über das Rechtsmittel als solches zu entscheiden und auszusprechen, dass die Berufung unzulässig ist. Eine Verwerfung ist auch unstatthaft, wenn zwischenzeitl. eine weitere und zulässige Berufung gegen die Entsch. des ArbG oder eine zulässige Berufung der Gegenpartei eingegangen ist (GMP/*Germelmann* § 64 Rn. 99). Wird eine Berufung verworfen, entfaltet diese Entsch. Bindungswirkung (§ 318 ZPO). Diese führt zur Unzulässigkeit einer zeitl. nachf. Berufung, wenn dem LAG mit der erneuten Berufung ders. Sachverhalt unterbreitet wird, der bereits Gegenstand der früheren Verwerfungsentsch. war (BAG 21.8.2003 NZA 2003, 1292). Hat dieses entschieden, dass die Berufungsfrist versäumt worden ist, kann mit einer später eingelegten Berufung nicht geltend gemacht werden, dass diese noch nicht oder erst später begonnen habe (BAG 21.8.2003 NZA 2003, 1292). Dagegen ist nach Verwerfung wegen Versäumung der Berufungsbegründungsfrist eine erneute Berufung zulässig, wenn mit ihr geltend gemacht wird, die Berufungsfrist habe noch nicht zu laufen begonnen (GMP/*Germelmann* Rn. 100; GK-ArbGG/*Vossen* Rn. 69); zur Berufungsrücknahme § 64 Rn. 18. 7

2. Berufungsfrist. a) Berechnung. Die Berufungsfrist beträgt einen Monat (§ 66 I 1). Sie ist eine Notfrist (§ 517 Satz 2 ZPO), obwohl es der Gesetzgeber versäumt hat, in § 66 I 1 eine entspr. Klarstellung aufzunehmen (GMP/*Germelmann* Rn. 3). Die Berufungsfrist beginnt mit der Zustellung des in vollständiger Form abgefassten Urt. (§ 66 I 2; BGH 27.1.2016 NJW 2016, 1180 – begl. Abschrift reicht). Die Richtigkeit des aus dem EB ersichtl. Datums kann aufgrund bes. Umstände erschüttert sein (BGH 18.6.2002 NJW 2002, 3027 – Freibeweis). Die Fristberechnung richtet sich nach § 222 ZPO, §§ 187, 188 BGB. Fällt das Fristende auf einen Sonnabend, Sonntag oder Feiertag, endet die Frist am nächsten Werktag (BGH 10.3.2009 NJW-RR 2010, 211 – Fristverlängerung). Die Berufung kann am letzten Tag der Berufungsfrist bis 24.00 Uhr eingelegt werden. Der Einwurf in einen Nachtbriefkasten ist fristwahrend; bei der Übermittlung der Berufungsschrift durch Telekopie, Telefax bzw. Computerfax muss der Übermittlungsvorgang bis 24.00 Uhr abgeschlossen sein (s. § 4 KSchG Rn. 13). Ein Streithelfer kann solange Berufung einlegen, wie die Berufungsfrist noch läuft (BAG 17.8.1984 NZA 1985, 68). Zur Berufungsfrist bei fehlender bzw. fehlerhafter RMB Rn. 11. 8

b) Urteilszustellung. Ist das Urt. noch nicht in vollständiger Form den Parteien zugestellt, beginnt die Berufungsfrist nach § 66 I 2 spätestens mit Ablauf von fünf Monaten nach der Verkündung. Die Berufungseinlegung setzt nach dem Gesetzeswortlaut die Existenz eines Urt. voraus. Fehlt es hieran, ist eine dennoch eingelegte Berufung unzulässig. Vor der Urteilsverkündung kann eine Partei wegen der Bedingungsfeindlichkeit der Rechtsmittel keine vorsorgl. Berufung einlegen. Nur gegen ein sog. Scheinurt. ist die Berufung statthaft, zB wenn eine Verkündung nicht erfolgt, die Entsch. aber zugestellt worden ist (LAG HM 2.7.1997 LAGE § 60 KO Nr. 3; LAG HE 6.5.1994 LAGE § 64 ArbGG 1979 Nr. 30 – fehlende Rechtshängigkeit). Liegt ein Scheinurt. vor und wird ein gleich lautendes Urt. nach Berufungseinlegung verkündet, soll die Berufung auch das spätere Urt. erfassen (BGH 17.4.1996 NJW 1996, 1969; zu Recht aA Stein/Jonas/*Grunsky* Einl. § 511 Rn. 45). Die Berufung kann bereits **zwischen Verkündung und Zustellung** des in vollständiger Form abgefassten Urt. eingelegt werden (BAG 16.6.2004 AP ZPO 2002 § 551 Nr. 2; 6.3.2003 NZA 2003, 814; BGH 24.6.1999 NJW 1999, 3269); allerdings trägt der Rechtsmittelführer das Risiko, mit seinen Ausführungen die Urteilsgründe zu verfehlen, wenn er seine Berufung vor Zustellung des Urt. begr. und seine Ausführungen nicht fristgem. ergänzt. 9

c) Urteilsergänzung/-berichtigung. Wird innerhalb der Berufungsfrist ein Urt. durch eine nachträgl. Entsch. ergänzt (§ 321 ZPO), beginnt mit der Zustellung der nachträgl. Entsch. der Lauf der 10

Berufungsfrist auch für die Berufung gegen das zuerst ergangene Urt. von neuem. Wird das Urt. nach § 319 ZPO berichtigt, beginnt die Berufungsfrist nur dann mit Zustellung des Berichtigungsbeschlusses, wenn erst aus ihm die Voraussetzungen der Berufung ersichtl. sind (BAG 15.8.2001 NZA 2002, 112; BGH 9.11.2016 NJW-RR 2017, 55). Ohne Bedeutung für den Beginn der Berufungsfrist ist, ob die Entsch. des ArbG nach § 64 III a ergänzt worden ist.

11 **d) Fehlende Urteilszustellung.** Nach der Neuregelung des Berufungsrechts durch das ZPO-ReformG war zweifelhaft, ob an der bisherigen Rspr. des BAG zum Lauf der Berufungsfrist bei nicht zugestellten Urt. festgehalten werden kann (dazu insb. *Künzl* ZZP 118, 59). Nach § 9 V sind alle mit einem befristeten Rechtsmittel anfechtbaren Entscheidungen mit einer RMB zu versehen. Ist die Belehrung unrichtig oder unterblieben, kann das Rechtsmittel noch binnen eines Jahres eingelegt werden (§ 9 V 4). Ansicht des BAG beginnen die Berufungs- und Berufungsbegründungsfrist spätestens mit Ablauf von fünf Monaten nach Verkündung, wenn es an der Zustellung eines vollständig abgefassten erstinstanzl. Urt. fehlt. In diesem Fall endet die Berufungsfrist sechs Monate und die Berufungsbegründungsfrist sieben Monate nach der Verkündung (BAG 28.10.2004 NZA 2005, 125; BVerwG 5.10.2011 NZA-RR 2012, 165; aA *Holthaus/Koch* RdA 2002, 140, 149 f.). Anges. der gefestigten Rspr. des BAG kann eine Wiedereinsetzung in den vorherigen Stand auf eine unrichtige RMB nicht gestützt werden (aA LAG M 28.10.2010 LAGE § 66 ArbGG 1979 Nr. 22).

12 Allerdings betreffen die bish. Entscheidungen nur Urt., die nicht bis zum Ablauf von fünf Monaten zugestellt worden sind. Das BAG hat bisher nicht eindeutig erkennen lassen, ob § 9 V für die instanzbeendenden Entscheidungen der ArbG und LAG generell unanwendbar ist, was der Vorschr. ihren wesentl. Anwendungsbereich nehmen würde. Dann bliebe auch eine fehlerhafte RMB ohne Auswirkungen auf den Lauf der Berufungsfrist. Nach der hier vertretenen Ansicht gilt § 9 V nach wie vor für Endentscheidungen im UrtV und BeschlV. Wird eine solche Entscheidung und damit auch die RMB allerdings bis zum Ablauf der 5-Monats-Frist nicht zugestellt, beginnen ab diesem Zeitpunkt die Fristen für die Rechtsmitteleinlegung und –begr. zu laufen. Der Ablauf der 6-Monats-Frist bzw. 7-Monatsfrist stellt danach die zeitl. Obergrenze für die Rechtsmitteleinlegung bzw. -begr. dar. Dies gilt auch bei einer fehlerhaften RMB und bei sämtl. von § 9 V 4 erfassten Fällen. Bei Entscheidungen, die vor diesem Zeitpunkt zugestellt werden und bei denen eine RMB fehlt oder fehlerhaft ist, ist § 9 V mit der Maßgabe anzuwenden, dass die Einlegung und Begr. der Rechtsmittel bis zum Ablauf von 6 bzw. 7 Monaten erfolgen muss. Anges. der nicht eindeutigen Rechtslage ist eine gesetzgeberische Klarstellung wünschenswert.

13 **3. Berufungsbegründung. a) Anwendbare Vorschriften.** Nach § 520 I ZPO ist die Berufung zu begründen. Die Berufungsbegr. kann entweder bereits in der Berufungsschrift oder in einer bes. Berufungsbegr. erfolgen. § 520 III ZPO enthält die Anforderungen an den Inhalt der Berufungsbegr. vor den Zivilgerichten. Diese Regelung ist im arbeitsgerichtl. Berufungsverfahren über § 64 VI grds. anwendbar, die Zulässigkeit von neuem Vorbringen (§ 520 III Nr. 4 ZPO) richtet sich allerdings nach § 67, der § 531 II ZPO verdrängt. Die Berufungsbegr. muss enthalten *(1)* die Erkl., inwieweit das Urt. angefochten wird und welche Abänd. des Urt. beantragt wird (Berufungsanträge); ein gesonderter Berufungsantrag ist nicht erforderl., wenn sich den innerhalb der Begründungsfrist eingegangenen Schriftsätzen eindeutig entnehmen lässt, in welchem Umf. und mit welchem Ziel das Urt. angefochten werden soll (BGH 29.3.2012 – V ZB 176/11); auch eine Bezugnahme auf die Schlussanträge in der Vorinstanz (BGH 15.12.2009 MDR 2010, 279) und ein ledigl. auf Aufhebung und Zurückverweisung gerichteter Antrag (BGH 22.3.2006 NJW 2006, 2705) können ausreichend sein. *(2)* die Bezeichnung der Umstände, aus denen sich die Rechtsverletzung und deren Erheblichkeit für die angefochtenen Entsch. ergibt (s. Rn. 25) und *(3)* die Bezeichnung konkreter Anhaltspunkte, die Zweifel an der Richtigkeit oder Vollständigkeit der Tatsachenfeststellungen im angefochtenen Urt. begründen und deshalb eine erneute Feststellung gebieten (s. Rn. 26). Schließl. sind *(4)* die nach § 67 zulässigen neuen Angriffs- und Verteidigungsmittel vom Berufungskl. in der Berufungsbegr. vorzubringen (s. § 67 Rn. 6); zum Inhalt der Berufungsbegr. im Zivilprozess (*Stockmann* NJW 2003, 169). Ein als „Berufungsbegründung" bezeichneter Schriftsatz genügt den Anforderungen des § 520 III 1, 2 Nr. 1 ZPO regelm. auch dann, wenn darin zunächst PKH beantragt und der Berufungsantrag erst danach angekündigt wird (BGH 21.12.2005 NJW 2006, 693).

14 **b) Einzelfallbezogene Auseinandersetzung.** Der Berufungskl. muss sich in der Berufungsbegr. mit den Gründen des angefochtenen Urt. einzelfallbezogen auseinandersetzen. Dazu ist regelm. anzugeben, weshalb er das Urt. oder einzelne seiner Teile für unrichtig hält. Dies gilt auch, wenn er bereits vor der Zustellung des erstinstanzl. Urt. Berufung einlegt (s. Rn. 9). Die Berufungsbegr. muss auf den zur Entscheidung stehenden Fall zugeschnitten sein und sich mit den rechtl. oder tatsächl. Argumenten des angefochtenen Urt. befassen, wenn sie diese bekämpfen will. Für die erforderl. Auseinandersetzung mit den Urteilsgründen der angefochtenen Entscheidung reicht es nicht aus, die tatsächl. oder rechtl. Würdigung durch das ArbG mit formelhaften Wendungen zu rügen und ledigl. auf das erstinstanzl. Vorbringen zu verweisen oder dieses zu wiederholen (BAG 25.4.2007 NZA 2007, 1387). Allerdings kann vom Rechtsmittelführer nicht mehr an Begr. verlangt werden als vom Gericht seinerseits aufgewendet worden ist (BAG 15.4.2008 NZA 2008, 888). Eine Auseinandersetzung mit der angefochte-

nen Entsch. ist nur entbehrl., wenn die Berufung ausschl. auf neues Vorbringen gestützt wird (BGH 27.3.2007 MDR 2007, 966; einschr. LAG B 4.11.2010 NZA-RR 2011, 153 – neuer Tatsachenvortrag muss die für die Berufung erforderl. Beschwer erreichen) oder das Urt. bis zum Ablauf der Berufungsfrist noch nicht in vollständiger Form zugestellt ist. Im letzteren Fall ist es ausreichend, wenn auf die bisher nicht erfolgte Zustellung verwiesen wird (BAG 24.9.1996 NZA 1997, 507), sich der Berufungsführer nur hypothetisch mit den Entscheidungsgründen auseinandersetzt (BAG 13.9.1995 NZA 1996, 446) oder sich spekulativ mit den seiner Ansicht vom Gericht als tragend angesehenen Gründen auseinandersetzt (BAG 6.3.2003 NZA 2003, 814). Ist eine Entsch. auf zwei voneinander unabhängige selbständig tragende Gründe gestützt, muss zu beiden Begr. Stellung genommen werden. Setzt sich die Berufungsbegr. nur mit einer der beiden Erwägungen des ArbG auseinander, ist die Berufung hins. dieses Streitgegenstands unzulässig (BAG 11.3.1998 NZA 1998, 959; BGH 28.2.2007 NJW 2007, 1834). Wird die Doppelbegr. aus den Gründen nicht deutl., muss die Berufungsbegr. diese nicht gesondert angreifen (BGH 30.1.2013 NJW-RR 2013, 509). Die danach erforderl. Auseinandersetzung mit der angefochteten Entscheidung muss im Schriftsatz selbst erfolgen, durch eine Bezugnahme auf Anl. kann der schriftsätzl. Vortrag ledigl. erläutert oder belegt werden. Eine Bezugnahme auf andere Schriftsätze (zB solche im PKHVerfahren) ist nur ausreichend, wenn diese inhaltl. den Anforderungen des § 520 III ZPO entsprechen (BGH 5.3.2008 NJW 2008, 1740; BAG 24.4.2008 NZA 2008, 1314 – Streitgenossen). Wird der Berufungsbegründungsschriftsatz von einem Dritten (zB Referendar) vorbereitet, darf der unterzeichnende postulationsfähige Vertreter die Ausführungen des Dritten nicht ungeprüft übernehmen (BGH 24.1.2008 NJW 2008, 1311). § 139 ZPO erfordert keinen gerichtl. Hinweis über eine unzureichende Berufungsbegr. Unkenntnis oder Missachtung der formalen Anforderungen an die Berufung kann durch die Bitte um einen Hinweis ersetzt werden (BAG 19.10.2010 NZA 2011, 62).

c) Darlegungsumfang. Wird die Rechtsanwendung des ArbG gerügt (§ 520 III Nr. 2 ZPO), muss der Berufungskl. die entspr. Rechtssätze bzw. den Subsumtionsvorgang im Urt. und seine Entscheidungserheblichkeit so bezeichnen, dass das LAG erkennen kann, was im Einzelfall beanstandet wird. Nur formelhafte Wendungen („das Urteil wird einer rechtl. Überprüfung nicht standhalten") ohne konkreten Bezug zu den Rechtsausführungen in der Entsch. reichen nicht aus. Ebenso ist es nicht ausreichend, wenn sich der Berufungskl. nur auf sein erstinstanzl. Vorbringen bezieht (BAG 15.8.2002 NZA 2003, 576) oder pauschal auf eine andere Gerichtsentscheidung hinweist (BAG 19.2.2013 – 9 AZR 543/11). Die Berufungsbegr. erfordert jedoch weder die ausdr. Benennung einer bestimmten Norm noch die Schlüssigkeit der erhobenen Rügen. Die Rechtsverletzung (zum Begriff § 73 Rn. 2) kann sowohl in der Anwendung und Auslegung des Verfahrensrechts (also auch bei der Tatsachenfeststellung) wie auch des materiellen Rechts liegen. Wird geltend gemacht, dass das ArbG eine unrichtige oder unvollständige Tatsachenfeststellung getroffen hat (§ 520 III Nr. 3 ZPO), müssen zunächst die vermeintl. fehlerhaft festgestellten Tatsachen in der Berufungsschrift bezeichnet werden. Anschließend ist unter Bezugnahme auf das erstinstanzl. Vorbringen der Parteien darzulegen, worin der verfahrensrechtl. Verstoß des ArbG (Übergehen eines Beweisantritts, unrichtige Auslegung von Vorbringen) liegt oder es müssen neue Tatsachen (§ 67) vorgetragen werden, die die Tatsachenfeststellung des ArbG in Frage stellen (s. Rn. 29). Zur Beweisrüge s. § 74 Rn. 10. 15

Sind **mehrere aufeinander folgende Kündigungen** ausgesprochen worden, ist es für eine ordnungsgem. Berufungsbegr. auch hins. der weiteren Kündigung ausreichend, wenn der Rechtsmittelführer das Urt. bzgl. der ersten Kündigung mit bestimmt bezeichneten Gründen angreift (BAG 5.10.1995 NZA 1996, 651). Dies gilt entspr. bei aufeinander aufbauenden Anträgen. Eine schlüssige oder rechtl. haltbare Berufungsbegr. setzt § 520 III ZPO aber nicht voraus, deshalb ist es für die Ordnungsmäßigkeit der Berufungsbegr. unschädl., wenn die rechtl. Beurteilung des Berufungskl. vom Gericht nicht geteilt wird (BAG 15.8.2002 NZA 2003, 576). Bei teilbaren Streitgegenständen führt die fehlende Auseinandersetzung mit der angefochtenen Entsch. zur teilweisen Unzulässigkeit der Berufung. 16

d) Frist. Die Frist für die Berufungsbegr. beträgt zwei Monate. Sie beginnt mit der Zustellung des in vollständiger Form abgefassten Urt., spätestens nach fünf Monaten (§ 66 I 2). Berufungs- und Berufungsbegründungsfrist beginnen daher zum gleichen Zeitpunkt (s. Rn. 7). Hins. der Formalien unterliegt die Berufungsbegründungsschrift den gleichen Anforderungen wie die Berufungsschrift (s. Rn. 2). Berufungs- und Berufungsbegründungsfrist sind voneinander unabhängig. Auch wenn die Berufung verspätet eingelegt worden ist, läuft die Berufungsbegründungsfrist regulär ab. Deshalb hindert ein Wiedereinsetzungsgesuch ggü. einer versäumten Berufungsfrist den Ablauf der Berufungsbegründungsfrist nicht (BGH 11.8.2004 FamRZ 2005, 194). 17

e) Verlängerung. aa) Dauer. Nach § 66 I 5 kann die Berufungsbegründungsfrist auf Antrag vom Vors. verlängert werden, wenn nach seiner freien Überzeugung *(1)* der Rechtsstreit durch die Verlängerung nicht verzögert wird oder *(2)* der Berufungskl. erhebl. Gründe darlegt. Eine zweite Verlängerung ist stets ausgeschlossen, selbst wenn das Urt. des ArbG noch nicht zugestellt worden ist und die weitere Verlängerung dem Berufungskl. erst die Auseinandersetzung mit den Entscheidungsgründen ermögl. würde (BAG 6.12.1994 NZA 1995, 549). Bei einer irrtüml. (zweiten) Verlängerung besteht für den Rechtsmittelführer kein Vertrauensschutz. Eine nach Ablauf der Berufungsbegründungsfrist eingegangene Berufungsbegr. ist bei fehlender Urteilszustellung regelm. als zulässige Wiederholung der 18

Berufung mit gleichzeitiger Begr. anzusehen (BAG 13.9.1995 NZA 1996, 446). § 66 I 5 enthält keine Regelung über die Dauer der Verlängerung der Berufungsbegründungsfrist. Die Vorschr. ist nicht dahingehend auszulegen, dass die Verlängerung der Berufungsbegründungsfrist nur bis zu einer Höchstfrist von einem Monat zulässig ist (BAG 16.7.2008 NZA 2009, 202). Eine Verlängerung kann abgelehnt werden, sofern eine Verzögerung beim Abschluss des Rechtsstreits konkret zu befürchten ist. Maßgebl. ist der bereits festgesetzte oder voraussichtl. Termin für die Berufungsverhandlung. Enthält der Beschl. des Gerichts kein Datum für den Ablauf der Begründungsfrist, ist jdf. der ursprüngl. Fristablauf aufgeh. Bei nicht antragsgem. Entsch. kann der Berufungskl. auch auf die Festsetzung eines über seinen Antrag hinausgehenden Zeitpunkts vertrauen.

19 **bb) Antrag.** Der Fristverlängerungsantrag muss innerhalb der Berufungsbegründungsfrist bei Gericht eingehen, er kann aber nach Fristablauf beschieden werden (BGH 19.7.2016 NJW-RR 2016, 1529 – keine Umdeutung in Antrag nach § 233 ZPO). Er unterliegt als bestimmender Schriftsatz dem Vertretungszwang und muss von einem RA oder postulationsfähigen Verbandsvertreter (§ 11 IV 2) eigenhändig unterzeichnet sein, die Gründe für die Fristverlängerung sind im Antrag glaubhaft zu machen. Zu den erhebl. Gründen zählen neben laufenden Vergleichsverhandlungen, Urlaub, Krankheit sowie eine bes. starke Arbeitsbelastung des Bevollmächtigten. Dazu ist es regelm. nicht erforderl., dass die Gründe für die behauptete Belastung und ihre Auswirkungen auf das konkrete Verfahren bes. dargelegt und glaubhaft gemacht werden (BVerfG 12.1.2000 NZA 2000, 446; BAG 20.10.2004 NZA 2004, 1350; aA LAG BE 14.12.2000 MDR 2001, 770). Ihre Substantiierung und erg. Glaubhaftmachung kann nur verlangt werden, wenn Anhaltspunkte dafür vorliegen, dass die angegebenen Gründe nicht zutreffen (BAG 4.2.1994 NZA 1994, 907). Das Risiko, dass einem Verlängerungsantrag nicht entsprochen wird, trägt der Berufungskl. Legt er einen Verlängerungsgrund dar, muss er sich über die Verlängerung vor Fristablauf nicht bei Gericht vergewissern. Eine Erkundigungspflicht besteht nur bei erkennbaren Antragshindernissen (BGH 5.6.2012 NJW 2012, 2522). Eine Ablehnung des Antrags darf regelm. nicht ohne Gewährung vom rechtl. Gehör erfolgen, insb. wenn die Versagung darauf gestützt wird, die Gründe seien nicht nach § 224 II ZPO glaubhaft gemacht worden (BAG 4.2.1994 NZA 1994, 907). Enthält die Mitteilung der Vfg. des Vors., durch die die Berufungsbegründungsfrist verlängert wird, einen Fehler, aufgrund dessen die Frist um einen größeren Zeitraum verlängert scheint als verfügt ist, ist grds. der Wortlaut der Mitteilung maßgebend (BGH 21.1.1999 NJW 1999, 1036 – Ausn.: Offensichtlichkeit des Fehlers); die Unterzeichnung der Vfg. ist nicht erf. (BGH 6.4.2017 NJW 2017, 2273).

20 **4. Berufungsbeantwortung.** Nach § 66 I 3 muss die Berufung innerhalb einer Frist von einem Monat nach Zustellung der Berufungsfrist beantwortet werden. Die Frist ist für die Einlegung der Anschlussberufung bedeutsam (s. § 64 Rn. 14). Der Berufungsbekl. ist durch die Geschäftsstelle auf diese Frist ausdr. hinzuweisen (§ 66 I 4; BAG 24.5.2012 NZA 2012, 1223). Durch die Frist für die Berufungsbeantwortung soll das Verfahren beschleunigt werden, sie kann wie die Frist für die Berufungsbegr. einmal auf Antrag verlängert werden (§ 66 I 5). Für die Fristberechnung und die Fristverlängerung gelten die Ausführungen zur Berufungsbegr. entspr. (s. Rn. 13). Im Eilverfahren kann die Frist nur abgekürzt werden, wenn dem Berufungsbekl. ausreichend Zeit für seinen Vertrag bleibt. Die Fristversäumnis ist darüber hinaus nur für die Präklusion von Vorbringen von Bedeutung (s. § 67).

21 **5. Terminsbestimmung.** Nach § 66 II 1 muss unverzügl. Termin zur mdl. Verhandlung bestimmt werden. Eine Terminsbestimmung ist entbehrl., wenn die Berufung unzulässig ist. Bestandsschutzstreitigkeiten sind nach § 64 VIII vorrangig anzuberaumen. Bei der Terminierung ist die Länge der Berufungsbeantwortungsfrist zu beachten sowie Ladungs- und Einlassungsfristen einzuhalten (§§ 217, 274 III ZPO).

22 **6. Unzulässige Berufung. a) Wiedereinsetzung in den vorherigen Stand.** Werden die Berufungsfrist oder die Berufungsbegründungsfrist versäumt, kann unter den Voraussetzungen von § 233 ZPO die Wiedereinsetzung in den vorigen Stand beantragt werden (dazu auch § 59 Rn. 14). Formfehler einer Berufungsschrift führen nicht zwangsläufig zur Unzulässigkeit des Rechtsmittels, sondern können noch innerhalb der Berufungsfrist behoben werden (BAG 28.4.1982 AP ZPO § 518 Nr. 47). Wird eine Berufung aber nicht in der ges. Form eingelegt, wird der Formmangel nicht dadurch geheilt, dass das Berufungsgericht die Form als gewahrt angesehen hat (BAG 16.5.2012 NZA-RR 2012, 599).

23 **b) Verwerfung.** Ist die Berufung unstatthaft oder nicht in der ges. Form und Frist eingelegt und begr. worden, ist sie als unzulässig zu verwerfen (§ 522 I ZPO). Die Entsch. kann ohne mdl. Verhandlung durch Beschl. ergehen, die ehrenamtl. Richter sind an der Entscheidung nicht zu beteiligen (§ 66 II 2). Allerdings ist die Alleinentscheidung nur bei formellen Mängeln (Form/Frist) zulässig, hierzu gehört die Beurteilung einer nur inhaltl. unzureichenden Berufungsbegr. nicht; die Gegenansicht (BAG 6.1.2015 NZA 2015, 316; einschr. StGH BW 3.11.2014 NZA 2015, 506) führt zu einer kaum rechtssicheren Abgrenzung bei der ordnungsgem. Besetzung des LAG. Dem Berufungskl. ist vor der Verwerfung rechtl. Gehör zu gewähren (BAG 15.8.1989 NZA 1990, 537; BGH 15.8.2007 NJW-RR 2007, 1718). Der Beschl. ist zu begründen. Die gleichzeitige Versagung eines PKHAntrags für das Berufungsverfahren und die Verwerfung der Berufung ohne vorherigen Hinweis ist unzulässig (BGH 3.12.2003

NJW-RR 2004, 1218). Ist ein Antrag auf Wiedereinsetzung gegen die Versäumung der Berufungs- oder Berufungsbegründungsfrist gestellt worden, ist die Verwerfung erst nach oder gleichzeitig mit seiner Ablehnung zulässig; zuständig ist der Vors. (BAG 5.10.2010 NZA 2010, 1442). Zur mehrfachen Einlegung einer Berufung Rn. 6 und zur Notw. der Beauftragung eines RA durch den Gegner BAG 14.11.2007 NZA 2008, 606).

c) **Rechtsmittel.** Gegen den Verwerfungsbeschl. des LAG ist die RB (Revisionsbeschwerde) zum BAG nur eröffnet, wenn das LAG sie in den Beschl. wegen der Bedeutung der Rechtssache zugelassen hat (§ 77 S. 1). Eine NZB gegen einen Verwerfungsbeschl. ist nach § 77 S. 3 zul. (zur früheren Rechtslage BAG 6.1.2015 NZA 2015, 316; dagegen *Ulrici* NZA 2014, 1245). Hat das LAG im Urt. irrtüml. die Revisionsbeschwerde zugelassen, ist davon auszugehen, dass es das prozessual zulässige Rechtsmittel (Revision) zulassen wollte (BAG 5.12.1984 NZA 1985, 436). Ein rkr. Verwerfungsbeschl. kann nachträgl. vom LAG nicht geänd. werden (BAG 26.6.1974 AP ZPO § 519b Nr. 9 ZPO). Unter Umständen kann Verfassungsbeschwerde eingelegt werden. 24

7. Prüfungsumfang des Berufungsgerichts. a) Rechtskontrolle. Mit dem ZPO-ReformG 2002 wollte der Gesetzgeber die Funktion der Berufungsinstanz grdl. umgestaltet werden. Nach seinem Willen sollte den Parteien keine volle zweite Tatsacheninstanz mehr eröffnet werden, das Berufungsverfahren sollte im Wesentl. nur als Instrument zur Fehlerkontrolle und -beseitigung zur Vfg. stehen (BT-Drs. 14/4722 S. 61). Dem entspricht § 513 I ZPO, wonach die Berufung nur darauf gestützt werden kann, dass die erstinstanzl. Entsch. auf einer Rechtsverletzung beruht oder wenn ausnahmsweise neues Vorbringen eine andere Entsch. rechtfertigt. Für den Begriff der Rechtsverletzung wird in § 513 ZPO auf § 546 ZPO verwiesen, der den Prüfungsumfang des Revisionsgerichts bestimmt. Unter Bezugnahme auf die „Einzelfallgerechtigkeit" haben es der BGH (BGH 28.3.2006 NJW 2006, 1589; 14.7.2004 NJW 2004, 2751) und ihm folgend der 6. Sen. des BAG (BAG 12.9.2013 NZA 2013, 1412) jedoch abgelehnt, den Prüfungsumfang der Berufungsgerichte entspr. den für das Revisionsgericht geltenden Grundsätzen zu beschränken (s. § 73 Rn. 2, aA *Holthaus/Koch* RdA 2002, 140, 159). Das konterkariert nicht nur die mit der ZPO-Reform beabsichtigte Stärkung der Eingangsgerichte, sondern ist auch wenig überzeugend. Ein Berufungsgericht ist nicht per se gerechter als die Eingangsinstanz. 25

b) **Festgestellte Tatsachen.** Grds. sind die von der Vorinstanz verfahrensfehlerfrei festgestellten Tatsachen auch für das Berufungsgericht maßgebl. (BAG 25.4.2007 NZA 2007, 1387), ein Ermessen besteht insoweit nicht (einschr. BGH 11.10.2016 NJW-RR 2017, 75; 9.3.2005 NJW 2005, 1583). Eine Ausnahme von der Verbindlichkeit der erstinstanzl. festgestellten Tatsachen besteht nach § 529 I Nr. 1 ZPO nur, soweit nicht *(1)* konkrete Anhaltspunkte, *(2)* Zweifel an der Richtigkeit und Vollständigkeit der *(3)* entscheidungserhebl. (erstinstanzl.) Feststellungen begründen und deshalb eine erneute Feststellung durch das Berufungsgericht gebieten. Eine Abweichung von den erstinstanzl. Feststellungen setzt nach dem insoweit eindeutigen Gesetzeswortlaut in jedem Fall voraus, dass sich die entspr. Zweifel des Berufungsgerichts auf äußere, dh. erkennbare Tatsachen stützen können. Letztere müssen vom Berufungsführer nach § 520 III Nr. 3 ZPO in der Berufungsbegr. aufgezeigt werden oder offensichtl sein, ansonsten bleiben sie unberücksichtigt. Die Bindungswirkung kann auch bei nach § 67 zul. neuem Tatsachenvorbringen entfallen, sofern dieses Zweifel an der Richtigkeit der erstinstanzl. Feststellungen begründet. Im Revisionsverfahren soll nicht zu überprüfen sein, ob das Berufungsgericht im Falle einer erneuten Tatsachenfeststellung die Voraussetzungen des § 529 I Nr. 1 ZPO beachtet hat (BGH 9.3.2005 NJW 2005, 1583). 26

§ 67 Zulassung neuer Angriffs- und Verteidigungsmittel

(1) Angriffs- und Verteidigungsmittel, die im ersten Rechtszug zu Recht zurückgewiesen worden sind, bleiben ausgeschlossen.

(2) [1]Neue Angriffs- und Verteidigungsmittel, die im ersten Rechtszug entgegen einer hierfür nach § 56 Abs. 1 Satz 2 Nr. 1 oder § 61a Abs. 3 oder 4 gesetzten Frist nicht vorgebracht worden sind, sind nur zuzulassen, wenn nach der freien Überzeugung des Landesarbeitsgerichts ihre Zulassung die Erledigung des Rechtsstreits nicht verzögern würde oder wenn die Partei die Verspätung genügend entschuldigt. [2]Der Entschuldigungsgrund ist auf Verlangen des Landesarbeitsgerichts glaubhaft zu machen.

(3) Neue Angriffs- und Verteidigungsmittel, die im ersten Rechtszug entgegen § 282 Abs. 1 der Zivilprozessordnung nicht rechtzeitig vorgebracht oder entgegen § 282 Abs. 2 der Zivilprozessordnung nicht rechtzeitig mitgeteilt worden sind, sind nur zuzulassen, wenn ihre Zulassung nach der freien Überzeugung des Landesarbeitsgerichts die Erledigung des Rechtsstreits nicht verzögern würde oder wenn die Partei das Vorbringen im ersten Rechtszug nicht aus grober Nachlässigkeit unterlassen hatte.

(4) [1]Soweit das Vorbringen neuer Angriffs- und Verteidigungsmittel nach den Absätzen 2 und 3 zulässig ist, sind diese vom Berufungskläger in der Berufungsbegründung, vom Berufungsbeklagten in der Berufungsbeantwortung vorzubringen. [2]Werden sie später vorgebracht, sind sie nur

zuzulassen, wenn sie nach der Berufungsbegründung oder der Berufungsbeantwortung entstanden sind oder das verspätete Vorbringen nach der freien Überzeugung des Landesarbeitsgerichts die Erledigung des Rechtsstreits nicht verzögern würde oder nicht auf Verschulden der Partei beruht.

1 **1. Allgemeines.** Neue Angriffs- und Verteidigungsmittel können wie im zivilgerichtl. Berufungsverfahren im Interesse der Verfahrensbeschleunigung nur eingeschränkt vorgebracht werden. Durch das ZPO-ReformG ist die Zulässigkeit von neuem Vorbringen in der zweiten Instanz erhebl. beschränkt worden. Nach den §§ 529 I Nr. 2, 531 II ZPO hat das Berufungsgericht bei seiner Verhandlung und Entsch. neues Tatsachenvorbringen nur zu berücksichtigen, wenn *(a)* ein Gesichtspunkt erstinstanzl. erkennbar übersehen oder für unbeachtl. gehalten worden ist, *(b)* infolge eines Verfahrensmangels im ersten Rechtszug nicht geltend gemacht wurde oder *(c)* seine Geltendmachung nicht aufgrund einer Nachlässigkeit der Partei unterblieben ist. Diese Grunds. sind im Verfahren vor dem LAG nicht anzuwenden, da § 67 insoweit eine verdrängende Sonderregelung enthält (BAG 15.2.2005 NZA 2005, 484). Die durch das ZPO-ReformG vorgenommene Änd. in § 67 ist nur redaktioneller Art, inhaltl. hat der Gesetzgeber den zuvor geltenden Rechtszustand festgeschrieben. § 67 I regelt dabei klarstellend, dass bereits in erster Instanz wirksam ausgeschlossenes Vorbringen auch im Berufungsverfahren unberücksichtigt bleibt. § 67 II entspricht dem bisherigen § 67 I 1, 2 ArbGG aF, wonach nicht fristgem. vorgebrachte Angriffs- und Verteidigungsmittel im Berufungsverfahren nur eingeschränkt zuzulassen sind. § 67 III übernimmt die bisher aufgrund der Verweisung auf § 528 II ZPO aF geltende Regelung, die einen Verstoß gegen die allg. Prozessförderungspflicht sanktioniert. § 67 IV entspricht § 67 II ArbGG aF. Neben § 67 sind im arbeitsgerichtl. Berufungsverfahren noch die §§ 532, 533 ZPO anwendbar (s. Rn. 7). Der zu Unrecht erfolgte Ausschluss von Vorbringen kann eine Verletzung des Anspruchs auf rechtl. Gehör darstellen (BGH 11.12.2008 ZIP 2009, 223), die mit der NZB (§ 72 II Nr. 3 2. Alt.) geltend gemacht werden kann.

1a **2. Bindung an die Tatsachenfeststellung des ArbG.** Die von der Vorinstanz verfahrensfehlerfrei festgestellten Tatsachen sind auch für das Berufungsgericht maßgebl. (BAG 25.4.2007 NZA 2007, 1387), ein Ermessen besteht insoweit nicht (einschr. BGH 9.3.2005 NJW 2005, 1583). Eine Ausnahme von der Verbindlichkeit der erstinstanzl. festgestellten Tatsachen besteht nach § 529 I Nr. 1 ZPO nur, soweit nicht *(1)* konkrete Anhaltspunkte, *(2)* Zweifel an der Richtigkeit und Vollständigkeit der *(3)* entscheidungserhebl. (erstinstanzl.) Feststellungen begründen und deshalb eine erneute Feststellung durch das Berufungsgericht gebieten. Eine Abweichung von den erstinstanzl. Feststellungen setzt voraus, dass sich die entspr. Zweifel des Berufungsgerichts auf äußere, dh. erkennbare Tatsachen stützen können. Letztere müssen vom Berufungsführer nach § 520 III Nr. 3 ZPO in der Berufungsbegr. aufgezeigt werden, ansonsten bleiben sie unberücksichtigt. Die Bindungswirkung kann bei nach § 67 zulässigem neuen Tatsachenvorbringen entfallen, sofern dieses Zweifel an der Richtigkeit der erstinstanzl. Feststellungen begr. Im Revisionsverfahren ist nicht zu überprüfen, ob das Berufungsgericht im Falle einer erneuten Tatsachenfeststellung die Voraussetzungen des § 529 I Nr. 1 ZPO beachtet hat (BGH 9.3.2005 NJW 2005, 1583).

2 **3. Ausschluss von Angriffs- und Verteidigungsmitteln. a) Bereits erstinstanzlich ausgeschlossenes Vorbringen.** Nach § 67 I bleiben Angriffs- und Verteidigungsmittel, die das ArbG zu Recht ausgeschlossen hat, auch in der Berufungsinstanz ausgeschlossen. Dies gilt auch, wenn ihre Berücksichtigung den Berufungsrechtsstreit nicht verzögern würde (zur Verfassungsmäßigkeit BVerfG 30.1.1985 NJW 1985, 1149). Das LAG hat jedoch nachzuprüfen, ob das Vorbringen vom ArbG zu Recht ausgeschlossen worden ist (s. § 56 Rn. 7). Eine Entschuldigung für die Fristversäumung in der Vorinstanz kann in der zweiten Instanz grds. nicht mehr nachgeholt werden. Unzulässig ist es auch, eine zu pauschale und daher nicht ausreichende Entschuldigung in der Berufungsinstanz zu ergänzen. Ihre Nachholung oder Erg. ist im Verfahren vor dem LAG nur mögl., wenn sie in der Vorinstanz ohne Verschulden der Partei unterblieben ist (BVerfG 14.4.1987 NJW 1987, 2003). Wird der erstinstanzl. ausgeschlossene Vortrag im Berufungsverfahren unstreitig, ist er zuzulassen, da **unstreitiges Vorbringen** stets zu berücksichtigen ist (BGH 31.8.1980 NJW 1980, 945; GK-ArbGG/*Vossen* Rn. 26; einschränkend bei Erforderlichkeit einer Beweisaufnahme *Crückeberg* MDR 2003, 10; nur bei ansonsten evident unrichtiger Entsch. OLG HM 10.2.2003 MDR 2003, 650). War der Ausschluss durch das ArbG zu Unrecht erfolgt, ist die Partei mit ihrem Vortrag in der Berufungsinstanz unter den Voraussetzungen von § 67 IV zuzulassen; durch eine unrichtige Beurteilung kann das LAG den Anspruch auf rechtl. Gehör der präkludierten Partei verletzen (BGH 14.7.2008 NJW 2008, 3361). Hat andererseits das ArbG Vorbringen zugelassen, das bei Beachtung der §§ 56 II, 61a III, IV auszuschließen war, ist das Berufungsgericht daran gebunden, weil die bereits in der ersten Instanz eingetretene Verzögerung in der Berufungsinstanz nicht mehr korrigiert werden kann.

3 **b) Unterbliebener Vortrag trotz Fristsetzung. aa) Neues Vorbringen.** Neue Angriffs- oder Verteidigungsmittel (§ 56 Rn. 8), die entgegen einer nach §§ 56 I 2, 61a III, IV gesetzten Frist nicht vorgebracht wurden, sind nur unter den Voraussetzungen des § 67 II zuzulassen. Wie bei § 67 I

unterliegt die Wirksamkeit der erstinstanzl. Fristsetzung der Rechtskontrolle durch das LAG. Die Angriffs- und Verteidigungsmittel sind neu, wenn sie in der ersten Instanz nicht vorgetragen oder wieder fallengelassen worden sind (BGH 28.5.1998 NJW 1998, 2977). Eine Zurückweisung kann nicht erfolgen, wenn das ArbG Parteivortrag unberücksichtigt gelassen hat, weil es ihn nicht für schlüssig angesehen hat oder weil er erst nach Schluss der mdl. Verhandlung erfolgt ist. Zur Beurteilung, ob ein Vorbringen neu ist, ist auf das arbeitsgerichtl. Urt. abzustellen. Die Tatsachen können sich sowohl im Tatbestand wie in den Entscheidungsgründen befinden. Neu kann auch die Substantiierung eines vor dem ArbG nur pauschal erfolgten Vortrags sein oder ein neuer bzw. inhaltl. geänd. Beweisantritt, nicht aber ein nur verdeutlichter Vortrag (BGH 26.4.2007 NJW-RR 2007, 1170). Ein in der Berufungsinstanz gestellter Beweisantrag ist nicht deshalb verspätet, weil die Partei in der ersten Instanz der vom Gegner beantragten urkundenbeweisl. Verwertung der Akten über die Beweisaufnahme eines anderen Verfahrens zugestimmt und deshalb den Beweisantrag unterlassen hat (BAG 12.10.1989 NZA 1990, 97).

bb) Verzögerung. Eine Zurückweisung darf trotz des erstinstanzl. unterbliebenen Vortrags nicht 4 erfolgen, wenn nach der freien Überzeugung des LAG seine Zulassung die Erledigung des Rechtsstreits nicht verzögern würde (BAG 5.7.1978 AP BAT 1975 §§ 22, 23 Nr. 7). Dies kann insb. bei unstreitigem Vorbringen der Fall sein (zur Verjährung: BGH GSZ 23.6.2008 NJW 2008, 3434; 16.10.2008 NJW 2009, 685); zum Verzögerungsbegriff § 56 Rn. 10. Die Zurückweisung von Vorbringen ist ausgeschlossen, wenn zwar durch seine Zulassung eine Verzögerung eintritt, die Verspätung aber von der Partei genügend entschuldigt wird. Dazu ist ihr vor einer beabsichtigten Zurückweisung rechtl. Gehör zu gewähren. Auf Verlangen sind Entschuldigungsgründe glaubhaft zu machen, ein „non-liquet" geht zulasten der Partei (GK-ArbGG/*Vossen* Rn. 55). Kann diese ihre fehlende Verantwortlichkeit für das Unterbleiben des Vorbringens nicht ausräumen, ist das Vorbringen vom LAG nicht zuzulassen, ein Ermessenspielraum besteht nicht.

c) Verstoß gegen die allg. Prozessförderungspflicht. Nach § 67 III dürfen Angriffs- oder Ver- 5 teidigungsmittel, die in der ersten Instanz entgegen der allg. Prozessförderungspflicht (§ 282 ZPO) nicht rechtzeitig vorgetragen worden sind, in der Berufungsinstanz nur zugelassen werden, wenn *(1)* ihre Zulassung nach der freien Überzeugung des Gerichts die Erledigung des Rechtsstreits nicht verzögern würde oder *(2)* die Partei das Vorbringen in der ersten Instanz nicht aus grober Nachlässigkeit unterlassen hat. Eine solche liegt vor, wenn eine Partei in bes. schwerwiegender Weise die Prozessförderungspflicht verletzt, dh. gegen Verhaltenspflichten verstoßen hat, die von jeder Partei erwartet werden können (BVerfG 30.1.1985 NJW 1985, 1149). Die Partei muss sich ein Verschulden ihres PV zurechnen lassen. Eine grobe Nachlässigkeit scheidet aus, wenn das ArbG oder das LAG selbst Fehler bei der Prozessleitung begangen hat und diese für das Unterbleiben des Vortrags (mit-)ursächl. sind. Dies kann der Fall sein, wenn nicht hinreichend von dem richterl. Fragerecht Gebrauch gemacht worden ist. Ebenso kann eine in erster Instanz siegreiche Partei darauf vertrauen, dass das Berufungsgericht ihr rechtzeitig einen Hinweis nach § 139 ZPO gibt, wenn es der Beurteilung der Vorinstanz nicht folgen will und insbes. aufgrund seiner abw. Ansicht eine Erg. des Vorbringens oder einen Beweisantritt für erforderl. hält. Ein richterl. Hinweis erfüllt seinen Zweck nur dann, wenn der Partei anschließend die Möglichkeit gegeben wird, ihren Sachvortrag unter Berücksichtigung des Hinweises zu ergänzen (BGH 28.9.2006 NJW-RR 2007, 17). Würde bei Berücksichtigung des Vorbringens eine Verfahrensverzögerung eintreten oder kann die Partei das Unterbleiben ihres Vorbringens in der ersten Instanz nicht ausreichend entschuldigen, ist der Ausschluss des entspr. Vorbringens zwgd., einen Ermessensspielraum hat das LAG nicht.

4. Prozessförderung in der Berufungsinstanz. a) Zulässiges Vorbringen. Soweit neue Angriffs- 6 oder Verteidigungsmittel nach § 67 II, III zulässig sind, sind sie vom Berufungskl. in der Berufungsbegr., vom Berufungsbekl. in der Berufungsbeantwortung vorzubringen (§ 67 IV 1). Werden sie später vorgebracht, sind sie nur zuzulassen, wenn sie nach der Berufungsbegr. bzw. der Berufungsbeantwortung entstanden sind oder das verspätete Vorbringen *(1)* nach der freien Überzeugung des LAG die Erledigung des Rechtsstreits nicht verzögern würde oder *(2)* nicht auf Verschulden der Partei beruht (§ 67 IV 2). Voraussetzung ist, dass die eingelegte Berufung zulässig ist (BAG 25.4.2007 NZA 2007, 1387). Einer bes. Fristsetzung durch das Berufungsgericht bedarf es nicht, da der Fristlauf durch § 66 vorgegeben ist (BAG 5.9.1985 NZA 1986, 472). Nach Ablauf der Frist entstanden sind auch solche Angriffs- und Verteidigungsmittel, die sich aus der Ausübung eines Gestaltungsrechts ergeben, zB der Anfechtung. Unerhebl. ist, ob die Partei das Gestaltungsrecht auch früher hätte ausüben können. Auch der Antrag auf Auflösung des ArbVerh. kann nach § 9 I 3 KSchG bis zum Schluss der mdl. Verhandlung gestellt werden. Der Verspätung kann jedoch neues Vorbringen einer Partei unterliegen, mit dem der Antrag erst begr. wird. Früher entstandene Angriffs- oder Verteidigungsmittel sind dann zu berücksichtigen, wenn sie nach der freien Überzeugung des LAG die Erledigung des Rechtsstreits nicht verzögern würde oder nicht auf **Verschulden der Partei** beruht. Das Gericht hat zumutbare prozessleitende Vfg. zu treffen, also zB die erforderl. Zeugen zu laden (BAG 23.11.1988 – 5 AZR 478/86; 23.11.1988 NZA 1989, 436) oder die Parteien darauf hinzuweisen, notfalls die Zeugen zum Termin zu stellen (BAG 22.1.1987 – 2 AZR 63/86). Früher entstandene Angriffs- oder Verteidigungsmittel sind auch dann zuzulassen, wenn das verspätete Vorbringen nicht auf Verschulden einer Partei beruht.

Nicht erforderl. ist grobe Nachlässigkeit. Es genügt jedes Verschulden. Die Partei muss sich ein Verschulden ihres PV zurechnen lassen (§ 85 II ZPO). § 67 IV 2 enthält zwgd. Recht, ein Ermessensspielraum hat das LAG bei Vorliegen der Voraussetzungen nicht.

7 **b) Anwendbarkeit von zivilprozessualen Vorschriften.** Nicht unter § 67 III fällt das Unterbleiben einer die Zulässigkeit der Klage betr. Rüge, die nach § 282 III ZPO bereits in der ersten Instanz vorgebracht werden muss, da diese nach § 532 ZPO ausgeschlossen ist. Daneben enthält § 533 ZPO weitere Einschränkungen, die zwar nicht den Ausschluss von Angriffs- und Verteidigungsmitteln betreffen, sondern den Angriff bzw. die Verteidigung selbst beschränken. So sind eine **Klageänd.**, **Aufrechnungserklärung** und **Widerklage** nur zulässig, wenn *(1)* der Gegner einwilligt oder das Gericht dies für sachdienl. hält und *(2)* sie auf Tatsachen gestützt werden kann, die das LAG nach § 529 ZPO ohnehin zu berücksichtigen hat. Dies sind die bereits erstinstanzl. vorgetragenen Tatsachen und das nach § 67 zulässige neue Vorbringen. Hierzu zählen auch die Tatsachen, die eine Partei vortragen muss, weil das LAG die Rechtslage anders einschätzt als das ArbG und solche, die aufgrund fehlerhafter Verfahrensleitung (zB keine konkreten bzw. zu weit gefassten Auflagen) des ArbG von der Partei nicht vorgetragen wurden. Die unter *(1)* und *(2)* genannten Voraussetzungen müssen kumulativ vorliegen, hierdurch soll eine Konzentration des Tatsachenstoffs in der Berufungsinstanz erreicht werden. Änd. des Klageantrags nach § 264 Nr. 2, 3 ZPO sind auch in der Berufungsinstanz nicht als Klageänderung anzusehen; § 533 ZPO findet auf sie keine Anwendung (BAG 28.10.2008 NZA-RR 2009, 327), sondern betrifft nur die Fälle des § 263 ZPO (BGH 19.3.2004 NJW 2004, 2152; BAG 11.4.2006 NZA 2006, 750 – Klagehäufung). Um eine Klageänderung handelt es sich, wenn eine Partei zur Stützung ihres prozessualen Anspruchs einen neuen Lebenssachverhalt vorbringt (BAG 23.11.2006 NZA 2007, 630). Sachdienlichkeit iSd. § 533 ZPO liegt vor, wenn der bisherige Prozessstoff als Entscheidungsgrundlage verwertbar bleibt und durch die Zulassung der Klagehäufung ein neuer Prozess vermieden wird (BGH 15.1.2001 NJW 2001, 1210). Die Sachdienlichkeit kann daher nicht allein deshalb verneint werden, weil den Parteien ansonsten eine Tatsacheninstanz genommen wird. Wird die Einwilligung nicht erteilt oder hält das Gericht die Zulassung auch unter Berücksichtigung der Prozesswirtschaftlichkeit für nicht geboten, ist die Klageänd. oder Widerklage als unzulässig abzuweisen. Eine erklärte Aufrechung bleibt mangels Sachdienlichkeit unberücksichtigt, wenn der zugrunde liegende Tatsachenvortrag weder erstinstanzl. vorgetragen noch nach § 67 in zulässiger Weise in das Berufungsverfahren eingeführt ist (zu eng *Schneider* MDR 2002, 684, 686, wonach Präklusion eintritt, wenn nur die zur Aufrechnung gestellte Gegenforderung erstinstanzl. nicht inhaltl. entschieden worden ist). Dies gilt gleichermaßen, wenn die zur Aufrechnung gestellte Forderung bereits Gegenstand einer gerichtl. Auseinandersetzung ist (LAG HM 3.2.2012 NZA-RR 2012, 293). Hierzu zählt auch das Vorbringen zur Erkl. der Aufrechnung selbst. Ist die Aufrechnung mangels Sachdienlichkeit unberücksichtigt geblieben, kann sie ggf. in einem weiteren Verfahren geltend gemacht werden. Ist die Klageänd. nach § 533 ZPO zulässig, können die gleichzeitig zu deren Begründung vorgetragenen Angriffs- oder Verteidigungsmittel nicht als verspätet zurückgewiesen werden (BGH 20.9.2016 NJW 2017, 491).

8 **5. Überprüfung der Zurückweisung.** Ist die Revision zulässig, hat das Revisionsgericht zu überprüfen, ob das LAG Vorbringen zu Recht zurückgewiesen hat. Dagegen kann mit der Revision nicht geltend gemacht werden, das LAG habe Angriffs- und Verteidigungsmittel zu Unrecht zugelassen. Eine einmal eingetretene Verzögerung kann nicht wieder beseitigt werden (BVerfG 26.1.1995 AP ArbGG 1979 § 67 Nr. 3). Hat das LAG verspätetes Vorbringen zugelassen, hat daher das BAG das zugelassene Sachvorbringen bei der Entsch. zu berücksichtigen (BAG 25.10.2012 NZA 2013, 900). Dies gilt auch, wenn das LAG eine Klageänderung, Aufrechnungserkl. oder Widerklage entgegen § 533 ZPO für zulässig angesehen hat (BGH 25.10.2007 MDR 2008, 158).

§ 67a *(aufgehoben)*

§ 68 Zurückverweisung

Wegen eines Mangels im Verfahren des Arbeitsgerichts ist die Zurückverweisung unzulässig.

1 **1. Allgemeines.** Die Möglichkeit zur Zurückverweisung an die Vorinstanz ist im UrtV weitgehend ausgeschlossen. Nach § 68 darf eine zurückverweisende Entscheidung wegen eines Verfahrensmangels des ArbG nicht erfolgen, wenn der Mangel in der Berufungsinstanz reparabel ist (s. Rn. 2). Eine Zurückverweisung kommt grds. nur unter den Voraussetzungen des § 538 II Nrn. 2 bis 7 ZPO in Betracht, weil das ArbG in der Sache nicht oder nicht aufgrund einer streitigen Verhandlung entschieden hat (s. Rn. 3). § 538 II ZPO wird insoweit durch § 68 nicht ausgeschlossen. Im BeschlV wird § 68 hingegen durch die Sonderregelung in § 91 I 2 verdrängt. § 68 gilt auch nicht für das BeschwV, da über § 78 die Vorschr. der §§ 567 ff. ZPO für anwendbar erklärt sind, die keine entspr. Beschränkung enthalten (LAG BE 30.4.1987 LAGE § 78 ArbGG 1979 Nr. 1); dennoch ist wegen des Beschleunigungsgebots eine Zurückweisung regelm. ausgeschlossen (§ 78 Rn. 7).

2. Ausschluss der Zurückverweisung. Dieser gilt wegen des Beschleunigungsgebots (§ 9 I) auch bei schwersten Verfahrensmängeln und Verfassungsverstößen, zB bei unrichtiger Besetzung bzw. einem Verstoß gegen Art. 101 I 2 GG (BAG 25.2.1988 – 2 AZR 500/87) oder des rechtl. Gehörs (Art. 103 I GG). Auch bei Fehlen von Tatbestand (BAG 19.1.2011 NZA 2011, 1054) oder Entscheidungsgründen sowie bei unterlassener bzw. verspäteter Urteilsabsetzung kommt eine Zurückverweisung nicht in Betracht (BAG 24.4.1996 NZA 1997, 176). Gleiches gilt für die fehlende oder nur unzureichende Berücksichtigung von Parteivorbringen und einem Absehen von der Durchführung einer Beweisaufnahme (BGH 14.6.2012 NJW-RR 2012, 1207), weil der Fehler in der Berufungsinstanz korrigierbar ist. Auch bei einer unzulässigen Alleinentsch. (§ 55 III) oder einer Entsch. ohne mdl. Verhandlung (LAG HM 1.6.2012 LAGE § 4 TVG Ausschlussfristen Nr. 60) ist die Zurückverweisung ausgeschlossen (bedenkl. LAG SH 26.5.2011 NZA-RR 2011, 663 – bei einstweiliger Vfg.). Eine Zurückverweisung nach § 68 kommt nach der Neuregelung des § 5 IV, V KSchG nicht mehr in Betracht, wenn das ArbG über den Antrag § 5 KSchG, § 17 TzBfG nicht entschieden hat (*Francken/Natter/Rieker* NZA 2008, 377, 380), da das LAG nach § 5 V 1 KSchG hierüber selbst entscheiden kann. Dies gilt gleichermaßen, wenn ein Hinweis des ArbG nach § 6 KSchG unterblieben ist (BAG 4.5.2011 NZA 2011, 1178 – zu § 17 TzBfG). Eine Zurückverweisung ist nur statthaft, wenn das ArbG einen Verfahrensverstoß begangen hat, der auch in der Berufungsinstanz nicht korrigiert werden kann , etwa wenn nicht erkennbar ist, über welchen prozessualen Anspruch das ArbG entschieden hat, ein Urt. gegen eine nicht bekl. Partei ergangen ist (BAG 20.2.2014 NZA 2015, 124) oder das Verfahren vor der Urteilsverkündung unterbrochen war (BAG 26.6.2008 NZA 2008, 1204). 2

3. Die Zurückverweisung nach § 538 ZPO. a) Anwendbarkeit. Eine Zurückverweisung ist ansonsten nur unter den in § 538 ZPO genannten Voraussetzungen zulässig, die Vorschr. ist über § 64 VI grds. im arbeitsgerichtl. Berufungsverfahren anwendbar. § 538 I ZPO verpflichtet das Berufungsgericht grundsätzl. die notwendigen Beweise zu erheben und in der Sache selbst zu entscheiden. Eine Zurückverweisung an das erstinstanzl. Gericht kommt überhaupt nur unter den in § 538 II Nr. 1 bis 7 ZPO genannten Voraussetzungen in Betracht. Jedoch verdrängt § 68, der eine Zurückverweisung wegen eines Verfahrensmangels weitergehend ausschließt, § 538 II Nr. 1 ZPO. Bedeutungslos für die Arbeitsgerichtsbarkeit ist auch § 538 II Nr. 5 ZPO, da nach § 46 II die Bestimmungen über den Urkunden- und Wechselprozess vor den ArbG nicht anzuwenden sind. In den übrigen Fällen kann eine Zurückverweisung notwendig sein, da es an einer erstinstanzl. Sachentsch. fehlt. 3

b) Fehlendes Ermessen. Wegen der in § 538 I ZPO enthaltenen Verpflichtung besteht nur ein gebundenes Ermessen bei der Zurückverweisung durch das LAG. Nach § 538 II ZPO „darf" eine Zurückverweisung an das ArbG überhaupt nur in den dort genannten Fällen erfolgen, daneben ist, abgesehen von einer unzulässigen Entsch. durch Teilurt. (§ 538 II Nr. 7 ZPO), ein Antrag von einer der Parteien erforderl. Nur wenn er vorliegt, kann das LAG entscheiden, ob es von der Zurückverweisungsmöglichkeit trotz der dadurch eintretenden Verzögerung Gebrauch macht, oder ungeachtet der bisherigen Verfahrensmängel selbst entscheidet (BGH 5.7.2011 NJW-RR 2011, 1365). Den dadurch eintretenden Verlust einer Instanz und die sich daraus für die Parteien möglicherweise ergebenden Nachteile hat der Gesetzgeber bewusst in Kauf genommen. Unzutreffend, weil mit dem Beschleunigungsgrundsatz des § 9 I, § 61a I nicht zu vereinbaren, ist die nach wie vor unter den Berufungsgerichten verbreitete Auff., eine Zurückverweisung könne erfolgen, weil der unterlegenen Partei ansonsten eine Instanz verloren gehe. 4

c) Voraussetzungen. aa) Fehlende Sachentscheidung. Eine Zurückverweisung kommt in Betracht, wenn der Einspruch gegen ein VU nach § 341 ZPO als unzulässig verworfen worden ist (§ 538 II Nr. 2 ZPO). § 538 I Nr. 2 wird entspr. angewandt, wenn das ArbG die Fortsetzung des Rechtsstreits ablehnt, weil es einen Prozessvergleich als wirksam ansieht (BAG 18.7.1969 AP ZPO § 794 Nr. 17), irrtüml. eine wirksame Klagerücknahme bzw. eine übereinstimmende Erledigung der Hauptsache annimmt (LAG HM 24.11.1998 DB 1999, 491) oder die int. Zust. unzutreffend verneint. Die Zurückverweisung ist nach § 538 II Nr. 3 ZPO auch zulässig, wenn das ArbG zu Unrecht mangels Feststellungsinteresse die Klage als unzulässig abgewiesen hat (BAG 28.11.1963 AP ArbGG 1953 § 2 Zuständigkeitsprüfung Nr. 25; LAG SN 24.1.1996 LAGE § 256 ZPO Nr. 12). Ebenso muss eine Zurückverweisung erfolgen, wenn über einen Wiedereinsetzungsantrag von einem im Rechtszug vorangehenden Gericht entschieden werden muss (BAG 13.12.2012 NZA 2013, 636). Das LAG ist nicht gehindert, von einer Zurückverweisung Abstand zu nehmen und die Klage anstatt als unzulässig als unbegr. abzuweisen (BGH 21.4.1988 AP ZPO § 536 Nr. 3). Die Zurückverweisung scheidet aus, wenn das ArbG durch Zwischenurt. ledigl. über die Zulässigkeit der Klage entschieden hat (§ 280 II ZPO). Wird das Zwischenurt. bestätigt, muss das ArbG in der Hauptsache entscheiden. Ist die Klage unzulässig, ist der Rechtsstreit durch das Zwischenurt. beendet. Keine Zurückverweisung ist schließl. mögl., wenn das ArbG wegen Versäumung der Klagefrist eine Kündigungsschutz- oder Befristungskontrollklage abweist (§ 4 KSchG, § 17 TzBfG), da es insoweit eine Sachentsch. getroffen hat. 5

bb) Grundurteil. § 538 II Nr. 4 ZPO ist für das arbeitsgerichtl. Verfahren ohne Bedeutung. Ein über den Grund erkennendes Zwischenurt. nach § 61 III ist nicht als Endurt. anzusehen. Wird gleich- 6 wohl gegen ein Grundurt. Berufung eingelegt, ist diese als unzulässig zu verwerfen, da sie nicht statthaft ist. Bei einer Stufenklage auf Rechnungslegung und Zahlung kann das ArbG den Anspruch auf Rechnungslegung verneinen, das Berufungsgericht jedoch bejahen. In diesen Fällen kann das Berufungsgericht den Auskunftsanspruch zuerkennen und iÜ wegen des Zahlungsanspruchs an das ArbG zurückverweisen (BAG 21.9.2000 NZA 2001, 1093; LAG K 11.8.1992 NZA 1993, 864; GMP/*Germelmann* Rn. 21; HHB/*Hauck/Biebl* Rn. 7 – bedenkl. angs. des Beschleunigungsgebots).

7 **cc) Versäumnis-/Anerkenntnisurteil.** Eine Zurückverweisung ist mögl., wenn ein VU nach § 514 II ZPO aufgeh. wird, weil ein Fall der Säumnis nicht vorgelegen hat (§ 538 II Nr. 6 ZPO) oder statt eines beantragten VU durch streitiges Endurt. entschieden wird (LAG RP 4.3.1997 NZA 1997, 1071; dazu auch BAG 18.8.2004 NZA 2004, 1294). Erlässt das ArbG gegen die säumige Partei ein 2. VU (§ 345 ZPO), ohne dass die Voraussetzungen hierfür vorgelegen haben, ist auf die Berufung der säumigen Partei das arbeitsgerichtl. (End-)Urt. aufzuheben und die Sache zur Verhandlung an das ArbG zurückzuverweisen (LAG HM 5.10.2010 – 19 Sa 803/10). § 538 II Nr. 6 ZPO gilt entspr. bei Aufhebung eines Anerkenntnisurt., weil ein Anerkenntnis nicht vorlag oder wirksam widerrufen worden ist (GK-ArbGG/*Vossen* Rn. 28). Zum Antragserfordernis Rn. 4.

8 **dd) Teilurteil.** Bei einem Teilurt. kommt eine Zurückverweisung in Betracht, wenn die Voraussetzungen des § 301 ZPO nicht vorgelegen haben (LAG Rheinland Pfalz 10.7.1997 NZA 1998, 903), zB bei einem Streit um eine Abmahnung (LAG D 13.8.1987 LAGE § 611 BGB Abmahnung Nr. 8) oder wenn das ArbG über eine Kündigung entschieden hat, ohne vorhergehende Kündigungen bzw. andere Beendigungstatbestände zu bescheiden (LAG N 17.12.2010 DB 2011, 248; LAG HE 20.9.1999 NZA-RR 2000, 413; LAG D 28.2.1997 LAGE § 4 KSchG Nr. 35). Voraussetzung ist, dass und der Mangel zweitinstanzl. nicht behoben werden kann (LAG HM 14.7.2005 NZA-RR 2006, 158). Ist ledigl. nicht erkennbar, über welchen Teil das ArbG entschieden hat, ist eine Zurückverweisung nicht mögl., das LAG muss den nicht entschiedenen Teil an sich ziehen (BAG 12.8.1993 NZA 1994, 133). Auch über den Antrag nach § 4 KSchG und den vom AG hilfsweise gestellten Auflösungsantrag muss – vom Fall des Anerkenntnisses abgesehen – in ein und demselben Urt. entschieden werden, wenn die Kündigungsschutzklage zugesprochen wird. Ein Teilurt. über den Kündigungsschutzantrag, das die Entsch. über den Auflösungsantrag einem späteren Urt. vorbehält, ist nicht zulässig, der Rechtsstreit ist an die Vorinstanz zurückzuverweisen (BAG 29.1.1981 AP KSchG 1969 § 9 Nr. 6; LAG RP 10.7.1997 NZA 1998, 903; LAG K 25.4.1997 MDR 1997, 1132).

§ 69 Urteil

(1) [1]**Das Urteil nebst Tatbestand und Entscheidungsgründen ist von sämtlichen Mitgliedern der Kammer zu unterschreiben.** [2]**§ 60 Abs. 1 bis 3 und Abs. 4 Satz 2 bis 4 ist entsprechend mit der Maßgabe anzuwenden, dass die Frist nach Absatz 4 Satz 3 vier Wochen beträgt und im Falle des Absatzes 4 Satz 4 Tatbestand und Entscheidungsgründe von sämtlichen Mitgliedern der Kammer zu unterschreiben sind.**

(2) **Im Urteil kann von der Darstellung des Tatbestandes und, soweit das Berufungsgericht den Gründen der angefochtenen Entscheidung folgt und dies in seinem Urteil feststellt, auch von der Darstellung der Entscheidungsgründe abgesehen werden.**

(3) [1]**Ist gegen das Urteil die Revision statthaft, so soll der Tatbestand eine gedrängte Darstellung des Sach- und Streitstandes auf der Grundlage der mündlichen Vorträge der Parteien enthalten.** [2]**Eine Bezugnahme auf das angefochtene Urteil sowie auf Schriftsätze, Protokolle und andere Unterlagen ist zulässig, soweit hierdurch die Beurteilung des Parteivorbringens durch das Revisionsgericht nicht wesentlich erschwert wird.**

(4) [1]**§ 540 Abs. 1 der Zivilprozessordnung findet keine Anwendung.** [2]**§ 313a Abs. 1 Satz 2 der Zivilprozessordnung findet mit der Maßgabe entsprechende Anwendung, dass es keiner Entscheidungsgründe bedarf, wenn die Parteien auf sie verzichtet haben; im Übrigen sind die §§ 313a und 313b der Zivilprozessordnung entsprechend anwendbar.**

1 **1. Allgemeines.** § 69 ist durch das ZPO-ReformG 2002 neu gefasst worden, jedoch hat sich der Gesetzgeber inhaltl. darauf beschränkt, den zuvor durch die Verweisung auf § 543 ZPO geltenden Rechtszustand für die LAG festzuschreiben. In § 69 I wird im Wesentl. auf die erstinstanzl. Bestimmungen zur Urteilsabfassung verwiesen, während § 69 II, III Vorschr. über die Aufnahme und den Inhalt von Tatbestand und Entscheidungsgründen enthält. Abs. 4 erklärt schließl. die für die für das zivilgerichtl. Berufungsverfahren geltende Bestimmung über die Urteilsabfassung für nicht anwendbar. Für das BeschlV gilt nur § 69 I 2 aufgrund der Verweisung in § 91 I 2 entspr. (BAG 26.4.2005 NZA 2005, 884). Urt. der LAG, in denen die Revision nicht zugelassen ist, werden regelmäßig erst mit Ablauf der NZBfrist rechtskräftig, selbst wenn keine NZB eingelegt wird (BAG 28.2.2008 NZA 2008, 660).

2. Berufungsurteil. a) Unterzeichnung. aa) Pflicht. Das Urt. nebst Tatbestand und Entscheidungsgründen ist von sämtl. Mitgliedern der Kammer zu unterzeichnen, die an der Entsch. mitgewirkt haben. In Abweichung vom Urt. erster Instanz unterschreiben im Berufungsverfahren stets die ehrenamtl. Richter auch Tatbestand und Entscheidungsgründe. Wird ein von der Kammer gefälltes Urt. ohne Beteiligung der ehrenamtl. Richter verkündet, ist die Urteilsformel von dem Vors. und den ehrenamtl. Richtern zu unterschreiben (§ 69 I 2 iVm. § 60 III). Die Unterzeichnung erfolgt mit dem vollen Familiennamen; die Unterschrift muss noch individuelle Schriftzüge erkennen lassen. Die Unterschrift kann von keinem Richter verweigert werden, weil er zB überstimmt worden ist oder mit Teilen der Entscheidungsgründe nicht einverstanden ist. In diesen Fällen ist über den Urteilsinhalt erneut zu beraten und ggf. abzustimmen. Der überstimmte Richter muss dann unterschreiben. Ist die Unterschrift versehentl. unterblieben, kann sie auch noch nach Einlegung eines Rechtsmittels nachgeholt werden. Jedoch ist die ursprüngl. Zustellung mangelhaft und muss nach der nachgeholten Unterzeichnung erneut erfolgen. 2

bb) Verhinderung. Im Falle der Verhinderung eines Richters an der Unterschrift aus triftigen Gründen tatsächl. oder rechtl. Art unterschreibt für den ehrenamtl. Richter der Vorsitzende, im Falle der Verhinderung des Vors. der dienstälteste ehrenamtl. Richter, der an der Entsch. mitgewirkt hat (§ 64 VI iVm. §§ 525, 315 I 2 ZPO). Ob der ehrenamtl. Richter gehindert ist, dem Urt. seine Unterschrift beizufügen, beurteilt sich zu dem Zeitpunkt, an dem ein unterschriftsreifer Entscheidungsentw. des Berufsrichters vorliegt (BAG 24.6.2009 NZA-RR 2009, 553). Der Verhinderungsgrund ist anzugeben (BAG 22.8.2007 NZA-RR 2007, 672). Der Verhinderungsvermerk ist ordnungsgem. angebracht, wenn nach dem Kenntnisstand des Vors. im Zeitpunkt der Anbringung des Vermerks von einer Verhinderung auszugehen war. Hierüber muss sich der Vors. Gewissheit verschaffen. Eine Nachprüfung der ordnungsgem. Anbringung des Verhinderungsvermerks erfolgt grds. nur auf Rüge des Rechtsmittelführers (BAG 3.3.2010 NZA 2010, 910). Als Verhinderungsgrund anerkannt sind eine längere Erkrankung des Richters, längerfristige (BAG 22.8.2007 NZA-RR 2007, 672 – 2 Wochen; BVerwG 9.7.2008 NJW 2008, 3450 – 1 Woche; BAG 17.8.1999 NZA 2000, 54) berufl. örtl. Abwesenheit oder Ausscheiden aus dem Amt aufgrund von Tod, Versetzung in den Ruhestand, Versetzung an ein anderes Gericht oder Ablauf der Amtszeit. Keine Verhinderung liegt bei einem Wechsel in eine andere Kammer des Gerichts vor (BGH 21.1.2016 – I ZR 90/14). Ist der Vorsitzende auf Dauer an der Urteilsabsetzung verhindert, geht diese Verpflichtung auf die ehrenamtl. Richter über. 3

b) Inhalt. aa) Grundsatz. Für das Berufungsurt. gelten nach § 64 VI iVm. § 525 ZPO die Vorschr. der §§ 313 bis 313b ZPO. Danach muss das Urt. enthalten: die Bezeichnung der Parteien, ihrer ges. Vertreter und der PV; die Bezeichnung des Gerichts und die Namen der Richter, die bei der Entsch. mitgewirkt haben; den Tag, an dem die mdl. Verhandlung geschlossen worden ist; die Urteilsformel, eine RMB, einen Ausspruch darüber, ob ein Rechtsmittel zugelassen oder nicht zugelassen wird (§ 64 III a) sowie die Unterschriften der beteiligten Richter (BAG 20.12.2006 NZA 2007, 226). Der Tatbestand ist entbehrl., wenn gegen das Urt. ein Rechtsmittel unzweifelhaft nicht eingelegt werden kann (§ 313a I 1 ZPO). Dies betrifft nur Urt. im einstweiligen Rechtsschutz, da diese nicht revisibel sind (§ 72 IV). Darüber hinaus können die Entscheidungsgründe nur entfallen, wenn die Parteien auf sie verzichten (§§ 313a I 2 ZPO, 69 IV 2). Wird das Urt. noch im Termin, in dem die mdl. Verhandlung geschlossen worden ist, verkündet wird, sind Tatbestand und Entscheidungsgründe entbehrl., wenn beide Parteien auf ein Rechtsmittel verzichten; ist das Urt. nur für eine Partei anfechtbar, ist ein Verzicht der beschwerten Partei ausreichend (§ 313a II 1, 2 ZPO). Sind Tatbestand und Entscheidungsgründe danach entbehrl., besteht eine Kostenprivilegierung auf 2,4 Geb. (Nr. 8223 des zu § 34 GKG ergangenen Gebührenverzeichnisses). Abkürzungsmöglichkeiten bestehen schließl. bei Versäumnis-, Anerkenntnis- und Verzichtsurt. nach §§ 313b I ZPO, 69 IV 2. 4

bb) Tatbestand. Nach § 69 II, III 1 kann von der gänzl. Darst. des Tatbestands nur abgesehen werden, wenn das Urt. unzweifelhaft nicht der Revision unterliegt (BAG 24.3.2011 NZA 2011, 993 – Rechtsmittelverzicht). Hat das BAG auf eine NZB die Revision zugelassen, ist ein Berufungsurt. ohne Tatbestand aufzuheben und die Sache zurückzuverweisen, wenn es an einer Beurteilungsgrundlage für das Revisionsgericht fehlt (BAG 18.5.2006 NZA 2006, 1037). Etwas anderes gilt nur, wenn die Entscheidungsgründe hinreichende Ausführungen zum Sach- und Streitstand enthalten und die aufgeworfenen Rechtsfragen revisionsrechtl. beurteilt werden können (BAG 30.9.2010 NZA 2011, 349). Allerdings besteht nach § 69 III 2 ZPO für das LAG die Möglichkeit, auf das angefochtene Urt., Schriftsätze, Protokolle und andere Unterlagen Bezug zu nehmen, so dass sich eindeutig ergeben kann, von welchem Sachverhalt das LAG ausgegangen ist (BAG 7.12.1988 NZA 1989, 527). Ein sog. abgekürzter Tatbestand muss bei einer Bezugnahme den Sachvertrag nicht in allen Einzelheiten wiedergeben. Hat das LAG von der Darst. des Tatbestands ausdr. abgesehen, liegt hierin keine Bezugnahme auf den Tatbestand des ArbG. Ist die Revision statthaft, darf das LAG den Tatbestand in aller Regel nicht völlig durch eine Bezugnahme ersetzen, da damit nur der erstinstanzl. Streitgegenstand dargestellt wird und nicht die Entwicklung im Berufungsverfahren (BAG 28.5.1997 NZA 1998, 279). Die alleinige Bezugnahme auf den Tatbestand des erstinstanzl. Urt. ist nur ausreichend, wenn das Vorbringen unstreitig ist und in der Berufungsinstanz keine neuen Tatsachen mehr vorgetragen worden sind. Im 5

Allg. wird dies nur mögl. sein, wenn ledigl. eine Rechtsfrage zur Entsch. steht. Eine Bezugnahme ist nicht zulässig, wenn der Tatbestand erster Instanz selbst unklar oder widersprüchl. ist. Das Berufungurt. ist im Revisionsverfahren ohne Rüge aufzuheben, wenn sein Tatbestand aufgrund von Lückenhaftigkeit, Widersprüchlichkeit oder Unverständlichkeit derart unvollständig ist, dass das Revisionsgericht eine Beurteilung der Revisionsangriffe nicht ermöglicht (BAG 20.8.2009 NZA 2009, 1227; 19.6.2007 NZA 2008, 551). An einer Tatbestandsberichtigung (§ 320 ZPO) wirken in der Berufungsinstanz die ehrenamtl. Richter stets mit; auf § 55 I Nr. 10 ist in § 64 VII nicht verwiesen (zu einem übergangenen Hilfsantrag BAG 26.6.2008 NZA 2008, 1028).

6 cc) **Entscheidungsgründe.** Von der Darst. der Entscheidungsgründe kann das LAG nach § 69 II absehen, wenn das Berufungsgericht den Gründen der angefochtenen Entsch. folgt und dies in seinem Urt. feststellt. § 69 II entbindet das LAG aber nicht von der Auseinandersetzung mit Angriffs- und Verteidigungsmitteln, die im Berufungsverfahren erstmals vorgebracht oder ggü. dem Verfahren vor dem ArbG erweitert werden. In diesem Fall darf sich die Begr. des Berufungsurt. auch nicht auf die wörtl. Übernahme der Ausführungen des ArbG und den Zusatz beschränken, dass diese anwendbar sind (BAG 16.6.1998 NZA 1998, 1079).

7 c) **Abfassung.** Die Frist für die Abfassung des Berufungsurt. ist ggü. der ersten Instanz auf vier Wochen verlängert worden, da das Urt. wegen der erforderl. Unterschriften der ehrenamtl. Richter regelm. versandt werden muss. Die Überschreitung der Frist bleibt zunächst ohne rechtl. Folgen, da § 69 I 2 als Ordnungsvorschrift angesehen wird (BAG 19.11.2014 ZTR 2015, 272). Wird jes nicht innerhalb von fünf Monaten nach seiner Verkündung schriftl. niedergelegt und von allen Richtern unterschrieben der Geschäftsstelle übergeben, ist es als nicht mit Gründen versehen anzusehen (GmS-OGB 27.4.1993 AP ZPO § 551 Nr. 21). Fehlende richterliche Unterschriften können bis zum Ablauf der 5-Monats-Frist nachgeholt werden (BAG 19.12.2012 NJW 2013, 1982). Die beschwerte Partei kann unabhängig von einer Revisionszulassung durch das LAG gegen ein nicht fristgem. abgefasstes Urt. nach § 72b sof. Beschwerde einlegen, eine NZB ist nicht statthaft.

§ 70 *(aufgehoben)*

§ 71 *(weggefallen)*

Dritter Unterabschnitt. Revisionsverfahren

§ 72 Grundsatz

(1) [1]Gegen das Endurteil eines Landesarbeitsgerichts findet die Revision an das Bundesarbeitsgericht statt, wenn sie in dem Urteil des Landesarbeitsgerichts oder in dem Beschluß des Bundesarbeitsgerichts nach § 72a Abs. 5 Satz 2 zugelassen worden ist. [2]§ 64 Abs. 3a ist entsprechend anzuwenden.

(2) Die Revision ist zuzulassen, wenn

1. eine entscheidungserhebliche Rechtsfrage grundsätzliche Bedeutung hat,

2. das Urteil von einer Entscheidung des Bundesverfassungsgerichts, von einer Entscheidung des Gemeinsamen Senats der obersten Gerichtshöfe des Bundes, von einer Entscheidung des Bundesarbeitsgerichts oder, solange eine Entscheidung des Bundesarbeitsgerichts in der Rechtsfrage nicht ergangen ist, von einer Entscheidung einer anderen Kammer desselben Landesarbeitsgerichts oder eines anderen Landesarbeitsgerichts abweicht und die Entscheidung auf dieser Abweichung beruht oder

3. ein absoluter Revisionsgrund gemäß § 547 Nr. 1 bis 5 der Zivilprozessordnung oder eine entscheidungserhebliche Verletzung des Anspruchs auf rechtliches Gehör geltend gemacht wird und vorliegt.

(3) Das Bundesarbeitsgericht ist an die Zulassung der Revision durch das Landesarbeitsgericht gebunden.

(4) Gegen Urteile, durch die über die Anordnung, Abänderung oder Aufhebung eines Arrestes oder einer einstweiligen Verfügung entschieden wird, ist die Revision nicht zulässig.

(5) Für das Verfahren vor dem Bundesarbeitsgericht gelten, soweit dieses Gesetz nichts anderes bestimmt, die Vorschriften der Zivilprozeßordnung über die Revision mit Ausnahme des § 566 entsprechend.

(6) Die Vorschriften des § 49 Abs. 1, der §§ 50, 52 und 53, des § 57 Abs. 2, des § 61 Abs. 2 und des § 63 über Ablehnung von Gerichtspersonen, Zustellung, Öffentlichkeit, Befugnisse des Vorsitzenden und der ehrenamtlichen Richter, gütliche Erledigung des Rechtsstreits sowie Inhalt des Urteils und Übersendung von Urteilen in Tarifvertragssachen gelten entsprechend.

1. Allgemeines. In §§ 72 bis 77 ist das Revisionsverfahren im arbeitsgerichtl. Verfahren geregelt. Soweit in diesen Vorschr. keine Sondernormen enthalten sind, finden für das Verfahren vor dem BAG die Vorschr. der ZPO über die Revision mit Ausnahme des § 566 ZPO entspr. Anwendung (§ 72 V). Aufgrund der Sonderregelungen des ArbGG sind die §§ 542 bis 545 und 560 ZPO im Revisionsverfahren vor dem BAG nicht anzuwenden. § 545 II ZPO ist entspr. heranzuziehen (GMP/*Müller-Glöge* Rn. 53), nicht jedoch der für das Verfahren vor dem BAG systemwidrige § 552a ZPO. IÜ gelten für das Verfahren vor dem BAG die in § 72 VI aufgezählten Normen des ArbGG. 1

2. Zulässigkeit der Revision. § 72 enthält ein geschlossenes Rechtsschutzsystem. Die Revision zum BAG ist danach nur statthaft, wenn das LAG sie im Urt. zugelassen hat oder sie vom BAG auf NZB zugelassen wird. Dies gilt auch für ein vom LAG erlassenes 2. VU (BAG 5.6.2007 NZA 2007, 944). Das LAG muss die Revision zulassen, wenn eine entscheidungserhebl. Rechtsfrage grds. Bedeutung hat (§ 72 II Nr. 1), das Urt. von der Entsch. eines divergenzfähigen Gerichts abweicht und auf dieser Entsch. beruht (§ 72 II Nr. 2), ein absoluter Revisionsgrund (§ 72 II Nr. 3 1. Alt.) oder eine entscheidungserhebl. Verletzung des Anspruchs auf rechtl. Gehör (§ 72 II Nr. 3 2. Alt.) vorliegt. Ferner ist die Sprungrevision (§ 76a) statthaft, wenn sie vom ArbG gegen sein Urt. zugelassen worden ist. Ist die Revision statthaft und zulässig eingelegt, hat sie Suspensiveffekt, weil sie den Eintritt der formellen Rechtskraft hindert und Devolutiveffekt, weil sie die Sache in die höhere Instanz bringt. Die Revision findet gegen Endurt. der LAG statt. Endurt. sind alle Entscheidungen, die den Rechtsstreit für die Instanz ganz oder tw. erledigen. Endurt. der LAG sind Vollurt. (§ 300 ZPO), Teilendurt. (§ 301 ZPO), Ergänzungsurt. (§ 321 ZPO), Vorbehaltsurt. (§ 302 ZPO), unechte VU, Zwischenurt. nach § 280 II ZPO (BAG 17.10.1990 NZA 1991, 402). Nach § 61 III ist ein Zwischenurt., das über den Grund des Anspruchs vorab entscheidet, nicht als Endurt. anzusehen. Es kann erst zusammen mit dem Betragsurt. angefochten werden. Die Revision ist unstatthaft gegen Entscheidungen in den Verfahren des einstweiligen Rechtsschutzes (§ 72 IV). Eine gleichwohl erfolgte Zulassung bindet das BAG nicht (BAG 16.12.2004 NZA 2005, 1016). Ebenfalls unstatthaft ist die Revision gegen Urt., die mit der sof. Beschwerde angefochten werden können (s. § 64 Rn. 2). Hat ein LAG in fehlerhafter Form statt durch Urt. durch Beschl. entschieden und ein Rechtsmittel zugelassen, ist nach dem Grundsatz der **Meistbegünstigung** die Revision zulässig, wenn gegen ein entspr. Urt. die Revision zulässig wäre (BAG 5.12.1984 NZA 1985, 436). Die Revisionszulassung kann nicht auf nicht mehr revisible Gründe gestützt werden (BAG 15.9.2009 NZA 2009, 1372 – Bindung nach Zurückverweisung). 2

3. Gründe für die Zulassung der Revision. a) Grundsätzliche Bedeutung. aa) Begriff. Eine entscheidungserhebl. Rechtsfrage hat grds. Bedeutung iSd. § 72 II Nr. 1, wenn die Entsch. des Rechtsstreits von einer klärungsfähigen und klärungsbedürftigen abstrakten, dh. fallübergreifenden Rechtsfrage abhängt und diese Klärung entweder von allg. Bedeutung für die Rechtsordnung ist oder wegen ihrer tatsächl. Auswirkungen die Interessen der Allgemeinheit oder eines größeren Teils der Allgemeinheit eng berührt (BAG 10.7.2014 NZA 2014, 982). 3

bb) Rechtsfrage. Eine Rechtsfrage iSd. § 72 II Nr. 1 ist gegeben, wenn die anzufechtende Entscheidung tragend auf die Wirksamkeit, den Geltungsbereich, die Anwendbarkeit oder den Inhalt einer Norm abgestellt hat, die durch einen aufzustellenden Obersatz ohne Berücksichtigung der Besonderheiten eines Einzelfalls zu beantworten ist (GMP/*Müller-Glöge* Rn. 13). Eine Rechtsfrage iSd. § 72 II Nr. 1 liegt daher bei ausschl. fallbezogenen Ausführungen des LAG nicht vor. Die Rechtsfrage muss regelmäßig mit „Ja" oder „Nein" beantwortet werden können. Das schließt nicht aus, dass je nach der gewählten Formulierung mehrere Antworten in Betracht kommen. Unzulässig ist jedoch eine Fragestellung, deren Beantwortung von den Umständen des Einzelfalls abhängt und damit auf die Antwort „Kann sein" hinausläuft (BAG 23.1.2007 NZA 2008, 376). Die Rechtsfrage kann das materielle ArbR oder Verfahrensrecht, das Verfassungsrecht (BVerfG 27.2.2009 NZA 2009, 509; BAG 25.7.2006 NZA 2007, 407) oder eine Vorfrage aus einem anderen Rechtsgebiet betreffen. Bei der Grundsatzrevision geht es weniger um Einzelfallgerechtigkeit, als um die Wahrung der Rechtseinheit und die Fortbildung des Rechts (BR-Drs. 663/04 S. 47). Die ggü. § 543 II Nr. 1 ZPO abw. Formulierung kann dazu führen, dass die Rechtssätze von BGH und BAG zur grds. Bedeutung punktuell voneinander abweichen, ohne dass der GmS-OGB angerufen werden muss. Allein eine unzutreffende Rechtsanwendung des LAG oder sogar die Willkürlichkeit einer zweitinstanzl. Entsch. aus der Sicht einer Partei können die Zulassung wegen grds. Bedeutung nicht begründen (BAG 12.12.2006 NZA 2007, 581); ein § 543 II Nr. 2 ZPO vergleichbarer Zulassungsgrund existiert im arbeitsgerichtl. Verfahren nicht. Der Zulassungsgrund aus Nr. 1 liegt auch nicht vor, wenn die „Rechtssache" nach Ansicht des LAG grds. Bedeutung hat (BAG 13.12.2016 NZA 2017, 525), für die Parteien von bes. Bedeutung ist noch nicht entschieden ist oder die Zulassung als Konzession an den überstimmten Richter ausgesprochen wird. 3a

cc) Entscheidungserheblichkeit. Die Revision ist nur zuzulassen, wenn die Rechtsfrage entscheidungserhebl. ist. Dies ist der Fall, wenn sich das LAG in der anzufechtenden Entscheidung mit ihr befasst und sie beantwortet hat und bei einer anderen Beantwortung möglicherweise eine für den Beschwerdeführer günstige Entscheidung getroffen hätte (BAG 15.10.2012 NZA 2012, 1388). Sie ist 4 nicht entscheidungserhebl., wenn die Rechtsfrage ledigl. beiläufig, insb. in einem sog. obiter-dictum erwähnt wird oder in einer die Entsch. tragenden Alternativbegr. (BAG 18.3.2010 NZA 2010, 838) oder nicht tragenden Hilfsbegr. enthalten ist. Erforderl. ist schließl., dass die Rechtsfrage auch tatsächl. vom LAG angesprochen und beantwortet worden ist; der Umstand, dass sie nach Ansicht des Beschwerdeführers oder des Revisionsgerichts hätte angesprochen werden müssen, ist nicht ausreichend (BAG 13.6.2006 NZA 2006, 1004); allerdings kann eine Zulassung nach Nr. 3 Alt. 2 in Betracht kommen.

5 **dd) Klärungsbedürftigkeit/-fähigkeit.** Eine Rechtsfrage ist nicht klärungsbedürftig, wenn sie bereits durch das BAG entschieden ist und keine neuen, beachtl. Gesichtspunkte vorgetragen werden (BAG 8.9.1998 NZA 1999, 223). In diesen Fällen kommt allenfalls unter den Voraussetzungen des § 72 II Nr. 2 eine Zulassung wegen Divergenz in Betracht. Nicht klärungsbedürftig ist eine Rechtsfrage auch, wenn eine ges. oder tarifl. Regelung völlig eindeutig ist (BAG 25.10.1989 NZA 1990, 536), so dass divergierende Entscheidungen der Instanzgerichte nicht zu erwarten sind. An der Klärungsfähigkeit kann es fehlen, wenn die Rechtsfrage den Beurteilungsspielraum der Tatsacheninstanz betrifft und dessen Würdigung nach allg. Grds. nicht der Überprüfung des BAG unterliegen würde.

6 **ee) Allgemeine Bedeutung.** Die Beantwortung der vom LAG aufgeworfenen abstrakten Rechtsfrage muss von allg. Bedeutung für die Rechtsordnung sein, so dass sie der Wahrung der Rechtseinheit oder der Rechtsfortbildung dient. Sie muss sich daher nicht nur im Einzelfall, sondern in einer unbestimmten Vielzahl weiterer Fälle stellen können und deshalb das abstrakte Interesse der Allgemeinheit an der einheitl. Entwicklung und Handhabung des Rechts berühren (BAG 14.4.2005 NZA 2005, 708); dies ist bei einer Verbandsklage (§ 9 TVG) nicht per se der Fall (BAG 10.7.2014 NZA 2014, 982). Unzureichend ist, wenn nur das Rechtsverhältnis der Parteien oder nur wenige Personen betroffen sind. Jedoch gibt es keine starre Anzahl von Mindestbetroffenen. Das BAG hat es vor dem 1.1.2005 (s. Rn. 1) tw. ausreichen lassen, wenn etwa 20 Personen betroffen sind (BAG 15.11.1995 NZA 1996, 550); diese Rspr. ist ausdr. aufgegeben worden (BAG 28.6.2011 NZA 2011, 939). Die **Auslegung** eines FirmenTV kann nur dann von grds. Bedeutung sein, wenn die zu klärende Rechtsfrage über den Einzelfall hinaus in weiteren Fällen streitig und maßgebl. für eine Vielzahl bereits anhängiger oder konkret zu erwartender gleichgelagerter Prozesse ist (BAG 5.10.2010 NZA 2010, 1372; tw. abw. BAG 26.9.2000 NZA 2001, 286); diese Einschränkung gilt für die Auslegung von BV gleichermaßen (BAG 25.9.2012 – 1 AZN 1622/12). Die grds. Bedeutung kann darin liegen, dass die tatsächl. Auswirkungen der Entsch. von erheblicher wirtschaftlicher Tragweite für die Allgemeinheit oder einen größeren Teil der Allgemeinheit sind (BAG 5.12.1979 AP ArbGG 1979 § 72a Grundsatz Nr. 1). Unzureichend ist, wenn die Entsch. des Rechtsstreits nur für die Parteien erhebl. Auswirkungen hat. Im Allg. wird die grds. Bedeutung bei Musterprozessen zu bejahen sein. Umstr., aber zu verneinen ist die grds. Bedeutung, wenn die Rechtsnorm nur im **Bereich eines LAG** gilt, da hier bereits das Berufungsgericht eine abschl. Klärung herbeiführen kann (aA BAG 26.9.2007 NZA 2007, 1316). Etwas anderes kann in Betracht kommen, wenn in den einzelnen LAG-Bezirken zwar unterschiedl. Rechtsnormen gelten, diese aber wortgleich sind und keine Anhaltspunkte für eine unterschiedl. Auslegung bestehen. Nicht (mehr) von allg. Bedeutung sind Rechtsfragen, deren Entsch. von außer Kraft getretenen oder geänd. G oder TV abhängen (BAG 24.3.1993 NZA 1993, 849); eine gleichwohl zugelassene Revision bleibt aber zulässig.

7 **b) Zulassung wegen Divergenz. aa) Voraussetzung.** Das LAG hat die Revision zur Wahrung der Rechtseinheitlichkeit nach § 72 II Nr. 2 zuzulassen, wenn sein Urt. von einer Entsch. des BVerfG, des GmS-OGB, des BAG oder, solange eine Entsch. des BAG in der Rechtsfrage nicht ergangen ist, von einer Entsch. einer anderen Kammer desselben LAG oder eines anderen LAG abweicht und die Entsch. auf dieser Abweichung beruht. Zu den divergenzfähigen Entscheidungen des BAG gehören auch solche, in denen die Vorentscheidung aufgeh. und die Sache zurückverwiesen worden ist (BAG 24.10.1988 NZA 1989, 281). Nicht divergenzfähig sind Urt. ders. Kammer des LAG (BAG 21.2.2002 NZA 2002, 758), ein Vorlagebeschl. an den GS (BAG 20.8.1986 NZA 1987, 68) sowie Entscheidungen anderer, nicht in § 72 II Nr. 2 genannter Gerichte und Spruchkörper (BAG 21.2.2002 NZA 2002, 758 – gleiche Kammer des LAG), hierzu zählen insb. die anderen OGB (BGH, BVerwG, BSG und BFH), die OLG oder LVerfG sowie der EuGH. Weicht das LAG von einer Entsch. eines nicht in § 72 II Nr. 2 aufgezählten Gerichts oder Spruchkörpers ab, kann die Zulassung der Revision nach § 72 II Nr. 1 in Betracht kommen.

8 **bb) Rechtssatz.** Die Zulassung wegen Divergenz setzt voraus, dass vom LAG in der schriftl. abgefassten (BAG 17.1.2012 NZA 2012, 411) Entsch. bei der Beurteilung des Klagebegehrens (BAG 9.1.1989 NZA 1989, 695) ein fallübergreifender Rechtssatz aufgestellt worden ist, der von einem Rechtssatz einer der in § 72 II Nr. 2 genannten Gerichte zu ders. Rechtsfrage abweicht. Ein Rechtssatz ist aufgestellt, wenn das Gericht seiner Subsumtion einen Obersatz voranstellt, der über den Einzelfall hinaus für vergleichbare Sachverhalte Geltung beansprucht. Die divergierenden Rechtssätze können sich auch aus **fallbezogenen Ausführungen** des LAG ergeben. Die Rechtssätze müssen zumindest dem Regelungsgegenstand inhaltl. gleiche Rechtsnormen betreffen (BAG 8.12.1994 NZA 1995, 447). Eine (völlige) wörtl. Übereinstimmung muss bei inhaltl. Identität der angeführten Rechtsnormen nicht vorliegen (offengelassen von BAG 20.8.2002 AP ArbGG 1979 § 72a Nr. 45), eine bloße Vergleich-

barkeit der Regelungsinhalte genügt hingegen nicht. Kein Rechtssatz ist aufgestellt, wenn nur eine Gesetzesvorschrift zitiert wird (BAG 16.9.1997 NZA 1998, 54) oder ledigl. Rechtssätze des BAG wörtl. übernommen werden (BAG 18.1.2001 NZA-RR 2001, 383); ein divergenzfähiger Rechtssatz ist auch nicht in dem berichtenden Teil einer Entsch. des BVerfG enthalten (BAG 10.3.1999 NZA 1999, 726). Ergibt sich der Rechtssatz ledigl. aus einem Beweisbeschl. oder einer anderen das Verfahren betr. Entscheidung, rechtfertigt dies die Revisionszulassung nicht (BAG 17.11.1988 NZA 1989, 281). Nimmt das LAG nach § 69 II auf die erstinstanzl. Entscheidung Bezug, muss sich der divergierende Rechtssatz aus der Entsch. des ArbG ergeben (BAG 3.2.1981 AP ArbGG 1979 § 72a Divergenz Nr. 4). Eine Divergenz iSd. Nr. 2 liegt nicht vor, wenn das LAG die Rspr. der in § 72 II Nr. 2 gen. Gerichte und Spruchkörper unrichtig anwendet, ohne selbst abstrakte Rechtssätze zu bilden, was bei auf Divergenz gestützten NZB vielfach verkannt wird.

cc) Zeitpunkt, Entscheidungserheblichkeit. Die Divergenz muss im Zeitpunkt der Entsch. des LAG bestehen. Der Rechtssatz, von dem abgewichen wird, muss daher vor der Entsch. des LAG ergangen sein (BAG 17.1.2012 NZA 2012, 411; s. a. § 72a Rn. 3). Es muss eine Abweichung zu der letzten Entsch. bestehen. Unerhebl. ist eine Divergenz zu einer früheren, inzwischen aufgeh. Entsch. (BAG 15.7.1986 NZA 1986, 843). Eine Entsch. eines LAG ist nur solange divergenzfähig wie eine Entsch. des BAG dazu noch nicht ergangen ist (BAG 10.2.1988 NZA 1988, 519). Der vom LAG aufgestellte Rechtssatz muss für die Entsch. tragend sein, während es nicht erforderl. ist, dass der Rechtssatz in der Entsch. des anderen Gerichts für diese tragend war (BAG 17.2.1981 AP ArbGG 1979 § 72a Divergenz Nr. 7). Gibt das LAG für seine Entsch. mehrere Begr., bei der nur eine Begr. eine Divergenz enthält, beruht die Entsch. nicht auf dem divergierenden Rechtssatz. Das BAG könnte bei einer zugelassenen Revision die Begr., die keine Divergenz enthält, bestätigen, ohne dass zu der abw. Rechtsauffassung etwas gesagt werden müsste (BAG 23.7.1996 NZA 1997, 281). 9

c) Absolute Revisionsgründe. aa) Unwiderrufliche Vermutung. Nach § 72 II Nr. 3 1. Alt. hat die Zulassung der Revision zu erfolgen, wenn ein absoluter Revisionsgrund nach den § 547 Nr. 1 bis 5 ZPO vorliegt. Ist dies der Fall, wird unwiderrufl. vermutet, dass die Entsch. auf der Gesetzesverletzung beruht. Eine Revisionszulassung wird bei den beiden in § 72 II Nr. 3 genannten Gründen jedoch regelm. nicht durch das LAG, sondern nur auf eine NZB durch das BAG erfolgen. Die von § 72 II Nr. 3 1. Alt. erfassten absoluten Revisionsgründe sind: 10

bb) Nicht ordnungsgemäße Besetzung des Gerichts (§ 547 Nr. 1 bis 3 ZPO). Das Gericht ist dann nicht vorschriftsmäßig besetzt (§ 547 Nr. 1 ZPO), wenn die Berufsrichter nicht ordnungsgem. nach § 8 DRiG berufen worden sind, die ehrenamtl. Richter vor der Antragstellung (BAG 17.3.2010 NZA 2010, 594) nicht vereidigt oder ihre Amtszeit abgelaufen ist oder sie willkürl. außerhalb der Liste (§ 31 Rn. 2) zu den Sitzungen herangezogen worden sind (BAG 26.9.1996 NZA 1997, 333). § 547 Nr. 1 ZPO erfasst Mängel im GVP des LAG bei der abstrakten Zuteilung (BAG 26.9.2007 NZA 2007, 1318) sowie bei der Vorsitzendenbesetzung (BAG 25.8.2015 – 8 AZN 881/14 – Hilfskammer; 14.9.2016 NZA 2016, 1423 – Erprobungsrichter) sowie diejenigen Fälle, in denen über die Rechtsstreitigkeit andere Richter (Berufsrichter/Kammer) entscheiden als die ges. Berufenen (BAG 8.5.2015 NZA 2015, 956 – nachgereichter Schriftsatz, s. § 46 Rn. 4; einschr. BAG 14.12.2010 NZA 2011, 229; zur Darlegung BAG 18.1.2012 NZA-RR 2013, 133). Der absolute Revisionsgrund kann auch vorliegen, wenn die Auslegung oder Anwendung des GVP objektiv willkürl. war (BAG 9.6.2011 NZA 2011, 1446; 23.3.2010 NZA 2010, 779). Fehler bei der Heranziehung der ehrenamtl. Richter in einer Sache führen nicht im Wege des sog. Domino-Effekts dazu, dass in den Folgeterminen der betr. Kammer in (allen) anderen Sachen der ges. Richter nicht gewahrt ist (BAG 7.5.1998 NZA 1998, 1301). Der absolute Revisionsgrund ist unabhängig davon gegeben, ob die Parteien mit der Mitwirkung des Richters einverstanden sind oder nicht (BAG 25.8.1983 AP ZPO § 551 Nr. 11). Das Gericht ist auch dann nicht ordnungsgem. besetzt, wenn ein Richter während der Verhandlung abwesend ist (BAG 23.6.2016 – 8 AZN 205/16) oder schläft. Kein absoluter Revisionsgrund ist gegeben, wenn nach einer Vertagung eines Rechtsstreits andere Richter an einer Entsch. mitwirken als diejenigen, vor denen die Beweisaufnahme stattgefunden hat. Die fehlerhafte Berufung der ehrenamtl. Richter ist nicht nachprüfbar (§ 65). Mit der NZB kann nur die fehlerhafte Besetzung des LAG und nicht des ArbG bzw. eines Schiedsgerichts gerügt werden (BAG 16.10.2008 NZA 2009, 510). Ein absoluter Revisionsgrund iSd. § 547 Nr. 2, 3 ZPO liegt vor, wenn ein Richter an der Entsch. mitgewirkt hat, der entweder kraft G von der Mitwirkung ausgeschlossen war (§ 41 ZPO), mit Erfolg abgelehnt worden ist (§ 42 ZPO) oder das LAG bei der Behandlung des Ablehnungsgesuchs Art. 101 I 2 GG grdl. verkannt hat (BAG 17.3.2016 NZA 2016, 1100, s. § 49 Rn. 2). 11

cc) Fehlerhafte Vertretung (§ 547 Nr. 4 ZPO). Dieser Revisionsgrund ist gegeben, wenn die Partei nicht nach den ges. Vorschr. vertreten war und die Prozessführung weder ausdr. noch stillschweigend genehmigt hat. Diese Voraussetzungen liegen vor, wenn eine Partei/Beteiligter nicht im Verfahren angehört worden ist (BVerwG 22.1.2016 NZA-RR 2016, 276); er kann jedoch auch im NZBverfahren nur von der Partei/Beteiligten geltend gemacht werden, um deren Vertretung es dabei geht (BAG 22.5.2012 AP ArbGG 1979 § 72a Nr. 82; 9.9.2010 NZA 2010, 1309). 12

13 **dd) Verletzung der Vorschriften über die Öffentlichkeit (§ 547 Nr. 5 ZPO).** Eine Verletzung der Vorschr. über die Öffentlichkeit ist insb. gegeben, wenn die Öffentlichkeit bei der mdl. Verhandlung zu Unrecht ausgeschlossen worden ist oder trotz Vorliegens der Voraussetzungen nicht ausgeschlossen worden ist; s. § 52 Rn. 2.

14 **d) Entscheidungserhebliche Verletzung des Anspruchs auf rechtliches Gehör. aa) Begriff.** Der Anspruch auf die Gewährung rechtl. Gehörs (Art. 103 I GG) ist eine Folgerung aus dem Rechtsstaatsgedanken für die gerichtl. Verfahren; der Einzelne soll nicht bloßes Objekt des gerichtl. Verfahrens sein, sondern vor einer Entscheidung, die seine Rechte betrifft, zu Worte kommen, um Einfluss auf das Verfahren und sein Erg. nehmen zu können. Das rechtl. Gehör sichert den Parteien ein Recht auf Inf., Äußerung und Berücksichtigung mit der Folge, dass sie ihr Verhalten im Prozess eigenbestimmt und situationsspezifisch gestalten können, insb., dass sie mit Ausführungen und Anträgen gehört werden (BVerfG 30.4.2003 AP GG Art. 103 Nr. 64). Das Gericht muss daher das zulässige tatsächl. und rechtl. Vorbringen der Parteien zur Kenntnis nehmen und es bei seiner Entsch. berücksichtigen, soweit es erhebl. ist (BAG 18.11.2008 NZA 2009, 223; 25.5.2007 NZA 2007, 885 – Parteivernehmung). Allerdings schützt Art. 103 I GG damit nicht davor, dass das Gericht dem Vortrag einer Partei nicht die aus deren Sicht richtige Bedeutung beimisst. Die Norm begr. keinen Anspruch, dass die Gerichte der Rechtsansicht des Grundrechtsträgers folgen, und schützt nicht vor einer aus dessen Sicht „unrichtigen" **Rechtsanwendung** (BVerfG 24.4.1985 E 69, 248; BAG 19.2.2008 NZA 2009, 56). Der Anspruch auf rechtl. Gehör ist daher nicht schon dann verletzt, wenn das Gericht bei der ihm obliegenden Tätigkeit der Sammlung, Feststellung und Bewertung der vorgetragenen Tatsachen zu einer unrichtigen Schlussfolgerung oder Wertung gelangt (BAG 18.11.2008 NZA 2009, 223). Keinen Verstoß gegen Art. 103 I GG stellt die nur ungenügende Sachverhaltsaufklärung im BeschlV dar (BAG 17.11.2015 – 1 ABN 39/15), es sei denn, der Beteiligte konnte durch seine Äußerungen und Anträge keinen Einfluss auf das Verfahren nehmen.

15 **bb) Fallgruppen.** Der Anspruch auf rechtl. Gehör ist insb. verletzt bei *(1)* der fehlenden Möglichkeit **zur Äußerung** zum Sachverhalt (BAG 28.6.2008 NZA 2008, 1206 – unklarer Hinweisbeschluss) und zur Rechtslage, einer fehlerhaften Zurückweisung von Parteivorbringen (s. § 56 Rn. 7), einer Entsch. vor Ablauf einer Äußerungsfrist, einer unzulässigen oder fehlerhaften Säumnisentsch. (s. § 59 Rn. 2), einer Sachentsch. vor der Entsch. über einen Fristverlängerungsantrag sowie beim Übergehen eines zulässigen Beweisantrags, wenn das Vorgehen des Gerichts im Prozessrecht keine Stütze mehr findet (BVerfG 8.11.1978 NJW 1979, 413). Keine Verletzung von Art. 103 I GG liegt vor, wenn die Partei es ohne sachl. Grund versäumt hat, Sachvortrag in der mündl. Verhandlung dem Gericht zur Kenntnis zu bringen und dies nach Schluss der mündl. Verhandlung mit einem nicht nachgelassenen Schriftsatz nachholen will (BAG 14.12.2010 NZA 2011, 229). Hingegen kann der Anspruch auf rechtl. Gehör verletzt sein bei *(2)* einem **unterlassenen Hinweis auf einen entscheidungserhebl. Gesichtspunkt,** mit dem ein gewissenhafter und prozesskundiger Prozessbeteiligter nach dem bish. Prozessverlauf nicht rechnen musste (BVerfG 29.5.1991 NJW 1991, 2823 – Überraschungsentscheidung; einschr. BVerfG 5.11.1986 NJW 1987, 1192 – Rechtsansichten; BVerfG 25.1.1984 NJW 1984, 1741 – keine allg. gerichtl. Frage- und Aufklärungspflicht; BAG 31.8.2005 NZA 2005, 1204). Ein gebotener Hinweis ist bejaht worden, wenn ein PV nicht auf die Unzulässigkeit der Berufung hingewiesen wurde, so dass ihm dadurch die Möglichkeit genommen wurde, eine Umdeutung seiner unzulässigen Berufung in eine zulässige Anschlussberufung anzuregen (BAG 31.7.2007 NZA 2008, 432) oder das Gericht entgegen einem zuvor gegebenen Hinweis auf tragende rechtl. Gesichtspunkte abstellt, für die die Möglichkeit weiteren Vortrags angekündigt worden war (BAG 20.3.2008 NZA 2008, 1354). Ebenso muss das LAG eine vor dem ArbG siegreiche Partei darauf hinweisen, wenn es der Beurteilung der Vorinstanz nicht folgen will und ihr Gelegenheit geben, auf den Hinweis zu reagieren und ihren Tatsachenvortrag zu ergänzen sowie ggf. Beweis anzutreten (BGH 4.7.2013 NJW-RR 2014, 177). Der Anspruch auf rechtl. Gehör kann weiter verletzt sein, wenn das Gericht *(3)* über einen von der klagenden Partei **noch nicht zur Entsch. gestellten Lebenssachverhalt entscheidet** (BAG 11.4.2006 NZA 2006, 750), *(4)* das Verhalten eines Prozessbeteiligten (BAG 12.12.2006 NZA 2007, 581) oder den Antragsinhalt (BVerwG 1.7.2010 NVwZ-RR 2010, 816) **offensichtl. unzutreffend würdigt** oder *(5)* **unzutreffende Anforderungen an die nach § 138 ZPO abzugebenden Erkl.** stellt (BAG 13.11.2007 NZA 2008, 246). *(6)* Art. 103 I GG verlangt nicht die ausdrückl. Bescheidung jedes von der Partei vorgetragenen Arguments. Vielmehr ist grds. davon auszugehen, dass das Gericht das von ihm entgegengenommene Parteivorbringen in Erwägung gezogen hat. Allein der Umstand, dass sich die Gründe einer Entsch. mit einem bestimmten Gesichtspunkt nicht ausdr. auseinander setzen, rechtfertigt daher nicht die Annahme einer Verletzung von Art. 103 I GG (BAG 22.3.2005 NZA 2005, 652; zum Übergehen eines Hilfsantrags BAG 26.6.2008 NZA 2008, 1028). Nimmt das Gericht den Vortrag einer Partei ausdr. oder durch Bezugnahme in seinen Tatbestand auf, besteht eine Vermutung dafür, dass es ihn ausreichend zur Kenntnis genommen hat (BAG 17.3.2010 NZA 2010, 594). Geht das Gericht allerdings auf den wesentl. Kern des Tatsachenvortrags einer Partei zu einer Frage, die für das Verfahren von bes. Bedeutung ist, nicht ein, lässt dies auf die Nichtberücksichtigung des Vortrags schließen, sofern er nicht nach dem vom Gericht gewählten Begründungsweg unerhebl. oder aber offensichtl. unsubstantiiert

war. Bei der Auseinandersetzung mit dem zentralen Vortrag einer Partei reichen formelhafte Wendungen als Begr. nicht aus (BAG 25.8.2015 – 8 AZN 268/15). Zweifeln an der **Prozessfähigkeit** einer Partei muss das LAG nachgehen, da eine prozessunfähige Partei sich nicht eigenverantwortl. äußern kann (BAG 28.5.2009 NZA 2009, 1109).

cc) Entscheidungserheblichkeit. Zu einer Verletzung von Art. 103 I GG kann nur die Nichtbeachtung schlüssigen Vorbringens führen (BAG 18.3.2010 NZA 2010, 838). Anders als bei § 72 II Nr. 3 1. Alt. muss die Verletzung des Anspruchs auf rechtl. Gehör daher für die Entsch. des LAG entscheidungserhebl. gewesen sein. Dies richtet sich nach den vom LAG getroffenen tatsächl. Feststellungen und seinen rechtl. Ausführungen. Dessen Entscheidungsgründe müssen auf einem Begründungselement oder dessen Fehlen beruhen, das unter Verletzung des Anspruchs auf rechtl. Gehör gewonnen wurde oder bei zutreffender Sachbehandlung zu berücksichtigen gewesen wäre. Die Entsch. beruht bereits dann auf der Verletzung des Anspruchs auf rechtl. Gehörs, wenn nicht ausgeschlossen werden kann, dass das Berufungsgericht ohne die Rechtsverletzung zu einem anderen Erg. gekommen wäre (BAG 25.8.2015 – 8 AZN 268/15). Es ist daher ohne Bedeutung, ob das verfahrensfehlerhafte Begründungselement auch vom BAG bei einer Entsch. in Rahmen einer zugelassenen Revision von Bedeutung sein wird, sondern nur, ob es für die Entsch. des LAG erhebl. war. Für Hilfs- und Alternativbegr. gelten die Ausführungen unter Rn. 4, 9 sinngem. 16

4. Zulassungsentscheidung. a) Form. Liegen die Zulassungsvoraussetzungen vor, muss das LAG die Zulassung vAw. aussprechen. Ein Antrag der Parteien ist nicht notwendig; er stellt lediglich eine Anregung an das Gericht dar. Die Entscheidung über die Zulassung oder die Nichtzulassung muss im Tenor des Urt. aufgenommen werden (§ 72 I 2). Ist dies unterblieben, kann binnen zwei Wochen ab Verkündung des Urt. eine entspr. Erg. beantragt werden. Über den Antrag kann die Kammer ohne mdl. Verhandlung entscheiden (s. § 64 Rn. 5). Eine ordnungsgem. Revisionszulassung wird durch eine entgegengesetzte RMB nicht beseitigt (BAG 17.6.1993 NZA 1994, 764). Eine Begründungspflicht ist ges. nicht vorgeschrieben (BAG 11.10.2010 NZA 2011, 117). 17

b) Umfang der Revisionszulassung. Das LAG kann die Revision in vollem Umf. zulassen. Dann kann jede Partei Revision einlegen, die durch das Urt. beschwert ist. Es kann aber auch die Revision für einen tatsächl. und rechtl. abtrennbaren Teil nur tw. oder nur für eine Partei zulassen (BAG 2.4.1996 NZA 1996, 998). Da die Zulassung stets im Urteilstenor erfolgen muss, kann eine dort unbeschränkt ausgesprochene Zulassung in den Entscheidungsgründen nicht mehr wirksam eingeschränkt werden (BAG 19.3.2003 NZA 2003, 575). Entspr. gilt für eine weitere Beschränkung einer nur beschränkt zugelassenen Revision (BAG 5.11.2003 NZA 2004, 447). Eine beschränkte Revisionszulassung ist statthaft nur für den Kl. oder den Bekl., bei subjektiver Klagehäufung für einzelne Streitgenossen (GMP/*Müller-Glöge* Rn. 39), nicht aber bei notw. Streitgenossenschaft (BAG 28.3.1956 AP ArbGG 1953 § 72 Nr. 38), von Klage und Widerklage, von Berufung und Anschlussberufung, bei Aufrechnung von Forderung und Gegenforderung, von einem für mehrere Streitgegenstände, auch wenn sie voneinander abhängen (BAG 28.5.1986 NZA 1986, 822) sowie beschränkt auf die Kündigungsfrist (BAG 6.11.2008 NZA 2009, 1013). Nicht statthaft ist es, die Revisionszulassung auf einzelne Rechtsfragen, Anspruchsgrundlagen, Angriffs- oder Verteidigungsmittel zu **beschränken** (BAG 15.1.2015 AP ArbGG 1979 § 72 Nr. 58). Dies gilt auch dann, wenn das LAG rechtsfehlerhaft durch Teilurt. über einzelne Anspruchsgrundlagen entschieden hat (BAG 18.5.1988 AP BAT §§ 22, 23 Datenverarbeitung Nr. 2). Die Beschränkung der Zulassung muss eindeutig aus dem verkündeten Tenor ersichtl. sein. Ist das nicht der Fall, gilt die Revision als unbeschränkt zugelassen (BAG 6.9.1990 NZA 1991, 221). Ist die Revision nur beschränkt zugelassen, kann sich eine Anschlussrevision nach § 554 II auch auf den nicht zugelassenen Teil beziehen (BAG 12.3.2008 NZA 2008, 1503). 18

c) Wirkung der Revisionszulassung. Durch die Zulassung der Revision wird diese statthaft. Dies gilt auch dann, wenn der Zulassungsgrund inzwischen weggefallen ist, weil die Rechtsfrage in einem anderen Verfahren entschieden worden ist. Das BAG ist grds. an die Zulassung der Revision durch das LAG gebunden. Es ist daher unerhebl., ob das LAG die Zulassung begr. oder wie sie begr. wird. Das BAG ist an die **Revisionszulassung nicht gebunden,** wenn die Entsch. nicht mit der Revision angefochten werden kann, also zB in den Verfahren des einstweiligen Rechtsschutzes (§ 72 IV). Dasselbe gilt, wenn das LAG über die nachträgl. Zulassung einer Bestandsschutzklage nicht durch unanfechtbaren Beschl., sondern durch Urt. entschieden und die Revision zugelassen hat (BAG 14.10.1982 AP ArbGG 1979 § 72 Nr. 2). Keine Bindungswirkung bestand, wenn die Zulassungsentsch. in einer fehlerhaften Form erfolgte, also durch Berichtigungsbeschl. oder in einem Ergänzungsurt. (BAG 26.9.1980 AP ZPO 1977 § 321 Nr. 1). Diese Rspr. ist nach der Neufassung des § 72 I überholt. Keine Bindungswirkung besteht auch, wenn die Revision wegen anderer als der in § 72 II genannten Gründe zugelassen wird. Uneingeschränkt überprüfbar ist dagegen, ob das LAG die Revision voll oder nur tw. zugelassen hat (BAG 18.12.1984 NZA 1986, 95). 19

§ 72a Nichtzulassungsbeschwerde

(1) Die Nichtzulassung der Revision durch das Landesarbeitsgericht kann selbständig durch Beschwerde angefochten werden.

(2) [1]Die Beschwerde ist bei dem Bundesarbeitsgericht innerhalb einer Notfrist von einem Monat nach Zustellung des in vollständiger Form abgefaßten Urteils schriftlich einzulegen. [2]Der Beschwerdeschrift soll eine Ausfertigung oder beglaubigte Abschrift des Urteils beigefügt werden, gegen das die Revision eingelegt werden soll.

(3) [1]Die Beschwerde ist innerhalb einer Notfrist von zwei Monaten nach Zustellung des in vollständiger Form abgefaßten Urteils zu begründen. [2]Die Begründung muss enthalten:
1. die Darlegung der grundsätzlichen Bedeutung einer Rechtsfrage und deren Entscheidungserheblichkeit,
2. die Bezeichnung der Entscheidung, von der das Urteil des Landesarbeitsgerichts abweicht, oder
3. die Darlegung eines absoluten Revisionsgrundes nach § 547 Nr. 1 bis 5 der Zivilprozessordnung oder der Verletzung des Anspruchs auf rechtliches Gehör und der Entscheidungserheblichkeit der Verletzung.

(4) [1]Die Einlegung der Beschwerde hat aufschiebende Wirkung. [2]Die Vorschriften des § 719 Abs. 2 und 3 der Zivilprozeßordnung sind entsprechend anzuwenden.

(5) [1]Das Landesarbeitsgericht ist zu einer Änderung seiner Entscheidung nicht befugt. [2]Das Bundesarbeitsgericht entscheidet unter Hinzuziehung der ehrenamtlichen Richter durch Beschluß, der ohne mündliche Verhandlung ergehen kann. [3]Die ehrenamtlichen Richter wirken nicht mit, wenn die Nichtzulassungsbeschwerde als unzulässig verworfen wird, weil sie nicht statthaft oder nicht in der gesetzlichen Form und Frist eingelegt und begründet ist. [4]Dem Beschluss soll eine kurze Begründung beigefügt werden. [5]Von einer Begründung kann abgesehen werden, wenn sie nicht geeignet wäre, zur Klärung der Voraussetzungen beizutragen, unter denen eine Revision zuzulassen ist, oder wenn der Beschwerde stattgegeben wird. [6]Mit der Ablehnung der Beschwerde durch das Bundesarbeitsgericht wird das Urteil rechtskräftig.

(6) [1]Wird der Beschwerde stattgegeben, so wird das Beschwerdeverfahren als Revisionsverfahren fortgesetzt. [2]In diesem Fall gilt die form- und fristgerechte Einlegung der Nichtzulassungsbeschwerde als Einlegung der Revision. [3]Mit der Zustellung der Entscheidung beginnt die Revisionsbegründungsfrist.

(7) Hat das Landesarbeitsgericht den Anspruch des Beschwerdeführers auf rechtliches Gehör in entscheidungserheblicher Weise verletzt, so kann das Bundesarbeitsgericht abweichend von Absatz 6 in dem der Beschwerde stattgebenden Beschluss das angefochtene Urteil aufheben und den Rechtsstreit zur neuen Verhandlung und Entscheidung an das Landesarbeitsgericht zurückverweisen.

1 **1. Allgemeines.** Die Revision gegen ein Urt. des LAG ist nur statthaft, wenn sie vom LAG zugelassen worden ist. Hat das LAG die Revision nicht zugelassen, kann gegen diese Entsch. unter den Voraussetzungen von § 72a I NZB eingelegt werden. Nach der Änd. der Vorschr. durch das Anhörungsrügengesetz vom 9.12.2004 (BGBl. I S. 3220) ist der Anwendungsbereich von § 72a wesentl. erweitert. Die Neuregelung hat einen Gleichlauf zwischen den in § 72 II genannten Gründen, bei deren Vorliegen das LAG Revision zulassen muss und der Überprüfungsentsch. des BAG iRd. NZB geschaffen. Die NZB ist nach der Rspr. des BAG **kein Rechtsmittel,** sondern ein Rechtsbehelf, weil sie in der Sache keine Devolutivwirkung hat (BAG 18.5.1999 NZA 1999, 896); sie ist von einer Beschwer des Beschwerdeführers abh. (BAG 17.2.2016 NZA 2016, 574). Hieraus folgt, dass keine RMB nach § 9 V erforderl. ist. Auf die Möglichkeit der NZB ist nur hinzuweisen. Gegen die Nichtzulassung der RB durch das LAG findet eine Beschwerde zum BAG nicht statt (BAG 6.1.2015 NZA 2015, 316). Schließl. ist eine NZB gegen eine Entsch. des LAG, dessen vollständige Entscheidungsgründe erst nach Ablauf von 5 Monaten seit Verkündung unterschrieben der Geschäftsstelle übergeben werden, nicht statthaft, die beschwerte Partei muss nach § 72b sof. Beschwerde einlegen (BAG 2.11.2006 NZA 2007, 111). Der Verzicht einer Partei auf Rechtsmittel gegen ein zu ihren Lasten ergehendes Urt. schließt die Einlegung einer NZB aus (BAG 15.3.2006 NZA 2006, 876). Enthält das angefochtene Urt. **mehrere Begründungen** (Haupt- und Hilfsbegr., Alternativbegr.), muss wegen jeder Begr. ein Zulassungsgrund iSd § 72 II gegeben sein (BAG 18.3.2010 NZA 2010, 838). Es kann zB die eine Begr. wegen Divergenz und die andere wegen grds. Bedeutung angegriffen werden (BAG 10.3.1999 NZA 1999, 726). Die Erhebung einer NZB und deren ausreichende Begr. gehören zu den prozessualen Möglichkeiten (und Pflichten), die aus Subsidiaritätsgründen vor Einlegung einer VB grds. ausgeschöpft werden müssen (BVerfG 28.9.2015 NZA 2016, 253).

2 **2. Grundsatzbeschwerde. a) Voraussetzungen.** Die Grundsatzbeschwerde kommt in Betracht, wenn eine entscheidungserhebl. Rechtsfrage grds. Bedeutung hat (s. § 72 Rn. 3). Die Voraussetzungen sind anhand der Entsch. des LAG zu überprüfen. (1) Erforderl. ist, dass sich das LAG mit der

Rechtsfrage befasst hat, und nicht, dass es sich mit der Rechtsfrage hätte befassen müssen (BAG 13.6.2006 NZA 2006, 1004). **(2)** In der Begr. muss die aufgeworfene Rechtsfrage konkret, dh. wörtl. formuliert werden (BAG 14.4.2005 NZA 2005, 708), es sei denn, dass deren Inhalt nach der Beschwerdebegr. nicht zweifelhaft ist; fehlt es hieran, ist die Beschwerde schon deshalb unzulässig. **(3)** Es ist auszuführen, welche abstrakte Interpretation das LAG bei Behandlung der Rechtsfrage vorgenommen hat und warum diese nach Auff. des Beschwerdeführers fehlerhaft ist (BAG 5.11.2008 NZA 2009, 55). **(4)** Die formulierte abstrakte Rechtsfrage muss regelm. mit „Ja" oder mit „Nein" beantwortet werden können; unzulässig ist eine Fragestellung, deren Beantwortung von den Umständen des Einzelfalls abhängen kann (BAG 23.1.2007 NZA 2008, 376 – „kann sein" ist nicht ausr.). **(5)** Für die Darlegung der grds., dh. über den Einzelfall hinausgehenden Bedeutung genügt es, wenn der Beschwerdeführer innerhalb der Frist für die Begr. der NZB nachvollziehbar darlegt, dass die Rechtsfrage für eine größere Zahl von AN rechtl. Bedeutung hat. Wird dieser Vortrag durch den Bg. substantiiert in Frage gestellt, muss der Beschwerdeführer sein Vorbringen soweit konkretisieren, dass die grds. Bedeutung der Auslegungsfrage plausibel bleibt. Dies kann er auch nach Ablauf der Beschwerdebegründungsfrist tun (BAG 26.9.2000 NZA 2001, 286). Bei der **Auslegung** eines Firmen TV (oder einer BV) muss dargelegt werden, dass und in welcher Weise die Klärung der aufgeworfenen Rechtsfrage über das Unternehmen des AG hinaus das abstrakte Interesse der Allgemeinheit an der einheitl. Entwicklung und Handhabung des Rechts berührt (BAG 5.10.2010 NZA 2010, 1372). **(6)** Regelmäßig bedarf es bes. Ausführungen zur Klärungsbedürftigkeit. Der Hinweis auf eine bisher nicht vorliegende Entscheidung des BAG ist dazu allein nicht ausreichend. Es ist anzuführen, warum die Beantwortung der Rechtsfrage nicht eindeutig ist und divergierende Entscheidungen der Instanzgerichte zu erwarten sind. Nur dann besteht Bedarf für eine höchstrichterl. Klärung. Insb. bei Vorliegen von einschlägigen Entscheidungen des BAG ist ges. zu begründen, warum die angeführte Rechtsfrage anhand der bisher ergangenen Rechtssätze nicht eindeutig beantwortet werden kann. Kommt eine Entscheidungserheblichkeit nur für einen Teil der prozessualen Ansprüche in Betracht, müssen diese genau bezeichnet werden (BAG 15.3.2011 NZA 2011, 997).

b) Zeitpunkt. Für den Zeitpunkt der Beurteilung, ob eine grds. Bedeutung vorliegt, ist grds. auf den 3
Zeitpunkt der Verkündung des Urt. des LAG abzustellen. Die grds. Bedeutung muss nach der Rspr. zum Zeitpunkt der Entsch. über die NZB noch fortbestehen; sie soll entfallen, wenn die Rechtsfrage bis zur Entsch. des Revisionsgerichts entschieden, auf andere Weise geklärt oder bedeutungslos wird (BAG 16.9.1997 NZA 1997, 1248; BGH 12.3.2003 NJW 2003, 1609; GMP/*Müller-Glöge* Rn. 16; GK-ArbGG/*Mikosch* Rn. 15). Der Entscheidungszeitpunkt ist ausn. dann nicht der maßgebliche Beurteilungszeitpunkt für das Vorliegen der grds. Bedeutung, wenn diese vor der Entscheidung deshalb entfällt, weil die Rechtsfrage in einem anderen Verfahren geklärt worden ist, die Revision aber in der Sache Aussicht auf Erfolg hat. Eine zunächst begr. Grundsatzbeschwerde, bei der sich dieser Zulassungsgrund durch eine Entscheidung des Revisionsgerichts in anderer Sache erledigt, ist zuzulassen, wenn die Revision Aussicht auf Erfolg verspricht (BVerfG 29.9.2010 BVerfGK 18, 105; BAG 27.3.2012 NZA 2012, 756). Wird eine umstr. ges. oder tarifl. Bestimmung bis zum Entscheidungszeitpunkt über die NZB geänd., muss der Beschwerdeführer darlegen, dass die Entsch. noch Bedeutung für zahlreiche weitere Rechtsstreitigkeiten hat (BAG 21.10.1998 NZA 1999, 224).

3. Divergenzbeschwerde. Die Darlegung einer fehlerhaften Rechtsanwendung des LAG reicht zur 4
Begr. einer Divergenzbeschwerde nicht aus (BAG 15.10.2012 NZA 2012, 1388). Es muss eine Divergenz in den abstrakten Rechtssätzen bestehen, eine unzutr. Rechtsanwendung des LAG begr. keine Divergenz iSd. § 72 II Nr. 2. Zur Begr. einer Divergenzbeschwerde ist danach iE darzulegen, *(a)* von welcher nach Gericht, Entscheidungsdatum und Az. zu kennzeichnenden divergenzfähigen früheren (BAG 17.1.2012 NZA 2012, 411) Entsch. das LAG abgewichen ist, *(b)* in welchen abstrakten, einander ggü. zu stellenden Rechtssätzen (Seitenzahl angeben und wörtl. wiedergeben) die Abweichung liegt und *(c)* dass das LAG, hätte es den Rechtssatz, von dem es abgewichen ist, zugrunde gelegt, anders entschieden hätte. Dabei genügt es im letztgenannten Zusammenhang nicht, ledigl. formelhaft die Entscheidungserheblichkeit der behaupteten Divergenz zu behaupten. Es muss grundsätzl. konkret und fallbezogen dargelegt werden, dass und weshalb die anzufechtende Entsch. auf der behaupteten Divergenz beruht (BAG 15.9.2004 NZA 2004, 1292). Deshalb ist es regelm. erforderl., dass der Entscheidungsweg des LAG nachzeichnet wird. Dabei muss in der Begr. der divergierende Rechtssatz des LAG durch den Rechtssatz, von dem das LAG abgewichen ist, ersetzt werden und vom Beschwerdeführer die Begr. der Entsch. weitergeführt werden. Die divergierenden Rechtssätze können sich auch aus **fallbezogenen Ausführungen** des LAG ergeben. Erforderl. ist, dass seine Ausführungen zwgd. und zweifelsfrei den Schluss darauf zulassen, von welchem Rechtssatz es ausgegangen ist. Hat das LAG seiner Subsumtion keinen Obersatz vorangestellt, muss der sich aus den Ausführungen des LAG ergebende Rechtssatz vom Beschwerdeführer selbst formuliert werden (BAG 14.2.2001 NZA 2001, 520). Hierzu sind zunächst die aus Sicht des Beschwerdeführers einschlägigen fallbezogenen Ausführungen des LAG idR wörtl. in der Beschwerdeschrift wiederzugeben. Anschließend hat er konkret und iE zu begründen, warum das LAG von dem behaupteten Rechtssatz ausgegangen sein muss. Die schlichte Gegenüberstellung der fallbezogenen Ausführungen eines Gerichts und des vom Beschwerde-

führer daraus abgelesenen abstrakten Rechtssatzes ist regelm. nicht ausreichend (BAG 6.12.2006 NZA 2007, 349). Ob tatsächl. eine Divergenz vorliegt, wird dagegen erst bei der Begründetheit der Beschwerde geprüft. Betreffen die Entscheidungen unterschiedl. Normen, muss die Beschwerde zur Begr. einer rechtserhebl. Divergenz darlegen, dass die unterschiedl. Rechtsnormen einen identischen Regelungsgegenstand betreffen (BAG 20.8.2002 AP ArbGG 1979 § 72a Nr. 45; 8.12.1994 NZA 1995, 447). Wird zur Begr. der Divergenz eine Entscheidung herangezogen, die nach dem anzufechtenden Urt. ergangen ist, so reicht dies aus, wenn in der herangezogenen Entscheidung ledigl. wiederholend auf einen Rechtssatz verwiesen ist, den das Gericht schon vor der Verkündung des anzufechtenden Urt. aufgestellt hatte (BAG 15.11.1994 NZA 1995, 286). Eine Divergenzbeschwerde ist nach Ansicht des BAG unbegr., wenn die Divergenz zum Zeitpunkt der Entscheidung des BAG nicht mehr besteht (BAG 3.11.1982 AP ArbGG 1979 § 72a Divergenz Nr. 17); allerdings gelten die Ausführungen des BVerfG (s. Rn. 3) wohl auch für die Divergenzbeschwerde.

5 **4. Verfahrensbeschwerde.** Wird die NZB auf den Zulassungsgrund des § 72 II Nr. 3 1. Alt. (§ 72 Rn. 10) gestützt, muss konkret angegeben werden, aufgrund welcher Tatsachen einer der absoluten Revisionsgründe des § 547 Nr. 1 bis 5 ZPO erfüllt ist. Die bloße Benennung eines Zulassungsgrundes genügt nicht. Der Beschwerdeführer hat vielmehr die Tatsachen, aus denen sich der Verfahrensfehler des Berufungsgerichts ergeben soll, substantiiert vorzutragen (BAG 5.12.2011 NZA 2012, 351). Die Entscheidungserheblichkeit des Verstoßes ist hingegen nicht darzulegen. Wird der Zulassungsgrund der entscheidungserhebl. Verletzung des Anspruchs auf rechtl. Gehör (§ 72 II Nr. 3 2. Alt.; dazu *Bepler* JbArbR 43 [2006], 45, *Zwanziger* NJW 2008, 3388) geltend gemacht, muss dargetan werden, wodurch der Anspruch des Beschwerdeführers auf rechtl. Gehör durch das LAG verletzt wurde und warum das Berufungsgericht ohne diesen Verstoß auf der Grdl. seiner eigenen Prämissen eine andere Entsch. gefällt hätte. Im Grds. gelten hier dies. Darlegungsanforderungen wie die an eine ordnungsgem. Verfahrensrüge nach § 551 III Nr. 2 d ZPO (s. § 74 Rn. 10). Der Beschwerdeführer muss zunächst die Voraussetzungen für einen Verstoß gegen das Gebot des rechtl. Gehörs iE darlegen. Dabei hat er seinen Vortrag so substantiieren, dass das Revisionsgericht in die Lage versetzt wird, allein anhand der Beschwerdeschrift und des Berufungsurt. (dh. ohne Hinzuziehung der Verfahrensakten) die Frage der Nichtberücksichtigung zu prüfen. Wird gerügt, **(a)** es sei **Vortrag übergangen** oder ein Beweisangebot nicht beachtet worden, muss iE dargestellt werden, wo der übergangene Vortrag oder das Beweisangebot zu finden ist. Dazu muss der Beschwerdeführer unter Angabe des Schriftsatzes nach Datum und bei entspr. Umf. nach Seitenzahl konkret vortragen, welcher Vortrag übergangen sein soll, bzw. den Beweisantritt mit Thema und Beweismitteln sowie Fundstelle angeben (BAG 23.9.2008 NZA 2009, 396; 20.1.2005 NZA 2005, 316). Weiterhin hat er die Ausführungen im anzufechtenden Urt. darzustellen, in den das vermeintl. übergangene Vorbringen hätte berücksichtigt werden müssen. Anschließend ist die Entscheidungserheblichkeit des übergangenen Vorbringens zu begründen. Hierzu gehört die Nachzeichnung des vom LAG gewählten Begründungswegs und die Darlegung, dass sich für den Beschwerdeführer bei Berücksichtigung seines Vortrags nach eben diesem Begründungsweg eine günstigere Entsch. ergeben hätte (BAG 1.9.2010 NZA 2010, 1196; 10.5.2005 NZA 2005, 1205). Es genügt auch hier die ernsthafte Möglichkeit einer anderslautenden Entscheidung (BAG 31.8.2005 NZA 2005, 1204). Rügt der Beschwerdeführer **(b)** eine **Verletzung der Hinweispflicht**, hat er zunächst dazulegen, bei welchen Ausführungen das LAG auf Gesichtspunkte abgestellt hat, mit denen auch ein gewissenhafter und kundiger PV nach dem bisherigen Prozessverlauf nicht zu rechnen brauchte. Art. 103 I GG verlangt nicht Beweisanträge oder Fragen zu ersetzen, welche eine fachkundig vertretene Partei in zumutbarer Weise selbst hätte stellen können, jedoch zu stellen unterlassen hat (BAG 20.5.2008 NZA 2008, 839). Anschließend ist anzugeben, welchen Hinweis das LAG hätte erteilen müssen, wie der Beschwerdeführer hierauf reagiert hätte und dass diese Erg. seines Vorbringens zu einer für ihn günstigen Entscheidung geführt hätte. Hat ein Beschwerdeführer die Verletzung seines Anspruchs auf rechtl. Gehör damit begr., das LAG habe in der mdl. Verhandlung eine **bestimmte Rechtsfrage** nicht angesprochen, ist die Beschwerde nur zulässig, wenn der Inhalt des gesamten Rechtsgesprächs dargelegt wird (BAG 1.3.2005 NZA 2005, 654). Hat das LAG nach § 313a I 2 ZPO entschieden, scheidet eine Zulassung nach Nr. 3 2. Alt. aus (BAG 15.3.2006 NZA 2006, 876); zu Mehrfachbegründungen Rn. 1.

6 **5. Einlegung, Begründung und Wirkungen der Nichtzulassungsbeschwerde.** Die NZB ist bei dem BAG (nicht: LAG) innerhalb einer **Notfrist** von einem Monat nach Zustellung des in vollständiger Form abgefassten Urt. schriftl. einzulegen (§ 72a II 1; zum Unterschriftserfordernis BAG 20.9.2011 NZA 2012, 175). Die Fristberechnung richtet sich nach §§ 221, 222 ZPO. Gegen die Fristversäumung kann Wiedereinsetzung in den vorherigen Stand beantragt werden. Aus dem Beschwerdeschriftsatz muss sich ergeben, für und gegen wen er eingereicht wird, ebenso ist das angefochtene Urt. eindeutig zu bezeichnen. Zweckmäßigerweise ist das Datum, Aktenzeichen und Gericht anzugeben sowie die Erkl. abzugeben, dass NZB eingereicht wird. Eine unzulässige Revision kann regelm. nicht in eine NZB umgedeutet werden (GMP/*Müller-Glöge* Rn. 27). Der Beschwerdeschrift soll eine Ausfertigung oder begl. Abschrift des Urt. beigefügt werden, gegen das die Revision eingelegt werden soll. Die NZB kann auf einzelne Streitgegenstände beschränkt werden, iÜ tritt dann Rechtskraft ein. Die

NZB kann ohne Zustimmung des Gegners zurückgenommen werden oder übereinstimmend für erledigt erklärt werden (BAG 24.6.2003 AP ArbGG 1979 § 72a Nr. 48). Sie kann nur von einem postulationsfähigen Vertreter iSd. § 11 IV eingelegt werden. Die Beiordnung eines **Notanwalts** für die Einlegung und Begr. einer NZB kann erfolgen, wenn die Partei nachweist, keinen zur Vertretung bereiten PV gefunden zu haben, und nach dem eingereichten Urt. und den Ausführungen im Antrag ein Zulassungsgrund iSv. § 72 II in Betracht kommt (BAG 25.8.2014 NJW 2015, 1712; 28.10.2010 NZA 2011, 1312; 28.12.2007 NZA 2008, 491). Auch für die NZB kann PKH beantragt werden (zum Fristenlauf s. § 66 Rn. 5 f.). Nach ihrer Bewilligung ist dann ggf. Wiedereinsetzung zu beantragen. PKH kann nur gewährt werden, wenn innerhalb der Beschwerdefrist alle für die Entsch. über die Mittellosigkeit erforderl. Angaben und Belege vorliegen und für die beabsichtigte Rechtsverfolgung eine zumindest eine laienhafte Bezeichnung von mögl. Zulassungsgründen erfolgt ist, die dem Beschwerdegericht die Beurteilung der Erfolgsaussichten ermöglicht (so wohl BAG 26.1.2006 NZA 2006, 1180). Unzulässig ist eine bedingte NZB für den Fall, dass PKH bewilligt wird (BAG 13.12.1995 NZA 1996, 554). Dagegen ist eine vorsorgl. NZB für den Fall zulässig, dass die vom LAG ausgesprochene Revisionszulassung unwirksam ist. Die NZB muss innerhalb einer Notfrist von zwei Monaten nach Zustellung des in vollständiger Form abgefassten Urt. **begr.** werden. Für die Fristberechnung gelten §§ 221, 222 ZPO. Eine Verlängerung der Begründungsfrist ist im Gesetz nicht vorgesehen. Bei unverschuldeter Fristversäumnis ist die Wiedereinsetzung in den vorigen Stand zulässig. Die Einlegung der NZB hat **aufschiebende Wirkung** (§ 72a IV 1). Der Eintritt der Rechtskraft der Entsch. wird gehemmt. Das LAG ist zu einer Änd. der Entsch. nicht befugt (§ 72a V 1). Nach § 72a IV 2 iVm. § 719 II und III ZPO kann das BAG auf Antrag des Schuldners die ZV einstweilen einstellen, wenn sie zu einem nicht zu ersetzenden Nachteil führen würde.

6. Entscheidung über die Nichtzulassungsbeschwerde. a) Prüfungsumfang, Beschluss. Das BAG 7
ist bei der Überprüfung an die in der Beschwerde angegebenen Gründe gebunden. Allerdings ist es unerhebl., wie der Beschwerdeführer die Zulassungsmöglichkeiten bezeichnet. Eine ihrer Bezeichnung nach auf Divergenz gestützte Beschwerde kann grds. auch unter dem Gesichtspunkt grds. Bedeutung zu überprüfen sein, soweit in der Beschwerdebegr. sämtl. Voraussetzungen einer Grundsatzbeschwerde dargelegt sind (BAG 28.7.2009 NJW 2009, 2763; 15.2.2005 NZA 2005, 484). Die NZB wird als unzulässig verworfen, wenn sie nicht statthaft oder nicht form- und fristgerecht eingelegt wird. Enthält das Urt. mehrere Streitgegenstände, muss jeder Einzelne mit der NZB angegriffen werden. Soweit dies nicht geschieht, wird sie insoweit als unzulässig verworfen (BAG 6.12.1994 NZA 1995, 445). Ist die NZB zulässig, aber nicht begr., wird sie zurückgewiesen. Ist sie dagegen zulässig und begr., weil das LAG die Zulassungsvoraussetzungen verkannt hat, wird die Revision zugelassen. Hiermit ist aber noch keine Aussage über die Erfolgsaussichten der nachf. Revision verbunden; zur Zurückverweisung Rn. 10. Das BAG entscheidet über die NZB durch Beschl., der regelmäßig ohne mdl. Verhandlung ergeht. Er soll eine kurze Begr. enthalten. Von ihr kann abgesehen werden, wenn sie nicht geeignet ist, zur Klärung der Voraussetzungen des § 72a I und des § 72 II beizutragen oder der Beschwerde stattgegeben wird (§ 72a V 4, 5); die ges. Beschränkung der Begründungspflicht ist verfassungsgem. und steht in Einklang mit Art. 6 EMRK (BVerfG 30.6.2014 NJW 2014, 2563). Eine Begr. muss auch nicht auf eine Anhörungsrüge hin gegeben werden (BAG 9.4.2014 NZA 2014, 992). Mit einer solchen Rüge können überhaupt nur neue und eigenständige Verletzungen des Art. 103 I GG durch das BAG beanstandet werden. An der Entsch. über die NZB wirken die ehrenamtl. Richter nur mit, wenn über die NZB in der Sache entschieden wird. Dies gilt unabhängig von einer evtl. mdl. Verhandlung. Entfällt die mit der anzufechtenden Entscheidung verbundene Beschwer während des NZBverfahrens, entfällt auch das Rechtsschutzbedürfnis für die weitere Durchführung der NZB (BAG 15.2.2012 NZA-RR 2012, 602); .

b) Wirkung und Rechtsmittel. Wird die NZB als unzulässig verworfen oder als unbegr. zurück- 8
gewiesen, wird das Urt. des LAG rechtskräftig (§ 72a V 6). Ist die NZB begr. und wird die Revision zugelassen, wird das BeschwV als Revisionsverfahren fortgesetzt. Die (ordnungsgem.) Einlegung der NZB gilt kraft G als Einlegung der Revision. Die zweimonatige Revisionsbegründungsfrist beginnt in diesem Fall mit der Zustellung der Entsch. über die erfolgreiche NZB an den Beschwerdeführer (zur Begr. § 74 Rn. 6). Eine fristgem. eigenständige Begr. innerhalb der ges. Begründungsfrist ist wegen der Bestimmung der First für die Anschlussrevision stets erforderl., selbst wenn bereits die NZB eine ausr. Begr. enthalten hat. Eine Bezugnahme auf die vorherige Begr. in der NZB ist zulässig (BAG 8.5.2008 NZA 2008, 726). Eine bes. Belehrungspflicht über die Folgen der Zulassung der Revision besteht nicht. Hat ein Beschwerdeführer die Revisionszulassung nach § 72 II Nr. 3 2. Alt. erreicht, ist er im folgenden Revisionsverfahren nicht gehindert, von einer entspr. Rüge abzusehen, um eine Zurückverweisung zu verhindern. Gegen den abweisenden Beschl. des BAG ist ein Rechtsmittel nicht gegeben (BAG 10.10.2012 NZA 2013, 167 – keine Gegenvorstellung). Es kann allenfalls unter den allg. Voraussetzungen eine Anhörungsrüge (§ 78a) und anschließend Verfassungsbeschwerde eingelegt werden. Eine Anhörungsrüge gegen einen die NZB zurückweisenden Beschl. ist nur begr., wenn die Zurückweisung auf einer neuen und eigenständigen Verletzung des Anspruchs auf rechtl. Gehör beruht (BGH

23.10.2009 NJW-RR 2010, 274). Eine solche Verletzung kann das BAG jedoch in dem die Anhörungsrüge zurückweisenden Beschl. heilen (BVerfG 24.2.2009 EzA ArbGG 1979 § 78a Nr. 8).

9 **c) Kosten und Streitwert.** Wird die NZB als unzulässig verworfen oder als unbegr. zurückgewiesen, hat der Beschwerdeführer die Kosten zu tragen (§ 97 I ZPO). Ist die Beschwerde begr. und wird die Revision zugelassen, sind die Kosten des BeschwV Teil der Kosten des Revisionsverfahrens. Ist eine NZB nur teilweise begr., soll über die Kosten, soweit das Rechtsmittel erfolglos geblieben ist, zu entscheiden sein (BAG 23.3.2010 NZA 2010, 725). Für das NZBverfahren fällt nach Nr. 8612 des Gebührenverzeichnisses zu § 34 GKG eine Verfahrensgebühr von 1,6 an; wird die NZB zurückgenommen oder das Verfahren nicht streitig erledigt, reduziert sich die Gebühr auf 0,8 (Nr. 8613). Wird die Revision zugelassen, entfällt sie ganz (Nr. 8613). Ist die Beschwerde nur teilw. erfolgreich, erfolgt eine Kostenquotelung). Der Streitwert ist der des gesamten Rechtsstreits, wenn in vollem Umf. Beschwerde eingelegt wird; sonst beträgt er den Wert desjenigen Teils des Streitgegenstands, wegen des Beschwerde eingelegt wird. Der Streitwert ist vAw. festzusetzen (§ 63 II GKG).

10 **d) Zurückverweisung bei Verfahrensverletzungen.** Die zur Beurteilung einer Gehörsrüge erforderl. tatsächl. Feststellungen werden durch das Revisionsgericht im Wege des Freibeweises getroffen. (BVerwG 19.12.2006 NVwZ 2007, 714). Nach § 72a VII kann das BAG im Fall einer erfolgreichen NZB wegen Verletzung des rechtl. Gehörs anstelle einer Revisionszulassung bereits im NZBverfahren durch Beschl. das angefochtene Urt. aufheben und den Rechtsstreit (auch an eine andere Kammer) zur neuen Verhandlung und Entsch. an das LAG zurückverweisen (BAG 12.12.2006 NZA 2007, 581). Die durch das Anhörungsrügengesetz neu eingefügte Vorschr. dient der Verfahrensbeschleunigung. Liegt eine entscheidungserhebl. Verletzung des Anspruchs auf rechtl. Gehör vor, muss das BAG grundsätzl. die Revision zulassen. Von der in § 72a VII eingeräumten Möglichkeit kann das BAG auch bei den in § 72 II Nr. 3 1. Alt. genannten Verstößen gegen die absoluten Revisionsgründe des § 547 Nr. 1 bis 5 ZPO Gebrauch machen (BAG 5.6.2014 NZA 2014, 799; *Bepler* RdA 2005, 65, 75 f.).

§ 72b Sofortige Beschwerde wegen verspäteter Absetzung des Berufungsurteils

(1) [1]Das Endurteil eines Landesarbeitsgerichts kann durch sofortige Beschwerde angefochten werden, wenn es nicht binnen fünf Monaten nach der Verkündung vollständig abgefasst und mit den Unterschriften sämtlicher Mitglieder der Kammer versehen der Geschäftsstelle übergeben worden ist. [2]§ 72a findet keine Anwendung.

(2) [1]Die sofortige Beschwerde ist innerhalb einer Notfrist von einem Monat beim Bundesarbeitsgericht einzulegen und zu begründen. [2]Die Frist beginnt mit dem Ablauf von fünf Monaten nach der Verkündung des Urteils des Landesarbeitsgerichts. [3]§ 9 Abs. 5 findet keine Anwendung.

(3) [1]Die sofortige Beschwerde wird durch Einreichung einer Beschwerdeschrift eingelegt. [2]Die Beschwerdeschrift muss die Bezeichnung der angefochtenen Entscheidung sowie die Erklärung enthalten, dass Beschwerde gegen diese Entscheidung eingelegt werde. [3]Die Beschwerde kann nur damit begründet werden, dass das Urteil des Landesarbeitsgerichts mit Ablauf von fünf Monaten nach der Verkündung noch nicht vollständig abgefasst und mit den Unterschriften sämtlicher Mitglieder der Kammer versehen der Geschäftsstelle übergeben worden ist.

(4) [1]Über die sofortige Beschwerde entscheidet das Bundesarbeitsgericht ohne Hinzuziehung der ehrenamtlichen Richter durch Beschluss, der ohne mündliche Verhandlung ergehen kann. [2]Dem Beschluss soll eine kurze Begründung beigefügt werden.

(5) [1]Ist die sofortige Beschwerde zulässig und begründet, ist das Urteil des Landesarbeitsgerichts aufzuheben und die Sache zur neuen Verhandlung und Entscheidung an das Landesarbeitsgericht zurückzuverweisen. [2]Die Zurückverweisung kann an eine andere Kammer des Landesarbeitsgerichts erfolgen.

1 **1. Allgemeines.** Ein Berufungsurt. des LAG, dass nicht innerhalb von 5 Monaten nach seiner Verkündung schriftl. niedergelegt und von allen Richtern unterschrieben zur Geschäftstelle gelangt ist (s. § 69 Rn. 7), steht einem Urt. ohne Gründe gleich. Damit ist zugleich der absolute Revisionsgrund des § 547 Nr. 6 ZPO erfüllt (GmS-OGB 27.4.1993 AP ZPO § 551 Nr. 21). Gegen ein verspätet abgesetztes und die Revision nicht zulassendes Berufungsurt. ist nicht die NZB (§ 72a), sondern die sof. Beschwerde nach § 72b ArbGG als einziger Rechtsbehelf statthaft (BAG 24.2.2015 NZA 2015, 511). Nach dem Willen des Gesetzgebers soll die Vorschr. ein einfaches und schnelleres Verfahren eröffnen, umso bald wie mögl. die Sache vor dem LAG neu verhandeln zu können und eine mit Gründen versehene Entsch. zu erhalten (BR-Drs. 636/04 S. 49).

2 **2. Voraussetzungen. a) Endurteil.** Die Rüge ist begr., wenn das Endurt. nicht binnen fünf Monaten nach der Verkündung vollständig abgefasst und mit den Unterschriften sämtl. Mitglieder der Kammer versehen der Geschäftsstelle übergeben worden ist. Der Wortlaut betrifft zunächst sämtl. revisiblen Endurt. der Berufungsgerichte (§ 72 Rn. 2). Darüber hinaus ist sie auch anzuwenden auf die Endurt. in den Verfahren des einstweiligen Rechtsschutzes, obwohl gegen diese eine Revision unstatthaft ist

(§ 72 IV); hier ist dem Gesetzgeber offenbar ein Redaktionsversehen unterlaufen. Voraussetzung für die Rüge nach § 72b ist stets, dass das Berufungsurt. einer Begr. bedarf (s. § 69 Rn. 4). Die Vorschr. ist nicht entspr. anzuwenden auf Urt. des ArbG, gegen die Sprungrevision (§ 76) zugelassen worden ist (aA *Bepler* RdA 2005, 65, 76). Hier kann die beschwerte Partei zwischen der Einlegung der Berufung und der Revision wählen. Ein Endurt. ist vollständig abgefasst, wenn es die in § 69 Rn. 4 aufgezählten Bestandteile enthält (BAG 20.12.2006 NZA 2007, 226).

b) Zulassung der Revision durch das LAG. aa) Wahlrecht. § 72b ist nach seinem Wortlaut auf alle Entscheidungen der LAG anzuwenden, die nicht innerhalb der in Abs. 1 genannten Frist abgesetzt und unterzeichnet (BGH 21.1.2016 – I ZR 90/14) werden. Unerhebl. ist, ob das LAG in dem verkündeten Tenor die Revision zugelassen hat oder nicht. Hat das LAG die Revision ordnungsgem. zugelassen, kann die beschwerte Partei nach 5 Monaten wählen, ob sie von der Aufhebungsmöglichkeit Gebrauch macht oder weiterhin auf die Abfassung der Endscheidung des LAG wartet, um ein Revisionsverfahren durchzuführen. Insoweit wird sie auch durch § 72b nicht gezwungen, eine Aufhebungsbeschwerde einzulegen. Ihr bleibt vielmehr die Wahl (so ausdr. BR-Drs. 636/04 S. 50), ob sie die Beschwerde nach § 72b einlegen oder – nach Zustellung des Berufungsurt. – ein Revisionsverfahren durchführt. Wegen § 73 I 2 kann sie die Revision später nicht auf die verspätete Absetzung der LAG-Entsch. stützen. In jedem Fall muss die Revisionseinlegung spätestens bis zum Ablauf des sechsten Monats nach Verkündung der Entsch. des Berufungsgerichts erfolgen; dies gilt jdf., wenn man die Rspr. des BAG zum Lauf der Berufungsfrist auf das Revisionsverfahren überträgt (§ 66 Rn. 7). Ist für beide Parteien die Revision zugelassen oder eine NZB statthaft, erhebt aber nur eine Partei eine Rüge nach § 72b, ist das Berufungsurt. insg aufzuheben und der Rechtsstreit zurückzuverweisen, wenn die Entsch. nicht trennbare Sachverhalte oder Streitgegenstände betrifft. 3

bb) Revisionsbegründung. Entscheidet sich die beschwerte Partei für die Durchführung des Revisionsverfahrens, hat sie die Revision bis zum Ablauf des siebten Monats nach der Verkündung des angefochtenen Berufungsurt. zu begründen; im Fall des § 74 I 3 verlängert sich die Begründungsfrist um einen weiteren Monat. Ist die Entsch. bis zu diesem Zeitpunkt noch nicht zugestellt, ist der Revisionskl. dennoch nicht von der Darlegung eines Revisionsgrunds (§ 74 Rn. 6) befreit (BAG 16.4.2003 NZA 2004, 114). Jedoch ist es für eine ordnungsgem. Revisionsbegr. ausreichend, wenn er darauf hinweist, dass ihm die Entsch. bisher nicht zugestellt worden ist. Einen solchen Vortrag hat das BAG in der Vergangenheit für die Berufungsbegr. bei nicht zugestellten Entscheidungen der ArbG für ausreichend erachtet, es besteht kein Grund, ihn nicht in das Revisionsverfahren zu übertragen (im Ansatz wie hier BAG 16.4.2003 NZA 2004, 114). Auch eine Auseinandersetzung mit den (fiktiven) Urteilsgründen, wie sie sich aus dem Prozessverlauf und insb. aus der mdl. Verhandlung ergeben können („Kaffeesatzleserei"), ist nicht erforderl., aber unschädl. Wird die Revision mit dem Hinweis auf die nichtzugestellte Entsch. begr., unterliegt ein bis zur mdl. Verhandlung zugestelltes Berufungsurt. in vollem Umf. der Überprüfung hins. der Verletzung des materiellen Rechts. Etwas anderes gilt für die innerhalb der Revisionsbegründungsfrist zu erhebenden Verfahrensrügen (§ 74 Rn. 10), hier wird zu erwägen sein, ob dem Revisionskl. auf einen entspr. Antrag hin Wiedereinsetzung gewährt werden kann. Bis zu einer entspr. Entsch. des BAG trägt der Revisionskl., der sich gegen die Rüge nach § 72b entscheidet, das Risiko bei der Neuausrichtung des Revisionsrechts in diesem Punkt. 4

cc) Entscheidungsgrundlage des Revisionsgerichts. Ist das Berufungsurt. *(1)* bis zur mdl. Verhandlung nicht in vollständiger Form zur Geschäftsstelle gelangt, liegt ein Urt. ohne Tatbestand vor, dass vAw. vom Revisionsgericht aufzuheben ist, da ihm nicht entnommen werden kann, welchen Streitstoff das Berufungsgericht seiner Entsch. zugrunde gelegt hat. Etwas anderes gilt ausnahmsweise dann, wenn sich der Sach- und Streitstand in ausreichendem Umf. aus den Entscheidungsgründen der LAG-Entsch. ergibt (BAG 17.6.2003 NZA 2004, 564). Gelangt das Berufungsurt. *(2)* nach Ablauf von 5 Monaten aber vor der mdl. Verhandlung des Revisionsgerichts in vollständiger Form zur Geschäftsstelle, kann es Grdl. einer revisionsgerichtl. Überprüfung sein. Zwar hat das BAG zul. entschieden, dass eine Entsch. des LAG, dessen vollständige Entscheidungsgründe erst nach Ablauf von 5 Monaten seit seiner Verkündung unterschrieben der Geschäftsstelle übergeben werden, nicht Gegenstand einer NZB sein kann, da wegen des Auseinanderfallens der Zeitpunkte von Beratung und Begr. keine ausreichend verlässl. Wiedergabe des Beratungsergebnisses darstellt. Das Gericht hat jedoch angenommen, dass es für die Entsch. des Revisionsgerichts ausreichend ist, wenn der Rechtsmittelführer erkläre, Tatbestand und Feststellungen des LAG gegen sich gelten lassen zu wollen; dies sei der Fall, wenn die Rüge nach § 547 Nr. 6 ZPO nicht erhoben werde (BAG 1.10.2003 NZA 2003, 1356). Dem ist zuzustimmen, da nach § 559 I ZPO Beurteilungsgrundlage des Revisionsgerichts das Parteivorbringen ist, das aus dem Berufungsurt. oder dem Sitzungsprotokoll ersichtl. ist. Es ist aber nicht unzweifelhaft, ob das BAG an dieser Rspr. auch nach In-Kraft-Treten des § 72b festhält. Schließl. ist die Erhebung der Rüge nach § 547 Nr. 6 ZPO im Revisionsverfahren nicht bzw. nur eingeschränkt mögl. (s. § 73 Rn. 12); die Einlegung der Revision müsste dann als Erkl. des Revisionskl. angesehen werden, dass er den Tatbestand des Berufungsurt. (den er noch nicht kennt) gegen sich gelten lassen will. 5

6 **3. Formalien.** Die Rüge muss innerhalb einer Notfrist von einem Monat nach Ablauf der 5-Monats-Frist beim BAG erhoben werden. Die Anforderungen an die Beschwerdeschrift entsprechen den übl. Anforderungen an eine Rechtsmittelschrift (s. § 78 Rn. 3); wegen § 11 IV 1 besteht Vertretungszwang durch einen RA oder einen Verbandsvertreter iSd. § 11 IV 2. Die Beschwerde ist zwar nicht bei der Einlegung aber bis zum Ablauf der Monatsfrist für ihre Einlegung zu begründen. Anzugeben ist dabei das Verkündungsdatum der LAG-Entsch. und die Tatsache, dass sie bis zum Ablauf der 5-Monats-Frist nicht in vollständiger Form zur Geschäftstelle gelangt ist; zum Beweis ist die Bezugnahme auf die amtl. Auskunft durch den Präsidenten des LAG ausreichend. Eine Umdeutung einer NZB in eine sof. Beschwerde nach § 72b ist nur mögl., wenn dessen Formalien erfüllt sind (BAG 24.2.2015 NZA 2015, 511; 2.11.2006 NZA 2007, 111). Ist die Beschwerde nicht in der erforderl. Form oder Frist eingelegt, wird sie vom BAG verworfen. Ansonsten fordert das Revisionsgericht die Akten vom LAG an. Lässt sich die Einhaltung der 5-Monats-Frist nicht feststellen, ist die Beschwerde begr., ansonsten ist sie als unbegr. zurückzuweisen. Für die Entsch. wird regelm. keine mdl. Verhandlung anberaumt werden; die ehrenamtl. Richter wirken in keinem Fall mit. Die mehrfache Einlegung der Beschwerde ist grds. mögl., wenn sie auf abw. Zeiträume gestützt wird. Die Zurückverweisung kann an eine andere Kammer des LAG erfolgen.

§ 73 Revisionsgründe

(1) [1]**Die Revision kann nur darauf gestützt werden, daß das Urteil des Landesarbeitsgerichts auf der Verletzung einer Rechtsnorm beruht.** [2]**Sie kann nicht auf die Gründe des § 72b gestützt werden.**

(2) **§ 65 findet entsprechende Anwendung.**

1 **1. Allgemeines.** Die Vorschr. regelt für das Arbeitsgerichtsverfahren, auf welche Gründe die Revision gestützt werden kann. Die Vorschr. unterscheidet sich von § 545 I ZPO. Es braucht sich nicht um Bundesrecht zu handeln oder um eine Vorschr., die über den Geltungsbereich eines (LAG-)Bezirks hinausgeht. Neben § 73 sind §§ 546, 547 und 561 ZPO anwendbar. In den Fällen des § 547 ZPO ist stets anzunehmen, dass die Entsch. auf der Rechtsverletzung beruht. Das Revisionsgericht ist keine neue Tatsacheninstanz. Das BAG ist grds. an den vom LAG festgestellten Tatbestand und dessen tatrichtl. Würdigungen gebunden (§ 559 II ZPO, zu Ausn. Rn. 12). Nicht in Bezug genommene Feststellungen des ArbG können weder Grdl. der Nachprüfung noch einer bestätigenden Neuentscheidung des BAG sein. Dem betroffenen Revisionsbekl. ist durch eine Zurückverweisung Gelegenheit zu geben, auf seinen erstinstanzl. Vortrag zurückzukommen (BGH 11.12.2008 ZIP 2009, 228). Eine unrichtige Tatsachenfeststellung kann mit einem Antrag auf Tatbestandsberichtigung (§ 320 ZPO) angegriffen werden (BAG 6.9.1994 NZA 1995, 953). Zu den Tatsachenfeststellungen gehören auch solche in den Entscheidungsgründen (BAG 18.9.2003 NZA 2004, 253). Neue Tatsachen können nur berücksichtigt werden, wenn sie *(a)* unstreitig sind oder von den Parteien unstreitig gestellt werden; *(b)* gem. § 551 III Nr. 2 b ZPO einen Verfahrensmangel begründen sollen (§ 559 I 2 ZPO), *(c)* vAw. zu berücksichtigende Sachurteilsvoraussetzungen betreffen und Belange der Gegenpartei nicht vernachlässigt werden; hierzu gehört zB die Eröffnung eines Insolvenzverfahrens oder *(d)* nach der mdl. Verhandlung vor dem Berufungsgericht entstanden sind (BGH 2.3.2017 – I ZR 273/14) und auch unter Berücksichtigung der Rechtsauffassung des Berufungsgerichts zu einer anderen Beurteilung der Rechtslage geführt hätten. Dies gilt zB für Veränd. iRd. ZV (BAG 16.5.1990 NZA 1990, 825). Änd. der **Rechtslage** sind auch in der Revisionsinstanz zu berücksichtigen. Hierzu gehören Rechtsänd. von Gesetzen, TV oder rechtskräftige Entscheidungen vorgreifl. Verfahren. Dies betrifft zB die zwischenzeitl. Anerkennung als schwerbehinderter Mensch, Erteilung behördl. Genehmigungen sowie neue Tatsachen, die Grdl. eines Wiederaufnahmeverfahrens sein können (GK-ArbGG/*Mikosch* Rn. 82).

2 **2. Verletzung einer Rechtsnorm. a) Anzuwendendes Recht.** Das auf den Sachverhalt anzuwendende Recht, insb. Bundes- und Landesrecht hat das Revisionsgericht zu kennen (BAG 13.12.2011 – 3 AZR 852/09). Andere Rechtsvorschriften, insb. ausl. Recht, TV, Gewohnheitsrecht, Satzungen, BV usw. hat das Revisionsgericht nach § 293 ZPO zu ermitteln (BAG 15.8.2008 NZA-RR 2008, 586; *Jacobs/Frieling* ZZP 2014, 137). Dabei kann es die Ermittlungen selbst vornehmen oder den Rechtsstreit an das LAG zurückverweisen (BAG 10.4.1975 AP Internationales Privatrecht, Arbeitsrecht Nr. 12).

3 **b) Rechtsnormen. aa) Gesetzesrecht iwS.** Zu den Rechtsnormen zählen zunächst alle Bundes- und Landesgesetze, Staatsverträge, RechtsVO sowie fortgeltendes vorkonstitutionelles Recht des Reichs und der Länder. Verwaltungsvorschriften sind nur dann Rechtsnormen, soweit sie objektives Recht enthalten. Dies ist nur der Fall, wenn sich ein Staatsorgan im Weisungswege an ihm nachgeordnete Behörden wendet (BAG 18.8.1999 ZTR 2000, 270). Keine Rechtsnormen sind auch Eingruppierungsrichtlinien, da sie ledigl. einseitige Empfehlungen einer TVpartei an ihre Mitglieder sind (BAG 20.4.1994 AP BAT-O § 11 Nr. 1); werden sie einzelvertragl. vereinbart, können sie als typische

Willenserkl. wie Rechtsnormen überprüft werden (BAG 29.8.1984 AP BAT 1975 §§ 22, 23 Nr. 93; GMP/*Müller-Glöge* Rn. 17). Revisibel sind schließl. kirchl. Recht, Gewohnheitsrecht und – iE – betriebl. Übungen. Die Anwendung von Vorschr. des Unionsrechts und ausl. Recht unterliegt gleichfalls der Nachprüfung durch das Revisionsgericht (BAG 24.8.1989 NZA 1990, 841). Unerhebl. ist, ob es sich bei den Rechtsnormen um materielles Recht oder Verfahrensrecht handelt. Zur Überprüfung von Verfahrensmängeln § 74 Rn. 10.

bb) Normatives Privatrecht. Zu den Rechtsnormen zählen auch die im normativen Teil von TV und BV (BAG 30.8.1994 NZA 1995, 183) enthaltenen Bestimmungen, ebenso die Satzungen und Statute ör. und privater jur. Personen (Körperschaften, Anstalten, Stiftungen des öffentl. Rechts; Satzungen der Kapitalgesellschaften sowie der rechtsfähigen und nicht rechtsfähigen Vereine), die Dienstordnungen der Sozialversicherungsträger (BAG 26.9.1984 NZA 1985, 90) und die bindenden Festsetzungen der Heimarbeitsausschüsse (BAG 12.8.1976 AP HAG § 19 Nr. 9). Bei der **Anwendung von TV** ermittelt das Revisionsgericht vAw. das Zustandekommen und den Inhalt eines TV, wenn dieser kraft Tarifbindung oder AVE anzuwenden ist. Die tatsächl. Voraussetzungen für das Eingreifen des TV (zB Tarifbindung, Geltungsbereich) müssen allerdings von dem Anspruchsteller schlüssig vorgetragen werden. Ist ein TV anwendbar, kann auch in der Revisionsinstanz noch nachgeprüft werden, ob und ggf. zu welchem Zeitpunkt er wirksam zustande gekommen ist (BAG 20.3.1997 NZA 1997, 896; 20.4.1994 NZA 1994, 1090) oder ob es sich bei einer Vereinb. überhaupt um einen TV handelt. 4

c) Prüfungsumfang des Revisionsgerichts. aa) Unbestimmte Rechtsbegriffe. Sie sind nach der Rspr. des BAG nur begrenzt überprüfbar. Zu den unbestimmten Rechtsbegriffen gehören zB. der wichtige Grund (§ 626 BGB), die Sozialwidrigkeit einer Kündigung (§ 1 KSchG), Treu und Glauben (§ 242 BGB), der Grad des Verschuldens und das billige Ermessen (§ 315 BGB). Bei unbestimmten Rechtsbegriffen hat das Berufungsgericht einen Beurteilungsspielraum. Eine Rechtsverletzung liegt nur vor, wenn der unbestimmte Rechtsbegriff selbst verkannt ist und bei der Subsumtion des Sachverhalts der Begriffsumfang verlassen wird, Denkgesetze oder allg. Erfahrungssätze verletzt werden, bei einer gebotenen Interessenabwägung nicht der gesamte Sachverhalt berücksichtigt wird oder das Erg. in sich widersprüchl. ist (BAG 29.10.1997 NZA 1998, 336; 21.5.1992 NZA 1992, 1028; 24.7.1991 NZA 1992, 174). Das BAG legt selbst bei dem vorstehenden Prüfungsumfang den unbestimmten Rechtsbegriff letztl. verbindl. aus. Ledigl. in Randbereichen wahrt es einen Beurteilungsspielraum der Tatsacheninstanzen. Dieser mag insb. in Eingruppierungsprozessen nur noch gering sein. Er kann aber namentl. dann nicht beseitigt werden, wenn es um die Berücksichtigung der Umstände des Einzelfalls wie zB in § 626 BGB geht (wie hier GMP/*Müller-Glöge* Rn. 9). 5

bb) Ermessen, Sollvorschriften, Denkgesetze und allg. Erfahrungssätze. Beschränkt revisibel ist ein Berufungsurt., wenn dem LAG bei seiner Entsch. durch eine Rechtsnorm ein Ermessen eingeräumt ist. Das Revisionsgericht darf dann nicht sein Ermessen an die Stelle des Ermessens des Berufungsgerichts setzen. Das LAG hat zB bei der einseitigen Leistungsbestimmung (§ 315 BGB, § 106 GewO) über die Ausübung von billigem Ermessen zu entscheiden. Revisibel ist dann nur, ob *(1)* das LAG überhaupt erkannt hat, dass es einen Ermessensspielraum hat, *(2)* es die Voraussetzungen und Grenzen des Ermessens richtig bestimmt und eingehalten hat und *(3)* das Ermessen fehlerfrei ausgeübt worden ist, ob also alle relevanten Umstände berücksichtigt worden sind (BAG 29.1.1992 NZA 1992, 853; 16.10.1991 NZA 1992, 793; aA BAG 3.12.2002 NZA-RR 2003, 613 wie hier GMP/*Müller-Glöge* Rn. 10). In Ausnahmefällen kann das BAG selbst beurteilen, was billigem Ermessen entspricht, wenn alle entscheidungserhebl. Tatsachen festgestellt sind (BAG 19.6.1985 NZA 1985, 811). Auf die Verletzung einer Sollvorschrift kann die Revision nicht gestützt werden, wohl hingegen auf die Verletzung von Denk- und Erfahrungssätzen. Revisibel sind schließl. Rechenfehler, soweit sie nicht ohnehin wegen offenbarer Unrichtigkeit berichtigt werden. 6

cc) Verträge und Willenserklärungen. Bestimmungen in Individualarbeitsverträgen und die Auslegung einzelner Willenserk. sind grds. nicht revisibel. Bei ihnen kann in der Revisionsinstanz nur nachgeprüft werden, ob *(1)* bei der Auslegung gegen materiell-rechtl. Auslegungsregeln verstoßen worden ist (§§ 133, 157 BGB), *(2)* Denkgesetze und Erfahrungssätze verletzt sind oder *(3)* der Tatsachenstoff vollständig verwertet wurde (BAG 26.5.1992 NZA 1992, 976; 22.9.1992 NZA 1993, 668). Das Revisionsgericht prüft jedoch nur nach, ob die Auslegung mögl. ist, nicht ob sie richtig ist (BAG 5.5.1988 NZA 1989, 18), eine gebotene Auslegung unterlassen wurde (BAG 18.2.1992 NZA 1992, 881) oder umgekehrt, ob eine eindeutige Bestimmung ausgelegt wurde (BAG 14.9.1972 AP BGB § 133 Nr. 34) bzw. rechtsirrtüml. die Voraussetzungen einer erg. Vertragsauslegung angenommen wurden (BAG 8.11.1972 AP BGB § 157 Nr. 3). Unbegrenzt revisibel sind Verträge, die in einer Vielzahl von Fällen gleich lautend verwandt werden und bei denen bes. Umstände des Einzelfalls nicht zu beachten sind (BAG 20.6.1985 NZA 1986, 258). Hierzu zählen zB Formular- und Musterverträge, die von Verbänden und Behörden hrsg. oder benutzt werden, Bezugnahmen auf TV und Allg. Geschäftsbedingungen sowie vorformulierte Ausgleichsquittungen. Enthält ein Mustervertrag neben vorgedruckten Klauseln einzelne Individualabreden, soll der ganze Vertrag als nichttypischer Vertrag anzusehen sein (BAG 16.10.1987 NZA 1988, 877); richtigerweise dürfte darauf abzustellen sein, ob die 7

Vereinb. in gesonderte Regelungskomplexe aufgeteilt werden kann, die jeweils entspr. den Grundsätzen für typische und atypische Willenserkl. auszulegen sind (so GK-ArbGG/*Mikosch* Rn. 39). Die Auslegung von rechtsgeschäftsähnl. Erkl. richtet sich gleichermaßen danach, ob sie einen typischen oder atypischen Inhalt haben (BAG 22.9.2005 NZA 2006, 429; GMP/*Müller-Glöge* Rn. 27). Die Voraussetzungen und der Inhalt einer betriebl. Übung unterliegen ebenso wie das Zustandekommen und der Inhalt einer Gesamtzusage der vollen Nachprüfung durch das BAG. Bei Auslegungsfehlern des Berufungsgerichts ist seine Entsch. regelm. aufzuheben und an das LAG zurückzuverweisen. Ausnahmsweise trifft das BAG eine eigene Entscheidung, wenn der erforderl. Sachverhalt festgestellt ist und weitere Feststellungen nicht mehr in Betracht kommen (BAG 28.2.1991 NZA 1991, 685; 17.5.1984 NZA 1985, 62; zur Auslegung einer Urkunde BAG 28.2.1990 NZA 1990, 746).

8 **dd) Prozesshandlungen.** Sie unterliegen in vollem Umf. der Überprüfung durch das Revisionsgericht (BAG 20.4.1983 TVAL II § 21 Nr. 2; GMP/*Müller-Glöge* Rn. 28). Voll überprüft werden damit auch Prozessvergleiche, obwohl sie regelm. individuelle Vereinb. enthalten (BAG 31.7.2002 AP BGB § 611 Konkurrenzklausel Nr. 48; aA BAG 15.9.2004 NZA 2005, 691).

9 **d) Ausgeschlossene Revisionsgründe.** Nach § 73 II iVm. § 65 sind die dort aufgezählten Fehler nicht revisibel (s. § 65 Rn. 2), selbst wenn die Revision erst auf NZB zugelassen worden ist. Dies gilt sinngem. auch für den von § 72b erfassten Sachverhalt. Verstöße des LAG gegen Verfahrensvorschriften sind unbeachtl., sofern es sich „nur" um sog. Ordnungsvorschriften handelt (zB die Vorschr. über die Verkündung und Abfassung des Urt.; GMP/*Müller-Glöge* Rn. 29). Ansonsten sind Verfahrensfehler, die das Revisionsgericht nicht vAw. zu berücksichtigen hat, nur beachtl., wenn sie bis zum Ablauf der Revisionsbegründungsfrist gerügt worden sind und die Rüge gem. § 551 III Nr. 2b ZPO ordnungsgem. erhoben ist (s. § 74 Rn. 12).

10 **3. Kausalität der Rechtsverletzung.** Eine Revision ist nur dann begr., wenn der Urteilsinhalt auf der Verletzung einer Rechtsnorm beruht (§ 73 I). Erweist sich das Urt. aus anderen Gründen als richtig, ist die Revision unbegr. (§ 561 ZPO). Liegt ein absoluter Revisionsgrund vor (s. Rn. 18), bedarf es keiner bes. Feststellung, dass das Urt. darauf beruht. Bei einem Verfahrensverstoß iÜ ist ausreichend, dass die Möglichkeit nicht auszuschließen ist, dass ohne den Fehler die Entsch. günstiger ausgefallen wäre.

11 **4. Absolute Revisionsgründe (§ 547 ZPO). a) Allgemeines.** In § 547 ZPO sind die absoluten Revisionsgründe zusammengefasst. Liegen deren Voraussetzungen vor, wird unwiderrufl. vermutet, dass die Entsch. auf ihnen beruht. In diesem Fall ist die angefochtene Entsch. aufzuheben und der Rechtsstreit an das LAG zurückzuverweisen. Nach § 72 II Nr. 3 1. Alt. ist die Revision auch dann zuzulassen, wenn die absoluten Revisionsgründe des § 547 Nr. 1 bis 5 ZPO vorliegen. Nach der hier vertretenen Ansicht kann das BAG auf eine NZB in entspr. Anwendung von § 72a VII das Urt. des LAG aufheben und das Verfahren an das Berufungsgericht zurückverweisen (§ 72a Rn. 10). Die absoluten Revisionsgründe in § 547 Nr. 1 bis 5 ZPO sind in § 72 Rn. 10 erläutert. Erhebt der Revisionskläger allerdings keine Verfahrensrüge, kommt es auf einen Verstoß gegen § 547 Nr. 1 bis 5 ZPO nicht an (BAG 9.6.2011 NZA-RR 2012, 12).

12 **b) Urteil ohne Gründe (§ 547 Nr. 6 ZPO).** Der absolute Revisionsgrund ist gegeben, wenn Gründe vollständig fehlen oder völlig unverständl. oder nichtssagend sind. Das Gleiche gilt, wenn das Urt. keinen Tatbestand enthält bzw. die Feststellungen unklar, lückenhaft oder widersprüchl. sind. Beruht die rechtl. Würdigung des LAG auf solchen Feststellungen, ist sein Urt. schon wegen dieses Mangels ohne Verfahrensrüge aufzuheben (BAG 13.4.2010 NZA-RR 2010, 457; 15.4.2008 NZA-RR 2008, 586). § 547 Nr. 6 ZPO ist nicht gegeben, wenn das LAG zulässigerweise nach § 69 III 2 auf das Urt. des ArbG oder ein vorangegangenes Revisionsurt. Bezug genommen hat (BAG 7.12.1988 NZA 1989, 527; 24.6.1980 AP ZPO § 543 Nr. 2). Keine Bezugnahme auf das erstinstanzl. Urt. liegt vor, wenn das Berufungsgericht nach § 69 II von der Darst. des Tatbestands Abstand nimmt (BAG 30.10.1987 NZA 1988, 218). Nach dem Beschl. des GmS-OGB (GmS-OGB 27.4.1993 AP ZPO § 551 Nr. 21) ist ein absoluter Revisionsgrund auch gegeben, wenn Tatbestand und Entscheidungsgründe des Urt. des LAG nicht binnen fünf Monaten nach Verkündung schriftl. niedergelegt, von den Richtern unterschrieben der Geschäftsstelle übergeben worden ist (s. § 72b Rn. 2).

§ 74 Einlegung der Revision, Terminbestimmung

(1) [1]**Die Frist für die Einlegung der Revision beträgt einen Monat, die Frist für die Begründung der Revision zwei Monate.** [2]**Beide Fristen beginnen mit der Zustellung des in vollständiger Form abgefassten Urteils, spätestens aber mit Ablauf von fünf Monaten nach der Verkündung.** [3]**Die Revisionsbegründungsfrist kann einmal bis zu einem weiteren Monat verlängert werden.**

(2) [1]**Die Bestimmung des Termins zur mündlichen Verhandlung muß unverzüglich erfolgen.** [2]**§ 552 Abs. 1 der Zivilprozeßordnung bleibt unberührt.** [3]**Die Verwerfung der Revision ohne mündliche Verhandlung ergeht durch Beschluß des Senats und ohne Zuziehung der ehrenamtlichen Richter.**

1. Allgemeines. Die Vorschr. regelt die Besonderh. bei der Revisionseinlegung und -begr. im Revisionsverfahren vor dem BAG. Sie ist nicht abschl.; über § 72 V finden zusätzl. die §§ 549 bis 553 ZPO Anwendung. Die Revision ist statthaft, wenn sie durch das LAG im Urt. (§ 72 I) oder auf eine NZB (§ 72a I) durch das BAG zugelassen worden ist. Mit der fristgem. Einlegung der Revision wird der Eintritt der Rechtskraft gehemmt (Suspensiveffekt) und die Sache in die höhere Instanz gebracht (Devolutiveffekt). Die Revision kann von jeder Partei, dem Nebenintervenienten und vom streitgenössischen Nebenintervenienten auch gegen den Willen der Hauptpartei eingelegt werden (BAG 15.1.1985 AP ZPO § 67 Nr. 3); maßgebl. ist die Beschwer der Hauptpartei. Ein Streitverkündeter, der mangels Streitbeitritts nicht Streithelfer geworden ist, kann ein Rechtsmittel nicht einlegen. Die Einlegung der Revision ist aber als Streitbeitritt zu verstehen, wenn damit zum Ausdruck kommt, dass der Streitverkündete seine bisherige passive Rolle aufgeben und sich als Streithelfer der unterlegenen Partei am Prozess beteiligen will (BAG 31.1.2008 – 8 AZR 11/07). 1

2. Einlegung der Revision. a) Revisionsschrift. aa) Inhalt. Nach § 549 I 2 ZPO muss die Revisionsschrift enthalten *(1)* die Bezeichnung des Urt. gegen das die Revision gerichtet wird und *(2)* die Erkl., dass gegen dieses Urt. die Revision eingelegt werde. Zur Bezeichnung des angefochtenen Urt. ist regelm. die Angabe des Gerichts, das Datum der angefochtenen Entsch. und das Aktenzeichen erforderl. Nicht jede Ungenauigkeit, die eine Revisionsschrift bei einzelnen Angaben enthält, führt freil. zur Unzulässigkeit des Rechtsmittels. Fehlerhafte oder unvollständige Angaben schaden nicht, wenn aufgrund der sonstigen erkennbaren Umstände für Gericht und Prozessgegner nicht zweifelhaft bleibt, welches Urt. angefochten wird (BAG 12.1.2005 NZA 2005, 1432; 24.6.2004 NZA 2004, 1182). Das Revisionsgericht muss die Identität des angefochtenen Urt. innerhalb der Revisionsfrist erkennen können. Die Angaben zum Urt. können daher fehlen, wenn die angefochtene Entscheidung durch andere Umstände eindeutig zu identifizieren ist. Schon aus diesem Grund sollte stets die beglaubigte Abschrift oder eine Ausfertigung des angefochtenen Urt. der Revisionsschrift beigefügt werden (§ 550 I ZPO). 2

bb) Bezeichnung des Rechtsmittels. Die Revisionsschrift muss eindeutig erkennen lassen, für und gegen wen die Revision eingelegt wird. Wird in der Revisionsschrift das Rechtsmittel unrichtig bezeichnet, ist das unschädl., wenn eindeutig zu ersehen ist, dass das zulässige Rechtsmittel eingelegt werden sollte (BAG 3.12.1985 AP BAT § 74 Nr. 1). Die Revision muss unbedingt erhoben werden. Unzulässig ist eine Revision für den Fall ihrer Zulässigkeit oder Statthaftigkeit; zur Einlegung bei einem Antrag auf PKH § 66 Rn. 6. Wird mehrfach Revision eingelegt, ist im Allg. nur eine Revision anhängig (BAG 18.3.2010 NZA 2010, 1129). 3

cc) Sonstige Formalien. Nach § 549 II ZPO ist auf die Revisionsschrift § 130 ZPO anzuwenden. Sie soll auch die dort geforderten Angaben enthalten. Eine Revisionsschrift ist noch ordnungsgem., wenn sie nicht die ladungsfähige Anschrift des Revisionsbekl. oder seines PV enthält (BAG GS 16.9.1986 NZA 1987, 136). Sie muss von einem RA oder Verbandsvertreter iSd. § 11 IV 2 unterzeichnet sein (zum Unterschriftserfordernis s. § 4 KSchG Rn. 12 f.). Zul. ist die Unterzeichnung durch einen RA, der in Untervollmacht handelt (BAG 22.5.1990 NZA 1990, 828); nicht aber durch einen als Boten handelnden PV (BGH 24.1.2008 NJW 2008, 1311). Ist die Revisionsschrift nicht unterzeichnet, ist es ausreichend, wenn eine von dem PV beglaubigte Abschrift beigefügt ist, aus dem die Urheberschaft erkennbar wird (BAG 30.5.1978 AP ZPO § 518 Nr. 42). Für die Anforderungen an die Einlegung der Revisionsschrift gelten iÜ die Ausführungen über die Berufung entspr., s. § 66 Rn. 2. 4

b) Revisionsfrist. Die Revisionsfrist beträgt einen Monat (§ 74 I 1). Sie ist eine Notfrist, obwohl der Wortlaut von § 74 I keine entspr. Aussage trifft. Die Revisionsfrist beginnt mit der Zustellung des in vollständiger Form abgefassten Urt., spätestens aber mit Ablauf von fünf Monaten nach der Verkündung (§ 74 I 2). Zum Fristlauf bei nicht zugestellten Urt. der LAG gelten die Ausführungen für die Berufung entspr., s. § 66 Rn. 12. Die Revision kann auch vor der Zustellung des Berufungsurt. eingelegt werden. Wird sie bereits vor Verkündung des Urt. des LAG eingelegt, ist sie hingegen unwirksam. Wird ein Ergänzungsurt. erlassen, beginnt die Frist von neuem. Wird die Revision auf eine NZB hin zugelassen, wird das Verfahren als Revisionsverfahren fortgesetzt (§ 72a Rn. 8). Bei der Fristberechnung wird der Tag der Zustellung nicht mitgerechnet (§§ 221, 222 ZPO, 188 BGB). Die Revisionsfrist endet an dem Tag, der von der Zahl her dem Tag der Zustellung im Vormonat entspricht. War das Verfahren unterbrochen, läuft die Revisionsfrist nicht. Bei mehreren PV ist die Zustellung ggü. jedem von ihnen wirksam (BAG 23.1.1986 NZA 1986, 404). Für den Lauf der Frist ist dann die erste Zustellung maßgebend. Unzureichend ist die Zustellung an einen Unterbevollmächtigten. Die Revisionsschrift muss innerhalb der Revisionsfrist beim BAG eingehen. Durch die Einlegung der Revision beim LAG wird die Revisionsfrist nicht gewahrt (BAG 21.1.1987 NZA 1987, 357), sondern nur, wenn sie von dort an das BAG weiterreicht wird und dort noch innerhalb der Revisionsfrist eingeht. Bei Versäumung der Revisionsfrist ist die Wiedereinsetzung in den vorigen Stand statthaft. 5

3. Revisionsbegründung. a) Form und Frist. Die Revision ist nach § 551 I ZPO zu begründen. Sofern die Begr. noch nicht in der Revisionsschrift enthalten ist, muss sie durch einen von einem postulationsfähigen PV unterzeichneten Schriftsatz begr. werden (§ 551 II 1 ZPO). Die Revisions- 6 begründungsschrift muss stets selbst eine Begr. enthalten. Ausreichend ist eine inhaltl. Bezugnahme auf Schriftsätze, die im PKHVerfahren (BAG 2.2.1968 AP ZPO § 554 Nr. 14) oder iRd. Verfahrens nach § 72a eingereicht wurden (§ 551 III 2 ZPO). Die **Revisionsbegründungsfrist** beträgt zwei Monate (§ 74 I 1). Sie beginnt mit der Zustellung des in vollständiger Form abgesetzten Berufungsurt. (§ 74 I 2). Durch die Neuregelung ist die Abhängigkeit des Laufs der Revisionsbegründungsfrist vom Zeitpunkt des Eingangs der Revision beim BAG beseitigt worden; zum Fristlauf bei Bewilligung von PKH § 66 Rn. 6. Die Revisionsbegründungsfrist kann einmal bis zu einem weiteren Monat verlängert werden (§ 74 I 3); § 551 II 5, 6 ZPO ist insoweit nicht anzuwenden. Der Antrag auf Fristverlängerung muss vor Ablauf der Revisionsbegründungsfrist bei Gericht eingehen, die Entsch. kann hingegen noch nach Fristablauf erfolgen. Die Verlängerung der Frist erfolgt durch den Vors. (§ 551 II 5 ZPO). Eine Fristverlängerung über den ges. Rahmen des § 74 I hinaus ist unwirksam (BAG 20.1.2004 NZA 2004, 1058; aA BAG 14.3.1979 AP BAT 1975 Nr. 17 – Vertrauensschutz; GMP/*Müller-Glöge* Rn. 36). Eine zweite Fristverlängerung ist im ArbGG nicht vorgesehen, sie kann auch dann nicht erfolgen, wenn die erste Verlängerung die Monatsfrist nicht ausgeschöpft hat. Bei Versäumung der Revisionsbegründungsfrist kann Wiedereinsetzung in den vorigen Stand gewährt werden (§ 233 ZPO). Ist die Revision fristgem. begr., kommt eine Wiedereinsetzung zum Nachschieben weiterer Revisionsgründe nach hM nicht in Betracht (GMP/*Müller-Glöge* Rn. 38; GK-ArbGG/*Mikosch* Rn. 37, 64; aA DL/*Düwell* § 74 Rn. 32). Allerdings betrifft dies nur Verfahrensrügen, da materielle Rügen auch nach Ablauf der Revisionsbegründungsfrist ohnehin zu berücksichtigen sind.

7 **b) Inhalt.** Nach § 551 III ZPO muss die Revisionsbegr. enthalten *(1)* die Erkl., inwieweit das Urt. angefochten und dessen Aufhebung beantragt wird (Revisionsanträge); *(2)* die Angabe der Revisionsgründe, und zwar *(a)* die bestimmte Bezeichnung der Umstände, aus denen sich die Rechtsverletzung ergibt; *(b)* wenn die Revision darauf gestützt wird, dass das Gesetz in Bezug auf das Verfahren verletzt sei, die Bezeichnung der Tatsachen, die den Mangel ergeben. Der Revisionskl. wird regelm. beantragen, das Urt. des LAG aufzuheben und die Berufung gegen das Urt. des ArbG zurückzuweisen oder das Urt. des ArbG abzuändern und nach dem Schlussantrag zu erkennen. Es ist ausreichend, wenn aus dem Inhalt der Revisionsbegr. ersichtl. ist, in welchem Umf. das LAG-Urt. aufgeh. werden soll (BAG 4.10.2005 NZA 2006, 506). Gleiches gilt, wenn die Aufhebung des Urt. und die Zurückweisung des Rechtsstreits beantragt wird oder sich aus dem Vorbringen iÜ ergibt, dass der ursprüngl. Sachantrag weiter verfolgt werden soll (BAG 22.10.1982 AP BetrVG 1972 § 99 Nr. 24). Nach Ablauf der Revisionsbegründungsfrist kann der Antrag nicht mehr auf einen anderen Streitgegenstand erweitert werden, da das Urt. wegen des nicht angefochtenen Teils rechtskräftig geworden ist. Das Revisionsgericht ist an die von den Parteien gestellten Revisionsanträge gebunden. Aufgabe des Revisionsgerichts ist es zu überprüfen, ob die Vorinstanz fehlerfrei entschieden hat. Zur Bindung an den festgestellten Sachverhalt § 73 Rn. 1. Eine **Klageänderung** ist in der Revisionsinstanz grds. unzulässig (BAG 9.11.2005 NZA 2006, 231), ebenso die erstmalige Erhebung der Widerklage oder einer Zwischenfeststellungsklage. Eine Klageerweiterung unter den Voraussetzungen des § 264 Nr. 2 oder 3 ZPO ist zulässig, wenn der geänd. Antrag auf den vom LAG festgestellten Sachverhalt oder auf unstreitiges Vorbringen gestützt werden kann und berechtigte Interessen des Gegners nicht beeinträchtigt werden (BAG 15.7.2008 NZA-RR 2009, 506; 10.2.2004 NZA 2004, 872). Daneben hat das BAG in der Revisionsinstanz sowohl den Übergang von der Leistungsklage zur Feststellungsklage (BAG 5.6.2003 AP ZPO 1977 § 256 Nr. 81) wie auch im umgekehrten Fall den Übergang auf eine Leistungsklage für zulässig gehalten (BAG 28.1.2004 NZA 2005, 656). Als unzulässig hat es hingegen die Änd. eines zu weit gefassten Unterlassungsantrags in einen konkreten Feststellungsantrag angesehen (BAG 11.12.2001 AP BetrVG 1972 § 87 Arbeitszeit Nr. 93). Zul. ist es hingegen, den früheren Hauptantrag als Hilfsantrag und umgekehrt den früheren Hilfsantrag als Hauptantrag zu stellen (BAG 4.5.1977 AP BGB § 611 Bergbau Nr. 17). Ist Revision über den Hauptantrag eingelegt, kann auch der Hilfsantrag in der Revisionsinstanz anfallen. Wird in der Revisionsinstanz erstmals nach dem Hauptantrag erkannt, wird die Verurteilung aufgrund des Hilfsantrags wirkungslos (BAG 12.8.2008 NZA-RR 2009, 430). Ferner kann in der Revisionsinstanz erstmals über den Antrag nach § 717 III ZPO entschieden werden (BAG 23.12.1961 AP ZPO § 717 Nr. 2).

8 **4. Materielle Revisionsgründe. a) Einzelfallbezogene Auseinandersetzung.** Wenn der Revisionskl. einen materiell-rechtl. Fehler rügen will, hat er die Umstände darzulegen, aus denen sich die Rechtsverletzung ergeben soll. Die Bezeichnung der verletzten Rechtsnorm oder des verletzten Rechtsgrundsatzes ist nach der Neufassung des § 551 III Nr. 2 ZPO nicht mehr erforderl. Unzureichend sind jedoch nach wie nur vor allg. Rügen, das angefochtene Urt. sei fehlerhaft und verletze das Recht sowie die bloße Darst. anderer Rechtsansichten ohne Auseinandersetzung mit den Gründen der anzufechtenden Entscheidung (BAG 28.1.2009 NZA 2009, 1111). Ebenso unzureichend ist die ausschl. Bezugnahme auf die Ausführungen in den Vorinstanzen oder die alleinige Aufzählung der verletzten Rechtsnormen. Eine irrtüml. Falschbezeichnung der gerügten Vorschr. oder Rechtsgrundsätze ist unschädl., da das Revisionsgericht nur an die Anträge, dagegen nicht an die geltend gemachten Revisionsgründe gebunden ist. Die Rspr. verlangt jedoch, dass die Revisionsbegr. den **Rechtsfehler** des LAG **aufzeigen** muss; Gegenstand und Richtung des Revisionsangriffs müssen erkennbar sein. Die Revisionsbegr. muss

daher eine Auseinandersetzung mit den Urteilsgründen des angefochtenen Urt. enthalten. Dies erfordert eine konkrete Darlegung der Gründe, aus denen das angefochtene Urt. rechtsfehlerhaft sein soll (BAG 6.1.2004 NZA 2004, 449). Dadurch soll u. a. sichergestellt werden, dass der PV des Revisionskl. das angefochtene Urt. genau durchdenkt. Daneben soll die Revisionsbegr. durch ihre Kritik des angefochtenen Urt. zur richtigen Rechtsfindung durch das Revisionsgericht beitragen (BAG 30.5.2001 – 4 AZR 272/00). Für die ordnungsgem. Revisionsbegr. unerhebl. ist, ob der Rechtsfehler vorliegt. Da materiellen Fehlern vAw. nachgegangen wird, können materielle Rügen auch noch nach Ablauf der Revisionsbegründungsfrist erhoben werden.

b) Doppelbegründung und mehrere Streitgegenstände. Hat das LAG die angefochtene Entsch. 9 auf zwei voneinander unabhängige, selbständig tragende Erwägungen gestützt, muss die Rechtsmittelbegr. beide Erwägungen angreifen. Setzt sich die Begr. nur mit einer der beiden Erwägungen auseinander, ist das Rechtsmittel insg unzulässig. Denn die Rechtsmittelbegr. muss geeignet sein, die gesamte Entsch. in Frage zu stellen (BAG 10.6.2015 AP ZPO § 551 Nr. 77). Hat das angefochtene Urt. über mehrere Streitgegenstände entschieden, muss sich die Revisionsbegr. mit allen angefochtenen Teilen auseinandersetzen und für jeden Streitgegenstand begr. werden. Soweit eine Begr. fehlt, ist die Revision unzulässig (BAG 22.10.2015 NZA 2016, 630). Eine Ausn. gilt nur, wenn die Entsch. über den einen Streitgegenstand denknotwendig von dem anderen korrekt angefochtenen Streitgegenstand abhängt (BAG 20.2.2008 NZA-RR 2009, 143); s. § 66 Rn. 15.

5. Verfahrensrügen. a) Grundsatz. Wird eine Verfahrensrüge nach § 551 III Nr. 2bZPO erhoben, 10 muss der Revisionskl. innerhalb der Revisionsbegründungsfrist auch die Tatsachen vortragen, aus denen sich der Verfahrensverstoß ergibt. Gleichwohl ist insoweit zu unterscheiden. Ist der Verfahrensfehler vAw. zu berücksichtigen, ist die Rüge des Verfahrensmangels entbehrl., ansonsten muss sie erhoben werden. Auf nicht vAw. zu berücksichtigende Verfahrensmängel wird das Urt. nur überprüft, wenn sie **ordnungsgem. gerügt** worden sind. Wird die Rüge vom Revisionskl. nicht innerhalb der Revisionsbegründungsfrist erhoben, kann sie nicht mehr nachgeschoben werden; der Revisionsbekl. kann Verfahrensrügen bis zum Schluss der mdl. Verhandlung erheben (BAG 5.10.1995 NZA 1996, 651). Mit der Rüge ist ferner darzulegen, dass das Urt. auf dem Verfahrensfehler beruht, also die Kausalität zwischen Verfahrensmangel und Erg. des Berufungsurt. (BAG 6.1.2004 NZA 2004, 449). Bei Verfahrensmängeln reicht es für die Zulässigkeit aus, dass das Urt. möglicherweise auf dem Verfahrensmangel beruht. Eine Verfahrensrüge ist auch dann notwendig, wenn ein absoluter Revisionsgrund gegeben ist (s. § 72 Rn. 10, § 73 Rn. 11). Dagegen kann nicht gerügt werden, das LAG habe zu Unrecht eine Klageänd. als sachdienl. angesehen oder verspätetes Vorbringen zu Unrecht zugelassen, da insoweit die eingetretenen Verzögerungen nicht mehr beseitigt werden können. Wird gerügt, das Urt. sei so spät zugestellt worden, dass ein **Tatbestandsberichtigungsantrag** nicht mehr hätte gestellt werden können, muss angegeben werden, welcher Antrag gestellt worden wäre und dass das Urt. auf dem Fehler beruht. Die Rüge, das LAG habe in Hinblick auf eine Rechtsfrage den Anspruch auf rechtl. Gehör verletzt, ist bei einer zugelassenen Revision nicht zulässig (BAG 17.3.2010 NZA 2010, 696).

b) Aufklärungsrüge. Bei der Aufklärungsrüge ist darzulegen, dass *(1)* für das Gericht eine Auf- 11 klärungspflicht bestanden hat und *(2)* diese verletzt worden ist, *(3)* was die Partei vorgetragen hätte, wenn das Gericht seiner Aufklärungspflicht genügt hätte und *(4)* dass danach die Entsch. anders ausgefallen wäre (BAG 15.12.1994 NZA 1995, 521).

c) Beweisrüge. aa) Übergangener Beweisantritt. Bei der Beweisrüge ist zu unterscheiden zwischen 12 der Übergehung eines zulässigen (BAG 12.7.2007 NZA 2008, 431) Beweisantritts und der Beweiswürdigung. Bei einer auf § 286 ZPO gestützten Rüge wegen übergangenen Beweisantritts genügt es nicht nur vorzutragen, das LAG habe angetretene Beweise nicht berücksichtigt. Es muss vielmehr nach Beweisthema und Beweismittel angegeben werden, zu welchem Punkt das LAG rechtsfehlerhaft eine an sich gebotene Beweisaufnahme unterlassen haben soll und welches Erg. diese Beweisaufnahme voraussichtl. gehabt hätte. Eine nicht näher bestimmte Bezugnahme auf einen übergangenen Beweisantritt reicht dazu nicht aus. Erforderl. ist die Angabe der genauen vorinstanzl. Fundstelle der übergangenen Beweisanträge nach Schriftsatz und – jdf. bei umfangr. Schriftsätzen – nach Seitenzahl. Ferner muss dargelegt werden, dass die Unterlassung der Beweiserhebung kausal für die Entsch. gewesen ist. Von den Anforderungen an die Konkretisierung kann nur abgesehen werden, falls es ohne weiteres klar und einsichtig ist, welchen Vortrag und welchen Beweisantritt das LAG nicht berücksichtigt hat (BAG 13.11.2013 – 10 AZR 639/13; 6.1.2004 NZA 2004, 449). Es ist daher darzulegen, *(1)* welche berücksichtigungsfähigen (BAG 12.7.2007 NZA 2008, 1264) Tatsachen beweiserhebl. waren, *(2)* wo sich der entspr. Beweisantritt in den Akten befindet (Schriftsatz, Seitenzahl); soweit der Beweisantritt schon in der ersten Instanz erfolgt ist, warum das LAG davon ausgehen musste, dass er aufrechterhalten worden ist, *(3)* was die Beweisaufnahme ergeben hätte und *(4)* dass die Verfahrensverletzung entscheidungserhebl. war. Eine beweisbelastete Partei kann auch dadurch Beweis antreten, indem sie ihre eigene Anhörung oder Vernehmung beantragt (BAG 19.11.2008 NZA 2009, 318).

bb) Fehlerhafte Beweiswürdigung. Wendet sich der Revisionskl. gegen eine ihm nachteilige Be- 13 weiswürdigung, muss er deutl. machen, dass und aus welchen Gründen er die Beweiswürdigung für unrichtig hält (BGH 13.9.2012 NJW 2012, 3581). Bei der Rüge wegen fehlerhafter Beweiswürdigung kann im Allg. nur gerügt werden, die Beweiswürdigung verstoße gegen Erfahrungs- und Denkgesetze und sei in sich widersprüchl. (BAG 25.2.1987 NZA 1988, 34). Das Berufungsgericht muss nicht jede einzelne Ausführung eines Sachverständigen oder Zeugen würdigen. Ausreichend ist, dass es insgesamt widerspruchsfrei und umfassend zum Erg. der Beweisaufnahme Stellung genommen hat. Zu verlangen ist allerdings, dass alle wesentl. Aspekte der Ausführungen der Zeugen und Sachverständigen in der Begr. des Gerichts erwähnt und gewürdigt worden sind (BAG 18.1.2007 – 2 AZR 759/05). Es steht grds. im Ermessen des Berufungsgerichts, ob es die im ersten Rechtszug gehörten **Zeugen** nochmals nach § 398 ZPO vernimmt oder sich mit der Verwertung der protokollierten erstinstanzl. und gem. § 526 ZPO vorgetragenen Aussagen begnügt. Das ist aber dann nicht mögl., wenn das Berufungsgericht die Glaubwürdigkeit der erstinstanzl. gehörten Zeugen anders als die Richter erster Instanz beurteilt und dies die Tatsachenfeststellung beeinflusst (BAG 26.9.1989 NZA 1990, 74). Schriftl. Aussagen sowie Protokolle über die Aussagen von Zeugen in einem anderen Verfahren können im Wege des Urkundenbeweises verwertet werden, wenn die beweispflichtige Partei dies beantragt. Unzulässig ist die Verwertung der früheren Aussage im Wege des Urkundenbeweises anstelle der beantragten Anhörung nur dann, wenn eine Partei zum Zwecke des unmittelbaren Beweises die Vernehmung des Zeugen beantragt (BAG 12.7.2007 NZA 2008, 1264). Wird ein **Sachverständigengutachten** als unzutreffend gerügt, muss die Begr. das Revisionsgericht in die Lage versetzen, nachzuprüfen, ob die zugrunde gelegten Erkenntnisse und Gutachten ihren Zweck nicht erfüllen konnten und sich der Mangel dem Berufungsgericht aufdrängen musste (BAG 21.11.1996 NZA 1997, 1174). Wird geltend gemacht, dass das Sachverständigengutachten nicht der wissenschaftl. Methodenlehre entspreche, so ist die Rüge nur dann ausreichend begr., wenn ausgeführt wird, welche in der Fachliteratur oder in Fachzeitschriften erörterten oder sonst zugängl. Erkenntnisse der Sachverständige bei der Erstattung des Gutachtens nicht berücksichtigt hat, welche anderen wissenschaftl. Methoden hätten verwertet werden müssen und inwiefern bei Verwertung dieser Erkenntnisse ein anderes Erg. zu erwarten gewesen wäre (BAG 6.1.2004 NZA 2004, 449).

14 **6. Weiteres Revisionsverfahren. a) Verwerfung der Revision.** Nach § 74 II 2 bleibt § 552 I ZPO unberührt. Danach hat das Revisionsgericht vAw. zu prüfen, ob die Revision an sich statthaft und ob sie in der ges. Form und Frist eingelegt und begr. ist. Mangelt es an einem dieser Erfordernisse, ist die Revision als unzulässig zu verwerfen. Dies gilt gleichermaßen, wenn die Revision nicht zugelassen ist, nicht form- und fristgem. bei Gericht eingegangen ist oder die Partei nicht beschwert ist. Eine Beschwer kann sich auch aus der Begr. ergeben, wenn eine Klage als unzulässig statt als unbegr. abgewiesen worden ist, oder das LAG zu Unrecht an die erste Instanz zurückverwiesen hat (BAG 24.4.1996 NZA 1997, 176). Die Revision ist aber zulässig, wenn sie auf die Verletzung nicht revisiblen Rechts gestützt wird (GMP/*Müller-Glöge* Rn. 78; aA aber BAG 2.2.1983 AP ArbGG 1979 § 73 Nr. 1) oder eine verzichtbare Verfahrensrüge erstmals in der Revisionsinstanz erhoben wird (BAG 17.4.1985 AP TVG § 1 Tarifverträge: Presse Nr. 4). Die Verwerfung der Revision erfolgt **ohne mdl. Verhandlung durch Beschl.** der Berufsrichter ohne Hinzuziehung der ehrenamtl. Richter. Die Verwerfung kann auch für einzelne Teile der Revision erfolgen. Der Beschl. kann nachträgl. nicht geänd. werden, auch wenn er zu Unrecht ergangen ist. Insoweit kann allenfalls Verfassungsbeschwerde eingelegt werden. Ist die Zulässigkeit einer Revision zweifelhaft, sie aber jdf. unbegr., soll die Zulässigkeit ausnahmsweise zugunsten des Rechtsmittelführers unterstellt werden, wenn eine Klärung der Zulässigkeit die Entsch. des Rechtsstreits erhebl. verzögern würde (BAG 29.7.1997 NZA 1998, 544).

15 **b) Einstellung der Zwangsvollstreckung.** Die ZV kann unter den Voraussetzungen von § 719 II ZPO durch das BAG eingestellt werden. Die Einstellung erfolgt nicht, wenn die Revision nicht begr. ist oder bei einem zeitl. befristeten Urt. dem Urt. jede Wirkung genommen würde, sofern die Interessen des Gläubigers überwiegen. Hat das LAG die ZV ausgeschlossen, kann das Revisionsgericht nach § 558 ZPO das Urt. für vollstreckbar erklären.

16 **c) Rücknahme und Verzicht auf Revision, Anschlussrevision.** Die Revision kann nach § 72 V iVm. § 565 I 2 ZPO ohne Einwilligung des Revisionsbekl. nur bis zum Beginn der mündl. Verhandlung des Revisionsbekl. zur Hauptsache zurückgenommen werden, auf ihre Einlegung kann verzichtet werden (§ 72 V iVm. §§ 566, 514 ZPO, s. § 64 Rn. 17). Nach § 72 V iVm. § 554 ZPO kann sich der Revisionsbekl. bis zum Ablauf eines Monats nach der Zustellung der Revisionsbegr. der Revision anschließen, selbst wenn er auf die Revision verzichtet hat. Durch das ZPO-ReformG 2002 ist die Möglichkeit zur Einlegung einer selbständigen Anschlussrevision entfallen, statthaft ist nur noch die unselbständige Anschlussrevision oder, soweit zulässig, die Einlegung einer eigenständigen Revision durch den Revisionsbekl. Ist die Revision nur teilweise zugelassen worden, ist die Anschlussrevision auch für den verbleibenden Teil des Rechtsstreits statthaft (§ 554 II ZPO). Der Revisionsbekl. kann deshalb eine Abänd. des verbleibenden Teils des Berufungsurt. zu seinen Gunsten erreichen, wenn das Revisionsverfahren aufgrund der Revision der Gegenpartei ohnehin durchgeführt werden muss (BAG 3.12.2003 AP TVG § 1 Tarifverträge: Musiker Nr. 19). Die Anschließung erfolgt durch Einreichung der Revisionsanschlussschrift bei dem Revisionsgericht (§ 554 I 2 ZPO). Die Anschlussrevision muss in der Anschlussschrift begr. werden (§ 554 III 1 ZPO), für den Inhalt der Begr. gelten die allg.

Grundsätze über die Revisionsbegr. (§§ 549 I 2, 550, 551 III ZPO, s. Rn. 6). Die Anschlussrevision muss einen Lebenssachverhalt betreffen, der mit dem von der Revision erfassten Streitgegenstand in einem unmittelbaren rechtlichen oder wirtschaftlichen Zusammenhang steht, da neue prozessuale Ansprüche grundsätzl. nicht mehr zur gerichtl. Entscheidung gestellt werden können (BAG 17.1.2012 NZA-RR 2013, 86). Nach § 554 IV ZPO verliert die Anschließung ihre Wirkung, wenn die Revision zurückgenommen oder als unzulässig verworfen wird. Dasselbe gilt bei einer Rücknahme oder dem Verzicht auf die Revision sowie bei einer übereinstimmenden Erledigterkl.

§ 75 Urteil

(1) [1]**Die Wirksamkeit der Verkündung des Urteils ist von der Anwesenheit der ehrenamtlichen Richter nicht abhängig.** [2]**Wird ein Urteil in Abwesenheit der ehrenamtlichen Richter verkündet, so ist die Urteilsformel vorher von sämtlichen Mitgliedern des erkennenden Senats zu unterschreiben.**

(2) **Das Urteil nebst Tatbestand und Entscheidungsgründen ist von sämtlichen Mitgliedern des erkennenden Senats zu unterschreiben.**

1 **1. Allgemeines.** Die Vorschr. regelt Verkündung und Unterzeichnung des Revisionsurt., erg. gelten über § 72 V die §§ 555 bis 559 und 562 bis 565 ZPO. Dort werden die Vorschr. der §§ 310 bis 312, 313 bis 313b und 315 ZPO in Bezug genommen.

2 **2. Prüfungsumfang.** Der Prüfung des Revisionsgerichts unterliegen nur die von den Parteien gestellten Anträge (§ 557 I ZPO). Dagegen ist das Revisionsgericht an die geltend gemachten Revisionsgründe nicht gebunden (§ 557 III 1 ZPO). Auf Verfahrensmängel, die nicht vAw. zu berücksichtigen sind, darf das angefochtene Urt. nur geprüft werden, wenn die Mängel nach §§ 551, 554 III ZPO gerügt worden sind (§ 557 III 1 ZPO). Wegen des Sachverhaltes ist das Revisionsgericht an die Feststellungen nach § 561 ZPO gebunden. Neues Vorbringen kann in der Revisionsinstanz grds. nicht überprüft werden. Ausnahmen bestehen, wenn entspr. Sachverhalt unstreitig gestellt wird oder der Sachverhalt nach Schluss der mdl. Verhandlung bei dem LAG entstanden ist (BAG 16.5.1990 NZA 1990, 825). Weitere Einzelheiten bei § 73 Rn. 1.

3 **3. Entscheidung des Revisionsgerichts. a) Zurückweisung.** Die Revision wird zurückgewiesen, wenn entweder das angefochtene Urt. keine Rechtsverletzung aufweist oder die Entscheidungsgründe zwar eine Gesetzesverletzung aufweisen, die Entsch. sich aber aus anderen Gründen als richtig darstellt (§ 561 ZPO).

4 **b) Aufhebung.** In dem Umf. wie die Revision begr. ist, wird das angefochtene Urt. aufgeh. (§ 562 I ZPO). Wird das Urt. wegen eines Mangels des Verfahrens aufgeh., ist zugleich das Verfahren insoweit aufzuheben, soweit es durch den Mangel betroffen wird (§ 562 II ZPO). Lässt der Tatbestand des Berufungsurt. infolge widerspruchsvoller Angaben nicht zweifelsfrei erkennen, welchen tatsächl. Streitstoff das Gericht seiner Entsch. zugrunde gelegt hat, führt dieser vAw. zu beachtende Mangel zur Aufhebung des Urt. und gem. § 562 II ZPO auch zur Aufhebung des Verfahrens (BAG 15.1.1958 AP ZPO § 313 Nr. 5). Im Falle der Aufhebung des Urt. ist die Sache zur anderweitigen Verhandlung und Entsch. an das Berufungsgericht zurückzuverweisen. Die **Zurückverweisung** erfolgt an das Berufungsgericht. Die Zurückverweisung kann an eine andere Kammer des Berufungsgerichts erfolgen (§ 563 I 2 ZPO). Wird schlechthin zurückverwiesen, gelangt die Sache an die nach der Geschäftsverteilung zust. Kammer. Wird an eine andere Kammer zurückverwiesen, richtet sich die Kammerzuständigkeit nach dem Geschäftsverteilungsplan des LAG.

5 **c) Eigene Sachentscheidung.** Das Revisionsgericht hat eine ersetzende Entsch. zu treffen (§ 563 III ZPO), wenn die Aufhebung des Urt. nur wegen Gesetzesverletzung bei Anwendung des G auf das festgestellte Sachverhältnis erfolgt und nach letzterem die Sache zur Endentsch. reif ist. Im Wesentl. handelt es sich hierbei um Subsumtionsfehler, wenn ansonsten keine Tatsachen mehr aufzuklären sind. Weitere Bsp. sind die Verwerfung einer vom LAG als zulässig angesehenen Berufung, Abweisung der Klage als unzulässig, die von den Vorinstanzen noch für zulässig gehalten worden ist, Klageabweisung einer bislang für unzulässig angesehenen Klage oder wenn die Vorinstanzen ein unzulässiges Teilurt. erlassen haben (BAG 12.8.1993 NZA 1994, 133).

6 **d) Zurückverweisung.** Durch die Zurückverweisung wird die Sache in Fortsetzung der früheren Verhandlung neu verhandelt. Neues Vorbringen ist in der Berufungsinstanz in den Grenzen von § 67 zulässig. Das Berufungsgericht hat die rechtl. Beurteilung, die der Aufhebung zugrunde liegt, auch seiner Entsch. zugrunde zu legen (§ 563 II ZPO). Rechtl. Beurteilung sind die Rechtsausführungen in ihrer Gesamtheit, insb. Inhalt, Gültigkeit und Anwendung von Rechtsnormen. Der Aufhebung liegt die rechtl. Beurteilung zugrunde, die für die Aufhebung unmittelbar ursächl. geworden ist. Die **Bindung** besteht auch bei Anwendung von Vertragsrecht der Europ. Union, soweit die Zurückverweisung zum Zweck der erg. Tatsachenfeststellung erfolgt (BAG 23.2.1994 NZA 1994, 1136). Keine

Bindung des Berufungsgerichts besteht, wenn *(1)* die rechtl. Beurteilung anderer Ansprüche in Betracht kommt, *(2)* sich die Rechtslage ändert, *(3)* das Revisionsgericht selbst seine Rechtsansicht ändert, *(4)* aufgrund neuer Tatsachen sich die Rechtsanwendung ändert (BAG 14.4.1967 AP ZPO § 565 Nr. 12), *(5)* die Kausalität der rechtl. Beurteilung fehlt, zB wenn das Revisionsgericht die Auff. des Berufungsgerichts gebilligt hat, aber aus anderen Gründen wegen ungenügender Prüfung zurückverwiesen hat oder *(6)* es um technische Regeln und Erfahrungssätze geht, die das Revisionsgericht seiner Beurteilung zugrunde gelegt hat. IÜ entscheidet das Berufungsgericht frei. Das Revisionsgericht ist ebenfalls an seine Entsch. gebunden (BAG 20.11.1990 NZA 1991, 635; 19.2.1959 AP ZPO § 318 Nr. 1). Etwas anderes gilt nur dann, wenn die Sache auf erneute Revision wieder an das Revisionsgericht gelangt und dieses vor seiner zweiten Entsch. in einer anderen Sache seine Rechtsauffassung geänd. hat (BAG 19.2.1997 NZA 1997, 821; GmS-OGB 6.2.1973 AP RSprEinhG § 4 Nr. 1).

7 **4. Revisionsurteil. a) Verkündung.** Die Revisionsurt. müssen verkündet werden, um wirksam zu werden. Dies gilt auch dann, wenn das BAG nach § 128 ZPO im schriftl. Verfahren entscheidet. Die Verkündung richtet sich nach § 72 V iVm. §§ 555 I, 310 bis 312 ZPO. Danach wird das Urt. in dem Termin, in dem die mdl. Verhandlung geschlossen wird, oder in einem sofort anzuberaumenden Termin verkündet (§ 310 I 1 ZPO). Der Verkündungstermin wird nur dann über drei Wochen hinaus angesetzt, wenn wichtige Gründe, insb. der Umf. oder die Schwierigkeit der Sache es erfordern (§ 310 I 2 ZPO). Nach § 75 I 1 ist die Wirksamkeit der Verkündung des Urt. nicht von der Anwesenheit der ehrenamtl. Richter abhängig; die Anwesenheit der berufsrichterl. Mitglieder des Senats ist ausreichend. Das Urt. wird durch Vorlesung der Urteilsformel verkündet (§ 311 II 1 ZPO), die Vorlesung kann durch eine Bezugnahme auf die Urteilsformel ersetzt werden, wenn bei der Verkündung von den Parteien niemand erscheinen ist. Die Entscheidungsgründe werden durch Vorlesung der Urteilsgründe oder durch mdl. Mitteilung ihres wesentl. Inhalts verkündet, wenn es das Gericht für angemessen erachtet (§ 311 III ZPO). Wird ein bes. Verkündungstermin angesetzt, kann der Vorsitzende das Urt. allein verkünden (§ 311 IV ZPO). Wird das Urt. in Abwesenheit der ehrenamtl. Richter verkündet, ist die Urteilsformel zuvor von sämtl. Mitgliedern des erkennenden Senats zu unterschreiben (§ 75 I 2).

8 **b) Inhalt.** Der Inhalt eines kontradiktorischen Revisionsurt. richtet sich nach § 313 ZPO. Das Urt. enthält das Rubrum, die Bezeichnung des Gerichts und die Namen der Richter, den Tag, an dem die mdl. Verhandlung geschlossen worden ist, die Urteilsformel, den Tatbestand und die Entscheidungsgründe. Nach § 313a I ZPO bedarf es keines Tatbestands, wenn ein Rechtsmittel gegen das Urt. unzweifelhaft nicht eingelegt werden kann. Der Aufnahme von Entscheidungsgründen bedarf es nicht, wenn die Parteien nach § 313a I 2 ZPO auf sie verzichtet haben oder ihr wesentl. Inhalt in das Protokoll aufgenommen worden ist. § 313a I ZPO ist nicht anzuwenden, wenn der Rechtsstreit an das LAG zurückverwiesen wird und zu erwarten ist, dass das Urt. im Ausland geltend gemacht wird (§ 313a IV Nr. 4 ZPO). Nach § 564 ZPO braucht die Entsch. nicht begr. zu werden, soweit das Revisionsgericht Rügen von Verfahrensmängeln nicht für durchgreifend erachtet. Dies gilt nicht für Rügen nach § 547 ZPO. Eine Tatbestandsberichtigung kommt bei Revisionsurt. nicht in Betracht, weil das BAG keine eigenen tatsächl. Feststellungen trifft (BAG 13.8.1985 AP ZPO § 320 Nr. 5). Offenbare Unrichtigkeiten des Revisionsurt. können nach § 319 ZPO berichtigt werden. Echte VU müssen einen Tatbestand und Entscheidungsgründe nicht zu enthalten (§ 313b ZPO). Ein Anerkenntnisurt. ergeht nur auf gesonderten Antrag des Kl. (§ 555 III ZPO).

9 **c) Abfassung und Zustellung.** Nach § 75 II sind Tatbestand und Entscheidungsgründe von sämtl. Mitgliedern des erkennenden Senats zu unterschreiben. Zur Unterschrift bei Verhinderung eines Richters § 69 Rn. 2 f. Die Frist für die vollständige Abfassung des Urt. beträgt drei Wochen. Kann das Urt. nicht innerhalb von drei Wochen in vollständiger Form der Geschäftsstelle übergeben werden, ist innerhalb dieser Frist das von den Richtern unterschriebene Urt. (§ 313 I Nr. 1–4 ZPO) ohne Tatbestand und Entscheidungsgründe der Geschäftsstelle zu übergeben (§ 315 II 2 ZPO). Wird das Urt. nicht in dem Termin, in dem die mdl. Verhandlung geschlossen wird, verkündet, muss es bei der Verkündung in vollständiger Form abgefasst sein (§ 310 II ZPO; BGH 2.3.1988 NJW 1988, 2046 – keine Wirksamkeitsvoraussetzung); § 60 gilt im Revisionsverfahren nicht. Das Revisionsurt. wird den Parteien vAw. zugestellt (§§ 72 VI, 50); zur Anhörungsrüge § 78a Rn. 2.

§ 76 Sprungrevision

(1) [1]Gegen das Urteil eines Arbeitsgerichts kann unter Übergehung der Berufungsinstanz unmittelbar die Revision eingelegt werden (Sprungrevision), wenn der Gegner schriftlich zustimmt und wenn sie vom Arbeitsgericht auf Antrag im Urteil oder nachträglich durch Beschluß zugelassen wird. [2]Der Antrag ist innerhalb einer Notfrist von einem Monat nach Zustellung des in vollständiger Form abgefaßten Urteils schriftlich zu stellen. [3]Die Zustimmung des Gegners ist, wenn die Revision im Urteil zugelassen ist, der Revisionsschrift, andernfalls dem Antrag beizufügen.

(2) [1] Die Sprungrevision ist nur zuzulassen, wenn die Rechtssache grundsätzliche Bedeutung hat und Rechtsstreitigkeiten betrifft

1. zwischen Tarifvertragsparteien aus Tarifverträgen oder über das Bestehen oder Nichtbestehen von Tarifverträgen,

2. über die Auslegung eines Tarifvertrags, dessen Geltungsbereich sich über den Bezirk des Landesarbeitsgerichts hinaus erstreckt, oder

3. zwischen tariffähigen Parteien oder zwischen diesen und Dritten aus unerlaubten Handlungen, soweit es sich um Maßnahmen zum Zwecke des Arbeitskampfes oder um Fragen der Vereinigungsfreiheit einschließlich des hiermit im Zusammenhang stehenden Betätigungsrechts der Vereinigungen handelt.

[2] Das Bundesarbeitsgericht ist an die Zulassung gebunden. [3] Die Ablehnung der Zulassung ist unanfechtbar.

(3) [1] Lehnt das Arbeitsgericht den Antrag auf Zulassung der Revision durch Beschluß ab, so beginnt mit der Zustellung dieser Entscheidung der Lauf der Berufungsfrist von neuem, sofern der Antrag in der gesetzlichen Form und Frist gestellt und die Zustimmungserklärung beigefügt war. [2] Läßt das Arbeitsgericht die Revision durch Beschluß zu, so beginnt mit der Zustellung dieser Entscheidung der Lauf der Revisionsfrist.

(4) Die Revision kann nicht auf Mängel des Verfahrens gestützt werden.

(5) Die Einlegung der Revision und die Zustimmung gelten als Verzicht auf die Berufung, wenn das Arbeitsgericht die Revision zugelassen hat.

(6) [1] Verweist das Bundesarbeitsgericht die Sache zur anderweitigen Verhandlung und Entscheidung zurück, so kann die Zurückverweisung nach seinem Ermessen auch an dasjenige Landesarbeitsgericht erfolgen, das für die Berufung zuständig gewesen wäre. [2] In diesem Falle gelten für das Verfahren vor dem Landesarbeitsgericht die gleichen Grundsätze, wie wenn der Rechtsstreit auf eine ordnungsmäßig eingelegte Berufung beim Landesarbeitsgericht anhängig geworden wäre. [3] Das Arbeitsgericht und das Landesarbeitsgericht haben die rechtliche Beurteilung, die der Aufhebung zugrunde gelegt ist, auch ihrer Entscheidung zugrunde zu legen. [4] Von der Einlegung der Revision nach Absatz 1 hat die Geschäftsstelle des Bundesarbeitsgerichts der Geschäftsstelle des Arbeitsgerichts unverzüglich Nachricht zu geben.

1. Zulassung der Sprungrevision. Gegen das Urt. des ArbG kann unter Übergehung der Berufungsinstanz unmittelbar Revision eingelegt werden. Die Sprungrevision ist abschl. in § 76 geregelt, § 566 ZPO ist nicht erg. anzuwenden. Die Sprungrevision ist nur statthaft, wenn sie vom ArbG zugelassen worden ist. Die Zulassung erfolgt nur auf schriftl. Antrag. Der Antrag ist vor Erlass des Urt. oder innerhalb einer Notfrist von einem Monat nach Zustellung des in vollständiger Form abgefassten Urt. zu stellen. Der vor Erlass des Urt. gestellte Antrag ist im Urt., sonst durch Beschl. zu bescheiden. Wird der Antrag im Urt. beschieden, erfolgt die Zulassung im Tenor (s. §§ 64 III a, 72 I 2). Zumindest ist die Zulassung mitzuverkünden. Bei Zulassung im Urt. bedarf es keiner vorherigen Zustimmung des Gegners; seine Zustimmungserkl. ist im Original oder in beglaubigter Abschrift der Revisionsschrift beizufügen, die Übersendung einer unbeglaubigten Fotokopie ist nicht ausreichend (BVerfG 15.2.1993 AP ArbGG 1979 § 76 Nr. 8). Wird die Sprungrevision zugelassen, hat die durch die Entsch. beschwerte Partei ein **Wahlrecht** zwischen der Berufung und der Sprungrevision; hierauf ist in der RMB hinzuweisen. Soweit nach § 64 erforderl., umfasst die Zulassung der Sprungrevision zugleich auch die Zulassung der Berufung. Erfolgt die Zulassung auf nachträgl. gestellten Antrag durch Beschl., ist dem Antrag die schriftl. Zustimmung des Gegners im Original oder in Form einer beglaubigten Abschrift beizufügen. Sowohl der Antrag wie auch die Zustimmung unterliegen keinem Vertretungszwang. Sie können daher auch von der Partei selbst oder ihren PV (RA, Verbandsvertreter) erklärt werden (BAG 17.4.1985 NZA 1986, 171; 13.10.1982 AP ArbGG 1979 § 76 Nr. 3; aA BAG 25.4.1979 AP ArbGG 1953 § 76 Nr. 1). Der Beschl. über die Zulassung ergeht ohne mdl. Verhandlung und kann daher nach § 53 I auch durch den Vors. allein erfolgen. 1

2. Zulassung. Die Sprungrevision ist nur zuzulassen, wenn die Rechtssache grds. Bedeutung hat (§ 72 Rn. 3) und eine der in § 76 II Nr. 1 bis 3 aufgeführten Rechtsstreitigkeiten betrifft. Diese entsprechen den in § 72 II Nr. 1 bis 3 ArbGG aF genannten Verfahren, auf die bis zum 31.12.2004 eine NZB gestützt werden konnte. Liegen diese Voraussetzungen vor, hat das ArbG die Sprungrevision zuzulassen, ein Ermessen besteht nicht. Liegen sie nur tw. vor, ist sie tw. zuzulassen. In anderen Fällen darf die Zulassung nicht erfolgen. Hat das ArbG die Sprungrevision zugelassen, ist das BAG hieran gebunden (§ 76 II 2). Das BAG hat hiervon dann eine Ausnahme gemacht, wenn es sich nicht um einen Rechtsstreit nach § 72 II Nr. 1 bis 3 handelt (BAG 12.2.1985 NJW 1985, 2974) oder auch die Revision in keinem Fall statthaft wäre (BAG 14.10.1982 AP ArbGG 1979 § 76 Nr. 2). Nach seiner Ansicht besteht die Bindung nur an die Bewertung der grds. Bedeutung. Insoweit hatte der Dritte Sen. die übrigen Senate angerufen, ob an der bisherigen Rspr. festgehalten wird (BAG 25.4.1996 NZA 1997, 231), zu einer Entsch. des GS ist es aber nicht gekommen. Mit der Zulassung der Sprungrevision durch 2

Urt. oder Beschl. und Zustellung der Entsch. beginnt die **Revisions- und Revisionsbegründungsfrist,** wenn die entspr. RMB beigefügt ist. Hat das ArbG durch nachträgl. Beschl. die Zulassung abgelehnt, beginnt mit dessen Zustellung die Berufungs- und Berufungsbegründungsfrist. Dagegen ist die Entsch. des ArbG, die Revision nicht zuzulassen, unanfechtbar.

3 **3. Einlegung der Sprungrevision.** Wird die Sprungrevision zugelassen, kann die beschwerte Partei Berufung oder Revision einlegen. Wird Revision eingelegt, wird eine zuvor eingelegte Berufung unzulässig. Die Einlegung der Sprungrevision enthält einen Verzicht auf die Berufung. Der Verzicht wirkt auch dann, wenn die Sprungrevision zurückgenommen oder als unzulässig verworfen wird, es sei denn, dass sie verworfen worden ist, weil die Zulassung nicht bindend war. In diesem Fall ist nach Wiedereinsetzung in den vorigen Stand die Berufung zulässig. Ist die Sprungrevision im Urt. zugelassen, ist die **Zustimmungserklärung** zur Durchführung der Sprungrevision dieser bei der Einlegung beizufügen; die Erkl. des Einverständnisses mit der Zulassung der Sprungrevision ist nicht ausreichend (BAG 4.12.2002 NZA 2003, 344). Die Zustimmung muss eindeutig erklärt werden; sie gilt als Verzicht auf die Berufung. Die Zustimmung unterliegt nicht dem Anwaltszwang (BAG 28.10.1986 AP ArbGG 1979 § 76 Nr. 7). Die Zustimmungserkl. liegt idR noch nicht in dem eigenen Antrag der anderen Partei, die Sprungrevision zuzulassen (BAG 16.6.1998 NZA 1998, 1288). Ist die Zustimmungserkl. bereits in der Sitzungsniederschrift des ArbG enthalten, ist diese in beglaubigter Abschrift oder als beglaubigte Ablichtung vorzulegen. Ausreichend ist die direkte Übermittlung der Zustimmungserkl. an das BAG durch den Gegner. Die Schriftform ist unter den gleichen Voraussetzungen gewahrt, die für die Berufungseinlegung gelten (s. § 66 Rn. 2), die Übermittlung einer beglaubigten Abschrift der Zustimmungserkl. ist aber nicht genügend (GMP/*Müller-Glöge* Rn. 17). Ist die Zustimmung beim BAG eingegangen, kann sie nicht widerrufen werden.

4 **4. Entscheidung des BAG.** Ist die Sprungrevision durch Urt. zugelassen worden und ist der Revisionsschrift eine Zustimmung des Gegners nicht beigefügt, ist die Revision unzulässig. Hat der Revisionskläger die Zustimmungserkl. ohne sein Verschulden nicht beigefügt, kommt eine Wiedereinsetzung in Betracht. Dem Revisionskl. ist jedoch ein Verschulden des Revisionsgegners zuzurechnen. Die Sprungrevision kann nicht auf Mängel des Verfahrens gestützt werden (§ 76 IV). Sollen Verfahrensmängel gerügt werden, ist Berufung einzulegen (BAG 28.5.1998 NZA 1998, 1015). Das BAG kann in der Sache entscheiden. Ist eine Aufhebung oder Zurückverweisung notwendig, kann diese Zurückverweisung nach § 76 VI 1 nach dem Ermessen des BAG entweder an das ArbG oder das LAG erfolgen. Eine Verletzung des ges. Richters besteht bei dieser Wahlmöglichkeit nicht, da sich die geschäftsplanmäßige Zust. nach dem GVP der Gerichte richtet (BAG 12.6.1996 NZA 1997, 565). Hat das BAG an das LAG zurückverwiesen, hat dies die Sache so zu behandeln, als ob zulässigerweise Berufung eingelegt worden ist (§ 76 VI 2).

§ 77 Revisionsbeschwerde

[1] Gegen den Beschluss des Landesarbeitsgerichts, der die Berufung als unzulässig verwirft, findet die Revisionsbeschwerde statt, wenn das Landesarbeitsgericht sie in dem Beschluss oder das Bundesarbeitsgericht sie zugelassen hat. [2] Für die Zulassung der Revisionsbeschwerde gelten § 72 Absatz 2 und § 72a entsprechend. [3] Über die Nichtzulassungsbeschwerde und die Revisionsbeschwerde entscheidet das Bundesarbeitsgericht ohne Hinzuziehung der ehrenamtlichen Richter. [4] Die Vorschriften der Zivilprozessordnung über die Rechtsbeschwerde gelten entsprechend. 1

1 **1. Allgemeines.** Hat das LAG die Berufung nach § 66 II 2 Alt. 2 durch Beschl. als unzulässig verworfen, ist die Revisionsbeschwerde nur zulässig, wenn die allg. zivilprozessualen Voraussetzungen vorliegen und sie vom LAG in seinem Verwerfungsbeschl. zugelassen worden ist (BAG 8.11.1979 AP ArbGG 1979 § 77 Nr. 2; 25.10.1979 AP ArbGG 1979 § 77 Nr. 1). Hat das LAG die Berufung durch Urt. verworfen, ist nur unter den Voraussetzungen der § 72 II, § 72a die Revision zulässig. § 77 ist entspr. anzuwenden, wenn das LAG durch Beschl. die Wiedereinsetzung in den vorigen Stand wegen Versäumung der Berufung oder Berufungsbegründungsfrist zurückgewiesen (BAG 23.5.1989 NZA 1989, 818) oder in anderer Weise über die Zulässigkeit der Berufung negativ entschieden hat (BAG 5.9.2007 NZA 2008, 1207). Nach der Änd. des § 77 mW. ab 17.11.2016 kann die fehlende Zulassungsentscheidung des LAG Gegenstand einer NZB sein.

2 **2. Einlegung der Revisionsbeschwerde.** Die Revisionsbeschwerde ist zulässig, wenn sie das LAG in der anzufechtenden Entsch. ausdr. zugelassen hat. Verhält sich der Beschl. zu dieser Frage nicht, ist die Revisionsbeschwerde nicht zugelassen. Die Zulassungsentsch. muss jedoch bei nicht verkündeten Beschlüssen nicht in die Beschlussformel aufgenommen werden, sondern kann auch in den Gründen erfolgen (BAG 17.1.2007 NZA 2007, 644). Hat das LAG zunächst die Berufung als unzulässig verworfen, kann die Revisionsbeschwerde noch in dem Beschl. zugelassen werden, in dem über die Wiedereinsetzung in den vorigen Stand entschieden wird. Die Zulassung der Revisionsbeschwerde ist unwirksam, wenn der Verwerfungsbeschl. in einem Verfahren iSd. § 72 IV ergangen ist (BAG

22.1.2003 NZA 2003, 399). Das BAG ist an die Zulassung durch das LAG gebunden. Die Entsch. über die Zulassung muss eine RMB enthalten. Die Nichtzulassung der Revisionsbeschwerde kann nach der Änd. des § 77 mit einer NZB angefochten werden, die aber auf die Zulassungsgründe des § 72 II beschr. ist.

3. Verfahren. Für die Revisionsbeschwerde gelten die Vorschr. der §§ 574 ff. ZPO über das RechtsbeschwV. Sie ist binnen einer Notfrist von einem Monat nach Zustellung des Beschl. durch Einreichen einer Beschwerdeschrift beim BAG (nicht beim LAG) einzulegen. Wird die Revisionsbeschwerde erst nachträgl. nach § 64 III a zugelassen, beginnt die Frist erst mit Zustellung des zulassenden Beschl. Für die Einlegung und die Begr. besteht Vertretungszwang (§ 11 IV). Wird die Frist für die Einlegung versäumt, ist Wiedereinsetzung in den vorigen Stand mögl. (§ 233 ZPO). Enthält der Verwerfungsbeschl. keine RMB, gilt § 9 V 4. Die Revisionsbeschwerde ist binnen eines Monats zu begründen, die Frist kann nach § 551 II ZPO verlängert werden, wenn der Gegner einwilligt (§ 551 II 5 ZPO) oder bei fehlender Einwilligung um zwei Monate, wenn keine Verzögerung eintritt oder der Beschwerdeführer erhebl. Gründe darlegt. Wird die Revisionsbeschwerde durch das BAG zugelassen, gelten § 72a VI, VII entspr. 3

4. Entscheidung des BAG. Die Entsch. über die Revisionsbeschwerde oder deren Zulassung erfolgt durch das BAG ohne Hinzuziehung der ehrenamtl. Richter unabhängig davon, ob mit oder ohne mdl. Verhandlung entschieden wird. Das Verfahrens bei einer NZB richtet sich nach § 72a II-VII. Ist die Revisionsbeschwerde nicht form- und fristgerecht eingelegt worden oder vom LAG nicht und auch nicht aufgrund einer NZB zugelassen, wird sie als unzulässig verworfen. Ist sie unbegr., wird sie zurückgewiesen. Ist sie zulässig und begr., wird der Verwerfungsbeschl. idR aufgeh. und das Verfahren an das LAG zurückverwiesen. Damit steht die Zulässigkeit der Berufung fest, da das LAG an die Entsch. gebunden ist (§ 563 II ZPO). Ausnahmsweise kann auch eine Aufhebung und Zurückverweisung zur erneuten Verhandlung über die Zulassung der Berufung in Betracht kommen, wenn das LAG verfahrensfehlerhaft entschieden hat und die Sache nicht entscheidungsreif ist. Eine Zurückverweisung erfolgt auch, wenn die Entsch. des LAG nicht mit einem Tatbestand oder Gründen versehen ist. 4

Vierter Unterabschnitt. Beschwerdeverfahren, Abhilfe bei Verletzung des Anspruchs auf rechtliches Gehör

§ 78 Beschwerdeverfahren

[1]Hinsichtlich der Beschwerde gegen Entscheidungen der Arbeitsgerichte oder ihrer Vorsitzenden gelten die für die Beschwerde gegen Entscheidungen der Amtsgerichte maßgebenden Vorschriften der Zivilprozessordnung entsprechend. [2]Für die Zulassung der Rechtsbeschwerde gilt § 72 Abs. 2 entsprechend. [3]Über die sofortige Beschwerde entscheidet das Landesarbeitsgericht ohne Hinzuziehung der ehrenamtlichen Richter, über die Rechtsbeschwerde das Bundesarbeitsgericht.

1. Allgemeines. Das ZPO-ReformG 2002 hat das Beschwerderecht grdl. neu gestaltet. Die Unterscheidung zwischen fristgebundener sof. Beschwerde ohne Abhilfemöglichkeit und einfacher Beschwerde mit Abhilfemöglichkeit ist aufgegeben worden. Es gibt nur noch die fristgebundene sof. Beschwerde mit Abhilfemöglichkeit. Hieran kann sich die RB anschließen, wenn diese zugelassen wird. § 70 ArbGG aF konnte wegen der Änd. in § 78 und der Neufassung der §§ 567 ff. ZPO entfallen. § 78 erklärt nach wie vor hins. der sof. Beschwerde gegen Entscheidungen der ArbG und ihrer Vors. die Vorschr. der ZPO für entspr. anwendbar. Eine sof. Beschwerde gegen Entscheidungen der LAG oder ihrer Vors. wird dadurch aber nicht eröffnet. Diese ist nur bei Zulassung als RB mögl. (§ 78 Satz 2). Für das BeschlV verweist § 83 V auf § 78. Daneben findet im Verfahren vor den ArbG die Erinnerung statt (§ 573 I ZPO). 1

2. Sofortige Beschwerde. a) Statthaftigkeit. Nach § 567 I Nr. 1 ZPO ist die sof. Beschwerde in allen ausdr. im Gesetz genannten Fällen statthaft sowie gegen alle eine mdl. Verhandlung nicht erfordernde Entscheidungen, durch die ein das Verfahren betr. Gesuch einer Partei zurückgewiesen wird (§ 567 I Nr. 2 ZPO). Fehlt es hieran, ist die sof. Beschwerde nicht statthaft. **Ausdrückl. vorgesehen** ist die sof. Beschwerde in § 71 II ZPO (Zwischenurt. über Nebenintervention), §§ 91a II, 99 II ZPO (Kostenentscheidungen, dabei besteht keine Privilegierung für Bestandsstreitigkeiten, GMP/*Müller-Glöge* Rn. 10), §§ 104 III, 107 III ZPO (Kostenfestsetzung), § 127 II, III ZPO (Bewilligung der PKH), § 135 III ZPO (Rückgabe von Urkunden unter Anwälten), § 252 ZPO (Aussetzung der Verfahrens), § 269 V ZPO (Wirkungen der Klagerücknahme), § 319 III ZPO (Urteilsberichtigung), § 336 I ZPO (Zurückweisung eines Antrags auf Erlass eines VU), §§ 380 III, 390 III, 409 II (Ordnungsmittel gegen Zeugen und Sachverständige), § 387 III ZPO (Zwischenurt. über Rechtmäßigkeit einer Zeugnisverweigerung), § 406 V ZPO (Ablehnung eines Sachverständigen wegen Befangenheit), § 691 III ZPO (Zurückweisung des Mahnantrags), § 793 (Entscheidungen im ZVverfahren), 2

§ 934 IV ZPO (Aufhebung des Arrestes), § 5 KSchG (nachträgl. Zulassung der Kündigungsschutzklage), § 17a II, III GVG (Zulässigkeit des Rechtswegs) sowie Abweisung eines Rechtshilfeersuchens (§ 159 GVG). **Nicht beschwerdefähig** sind dagegen solche Fälle, in denen kraft ausdr. Regelung ein Rechtsmittel nicht eingelegt werden kann. Hierzu gehören va. § 49 III (Ablehnung von Gerichtspersonen), § 51 II 1 (Zulassung eines PV), § 157 II ZPO (Zurückweisung von PV), § 225 III ZPO (Ablehnung einer Fristverlängerung), § 238 III ZPO (Entsch. bei Wiedereinsetzung), § 320 IV ZPO (Ber. des Tatbestands; aA LAG HE 12.8.2003 NZA-RR 2004, 105 – keine Sachprüfung), § 406 V ZPO (Ablehnung eines Sachverständigen), § 567 II ZPO (Entscheidungen über Prozesskosten), § 707 ZPO (einstweilige Einstellung der ZV, § 171b I, II GVG (Ausschluss der Öffentlichkeit) und § 33 RVG (Wertfestsetzung für die RAgebühren).

3 **b) Beschwerdefrist und -form.** § 569 I ZPO enthält eine Regelfrist von 2 Wochen für die Einlegung der sof. Beschwerde, soweit im Gesetz nicht anderes bestimmt ist (wie zB in § 127 II, III 3 ZPO für die PKH). Die 2-Wochen-Frist ist eine Notfrist, wodurch die Möglichkeit der Wiedereinsetzung eröffnet ist. Sie beginnt, soweit nicht anderes bestimmt ist, mit Zustellung der angefochtenen Entscheidung; bei verkündeten Beschlüssen spätestens fünf Monate nach der Verkündung (s. § 9 Rn. 9), ansonsten erst nach 17 Monaten (BAG 5.8.1996 NZA 1996, 1175; GK-ArbGG/*Ahrendt* Rn. 46). Liegen die Voraussetzungen einer Restitutions- oder Nichtigkeitsklage vor, gelten auch für die sof. Beschwerde die entspr. Notfristen. Die sof. Beschwerde muss von der beschwerten Partei grds. durch Einreichen einer unterschriebenen **Beschwerdeschrift** eingelegt werden (§ 569 II ZPO). Nach § 567 II ZPO ist die sof. Beschwerde gegen Kosten-, Gebühren und Auslagenentscheidungen nur zulässig, wenn der Wert des Beschwerdegegenstands 200 Euro übersteigt; in PKVVerfahren ist ihre Einlegung nach § 127 II 2 ZPO beschränkt. Im Verfahren vor dem ArbG kann die sof. Beschwerde auch zu Protokoll der Geschäftsstelle erklärt werden (§ 569 III Nr. 1 ZPO), da das Verfahren im ersten Rechtszug nicht als Anwaltsprozess geführt wird. Ihre telefonische Einlegung zu Protokoll der Geschäftsstelle ist unzulässig (BGH 12.3.2009 NJW-RR 2009, 852). Nach § 569 II 2 ZPO muss die Beschwerdeschrift bestimmten Mindestanforderungen genügen, erforderl. ist die Bezeichnung der angefochtenen Entsch. und die Erkl., dass dagegen Beschwerde eingelegt wird. Die sof. Beschwerde kann bis zur Entsch. ohne Einwilligung des Gegners zurückgenommen werden, in diesem Fall ist § 516 II ZPO entspr. anzuwenden. Der Bg. kann sich unter den Voraussetzungen des § 567 III ZPO ohne Einhaltung einer Frist der Beschwerde anschließen; einer Beschwer bedarf es nicht.

4 **c) Begründung.** Nach § 571 I ZPO soll die sof. Beschwerde begr. werden, ein Verstoß gegen die Begründungspflicht führt aber zu keinen bes. prozessualen Folgen, insb. nicht zur Unzulässigkeit der sof. Beschwerde (BT-Drs. 14/4722 S. 113). Nach § 571 IV 2 ZPO kann das Gericht eine schriftl. Erkl. anordnen, die auch zu Protokoll der Geschäftsstelle erklärt werden kann. Die sof. Beschwerde kann auf neues Vorbringen gestützt werden (§ 571 II 1 ZPO; BAG 18.11.2003 NZA 2004, 1062), jedoch ermöglicht § 571 III 1 ZPO es dem Vors. oder dem Beschwerdegericht, den Beteiligten Fristen für das weitere Vorbringen zu setzen. Nicht fristgem. Vorbringen ist nach § 571 III 2 ZPO nur ausnahmsweise zuzulassen, wenn die Erledigung des BeschwV nicht verzögert oder die Verspätung genügend entschuldigt wird, wobei der Entschuldigungsgrund auf entspr. Verlangen glaubhaft zu machen ist (§ 571 III 3 ZPO). Eine bes. Hinweispflicht auf die mögl. Präklusionsfolgen wie sie zB in den §§ 56 II 2, 61a VI enthalten ist, fehlt und kann auch nicht durch Analogie begr. werden. In Hinblick auf die Gewährung eines fairen Verfahrens und die Bedeutung des Anspruchs auf rechtl. Gehör ist aber zumindest ein entspr. Hinweis geboten.

5 **d) Aufschiebende Wirkung.** Die sof. Beschwerde hat grds. keine aufschiebende Wirkung (§ 570 I ZPO). Diese tritt nur ein, wenn die Festsetzung eines Ordnungs- oder Zwangsgelds angegriffen wird. Jedoch können das Gericht bzw. der Vorsitzende, der die Entsch. erlassen hat (§ 570 II ZPO) oder das Beschwerdegericht (§ 570 III ZPO) die Vollziehung der angefochtenen Entsch. aussetzen.

6 **e) Abhilfeentscheidung.** Nach § 572 I ZPO entscheidet stets der Ausgangsrichter, ob er der sof. Beschwerde abhelfen will. Die Durchführung eines Abhilfeverfahrens ist Voraussetzung für eine Entsch. des Beschwerdegerichts (LAG RP 11.1.2010 – 1 Ta 281/09; GK-ArbbGG/*Ahrendt* Rn. 55). Demggü. wird vertreten, dass das Beschwerdegericht auch ohne vorangegangene Abhilfeentsch. zuständig ist, wenn die sof. Beschwerde nicht beim Erstgericht, sondern sogleich beim Beschwerdegericht eingelegt wird (LAG HM 3.2.2010 – 10 Ta 537/09; LAG BE 13.10.2003 LAGE § 611 BGB 2002 Beschäftigungspflicht Nr. 2; OLG F 24.5.2002 MDR 2002, 1391; GMP/*Müller-Glöge* Rn. 28). Dem kann nicht gefolgt werden. Die Zust. geht vielmehr erst mit der Entsch. des Erstgerichts auf das Beschwerdegericht über. Nach dem Gesetzeswortlaut führt die Möglichkeit zur Einlegung des Rechtsmittels beim Beschwerdegericht nicht zur Unanwendbarkeit des § 572 I ZPO. Dies folgt auch aus der Regelung in § 575 I, V ZPO. Das Beschwerdegericht kann anders als das RBgericht die Aktenvorlage nicht beim Erstgericht anfordern, vielmehr legt das Erstgericht dem Beschwerdegericht die Akte vor, wenn es der sof. Beschwerde nicht vollständig abhilft. Bei nur fehlerhafter Durchführung des Abhilfeverfahrens kann das LAG in der Sache entscheiden (LAG BE 15.2.2006 LAGE § 623 BGB 2002 Nr. 5). Eine starre Vorlagefrist an das Beschwerdegericht bei Nichtabhilfe besteht nicht, nach § 572 I ZPO ist die Sache aber unverzügl. vorzulegen. Das ArbG hat vor der Vorlage zu prüfen, ob das Beschwerde-

vorbringen eine andere Sachentsch. rechtfertigt, neues Vorbringen ist zu berücksichtigen. Ist keine Abhilfe beabsichtigt, ist eine Anhörung des Bg. entbehrl., ansonsten ist stets rechtl. Gehör zu gewähren. Die Entsch. über die Abhilfe ergeht durch Beschl., selbst wenn das Beschwerdevorbringen aus Sicht des ArbG eine Korrektur der getroffenen Entsch. nicht erfordert. Hilft das ArbG der sof. Beschwerde ab, hat es gleichzeitig über die Kosten zu entscheiden. Die erstmals beschwerte Partei kann gegen einen sie belastenden Abhilfebeschl. unter den allg. Voraussetzungen sof. Beschwerde einlegen. Die Entsch. über die Abhilfe ist stets zu begründen, insb. wenn der Beschwerdeführer das Rechtsmittel auf neues Vorbringen gestützt hat (OLG M 12.9.2003 MDR 2004, 291; OLG HM 7.8.2003 MDR 2004, 412). Ist die Ausgangsentsch. unter Beteiligung der ehrenamtl. Richter (zB bei Beschlüssen nach §§ 17a GVG, 5 KSchG – bei letzteren hält *Quecke* NZA 2007, 897 eine Abhilfe für unstatthaft) ergangen, sind diese auch zu der Abhilfeentsch. heranzuziehen. Nicht erforderl. ist es jedoch, dass die Kammer in der gleichen Besetzung über die Abhilfe entscheidet (LAG K 10.3.2006 NZA-RR 2006, 319; LAG BE 15.2.2006 LAGE § 623 BGB 2002 Nr. 5). Allerdings ist der Zeitpunkt der Abhilfeentsch. aktenkundig zu machen, damit die Heranziehung der ehrenamtl. Richter nachvollzogen werden kann, wünschenswert wäre auch eine entspr. Mitteilung an die Parteien über den beabsichtigten Entscheidungszeitpunkt. Hat das ArbG die Abhilfeentsch. ohne Beteiligung der ehrenamtl. Richter getroffen, soll eine Zurückverweisung durch das LAG mögl. sein (LAG SH 1.7.2005 NZA 2005, 1079; LAG HE 7.8.2002 AuR 2003, 46). Dem ist wegen des Beschleunigungsgebots nicht zu folgen (BAG 17.2.2003 NZA 2003, 517; LAG HE 15.5.2008 – 20 Ta 80/08; GK-ArbGG/*Ahrendt* Rn. 60), wenngleich § 68 im BeschwV keine Anwendung findet. Da die entspr. Abhilfeentscheidungen (§§ 5 KSchG, 17a GVG) jedoch stets im Rahmen eines anhängigen Verfahrens getroffen werden, führt die mit einer Zurückverweisung verbundene Verfahrensverzögerung regelm. dazu, dass das LAG eine Sachentsch. zu treffen hat; dies gilt auch, wenn bei der Entsch. ein Ermessens- bzw. Beurteilungsspielraum besteht, den das ArbG verkannt hat.

f) Entscheidung des LAG. Wird der sof. Beschwerde nicht abgeholfen, entscheidet das LAG als 7
Beschwerdegericht. Dies gilt auch, wenn die sof. Beschwerde nicht zulässig ist. Trifft das ArbG über eine sof. Beschwerde ohne Vorlage an das LAG selbst eine Beschwerdeentscheidung, ist diese unwirksam (BGH 16.12.2008 NJW-RR 2009, 718 – Rechtspfleger). Eine Frist für die Beantwortung der sof. Beschwerde ist im G nicht vorgesehen, kann aber gem. § 571 III ZPO gesetzt werden. Das LAG ist zwar volle zweite Tatsacheninstanz, die Entscheidung des ArbG unterliegt aber nur einer Rechts- und keiner Ermessenskontrolle (GMP/*Müller-Glöge* Rn. 33). Die Entsch. über die sof. Beschwerde ergeht durch den Vors. allein, selbst wenn erstinstanzl. die Kammer entschieden hat. Das LAG prüft nach § 572 II ZPO, ob die sof. Beschwerde statthaft und in der ges. Form und Frist eingelegt ist. Ist sie unzulässig oder ist zwischenzeitl. die erforderl. Beschwer entfallen, ist die sof. Beschwerde zu verwerfen. Ist sie zulässig, aber unbegr., ist sie zurückzuweisen. Ist die Beschwerde zulässig und begr., hebt das LAG die angefochtene Entsch. auf und trifft eine eigene Sachentscheidung. Das LAG kann den Rechtsstreit nach einer Sachentsch. an das ArbG zurückverweisen und dem Gericht oder dessen Vors. die Anordnungen nach § 572 III ZPO übertragen (LAG SN 8.4.1997 NZA 1998, 223); das ArbG ist an die Rechtsauffassung des LAG gebunden. § 68 ist zwar nicht anwendbar, dennoch sollte wegen des Beschleunigungsgrds. nur in krassen Fällen von einer Zurückverweisung Gebrauch gemacht werden, etwa wenn das ArbG seine Entscheidung nicht begr. hat. Über die Kosten ist nach §§ 91, 97 ZPO zu entscheiden. § 572 IV ZPO stellt klar, dass die Entsch. über die sof. Beschwerde durch Beschl. ergeht und eine mdl. Verhandlung nicht erforderl. ist (§ 128 IV ZPO). Ordnet das LAG ausnahmsweise eine mdl. Verhandlung an, besteht für diese Vertretungszwang (GMP/*Müller-Glöge* Rn. 36). Für die Verkündigung und Zustellung der Beschwerdeentscheidung gilt § 329 ZPO.

3. Rechtsbeschwerde. a) Zweck. Zweck der durch das ZPO-ReformG neu eingefügten RB ist die 8
Herbeiführung einer höchstrichterl. Entsch. auch im Bereich der Nebenentscheidungen, soweit ihr Gegenstand von grds. Bedeutung ist. Wie bisher bestehen daneben Sondervorschriften über das Rechtsmittel gegen Entscheidungen des LAG bei Verwerfung der Berufung (§ 77) bzw. einer Vorabentsch. über den beschrittenen Rechtsweg (§ 17a IV 4, 5 GVG).

b) Zulässigkeit. Die RB ist nach § 574 I Nr. 2 ZPO nur statthaft, wenn sie das LAG durch Beschl. 9
ausdr. ganz – oder beschränkt auf einen rechtl. oder tatsächl. selbständigen Teil des Gesamtstreitstoffes (BAG 28.5.2014 NZA-RR 2014, 445) zugelassen hat, § 574 I Nr. 1 ZPO ist im arbeitsgerichtl. Verfahren nicht anwendbar. Nach § 78 S. 2 gelten für die Zulassungsentsch. nicht die in § 574 III 1, II ZPO genannten Voraussetzungen, vielmehr richten sich die Anforderungen für die Zulassung ausschl. nach § 72 II (s. § 72 Rn. 3). Eine bes. Beschwer muss für die Zulassung der RB nicht erreicht sein. Das LAG kann eine ges. nicht statthafte Rechtsbeschwerdemöglichkeit nicht durch die Zulassung der RB eröffnen. Diese Einschränkung soll nicht gelten, wenn es um die Durchsetzung der ges. Unanfechtbarkeit eines Beschl. geht (BAG 25.11.2008 NZA 2009, 332). Die Zulassung muss vom LAG in der seiner Entsch. ausdr. ausgesprochen sein (BGH 24.11.2003 NJW 2004, 779); die Zulassung einer Sprungrechtsbeschwerde durch das ArbG ist unstatthaft (BGH 10.10.2006 NJW-RR 2007, 285). Verhält sich der Beschl. zu dieser Frage nicht, ist die RB nicht zugelassen. Die Zulassungsentsch. kann bei nicht verkündeten Beschlüssen in den Gründen erfolgen (BAG 17.1.2007 NZA 2007, 644); bei ver-

kündeten Beschlüssen ist § 64 III a entspr. anwendbar. Eine nachträgl. Zulassung ist auf Gegenvorstellung statthaft, wenn durch die Nichtzulassung der RB Verfahrensgrundrechte verletzt worden sind (BAG 3.8.2011 NZA 2011, 1243). Das BAG ist zwar wie bei der Revision an die Zulassung durch das LAG gebunden (§ 574 III 2 ZPO, zu Ausnahmen § 72 Rn. 19), muss jedoch die Statthaftigkeit der RB eigenständig prüfen. Diese hat es trotz entspr. Zulassung durch das LAG verneint im einstweiligen Verfügungsverfahren (BAG 22.1.2003 NZA 2003, 399), bei der Streitwertfestsetzung (BAG 17.3.2003 NZA 2003, 682; BGH 1.10.2002 NJW 2003, 70) und gegen Maßnahmen der ZV (BAG 2.6.2008 AP ArbGG 1979 § 85 Nr. 11; 5.11.2003 NZA 2003, 1421). Nach Ansicht des 1. Senats des BAG ist im BeschlV die RB nach entspr. Zulassung durch das LAG bei verfahrensbegleitenden Beschlüssen zulässig, wenn das LAG als Rechtsmittelgericht über eine sof. Beschwerde entscheidet (BAG 28.2.2003 NZA 2003, 516). Entspr. Grds. müssen auch im UrtV gelten. Die RB kann im PKHVerfahren nur wegen der persönl. Verhältnisse oder Verfahrensfragen und nicht wegen der Erfolgsaussichten zugelassen werden (BAG 10.7.2015 NZA 2015, 1279; BGH 21.11.2002 NJW 2003, 1126). Ist eine Entscheidung des ArbG oder des LAG nach dem G unanfechtbar, wird ein Rechtsmittel auch durch die Zulassung des LAG nicht eröffnet (BGH 12.9.2002 NJW 2002, 3554 – Bewilligung von PKH wegen Erfolgsaussicht; BGH 8.10.2002 NJW 2003, 211 – Wiedereinsetzung in den vorherigen Stand). Hat das LAG die RB nicht zugelassen, findet gegen diese Entsch. eine NZB nicht statt (BAG 3.6.2015 NZA 2015, 894); auf die Möglichkeit einer Einf. der NZB hat der Gesetzgeber bewusst verzichtet (BT-Drs. 14/4722 S. 69). Ist RB erhoben, kann bis zum Ablauf einer Notfrist von einem Monat nach Zustellung der RBbegr. eine unselbständige Anschlussrechtsbeschwerde erhoben werden (§ 574 IV ZPO).

10 **c) Frist, Form und Begründung.** Die Erhebung der RB ist fristgebunden, sie ist innerhalb eines Monats nach Zustellung des Beschl. beim BAG einzulegen (§ 575 I ZPO); ein Abhilfeverfahren ist ebenso wie eine fristwahrende Einlegung beim LAG im G nicht vorgesehen. Fehlt eine RMB oder ist diese fehlerhaft, beträgt die Frist für die Einlegung zwölf Monate (§ 9 V 4). Die Rechtsmittelfrist für einen verkündeten, aber nicht zugestellten Beschl. des LAG kann daher bis zu 17 Monate betragen (GMP/*Müller-Glöge* Rn. 51; GK-ArbGG/*Ahrendt* Rn. 102 – fünf Monate). Für die Einlegung der RB besteht Vertretungszwang (§ 11 IV), sie kann daher nur von einem RA oder einem Verbandsvertreter iSd. § 11 IV 2 erhoben werden. Die RB muss stets innerhalb der Monatsfrist für ihre Einlegung begr. werden (BAG 17.9.2014 NZA 2014, 1293). Die Frist kann bis zu zwei Monate verlängert werden, wenn hierdurch keine Verzögerung des Rechtsstreits eintritt oder erhebl. Gründe vom Rechtsmittelführer dargelegt werden bzw. – ohne zeitl. Begrenzung – bei Einwilligung des Gegners (§ 575 II iVm. § 551 II 5, 6 ZPO); zum Fristlauf bei Gewährung von PKH s. § 66 Rn. 6. Die Anforderungen für die Begr. der RB enthält § 575 III ZPO, sie entsprechen im Wesentl. den Anforderungen an die Revisionsbegr. Notwendig ist ein RBantrag und die Angabe der RBgründe (bestimmte Bezeichnung der Umstände aus denen sich die Rechtsverletzung ergibt und/oder Bezeichnung des Verfahrensmangels, BAG 17.9.2014 NZI 2014, 1013 – Besetzungsrüge). Der Gegner kann sich der RB anschließen (§ 574 IV ZPO). Für das RechtsbeschwV kann PKH bewilligt werden (BGH 19.12.2002 NJW 2003, 1192).

11 **d) Entscheidung des Rechtsbeschwerdegerichts.** Das BAG verwirft die RB, wenn sie nicht statthaft oder nicht in der ges. Form bzw. Frist eingelegt und begr. ist (§ 577 I ZPO). Ansonsten entsprechen die Entscheidungsbefugnisse denen im Revisionsverfahren (§ 577 III bis V ZPO). Die absoluten Revisionsgründe (§ 547 ZPO) und die nicht vAw. zu beachtenden Verfahrensmängel werden nur auf Rüge geprüft (§ 576 II ZPO). Eine Zurückverweisung kann insb. erfolgen, wenn die Gründe keine ausreichende Sachverhaltsdarst. enthalten (BGH 7.4.2005 NJW-RR 2005, 916), unverständl. oder widersprüchl sind. Die Entsch. ergeht stets durch Beschl., also ohne mdl. Verhandlung (§ 128 IV ZPO) und ohne Hinzuziehung der ehrenamtl. Richter (s. § 77 Satz 2). Neue Tatsachen können nur wie im Revisionsverfahren vorgebracht werden (BAG 5.11.2003 NZA 2003, 1421).

12 **4. Außerordentliche Beschwerde.** Eine außerordentl. Beschwerde war nach hM vor Inkrafttreten des ZPO-ReformG gegen unanfechtbare Beschlüsse (nicht: gegen Urt.) gegeben, wenn eine greifbare Gesetzwidrigkeit vorlag. Eine solche wurde angenommen, wenn die angegriffene Entsch. mit der geltenden Rechtsordnung schlechthin unvereinbar ist, weil sie jeder ges. Grdl. entbehrt und inhaltl. dem Gesetz fremd ist (BAG 29.8.2001 NZA 2002, 286). Nicht ausr. war es, dass die angefochtene Entsch. „lediglich" fehlerhaft ist (BAG 19.6.2002 AuR 2002, 470). Nach Ansicht des BVerfG sind jedoch ungeschriebene Rechtsmittel und -behelfe mit dem Gebot der Rechtssicherheit nicht vereinbar (BVerfG 30.4.2003 AP GG Art. 103 Nr. 64). Nach der Entsch. des BVerfG ist die außerordentl. Beschwerde nicht mehr statthaft, da sie vom Gesetzgeber bisher nicht geregelt worden ist (BAG 3.2.2009 NZA 2009, 396; 8.8.2005 NZA 2005, 1318; BGH 23.7.2003 NJW 2003, 3137; LAG HE 26.8.2008 ArbuR 2009, 62 – örtl. Zust.) und auch verfassungsrechtl. nicht geboten ist. Ledigl. in den Fällen des § 78a ist bei Verstößen gegen die Verletzung des Anspruchs auf rechtl. Gehör bei unanfechtbaren Entscheidungen eine fachgerichtl. Korrekturmöglichkeit eröffnet (weitergehend GMP/*Müller-Glöge* Rn. 8).

5. Gegenvorstellung. Als Gegenvorstellung wird ein Antrag an das Gericht bezeichnet, durch den die Abänd. einer mit einem Rechtsmittel nicht mehr anfechtbaren Entsch. beantragt wird. Nach Auff. des Gesetzgebers des AnhörungsrügenG sollen zwar die außerordentl. Beschwerde und die Gegenvorstellung durch „die Beschränkung dieses Entw. auf eine Erweiterung der Rügemöglichkeiten bei Anhörungsverstößen nicht ausgeschlossen werden" (BR-Drs. 636/04 S. 33). Damit hat er offenbar die insb. vom BGH vor In-Kraft-Treten des AnhörungsrügenG vertretene Auff. gebilligt, wonach eine Gegenvorstellung gegen einen nicht mehr anfechtbaren Beschl. als statthaft angesehen worden ist, wenn dieser auf einer greifbaren Gesetzeswidrigkeit beruhte. In diesem Fall sollte das Gericht auf eine (fristgebundene) Gegenvorstellung hin zur Korrektur seiner Entsch. berechtigt und verpflichtet sein (BGH 7.3.2002 NJW 2002, 1577). Der BGH lässt die Gegenvorstellung zur fachgerichtl. Kontrolle eines Verstoßes gegen das Gebot des ges. Richters zu, wobei er die Verfahrensregelung des § 321a ZPO entspr. anwendet (BGH 4.7.2007 MDR 2007, 1276). Danach könnten auch Verstöße gegen die Vorlagepflicht des Art. 267 AEUV Gegenstand einer Gegenvorstellung sein. Das BVerfG hat nunmehr klargestellt, dass eine Gegenvorstellung gegen gerichtl. Entscheidungen nicht von Verfassungs wegen unzulässig ist (BVerfG 25.11.2008 NJW 2009, 829). Eine Gegenvorstellung ist danach als ein statthafter Rechtsbehelf anzusehen, der allerdings nur in Betracht kommt, wenn das Gericht nicht oder noch nicht an die angegriffene Entscheidung gebunden ist (GMP/*Müller-Glöge* Rn. 7) und die Anhörungsrüge unstatthaft war (s. § 78a Rn. 5). 13

6. Entscheidungen des LAG und BAG. Die Entscheidungen der LAG und ihrer Vors. sind grds. der sof. Beschwerde entzogen (BAG 21.6.2006 NZA 2006, 1006). Eine Ausn. besteht nur, wenn die RB unter den Voraussetzungen des § 72 II ausdr. zugelassen wird (BAG 20.8.2002 NZA 2002, 1228). Zur fehlenden Statthaftigkeit der NZB Rn. 9. Sofern das LAG an seine Entsch. nicht gebunden ist, kann die beschwerte Partei Gegenvorstellung erheben. Ist dagegen das LAG an seine Entsch. gebunden, ist eine Gegenvorstellung unzulässig (s. Rn. 13). Zur weiteren Beschwerde im Rechtshilfeverfahren § 13 Rn. 4. Gegen Beschlüsse und Vfg. des BAG ist grds. kein Rechtsmittel gegeben (BAG 7.2.2012 NZA 2012, 524). Soweit die getroffene Entsch. keine Bindungswirkung entfaltet, kann sie wie beim LAG auf eine Gegenvorstellung hin abgeändert werden. Bindungswirkung entfalten insb. die NZB und Entscheidungen im Wiederaufnahmeverfahren (GMP/*Müller-Glöge* Rn. 59), nicht hingegen Entscheidungen, die den Gang des Verfahrens betreffen, solche iRd. ZV und über Erinnerungen gegen den Kostenansatz (§ 66 I GKG). 14

§ 78a Abhilfe bei Verletzung des Anspruchs auf rechtliches Gehör

(1) ¹Auf die Rüge der durch die Entscheidung beschwerten Partei ist das Verfahren fortzuführen, wenn

1. ein Rechtsmittel oder ein anderer Rechtsbehelf gegen die Entscheidung nicht gegeben ist und
2. das Gericht den Anspruch dieser Partei auf rechtliches Gehör in entscheidungserheblicher Weise verletzt hat.

²Gegen eine der Endentscheidung vorausgehende Entscheidung findet die Rüge nicht statt.

(2) ¹Die Rüge ist innerhalb einer Notfrist von zwei Wochen nach Kenntnis von der Verletzung des rechtlichen Gehörs zu erheben; der Zeitpunkt der Kenntniserlangung ist glaubhaft zu machen. ²Nach Ablauf eines Jahres seit Bekanntgabe der angegriffenen Entscheidung kann die Rüge nicht mehr erhoben werden. ³Formlos mitgeteilte Entscheidungen gelten mit dem dritten Tage nach Aufgabe zur Post als bekannt gegeben. ⁴Die Rüge ist schriftlich bei dem Gericht zu erheben, dessen Entscheidung angegriffen wird. ⁵Die Rüge muss die angegriffene Entscheidung bezeichnen und das Vorliegen der in Absatz 1 Satz 1 Nr. 2 genannten Voraussetzungen darlegen.

(3) Dem Gegner ist, soweit erforderlich, Gelegenheit zur Stellungnahme zu geben.

(4) ¹Das Gericht hat von Amts wegen zu prüfen, ob die Rüge an sich statthaft und ob sie in der gesetzlichen Form und Frist erhoben ist. ²Mangelt es an einem dieser Erfordernisse, so ist die Rüge als unzulässig zu verwerfen. ³Ist die Rüge unbegründet, weist das Gericht sie zurück. ⁴Die Entscheidung ergeht durch unanfechtbaren Beschluss. ⁵Der Beschluss soll kurz begründet werden.

(5) ¹Ist die Rüge begründet, so hilft ihr das Gericht ab, indem es das Verfahren fortführt, soweit dies aufgrund der Rüge geboten ist. ²Das Verfahren wird in die Lage zurückversetzt, in der es sich vor dem Schluss der mündlichen Verhandlung befand. ³§ 343 der Zivilprozessordnung gilt entsprechend. ⁴In schriftlichen Verfahren tritt an die Stelle des Schlusses der mündlichen Verhandlung der Zeitpunkt, bis zu dem Schriftsätze eingereicht werden können.

(6) ¹Die Entscheidungen nach den Absätzen 4 und 5 erfolgen unter Hinzuziehung der ehrenamtlichen Richter. ²Die ehrenamtlichen Richter wirken nicht mit, wenn die Rüge als unzulässig verworfen wird oder sich gegen eine Entscheidung richtet, die ohne Hinzuziehung der ehrenamtlichen Richter erlassen wurde.

(7) **§ 707 der Zivilprozessordnung ist unter der Voraussetzung entsprechend anzuwenden, dass der Beklagte glaubhaft macht, dass die Vollstreckung ihm einen nicht zu ersetzenden Nachteil bringen würde.**

(8) **Auf das Beschlussverfahren finden die Absätze 1 bis 7 entsprechende Anwendung.**

1 **1. Allgemeines.** Nach dem BVerfG verstößt es gegen das Rechtsstaatsprinzip iVm. Art. 103 I GG, wenn eine Verfahrensordnung keine fachgerichtl. Abhilfemöglichkeit für den Fall vorsieht, dass ein Gericht in entscheidungserhebl. Weise den Anspruch auf rechtl. Gehör verletzt. Der allg. Justizgewährungsanspruch fordere eine zumindest einmalige gerichtl. Kontrolle für die Einhaltung des Anspruchs auf rechtl. Gehör; denn insb. das Verfahrensgrundrecht auf rechtl. Gehör schaffe die Voraussetzungen für eine willkürfreie richterl. Entsch. auf hinreichend sicherer Tatsachengrundlage (BVerfG 30.4.2003 AP GG Art. 103 Nr. 64). Hierauf hat der Gesetzgeber mit dem Anhörungsrügengesetz vom 9.12.2004 (BGBl. I S. 3220) reagiert. Er hat es dabei für sinnvoll erachtet, die Voraussetzungen für eine Rüge in einem neuen § 78a zusammenzufassen, der die weitgehend inhaltsgl. Vorschr. des § 321a ZPO als Sonderregelung verdrängt. Die Vorschr. gilt nach § 78a VIII auch im BeschlV entspr. Ein entgegen § 83 III nicht angehörter Beteiligter kann daher seine Nichteinbeziehung in das Verfahren mit der Anhörungsrüge geltend machen. Eine auf eine Verletzung des Anspruchs auf rechtl. Gehör gestützte VB ist ohne vorheriges Rügeverfahren unzulässig (BVerfG 10.2.2003 NJW 2004, 1443). Die Erhebung einer Anhörungsrüge kann wegen des Grds. der Subsidiarität (§ 90 II 2 BVerfGG) aber auch vor einer auf andere Grundrechtsverstöße gestützten VB geboten sein (BVerfG 25.8.2015 NZA 2016, 122). Zur außerordentl. Beschwerde und Gegenvorstellung s. § 78 Rn. 13.

2 **2. Voraussetzungen.** § 78a I ZPO regelt die Voraussetzungen, unter denen die Beschwerde wegen Verletzung des rechtl. Gehörs zulässig und begr. ist, sowie die Rechtsfolge. Mit der Rüge können nur neue und eigenständige Verletzungshandlungen des Art. 103 I GG gerügt werden, sie kann nicht mit der Wiederholung eines vorherigen Vortrags oder Rechtfertigung des vermeintl. übergangenen Vorbringens begr. werden (BVerfG 5.5.2008 NJW 2008, 2635; BGH 23.8.2016 MDR 2016, 1350). Nach Nr. 1 muss die Entsch. unanfechtbar sein, daneben muss eine entscheidungserhebl. Verletzung des Anspruchs auf rechtl. Gehör vorliegen (Nr. 2); § 78a eröffnet keine Möglichkeit der Durchbrechung der Rechtskraft bei anderen Verfahrensverstößen. Gegen eine der Endentsch. vorausgehende Entsch. findet die Rüge nach § 78a I 2 grds. nicht statt (BAG 14.2.2007 NZA 2007, 528). Demgegenüber besteht nach Auff. des BVerfG auch ggü. Zwischenentscheidungen eine Rügemöglichkeit nach § 78a, wenn in diesen abschl. und mit Bindungswirkung für das weitere Verfahren über einen Antrag befunden wird und die Entscheidung später nicht mehr im Rahmen einer Inzidentprüfung korrigiert werden kann (BVerfG 23.10.2007 NZA 2008, 1201; BAG 23.9.2008 NZA 2009, 396 – Richterablehnung; BGH 20.1.2009 NJW-RR 2009, 642 – Gewährung von Wiedereinsetzung). Die Entscheidung des BVerfG hat in der Praxis zu einer Verunsicherung geführt, da sie nicht eindeutig erkennen lässt, welche Zwischenentscheidungen der Anhörungsrüge unterliegen. Entscheidungserheblichkeit iSd. § 78a I 1 Nr. 2 liegt vor, wenn nicht ausgeschlossen werden kann, dass das Gericht ohne die Verletzung des Anspruchs auf rechtl. Gehör zu einer anderen Entsch. gekommen wäre (s. § 72 Rn. 16). Gegenstand einer Beschwerde nach § 78a sind regelm. für die unterliegende Partei nicht anfechtbare Urt. und Beschl. der ArbG (zB. wegen nicht genügender Beschwer) und des BAG (BAG 10.10.2012 NZA 2013, 167) sowie Beschlüsse, die entweder die Instanz im Hauptsacheverfahren oder einen Beschwerderechtszug abschl. Der Anhörungsrüge unterliegen auch nicht mehr anfechtbare Entscheidungen iRd. ZV, PKH, Streitwertfestsetzung sowie Kostenfestsetzung (ausf. BCF/*Creutzfeldt* Rn. 2). Unzulässig ist die Rüge auch gegen Endscheidungen der LAG, die mit der NZB angefochten werden können, da diese zu den Rechtsbehelfen zählt (BR-Drs. 636/04 S. 51; LAG HB 11.6.2008 NZA 2008, 968). Hingegen findet § 78a Anwendung in den Verfahren des einstw. Rechtsschutzes, insb. gegen Entscheidungen der LAG, gegen die nach § 72 IV eine Revision nicht stattfindet, ist daher die Gehörsrüge eröffnet.

3 **3. Formalien. a) Form.** Die Rüge ist von der beschwerten Partei durch Einreichung eines unterschriebenen Schriftsatzes bei dem Gericht zu erheben, dass die betr. Endentsch. erlassen hat. Der Schriftsatz muss enthalten *(1)* die Bezeichnung der angegriffenen Entsch. nach Datum und Aktenzeichen, *(2)* die Darlegung der Verletzung des rechtl. Gehörs gerade durch die gerügte Entscheidung (BAG 5.2.2013 NZA 2013, 1376; s. § 72 Rn. 14; § 72a Rn. 5), *(3)* die Entscheidungserheblichkeit und *(4)* eine Glaubhaftmachung des Zeitpunkts der Kenntniserlangung der Gehörsverletzung. Vor Zustellung der Ent. ist eine Anhörungsrüge daher unstatthaft (BAG 29.11.2016 NZA 2017, 139). IE wird man verlangen müssen, dass die Partei die Handlung oder Unterlassung des Gerichts, durch die der Anspruch auf rechtl. Gehör verletzt worden sein soll, genau bezeichnet. Dabei dürfen bei erstinstanzl. Entscheidungen allerdings nicht die gleichen Anforderungen wie an die Zulässigkeit einer Verfahrensrüge gestellt werden, da vor dem ArbG kein Vertretungszwang besteht (*Bepler* RdA 2005, 65, 67; aA *Schmidt/Schwab/Wildschütz* NZA 2001, 1161, 1166). Dies gilt auch deshalb, weil mit der Entsch. über die Unzulässigkeit zugleich die Frage des ges. Richters berührt wird (BVerfG 23.8.1995 AP ArbGG 1979 § 72a Nr. 31). Erfüllt die Rüge die formellen Anforderungen nicht, ist sie als unzulässig zu

verwerfen. Vor dem LAG und dem BAG muss die Anhörungsrüge durch einen vertretungsberechtigten PV eingelegt werden; PKH muss gesondert beantragt werden (BGH 28.1.2014 – XI ZR 372/12).

b) Frist. Die Rügefrist beträgt zwei Wochen und ist eine Notfrist; bei schuldloser Fristversäumnis besteht die Möglichkeit der Wiedereinsetzung. Die Frist beginnt mit der Kenntniserlangung der Gehörsverletzung, zB mit der förml. Zustellung des vollständig abgefassten Urt. (BGH 11.5.2006 FamRZ 2006, 1029) oder bei Entbehrlichkeit der Entscheidungsgründe mit Zustellung des Protokolls. Die bloße Möglichkeit der Kenntnisnahme oder des „Kennen-Müssen" ist nicht ausreichend (BVerfG 4.4.2007 NJW 2007, 2242; BAG 31.5.2006 NZA 2006, 875; aA zu § 321a II 1 ZPO BGH 11.5.2006 FamRZ 2006, 1029). Allerdings beginnt die Frist für die Einlegung auch bei einem bewussten Sich-Verschließen vor der erforderl. Kenntnisnahme (BVerfG 14.4.2010 – 1 BvR 299/10). Formlos mitgeteilte Entsch. gelten nach der (unwiderlegbaren) Fiktion des § 78a II 3 mit dem 3. Tag nach Aufgabe zur Post als bekannt gegeben. Die Rüge ist nach Ablauf eines Jahres nach der Bekanntgabe ausgeschlossen. Die Rüge ist kein Rechtsmittel, weshalb eine Belehrung nach § 9 V nicht erforderl. ist. Nach § 78a III ist dem **Gegner rechtl. Gehör** zu gewähren, wenn nicht unmittelbar eine Verwerfung der Rüge als unzulässig oder die Zurückweisung als unbegr. beabsichtigt ist; in diesen Fällen kann ohne Anhörung des Gegners entschieden werden. Die Stellungnahmepflicht gilt auch in den Verfahren des einstweiligen Rechtsschutzes. 4

4. Entscheidung des Gerichts. Nach § 78a IV 1 prüft das Gericht die Einhaltung der ges. Frist und Form sowie die Statthaftigkeit der Rüge vAw. Das Verfahren ist der Verfahrensweise bei Einspruch gegen ein VU nachgebildet. Erfüllt die Rüge die formellen Anforderungen nicht, ist sie als unzulässig zu verwerfen. Ist sie unbegr., ist sie zurückzuweisen. Das Gericht kann in seiner Entscheidung über die Anhörungsrüge den gerügten Gehörsverstoß beseitigen, wenn es zB. rechtl. Vorbringen erstmals zur Kenntnis nimmt und bescheidet oder an einer zuvor überraschend eingenommenen Rechtsposition unter Angabe von Gründen festhält (BVerfG 7.10.2009 GRUR-RR 2009, 441; 24.2.2009 EzA ArbGG 1979 § 78a Nr. 8). Die Entsch. ergeht stets durch unanfechtbaren Beschl., so dass eine mdl. Verhandlung nicht erforderl. ist (§ 128 IV ZPO). Die ges. Beschränkung auf eine „kurze" Begr. (§ 78a IV 5) ist verfassungsgem., es müssen insb. nicht alle Einzelpunkte des Parteivortrags ausdrückl. beschieden werden (BVerfG 8.12.2010 NJW 2011, 1497; BGH 27.4.2016 – VII ZR 47/15). Der Vorsitzende entscheidet nur dann allein, wenn die Rüge unzulässig ist oder sich gegen eine Alleinentsch. (§ 55 III) richtet; § 53 I wird insoweit durch die Sonderregelung in § 78a VI verdrängt. In allen anderen Fällen entscheidet die Kammer über die Rüge, die auch die angegriffene Entsch. gefällt hat (BR-Drs. 636/04 S. 52; aA BAG 22.7.2008 NZA 2009, 1054). Etwas anderes gilt nur, wenn der Geschäftsverteilungsplan eine andere Festlegung trifft (BVerfG 24.2.2009 EzA ArbGG 1979 § 78a Nr. 8; GK-ArbGG/*Dörner* Rn. 39). Eine Gegenvorstellung nach erfolgloser Anhöhrungsrüge ist unstatthaft (BAG 19.11.2014 AP ArbGG 1979 § 78a Nr. 14). 5

5. Weiteres Verfahren. Ist die Rüge zulässig und begr., wird das Verfahren vor dem gleichen Gericht fortgeführt (§ 78a V 1). Bei mehreren Streitgegenständen ist Gegenstand der Weiterführung nur derjenige, der von der Gehörsverletzung betroffen ist. Satz 2 bestimmt, dass der Prozess in die Lage zurückversetzt wird, in der er sich vor Schluss der mdl. Verhandlung befand. Regelm. muss erneut mdl. verhandelt werden, ledigl. vor dem LAG kommt der Übergang in das schriftl. Verfahren in Betracht. Die nach der Fortsetzung des Verfahrens zu treffende Entsch. ist zu fassen wie die Entsch. nach Einspruch gegen ein VU, § 78a V 3 ZPO verweist auf § 343 ZPO. Es ist also das mit der Rüge angefochtene Urt. aufrecht zu erhalten oder aufzuheben und durch eine andere Entsch. zu ersetzen. Die Erhebung der Rüge hindert den Eintritt der Rechtskraft nicht; nach § 78a VII ist jedoch § 707 ZPO entspr. anzuwenden. Um die Einstellung der ZV zu erreichen, muss die rügende Partei die Voraussetzungen des § 62 I 3 glaubhaft machen; zu den Kosten § 12 Rn. 4. Die Entscheidung, das Verfahren nach § 78a V fortzuführen, unterliegt der Prüfung durch das Rechtsmittelgericht (BGH 14.4.2016 NJW 2016, 3035). 6

Fünfter Unterabschnitt. Wiederaufnahme des Verfahrens

§ 79 [Wiederaufnahme des Verfahrens]

[1]Die Vorschriften der Zivilprozeßordnung über die Wiederaufnahme des Verfahrens gelten für Rechtsstreitigkeiten nach § 2 Abs. 1 bis 4 entsprechend. [2]Die Nichtigkeitsklage kann jedoch nicht auf Mängel des Verfahrens bei der Berufung der ehrenamtlichen Richter oder auf Umstände, die die Berufung eines ehrenamtlichen Richters zu seinem Amt ausschließen, gestützt werden.

1. Wiederaufnahme des Verfahrens. Nach Satz 1 gelten für das UrtV die Vorschr. der ZPO über die Wiederaufnahme des Verfahrens entspr. Die Wiederaufnahme des Verfahrens erfolgt bei rechtskräftigen Entscheidungen, bei schweren Verfahrensmängeln oder bei falschen Urteilsgrundlagen. Die Wiederaufnahme eines durch rechtskräftiges Endurt. geschlossenen Verfahrens kann durch Nichtig- 1 keitsklage oder durch Restitutionsklage erfolgen (§ 578 I ZPO). Voraussetzung ist ein rechtskräftiges Urt. Unerhebl. ist dessen Rechtsnatur. In Betracht kommen daher auch Prozessurt., VU, Urt. im einstweiligen Rechtsschutz. Über den Wortlaut von § 578 I ZPO hinaus ist die Wiederaufnahme auch bei urteilsersetzenden Beschlüssen mögl., zB Entscheidungen nach §§ 522 I, 552 ZPO. Das Gleiche gilt für Beschlüsse, durch die eine NZB verworfen oder zurückgewiesen worden ist (BAG 11.1.1995 NZA 1995, 550; 18.10.1990 NZA 1991, 363). In diesen Fällen wird über den Wiederaufnahmeantrag durch Beschl. entschieden, der ohne mdl. Verhandlung ergehen kann. **Keine Wiederaufnahme** ist mögl. bei Vorbehalts- und Zwischenurt. (§§ 302, 280 ZPO). Insoweit besteht wegen § 583 ZPO kein Bedürfnis. Bei Scheinurt. ist keine Nichtigkeitsklage, sondern eine Feststellungsklage nach § 256 ZPO zu erheben. Ist diese begr., wird der bisherige Rechtsstreit fortgesetzt. Ist ein Verfahren durch einen Prozessvergleich abgeschlossen worden, wird das bisherige Verfahren fortgesetzt, wenn der Vergleich unwirksam ist.

2 **2. Nichtigkeitsklage.** Eine Nichtigkeitsklage findet bei Verletzung der in § 579 ZPO abschl. aufgezählten Verfahrensvorschriften statt (BAG 21.7.1993 NZA 1994, 957; BGH 11.12.2002 NJW 2003, 1326 – fehlerhafte öffentl. Zustellung). Eine Nichtigkeitsklage kann darauf gestützt werden, dass **das Gericht nicht ordnungsgem.** besetzt war. Dies ist der Fall, wenn § 309 ZPO verletzt worden ist oder an Stelle der Kammer der Vorsitzende allein entschieden hat. Dagegen kann die Nichtigkeitsklage nicht darauf gestützt werden, dass an Stelle des Vors. allein die Kammer entschieden hat (GMP/*Müller-Glöge* Rn. 7). Die Nichtigkeitsklage kann nicht auf Mängel des Verfahrens bei der Berufung der ehrenamtl. Richter oder auf Umstände, die die Berufung eines ehrenamtl. Richters zu seinem Amt ausschließen, gestützt werden (Satz 2). Dagegen ist die Nichtigkeitsklage gegeben, wenn nicht ein ehrenamtl. Richter von AG- oder ANseite mitgewirkt hat oder die Reihenfolge der Heranziehung nach § 31 verletzt wurde. Die Nichtigkeitsklage findet statt (§ 579 I Nr. 3 ZPO), wenn ein Richter bei der Entsch. mitgewirkt hat, der von der Ausübung des Richteramtes kraft G ausgeschlossen (§ 41 ZPO) war, sofern nicht dieses Hindernis mittels eines Ablehnungsgesuchs oder eines Rechtsmittels ohne Erfolg geltend gemacht ist. Dasselbe gilt, wenn bei der Entsch. ein Richter mitgewirkt hat, obgleich er wegen Besorgnis der Befangenheit abgelehnt (§ 42 ZPO) und das Ablehnungsgesuch für begr. erachtet worden ist (§ 579 I Nr. 3 ZPO). Die Vorschr. ist entspr. anzuwenden auf Urkundsbeamte. Ferner findet die Nichtigkeitsklage statt, wenn eine **Partei** in dem Verfahren **nicht nach der Vorschr. des Gesetzes vertreten** war, sofern sie nicht die Prozessführung ausdr. oder stillschweigend genehmigt hat. Nr. 4 gilt entspr. bei fehlender Parteifähigkeit oder wenn der Bekl. wegen öffentl. Zustellung von dem Prozess gegen ihn nichts erfahren hat (KG NJW-RR 1987, 1215). Die Nichtigkeitsklage ist nach § 579 II ZPO in den Fällen des § 579 II Nr. 1 und 3 ZPO unzulässig, wenn der Kl. bei Anwendung der gebotenen Sorgfalt die Nichtigkeit mittels eines Rechtsmittels geltend machen konnte. Zum Rechtsmittel zählt hier auch der Einspruch gegen ein VU (BAG 21.7.1993 NZA 1994, 957).

3 **3. Restitutionsklage.** Die Restitutionsklage findet in den Fällen des § 580 ZPO statt. Die Aufzählung ist abschl. Die Klage ist nach § 582 ZPO nur zulässig, wenn die Partei ohne ihr Verschulden außerstande war, den Restitutionsgrund in dem früheren Verfahren, insb. durch Einspruch oder Berufung oder mittels Anschließung an eine Berufung geltend zu machen. Die Restitutionsklage findet statt, wenn der Gegner durch Beeidigung einer Aussage, auf die das Urt. gegründet ist, sich einer vorsätzl. oder fahrlässigen Verletzung der Eidespflicht schuldig gemacht hat (Nr. 1); eine entscheidungserhebl. Urkunde gefälscht war (Nr. 2); ein Zeuge oder ein Sachverständiger, sich einer strafbaren Verletzung der Wahrheitspflicht schuldig gemacht hat und das Urt. auf dessen Angaben beruht (Nr. 3); das Urt. von dem Vertreter der Partei, dem Gegner oder dessen Vertreter durch eine in Beziehung auf den Rechtsstreit verübte Straftat erwirkt ist (Nr. 4); ein Richter bei dem Urt. mitgewirkt hat, der sich in Beziehung auf den Rechtsstreit einer strafbaren Verletzung seiner Amtspflichten gegen die Partei schuldig gemacht hat (Nr. 5); das Urt. eines ordentl. Gerichts, eines früheren Sondergerichts oder eines Verwaltungsgerichts, auf welches das Urt. gegründet ist, durch ein anderes rechtskräftiges Urt. aufgeh. ist (Nr. 6). Schließl. ist nach § 580 Nr. 7 ZPO Restitutionsgrund, wenn die Partei *(1)* ein in ders. Sache erlassenes, früher rechtskräftig gewordenes Urt. oder *(2)* eine andere Urkunde auffindet oder zu benützen in den Stand gesetzt wird, die eine ihr günstigere Entsch. herbeigeführt haben würde. Urkunde iSd. ZPO ist die Verkörperung einer Willensäußerung durch Schriftzeichen. Auffinden bedeutet, dass Existenz oder Verbleib der Urkunde bis zum maßgebenden Zeitpunkt dem Restitutionskl. unverschuldet unbekannt war. Zu benutzen in den Stand gesetzt wird eine Partei, die Existenz und Verbleib der Urkunde nicht kannte und sie bis zum maßgebenden Zeitpunkt nicht vorlegen konnte. Die Urkunde muss eine günstigere Entsch. für die Partei herbeiführen; dass es sich um eine Urkunde iSd. §§ 415 ff. ZPO handelt, ist nicht erforderl. (BAG 25.4.2007 NZA 2007, 1387). Die Restitutionsklage ist nur statthaft wenn das Gericht die Urkunde in dem früheren Verfahren hätte berücksichtigen müssen (BAG 17.2.1994 – 8 AZR 13/92). Der nach Rechtskraft eines klageabweisenden Kündigungsschutzurt. erlassene Feststellungsbescheid des Versorgungsamts, in dem eine zum Zeitpunkt der Kündigung bereits bestandene Schwerbehinderteneigenschaft festgestellt wird, stellt einen Restitutionsgrund dar (BAG 15.8.1984 NJW 1985, 1485). Ein Restitutionsgrund liegt nach § 580 Nr. 8 ZPO vor, wenn der EGMR eine Verletzung der EGMRK oder ihrer Protokolle festgestellt hat

und das Urt. auf dieser Verletzung beruht (Übergangsvorschrift: § 35 ZPOEG, dazu BAG 22.11.2012 NZA-RR 2014, 91; BGH 19.3.2014 FamRZ 2014, 927).

4. Verfahren bei Wiederaufnahme. Die Zust. für die Wiederaufnahmeklage richtet sich nach § 584 ZPO (BAG 12.9.2012 NZA 2012, 1319 – zur NZB). Gegen VB im Mahnverfahren, die einem VU gleichstehen, ist die Wiederaufnahmeklage an das Gericht zu richten, das im Streitverfahren zuständig gewesen wäre. Die Klagen sind vor Ablauf der Notfrist eines Monats zu erheben. Die Frist beginnt mit dem Tage, an dem die Partei von dem Anfechtungsgrund Kenntnis erhalten hat, jedoch nicht vor eingetretener Rechtskraft des Urt. Kenntnis bedeutet dabei grds. die positive, sichere Kenntnis der Tatsachen, die den Wiederaufnahmegrund ausfüllen. Dem positiven Wissen stehen Tatsachen gleich, deren Kenntnisnahme sich die Partei bewusst verschließt. Weiß sie schon länger um die Anfechtungsgründe, unterlässt sie es aber, sich positive, sichere Kenntnis der näheren Umstände zu verschaffen, hemmt dies den Fristlauf in § 586 I ZPO nicht (BAG 20.8.2002 NZA 2003, 453). Nach Ablauf von fünf Jahren, von dem Tage der Rechtskraft des Urt. an gerechnet, sind die Klagen unstatthaft (§ 586 ZPO). Besonderh. der Fristberechnung ergeben sich bei Nichtigkeitsklagen nach § 586 III ZPO. Der Inhalt der Klageschrift ergibt sich aus §§ 587, 588 ZPO. Das Gericht hat nach § 589 ZPO vAw. zu prüfen, ob die Klage an sich statthaft und ob sie in der ges. Form und Frist erhoben ist. Mangelt es an einem dieser Erfordernisse, so ist die Klage als unzulässig zu verwerfen. Die Tatsachen, die ergeben, dass die Klage vor Ablauf der Notfrist erhoben ist, sind glaubhaft zu machen. Die Hauptsache wird nach § 590 I ZPO, insoweit sie von dem Anfechtungsgrunde betroffen ist, von neuem verhandelt. Das Gericht kann anordnen, dass die Verhandlung und Entsch. über Grund und Zulässigkeit der Wiederaufnahme des Verfahrens vor der Verhandlung über die Hauptsache erfolgt. Rechtsmittel sind insoweit zulässig, als sie gegen die Entscheidungen der mit der Klage befassten Gerichte überhaupt stattfinden (§ 591 ZPO). 4

Zweiter Abschnitt. Beschlußverfahren

Erster Unterabschnitt. Erster Rechtszug

§ 80 Grundsatz

(1) **Das Beschlußverfahren findet in den in § 2a bezeichneten Fällen Anwendung.**

(2) [1]**Für das Beschlußverfahren des ersten Rechtszugs gelten die für das Urteilsverfahren des ersten Rechtszugs maßgebenden Vorschriften über Prozeßfähigkeit, Prozeßvertretung, Ladungen, Termine und Fristen, Ablehnung und Ausschließung von Gerichtspersonen, Zustellungen, persönliches Erscheinen der Parteien, Öffentlichkeit, Befugnisse des Vorsitzenden und der ehrenamtlichen Richter, Mediation und außergerichtliche Konfliktbeilegung, Vorbereitung der streitigen Verhandlung, Verhandlung vor der Kammer, Beweisaufnahme, gütliche Erledigung des Verfahrens, Wiedereinsetzung in den vorigen Stand und Wiederaufnahme des Verfahrens entsprechend, soweit sich aus den §§ 81 bis 84 nichts anderes ergibt.** [2]**Der Vorsitzende kann ein Güteverfahren ansetzen; die für das Urteilsverfahren des ersten Rechtszugs maßgebenden Vorschriften über das Güteverfahren gelten entsprechend.**

(3) **§ 48 Abs. 1 findet entsprechende Anwendung.**

I. Allgemeines

Im BeschlV entscheiden die Gerichte über die Tariffähigkeit und -zuständigkeit einer Vereinigung, während der Insolvenz nach § 122 II S. 2 InsO über die Durchführung einer Betriebsänderung und nach § 126 II InsO über die Wirksamkeit betriebsbedingter Kündigungen durch den InsV, va. aber über die Befugnisse und Pflichten iRd. Mitbestimmung. **Abs. 1** bestimmt mit der Verweisung auf § 2a, welche Fälle nach dem ArbGG in dieser Verfahrensart verhandelt werden (§ 2a). Auf Streitigkeiten aus dem BPersVG sind nach § 83 II BPersVG die Vorschr. zum BeschlV entspr. anzuwenden, Streitigkeiten aus den LPersVG können nach § 106 BPersVG im BeschlV verhandelt werden, wenn es die Ländergesetze vorsehen. Beim BeschlV handelt es sich um ein Rechtsprechungsverfahren eigener Art; es ist in den nachf. Vorschr. – soweit die Bestimmungen reichen – abschl. geregelt. UrtV und BeschlV schließen sich gegenseitig aus. Das Verhältnis der beiden Verfahrensarten zueinander ist in § 48 I bestimmt und unterliegt nicht der Disposition der Beteiligten (BAG 5.4.1984 NZA 1984, 333). Danach hat das ArbG vAw. zu prüfen, welche Verfahrensart für den Antrag bzw. die Klage gegeben ist und ggf. den Streit nach. §§ 17ff. GVG in die zutreffende Verfahrensart zu verweisen (s. § 81 Rn. 1). Zwischen beiden Verfahren bestehen **terminologische Unterschiede:** Die Parteien des BeschlV werden als Ast. und sonstige Beteiligte (§ 81) und die mdl. Verhandlung als Anhörung bezeichnet (§ 83 IV); das Verfahren wird nicht durch eine Klage, sondern durch einen Antrag eingeleitet. Die Instanz beendende Entscheidung ist der Beschl. (§ 85), gegen den das Rechtsmittel der Beschwerde (§ 87) und ggf. das weitere Rechtsmittel der RB. zum BAG (§ 92) gegeben ist. Erhebl. Unterschiede zur ZPO 1 weisen die eigentl. Verfahrensvorschriften auf. Es gilt ein **eingeschränkter Untersuchungsgrundsatz.** Das Gericht hat iRd. gestellten Anträge den für die Entscheidung erhebl. Sachverhalt vAw. zu erforschen. Die Beteiligten müssen daran mitwirken (s. § 83 Rn. 2). Auch die erforderl. Beweise hat das Gericht vAw. zu erheben, wobei es nicht auf die Beweisantritte der Beteiligten beschränkt ist. Die Beteiligten können zur Sachverhaltsaufklärung vernommen werden. § 138 III ZPO – die Fiktion des Geständnisses durch Nichtbestreiten – gilt nicht; ein Versäumnisverfahren gegen ausgebliebene Beteiligte findet daher nicht statt (s. § 83 Rn. 1).

II. Anwendbare Vorschriften

2 Nach **Abs. 2** gelten für das BeschlV in der ersten Instanz bestimmte Vorschr. des arbeitsgerichtl. UrtV. Die Vorschr. der ZPO gelten auch, soweit sie in § 80 nicht ausdr. aufgeführt sind. Die bes. prozessualen Regelungen in den §§ 80 ff. und die für anwendbar erklärten Vorschr. zum UrtV decken nicht alles ab. Soweit sich Verweisungen finden – neben § 80 II auch in §§ 85, 87 II und 92 II, wird deutl., dass das BeschlV insgesamt auf dem arbeitsgerichtl. UrtV bzw. der ZPO aufbaut. Lücken in der Regelung dieses Verfahrens sind daher unter Rückgriff auf die ZPO zu schließen, soweit sein bes. Charakter nicht entgegensteht (BAG 16.7.1996 NZA 1997, 337). Ein BeschlV kann daher wegen Vorgreiflichkeit nach § 148 ZPO **ausgesetzt** werden. Es gelten die Regelungen über die **Rechtshängigkeit** (§ 261 ZPO; BAG 16.7.1996 NZA 1997, 337). § 253 ZPO ist auf den Mindestinhalt der **Antragsschrift** anzuwenden (BAG 24.2.1987 NZA 1987, 674). Beschl. können nach § 319 ZPO **berichtigt** (BAG 14.11.1958 AP ArbGG 1953 § 81 Nr. 6) und nach § 321 ZPO **ergänzt** werden (BAG 21.6.1957 AP ArbGG 1953 § 81 Nr. 2); tatbestandl. Teile sind nach § 320 ZPO zu berichtigen (GMP/*Matthes/Spinner* Rn. 43) und bei der Verletzung des Anspruchs auf rechtl. Gehör durch das LAG können die Beteiligten die NZB auf die §§ 92a, 72a III Nr. 3 2. Alt. stützen. Die Gehörsrüge nach § 78a ist entgegen dem Wortlaut des Abs. 8 ggü. erstinstanzl. Entscheidungen im BeschlV nicht statthaft. Es fehlt die Voraussetzung des § 78a I Nr. 1. Gegen den instanzbeendenden Beschl. des ArbG findet nach § 87 I stets die Beschwerde statt.

3 Die **Regelungen zur Prozessfähigkeit** im UrtV gelten nach Abs. 2 entspr. Über § 46 II wird damit auch auf § 50 ZPO Bezug genommen. Voraussetzung ist danach die Parteifähigkeit, für die wiederum im BeschlV die bes. Regelungen in § 10 heranzuziehen sind. Für die **Prozessvertretung** gilt § 11. Betriebsverfassungsrechtl. Stellen können sich durch einen Verbandsvertreter vertreten lassen, wenn mind. ein Mitglied der Stelle Mitglied des entspr. Verbands ist (BAG 3.12.1954 AP ArbGG 1953 § 11 Nr. 7). Der BR kann sich jedoch auch dann durch einen RA vertreten lassen, wenn eine Verbandsvertretung mögl. ist (BAG 4.12.1979 AP BetrVG 1972 § 40 Nr. 18). Der Auftrag an einen PV setzt einen ordnungsgem. Beschl. des BR voraus. Ist er unterblieben oder war er fehlerhaft, ist der BR im BeschlV nicht wirksam vertreten und ein Prozessrechtsverhältnis kommt nicht zustande. Der für den BR gestellte Antrag ist als unzulässig abzuweisen. Vor Erlass dieser Entscheidung kann der Beschl. jedoch nachgeholt werden. Hierauf hat das Gericht hinzuweisen. Bis zum neuen Beschl. des BR kann sein Prozessvertreter nach § 89 I ZPO vorläufig zugelassen werden (BAG 6.12.2006 AP BetrVG 1972 § 21b Nr. 5). Für den **Ausschluss** und die **Ablehnung von Gerichtspersonen** wird auf § 49 und erg. auf §§ 41 ff. ZPO verwiesen. Dabei gelten alle Beteiligten als Partei iSd. § 41 ZPO. Nach § 41 VI ZPO ist in Streitigkeiten über einen Einigungsstellenspruch der Vorsitzende dieser Einigungsstelle ausgeschlossen. Die spiegelbildl. Regelung findet sich in § 100 I 4. **Zustellungen** an Organe der Betriebsverfassung müssen nach § 170 II ZPO an den Vors. erfolgen. Eine Ersatzzustellung nach § 178 I ZPO ist nur zulässig, wenn die betriebsverfassungsrechtl. Stelle eigene Geschäftsräume hat (GK-ArbGG/*Dörner* Rn. 42), es sei denn, die Postannahmestelle des AG ist damit betraut, auch die Post für das betriebsverfassungsrechtl. Organ entgegen zu nehmen (BAG 20.1.1976 AP BetrVG 1972 § 47 Nr. 2). Das Gericht kann nach § 141 ZPO das **persönliche Erscheinen** der Beteiligten bzw. des Vors. einer betriebsverfassungsrechtl. Stelle zur Sachverhaltsaufklärung anordnen (GMP/*Matthes/Spinner* Rn. 52) und ggf. ein Ordnungsgeld verhängen. Erscheinen sie nicht, kommt allerdings der Ausschluss ihres PV nach § 51 II 1 nicht in Betracht. Für die **Antragsrücknahme** sieht § 81 II 2 eine Sonderregelung vor. **Verzicht** und **Anerkenntnis** sind auch im BeschlV mögl., soweit die Beteiligten über den Gegenstand verfügen können, § 83a I. Die Wiedereinsetzung in den vorigen Stand – §§ 233 ff. ZPO – und die Wiederaufnahme des Verfahrens – §§ 578 ff. ZPO – richten sich über §§ 80 II, 46 II nach den Vorschr. der ZPO.

4 Der Vorsitzende kann nach **Abs. 2 Satz 2** ein **Güteverfahren** ansetzen, muss es aber nicht. Dessen Durchführung liegt in seinem Ermessen (BT-Drs. 14/2490 S. 12). Ohne Güteverfahren beginnt das BeschlV mit dem Anhörungstermin vor der Kammer. Sofern von vornherein mit einer gütl. Einigung nicht zu rechnen ist, weil die Beteiligten in der Regel eine gerichtl. Entscheidung wünschen oder eine Einigung nach § 83a I ausgeschlossen ist, sollte das Güteverfahren allenfalls zur Vorbereitung einer mdl. Anhörung durchgeführt werden. Ein Güteverfahren verbietet sich wegen der Eilbedürftigkeit im Verfahren nach § 100. Die Güteverhandlung findet nach § 54 I 1 ohne Beisitzer statt. Unter den Voraussetzungen des § 54 I 5 kann sich ein **weiterer Gütetermin** anschließen. Da es im BeschlV keine Säumnisentscheidung gibt, sind § 55 I Nr. 4 und 5 auch im Gütetermin nicht anwendbar. Ebenso ist

eine **Alleinentscheidung** durch den Vors. auf Antrag der Beteiligten ausgeschlossen, da § 55 III von § 84 verdrängt wird (aA GK-ArbGG/*Dörner* Rn. 55; GMP/*Matthes/Spinner* Rn. 57). Die **Endentscheidung** in der Hauptsache ergeht daher im BeschlV – mit Ausnahme des Verfahrens nach § 100 – stets durch die Kammer. Der Vorsitzende ist befugt, nach § 55 IV vor der mdl. Anhörung einen **Beweisbeschluss** zu erlassen. Die sonstigen Befugnisse des Vors. ergeben sich aus § 53 I und § 55 I Nr. 2, 3, 6–11. Ziffer 1 ist nicht anwendbar wegen der Sonderregelung in § 81 II. Die mdl. Anhörung ist entspr. § 56 I durch Auflagen und sonstige sachdienl. Anordnungen so vorzubereiten, dass dem Beschleunigungsgrds. Rechnung getragen wird. Den Beteiligten können nach § 83 I a Fristen gesetzt werden (s. § 83 Rn. 3), zur Mediation § 54 Rn. 11.

III. Streitwert

1. Kostenfreiheit. Der Wert eines BeschlV ist allein für die Berechnung der **anwaltlichen Gebühren** 5 von Bedeutung. Im BeschlV erfolgt weder eine Kostenentscheidung noch eine Kostenerstattung (BAG 2.10.2007 NZA 2008, 372). Nach § 2 II GKG werden für das BeschlV – einschließl. der ZV (BAG 2.6.2008 AP ArbGG 1979 § 85 Nr. 11) – weder Gerichtsgebühren noch Auslagen erhoben. Ebenso wenig erforderl. ist eine Entscheidung darüber, wer die außergerichtl. Kosten tragen muss. Die §§ 91 ff. ZPO sind in § 80 II nicht in Bezug genommen und auch nicht entspr. anzuwenden. Die Rollen der Beteiligten im BeschlV stimmen nicht mit der von Parteien im UrtV überein. Ihre Beteiligtenstellung folgt aus dem materiellen Recht und ist von ihrem Willen unabhängig (BAG 20.4.1999 NZA 1999, 1235), soweit sie nicht Ast. sind. Der instanzbeendende Beschl. enthält – anders als das Urt. – keine Festsetzung des Streitwerts. § 61 I wird in den §§ 80 II und 84 nicht in Bezug genommen. Die Festsetzung kann nach § 32 II RVG beantragt werden. In diesem Verfahren ist der AG auch zu beteiligen, wenn nur der RA des BR den Antrag stellt. Dies folgt aus § 40 BetrVG, wonach der AG die Kosten des BeschlV als Kosten der Betriebsverfassung zu tragen hat. Der Erstattungsanspruch ist ggf. in einem weiteren BeschlV zu verfolgen (BVerwG 6.2.2009 PersR 2009, 211). Der BR ist nicht befugt, gegen einen Wertfestsetzungsbeschluss ein Rechtsmittel mit dem Ziel einzulegen, eine höhere Festsetzung des Gegenstandswerts herbeizuführen (LAG SN 15.3.2007 LAGE § 33 RVG Nr. 2).

2. Grundsätze für die Festsetzung des Gegenstandswerts. Der Wert eines BeschlV bemisst sich 6 nach **§ 23 III 2 RVG,** weil Wertvorschriften für die Gerichtsgebühren dieses Verfahrens fehlen. Dabei ist zwischen vermögensrechtl. und nichtvermögensrechtl. Streitigkeiten zu unterscheiden. Eine vermögensrechtl. Streitigkeit liegt vor, wenn sich der geltend gemachte Anspruch aus einem auf Geld oder Geldwert gerichteten Rechtsverhältnis ergibt oder er im Wesentl. der Wahrung wirtschaftl. Belange dient (BAG 10.8.1989 – 8 AZR 776/87). Betriebsverfassungsrechtl. Streitigkeiten sind meist nichtvermögensrechtl. Natur, soweit nicht bezifferte oder bezifferbare Anträge – etwa nach den §§ 37 VI und VII oder 40 BetrVG – gestellt werden (LAG M 7.12.1995 LAGE BRAGO § 8 Nr. 29). Bei **vermögensrechtl. Streitigkeiten** ist der Gegenstandswert – soweit er sich nicht aus den in § 23 III Satz 1 RVG genannten Vorschr. ergibt – nach billigem Ermessen zu bestimmen. Fehlen genügend tatsächl. Anhaltspunkte für eine Schätzung und bei nichtvermögensrechtl. Streitigkeiten ist der Gegenstandswert auf 5000.– €, nach Lage des Falles niedriger oder höher, aber nicht über 500 000.– € festzusetzen. Der Streit darüber, ob es sich bei den im Gesetz genannten 5000.– € um einen Regelwert (LAG SH 29.9.2001 LAGE BRAGO § 8 Nr. 52; LAG M 24.5.1993 DB 1993, 2088), einen Auffangwert (LAG HM 12.6.2001 LAGE BRAGO § 8 Nr. 50; LAG BB 21.9.1995 NZA 1996, 112) oder Hilfswert (LAG RP 30.3.2004 LAGE BRAGO § 8 Nr. 55; LAG MV 16.11.2000 LAGE BRAGO § 8 Nr. 47; LAG M 7.12.1995 NZA-RR 1996, 419) handelt, ist bei korrekter Anwendung der Vorschr. mehr akademischer Natur. Denn der Wert bemisst sich jdf. schon nach dem Wortlaut des G „nach Lage des Falles“. 5000.– € sind maW nur anzusetzen, wenn Anhaltspunkte für eine konkrete fallbezogene Bewertung fehlen. Dabei stehen die rechtl. und wirtschaftl. Bedeutung einer Sache, die Wichtigkeit und Tragweite der gerichtl. Entscheidung für die Beteiligten im Vordergrund (LAG MV 16.11.2000 LAGE BRAGO § 8 Nr. 47; LAG HB 17.12.1997 AP BRAGO § 8 Nr. 1; LAG M 7.12.1995 LAGE BRAGO § 8 Nr. 29).

3. Streitwertberechnung im Beschlussverfahren. a) Streitwertkatalog. Nach den von der Streit- 7 wertkommission der Arbeitsgerichtsbarkeit erarbeiteten Vorschlägen im Streitwertkatalog idF v. 9.7.2014 (NZA 2014, 745) ist die Bewertung in den nachfolgend aufgeführten (typischen) Fallkonstellationen im BeschlV (zum UrtV s. § 12 Rn. 15) wie folgt vorzunehmen:

[1] Betriebsänderung/Personalabbau: *1.1 Realisierung des Verhandlungsanspruchs*: Ausgehend 8 vom Hilfswert nach § 23 III 2 RVG wird ggf. unter Berücksichtigung der Umstände des Einzelfalles (zB. Inhalt und Bedeutung der Regelungsfrage) eine Erhöhung bzw. ein Abschlag vorgenommen. *1.2 Unterlassung der Durchführung einer Betriebsänderung*: Ausgehend von Nr. 1.1 erfolgt eine Erhöhung nach der Staffelung von Nr. 13.7. **2. Betriebsratswahl:** *2.1 Bestellung des Wahlvorstands*: grds. Hilfswert nach § 23 III 2 RVG; wenn zusätzl. Streit über die Größe des Wahlvorstandes bzw. Einzelpersonen grds. Erhöhung jeweils um 1/2 Hilfswert nach § 23 III 2 RVG. *2.2 Maßnahmen innerhalb des Wahlverfahrens (incl. einstw. Verfügungen)* zB.: Abbruch der Wahl: 1/2 Wert der Wahlanfechtung (s.

Nr. 2.3). Zurverfügungstellung von Unterlagen (auch Herausgabe der Wählerlisten): 1/2 Hilfswert von § 23 III 2 RVG. *2.3 Wahlanfechtung (incl. Prüfung der Nichtigkeit der Wahl)*: ausgehend vom doppelten Hilfswert nach § 23 III 2 RVG, Steigerung nach der Staffel gem. § 9 BetrVG mit jeweils 1/2 Hilfswert. **3. Betriebsvereinbarung:** Ausgehend vom Hilfswert nach § 23 III 2 RVG wird ggf. unter Berücksichtigung der Umstände des Einzelfalles, zB. Inhalt und Bedeutung der Regelungsfrage, eine Erhöhung bzw. ein Abschlag vorgenommen. **4. Einigungsstelle, Einsetzung nach § 98 ArbGG bei Streit um:** *4.1 Offensichtl. Unzuständigkeit*: höchstens Hilfswert nach § 23 III 2 RVG. *4.2 Person des Vors.*: grds. 1/4 Hilfswert nach § 23 III 2 RVG. *4.3 Anzahl der Beisitzer*: grds. insg 1/4 Hilfswert nach § 23 III 2 RVG. **5. Einigungsstelle, Anfechtung des Spruchs**: Ausgehend vom Hilfswert nach § 23 III 2 RVG wird ggf. unter Berücksichtigung der Umstände des Einzelfalls, zB. Inhalt und Bedeutung der Regelungsfrage, eine Erhöhung bzw. ein Abschlag vorgenommen. **6. Einigungsstelle, Anfechtung des Spruchs über Sozialplan: 6.1:** Macht der AG eine Überdotierung geltend, dann entspricht der Wert des Verfahrens der vollen Differenz zwischen dem festgesetzten Volumen und der von ihm als angemessen erachteten Dotierung. **6.2:** Beruft sich der anfechtende BR nur auf eine Unterdotierung, dann finden die Grundsätze von § 23 III 2 RVG Anwendung. **7. Einstweilige Verfügung:** *7.1 Bei Vorwegnahme der Hauptsache*: 100% des allgemeinen Wertes. *7.2 Einstweilige Regelung*: Je nach Einzelfall, idR 50% des Hauptsachestreitwerts. **8. Freistellung eines BRmitglieds:** *8.1 Freistellung von der Arbeitspflicht im Einzelfall (§ 37 II, III BetrVG)*: Bewertung nach § 23 III 2 RVG, abh. von Anlass und Dauer der Freistellung kann eine Herauf- oder Herabsetzung des Wertes erfolgen. *8.2 Zusätzl. Freistellung (§ 38 BetrVG)*: grds. doppelter Hilfswert nach § 23 III 2 RVG. **9. Informations- und Beratungsansprüche: 9.1:** grds. Hilfswert des § 23 III 2 RVG; abhängig vom Gegenstand des Mitbestimmungsrechts und der Bedeutung des Einzelfalls sowie des Aufwands kann eine Herauf- oder Herabsetzung des Wertes erfolgen. **9.2 Sachverständige/Auskunftsperson:** Nichtvermögensrechtliche Streitigkeit: es ist vom Hilfswert nach § 23 III 2 RVG auszugehen, einzelfallabhängig kann eine Herauf- oder Herabsetzung erfolgen. **10. Mitbestimmung in sozialen Angelegenheiten:** Streit über das Bestehen eines Mitbestimmungsrechts: grds. Hilfswert des § 23 III 2 RVG; abh. vom Gegenstand des Mitbestimmungsrechts und der Bedeutung des Einzelfalls (organisatorische und wirtschaftl. Auswirkungen, Anzahl der betroffenen AN ua.) kann eine Herauf- oder Herabsetzung des Wertes ohne Staffelung erfolgen. **11. Mitbestimmung in wirtschaftlichen Angelegenheiten**: s. Nr. 1. **12. Nichtigkeit einer BRwahl**: siehe BRwahl (Nr. 2.3). **13. Personelle Einzelmaßnahmen nach §§ 99, 100, 101 BetrVG:** *13.1 Grundsätzliches*: Es handelt sich um nichtvermögensrechtliche Angelegenheiten; entscheidend sind die Aspekte des Einzelfalls, z.B. die Dauer und Bedeutung der Maßnahme und die wirtschaftlichen Auswirkungen, die zur Erhöhung oder Verminderung des Wertes führen können. *13.2 Einstellung*: Als Anhaltspunkte für die Bewertung können dienen: 13.2.1 der Hilfswert von § 23 III 2 RVG oder 13.2.2 die Regelung von § 42 II 1 GKG, wobei eine Orientierung am 2-fachen Monatsverdienst des AN sachgerecht erscheint. *13.3 Eingruppierung/Umgruppierung*: Die Grundsätze zu Nr. 13.1 und 13.2 gelten unter Berücksichtigung des Einzelfalles auch bei diesem Mitbestimmungsrecht, wobei bei der Wertung gem. Nr. 13.2.2 die Orientierung an § 42 II 2 GKG vorzunehmen ist. Bei der 36-fachen Monatsdifferenz erfolgt ein Abschlag iHv. 25% wg. der nur beschränkten Rechtskraftwirkung des BeschlussV für den fragl. AN. *13.4 Versetzung*: Je nach Bedeutung der Maßnahme Hilfswert (bei Vorgehensweise nach Nr. 13.2.1) oder Bruchteil davon bzw. (bei Vorgehensweise nach Nr. 13.2.2) 1 bis 2 Monatsgehälter, angelehnt an die für eine Versetzung im UrtV gen. Grundsätze. **13.5:** Das Verfahren nach § 100 BetrVG wird mit dem 1/2 Wert des Verfahrens nach § 99 Abs. 4 BetrVG bewertet. **13.6:** Das Verfahren nach § 101 BetrVG wird als eigenständiges Verfahren wie das Verfahren nach § 99 IV BetrVG bzw. nach § 100 BetrVG bewertet. Als kumulativer Antrag in einem Verfahren mit 1/2 Wert des Verfahrens nach § 99 IV bzw. 100 BetrVG. **13.7:** Bei Massenverfahren mit wesentl. gleichem Sachverhalt, insbes. bei einer einheitl. unternehmerischen Maßnahme und parallelen Zustimmungsverweigerungsgründen und/oder vergleichbaren Eingruppierungsmerkmalen, erfolgt – ausgehend von vorgenannten Grundsätzen – ein linearer Anstieg des Gesamtwertes, wobei als Anhaltspunkt folgende Staffelung für eine Erhöhung angewendet wird: – beim 2. bis einschl. 20. parallel gelagerten Fall wird für jeden AN der für den Einzelfall ermittelte Ausgangswert mit 25% bewertet, – beim 21. bis einschl. 50. parallel gelagerten Fall wird für jeden Arbeitnehmer der für den Einzelfall ermittelte Ausgangswert mit 12,5% bewertet, – ab dem 51. parallel gelagerten Fall wird für jeden AN der Ausgangswert mit 10% bewertet. **14. Sachmittel – Kostenerstattung nach § 40 BetrVG:** *14.1 Vermögensrechtl. Streitigkeit*: Entscheidend ist die Höhe der angefallenen Kosten/des Wertes der Aufwendungen; bei dauernden Kosten, z.B. Mietzinszahlungen: max. 36 Monatsaufwendungen. *14.2 Schulungskosten*: Vermögensrechtl. Streitigkeit: Entscheidend ist die Höhe der Schulungskosten, inkl. Fahrtkosten. **15. Unterlassungsanspruch:** sowohl für den allg. Unterlassungsanspruch als auch den Anspruch nach § 23 Abs. 3 BetrVG: Festsetzung entspr. dem Wert des str. Mitbestimmungs- oder Mitwirkungsrechts. **16. Zuständigkeitsstreitigkeiten/Kompetenzabgrenzung:** *16.1 Abgrenzung Zuständigkeit Betriebsratsgremien*: grds. Hilfswert nach § 23 III 2 RVG, ggf. wird unter Berücksichtigung der Umstände des Einzelfalles eine Erhöhung bzw. ein Abschlag in Betracht kommen. *16.2 Abgrenzung Betrieb/gemeinsamer Betrieb/Betriebsteil*: grds. Hilfswert nach § 23 III 2 RVG, ggf. wird unter Berücksichtigung der Umstände des Einzelfalles eine Erhöhung bzw. ein Abschlag in Betracht kommen. **17. Zustimmungsersetzungsantrag (§ 103 BetrVG):** Vergütung des betroffenen AN für ein Vierteljahr (wegen der Rechtskraftwirkung).

b) Weitere Streitwerte außerhalb des Streitwertkatalogs: Einhaltung einer BV: Hilfswert nach § 23 III 2 RVG (LAG SH 29.9.1998 LAGE BRAGO § 8 Nr. 38); **Statusfeststellung Leitender Angestellter:** Hilfswert nach § 23 III 2 RVG, bei Parallelfällen Abzug von 25% (BAG 23.1.1986 DB 1986, 1131; 1.7.1980 BB 1980, 1174); Errichtung eines **Wirtschaftsausschusses:** Hilfswert nach § 23 III 2 RVG (LAG HB 13.12.1984 DB 1985, 768); **Zutritt** von **Gewerkschaften zum Betrieb:** Hilfswert nach § 23 III 2 RVG (LAG D 23.8.1984 JurBüro 1985, 712). 9

§ 81 Antrag

(1) **Das Verfahren wird nur auf Antrag eingeleitet; der Antrag ist bei dem Arbeitsgericht schriftlich einzureichen oder bei seiner Geschäftsstelle mündlich zu Protokoll anzubringen.**

(2) [1]**Der Antrag kann jederzeit in derselben Form zurückgenommen werden.** [2]**In diesem Fall ist das Verfahren vom Vorsitzenden des Arbeitsgerichts einzustellen.** [3]**Von der Einstellung ist den Beteiligten Kenntnis zu geben, soweit ihnen der Antrag vom Arbeitsgericht mitgeteilt worden ist.**

(3) [1]**Eine Änderung des Antrags ist zulässig, wenn die übrigen Beteiligten zustimmen oder das Gericht die Änderung für sachdienlich hält.** [2]**Die Zustimmung der Beteiligten zu der Änderung des Antrags gilt als erteilt, wenn die Beteiligten sich, ohne zu widersprechen, in einem Schriftsatz oder in der mündlichen Verhandlung auf den geänderten Antrag eingelassen haben.** [3]**Die Entscheidung, daß eine Änderung des Antrags nicht vorliegt oder zugelassen wird, ist unanfechtbar.**

I. Allgemeines

1 Nach dem auch für das BeschlV geltenden zweigliedrigen Streitgegenstandsbegriff wird der Gegenstand eines gerichtlichen Verfahrens durch den konkret gestellten Antrag (Klageantrag) und den ihm zugrunde liegenden Lebenssachverhalt (Klagegrund) bestimmt (BAG 2.10.2007 NZA 2008, 429). Der in Abs. 1 beschriebene Antrag ist ein **Sachantrag,** der den Verfahrensgegenstand bestimmt (BAG 27.10.1992 AP NZA 1993, 561) und aus dem sich die Verfahrensart ergibt. Sie unterliegt nicht der Disposition der Beteiligten (BAG 5.4.1984 NZA 1984, 333). Der Ast. muss weder ein BeschlV beantragen, noch kann er die Verfahrensart wählen; eine darauf gestützte Abweisung ist unstatthaft. Das Gericht hat nach § 48 vAw. zu prüfen, welche Verfahrensart für den Antrag gegeben ist und verhandelt dann entspr. Es muss einen Beschl. nach den §§ 48 iVm. 17 ff. GVG nur treffen, wenn es an der beschrittenen Verfahrensart Zweifel bestehen oder einer der Beteiligten eine entspr. Rüge erhebt. Für die **Antragsschrift** gilt § 253 II, IV und V ZPO grundsätzl. entspr. (BAG 8.11.1983 AP BetrVG 1972 § 87 Lohngestaltung Nr. 18). Sie muss nach § 253 II Nr. 2 ZPO einen bestimmten Sachantrag enthalten (Beispiele zur Antragstellung *Hamacher* S. 230 ff.) sowie den Sachverhalt darstellen, aus dem sich die konkrete, dem Gericht zur Entscheidung vorgelegte Streitfrage ergibt (GK-ArbGG/*Dörner* Rn. 25). Ohne eine derartige Antragsbegr. ist der Antrag unzulässig. Deshalb ist bei fristgebundenen Anträgen – zB in den Fällen der §§ 100 II 3 und 103 II BetrVG – die Frist durch einen Antrag ohne Begr. nicht gewahrt. Die Begr. lässt sich in diesen Fällen nicht nachholen (BAG 26.5.1988 NZA 1989, 26). Entgegen § 253 II Nr. 1 ZPO müssen die übrigen Beteiligten in der Antragsschrift weder genannt werden noch ist ihre Nennung für das Gericht bindend, da das Gericht in jeder Lage des Verfahrens vAw. zu ermitteln hat, wer im Verfahren zu beteiligen ist. Angaben sind jedoch erforderl, wenn eine bestimmte Person oder Stelle zur Vornahme oder Unterlassen einer Handlung verpflichtet werden soll (BAG 13.12.2005 – 1 ABR 31/03). Denn die Stellung als Beteiligter eines BeschlV führt nicht schon dazu, dass aus einem Leistungsantrag jeder Beteiligte verpflichtet ist. Das Gericht hat ggf. nach § 139 ZPO und § 83 I und I a den Ast. zur Erg. der Antragsbegr. aufzufordern und auf einen sachdienl. Antrag hinzuwirken.

II. Antragsart

2 Im BeschlV sind wie im UrtV Leistungs-, Feststellungs-, und Gestaltungsanträge zulässig. **Leistungsanträge** gehen regelm. entspr. Feststellungsanträgen vor, weil aus ihnen vollstreckt werden kann (BAG 19.6.1984 NZA 1984, 329), es sei denn das Feststellungsverfahren ist geeigneter, weil es zu einer umfassenden Bereinigung des Streits führen kann (BAG 15.12.1998 NZA 1999, 722). Die Verpflichtung zur zukünftigen Vornahme einer Handlung nach § 259 ZPO ist zulässig (BAG 17.5.1983 AP BetrVG 1972 § 80 Nr. 19). Mit einem Leistungsantrag kann auch die Freistellung von Verbindlichkeiten (BAG 16.4.2003 NZA 2003, 1359) sowie die Verpflichtung zur Duldung oder Unterlassung begehrt werden (BAG 22.7.1980 AP BetrVG 1972 § 74 Nr. 3). Daneben können mit dem Leistungsantrag ua folgende Ansprüche verfolgt werden: Erstattung von Kosten (BAG 26.7.1989 NZA 1990, 580) oder Sachmitteln (BAG 17.2.2010 NJW 2011, 796) einschließl. ihrer Nutzbarkeit (BAG 27.11.2002 NZA 2003, 803), Unterlassen einer BRwahl (BAG 31.7.2002 NZA 2002, 1409), Vorlage von Unterlagen (BAG 16.4.2003

NZA 2003, 1105), Zustimmung zur Beiziehung eines SV (BAG 26.2.1992 NZA 1993, 86), Anwendung einer BV (BAG 18.10.1988 NZA 1989, 396), die Aufhebung personeller Einzelmaßnahmen nach § 101 BetrVG (BAG 23.9.2003 NZA 2004, 800); Unterlassen mitbestimmungspflichtigen Handlungen ohne vorherige Zustimmung des BR (BAG 28.5.2002 NZA 2003, 1352). Gegenstand eines **Feststellungsantrags** können nach § 256 I ZPO nicht nur Rechtsverhältnisse sein. Unter einem Rechtsverhältnis iSv. § 256 I ZPO ist jedes durch die Herrschaft einer Rechtsnorm über einen konkreten Sachverhalt entstandene rechtl. Verhältnis einer Person zu einer anderen Person oder zu einer Sache zu verstehen. Einzelne Rechte und Pflichten sind dabei ebenso Rechtsverhältnisse wie die Gesamtheit eines einheitl. Schuldverhältnisses (BAG 4.12.2013 NZA 2014, 803). Ein Feststellungsantrag kann sich danach auf Teilrechtsverhältnisse, insb. auf einzelne Bestimmungen oder Folgen aus einem Rechtsverhältnis, auf bestimmte Ansprüche oder Verpflichtungen oder auf den Umf. einer Leistungspflicht beziehen. Bloße Elemente oder Vorfragen eines Rechtsverhältnisses können jedoch nicht zum Gegenstand eines Feststellungsantrags gemacht werden (BAG 3.5.2006 NZA 2007, 285). Hauptanwendungsfall sind Anträge auf Feststellung des Bestehens oder Nichtbestehens von Mitbestimmungsrechten (BAG 20.5.2008 NZA-RR 2009, 102; 15.12.1998 NZA 1999, 722); Gegenstand des Antrags kann auch die Frage sein, mit welchem Inhalt eine BV durchzuführen ist (BAG 20.1.2009 – 1 ABR 78/07) und ob von einem Mitbestimmungsrecht ein bestimmtes Regelungsverlangen des BR gedeckt ist (BAG 13.10.1987 NZA 1988, 251). Geeignet sind Feststellungsanträge auch zur Klärung von Statusfragen – Wahlrecht, Zuordnung eines AN zu einem bestimmten Betrieb oder zur Gruppe der leitenden Angestellten, Feststellung der Betriebseigenschaft iSv. § 1 BetrVG (BAG 9.12.2009 NZA 2010, 906), nicht hingegen die Feststellung des Tendenzcharakters eines Unternehmens (BAG 14.12.2010 NZA 2011, 473; aA noch BAG 21.7.1998 NZA 1999, 277). Auch die Unwirksamkeit des Spruchs einer Einigungsstelle wird nur festgestellt (BAG 20.7.1999 NZA 2000, 495 – keine Aufhebung). Zwischenfeststellungsanträge sind mögl. (BAG 1.2.1989 NZA 1989, 863). Anträge auf Feststellung von Tatsachen sind unzulässig (BAG 22.10.1985 AP BetrVG 1972 § 87 Werkmietwohnungen Nr. 5). Die Feststellung eines vergangenen Rechtsverhältnisses ist auch im BeschlV nur zulässig, wenn sich aus ihr noch Rechtsfolgen für die Gegenwart oder Zukunft ergeben (BAG 18.2.2003 NZA 2004, 336). Die Tarifgebundenheit eines abstrakt bezeichneten Teils der Mitglieder eines AGverbands ist kein Rechtsverhältnis, das in einem Rechtsstreit zwischen einer Gewerkschaft und einem AGverband festgestellt werden könnte (BAG 24.4.2007 NZA 2007, 1011). **Gestaltungsanträge** dienen der Durchsetzung eines Rechts auf Begr., Änd. oder Aufhebung eines Rechtsverhältnisses. Dem Gestaltungsantrag liegt kein Anspruch (Verpflichtung eines Schuldners zu einem Tun, Dulden oder Unterlassen) zugrunde; er ist darauf gerichtet, durch eine rechtsändernde (konstitutive) Entscheidung eine bisher nicht vorhandene Rechtslage zu schaffen. Der Beschl. bedarf keiner Vollstreckung, da mit der formellen Rechtskraft die vom Ast. angestrebte Rechtsfolge von selbst eintritt. Gestaltungsanträge werden gestellt in Verfahren nach § 23 I BetrVG (Auflösung des BR oder Ausschluss eines Mitglieds), Zustimmungsersetzungsverfahren (bei personellen Einzelmaßnahmen nach § 99 BetrVG oder nach § 103 II BetrVG – außerordentl. Kündigung eines BRMitglieds) sowie im Verfahren nach § 78a IV Nr. 2 BetrVG (Auflösung des ArbVerh. eines Jugend- und Auszubildendenvertreters). Auch Entscheidungen in Einigungsstelleneinsetzungsverfahren (§ 76 II BetrVG, § 100) sowie in Wahlanfechtungsverfahren nach § 19 BetrVG haben gestaltende Wirkung. Dagegen ist die Nichtigkeit einer BRwahl mit einem Feststellungsantrag geltend zu machen (BAG 29.5.1991 NZA 1992, 36).

III. Bestimmtheit

3 Im BeschlV muss der Antrag nach den §§ 80 II, 46 II iVm. § 253 II ZPO so bestimmt sein wie im UrtV (BAG 3.5.2006 NZA 2007, 285). Der Verfahrensgegenstand ist in einer Weise zu beschreiben, die es erlaubt, die eigentl. Streitfrage zwischen den Beteiligten mit Rechtskraft zu entscheiden (BAG 18.1.2005 NZA 2006, 167). **Leistungsanträge** müssen die begehrte Leistung so genau bezeichnen, dass der Anspruchsgegner sein Risiko erkennen und sich demgem. erschöpfend verteidigen kann (BGH 24.11.1980 DB 1981, 366). Der entspr. Beschl. muss durch klare Anordnungen eine Vollstreckung ermöglichen (BAG 9.12.2008 NZA 2009, 254 – Bedingung; 3.5.2006 NZA 2007, 285). Zur Bestimmtheit eines Leistungsantrags gehört daher auch, dass angegeben wird, welche Person oder welche Stelle verpflichtet werden soll (BAG 13.12.2005 – 1 ABR 31/03). Bei einem **Feststellungsantrag** sind diejenigen Maßnahmen des AG bzw. die betriebl. Vorgänge, für die der BR ein Beteiligungsrecht beansprucht, so anzugeben, dass mit der Entscheidung feststeht, für welche Maßnahme oder welchen Vorgang das Mitbestimmungsrecht bejaht oder verneint worden ist (BAG 23.2.2016 NZA 2016, 838). Zusätzl. müssen die im Einzelfall betroffenen Gruppen von Mitarbeitern benannt werden (BAG 31.1.1989 NZA 1989, 606). Denn nur mit einem hinreichend bestimmten Antragsinhalt können Inhalt und Umf. der materiellen Rechtskraft einer Entscheidung festgestellt werden. Probleme ergeben sich, wenn in einem Feststellungs- oder Unterlassungsantrag im Wesentl. nur der **Wortlaut der Norm,** die das streitige Mitbestimmungsrecht regelt, wiedergegeben wird. Wenn zwischen den Beteiligten gerade die Frage im Streit ist, ob eine bestimmte Verfahrensweise eine mitbestimmungspflichtige Maßnahme darstellt, der AG sich aber nicht grundsätzl. weigert, den BR zu beteiligen, würde eine derart pauschale

Feststellung oder Unterlassungsanordnung keine Klärung des wirkl. Streits herbeiführen, sondern das Problem in das Vollstreckungsverfahren verlagern. Der AG muss aus der tenorierten Entscheidung erkennen können, welches Verhalten ihm für eine konkrete Konfliktsituation aufgegeben worden ist (BAG 17.3.1987 NZA 1987, 786). Anders liegt der Fall, wenn der AG generell die Beachtung von Mitbestimmungsrechten verweigert, es also keinen Streit um die Auslegung eines Mitbestimmungstatbestands in einem konkreten Fall geht. Hier genügt zur Gewährung effektiven Rechtsschutzes, wenn der AG durch eine auf den Gesetzeswortlaut beschränkte Feststellung bzw. durch einen Unterlassungstitel zur Beachtung der Mitbestimmungsrechte angehalten wird. Nicht um eine Frage der Bestimmtheit des Antrags, sondern der Begründetheit handelt es sich bei dem sog. **Globalantrag,** mit dem von einer Betriebspartei eine konkret bezeichnete Handlung, Duldung oder Unterlassung für viele denkbare Fallkonstellationen verlangt wird (BAG 22.10.1985 NZA 1986, 299). Wenn der geltend gemachte Anspruch nicht in jeder dieser Fallkonstellationen besteht, muss der Antrag als unbegr. zurückgewiesen werden (BAG 3.5.1994 NZA 1995, 40. Das Gericht darf nicht dahin erkennen, dass der geltend gemachte Anspruch unter einschränkenden Voraussetzungen gegeben ist, die nicht vom Ast. zum Inhalt des Antrags gemacht wurden. Eine derartige Verfahrensweise verstieße gegen § 308 ZPO, da nicht weniger als beantragt zugesprochen wird, sondern etwas anderes (BAG 18.9.1991 NZA 1992, 315).

IV. Auslegung des Antrags

Durch eine gerichtl. Entscheidung soll der Streit zwischen den Beteiligten möglichst umfassend 4
geklärt und damit Rechtsfrieden herbeigeführt werden. Auslegungsfähige Anträge müssen daher vom Gericht unter Berücksichtigung der Antragsbegr. und des vorgetragenen bzw. vAw. ermittelten Sachverhalts dem eigentl. Verfahrensziel des Ast. entspr. verstanden werden (BAG 18.2.1986 NZA 1986, 616). Wegen des größeren Allgemeininteresses an den im BeschlV zu entscheidenden Sachverhalten ist das Gericht bei der Auslegung des Antrags freier als im UrtV. So hat in einem Zustimmungsersetzungsverfahren nach § 99 IV BetrVG, in dem sich herausstellt, dass die Zustimmung des BR bereits nach § 99 III 2 BetrVG als erteilt gilt, das Gericht dies auch ohne einen ausdr. darauf gerichteten Antrag festzustellen (BAG 18.10.1988 NZA 1989, 355). Die Grenze der Auslegung ist § 308 ZPO: Das Gericht darf keinem Beteiligten etwas zusprechen, was nicht beantragt ist (BAG 27.10.1992 NZA 1993, 561). Die Auslegung darf sich nicht über einen eindeutigen und daher nicht auslegungsbedürftigen Antrag hinwegsetzen (BAG 27.3.1979 AP ArbGG 1953 § 80 Nr. 7). Gerade in einem solchen Fall hat das Gericht nach § 139 ZPO darauf hinzuwirken, dass der Antrag so gestellt wird, dass er dem wirkl. Verfahrensziel entspricht.

V. Antragshäufung

Auch im BeschlV ist es zulässig, dass der Ast. mehrere Anträge gleichzeitig stellt – **objektive** 5
Antragshäufung. Einen Fall der ges. Antragshäufung enthält § 100 II 3 BetrVG (BAG 15.9.1987 NZA 1988, 101). § 260 ZPO findet im BeschlV keine Anwendung; die verschiedenen Anträge müssen sich daher nicht gegen denselben Beteiligten richten. Es ist auch denkbar, dass zu jedem Antrag unterschiedl. Personen und Stellen zu beteiligen sind. Dies hat das Gericht für jeden Antrag gesondert zu prüfen (BAG 31.1.1989 NZA 1989, 606). Oft wird dann eine Verfahrenstrennung (§ 145 ZPO) oder eine Entscheidung durch Teilbeschluss (§ 301 ZPO) sinnvoll sein. **Hilfsanträge** sind unter den gleichen Voraussetzungen wie im UrtV zulässig. Sie kommen in Betracht in einer Kombination von Leistungs- bzw. Unterlassungsanträgen und hilfsweisen Feststellungsanträgen. Hilfsanträge können jedoch nicht unter einer (echten) Bedingung gestellt werden, insb. wenn ggü. diesen andere Beteiligte anzuhören sind (LAG M 7.7.2015 NZA-RR 2015, 639 – subj. eventuelle Antragshäufung). Ein Antrag nach § 103 II BetrVG darf nicht davon abhängig gemacht werden, dass der BR seine Zustimmung zur beabsichtigten Kündigung verweigert (BAG 7.5.1986 NZA 1986, 719). Zul. ist ein Hilfsantrag auf Ausschluss aus dem BR nach § 23 I BetrVG in einem Zustimmungsersetzungsverfahren nach § 103 II BetrVG (BAG 21.2.1978 AP BetrVG 1972 § 74 Nr. 1), ein hilfsweiser Zustimmungsersetzungsantrag kombiniert mit dem Hauptantrag auf Feststellung, dass die Zustimmung des BR zu einer personellen Maßnahme als erteilt gilt (BAG 28.1.1986 NZA 1986, 490) sowie ein Hauptantrag im Verfahren nach § 78a II und III BetrVG auf Feststellung der Nichtbegr. des ArbVerh. wegen Fehlens der Voraussetzungen iVm. einem Hilfsantrag auf Auflösung eines solchen ArbVerh. wegen Unzumutbarkeit der Weiterbeschäftigung nach § 78a IV BetrVG (BAG 11.1.1995 NZA 1995, 647). Auch **Wideranträge** sind unter den gleichen Voraussetzungen wie im UrtV zulässig (BAG 15.1.2002 NZA 2002, 995; GK-ArbGG/*Dörner* Rn. 23). So kann der Widerantrag auf Aufhebung einer personellen Einzelmaßnahme nach § 101 BetrVG in einem vom AG eingeleiteten Zustimmungsersetzungsverfahren nach § 99 IV BetrVG gestellt werden. Unzulässig ist der als Widerantrag formulierte Abweisungsantrag (BAG 8.8.1989 NZA 1990, 150).

VI. Antragsrücknahme und -änderung

6 **1. Antragsrücknahme.** Der Antrag kann bis zur Verkündung einer Entscheidung in der ersten Instanz jederzeit in der Form, in der er zu stellen ist ohne Zustimmung der übrigen Beteiligen ganz oder teilw. zurückgenommen werden. Nach Verkündung der Entscheidung erfordert die Rücknahme entspr. § 87 II 3 die Zustimmung der übrigen Beteiligten (GK-ArbGG/*Dörner* Rn. 154). Bei mehreren Ast. kann jeder seinen Antrag selbst dann zurücknehmen, wenn eine bestimmte Mindestzahl von Ast. Sachentscheidungsvoraussetzung ist – zB in den Fällen des § 19 II und § 23 I BetrVG. Über den Antrag der übrigen Ast. muss entschieden werden; ist deren erforderl. Mindestzahl jetzt unterschritten, ist der Antrag als unzulässig abzuweisen (BAG 10.6.1983 AP BetrVG 1972 § 19 Nr. 10). Wurde einer von mehreren Anträgen in erster Instanz zurückgenommen, kann dieser von dem LAG erneut gestellt werden (BAG 12.11.2002 NZA 2004, 1289). Gegen den **Einstellungsbeschluss** nach Abs. 2 S. 2 als instanzbeendende Entscheidung sind die Beschwerde nach § 87 bzw. die RB nach § 92 statthaft. Erst dieser Beschl. beendet die Instanz (BAG 10.3.2009 NZA 2009, 622). § 269 III und IV ZPO sind wegen der Kostenfreiheit des BeschlV nicht anwendbar (GMP/*Matthes/Spinner* Rn. 82).

7 **2. Antragsänderung.** Die Regelungen in Abs. 3 über die Antragsänderung in der ersten Instanz entsprechen § 263 ZPO. § 264 ZPO – Sachdienlichkeit der Klageänderung kraft G – ist im BeschlV entspr. anwendbar (BAG 14.1.1983 AP BetrVG 1972 § 19 Nr. 9). Eine Antragsänderung liegt vor, wenn sich der Verfahrensgegenstand ändert – dies ist ggf. durch Auslegung zu ermitteln – oder wenn die Person des Ast. bzw. desjenigen Beteiligten, gegen den ein Recht geltend gemacht wird, wechselt. Der Verfahrensgegenstand kann sich iSv § 263 ZPO ändern, wenn zwar nicht der gestellte Antrag, aber der ihm zugrunde liegende Lebenssachverhalt ein anderer geworden ist (BAG 2.10.2007 NZA 2008, 429). Auch in dem Beitritt weiterer Ast. ist eine Antragsänderung zu sehen (BAG 31.1.1989 NZA 1989, 606). Der Antragsänderung müssen alle Beteiligten zustimmen, nicht nur der „Antragsgegner". Das G kennt neben dem Ast. keine unterschiedl. Formen der Beteiligung (s. § 83 Rn. 6). Abs. 3 S. 2 reicht weiter als § 267 ZPO. Die **Zustimmungsfiktion** greift schon, wenn nur die Abweisung des geänd. Antrags beantragt wird ohne der Änd. zu widersprechen (BAG 23.4.1991 NZA 1991, 817). Die Zustimmung wird nur fingiert, wenn alle Beteiligten zur mdl. Anhörung erscheinen bzw. sich schriftsätzl. einlassen. § 83a III (Zustimmungsfiktion durch Zeitablauf) gilt nicht für die Antragsänderung (GK-ArbGG/*Dörner* Rn. 170). Die Antragsänderung ist nicht sachdienl., wenn ein völlig neuer Streitstoff in den Rechtsstreit eingeführt werden soll, bei dessen Beurteilung das Erg. der bisherigen Prozessführung nicht verwertet werden kann (BAG 15.3.2011 NZA-RR 2011, 462). Das Gericht kann durch einen nach Abs. 3 S. 3 unanfechtbaren **Zwischenbeschluss** entspr. § 303 ZPO über die Zulässigkeit der Antragsänderung entscheiden. Sie kann auch in den Gründen eines Beschl. nach § 84 erörtert werden. Wird der Antrag wegen einer unzulässigen Antragsänderung im Endbeschluss zurückgewiesen, ist die Beschwerde nach § 87 statthaft.

VII. Rechtsschutzbedürfnis

8 Beim Rechtsschutzbedürfnis handelt es sich um eine Sachentscheidungsvoraussetzung, die in jeder Lage des Verfahrens vAw. zu prüfen ist (BAG 17.1.2007 NZA 2007, 703). Der Ast. muss ein rechtl. geschütztes Interesse an der von ihm begehrten gerichtl. Entscheidung haben. Auch im BeschlV ist die Beantwortung abstrakter Rechtsfragen nicht Aufgabe des Gerichts (BAG 24.4.2007 NZA 2007, 1011). Für **Leistungsanträge** besteht regelm. ein Rechtsschutzinteresse (BAG 21.9.1989 NZA 1990, 314). Wird der in der Antragsschrift geltend gemachte Anspruch nach Anhängigkeit der Sache erfüllt oder seine Erfüllung unmögl., wird der Antrag damit nicht unzulässig, sondern unbegr. Ggfl. kann der Antrag nach § 264 Nr. 3 ZPO geänd. oder das Verfahren für erledigt erklärt werden. Für **Gestaltungsanträge** fehlt das Rechtsschutzbedürfnis, wenn die gerichtl. Entscheidung keine gestaltende Wirkung mehr haben kann. Dies ist bei Anträgen nach § 23 I BetrVG der Fall, wenn die Amtszeit abgelaufen und das BRMitglied nicht wiedergewählt worden ist. Anträgen auf Zustimmungsersetzung fehlt das Rechtsschutzbedürfnis, wenn die Zustimmung des BR nachträgl. erteilt oder eine personelle Maßnahme nach § 99 BetrVG zwischenzeitl. beendet wurde (BAG 26.4.1990 NZA 1990, 822). Eine Wahlanfechtung wird unzulässig, wenn die Amtszeit des gewählten Organs abgelaufen ist (BAG 18.3.2015 AP SGB IX § 94 Nr. 9;), nicht aber, wenn das Organ seinen Rücktritt erklärt, da in diesem Fall der BR nach den §§ 22, 13 II 3 BetrVG geschäftsführend im Amt bleibt (BAG 29.5.1991 NZA 1992, 74). Jedoch ist nach einer Neuwahl des Gremiums das bish. Verfahren für erledigt zu erklären (BAG 15.2.2012 NZA-RR 2012, 602; BVerwG 8.7.2015 PersV 2015, 472). Ist der BR nicht mehr im Amt, dessen Wahl eines freizustellenden BRMitglieds im Streit ist, hat eine Entscheidung hierüber keine rechtl. Auswirkung mehr (BAG 21.6.2006 – 7 ABR 45/05). Für **Feststellungsanträge** ist nach § 256 I ZPO ein bes. Feststellungsinteresse erforderl. (BAG 17.8.1999 NZA 2000, 498). Die gerichtl. Feststellung des Bestehens eines Rechtsverhältnis kann nur beantragt werden, wenn der Ast. ein rechtl. Interesse an einer alsbaldigen entspr. gerichtl. Entscheidung hat. Ein Feststellungsinteresse liegt regelm. vor, wenn sich der BR in einer Angelegenheit ernsthaft eines Mitbestimmungsrechts berühmt (BAG 13.10.1987 NZA 1988, 249). Es fehlt grds., wenn ein Leistungsantrag gestellt werden kann (BAG

19.6.1984 NZA 1984, 329) oder die Betriebsparteien einen bereits abgeschlossenen Vorgang zum Streitgegenstand machen, der im Zeitpunkt der Entscheidung keine Rechtswirkungen mehr entfaltet oder in Zukunft entfalten wird (BAG 18.2.2003 NZA 2004, 336) – Beispiel: Es soll festgestellt werden, dass die Anordnung von Überstunden in einem Eilfall zu einem zurückliegenden Zeitpunkt mitbestimmungspflichtig war. In diesem Fall würde das Gericht ein Rechtsgutachten erstellen. Ein Interesse an einer gerichtl. Feststellung besteht nur dann, wenn künftige Fälle zum Gegenstand der Entscheidung gemacht werden (BAG 15.1.2002 NZA 2002, 995) – Beispiel: Es soll festgestellt werden, dass die Anordnung von Überstunden auch in – vom AG so bezeichneten – Eilfällen der Mitbestimmung unterliegt. Mit einem derartigen Antrag kann mit Rechtskraftwirkung für künftige gleichgelagerte Fälle entschieden und damit der Streit zwischen den Beteiligten tatsächl. befriedigt werden. Zul. ist ebenso ein Antrag auf Feststellung des Bestehens eines Mitbestimmungsrechts, wenn der AG ohne Beteiligung des BR Zulagen bereits angerechnet hat, da eine nachzuholende mitbestimmte Entscheidung auch noch mit Wirkung für die Vergangenheit Zahlungspflichten begründen kann (BAG 14.6.1994 NZA 1995, 543). **Einzelfälle:** Der Antrag eines BR auf Feststellung eines Mitbestimmungsrechts wird unzulässig, wenn entweder zu dieser Frage zwischen den Beteiligten eine BV geschlossen wird (BAG 12.1.1988 NZA 1988, 517) oder wenn eine Einigungsstelle in der streitigen Angelegenheit durch Spruch entscheidet (BAG 13.10.1987 NZA 1988, 249).

VIII. Antragsteller

Ast. im BeschlV kann sein, wer **beteiligtenfähig** ist. Nach § 50 ZPO parteifähig und damit beteiligtenfähig sind natürl. und jur. Personen. Daneben sind im BeschlV gem. § 10 auch Gewerkschaften und die in § 10 2. Hs. genannten Stellen beteiligtenfähig. Beteiligtenfähig ist grds. jeweils das Organ, nicht an seiner Stelle einzelne seiner Mitglieder. Etwas anderes kann gelten, wenn einzelnen Mitgliedern eines Organs eigene Rechte zustehen, zB bei der Anfechtung eines BRbeschlusses. Wer als Ast. auftritt (Organ/Mitglied) ist durch Auslegung zu ermitteln, wobei insoweit der aus Antrag, Begr. und sonstigen Umständen erkennbare Wille maßgebl. ist (BAG 2.6.2010 NZA 2011, 120). Reklamiert eine Vereinigung, als Gewerkschaft an einer Betriebsversammlung teilnehmen zu dürfen, ist die Frage, ob es sich dabei um eine tariffähige ANkoalition handelt, doppelt relevant – sowohl bei der Beteiligtenfähigkeit und damit für die Zulässigkeit des Antrags als auch für seine Begr. Bei einer solchen **Doppelrelevanz** rechtl. bedeutsamer Umstände ist es gerechtfertigt, das Vorliegen der Verfahrensvoraussetzungen anzunehmen, um eine der Rechtskraft fähige Sachentscheidung zu ermögl. (BAG 19.9.2006 NZA 2007, 518). Tritt während des Verlaufs des Verfahrens eine personelle Veränderung in einer solchen Stelle ein, so bleibt ihre Identität als Ast. hiervon unberührt (BAG 25.4.1978 AP BetrVG 1972 § 80 Nr. 11). Geht in der streitbefangenen Angelegenheit während des laufenden Verfahrens die Zust. auf eine andere betriebsverfassungsrechtl. Stelle (zB vom BR auf den GBR) über, so wird diese Stelle Beteiligte (BAG 18.10.1988 NZA 1989, 396). Nach Beendigung der Amtszeit ohne Neuwahl bleibt die Beteiligtenfähigkeit der Stelle für das laufende Verfahren erhalten (BAG 25.8.1981 AP ArbGG 1979 § 83 Nr. 2). Wird ein Organ neu gewählt, bleibt dessen Identität als Ast. erhalten (BAG 3.4.1979 AP BetrVG 1972 § 13 Nr. 1). Berührt der Verfahrensgegenstand die betriebsverfassungsrechtl. Rechtsposition des AG und geht im Laufe des BeschlV der Betrieb auf einen neuen Inhaber über, nimmt dieser automatisch die verfahrensrechtl. Stellung des bisherigen Betriebsinhabers und AG ein (BAG 22.11.2005 NZA 2006, 803). Auch im BeschlV kann es zu einer **Mehrheit von Ast.** kommen. Notwendig ist diese Mehrheit, wenn sie aufgrund ges. Bestimmungen Sachentscheidungsvoraussetzung ist – Wahlanfechtung nach § 19 BetrVG; Ausschluss aus dem BR, § 23 I BetrVG. Diese **notwendige Mehrheit** muss nicht nur bei Antragstellung, sondern während des gesamten Verfahrens bestehen; fällt die Zahl der Ast. während des Laufs des Verfahrens unter das ges. vorgeschriebene Mindestmaß, werden die verbleibenden Anträge unzulässig (BAG 14.2.1978 AP BetrVG 1972 § 19 Nr. 7). Bei notwendiger Astmehrheit kann über die Anträge nur einheitl. entschieden werden (GK-ArbGG/*Dörner* Rn. 54). Dasselbe gilt für den Fall, dass mehrere selbstständig antragsberechtigte Gruppen und Stellen nebeneinander eine Anfechtung oder einen Ausschluss aus dem BR betreiben, so dass mehrere nebeneinander anhängige Verfahren zu verbinden sind (BAG 26.11.1968 AP BetrVG § 76 Nr. 18). Bei **tatsächlicher Mehrheit** von Ast. können unterschiedl. Anträge mit unterschiedl. Verfahrenszielen gestellt werden, deren Zulässigkeit jeweils gesondert geprüft werden muss. Nimmt ein Ast. seinen Antrag zurück, muss über die restl. Anträge entschieden werden. Beteiligte können selbst einen Antrag stellen und werden damit zu Ast. (BAG 31.1.1989 NZA 1989, 606). Stellen sie den gleichen Antrag wie der Ast., muss ausgelegt werden, ob sie eine eigene Sachentscheidung anstreben oder den Ast. nur unterstützen (BAG 25.8.1981 AP ArbGG 1979 § 823 Nr. 2). Letzteres führt nicht zu einer Mehrheit der Ast. Die Anträge brauchen daher jdf. nicht ausdr. beschieden werden (BAG 26.3.1987 NZA 1988, 65). 9

IX. Antragsbefugnis

1. Begriff. Die Antragsbefugnis entspricht der Prozessführungsbefugnis im Zivilprozess und der Klagebefugnis (§ 42 II VwGO) im verwaltungsgericht. Verfahren. Diese Prozessvoraussetzung soll 10

„Popularklagen" ausschließen (BAG 18.2.2003 NZA 2004, 336). Die Antragsbefugnis in betriebsverfassungsrechtl. Streitigkeiten hängt davon ab, ob die streitgegenständl. Normen des BetrVG dem Ast. **eigene Rechtspositionen** zuordnen, die durch den Antrag geschützt werden sollen (BAG 30.10.1986 NZA 1988, 27), oder solche Rechtspositionen aus abgetretenem Recht geltend gemacht werden (BAG 15.1.1992 NZA 1993, 189). Dabei genügt es grds., wenn der Ast. behauptet, Träger des streitbefangenen Rechts zu sein und dies nach dem Inhalt der einschlägigen Norm des BetrVG zumindest nicht ausgeschlossen erscheint (BAG 18.5.2010 NZA 2010, 1433 – zum Durchführungsanspruch des BR; 20.5.2008 NZA-RR 2009, 102). Ob dem Ast. das geltend gemachte Recht tatsächl. zusteht, ist eine Frage der Begründetheit. Für Leistungsanträge gilt dies generell. Bei Feststellungs- und Gestaltungsanträgen ist erforderl., dass die den Streitgegenstand betreffenden betriebsverfassungsrechtl. Normen dem Ast. eine eigene Rechtsposition einräumen, die ihm erlaubt, sie mit seinem Antrag zu schützen (BAG 5.3.2013 – 1 ABR 75/11; 23.2.1988 NZA 1989, 229). Die Antragsbefugnis ist vAw. in jeder Lage des Verfahrens bis in die RBinstanz zu prüfen (BAG 15.8.1978 AP BetrVG 1972 § 23 Nr. 1). Fehlt sie, ist der Antrag unzulässig. Wird sie verneint, bleibt der Ast. Beteiligter und kann Rechtsmittel einlegen (BAG 25.8.1981 AP ArbGG 1979 § 83 Nr. 2). Eine **ausdrückliche ges. Regelung** der Antragsbefugnis für den AG findet sich für den Streit um die Zuordnung von Betriebsteilen in § 18 II BetrVG, für die ges. geregelten Fälle der Wahlanfechtung in § 19 II BetrVG sowie für die Auflösung eines betriebsverfassungsrechtl. Gremiums bzw. des Ausschlusses einzelner Mitglieder in den §§ 23, 48, 56, 65 I, 73 II, 73b II BetrVG. Weiterhin ist der AG nach § 76 II und V BetrVG befugt, die Einsetzung einer Einigungsstelle zu betreiben bzw. ihren Spruch anzufechten und bei personellen Maßnahmen das Zustimmungsersetzungsverfahren zu betreiben – §§ 99 IV, 100 II, 103 II BetrVG. Der AG ist nicht befugt, analog § 19 I BetrVG eine betriebsratsinterne Wahl anzufechten, da ihm keine Kontrollfunktion über die Geschäftsführung des BR zusteht. Die Antragsbefugnis für eine bestimmte Anzahl von **AN** ist geregelt für die Wahlanfechtung, die Bestellung eines Wahlvorstands – §§ 16 II, 17 II, 18 I, 63 III BetrVG – sowie die Auflösung des BR bzw. den Ausschluss einzelner Mitglieder. **BR** und **Wahlvorstand** sind antragsbefugt bei der Zuordnung eines Betriebsteils nach § 18 II BetrVG. Ansonsten ist dem BR in § 23 I 2 BetrVG ausdr. die Antragsbefugnis verliehen für den Ausschluss einzelner Mitglieder aus einem betriebsverfassungsrechtl. Gremium. Der BR ist nach § 17 II AGG befugt bei Verstößen des AG nach § 23 III BetrVG vorzugehen. Der BR ist weiterhin antragsbefugt bei der Durchsetzung von Freistellungs- und Kostenersatzansprüchen für seine Mitglieder; er verliert die Antragsbefugnis, wenn er die Ansprüche an einen Dritten abtritt (BAG 15.1.1992 NZA 1993, 189). Einzelne **BRmitglieder** können ggü. dem BR weder die Unwirksamkeit eines Beschl. noch die Rechtswidrigkeit von Handlungen unabhängig von einem Eingriff in eine eigene Rechtsposition geltend machen (BAG 7.6.2016 NZA 2016, 1350). **Gewerkschaften** sind bei der Zuordnung von Betriebsteilen sowie in Wahlangelegenheiten und bei der Auflösung eines betriebsverfassungsrechtl. Gremiums bzw. dem Ausschluss eines Mitglieds antragsbefugt. Gewerkschaften und AGverbände sind befugt, AG bzw. BR im BeschlV verpflichten zu lassen, tarifwidrige BV nicht mehr anzuwenden (BAG 20.4.1999 NZA 1999, 887). Auch eine im Betrieb vertretene Gewerkschaft kann nach § 17 II AGG gegen den AG vorgehen.

11 **2. Prozessstandschaft.** Einen Fall der ges. Prozessstandschaft regelt § 23 III BetrVG, indem er den Gewerkschaften das Recht zubilligt, Ansprüche des BR gegen den AG auf Handlung, Duldung oder Unterlassung geltend zu machen. So sind die Gewerkschaften jdf. in einem Verfahren nach § 23 III BetrVG antragsbefugt, soweit sie beantragen, dem AG aufzugeben, die Durchführung einer tarifwidrigen BV zu unterlassen (BAG 20.8.1991 NZA 1992, 317). In bestimmten Fällen ist auch im BeschlV eine gewillkürte Prozessstandschaft zulässig. So können GBR oder KBR, die vom BR ermächtigt wurden, für ihn eine bestimmte Angelegenheit zu regeln, auch befugt sein, einen entspr. Rechtsstreit für ihn zu führen (BAG 6.4.1976 AP BetrVG 1972 § 50 Nr. 2). Der BR kann Kostenansprüche seiner Mitglieder geltend machen (BAG 9.9.1975 AP ArbGG 1953 § 83 Nr. 6). Er macht eigene Ansprüche geltend, wenn er nach. § 37 VI BetrVG die Freistellung eines Mitglieds zum Besuch einer Schulungsveranstaltung verlangt (BAG 6.11.1973 AP BetrVG 1972 § 37 Nr. 5). Der BR kann nicht Individualansprüche einzelner AN geltend machen (BAG 17.2.2015 – 1 ABR 41/13; *Salamon* NZA 2015, 85), auch wenn sie kollektivrechtl. Ursprungs sind, wie zB aus einem TV (BAG 16.7.1985 NZA 1986, 235) oder aus einer BV (BAG 18.1.2005 NZA 2006, 167).

§ 82 Örtliche Zuständigkeit

(1) [1]**Zuständig ist das Arbeitsgericht, in dessen Bezirk der Betrieb liegt.** [2]**In Angelegenheiten des Gesamtbetriebsrats, des Konzernbetriebsrats, der Gesamtjugendvertretung oder der Gesamt-Jugend- und Auszubildendenvertretung, des Wirtschaftsausschusses und der Vertretung der Arbeitnehmer im Aufsichtsrat ist das Arbeitsgericht zuständig, in dessen Bezirk das Unternehmen seinen Sitz hat.** [3]**Satz 2 gilt entsprechend in Angelegenheiten des Gesamtsprecherausschusses, des Unternehmenssprecherausschusses und des Konzernsprecherausschusses.**

(2) [1]In Angelegenheiten eines Europäischen Betriebsrats, im Rahmen eines Verfahrens zur Unterrichtung und Anhörung oder des besonderen Verhandlungsgremiums ist das Arbeitsgericht zuständig, in dessen Bezirk das Unternehmen oder das herrschende Unternehmen nach § 2 des Gesetzes über Europäische Betriebsräte seinen Sitz hat. [2]Bei einer Vereinbarung nach § 41 Absatz 1 bis 7 des Gesetzes über Euopäische Betriebsräte ist der Sitz des vertragschließenden Unternehmens maßgebend.

(3) In Angelegenheiten aus dem SE-Beteiligungsgesetz ist das Arbeitsgericht zuständig, in dessen Bezirk die Europäische Gesellschaft ihren Sitz hat; vor ihrer Eintragung ist das Arbeitsgericht zuständig, in dessen Bezirk die Europäische Gesellschaft ihren Sitz haben soll.

(4) In Angelegenheiten nach dem SCE-Beteiligungsgesetz ist das Arbeitsgericht zuständig, in dessen Bezirk die Europäische Genossenschaft ihren Sitz hat; vor ihrer Eintragung ist das Arbeitsgericht zuständig, in dessen Bezirk die Europäische Genossenschaft ihren Sitz haben soll.

(5) In Angelegenheiten nach dem Gesetz über die Mitbestimmung der Arbeitnehmer bei einer grenzüberschreitenden Verschmelzung ist das Arbeitsgericht zuständig, in dessen Bezirk die aus der grenzüberschreitenden Verschmelzung hervorgegangene Gesellschaft ihren Sitz hat; vor ihrer Eintragung ist das Arbeitsgericht zuständig, in dessen Bezirk die aus der grenzüberschreitenden Verschmelzung hervorgehende Gesellschaft ihren Sitz haben soll.

1. Vorbemerkung. Die Zuständigkeitsregelung in § 82 ist unvollständig (GK-ArbGG/*Ahrendt* Rn. 5). Der Gesetzgeber hat sie bisher nicht mit § 2a abgegl. So fehlt eine Regelung für die Streitigkeiten nach den §§ 177f., 222 SGB IX, nach § 51 BBiG, nach § 2a I Nr. 4 und für Streitigkeiten im Zusammenhang mit § 3 BetrVG. Die Vorschr. ist **zwgd.** (BAG 19.6.1986 NZA 1987, 321). Eine andere örtl. Zust. kann weder durch Parteivereinbarung noch durch rügelose Einlassung begr. werden. Kommt nach § 82 die Zust. mehrerer ArbG in Betracht, kann der Ast. wählen. Die örtl. Zust. des angerufenen Gerichts ist Sachentscheidungsvoraussetzung und deshalb vAw. zu prüfen. Die örtl. Unzuständigkeit stellt das ArbG durch nicht anfechtbaren Vorabbeschluss fest, in dem es zugleich das Verfahren an das örtl. zust. Gericht verweist. Für das Verfahren gilt § 48 iVm. §§ 17ff. GVG (s. § 48 Rn. 3); zur int. Zust. s. § 1 Rn. 4. 1

2. Allgemeine Zuständigkeit. Im BeschlV richtet sich nach **Abs. 1 S. 1** die örtl. Zust. des ArbG nach dem **Sitz des Betriebs.** Besteht ein Betrieb, für den ein gemeinsamer BR gewählt wurde, aus mehreren Teilen (zB Verkaufsstellen, Filialen), die in den Bezirken mehrerer ArbG liegen, so ist das ArbG am Sitz der Betriebsleitung zuständig, auch wenn die streitige Angelegenheit sich auf eine außerhalb dieses Gerichtsbezirks liegende Betriebs- oder Verkaufsstelle bezieht. Verfügt die Betriebsleitung ledigl. über ein mobiles Büro, ist für die örtl. Zust. maßgebend, in welchem Gerichtsbezirk die Betriebsleitung ihre Leitungsmacht ausübt (LAG BW 7.8.2009 LAGE § 82 ArbGG 1979 Nr. 2). Im Fall des § 4 I 1 BetrVG ist das ArbG zuständig, in dem der Betriebsteil liegt. Dies gilt ebenso im Streit darüber, ob die Voraussetzungen für die Fiktion des § 1 II BetrVG gegeben sind, unabhängig davon, ob er im Verfahren nach § 18 II BetrVG ausgetragen wird (GK-ArbGG/*Ahrendt* Rn. 15; aA – Wahlrecht – GMP/*Matthes* Rn. 8; SW/*Weth* Rn. 11). Grund: Die Zuordnung ist als doppelt relevante Tatsache sowohl für die Zulässigkeit, als auch für die Begründetheit des Antrags von Bedeutung. Bei Streitigkeiten aus dem Restmandat ist das ArbG örtl. zuständig, in dessen Bezirk sich der aufgelöste Betrieb befunden hat (LAG B 20.4.2015 NZA-RR 2015, 324). In originären Angelegenheiten des **GBR** (§ 50 I BetrVG), des KBR und der übrigen in **Abs. 1 S. 2** genannten Stellen ist das ArbG am Unternehmenssitz zuständig, dh. an dem Ort, wo die Verw. geführt wird – § 17 I ZPO. Dabei kommt es nicht darauf an, wer Ast. und wer Beteiligter ist (GK-ArbGG/*Ahrendt* Rn. 22). Entscheidend ist iÜ das materielle Betriebsverfassungsrecht (BAG 19.6.1986 NZA 1987, 321). Daher ist auch im Streit um die originäre Zust. des GBR das ArbG am Sitz des Unternehmens zuständig (BAG 19.6.1986 NZA 1987, 321). Ist dem GBR von einem BR oder von mehreren oder allen BR eine Angelegenheit nach § 50 II BetrVG übertragen worden, ist das ArbG am Sitz des jeweiligen Betriebs zust. Die Übertragung macht aus der Angelegenheit materiell-rechtl. keine des GBR, der auch in diesem Fall keine GesamtBV abschl. darf und für jeden Betrieb gesonderte BV abschl. müsste, was freil. in der Praxis kaum jemals geschieht. Wird für ein Unternehmen mit mehreren Betrieben nach § 3 I Ziff. 1a) BetrVG ein **unternehmenseinheitlicher BR** gebildet oder werden mehrere Betriebe nach § 3 Ziff. 1b) BetrVG zusammengefasst, ist das ArbG am Sitz des Unternehmens örtl. zuständig, weil es sich dabei meist um den Ansprechpartner des BR handelt. Werden **SpartenBR** nach § 3 I Nr. 2 BetrVG innerhalb eines Betriebs gebildet, bleibt es bei der Zust. des für den Sitz des Betriebs örtl. zust. ArbG, werden sie betriebsübergreifend gebildet, ist das ArbG am Sitz des Unternehmens zust. Dasselbe gilt für die **anderen ANvertretungsstrukturen** nach § 3 I Nr. 3 BetrVG und die **zusätzlichen** betriebsverfassungsrechtl. **Vertretungen** und **Gremien** nach § 3 I Nrn. 4 und 5 BetrVG (GK-ArbGG/*Ahrendt* Rn. 35). Bei Streitigkeiten um die Bildung (BAG 18.4.2007 NZA 2007, 1375) und die Beteiligungsrechte eines **europ. BR** ist nach **Abs. 2 S. 1** iVm. § 2 EBRG das ArbG am Sitz des Unternehmens bzw. des herrschenden Unternehmens örtl. zust. Nach **Abs. 2 S. 2** gilt für Streitigkeiten aus einer vor dem 22.9.1996 abgeschlossenen Vereinbarung über 2 grenzübergreifende Mitwirkung von ANvertretungen – § 41 EBRG – der Sitz des vertragschließenden Unternehmens als maßgebl. für die örtl. Zust. Bei **ausl. Unternehmen** gilt als Unternehmenssitz der Ort im Inland, von dem aus die inländische Betätigung zentral geleitet wird (BAG 31.10.1975 AP BetrVG 1972 § 106 Nr. 2). Für Streitigkeiten aus dem **SEBG, dem SECBG und dem MgVG** sehen die **Abs. 3–5** eine allg. Zust. am Sitz der Gesellschaft vor. Der Begriff „Angelegenheiten" ist weit zu verstehen. Er umfasst auch Streitigkeiten im Zusammenhang mit dem Wahlgremium bei der Bildung des bes. Verhandlungsgremiums (BR-Drs. 438/04 S. 148). Die Zust. erstreckt sich ebenso auf Angelegenheiten der ANvertreter in den Aufsichtsräten. Die Anknüpfung an den Unternehmenssitz ist in allen Fällen identisch. Im Gründungsstadium wird bei Streitigkeiten um das bes. Verhandlungsgremium nach dem jeweils letzten Satz auf den zukünftigen Sitz der Gesellschaft abgestellt. Dieser muss im Verschmelzungs- oder Gründungsplan festgelegt sein.

3 **3. Sonderfälle.** Wird um die **Tariffähigkeit oder Tarifzuständigkeit** einer Vereinigung gestritten (§ 2a Abs. 1 Nr. 4), ist das LAG örtl. zuständig, in dessen Bezirk die Vereinigung ihren Sitz hat, deren Tariffähigkeit oder Tarifzuständigkeit umstr. ist, unabhängig davon, ob diese Vereinigung Ast. oder sonstiger Beteiligter ist. Ebenso enthält § 98 II eine Sonderregelung für die örtl. Zuständigkeit bei einem Streit um die Wirksamkeit einer der in § 2a Abs. 1 Nr. 5 gen. Normen. Im Streitigkeiten um die **Anerkennung einer Schulungsveranstaltung** nach § 37 VII BetrVG sind vor dem ArbG auszutragen, in dessen Bezirk die zust. Behörde ihren Sitz hat. Bei Streitigkeiten der **Schwerbehindertenvertretung** und den **Vertretungen nach § 51 BBiG** ist das Gericht am Sitz des Betriebs örtl. zuständig, in Angelegenheiten der GesamtSBV und KonzernSBV ist der Sitz des Unternehmens entscheidend (GK-ArbGG/*Ahrendt* Rn. 39 f.). In einstweiligen Verfügungsverfahren ist nach § 85 II iVm. §§ 937 I, 943 I ZPO das Gericht der Hauptsache örtl. zust.

§ 83 Verfahren

(1) [1] **Das Gericht erforscht den Sachverhalt im Rahmen der gestellten Anträge von Amts wegen.** [2] **Die am Verfahren Beteiligten haben an der Aufklärung des Sachverhalts mitzuwirken.**

(1a) [1] **Der Vorsitzende kann den Beteiligten eine Frist für ihr Vorbringen setzen.** [2] **Nach Ablauf einer nach Satz 1 gesetzten Frist kann das Vorbringen zurückgewiesen werden, wenn nach der freien Überzeugung des Gerichts seine Zulassung die Erledigung des Beschlussverfahrens verzögern würde und der Beteiligte die Verspätung nicht genügend entschuldigt.** [3] **Die Beteiligten sind über die Folgen der Versäumung einer nach Satz 1 gesetzten Frist zu belehren.**

(2) **Zur Aufklärung des Sachverhalts können Urkunden eingesehen, Auskünfte eingeholt, Zeugen, Sachverständige und Beteiligte vernommen und der Augenschein eingenommen werden.**

(3) **In dem Verfahren sind der Arbeitgeber, die Arbeitnehmer und die Stellen zu hören, die nach dem Betriebsverfassungsgesetz, dem Sprecherausschussgesetz, dem Mitbestimmungsgesetz, dem Mitbestimmungsergänzungsgesetz, dem Drittelbeteiligungsgesetz, den §§ 177, 178 und 222 des Neunten Buches Sozialgesetzbuch, dem § 18a des Berufsbildungsgesetzes und den zu diesen Gesetzen ergangenen Rechtsverordnungen sowie nach dem Gesetz über Europäische Betriebsräte, dem SE-Beteiligungsgesetz, dem SCE-Beteiligungsgesetz und dem Gesetz über die Mitbestimmung der Arbeitnehmer bei einer grenzüberschreitenden Verschmelzung im einzelnen Fall beteiligt sind.**

(4) [1] **Die Beteiligten können sich schriftlich äußern.** [2] **Bleibt ein Beteiligter auf Ladung unentschuldigt aus, so ist der Pflicht zur Anhörung genügt; hierauf ist in der Ladung hinzuweisen.** [3] **Mit Einverständnis der Beteiligten kann das Gericht ohne mündliche Verhandlung entscheiden.**

(5) **Gegen Beschlüsse und Verfügungen des Arbeitsgerichts oder seines Vorsitzenden findet die Beschwerde nach Maßgabe des § 78 statt.**

I. Untersuchungsgrundsatz

1 **1. Begriff.** Wegen der oftmals über den Einzelfall hinausgehenden Bedeutung der Entscheidungen hat der Gesetzgeber es nicht allein den Beteiligten überlassen, den entscheidungserhebl. Sachverhalt beizubringen. Die Beteiligten bestimmen und begrenzen grundsätzl. durch ihren Antrag den Verfahrensgegenstand und sind nach Abs. 1 Satz 2 zur Mitwirkung an der Sachverhaltsaufklärung verpflichtet. IÜ ist das Gericht nach Abs. 1 Satz 1 vAw. dafür verantwortl., dass die Entscheidung auf einem zutreffenden und vollständigen Sachverhalt beruht. Die Mitwirkungspflicht der Beteiligten begrenzt den Untersuchungsgrundsatz (sog. **eingeschränkter Untersuchungsgrundsatz).** Das Gericht muss zunächst die Sachentscheidungsvoraussetzungen aufklären. Dann hat es vAw. zu prüfen, wer im Verfahren zu beteiligen ist (BAG 26.11.1968 AP BetrVG § 76 Nr. 18). Schließl. muss es alle für die Sachentscheidung erhebl., für und gegen die Begründetheit des Antrags sprechenden Tatsachen erforschen. Der **Umf. der Ermittlungspflicht** des Gerichts bestimmt sich nach dem Vorbringen der Beteiligten. Aus diesem müssen sich Anhaltspunkte dafür ergeben, dass und wie weitere Tatsachen zu ermitteln sind. Eine „uferlose Ermittlungstätigkeit ins Blaue hinein" ist aber nicht geboten. Das ArbG

darf eine Endentscheidung nur treffen, wenn es zuvor die Bet. durch auf den Einzelfall zugeschnittene Auflagen zu ausr. Sachvortrag angehalten hat. Dies gilt gleichermaßen für die Beschwerdeinstanz. Das Gericht muss darauf hinzuweisen, welchen Tatsachenvortrag es für die Begründetheit des mit dem Antrag zur Entscheidung gestellten Begehrens für erforderl. hält. Dazu sind die entscheidungserhebl. tatsächl. und rechtl. Gesichtspunkte des Streitstoffs mit den Beteiligten zu erörtern (BAG 12.11.2008 – 7 AZR 499/07). Der Untersuchungsgrundsatz ist nicht wegen § 78 S. 2 BetrVG in Verfahren nach § 103 II, III BetrVG eingeschränkt (aA LAG HM 12.7.2016 – 7 TaBV 3/16) Das ArbG ist an **Geständnisse** nicht gebunden, ebenso gilt § 138 III ZPO nicht für das BeschlV. Jedoch bedarf es in der Regel keiner Beweisaufnahme, wenn die Beteiligten einen Sachverhalt übereinstimmend vortragen oder wenn das substantiierte Vorbringen eines Beteiligten von den anderen nicht bestritten wird und sich keine Zweifel an dessen Richtigkeit aufdrängen (BAG 17.6.1998 NZA 1999, 163). § 331 I ZPO ist nicht anwendbar, sodass das **Nichterscheinen** eines Beteiligten im Anhörungstermin nicht als Zugeständnis des Vortrags der übrigen Beteiligten gilt. Es gibt deshalb beim Ausbleiben eines Beteiligten in der mdl. Anhörung auch keinen **„Versäumnisbeschluss“** . Das Gericht hat in diesem Fall auch die dem Säumigen günstigen Tatsachen zu ermitteln und zu verwerten; Abs. 4 S. 2 sieht als einzige Folge der Säumnis vor, dass bei unentschuldigten Ausbleiben eines Beteiligten insoweit der Pflicht zur Anhörung genügt ist. Dies gilt sogar beim unentschuldigten Ausbleiben aller Beteiligten einschließl. des Ast.; das Gericht hat in diesem Fall über den angekündigten Antrag nach Lage der Akten zu entscheiden. Die **Verspätungsvorschriften** der § 56 II sowie §§ 296 I und 296 II iVm. § 282 I und II ZPO sind nicht anwendbar. Sachvortrag kann daher grds. nur unter den Voraussetzungen des Abs. 1a als verspätet zurückgewiesen werden (s. Rn. 3).

2. Mitwirkung der Beteiligten. Aus Abs. 1 S. 2 ergibt sich zunächst, dass der Ast. diejenigen 2
Tatsachen vorzutragen hat, aus denen er sein mit dem Antrag verfolgtes Begehren herleitet (BAG 9.9.1975 AP ArbGG 1953 § 83 Nr. 6). Dies bedeutet nicht, dass der Ast. einen vollständigen und schlüssigen Sachverhalt darlegen muss. Die Abweisung eines Antrags mangels Substantiierung ist im BeschlV ohne weitere richterl. Aufklärungsbemühungen ausgeschlossen. § 83 I 2 verpflichtet den Ast. jedoch, auf eine vom Gericht erteilte Auflage hin die Antragsbegr. zu konkretisieren und zu vervollständigen (GK-ArbGG/*Dörner* Rn. 131). Andererseits ist die richterl. Bewertung eines Vorbringens als nicht ausreichender Vortrag nur statthaft, wenn das Gericht auf seine Einschätzung hingewiesen und zur Erg. des Vorbringens anhand konkreter Fragestellungen aufgefordert hat (BAG 11.3.1998 NZA 1998, 953). Die Mitwirkungspflicht trifft neben dem Ast. auch die übrigen Beteiligten. Sie sind verpflichtet, unabhängig von ihren eigenen Interessen am Verfahrensausgang, die ihnen bekannten entscheidungserhebl. Tatsachen vollständig vorzutragen. Dazu hat das Gericht den Beteiligten konkrete Auflagen zu erteilen und zur Verfahrensbeschleunigung Fristen zu setzen. Die **Weigerung** eines Beteiligten, an der Sachverhaltsaufklärung mitzuwirken, entbindet das Gericht nicht von der Pflicht, alle anderen Erkenntnismöglichkeiten auszuschöpfen. Sie kann aber dazu führen, dass das Gericht für weitere Ermittlungen keinen Anlass oder keine Möglichkeiten hat. Die Aufklärungspflicht des Gerichts endet, wenn es die eigenen Möglichkeiten zur Aufklärung des Sachverhalts ausgeschöpft hat und die Beteiligten trotz entspr. Aufforderung ihrer Mitwirkungspflicht nicht nachkommen (BAG 10.12.1992 NZA 1993, 501). Nach entspr. Belehrung darf das Gericht aus diesem Verhalten Schlüsse zum Vorliegen oder Fehlen von Tatsachen ziehen (BAG 25.3.1992 NZA 1993, 134). Die Verweigerung der Mitwirkung kann vom Gericht nach § 286 I ZPO gewürdigt werden. Das erforderl. Beweismaß für einen ansonsten feststellungs- und beweisbelasteten Beteiligten kann sich damit verringern (BAG 25.3.1992 NZA 1993, 134). Zur Aufklärung des Sachverhalts stehen dem Gericht die iE in Abs. 2 aufgeführten Maßnahmen zur Vfg. Ggf. muss sich das Gericht auch der in § 56 I für das UrtV bestimmten Mittel zur Sachaufklärung bedienen, insbes. das persönl. Erscheinens der Beteiligten bzw. ihrer ges. Vertreter anordnen. Ordnet das Gericht nach § 80 iVm. 56 I Nr. 3 das **persönliche Erscheinen** von Beteiligten an, gilt auch § 141 II und III ZPO. Kann der Sachverhalt aufgrund einer schriftl. Stellungn. aufgeklärt werden, entfällt nach dem Rechtsgedanken des Abs. 4 Satz 2 die Möglichkeit, ein Ordnungsgeld festzusetzen. Wegen der Pflicht zur Amtsermittlung kann eine Vertreter nicht nach § 51 II 1 zurückgewiesen werden.

3. Zurückweisung von verspätetem Vorbringen. Abs. 1a weist für die Zurückweisung verspäteten 3
Vorbringens ggü. den für das UrtV geltenden Vorschr. einige Besonderheiten auf, die auf den Untersuchungsgrundsatz zurückzuführen sind. Die Bestimmung ändert nichts am Vorrang richterl. Aufklärungspflicht. Bei der Aufforderung durch das Gericht, genau zu konkret bezeichneten Sachverhalten vorzutragen geht es daher im BeschlV nicht um die Substantiierung eines Sachvortrags, sondern allein um die **Mitwirkung** nach Abs. 1 Satz 2. Nach wie vor ist damit im BeschlV – auch für den Anwendungsbereich von Abs. 1a – ausgeschlossen, *jeden* Sachvortrag als verspätet zurückzuweisen. Die Vorschr. bezieht sich nur auf solche Angaben eines Beteiligten, die ohne ihn nicht zu klären oder zu ermitteln sind, weil sie aus seiner Sphäre stammen, nur er selbst über sie verfügen kann und ihre Klärung ohne seine Mitwirkung dem Gericht nicht oder nur unter großen Schwierigkeiten mögl. ist. Darüber hinaus *muss* verspätetes Vorbringen – anders als bei den §§ 56 II ArbGG, 296 I ZPO – nicht zurückgewiesen werden, es *kann* zurückgewiesen werden. Dem Gericht wird damit ein Ermessens-

spielraum eingeräumt, seine Entscheidung unter Abwägung seiner Verpflichtung zur Amtsermittlung und den Erfordernissen einer Beschleunigung zu treffen (BT-Drs. 14/2490 S. 12). Es ist daher nicht gehalten, Fristüberschreitungen und dadurch entstehende Verzögerungen unbegrenzt hinzunehmen. Es kann bei erhebl., nicht entschuldigten Verzögerungen in der Erfüllung der gerichtl. Auflagen seine Ermittlungsbemühungen insoweit beenden und aufgrund des bisher erforschten Sachverhalts entscheiden, wenn auch die übrigen Beteiligten zum Sachverhalt nichts beitragen können oder ihr Vortrag ebenfalls als verspätet zurückgewiesen werden darf (ähnl. GK-ArbGG/*Dörner* Rn. 157). Voraussetzung ist dabei stets eine Verzögerung des Verfahrens bei Zulassung *und* eine nicht genügende Entschuldigung der Verspätung durch den Beteiligten. Auch im BeschlV gilt der absolute Verzögerungsbegriff (zu Einzelheiten und den übrigen Voraussetzungen s. § 56 Rn. 7). Ist das Vorbringen zu Recht als verspätet zurückgewiesen worden, kann es nach § 87 III 1 in der Beschwerdeinstanz nicht nachgeholt werden. Wurde es in erster Instanz nicht als verspätet zurückgewiesen, darf dies auch in der Beschwerdeinstanz aus den Gründen der ersten Instanz nicht mehr geschehen (BVerfG 26.1.1995 AP ArbGG 1979 § 67 Nr. 3).

4 **4. Feststellungslast.** Eine Darlegungslast wie im Zivilprozess gibt es im BeschlV nicht. Jedoch trifft bei Anwendung des Untersuchungsgrundsatzes den Beteiligten, der einen Anspruch oder ein Recht behauptet, das Risiko, dass das Gericht wegen seines unzulängl. Vortrags und mangels anderweitiger Aufklärungsmöglichkeiten nicht den für eine positive Entscheidung erforderl. Sachverhalt feststellen kann; ihn trifft die Feststellungslast (HHB/*Hauck* Rn. 6). In welchem Umf. der Ast. zunächst von sich aus Tatsachen vortragen muss, die seinen Antrag begründen, hängt von den Besonderheiten der Anspruchs- oder Rechtsgrundlagen ab. So muss der BR, der eine über die Mindeststaffel des § 38 I BetrVG hinausgehende Freistellung von BRMitgliedern verlangt, zunächst detailliert die bes. Umstände darlegen, aus denen sich die zusätzl. Belastung des BR, welche die weitergehende Freistellung rechtfertigen soll, und deren voraussichtl. Dauer ergibt; der Vortrag muss so konkret sein, dass dem AG eine sachl. Erwiderung mögl. ist (BAG 26.7.1989 NZA 1990, 621). In einem Zustimmungsersetzungsverfahren nach § 103 II BetrVG darf das Gericht einen bestimmten Sachverhalt, der im Laufe des Verfahrens bekannt wird, zur Rechtfertigung der beabsichtigten Kündigung nur dann heranziehen, wenn der AG sich gerade auch auf diese Tatsachen als Kündigungsgrund beruft (BAG 27.1.1977 AP BetrVG 1972 § 103 Nr. 7).

5 **5. Beweisverfahren.** Eine Beweisführungslast ist dem BeschlV fremd (BAG 21.10.1980 AP BetrVG 1972 § 54 Nr. 1). Der Untersuchungsgrundsatz verpflichtet das Gericht zur Beweiserhebung vAw. Es muss den Beteiligten die Bezeichnung geeigneter Beweismittel aufgeben. Ein Beweisantritt der Beteiligten ist nicht erforderl. Dies bedeutet jedoch nicht, dass eine Beweisaufnahme im Belieben des Gerichts steht; es ist verpflichtet, angebotene Beweise (auch beantragte Gegenbeweise) zu erheben, wenn die Wahrheit einer entscheidungserhebl. Tatsache nicht feststeht (BAG 25.9.1986 NZA 1987, 708). Über § 80 II gelten iRd. Besonderheiten des BeschlV für die Beweisaufnahme die Vorschr. des UrtV. Abs. 2 ermächtigt bzw. verpflichtet das Gericht ausdr. auch zur **Vernehmung der Beteiligten.** Es handelt sich um eine Parteivernehmung. Die §§ 445 bis 447 ZPO sind nicht anzuwenden. Die bloße Anhörung ist nicht schon Parteivernehmung (GK-ArbGG/*Dörner* Rn. 173). Auch im BeschlV gelten die Regeln zur **objektiven Beweislast.** Sie richtet sich nach der dem Verfahren zugrundeliegenden materiellen Vorschr. oder den allg. zivilprozessualen Grundsätzen (GK-ArbGG/*Dörner* Rn. 153). Sind anspruchs- oder rechtsbegründende Tatsachen zwischen den Beteiligten streitig und kann vom Gericht weder durch weitere Sachverhaltsaufklärung noch durch Würdigung der vorgetragenen oder sonst ermittelten Tatsachen oder durch eine Beweisaufnahme die Richtigkeit der einen oder der anderen Behauptung festgestellt werden, gehen im Regelfall Zweifel an der Erweislichkeit einen Tatsache zulasten des Beteiligten, der ansonsten von ihrem Vorliegen begünstigt würde (HHB/*Hauck* Rn. 6).

II. Beteiligte

6 **1. Begriff.** Subjekte des BeschlV sind nicht Parteien, sondern Beteiligte. Aus der einheitl. verwendeten Terminologie des G folgt, dass das BeschlV nur einen einheitl. Beteiligtenbegriff kennt und sich damit jede Differenzierung zwischen „notwendigen" Beteiligten und sonstigen Beteiligten, denen jeweils unterschiedl. Rechte und Pflichten im Verfahren zukommen, verbietet. Auch einen „Antragsgegner" sieht das Gesetz nicht vor (BAG 20.4.1999 NZA 1999, 1235; tw. abw. GK-ArbGG/*Dörner* Rn. 37). Auch wenn nur gegen den in einem Leistungsantrag Benannten vollstreckt werden kann, darf das Gericht ihn nicht von sich aus austauschen (BAG 6.4.1976 AP ArbGG 1953 § 83 Nr. 7) und ihn stets beteiligen muss (BAG 29.8.1985 NZA 1986, 400), ändert dies nichts an seiner prozessualen Rechtsstellung im BeschlV. Auch die Person oder Stelle, gegen die sich der geltend gemachte Anspruch oder das geltend gemachte Recht richten, sind „nur" „übrige Beteiligte" iSd. § 83a II 1 (BAG 20.7.1982 AP BetrVG 1952 § 76 Nr. 26). Das Rubrum im BeschlV lautet daher: „In dem BeschlV des Ast. …, mit den Beteiligten …" (GMP/*Matthes* Rn. 16). Aus **Abs. 3** selbst lässt sich weder unmittelbar entnehmen, wer im konkreten Verfahren zu beteiligen ist (aA BAG 25.8.1981 AP ArbGG 1979 § 83 Nr. 2) noch ist der BR nach dieser Vorschr. stets zu beteiligen (BAG 11.11.1998 NZA 1999, 1056). Dies ergibt sich

vielmehr entweder aus einer ausdr. ges. Anordnung oder sonst aus der unmittelbaren Betroffenheit einer betriebsverfassungsrechtl. Rechtsposition (BAG 11.11.1998 NZA 1999, 1056) bzw. nach Inkrafttreten des EBRG aus der Betroffenheit in der europ. mitbestimmungsrechtl. Rechtsstellung. Diese erwirbt (BAG 15.11.1963 AP TVG § 14 Nr. 2) oder verliert (BAG 28.9.1988 NZA 1989, 188) man weder durch eigene Handlung noch durch eine Handlung des Gerichts. Sie hängt nicht vom Willen des Betroffenen ab und kann nicht vereinbart werden, sondern folgt dem mat. Recht (BAG 20.4.1999 NZA 1999, 1235). Die §§ 64 ff. ZPO sind daher im BeschlV nicht anzuwenden (BAG 5.12.2007 NZA 2008, 653; krit. *Otto* ZfA 2011, 673). Ebenso findet keine Beiladung mittelbar betroffener Personen oder Stellen entspr. den §§ 65 VwGO, 60 FGO und 65 SGG statt. Das Gericht hat für jeden Sachantrag gesondert (BAG 11.11.1998 NZA 1999, 1056) zu ermitteln, wer Beteiligter ist (BAG 20.7.1982 AP BetrVG 1952 § 76 Nr. 26). Allein der **Ast.** wird mit dem Stellen des Sachantrags kraft „eigenen Rechts" Beteiligter. Er gehört nicht zu den Beteiligten des Abs. 3 (BAG 25.8.1981 AP ArbGG 1979 § 83 Nr. 2). Er ist stets beteiligt, da das BeschlV nach § 81 I einen Ast. voraussetzt, der mit seinem Antrag den Verfahrensgegenstand umschreibt und die Grdl. für die Beurteilung gibt, wer sonst noch zu beteiligen ist. Wer daneben **Beteiligter** ist, richtet sich danach, welche Personen oder Stellen durch die vom Ast. begehrte Entscheidung in ihrer betriebsverfassungsrechtl. Rechtsstellung unmittelbar betroffen sind (BAG 11.11.1998 NZA 1999, 1056). Dies Betroffensein verlangt, dass die Stelle als Inhaber des streitigen Anspruchs oder Rechts materiell-rechtl. ernsthaft in Frage kommt (BAG 28.3.2006 NZA 2006, 1367). Eine Beteiligung kommt nicht in Betracht, wenn nur die individualrechtl. Position einer Person oder bloße rechtl. Interessen durch die Entscheidung berührt werden.

2. Einzelne Beteiligte. a) Arbeitgeber, Arbeitnehmer. In betriebsverfassungsrechtl. Streitigkeiten 7
nach § 2a I Nr. 1 ist der AG stets anzuhören. Auch Wahlanfechtungsverfahren (BAG 4.12.1986 NZA 1987, 166) sowie betriebsratsinterne Streitigkeiten mit unmittelbarer Auswirkung – zB die Wahl des BRVorsitzenden – berühren die Rechtstellung des AG in der Betriebsverfassung. Dagegen ist der AG bei einem Streit, der nicht in seine betriebsverfassungsrechtl. Stellung eingreift – zB Streitigkeiten innerhalb des BR über seine interne Geschäftsführung – nach Abs. 3 ledigl. zu hören. Bei einem **Betriebsübergang** tritt der Betriebserwerber in die konkrete prozessuale Stellung des Betriebsveräußerers ein; eine Antragsänderung liegt hierin nicht (BAG 20.8.2014 ZTR 2015, 53; 24.8.2011 NZA 2012, 223). Einzelne **AN** sind als Ast. beteiligt – zB bei der Wahlanfechtung sowie in Verfahren nach § 23 I BetrVG. Ansonsten sind sie nur zu beteiligen, soweit sie in ihrer betriebsverfassungsrechtl. Stellung unmittelbar betroffen sind – zB bei einem Streit um den betriebsverfassungsrechtl. Status als leitender Angestellter (BAG 23.1.1986 NZA 1986, 404) oder bei Streitigkeiten um das aktive oder passive Wahlrecht. Nicht zu beteiligen sind von personellen Einzelmaßnahmen betroffene AN in Verfahren nach den §§ 98 V, 99 IV, 101 und 104 BetrVG (BAG 23.9.2003 NZA 2004, 800). Gem. § 103 II 2 und III 2 BetrVG ist das BRMitglied im Zustimmungsersetzungsverfahren zu beteiligen, wenn es gekündigt oder so versetzt werden soll, dass dies zu einen Verlust seines Amts oder der Wählbarkeit führen würde.

b) Arbeitnehmervertretungen, Gewerkschaften. Unmittelbar betroffen und daher zu beteiligen ist 8
der **BR**, wenn es um seinen Bestand (BAG 14.1.1983 AP BetrVG 1972 § 19 Nr. 9) – Wahlanfechtung, Auflösung nach § 23 I BetrVG – oder seine Zusammensetzung – Ersatzmitglieder, Vorsitzender bzw. Stellvertreter – geht. Dies gilt entspr. für die Errichtung des GBR oder die Anfechtung der Wahl einer JAV (BAG 13.3.1991 NZA 1992, 223). In einem Streit um seine eigenen Beteiligungsrechte ist der BR immer zu beteiligen, es sei denn er hat den GBR mit der Wahrung seiner Rechte nach § 50 II BetrVG beauftragt. Der BR ist auch zu beteiligen, wenn ein Mitglied Ansprüche auf Erstattung von Kosten der Amtstätigkeit oder eines Schulungsbesuchs geltend macht (BAG 3.4.1979 AP BetrVG 1972 § 40 Nr. 16), wenn nicht die Kostenerstattungsansprüche abgetreten wurden und über ihre Berechtigung dem Grunde nach kein Streit besteht (BAG 15.1.1992 NZA 1993, 189). Bei der Anfechtung einer betriebsratsinternen Wahl sind neben dem BR und den gewählten Mitgliedern sämtl. Angehörigen der betroffenen Gruppe zu beteiligen (BAG 15.1.1992 NZA 1992, 1091). Die EinzelBR sind an einem BeschlV regelmäßig auch beteiligt, wenn es um die Zuständigkeitsverteilung für ein Beteiligungsrecht zwischen den einzelnen ANvertretungen geht (BAG 25.9.2012 NZA 2013, 275 – KBR; 17.4.2012 NZA 2013, 230 – GBR); ihre Anhörung kann nur unterblieben, wenn ihre Zust. offensichtl. nicht in Betracht kommt. Handelt der KBR in einer Auftragsangelegenheit (§ 58 II BetrVG), sind auch die KonzernAG anzuhören (BAG 26.1.2016 NZA 2016, 498; 17.3.2016 AP BetrVG 1972 § 58 Nr. 6). Ist ein BR nicht mehr errichtet, ist der bisherige BR nur noch an einem Verfahren beteiligt, wenn sein Restmandat (s. § 21b Rn. 1 BetrVG) betroffen ist (BAG 9.12.2009 NZA 2010, 461). Die **Jugend- und Auszubildendenvertretung** ist neben dem BR nur zu beteiligen, wenn es um die Wahrnehmung ihrer Rechte ggü. dem BR geht oder eines ihrer Mitglieder eigene Kostenerstattungsansprüche gegen den AG verfolgt (BAG 30.3.1994 NZA 1995, 382). Kraft ausdr. Anordnung in § 78a IV 2 ist die JAV zu beteiligen, wenn über die Frage gestritten wird, ob mit einem ihrer Mitglieder ein ArbVerh. zustande gekommen oder aufzulösen ist. Der **Wahlvorstand** ist zu beteiligen, soweit es um seine Amtshandlungen bis zur Durchführung der Wahl und Konstituierung des BR geht, nicht jedoch in einem Wahlanfechtungsverfahren, auch wenn die Gründe für die Anfechtung aus seiner Bestellung herrühren

(BAG 14.1.1983 AP BetrVG 1972 § 19 Nr. 9). Einzelne **Organmitglieder** sind zu beteiligen, soweit es um ihre eigenen betriebsverfassungsrechtl. Rechte ggü. dem Organ oder dem AG geht (BAG 27.5.2015 – 7 ABR 24/13), so zB bei der Erforderlichkeit einer Schulungsveranstaltung (BAG 28.1.1975 AP BetrVG 1972 § 37 Nr. 20) oder der Kostenerstattung für einen Schulungsbesuch oder sonstiger Amtstätigkeit (BAG 24.8.1976 AP ArbGG 1953 § 95 Nr. 2), soweit die Ansprüche nicht abgetreten wurden. **Gewerkschaften** sind in den Fällen, in denen ihnen das BetrVG ein eigenes Antragsrecht einräumt, nur dann zu beteiligen, wenn sie selbst Ast. sind, zB selbst die Wahl angefochten haben (BAG 27.1.1993 NZA 1993, 949). Ansonsten sind Gewerkschaften auch dann nicht zu beteiligen, wenn das Bestehen eines Mitbestimmungsrechts oder die Wirksamkeit einer BV von Tarifvorschriften abhängt (BAG 9.2.1984 NZA 1984, 96). Im Verfahren nach § 126 InsO sind neben dem **InsV** und dem BR die im Antrag bezeichneten **AN** beteiligt (BAG 20.1.2000 NZA 2001, 170). **Dritte** dürfen nicht beteiligt werden. Wird eine betriebsverfassungsrechtl. Stelle beteiligt, so ist ein Wechsel der Mitglieder – zB durch Neuwahl – unerhebl. Geht während des Verfahrens das umstr. Beteiligungsrecht auf ein anderes betriebsverfassungsrechtl. Organ über, so wird dieses als Funktionsnachfolger beteiligt (BAG 18.10.1988 NZA 1989, 396). Bei einem **Betriebsübergang** bleibt der BR Beteiligter, sofern die Identität des Betriebs fortbesteht (BAG 11.10.1995 NZA 1996, 495); anstelle des Betriebsveräußerers ist der Betriebserwerber zu beteiligen (BAG 23.6.2010 NZA 2010, 1361). Nach einer Neuwahl tritt der neue BR als Funktionsnachfolger in das Verfahren ein (BAG 24.8.2011 NZA 2012, 223). Die Änd. der Beteiligtenstellung kann sich aus einer Änd. des Sachantrags ergeben (BAG 11.11.1998 NZA 1999, 1056); zur Beteiligung der Arbeitsbehörden in den Verfahren nach §§ 97, 98 s. dort.

9 **3. Verfahren.** Die Beteiligtenstellung ist vom Gericht in jeder Lage des Verfahrens zu prüfen (BAG 18.10.1988 NZA 1989, 396). Wenn das Gericht die Beteiligten ermittelt hat, sind sie **vAw.** tatsächl. am Verfahren zu **beteiligen;** dh., ihnen ist der Antrag zuzustellen, sie sind zu hören und zur Anhörung zu laden. Etwaige Erkl. zum Verfahren – §§ 81 III, 83a III – sind von ihnen einzuholen; gerichtl. Entscheidungen sind ihnen zuzustellen, auch wenn sie sich im Verfahren nicht geäußert haben oder zum Anhörungstermin nicht erschienen sind (BAG 6.10.1978 AP BetrVG 1972 § 101 Nr. 2). Wird in den Gründen eines Beschl. ausgeführt, dass und warum Personen oder Stellen nicht im Verfahren beteiligt wurden, ist die Entscheidung auch diesen Personen oder Stellen zuzustellen, damit ihnen ggü. die Rechtsmittelfrist in Lauf gesetzt wird (GMP/*Matthes/Spinner* § 84 Rn. 19). Wird im laufenden Verfahren oder in der Rechtsmittelinstanz festgestellt, dass nach materiellem Recht zu Beteiligende bisher nicht tatsächl. beteiligt wurden, ist dieser **Verfahrensfehler** dadurch zu beseitigen, dass die betreffende Person oder Stelle künftig beteiligt wird (einschr. BAG 17.4.2012 NZA 2013, 230); in der RBinstanz ist auf Rüge des übergangenen Beteiligten das Verfahren zurückzuverweisen (BAG 23.7.2014 NZA 2014, 1288). Schriftsätze der übrigen Beteiligten sind zuzustellen bzw. zuzusenden, eine Anhörung ist nachzuholen. Eine fehlerhafte Nichtbeteiligung kann auch dadurch geltend gemacht werden, dass der übergangene Beteiligte gegen eine gerichtl. Entscheidung das statthafte Rechtsmittel einlegt (BAG 30.8.1963 AP ArbGG 1953 § 88 Nr. 2). Im umgekehrten Fall – Hinzuziehung von Personen und Stellen, die nicht Beteiligte sind – hat das Gericht – ggf. in der Rechtsmittelinstanz – den Fehler dadurch zu beheben, dass eine weitere Beteiligung im Verfahren unterbleibt. Das Gericht muss in diesem Fall den zu Unrecht Beteiligten rechtl. Gehör geben (BAG 31.5.1983 AP BetrVG 1972 § 118 Nr. 27). Einer förml. Entscheidung bedarf es nicht; es kann jedoch ein Zwischenbeschluss nach § 303 ZPO mit diesem Inhalt ergehen. Ein förml. Verwerfungsbeschluss ist aber erforderl., wenn ein zu Unrecht Beteiligter gegen die ergangene Entscheidung Rechtsmittel einlegt (BAG 8.8.2007 – 7 ABR 43/06).

III. Anhörung

10 Die Anhörung erfolgt – ggf. nach Durchführung eines Güteverfahrens – nach **Abs. 4** vor der Kammer. Sie ist nach § 57 I möglichst in einem Termin durchzuführen und deshalb nach § 56 I vom Vors. entspr. vorzubereiten. Soweit es der Beschleunigung dient, kann nach § 55 IV vorab vom Kammervorsitzenden ein Beweisbeschluss ergehen. Nach § 137 I ZPO beginnt die Anhörung regelm. mit der Antragstellung. Nach Abs. 4 S. 2 kann auf die Sachantragstellung (nur) bei unentschuldigtem Ausbleiben des Ast. und einer entspr. Belehrung verzichtet werden (BAG 7.6.2016 NZA 2016, 1166). Schriftl. Äußerungen des nicht erschienenen Beteiligten sind zu berücksichtigen. Weitere Nachteile entstehen diesem nicht. Entschuldigt er sein Ausbleiben ausreichend, ist ein neuer Termin zu bestimmen. Mit Einverständnis aller Beteiligten kann das Gericht nach Abs. 4 S. 3 auch im **schriftlichen Verfahren** entscheiden. Selbst wenn das Einverständnis aller Beteiligten vorliegt, steht es im Ermessen des Gerichts, ob mdl. verhandelt wird. Von der Möglichkeit des schriftl. Verfahrens wird das Gericht regelm. nur dann Gebrauch machen, wenn es bei vollständig aufgeklärtem Sachverhalt allein um Rechtsfragen geht, die einer Entscheidung bedürfen. Wenn schriftl. verfahren wird, ist nach § 60 I ein Verkündungstermin anzuberaumen, zu dem der Beschl. nach § 84 S. 3 iVm. § 60 IV 2 schriftl. abgefasst vorliegen muss. Der Beschlusstenor ist in diesem Fall von den ehrenamtl. Richtern gem. § 60 III 2 zu unterschreiben.

IV. Beschwerdeverfahren

Mit **Abs. 5** sind nicht instanzbeendende Beschlüsse nach § 84 angesprochen. Beschwerdefähige Entscheidungen iSd. Abs. 5 sind Anordnungen und Entscheidungen, die im Laufe des Verfahrens ergehen (zu den Einzelheiten s. § 78 Rn. 2). Wegen der Verweisung des § 78 auf die Vorschr. der ZPO handelt es sich stets um eine sofortige Beschwerde. Gegen eine Vorabendscheidung über die zutreffende Verfahrensart nach § 80 III iVm. §§ 48 I, 17 ff. GVG ist nach § 17a IV 3 GVG die sofortige Beschwerde nach § 567 I ZPO gegeben. Soweit Spezialgesetze (RVG, GKG) im Einzelfall nicht etwas anderes vorsehen, muss mit der Beschwerdeentscheidung nach § 78 S. 2 zugleich über die Zulassung einer RB entschieden werden. Dabei kann das LAG auch im BeschlV die RB gegen verfahrensbegleitende Beschlüsse jdf. dann zulassen. wenn es als Rechtsmittelgericht über eine sofortige Beschwerde nach § 78 iVm. § 83 V entscheidet (BAG 28.2.2003 NZA 2003, 516). Hat es in einem verfahrensbegleitenden Beschl. die RB nicht zugelassen, findet eine gegen diese Entscheidung gerichtete Beschwerde an das BAG nicht statt (BAG 19.12.2002 NZA 2003, 287). 11

§ 83a Vergleich, Erledigung des Verfahrens

(1) **Die Beteiligten können, um das Verfahren ganz oder zum Teil zu erledigen, zu Protokoll des Gerichts oder des Vorsitzenden oder des Güterichters einen Vergleich schließen, soweit sie über den Gegenstand des Vergleichs verfügen können, oder das Verfahren für erledigt erklären.**

(2) [1]**Haben die Beteiligten das Verfahren für erledigt erklärt, so ist es vom Vorsitzenden des Arbeitsgerichts einzustellen.** [2]**§ 81 Abs. 2 Satz 3 ist entsprechend anzuwenden.**

(3) [1]**Hat der Antragsteller das Verfahren für erledigt erklärt, so sind die übrigen Beteiligten binnen einer von dem Vorsitzenden zu bestimmenden Frist von mindestens zwei Wochen aufzufordern, mitzuteilen, ob sie der Erledigung zustimmen.** [2]**Die Zustimmung gilt als erteilt, wenn sich der Beteiligte innerhalb der vom Vorsitzenden bestimmten Frist nicht äußert.**

1. Vergleich. Nach den §§ 80 II und 57 II ist das Gericht (auch ein Güterichter) auch im BeschlV gehalten, auf eine Verfahrensbeendigung durch Vergleich hinzuwirken. Der Vergleich ist wie im UrtV ein materiell-rechtl. und zugleich prozessualer Vertrag zwischen den Beteiligten (BAG 5.8.1982 AP ZPO § 794 Nr. 31). Er muss daher **von allen** am Verfahren **Beteiligen** geschlossen werden. Wird der Vergleich nicht von allen Beteiligten geschlossen, hat das Gericht die übrigen Beteilgten zur Erkl. darüber aufzufordern, ob sie sich dem Vergleich anschließen. § 83a III gilt in diesem Fall nicht entspr. Der Vergleich ist Vollstreckungstitel. Daher kann er nicht durch Schweigen zustande kommen. Ist der Verfahrensgegenstand teilbar (objektive Antragshäufung) mit unterschiedl. Beteiligung, ist bei einem Teilvergleich nur die Zustimmung der von diesem Verfahrensteil Betroffenen erforderl. In den Vergleich können nicht anhängige Streitpunkte einbezogen werden. Durch einen Vergleich endet das Verfahren **ohne** förml. **Einstellungsbeschluss,** anders nur im Fall des § 278 VI ZPO (dazu *Bram* FA 2007, 2). Vergleiche sind nach Maßgabe des § 85 I vollstreckbar. Der Vergleich ist **nur zulässig,** wenn alle Beteiligten über den Gegenstand des Vergleichs verfügen können. Damit soll sichergestellt werden, dass zwgd., insbes. formelle betriebsverfassungsrechtl. Vorschr. – zB der Betriebsbegriff, Wahlrechtsvorschriften, Verfahrensvorschriften – nicht unterlaufen werden oder sich zwei Beteiligte zulasten eines Dritten vergleichen. Die Verfügungsbefugnis der Beteiligten über einen Vergleichsgegenstand ist anhand des materiellen Rechts festzustellen. Regelm. ist die Verfügungsbefugnis in vermögensrechtl. Streitigkeiten gegeben. Bei Streitigkeiten über Mitbestimmungsrechte sind Vergleiche für den konkreten Fall zulässig. Der BR kann jedoch nicht wirksam auf Mitbestimmungsrechte in zukünftigen, anders gelagerten Fallgestaltungen verzichten. Kann durch BV vom Gesetz abgewichen werden – wie zB in den §§ 38 I 3, 47 IV, 55 IV, 72 IV – sind nur die zum Abschluss dieser BV Berechtigten verfügungsbefugt (GK-ArbGG/*Dörner* Rn. 13b). Ist nach diesen Grundsätzen ein Vergleich **nicht zulässig,** hat er dennoch verfahrensbeendende Wirkung (aA GK-ArbGG/*Dörner* Rn. 16a). Das Gericht bzw. der Güterichter darf die Protokollierung eines unwirksamen Vergleichs nicht ablehnen (GMP/*Matthes*/*Spinner* Rn. 9). Es hat jedoch die Beteiligten auf rechtl. Bedenken hinzuweisen. Einem Beteiligten ist es unbenommen, unter Hinweis auf die Unwirksamkeit des Vergleichs die Streitsache erneut anhängig zu machen. Auch **außergerichtliche Vergleiche** sind im BeschlV zulässig; sie haben jedoch als materieller Vertrag aus sich heraus keine verfahrensbeendende Wirkung (BAG 9.7.1981 AP BGB § 620 Bedingung Nr. 4), so dass noch die Antragsrücknahme bzw. Verfahrenserledigung erklärt werden muss. Geschieht dies nicht, wird nach einem wirksam geschlossenen außergerichtl. Vergleich regelm. das Rechtschutzinteresse für das weiterbetriebene Verfahren fehlen, zur Mediation § 54 Rn. 11. 1

2. Erledigungserklärung. Abs. 2 regelt die übereinstimmenden Erledigungserkl. aller Beteiligten. Hier prüft das Gericht nicht, ob das Verfahren tatsächl. erledigt ist und ob die Beteiligten über den Verfahrensgegenstand verfügen können, da die Erledigungserkl. ledigl. eine Prozesshandlung darstellt. Durch bekannt zu gebenden Beschl., gegen den nach § 87 die Beschwerde statthaft ist, hat das Gericht 2 das Verfahren einzustellen. **Abs. 3** sieht eine Sonderregelung ggü. den Vorschr. der ZPO für den Fall vor, dass der **Ast.** einseitig das Verfahren für erledigt erklärt. Die Regelung ist für das Verfahren vor den ArbG bedeutungslos. Der Ast. kann hier nach § 81 II den Antrag ohne Zustimmung der übrigen Beteiligten jederzeit zurücknehmen. Bei einem erledigenden Ereignis handelt es sich um tatsächl. Umstände, die vor (BAG 23.1.2008 NZA 2008, 841) oder nach Rechtshängigkeit eintreten und dazu führen, dass das Begehren des Ast. jdf. nunmehr als unzulässig oder unbegr. abgewiesen werden müsste (BAG 19.2.2008 NZA 2008, 841). Die Erledigungserkl. ist als Verfahrenshandlung unwiderrufl. Die Zustimmungsfiktion setzt voraus, dass alle Beteiligten in dem gerichtl. Schreiben auf die Rechtsfolgen ihrer Nichtäußerung hingewiesen wurden. Bei der Frist des Abs. 3 Satz 1 handelt es sich nicht um eine Notfrist. Eine Wiedereinsetzung ist nicht mögl. Gilt die Zustimmung nach diesen Grundsätzen als erteilt, ist wie im Fall des Abs. 2 das Verfahren durch Beschl. einzustellen (zum Verfahren bei Widerspruch eines Beteiligten BAG 3.6.2015 NZA 2015, 894). Der Einstellungsbeschl. kann nicht mit einer NZB angefochten werden (BVerwG 8.3.2010 PersR 2010, 210). Widerspricht ein Beteiligter der Erledigungserkl. des Ast., ist vom Gericht durch zu begründenden, beschwerdefähigen Beschl. die Erledigung des Verfahrens festzustellen und das Verfahren ggf. einzustellen; ob der Antrag urspr. zulässig und begr. war, ist unerhebl. (BAG 28.2.2006 NZA 2006, 1178). Dies gilt auch in den Rechtsmittelinstanzen, wenn nach der Entscheidung erster Instanz tatsächl. Umstände eintreten, die den Ast. hindern, seinen Antrag mit Aussicht auf Erfolg weiterzuverfolgen. Voraussetzung ist jedoch, dass das eingelegte Rechtsmittel zulässig war (BAG 19.6.2001 NZA 2002, 756). Fehlt ein erledigendes Ereignis, liegt in der einseitigen Erledigungserkl. des Ast. möglicherweise eine Antragsrücknahme (BAG 27.8.1996 NZA 1997, 623). Für die einseitige Erledigungserkl. anderer **Beteiligter** ist Abs. 3 auch nicht entspr. anwendbar (BAG 26.3.1991 NZA 1991, 783). Auch im BeschlV bestimmt nur der Ast., ob eine gerichtl. Entscheidung herbeigeführt bzw. was zur gerichtl. Entscheidung gestellt werden soll. Daher kann auch nur der Ast. durch Erledigungserkl. auf eine gerichtl. Entscheidung im laufenden Verfahren verzichten. Die Erledigungserkl. eines sonstigen Beteiligten ist jedoch Anlass für das Gericht, vAw. zu prüfen, ob sich das Verfahren tatsächl. erledigt hat; denn in diesem Fall wird regelm. das Rechtsschutzbedürfnis für den Antrag entfallen sein (BAG 23.1.1986 NZA 1986, 404). Das Gericht darf **nicht vAw.** ein Verfahren für erledigt erklären. Es muss aber prüfen, ob noch ein Rechtsschutzinteresse besteht, wenn sich nach seinen Feststellungen das Verfahren erledigt hat. Ein Verfahren nach § 100 II 3 BetrVG zur Feststellung der Erforderlichkeit einer vorläufige personelle Maßnahme ist vAw. einzustellen, wenn die Zustimmung des BR zur personellen Maßnahme rechtskräftig ersetzt worden ist (BAG 10.3.2009 NZA 2009, 622).

§ 84 Beschluß

[1] Das Gericht entscheidet nach seiner freien, aus dem Gesamtergebnis des Verfahrens gewonnenen Überzeugung. [2] Der Beschluß ist schriftlich abzufassen. [3] § 60 ist entsprechend anzuwenden.

1 **1. Entscheidung.** Der die Instanz beendende Beschl. entspricht dem Urt. im UrtV. Nicht unter diese Vorschr. fallen verfahrensleitende Beschlüsse nach §§ 53 I, 83 V, die der Endentscheidung vorausgehen. Entgegen dem Wortlaut des Satzes 1 trifft das Gericht keine Ermessens-, sondern eine Rechtsentscheidung. Entscheidungsgrundlage ist der gestellte Antrag sowie der vAw. unter Mitwirkung der Beteiligten festgestellte Sachverhalt. Über Satz 3 iVm. § 60 gelten die Vorschr. der ZPO über das Urt. (§§ 300 ff., insbes. auch §§ 313, 301 und 303 ZPO) entspr. Sind nur ein Teil der Anträge entscheidungsreif, kann daher nach § 301 ein Teilbeschluss erlassen werden. Ist über die Anträge mehrerer Beteiligter zu entscheiden, muss nach § 300 II ZPO vorab ein Beschl. über die entscheidungsreifen Anträge ergehen. Auch Zwischenbeschlüsse nach § 303 ZPO sind unter den dort genannten Voraussetzungen mögl. Das Gericht entscheidet regelm. unter Mitwirkung der **ehrenamtlichen Richter,** auch wenn nach § 83 IV 3 ohne mdl. Verhandlung entschieden wird. Im Verfahren nach § 100 und – nach der Gegenauffassung – in den im BeschlV anwendbaren Fällen des § 55 III (s. § 80 Rn. 4) entscheidet der Vorsitzende allein. Der gesamte Beschl. ist **schriftl. abzufassen.** „Tatbestand und Entscheidungsgründe" können nach § 313a II ZPO allenfalls in dem Umf. entfallen, wie dies im UrtV der Fall ist. Wegen der Rechtskraftwirkung des Beschl. sind sämtl. formell Beteiligten im **Rubrum** aufzuführen, auch wenn sie sich nicht geäußert haben. Dabei wird nur der Ast. als solcher hervorgehoben. Er ist zugleich Beteiligter zu 1). Die übrigen Beteiligten sind nicht „Antragsgegner", sondern Beteiligte und werden als solche fortlaufend nummeriert. Anders als arbeitsgerichtl. Urt. sind Beschlüsse nur in vermögensrechtl. Streitigkeiten vorläufig vollstreckbar. Dies muss im **Tenor** nicht ausdr. ausgesprochen werden, um die vorläufige Vollstreckbarkeit zu sichern (aA GMP/*Matthes/Spinner* Rn. 12). § 85 I 2 macht sie wie § 62 I im UrtV – anders als § 704 ZPO – nicht von einem entspr. Ausspruch des Gerichts abhängig. Dennoch sollte zur Klarstellung schon im Tenor zum Ausdruck kommen, wenn der Beschl. nach § 85 I 2 vorläufig vollstreckbar ist. Gegebenenfalls ist durch entspr. Tenorierung die vorläufige Vollstreckbarkeit auch auszuschließen. Eine **Kostenentscheidung** erfolgt wegen der in § 2 II GKG festgeschriebenen Gerichtskostenfreiheit des BeschlV auch nicht für die außergerichtl. Kosten. IÜ sind die §§ 91 ff.

ZPO auch nicht entspr. anwendbar (BAG 20.4.1999 NZA 1999, 1235); ebenso hat eine **Streitwertfestsetzung** nach § 61 I zu unterbleiben. Die Festsetzung des Verfahrenswerts zur anwaltl. Gebührenberechnung erfolgt auf Antrag durch gesonderten Beschl. nach dem RVG. Nach § 87 ist die Beschwerde gegen verfahrensbeendende Beschlüsse unabhängig von einem bestimmten Beschwerdewert statthaft. Der Beschl. muss eine **Rechtmittelbelehrung** enthalten (§ 9 V). Die **Verkündung** der Entscheidung erfolgt durch die Kammer; im Fall eines bes. Verkündungstermins nach § 60 I ist die Anwesenheit der ehrenamtl. Richter nicht erforderl., jedoch muss der Beschlusstenor nach § 60 III von den ehrenamtl. Richtern unterschrieben sein. Der Beschl. ist nach den §§ 80 II, 50 I allen Beteiligten **förml. zuzustellen.** § 320 ZPO – Tatbestandsberichtigung – und § 321 ZPO – Ergänzungsbeschluss – gelten entspr.

2. Rechtskraft. Beschlüsse können wie Urt. formelle und materielle Rechtskraft entfalten (BAG 2
20.3.1996 NZA 1996, 1058; 16.9.1999 NZA 2000, 158). Für die **materielle Rechtskraft** gelten die Vorschr. der §§ 323, 325 ZPO. Sie steht einer erneuten Entscheidung der gleichen Streitfrage in einem anderen Verfahren entgegen, es sei denn, dass sich nach der Entscheidung die Gesetzeslage geänd. hat oder wesentl. tatsächl. Veränderungen stattgefunden haben; dies gilt auch in den Verfahren des einstweiligen Rechtsschutzes (LAG B 18.3.2010 LAGE § 85 ArbGG 1979 Nr. 8 – Zutritt zum Betrieb). Die Änderung einer Rechtsprechung reicht hierfür nicht aus (BAG 20.3.1996 NZA 1996, 1058). Rechtskräftige Beschlüsse wirken **für und gegen alle formell Beteiligten,** auch wenn sie nicht aktiv am Verfahren teilgenommen und sich nicht geäußert haben (BAG 13.12.2005 – 1 ABR 31/03). Sie wirken nicht gegenüber den vom Gericht zu Unrecht nicht am Verfahren Beteiligten (GK-ArbGG/*Dörner* Rn. 26; GMP/*Matthes/Spinner* Rn. 27). Eine ges. Anordnung der Rechtskrafterstreckung auf sie fehlt. Die Rechtskraft einer Entscheidung muss sich auch ein neugewählter BR (BAG 27.1.1981 AP ArbGG 1979 § 80 Nr. 2) sowie der Betriebserwerber bei einem Betriebsübergang (BAG 5.2.1991 NZA 1991, 639) entgegenhalten lassen. Rechtskräftige Beschlüsse können auch **Dritte** binden. So wirken in der Regel gerichtl. Entscheidungen, die zwischen den Betriebsparteien ergangen sind, auch ggü. den **AN,** die von dieser Entscheidung inhaltl. betroffen sind (BAG 10.3.1998 NZA 1998, 1242). Das gilt insbes. für rechtsgestaltende Entscheidungen – Wahlanfechtung, Ablösung des BR, Ausschließung eines BRMitglieds – sowie bei feststellenden Statusentscheidungen – Zuordnung eines Betriebsteils nach § 18 II 2 BetrVG (BAG 9.4.1991 NZA 1991, 812), aktives und passives Wahlrecht, ANeigenschaft, leitender Angestellter (BAG 20.3.1996 NZA 1996, 1058). Darüber hinaus sind Beschlüsse über den Inhalt von **BV** (BAG 17.2.1992 NZA 1992, 999) und **Einigungsstellenansprüchen** (BAG 17.2.1981 AP BetrVG 1972 § 112 Nr. 11) auch im Verhältnis zwischen AG und AN verbindl., wenn eine Partei des Arbeitsvertrags hieraus Ansprüche oder Rechte herleitet. Das Gleiche gilt, wenn in einem BeschlV über das Bestehen von **Mitbestimmungsrechten** entschieden wurde und ein AN daraufhin die Unwirksamkeit einer Maßnahme des AG wegen einer Verletzung dieser Mitbestimmungsrechte geltend macht (BAG 10.3.1998 NZA 1998, 1242) oder wenn ein AN im Hinblick auf einen Beschl. über das Vorliegen einer **Betriebsänderung** Abfindungsansprüche nach § 113 BetrVG begehrt (BAG 10.11.1987 NZA 1988, 287). Ist in einem BeschlV über die Erforderlichkeit einer **Schulungsveranstaltung** entschieden worden, so gilt dies auch für die nachf. Zahlungsklage eines BRMitglieds, das Entgeltansprüche für die Zeit des Besuchs der Schulungsveranstaltung geltend macht (BAG 6.5.1975 AP BetrVG 1972 § 65 Nr. 5). Nach rechtskräftiger **Ersetzung der Zustimmung nach § 103 II BetrVG** steht im nachf. Kündigungsschutzprozess des BRMitglieds bindend fest, dass ein wichtiger Grund für die beabsichtigte außerordentl. Kündigung vorliegt, soweit im BeschlV darüber entschieden wurde. Wegen dieser Präklusionswirkung kann das gekündigte BRMitglied im Kündigungsschutzprozess nur noch geltend machen, der AG habe nicht unverzügl. nach Rechtskraft des Ersetzungsbeschlusses gekündigt, oder die Unwirksamkeit der Kündigung auf neue Tatsachen stützen, die im BeschlV noch nicht berücksichtigt werden konnten (BAG 23.6.1993 NZA 1993, 1052) wie zB die fehlende Zustimmung des Integrationsamts oder eine erst später mit Rückwirkung festgestellte Schwerbehinderung (BAG 11.5.2000 NZA 2000, 1106). Wird im Verfahren nach § 103 BetrVG rechtskräftig festgestellt, dass eine Zustimmung des BR nicht erforderl. war, gilt dies auch für das nachf. Kündigungsschutzverfahren (BAG 18.9.1997 NZA 1998, 189). Bei **Eingruppierungsstreitigkeiten** soll sich der AN unmittelbar auf die Entscheidung in einem vorangegangenen Zustimmungsersetzungsverfahren nach § 99 IV BetrVG stützen können, soweit dort eine bestimmte Entgeltgruppe als zutreffend ermittelt oder als unzutreffend ausgeschlossen wurde (BAG 28.8.2008 NZA 2009, 505; 3.5.1994 NZA 1995, 484; aA GMP/*Matthes/Spinner* Rn. 30). Er kann aber nach wie vor geltend machen, dass er in eine günstigere VergGr. eingruppiert sei.

§ 85 Zwangsvollstreckung

(1) [1]**Soweit sich aus Absatz 2 nichts anderes ergibt, findet aus rechtskräftigen Beschlüssen der Arbeitsgerichte oder gerichtlichen Vergleichen, durch die einem Beteiligten eine Verpflichtung auferlegt wird, die Zwangsvollstreckung statt.** [2]**Beschlüsse der Arbeitsgerichte in vermögensrechtlichen Streitigkeiten sind vorläufig vollstreckbar; § 62 Abs. 1 Satz 2 bis 5 ist entsprechend anzuwenden.** [3]**Für die Zwangsvollstreckung gelten die Vorschriften des Achten Buches der Zivil-**

prozeßordnung entsprechend mit der Maßgabe, daß der nach dem Beschluß Verpflichtete als Schuldner, derjenige, der die Erfüllung der Verpflichtung auf Grund des Beschlusses verlangen kann, als Gläubiger gilt und in den Fällen des § 23 Abs. 3, des § 98 Abs. 5 sowie der §§ 101 und 104 des Betriebsverfassungsgesetzes eine Festsetzung von Ordnungs- oder Zwangshaft nicht erfolgt.

(2) [1]**Der Erlaß einer einstweiligen Verfügung ist zulässig.** [2]**Für das Verfahren gelten die Vorschriften des Achten Buches der Zivilprozeßordnung über die einstweilige Verfügung entsprechend mit der Maßgabe, daß die Entscheidungen durch Beschluß der Kammer ergehen, erforderliche Zustellungen von Amts wegen erfolgen und ein Anspruch auf Schadensersatz nach § 945 der Zivilprozeßordnung in Angelegenheiten des Betriebsverfassungsgesetzes nicht besteht.** [3]**Eine in das Schutzschriftenregister nach § 945a Absatz 1 der Zivilprozessordnung eingestellte Schutzschrift gilt auch als bei allen Arbeitsgerichten der Länder eingereicht.**

1 **1. Vollstreckbarkeit.** Rechtskräftige Beschlüsse sowie Vergleiche, die Beteiligten Verpflichtungen auferlegen, sind nach den Vorschr. der ZPO – mit den Maßgaben des § 85 I 3 – vollstreckbar (BAG 25.8.2004 NZA 2004, 1240; *Korinth* ArbRB 2011, 189). Einen vollstreckbaren Inhalt hat ein Tenor, wenn das Gericht einem Beteiligten die Vornahme, Unterlassung oder Duldung einer Handlung aufgibt oder ihn verpflichtet, Sachen herauszugeben oder eine Zahlung zu leisten. Dabei darf über Art und Umf. der Verpflichtung und die Verpflichteten im ZVverfahren kein Zweifel bestehen (BAG 13.12.2005 – 1 ABR 31/03). Nicht vollstreckbar sind gerichtl. Feststellungen sowie Gestaltungsbeschlüsse, deren Wirkung ohne Vollstreckung unmittelbar mit Rechtskraft des Beschl. eintritt. Nach Abs. 1 Satz 2 sind Beschlüsse – anders als arbeitsgerichtl. Urt. – nur in **vermögensrechtl. Streitigkeiten** vorläufig vollstreckbar. Hierbei handelt es sich um Streitigkeiten, mit denen in erhebl. Maß wirtschaftl. Zwecke verfolgt werden oder bei denen es um Ansprüche geht, die auf Geld oder geldwerte Leistungen gerichtet sind bzw. auf vermögensrechtl. Beziehungen beruhen (BAG 28.9.1989 NZA 1990, 202). Dies sind im BeschlV im Wesentl. nur Streitigkeiten über Kosten der BRTätigkeit, Sachmittel und Wahlkosten. Eine Streitigkeit ist nicht bereits dann vermögensrechtl. Art, wenn in einem Streit über Beteiligungsrechte vermögenswerte Interessen der AN und des AG berührt sind, weil es bei den Beteiligungsrechten nicht in erster Linie um die Verfolgung wirtschaftl. Zwecke geht, sondern um die Teilhabe an der Gestaltung des Geschehens im Betrieb. Damit handelt es sich zB bei einem Verfahren über die Wirksamkeit eines Sozialplans oder bei einem Verfahren über Fragen der betriebl. Lohngestaltung nicht um vermögensrechtl. Streitigkeiten (LAG NI 19.12.1986 DB 1987, 1440). Da aus dem **Beschlusstenor** nicht immer zweifelsfrei zu erkennen ist, ob es sich um eine vermögensrechtl. Streitigkeit handelt, empfiehlt es sich, dass das Gericht im Beschlusstenor die vorläufige Vollstreckbarkeit ausdr. anordnet (§ 84 Rn. 1). Ein bes. Antrag des Ast. ist nicht erforderl., eine entspr. Anregung an das Gericht ist empfehlenswert. Für den **Ausschluss der vorläufigen Vollstreckbarkeit** oder die **Einstellung der ZV** gilt § 62 I 2 und 3 entspr. § 61 II ist nicht anwendbar, da eine entspr. Verweisung fehlt.

2 **2. Vollstreckung. a) Arbeitnehmervertretungen.** Da das BeschlV nur Beteiligte kennt, das Vollstreckungsverfahren nach der ZPO jedoch Gläubiger und Schuldner voraussetzt, regelt Abs. 1 Satz 3, dass der nach dem Beschl. verpflichtete Beteiligter als **Schuldner** und derjenige, der die Erfüllung der Verpflichtung aufgrund des Beschl. verlangen kann, als **Gläubiger** iSd. ZPO gilt. Eine **Vollstreckung für betriebsverfassungsrechtl. Stellen** ist mögl. Die an sich nicht rechtsfähigen aber nach § 10 2. Hs. beteiligtenfähigen betriebsverfassungsrechtl. Organe – BR, Wirtschaftsausschuss, Wahlvorstand – sind auch für das anschließende ZVverfahren beteiligtenfähig. Soweit diesen Stellen im Vollstreckungstitel einen Anspruch zugesprochen wird, sind sie für das Vollstreckungsverfahren insoweit auch rechtsfähig und können in der ZV Rechte erwerben. Zugunsten des BR kann eine Pfändung betrieben werden. Der BR kann Besitz an herauszugebenden Sachen erwerben und nach § 887 ZPO die Ersatzvornahme betreiben, wenn der AG verpflichtet wird, dem BR Sachmittel zur Vfg. zu stellen (BAG 21.4.1983 AP BetrVG 1972 § 40 Nr. 20). Eine **Vollstreckung gegen betriebsverfassungsrechtl. Stellen** ist nur teilweise mögl. Zul. ist die ZV wegen der Herausgabe von Sachen, die sich im Besitz des BR befinden oder zur Rückzahlung von geleisteten Vorschüssen nach § 883 ZPO. Da betriebsverfassungsrechtl. Stellen nicht vermögensfähig sind, scheiden gegen sie gerichtete ZVmaßnahmen aus, die ein Vermögen des Schuldners voraussetzen. Eine Anordnung von Zwangs- oder Ordnungsgeld unmittelbar gegen den BR oder eine Ersatzvornahme auf seine Kosten ist daher auch dann unzulässig, wenn der BR über zweckgebundene Geldmittel – zB als Vorschuss auf Geschäftsführungskosten – verfügt. Denn auch hierbei handelt es sich nicht um das Vermögen des BR. Da eine betriebsverfassungsrechtl. Stelle als solche nicht in Zwangs- oder Ordnungshaft genommen werden kann, entfallen somit alle unmittelbar gegen diese Stelle gerichteten Zwangsmaßnahmen nach den §§ 887, 888, und 890 ZPO auf Vornahme einer Handlung, Duldung oder Unterlassung. Aus Titeln gegen eine betriebsverfassungsrechtl. Stelle kann weder unmittelbar gegen diese oder **gegen ihre Mitglieder** vollstreckt werden (BAG 28.5.2014 NZA 2014, 1213), noch lässt sich ein gegen eine dieser Stellen gerichteter Titel auf ihre Mitglieder umschreiben. Insb. der AG hat gegen den BR keinen gerichtl. durchsetzbaren Anspruch auf Unterlassung von betriebsverfassungswidrigem Verhalten (BAG 17.3.2010 NZA 2010, 1133). Bei einem Titel auf Vornahme einer Handlung kann auf Antrag des Gläubigers die **Vollstreckungsklausel** gegen den

Vors. oder bestimmte Mitglieder der Stelle entspr. § 731 ZPO erteilt werden, sofern das betreffende Mitglied materiell-rechtl. zur Vornahme der Handlung für die Stelle verpflichtet ist, deren Verpflichtung als solche rechtkräftig feststeht (LAG HH 3.9.1987 NZA 1988, 371). Über diesen Antrag hat das ArbG als Prozessgericht im Fall des § 731 ZPO im BeschlV zu entscheiden. Ist die Vollstreckungsklausel gegen ein Mitglied der Stelle erteilt, kann gegen dieses nach den §§ 887 bis 890 ZPO vollstreckt werden.

b) Verfahren. Das Verfahren bei der Festsetzung eines Ordnungs- bzw. Zwangsgelds sowie in den sonstigen Fällen der Vollstreckung, in denen es einer gerichtl. Entscheidung bedarf, regelt sich nicht nach den §§ 80 ff., sondern nach den Bestimmungen des 8. Buchs der ZPO. Gegenüber der Vollstreckung aus einem vollstreckungsfähigen Titel kann nach § 767 I ZPO die Unzulässigkeit der Vollstreckung geltend gemacht werden (BAG 19.6.2012 NZA 2012, 1179 – Titelherausgabe; 18.3.2008 NZA 2008, 1259 – Untergang des Titels; 19.2.2008 NZA 2008, 899 – Vergleich). Beschlüsse des Gerichts können nach § 891 ZPO ohne mdl. Verhandlung und daher nach § 53 I durch den Vors. allein getroffen werden. Gegen diese Beschlüsse ist nach § 793 ZPO iVm. § 78 die sofortige Beschwerde gegeben. Vollstreckungsrechtl. **Besonderheiten** regeln die §§ 23 III, 98 V, 101 Satz 2 und 104 Satz 2 BetrVG. In diesen Fällen ist der Rahmen für die Ordnungs- oder Zwangsgelder ggü. den Vorschr. der ZPO deutl. herabgesetzt; nach Abs. 1 Satz 3 letzter Hs. darf Ordnungs- und Zwanghaft nicht angedroht bzw. verhängt werden (BAG 5.10.2010 NZA 2011, 174). Auch für die ZV gilt das **Kostenprivileg** des BeschlV nach § 2 II GKG (BAG 2.6.2008 AP ArbGG 1979 § 85 Nr. 11). Schadensersatzansprüche nach § 717 II ZPO sind ggü. vermögenslosen betriebsverfassungsrechtl. Stellen ausgeschlossen (BAG 12.11.2014 NZA 2015, 252). 3

3. Vorläufiger Rechtsschutz. a) Einstweilige Verfügung, Verfügungsanspruch. Kostenerstattungsansprüche betriebsverfassungsrechtl. Organe können über einen **Arrest** gesichert werden. Für die nach Abs. 2 auch im BeschlV zulässige einstweilige Vfg. gelten die Vorschr. der §§ 916 ff. ZPO. Danach ist Voraussetzung für den Erlass einer (Sicherungs-, Regelungs- oder Leistungs-)Verfügung, dass der Ast. einen Verfügungsanspruch sowie einen Verfügungsgrund hat bzw. glaubhaft gemacht hat. **Verfügungsanspruch** ist der materielle Anspruch, dessen Vereitelung oder Gefährdung durch Zeitablauf die einstweilige Vfg. verhindern soll. Im Betriebsverfassungsrecht können dies Ansprüche der Betriebsparteien aus Gesetzen, TV oder BV sein (BAG 24.2.1987 NZA 1987, 639). In der Praxis bedeutsam sind Ansprüche des BR gegen den AG auf Duldung des Betretens des Betriebs zum Zwecke der Amtsausübung von BRMitgliedern – zB nach dem Ausspruch einer Kündigung –, auf Durchführung einer Betriebsversammlung, auf Freistellung zum Besuch einer Schulungsveranstaltung. Problematisch können Fälle sein, in denen **Beteiligungsrechte** des BR durch eine einstweilige Vfg. gesichert werden sollen. In einem solchen Verfahren wird regelm. beantragt, dem AG die Unterlassung der betriebsverfassungswidrigen Maßnahme (zB die Anordnung von Überstunden ohne Zustimmung des BR) aufzugeben. Wenn man darauf abstellt, dass in diesem Fall der zu sichernde Anspruch nur dieser **Unterlassungsanspruch** sein kann, ist bereits im Verfügungsverfahren regelm. die Frage des allg. Unterlassungsanspruchs im Betriebsverfassungsrecht (BAG 6.12.1994 NZA 1995, 488) oder des groben Verstoßes gem. § 23 III 1 BetrVG zu erörtern. Diese Betrachtungsweise trägt der Funktion des einstweiligen Rechtsschutzes nicht hinreichend Rechnung. Da das Gericht nach **§ 938 ZPO** nach freiem Ermessen bestimmen kann, welche Anordnungen es treffen muss, kann eine einstweilige Vfg. in Form einer Regelungsverfügung auf vorläufiges Unterlassen einer bestimmten Maßnahme grundsätzl. unabhängig davon ergehen, ob es einen materiellen Unterlassungsanspruch gibt, wenn sie sich als mildeste geeignete Anordnung zur Erreichung des Regelungszwecks erweist (GMP/*Matthes/Spinner* Rn. 37). Aus diesem Grunde ist – selbst anges. des Ausschlusses von § 945 ZPO in Abs. 2 Satz 2– nicht grundsätzl. ausgeschlossen, im einstweiligen Verfügungsverfahren den zum Interessenausgleich bestehenden **Beratungsanspruch** des BR aus §§ 111, 112 I und II BetrVG dadurch vorläufig zu sichern, dass man dem AG untersagt, die geplante Betriebsänderung bis zu einer Hauptsachenentscheidung oder bis zu einer vom Gericht zu bestimmenden Frist durchzuführen (s. § 111 BetrVG Rn. 27a). 4

b) Verfügungsgrund. Ein Verfügungsgrund liegt vor, wenn die Besorgnis besteht, dass ohne die begehrte einstweilige Vfg. die Verwirklichung des Rechts, das Gegenstand des Verfügungsanspruchs ist, bis zur Verkündung (oder – bei nichtvermögensrechtl. Streitigkeiten – bis zur Rechtskraft, § 85 I 2) einer Hauptsachenentscheidung vereitelt oder wesentl. erschwert wird. Wird durch die einstweilige Vfg. die Hauptsache vorweggenommen, ist eine umfassende Interessenabwägung unter Einschluss der Prüfung der Erfolgsaussichten in der Hauptsache erforderl. (LAG K 13.8.2002 NZA-RR 2003, 249). Dabei ist auch zu beachten, dass Abs. 2 eine Schadensersatzklage aus § 945 ZPO ausschließt und dass die vorläufige Vollstreckbarkeit im BeschlV – ausgenommen vermögensrechtl. Streitigkeiten – ausgeschlossen ist (LAG BE 12.11.2003 LAGE ArbGG 1979 § 85 Nr. 6). Freil. berührt Letzteres den einstweiligen Rechtsschutz nicht im Kern. Art. 19 GG gewährleistet für alle Verfahren die Effektivität der Rechtsgewährung (BVerfG 11.6.1980 LAGE 54, 277). Dies haben die Gerichte auch bei der Auslegung und Anwendung der Bestimmungen über den Eilrechtsschutz zu beachten (BVerfG 27.9.1978 LAGE 29, 220). Soweit es um die Sicherung von **Beteiligungsrechten** des BR geht, kommt es für die Interessenabwägung darauf an, wie stark die Beteiligungsrechte des BR ausgestaltet sind und 5 ob die AN, zu deren Schutz die Beteiligungsrechte des BR bestehen, durch individualrechtl. Sanktionen im BetrVG hinreichend geschützt sind (s. § 87 Rn. 138). Ist für die Beteiligungsrecht eine Einigungsstelle gebildet, ist diese in ihrem Zuständigkeitsbereich nicht nur berechtigt, sondern bei Vorliegen unabweisbarer Sicherungsbedürfnisse verpflichtet, auf Antrag vorläufigen Rechtsschutz durch eine Vorabentscheidung zu gewährleisten (*Fitting* § 76 Rn. 62). Nur wenn effektiver Rechtsschutz durch die Einigungsstelle nicht gewährt werden kann (zB weil der AG die vorläufige Regelung nicht beachtet), ist die Anrufung des ArbG statthaft. In **Wahlangelegenheiten** ist zu beachten, dass die Aussetzung eines Wahlverfahrens durch einstweilige Vfg. zu einem betriebsratslosen Zustand führen kann. Ein Verfügungsgrund wird daher regelm. nur dann vorliegen, wenn entweder die Verfahrensfehler so gravierend sind, dass die Nichtigkeit der Wahl droht, oder wenn die Wahl durch den Fehler anfechtbar wird und dieser Fehler in kurzer Zeit beseitigt werden kann (LAG M 14.4.1987 DB 1988, 347; LAG K 5.7.1987 DB 1987, 1996; dazu *Rieble/Triskatis* NZA 2006, 233).

6 **c) Verfahren.** Über den Antrag auf Erlass einer einstweiligen Vfg. wird im BeschlV entschieden. Obwohl nach § 920 II ZPO Verfügungsanspruch und Verfügungsgrund glaubhaft zu machen sind, gilt nach § 83 I 1 der Untersuchungsgrundsatz (LAG N 1.4.1999 NZA 2000, 335). Auch im einstweiligen Verfügungsverfahren hat der Richter den Sachverhalt in den Grenzen des § 83 trotz der Dringlichkeit des Verfahrens angemessen aufzuklären (enger LAG N 8.2.2011 DB 2011, 715). Nach § 937 II ZPO kann unter den dort genannten Voraussetzungen ohne mdl. Anhörung der Beteiligten entschieden werden. Abs. 2 schreibt aber auch für diesen Fall ausdr. vor, dass die Entscheidungen durch **Beschl. der Kammer** ergehen; § 944 ZPO – Alleinentscheidung durch den Vors. in dringenden Fällen – ist grds. nicht anzuwenden (BAG 28.8.1991 NZA 1992, 41). Durch gerichtsorganisatorische Maßnahmen ist sicherzustellen, dass ehrenamtl. Richter möglichst kurzfristig hinzugezogen werden können. Ausnahmsweise ist zur Sicherstellung effektiven Rechtsschutzes eine **Alleinentscheidung** durch den Vors. dann zulässig, wenn in einem äußerst eiligen Fall ehrenamtl. Richter nicht mehr rechtzeitig geladen werden können und daher die Einhaltung von Abs. 2 zu einer zwischenzeitl. Erledigung der Hauptsache und damit zur Rechtsverweigerung durch das Gericht führte. Hierbei ist jedoch genau zu prüfen, ob im Falle einer Rechtsverweigerung Rechtsgüter von erhebl. Gewicht verletzt würden und ob mit großer Wahrscheinlichkeit ein Erfolg des Ast. im Hauptsacheverfahren zu erwarten ist. Hat der Ast. diese bes. Eilbedürftigkeit selbst herbeigeführt, ist eine Alleinentscheidung von vornherein ausgeschlossen. Gegen den die einstweilige Vfg. erlassenden Beschl. ist nach § 924 ZPO der **Widerspruch** zulässig, wenn ohne mdl. Anhörung entschieden wurde; über den Widerspruch wird nach mdl. Anhörung durch Beschl. entschieden – § 925 ZPO –, gegen den die Beschwerde nach § 87 gegeben ist. Wird der Antrag ohne mdl. Anhörung zurückgewiesen – was nach § 62 II 2 nur bei bes. Dringlichkeit zulässig ist (LAG SN 8.4.1997 NZA 1998, 223) –, ist für den Ast. die **sofortige Beschwerde** nach § 567 ZPO gegeben, über die zunächst das ArbG nach § 572 ZPO eine Abhilfeentsch. treffen muss. Entscheidet das ArbG nach mdl. Anhörung, ist die **Beschwerde nach § 87** statthaft. Die RB zum BAG ist nach § 92 I 3 selbst dann ausgeschlossen, wenn das LAG sie zugelassen hat (BAG 22.1.2003 NZA 2003, 399). Eine einstweilige Vfg. ist wegen der Amtszustellung nicht mehr gesondert zu vollziehen (LAG BE 12.11.2003 LAGE § 85 ArbGG 1979 Nr. 6; aA LAG BB 24.2.2011 NZA-RR 2011, 552); zum Schutzschriftregister s. § 62 Rn. 18.

§ 86 *(weggefallen)*

Zweiter Unterabschnitt. Zweiter Rechtszug

§ 87 Grundsatz

(1) Gegen die das Verfahren beendenden Beschlüsse der Arbeitsgerichte findet die Beschwerde an das Landesarbeitsgericht statt.

(2) [1]Für das Beschwerdeverfahren gelten die für das Berufungsverfahren maßgebenden Vorschriften über die Einlegung der Berufung und ihre Begründung, über Prozeßfähigkeit, Ladungen, Termine und Fristen, Ablehnung und Ausschließung von Gerichtspersonen, Zustellungen, persönliches Erscheinen der Parteien, Öffentlichkeit, Befugnisse des Vorsitzenden und der ehrenamtlichen Richter, Güterichter, Mediation und außergerichtliche Konfliktbeilegung, Vorbereitung der streitigen Verhandlung, Verhandlung vor der Kammer, Beweisaufnahme, gütliche Erledigung des Rechtsstreits, Wiedereinsetzung in den vorigen Stand und Wiederaufnahme des Verfahrens sowie die Vorschriften des § 85 über die Zwangsvollstreckung entsprechend. [2]Für die Vertretung der Beteiligten gilt § 11 Abs. 1 bis 3 und 5 entsprechend. [3]Der Antrag kann jederzeit mit Zustimmung der anderen Beteiligten zurückgenommen werden; § 81 Abs. 2 Satz 2 und 3 und Absatz 3 ist entsprechend anzuwenden.

(3) [1]In erster Instanz zu Recht zurückgewiesenes Vorbringen bleibt ausgeschlossen. [2]Neues Vorbringen, das im ersten Rechtszug entgegen einer hierfür nach § 83 Abs. 1a gesetzten Frist

nicht vorgebracht wurde, kann zurückgewiesen werden, wenn seine Zulassung nach der freien Überzeugung des Landesarbeitsgerichts die Erledigung des Beschlussverfahrens verzögern würde und der Beteiligte die Verzögerung nicht genügend entschuldigt. [3] Soweit neues Vorbringen nach Satz 2 zulässig ist, muss es der Beschwerdeführer in der Beschwerdebegründung, der Beschwerdegegner in der Beschwerdebeantwortung vortragen. [4] Wird es später vorgebracht, kann es zurückgewiesen werden, wenn die Möglichkeit es vorzutragen vor der Beschwerdebegründung oder der Beschwerdebeantwortung entstanden ist und das verspätete Vorbringen nach der freien Überzeugung des Landesarbeitsgerichts die Erledigung des Rechtsstreits verzögern würde und auf dem Verschulden des Beteiligten beruht.

(4) **Die Einlegung der Beschwerde hat aufschiebende Wirkung; § 85 Abs. 1 Satz 2 bleibt unberührt.**

1. Allgemeines. Die Beschwerde ist das Rechtsmittel gegen alle **instanzbeendenden Entscheidungen** des ArbG im BeschlV. In den Fällen der §§ 122 und 126 InsO findet eine Beschwerde an das LAG nicht statt. Das ArbG kann nur die RB an das BAG zulassen (s. § 126 InsO Rn. 8). Die Beschwerde entspricht der Berufung im UrtV. Sie ist statthaft gegen alle Beschlüsse des ArbG nach § 84 soweit eine Beschwer beseitigt werden soll (BAG 23.2.2016 NZA 2016, 972), unabhängig von deren Höhe. Daneben ist die Beschwerde auch gegen verfahrenseinstellende Beschlüsse des ArbG nach §§ 81 II und 83a II gegeben (LAG RP 25.6.1982 EzA ArbGG 1979 § 92 Nr. 1), zur Mediation § 54 Rn. 11. 1

2. Verfahren. Abs. 2 verweist – ähnl. wie im erstinstanzl. BeschlV § 80 II – für einige Rechtsinstitute auf die Vorschr. des arbeitsgerichtl. Berufungsverfahrens. Diese Verweisung ist unvollständig und kompliziert. Die anzuwendenden Vorschr. erschließen sich meist erst durch eine Doppelverweisung in die ZPO. Daneben fehlt eine Einschränkung der Verweisung im Blick auf die nachf. Vorschr. zum BeschwV. Im Ganzen ist die Vorschr. so zu verstehen, dass zunächst die ausdr. geregelten Besonderheiten des BeschwV in den §§ 87 ff. zu beachten sind. Daneben sind die Vorschr. zum Berufungsverfahren in den §§ 64 ff. und über § 64 VI und VII in Verbindung mit § 46 II die Vorschr. über die Berufung und das erstinstanzl. Verfahren nach der ZPO anzuwenden, soweit die Besonderheiten des BeschlV dem nicht entgegenstehen. Dies führt ua. dazu, dass § 513 I ZPO im BeschlV nicht anwendbar ist (anders zum UrtV § 66 Rn. 26 ff.). Die mit **Abs. 4** vorgesehene aufschiebende Wirkung gilt auch für die unzulässige Beschwerde, bis sie rechtskräftig verworfen ist. Der 2. Hs. ordnet an, dass Beschlüsse des ArbG trotz aufschiebender Wirkung der Beschwerde vorläufig vollstreckbar bleiben, soweit sie vermögensrechtl. Streitigkeiten betreffen (s. § 85 Rn. 1). Mit Einlegen der Beschwerde gelangt das Verfahren ohne weiteres zum LAG als Beschwerdeinstanz (Devolutiveffekt). Nur dieses ist für die weitere Bearbeitung zuständig; das ArbG kann der Beschwerde nicht abhelfen. 2

3. Antragsrücknahme und -änderung. In der Beschwerdeinstanz ist die **Rücknahme** des Antrags nach Abs. 2 Satz 3 nur mit Zustimmung **aller Beteiligten** zulässig. Sinn des Zustimmungserfordernisses ist es, zu verhindern, dass sich der Ast. nach einer für ihn ungünstigen erstinstanzl. Entscheidung einseitig dem Verfahren entzieht und eine rechtskräftige Klärung der Streitfrage unmögl. macht (BAG 10.6.1986 NZA 1987, 28). Der Beschl. des ArbG wirkt ggü. allen betriebsverfassungsrechtl. Stellen, die in ihrer Rechtsstellung materiell betroffen sind. Die Zustimmung muss ausdr. erteilt werden, § 269 II ZPO ist nicht entspr. anwendbar. Bei wirksamer Rücknahme ist das Verfahren durch bekannt zu gebenden Beschl. nach § 81 II 2 und 3 einzustellen. Mit der Einstellung endet die Rechtshängigkeit. Der angefochtene Beschl. wird nach § 269 III ZPO wirkungslos, was nach § 269 IV ZPO auf Antrag durch Beschl. auszusprechen ist. Eine **Antragsänderung** ist bei Sachdienlichkeit oder Zustimmung aller Beteiligten (s. § 81 Rn. 7) nach Abs. 2 S. 3 letzter Hs., § 81 III auch noch im BeschwV zulässig; eine Antragsänderung kann in eine Anschlussbeschwerde umgedeutet werden. Die Nichtzulassung der Antragsänderung ist unanfechtbar, die Ent. des LAG über die Sachdienlichkeit kann aber im RBverfahren überprüft werden (BAG 23.2.2016 NZA 2016, 972). 3

4. Zurückweisung verspäteten Vorbringens. Abs. 3 enthält für das BeschlV eigenständige Regelungen. Die §§ 530, 531 und 533 ZPO sind unanwendbar. **Satz 1** entspricht § 67 I und betrifft die erneute Zurückweisung von nach wie vor streitigem Vorbringen, das schon in erster Instanz zurückgewiesen wurde (s. § 67 Rn. 2). Es muss auch zurückgewiesen werden, wenn seine Zulassung die Erledigung des Verfahrens in zweiter Instanz nicht verzögern würde. Wurde verspätetes Vorbringen in erster Instanz nicht zurückgewiesen, darf dies auch in der Beschwerdeinstanz aus den Gründen der ersten Instanz nicht geschehen (BVerfG 26.1.1995 AP ArbGG 1979 § 67 Nr. 3). Im BeschwV ist zu prüfen, ob das Vorbringen vom ArbG zu Recht zurückgewiesen wurde, va., ob rechtl. Gehör gewährt wurde, ob Fristen wirksam gesetzt wurden, ob die Verzögerung durch prozessleitende Maßnahmen des Gerichts hätte vermieden werden können, ob die Verspätung nicht genügend entschuldigt wurde und ob das ArbG bei der Zurückweisung die Besonderheiten des BeschlV bei der richterl. Aufklärung eines Sachverhalts beachtet hat. **Satz 2** regelt, wie zu verfahren ist, wenn Beteiligten in erster Instanz eine Frist gesetzt wurde, sie dort ihrer Mitwirkungspflicht trotz Fristsetzung nicht nachgekommen sind und zu einem entscheidungserhebl. Punkt erstmals im BeschwV vortragen. Auch hier ist die ordnungsgem. 4

Fristsetzung durch das ArbG erste Voraussetzung für die Zurückweisung durch das Beschwerdegericht. Ein Vorbringen kann ebenso wenig als verspätet zurückgewiesen werden, wenn sich die Verzögerung des Verfahrens durch prozessleitende Maßnahmen vermeiden ließ. IÜ sind wie bei § 83 I a (§ 83 Rn. 2 f.) einige Besonderheiten des BeschlV zu beachten. So ist die Äußerung der übrigen Beteiligten auf die Beschwerdeschrift nach § 90 I grundsätzl. an keine Frist gebunden. Das Gericht kann hierfür aber eine Frist setzen. Dann läuft die Vorschr. nicht ins Leere. Die Bestimmung ändert iÜ nichts am Vorrang der richterl. Aufklärungspflicht in zweiter Instanz. Enthalten fristgerecht eingereichte Beschwerdeschrift oder Beschwerdeerwiderung Anhaltspunkte für eine richterl. Aufklärung, muss ihnen nachgegangen werden, auch wenn der Vortrag nicht substantiiert ist. Dies gilt ebenso für Anhaltspunkte im erstinstanzl. Vortrag, die mit der Beschwerdeschrift nicht aufgegriffen werden. Die Prüfung der Beschwerde ist damit nicht auf den Tatsachenvortrag beschränkt, den der Beschwerdeführer zur Grdl. seiner Beschwerde. gemacht hat. Die Möglichkeit der Zurückweisung betrifft iÜ allein Angaben, die ohne die Mitwirkung des betroffenen Beteiligten nicht zu klären sind. Das Vorbringen *kann*, es muss nicht zurückgewiesen werden. Eine Glaubhaftmachung des Entschuldigungsgrunds erfolgt wie im UrtV nach § 67 II 2. Für die Zurückweisung nach **Satz 3** kommt es – anders als im UrtV – nicht auf den Zeitpunkt der Entstehung eines entscheidungserhebl. Sachverhalts, sondern darauf an, ob die Möglichkeit des Vortrags vor Ablauf der Fristen gegeben war. Es handelt sich um eine rein sprachl. Anpassung an das BeschlV. In der Sache besteht kein Unterschied. Die Fristen des Satz 3 lassen sich außerhalb des § 66 I 5 nicht verlängern. Freil. ist das Gericht nicht verpflichtet, das Vorbringen zurückzuweisen, wenn es verspätet ist. Nach **Satz 4** *kann* – nicht muss – es das Vorbringen zurückweisen. Auch hier erfolgt die Glaubhaftmachung des fehlenden Verschuldens nach § 67 II 2. Regen alle Beteiligte gemeinsam an, ein Vorbringen trotz Verspätung nach Satz 1–3 und ungenügender Entschuldigung nicht zurückzuweisen, muss das Gericht dem folgen. Die Präklusionsvorschrift dient wie § 67 dem Interesse der Beteiligten an einer zügigen Erledigung des Rechtsstreits und nur in zweiter Linie der Entlastung der Gerichte.

§ 88 Beschränkung der Beschwerde

§ 65 findet entsprechende Anwendung.

1 Die Vorschr. stellt klar, dass im BeschwV bestimmte Mängel im Verfahren des ArbG vom LAG nicht überprüft werden. Ohne Bedeutung ist die Vorschr. ggü. dem Vorrang von Schlichtungsverfahren (BAG 11.2.2014 NZA-RR 2015, 26) und den in § 65 genannten Verfahrensmängeln, da nach § 91 I 2 eine Zurückverweisung an das ArbG ausgeschlossen ist. Dem Beschwerdegericht ist es durch die Verweisung auf § 65 auch verwehrt, die durch rechtskräftigen Vorabbeschluss nach § 48 in Verbindung mit § 17b GVG geklärte Frage des **Rechtswegs,** der zutreffenden **Verfahrensart** (BAG 20.4.1999 NZA 1999, 887; BVerwG 30.1.2013 NZA-RR 2013, 446) oder der **örtlichen Zuständigkeit** erneut einer rechtl. Prüfung zu unterziehen. Dies gilt jedoch dann nicht, wenn das ArbG statt durch bes. Vorabbeschluss in dem instanzbeendenden Beschl. nach § 84 inzident über die Zulässigkeit des Rechtswegs oder der Verfahrensart entschieden hat (s. § 48 Rn. 10) oder nicht alle Beteiligten in das Verfahren einbezogen hat und einer der erstmals in der Beschwerdeinstanz Beteiligten die Rüge nach § 17a GVG erhebt (OLG F 28.3.2007 NZA 2007, 710). Ist im letzteren Fall der Rechtsweg zu den ArbG nicht gegeben, ist der Beschl. des ArbG aufzuheben und das Verfahren in die zust. Gerichtsbarkeit zu verweisen. Hat das ArbG fehlerhaft im BeschlV entschieden, ist das Verfahren unter Aufhebung des Beschl. entgegen § 68 an das ArbG in das UrtV zurückzuverweisen.

§ 89 Einlegung

(1) Für die Einlegung und Begründung der Beschwerde gilt § 11 Abs. 4 und 5 entsprechend.

(2) [1]Die Beschwerdeschrift muß den Beschluß bezeichnen, gegen den die Beschwerde gerichtet ist, und die Erklärung enthalten, daß gegen diesen Beschluß die Beschwerde eingelegt wird. [2]Die Beschwerdebegründung muß angeben, auf welche im einzelnen anzuführenden Beschwerdegründe sowie auf welche neuen Tatsachen die Beschwerde gestützt wird.

(3) [1]Ist die Beschwerde nicht in der gesetzlichen Form oder Frist eingelegt oder begründet, so ist sie als unzulässig zu verwerfen. [2]Der Beschluss kann ohne vorherige mündliche Verhandlung durch den Vorsitzenden ergehen; er ist unanfechtbar. [3]Er ist dem Beschwerdeführer zuzustellen. [4]§ 522 Abs. 2 und 3 der Zivilprozessordnung ist nicht anwendbar.

(4) [1]Die Beschwerde kann jederzeit in der für ihre Einlegung vorgeschriebenen Form zurückgenommen werden. [2]Im Falle der Zurücknahme stellt der Vorsitzende das Verfahren ein. [3]Er gibt hiervon den Beteiligten Kenntnis, soweit ihnen die Beschwerde zugestellt worden ist.

1 **1. Sachentscheidungsvoraussetzungen. a) Beschwerdebefugnis.** Die Zulässigkeit einer Beschwerde richtet sich nicht allein nach § 89. Die Vorschr. regelt die Einlegung einer Beschwerde und die

Behandlung unzulässiger Beschwerden. Sie wird ergänzt durch die Vorschr. zum Einlegen einer Berufung – §§ 66 und 64 VI sowie die §§ 519, 520 ZPO. Beschwerdebefugt sind alle im Verfahren zu Recht beteiligten oder zu beteiligenden (s. § 83 Rn. 5) Personen und Stellen. Ein zu Unrecht vom ArbG Beteiligter ist nicht beschwerdebefugt (BAG 13.3.1984 NZA 1984, 172). Ein zu Unrecht nicht Beteiligter ist beschwerdebefugt und kann durch die Beschwerde seine weitere Beteiligung am Verfahren erreichen (BAG 10.9.1985 AP BetrVG 1972 § 117 Nr. 2). Ist die Beteiligung auf einen von mehreren Anträgen beschränkt, so besteht auch die Beschwerdebefugnis nur hins. dieses Antrags (BAG 31.1.1989 NZA 1989, 606). Ist für die Zulässigkeit eines Antrags eine Mindestzahl von Ast. vorgeschrieben (Wahlanfechtung, § 19 II 1 BetrVG; Amtsenthebung, § 23 I 1 BetrVG), ist jeder Ast. für sich beschwerdebefugt. Legt nicht die erforderl. Mindestzahl von Ast. Beschwerde ein, so berührt dies nicht die Zulässigkeit der Beschwerde, sondern führt dazu, dass der Antrag unzulässig wird (BAG 12.2.1985 NZA 1985, 786). Der Wahlanfechtung können sich Anfechtungsberechtigte nicht dadurch anschließen, dass sie gegen die Entscheidung des ArbG Beschwerde einlegen (BAG 10.6.1983 AP BetrVG 1972 § 19 Nr. 10). Jedoch kann ein Beschwerdebefugter, der nicht innerhalb der für ihn geltenden Beschwerdefrist das Rechtsmittel eingelegt hat, sich der Beschwerde eines oder mehrerer anderer Ast. anschließen, um dadurch die vom Gesetz jeweils geforderte Mindestzahl an Ast. zu erreichen.

b) Beschwer. Der Beschwerdeführer muss durch die Entscheidung in seiner kollektivrechtl. Rechtsstellung, die seine Beteiligung begr., in irgendeiner Weise beeinträchtigt werden (BAG 29.1.1992 NZA 1993, 379). Eine Beschwer liegt grds. vor, wenn dem Zurückweisungsantrag eines Beteiligten nicht entsprochen worden ist (BAG 19.11.1974 AP BetrVG 1972 § 5 Nr. 3) oder sein Antrag als unzulässig, anstatt unbegründet zurückgewiesen wurde (BAG 22.10.1985 NZA 1986, 235). Für den Ast. ergibt sich die Beschwer aus einem Vergleich zwischen dem gestellten Antrag und der ergangenen Entscheidung. Hierfür sind nicht nur der Tenor, sondern auch die Gründe der Entscheidung maßgebend, soweit sie in Rechtskraft erwachsen (BAG 14.1.1986 NZA 1986, 531). Der AG ist in Wahlanfechtungsverfahren stets beschwert, wenn die Wahl für unwirksam erklärt wird (BAG 4.12.1986 NZA 1987, 166). Der BR ist beschwert, wenn ein Zustimmungsersetzungsantrag nach § 99 IV BetrVG mit der Begr. zurückgewiesen wird, die Zustimmung gelte als erteilt (BAG 22.10.1985 NZA 1986, 235). Er ist nicht beschwert, wenn ein zu seinen Gunsten gestellter Antrag der Gewerkschaft zurückgewiesen wird (BAG 29.1.1992 NZA 1993, 379). An einer Beschwer fehlt es nicht schon, wenn das Rechtsmittel mit dem Ziel eingelegt wird, es für erledigt zu erklären (aA OVG SL 29.4.2014 PersV 2014, 343). 2

c) Einlegung. Die Beschwerde muss beim LAG eingelegt werden. Geht sie beim ArbG ein, ist sie an das LAG weiterzuleiten; für die Einhaltung der Beschwerdefrist ist dann der Eingang beim LAG maßgebl. (§ 66 Rn. 2). Die Beschwerde ist nach § 87 II iVm. § 66 I 1 binnen einer **Frist** von einem Monat nach Zustellung des in vollständiger Form abgefassten Beschl. – spätestens mit Ablauf von sechs Monaten nach seiner Verkündung – einzulegen (s. § 66 Rn. 8). Die Beschwerdefrist kann nicht verlängert werden; unter den Voraussetzungen der §§ 233 ff. ZPO ist eine Wiedereinsetzung möglich. Die Beschwerde muss seit dem 1.7.2008 von einem PV iSd. § 11 IV 2 **schriftlich** eingelegt werden. Der Beschwerdeschrift muss nach Abs. 2 Satz 1 zu entnehmen sein, dass gegen einen nach Datum, Aktenzeichen und Gericht genau bezeichneten Beschl. Beschwerde eingelegt werden soll. In der Beschwerdeschrift ist anzugeben, wer Beschwerdeführer ist (BAG 23.7.1975 AP ZPO § 518 Nr. 31). Nicht erforderl. ist es, die übrigen Beteiligten des BeschwV zu bezeichnen (BAG 16.9.1986 NZA 1987, 136). 3

d) Beschwerdebegründung. Die Beschwerde ist nach § 87 II iVm. § 66 I 1 innerhalb von zwei Monaten nach Zustellung des in vollständiger Form abgefassten Beschl. – spätestens 7 Monate nach seiner Verkündung – zu begründen. Auch iÜ gelten für die Beschwerdebegr. die Frist- und Formvorschriften der Berufungsbegründung; die Frist kann nur einmal verlängert werden (LAG LAG D 31.5.2013 LAGE § 98 ArbGG 1979 Nr. 67 – zu § 100 II 2). Die Beschwerdebegr. muss durch einen RA oder einen Verbandsvertreter iSd. § 11 IV 2 erfolgen (BVerwG 4.8.2010 NZA-RR 2010, 672). Ihr muss entweder durch einen Antrag oder durch Ausführungen in der Begr. zu entnehmen sein, in welchem Umf. eine Abänderung des erstinstanzl. Beschl. begehrt wird (BAG 22.10.1985 NZA 1986, 235). Schließl. muss die Begr. nach Abs. 2 Satz 2 eine ausf. Auseinandersetzung mit der angefochtenen Entscheidung enthalten (BAG 30.10.2012 NZA 2013, 287; s. § 66 Rn. 14). Die Beschwerde kann sich auf neue Tatsachen sowie auf Rechtsfehler des ArbG stützen, wobei das LAG nicht auf die Überprüfung der geltend gemachten Rechtsfehler beschränkt ist. Dabei ist § 513 I ZPO nicht anwendbar (s. § 87 Rn. 2). Hat das ArbG die angefochtene Entscheidung auf zwei voneinander unabhängige, selbstständig tragende Erwägungen gestützt, muss die Rechtsmittelbegr. beide Erwägungen angreifen. Setzt sie sich nur mit einer der Erwägungen auseinander, ist das Rechtsmittel insgesamt unzulässig, weil es im Fall seiner Berechtigung nicht geeignet ist, die gesamte Entscheidung in Frage zu stellen (BAG 15.11.2006 – 7 ABR 6/06). 4

5 **2. Anschlussbeschwerde.** Die Vorschr. über das BeschwV enthalten keine ausdr. Verweisung auf § 524 ZPO. Da das BeschwV dem Berufungsverfahren weitgehend angegl. wurde, ist eine Anschlussbeschwerde auch im BeschlV zulässig (aA LAG HE 15.11.2016 – 4 TaBV 250/16, nicht im Verfahren nach § 100). Ein erstinstanzl. voll obsiegender Ast./Beteiligter kann eine Antragsänderung nur im Rahmen einer Anschlussbeschwerde vornehmen (BAG 17.2.2015 NZA 2015, 762). Für deren Form und Inhalt gelten die Vorschr. über das Berufungsverfahren entspr. (s. § 64 Rn. 14). Sie kann nur bis zum Ablauf einer gesetzten Frist zur Beschwerdeerwiderung – fehlt es hieran, bis zum Schluss der Anhörung – eingelegt werden und muss durch Einreichung einer Beschwerdeanschlussschrift erfolgen (BAG 10.3.2009 NZA 2009, 622). Der Fristlauf setzt einen Hinweis nach § 66 I 4 und dessen förml. Zustellung voraus; über die Möglichkeit der Anschließung muss nicht belehrt werden (BAG 24.5.2012 NZA 2012, 1223). Fehlt es an einer Fristsetzung, ist die Anschließung zeitl. unbegrenzt zulässig. Die Anschlussbeschwerde wird wirkungslos, wenn die Beschwerde, der sie sich angeschlossen hat, verworfen oder zurückgenommen wird, das Verfahren hins. der Beschwerde übereinstimmend für erledigt erklärt oder verglichen (BAG 24.4.2014 NZA 2015, 185) wird.

6 **3. Entscheidung ohne mündliche Verhandlung.** Abs. 3 regelt einmal den Fall, dass die Beschwerde unzulässig ist, weil sie nicht in der ges. Form oder Frist eingelegt oder begr. wurde. Hier kann der Beschl. des LAG, mit dem die Beschwerde verworfen wird, ohne mdl. Anhörung ergehen. Über die Verwerfung entscheidet der Vorsitzende. Die Entscheidung ist nach Abs. 3 Satz 2 2. Hs. unanfechtbar unabhängig davon, ob eine mdl. Anhörung stattgefunden hat (BAG 25.7.1989 NZA 1990, 73). Abs. 3 ist auch auf Frist- oder Formmängel der Beschwerdebegr. anzuwenden (BAG 25.7.1989 NZA 1990, 73). Die Vorschr. erfasst daneben alle Fälle, in denen die Verwerfung der Beschwerde ohne Beurteilung der materiellen Rechtslage mögl. ist – zB bei einem Verzicht auf die Beschwerde. Bei fehlender Beschwerdebefugnis und Beschwer kann nicht nach § 89 III entschieden werden, sondern nur nach Anhörung durch die Kammer. Wird die Beschwerde eines Beteiligten als unzulässig verworfen, bleibt der Beschwerdeführer Beteiligter des Verfahrens, welches aufgrund der Beschwerde eines anderen Beteiligten in der Beschwerdeinstanz anhängig ist (BAG 25.11.1986 NZA 1987, 492). **Satz 4** stellt klar, dass im BeschwV eine Entscheidung in der Sache auch dann stets durch die Kammer nach Anhörung der Beteiligten ergeht, wenn die Beschwerde keine Erfolgsaussichten hat; die Anberaumung einer mdl. Verhandlung ist ohne Bedeutung (abwegig OVG Greifswald 12.12.2008 – 8 L 129/07 – Alleinentscheidung durch den Vorsitzenden).

7 **4. Rücknahme und Verzicht.** Nach **Abs. 4** kann die Beschwerde jederzeit ohne Zustimmung der übrigen Beteiligten zurückgenommen werden, solange eine Entscheidung des LAG noch nrkr. geworden ist oder gegen sie RB eingelegt wurde. Für die Rücknahme gelten dies. Formvorschriften wie für die Einlegung der Beschwerde; sie muss also durch einen von einem RA oder Vertreter nach § 11 IV 2 erfolgen. Nach Rücknahme der Beschwerde ist das Verfahren vom Vors. durch Beschl. einzustellen. Der Beschl. ist den Beteiligten nach Abs. 4 S. 3 bekanntzugeben. Dabei handelt es sich um eine förml. zuzustellende verfahrensbeendende Entscheidung, die ggf. mit einer NZB angefochten werden kann (LAG RP 25.6.1982 EzA ArbGG 1997 § 92 Nr. 1). Die Rücknahme der Beschwerde führt dazu, dass eine bereits ergangene, noch nicht rechtskräftige Entscheidung des Beschwerdegerichts gegenstandslos und die arbeitsgerichtl. Entscheidung rechtskräftig wird, wenn nicht noch Beschwerden anderer Beteiligter anhängig sind. Sofern die Rechtsmittelfrist noch nicht abgelaufen ist, kann auch eine zurückgenommene Beschwerde erneut eingelegt werden (GK-ArbGG/*Dörner* Rn. 60). Wurde einer von mehreren Anträgen in erster Instanz zurückgenommen, kann er vor dem LAG erneut gestellt werden (BAG 12.11.2002 NZA 2004, 1289). Auf die Beschwerde kann nach § 515 ZPO verzichtet werden. Der **Verzicht** führt zum endgültigen Verlust des Rechtsmittels und macht damit die Beschwerde unzulässig. Die Erkl. erfolgt idR nach Verkündung der arbeitsgerichtl. Entscheidung. Es ist – wie § 313a III ZPO zeigt – auch vor der Entscheidung des ArbG mögl., wenn alle Beteiligten sich hierauf geeinigt haben (BAG 8.9.2010 NZA 2011, 934). Der Verzicht kann auch ggü. dem LAG zu Protokoll oder mit einem Schriftsatz erklärt werden; ein Vertretungszwang besteht nicht.

§ 90 Verfahren

(1) [1]**Die Beschwerdeschrift und die Beschwerdebegründung werden den Beteiligten zur Äußerung zugestellt.** [2]**Die Äußerung erfolgt durch Einreichung eines Schriftsatzes beim Beschwerdegericht oder durch Erklärung zu Protokoll der Geschäftsstelle des Arbeitsgerichts, das den angefochtenen Beschluß erlassen hat.**

(2) **Für das Verfahren sind die §§ 83 und 83a entsprechend anzuwenden.**

(3) **Gegen Beschlüsse und Verfügungen des Landesarbeitsgerichts oder seines Vorsitzenden findet kein Rechtsmittel statt.**

1 Beschwerdeschrift und -begr. sind nach **Abs. 1 S. 1** allen Beteiligten bzw. ihren Verfahrensbevollmächtigten und damit auch den irrtüml. vom ArbG nicht Beteiligten oder nicht im Beschl. bzw. der

Beschwerdeschrift Genannten zuzustellen. Steht schon mit Eingang der Beschwerdeschrift oder mit ihrer Begr. fest, dass die Beschwerde unzulässig ist, kann von der Zustellung abgesehen werden. Mit der Zustellung der Beschwerdebegr. sind die Beteiligten – ggf. unter Fristsetzung – zur Stellungn. aufzufordern. Diese sind verpflichtet sich zu äußern. Die Stellungn. hat nach Abs. 1 Satz 2 schriftl. oder zu Protokoll der Geschäftsstelle des ArbG, das den angefochtenen Beschl. erlassen hat, zu erfolgen. Für die Stellungn. besteht kein Vertretungszwang (BAG 20.3.1990 NZA 1990, 699). **Nach Abs. 2** hat das Beschwerdegericht die Frage der Beteiligung zu prüfen und ggf. vAw. zu korrigieren (s. § 83 Rn. 9). Daneben ist es wie das ArbG zur Sachverhaltsaufklärung verpflichtet. Dabei richtet sich die Nichtzulassung neuen Vorbringens nach § 87 III, § 83 I a und den allg. Vorschr. **Verspätungsvorschriften** nehmen auch dem Beschwerdegericht grundsätzl. nicht die Pflicht zur Aufklärung ab. Das bedeutet: Bei der Zurückweisung von Vorbringen nach Abs. 2 iVm. § 83 I a kann es nur um einen Sachvortrag gehen, der nicht schon nach § 87 III (s. dort Rn. 4) zurückzuweisen ist. So muss das Gericht allen bis zum Ablauf der Beschwerdebegründungsfrist in beiden Instanzen vorgetragenen Anhaltspunkten nachgehen. Es darf nach § 87 III 4 allenfalls den nicht fristgerechten Vortrag neuer Anhaltspunkte zurückweisen. IÜ darf Vorbringen der Beteiligten allein unter den Voraussetzungen des § 83 I a (s. Rn. 3) oder nach allg. Grundsätzen zurückgewiesen werden. Diese Zurückweisung liegt im Ermessen des Gerichts. Auch in der Beschwerdeinstanz geht es insoweit allein um die Zurückweisung als Folge einer Verweigerung der rechtzeitigen Mitwirkung bei der Aufklärung von Sachverhalten, die nur mit Hilfe eines Beteiligten aufzuklären sind oder ohne ihn nur unter großen Schwierigkeiten aufgeklärt werden können. So sollte es kaum jemals zu einer Zurückweisung verspäteten Vorbringens nach Abs. 2 kommen. Auch im BeschwV kann der Streit durch **Vergleich** oder **Erledigungserklärung** beendet werden (s. § 83a Rn. 1 f.). Voraussetzung für eine wirksame Erledigungserkl. ist, dass das eingelegte Rechtsmittel zulässig war (BAG 27.8.1996 NZA 1997, 623). Fehlt es an einem erledigenden Ereignis, so liegt in der einseitigen Erledigungserkl. möglicherweise eine nach § 87 II 3 mangels Zustimmung in der Rechtsmittelinstanz unzulässige Antragsrücknahme, so dass über den Antrag in der Sache zu entscheiden ist (BAG 27.8.1996 NZA 1997, 623). Nach **Abs. 3** sind nur die Beschlüsse sowie Vfg. des LAG oder des Vors. unanfechtbar, welche die Instanz nicht beenden. Es handelt sich bei dieser Vorschr. offensichtl. um ein Redaktionsversehen (BAG 22.3.2017 NZA 2017, 805). Man hat wohl vergessen, sie bei der Reform des ArbGG zusammen mit § 70 zu streichen oder zu modifizieren. Sachgesichtspunkte dafür, dass im BeschlV die Rechtsmittelfähigkeit anders geregelt sein sollte, sind nicht erkennbar. Die Vorschr. gilt nur für Beschlüsse, die das LAG als Ausgangsgericht trifft, nicht für Beschlüsse, die es als Rechtsmittelgericht über Maßnahmen der ArbG trifft. Hier gilt nicht Abs. 3, sondern die §§ 83 V, 78 S. 1 und 2 iVm. 574 I Nr. 2 ZPO (BAG 28.2.2003 NZA 2003, 516). Die Entscheidung über eine sofortige Beschwerde. ist daher bei entspr. Zulassung durch das LAG rechtsbeschwerdefähig.

§ 91 Entscheidung

(1) [1]**Über die Beschwerde entscheidet das Landesarbeitsgericht durch Beschluß.** [2]**Eine Zurückverweisung ist nicht zulässig.** [3]**§ 84 Satz 2 gilt entsprechend.**

(2) [1]**Der Beschluß nebst Gründen ist von den Mitgliedern der Kammer zu unterschreiben und den Beteiligten zuzustellen.** [2]**§ 69 Abs. 1 Satz 2 gilt entsprechend.**

1 Diese Vorschr. regelt den **instanzbeendenden Beschl.**, mit dem über die Beschwerde entschieden wird. Er ist nach Abs. 1 Satz 3 in Verbindung mit § 84 Satz 2 schriftl. abzufassen, nach Abs. 2 vom Berufsrichter und den ehrenamtl. Richtern zu unterschreiben und den Beteiligten zuzustellen. Die §§ 540 ZPO und 69 II, III und IV sind nicht anwendbar, wie die eingeschränkten Verweisungen in Abs. 2 S. 2 und in § 87 II zeigen (BAG 13.5.2014 NZA 2014, 991). Der Beschl. des LAG enthält daher stets einen tatbestandlichen Teil. Der Tenor sollte verdeutl., ob die Entscheidung vorläufig vollstreckbar ist. Über §§ 92 I 2, 72 I 2 ist § 64 III a entspr. anzuwenden. Im Beschlusstenor ist daher aufzunehmen, ob die RB zugelassen wird oder nicht. Ist dies unterblieben, kann der Tenor auf rechtzeitigen Antrag hin ergänzt werden. Wird die RB zugelassen, ist dem Beschl. nach § 9 V eine RMB beizufügen, iÜ reicht ein Hinweis auf die Möglichkeit der NZB. Für die Verkündung des Beschl. gelten nach Abs. 2 Satz 2 über § 69 I 2 die Regelungen für das BeschlV erster Instanz entspr. Eine **Zurückweisung** an das ArbG ist nach Abs. 1 Satz 2– anders als im UrtV – nicht nur bei Verfahrensmängeln, sondern generell ausgeschlossen (zur Ausn. § 88 Rn. 1). Erfolgt gleichwohl eine Zurückverweisung durch das LAG, die nicht erfolgreich mit der RB angefochten wird, so ist das ArbG daran gebunden und hat erneut über die Sache zu entscheiden. Entscheidungen des LAG, mit denen die RB nicht zugelassen wird, werden nicht mit der Verkündung, sondern frühestens mit Ablauf der Frist für die Einlegung der NZB **rechtskräftig.** Dies gilt auch, wenn sich schon aus dem Beschl. ergibt, dass die NZB offensichtl. unstatthaft oder unzulässig ist (BAG 9.7.1998 NZA 1998, 1273).

Dritter Unterabschnitt. Dritter Rechtszug

§ 92 Rechtsbeschwerdeverfahren, Grundsatz

(1) [1]Gegen den das Verfahren beendenden Beschluß eines Landesarbeitsgerichts findet die Rechtsbeschwerde an das Bundesarbeitsgericht statt, wenn sie in dem Beschluß des Landesarbeitsgerichts oder in dem Beschluß des Bundesarbeitsgerichts nach § 92a Satz 2 zugelassen wird. [2]§ 72 Abs. 1 Satz 2, Abs. 2 und 3 ist entsprechend anzuwenden. [3]In den Fällen des § 85 Abs. 2 findet die Rechtsbeschwerde nicht statt.

(2) [1]Für das Rechtsbeschwerdeverfahren gelten die für das Revisionsverfahren maßgebenden Vorschriften über Einlegung der Revision und ihre Begründung, Prozeßfähigkeit, Ladung, Termine und Fristen, Ablehnung und Ausschließung von Gerichtspersonen, Zustellungen, persönliches Erscheinen der Parteien, Öffentlichkeit, Befugnisse des Vorsitzenden und der Beisitzer, gütliche Erledigung des Rechtsstreits, Wiedereinsetzung in den vorigen Stand und Wiederaufnahme des Verfahrens sowie die Vorschriften des § 85 über die Zwangsvollstreckung entsprechend, soweit sich aus den §§ 93 bis 96 nichts anderes ergibt. [2]Für die Vertretung der Beteiligten gilt § 11 Abs. 1 bis 3 und 5 entsprechend. [3]Der Antrag kann jederzeit mit Zustimmung der anderen Beteiligten zurückgenommen werden; § 81 Abs. 2 Satz 2 und 3 ist entsprechend anzuwenden.

(3) [1]Die Einlegung der Rechtsbeschwerde hat aufschiebende Wirkung. [2]§ 85 Abs. 1 Satz 2 bleibt unberührt.

1 Die RB entspricht der Revision im UrtV. Sie ist statthaft gegen **verfahrensbeendende Beschlüsse** des LAG, wenn das LAG oder das BAG sie zulässt. Auch Einstellungsbeschlüsse nach den §§ 89 IV 2, 87 II 3 beenden das Verfahren (s. § 81 Rn. 6), nicht hingegen verfahrensleitende Beschlüsse nach § 90 III. Die RB ist nach Abs. 1 S. 3 nicht statthaft in Fällen des einstweiligen Rechtsschutzes. Sie ist nach § 89 III ausdr. ausgeschlossen gegen Beschlüsse, mit denen die Beschwerde ohne Beurteilung der materiellen Rechtslage als unzulässig verworfen wird (s. § 89 Rn. 6). Sie ist nach § 100 II 4 nicht statthaft gegen Beschlüsse zur Bestellung eines Einigungsstellenvorsitzenden oder zur Bestimmung der Anzahl der Beisitzer, selbst wenn das LAG sie irrtüml. zugelassen hat (BAG 25.7.1989 NZA 1990, 73). Aus der Verweisung in Abs. 1 Satz 2 folgt, dass die RB wie die Revision im UrtV unter den Voraussetzungen des § 72 II **zuzulassen** ist. Divergenzfähig sind auch Entscheidungen der genannten Gerichte außerhalb des BeschlV. Entscheidungen anderer Gerichtsbarkeiten sind nicht divergenzfähig (BAG 9.2.1983 AP ArbGG 1979 § 72a Grundsatz Nr. 25). Ist der Streitgegenstand teilbar, kann die RB beschränkt zugelassen werden (s. § 72 Rn. 18). Die Entscheidung über die Zulassung oder Nichtzulassung der RB und dem Umf. der Zulassung ist nach Abs. 1 Satz 2 im **Tenor** des Beschl. des LAG auszusprechen. Die frühere Rspr. des BAG zur Zulassung der RB in den nichtverkündeten Gründen ist überholt (BAG 19.3.2003 NZA 2003, 575). Das BAG ist nach Abs. 1 Satz 2 iVm. § 72 III an die Zulassung der RB gebunden, selbst wenn das LAG die Zulassungsvoraussetzungen verkannt hat (BAG 25.7.1989 NZA 1990, 73). Wie das BeschwV ist auch das **RechtsbeschwV** in den §§ 92 ff. nur lückenhaft geregelt. Es gelten deshalb allg. die Vorschr. über die Revision im UrtV und über diese die entspr. Vorschr. in der ZPO, soweit nachf. nichts Besonderes geregelt ist und die Besonderheiten des BeschlV dem nicht entgegenstehen (GMP/*Matthes* Rn. 17). Die Beteiligten können sich vor dem BAG selbst vertreten oder durch eine postulationsfähige Person (§ 11 Rn. 7) vertreten lassen. Die Rücknahme des Antrags nach Abs. 2 Satz 3 entspricht der Regelung für das BeschwV (s. § 87 Rn. 3); § 565 S. 2 ZPO ist nicht anzuwenden. Eine Antragsänderung ist in der RBinstanz grds. nicht mehr mögl. (BAG 15.4.2014 NZA 2015, 62). Das Rechtsschutzbedürfnis ist als Sachurteilsvoraussetzung auch noch in der RBinstanz zu prüfen. Dabei muss das BAG auch solche Umstände berücksichtigen, die erst während des RechtsbeschwV eingetreten sind (BAG 21.6.2006 – 7 ABR 45/05). Ehrenamtl. Richter müssen stets an Entscheidungen mitwirken, die bei mdl. Verhandlung nur mit ihnen ergehen dürften, soweit nicht ausdr. etwas anderes bestimmt wird wie bei der Verwerfung der RB nach § 94 II 3 iVm. § 74 II.

§ 92a Nichtzulassungsbeschwerde

[1]Die Nichtzulassung der Rechtsbeschwerde durch das Landesarbeitsgericht kann selbständig durch Beschwerde angefochten werden. [2]§ 72a Abs. 2 bis 7 ist entsprechend anzuwenden.

1 Die Vorschr. entspricht der Regelung über die NZB im UrtV nach § 72a (s. dort Rn. 1). Die Regelung ist abschl. Außerhalb ihres Regelungsbereichs kommt eine NZB nicht in Betracht. Eine NZB gegen einen instanzbeendenden Beschl. des LAG nach § 84, der erst nach Ablauf von fünf Monaten unterschrieben der Geschäftsstelle übergeben wurde, ist nicht statthaft. Der beschwerte Beteiligte muss nach § 92b sofortige Beschwerde einlegen. Gegen einen Beschl. des ArbG nach § 126 InsO findet nach wie vor die NZB an das BAG nicht statt (BAG 14.8.2001 AP ArbGG 1979 § 72a Divergenz Nr. 44). Die NZB kann von jedem Beteiligten erhoben werden, der bei Zulassung der RB rechtsmittelbefugt

wäre. Sie muss von einem PV iSd. § 11 IV 2 eingelegt und begr. werden. Ist die Beschwerde erfolgreich, wird das Verfahren nach S. 2 iVm. § 72a VI ohne Einlegen einer RB als RechtsbeschwV fortgesetzt. Wird der NZB stattgegeben, weil ein Zulassungsgrund nach § 72 I Nr. 3 vorliegt, kann das BAG nach § 72a VII den Beschl. des LAG aufheben und das Verfahren zur erneuten Verhandlung und Entscheidung an das LAG zurückverweisen.

§ 92b Sofortige Beschwerde wegen verspäteter Absetzung der Beschwerdeentscheidung

1 Der Beschluss eines Landesarbeitsgerichts nach § 91 kann durch sofortige Beschwerde angefochten werden, wenn er nicht binnen fünf Monaten nach der Verkündung vollständig abgefasst und mit den Unterschriften sämtlicher Mitglieder der Kammer versehen der Geschäftsstelle übergeben worden ist. 2 § 72b Abs. 2 bis 5 gilt entsprechend. 3 § 92a findet keine Anwendung.

Die Bestimmung überträgt die Regelungen zur sofortigen Beschwerde gegen verspätete Entscheidungen im UrtV (s § 72b Rn. 1) ohne Modifikation auf die Behandlung verspäteter zweitinstanzl. Beschlüsse im arbeitsgerichtl. BeschlV. So müssen auch im BeschlV die Beteiligten wegen einer verspäteten Entscheidung des LAG nicht mehr den Umweg über das BVerfG nehmen. Mit Beschlüssen nach § 91 sind die instanzbeendenden Sachentscheidungen über eine Beschwerde gemeint. Nicht erfasst sind Verwerfungsbeschlüsse nach § 89 III, Beschwerdeentscheidungen im einstweiligen Verfügungsverfahren nach § 85 II, Beschwerdeentscheidungen zur Einsetzung einer Einigungsstelle nach § 100 II und verfahrensbeendende Einstellungsbeschlüsse. Erfasst sind auch die Fälle der unvollständigen oder inhaltslosen Gründe, der nicht ordnungsgem. Unterschrift und des unwirksamen Verhinderungsvermerks (GK-ArbGG/*Mikosch* Rn. 5). Bei zulässiger und begr. Beschwerde wird der Beschl. des LAG nach § 72 V aufgeh. und die Sache zur erneuten Verhandlung und Entscheidung – ggf. an eine andere Kammer – zurückverwiesen. 1

§ 93 Rechtsbeschwerdegründe

(1) **1 Die Rechtsbeschwerde kann nur darauf gestützt werden, daß der Beschluß des Landesarbeitsgerichts auf der Nichtanwendung oder der unrichtigen Anwendung einer Rechtsnorm beruht. 2 Sie kann nicht auf die Gründe des § 92b gestützt werden.**

(2) **§ 65 findet entsprechende Anwendung.**

Die Vorschr. regelt, in welchem Umf. das BAG den Beschl. eines LAG überprüfen darf. Sie entspricht der Regelung für das UrtV in § 73 (s. Rn. 5). Da die RB nur auf die Verletzung von Rechtsnormen gestützt werden kann, ist das BAG auch im BeschlV keine Tatsacheninstanz und grds. an die tatsächl. Feststellungen des LAG gebunden (BAG 27.1.1977 AP BetrVG 1972 § 103 Nr. 7). Nach **Abs. 1** ist eine Rechtsnorm auch verletzt, wenn das LAG einen Verfahrensfehler begangen hat. Zu den denkbaren Verfahrensfehlern gehören insbes. Verstöße gegen den Amtsermittlungsgrundsatz sowie eine fehlerhafte Beteiligung oder Nichtbeteiligung. Verfahrensfehler werden auch im BeschlV nur auf Rüge hin überprüft. Eine Rechtsverletzung ist nur erhebl., wenn die Entscheidung auf ihr beruht. Dies wird bei den in § 547 ZPO aufgelisteten Revisionsgründen, die auch für das BeschlV Anwendung finden, unwiderlegl. vermutet. IÜ beruhen Entscheidungen schon dann auf der unrichtigen Anwendung einer Verfahrensnorm, wenn die Möglichkeit einer anderen Entscheidung besteht (BAG 19.3.1974 AP BetrVG 1972 § 26 Nr. 1). Der letzte Satz des Abs. 1 stellt klar, dass man das verspätete Absetzen eines instanzbeendenden Beschl. nur im Verfahren nach § 92b, nicht aber im Rahmen einer statthaften RB geltend machen kann. Nach **Abs. 2** iVm. § 65 kann die RB nicht darauf gestützt werden, dass Rechtsfehler bei der Bejahung des Rechtswegs, der Verfahrensart, der Zust. oder der Berufung der ehrenamtl. Richter gemacht wurden. Eine RB, die ausschl. auf in Abs. 2 ausgeschlossene Gründe gestützt wird, ist unbegründet (s. iÜ § 88 Rn. 1). 1

§ 94 Einlegung

(1) **Für die Einlegung und Begründung der Rechtsbeschwerde gilt § 11 Abs. 4 und 5 entsprechend.**

(2) **1 Die Rechtsbeschwerdeschrift muß den Beschluß bezeichnen, gegen den die Rechtsbeschwerde gerichtet ist, und die Erklärung enthalten, daß gegen diesen Beschluß die Rechtsbeschwerde eingelegt werde. 2 Die Rechtsbeschwerdebegründung muß angeben, inwieweit die Abänderung des angefochtenen Beschlusses beantragt wird, welche Bestimmungen verletzt sein sollen und worin die Verletzung bestehen soll. 3 § 74 Abs. 2 ist entsprechend anzuwenden.**

(3) **1 Die Rechtsbeschwerde kann jederzeit in der für ihre Einlegung vorgeschriebenen Form zurückgenommen werden. 2 Im Falle der Zurücknahme stellt der Vorsitzende das Verfahren ein. 3 Er gibt hiervon den Beteiligten Kenntnis, soweit ihnen die Rechtsbeschwerde zugestellt worden ist.**

1 **1. Einlegung.** Die Vorschr. bestimmt in den Absätzen 1 und 2 Form und Inhalt der RB und ihrer Begr., in Abs. 3 ihre Rücknahme. Sie wird über die Verweisung in § 92 II 1 durch die Regelungen in § 74 I und V iVm. §§ 552 bis 554 ZPO ergänzt. Die RB ist **statthaft,** soweit sie sich gegen verfahrensbeendende Beschlüsse des LAG richtet und von diesem oder dem BAG zugelassen worden ist. **Rechtsbeschwerdebefugt** ist jeder Beteiligte (BAG 4.12.1986 NZA 1987, 166; s. § 89 Rn. 1). Die RB muss beim BAG von einem PV iSd. § 11 IV 2 (RA, Verbandsvertreter) eingereicht und begr. werden. Die **Rechtsbeschwerdefrist** beträgt nach § 74 I 1 einen Monat und ist eine Notfrist. Sie beginnt mit der Zustellung des in vollständiger Form abgefassten Beschl. des LAG, spätestens fünf Monate nach seiner Verkündung, selbst bei fehlender oder fehlerhafter RMB (BAG 1.10.2003 NZA 2003, 1356; s. § 89 Rn. 3). Wiedereinsetzung in den vorigen Stand ist unter den Voraussetzungen der §§ 233 ff. ZPO mögl. Nach erfolgreich eingelegter NZB wird das Verfahren dort nach §§ 92a S. 2, 72aVI als RechtsbeschwV fortgesetzt. Die form- und fristgerecht eingelegte NZB gilt als Einlegung der RB (zum Begründungserfordernis § 72a Rn. 8).

2 **2. Begründung.** Die Frist für die Beschwerdebegr. beträgt nach §§ 92 II, 74 I 1 zwei Monate. Sie beginnt zum gleichen Zeitpunkt wie die RBfrist und kann einmal bis zu einem Monat verlängert werden. Eine Wiedereinsetzung in den vorigen Stand ist mögl. Ein ausdr. Sachantrag ist nicht erforderl., wenn jdf. aus der Begr. hinreichend ersichtl. ist, wie weit die RB reicht (BAG 22.10.1985 NZA 1986, 235). Eine Änd. des Sachantrags ist grundsätzl. nicht mehr zulässig (BAG 22.11.2005 NZA 2006, 803). Nicht nur das tatsächl. Vorbringen bei Schluss der Anhörung vor dem Beschwerdegericht, sondern auch die dort zulässig gestellten Anträge bilden die Entscheidungsgrundlage des RBgerichts; Ausnahmen können aus prozessökonomischen Gründen allenfalls zulässig sein, wenn der geänd. Sachantrag sich auf den vom Beschwerdegericht festgestellten Sachverhalt stützt (BAG 26.10.2004 NZA 2005, 367). Zur Begr. gelten die Sonderregelungen in **Abs. 2 Satz 2.** Danach muss der Beschwerdebegr. zu entnehmen sein, was der Beschwerdeführer an den Gründen der angefochtenen Entscheidung zu beanstanden hat und wie sich dieser Fehler auf die Entscheidung ausgewirkt hat. Die Bezeichnung der verletzten Rechtsnorm ist anders als im Revisionsverfahren nach § 94 II 2 erforderl. Eine RBbegr. ist unzureichend, wenn nur eine Rechtsnorm bezeichnet und ausgeführt wird, das Beschwerdegericht habe den darin enthaltenen Rechtsbegriff verkannt (BAG 10.4.1984 NZA 1984, 268). Unzureichend ist auch die einfache Bezugnahme auf die Ausführungen in der Vorinstanz (BAG 27.10.1987 NZA 1988, 203). Hat das Gericht die Entscheidung auf zwei voneinander unabhängige, selbstständig tragende Erwägungen gestützt, muss die Rechtsmittelbegr. beide Erwägungen angreifen. Setzt sie sich nur mit einer der Erwägungen auseinander, ist das Rechtsmittel insgesamt unzulässig, weil die Rechtsmittelbegr. geeignet sein muss, die gesamte Entscheidung in Frage zu stellen (BAG 16.5.2007 NZA 2007, 1117). Bei Verfahrensrügen sind nach § 551 III Nr. 2 b ZPO diejenigen Tatsachen darzutun, aus denen die Verletzung einer Verfahrensvorschrift folgt und wie sich dies auf die Entscheidung des LAG ausgewirkt hat (BAG 14.2.2007 NZA 2007, 999). Verfahrensfehler werden auch in BeschlV nicht vAw. geprüft und festgestellt (BAG 24.5.1957 AP ArbGG 1953 § 92 Nr. 7). Soweit Fehler des LAG bei der Sachaufklärung gerügt werden, muss die Beschwerdebegr. dartun, welche Ermittlungen das LAG fehlerhaft unterlassen hat und warum sich dem LAG weitere Ermittlungen hätten aufdrängen müssen (BAG 7.11.1975 AP BetrVG 1972 § 99 Nr. 3). Bei der auf § 286 ZPO gestützten Rüge, das LAG habe einen bestimmten Sachvortrag übersehen, ist daher anzugeben, aufgrund welchen Vortrags das Gericht zu welcher Tatsachenfeststellung hätte gelangen müssen (BAG 29.1.1992 NZA 1992, 894). Soweit von einem Beteiligten seine unterbliebene Anhörung gerügt wird, bedarf es keiner Begr., dass die Entscheidung bei fehlerfreier Beteiligung anders ausgefallen wäre (BAG 20.2.1986 AP BetrVG 1972 § 63 Nr. 1).

3 **3. Entscheidung, Anschlussrechtsbeschwerde.** Die Entscheidung über die Zulässigkeit einer RB richtet sich nach Abs. 2 S. 3 iVm. § 74 II 2 und § 522 I ZPO. Das BAG hat vAw. zu prüfen, ob die RB an sich statthaft und form- und fristgerecht eingelegt und begr. worden ist. Eine unzulässige RB ist nach § 74 II 2 und 3 zu verwerfen. Die Entscheidung kann ohne mdl. Anhörung und in diesem Fall ohne Mitwirkung der ehrenamtl. Richter ergehen. Sie ist den Beschwerdeführern und den übrigen Beteiligten nach § 329 II ZPO formlos mitzuteilen. Die RB kann nach **Abs. 3** zurückgenommen werden; die Vorschr. entspricht § 89 IV (§ 89 Rn. 7). Das Verfahren stellt nach Abs. 4 S. 2 der Vorsitzende allein ein (GK-ArbGG/*Ahrendt* Rn. 40). Der Beschl. ist den Beteiligten nach Abs. 4 S. 3 formlos mitzuteilen (GMP/*Matthes* Rn. 36), soweit ihnen die RB zugestellt wurde. Die Einlegung einer **Anschlussrechtsbeschwerde** ist zulässig (BAG 11.7.1990 NZA 1991, 317). Sie muss nach § 554 II 2 ZPO binnen einem Monat nach Zustellung der RBbegr. eingelegt und nach § 554 III 1 ZPO in der Anschlussschrift begr. werden. Eine Verlängerung der Frist für die Anschließung und ihre Begr. ist ausgeschlossen, eine Wiedereinsetzung nicht mehr mögl.

§ 95 Verfahren

[1]Die Rechtsbeschwerdeschrift und die Rechtsbeschwerdebegründung werden den Beteiligten zur Äußerung zugestellt. [2]Die Äußerung erfolgt durch Einreichung eines Schriftsatzes beim Bundesarbeitsgericht oder durch Erklärung zu Protokoll der Geschäftsstelle des Landesarbeits-

gerichts, das den angefochtenen Beschluß erlassen hat. [3]Geht von einem Beteiligten die Äußerung nicht rechtzeitig ein, so steht dies dem Fortgang des Verfahrens nicht entgegen. [4]§ 83a ist entsprechend anzuwenden.

Die Vorschr. wird ergänzt durch die in § 92 II in Bezug genommenen Vorschr. über das Revisionsverfahren. Die **Zustellung** nach S. 1 muss an die materiell Beteiligten erfolgen, nicht nur an die vom Beschwerdegericht Beteiligten oder die, welche sich dort geäußert haben (BAG 20.7.1982 AP BetrVG 1952 § 76 Nr. 26). § 83 wird für das RechtsbeschwV nicht für anwendbar erklärt. Bei dem RechtsbeschwV handelt es sich daher grundsätzl. um ein schriftl. Verfahren (BAG 22.10.1985 NZA 1986, 366). Für die **Äußerung** der Beteiligten nach Satz 2 besteht kein Vertretungszwang. Da Satz 3 von einem rechtzeitigen Eingang der Äußerung spricht, wird das BAG den Beteiligten regelm. eine Frist zur Äußerung setzen. Satz 3 sieht ausdr. vor, dass über die RB zu entscheiden ist, auch wenn innerhalb der gesetzten Frist keine Äußerung erfolgt. Eine Fristverlängerung ist nicht ausdr. vorgesehen; sie hat jedoch zu erfolgen, wenn trotz des Beschleunigungsgebots der Grundsatz des rechtl. Gehörs dies gebietet (GK-ArbGG/*Ahrendt* Rn. 5). Eine mdl. Verhandlung ist nicht ausgeschlossen, wie die Bezugnahme auf die Regelungen zum persönl. Erscheinen in § 92 II 1 zeigt. **Satz 4** stellt klar, dass auch in der RBinstanz das Verfahren durch Vergleich oder Erledigungserkl. beendet werden kann, soweit dies nach § 83a mögl. ist. 1

§ 96 Entscheidung

(1) [1]**Über die Rechtsbeschwerde entscheidet das Bundesarbeitsgericht durch Beschluß.** [2]**Die §§ 562, 563 der Zivilprozeßordnung gelten entsprechend.**

(2) **Der Beschluß nebst Gründen ist von sämtlichen Mitgliedern des Senats zu unterschreiben und den Beteiligten zuzustellen.**

1. Verfahren. Die Vorschr. bestimmt die Einzelheiten einer abschl. Sachentscheidung über die RB. Die Verweisung im Abs. 1 S. 2 ist nicht abschl.; es gelten notwendigerweise auch die §§ 559, 561 und 564 ZPO. Das BAG ist nach §§ 92 II 1, 72 V iVm. § 557 I ZPO auch dann an die gestellten **Anträge** gebunden, wenn das LAG den Antrag enger verstanden hat, als er gemeint war (BAG 14.1.1986 NZA 1986, 531). An die Beschwerdegründe ist es nicht gebunden. **Verfahrensmängel** werden grundsätzl. nur auf Rüge hin geprüft. Etwas anderes gilt für die vAw. zu beachtenden Verfahrensmängel, wie die Zulässigkeit der Beschwerde (BAG 14.4.2015 – 1 ABR 65/13) oder das Bestehen eines Rechtsschutzinteresses (BAG 18.3.2015 AP SGB IX § 94 Nr. 9). Die Verfahrensart wird nach § 93 II iVm. § 65 nicht mehr geprüft. Beteiligungsmängel müssen grds. gerügt werden. Dies können auch die bisher nicht hinzugezogenen Beteiligten tun (BAG 23.7.2014 NZA 2014, 1288). Unabhängig davon besteht auch für das RBgericht die Verpflichtung, alle materiell Beteiligten vAw. zu beteiligen. Die Rüge mangelhafter Sachaufklärung hat nur Erfolg, wenn das Beschwerdegericht hätte weiter aufklären müssen und nicht auszuschließen ist, dass die ermittelten Tatsachen zu einer anderen Entscheidung geführt hätten. Die tatsächl. **Entscheidungsgrundlagen** liefern die Feststellungen des Beschwerdegerichts an die das RBgericht nach § 559 ZPO gebunden ist. Neues tatsächl. Vorbringen kann grundsätzl. nicht mehr berücksichtigt werden. Dies gilt ua. nicht für Tatsachen zu Sachurteilsvoraussetzungen wie zum Rechtsschutzinteresse (BAG 23.1.1986 NZA 1986, 404) und für offenkundige und unstreitige neue Tatsachen. 1

2. Beschluss. Der Beschl. des BAG ist schriftl. abzufassen und nach Abs. 2 von allen an ihm beteiligten Mitgliedern des Senats zu unterschreiben. Er ist nur nach mdl. Anhörung zu verkünden. Die RB wird zurückgewiesen, wenn sie unbegr. ist. Dies ist nach § 561 ZPO auch der Fall, wenn die Beschwerdeentscheidung sich aus anderen Gründen als richtig erweist. Bei begr. RB ist die Beschwerdeentscheidung nach § 562 I ZPO aufzuheben. Besteht die Rechtsverletzung in einem Verfahrensverstoß, auf dem die Entscheidung beruht, muss nach § 562 II ZPO zugleich das Verfahren insoweit aufgeh. werden, als es durch den Verstoß betroffen wird. Sind nicht alle Beteiligten hinzugezogen worden, beruht die Entscheidung nur dann auf diesem Verfahrensfehler, wenn der Nichtbeteiligte die tatsächl. Feststellungen des LAG rügt und die Möglichkeit besteht, dass seine Beteiligung zu einem anderen Sachverhalt und damit zu einer anderen Entscheidung geführt hätte (BAG 11.11.1998 NZA 1999, 1056). In diesem Fall ist regelm. das ganze Verfahren betroffen (BAG 29.3.1974 AP ArbGG 1953 § 83 Nr. 5). Wird die Entscheidung des LAG aufgeh., ist nach § 563 I 1 ZPO idR dorthin zurückzuverweisen. Bei der Zurückverweisung an eine andere Kammer nach § 563 I 2 ZPO ergibt sich die Zust. allein aus dem Geschäftsverteilungsplan des LAG. Das BAG kann sich in diesem Fall nicht die Kammer aussuchen. Unter den Voraussetzungen des § 563 III ZPO muss das RBgericht selbst entscheiden. Danach kann ua. nicht zurückverwiesen werden, wenn kein Verfahrensfehler, aber eine materielle Gesetzesverletzung vorliegt und die Sache entscheidungsreif ist. Dies ist der Fall, wenn die Beteiligten auch unter den vom RBgericht der Entscheidung zugrunde gelegten rechtl. Gesichtspunkten keine neuen Tatsachen mehr vorbringen werden oder ihr Vorbringen, weil es unstreitig ist, auch dort berücksichtigt werden kann. Ansonsten muss das BAG zurückverweisen, um es den Beteiligten zu ermöglichen, die tatsächl. Entscheidungsgrundlagen in der Beschwerdeinstanz vorzutragen (BAG 9.12.1975 AP BetrVG 1972 § 118 Nr. 7). 2

§ 96a Sprungrechtsbeschwerde

(1) [1]Gegen den das Verfahren beendenden Beschluß eines Arbeitsgerichts kann unter Übergehung der Beschwerdeinstanz unmittelbar Rechtsbeschwerde eingelegt werden (Sprungrechtsbeschwerde), wenn die übrigen Beteiligten schriftlich zustimmen und wenn sie vom Arbeitsgericht wegen grundsätzlicher Bedeutung der Rechtssache auf Antrag in dem verfahrensbeendenden Beschluß oder nachträglich durch gesonderten Beschluß zugelassen wird. [2]Der Antrag ist innerhalb einer Notfrist von einem Monat nach Zustellung des in vollständiger Form abgefaßten Beschlusses schriftlich zu stellen. [3]Die Zustimmung der übrigen Beteiligten ist, wenn die Sprungrechtsbeschwerde in dem verfahrensbeendenden Beschluß zugelassen ist, der Rechtsbeschwerdeschrift, andernfalls dem Antrag beizufügen.

(2) § 76 Abs. 2 Satz 2, 3, Abs. 3 bis 6 ist entsprechend anzuwenden.

1 Anders als im UrtV kann die Sprungrechtsbeschwerde nach **Abs. 1** in allen Fällen der grundsätzl. Bedeutung einer Rechtssache vom ArbG zugelassen werden; die Einschränkungen des § 76 II 1 gelten nicht. Sie ist maW in allen Rechtsstreiten zulässig, die im BeschlV nach § 2a entschieden werden. Voraussetzung für die Zulassung ist ein Antrag. Antragsberechtigt sind der Antragssteller sowie alle weiteren materiell Beteiligten, selbst wenn sie vom ArbG nicht hinzugezogen wurden. Wird die Zulassung schon im instanzbeendenden Beschl. des ArbG ausgesprochen, so ist die Zustimmung der RB schriftl. beizufügen. Wird die Zulassung der Sprungrechtsbeschwerde nachträgl. beantragt, muss die Zustimmung der übrigen Beteiligten dem Antrag beiliegen. Es ist grds. die Zustimmung aller vom ArbG zu Recht am Verfahren beteiligten Personen und Stellen erforderlich. Stellt das BAG fest, dass das ArbG einen materiell zu Beteiligenden tatsächl. nicht beteiligt hat, so kann die Zulässigkeit der Sprungrechtsbeschwerde nicht mit der Begr. verneint werden, die Zustimmungserkl. der rechtsfehlerhaft nicht beteiligten Personen und Stellen lägen nicht vor (BAG 16.5.2007 NZA 2008, 320). Es fällt nicht in die Risikosphäre des RBführers, die vom ArbG fehlerhaft nicht beteiligten Personen und Stellen selbst zu ermitteln und deren Zustimmung zur Sprungrechtsbeschwerde einzuholen. Das weitere **Verfahren** unterscheidet sich wegen der Bezugnahme in **Abs. 2** nicht von dem der Sprungrevision (s. § 76 Rn. 2). Hebt das BAG den Beschl. des ArbG auf, kann es nach § 76 VI an dies Gericht oder das LAG zurückverweisen. Anschlussrechtsbeschwerden sind zulässig (BAG 12.6.1996 NZA 1997, 565).

Vierter Unterabschnitt. Beschlußverfahren in besonderen Fällen

§ 97 Entscheidung über die Tariffähigkeit oder Tarifzuständigkeit einer Vereinigung

(1) In den Fällen des § 2a Abs. 1 Nr. 4 wird das Verfahren auf Antrag einer räumlich und sachlich zuständigen Vereinigung von Arbeitnehmern oder von Arbeitgebern oder der obersten Arbeitsbehörde des Bundes oder der obersten Arbeitsbehörde eines Landes, auf dessen Gebiet sich die Tätigkeit der Vereinigung erstreckt, eingeleitet.

(2) Für Verfahren nach § 2a Absatz 1 Nummer 4 ist das Landesarbeitsgericht zuständig, in dessen Bezirk die Vereinigung, über deren Tariffähigkeit oder Tarifzuständigkeit zu entscheiden ist, ihren Sitz hat.

(2a) [1]Für das Verfahren sind § 80 Absatz 1, 2 Satz 1 und Absatz 3, §§ 81, 83 Absatz 1 und 2 bis 4, §§ 83a, 84 Satz 1 und 2, § 90 Absatz 3, § 91 Absatz 2 und §§ 92 bis 96 entsprechend anzuwenden. [2]Für die Vertretung der Beteiligten gilt § 11 Absatz 4 und 5 entsprechend.

(3) [1]Der rechtskräftige Beschluss über die Tariffähigkeit oder Tarifzuständigkeit einer Vereinigung wirkt für und gegen jedermann. [2]Die Vorschrift des § 63 über die Übersendung von Urteilen gilt entsprechend für die rechtskräftigen Beschlüsse von Gerichten für Arbeitssachen im Verfahren nach § 2a Abs. 1 Nr. 4.

(4) [1]In den Fällen des § 2a Abs. 1 Nr. 4 findet eine Wiederaufnahme des Verfahrens auch dann statt, wenn die Entscheidung über die Tariffähigkeit oder Tarifzuständigkeit darauf beruht, daß ein Beteiligter absichtlich unrichtige Angaben oder Aussagen gemacht hat. [2]§ 581 der Zivilprozeßordnung findet keine Anwendung.

(5) [1]Hängt die Entscheidung eines Rechtsstreits davon ab, ob eine Vereinigung tariffähig oder ob die Tarifzuständigkeit der Vereinigung gegeben ist, so hat das Gericht das Verfahren bis zur Erledigung des Beschlußverfahrens nach § 2a Abs. 1 Nr. 4 auszusetzen. [2]Im Falle des Satzes 1 sind die Parteien des Rechtsstreits auch im Beschlußverfahren nach § 2a Abs. 1 Nr. 4 antragsberechtigt.

1 **1. Allgemeines.** Streitigkeiten über die Tarifzuständigkeit und Tariffähigkeit sind nach § 2a I Nr. 4 den ArbG zugewiesen, die hierüber nach § 2a II im BeschlV entscheiden. § 97 regelt neben § 10 Satz 2 verfahrensrechtl. Besonderheiten dieser Streitigkeiten (*Denecke* Das BeschlV nach § 97 ArbGG). Der

Begriff der Tariffähigkeit ist ges. nicht definiert. § 2 I bis III TVG bestimmt zwar, wer Partei eines TV sein kann, enthält aber selbst keine nähere Definition der Tariffähigkeit. Die **Tariffähigkeit** wird – wie die Tarifzuständigkeit – in § 2a I Nr. 4, § 97 I, V 1 deshalb als Eigenschaft vorausgesetzt. Es handelt sich um die rechtl. Fähigkeit, durch Vereinbarung mit dem sozialen Gegenspieler Arbeitsbedingungen tarifvertragl. mit der Wirkung zu regeln, dass sie für die tarifgebundenen Personen unmittelbar und unabdingbar wie Rechtsnormen gelten (BVerfG 19.10.1966 AP TVG § 2 Nr. 24). § 97 dient der Sicherung der Tarifautonomie. Da der Gesetzgeber bisher weitgehend von der Normierung der Voraussetzungen für die Tariffähigkeit abgesehen hat, kann jede ANVereinigung ohne vorherige Zulassung am Tarifgeschehen teilnehmen und für ihre Mitglieder Vereinb. abschl., die für sich die Geltung als TV beanspruchen. Ein Zertifizierungsverfahren für die Eigenschaft als Gewerkschaft besteht nicht. Von diesem Freiraum haben in der Vergangenheit mehrere nicht tariffähige Arbeitnehmervereinigungen Gebrauch – offensichtl. ein Zusammenwirken mit der AGseite – gemacht (GNBZ, GKH, „medsonet", NAG). Das Verfahren nach § 97 I stellt im Interesse einer funktionierenden Tarifautonomie ein dafür notwendiges Korrektiv dar. Die gerichtl. Entscheidung soll klären, ob die Vereinigung die rechtl. und tatsächl. Voraussetzungen für den Abschluss von TV erfüllt (BAG 14.12.2010 NZA 2011, 289). Die mit den Verfahren nach § 97 verbundenen Rechtskraftwirkungen laufen weder auf ein gerichtl. Konzessionierungsverfahren für TVParteien hinaus, noch wird die Freiheit der Koalitionsbildung nach Art. 9 III GG berührt. Die in § 2a I Nr. 4 gen. Eigenschaften werden im Verfahren nach § 97 nicht begr., sondern nur festgestellt. Gegenstand eines Verfahrens nach § 2a I Nr. 4 iVm. § 97 kann auch ein Streit um die Gewerkschaftseigenschaft einer Vereinigung sein (BAG 25.11.1986 NZA 1987, 492; aA wohl BVerwG 25.7.2006 NZA 2006, 1371). **Tarifzuständigkeit** ist die Befugnis eines tariffähigen Verbands, TV mit einem bestimmten räuml., betriebl. und persönl. Geltungsbereich abzuschließen (BAG 22.11.1988 NZA 1989, 561). Dies umfasst einen Streit um eine Verbandsmitgliedschaft ohne Bindung an einen Verbandstarifvertrag („OT-Mitgliedschaft", BAG 23.10.1996 NZA 1997, 383).

2. Verfahren. a) Antragsbefugnis. Das Verfahren kann nur von den in § 97 I, V 2 angeführten Personen und Stellen eingeleitet werden. Nach **Abs. 1** ist eine Vereinigung von AN oder AG antragsbefugt, wenn sie die sachl. und räuml. Zust. zum Abschluss von TV besitzt oder zumindest in Anspruch nimmt (BAG 13.3.2007 NZA 2007, 1069). Zu den mögl. Ast. zählen auch die **Spitzenorganisationen,** sofern die Voraussetzungen des § 2 II oder III TVG vorliegen (BAG 15.11.1963 AP TVG § 14 Nr. 2) sowie – in entspr. Anwendung des § 97 I – einzelne **AG,** soweit über die Tarifzuständigkeit einer Gewerkschaft zum Abschluss von TV gerade mit diesem AG gestritten wird (BAG 27.9.2005 NZA 2006, 273). Steht die Tariffähigkeit einer Vereinigung im Streit, ist der AG im Verfahren nach § 97 I nicht antragsbefugt (BAG 14.12.2010 NZA 2011, 289). Die iSd. § 97 I antragstellende Vereinigung ist räuml. und sachl. zuständig, wenn sich ihr aus der Satzung zu ermittelnder Zuständigkeitsbereich wenigstens teilw. mit den Zuständigkeitsbereichen der Vereinigung deckt, deren Tariffähigkeit oder -zuständigkeit bestritten wird (BAG 10.9.1985 NZA 1986, 332). Der Streit über diese Gegenstände kann sowohl zwischen konkurrierenden Vereinigungen derselben Seite (Gewerkschaften oder AGVerbände untereinander) geführt werden als auch zwischen den sozialen Gegenspielern. Soweit der Ast. die Tariffähigkeit einer anderen Vereinigung bestreitet, muss er selbst tariffähig sein (BAG 28.3.2006 NZA 2006, 1112). Dagegen ist die Vereinigung, deren Tariffähigkeit bzw. -zuständigkeit bestritten wird, immer antragsbefugt (BAG 29.6.2004 NZA 2004, 1236); in diesem Fall ist die fragliche Eigenschaft der antragstellenden Vereinigung eine Frage der Begründetheit. Die oberste **Arbeitsbehörde** des Bundes ist ebenfalls stets antragsbefugt, hat von diesem Recht aber bislang keinen Gebrauch gemacht. Die oberste Arbeitsbehörde eines Landes verfügt über die Antragsbefugnis, wenn die Tätigkeit der Vereinigung, deren Tariffähigkeit oder Tarifzuständigkeit umstritten ist, sich auch auf das räuml. Gebiet des jeweiligen Bundeslandes erstreckt. Eine darüber hinausgehende Betroffenheit muss bei den Arbeitsbehörden nicht vorliegen (BAG 14.12.2010 NZA 2011, 289). Andere betriebsverfassungsrechtl. Organe (BR/GBR/KBR) sind durch die insoweit abschl. Regelung in Abs. 1 von einer Antragsbefugnis ausgeschlossen (BAG 13.3.2007 NZA 2007, 1069). Nach **Abs. 5** S. 2 sind sämtl. **Parteien eines Rechtsstreits** antragsbefugt, der nach Abs. 5 S. 1 bis zur Erledigung des BeschlV nach § 2a Abs. 1 Nr. 4 ausgesetzt wurde. Ihre Antragsbefugnis beschränkt sich auf die Vorfrage, wegen derer ihr Verfahren nach Satz 1 ausgesetzt ist. Sie sind nicht berechtigt, eine andere als die vom aussetzenden Gericht für entscheidungserhebl. gehaltene Frage der Tariffähigkeit oder Tarifzuständigkeit gerichtl. klären zu lassen (BAG 29.6.2004 NZA 2004, 1236); insoweit wird ihre Antragsbefugnis durch den Aussetzungsbeschl. beschränkt (BAG 17.4.2012 NZA 2012, 1104). § 97 V 1 1. Alt verlangt, dass es auf die Frage der Tariffähigkeit tatsächl. ankommt, nicht darauf, ob es auf die Tariffähigkeit möglicherweise ankommen könnte (BAG 28.1.2008 NZA 2008, 489). Die nach § 97 V 2 Antragsberechtigten können sich auch einem, von ihrer Antragsbefugnis nicht mehr umfassten Antrag von Antragsberechtigten nach § 97 I nicht anschließen oder diesen unterstützen. 2

b) Weitere Verfahrensgrundsätze. Die Verfahren nach § 97 I werden nur auf Antrag (§ 81) eingeleitet. 3
Der (Feststellungs-)Antrag kann von den nach Abs. 1 Antragsberechtigten sowohl gegenwarts- wie auch vergangenheitsbezogen gestellt werden. Bei Ersterem erfasst er grds. die Tariffähigkeit bzw. -zuständigkeit in Bezug auf die bei Rechtshängigkeit geltende Satzung. Vergangenheitsbezogene Anträge sind bei

beiden in § 2a I Nr. 4 genannten Eigenschaften zulässig, müssen aber auf konkret bestimmte Zeitpunkte gestellt werden (BAG 17.4.2012 NZA 2012, 1104). Die Möglichkeit zu einer umfassenden Antragstellung folgt aus der Ordnungsfunktion der Verfahren nach § 2a I Nr. 4. Es geht um die gerichtl. Klärung von verbandl. Normsetzung. Wäre die Antragsbefugnis nach Abs. 1 auf den Zeitpunkt der letzten Anhörung in den Tatsacheninstanzen beschränkt, könnte eine Vereinigung durch kurzfristige Satzungswechsel in der RBinstanz der Entscheidung der Tatsacheninstanz die Grdl. entziehen; denn das Verfahren wäre für erledigt zu erklären. Andere Gegenstände als die Tariffähigkeit und -zuständigkeit einer Vereinigung können nicht in das Verfahren nach § 97 einbezogen werden (BAG 17.4.2012 NZA 2012, 1104). § 256 I ZPO findet in diesen keine Anwendung, da es um die Feststellung einer Eigenschaft und nicht eines Rechtsverhältnisses geht. Die Antragsbebefugnis nach § 97 I wird ledigl. durch das allgem. Rechtsschutzbedürfnis begrenzt. Der Antrag ist zulässig, wenn die Tariffähigkeit bzw. -zuständigkeit von dem Ast. oder sonst im Arbeitsleben allg. oder für den konkret bezeichneten Zeitpunkt in Zw. gezogen wird (BAG 14.12.2010 NZA 2011, 289). Das Rechtschutzbedürfnis besteht auch bei einer Auseinandersetzung zw. konkurrierenden ANVereinigungen (BAG 5.10.2010 NZA 2011, 300). Ledigl. bei einem Streit zw. DGB-Gewerkschaften über ihre Tarifzuständigkeit geht das in §§ 15, 16 DGB-Satzung geregelte Verfahren vor (BAG 25.9.1996 NZA 1997, 613). Nach § 97 II ist das LAG abw. ggü. § 8 I als Eingangsgericht zuständig; dies gilt auch für Verfahren nach Abs. 5. Die Beschränkung auf eine Tatsacheninstanz ist verfassungsrechtl. unbedenkl. und dient der gebotenen Verfahrensbeschleunigung (LAG HE 9.4.2015 NZA-RR 2015, 482). Die RB zum BAG ist unter den in § 72 II gen. Voraussetzungen statthaft (Übergangsregelung in § 112). Nach **Abs. 2a** gelten für das Verfahren die dort bestimmten Normen über das BeschlV. Danach findet eine Güteverhandlung nicht statt, die Vorschr. über die Präklusion von Vorbringen (§ 83 I a) sind nicht in Bezug genommen. Das Verfahren kann für erledigt erklärt werden (§ 83a II, III), hingegen dürfte der Abschluss eines Vergleichs wegen der fehlenden Verfügungsmöglichkeit über den Verfahrensgegenstand kaum in Betracht kommen. Für die Vertretung der Beteiligten gelten die Regelungen für die Vertretung vor dem LAG und BAG. **Örtl. zuständig** ist das LAG, in dessen Bezirk die Vereinigung, deren Tariffähigkeit oder Tarifzuständigkeit festgestellt werden soll, ihre Verw. tatsächl. führt oder ihren Sitz hat (§ 97 II). Wird der Antrag beim ArbG eingereicht, ist er dort als unzulässig abzuweisen; §§ 17a, 17b GVG finden weder unmittelbar noch entspr. Anwendung (aA GK-ArbGG/*Ahrendt* Rn. 25). Da es an einer Bezugnahme auf die Vorschr. über die Rechtswegzuständigkeit fehlt, scheidet eine Verweisung nach §§ 17a, 17b GVG an das zust. LAG aus. Eine **einstweilige Vfg.** ist ausgeschlossen, da § 85 ist nicht in Bezug genommen ist. Die Vorschr. über die doppelte Rechtshängigkeit (§ 261 III Nr. 1 ZPO) findet Anwendung (BAG 14.12.2010 NZA 2011, 289). Die nach Abs. 1 Antragsberechtigten können aber einem bereits anhängigen BeschlV nach § 97 V 2 mit einem eigenen Antrag als Ast. beitreten.

4 c) **Beteiligung.** Da § 97 IIa keine Sonderregelung zur Beteiligung enthält, gelten die allgem. Grundsätze für das BeschlV (§ 83 III) sinngem. (*Ulber* SR 2012, 141). Maßgebl. ist daher die unmittelbare Betroffenheit in der Rechtsstellung als AN- oder AGVereinigung (BAG 25.9.1996 NZA 1997, 613). **Verfahren über die Tariffähigkeit**: In diesen ist neben dem/den Ast. stets die Vereinigung, deren Tariffähigkeit oder -zuständigkeit umstr. ist, im Verfahren anzuhören, selbst wenn diese keinen eigenen Antrag gestellt hat (BAG 10.9.1985 NZA 1986, 332). Auch die in § 97 I genannten Vereinigungen oder Stellen, die sich im Verfahren auf einen Abweisungsantrag beschränken, sind Beteiligte (BAG 14.12.2010 NZA 2011, 289). Anzuhören sind in Streitigkeiten um die Tariffähigkeit ferner die AN- und AGseite, soweit die Entscheidung sie berühren kann. Dabei ist grds. die Beteiligung der jeweiligen Spitzenverbände (DGB/CGB, BdA) ausreichend (BAG 28.3.2006 NZA 2006, 1112; aA SW/*Walker* Rn. 18). Deren Einbeziehung erfolgt allerdings nicht wegen einer Betroffenheit in einer eigenen Rechtsstellung, sondern weil sie aufgrund ihrer bes. Fachkunde das Handeln der als Gewerkschaft auftretenden Vereinigung einschätzen können. Neben diesen können sich die örtl. und sachl. zust. Mitgliedsverbände der Spitzenverbände dadurch beteiligen, dass sie als Ast. nach Abs. 1 auftreten (BAG 25.11.1986 NZA 1987, 492). Die Arbeitsbehörden der Länder sind nur anzuhören, wenn sie selbst als Ast. auftreten (BAG 15.11.1963 AP TVG § 2 Nr. 14), ansonsten ist nur das BMAS als oberste Arbeitsbehörde wegen der durch den Bundesgesetzgeber geschaffenen Tariföffnungsklauseln in das Verfahren einzubeziehen (aA GKArbGG/*Ahrendt* Rn. 61). Schließl. sind bei einer Einl. nach § 97 V 2 sämtl. Parteien des nach Abs. 5 S. 1 ausgesetzten Verfahrens anzuhören. In Verfahren um die **Tarifzuständigkeit** sind bei einem gegenwartsbezogenen Antrag nach § 97 I nur der Ast. und die Vereinigung, deren Tarifzuständigkeit umstr. ist, am Verfahren beteiligt. Bei einem vergangenheitsbezogenen Antrag um einen bestimmten TVAbschluss sind zus. die TVParteien anzuhören, die den jew. TV abgeschlossen haben (BAG 17.4.2012 NZA 2012, 1104).

5 d) **Entscheidung.** Die Entsch. ergeht durch die Kammer des LAG unter Mitwirkung der ehrenamtl. Richter. Sie muss auf Grund der fehlenden Verweisung in Abs. 2a auf § 84 S. 3 nicht verkündet werden. Die Rechtskraft eines Beschl. zur Tariffähigkeit einer Vereinigung besteht ggü. jedermann (§ 97 III 1); durch die Neufassung ist insoweit die bisherige Rspr. (BAG 25.11.1986 NZA 1987, 492) bestätigt worden. In zeitl. Hinsicht erfasst eine Entscheidung nach § 97 V über den im Antrag konkret bezeichneten, auch weitere Zeiträume, wenn die in § 2a Abs. 1 Nr. 4 gen. Eigenschaften in diesen nur einheitl. beurteilt werden können (BAG 23.5.2012 NZA 2012, 623). Die Wirkungen der Rechtskraft

enden bei einer wesentl. Änderung der tatsächl. oder rechtl. Verhältnisse (BAG 6.6.2000 NZA 2001, 156). Das Vorliegen der Tariffähigkeit oder –zuständigkeit und damit die Rechtskraft einer Entscheidung in Verfahren nach § 97 beurteilt sich stets in Bezug zu der jew. Satzung (BAG 11.6.2013 NZA-RR 2013, 641). Eine **Vollstreckung** der Entsch. scheidet von vornherein aus, weil mit einem Antrag nach § 97 nur ein Feststellungsbeschluss erreicht werden kann. **Abs. 4** erleichtert die **Wiederaufnahme des Verfahrens.** Anders als § 580 Nr. 1 ZPO, der eine vorsätzl. oder fahrlässige eidl. Falschaussage verlangt, genügen hier absichtl. unrichtige Angaben oder Aussagen eines Beteiligten. Eine rechtskräftige strafrechtl. Verurteilung ist nach Abs. 4 S. 2 nicht erforderl. Aus dieser Vorschr. folgt, dass die Voraussetzungen des § 580 bzw. des § 97 IV 1 das Gericht im Wiederaufnahmeverfahren selbst zu prüfen und festzustellen hat.

3. Aussetzung anderer Verfahren. Für die Aussetzung nach **Abs. 5** ist ein entspr. Antrag einer 6
Partei nicht erforderl. (BAG 23.10.1996 NZA 1997, 383). Sie erfolgt vAw. Es besteht insoweit kein Ermessen des Gerichts; die Verletzung des Aussetzungsgebots stellt einen Verfahrensfehler dar (BAG 22.12.1960 AP ArbGG 1953 § 11 Nr. 25). Fragen der Tariffähigkeit oder -zuständigkeit dürfen daher nicht als Vorfragen in einem Rechtsstreit mitentschieden werden. Als Ausgangsverfahren kommt jedes gerichtl. Verfahren – auch in einem anderen Rechtsweg (BAG 25.9.1996 NZA 1997, 668) – und in jeder Instanz in Betracht (BAG 23.10.1996 NZA 1997, 383). Eine Aussetzung nach § 97 V 1 darf nur erfolgen, wenn zumindest eine der in § 2a I Nr. 4 gen. Eigenschaften einer Vereinigung aufgrund vernünftiger Zweifel streitig ist, wobei im Arbeitsleben geäußerte Vorbehalte zu berücksichtigen und vom ArbG aufzugreifen sind (BAG 14.12.2010 NZA 2011, 289). Vor einer Aussetzung muss das Gericht feststellen, dass über den erhobenen Anspruch nicht ohne Klärung der in § 2a Abs. 1 Nr. 4 gen. Eigenschaften entschieden werden kann. Dies setzt eine vorherige Prüfung der Schlüssigkeit und der Erheblichkeit des Parteivorbringens in Bezug auf die Klageforderung ebenso voraus wie die Durchführung einer ggf. notwendigen Beweisaufnahme. Fehlt es hieran, ist der Aussetzungsbeschl. aufzuheben (BAG 24.7.2012 NZA 2012, 1061). Der Beschl. muss das Abschlussdatum des für entscheidungserhebl. angesehenen TV konkret bezeichnen. Im Verfahren nach § 97 V 2 entfaltet eine Aussetzung Bindungswirkung, insb. ist vom LAG nicht zu prüfen, ob die Vorfrage, die zur Aussetzung gerührt hat, tatsächl. vorgreifl. ist (BAG 24.7.1990 NZA 1991, 21); allerdings fehlt es an einer Antragsbefugnis, wenn die Entscheidung offensichl. nicht von in § 2a I Nr. 4 gen. Eigenschaften abhängt (BAG 26.1.2016 NZA 2016, 842). Das Verfahren nach § 97 V 2 wird durch den Aussetzungsbeschluss nicht vAw., sondern nur durch den Antrag eines Verfahrenbeteiligten eingeleitet.

§ 98 Entscheidung über die Wirksamkeit einer Allgemeinverbindlicherklärung oder einer Rechtsverordnung

(1) In den Fällen des § 2a Absatz 1 Nummer 5 wird das Verfahren eingeleitet auf Antrag
1. jeder natürlichen oder juristischen Person oder
2. einer Gewerkschaft oder einer Vereinigung von Arbeitgebern,
die nach Bekanntmachung der Allgemeinverbindlicherklärung oder der Rechtsverordnung geltend macht, durch die Allgemeinverbindlicherklärung oder die Rechtsverordnung oder deren Anwendung in ihren Rechten verletzt zu sein oder in absehbarer Zeit verletzt zu werden.

(2) Für Verfahren nach § 2a Absatz 1 Nummer 5 ist das Landesarbeitsgericht zuständig, in dessen Bezirk die Behörde ihren Sitz hat, die den Tarifvertrag für allgemeinverbindlich erklärt hat oder die Rechtsverordnung erlassen hat.

(3) [1]Für das Verfahren sind § 80 Absatz 1, 2 Satz 1 und Absatz 3, §§ 81, 83 Absatz 1 und 2 bis 4, §§ 83a, 84 Satz 1 und 2, § 90 Absatz 3, § 91 Absatz 2 und §§ 92 bis 96 entsprechend anzuwenden. [2]Für die Vertretung der Beteiligten gilt § 11 Absatz 4 und 5 entsprechend. [3]In dem Verfahren ist die Behörde, die den Tarifvertrag für allgemeinverbindlich erklärt hat oder die Rechtsverordnung erlassen hat, Beteiligte.

(4) [1]Der rechtskräftige Beschluss über die Wirksamkeit einer Allgemeinverbindlicherklärung oder einer Rechtsverordnung wirkt für und gegen jedermann. [2]Rechtskräftige Beschlüsse von Gerichten für Arbeitssachen im Verfahren nach § 2a Absatz 1 Nummer 5 sind alsbald der obersten Arbeitsbehörde des Bundes in vollständiger Form abschriftlich zu übersenden oder elektronisch zu übermitteln. [3]Soweit eine Allgemeinverbindlicherklärung oder eine Rechtsverordnung rechtskräftig als wirksam oder unwirksam festgestellt wird, ist die Entscheidungsformel durch die oberste Arbeitsbehörde des Bundes im Bundesanzeiger bekannt zu machen.

(5) [1]In den Fällen des § 2a Absatz 1 Nummer 5 findet eine Wiederaufnahme des Verfahrens auch dann statt, wenn die Entscheidung über die Wirksamkeit einer Allgemeinverbindlicherklärung oder einer Rechtsverordnung darauf beruht, dass ein Beteiligter absichtlich unrichtige Angaben oder Aussagen gemacht hat. [2]§ 581 der Zivilprozessordnung findet keine Anwendung.

(6) [1]Hängt die Entscheidung eines Rechtsstreits davon ab, ob eine Allgemeinverbindlicherklärung oder eine Rechtsverordnung wirksam ist und hat das Gericht ernsthafte Zweifel nichtver-

fassungsrechtlicher Art an der Wirksamkeit der Allgemeinverbindlicherklärung oder der Rechtsverordnung, so hat das Gericht das Verfahren bis zur Erledigung des Beschlussverfahrens nach § 2a Absatz 1 Nummer 5 auszusetzen. [2]Setzt ein Gericht für Arbeitssachen nach Satz 1 einen Rechtsstreit über den Leistungsanspruch einer gemeinsamen Einrichtung aus, hat das Gericht auf deren Antrag den Beklagten zur vorläufigen Leistung zu verpflichten. [3]Die Anordnung unterbleibt, wenn das Gericht die Allgemeinverbindlicherklärung oder die Rechtsverordnung nach dem bisherigen Sach- und Streitstand für offensichtlich unwirksam hält oder der Beklagte glaubhaft macht, dass die vorläufige Leistungspflicht ihm einen nicht zu ersetzenden Nachteil bringen würde. [4]Auf die Entscheidung über die vorläufige Leistungspflicht finden die Vorschriften über die Aussetzung entsprechend Anwendung; die Entscheidung ist ein Vollstreckungstitel gemäß § 794 Absatz 1 Nummer 3 der Zivilprozessordnung. [5]Auch außerhalb eines Beschwerdeverfahrens können die Parteien die Änderung oder Aufhebung der Entscheidung über die vorläufige Leistungspflicht wegen veränderter oder im ursprünglichen Verfahren ohne Verschulden nicht geltend gemachter Umstände beantragen. Ergeht nach Aufnahme des Verfahrens eine Entscheidung, gilt § 717 der Zivilprozessordnung entsprechend. [6]Im Falle des Satzes 1 sind die Parteien des Rechtsstreits auch im Beschlussverfahren nach § 2a Absatz 1 Nummer 5 antragsberechtigt.

1 **1. Allgemeines.** Die Vorschr. ist durch Art. 2 des G zur Stärkung der Tarifautonomie v. 11.8.2014 in das ArbGG eingefügt worden (BGBl. I S. 1348, *Walker* JbArR 52 [2015] 95). Die Entscheidung über die Rechtsgültigkeit von AVE und RechtsVO iSd § 2a I Nr. 5 wird verbindl. in einem Rechtsweg konzentriert. Damit entfällt das bisherige Nebeneinander von Zust. der ArbG, SG, VG und der ordentl. Gerichte. Mit der nicht analogiefähigen Regelung sollte ein einheitliches Verfahren geschaffen werden, in dem die Gültigkeit einer AVE (s. § 5 TVG Rn. 1) sowie der in § 2a I Nr. 5 genannten RechtsVO nach §§ 7, 7a AEntG, § 3a AÜG in einem einheitl. Rechtsweg vor den Gerichten für Arbeitssachen geklärt werden kann. Nach der Vorstellung des Gesetzgebers soll durch die Rechtswegkonzentration eine – im Vergleich zur früheren Rechtslage – erhöhte Rechtsklarheit herbeigeführt und die Prozessökonomie gefördet werden (BR-Drs. 147/14 S. 29 f.). Im Wortlaut nicht erwähnt werden Anträge auf Erlass einer AVE oder einer RechtsVO, für diese ist der Rechtsweg zu den VG eröffnet (krit. *Forst* RdA 2015, 25, 34). Bei der Verfahrensausgestaltung hat sich dieser an dem bereits bestehenden bes. BeschlV über die Feststellung der Tariffähigkeit und -zuständigkeit einer Vereinigung (s. § 97 Rn. 1) sowie an dem bundesrechtl. ausgestalteten Normenkontrollverfahren für Satzungen in § 47 VwGO orientiert (BAG 21.9.2016 – 10 ABR 33/15).

2 **2. Verfahrensgegenstand.** Nach Abs. 1 ist das BeschlV nach § 98 auf die Feststellung der Wirksamkeit/Unwirksamkeit einer bereits bekannt gemachten AVE sowie einer in § 2a I Nr. 5 genannten RechtsVO beschränkt (BAG 21.9.2016 – 10 ABR 33/15). Von deren Überprüfung ist auch die Wirksamkeit einer etwaig vorgenommenen oder außer Kraft getretenen Ausgestaltung (s. Rn. 3) ihres Geltungsbereichs erfasst. Hingegen können andere Normen nicht Gegenstand der gerichtl. Entscheidung sein. In gegenständl. Hinsicht kann daher über die Wirksamkeit von RechtsVO gem. § 11 MiLoG nicht im Verfahren nach § 98 befunden werden, obwohl die Voraussetzungen für den Beschl. der Mindestlohnkommission nach § 9 II MiLoG weitgehend mit den Voraussetzungen für RechtsVO nach dem AEntG übereinstimmen. Eine entspr. Anwendung von § 98 scheidet aus; nach der Gesetzgebungsgeschichte ist insoweit von einer bewußten Entscheidung des Gesetzgebers auszugehen. Nicht von § 98 erfasst werden auch die Wirksamkeit von RechtsVO in der Pflegebranche (§ 11 AEntG). Streitigkeiten über das Bestehen oder die Auslegung eines TV sind nach wie vor in Individualstreitigkeiten oder im Verfahren nach § 9 TVG auszutragen.

3 **3. Antragsbefugnis. a) Verletzung einer eigenen Rechtsposition.** Die für die Einl. des BeschlV nach § 98 erforderl. Antragsbefugnis wird in Abs. 1 und Abs. 6 normiert. Nach § 98 I können nur die dort genannten Antragsberechtigten ein Verfahren einleiten, wenn sie eine Rechtsverletzung oder eine in absehbarer Zeit bevorstehende Rechtsverletzung durch die in ihrer Wirksamkeit umstrittene AVE oder RechtsVO geltend machen. Daneben haben die Parteien/Beteiligten eines Rechtsstreits, der nach § 98 VI ausgesetzt ist, die Antragsbefugnis zur Einl. eines Normenkontrollverfahrens. Der Gesetzgeber hat – anders als in § 97 I – von der weitergehenden Beschränkung der geb. Antragsbefugnis abgesehen. § 98 I ist der Antragsbefugnis in § 47 II VwGO nachgebildet. Nach der dazu ergangenen Rspr. des BVerwG liegt die Antragsbefugnis allerdings nicht bereits dann vor, wenn der Ast. eine Verletzung seiner subj. Rechte ledigl. behauptet. Vielmehr muss er hinreichend substantiiert Tatsachen vortragen, die es zumindest als mögl. erscheinen lassen, dass er durch die angegriffene Rechtsvorschrift oder deren Anwendung in einer eigenen Rechtsposition verletzt ist oder werden kann. Die Antragsbefugnis fehlt nur dann, wenn unter Zugrundelegung des Antragsvorbringens Rechte des Ast. offensichtl. und eindeutig nach keiner Betrachtungsweise verletzt sein können (BAG 21.9.2016 – 10 ABR 33/15). Danach wären die vom Geltungsbereich einer AVE oder RechtsVO erfassten AN oder AG stets nach § 98 I antragsbefugt. Durch § 8 II AEntG wird dem AG die Anwendung eines allgemeinverbindlichen TV oder einer RechtsVO nach §§ 7, 7a AEntG unabhängig von seiner eigenen Tarifbindung aufgegeben. Die Kontrolle über die Einhaltung der Verpflichtung aus § 8 II AEntG löst die in § 17 AEntG

bestimmten behördl. Befugnisse aus, die Ahndung einer Zuwiderhandlung gegen § 8 II AEntG ist bußgeldbewehrt. Dies gilt gleichermaßen für das Mindeststundenentgelt von überlassenen AN (§ 3a II, § 10 V, § 16 I Nr. 7b, §§ 17 ff. AÜG). Diese Pflichtenstellung reicht für die von einer AVE oder einer in § 2a I Nr. 5 genannten RechtsVO erfassten AG zur Begr. der Antragsbefugnis aus (ähnl. BVerwG 28.1.2010 NZA 2010, 718 – zur § 1 BriefArbbV). AN können nach § 98 I antragsbefugt sein, wenn sich ihr AG unter Hinweis auf die Unwirksamkeit einer AVE oder RechtsVO weigert, ihnen die darin bestimmten Arbeitsbedingungen zu gewähren. Eine Gewerkschaft oder ein AGverband können eine Verletzung ihrer durch Art. 9 III GG geschützten Rechtsposition geltend machen, wenn die AVE oder die RechtsVO ihre Normsetzungsbefugnis beeinträchtigt, weil sie zB bereits abgeschlossene Tarifnormen verdrängen oder einen TVabschluss zukünftig als aussichtslos erscheinen lassen (GK-ArbGG/*Ahrendt* Rn. 28, 31); insoweit sind die Koalitionen vor staatl. Einflussnahme ihrer Normsetzungsbefugnis geschützt (BVerwG 28.1.2010 NZA 2010, 718). Ihre Antragsbefugnis setzt allerdings zumindest ein teilweises Tätigwerden im Geltungsbereich der AVE oder der in § 2a I Nr. 5 genannten RechtsVO voraus. Gegenstand eines Verfahrens nach § 98 I kann auch eine bereits außer Kraft getretene AVE oder RechtsVO sein, wenn ihre Rechtswirkungen für den Ast. andauern; maßgebl. Zeitpunkt ist die letzte Anhörung (BAG 21.9.2016 – 10 ABR 33/15).

b) Ausgesetzte Verfahren. Die Antragsbefugnis in § 98 VI 1, 7 ist der Regelung in § 97 V nachgebildet; die dortigen Ausführungen (s. § 97 Rn. 2) gelten sinngem. auch für die Normenkontrollverfahren nach § 98. Insbes. bestimmt der Aussetzungsbeschluss den zulässigen Antragsinhalt der nach Abs. 6 Satz 7 antragsbefugten Parteien oder Beteiligten. Eine unterbliebene Antragstellung nach Abs. 1 schließt die Aussetzung eines Verfahrens nach Abs. 6 Satz 1 nicht aus. 4

4. Beteiligung. In Normenkontrollverfahren nach § 98 ist neben dem Ast. stets die Behörde, die den TV für allgemeinverbindl. erklärt oder die RechtsVO erlassen hat, am Verfahren zu beteiligen (§ 98 III 3). Zu den nachträgl. im Verfahren auftretenden Ast. können auch die Parteien/Beteiligten gehören, deren Verfahren nach Abs. 6 S. 1 ausgesetzt sind. Ebenfalls können nachträgl. in das Verfahren nach Abs. 1 solche Ast. eintreten, bei denen die vom G geforderte Antragsbefugnis (s. Rn. 2) vorliegt. Eine solche Situation kann dann eintreten, wenn bei ihrer Antragsstellung bereits ein Verfahren nach § 98 rechtshängig ist. Da § 261 III Nr. 1 ZPO auch im Verfahren nach § 98 Anwendung findet, kann ein identischer Antrag ggü. einer AVE oder RechtsVO nicht mehr in einem später anhängig gemachten BeschlussV erhoben werden; solche Anträge sind unzulässig (§§ 322, 325 ZPO). Die späteren Ast. sind darauf beschränkt, in dem bereits rechtshängigen Verfahren als zusätzl. Ast. aufzutreten (zu § 97: BAG 14.12.2010 NZA 2010, 289; ebenso GK-ArbGG/*Ahrendt* Rn. 39, 40). Insoweit liegt ein Fall von subj. Antragshäufung vor. Ebenso können die anderen Beteiligten in dem bereits anhängigen oder ausgesetzten Verfahren einen Abweisungsantrag stellen; sie sind dann gleichermaßen Beteiligte (BAG 21.9.2016 – 10 ABR 33/15). Danach kann es jeweils nur ein Verfahren um eine bestimmte AVE oder RechtsVO geben. Ansonsten sind nach dem entspr. anwendbaren § 83 III im Verfahren diejenigen Personen und Stellen zu hören, die von diesem in ihrer Rechtsposition unmittelbar betroffen werden. Ausdr. hat das G die Beteiligtenstellung der den verfahrensgegenständl. Rechtsakt erlassenden Behörde normiert (Abs. 3 S. 3, § 10 S. 3). Bei einem Streit um die Wirksamkeit einer AVE sind die TVparteien, die den streitgegenständl. TV abgeschlossen haben, stets beteiligt, nicht aber etwaige konkurrierenden Verbände, diese sind nur bei einer eigenen Antragstellung in das Verfahren einbezogen (BAG 21.9.2016 – 10 ABR 33/15). Keine Verfahrensbeteiligten sind die Personen und Stellen, die vor dem beabsichtigten Erlass einer AVE (§ 5 II TVG) oder RechtsVO (§ 7 IV, § 7a III AEntG, § 3 V 2 AÜG) Gelegenheit zur Stellungn. erhalten oder eine Äußerung abgegeben haben. Die Spitzenverbände sind nicht anzuhören, bei ihnen liegt weder eine unmittelbare Betroffenheit in einer eigenen Rechtsposition vor, noch bedarf es ihres Sachverstands zur Beurteilung der Rechtswirksamkeit der in Betracht staatl. Rechtssetzungsakte. 5

5. Verfahrensgrundsätze. Für das Verfahren nach § 98 gelten die in Abs. 3 Satz 1 bezeichneten Normen des BeschlussV. Das Verfahren wird durch einen (Feststellungs-)Antrag beim örtl. zust. LAG (Abs. 2) eingeleitet; dies ist bei vom BMAS erlassenen Rechtsakten das LAG B. Es gilt der Amtsermittlungsgrundsatz (§ 83 Rn. 1). Der Antrag muss von einem RA oder postulationsfähigen Verbandsvertreter erhoben werden (Abs. 3 Satz 2). Er erfordert die Angabe der verfahrensgegenständl. RechtsVO oder der AVE (BAG 21.9.2016 – 10 ABR 33/15). Das für den Antrag erforderl. Rechtsschutzinteresse folgt regelmäßig bei Vorliegen der Antragsbefugnis; der Ast. muss zum Zeitpunkt der letzten Entscheidung ein rechtl. geschütztes Interesse an der begehrten Feststellung haben. Eine vor der Einl. oder während des Verfahrens außer Kraft getretene AVE oder RechtsVO muss für den Ast. noch nachteilige Rechtswirkungen entfalten. Hieran fehlt es, wenn alle Individualverfahren des Ast. rkr. abgeschlossen sind (BAG 21.9.2016 – 10 ABR 33/15). Ist von einem Ast. iSd. § 98 I Nr. 2 hingegen ein zul. Antrag gestellt worden, führt das Außer-Kraft-Treten der AVE oder der RechtsVO nicht zum Wegfall des Feststellungsinteresses (BAG 25.1.2017 – 10 ABR 34/15). Entfällt das Rechtsschutzinteresse während des Verfahrens, ist es einzustellen. Das LAG hat die AVE bzw. die RechtsVO unter allen in Betracht kommenden Gesichtspunkten zu prüfen; es ist nicht auf die vom Ast. angeführten Mängel beschränkt. 6

Zu deren Unwirksamkeit führen grds. alle materiellen und formellen Mängel (BAG 21.9.2016 – 10 ABR 33/15). Der (feststellende) Entscheidungsausspruch wirkt für und gegen jedermann (Abs. 4 Satz 1). Rechtskräftige Entscheidungen sind dem BMAS zu übermitteln und von diesem im BAnz. bekannt zu machen (Abs. 4 S. 2 und 3); bei einer im Tenor ausschl. abweisenden Entscheidung sind allerdings zusätzl. Angaben über den streitgegenständl. Rechtsakt erforderl., damit sich aus der Veröffentlichung der Beschlussinhalt erschließt. Vorzugswürdig ist das eine Formulierung, in der die Wirksamkeit oder Unwirksamkeit eines bestimmten Rechtsakts ausgesprochen wird. Eine Wiederaufnahme des Verfahrens gegen eine rkr. Entscheidung richtet sich nach § 98 V (s. § 97 Rn. 5).

7 **6. Aussetzung anderer Rechtsstreitigkeiten. a) Grundsatz.** Ein Verfahren – gleich in welchem Rechtsweg – ist nach § 98 VI 1 vAw. auszusetzen, wenn dessen Entsch.von der Wirksamkeit einer AVE oder einer in § 2a I Nr. 5 gen. RechtsVO abhängt. Hierüber darf zur Vermeidung widersprechender Entsch. nur im Verfahren nach § 98 entschieden werden. Wird ein auf einer AVE oder einer der in § 2a I Nr. 5 gen. RechtsVO gestützter Anspruch gerichtl. verfolgt und setzt das Gericht das Verfahren nach Abs. 6 S. 1 aus, ist der jew. Anspruchssteller daher auch an einer vorl. Rechtsdurchsetzung gehindert (Ausn. s. Rn. 8). Er muss die rkr. Entscheidung im Verfahren nach § 98 I abwarten. Insbes. wenn der Rechtsstreit Arbeitsentgelt zum Gegenstand hat, darf dessen existenzsichernde Bedeutung für den AN nicht außer Betracht bleiben. Hieraus und aus dem Beschleunigungsgrundsatz ergeben sich in zweifacher Hinsicht Einschränkungen für die Aussetzungsentscheidung (ähnl. GK/ArbGG/*Ahrendt* Rn. 55; aA *Bader* NZA 2015, 644): *(a)* Der prozessuale Anspruch der kl. Partei muss ausschl. von der Wirksamkeit der AVE oder einer RechtsVO iSd. § 2a I Nr. 5 abhängen. Kann der Rechtsstreit ohne Klärung der Wirksamkeit der AVE oder RechtsVO entschieden werden, scheidet eine Aussetzung wg. der damit verbundenen Verzögerung aus. Die Schlüssigkeit und Erheblichkeit des Parteivorbringens in Bezug auf die Klageforderung muss geprüft und ggf. eine Beweisaufnahme durchgeführt werden. Die Entscheidungserheblichkeit der AVE oder der entsp. RechtsVO ist im Beschl. zu begründen (BAG 7.1.2015 NZA 2015, 237). *(b)* Eine Aussetzung darf nicht bereits dann erfolgen, wenn der Anspruchsgegner pauschal die Wirksamkeit des in Frage stehenden staatl. Rechtsakts bestreitet. Vielmehr muss er einen Sachvortrag halten oder es müssen Tatsachen offensichtl. sein, die ernsthafte Zw. an dessen Wirksamkeit begründen (so ausdr. § 98 VI 1, BAG 7.1.2015 NZA 2015, 237). Dies gilt auch, wenn bereits ein Verfahren nach § 98 I eingeleitet ist. Die Begrenzung auf Zw. „nichtverfassungsrechtl. Art" in § 98 VI 1 ist überflüssig. Hält ein Gericht die für AVE in Betracht kommende Ermächtigungsnorm in § 5 Ia TVG für verfassungswidrig, muss es sein Verfahren nach § 148 ZPO aussetzen und die Frage dem BVerfG nach Art. 100 I GG vorlegen; zur Antragsbefugnis für die Einl. eines Verfahrens nach § 98 s. Rn. 4. Bei der Beurteilung über das Vorliegen von „ernsthaften Zweifeln" ist grds. davon auszugehen, dass das BMAS bzw. die Arbeitsbehörden der Länder die AVE bzw. die RechtsVO i. S. d. § 2a I Nr. 5 unter Beachtung der ges. Anforderungen vornehmen (BAG 7.1.2015 NZA 2015, 237). Eine Aussetzung nach Abs. 6 S. 1 darf nur dann erfolgen, wenn eine Partei **konkrete Anhaltspunkte** vorträgt, aufgrund derer ernsthafte Zweifel bestehen, dass entweder die Voraussetzungen für den Erlass der in § 2a I Nr. 5 gen. Normen nicht vorgelegen haben oder das Verfahren nicht den unverzichtbaren ges. Erfordernissen entsprochen hat. Nur aufgrund eines solchen Vorbringens, hat das Gericht die Aussetzung zu prüfen. Allerdings ist Parteivorbringen entbehrl., wenn das Gericht über die Kenntnis von von Tatsachen verfügt, die ernsthafte Zweifel iSd. Abs. 6 S. 1 begründen können. In diesem Fall muss es aber die Anhaltspunkte in das Verfahren einführen und den Parteien Gelegenheit zur Stellungnahme geben. Hingegen ist unerhebl., ob die jew. AVE oder RechtsVO bereits erstinstanzl. in einem Verfahren nach § 98 für wirksam erklärt wurde (BAG 21.9.2016 – 10 ABR 33/15). Bei seiner Ent. über die Aussetzung hat das Gericht einen Beurteilungsspielraum (BAG 12.4.2017 – 10 AZB 28/17, zVb. „gewisser Spielraum"). Das BAG darf nur nachprüfen, ob das LAG den Begriff selbst verkannt, bei der Unterordnung des Sachverhalts unter die Rechtsnorm Denkgesetze oder allgemeine Erfahrungssätze verletzt und ob die Beurteilung wegen des Übersehens wesentl. Umstände offensichtl. fehlerhaft ist (BAG 12.4.2017 – 10 AZB 28/17, zVb.). Grundlage für diese Prüfung sind die im Aussetzungsbeschl. angeführten Anhaltspunkte (BAG 7.1.2015 NZA 2015, 237) oder solche, die dem erkennenden Senat des BAG bekannt sind. Eine Aussetzung ist unzulässig, wenn über die Wirksamkeit oder Unwirksamkeit der AVE oder die in § 2a I Nr. 5 gen. Normen bereits rkr. entschieden ist, ausr. ist, dass das BAG die Ent. getroffen hat. Nach rkr. Abschluss des BeschlV nach § 98 ist das nach Abs. 6 S. 1 ausgesetzte Verfahren fortzusetzen und abzuschließen (BAG 21.9.2016 – 10 ABR 33/15).

8 **b) Vorläufige Leistungsverpflichtung bei Gemeinsamen Einrichtungen.** Mit den durch Art. 2 des G zur Sicherung der tarifvertraglichen Sozialkassenverfahren und zur Änderung des ArbGG v. 7.9.2017 (BGBl. I S. 3356) eingefügten Sätzen 2 bis 6 hat der Gesetzgeber Sonderregelungen für Verfahren von Gem. Einrichtungen der TVparteien geschaffen. Diese betreffen iw. die von ihnen geschaffenen Sozialkassen. Der Gesetzgeber hat eine gerichtl. Anordnung einer (vorl.) Leistungspflicht zu Gunsten von Gem. Einrichtungen. Die Regelung soll sicherstellen, dass deren Funktionsfähigkeit nicht gefährdet wird, weil die Gerichte bundesweit zahlreiche Verfahren über die Beitragspflicht von Unternehmen aussetzen und die Sozialkassen deshalb in Liquiditätsschwierigkeiten geraten. Aus Sicht des Gesetzgebers besteht eine bes. Dringlichkeit für den Erlass eines vorl. Leistungstitels, damit die Beitrags-

forderungen effektiv und zeitnah durchgesetzt werden können, wachsende Außenstände, die langfristig deren Leistungsgewährung gefährden könnten, sowie Wettbewerbsverzerrungen zwischen tarifgebundenen und tarifungebundenen Unternehmen vermieden werden (BT Drs. 18/12510 S. 876 f.). Die ArbG müssen bei Leistungsklagen der Sozialkassen im UrtV auf deren Antrag gleichzeitig mit einer etwaigen pos. Aussetzungsent. nach § 98 VI 1 eine (pos. oder neg.) Ent. über die Leistungspflicht des Bekl. (auch Auskunft, BT-Drs. 18/12510 S. 877) treffen. Bei einer Stattgabe hat das Gericht die vorl. Verpflichtung der Gegenpartei zur Erbringung der streitgegenständl. Leistung zu tenorieren, die bestünde, wenn die AVE oder RechtsVO wirksam wäre (GK-ArbGG/*Ahrendt* Rn. 67). Der Ausspruch über die Leistungspflicht ist (zwgd.!) im Tenor der Aussetzungsent. aufzunehmen (Satz 2), dies umfasst bei einem Zahlungsanspruch auch die Zinsen. Die Anordnung darf nach Satz 3 nur unterbleiben, wenn entw. *(a)* das Gericht den im Streit stehenden Rechtsakt für offensichtl. unwirksam hält oder *(b)* die Voraussetzungen des § 62 I 2 vorliegen (s. § 62 Rn. 3). Die Durchsetzung eines Leistungsanspruchs auf der Grundlage einer vorl. Anordnung nach Abs. 6 S. 2 soll nicht weiter gehen als die eines vorl. vollstreckbaren Urteils. Von einer offensichtl. Unwirksamkeit ist auszugehen, wenn sich diese aus Sicht des Gerichts geradezu aufdrängt (BT Drs. 18/12510 S. 877). Dann besteht kein überw. Interesse der Gem. Einrichtung an der vorl. Durchsetzung der geltend gemachten Leistungspflichten. Die Anordnung der vorl. Leistungspflicht ist nach Abs. 6 S. 4 Hs. 2 ein Vollstreckungstitel iSd. § 794 I Nr. 3 ZPO. Mit dieser – erst im Laufe des Gesetzgebungsverfahrens eingefügten – Regelung hat der Gesetzgeber ausdrückl. klargestellt, dass der gerichtl. Beschluss vollstreckungsfähig ist (BT Drs. 17/12827 S. 11) und die Zwangsvollstreckung daher auch dann durchgeführt werden kann, wenn die Anordnung erst durch ein Rechtsmittelgericht ergangen ist (GK-ArbGG/*Ahrendt* Rn. 70). Die vorl. Vollstreckbarkeit des Leistungsausspruchs entfällt, wenn – nach Aufnahme des zunächst ausgesetzten – Rechtsstreits die Klage der Gem. Einrichtung abgewiesen wird (Abs. 6 S. 6). Die Rückabwicklung richtet sich nach § 717 ZPO, die Gem. einrichtung kann sich nicht auf Entreicherung berufen (BT Drucks 18/12510 S. 877) und hat ggf. auch einen Schaden der and. Prozesspartei zu ersetzen. Gegen die Ent. über die vorl. Leistungspflicht des ArbG kann die unterl. Partei entspr. § 252 ZPO, § 78 sof. Beschw. einlegen und ggü. einer Ent. des LAG – sofern zugelassen – RB (§ 78 S. 2), eine NZB ist unstatthaft. Unterbleibt die Ent. über die vorl. Leistungspflicht, muss die Gem. Einrichtung entspr. § 321 ZPO eine Ergänzung der Aussetzungsent. beantragen oder die gen. Rechtsmittel einlegen. Die Regelung in Abs. 6 S. 2 bis 4 gilt für Widerklagen einer Gem. Einrichtung sinngemäß. Der pos. Leistungsausspruch ist entspr. § 61 I 1 vorl. vollstreckbar. Satz 5 soll dem Gericht in Anlehnung an § 80 VII 2 VwGO eine von einem Antrag einer Partei abhängige Abänderungsmöglichkeit seiner nach Satz 2 getroffenen Ent. ermöglichen. Der Antrag hat Erfolg, wenn Umstände vorliegen, die eine andere Ent. rechtfertigen, sofern diese erst nach der Ent. über die Anordnung ergangen sind („veränderte Umstände") oder bis zur Aussetzung von beiden Parteien ohne ihr Verschulden nicht geltend gemacht werden konnten (BT-Drs. 18/12510 S. 877). Die Sonderregelung für Gem. Einrichtungen ist allerdings in Hinblick auf Art. 3 I GG nicht zweifelsfrei. Es ist nicht ersichtl., warum die Regelungen über den vorl. Leistungsausspruch nicht auf Leistungsansprüche von AN wg. deren existenzsichernder Bedeutung erstreckt worden ist. Diese in der SVanhörung geäußerten Bedenken sind im Gesetzgebungsverfahren aufgegriffen worden und haben zu der Regelung über die Evaluation und die Berichtspflicht in § 113 geführt.

§ 99 Entscheidung über den nach § 4a Absatz 2 Satz 2 des Tarifvertragsgesetzes im Betrieb anwendbaren Tarifvertrag

(1) In den Fällen des § 2a Absatz 1 Nummer 6 wird das Verfahren auf Antrag einer Tarifvertragspartei eines kollidierenden Tarifvertrags eingeleitet.

(2) Für das Verfahren sind die §§ 80 bis 82 Absatz 1 Satz 1, die §§ 83 bis 84 und 87 bis 96a entsprechend anzuwenden.

(3) Der rechtskräftige Beschluss über den nach § 4a Absatz 2 Satz 2 des Tarifvertragsgesetzes im Betrieb anwendbaren Tarifvertrag wirkt für und gegen jedermann.

(4) [1]In den Fällen des § 2a Absatz 1 Nummer 6 findet eine Wiederaufnahme des Verfahrens auch dann statt, wenn die Entscheidung über den nach § 4a Absatz 2 Satz 2 des Tarifvertragsgesetzes im Betrieb anwendbaren Tarifvertrag darauf beruht, dass ein Beteiligter absichtlich unrichtige Angaben oder Aussagen gemacht hat. [2]§ 581 der Zivilprozessordnung findet keine Anwendung.

1. Allgemeines. Die Vorschrift wurde durch Art. 2 Nr. 3 des G zur Tarifeinheit (TarifeinheitsG) 1 vom 3.7.2015 (BGBl. I S. 1130) mWv 10.7.2015 in das ArbGG eingefügt (*Ulrici* DB 2015, 2511; *Löwisch* NZA 2016, 997). Sie ist Teil der das TarifeinheitsG flankierenden verfahrensrechtl. Regelungen. Nach der Gesetzesbegr. ist es dessen Ziel, durch die ges. Festlegung des Grds. der Tarifeinheit die Funktionsfähigkeit der Tarifautonomie durch die Auflösung von Tarifkollisionen zu sichern. Die ArbGG sollen über den im Betrieb anwendbaren TV auf Antrag einer TVpartei eines kollidierenden TV im BeschlV (§ 2a I Nr. 6) mit bindender Wirkung für Dritte entscheiden (BT-Drs. 18/4062 S. 8,

10). Im Verfahren nach § 99 entscheidet das ArbG daher über den nach § 4a II 2 TVG im Betrieb anwendbaren TV. Bei diesem handelt es sich – wie bei §§ 97, 98 und 100 – um ein bes. BeschlV", das durch die jeweils in Abs. 1 bis 4 bestimmten Besonderheiten ggü. dem BeschlV nach §§ 80 ff. gekennzeichnet ist; zur Entscheidung des BVerfG vom 11.7.2017 s. Rn. 7.

2 **2. Antrag.** Das BeschlV nach § 99 wird nur auf Antrag eingeleitet. Für diesen gelten aufgrund der Bezugnahme in Abs. 2 die in § 81 bestimmen Voraussetzungen über seine Form, Rücknahme und Änderung. Antragsgegenstand ist nach der Verweisungskette in § 99 I die Entscheidung über den nach § 4a II 2 TVG im Betrieb anwendbaren TV. Der Antrag ist daher auf die (positive) Feststellung zu richten, dass die Normen eines TV entweder auf alle AN oder bestimmte ANgruppen in der jew. betriebl. Einheit anzuwenden sind. Im Antrag ist anzugeben *(a)* der anwendbare TV nach seiner Bezeichnung und mit Abschlussdatum, *(b)* der zeitl. Beginn der Tarifwirkungen, *(c)* die erfasste betriebl. Einheit sowie *(d)* die von dem TV betroffene(n) AN/-gruppe. Nur mit diesem Inhalt ist der Antrag hinr. bestimmt iSd. § 253 II Nr. 2 ZPO. Es ist nicht darüber zu befinden, ob und ggf. in welchem Umfang ein (kollidierender) TV durch den anwendbaren TV verdrängt wird (GK-ArbGG/*Ahrendt* Rn. 5; aA *Tiedemann* ArbRB 2015, 124, 127). Ein auf die Feststellung der Unanwendbarkeit eines TV einer vermeintl. Minderheitengewerkschaft gerichteter Antrag kann nicht Gegenstand eines Verfahrens nach § 99 sein. Dies gilt gleichermaßen für die Verpflichtung, in welchem Umfang eine TVpartei ggü. der Minderheitengewerkschaft zum Abschluss eines nachzeichnenden TV (s. § 4a TVG Rn. 24) verpflichtet ist. Eine solche Streitigkeit kann nicht im Verfahren nach § 99 als Hilfsantrag verfolgt werden, insoweit ist das UrtV die zutr. Verfahrensart.

3 **3. Antragsbefugnis, Rechtsschutzinteresse.** Der Gesetzgeber hat die Antragsbefugnis in Abs. 1 abschl. bestimmt. Ein Verfahren nach § 99 können danach nur die in Abs. 1 bestimmten TVparteien von kollidierenden TV einleiten. Dies setzt bereits für die Antragsbefugnis die Feststellung einer nach dem 10.7.2015 eingetretenen (§ 13 III TVG) Kollisionslage nach § 4a II 2 TVG voraus (Überschneiden der Geltungsbereiche der TV in zeitl., räuml., fachl. und persönl. Hinsicht, s. § 4a TVG Rn. 6). Diese bewirkt nur eine Antragsbefugnis, wenn sie auf einer mehrfachen Tarifgebundenheit des AG beruht. Eine allein durch AVE (§ 5 IV TVG) eintretende Kollision von tariflichen Rechtsnormen genügt nicht (s. § 4a TVG Rn. 5). Darüber hinaus ist Abs. 1 **teleologisch zu reduzieren.** Während ein AG, der selbst TVpartei ist oder die tarifschließenden AGverbände stets antragsbefugt sind, setzt die Antragsbefugnis einer Gewerkschaft voraus, dass der AG einen von dieser abgeschlossenen TV ganz oder in Teilen im Betrieb nicht auf die Mitglieder der TVpartei anwendet. Dies erfordert ein Verlangen des tarifgebundenen AN, der seine Verbandsmitgliedschaft seinem AG ggü. offengelegt und die Anwendung des von seiner Gewerkschaft abgeschlossenen TV erfolglos verlangt hat. Fehlt es hieran, besteht auch kein Antragsrecht der Gewerkschaft nach Abs. 1. Das BeschlV nach § 99 dient der Sicherung der Koalitionsfreiheit (Art. 9 III GG) der jew. den TV abschl. TVpartei. Diese soll in die Lage versetzt werden, zugunsten ihrer Mitglieder die Anwendbarkeit des für diese geltenden TV feststellen zu lassen. Gegenstand des Verfahrens nach § 99 ist nicht die Feststellung einer für den Betrieb geltenden objektiven Rechtslage. Dies folgt mit hinreichender Deutlichkeit aus der Gesetzesbegr. Der Gesetzgeber hat bewusst davon abgesehen, den VertragsAG der im Betrieb beschäftigten AN in den Kreis der antragsberechtigten Stellen aufzunehmen, sofern dieser nicht selbst den TV abgeschlossen hat. Eine Verfahrenseinl. soll vielmehr allein auf Antrag einer TVpartei eines kollidierenden TV erfolgen (BT-Drs. 18/4062 S. 16). Einer solchen Befugnis bedarf eine Gewerkschaft nicht, wenn die Arbeitsbedingungen der von ihr vereinbarten TV im Verhältnis zw. ihren Mitgliedern und dem AG in vollem Umfang zur Anwendung gebracht werden (zB aufgrund einer Bezugnahmeklausel). § 99 I begründet auch keine ges. Prozessstandschaft einer TVpartei, die darauf gerichtet ist, die Normwirkung eines fremden (kollidierenden) TV zu verdrängen (GK-ArbGG/*Ahrendt* Rn. 13 f.). Eine solche Auslegung der Vorschrift gibt auch Art. 9 III GG nicht vor. Es ist – entgegen der gesetzgeberischen Lyrik (BT-Drs. 18/4062 S. 8) – gerade nicht Aufgabe der TVparteien, eine innerbetriebliche Lohngerechtigkeit herzustellen. Die von ihnen vereinbarten Tarifnormen gelten nur ggü. den tarifgebundenen AN und nicht im Verhältnis des AG zu nicht- oder anders organisierten AN. Wendet der AG den Inhalt eines mit der Minderheitsgewerkschaft abgeschlossenen TV entw. aufgrund einer schuldrechtl. Abrede mit dieser (zur Dispositivität s. § 4a Rn. 22) oder ihren Mitgl. (Gesamtzusage, vertragl. Bezugnahme) an, liegen die Voraussetzungen des § 99 I nicht vor; jdf. fehlte es an einem **Rechtsschutzbedürfnis** für die Durchführung eines solchen Verfahrens. Die Antragsbefugnis entfällt nicht bereits mit der Beendigung des kollidierenden TV durch Zeitablauf oder seine Änderung. Diese Umstände sind nur bei der Antragsfassung einschr. zu berücksichtigen. Nach Ablauf eines verfahrensgegenständl. TV besteht solange noch ein Rechtsschutzinteresse an der begehrten Feststellung, wie sich aus seiner Anwendung noch Rechtsfolgen für die ast. TVpartei oder deren Mitglieder ergeben können (GK-ArbGG/*Ahrendt* Rn. 17).

4 **4. Verfahrensgrundsätze.** Nach der Bezugnahme in Abs. 2 sind für das Verfahren §§ 80–82 I 1, 83–84, 87–96a anzuwenden. Am Verfahren sind neben dem Ast. die weiteren TVparteien der kollidierenden TV sowie der AG des jew. betroffenen Betriebs zu beteiligen. Dieser Kreis ist von der normativen Wirkung des verfahrensgegenständl. TV iSd. § 83 III betroffen. Die betriebs- oder verbandsangehörigen

AN sind hingegen nicht anzuhören (GK-ArbGG/*Ahrendt* Rn. 19). Örtl. zuständig ist das ArbG, in dessen Bezirk der Betrieb iSd. § 4a I 1 TVG liegt (§ 99 II, § 82 I 1); verteilen sich diesem zugeordnete Einheiten auf mehrere Gerichtsbezirke, ist der Sitz des Hauptbetriebs maßgebl. Die Beteiligten können das Verfahren für erledigt erklären, der Abschluss eines Vgl. scheidet aus, weil die Beteiligten nicht über die Anwendbarkeit des TV der Mehrheitsgewerkschaft und dessen verdrängende Wirkung disponieren können. Ledigl. eine Absprache über die Anwendung der kollidierenden TV auf die Mitglieder der am Verfahren beteiligten Gewerkschaften ist zulässig, durch diese kann allerdings nur das Rechtsschutzbedürfnis für die weitere Fortführung des Verfahrens entfallen (s. Rn. 3; GK-ArbGG/*Ahrendt* Rn. 22). Der rkr. Beschl. hat nach § 99 III erga-omnes-Wirkung, die aber auf das Ende der Tarifwirkungen beschränkt ist. Änderungen in der vom Antrag erfassten betriebl. Einheit können die Rechtskraft beschränken; während des anhängigen Verfahrens sind sie als zeitl. Begrenzung im Antrag zu berücksichtigen. Das gerichtl. Prüfprogramm richtet sich nach § 4a II 2 TVG (Feststellung des ersten Kollisionszeitpunkts der maßgebl. TV, Bestimmung der betroffenen betriebl. Einheit, Ermittlung der AN-anzahl und Mehrheitsverhältnisse bei den tarifgebundenen AN). Ist das ArbG nach Erschöpfung der ihm zur Verfügung stehenden Aufklärungsmöglichkeiten nicht davon überzeugt, dass es sich bei dem im Antrag gen. TV um den der Mehrheitsgewerkschaft handelt, ist der Antrag abzuweisen. Es gelten dann die beiden (kollidierenden) TV nach § 3 I TVG im Betrieb (GK-ArbGG/*Ahrendt* Rn. 29).

5. Individualstreitigkeiten. Anders als in § 97 V, § 98 VI sieht das G keine Aussetzung von Indivi- 5
dualverfahren, in denen der Anspruch allein auf die normative Geltung eines kollidierenden TV gestützt wird, vor. Dies beruht auf einer bewussten Entscheidung des Gesetzgebers (BT-Drs. 18/4062 S. 16), der insoweit die an ihn herangetragenen Änderungsvorschläge nicht aufgegriffen hat. In Individualverfahren ist bis zu einer rkr. Entscheidung im Verfahren nach § 99 I daher inzident über die sich aus § 4a II 2 TVG ergebenden Wirkungen zu befinden. Deren Voraussetzungen hat diejenige Partei darzulegen und im Bestreitensfall zu beweisen, die sich hierauf beruft. Bei § 4a II 2 TVG handelt es sich um eine Einwendung, aufgrund derer von der sich aus § 3 I TVG ergebenden Rechtsfolge abgewichen werden soll. Macht der AN auf der Grundlage eines von „seiner" Gewerkschaft abgeschlossenen TV einen Anspruch gerichtl. geltend, obliegt die Darlegungs- und Beweislast für das Vorliegen der Voraussetzungen des § 4a II 2 TVG daher dem AG. Der AN kann dessen Vortrag über die Mehrheitsverhältnisse in der betriebl. Einheit grds. mit Nichtwissen bestreiten. Dies gilt auch für die Mitgliederzahl seines Verbands. Es besteht keine vereinsrechtl. Pflicht einer Gewerkschaft, ihren Mitgliedern Angaben über ihre Repräsentanz im Betrieb zu machen. Ist ein Verfahren nach § 99 I über den streitbefangenen TV anhängig, besteht zwar insoweit Vorgreiflichkeit. Eine auf § 148 ZPO gestützt Aussetzung wird aber schon wegen § 9 I regelmäßig ermessensfehlerhaft sein, zumal die unterlegene Partei nach Abschluss des Verfahrens nach § 99 I Restitutionsklage (§ 580 Nr. 6 ZPO) erheben kann (GK-ArbGG/*Ahrendt* Rn. 36); in Betracht kommt unter den in § 62 I gen. Voraussetzungen auch der Ausschluss der vorläufigen Vollstreckbarkeit. Demgegenüber hat das BVerfG in dem berichtenden Teil seiner Ent. vom 6.10.2015 (BVerfG 6.10.2015 NZA 2015, 1271, Rn. 4) unter Berufung auf die Materialien (BT-Drs. 18/4062) angenommen, die in § 4a II 2 TVG bestimmte Verdrängung des TV einer Minderheitengewerkschaft trete nur ein, wenn „ein Antrag" nach § 99 gestellt werde; ansonsten bleibe es bei der Bindung des AG an die unterschiedl. TV. Eine solche Rechtsfolge mag zwar verfassungsrechtl. geboten sein, einfachrechtl. ist sie im Wege der Auslegung nicht begründbar. Sie lässt zudem nicht erkennen, ob und ggf. unter welchen Voraussetzungen die Verdrängung mit der Anhängigkeit des Antrags eintritt, s. Rn. 7.

6. Ermittlung der Mitgliederzahl. Der Gesetzgeber hat im TarifeinheitsG nicht ausdrückl. festgelegt, 6
auf welche Weise die Anzahl der Mitglieder der kollidierenden Gewerkschaften im Betrieb zu ermitteln ist (*U. Fischer* NZA-RR 2016, 225; *Ulrici* DB 2015, 2511, 2514; *Ubber* RdA 2016, 361). Er hat sich auf den in § 58 III normierten Hinweis beschränkt, wonach der Nachweis durch öffentliche Urkunden geführt werden könne (s. § 58 Rn. 3). Eine ast. Gewerkschaft ist im Verfahren nach § 99 allerdings gehalten, ihre Mitgliederzahl zu offenbaren, da ihr Antrag ansonsten abzuweisen sein wird. Keine Schwierigkeiten bestehen, wenn die beteiligten Verbände die Anzahl ihrer betriebsangehörigen Mitglieder in das BeschlV nach § 99 einführen und diese Angaben wechselseitig nicht bestritten werden. Dann entscheidet das ArbG, ob es diese nach § 286 I ZPO seiner Entscheidung zugrunde legen will. Allerdings ist keine Gewerkschaft verpflichtet, die Anzahl ihrer im maßgebl. Betrieb beschäftigten Mitglieder zu offenbaren. Art. 9 III GG schützt die Gewerkschaft grds. auch darin, der AGseite Angaben über ihren Organisationsgrad in bestimmten Betrieben vorzuenthalten (BAG 18.11.2014 NZA 2015, 306); dies gilt auch nach Abschluss eines TV. Einer an die Gewerkschaften gerichteten Auflage, ihre Mitglieder namentl. zu benennen, müssen diese daher nicht nachkommen. Werden die Mitgliederzahlen nicht offenbart, hat dies das ArbG allerdings nach § 286 I ZPO (ergebnisoffen) zu würdigen. Legen die beteiligten Gewerkschaften im Verfahren ihre Mitgliederzahlen offen und werden diese von einem Beteiligten bestritten, hat das ArbG für die Mehrheitsfeststellung zur Vermeidung eines unverhältnismäßigen Eingriffs in die individuelle und kollektive Koalitionsfreiheit sowie aus datenschutzrechtl. Gründen (§ 28 VI Nr. 3 BDSG) den Weg über eine (mittelbare) Beweisführung durch öffentl. Urkunden zu wählen. Das Gericht hat in seinem Beweisbeschl. den Notar zu benennen, der die Verbandszugehörigkeit zu dem nach § 4 II 2 TVG maßgebl. Zeitpunkt feststellen soll. Weiter hat es anzugeben, in welcher

Form der Nachweis über die Gewerkschaftsmitgliedschaft zu erbringen ist. Die am Stichtag betriebszugehörigen AN sind anhand einer vom AG einzureichenden Liste vom ArbG festzustellen und dem Notar zum Abgleich mitzuteilen. Dieser unterliegt der Verschwiegenheitspflicht (§ 18 BNotG). Die Kosten der notariellen Erkl. fallen nach § 29 Nr. 1 GNotKG als Verfahrenskosten der Staatskasse zur Last; für eine Haftung der Beteiligten nach § 30 Abs. 1 GNotKG besteht daneben kein Raum.

7 **7. Die Entscheidung des BVerfG zur Tarifeinheit.** Am 11.7.2017 hat der 1. Senat des BVerfG zunächst 5 von 11 VB gegen das TarifeinheitsG beschieden. Sein Urt. ist im Ganzen mit 6 gegen 2 Stimmen und in Bezug auf die Erforderl. der Übergangsregelung sogar nur mit 5 gegen 3 Stimmen ergangen. Nach Ansicht des Gerichts hat es die VB „überwiegend" als unbegr. zurückgewiesen (BVerfG 11.7.2017 NZA 2017, 915, Rn. 124). Im Grds. geht das BVerfG in seinen sybillinisch anmutenden Ausführungen (*Bepler* AuR 2017, Heft 10) offenbar davon aus, dass die Verdrängungswirkung nach § 4a II 2 TVG kraft G eintritt, sobald es zur Tarifkollision kommt (BVerfG 11.7.2017 NZA 2017, 915, Rn. 175 ff.). Damit hat der 1. Senat ohne nähere Begr. seine in einem früheren Beschluss (BVerfG 6.10.2015 NZA 2015, 1271, Rn. 4) vertretene Auffassung aufgegeben, wonach die Wirkungen des § 4a II 2 TVG von der entspr. Feststellung im Rahmen eines Verfahrens nach § 99 abhängig sind. Andererseits räumt die Senatsmehrheit gleichzeitig ein, dass diese Gesetzesauslegung von Verfassungs wegen nicht zwgd. sei (Rn. 175 f.). Zudem meint sie, dass eine gerichtl. Ent. darüber, welcher TV in einem Betrieb als von der Mehrheitsgewerkschaft geschlossen zur Anwendung kommt, ohne Zutun der TVparteien im UrtV erfolgen kann (s. Rn. 5). Dabei übersieht die Senatsmehrheit, dass in einem Individualrechtsstreit eine solche umfassende Rechtsfolge nur als Vorfrage und damit ohne Bindungswirkung getroffen werden kann. Von Verfassungs wegen nicht beanstandet hat das Gericht die fehlende Aussetzungsmöglichkeit von Individualstreitigkeiten (BVerfG 11.7.2017 NZA 2017, 915, Rn. 210 ff.). Es bleibt daher bei der für die Rechtspraxis bedauernswerten Konsequenz, dass je nach richterl. Überzeugungsbildung sich widersprechende Ent. sowohl über die Reichweite der Verdrängung wie auch die Mehrheitsverhältnisse im Betrieb mögl. und auch zu erwarten sind. Zu Recht hat die Senatsminderheit darauf hingewiesen, dass nur durch ein BeschlV die erforderl. Rechtssicherheit geschaffen werden kann (BVerfG 11.7.2017 – 1 BvR 1571/15 – Rn. 17). Da auch die Senatsmehrheit eine fachgerichtl. Rspr. für vertretbar hält, nach der jede Verdrängung nach § 4a II TVG die Feststellung des MehrheitsTV nach § 99 voraussetzt, bleibt abzuwarten, wie die ArbG hierauf und die ihr hier eröffnete Entscheidungsalternative reagieren werden. Auf den Zeitpunkt der Verdrängung von betriebl. und betriebsverfassungsrechtl. Normen geht das Gericht nicht ein. Da diese regelmäßig keine Individualansprüche vermitteln, kann die Verdrängung hier in keinem Falle vor der rkr. Feststellung in einem Verfahren nach § 99 eintreten. Andernfalls hätte zB. eine Betriebsratswahl „auf Verdacht" zu erfolgen (s. § 3 BetrVG Rn. 2a). Überdies legt die Senatsmehrheit nicht dar, wie Ent. über die Mehrheitsverhältnisse in einer praktisch handhabbaren und gleichzeitig mit dem Beibringungsgrundsatz zu vereinbarenden Weise getroffen werden können. Nach ihren wenig substanzvollen Ausführungen sollen die ArbG verpflichtet sein, die prozessualen Möglichkeiten zu nutzen, eine Offenlegung der Mitgliederzahlen möglichst zu vermeiden und die Beweisfrage darauf zu beschränken, wer im Betrieb die Mehrheit organisiere. Daraus lässt sich jdf. entnehmen, dass die Feststellung der Mitgliederzahl erst dann durchgeführt werden darf, wenn alle anderen Voraussetzungen für eine Verdrängung nach § 4a II TVG geklärt sind. Es spricht einiges dafür, dass im Hinblick auf Art. 9 III GG vor einer Beweiserhebung über die genaue Zahl der jeweiligen Mitglieder zunächst eine Beschränkung der Beweisaufnahme auf den zahlenmäßigen Unterschied der Mitglieder der konkurrierenden Organisationen zu erfolgen hat. Dies wird vielfach ausreichen, bei einer Klärung des Streits über die Berücksichtigung einzelner AN oder ANgruppen im Instanzenzug ohne weitere Sachaufklärung eine Ent. nach § 99 zu treffen (*Bepler* AuR 2017, Heft 10).

§ 100 Entscheidung über die Besetzung der Einigungsstelle

(1) [1]**In den Fällen des § 76 Abs. 2 Satz 2 und 3 des Betriebsverfassungsgesetzes entscheidet der Vorsitzende allein.** [2]**Wegen fehlender Zuständigkeit der Einigungsstelle können die Anträge nur zurückgewiesen werden, wenn die Einigungsstelle offensichtlich unzuständig ist.** [3]**Für das Verfahren gelten die §§ 80 bis 84 entsprechend.** [4]**Die Einlassungs- und Ladungsfristen betragen 48 Stunden.** [5]**Ein Richter darf nur dann zum Vorsitzenden der Einigungsstelle bestellt werden, wenn aufgrund der Geschäftsverteilung ausgeschlossen ist, dass er mit der Überprüfung, der Auslegung oder der Anwendung des Spruchs der Einigungsstelle befasst wird.** [6]**Der Beschluss des Vorsitzenden soll den Beteiligten innerhalb von zwei Wochen nach Eingang des Antrags zugestellt werden; er ist den Beteiligten spätestens innerhalb von vier Wochen nach diesem Zeitpunkt zuzustellen.**

(2) [1]**Gegen die Entscheidungen des Vorsitzenden findet die Beschwerde an das Landesarbeitsgericht statt.** [2]**Die Beschwerde ist innerhalb einer Frist von zwei Wochen einzulegen und zu begründen.** [3]**Für das Verfahren gelten § 87 Abs. 2 und 3 und die §§ 88 bis 90 Abs. 1 und 2 sowie § 91 Abs. 1 und 2 entsprechend mit der Maßgabe, dass an die Stelle der Kammer des Landesarbeitsgerichts der Vorsitzende tritt.** [4]**Gegen dessen Entscheidungen findet kein Rechtsmittel statt.**

1. Allgemeines. Die Vorschr. regelt die verfahrensrechtl. Besonderheiten für die nach § 76 I 1 BetrVG zu bildende Einigungsstelle (dazu *Sasse* DB 2015, 2817). Gegenstand des Verfahrens ist nach Satz 1 iVm. § 76 II 2 u. 3 BetrVG die Bestellung eines Einigungsstellenvorsitzenden und die Bestimmung der Zahl der Beisitzer. In den Grenzen des § 100 I 1 hat das Gericht als Vorfrage auch die Zust. der Einigungsstelle zu prüfen. Das Verfahren ist in den Fällen anzuwenden, in denen nach § 76 V BetrVG der Spruch der Einigungsstelle die Einigung zwischen AG und BR ersetzt. Daneben kann auch für freiwillige Einigungsstellen nach § 76 VI BetrVG die Einsetzung eines Vorsitzenden oder die Bestimmung der Beisitzeranzahl beantragt werden, sofern sich die Betriebsparteien zuvor auf die Errichtung der Einigungsstelle geeinigt haben (BAG 6.12.1988 NZA 1989, 399). Eine Vereinbarung, wonach eine Einigungsstelle verbindl. über individuelle Ansprüche Dritter aus einer BV entscheiden soll, ist unwirksam (BAG 20.11.1990 NZA 1991, 473). Im Fall des § 112 II 1 Alt. 1 BetrVG (Interessenausgleich) ist wegen der Sonderregelung in § 112 II 2 BetrVG die Einigungsstelle auf Antrag nur einer Seite zu errichten, obwohl im Interessenausgleichsverfahren die Einigungsstelle nicht die Einigung zwischen AG und BR ersetzen kann. Die Vorschr. gilt für die Errichtung von **tarifl. Schlichtungsstellen,** wenn dies im TV vorgesehen ist, nicht aber für das Errichten von Einigungsstellen nach den PersVG des Bundes und der Länder. 1

2. Einleitung. Das Bestellungsverfahren wird nach § 81 I 1 nur auf Antrag eingeleitet. Für die **Antragsbefugnis** sind eine Reihe von Spezialregelungen zu beachten. So ist in den Fällen der §§ 37 VI, 38 II und 95 I BetrVG der AG antragsbefugt, während im Fall § 85 II BetrVG nur der BR die Einsetzung der Einigungsstelle betreiben kann. Soweit das BetrVG dem BR ein volles Mitbestimmungsrecht gewährt, die Einigungsstelle also die Einigung zwischen AG und BR ersetzt, können nach § 76 V BetrVG sowohl der BR wie auch der AG den Antrag stellen. Im Fall des § 76 VI BetrVG (freiwillige Einigungsstelle) sind ebenfalls beide Betriebsparteien antragsbefugt; das erforderl. Einverständnis der jeweils anderen Seite ist eine Frage der Begründetheit (GMP/*Schlewing* Rn. 13). **Inhalt des Antrags** kann das Begehren sein, einen Einigungsstellenvorsitzenden zu bestellen und/oder die Zahl der Beisitzer zu bestimmen. Üblicherweise wird in dem Antrag die Person, die nach Auff. des Antragsstellers den Vorsitz der Einigungsstelle übernehmen soll, namentl. benannt und die Zahl der Beisitzer beziffert; erforderl. ist dies nach hM nicht. Entspr. Angaben im Antrag sollen nur eine Anregung an das Gericht darstellen, an die es grundsätzl. nicht gebunden ist (LAG D 25.8.2014 NZA-RR 2014, 647; LAG BW 26.6.2002 NZA-RR 2002, 523; LAG HM 4.12.1985 BB 1986, 258; GMP/*Schlewing* Rn. 14; SW/*Walker* Rn. 51; *Fitting* § 76 Rn. 24; aA LAG HB 1.7.1988 AiB 88, 315; GK-ArbGG/*Schleusener* Rn. 32 f.). Wenngleich die Praxis fast durchgängig so verfährt, ist diese Auff. abzulehnen. Sie birgt die Gefahr in sich, dass sich insb. die Vorsitzenden der LAG aus hier nicht zu vertiefenden Motiven wechselseitig zu Einigungsstellenvorsitzenden bestellen („Ich gebe Dir eine Einigungsstelle, damit Du mir auch eine Einigungsstelle gibst", so *Bauer* NZA 1992, 433, 434). IÜ. entbehrt es jegl. Sinnhaftigkeit, wenn das fehlende Einverständnis eines Bet. mit dem vom ArbG eingesetzten Vors. durch eine gleichermaßen nicht einvernehml. Besetzungentscheidung des LAG korrigiert wird. Das ArbG hat vielmehr zu prüfen, ob die vorgeschlagene Person die Voraussetzungen für den Einigungsstellenvorsitz erfüllt. Nur wenn dies nicht der Fall ist, darf das Gericht nach rechtl. Gehör eine andere Person bestellen. Folgt man der hM und handelt es sich bei dem Vorschlag nur um eine Anregung, ist auch § 308 ZPO nicht verletzt, wenn das Gericht sie nicht aufgreift (s. Rn. 5). Der Antrag muss **hinreichend bestimmt** sein; dh. der Regelungsgegenstand der Einigungsstelle muss – ggf. nach einer Auslegung des Antrags durch das Gericht (LAG B 3.6.2010 LAGE § 98 ArbGG 1979 Nr. 60) – so genau bezeichnet sein, dass in einem nachfolgendem Einigungsstellenverfahren und einer evtl. gerichtl. Überprüfung der Zust. der Einigungsstelle oder des Spruches der Einigungsstelle klar ist, für welche Regelungsfragen sie eingesetzt wurde. Der Antrag erfordert nach § 253 II Nr. 2 ZPO eine **Begründung.** Ihr muss zu entnehmen sein, ob die Einigungsstelle in einem Fall der notwendigen Mitbestimmung nach § 76 V BetrVG oder als freiwillige Einigungsstelle nach § 76 VI BetrVG tätig werden soll. Im ersten Fall muss der konkrete Sachverhalt vorgetragen werden, für den ein Mitbestimmungsrecht bestehen und in dem die Einigungsstelle den Regelungsstreit schlichten soll (LAG D 21.8.1987 NZA 1988, 211; GMP/*Schlewing* Rn. 15). Der Begr. muss schließl. zu entnehmen sein, dass für den Antrag ein **Rechtsschutzinteresse** besteht. Dies ist nur gegeben, wenn der Ast. geltend macht, dass entweder die Gegenseite Verhandlungen verweigert oder aber mit dem ernsten Willen zur Einigung (§ 74 BetrVG) geführte Verhandlungen gescheitert sind (BAG 18.3.2015 NZA 2015, 954). Zur Begr. gehört nicht der Inhalt der gewünschten Regelung (GMP/*Schlewing* Rn. 15). Signalisiert die andere Seite erst im Einsetzungsverfahren ihre zuvor verweigerte Verhandlungsbereitschaft, entfällt nicht das Rechtsschutzinteresse (LAG BW 16.10.1991 NZA 1992, 186). 2

3. Offensichtliche Unzuständigkeit der Einigungsstelle. Das Gericht hat im Bestellungsverfahren nicht die Aufgabe, die Zust. der Einigungsstelle abschl. zu prüfen und positiv oder negativ festzustellen (*Lerch/Weinbrenner* NZA 2015, 1228). Sinn der Regelung in **Abs. 1 S. 1** ist es, in Zweifelsfällen der Einigungsstelle die Prüfung ihrer Zust. zu überlassen und so eine beschleunigte Durchführung des Einigungsstellenverfahrens zu ermögl. **Offensichtl. unzuständig** ist die Einigungsstelle für ein erzwingbares Einigungsstellenverfahren, wenn bei fachkundiger Beurteilung durch das Gericht offensichtl. ist, dass das in Anspruch genommene Mitbestimmungsrecht offensichtl. nicht besteht (BAG 3

6.12.1983 NJW 1984, 1476), bei einem freiwilligen Einigungsstellenverfahren, wenn offensichtl. das erforderl. Einverständnis der Betriebspartner fehlt oder die Auseinandersetzung außerhalb ihrer Regelungskompetenz liegt (GK-ArbGG/*Schleusener* Rn. 23 f.). Ein Mitbestimmungsrecht fehlt offensichtl., wenn in dieser Frage eine ungekündigte und in ihrer Wirksamkeit nicht angezweifelte BV besteht (LAG NI 29.7.2008 LAGE § 98 ArbGG 1979 Nr. 51; LAG D 9.9.1977 EzA BetrVG 1972 § 76 Nr. 16) oder wenn durch rechtskräftige Entscheidung zwischen den Betriebsparteien geklärt ist, dass dem BR in dieser Angelegenheit ein Mitbestimmungsrecht nicht zusteht (LAG BW 3.10.1984 NZA 1985, 163). Der Antrag ist ebenfalls unbegründet, wenn die Amtszeit des BR offensichtl. beendet ist (LAG HH 2.11.1988 BB 1989, 916), ein Sozialplan für einen Betrieb mit weniger als 20 AN herbeigeführt werden soll (LAG BW 16.4.1982 DB 82, 1628) oder ein Interessenausgleich nicht mehr mögl. ist, weil die Betriebsänderung schon abgeschlossen (LAG BB 8.7.1997 AiB 97, 726) oder die Planungsphase schon beendet war (BAG 14.9.1976 AP BetrVG 1972 § 113 Nr. 2). Der Offensichtlichkeitsmaßstab soll auch für die Zust. der antragstellenden ANvertretung (BR/GBR/KBR) gelten (LAG B 22.1.2010 LAGE § 98 ArbGG 1979 Nr. 56; LAG HE 15.6.1984 NZA 85, 33; LAG HH 10.4.1991 DB 91, 2185). Gibt es zu einer Rechtsfrage eine gefestigte höchstrichterl. Rspr., dass dem BR kein Mitbestimmungsrecht zusteht, so ist davon auszugehen, dass kein ernsthafter Zweifel an der Unzuständigkeit der Einigungsstelle besteht (LAG M 13.3.1986 LAGE ArbGG 1979 § 98 Nr. 10). **Nicht offensichtl. unzuständig** ist die Einigungsstelle, wenn in Rechtssprechung oder Schrifttum umstr. ist, ob in dem streitigen Regelungsgegenstand ein Mitbestimmungsrecht besteht (LAG NI 11.11.1993 LAGE ArbGG 1979 § 98 Nr. 27). Hat das BAG zu einer Rechtsfrage nur vereinzelt oder am Rande Stellung genommen und ist an dieser Rechtsauffassung beachtl. Kritik in der Lit. oder in der Instanzrechtsprechung geäußert worden, so kann die Unzuständigkeit der Einigungsstelle nicht als endgültig geklärt angesehen werden (LAG BW 16.10.1991 NZA 92, 186; LAG K 11.2.1992 NZA 92, 1103). Ob die Einigungsstelle offensichtl. unzuständig ist, wenn Regelungsgegenstand der Ausspruch oder die Entfernung einer Abmahnung aus der Personalakte sein soll, hängt davon ab, wie der BR den Einsetzungsantrag begr. Beruft er sich allein auf den individualrechtl. Anspruch des AN auf Entfernung einer rechtswidrigen Abmahnung, so besteht offensichtl. kein Mitbestimmungsrecht des BR (LAG BE 19.8.1988 NZA 1988, 852). Macht der BR dagegen ein Mitbestimmungsrecht nach § 87 I Nr. 1 BetrVG unter dem Gesichtspunkt der Abmahnung als Betriebsbuße geltend, so kommt bei entspr. Begr. die Einsetzung der Einigungsstelle in Betracht (LAG HH 9.7.1985 LAGE ArbGG 1979 § 98 Nr. 7). Der Antrag auf Einsetzung eines Vors. für eine **freiwillige Einigungsstelle** nach § 76 VI BetrVG ist unbegründet, wenn offensichtl. ist, dass die zu bildende Einigungsstelle nicht tätig werden kann, weil das Einverständnis beider Betriebsparteien fehlt. Wird in einem Antrag die Einsetzung einer Einigungsstelle für mehrere **trennbare Regelungsgegenstände** beantragt und ist die Einigungsstelle aber für eine oder mehrere dieser Regelungsfragen offensichtl. unzuständig, ist im Tenor des Beschl. zu bestimmen, für welche Fragen die Einigungsstelle eingesetzt wird; iÜ ist der Antrag zurückzuweisen (GMP/*Schlewing* Rn. 24; SW/*Walker* Rn. 41). Sind die Regelungsgegenstände nicht trennbar, ist die Einigungsstelle für alle Regelungsgegenstände einzusetzen, wenn nur für einen Teil festgestellt werden kann, dass sie nicht offensichtl. unzuständig ist (GMP/*Schlewing* Rn. 22).

4 **4. Verfahren.** Das Einsetzungsverfahren muss so zügig betrieben werden, dass der Beschl. des ArbG nach **Abs. 1 Satz 5** den Beteiligten innerhalb von zwei Wochen, spätestens innerhalb von vier Wochen nach Eingang des Antrags zugestellt wird. Wegen seiner bes. Eilbedürftigkeit darf eine Gütesitzung nur angeordnet werden, wenn sich die streitige Verhandlung unmittelbar anschließt (GMP/*Schlewing* Rn. 19). Nach **Abs. 1 Satz 1 und Abs. 2 Satz 2** entscheidet stets der Vorsitzende allein. Zur Abkürzung der Ladungs- und Einlassungsfristen ist nach **Abs. 1 Satz 3** ein Beschl. nicht mehr erforderl. **Abs. 1 S. 4** bestätigt die Auff. der hM (BVerwG 30.6.1983 DRiZ 84, 20; LAG RP 23.6.1983 DB 84, 56; LAG HE 23.6.1988 DB 88, 2520), wonach Arbeitsrichter als Vorsitzende von Einigungsstellen nicht allein deshalb ungeeignet sind, weil sie im „eigenen" Bezirk tätig werden. Sie sind nur ausgeschlossen, wenn der richterl. GVP nicht verhindert, dass der Einigungsstellenvorsitzende als Richter mit dem eignen Einigungsstellenverfahren befasst werden kann (GK-ArbGG/*Schleusener* Rn. 39). Hierfür reicht es aus, wenn der GVP einen Verhinderungsfall annimmt, wenn der zust. Richter in der Sache als Einigungsstellenvorsitzender tätig war (LAG SH 22.6.1989 LAGE ArbGG 1979 § 98 Nr. 17). Die Vorschr. stellt klar, dass eine Nebentätigkeitsgenehmigung auch außerhalb des Einsetzungsverfahrens in Zukunft versagt werden muss, wenn die Voraussetzungen des Abs. 1 S. 4 nicht vorliegen (GK-ArbGG/*Schleusener* Rn. 38). Selbst eine insoweit fehlerhafte rechtskräftige Entscheidung im Einsetzungsverfahren ersetzt nicht die Genehmigung, weil für den eingesetzten Richter keine Pflicht zur Übernahme des Vorsitzes der Einigungsstelle besteht. Ansonsten gelten nach Abs. 1 Satz 3 die Vorschr. für das BeschlV in §§ 80 bis 84. Insbes. kann der Antrag nach den allg. Vorschr. zurückgenommen, für erledigt erklärt oder geänd. werden; die Beteiligten können das Verfahren durch Vergleich beenden; auch Wideranträge können zulässig sein (LAG BB 28.7.2011 NZA-RR 2012, 38). Die Entscheidung ergeht nach § 83 IV 3 nach **mdl. Anhörung,** es sei denn, der Vorsitzende entscheidet im Einvernehmen mit den Beteiligten im schriftl. Verfahren. Eine **einstweilige Vfg.** kommt nicht in Betracht, da § 85 nicht für anwendbar erklärt worden ist (LAG NI 29.9.1988 AuR 89, 290). Sie ist

anges. von Abs. 1 Satz 3 nicht erforderl. Auch im Einsetzungsverfahren gilt der Amtsermittlungsgrundsatz (SW/*Walker* Rn. 24). Daher hat das Gericht ggf. vAw. **Beweis** zu erheben, wenn der zugrundeliegende erhebl. Sachverhalt zwischen den Beteiligten streitig ist und anders nicht aufgeklärt werden kann (LAG D 10.12.1997 NZA-RR 1998, 319; LAG D 21.8.1987 NZA 1988, 211; aA LAG BE 5.12.2001 NZA-RR 2002, 586). Die Offensichtlichkeitsprüfung betrifft allein die Rechtsfrage. Da aus dem Antrag idR nicht entnommen werden kann, ob eine Beweisaufnahme erforderl. sein wird, muss das Verfahren so zeitnah terminiert werden, dass die Frist des Abs. 1 Satz 5 auch eingehalten werden kann, wenn ein zusätzl. Termin für eine Beweisaufnahme erforderl. wird. Wegen des begrenzten Prüfungsmaßstabs steht mit der Einsetzung weder für die Beteiligten noch für die Einigungsstelle die Zust. verbindl. fest. Kann das Mitbestimmungsrecht auch anderen ANvertretungen (BR/GBR/KBR) zustehen, müssen diese im Verfahren nach § 100 dennoch nicht beteiligt werden, da nicht über deren betriebsverfassungsrechtl. Position entschieden wird (LAG D 4.2.2013 LAGE § 98 ArbGG 1979 Nr. 65). Der BR kann daher trotz rechtskräftiger Abweisung seines Antrags auf Einsetzen einer Einigungsstelle wegen offensichtl. Unzuständigkeit im allg. BeschlV feststellen lassen, ob in der streitigen Frage ein Mitbestimmungsrecht besteht. Wird dies rechtskräftig festgestellt, kann der BR erneut die Bestellung eines Einigungsstellenvorsitzenden beantragen (BAG 25.4.1989 NZA 1989, 976). Den Beteiligten steht es daneben nach der Rechtsprechung frei, in einem **Vorabentscheidungsverfahren** die Frage des Bestehens oder Nichtbestehens eines Mitbestimmungsrechts und damit der Zust. der Einigungsstelle gerichtl. klären zu lassen (BAG vom 6.12.1983 AP BetrVG 1972 § 87 Überwachung Nr. 7). Das Bestellungsverfahren darf im Hinblick auf die Anhängigkeit eines solchen BeschlV nicht **ausgesetzt** werden, da es Zweck des Bestellungsverfahrens ist, die Einigungsstelle beschleunigt einzusetzen (BAG 16.3.1982 AP BetrVG 1972 § 87 Vorschlagswesen Nr. 2).

5. Entscheidung. a) Vorsitzender. Wird der Antrag nicht wegen offensichtl. Unzuständigkeit der Einigungsstelle zurückgewiesen, hat das Gericht eine bestimmte Person zum Vors. der Einigungsstelle zu bestellen und/oder die Zahl der Beisitzer festzusetzen. Die Person des Vors. sollte über die erforderl. Rechts- und Sachkunde verfügen und muss unparteiisch sein (GMP/*Schlewing* Rn. 23; GK-ArbGG/*Schleusener* Rn. 35). Damit sind nicht nur Richter der Arbeitsgerichtsbarkeit als Einigungsstellenvorsitzende geeignet (LAG K 21.8.1984 DB 1985, 135). Das Gericht ist nach hM bei der Auswahl der zu bestellenden Person unter Beachtung der Grenzen des **Abs. 1 Satz 4** grundsätzl. frei und an die Vorschläge der Beteiligten nicht gebunden (s. Rn. 2). Das Auswahlermessen des Gerichts ist jedoch eingeschränkt, wenn gegen eine vom Ast. vorgeschlagene Person vom anderen Beteiligten keine oder keine nachvollziehbaren Einwände erhoben werden (LAG N 2.7.2004 NZA-RR 2005, 100) und sich auch dem Gericht keine Bedenken hins. der Fachkunde und der Unparteilichkeit des Vorgeschlagenen aufdrängen. Eine nur schlagwortartige Ablehnung des vom Ast. vorgeschlagenen Einigungsstellenvorsitzenden durch den anderen Beteiligten reicht nicht aus (LAG HE 23.6.1988 AuR 1989, 186). Jedoch dürfen an die Substantiierung der von einem Beteiligten gegen den Vorschlag des anderen vorgebrachten Bedenken keine hohen Anforderungen gestellt werden. Die Funktion des Einigungsstellenvorsitzenden besteht nicht nur darin, die Verhandlungen in der Einigungsstelle sach- und rechtskundig zu leiten. Er ist für die Einigung regelm. auf das Vertrauen beider Betriebspartner in seine Unparteilichkeit angewiesen (LAG N 2.7.2004 NZA-RR 2005, 100; ähnl. LAG HE 23.6.1988 BB 1988, 2173; GMP/*Schlewing* Rn. 23; aA LAG HB 1.7.1988 AiB 1988, 315). Soweit nicht einer der Betriebspartner offensichtl. Obstruktion betreibt, sollte sich das Problem der Einsetzung gegen den Willen der anderen Seite in der Form regeln lassen, dass der Vorsitzende das Amt nicht übernimmt. Die rkr. Ent. ersetzt nur die Einigung zwischen den Betriebsparteien hins. der Person des Vors. Sie verpflichtet ihn jedoch nicht zur Übernahme des Amts (GMP/*Schlewing* Rn. 31). Lehnt er nach rechtskräftiger Entscheidung das Amt ab, ist ein erneutes Einsetzungsverfahrens notw. Um dies zu vermeiden, muss die Zustimmung der vorgeschlagenen oder vom Gericht in Aussicht genommenen Person vor der Entscheidung vorliegen. Die Beteiligten können sich bis zu deren Verkündung jederzeit einvernehml. auf einen anderen Vors. einigen; zum Verfahren bei Befangenheit des Vorsitzenden (BAG 17.11.2010 NZA 2011, 940). 5

b) Beisitzer. Das Gericht ist bei der Anzahl der Beisitzer nach § 308 I ZPO an die Anträgeder Beteiligten gebunden (aA LAG BW 26.6.2002 NZA-RR 2002, 523). Es darf nicht mehr Beisitzer einsetzen als beantragt sind (LAG M 31.1.1989 LAGE ArbGG 1979 § 98 Nr. 14), jedoch den Antrag tw. abweisen und eine geringere Anzahl von Beisitzern bestellen. Deren Zahl richtet sich nach der Komplexität des Regelungsgegenstands und den sonstigen Besonderheiten des Einzelfalls. Außer in einfach gelagerten Fällen wird anzunehmen sein, dass der BR die fachkundige Unterstützung durch einen RA/Verbandsvertreter benötigt. Hieraus folgt, dass im Regelfall zwei Beisitzer für jede Seite ausreichend sind (LAG BE 12.9.2001 NZA-RR 2002, 25; LAG M 15.7.1991 NZA 1992, 185; GMP/*Schlewing* Rn. 29; GK-ArbGG/*Schleusener* Rn. 43). Eine größere Zahl von Beisitzern kommt in Betracht, wenn bes. komplexe Regelungsfragen zu entscheiden und deshalb bes. Kenntnisse oder Fertigkeiten für die sachgerechte Behandlung in der Einigungsstelle erforderl. sind (zB umfangr. Sozialpläne, komplexe EDV- oder Entlohnungsfragen). Das Gericht kann nicht festlegen, ob und wie viele der Beisitzer aus dem Betrieb kommen müssen. Dies bestimmt jeder Betriebspartner für seine Beisitzer selbst, die Frage ist ledigl. bei der Kostenübernahme durch den AG von BedeutungAuch nach rkr. Entscheidung können 6 sich die Betriebspartner auf einen anderen Vors. und eine andere Zahl von Beisitzern einigen. Der vom Gericht eingesetzte Vorsitzende muss dann nicht durch Beschl. abberufen werden (SW/*Walker* Rn. 59).

7 **6. Rechtsmittel.** Abs. 2 regelt Besonderheiten der Beschwerde gegen arbeitsgerichtl. Entscheidungen im Einsetzungsverfahren. Das Verfahren wird mit **Abs. 2 S. 2 und 3 ltzt. Halbs.** beschleunigt. Die Beschwerdefrist ist auf zwei Wochen verkürzt; innerhalb dieser Frist ist die Beschwerde zu begründen. Eine einmalige Verlängerung ist mögl. (LAG D 31.5.2013 LAGE § 98 ArbGG 1979 Nr. 67). Auch im BeschwV entscheidet nach Abs. 2 Satz 2 der Vorsitzende allein. Beschwerde und ihre Begr. müssen nicht in einem Schriftsatz enthalten sein. Eine Wiedereinsetzung in den vorigen Stand ist mögl. (GMP/*Schlewing* Rn. 38). Beschwerdeschrift und Begr. müssen von einem PV iSv. § 11 IV 2 unterzeichnet sein. Die Beschwerde kann sich sowohl auf Rechtsfehler des ArbG bei der Prüfung der offensichtl. Unzuständigkeit als auch darauf stützen, die Bestellung einer bestimmten Person zum Vors. oder die Festsetzung der Anzahl der Beisitzer sei fehlerhaft. Beschwert ist ein Beteiligter schon dann, wenn er – auch ohne eine bestimmte Person vorgeschlagen zu haben – mit dem eingesetzten Vors. oder der Anzahl der Beisitzer nicht einverstanden ist (GMP/*Schlewing* Rn. 36; SW/*Walker* Rn. 64). Das LAG überprüft nur die Ermessensentscheidung des ArbG und trifft keine eigene neue Entscheidung (SW/*Walker* Rn. 67; aA LAG HE 6.4.1976 AuR 1977, 62; GMP/*Schlewing* Rn. 40). Gegen die Entscheidung des LAG ist nach Abs. 2 Satz 4 ein weiteres Rechtsmittel nicht gegeben. IÜ gelten die Vorschr. über die Beschwerde im BeschlV (§§ 87 ff.) entspr.

Vierter Teil. Schiedsvertrag in Arbeitsstreitigkeiten

§ 101 Grundsatz

(1) Für bürgerliche Rechtsstreitigkeiten zwischen Tarifvertragsparteien aus Tarifverträgen oder über das Bestehen oder Nichtbestehen von Tarifverträgen können die Parteien des Tarifvertrags die Arbeitsgerichtsbarkeit allgemein oder für den Einzelfall durch die ausdrückliche Vereinbarung ausschließen, daß die Entscheidung durch ein Schiedsgericht erfolgen soll.

(2) [1] Für bürgerliche Rechtsstreitigkeiten aus einem Arbeitsverhältnis, das sich nach einem Tarifvertrag bestimmt, können die Parteien des Tarifvertrags die Arbeitsgerichtsbarkeit im Tarifvertrag durch die ausdrückliche Vereinbarung ausschließen, daß die Entscheidung durch ein Schiedsgericht erfolgen soll, wenn der persönliche Geltungsbereich des Tarifvertrags überwiegend Bühnenkünstler, Filmschaffende oder Artisten umfaßt. [2] Die Vereinbarung gilt nur für tarifgebundene Personen. [3] Sie erstreckt sich auf Parteien, deren Verhältnisse sich aus anderen Gründen nach dem Tarifvertrag regeln, wenn die Parteien dies ausdrücklich und schriftlich vereinbart haben; der Mangel der Form wird durch Einlassung auf die schiedsgerichtliche Verhandlung zur Hauptsache geheilt.

(3) Die Vorschriften der Zivilprozeßordnung über das schiedsrichterliche Verfahren finden in Arbeitssachen keine Anwendung.

§ 102 Prozeßhindernde Einrede

(1) Wird das Arbeitsgericht wegen einer Rechtsstreitigkeit angerufen, für die die Parteien des Tarifvertrages einen Schiedsvertrag geschlossen haben, so hat das Gericht die Klage als unzulässig abzuweisen, wenn sich der Beklagte auf den Schiedsvertrag beruft.

(2) Der Beklagte kann sich nicht auf den Schiedsvertrag berufen,

1. **wenn in einem Falle, in dem die Streitparteien selbst die Mitglieder des Schiedsgerichts zu ernennen haben, der Kläger dieser Pflicht nachgekommen ist, der Beklagte die Ernennung aber nicht binnen einer Woche nach der Aufforderung des Klägers vorgenommen hat;**
2. **wenn in einem Falle, in dem nicht die Streitparteien, sondern die Parteien des Schiedsvertrags die Mitglieder des Schiedsgerichts zu ernennen haben, das Schiedsgericht nicht gebildet ist und die den Parteien des Schiedsvertrags von dem Vorsitzenden des Arbeitsgerichts gesetzte Frist zur Bildung des Schiedsgerichts fruchtlos verstrichen ist;**
3. **wenn das nach dem Schiedsvertrag gebildete Schiedsgericht die Durchführung des Verfahrens verzögert und die ihm von dem Vorsitzenden des Arbeitsgerichts gesetzte Frist zur Durchführung des Verfahrens fruchtlos verstrichen ist;**
4. **wenn das Schiedsgericht den Parteien des streitigen Rechtsverhältnisses anzeigt, daß die Abgabe eines Schiedsspruchs unmöglich ist.**

(3) In den Fällen des Absatzes 2 Nummern 2 und 3 erfolgt die Bestimmung der Frist auf Antrag des Klägers durch den Vorsitzenden des Arbeitsgerichts, das für die Geltendmachung des Anspruchs zuständig wäre.

(4) Kann sich der Beklagte nach Absatz 2 nicht auf den Schiedsvertrag berufen, so ist eine schiedsrichterliche Entscheidung des Rechtsstreits auf Grund des Schiedsvertrags ausgeschlossen.

§ 103 Zusammensetzung des Schiedsgerichts

(1) [1]Das Schiedsgericht muß aus einer gleichen Zahl von Arbeitnehmern und von Arbeitgebern bestehen; außerdem können ihm Unparteiische angehören. [2]Personen, die infolge Richterspruchs die Fähigkeit zur Bekleidung öffentlicher Ämter nicht besitzen, dürfen ihm nicht angehören.

(2) Mitglieder des Schiedsgerichts können unter denselben Voraussetzungen abgelehnt werden, die zur Ablehnung eines Richters berechtigen.

(3) [1]Über die Ablehnung beschließt die Kammer des Arbeitsgerichts, das für die Geltendmachung des Anspruchs zuständig wäre. [2]Vor dem Beschluß sind die Streitparteien und das abgelehnte Mitglied des Schiedsgerichts zu hören. [3]Der Vorsitzende des Arbeitsgerichts entscheidet, ob sie mündlich oder schriftlich zu hören sind. [4]Die mündliche Anhörung erfolgt vor der Kammer. [5]Gegen den Beschluß findet kein Rechtsmittel statt.

§ 104 Verfahren vor dem Schiedsgericht

Das Verfahren vor dem Schiedsgericht regelt sich nach den §§ 105 bis 110 und dem Schiedsvertrag, im übrigen nach dem freien Ermessen des Schiedsgerichts.

§ 105 Anhörung der Parteien

(1) Vor der Fällung des Schiedsspruchs sind die Streitparteien zu hören.

(2) [1]Die Anhörung erfolgt mündlich. [2]Die Parteien haben persönlich zu erscheinen oder sich durch einen mit schriftlicher Vollmacht versehenen Bevollmächtigten vertreten zu lassen. [3]Die Beglaubigung der Vollmachtsurkunde kann nicht verlangt werden. [4]Die Vorschrift des § 11 Abs. 1 bis 3 gilt entsprechend, soweit der Schiedsvertrag nicht anderes bestimmt.

(3) Bleibt eine Partei in der Verhandlung unentschuldigt aus oder äußert sie sich trotz Aufforderung nicht, so ist der Pflicht zur Anhörung genügt.

§ 106 Beweisaufnahme

(1) [1]Das Schiedsgericht kann Beweise erheben, soweit die Beweismittel ihm zur Verfügung gestellt werden. [2]Zeugen und Sachverständige kann das Schiedsgericht nicht beeidigen, eidesstattliche Versicherungen nicht verlangen oder entgegennehmen.

(2) [1]Hält das Schiedsgericht eine Beweiserhebung für erforderlich, die es nicht vornehmen kann, so ersucht es um die Vornahme den Vorsitzenden desjenigen Arbeitsgerichts oder, falls dies aus Gründen der örtlichen Lage zweckmäßiger ist, dasjenige Amtsgericht, in dessen Bezirk die Beweisaufnahme erfolgen soll. [2]Entsprechend ist zu verfahren, wenn das Schiedsgericht die Beeidigung eines Zeugen oder Sachverständigen gemäß § 58 Abs. 2 Satz 1 für notwendig oder eine eidliche Parteivernehmung für sachdienlich erachtet. [3]Die durch die Rechtshilfe entstehenden baren Auslagen sind dem Gericht zu ersetzen; § 22 Abs. 1 und § 29 des Gerichtskostengesetzes finden entsprechende Anwendung.

§ 107 Vergleich

Ein vor dem Schiedsgericht geschlossener Vergleich ist unter Angabe des Tages seines Zustandekommens von den Streitparteien und den Mitgliedern des Schiedsgerichts zu unterschreiben.

§ 108 Schiedsspruch

(1) Der Schiedsspruch ergeht mit einfacher Mehrheit der Stimmen der Mitglieder des Schiedsgerichts, falls der Schiedsvertrag nichts anderes bestimmt.

(2) [1]Der Schiedsspruch ist unter Angabe des Tages seiner Fällung von den Mitgliedern des Schiedsgerichts zu unterschreiben und muß schriftlich begründet werden, soweit die Parteien nicht auf schriftliche Begründung ausdrücklich verzichten. [2]Eine vom Verhandlungsleiter unterschriebene Ausfertigung des Schiedsspruchs ist jeder Streitpartei zuzustellen. [3]Die Zustellung kann durch eingeschriebenen Brief gegen Rückschein erfolgen.

(3) [1]Eine vom Verhandlungsleiter unterschriebene Ausfertigung des Schiedsspruchs soll bei dem Arbeitsgericht, das für die Geltendmachung des Anspruchs zuständig wäre, niedergelegt werden. [2]Die Akten des Schiedsgerichts oder Teile der Akten können ebenfalls dort niedergelegt werden.

(4) Der Schiedsspruch hat unter den Parteien dieselben Wirkungen wie ein rechtskräftiges Urteil des Arbeitsgerichts.

§ 109 Zwangsvollstreckung

(1) [1]Die Zwangsvollstreckung findet aus dem Schiedsspruch oder aus einem vor dem Schiedsgericht geschlossenen Vergleich nur statt, wenn der Schiedsspruch oder der Vergleich von dem Vorsitzenden des Arbeitsgerichts, das für die Geltendmachung des Anspruchs zuständig wäre, für vollstreckbar erklärt worden ist. [2]Der Vorsitzende hat vor der Erklärung den Gegner zu hören. [3]Wird nachgewiesen, daß auf Aufhebung des Schiedsspruchs geklagt ist, so ist die Entscheidung bis zur Erledigung dieses Rechtsstreits auszusetzen.

(2) [1]Die Entscheidung des Vorsitzenden ist endgültig. [2]Sie ist den Parteien zuzustellen.

§ 110 Aufhebungsklage

(1) Auf Aufhebung des Schiedsspruchs kann geklagt werden,
1. wenn das schiedsgerichtliche Verfahren unzulässig war;
2. wenn der Schiedsspruch auf der Verletzung einer Rechtsnorm beruht;
3. wenn die Voraussetzungen vorliegen, unter denen gegen ein gerichtliches Urteil nach § 580 Nr. 1 bis 6 der Zivilprozeßordnung die Restitutionsklage zulässig wäre.

(2) Für die Klage ist das Arbeitsgericht zuständig, das für die Geltendmachung des Anspruchs zuständig wäre.

(3) [1]Die Klage ist binnen einer Notfrist von zwei Wochen zu erheben. [2]Die Frist beginnt in den Fällen des Absatzes 1 Nr. 1 und 2 mit der Zustellung des Schiedsspruchs. [3]Im Falle des Absatzes 1 Nr. 3 beginnt sie mit der Rechtskraft des Urteils, das die Verurteilung wegen der Straftat ausspricht, oder mit dem Tage, an dem der Partei bekannt geworden ist, daß die Einleitung oder die Durchführung des Verfahrens nicht erfolgen kann; nach Ablauf von zehn Jahren, von der Zustellung des Schiedsspruchs an gerechnet, ist die Klage unstatthaft.

(4) Ist der Schiedsspruch für vollstreckbar erklärt, so ist in dem der Klage stattgebenden Urteil auch die Aufhebung der Vollstreckbarkeitserklärung auszusprechen.

1 **1. Allgemeines.** Das ArbGG geht grds. von der Unzulässigkeit von Schiedsverträgen aus (§ 4). Ausnahmen davon lässt § 101 nur für bürgerl. Rechtsstreitigkeiten zwischen TVparteien nach Maßgabe des § 101 I (Gesamtschiedsvereinbarung) und solchen aus tarifl. geregelten AV bestimmter Berufsgruppen zu (Einzelschiedsvereinbarung, § 101 II 1). Für Streitigkeiten nach § 2a gelten die §§ 101 ff. nicht; Einigungsstellen sind keine Schiedsstellen iSd. § 101. Der Ausschluss nach § 101 betrifft nicht die Eilverfahren, hier bleibt es wegen des Gebots der effektiven Rechtsschutzgewährung bei dem Rechtsweg zu den ArbG (LAG SN 2.9.1998 LAGE BGB § 611 Persönlichkeitsrecht Nr. 11); Gleiches gilt für die Klagen nach §§ 767, 771 ZPO. Praktische Bedeutung haben insb. die Bühnenschiedsgerichte für die Arbeitsverhältnisse der Bühnenkünstler.

2 **2. Schiedsvereinbarungen. a) Gesamtschiedsvereinbarung (§ 101 I).** Die TVparteien können für die in § 101 I genannten Rechtsstreitigkeiten aus dem obligatorischen oder dem normativen Teil des TV die Arbeitsgerichtsbarkeit ganz oder tw. ausschließen. Der Ausschluss kann auch im Einzelfall erfolgen und ist nach dem Gesetz an keine Form gebunden. Für Regelungsstreitigkeiten gilt § 101 I nicht, hier kann jedoch ein bes. Schlichtungsverfahren vereinbart werden.

3 **b) Einzelschiedsvereinbarung (§ 101 II).** Die Vorschr. genügt dem verfassungsrechtl. Bestimmtheitsgebot (BAG 10.12.1992 – 2 AZR 340/92). Mit der Herausnahme bestimmter Berufsgruppen aus dem generellen Verbot von Schiedsabreden soll den jeweiligen Besonderheiten dieser Gruppen Rechnung getragen werden. Die Aufzählung in § 101 II ist abschl.; für andere Berufsgruppen kann auch der TV keine bindenden Schiedsabreden vorsehen. Eine TV nach § 101 II muss nach seinem Geltungsbereich überw. die dort in Satz 1 genannten Berufsgruppen erfassen; ob das AV selbst zu der Berufsgruppe zählt, ist unbeachtl. (BAG 28.1.2009 NZA-RR 2009, 465). Zu den Bühnenkünstlern iSd. § 101 II zählt Personal, das durch künstlerische Tätigkeit unmittelbar an der Erarbeitung und konzeptionellen Umsetzung eines Werks mitwirkt (BAG 16.11.1995 NZA 1996, 720), zB Regisseure, Schauspieler, Opern- und Chorsänger sowie technisches Bühnenpersonal, soweit es überw. künstlerische Aufgaben erfüllt, nicht aber rein kfm. oder techn. Personal (BAG 6.8.1997 NZA 1998, 220 – Tontechniker; 10.12.1992 – 2 AZR 340/92 – Maskenbildner). Regelungsgegenstände im TV können grds. alle Streitgegenstände des § 2 I Nr. 3 sein, also auch Bestandsschutzstreitigkeiten und Ansprüche über die Eingehung des AV (GK-ArbGG/*Mikosch* § 101 Rn. 15). Die in einem TV getroffene Schiedsabrede kann kraft Tarifbindung, AVE oder einzelvertragl. Bezugnahme auf das AV Anwendung finden. Gilt sie kraft Tarifbindung (§ 101 II 2) oder AVE, kann von ihr wegen § 4 IV TVG einzelvertragl. nicht abgewichen werden (keine günstigere Abmachung). Ist der TV gekündigt, wirkt die in ihm enthaltene Schiedsabrede für die tarifgebundenen AV grds. weiter (BAG 3.9.1986 NZA 1987, 178). Nach § 101 II 3 kann eine tarifl. Schiedsklausel iSd. § 101 II 1 durch Bezugnahme auf nichttarifgebundene AV erstreckt werden. Die Bezugnahme muss den gesamten oder wesentl. Teile des TV

umfassen (BAG 6.8.1997 NZA 1998, 220; weiter LAG N 24.10.2012 ZTR 2013, 100 – BSchGO reicht). Die in § 101 II 3 eröffnete Möglichkeit der einzelvertragl. Vereinbarung einer Schiedsklausel geht nicht weiter als die entspr. Regelungsbefugnis der TVparteien. Sie ist nur für solche AV statthaft, bei denen nach § 101 II 1 bei Tarifbindung der Vorrang der Schiedsgerichtsbarkeit vereinbart werden kann (BAG 15.11.1989 NZA 1990, 392). Die Vereinbarung der Schiedsgerichtsbarkeit muss schriftl. (§ 126 BGB) getroffen sein, der Formmangel (nicht: die Voraussetzungen des § 101 II 1) wird durch das Verhandeln zur Hauptsache vor dem Schiedsgericht geheilt (§ 101 II 4), dies gilt nicht bei Ausbleiben der Partei im Termin (§ 105 III). Gilt der in Bezug genommene TV nach seiner Beendigung nur noch kraft Nachwirkung (§ 4 V TVG), bleibt die Bezugnahme wirksam (BAG 10.4.1996 NZA 1996, 942).

3. Prozesshindernis. Die Einrede des Schiedsvertrags (§ 102) ist eine prozesshindernde Einrede; ist 4
sie begr., führt sie zur Abweisung der Klage als unzulässig. Eine etwaige Zust. eines Schiedsgerichts ist nicht vAw. zu berücksichtigen. Die Einrede nach § 102 ist verzichtbar. Sie muss von der bekl. Partei bereits in erster Instanz erhoben werden; entweder innerhalb der ihr nach § 56 I 2 Nr. 1 gesetzten Frist zur Klageerwiderung oder, wenn es hieran fehlt, vor Antragstellung in der Kammerverhandlung (§ 282 III ZPO); ihre Nachholung im Berufungsverfahren ist nur unter den Voraussetzungen des § 532 ZPO zulässig. Ist die Vorinstanz der Rüge nicht gefolgt, muss sie im Rechtsmittelverfahren wiederholt werden (BAG 30.9.1987 AP BGB § 611 Bühnenengagementsvertrag Nr. 33).

4. Verfahren. a) Grundsatz. Die §§ 101–110 regeln das Schiedsverfahren abschl. und verdrängen in 5
ihrem Anwendungsbereich die §§ 1025 ff. ZPO (§ 101 III). Bei fristgebundenen Klageerhebungen (§§ 4, 13 KSchG, § 17 TzBfG) wahrt die zulässige Klage vor dem Schiedsgericht die Klagefrist; das Schiedsgericht entscheidet ggf. über Anträge nach § 5 KSchG. Ist das Schiedsgericht unzuständig, genügt dessen Anrufung zur Fristwahrung nicht aus. Diese Situation ist insb. bei Nichtverlängerungsmitteilungen von kfm. und techn. Bühnenpersonal zu beachten, bei denen die Zuordnung zu den Bühnenkünstlern vielfach fragl. sein kann. Die Klagefrist des § 4 KSchG soll gewahrt sein, wenn der gekündigte AN rechtzeitig Kündigungsschutzklage zum ArbG erhoben hat, diese aufgrund der Einrede des Schiedsvertrags jedoch zurücknimmt und danach innerhalb eines angemessenen Zeitraums, wenn auch erst nach Ablauf der Klagefrist, Schiedsklage erhebt (BAG 4.9.1970 AP KSchG § 3 Nr. 37 – zweifelhaft). Die Fristwahrung durch die Klagerhebung vor dem Schiedsgericht tritt auch ein hins. der Verjährungshemmung und ggf. bei zweistufigen Ausschlussfristen.

b) Schiedsgericht. Seine Zusammensetzung richtet sich nach § 103, der auch von den TVparteien 6
nicht abbedungen werden kann. Hierzu gehört insb. der Grundsatz der paritätischen Besetzung durch Vertreter von AN und AG (zum Verfahren BAG 16.10.2008 NZA 2009, 510). Ist ein Mitglied des Schiedsgerichts verhindert, ist die Verhandlung zu vertagen; bei Gefahr einer unangemessenen Verzögerung ist ggf. die Erkl. nach § 102 II Nr. 4 abzugeben. Die Schiedsrichter sind bei ihrer Tätigkeit nicht an die Weisungen der sie entsendenden Verbände gebunden und zur Neutralität, Verschwiegenheit und Mitwirkung nach besten Kräften verpflichtet (GK-ArbGG/*Mikosch* § 103 Rn. 10). Ihr Vergütungsanspruch richtet sich bei Fehlen einer ausdr. Regelung nach § 612 BGB; die TVparteien haften als Gesamtschuldner. Für die Ablehnung von Schiedsrichtern gelten nach § 103 II die Grundsätze für die Ablehnung von Gerichtspersonen (s. § 49).

c) Verfahren. Das ArbGG enthält, soweit nicht die §§ 105 ff. Gegenteiliges, vorsehen, keine Bestim- 7
mungen über die Regelung des schiedsgerichtl. Verfahrens. Nach § 104 können die Schiedsgerichte ihr Verfahren nach freiem Ermessen, dh. ohne Bindung an die Verfahrensvorschriften der ZPO bestimmen. Allerdings sind tarifl. Bestimmungen über die Verfahrensdurchführung bindend. Daneben ist eine Heranziehung der allg. Grundsätze für das gerichtl. und schiedsrichterl. Verfahren nicht ausgeschlossen. Den Parteien ist rechtl. Gehör (Art 103 I 1 GG) zu gewähren (BAG 11.5.1983 AP BGB § 611 Bühnenengagementsvertrag Nr. 21). Heranzuziehen sind weiter die Grundsätze über die sachl. und örtl. Zust. Sind die Voraussetzungen des § 101 II 1 nicht erfüllt, weil das AV nicht in den Geltungsbereich eines TV über die bes. Berufsgruppen fällt, ist die Unzulässigkeit der Schiedsgerichtsbarkeit festzustellen. Eine Verweisung des Rechtsstreits entspr. § 17a GVG an die ArbG ist aber de lege lata nicht zulässig. Auch Partei- und Prozessfähigkeit müssen vorliegen und sind ggf. vAw. zu prüfen. Keine unmittelbare, sondern allenfalls sinngem. Anwendung finden ansonsten die Vorschr. über die Klageerhebung, Ladungen, Zustellungen, Terminsdurchführung (§ 105 II), Fristen, Wiedereinsetzung und Wiederaufnahme (GK-ArbGG/*Mikosch* § 104 Rn. 11). Sowohl im schiedsrichterl. Verfahren wie auch iRd. Aufhebungsklage ist eine Streitverkündung zulässig (aA für das Schiedsverfahren HWK/*Kalb* § 104 Rn. 7; offen BAG 11.5.1983 AP BGB § 611 Bühnenengagementsvertrag Nr. 21). Ein Versäumnisverfahren findet nicht statt; bei unentschuldigtem Ausbleiben einer Partei richtet sich das Verfahren nach § 105 III. Die Beweiserhebung ist in § 106 geregelt. Das Erscheinen von Zeugen vor dem Schiedsgericht kann nicht mit Zwangsmitteln durchgesetzt werden; auch ein Erstattungsanspruch wegen der Auslagen von Zeugen und SV besteht nicht. Für das Rechtshilfeverfahren gilt § 106 II. Ein Vergleichsschluss ist nur unter den Voraussetzungen des § 107 wirksam. Allerdings müssen die Parteien oder ihre Bevollmächtigten die Urkunde nicht im Termin unterzeichnen; die Einreichung einer beiderseits unterzeichneten Urkunde beim Schiedsgericht ist ausreichend. Ein Rechtsmittelverfahren findet nur statt, wenn es im TV vor-

gesehen ist, ansonsten ist gegen den Schiedsspruch die Aufhebungsklage statthaft. Die Feststellungen des Schiedsspruchs sind wie ein arbeitsgerichtl. Urt. rechtskraftfähig (BAG 20.5.1960 AP ArbGG 1953 § 101 Nr. 8). Zur Vollstreckung s. § 109; zuständig für die Vollstreckbarerkl. eines Schiedsspruchs ist der Vorsitzende des ArbG (LAG HB 18.7.2003 LAGE ArbGG 1979 § 109 Nr. 1).

8 **5. Aufhebungsklage.** Der Spruch eines Schiedsgerichts unterliegt unter den Voraussetzungen des § 110 der Aufhebungsklage vor dem ArbG; er muss innerhalb der Fünf-Monats-Frist abgesetzt sein (BAG 28.9.2016 MDR 2017, 528). Das Aufhebungsverfahren ist in allen drei Instanzen als revisionsähnl. Verfahren ausgestattet, in dem der Spruch nur auf Rechtsfehler überprüft werden kann (BAG 16.12.2010 NZA 2011, 1441 – Berücksichtigung der Kunstfreiheit) und neuer Sachvortrag grundsätzl. nicht zulässig ist (BAG 2.7.2003 NZA 2004, 1119). Ist der schiedsrichterl. Spruch nicht fristgerecht abgesetzt, haben die ArbG in der Sache zu entscheiden (BAG 28.9.2016 MDR 2017, 528). Die Aufhebungsklage muss bis zum Ablauf der 2-Wochen-Frist des § 110 III zumindest die Voraussetzung des § 253 ZPO enthalten (BAG 26.2.1980 AP ArbGG 1953 § 110 Nr. 3). § 110 I Nr. 1 betrifft die Unzulässigkeit des Schiedsverfahrens (s. Rn. 3), Nr. 3 die Restitutionsgründe (§ 79 Rn. 3). Nach § 110 I Nr. 2 können ua. Verstöße gegen formelles (BAG 11.5.1983 AP BGB § 611 Bühnenengagementsvertrag Nr. 21 – rechtl. Gehör) und materielles (BAG 12.5.1982 AP BGB § 611 Bühnenengagementsvertrag Nr. 20 – fehlerhafte TVauslegung) Recht gerügt werden. Verfahrensfehler des Schiedsgerichts können einen Aufhebungsgrund iSd. Nr. 1 darstellen, nicht hingegen Verstöße gegen tarifl. Vorschr. über das schiedsgerichtl. Verfahren (BAG 15.2.2012 NZA-RR 2013, 154). Mit der schiedsrichterl. Entscheidung ist das Verfahren nach den §§ 101 ff. verbraucht; das ArbG hat nach einer Aufhebung des Schiedsspruchs eine Sachentscheidung zu treffen (BAG 7.11.1995 NZA 1996, 487). **Prozesszinsen** können im schiedsgerichtl. Verfahren nicht verlangt, sondern erst von der Zustellung der Aufhebungsklage an geltend gemacht werden (BAG 12.5.1982 AP BGB § 611 Bühnenengagementsvertrag Nr. 20).

Fünfter Teil. Übergangs- und Schlußvorschriften

§ 111 Änderung von Vorschriften

(1) [1]Soweit nach anderen Rechtsvorschriften andere Gerichte, Behörden oder Stellen zur Entscheidung oder Beilegung von Arbeitssachen zuständig sind, treten an ihre Stelle die Arbeitsgerichte. [2]Dies gilt nicht für Seemannsämter, soweit sie zur vorläufigen Entscheidung von Arbeitssachen zuständig sind.

(2) [1]Zur Beilegung von Streitigkeiten zwischen Ausbildenden und Auszubildenden aus einem bestehenden Berufsausbildungsverhältnis können im Bereich des Handwerks die Handwerksinnungen, im übrigen die zuständigen Stellen im Sinne des Berufsbildungsgesetzes Ausschüsse bilden, denen Arbeitgeber und Arbeitnehmer in gleicher Zahl angehören müssen. [2]Der Ausschuß hat die Parteien mündlich zu hören. [3]Wird der von ihm gefällte Spruch nicht innerhalb einer Woche von beiden Parteien anerkannt, so kann binnen zwei Wochen nach ergangenem Spruch Klage beim zuständigen Arbeitsgericht erhoben werden. [4]§ 9 Abs. 5 gilt entsprechend. [5]Der Klage muß in allen Fällen die Verhandlung vor dem Ausschuß vorangegangen sein. [6]Aus Vergleichen, die vor dem Ausschuß geschlossen sind, und aus Sprüchen des Ausschusses, die von beiden Seiten anerkannt sind, findet die Zwangsvollstreckung statt. [7]Die §§ 107 und 109 gelten entsprechend.

1 Die Klagefrist bei der Kündigung eines Berufsausbildungsverhältnisses wird bei § 13 KSchG Rn. 3 kommentiert.

§ 112 Übergangsregelung

Für Beschlussverfahren nach § 2a Absatz 1 Nummer 4, die bis zum Ablauf des 15. August 2014 anhängig gemacht worden sind, gilt § 97 in der an diesem Tag geltenden Fassung bis zum Abschluss des Verfahrens durch einen rechtskräftigen Beschluss fort.

§ 113 Berichterstattung

Die Bundesregierung berichtet dem Deutschen Bundestag bis zum 8. September 2020 über die Auswirkungen der vorläufigen Leistungspflicht nach § 98 Absatz 6 Satz 2 und gibt eine Einschätzung dazu ab, ob die Regelung fortbestehen soll.

§ 117 [Verfahren bei Meinungsverschiedenheiten der beteiligten Verwaltungen]

Soweit in den Fällen der §§ 40 und 41 das Einvernehmen nicht erzielt wird, entscheidet die Bundesregierung.

100. Gesetz über die Durchführung von Maßnahmen des Arbeitsschutzes zur Verbesserung der Sicherheit und des Gesundheitsschutzes der Beschäftigten bei der Arbeit (Arbeitsschutzgesetz – ArbSchG)

Vom 7. August 1996 (BGBl. I S. 1246)

Zul. geänd. durch Gesetz vom 31. August 2015 (BGBl. I S. 1474)

(FNA 805-3)

– Auszug –

Erster Abschnitt. Allgemeine Vorschriften

§ 1 Zielsetzung und Anwendungsbereich

(1) [1]Dieses Gesetz dient dazu, Sicherheit und Gesundheitsschutz der Beschäftigten bei der Arbeit durch Maßnahmen des Arbeitsschutzes zu sichern und zu verbessern. [2]Es gilt in allen Tätigkeitsbereichen und findet im Rahmen der Vorgaben des Seerechtsübereinkommens der Vereinten Nationen vom 10. Dezember 1982 (BGBl. 1994 II S. 1799) auch in der ausschließlichen Wirtschaftszone Anwendung.

(2) [1]Dieses Gesetz gilt nicht für den Arbeitsschutz von Hausangestellten in privaten Haushalten. [2]Es gilt nicht für den Arbeitsschutz von Beschäftigten auf Seeschiffen und in Betrieben, die dem Bundesberggesetz unterliegen, soweit dafür entsprechende Rechtsvorschriften bestehen.

(3) [1]Pflichten, die die Arbeitgeber zur Gewährleistung von Sicherheit und Gesundheitsschutz der Beschäftigten bei der Arbeit nach sonstigen Rechtsvorschriften haben, bleiben unberührt. [2]Satz 1 gilt entsprechend für Pflichten und Rechte der Beschäftigten. [3]Unberührt bleiben Gesetze, die andere Personen als Arbeitgeber zu Maßnahmen des Arbeitsschutzes verpflichten.

(4) Bei öffentlich-rechtlichen Religionsgemeinschaften treten an die Stelle der Betriebs- oder Personalräte die Mitarbeitervertretungen entsprechend dem kirchlichen Recht.

1. Zielsetzung. Während die Normierung von Zielsetzungen in manchen neueren Gesetzen als Hilfe bei der Auslegung einzelner Vorschr. dienen kann, lassen sich aus Abs. 1 S. 1 keine zusätzl. Erkenntnisse gewinnen (konkreter demgegenüber § 2 I); zur Zukunft des Arbeitsschutzrechts *Kohte* NZA 2015, 1417; *Krause* Gutachten B zum 71. DJT, 2016, 58 ff. 1

2. Anwendungsbereich. a) Sachlicher Anwendungsbereich. Auch der öffentl. Dienst ist in den Anwendungsbereich des Gesetzes einbezogen. Das gilt auch für die Beschäftigten der ör. Religionsgemeinschaften. Da dort BetrVG und PersVG nicht gelten, beziehen sich Verweise auf Betriebs- oder Personalräte hier auf kirchliche Mitarbeitervertretungen, Abs. 4. 2

b) Persönlicher Anwendungsbereich. Der Anwendungsbereich ergibt sich aus §§ 1 II, 2 II, III. Adressaten sind grunds. alle „Beschäftigten“, dh. alle AN und im öffentl. Dienst Beschäftigten. In Bezug auf AN gilt der allg. ANBegriff des § 611a BGB (dazu *Preis* § 611a BGB; *Wank* AuR 2017, 140). Ausgenommen sind nach § 1 II 1 Hausangestellte in privaten Haushalten und nach § 1 II 2 Beschäftigte in den Branchen Seeschifffahrt und Bergbau (iSd Bundesberggesetzes); für sie gilt das ArbSchG subsidiär. Arbeitgeber sind alle privatrechtl. AG ebenso wie alle Dienstherren iSd öffentl. Rechts. Gesetze, die andere Personen als AG zu arbeitsschutzrechtl. Maßnahmen verpflichten (s. zB § 3 BauO NW den Bauherrn), bleiben unberührt, Abs. 3 S. 3. 3

3. Konkurrenzen. Im Hinblick auf AN und AG bleiben nach Abs. 3 S. 1, 2 andere Rechtsvorschriften unberührt. Hierzu zählen zB Vorschr. des allg. Gesundheitsschutzes, des Verbraucherschutzes oder des Umweltschutzes (zum Ganzen HK-ArbSchR-*Kohte* Rn. 29 ff.). Ein Verzeichnis der Arbeitsschutzgesetze des Bundes und der Unfallversicherungsträger findet sich im jährl. erscheinenden „Bericht über den Stand von Sicherheit und Gesundheit bei der Arbeit“ (SuGA). Der aktuelle Bericht lautet: Sicherheit und Gesundheit bei der Arbeit 2015, Hrsg. Bundesanstalt für Arbeitsschutz und Arbeitsmedizin, 2016. 4

§ 2 Begriffsbestimmungen

(1) Maßnahmen des Arbeitsschutzes im Sinne dieses Gesetzes sind Maßnahmen zur Verhütung von Unfällen bei der Arbeit und arbeitsbedingten Gesundheitsgefahren einschließlich Maßnahmen der menschengerechten Gestaltung der Arbeit.

(2) Beschäftigte im Sinne dieses Gesetzes sind:
1. Arbeitnehmerinnen und Arbeitnehmer,
2. die zu ihrer Berufsbildung Beschäftigten,
3. arbeitnehmerähnliche Personen im Sinne des § 5 Abs. 1 des Arbeitsgerichtsgesetzes, ausgenommen die in Heimarbeit Beschäftigten und die ihnen Gleichgestellten,
4. Beamtinnen und Beamte,
5. Richterinnen und Richter,
6. Soldatinnen und Soldaten,
7. die in Werkstätten für Behinderte Beschäftigten.

(3) Arbeitgeber im Sinne dieses Gesetzes sind natürliche und juristische Personen und rechtsfähige Personengesellschaften, die Personen nach Absatz 2 beschäftigen.

(4) Sonstige Rechtsvorschriften im Sinne dieses Gesetzes sind Regelungen über Maßnahmen des Arbeitsschutzes in anderen Gesetzen, in Rechtsverordnungen und Unfallverhütungsvorschriften.

(5) [1] Als Betriebe im Sinne dieses Gesetzes gelten für den Bereich des öffentlichen Dienstes die Dienststellen. [2] Dienststellen sind die einzelnen Behörden, Verwaltungsstellen und Betriebe der Verwaltungen des Bundes, der Länder, der Gemeinden und der sonstigen Körperschaften, Anstalten und Stiftungen des öffentlichen Rechts, die Gerichte des Bundes und der Länder sowie die entsprechenden Einrichtungen der Streitkräfte.

1 Das Gesetz legt einen weiten Begriff des **Arbeitsschutzes** zugrunde. Hierzu rechnen nicht nur Maßnahmen der Verhütung von Arbeitsunfällen und arbeitsbedingten Gesundheitsgefahren, sondern zugleich auch Maßnahmen der menschengerechten Gestaltung der Arbeit; zu psychischen Belastungen *Balikcioglu* NZA 2016, 1424; *Gaul* DB 2013, 60; *Helmer*, Stress am Arbeitsplatz als Herausforderung für das Arbeitsrecht, 2014; *Sasse/Schönfeld* RdA 2016, 346.

2 Der **Beschäftigtenbegriff** des Gesetzes umfasst vier Gruppen; zum einen AN und die zu ihrer Berufsbildung Beschäftigten (die keine AN sind, § 3 II BBiG). Nach den EuGH-Entscheidungen in den Rs. Danosa (11.11.2010 Rs. C-232/09, Slg. 2010, I-11405) und Balkaya (9.7.2015 Rs. C-229/14 NZA 2015, 861) zählen auch GmbH-Fremdgeschäftsführer dazu. Auch Arbeitnehmerähnliche sind einbezogen, wobei im Wege der Verweisung auf § 5 I ArbGG Bezug genommen wird (mit Ausnahme der Heimarbeiter und der ihnen Gleichgestellten). Eine eigene Gruppe bilden die ör. Beschäftigungsverhältnisse der Beamten, Richter und Soldaten. Schließlich sind auch die in Werkstätten für Behinderte Beschäftigten einbezogen. Eine Ausdehnung des Anwendungsbereichs ist durch eine Rechtsverordnung nach § 18 I 2 möglich. Der **Arbeitgeberbegriff** des Abs. 3 korrespondiert dem ANBegriff, so dass auch AG des öffentl. Dienstes hierzu gehören.

3 Der Kreis der **„sonstigen Rechtsvorschriften"** gem. Abs. 4 umfasst Gesetze, Rechtsverordnungen und Unfallverhütungsvorschriften; dazu gehören auch allg. Verwaltungsvorschriften, insb. nach § 15 III SGB VII. Einen eigenständigen Begriff des **Betriebs** kennt das Gesetz nicht. Für den öffentl. Dienst sind Dienstherren den Betrieben gleichgestellt, Abs. 5.

Zweiter Abschnitt. Pflichten des Arbeitgebers

§ 3 Grundpflichten des Arbeitgebers

(1) [1] Der Arbeitgeber ist verpflichtet, die erforderlichen Maßnahmen des Arbeitsschutzes unter Berücksichtigung der Umstände zu treffen, die Sicherheit und Gesundheit der Beschäftigten bei der Arbeit beeinflussen. [2] Er hat die Maßnahmen auf ihre Wirksamkeit zu überprüfen und erforderlichenfalls sich ändernden Gegebenheiten anzupassen. [3] Dabei hat er eine Verbesserung von Sicherheit und Gesundheitsschutz der Beschäftigten anzustreben.

(2) Zur Planung und Durchführung der Maßnahmen nach Absatz 1 hat der Arbeitgeber unter Berücksichtigung der Art der Tätigkeiten und der Zahl der Beschäftigten
1. für eine geeignete Organisation zu sorgen und die erforderlichen Mittel bereitzustellen sowie
2. Vorkehrungen zu treffen, daß die Maßnahmen erforderlichenfalls bei allen Tätigkeiten und eingebunden in die betrieblichen Führungsstrukturen beachtet werden und die Beschäftigten ihren Mitwirkungspflichten nachkommen können.

(3) Kosten für Maßnahmen nach diesem Gesetz darf der Arbeitgeber nicht den Beschäftigten auferlegen.

1 Im Bereich des technischen Arbeitsschutzes muss zwischen den ör. **Pflichten** des AG und seinen privatrechtl. Pflichten im Verhältnis zu seinen AN unterschieden werden. Die ör. Pflichten des AG sind im ArbSchG geregelt und werden konkretisiert durch zahlreiche Spezialgesetze. Die privatrechtl. Pflichten des AG folgen aus § 618 BGB, sie werden durch die ör. Pflichten konkretisiert (zu Einzelheiten s. § 618 BGB Rn. 4). Pflichten des AN werden in §§ 15, 16 normiert (zum Ganzen *Faber* Die arbeitsschutzrechtlichen Grundpflichten, 2004).

2 Die entscheidende Aussage, dass der AG seinen Betrieb entspr. den **Anforderungen des Arbeitsschutzes** einzurichten und zu führen hat, fehlt im Gesetz. Sie muss in Abs. 1 hineingelesen werden. Auch eine weitere notwendige Aussage enthält das Gesetz nicht, nämlich dass für die Durchführung von Maßnahmen des Arbeitsschutzes das **Verhältnismäßigkeitsprinzip** gilt. Aus dem Merkmal „erforderliche Maßnahmen" sowie aus § 4 I ergibt sich, dass dieses Prinzip auch weiterhin zugrunde zu legen ist; dh. die Kosten des Arbeitsschutzes müssen in einem angemessenen Verhältnis zu dem Nutzen stehen. Der AG muss seine Pflichten aus dem Arbeitsschutzrecht unabhängig davon erfüllen, ob sie der AN geltend macht. Das gilt aber nicht für das Urlaubsrecht (Vorlage des BAG v. 13.12.2016 – 9 AZR 541/15 (1) m. Anm. *M. Schmidt* ZESAR 2017, 125; OVG BB 14.9.2016 ZEsAR 2017, 222).

3 Abs. 1 legt dem AG die Pflicht zur **Überprüfung,** zur **Anpassung** und zur **Verbesserung** auf. Er muss seinen Betrieb im Hinblick auf die Einhaltung des Arbeitsschutzes in angemessenen Abständen kontrollieren und ihn ggf. anpassen. Es ist Sache des AG, durch seine Organisation den Arbeitsschutz zu gewährleisten (BAG 18.3.2014 NZA 2014, 855). Soweit der Betrieb dem **ASiG** unterliegt, regeln sich die Anforderungen nach diesem Gesetz, sonst nach dem Ermessen des AG.

4 Im Hinblick auf die Pflichten des AG aus Abs. 1 S. 1 besteht ein **Mitbestimmungsrecht des Betriebsrats** nach § 87 I Nr. 7 BetrVG (*Bauer/Günther/Böglmüller* NZA 2016, 1361; *Lüders/Weller* BB 2016, 116). Es ist beschränkt auf Regelungen, dh. abstrakt-generelle Maßnahmen, und zwar auf solche, zu denen der AG verpflichtet ist; ob überhaupt eine Verpflichtung des AG besteht, ist eine mitbestimmungsfreie Rechtsfrage (BAG 6.12.1983 AP BetrVG 1972 § 87 Überwachung Nr. 7). Ein Mitbestimmungsrecht besteht nach § 87 I Nr. 7 BetrVG, wenn der AG eine Organisation zum Arbeitsschutz aufbauen und ausgewählten AN näher bezeichnete Aufgaben übertragen will, § 3 II ArbSchG, BAG 18.3.2014 NZA 2014, 855. Nach BAG 12.8.2008 NZA 2009, 102 = AP BGB § 618 Nr. 29 besteht auch ein Mitbestimmungsrecht betr. §§ 5 und 12; zu § 5 s. BAG 11.2.2014 NZA 2014, 989, zu § 12 BAG 30.9.2014 NZA 2015, 314; zum ASiG BAG 8.12.2015 NZA 2016, 504. Das Mitbestimmungsrecht des BR nach § 87 II 1 SGB IX erfasst nur die Aufstellung von Verfahrensgrundsätzen um zu klären, wie und mit welchen Leistungen die Arbeitsunfähigkeit des AN überwunden werden kann (BAG 22.3.2016 NZA 2016, 1283). Kein Mitbestimmungsrecht besteht betr. Schutzkleidung, BAG 7.6.2016 NZA 2016, 1420. Der einzelne AN kann aber nach der Rspr. nicht verlangen, dass die Gefährdungsbeurteilung nach von ihm vorgegebenen Kriterien vorgenommen wird. Zu den gesetzl. Vorschr. und Unfallverhütungsvorschriften, für die nach § 87 I Einl. BetrVG ein Vorrang besteht, gehören auch ör. Rechtsverordnungen; es ist gleichgültig, ob die Vorschr. dem Gesundheitsschutz unmittelbar oder mittelbar dient. TV gehören nicht dazu (BAG 11.12.2012 NZA 2013, 752). Der Gesetzesvorrang besteht auch auf Grund eines bindenden Verwaltungsakts (BAG 11.12.2012 NZA 2013, 913). Ein Mitbestimmungsrecht besteht nur bei einer ausfüllungsbedürftigen Rahmenvorschrift (zu den Einzelheiten *Kania* BetrVG § 87 Rn. 63 ff.). Die Gefährdungsbeurteilung nach § 5 unterliegt nicht der Mitbestimmung nach § 75 III Nr. 11 BPersVG (BVerwG 5.3.2012 NZA-RR 2012, 447).

5 Die **Kosten** für Arbeitsschutzmaßnahmen sind vom AG zu tragen und dürfen nicht auf die Beschäftigten überwälzt werden, Abs. 3; s. auch BAG 14.6.2016 NZA 2017, 63.

§ 4 Allgemeine Grundsätze

Der Arbeitgeber hat bei Maßnahmen des Arbeitsschutzes von folgenden allgemeinen Grundsätzen auszugehen:

1. **Die Arbeit ist so zu gestalten, daß eine Gefährdung für das Leben sowie die physische und die psychische Gesundheit möglichst vermieden und die verbleibende Gefährdung möglichst gering gehalten wird;**
2. **Gefahren sind an ihrer Quelle zu bekämpfen;**
3. **bei den Maßnahmen sind der Stand von Technik, Arbeitsmedizin und Hygiene sowie sonstige gesicherte arbeitswissenschaftliche Erkenntnisse zu berücksichtigen;**
4. **Maßnahmen sind mit dem Ziel zu planen, Technik, Arbeitsorganisation, sonstige Arbeitsbedingungen, soziale Beziehungen und Einfluß der Umwelt auf den Arbeitsplatz sachgerecht zu verknüpfen;**
5. **individuelle Schutzmaßnahmen sind nachrangig zu anderen Maßnahmen;**
6. **spezielle Gefahren für besonders schutzbedürftige Beschäftigtengruppen sind zu berücksichtigen;**
7. **den Beschäftigten sind geeignete Anweisungen zu erteilen;**
8. **mittelbar oder unmittelbar geschlechtsspezifisch wirkende Regelungen sind nur zulässig, wenn dies aus biologischen Gründen zwingend geboten ist.**

1 Zwischen den hier genannten Grunds. besteht insofern eine **Rangfolge**, als bereits Gefährdungen vermieden werden müssen und Gefahren an der Quelle zu bekämpfen sind (*Pieper* ArbSchR 5. Aufl. 2012 Rn. 5 ff.). Die Berücksichtigung des Standes der Technik geht über die der Regeln der Technik hinaus; gemeint ist ein fortschrittl. Stand. Er muss berücksichtigt, aber nicht zwgd. umgesetzt werden. Gesicherte arbeitswissenschaftliche Erkenntnisse liegen vor, wenn sie von der überw. Zahl der Fachleute als richtig angesehen werden und sich in der Praxis bewährt haben; dazu § 6 ArbZG Rn. 4.

2 Nr. 5 macht den **Vorrang von objektiven** vor individuellen **Schutzmaßnahmen** deutlich; der AG muss zuvor die baulichen, technischen und organisatorischen Maßnahmen treffen. Arbeitsschutzrechtl. Sondervorschriften für Frauen sind nach Nr. 8 nur ausnahmsweise aus biologischen Gründen zulässig. Es handelt sich um eine Sondervorschrift gem. § 2 III AGG. Eines Rechtfertigungsgrundes nach dem AGG bedarf es insoweit nicht.

3 Im Hinblick auf Arbeitsmittel nimmt die seit dem 1.6.2015 geltende neue Betriebssicherheitsverordnung (BetrSichV vom 3.2.2015) die Grunds. des ArbSchG auf; s. *Schucht*, NZA 2015, 333; *Wilrich* NZA 2015, 1433.

§ 5 Beurteilung der Arbeitsbedingungen

(1) **Der Arbeitgeber hat durch eine Beurteilung der für die Beschäftigten mit ihrer Arbeit verbundenen Gefährdung zu ermitteln, welche Maßnahmen des Arbeitsschutzes erforderlich sind.**

(2) [1]**Der Arbeitgeber hat die Beurteilung je nach Art der Tätigkeiten vorzunehmen.** [2]**Bei gleichartigen Arbeitsbedingungen ist die Beurteilung eines Arbeitsplatzes oder einer Tätigkeit ausreichend.**

(3) **Eine Gefährdung kann sich insbesondere ergeben durch**

1. **die Gestaltung und die Einrichtung der Arbeitsstätte und des Arbeitsplatzes,**
2. **physikalische, chemische und biologische Einwirkungen,**
3. **die Gestaltung, die Auswahl und den Einsatz von Arbeitsmitteln, insbesondere von Arbeitsstoffen, Maschinen, Geräten und Anlagen sowie den Umgang damit,**
4. **die Gestaltung von Arbeits- und Fertigungsverfahren, Arbeitsabläufen und Arbeitszeit und deren Zusammenwirken,**
5. **unzureichende Qualifikation und Unterweisung der Beschäftigten,**
6. **psychische Belastungen bei der Arbeit.**

§ 6 Dokumentation

(1) [1]**Der Arbeitgeber muß über die je nach Art der Tätigkeiten und der Zahl der Beschäftigten erforderlichen Unterlagen verfügen, aus denen das Ergebnis der Gefährdungsbeurteilung, die von ihm festgelegten Maßnahmen des Arbeitsschutzes und das Ergebnis ihrer Überprüfung ersichtlich sind.** [2]**Bei gleichartiger Gefährdungssituation ist es ausreichend, wenn die Unterlagen zusammengefaßte Angaben enthalten.**

(2) **Unfälle in seinem Betrieb, bei denen ein Beschäftigter getötet oder so verletzt wird, daß er stirbt oder für mehr als drei Tage völlig oder teilweise arbeits- oder dienstunfähig wird, hat der Arbeitgeber zu erfassen.**

1 Der AG muss nicht nur bei neu eingestellten AN, sondern auch für alle bestehenden Arbeitsplätze eine **Gefährdungsbeurteilung** und eine Dokumentation vornehmen. Es sind so viele Beurteilungen anzustellen wie es Arten von Tätigkeiten gibt, § 5 II. Gefährdungen können sich aus dem Arbeitsplatz, aus den für die Arbeit verwandten oder aus auf die Arbeit einwirkenden Stoffen, aus Maschinen, Organisation und Verfahren ergeben, aber auch aus der Person des Beschäftigten (s. HK-ArbSchR – *Blume/Faber* § 5 Rn. 24 ff.; *Thenes* BB 2013, 1141; *Uhl/Polloczek* BB 2007, 2401). Im Hinblick auf Arbeitsmittel enthalten §§ 3 f. der Betriebssicherheitsverordnung (BetrSichV v. 3.2.2015, BGBl. I, 49) eine Konkretisierung der Anforderungen an die Gefährdungsbeurteilung. Aufgrund der in § 6 normierten **Dokumentationspflicht** sind die Erg. der Gefährdungsbeurteilung nach § 5 zu erfassen, ferner die vom AG festgelegten Maßnahmen des Arbeitsschutzes nach § 3 I sowie das Erg. der Überprüfung dieser Maßnahmen nach § 3 I 2. Zum anderen sind alle Unfälle zu erfassen, die auch nur zur tw. Arbeitsunfähigkeit von mehr als drei Tagen führen, Abs. 2 (s. § 193 I SGB III). Die Unterlagen des AG müssen verfügbar sein. § 6 IV BetrSichV sieht ein „Explosionsschutzdokument" vor.

2 Das BAG hat den Bereich der Arbeitsschutzvorschriften, die auf dem Weg über § 618 I BGB einen Individualanspruch auf Erfüllung begründen, erweitert (s. a. *Pieper* ArbSchR 5. Aufl. 2012 § 1 Rn. 6). Es komme darauf an, ob die Vorschr. gerade auch den Schutz des einzelnen AN zum Ziel hat; das sei bei § 5 ArbSchG der Fall (BAG 12.8.2008 AP BGB § 618 Nr. 29 (*Kohte*); zum Mitbestimmungsrecht s. § 3 Rn. 4). Der BR hat auch ein Mitbestimmungsrecht, wenn der AG externe Stellen mit der Gefährdungsbeurteilung beauftragt (BAG 30.9.2014 NZA 2015, 314).

§ 7 Übertragung von Aufgaben

Bei der Übertragung von Aufgaben auf Beschäftigte hat der Arbeitgeber je nach Art der Tätigkeiten zu berücksichtigen, ob die Beschäftigten befähigt sind, die für die Sicherheit und den Gesundheitsschutz bei der Aufgabenerfüllung zu beachtenden Bestimmungen und Maßnahmen einzuhalten.

Im Zusammenhang mit § 4 I Nr. 1 und Nr. 5 muss der AG vorrangig durch objektive Maßnahmen Gefährdungen ausschalten. Schon bei der Gefährdungsbeurteilung nach § 5 I muss er die Befähigung der Beschäftigten ermitteln. Gemeint sind körperl. und geistige Befähigungen. 1

§ 8 Zusammenarbeit mehrerer Arbeitgeber

(1) [1]Werden Beschäftigte mehrerer Arbeitgeber an einem Arbeitsplatz tätig, sind die Arbeitgeber verpflichtet, bei der Durchführung der Sicherheits- und Gesundheitsschutzbestimmungen zusammenzuarbeiten. [2]Soweit dies für die Sicherheit und den Gesundheitsschutz der Beschäftigten bei der Arbeit erforderlich ist, haben die Arbeitgeber je nach Art der Tätigkeiten insbesondere sich gegenseitig und ihre Beschäftigten über die mit den Arbeiten verbundenen Gefahren für Sicherheit und Gesundheit der Beschäftigten zu unterrichten und Maßnahmen zur Verhütung dieser Gefahren abzustimmen.

(2) Der Arbeitgeber muß sich je nach Art der Tätigkeit vergewissern, daß die Beschäftigten anderer Arbeitgeber, die in seinem Betrieb tätig werden, hinsichtlich der Gefahren für ihre Sicherheit und Gesundheit während ihrer Tätigkeit in seinem Betrieb angemessene Anweisungen erhalten haben.

Abs. 1 meint Arbeitsstätten außerhalb des eigentl. Betriebs, wie zB Baustellen (s. dazu *Kollmer,* Baustellenverordnung, 2. Aufl. 2004). Eine bestimmte Form der Unterrichtung und Abstimmung ist nicht vorgeschrieben. In Abs. 2 geht es um die Unterrichtung im Hinblick auf Gefahren, die beim Einsatz von Fremdpersonal (zB Reparaturarbeiten) von der Arbeitsstätte und ihren Einrichtungen ausgehen. Weitergehend trifft den AG beim Einsatz von LeihAN gem. § 11 VI AÜG die ör. Pflicht zur Anwendung des Arbeitsschutzrechts. 1

§ 9 Besondere Gefahren

(1) Der Arbeitgeber hat Maßnahmen zu treffen, damit nur Beschäftigte Zugang zu besonders gefährlichen Arbeitsbereichen haben, die zuvor geeignete Anweisungen erhalten haben.

(2) [1]Der Arbeitgeber hat Vorkehrungen zu treffen, daß alle Beschäftigten, die einer unmittelbaren erheblichen Gefahr ausgesetzt sind oder sein können, möglichst frühzeitig über diese Gefahr und die getroffenen oder zu treffenden Schutzmaßnahmen unterrichtet sind. [2]Bei unmittelbarer erheblicher Gefahr für die eigene Sicherheit oder die Sicherheit anderer Personen müssen die Beschäftigten die geeigneten Maßnahmen zur Gefahrenabwehr und Schadensbegrenzung selbst treffen können, wenn der zuständige Vorgesetzte nicht erreichbar ist; dabei sind die Kenntnisse der Beschäftigten und die vorhandenen technischen Mittel zu berücksichtigen. [3]Den Beschäftigten dürfen aus ihrem Handeln keine Nachteile entstehen, es sei denn, sie haben vorsätzlich oder grob fahrlässig ungeeignete Maßnahmen getroffen.

(3) [1]Der Arbeitgeber hat Maßnahmen zu treffen, die es den Beschäftigten bei unmittelbarer erheblicher Gefahr ermöglichen, sich durch sofortiges Verlassen der Arbeitsplätze in Sicherheit zu bringen. [2]Den Beschäftigten dürfen hierdurch keine Nachteile entstehen. [3]Hält die unmittelbare erhebliche Gefahr an, darf der Arbeitgeber die Beschäftigten nur in besonders begründeten Ausnahmefällen auffordern, ihre Tätigkeit wieder aufzunehmen. [4]Gesetzliche Pflichten der Beschäftigten zur Abwehr von Gefahren für die öffentliche Sicherheit sowie die §§ 7 und 11 des Soldatengesetzes bleiben unberührt.

Nach Abs. 1 hat der AG Beschäftigten den Zugang zu bes. gefährl. Arbeitsbereichen zu versagen, die nicht ausreichend über die Gefahren unterrichtet sind. Neben § 9 I gelten entspr. Pflichten nach § 20 DruckluftV, § 14 I, II GefStoffV, § 18 Nr. 1 RöntgenV ua. IÜ ist der AG nach Abs. 2, 3 verpflichtet, Vorkehrungen im Hinblick auf unmittelbare erhebl. Gefahren zu treffen. Zum einen gehört dazu die Unterrichtung, zum anderen muss der AG die AN in den Stand setzen, im Notfall ohne den zuständigen Vorgesetzten angemessene Entscheidungen zu treffen. Schließlich muss Vorsorge dafür getroffen werden, dass die AN den Arbeitsplatz sofort verlassen können. Ein Entfernungsrecht besteht nicht, wenn der Beschäftigte nur irrtüml. an eine Gefahr glaubt. 1

§ 10 Erste Hilfe und sonstige Notfallmaßnahmen

(1) [1]Der Arbeitgeber hat entsprechend der Art der Arbeitsstätte und der Tätigkeiten sowie der Zahl der Beschäftigten die Maßnahmen zu treffen, die zur Ersten Hilfe, Brandbekämpfung und Evakuierung der Beschäftigten erforderlich sind. [2]Dabei hat er der Anwesenheit anderer Personen Rechnung zu tragen. [3]Er hat auch dafür zu sorgen, daß im Notfall die erforderlichen Verbindungen zu außerbetrieblichen Stellen, insbesondere in den Bereichen der Ersten Hilfe, der medizinischen Notversorgung, der Bergung und der Brandbekämpfung eingerichtet sind.

(2) [1]Der Arbeitgeber hat diejenigen Beschäftigten zu benennen, die Aufgaben der Ersten Hilfe, Brandbekämpfung und Evakuierung der Beschäftigten übernehmen. [2]Anzahl, Ausbildung und Ausrüstung der nach Satz 1 benannten Beschäftigten müssen in einem angemessenen Verhältnis zur Zahl der Beschäftigten und zu den bestehenden besonderen Gefahren stehen. [3]Vor der Benennung hat der Arbeitgeber den Betriebs- oder Personalrat zu hören. [4]Weitergehende Beteiligungsrechte bleiben unberührt. [5]Der Arbeitgeber kann die in Satz 1 genannten Aufgaben auch selbst wahrnehmen, wenn er über die nach Satz 2 erforderliche Ausbildung und Ausrüstung verfügt.

1 Konkretisierungen der Pflichten des AG im Hinblick auf Erste Hilfe sind in § 6 IV ArbStättV sowie in der Unfallverhütungsvorschrift BGV A 5 „Erste Hilfe" normiert, Vorschr. über Sicherheitseinrichtungen in § 4 III, IV ArbStättV und in der Arbeitstätten-RL. Stellen, denen ggü. bestimmte Beschäftigte zu benennen sind, gibt das Gesetz nicht an; gemeint ist, dass der AG bestimmte Beschäftigte mit den im Gesetz genannten Aufgaben betrauen muss. Nach § 6 BGV A 5 „Erste Hilfe" muss der AG in Verwaltungs- und Handelsbetrieben mit mehr als 20 Beschäftigten 5%, in sonstigen Betrieben 10% der Gesamtzahl der Beschäftigten als Ersthelfer zur Vfg. stellen.

§ 11 Arbeitsmedizinische Vorsorge

Der Arbeitgeber hat den Beschäftigten auf ihren Wunsch unbeschadet der Pflichten aus anderen Rechtsvorschriften zu ermöglichen, sich je nach den Gefahren für ihre Sicherheit und Gesundheit bei der Arbeit regelmäßig arbeitsmedizinisch untersuchen zu lassen, es sei denn, auf Grund der Beurteilung der Arbeitsbedingungen und der getroffenen Schutzmaßnahmen ist nicht mit einem Gesundheitsschaden zu rechnen.

1 Der AG ist nicht verpflichtet, von sich aus Beschäftigte arbeitsmedizinisch untersuchen zu lassen. Für bestimmte gefährdende Tätigkeiten kann sich eine solche Verpflichtung aus einer Verordnung nach § 18 II Nr. 4 ergeben. Eine Regelung im Hinblick auf Betriebsärzte findet sich in § 3 I Nr. 3 ASiG. Der Anspruch auf Untersuchung auf eigenen Wunsch besteht für AN nur, wenn die Art der Arbeit die Gefahr von Gesundheitsschäden mit sich bringt. Eine Sondervorschrift für NachtAN findet sich in § 6 III ArbZG. Die Kosten der Vorsorgeuntersuchung sind nach § 3 III vom Arbeitgeber zu tragen.

§ 12 Unterweisung

(1) [1]Der Arbeitgeber hat die Beschäftigten über Sicherheit und Gesundheitsschutz bei der Arbeit während ihrer Arbeitszeit ausreichend und angemessen zu unterweisen. [2]Die Unterweisung umfaßt Anweisungen und Erläuterungen, die eigens auf den Arbeitsplatz oder den Aufgabenbereich der Beschäftigten ausgerichtet sind. [3]Die Unterweisung muß bei der Einstellung, bei Veränderungen im Aufgabenbereich, der Einführung neuer Arbeitsmittel oder einer neuen Technologie vor Aufnahme der Tätigkeit der Beschäftigten erfolgen. [4]Die Unterweisung muß an die Gefährdungsentwicklung angepaßt sein und erforderlichenfalls regelmäßig wiederholt werden.

(2) [1]Bei einer Arbeitnehmerüberlassung trifft die Pflicht zur Unterweisung nach Absatz 1 den Entleiher. [2]Er hat die Unterweisung unter Berücksichtigung der Qualifikation und der Erfahrung der Personen, die ihm zur Arbeitsleistung überlassen werden, vorzunehmen. [3]Die sonstigen Arbeitsschutzpflichten des Verleihers bleiben unberührt.

1 Die Vorschr. regelt nur die allg. Unterweisungspflicht des AG; spezielle Unterweisungspflichten ergeben sich aus §§ 8 und 9 ArbSchG sowie aus § 3 Persönliche Schutzausrüstungen-BenutzungsVO sowie aus § 4 Lastenhandhabungsverordnung. Daneben sind spezielle Unterweisungspflichten in Spezialvorschriften wie § 14 I, II GefStoffV normiert. Eine Unterweisung ist nicht nur bei der Einstellung erforderlich, sondern auch bei späteren Veränderungen. Die in § 11 aE genannte Einschränkung gilt ungeschrieben auch hier. Der BR hat ein Mitbestimmungsrecht (s. § 3 Rn. 4). Die Einigungsstelle kann sich nicht auf allg. Bestimmungen beschränken (BAG 8.11.2011 NZA 2012, 1063).

§ 13 Verantwortliche Personen

(1) Verantwortlich für die Erfüllung der sich aus diesem Abschnitt ergebenden Pflichten sind neben dem Arbeitgeber
1. sein gesetzlicher Vertreter,
2. das vertretungsberechtigte Organ einer juristischen Person,
3. der vertretungsberechtigte Gesellschafter einer Personenhandelsgesellschaft,
4. Personen, die mit der Leitung eines Unternehmens oder eines Betriebes beauftragt sind, im Rahmen der ihnen übertragenen Aufgaben und Befugnisse,
5. sonstige nach Absatz 2 oder nach einer auf Grund dieses Gesetzes erlassenen Rechtsverordnung oder nach einer Unfallverhütungsvorschrift verpflichtete Personen im Rahmen ihrer Aufgaben und Befugnisse.

(2) Der Arbeitgeber kann zuverlässige und fachkundige Personen schriftlich damit beauftragen, ihm obliegende Aufgaben nach diesem Gesetz in eigener Verantwortung wahrzunehmen.

Von Abs. 1 Nr. 4 wird nicht jeder Vorgesetzte erfasst, sondern nur wer eigenverantwortlich ein Unternehmen oder einen Betrieb führt, wie ein Werksdirektor oder Filialleiter. An der primären Verantwortung des AG ändert sich nichts. Während sich eine Beauftragung nach Abs. 1 Nr. 5 aus Rechtsvorschriften ergibt, hat der AG gem. Abs. 2 auch die Möglichkeit, irgendeine andere Person, die zuverlässig und fachkundig ist, schriftl. mit der Wahrnehmung der Aufgaben nach diesem Gesetz zu beauftragen. Das Beauftragungsschreiben muss den Adressaten und dessen Pflichten präzise benennen; ergänzende Handreichungen müssen genau und abschließend sein, BVerwG 23.6.2016 NVwZ-RR 2016, 907; dazu *Radau* Forschung und Lehre 2016, 1082. In diesem Fall hat der BR kein Mitbestimmungsrecht nach § 87 I Nr. 7 BetrVG (BAG 18.8.2009 AP BetrVG 1972 § 87 Gesundheitsschutz Nr. 16). Er kann aber in BVen generalisierende Regelungen über die Qualifikation der betreffenden Person treffen. 1

§ 14 Unterrichtung und Anhörung der Beschäftigten des öffentlichen Dienstes

(1) Die Beschäftigten des öffentlichen Dienstes sind vor Beginn der Beschäftigung und bei Veränderungen in ihren Arbeitsbereichen über Gefahren für Sicherheit und Gesundheit, denen sie bei der Arbeit ausgesetzt sein können, sowie über die Maßnahmen und Einrichtungen zur Verhütung dieser Gefahren und die nach § 10 Abs. 2 getroffenen Maßnahmen zu unterrichten.

(2) Soweit in Betrieben des öffentlichen Dienstes keine Vertretung der Beschäftigten besteht, hat der Arbeitgeber die Beschäftigten zu allen Maßnahmen zu hören, die Auswirkungen auf Sicherheit und Gesundheit der Beschäftigten haben können.

Da das ArbSchG auch Personen mit ör. Beschäftigungsverhältnissen in den Adressatenkreis einbezieht, sind an mehreren Stellen Sondervorschriften für diese Beschäftigten erforderlich. Sie finden sich in § 2 V bei der Definition des Betriebs, in § 14 (Unterrichtung und Anhörung), § 17 I 2, 3, II 3, und § 20 (Rechtsverordnungen nach § 18 ua.). Da für den öffentl. Dienst eine dem § 81 I 2 BetrVG entspr. Vorschr. fehlt, wurde eine entspr. Pflicht in § 14 I normiert. Das Anhörungsrecht in Abs. 2 entspricht dem Anhörungsrecht nach § 81 III BetrVG. 1

Dritter Abschnitt. Pflichten und Rechte der Beschäftigten

§ 15 Pflichten der Beschäftigten

(1) [1] Die Beschäftigten sind verpflichtet, nach ihren Möglichkeiten sowie gemäß der Unterweisung und Weisung des Arbeitgebers für ihre Sicherheit und Gesundheit bei der Arbeit Sorge zu tragen. [2] Entsprechend Satz 1 haben die Beschäftigten auch für die Sicherheit und Gesundheit der Personen zu sorgen, die von ihren Handlungen oder Unterlassungen bei der Arbeit betroffen sind.

(2) Im Rahmen des Absatzes 1 haben die Beschäftigten insbesondere Maschinen, Geräte, Werkzeuge, Arbeitsstoffe, Transportmittel und sonstige Arbeitsmittel sowie Schutzvorrichtungen und die ihnen zur Verfügung gestellte persönliche Schutzausrüstung bestimmungsgemäß zu verwenden.

§ 16 Besondere Unterstützungspflichten

(1) Die Beschäftigten haben dem Arbeitgeber oder dem zuständigen Vorgesetzten jede von ihnen festgestellte unmittelbare erhebliche Gefahr für die Sicherheit und Gesundheit sowie jeden an den Schutzsystemen festgestellten Defekt unverzüglich zu melden.

(2) [1]Die Beschäftigten haben gemeinsam mit dem Betriebsarzt und der Fachkraft für Arbeitssicherheit den Arbeitgeber darin zu unterstützen, die Sicherheit und den Gesundheitsschutz der Beschäftigten bei der Arbeit zu gewährleisten und seine Pflichten entsprechend den behördlichen Auflagen zu erfüllen. [2]Unbeschadet ihrer Pflicht nach Absatz 1 sollen die Beschäftigten von ihnen festgestellte Gefahren für Sicherheit und Gesundheit und Mängel an den Schutzsystemen auch der Fachkraft für Arbeitssicherheit, dem Betriebsarzt oder dem Sicherheitsbeauftragten nach § 22 des Siebten Buches Sozialgesetzbuch mitteilen.

1 Während sich die privatrechtl. Pflichten des AG aus § 618 BGB ergeben, folgen die **privatrechtl. Pflichten der Beschäftigten** aus § 242 BGB im Hinblick auf leistungsbezogene Nebenpflichten und aus § 241 II BGB im Hinblick auf nicht-leistungsbezogene Nebenpflichten. Demgegenüber regeln §§ 15, 16 ArbSchG **öffentlich-rechtliche Pflichten** der Beschäftigten aus dem Arbeitsverhältnis. Die Vorschr. sind zugleich Konkretisierungen der privatrechtl. Pflichten.

2 Während im Allg. die Pflichten aus diesem Gesetz den AG treffen sowie sonstige in § 13 genannte Personen, enthalten (nur) §§ 15, 16 **Pflichten der Beschäftigten.** Die Verpflichtung, für die eigene Sicherheit und Gesundheit zu sorgen, ist damit nicht nur Obliegenheit im eigenen Interesse, sondern Rechtspflicht. Eine entspr. Verpflichtung gilt gem. Abs. 1 S. 2 auch ggü. anderen Personen, allerdings nur ggü. Beschäftigten (str.). Die bestimmungsgemäße Verwendung der in Abs. 2 genannten Hilfsmittel richtet sich nach Unterweisung und Weisung des AG, sonst nach dem Üblichen. Eine Pflicht zur Mitteilung besteht nur, wenn der Beschäftigte eine unmittelbare erhebl. Gefahr für die Sicherheit und Gesundheit feststellt, also nicht bei beliebigen Fehlern oder Gefahren; dagegen sind Defekte an den Schutzsystemen grds. zu melden. Die privatrechtl. Pflicht des AN geht allerdings über die nach § 16 I hinaus.

§ 17 Rechte der Beschäftigten

(1) [1]Die Beschäftigten sind berechtigt, dem Arbeitgeber Vorschläge zu allen Fragen der Sicherheit und des Gesundheitsschutzes bei der Arbeit zu machen. [2]Für Beamtinnen und Beamte des Bundes ist § 125 des Bundesbeamtengesetzes anzuwenden. [3]Entsprechendes Landesrecht bleibt unberührt.

(2) [1]Sind Beschäftigte auf Grund konkreter Anhaltspunkte der Auffassung, daß die vom Arbeitgeber getroffenen Maßnahmen und bereitgestellten Mittel nicht ausreichen, um die Sicherheit und den Gesundheitsschutz bei der Arbeit zu gewährleisten, und hilft der Arbeitgeber darauf gerichteten Beschwerden von Beschäftigten nicht ab, können sich diese an die zuständige Behörde wenden. [2]Hierdurch dürfen den Beschäftigten keine Nachteile entstehen. [3]Die in Absatz 1 Satz 2 und 3 genannten Vorschriften sowie die Vorschriften der Wehrbeschwerdeordnung und des Gesetzes über den Wehrbeauftragten des Deutschen Bundestages bleiben unberührt.

1 Das **Vorschlagsrecht** der AN besteht für alle Fragen der Sicherheit und des Gesundheitsschutzes, auch über den eigenen Arbeitsplatz hinaus; eine bestimmte Form für die Ausübung besteht nicht. Beamte müssen gem. § 125 BBG den Dienstweg einhalten, Soldaten gem. § 7 SoldG.

2 Ein **außerbetriebl. Beschwerderecht** setzt eine konkrete Gefahr voraus, also eine Sachlage, die bei ungehindertem Ablauf des zu erwartenden Geschehens zu einem nicht unerhebl. Schaden führt. Es ist nicht erforderl., dass eine konkrete Gefahr objektiv besteht, solange der Beschäftigte nur konkrete Anhaltspunkte für diese Annahme hat. Der AN darf sich nicht unmittelbar an die Aufsichtsbehörde wenden, sondern muss zunächst den AG zur Abhilfe auffordern. Weitere Voraussetzung ist, dass der AG der Beschwerde des Beschäftigten nicht abgeholfen hat (s. iE MüArbR/*Kothe* § 292 Rn. 69 ff.; EGMR 21.7.2011 NZA 2011, 1269; *Wiebauer* NZA 2015, 22; zur Kündigung wegen Stellung eines Strafantrags BAG 15.12.2016 NZA 2017, 703). Zuständige Behörde und damit Adressat der Beschwerde ist regelm. das Gewerbeaufsichtsamt oder der Unfallversicherungsträger. Für seinen Anwendungsbereich geht § 21 VI 1 GefStoffV vor; s. auch Art. 5 Geheimnisschutz-RL.

3 Der Inhalt des seit dem 1.4.2009 aufgehobenen Abs. 1 S. 3 Hs. 1 kann sich seither nur noch aus den Beamtengesetzen der Länder ergeben. Bezüglich § 17 II 2 kann auf § 612a BGB zurückgegriffen werden.

§§ 18–26 *(nicht abgedruckt)*

110. Arbeitszeitgesetz (ArbZG)

Vom 6. Juni 1994 (BGBl. I S. 1170)

Zul. geänd. durch Verordnung vom 11. November 2016 (BGBl. I S. 2500)

(FNA 8050-21)

Erster Abschnitt. Allgemeine Vorschriften

§ 1 Zweck des Gesetzes

Zweck des Gesetzes ist es,
1. die Sicherheit und den Gesundheitsschutz der Arbeitnehmer in der Bundesrepublik Deutschland und in der ausschließlichen Wirtschaftszone bei der Arbeitszeitgestaltung zu gewährleisten und die Rahmenbedingungen für flexible Arbeitszeiten zu verbessern sowie
2. den Sonntag und die staatlich anerkannten Feiertage als Tage der Arbeitsruhe und der seelischen Erhebung der Arbeitnehmer zu schützen.

Am 1.7.1994 ist das G zur Vereinheitlichung und Flexibilisierung des Arbeitszeitrechts vom 6.6.1994 1
(Arbeitszeitrechtsgesetz – ArbZRG) in Kraft getreten (BGBl. I S. 1170; vgl. ausf. zur Entstehungsgeschichte 2. Aufl. § 1 Rn. 1).

1. Entstehungsgeschichte und systematische Stellung des ArbZG. Das als Artikelgesetz ausgestal- 2
tete ArbZRG enthält als Kernstück in Art. 1 das Arbeitszeitgesetz (ArbZG). Bei der Auslegung des ArbZG muss im Wege der **europarechtskonformen Auslegung** geprüft werden, ob es mit der RL 93/104/EG in Einklang steht oder ob es, um nicht gegen die RL zu verstoßen, nur in einem bestimmten Sinne ausgelegt werden kann (s. a. § 2 Rn. 26). Eine europarechtskonforme Auslegung scheidet allerdings aus, wenn sie den Sinn der deutschen Rechtnorm verfälschen würde (ebenso BAG 18.2.2003 AP BGB § 611 Arbeitsbereitschaft Nr. 12). Entspricht das ArbZG der RL und gibt es mehrere Auslegungsmöglichkeiten, so ist im Wege der europarechtskonformen Auslegung als Inhaltsbestimmung (= europarechtsorientierte Auslegung) diejenige zu wählen, die dem Zweck der RL am nächsten kommt. Die am 2.8.2004 in Kraft getretene RL 2003/88/EG (ABl. L 299 S. 9) fasst die RL 93/104/EG und 2000/34/EG zusammen (s. zum Arbeitszeitrecht der EU EU-ArbR-*Gallner* RL 2003/88/EG; HSW/*Wank* § 18 Rn. 289 ff.; Preis/Sagan/*Ulber* EurAR § 6). Das ArbZG hat, den Anforderungen des Gemeinschaftsrechts entspr., durch Art. 4b des G zu Reformen am Arbeitsmarkt mit Wirkung zum 1.1.2004 umfangr. Änd. erfahren. Eine Neufassung der **Arbeitszeitrichtlinie,** über die seit 2004 verhandelt wurde, ist bislang gescheitert (zu Reformbestrebungen EU-ArbR-*Gallner* RL 2003/88/EG Art. 1 Rn. 11 ff.; *Franzen* ZESAR 2015, 407; zu Verstößen des ArbZG gegen die RL *Buschmann* AuR 2015, 457; Preis/Sagan/*Ulber* EurArbR § 6 S. 334 f.; zum Grünbuch des BMAS *Bissels/Meyer-Michaels* DB 2015, 2331; *Steffan* NZA 2015, 1409; s. iÜ zu Reformüberlegungen *Jacobs* NZA 2016, 733; *Krause* Gutachten B zum 71. DJT 2016, 109; *ders.* NJW Beil. 2/2016, 33, 34. Auch im Hinblick auf Art. 31 II GRC gehört das ArbZR der RL nicht zum Primärrecht (s. u. Rn. 26; zutr. EU-ArbR-*Gallner* RL 2003/88/EG Art. 2 Rn. 3); zu den Rechtstatsachen Arbeitszeitreport 2016, Hrsg. BAuA.

Das Arbeitsschutzrecht muss im Zusammenhang gesehen werden mit dem **Ladenschlussrecht** 3
(s. zum LadSchlG 7. Aufl.). Das LadSchlG, das de facto den Wettbewerb betrifft, wurde in Rspr. und Lit. als weiteres arbeitsschutzrechtl. G betr. AZ verstanden. Durch die Föderalismusreform fällt das Ladenschlussrecht nunmehr überw. in die Kompetenz der Länder (Überbl. bei *Horstmann* NZA 2006, 1246; *Kühn* AuR 2006, 418; *Neumann/Biebl* unter D sowie *Neumann* Ladenschlussrecht, 5. Aufl. 2008; zum thüringischen LadenöffnungsG s. BVerfG 14.1.2015 – 1 BvR 931/12 – DÖV 2015, 486).

2. Zweckbestimmung. Die Zweckbestimmung des G begr. **keine Rechte** oder **Pflichten** für AN 4
oder AG. Ebenso wenig kommt sie als eigenständige Rechtsgrundlage für behördl. Entscheidungen in Betracht (*Anzinger/Koberski* Rn. 3). Sie ermöglicht es aber, iRd. teleologischen Auslegung bei einzelnen Bestimmungen des G auf dessen Zwecke zurückzugreifen. Auch bei Ermessensentscheidungen (s. zB § 7 V) müssen die Ziele des G beachtet werden. Zu den in § 1 genannten Zwecken des gesamten G treten die Zwecke der einzelnen Bestimmungen hinzu. Im Umkehrschluss zu der Aufzählung in § 1 ergibt sich, dass andere Zwecke, wie arbeitsmarktpolitische Zwecke, vom G nicht verfolgt werden.

3. Sicherheit und Gesundheitsschutz. Das in § 1 Nr. 1 an erster Stelle genannte Ziel des G ent- 5
spricht der Pflicht des Staates aus Art. 2 II 1 GG, durch geeignete Schutzvorschriften die **körperl. Unversehrtheit** der AN bei der Arbeit sicherzustellen (vgl. BVerfG 28.1.1992 AP AZO § 19 Nr. 2 zur

Verpflichtung des Gesetzgebers, AN vor den schädl. Folgen von Nachtarbeit zu bewahren). Wenn es in § 1 Nr. 1 heißt, dass Sicherheit und Gesundheitsschutz der AN durch das ArbZG „gewährleistet" werden sollen, steht dies **nicht im Widerspruch** zu der auf Art. 118a EGV gestützten **RL 93/104/EG** des Rates v. 23.11.1993 über bestimmte Aspekte der Arbeitszeitgestaltung (ABl. L 307 S. 18; jetzt RL 2003/88/EG, ABl. L 299 S. 9), wonach Zielsetzung der RL eine „Verbesserung" ist.

6 **4. Flexible Arbeitszeiten.** Weiteres in § 1 Nr. 1 hervorgehobenes Schutzziel des ArbZG ist es, die Rahmenbedingungen für flexible AZ zu verbessern. Dieses in der Vergangenheit sowohl im **Interesse der betriebl. Produktion** als auch im **Interesse der AN** an der individuellen Gestaltung der tägl. und wöchentl. AZ immer wieder geforderte Ziel wird va. dadurch erreicht, dass der Ausgleichszeitraum zur Einhaltung des Acht-Stunden-Tages von 2 Wochen (§ 4 I AZO) verlängert wurde (vgl. näher hierzu § 3) und die TVParteien oder die Betriebspartner die Möglichkeit erhalten haben, innerhalb eines bestimmten, gesundheitl. vertretbaren Rahmens abw. Regelungen zu vereinbaren (vgl. näher hierzu § 3 Rn. 16 ff.).

7 **5. Sonntagsruhe und Feiertagsruhe.** § 1 Nr. 2 hebt als gleichrangiges Schutzziel die Sonn- und Feiertagsruhe hervor. Art. 140 GG hat Art. 139 WRV in das GG inkorporiert. Beide Vorschr. zusammen schaffen eine **institutionelle Garantie des Sonntags** (s. *Loritz*, Möglichkeiten und Grenzen der Sonntagsarbeit, 1989 S. 15 ff.; *Richardi* AuR 2006, 379; zu Sonntagsruhe und Ladenschluss BVerfG 1.12.2009 JZ 2010, 137; dazu *Kühn* AuR 2010, 299; *Rozeck* AuR 2010, 148). Die **Feiertage** sind demgegenüber weder generell noch als einzelne Feiertage verfassungsrechtl. geschützt. Ihre Gewährleistung beruht vielmehr nur auf einfachem G. Abgesehen vom 3. 10., einem Bundes-Feiertag, sind die Feiertage durch Landesgesetze geregelt. Ihre Zahl und ihre Verteilung sind in den einzelnen Bundesländern unterschiedl. (s. MüArbR/*Anzinger* § 221 Rn. 7 f.).

8 Der ursprüngl. Gedanke des religiösen Feiertages wird in diesem G nicht erwähnt, sondern nur die **Arbeitsruhe** und die „seelische Erhebung der AN".

9 **6. Zweckkollision.** Die drei Gesetzeszwecke werden in § 1 nebeneinander angeführt. Durch die Formulierung wird verdeckt, dass sich die **Teilzwecke** Gesundheitsschutz und Sonn- und Feiertagsschutz einerseits und Flexibilisierung der AZ andererseits häufig widersprechen. Im Einzelfall muss dann doch auf die spezielle Bestimmung zurückgegriffen werden, die diese Zielkollision in einer bestimmten Weise gelöst hat (*Junker* ZfA 1998, 105, 106). Die Reihenfolge der Nennung im G besagt nichts über einen Vorrang.

10 **7. Schadensersatz.** Verstößt ein AG gegen die aus dem EU-Recht folgenden Vorschr. des AZSchutzes, so kann einem bei einem ör. AG beschäftigten AN nach dem unionsrechtl. Staatshaftungsrecht bei einem qualifizierten Verstoß ein Schadensersatzanspruch gegen den ör. AG zustehen (EuGH 25.11.2010 AuR 2010, 531 m. Anm. *Wank* AuR 2011, 174; *Preis/Ulber* ZESAR 2011, 149 BVerwG 20.7.2017 B 12 KR 12/15 R). Nach VG Wiesbaden (29.11.2012 – 3 K 1023/12 WI ua. BeckRS 2013, 47703) gilt eine dreijährige Verjährungsfrist.

§ 2 Begriffsbestimmungen

(1) [1] **Arbeitszeit im Sinne dieses Gesetzes ist die Zeit vom Beginn bis zum Ende der Arbeit ohne die Ruhepausen; Arbeitszeiten bei mehreren Arbeitgebern sind zusammenzurechnen.** [2] **Im Bergbau unter Tage zählen die Ruhepausen zur Arbeitszeit.**

(2) **Arbeitnehmer im Sinne dieses Gesetzes sind Arbeiter und Angestellte sowie die zu ihrer Berufsbildung Beschäftigten.**

(3) **Nachtzeit im Sinne dieses Gesetzes ist die Zeit von 23 bis 6 Uhr, in Bäckereien und Konditoreien die Zeit von 22 bis 5 Uhr.**

(4) **Nachtarbeit im Sinne dieses Gesetzes ist jede Arbeit, die mehr als zwei Stunden der Nachtzeit umfaßt.**

(5) **Nachtarbeitnehmer im Sinne dieses Gesetzes sind Arbeitnehmer, die**

1. **auf Grund ihrer Arbeitszeitgestaltung normalerweise Nachtarbeit in Wechselschicht zu leisten haben oder**
2. **Nachtarbeit an mindestens 48 Tagen im Kalenderjahr leisten.**

1 **1. Geltungsbereich.** Im Hinblick auf die Geltung des ArbZG ist zu unterscheiden zwischen dem persönl. Geltungsbereich, dem sachl. Geltungsbereich und dem räuml. Geltungsbereich. Schließl. ist, insbes. im Zusammenhang mit der Übergangsvorschrift des § 25, der zeitl. Geltungsbereich zu klären.

2 **2. Persönlicher Geltungsbereich.** Unter den persönl. Schutzbereich des ArbZG fallen alle **AN,** mit Ausnahme der in § 18 genannten. Das ArbZG gilt auch für die bei den Stationierungsstreitkräften Beschäftigten, Art. 56 I lit. a des Zusatzabkommens zum NATO-Truppenstatut vom 3.8.1959 (BGBl. II S. 1218); zur Arbeitszeit von BRMitgliedern s. § 45 Rn. 2; *Wiebauer* NZA 2013, 540.

3. Arbeitnehmer iSd. ArbZG. a) Allgemeiner ANBegriff. § 2 II enthält die Legaldefinition, dass AN iSd. G Arbeiter und Angestellte sowie die zu ihrer Berufsbildung Beschäftigten sind. Der AN-Begriff entspricht § 5 I BetrVG. Die in § 5 II BetrVG enthaltene Einschränkung des ANBegriffs hat der Gesetzgeber nicht übernommen. Daraus folgt, dass dem ArbZG ein über den ANBegriff des BetrVG hinausgehender **allgemeiner** arbeitsrechtl. **Begriff des AN** zugrunde liegt. Er bestimmt sich nach dem am 1.4.2017 in Kraft getretenen § 611a BGB. IÜ muss der „autonome Begriff" des AN nach der ArbZRL zugrunde gelegt werden (EuGH 3.5.2012 Rs. C-337/10). Aufgrund der Entscheidung des EuGH in der Rs. Danosa (11.11.2010 Rs. C-232/09, Slg. 2010, I-11405) sind Fremdgeschäftsführer einer GmbH arbeitszeitrechtl. als AN zu qualifizieren. 3

b) Zu ihrer Berufsbildung Beschäftigte. Zu den AN iSd. ArbZG gehören auch die zu ihrer Berufsbildung Beschäftigten über 18 Jahre (vgl. § 18 II). Hierzu zählen insb. die Auszubildenden iSv. § 10 BBiG und diejenigen, die in Vertragsverhältnissen nach § 26 BBiG beschäftigt sind, wie zB Volontäre und Praktikanten (zu diesen *Maties* RdA 2007, 135 ff.; *Burkard-Pötter/Sura* NJW 2015, 517). 4

c) Frauen. Es bleibt dabei, dass Frauen im **Bergbau unter Tage** grds. nicht beschäftigt werden dürfen. 5

d) Ausnahmen. § 18 zählt diejenigen ANGruppen auf, für die das G nicht gilt, und zwar leitende Angestellte, Leiter von öffentl. Dienststellen, AN in häusl. Gemeinschaft mit ihnen anvertrauten Personen sowie Jugendl. unter 18 Jahren. Ausl. Pflegekräfte werden erfasst, BReg BT-Drs. 17/8373. 6

4. Räumlicher Geltungsbereich. Als Vorschr. des ör. Arbeitsschutzes gelten die Bestimmungen des ArbZG für alle AN, die auf dem Gebiet der BRD und in der ausschließl. Wirtschaftszone beschäftigt sind **(Territorialitätprinzip).** Dabei kommt es weder auf die Staatsangehörigkeit noch auf den Wohnsitz des AG oder AN an. Umgekehrt gilt das ArbZG nicht für diejenigen deutschen AN, die im Ausland beschäftigt werden (BAG 12.12.1990 NZA 1991, 386). Für AN, die außerhalb des Gebietes der BRD beschäftigt werden, kann das ArbZG jedoch auf Grund privatrechtl. Vereinbarung gelten; zur Geltung des ArbZG bei Auslandsarbeit *Wiebauer* EuZA 2012, 485. 7

5. Sachlicher Geltungsbereich. Bei dem sachl. Anwendungsbereich des G geht es um die Ausnahmen für bestimmte Beschäftigungsbereiche und Beschäftigungsbetriebe. Hier sind zu nennen der liturgische Bereich, § 18 I Nr. 4, Kauffahrteischiffe, § 18 III, Luftfahrzeuge, § 20, sowie die Binnenschifffahrt, § 21. 8

6. Weitere Begriffsbestimmungen. Außer der Begriffsbestimmung des AN enthält § 2 weitere Begriffsbestimmungen, und zwar zu AZ, Nachtzeit, Nachtarbeit und NachtAN. 9

a) Arbeitszeit iSd. ArbZG. Das G enthält nur eine Pseudodefinition: Arbeitszeit ist die Zeit der Arbeit. Abzugrenzen ist die AZ vom Gegenbegriff der Ruhezeit. Zwischen diesen beiden Polen liegen Arbeitsbereitschaft, Bereitschaftsdienst und Rufbereitschaft (s. Rn. 20 ff.). IÜ geht es aber nur um die AZ iSd. ArbZG. Dieses G regelt die AZ allein unter arbeitsschutzrechtl. Gesichtspunkten (zum Arbeitszeitbegriff in anderen Zusammenhängen auch *Buschmann* AuR 2003, 1). Daneben ist aber noch der vergütungsrechtl. (Rn. 14, 31) und der betriebsverfassungsrechtl. (Rn. 12) Arbeitszeitbegriff zu beachten, wobei wiederum zwischen Individualarbeitsrecht und kollektivem Arbeitsrecht unterschieden werden muss, so dass sich folgende Differenzierungen ergeben: (1) arbeitsvertragl. AZ (im Hinblick auf Vergütung), und zwar (a) auf Grund Individualarbeitsvertrag, (b) auf Grund Betriebsvereinbarung, (c) auf Grund TV, daneben (2) arbeitsschutzrechtl. AZ (*Wank* RdA 2014, 285). Eine spezielle Legaldefinition enthält § 21a III für die Beschäftigung im Straßentransport. Wenn auch die arbeitsvertragl. AZ nicht Regelungsgegenstand dieses G ist, muss an dieser Stelle doch zur Verdeutlichung auch darauf eingegangen werden (s. zur flexiblen AZ § 3 Rn. 16 ff.). 10

b) Arbeitsvertragliche Arbeitszeit. Wann die AZ des einzelnen AN liegt und wie lange er arbeiten muss, ergibt sich aus dem Einzelarbeitsvertrag. Enthält der Vertrag keine ausdrückl. Regelung, so müssen sich für eine Einschränkung des Weisungsrechts des Arbeitgebers für die Arbeitszeitverteilung besondere Anhaltspunkte ergeben; das gilt auch, wenn erlaubte Sonn- und Feiertagsarbeit ausgeschlossen sein soll (BAG 15.9.2009 NZA 2009, 1333). Ist im Vertrag nichts geregelt, so gilt für beides – für Lage und Dauer der AZ – das Betriebsübliche (BAG 15.5.2013 NZA-RR 2014, 519 = DB 2013, 2215). Innerhalb einer gewissen Schwankungsbreite unterliegen Veränderungen dem Direktionsrecht des AG nach § 106 GewO (dazu *Ennuschat/Wank* Rn. 4 ff.; zB früherer Arbeitsbeginn; Zuteilung zu einer Schicht; Versetzung in eine andere Schicht). Seine Grenze findet das Direktionsrecht, wenn in den Kern der Vertragsbedingungen eingegriffen wird (s. *Wank* NZA Beil. 2/2012, 41, 43, 49); so wenn der AN – in einem Betrieb, in dem nicht ohnehin immer mit Nachtschichten für diese Art von Arbeit gerechnet werden muss – von der Tagesschicht in die Nachtschicht versetzt wird (zur Mitbestimmung des BR s. Rn. 12). Umgekehrt wird man die Versetzung von der Nachtschicht in die Tagesschicht als eine Verbesserung ansehen können, die iRd. Direktionsrechts liegt. Unter bestimmten Voraussetzungen ist der AG verpflichtet, den NachtAN auf einen für ihn geeigneten Tagesarbeitsplatz umzusetzen, wenn der NachtAN dies verlangt, § 6 IV. Änd. jenseits des Direktionsrechts bedürfen der einverständl. Vertragsänderung oder lassen sich allenfalls im Wege einer Änderungskündigung (§ 2 KSchG) durch- 11 setzen. Arbeitszeitklauseln in Formularverträgen müssen transparent sein (BAG 21.6.2011 9 AZR 238/10 NZA 2012, 527 (Ls.). Die Klausel, der AN sei verpflichtet, „im mtl. Durchschnitt 150 Stunden zu arbeiten", hielt das BAG für intransparent (BAG 21.6.2011 9 AZR 236/10 m Anm. *Preis* RdA 2012, 101; zur Durchschnittsarbeitszeit *Uffmann*, RdA 2012,113).

12 **c) Mitbestimmung des BR.** Betriebsverfassungsrechtl. gilt teilw. ein abw. AZBegriff, BAG 14.1.2014 NZA 2014, 738. Besteht in einem Betrieb ein BR, so kann der AG die generelle Lage der AZ nicht einseitig festlegen, sondern gem. § 87 I Nr. 2 BetrVG nur einvernehml. mit dem BR. Dieser ist allerdings nur zuständig für die Lage der AZ (Beispiel: Beginn 7 Uhr morgens, Ende 14.30 Uhr), nicht dagegen für die Dauer der AZ (zB 35 Stunden pro Woche; etwas anderes kann sich nur auf Grund einer Öffnungsklausel in einem TV ergeben; dazu § 87 BetrVG Rn. 17; zum Mitbestimmungsrecht des BR bei der Einführung von Bereitschaftsdienst s. BAG 29.2.2000 AP BetrVG 1972 § 87 Nr. 81 = NZA 2000, 1243; zur Leiharbeit s. BAG 15.12.1992 AP AÜG § 14 Rn. 14 ff.; zur Versetzung bei Nacht- und Schichtarbeit s. § 6 Rn. 9 ff.; zur Umkleidezeit s. BAG 10.11.2009 AP BetrVG 1972 § 87 Arbeitszeit Nr. 125; 12.11.2013 NZA 2014, 557; BAG 17.11.2015 NZA 2016, 247; 13.12.2016 NZA 2017, 459; zur Kappung betr. Gleitzeit BAG 10.12.13 NZA 2014, 196; zur zusammenhängenden Arbeit BAG 25.2.2015 AP BetrVG 1972 § 87 Arbeitszeit Nr. 136). Das Mitbestimmungsrecht des BR findet seine Grenze, wenn dadurch in die unternehmerische Entscheidungsfreiheit eingegriffen wird; das ist der Fall, wenn dadurch die Regelung der Öffnungszeiten eines Kaufhauses von der Entscheidung des BR abhängt (*Wank*, Auslegung und Rechtsfortbildung im Arbeitsrecht, S. 92 ff.; aA BAG 13.10.1987 AP BetrVG 1972 § 87 Arbeitszeit Nr. 24). Der BR ist nur zuständig für die allg. Regelung, also nur für einen sog. kollektiven Tatbestand. Wann demgegenüber die AZ des einzelnen AN liegt und welcher Schicht er zugeteilt wird, unterliegt dem Direktionsrecht des AG. Räumt ein TV den Betriebsparteien einen Gestaltungsspielraum ein, ist auch die Einigungsstelle daran gebunden (BAG 9.11.2010 NZA-RR 2011, 354 = DB 2011, 1454).

13 **d) Tarifverträge.** Zwar nicht die Lage, wohl aber die Dauer der AZ pro Woche ist üblicherweise in einem TV geregelt. Sofern AG und AN tarifgebunden sind (§ 3 TVG), gilt die Regelung zwgd. (§ 4 I TVG) auch für das einzelne Arbeitsverhältnis. Nimmt der Arbeitsvertrag auf den TV Bezug, ohne dass beide Parteien tarifgebunden sind, so gelten diese Regelungen zwar nicht zwingend, wohl aber kraft Vertrages. Auch tarifgebundene Vertragsparteien können vom TV abweichen, wenn dies für den AN günstiger ist, § 4 III TVG. Das ist der Fall, wenn der AN weniger zu arbeiten braucht (zB 34 statt 37 Stunden). Umstr. ist dagegen, ob die Vereinbarung einer längeren als der im TV vorgesehenen AZ für den AN günstiger ist, weil ein höherer Verdienst (allerdings bei mehr Arbeit) für den AN günstiger ist (s. die Nachw. bei *Wank* NJW 1996, 2273, 2277 f. sowie bei Wiedemann/*Wank* § 4 Rn. 479 ff.; gegen die Neuinterpretation des Günstigkeitsprinzips BAG 20.4.1999 AP BetrVG 1972 § 23 Nr. 30). Für die Umgruppierung von Tarifangestellten zu AT-Angestellten ist die AZ in die Berechnung eines tarifl. Abstandsgebots nicht einzubeziehen (BAG 26.11.2003 AP TVG § 1 Tarifverträge: Metallindustrie Nr. 186 = NZA 2004, 1107).

14 **e) Arbeitszeit und Vergütung.** Im Hinblick auf Einzelarbeitsvertrag, Betriebsvereinbarung und TV muss immer unterschieden werden zwischen der Regelung der AZ und der Regelung der Vergütung (BAG 19.3.2014 NZA 2014, 787). So hält sich der AN in der Pause bspw zwar an seinem Arbeitsplatz auf; aber diese Zeit wird nicht vergütet (zu Waschen und Umkleiden s. BAG 11.10.2000 AP BGB § 611 Arbeitszeit Nr. 20 = NZA 2001, 458 sowie Rn. 16; zur Mitbestimmung Rn. 12). Der Weg zur Arbeit stellt grds. keine AZ dar und braucht nicht vergütet zu werden (BAG 14.12.2010 NZA 2011, 760). Etwas anderes gilt, wenn zur vertragl. geschuldeten Arbeitsleistung die Fahrten zum ersten Kunden und vom letzten Kunden zurück gehören, wie bei Außendienstmitarbeitern (EuGH 10.9.2015 Rs. C-266/14 NJW 2016, 145 – Tyco; BAG 22.4.2009 AP BGB § 611 Wegezeit Nr. 11). Be- und Entladezeiten, während derer ein Kraftfahrer das Betriebsgelände zwar verlassen darf, einem Arbeitsaufruf aber umgehend nachzukommen hat, stellen vergütungsrechtl. Arbeitsbereitschaft dar (BAG 29.10.2002 AP BGB § 611 Nr. 11 = NZA 2003, 1212), obwohl sie arbeitsschutzrechtl. dem Bereitschaftsdienst zuzuordnen sind (*Tietje* Anm. BAG 29.10.2002 AP BGB § 611 Nr. 11). Die Arbeitsbereitschaft zählt nach der Simap-Entscheidung des EuGH (dazu Rn. 23) zwar als ges. AZ, kann aber geringer vergütet werden als die Vollarbeitszeit. Gleiches gilt für den Bereitschaftsdienst. Er ist zwar auf Grund der europarechtl. Vorgaben und im Einklang mit dem ArbZG in seiner Fassung seit dem 1.1.2004 arbeitsschutzrechtl. zur AZ zu rechnen (s. Rn. 23), er kann jedoch anders als diese vergütet werden (s. Rn. 31). Selbst wenn der angeordnete Bereitschaftsdienst zusammen mit der regulären AZ die wöchentl. Höchstarbeitszeit nach der ArbZRL von 48 Stunden überschreitet, ist der Bereitschaftsdienst nicht wie reguläre ArbZ zu vergüten (BAG 28.1.2004 AP BGB § 611 Bereitschaftsdienst Nr. 10 = NZA 2004, 656).

15 **f) Das Verhältnis der Arbeitszeit im arbeitsvertraglichen Sinne zur Arbeitszeit im arbeitsschutzrechtlichen Sinne.** Das – im ArbZG allein geregelte – Arbeitsschutzrecht legt nur fest, wie lange und wann der AN aus der Sicht des Staates höchstens arbeiten darf. Wird im Einzelarbeitsvertrag oder im TV demgegenüber eine kürzere AZ vereinbart, so ist diese verbindl. Umgekehrt ist die Regelung im ArbZG insofern zwingend, als alle arbeitsvertragl. Rechtsgrundlagen sich nicht in Widerspruch zum ArbZG setzen dürfen. Abweichungen sind nur dann gestattet, wenn sie das ArbZG ausdrückl. vorsieht.

g) Arbeitszeit im arbeitsschutzrechtlichen Sinne. Für das Arbeitsschutzrecht enthält § 2 I die 16 Aussage, dass die Zeit vom Beginn bis zum Ende der Arbeit AZ ist (rechtsvergleichend *Buschmann* FS Hanau 1999 S. 197ff., 200f.). Damit zählt die Wegezeit, also die Zeit von der Wohnung des AN bis zum Betrieb, nicht als AZ (BAG 26.8.1960 AP BGB § 611 Wegezeit Nr. 2). Dagegen gehören Wegezeiten zwischen dem Betrieb und den außerhalb des Betriebs gelegenen Arbeitsstellen zur AZ iSd. § 2 I (BayObLG 23.3.1992 NZA 1992, 811). Dazu gehört auch die Fahrt zum ersten und zum letzten Kunden vom Wohnort aus bei Außendienstmitarbeitern (s. Rn. 14). Zu sonstigen Reisezeiten s. Rn. 17 sowie *Baeck/Lösler* NZA 2005, 247, 249; *Hunold* NZA Beil. 1/2006, 38. Umstritten ist, wann die Arbeit im Betrieb beginnt. Hierfür reicht es nicht, dass der AN das Betriebsgelände betritt; anders bei Torkontrolle, Neumann/*Biebl* Rn. 16. Die AZ beginnt vielmehr erst mit Aufnahme der tatsächl. Arbeitsleistung des betroffenen AN an dem fragl. Arbeitsplatz. Der Aufnahme der Arbeitsleistung steht das Bereithalten des AN zur Arbeit gleich. Von der ges. AZ erfasst sind auch Vor- und Nacharbeiten, wie zB die Materialausgabe durch den AG oder das Säubern des Arbeitsplatzes. Wasch- und Umkleidezeiten gehören idR nicht zur ges. AZ (BAG 25.4.1962 AP BGB § 611 Mehrarbeitsvergütung Nr. 6 = NZA 2014, 787; dazu *Franzen* NZA 2016, 136ff.). Das Umkleiden zählt allerdings dann zur ges. AZ, wenn es dienstl. angeordnet ist, wie bei Sicherheitskleidung oder bei einheitl. Dienstkleidung (BAG 12.11.2013 NZA 2014, 557; BAG 26.10.2016 NZA 2017, 323; aA *Baeck/Deutsch* Rn. 9). Für die Frage, ob die Zeit des Umkleidens zur vergütungspflichtigen AZ zählt, kommt es auf die Verhältnisse im Einzelfall an, wobei insb. die organisatorischen Gegebenheiten des jeweiligen Betriebes und die konkreten Anforderungen an den AN maßgebend sind (BAG 11.10.2000 AP BGB § 611 Arbeitszeit Nr. 20 = NZA 2001, 458; *Gaul/Hofelich* NZA 2016, 143). Die ges. AZ endet, wenn der AN dem AG zur Arbeitsleistung nicht mehr zur Vfg. steht. Nach Ansicht des OVG MS (10.5.2011 BeckRS 2011, 51413 = BB 2011, 1972) fällt die Teilnahme an einer Betriebsversammlung unter die AZ.

Dienstreisezeiten zählen grds. nicht zur ges. AZ. Etwas anderes gilt dann, wenn der AN durch die 17 Dienstreise selbst seine vertragl. Verpflichtungen erbringt (zB als Lkw-Fahrer) oder aber während der Dienstreise die Hauptleistung aus seinem ArbVerh. erfüllt (zB Bearbeitung der mitgeführten Akten; näher zur Dienstreise als AZ BAG 22.4.2009 NZA-RR 2010, 231 = AP BGB § 611 Wegezeit Nr. 11; BAG 11.7.2006 NZA 2007, 155; *Baeck/Deutsch* Rn. 75; *Heins/Leder* NZA 2007, 249; Neumann/*Biebl* Rn. 15; aA HK-ArbSchR-*Riem* ArbZG Rn. 43f.; HK-ArbZR-ArbZG-*Spengler* Rn. 16). Zu Reisezeiten im Außendienst s. a. BAG 14.12.2010 NZA 2011, 760. Die in AGB des AG enthaltene Klausel, Reisezeiten seien mit der Bruttomonatsvergütung abgegolten, ist intransparent, wenn sich der Umf. der Reisetätigkeit daraus nicht ergibt (BAG 20.4.2011 NZA 2011, 917). Arbeitsvertragl. oder tarifvertragl. können auch die **Zeiten vor der tatsächl. Aufnahme oder dem Bereithalten der Arbeit** zu vergüten sein. Die Arbeitszeitdefinitionen des Arbeitsvertragsrechts gelten aber nicht für das ArbZG. Während nach § 2 I 1 die **Ruhepausen** nicht zur AZ gezählt werden, zählen sie im **Bergbau** nach S. 2 zur AZ. Damit wird iE eine Verkürzung der ges. zulässigen Höchstarbeitszeit erreicht.

h) Beschäftigung bei mehreren Arbeitgebern. Da es um den gesundheitl. Schutz des AN geht, ist 18 es gleichgültig, aus welchen ArbVerh. sich die gesamte AZ zusammensetzt. Die Beschäftigungszeiten bei mehreren AG müssen daher gem. § 2 I 1 Halbs. 2 zusammengerechnet werden. Der AN ist verpflichtet, den AG darauf aufmerksam zu machen, dass er bereits in einem ArbVerh. steht und dass deshalb der Spielraum für weitere AZ begrenzt ist. Verstößt er gegen seine **Hinweispflicht,** macht er sich dem AG ggü. aus §§ 311 II, 280 I BGB, schadensersatzpflichtig. Allerdings sind die Straf- und Bußgeldvorschriften der §§ 22f. nur an AG gerichtet. Den AG trifft eine Pflicht, sich nach anderen ArbVerh. **zu erkundigen,** nur dann, wenn dafür Anhaltspunkte bestehen (zu weitgehend *Anzinger/Koberski* Rn. 13). Diese Pflicht betrifft nur das Arbeitsschutzrecht, nicht das Vertragsrecht, da insoweit im Hinblick auf Schadensersatzansprüche aus § 311 II BGB das Eigenverschulden des AN nach § 254 BGB ganz überwiegt. Den AG treffen bei Überschreitung der Höchstarbeitszeit die Sanktionen aus §§ 22f.

i) Nachtzeit, Nachtarbeit, Nachtarbeitnehmer. § 2 enthält im Hinblick auf die Nachtarbeit be- 19 stimmte Definitionen; die materiellrechtl. Regelungen dazu finden sich in §§ 6 und 7. Für die praktische Anwendung muss man das G in der Reihenfolge: § 6 – § 2 V – § 2 IV – § 2 III lesen, also: NachtAN ist, wer in bestimmtem Umf. Nachtarbeit leistet, also Arbeit, die in die Nachtzeit fällt. Arbeitsschutzrechtl. definiert das G in § 2 III die **Nachtzeit** als die Zeit zwischen 23 Uhr und 6 Uhr. In Übereinstimmung mit Art. 2 Nr. 3 der RL 2003/88/EG umfasst die Nachtzeitspanne 7 Stunden. § 7 I Nr. 5 erlaubt es aber den TVParteien, den Beginn des siebenstündigen Nachtzeitraums auf die Zeit zwischen 22 und 24 Uhr zu verschieben. Als Festlegungszeiträume für die Nachtzeit kommen somit etwa die Zeiträume von 22 Uhr–5 Uhr, 23 Uhr–6 Uhr oder 24 Uhr–7 Uhr in Betracht. **Nachtarbeit** liegt gem. § 2 IV stets dann vor, wenn die Arbeit **mehr als zwei Stunden** der Nachtzeit erfasst. Demgegenüber spricht die ArbeitszeitRL 2003/88/EG von Nachtarbeit erst bei mind. dreistündiger Beschäftigung während der Nachtzeit (vgl. Art. 2 Nr. 4 lit. a der RL). Für den Begriff des **NachtAN** liegen zwei alternative Definitionen vor. Nach § 2 V Nr. 1 ist NachtAN zum einen, wer „normalerweise“ Nachtarbeit in Wechselschicht leistet. Durch die Verwendung des Wortes „normalerweise“ soll sichergestellt werden, dass AN, die nur ausnahmsweise Nachtarbeit in Wechselschicht zu leisten haben, nicht als NachtAN anzusehen sind (vgl. BT-Drs. 12/6990

S. 43). Voraussetzung für Nr. 1 ist die Ableistung von Nachtarbeit in **Wechselschicht.** Sie liegt vor, wenn sich die AN regelm. oder unregelm. in der Schichtfolge ablösen; ausreichend ist, dass jede Schicht aus nur einem AN besteht (BAG 23.9.1960 AP AZO § 2 Nr. 4). In der Wortwahl unterscheidet das G zwischen (Nr. 1) „zu leisten haben" und (Nr. 2) „leisten". Somit kommt es in Nr. 1 auf die rechtl. Verpflichtung an, in Nr. 2 dagegen auf die tatsächl. Leistung von Nachtarbeit an 48 Tagen. Über den Wortlaut hinaus ist aber das Arbeitsschutzrecht für Nachtarbeit auch dann schon im Wege der **Prognose** zu berücksichtigen, wenn mit Sicherheit zu erwarten ist, dass der AN 48 Tage in Nachtzeit beschäftigt werden wird (*Neumann/Biebl* Rn. 30; aA *Junker* ZfA 1998, 105, 110 f. mwN; zu Zusatzurlaub bei Nachtarbeit BAG 7.7.2015 AP TVöD § 27 Nr. 3).

20 **j) Arbeitsbereitschaft, Bereitschaftsdienst und Rufbereitschaft.** Außer den in § 2 aufgeführten Begriffsbestimmungen werden im ArbZG weitere grundlegende Begriffe genannt, aber nicht definiert. Hierzu zählen insb. die Begriffe Arbeitsbereitschaft (Rn. 21), Bereitschaftsdienst (Rn. 23) und Rufbereitschaft (Rn. 30; zu den Begriffen s. *Anzinger* FS Wißmann 2005 S. 3). Diese Arbeitszeitformen stehen zur Vollarbeit in einem Stufenverhältnis. Der AG darf grds. in Ausübung seines Weisungsrechts die Art der Arbeitsleistung bestimmen. Er darf iRd. gesetzl., tarifvertragl. und vertragl. Zulässigen entweder Rufbereitschaft, Bereitschaftsdienst oder Überstunden anordnen (BAG 25.4.2007 NZA 2007, 1108). Durch die heutigen Kommunikationsmittel wird der Begriff der AZ dadurch aufgeweicht, dass der AN jederzeit und überall erreichbar ist, auch außerhalb der Dienststunden (s. Rn. 30).

21 **aa) Arbeitsbereitschaft.** Die Arbeitsbereitschaft zählt zur **Arbeitszeit iSd. ArbZG.** Eine Sonderregelung enthält § 21a III Nr. 1 für die Beschäftigung im Straßentransport. Die Frage, wann Arbeitsbereitschaft im arbeitsschutzrechtl. Sinne vorliegt, haben Rspr. und Lit. bis zum heutigen Tage nicht befriedigend beantworten können. Das BAG hat sich mit der Frage der AZ weitgehend nur vergütungsrechtl. auseinandergesetzt. IdS soll Arbeitsbereitschaft die „Zeit wacher Aufmerksamkeit im Zustand der Entspannung" sein (BAG 28.1.1981 AP MTL II § 18 Nr. 1). Diese **Leerformel** berücksichtigt nicht, dass die Übergänge zur Vollarbeit einerseits und zum Bereitschaftsdienst andererseits fließend sind. Am ehesten lässt sich der Begriff der Arbeitsbereitschaft definieren als „Bereithalten zur Arbeitstätigkeit, um ggf. von sich aus tätig zu werden" (*Gitter* ZfA 1983, 375, 406). In Zweifelsfällen muss allerdings für die Entscheidung, welche Arbeitszeitform vorliegt, zusätzl. auf die Intensität der Belastung des AN abgestellt werden (so bereits *Fechner*, Probleme der Arbeitsbereitschaft, 1963, S. 55 ff.). Zu berücksichtigen sind in diesem Zusammenhang insb. die von *Fechner* (S. 33 ff.) entwickelten Kriterien (s. auch *Schliemann* Rn. 18). **Vollarbeit** und keine Arbeitsbereitschaft ist danach bspw anzunehmen, wenn die Arbeit eines Telefonisten durch ganz kurze Pausen von 1 bis 2 Minuten unterbrochen wird. Braucht der Verkäufer dagegen das Telefon nur ausnahmsweise zu bedienen (zB außerhalb der Betriebszeiten), so verbleiben ihm geeignete Zeiträume zur Entspannung, so dass keine Vollarbeit, sondern ledigl. Arbeitsbereitschaft vorliegt. Lenkzeitunterbrechungen bei Straßenbahnfahrern ohne Arbeitsbereitschaft von mind. acht Minuten sind Ruhepausen (BAG 13.10.2009 AP ArbZG § 2 Nr. 4).

22 Arbeitsvertragl. muss Arbeitsbereitschaft **entlohnt** werden; jedoch kann der Lohn angesichts der geringeren Beanspruchung geringer sein (BAG 28.11.1973 AP MTB II § 19 Nr. 2). Die Höhe der Vergütung, die für die Arbeitsbereitschaft zu zahlen ist, richtet sich nach dem jeweiligen Arbeitsvertrag in seiner Ausgestaltung durch TV oder Betriebsvereinbarung (BAG 30.1.1985 AP BAT § 35 Nr. 2).

23 **bb) Bereitschaftsdienst.** Seit der **Simap**-Entscheidung des EuGH vom 3.10.2000 (AP EWG-RL Nr. 93/104 Nr. 2 = EAS RL 93/104/EWG Art. 2 Nr. 1) ist der ärztl. Bereitschaftsdienst „in Form der persönl. Anwesenheit in der Gesundheitseinrichtung" abstrakt, also unabhängig von einer konkreten Inanspruchnahme, als AZ iSd. RL 2003/88/EG einzuordnen.

24 In der Rs. C-151/02 vom 9.9.2003 – **Jaeger** (AP EWG-RL Nr. 93/104 Nr. 7 = EAS RL 93/104/EG Art. 2 Nr. 2 = NZA 2003, 1019 wurde dies auf deutsche Ärzte übertragen. In den verbundenen Rs. C-397/01 bis C-403/01 vom 5.10.2004 – **Pfeiffer ua.** (NZA 2004, 1145 = EuZW 2004, 691) hat der EuGH festgestellt, dass Gleiches auch für Rettungsassistenten gilt.

25 Der EuGH hat seine Rspr. in den Rs. **Dellas** (1.12.2005 Rs. C-14/04, NZA 2006, 89) und **Vorel** (Rs. C-437/05 Slg. I 2005, 10253; dazu *Thüsing* RdA 2007, 308) bestätigt. Danach darf bezügl. des Bereitschaftsdienstes arbeitsschutzrechtl. nicht zwischen Zeiten der Aktivität und der Ruhe unterschieden werden (s. auch *Schliemann* NZA 2006, 1009 f.). Die ArbeitszeitRL ist auch auf die Tätigkeiten bei der Feuerwehr anwendbar (EuGH 25.11.2010 AP RL 2003/88/EG Nr. 4 = NZA 2011, 53; 3.5.2012 – Rs. C-337/10; s. a. § 1 Rn. 10; § 18 Rn. 10); zur Verlängerung der AZ der Werksfeuerwehr durch TV s. BAG 23.6.2010 NZA 2010, 1081; zum Bereitschaftsdienst eines rumänischen Försters s. EuGH 4.3.2011 Rs. C-258/10 Slg. 2011, I-20 – Grigore. Die RL und die EuGH-Rechtsprechung beziehen sich nur auf den Arbeitsschutz und nicht auf die Vergütung (*Thüsing* RdA 2007, 309). Umgekehrt ändert eine geringere Vergütung von Mehrarbeit in Form von Bereitschaftsdienst nichts am vollen Freizeitausgleich (VG Berlin 2.12.2015 – VG 26 K 58/14, PM).

26 Grundlegende Aussagen enthält das Pfeiffer-Urteil darüber hinaus zum **Verhältnis von nationalem Recht zu europ. RL.** Der EuGH betont, dass die innerstaatl. Rechtsprechung auch in einem Verfahren ausschließl. zwischen Privaten alles tun muss, was in ihrer Zuständigkeit liegt, um einen Verstoß gegen europ. RL zu vermeiden (Tz. 118). Insbesondere hat ein nationales Gericht dem Grundsatz des

Anwendungsvorrangs des Gemeinschaftsrechts folgend das nationale Recht unangewendet zu lassen, wenn eine klare Mindestvorgabe der RL besteht, die keiner weiteren Umsetzung bedarf (vgl. auch EuGH 22.11.2005 Rs. C-144/04 – Mangold AP RL 2000/78/EG Nr. 1 = NZA 2005, 1345). Entgegen der Meinung des EuGH ist – auch nach den Rs. Mangold und Kücüdeveci – im AZRecht – angesichts der Konkretisierung durch die ArbZRL – ein Rückgriff auf Primärrecht oder eine Gleichsetzung einer RL mit Primärrecht methodisch unzulässig; sie verstößt gegen den Grundsatz der „Normanwendung der untersten Stufe"; vgl. Vor AEUV Rn. 23.

Am 1.1.2004 sind iRd. **G zu Reformen am Arbeitsmarkt** (BGBl. 2003 I S. 3002, 3005 f.) entspr. Änd. in Kraft getreten. So stellt nunmehr § 7 I Nr. 1 lit. a wie für die Arbeitsbereitschaft (hierzu s. Rn. 21) auch für den Bereitschaftsdienst klar, dass er zur AZ zu zählen ist. 27

Inhaltl. meint Bereitschaftsdienst die Zeitspanne, während derer sich der AN, ohne dass er unmittelbar am Arbeitsplatz anwesend sein müsste, für Zwecke des Betriebes **an einer vom AG bestimmten Stelle** innerhalb oder außerhalb des Betriebes **aufzuhalten** hat, damit er erforderlichenfalls seine volle Arbeitstätigkeit sofort oder zeitnah aufnehmen kann (BAG 16.3.2004 AP ArbZG § 2 Nr. 2 = NZA 2004, 927). Diese Zeitspanne ist vollumfängl. der AZ zuzurechnen. Dies beruht auf der ArbZRL, nach der AZ im Gegensatz zur Ruhezeit gemäß Art. 2 Nr. 1 entweder vorliegt, wenn der AN arbeitet oder wenn er dem AG zur Vfg. steht und seine Tätigkeit ausübt oder Aufgaben wahrnimmt. Danach genügt es für den Begriff der AZ im arbeitsschutzrechtl. Sinne, dass der AN dem AG am Arbeitsplatz zur Vfg. steht (zur Abgrenzung zwischen Arbeitszeitverlängerung und Bereitschaftsdienst s. BAG 5.6.2003 AP BGB § 611 Bereitschaftsdienst Nr. 7). 28

Kennzeichnend für den Bereitschaftsdienst ist, dass der AN in der **Verwendung seiner Zeit frei** ist. Typischer Bereitschaftsdienst liegt vor bei Ärzten und beim Pflegepersonal in Krankenhäusern, wenn sie in eigenen oder ihnen eigens dafür zur Vfg. gestellten Zimmern tun und lassen können was sie wollen und nur in bes. Fällen (zB Notoperation) ihre Arbeit aufnehmen müssen. Zum **Direktionsrecht** betr. Bereitschaftsdienst s. BAG 16.10.2013 NZA 2014, 264; zur Abgrenzung zwischen Bereitschaftsdienst und Überstunden s. BAG 25.4.2007 NZA 2007, 1108. In TVen ist vielfach vorgesehen, dass kein Entgelt für den Bereitschaftsdienst gezahlt wird, wenn kein Freizeitausgleich innerhalb eines bestimmten Zeitraums stattfindet (*Schlottfeldt/Kutsche* NZA 2009, 697). 29

Da Bereitschaftsdienst zwar AZ iSd. Arbeitszeitrechts ist, aber nicht zugleich AZ iSd. Vergütungsrechts (s. Rn. 14), sind zum **MiLoG** Bezugnahmen auf das AZRecht des Arbeitsschutzes in Bezug auf Fragen der Vergütung mangels Kompetenz des EuGH für das Vergütungsrecht (EU-ArbR-*Gallner* RL 2003/88/EG Art. 1 Rn. 3) und Verkennung der Relativität des ArbZBegriffs (*Wank* RdA 2014, 285) unzutr. (*Riechert/Nimmerjahn* § 1 MiLoG Rn. 66; *Thüsing/Hütter* NZA 2015, 970; *Wank* Anm AP MiLoG § 1 Nr. 2; aA BAG 29.6.2016 NZA 2016, 1332; *Lakies*, MiLoG, 2015, § 1 Rn. 28; *Schubert/Jerdel/Düwell*, Das neue Mindestlohngesetz, 2015, Rn. 94 ff.). 30

cc) Rufbereitschaft. Rufbereitschaft zählt nicht zur Arbeitszeit. Sie liegt vor, wenn der AN verpflichtet ist, sich **zu Hause oder an einer frei gewählten Stelle bereitzuhalten,** damit er die Arbeit, falls erforderl., alsbald aufnehmen kann (EuGH 3.10.2000 EAS RL 93/104/EWG Art. 2 Nr. 1; BAG 31.1.2002 NZA 2002, 871; zur Anordnung von Rufbereitschaft bei Mitführen eines Mobiltelefons s. BAG 26.6.2000 AP BAT § 15 Nr. 41; *Wank* RdA 2014, 285; zur Rufbereitschaft bei einem „Facharzthintergrunddienst" s. BAG 31.5.2001 NZA 2002, 351; zur Beschäftigung im Straßentransport § 21a III Nr. 2; zur stundenweisen Rufbereitschaft nach § 8 III TVöD BAG 5.2.2009 NZA 2009, 559). An der für die Rufbereitschaft typischen Freiheit der Ortswahl fehlt es, wenn der AG zwar nicht den Aufenthaltsort festlegt, aber eine zeitl. kurze Frist setzt, innerhalb derer der AN die Arbeit aufgreifen muss (s. BAG 31.1.2002 NZA 2002, 871). Zur Mitbestimmung des PR s. HessVG PersV 2012, 182; zu Nullstundenverträgen LAG D 29.7.2015 AuR 2017, 367 (*Buschmann*); *Wank* EuZA 2016, 165. 31

dd) Vergütungspflicht. Die arbeitszeitrechtl. Behandlung von Bereitschaftsdienst und Rufbereitschaft ist unabhängig von der Frage der **Vergütungspflicht** zu beantworten (s. oben Rn. 14 sowie EuGH 1.12.2005 Rs. Dellas ua. C-14/04 Slg. 2005 I 10253 Rn. 38; BAG 28.1.2004 AP BGB § 611 Bereitschaftsdienst Nr. 10; BAG 23.9.2010 DB 2010, 2730 zur Vergütung der Rufbereitschaft von Ärzten; zu Zuschlägen für Nacht- und Sonntagsarbeit BAG 28.7.2010 NZA-RR 2011, 28; BAG 11.12.1991 AP BMT-G II § 67 Nr. 1 zur Frage, ob vergütungsrechtl. AZ vorliegt; zu einem Fall, in dem arbeitszeitrechtl. von Bereitschaftsdienst, vergütungsrechtl. aber von Arbeitsbereitschaft ausgegangen wurde, s. Anm. *Tietje* zu BAG 29.10.2002 AP BGB § 611 Nr. 11; zur Berücksichtigung von Rufbereitschaft und Bereitschaftsdienst beim Urlaubsentgelt BAG 24.10.2000 AP BUrlG § 11 Nr. 50 = NZA 2001, 449; s. ferner *Bauer/Krieger* BB 2004, 549). Entgegen der Ansicht des BAG ist das MiLoG auf Bereitschaftsdienst nicht anwendbar, wenn ein TV dafür eine geringere Vergütung vorsieht; aA BAG 29.6.2016 m. krit Anm. *Wank* AP MiLoG § 1 Nr. 2. Zur (nur) stundenweisen Vergütung ununterbrochener Rufbereitschaft s. BAG 5.2.2009 NZA 2009, 559. 32

ee) Vergütung oder Freizeit. Ein TV kann vorsehen, dass der AG die Wahl hat, ob er für geleisteten Bereitschaftsdienst eine Vergütung oder Freizeitausgleich wählt. Der Freizeitausgleich kann auch in die gesetzl. Ruhezeit gelegt werden (BAG 22.7.2010 NZA 2010, 1194 = AP TVG § 1 Tarifverträge: Arzt Nr. 14 *(Meinel)*). 33

Zweiter Abschnitt. Werktägliche Arbeitszeit und arbeitsfreie Zeiten

§ 3 Arbeitszeit der Arbeitnehmer

[1]Die werktägliche Arbeitszeit der Arbeitnehmer darf acht Stunden nicht überschreiten. [2]Sie kann auf bis zu zehn Stunden nur verlängert werden, wenn innerhalb von sechs Kalendermonaten oder innerhalb von 24 Wochen im Durchschnitt acht Stunden werktäglich nicht überschritten werden.

1 **1. Grundregel des 8-Stunden-Tages an Werktagen.** § 3 ist die Kernvorschrift des ArbZG. Nach § 3 S. 1 darf die **werktägl.** AZ der AN **8 Stunden** nicht überschreiten. Der 8-Stunden-Tag ist jedoch nicht als ges. Regelarbeitszeit festgelegt. Die werktägl. AZ darf nach § 3 S. 2 vielmehr auf bis zu **10 Stunden verlängert** werden, wenn diese Verlängerung innerhalb eines **Ausgleichszeitraums** von 6 Monaten oder 24 Wochen auf durchschnittl. 8 Stunden ausgeglichen wird. Die Verlängerung der werktägl. AZ auf 10 Stunden ist an **keine Voraussetzungen** gebunden. § 3 erweitert damit die Möglichkeiten flexiblerer Arbeitszeitgestaltung. Zugleich ist mit § 3 eine ges. Grdl. für sämtl. Gleitzeitmodelle mit Zeitausgleich geschaffen worden (*Anzinger* BB 1994, 1492, 1493; zur flexiblen AZ s. u. Rn. 18 ff.).

2 **Werktag** ist jeder Tag, der nicht ein Sonn- oder ges. Feiertag ist. Werktag ist somit auch der Samstag. Kirchl. Feiertage, die nicht zugleich ges. Feiertage sind, werden als Werktage mitgezählt. Der Werktag **unterscheidet sich vom Kalendertag.** Während der Kalendertag um 0 Uhr beginnt und um 24 Uhr endet, wird der Werktag vom Beginn der AZ des AN ab gezählt und endet 24 Stunden später. Beginnt die Arbeitszeit des AN um 9 Uhr des einen Kalendertages, endet der Werktag dieses AN 24 Stunden später, also um 9 Uhr des folgenden Kalendertages. Innerhalb dieses Zeitraums verbietet § 3 dem AG, die Arbeitszeitgrenze von 10 Stunden zu überschreiten. Das ArbZG geht damit vom **individuellen Werktag** des jeweiligen AN aus. Demgegenüber lassen ein Beschluss des Länderausschusses für Arbeitsschutz und Sicherheitstechnik von 2008 sowie das ArbG Hannover 27.10.2000 – 1 BV 3/00 es mit Recht zu, dass nach einer zehnstündigen AZ und anschließender elfstündiger Ruhezeit eine erneute Arbeitsaufnahme erfolgt, auch bei Überschreitung der Höchstarbeitszeit innerhalb von 24 Stunden.

3 Durch die Möglichkeit, die werktägl. AZ auf bis zu 10 Stunden zu verlängern, ist die Mehrarbeit und damit der ges. Mehrarbeitszuschlag, wie er noch in § 15 II AZO geregelt war, weggefallen. Es ist damit den Tarif-, Betriebs- oder Arbeitsvertragsparteien überlassen, von welcher Stunde an Arbeit als Mehrarbeit oder als Überstunde gelten soll und welcher Ausgleich (Freizeitausgleich oder zusätzl. Vergütung) zu gewähren ist (zur Anwendbarkeit der NachweisRL und des NachwG bei Überstundenverpflichtungen s. EuGH 8.2.2001 m. Anm. *Buschmann* AuR 2001, 108).

4 Die **Obergrenze** der zulässigen werktägl. AZ von 10 Stunden darf grds. nicht überschritten werden. Dies gilt selbst dann, wenn die AZ in erhebl. Umf. aus Arbeitsbereitschaft oder Bereitschaftsdienst besteht. Etwas anderes gilt nur dann, wenn die TVParteien oder die Betriebsparteien gem. § 7 I Nr. 1 lit. a eine abw. Vereinbarung getroffen haben oder einer der in §§ 7 II a, IV, V, 14, 15 geregelten Fälle vorliegt (s. dazu unten bei den jeweiligen Paragrafen). Wird die tägl. zulässige Höchstarbeitszeit infolge struktureller Mängel der Dienstplangestaltung überschritten, so stellt die Arbeitsverweigerung eines AN weder einen Grund zur außerordentl. noch einen Grund zur ordentl. Kündigung dar (vgl. LAG BW 23.11.2000 m. Anm. *Perreng* AuR 2001, 512). Arbeitsvertragl. führt der Verstoß gegen § 3 zur Teilnichtigkeit des Arbeitsvertrages; der Vergütungsanspruch für Arbeitsleistungen oberhalb der zulässigen Höchstgrenze bleibt bestehen (BAG 24.8.2016 AP ArbZG § 3 Nr. 10).

5 Anders als die ArbeitszeitRL 2003/88/EG enthält das ArbZG keine ausdrückl. Regelung über die zulässige **wöchentl. Höchstarbeitszeit** (dazu EuGH 23.12.2015 – Rs. C-180/14). Sie ergibt sich jedoch mittelbar daraus, dass § 3 S. 1 die werktägl. AZ der AN im Ausgleichszeitraum im Durchschnitt auf 8 Stunden werktägl. begrenzt. Bei wöchentl. 6 Werktagen ergibt sich somit im Ausgleichszeitraum eine höchstzulässige wöchentl. AZ von 48 Stunden. Insoweit entspricht § 3 ArbZG der Vorgabe des Art. 6 lit. b der RL 2003/88/EG, wonach die durchschnittl. AZ pro Siebentageszeitraum 48 Stunden nicht überschreiten darf; zur Rechtslage im Straßentransport s. § 21a IV.

6 **2. Ausgleich der verlängerten Arbeitszeiten.** Der Ausgleich der über 8 Stunden hinausgehenden Arbeitszeitverlängerungen muss so erfolgen, dass im Durchschnitt 8 Stunden werktägl. innerhalb des für den Betrieb gewählten Ausgleichszeitraums nicht überschritten werden. Diese Voraussetzung ist erfüllt, wenn die Summe der vom einzelnen AN geleisteten Arbeitsstunden die Summe der für ihn in diesem Zeitraum zulässigen Stunden nicht überschreitet. Im Hinblick auf den Ausgleichszeitraum für die verlängerten AZ steht dem AG nach § 3 S. 2 ein Wahlrecht zu. Nach dem Wortlaut des § 3 S. 2 kann er zwischen einem Ausgleichszeitraum von 6 Kalendermonaten oder 24 Wochen wählen.

7 Problematisch ist, ob der in § 3 S. 2 festgelegte Ausgleichszeitraum von 6 Monaten (gemeint sind Zeitmonate, nicht Kalendermonate; *Schliemann* Rn. 37 ff.) oder 24 Wochen im Einklang mit der ArbeitszeitRL 2003/88/EG steht. Nach Art. 6 lit. b der RL beträgt die durchschnittl. AZ pro Siebentageszeitraum 48 Stunden einschließl. der Überstunden. Wie das ArbZG geht somit auch die RL von einer

durchschnittl. wöchentl. Höchstarbeitszeit von 48 Stunden aus. Art. 16 lit. b der ArbeitszeitRL ermächtigt die Mitgliedstaaten, für die durchschnittl. AZ pro Siebentageszeitraum von 48 Stunden einen Bezugszeitraum von bis zu 4 Monaten festzulegen. Ledigl. in den in Art. 17 der ArbeitszeitRL aufgeführten Ausnahmefällen darf der Bezugszeitraum auf 6 oder 12 Monate verlängert werden (unzutreffend daher *Linnenkohl/Rauschenberg* § 3 Rn. 18). Der in § 3 S. 2 enthaltene Ausgleichszeitraum von 6 Monaten **verstößt** damit **gegen** den eindeutigen Wortlaut des Art. 16 lit. b der **Richtlinie.** Ein Verstoß gegen die RL entfällt auch nicht deswegen, weil sie eine maximale wöchentl. AZ von 78 Stunden mit Ausgleichsverpflichtung pro Woche zulässt, während nach dem ArbZG nur eine durchschnittl. wöchentl. AZ von 48 Stunden im Ausgleichszeitraum zulässig ist (so aber *Anzinger* FS Wlotzke 1996 S. 427, 434f.). Der Gemeinschaftsgesetzgeber hat in Art. 16 lit. b der RL eindeutig den Ausgleichszeitraum für den Regelfall auf 4 Monate begrenzt und eine Ausnahme nur in den in Art. 17 aufgeführten Fällen zugelassen. Dadurch, dass das nationale Recht die Mindestgrenzen an anderer Stelle deutl. überschreitet, kann der eindeutige Verstoß gegen eine Richtlinienbestimmung nicht kompensiert werden (aA *Dobberahn* Rn. 14). Der in § 3 S. 2 enthaltene Ausgleichszeitraum von 6 Monaten oder 24 Wochen ist unionsrechtswidrig (*Balze* EAS B 3100 Rn. 63; *Buschmann/Ulber* Rn. 16 ; *Ende* AuR 1997, 1337; *Kohte* FS Wißmann 2005 S. 331, 335f.; *Märkle/Petri* AuR 2000, 443; *Schliemann* NZA 2004, 516).

Der AG ist nicht an den höchstzulässigen Ausgleichszeitraum gebunden, sondern kann sich auch für 8 einen kürzeren Ausgleichszeitraum entscheiden. Der **Ausgleichszeitraum** ist **variabel.** Der AG kann von einem auf einen anderen Ausgleichszeitraum wechseln. Der Wechsel zu einem anderen Ausgleichszeitraum setzt nicht voraus, dass der erste Ausgleichszeitraum bereits abgelaufen ist. Erforderl. ist nur, dass die Verlängerung der AZ vor dem Wechsel zu einem anderen Ausgleichszeitraum voll ausgeglichen wurde. Bei der Wahl der Ausgleichszeiträume ist der AG nicht auf das Kj. oder auf Kalenderwochen begrenzt. Als Ausgleichszeitraum kommt somit zB auch der Zeitraum von Oktober bis Januar in Betracht. Dagegen ist es unzulässig, bei der Wahl der Ausgleichszeiträume Kalendermonate zu überspringen, also zB als Ausgleichszeitraum die Monate Februar, April und Mai zu wählen. Das ergibt sich bereits aus dem Wortlaut des § 3 S. 2, der mit der Formulierung „innerhalb" einen zusammenhängenden Zeitraum als Ausgleichszeitraum voraussetzt (*Anzinger/Koberski* Rn. 29f.).

Umstr. ist, ob der Ausgleich der längeren AZ immer nur im Nachhinein erfolgen darf (so *Buschmann/Ulber* Rn. 7; *Roggendorff* Rn. 12) oder ob ein Ausgleich auch dadurch erfolgen darf, dass die 9 Tage mit **kürzerer AZ am Anfang** liegen (so *Anzinger/Koberski* Rn. 33; *Dobberahn* Rn. 32; *Erasmy* NZA 1994, 1105, 1106; *Schliemann* Rn. 49; *Zmarzlik* DB 1994, 1082, 1083). Für die erstgenannte Auff. spricht die amtl. Begr. des RegE, in der es heißt, dass der Ausgleich auf die Durchschnittsgrenze von 8 Stunden „innerhalb der *folgenden 6 Kalendermonate* bzw. 24 Wochen" zu erfolgen hat (BT-Drs. 12/5888 S. 24). Diese noch im RegE enthaltene Begr. hat in der Gesetzesfassung jedoch keinen Niederschlag mehr gefunden. Dies deutet darauf hin, dass der Gesetzgeber bewusst davon abgesehen hat, in § 3 S. 2 irgendwelche Vorgaben für die Wahl des Ausgleichszeitraums aufzunehmen (vgl. auch *Neumann/Biebl* Rn. 9). Dafür spricht auch, dass mit dem neuen ArbZG auch die Rahmenbedingungen für flexible AZ verbessert werden sollten. Hiervon ausgehend kann es aber keine Rolle spielen, ob die Tage mit längerer oder kürzerer AZ am Anfang, am Ende oder in der Mitte des Ausgleichszeitraums liegen.

Streit besteht auch darüber, ob Urlaubstage und Krankheitstage sowie Tage sonstiger Arbeitsbefrei- 10 ung als Ausgleichstage in Betracht kommen. Für eine Berücksichtigung von Urlaubs- und Krankheitstagen bei der Ausgleichsregelung des § 3 S. 2 ist im Schrifttum geltend gemacht worden, dass die Ausgleichsregelung dazu diene, die höhere Beanspruchung der Arbeitskraft eines AN auszugleichen. Da die Gewährung von Urlaubstagen die Erholung des AN bezwecke, seien Urlaubstage in den Ausgleichszeitraum einzuberechnen. Bei Krankheitstagen könne im Grundsatz nichts anderes gelten. Für eine **Berücksichtigung von Urlaubs-** und **Krankheitstagen** als Ausgleichstage spreche zudem, dass das ArbZG bezwecke, die Rahmenbedingungen für flexible AZ zu verbessern (*Dobberahn* Rn. 31). Diese Auff. ist **abzulehnen.** Gegen sie spricht schon, dass das ArbZG richtlinienkonform auszulegen ist und dass der Wortlaut des Art. 16 lit. b RL 2003/88/EG einer Berücksichtigung von Urlaubs- und Krankheitstagen als Ausgleichstagen entgegensteht (*Balze* EAS B 3100 Rn. 58; gegen eine Berücksichtigung von Urlaubs- und Krankheitstagen als Ausgleichstage grds. auch *Anzinger/Koberski* Rn. 61ff.; *Erasmy* NZA 1994, 1105, 1107; *Junker* ZfA 1998, 105, 112; *Roggendorff* Rn. 11; *Schliemann* Rn. 84ff.). Anders steht es mit Arbeitsbefreiung aus persönlichen Gründen des AN, wie bei Sonderurlaub (*Schliemann* Rn. 89).

3. Sonderregelungen für bestimmte Arbeitnehmergruppen. a) Arbeitszeit von Jugendlichen. 11 Gem. § 18 II gilt für die Beschäftigung von Personen unter 18 Jahren anstelle des ArbZG das JArbSchG. Für die AZ der Jugendlichen enthalten §§ 8ff. JArbSchG Sonderregelungen (zu den Einzelheiten s. die Kommentierung zum JArbSchG). § 8 I JArbSchG begrenzt die zulässige Höchstarbeitszeit für Jugendl. grds. auf 8 Stunden tägl. und 40 Stunden wöchentl. Ferner dürfen Jugendl. grds. nur an den Werktagen von Montag bis Freitag beschäftigt werden (§§ 16ff. JArbSchG). Wird die höchstzulässige werktägl. AZ von 8 Stunden an einzelnen Werktagen verkürzt, so darf die AZ nach § 8 II lit. a an den übrigen Werktagen derselben Woche auf bis zu achteinhalb Stunden verlängert werden (zu weiteren Einzelheiten der AZ für Jugendl. s. MüArbR/*Anzinger* § 311 Rn. 3).

12 **b) Arbeitszeit für werdende und stillende Mütter.** Das ArbZG gilt, von wenigen Ausnahmen abgesehen, für Männer und Frauen im gleichen Maße (s. oben § 2 Rn. 5). Eine Sonderregelung enthält das MuSchG für werdende und stillende Mütter. Nach § 8 I MuSchG dürfen werdende und stillende Mütter nicht mit Mehrarbeit beschäftigt werden. Was als Mehrarbeit iSd. § 8 I MuSchG gilt, wird in § 8 II bestimmt. Mehrarbeit ist danach jede Arbeit, die von werdenden und stillenden Frauen unter 18 Jahren über 8 Stunden tägl. oder 80 Stunden in der Doppelwoche geleistet wird. Bei Frauen über 18 Jahren liegt Mehrarbeit vor, wenn die AZ mehr als 8½ Stunden tägl. oder 90 Stunden in der Doppelwoche beträgt (zu weiteren Einzelheiten des Mehrarbeitsverbots für werdende und stillende Mütter s. Kommentierung zu § 8 MuSchG; ZZVV/*Viethen/Wascher* § 8 Rn. 16 ff.).

13 **c) Arbeitszeit von Kraftfahrern und Beifahrern.** Das ArbZG findet auch auf Kraftfahrer und Beifahrer volle Anwendung. Spezielle Vorschr. betreffend Lenkzeiten, Lenkzeitunterbrechungen und Ruhezeiten enthalten die **VO (EG) Nr. 561/2006** des EP und des Rates vom 15. März 2006 (ABl. EG Nr. L 102 S. 1; s. § 5 Rn. 9 sowie § 21a) sowie das Europ. Übk. über die Arbeit des im internationalen Straßenverkehr beschäftigten Fahrpersonals **(AETR)** vom 1.7.1970 (BGBl. II 1974, 1473). Für Kraftfahrer und Beifahrer, auf die die Regelungen der VO (EWG) Nr. 3820/85 oder des AETR anwendbar sind, gelten diese als speziellere Vorschr. vorrangig neben den Beschränkungen des ArbZG (s. zum Ganzen § 21a).

14 **4. Abweichungsmöglichkeiten.** Abw. von § 3 können die TVParteien oder auf Grund eines TV die Betriebspartner nach Maßgabe des § 7 I Nr. 1, § 7 II Nr. 2 bis 4 und des Abs. 2a abw. Regelungen vereinbaren (s. dazu unter § 7). Abweichungen von § 3 sind ferner in den in § 14 aufgeführten bes. Fällen zulässig (s. dazu unter § 14). Darüber hinaus kann die Aufsichtsbehörde oder das Bundesministerium für Verteidigung durch Rechtsverordnung abw. längere tägl. AZ bewilligen (s. dazu unter § 15).

15 **5. Mitbestimmung des Betriebsrats.** Die Verteilung der zulässigen Regelarbeitszeit von 8 Stunden auf den Tag und auf die Woche unterliegt der Mitbestimmung des BR nach § 87 I Nr. 2 BetrVG (s. *Salamon/Gatz* NZA 2016, 197). Dies gilt auch für die Wahl und die Änd. des Ausgleichszeitraums iSd. § 3 S. 2. Will der AG die betriebsübl. AZ sämtl. oder einzelner AN vorübergehend verkürzen oder verlängern, so unterliegt diese Maßnahme der Mitbestimmung des BR nach § 87 I Nr. 3 BetrVG. Etwas anderes gilt ledigl. in den Fällen, in denen es sich bei der Verlängerung oder Verkürzung der AZ um rein individuelle Regelungen ohne kollektiven Bezug handelt. Ein kollektiver Bezug ist nach Ansicht des BAG schon dann gegeben, wenn durch die Verlängerung oder Verkürzung der betriebsübl. AZ kollektive Interessen berührt werden (vgl. BAG 27.11.1990 AP BetrVG 1987 § 87 Arbeitszeit Nr. 41). Richtigerweise ist jedoch darauf abzustellen, ob es sich um eine abstrakt-generelle Maßnahme handelt (dann kollektiver Bezug) oder nicht (*Wank* FS Wiese 1998 S. 617). Das BAG wertet die Erhöhung des vertragl. vereinbarten AZvolumens – gegen die zutr. hM – als mitbestimmungspflichtige Einstellung iS des § 99 I 1 BetrVG (BAG 25.1.2005 BetrVG 1972§ 87 Arbeitszeit Nr. 114 m. abl. Anm. *Kort*). – Zur Zeiterfassung bei freigestellten BR-Mitgliedern BAG 10.6.2013 NZA 2013, 2751.

16 **6. Arbeitszeitmodelle. a) Einleitung.** Der Umf. der Arbeitszeitvolumens und die Lage der AZ (dazu *Wisskirchen/Bissels* NZA Beil. 1/2006, 24) werden vorbehaltl. vorrangiger ges. oder kollektivrechtl. Regelungen in erster Linie durch den Individualarbeitsvertrag bestimmt (§ 611 BGB Rn. 652 ff.; *Heinze* NZA 1997, 681, 682; MüArbR/*Anzinger* § 297 Rn. 14). Es unterliegt grds. der Vertragsfreiheit der Arbeitsvertragsparteien, ein Vollzeit- oder ledigl. ein Teilzeitarbeitsverhältnis oder andere Formen der Arbeitszeitgestaltung zu vereinbaren (einschr. § 8 TzBfG). Bei der inhaltl. Ausgestaltung flexibler Arbeitszeitabsprachen sind sowohl allg. Vorschr. (§§ 134, 138, 315 BGB) als auch spezielle ANSchutzvorschriften zu beachten. Die Dauer der AZ muss sich an den Bestimmungen des ör. Arbeitsschutzrechts (ArbZG) messen lassen, die Rahmen- und Mindestbedingungen vorgeben. Bei der Einführung von Teilzeitarbeit (§§ 2, 4 I, 6 ff. TzBfG), kapazitätsorientierter variabler AZ (Arbeit auf Abruf, § 12 TzBfG, hierzu Preis/*Necati* Arbeitsformen S. 133 ff.; *Hohenstatt/Schramm* NZA 2007, 238) und des sog. Job-Sharings (Arbeitsplatzteilung, § 13 TzBfG) sind die durch das TzBfG gezogenen Grenzen zu beachten (zu diesen Modellen vgl. ausf. die Kommentierung zum TzBfG); zu Reformüberlegungen s. *Jacobs* NZA 2016, 733 ff.; *Steffan* NZA 2015, 1409. Ein Verstoß gegen § 3 hat nach § 134 BGB eine Teilnichtigkeit zur Folge, BAG 24.8.2016 NZA 2017, 58.

17 Von **flexibler AZ** spricht man in Fällen st. veränderbarer, bedarfsorientierter Arbeitszeitgestaltung hins. des Umfangs des Arbeitzeitvolumens (chronometrischer Faktor) und oder der Verteilung des Arbeitszeitvolumens (chronologischer Faktor), sei es einseitig durch den AG (s. zB BAG 22.4.2009 AP TVG § 1 Tarifverträge: Bewachungsgewerbe Nr. 21), den AN oder durch beide Vertragsparteien (*Heinze* NZA 1997, 681). Flexibel hins. der Dauer der AZ sind bspw. Kurzarbeit (s. § 611 BGB Rn. 657 ff.), Mehrarbeit (s. § 611 BGB Rn. 663 ff.), Teilzeitarbeit oder als Unterfall der Teilzeitarbeit die Altersteilzeitarbeit (s. Kommentierung zum ATG). Beispiele für die Flexibilisierung der Lage der AZ sind die Schichtmodelle und die einfache Gleitzeit. Variabel im Hinblick auf Dauer und Lage der AZ sind die qualifizierte Gleitzeit, die kapazitätsorientierte variable AZ und das Job-Sharing (ausf. zum Thema Arbeitszeitmodelle *Hahn* Flexible Arbeitszeit, 2. Aufl. 2014; *Hamm,* Flexible Arbeitszeiten in der Praxis, 2. Aufl. 2001; *Hanau/Veit/Hoff,* Recht und Praxis der Arbeitszeitkonten, 2. Aufl.

2015; *Lohbeck* ZTR 2001, 342; *Rischar*, Flexible Arbeitszeitmodelle in der betriebl. Praxis, 2001; *Schlottfeldt/Herrmann* Arbeitszeitgestaltung in Krankenhäusern und Pflegeeinrichtungen, 2008).

b) Typische Arbeitszeitmodelle. aa) Gleitzeitsysteme. Die **einfachen** Gleitzeitsysteme zeichnen 18 sich dadurch aus, dass eine Anwesenheitspflicht der AN ledigl. während bestimmter fester Kernarbeitszeiten besteht, während der AN ansonsten über die außerhalb der Gleitzeitspannen liegenden Zeiträume im Wesentl. frei disponieren kann. Diese Dispositionsmöglichkeit erstreckt sich je nach der konkreten Ausgestaltung entweder auf die Lage der tägl. AZ (einfache gleitende AZ) oder aber auf die Lage und die Dauer der tägl. AZ (gleitende AZ mit Zeitausgleich, s. § 3 S. 2 ArbZG). Ist der tägl. Gleitzeitrahmen Gegenstand einer Betriebsvereinbarung, kann der BR vom AG verlangen, dass er die Überschreitung des Gleitzeitrahmens durch die AN verhindert (BAG 29.4.2004 AP BetrVG 1972 § 77 Durchführung Nr. 3 = NZA 2004, 670). Eine noch größere Zeitsouveränität eröffnen dem AN **qualifizierte** Gleitzeitmodelle, bei denen die tägl. Kernarbeitszeit nicht festgelegt ist und er nicht nur über die Lage, sondern zusätzl. über die Dauer der tägl., wöchentl. oder gar monatl. AZ innerhalb gewisser Grenzen selbst bestimmen kann (zum Ganzen MüArbR/*Schüren* § 43). Bei der **„Vertrauensarbeitszeit"** entfallen Kernarbeitszeit und Zeiterfassung (dazu Preis/*Necati* Arbeitsformen S. 333; *Biswas,* Vertrauensarbeitszeit und Arbeitszeitfreiheit im arbeitszeitrechtl. und betriebsverfassungsrechtl. Kontext, Diss. Frankfurt aM 2004; *Schlottfeldt/Hoff* NZA 2001, 530; krit. zur Vertrauensarbeitszeit *Glißmann* AiB 2000, 585; *Trittin* AiB 2002, 90; zur Kontrolle durch den BR BAG 6.5.2003 AP BetrVG 1972 § 80 Nr. 61, wonach der AG auch bei einer im Betrieb eingeführten Vertrauensarbeitszeit die entspr. Daten seiner AN an den BR übermitteln muss; ferner *Schlachter* FS 50 Jahre BAG 2004, S. 1264 ff.).

bb) Arbeitszeitkonten. Unter dem Oberbegriff Arbeitszeitkonto werden eine Vielzahl unterschiedl. 19 Modelle zur Flexibilisierung der AZ diskutiert (s. *Blank* FS Wißmann 2005 S. 15; *Hanau/Veit*, Das neue Recht der Arbeitszeitkonten, 2012; *Höfer/Greiwe* BB 2006, 2242 (allg. zu Langzeitkonten); *Kroll*, Arbeitszeitkonten und ihre Abwicklung, Diss. Greifswald 2003; *Rolfs/Witschen/Veit/Hoff*, Recht und Praxis der Arbeitszeitkonten, 2017), die sich iE zwei Grundtypen, den Jahresarbeitszeitmodellen (und den Lebensarbeitszeitkonten; dazu *Klemm* NZA 2006, 946) und den Ansparkonten, zuordnen lassen; s. a. § 2 II 1 MiLoG. Die Belastung eines AZkontos mit Minusstunden setzt voraus, dass der AG diese Stunden im Rahmen einer verstetigten Vergütung entlohnt hat (BAG 26.1.2011 AP BGB § 611 Arbeitszeit Nr. 36 = NZA 2011, 640). Weder TV noch BV erlauben es, das AZKonto mit Minusstunden zu belasten, die sich aus der fehlenden Nutzung der tarifvertragl. WochenAZ in dem Dienstplan ergeben (BAG 21.3.2012 NZA 2012, 870). Zu AZKonten in der Leiharbeit s. *Falter/Hütwohl* DB 2016, 956; *Thüsing/Pötters* BB 2012, 317. Zur Erfassung von Stunden auf dem AZKonto BAG 24.10.2013 NZA-RR 2014, 568. Mit der vorbehaltlosen Aufnahme in das AZKonto wird das Guthaben streitlos gestellt (BAG 23.9.2015 NZA 2016, 925).

(1) Jahresarbeitszeitmodelle. Im Rahmen dauerhafter Leistungsbeziehungen kann auf der Basis von 20 Jahresarbeitszeitverträgen ein im Arbeitsvertrag festgelegtes Arbeitszeitvolumen anstatt auf eine wöchentl. oder monatl. auf eine jährl. Planperiode verteilt werden. Auf diesem Wege ist es mögl., einen langfristig vorhersehbaren, aber diskontinuierl. Arbeitsbedarf flexibel innerhalb eines Jahreszeitraums zu planen (MüArbR/*Schüren* § 42 Rn. 12). Die AZ muss dabei nicht gleichmäßig auf das gesamte Jahr verteilt werden, sondern kann auch alternierend oder nur auf bestimmte Monate oder Jahreszeiten (Saisonarbeit) festgelegt werden. Nicht vorhersehbare Bedarfsschwankungen, die kurzfristig notwendig werdende Veränderungen der Arbeitszeitverteilung mit sich bringen, können nur im Einvernehmen mit dem AN abgefangen werden (MüArbR/*Schüren* § 42 Rn. 5, 15 ff.; *Reichold* NZA 1998, 393, 397). Darin liegt der entscheidende Unterschied zur Abrufarbeit (MüArbR/*Schüren* § 42 Rn. 5, 17).

(2) Ansparkonten. Bei Ansparkonten hingegen wird dem AN durch das Ansparen von über die 21 regelm. AZ hinaus geleisteten Arbeitsstunden die Möglichkeit eröffnet, trotz Fortbestehens des ArbVerh. für eine Übergangszeit aus dem Berufsleben „auszusteigen" (zB Sabbatical; (hierzu Preis/*Necati* Arbeitsformen S. 257; *Seel* DB 2009, 2210), Langzeiturlaub, Weiterbildung) oder aber auch bei gleich bleibendem Einkommen vorzeitig in den Voll- oder Teilruhestand einzutreten.

cc) Sonstige Arbeitszeitmodelle. Wegen der weiteren Arbeitszeitmodelle wird auf die Kommentie- 22 rung der einzelnen Paragrafen verwiesen (s. die einzelnen Nachw. in der 2. Aufl. Anhang § 7).

c) Arbeitnehmerschutz bei flexibler Arbeitszeit. aa) Arbeitszeit und Vergütung. Auf den Entgelt- 23 anspruch des AN bleibt die flexible Verteilung der AZ ohne Auswirkungen (MüArbR/*Schüren* § 40 Rn. 34 f.; *Vogelsang*, Vergütungsschutz bei flexibler variabler Arbeitszeit, 2014). Auch bei flexiblen Arbeitszeitsystemen mit diskontinuierl. Arbeitsanfall (zB Jahresarbeitszeitmodelle) wird das Entgelt idR kontinuierl., dh. in monatl. gleich bleibender Höhe gezahlt (MüArbR/*Schüren* § 42 Rn. 19 f.). Von diesem Grundsatz geht ersichtl. auch der Gesetzgeber aus (vgl. § 7 I a SGB IV). Diskontinuierl. Vergütung ist zwar nicht ausgeschlossen, kann im Einzelfall aber zu Abwicklungsproblemen iRd. Meldepflichten ggü. dem Sozialversicherungsträger und der Berechnung der Urlaubsvergütung führen (MüArbR/*Schüren* § 42 Rn. 20). Leisten TeilzeitAN über ein fest vereinbartes Deputat hinaus Überstunden, so muss diese **Mehrarbeit** vergütet werden (zum Ganzen § 611 BGB Rn. 486 ff.). Mehrarbeitsklauseln in AGB müssen transparent sein (BAG 16.5.2012 AP BGB § 307 Nr. 62 = NZA

2012, 908; ferner BAG 17.8.2011 NZA 2011, 1335; zum Ganzen BGB §§ 305–310 Rn. 91 f.). Einen Sonderfall der Mehrarbeit regelt § 14 II Nr. 1. Der AN trägt die Beweislast für das Vorliegen von Überstunden (BAG 16.5.2012 NZA 2012, 939; BAG 25.3.2015 NZA 2015, 1002). Abhängig von der einzel- oder tarifvertragl. Regelung kann auch ein über den normalen Stundenlohn hinausgehender Anspruch auf Mehrarbeitszuschlag begr. sein (BAG 20.6.1995 AP TVG § 1 Tarifverträge: NährmittelindustrieTV: Nährmittelindustrie Nr. 1; *Schüren* NZA 1993, 529 ff.; zum Mehrarbeitszuschlag bei Auszahlung eines Plusstundensaldos s. BAG 25.10.2000 AP TVG § 1 Tarifverträge: MetallindustrieTarifverträge Metallindustrie Nr. 174). Ein allg. Rechtsgrundsatz, dass jede Mehrarbeit vergütet werden muss, besteht nicht, jdf. nicht bei Diensten höherer Art (s. BAG 17.8.2011 NJW 2012, 552 *(Müller-Bonanni);* and. bei NormalarbVerh BAG 22.2.2012 NZA 2012, 861; s. a. § 611 BGB Rn. 486 ff. sowie HWK-*Thüsing* § 612 BGB Rn. 23).

24 Im Hinblick auf vom AN angesparte Zeit ist das Problem aufgetaucht, wie der AN seine Ansprüche im **Insolvenzfall** sichern kann (hierzu *Lohmann,* Insolvenzsicherung von Arbeitszeitkonten, Diss. Münster 2004; *Hamm* AiB 2005, 92). Inzwischen hat etwa jeder dritte Beschäftigte ein Arbeitszeitkonto. Dessen Sicherung ist wichtig insb. für Beschäftigte, die in Altersteilzeit gehen wollen. Dies gilt umso mehr, als vom AG auf einem bes. Bankkonto für die Abgeltung von Arbeitszeitguthaben bereitgestellte Gelder nach Ansicht des BAG (24.9.2003 AP InsO § 47 Nr. 1 = NZA 2004, 980) in der Insolvenz nicht der Aussonderung unterliegen, wenn der AG selbst Inhaber des Kontos ist. Das G fordert in § 7d SGB IV Vorkehrungen der Vertragsparteien. Nach § 7d I SGB IV können die TVParteien die zeitl. Grenze für die Insolvenzsicherungspflicht von AZ-Wertguthaben zum Inhalt einer tarifl. Regelung machen und die Grenze damit je nach den Bedürfnissen ihrer Branche absenken oder anheben (s. zB § 16 TV zur Altersteilzeit in der Eisen-, Metall- und Elektroindustrie NW; § 1.44 BRTV für das Baugewerbe). IE kommen in Betracht: Fondslösungen, Kautionsversicherung, Bankbürgschaft, Lebensversicherung oder die Verpfändung von Wertpapieren an einen Treuhänder (s. Die Insolvenzsicherung von Arbeitszeitguthaben, hrsg. v. Min. für Arbeit NW, 1999; *Fischer* DB 2001, 21). Über die bereits im SGB IV verankerte Sicherungspflicht hinausgehend ist mit § 8a AltersteilzeitG eine spezielle Insolvenzsicherungspflicht für Arbeitszeitguthaben aus Altersteilzeit im Blockmodell ab der ersten Gutschrift eingeführt worden (zum Insolvenzschutz der Wertguthaben bei Altersteilzeitvereinbarungen s. *von Ahsen/Nölle* DB 2003, 1384; *Langohr-Plato/Morisse* BB 2002, 2330). Das am 1.1.2009 in Kraft getretene Gesetz zur Verbesserung der Rahmenbedingungen für die Absicherung flexibler Arbeitszeitregelungen (BGBl. I 2008, 2940) erfasst entgegen seinem Namen Flexiregelungen nicht; der Insolvenzschutz wird gegenüber § 7d SGB IV aF verschlechtert (*Hanau/Veit* NJW 2009, 182; s. a. *Blümke/Scheithauer* BB 2008, 1358; *Cisch/Ulbrich* BB 2009, 550; *Haßlöcher* BB 2009, 440; *Huke/Lepping* ZIP 2009, 1204; *Langohr-Plato/Sopora* NZA 2008, 1377). Bei fehlender Absicherung von Wertguthaben haftet ein GmbH-Geschäftsführer nicht persönl. (BAG 13.12.2005 AP GmbHG § 13 Nr. 9).

25 **bb) Entgeltanspruch an Feiertagen.** Wesentl. Voraussetzung des Vergütungsanspruchs an Feiertagen nach § 2 I EFZG ist die Kausalität zwischen der auf Grund des Feiertagsrechts bestehenden Arbeitsruhe und dem Ausfall der Arbeit (dazu EFZG § 2 Rn. 8 ff., 17 ff.). Gerade dieses Kausalitätserfordernis ist im Zusammenhang mit flexibilisierten Arbeitszeitsystemen problematisch. Für den Bereich der Kurzarbeit hat der Gesetzgeber in § 2 II EFZG eine Sonderregelung geschaffen, die den Grundsatz der ausschließl. Verursachung außer Kraft setzt (s. § 2 EFZG Rn. 17). Ein Anspruch auf Feiertagszuschlag ergibt sich nicht aus dem G, kann sich aber aus einem TV oder aus einem Arbeitsvertrag ergeben (BAG 15.5.2013 NZA 2013, 974; BAG 20.6.2013 NZA-RR 2013, 531). Der Zuschlag wird nicht geschuldet, wenn die Arbeit ab Montag zu erbringen ist, BAG 25.9.2013 NZA-RR 2014, 82. Zum Gleichheitssatz bei TV im Einzelhandel BAG 11.12.2013 NZA 2014, 669.

26 Im Rahmen sonstiger flexibler Arbeitszeitmodelle darf sich der AG der Pflicht zur Feiertagsvergütung nicht dadurch entziehen, dass die Lage der AZ im Hinblick auf einen Feiertag gezielt umverteilt wird (BAG 9.10.1996 AP EntgeltFG § 2 Nr. 3; MüArbR/*Schüren* § 40 Rn. 38). Zur Gewährleistung eines Anspruchs auf Feiertagsvergütung empfiehlt sich eine **Durchschnittsberechnung** (MüArbR/*Schüren* § 42 Rn. 39 f.): Zunächst wird das Arbeitszeitvolumen pro Planperiode auf alle potentiellen Arbeitstage einschließl. der Feiertage in dieser Abrechnungseinheit verteilt. Dann werden die Arbeitsstunden, die auf Feiertage fallen, vom Gesamtbudget abgezogen. Die Vergütung bleibt konstant (BAG 28.2.1984 AP FeiertagslohnzahlungsG § 1 Nr. 43; MüArbR/*Schüren* § 40 Rn. 39 mwN).

27 **cc) Entgeltfortzahlung im Krankheitsfall.** Für den Anspruch auf Entgeltfortzahlung im Krankheitsfall nach § 3 EFZG ist die regelm. persönl. AZ maßgebend, also in welchem Umf. der AN gearbeitet hätte, wenn er arbeitsfähig gewesen wäre. Dies wird anhand des Referenzzeitraums der vorausgegangenen zwölf Monate ermittelt. In die Berechnung sind st. anfallende oder vereinbarte Überstunden einzubeziehen, auch wenn sie über die ges. oder tarifl. Höchstarbeitszeiten hinausgehen (BAG 26.6.2002 AP EntgeltFG § 4 Nr. 61). I. Ü. treten bei der Entgeltfortzahlung im Krankheitsfall nach § 3 I EFZG auf Grund des erforderl. Kausalzusammenhangs zwischen krankheitsbedingter Arbeitsunfähigkeit und Arbeitsausfall ähnl. Probleme auf wie iRd. Anspruchs auf Feiertagsvergütung. Auch hier kann es sinnvoll sein, in Fällen, bei denen die Krankheit des AN in Zeiten reicht, für die die

AZ noch nicht verplant ist, nach dem Durchschnittsprinzip (s. Rn. 26) vorzugehen (ausf., auch zur Berechnung auf der Grdl. der hypothetischen Arbeitszeitlage, MüArbR/*Schüren* § 40 Rn. 41 ff. mwN); zum tarifl. Beschäftigungsverbot an Vorfeiertagen BAG 29.6.2016 NZA 2016, 1152.

dd) Entgeltfortzahlung bei persönlicher Verhinderung. Ist ein AN für eine verhältnismäßig nicht erhebl. Zeit durch einen in seiner Person liegenden Grund ohne sein Verschulden an der Dienstleistung verhindert, behält er gem. § 616 S. 1 BGB seinen Vergütungsanspruch. Der AN hat genauso wie in einem starren Arbeitszeitsystem auch bei flexibler Arbeitszeitgestaltung einen Anspruch auf bezahlte Freistellung von der Arbeit, wenn bereits eine verbindl. Regelung über die Arbeitszeitverteilung getroffen wurde (zur Unterrichtungspflicht ggü. dem AN s. MüArbR/*Schüren* § 40 Rn. 46 f.). Teilzeitbeschäftigten ist es aber auf Grund ihrer kürzeren AZ regelm. zumutbar, gewisse Termine (zB Arzt- oder Behördentermine) in ihre Freizeit zu legen. Insoweit besteht mangels unverschuldeter persönl. Verhinderung kein Anspruch aus § 616 S. 1 BGB (BAG 16.12.1993 AP BAT § 52 Nr. 5; MüArbR/*Schüren* § 40 Rn. 46). 28

ee) Urlaubsanspruch. Jeder AN hat in jedem Kj. Anspruch auf bezahlten Erholungsurlaub von mind. 24 Werktagen (§§ 1, 3 I BUrlG). Bei AN in flexiblen Arbeitszeitmodellen ist dabei dem Umstand Rechnung zu tragen, dass diese idR nur zu einem gewissen Anteil der im Jahr potentiell bestehenden Arbeitstage zur Arbeit eingesetzt werden (zum Urlaubsanspruch bei unregelm. Verteilung der AZ BUrlG § 3 Rn. 16 ff.). 29

Geringe Schwierigkeiten bereitet die Berechnung der Urlaubsdauer bei **Teilzeitkräften,** die nicht an allen Werktagen der Woche oder des Monats arbeiten. Ihr Urlaubsanspruch wird im gleichen Verhältnis gekürzt, wie die Anzahl ihrer Arbeitstage im Vergleich zu denen eines VollzeitAN vermindert ist (MüArbR/*Düwell* § 78 Rn. 31 ff.); bei der Vereinbarung einer Jahresarbeitszeit ist für die Verringerung des Urlaubs eines Teilzeitbeschäftigten auf die im Kj. mögl. Arbeitstage abzustellen (BAG 5.9.2002 AP BUrlG § 3 Nr. 17 = NZA 2003, 726). In Fällen eines feststehenden Jahresarbeitszeitdeputats und gleichzeitiger Schwankungen im Hinblick auf die Dauer der tägl. AZ sowie die Lage der wöchentl. AZ ist eine fiktive Durchschnittsarbeitszeit für den Urlaubstag zu unterstellen und auf dieser Grdl. die Urlaubsdauer für den AN zu berechnen (ausf. MüArbR/*Schüren* § 40 Rn. 50 ff.). 30

§ 4 Ruhepausen

[1] Die Arbeit ist durch im voraus feststehende Ruhepausen von mindestens 30 Minuten bei einer Arbeitszeit von mehr als sechs bis zu neun Stunden und 45 Minuten bei einer Arbeitszeit von mehr als neun Stunden insgesamt zu unterbrechen. [2] Die Ruhepausen nach Satz 1 können in Zeitabschnitte von jeweils mindestens 15 Minuten aufgeteilt werden. [3] Länger als sechs Stunden hintereinander dürfen Arbeitnehmer nicht ohne Ruhepause beschäftigt werden.

1. Begriff der Ruhepause. Eine Legaldefinition des Begriffs „Ruhepause" enthält das ArbZG nicht. Nach der Rspr. des BAG zur AZO und der KrAZO sind Ruhepausen im Voraus festliegende Unterbrechungen der AZ, in denen der AN weder Arbeit zu leisten noch sich dafür bereitzuhalten braucht, sondern frei darüber verfügen kann, wo und wie er diese Ruhezeit verbringen will (BAG 23.9.1992 AP AZO Kr. § 3 Nr. 6). Aus dem Zweck der Ruhepause, den AN ua. vor Übermüdung und damit einhergehenden Gesundheits- und Unfallrisiken zu schützen, folgt, dass Zeiten der Arbeitsbereitschaft keine Ruhepausen iSd. § 4 ArbZG sind. Da in Zeiten der Rufbereitschaft der AN tun und lassen kann was er will, dürfen Ruhepausen allerdings in die Zeit der Rufbereitschaft gelegt werden. Auf Grund der nunmehr vorgenommenen Zuordnung des Bereitschaftsdienstes zur AZ setzt die Gewährung einer Ruhepause voraus, dass keine Verpflichtung besteht, im Bereitschaftsdienstfalle tätig zu werden (BAG 16.12.2009 NZA 2010, 505). 1

2. Dauer und Lage der Ruhepausen. Die Mindestdauer der Ruhepausen ist nach der **Dauer** der AZ gestaffelt und beträgt bei einer AZ von mehr als 6 bis zu 9 Stunden **30 Minuten** und bei einer AZ von mehr als 9 Stunden 45 Minuten, wobei die Ruhepausen nach § 4 S. 2 in Zeitabschnitte von jeweils mind. **15 Minuten** aufgeteilt werden können. Anders als das JArbSchG (§ 11 II JArbSchG) enthält das ArbZG keine genaueren Vorgaben über die zeitl. Lage der Ruhepausen. Aus dem Wortlaut des § 4 S. 1, wonach die AZ durch Ruhepausen zu **unterbrechen** ist, folgt jedoch, dass die Arbeit nicht mit einer Pause beginnen oder enden darf. Ferner schreibt § 4 S. 3 vor, dass eine Ruhepause *spätestens* nach 6 Stunden zu gewähren ist. Über die gesetzl. Mindestdauer hinaus kann der AG unter Beachtung des § 106 GewO längere Ruhepausen anordnen (BAG 16.12.2000 NZA 2010, 505; zur Mitbestimmung BAG 25.2.2015 NZA 2015, 494). 2

Abzulehnen ist die im Schrifttum vertretene Auff., dass Ruhepausen innerhalb der ersten Stunde nach Beginn der AZ und der letzten Stunde vor Arbeitsende grds. unzulässig sind (so aber *Roggendorff* Rn. 14). Der Gesetzgeber hat näml. bewusst davon abgesehen, die Regelung des § 11 II 1 JArbSchG, nach der die Ruhepausen Jugendl. frühestens eine Stunde nach Beginn und spätestens eine Stunde vor Ende der Arbeit gewährt werden müssen, in das ArbZG aufzunehmen. 3

4 Die Ruhepause muss nach § 4 S. 1 **im Voraus** feststehen. Damit wird sichergestellt, dass der AN sich auf die Pause einrichten und sie damit auch wirkl. zur Erholung nutzen kann. Erforderl. ist, dass zu Beginn der Arbeitsunterbrechung auch deren Dauer feststeht (BAG 29.10.2002 AP BGB § 611 Nr. 11 = NZA 2003, 1212). Die Festlegung der Ruhepausenzeiten muss jedoch nicht zeitl. exakt fixiert werden. Zulässig ist vielmehr auch, dass für die Ruhepause ein zeitl. Rahmen festgelegt wird, in dem die Ruhepause einzulegen ist. Der AG genügt seiner Pflicht zur Pausengewährung zB auch dann, wenn er für den Antritt der Mittagspause die Zeit zwischen 12.00 bis 14.00 Uhr vorschreibt.

5 **3. Aufenthalt während der Pause.** Während der Ruhepause darf der AN nicht beschäftigt werden, er ist vielmehr von der Arbeit freigestellt (s. a. *Lars-Peter Maier* Pausengestaltung als Organisationspflicht, 2012). Es steht im Ermessen des AN, wie er die ihm zur Vfg. stehende Zeit gestaltet. Nicht zwgd. für die Pause ist, dass der AN auch das Betriebsgelände verlassen darf. Ob dem AN das Recht zusteht, das Betriebsgelände während der ges. Ruhepause zu verlassen, bestimmt sich, sofern tarifvertragl. oder betriebl. Regelungen fehlen, vielmehr nach dem Einzelarbeitsvertrag.

6 **4. Sonderregelungen für Jugendliche.** Für die Ruhepausen Jugendl. enthält **§ 11 JArbSchG** eine Sonderregelung. Nach § 11 I JArbSchG müssen Jugendl. im Voraus feststehende Ruhepausen von angemessener Dauer gewährt werden. Bei einer AZ von mehr als viereinhalb bis zu sechs Stunden muss die Ruhepause mind. 30 Minuten und bei einer AZ von mehr als sechs Stunden mind. 60 Minuten betragen. Die vorgeschriebene Mindestdauer der Ruhepausen kann auf mehrere Pausen verteilt werden, wobei die Mindestdauer 15 Minuten nicht unterschreiten darf (zu weiteren Einzelheiten s. MüArbR/*Anzinger* § 311 Rn. 23 ff.).

7 **5. Abweichungsmöglichkeiten.** Die TVParteien oder ggf. die Betriebspartner können nach Maßgabe des § 7 I Nr. 2, II Nr. 3 und 4 abw. Regelungen treffen (s. dazu unter § 7 I). Ferner sind unter den in § 14 bestimmten Voraussetzungen Abweichungen von § 4 zulässig (s. dazu unter § 14). Grds. regelt § 4 S. 1 nur die Mindestdauer der Ruhepausen. Der AG kann längere Ruhepausen anordnen (LAG SH 16.12.2009 AP ArbZG § 4 Nr. 3); dabei sind aber gem. § 106 GewO die Interessen der AN zu berücksichtigen.

8 **6. Mitbestimmung des Betriebsrats.** Nach § 87 I Nr. 2 BetrVG hat der BR bei der Festlegung der ges. Ruhepausen ein Mitbestimmungsrecht. Es besteht auch für die Festlegung der zeitl. Lage vergütungspflichtiger tarifl. Kurzpausen (BAG AP BetrVG 1972 § 87 Arbeitszeit Nr. 107) sowie über unbezahlte Ruhepausen, die über die gesetzl. Dauer hinausgehen (BAG 25.2.2015 NZA 2015, 442). Ein Mitbestimmungsrecht des BR besteht jedoch nicht, wenn in Einzelfällen die Lage der Pausen mit dem AN individuell vereinbart wird. Bei Fehlen einer tarifvertragl. Regelung unterliegt die Frage, ob die AN das Betriebsgelände während der Pause verlassen dürfen, der Mitbestimmung des BR (BAG 21.8.1990 AP BetrVG 1972 § 87 Ordnung des Betriebes Nr. 17).

§ 5 Ruhezeit

(1) **Die Arbeitnehmer müssen nach Beendigung der täglichen Arbeitszeit eine ununterbrochene Ruhezeit von mindestens elf Stunden haben.**

(2) **Die Dauer der Ruhezeit des Absatzes 1 kann in Krankenhäusern und anderen Einrichtungen zur Behandlung, Pflege und Betreuung von Personen, in Gaststätten und anderen Einrichtungen zur Bewirtung und Beherbergung, in Verkehrsbetrieben, beim Rundfunk sowie in der Landwirtschaft und in der Tierhaltung um bis zu eine Stunde verkürzt werden, wenn jede Verkürzung der Ruhezeit innerhalb eines Kalendermonats oder innerhalb von vier Wochen durch Verlängerung einer anderen Ruhezeit auf mindestens zwölf Stunden ausgeglichen wird.**

(3) **Abweichend von Absatz 1 können in Krankenhäusern und anderen Einrichtungen zur Behandlung, Pflege und Betreuung von Personen Kürzungen der Ruhezeit durch Inanspruchnahmen während der Rufbereitschaft, die nicht mehr als die Hälfte der Ruhezeit betragen, zu anderen Zeiten ausgeglichen werden.**

1 **1. Grundsatz der Mindestruhezeit von 11 Stunden.** AG müssen den AN eine ununterbrochene Ruhezeit von **mind. 11 Stunden** gewähren. Eine ges. Definition der Ruhezeit enthält das ArbZG nicht. Im Allg. wird Ruhezeit als die Zeit zwischen dem Ende der AZ eines Arbeitstages und ihrem Wiederbeginn am nächsten Arbeitstag bezeichnet (BAG 23.11.1960 AP AZO § 12 Nr. 6). In seinem Urteil vom 9.9.2003 (s. o. § 2 Rn. 24) hat der EuGH die europarechtl. geforderte Beschaffenheit der Ruhezeit konkretisiert. Danach darf der AN während der Ruhezeit ggü. seinem AG keiner Verpflichtung unterliegen, die ihn daran hindert, frei und ohne Unterbrechung seinen eigenen Interessen nachzugehen. Um Übermüdung und Überlastung des AN durch die Kumulierung aufeinander folgender Arbeitsperioden zu verhindern, muss sich die Ruhezeit unmittelbar an die AZ anschließen; zur Ruhezeit von Orchestermusikern BAG 23.6.2015 AP TVG § 1 Tarifverträge: Musiker Nr. 27. Bei der AZ von BRMitgliedern ist die Wertung § 45 I zu berücksichtigen, BAG 15.1.2017 NZA 2017, 791.

Mit dem Zweck der Ruhezeit, näml. dem AN nach der tägl. AZ die Möglichkeit zu gewähren, sich insb. durch Essen und Schlaf von den Belastungen der Arbeit zu erholen, ist es unvereinbar, wenn der AN während der Ruhezeit auch nur kurzfristig zur Vollarbeit oder **Arbeitsbereitschaft** herangezogen wird. 2

Ob Zeiten des **Bereitschaftsdienstes** oder der **Rufbereitschaft** in die elfstündige Mindestruhezeit fallen dürfen, war umstr. Richtigerweise ist entspr. den Vorgaben des EuGH in den Rs. Simap und Jaeger (s. § 2 Rn. 23 f.) zwischen Bereitschaftsdienst und Rufbereitschaft zu unterscheiden. Die EuGH-Urteile ordnen den Bereitschaftsdienst – verstanden als persönl. Anwesenheit am Arbeitsplatz unabhängig von einer tatsächl. Inanspruchnahme – der AZ zu. Dementsprechend sind in § 5 III die Worte **„des Bereitschaftsdienstes oder"** gestrichen worden. Demgegenüber betont der EuGH die Möglichkeit der Ärzte, in Zeiten der Rufbereitschaft wesentl. freier über ihre Zeit zu verfügen und eigenen Interessen nachzugehen (Simap-Urteil Tz. 50), so dass es bei der auch vor der Simap-Entscheidung herrschenden Einstufung der Zeit ohne tatsächl. Inanspruchnahme als Ruhezeit (s. § 2 Rn. 23) verbleibt. Hieraus ergibt sich, dass Zeiten der Rufbereitschaft, ohne dass es zu einem tatsächl. Einsatz des AN kommt, in die Ruhezeit fallen dürfen, nicht aber Zeiten des Bereitschaftsdienstes, und zwar unabhängig von einer tatsächl. Inanspruchnahme (*Baeck/Deutsch* Rn. 7; *Neumann/Biebl* Rn. 2). – Auch arbeitsfreie Zeiten, wie Urlaubstage oder sonstige Tage der Freistellung von der Arbeit, sind als Ruhezeit anzurechnen. Auch Sonn- und Feiertage zählen zur Ruhezeit iSd. § 5 I. Zu beachten ist jedoch, dass § 11 IV den AG verpflichtet, die Sonn- und Feiertagsruhe unmittelbar in Verbindung mit der Ruhezeit des § 5 I zu gewähren. 3

Die elfstündige Ruhepause muss dem AN **ununterbrochen** nach Beendigung der **tägl. AZ** gewährt werden. Tägl. AZ ist nicht die AZ eines Kalendertages, sondern die individuelle tägl. AZ des jeweiligen AN (s. oben § 3 Rn. 2). Ununterbrochen wird die Ruhepause nur dann gewährt, wenn der AG den AN nicht beschäftigt hat, und zwar auch nicht im Rahmen von Rufbereitschaft (s. o. Rn. 3). Eine Aufteilung der elfstündigen Ruhezeit in Zeitabschnitte ist unzulässig. Hat der AG den AN während des Mindestruhezeitraums zur Arbeitsleistung herangezogen, so muss er die volle Ruhezeit im Anschluss an die Unterbrechung neu gewähren (zur ständigen Erreichbarkeit *Kohte* NZA 2015, 1417, 1422 f.; *Krause* Gutachten B zum 71. DJT 2016, 28 ff., 42 f., 52 ff.; *ders.* NJW Beil. 2/2016, 33, 34; *Schachart* AuR 2016, 341; *Wank* RdA 2014, 285, 288 f. mwN; zur Einordnung als Rufbereitschaft *Krause* 71. DJT B 38). 4

2. Verkürzung der Ruhezeit. § 5 II gestattet es dem AG, die elfstündige Ruhezeit in den genannten Beschäftigungsbereichen auf bis zu **10 Stunden zu verkürzen,** wenn jede Verkürzung der Ruhezeit innerhalb eines Kalendermonats oder innerhalb von 4 Wochen durch Verlängerung einer anderen Ruhezeit auf mind. 12 Stunden ausgeglichen wird. Wie sich aus der Formulierung des § 5 II („um bis zu 1 Stunde") ergibt, kann die Verkürzung auch minutenweise erfolgen. Umstr. ist, ob eine Verkürzung von weniger als einer Stunde notwendigerweise durch eine Verlängerung einer anderen Ruhezeit auf 12 Stunden ausgeglichen werden muss (so *Roggendorff* Rn. 19; *Schliemann* Rn. 18; *Anzinger/Koberski* Rn. 31), oder ob eine **Gesamtabrechnung** dergestalt erfolgen darf, dass mehrere Verkürzungen zusammengefasst und dann durch eine Verlängerung einer anderen Ruhezeit auf mind. 12 Stunden ausgeglichen werden (so *Neumann/Biebl* Rn. 5). Für die Zulässigkeit einer Gesamtabrechnung spricht, dass die Ausgleichsregelung des § 5 II darauf abzielt, die Verkürzung der Ruhezeiten innerhalb eines bestimmten Ausgleichszeitraums zu kompensieren. Müsste auch eine einmalige Verkürzung um nur wenige Minuten durch eine Verlängerung einer anderen Ruhezeit auf 12 Stunden ausgeglichen werden, so würde dies zu einer „Überkompensation" führen, die sich weder aus dem Wortlaut des § 5 II noch aus dessen Zweck herleiten lässt und daher im Widerspruch zu der Zweckbestimmung des § 1 Nr. 1 steht, durch das ArbZG auch die Rahmenbedingungen für flexible AZ zu verbessern (*Dobberahn* Rn. 64; *Linnenkohl/Rauschenberg* Rn. 15). Zulässig ist es somit, zB drei Verkürzungen der Ruhezeiten um je 20 Minuten durch eine einmalige Verlängerung einer Ruhezeit auf 12 Stunden in einem von dem Betrieb gewählten Ausgleichszeitraum auszugleichen (aA *Baeck/Deutsch* Rn. 21; *Junker* ZfA 1998, 105, 118). 5

Als **Ausgleichszeitraum** für die Verkürzung der elfstündigen Mindestruhezeit auf bis zu 10 Stunden kommen wahlweise der Kalendermonat oder 4 Wochen in Betracht. Kalendermonat ist der Monat des Kalenders, in dem die Ruhezeit verkürzt wurde oder verkürzt wird. Der Ausgleichszeitraum von 4 Wochen umfasst den Zeitraum von 4 zusammenhängenden Wochen, in dem die Ruhezeit verkürzt wird. Unerhebl. ist, ob der Ausgleich der Ruhezeitverkürzung am Anfang, in der Mitte oder am Ende des Ausgleichszeitraums erfolgt (*Anzinger/Koberski* Rn. 32). 6

3. Gewerbe mit Verkürzungsmöglichkeit. Die Beschäftigungsbereiche, in denen die elfstündige Ruhezeit des § 5 I um bis zu eine Stunde verkürzt werden darf, sind in § 5 II abschließend aufgezählt. Vorrangig gehören hierzu Krankenhäuser und andere Einrichtungen zur Behandlung, Pflege und Betreuung von Personen. Zu den **Krankenhäusern** zählen die in § 107 I SGB V definierten Einrichtungen sowie die in § 107 II SGB V aufgeführten Vorsorge- und Rehabilitationseinrichtungen. **Andere Einrichtungen** zur Behandlung, Pflege und Betreuung von Personen sind zB Altenheime, Pflegeheime sowie Kinder- und Jugendheime. **Gaststätten** sind Einrichtungen, die jedermann oder Angehörigen bestimmter Personengruppen Getränke oder zubereitete Speisen verabreichen oder 7

Gäste beherbergen, wie zB Hotels, Pensionen, Gasthöfe, Restaurants und Kantinen. Zu den **anderen Einrichtungen zur Bewirtung und Beherbergung** gehört zB die Bewirtung von Personen im Speisewagen der Eisenbahn oder durch einen Party-Service. Unter **Verkehrsbetrieben** sind alle öffentl. und privaten Betriebe zu verstehen, deren Zweck auf die Beförderung von Personen, Gütern oder Nachrichten gerichtet ist sowie die dazugehörigen selbständigen oder unselbständigen Hilfs- und Nebenbetriebe (Begr., BT-Drs. 12/5888 S. 25). Zum **Rundfunk** gehören der gesamte ör. und private Hörfunk und das ör. und private Fernsehen. Damit soll der Informationsvermittlungsaufgabe des Rundfunks Rechnung getragen werden. Die Verkürzungsmöglichkeit bei der Ruhezeit nach § 5 II ist schließl. auch in der Landwirtschaft und in der Tierhaltung zulässig. Zur **Landwirtschaft** gehören die Unternehmen, die der landwirtschaftl. Unfallversicherung unterliegen. Mit Betrieben der **Tierhaltung** sind solche außerhalb der Landwirtschaft gemeint, wie zB Betriebe zur Haltung von Tieren zur Fleisch- und Eierversorgung oder zur Haltung von Tieren zu sportl., wissenschaftl. oder unterhaltenden Zwecken.

8 **4. Spezielle Ausnahmen für Krankenhäuser und Pflegeeinrichtungen.** Eine **über § 5 II hinausgehende Kürzung** der Ruhezeit wird durch **§ 5 III** eröffnet. Danach kann in Krankenhäusern und anderen Einrichtungen zur Behandlung, Pflege und Betreuung von Personen die Mindestruhezeit von 11 Stunden durch Inanspruchnahme während der Rufbereitschaft auf bis zu **5 Stunden verkürzt** werden. Damit soll sichergestellt werden, dass in Krankenhäusern beschäftigte Personen, wie zB Ärzte oder Krankenschwestern, trotz Arbeitsleistung während der Rufbereitschaft planmäßig im Anschluss an diesen Dienst ihre Tätigkeit aufnehmen können, ohne dass im Anschluss an Arbeitsleistungen während dieses Dienstes eine erneute zehnstündige Ruhezeit erforderl. wird (Begr., BT-Drs. 12/5888 S. 25). AZ während der Rufbereitschaft müssen ausgegl. werden, allerdings nicht innerhalb eines ges. vorgegebenen Zeitrahmens. 5 III gilt nur noch für Zeiten der Rufbereitschaft und nicht mehr für solche des Bereitschaftsdienstes; s. a. *Schlottfeldt/Herrmann*, AZgestaltung in Krankenhäusern und Pflegeeinrichtungen, 2. Aufl. 2014; zur Anordnung von Bereitschaftsdienst BAG 16.10.2013 NZA 2014, 264.

9 **5. Sonderregelungen. a) Für Kraftfahrer und Beifahrer.** Nach der VO (EG) Nr. 561/2006 des EP und des Rates vom 15. März 2006 zur Harmonisierung bestimmter Sozialvorschriften im Straßenverkehr (ABl. EG Nr. L 102 S. 1) sind für Kraftfahrer und Beifahrer geringere Mindestruhezeiten zulässig als nach § 5 I (s. die Kommentierung zu § 21a).

10 **b) Für Jugendliche.** Für die Ruhezeiten von Jugendl. enthält § 13 JArbSchG eine Sonderregelung. Danach dürfen Jugendliche nach Beendigung der tägl. AZ nicht vor Ablauf einer ununterbrochenen Freizeit von mind. 12 Stunden beschäftigt werden. Eine Verkürzung der tägl. Freizeit ist nur in Notfällen nach § 21 I JArbSchG zulässig. Zur Absicherung der zwölfstündigen Freizeit für Jugendl. gebietet § 14 I JArbSchG dem AG, Jugendl. mind. in der Zeit von 20 Uhr bis 6 Uhr eine absolute Nachtruhe zu gewähren. Dieser Grundsatz darf ledigl. in den in § 14 II bis VII JArbSchG aufgeführten Ausnahmefällen durchbrochen werden (zu weiteren Einzelheiten s. JArbSchG § 14; MüArbR/*Anzinger* § 311 Rn. 29).

11 **6. Abweichungsmöglichkeiten.** Nach § 7 I Nr. 3 können es die TVParteien zulassen, dass die elfstündige Mindestruhezeit gem. § 5 I auf bis zu 9 Stunden verkürzt wird, wenn die Art der Arbeit dies erfordert und die Kürzung der Ruhezeit ausgeglichen wird. Ferner können die TVParteien oder auf Grund eines TV die Betriebspartner nach § 7 II Nr. 1 die Mindestruhezeit von 11 Stunden bei Vorliegen von Rufbereitschaft den Besonderheiten dieses Dienstes anpassen, wenn der Gesundheitsschutz der AN durch einen entspr. Zeitausgleich gewährleistet wird. § 7 II Nr. 2 bis 4 gestattet für bestimmte Bereiche weitere Abweichungen von § 5 I (zu den Einzelheiten s. unter § 7 Rn. 1 ff.). Abw. Regelungen sind ferner in den Fällen des § 14 zulässig (s. unter § 14). Schließl. können die Aufsichtsbehörden nach § 15 I Nr. 3 und 4 Abweichungen von § 5 bewilligen (s. unter § 15).

12 **7. Mitbestimmung des Betriebsrats.** Die tägl. Ruhezeit als solche unterliegt nicht der erzwingbaren Mitbestimmung des BR. Da der BR nach § 87 I Nr. 2 BetrVG aber über Beginn und Ende der tägl. AZ sowie über die Verteilung der AZ auf die einzelnen Wochentage zwgd. mitzubestimmen hat, kann der BR **mittelbar** auch auf die tägl. Ruhezeit der AN Einfluss nehmen (dazu BetrVG § 87 Rn. 25 ff.).

§ 6 Nacht- und Schichtarbeit

(1) **Die Arbeitszeit der Nacht- und Schichtarbeitnehmer ist nach den gesicherten arbeitswissenschaftlichen Erkenntnissen über die menschengerechte Gestaltung der Arbeit festzulegen.**

(2) [1] **Die werktägliche Arbeitszeit der Nachtarbeitnehmer darf acht Stunden nicht überschreiten.** [2] **Sie kann auf bis zu zehn Stunden nur verlängert werden, wenn abweichend von § 3 innerhalb von einem Kalendermonat oder innerhalb von vier Wochen im Durchschnitt acht Stunden werktäglich nicht überschritten werden.** [3] **Für Zeiträume, in denen Nachtarbeitnehmer im Sinne des § 2 Abs. 5 Nr. 2 nicht zur Nachtarbeit herangezogen werden, findet § 3 Satz 2 Anwendung.**

(3) [1]Nachtarbeitnehmer sind berechtigt, sich vor Beginn der Beschäftigung und danach in regelmäßigen Zeitabständen von nicht weniger als drei Jahren arbeitsmedizinisch untersuchen zu lassen. [2]Nach Vollendung des 50. Lebensjahres steht Nachtarbeitnehmern dieses Recht in Zeitabständen von einem Jahr zu. [3]Die Kosten der Untersuchungen hat der Arbeitgeber zu tragen, sofern er die Untersuchungen den Nachtarbeitnehmern nicht kostenlos durch einen Betriebsarzt oder einen überbetrieblichen Dienst von Betriebsärzten anbietet.

(4) [1]Der Arbeitgeber hat den Nachtarbeitnehmer auf dessen Verlangen auf einen für ihn geeigneten Tagesarbeitsplatz umzusetzen, wenn
a) nach arbeitsmedizinischer Feststellung die weitere Verrichtung von Nachtarbeit den Arbeitnehmer in seiner Gesundheit gefährdet oder
b) im Haushalt des Arbeitnehmers ein Kind unter zwölf Jahren lebt, das nicht von einer anderen im Haushalt lebenden Person betreut werden kann, oder
c) der Arbeitnehmer einen schwerpflegebedürftigen Angehörigen zu versorgen hat, der nicht von einem anderen im Haushalt lebenden Angehörigen versorgt werden kann,

sofern dem nicht dringende betriebliche Erfordernisse entgegenstehen. [2]Stehen der Umsetzung des Nachtarbeitnehmers auf einen für ihn geeigneten Tagesarbeitsplatz nach Auffassung des Arbeitgebers dringende betriebliche Erfordernisse entgegen, so ist der Betriebs- oder Personalrat zu hören. [3]Der Betriebs- oder Personalrat kann dem Arbeitgeber Vorschläge für eine Umsetzung unterbreiten.

(5) Soweit keine tarifvertraglichen Ausgleichsregelungen bestehen, hat der Arbeitgeber dem Nachtarbeitnehmer für die während der Nachtzeit geleisteten Arbeitsstunden eine angemessene Zahl bezahlter freier Tage oder einen angemessenen Zuschlag auf das ihm hierfür zustehende Bruttoarbeitsentgelt zu gewähren.

(6) Es ist sicherzustellen, daß Nachtarbeitnehmer den gleichen Zugang zur betrieblichen Weiterbildung und zu aufstiegsfördernden Maßnahmen haben wie die übrigen Arbeitnehmer.

1. Menschengerechte Gestaltung der Nacht- und Schichtarbeit. Das BVerfG hat dem Gesetzgeber 1 in seinem Urteil vom 28.1.1992 (AP AZO § 19 Nr. 2) zum Nachtarbeitsverbot für Arbeiterinnen des § 19 AZO aufgegeben, geschlechtsneutrale Schutzvorschriften für alle NachtAN vorzusehen, um dem objektiven Gehalt der Grundrechte, insb. dem Recht auf körperl. Unversehrtheit gem. Art. 2 II 1 GG, Genüge zu tun.

Der Begriff des **NachtAN** bestimmt sich nach der Legaldefinition des § 2 V (s. oben § 2 Rn. 19). 2 Dagegen ist der Begriff der Schichtarbeit ges. nicht definiert (zu § 7 II TVöD-AT s. BAG 21.10.2009 NZA 2010, 349). Nach der Rspr. des BAG liegt **Schichtarbeit** vor, wenn mind. zwei AN ein und dieselbe Arbeitsaufgabe erfüllen, indem sie sich nach einem feststehenden und für sie überschaubaren Plan ablösen, so dass der eine AN arbeitet, während der andere arbeitsfreie Zeit hat, ohne dass der jeweils abgelöste Arbeitsplatz identisch sein muss, wenn nur die jeweils betroffenen AN gegenseitig untereinander austauschbar sind (BAG 18.7.1990 AP TVB II BE § 14 Nr. 1).

Die Verpflichtung des AG zur menschengerechten Gestaltung der Nacht- und Schichtarbeit ist nicht 3 bußgeldbewehrt. Es handelt sich insoweit um eine **lex imperfecta** (zum Streit um die Rechtsnatur der Vorschr. s. *Junker* ZfA 1998, 105, 120 f.). Kommt der AG seiner Verpflichtung aus § 6 I nicht nach, so kann die Aufsichtsbehörde gem. § 17 II die erforderl. Maßnahmen anordnen.

Schicht- und Nachtarbeit müssen **menschengerecht** gestaltet werden (eingehend *Kohte* Anm. zu 4 BAG 11.12.2013 AP TVG § 1 Tarifverträge: Einzelhandel Nr. 103). Der Begriff der menschengerechten Gestaltung der Arbeit findet sich in verschiedenen Normen des Arbeitsschutzes wieder (s. zB § 91 BetrVG, § 6 I ASiG; § 19 I 1 ChemG). Die menschengerechte Arbeitsgestaltung bewegt sich im Regelfall unterhalb der Grenze einer unmittelbaren Gefahr für Leben und Gesundheit. Hierbei geht es um die Vermeidung bestimmter psychischer oder physischer Belastungen, die zwar nicht als unmittelbar krankheitsverursachend anzusehen sind, die aber doch das psychische oder physische Wohlbefinden beeinträchtigen können, uU sogar bei lange dauernder Wirkung das Entstehen bestimmter Krankheiten begünstigen (MüArbR/*Anzinger* § 300 Rn. 17 ff.; *Zöllner* RdA 1973, 212 ff.). Die menschengerechte Gestaltung der Nacht- und Schichtarbeit muss zudem auf **gesicherten** arbeitswissenschaftl. **Erkenntnissen** beruhen. Als gesichert sind solche Erkenntnisse anzusehen, wenn sie methodisch und ggf. statistisch abgesichert sind, die Fachleute vorherrschend der Meinung sind, dass die Erkenntnisse den Zielen des Arbeitsschutzes oder der menschengerechten Gestaltung der Arbeit entsprechen und sie auch mit angemessenen Mitteln realisierbar sind (MüArbR/*Anzinger* § 300 Rn. 21).

2. Höchstzulässige werktägliche Arbeitszeit der Nachtarbeitnehmer. Der in § 3 S. 1 enthaltene 5 Grundsatz des Acht-Stunden-Tages gilt nach § 6 II 1 auch für NachtAN. Wie für die übrigen AN darf auch die werktägl. AZ der NachtAN auf bis zu 10 Stunden **verlängert** werden (§ 6 II 2). Aus Gründen des Gesundheitsschutzes der NachtAN engt § 6 II 2 Halbs. 1 jedoch den Zeitraum für den Ausgleich auf die Durchschnittsgrenze von 8 Stunden werktägl. auf den Kalendermonat oder die folgenden vier

Wochen ein. Eine Art. 8 lit. b der EG-ArbeitszeitRL entspr. Regelung betr. Nachtarbeit mit bes. Gefahren fehlt noch im deutschen Recht.

6 Der verkürzte **Ausgleichszeitraum** von einem Kalendermonat oder 4 Wochen gilt für die gesamte werktägl. AZ des NachtAN, also auch für die AZ, die nicht mehr zur Nachtarbeit iSd. § 2 III zählt. Nicht erforderl. ist, dass der Ausgleich zur Nachtzeit erfolgt. Als Ausgleich für die Verlängerung der werktägl. AZ der NachtAN darf auch ein kürzerer Ausgleichszeitraum als der Kalendermonat oder als vier Wochen gewählt werden. Dagegen ist eine Verlängerung des Ausgleichszeitraums des § 6 II 2 nur durch TV oder Betriebsvereinbarung zulässig (§ 7 I Nr. 4 lit. b; s. dazu unten § 7). Der verkürzte Ausgleichszeitraum des § 6 II 1 gilt auch für Zeiträume, in denen NachtAN urlaubs- oder krankheitsbedingt keine Nachtarbeit leisten. Dagegen gilt nicht der verkürzte Ausgleichszeitraum des § 6 II 2, sondern der des § 3 S. 2, wenn NachtAN für längere Zeit nicht zur Nachtarbeit herangezogen werden (§ 6 II 3). Wann ein längerer Zeitraum iSd. S. 3 vorliegt, lässt das G offen. Er ist jdf. dann anzunehmen, wenn der NachtAN für mehrere Monate hintereinander nicht zur Nachtarbeit herangezogen wird. Hat der NachtAN periodisch über das Jahr immer wieder für einen oder mehrere Monate Nachtarbeit zu leisten, so gilt nach dem Zweck des G, den Gesundheitsschutz der NachtAN zu gewährleisten, der verkürzte Ausgleichszeitraum des § 6 II 2 (*Anzinger/Koberski* Rn. 37; *Roggendorff* Rn. 18; aA *Baeck/Deutsch* Rn. 38).

7 **3. Anspruch auf arbeitsmedizinische Untersuchung.** Um einer drohenden Gesundheitsgefährdung durch Nachtarbeit vorzubeugen, räumt § 6 III den NachtAN **vor Aufnahme der Nachtarbeit** die Möglichkeit einer Untersuchung ihres Gesundheitszustands ein. Eine Pflicht zur Gesundheitsuntersuchung besteht allerdings nicht; der Anspruch auf Untersuchung muss vom NachtAN vielmehr geltend gemacht werden. Verlangt der AN vor Aufnahme der Nachtarbeit eine arbeitsmedizinische Untersuchung, so kann der AN die Aufnahme der Nachtarbeit bis zu der Bekanntgabe des Untersuchungsergebnisses verweigern. Es besteht jedoch **kein Beschäftigungsverbot** (so aber *Neumann/Biebl* Rn. 14; *Linnenkohl/Rauschenberg* Rn. 58). Wenn der AN schon auf die vorherige Untersuchung verzichten kann, dann muss es ihm grds. auch überlassen bleiben, ob er schon vor Bekanntgabe des Untersuchungsergebnisses mit der Aufnahme der Nachtarbeit beginnen will.

8 § 6 III 3 verpflichtet den AG, die **Kosten der arbeitsmedizinischen Untersuchung** zu tragen. Zur Durchführung einer arbeitsmedizinischen Untersuchung sind im Regelfall nur Ärzte mit arbeitsmedizinischer Fachkunde (Arbeitsmediziner) qualifiziert, so dass der AG die Untersuchungskosten durch sonstige Mediziner nicht zu tragen braucht. Die Kostentragungspflicht entfällt nach dem eindeutigen Wortlaut des § 6 III 3 auch dann, wenn der AG die Untersuchung für den AN kostenlos durch einen Betriebsarzt oder einen überbetriebl. Dienst von Betriebsärzten anbietet, der AN die Untersuchung aber gleichwohl durch einen Arzt seiner Wahl durchführen lässt (aA *Buschmann/Ulber* Rn. 18). Aus § 6 III lässt sich nicht die Verpflichtung des AG herleiten, den Lohn für die Dauer der Untersuchung fortzuzahlen, wenn der AN die Untersuchung außerhalb seiner Schichtarbeitszeit vornehmen lässt (*Baeck/Deutsch* Rn. 48; *Junker* ZfA 1998, 105, 122; aA *Buschmann/Ulber* Rn. 17). Ob ein Lohnzahlungsanspruch des AN besteht, bestimmt sich allein nach allg. Bestimmungen, insb. nach tarifvertragl. Regelungen und § 616 S. 1 BGB (*Baeck/Deutsch* Rn. 49).

9 **4. Umsetzungsanspruch.** Nach Maßgabe des § 6 IV hat der AG den NachtAN auf dessen Verlangen auf einen für ihn geeigneten Tagesarbeitsplatz umzusetzen. Die – nicht straf- oder bußgeldbewehrte – ör. Pflicht, den NachtAN bei Vorliegen der ges. Voraussetzungen auf einen Tagesarbeitsplatz umzusetzen, besteht nur, wenn der AN dies **verlangt.** Der AN muss also seinen Anspruch ggü. dem AG mündl. oder schriftl. geltend machen. Außerhalb von § 6 IV besteht kein Anspruch auf Umsetzung in Ausübung des Weisungsrechts. Kann der AN gesundheitsbedingt nicht mehr im Nachtdienst arbeiten, kann ein Anspruch auf Vertragsänderung statt Kündigung bestehen (*Wank* Anm. zu BAG 9.4.2014 AP GewO § 106 Nr. 29; aA *Kaiser* RdA 2015, 76, 81); zum Einsatz in der Nachtschicht kraft Direktionsrechts BAG 10.12.2014 NZA 2015, 483)

10 Eine Legaldefinition des Begriffs **Tagesarbeitsplatz** enthält das ArbZG nicht. Aus einem Umkehrschluss zu § 2 III ergibt sich jedoch, dass Tagesarbeitsplatz jeder Arbeitsplatz ist, bei dem die Arbeit im Regelfall außerhalb der ges. festgelegten Nachtzeit von 23.00 bis 6.00 Uhr zu erbringen ist. Dieser Arbeitsplatz muss bereits vorhanden sein, dh. den AG trifft nicht die Pflicht, einen neuen Tagesarbeitsplatz zu schaffen. Ist ein geeigneter Tagesarbeitsplatz zwar vorhanden, aber bereits mit einem anderen AN besetzt, so hat der NachtAN keinen Anspruch darauf, dass der AG diesen TagesAN versetzt und so einen Tagesarbeitsplatz frei macht (aA *Baeck/Deutsch* Rn. 58). Vom Direktionsrecht wäre eine derartige Umsetzung nicht gedeckt, und eine Änderungskündigung wäre unbegründet. Dagegen muss der AG andere Möglichkeiten prüfen, wie etwa eine tw. Verschiebung der AZ. Ob ein Tagesarbeitsplatz für den NachtAN auch **geeignet** ist, beurteilt sich vorrangig nach der vertragl. übernommenen Arbeitspflicht (*Anzinger/Koberski* Rn. 55; *Linnenkohl/Rauschenberg* Rn. 74; aA *Buschmann/Ulber* Rn. 21, die die Geeignetheit allein nach den individuellen Voraussetzungen des AN bestimmen wollen). Die neue Tätigkeit muss, abgesehen von der Lage der AZ, ihrem Gesamtbild nach der bisherigen Tätigkeit entsprechen. Für diese Feststellung kann auch die tarifvertragl. Ein-

gruppierung nach Lohn- und Gehaltsgruppen mit den dazugehörigen Tätigkeitsmerkmalen herangezogen werden.

§ 6 IV zählt drei Fallgestaltungen auf, die einen Umsetzungsanspruch des AN begründen können. 11
§ 6 IV 1 lit. a legt dem AG die Pflicht zur Umsetzung auf, wenn nach arbeitsmedizinischer Feststellung die weitere Verrichtung von Nachtarbeit den AN in seiner Gesundheit gefährdet. Erforderl. ist eine **konkrete Gesundheitsgefährdung;** es muss also mit hinreichender Wahrscheinlichkeit eine Beeinträchtigung der Gesundheit bei weiterer Verrichtung von Nachtarbeit eintreten. Wer nicht mehr in Nachtschicht arbeiten kann, ist deshalb nicht arbeitsunfähig krank, BAG 9.4.2014 NZA 2014, 719. Damit der AG die Berechtigung des Umsetzungsverlangens beurteilen kann, muss der AN dem AG die arbeitsmedizinische Beurteilung unter Bezugnahme auf den Arbeitsplatz, nicht jedoch den Untersuchungsbefund nachweisen. Nach § 6 IV 1 lit. b kann der NachtAN die Umsetzung auf einen Tagesarbeitsplatz ferner dann verlangen, wenn in seinem Haushalt ein **Kind unter 12 Jahren** lebt, das nicht von einer anderen im Haushalt lebenden Person betreut werden kann. Die zur Betreuung zur Vfg. stehende Person braucht keine Verwandte zu sein; sie muss aber mit dem NachtAN in einem Haushalt leben und zur Betreuung geeignet sein. Die Altersgrenze von 12 Jahren ist in Anlehnung an § 45 SGB V gewählt worden. Der NachtAN kann sein Umsetzungsverlangen schließl. auch darauf stützen, dass er einen **schwerpflegebedürftigen Angehörigen** zu versorgen hat, der nicht von einem anderen im Haushalt lebenden Angehörigen versorgt werden kann (§ 6 IV 1 lit. c). Der Begriff der Schwerpflegebedürftigkeit ist § 53 SGB V entnommen (vgl. BT-Drs. 12/5888 S. 26). § 53 I SGB V ist durch § 15 I SGB XI ersetzt worden. Schwerpflegebedürftige sind daher Angehörige des NachtAN, die einer der Pflegestufen I bis III zuzuordnen sind (*Anzinger/Koberski* Rn. 74; aA HK-ArbZR-*Lorenz* Rn. 89: Pflegestufen I und II).

Ein Umsetzungsanspruch des NachtAN auf einen Tagesarbeitsplatz entfällt, wenn der Umsetzung 12
dringende betriebl. Erfordernisse entgegenstehen. Umstr. ist, ob dieses Tatbestandsmerkmal in Anlehnung an die von der Rspr. zu § 1 II KSchG entwickelten Grundsätze auszulegen ist (so *Diller* NJW 1994, 2726, 2727; *Linnenkohl/Rauschenberg* Rn. 82 ff.; *Neumann/Biebl* Rn. 22), oder ob dieses Merkmal eher mit dem Begriff der dringenden betriebl. Belange iSd. § 7 I BUrlG vergleichbar ist. Für die zul. genannte Ansicht spricht, dass es bei § 6 IV nicht, wie bei § 1 II KSchG, um den Verlust des Arbeitsplatzes durch betriebsbedingte Kündigung geht, sondern darum, ob dem AN aus dringenden betriebl. Gründen weiterhin die Beschäftigung in Nachtarbeit zuzumuten ist (so *Anzinger/Koberski* Rn. 58). Die dem Umsetzungsanspruch entgegenstehenden betriebl. Gründe sind **dringend**, wenn die Umsetzung des NachtAN auf einen Tagesarbeitsplatz bei Abwägung der beiderseitigen Interessen dem Betrieb nicht zumutbar ist. Dem Umsetzungsanspruch des NachtAN können somit neben den Interessen eines AN, der versetzt werden müsste, damit ein Tagesarbeitsplatz frei wird, auch überw. Interessen des AG entgegenstehen.

Will der AG dem Umsetzungsverlangen wegen entgegenstehender dringender betriebl. Erfordernisse 13
nicht entsprechen, so ist er nach § 6 IV 2 verpflichtet, den **BR oder PR zu hören.** Die Anhörung ist **Wirksamkeitsvoraussetzung** für die Ablehnung eines Versetzungsverlangens aus dringenden betriebl. Erfordernissen. Die Anhörungspflicht des AG umfasst die Pflicht des AG, dem BR oder PR das Umsetzungsverlangen des NachtAN, die für eine Umsetzung in Betracht kommenden Tagesarbeitsplätze sowie die einer Umsetzung entgegenstehenden Gründe **mitzuteilen.** Der Betriebs- oder PR ist berechtigt, dem AG Vorschläge für eine Umsetzung des NachtAN zu unterbreiten (§ 6 IV 3). Der AG ist jedoch an die Vorschläge des BR oder PR nicht gebunden.

5. Ausgleichspflicht. § 6 V gewährt den NachtAN einen **Ausgleich** für die mit Nachtarbeit ver- 14
bundenen Beeinträchtigungen, sofern nicht auf Grund tarifvertragl. Regelungen bereits ein Ausgleich erfolgt; zur Rspr. *Raab* ZfA 2014, 237, 239 ff.; zum Ausgleich von Nachtarbeit durch TV s. BAG 18.5.2011 AP ArbZG § 6 Nr. 11. Nächtlicher Bereitschaftsdienst ist ausgleichspflichtige Nachtarbeit, BAG 12.12.2012 NZA-RR 2013, 476. Soweit keine tarifl. Regelung besteht, hat der BR ein Mitbestimmungsrecht, BAG 17.1.2012 AP BetrVG 1972, § 87 Arbeitszeit Nr. 127 = NZA 2012, 513. Der Begriff der Nachtarbeitsstunde in einem TV ist entspr. dem arbeitsschutzr. Arbeitsbegriff des ArbZG auszulegen (BAG 23.2.2011 AP TVG § 1 Tarifverträge: Arzt Nr. 32 = NZA 2011, 1176). Als Ausgleich für die während der Nachtzeit geleisteten Arbeitsstunden kommen Zuschläge auf das Bruttoarbeitsentgelt für die in Nachtarbeit geleistete Zeit oder bezahlte freie Tage in Betracht (zum Ganzen *Raab* ZfA 2014, 237; *Zwanziger* DB 2007, 1356). Welche Form des Ausgleichs der AG wählt, liegt in seinem Ermessen. Dementspr. stuft das BAG die Ausgleichsverpflichtung des AG als Wahlschuld ein (BAG 5.9.2002 AP ArbZG § 6 Nr. 4 = NZA 2003, 563). § 6 V schreibt keine Rangfolge der Ausgleichsmöglichkeiten vor (BAG 26.8.1997 AP § 87 BetrVG 1972 Arbeitszeit Nr. 74). Der Ausgleich muss **angemessen** sein (dazu BAG 9.12.2015 NZA 2016, 426: 25%, für Dauernachtarbeit 30%; zu Abweichungen BAG 9.12.2015 NZA 2016, 1021). Das ist der Fall, wenn zwischen der mit Nachtarbeit verbundenen Erschwernis und dem Ausgleich ein ausgewogenes Verhältnis besteht. Im Bewachungsgewerbe kann ein Nachtarbeitszuschlag von 10 Prozent oder 12 Prozent je nach den Umständen der zu leistenden Arbeit angemessen sein (BAG 11.2.2009 AP ArbZG § 6 Nr. 9); zum Nachtarbeitszuschlag für ein BRMitglied BAG 18.5.2016 NZA 2016, 1212. Soweit tarifl. Regelungen einen Aus-

gleich für Nachtarbeit vorsehen, können sie für nicht tarifgebundene AN nicht ohne weiteres als Richtschnur herangezogen werden (BAG 5.9.2002 AP ArbZG § 6 Nr. 4 = NZA 2003, 563). Wird für die in Nachtarbeit geleisteten Stunden bereits ein erhöhter Lohn gezahlt, so entfällt ein zusätzl. Ausgleich, wenn die bereits im Lohn enthaltene Erhöhung angemessen ist. Die Zahlung eines pauschalierten Zuschlags setzt allerdings voraus, dass Nachtarbeit und Lohnhöhe zueinander in Bezug gesetzt werden. Hierfür reicht der arbeitsvertragl. Hinweis, Nachtarbeitszuschläge seien durch die Lohnhöhe mit umfasst und abgegolten, jdf. nicht aus (BAG 27.5.2003 AP ArbZG § 6 Nr. 5). Der Ausgleich kann durch einzelvertragl. Vereinbarung oder durch allgemeine Arbeitsbedingungen weiter ausgestaltet werden (BAG 15.7.2009 AP ArbZG § 6 Nr. 10 = NZA 2009, 1366). Auch nächtl. Bereitschaftsdienst muss nach § 6 V ArbZG ausgeglichen werden (BAG 15.7.2009 NZA 2009, 1366; 12.12.2012 BeckRS 2013, 67715).

15 **6. Benachteiligungsverbot.** § 6 VI konkretisiert den allg. arbeitsrechtl. Gleichbehandlungsgrundsatz. NachtAN müssen Weiterbildungsmaßnahmen sowie aufstiegsfördernde Maßnahmen in gleichem Maße offen stehen wie allen anderen AN. Kann ein NachtAN an solchen Maßnahmen wegen der Beschäftigung in Nachtarbeit nicht teilnehmen, so hat der AG die Arbeit so umzuorganisieren (zB durch Änd. des Schichtplans oder vorübergehende Umsetzung auf einen Tagesarbeitsplatz), dass auch NachtAN Zugang zu den betriebl. Förderungsmaßnahmen haben.

16 **7. Sonderregelungen. Werdende und stillende Mütter** dürfen nach § 8 I 1 MuSchG grds. nicht in der Nacht zwischen 20 und 6 Uhr beschäftigt werden. Ausnahmen gelten in den ersten vier Monaten der Schwangerschaft und für stillende Mütter in bestimmten Wirtschaftszweigen (§ 8 III MuSchG). Ferner kann in begr. Einzelfällen die Aufsichtsbehörde gem. § 8 VI MuSchG Ausnahmen von dem Beschäftigungsverbot zwischen 20 und 6 Uhr zulassen.

17 Ebenfalls nicht in der Zeit von 20 Uhr bis 6 Uhr dürfen **Jugendl.** beschäftigt werden (§ 14 I JArbSchG). Ausnahmen sind ledigl. in den in § 14 II bis VII JArbSchG aufgeführten Fällen oder durch Rechtsverordnung mögl. (§ 21b Nr. 2 JArbSchG).

18 **8. Abweichungsmöglichkeiten.** Eine Verlängerung der AZ der NachtAN über 10 Stunden werktägl. kann in bestimmten Fällen in einem TV oder auf Grund eines TV in einer Betriebsvereinbarung zugelassen werden (§§ 7 I Nr. 4, 7 II Nr. 2, 3 und 4; dazu unter § 7 I). Abw. Regelungen sind zudem in den Fällen des § 14 zulässig (s. unter § 14). Ferner kann die Aufsichtsbehörde nach § 15 I Nr. 1 und 2 Abweichungen von § 6 II zulassen (s. unter § 15).

19 **9. Mitbestimmung des Betriebsrats.** Der Mitbestimmung des BR nach § 87 I Nr. 2 BetrVG unterliegt sowohl die Frage, **ob** im Betrieb überhaupt in mehreren Schichten gearbeitet werden soll (BAG 28.10.1986 AP BetrVG 1972 § 87 Arbeitszeit Nr. 19) als auch die der Änd. der Schichten (BAG 13.7.1977 AP BetrVG 1972 § 87 Kurzarbeit Nr. 2). Unter das Mitbestimmungsrecht des BR aus § 87 I Nr. 2 BetrVG fällt auch die Frage, wann die einzelnen Schichten **beginnen** und **enden** sollen (BAG 26.3.1991 AP BetrVG 1972 § 87 Arbeitszeit Nr. 43). Das Mitbestimmungsrecht erstreckt sich auch auf die **Festlegung der allgemeinen Grundsätze** über die Aufstellung eines Schichtplans (BAG 18.4.1989 AP BetrVG 1972 § 87 Arbeitszeit Nr. 34). Dagegen ist die Zuweisung eines AN von einer Schicht in eine andere nicht nach § 87 I Nr. 2 BetrVG mitbestimmungspflichtig (*Gaul* NZA 1989, 48; *Meisel* NZA Beil. 3/1988, 3; aA BAG 19.6.2012 NZA 2012, 1237; *Fitting* § 87 BetrVG Rn. 122); insoweit kommt ledigl. ein Mitbestimmungsrecht des BR nach § 99 BetrVG in Betracht. Die Zuweisung zu einer anderen Schicht als solche stellt jedoch noch keine mitbestimmungspflichtige Versetzung iSd. §§ 99, 95 III BetrVG dar. Hinzukommen muss vielmehr noch eine erhebl. Änd. der Umstände, unter denen die Arbeit zu leisten ist (BAG 23.11.1993 AP BetrVG 1972 § 95 Nr. 33). Vom Mitbestimmungstatbestand des § 87 I Nr. 2 BetrVG erfasst wird auch die **Wahl** und Änd. **des Ausgleichszeitraums** nach § 6 II 2. Des Weiteren hat der BR nach § 87 I Nr. 7 und Nr. 10 BetrVG darüber mitzubestimmen, ob ein Ausgleich für Nachtarbeit gem. § 6 V durch bezahlte freie Tage oder durch Entgeltzuschlag zu gewähren ist (BAG 26.4.2005 AP BetrVG 1972 § 87 Arbeitszeit Nr. 118). Sind die AN entweder normativ oder durch Bezugnahme an einen TV gebunden, ist für die Mitbestimmung des BR kein Raum (BAG 17.1.2012 NZA 2012, 513).

§ 7 Abweichende Regelungen

(1) **In einem Tarifvertrag oder auf Grund eines Tarifvertrags in einer Betriebs- oder Dienstvereinbarung kann zugelassen werden,**

1. abweichend von § 3

a) die Arbeitszeit über zehn Stunden werktäglich zu verlängern, wenn in die Arbeitszeit regelmäßig und in erheblichem Umfang Arbeitsbereitschaft oder Bereitschaftsdienst fällt,

b) einen anderen Ausgleichszeitraum festzulegen,

2. abweichend von § 4 Satz 2 die Gesamtdauer der Ruhepausen in Schichtbetrieben und Verkehrsbetrieben auf Kurzpausen von angemessener Dauer aufzuteilen,

3. abweichend von § 5 Abs. 1 die Ruhezeit um bis zu zwei Stunden zu kürzen, wenn die Art der Arbeit dies erfordert und die Kürzung der Ruhezeit innerhalb eines festzulegenden Ausgleichszeitraums ausgeglichen wird,
4. abweichend von § 6 Abs. 2
   a) die Arbeitszeit über zehn Stunden werktäglich hinaus zu verlängern, wenn in die Arbeitszeit regelmäßig und in erheblichem Umfang Arbeitsbereitschaft oder Bereitschaftsdienst fällt,
   b) einen anderen Ausgleichszeitraum festzulegen,
5. den Beginn des siebenstündigen Nachtzeitraums des § 2 Abs. 3 auf die Zeit zwischen 22 und 24 Uhr festzulegen.

(2) Sofern der Gesundheitsschutz der Arbeitnehmer durch einen entsprechenden Zeitausgleich gewährleistet wird, kann in einem Tarifvertrag oder auf Grund eines Tarifvertrags in einer Betriebs- oder Dienstvereinbarung ferner zugelassen werden,
1. abweichend von § 5 Abs. 1 die Ruhezeiten bei Rufbereitschaft den Besonderheiten dieses Dienstes anzupassen, insbesondere Kürzungen der Ruhezeit infolge von Inanspruchnahmen während dieses Dienstes zu anderen Zeiten auszugleichen,
2. die Regelungen der §§ 3, 5 Abs. 1 und § 6 Abs. 2 in der Landwirtschaft der Bestellungs- und Erntezeit sowie den Witterungseinflüssen anzupassen,
3. die Regelungen der §§ 3, 4, 5 Abs. 1 und § 6 Abs. 2 bei der Behandlung, Pflege und Betreuung von Personen der Eigenart dieser Tätigkeit und dem Wohl dieser Personen entsprechend anzupassen,
4. die Regelungen der §§ 3, 4, 5 Abs. 1 und § 6 Abs. 2 bei Verwaltungen und Betrieben des Bundes, der Länder, der Gemeinden und sonstigen Körperschaften, Anstalten und Stiftungen des öffentlichen Rechts sowie bei anderen Arbeitgebern, die der Tarifbindung eines für den öffentlichen Dienst geltenden oder eines im wesentlichen inhaltsgleichen Tarifvertrags unterliegen, der Eigenart der Tätigkeit bei diesen Stellen anzupassen.

(2a) In einem Tarifvertrag oder auf Grund eines Tarifvertrags in einer Betriebs- oder Dienstvereinbarung kann abweichend von den §§ 3, 5 Abs. 1 und § 6 Abs. 2 zugelassen werden, die werktägliche Arbeitszeit auch ohne Ausgleich über acht Stunden zu verlängern, wenn in die Arbeitszeit regelmäßig und in erheblichem Umfang Arbeitsbereitschaft oder Bereitschaftsdienst fällt und durch besondere Regelungen sichergestellt wird, dass die Gesundheit der Arbeitnehmer nicht gefährdet wird.

(3) [1] Im Geltungsbereich eines Tarifvertrags nach Absatz 1, 2 oder 2a können abweichende tarifvertragliche Regelungen im Betrieb eines nicht tarifgebundenen Arbeitgebers durch Betriebs- oder Dienstvereinbarung oder, wenn ein Betriebs- oder Personalrat nicht besteht, durch schriftliche Vereinbarung zwischen dem Arbeitgeber und dem Arbeitnehmer übernommen werden. [2] Können auf Grund eines solchen Tarifvertrags abweichende Regelungen in einer Betriebs- oder Dienstvereinbarung getroffen werden, kann auch in Betrieben eines nicht tarifgebundenen Arbeitgebers davon Gebrauch gemacht werden. [3] Eine nach Absatz 2 Nr. 4 getroffene abweichende tarifvertragliche Regelung hat zwischen nicht tarifgebundenen Arbeitgebern und Arbeitnehmern Geltung, wenn zwischen ihnen die Anwendung der für den öffentlichen Dienst geltenden tarifvertraglichen Bestimmungen vereinbart ist und die Arbeitgeber die Kosten des Betriebs überwiegend mit Zuwendungen im Sinne des Haushaltsrechts decken.

(4) Die Kirchen und die öffentlich-rechtlichen Religionsgesellschaften können die in Absatz 1, 2 oder 2a genannten Abweichungen in ihren Regelungen vorsehen.

(5) In einem Bereich, in dem Regelungen durch Tarifvertrag üblicherweise nicht getroffen werden, können Ausnahmen im Rahmen des Absatzes 1, 2 oder 2a durch die Aufsichtsbehörde bewilligt werden, wenn dies aus betrieblichen Gründen erforderlich ist und die Gesundheit der Arbeitnehmer nicht gefährdet wird.

(6) Die Bundesregierung kann durch Rechtsverordnung mit Zustimmung des Bundesrates Ausnahmen im Rahmen des Absatzes 1 oder 2 zulassen, sofern dies aus betrieblichen Gründen erforderlich ist und die Gesundheit der Arbeitnehmer nicht gefährdet wird.

(7) [1] Auf Grund einer Regelung nach Absatz 2a oder den Absätzen 3 bis 5 jeweils in Verbindung mit Absatz 2a darf die Arbeitszeit nur verlängert werden, wenn der Arbeitnehmer schriftlich eingewilligt hat. [2] Der Arbeitnehmer kann die Einwilligung mit einer Frist von sechs Monaten schriftlich widerrufen. [3] Der Arbeitgeber darf einen Arbeitnehmer nicht benachteiligen, weil dieser die Einwilligung zur Verlängerung der Arbeitszeit nicht erklärt oder die Einwilligung widerrufen hat.

(8) [1] Werden Regelungen nach Absatz 1 Nr. 1 und 4, Absatz 2 Nr. 2 bis 4 oder solche Regelungen auf Grund der Absätze 3 und 4 zugelassen, darf die Arbeitszeit 48 Stunden wöchentlich im Durchschnitt von zwölf Kalendermonaten nicht überschreiten. [2] Erfolgt die Zulassung auf Grund des Absatzes 5, darf die Arbeitszeit 48 Stunden wöchentlich im Durchschnitt von sechs Kalendermonaten oder 24 Wochen nicht überschreiten.

(9) **Wird die werktägliche Arbeitszeit über zwölf Stunden hinaus verlängert, muss im unmittelbaren Anschluss an die Beendigung der Arbeitszeit eine Ruhezeit von mindestens elf Stunden gewährt werden.**

1 **1. Abweichende Regelungen durch Tarifvertrag nach § 7 I, II und II a. a) Allgemeines.** § 7 I, II und II a gestattet es den TVParteien, von den Arbeitszeitgrundnormen der §§ 3 bis 6 abw. Regelungen in einem TV zuzulassen. Damit soll eine den konkreten betriebl. Erfordernissen angepasste Lösung der Arbeitszeitfrage ermöglicht werden.

2 Die in § 7 I, II und II a enthaltene ges. Zulassung abw. Regelungen durch die **TVParteien selbst** begegnet grds. keinen verfassungsrechtl. Bedenken (zur Verfassungsmäßigkeit des § 7 I und II s. *Anzinger/Koberski* Rn. 6 ff.; allg. zur Zulässigkeit tarifdispositiven Gesetzesrechts s. *Wiedemann* TVG, Einl. Rn. 387 ff.). Haben die TVParteien eine Regelung geschaffen, die gegen das G verstößt, so kann die durch die Unwirksamkeit der Klausel entstehende unbewusste Tariflücke nicht durch die Anwendung der allgemeinen Arbeitszeitregelung geschlossen werden; vielmehr gelten die gesetzl. Höchstgrenzen unmittelbar (BAG 14.10.2004 AP BAT SR 2r § 2 Nr. 3 betr. Hausmeister; 16.3.2004 AP ArbZG § 2 Nr. 2 betr. Ärztin).

3 Die TVParteien brauchen abw. Regelungen jedoch nicht selbst zu treffen. Sie können vielmehr auch vereinbaren, dass Abweichungen nach § 7 I, II und II a von den Betriebsparteien **in einer Betriebsvereinbarung** oder auch iRd. im öffentl. Dienst abgeschlossenen Dienstvereinbarungen zugelassen werden können. Sofern den Betriebsparteien (im Folgenden sind die Parteien einer Dienstvereinbarung jeweils mit gemeint) durch eine Tariföffnungsklausel auch die Regelung der ör. zulässigen Dauer der AZ eingeräumt wird, ist dies verfassungswidrig (s. *Buschmann* FS Wißmann 2005 S. 251, 265). Die Betriebspartner sind näml. nicht befugt, Regelungen der wöchentl. AZ mit normativer Wirkung für die nicht organisierten AN (sog. Außenseiter) zu vereinbaren (LAG Hbg. 17.12.2008 AuR 2010, 36 (*Buschmann*)). Die vom BAG (18.8.1987 AP BetrVG 1972 § 77 Nr. 23) und von Teilen des Schrifttums (*Henssler* ZfA 1994, 487, 498 f.; *Linnenkohl* BB 1988, 1459; *Weyand* AuR 1989, 193, 197; *Zachert* RdA 1996, 140, 146) vertretene gegenteilige Auff. verkennt, dass die Betriebspartner im Hinblick auf die Tarifaußenseiter nur handeln können, wenn ihnen dafür eine eigene Ermächtigungsgrundlage zur Vfg. steht. Nach § 87 BetrVG steht dem BR jedoch kein Mitbestimmungsrecht über die Dauer der wöchentl. AZ zu (BAG 13.10.1987 AP BetrVG 1972 § 76 Nr. 24; *Buchner* RdA 1990, 1; Richardi/*Richardi* § 87 BetrVG Rn. 323; GK-BetrVG/*Wiese* § 87 Rn. 275 f.). Damit bliebe nur der Rückgriff auf eine allg. Allzuständigkeit der Betriebspartner, gestützt auf § 88 BetrVG. Die Ansicht, die eine derartige Allzuständigkeit bejaht, ist jedoch abzulehnen (für eine Allzuständigkeit des BR BAG 18.8.1987 AP BetrVG 1972 § 77 Nr. 23; (GS) 7.11.1989 AP BetrVG 1972 § 77 Nr. 46; *Löwisch/Kaiser* § 88 Rn. 1 ff.; GK-BetrVG/*Wiese* § 88 Rn. 7, 11; *Zöllner* ZfA 1988, 265, 275 f.). Zum einen unterliegt der Eingriff in die Rechte der AN aus Art. 12 I GG dem Gesetzesvorbehalt. § 88 BetrVG lässt aber eine Ermächtigung für eine Allzuständigkeit der Betriebspartner nicht erkennen. Zum anderen können die Tarifparteien den Betriebspartnern keine Regelungsmacht verleihen, die sie selbst nicht haben (keine Tarifautonomie ggü. Außenseitern) und die die Betriebspartner auch nicht aus eigener Regelungsmacht haben (keine Allzuständigkeit des BR). Die gegenteilige Auff. versucht, die Legitimationsgrundlage „Selbstbestimmung und Bindung nur der Verbandsmitglieder" auszutauschen gegen eine „Fremdbestimmung mit Erstreckung auf Außenseiter". Dies stellt aber einen unzulässigen Eingriff in die negative Koalitionsfreiheit der nicht tarifgebundenen AN dar (näher dazu *Wank* NJW 1996, 2273, 2280 f. m. zahlr. Nachw. sowie zul. *Linsenmaier* RdA 2008, 1 ff. mwN). Soweit die TVParteien den Betriebsparteien einen Gestaltungsspielraum vorgegeben haben, ist auch die Einigungsstelle daran gebunden (BAG 9.11.2010 NZA-RR 2011, 354).

4 **b) Abweichungsmöglichkeiten nach § 7 I.** Nach § 7 I Nr. 1 **lit. a** kann die AZ tarifl. über 10 Stunden werktägl. verlängert werden, wenn in die AZ regelm. und in erhebl. Umf. Arbeitsbereitschaft oder Bereitschaftsdienst fällt (zu den Begriffen s. oben § 2 Rn. 21 f., 23 ff.). Für die Regelmäßigkeit reicht es aus, wenn stets oder doch zumindest an bestimmten Tagen erfahrungsgemäß Zeiten der Vollarbeit mit Zeiten der Arbeitsbereitschaft oder des Bereitschaftsdienstes wechseln (*Neumann/Biebl* Rn. 18).

5 Die Regelung bezieht sich auch auf Fälle, in denen regelm. und in erhebl. Umf. Bereitschaftsdienst geleistet wird. Diese Änd. beruht letztl. auf der Forderung des EuGH, den Bereitschaftsdienst in vollem Umf. der AZ zuzurechnen (s. § 2 Rn. 23 f.).

6 Ob Arbeitsbereitschaft und Bereitschaftsdienst in **erhebl. Umf.** bestehen, richtet sich nach dem Verhältnis von Arbeit und Arbeitsbereitschaft oder Bereitschaftsdienst. Der Anteil der Arbeitsbereitschaft ist jdf. dann erhebl., wenn er den Anteil der Vollarbeit überwiegt. Da § 7 I Nr. 1 lit. a keine Obergrenze für die Verlängerung zieht, wird man aus Gründen des Gesundheits- und Unfallschutzes verlangen müssen, dass die Arbeitsbereitschaft mind. 30% der werktägl. AZ ausmacht (*Neumann/Biebl* Rn. 18; anders *Roggendorff* Rn. 36, nach dessen Auff. der Anteil der Arbeitsbereitschaft mind. 25 bis 30% betragen muss; diff. *Baeck/Deutsch* Rn. 51). Für den Bereitschaftsdienst ist der Prozentsatz wegen der geringeren Inanspruchnahme niedriger anzusetzen (ebenso *Baeck/Deutsch* Rn. 53, die eine Untergrenze von 20% für angemessen erachten; s. a. *Schlottfeld* ZESAR 2010, 411 ff.).

§ 7 I Nr. 1 lit. b gestattet den TVParteien, einen von § 3 abw. **Zeitraum als Ausgleich** für die Verlängerung der werktägl. AZ von 8 Stunden auf bis zu 10 Stunden zu vereinbaren. Eine zeitl. Begrenzung der Dauer des Ausgleichszeitraums findet sich in § 7 VIII (hierzu s. Rn. 28), welcher vorsieht, dass der Bezugszeitraum auf höchstens 12 Monate verlängert werden darf. 7

Die der ArbZRL widersprechende Vorschr. des **§ 7 I Nr. 1 lit. c** ist iRd. G zu Reformen am Arbeitsmarkt zum 1.1.2004 aufgeh. worden (zu den Einzelheiten s. 7. Aufl.). 8

Nach **§ 7 I Nr. 2** können die TVParteien und ggf. die Betriebspartner für Schichtbetriebe (zum Begriff s. oben § 6 Rn. 2) und Verkehrsbetriebe (zum Begriff s. o. § 5 Rn. 7) abw. von § 4 S. 2 **Kurzpausen** von weniger als 15 Minuten zulassen. Die Kurzpausen müssen jedoch von **angemessener Dauer** sein. Das ist der Fall, wenn sie ihren Zweck noch erfüllen können. Im Regelfall werden daher nur Pausen mit einer Mindestdauer von 5 Minuten als angemessen angesehen werden können. § 7 I Nr. 2 lässt nur eine abw. Aufteilung der Pausen, nicht aber eine Kürzung der Gesamtpausenzeit des § 4 zu. 9

§ 7 I Nr. 3 überträgt die Zuständigkeit zur abw. Regelung der Ruhezeiten auf die **TVParteien** und ggf. auf die Betriebspartner. Die TVParteien können es danach zulassen, dass die elfstündige Mindestruhezeit des § 5 I auf bis zu 9 Stunden gekürzt wird, wenn die Art der Arbeit dies erfordert und die Kürzung der Ruhezeit ausgegl. wird. **Erforderl.** ist die Kürzung der Ruhezeit auf weniger als 11 Stunden, wenn die Arbeit sonst nicht oder nur unzureichend durchgeführt werden kann. Bei der Beurteilung der Erforderlichkeit ist den TVParteien ein weiter Beurteilungsspielraum zuzuerkennen (*Neumann/Biebl* Rn. 27). 10

§ 7 I Nr. 4 lit. a und **lit. b** enthalten entspr. Ermächtigungen der TVParteien und ggf. der Betriebspartner für NachtAN. Wie in § 7 I Nr. 1 lit. a ist in § 7 I Nr. 4 lit. a die Möglichkeit der Verlängerung der AZ nunmehr auch für den Bereitschaftsdienst eröffnet, sie ist jedoch von der Gewährung von Ausgleichsruhezeiten abhängig. Dies wird ausdrückl. von § 7 VIII gefordert. Für die Nachtarbeit gelten damit hins. einer Verlängerung der AZ über zehn Stunden hinaus dieselben Erweiterungsmöglichkeiten wie für die tägl. AZ. 11

In **§ 7 I Nr. 5** werden die TVParteien und ggf. die Betriebsparteien ermächtigt, den Beginn des siebenstündigen Nachtzeitraums (§ 2 III) um bis zu zwei Stunden nach vorne zu verschieben. Frühester **Beginn des Nachtzeitraums** ist damit 22 Uhr. Mit § 7 I Nr. 5 soll den TVParteien die Möglichkeit eröffnet werden, den siebenstündigen Nachtzeitraum den branchenspezifischen Bedürfnissen anzupassen. 12

c) Abweichungsmöglichkeiten nach § 7 II. § 7 II sieht für die TVParteien und ggf. für die Betriebsparteien unter bestimmten Voraussetzungen weitere Abweichungsmöglichkeiten vor, wenn der Gesundheitsschutz der AN durch einen entspr. Zeitausgleich gewährleistet ist. Der **Zeitausgleich** in den in § 7 II aufgeführten Abweichungsmöglichkeiten ist zwgd. und kann nicht durch andere Leistungen, wie zB Zuschläge, ersetzt werden. 13

§ 7 II Nr. 1 ermöglicht den TVParteien und ggf. den Betriebsparteien, die in § 5 I vorgeschriebene ununterbrochene Ruhezeit von 11 Stunden bei **Rufbereitschaft** den Besonderheiten dieses Dienstes **anzupassen.** Die Ruhezeit von 11 Stunden kann somit bei Vorliegen von Rufbereitschaft (zum Begriff s. oben § 2 Rn. 30) reduziert werden. Die TVParteien und ggf. die Betriebspartner können aber auch zulassen, dass bei Inanspruchnahme während der Rufbereitschaft die unterbrochenen Ruhezeiten zusammengelegt werden, was nach der Grundnorm des § 5 nicht zulässig ist (s. oben § 5 Rn. 1 ff.). Durch das G zu Reformen am Arbeitsmarkt ist die Anwendbarkeit des § 7 II Nr. 1 auf die Rufbereitschaft beschränkt worden. Der Bereitschaftsdienst zählt nicht mehr zur Ruhezeit. 14

Für die **Landwirtschaft** (zum Begriff s. oben § 5 Rn. 7) ermächtigt **§ 7 II Nr. 2** die TVParteien und ggf. die Betriebsparteien, Abweichungen von den Höchstgrenzen der werktägl. AZ, einschließl. der Nachtarbeitszeit, sowie der Mindestruhezeit zuzulassen. Die Abweichungsbefugnis ist auf die Bestellungszeit und die Erntezeit beschränkt. 15

Nach **§ 7 II Nr. 3** kann von den arbeitszeitrechtl. Grundnormen im Bereich der **Pflege** und Betreuung abgewichen werden. Einrichtungen der Pflege und Betreuung sind neben Krankenhäusern ua. Altersheime, Jugendheime und Einrichtungen für Behinderte. Erfasst wird auch die ambulante häusl. Pflege. Zur AZ in Krankenhäusern s. *Büchner/Stöhr* NJW 2012, 487. 16

§ 7 II Nr. 4 ermöglicht den TVParteien Abweichungen von den arbeitszeitrechtl. Grundnormen, um sie der Eigenart der Tätigkeit bei **Verw.** und Betrieben des Bundes, der Länder, der Gemeinden und sonstigen Körperschaften, Anstalten und Stiftungen des öffentl. Rechts anzupassen. Diese Stellen müssen der Tarifbindung eines für den öffentl. Dienst geltenden oder eines im Wesentl. inhaltsgleichen TV unterliegen. Die Abweichungen von den arbeitszeitrechtl. Grundnormen dürfen nur erfolgen, um sie der **Eigenart der Tätigkeit** bei den in § 7 II Nr. 4 genannten Stellen anzupassen. Die bes. Eigenart kann sich zB aus den Besonderheiten der Zusammenarbeit von AN und Beamten ergeben. 17

d) Abweichungsmöglichkeiten nach § 7 II a. Nach § 7 II a ist eine Verlängerung der werktägl. AZ über 8 Stunden hinaus **ohne Ausgleich** zugelassen. Voraussetzung ist, dass in die AZ regelm. und in erhebl. Umf. Arbeitsbereitschaft oder Bereitschaftsdienst fällt (hierzu s. Rn. 4 ff.) und durch bes. Regelung sichergestellt wird, dass die Gesundheit der AN nicht gefährdet wird. In Betracht kommende Regelungen sind etwa verlängerte Ruhezeiten, spezielle arbeitsmedizinische Untersuchungen, die Begrenzung der 18

Arbeitszeitverlängerung auf bestimmte Personen und va. die Festlegung von Höchstarbeitszeiten. Zudem muss der AN gem. § 7 VII in die Arbeitszeitverlängerung schriftl. einwilligen (s. Rn. 25 ff.). Die von § 7 II a vorgenommene vollständige Übertragung der Pflicht, die von der RL AZ geforderten Sicherungsmaßnahmen zu treffen, auf die TVParteien und das Fehlen einer ges. festgelegten HöchstAZ steht allerdings mit den Anforderungen der RL an einen effektiven Gesundheitsschutz nicht in Einklang (s. die Nachw. in BAG 23.6.2010 NZA 2010, 1081 = AuR 2011, 174 Rn. 33 m. Anm. *Wank*; ferner EuGH 21.10.2010 NZA 2011, 215 Rn. 55). Das BAG will jedoch neuerdings derartige europarechtl. Streitfragen nicht mehr dem EuGH vorlegen, wenn Prozesse zwischen Privaten betroffen sind, da dann die Frage nicht entscheidungserhebl. sei (BAG 23.6.2010 Rn. 34, 37 f. m. krit. Anm. *Wank* AuR 2011, 174).

19 **2. Übernahme tarifvertraglicher Abweichungen nach § 7 III. a) Übernahme durch Betriebs- oder Dienstvereinbarung.** In § 7 III 1 wird den nicht tarifgebundenen AG im Geltungsbereich eines TV die Möglichkeit eingeräumt, abw. tarifvertragl. Regelungen nach § 7 I, II oder II a in einer Betriebs- oder Dienstvereinbarung zu **übernehmen.** Diese Regelung bedeutet eine Ausnahme von § 77 III BetrVG. Auch für nicht tarifgebundene AG gilt grds., dass sie durch TV geregelte Materien nicht zum Inhalt einer Betriebsvereinbarung machen dürfen. Genau dies wird aber hier vom G vorausgesetzt. Voraussetzung für die Übernahme abw. tarifvertragl. Regelungen ist, dass der AG **nicht tarifgebunden** ist. An der Tarifgebundenheit des AG fehlt es, wenn der AG keinem den TV abschl. Verband angehört und auch nicht Partei eines FirmenTV ist (§ 3 I TVG). Die Übernahme durch Betriebs- oder Dienstvereinbarung setzt des Weiteren voraus, dass der Betrieb des AG vom räuml., betriebl. und fachl. **Geltungsbereich** des TV erfasst wird, aus dem die abw. tarifvertragl. Regelungen übernommen werden sollen. § 7 III lässt die Übernahme nur im Geltungsbereich eines TV zu. Zu ihm gehört aber auch der **zeitl. Geltungsbereich.** Die Übernahme ist daher nur mögl., wenn der TV noch **in Kraft** ist (*Anzinger/Koberski* Rn. 75).

20 Den Betriebsparteien steht es frei, ob sie von der Übernahmemöglichkeit nach § 7 III 1 Gebrauch machen wollen. Der Abschluss einer Betriebs- oder Dienstvereinbarung kann damit **nicht** über die Einigungsstelle **erzwungen** werden (§ 76 V BetrVG; LAG HH 17.2.2008 AuR 2010, 339). Die Betriebspartner können jedoch ein freiwilliges Einigungsstellenverfahren nach § 76 VI vorsehen. **Gegenstand** einer Übernahmevereinbarung gem. § 7 III 1 ist nicht der gesamte TV, sondern sind nur die jeweils abw. tarifvertragl. Regelungen nach § 7 I, II und II a. Bei Vorliegen mehrerer Abweichungen können auch einzelne Abweichungen übernommen werden. Die einzelnen Abweichungen als solche dürfen jedoch nicht zu Lasten der AN abgeändert werden.

21 **b) Übernahme durch Einzelvereinbarung.** Von der Übernahme abw. tarifvertragl. Regelungen gem. § 7 I, II und II a durch Betriebs- oder Dienstvereinbarung ist die in § 7 III 2 enthaltene Möglichkeit der Übernahme durch arbeitsvertragl. Vereinbarung zu unterscheiden. Sie ist nur mögl. in betriebsratslosen und personalratslosen Betrieben, in denen der AG nicht tarifgebunden ist. Die arbeitsvertragl. Übernahme abw. tarifvertragl. Regelungen bedarf einer schriftl. Vereinbarung zwischen AG und AN. Das Schriftformerfordernis hat nicht bloß deklaratorische Bedeutung, sondern ist vielmehr konstitutive Voraussetzung für die Wirksamkeit der arbeitsvertragl. Übernahmevereinbarung. Wie bei der Übernahme durch Betriebsvereinbarung brauchen nicht alle Abweichungsvereinbarungen übernommen zu werden; werden bei mehreren Abweichungen einzelne übernommen, so dürfen diese nicht zu Lasten des AN abgeändert werden. Unabhängig vom ör. Arbeitszeitrecht ist die Frage zu beantworten, welche Arbeitszeitregelungen – innerhalb des Rahmens des ör. Arbeitzeitrechts – sich aus dem **Direktionsrecht** des AG ergeben und welche **vertragl.** vereinbart werden können und woraus sich eine Inhaltskontrolle ergibt; dazu eingehend *Stamm* RdA 2006, 39.

22 **3. Abweichungen für Kirchen (§ 7 IV).** Gem. § 18 I Nr. 4 wird nur der liturgische, nicht aber der außerliturgische Bereich der Kirchen und ör. Religionsgemeinschaften vom Anwendungsbereich des ArbZG ausgeschlossen (zu den Anforderungen an die Wirksamkeit von Abweichungen von § 7 I, II und IIa BAG 16.3.2004 AP ArbZG § 2 Nr. 2 = NZA 2004, 927). Damit wird dem in Art. 140 GG iVm. Art. 137 III WRV verfassungsmäßig garantierten **Selbstbestimmungsrecht** der Kirchen und ör. Religionsgemeinschaften **entsprochen.** Zu den Kirchen gehören auch deren karitative und erzieherische Einrichtungen, so dass die Kirchen auch insoweit abw. Regelungen iSd. § 7 I, II und IIa zulassen können (BT-Drs. 12/5888 S. 28).

23 **4. Abweichungen durch aufsichtsbehördliche Bewilligungen (§ 7 V).** Die Notwendigkeit für abw. Regelungen von den arbeitsrechtl. Grundnormen der §§ 3 bis 6 kann sich auch in Bereichen ergeben, in denen **Regelungen durch TV üblicherweise nicht** getroffen werden. § 7 V ermächtigt die Aufsichtsbehörde, die in § 7 I, II und II a genannten Abweichungen für diese Bereiche als Ausnahme zu bewilligen. Zu Bereichen, in denen TV üblicherweise nicht abgeschlossen werden, gehören zB Rechtsanwälte und Notare, Wirtschaftsprüfer, Unternehmens- und Steuerberater, AG- und Unternehmerverbände, Gewerkschaften, Industrie-, Handels- und Handwerkskammern (vgl. BT-Drs. 12/5888 S. 28). Die Ausnahmebewilligung darf jedoch nur unter der Voraussetzung erteilt werden, dass sie aus **betriebl. Gründen** erforderl. ist und die **Gesundheit** der AN **nicht gefährdet** wird. Die Aufsichtsbehörde hat in ihrer Ermessensentscheidung die betriebl. Interessen mit den Belangen des Gesundheitsschutzes der AN abzuwägen.

5. Abweichungen durch die Bundesregierung (§ 7 VI). Nach § 7 VI kann die BReg. die in § 7 I, II und IIa genannten Abweichungen als Ausnahme durch Rechtsverordnung zulassen, sofern dies aus **betriebl. Gründen** erforderl. ist und die Gesundheit der AN nicht gefährdet wird. Sofern die BReg. von der Ermächtigung des § 7 VI Gebrauch gemacht hat, geht die von ihr erlassene Verordnung etwaigen tarifl. Regelungen als höherrangiges Recht vor. 24

6. Einwilligungserfordernis bei Abweichungen nach Abs. 2a und Abs. 3 bis 5 iVm. Abs. 2a (§ 7 VII). Der später eingeführte **§ 7 VII 1** normiert für den Fall der Arbeitszeitverlängerung ohne Zeitausgleich (Abs. 2a und Abs. 3 bis 5 iVm. Abs. 2a) das Erfordernis einer schriftl. **Einwilligung des AN.** Dieses Erfordernis beruht auf Art. 22 I lit. a RL 2003/88/EG. Die Einwilligung muss, um den Anforderungen der Richtlinie zu genügen, vom AN selbst erteilt werden und kann nicht in einem TV stellvertretend für die AN von der Gewerkschaft erklärt werden (EuGH 3.10.2000 AP EWG-RL Nr. 93/104 Nr. 2 – Simap; 5.10.2004 NZA 2004, 1145 – Pfeiffer ua.; BAG 18.2.2003 AP BGB § 611 Arbeitsbereitschaft Nr. 12). 25

Der AN kann gem. **§ 7 VII 2** eine einmal erklärte Einwilligung mit der Arbeitszeitverlängerung mit einer Frist von 6 Monaten **widerrufen.** Macht der AN von seinem Widerrufsrecht Gebrauch, bleibt er demnach noch weitere 6 Monate an seine Einwilligung gebunden. Hierin wird zum Teil ein Verstoß gegen Art. 22 I lit. a der RL 2003/88 gesehen, der eine absolute Freiwilligkeit des AN in Bezug auf die Arbeitszeitverlängerung verlange (*Buschmann/Ulber* Rn. 43 24c; *Linnenkohl/Rauschenberg* Rn. 67; Preis/Sagan/*Ulber* EUArbR § 6 Rn. 303). Dem ist entgegenzuhalten, dass die Zulassung eines Widerrufs des AN mit sofortiger Wirkung dem praktischen Bedürfnis des AG nach Planung im Bereich der Personaleinteilung widerspricht. Die RL legt ledigl. fest, dass der AG den AN nicht einseitig dazu verpflichten darf, mehr als 48 Stunden wöchentl. ohne Zeitausgleich im Bezugszeitraum zu arbeiten. Wenn sich der AN hierzu bereiterklärt, ist eine solche Verlängerung jedoch mögl. (HK-ArbZR-*Pfeiffer* Rn. 96). Welche Anforderungen an die Form der Einwilligung zu stellen sind, und ob und wie sie rückgängig gemacht werden kann, wird durch die ledigl. bzgl. ihrer Ziele verbindl. RL nicht geregelt, sondern fällt in die Regelungszuständigkeit des nationalen deutschen Gesetzgebers. Die Länge der Frist soll einen Ausgleich zwischen dem Interesse des AG an Planungssicherheit hins. der Einsetzbarkeit des Personals einerseits und dem Bedürfnis des AN, Änd. in seiner Lebensplanung vorzunehmen, andererseits erreichen (s. EU-ArbR-*Gallner* Art. 2 Rn. 10; ferner *Reim* DB 2004, 189, der eine Widerrufsfrist von 3 Monaten als eher interessengerecht ansieht). 26

An die Weigerung des AN, seine Einwilligung zur Arbeitszeitverlängerung zu erteilen, und an den Widerruf der Einwilligung darf der AG gem. **§ 7 VII 3** keine für den AN nachteiligen Folgen knüpfen. Von dem Benachteiligungsverbot erfasst wird die Schlechterstellung des AN, insbesondere die Kündigung, und die Vorenthaltung von Vorteilen (s. die Kommentierung zu § 612a BGB). Ob das **Benachteiligungsverbot** allerdings den AN wirksam vor Druck seitens des AG schützen kann, ist zweifelhaft (krit. *Buschmann* AiB 2003, 656 f.; *Mayer* AiB 2003, 716; *Schunder* Anm. EuZW 2003, 663). Insb. erfasst Abs. 7 S. 3 seinem Wortlaut nach nur Benachteiligungen im bereits bestehenden Arbeitsverhältnis, so dass ein Schadensersatzanspruch oder gar ein Einstellungsanspruch für den Fall, dass ein AN nur wegen der Verweigerung der Arbeitszeitverlängerung nicht eingestellt wird, ausscheidet (aA *Neumann/Biebl* Rn. 57). 27

7. Durchschnittliche wöchentliche Höchstarbeitszeit (§ 7 VIII). Der neu eingeführte § 7 VIII stellt klar, dass die von § 7 I Nr. 1 und 4, II Nr. 2 bis 4, III und IV zugelassenen Verlängerungen der werktägl. AZ nicht dazu führen dürfen, dass die AZ wöchentl. im Durchschnitt von 12 Kalendermonaten 48 Stunden überschreitet. Dies entspricht der Forderung des Art. 6 lit. b der RL 2003/88/EG nach einer wöchentl. AZ von höchstens 48 Stunden. Auch die Übergangsregelung in § 25 hatte insoweit keine Abweichung erlaubt (BAG 24.1.2006 AP ArbZG § 3 Nr. 8). Der Ausgleichszeitraum von 12 Monaten geht auf Art. 19 Unterabs. 2 der RL 2003/88/EG zurück. Diese Vorschr. erlaubt die Verlängerung des Bezugszeitraums auf 12 Monate allerdings nur, wenn die allgemeinen Grundsätze der Sicherheit und des Gesundheitsschutzes der AN durch den Mitgliedstaat gewahrt werden. Insoweit bestehen Zweifel an der Richtlinienkonformität der generellen Festsetzung des 12-monatigen Ausgleichszeitraums (so auch *Boerner* NJW 2004, 1560; *Buschmann/Ulber* Rn. 10a; *Linnenkohl/Rauschenberg* Rn. 72; *Schliemann* NZA 2004, 517). Für Regelungen nach § 7 V sieht VIII die Zulassung eines Ausgleichszeitraums von höchstens 6 Kalendermonaten oder 24 Wochen vor. 28

8. Ruhezeit bei Verlängerung der Arbeitszeit über 12 Stunden hinaus (§ 7 IX). § 7 IX fordert die Einhaltung einer Mindestruhezeit von 11 Stunden im Anschluss an einen Arbeitstag, an dem die AZ auf über 12 Stunden verlängert wurde. Hierdurch wird verhindert, dass die durch die Verlängerung der AZ verursachte erhöhte Belastung des AN durch eine unmittelbar anschließende Schicht oder durch eine Verkürzung der Ruhezeit noch verstärkt wird. Hinsichtl. Lage und Beschaffenheit von Ruhezeit hatte der EuGH in der Rs. C-151/02 v. 9.9.2003 Tz. 92 ff. – Jaeger (AP EWG-RL Nr. 93/104 Nr. 7 = EAS RL 93/104/EG Art. 2 Nr. 2) die Forderung aufgestellt, dass dem AN angemessene Ruhezeiten zur Vfg. stehen müssen, die es ihm ermöglichen, sich von der durch die Arbeit hervorgerufenen Ermüdung zu erholen. Für eine bestimmte Anzahl von Stunden, die nicht nur zusammenhängen, 29 sondern sich auch unmittelbar an eine Arbeitsperiode anschließen müssen, müsse sich der AN aus seinem Arbeitsumfeld zurückziehen können, damit ein wirksamer Schutz der Sicherheit und der Gesundheit des AN gewährleistet sei.

§ 8 Gefährliche Arbeiten

[1]Die Bundesregierung kann durch Rechtsverordnung mit Zustimmung des Bundesrates für einzelne Beschäftigungsbereiche, für bestimmte Arbeiten oder für bestimmte Arbeitnehmergruppen, bei denen besondere Gefahren für die Gesundheit der Arbeitnehmer zu erwarten sind, die Arbeitszeit über § 3 hinaus beschränken, die Ruhepausen und Ruhezeiten über die §§ 4 und 5 hinaus ausdehnen, die Regelungen zum Schutz der Nacht- und Schichtarbeitnehmer in § 6 erweitern und die Abweichungsmöglichkeiten nach § 7 beschränken, soweit dies zum Schutz der Gesundheit der Arbeitnehmer erforderlich ist. [2]Satz 1 gilt nicht für Beschäftigungsbereiche und Arbeiten in Betrieben, die der Bergaufsicht unterliegen.

1 Die Ermächtigung zum Erlass von Arbeitszeitbeschränkungen durch Rechtsverordnung ist aus § 9 II AZO übernommen und auf Ruhepausen und Ruhezeiten ausgedehnt worden. Die bisher auf Grund von § 9 II AZO erlassenen Arbeitszeitvorschriften sind gem. Art. 21 Nr. 4 bis 8 ArbZRG mit zwei Ausnahmen aufgeh. worden.

2 In Kraft geblieben ist zum einen **§ 21 der Druckluftverordnung – DruckluftV** – v. 4.10.1972 (BGBl. I S. 1909; zul. geänd. durch V v. 23.10.2013, BGBl. I 3882). Nach § 21 III DruckluftV muss bei Arbeiten in **Druckluft** zwischen zwei Arbeitsschichten eine arbeitsfreie Zeit von mind. 12 Stunden liegen. Die AZ in Druckluft darf einschließl. der Ein- und Ausschleusungszeiten höchstens 8 Stunden tägl. und 40 Stunden wöchentl. betragen (§ 21 IV DruckluftV). Abw. von § 4 müssen bei den in Druckluft beschäftigten AN bereits bei einer Einsatzzeit von mehr als 4 Stunden Pausen in der Gesamtdauer von mind. 30 Minuten gewährt werden (§ 21 V DruckluftV).

3 Der Erlass einer auf § 8 S. 1 gestützten Rechtsverordnung setzt voraus, dass die Beschäftigung von AN in dem betreffenden Beschäftigungsbereich oder mit der betreffenden Arbeit mit bes. Gefahren für die Gesundheit der AN verbunden ist und dass die Beschränkung der AZ gem. § 3 oder die Ausdehnung der Ruhepausen oder Ruhezeiten erforderl. ist.

4 Für das Merkmal **bes. Gesundheitsgefahr** ist nicht erforderl., dass eine konkrete Gesundheitsgefährdung zu erwarten ist; ausreichend ist vielmehr das Vorliegen einer **abstrakten** bes. Gesundheitsgefährdung. Für die Beurteilung der **Erforderlichkeit** einer Beschränkung der AZ oder der Ausdehnung der Ruhepausen oder Ruhezeiten ist dem Verordnungsgeber ein weiter Wertungs- und Gestaltungsspielraum einzuräumen (vgl. BVerfG 28.1.1992 AP AZO § 19 Nr. 2).

5 Von der Verordnungsermächtigung des § 8 ausgenommen sind Beschäftigungsbereiche und Arbeiten in Betrieben, die der **Bergaufsicht** unterliegen. Für diese Bereiche können vergleichbare Regelungen nach § 66 iVm. § 68 BBergG durch Rechtsverordnung des BMAS erlassen werden.

Dritter Abschnitt. Sonn- und Feiertagsruhe

§ 9 Sonn- und Feiertagsruhe

(1) Arbeitnehmer dürfen an Sonn- und gesetzlichen Feiertagen von 0 bis 24 Uhr nicht beschäftigt werden.

(2) In mehrschichtigen Betrieben mit regelmäßiger Tag- und Nachtschicht kann Beginn oder Ende der Sonn- und Feiertagsruhe um bis zu sechs Stunden vor- oder zurückverlegt werden, wenn für die auf den Beginn der Ruhezeit folgenden 24 Stunden der Betrieb ruht.

(3) Für Kraftfahrer und Beifahrer kann der Beginn der 24stündigen Sonn- und Feiertagsruhe um bis zu zwei Stunden vorverlegt werden.

1 **1. Grundsatz des Verbots der Beschäftigung an Sonn- und Feiertagen.** Nach § 9 I ist die Beschäftigung von AN an Sonn- und ges. Feiertagen **grds. untersagt** (zum Begriff des ges. Feiertages s. § 1 Rn. 7). Dieses Beschäftigungsverbot entspricht der verfassungsrechtl. Gewährleistung der Sonntagsruhe und der ges. Feiertagsruhe in Art. 140 GG iVm. Art. 139 WRV (ausf. *Baeck/Deutsch* vor §§ 9 bis 13 Rn. 8 ff.; *Greiner* ZfA 2015, 469 ff.; *Loritz,* Möglichkeiten und Grenzen der Sonntagsarbeit, 1989). Der Begriff der Beschäftigung umfasst nicht nur die Beschäftigung in Vollarbeit, sondern **jede Art der Beschäftigung.** Verboten ist daher sowohl die Beschäftigung in Arbeitsbereitschaft, Bereitschaftsdienst und Rufbereitschaft als auch die Weiterbildung von AN im Betrieb (vgl. BayObLG 22.1.1986 AP GewO § 105b Nr. 6) oder die Vornahme von Abschlussarbeiten (BVerwG 4.12.2014 NVwZ 2015, 256). Vom Beschäftigungsverbot des § 9 I erfasst sind auch Beschäftigungen außerhalb des Betriebs. Da es sich bei § 9 I um eine **nicht dispositive** Vorschr. des ör. Arbeitszeitschutzes handelt, liegt eine

unzulässige Beschäftigung auch dann vor, wenn der AN die Beschäftigung am Sonn- oder ges. Feiertag **freiwillig** verrichtet. Um eine unzulässige Beschäftigung handelt es sich auch dann, wenn der AG sie nur **zulässt** oder **duldet** (BayObLG 17.9.1981 AP LSchlG § 3 Nr. 27). Individual- oder kollektivrechtl. Vereinbarungen, die gegen das Beschäftigungsverbot des § 9 I verstoßen, sind nach § 134 BGB nichtig. Für die Frage, ob Feiertagsarbeit vorliegt, ist allein der Arbeitsort maßgebl. (BAG 16.4.2014 NZA 2014, 1262).

Da § 9 I seinem ausdrückl. Wortlaut nach nur die Beschäftigung von AN an Sonn- und Feiertagen verbietet, gilt das Beschäftigungsverbot **nicht** für die **selbständige Eigentätigkeit** des AG. Ebenso wenig fällt unter das Beschäftigungsverbot des § 9 I das bloße automatische **Laufenlassen von Produktionsmaschinen,** vorausgesetzt, dass es auch keiner kurzzeitigen Beschäftigung von AN bedarf. 2

Die Dauer des Beschäftigungsverbots deckt sich mit dem Kalendersonntag oder dem Kalenderfeiertag und beträgt für jeden Sonn- und Feiertag 24 Stunden. Bei zwei aufeinander folgenden Sonn- und Feiertagen beträgt die Dauer des Beschäftigungsverbots 48 Stunden. Nach § 11 IV ist die Sonn- oder Feiertagsruhe des § 9 den AN grds. unmittelbar in Verbindung mit einer Ruhezeit nach § 5 zu gewähren. Die **Ruhezeit** eines AN im Zusammenhang mit einem Sonn- oder Feiertag beträgt damit im Regelfall 24 Stunden für den Sonn- oder Feiertag zuzügl. 11 Stunden Mindestruhezeit gem. § 5 I, **insgesamt** also **35 Stunden.** 3

2. Verschiebung der Sonn- und Feiertagsruhe. Nach § 9 II kann in mehrschichtigen Betrieben mit regelm. Tag- und Nachtschicht der Beginn oder das Ende der Sonn- und Feiertagsruhe um bis zu 6 Stunden vor- oder zurückverlegt werden. Zulässig ist nur die **Verlegung, nicht** aber eine **Verkürzung** der 24stündigen Sonn- oder Feiertagsruhe. Wird zB die Sonntagsruhe um 6 Stunden vorverlegt, so beginnt sie bereits am Samstag um 18 Uhr und endet am Sonntag um 18 Uhr. Bei einer Verlegung der Sonntagsruhe um 6 Stunden nach hinten beginnt die Ruhezeit am Sonntag erst um 6 Uhr und dauert bis Montag 6 Uhr. Der Zulässigkeit der Verschiebung steht es nicht entgegen, dass die letzte Schicht bereits am Freitag endet, also am Samstag nicht gearbeitet wurde. 4

Die Verschiebung ist nur zulässig in Wechselschichtbetrieben mit **regelmäßiger Tag- und Nachtschicht** (zum Begriff der Schichtarbeit s. § 6 Rn. 2). Regelm. iSd. § 9 II bedeutet, dass sich Tag- und Nachtschicht nicht nur gelegentl., sondern stets oder doch zumindest üblicherweise ablösen. 5

§ 9 II lässt die Verlegung der Sonn- und Feiertagsruhe nur zu, wenn für die auf den Beginn der Ruhezeit folgenden 24 Stunden „der Betrieb ruht". Umstr. ist, ob die Verlegung nach § 9 II eine objektive Betriebsruhe voraussetzt, oder ob es ausreicht, wenn die Ruhezeit von 24 Stunden nur den einzelnen AN gewährt wird (für letzteres *Dobberahn* Rn. 98). Die überw. Auff. im Schrifttum verlangt zu Recht eine **objektive Betriebsruhe** (statt aller *Schliemann* Rn. 13 f.). 6

3. Vorverlegung für Kraftfahrer und Beifahrer. Das Beschäftigungsverbot für AN an Sonn- und Feiertagen gilt grds. auch für **Kraftfahrer und Beifahrer.** § 9 III gestattet jedoch die **Vorverlegung** der 24stündigen Sonn- und Feiertagsruhe um **bis zu 2 Stunden.** Damit wird dem „Sonntagsfahrverbot" in § 30 III StVO insoweit Rechnung getragen, als Kraftfahrer und Beifahrer, die vom ArbZG erfasst werden, nach Sonn- und Feiertagen ab 22 Uhr wieder beschäftigt werden dürfen (BT-Drs. 12/5888 S. 28). 7

4. Sonderregelungen. Nach § 8 I MuSchG dürfen **werdende und stillende Mütter** an Sonn- und Feiertagen grds. ebenfalls nicht beschäftigt werden. Ausnahmen von dem grds. Beschäftigungsverbot des § 8 I MuSchG gelten nach § 8 IV MuSchG nur in den dort genannten Bereichen und auch nur dann, wenn ihnen in jeder Woche einmal eine ununterbrochene Ruhezeit von mind. 24 Stunden im Anschluss an eine Nachtruhe gewährt wird (vgl. iE ZZVV/*Viethen/Wascher* § 8 MuSchG Rn. 34 ff.). Auf die in §§ 10 und 13 aufgeführten Ausnahmen vom Verbot der Beschäftigung von AN an Sonn- und Feiertagen kann sich der AG ggü. werdenden und stillenden Müttern dagegen nicht berufen. Außer den in § 8 IV vorgesehenen Ausnahmen können weitere Ausnahmen durch die Aufsichtsbehörde in begr. Einzelfällen zugelassen werden (§ 8 VI MuSchG). 8

Für **Jugendl.** ergibt sich das Beschäftigungsverbot an Sonn- und Feiertagen aus §§ 17 I, 18 I JArbSchG. Ausnahmen von dem Beschäftigungsverbot sind nur in den in § 17 II aufgeführten Fällen zulässig, wobei jedoch an jedem zweiten Sonntag eine Beschäftigung unterbleiben soll. Mind. zwei Sonntage im Monat müssen in jedem Fall beschäftigungsfrei bleiben (§ 17 II 2 JArbSchG). Für die Beschäftigung an einem Sonn- oder Feiertag muss dem Jugendl. ein Ersatzruhetag an einem anderen berufsschulfreien Arbeitstag derselben Woche gewährt werden (§§ 17 III und 18 III JArbSchG). 9

5. Ausnahmeregelungen. Ausnahmen von dem Verbot der Beschäftigung von AN an Sonn- und Feiertagen sind zum einen in den in § 10 aufgeführten Fällen vorgesehen (s. unter § 10). Darüber hinaus können Ausnahmen durch Rechtsverordnung oder aufsichtsbehördl. Bewilligung zugelassen werden (s. unter § 13). Schließl. gestattet § 14 I Ausnahmen von dem Beschäftigungsverbot des § 9 für Notfälle und andere bes. Fälle (s. unter § 14). 10

6. Mitbestimmung des Betriebsrats. Will der AG von der Möglichkeit des § 9 II Gebrauch machen und die 24stündige Sonn- oder Feiertagsruhe um bis zu 6 Stunden vor- oder zurückverlegen, so wird dadurch die Lage der AZ berührt. Der BR hat daher nach **§ 87 I Nr. 2 BetrVG** darüber **mitzube-** 11 stimmen, ob überhaupt und ggf. in welchem Umf. eine Verschiebung der Sonn- oder Feiertagsruhe erfolgt. Dies gilt auch für die in § 9 III eröffnete Möglichkeit, für Kraftfahrer und Beifahrer die Sonn- oder Feiertagsruhe um bis zu 2 Stunden vorzuverlegen.

§ 10 Sonn- und Feiertagsbeschäftigung

(1) Sofern die Arbeiten nicht an Werktagen vorgenommen werden können, dürfen Arbeitnehmer an Sonn- und Feiertagen abweichend von § 9 beschäftigt werden

1. in Not- und Rettungsdiensten sowie bei der Feuerwehr,

2. zur Aufrechterhaltung der öffentlichen Sicherheit und Ordnung sowie der Funktionsfähigkeit von Gerichten und Behörden und für Zwecke der Verteidigung,

3. in Krankenhäusern und anderen Einrichtungen zur Behandlung, Pflege und Betreuung von Personen,

4. in Gaststätten und anderen Einrichtungen zur Bewirtung und Beherbergung sowie im Haushalt,

5. bei Musikaufführungen, Theatervorstellungen, Filmvorführungen, Schaustellungen, Darbietungen und anderen ähnlichen Veranstaltungen,

6. bei nichtgewerblichen Aktionen und Veranstaltungen der Kirchen, Religionsgesellschaften, Verbände, Vereine, Parteien und anderer ähnlicher Vereinigungen,

7. beim Sport und in Freizeit-, Erholungs- und Vergnügungseinrichtungen, beim Fremdenverkehr sowie in Museen und wissenschaftlichen Präsenzbibliotheken,

8. beim Rundfunk, bei der Tages- und Sportpresse, bei Nachrichtenagenturen sowie bei den der Tagesaktualität dienenden Tätigkeiten für andere Presseerzeugnisse einschließlich des Austragens, bei der Herstellung von Satz, Filmen und Druckformen für tagesaktuelle Nachrichten und Bilder, bei tagesaktuellen Aufnahmen auf Ton- und Bildträger sowie beim Transport und Kommissionieren von Presseerzeugnissen, deren Ersterscheinungstag am Montag oder am Tag nach einem Feiertag liegt,

9. bei Messen, Ausstellungen und Märkten im Sinne des Titels IV der Gewerbeordnung sowie bei Volksfesten,

10. in Verkehrsbetrieben sowie beim Transport und Kommissionieren von leichtverderblichen Waren im Sinne des § 30 Abs. 3 Nr. 2 der Straßenverkehrsordnung,

11. in den Energie- und Wasserversorgungsbetrieben sowie in Abfall- und Abwasserentsorgungsbetrieben,

12. in der Landwirtschaft und in der Tierhaltung sowie in Einrichtungen zur Behandlung und Pflege von Tieren,

13. im Bewachungsgewerbe und bei der Bewachung von Betriebsanlagen,

14. bei der Reinigung und Instandhaltung von Betriebseinrichtungen, soweit hierdurch der regelmäßige Fortgang des eigenen oder eines fremden Betriebs bedingt ist, bei der Vorbereitung der Wiederaufnahme des vollen werktägigen Betriebs sowie bei der Aufrechterhaltung der Funktionsfähigkeit von Datennetzen und Rechnersystemen,

15. zur Verhütung des Verderbens von Naturerzeugnissen oder Rohstoffen oder des Mißlingens von Arbeitsergebnissen sowie bei kontinuierlich durchzuführenden Forschungsarbeiten,

16. zur Vermeidung einer Zerstörung oder erheblichen Beschädigung der Produktionseinrichtungen.

(2) Abweichend von § 9 dürfen Arbeitnehmer an Sonn- und Feiertagen mit den Produktionsarbeiten beschäftigt werden, wenn die infolge der Unterbrechung der Produktion nach Absatz 1 Nr. 14 zulässigen Arbeiten den Einsatz von mehr Arbeitnehmern als bei durchgehender Produktion erfordern.

(3) Abweichend von § 9 dürfen Arbeitnehmer an Sonn- und Feiertagen in Bäckereien und Konditoreien für bis zu drei Stunden mit der Herstellung und dem Austragen oder Ausfahren von Konditorwaren und an diesem Tag zum Verkauf kommenden Bäckerwaren beschäftigt werden.

(4) Sofern die Arbeiten nicht an Werktagen vorgenommen werden können, dürfen Arbeitnehmer zur Durchführung des Eil- und Großbetragszahlungsverkehrs und des Geld-, Devisen-, Wertpapier- und Derivatehandels abweichend von § 9 Abs. 1 an den auf einen Werktag fallenden Feiertagen beschäftigt werden, die nicht in allen Mitgliedstaaten der Europäischen Union Feiertage sind.

1 **1. Ausnahmen nach § 10 I. a) Allgemeines.** Der Katalog des § 10 I 1 enthält Ausnahmen vom Beschäftigungsverbot an Sonn- und Feiertagen. Bei den in § 10 I aufgelisteten Ausnahmetatbeständen handelt es sich um **Ausnahmen kraft G.** Weitere Ausnahmen finden sich in den LadenschlussG der Länder; allerdings erstreckt sich deren Kompetenz nicht auf das ArbZR, BVerfG 14.1.2015 NVwZ 2015, 582 = DÖV 2015, 486. Der AG hat somit vor Inanspruchnahme einer der Ausnahmen des § 10 I **selbst zu prüfen,** ob die Voraussetzungen für die Zulässigkeit der Sonn- oder Feiertagsarbeit vorliegen.

Der AG trägt für das Vorliegen eines Ausnahmetatbestandes nach § 10 I die ordnungswidrigkeiten- und strafrechtl. Verantwortung (§§ 22 I Nr. 5, 23). Bei Auslegungszweifeln kann er nach § 13 III Nr. 1 durch die Aufsichtsbehörde feststellen lassen, ob eine Beschäftigung nach § 10 I zulässig ist.

Die in § 10 I aufgelisteten 16 Ausnahmetatbestände stehen allesamt unter dem **Vorbehalt,** dass die Arbeiten nicht an Werktagen vorgenommen werden können. Für die Beurteilung, ob Arbeiten nicht auf Werktage verlegt werden können, kann auf die zu § 105c Nr. 3 und 4 GewO entwickelten Maßstäbe zurückgegriffen werden. Die Voraussetzung, dass die Arbeiten nicht an Werktagen vorgenommen werden können, ist daher nicht nur dann erfüllt, wenn die Arbeiten aus rein **technischen Gründen** nicht auf Werktage verlagert werden können, sondern auch dann, wenn die Vornahme dieser Arbeiten an Werktagen für den Betrieb **unverhältnismäßige** wirtschaftl. oder soziale **Nachteile** zur Folge hätte (*Anzinger/Koberski* Rn. 24; *Dobberahn* Rn. 100; *Erasmy* NZA 1995, 97, 98; *Roggendorff* Rn. 16; *Schliemann* Rn. 8; zur Sonntagsarbeit beim Streik *Dommermuth-Alhäuser* NZA 2016, 522; aA *Buschmann/Ulber* Rn. 5, nach deren Auff. Sonn- und Feiertagsarbeit nur bei technischer Unmöglichkeit der Verlegung der Arbeiten auf einen Werktag zulässig sein soll). **Unzulässig** sind dagegen Arbeiten, die ohne Gefährdung des Betriebszwecks mit zumutbaren Gestaltungsmitteln auf einen Werktag verschoben werden können. Für die Frage, ob zumutbare Gestaltungsmittel zur Vermeidung der Sonn- oder Feiertagsarbeit vorhanden sind, ist auf die Art der Arbeit und die konkreten betriebl. Verhältnisse abzustellen. 2

Liegt einer der Ausnahmetatbestände des § 10 I Nr. 1 bis 16 vor, so sind nicht nur die in dem Ausnahmetatbestand ausdrückl. genannten Arbeiten zulässig, sondern auch die dazugehörigen **Hilfs- und Nebenarbeiten,** die im unmittelbaren Zusammenhang mit den zugelassenen Arbeiten stehen. Die Arbeiten sind jedoch dem **Umf.** nach auf die Arbeiten zu beschränken, die nicht an Werktagen vorgenommen werden können (*Anzinger/Koberski* Rn. 26). Auch dürfen nur so viele AN mit den nicht verschiebbaren Arbeiten beschäftigt werden, wie für die Verrichtung der Arbeiten unbedingt erforderl. sind. 3

b) Ausnahmetatbestände. Nach **§ 10 I Nr. 1** ist die Beschäftigung von AN in Not- und Rettungsdiensten sowie bei der **Feuerwehr** vom Beschäftigungsverbot an Sonn- und Feiertagen ausgenommen. Für den Begriff „Not- und Rettungsdienste" kommt es nicht darauf an, ob diese institutionalisiert sind; entscheidend ist vielmehr die **helfende Funktion** der Dienste. Von dem Ausnahmetatbestand der Nr. 1 werden auch die handwerkl. Notdienste (zB Schlüssel- und Reparaturnotdienste), die Notrufzentralen (zB die Automobilclub-Notrufzentralen) und die zentralen Sperrannahmedienste von Banken und Kreditorganisationen erfasst (vgl. BT-Drs. 12/5888 S. 29; zu Callcentern s. BVerwG 26.11.2014 NVwZ 2015, 590). 4

§ 10 I Nr. 2 gestattet die Beschäftigung von AN an Sonn- und Feiertagen zur Aufrechterhaltung der **öffentl. Sicherheit und Ordnung** sowie der Funktionsfähigkeit von Gerichten und Behörden und für Zwecke der Verteidigung. Da in den aufgeführten Bereichen idR Beamte, Richter und Soldaten eingesetzt werden, die keine AN iSv. § 2 II sind und daher vom persönl. Geltungsbereich des ArbZG nicht erfasst werden, hat der Ausnahmetatbestand der Nr. 2 nur geringe praktische Bedeutung. 5

Nach **§ 10 I Nr. 3** dürfen AN abw. von § 9 in **Krankenhäusern** und anderen Einrichtungen zur Behandlung, Pflege und Betreuung von Personen an Sonn- und Feiertagen beschäftigt werden (zu den Begriffen Krankenhäuser und andere Einrichtungen zur Behandlung, Pflege und Betreuung von Personen s. § 5 Rn. 8). Von Nr. 3 wird auch die rein pflegerische Versorgung erfasst, so dass zu den anderen Einrichtungen auch ambulante Pflegedienste gehören (BT-Drs. 12/5888 S. 29). 6

Gem. **§ 10 I Nr. 4** dürfen AN abw. von § 9 auch an Sonn- und Feiertagen in **Gaststätten** und anderen Einrichtungen zur Bewirtung und Beherbergung beschäftigt werden. Diese Ausnahme entspricht dem früheren § 105i I GewO (zum Begriff Gaststätte s. § 5 Rn. 7). 7

Die in **§ 10 I Nr. 5** geregelte Ausnahme vom Beschäftigungsverbot des § 9 entspricht ebenfalls dem früheren § 105i I GewO und gilt für Musikaufführungen, **Theatervorstellungen,** Filmvorführungen, Schaustellungen, Darbietungen und ähnl. Veranstaltungen. Zu den anderen ähnl. Veranstaltungen gehören insb. die Tätigkeiten des Schaustellergewerbes, wie zB die Schau-, Belustigungs-, Fahr-, Schieß- und Spielgeschäfte (*Anzinger/Koberski* Rn. 43). Von Nr. 5 erfasst wird auch das Aufstellen und Betreiben von Musik- und Unterhaltungsautomaten (zB in Spielhallen) sowie die Beschäftigung von AN zur Beseitigung von Störungen an diesen Automaten (vgl. BVerwG 7.10.1965 AP GewO § 105b Nr. 2). 8

§ 10 I Nr. 6 gestattet Abweichungen von § 9 bei nichtgewerbl. Aktionen und Veranstaltungen der **Kirchen,** Religionsgesellschaften, Verbände, Vereine und anderer ähnl. Vereinigungen. Die Aktionen und Veranstaltungen müssen **nichtgewerbl.** sein, dh. sie dürfen nicht auf Gewinnerzielung gerichtet sein. Wird mit der Aktion oder Veranstaltung ein Reinerlös erzielt, so bleibt sie solange nichtgewerbl., wie ein gemeinnütziger Zweck im Vordergrund steht. 9

§ 10 I Nr. 7 lässt die Beschäftigung von AN an Sonn- und Feiertagen in den aufgeführten Dienstleistungsbereichen zu. Zum **Sport** gehören nicht nur Wettkämpfe, sondern alle sportl. Veranstaltungen (zB auch Schauturnen). Von dem Ausnahmetatbestand erfasst werden neben den AN, die den Sport selbst ausüben, auch Helfer, Ordner, Betreuer und sonst mit dem Ablauf des Sportereignisses befasste 10

AN. Für die Beschäftigung von AN in Bibliotheken gilt grds. das Verbot des § 9. Von dem Beschäftigungsverbot ausgenommen sind ledigl. **wissenschaftl. Präsenzbibliotheken,** wie zB Universitätsbibliotheken.

11 **§ 10 I Nr.** 8 gestattet Ausnahmen für den Rundfunk und die Presse. Die Ausnahmen für den Presse- und Druckbereich setzen stets den Bezug zur **Tagesaktualität** voraus (zum Begriff der Tagesaktualität s. *Berger-Delhey* ZTR 1994, 105, 109; *Neumann/Biebl* Rn. 27). Der Begriff der **Tagespresse** in Nr. 8 umfasst neben den Tageszeitungen auch Sonntagszeitungen, und zwar unabhängig davon, ob sie als reine Sonntagszeitungen nur am Sonntag oder als sog. siebte Ausgabe einer Tageszeitung am Sonntag erscheinen. Erlaubt ist auch die Beschäftigung von AN mit dem Austragen von Presseerzeugnissen an Sonn- und Feiertagen (BT-Drs. 12/6990 S. 13 und 43). Dagegen bleibt das Verteilen von reinem Werbematerial weiterhin unzulässig.

12 Nach **§ 10 I Nr. 9** gilt das Verbot des § 9 ferner nicht für **Messen**, Ausstellungen, Märkte und Volksfeste. Die Ausnahmeregelung der Nr. 9 trägt der Tatsache Rechnung, dass zu den sog. Marktprivilegien der nach § 69 GewO festgesetzten Messen, Ausstellungen, Märkte und Volksfeste seit jeher die Befreiung vom Verbot der Beschäftigung von AN an Sonn- und Feiertagen zählt (BT-Drs. 12/5888). Der Begriff der Messe bestimmt sich nach § 64 I GewO.

13 **Volksfeste** sind im Allg. regelm. wiederkehrende, zeitl. begrenzte Veranstaltungen, auf denen eine Vielzahl von Anbietern unterhaltende Tätigkeiten als Schausteller oder nach Schaustellerart ausübt oder Waren feilbietet, die üblicherweise auf Veranstaltungen dieser Art angeboten werden (§ 60b I GewO).

14 Die Ausnahme für **Verkehrsbetriebe** in **§ 10 I Nr. 10** entspricht dem früheren § 105e GewO (zum Begriff des Verkehrsbetriebes s. § 5 Rn. 7). Mit der Ausnahmeregelung für den Transport und das Kommissionieren leicht verderbl. Waren soll auch dem Bedürfnis des Verbrauchers nach Frischwaren schon am Montagmorgen Rechnung getragen werden. Zu den **leicht verderbl. Waren** gehören frische Milch und frische Milcherzeugnisse, frisches Fleisch und frische Fleischerzeugnisse, frischer Fisch und frische Fischerzeugnisse sowie leicht verderbl. Obst und Gemüse. Zum **Transport und Kommissionieren** gehören das Ausladen, Sortieren, Abpacken und Verladen der Ware, die Beförderung der Ware sowie die Auslieferung der kommissionierten Ware an die Kunden.

15 Zu den **Energieversorgungsbetrieben** gem. **§ 10 I Nr. 11** gehören zB Elektrizitäts-, Gas-, Fernheiz- und Kernkraftwerke. Unter die Ausnahmeregelung der Nr. 11 fallen auch Zulieferbetriebe für Energieversorgungsunternehmen, sofern dort Arbeiten zur Aufrechterhaltung der Energieversorgung unerlässl. sind (BT-Drs. 12/6990 S. 40). **Wasserversorgungsbetriebe** sind alle Betriebe zur Deckung des Wasserbedarfs mit Trinkwasser, wie zB Wasserwerke. **Abfallentsorgungsbetriebe** sind solche, die Abfälle sammeln, abnehmen oder beseitigen. Zu den **Abwasserentsorgungsbetrieben** gehören zB die Klärwerke.

16 **§ 10 I Nr. 12** enthält eine Ausnahme vom Verbot der Beschäftigung von AN an Sonn- und Feiertagen in der **Landwirtschaft,** in der Tierhaltung sowie in Einrichtungen zur Behandlung und Pflege von Tieren (zu den Begriffen Landwirtschaft und Tierhaltung s. § 5 Rn. 7). Einrichtungen zur Behandlung und Pflege von Tieren sind zB Tierarztpraxen und Tierheime.

17 Nach **§ 10 I Nr. 13** dürfen AN an Sonn- und Feiertagen im Bewachungsgewerbe und bei der Bewachung von Betriebsanlagen beschäftigt werden. Der Begriff des Bewachungsgewerbes bestimmt sich nach § 34a GewO. **Bewachungsgewerbe** ist danach das gewerbsmäßige Bewachen von Leben oder Eigentum fremder Personen. Zum Bewachungsgewerbe zählt zB die Bewachung von Betriebsanlagen durch AN von Wach- und Schließgesellschaften. Nicht von der Ausnahmeregelung der Nr. 13 erfasst wird dagegen die über den reinen Objektschutz hinausgehende Kontrolle vollautomatisch laufender Produktionsanlagen.

18 **§ 10 I Nr. 14 erste Var.** gestattet die Beschäftigung von AN mit der Reinigung und Instandhaltung von Betriebseinrichtungen, soweit hiervon der regelm. Fortgang des eigenen oder eines fremden Betriebes abhängig ist. Diese Ausnahme entspricht dem früheren § 105c I Nr. 3 GewO. Arbeiten zur **Reinigung von Betriebseinrichtungen** sind solche, die darauf abzielen, die Betriebsstätten, die Maschinen, Apparate und sonstigen Betriebsvorrichtungen von Schmutz und Staub, Abfällen oder sonstigen Fremdkörpern zu reinigen. Zu den **Instandhaltungsarbeiten** iSd. ersten Var. der Nr. 14 gehören Arbeiten, durch die die Arbeitsstätte einschließl. der Maschinen, Werkzeuge und Geräte sowie der Fahrzeuge verwendungs- und einsatzbereit gehalten wird. Das Aufstellen neuer Maschinen und Anl. ist keine Instandhaltung. § 10 I Nr. 14 erste Var. gestattet allerdings nur die Reinigungs- und Instandhaltungsarbeiten, von denen der regelm. Fortgang des eigenen oder fremden Betriebs abhängt (OVG HH 22.2.1963 GewA 1964, 59).

19 Nach **§ 10 I Nr. 14 zweite Var.**, der ebenfalls dem früheren § 105c I Nr. 3 GewO entspricht, dürfen AN abw. von § 9 auch bei der **Vorbereitung der Wiederaufnahme des vollen werktägigen Betriebs** beschäftigt werden. Zu den **Vorbereitungsarbeiten** gehören zB das Anfeuern der Öfen, die Inbetriebnahme von Förder- und Aufzugsanlagen oder das Ingangsetzen von Maschinen im Leerlauf. Auch das Ingangsetzen von Maschinen zur Produktionsaufnahme wird von der zweiten Var. der Nr. 14 erfasst, wenn damit technologisch bedingt eine Funktionsprüfung der Maschinen oder eine Prüfung des Produkts verbunden ist (hM; abw. *Buschmann/Ulber* Rn. 13b).

Einen neuen Ausnahmetatbestand stellt **§ 10 I Nr. 14 dritte Var.** dar, wonach die Beschäftigung von AN an Sonn- und Feiertagen bei der **Kontrolle der Funktionsfähigkeit von Datennetzen** zulässig ist. Der Grund für diesen neuen Ausnahmetatbestand ist in dem vermehrten bargeldlosen Zahlungsverkehr mit Kreditkarten, Tankcards usw. zu sehen, der den ununterbrochenen Betrieb von Großrechnern erfordert (BT-Drs. 12/5888 S. 29). Die Ausnahme in Nr. 14 dritte Var. ist aber nicht auf den Zahlungsverkehr der Banken und Sparkassen beschränkt, sondern gilt für alle Datennetze und Rechnersysteme. Zu den Datennetzen und Rechnersystemen gehören auch die mit ihnen verbundenen Einzelkomponenten (ausf. *Baeck/Deutsch* Rn. 108). Aus der Formulierung **„bei"** der Aufrechterhaltung der Funktionsfähigkeit folgt, dass von der Ausnahmeregelung alle Arbeiten erfasst werden, die iRd. Aufrechterhaltung der Funktionsfähigkeit von Datennetzen und Rechnersystemen anfallen. 20

Die **erste Var. der Nr. 15** gestattet die Beschäftigung von AN an Sonn- und Feiertagen mit Arbeiten zur Verhütung des Verderbens von Naturerzeugnissen oder Rohstoffen. Zu den **Rohstoffen** gehören sowohl die aus der Natur gewonnenen mineralischen, pflanzl. und tierischen Erzeugnisse, wie zB Früchte, Milch und Fische, als auch die daraus hergestellten Zwischenprodukte (*Neumann/Biebl* Rn. 43). **Naturerzeugnisse** sind tierische und pflanzl. Erzeugnisse, die in naturbelassenem Zustand verbraucht oder zu anderen Produkten verarbeitet werden. Die Sonn- und Feiertagsarbeit muss zur Verhütung des Verderbens erforderl. sein. Ein **Verderben** liegt vor, wenn sich die Rohstoffe oder Naturerzeugnisse infolge der Unterbrechung der Arbeit an Sonn- und Feiertagen so verändern, dass sie nicht oder nicht mehr bestimmungsgemäß verwandt werden können. Vor Inanspruchnahme der Ausnahmeregelung der ersten Var. der Nr. 15 muss der AG jedoch alle mögl. und ihm zumutbaren organisatorischen und technischen Maßnahmen ausschöpfen, um ein Verderben auch ohne die Beschäftigung von AN an Sonn- und Feiertagen zu verhindern. Als mögl. Maßnahmen kommen zB Kühlung, Einfrieren, Trocknen, Einsalzen oder eine bes. Verpackung in Betracht. 21

In der **zweiten Var. der Nr. 15** erfasst der Begriff **„Arbeitsergebnisse"** nicht nur Arbeiten zur Herstellung von End- und Zwischenprodukten, sondern darüber hinaus auch alle sonstigen Arbeiten, wie zB Dienstleistungen. Von einem **Misslingen von Arbeitsergebnissen** ist auszugehen, wenn die Arbeitsergebnisse wegen der Unterbrechung der Sonn- und Feiertagsarbeit nicht gelingen oder Fehler aufweisen, die ihre Verwendung als bestimmungsgemäßes Arbeitsergebnis ausschließen oder wesentl. beeinträchtigen. Nach der Begr. des RegE liegt ein Misslingen von Arbeitsergebnissen bei kontinuierl. Sonntagsarbeit des produzierenden Gewerbes idR dann vor, wenn wegen der Unterbrechung am Sonn- oder Feiertag nicht oder fehlerhaft gelungene (misslungene) Arbeitsergebnisse iHv. 5% einer Wochenproduktion an fehlerfreien Arbeitserzeugnissen anfallen. Bezugsmaßstab ist die Wochenproduktion von Montag 0 Uhr bis Samstag 24 Uhr mit 144 Arbeitsstunden (BT-Drs. 12/5888 S. 29). Damit wird von den Grundsätzen ausgegangen, die von den Arbeitsschutzbehörden der Länder im Interesse der Einheitlichkeit des Verwaltungshandelns aufgestellt und beim Vollzug des § 105c I Nr. 4 GewO zugrunde gelegt worden sind (*Dobberahn* Rn. 110; *Roggendorff* Rn. 38; abw. *Buschmann/Ulber* Rn. 17, nach deren Auff. die Ausnahmeregelung der zweiten Var. der Nr. 15 enger auszulegen ist). Ein Misslingen kann nach der amtl. Begr. des RegE im Einzelfall auch schon bei einer Unterschreitung der 5%-Grenze zu bejahen sein (BT-Drs. 12/5888 S. 29). 22

Ein **neuer Ausnahmetatbestand** ist mit der **dritten Var. der Nr. 15** in das ArbZG aufgenommen worden, nach der AN bei kontinuierl. durchzuführenden Forschungsarbeiten an Sonn- und Feiertagen beschäftigt werden dürfen. **Kontinuierlich durchzuführende Forschungsarbeiten** sind solche Forschungsarbeiten, die bereits an Werktagen begonnen wurden und deren Fortsetzung an Sonn- und Feiertagen erforderl. ist. Zu den Forschungsarbeiten, die von der dritten Var. der Nr. 15 erfasst werden können, gehören zB die Durchführung, Auswertung und Beobachtung von wissenschaftl. Experimenten über längere Zeiträume. 23

§ 10 I Nr. 16 ermöglicht die Beschäftigung von AN an Sonn- und Feiertagen, wenn die Produktionsunterbrechung zu einer Zerstörung oder erhebl. Beschädigung der Produktionseinrichtungen führen würde. **Produktionseinrichtungen** sind alle Produktionsmittel oder Produktionsanlagen, mit denen Produkte hergestellt werden, wie zB Öfen, Maschinen, Fertigungsstraßen usw. Eine Beschädigung von Produktionseinrichtungen ist **erhebl.**, wenn sie dem AG **nicht zumutbar** ist, zB wegen der entstehenden Kosten für die Schadensbeseitigung (*Anzinger/Koberski* Rn. 221; MüArbR/*Anzinger* § 301 Rn. 38; *Neumann/Biebl* Rn. 53). 24

2. Ausnahme nach § 10 II. Nach § 10 II dürfen AN an Sonn- und Feiertagen mit Produktionsarbeiten beschäftigt werden, wenn die infolge der Unterbrechung der Produktion nach § 10 I Nr. 14 zulässige Beschäftigung der AN mit Reinigungs-, Instandhaltungs- und Vorbereitungsarbeiten den Einsatz von mehr AN als bei durchgehender Produktion erfordern würde. Dadurch soll eine Verringerung der Zahl der von Sonntagsarbeit betroffenen AN erreicht werden (BT-Drs. 12/5888). Es würde näml. dem Sonn- und Feiertagsschutz zuwiderlaufen, wenn infolge der Unterbrechung der Produktion bei zulässigen Reparatur- und Instandhaltungsarbeiten iSv. § 10 I Nr. 14 mehr AN beschäftigt werden müssten als bei fortlaufender Produktion. Die Ausnahmeregelung des § 10 II ist ihrem eindeutigen Wortlaut nach auf zulässige Arbeiten nach § 10 I Nr. 14 beschränkt, so dass eine Erstreckung auf die anderen Ausnahmefälle des § 10 I unzulässig ist (*Neumann/Biebl* Rn. 54; *Roggen-* 25 *dorff* Rn. 44; *Schliemann* Rn. 76; aA *Baeck/Deutsch* Rn. 148; *Dobberahn* Rn. 112; *Junker* ZfA 1998, 105, 125; krit. auch *Erasmy* NZA 1995, 97, 100). Bei der Beurteilung der Frage, ob ein Einsatz von mehr „Arbeitnehmern" als bei durchgängiger Produktion erforderl. ist, ist im Einzelfall nicht auf die Anzahl der AN, sondern auf die Gesamtzahl der von den AN in dem einen oder dem anderen Falle zu leistenden Arbeitsstunden abzustellen.

26 **3. Ausnahme nach § 10 III.** Nach § 10 III dürfen AN an Sonn- und Feiertagen in Bäckereien und Konditoreien für bis zu drei Stunden mit der Herstellung und dem Austragen oder Ausfahren von Konditorwaren und an diesem Tag zum Verkauf von Bäckereiwaren beschäftigt werden.

27 **4. Ausnahme nach § 10 IV.** Die Ausnahmevorschrift des § 10 Abs. 4 dient der Sicherung des Finanzstandorts Deutschland (BT-Drs. 13/10334 S. 42; *Baeck/Deutsch* Rn. 157). Die Bestimmung gilt für die Durchführung des Eil- und Großbetragszahlungsverkehrs und des Geld-, Devisen-, Wertpapier- und Derivatehandels (zum Eil- und Großbetragszahlungssystem TARGET s. *Anzinger* NZA 1998, 845, 846; *Baeck/Deutsch* Rn. 160). Damit deutsche Kreditinstitute keine Nachteile im Wettbewerb mit Konkurrenten anderer Mitgliedstaaten der EU erleiden, gestattet § 10 IV in Ausnahme zu § 9 I das Arbeiten an auf Werktage fallenden nicht EU-einheitl. Feiertagen (BT-Drs. 13/10334 S. 42). Praktisch greift die Vorschr. damit an allen Feiertagen, außer dem 1. Weihnachtsfeiertag und dem Neujahrstag, sofern diese nicht auf einen Sonntag fallen.

§ 11 Ausgleich für Sonn- und Feiertagsbeschäftigung

(1) **Mindestens 15 Sonntage im Jahr müssen beschäftigungsfrei bleiben.**

(2) **Für die Beschäftigung an Sonn- und Feiertagen gelten die §§ 3 bis 8 entsprechend, jedoch dürfen durch die Arbeitszeit an Sonn- und Feiertagen die in den §§ 3, 6 Abs. 2, §§ 7 und 21a Abs. 4 bestimmten Höchstarbeitszeiten und Ausgleichszeiträume nicht überschritten werden.**

(3) [1]**Werden Arbeitnehmer an einem Sonntag beschäftigt, müssen sie einen Ersatzruhetag haben, der innerhalb eines den Beschäftigungstag einschließenden Zeitraums von zwei Wochen zu gewähren ist.** [2]**Werden Arbeitnehmer an einem auf einen Werktag fallenden Feiertag beschäftigt, müssen sie einen Ersatzruhetag haben, der innerhalb eines den Beschäftigungstag einschließenden Zeitraums von acht Wochen zu gewähren ist.**

(4) **Die Sonn- oder Feiertagsruhe des § 9 oder der Ersatzruhetag des Absatzes 3 ist den Arbeitnehmern unmittelbar in Verbindung mit einer Ruhezeit nach § 5 zu gewähren, soweit dem technische oder arbeitsorganisatorische Gründe nicht entgegenstehen.**

1 **1. Beschäftigungsfreie Sonntage.** Durch § 11 I soll sichergestellt werden, dass AN, die zulässigerweise an Sonntagen beschäftigt werden dürfen, wenigstens an 15 Sonntagen im Jahr beschäftigungsfrei bleiben. Die Mindestanzahl von 15 beschäftigungsfreien Sonntagen darf nur in den engen Grenzen des § 12 I Nr. 1 unterschritten werden. **Beschäftigungsfrei** bedeutet, dass der AN mit keinerlei abhängiger Erwerbsarbeit beschäftigt werden darf. Unzulässig ist auch die Heranziehung der AN zum Bereitschaftsdienst oder zur Rufbereitschaft (zum Begriff Beschäftigung s. § 9 Rn. 1). Die Vorschr. ist nicht so zu verstehen, dass auch der ganze Betrieb an mind. 15 Sonntagen ruhen muss (hM; aA *Buschmann/Ulber* Rn. 2). Für die Mindestanzahl von 15 beschäftigungsfreien Sonntagen kommt es allein auf die Zahl der **tatsächl. beschäftigungsfreien** Sonntage an, so dass auch beschäftigungsfreie Sonntage im Urlaub oder in Zeiten sonstiger Arbeitsbefreiung anzurechnen sind (allgA). Die Mindestanzahl von 15 beschäftigungsfreien Sonntagen muss **im Jahr** gewährt werden. Der Bezugszeitraum von einem Jahr ist nicht auf das Kj. festgelegt (allgA). Der AG kann den Bezugszeitraum eines Jahres auch in einer anderen übl. Weise wählen. Wird ein AN erstmals am 15. 3. eines Jahres zur Sonntagsarbeit herangezogen, so genügt der AG den Anforderungen des § 11 I, wenn er ihm bis spätestens zum 14. 3. des Folgejahres 15 beschäftigungsfreie Sonntage gewährt.

2 **2. Arbeitszeitgrenzen für Sonn- und Feiertage.** Nach § 11 II sind die Vorschr. der §§ 3 bis 8 auf die Beschäftigung von AN an Sonn- und Feiertagen entspr. anzuwenden. AN dürfen daher an Sonn- und Feiertagen grds. nicht mehr als 8 Stunden beschäftigt werden (vgl. § 3 S. 1). Die AZ kann jedoch auch an Sonn- und Feiertagen auf bis zu 10 Stunden verlängert werden, wenn innerhalb des für den Betrieb gewählten Ausgleichszeitraums an einem Werktag entspr. weniger gearbeitet wird. Ruhepausen und Ruhezeiten sind den an Sonn- und Feiertagen beschäftigten AN wie an Werktagen zu gewähren (vgl. §§ 3, 5). Die in § 6 II vorgesehenen Beschränkungen der Nachtarbeit gelten auch für die Beschäftigung von AN in Nachtarbeit an Sonn- und Feiertagen (vgl. § 6 Rn. 5 ff.).

3 **3. Ersatzruhetag.** § 11 III 1 bestimmt, dass dem AN für jeden Sonntag, an dem er beschäftigt wird, ein Ersatzruhetag an einem Werktag zu gewähren ist. Als Ersatzruhetag kommt **jeder Werktag,** also auch ein arbeitsfreier Samstag, in Betracht (BAG 19.9.2012 NZA-RR 2013, 63; *Neumann/Biebl* Rn. 8 mwN). Die gegenteilige Auff., wonach der Ersatzruhetag auf einen Beschäftigungstag fallen muss (so *Buschmann/Ulber* Rn. 6b; *Ulber* AiB 1999, 181 f.), findet im Wortlaut des § 11 III keinerlei Stütze.

Dass Ersatzruhetag jeder Werktag sein kann, unabhängig davon, ob dieser Werktag für den AN ohnehin frei ist oder nicht, wird auch durch die Begr. des RegE belegt, nach der die Regelung des § 11 III aus Arbeitsschutzgründen ledigl. sicherstellen soll, dass AN wenigstens einen arbeitsfreien Tag in der Woche haben (BT-Drs. 12/5888 S. 30).

Der Ersatzruhetag für Sonntagsarbeit muss dem AN innerhalb eines den Beschäftigungstag einschließenden Zeitraums von **zwei Wochen** gewährt werden. Der Ersatzruhetag kann im **Vorhinein** gegeben werden. Dies folgt aus dem Wortlaut des § 11 III, wonach der Beschäftigungstag nur in den Ausgleichszeitraum eingeschlossen sein muss, ihm aber nicht folgen muss. Ist dem AG die Gewährung eines Ersatzruhetages für einen ausschließl. an Sonntagen beschäftigten AN dauerhaft unmögl., da der AN von montags bis samstags bei einem anderen AG beschäftigt ist, so liegt ein personenbedingter Kündigungsgrund vor (BAG 24.2.2005 AP KSchG 1969 § 1 Nr. 51; LAG N 15.4.2004 NZA-RR 2004, 575 = AuR 2004, 470 m. Anm. *Ulber*). Der Ersatzruhetag steht auch AN zu, die an einem auf einen **Werktag fallenden Feiertag** beschäftigt werden. Anders als der Ausgleich für die Beschäftigung an einem Sonntag, braucht der Ersatzruhetag für die Beschäftigung an einem Werktagsfeiertag nicht innerhalb von zwei Wochen zu erfolgen, sondern als Ausgleichszeitraum stehen dem AG vielmehr **8 Wochen** zur Vfg. (§ 11 III 2). 4

4. Mindestruhezeit von 35 Stunden. § 11 IV verpflichtet den AG, den Ersatzruhetag grds. unmittelbar iVm. einer Ruhezeit nach § 5 zu gewähren. Damit soll sichergestellt werden, dass auch AN, die an Sonn- oder Feiertagen beschäftigt werden, grds. **eine wöchentl. Mindestruhezeit von 35 Stunden** gewährt wird (BT-Drs. 12/5888 S. 30). Soweit technische oder arbeitsorganisatorische Gründe der Gewährung des Ersatzruhetages mit einer Ruhezeit nach § 5 entgegenstehen, kann die Mindestruhezeit **ausnahmsweise** auf bis zu **24 Stunden** verkürzt werden. Als arbeitsorganisatorischer Grund kommt zB ein Schichtwechsel in Betracht. Damit bleibt der häufig vorzufindende Schichtwechsel von der Samstags-Spätschicht mit Ende 22.00 Uhr und der darauf folgenden Frühschicht am Montag mit Beginn 6.00 Uhr weiterhin zulässig, obwohl die Ruhezeit nur 32 Stunden beträgt (s. a. *Baeck/Deutsch* Rn. 30 ff.). 5

5. Feiertagszuschlag. Arbeitsvertrag oder TV können einen Feiertagszuschlag vorsehen. Eine derartige tarifl. Regelung knüpft regelmäßig an die gesetzl. Feiertage am Beschäftigungsort an (BAG 17.8.2011 NZA 2012, 824 (Ls.)). 6

§ 12 Abweichende Regelungen

[1]In einem Tarifvertrag oder auf Grund eines Tarifvertrags in einer Betriebs- oder Dienstvereinbarung kann zugelassen werden,

1. **abweichend von § 11 Abs. 1 die Anzahl der beschäftigungsfreien Sonntage in den Einrichtungen des § 10 Abs. 1 Nr. 2, 3, 4 und 10 auf mindestens zehn Sonntage, im Rundfunk, in Theaterbetrieben, Orchestern sowie bei Schaustellungen auf mindestens acht Sonntage, in Filmtheatern und in der Tierhaltung auf mindestens sechs Sonntage im Jahr zu verringern,**
2. **abweichend von § 11 Abs. 3 den Wegfall von Ersatzruhetagen für auf Werktage fallende Feiertage zu vereinbaren oder Arbeitnehmer innerhalb eines festzulegenden Ausgleichszeitraums beschäftigungsfrei zu stellen,**
3. **abweichend von § 11 Abs. 1 bis 3 in der Seeschiffahrt die den Arbeitnehmern nach diesen Vorschriften zustehenden freien Tage zusammenhängend zu geben,**
4. **abweichend von § 11 Abs. 2 die Arbeitszeit in vollkontinuierlichen Schichtbetrieben an Sonn- und Feiertagen auf bis zu zwölf Stunden zu verlängern, wenn dadurch zusätzliche freie Schichten an Sonn- und Feiertagen erreicht werden.**

[2]§ 7 Abs. 3 bis 6 findet Anwendung.

Nach dem Einleitungssatz des § 12 S. 1 können die TVParteien oder auf Grund eines TV die Betriebspartner oder PR und Dienststelle im Falle einer Dienstvereinbarung nach Maßgabe dieser Vorschr. von § 11 abw. Regelungen treffen. 1

§ 12 S. 1 Nr. 1 ermöglicht den TVParteien und ggf. den Betriebspartnern, die Mindestanzahl von 15 beschäftigungsfreien Sonntagen im Jahr in den aufgeführten Bereichen auf die jeweils angegebene Mindestanzahl zu reduzieren. Eine weitergehende Verringerung der beschäftigungsfreien Sonntage ist nur in außergewöhnl. Fällen nach Maßgabe des § 14 II zulässig (s. unter § 14). 2

Nach **§ 12 S. 1 Nr. 2** können die TVParteien zum einen zulassen, dass Ersatzruhetage für alle oder auch nur für einen Teil der auf einen Werktag fallenden Feiertage wegfallen. Ferner gestattet Nr. 2, den Ausgleichszeitraum für die Gewährung eines Ersatzruhetages für Sonn- und Feiertagsarbeit abw. von § 11 III festzulegen. 3

Für die Seeschiffahrt gilt grds. das SeeArbG. Ledigl. für die nicht in den Anwendungsbereich des SeeArbG fallenden Seeschiffe gestattet **§ 12 S. 1 Nr. 3** eine abw. Regelung der Lage der nach § 11 I bis III zu gewährenden Ersatzruhetage. § 12 S. 1 Nr. 3 ermöglicht dagegen nicht die Verringerung der Ersatzruhetage oder die Verlängerung der Höchstarbeitszeiten nach den §§ 3, 6 II und 7. 4

5 Nach **§ 12 S. 1 Nr. 4** können die TVParteien und ggf. die Betriebspartner die Arbeitszeit in vollkontinuierl. Schichtbetrieben an Sonn- und Feiertagen abw. von § 11 II von 8 auf **bis zu 12 Stunden** verlängern, wenn dadurch zusätzl. freie Schichten an Sonn- und Feiertagen erreicht werden. Dies bedeutet, dass AN bei einer Schichtplangestaltung mit 12-Stunden-Schichten an Sonn- und Feiertagen mehr Sonn- und Feiertage frei haben müssen, als bei einer Schichtplangestaltung ohne 12-Stunden-Schichten.

6 § 12 S. 2 bestimmt, dass § 7 III bis VI Anwendung findet. Nach § 12 S. 2 iVm. § 7 III können danach auch in Betrieben nicht tarifgebundener AG die in einem TV zugelassenen Abweichungen nach § 12 S. 1 übernommen werden (s. iE unter § 7 Rn. 19ff.). Ferner können gem. § 12 S. 2 iVm. § 7 IV die Kirchen und ör. Religionsgesellschaften die in § 12 S. 1 genannten Abweichungen in ihren Regelungen vorsehen (s. iE § 7 Rn. 22). Nach § 12 S. 2 iVm. § 7 V und VI können die Aufsichtsbehörden oder die BReg. durch Rechtsverordnung die in § 12 S. 1 vorgesehenen Abweichungen als Ausnahmen aus betriebl. Gründen zulassen (s. iE § 7 Rn. 23f.).

§ 13 Ermächtigung, Anordnung, Bewilligung

(1) Die Bundesregierung kann durch Rechtsverordnung mit Zustimmung des Bundesrates zur Vermeidung erheblicher Schäden unter Berücksichtigung des Schutzes der Arbeitnehmer und der Sonn- und Feiertagsruhe

1. die Bereiche mit Sonn- und Feiertagsbeschäftigung nach § 10 sowie die dort zugelassenen Arbeiten näher bestimmen,

2. über die Ausnahmen nach § 10 hinaus weitere Ausnahmen abweichend von § 9

a) für Betriebe, in denen die Beschäftigung von Arbeitnehmern an Sonn- oder Feiertagen zur Befriedigung täglicher oder an diesen Tagen besonders hervortretender Bedürfnisse der Bevölkerung erforderlich ist,

b) für Betriebe, in denen Arbeiten vorkommen, deren Unterbrechung oder Aufschub

aa) nach dem Stand der Technik ihrer Art nach nicht oder nur mit erheblichen Schwierigkeiten möglich ist,

bb) besondere Gefahren für Leben oder Gesundheit der Arbeitnehmer zur Folge hätte,

cc) zu erheblichen Belastungen der Umwelt oder der Energie- oder Wasserversorgung führen würde,

c) aus Gründen des Gemeinwohls, insbesondere auch zur Sicherung der Beschäftigung,

zulassen und die zum Schutz der Arbeitnehmer und der Sonn- und Feiertagsruhe notwendigen Bedingungen bestimmen.

(2) [1] Soweit die Bundesregierung von der Ermächtigung des Absatzes 1 Nr. 2 Buchstabe a keinen Gebrauch gemacht hat, können die Landesregierungen durch Rechtsverordnung entsprechende Bestimmungen erlassen. [2] Die Landesregierungen können diese Ermächtigung durch Rechtsverordnung auf oberste Landesbehörden übertragen.

(3) Die Aufsichtsbehörde kann

1. feststellen, ob eine Beschäftigung nach § 10 zulässig ist,

2. abweichend von § 9 bewilligen, Arbeitnehmer zu beschäftigen

a) im Handelsgewerbe an bis zu zehn Sonn- und Feiertagen im Jahr, an denen besondere Verhältnisse einen erweiterten Geschäftsverkehr erforderlich machen,

b) an bis zu fünf Sonn- und Feiertagen im Jahr, wenn besondere Verhältnisse zur Verhütung eines unverhältnismäßigen Schadens dies erfordern,

c) an einem Sonntag im Jahr zur Durchführung einer gesetzlich vorgeschriebenen Inventur,

und Anordnungen über die Beschäftigungszeit unter Berücksichtigung der für den öffentlichen Gottesdienst bestimmten Zeit treffen.

(4) Die Aufsichtsbehörde soll abweichend von § 9 bewilligen, daß Arbeitnehmer an Sonn- und Feiertagen mit Arbeiten beschäftigt werden, die aus chemischen, biologischen, technischen oder physikalischen Gründen einen ununterbrochenen Fortgang auch an Sonn- und Feiertagen erfordern.

(5) Die Aufsichtsbehörde hat abweichend von § 9 die Beschäftigung von Arbeitnehmern an Sonn- und Feiertagen zu bewilligen, wenn bei einer weitgehenden Ausnutzung der gesetzlich zulässigen wöchentlichen Betriebszeiten und bei längeren Betriebszeiten im Ausland die Konkurrenzfähigkeit unzumutbar beeinträchtigt ist und durch die Genehmigung von Sonn- und Feiertagsarbeit die Beschäftigung gesichert werden kann.

1 **1. Erlass von Rechtsverordnungen. § 13 I Nr. 1 ermächtigt die BReg.,** durch Rechtsverordnung die Bereiche ges. zulässiger Sonn- und Feiertagsbeschäftigung nach § 10 sowie die dort zugelassenen Arbeiten näher zu bestimmen. Der Erlass einer Verordnung auf der Grdl. des § 13 I Nr. 1 muss zur **Vermeidung erhebl. Schäden** erforderl. sein, wobei die abstrakte Möglichkeit einer Schädigung genügt. Die Entscheidung, ob die BReg. von der Verordnungsermächtigung Gebrauch macht, steht in

ihrem **Ermessen.** Sie hat bei ihrer Ermessensentscheidung den Schutz der AN und der Sonn- und Feiertagsruhe zu berücksichtigen.

§ 13 I Nr. 2 ermächtigt die BReg., durch Rechtsverordnungen über die Ausnahmen nach § 10 hinaus in den dort genannten Fällen **weitere Ausnahmen** vom Verbot der Beschäftigung von AN an Sonn- und Feiertagen zuzulassen. Das BVerwG 26.11.2014, NVwZ 2015, 590 hält Ausnahmen nach Nr. 2 lit. a für Videotheken und für Callcenter allgemein nicht für erforderlich. Inhaltl. **neu** ggü § 10d und e GewO ist die Anerkennung von **Umweltgesichtspunkten** als Grund für die Zulassung von Sonn- und Feiertagsarbeit (§ 13 I Nr. 2 lit. b cc). Bei der Ermächtigung in § 13 I Nr. 2 lit. c wird klargestellt, dass Ausnahmen vom Beschäftigungsverbot des § 9 auch aus Gründen des **Gemeinwohls** zugelassen werden können. Gründe des Gemeinwohls umfassen auch gesamtwirtschaftl. Gründe, wie zB die Existenzgefährdung von Betrieben und den damit verbundenen drohenden Verlust von Arbeitsplätzen sowie die angespannte internationale Wettbewerbssituation in der Branche (Begr. BT-Drs. 12/5888 S. 30; s. RdA 1998, 115). 2

Soweit die BReg. von der Ermächtigung nach § 13 I Nr. 2 lit. a keinen Gebrauch macht, können die **Landesregierungen** durch Rechtsverordnungen entspr. Bestimmungen erlassen. Die Ermächtigung für die Landesregierungen gilt damit nur für das Bedürfnisgewerbe. Eine Rechtsverordnung des Landes kommt nach der amtl. Begr. des RegE insb. dann in Frage, wenn das Regelungsbedürfnis **regionaler Art** ist (BT-Drs. 12/5888 S. 30; s. RdA 1998, 115). Das BVerwG hat in einem Urt. v. 26.11.2014 NVwZ 2015, 590 Teile der Bedarfsgewerbeordnung des Landes Hessen für unwirksam erklärt; dazu *Greiner* ZfA 2015, 469, 488 ff. 3

2. Behördliche Feststellung. Durch § 13 III Nr. 1 wird der **Aufsichtsbehörde** die Befugnis eingeräumt, bei Auslegungszweifeln festzustellen, ob eine Beschäftigung an Sonn- und Feiertagen nach § 10 I und II zulässig ist. Der AG kann den Erlass eines feststellenden Verwaltungsakts mit einer Verpflichtungsklage durchsetzen (zur Klagebefugnis des AN gegen einen gewerbeaufsichtsrechtl. Feststellungsbescheid BVerwG 19.9.2000 AP ArbZG § 10 Nr. 1). 4

3. Aufsichtsbehördliche Bewilligung von Sonn- und Feiertagsarbeit nach § 13 III Nr. 2. Bei der Entscheidung der Aufsichtsbehörde handelt es sich um eine **Ermessensentscheidung.** 5

Eine über § 10 hinausgehende Bewilligung vom Verbot der Beschäftigung von AN an Sonn- und Feiertagen kann nach § 13 III Nr. 2 lit. a im **Handelsgewerbe** an bis zu zehn Sonn- und Feiertagen im Jahr erteilt werden, wenn bes. Verhältnisse einen erweiterten Geschäftsbetrieb erforderl. machen. Das Handelsgewerbe umfasst den Umsatz von Waren aller Art und von Geld (BVerwG 14.11.1989 GewA 1990, 64). Zum Handelsgewerbe gehören insb. der gesamte Groß- und Einzelhandel, der Geld- und Kredithandel, die Buch-, Presse- und Zeitungsverlage sowie die Hilfsgewerbe des Handels, wie etwa Lagerung und Spedition (BVerwG 7.10.1965 AP GewO § 105b Nr. 2). Als **bes. Verhältnisse,** die einen erweiterten Geschäftsverkehr erforderl. machen, kommen nur außerbetriebl. Umstände in Betracht, die zudem so gewichtig sein müssen, dass sie eine Ausnahme von der Sonn- und Feiertagsarbeit rechtfertigen. Bloße Rentabilitätsbeeinträchtigungen reichen für eine Ausnahmebewilligung nicht aus (VG Düsseldorf 18.10.1977 GewA 1978, 93). Bes. Verhältnisse können zB vorliegen, wenn einzelne oder mehrere Betriebe aus Anlass von Messen, Märkten oder Ausstellungen iSv. § 10 I Nr. 9 hiermit im Zusammenhang stehende Haus- und Ordermessen für gewerbl. Wiederverkäufer durchführen (vgl. VG Düsseldorf 2.10.1987 GewA 1988, 300). 6

Nach § 13 III Nr. 2 lit. b kann die Aufsichtsbehörde die Beschäftigung von AN an bis zu fünf Sonn- und Feiertagen bewilligen, wenn **bes. Verhältnisse zur Verhütung eines unverhältnismäßigen Schadens** dies erfordern. Voraussetzung für die Ausnahmebewilligung nach § 13 III Nr. 2 lit. b ist, dass infolge der bes. Verhältnisse ein unverhältnismäßiger Schaden eintreten würde; dazu VG Kassel 13.6.2017 3 K 2203/14. Unter **Schaden** iSd. Ausnahmeregelung ist jede Vermögensminderung und jeder entgangene Gewinn zu verstehen, den der AG infolge der bes. Verhältnisse erleidet. **Unverhältnismäßig** ist der Schaden, wenn die wirtschaftl. Auswirkungen für den Betrieb unter Berücksichtigung des Gewichts des Sonn- und Feiertagsbeschäftigungsverbots nicht zumutbar sind. An der Unverhältnismäßigkeit fehlt es, wenn der Schaden auch durch andere zumutbare Maßnahmen als die Sonn- und Feiertagsbeschäftigung verhindert oder gemildert werden kann. 7

Nach § 13 III Nr. 2 lit. c kann die Aufsichtsbehörde zur Durchführung einer ges. vorgeschriebenen **Inventur** die Beschäftigung von AN an einem Sonntag im Jahr bewilligen. Zu den ges. vorgeschriebenen Inventuren gehören zB die nach § 240 II HGB, § 153 I 1 InsO vorgeschriebenen Inventuren. 8

4. Aufsichtsbehördliche Bewilligung von Sonn- und Feiertagsarbeit nach § 13 IV. Die praktische Bedeutung dieser Ausnahmeregelung ist (noch) gering, da alle bisher gebräuchl. Produktionstechniken, die aus chemischen, biologischen, technischen oder physikalischen Gründen einen ununterbrochenen Fortgang auch an Sonn- und Feiertagen erfordern, schon von den ges. Ausnahmeregelungen nach § 10 I Nr. 15 und 16 erfasst sein dürften. 9

Auf Empfehlung des Bundestagsausschusses für Arbeit und Sozialordnung ist der noch in dem RegE enthaltene Begriff „kann" durch den strengeren Begriff „soll" ersetzt worden. Der Gesetzgeber hat damit den Spielraum der Aufsichtsbehörde erhebl. verringert. 10

11 **5. Aufsichtsbehördliche Bewilligung von Sonn- und Feiertagsarbeit zur Sicherung der Beschäftigung, § 13 V.** Nach § 13 V hat die Aufsichtsbehörde die Beschäftigung von AN an Sonn- und Feiertagen zu bewilligen, wenn bei einer weitgehenden Ausnutzung der ges. zulässigen wöchentl. Betriebszeiten und bei längeren Betriebszeiten im Ausland die Konkurrenzfähigkeit unzumutbar beeinträchtigt ist und durch die Genehmigung von Sonn- und Feiertagsarbeit die Beschäftigung gesichert werden kann. Vorrangiger Zweck des § 13 V ist es, den Wettbewerbsvorteil, den ausl. Konkurrenten des Antragstellers durch Sonn- und Feiertagsarbeit haben, auszugleichen.

12 Eine **weitgehende Ausnutzung** der ges. zulässigen wöchentl. Betriebszeiten setzt voraus, dass auch samstags gearbeitet wird und deshalb nahezu vollständig die höchstmögl. Stundenzahl von 144 Wochenstunden erreicht wird. Da die Ausnahmebewilligung nur eine „weitgehende" Ausnutzung der wöchentl. Betriebszeiten verlangt, können bestimmte Stillstandszeiten, wie zB bei Betriebsurlaub, Umrüstungsarbeiten oder sonstige vom AG nicht zu vertretende Ausfallzeiten, berücksichtigt werden (vgl. BT-Drs. 12/6990 S. 41). Die ges. zulässige wöchentl. Betriebszeit muss mindestens solange ausgenutzt sein wie der Zeitraum, für den die Ausnahme beantragt ist.

13 § 13 V setzt des Weiteren **längere Betriebszeiten im Ausland** voraus. Ob die Betriebszeiten im Ausland länger sind, bestimmt sich vorrangig nach der **ges. Regelung** der Betriebszeiten im Ausland für den oder die Konkurrenzbetriebe für die betreffende Betriebsart. Fehlt es im Ausland an speziellen ges. Arbeitszeitregelungen für die in Frage stehende Betriebsart, sind die statistisch belegten faktischen Verhältnisse oder nachrangig die Vereinbarungen zwischen den Sozialpartnern als Maßstab zugrunde zu legen.

14 Weiteres Tatbestandsmerkmal des § 13 V ist die **Beeinträchtigung der Konkurrenzfähigkeit.** Hiervon ist idR auszugehen, wenn die inländischen Fertigungskosten höher sind als die eines ausl. Konkurrenten. Die Beeinträchtigung der Konkurrenzfähigkeit braucht nicht allein durch die längeren Betriebszeiten im Ausland bedingt zu sein. Dies ergibt sich aus dem Wortlaut des § 13 V, in dem es ledigl. heißt: „bei" längeren Betriebszeiten im Ausland, nicht aber „durch" (*Baeck/Deutsch* Rn. 82 mwN; *Heenen* FS Wlotzke 1996 S. 513, 524). **Unzumutbar** ist die Beeinträchtigung der Konkurrenzfähigkeit jdf. dann, wenn der Wettbewerbsvorteil der ausl. Konkurrenz so groß ist, dass der Antragsteller ohne die Ausnahmebewilligung auf längere Sicht mit dem Verlust entscheidender Marktanteile rechnen muss. Nicht erforderl. ist, dass der Verlust von Marktanteilen auch zu einer Gefährdung des Betriebes führen kann (so aber *Roggendorff* Rn. 41). Müsste der AG abwarten, bis es zu einer Existenzgefährdung kommt, könnte eine Ausnahmebewilligung zu spät kommen.

15 Unter **Sicherung der Beschäftigung** ist sowohl die Erhaltung bestehender Arbeitsplätze als auch die Schaffung neuer Arbeitsplätze durch den Antragsteller zu verstehen. Vom AG darf insoweit nicht ein „mathematischer Nachweis" verlangt werden (*Erasmy* NZA 1995, 97, 102).

16 Die Erteilung der Ausnahmebewilligung nach § 13 V steht nicht im Ermessen der Aufsichtsbehörde. Die zuständige Behörde **muss** vielmehr bei Vorliegen der ges. Voraussetzungen die Ausnahmebewilligung erteilen. Da dem ArbZG eine Differenzierung zwischen sog. hohen Feiertagen (Weihnachten, Ostern und Pfingsten) und normalen Feiertagen fremd ist, ist eine Beschränkung der Ausnahmebewilligung allein auf normale Feiertage rechtswidrig (OVG NW 10.4.2000 DB 2000, 1671). Nebenbestimmungen sind nur insoweit zulässig, wie durch sie sichergestellt werden soll, dass die ges. Voraussetzungen des Verwaltungsakts erfüllt werden. Die Aufsichtsbehörde ist daher grds. nicht berechtigt, eine Ausnahmebewilligung nach § 13 V mit einer auflösenden Bedingung des Inhalts zu versehen, dass die Bewilligung erlischt, falls es in dem betroffenen Produktionsbereich zu einer betriebsbedingten Kündigung kommt. Sie muss in derartigen Fällen vielmehr prüfen, ob die Ausnahmebewilligung aufrechterhalten werden kann, oder ob nach den Verwaltungsverfahrensgesetzen des jeweiligen Bundeslandes die Voraussetzungen für einen Widerruf der Ausnahmebewilligung vorliegen (OVG NW 10.4.2000 DB 2000, 1671; ausführl. *Rose* DB 2000, 1662).

Vierter Abschnitt. Ausnahmen in besonderen Fällen

§ 14 Außergewöhnliche Fälle

(1) Von den §§ 3 bis 5, 6 Abs. 2, §§ 7, 9 bis 11 darf abgewichen werden bei vorübergehenden Arbeiten in Notfällen und in außergewöhnlichen Fällen, die unabhängig vom Willen der Betroffenen eintreten und deren Folgen nicht auf andere Weise zu beseitigen sind, besonders wenn Rohstoffe oder Lebensmittel zu verderben oder Arbeitsergebnisse zu mißlingen drohen.

(2) Von den §§ 3 bis 5, 6 Abs. 2, §§ 7, 11 Abs. 1 bis 3 und § 12 darf ferner abgewichen werden,

1. wenn eine verhältnismäßig geringe Zahl von Arbeitnehmern vorübergehend mit Arbeiten beschäftigt wird, deren Nichterledigung das Ergebnis der Arbeiten gefährden oder einen unverhältnismäßigen Schaden zur Folge haben würden,

2. bei Forschung und Lehre, bei unaufschiebbaren Vor- und Abschlußarbeiten sowie bei unaufschiebbaren Arbeiten zur Behandlung, Pflege und Betreuung von Personen oder zur Behandlung und Pflege von Tieren an einzelnen Tagen,

wenn dem Arbeitgeber andere Vorkehrungen nicht zugemutet werden können.

(3) **Wird von den Befugnissen nach Absatz 1 oder 2 Gebrauch gemacht, darf die Arbeitszeit 48 Stunden wöchentlich im Durchschnitt von sechs Kalendermonaten oder 24 Wochen nicht überschreiten.**

1. Ausnahmen nach § 14 I. Nach § 14 I darf der AG von den arbeitszeitrechtl. Grundnormen der 1
§§ 3 bis 5, 6 II sowie den §§ 7, 9 bis 11 in Notfällen und in außergewöhnl. Fällen abweichen.

Notfall iSv. § 14 I ist ein ungewöhnl., nicht vorhersehbares und vom Willen des Betroffenen 2
unabhängiges Ereignis, das die Gefahr eines unverhältnismäßigen Schadens mit sich bringt (OLG HH 24.10.1962 AP AZG § 8 Nr. 1). Es muss nicht zugleich ein öffentl. Notstand oder ein öffentl. Interesse an der Durchführung der Arbeiten vorliegen. Zu den Notfällen gehören insb. Fälle **höherer Gewalt,** wie zB Erdbeben, Überschwemmungen, Brände oder Stürme. Ein Notfall ist dagegen idR zu verneinen, wenn das Ereignis als Folge fehlerhafter Entscheidungen des AG eintritt (BAG 28.2.1958 BB 1958, 558; s. auch *Anzinger/Koberski* Rn. 5). Bei strukturellen Mängeln des Dienstplans gilt § 14 nicht (LAG BW 23.11.2000 AuR 2001, 512).

Außergewöhnliche Fälle iSv. § 14 I sind bes. Situationen vorübergehender Art, die vom Willen des 3
Betroffenen unabhängig sind, und deren Folgen nicht durch andere zumutbare Maßnahmen als durch Abweichung von den in § 14 I aufgeführten Arbeitszeitnormen zu beseitigen sind. Ein außergewöhnl. Fall liegt nach einem unveröffentl. Urteil des BAG zB vor, wenn die Beseitigung von Schnee und Eis durch einen Schulhausmeister zur Abwendung von Gefahren vorübergehender Art notwendig ist (BAG 17.9.1986 – 5 AZR 369/85 nv.). Der unerwartete Ausfall von Arbeitskräften durch Streik stellt für sich gesehen noch keinen außergewöhnl. Fall dar. Etwas anderes gilt dann, wenn die Folgen über die typischen streikbedingten Folgen hinausgehen, was zB dann anzunehmen ist, wenn der Abbruch einer Geschäftsbeziehung droht und dadurch die Existenz des Betriebes gefährdet ist (vgl. OLG Celle 8.10.1986 NZA 1987, 284).

§ 14 I setzt nicht voraus, dass die Folgen des Notfalles den AG treffen; sie können auch bei einem 4
Dritten, etwa einem Kunden, auftreten (BVerwG 23.6.1992 GewA 1992, 383). AN dürfen in Notfällen und außergewöhnl. Fällen jedoch nur mit **vorübergehenden Arbeiten** beschäftigt werden. Hierunter fallen nur die Arbeiten, die nicht allzu viel Zeit in Anspruch nehmen. Die Arbeiten müssen zudem auf das zur Beseitigung des Notfalles oder des außergewöhnl. Falles erforderl. Maß beschränkt werden. Hierbei ist im Einzelfall eine **Güterabwägung** vorzunehmen. Wirtschaftl. Nachteile alleine können ein Abweichen von den in § 14 I genannten Arbeitszeitnormen nur dann rechtfertigen, wenn diese das dem AG zumutbare Maß überschreiten (vgl. BAG 28.2.1958 AP AZO § 14 Nr. 1).

2. Ausnahmen nach § 14 II. Im Gegensatz zu § 14 I erlauben die in § 14 II geregelten Ausnahmen 5
keine Abweichung vom grds. Verbot der Beschäftigung von AN an Sonn- und Feiertagen des § 9. Andererseits ist für die Ausnahmetatbestände des § 14 II nicht erforderl., dass die Abweichung von den genannten Arbeitszeitvorschriften unvorhersehbar ist. **§ 14 II Nr. 1** ermöglicht dem AG vorübergehende Abweichungen von den §§ 3 bis 5, 6 II, §§ 7, 11 I bis III und 12, wenn die Unterbrechung der Arbeit das Erg. der Arbeiten gefährden oder einen unverhältnismäßigen Schaden zur Folge haben würde. Damit soll va. den Interessen kleinerer Handwerksbetriebe Rechnung getragen werden. Der Ausnahmetatbestand des § 14 II Nr. 1 setzt zunächst voraus, dass die **Zahl** der mit Mehrarbeit beschäftigten AN verhältnismäßig **gering** ist. In kleineren Betrieben wird man im Regelfall eine Zahl von bis zu 5 AN als noch gering ansehen können. In größeren Betrieben ist, wie aus der Formulierung „verhältnismäßig" deutlich wird, auf das Verhältnis zur gesamten Betriebsbelegschaft abzustellen. Die AN dürfen ferner nur **vorübergehend** beschäftigt werden. Vorübergehend ist die Beschäftigung, wenn sie auf einzelne Tage beschränkt ist, wobei die Beschäftigung auch an mehreren Tagen hintereinander erfolgen kann.

Eine **Gefährdung des Arbeitsergebnisses** ist insb. dann anzunehmen, wenn die Arbeiten während 6
der betriebsübl. Arbeiten begonnen wurden, aber noch am selben Tag beendet werden müssen, damit der mit den Arbeiten verfolgte Zweck noch erreicht werden kann. Unter **Schaden** ist jede Vermögensminderung und jeder entgangene Gewinn zu verstehen, den der AG ohne die Mehrarbeit erleidet. **Unverhältnismäßig** ist ein Schaden, wenn er unter Berücksichtigung der zur Abwendung erforderl. Mehrarbeit unverhältnismäßig schwer wiegt. Schließl. dürfen dem AG **andere Vorkehrungen** nicht zugemutet werden können (§ 14 II aE). Als andere Vorkehrungen kommen sowohl **technische Maßnahmen,** wie zB die Heranziehung von mehr oder leistungsfähigeren Maschinen, als auch organisatorische Maßnahmen, wie zB die Heranziehung von Aushilfskräften, in Betracht.

Nach **§ 14 II Nr. 2** dürfen AN abw. von den §§ 3 bis 5, 6 II, §§ 7, 11 I bis III und 12 in bestimmten 7
Bereichen oder mit bestimmten Arbeiten beschäftigt werden, wenn dem AG andere Vorkehrungen nicht zugemutet werden können. Die Ausnahmeregelung des § 14 II Nr. 2 gilt zunächst für die Beschäftigung bei **Forschung und Lehre.** Das sind Tätigkeiten, die darauf abzielen, in methodischer,

systematischer und nachprüfbarer Weise neue Erkenntnisse zu gewinnen oder zu verwerten (vgl. BVerfG 29.5.1973 E 35, 79, 113). Die Ausnahme gilt nur für die Forschenden und die Lehrenden, nicht aber für die Hilfskräfte; für sie kommt nur § 14 II Nr. 1 in Betracht (*Anzinger/Koberski* Rn. 17; aA für technische Hilfskräfte *Baeck/Deutsch* Rn. 33).

8 Die Ausnahmeregelung des § 14 II Nr. 2 gilt ferner bei unaufschiebbaren **Vor- und Abschlussarbeiten.** Nach der amtl. Begr. des RegE zählen zu den Vor- und Abschlussarbeiten Arbeiten zur Reinigung und Instandhaltung, soweit sich diese Arbeiten während des regelm. Betriebs nicht ohne Unterbrechung oder erhebl. Störung ausführen lassen. Zu den Vor- und Abschlussarbeiten gehören ferner Arbeiten, von denen die Wiederaufnahme oder Aufrechterhaltung des vollen Betriebs arbeitstechnisch abhängt. Das Zuendebedienen der Kundschaft gilt bis zu einer halben Stunde je Tag als Abschlussarbeit (BT-Drs. 5888 S. 31; gegen eine zeitl. Begrenzung auf bis zu 30 Minuten *Baeck/Deutsch* Rn. 37).

9 Die Ausnahmeregelung des § 14 II Nr. 2 gilt ferner bei unaufschiebbaren Arbeiten zur **Behandlung, Pflege und Betreuung von Personen.** Dem Tierschutz dient schließl. die Erstreckung der Ausnahmeregelung des § 14 II Nr. 2 auch auf die **Behandlung und Pflege von Tieren.** § 14 II Nr. 2 gestattet die Beschäftigung in allen Fällen nur an **einzelnen Tagen.** Zulässig ist die Beschäftigung an mehreren Tagen hintereinander, nicht aber über Wochen oder Monate. Ferner darf im Hinblick auf § 7 I Nr. 1 die Ausnahme des § 14 II Nr. 2 im Regelfall nur an weniger als 60 Tagen im Jahr beansprucht werden (*Anzinger/Koberski* Rn. 21; aA *Baeck/Deutsch* Rn. 43); allerdings wurde die maßgebl. Vorschr. des § 7 I Nr. 1 c inzwischen aufgeh. Auch § 14 II Nr. 2 setzt voraus, dass sich die Abweichungen von den genannten Arbeitszeitnormen nicht durch andere dem AG zumutbare technische oder organisatorische Vorkehrungen vermeiden lassen.

10 Ob die ges. Voraussetzungen des § 14 I oder II für ein Abweichen von den genannten Arbeitszeitvorschriften vorliegen, hat der AG in eigener Verantwortung festzustellen. Verletzt der AG seine Sorgfaltspflicht, so handelt er ordnungswidrig und begeht ggf. sogar eine Straftat (s. unter §§ 22, 23).

11 **3. Grenze der Arbeitszeitverlängerung. § 14 III** stellt klar, dass auch in den von § 14 erfassten außergewöhnl. Fällen die wöchentl. Höchstarbeitszeit von 48 Stunden im Durchschnitt von 6 Kalendermonaten oder 24 Wochen einzuhalten ist.

12 **4. Sonderregelung für Jugendliche.** Für Jugendl. gilt die Sonderregelung des **§ 21 JArbSchG**, der eine Abweichung von den Arbeitszeitvorschriften nur mit vorübergehenden und unaufschiebbaren Arbeiten in Notfällen zulässt und auch nur, soweit erwachsene Beschäftigte nicht zur Vfg. stehen.

§ 15 Bewilligung, Ermächtigung

(1) Die Aufsichtsbehörde kann

1. eine von den §§ 3, 6 Abs. 2 und § 11 Abs. 2 abweichende längere tägliche Arbeitszeit bewilligen
   a) für kontinuierliche Schichtbetriebe zur Erreichung zusätzlicher Freischichten,
   b) für Bau- und Montagestellen,

2. eine von den §§ 3, 6 Abs. 2 und § 11 Abs. 2 abweichende längere tägliche Arbeitszeit für Saison- und Kampagnebetriebe für die Zeit der Saison oder Kampagne bewilligen, wenn die Verlängerung der Arbeitszeit über acht Stunden werktäglich durch eine entsprechende Verkürzung der Arbeitszeit zu anderen Zeiten ausgeglichen wird,

3. eine von den §§ 5 und 11 Abs. 2 abweichende Dauer und Lage der Ruhezeit bei Arbeitsbereitschaft, Bereitschaftsdienst und Rufbereitschaft den Besonderheiten dieser Inanspruchnahmen im öffentlichen Dienst entsprechend bewilligen,

4. eine von den §§ 5 und 11 Abs. 2 abweichende Ruhezeit zur Herbeiführung eines regelmäßigen wöchentlichen Schichtwechsels zweimal innerhalb eines Zeitraums von drei Wochen bewilligen.

(2) Die Aufsichtsbehörde kann über die in diesem Gesetz vorgesehenen Ausnahmen hinaus weitergehende Ausnahmen zulassen, soweit sie im öffentlichen Interesse dringend nötig werden.

(2a) Die Bundesregierung kann durch Rechtsverordnung mit Zustimmung des Bundesrates

1. Ausnahmen von den §§ 3, 4, 5 und 6 Absatz 2 sowie von den §§ 9 und 11 für Arbeitnehmer, die besondere Tätigkeiten zur Errichtung, zur Änderung oder zum Betrieb von Bauwerken, künstlichen Inseln oder sonstigen Anlagen auf See (Offshore-Tätigkeiten) durchführen, zulassen und

2. die zum Schutz der in Nummer 1 genannten Arbeitnehmer sowie der Sonn- und Feiertagsruhe notwendigen Bedingungen bestimmen.

(3) Das Bundesministerium der Verteidigung kann in seinem Geschäftsbereich durch Rechtsverordnung mit Zustimmung des Bundesministeriums für Arbeit und Soziales aus zwingenden Gründen der Verteidigung Arbeitnehmer verpflichten, über die in diesem Gesetz und in den auf Grund dieses Gesetzes erlassenen Rechtsverordnungen und Tarifverträgen festgelegten Arbeitszeitgrenzen und -beschränkungen hinaus Arbeit zu leisten.

(3a) Das Bundesministerium der Verteidigung kann in seinem Geschäftsbereich durch Rechtsverordnung im Einvernehmen mit dem Bundesministerium für Arbeit und Soziales für besondere Tätigkeiten der Arbeitnehmer bei den Streitkräften Abweichungen von in diesem Gesetz sowie von in den auf Grund dieses Gesetzes erlassenen Rechtsverordnungen bestimmten Arbeitszeitgrenzen und -beschränkungen zulassen, soweit die Abweichungen aus zwingenden Gründen erforderlich sind und die größtmögliche Sicherheit und der bestmögliche Gesundheitsschutz der Arbeitnehmer gewährleistet werden.

(4) Werden Ausnahmen nach Absatz 1 oder 2 zugelassen, darf die Arbeitszeit 48 Stunden wöchentlich im Durchschnitt von sechs Kalendermonaten oder 24 Wochen nicht überschreiten.

1. Bewilligung längerer Arbeitszeiten. Nach § 15 I Nr. 1 kann die Aufsichtsbehörde für **kontinuierliche Schichtbetriebe** abw. von §§ 3, 6 II und 11 II die tägl. Höchstarbeitszeit von bis zu 10 Stunden auch über 10 Stunden mit oder ohne Ausgleichsverpflichtung verlängern. Die Ausnahmeregelung gilt sowohl für teil- als auch für vollkontinuierl. Schichtbetriebe. Die Bewilligung setzt jedoch voraus, dass durch die Verlängerung der tägl. AZ **zusätzl. Freischichten** erreicht werden. Dies ist dann der Fall, wenn den AN mehr freie Tage zur Vfg. stehen als ohne die Verlängerung der tägl. AZ. 1

Die Aufsichtsbehörde kann die tägl. Höchstarbeitszeit über 10 Stunden hinaus auch für Bau- und Montagestellen bewilligen. **Baustellen** sind Stellen, an denen Arbeiten zur Errichtung, Änderung, Instandhaltung oder zum Abbruch einer baul. Anl. iSd. Bauordnungsrechts der Bundesländer verrichtet werden. **Montagestellen** sind Arbeitsstellen, auf denen idR vorgefertigte Teile oder Baugruppen zu einem fertigen Endergebnis montiert werden (vgl. § 2 I Bauordnung NRW). 2

Mit der Ausnahmeregelung des § 15 I Nr. 1 lit. a wird dem Umstand Rechnung getragen, dass Bau- und Montagestellen häufig weit entfernt vom Betriebssitz des AG liegen und die AN während ihres Aufenthalts an der Bau- oder Montagestelle nicht zu ihrem Wohnort zurückkehren (*Neumann/Biebl* Rn. 4). Die Bewilligung sollte daher im Interesse des ANSchutzes davon abhängig gemacht werden, dass den AN für die verlängerte AZ an der Bau- oder Montagestelle ein entspr. Ausgleich am Wohnort gewährleistet wird (*Anzinger/Koberski* Rn. 10). 3

§ 15 I Nr. 2 ermächtigt die Aufsichtsbehörde, die tägl. AZ abw. von §§ 3, 6 II, 11 II auch für Saison- und Kampagnebetriebe zu verlängern. **Saisonbetriebe** sind Betriebe, die zwar ganzjährig arbeiten, jedoch zu bestimmten Zeiträumen des Jahres zu einer außergewöhnl. verstärkten Tätigkeit genötigt sind, wie zB Fremdenverkehrsbetriebe, Schokoladen-, Zucker- und Lebkuchenbetriebe. Anders als Saisonbetriebe arbeiten **Kampagnebetriebe** nicht über das ganze Jahr, sondern nur zu bestimmten Jahreszeiten, wie zB Fruchtkonservenfabriken. 4

Die Arbeitszeitverlängerung für Saison- und Kampagnebetriebe ist nur für die Zeit der Saison oder Kampagne und auch nur unter der Voraussetzung zulässig, dass ein **Ausgleich** der Verlängerung der AZ durch eine entspr. Verkürzung der AZ zu anderen Zeiten erfolgt. 5

2. Abweichende Ruhezeiten. Nach § 15 I Nr. 3 kann im öffentl. Dienst eine von den §§ 5 und 11 II abw. **Dauer und Lage der Ruhezeit** bei Arbeitsbereitschaft, Bereitschaftsdienst und Rufbereitschaft (zu den Begriffen s. § 2 Rn. 20 ff.) bewilligt werden. **Öffentl. Dienst** iSv. § 15 I Nr. 3 sind die Verw. und Betriebe des Bundes, der Länder, der Gemeinden und sonstigen Körperschaften, Anstalten und Stiftungen des öffentl. Rechts. Mit dieser Vorschr. kann die Aufsichtsbehörde für den öffentl. Dienst insb. Ausnahmen von dem Grundsatz zulassen, dass AN, die während einer Rufbereitschaft zur Arbeit herangezogen wurden, im Anschluss an die Arbeitsleistung die volle Ruhezeit erneut zu gewähren ist (s. § 5 Rn. 1 ff.). 6

§ 15 I Nr. 4 ermöglicht eine von den §§ 5 und 11 II abw. Ruhezeit zur Herbeiführung eines regelm. wöchentl. Schichtwechsels zweimal innerhalb eines Zeitraums von 3 Wochen. Zulässig ist nach dieser Ausnahmevorschrift **nur eine Verkürzung,** nicht aber eine Veränderung der Lage der Ruhezeit. 7

3. Weitergehende Ausnahmen nach § 15 Abs. 2 und 2a. Nach § 15 II kann die Aufsichtsbehörde über die in dem ArbZG vorgesehenen Ausnahmen hinaus weitergehende Ausnahmen zulassen, soweit sie im öffentl. Interesse dringend nötig sind. Wie sich aus dem Wortlaut des § 15 II ergibt, setzt die Zulassung einer Ausnahme nach § 15 II zunächst voraus, dass für den in Frage stehenden Fall eine Ausnahme oder Abweichungsmöglichkeit entweder im ArbZG nicht vorgesehen ist oder aber die vorgesehenen Ausnahmen nicht ausreichen. Ferner muss die Ausnahme im **öffentl. Interesse nötig** sein, was dann der Fall ist, wenn ohne die Ausnahmeregelung der Allgemeinheit oder einem erhebl. Teil der Bevölkerung ein nicht nur geringfügiger Schaden droht. Eine Bewilligung nach § 15 II kommt zB in Betracht bei Arbeiten zur Sicherung der Ernährung, zum Schutze größerer Mengen von Lebensmitteln vor dem Verderb, zur Aufrechterhaltung des Verkehrs sowie zur Versorgung mit Strom, Gas und Wasser (vgl. BAG 22.3.1978 AP BAT § 17 Nr. 4). Unter § 15 II fallen nach der amtl. Begr. des RegE auch Arbeiten aus Anlass von Dienst-, Werk- und Sachleistungen, die im Rahmen notstandsrechtl. Regelungen zu erbringen sind (BT-Drs. 12/5888 S. 31). Die Landesarbeitsminister haben am 27.11.2013 gemeinsame Grunds. zu § 15 II und anderen Bestimmungen beschlossen, http://www.asmk.sachsen-anhalt.de/fileadmin/Bibliothek/Politik und Verw./MS/Protokoll 90 ASMK final extern barrierefrei.pdf. 8

9 Die nach § 15 I und II mögl. Ausnahmen **können** von der Aufsichtsbehörde bewilligt werden. Ein Rechtsanspruch auf Erteilung der Ausnahmebewilligung besteht grds. nicht. Die Aufsichtsbehörde hat bei Vorliegen der tatbestandl. Voraussetzungen nach **pflichtgemäßem Ermessen** zu entscheiden.

10 **Abs. 2a** enthält als Spezialvorschrift gegenüber Abs. 2 eine Ausnahmeregelung für **Offshore-**Tätigkeiten. Anders als in Abs. 2 findet sich eine Erleichterung insofern, als es nicht auf „im öffentl. Interesse dringend notwendige" Abweichungen ankommt. Am 1.8.2013 ist die Offshore-Arbeitszeitverordnung gleichzeitig mit dem SeeArbG in Kraft getreten.

11 **4. Ausnahmen zur Verteidigung.** § 15 III ermächtigt das Bundesministerium für Verteidigung, aus zwgd. **Gründen der Verteidigung** AN durch Rechtsverordnung zu verpflichten, über die im ArbZG und den auf Grund des ArbZG erlassenen Rechtsverordnungen und in TV festgelegten Arbeitszeitgrenzen und -beschränkungen hinaus Arbeit zu leisten. **Zwingende Gründe der Verteidigung** liegen nicht nur im **Verteidigungsfall** (Art. 115a GG) und im **Spannungsfall** (Art. 80a I oder III GG) vor, sondern können auch während einer dem Verteidigungs- oder Spannungsfall vorangehenden Spannungszeit bejaht werden (*Anzinger/Koberski* Rn. 43; *Baeck/Deutsch* Rn. 42; aA *Buschmann/Ulber* Rn. 19). Wenn das Bundesministerium der Verteidigung nach § 15 III eine Rechtsverordnung erlässt, so gelten die Rechtsnormen dieser Verordnung nach Art. 56 I lit. a des Zusatzabkommens zum NATO-Truppenstatut ohne weiteres auch für die ArbVerh. der zivilen Beschäftigten bei den Stationierungskräften in der Bundesrepublik Deutschland.

12 Abs. 3a als Spezialvorschrift gegenüber Abs. 3 bezieht sich nur auf **AN bei den Streitkräften** und auf bestimmte Tätigkeiten. Anders als nach Abs. 2 ist nicht die Zustimmung des Bundesarbeitsministers erforderl., sondern nur dessen Einvernehmen. Abweichend von Abs. 2 brauchen die Abweichungen nicht „im öffentl. Interesse dringend notwendig" zu sein, sie müssen aber „aus zwingenden Gründen erforderl." sein. Während Abs. 2 den Arbeitnehmerschutz als Abwägungsgesichtspunkt nicht nennt, wird er in Abs. 2a Nr. 2 und in Abs. 3 ausdrückl. genannt und in Abs. 3a stark gewichtet.

13 **5. Grenze der Arbeitszeitverlängerung (§ 15 IV).** In § 15 IV findet sich die Klarstellung, dass bei der Zulassung von Ausnahmen nach den Abs. 1 oder 2 die wöchentl. AZ höchstens 48 Stunden im Durchschnitt von 6 Kalendermonaten oder 24 Wochen betragen darf.

Fünfter Abschnitt. Durchführung des Gesetzes

§ 16 Aushang und Arbeitszeitnachweise

(1) **Der Arbeitgeber ist verpflichtet, einen Abdruck dieses Gesetzes, der auf Grund dieses Gesetzes erlassenen, für den Betrieb geltenden Rechtsverordnungen und der für den Betrieb geltenden Tarifverträge und Betriebs- oder Dienstvereinbarungen im Sinne des § 7 Abs. 1 bis 3, §§ 12 und 21a Abs. 6 an geeigneter Stelle im Betrieb zur Einsichtnahme auszulegen oder auszuhängen.**

(2) [1]**Der Arbeitgeber ist verpflichtet, die über die werktägliche Arbeitszeit des § 3 Satz 1 hinausgehende Arbeitszeit der Arbeitnehmer aufzuzeichnen und ein Verzeichnis der Arbeitnehmer zu führen, die in eine Verlängerung der Arbeitszeit gemäß § 7 Abs. 7 eingewilligt haben.** [2]**Die Nachweise sind mindestens zwei Jahre aufzubewahren.**

1 **1. Aushangpflicht.** Der AG ist verpflichtet, einen vollständigen Abdruck des ArbZG, also von Art. 1 ArbZRG, in deutscher Sprache und in der jeweils aktuellen Fassung auszulegen oder auszuhängen. Die Art. 2 bis 21 ArbZRG unterliegen nicht der Auslage- und Aushangpflicht. Die Aushang- oder Auslageverpflichtung bezieht sich auf den **Betrieb.** Der Betriebsbegriff umfasst auch Verw. Für **Nebenbetriebe und Betriebsteile** gilt die Verpflichtung aus § 16 I dann, wenn sie vom Hauptsitz des Unternehmens oder des Betriebs räuml. so weit entfernt sind, dass eine Einsichtnahme in den Aushang oder die Auslage während der übl. AZ nicht mögl. ist (*Anzinger/Koberski* Rn. 5). Neben dem Abdruck des ArbZG muss der AG auch die auf Grund des ArbZG erlassenen und für den Betrieb geltenden Rechtsverordnungen, die für den Betrieb geltenden TV iSd. § 7 I bis III und des § 12 sowie die für den Betrieb geltenden Betriebs- und Dienstvereinbarungen iSd. § 7 I bis III und des § 12 auslegen oder aushängen. Ausgelegt oder ausgehängt werden müssen nur die für den Betrieb **einschlägigen** Rechtsverordnungen (BT-Drs. 12/5888 S. 31). Der Aushang oder die Auslage hat an einer **geeigneten Stelle** im Betrieb zu erfolgen. Geeignet ist jede Stelle, an der der AN während seiner Anwesenheit im Betrieb ohne Hilfe Dritter den Text einsehen kann. Geeignete Stellen sind zB die Arbeits-, Aufenthalts- und Pausenräume, das Schwarze Brett sowie die Kantine. Nicht geeignet sind dagegen das Zimmer des AG oder des Vorgesetzten, da sich AN dort bei der Einsichtnahme beaufsichtigt fühlen könnten.

2 Ein vorsätzl. oder fahrlässiger Verstoß des AG gegen die Verpflichtung aus § 16 I stellt gem. § 22 I Nr. 8 eine **Ordnungswidrigkeit** dar. Der Verstoß kann mit einer Geldbuße bis zu € 2500,– geahndet werden. Dagegen können aus einer Verletzung des § 16 I **keine zivilrechtl. Ansprüche** hergeleitet

werden, da diese Vorschr. kein Schutzgesetz iSd. § 823 II BGB ist und ein Anspruch des AN auf Aushang auch nicht aus der allg. Fürsorgepflicht hergeleitet werden kann (*Anzinger/Koberski* Rn. 20; *Neumann/Biebl* Rn. 4).

2. Aufzeichnungspflicht. Nach § 16 II 1 ist der AG verpflichtet, die über die werktägl. AZ des § 3 S. 1 hinausgehende AZ der AN aufzuzeichnen (dazu *Schweibert/Leßmann* DB 2014, 1879). 3

Der AG muss zum einen die **8 Stunden überschreitende AZ** an Werktagen aufzeichnen. Der Aufzeichnungspflicht unterliegt ferner jede AZ an Sonn- und Feiertagen (*Anzinger/Koberski* Rn. 11; *Baeck/Deutsch* Rn. 23; *Neumann/Biebl* Rn. 5). Der tw. vertretenen Auff., dass Beschäftigungszeiten an Sonn- oder Feiertagen nicht (so *Dobberahn* Rn. 165) oder nur insoweit, als sie acht Stunden überschreiten (so *Roggendorff* Rn. 7; *Schliemann* Rn. 7), aufgezeichnet werden müssen, steht der Wortlaut des § 16 I entgegen. Wird ein AN an einem Sonn- oder Feiertag beschäftigt, so handelt es sich näml. um eine „über die werktägl. AZ des § 3 S. 1 hinausgehende AZ". Dass auch die Sonn- und Feiertagsarbeit aufzeichnungspflichtig ist, ergibt sich zudem aus dem Zweck des G, näml. der Aufsichtsbehörde zu ermögl., die Einhaltung des ArbZG, also auch das grds. Verbot der Sonn- und Feiertagsbeschäftigung (§ 9), zu kontrollieren. Bei Vertrauensarbeitszeit gelten keine Erleichterungen (aA *Schlottfeldt/Hoff* NZA 2001, 530). Nach 16 II besteht zusätzl. eine Pflicht des AG, ein Verzeichnis der AN zu führen, die in eine Verlängerung der AZ gem. § 7 VII eingewilligt haben. Nicht aufzeichnungspflichtig ist der nach den §§ 3, 6 II und 11 II erforderl. Ausgleich der Mehrarbeit (*Baeck/Deutsch* Rn. 24; *Dobberahn* Rn. 165; aA *Neumann/Biebl* Rn. 6; *Roggendorff* Rn. 8). Wenn der Gesetzgeber auch insoweit eine Aufzeichnungspflicht gewollt hätte, so hätte er dies durch eine entspr. Formulierung im Wortlaut des § 16 II zum Ausdruck bringen müssen. 4

Der Gesetzgeber hat dem AG für die Erfüllung der Verpflichtung aus § 16 II 1 **keine bestimmte Form** vorgeschrieben. Als Arbeitszeitnachweise kommen daher zB in Betracht Stundenzettel, Stempeluhrkarten, Lohnlisten oder Arbeitszeitkarteien, auf denen die vom AN geleistete AZ festgehalten wird. Eigenaufschreibungen der Beschäftigten sowie die Delegation der Aufzeichnungspflicht auf die Beschäftigten sind ebenfalls zulässig. Als Nachweise geeignet sind auch elektronische Datenverarbeitungsanlagen und sonstige Zeiterfassungssysteme, sofern die dort gespeicherten Daten für die Aufsichtsbehörde jederzeit abrufbar sind. Ebenfalls ausreichend sind Aufzeichnungen der geleisteten AZ, die bereits auf Grund anderer Rechtsvorschriften erfolgen. Hinsichtl. der Dokumentation der Arbeitszeitverlängerung nach § 7 VII verlangt § 16 II 1 Halbs. 2 die Erstellung eines Verzeichnisses der entspr. AN. Auch insoweit ist keine bestimmte Form vorgeschrieben. 5

Aufzeichnungspflichtig ist die über 8 Stunden hinausgehende AZ der **einzelnen AN.** Nach § 24 I Nr. 3 AZO genügte die summarische Erfassung der Gesamtarbeitszeit nicht; durch das ArbZG ist insofern keine Änd. eingetreten (aA *Neumann/Biebl* Rn. 5). 6

Der AG muss die Arbeitszeitaufzeichnungen und das Verzeichnis **mind. zwei Jahre aufbewahren.** Die Berechnung der Zweijahresfrist erfolgt nach §§ 187 I, 188 II BGB. 7

Verstößt der AG vorsätzl. oder fahrlässig gegen die Aufzeichnungs- oder Aufbewahrungspflicht des § 16 II, so begeht er gem. § 22 I Nr. 9 eine **Ordnungswidrigkeit,** die mit einer Geldbuße bis zu € 15000,– geahndet werden kann. 8

§ 17 Aufsichtsbehörde

(1) Die Einhaltung dieses Gesetzes und der auf Grund dieses Gesetzes erlassenen Rechtsverordnungen wird von den nach Landesrecht zuständigen Behörden (Aufsichtsbehörden) überwacht.

(2) Die Aufsichtsbehörde kann die erforderlichen Maßnahmen anordnen, die der Arbeitgeber zur Erfüllung der sich aus diesem Gesetz und den auf Grund dieses Gesetzes erlassenen Rechtsverordnungen ergebenden Pflichten zu treffen hat.

(3) Für den öffentlichen Dienst des Bundes sowie für die bundesunmittelbaren Körperschaften, Anstalten und Stiftungen des öffentlichen Rechts werden die Aufgaben und Befugnisse der Aufsichtsbehörde vom zuständigen Bundesministerium oder den von ihm bestimmten Stellen wahrgenommen; das gleiche gilt für die Befugnisse nach § 15 Abs. 1 und 2.

(4) [1]Die Aufsichtsbehörde kann vom Arbeitgeber die für die Durchführung dieses Gesetzes und der auf Grund dieses Gesetzes erlassenen Rechtsverordnungen erforderlichen Auskünfte verlangen. [2]Sie kann ferner vom Arbeitgeber verlangen, die Arbeitszeitnachweise und Tarifverträge oder Betriebs- oder Dienstvereinbarungen im Sinne des § 7 Abs. 1 bis 3, §§ 12 und 21a Abs. 6 vorzulegen oder zur Einsicht einzusenden.

(5) [1]Die Beauftragten der Aufsichtsbehörde sind berechtigt, die Arbeitsstätten während der Betriebs- und Arbeitszeit zu betreten und zu besichtigen; außerhalb dieser Zeit oder wenn sich die Arbeitsstätten in einer Wohnung befinden, dürfen sie ohne Einverständnis des Inhabers nur zur Verhütung von dringenden Gefahren für die öffentliche Sicherheit und Ordnung betreten und besichtigt werden. [2]Der Arbeitgeber hat das Betreten und Besichtigen der Arbeitsstätten zu

gestatten. [3]Das Grundrecht der Unverletzlichkeit der Wohnung (Artikel 13 des Grundgesetzes) wird insoweit eingeschränkt.

(6) Der zur Auskunft Verpflichtete kann die Auskunft auf solche Fragen verweigern, deren Beantwortung ihn selbst oder einen der in § 383 Abs. 1 Nr. 1 bis 3 der Zivilprozeßordnung bezeichneten Angehörigen der Gefahr strafgerichtlicher Verfolgung oder eines Verfahrens nach dem Gesetz über Ordnungswidrigkeiten aussetzen würde.

1 **1. Regelungsinhalt.** § 17 regelt die Überwachungsaufgaben der Aufsichtsbehörden und deren hierzu notwendige Befugnisse.

2 **2. Aufsichtsbehörden.** Nach § 17 I wird die Einhaltung des ArbZG und der auf Grund dieses G erlassenen Rechtsverordnungen von den Aufsichtsbehörden überwacht. Es obliegt den Ländern, zu bestimmen, welche Behörde als Aufsichtsbehörde sachl. zuständig ist. In der überw. Zahl der Länder sind die staatlichen **Gewerbeaufsichtsämter** oder **Ämter für Arbeitsschutz** die sachl. zuständige Aufsichtsbehörde. Die örtl. Zuständigkeit richtet sich nach den Verwaltungsverfahrensgesetzen der Länder. IdR ist die Behörde örtl. zuständig, in deren Bezirk die Betriebsstätte betrieben wird. Für den öffentl. Dienst des Bundes sowie für die bundesunmittelbaren Körperschaften, Anstalten und Stiftungen des öffentl. Rechts ergibt sich die Überwachungszuständigkeit aus § 17 III. Danach werden die Aufgaben und Befugnisse der Aufsichtsbehörde vom zuständigen Bundesministerium oder den von ihm bestimmten Stellen wahrgenommen (ausf. zum Ganzen *Baeck/Deutsch* Rn. 4 ff.).

3 **3. Maßnahmen der Aufsichtsbehörden.** Den Aufsichtsbehörden stehen alle amtl. Befugnisse der Ortspolizeibehörden zu, insb. auch die Befugnis, die notwendigen Maßnahmen zu treffen, um eine im einzelnen Falle bestehende Gefahr für die öffentl. Sicherheit und Ordnung abzuwehren (BVerwG 4.7.1989 GewA 1990, 25). Macht die Aufsichtsbehörde von ihrer Anordnungsbefugnis nach § 17 II Gebrauch und ordnet sie im Einzelfall die erforderl. Maßnahmen an, die der AG zu treffen hat, so handelt es sich hierbei um einen **Verwaltungsakt,** der der verwaltungsgerichtl. Überprüfung unterliegt. In der Ordnungsverfügung kann die Aufsichtsbehörde zugleich Zwangsmittel androhen. Zur Durchsetzung einer sich aus dem ArbZG ergebenden Pflicht kann die Aufsichtsbehörde auch **gesetzeswiederholende Anordnungen** mit Zwangsgeldandrohung erlassen (VGH München 28.10.1993 GewA 1994, 192).

4 **4. Auskunfts- und Vorlagepflicht.** Die Auskunftspflicht des AG nach § 17 IV 1 besteht erst dann, wenn die Aufsichtsbehörde dem AG ggü. ein entspr. Verlangen erklärt hat. Dieses muss jedoch **nicht** in **Form** einer Anordnung an den AG gerichtet werden, sondern kann zB auch mündl. oder fernmündl. erfolgen (BT-Drs. 12/5888 S. 32; aA *Baeck/Deutsch* Rn. 25). Die Auskunftspflicht setzt auch nicht voraus, dass der Verdacht auf einen Gesetzesverstoß besteht. Unzulässig ist jedoch die allgemeine, ungezielte Ausforschung des AG, die nur die behördl. Aufsicht erleichtern soll (OVG BE 18.3.1982 GewA 1982, 279). Nach § 17 IV 2 muss der AG der Aufsichtsbehörde auch vorhandene Unterlagen über die AZ sowie die TV und Betriebs- oder Dienstvereinbarungen iSd. § 7 I bis III und des § 12 aushändigen oder zur Einsicht zusenden, damit sie ihre Aufgaben erfüllen kann. Die Vorlagepflicht besteht unabhängig von Besichtigungen (BT-Drs. 12/5888 S. 32). Die Kosten der Übersendung der Unterlagen trägt der AG. Ein AG, der vorsätzl. oder fahrlässig eine Auskunft nicht, nicht richtig oder nicht vollständig erteilt oder Unterlagen nicht vollständig vorlegt oder nicht einsendet, begeht eine Ordnungswidrigkeit nach § 22 II Nr. 10. Die Zuwiderhandlung gegen das Auskunfts- oder Vorlageverlangen ist jedoch nicht schon mit dem Erlass der behördl. Anordnung, sondern erst dann bußgeldbewehrt, wenn die Anordnung für den AG verbindl. ist (OLG Hamm 7.6.1994 GewA 1994, 471).

5 **5. Besichtigungsrecht.** Nach § 17 V 1 ist es den Beauftragten der Aufsichtsbehörde gestattet, die **Arbeitsstätte** zu **betreten** und zu **besichtigen.** Die Aufsichtsbehörde braucht die Besichtigung weder vorher anzuordnen noch anzukündigen (vgl. Begr. BT-Drs. 12/5888 S. 32; KG BE 16.4.1987 GewA 1987, 305). Eine vorherige Ankündigung ist im Regelfall auch nicht zweckmäßig, weil sich der AG dann auf die Besichtigung einstellen und etwa vorhandene Missstände ggf. abstellen kann. Außerhalb der Betriebs- und AZ oder wenn sich die Arbeitsstätte in einer Wohnung befindet, stehen der Aufsichtsbehörde diese Befugnisse nur mit Einverständnis des Inhabers oder zur Verhütung von dringenden Gefahren für die öffentl. Sicherheit oder Ordnung zu. Diese Einschränkung des Besichtigungsrechts entspricht den vom BVerfG in seinem Beschluss vom 13.10.1971 im Zusammenhang mit Art. 13 GG aufgestellten Grundsätzen (s. BVerfG 13.10.1971 E 32, 54, 75 f.; *Wank* Telearbeit 1997 Rn. 436 ff.).

6 § 17 V 2 verpflichtet den AG ausdrückl., das Betreten und Besichtigen der Arbeitsstätten **zu gestatten.** Verweigert der AG den Zutritt, so kann die Aufsichtsbehörde nach § 17 II eine Duldungsverfügung erlassen und im Wege des Verwaltungszwangs durchsetzen. Der AG, der das Betreten und Besichtigen seiner Arbeitsstätte entgegen § 17 V 2 nicht gestattet, handelt ordnungswidrig.

7 **6. Auskunftsverweigerungsrecht.** Nach § 17 VI darf der zur Auskunft Verpflichtete die Auskunft auf solche Frage verweigern, deren Beantwortung ihn selbst oder einen nahen Angehörigen gem. § 383 I Nr. 1 bis 3 ZPO der Gefahr strafrechtl. Verfolgung oder eines Verfahrens nach dem OWiG

aussetzen würde. Die Aufsichtsbehörde ist nicht verpflichtet, den Auskunftspflichtigen auf sein Auskunftsverweigerungsrecht hinzuweisen (BayObLG 11.10.1968 GewA 1969, 41). Nach dem eindeutigen Wortlaut des Abs. 6 kann der zur Auskunft Verpflichtete nur die Auskunft, nicht aber die Einsichtnahme und Herausgabe von Unterlagen verweigern (*Baeck/Deutsch* Rn. 39; *Roggendorff* Rn. 18; aA *Dobberahn* Rn. 167).

Sechster Abschnitt. Sonderregelungen

§ 18 Nichtanwendung des Gesetzes

(1) Dieses Gesetz ist nicht anzuwenden auf

1. leitende Angestellte im Sinne des § 5 Abs. 3 des Betriebsverfassungsgesetzes sowie Chefärzte,

2. Leiter von öffentlichen Dienststellen und deren Vertreter sowie Arbeitnehmer im öffentlichen Dienst, die zu selbständigen Entscheidungen in Personalangelegenheiten befugt sind,

3. Arbeitnehmer, die in häuslicher Gemeinschaft mit den ihnen anvertrauten Personen zusammenleben und sie eigenverantwortlich erziehen, pflegen oder betreuen,

4. den liturgischen Bereich der Kirchen und der Religionsgemeinschaften.

(2) Für die Beschäftigung von Personen unter 18 Jahren gilt anstelle dieses Gesetzes das Jugendarbeitsschutzgesetz.

(3) Für die Beschäftigung von Arbeitnehmern als Besatzungsmitglieder auf Kauffahrteischiffen im Sinne des § 3 des Seearbeitsgesetzes gilt anstelle dieses Gesetzes das Seearbeitsgesetz.

1. **Nichtanwendung auf bestimmte Personengruppen.** Um den Besonderheiten bei der AZ bestimmter Personengruppen Rechnung zu tragen, nimmt § 18 I die in Nr. 1 bis 4 genannten Personengruppen von der Anwendung des ArbZG aus. Die Herausnahme dieser ANGruppen vom ör. Arbeitszeitrecht steht im Einklang mit Art. 17 I RL 2003/88/EG. Der darin genannte Personenkreis deckt sich weitgehend mit den in § 18 I aufgeführten Personengruppen. Zu den Besonderheiten im Sport s. *Heink* Sportspezifischer Arbeitszeitschutz, 2012. Das ArbZG gilt auch für nach dem AEntG entsandtes ausl. Pflegepersonal, das in Privathaushalten arbeitet (BT-Dr 17/8373). Betriebsratstätigkeit unterliegt nicht dem ArbZG (LAG Hamm 20.2.2015 LAGE BetrVG § 37 Nr. 10; LAG NS 20.2.2015 12 TaBV 76/14. 1

Nach § 18 I Nr. 1 gilt das ArbZG **nicht für leitende Angestellte** iSd. § 5 III BetrVG (dazu *Henssler/Lunk* NZA 2016, 1425). Mit der ges. Verweisung in § 18 I Nr. 1 auf § 5 III BetrVG wird nunmehr im Interesse der Rechtsklarheit für das ArbZG und das BetrVG ein einheitl. Begriff des leitenden Angestellten zugrunde gelegt. Zu den Auslegungsfragen, ob ein AN leitender Angestellter iSd. § 5 III BetrVG und damit auch iSd. § 18 I Nr. 1 ist, kann daher auf die einschlägige Kommentarliteratur zu § 5 III BetrVG verwiesen werden (s. § 5 BetrVG Rn. 17 ff. mwN). 2

In Anlehnung an § 3 lit. i BAT werden auch Chefärzte vom Anwendungsbereich des G ausgenommen (vgl. BT-Drs. 12/5888 S. 32). **Chefarzt** ist, wer als Leiter einer Krankenhausabteilung innerhalb dieser Abteilung die ärztl. Gesamtverantwortung für die Patientenversorgung trägt und Vorgesetzter des ärztl. und nichtärztl. Personals seiner Abteilung ist (MüArbR/*Richardi* § 204 Rn. 14). Nicht zu den Chefärzten zählen Oberärzte, Assistenzärzte und Ärzte im Praktikum (MüArbR/*Richardi* § 204 Rn. 15 ff.; s. *Schlottfeldt/Herrmann*, AZgestaltung in Krankenhäusern und Pflegeeinrichtungen, 2. Aufl. 2014). 3

Das ArbZG findet ferner keine Anwendung auf **Leiter von öffentl. Dienststellen,** deren Vertreter sowie Beschäftigte, die zu selbständigen Entscheidungen in Personalangelegenheiten befugt sind (§ 18 I Nr. 2). Der Gesetzgeber hat damit die Personen vom Anwendungsbereich des ArbZG ausgenommen, die nach §§ 7, 14 III BPersVG nicht zu den Personalvertretungen wählbar sind. 4

Nach § 18 I Nr. 3 werden nur solche AN vom ör. Arbeitszeitschutz ausgenommen, die in häusl. Gemeinschaft mit den ihnen anvertrauten Personen zusammenleben und sie eigenverantwortl. erziehen, pflegen oder betreuen. Zu dem Kreis der **anvertrauten Personen** zählen zB Kinder im Bereich der SOS-Kinderdörfer, Behinderte, Pflegebedürftige, ältere Menschen, Alkohol- oder Drogenabhängige. Entscheidend ist, dass die AN mit den anvertrauten Personen in häusl. Gemeinschaft **zusammenleben,** idR also mit ihnen gemeinsam wohnen und wirtschaften. 5

Die Herausnahme des **liturgischen Bereichs** der Kirchen und Religionsgemeinschaften (§ 18 I Nr. 4) aus dem ör. Arbeitszeitschutz war wegen Art. 4 II GG erforderl., der die ungestörte Religionsausübung auch in zeitl. Hinsicht gebietet. 6

§ 18 IV ArbZG ist durch das G zur Änd. des G über den Ladenschluss und zur Neuregelung der AZ in **Bäckereien** und Konditoreien vom 30.7.1996 (BGBl. I S. 1186) aufgeh. worden. Die Beschäftigung von AN in Bäckereien und Konditoreien fällt nunmehr unter das ArbZG. 7

2. **Jugendarbeitsschutzgesetz.** Nach § 18 II gilt für die Beschäftigung von Personen, die noch keine 18 Jahre alt sind, anstelle dieses G das JArbSchG. Für die AZ der Jugendl. enthalten §§ 8 ff. JArbSchG Sonderregelungen. § 8 I JArbSchG begrenzt die zulässige Höchstarbeitszeit für Jugendl. grds. auf 8

8 Stunden tägl. und **40 Stunden wöchentl.** Ferner dürfen Jugendl. grds. nur an den Werktagen von Montag bis Freitag beschäftigt werden. Wird die höchstzulässige werktägl. AZ von 8 Stunden an einzelnen Werktagen verkürzt, so darf die AZ nach § 8 II a JArbSchG an den übrigen Werktagen derselben Woche auf bis zu achteinhalb Stunden verlängert werden. Ebenfalls strenger sind die Vorschr. über Mindestruhepausen sowie die Mindestruhezeit. Für Jugendl. muss die Ruhepause bei einer AZ von mehr als viereinhalb bis zu sechs Stunden mind. 30 Minuten und bei einer AZ von mehr als sechs Stunden mind. 60 Minuten betragen (§ 11 I JArbSchG). Nach § 13 JArbSchG dürfen Jugendl. nach Beendigung der tägl. AZ nicht vor Ablauf einer ununterbrochenen Freizeit von mind. 12 Stunden beschäftigt werden. Sonderregelungen gelten auch für die Nachtarbeit. § 14 I JArbSchG verbietet dem Grundsatz nach die Beschäftigung von Jugendl. in der Zeit von 20 Uhr bis 6 Uhr. Ausnahmen sind ledigl. in den in § 14 II bis VII JArbSchG aufgeführten Fällen oder durch Rechtsverordnung mögl. (§ 21b Nr. 2 JArbSchG).

9 **3. Seearbeitsgesetz.** Nach § 18 III findet für die Beschäftigung von AN auf Kauffahrteischiffen (§ 3 SeearbeitsG) anstelle des ArbZG das SeearbeitsG Anwendung. Das durch Art. 1 des G zur Umsetzung des Seearbeitsübereinkommens 2006 der Internationalen Arbeitsorganisation v. 20.4.2013, BGBl. I 868 am 1.8.2013 in Kraft getretene SeearbeitsG hat das Seemanngesetz abgelöst. Die §§ 42–55 regeln den Arbeitszeitschutz; zur Offshore-ArbZV v. 5.7.2013 BGBl I, 2228 s. *Hoffmann/Günter/Rowold* NZA 2013, 1332.

10 **4. Geltung für die Feuerwehr.** Die AZ-RL 2003/88/EG gilt grds. a. für Feuerwehrleute (EuGH 25.11.2010 NZA 2011, 53; s. a. § 1 Rn. 25). Jedoch lässt Art. 17 II, III lit. c) iii RL für Feuerwehrleute ein Abweichen von Art. 4 RL zu, wenn die betroffenen AN entweder gleichwertige Ausgleichsruhezeiten oder bei deren objektiver Unmöglichkeit einen angemessenen Schutz erhalten. Eine solche Ausnahme hat das OVG Koblenz (23.3.2012 2 A 11355/11. OVG BeckRS 2012, 49136) in einem Fall nach nach einer landesrechtl. ArbZVO bejaht. Daher müssten sich Feuerwehrleute auch während ihrer Ruhepausen für Noteinsätze bereithalten.

§ 19 Beschäftigung im öffentlichen Dienst

Bei der Wahrnehmung hoheitlicher Aufgaben im öffentlichen Dienst können, soweit keine tarifvertragliche Regelung besteht, durch die zuständige Dienstbehörde die für Beamte geltenden Bestimmungen über die Arbeitszeit auf die Arbeitnehmer übertragen werden; insoweit finden die §§ 3 bis 13 keine Anwendung.

1 Mit § 19 soll dem Umstand Rechnung getragen werden, dass wegen der Zusammenarbeit von Beamten und AN ein Interesse an einer einheitl. AZ bestehen kann (BT-Drs. 12/5888 S. 33).

2 Eine bes. Rechtsform ist für die Übertragung nicht vorgeschrieben. Sie kann durch Rechtsverordnung, Erlass oder eine andere Übertragungserklärung erfolgen; mögl. ist auch eine Übertragung durch eine tarifvertragl. Regelung, die zugleich die einseitige Übertragungserklärung enthält (vgl. BAG 14.4.1966 AP AZO § 13 Nr. 2).

3 Die Übertragungsmöglichkeit gilt jedoch nur bei der Wahrnehmung **hoheitl. Aufgaben.** Diese Einschränkung soll zur Vermeidung von Wettbewerbsverzerrungen verhindern, dass der AG im öffentl. Dienst besser gestellt ist als ein privater AG (vgl. Begr. BT-Drs. 12/6990 S. 44). Eine Übertragung ist daher in solchen Dienststellen ausgeschlossen, die keine hoheitl. Aufgaben wahrnehmen und ausschließl. privatrechtl. tätig werden (zB kommunale Verkehrs- und Versorgungsbetriebe, die als „Eigenbetriebe" unmittelbar von der öffentl. Hand geführt werden).

4 Eine weitere Einschränkung ergibt sich aus dem Tarifvorbehalt des § 19, der eine Übertragung nur zulässt, soweit keine tarifvertragl. Regelung besteht. Da für die vom BAT erfassten Angestellten des öffentl. Dienstes die AZ in den §§ 6 ff. TVöD, und für die Arbeiter von Bund, Ländern und Gemeinden die AZ in den jeweiligen TV abschließend geregelt ist, ist die praktische Bedeutung des § 19 als gering anzusehen.

§ 20 Beschäftigung in der Luftfahrt

Für die Beschäftigung von Arbeitnehmern als Besatzungsmitglieder von Luftfahrzeugen gelten anstelle der Vorschriften dieses Gesetzes über Arbeits- und Ruhezeiten die Vorschriften über Flug-, Flugdienst- und Ruhezeiten der Zweiten Durchführungsverordnung zur Betriebsordnung für Luftfahrtgerät in der jeweils geltenden Fassung.

1 Das ArbZG gilt grds. auch für AN in der Luftfahrt. Ledigl. für die Besatzungsmitglieder von Luftfahrzeugen gelten anstelle der Vorschr. des ArbZG über Arbeits- und Ruhezeiten die Vorschr. über Flug-, Flugdienst- und Ruhezeiten der Zweiten Durchführungsverordnung zur Betriebsordnung für Luftfahrtgerät vom 6.4.2009, BAnz Nr. 56 S. 1327.

§ 21 Beschäftigung in der Binnenschiffahrt

(1) [1]Die Bundesregierung kann durch Rechtsverordnung mit Zustimmung des Bundesrates, auch zur Umsetzung zwischenstaatlicher Vereinbarungen oder Rechtsakten der Europäischen Union, abweichend von den Vorschriften dieses Gesetzes die Bedingungen für die Arbeitszeitgestaltung von Arbeitnehmern, die als Mitglied der Besatzung oder des Bordpersonals an Bord eines Fahrzeugs in der Binnenschifffahrt beschäftigt sind, regeln, soweit dies erforderlich ist, um den besonderen Bedingungen an Bord von Binnenschiffen Rechnung zu tragen. [2]Insbesondere können in diesen Rechtsverordnungen die notwendigen Bedingungen für die Sicherheit und den Gesundheitsschutz im Sinne des § 1, einschließlich gesundheitlicher Untersuchungen hinsichtlich der Auswirkungen der Arbeitszeitbedingungen auf einem Schiff in der Binnenschifffahrt, sowie die notwendigen Bedingungen für den Schutz der Sonn- und Feiertagsruhe bestimmt werden. [3]In Rechtsverordnungen nach Satz 1 kann ferner bestimmt werden, dass von den Vorschriften der Rechtsverordnung durch Tarifvertrag abgewichen werden kann.

(2) [1]Soweit die Bundesregierung von der Ermächtigung des Absatzes 1 keinen Gebrauch macht, gelten die Vorschriften dieses Gesetzes für das Fahrpersonal auf Binnenschiffen, es sei denn, binnenschifffahrtsrechtliche Vorschriften über Ruhezeiten stehen dem entgegen. [2]Bei Anwendung des Satzes 1 kann durch Tarifvertrag von den Vorschriften dieses Gesetzes abgewichen werden, um der Eigenart der Binnenschifffahrt Rechnung zu tragen.

Das ArbZG gilt grds. auch für AN in der Binnenschifffahrt. Ledigl. die Vorschr. über Ruhezeiten 1
der Rheinschiffs-Untersuchungsordnung vom 26.3.1976 (BGBl. I S. 773) gehen den arbeitsschutzrechtl. Regelungen vor. § 21 trägt damit den Besonderheiten in der Binnenschifffahrt Rechnung (BT-Drs. 12/5888 S. 33). Nach § 21 S. 2 können die Vorschr. des ArbZG durch TV der Eigenart der Binnenschifffahrt angepasst werden. Dies entspricht den Abweichungsmöglichkeiten, wie sie in § 7 und § 12 vorgesehen sind.

§ 21a Beschäftigung im Straßentransport

(1) [1]Für die Beschäftigung von Arbeitnehmern als Fahrer oder Beifahrer bei Straßenverkehrstätigkeiten im Sinne der Verordnung (EG) Nr. 561/2006 des Europäischen Parlaments und des Rates vom 15. März 2006 zur Harmonisierung bestimmter Sozialvorschriften im Straßenverkehr und zur Änderung der Verordnungen (EWG) Nr. 3821/85 und (EG) Nr. 2135/98 des Rates sowie zur Aufhebung der Verordnung (EWG) Nr. 3820/85 des Rates (ABl. EG Nr. L 102 S. 1) oder des Europäischen Übereinkommens über die Arbeit des im internationalen Straßenverkehr beschäftigten Fahrpersonals (AETR) vom 1. Juli 1970 (BGBl. II 1974 S. 1473) in ihren jeweiligen Fassungen gelten die Vorschriften dieses Gesetzes, soweit nicht die folgenden Absätze abweichende Regelungen enthalten. [2]Die Vorschriften der Verordnung (EG) Nr. 561/2006 und des AETR bleiben unberührt.

(2) Eine Woche im Sinne dieser Vorschriften ist der Zeitraum von Montag 0 Uhr bis Sonntag 24 Uhr.

(3) [1]Abweichend von § 2 Abs. 1 ist keine Arbeitszeit:
1. die Zeit, während derer sich ein Arbeitnehmer am Arbeitsplatz bereithalten muss, um seine Tätigkeit aufzunehmen,
2. die Zeit, während derer sich ein Arbeitnehmer bereithalten muss, um seine Tätigkeit auf Anweisung aufnehmen zu können, ohne sich an seinem Arbeitsplatz aufhalten zu müssen;
3. für Arbeitnehmer, die sich beim Fahren abwechseln, die während der Fahrt neben dem Fahrer oder in einer Schlafkabine verbrachte Zeit.

[2]Für die Zeiten nach Satz 1 Nr. 1 und 2 gilt dies nur, wenn der Zeitraum und dessen voraussichtliche Dauer im Voraus, spätestens unmittelbar vor Beginn des betreffenden Zeitraums bekannt ist. [3]Die in Satz 1 genannten Zeiten sind keine Ruhezeiten. [4]Die in Satz 1 Nr. 1 und 2 genannten Zeiten sind keine Ruhepausen.

(4) [1]Die Arbeitszeit darf 48 Stunden wöchentlich nicht überschreiten. [2]Sie kann auf bis zu 60 Stunden verlängert werden, wenn innerhalb von vier Kalendermonaten oder 16 Wochen im Durchschnitt 48 Stunden wöchentlich nicht überschritten werden.

(5) [1]Die Ruhezeiten bestimmen sich nach den Vorschriften der Europäischen Gemeinschaften für Kraftfahrer und Beifahrer sowie nach dem AETR. [2]Dies gilt auch für Auszubildende und Praktikanten.

(6) [1]In einem Tarifvertrag oder auf Grund eines Tarifvertrags in einer Betriebs- oder Dienstvereinbarung kann zugelassen werden,
1. nähere Einzelheiten zu den in Absatz 3 Satz 1 Nr. 1, 2 und Satz 2 genannten Voraussetzungen zu regeln,

2. abweichend von Absatz 4 sowie den §§ 3 und 6 Abs. 2 die Arbeitszeit festzulegen, wenn objektive, technische oder arbeitszeitorganisatorische Gründe vorliegen. Dabei darf die Arbeitszeit 48 Stunden wöchentlich im Durchschnitt von sechs Kalendermonaten nicht überschreiten.

[2] § 7 Abs. 1 Nr. 2 und Abs. 2a gilt nicht. [3] § 7 Abs. 3 gilt entsprechend.

(7) [1] Der Arbeitgeber ist verpflichtet, die Arbeitszeit der Arbeitnehmer aufzuzeichnen. [2] Die Aufzeichnungen sind mindestens zwei Jahre aufzubewahren. [3] Der Arbeitgeber hat dem Arbeitnehmer auf Verlangen eine Kopie der Aufzeichnungen seiner Arbeitszeit auszuhändigen.

(8) [1] Zur Berechnung der Arbeitszeit fordert der Arbeitgeber den Arbeitnehmer schriftlich auf, ihm eine Aufstellung der bei einem anderen Arbeitgeber geleisteten Arbeitszeit vorzulegen. [2] Der Arbeitnehmer legt diese Angaben schriftlich vor.

1 Für das **Fahrpersonal** im Straßenverkehr gelten im Unionsrecht:
- VO (EG) Nr. 561/2006 v. 15.3.2006, ABl. EG L 102, 1; sie hebt die VO (EWG) Nr. 3820/85 auf
- VO (EWG) Nr. 3821/85 v. 20.12.1985, ABl. EG L 370, 8
- VO (EG) Nr. 2135/98 v. 24.9.1998, ABl. L 274, 1.

Ferner gilt folgende Richtlinie:
- RL 2002/15 v. 11.3.2002, ABl. L 80, 35.

Zu den Begriffen „Hauptbetriebsstätte" und „Wegezeit" in der VO Nr. 3820/85 s. EuGH 29.4.2010 EuZW 2010, 746.

2 Die **VO (EG) Nr. 561/2006** enthält Vorschr. zu den Lenkzeiten, Fahrtunterbrechungen und Ruhezeiten für Kraftfahrer im Straßengüter- und Personenverkehr, Art. 1. Sie gilt für Güterbeförderung mit Fahrzeugen über 3,5 t und für Personenbeförderung für mehr als neun Personen, Art. 2. Nach dieser VO darf die tägl. Lenkzeit neun Stunden nicht überschreiten, die wöchentl. nicht 56 Stunden, Art. 6 I, II. Nach einer Lenkdauer von viereinhalb Stunden hat der Fahrer eine ununterbrochene Fahrtunterbrechung von wenigstens 45 Minuten einzulegen, Art. 7. Nach Art. 8 I VO muss der Fahrer tägl. und wöchentl. Ruhezeiten einhalten. Zwischen zwei wöchentl. Ruhezeiten darf der Fahrer höchstens drei reduzierte tägl. Ruhezeiten einlegen, Art. 8 IV VO. Dabei muss der Fahrer in zwei jeweils aufeinander folgenden Wochen mind. folgende Ruhezeiten einhalten: entweder zwei regelmäßige wöchentl. Ruhezeiten oder eine regelmäßige wöchentl. Ruhezeit und eine reduzierte wöchentl. Ruhezeit von mind. 24 Stunden, Art. 8 VI VO. Nach Art. 11 VO bleibt es den Mitgliedstaaten zwar freigestellt, strengere Regelungen festzulegen. Um Benachteiligungen deutscher Kraftfahrer und Beifahrer zu vermeiden, wurde in Deutschland von dieser Ermächtigung jedoch kein Gebrauch gemacht. Die Überwachung erfolgt nach der VO (EWG) Nr. 3821/85 und nach Art. 16 II, III VO 561/2006.

3 Die VO 561/2006 und § 21a ArbZG stehen bei teilweise sich überschneidendem Anwendungsbereich selbständig nebeneinander. Dem tragen § 21a I 2 und V ArbZG Rechnung, indem sie festlegen, dass die Regelungen der VO unberührt bleiben und indem sie für den Bereich der Ruhezeiten ausdrückl. auf die Vorschr. der EG verweisen (*Didier* NZA 2007, 120).

4 Die **RL 2002/15/EG** hat Vorrang vor der RL 93/104/EG, Art. 2 III RL 2002/15/EG. Sie regelt den Bereich der Arbeitszeit für Fahrpersonal, insbes. die wöchentl. Höchstarbeitszeit. Sie unterscheidet, anders als die ArbZRL und der EuGH, nicht nur zwischen Arbeitszeit und Ruhezeit, sondern kennt auch die Zwischenkategorie der Bereitschaftszeit, Art. 3 Buchst. a), b)). Nach der RL darf die durchschnittl. wöchentl. Arbeitszeit 48 Stunden nicht überschreiten, Art. 4 Buchst. a)). Fahrer dürfen nicht länger als sechs Stunden hintereinander ohne Ruhepause arbeiten, Art. 5 I. Im Falle von Nachtarbeit darf die tägl. Arbeit in einem Zeitraum von jeweils 24 Stunden zehn Stunden nicht überschreiten, Art. 7 I. Von Art. 4 und 7 abweichende Regelungen können durch TV geregelt werden, Art. 8 I. Werden die Lenk- und Ruhezeiten nicht eingehalten, haftet der Geschäftsherr des Unfallfahrers aus § 831 BGB (OLG Hamm 9.12.2008 NJW 2009, 2685). Zu Wartezeiten im Linienverkehr s. BAG 28.1.2015–5 AZR 536/13. Seit dem 23.3.2009 hat Art. 2 I RL die Vorschr. über die Einhaltung der AZ auf selbständige Kraftfahrer ausgedehnt. Für sie gilt das G zur Regelung der Arbeitszeit von selbstständigen Kraftfahrern v. 11.7.2012; dazu *Wiebauer* NZA 2012, 1331. Das Unionsrecht wurde durch das Fahrpersonalgesetz **(FPersG)** vom 19.2.1987 (BGBl. I S. 640) und durch die Fahrpersonalverordnung **(FPersV)** vom 27.6.2005 (BGBl. I S. 1882) in deutsches Recht umgesetzt. Fahrer von Straßenbahnen im Linienverkehr mit einer Linienstrecke bis zu 50 Kilometern sind keine Fahrer iSv § 1 I Nr. 2 FPersV (BAG 18.11.2008 AP ArbZG § 2 Nr. 3 *(Didier)).*

5 In **§ 21a III** wird die Option der Fahrpersonalrichtlinie, dass Zeiten der Arbeitsbereitschaft nicht als Arbeitszeit zählen, ins deutsche Recht übernommen (weder Arbeitszeit noch Ruhezeit). Nach *Buschmann* AuR 2006, 418 verstößt Abs. 3 Nr. 1 gegen die RL. Sie schließt jdf. eine Vergütungspflicht nicht aus (BAG 20.4.2011 NZA 2011, 917).

Siebter Abschnitt. Straf- und Bußgeldvorschriften

§ 22 Bußgeldvorschriften

(1) **Ordnungswidrig handelt, wer als Arbeitgeber vorsätzlich oder fahrlässig**

1. **entgegen §§ 3, 6 Abs. 2 oder § 21a Abs. 4, jeweils auch in Verbindung mit § 11 Abs. 2, einen Arbeitnehmer über die Grenzen der Arbeitszeit hinaus beschäftigt,**
2. **entgegen § 4 Ruhepausen nicht, nicht mit der vorgeschriebenen Mindestdauer oder nicht rechtzeitig gewährt,**
3. **entgegen § 5 Abs. 1 die Mindestruhezeit nicht gewährt oder entgegen § 5 Abs. 2 die Verkürzung der Ruhezeit durch Verlängerung einer anderen Ruhezeit nicht oder nicht rechtzeitig ausgleicht,**
4. **einer Rechtsverordnung nach § 8 Satz 1, § 13 Abs. 1 oder 2, § 15 Absatz 2a Nummer 2, § 21 Absatz 1 oder § 24 zuwiderhandelt, soweit sie für einen bestimmten Tatbestand auf diese Bußgeldvorschrift verweist,**
5. **entgegen § 9 Abs. 1 einen Arbeitnehmer an Sonn- oder Feiertagen beschäftigt,**
6. **entgegen § 11 Abs. 1 einen Arbeitnehmer an allen Sonntagen beschäftigt oder entgegen § 11 Abs. 3 einen Ersatzruhetag nicht oder nicht rechtzeitig gewährt,**
7. **einer vollziehbaren Anordnung nach § 13 Abs. 3 Nr. 2 zuwiderhandelt,**
8. **entgegen § 16 Abs. 1 die dort bezeichnete Auslage oder den dort bezeichneten Aushang nicht vornimmt,**
9. **entgegen § 16 Abs. 2 oder § 21a Abs. 7 Aufzeichnungen nicht oder nicht richtig erstellt oder nicht für die vorgeschriebene Dauer aufbewahrt oder**
10. **entgegen § 17 Abs. 4 eine Auskunft nicht, nicht richtig oder nicht vollständig erteilt, Unterlagen nicht oder nicht vollständig vorlegt oder nicht einsendet oder entgegen § 17 Abs. 5 Satz 2 eine Maßnahme nicht gestattet.**

(2) **Die Ordnungswidrigkeit kann in den Fällen des Absatzes 1 Nr. 1 bis 7, 9 und 10 mit einer Geldbuße bis zu fünfzehntausend Euro, in den Fällen des Absatzes 1 Nr. 8 mit einer Geldbuße bis zu zweitausendfünfhundert Euro geahndet werden.**

1. Bußgeldrechtliche Verantwortung. Wie sich aus der Formulierung des § 22 I „wer als Arbeitgeber" ergibt, trägt die bußgeldrechtl. Verantwortung für die Einhaltung der Schutzvorschriften des ArbZG allein der **Arbeitgeber** (LAG BW 23.11.2000 AuR 2001, 512). AG iSd. § 22 ist jeder, der einen AN iSd. § 2 II beschäftigt. AG kann eine natürl., eine jur. Person oder eine **Personenhandelsgesellschaft** sein. Ist der AG eine jur. Person oder eine Personenhandelsgesellschaft, so erstreckt **§ 9 I OWiG** die bußgeldrechtl. Verantwortung auf die ges. Vertreter, die anstelle des eigentl. Normadressaten handeln. Dem AG **gleichgestellt** sind nach **§ 9 II OWiG** Personen, die vom Inhaber eines Betriebes oder einem sonst dazu Befugten beauftragt sind, den Betrieb ganz oder zum Teil zu leiten (zB Betriebsleiter, Betriebsabteilungsleiter), oder die ausdrückl. beauftragt sind, in eigener Verantwortung Aufgaben wahrzunehmen, die dem Inhaber des Betriebes obliegen (zB Werkmeister). Der AG muss jedoch durch geeignete Aufsichtsmaßnahmen sicherstellen, dass die Pflichten nach dem ArbZG erfüllt werden, andernfalls handelt er gem. § 130 OWiG selbst ordnungswidrig. 1

2. Ordnungswidrigkeiten. § 22 I enthält eine abschl. Aufzählung der Vorschr. des ArbZG, deren Verletzung als Ordnungswidrigkeit mit Geldbuße geahndet werden kann. Die Ordnungswidrigkeit setzt ein tatbestandsmäßiges, rechtswidriges und schuldhaftes Tun oder Unterlassen eines Menschen voraus (vgl. § 1 OWiG). § 22 bedroht sowohl vorsätzl. als auch fahrlässige Zuwiderhandlungen gegen die in § 22 I genannten Bestimmungen (zu den Schuldformen s. *Göhler*, Komm. zum OWiG, 14. Aufl. 2006 vor § 1 Rn. 30). Die tatbestandsmäßige Verwirklichung der Bußgeldvorschriften des § 22 I ist rechtswidrig, wenn nicht ausnahmsweise ein Rechtfertigungsgrund vorliegt (zB Notwehr oder rechtfertigender Notstand iSd. §§ 15, 16 OWiG). 2

Ordnungswidrigkeiten nach § 22 I können mit einer Geldbuße bis zu **€ 15000,–** verfolgt werden. Ledigl. in den Fällen des § 22 I Nr. 8 beträgt die höchstzulässige Geldbuße **€ 2500,–**. Die Reduzierung der Höhe der Geldbuße bei Verstoß gegen die Aushangverpflichtung des § 16 I auf seinerzeit DM 5000,– wurde unter dem Gesichtspunkt der Verhältnismäßigkeit für geboten angesehen (vgl. BT-Drs. 12/5888 S. 52). 3

Das Verfahren der Bußgeldfestsetzung richtet sich nach den §§ 35 ff. OWiG. Die **Verjährungsfrist** für die Verfolgung einer Ordnungswidrigkeit nach § 22 I beträgt **2 Jahre** (§ 31 I Nr. 2 OWiG). 4

§ 23 Strafvorschriften

(1) Wer eine der in § 22 Abs. 1 Nr. 1 bis 3, 5 bis 7 bezeichneten Handlungen
1. vorsätzlich begeht und dadurch Gesundheit oder Arbeitskraft eines Arbeitnehmers gefährdet oder
2. beharrlich wiederholt,
wird mit Freiheitsstrafe bis zu einem Jahr oder mit Geldstrafe bestraft.

(2) Wer in den Fällen des Absatzes 1 Nr. 1 die Gefahr fahrlässig verursacht, wird mit Freiheitsstrafe bis zu sechs Monaten oder mit Geldstrafe bis zu 180 Tagessätzen bestraft.

1 § 23 qualifiziert bestimmte ordnungswidrige Handlungen als **Straftaten,** und zwar als Vergehen iSd. § 12 II StGB. Eine Straftat nach § 23 I Nr. 1 begeht, wer vorsätzl. eine der in §§ 22 I Nr. 1 bis 3, 5 bis 7 bezeichneten Handlungen begeht und dadurch einen AN in seiner Gesundheit oder Arbeitskraft gefährdet. Zwischen der Zuwiderhandlung und der Gefährdung muss ein Kausalzusammenhang im strafrechtl. Sinne bestehen. Die Gefährdung ist Tatbestandsmerkmal, auf das sich der Vorsatz erstrecken muss.

2 **Gesundheit** iSd. § 23 I Nr. 1 ist der intakte körperl., geistige und seelische Zustand eines AN. Unter **Arbeitskraft** ist die von Natur aus vorhandene oder durch Ausbildung oder Übung erworbene oder zu erwerbende Fähigkeit eines AN, Arbeit zu leisten, zu verstehen. Die Gefährdung der Gesundheit oder Arbeitskraft setzt nicht den Eintritt einer Schädigung voraus; ausreichend ist vielmehr eine **konkrete Gefahr** für die Gesundheit oder Arbeitskraft (*Anzinger/Koberski* Rn. 6). Ob eine solche bestanden hat, richtet sich insb. nach dem Grad der Beanspruchung, der übermäßigen Dauer der AZ sowie der Nichteinhaltung von Ruhezeiten und Pausen (*Neumann/Biebl* Rn. 2).

3 Eine Straftat nach § 23 I Nr. 2 begeht, wer eine der in §§ 22 I Nr. 1 bis 3, 5 bis 7 bezeichneten Handlungen vorsätzl. begeht und diese Zuwiderhandlung beharrl. wiederholt. Erforderl. sind mind. zwei Zuwiderhandlungen gegen die in § 22 I aufgeführten Bestimmungen. Eine **beharrl.** Zuwiderhandlung liegt vor, wenn der AG durch die erneute Zuwiderhandlung eine so rechtsfeindl. Einstellung gegen die jeweilige Vorschr. erkennen lässt, dass eine Ahndung mit Mitteln des Strafrechts gerechtfertigt erscheint.

4 Eine Straftat nach § 23 II begeht, wer vorsätzl. einer der in § 23 I genannten Vorschr. zuwiderhandelt und dadurch fahrlässig einen AN in seiner Gesundheit oder Arbeitskraft gefährdet.

5 Straftaten nach § 23 I können mit Freiheitsstrafe bis zu einem Jahr oder mit Geldstrafe von 5 bis zu 360 Tagessätzen bestraft werden. Straftaten nach § 23 II sind mit Freiheitsstrafe bis zu sechs Monaten oder mit Geldstrafe bis zu 180 Tagessätzen bedroht. Die Festsetzung der Höhe des Tagessatzes richtet sich nach den persönl. und wirtschaftl. Verhältnissen des Täters. Dabei ist idR von dem Nettoeinkommen auszugehen, das der Täter durchschnittl. an einem Tag hat oder haben könnte. Ein Tagessatz ist auf mind. € 1,– und höchstens € 5000,– festzusetzen (§ 40 II StGB).

Achter Abschnitt. Schlußvorschriften

§ 24 Umsetzung von zwischenstaatlichen Vereinbarungen und Rechtsakten der EG

Die Bundesregierung kann mit Zustimmung des Bundesrates zur Erfüllung von Verpflichtungen aus zwischenstaatlichen Vereinbarungen oder zur Umsetzung von Rechtsakten des Rates oder der Kommission der Europäischen Gemeinschaften, die Sachbereiche dieses Gesetzes betreffen, Rechtsverordnungen nach diesem Gesetz erlassen.

1 Die Vorschr. soll die ggf. erforderl. werdende Erfüllung von Verpflichtungen aus zwischenstaatl. Vereinbarungen oder die Umsetzung von Rechtsakten der EU durch Rechtsverordnung nach diesem G ermögl. (BT-Drs. 12/5888 S. 33). Da zwischenstaatl. Vereinbarungen idR nach Art. 59 II GG der Zustimmung oder der Mitwirkung der jeweils für die Bundesgesetzgebung zuständigen Körperschaften in Form von Bundesgesetzen bedürfen, ist insoweit die praktische Bedeutung als gering einzustufen (*Anzinger/Koberski* Rn. 6).

§ 25 Übergangsregelung für Tarifverträge

(vom Abdruck wurde abgesehen)

§ 26 *(aufgehoben)*

130. Altersteilzeitgesetz

Vom 23. Juli 1996 (BGBl. I S. 1078)

Zul. geänd. durch Gesetz vom 29. März 2017 (BGBl. I S. 626)

(FNA 810-36)

– Auszug –

§ 1 Grundsatz

(1) Durch Altersteilzeitarbeit soll älteren Arbeitnehmern ein gleitender Übergang vom Erwerbsleben in die Altersrente ermöglicht werden.

(2) Die Bundesagentur für Arbeit (Bundesagentur) fördert durch Leistungen nach diesem Gesetz die Teilzeitarbeit älterer Arbeitnehmer, die ihre Arbeitszeit ab Vollendung des 55. Lebensjahres spätestens ab 31. Dezember 2009 vermindern und damit die Einstellung eines sonst arbeitslosen Arbeitnehmers ermöglichen.

(3) [1] Altersteilzeit im Sinne dieses Gesetzes liegt unabhängig von einer Förderung durch die Bundesagentur auch vor bei einer Teilzeitarbeit älterer Arbeitnehmer, die ihre Arbeitszeit ab Vollendung des 55. Lebensjahres nach dem 31. Dezember 2009 vermindern. [2] Für die Anwendung des § 3 Nr. 28 des Einkommensteuergesetzes kommt es nicht darauf an, dass die Altersteilzeit vor dem 1. Januar 2010 begonnen wurde und durch die Bundesagentur nach § 4 gefördert wird.

ATZ soll AG und AN einen **Anreiz** bieten, durch eine Reduzierung der AZ nach der Vollendung des 55. Lebensjahres den Weg eines kontinuierl., „gleitenden" Übergangs vom Erwerbsleben in den Ruhestand zu wählen (**Abs. 1**). Staatl. Förderung erfolgte urspr. auf zweifache Weise: Zum einen erhielten AG, die auf dem freigewordenen Arbeitsplatz einen Arbeitslosen oder einen Auszubildenden nach Abschluss der Ausbildung einstellten, Förderleistungen der BA (**Abs. 2**, § 4). Zum anderen konnten die Aufstockungsleistungen (§ 3 I) steuer- und damit beitragsfrei gezahlt werden. Die erste Förderung läuft aus. Sie wird gem. § 16 seit dem 1.1.2010 nur noch gewährt, wenn mit der ATZ (im Blockmodell: der Arbeitsphase) spätestens am 31.12.2009 begonnen wurde. Die diesbezügl. Vorschr. werden im Folgenden nicht mehr abgedruckt und kommentiert. Für Alt- und Übergangsfälle s. 17. Aufl. 1

Abs. 3 stellt aber klar, dass das steuerl. Privileg des § 3 Nr. 28 EStG (Steuerfreiheit der Aufstockungsbeträge; damit gem. § 1 I Nr. 1 SvEV zugleich Beitragsfreiheit in der Sozialvers.) auch für diejenigen erhalten bleibt, die ihre ATZ erst nach dem 31.12.2009 beginnen. Um anges. der stufenweisen Anhebung der Regelaltersgrenze in der ges. Rentenvers. von 65 auf 67 Jahre (SGB VI § 41 Rn. 4) einen gleitenden Übergang in den Ruhestand zu erleichtern, unterliegen die Aufstockungsbeträge weiterhin nicht der Besteuerung (wohl aber dem Progressionsvorbehalt, s. § 8 Rn. 16). 2

§ 8 Arbeitsrechtliche Regelungen

(1) Die Möglichkeit eines Arbeitnehmers zur Inanspruchnahme von Altersteilzeitarbeit gilt nicht als eine die Kündigung des Arbeitsverhältnisses durch den Arbeitgeber begründende Tatsache im Sinne des § 1 Abs. 2 Satz 1 des Kündigungsschutzgesetzes; sie kann auch nicht bei der sozialen Auswahl nach § 1 Abs. 3 Satz 1 des Kündigungsschutzgesetzes zum Nachteil des Arbeitnehmers berücksichtigt werden.

(2) [1] Die Verpflichtung des Arbeitgebers zur Zahlung von Leistungen nach § 3 Abs. 1 Nr. 1 kann nicht für den Fall ausgeschlossen werden, daß der Anspruch des Arbeitgebers auf die Leistungen nach § 4 nicht besteht, weil die Voraussetzung des § 3 Abs. 1 Nr. 2 nicht vorliegt. [2] Das gleiche gilt für den Fall, daß der Arbeitgeber die Leistungen nur deshalb nicht erhält, weil er den Antrag nach § 12 nicht, nicht richtig, nicht vollständig oder nicht rechtzeitig gestellt hat oder seinen Mitwirkungspflichten nicht nachgekommen ist, ohne daß dafür eine Verletzung der Mitwirkungspflichten des Arbeitnehmers ursächlich war.

(3) Eine Vereinbarung zwischen Arbeitnehmer und Arbeitgeber über die Altersteilzeitarbeit, die die Beendigung des Arbeitsverhältnisses ohne Kündigung zu einem Zeitpunkt vorsieht, in dem der Arbeitnehmer Anspruch auf eine Rente wegen Alters hat, ist zulässig.

1. Abschluss des ATZVertrages. a) Anspruch auf Vertragsabschluss. Die arbeitsrechtl. Stellung des ATZ-AN ist in § 8 nur unvollständig geregelt. Auf den Abschluss eines ATZVertrages hat der AN 1

keinen ges. Anspruch (vgl. LAG BW 23.6.2008 ZTR 2008, 445), auch nicht der schwerbehinderte AN aus § 164 V SGB IX [bis 31.12.2017: § 81 V SGB IX] (BAG 26.6.2001 NZA 2002, 44). Daher besteht grds. keine Verpflichtung des AG, über den Antrag des AN auf Wechsel in ATZ innerhalb einer bestimmten Frist zu entscheiden (zu einem Ausnahmefall BAG 27.1.2011 NZA 2011, 1312). Durch TV oder BV können aber Rechtsansprüche eingeräumt werden (vgl. BAG 18.11.2003 NZA 2004, 545; 5.6.2007 NZA 2008, 1264). Dann muss entweder der AN dem AG ein Angebot so konkret unterbreiten, dass dieser es mit einem einfachen „Ja" annehmen kann (BAG 14.5.2013 NZA 2013, 1358), oder er muss – wenn er sich selbst die Annahme noch vorbehalten will – den AG zur Abgabe eines Angebots auffordern.

2 Gewährt ein **TV** oder eine **BV** den AN, die bestimmte pers. Voraussetzungen erfüllen, einen **Rechtsanspruch** auf Übergang in die ATZArbeit, ist der AG verpflichtet, diese Ansprüche solange zu erfüllen, bis die kollektivvertragl. festgesetzte Überforderungsgrenze erreicht ist (BAG 23.1.2007 NZA 2007, 1236). Diese durfte wegen § 3 I Nr. 3 bis zum 31.12.2009 bei höchstens 5% liegen, ist aber in vielen TV auch niedriger (häufig 3%) festgesetzt. Nicht organisierte AN erwerben aus dem TV zwar keinen Anspruch, sind aber, soweit der AG ihrem Antrag freiwillig nachkommt, bei der Erfüllung der Quote mit zu berücksichtigen (BAG 18.9.2001 NZA 2002, 1161; 30.9.2003 AP TVG § 1 Tarifverträge: Chemie Nr. 17). Eine Verpflichtung des AG zur vorrangigen Befriedigung von Ansprüchen tarifgebundener AN verstieße gegen die negative Koalitionsfreiheit aus Art. 9 III GG (BAG 21.1.1987 NZA 1987, 233; 18.9.2001 NZA 2002, 1161). Die Tarif- oder Betriebsparteien haben in ihren Vereinb. andere, weder unmittelbar noch mittelbar nach der Gewerkschaftszugehörigkeit diff. Regelungen vorzunehmen, etwa nach Alterspriorität oder nach sozialen Gesichtspunkten analog § 1 III KSchG. Besteht eine Regelung nicht, sind die Ansprüche vom AG in der Reihenfolge ihres Erwerbs und ihrer Geltendmachung zu befriedigen (BAG 21.1.1987 NZA 1987, 233).

3 Wird die Überforderungsquote überschritten, besteht zwar (zunächst) kein Anspruch auf Abschluss eines ATZ-Vertrages. Der AG kann Anträgen von AN auf Wechsel in die ATZ aber gleichwohl entsprechen. Er erbringt dann eine freiwillige Leistung, die ihn zur Einhaltung des allg. arbeitsrechtl. **Gleichbehandlungsgrds.** (BGB § 611a Rn. 572 ff.) verpflichtet (BAG 18.10.2011 NZA 2012, 944; 15.11.2011 NZA 2012, 218). Dieser verbietet eine Ungleichbehandlung ohne sachl. Grund. Er ist jedoch nicht verletzt, wenn der AG ledigl. ATZ im Teilzeit-, nicht aber im Blockmodell anbietet (BAG 18.10.2011 NZA 2012, 944) oder wenn der AG nur Anträge annimmt, die bis zu einem bestimmten Stichtag eingehen (BAG 15.11.2011 NZA 2012, 218).

4 Die Verpflichtung des AG zum Abschluss von ATZVerträgen kann abgestuft sein, zB durch eine **„Soll"-Vorschr.** (LAG D 15.5.2008 ZTR 2008, 681) oder die grds. Gewährung eines Anspruchs, dem vom AG nur dringende betriebl. Erfordernisse entgegen gehalten werden können (BAG 21.2.2012 NZA-RR 2012, 444; 10.2.2015 NZA 2015, 1023). Kollektivvertragl. vorgesehen sein kann auch, dass der AG nach **„billigem Ermessen"** (§ 106 S. 1 GewO, § 315 BGB) zu entscheiden hat (BAG 10.5.2005 NZA 2006, 231; 17.8.2010 NZA 2011, 161), wobei das BAG zu Unrecht annimmt, dass schon eine tarifvertragl. **„Kann"-Bestimmung** den AG zur Einhaltung billigen Ermessens verpflichtet (BAG 17.8.2010 NZA 2011, 161; **aA** *Rolfs* Anm. AP TVG § 1 Altersteilzeit Nr. 48). § 106 S. 1 GewO und § 315 BGB gestatten es dem AG aber, auch eigene, insb. wirtschaftl. Interessen zu berücksichtigen. Sein Ermessen ist nicht etwa soweit eingeschränkt, dass er den Antrag des AN nur aus dringenden betriebl. Bedürfnissen ablehnen dürfte. Vielmehr handelt er schon dann ermessensfehlerfrei, wenn er ATZVerträge mit AN nur aus denjenigen Bereichen abschließt, in denen ein abzubauender Stellenüberhang besteht (BAG 12.12.2000 NZA 2001, 1209; LAG K 6.10.1999 NZA-RR 2000, 312). In gleicher Weise ermessensfehlerfrei handelt ein öffentl. AG, der Anträge auf ATZ ablehnt, weil eine Haushaltssperre verhängt worden ist (LAG SH 16.5.2002 LAGReport 2002, 334). Eine bloß „ungewisse Haushaltslage" genügt demggü. nicht; ggf. muss der AG seine mittel- und langfristige Haushaltsplanung vortragen, wenn er den Antrag des AN ablehnen will (BAG 15.9.2009 NZA-RR 2010, 551). Besteht kollektivvertragl. nicht einmal eine Bindung an billiges Ermessen, kann der AG den Abschluss eines ATZArbeitsvertrages grds. nach **freiem Ermessen** verweigern, ohne dafür eines sachl. Grundes zu bedürfen (BAG 10.2.2004 NZA 2004, 872). Er muss ledigl. den allg. arbeitsrechtl. Gleichbehandlungsgrds. wahren (BAG 15.4.2008 NZA-RR 2008, 547; 4.5.2010 NZA 2010, 1063) und darf nicht gegen Benachteiligungsverbote wie §§ 7, 1 AGG verstoßen.

5 **b) Inhalt und Form.** Der ATZVertrag ist ein **befristeter Arbeitsvertrag**, der wegen § 7b Nr. 1 SGB IV und § 14 IV TzBfG der **Schriftform** bedarf. Er muss vor Beginn der ATZArbeit abgeschlossen werden (falsch daher BAG 14.11.2012 NZA 2013, 634). Die rückwirkende Umwidmung eines in der Vergangenheit angesparten Wertguthabens als „erster Block" ist unzulässig (BAG 4.5.2010 NZA 2010, 1063; LAG HM 23.3.2001 DB 2001, 1890; *Gaul/Cepl* BB 2000, 1727; einzige Ausnahme: bei rückwirkender Verurteilung des AG im Prozess: BAG 23.1.2007 NZA 2007, 1236; 23.1.2007 NZA-RR 2007, 397; s. aber a. BAG 15.9.2009 NZA 2010, 32; 4.5.2010 NZA 2010, 1063). Wegen der Komplexität der arbeits- und sozialrechtl. Zusammenhänge der ATZArbeit ist eine äußerst sorgfältige Gestaltung der ATZVerträge zwgd. erforderl. **Mustervertrag** bei Preis/*Rolfs* II V 80 Rn. 26 ff.

Im Angebot des AG auf Abschluss eines ATZVertrages soll die konkludente Erkl. liegen, dass der AN unmittelbar nach dessen Beendigung Altersrente – und sei es mit Abschlägen – beanspruchen könne. Treffe dies in Wahrheit nicht zu, könne der AN im Wege der Naturalrestitution verlangen, so gestellt zu werden, als habe er seine AZ nicht durch den ATZVertrag reduziert (BAG 10.2.2004 NZA 2004, 606; dazu *Oberthür* NZA 2005, 377, 381 ff.). Es erscheint zw., dem Vertragsangebot einen so weit reichenden Erklärungsinhalt beizumessen (*Rolfs* Anm. AP BGB § 119 Nr. 15). 6

2. Rechte und Pflichten der Arbeitsvertragsparteien. Der ATZVertrag ist ein befristeter Arbeitsvertrag, für den die allg. Regeln des ArbR gelten. Anwendung finden namentl. der allg. Gleichbehandlungsgrds. (BAG 24.10.2006 AP BGB § 611 Gratifikation Nr. 263; 18.9.2007 NZA 2008, 1264), die Diskriminierungsverbote der §§ 7, 1 AGG und das Gleichbehandlungsgebot des § 4 I TzBfG. Haben zB ältere AN Anspruch auf eine sog. Altersermäßigung (hier: Lehrer), dürfen in ATZ beschäftigte AN davon nicht ausgenommen werden (BAG 21.1.2003 AP BGB § 611 Lehrer, Dozenten Nr. 157; 13.6.2006 NZA-RR 2007, 41). 7

3. Arbeitszeit. Soll der AN wie übl. neben dem TZArbeitsentgelt Aufstockungsbeträge (Rn. 12) erhalten und will der AG diese steuer- und beitragsfrei (§ 3 Nr. 28 EStG, § 1 I Nr. 1 SvEV) zahlen, ist erforderl., dass der AN anlässl. des Übergangs in die ATZ seine bisherige AZ um die Hälfte reduziert. Die „bisherige wöchentl. AZ" berechnet sich nach § 6 II. Danach ist in erster Linie diejenige AZ maßgebend, die unmittelbar vor dem Übergang des AN in die ATZ regelm. wöchentl. geleistet worden ist (vgl. BAG 14.8.2007 NZA 2008, 1194; 19.5.2009 NZA 2010, 176; 18.8.2009 NZA 2010, 503), es sei denn, die für die letzten 24 Monate vor diesem Zpkt. vereinbarte AZ wäre geringer gewesen (§ 6 II 2). Daher werden AZErhöhungen kurz vor dem Übergang in die ATZArbeit nicht berücksichtigt (BAG 11.6.2013 NZA 2014, 567). Auf die Motive einer etwaigen Veränderung der AZ in diesem Zeitraum kommt es nicht an (BAG 15.12.2009 NZA 2010, 452). Zeiträume, die infolge Sonderurlaubs etc. nicht mit Arbeitsleistung belegt sind, bleiben dabei außer Betracht (BAG 1.10.2002 NZA 2003, 1341). 8

Während der ATZ bleibt der Umf. der Arbeitsverpflichtung des ATZ-AN (von Ausnahmen wie der Altersentlastung, o. Rn. 7, abgesehen) statisch: Während der ATZ eintretende Veränderungen der regelm. tarifl. AZ bleiben für den ATZ-AN ohne Auswirkungen (BAG 11.4.2006 NZA 2006, 926). Das gilt für Verminderungen ebenso wie für Erhöhungen; eine allg. (tarifl.) Erhöhung der regelm. WochenAZ während der Dauer der ATZBeschäftigung darf nicht zu einer entspr. Erhöhung der AZ des ATZBeschäftigten genutzt werden, es sei denn, dass ein Ausgleich durch zusätzl. freie Tage oÄ gewährt wird. Insb. im kontinuierl. Modell bedarf es einer Vereinb. der Parteien über die konkrete Verteilung der AZ. Kommt diese nicht zustande, entscheidet der AG hierüber nach billigem Ermessen (§ 106 GewO; BAG 21.2.2012 NZA-RR 2012, 444). Es besteht kein Anspruch des AN analog § 8 TzBfG auf eine bestimmte Verteilung der AZ (BAG 12.4.2011 NZA 2011, 1044). 9

4. Arbeitsentgelt. a) Höhe. Die Höhe des ATZArbeitsentgelts ist im G nicht festgelegt, sondern unterliegt grds. der freien Vereinb. der Arbeitsvertragsparteien. Jedoch verbieten § 4 I 2 TzBfG und Art. 157 AEUV es, TeilzeitAN einen geringeren Stundenlohn zu gewähren als vergleichbaren Vollzeitbeschäftigten (*Rolfs* RdA 2001, 129, 130 f.). Das ATG geht stillschweigend davon aus, dass das Bruttoentgelt des ATZBeschäftigten 50% des bisherigen Bruttoentgelts beträgt (*Diller* NZA 1996, 847, 848; zur Auslegung der ATZ-TV des öffentl. Dienstes vgl. BAG 16.8.2005 NZA 2006, 456; 21.1.2011 NZA 2011, 593). In der **Freistellungsphase** ist für die Bemessung der ATZVergütung grds. spiegelbildl. dies. tarifl. Vergütungsgruppe zu Grunde zu legen, nach der während der Arbeitsphase die Vergütung bemessen worden war (BAG 4.10.2005 NZA 2006, 506; vgl. a. BAG 21.9.2010 NZA-RR 2011, 448 zur Verteilung des Troncaufkommens einer Spielbank unter die ATZ-AN). Tariflohnerhöhungen wirken sich auch zugunsten des ATZ-AN aus (BAG 22.5.2012 AP TVG § 1 Altersteilzeit Nr. 57; 22.7.2014 AP TVG § 1 Altersteilzeit Nr. 64), wenn nichts anderes vereinbart ist (BAG 19.1.2016 NZA 2016, 776). Auch ein während der Arbeitsphase zu zahlender Ortszuschlag ist in der Freistellungsphase spiegelbildl. zu gewähren, selbst wenn seine Voraussetzungen dann nicht mehr vorliegen (BAG 20.3.2012 NZA 2012, 1169; vgl. aber a. BAG 19.4.2012 NZA 2012, 1456 zur „Funktionszulage Schreibdienst"). **Sachbezüge** sind im gleichem Umfang wie in der Arbeitsphase zu gewähren (LAG RP 12.3.2015 NZA-RR 2015, 291: privat nutzbarer Dienstwagen). Ein sog. Bewährungsaufstieg kann während der Freistellungsphase mangels tats. Arbeitsleistung allerdings nicht stattfinden (BAG 4.5.2010 NZA 2011, 644). Im **„Störfall"** hat der AN zumindest Anspruch auf die Differenz zwischen der gezahlten und der durch die Arbeitsleistung bis zum Eintritt des Störfalls erdienten (vollen) Vergütung (BAG 12.5.2005 NZA 2006, 50 zum Tod des AN in der Arbeitsphase des Blockmodells). Zur steuerl. Behandlung der Störfallabrechnung BFH 15.12.2011 NZA-RR 2012, 370. 10

Verändert sich während der ATZArbeit die regelm. wöchentl. AZ, kann – je nach dem Inhalt des ATZVertrages – die Vergütung des ATZ-AN an das neue Verhältnis seiner pers. zur regelm. tarifl. WochenAZ anzupassen sein (BAG 11.4.2006 NZA 2006, 926). 11

b) Aufstockung (Abs. 2). Regelm. wird vereinbart, dass der AG einen Aufstockungsbetrag entrichtet. Zur Erlangung der Steuer- und Beitragsfreiheit (Rn. 15) muss er nach § 3 I Nr. 1 lit. a mind. 20% vom Regelarbeitsentgelt betragen, kann durch Kollektiv- oder Einzelarbeitsvertrag aber auch höher 12 ausfallen. Eine **Anrechnung** von Entgeltbestandteilen auf den Aufstockungsbetrag ist unzul., sie kann nicht einmal in TV wirksam vereinbart werden (BAG 4.5.2010 NZA-RR 2011, 112). Nur noch für vor dem 1.1.2010 begonnene ATZArbVerh. von Belang ist § 8 II, der vertragl. Vereinb. verbietet, nach denen die Zahlung des Aufstockungsbetrags davon abhängig gemacht wird, dass deren Erstattung wegen **Scheiterns der Wiederbesetzung** nicht erfolgt. Im Umkehrschluss wird aus dieser Regelung gefolgert, dass **alle anderen Risiken** vertragl. auf den ATZ-AN abgewälzt werden können (*Diller* NZA 1996, 847, 851). Die Erstattung der bereits gezahlten Aufstockungsbeiträge kann daher – was bes. im kontinuierl. Modell von Bedeutung ist – bspw. für den Fall vereinbart werden, dass der ATZ-AN das ArbVerh. selbst kündigt oder ihm rechtswirksam gekündigt wird (*Bauer* NZA 1997, 401, 405), nicht dagegen dann, wenn das ArbVerh. mit der Ersatzkraft endet.

13 Eine Koppelung im vorbezeichneten Umf. ist jedoch dann unzulässig, wenn ein TV oder eine BV dem AN einen **unbedingten Anspruch auf Wechsel in die ATZ** einräumt. Stellte der AG dann individualvertragl. die Zahlung der Aufstockungsbeträge unter ges. zwar zulässige, in der Kollektivvereinb. aber nicht vorgesehene Bedingungen, wären diese Vertragsklauseln wegen Verstoßes gegen die unmittelbare und zwgd. Wirkung des TV (§ 4 I TVG) bzw. der BV (§ 77 IV 1 BetrVG) unwirksam (*Diller* NZA 1996, 847, 851).

14 **c) Aufstockung in der Rentenversicherung.** Übl. ist darüber hinaus, dass der AG sich entspr. § 3 I Nr. 1 lit. b verpflichtet, für den AN Beiträge zur ges. Rentenvers. auf der Basis des um 80% erhöhten Regelarbeitsentgelts, höchstens jedoch den Unterschiedsbetrag zwischen 90% der mtl. BBG und dem Regelarbeitsentgelt, abzuführen (näher *Kallhoff* NZA 2004, 692, 693; *Kovács/Koch* NZA 2004, 585, 588 f.). Da der AN Anteile zum Gesamtsozialversicherungsbeitrag nur in Höhe seines ATZEntgelts, also ohne den Aufstockungsbetrag, zu tragen hat, muss der AG hins. des Aufstockungsbetrags zur ges. Rentenvers. auch den ANAnteil tragen (§ 168 I Nr. 6 SGB VI; s. § 10 Rn. 6). Zum – nach § 187a SGB VI mögl. – **Ausgleich von Rentenminderungen** (zu deren Höhe *Rittweger* NZA 1999, 921) für die vorzeitige Inanspruchnahme der Rente ist der AG ges. nicht verpflichtet, anders aber manche TV und BV (*Rittweger* NZS 1999, 126, 128 f.). In der ges. **Kranken-, Pflege- und Arbeitslosenvers.** ist eine Aufstockung vom AG nicht vorzunehmen; Näheres zum Beitrags- und Leistungsrecht bei § 10.

15 **d) Steuer- und beitragsrechtliche Behandlung der Aufstockungsbeträge.** Die Zahlung der Aufstockungsbeträge ist gem. § 3 Nr. 28 EStG steuer- und damit gem. § 1 I Nr. 1 SvEV sozialabgabenfrei, wenn sie an einen nach § 2 begünstigten AN geleistet wird (vgl. *Diller* NZA 1996, 847, 849). **Voraussetzung** ist also namentl. die Reduzierung der AZ auf die Hälfte der bisherigen wöchentl. AZ (§ 2 I Nr. 2), die Zulässigkeit der Verteilung der hälftigen AZ für die Gesamtdauer der ATZArbeit (§ 2 II, III), die Vorbeschäftigungszeit (§ 2 I Nr. 3) und die Zahlung des Aufstockungsbetrages zum Regelarbeitsentgelt sowie des zusätzl. Rentenversicherungsbeitrages in der ges. Mindesthöhe (§ 2 II 1 Nr. 2, § 3 I Nr. 1; dazu Rn. 12 ff.). Ledigl. die Wiederbesetzung des Arbeitsplatzes (§ 3 I Nr. 2) ist entbehrl. Allerdings findet das Privileg des § 3 Nr. 28 EStG nur insoweit Anwendung, als durch den Aufstockungsbetrag das **bisherige Nettoentgelt** nicht überschritten wird. Jenseits dieser Grenze sind Zahlungen des AG zum Ausgleich von Rentenminderungen nach § 187a SGB VI nur zur Hälfte steuerfrei, § 3 Nr. 28 EStG. Zu AN, die im **Ausland** wohnen und dort steuerpflichtig sind, vgl. EuGH 28.6.2012 NZA 2012, 863.

16 Die Aufstockungsbeträge unterliegen aber gem. § 32b I Nr. 1 lit. g EStG dem **Progressionsvorbehalt.** Die übrigen steuerpflichtigen Einkünfte (einschl. der TZEntlohnung) werden also dem Steuersatz unterworfen, der sich bei Steuerpflichtigkeit der Aufstockungsbeträge ergeben würde (sog. „Schattenbesteuerung"). Die daraus resultierende steuerl. Mehrbelastung trägt, wenn nicht ausdr. etwas anderes vereinbart ist (BAG 29.7.2003 NZA 2003, 1276), der AN, ohne dass der AG sie ihm ersetzen müsste (BAG 25.6.2002 NZA 2003, 859; 18.3.2003 NZA 2003, 1112).

17 **5. Urlaub.** Der ATZ-AN hat nach allg. Regeln Anspruch auf Urlaub. Im Kj. des Wechsels von der Arbeits- in die Freistellungsphase steht dem AN Urlaub nur anteilig für die „Arbeitsmonate", nicht aber der volle Jahresurlaub zu (LAG HE 12.7.2016 ZTR 2017, 164; **aA** LAG HE 30.9.2015 ZTR 2016, 261; LAG NI 18.1.2017 NZA-RR 2017, 288). Können Urlaubsansprüche infolge AU des AN vor Beginn der Freistellungsphase nicht mehr erfüllt werden, sind sie nicht analog § 7 IV BUrlG abzugelten (BAG 10.5.2005 NZA 2005, 1432; 16.10.2012 NZA 2013, 575). Vielmehr wird der Urlaub während der Freistellungsphase in Natur nachgewährt. Während der Freistellungsphase selbst entstehen keine Urlaubsansprüche (LAG D 15.11.2016 ZTR 2017, 166; vgl. EuGH 8.11.2012 NZA 2012, 1273).

18 **6. Befristung des Arbeitsverhältnisses (Abs. 3).** Da das G den gleitenden Übergang vom Erwerbsleben in die Altersrente ermöglichen will, lässt § 8 III Vereinb. zu, nach denen der ATZVertrag auf den Tag **befristet** wird, an dem der AN die Voraussetzungen für den Bezug von Altersrente – wenn auch mit Abschlägen (*Birk* NZA 2007, 244, 246 f.) – erfüllt. Zur Absenkung der Altersgrenze für bes. langjährig Versicherte zum 1.7.2014 s. § 15h. Wegen der relativ komplexen rentenrechtl. Voraussetzungen für den Bezug der Altersrente empfiehlt es sich, pauschal auf die Voraussetzungen des SGB VI abzustellen, ohne sie im Arbeitsvertrag selbst näher zu konkretisieren.

§ 8 III findet auch auf andere Altersrenten als solche wegen ATZ Anwendung, zB für langjährig Versicherte (§ 36 SGB VI) oder für schwerbehinderte Menschen (§ 37 SGB VI; dazu BAG 27.4.2004 NZA 2005, 821; 12.11.2013 NZA 2014, 632; vgl. a. TzBfG § 14 Rn. 56 ff.). Bei der Gestaltung des ATZVertrages ist dieser **Beendigungszeitpunkt deutl. herauszustellen,** damit der AN weder überrascht (§ 305c I BGB) noch wegen Intransparenz unangemessen benachteiligt (§ 307 I 2 BGB) wird (BAG 8.8.2007 NZA 2008, 1208). Eine Befristung des Vertrages auf einen Zpkt., zu dem noch keine Rente beansprucht werden kann, ist unzulässig (zu den Konsequenzen BAG 22.5.2012 AP TVG § 1 Altersteilzeit Nr. 58). Bei nicht rentenversicherungspflichtigen AN darf das ArbVerh. jdf. auf einen Zpkt. befristet werden, der nach demjenigen der Auszahlung der befreienden Lebensvers. liegt (BAG 16.11.2005 NZA 2006, 535). 19

Das **Verhältnis** von § 8 III **zu anderen Befristungsregelungen** gestaltet sich wie folgt: Ggü. der rentenrechtl. Bestimmung des § 41 SGB VI genießt § 8 III als speziellere Regelung den Vorrang (BT-Drs. 13/4877 S. 34; *Sprenger* BB 2016, 757, 758). Mit anderen ges. Befristungstatbeständen kann die Befristung des § 8 III kombiniert werden (MüArbR/*Wank* § 95 Rn. 217). Eine Kombination der Befristung des § 8 III mit der des **§ 14 II TzBfG** scheidet dagegen regelm. aus. 20

7. Kündigungsrechtliche Stellung. a) Keine Kündigung zur Erzwingung der ATZ (Abs. 1). Die Möglichkeit eines AN zur Inanspruchnahme von ATZ stellt nach § 8 I keinen Kündigungsgrund dar (vgl. BAG 2.4.1987 NZA 1988, 18). Sie darf bei der sozialen Auswahl nach § 1 III bis V KSchG nicht zu seinem Nachteil berücksichtigt werden. Damit schließt das G, das nur ein Angebot, keine Verpflichtung enthält (*Diller* NZA 1996, 847, 851), auch Änderungskündigungen zur Erzwingung der ATZ aus (*Stindt* DB 1996, 2281) und beugt zugleich der Gefahr vor, dass auf den AN Druck ausgeübt wird, auf eine ATZVereinb. einzugehen (BT-Drs. 14/1831 S. 9). Zugelassen hat das BAG (16.12.2010 NZA 2011, 1247) eine Änderungskündigung mit dem Ziel, das bislang unbefristete ArbVerh. in ein befristetes ATZArbVerh. umzuwandeln. Dem ist nicht zu folgen. Auch eine derartige Kündigung ist wegen § 8 I ATG unwirksam. 21

b) Kündigung im bestehenden ATZVerhältnis. Nicht geklärt hat der Gesetzgeber, welche Stellung dem AN kündigungsrechtl. zukommt, der bereits in die ATZ gewechselt ist (dazu *Stück* NZA 2000, 749 ff.). Ausgangspunkt aller diesbzgl. Überlegungen ist, dass der ATZVertrag als zeitl. befristeter Vertrag gem. § 15 III TzBfG nur dann ordentl. kündbar ist, wenn dies ausdr. vereinbart worden ist (*Nimscholz* ZIP 2002, 1936, 1938). In einem solchen Falle ist die Kündigung unter den allg. Voraussetzungen grds. zulässig, im Blockmodell jdf. auch in der **Arbeitsphase** (BAG 16.6.2005 NZA 2006, 270; LAG D 27.5.2003 NZA-RR 2003, 635). Erfolgt sie aus betriebsbedingten Gründen, muss zur Beurteilung der Frage, ob der AN mit weiter vollzeitbeschäftigten AN vergleichbar und daher in die soziale Auswahl einzubeziehen ist, auf die allg. Grds. des § 1 III KSchG zurückgegriffen werden. Danach ist entscheidend, ob der AG eine Organisationsentsch. des Inhalts getroffen hatte, bestimmte Arbeitsplätze mit Vollzeit- bzw. Teilzeitkräften zu besetzen, oder ob er ledigl. in einem bestimmten Bereich die Anzahl der insg. zu leistenden Arbeitsstunden reduzieren will (vgl. EuGH 26.9.2000 NZA 2000, 1155; BAG 3.12.1998 NZA 1999, 431; 12.8.1999 NZA 2000, 30). 22

Im **Blockmodell,** in dem der AN während der ersten Hälfte eine Vorleistung erbringt, halten manche eine Kündigung während der **Freizeitphase** gem. § 242 BGB selbst dann, wenn sie vertragl. ausdr. zugelassen worden ist (§ 15 III TzBfG), gänzl. für ausgeschlossen (*Reichling/Wolf* NZA 1997, 422, 427), weil der AN nicht Gefahr laufen dürfe, bereits erdiente Lohnansprüche wieder zu verlieren. Zur Erreichung dieses berechtigten Anliegens ist die Statuierung eines aus Treu und Glauben hergeleiteten Kündigungsverbots jedoch nicht erforderl. Der ATZ-AN erwirbt im Blockmodell während der Arbeitsphase einen Anspruch auf das volle Entgelt, die Forderung ist allerdings nur zur Hälfte durchsetzbar und wird wegen der zweiten Hälfte auf den entspr. Kalendermonat in der Freizeitphase betagt (*Rombach* RdA 1999, 194, 195; in der Sache ebenso BAG 24.6.2003 AP ATG § 4 Nr. 1; 19.12.2006 AP ATG § 3 Nr. 19). Genauso wenig, wie die Kündigung eines gewöhnl. ArbVerh. bereits entstandene, aber noch nicht fällige Entgeltansprüche zum Erlöschen bringt, sie vielmehr in ihrer Höhe und Fälligkeit unberührt lässt (vgl. APS/*Rolfs* § 628 BGB Rn. 8), tangiert eine Kündigung des ATZArbVerh. in der Freizeitphase nicht die Ansprüche des AN auf die bereits erdiente, aber noch nicht ausgezahlte Entgelthälfte (vgl. BAG 24.6.2003 AP ATG § 4 Nr. 1; LAG SH 29.10.2002 LAGReport 2003, 120; zum TV des öffentl. Dienstes LAG BW 16.3.2003 LAGReport 2003, 257; HWK/*Stindt/Nimscholz* Rn. 7). Der vertragl. Regelung bedarf, wie zu verfahren ist, wenn der AN bspw. durch **Tod** oder **Eigenkündigung** aus dem ArbVerh. ausscheidet (Regelungsvorschläge bei *Kerschbaumer/Tiefenbacher* AuR 1998, 58, 59 f.). Kraft G ändert sich an der vereinbarten Fälligkeit der Bezüge hierdurch nichts, dh., der AN oder seine Hinterbliebenen erhalten für die gleiche Zeitdauer, die der AN bis zu seinem Ausscheiden oder Tod ATZ gearbeitet hat, weiterhin kontinuierl. das Entgelt zzgl. der Aufstockungsbeträge. 23

Eine – ordentl. oder außerordentl. – Kündigung des ArbVerh. ist daher auch während der **Freizeitphase im Blockmodell** mögl. Sie kann hier freil. regelm. nur auf verhaltensbedingte Gründe gestützt werden, die trotz der Freistellung des AN so schwerwiegend sind, dass sie die Kündigung iSv. § 1 KSchG sozial rechtfertigen bzw. einen wichtigen Grund iSd. § 626 I BGB darstellen (Verrat 24 von Betriebs- oder Geschäftsgeheimnissen etc.; vgl. LAG SH 18.1.2005 NZA-RR 2005, 367; *Stück* NZA 2000, 749, 751). Demggü. kommt eine betriebsbedingte Kündigung selbst in der Insolvenz des AG nicht in Betracht. Zwar hebt § 113 S. 1 InsO die durch die Befristung des ATZVertrages bestehende Kündigungssperre (§ 15 III TzBfG) auf. Es fehlt aber am dringenden betriebl. Erfordernis, das ArbVerh. mit dem ohnehin freigestellten AN zu beenden (BAG 5.12.2002 NZA 2003, 789; LAG NI 24.5.2002 NZA-RR 2003, 17; **aA** *Hanau* ZIP 2002, 2028, 2031 f.; *Schweig/Eisenreich* BB 2003, 1434 ff.).

25 **8. Betriebliche Altersversorgung.** Die Absenkung des Arbeitsentgelts durch den Übergang in die ATZ kann bei endgehaltsbezogenen und anderen Versorgungsordnungen zu Schwierigkeiten bei der Berechnung der Betriebsrente führen (*Förster/Heger* DB 1998, 141 ff.). Ges. ist ein Ausgleich der durch die ATZ erlittenen Einkommenseinbußen nicht vorgesehen, obwohl sie – je nach Versorgungsmodell – noch erhebl. als in der Rentenvers. ausfallen können, insb., wenn als Betriebsrente ein bestimmter Prozentsatz vom letzten Bruttoarbeitsentgelt oder dem durchschnittl. Arbeitsentgelt des letzten Beschäftigungsjahres gezahlt wird. In den einschlägigen TV, BV oder Individualarbeitsverträgen sollte daher klargestellt werden, dass als Bemessungsentgelt in der betriebl. Altersversorgung das auf das frühere Entgelt hochgerechnete Einkommen (sog. „Schattengehalt") als Bemessungsgrdl. heranzuziehen ist. Erforderlichenfalls ist ihr Inhalt durch Auslegung zu ermitteln (BAG 17.4.2012 NZA-RR 2012, 489), dabei kann § 10 I 1 als Auslegungshilfe herangezogen werden (BRO/*Rolfs* Anh. § 1 Rn. 223). Darüber hinaus kann vereinbart werden, dass der AG entspr. der Regelung für die ges. Rentenvers. auch Minderungen in der betriebl. Altersversorgung weitgehend ausgleicht (*Kerschbaumer/Tiefenbacher* AuR 1998, 58, 60).

26 **9. Betriebsübergang.** Das ArbVerh. eines ATZ-AN geht im Falle eines Betriebsübergangs nach § 613a BGB auf den Erwerber des Betriebes oder Betriebsteils über, dem der AN zugeordnet ist (LAG SH 10.1.2006 NZA-RR 2006, 293). AN, die auf der Grdl. eines TV mit ihrem AG ATZArbeit vereinbart haben und die von einer Ausgliederung ihres Betriebes/Betriebsteils betroffen sind, können die ATZArbeit auch dann (weiterhin) wie vereinbart in Anspruch nehmen, wenn beim Betriebserwerber kein TV zur ATZ Anwendung findet (vgl. Ziff. 2.3 II DA-ATG). § 613a BGB findet auch in der **Freistellungsphase** Anwendung, da das ArbVerh. – wenn auch ohne Arbeitspflicht – auch in dieser Zeit fortbesteht (BAG 31.1.2008 NZA 2008, 705; 30.10.2008 NZA 2009, 432; **aA** *Hanau* RdA 2003, 230, 231). Die vom AN erarbeiteten Wertguthaben (§ 7 I a SGB IV) gehen mit dem ArbVerh. auf den Betriebserwerber über (LAG D 16.7.2004 LAGReport 2005, 7; LAG HE 16.2.2011 ZIP 2011, 1230 und im Ansatz a. BAG 23.7.2009 NZA 2010, 89). Die von der Rspr. entwickelten Haftungsbeschränkungen des Betriebserwerbers in der Insolvenz (InsO Einf. Rn. 59 ff.) gelten aber auch für die ATZ (BAG 30.10.2008 NZA 2009, 432; LAG HE 29.4.2015 NZA-RR 2015, 624). Zum Wechsel des AG ohne Betriebsübergang *Engesser Means/Clauss* NZA 2006, 293 ff.

27 **10. Betriebsverfassungsrecht.** Die Umwandlung eines ArbVerh. in ein ATZArbVerh. ist keine **„Einstellung"** iSv. § 99 I BetrVG (vgl. BVerwG 12.6.2001 NZA 2001, 1091). Dem BR steht aber ein MBR aus § 87 I Nr. 2 BetrVG hins. **Lage und Verteilung der AZ** zu, soweit diese nicht im TV abschl. geregelt ist (*Rombach* RdA 1999, 194, 196; **aA** *Bauer* NZA 1997, 401, 403; *Stindt* DB 1996, 2281, 2286). Dasselbe gilt, soweit nicht § 77 III oder § 87 I Eingangssatz BetrVG entgegenstehen, für die finanziellen Leistungen des AG während der ATZ (BAG 10.12.2013 NZA 2014, 1040). Voraussetzung ist natürl. stets, dass die Regelung einen kollektiven Tatbestand betrifft (BetrVG § 87 Rn. 6), Einzelfallentsch. bleiben mitbestimmungsfrei (vgl. aber BAG 24.4.2007 NZA 2007, 818). Eine BV, die das ATZArbVerh. und insb. die Höhe der Aufstockungsbeträge regelt, ist nach § 87 I Nr. 10 BetrVG mitbestimmungspflichtig. Sie wirkt nicht nach § 77 VI BetrVG nach, wenn der AG nach ihrem Ablauf oder ihrer Kündigung keine weiteren finanziellen Mittel mehr bereitstellen will (BAG 29.4.2015 NZA 2015, 1204).

28 Der ATZ-AN ist grds. bei den **BRWahlen** wahlberechtigt und in den BR wählbar (ausf. *Rieble/Gutzeit* BB 1998, 638). Abw. gilt nur für den im Blockmodell bereits endgültig aus dem Betrieb ausgeschiedenen AN (Freizeitphase), er ist weder bei der Bestimmung der Betriebsgröße zu berücksichtigen (BAG 16.4.2003 NZA 2003, 1345) noch wahlberechtigt oder wählbar (OVG NW 15.5.2002 ZTR 2002, 553 [zu § 10 PersVG NW]; LAG D 31.10.2002 DB 2003, 292; *Rieble/Gutzeit* BB 1998, 638, 641, 643; **aA** *Natzel* NZA 1998, 1262, 1265). Mit Beginn der Freistellungsphase erlischt seine **Mitgliedschaft im BR** (BVerwG 15.5.2002 AP BPersVG § 29 Nr. 1 [zu § 13 BPersVG]; 15.5.2002 AP LPVG NW § 10 Nr. 1 [zu § 10 PersVG NW]).

29 **11. Unternehmensmitbestimmung.** Die Rechtsstellung des ATZ-AN in den Organen des Unternehmens entspricht derjenigen in der Betriebsverfassung. Während der Arbeitsphase ist er wahlberechtigt und in den AR wählbar. Mit Beginn der Freistellungsphase verliert er seine Wählbarkeit und damit seine Mitgliedschaft. Das gilt für das DrittelbG (BAG 25.10.2000 NZA 2001, 461; dazu *Haag/Gräter/Dangelmeier* DB 2001, 701), das MitbestG (LAG N 16.2.2006 NZA-RR 2006, 358), das SEBG und das Montan-MitbestG in gleicher Weise.

§ 8a Insolvenzsicherung

(1) [1]Führt eine Vereinbarung über die Altersteilzeitarbeit im Sinne von § 2 Abs. 2 zum Aufbau eines Wertguthabens, das den Betrag des Dreifachen des Regelarbeitsentgelts nach § 6 Abs. 1 einschließlich des darauf entfallenden Arbeitgeberanteils am Gesamtsozialversicherungsbeitrag übersteigt, ist der Arbeitgeber verpflichtet, das Wertguthaben einschließlich des darauf entfallenden Arbeitgeberanteils am Gesamtsozialversicherungsbeitrag mit der ersten Gutschrift in geeigneter Weise gegen das Risiko seiner Zahlungsunfähigkeit abzusichern; § 7e des Vierten Buches Sozialgesetzbuch findet keine Anwendung. [2]Bilanzielle Rückstellungen sowie zwischen Konzernunternehmen (§ 18 des Aktiengesetzes) begründete Einstandspflichten, insbesondere Bürgschaften, Patronatserklärungen oder Schuldbeitritte, gelten nicht als geeignete Sicherungsmittel im Sinne des Satzes 1.

(2) Bei der Ermittlung der Höhe des zu sichernden Wertguthabens ist eine Anrechnung der Leistungen nach § 3 Abs. 1 Nr. 1 Buchstabe a und b und § 4 Abs. 2 sowie der Zahlungen des Arbeitgebers zur Übernahme der Beiträge im Sinne des § 187a des Sechsten Buches Sozialgesetzbuch unzulässig.

(3) [1]Der Arbeitgeber hat dem Arbeitnehmer die zur Sicherung des Wertguthabens ergriffenen Maßnahmen mit der ersten Gutschrift und danach alle sechs Monate in Textform nachzuweisen. [2]Die Betriebsparteien können eine andere gleichwertige Art und Form des Nachweises vereinbaren; Absatz 4 bleibt hiervon unberührt.

(4) [1]Kommt der Arbeitgeber seiner Verpflichtung nach Absatz 3 nicht nach oder sind die nachgewiesenen Maßnahmen nicht geeignet und weist er auf schriftliche Aufforderung des Arbeitnehmers nicht innerhalb eines Monats eine geeignete Insolvenzsicherung des bestehenden Wertguthabens in Textform nach, kann der Arbeitnehmer verlangen, dass Sicherheit in Höhe des bestehenden Wertguthabens geleistet wird. [2]Die Sicherheitsleistung kann nur erfolgen durch Stellung eines tauglichen Bürgen oder Hinterlegung von Geld oder solchen Wertpapieren, die nach § 234 Abs. 1 und 3 des Bürgerlichen Gesetzbuchs zur Sicherheitsleistung geeignet sind. [3]Die Vorschriften der §§ 233, 234 Abs. 2, §§ 235 und 239 des Bürgerlichen Gesetzbuchs sind entsprechend anzuwenden.

(5) Vereinbarungen über den Insolvenzschutz, die zum Nachteil des in Altersteilzeitarbeit beschäftigten Arbeitnehmers von den Bestimmungen dieser Vorschrift abweichen, sind unwirksam.

(6) Die Absätze 1 bis 5 finden keine Anwendung gegenüber dem Bund, den Ländern, den Gemeinden, Körperschaften, Stiftungen und Anstalten des öffentlichen Rechts, über deren Vermögen die Eröffnung eines Insolvenzverfahrens nicht zulässig ist, sowie solchen juristischen Personen des öffentlichen Rechts, bei denen der Bund, ein Land oder eine Gemeinde kraft Gesetzes die Zahlungsfähigkeit sichert.

1. Insolvenzrechtliche Behandlung des Altersteilzeitentgelts. Da der AN im Blockmodell eine Vorleistung erbringt, müssen die Tarif-, Betriebs- oder Vertragspartner sicherstellen, dass seine Lohnansprüche auch im Falle der Insolvenz des AG gesichert sind (*Bermig* AuA 1997, 216, 217), zumal es sich hierbei nur um einfache **Insolvenzforderungen** handelt, wenn das Insolvenzverfahren während der **Freistellungsphase** eröffnet wird (näher InsO Einf. Rn. 42). Eine entspr. ges. Verpflichtung statuiert seit dem 1.7.2004 § 8a, der selbst von der Ministerialverw. als „bürokratisches und rechtl. Monster" (*Knospe* NZA 2006, 187, 190) kritisiert wird. Die allg. Regelung des § 7e SGB IV findet im Bereich der ATZ wegen § 8a I 1 Hs. 2 iVm. § 15g keine Anwendung (BAG 23.2.2016 NZA 2016, 703), es sei denn, dass mit der ATZArbeit vor dem 1.7.2004 begonnen wurde (*Cisch/Ulbrich* BB 2009, 550, 553). 1

2. Insolvenzschutzpflicht des AG. a) Voraussetzung. Voraussetzung der Insolvenzschutzverpflichtung ist, dass durch die nach dem 30.6.2004 begonnene (§ 15g; übersehen von BAG 15.12.2011 NZA 2012, 1101) ATZArbeit ein Wertguthaben (§ 23b SGB IV) aufgebaut wird, das das Dreifache des Regelarbeitsentgelts überschreitet. Dies wird idR nur bei ATZ im Blockmodell, kann aber ausnahmsweise auch bei kontinuierl. Erbringung der Arbeitsleistung eintreten (*Rolfs* NZS 2004, 561, 563; aA *Hampel* DB 2004, 706, 707), idR dann, wenn die Arbeitsphase die Dauer von sechs Monaten überschreitet. Die Sicherungspflicht beginnt gem. § 8a I 1 bereits **mit der ersten Gutschrift.** Der AG muss also schon im ersten Monat prüfen, ob das Wertguthaben voraussichtl. die genannte Höhe überschreiten wird. Die Pflicht trifft nur den AG, nicht den InsV. Der AN kann also nach Eröffnung des Insolvenzverfahrens von diesem nicht die Leistung von Sicherheiten verlangen, die der AG zuvor nicht bestellt hatte (BAG 15.1.2013 NZA-RR 2013, 303). 2

Eine **Insolvenzsicherungspflicht besteht nicht** für die in Abs. 6 genannten AG (zu ihnen näher BRO/*Rolfs* § 17 Rn. 133 ff.). 3

4 **b) Sicherungsumfang.** Der Sicherungsumf. erstreckt sich auf das gesamte vom AN erdiente, aber noch nicht an ihn ausgezahlte Arbeitsentgelt. Entgegen der früheren Praxis (vgl. BAG 14.10.2003 NZA 2004, 860; 16.3.2004 NZA 2005, 784) darf der AG die Aufstockungsbeträge – jdf. in der ges. Höhe – nicht verrechnen (§ 8a II; LAG HM 12.12.2007 NZA-RR 2008, 462; HWK/*Stindt*/*Nimscholz* Rn. 3; *Rolfs* NZS 2004, 561, 564; so zur Aufstockung in der Rentenvers. bereits BAG 18.11.2003 NZA 2004, 1223; **aA** *Froehner* NZA 2012, 1405, 1409). Sicherungspflichtig ist im Blockmodell also die Hälfte des Arbeitsentgelts. Dabei beschränkt sich diese Pflicht nicht allein auf das sozialversicherungspflichtige Entgelt, sie erstreckt sich vielmehr auf den gesamten dem AN als Gegenleistung arbeitsrechtl. geschuldeten Betrag (str.), nicht aber die Aufstockungsleistungen (*Podewin* RdA 2005, 295, 297 f.). Ob der AG Aufstockungen abziehen darf, die über das in § 3 I normierte Mindestmaß hinausgehen, ist unsicher, aber wohl zu verneinen (vgl. *Hanau*/*Rolfs,* Insolvenzschutz von Wertguthaben, 2003, S. 45 ff.). Hinzu tritt die Pflicht, auch die auf das Entgelt entfallenden **AG-Anteile zur Sozialvers.** abzusichern.

5 **c) Sicherungsart.** Die Sicherungsart ist im G weitgehend offen gelassen, damit der AG sie seinen betriebl. Gegebenheiten entspr. wählen kann (*Rolfs* NZS 2004, 561, 565). Wegen der Einzelheiten s. SGB IV § 7e Rn. 7. Ausdr. ausgeschlossen sind durch Abs. 1 S. 2 bilanzielle Rückstellungen sowie zwischen Konzernunternehmen (§ 18 AktG) begr. Einstandspflichten, insb. Bürgschaften, Patronatserkl. oder Schuldbeitritte (*Kallhoff* NZA 2004, 692, 695).

6 **d) Nachweis.** Den Nachweis der ausreichenden Sicherung hat der AG nach Maßgabe des Abs. 3 in Textform (§ 126b BGB) zu führen. Dafür hat er zunächst die getroffenen Maßnahmen zu beschreiben (*Podewin* RdA 2005, 295, 298 f.). Auf Verlangen des AN hat der AG sodann zusätzl. die entspr. Unterlagen zur Vfg. zu stellen. Diese sind (in Kopie) so vollständig zu überreichen, dass sich der AN – ggf. mit sachverständiger Hilfe und auf seine eigenen Kosten – sowohl von der Insolvenzfestigkeit als auch der ausreichenden Höhe der Sicherung überzeugen kann (LAG BW 6.3.2014 ZIP 2014, 894). § 80 II iVm. I Nr. 1 BetrVG bleibt unberührt.

7 **e) Sanktionen bei Verletzung der Insolvenzsicherungspflicht.** Der AG, der auf schriftl. Verlangen des AN nicht innerhalb eines Monats eine taugl. Insolvenzsicherung nachweist, kann von diesem zur Sicherheitsleistung mit den in § 8a IV 2 genannten Mitteln verpflichtet werden. Dieser Anspruch ist zwar gerichtl. durchsetzbar (zum Klageantrag BAG 30.10.2006 NZA 2007, 647), führt aber wegen der damit verbundenen Verzögerungen in krisenhaften Unternehmen oftmals nicht zum Erfolg. Der Schadensersatzanspruch wegen Verletzung der Insolvenzsicherungspflicht ist in der Insolvenz des AG wirtschaftl. ebenso wertlos wie der Arbeitsentgeltanspruch. Der AN hat aber das Recht, gem. § 273 BGB seine Arbeitsleistung zurückzuhalten und damit den AG in Annahmeverzug (§§ 615, 298 BGB) zu versetzen (BAG 23.2.2016 NZA 2016, 703). Die Aufstockungsleistungen müssen auch dann erstattet werden (§ 4), wenn der AG keine geeignete Insolvenzsicherung nachweist, da § 8a keine Voraussetzung der Förderung ist (*Podewin* RdA 2005, 295, 297).

8 Dementspr. steht eine **Schadensersatzhaftung der GF etc.** oftmals im Mittelpunkt des Interesses (ausf. *Kleingers,* Der gesetzl. Insolvenzschutz von Arbeitszeitwertguthaben und die Haftung von AGRepräsentanten ggü. AN, 2007). Eine analoge Anwendung von § 7e VII 2 SGB IV scheidet mangels planwidriger Regelungslücke aus (BAG 23.2.2016 NZA 2016, 703; LAG MV 9.12.2015 NZA-RR 2016, 149; **aA** *Deinert* RdA 2014, 327, 328 ff.). Es kommen aber verschiedene Anspruchsgrdl. in Betracht: **§ 311 III BGB** (iVm. § 280 I BGB) setzt voraus, dass der GF pers. Vertrauen für die Durchführung des Vertrages in Anspruch genommen und dadurch die Vertragsverhandlungen oder den Vertragsabschluss erhebl. beeinflusst hat (BAG 13.2.2007 NZA 2008, 121; 20.3.2014 NZA 2014, 1023). § 823 I BGB scheidet aus, da das Vermögen des AN kein „sonstiges Recht" iSd. Vorschr. ist. Dagegen kann § 823 II BGB einschlägig sein, wenn ein **SchutzG** verletzt worden ist. Ob § 8a diese Eigenschaft zukommt, ist str. Selbst wenn man dies bejaht, ist den AN ggü. nur der (insolvente) AG selbst, nicht aber der GF etc. verpflichtet (BAG 23.2.2010 NZA 2010, 1418; LAG D 10.12.2004 NZA-RR 2005, 313; *Rolfs* NZS 2004, 561, 566 f.; **aA** *Zwanziger* RdA 2005, 226, 240; unentschieden *Knospe* NZA 2006, 187, 189 f.). Die Legalitätspflicht der GF (§ 43 I GmbHG) iVm. § 8a begründet Schutzpflichten der GF nur ggü. dem AG, nicht den AN (BAG 23.2.2016 NZA 2016, 703; s. zu § 8a aF BAG 23.2.2010 NZA 2010, 1418; zu § 7b SGB IV aF BAG 21.11.2006 NZA 2007, 693).

9 Fällt dem Repräsentanten des AG allerdings **Betrug** (§ 263 StGB; vgl. BAG 12.4.2011 NZA 2011, 1350) zur Last, weil er bspw. dem AN oder dem BR in Kenntnis der bestehenden Insolvenzabsicherungspflicht eine ausreichende Insolvenzsicherung vorgespiegelt (BAG 13.2.2007 NZA 2007, 878) oder wahrheitswidrig behauptet hat, er werde alsbald Maßnahmen zur Absicherung des Insolvenzrisikos treffen (BAG 13.2.2007 NZA 2008, 121), haftet er über § 14 StGB, § 823 II BGB pers. für den dem AN entstandenen Schaden. Dasselbe gilt, wenn der GF etc. den Tatbestand der **Untreue** (§ 266 StGB) zum Nachteil des AN verwirklicht hat. Dafür muss ihn allerdings ausnahmsweise eine Vermögensbetreuungspflicht treffen, die durch allg. schuldrechtl. Verpflichtungen allein nicht begr. wird (BAG 16.8.2005 NZA 2006, 1057; 16.8.2005 NZA 2006, 1052; BGH 2.4.2008 NJW 2008, 1827) und die dem GF nicht einmal den Gesellschaftern ggü. obliegt (BGH 25.4.2006 NJW 2006, 1984). Außerdem haftet der GF etc. den AN pers., wenn er sie **vorsätzl. sittenwidrig geschädigt** hat, § 826 BGB (BAG 16.8.2005 NZA 2006, 1052; 21.11.2006 NZA 2007, 693; zu weitgehend jedoch LAG D 10.12.2004

NZA-RR 2005, 313, das die obj. und subj. Voraussetzungen einer vorsätzl. sittenwidrigen Schädigung verkennt). Schließl. kann ggü. den Trägern der Sozialvers. eine Schadensersatzpflicht der in § 14 StGB genannten Personen aus § 823 II BGB bestehen, wenn infolge der mangelnden Insolvenzsicherung Beiträge zur Sozialvers. nicht abgeführt werden können (§ 266a StGB, näher *Rolfs* NZS 2004, 561, 567).

f) Unabdingbarkeit. Die Insolvenzsicherungspflicht ist unabdingbar. Auch die TVParteien können 10
von ihr nicht zum Nachteil des AN abweichen (*Podewin* RdA 2005, 295, 297). Dies betrifft Grund, Höhe und Art der Sicherung gleichermaßen. Die früher übl. Vereinb., nur die Differenz zwischen dem aufgestockten Arbeitsentgelt und dem 100%-Wert zu sichern (vgl. BAG 14.10.2003 NZA 2004, 860), sind wegen § 8a II heute unwirksam (aA *Kallhoff* NZA 2004, 692, 696; *Schwarze* SAE 2005, 96, 99; *Zwanziger* RdA 2005, 226, 238).

§ 10 Soziale Sicherung des Arbeitnehmers

(1) 1 Beansprucht ein Arbeitnehmer, der Altersteilzeitarbeit (§ 2) geleistet hat und für den der Arbeitgeber Leistungen nach § 3 Abs. 1 Nr. 1 erbracht hat, Arbeitslosengeld oder Arbeitslosenhilfe, erhöht sich das Bemessungsentgelt, das sich nach den Vorschriften des Dritten Buches Sozialgesetzbuch ergibt, bis zu dem Betrag, der als Bemessungsentgelt zugrunde zu legen wäre, wenn der Arbeitnehmer seine Arbeitszeit nicht im Rahmen der Altersteilzeit vermindert hätte. 2 Kann der Arbeitnehmer eine Rente wegen Alters in Anspruch nehmen, ist von dem Tage an, an dem die Rente erstmals beansprucht werden kann, das Bemessungsentgelt maßgebend, das ohne die Erhöhung nach Satz 1 zugrunde zu legen gewesen wäre. 3 Änderungsbescheide werden mit dem Tag wirksam, an dem die Altersrente erstmals beansprucht werden konnte.

(2) 1 Bezieht ein Arbeitnehmer, für den die Bundesagentur Leistungen nach § 4 erbracht hat, Krankengeld, Versorgungskrankengeld, Verletztengeld oder Übergangsgeld und liegt der Bemessung dieser Leistungen ausschließlich die Altersteilzeit zugrunde oder bezieht der Arbeitnehmer Krankentagegeld von einem privaten Krankenversicherungsunternehmen, erbringt die Bundesagentur anstelle des Arbeitgebers die Leistungen nach § 3 Abs. 1 Nr. 1 in Höhe der Erstattungsleistungen nach § 4. 2 Satz 1 gilt soweit und solange nicht, als Leistungen nach § 3 Abs. 1 Nr. 1 vom Arbeitgeber erbracht werden. 3 Durch die Leistungen darf der Höchstförderzeitraum nach § 4 Abs. 1 nicht überschritten werden. 4 § 5 Abs. 1 gilt entsprechend.

(3) Absatz 2 gilt entsprechend für Arbeitnehmer, die nur wegen Inanspruchnahme der Altersteilzeit nach § 2 Abs. 1 Nr. 1 und 2 des Zweiten Gesetzes über die Krankenversicherung der Landwirte versicherungspflichtig in der Krankenversicherung der Landwirte sind, soweit und solange ihnen Krankengeld gezahlt worden wäre, falls sie nicht Mitglied der landwirtschaftlichen Krankenkasse geworden wären.

(4) Bezieht der Arbeitnehmer Kurzarbeitergeld, gilt für die Berechnung der Leistungen des § 3 Abs. 1 Nr. 1 und des § 4 das Entgelt für die vereinbarte Arbeitszeit als Arbeitsentgelt für die Altersteilzeitarbeit.

(5) 1 Sind für den Arbeitnehmer Aufstockungsleistungen nach § 3 Abs. 1 Nr. 1 Buchstabe a und b gezahlt worden, gilt in den Fällen der nicht zweckentsprechenden Verwendung von Wertguthaben für die Berechnung der Beiträge zur gesetzlichen Rentenversicherung der Unterschiedsbetrag zwischen dem Betrag, den der Arbeitgeber der Berechnung der Beiträge nach § 3 Abs. 1 Nr. 1 Buchstabe b zugrunde gelegt hat, und dem Doppelten des Regelarbeitsentgelts bis zum Zeitpunkt der nicht zweckentsprechenden Verwendung, höchstens bis zur Beitragsbemessungsgrenze, als beitragspflichtige Einnahme aus dem Wertguthaben; für die Beiträge zur Krankenversicherung, Pflegeversicherung oder nach dem Recht der Arbeitsförderung gilt § 23b Abs. 2 bis 3 des Vierten Buches Sozialgesetzbuch. 2 Im Falle der Zahlungsunfähigkeit des Arbeitgebers gilt Satz 1 entsprechend, soweit Beiträge gezahlt werden.

1. Kontinuierlicher Versicherungsschutz. Die soziale Sicherung des ATZBeschäftigten ist in § 10 1
nur tw. geregelt. Entscheidend ist zunächst, dass während der gesamten Dauer der ATZArbeit, im Blockmodell bei kontinuierl. Entgeltzahlung also auch in der Freizeitphase, ein **sozialversicherungspflichtiges BeschVerh.** gegen Arbeitsentgelt besteht, § 7 I a, § 23b I SGB IV (und zwar selbst dann, wenn der AN auch in der Arbeitsphase tats. gar nicht gearbeitet hat: BSG 24.9.2008 NJW 2009, 1772). Der ATZ-AN genießt folgl. ununterbrochenen Sozialversicherungsschutz. Allerdings werden bei Zeiten längerer AU in der Arbeitsphase nach Ablauf des EFZ-Zeitraums keine Wertguthaben mehr erzielt, die in der Freistellungsphase abgefeiert werden könnten. Daher endet das sozialversicherungsrechtl. BeschVerh. während der Freistellungsphase entspr. früher, der Versicherungsschutz entfällt (es sei denn, dass er infolge unmittelbar anschließenden Alg.- oder Rentenbezugs fortbesteht oder der AN Wertguthaben auflösen kann, die er bereits vor Beginn der ATZArbeit angespart hatte, § 2 III). Dies lässt sich verhindern, indem die Freistellungsphase in der Weise verkürzt wird, dass die Hälfte der in

der Arbeitsphase ausgefallenen AZ nachgearbeitet wird (ArbG D 2.6.2009 NZA-RR 2009, 578; *Debler* NZA 2001, 1285, 1286). Dasselbe Erg. wird erzielt, wenn das krankheitsbedingt ausgefallene Wertguthaben vor Beginn der Freistellungsphase auf andere Weise, zB Überstunden, angespart wird (Ziff. 2.2 XI, XII DA-ATG). Jdf. öffentl. AG müssen durch eine entspr. Gestaltung der ATZArbeit dafür Sorge tragen, dass eine Beendigung des versicherungspflichtigen BeschVerh. vermieden wird (BAG 13.7.2010 NZA 2011, 176). Dagegen ist eine Streckung des Wertguthabens durch eine geringere Entsparung etc. unzulässig.

2 **2. Kranken- und Pflegeversicherung.** Durch den Übergang in die ATZArbeit kann das Arbeitsentgelt eines bislang in der ges. Krankenvers. versicherungsfreien Beschäftigten unter die **BBG absinken.** War der AN bislang freiwilliges Mitglied in der ges. Krankenvers., wird er jetzt Pflichtmitglied. War er dagegen privat versichert, kann er idR dort verbleiben, weil Beschäftigte, die erst nach Vollendung des 55. Lebensjahres in die Versicherungspflicht „hineinwachsen", unter den Voraussetzungen des § 6 III a SGB V versicherungsfrei bleiben (*Figge* DB 2000, 213). Sollten diese ausnahmsweise nicht vorliegen, besteht die Möglichkeit der Befreiung von der Versicherungspflicht zugunsten einer privaten Krankenvers. nach Maßgabe des § 8 I Nr. 3 SGB V. In der **Pflegevers.** besteht sowohl für ges. als auch für freiwillig Krankenversicherte Versicherungspflicht (§ 20 I Nr. 1, III SGB XI). Privat krankenversicherte AN müssen sich privat pflegeversichern, §§ 22, 23 SGB XI.

3 Die **Beiträge** werden sowohl in der Arbeits- als auch in der Freistellungsphase auf der Basis des tats. erzielten Arbeitsentgelts berechnet. Der Aufstockungsbetrag bleibt dabei außer Ansatz, da er nach § 3 Nr. 28 EStG steuer- und damit gem. § 1 I Nr. 1 SvEV beitragsfrei gezahlt wird (vgl. § 8 Rn. 15). Das gilt auch für Aufstockungsbeträge, die über dem ges. Mindestniveau des § 3 I Nr. 1 liegen und die ATZ nicht von der BA gefördert wird. Ebenfalls nicht beitragspflichtig sind steuerfrei gezahlte Zulagen, und zwar auch dann, wenn ihre Auszahlung anteilig in die Freistellungsphase verschoben wird. Die Beiträge sind von AG und AN zu gleichen Teilen zu tragen (§ 249 I SGB V); in der Freistellungsphase allerdings nur auf der Basis des ermäßigten Beitragssatzes (§ 243 S. 1 SGB V; BSG 25.8.2004 NZA 2005, 212; vgl. für den Fall der rückwirkenden Beendigung des ATZVerhältnisses und damit verbundener Auflösung von Wertguthaben BSG 14.12.2006 NZS 2007, 538).

4 Bei **krankheitsbedingter AU** (ausf. *Debler* NZA 2001, 1285 ff.; *Leisbrock* S. 191 ff.) erhält der AN nach Maßgabe des EFZG oder weitergehender (tarif-)vertragl. Bestimmungen zunächst für die Dauer von (mind.) bis zu sechs Wochen Entgeltfortzahlung im Krankheitsfall (Teilzeitarbeitsentgelt und Aufstockungsleistungen, BAG 15.8.2006 NZA-RR 2007, 168). Nach Ablauf dieser Frist wird **außerhalb des Blockmodells** das Krankengeld (§ 47 SGB V) auf der Grdl. (nur) des Regelarbeitsentgelts gewährt, die Aufstockungsbeträge werden von der BA übernommen, aber nur unter der zusätzl. Voraussetzung, dass die ATZArbeit vor dem 1.1.2010 begonnen hat und nach der Wiederbesetzung des Arbeitsplatzes von ihr gefördert wird, § 10 II (*Rittweger* Rn. 6). Allerdings ist insoweit nicht erforderl., dass die Fördervoraussetzungen dauernd vorliegen, es genügt, dass die BA einmal Leistungen erbracht hat (*Reichling/Wolf* NZA 1997, 422, 425). **Im Blockmodell** wird während der Arbeitsphase das Krankengeld nicht auf der Basis des „erzielten", sondern nur des tats. zugeflossenen (unaufgestockten halben) Arbeitsentgelts berechnet, § 47 II 4, 5 SGB V (und zwar auch dann, wenn die ATZ wegen eines Störfalls vorzeitig beendet und das Wertguthaben rückwirkend aufgelöst wird: BSG 14.12.2006 NZS 2007, 538), die Aufstockung übernimmt nach § 10 II die BA, allerdings ebenfalls nur bei geförderter ATZ (*Rittweger* NZS 1999, 126, 127). In der Freistellungsphase ruht der Anspruch auf Krankengeld gem. § 49 I Nr. 6 SGB V, weil der AN in dieser Zeit auch bei AU seinen Lohnanspruch gegen den AG nicht verliert (LAG K 11.5.2001 NZA-RR 2002, 580; *Debler* NZA 2001, 1285).

5 **Privat krankenversicherte AN** erhalten dagegen auch während der Freistellungsphase Krankentagegeld (LG Nürnberg-Fürth 28.7.2011 NZA-RR 2012, 145; **aA** LG Oldenburg 6.12.2013r+s 2014, 512). Durch ihre Gleichstellung mit den in der ges. Krankenvers. Versicherten (§ 10 II 1) wird gewährleistet, dass die BA die Aufstockungsleistungen nach § 10 II anstelle des AG auch für diese AN übernimmt (BT-Drs. 14/1831 S. 9; *Debler* NZA 2001, 1285, 1289). Zugleich werden privat krankenversicherte AN insoweit auch im Recht der ges. Rentenvers. den ges. Krankenversicherten gleichgestellt (§ 163 V 2 SGB VI; dazu *Wolf* NZA 2000, 637, 640 f.; zu Einzelheiten s. Ziff. 10.2 DA-ATG). Bei einer **vertragl. Übernahme der Zahlung der Aufstockungsbeträge durch den AG** trägt dieser das Risiko der Wiederbesetzung des Arbeitsplatzes. Hat er näml. – wenn auch wegen der ins Leere gehenden Abtretung rechtsgrundlos – diese Beträge erst einmal ausgezahlt, scheitert ein Rückforderungsanspruch an § 8 II 1 (zweifelnd *Reichling/Wolf* NZA 1997, 422, 425).

6 **3. Rentenversicherung.** Da der AG in der Rentenvers. nach Maßgabe des § 3 I Nr. 1 lit. b aufstocken muss, gilt als **beitragspflichtiges Arbeitsentgelt** neben dem Regelarbeitsentgelt für die ATZ-Arbeit auch der Unterschiedsbetrag zwischen diesem Arbeitsentgelt und dem um 80% erhöhten Regelarbeitsentgelt. Den auf den Unterschiedsbetrag entfallenden Rentenversicherungsbeitrag trägt der AG im Außen- wie im Innenverhältnis (BAG 18.11.2003 NZA 2004, 1223) allein, § 168 I Nr. 6 SGB VI. Weitere Besonderheiten sind bei Mehrarbeitszuschlägen, Einmalzahlungen, der Anwendung der sog. März-Klausel (§ 23a IV SGB IV) und Kug. zu beachten.

Während der ATZArbeit sind **Leistungen der medizinischen Rehabilitation** (§§ 42 ff. SGB IX [bis 31.12.2017: §§ 26 ff. SGB IX) nicht durch § 12 I Nr. 4 a SGB VI ausgeschlossen. Bei den vom AG gezahlten Aufstockungsbeträgen handelt es sich nicht iSd. Vorschr. um Leistungen, die regelm. bis zum Beginn einer Rente gezahlt werden (BSG 26.6.2007 NZS 2008, 436), das gilt auch während der Freistellungsphase (BSG 22.6.2010 SGb 2011, 34). 7

Nach mind. 24-monatiger ATZArbeit können AN der Jahrgänge 1951 und älter, die das 63., übergangsweise das 60. Lebensjahr vollendet und die übrigen rentenrechtl. Voraussetzungen erfüllt haben, **Altersrente nach ATZArbeit** beanspruchen, § 237 SGB VI (näher SGB VI § 41 Rn. 4). Der Rentenanspruch setzt ua. voraus, dass mit Ausnahme der Wiederbesetzung des Arbeitsplatzes (*Bauer* NZA 1997, 401, 407; *Stindt* DB 1996, 2281, 2283) alle Tatbestandsmerkmale der §§ 2 und 3 durch die ATZArbeit erfüllt worden sind (BAG 10.2.2004 NZA 2004, 606). Dazu gehört insb. die fortlfd. Zahlung des Arbeitsentgelts und der Aufstockungsbeträge durch den AG. Fehlt es hieran, zB wegen Insolvenz des AG, kann der AN keine Rente nach § 237 SGB VI beanspruchen (BSG 17.4.2007 NZA 2007, 1418). Bei vorzeitiger Inanspruchnahme der Rente muss der Rentner freil. – wenn er nicht freiwillig Ausgleichsbeiträge nach § 187a SGB VI entrichtet hat – erhebl. Rentenabschläge hinnehmen (§ 77 II Nr. 2 lit. a SGB VI), wenn nicht der AG auch diesen Nachteil ganz oder tw. ausgleicht. 8

Hat der ATZ-AN zugleich Anspruch auf **Hinterbliebenenrente**, ist auf die Rente das Erwerbseinkommen nach Maßgabe von § 97 SGB VI, §§ 18a ff. SGB IV anzurechnen. Dazu zählen seit 2002 auch die steuerfreien ATZ-Aufstockungsbeträge (§ 18a I 2 Nr. 1 SGB IV). Nur AN, die noch unter die Übergangsregelung des § 114 I SGB IV fallen, brauchen sich nur das Arbeitsentgelt, nicht aber die Aufstockungsbeträge anrechnen zu lassen (BSG 17.4.2012 NZS 2012, 823). 9

4. Arbeitslosenversicherung. Während der ATZArbeit besteht Versicherungs- und damit Beitragspflicht in der Arbeitslosenvers. **Leistungsrechtl.** wird die Stellung des ATZ-AN dadurch verbessert, dass das Alg. (aber nur dieses, nicht auch andere Leistungen wie das Kug.) auf der Basis des bisherigen Arbeitsentgelts berechnet wird, § 10 I 1. Dieses Privileg wird nicht nur bei geförderter ATZ, sondern immer schon dann gewährt, wenn der AG Leistungen nach § 3 I Nr. 1 erbracht hat; freil. nur so lange, wie der Beschäftigte noch keine Rente aus der ges. Rentenvers. (und sei es mit Abschlägen) beanspruchen kann (BSG 15.12.2005 NZA-RR 2006, 384). Danach ist die Höhe des Alg. usw. auf der Basis des tats. erzielten Arbeitsentgelts neu festzusetzen (§ 10 I 2), wodurch erreicht werden soll, dass der Rentenantrag gestellt wird und die finanziellen Lasten von der Arbeitslosen- auf die Rentenvers. übergehen. Liegt der Übergang in die ATZ noch keine drei Jahre zurück, ist im Falle der Insolvenz des AG allerdings § 150 II 1 Nr. 5, II 2 Hs. 2 SGB III zu beachten. 10

Der ATZVertrag kann nach § 8 III auf einen Zpkt. befristet sein, zu dem der AN Altersrente nur mit Abschlägen in Anspruch nehmen kann (§ 8 Rn. 18). Zur Vermeidung oder jdf. Verminderung dieser Abschläge kann der AN statt des Rentenantrags zunächst einen Antrag auf **Alg.** stellen. Diese Leistung ist jedoch nicht nur von seiner Verfügbarkeit abhängig (§ 138 I Nr. 3 SGB III), sie kann auch wegen einer **Sperrzeit** (§ 159 I 2 Nr. 1 SGB III) ruhen. Mit der Umwandlung des urspr. unbefristeten ArbVerh. in ein befristetes ATZ-Verhältnis „löst" der AN näml. sein BeschVerh., so dass er der Sperrzeit nur entgeht, wenn für das „zu kurze", nicht an das Rentenalter heranreichende ATZVerhältnis ein wichtiger Grund besteht (BSG 21.7.2009 NZA-RR 2010, 323; LSG BW 25.2.2014 NZS 2014, 396; SG Karlsruhe 28.8.2015 NZS 2015, 879; zu div. Fallgruppen *Müller* NZS 2017, 172, 173 f.; *Nakielski/Winkel* AuR 2016, 413, 414; zur grds. Kritik an dieser Rspr. SGB III § 159 Rn. 15). Eine **Schadensersatzpflicht des AG**, der den AN hierauf nicht hingewiesen hat, besteht jedoch nicht (BAG 16.11.2005 NZA 2006, 535). 11

5. Störfälle (Abs. 5). Endet das ATZArbVerh. vorzeitig (zB durch Kündigung), gelten im unverblockten Modell keine Besonderheiten. Im **Blockmodell** führt § 23b II SGB IV zu einer Verstetigung des Versicherungsschutzes bei diskontinuierl. Arbeitsleistung auch in diesen sog. „Störfällen" (*Debler* NZA 2001, 1285, 1290 f.; *Nimscholz* ZIP 2002, 1936, 1937 f.). Da der AG während der Arbeitsphase den Rentenversicherungsbeitrag bereits um 80% aufgestockt hat, braucht im Störfall nur noch die Differenz zu 100% ausgegl. zu werden, § 10 V Hs. 1. Für die übrigen Versicherungszweige gilt § 23b II SGB IV dagegen uneingeschränkt, § 10 V Hs. 2. 12

§ 15h Übergangsregelung zum Gesetz über Leistungsverbesserungen in der gesetzlichen Rentenversicherung

Abweichend von § 5 Absatz 1 Nummer 2 erlischt der Anspruch auf die Leistungen nach § 4 nicht, wenn mit der Altersteilzeit vor dem 1. Januar 2010 begonnen worden ist und die Voraussetzungen für einen Anspruch auf eine Rente für besonders langjährig Versicherte nach § 236b des Sechsten Buches Sozialgesetzbuch erfüllt sind.

§ 15h ist eine Vertrauensschutzregelung aus Anlass der **Absenkung der Altersgrenze für bes. langjährig Versicherte** zum 1.7.2014 (§ 236b SGB VI). Leistungen der BA nach § 4 werden trotz eines 1

Anspruchs auf eine ungeminderte Rente ab 63 Jahren weiterhin gezahlt. Die Vorschr. greift aber nicht in bestehende einzel- oder kollektivvertragl. Regelungen ein. Sieht also der ATZVertrag vor, dass das ArbVerh. endet, sobald der AN eine abschlagsfreie Rente beanspruchen kann, führt § 236b SGB VI dazu, dass in ATZ befindl. AN früher als urspr. erwartet ausscheiden und statt des aufgestockten Arbeitsentgelts nur noch die niedrigere Rente beanspruchen können. § 15h setzt hier nur ein „Signal für die Vertragsparteien", ihre Vereinb. an die neue Rechtslage anzupassen: „ATZFälle sollten auch dann bis zum vereinbarten Ende laufen können, wenn in vertragl. Vorschr. eine vorzeitige Beendigung der ATZ vorgesehen ist, sobald ein Anspruch auf eine ungeminderte Rente besteht" (BT-Drs. 18/1489 S. 26). Die Anpassung der Verträge erfolgt aber nicht kraft G (*Nakielski/Winkel* AuR 2014, 423; zu den Lösungen der TVParteien *Lorenz-Schmidt* ZTR 2014, 509, 515 ff.).

§ 16 Befristung der Förderungsfähigkeit

Für die Zeit ab dem 1. Januar 2010 sind Leistungen nach § 4 nur noch zu erbringen, wenn die Voraussetzungen des § 2 erstmals vor diesem Zeitpunkt vorgelegen haben.

1 **Seit dem 1.1.2010** kann mit geförderter ATZ nicht mehr begonnen werden. Allerdings bleibt das ATG als solches in Kraft, so dass die übrigen an die ATZArbeit anknüpfenden Bestimmungen weiterhin Geltung beanspruchen. Dies betrifft neben den arbeits- (§ 8), insolvenzsicherungs- (§ 8a) und sozialrechtl. Bestimmungen (§ 10 sowie die Normen des SGB) namentl. das steuerl. Privileg des § 3 Nr. 28 EStG (s. § 1 Rn. 2).

140. Gesetz zur Regelung der Arbeitnehmerüberlassung (Arbeitnehmerüberlassungsgesetz – AÜG)

In der Fassung der Bekanntmachung vom 21.2.2017 (BGBl. I 2017 S. 258)

Zul. geänd. durch Gesetz vom 21. Februar 2017 (BGBl. I S. 258)

(FNA 810-31)

Einleitung

Die Zahl der Unternehmen, die gewerbsmäßige ANÜberlassungen betreiben und entspr. die Anzahl der in Leiharbeit Beschäftigten sind seit dem Inkrafttreten des AÜG im Jahre 1972 nahezu stetig angestiegen (s. 12. Bericht der BReg. über Erfahrungen bei der Anwendung des AÜG, BT-Drs. 18/573, S. 38 f.). Nicht nur für die Entleiherunternehmen, denen die **Substitution eigener AN durch LeihAN** die Senkung von Personalkosten, einen flexibleren Einsatz von Arbeitskräften und die Erprobung von AN ohne arbeitsvertragl. Bindung ermöglicht (*Krause* ZfA 2014, 349 ff.; *Maschmann* NZA 2013, 1305), sondern a. für **Arbeitslose bietet Zeitarbeit eine Perspektive** und oft auch ein Sprungbrett in eine Dauerbeschäftigung (12. Erfahrungsbericht, BT-Drs. 18/573, S. 46 ff.) Die neuesten Änd. der letzten Jahre bringen demgegenüber einige Restriktionen (s. Rn. 11); zur Bewertung der Leiharbeit *Wank*, RdA 2017, 100, 101; zum Wechsel von Regulierung und Deregulierung *Lembke/Ludwig* NJW 2014, 1329, 1330 ff.; rechtstatsächlich HeG/*Henssler/Pickenhahn* § 3. 1

A. Rechtsgrundlagen

Die Rechtsgrundlagen für die rein inländische ANÜberlassung ergeben sich aus dem Recht der EU, aus dem GG und aus einfachem Recht, insb. aus dem AÜG. 2

1. Unionsrecht. Bezügl. des Unionsrechts sind die Bestimmungen betr. Freizügigkeit (Art. 45 ff. AEUV), Niederlassungsfreiheit (Art. 49 ff. AEUV) und Dienstleistungsfreiheit (Art. 56 ff. AEUV) aus dem Primärrecht zu nennen (zum Sekundärrecht vgl. 2. Auflage Rn. 4 ff. sowie HSW/*Wank*, § 18 Rn. 285 ff.). EP und Rat haben am 19.11.2008 die **RL 2008/104/EG über Leiharbeit** verabschiedet (ABl. L 327 v. 5.12.2008; zu ihr *Boemke* RIW 2009, 177; *Düwell/Dahl* DB 2009, 1070; EurArbR/*Rebhahn/Schörghofer*, Kennziffer 620; *Fuchs* NZA 2009, 57; *Hamann* EuZA 2009, 287; *ders.* NZA 2011, 1; *Lembke* NZA 2011, 319; PS/*Sansone*, § 8; *Sansone* S. 440 ff.; *Steuer* S. 132 ff.; SH/*Riederer von Paar* Einl. Rn. 603 ff.; *Schüren/Wank* RdA 2011, 1; *Thüsing* RdA 2009, 118; *Ulber* NZA 2009, 232; *ders.* AuR 2010, 412; *Waas* ZESAR 2009, 207; *Wank* JbArbR 49 (2012) 23 ff.). Sie wurde insbes. durch das AÜG in das deutsche Recht umgesetzt (dazu u. Rn. 11). Nach EuGH 17.3.2015 Rs. C-533/13 NJW 2015, 1233 – AKT richtet sich Art. 4 der LeiharbeitsRL nur an die Behörden der Mitgliedstaaten. Aus der **Dienstleistungsrichtlinie 2006/123/EG** ist die Leiharbeit ausgenommen, Art. 2 II Buchst. e RL. Zur Umsetzung der RL in den Mitgliedstaaten s. Bericht der Kom. COM (2014) 176 final. 3

2. Art. 12 GG. Das BVerfG hat ein generelles Verbot der Leiharbeit im Hinblick auf Art. 12 GG für verfassungswidrig erklärt (BVerfG 4.4.1967 E 21, 261, 268 = AP AVAVG § 37 Nr. 7), wohl aber das sektorale Verbot für das Bauhauptgewerbe im früheren § 12a AFG (jetzt § 1b AÜG) für verfassungsmäßig gehalten (BVerfG 6.10.1987 E 77, 84). 4

3. AÜG. a) Gesetz zur Änderung des Arbeitnehmerüberlassungsgesetzes (AÜGÄndG). Das **AÜG** stellt nach zahlreichen Änd. (Einzelheiten vgl. 2. Aufl. Rn. 9, 11. Aufl. Rn. 4) die Rechtsgrundlage im einfachen Recht dar. Durch das „Erste G für moderne Dienstleistungen am Arbeitsmarkt" vom 23.12.2002 (BGBl. I S. 4607) erfuhr das AÜG bereits wichtige Änderungen. Die letzten Änderungen erfolgten durch das G zur Änderung des ANüberlassungsgesetzes und anderer Gesetze (Rn. 11). Das EU-Recht bot dem Gesetzgeber zur Regelung der Arbeitsbedingungen für LeihAN **zwei Grundmodelle** zur Wahl an (*Wank* RdA 2003, 1, 3; *ders.* JArbR 49 (2012) 23 ff.). Danach sollten entweder die Arbeitsbedingungen des Verleihers (verleiherbetriebsbezogenes Modell) oder die des Entleihers (entleiherbetriebsbezogenes Modell) gelten. Der deutsche Gesetzgeber entschied sich dafür, dass – wie in der Mehrzahl der EU-Mitgliedstaaten und entgegen der bis dahin bestehenden Rechtslage auf Grund des AÜG – die wesentl. Arbeitsbedingungen im Entleiherbetrieb für die Zeit der jeweiligen Überlassung maßgebl. sein sollen (früher § 3 I Nr. 3, jetzt § 8); davon kann aber durch TV und durch Bezugnahme auf einen TV abgewichen werden. Im Gegensatz zu diesem Ansatz stellt das G im Hinblick auf die Dauer des LeihArbVerh. im Grunds. auf einen Vertrag auf unbestimmte Dauer, für die Überlassung 5 selbst dagegen auf das allg. Befristungrecht ab. Aufgrund der RL 2008/104/EG wurde in § 1 I aF ausdrückl. der Satz aufgenommen, dass **Leiharbeit nur vorübergehend** erfolgen darf (s. § 1 Rn. 52).

6 Für das Verhältnis zwischen Verleiher und LeihAN (LeihArbVerh, s. Rn. 26 ff.) gilt **das allg. Befristungsrecht** (zur Beschäftigungsdauer s. IAB-Kurzbericht 13/2014; zu § 15 V TzBfG BAG 28.9.2016 AP TzBfG § 15 Nr. 9). Allerdings gilt die RL 1999/70/EG insoweit nicht (EuGH 11.4.2013 Rs. C-290/12 – Della Rocca, NZA 2013, 495 in zutr. systematischer Auslegung, die den Schutz nach nationalem Befristungsrecht unberührt lässt, dazu *Franzen* EuZA 2013, 433; *Lembke* NZA 2013, 815). Ein Befristungsgrund kann sich nur aus der Rechtsbeziehung zwischen Verleiher und LeihAN ergeben. Insoweit kann sich der Verleiher zB auf **§ 14 II TzBfG** (der aber für ihn ganz unpraktikabel ist, *Bauer/Krets* NJW 2003, 537, 539; *Hamann* Jura 2003, 361, 365; *Wank* NZA 2003, 14, 20; die Vorschr. ist allerdings tarifdispositiv, § 14 II 3 TzBfG) berufen (zum Rechtsmissbrauch BAG 15.5.2013 NZA 2013, 1267; 23.9.2014 AP TzBfG § 14 Nr. 122).

7 Der naheliegendste Befristungsgrund des vorübergehenden Bedarfs gem. **§ 14 I 2 Nr. 1 TzBfG** ist erfüllt, wenn eine Prognose zum Zeitpunkt des Vertragsschlusses mit hinreichender Sicherheit ergibt, dass der Bedarf für die Tätigkeit des Verleihers und damit generell für ANüberlassung künftig entfällt. Von diesem, von vorneherein feststehenden, vorübergehenden Bedarf ist die jeder wirtschaftl. Tätigkeit innewohnende Unsicherheit über die künftige Entwicklung zu unterscheiden (BT-Drs. 14/4374 S. 19); sie rechtfertigt eine Befristung gerade nicht. Die Prognose des Verleihers, den LeihAN nur für bestimmte Zeit zur Überlassung an einen Entleiher zu benötigen, stellt keine im Rahmen von § 14 I 2 Nr. 1 TzBfG zulässige Rechtfertigung dar, denn dabei handelt sich um das für den Verleiher typische unternehmerische **Beschäftigungsrisiko,** das nicht auf den LeihAN abgewälzt werden darf (BAG 18.5.2006 AP AÜG § 9 Nr. 7 = RdA 2007, 176 *(Bayreuther)*; überw. Meinung).

8 Ebenfalls nicht einschlägig ist **§ 14 I 2 Nr. 2 TzBfG,** weil der Verleiher LeihAN nicht zu dem Zweck einstellt, sie an andere Arbeitgeber zu verlieren, soweit nicht ausnahmsweise eine vermittlungsorientierte ANÜberlassung erfolgen soll (vgl. *Wank* NZA 2003, 14, 21; aA *Lembke* DB 2003, 2702, 2704). Genauso wenig kommt eine Sachbefristung gem. **§ 14 I 2 Nr. 3 TzBfG** in Betracht, denn es kommt auf den Vertretungsbedarf beim Verleiher an.

9 Aus der Eigenart der Arbeitsleistung iSv. **§ 14 I 2 Nr. 4 TzBfG** ergibt sich schon deshalb keine Befristungsmöglichkeit für Leiharbeitsverträge, weil LeihAN jede Art von Tätigkeiten ausüben und die Regelung va. den Interessen von Tendenzarbeitgebern Rechnung trägt (hM). Die Befristung zur Erprobung gem. **§ 14 I 2 Nr. 5 TzBfG**, die insbes. bei Langzeitarbeitslosen bedeutsam sein kann (*Kokemoor* NZA 2003, 238, 241; Schüren/*Schüren* § 3 Rn. 102 ff.; *Wank* NZA 2003, 14, 21), ist in der Regel nur einmal mögl. Des Weiteren sind die Sachbefristungen nach **§ 14 I 2 Nr. 6 bis 8 TzBfG** für den Bereich der Leiharbeit regelm. ohne Bedeutung. IÜ ist grds. auch kein gem. **§ 14 I 1 TzBfG** nicht enumerierter Sachbefristungsgrund denkbar. Da LeihAN ohnehin im Allg. nur für wenige Monate eingestellt werden, können Verleiher auf die sachgrundlose Befristung nach **§ 14 II TzBfG** zurückgreifen, wobei allerdings die Vorbeschäftigungsregelung des § 14 II 2 TzBfG zu beachten ist.

10 Da auf Seiten des Verleihers keine Befristungsgründe speziell auf Grund der Leiharbeit eingreifen, führte die Neuregelung von 2002 zu einer Verschärfung ggü. dem früheren Recht. Der Verleiher muss danach grds. unbefristete Leiharbeitsverträge abschließen und darüber hinaus ggü. früher höhere Löhne zahlen, so dass eine Kombination erreicht wurde, die in dieser Form einmalig ist und das **gesetzgeberische Ziel verfehlt** (s. *Hümmerich/Holthausen/Welslau* NZA 2003, 7, 9 f.). Gesetzestechnisch ist von einem zwgd. Inhalt des Arbeitsvertrages auszugehen, wie er insbes. durch § 8 normiert wird. Arbeitsrechtl. knüpft § 9 an einen Verstoß die Rechtsfolge, dass der von der Verpflichtung aus § 8 abweichende Arbeitsvertrag unwirksam ist; weitere Rechtsfolge ist nach § 10, dass der LeihAN kraft Gesetzes so gestellt wird, als ob der Vertrag den ges. vorgeschriebenen Inhalt hätte.

11 **b)** Die **jetzige Fassung des AÜG** idF des „Gesetzes zur Änderung des ANüberlassungsgesetzes und anderer Gesetze" (**AÜGÄndG**) vom 21.2.2017, BGBl. 2017 I Nr. 8 v. 28.2.2017, S. 258 beruht auf der RL 2008/104/EG (s. Rn. 3). Dabei geht es vor allem darum, einen Missbrauch durch angebl. Werkverträge zu verhindern und das Merkmal „vorübergehend" zu konkretisieren (*Wank* RdA 2017, 100, 101 f.). Der Beschlussempfehlung und dem Bericht des Ausschusses für Arbeit und Soziales (BT-Drs. 18/10064) sowie dem Regierungsentwurf von Mai 2016 (BT-Drs. 18/9232) gingen ein Referentenentwurf von November 2015 (abgedr. NZA aktuell 23/2015, S. X ff.; dazu u. a. *Baeck/Winzer/Kramer* NZG 2016, 20 ff.; *Gaul/Hahne* BB 2016, 58 ff.; *Ulrici* § 1 Rn. 4) und ein Referentenentwurf von Februar 2016 (dazu ua. *Baeck/Winzer/Hies* NZG 2016, 415; *Ulrici* § 1 Rn. 5) voraus (Zusammenfassung der wesentl. Änderungen bei HeG/*Grau/Sittard* § 5; *Wank* RdA 2017, 100, 102). Zu Änderungen durch die vorangegangene Novelle s. Voraufl. Rn. 11 ff.

B. Begriffsbestimmungen

12 Die LeiharbeitsRL verweist für alle zentralen Begriffe auf das nationale Recht (Art. 3 II RL; dazu *Ulber* AuR 2010, 11 f.). Das gilt auch für den ANbegriff, aber mit Einschränkungen (*Schüren/Wank* RdA 2011, 1, 2). **LeihAN** ist nach Art. 3 I lit. c) RL 2008/104/EG ein AN, „der mit einem Leiharbeits-

unternehmen einen Arbeitsvertrag geschlossen hat oder ein BeschVerh eingegangen ist, um einem entleihenden Unternehmen überlassen zu werden und dort unter dessen Aufsicht und Leitung vorübergehend zu arbeiten" (s. a. *Sansone* S. 452). § 1 I 2 enthält nunmehr eine **Legaldefinition**. Danach handelt es sich zum einen um AN, die nicht in die Arbeitsorganisation des Verleihers sondern in die des Entleihers **eingegliedert** sind und dessen **Weisungen** unterliegen. Die Formulierung weicht insofern von § 611a BGB ab, als dort die organisatorische Eingliederung (zu Unrecht) nicht eigens genannt wird. Sie ist aber unter das Merkmal „fremdbestimmt" in § 611a I BGB zu subsumieren, sodass beide ANBegriffe iE übereinstimmen (ebenso BGB § 611a Rn. 41; s. § 1 Rn. 18). Da nach deutschem Recht Rote-Kreuz-Schwestern kraft Mitgliedschaft an Krankenhäuser überlassen werden und nicht auf Grund Arbeitsvertrages und da nach der Leiharbeitsrichtlinie die ANdefinition Sache des nationalen Rechts ist, wäre das AÜG nicht anwendbar. Dennoch meint der EuGH, dass für sie als „Beschäftigte" die Leiharbeitsrichtlinie gilt (EuGH 17.11.2016 NZA 2017, 41 – Ruhrlandklinik); das BAG folgt dem (21.2.2017 NZA 2017, 662 m. Anm. *L. Schmitt* ZESAR 2017, 167; *Ulrici* EuZW 2017, 870; *Wank* jM 10/2017; s. BGB § 611a Rn. 142). Nach Art. 1 I RL gilt die Richtlinie für AN, die „entleihenden Unternehmen zur Vfg. gestellt werden, um vorübergehend unter deren Aufsicht und Leitung zu arbeiten". Das Merkmal **„vorübergehend"** wurde bereits auf Grund der Neufassung im Jahre 2011 in § 1 I 2 aufgenommen und durch die letzte Novelle konkretisiert (s. im Einzelnen § 1 Rn. 52 ff.).

Während der Arbeitsvertrag üblicherweise in einer zweigliedrigen Beziehung AG – AN besteht, ist 13 die ANÜberlassung durch ein **Dreiecksverhältnis** aus Verleiher – Entleiher – AN gekennzeichnet. Die Besonderheit ergibt sich daraus, dass der AN vom Verleiher eingestellt wird, aber seine Arbeitsleistung beim Entleiher erbringt. Die RL 2008/104/EG definiert den AN als Person, „die in dem betreffenden Mitgliedstaat nach dem nationalen ArbR als AN geschützt ist", Art. 3 I lit. a).

Die ANÜberlassung ist von der **Arbeitsvermittlung** abzugrenzen. Während der Arbeitsvermittler in 14 keiner arbeitsrechtl. Rechtsbeziehung zu den von ihm vermittelten AN steht, ist der Verleiher AG des Beschäftigten. Eigentl. schließen somit ANÜberlassung und Arbeitsvermittlung einander aus. Allerdings wird nach § 1 II unter bestimmten Voraussetzungen vermutet, dass eine ANÜberlassung Arbeitsvermittlung ist (s. § 1 Rn. 74 ff.). Abzugrenzen ist die ANÜberlassung auch vom **eigenen Personaleinsatz** eines Unternehmers sowie von anderen Formen drittbezogenen Personaleinsatzes (s. § 1 Rn. 6 ff.).

Früher wurde verbreitet zwischen der **echten ANÜberlassung** (der nichtgewerbsmäßigen ANÜber- 15 lassung) und der unechten ANÜberlassung (der gewerbsmäßigen ANÜberlassung iSd. AÜG) unterschieden. Die jetzige Fassung stellt entspr. der RL nicht mehr auf die gewerbl. Tätigkeit ab, sondern auf eine **„wirtschaftliche Tätigkeit"** (dazu § 1 Rn. 42 ff.).

C. Dreiecksverhältnis Verleiher – Entleiher – Arbeitnehmer

I. Rechtsverhältnis zwischen Verleiher und Entleiher (Überlassungsverhältnis)

1. Allgemeines. Der Vertrag, durch den sich der Verleiher ggü. dem Entleiher verpflichtet, ihm AN 16 zur Vfg. zu stellen **(ANÜberlassungsvertrag)**, ist ein Vertrag eigener Art als Unterfall des Dienstverschaffungsvertrages (s. § 1 Rn. 35; s. a. die Definition in Art. 3 I lit. b), d), e) RL, Einl. Rn. 3). Er bedarf gem. § 12 I 1 der Schriftform. IÜ normiert § 12 Hinweispflichten zum Inhalt des Überlassungsvertrages, s. unten § 12 Rn. 5 ff. Der Entleiher muss gem. § 12 I 4 angeben, welche in seinem Betrieb für einen vergleichbaren AN wesentl. Arbeitsbedingungen einschließl. des Arbeitsentgelts gelten. Auf den Überlassungsvertrag sind die §§ 305 ff. BGB anzuwenden, wenn er vom Verleiher vorformuliert wurde. Allerdings ist der Anwendungsbereich nach § 310 BGB regelm. eingeschränkt, da Entleiher in der Regel Unternehmer iSv. § 14 BGB sind.

a) Überlassung. Nach § 1 I **schuldet** der Verleiher die entgeltl. **Überlassung** von Arbeitskräften 17 und nicht die Erbringung einer eigenen Arbeitsleistung. Nach der Rspr. ist der Verleiher nur verpflichtet, einen oder mehrere AN auszuwählen und zur Vfg. zu stellen (BAG 5.5.1992 AP BetrVG 1972 § 99 Nr. 97, obiter dictum). Weitergehend wird tw. die Haftung des Verleihers auch noch auf die Arbeitsaufnahme durch den AN bezogen (*Becker/Wulfgramm* § 12 Rn. 22; *Konzen* ZfA 1982, 259, 280 ff.). Da der Verleiher AG des Beschäftigten bleibt, trifft ihn ggü. dem Entleiher die Pflicht, den AN auch nach dem Arbeitsantritt zur Vfg. zu halten (SH/*Schüren* Einl. Rn. 308 ff.; *Ulber* § 12 Rn. 12 f.; UCGBH/*Germakowski/Bissels* § 1 Rn. 58 ff.). Schickt der Verleiher keinen geeigneten AN, so kommt er mit seiner Leistung ggü. dem Entleiher in **Verzug.** Steht ihm kein geeigneter AN zur Überlassung zur Vfg., ist die Leistung unmögl.; der Verleiher haftet nach §§ 280 I, III, 283 BGB. Erweist sich der AN bei der Durchführung des ANÜberlassungsvertrages als ungeeignet, so ist der Verleiher verpflichtet, einen Ersatz zu stellen. Der Verleiher trägt das Beschaffungsrisiko und haftet gem. § 276 I 1 BGB auch ohne eigenes Verschulden. Nach verbreiteter Auff. kann die Ersetzungsbefugnis des Verleihers vertragl. oder nach Treu und Glauben ausgeschlossen sein (Nachw. in BAG 20.6.2013 NZA 2013, 837).

b) Vergütung. Der **Entleiher ist verpflichtet,** die vereinbarte **Vergütung** für die ANÜberlassung 18 zu zahlen. In der Insolvenz des Entleihers kann der InsV gem. §§ 103 I, 80 I InsO Erfüllung des

Überlassungsvertrages verlangen; dann ist die Vergütung Masseverbindlichkeit nach § 55 I Nr. 2 InsO. Lehnt der InsV die Erfüllung ab, hat der Verleiher nach § 224 InsO nur Anspruch auf die Quote, § 103 II InsO (allg. zur Überlassungsvergütung bei Insolvenz des Entleihers SH/*Schüren* Einl. Rn. 355 ff.). Kann der Entleiher den AN während der Überlassung nicht beschäftigen, so trägt er das Verwendungsrisiko. Von seiner Pflicht zur Zahlung der Vergütung wird er nicht befreit. Eine Nebenpflicht des Entleihers aus dem ANÜberlassungsvertrag besteht in der Einhaltung der Arbeitsschutzvorschriften (s. § 11 VI) auch ggü. dem Verleiher. Verletzt der AN seine Pflichten aus dem Arbeitsverhältnis, muss der Entleiher dies dem Verleiher mitteilen.

19 **c) Kündigung, Rücktritt, Schadensersatz.** Regelm. ist das ANÜberlassungsverhältnis befristet und endet dann mit Ablauf der vertragl. vorgesehenen Frist (s. § 12 Rn. 11). Eine ordentl. **Kündigung** des Vertrages scheidet angesichts der Befristung typischerweise aus. Die Möglichkeit dazu kann allerdings vereinbart werden. Eine außerordentl. Kündigung ist nach § 314 BGB, ein Rücktritt nach § 323 BGB in Fällen des Verzugs oder der Schlechterfüllung mögl. Ist die zu leistende Arbeit nachholbar, kann der Entleiher dem Verleiher eine Frist setzen (§§ 323, 280 I, II, 281 BGB) und nach erfolglosem Fristablauf zurücktreten oder Schadensersatz verlangen. Verstößt der Verleiher erhebl. gegen seine Vertragspflichten und ist dem Entleiher eine weitere Zusammenarbeit mit dem Verleiher nicht mehr zuzumuten, kann er den Vertrag wegen Schlechterfüllung kündigen und ggf. Schadensersatz geltend machen (§§ 314, 280 I, III, 281 BGB). Ist die Leistung des AN nicht nachholbar, so kann der Entleiher gem. §§ 326 V, 323 BGB vom Vertrag **zurücktreten** und ggf. **Schadensersatz** verlangen.

20 Wäre der AG zur betriebsbedingten Kündigung eines StammAN gezwungen, so muss er versuchen, mit LeihAN besetzte **Arbeitsplätze frei zu machen** (s. iE Rn. 41).

21 **2. Leistungsstörungen. a) Leistungsstörungen auf Seiten des Verleihers. aa) Unmöglichkeit.** Verletzt der Verleiher seine Pflicht zur Überlassung der geschuldeten AN, so haftet er, wenn die Leistung nicht nachholbar ist, nach §§ 280 I, III, 283 BGB. Hierbei ist zu unterscheiden: Kann der Vertrag zwar als Ganzer aufrechterhalten bleiben und liegt iRd. Dauerschuldverhältnisses tw. Unmöglichkeit vor, so verliert der Verleiher für diese Zeit seinen Entgeltanspruch. Ist dagegen der Vertrag als Ganzes nicht mehr durchführbar, so kommt eine Kündigung aus wichtigem Grund in Betracht, § 314 BGB. Grund kann einmal sein, dass wegen der Unmöglichkeit der Leistung das Interesse an der Durchführung des Vertrages entfallen ist (§§ 314 II, 280, 281 I 3 BGB) oder dass wegen einer Pflichtverletzung das Vertrauensverhältnis zerstört ist (§ 281 II BGB). Im Hinblick auf Schadensersatzansprüche des Verleihers ist zu beachten, dass der Verleiher mit der Pflicht zur Überlassung geeigneter Arbeitskräfte das Beschaffungsrisiko übernommen hat und dass er deshalb nach § 276 I 1 BGB auch ohne Verschulden haftet (SH/*Schüren* Einl. Rn. 380 ff.).

22 **bb) Verzug.** Ist die Leistung des Verleihers nachholbar, so haftet der Verleiher nach §§ 280 I, II, 286 BGB.

23 **cc) Schlechtleistung.** Da der Verleiher nur die sachgerechte Auswahl schuldet, haftet er wegen Schlechterfüllung nur insoweit, als er einen ungeeigneten AN ausgewählt hat und ihn insoweit ein Verschulden trifft (*Dahl/Färber* DB 2009, 1650). IÜ ist der AN bei der Leistung nicht sein Erfüllungsgehilfe (*Walker* AcP 194 (1994), 295, 298). Auch eine Haftung aus § 831 BGB besteht nicht. Hat der Verleiher keine Erlaubnis, so haftet er dem Entleiher für den Schaden, den dieser erlitten hat, weil er auf das Bestehen der Erlaubnis vertraut hat.

24 **b) Leistungsstörungen auf Seiten des Entleihers.** Hauptpflicht des Entleihers ist die Zahlung der Vergütung. Mit dieser Pflicht kann er in Verzug kommen. Nebenpflichten kann er verletzen, indem er dem LeihAN einen Personen- oder Sachschaden zufügt. Hinsichtl. des Personenschadens kommt eine Haftungsbeschränkung nach § 104 SGB VII ggü. dem LeihAN, nicht aber ggü. dem Verleiher in Betracht. Der Entleiher haftet daher zum einen dem verletzten AN selbst aus unerlaubter Handlung und zum anderen dem Verleiher aus Schlechterfüllung des ANÜberlassungsvertrages (§§ 280 I, 241 II BGB). Im Falle der Lohnfortzahlung kann der Verleiher die Ansprüche des LeihAN gegen den Entleiher aus unerlaubter Handlung aus übergegangenem Recht nach § 6 EFZG geltend machen, sofern solche Ansprüche im Hinblick auf § 104 SGB VII überhaupt entstehen.

25 Im Hinblick auf eine Nebenpflichtverletzung durch **Abwerbung** sind zwei Fallgestaltungen zu unterscheiden. Wenn der Entleiher dem LeihAN anbietet, er könne nach Beendigung des ArbVerh. mit dem Verleiher bei ihm einen Arbeitsplatz bekommen, so verletzt er damit nicht seine Pflichten aus dem Rechtsverhältnis zum Verleiher; das ergibt sich mittelbar aus § 9 I Nr. 3 und 4. Dagegen bedeutet eine Abwerbung unter Bruch der Kündigungsfrist eine Pflichtverletzung des Entleihers ggü. dem Verleiher (umfassend zur Haftung im Verhältnis Verleiher-Entleiher *Brors* WiVerw 1996, 229 ff.).

II. Rechtsverhältnis zwischen Verleiher und Leiharbeitnehmer (Leiharbeitsverhältnis)

26 **1. Allgemeines.** Ein ArbVerh. iSd § 611a BGB besteht nur zwischen dem Verleiher und dem LeihAN (s. iE *Julia Reinsch* Das Rechtsverhältnis zwischen Entleiher und LeihAN, 2008). Der neue § 1 I 3 verlangt ausdrücklich, dass zwischen Verleiher und LeihAN ein ArbVerh.besteht; s. § 1 Rn. 49. Nach der Rspr. des EuGH (17.11.2016 NZA 2017, 41 – Ruhrlandklinik; dazu Einl. Rn. 12) gilt das in

dieser Form nicht mehr. Der Text ist danach zu lesen als „Arbeitsverhältnis oder BeschVerh", wobei nach der Rspr. des EuGH offen ist, was darunter im Einzelnen zu verstehen ist. Zum Entleiher besteht kein Arbeitsverhältnis (in Bezug auf Deutschland unzutr. EuGH 11.4.2013 s. Rn. 40 NZA 2013, 495; jedoch nimmt der Entleiher tw. AGFunktionen wahr (partielle AGStellung). IRd. § 6 II 2 AGG und des § 3 Nr. 13 GenDG gelten Entleiher als AG. Nur in bestimmten Fällen des § 10 wird ein ArbVerh. zwischen AN und Entleiher fingiert. Die partielle Arbeitgeberstellung des Entleihers wurde allerdings dadurch verstärkt, dass den LeihAN durch § 7 S. 2 BetrVG ein aktives Wahlrecht zum Entleiherbetrieb eingeräumt wurde und dass die wesentl. Arbeitsbedingungen im Entleiherbetrieb auch für LeihAN gelten, § 8. Die neuere Rspr. hat entgegen dieser grds. Systematik des Leiharbeitsrechts LeihAN mehrfach bei den für AN des Entleiherbetriebs geltenden Schwellenwerten mitgezählt (s. iE Rn. 42 ff.); dem ist das AÜÄndG gefolgt (s. § 14 Rn. 31 ff.).

a) Leistung. Der **AN schuldet** die Leistung von abhängiger Arbeit. Da er diese Leistung ggü. Dritten erbringen soll, bedarf es dazu gem. § 613 S. 2 BGB seiner Zustimmung (vgl. BAG 17.1.1979 AP BGB § 613 Nr. 2). Nach dem neuen § 11 II S. 4 hat der Verleiher den LeihAN vor jeder Überlassung über den Einsatz als LeihAN zu unterrichten. Als Nebenpflichten treffen den AN ua. Verschwiegenheitspflicht und Wettbewerbsverbot. 27

b) Vergütung. Der **Verleiher schuldet** die Zahlung der **Vergütung.** Ein Anspruch auf Mindestlohn ergibt sich aus dem MiLoG (*Riechert/Nimmerjahn* § 22 MiLoG Rn. 3); er kann sich ferner aus § 3a ergeben sowie nach dem AEntG, wenn der Entleiherbetrieb in den betriebl. Geltungsbereich des einschlägigen TV fällt (BAG 21.10.2009 NZA 2010, 237). Der AG trägt das Beschäftigungsrisiko. Die Vergütung ist also gem. §§ 611, 615 BGB auch dann zu zahlen, wenn der Verleiher den AN nicht einsetzen kann, § 11 IV 2 (SH/*Schüren* Einl. Rn. 183, 202). Die BA gewährt Kurzarbeitergeld a. für LeihAN, „wenn in absehbarer Zeit kein Folgeauftrag zu erwarten ist". Die InsO sieht in § 55 keine Vorrechte des AN bei Insolvenz des Verleihers vor. Für Lohnrückstände während der letzten drei Monate hat der AN aber nach § 183 SGB III einen Anspruch auf **Insolvenzgeld.** Den Verleiher treffen die übl. AGPflichten. Dazu gehört die **Entgeltfortzahlung** aus den verschiedensten Gesetzesgrundlagen. Der Verleiher ist als AG zur Gewährung von **Urlaub** verpflichtet. Die Bestimmungen des **Mutterschutzes,** insb. die Beschäftigungsverbote nach §§ 4, 16 MuSchG, muss neben dem Entleiher auch der Verleiher beachten (SH/*Schüren* Einl. Rn. 231 ff.). IÜ trifft den Verleiher die allg. arbeitsrechtl. **Fürsorgepflicht,** §§ 241 II, 242 BGB; zur betriebl. AV *Brandl/Haberkorn/Veit* NZA 2014, 1167; zum AZkonto BAG 16.4.2014 NZA 2014, 1262. 28

c) Kündigung. Eine Kündigung ist als außerordentl. nach § 626 BGB oder als ordentl. Kündigung möglich. Für die **ordentl. Kündigung** ergeben sich die Fristen aus § 622 BGB. Wegen dessen Tarifdispositivität nach § 622 IV BGB sind aber regelm. erhebl. branchenspezifische Abweichungen zu beachten. Soweit das KSchG nicht eingreift (gegenüber AN, die weniger als sechs Monate im Betrieb beschäftigt sind, § 1 I KSchG, sowie in Kleinbetrieben iSv. § 23 KSchG), bedarf die Kündigung keines Grundes, doch findet auch insoweit eine Missbrauchskontrolle statt (MüArbR/*Wank* § 100 Rn. 27 ff.). Auf die Wartezeit eines AN nach § 1 I KSchG ist nach Ansicht des BAG eine vorangegangene Beschäftigung als LeihAN nicht anzurechnen, BAG 20.2.2014 NZA 2014, 1083. 29

Liegen die persönl. und sachl. Voraussetzungen für die Anwendung des KSchG vor, so bedarf die Kündigung eines personen-, verhaltens- oder betriebsbedingten Grundes, § 1 II KSchG (*Fuhlrott/Fabritius* NZA 2014, 122). Eine verhaltensbedingte Kündigung kann auf Pflichtverletzungen ggü. dem Verleiher, aber auch auf solche ggü. dem Entleiher gestützt werden. Eine betriebsbedingte Kündigung kommt insbes. in Betracht, wenn der Verleiher dauerhaft wegen fehlender Überlassungsaufträge seine AN nicht beschäftigen kann (*Teubert* Die betriebsbedingte Kündigung von Leiharbeitnehmern 2016, S. 109 ff.). Allerdings stellt die nur kurzfristig fehlende Beschäftigungsmöglichkeit noch keinen Grund für eine betriebsbedingte Kündigung dar, denn den AG trifft für eine vorübergehende Zeitspanne die Pflicht, AN weiter unter Vertrag zu halten, auch wenn sie derzeit nicht beschäftigt werden können (BAG 18.5.2006 AP AÜG § 9 Nr. 7 = RdA 2007, 176 (*Bayreuther*); *Moll/Ittmann* RdA 2008, 321). Welche **Abwartefrist** dem Verleiher abverlangt werden kann, ist unter Berücksichtigung der Beschäftigungszeit des LeihAN und entspr. den Bedürfnissen der Branche zu bestimmen (*Steuer* S. 73 f.; *Teubert* S. 155). Soweit ein entspr. AZkonto besteht, erscheint es angemessen, die Abwartefrist nach dem vollständigen Aufbrauchen der Plusstunden laufen zu lassen. Das BAG hat in der oben genannten Entscheidung der Festlegung von Abwartefristen eine Absage erteilt, und zwar sowohl Fristen nach dem Modell von *Ulber* (§ 1 Rn. 91, echte Karenzzeit) als auch nach dem Modell von *Schüren* (Wartezeit). Der AG muss nach dieser Entsch. dezidiert aufzeigen, dass es sich nicht um eine kurzfristige Auftragsschwankung handelt und dass auch in absehbarer Zeit kein Folgeauftrag zu erwarten ist. Zur Kündigung von LeihAN zugunsten von StammAN s. *Hasler-Hagedorn,* Die „Austauschkündigung" und die „Freikündigung" iRd. betriebsbedingten Kündigung, 2012, S. 108 ff. sowie Rn. 41. 30

Eine **Änderungskündigung** zur Entgeltsenkung, um ArbVerh. einem ZeitarbeitnehmerTV zu unterwerfen, ist unwirksam (BAG 12.1.2006 AP KSchG 1969 § 2 Nr. 82 (*Boemke*)). Eine angebotene Vertragsänd. ist unklar, wenn der Verleiher sowohl eine Weiterbeschäftigung zu den tarifl. Arbeitsbedingungen der CGZP als auch der BZA anbietet (BAG 15.1.2009 NZA 2009, 957). 31

32 **2. Leistungsstörungen. a) Ansprüche des Leiharbeitnehmers gegen den Verleiher.** Hauptpflicht des Verleihers ist die Zahlung der Vergütung. Im Falle des Verzugs kann der LeihAN seine Arbeitsleistung nach § 320 BGB zurückhalten (tw. wird auf § 273 BGB zurückgegriffen); zum Ganzen *Dehmel* Das Leistungsverweigerungsrecht des AN an seiner Arbeitsleistung, 2009, S. 271 ff.) Ferner kann er, nach Mahnung, Schadensersatz nach §§ 280 I, III, 281 BGB verlangen. Nebenpflichten des Verleihers im Hinblick auf **Information** über das G und über die Vermittlungserlaubnis ergeben sich aus § 11 II, III. Daneben trifft den Verleiher als AG die Pflicht zu Schutzmaßnahmen gem. § 618 BGB (zu den Einzelheiten § 618 BGB Rn. 2 ff.), soweit sich der LeihAN in seiner Betriebssphäre befindet (zu § 311 II BGB s. *Krabbe*, Unternehmensübergreifende Arbeitsverhältnisse, S. 181). Der LeihAN kann iÜ beim Verleiher oder beim Entleiher einen Körper- oder einen Sachschaden erleiden. Für den **Körperschaden** haftet der Verleiher grds. nicht, § 104 SGB VII. Der Entleiher haftet nach § 104 SGB VII ebenfalls nicht (BGH 18.11.2014 NJW 2015, 940). Für einen bei ihm erlittenen **Sachschaden** des LeihAN haftet der Verleiher ihm nach § 670 BGB analog. Nach überw. Meinung haftet der Verleiher dem LeihAN auch für einen beim Entleiher erlittenen Sachschaden nach § 670 BGB analog iVm. § 278 BGB. Hierbei wird der Entleiher zu Unrecht als Erfüllungsgehilfe des Verleihers angesehen (dazu SH/*Brors* Einl. Rn. 456 ff.), denn der Entscheidung des Gerichts lag ein mittlerweile überholtes Verständnis der Leiharbeit zugrunde.

33 **b) Ansprüche des Verleihers gegen den Leiharbeitnehmer.** Ansprüche des Verleihers gegen den LeihAN können sich aus §§ 280 I, III, 283 BGB, aus § 280 BGB oder aus unerlaubter Handlung (§§ 823 ff. BGB) ergeben. Die Haftung des LeihAN ist aber, wie allg. die ANHaftung, nach den Grundsätzen des innerbetriebl. Schadensausgleichs eingeschränkt (ausführl. zur Haftung des LeihAN SH/*Brors* Einl. Rn. 479 ff.). Das bedeutet nach der Rspr. (BAG GS 27.9.1994 AP BGB § 611 Haftung des Arbeitnehmers Nr. 103 = NZA 1994, 1083): Wenn einer der oben genannten Tatbestände erfüllt ist, so tritt auf der Rechtsfolgenseite eine Haftungsbeschränkung ein. Nach der oben genannten Rspr. ist wie folgt zu unterscheiden: (1) Bei Vorsatz haftet der AN voll. (2) Bei grober Fahrlässigkeit haftet der AN idR ebenfalls voll. (3) Bei leichter Fahrlässigkeit ist die Haftung zwischen AG und AN zu teilen, wenn eine betriebl. veranlasste in Abgrenzung zur privaten Tätigkeit vorliegt; s. auch LAG BE/BB 30.7.2013 DB 2013, 2686.

34 **c) Ansprüche Dritter gegen den Leiharbeitnehmer.** Die oben genannten Grundsätze gelten für den Fall, dass der LeihAN dem Verleiher einen Schaden zufügt. Da der LeihAN jedoch seine Arbeitsleistung beim Entleiher erbringt, wird ein Schaden in aller Regel entweder beim Entleiher (zur Haftung LeihAN – Entleiher s. Rn. 39 f.) oder bei einem Dritten auftreten, für den der Entleiher arbeitet. Der Dritte hat in diesem Fall einen Anspruch aus unerlaubter Handlung gegen den AN. Nach allg. Arbeitsrecht hat dann der AN einen Freistellungsanspruch gegen seinen AG in der Höhe, in der er bei Schädigung ggü. dem AG diesem nicht zu haften brauchte, § 670 BGB analog. Insoweit ist AG des LeihAN der Entleiher, ihm ggü. besteht der Freistellungsanspruch. Zum Haftungsprivileg des Entleihers bei einem Gesamtschuldverh. zwischen mehreren Schädigern BGH 18.11.2014 NZA 2015, 689.

35 d) Für Ansprüche eines LeihAN aus § 15 II AGG gegen den Entleiher sind die **ArbG zuständig** (BAG 15.3.2011 NZA 2011, 653).

III. Rechtsverhältnis zwischen Entleiher und Arbeitnehmer (BeschVerh)

36 **1. Allgemeines. a) Lösungsansätze.** Ein ArbVerh. besteht nur zwischen dem Verleiher und dem LeihAN. Aber auch der Entleiher hat ggü. dem AN gewisse AGRechte und -pflichten, wie auch der LeihAN gewisse ANRechte und -pflichten ggü. dem Entleiher hat. Wie angesichts dessen die Rechtsbeziehung zwischen Entleiher und AN rechtsdogmatisch zu erfassen ist, ist umstritten (s. *Reinsch* S. 95 ff.). Überw. wird die Ansicht vertreten, zwischen dem Entleiher und dem AN bestehe ein **Schuldverhältnis ohne primäre Leistungspflichten.** Zwar sei der AN dem Verleiher ggü. verpflichtet, beim Entleiher zu arbeiten. Diesem stehe jedoch kein eigener Anspruch auf die Arbeitsleistung des AN zu, es bestehe also nur ein unechter Vertrag zugunsten Dritter (*Becker/Wulfgramm* § 11 Rn. 59; *Gick*, S. 105 ff.; *Hempel*, Das Spannungsverhältnis zwischen dem sozialen Schutz der AN u. den wirtsch. Interessen der Verleiher u. Entleiher, 1975 S. 161 ff.; *Windbichler*, Arbeitsrecht im Konzern, 1989 S. 87 f.; Darst. und Kritik bei *Reinsch* S. 126 ff.). Nach dieser Ansicht hat der Entleiher keinen eigenen Anspruch auf die Arbeitsleistung. Stellt der Verleiher ihm allerdings den AN zur Vfg., so ist er ermächtigt, das Direktionsrecht des Verleihers an dessen Stelle auszuüben. – Auch beim unechten Vertrag zugunsten Dritter bestehen zwischen Entleiher und AN Schutz- und Fürsorgepflichten. Probleme ergeben sich aber, wenn der AN dem Entleiher einen Vermögensschaden zufügt, der nicht auf einer Schutzpflichtverletzung beruht. Auch können die Grds. über die Haftungsbeschränkung nach dem innerbetriebl. Schadenausgleich nicht eingreifen, wenn zwischen den Parteien keine Pflichten zur Arbeitsleistung bestehen. Eine Drittschadensliquidation (dafür *Gick*, S. 117; *Konzen* ZfA 1982, 259, 281) kommt nicht in Betracht (*Reinsch* S. 187 ff.; SH/*Schüren* Einl. Rn. 137 ff.; *Walker* AcP 194 (1994), 295, 300 ff.).

b) Vertrag zugunsten Dritter. Vorzuziehen ist deshalb die Ansicht, dass zwischen Verleiher und LeihAN ein echter Vertrag zugunsten Dritter abgeschlossen wird; *Hamann* WiVerw 1996, 212, 214; *Reinsch* S. 199 ff., 244; SH/*Schüren* Einl. Rn. 168, 312; Thüsing/*Thüsing* Einl. Rn. 38; *Walker* AcP 194 (1994) 295, 309 ff. Damit lässt sich auch am besten begründen, warum der Entleiher auf die Arbeitskraft des LeihAN zurückgreifen darf. Tw. wird das (von den anderen Ansätzen aus) damit begr., der Verleiher habe dem Entleiher seinen Anspruch auf die Arbeitsleistung abgetreten (*Worpenberg*, Die konzerninterne Arbeitnehmerüberlassung, 1993 S. 168 ff.; aA SH/*Schüren* Einl. Rn. 168 f.). Andere bejahen eine Ermächtigung zur Ausübung des Direktionsrechts (BAG 8.8.1958 AP BGB § 611 Mittelbares Arbeitsverhältnis Nr. 3; *Gick*, S. 96 f.; *Konzen* ZfA 1982, 259, 282; *Windbichler* S. 84 f.). Demgegenüber erhält der Entleiher bei Annahme eines echten Vertrages zugunsten Dritter ein eigenes Recht auf die Arbeitsleistung gegen den AN. Die Auswechselung des Versprechensempfängers entspricht § 332 BGB (SH/*Schüren* Einl. Rn. 168; aA *Becker/Wulfgramm* Einl. Rn. 13; *Worpenberg* S. 171 f.). 37

2. Vertraglicher AG und „nichtvertraglicher AG". Der EuGH hat in der **Rs. Albron Catering** BU/FNV Bondgenoten, John Roest (EuGH 21.10.2010 NZA 2010, 1225 – Albron; dazu *Forst* RdA 2011, 228) entschieden, als Veräußerer iSd. LeiharbeitsRL könne auch ein „nichtvertraglicher Arbeitgeber" angesehen werden (dem EuGH folgend *Elking*, Der „Nichtvertragliche" Arbeitgeber", 2014). Demnach ist – entgegen der bislang in Deutschland vertretenen Ansicht – auch der Übergang von LeihArbVerh. auf einen Erwerber nach § 613a BGB möglich (dazu *Forst* RdA 2011, 228; *Kühn* NJW 2011, 1408; *Willemsen* NJW 2011, 1546). Die Entscheidung ist nicht auf reguläre Zeitarbeit übertragbar, sondern gilt nur für Konzernsachverhalte und Gemeinschaftsbetriebe. Voraussetzung ist eine gespaltene AGPosition in der Weise, dass der vertragl. AG den AN nicht selbst beschäftigt, sondern einem anderen Unternehmen zur Vfg. stellt. Da nach § 1 I S. 4 eine Überlassung nur vorübergehend erfolgen darf, ist die EuGH-Rspr. nur noch auf Gemeinschaftsbetriebe anwendbar. Der EuGH verkennt, dass es sich um einen Fall des „Durchgriffs" handelt, bei dem Konzernmutter und Konzerntochter als Einheit zu sehen sind; zutr. BAG 12.12.2013 NZA 2014, 436. 38

3. Leistungsstörungen. a) Ansprüche des Entleihers gegen den Leiharbeitnehmer. Im Falle der Nichterfüllung haftet der LeihAN dem Entleiher nach §§ 280 I, III, 283 BGB. Ist die Leistung nachholbar, kommt eine Haftung aus §§ 280 I, II, 286 BGB in Betracht. Bei Schlechtleistung hat der Entleiher Ansprüche wegen Schlechterfüllung (§ 280 BGB) und evtl. aus unerlaubter Handlung. In diesem Rechtsverhältnis gelten aber die Grundsätze über den innerbetriebl. Schadensausgleich (s. *Reinsch* S. 77 ff.). 39

b) Ansprüche des Leiharbeitnehmers gegen den Entleiher. Der Entleiher ist dem AN ggü. zur Einhaltung der Arbeitsschutzvorschriften spezialges. nach § 11 VI verpflichtet. Erleidet der AN einen Personenschaden, so sind Ansprüche gegen den Entleiher oder gegen die AN des Entleihers nach §§ 104 f. SGB VII beschränkt; s. a. BGH 18.11.2014 NZA 2015, 689. Erleidet der AN einen **Sachschaden** an seinen eigenen Sachen, so ist zu unterscheiden. Liegt ein Verschulden des Entleihers oder von dessen AN als Erfüllungsgehilfen vor, so haftet der Entleiher wegen Verletzung der Fürsorgepflicht. Ohne Verschulden kann sich eine Haftung für eingebrachte Sachen oder für Schäden bei Ausübung der Arbeit aus § 670 BGB analog ergeben. Nach Art. 6 I 2 LeiharbeitsRL (s. o. Einl. Rn. 3) ist der Entleiher verpflichtet, den LeihAN über offene Stellen zu unterrichten; s. dazu § 13a. 40

4. Verhältnis der Leiharbeitnehmer zu Stammarbeitnehmern. Will ein AG StammAN durch LeihAN ersetzen, scheidet eine betriebsbedingte Kündigung aus; es fallen keine Arbeitsplätze weg (BAG 26.9.1996 NZA 1997, 202). Umgekehrt können bei einer Personalreduzierung StammAN LeihAN verdrängen. Eine vorrangige Berücksichtigung von StammAN ergibt sich aus § 9 TzBfG, § 78a BetrVG (zum Ganzen LAG BE/BB 5.3.2013 BeckRS 2013, 69032; *Bitter/Kiel* FS Etzel 2011 S. 57, 65 ff.; *Hamann* NZA 2010, 12 f.; *Mestwerdt* FS Düwell 2011 S. 96, 98 ff.; *Teubert* Die betriebsbedingte Kündigung von Leiharbeitnehmern 2016, S. 63 ff.; gegen eine Privilegierung der StammAN *Hasler-Hagedorn*, Die „Austauschkündigung" und die „Freikündigung" iRd. betriebsbedingten Kündigung, 2012, S. 108 ff.). An einer Weiterbeschäftigungspflicht fehlt es aber, wenn der AG LeihAN nur als externe Personalreserve einsetzt, BAG 18.10.2012 NZA-RR 2013, 68. Vor einer Stellenbesetzung mit einem LeihAN ist regelmäßig eine Stellenausschreibung nach § 93 BetrVG erforderl., BAG 15.10.2013 NZA 2014, 214. 41

5. LeihAN und Schwellenwerte beim Entleiher. a) Der LeihAN steht **nicht in einem Doppel-ArbVerh** zum Verleiher und zum Entleiher; sondern es besteht nur ein ArbVerh mit dem Verleiher und ein reines BeschVerh mit dem Entleiher (s. Rn. 26). Dieser Grunds. gilt erst recht für das verleiherbetriebsbezogene deutsche Modell (s. Rn. 5). Wenn der LeihAN dennoch in mancher Beziehung wie ein AN des Entleihers behandelt werden soll, bedarf es für diese systemwidrige Abweichung einer ausdrückl. gesetzl. Regelung. 42

b) Auch nach der **Leiharbeits-RL** sind LeihAN keine AN des Entleihers. Art. 5 RL normiert zwar den Grunds. der Gleichbehandlung mit den AN im Entleiherbetrieb; aber Art. 5 III RL lässt eine 43

Abweichung durch TV zu. Art. 6 I RL sieht eine Unterrichtung über offene Stellen im Entleiherbetrieb vor, Art. 6 IV RL den Zugang zu Gemeinschaftseinrichtungen und Art. 6 V RL den Zugang zu Fortbildungsangeboten. IÜ sind LeihAN nach Art. 7 I RL zwar bei dem *Schwellenwert* für die ANVertretung *im Verleiherbetrieb* zu berücksichtigen; dagegen wird den Mitgliedstaaten im Hinblick auf Schwellenwerte im Entleiherbetrieb nur die Möglichkeit eingeräumt, LeihAN zu berücksichtigen.

44 c) Im **deutschen Gesetzesrecht** sind die Vorgaben der RL umgesetzt; einerseits gilt zwar der Gleichstellungsgrunds. (§ 8), andererseits sind aber Abweichungen durch TV zulässig. Auch die Vorgaben aus Art. 6 RL wurden umgesetzt (s. §§ 13a, 13b). § 14 III räumt dem BR des Entleiherbetriebs ein Mitbestimmungsrecht nach § 99 BetrVG ein (s. § 14 Rn. 15). Weitere Mitbestimmungsrechte ergeben sich aus § 87 BetrVG (s. § 14 II 2, 3 und § 14 Rn. 14). Für den BR des Entleiherbetriebs sind LeihAN nicht wählbar, § 14 II 1. Aber nach § 7 S. 2 BetrVG haben sie, wenn sie länger als drei Monate im Entleiherbetrieb eingesetzt sind, ein aktives Wahlrecht. Eine AGStellung des Entleihers wird fingiert in § 11 VI, VII AÜG, § 6 II 2 AGG und in § 12 II ArbSchG. Insgesamt ergibt sich aus EU-Recht und deutschem Gesetzesrecht eine maßvolle Einbeziehung der LeihAN in den Entleiherbetrieb.

45 **d) Schwellenwerte beim Mitbestimmungsrecht, § 14 Abs. 2 S. 4–6.** Der durch das AÜGÄndG neu ins G eingefügte § 14 II 4–6 bezieht LeihAN im Rahmen der betrieblichen Mitbestimmung und der Unternehmensmitbestimmung weitgehend in die für AN des Entleiherbetriebs geltenden Schwellenwerte ein. In den letzten Jahren hatte das BAG dies bereits in bedenklicher Rechtsfortbildung vorweggenommen (s. dazu § 14 Rn. 31 ff.).

D. Arbeitnehmerüberlassung und Sozialversicherung

46 Im Hinblick auf die sozialversicherungsrechtl. Regelung der ANÜberlassung sind vier Fälle zu unterscheiden, (1) die legale ANÜberlassung, (2) die illegale ANÜberlassung, (3) die legale Arbeitsvermittlung und (4) die illegale Arbeitsvermittlung.

I. Legale Arbeitnehmerüberlassung

47 Die **Krankenversicherung** richtet sich gem. § 5 I Nr. 1 SGB V nach dem ArbVerh. (sozialversicherungsrechtl. „BeschVerh"). Der LeihAN ist also beim Verleiher krankenversichert, dieser führt den Gesamtsozialversicherungsbeitrag ab (s. a. *Rolfs* in Rieble/Junker/Giesen, Zukunft der Leiharbeit, 2009, S. 120 ff.). Bei der erlaubten gewerbsmäßigen ANÜberlassung **haftet der Entleiher** neben dem Verleiher nach § 28e II SGB IV wie ein selbstschuldnerischer Bürge für rückständige Gesamtsozialversicherungsbeiträge. Das kann nach Meinung des BSG (7.3.2007 DB 2007, 1870) selbst dann gelten, wenn der Gesamtsozialversicherungsbeitrag an die Einzugsstelle gezahlt wurde! Die **Pflegeversicherung** folgt der Krankenversicherung, § 20 I Nr. 1 SGB XI. Auch in der **Rentenversicherung,** und zwar sowohl der der Arbeiter als auch der der Angestellten, wird an das ArbVerh. angeknüpft, § 1 I SGB VI. Bei der Beitragspflicht in der **Arbeitslosenversicherung** ergeben sich ebenfalls keine Besonderheiten. Anders steht es hinsichtl. der Versicherungsleistungen. Auch wenn der Verleiher den AN vorübergehend nicht anderswo beschäftigen kann, steht er weiterhin dem Verleiher zur Vfg. Damit kommt kein Anspruch auf Arbeitslosengeld in Betracht, §§ 117 ff., 118 I Nr. 1 SGB III. **Kurzarbeitergeld** könnten LeihAN eigentl. nicht erhalten, da der Arbeitsausfall bei ihnen branchenübl. nach § 170 IV Nr. 1 SGB III ist. Angesichts der Wirtschaftskrise wurde aber in § 11 IV 3 (s. § 11 Rn. 20) vorübergehend die Möglichkeit zur Einführung von Kurzarbeit geschaffen. Bei Zahlungsunfähigkeit des Verleihers sind Ansprüche auf **Insolvenzgeld** gegen die Bundesagentur für Arbeit nach § 183 SGB III für die letzten drei Monate des LeihArbVerh. vor Eröffnung des Insolvenzverfahrens möglich. Auch bei der **Unfallversicherung** wird an das ArbVerh. angeknüpft, §§ 7 f., 2 I Nr. 1 SGB VII. Der Verleiher ist Mitglied der Berufsgenossenschaft, und zwar der Verwaltungsberufsgenossenschaft; bei Mischbetrieben Mitglied derjenigen Berufsgenossenschaft, die für den Schwerpunkt der Tätigkeit des Unternehmers zuständig ist.

II. Illegale gewerbsmäßige Arbeitnehmerüberlassung

48 **1.** Eine illegale ANÜberlassung kommt häufig in der Form vor, dass der Vertrag zwischen Verleiher und Entleiher als Werkvertrag bezeichnet wird, während in Wahrheit die AN des Verleihers ganz in die Organisationsgewalt des Entleihers einbezogen sind („Scheinwerkvertrag"; s. § 1 Rn. 18 ff.). In diesem Fall kommen zwei ArbVerh. in Betracht und damit zwei sozialversicherungsrechtl. „Beschäftigungsverhältnisse". Nach § 9 Nr. 1 ist der Arbeitsvertrag zwischen Verleiher und LeihAN unwirksam, wenn dem Verleiher die erforderl. Erlaubnis fehlt. Weitere Unwirksamkeitsgründe sind ebenfalls in § 9 normiert. Die Folge ist ein fingiertes ArbVerh. zum Entleiher nach § 10. Nach allg. SchuldR wäre die Folge, dass die zwischen Verleiher und AN erbrachten Leistungen nach Bereicherungsrecht rückabzuwickeln wären. Im Arbeitsrecht gilt jedoch für das auf Grund unwirksamen Arbeitsvertrages bestehende Rechtsverhältnis **(„fehlerhaftes Arbeitsverhältnis")** etwas Abweichendes: für die Vergangenheit

wird es wie ein wirksames ArbVerh. betrachtet, aber die Parteien können das ArbVerh. jederzeit beenden. Das Sozialversicherungsrecht knüpft an das ArbVerh. an, gleichgültig ob es wirksam ist oder nicht, §§ 7 I, 14 I SGB IV. Das wird dahingehend formuliert, dass es auf die tatsächl. Verfügungsgewalt ankomme (s. *Wank* Arbeitnehmer S. 336 ff.). – Damit bestehen für die Zeiten, in denen der AN illegal überlassen wurde, nebeneinander ein fehlerhaftes ArbVerh. (und damit ein sozialversicherungsrechtl. BeschVerh) zum Verleiher und ein fingiertes ArbVerh. (und damit ein BeschVerh) zum Entleiher.

2. Für die **Krankenversicherung** gilt das fehlerhafte BeschVerh als maßgeblich. Ob der Verleiher Arbeitsentgelt zahlt oder nicht, ist insofern gleichgültig, als der AN einen Entgeltanspruch hat (ebenso SH/*Schüren* Einl. Rn. 768; aA KK/*Peters* § 5 SGB V Rn. 25). Dasselbe gilt für Rentenversicherung, Unfallversicherung und Arbeitslosenversicherung. Auf die Ausführungen zur legalen ANÜberlassung wird verwiesen. 49

3. Neben dem ArbVerh. zwischen Verleiher und AN wird nach § 10 I ein **ArbVerh. zum Entleiher fingiert.** Damit würden zwei ArbVerh. und zwei sozialversicherungsrechtl. Beschäftigungsverhältnisse nebeneinander bestehen; Verleiher und Entleiher müssten Sozialversicherungsbeiträge zahlen. Dieses Konkurrenzverhältnis ist in der Weise aufzulösen, dass danach zu unterscheiden ist, ob der Verleiher das Arbeitsentgelt zahlt oder nicht (Thüsing/*Thüsing* Einl. Rn. 79). **Zahlt der Verleiher** das Arbeitsentgelt, so ist der Entleiher nicht zur Zahlung verpflichtet, § 422 I BGB. Damit besteht auch kein sozialversicherungspflichtiges BeschVerh in der Beziehung zwischen LeihAN und Entleiher (SH/*Schüren* Einl. Rn. 821). **Zahlt der Verleiher kein Arbeitsentgelt,** besteht arbeitsrechtl. ein Anspruch des AN gegen den Entleiher. Damit lebt auch ein sozialversicherungsrechtl. BeschVerh auf. Der Entleiher muss daher Beiträge zur Krankenversicherung, Pflegeversicherung, Rentenversicherung und Arbeitslosenversicherung des LeihAN zahlen sowie die Beiträge zur Unfallversicherung (SH/*Schüren* Einl. Rn. 824 f.). 50

III. Legale Arbeitsvermittlung

Bei legaler Arbeitsvermittlung besteht zwischen dem Vermittler und dem AN kein Arbeitsverhältnis, sondern nur zwischen dem AG, an den der AN vermittelt wurde, und dem AN. Die sozialversicherungsrechtl. Beziehungen zwischen dem vermittelten AN und dem AG unterscheiden sich nicht von denjenigen in anderen ArbVerh. 51

IV. Illegale Arbeitsvermittlung

Bei der illegalen Arbeitsvermittlung sind zwei Fälle zu unterscheiden, die echte illegale und die vermutete illegale Arbeitsvermittlung. Bei der echten illegalen Arbeitsvermittlung bestehen Rechtsbeziehungen nur zwischen dem AG, zu dem vermittelt wurde, und dem AN. Daneben gibt es Fälle, in denen tatsächl. eine ANÜberlassung vorliegt, das G aber eine Arbeitsvermittlung vermutet, § 1 II. 52

E. Grenzüberschreitende Arbeitnehmerüberlassung

Haben Verleiher und Entleiher ihren Sitz in verschiedenen Staaten, so treten kollisionsrechtl. Probleme auf den Gebieten des Arbeitsrechts, des Sozialversicherungsrechts und des Gewerberechts einschließl. des ANÜberlassungsrechts (s. Rn. 54 ff.) auf (s. zur Anwendbarkeit des AÜG auf in Deutschland tätige internationale Organisationen *Henrichs* RdA 1995, 158). 53

I. Internationales Arbeitsrecht

Wie bei der inländischen ANÜberlassung muss auf dem Gebiet des Arbeitsrechts auch hier das Dreiecksverhältnis Verleiher – Entleiher – LeihAN beachtet werden. 54

1. **Der Arbeitnehmerüberlassungsvertrag.** Der Vertrag zwischen Verleiher und Entleiher (s. Rn. 16 ff.) richtet sich nach dem Kollisionsrecht für Schuldverträge. Die Parteien haben ein Wahlrecht, ob sie das Recht des Staates anwenden wollen, in dem der Verleiher, oder das des Staates, in dem der Entleiher seinen Sitz hat, Art. 3 I VO EG Nr. 593/2008. Haben sie die Frage nicht entschieden, so gilt das Recht des Staates, zu dem der Vertrag seine engste Verbindung aufweist. Das ist idR das Recht des Staates, in dem der Verleiher seinen Sitz hat (allg. zum internationalen Arbeitsrecht *Schlachter* Rom I VO). Obwohl auf diese Weise grds. eine ausl. Rechtsordnung zum Zuge kommt, wenn ein ausl. Verleiher seine Arbeitskräfte nach Deutschland verleiht, gelten doch zwgd. Bestimmungen des deutschen Privatrechts, Art. 9 I Rom I-Verordnung (früher Art. 34 EGBGB) sowie kraft des Territorialitätsprinzips die inländischen ör. Vorschr. Damit gelten auch ggü. ausl. Verleihern die zwgd. **Vorschr. des AÜG** über den Inhalt von ANÜberlassungsverträgen. 55

2. **Der Arbeitsvertrag zwischen Verleiher und Leiharbeitnehmer.** Auch der Verleiher und der LeihAN (s. Rn. 26 ff.) können nach deutschem Internationalen Arbeitsrecht das zwischen ihnen 56

geltende Recht frei wählen, Art. 3 I, 8 I 1 Rom I-Verordnung. Haben die Parteien das Vertragsstatut nicht geregelt, so greift eine objektive Anknüpfung ein. Anzuknüpfen ist an das Recht des **gewöhnlichen Arbeitsortes,** Art. 8 II Rom I-Verordnung, oder an das Recht der einstellenden Niederlassung, Art. 8 III Rom I-Verordnung. Allerdings geht eine sich aus sonstigen Umständen ergebende engere Verbindung zu einer anderen Rechtsordnung vor, Art. 8 VI Rom I-Verordnung.

57 Unabhängig davon, welches Recht auf Grund subjektiver Anknüpfung (also auf Grund einer Wahl durch die Parteien) oder auf Grund objektiver Anknüpfung gilt: Die im öffentl. Interesse zwgd. Normen des deutschen Arbeitsrechts (**Eingriffsnormen,** Art. 9 I Rom I-VO) gelten unabhängig davon; insb. die Vorschr. des AÜG über den zwgd. Inhalt des Rechtsverhältnisses zwischen Verleiher und LeihAN (*Däubler* EuZW 1993, 373; *Deinert* RdA 1996, 343; SH/*Riederer von Paar* Einl. Rn. 671 ff.). Darüber hinaus gelten auf Grund des Territorialitätsprinzips die in Deutschland geltenden ör. Vorschr. auch dann, wenn iÜ eine ausl. Rechtsordnung gilt. Unterliegt das ArbVerh. eines LeihAN dem dt. Recht, so gilt auch für Auslandseinsätze der Anspruch auf gleiches Arbeitsentgelt nach § 8, BAG 28.5.2014 NZA 2014, 1264.

58 **3. Das Rechtsverhältnis zwischen Entleiher und LeihAN.** Wenn auch zwischen dem Entleiher und dem LeihAN kein ArbVerh. besteht (s. Rn. 36 ff.), so bestehen doch eine Reihe arbeitsrechtl. Rechte und Pflichten zwischen diesen beiden Parteien. Man kann insoweit von einem Quasi-Arbeitsverhältnis sprechen (ebenso SH/*Riederer von Paar* Einl. Rn. 669 ff.; Thüsing/*Thüsing* Einl. Rn. 38 f.).

II. Arbeitnehmerüberlassung durch Ausländer, aus dem Ausland und in das Ausland

59 **1. Allgemeines.** Im Hinblick auf ANÜberlassung mit Auslandsbezug (dazu *Brors* DB 2013, 2087) ist danach zu differenzieren, ob der Verleiher Inländer oder Ausländer ist und ob die Überlassung vom Ausland ins Inland oder vom Inland ins Ausland erfolgt (zur Beschäftigung von ausl. AN s. § 15). Die gewerberechtl. Voraussetzungen müssen im Hinblick auf beide beteiligten Staaten erfüllt sein (EuGH 17.12.1981 AP EWG-Vertrag Art. 177 Nr. 9). Eine Erlaubnis zur ANÜberlassung ist, wenn kein Versagungsgrund gem. § 3 I vorliegt, an Deutsche grds. zu erteilen. Dagegen kann die Erlaubnis ggü. Antragstellern, die nicht Deutsche sind, versagt werden, § 3 III. EU-Ausländer und Staatsangehörige eines Mitgliedstaats des EWR erhalten die Erlaubnis unter bestimmten Voraussetzungen wie Deutsche, § 3 IV. Das Gleiche gilt für bestimmte Ausländer auf Grund internationaler Abkommen gem. § 3 V. Werden AN vom Ausland nach Deutschland zur Arbeitsleistung geschickt, so ist – ebenso wie bei einem rein deutschen Sachverhalt – zwischen ANÜberlassung und drittbezogenem Personaleinsatz zu unterscheiden. Für die ANÜberlassung von einem ausl. Betrieb aus gibt es uU gem. § 3 II keine Erlaubnis. Für den drittbezogenen Personaleinsatz trifft das AEntG eine Sonderregelung, ebenso gilt eine Sonderregelung für die Beschäftigung von AN aus Drittstaaten durch EU-Unternehmen.

60 **2. Arbeitnehmerentsendegesetz und § 3a.** Das **AEntG** sieht eine Beschränkung der kollisionsrechtl. Wahlfreiheit vor. Es bezieht sich auf den Fall, dass der AG seinen Sitz im Ausland hat und AN in Deutschland beschäftigt (s. AEntG-*Schlachter* sowie die Komm. zum AEntG von *Kretz* und von *Koberski* und von *Wank* in Wiedemann, TVG, 8. Aufl. 2017, § 5). Ist der TV für allg.verbindl. erklärt worden (§ 5 TVG), enthält er eine Bestimmung über ein bestimmtes Mindestentgelt und gilt er entspr. auch für deutsche AG, so ist der für allg.verbindl. erklärte TV auch auf diese ANÜberlassung anwendbar. Der AG muss in einem solchen Falle vor Beginn der Betätigung die Beschäftigung bei der BA anmelden, § 2 AEntG.

61 Eine der Regelung im AEntG entspr. Regelung hat das G v. 29.4.2011 in **§ 3a** eingeführt.

62 **3. Beschäftigung ausländischer Arbeitnehmer aus Drittstaaten durch EU-Unternehmen.** Nach der Rspr. des EuGH (9.8.1994 Slg. I 94, 3803 [Vander Elst]) können EU-Unternehmen AN aus Drittstaaten im Rahmen von Dienst- oder Werkverträgen innerhalb der EU entsenden, sofern diese AN ordnungsgemäß und dauerhaft in dem entsendenden Unternehmen beschäftigt sind. Nach dem Dienstblatt-Runderlass 72/95 v. 8.8.1995 der Bundesagentur für Arbeit erhalten die AN beschränkte Arbeitserlaubnisse, wenn es sich um eine vorübergehende Dienstleistung handelt, der AN des Drittstaats dauerhaft und ordnungsgemäß, dh. seit mind. 12 Monaten bei dem EU-Unternehmen legal beschäftigt ist, und der AN eine Aufenthalts- und ggf. eine Arbeitserlaubnis für das Land besitzt, in dem das entsendende Unternehmen seinen Sitz hat (s. *Marschner* NZA 1996, 186).

63 **4. Dienstleistungsrichtlinie.** Die Dienstleistungsrichtlinie 2006/123/EG ist nach ihrem Art. 2 Abs. 2 Buchst. e) auf Leiharbeit nicht anwendbar.

64 **5. Arbeitnehmerüberlassung in das Ausland.** Grds. gilt bei Überlassung durch einen deutschen Verleiher deutsches Recht (BAG 28.5.2014 NZA 2014, 1264; dazu *Hoch* BB 2015, 1717). Nach § 1 III Nr. 3 gilt das AÜG nicht, wenn ein LeihAN in das Ausland überlassen wird, wenn ein entspr. völkerrechtl. Vertrag vorliegt, der Verleih an ein deutsch-ausländisches Gemeinschaftsunternehmen erfolgt und der Verleiher an diesem Gemeinschaftsunternehmen beteiligt ist. IÜ bedarf ein in Deutschland ansässiger Verleiher, der AN in einen EU- oder EWR-Staat überlässt, der Erlaubnis nach dem

AÜG (SH/*Riederer von Paar* Einl. Rn. 647). Das Gleiche gilt bei einer Überlassung in einen Nicht-EU- oder Nicht-EWR-Staat (SH/*Riederer von Paar* Einl. Rn. 656 f.).

6. Werkvertragsarbeitnehmer. Keine Leiharbeit liegt vor, wenn AN auf Grund eines bilateralen Abkommens auf der Grdl. eines Werkvertrags mit einem ausl. Werkunternehmer in Deutschland arbeiten. Ein derartiges Abkommen besteht zB mit der Türkei. 65

§ 1 Arbeitnehmerüberlassung, Erlaubnispflicht

(1) [1] Arbeitgeber, die als Verleiher Dritten (Entleihern) Arbeitnehmer (Leiharbeitnehmer) im Rahmen ihrer wirtschaftlichen Tätigkeit zur Arbeitsleistung überlassen (Arbeitnehmerüberlassung) wollen, bedürfen der Erlaubnis. [2] Arbeitnehmer werden zur Arbeitsleistung überlassen, wenn sie in die Arbeitsorganisation des Entleihers eingegliedert sind und seinen Weisungen unterliegen. [3] Die Überlassung und das Tätigwerdenlassen von Arbeitnehmern als Leiharbeitnehmer ist nur zulässig, soweit zwischen dem Verleiher und dem Leiharbeitnehmer ein Arbeitsverhältnis besteht. [4] Die Überlassung von Arbeitnehmern ist vorübergehend bis zu einer Überlassungshöchstdauer nach Absatz 1b zulässig. [5] Verleiher und Entleiher haben die Überlassung von Leiharbeitnehmern in ihrem Vertrag ausdrücklich als Arbeitnehmerüberlassung zu bezeichnen, bevor sie den Leiharbeitnehmer überlassen oder tätig werden lassen. [6] Vor der Überlassung haben sie die Person des Leiharbeitnehmers unter Bezugnahme auf diesen Vertrag zu konkretisieren.

(1a) [1] Die Abordnung von Arbeitnehmern zu einer zur Herstellung eines Werkes gebildeten Arbeitsgemeinschaft ist keine Arbeitnehmerüberlassung, wenn der Arbeitgeber Mitglied der Arbeitsgemeinschaft ist, für alle Mitglieder der Arbeitsgemeinschaft Tarifverträge desselben Wirtschaftszweiges gelten und alle Mitglieder auf Grund des Arbeitsgemeinschaftsvertrages zur selbständigen Erbringung von Vertragsleistungen verpflichtet sind. [2] Für einen Arbeitgeber mit Geschäftssitz in einem anderen Mitgliedstaat des Europäischen Wirtschaftsraumes ist die Abordnung von Arbeitnehmern zu einer zur Herstellung eines Werkes gebildeten Arbeitsgemeinschaft auch dann keine Arbeitnehmerüberlassung, wenn für ihn deutsche Tarifverträge desselben Wirtschaftszweiges wie für die anderen Mitglieder der Arbeitsgemeinschaft nicht gelten, er aber die übrigen Voraussetzungen des Satzes 1 erfüllt.

(1b) [1] Der Verleiher darf denselben Leiharbeitnehmer nicht länger als 18 aufeinander folgende Monate demselben Entleiher überlassen; der Entleiher darf denselben Leiharbeitnehmer nicht länger als 18 aufeinander folgende Monate tätig werden lassen. [2] Der Zeitraum vorheriger Überlassungen durch denselben oder einen anderen Verleiher an denselben Entleiher ist vollständig anzurechnen, wenn zwischen den Einsätzen jeweils nicht mehr als drei Monate liegen. [3] In einem Tarifvertrag von Tarifvertragsparteien der Einsatzbranche kann eine von Satz 1 abweichende Überlassungshöchstdauer festgelegt werden. [4] Im Geltungsbereich eines Tarifvertrages nach Satz 3 können abweichende tarifvertragliche Regelungen im Betrieb eines nicht tarifgebundenen Entleihers durch Betriebs- oder Dienstvereinbarung übernommen werden. [5] In einer auf Grund eines Tarifvertrages von Tarifvertragsparteien der Einsatzbranche getroffenen Betriebs- oder Dienstvereinbarung kann eine von Satz 1 abweichende Überlassungshöchstdauer festgelegt werden. [6] Können auf Grund eines Tarifvertrages nach Satz 5 abweichende Regelungen in einer Betriebs- oder Dienstvereinbarung getroffen werden, kann auch in Betrieben eines nicht tarifgebundenen Entleihers bis zu einer Überlassungshöchstdauer von 24 Monaten davon Gebrauch gemacht werden, soweit nicht durch diesen Tarifvertrag eine von Satz 1 abweichende Überlassungshöchstdauer für Betriebs- oder Dienstvereinbarungen festgelegt ist. [7] Unterfällt der Betrieb des nicht tarifgebundenen Entleihers bei Abschluss einer Betriebs- oder Dienstvereinbarung nach Satz 4 oder Satz 6 dem Geltungsbereich mehrerer Tarifverträge, ist auf den für die Branche des Entleihers repräsentativen Tarifvertrag abzustellen. [8] Die Kirchen und die öffentlich-rechtlichen Religionsgesellschaften können von Satz 1 abweichende Überlassungshöchstdauern in ihren Regelungen vorsehen.

(2) Werden Arbeitnehmer Dritten zur Arbeitsleistung überlassen und übernimmt der Überlassende nicht die üblichen Arbeitgeberpflichten oder das Arbeitgeberrisiko (§ 3 Abs. 1 Nr. 1 bis 3), so wird vermutet, daß der Überlassende Arbeitsvermittlung betreibt.

(3) Dieses Gesetz ist mit Ausnahme des § 1b Satz 1, des § 16 Abs. 1 Nummer 1 f und Abs. 2 bis 5 sowie der §§ 17 und 18 nicht anzuwenden auf die Arbeitnehmerüberlassung

1. zwischen Arbeitgebern desselben Wirtschaftszweiges zur Vermeidung von Kurzarbeit oder Entlassungen, wenn ein für den Entleiher und Verleiher geltender Tarifvertrag dies vorsieht,

2. zwischen Konzernunternehmen im Sinne des § 18 des Aktiengesetzes, wenn der Arbeitnehmer nicht zum Zweck der Überlassung eingestellt und beschäftigt wird,

2a. zwischen Arbeitgebern, wenn die Überlassung nur gelegentlich erfolgt und der Arbeitnehmer nicht zum Zweck der Überlassung eingestellt und beschäftigt wird,

2b. zwischen Arbeitgebern, wenn Aufgaben eines Arbeitnehmers von dem bisherigen zu dem anderen Arbeitgeber verlagert werden und auf Grund eines Tarifvertrages des öffentlichen Dienstes
a) das Arbeitsverhältnis mit dem bisherigen Arbeitgeber weiter besteht und
b) die Arbeitsleistung zukünftig bei dem anderen Arbeitgeber erbracht wird,

2c. zwischen Arbeitgebern, wenn diese juristische Personen des öffentlichen Rechts sind und Tarifverträge des öffentlichen Dienstes oder Regelungen der öffentlich-rechtlichen Religionsgesellschaften anwenden, oder

3. in das Ausland, wenn der Leiharbeitnehmer in ein auf der Grundlage zwischenstaatlicher Vereinbarungen begründetes deutsch-ausländisches Gemeinschaftsunternehmen verliehen wird, an dem der Verleiher beteiligt ist.

1 **1. Letzte Änderungen des § 1.** Aufgrund der **Leiharbeitsrichtlinie** (s. Einl. Rn. 3) erfolgten bereits Änderungen durch G v. 28.4.2011 (s. Einl. Rn. 11): Das Merkmal „gewerbsmäßig" wurde durch „im Rahmen ihrer wirtschaftlichen Tätigkeit" ersetzt. Satz 2 wurde neu eingefügt (zu den Änderungen s. Voraufl. Einl. Rn. 11b, c). Weitere Änderungen erfolgten durch das G zur Änderung des ANÜberlassungsgesetzes und anderer Gesetze (dazu Einl. Rn. 11).

2 **2. Gesetzeszweck des AÜG.** Der Zweck des Gesetzes besteht zum einen in der Regelung der legalen ANÜberlassung und zum anderen in der Bekämpfung der illegalen ANÜberlassung (BT-Drs. 6/2303 S. 9 f.) und hat sich trotz zahlreicher Gesetzesänderungen und der Flexibilisierung des ANÜberlassungsrechts nicht geänd. (vgl. a. Art. 4 IV LeiharbeitsRL sowie Rn. 28); zu den Zwecken der RL s. EurArbR/*Rebhahn/Schörghofer* Art. 2 RL 2008/104/EG mwN. Des Weiteren geht es um den **Schutz der LeihAN** und, konkurrierend damit, um den **Schutz der Stammbelegschaft** und damit um arbeitsmarktpolitische Ziele (*Franzen* ZfA 2016, 25, 34 f.; *Junker* ZfA 2016, 197, 199; *Röpke*, Die Gestaltbarkeit von Arbeitsbedingungen im Rahmen von § 9 Nr. 2 AÜG, 2016, S. 65 ff.; *Ulrici* Einl. Rn. 7 ff.; *Wank* RdA 2017, 100, 101).

3 **3. Regelungsbereiche des Gesetzes.** Die Leiharbeit nach dem AÜG betrifft verschiedene Rechtsbereiche. So sind das SchuldR, das ArbR, das Sozialversicherungsrecht und das GewR betroffen; das GewR wird im AÜG eingehend geregelt, während SchuldR und ArbR nur fragmentarisch normiert sind. Wichtige Einzelfragen des Individualarbeitsrechts sind im G überhaupt nicht enthalten, ebensowenig das Sozialversicherungsrecht (dazu Einl. Rn. 46 ff.). Da das G vor dem Hintergrund einer Reihe von anderen Gesetzen nur einige Einzelfragen regelt, ist es tw. nur schwer verständl.

4 **4. Geltungsbereich des AÜG. a) Räumlicher Geltungsbereich.** Aufgrund des Territorialitätsprinzips gilt das AÜG auf dem Gebiet der Bundesrepublik Deutschland. Es gilt für inländische Sachverhalte, für ausl. Sachverhalte, wenn ein deutscher Verleiher ins Ausland verleiht (s. aber auch § 1 III Nr. 3) sowie wenn ein ausl. Verleiher in das Gebiet der BRD verleiht (s. zur grenzüberschreitenden ANÜberlassung Einl. Rn. 53 ff.).

5 **b) Persönlicher Geltungsbereich.** Das AÜG gilt für die Rechtsbeziehungen im Dreiecksverhältnis zwischen Verleiher, Entleiher und LeihAN. Bezügl. des LeihAN gilt der allg. ANBegriff (s. a. Einl. Rn. 12, 26). Der neue § 611a BGB (vgl die Kommentierung dort BGB § 611a Rn. 1) wiederholt den allg. Vorspann des BAG in Urteilen zum ANBegriff. Danach ist aber unklar, was letztlich definiert wird: § 611a BGB enthält neben einander zwei voneinander abweichende Definitionen, eine entsprechend der allg. Definition der Rspr. und eine andere nach § 84 HGB (*Wank* AuR 2017, 140, 147). Abgesehen von anderen Ungereimtheiten wird, entgegen der bisher herrschenden Rspr. und Lehre, die Eingliederung nicht mehr ausdrückl. genannt (*Wank* AuR 2017, 140, 150 f.). ANähnl. werden vom AÜG nicht erfasst (SH/*Hamann* Rn. 45 ff.).

6 **c) Sachlicher Geltungsbereich.** Das AÜG betrifft nur die ANÜberlassung und nicht sonstige Formen von drittbezogenem Personaleinsatz. Einige Abgrenzungsfragen, wie die zur Arbeitsvermittlung iSv. § 1 II und weitere Arten von ANÜberlassung sind im G speziell geregelt.

7 Während das G bis vor kurzem keine Aussage zum **drittbezogenen Personaleinsatz** enthielt, nimmt § 1 I S. 2 nunmehr eine Abgrenzung vor. Danach unterscheidet sich die Leiharbeit vom Einsatz eines Dritten mit eigenen Mitarbeitern etwa im Rahmen eines Werkvertrages dadurch, dass die AN in die Arbeitsorganisation des anderen eingegliedert sind und den Weisungen des anderen unterliegen. Das entspricht der bisherigen Rspr. des BAG (s. Rn. 21 ff.).

8 Allerdings sollte man unterscheiden zwischen einem Solo-Unternehmer und einem Werkvertrag unter Einsatz von Mitarbeitern des Unternehmers (*Deinert* RdA 2017, 65, 70; *Wank* RdA 2017, 100, 104). Beim **Solo-Unternehmer** geht es um die allg. Frage, ob der Beschäftigte Selbständiger oder AN ist. Das betrifft die allg. Definition des ANBegriffs (s. § 611a BGB). Insoweit ist es gleichgültig, ob der ArbVertrag gegenüber einem Dienstvertrag, einem Werkvertrag oder irgendeinem anderen Vertrag eines Selbständigen abgegrenzt wird (*Deinert* RdA 2017, 65, 71; *Henssler* RdA 2017, 83, 86; HeG/*Henssler/Pickenhahn* § 4; *Wank* RdA 2017, 100, 103). Erst wenn feststeht, dass kein ArbVerh. vorliegt, kann zu entscheiden sein, ob es sich bspw. um einen Dienstvertrag oder um einen Werkvertrag handelt (zur Abgrenzung BGH

16.7.2002 BGHZ 151, 330; *Greiner* AcP 211, 2011, 221; *Tillmanns*, Strukturfragen des Dienstvertrages, 2007, 20). Es geht nicht um ein Problem des Leiharbeitsrechts (*Wank*, RdA 2017, 100, 104).

Wird der Vertragspartner dagegen mit Mitarbeitern tätig, kann entweder ein **drittbezogener Personaleinsatz** vorliegen (Dienstvertrag, Werkvertrag oder irgendeine andere Vertragsform für einen Selbständigen) oder Leiharbeit. Der Dritte ist in jedem Fall AG, seine Beschäftigten sind AN; aber sie sind entweder „normale" AN als AN bspw. eines Werkunternehmers, oder sie sind LeihAN. Dann sind zwei Fragen zu beantworten: Ist der Beschäftigte entgegen der vertraglichen Vereinbarung gem. § 1 I S. 2 in Wahrheit LeihAN? Ist das nicht der Fall: Liegt tatsächl. ein Werkvertrag oder ein anderer schuldrechtlicher Vertrag vor? (zum Ganzen Rn. 18 f. sowie *Greiner* NZA 2013, 697, 699; *Maschmann* NZA 2013, 1305, 1308; *Wank* in Dietrich/Patzina/Wank, Scheinselbständigkeit in Deutschland, 2017, S. 211, 329 ff., 335 ff.; *ders.* EuZA 2016, 143, 158 ff.; *ders.* RdA 2017, 100, 103 ff.) 9

Wie schon bisher in Rspr. und Lehre allg. anerkannt, kommt es nicht darauf an, wie die Verträge zwischen bspw. Werkunternehmer und Besteller und zwischen AG und AN von den Parteien bezeichnet werden, sondern maßgebl. ist die **tatsächl. Rechtsnatur** des Vertrages. Dass die von den Parteien genannte Vertragsart unzutr. ist, kann sich bereits aus dem Vertragsinhalt ergeben. Es kann sich aber auch später dadurch herausstellen, dass die Parteien den Vertrag anders durchführen als er bezeichnet wird. In beiden Fällen gilt die tatsächl. Rechtsnatur der Verträge (missverständl. § 12 I 2; s. § 12 Rn. 3). 10

Abzugrenzen ist nicht nur zwischen Werkvertrag mit Erfüllungsgehilfen einerseits und ANÜberlassung andererseits, sondern schließl. auch zwischen Scheinwerkvertrag mit Erfüllungsgehilfen und der Einstufung von **„Erfüllungsgehilfen" als AN des Auftraggebers** andererseits (dazu Rn. 18 ff.; zuletzt BAG 25.9.2013 AP BGB § 611 Abhängigkeit Nr. 126 = NZA 2013, 3672). 11

d) Zeitlicher Geltungsbereich. Die vorletzte Änderung ist am 1.12.2011 in Kraft getreten, die letzte Änderung am 1.4.2017 (s. Einl. Rn. 11). S. zum zeitl. Geltungsbereich auch § 19. 12

5. Der Tatbestand der Leiharbeit, Abs. 1 S. 1 und 2. Leiharbeit setzt ein Dreiecksverhältnis zwischen Verleiher, Entleiher und LeihAN voraus (Einl. Rn. 16 ff.) und muss von anderen Formen des drittbezogenen Personaleinsatzes unterschieden werden (Rn. 14 ff.). Die Überlassung zur Arbeitsleistung erfolgt iRd „wirtschaftlichen Tätigkeit" des Verleihers (Rn. 42 ff.), und sie erfolgt nur vorübergehend (Rn. 52 f.). 13

6. Arbeitnehmerüberlassung in Abgrenzung zu anderen Rechtsverhältnissen. Die ANÜberlassung ist *eine* Form des drittbezogenen Personaleinsatzes. Erfüllt hingegen der AN nur Pflichten, die seinem AG ggü. einem fremden Auftraggeber obliegen, fehlt es an der Drittbeziehung (BAG 22.6.1994 NZA 1995, 462). Kennzeichnend für alle diese Formen ist ein Dreiecksverhältnis: Ein AN wird auf Grund der arbeitsvertragl. Vereinbarung durch seinen AG bei einem Dritten beschäftigt. Sonstige Formen drittbezogenen Personaleinsatzes sind die Arbeit auf Grund eines Werkvertrages, eines Dienstvertrages, eines Geschäftsbesorgungsvertrages, eines Dienstverschaffungsvertrages oder auf Grund einer Arbeitsvermittlung (Rn. 18 ff., 32 ff.; s. *Becker/Wulfgramm* Rn. 38 ff.; *Rosenstein* S. 86 ff.; SH/*Hamann* Rn. 97 ff.; *Walle* S. 36 ff.; ferner *Hamann* S. 71 ff.; dort auch zu: Gesamthafenbetrieb, Gestellungsvertrag, mittelbares Arbeitsverhältnis; des Weiteren BAG 5.3.1997 NZA 1997, 1165 zur Personalgestellung nach dem AsylVfG; BAG 1.6.1994 NZA 1995, 465 betr. Zivildienstschule; zur Personalgestellung durch jur. Personen des öff. Rechts s. Rn. 93 f. 14

a) Die Bedeutung der Abgrenzung und Abgrenzungskriterien. aa) Allgemeines. Welche von den unterschiedl. zivilrechtl. Gestaltungsformen im Einzelfall vorliegt, könnte angesichts der Privatautonomie gleichgültig sein, solange nur der ANSchutz gewährleistet ist und ein AG seine arbeitsvertragl. Pflichten erfüllt. Auch soweit bei der legalen ANÜberlassung der AG seine Pflichten erfüllt, hat die Qualifizierung im Hinblick auf den ANSchutz geringe Bedeutung. 15

Wichtig ist die Abgrenzung im Hinblick auf die **illegale** ANÜberlassung (SH/*Hamann* Rn. 109 ff.; zur Auftragsweitergabe an illegal handelnde Subunternehmer, § 2 SchwArbG, s. *Grünberger* NJW 1995, 14, 15). Va. um sie zu verhindern, ist die legale ANÜberlassung stark reglementiert. Der Verleiher als AG braucht eine Erlaubnis, und der Inhalt des Vertrages zwischen Verleiher und LeihAN sowie der zwischen Verleiher und Entleiher unterliegen bestimmten Beschränkungen. Es besteht die Gefahr, dass durch die Wahl eines anderen Vertragstyps die beteiligten Rechtsverhältnisse dem ANÜberlassungsrecht und damit der Kontrolle entzogen werden. Dieser Gedanke – **Umgehungen** durch die Wahl anderer Rechtsformen zu verhindern – ist für die gesamten nachf. Erörterungen maßgebl.; s. a. Rn. 27 ff. 16

Arbeitsrechtl. spielt die Qualifizierung insofern eine Rolle, als bei illegaler ANÜberlassung ein ArbVerh. nach § 10 zum Entleiher entsteht. Der AN kann die Gerichte über die Abgrenzung im Rahmen von Feststellungsklagen oder von Vergütungsklagen entscheiden lassen. **Sozialversicherungsrechtl.** hat bei der legalen ANÜberlassung der Verleiher den Gesamtsozialversicherungsbeitrag zu entrichten. Bei illegaler ANÜberlassung kommt eine Haftung des Entleihers in Betracht (s. Einl. Rn. 48 ff.). **Steuerrechtl.** spielt die Abgrenzung für den Vorsteuerabzug nach § 15 I Nr. 1 UStG und bei der Umsatzsteuerpflicht nach §§ 1, 3 UStG eine Rolle. **Gewerberechtl.** bedarf die ANÜberlassung – anders als die anderen Vertragsformen – der Erlaubnis. Im **Straf- und Ordnungswidrigkeitenrecht** geht es um die Anwendbarkeit der §§ 15 ff. AÜG. 17

18 **bb) Abgrenzung zum Werkvertrag.** Wie oben dargelegt, sind zwei Gestaltungsformen zu unterscheiden (Rn. 8 f. sowie *Wank* in Dietrich/Patzina/Wank, Scheinselbständigkeit in Deutschland, 2017, S. 211, 329 ff., 335 ff.): Geht es um einen Beschäftigten ohne Mitarbeiter, kann er ein Selbständiger auf Grund eines Werkvertrages sein oder ein AN. Leiharbeitsrecht spielt insoweit keine Rolle. Setzt der Auftragnehmer dagegen Mitarbeiter ein, können diese entweder Erfüllungsgehilfen beim Werkvertrag sein (Drittpersonaleinsatz) oder aber LeihAN. Diesen zweiten Fall regelt der neue § 1 I 2. Dass zB statt eines Werkvertrages mit Drittpersonaleinsatz in Wahrheit Leiharbeit vorliegt, kann sich aus zwei Gründen ergeben: Es kann an den Voraussetzungen für einen Werkvertrag (ua. abgrenzbares Werk) fehlen oder an der Wahrnehmung von AGFunktionen durch den (Schein)Werkunternehmer. Im Hinblick auf den ersten Aspekt ist, wie beim Solounternehmer, zu prüfen, ob die Voraussetzungen für einen Werkvertrag vorliegen. Im Hinblick auf den zweiten Aspekt ist § 1 I 2 einschlägig. Die Vorschrift greift die bisherige Rspr. zu dieser Frage auf. Danach kommt es auf zwei Merkmale an, auf **Weisungsbindung und Eingliederung.** Allerdings ist die Vorschrift nicht mit dem im gleichen ArtikelG neu eingeführten § 611a BGB konform (beide Vorschriften regeln zwar unterschiedl., aber vergleichbare Probleme). Während § 611a BGB zur Kennzeichnung eines AN (fälschlich) nur die Weisungsbindung nennt und die Eingliederung als ebenso wichtiges und eigenständiges Merkmal unterschlägt (*Wank* AuR 2017, 140, 150 f.), kennzeichnet § 1 I 2 AÜG den (Leih)AN zutr. durch Weisungsbindung und Eingliederung. Insofern kann auf die bisherige Lit. zu diesen beiden Merkmalen Bezug genommen werden, während der Wortlaut des § 611a BGB irreführend ist (anders *Preis* BGB § 611a Rn. 22, 41). Das G nennt nur die beiden Merkmale und, anders als ein Referentenentwurf, keine Indizien (zu Indizien Rn. 21). Auch werden keine Sonderprobleme des ANBegriffs im AÜG aufgegriffen, wie Gestellungsverträge im allg. oder Verträge im IT-Bereich (*Litschen/Yacoubi* NZA 2017, 484); nach *Böhm* (NZA 2017, 494 ff. mwN) ist die Nennung von Indizien im G überflüssig. Das bedeutet aber, dass sich durch das AÜGÄndG nichts ändert.

19 Die Abgrenzung zwischen den beiden Gestaltungsformen Werkvertrag mit Mitarbeitern und Leiharbeit lässt sich theoretisch einfach vollziehen. Beim Werkvertrag verpflichtet sich der Unternehmer, ein sog. Werk herzustellen, dh. einen bestimmten Erfolg herbeizuführen, § 631 BGB. Dabei kann er sich der Mithilfe anderer Personen, als seiner Erfüllungsgehilfen, bedienen, § 278 BGB. Er übt ihnen ggü. das arbeitsrechtl. Weisungsrecht aus. Beim ANÜberlassungsvertrag stellt der AG (= Verleiher) einem Dritten (= Entleiher) seine AN zur Vfg.; s. BAG 13.8.2008 AP AÜG § 10 Nr. 19. Er haftet also nicht für einen Erfolg, sondern nur für die richtige Auswahl und Bereitstellung von Arbeitskräften. IÜ üben diese die Arbeit nach Weisungen des Entleihers aus. Diese scheinbar klare Abgrenzung wird durch atypische Gestaltungsformen, wie sie in der Praxis verbreitet sind, erschwert (s. SH/*Hamann* Rn. 120 ff.):

- So kann der Werkunternehmer mit dem Dritten statt eines einzelnen konkreten Werks eine Reihe von Einzelwerken auf Grund eines **Rahmenvertrages** anbieten (SH/*Hamann* Rn. 125 ff.; *Ulber* Einl. Rn. 41).
- Die an den Werkunternehmer zu leistende **Vergütung** des Bestellers kann nach **Zeitabschnitten** statt nach einem Erfolg bemessen sein.
- Die entsandten AN können voll in die **Organisation** des Dritten **einbezogen** sein.

20 **(1) Legaldefinition, Abs. 1 S. 2.** Bezüglich der Frage Drittpersonaleinsatz oder Leiharbeit liegt nach dem neuen Abs. 1 S. 2 eine ANÜberlassung statt eines Werkvertrages (oder eines anderen Vertrages eines Selbständigen) dann vor, wenn der AN in die Arbeitsorganisation des anderen eingegliedert ist und seinen Weisungen unterliegt. Damit entscheidet die Vorschrift den bislang bestehenden Meinungsstreit über die Abgrenzungskriterien (Nachw. in Voraufl. Rn. 17, 18) und greift auf die Rspr. des BAG zurück. Insofern kann diese Rspr. weiterhin zur Auslegung herangezogen werden; dagegen ist § 611a BGB unbeachtlich; dh. gleichgültig ob man für § 611a BGB die Eingliederung weiterhin als Merkmal anerkennt, ist jdf. für das AÜG dieses Merkmal zwingend zu berücksichtigen (s. Rn. 18; ferner HeG/*Henssler/Pickenhahn* § 3 Rn. 31).

21 **(2) Rechtsprechung.** Die Rspr. ging bislang bei der Frage der Abgrenzung von Werkverträgen zu ANÜberlassungsverträgen von Legaldefinitionen in § 631 BGB und § 1 AÜG aus (s. BAG 25.9.2013 NZA 2013, 1348). Insofern ist dann entscheidend, ob der AN in den Betrieb des Dritten eingegliedert ist und den Weisungen des Dritten unterliegt (BAG 10.2.1977 AP BetrVG 1972 § 103 Nr. 9). Liegen diese Voraussetzungen vor, handelt es sich um ANÜberlassung und nicht um einen Werkvertrag. Auszugehen ist danach vom objektiven Geschäftsinhalt, der aus den schriftl. Vereinbarungen und der praktischen Durchführung zu ermitteln ist. Bei einem Widerspruch zwischen Vertrag und Praxis entscheidet die tatsächl. Durchführung (BAG 21.1.2003 NZA 2003, 616); s. jetzt § 12 I 2. Dabei sei eine umfassende Würdigung der Begleitumstände vorzunehmen, wie: Aufsicht über die FremdfirmenAN, Gestellung von Werkzeug und Material durch den Einsatzbetrieb, die sonstige Geschäftstätigkeit des Auftragnehmers sowie ob er nach seiner materiellen Ausstattung in der Lage ist, auch einen anderen Geschäftszweck als die ANÜberlassung zu verfolgen (BAG 15.6.1983 AP AÜG § 10 Nr. 5). In weiteren Entscheidungen hat das BAG diesen Ansatz konkretisiert (BAG 30.1.1991 AP AÜG § 10 Nr. 8; 5.3.1991 AP BetrVG 1972 § 99 Nr. 90; 9.7.1991 AP BetrVG 1972 § 99 Nr. 94). Bei der Auslegung ist zu unterscheiden zwischen Merkmalen und Indizien (so zutr. der erste Referentenentwurf). Die beiden Merkmale Weisungsbindung und Eingliederung müssen erfüllt sein, damit der Tatbestand

gegeben ist. Als Hilfsmerkmale können auch weitere Umstände, wie auch schon bisher nach der Rspr., wie zB Übernahme der Gewährleistung usw., herangezogen werden (unzutr. *Kainer/Schweipert* NZA 2107, 13, 15).

(a) **Eingliederung.** Indizien für eine Eingliederung in den Beschäftigungsbetrieb sind die Zusammenarbeit mit AN des Dritten, die Übernahme von Tätigkeiten, die früher AN des Dritten ausgeführt haben, die Stellung von Material sowie von Arbeitskleidung durch den Dritten. Im Hinblick auf die Eingliederung ist nach der Rspr. weder die Verweildauer noch die räuml. und sachl. Nähe der FremdAN zum Betriebszweck des Auftraggebers noch die enge Einbindung in den betriebl. Arbeitsprozess von Bedeutung. Zur Eingliederung nach neuem Recht *Deinert* RdA 2017, 65, 73; *Henssler* RdA 2017, 83, 87; HeG/*Henssler/Pickenhahn* § 3 Rn. 31 f.; *Kainer/Schweipert* NZA 2017, 13, 14; *Tuengerthal/Andorfer* BB 2016, 1909, 1911; *Wank* RdA 2017, 100, 102, 105. 22

(b) **Weisungsrecht.** Im Hinblick auf die Ausübung des Weisungsrechts unterscheidet das BAG mit Recht zwischen vertragl. Weisungen, die gegenständl. begrenzt seien und sich auf die Werkgegenstände bezögen, und arbeitsvertragl. Weisungen (dazu mwN BAG 13.12.2016 NZA 2017, 525; BGB § 611a Rn. 92 ff.; Boemke/Lembke/*Boemke* § 1 AÜG Rn. 85; *Boemke* RdA 2015, 115; *Brauneisen/Ibes* RdA 2014, 213, 220; *Deinert* RdA 2017, 65, 70; *Greiner* NZA 2013, 697, 699 f.; *Henssler* RdA 2016, 18,19; *Maschmann* NZA 2013, 1305, 1308; Reufels/*Reufels/Dietrich* Personaldienstleistungen 2012, A Rn. 36 ff.; SH/*Hamann* § 1 AÜG Rn. 153 ff.; *Ulber* AÜG Einl.Rn. 73 ff.). Soweit die Weisungen werkbezogen sind iSv § 645 I 1 BGB, ist ein Weisungsrecht des Dritten kein Indiz für eine ANÜberlassung. Hierbei geht es bspw. um Stückzahl und Qualität der herzustellenden Ware. Indizcharakter im Hinblick auf die Annahme einer ANÜberlassung hat es demgegenüber, wenn der Dritte arbeitsrechtl. Weisungen ggü. den AN ausübt. Das sei näml. typisch für ANÜberlassungsverträge und nicht für Werkverträge. Insofern hat es indiziellen Charakter, wenn die AN durch Personal des Dritten beaufsichtigt werden. Das kann auch in der Weise geschehen, dass eigene AN des Dritten und die eingesetzten AN in derselben Arbeitsgruppe beschäftigt sind. Die Organisationsgewalt des Dritten ist ein weiteres Indiz für ANÜberlassung. Hierzu zählt es, wenn der Dritte die Zahl der AN, deren Arbeitszeit und deren Urlaubszeit bestimmen kann. 23

Der Rückgriff auf Weisungsbindung und Eingliederung erfordert eine teleologische Auslegung. **Gesetzeszweck** ist in diesem Fall nicht die Abgrenzung zwischen AN und Selbständigen – sowohl beim Drittpersonaleinsatz als auch bei der Leiharbeit sind die Beschäftigten AN – sondern die Verhinderung illegaler Leiharbeit durch Scheinwerkverträge (dazu Rn. 27). 24

Als **Rechtsfolge** beim Vorliegen eines Scheinwerkvertrages nahm die Rspr. ein ArbVerh mit dem AG des Einsatzbetriebes an; so BAG (25.9.2013 NZA 2013, 1348: Rechtsformzwang) und LAG BW (1.8.2013 BB 2013, 2809: § 10 AÜG). Diese Rechtsfolge ist nunmehr in § 12 I 2 geregelt. 25

(3) **Literatur.** In der Lit. wird verbreitet als maßgebl. angesehen, ob die Personalhoheit auf den AG des Beschäftigungsbetriebes übergeht (neuere Lit.: *Francken* NZA 2013, 1192; *Franzen* RdA 2015, 141 f.; *Greiner* NZA 2013, 697; *Lembke* NZA 2013, 1312; *Maschmann* NZA 2013, 1305; *Reiserer* DB 2013, 2016; *Wank* EuZA 2016, 143, 158 ff.). 26

(4) **Stellungnahme.** Auch wenn die von der Rspr. zu Grunde gelegten Kriterien nunmehr G geworden sind, ist für die Auslegung der Merkmale Weisungsbindung und Eingliederung weiterhin der Bezug auf die Gesetzesziele erforderlich. In Rspr. und Lit. wird bei den vorzunehmenden Abgrenzungen der teleologische Ansatz nicht immer genügend deutlich. Wenn es darum geht, eine jur. Definition aufzustellen, gibt es zwei Möglichkeiten: Die eine ist die beschreibende Methode (auch phänomenologische oder ontologische Methode). Dabei wird beschrieben, was der Autor für die typischen Merkmale eines Gegenstandes hält. Für die vorliegende Problematik wird also gefragt: Was ist typisch für einen Werkvertrag, was ist typisch für eine ANÜberlassung? Da sich diese Vorgehensweise am typischen Fall orientiert, führt sie – für den typischen Fall – auch zu richtigen Ergebnissen. Die Brauchbarkeit einer Definition erweist sich jedoch am kritischen Fall, am Grenzfall (Definition, von *finis* = Grenze). Dabei zeigen sich die methodischen Schwächen des nur beschreibenden Vorgehens. Es lässt sich nicht nachvollziehen, warum der eine Autor dieses und der andere Autor jenes Merkmal für typisch und damit im Zweifelsfall für ausschlaggebend hält. Das ist deshalb verständl., weil man von typisch oder wesentl. immer nur sprechen kann im Hinblick auf eine bestimmte Fragehinsicht. Die einzig zulässige Fragehinsicht für die Auslegung von Gesetzesbegriffen ist aber die nach dem Zweck dieses Gesetzes. 27

Aus methodischer (und auch aus praktischer) Sicht ist von daher allein ein **teleologisches Vorgehen** (*Brauneisen/Ibes* RdA 2014, 213; *Fieberg* NZA 2014, 187; *Greiner* NZA 2013, 697, 701; *Rosenstein* S. 203 ff.; *Sansone* S. 102 ff.) zulässig (s. *Wank*, Die jur. Begriffsbildung, 1985). Zwischen den Merkmalen auf der Tatbestandsseite einer Norm und der Rechtsfolgenseite der Norm muss ein Sinnzusammenhang bestehen. Für das AÜG bedeutet das: Welche Tatsachen als Grdl. der Tatbestandsseite haben den Gesetzgeber veranlasst, gerade die im AÜG angeordneten Rechtsfolgen aufzustellen? Anders gefragt, warum braucht man überhaupt ein AÜG und belässt es nicht, wie iÜ SchuldR, bei der Vertragsfreiheit (im Ansatz ebenso [aber mit anderen Folgerungen] KHb/*Düwell* 4.5. Rn. 149)? Der Grund dafür liegt darin, dass die Beschäftigung bei einem Verleiher für AN mit mehr Gefahren verbunden ist als die Beschäftigung bei einem anderen AG. Wer selbst mit von ihm produzierten Waren oder mit von ihm erbrachten Leistungen an den Markt tritt, benötigt und bekommt Kapital und Kredit. Er muss seine 28

Vertragspflichten ggü. seinen Auftraggebern und ggü. seinen AN korrekt erfüllen, um am Markt bestehen zu können. Demgegenüber braucht derjenige, der als Verleiher tätig wird, kein Kapital, keinen Produktionsbetrieb und so gut wie kein Büro. Das bringt die **Gefahr** mit sich, dass sich auf diesem Markt **unseriöse Verleiher** tummeln (s. aber zu einem Ethikkodex und zu einer Kontakt- und Schlichtungsstelle *Düwell* FS Werner Stolz, 2017, S. 26 ff.). § 3 I Nr. 1 und 2 lassen erkennen, welche AG nicht zugelassen sein sollen, näml. unzuverlässige und solche ohne die erforderl. Betriebsorganisation. Damit wird auch klar, worum es bei der ANÜberlassung im Gegensatz zu den anderen Formen drittbezogenen Personaleinsatzes geht, näml. um die Seriosität des AG und um die Gewährleistung bestimmter Vertragsinhalte, gesichert durch das Erlaubnisverfahren (s. zum Ganzen *Wank* Anm. BAG 15.6.1983 SAE 1985, 74 ff.; *ders.* RdA 2003, 1 f.; ferner *Rosenstein* S. 203 ff.). Auch wird das atypische Arbeitsverh. eines LeihAN im Hinblick auf Arbeitsplatzsicherheit und Engelt als nachteilig ggü. einem Normalarbeitsverh. angesehen. Insofern dient das AÜG dem **Schutz der LeihAN** und dem **der StammAN** (s. Rn. 2).

29 Wenn damit der **Sinnzusammenhang zwischen Tatbestand** (ANÜberlassung) **und Rechtsfolge** (Erlaubniszwang, Kontrolle des Vertragsinhalts) aufgezeigt ist, so muss dieser Sinnzusammenhang auch bei der Abgrenzung zwischen Werkverträgen und ANÜberlassungsverträgen durchschlagen. In einem Zweifelsfall zwischen Werkvertrag und ANÜberlassungsvertrag ist dann ein ANÜberlassungsvertrag zu bejahen, wenn die Ziele des Gesetzes umgangen werden; dagegen kann ein Werkvertrag bejaht werden, wenn die Gefahren nicht bestehen, vor denen das AÜG schützen will. Wer also eine eigene Betriebsorganisation hat, bei dem werden die Gefahren nicht vermutet (vgl. auch BAG 9.11.1994 AP AÜG § 1 Nr. 18). IÜ. sind zwei Abgrenzungen erforderl. (*Wank* EuZA 2016, 143, 158 ff.): zum einen zwischen Werkvertrag und Dienstvertrag (BGHZ 151, 330; *Greiner* AcP 211 (2011), 221; *Tillmanns*, Strukturfragen des Dienstvertrages, 2007, 20), zum anderen zwischen selbständiger Tätigkeit und Leiharbeit (s. Rn. 18). Ein geeignetes Indiz für einen Werkvertrag ist auch die Tragung des **Unternehmerrisikos,** insb. die Übernahme der Gewährleistung (BAG 18.1.2012 NZA-RR 2012, 455; *Brors/Schüren*, Missbrauch von Werkverträgen und Leiharbeit verhindern, Gutachten MAIS NRW 2014, S. 11; *Greiner* ZfA 2013, 697; *Schüren* WiVerw 2001, 173, 186 ff.; *ders.* in Blanke ua., HdB Neue Beschäftigungsformen, 2002, 4. Teil Rn. 262 ff.; *Steuer* S. 51 f.). Das Fehlen eines **abgrenzbaren,** dem „Werkunternehmer" als eigene Leistung zurechenbaren **Werks** spricht gegen einen Werkvertrag (LAG BE/BB 12.12.2012 BB 2012, 1020). Im Hinblick auf Weisungsbindung und Eingliederung können weitgehend die in der Rspr. verwandten Indizien (Rn. 22 f.) auch aus teleologischer Sicht herangezogen werden (zu den Indizien s. auch *Ulrici* Rn. 65 ff.).

30 **(5)** Auch im Hinblick auf „industrial services" oder **„industrienahe Dienstleistungen"** gelten die genannten Abgrenzungskriterien (zum Ganzen *Rieble/Junker/Giesen* (Hrsg.) Freie Industriedienstleistung als Alternative zur regulierten Zeitarbeit, 2012; *zu Dohna-Jaeger* AuR 2013, 238). Es geht dabei bspw. um die Inspektion von Leitern, um Maschinenwartung oder um die Bewirtschaftung von Gebäuden; zu Personaldienstleistern (Contracting, Interims-Management) und dem Einsatz Selbständiger *Schmülling* in Reufels, Personaldienstleistungen, 2012, B Rn. 1 ff.; zu agilen Prozessmethoden *Litschen/Yacoubi* NZA 2017, 484 ff.; zur „Selbstüberlassung" des Alleingesellschafters einer Verleiher-GmbH BAG 17.1.2017 NZA 2017, 572.

31 **(6)** Die Abgrenzungsfrage kann sich auch bei **Subunternehmerverträgen** stellen. Wenn ein Unternehmen B im Auftrag des Unternehmens A Aufträge an angeblich Selbständige vergibt und diese Weisungen unmittelbar von A erhalten, kann Scheinselbständigkeit vorliegen mit der sich aus § 10 AÜG ergebenden Rechtsfolge, dass kraft Gesetzes Arbeitsverträge zwischen A und den Scheinselbständigen zustandekommen (LAG BW 1.8.2013 BB 2013, 2809; Reufels/*Schmülling*, Personaldienstleistungen 2012, B Rn. 78 ff.). Zur Darlegungs- und **Beweislast** *Deinert* RdA 2014, 65, 73; *Francken* NZA 2013, 985.

32 **cc) Abgrenzung zum Dienstvertrag.** Vielfach ist eine Abgrenzung des Dienstvertrages sowohl gegenüber dem Werkvertrag als auch gegenüber dem Leiharbeitsvertrag erforderlich (s. Rn. 21). In ihrer reinen Form lassen sich Dienstvertrag mit Erfüllungsgehilfen und ANÜberlassungsvertrag klar unterscheiden. Beim Dienstvertrag schuldet der Dienstnehmer eine bestimmte Dienstleistung, die er, wenn ihm das nach dem Vertrag entgegen § 613 S. 1 BGB erlaubt ist, auch durch Erfüllungsgehilfen erbringen kann. Die Erfüllungsgehilfen arbeiten dabei nach Weisung des Dienstnehmers. Demgegenüber stellt bei einem ANÜberlassungsvertrag der Verleiher die AN für bestimmte (Werk- oder) Dienstleistungen zur Vfg., die sie nach Weisung des Entleihers verrichten. Dabei steht der Dienstvertrag mit Erfüllungsgehilfen dem ANÜberlassungsvertrag noch näher als der Werkvertrag.

33 Die **Rspr.** legt im Wesentl. dieselben Abgrenzungskriterien zugrunde wie im Verhältnis Werkvertrag zu ANÜberlassungsvertrag (betr. Eingliederung und Weisungsrecht s. BAG 8.11.1978 AP AÜG § 1 Nr. 2; 28.11.1989 AP AÜG § 14 Nr. 5; 18.1.2012 BeckRS 2012, 69565; 20.9.2016 NZA 2017, 49). Das wird nunmehr durch Abs. 1 S. 2 bestätigt. Allerdings können die Kriterien Erfolg, Gewährleistung und Vergütungsgefahr hier nicht herangezogen werden. Die **Lit.** stimmt wiederum teils dem BAG zu, teils legt sie abw. Kriterien zugrunde (*Becker* ZfA 1978, 131, 143 f.; *ders.* DB 1988, 2561, 2566; *Becker/Wulfgramm* § 12 AÜG Rn. 37 ff.; *Hamann* S. 129 ff.; *Sansone* S. 107 ff.; SMS Rn. 21 ff.; SH/*Hamann* Rn. 197 f.). Auch hier kommt es wieder auf den Sinnzusammenhang zwischen Tatbestand und Rechts-

folge an. Mit der Rspr. ist daher auch hier auf die eigene Betriebsorganisation und die eigene Weisungshoheit als Indizien für den Dienstvertrag abzustellen.

dd) Abgrenzung zum Geschäftsbesorgungsvertrag. Der Geschäftsbesorgungsvertrag nach §§ 611, 631, 675 BGB ist ein Dienstvertrag oder Werkvertrag, der eine Geschäftsbesorgung zum Inhalt hat. Unter einer Geschäftsbesorgung ist dabei eine selbständige Tätigkeit wirtschaftl. Art zu verstehen. Im Hinblick auf die Abgrenzung ggü. dem ANÜberlassungsvertrag kann auf die Ausführungen zum Werkvertrag und zum Dienstvertrag verwiesen werden, da die Rspr. und die ganz überw. Lit. die Abgrenzung zum Geschäftsbesorgungsvertrag nach den Kriterien der Abgrenzung zum Werkvertrag vornehmen. 34

ee) Abgrenzung zum Dienstverschaffungsvertrag. Der Dienstverschaffungsvertrag ist im BGB nicht geregelt, aber eine in Rspr. und Lit. anerkannte bes. Vertragsform. Die eine Partei verpflichtet sich dabei, der anderen Vertragspartei die Dienste eines Dritten zu verschaffen. Dabei können diese Dienste entweder von Selbständigen oder von abhängig Beschäftigten geleistet werden. Der ANÜberlassungsvertrag ist ein Unterfall des Dienstverschaffungsvertrages, und zwar in der Form der Verschaffung der Dienste abhängig Beschäftigter (ebenso Palandt/*Weidenkaff* 75. Aufl. Einf. vor § 611 BGB Rn. 25; *Sansone* S. 109 f.; SH/*Hamann* Rn. 116; aA *Becker* ZfA 1978, 131, 145), jdf. dann, wenn dem Empfänger der Dienste das arbeitsbezogene Weisungsrecht verschafft wird. Das sog. Contracting ist ein zweifelhafter Weg; s. *van Venrooy* NZA 2011, 670. 35

ff) Abgrenzung zum Gesellschaftsvertrag. Nach dem AÜG unterliegen dem G nur Arbeitsverträge. Wird jemand als Mitglied einer Gesellschaft auf Grund Gestellungsvertrages an einen anderen überlassen, würde danach das AÜG nicht eingreifen. Nach Ansicht des EuGH (17.11.2016 NZA 2017, 41 – Ruhrlandklinik) kommt es jedoch nicht darauf an, dass die Richtlinie für den ANbegriff auf das nationale Recht verweist. Nach der Richtlinie seien auch „Beschäftigte" erfasst und damit auch Personen, die auf Grund eines Gestellungsvertrages überlassen werden (s. Einl. Rn. 12, 26). 36

gg) Mischbetriebe und Mischverträge. Wenn ein Unternehmer in der Hauptsache andere Tätigkeiten verrichtet (zB Produktionsbetrieb) und nur nebenbei auch AN ausleiht **(Mischbetrieb)**, stellt sich die Frage, ob für die Anwendung des AÜG auf den hauptsächl. Betriebszweck abzustellen ist oder auf die einzelne Überlassung. Während früher überw. die zuerst genannte Ansicht vertreten wurde, besteht heute Übereinstimmung darüber, dass es auf die einzelne Überlassung ankommt (BAG 8.11.1978 AP AÜG § 1 Nr. 2; SMS Rn. 30 ff.). Andernfalls könnte der übrige Betrieb zur Umgehung des AÜG eingesetzt werden (zur LeiharbeitsRL s. *Hamann* EuZA 2009, 287, 297; *ders.* ZESAR 2012, 104). Der Berufung auf eine Vorratserlaubnis steht jetzt Abs. 1 S. 5 und 6 entgegen. Die gezielte **Gründung einer eigenen ANÜberlassungsgesellschaft**, um sich von ihr AN auszuleihen (vorgeschlagen von *Melms/Lipinski* BB 2004, 2405) kann zu einer Gesetzesumgehung führen (*Brors/Schüren* BB 2004, 2745; aA *Willemsen/Annuß* BB 2005, 437; dazu Replik *Brors/Schüren* BB 2005, 494; s. zur Konzernüberlassung Rn. 86 ff.; s. zum Gleichstellungsgrunds. im Mischbetrieb *Nebeling/Gründel* BB 2009, 2366). 37

Um einen **Mischvertrag** handelt es sich, wenn die ANÜberlassung mit einem anderen Vertrag gekoppelt ist. Beispiel: Der Vertragspartner überlässt vorübergehend eine Maschine (Mietvertrag) und stellt dafür Bedienungspersonal zur Vfg. Statt eines Mietvertrages kommt auch ein Leasingvertrag oder ein Kaufvertrag in Betracht. Die Rspr. stellt darauf ab, ob die Überlassung des Geräts oder die Überlassung des Personals den Inhalt des Vertrages prägt (BAG 17.2.1993 AP AÜG § 10 Nr. 9; 31.1.1996 AP KSchG § 10 Nr. 17; zul. OLG D 30.4.2002 BB 2002, 2339). Ähnl. wird im Schrifttum angenommen, dass das AÜG dann nicht anzuwenden ist, wenn der Schwerpunkt des Vertrages in der Verschaffung des Gerätes liegt (*Kania* NZA 1994, 871, 872 f.; *Schaub* NZA 1985, Beil. 3 S. 1, 3). Zum Teil wird darauf abgestellt, ob der **wirtschaftl. Wert** der Überlassung von AN eindeutig hinter dem Wert des Geräts zurücktritt (*Becker/Wulfgramm* AÜG Einl. Rn. 26). Demgegenüber beurteilt SH/*Hamann* (Rn. 222; ebenso *Gick*, Gewerbsmäßige Arbeitnehmerüberlassung zwischen Verbot und Neugestaltung, 1984 S. 169) die ANÜberlassung unabhängig von der Gestellung der Maschinen und stellt – wie auch iÜ – darauf ab, von wem das Personal die **Weisungen** erhält. 38

Nach der hier vertretenen Auff. kann es nicht darauf ankommen, ob Umf., Größe und Wert der Maschine im Verhältnis zum Wert der Arbeitsleistung erhebl. sind. Allerdings ist auch *Hamanns* Ansatz zu eng. Denn bei teleologischer Sicht kommt es darauf an, ob der **Vertrag (auch) auf eine ANÜberlassung ausgerichtet** ist oder nicht (so auch OLG D 30.4.2002 BB 2002, 2339; *Steuer* S. 56). Danach liegt insb. keine ANÜberlassung vor, wenn das Personal nur in der Anfangsphase der Maschinennutzung und nur zur Einweisung zur Vfg. gestellt wird, dagegen ANÜberlassung unabhängig vom Wert der Ware dann, wenn das Personal zeitl. über eine erforderl. Einweisung hinaus im Drittbetrieb beschäftigt wird, sofern auch die allg. Abgrenzungskriterien vorliegen, näml. Eingliederung in die Organisation des Dritten und dessen Personalhoheit. Wird das Vorliegen eines ANÜberlassungsvertrages abgelehnt, so greift auch **§ 613a BGB** nicht ein. Zum einen liegt in der Überlassung einer einzelnen Maschine regelm. kein Betriebsteilübergang. Des Weiteren erhält der Mieter auf diese Weise nicht die Möglichkeit, die arbeitstechnische Zielsetzung des Vermieters fortzuführen (*Kania* NZA 1994, 871, 874). 39

hh) Abgrenzung zum Gemeinschaftsbetrieb. Besteht ein Gemeinschaftsbetrieb, so werden die bei ihm beschäftigten AN nicht bei einem fremden Unternehmen eingesetzt, sondern bei einem Unterneh- 40 men, das „unter einheitl. Leitung“ AN aus zwei oder mehr Unternehmen zusammenfasst, darunter das Unternehmen, bei dem der AN eingestellt ist (*Schönhöft/Lermer* BB 2008, 2515).

41 **ii) Geschäftsanweisung der Bundesagentur für Arbeit.** Da zur Kontrolle des AÜG neben den Behörden der Zollverwaltung die BA zuständig ist (§ 17 AÜG), ist für die Praxis von erhebl. Bedeutung, welche Abgrenzungskriterien die BA für die Unterscheidung zwischen ANÜberlassungsverträgen und anderen Formen drittbezogenen Personaleinsatzes zugrundelegt. Die BA hat dies in einem Runderlass bestimmt. Seiner Rechtsnatur nach ist er zwar nur eine behördeninterne Weisung; er bindet also nur die Mitarbeiter der Behörde. Dagegen sind weder die Gerichte noch außerhalb der Agenturen für Arbeit Stehende, also Verleiher, Entleiher und AN, daran gebunden. Andererseits gilt diese Durchführungsanweisung aber mittelbar auch für Dritte. Wenn näml. bspw nach dieser Dienstanweisung keine ANÜberlassung anzunehmen ist, kann der AG sicher sein, dass jdf. die Agenturen für Arbeit keine Sanktion wegen illegaler ANÜberlassung verhängen werden. Die BA hat die Geschäftsanweisung AÜG in das Format „Fachliche Weisungen“ überführt; sie gelten idF v. 20.3.2017.

42 **7. Im Rahmen ihrer wirtschaftlichen Tätigkeit.** Wirtschaftliche Tätigkeit wird vom EuGH definiert als „jede Tätigkeit, die darin besteht, Güter oder Dienstleistungen auf einem konkreten Markt anzubieten“ (EuGH 10.1.2006 EuZW 2006, 306; s. a. *Thüsing/Thieken* DB 2012, 347). Das früher im G enthaltene Merkmal „gewerbsmäßig“ wurde durch G v. 28.4.2011 ersetzt durch die Formulierung „im Rahmen ihrer wirtschaftlichen Tätigkeit“. An dem zum Gewerbebegriff gehörenden Merkmal der Selbständigkeit kann festgehalten werden. Das Erfordernis der Gewinnerzielungsabsicht ist entfallen (s. Rn. 45 f.). Somit unterliegen auch Verleiher, die keine Gewinnerzielungsabsicht verfolgen, sondern gemeinnützig handeln, bspw. karitative Unternehmen, dem AÜG (so jetzt eindeutig EuGH 17.11.2016 NZA 2017, 41 – Ruhrlandklinik; dazu o. Einl. Rn. 26; ebenso *Lembke* NZA 2011, 609; EurAR/*Rebhahn/Schörghofer* Art. 1 RL 2008/104/EG mwN; aA *Hamann* NZA 2011, 70, 71). Auch Personalführungsgesellschaften im Konzern werden nunmehr vom AÜG erfasst (s. Rn. 46, 86 ff.; *Hamann* EuZA 2009, 287, 297; *ders.* NZA 2011, 70, 71; *Leuchten* NZA 2011, 609; *Thüsing/Thieken* DB 2012, 350). Von der nach der RL mögl. gesetzl. Sonderregelung hat der Bundesgesetzgeber keinen Gebrauch gemacht.

43 **a) Selbständigkeit.** Im GewR wird die Selbständigkeit umschrieben (s. Tettinger/Wank/*Ennuschat*, GewO, § 1 Rn. 27 ff.) als Tätigkeit im eigenen Namen für eigene Rechnung unter Tragung des Unternehmerrisikos. Sowohl bei den Hauptmerkmalen als auch bei den Untermerkmalen ist zu fragen, welchen Sinn sie erfüllen und was die Gegenbegriffe sind. Prüft man das nicht, so besteht die Gefahr, dass die Unterbegriffe ein Eigenleben entwickeln (*Wank*, Jur. Begriffsbildung, 1985 S. 135 ff.). Im GewR kommt es auf das Merkmal Selbständigkeit va. im Hinblick auf die Erteilung von **Erlaubnissen** an. Es soll gewährleistet werden, dass nur derjenige die Erlaubnis erhält, der das Unternehmen tatsächl. führt und nicht eine vorgeschobene Person; Gegenbegriff ist insoweit der Strohmann. Wenn im ArbR ebenfalls der Begriff des Selbständigen verwandt wird, so geht es dort um die andere Problematik der Abgrenzung zwischen selbständiger und abhängiger Arbeit, wie sie bes. im Falle der **Scheinselbständigkeit** problematisch wird (*Wank* DB 1992 S. 90). Allerdings zeigt es sich, dass auch im ArbR bei richtiger, teleologischer Sicht ein Begriff des Selbständigen zugrunde zu legen ist, der dem des Selbständigen im gewerberechtl. Sinn entspricht (s. SH/*Hamann* Rn. 248 ff.): Es kommt auf die Übernahme eines Unternehmerrisikos und dem Risiko entspr. unternehmerische Chancen an (s. *Wank* NZA 1999, 225 ff.; *ders.* RdA 1999, 297 ff.; *ders.* AuR 2017, 140, 152 f.); zur Scheinselbständigkeit bei Subunternehmen s. Rn. 31.

44 **b) Auf Dauer angelegt.** Zum Gewerbebegriff gehört im Allg., dass die Tätigkeit des Unternehmers auf Dauer angelegt ist. Inwieweit nach der Neudefinition daran festgehalten werden kann, ist fraglich. Dieses Merkmal (vgl. Tettinger/Wank/*Ennuschat* GewO § 1 Rn. 8 ff.) bezweckt, Bagatellfälle auszuklammern. Gegenbegriff ist demnach die nur gelegentl. ANÜberlassung. Aus dem Anwendungsbereich des Gesetzes fällt damit die **einmalige** Überlassung heraus. Damit ist die Form gemeint, die verbreitet – missverständl. – als „echte ANÜberlassung“ bezeichnet wird. Auch eine einmalige Ausleihe erfolgt allerdings schon gewerbsmäßig, wenn sie mit einer **Wiederholungsabsicht** verbunden ist (SH/*Hamann* Rn. 258; aA *Ulber* Rn. 151). Wer also ein Verleihunternehmen ohne Erlaubnis führt, verstößt schon mit der ersten ANÜberlassung gegen das G; eine Ausnahme gilt nur bei einer einmaligen und **kurzfristigen** Überlassung.

45 **c) Gewinnerzielungsabsicht.** Im vorher im Gesetz enthaltenen Merkmal „gewerbsmäßig“ war nach umstr. Ansicht das Untermerkmal „Gewinnerzielungsabsicht“ enthalten (s. o. Rn. 42). Auch dieses Untermerkmal (s. *Boemke*/Lembke § 1 Rn. 49; Tettinger/*Ennuschat*/Wank GewO § 1 Rn. 12 ff.) wird erst klar, wenn man sich den Gegenbegriff verdeutlicht: eine ANÜberlassung, die unmittelbar **gemeinnützigen,** karitativen oder sonstigen ideellen **Zwecken** dient. Wegen der Ersetzung durch das Merkmal „wirtschaftliche Tätigkeit“ sind die bisher anerkannten Ausnahmen vom G nicht mehr zulässig (*Ulber*, AuR 2010, 10, 12; *Wank* JArbR 49 (2012) 23, 25 ff.; s. a. BAG 23.7.214 NZA 2015, 46). Ausgenommen vom AÜG waren früher zB **Gestellungsverträge** der Kirchen, die Schulen Geistliche zur Vfg. stellen (BVerwG 3.9.1990 AP BPersVG § 4 Nr. 2) oder von Schwesternorganisationen wie dem **DRK,** die

Pflegepersonal bereitstellen (BAG 4.7.1979 AP BGB § 611 Rotes Kreuz Nr. 10; SH/*Hamann* Rn. 276 ff.) oder von Selbsthilfeorganisationen der Landwirtschaft (BT-Drs. 6/2303 S. 10). Unabhängig von der fehlenden Gewinnerzielungsabsicht war das AÜG wegen fehlender ANEigenschaft der Rot-Kreuz-Schwestern (dazu *Wank/Maties* NZA 2007, 353 ff.) auf Gestellungsverträge auch weiterhin nicht anwendbar (LAG D BeckRS 2012, 70126). Das lässt sich nach einem neuen Urteil des EuGH (17.11.2016 NZA 2017, 41 – Ruhrlandklinik, s. Einl. Rn. 26) nicht mehr halten (zur Personalgestellung im öff. Dienst s. Rn. 93 f.).

Nach Ansicht des BAG fehlte es an der Gewinnerzielungsabsicht, wenn ein konzernangehöriges Unternehmen als Personalführungsgesellschaft nur eine Umlage erhielt, die seine Kosten deckt (BAG 20.4.2005 NZA 2005, 1006 = EzA § 14 AÜG Nr. 14 *(Hamann)*. An dieser Rspr. kann nicht mehr festgehalten werden (s. Rn. 84 ff.). 46

d) Bei der **gemeinnützigen ANÜberlassung** fehlt es an der Gewinnerzielungsabsicht, so dass das AÜG in seiner früheren Fassung nicht anwendbar war (SH/*Hamann* Rn. 276). Allerdings galt die Herausnahme aus dem AÜG iE nur für wenige Ausnahmefälle (11. Erfahrungsbericht BT-Drs. 17/464, S. 38 f.). Nach Art. 1 II LeiharbeitsRL gilt die RL unabhängig von einer Erwerbsabsicht, so dass bei der Umsetzung der RL (s. Einl. Rn. 3) auf dieses Merkmal verzichtet wurde. 47

e) Personal-Service-Agenturen. Im Anschluss an das Gutachten der sog Hartz-Kommission wurde in § 37c SGB III die Einrichtung von Personal-Service-Agenturen normiert. Deren Aufgabe ist es nach § 37c I 2, „eine Arbeitnehmerüberlassung zur Vermittlung von Arbeitslosen in Arbeit durchzuführen sowie ihre Beschäftigten in verleihfreien Zeiten zu qualifizieren und weiterzubilden." Die PSA sollen jedoch gewinnorientiert am Markt auftreten (s. zu Einzelheiten *Bauer/Krets* NJW 2003, 537, 540; *Reim* BB 2003, 787; Schüren/*Reipen* 2. Aufl. Anhang § 37c SGB III; *Ulber* AuR 2003, 7, 13 ff.; *Wank* RdA 2003, 1, 6 ff.), so dass sie keine gemeinnützige ANÜberlassung betreiben. 48

8. Arbeitsverhältnis zwischen Verleiher und Leiharbeitnehmer, Abs. 1 S. 3. Satz 3 wurde bei der letzten Gesetzesänderung neu ins G aufgenommen. Er besagt zum einen, dass ein ArbVerh nur zwischen dem Verleiher und dem LeihAN besteht und nicht zwischen dem Entleiher und dem LeihAN. Im Widerspruch dazu räumt das G dem BR des Entleiherbetriebs ein Mitbestimmungsrecht bei den LeihAN ein, obwohl sie nicht AN dieses Betriebs sind; die LeihAN werden in Schwellenwerten für AN des Entleiherbetriebs mitgerechnet. Klargestellt wird durch S. 3 auch, dass eine Vermittlung Selbständiger nicht unter das AÜG fällt (s. bereits BAG 9.11.1994 AP AÜG § 1 Nr. 18). Eigentliches Ziel der Neuregelung ist aber, dass ein **Ketten-**, Zwischen- oder Weiter**verleih** untersagt ist (dazu *Deinert* RdA 2017, 65, 79; HeG/*Pickenhahn* § 5 Rn. 27 ff.; *Ulrici* Rn. 83 ff.; zu den Rechtsfolgen *Lembke* NZA 2017, 1, 2 f.). Verstöße wirken sich für die Verleiherlaubnis aus und führen zu einer Ordnungswidrigkeit nach § 16 I Nr. 1b. Sie führen nicht zu einem ArbVerh. zwischen dem LeihAN und dem letzten Entleiher. 49

9. Bezeichnung als Arbeitnehmerüberlassung, Abs. 1 S. 5. Nach S. 5 muss die ANÜberlassung in dem Vertrag zwischen dem Verleiher und dem Entleiher ausdrückl. als ANÜberlassung gekennzeichnet werden (dazu HeG/*Bissels* § 5 Rn. 199 ff.; *Henssler* RdA 2017, 83, 88; *Traut/Pötters* DB 2017, 846). Damit will das G der Benutzung von **Vorratserlaubnissen** einen Riegel vorschieben: Bislang konnte sich ein angeblicher Werkunternehmer, dessen angeblicher Werkvertrag vom Gericht als Überlassungsvertrag gewertet wurde, darauf berufen, dass er als Mischunternehmer auch eine Überlassungserlaubnis habe, so dass zwar kein Werkvertrag, wohl aber eine legale ANÜberlassung vorliege (s. *Hamann/Rudnik* NZA 2015, 449). Nunmehr muss sich der AG vor einem Einsatz eines Mitarbeiters für Drittpersonaleinsatz oder Leiharbeit entscheiden; Vorratserlaubnis plus personelle Konkretisierung reichen nicht (*Schüren/Pütz* NZA 2017, 483). Als **Sanktionen** (dazu *Lembke* NZA 2017, 1, 9) sieht § 9 I Nr. 1a die Unwirksamkeit des Arbeitsvertrages zwischen Verleiher und LeihAN vor (s. a. *Schüren/Pütz* NZA 2017, 483). Etwas anders gilt nur, wenn der LeihAN schriftlich erklärt, er wolle an seinem Arbeitsvertrag zum Verleiher festhalten. Ansonsten kommt gem. § 10 I 1 vom ersten Arbeitstag an ein ArbVerh. mit dem Entleiher zustande. Des Weiteren bedeutet ein Verstoß eine Ordnungswidrigkeit nach § 16 I Nr. 1c. Außerdem kann die Überlassungserlaubnis widerrufen werden, § 5 I Nr. 4. Die an einen Verstoß anknüpfenden Sanktionen sind allerdings insofern unverhältnismäßig, als insbes. die Abgrenzung zwischen Werkvertrag und Leiharbeit in Zweifelsfällen nicht einfach zu vollziehen ist; sie sollten daher nur bei offensichtlichen Verstößen verhängt werden (vgl. *Franzen* RdA 2015, 141, 145). 50

10. Nach dem neuen **Abs. 1 S. 6** muss im Überlassungsvertrag die **Person des LeihAN** bezeichnet werden. Nach der amtl. Begründung soll damit der Fall erfasst werden, dass der Überlassungsvertrag als Rahmenvereinbarung über ein Arbeitskräftekontingent ausgestaltet ist (BT-Drs. 18/9232, 19 f.). Der Sinn der Vorschrift erschließt sich nicht (*Henssler* RdA 2017, 83, 88; s. auch *Lembke* NZA 2017, 1, 8: „kontraproduktiv"). 51

11. Vorübergehende Überlassung, Abs. 1 S. 4, Abs. 1b. In der Legaldefinition der Leiharbeit in der LeiharbeitsRL wird diese als „vorübergehende" Überlassung gekennzeichnet. Nach § 1 I 4 ist Leiharbeit nur „vorübergehend" zulässig. Die nicht nur vorübergehende Überlassung ist ANÜberlassung, 52 aber sie ist illegal. Der Gesetzgeber hat das Merkmal „vorübergehend" einerseits in § 1 I 4 übernommen und es andererseits in § 1 Abs. 1b konkretisiert. Die in Rspr. und Lit. früher zT vertretende Ansicht, das Merkmal habe nur beschreibenden Charakter, ist spätestens seit der letzten Novellierung überholt. Dabei muss unterschieden werden zwischen der Dauer des LeihArbVerh (Einl. Rn. 26) und der Dauer des Überlassungsverhältnisses (Einl. Rn. 16 ff.). Für das LeihArbVerh ist nach dem deutschen Modell (Einl. Rn. 5) eine Dauerrechtsbeziehung erwünscht (vgl. auch Art. 5 II RL). Dazu steht die Regelung im Gegensatz (*Wank* RdA 2017, 100,101, 107; *Schüren/Fasholz* NZA 2015, 1473, 1474). Aus dieser Dauerrechtsbeziehung heraus soll der LeihAN jeweils vorübergehend an Entleiher überlassen werden. Ziel der Regelung ist nicht der Schutz der LeihAN, sondern der Schutz der Stammbelegschaft (BT-Drs. 18/9232, 15, 20).

53 a) Das Merkmal ist **zwingende Tatbestandsvoraussetzung** für die Leiharbeit (BAG 10.7.2013 NZA 2013, 1296; 10.12.2013 NZA 2014, 196; *Hamann* AP AÜG § 1 Nr. 33, *Wank* jM 2014, 333; *Düwell* ZESAR 2011, 449; *Hamann* EuZA 2009, 287; *Sansone* S. 460 ff.; *Schüren/Wank* RdA 2011, 10; *Ulber* AuR 2010, 10; *Zimmer* AuR 2012, 423).

54 **b) Bedeutung des Merkmals.** Das Merkmal hat nach dem AÜGÄndG scheinbar keine Bedeutung mehr, da § 1 Abs. 1b das Merkmal durch eine zeitl. Grenze von 18 Monaten konkretisiert (s. Rn. 56). So lässt zB § 14 II TzBfG eine Befristung ohne Sachgrund zu, solange die Dauer der Befristung nicht mehr als zwei Jahre beträgt. Es ist jedoch offen, wie die gesetzl. Neuregelung im AÜG zu verstehen ist: Sie könnte bedeuten, dass jede Überlassung zulässig ist, gleichgültig zu welchem Zweck, solange sie nur weniger als 18 Monate beträgt (so *Ulrici* Rn. 92). Die Formulierung kann aber auch bedeuten, dass auch weiterhin der Zweck der Überlassung zu prüfen ist und dass bei 18 Monaten in jedem Fall eine Grenze liegt. Für die zweite Interpretation spricht, dass der Gesetzgeber das Erfordernis der nur vorübergehenden Überlassung in Satz 4 beibehalten hat, obwohl er in Abs. 1b die vorübergehende Überlassung durch einen Zeitraum von bis zu 18 Monaten konkretisiert hat. Der Gesetzgeber hatte die Wahl, Leiharbeit entweder inhaltl. zu definieren („vorübergehende Überlassung") oder formal („Überlassung bis zu 18 Monaten"). Er hat beides neben einander gewählt, was bedeutet, dass auch für den Zeitraum bis zu 18 Monaten weiterhin geprüft werden muss, ob die Überlassung nicht nur vorübergehend erfolgt (*Wank* RdA 2017, 100, 107; aA HeG/*Mehrens* § 5 Rn. 70; *Ulrici* Rn. 92). Das ist bspw. der Fall, wenn von vorneherein feststeht, dass ein Dauerbedarf abgedeckt werden soll (BAG 10.7.2013 NZA 2013, 1296). Legt man demgemäß die zweite Interpretation zugrunde, bleibt der bisherige Meinungsstreit bestehen. Da eine Legaldefinition des Merkmals sowohl in der RL als auch im AÜG fehlt, muss es autonom nach EU-Recht ausgelegt werden. Aus der Verwendung in anderen Rechtsakten der EU ergibt sich die Bedeutung „für einen begrenzten Zeitraum" (*Brors* AuR 2013, 108). Angesichts der „Relativität der Begriffsbildung" können andere RL allerding nur einen Anhaltspunkt liefern, da sie unterschiedl. Ziele verfolgen. Ziel der LeiharbeitsRL ist es, Leiharbeit als zeitl. begrenzte Lösung vorzusehen, die keine StammAN im Entleiherbetrieb verdrängt.

55 **c) Überlassung bis zu 18 Monaten, Abs. 1 S. 4.** Bei der Prüfung, ob eine Überlassung nur vorübergehend oder dauerhaft erfolgt, kommt es auf den **ursprüngl. verfolgten Zweck des Entleihers** an (BAG 10.7.2013 NZA 2013, 1296; *Schüren/Wank* RdA 2011, 1, 3), der entweder durch eine Zeitbefristung, eine Zweckbefristung oder durch eine auflösende Bedingung gekennzeichnet ist. Entscheidend ist, dass der LeihAN nach seinem Einsatz beim Entleiher wieder zum Verleiher zurückkehren kann (LAG BW 22.11.2012 – 11 Sa 84/12, Vorinstanz zu BAG 10.12.2013 NZA 2014, 196). Das spielt auch weiterhin eine Rolle bei Verträgen, die zwar nur für einen Zeitraum von weniger als 18 Monaten geschlossen werden, aber auf eine Dauerüberlassung angelegt sind (zB der bisherige Arbeitsplatzinhaber wird pensioniert, aber die Stelle bleibt erhalten und soll dauerhaft mit einem LeihAN besetzt werden; zum Dauerbedarf bei Regaleinräumern SächsLSG 17.5.2011 L 5 R 368/09. Allerdings ist nicht normiert, dass Leiharbeit nur zur Erfüllung bestimmter Zwecke im Entleiherbetrieb eingesetzt werden darf (zu Finnland s. Vorabentscheidungsverfahren EuGH Rs. C-533/13 NZA 2015, 43 – AKT; dazu *Lembke/Ludwig* NJW 2014, 1329, 1332; *Thüsing* NZA 2014, 10, 12; *Zimmermann* NZA 2015, 528).

56 **d) 18-Monats-Frist, Abs. 1b.** Zwar war das Merkmal vorübergehend bereits bei der vorletzten GÄnderung ins G eingefügt worden; es war aber offen, ob nicht unabhängig von allen Sachgründen eine zeitl. Höchstgrenze zu ziehen ist. Abs. 1b hat das Merkmal jdf. insoweit konkretisiert, als eine Überlassung jenseits dieses Zeitraums nicht mehr als vorübergehend gilt (zum EU-Recht *Franzen* RdA 2015, 141, 148 f.) S. iE Rn. 68 ff.

57 **e) Mitbestimmungsrechte des Betriebsrats.** Der BR hat ein Zustimmungsverweigerungsrecht, wenn die Einstellung eines LeihAN gegen ein G verstößt, § 14 III 1 iVm 99 II Nr. 1 BetrVG. Das ist bei der Dauerüberlassung der Fall (BAG 10.7.2013 NZA 2013, 1296; 30.9.2013 NZA 2015, 240; *Bart/Romanowski* NZA 2012, 845, 847; *Fitting* § 99 BetrVG Rn. 192a; *Hamann* RdA 2012, 321, 327; *Zimmer* AuR 2012, 422, 425). Folgt man der oben genannten Interpretation (Rn. 54), besteht das Zustimmungsverweigerungsrecht auch innerhalb der 18-Monats-Frist. Unabhängig vom konkreten Fall kann der BR einen Antrag auf Feststellung eines Zustimmungsverweigerungsrechts in Bezug auf einen bestimmten Arbeitsplatz stellen, wenn eine Wiederholungsgefahr besteht (*Fütterer* AuR 2013, 119, 123).

f) Rechtsfolgen der Dauerüberlassung für das Arbeitsverhältnis. Handelt es sich wegen dauerhafter Überlassung bei einer Beschäftigung unter 18 Monaten um eine unzulässige Beschäftigung, so ist dafür – anders als bei einer Überschreitung der 18-Monats-Grenze, § 9 I Nr. 1b, § 16 I Nr. 1f, – im G individualrechtl. keine Sanktion vorgesehen. Es bestehen auch keine Ansprüche gegen den Entleiher wegen Rechtsmissbrauchs oder Umgehung (zutr. *Hamann* RdA 2014, 273). Allerdings verlangt die LeiharbeitsRL vom nationalen Gesetzgeber effektive Sanktionen (s. *Hamann* NZA 2011, 70, 74 f.). Nach der LeiharbeitsRL ist jdf. eine Dauerüberlassung unzulässig (*Hamann* RdA 2014, 274). Nach Ansicht des BAG (10.12.2013 NZA 2014, 196) vor der letzten Gesetzesänderung greift die Rechtsfolge § 10 AÜG nicht ein; eine Änderung sei Sache des Gesetzgebers. Da der Gesetzgeber nur die Sanktion bei Überschreitung der 18-Monats-Grenze geregelt hat, bleibt ein Verstoß gegen das Verbot der nicht nur vorübergehenden Überlassung für weniger als 18 Monate ohne Sanktion. Bei wiederholten oder erheblichen Gesetzesverstößen des Verleihers wegen Dauerüberlassung ist allerdings ein Widerruf der Überlassungserlaubnis nach § 5 I Nr. 3 mögl. (*Hamann* RdA 2014, 272). 58

12. Abordnung zu einer Arbeitsgemeinschaft, Abs. 1a. Unter bestimmten Voraussetzungen sind Fälle der Abordnung von AN zu einer Arbeitsgemeinschaft des Baugewerbes von der Geltung des AÜG ausgenommen. **Zweck der Vorschr.** ist es, diese wirtschaftl. sinnvolle Form der Zusammenarbeit zu erleichtern (BT-Drs. 10/4211 S. 32 f.). Durch diese Privilegierung werden nur solche AG erfasst, die iÜ einen eigenen Betrieb unterhalten, so dass reine Verleihfirmen nicht von der Ausnahmevorschrift profitieren können. IÜ wird der Sozialschutz der freigestellten AN durch die Bestimmungen des einschlägigen TV (BRTV-Bau) gewährleistet (krit. zur Gemeinschaftsrechtskonformität der Regelung *Hamann* EuZW 2009, 287, 301). Die dt. Regelung ist allerdings nicht unionsrechtskonform, da die Geltung der nicht tarifdispositiven §§ 13a und 13b ausgeschlossen wird (*Hamann* ZESAR 2012, 107; *Ulber/Stang* AuR 2015, 250). Deshalb ist das G insgesamt auf die Abordnung zu einer Arbeitsgemeinschaft anwendbar. Der folgende Text ist unter diesem Vorbehalt zu verstehen. 59

a) Voraussetzungen. § 1 I 2 stellt für die Herausnahme aus dem G folgende Voraussetzungen auf: (a) Arbeitsgemeinschaft, (b) zum Zwecke der Herstellung eines Werks, (c) Mitgliedschaft des AG in der Arbeitsgemeinschaft, (d) Geltung eines TV für alle Mitglieder der Arbeitsgemeinschaft, (e) Verpflichtung aller Mitglieder zur selbständigen Erbringung von Vertragsleistungen sowie (f) Abordnung. 60

aa) Arbeitsgemeinschaft. Das G sieht für die Arbeitsgemeinschaft (zur Arbeitsgemeinschaft s. *Schwab* AR-Bl. SD 370.6) keine bestimmte Rechtsform vor. Insofern wäre auch eine Arbeitsgemeinschaft in Form einer GmbH mögl. In der Praxis sind Arbeitsgemeinschaften in aller Regel GbR iSv. §§ 705 ff. BGB. Welche Rechtsform die Mitglieder haben, ist gleichgültig (vgl. *Hamann* ZESAR 2012, 105; *Ulber* Rn. 181). Die bloße tatsächl. Kooperation der Werkunternehmer reicht allerdings nicht aus, wenn sich diese zB in der gemeinsamen Nutzung von Arbeitsmaterial erschöpft (SH/*Hamann* Rn. 317). 61

bb) Herstellung eines Werks. Voraussetzung für die GbR ist nach § 705 BGB, dass ein gemeinsamer Zweck verfolgt wird. Insoweit ist allerdings wegen § 1 I 2 zwischen Geschäftsbereich und Zweck zu unterscheiden. Der Geschäftsbereich der Arbeitsgemeinschaft kann in jeder beliebigen Branche liegen (*Boemke*/Lembke Rn. 125). So kann die Arbeitsgemeinschaft im Hinblick auf Großanlagen oder Montagen, aber auch im Hinblick auf Forschungsvorhaben gegründet worden sein. Die Privilegierung nach dem AÜG setzt jedoch voraus, dass der Zweck in der Herstellung eines Werkes liegt. Dabei ist der Ausdruck „Werk" iSv. § 631 BGB zu verstehen (ebenso *Boemke*/Lembke Rn. 126; SMS Rn. 52h; SH/*Hamann* Rn. 320). Damit sind Arbeitsgemeinschaften ausgeschlossen, deren Zweck auf die Erfüllung einer Dienstleistung gerichtet ist. 62

cc) Mitglied der Arbeitsgemeinschaft. Der AG muss Mitglied der Arbeitsgemeinschaft sein. Es genügt also nicht, wenn er auf Grund eines Werkvertrages oder eines Dienstvertrages für die Arbeitsgemeinschaft tätig wird. 63

dd) Geltung für alle Mitglieder. TV desselben Wirtschaftszweiges müssen für alle Mitglieder der Arbeitsgemeinschaft gelten. Im TVRecht sind allerdings andere Geltungsbegriffe üblich, insb. der Begriff „fachl. Geltung" (s. Wiedemann/*Wank* § 4 Rn. 96 ff., 137, 173 ff.). Demgegenüber ist der Begriff „Tarifverträge desselben Wirtschaftszweiges" ein spezifisches Merkmal des AÜG. Bei teleologischer Auslegung erscheint es als angemessen, hierbei auf die Untergliederung des DGB zurückzugreifen (ebenso *Becker/Wulfgramm* Rn. 105; SH/*Hamann* Rn. 326). Diese **TV müssen für alle Mitglieder der Arbeitsgemeinschaft gelten.** Diese Geltung kann einmal dadurch eintreten, dass der AG Mitglied des vertragsschließenden AGVerbandes ist, § 3 TVG, oder dass der TV für allg.verbindl. erklärt worden ist, § 5 TVG. Zweifelhaft ist, ob der Ausdruck „gelten" nur diese Formen erfasst, oder ob auch eine Geltung kraft Vereinbarung ausreicht. Praktisch ist eine derartige Geltungsvereinbarung allerdings schon dann nicht mögl., wenn der AG und ein AN bereits einem bestimmten anderen TV unterfallen. Mögl. ist jedoch, dass ein nicht tarifgebundener AG die Geltung eines TV für das ArbVerh. mit einem zu einer Arbeitsgemeinschaft abgeordneten AN vereinbart, da der Zweck der Regelung, die Zusammenarbeit zu erleichtern und den sozialen Schutz der AN zu gewährleisten, auch in diesen Fällen erreicht würde (s. *Boemke*/Lembke Rn. 136; ebenso jetzt SH/*Hamann* Rn. 330). Die Bedenken des EuGH aus der Dienstleistungsfreiheit nach **Art. 43 EGV** (EuGH 25.10.2001 C-493/99 AP Art. 49 EG Nr. 3 = EuZW 2001, 757 = EAS Art. 59 64

EG-Vertrag Nr. 43 = NZA 2001, 1299) wurden durch die **neu** ins G eingefügte Regelung in **§ 1 I 3** ausgeräumt. AG mit Geschäftssitz im Ausland in einem anderen Mitgliedstaat des Europ. Wirtschaftsraumes brauchen nicht demselben Tarifvertrag zu unterliegen wie die anderen Mitglieder der Arbeitsgemeinschaft. Allerdings müssen die sonstigen Voraussetzungen des § 1 I 2 erfüllt sein.

65 **ee) Selbständige Erledigung von Vertragsleistungen.** Die Mitglieder der Arbeitsgemeinschaft müssen zur selbständigen Erledigung von Vertragsleistungen verpflichtet sein. Damit ist die Rechtsbeziehung zwischen dem Vertragspartner der Arbeitsgemeinschaft und dem Mitglied der Arbeitsgemeinschaft gemeint. Gegenüber der Arbeitsgemeinschaft ist das Mitglied auf Grund des Gesellschaftsvertrages zur Erbringung von Leistungen verpflichtet.

66 **ff) Abordnung.** Voraussetzung ist des Weiteren die Abordnung des AN an eine derartige Arbeitsgemeinschaft (dazu SH/*Hamann* Rn. 343 ff.). Der Ausdruck Abordnung wird im AÜG nicht definiert; er stammt aus dem Beamtenrecht. Auf das AÜG übertragen bedeutet er, dass das ArbVerh. zum abordnenden Mitglied der Arbeitsgemeinschaft fortbesteht und der AN vorübergehend bei der Arbeitsgemeinschaft eingesetzt wird. Diese Abordnung ist gegen zwei andere Fälle abzugrenzen: § 1 I 2 geht davon aus, dass eigentl. eine ANÜberlassung iSv. S. 1 vorliegt. Gesetzestechnisch liegt eine Fiktion vor; die Formulierung „ist keine ANÜberlassung" ist daher irreführend; gemeint ist „gilt nicht als ANÜberlassung". An einer ANÜberlassung iSv. S. 1 fehlt es aber, wenn der AG selbst das Direktionsrecht weiterhin bei der Arbeitsleistung iRd. Arbeitsgemeinschaft ausübt. Es fehlt dann schon an den Voraussetzungen des § 1 I 1 (aA SH/*Hamann* Rn. 343). Mögl. ist auch eine **Freistellung** nach den TV des Baugewerbes. Während bei der ANÜberlassung der Überlassende weiterhin AG bleibt, wird nach diesen TV vorübergehend ein ArbVerh. zwischen der Arbeitsgemeinschaft und dem überlassenen AN begr. Auch dann greift § 1 I 2 nicht ein.

67 **b) Rechtsfolgen.** Sind alle Voraussetzungen erfüllt, greift das gesamte AÜG nicht ein. Fehlt auch nur eine dieser Voraussetzungen, ist die ANÜberlassung – sofern sie ohne Erlaubnis erfolgt – illegal, ggf. nach § 1b.

68 **13. Überlassungshöchstdauer, Abs. 1b** (zur Entstehungsgeschichte *Lembke* NZA 2017, 1, 3; HeG/*Mehrens* § 5 Rn. 57 ff.; zur unionsrechtl. Zulässigkeit *Hamann/Klengel* EuZA 2017, 194 ff.). **a) Arbeitnehmerbezug oder Arbeitsplatzbezug.** Im Hinblick auf das Merkmal „vorübergehend" sind mehrere Probleme zu unterscheiden. Zum einen geht es um den Zeitraum bis zu 18 Monaten; insofern gilt die Voraussetzung „vorübergehend" nach § 1 I S. 4. Hier stellt sich weiterhin die Frage, was vorübergehend inhaltl. bedeutet (s. Rn. 52 ff.). Für den Zeitraum von mehr als 18 Monaten gilt § 1 Abs. 1b. Vor der gesetzl. Regelung war umstr., ob es für die Höchstdauer auf den einzelnen überlassenen AN ankommt (arbeitnehmerbezogene Interpretation; dafür *Lipinski* NZA 2013, 1245, 1247; *Ludwig* BB 2013, 1276; *Steinmeyer* AuR 2012, 422); oder darauf, ob der Verleiher dem Entleiher für eine bestimmte Arbeit nur vorübergehend einen bestimmten LeihAN überlässt, **arbeitsplatzbezogene Interpretation** (LAG SH 8.1.2014 DB 2014, 489; *Bartl/Romanowski* NZA 2012, 845; *Brors/Schüren*, Missbrauch von Werkverträgen und Leiharbeit verhindern, Rechtsgutachten für das MAIS NRW, 2014, S. 15 ff.; *Deinert* RdA 2014, 65, 71; *Hamann* NZA 2015, 904; *Ulber* AuR 2010, 11; *Wank* jM 2014, 333; *Zimmer* AuR 2012, 422; zum Meinungsstreit *Nießen/Fabritius* NJW 2014, 263). Vom erklärten Ziel der Gesetzesänderung her, die Verdrängung von StammAN im Entleiherbetrieb zu verhindern, käme nur eine arbeitsplatzbezogene Interpretation in Frage (*Hamann* AuR 2016, 136, 138; *Henssler* RdA 2016, 18, 23; *Schüren/Fasholz* NZA 2015, 1473, 1474). Da das G aber ausdrückl. auf „denselben LeihAN" Bezug nimmt, scheidet diese Interpretation aus (*Deinert* RdA 2017, 65, 77; *Lembke* NZA 1, 4; *Wank* RdA 2017, 100, 109). Danach kann ein Verleiher denselben Arbeitsplatz im Betrieb (dazu *Henssler* RdA 2017, 83, 94; *Lembke* NZA 2017, 1, 4) nach 18 Monaten mit einem neuen LeihAN besetzen, ohne dass das als Umgehung gewertet werden könnte (*Schüren/Fasholz* DB 2016, 1375). Eine Grenze kann sich allenfalls bei institutionellem Rechtsmissbrauch ergeben (*Hamann* AuR 2016, 136, 138). Auch ist zweifelhaft, ob dieser Ansatz mit der RL in Einklang steht (*Brors/Schüren* NZA 2014, 569, 570; *Deinert* RdA 2017, 65, 77; *Hamann* NZA 2015, 904; *Wank* RdA 2017, 100, 109). Erst recht ist nicht normiert, dass Leiharbeit nur zur Erfüllung bestimmter Zwecke im Entleiherbetrieb eingesetzt werden darf (zu Finnland s. Vorabentscheidungsverfahren EuGH 17.3.2015 Rs. C-533/13 NZA 2015, 43 – AKT; dazu *Lembke/Ludwig* NJW 2014, 1329, 1332; *Thüsing* NZA 2014, 10, 12; *Zimmermann* NZA 2015, 528). Um eine Umgehung in der Weise zu verhindern, dass derselbe AN nach 18 Monaten nach einer kurzen Pause erneut am selben Arbeitsplatz eingesetzt werden kann, werden Einsätze, die weniger als drei Monate zurückliegen, auf den 18-Monats-Zeitraum angerechnet, Abs. 1b S. 2. Das gilt auch für Verleihzeiten durch einen anderen Entleiher, ohne dass es dabei auf eine Absprache zwischen den Verleihern ankommt. Die Regelung verstößt nach Ansicht einiger Autoren gegen die RL (Ulber/*Ulber* AÜG § 1 Rn. 230a ff.; *Brors* AuR 2013, 108; *Düwell* ZESAR 2011, 449; *Hamann* RdA 2014, 277; *Sansone* S. 460 ff.) In der Praxis betrifft die Frage nur eine geringe Zahl von LeihAN, da Beschäftigungsverh. in der Leiharbeit durchschnittl. ohnehin nur drei Monate dauern (zur Dauer IAB-Kurzbericht 13/2014).

69 In der Lit. wird § 1 Abs. 1b teils auf das Unternehmen bezogen (*Hamann/Rudnik* NZA 2017, 216; *Lembke* NZA 2017, 1, 4; *Ulrici* Rn. 93). Das G unterscheidet jedoch je nach Vorschrift zwischen Betrieb

und Unternehmen. Die überwiegenden Argumente sprechen für einen **Betriebsbezug** der Regelung (*Talkenberg* NZA 2017, 473 f.). Im Hinblick auf die Berechnung der Überlassungsdauer kommt es nicht auf die tatsächlichen Beschäftigungstage an, sondern auf die rechtliche Dauer der Überlassungszeit (*Talkenberg* NZA 2017, 473, 475). Um Umgehungen zu vermeiden, sind mehrere Überlassungen, auch bei verschiedenen Verleihern, zusammenzurechnen, Abs. 1b S. 2. Für die **Berechnung der Frist** wird teils auf §§ 187 f. BGB (*Bayreuther* NZA 2017, 18, 19; *Lembke* NZA 2017, 1, 4; *Neighbour/Schröder* BB 2016, 2869, 2871), teils – zutr. – auf § 191 BGB Bezug genommen (*Pütz* DB 2017, 425).

b) Abs. 1b S. 3 enthält eine **Tariföffnungsklausel (s. *Franzen* ZfA 2016, 25).** Sie gilt für eine abweichende Überlassungsdauer entweder im TV selbst oder für eine Betriebs- oder Dienstvereinbarung, die auf Grund eines TV geschlossen wurde. Die Höchstdauer kann weniger oder mehr als 18 Monate betragen. Sie kann nach Einsatzzweck und -gebieten festgelegt werden, und es können Angebote zur Übernahme in die Stammbelegschaft vereinbart werden (Regierungsbegründung BT-Drs. 18/9232 S. 20 f.). Entgegen der Regierungsbegründung müssen TV und BV keine „zeitl. bestimmte Überlassungshöchstdauer" vorsehen, sondern der vorübergehende Charakter kann sich auch aus einer Zwecksetzung ergeben (aA *Seiwerth* NZA 2017, 479, 482). Ebenso wie zu § 14 II 3 TzBfG ist str., wie weit die Freiheit der TVParteien zu Abweichungen geht. Eine „immanente Schranke" (BAG 15.8.2012 NZA 2013, 45; 5.12.2012 NZA 2013, 515; 26.10.2016 NZA 2017, 463) gilt auch hier (*Hamann* RdA 2014, 271, 274 f.; *Löwisch* DB 2017, 1449, 1456 zum Unionsrecht *Ulber* AuR 2017, 238, 239; aA *Steinmeyer* DB 2013, 23740; *Ulrici* Rn. 105; zum Ganzen *Röpke*, Die Gestaltbarkeit von Arbeitsbedingungen im Rahmen von § 9 Nr. 2 AÜG 2016 S. 135 ff. zu einer Höchstgrenze von sechs Jahren *Seiwerth* NZA 2017, 479, 481 f.). Obwohl der Überlassungsvertrag zwischen Verleiher und Entleiher geschlossen wird, ermächtigt das G die TVParteien der Einsatzbranche (und nicht die der Verleiherbranche) zu einer abweichenden Regelung (krit. *Bayreuther* BB 2014, 1973, 1974; *Henssler* RdA 2016, 18, 23; *Melot de Beauregard* DB 2015, 2881 f.; der Regelung zust. *Hamann* AuR 2016, 136, 138: Betriebsnormen des Entleiherbetriebs). Im Einzelnen können Abweichungen wie folgt erfolgen: 70

- normativ durch TV der Entleiherbranche (S. 3)
- auf Grund eines normativ geltenden TV auch durch Betriebs- oder Dienstvereinbarung (S. 5)
- bei nicht tarifgebundenen Entleihern durch Betriebs- oder Dienstvereinbarung in Übernahme der tarifl. Regelung (S. 4)
- bei nicht tarifgebundenen Entleihern ohne Übernahme der tarifl. Regelung bei Vorhandensein einer tarifl. Öffnungsklausel durch Betriebs- oder Dienstvereinbarung (S. 6).

Im letztgenannten Fall besteht allerdings – anders als in den drei anderen Fällen – eine Überlassungshöchstdauer von 24 Monaten (allg. zur Geltung für nicht tarifgebundene AG *Franzen* ZfA 2016, 25 ff.). Die unterschiedl. Regelung soll einen Anreiz zur Tarifbindung geben. Für Betriebe ohne BR besteht keine Abweichungsmöglichkeit. Eine Übernahme eines TV kann nur als Ganzes erfolgen, also nicht nur beschränkt auf die Regelung zur Überlassungsdauer. 70a

c) Satz 8. Da die **Kirchen** keine TV iS des TVG schließen, sondern im Rahmen des „Dritten Weges" Abmachungen eigener Art, war für sie eine gesonderte Ermächtigung erforderl. 71

d) Werden die Vorschriften über die Überlassungshöchstdauer nicht beachtet, ist der **Leiharbeitsvertrag unwirksam,** § 9 I Nr. 1b, es entsteht ein ArbVerh zum Entleiher nach § 10. Des Weiteren liegt eine Ordnungswidrigkeit nach § 16 I Nr. 1 f vor. Schließlich ist nach § 3 I Nr. 1 die Verleiherlaubnis oder ihre Verlängerung zu versagen. 72

e) Übergangsregelung. Nach **§ 19 II** bleiben Einsatzzeiten vor dem 1.1.2017 unberücksichtigt. 73

14. Arbeitnehmerüberlassung und Arbeitsvermittlung, § 1 II. a) Abgrenzung. ANÜberlassung und Arbeitsvermittlung lassen sich grds. klar voneinander abgrenzen (*Boemke*/Lembke Rn. 68–74; SH/*Hamann* Rn. 288 ff., 295 ff.; *Urban-Crell/Schulz* Rn. 100 ff., 1303 ff.). Bei der ANÜberlassung stellt der Schuldner bei ihm beschäftigte AN einem anderen zur Arbeitsleistung zur Vfg., wobei er deren AG bleibt (vgl. § 1 I 1). Die Arbeitsvermittlung wird in § 35 I 2 SGB III dahingehend legal definiert, dass sie alle Tätigkeiten umfasst, „die darauf gerichtet sind, Ausbildungssuchende mit AG zur Begründung eines Ausbildungsverhältnisses und Arbeitsuchende mit AG zur Begründung eines Beschäftigungsverhältnisses zusammenzuführen". Von daher kann eine ANÜberlassung zwar legal oder illegal sein; aber eine illegale ANÜberlassung wird dadurch nicht zur Arbeitsvermittlung. 74

Die Regelung des § 1 II ist **historisch erklärbar** (14. Aufl. Rn. 46 f.). Ihr eigentl. Regelungszweck ist insbes. dadurch entfallen, dass die private Arbeitsvermittlung seit dem 27.3.2002 keiner Erlaubnis mehr bedarf; es genügt eine gewerberechtl. Anzeige. Auch ist die an § 1 II anknüpfende Vorschr. des § 13 aF (gesetzl. Begründung eines ArbVerh zwischen Entleiher und LeihAN) inzwischen ersatzlos aufgeh. worden. Der verbleibende Anwendungsbereich ist daher begrenzt (SMS Rn. 54). 75

Voraussetzung für die Anwendung des § 1 II ist, dass AN zur Arbeitsleistung überlassen werden und dass der Überlassende nicht die übl. AGPflichten übernimmt. 76

b) Vermutung. § 1 II enthält eine widerlegbare Vermutung. Allerdings hält die Rspr. die Vermutung bei einer erlaubnispflichtigen ANÜberlassung für unwiderlegbar (BAG 3.12.1997 NZA 1998, 876; zust. *Ulber* Rn. 206 ff.; aA *Boemke/Lembke* Rn. 170; SH/*Schüren* Rn. 436 ff.). Bei einem Verstoß 77 gegen die Voraussetzungen des § 1 II gilt die Tätigkeit des Überlassenden als Arbeitsvermittlung. Der AG kann die **Vermutung widerlegen.** So kann er nachweisen, dass der Verstoß nur von geringem Gewicht ist (*Boemke/Lembke* Rn. 180 f.). Ist die Vermutung widerlegt, so handelt es sich nicht um Arbeitsvermittlung, sondern um ANÜberlassung. Ob sie legal ist oder nicht, richtet sich nach dem AÜG (s. zur illegalen ANÜberlassung Einl. Rn. 48).

78 Wird die Vermutung **nicht widerlegt,** so liegt kraft Gesetzes eine Arbeitsvermittlung vor. Aufgrund der ersatzlosen Streichung des § 13 aF besteht jdf. nicht kraft AÜG ein ArbVerh. zwischen LeihAN und Entleiher (BAG 28.6.2000 NZA 2000, 1160 = AP AÜG § 13 Nr. 3 (*Urban-Crell*); *Boemke*/Lembke Rn. 185 f.). Auf den Vertrag zwischen Verleiher und Entleiher wirkt sich die Vermutung nach § 1 II nicht aus (*Boemke*/Lembke Rn. 187). Gewerberechtl. kann die Erteilung einer Erlaubnis nach § 3 I abgelehnt werden; eine erteilte Erlaubnis kann bei einem erhebl. Verstoß nach § 5 I Nr. 3 widerrufen werden. Eine Ordnungswidrigkeit nach § 404 II Nr. 9 SGB III kann allerdings nicht auf die Vermutung gestützt werden (*Boemke*/Lembke Rn. 189). Der Leiharbeitsvertrag ist nicht wegen § 1 II nichtig (BAG 19.3.2003 DB 2003, 2793); der Schutz des AN wird dadurch erreicht, dass das ArbVerh. zum Verleiher fortbesteht (s. zum Ganzen Voraufl. § 13 Rn. 3 und 4).

79 **15. Arbeitnehmerüberlassung zur Vermeidung von Kurzarbeit und Entlassungen, § 1 III Nr. 1.** Abs. 3 nimmt drei weitere Fallgestaltungen vom Geltungsbereich des AÜG aus, die arbeitsplatzsichernde ANÜberlassung in Nr. 1, die konzerninterne ANÜberlassung in Nr. 2 und die Überlassung ins Ausland in Nr. 3. Zweck der Regelung in Nr. 1 ist es, eine in der Praxis bewährte Form von **„Nachbarschaftshilfe"** zu legalisieren (s. ein Beispiel in RdA 2004, 377). Ebenso wie die Regelung zur Abordnung zu einer Arbeitsgemeinschaft (s. Rn. 59) ist die Regelung nicht richtlinienkonform, da sie unzulässigerweise die Anwendung der §§ 13a, 13b ausschließt (*Hamann* ZESAR 2012, 108).

80 **a) Voraussetzungen.** Die Vorschr. hat folgende Struktur: Wenn (a) ein Tarifvertrag, (b) der für Verleiher und Entleiher gilt, (c) für AG desselben Wirtschaftszweiges, (d) zur Vermeidung von Kurzarbeit oder Entlassungen vorsieht, dass das AÜG nicht gelten soll, dann ist das AÜG nicht anzuwenden.

81 **aa) Tarifvertrag.** Das G begnügt sich nicht damit, bestimmte materielle Voraussetzungen für die Zulässigkeit dieser Form von Nachbarschaftshilfe aufzustellen, sondern bindet sie zusätzl. an das Bestehen eines entspr. TV. § 1 III Nr. 1 enthält insoweit eine Ermächtigungsgrundlage für TVParteien (s. den „TV Personaltausch" in der Metallindustrie NRW, Mitbestimmung 2010, 30). Dabei sind die übrigen Tatbestandsvoraussetzungen der Regelungsmacht der TVParteien entzogen. Sie können nur – für den Fall, dass die übrigen Tatbestandsvoraussetzungen vorliegen – regeln, dass das AÜG nicht gelten soll; aA SH/*Hamann* (Rn. 453).

82 **bb) Geltung für Verleiher und Entleiher.** Nach SH/*Hamann* (Rn. 465) braucht nicht derselbe TV zu gelten. Dem Schutzzweck des Gesetzes sei auch genügt, wenn der TV sowohl des Verleihers als auch der des Entleihers die Nichtgeltung vorsähen. Dem kann nicht zugestimmt werden (s. a. Boemke/*Lembke* Rn. 209; auch *Becker/Wulfgramm* Rn. 111). Der TV trifft seine Abgrenzung nicht abstrakt, sondern für Ausleihverträge zwischen den ihm angehörenden Verbandsmitgliedern. Auch könnten, würde man der Gegenansicht folgen, die Tatbestandsvoraussetzungen in den beiden TV unterschiedl. geregelt sein. – Zuzugeben ist der Gegenansicht, dass die Beschränkung auf AG desselben Wirtschaftszweiges wenig Sinn ergibt, wenn ohnehin derselbe TV gilt. Der TV muss (für Verleiher und Entleiher) **gelten.** Das ist unstreitig dann der Fall, wenn der Verleiher entweder selbst TVP oder Mitglied des tarifschließenden Verbandes ist (§ 3 TVG) oder wenn der TV für allg.verbindl. erklärt worden ist (§ 5 TVG). Umstritten ist, ob ein nicht auf diese Weise tarifgebundener AG die Geltung des einschlägigen TV individualrechtl. vereinbaren kann. Das ist zu bejahen (ebenso SH/*Hamann* Rn. 472; aA *Becker/Wulfgramm* Rn. 111). Diese Auslegung entspricht der Regelung in § 622 III 2 BGB, § 22 II TzBfG, § 17 III 2 BetrAVG, § 13 I 2 BUrlG, § 4 IV EFZG, § 3 I Nr. 3 S. 3 AÜG.

83 **cc) Arbeitgeber desselben Wirtschaftszweiges.** Das Merkmal desselben Wirtschaftszweiges ist weit auszulegen. Jedenfalls besteht Einigkeit darüber, dass der Wirtschaftszweig über den fachl. Geltungsbereich des TV hinausreichen kann.

84 **dd) Zur Vermeidung von Kurzarbeit oder Entlassungen.** Ausgenommen sind nur ANÜberlassungen zur Vermeidung von Kurzarbeit oder Entlassungen. Nach SH/*Hamann* (Rn. 453) ist dieses Merkmal insoweit tarifdispositiv, als der TV selbst regeln könne, was Kurzarbeit oder Entlassung iS dieser Bestimmung sei. Diese Auff. ist abzulehnen (vgl. Boemke/*Lembke* Rn. 208). Vielmehr sind die Begriffe „Kurzarbeit" und „Entlassung" vom AÜG vorgegeben. Allerdings werden diese Begriffe im AÜG selbst nicht definiert. Hinsichtl. des Merkmals Kurzarbeit kann jedoch davon ausgegangen werden, dass damit die Kurzarbeit iSv. §§ 169 ff. SGB III gemeint ist. Danach ist unter **Kurzarbeit** die temporäre und unvermeidbare, auf wirtschaftl. Gründen oder unabwendbaren Ereignissen beruhende Herabsetzung der übl. Arbeitszeit zu verstehen, wenn zugleich mind. ein Drittel der AN von einem Entgeltausfall von jeweils mehr als 10% des Bruttoentgelts bedroht sind (Boemke/*Lembke* Rn. 204). Auch der Begriff **„Entlassungen"** ist im AÜG nicht definiert. Nach dem Gesetzeszweck muss es sich um eine drohende Maßnahme aus betriebl. Gründen handeln, die zur Beendigung des ArbVerh. führt. Aus Gründen der Einheit der Rechtsordnung liegt eine Anknüpfung an § 17 KSchG und § 112a

BetrVG nahe (ebenso *Becker/Wulfgramm* Rn. 107; SH/*Hamann* Rn. 443). Die ANÜberlassung muss **zur Vermeidung** von Kurzarbeit oder Entlassungen erfolgen. Insoweit findet eine zweifache Prüfung statt. Um Umgehungen zu verhindern, genügt nicht die subjektive Absicht des Verleihers, sondern die ANÜberlassung muss objektiv geeignet sein, Kurzarbeit oder Entlassungen zu verhindern. Für Kurzarbeit bestimmt das SGB III bereits, dass nur vorübergehende, nicht branchentypische Arbeitsausfälle gemeint sind, § 170 SGB III. Derselbe Gedanke gilt auch im Hinblick auf Entlassungen: Nur wenn ein vorübergehender Arbeitsausfall vorliegt und durch die ANÜberlassung die Arbeitsplätze gerettet werden können, greift die Ausnahmevorschrift ein, nicht dagegen, wenn die Arbeitsplätze voraussichtl. ohnehin auf Dauer entfallen und die Entlassung nur hinausgezögert wird, weil nach der Überlassung keine Perspektive für eine Weiterbeschäftigung beim AG mehr besteht.

b) Rechtsfolgen. Wenn die genannten tatbestandl. Voraussetzungen vorliegen, ist das AÜG mit 85
Ausnahme von §§ 1b S. 1, 16 I Nr. 1 f, II bis V, 17 und 18 nicht anwendbar. Der Verleiher braucht also keine Erlaubnis und unterliegt nicht dem Gleichbehandlungsgebot nach § 8; die Anwendung des § 28a IV SGB IV ist ausgeschlossen. Das Verbot der gewerbsmäßigen ANÜberlassung im Baugewerbe gilt auch in diesem Fall. Liegen die Voraussetzungen der Nr. 1 bis 3 nicht vor und hat der Verleiher keine Überlassungserlaubnis, greift in den Fällen der Nr. 1 bis 2 § 10 ein (SH/*Hamann* Rn. 547).

16. Konzerninterne und gelegentliche Arbeitnehmerüberlassung, Abs. 3 Nr. 2 und 2a. Zweck 86
der Ausnahmevorschriften ist es, bürokratische Förmlichkeiten in einem Fall zu vermeiden, in dem der Schutzzweck des Gesetzes auch ohne Erlaubnis gewährleistet ist (vgl. BT-Drs. 10/3206 S. 33; zu einer konzerninternen ANÜberlassung durch einen Mischbetrieb s. Rn. 37). Nr. 2 ist wie folgt strukturiert: Wenn Verleiher und Entleiher demselben Konzern angehören und die ANÜberlassung vorübergehend erfolgt, dann ist das G nicht anzuwenden (zu EuGH Rs. Albron s. Einl. Rn. 38). Da die LeiharbeitsRL (s. Einl. Rn. 3) keine Ausnahme für die konzerninterne ANÜberlassung enthält, hätte diese Vorschr. aufgeh. werden müssen (s. a. *Hamann* ZESAR 2012, 109; *Hirdina* NZA 2011, 327; *Lembke* NZA 2011, 319, 320; *Sansone* S. 459; *Ulber* AuR 2010, 1, 12; *Wank*, RdA 2010, 193, 203; zur konzerninternen ANÜberlassung vor der Gesetzesänderung BAG 9.2.2011 AP TzBfG § 14 Nr. 80; offengelassen in BAG 20.1.2015 NZA 2015, 816). Sie **verstößt gegen Unionsrecht**. Die nachf. Kommentierung ist unter diesem Vorbehalt zu sehen.

Ausgenommen sind von der RL auch nicht **Personalverwaltungsgesellschaften**, die bspw. die 87
gemeinsame Buchhaltung der Konzernunternehmen betreiben und gelegentlich AN in andere konzernzugehörige Gesellschaften entsenden.

a) Konzern. Hinsichtl. des Konzernbegriffs verweist das G selbst auf § 18 AktG. Auf die Rechts- 88
form der Unternehmen kommt es nicht an; es braucht sich nicht um Aktiengesellschaften oder KGaA zu handeln (allgA). Der Konzernbegriff setzt sich aus zwei **Untermerkmalen** zusammen, näml. mind. zwei rechtl. selbständige Unternehmen und unter einheitl. Leitung. Auf die Art des Konzerns kommt es dabei nicht an, also darauf, ob ein Unterordnungskonzern vorliegt (§§ 17, 18 I AktG) oder ein Gleichordnungskonzern (§ 18 II AktG), ob ein Vertragskonzern oder ein sog. faktischer Konzern. Die Konzernunternehmen müssen **rechtl. selbständig** sein. Ein Konzern liegt auch dann vor, wenn mehrere Unternehmen gemeinschaftl. ein anderes, rechtl. selbständiges Unternehmen haben (Gemeinschaftsunternehmen). Dagegen liegt beim gemeinsamen Betrieb mehrerer Unternehmen kein Konzern vor (SH/*Hamann* Rn. 495 mwN). Die rechtl. selbständigen Unternehmen müssen **unter einheitl. Leitung** stehen. In Betracht kommt entweder ein Unterordnungskonzern oder ein Gleichordnungskonzern, § 18 II AktG. Beim vertragl. Unterordnungskonzern beruht die Leitung auf einem Beherrschungsvertrag, § 291 AktG, oder auf einer Eingliederung, § 319 AktG. Beim faktischen Unterordnungskonzern fehlt es an einem Vertrag. Wenn aber bestimmte Indizien vorliegen, wird nach § 18 I 3 AktG das Vorliegen eines Konzerns vermutet. Beim Gleichordnungskonzern kann sich die einheitl. Leitung aus dem Gleichordnungsvertrag ergeben. Der Arbeitseinsatz muss **zwischen den Konzernunternehmen** erfolgen. Dabei ist es unerhebl., ob vom beherrschenden an das abhängige Unternehmen ausgeliehen wird oder umgekehrt. Beim Gemeinschaftsunternehmen liegt jeweils ein Konzern mit einer der Mütter vor. Soweit in dieser Beziehung AN verliehen werden, greift § 1 III Nr. 2 ein. Dagegen gilt die Ausnahmebestimmung nicht, soweit die Mütter untereinander AN ausleihen, da zwischen ihnen kein Konzern besteht (SH/*Hamann* Rn. 503).

§ 1 III 1 sagt ausdrückl., dass es sich um einen Fall der ANÜberlassung handelt. Individualrechtl. ist 89
Voraussetzung, dass der AG zur Versetzung, insb. auf Grund eines konzernrechtl. **Versetzungsvorbehalts,** berechtigt ist. § 1 III Nr. 2 findet auch in den Fällen Anwendung, in denen **Kommunen** ihre Organisation zT privatisieren und alle oder jdf. die Mehrheit der Anteile der AG, GmbH oder sonstigen Gesellschaft halten; die Kommunen üben als „herrschende Unternehmen“ eine einheitl. Leitung aus (*Plander* NZA 2002, 69, 71).

b) Keine Einstellung und Beschäftigung zum Zweck der Überlassung. Nach der früheren Ge- 90
setzesfassung wurde in der Praxis teilw. folgende Umgehung praktiziert: Ein konzernzugehöriges Unternehmen stellte AN ein, um sie an ein anderes konzernzugehöriges Unternehmen zu verleihen. Es galten dann die Arbeitsbedingungen des Verleihunternehmens und nicht die des entleihenden Kon-

zernunternehmens, und das AÜRecht war nicht anwendbar (s. iE 14. Aufl. Rn. 60, 60a). Nach § 8 III ist eine Abweichung vom Gleichstellungsprinzip ausgeschlossen, wenn ein LeihAN in den letzten drei Monaten vor der Überlassung an den Entleiher aus einem ArbVerh bei einem anderen Konzernunternehmen ausgeschieden ist („**Drehtürklausel**"); dh diese Praxis ist weiterhin mögl., sie führt aber bei sofortigem Wechsel zur Anwendung des Gleichheitsprinzips; ansonsten muss drei Monate abgewartet werden (zum Ganzen Boemke/*Lembke* § 9 Rn. 438 ff.).

91 **c) Gelegentliche Überlassung, Abs. 3 Nr. 2a.** Während nach der früheren Fassung nur Konzernunternehmen privilegiert waren (Nr. 2) und einzelne AG nur als AG desselben Wirtschaftszweiges (Nr. 14), wurde die Bestimmung in Nr. 2a auf AG im Allg. erweitert. Die Überlassung muss gelegentl. erfolgen und es darf keine Einstellung zum Zweck der Überlassung stattfinden (s. zur „Drehtürklausel" § 8 III). „Gelegentlich" bezieht sich, anders als früher „vorübergehend", nicht auf die Dauer des Einsatzes, sondern darauf, ob die Übernahme planmäßig oder nur gelegentl., bei besonderem Bedarf, erfolgt (s. a. BA, Ausschuss-Drs. 17/11/431 „fehlende Wiederholungsabsicht"). Diese Regelung gilt auch für die – nach bisherigem Recht nicht dem AÜG unterliegenden (s. 11. Aufl. Rn. 62) – Personalführungsgesellschaften. Sie muss durch richtlinienkonforme Auslegung auf die nach Art. 1 III RL zulässigen Gestaltungen reduziert werden. Unabhängig davon ist ihre Richtlinienkonformität zweifelhaft (Boemke/*Lembke* Rn. 237; *Hamann* ZESAR 2012, 110).

92 **d) Rechtsfolgen.** Wenn auch § 14 nicht gilt, so wird doch nach dem Zweck der Regelung die Anwendbarkeit des § 99 BetrVG im Entleiherbetrieb nicht ausgeschlossen (SH/*Hamann* Rn. 541; aA *Becker/Wulfgramm* Rn. 104; SMS Rn. 71).

93 **17. Personalgestellung im öffentlichen Dienst, Abs. 3 Nr. 2b, 2c. a) Abs. 3 Nr. 2b** wurde bei der letzten Gesetzesänderung eingefügt (s. zuvor *Fieberg* NZA 2014, 187; *Lembke/Ludwig* NJW 2014, 1329, 1334). So wie das G für Privatunternehmen in Abs. 3 Nr. 2 ein Konzernprivileg vorsieht, gilt nunmehr eine Art Konzernprivileg für den öff. Dienst (dazu HeG/*Grau/Sittard* § 5 Rn. 31 ff.). Die Vorschrift lehnt sich an die Personalgestellung nach § 4 III TVöD an. Der Sachverhalt tritt insbes. bei Privatisierungen auf. Geregelt ist der typische Tatbestand der ANÜberlassung (BAG 24.5.2002 ZTR 2012, 515; *Steinmeyer* DB 2013, 270): Der AN bleibt weiterhin AN seines bisherigen AG, aber er wird einem anderen AG des öff. Dienstes überlassen. Anders als für die Überlassung in Privatbetriebe fehlt jegliche Einschränkung derart, dass die Überlassung nur vorübergehend erfolgen darf oder dass sie einer Überlassungshöchstdauer unterliegt; im Gegenteil: § 4 III TVöD spricht von einer auf Dauer ausgeübten Beschäftigung. Wenn man das Merkmal „vorübergehend" nicht nur als zwingende Voraussetzung nach dem AÜG, sondern auch nach der Leiharb-RL versteht, dann gilt es auch für den öff. Dienst, und die zeitl. unbegrenzte Privilegierung in Abs. 3 Nr. 2b ist unionsrechtswidrig (so auch LAG BW 17.4.2013 – 4 TaBV 7/12; aA OVG NW 19.9.2014 – 20 A 281/13 –, wonach die Personalgestellung im öff. Dienst keine ANÜberlassung ist; zum Ganzen *Heup*, Fremdpersonal im öff. Dienst, 2016; ferner *Ulrici* Rn. 165). Die Leiharbeits-RL gilt für AN im öff. Dienst in gleicher Weise wie für AN in der Privatwirtschaft. Ausgenommen ist nur eine hoheitl. Betätigung. Nr. 2b spricht aber nur allg. von „Aufgaben". Damit verstößt diese Ausnahmeregelung in gleicher Weise gegen Unionsrecht (*Lembke* NZA 2017, 1, 12; *Ulber/Stang* AuR 2015, 250; aA aus Schutzerwägungen HeG/*Grau/Sittard* § 5 Rn. 37, 54) wie das Konzernprivileg (dazu Rn. 86 ff.). Bedenken ergeben sich auch aus Art. 3 I GG. Die Neuregelung gilt nur für Personalgestellung durch öffentl.-rechtl. AG und nicht für Unternehmen, die durch Bezugnahme den TVöD anwenden. Es ist zweifelhaft, ob § 113 IV 1 BNotO eine unionsrechtl. zulässige Ausnahme vom AÜG enthält.

94 **b) Personalgestellung zwischen jur. Personen des öff. Rechts.** Von **Abs. 3 Nr. 2c** unberührt bleiben Spezialvorschriften (s. BAG 5.3.1997 NZA 1997, 1165), wie § 5 IV AsylG, § 26 IV BundesanstaltPost-Gesetz, § 1 G zur Übernahme der Beamten und AN der Flugsicherung, § 1 KooperationsG der Bundeswehr, § 2 G über das Personal der Bundeswertpapierverwaltung, § 2 G über das Personal der Bundesagentur für Außenwirtschaft, § 44g SGB II. Im TV muss die Nichtanwendung des AÜG sowohl für den Verleiher als auch für den Entleiher vorgesehen sein; es braucht sich aber nicht um ein einheitl. Tarifwerk für beide Seiten zu handeln; zur Unionsrechtswidrigkeit *Heup* S. 197 ff.

95 **18. Überlassung ins Ausland, § 1 Abs. 3 Nr. 3.** Die Vorschr. betrifft die Übersendung eines oder mehrerer AN durch ein Unternehmen mit Geschäftssitz in Deutschland in das Ausland. Neben der Erleichterung der deutsch-ausländischen Gemeinschaftsunternehmen soll damit zugleich zum Schutz der AN die Anwendbarkeit des deutschen Arbeits- und Sozialrechts gewährleistet werden (BT-Drs. 13/4941 S. 248). Ein Verleih vom Ausland nach Deutschland wird von dieser Vorschr. nicht betroffen. Voraussetzung für die Ausnahme vom AÜG ist, dass der Verleih an ein deutsch-ausländisches **Gemeinschaftsunternehmen** erfolgt, das auf der Grdl. zwischenstaatl. Vereinbarungen gegründet worden ist, und dass der deutsche Verleiher daran einen Anteil hält. Als Beispiel kann der deutsch-chinesische Vertrag über die Förderung und den gegenseitigen Schutz von Kapitalanlagen vom 7.10.1983 (BGBl. 1985 II S. 30) genannt werden. Ob der entsandte AN Deutscher oder Ausländer ist, ist gleichgültig. Auch kommt es weder auf die Dauer der Überlassung noch auf die Größe des Anteils an, den der deutsche Verleiher am Gemeinschaftsunternehmen hält (vgl. Begründung zum AFRG, BT-Drs. 13/4941 S. 248).

§ 1a Anzeige der Überlassung

(1) Keiner Erlaubnis bedarf ein Arbeitgeber mit weniger als 50 Beschäftigten, der zur Vermeidung von Kurzarbeit oder Entlassungen an einen Arbeitgeber einen Arbeitnehmer, der nicht zum Zweck der Überlassung eingestellt und beschäftigt wird, bis zur Dauer von zwölf Monaten überläßt, wenn er die Überlassung vorher schriftlich der Bundesagentur für Arbeit angezeigt hat.

(2) In der Anzeige sind anzugeben
1. Vor- und Familiennamen, Wohnort und Wohnung, Tag und Ort der Geburt des Leiharbeitnehmers,
2. Art der vom Leiharbeitnehmer zu leistenden Tätigkeit und etwaige Pflicht zur auswärtigen Leistung,
3. Beginn und Dauer der Überlassung,
4. Firma und Anschrift des Entleihers.

I. Gesetzeszweck

Ebenso wie § 1 I 2, § 1 III Nr. 1 und Nr. 2 enthält § 1a eine Ausnahme von dem allg. Erlaubniserfordernis. Wie § 1 III Nr. 1 betrifft die Vorschr. die „Kollegenhilfe". Anders als in § 1 III Nr. 1 kommt es nicht darauf an, dass ein TV die Überlassungsmöglichkeit vorsieht. Das einschränkende Merkmal „AG desselben Wirtschaftszweiges" ist jetzt nur noch in § 1 III Nr. 1 enthalten, während dieser Passus in § 1a nunmehr entfallen ist. Bei der vorletzten Gesetzesänderung wurde entspr. der LeiharbeitsRL eingefügt, dass der AN nicht zum Zwecke der Überlassung eingestellt und beschäftigt werden darf (s. Rn. 6). 1

II. Geltungsbereich

1. Persönlicher Geltungsbereich. Die Beschäftigtenzahl muss im Zeitpunkt der Überlassung gegeben sein. Sie gilt nicht für diejenigen AG, die eine Überlassungserlaubnis haben (BT-Drs. 11/4952 S. 12). Das ist deshalb wichtig, weil diese AG anderenfalls, wenn sie die Erlaubnis nur unter Bedingungen oder Auflagen erhalten haben, auf § 1a ausweichen könnten. Wie der Kreis der **„Beschäftigten"** abzugrenzen ist, ist deshalb zweifelhaft, weil die arbeitsrechtl. Gesetze in der Regel von „AN" und nicht von „Beschäftigten" sprechen (s. jedoch § 6 AGG). § 1a I spricht beim Schwellenwert vom „Beschäftigten", beim Überlassenen vom „AN" (Abs. 2 Nr. 1 und 2: „LeihAN"). Insoweit könnte „Beschäftigter" der weitere Begriff sein. Sowohl zu den Beschäftigten als auch zu den AN gehören die **Arbeiter und Angestellten.** Auch geringfügig Beschäftigte gehören dazu. Auszubildende sind beim Schwellenwert (als Beschäftigte) zu berücksichtigen; dagegen sind sie nicht AN, die überlassen werden dürfen (vgl. 2. Aufl. Rn. 4). 2

2. Sachlicher Geltungsbereich. Auf die Frage der Gewerbsmäßigkeit kommt es nicht mehr an (s. § 1 Rn. 42 ff.), da Voraussetzung jetzt eine „wirtschaftliche Tätigkeit" ist. 3

III. Tatbestand

1. Zweck der Überlassung. Ebenso wie in § 1 III Nr. 1 sind ANÜberlassungen „zur Vermeidung von Kurzarbeit oder Entlassungen" privilegiert. Trotz des übereinstimmenden Wortlauts ergeben sich nach dem Zweck des Gesetzes tw. Unterschiede. Da das G selbst keine Legaldefinition enthält, kann hier – wie zu § 1 III Nr. 1 – bezügl. der **Kurzarbeit** auf die Regelungen in §§ 169 ff. SGB III verwiesen werden. Im Hinblick auf **„Entlassungen"** kann nicht auf die Mindestzahlen in § 17 KSchG, § 112a BetrVG zurückgegriffen werden (*Boemke*/Lembke Rn. 16; SH/*Hamann* Rn. 26; aA *Ulber* Rn. 20). Es bestehen weder von der Art noch von der Größe des Entleiherbetriebes her bes. Voraussetzungen. 4

2. Dauer der Überlassung. Durch das Erste G für moderne Dienstleistungen am Arbeitsmarkt v. 23.12.2002 (BGBl. I S. 4607) wurde die höchstzulässige Überlassungsdauer auf zwölf Monate erhöht. Soweit die ANÜberlassung unter Beachtung der Voraussetzungen der Vorschr. erfolgt, ist unerhebl., ob der Höchstzeitraum durch einen oder mehrere Beschäftigungsphasen des AN bei seinem AG unterbrochen wird; allerdings muss jede erneute Überlassung angezeigt werden (SH/*Hamann* Rn. 35). Für eine ANÜberlassung iSd. Vorschr., die nach Ausschöpfung der Höchstfrist erfolgen soll, kommt es darauf an, ob bei dem AG erneut eine wirtschaftl. Notlage vorliegt, die noch nicht Grdl. der vorangegangenen ANÜberlassung war. Auf diese Weise wird ein missbräuchl. Berufen auf § 1a vermieden. 5

3. Keine Einstellung zum Zwecke der Überlassung. Nach der früheren Fassung war allein Voraussetzung, dass der AN seine Arbeit vorübergehend nicht bei seinem AG leistet. Streit konnte es nur darüber geben, was unter „vorübergehend" zu verstehen ist (s. 11. Aufl. Rn. 60). Aufgrund der Fassung wurde verbreitet folgende Umgehung praktiziert: Ein konzernangehöriges Unternehmen stellte AN ein, um sie an ein anderes konzerneigenes Unternehmen zu verleihen. Es galten dann die 6

Arbeitsbedingungen des Verleiherunternehmens und nicht die des entleihenden Konzernunternehmens, und das ANÜberlassungsrecht war nicht anwendbar. Die Rspr. ist dem teilw. dadurch begegnet, dass sie unzulässige Austauschkündigungen oder einen Betriebsübergang bejahte (Nachw. 11. Aufl. Rn. 62 ff.). In der Lit. wurde die Konstruktion teilw. für zulässig gehalten, teilw. für eine unzulässige Umgehung (s. § 1 Rn. 90).

7 **4. Anzeige.** Von dem umständl. Verfahren der Genehmigung sind die genannten Unternehmen befreit. Allerdings müssen sie vor der Überlassung der Bundesagentur für Arbeit eine Anzeige erstatten. Die Anzeige muss schriftl. (§ 126 BGB) erfolgen. Der Inhalt dieser Anzeige ist mit den in § 1a II genannten Angaben abschließend geregelt (SH/*Hamann* Rn. 45); die Angaben dienen der zuständigen Behörde zur Überprüfung der Tatbestandsvoraussetzungen für Abs. 1.

IV. Rechtsfolgen

8 **1. Der Tatbestand ist erfüllt.** Wenn alle Voraussetzungen erfüllt sind, bedarf der Verleiher keiner Erlaubnis und betreibt legale ANÜberlassung. Zu beachten ist jedoch § 1b (anders als in § 1 III Einleitungssatz ist dies in § 1a nicht normiert): Auch iRd. Kollegenhilfe ist eine Überlassung in Betriebe des Baugewerbes zu Arbeiten, die üblicherweise von Arbeitern verrichtet werden, unzulässig (SMS Rn. 2; SH/*Hamann* Rn. 62). Im Entleihbetrieb ist der BR nach § 14 III zu beteiligen.

9 **2. Der Tatbestand ist nicht erfüllt. a) Der Tatbestand des Abs. 1 ist nicht erfüllt.** Soweit die Tatbestandsvoraussetzungen des Abs. 1 nicht gegeben sind, weil zB die Betriebsgröße überschritten oder die Anzeige verspätet oder unterblieben ist, handelt es sich um gewerbsmäßige oder erlaubnispflichtige Überlassung, die mangels Vorliegens des Ausnahmetatbestandes nach den allg. Regelungen für diese Form der ANÜberlassung zu behandeln ist. Ist der Verleiher nicht Inhaber der entspr. Erlaubnis, stellt sich die ANÜberlassung als illegal dar, so dass gem. § 9 Nr. 1 sowohl der Überlassungsvertrag als auch der (Leih-)arbeitsvertrag unwirksam sind und nach § 10 I 1 ein Arbeitsvertrag zwischen Entleiher und LeihAN fingiert wird (vgl. *Boemke*/Lembke Rn. 31 f.; SH/*Hamann* Rn. 68 ff.). Wird die Anzeige nach der Überlassung **nachgereicht,** so wirkt die Anzeige nicht zurück. Aber auch eine Heilung für die Zukunft tritt nach dem Zweck der Regelung nicht ein (SH/*Hamann* Rn. 72 ff.).

10 **b) Der Tatbestand des Abs. 2 ist nicht erfüllt.** Ein Verstoß gegen Abs. 2 kann dadurch vorliegen, dass die Anzeige unvollständig und damit unrichtig eingeht. Dadurch liegt zwar ein Verstoß gegen Abs. 2 vor, doch wird wegen einer fehlerhaften Anzeige die ANÜberlassung nicht erlaubnispflichtig, wenn ansonsten die materiell-rechtl. Voraussetzungen vorliegen (*Boemke*/Lembke Rn. 33; SMS Rn. 20; SH/*Hamann* Rn. 76; aA *Ulber* Rn. 28). In diesen Fällen stellt sich die ANÜberlassung als legal, wegen der Verstoßes gegen Abs. 2 aber als ordnungswidrig (§ 16 I Nr. 2a) dar. Die fehlerhaften oder unvollständigen Angaben müssen nachträgl. berichtigt und ergänzt werden.

§ 1b Einschränkungen im Baugewerbe

[1] Arbeitnehmerüberlassung nach § 1 in Betriebe des Baugewerbes für Arbeiten, die üblicherweise von Arbeitern verrichtet werden, ist unzulässig. [2] Sie ist gestattet

a) zwischen Betrieben des Baugewerbes und anderen Betrieben, wenn diese Betriebe erfassende, für allgemeinverbindlich erklärte Tarifverträge dies bestimmen,

b) zwischen Betrieben des Baugewerbes, wenn der verleihende Betrieb nachweislich seit mindestens drei Jahren von denselben Rahmen- und Sozialkassentarifverträgen oder von deren Allgemeinverbindlichkeit erfasst wird.

[3] Abweichend von Satz 2 ist für Betriebe des Baugewerbes mit Geschäftssitz in einem anderen Mitgliedstaat des Europäischen Wirtschaftsraumes Arbeitnehmerüberlassung auch gestattet, wenn die ausländischen Betriebe nicht von deutschen Rahmen- und Sozialkassentarifverträgen oder für allgemeinverbindlich erklärten Tarifverträgen erfasst werden, sie aber nachweislich seit mindestens drei Jahren überwiegend Tätigkeiten ausüben, die unter den Geltungsbereich derselben Rahmen- und Sozialkassentarifverträge fallen, von denen der Betrieb des Entleihers erfasst wird.

1 **1. Geltungsbereich.** § 1b wurde durch das Erste G für moderne Dienstleistungen am Arbeitsmarkt v. 23.12.2002 (BGBl. I S. 4607) neu gefasst. Die Neuregelung von 2011 hat das Merkmal „gewerbsmäßige ANÜberlassung" durch „ANÜberlassung nach § 1" ersetzt. IÜ hat sich an der Vorschr. nichts geänd.

2 Für einen Teilbereich des Arbeitsmarktes wird die ANÜberlassung ausgeschlossen, S. 1. Vom Anwendungsbereich des § 1b werden nur **Baubetriebe** erfasst (der Begriff wird in § 1 Baubetriebe-Verordnung definiert und ist hier zu übernehmen; s. BAG 17.2.2000 NZA 2000, 608; SH/*Hamann* Rn. 27; aA *Ulber* Rn. 14 ff.). Betriebe des Baugewerbes sind solche, die gewerbl. überw. Bauleistungen auf dem Baumarkt erbringen. Bauleistungen sind alle Leistungen, die der Herstellung, Instandhaltung, Änd. oder Beseitigung von Bauwerken dienen (§ 175 II 2 SGB III). Sog. Mischbetriebe (s. § 1 Rn. 37)

werden von § 1b erfasst, wenn sie überw. Bauleistungen erbringen. Bei den überlassenen Personen muss es sich um AN handeln. Eine Überlassung kann vorliegen, wenn **Bedienungspersonal** im Zusammenhang mit der Leihe oder Miete einer Maschine oder sonstigem technischen Geräts erfolgt (vgl. zur Abgrenzung § 1 Rn. 38 ff.). Erfasst werden schließl. nur die Tätigkeiten in Betrieben des Baugewerbes, die bei einem Einsatz von Arbeitskräften des Entleihers üblicherweise von **Arbeitern** verrichtet werden. § 1b bezieht sich nur auf die Überlassung im Rahmen einer wirtschaftl. Tätigkeit (s. § 1 Rn. 42 ff.).

2. Tatbestand. S. 2 Buchst. a) betrifft den Fall, dass ein Verleiher, der nicht der Baubranche angehört, AN an einen Betrieb der Baubranche überlässt (dazu *Ulber* AuR 2003, 7, 8 f.). Voraussetzung ist, dass der TV die ANÜberlassung ausdrückl. vorsieht und dass er für allg.verbindl. erklärt wurde. Der Geltungsbereich des TV muss sich zumindest auf einen der traditionell vier Tarifbereiche der Bauwirtschaft und darüber hinaus auf einen Bereich außerhalb des Baugewerbes erstrecken. Im Falle des **S. 2 Buchst b)** müssen Verleiher demselben Tarifbereich angehören, der Verleiher seit mind. drei Jahren. Die Tarifbindung braucht nur auf Seiten des AG zu bestehen, nicht auch auf Seiten der AN. Auch im Falle des S. 2 braucht der Verleiher eine **Verleiherlaubnis.** Eine Ausnahme besteht in den Fällen des § 1 III sowie des § 1a. 3

S. 3 trägt der Auff. des EuGH (25.10.2001 Rs. C 493/99 EuZW 2001, 757 = SAE 2002, 232 *(Boecken/Theiss)*) Rechnung, § 1b verstoße gegen die Dienstleistungsfreiheit gem. Art. 43 EGV sowie gegen die Niederlassungsfreiheit nach Art. 49 EGV (dazu *Ulber* AuR 2003, 7, 8; SMS Rn. 18a f.). 4

3. EU-Recht. Ob das Verbot a. nach der LeiharbeitsRL (s. o. Einl. Rn. 3) aufrechterhalten werden kann, richtet sich danach, ob der Rechtfertigungsgrund des Art. 4 I RL erfüllt ist. Das wird mit Recht überw. verneint (*Böhm* DB 2011, 475; *Boemke* RIW 2009, 181 f.; *Hamann* EuZA 2009, 312; *Lembke* BB 2010, 1540; *Rieble/Vielmeier* EuZA 2011, 493; aA *Ulber* AuR 2010, 13). 5

4. Rechtsfolgen. Eine entgegen dem Verbot des § 1b erfolgende Verleihung von Arbeitskräften macht den zwischen Verleiher und Entleiher geschlossenen Überlassungsvertrag gem. § 134 BGB **nichtig** (zu den weiteren Folgen im Verhältnis AN – Verleiher und AN – Entleiher vgl. die Kommentierung zu § 10 und BAG 8.7.1998 NZA 1999, 493 ff.; SH/*Hamann* Rn. 81 ff.). Für den Fall, dass zwar eine allg. Erlaubnis, aber keine Erlaubnis zur Überlassung im Baugewerbe vorliegt, wendet sich BAG 13.12.2006 AP AÜG § 1 Nr. 31 gegen eine Analogie zu § 10. 6

§ 2 Erteilung und Erlöschen der Erlaubnis

(1) **Die Erlaubnis wird auf schriftlichen Antrag erteilt.**

(2) **[1]Die Erlaubnis kann unter Bedingungen erteilt und mit Auflagen verbunden werden, um sicherzustellen, daß keine Tatsachen eintreten, die nach § 3 die Versagung der Erlaubnis rechtfertigen. [2]Die Aufnahme, Änderung oder Ergänzung von Auflagen sind auch nach Erteilung der Erlaubnis zulässig.**

(3) **Die Erlaubnis kann unter dem Vorbehalt des Widerrufs erteilt werden, wenn eine abschließende Beurteilung des Antrags noch nicht möglich ist.**

(4) **[1]Die Erlaubnis ist auf ein Jahr zu befristen. [2]Der Antrag auf Verlängerung der Erlaubnis ist spätestens drei Monate vor Ablauf des Jahres zu stellen. [3]Die Erlaubnis verlängert sich um ein weiteres Jahr, wenn die Erlaubnisbehörde die Verlängerung nicht vor Ablauf des Jahres ablehnt. [4]Im Fall der Ablehnung gilt die Erlaubnis für die Abwicklung der nach § 1 erlaubt abgeschlossenen Verträge als fortbestehend, jedoch nicht länger als zwölf Monate.**

(5) **[1]Die Erlaubnis kann unbefristet erteilt werden, wenn der Verleiher drei aufeinanderfolgende Jahre lang nach § 1 erlaubt tätig war. [2]Sie erlischt, wenn der Verleiher von der Erlaubnis drei Jahre lang keinen Gebrauch gemacht hat.**

Zweck der Vorschr. ist es, die Überwachung von Verleihbetrieben zu ermöglichen. 1

1. Antragsteller. Antragsteller können sowohl natürl. Personen sein als auch Personengesamtheiten und Personengesellschaften sowie jur. Personen des privaten und des öffentl. Rechts (§ 7 I 2). Die Erlaubnis wird dem jeweiligen Antragsteller persönl. erteilt. Bei einer OHG oder KG kann Antragsteller die Gesellschaft selbst sein. Allerdings ist bei der Prüfung der Zuverlässigkeit auf die Person der persönl. haftenden Gesellschafter abzustellen. Ein Verleiher kann zugleich Arbeitsvermittlung betreiben, eine organisatorische Trennung ist nicht erforderl. (Schüren/*Schüren* Rn. 27 ff.; aA *Ulber* Rn. 10). 2

2. Antragsgegner. Antragsgegner ist die BA, § 17. Nach der internen Zuständigkeitsregelung der BA (amtl. Bekanntmachung v. 16.8.1972, BAnz 1972 Nr. 196 S. 5) ist die nach dem Geschäftssitz des Antragstellers zuständige Regionaldirektion zuständig. Für ausl. Antragsteller gilt eine bes. Regelung (s. 12. Erfahrungsbericht BT-Drs.18/573 S. 26 f.). Eingereicht werden kann der Antrag bei jeder Agentur für Arbeit. 3

4 **3. Verfahren.** Der Antrag muss **schriftl.** gestellt werden; weitere Voraussetzungen stellt das G nicht auf. Allerdings besteht für den Antragsteller bei diesem mitwirkungsbedürftigen VA die Obliegenheit, dem Antragsgegner die erforderl. Auskünfte zu erteilen. Für das Verfahren gilt gem. § 2 Nr. 4 VwVfG nF das VwVfG (Thüsing/*Kämmerer* Rn. 1 f.; SH/*Schüren* Rn. 10; anders *Becker/Wulfgramm* Rn. 2 ff.). Für die **Erteilung** der Erlaubnis sieht das G keine Schriftform vor, sondern dieses Erfordernis ist nur in einer Dienstanweisung der BA enthalten. Sie führt nicht dazu, dass die Einhaltung der Schriftform Wirksamkeitsvoraussetzung ist (SH/*Schüren* Rn. 19; aA *Becker/Wulfgramm* Rn. 7; *Franßen/Haesen* Rn. 2). Die Erlaubnis wird mit ihrem Zugang wirksam. Die BA kann die beantragte Erlaubnis entweder gem. § 2 erteilen oder gem. § 3 ablehnen. Im Falle der Erteilung sind Bedingung, Auflage, Widerrufsvorbehalt und Befristung als Nebenbestimmungen mögl.

5 **a) Bedingung.** Sind noch nicht alle Voraussetzungen für die Erlaubnis erfüllt, kommt eine aufschiebende Bedingung in Betracht. Dagegen scheidet eine auflösende Bedingung als sachgemäßes Mittel bei der ANÜberlassung aus (SH/*Schüren* Rn. 39; aA *Ulber* Rn. 24).

6 **b) Auflage.** Anders als die drei anderen obengenannten Nebenbestimmungen kann die Auflage sowohl im Zeitpunkt der Erteilung der Erlaubnis als auch später vorgenommen werden, Abs. 2 S. 2. Erfüllt der Antragsteller eine Auflage nicht, so kann die Behörde sie im Wege des Verwaltungszwanges durchsetzen (BSG 19.3.1992 NZA 1993, 95, 96). Sie kann aber auch die Erlaubnis widerrufen, § 5 I Nr. 2, oder eine Buße verhängen, § 16 I Nr. 3.

7 **c) Widerrufsvorbehalt.** Mit einem Widerrufsvorbehalt darf eine Erlaubnis nur unter der Voraussetzung versehen werden, dass der Antrag zzt. noch nicht abschließend beurteilt werden kann, Abs. 3.

8 **d) Befristung.** Grds. ist die Erlaubnis mit einer Befristung zu versehen, Abs. 4 S. 1, und zwar von einem Jahr. Der Antragsteller kann eine Verlängerung beantragen; dies muss jedoch spätestens drei Monate vor Ablauf des in der Erlaubnis genannten Jahreszeitraums geschehen, Abs. 4 S. 2. Geht der Antrag später ein, so *kann* die BA den Antrag noch bis zum Ablauf des Jahres genehmigen; jedoch muss das ausdrückl. erfolgen, Abs. 4 S. 3 greift nicht ein. Frühestens nach drei Jahren kann einem Verleiher eine **unbefristete Erlaubnis** erteilt werden, Abs. 5 S. 1. Liegen gegen den Verleiher keine oder nur geringfügige Ablehnungsgründe vor, so muss die BA eine unbefristete Erlaubnis erteilen. Im anderen Fall kann weiterhin eine befristete Erlaubnis erteilt (oder die Verlängerung abgelehnt) werden.

9 **e) Nachwirkung bei Ablehnung.** Die Behörde kann den Verlängerungsantrag ablehnen; insofern muss sie die gleichen Prüfungen anstellen wie bei der Erteilung der Erlaubnis. Im Falle der Ablehnung tritt eine **Nachwirkung** ein. Die ANÜberlassungsverträge mit Entleihern und die Arbeitsverträge mit LeihAN bleiben insofern bestehen, als für eine Zeit von bis zu zwölf Monaten die Erlaubnis als fortbestehend fingiert wird, Abs. 4 S. 4. Die Vorschrift ist entspr. anzuwenden, wenn eine bisher erlaubnisfreie ANÜberlassung durch GÄnderung erlaubnispflichtig wird, BAG 23.7.2014 NZA 2015, 46. Der Verleiher darf im Nachwirkungszeitraum **keine neuen Arbeitsverträge** mehr schließen (SH/*Schüren* Rn. 73; aA *Boemke*/Lembke Rn. 39), die bestehenden muss er auslaufen lassen. Soweit sie über zwölf Monate hinaus dauern würden, muss er sie kündigen; insb. auch unbefristete Arbeitsverträge. Eine außerordentl. Kündigung kommt nicht in Betracht, wohl aber eine ordentl. Kündigung aus betriebsbedingten Gründen nach § 1 II KSchG (bei Anwendbarkeit des Gesetzes nach §§ 1 I, 23 KSchG). Zur Kündigung von nach § 9 MuSchG geschützten AN muss der Verleiher nach § 9 III MuSchG eine bes. Kündigungserlaubnis beantragen. Verträge zwischen **Verleiher und Entleihern** muss der Verleiher entweder innerhalb der Zwölf-Monats-Frist auslaufen lassen oder aber ordentl. oder außerordentl. kündigen. Lehnt die Behörde den rechtzeitig gestellten Verlängerungsantrag nicht bis zum Ablauf der Jahresfrist ab, so hat das **Schweigen** die Wirkung einer Erteilung der Verlängerungserlaubnis, Abs. 4 S. 3. Macht der Verleiher von der unbefristeten Erlaubnis drei Jahre lang **keinen Gebrauch,** indem er keine AN an Entleiher überlässt, so erlischt die Erlaubnis kraft Gesetzes, Abs. 5 S. 2.

10 **f) Sonstige Gründe für das Erlöschen der Erlaubnis.** Eine Reihe anderer Fälle des Erlöschens der Erlaubnis ist im G nicht geregelt. Stirbt der Verleiher, soll nach einer Meinung die Erlaubnis erlöschen (SMS Rn. 34). Das ist wegen des Schutzes der LeihAN abzulehnen. Andererseits kann aber auch nicht der Ansicht zugestimmt werden, dass die Erben gem. § 46 GewO die Verleiherlaubnis unbeschränkt fortsetzen könnten (*Becker/Wulfgramm* Rn. 41). Vielmehr geht die Erlaubnis auf die Erben nur zur Abwicklung über; wollen sie das Unternehmen fortführen, müssen sie eine neue Erlaubnis beantragen (HWK/*Kalb* Rn. 14; SH/*Schüren* Rn. 100 f.; *Ulber* Rn. 53; aA Thüsing/*Kaemmerer* Rn. 32 ff.).

11 **4. Verwaltungsverfahren und gerichtliches Verfahren.** Gegen die Versagung der Erlaubnis oder der Verlängerung der Erlaubnis oder gegen eine Erteilung unter Auflagen oder Bedingungen kann der Antragsteller beim Antragsgegner **Widerspruch** einlegen. Für dieses Verfahren gelten die §§ 78 ff. SGG (*Becker/Wulfgramm* § 3 AÜG Rn. 96; SMS Art. 2 Rn. 11; SH/*Schüren* Rn. 116 ff.). Zu den Einzelheiten des Verwaltungsverfahrens und des gerichtl. Verfahrens vgl. 2. Aufl. Rn. 22–24.

§ 2a Gebühren und Auslagen*

(1) Für die Bearbeitung von Anträgen auf Erteilung und Verlängerung der Erlaubnis werden vom Antragsteller Gebühren und Auslagen erhoben.

(2) [1]Die Bundesregierung wird ermächtigt, durch Rechtsverordnung die gebührenpflichtigen Tatbestände näher zu bestimmen und dabei feste Sätze und Rahmensätze vorzusehen. [2]Die Gebühr darf im Einzelfall 2500 Euro nicht überschreiten.

1 § 2a soll die Kosten und die Arbeitsbelastung der BA verringern. Die Kostenpflicht soll Antragsteller davon abhalten, Erlaubnisse auf Vorrat zu beantragen (Schüren/*Schüren* Rn. 3). Der Antragsteller hat die der BA entstehenden Kosten unabhängig von seinem Geschäftssitz und einer möglicherweise dort bereits bestehenden Erlaubnis zu tragen (**Verursacherprinzip**). Kann die BA jedoch die für ein Genehmigungsverfahren in einem anderen EU-Staat oder EWR-Staat eingereichten Unterlagen verwenden, so kann dies zu einer Kostenminderung aus Billigkeitsgründen führen (EuGH 17.12.1981 AP EWG-Vertrag Art. 177 Nr. 9). Nur jur. Personen des öffentl. Rechts können gem. § 2a II 1 iVm. § 8 VwKostG von der Gebührenpflicht **befreit** werden. Die anfallenden Kosten werden dem Antragsteller unabhängig vom Ausgang der Entscheidung auferlegt; dh. gleichgültig ob der Antrag genehmigt oder abgelehnt wird, hat er die Kosten zu tragen.

2 Von der Kostenpflicht wird allein die Bearbeitung von Anträgen hins. einer Erteilung oder Verlängerung einer Erlaubnis umfasst. Die Kosten bestehen aus **Gebühren** oder Auslagen, für die die Begriffsbestimmungen des VwKostG gelten (§ 2a II 1). Einzelheiten regelt die Verordnung über die Kosten der Erlaubnis zur ANÜberlassung (**AÜKostV**). In ihr werden gebührenpflichtige Tatbestände mit festen Sätzen festgelegt; nach § 2 idF vom 1.12.2015 Gebühr für die Erteilung oder Verlängerung einer befristeten Erlaubnis 1000 Euro, Gebühr für die Erteilung einer unbefristeten Erlaubnis 2500 Euro.

3 Die **Kostenentscheidung** kann gem. § 22 VwKostG zusammen mit der Sachentscheidung oder selbständig angefochten werden. Wird nur die Sachentscheidung angefochten, so erstreckt sich der Rechtsbehelf auch auf die Kostenentscheidung.

§ 3 Versagung

(1) Die Erlaubnis oder ihre Verlängerung ist zu versagen, wenn Tatsachen die Annahme rechtfertigen, daß der Antragsteller

1. die für die Ausübung der Tätigkeit nach § 1 erforderliche Zuverlässigkeit nicht besitzt, insbesondere weil er die Vorschriften des Sozialversicherungsrechts, über die Einbehaltung und Abführung der Lohnsteuer, über die Arbeitsvermittlung, über die Anwerbung im Ausland oder über die Ausländerbeschäftigung, über die Überlassungshöchstdauer gemäß § 1 Absatz 1b, die Vorschriften des Arbeitsschutzrechts oder die arbeitsrechtlichen Pflichten nicht einhält;

2. nach der Gestaltung seiner Betriebsorganisation nicht in der Lage ist, die üblichen Arbeitgeberpflichten ordnungsgemäß zu erfüllen;

3. dem Leiharbeitnehmer die ihm nach § 8 zustehenden Arbeitsbedingungen einschließlich des Arbeitsentgelts nicht gewährt.

(2) Die Erlaubnis oder ihre Verlängerung ist ferner zu versagen, wenn für die Ausübung der Tätigkeit nach § 1 Betriebe, Betriebsteile oder Nebenbetriebe vorgesehen sind, die nicht in einem Mitgliedstaat der Europäischen Wirtschaftsgemeinschaft oder einem anderen Vertragsstaat des Abkommens über den Europäischen Wirtschaftsraum liegen.

(3) Die Erlaubnis kann versagt werden, wenn der Antragsteller nicht Deutscher im Sinne des Artikels 116 des Grundgesetzes ist oder wenn eine Gesellschaft oder juristische Person den Antrag stellt, die entweder nicht nach deutschem Recht gegründet ist oder die weder ihren satzungsmäßigen Sitz noch ihre Hauptverwaltung noch ihre Hauptniederlassung im Geltungsbereich dieses Gesetzes hat.

(4) [1]Staatsangehörige der Mitgliedstaaten der Europäischen Wirtschaftsgemeinschaft oder eines anderen Vertragsstaates des Abkommens über den Europäischen Wirtschaftsraum erhalten die Erlaubnis unter den gleichen Voraussetzungen wie deutsche Staatsangehörige. [2]Den Staatsangehörigen dieser Staaten stehen gleich Gesellschaften und juristische Personen, die nach den Rechtsvorschriften dieser Staaten gegründet sind und ihren satzungsgemäßen Sitz, ihre Hauptverwaltung oder ihre Hauptniederlassung innerhalb dieser Staaten haben. [3]Soweit diese Gesellschaften oder juristische Personen zwar ihren satzungsmäßigen Sitz, jedoch weder ihre Hauptverwaltung noch ihre Hauptniederlassung innerhalb dieser Staaten haben, gilt Satz 2 nur, wenn ihre Tätigkeit

* IdF des G vom 7. August 2013 (BGBl. I S. 3154).

in tatsächlicher und dauerhafter Verbindung mit der Wirtschaft eines Mitgliedstaates oder eines Vertragsstaates des Abkommens über den Europäischen Wirtschaftsraum steht.

(5) [1] Staatsangehörige anderer als der in Absatz 4 genannten Staaten, die sich aufgrund eines internationalen Abkommens im Geltungsbereich dieses Gesetzes niederlassen und hierbei sowie bei ihrer Geschäftstätigkeit nicht weniger günstig behandelt werden dürfen als deutsche Staatsangehörige, erhalten die Erlaubnis unter den gleichen Voraussetzungen wie deutsche Staatsangehörige. [2] Den Staatsangehörigen nach Satz 1 stehen gleich Gesellschaften, die nach den Rechtsvorschriften des anderen Staates gegründet sind.

1 **1. Gesetzeszweck.** Den Versagungsgründen liegen zwei Anknüpfungspunkte zugrunde: Die Zuverlässigkeit des Antragstellers (Abs. 1) und die Staatsangehörigkeit (Abs. 2 bis 5).

2 **2. Die allgemeinen Versagungsgründe (Abs. 1 Nr. 1 bis 3; vgl. a. Art. 4 I LeiharbeitsRL). a) Unzuverlässigkeit, Nr. 1. aa) Grundsätze.** Die Regelung in Nr. 1 zählt zunächst eine Anzahl von Gründen auf, bei deren Vorliegen von der Unzuverlässigkeit des Antragstellers auszugehen ist. Durch die Verwendung des Wortes „insbesondere" wird deutl. gemacht, dass diese Regelung nicht abschließend ist, sondern nur eine **beispielhafte** Aufzählung enthält.

3 Bei dem Begriff der „Zuverlässigkeit" handelt es sich um einen **unbestimmten Rechtsbegriff ohne Beurteilungsspielraum** (OVG Lüneburg 28.10.1960 GewArch 1961, 31). Die Frage der Zuverlässigkeit ist als Rechts- und Tatfrage gerichtl. voll überprüfbar (BSG 6.2.1992 NZA 1992, 1006, 1007; BayLSG 14.3.1985 NZA 1986, 109, 110; *Becker/Wulfgramm* Rn. 15). Trotz ihrer zentralen Bedeutung im GewR fehlt es auf Grund der Vielfalt der Gewerbearten an einer allg.gültigen Definition der Zuverlässigkeit (BVerwG 27.6.1961 DVBl. 1961, 731). Entspr. dem Schutzzweck des AÜG kommt es iRd. Nr. 1 darauf an, ob sich aus bestimmten Verhaltensweisen oder Eigenschaften des Antragstellers ersehen lässt, dass er die gewerbsmäßige Überlassung von AN nicht im Einklang mit den bestehenden Vorschr. ausüben will, sondern vielmehr versuchen wird, die allg. AGPflichten und die Risiken der ANÜberlassung nicht tragen zu müssen (BSG 6.2.1992 NZA 1992, 1006, 1007). Die Behörde muss im Wege einer **Prognose** überprüfen, ob die ihr zur Beurteilung vorliegenden Tatsachen die Annahme begründen, dass der Antragsteller bei seiner künftigen Verleihtätigkeit die rechtl. Vorschr. beachten wird (BSG 6.2.1992 NZA 1992, 1006, 1007). Unklarheiten gehen zu Lasten der Erlaubnisbehörde (BSG 6.2.1992 NZA 1992, 1006, 1007).

4 IRd. Prüfung kommt es bei der natürl. Person auf deren **persönliche Zuverlässigkeit,** bei der BGB-Gesellschaft auf die aller Gesellschafter und bei der jur. Person (zB GmbH oder AG) auf die der **vertretungsberechtigten Organe** (zB Geschäftsführer oder Vorstand) an (*Becker/Wulfgramm* Rn. 17; SH/*Schüren* Rn. 68). Da bei einer Personengesellschaft sämtl. Gesellschafter Gewerbetreibende sind (BVerwG 5.8.1965 E 22, 16), darf kein Gesellschafter unzuverlässig sein (Thüsing/*Pelzner/Kock* Rn. 20; *Ulber* Rn. 28; aA SMS Rn. 8; SH/*Schüren* Rn. 70). Mögl. ist es aber auch, nur den zuverlässigen Gesellschaftern die Erlaubnis zu erteilen, wenn sicher ist, dass sich die Unzuverlässigkeit des einen Gesellschafters nicht auf die anderen auswirkt.

5 Nach einer Entscheidung des OVG Münster (5.7.1961 GewArch 1962, 84) soll die Zuverlässigkeitsprüfung – unabhängig von der Berechtigung zur Geschäftsführung – alle Gesellschafter erfassen. Das ist dem Gesetzeszweck nach jedoch nicht erforderl.; da es den kraft Gesetzes (§§ 164, 170 HGB) oder Vertrages **nicht vertretungsberechtigten Gesellschaftern** an der Möglichkeit einer Einflussnahme auf die Geschäftsführung fehlt, kommt es auf deren Zuverlässigkeit nicht an (so auch *Becker/Wulfgramm* Rn. 17; Boemke/*Lembke* Rn. 22). Anders sind nur die Fälle zu behandeln, in denen es zwar ges. oder vertragl. an der Möglichkeit der Einflussnahme fehlt, tatsächl. aber maßgebl. Einfluss auf die Geschäftsführung genommen wird (SH/*Schüren* Rn. 67).

6 Der Wechsel eines ges. Vertreters oder Gesellschafters ist jeweils anzuzeigen (§ 7 I 2) und führt zu einer neuen Prüfung bezügl. des eintretenden Gesellschafters oder Vertreters. Hierbei wirkt sich der **Verhältnismäßigkeitsgrunds.** aus: Statt der Gesellschaft generell die Erlaubnis zu versagen, kann die Behörde die Erteilung von einem Ausscheiden unzuverlässiger Gesellschafter oder Gesamthänder abhängig machen.

7 **bb) Einzelfragen.** Die Erfüllung eines der nachf. Regelbeispiele hat nicht automatisch eine Versagung der Genehmigung zur Folge. Vielmehr kommt es bei einer Einzelfallprüfung unter Beachtung der obengenannten Grundsätze darauf an, ob der jeweilige Verstoß seiner Intensität nach zu einer Unzuverlässigkeit führt (BSG 6.2.1992 NZA 1992, 1006, 1007).

8 **(1) Vorschriften des Sozialversicherungsrechts.** Nr. 1 nennt zunächst einen Verstoß gegen Vorschr. des Sozialversicherungsrechts. Hiervon werden die im SGB und in den entspr. Nebengesetzen und Verordnungen enthaltenen Pflichten, wie etwa die Abführung von Versicherungsbeiträgen, Auskunfts- und Meldepflichten sowie die Pflicht zur Ausstellung von Entgeltbescheinigungen erfasst (SMS Rn. 13). Als schwerwiegender Verstoß dürfte bspw der Fall anzusehen sein, dass LeihAN nicht angemeldet oder dass Beiträge nicht geleistet werden (*Becker/Wulfgramm* Rn. 19).

9 **(2) Vorschriften über die Einbehaltung und Abführung der Lohnsteuer.** Gemeint sind die Regelungen der §§ 38 III, 41a I Nr. 2 EStG und die entspr. Regelungen der Lohnsteuer-DVO. Da-

neben kann auch die Verletzung anderer steuerrechtl. Pflichten – etwa die Hinterziehung von Einkommen- oder Körperschaftsteuer (SH/*Schüren* Rn. 77) – bei einem entspr. Schweregrad zur Feststellung der Unzuverlässigkeit führen (*Becker/Wulfgramm* Rn. 20; MüArbR/*Marschall* § 174 Rn. 112).

(3) Vorschriften über Arbeitsvermittlung und Anwerbung im Ausland und Ausländerbeschäftigung. Die Arbeitsvermittlung bedarf keiner Erlaubnis. Eine Anwerbung im Ausland außerhalb der EU oder des EWR kann der BA vorbehalten bleiben, § 292 SGB III. Die Beschäftigung von Ausländern richtet sich nach § 18 AufenthG, für Unionsbürger gilt § 2 II Nr. 1, IV FreizügG/EU und für AN aus den zwölf neuen Mitgliedstaaten § 284 SGB III. 10

(4) Bei der letzten Gesetzesänderung wurde auch die Nichtbeachtung der **Überlassungshöchstdauer** in Abs. 1 Nr. 1 als Versagungsgrund eingeführt. 11

(5) Vorschriften des Arbeitsschutzrechts. Der Verleiher ist gem. § 11 VI neben dem Entleiher dazu verpflichtet, dafür Sorge zu tragen, dass die entliehenen AN auch in dem Betrieb des Entleihers an dem Schutz der Vorschr. des Arbeitsschutzrechtes teilhaben. Neben den Vorschr. des Arbeitszeitschutzes (ArbZG, Ladenschlussgesetze der Länder) werden davon auch die speziellen Regelungen (zB MuSchG, SGB IX) zum Schutz bestimmter ANGruppen sowie insb. die Vorschr. des Arbeitsschutzgesetzes und des Arbeitssicherheitsgesetzes erfasst. 12

(6) Verletzung arbeitsrechtlicher Pflichten. Damit sind alle nicht bereits von den anderen Regelbeispielen erfassten, sich aus dem Arbeitsvertrag, einer Kollektivvereinbarung oder dem G ergebenden AGPflichten gemeint (vgl. etwa BayLSG 14.3.1985 NZA 1986, 109, 110 zum LFZG). Nach allg. Auff. kann es sich auch um Pflichten aus dem AÜG selbst (§§ 9–11) handeln. Grds. sollte darauf abgestellt werden, ob gegen zwgd. arbeitsrechtl. Pflichten verstoßen wurde. 13

cc) Sonstige für eine Unzuverlässigkeit sprechende Gründe. Außerhalb der dargestellten Regelbeispiele kann eine fehlende Zuverlässigkeit angenommen werden, wenn wegen des Vorliegens bestimmter Tatsachen in der Person des Antragstellers zu besorgen ist, dass er die gewerbsmäßige Überlassung nicht im Einklang mit den bestehenden ges. Regelungen durchführen wird (BSG 6.2.1992 NZA 1992, 1006, 1007). Ausschlaggebend ist, ob der soziale Schutz der LeihAN dadurch gefährdet wird. Aufgrund dieser Prämisse haben Rspr. und Lit. eine Reihe von Fallgruppen entwickelt, auf Grund derer eine solche Gefährdung bestehen kann. Hierzu zählen ungeordnete Vermögensverhältnisse, die Begehung von im Zusammenhang mit der Verleihtätigkeit stehenden Straf- und Ordnungswidrigkeiten, die Beschäftigung unzuverlässigen Stammpersonals mit Führungsaufgaben, die sittenwidrige Abwerbung von AN unter Verleitung zum Vertragsbruch, das Fehlen elementarer Kenntnisse im Arbeits- und Sozialrecht sowie sonstige Unzuverlässigkeitsgründe, wie Geisteskrankheit, Drogenabhängigkeit oder fehlender Wohn- und Betriebssitz (vgl. *Becker/Wulfgramm* Rn. 26 ff.; SH/*Schüren* Rn. 136 ff. sowie zu den Einzelheiten 2. Aufl. Rn. 14–19). 14

b) Unzureichende Gestaltung der Betriebsorganisation, Abs. 1 Nr. 2. Nach Nr. 2 muss der Verleiher seinen Betrieb so organisieren, dass er die übl. AGPflichten ordnungsgemäß erfüllen kann. Die in Nr. 2 genannten „übl. AGPflichten" sind genauso zu verstehen wie in § 1 I Nr. 1. Erfasst werden die arbeits-, sozial- und steuerrechtl. und die bes., sich aus der Eigenart des LeihArbVerh. ergebenden Pflichten. Deren ordnungsgemäße Erfüllung ist nicht mögl., wenn der Verleiher „vom Sofa aus" (BT-Drs. 6/2303 S. 11), also ohne feste Betriebsstätte und ohne entspr. Ausstattung, seinen Geschäften nachgeht und sich damit faktisch der Kontrolle von Behörde, Gericht und Sozialversicherungsträger entzieht (SH/*Schüren* Rn. 149 ff.). Die Betriebsstätte muss von gewisser Dauer und die Zustellbarkeit der übl. Post sichergestellt sein. Eine Baubude, ein Campingwagen oder ein Hotelzimmer sind daher nicht ausreichend. Das Maß der Betriebsorganisation bestimmt sich immer im Hinblick auf das zu erreichende Ziel, die ordnungsgemäße und sachgerechte Erfüllung der AGPflichten. Die Abführung von Sozialversicherungsbeiträgen und Lohnsteuern, die rechtzeitige Auszahlung von Löhnen und Vorschüssen, von Aufwendungsersatz und Spesen sowie die damit verbundenen Melde-, Anzeige- und Auskunftspflichten müssen gesichert werden. Unter Umständen bedarf es einer umfangr. Personalverwaltung mit ausreichend vorgebildeten Fachkräften und darüber hinaus eventuell eines bes. Aufsichtspersonals. Der Verleiher kann sich zur Erfüllung seiner Pflichten Dritter bedienen. 15

c) Obwohl Nr. 1 bereits die Verletzung arbeitsrechtlicher Pflichten nennt, führt **Abs. 1 Nr. 3** den Verstoß gegen das **Gleichstellungsgebot** nach § 8 eigens an. 16

3. Grenzüberschreitende gewerbsmäßige Arbeitnehmerüberlassung als Versagungsgrund (Abs. 2 bis 5). a) Vorbemerkung. Die Abs. 2 bis 5 enthalten folgende Abstufung: 17

- Bei Erfüllung der gewerberechtl. Voraussetzungen ist die Erlaubnis zu erteilen:
  - an Deutsche, §§ 2, 3 I,
  - an EU-Bürger und EWR-Bürger, § 3 IV,
  - an Bürger unter der Geltung eines internationalen Abkommens, § 3 V.
- Sie kann versagt werden, wenn der Antragsteller kein Deutscher ist, § 3 III.
- Sie muss versagt werden, wenn der Betrieb außerhalb von EU und EWR liegt, § 3 II. Das gilt auch betr. Deutsche und EU- oder EWR-Ausländer (SH/*Schüren* Rn. 173 f.).

18 Die Erlaubnis ist nach **Abs. 2** zwgd. zu versagen, wenn die Betriebsstätte des Verleihers weder im Inland noch in einem anderen EU- oder EWR-Staat liegt. Ohne diese Regelung wäre einem durch die BA kaum kontrollierbaren Missbrauch Tür und Tor geöffnet (KHb/*Düwell* 4.5 Rn. 185).

19 Die Versagungsmöglichkeit nach **Abs. 3** auf Grund des Fehlens der **deutschen Staatsangehörigkeit** oder bezügl. einer jur. Person, die nicht nach deutschem Recht gegründet wurde oder weder ihren satzungsmäßigen Sitz noch ihre Hauptverwaltung oder Hauptniederlassung in Deutschland hat, beruht nach den Erwägungen des Gesetzgebers darauf, dass ein Anspruch auf die Verleiherlaubnis nach Art. 12 GG nur deutschen natürl. und jur. Personen zusteht (BT-Drs. 6/2303 S. 12, 21).

20 Zur Umsetzung der auch für Angehörige der EWR-Staaten geltenden Bestimmungen des AEUV über die Dienstleistungs- und Niederlassungsfreiheit, Art. 49 ff., 57 ff. AEUV (ex Art. 43 ff., 49 ff. EGV), werden natürl. und jur. Personen aus dem Bereich der **EU** und der **EWR-Staaten** – jur. Personen nur unter bestimmten Voraussetzungen – durch die Gleichstellungsklausel des **Abs. 4** den deutschen Verleihern gleichgestellt.

21 **Abs. 5** enthält eine Gleichbehandlungsklausel für die Staatsangehörigen von Drittstaaten, die sich auf Grund eines internationalen **Abkommens** im Geltungsbereich des AÜG niedergelassen haben.

22 **b) Fehlende Betriebsstätte im EU- oder EWR-Raum gem. Abs. 2.** Um LeihAN vor Missbräuchen durch ausl. Verleiher zu schützen, ist nach § 3 II die Verleiherlaubnis zwgd. zu versagen, wenn die Betriebsstätte des Verleihers weder im Inland noch in einem EU-Mitgliedstaat noch im Bereich des EWR-Abkommens liegt (zur verfassungsrechtl. Rechtfertigung dieser Berufsausübungsregelung *Becker/Wulfgramm* Rn. 68; SH/*Schüren* Rn. 174). Es kommt nur darauf an, dass die AN von einer Betriebsstätte innerhalb des EU- oder EWR-Raumes nach Deutschland verliehen werden. Am **Einsatzort des AN** braucht der Verleiher keine Betriebsstätte zu haben. Mangels einer eigenständigen **Definition des Betriebs** durch das AÜG ist nach allg. Auff. auf die betriebsverfassungsrechtl. Bestimmungen der §§ 1 und 4 BetrVG zurückzugreifen (ausführl. zum Ganzen Richardi/*Richardi* zu § 1 II und III, § 4 II BetrVG mwN).

23 Für ein Eingreifen des Versagungsgrundes gem. Abs. 2 müssen die Betriebe, Betriebsteile oder Nebenbetriebe außerhalb der EU oder des EWR-Raumes **für eine Verleihtätigkeit** iSv. § 1 **vorgesehen** sein. Das kann bspw in der Weise der Fall sein, dass die Arbeitsverträge oder Geschäftsunterlagen in diesen Betrieben geführt werden. Die bloße Belegenheit einer Betriebsstätte des Verleihers, die nichts mit der ANÜberlassung zu tun hat, rechtfertigt keine Versagung nach Abs. 2 (*Franßen/Haesen* Rn. 58; SH/*Schüren* Rn. 185).

24 **c) Versagung der Tätigkeit von Nicht-EU- oder EWR-Angehörigen und vergleichbaren juristischen Personen gem. Abs. 3 und 4. aa) Allgemeines.** Der fakultative Versagungsgrund des Abs. 3 und die Gleichstellungsklausel des Abs. 4 müssen im Zusammenhang gesehen werden. Der natürl. Person kann die Verleiherlaubnis versagt werden, wenn sie weder Deutscher noch Angehöriger eines EU- oder EWR-Staates ist (§ 3 III 1. Fall, IV 1), Gesellschaften oder jur. Personen, wenn es ihnen an dem geforderten engen Bezug zu einem der oben genannten Staaten fehlt, Abs. 4 S. 3. Die Erteilung der Erlaubnis gem. Abs. 3 steht im Ermessen der Behörde. Es handelt sich mithin nicht um eine gebundene, sondern um eine sog. freie Erlaubnis. In Betracht kommen als typische Ermessensfehler die Ermessensunterschreitung und der Ermessensfehlgebrauch (dazu *Kopp/Ramsauer* VwVfG 16. Aufl. 2015, § 40 Rn. 85 ff.). Der Versagungsgrund des Abs. 3 bezieht sich nur auf eine Erteilung, **nicht** auf die **Verlängerung** der Verleiherlaubnis, so dass die Verlängerung der einem Nicht-EU- oder Nicht-EWR-Ausländer erteilten Erlaubnis nur nach Abs. 1 und 2 versagt werden kann (SMS Rn. 52; SH/*Schüren* Rn. 201 f.).

25 In Ausprägung der Niederlassungs- und Dienstleistungsfreiheit (s. Rn. 28 sowie Art. 49 ff., 57 ff. AEUV; Art. 31 ff., 36 ff. EWR-Abkommen) werden **EU- und EWR-Staatsangehörige** den Deutschen gleichgestellt (Abs. 4 S. 1). Soweit sie bereits in ihrem Heimatland Nachweise oder Sicherheiten für eine angestrebte Verleihtätigkeit erbracht haben, sind sie von der Erlaubnisbehörde des Antragslandes zu berücksichtigen (EuGH 17.12.1981 AP EWG-Vertrag Art. 177 Nr. 9).

26 **bb) Gesellschaften und juristische Personen.** Beantragen Gesellschaften oder jur. Personen eine Erlaubnis, so besteht nach der Systematik der Abs. 3 und 4 ledigl. ein Anspruch auf eine Ermessensentscheidung, wenn diese weder nach deutschem Recht noch nach dem eines EU- oder EWR-Staates gegründet wurden (Abs. 3 2. Fall, 1. Unterfall, Abs. 4 S. 2); die Gesellschaft oder die jur. Person zwar nach dem Recht eines der vorgenannten Länder gegründet wurde, sie aber weder ihren satzungsmäßigen Sitz noch ihre Hauptverwaltung noch ihre Hauptniederlassung auf deren Staatsgebiet hat (Abs. 3 2. Fall, 2. Unterfall, Abs. 4 S. 2); die Gesellschaft zwar nach dem Recht der vorgenannten Länder gegründet wurde und sie auch ihren satzungsgemäßen Sitz auf deren Staatsgebiet hat, aber die von ihr ausgeübte Tätigkeit nicht in tatsächl. und dauerhafter Verbindung zu der Wirtschaft eines EU- oder EWR-Staates steht (Abs. 4 S. 3). Von dem Begriff der Gesellschaft werden nur diejenigen ohne eine eigene Rechtspersönlichkeit erfasst (GbR, OHG, KG); unter den Begriff der **jur. Person** fallen die mit einer eigenen Rechtspersönlichkeit ausgestatteten Gesellschaften (AG, GmbH, Genossenschaft). Für die Feststellung, ob eine Gesellschaft oder jur. Person wirksam gegründet wurde, ist auf die jeweiligen Vorschr. des Staates zurückzugreifen, nach dessen Recht die **Gründung** erfolgte.

Der **satzungsmäßige Sitz** ist der in der Gesellschaftssatzung genannte. Darüber hinaus wird auch der in einem Gesellschaftsvertrag der jur. Person genannte Sitz als satzungsmäßiger Sitz iSd. Regelung angesehen (*Becker/Wulfgramm* Rn. 82; SMS Rn. 54). Der Unterschied zwischen der vom G genannten Hauptverwaltung und der Hauptniederlassung besteht darin, dass sich die Hauptverwaltung an dem Ort befindet, an dem die Organe der jur. Person oder der Gesellschaft die Leitung tatsächl. ausüben (*Becker/Wulfgramm* Rn. 83). Von der Hauptniederlassung, die mit der Hauptverwaltung organisatorisch und räuml. vereinigt sein kann, wird der gewerbl. Mittelpunkt der Geschäftstätigkeit gebildet (*Becker/Wulfgramm* Rn. 83). 27

Um die Existenz von „Briefkastenfirmen“ zu verhindern, muss die ausgeübte Tätigkeit in **tatsächl. und dauerhafter Verbindung** mit der Wirtschaft eines der vorgenannten Staaten stehen. Das ist dann anzunehmen, wenn die Gesellschaft oder jur. Person neben ihrem satzungsgemäßen Sitz dort auch eine Zweigniederlassung oder eine Betriebsstätte hat (*Becker/Wulfgramm* Rn. 91; SH/*Schüren* Rn. 221). Die Anforderungen an den Begriff der „Dauerhaftigkeit“ dürfen nicht zu hoch gestellt werden, damit nicht bereits die Aufnahme einer Tätigkeit verhindert wird. Auf die Staatsangehörigkeit der **Gesellschafter** oder der Organe der jur. Person oder der Gesellschaft kommt es nicht an (*Boemke*/Lembke Rn. 84; SMS Rn. 55). 28

d) Gleichbehandlung auf Grund internationaler Abkommen gem. Abs. 5. Aufgrund internationaler Abkommen in der Form bi- oder multilateraler Verträge können auch die Staatsangehörigen von nicht zur EU oder zum EWR-Raum zählenden Staaten gleichgestellt werden. Die Gleichbehandlung betrifft einmal die Staatsangehörigen der vertragschließenden Staaten; darüber hinaus haben auch Gesellschaften, die nach den Vorschr. des Drittlandes gegründet wurden, einen Anspruch auf die Erteilung der Verleiherlaubnis; betroffen sind die Schweiz und die Türkei (Thüsing/*Pelzner/Kock* Rn. 158). 29

4. Verfahren und Rechtsbehelfe. Das gesamte Verfahren der Erlaubniserteilung richtet sich weder nach den Regelungen des VwVfG noch nach denen des SGB (ausführl. SH/*Schüren* Rn. 224 ff.: Anwendung des VwVfG). Anzuwenden sind nur die wenigen im AÜG selbst enthaltenen Verfahrensvorschriften und die allg. Grundsätze des Verwaltungsverfahrensrechts. Danach ist der Bescheid im Falle der Versagung schriftl. zu begründen (SH/*Schüren* Rn. 226). Gegen einen ablehnenden Bescheid kann **Widerspruch** eingelegt werden (§ 84 SGG). Das Widerspruchsverfahren richtet sich dann nach den speziellen Bestimmungen des SGG (ausführl. zum Verfahren *Becker/Wulfgramm* Rn. 96 ff.; SH/*Schüren* Rn. 228 ff.). Der Widerspruch hat keine aufschiebende Wirkung. Hat das Widerspruchsverfahren keinen Erfolg, kann eine auf die Erteilung der Erlaubnis gerichtete **Vornahmeklage** (§ 54 I 1 SGG) oder eine auf die Erteilung einer ermessensfehlerfreien Entscheidung gerichtete Klage (Bescheidungsklage gem. § 54 II 2 SGG) erhoben werden (ausführl. zum Klageverfahren *Becker/Wulfgramm* Rn. 100 ff.). 30

§ 3a Lohnuntergrenze

(1) [1] Gewerkschaften und Vereinigungen von Arbeitgebern, die zumindest auch für ihre jeweiligen in der Arbeitnehmerüberlassung tätigen Mitglieder zuständig sind (vorschlagsberechtigte Tarifvertragsparteien) und bundesweit tarifliche Mindeststundenentgelte im Bereich der Arbeitnehmerüberlassung miteinander vereinbart haben, können dem Bundesministerium für Arbeit und Soziales gemeinsam vorschlagen, diese als Lohnuntergrenze in einer Rechtsverordnung verbindlich festzusetzen; die Mindeststundenentgelte können nach dem jeweiligen Beschäftigungsort differenzieren und auch Regelungen zur Fälligkeit entsprechender Ansprüche einschließlich hierzu vereinbarter Ausnahmen und deren Voraussetzungen umfassen. [2] Der Vorschlag muss für Verleihzeiten und verleihfreie Zeiten einheitliche Mindeststundenentgelte sowie eine Laufzeit enthalten. [3] Der Vorschlag ist schriftlich zu begründen.

(2) [1] Das Bundesministerium für Arbeit und Soziales kann, wenn dies im öffentlichen Interesse geboten erscheint, in einer Rechtsverordnung ohne Zustimmung des Bundesrates bestimmen, dass die vorgeschlagenen tariflichen Mindeststundenentgelte nach Absatz 1 als verbindliche Lohnuntergrenze auf alle in den Geltungsbereich der Verordnung fallenden Arbeitgeber sowie Leiharbeitnehmer Anwendung findet. [2] Der Verordnungsgeber kann den Vorschlag nur inhaltlich unverändert in die Rechtsverordnung übernehmen.

(3) [1] Der Verordnungsgeber hat bei seiner Entscheidung nach Absatz 2 im Rahmen einer Gesamtabwägung neben den Zielen dieses Gesetzes zu prüfen, ob eine Rechtsverordnung nach Absatz 2 insbesondere geeignet ist, die finanzielle Stabilität der sozialen Sicherungssysteme zu gewährleisten. [2] Der Verordnungsgeber hat zu berücksichtigen
1. die bestehenden bundesweiten Tarifverträge in der Arbeitnehmerüberlassung und
2. die Repräsentativität der vorschlagenden Tarifvertragsparteien.

(4) [1] Liegen mehrere Vorschläge nach Absatz 1 vor, hat der Verordnungsgeber bei seiner Entscheidung nach Absatz 2 im Rahmen der nach Absatz 3 erforderlichen Gesamtabwägung die

Repräsentativität der vorschlagenden Tarifvertragsparteien besonders zu berücksichtigen. [2]Bei der Feststellung der Repräsentativität ist vorrangig abzustellen auf
1. die Zahl der jeweils in den Geltungsbereich einer Rechtsverordnung nach Absatz 2 fallenden Arbeitnehmer, die bei Mitgliedern der vorschlagenden Arbeitgebervereinigung beschäftigt sind;
2. die Zahl der jeweils in den Geltungsbereich einer Rechtsverordnung nach Absatz 2 fallenden Mitglieder der vorschlagenden Gewerkschaften.

(5) **[1]Vor Erlass ist ein Entwurf der Rechtsverordnung im Bundesanzeiger bekannt zu machen. [2]Das Bundesministerium für Arbeit und Soziales gibt Verleihern und Leiharbeitnehmern sowie den Gewerkschaften und Vereinigungen von Arbeitgebern, die im Geltungsbereich der Rechtsverordnung zumindest teilweise tarifzuständig sind, Gelegenheit zur schriftlichen Stellungnahme innerhalb von drei Wochen ab dem Tag der Bekanntmachung des Entwurfs der Rechtsverordnung im Bundesanzeiger. [3]Nach Ablauf der Stellungnahmefrist wird der in § 5 Absatz 1 Satz 1 des Tarifvertragsgesetzes genannte Ausschuss mit dem Vorschlag befasst.**

(6) **[1]Nach Absatz 1 vorschlagsberechtigte Tarifvertragsparteien können gemeinsam die Änderung einer nach Absatz 2 erlassenen Rechtsverordnung vorschlagen. [2]Die Absätze 1 bis 5 finden entsprechend Anwendung.**

1 **a) Einleitung.** Die Vorschr. ist entsprechend gestaltet wie gleichartige Regelungen für andere Branchen im AEntG (zum Prozedere *Leuchten* NZA 2011, 610); die Leiharbeit sollte aber aus dem AEntG ausgenommen werden, da – so die Begründung – nicht sicher war, ob sie sich von der berufsorientierten Fassung des AEntG einfangen lässt (krit. zur Neuregelung *Böhm* NZA 2010, 1218). Zurzeit hat die Vorschr. keine praktische Bedeutung. Die Zweite Lohnuntergrenzenverordnung v. 21.3.2014 hat zum 31.12.2016 geendet. Angesichts des MiLoG besteht für eine eigene Lohnuntergrenze in der Leiharbeit kein Bedarf (*Greiner* RdA 2017, 153, 160).

2 Nach § 1 II **MiLoG** gilt seit dem 1.1.2015 ein Mindestlohn von brutto 8,50 € je Zeitstunde, seit dem 1.1.2017 8,84 €. Demgegenüber könnte eine Rechtsverordnung nach § 3a auch niedrigere Stundenlöhne vorsehen. Bis Ende 2017 gehen gem. § 24 MiLoG derartige Rechtsverordnungen der Regelung im MiLoG vor. IÜ. wurde § 3a durch Art. 7 Tarifautonomiestärkungsgesetz geänd.

3 Mit Inkrafttreten der Änd des AÜG (s. Einl. Rn. 11) wird der **Schutz der LeihAN** verbessert. IÜ. sind in letzter Zeit mehrere Modelle entwickelt worden (s. die Nachw. bei *Schüren/Wank* RdA 2011, 1, 7). U. a. wurde vorgeschlagen, die Möglichkeit einer Bezugnahme auf LeiharbeitsTVe abzuschaffen (*Waltermann* Gutachten B zum 68. DJT, S. 62; krit. *Schüren/Wank* RdA 2011, 1, 5). Demgegenüber hätte sich ein Modell empfohlen, wonach die einmalige Überlassung dem Gleichstellungsgebot unterliegt, die mehrfache dagegen nicht (s. *Brors/Schüren*, Missbrauch von Werkverträgen und Leiharbeit verhindern, Rechtsgutachten für das MAIS NRW, 2014, S. 5 ff.; *Schüren/Wank* RdA 2011, 1, 7 ff.).

4 Wenn Art. 5 III RL für Tarifdispositivität bestimmt, dass der Tarifvertrag nur „unter Achtung des **Gesamtschutzes** von LeihAN" (dazu *Sansone* S. 540 ff.) alternative Regelungen vorsehen kann, dann genügt eine bloße Lohnuntergrenze den gemeinschaftsrechtl. Anforderungen nicht (*Riechert* NZA 2013, 303, 306 f.; *Schüren/Wank* RdA 2011, 1, 5 f.; *Waas* ZESAR 2012, 7, 9 f.; aA *Sansone* S. 546; s. a. § 8 Rn. 32).

5 **b) Absatz 1.** Auch wenn grundsätzl. eine Abweichung vom Gleichstellungsgrunds. durch Tarifvertrag möglich ist, verlangt die RL 2008/104/EG, dass der **„Gesamtschutz"** der LeihAN gewahrt bleibt. Nach § 3a dürfen TV die dort genannte **Lohnuntergrenze** nicht unterschreiten. Wenn ein TV Löhne unterhalb dieser Grenze vorsieht, greift § 8 II ein. Die Möglichkeit zur Abweichung vom Gleichstellungsgrunds. durch TV wird dadurch eingeschränkt, dass nach neun Monaten LeihAN den StammAN hinsichtlich des Entgelts grds. gesetzl. gleichgestellt werden; s. aber die Ausnahmen in Abs. 4 S. 2.

6 Die Regelung nimmt keinen Bezug auf ein Tarifgitter, sondern allein auf eine bestimmte Lohnuntergrenze. Diese kann allerdings regional verschieden hoch sein. Dieser Mindestlohn gilt für einen Verleih innerhalb Deutschlands ebenso wie für einen Verleih vom Ausland aus nach Deutschland, vgl. § 2 Nr. 4 AEntG. Zur Durchsetzung der Vorschr. sind die Behörden der **Zollverwaltung** zuständig, § 17 II, mit Befugnissen entspr. dem SchwArbG (§ 17a). Dem Verleiher werden entspr. Nebenpflichten auferlegt, §§ 17b, c I. Bei einem Verstoß liegt eine Ordnungswidrigkeit vor, § 16 I Nr. 7b, 11 bis 18.

7 Eine Rechtsverordnung kann nur aufgrund eines Vorschlags **zweier TVParteien** ergehen. Diese müssen für TV auf dem Gebiet der Leiharbeit zust. sein. Wenn sie daneben noch für weitere Branchen zust. sind, steht das der Antragsberechtigung nicht entgegen. Der Regelungsvorschlag muss sich auf das gesamte Gebiet der Bundesrepublik Deutschland beziehen. Nur innerhalb dieses Vorschlags sind regionale Differenzierungen möglich; andere Differenzierungen sind dagegen nicht zulässig. Neu aufgenommen wurde durch Art. 8 MiLoG die Möglichkeit, Regelungen zur Fälligkeit einschließlich Ausnahmen zu treffen.

8 Der Vorschlag muss eine Regelung sowohl für Verleihzeiten als auch für **verleihfreie Zeiten** enthalten; die Mindeststundenentgelte müssen für beide Zeiten gleich hoch sein. Die Laufzeit des Vorschlags muss der Laufzeit des TV entsprechen.

Absatz 2. Die Regelung über die AVE nach § 5 TVG sieht eine Geltungserstreckung eines vorhandenen TV auf nicht-tarifgebundene AG und AN vor. Im AÜG wurde ein anderer Weg gewählt, der auch von dem der Rechtsverordnung nach § 7 I AEntG abweicht (krit. *Böhm* NZA 2010, 1218). Es wird nicht ein vorhandener TV durch Rechtsverordnung auf andere Adressaten erstreckt, sondern es wird ein **Vorschlag über Mindestentgelte** durch Rechtsverordnung übernommen. Damit sollten nach der Begründung des Gesetzentwurfs Unsicherheiten vermieden werden, in welchem Verhältnis ein durch Rechtsverordnung erstreckter Mindesttarif zum Gleichstellungsgrunds. steht. Die Lohnuntergrenze gilt für alle in Deutschland beschäftigten Leiharbeiter, und zwar auch für im Ausland ansässige Verleiher, vgl. § 2 Nr. 4 AEntG. 9

Absatz 3. Der Bundesminister für Arbeit und Soziales ist an den Vorschlag nicht gebunden; er entscheidet nach seinem **Ermessen**, ob er eine Rechtsverordnung erlässt. Das ist nur möglich, wenn der Erlass der Rechtsverordnung im öffentlichen Interesse geboten erscheint. Die frühere umständliche Verweisung auf § 5 I S. 1 Nr. 2 TVG wurde gem. Art. 8 MiLoG durch eine eigenständige Aussage ersetzt. Zu berücksichtigen sind die finanzielle Stabilität der sozialen Sicherungssysteme, bestehende bundesweite Tarifverträge in der AÜ und die Repräsentativität der vorschlagenden TVPartei. 10

Der hier vorgesehene **Eingriff** in die Tarifautonomie ist **gerechtfertigt**, da er hinreichend wichtigen Gemeinwohlbelangen dient. Die finanzielle Stabilität des Systems der sozialen Sicherung wird als ein legitimes Regelungsziel auch vom BVerfG anerkannt (BVerfG 3.4.2001 E 103, 293, 307, 309). Ein weiteres vom BVerfG anerkanntes Ziel ist die Bekämpfung der Arbeitslosigkeit (BVerfG, Nichtannahmebeschl. v. 29.12.2004 – 1 BvR 2283/03, 1 BvR 2582/03, 1 BvR 2504/03 NZA 2005, 153 ff.). Das AÜG soll ua. der Bekämpfung von Arbeitslosigkeit dienen. ANÜberlassung soll als Brücke aus der Arbeitslosigkeit in Beschäftigung genutzt werden. Soweit es um die **Repräsentativität** der vorschlagenden TVParteien geht, findet sich eine entsprechende Regelung in § 7 II AEntG. Dort wird auch die Repräsentativität näher umschrieben; s. a. § 4a TVG. 11

Absatz 4 stimmt wörtl. mit **§ 7 III AEntG** überein; auf die Kommentierung in 30 AEntG § 7 Rn. 9 wird verwiesen. 12

Absatz 5. Die Vorschr. ist parallel zu § 7 IV und § 11 III AEntG, so dass auf die dortige Kommentierung verwiesen werden kann. 13

Für Streitigkeiten über die Wirksamkeit einer Rechtsverordnung nach § 3a sind seit dem G v. 11.8.2014 (BGBl. I 2014, 1348) nicht mehr die Verwaltungsgerichte **zuständig**, sondern die **ArbG**, § 2a I Nr. 5 ArbGG. 14

§ 4 Rücknahme

(1) [1]Eine rechtswidrige Erlaubnis kann mit Wirkung für die Zukunft zurückgenommen werden. [2]§ 2 Abs. 4 Satz 4 gilt entsprechend.

(2) [1]Die Erlaubnisbehörde hat dem Verleiher auf Antrag den Vermögensnachteil auszugleichen, den dieser dadurch erleidet, daß er auf den Bestand der Erlaubnis vertraut hat, soweit sein Vertrauen unter Abwägung mit dem öffentlichen Interesse schutzwürdig ist. [2]Auf Vertrauen kann sich der Verleiher nicht berufen, wenn er

1. die Erlaubnis durch arglistige Täuschung, Drohung oder eine strafbare Handlung erwirkt hat;

2. die Erlaubnis durch Angaben erwirkt hat, die in wesentlicher Beziehung unrichtig oder unvollständig waren, oder

3. die Rechtswidrigkeit der Erlaubnis kannte oder infolge grober Fahrlässigkeit nicht kannte.

[3]Der Vermögensnachteil ist jedoch nicht über den Betrag des Interesses hinaus zu ersetzen, das der Verleiher an dem Bestand der Erlaubnis hat. [4]Der auszugleichende Vermögensnachteil wird durch die Erlaubnisbehörde festgesetzt. [5]Der Anspruch kann nur innerhalb eines Jahres geltend gemacht werden; die Frist beginnt, sobald die Erlaubnisbehörde den Verleiher auf sie hingewiesen hat.

(3) Die Rücknahme ist nur innerhalb eines Jahres seit dem Zeitpunkt zulässig, in dem die Erlaubnisbehörde von den Tatsachen Kenntnis erhalten hat, die die Rücknahme der Erlaubnis rechtfertigen.

1. Allgemeines. Nach § 4 kann eine **rechtswidrige Erlaubnis** unter bestimmten Voraussetzungen zurückgenommen werden (ausführl. zu Entstehungsgeschichte und Regelungszweck *Becker/Wulfgramm* § 3 Rn. 1 ff.). § 5 hingegen regelt den Widerruf einer **rechtmäßigen Erlaubnis** (insoweit entspricht die Terminologie des AÜG der des SGB X und des VwVfG, §§ 44 ff. SGB X und §§ 48 f. VwVfG). Die bloß rechtswidrige Erlaubnis ist von der nichtigen zu unterscheiden (§ 44 VwVfG, § 40 SGB X). Eine **nichtige Erlaubnis** ist von Anfang an unwirksam und für alle Beteiligten unbeachtl. (vgl. zur nichtigen Erlaubnis *Becker/Wulfgramm* Rn. 17, 19 f.). Eine dennoch erfolgende Aufhebung hätte ledigl. eine klarstellende Bedeutung und wäre keine „echte", Ausgleichsansprüche nach § 4 II auslösende, Rücknahme. 1

2 **2. Freie Rücknehmbarkeit nach Abs. 1. a) Grundsatz.** Nach § 4 I kann eine rechtswidrig erteilte Erlaubnis zurückgenommen werden. Mit dieser Entscheidung für die grds. freie Rücknehmbarkeit der Erlaubnis hat sich der Gesetzgeber gegen einen Bestandsschutz entschieden. Ein Vertrauensschutz auf Aufrechterhaltung der Erlaubnis besteht nicht; die für den Verleiher aus der Rücknahme erwachsenden Nachteile sollen durch eine Entschädigung nach Abs. 2 ausgeglichen werden.

3 **b) Rechtswidrigkeit.** Das AÜG enthält keine Definition der Rechtswidrigkeit; sie beurteilt sich nach allg. Grundsätzen. Es kommt auf die objektiv bestehende Rechtswidrigkeit der Erlaubnis an; und zwar auf die **bei Erlass der Entscheidung bestehende,** zur Rechtswidrigkeit führende **Sachlage.** Spätere Änderungen, die im Falle einer Neuerteilung zu einer Rechtswidrigkeit führen würden, können nur durch einen Widerruf berücksichtigt werden (§ 5 I Nr. 3). So kommt es bspw bei einer strafrechtl. Verurteilung nicht auf deren Zeitpunkt, sondern auf den Zeitpunkt der Begehung der für die spätere Verurteilung maßgebl. Taten an (LSG NI 22.7.1977 – L 7 S (Ar) 31/77 – nv.). Die bloße Unrichtigkeit von Angaben ist unbeachtl., wenn trotz ihrer Unrichtigkeit ein Anspruch auf eine Erlaubniserteilung bestand. Verfahrens- oder Formfehler sind ebenfalls unbeachtl., wenn sie geheilt wurden. Der Verstoß muss eine Rücknahme auch noch **im Zeitpunkt der Rücknahme** selbst rechtfertigen können. Dies ergibt sich aus dem Rechtsgedanken aus § 5 III, nach dem ein Widerruf dann unzulässig ist, „wenn eine Erlaubnis gleichen Inhalts neu erteilt werden müsste" (SMS Rn. 6; vgl. auch *Becker/Wulfgramm* Rn. 13, die auf den allg. Rechtsgrunds. der „dolo-agit-Einrede" verweisen).

4 Die Entscheidung über die Rücknahme liegt im **Ermessen** der BA, doch muss sie bei der Wahl ihrer Maßnahme das Verhältnismäßigkeitsprinzip beachten. Die Behörde muss iRd. Sanktionsmöglichkeiten auch auf mildere Mittel als eine Rücknahme – zB auf eine nachträgl. Auflage – zurückgreifen. Im Gegensatz zur Regelung des § 48 VwVfG kann die Rücknahme **nur für die Zukunft,** nicht auch für die Vergangenheit erfolgen (ex-nunc-Wirkung). Für Verträge, die der Verleiher vor der Rücknahme geschlossen hat, besteht eine **Schonfrist** von zwölf Monaten (§ 4 I 2 iVm. § 2 IV 4). Bis zum Ablauf dieser Abwicklungsfrist bleiben die Verträge voll wirksam.

5 **c) Rücknahmefrist.** Die Rücknahme ist gem. § 4 III nur binnen eines Jahres mögl., nachdem die Behörde von den konkreten eine Rücknahme ermöglichenden Tatsachen amtl. positiv Kenntnis erhalten hat. Ein Kennenmüssen reicht nicht aus (aA Thüsing/*Kämmerer* Rn. 6). Nach dem Grundgedanken des § 166 BGB hat sich die Behörde die (dienstl.) Kenntnis ihres gesamten Personals zurechnen zu lassen (LSG NI 25.11.1993 – L 10 Ar 219/92 – nv.; *Becker/Wulfgramm* Rn. 36; *Boemke*/ Lembke Rn. 12; aA LG Hannover 29.2.1996 – 19 O 145/95 – nv.). Anders als bei § 48 IV 2 VwVfG gilt die Ausschlussfrist nach dem AÜG auch in den Fällen, in denen der VA durch arglistige Täuschung, Drohung oder Bestechung erwirkt wurde. Die Beweislast für die Rechtswidrigkeit der Erlaubnis liegt bei der Behörde (SMS Rn. 8; SH/*Schüren* Rn. 14). Anders sind nur die Fälle zu behandeln, in denen die Erlaubnis mit arglistigen Mitteln herbeigeführt wurde oder in denen die Aufklärung schuldhaft erschwert wird (*Becker/Wulfgramm* § 3 Rn. 32).

6 **3. Ausgleichsanspruch nach Abs. 2.** Der Ausgleichsanspruch setzt in materiellrechtl. Hinsicht voraus (zu den Formalien der Geltendmachung *Becker/Wulfgramm* Rn. 40), dass der Verleiher auf den Fortbestand der Erlaubnis vertraute und dieses **Vertrauen** auch **schutzwürdig** war. Ein Vertrauen ist regelm. dann nicht gegeben, wenn einer der dem Verantwortungsbereich des Begünstigten zuzurechnenden **Ausschlusstatbestände** des Abs. 2 Nr. 1–3 vorliegt. Darüber hinaus kann ein Vertrauen **aus ähnl. Gründen** in der Person des Verleihers und bei einer Vertretung unter analoger Anwendung von § 166 BGB ausgeschlossen sein, denn die Aufzählung ist nicht abschließend (*Becker/Wulfgramm* Rn. 43). Bei jur. Personen kommt es für die Erfüllung der Merkmale auf deren Organe an (SMS Rn. 11).

7 Besteht ein Ausgleichsanspruch, so ist dem Verleiher das **negative Interesse** zu ersetzen. Ersetzt werden also nur tatsächl. Aufwendungen, nicht jedoch erwartete Gewinne. Für den **Rechtsweg** gilt die Regelung des § 51 I SGG; beruft sich der ehem. Erlaubnisinhaber darauf, dass die Rücknahme ihm ggü. eine Enteignung darstelle, so kann er neben den SG auch die ordentl. Gerichte anrufen (zum Rechtsschutz *Boemke*/Lembke Rn. 13 f.; SH/*Schüren* Rn. 26 ff.).

§ 5 Widerruf

(1) Die Erlaubnis kann mit Wirkung für die Zukunft widerrufen werden, wenn
1. der Widerruf bei ihrer Erteilung nach § 2 Abs. 3 vorbehalten worden ist;
2. der Verleiher eine Auflage nach § 2 nicht innerhalb einer ihm gesetzten Frist erfüllt hat;
3. die Erlaubnisbehörde auf Grund nachträglich eingetretener Tatsachen berechtigt wäre, die Erlaubnis zu versagen, oder
4. die Erlaubnisbehörde auf Grund einer geänderten Rechtslage berechtigt wäre, die Erlaubnis zu versagen; § 4 Abs. 2 gilt entsprechend.

(2) [1]**Die Erlaubnis wird mit dem Wirksamwerden des Widerrufs unwirksam.** [2]**§ 2 Abs. 4 Satz 4 gilt entsprechend.**

(3) Der Widerruf ist unzulässig, wenn eine Erlaubnis gleichen Inhalts erneut erteilt werden müßte.

(4) Der Widerruf ist nur innerhalb eines Jahres seit dem Zeitpunkt zulässig, in dem die Erlaubnisbehörde von den Tatsachen Kenntnis erhalten hat, die den Widerruf der Erlaubnis rechtfertigen.

1. Allgemeines. Der Anwendungsbereich des § 5 umfasst, der verwaltungsrechtl. Terminologie entspr. (ausf. *Kopp/Ramsauer* VwVfG, 16. Aufl. 2015, § 48 Rn. 15 ff.), nur die Fälle, in denen die Verleiherlaubnis anfangs rechtmäßig erteilt wurde (zur rechtswidrig erteilten Erlaubnis s. § 4). 1

Als begünstigender VA kann eine rechtmäßig erteilte Erlaubnis nur widerrufen werden, wenn ein **bes. Grund** vorliegt. Solche dem Bestands- und Vertrauensschutzinteresse einerseits und dem öffentl. Interesse an der Aufhebung andererseits Rechnung tragenden Gründe finden sich in der abschl. Regelung des § 5 I Nr. 1 bis 4 (BT-Drs. 6/2303 S. 12; *Boemke*/Lembke Rn. 6; SH/*Schüren* Rn. 11). Sie lassen sich (mit *Becker/Wulfgramm* Rn. 5 f.) in zwei Hauptgruppen unterteilen: In der ersten Gruppe – Nr. 1 und 2 – sind die Fälle geregelt, in denen der Verleiher **kein schutzwürdiges Vertrauen** genießt, weil die Erlaubnis mit einem Widerrufsvorbehalt (Nr. 1) versehen war oder weil der Verleiher eine Auflage nicht erfüllt hat (Nr. 2). In den Nr. 3 und 4 sind hingegen die Fälle **nachträgl. Rechtswidrigkeit** auf Grund des Eintritts zwgd. Versagungsgründe nach § 3 I Nr. 1 bis 3 oder auf Grund einer nachträgl. Änd. der Rechtslage (Nr. 4) erfasst. 2

2. Widerrufsgründe im Einzelnen. a) Vorbehalt des Widerrufs. Eine Erlaubnis kann nach **Nr. 1** widerrufen werden, wenn sich die Behörde den Widerruf gem. § 2 III bei der Erteilung vorbehalten hat. Danach muss der Widerruf rechtmäßig vorbehalten worden sein, und die abschl. Prüfung der Verleiherlaubnis muss ergeben haben, dass der Erteilung ein Versagungsgrund nach § 3 entgegensteht. Ein Widerruf ist gem. § 2 III bereits dann mögl., wenn sich im Rahmen einer **vorläufig erteilten Erlaubnis** herausstellt, dass die mit ihrer Erteilung verbundenen Risiken nicht länger tragbar sind (SH/*Schüren* Rn. 16 mwN). Die Fälle, in denen die Behörde auf Grund eines pflichtgemäß ausgeübten Ermessens nach § 3 III eine Erlaubnis mit einem Widerrufsvorbehalt erteilt, werden nach dem eindeutigen Wortlaut der Nr. 1 nicht erfasst (SMS Rn. 3; SH/*Schüren* Rn. 13). § 2 III und § 5 I Nr. 1 gehen insoweit als Spezialvorschriften vor. 3

Für die Rechtmäßigkeit eines Widerrufs kommt es darauf an, dass der **Widerrufsvorbehalt** selbst gem. § 2 III **rechtmäßig** ist (VGH Kassel 26.4.1988 NVwZ 1989, 165, 166; *Becker/Wulfgramm* Rn. 9; SH/*Schüren* Rn. 14 mwN; aA Thüsing/*Kämmerer* Rn. 5). Nach § 2 III kann die Erlaubniserteilung unter Widerrufsvorbehalt nur in den Fällen erfolgen, in denen es aus nicht aus der Sphäre des Antragstellers herrührenden und nicht seine Zuverlässigkeit betreffenden Gründen an der Beurteilungsreife fehlt. Des Weiteren muss bei der abschl. Beurteilung ein nicht ausräumbarer Versagungsgrund nach § 3 vorliegen. 4

b) Nichterfüllung einer Auflage. Von **Nr. 2** werden die Fälle erfasst, in denen der Verleiher eine ihm nach § 2 II erteilte Auflage nicht innerhalb der gesetzten (angemessenen) Frist erfüllt hat. Die Ausübung des Widerrufs ist nicht von einem Verschulden des Verleihers und von der Rechtswidrigkeit abhängig. Ein fehlendes Verschulden wirkt sich aber auf das Ermessen aus und kann zur Unverhältnismäßigkeit des Widerrufs führen (*Boemke*/Lembke Rn. 10; SH/*Schüren* Rn. 19). Der Widerruf setzt keine Unanfechtbarkeit der Auflage voraus; ausreichend ist die Vollziehbarkeit (§ 6 I VwVG). Bei der Ausübung dieses Widerrufsgrundes muss der **Verhältnismäßigkeitsgrunds.** beachtet werden. IÜ sieht das AÜG für den Fall, dass der Verleiher einer Auflage nicht nachkommt, die Möglichkeit eines **Bußgeldes** vor (§ 16 I Nr. 3). 5

c) Nachträglicher Eintritt von Versagungsgründen. Der nachträgl. Eintritt eines Versagungsgrundes nach **Nr. 3** bezieht sich auf sämtl. Versagungsgründe des § 3. Anfängl. nach der Regelung des § 3 bestehende Versagungsgründe können nur zu einer Rücknahme nach § 4 führen (LSG Celle 22.7.1977 EzAÜG Nr. 34; *Boemke*/Lembke Rn. 13; SH/*Schüren* Rn. 24). Abw. von der Regelung des § 49 V 1 und 2 VwVfG erhält der Verleiher bei einem Widerruf nach Nr. 3 keinen Ausgleichsanspruch. 6

d) Änderung der Rechtslage. Ein nach **Nr. 4** mögl. Widerruf wegen einer Änd. der Rechtslage führt, anders als in den Fällen der Nr. 1–3, analog § 4 II zu einem **Ausgleichsanspruch** (*Becker/Wulfgramm* Rn. 25). Einigkeit besteht bei diesem Tatbestand jdf. dahingehend, dass im Falle einer Änd. einer Gesetzesvorschrift Nr. 4 erfüllt ist (*Becker/Wulfgramm* Rn. 15; SH/*Schüren* Rn. 27). Umstritten ist jedoch, ob auch die **Änd. der** höchstrichterl. **Rspr.** von Nr. 4 erfasst wird. Entgegen der Ansicht, dass dadurch ledigl. eine bislang falsche Rechtsauslegung offengelegt wurde (*Becker/Wulfgramm* Rn. 15; *Boemke*/Lembke Rn. 16; SH/*Schüren* Rn. 27; *Ulber* Rn. 11a), ist dieser Fall nach dem Willen des Gesetzgebers der Gesetzesänderung gleichzustellen (BT-Drs. 6/3505 S. 5). 7

3. Unzulässigkeit des Widerrufs. Der Widerruf ist gem. **Abs. 3** unzulässig, wenn eine Erlaubnis gleichen Inhalts erneut erteilt werden müsste. Wie auch die Rücknahme, so ist der Widerruf gem. **Abs. 4** nur innerhalb eines Jahres nach der Erlangung der Kenntnis zulässig. Auch wegen der weiteren Einzelheiten stimmt die Regelung mit der gleich lautenden Regelung des § 4 überein. 8

9 **4. Rechtsfolgen des Widerrufs.** Der Widerruf der Erlaubnis führt zu ihrem Erlöschen (Abs. 2 Satz 1). Er wirkt ex nunc, und zwar ab seiner Bekanntgabe. Von diesem Zeitpunkt an ist die ANÜberlassung illegal. Für die Abwicklung laufender Verträge gilt aber gem. § 5 II 2 die Vorschr. des § 2 IV 4 und damit die zwölfmonatige Abwicklungsfrist entspr. Für den Fall, dass der Widerruf auf der Änd. der Rechtslage beruht, ist dem Verleiher gem. Abs. 1 Nr. 4a E iVm. § 4 II auf dessen Antrag hin ein ihm entstandener Vermögensnachteil auszugleichen, soweit sein Vertrauen schutzwürdig ist.

§ 6 Verwaltungszwang

Werden Leiharbeitnehmer von einem Verleiher ohne die erforderliche Erlaubnis überlassen, so hat die Erlaubnisbehörde dem Verleiher dies zu untersagen und das weitere Überlassen nach den Vorschriften des Verwaltungsvollstreckungsgesetzes zu verhindern.

1 **1. Allgemeines.** Mit der Regelung des § 6 wird die BA verpflichtet und ermächtigt, nach den Vorschr. des VwVG Bund gegen die illegale Überlassung von AN vorzugehen. § 6 ist nur iRd. AÜG auf eine entgegen § 1 erlaubnislos ausgeübte Verleihertätigkeit anzuwenden. Die Anwendung des VwVG Bund ergibt sich daraus, dass die BA nach § 17 mit der Durchführung dieses Gesetzes betraut ist. Die Befugnisse der BA reichen dabei von der Möglichkeit, eine einfache Untersagungsverfügung zu erlassen, bis hin zu ihrer Durchsetzung. Die Untersagungsverfügung bildet den Vollstreckungstitel für weitere Maßnahmen des Verwaltungszwangs, § 6 I VwVG.

2 **2. Untersagungsverfügung.** Eine nach § 6 erfolgende Untersagung stellt einen VA iSv. § 35 VwVfG dar, für den die für alle VA geltenden Grundsätze und Anforderungen gelten (ausführl. SH/*Schüren* Rn. 12 ff.).

3 **a) Erlass und Adressat.** Der Erlass der Untersagungsverfügung steht nicht im Ermessen der Behörde; sie ist vielmehr zu einem **Einschreiten verpflichtet,** denn nur so lassen sich weitere Ordnungswidrigkeiten nach § 16 I Nr. 1 verhindern. Richtiger **Adressat** der Vfg. ist der **Verleiher;** bei einer jur. Person sind es deren Organe (SG Frankfurt 22.8.1986 NZA 1987, 40). Bei einem Strohmannverhältnis ist sowohl der Strohmann als auch der Hintermann richtiger Adressat der Vfg. (BVerwG 2.2.1982 DÖV 1982, 902). Gegen den Entleiher kann die BA nur nach dem OWiG vorgehen. § 6 gilt nur für die nach § 1 I 1 erlaubnispflichtige ANÜberlassung. Soweit eine solche Überlassung tatsächl. erfolgt ist, steht die Möglichkeit zum Erlass einer Untersagungsverfügung außer Streit. Dies ist nach allg. Auff. bereits der Fall, wenn ein **ANÜberlassungsvertrag abgeschlossen** wird (vgl. nur *Becker/Wulfgramm* Rn. 8; SH/*Schüren* Rn. 6). Eine Eingriffsmöglichkeit besteht darüber hinaus, wenn der Verstoß unmittelbar bevorsteht; ein weiteres Zuwarten würde den Schutzzweck des § 1 verfehlen (ebenso SMS Rn. 2 und SH/*Schüren* Rn. 7; abl. *Becker/Wulfgramm* Rn. 8).

4 **b) Vollstreckungsverfahren.** Die Untersagungsverfügung muss als Vollstreckungstitel einen **vollstreckungsfähigen Inhalt** haben und sollte zweckmäßigerweise bereits mit der **Androhung** eines bestimmten **Zwangsmittels** versehen werden, § 13 II 1, III VwVfG (vgl. 2. Aufl. Rn. 6 f.).

5 **c) Durchsetzbarkeit.** Die Untersagungsverfügung ist grds. nur durchsetzbar, wenn ein Widerspruch oder eine Klage keine aufschiebende Wirkung haben (SMS Rn. 10; SH/*Schüren* Rn. 25: „arg. e § 86a Abs. 4 SGG"). Auch sind die Voraussetzungen der §§ 86 III und IV, 97 II SGG, nach denen iRd. Widerspruchs- oder Klageverfahrens die aufschiebende Wirkung angeordnet werden kann, nicht gegeben (*Franßen/Haesen* Rn. 7).

6 **d) Zwangsmittel.** Soweit nicht bereits die Untersagungsverfügung mit der Androhung eines Zwangsmittels verbunden wurde (§ 13 II 1 VwVG), bedarf es vor der Anwendung des Zwangsmittels einer gesonderten Androhung nach § 13 I 1 VwVG. In ihr kann gem. § 9 VwVG ein Zwangsgeld oder unmittelbarer Zwang gegen den Verleiher angeordnet werden (§§ 11, 12 VwVG). Darüber hinaus ist ein Zwangsgeld festzusetzen (§ 14 VwVG), sofern kein Fall sofortigen Vollzuges vorliegt, § 6 II VwVG. Die Anwendung **unmittelbaren Zwanges** kommt nach dem Verhältnismäßigkeitsgrunds. nur als letztes Mittel in Betracht. Die Zwangsmittel dürfen bis zur endgültigen Befolgung der Verpflichtung in unterschiedl. Form und Höhe angewendet werden. Die erneute Androhung setzt jedoch voraus, dass das jeweils zuvor angedrohte Zwangsmittel erfolglos war.

7 **e) Rechtsmittel.** Gegen die Untersagungsverfügung kann sich der Verleiher mit dem Widerspruch (§§ 78 ff. SGG) und mit der Anfechtungsklage (§ 54 I 1 1. Fall SGG) zur Wehr setzen, ohne dass diese Rechtsbehelfe aufschiebende Wirkung hätten. Gegen die Androhung und die Festsetzung sind jeweils die gleichen Rechtsbehelfe mögl. Bereits durch die Untersagungsverfügung herbeigeführte Rechtsverletzungen können damit nicht angegriffen werden (§ 18 I 2, 3 VwVG; *Becker/Wulfgramm* Rn. 27; zu den Rechtsmitteln gegen die Anwendung der Zwangsmittel s. SH/*Schüren* Rn. 41 ff.).

§ 7 Anzeigen und Auskünfte

(1) [1]Der Verleiher hat der Erlaubnisbehörde nach Erteilung der Erlaubnis unaufgefordert die Verlegung, Schließung und Errichtung von Betrieben, Betriebsteilen oder Nebenbetrieben vorher anzuzeigen, soweit diese die Ausübung der Arbeitnehmerüberlassung zum Gegenstand haben. [2]Wenn die Erlaubnis Personengesamtheiten, Personengesellschaften oder juristischen Personen erteilt ist und nach ihrer Erteilung eine andere Person zur Geschäftsführung oder Vertretung nach Gesetz, Satzung oder Gesellschaftsvertrag berufen wird, ist auch dies unaufgefordert anzuzeigen.

(2) [1]Der Verleiher hat der Erlaubnisbehörde auf Verlangen die Auskünfte zu erteilen, die zur Durchführung des Gesetzes erforderlich sind. [2]Die Auskünfte sind wahrheitsgemäß, vollständig, fristgemäß und unentgeltlich zu erteilen. [3]Auf Verlangen der Erlaubnisbehörde hat der Verleiher die geschäftlichen Unterlagen vorzulegen, aus denen sich die Richtigkeit seiner Angaben ergibt, oder seine Angaben auf sonstige Weise glaubhaft zu machen. [4]Der Verleiher hat seine Geschäftsunterlagen drei Jahre lang aufzubewahren.

(3) [1]In begründeten Einzelfällen sind die von der Erlaubnisbehörde beauftragten Personen befugt, Grundstücke und Geschäftsräume des Verleihers zu betreten und dort Prüfungen vorzunehmen. [2]Der Verleiher hat die Maßnahmen nach Satz 1 zu dulden. [3]Das Grundrecht der Unverletzlichkeit der Wohnung (Artikel 13 des Grundgesetzes) wird insoweit eingeschränkt.

(4) [1]Durchsuchungen können nur auf Anordnung des Richters bei dem Amtsgericht, in dessen Bezirk die Durchsuchung erfolgen soll, vorgenommen werden. [2]Auf die Anfechtung dieser Anordnung finden die §§ 304 bis 310 der Strafprozeßordnung entsprechende Anwendung. [3]Bei Gefahr im Verzuge können die von der Erlaubnisbehörde beauftragten Personen während der Geschäftszeit die erforderlichen Durchsuchungen ohne richterliche Anordnung vornehmen. [4]An Ort und Stelle ist eine Niederschrift über die Durchsuchung und ihr wesentliches Ergebnis aufzunehmen, aus der sich, falls keine richterliche Anordnung ergangen ist, auch die Tatsachen ergeben, die zur Annahme einer Gefahr im Verzuge geführt haben.

(5) Der Verleiher kann die Auskunft auf solche Fragen verweigern, deren Beantwortung ihn selbst oder einen der in § 383 Abs. 1 Nr. 1 bis 3 der Zivilprozeßordnung bezeichneten Angehörigen der Gefahr strafgerichtlicher Verfolgung oder eines Verfahrens nach dem Gesetz über Ordnungswidrigkeiten aussetzen würde.

1. Allgemeines. Durch § 7 wird nur der **legale Verleiher** (s. *Boemke*/Lembke Rn. 3; SMS Rn. 2; SH/*Schüren* Rn. 6; nach Ansicht von *Ulber* Rn. 12 werden auch illegale Verleiher erfasst) verpflichtet, bestimmte nach der Erlaubniserteilung eintretende betriebl. und personelle Veränderungen und sonstige sich auf die Ausübung der ANÜberlassung beziehende Auskünfte ggü. der BA abzugeben. 1

Gegen **illegale Verleiher** kann die BA nach § 6 vorgehen. § 7 ist insoweit nicht anzuwenden, da er nur auf die ordnungsgemäße Durchführung der ANÜberlassung zugeschnitten ist (SH/*Schüren* Rn. 6). 2

2. Verfahren. Ein Auskunftsverlangen der BA nach Abs. 1 und 2 sowie deren Maßnahmen nach den Abs. 3 und 4 sind **VA,** die mit Widerspruch und Anfechtungsklage angegriffen werden können. Ob der BA ein Recht zu einer Prüfung zusteht, kann durch eine Klage nach § 55 I Nr. 1 SGG auf Feststellung des Bestehens oder Nichtbestehens eines Rechtsverhältnisses überprüft werden (LSG NW 11.4.1979 – L 12 Ar 236/77 – nv.). Die nach Abs. 1, 2 und 3 S. 2 bestehenden Pflichten kann die BA im Wege des Verwaltungszwanges nach dem VwVG durchsetzen (BSG 29.7.1992 NZA 1993, 525, 526). Die Verletzung der Auskunftspflicht stellt eine gem. § 16 I Nr. 4–6 mit Bußgeld bedrohte **Ordnungswidrigkeit** dar. Kommt der Verleiher seinen Pflichten mehr als nur geringfügig nicht nach, kann dies die Annahme einer Unzuverlässigkeit gem. § 3 I Nr. 1 begründen und zu einem **Widerruf** der Erlaubnis nach § 5 I Nr. 3 führen. 3

Der Verleiher hat von sich aus die nach der Erteilung der Erlaubnis eintretenden Änd. **anzuzeigen.** Sämtl. vor der Erteilung der Erlaubnis eintretenden Änd. muss der Verleiher noch iRd. Antragsverfahrens nach § 1 angeben. 4

3. Auskunftspflichten. a) Anzeigepflicht nach Abs. 1 S. 1. Abs. 1 S. 1 statuiert eine Anzeigepflicht für eine beabsichtigte Verlegung, Schließung und Errichtung von Betrieben, Betriebsteilen oder Nebenbetrieben (zu den Begriffen Betrieb, Betriebsteil oder Nebenbetrieb vgl. oben § 3 Rn. 30), also für bestimmte betriebl. Veränderungen. Unter einer **Verlegung** ist jede örtl. Veränderung der Betriebsstätte unter Beibehaltung ihrer Identität zu verstehen (*Boemke*/Lembke Rn. 5; *Ulber* Rn. 5). Von dem Begriff der **Schließung** wird sowohl die endgültige Einstellung als auch die Veräußerung und Verpachtung des Betriebes erfasst. Mit der **Errichtung** ist die Eröffnung eines Betriebes, Betriebsteils oder Nebenbetriebs gemeint (SH/*Schüren* Rn. 14). Erst die Durchführung der angezeigten Veränderung, nicht schon deren Anzeige, setzt die **Jahresfrist** des § 5 IV für den Widerruf in Lauf (*Boemke*/Lembke Rn. 13). 5

6 **b) Anzeigepflicht bei personellen Veränderungen. Abs. 1 S. 2** soll die Zuverlässigkeit eines Verleihers, der keine natürl. Person ist, sichern. Die Regelung erfasst also bestimmte personelle Veränderungen. Bei einer Personengesamtheit (nichtrechtsfähiger Verein, Erbengemeinschaft), einer Personengesellschaft oder bei einer jur. Person sind auf Grund einer Berufung nach G, Satzung oder Gesellschaftsvertrag erfolgende Änd. in der Geschäftsführung oder Vertretung anzuzeigen. Im Falle einer Insolvenz muss der allein vertretungsberechtigte InsV (§ 80 I InsO) die Anzeige über die personelle Veränderung abgeben. Eine rechtsgeschäftl. erfolgende Änd. einer **Vollmacht** (zB Prokura, Handlungsvollmacht) fällt nicht unter die Anzeigepflicht (SMS Rn. 10). Führt der Wechsel der Mitglieder einer Gesamthand oder einer Gesellschaft zu einer neuen Gesamthand oder Gesellschaft, so ist eine neue Erlaubnis nötig.

7 **c) Auskünfte betr. Durchführung des AÜG.** Die Auskunftspflicht nach **Abs. 2** erfasst alle für die Durchführung des AÜG durch die BA erforderl. Auskünfte. Die Auskunftspflicht trifft den Verleiher; sofern dieser keine natürl. Person ist, trifft sie die in Abs. 1 S. 2 genannten Personen. Die Auskünfte müssen nach S. 2 „wahrheitsgemäß, vollständig, fristgemäß und unentgeltl." erteilt werden. Auf Verlangen der Behörde sind die Auskünfte durch eine Vorlage der **Geschäftsunterlagen** zu beweisen oder glaubhaft zu machen (allerdings ohne eidesstattl. Vers.). Geschäftl. Unterlagen sind alle schriftl. Unterlagen, die mit der ANÜberlassung in irgendeiner Form zusammenhängen können. Grds. fallen unter diesen weit zu verstehenden Begriff Arbeitsverträge mit den LeihAN und Verleihverträge mit den Entleihern, die Buchhaltung und Unterlagen über die Abführung von Sozialversicherungsbeiträgen und Lohnsteuern sowie der Schriftwechsel mit anderen Behörden und Verleihern (*Boemke*/Lembke Rn. 24; SMS Rn. 15). Bei gemischten Unternehmen fallen die in dem nicht mit der ANÜberlassung befassten Unternehmensteil entstandenen und geführten Unterlagen nicht unter den Begriff der geschäftl. Unterlagen iSv. Abs. 2 (*Becker/Wulfgramm* Rn. 9).

8 Um eine wirksame Überprüfung durch die Erlaubnisbehörde sicherzustellen, hat der Verleiher seine Geschäftsunterlagen drei Jahre lang **aufzubewahren, Abs. 2 S. 4.** Damit sind nicht nur die unmittelbar Geschäftszwecken dienenden Unterlagen gemeint (so aber SMS Rn. 17), sondern vielmehr alle oben bereits iRd. Vorlagepflicht genannten Dok., Datenträger oder Tonbandaufzeichnungen.

9 **4. Betretungsrecht. Abs. 3** gibt den von der Erlaubnisbehörde beauftragten Personen in begr. Ausnahmefällen das Recht, Grundstücke und Geschäftsräume des Verleihers zu betreten und Einsicht in die Geschäftsunterlagen zu nehmen. Es handelt sich hierbei um eine von der Durchsuchung nach Abs. 4 zu unterscheidende behördl. Nachschau (SMS Rn. 19), die sich auf die Besichtigung des Betriebes und seiner Organisation sowie auf die Einsichtnahme in Unterlagen beschränkt. Für die Ausübung dieser Nachschau bedarf es keines vorhergehenden gestaltenden VA oder einer Ankündigung der BA (BSG 29.7.1992 NZA 1993, 524; *Boemke*/Lembke Rn. 35).

10 Anders als bei einem Auskunftsbegehren nach Abs. 2 kann eine Überprüfung nur dann erfolgen, wenn **konkrete Anhaltspunkte** für ein gesetzwidriges Verhalten des Verleihers vorliegen (BSG 29.7.1992 NZA 1993, 524, 525; SMS Rn. 20; SH/*Schüren* Rn. 41).

11 Auch hier ist der Grunds. der **Verhältnismäßigkeit** zu beachten. Dies führt nicht dazu, dass die Behörde zunächst versuchen muss, Auskünfte bei dem Verleiher einzuholen, die von diesem nicht, nicht glaubhaft oder unvollständig beantwortet wurden, um ein Vorgehen nach Abs. 3 zu rechtfertigen (BSG 29.7.1992 NZA 1993, 524, 525; SH/*Schüren* Rn. 42). Es kommt darauf an, ob das Auskunftsbegehren nach Abs. 2 ungeeignet ist und den Erfolg der Nachschau vereiteln kann. Ist dies nicht der Fall, so muss die Behörde zunächst nach Abs. 2 vorgehen.

12 Da auch **Geschäftsräume** in den Schutzbereich des Art. 13 I GG einbezogen sind (BVerfG 13.10.1971 NJW 1971, 2299 ff.), ist ein Betreten der Geschäftsräume und die Durchführung der Prüfung nur zu den Zeiten gestattet, in denen die Räumlichkeiten üblicherweise zur geschäftl. oder betriebl. Nutzung dienen (BVerfG 13.10.1971 NJW 1971, 2299, 2301; BSG 29.7.1992 NZA 1993, 524, 526; SH/*Schüren* Rn. 47 mwN). Aufgrund einer verfassungskonformen Auslegung des Art. 13 I GG dürfen Wohnräume nach Abs. 3 selbst dann nicht betreten werden, wenn sie gleichzeitig als Geschäftsräume genutzt werden (BVerfG 13.10.1971 NJW 1971, 2299, 2300 f.). Durch diese nach den Vorgaben des BVerfG erfolgende verfassungskonforme Auslegung wird zwar das Vorgehen nach Abs. 3 erschwert; aber die Durchsuchung von Geschäftsräumen außerhalb der normalen Öffnungs- und Betriebszeiten und die Durchsuchung von Wohnräumen ist nach Abs. 4 sowie im Rahmen eines Ordnungswidrigkeitsverfahrens mögl.

13 Die nach Abs. 3 S. 2 bestehende Duldungspflicht erfasst auch ein Mindestmaß an **Tätigwerden des Verleihers,** um den von der Erlaubnisbehörde ermächtigten Personen die Ausführung ihrer Besichtigungs- und Prüfungsrechte zu ermögl. Er muss bspw verschlossene Räume öffnen und Auskunft über den Aufbewahrungsort von Unterlagen geben (SMS Rn. 25). Die Pflicht beschränkt sich auf ein passives Gewährenlassen, wenn der Verleiher sich auf sein Auskunftsverweigerungsrecht nach Abs. 5 beruft.

14 Das Recht der Behörde nach Abs. 3 kann durch **Verwaltungszwang** durchgesetzt werden (BSG 29.7.1992 NZA 1993, 524, 526; *Boemke*/Lembke Rn. 42). Als Zwangsmittel kommt allerdings iRd. Duldungspflicht nach allg. Auff. nur ein Zwangsgeld in Betracht.

5. Durchsuchungsrecht. a) Allgemeines. Nach **Abs. 4** besteht für die BA ein Durchsuchungsrecht, das ebenso wie das Auskunfts- und Nachschaurecht der Durchführung des AÜG dient. Aus Abs. 2 S. 3 ergibt sich, dass diese Unterlagen auch sichergestellt werden können (SMS Rn. 26; SH/*Schüren* Rn. 54). Die Durchsuchung setzt als bes. belastender Eingriff idR voraus, dass die BA die Wahrnehmung ihrer Kontrollbefugnisse zunächst mit **weniger einschneidenden Maßnahmen** versucht hat und damit das auch hier geltende Verhältnismäßigkeitsprinzip beachtet hat. 15

b) Richterliche Anordnung. Eine Durchsuchung bedarf der richterl. Anordnung. Für deren Erlass ist auf den Antrag der BA hin der Richter des Amtsgerichts zuständig, in dessen Bezirk die Durchsuchung vorgenommen werden soll. Anders als im Falle der Nachschau kann eine Durchsuchung **auch zur Nachtzeit** erfolgen, denn im Gegensatz zu Abs. 4 S. 3, der eine ohne richterl. Anordnung mögl. Durchsuchung bei Gefahr im Verzuge auf die Geschäftszeiten beschränkt, trifft Abs. 4 S. 1 keine solche Einschränkung. Allerdings sind hier bes. hohe Anforderungen an die Wahrung des Verhältnismäßigkeitsgrunds. zu stellen. Nach Abs. 4 S. 2 kann der Betroffene die Durchsuchungsanordnung mittels **Beschwerde** nach §§ 304 ff. StPO anfechten. Ist die Durchsuchung bereits erfolgt, so kann die prozessual überholte Durchsuchungsanordnung nicht mehr angefochten werden; eine nachträgl. Feststellung der Rechtswidrigkeit kommt nur bei erhebl. Folgen eines Eingriffs oder bei einer konkreten Wiederholungsgefahr in Betracht (BGH 3.6.1978 NJW 1978, 1815). 16

c) Gefahr im Verzuge. Bei Gefahr im Verzuge sind Durchsuchungen gem. § 7 IV 3 auch **ohne richterl. Anordnung** während der Geschäftszeit mögl. Dies ist dann der Fall, wenn die vorherige Einholung der richterl. Anordnung den Durchsuchungszweck gefährden würde (BVerwG 12.12.1967 DVBl. 1968, 752). Eine Gefahr im Verzuge ist auch bei Verleihern anzunehmen, die ihre Tätigkeit nach dem Verlust ihrer Betriebsräume oder ihrer Organisation nunmehr ohne festen Geschäftssitz fortführen. Mit der Geschäftszeit in S. 3 ist die allg. übl., nicht die des konkreten Verleihers gemeint (SMS Rn. 30; SH/*Schüren* Rn. 63). Die Rechtswidrigkeit einer nach Abs. 4 S. 3 erfolgten Durchsuchung kann unter Darlegung eines entspr. Feststellungsinteresses durch eine **Feststellungsklage** nach § 51 I Nr. 1 SGG festgestellt werden (LSG NW 11.4.1979 EzAÜG Nr. 73). Soweit die Durchsuchung und ihre Anordnung einen VA darstellen (BSG 12.7.1989 NZA 1990, 157, 158), kann eine Fortsetzungsfeststellungsklage erhoben werden (§ 131 I 3 SGG analog; SH/*Schüren* Rn. 64). 17

d) Niederschrift. Über jede Durchsuchung ist gem. **§ 7 IV 4** eine Niederschrift an Ort und Stelle durch einen Beauftragten der BA anzufertigen und zu unterschreiben. Eine nachträgl. Anfertigung ist nicht ausreichend (SMS Rn. 34). Ein Verstoß gegen diese Formvorschrift macht die Durchsuchung nach Art. 13 II GG rechtswidrig. Nach einer Anweisung der BA ist dem Verleiher auf Wunsch eine Abschrift auszuhändigen (SMS Rn. 34). 18

6. Auskunftsverweigerungsrecht. Eine Auskunft kann auf solche Fragen verweigert werden, deren Beantwortung den Verleiher selbst oder Angehörige gem. § 383 I Nr. 1–3 ZPO der Gefahr der Verfolgung einer Straftat oder Ordnungswidrigkeit aussetzen würde (insb. wegen der Straf- und Ordnungswidrigkeitstatbestände der §§ 15 ff.). Ein Auskunftsverweigerungsrecht nach § 7 V steht regelm. dem Verleiher, bei Personenmehrheiten, Personengesellschaften und jur. Personen dem Geschäftsführer oder dem ges. Vertreter zu. Auf das Auskunftsverweigerungsrecht muss sich der Verleiher ausdrückl. **berufen.** Aus der bloßen Ausübung des Auskunftsverweigerungsrechts dürfen dem Betroffenen **keine Nachteile** erwachsen. Dadurch ist die Aufsichtsbehörde vielmehr dazu veranlasst, sich die von ihr benötigten Inf. auf eine andere Weise zu beschaffen (zB Nachschau). 19

§ 8 Grundsatz der Gleichstellung

(1) [1] Der Verleiher ist verpflichtet, dem Leiharbeitnehmer für die Zeit der Überlassung an den Entleiher die im Betrieb des Entleihers für einen vergleichbaren Arbeitnehmer des Entleihers geltenden wesentlichen Arbeitsbedingungen einschließlich des Arbeitsentgelts zu gewähren (Gleichstellungsgrundsatz). [2] Erhält der Leiharbeitnehmer das für einen vergleichbaren Arbeitnehmer des Entleihers im Entleiherbetrieb geschuldete tarifvertragliche Arbeitsentgelt oder in Ermangelung eines solchen ein für vergleichbare Arbeitnehmer in der Einsatzbranche geltendes tarifvertragliches Arbeitsentgelt, wird vermutet, dass der Leiharbeitnehmer hinsichtlich des Arbeitsentgelts im Sinne von Satz 1 gleichgestellt ist. [3] Werden im Betrieb des Entleihers Sachbezüge gewährt, kann ein Wertausgleich in Euro erfolgen.

(2) [1] Ein Tarifvertrag kann vom Gleichstellungsgrundsatz abweichen, soweit er nicht die in einer Rechtsverordnung nach § 3a Absatz 2 festgesetzten Mindeststundenentgelte unterschreitet. [2] Soweit ein solcher Tarifvertrag vom Gleichstellungsgrundsatz abweicht, hat der Verleiher dem Leiharbeitnehmer die nach diesem Tarifvertrag geschuldeten Arbeitsbedingungen zu gewähren. [3] Im Geltungsbereich eines solchen Tarifvertrages können nicht tarifgebundene Arbeitgeber und Arbeitnehmer die Anwendung des Tarifvertrages vereinbaren. [4] Soweit ein solcher Tarifvertrag die in einer Rechtsverordnung nach § 3a Absatz 2 festgesetzten Mindeststundenentgelte unterschreitet, hat der Verleiher dem Leiharbeitnehmer für jede Arbeitsstunde das im Betrieb des Entleihers für

einen vergleichbaren Arbeitnehmer des Entleihers für eine Arbeitsstunde zu zahlende Arbeitsentgelt zu gewähren.

(3) **Eine abweichende tarifliche Regelung im Sinne von Absatz 2 gilt nicht für Leiharbeitnehmer, die in den letzten drei Monaten vor der Überlassung an den Entleiher aus einem Arbeitsverhältnis bei diesem oder einem Arbeitgeber, der mit dem Entleiher einen Konzern im Sinne des § 18 Aktiengesetzes bildet, ausgeschieden sind.**

(4) [1]**Ein Tarifvertrag im Sinne des Absatzes 2 kann hinsichtlich des Arbeitsentgelts vom Gleichstellungsgrundsatz für die ersten neun Monate einer Überlassung an einen Entleiher abweichen.** [2]**Eine längere Abweichung durch Tarifvertrag ist nur zulässig, wenn**

1. **nach spätestens 15 Monaten einer Überlassung an einen Entleiher mindestens ein Arbeitsentgelt erreicht wird, das in dem Tarifvertrag als gleichwertig mit dem tarifvertraglichen Arbeitsentgelt vergleichbarer Arbeitnehmer in der Einsatzbranche festgelegt ist, und**
2. **nach einer Einarbeitungszeit von längstens sechs Wochen eine stufenweise Heranführung an dieses Arbeitsentgelt erfolgt.**

[3]**Im Geltungsbereich eines solchen Tarifvertrages können nicht tarifgebundene Arbeitgeber und Arbeitnehmer die Anwendung der tariflichen Regelungen vereinbaren.** [4]**Der Zeitraum vorheriger Überlassungen durch denselben oder einen anderen Verleiher an denselben Entleiher ist vollständig anzurechnen, wenn zwischen den Einsätzen jeweils nicht mehr als drei Monate liegen.**

(5) **Der Verleiher ist verpflichtet, dem Leiharbeitnehmer mindestens das in einer Rechtsverordnung nach § 3a Absatz 2 für die Zeit der Überlassung und für Zeiten ohne Überlassung festgesetzte Mindeststundenentgelt zu zahlen.**

1 **1. Der Gleichstellungsgrundsatz, Abs. 1 S. 1.** § 8 hatte bisher einen ganz anderen Inhalt: Der Paragraf enthielt Vorschriften zu statistischen Meldungen. Diese Daten sind künftig bereits in den DEÜV-Meldungen für AG enthalten. Auf der Grundlage der Beschäftigtenstatistik der Bundesanstalt für Arbeit steht eine bessere Datenquelle zur Verfügung. Der neue § 8 fasst die Vorschriften zum Gleichstellungsgrunds. zusammen (vgl. früher § 10 I 4; Synopse bei *Lembke* NZA 2017, 1, 4; s. zum Gleichstellungsgrunds. Art. 5 LeiharbeitsRL, Einl. Rn. 3). Das Gleichstellungsgebot kommt in der Regel in Deutschland nicht zum Tragen (*Wank* JArbR 49 (2012) 23, 31). Es geht um den zwgd. **Inhalt von Arbeitsverträgen** zwischen Verleihern und LeihAN. Nach Abs. 1 muss der Verleiher dem LeihAN die wesentl. Arbeitsbedingungen gewähren wie sie ein vergleichbarer AN des Entleihers erhält (equal pay oder equal treatment). Mit anderen Diskriminierungsverboten (Frauen, Befristung, Teilzeitarbeit) kann die Regelung nicht verglichen werden (aA *Thüsing* DB 2003, 446): Dort geht es jeweils um Arbeitsbedingungen desselben Betriebs, während nach § 8 I der Verleiher als AG die Arbeitsbedingungen eines anderen, ihm fremden Betriebes zugrunde legen muss. Das Gleichstellungsgebot lässt – folgt man der hM – eine Bevorzugung von LeihAN zu (*Boemke* RIW 2009, 177, 181; *Rieble* NZA 2013, 309; Thüsing/*Pelzner*/*Kock* Rn. 64). Das ist weder vom Wortlaut noch von der Sache her gerechtfertigt.

2 Die Gleichstellung geht weit: Zwar brauchen nicht sämtliche **Arbeitsbedingungen** gleich ausgestaltet zu werden, aber doch die wesentl., und zwar nicht nur bezügl. des Arbeitsentgelts. Während das MiLoG nur eine Lohnuntergrenze festsetzt, betrifft die Gleichstellungsverpflichtung nach § 8 das gesamte Lohngefüge.

3 **2. Systematik.** Gesetzestechnisch wird in der Vorschr. zunächst (Abs. 1) eine **Regel** aufgestellt (Gleichstellungsgrunds.), für die eine Ausnahme normiert wird (Abweichung durch TV, Abs. 2). Dazu besteht eine Rückausnahme für diejenigen TV, die § 3a II nicht beachten (Abs. 2 S. 2), und für AN, die in den letzten drei Monaten bei dem Entleiher (oder einem anderen konzernangehörigen Unternehmen) beschäftigt waren (Abs. 3); dh. dann gilt wieder die Regel. An die Nichtbeachtung des Diskriminierungsverbots wird die Versagung der Verleiherlaubnis geknüpft, § 9 Nr. 2. Rechtsfolge eines Verstoßes gegen § 9 Nr. 2 ist des Weiteren, dass der LeihAN kraft Gesetzes vom Verleiher die Gewährung der wesentl. Arbeitsbedingungen eines vergleichbaren AN des Entleihers in gleicher Weise verlangen kann, als ob der Arbeitsvertrag wirksam wäre. Nach dem AÜGÄndG gelten für das Arbeitsentgelt (anders als für nicht entgeltbezogene Arbeitsbedingungen, *Henssler* RdA 2017, 83, 93) **drei Phasen:**

- 1. Phase: bis zu neun Monaten grds. gleiche Arbeitsbedingungen; Abweichung durch TV mögl.
- 2. Phase: zwischen 10. und 15. Monat grds. gleiche Arbeitsbedingungen; Abweichung durch TV mögl., aber nur wenn im TV Folgendes vorgesehen:
  - Angleichung nach spätestens 15 Monaten
  - stufenweise Anhebung
- 3. Phase: nach dem 15. Monat grds. gleiche Arbeitsbedingungen; Abweichung durch TV mögl., wenn „gleichwertiges“ Arbeitsentgelt wie bei den AN des Entleihers.

3a Die Frist von 9 Monaten gilt für bestehende LeihArbVerh. nicht mit dem ersten Tag der Beschäftigung, sondern mit dem Inkrafttreten des G am 1.4.2017, § 19 II.

Zusammenfassend ergibt sich, dass durch TV bis zur Dauer von 15 Monaten insgesamt von § 8 abgewichen werden kann. Während der ersten **9 Monate** ist das ohne weitere Einschränkungen als die nach § 3a II zulässig, Abs. 2, Abs. 4 S. 1. In diesem Zeitraum sind auch Bezugnahmen möglich, Abs. 2 S. 3. Soweit der TV die Untergrenze des Mindestlohns nach § 3a II unterschreitet, besteht ein unmittelbarer Anspruch des LeihAN gegenüber dem Verleiher auf Zahlung des Differenzbetrages, Abs. 2 S. 4. Für den Zeitraum **zwischen 9 Monaten und 15 Monaten** können TV nur unter bestimmten Voraussetzungen von § 8 abweichen, Abs. 4 S. 2 (HeG/*Bauer/Bertram* § 5 Rn. 159 ff.; *Lembke* NZA 2017, 1, 7 f.). Dabei orientiert sich das G an den bereits bestehenden BranchenzuschlagsTV: 4

- Nach spätestens 15 Monaten muss ein „gleichwertiges" Arbeitsentgelt entrichtet werden.
- Eine Angleichung muss in Stufen erfolgen.
- Dabei darf eine Einarbeitungszeit von höchstens 6 Wochen vorangeschaltet werden.

In diesem Zeitraum kann nach Abs. 4 S. 3 ebenfalls eine Bezugnahme erfolgen. **Nach 15 Monaten** braucht nicht der gleiche Arbeitslohn gezahlt zu werden wie bei den AN des Entleihers, sondern nur ein „gleichwertiger" Lohn nach TV. 4a

3. Wesentliche Arbeitsbedingungen. a) Vertragsbedingungen. Der Verleiher muss seinem AN die wesentl. Arbeitsbedingungen wie im Entleiherbetrieb gewähren (s. zum Ganzen *Henssler* RdA 2017, 83, 92; *Sansone* S. 155 ff.; SH/*Schüren* § 9 Rn. 96 ff.; *Wank* RdA 2017, 100, 111). Da die Vorschr. nach Abs. 2 durch TV abbedungen werden kann, wird sie nur praktisch, wenn kein entsprechender TV gilt oder wenn nicht auf einen TV oder wenn auf einen unwirksamen TV Bezug genommen wird. Diese Verpflichtung wird in § 9 I Nr. 2 wiederholt. Was wesentl. Arbeitsbedingungen sind, wird im AÜG nicht definiert. Wie auch im MiLoG, wird eine der wichtigsten Fragen in der Praxis, wie sich der zwingend zu zahlende Lohn zusammensetzt, im G nicht beantwortet. Nach der RL (Einl. Rn. 3) sind wesentl. Arbeitsbedingungen zum einen diejenigen betr. Arbeitszeit (zur Dauer der Arbeitszeit BAG 16.4.2014 – 5 AZR 483/12) und Arbeitsentgelt (Art. 3 I lit. f, i, ii RL) sowie Regelungen über Schwangere, Kinder und Jugendl. sowie über die Diskriminierungsgründe, wie sie in § 1 AGG aufgezählt sind (Art. 5 I UAbs. 2 RL). Die Aufzählung ist abschließend (so a. *Hamann* EuZW 2009, 287, 305; Thüsing/*Pelzner/Kock* Rn. 69; *Thüsing/Stiebert* in Brand/Lembke, Der CGZP-Beschluss, 2012, S. 59, 63 f.; *Ulrici* Rn. 23). Soweit in der Lit. weitergehende Vertragsbedingungen genannt werden, wie zB Lohnfortzahlung im Krankheitsfalle (*Ulber* AuR 2003, 3, 10 f.), sind sie unbeachtl. (s. *Schüren/Wank* RdA 2011, 1, 3 f.). In diesem Zusammenhang in der RL nicht geregelt ist die Frage, ob **sachl. Gründe** eine unterschiedl. Behandlung von StammAN und LeihAN rechtfertigen können. Ein striktes Diskriminierungsverbot ist hier wie auch bei allen anderen Diskriminierungsverboten abzulehnen (aA *Ulrici* Rn. 35). Ausdrückl. auf sachl. Gründe Bezug nimmt Art. 6 Nr. 4 RL, wonach der LeihAN einen Anspruch auf Nutzung der sozialen Einrichtungen des Entleihers hat, „es sei denn eine unterschiedl. Regelung ist aus objektiven Gründen gerechtfertigt" (s. a. § 13b S. 1). Dies muss auch für die vorgenannte Regelung gelten (s. *Lembke* BB 2003, 103; krit. *Thüsing* DB 2003, 446, 447). Abzulehnen ist demgegenüber ein Rückgriff auf die verfehlte Regelung in der Nachweisrichtlinie und im Nachweisgesetz (s. aber § 11, der auf das NachwG verweist; für die Bezugnahme *Sansone* S. 171). Obwohl der Gesetzgeber in beiden Fällen eine ganze Reihe von wesentl. Arbeitsbedingungen aufführt, soll diese Enumeration nach ganz hM nicht abschließend sein – der Rechtssicherheit dient das sicher nicht (krit. *Wank* NZA 2003, 14, 18). Zur Darlegungslast des AN BAG 13.3.2013 NZA 2013, 782; dazu *Brors* RdA 2014, 182, 186. 5

b) Entgelt einschließl. Sonderzuwendungen, Abs. 1 S. 3. Zum Entgelt zählt jede Vergütung, die aus Anlass des ArbVerh gewährt wird oder auf Grund gesetzl. Tatbestände zur Entgeltfortzahlung gewährt werden muss. Zu den wesentl. Arbeitsbedingungen zählt nicht nur das Arbeitsentgelt ieS, sondern dazu gehören auch Sonderzuwendungen (BAG 19.2.2014 NZA 2014, 915; vgl. auch § 10 Rn. 13 ff.; zum Entgelt bei einem höherwertigeren Einsatz LAG BE/BB 10.9.2013 7 Sa 378/13), Zuwendungen und vermögenswerte Leistungen. Erfasst werden, wie Abs. 1 S. 3 nunmehr ausdrückl. feststellt, auch **Sachleistungen**, wie die Überlassung eines Firmenwagens (*Bertram* ZESAR 2003, 208; *Rieble/Klebeck* NZA 2003, 23, 24 f.; *Sansone* S. 174 ff.; SH/*Schüren* § 9 Rn. 131 ff.; krit. in Bezug auf „individuell vereinbarte Bestandteile" des Lohns *Henssler* RdA 2017, 83, 92). Anstelle der Sachleistung kann auch ein **Wertausgleich in Geld** erfolgen, Abs. 1 S. 3. Soweit diese eine Wartezeit voraussetzen, wird sie der LeihAN angesichts der üblicherweise kurzen Einsatzzeit regelm. nicht erfüllen (zum Ganzen a. *Sansone* S. 182 ff.). Soweit befristet Beschäftigten zB Jahressonderzahlungen geleistet werden, sind auch LeihAN anspruchsberechtigt (BAG 8.11.1978 AP BGB § 611 Gratifikation Nr. 100; SH/*Schüren* § 9 Rn. 132 f.). Angesichts der Möglichkeit einer abweichenden Regelung durch TV (s. Rn. 24 ff.) findet der Grunds. der Nichtdiskriminierung in der Praxis kaum Anwendung. Für die Schlüssigkeit einer auf den Anspruch auf gleichen Lohn gestützten Klage reicht der Hinweis auf die Differenz zwischen dem nach § 13 AÜG genannten Lohn und der vom Verleiher gezahlten Vergütung (BAG 19.9.2007 RdA 2008, 58 *(Schüren)*; s. jedoch BAG 23.10.2013 NZA 2014, 313; bestätigt durch 21.10.2015 NZA 2016, 422: die Darlegungslast umfasst neben dem Arbeitsentgelt für vergleichbare StammAN die Darlegung des Gesamtvergleichs und die Berechnung der Differenzvergütung. Sämtl. Sonderzuwendungen müssen entweder an den LeihAN gewährt oder in Geldwert umgerechnet werden 6

(*Rieble/Klebeck* NZA 2003, 23, 25; krit. *Bauer/Krets* NJW 2003, 537, 539). Anders als früher mangels gesetzl. Regelung in der Lit. vertreten, gilt keine Beschränkung derart, dass eine reale Gewährung unmöglich ist. Insofern ist dies nunmehr eine praktikable Regelung. Zu Ruhegeldansprüchen kommt es in aller Regel deshalb nicht, weil die Wartezeit im Entleiherbetrieb nicht ausreicht (*Bauer/Krets* NJW 2003, 537, 539; *Greiner* RdA 2017, 153, 155; Thüsing/*Pelzner/Kock* Rn. 73; für eine Umrechung als Geldleistung dagegen *Lembke* BB 2003, 98, 101; SH/*Schüren* § 9 Rn. 135). Zu bedenken ist allerdings, dass dem Ruhegehalt Entgeltcharakter zukommt („Doppelcharakter" nach BAG 13.11.2012 NZA 2013, 1279). Spätestens nach 9 Monaten muss der Verleiher dem LeihAN ein gleiches Entgelt gewähren. Daraus könnte sich ein Anspruch auf Einrichtung eines eigenen Versorgungssystems beim Verleiher ergeben, *Giese/Orth* BB 2017, 693. Zur **Nutzung sozialer Einrichtungen** s. § **13b**, zu **ArbZ** und Urlaub *Ulrici* Rn. 27 f.

7 c) Vergleichsmaßstab sind die Arbeitsbedingungen für einen **vergleichbaren AN** des Entleihers (dazu *Bertram* ZESAR 2003, 209 f.; *Henssler* RdA 2017, 83, 92 f.; *Lubisch*, Der vergleichbare AN, 2014; *Sansone* S. 253 ff.; *Schüren/Wank* RdA 2011, 1, 4; *Wank* RdA 2017, 100, 110 f.; nach *Rieble/Vielmeier* EuZA 2011, 498 ist nur der hypothetische AN maßgeblich). Am einfachsten ist es, wenn der LeihAN einen StammAN vertritt – dies ist der vergleichbare AN. Ob nicht nur ein AN mit der gleichen, sondern auch einer mit einer ähnl. Tätigkeit (BT-Drs. 15/25 S. 38; Art. 3 Abs. 1 lit. b RL-Entwurf; *Thüsing* DB 2003, 446, 447) erfasst wird, regeln die RL und § 8 nicht. Dagegen reicht eine gleichartige Tätigkeit nicht als Vergleichsmaßstab. Denkbar ist, dass es im Entleiherbetrieb **mehrere vergleichbare AN** gibt, die aber unterschiedl. entlohnt werden. Gelten ab einem Stichtag neue, eventuell auch schlechtere Arbeitsbedingungen, so ist der LeihAN wie ein neu in den Betrieb eintretender StammAN zu behandeln. Liegt der Lohnfindung keine Regel zugrunde, sondern beruht sie auf einer individuellen Handhabung, so gelten die konkret für diesen Arbeitsplatz anzuwendenden Arbeitsbedingungen. IÜ muss im Hinblick auf die Arbeitsbedingungen eines vergleichbaren AN unterschieden werden zwischen Arbeitsbedingungen, die an den Arbeitsplatz anknüpfen, und solchen, die an die Person des AN anknüpfen (*Ulber* AuR 2003, 7, 11).

8 Für den Fall, dass es **an einem vergleichbaren AN fehlt,** enthalten die RL und § 8 keine Regelung (abgesehen von I 2). Insofern muss weiterhin auf die vorhandene Rspr. und Lit. zurückgegriffen werden. So muss nach der RL auf den **hypothetischen AN** im Betrieb Bezug genommen werden (BAG 19.2.2014 NZA 2014, 1658; *Greiner* RdA 2017, 153, 154; *Schüren/Wank* RdA 2011, 1, 4). Fehlt es auch daran, so muss auf die Arbeitsbedingungen in einem vergleichbaren Betrieb Bezug genommen werden (HWK/*Kalb* Rn. 33; *Lembke* BB 2003, 98, 100; Thüsing/*Pelzner/Kock* Rn. 79; *Ulber* § 9 Rn. 104; aA *Thüsing* DB 2003, 446, 447; Thüsing/*Mengel* Rn. 24; krit. *Steuer* S. 157 f.). Das gilt insbesondere, wenn LeihAN Spezialaufgaben wahrnehmen, für die im Entleiherbetrieb gerade keine Arbeitsplätze bestehen (vgl. auch SH/*Schüren* § 9 Rn. 124). EU-rechtl. Grundsätzen des Antidiskriminierungsrechts entsprechend ist auf den hypothetischen VergleichsAN abzustellen (aA *Sansone* S. 268 ff.). Wenn nach internationalem Privatrecht auf das ArbVerh eines LeihAN deutsches ArbR anzuwenden ist, schuldet der Verleiher nach § 8 I 1 gleichen Lohn auch für **Auslandseinsätze,** BAG 28.5.2014 NZA 2014, 1264.

9 **d) Vermutung der Gleichstellung, Abs. 1 S. 2.** Eine Gleichstellung wird nach Abs. 1 S. 2 vermutet, wenn ein tarifl. Entgelt gezahlt wird, wie es den beim Entleiher beschäftigten AN geschuldet wird. Gilt für die StammAN kein TV, gilt aber in der Einsatzbranche ein TV, dann wird eine Gleichstellung ebenfalls vermutet, wenn dieses Tarifentgelt gezahlt wird (krit. *Deinert* RdA 2017, 65, 75). Dass die AN der Stammbelegschaft übertarifl. Ansprüche haben, steht der Vermutung nicht entgegen (*Greiner* RdA 2017, 153, 156).

10 e) Die Arbeitsbedingungen des Entleihers sind dem LeihAN für die Zeit der Überlassung zu gewähren (Abs. 1 S. 1). Die Verpflichtung besteht daher auch für die nur eintägige Überlassung eines einzelnen AN! Mit jedem Wechsel zu einem anderen Entleiher gelten wieder andere Arbeitsbedingungen. Hingegen ist ges. nicht geregelt, welchen Lohn der LeihAN in **Zeiten ohne Überlassung** erhält. Art. 5 II RL (s. Einl. Rn. 3) erlaubt den Mitgliedstaaten, vom Gleichbehandlungsgrunds. abzuweichen, wenn unbefristete Verträge geschlossen werden und auch die Zeit zwischen den Überlassungen bezahlt wird, ohne dass die Höhe des Entgelts genannt wird. Da Leiharbeitsverträge in Deutschland in aller Regel befristet abgeschlossen werden, greift diese RL-Bestimmung nicht ein. Die Diskussion über die Höhe des in verleihfreien Zeiten zu zahlenden Entgelts hat sich allerdings teilw. dadurch erledigt, dass nach § 8 V auch für verleihfreie Zeiten das Mindeststundenentgelt nach § 3 II zu zahlen ist. § 11 IV 2 wurde dennoch beibehalten. Der Verleiher wird dadurch aber nicht zur Zahlung eines höheren Lohnes als des Mindestlohnes verpflichtet. Zur Höhe der Vergütung trifft § 11 IV 2 keine Aussage, und auch nach dem Willen des Gesetzgebers soll das in Zeiten des Nichtverleihs zu zahlende Entgelt weiterhin der Vereinbarung zwischen Verleiher und LeihAN unterliegen (BT-Drs. 15/25 S. 38).

11 **f) Durchschnittslohn.** Fragl. ist, ob der Verleiher eine flexible Lohnhöhe für die Zeiten des Nichtverleihs dergestalt vereinbaren kann, dass der LeihAN verleihunabhängig und damit durchgängig denselben (Durchschnitts-) Lohn erhält, indem er für die Bemessung der Lohnhöhe in den Zeiten des Nichtverleihs festlegt, welche Abschläge vom (Durchschnitts-)Lohn vorzunehmen sind. Eine solche **Durchschnittslohnvereinbarung** verstößt gegen das mit dem G verfolgte Ziel, Diskriminierungen

von LeihAN ggü. StammAN zu verhindern (vgl. dazu BT-Drs. 15/25 S. 38), denn die Durchschnittslohnvereinbarung stellt sich als eine Umgehung des Diskriminierungsverbotes dar (ebenso *Ulber* § 1 Rn. 51d). Mithin kann zwar der Lohn zwischen den Verleiheinsätzen nach wie vor zwischen dem Verleiher und dem LeihAN vereinbart und muss gem. § 11 IV 2 gewährt werden, doch bestehen dabei Beschränkungen insoweit, als dessen Höhe nicht flexibel oder in Abhängigkeit zum Entgelt während der Überlassungen gestaltet werden kann. Hierdurch erhält der LeihAN für die verleihfreien Zeiten ein der Höhe nach bereits bei Vertragsschluss festgelegtes Entgelt, das nur durch das für die Zeiten der Überlassungen variable Entgelt unterbrochen wird.

g) Ein **Günstigkeitsvergleich** mit den Arbeitsbedingungen **beim Verleiher** findet insoweit **nicht** 12 **statt** (aA *Bauer/Krets* NJW 2003, 537, 538; *Thüsing* DB 2003, 446, 447; *Ulber* AuR 2003, 7, 11). Der Verleiher braucht sich nur nach dem beim Entleiher geltenden TV zu richten. Ohnehin betrifft das Günstigkeitsprinzip nach § 4 III TVG nur das Verhältnis TV/Einzelarbeitsvertrag (s. Wiedemann/*Wank* § 4 TVG Rn. 381 ff.); für das Verhältnis Gesetz/Einzelarbeitsvertrag gibt es dagegen auch im ArbR kein allg. Günstigkeitsprinzip. IÜ ist ein solcher Fall im Ansatz rechtl. und ferner praktisch kaum vorstellbar. Wenn der Verleiher nicht das Nettoarbeitsentgelt gem. § 8 I zahlt, so bleibt ihm ohnehin nur die Möglichkeit, Arbeitsbedingungen gemäß denen im Entleiherbetrieb zu gewähren. Jedenfalls enthält das G keine Günstigkeitsklausel derart, „es sei denn, dass die Arbeitsbedingungen im Verleiherbetrieb günstiger sind" (vgl. demgegenüber § 10 I 5). Auch in der Praxis werden Löhne im Verleiherbetrieb kaum jemals günstiger sein als diejenigen im Entleiherbetrieb.

Werden **mehrere LeihAN** desselben Verleihers gleichzeitig in unterschiedl. Entleiherbetrieben 13 beschäftigt, so erhalten sie wegen der Bezugnahme auf die Entleiherbetriebe unterschiedl. Löhne; eine Gleichbehandlung wird durch G ausgeschlossen (*Bauer/Krets* NJW 2003, 537, 538).

4. Abweichung durch Tarifvertrag, Abs. 2. a) Von den Bestimmungen in Abs. 1 kann des Weiteren 14 gem. Abs. 2 durch TV **abgewichen** werden (zu diesen TV s. Rn. 23 f. sowie *Schüren* RdA 2007, 231, 232; zur Geltung in Bezug auf nachwirkende TV s. *Bayreuther* BB 2010, 309), allerdings nur für die ersten neun Monate, Abs. 4 Satz 1. Überlassungen vor dem 1.4.2017 bleiben nach § 19 II unberücksichtigt (zur Fristberechnung *Bayreuther* NZA 2017, 18, 19). Das setzt einen Abschluss durch eine tariffähige ANOrganisation voraus (Rn. 16). Art. 5 LeiharbeitsRL (s. Einl. Rn. 3) lässt zwar zu, dass die Mitgliedstaaten eine Abweichung durch TV vorsehen, aber nur „unter Achtung des Gesamtschutzes von LeihAN" (Rn. 32 ff.). Zu Art. 5 II LeiharbeitsRL s. Bericht der Kom. COM (2014) 176 final S. 7: Anwendung in Irland, Malta und Schweden. Zu einem rückwirkenden TV s. BAG 21.1.2016 NZA 2016, 679.

b) Im Hinblick auf die **Verfassungsmäßigkeit** der Ausnahmeregelung des § 3 I Nr. 3 (jetzt § 8) 15 wurden in der Lit. Bedenken geltend gemacht (Nachw. s. 12. Aufl.). Das BVerfG hat allerdings eine gegen die Neufassung der §§ 3 I Nr. 3, 9 Nr. 2 und 10 IV aF eingereichte Verfassungsbeschwerde mangels grundsätzl. Bedeutung zurückgewiesen (BVerfG 29.12.2004 NZA 2005, 153). Des Weiteren wurde in der Lit. geltend gemacht, durch die Regelung in § 3 I Nr. 3 aF werde in die **negative Koalitionsfreiheit** des Art. 9 III GG eingegriffen, denn die Verleiher würden faktisch zur Mitgliedschaft in einer entspr. Koalition gezwungen, da für sie nur so die Möglichkeit besteht, schlechtere als die ges. Arbeitsbedingungen zu gewähren (vgl. ua *Hümmerich/Holthausen/Welslau* NZA 2003, 7, 10; *Kämmerer/Thüsing* Leiharbeit und Verfassungsrecht, 2005; *Rieble/Klebeck* NZA 2003, 23). Demgegenüber ist nach Ansicht des **BVerfG** (29.12.2004 NZA 2005, 153) der auf den Verleiherbetrieb ausgeübte mittelbare Druck nicht so stark, dass er zu einer Verletzung der negativen Koalitionsfreiheit führt.

c) **Tariffähigkeit.** Zur Zeit sind als **AGVerbände** tätig der Interessenverband Deutscher Zeitarbeits- 16 unternehmen (IGZ), der Bundesarbeitgeberverband der Personaldienstleister (BAP), als Fusion aus dem Bundesverband Zeitarbeit Personal-Dienstleistungen e. V. (BZA) und dem AGVerband Mittelständischer Personaldienstleister (AMP), und die Tarifgemeinschaft Zeitarbeitsunternehmen in der BVD. Ihnen stehen zwei Tarifgemeinschaften verschiedener Gewerkschaften gegenüber. Neben den von den genannten Koalitionen geschlossenen FlächenTV gibt es zahlreiche HausTV, die im Wesentl. mit den christl. Gewerkschaften in der CGZP geschlossen wurden. Die **Tariffähigkeit der** „Tarifgemeinschaft christl. Gewerkschaften für Zeitarbeit und PersonalServiceAgenturen" **(CGZP)** hat das BAG mit Urt. v. 14.12.2010 (NZA 2011, 289) verneint (zur Lit. vor dem Urt. s. 11. Aufl. Rn. 2; zum Urteil s. *Brors* AuR 2010, 406; *dies.* AuR 2011, 138; *Ferme* NZA 2011, 619; *Huke* BB 2011, 830; *Löwisch* SAE 2011, 61; *Neef* AuR 2011, 615; *Schlegel* NZA 2011, 380).

aa) Im Hinblick auf die Tariffähigkeit der CGZP bestanden zwei Probleme: Konnte die CGZP als 17 tariffähige Spitzenorganisation iS des § 2 III TV im eigenen Namen abschl.? War sie sozial mächtig (zu letzterem *Brors* AuR 2010, 406, 410; *Schüren* AuR 2008, 239)? Das BAG hat sich in seinem Urteil vom 14.12.2010 (NZA 2011, 289) allein zu der erstgenannten Frage geäußert: Die CGZP sei weder selbst Gewerkschaft (§ 2 I TVG) noch sei sie tariffähige **Spitzenorganisation** (§ 2 III TVG). § 2 III TVG sei nur erfüllt, wenn der Abschluss von TV im eigenen Namen zu den satzungsgemäßen Aufgaben der Spitzenorganisation gehöre. Die angeschlossenen Gewerkschaften dürften die Befugnis der Spitzenorganisation nicht auf einen Teil des Organisationsbereichs der Mitgliedsgewerkschaften beschränken, und der Organisationsbereich der Spitzenorganisation dürfe nicht über den ihrer Mitgliedsgewerkschaften hinaus reichen.

18 **bb)** Das LAG BW hat im Beschluss v. 20.3.2011 (DB 2013, 127) Zweifel an Tariffähigkeit und Tarifzuständigkeit der in der **Tarifgemeinschaft Zeitarbeit des DGB** zusammengeschlossenen Einzelgewerkschaften geäußert. Das BAG hat die Sache an das LAG zurückverwiesen (BAG 19.12.2012 – 1 AZB 72/12 BeckRS 2014, 73573; s. auch *Bayreuther* NZA 2017, 18, 19; *Fischer* RdA 2013, 326; *Rieble* BB 2012, 2077, 2182; *Ulrici* Rn. 53).

19 **cc)** Das Urteil von Dezember 2010 bezog sich ausdrückl. (nur) auf die Tariffähigkeit der CGZP zum gegenwärtigen Zeitpunkt. Mit Beschl. v. 22.5.2012 (BeckRS 2012, 7048 = BB 2012, 1471) und v. 23.5.2012 (NZA 2012, 623) hat das BAG die Tarifunfähigkeit der CGZP **auch für die Vergangenheit** erklärt.

20 **dd)** Einige neuere Arbeitsverträge haben neben oder anstelle der Verweisung auf CGZP-TV auf **mehrgliedrige TV** Bezug genommen. Das BAG hat in seinem Urt. v. 13.3.2013 NZA 2013, 680 eine wirksame Bezugnahme verneint. Eine derartige Bezugnahmeklausel sei intransparent und lasse nicht erkennen, welcher Vertrag bei sich widersprechenden Regelungen den Vorrang erhalten solle; dazu *Brors* RdA 2014, 182. Da auch die DGB-LeiharbeitsTV mehrgliedrige TV sind, ist die Entscheidung von allg. Bedeutung (*Lembke/Ludwig* NJW 2014, 1329, 1332; *Bayreuther* DB 2014, 717; *Müntefering* NZA 2015, 711; *Schindele/Söhl* NZA 2014, 1049).

21 **d) Abweichungen betr. § 8.** Die abweichenden Regelungen können sich nur auf die Vorgaben in § 8 I beziehen. Andere ges. Vorschr., wie zB die Verpflichtung zum Abschluss eines unbefristeten Arbeitsvertrages gem. § 14 TzBfG, unterliegen nicht der Disposition der TVPen. TV können aber – entgegen § 11 IV 2 – ein einheitliches Konzept für Verleihzeiten und für verleihfreie Zeiten vorsehen (*Kokemoor* NZA 2003, 238, 241 sowie Rn. 10 f.). Eine verdrängende Wirkung ggü. der Regelung in Abs. 1 kommt auch einem nur **nachwirkenden TV** zu (*Thüsing* DB 2003, 446, 449; *Denzel/Hummel* AiB 2008, 567; aA *Ulber* § 9 Rn. 265). Ebenso wie bei § 1 Abs. 1b besteht auch bei § 8 das Problem der **Fristberechnung**. Bei kontinuierlichem Einsatz ist die Fristberechnung nach §§ 187 I, 188 II BGB vorzunehmen, bei diskontinuierlichem Einsatz nach § 191 BGB (*Greiner* RdA 2017, 152, 159).

22 Die Regelung des § 8 rechtfertigt keine **Änderungskündigung** durch einen AG, der einem AGVerband beitritt, zur Absenkung des bisherigen Lohnes auf das Niveau des TV für ZeitAN (BAG 12.1.2006 AP KSchG 1969 § 2 Nr. 82 *(Boemke)* = EzA KSchG § 2 Nr. 56 *(Hamann)* = AiB 2006, 767 *(Reim))*.

23 **5. Inhalte von Tarifverträgen.** Der **Bundesverband Zeitarbeit e. V.** (BZA) und die Tarifgemeinschaft Zeitarbeit des Deutschen Gewerkschaftsbundes **(DGB)** haben am 22.7.2003 den ersten flächendeckenden TV Zeitarbeit geschlossen. Kernstücke des MantelTV, der zusammen mit der Neufassung des § 3 I Nr. 3 am 1.1.2004 in Kraft getreten ist (abgedr. RdA 2003, 311; ÄnderungsTV v. 22.12.2004 und v. 30.5.2006, s. www.dgb.de/themen/tarifpolitik/zeitarbeit/index.htm), ist ein flexibles Jahresarbeitszeitkonto, das den Besonderheiten der Leiharbeit Rechnung trägt. Neben Regelungen zur AZ enthält der TV im Wesentl. Vorschr. über die Begründung und Beendigung von LeihArbVerh sowie über Urlaub und Freistellung. Durch den EntgeltrahmenTV und den EntgeltTV wurde für die Leiharbeit ein **eigenes Entgeltsystem** entwickelt, das zunächst neun Entgeltgruppen mit einem eigenständigen Regelstundensatz festlegt. Durch die Definition von Mindestlohnsätzen sowie von Zuschlägen und Abschlägen wird der Grunds. der gleichen Entlohnung nach § 8 modifiziert. LeihAN sind gemäß ihrer tatsächl., überw. Tätigkeit einer der neun Entgeltgruppen zuzuordnen. Die für die jeweilige Entgeltgruppe geltenden Regelstundensätze folgen aus § 2 EntgeltTV. Soweit LeihAN über einen längeren Zeitraum bei demselben Entleiher eingesetzt sind, werden die Regelstundensätze erhöht (s. a. *Sandmann* FS Buchner, 2009, S. 777; s. a. den 11. Erfahrungsbericht BT-Drs. 17/464, S. 22 ff.). Am 16./17.9.2013 haben die **VGZ und die DGB-Tarifgemeinschaft Zeitarbeit** einen neuen TV mit einer Laufzeit bis zum 31.12.2016 geschlossen. Die Entgelte der Tarifgruppe 1 betragen seit dem 1.1.2014 8,50 € West und 7,86 € Ost (dazu *Bissels/Kiehn* DB 2014, 423); nach dem neuen TV v. 30.11.2016 mit einer Laufzeit von 36 Monaten werden die Entgeltgruppen 1 und 2 ab dem 1.3.2017 in zwei Stufen von 2,56 bis 3,2% (West) und 2,4% bis 4, 82% (Ost) angehoben; zum Mindestlohn s. § 3a Rn. 6.

24 **6. Branchenzuschlagstarifverträge, Abs. 4.** Das G enthält für Abweichungen von TV eine Gliederung nach drei Phasen, wobei Abs. 4 die Phase zwischen 9 Monaten und 15 Monaten betrifft; s. im einzelnen Rn. 3. Eine tarifl. Regelung kann nicht nur dazu benutzt werden, vom gesetzl. vorgesehenen Gleichstellungsprinzip abzuweichen, sondern in der Vergangenheit diente sie vielfach umgekehrt dazu, ihm zur Geltung zu verhelfen. So kann der TV des Zeitarbeitsunternehmens einen Branchenzuschlag für eine bestimmte Branche vorsehen oder ein TV kann den Entleiher zur Zahlung eines Zuschlags verpflichten (zum Ganzen s. *Bayreuther* NZA Beil. 4/2012, 115; *Krause,* Tarifverträge zur Begrenzung der Leiharbeit und zur Durchsetzung von Equal Pay, 2. Aufl. 2012; *ders.* NZA 2012, 830; *Mehnert/Stubbe/Haber* BB 2013, 1269; *Rieble* in Giesen/Junker/Rieble, Zukunft der Leiharbeit, 2009, S. 65, 75 ff.; *Ulrici* § 1 Rn. 75 ff., 132; zur tarifvertragl. Erweiterung von Betriebsratsrechten *Giesen* ZfA 2012,

143; zum TV in der nordwestdeutschen Eisen- und Stahlindustrie *Karthaus* AuR 2010, 494). Derartige Branchenzuschläge bestehen bereits für eine ganze Reihe von Branchen. Die Rechtsstellung der LeihAN kann durch derartige TV auch in weiteren Hinsichten verbessert werden. Das G wird Nachbesserungen bestehender TV erforderlich machen; zT besteht auf Grund der TV eine Nachbesserungspflicht (*Bayreuther* NZA 2017, 18, 20). Die „Gleichwertigkeit" nach IV 2 bezieht sich auf das Niveau der Zielbranche und nicht auf das des Entleiherbetriebs (*Bayreuther* NZA 2017, 18, 20).

7. Bezugnahmeklausel, Abs. 2 S. 3. Ein von den Koalitionen geschlossener ZeitarbeitsTV gilt kraft 25 Tarifbindung gem. §§ 3, 4 TVG in den Fällen, in denen der Verleiher Mitglied des entspr. AGVerbandes ist und der AN Mitglied einer der am TV beteiligten DGB-Gewerkschaften. In den Fällen, in denen es entweder auf AG-Seite oder auf AN-Seite oder beiderseits an der Tarifbindung fehlt, ist eine Geltung des TV dadurch mögl., dass der Arbeitsvertrag auf diesen TV Bezug nimmt; zur Nachwirkung von ZeitarbeitsTVen und zur Nachwirkung bei Bezugnahme s. *Bayreuther* BB 2010, 309. Soweit entweder kraft Tarifbindung oder kraft Bezugnahme der TV gilt, entfällt die Verpflichtung des Verleihers, die wesentl. Arbeitsbedingungen im jeweiligen Entleiherbetrieb zu gewähren. Der Verleiher braucht sich nur nach dem TV zu richten. In diesen Fällen findet kein Günstigkeitsvergleich zwischen beiden TV statt. Ein Günstigkeitsvergleich ist auch dann nicht anzustellen, wenn der TV nicht kraft Tarifbindung, sondern kraft Bezugnahme gilt. Dagegen geht eine für den LeihAN günstigere Regelung gem. seinem Individualvertrag dem TV vor, § 4 III TVG. In der Lit. wird teilw. in der Zulassung der Bezugnahme ein Verstoß gegen die RL gesehen (*Rödl/Ulber* NZA 2012, 841; *Sommer* AuR 2011, 421; *Zimmer* NZA 2013, 289).

Da LeihAN typischerweise keine Gewerkschaftsmitglieder sind, ist die **Bezugnahme** der Normalfall. 26 Diese Möglichkeit besteht auch für Mischbetriebe, BSG 12.10.2016 NZS 2017, 306; ebenso *Lembke/Distler* NZA 2006, 952; aA *Thüsing* Diskriminierungsschutz Rn. 883; diff. *Greiner* RdA 2017, 153, 157); diese machten 2012 38% der Verleihbetriebe aus (12. Erfahrungsbericht, BT-Drs. 18/573 S. 39). In der Lit. wird die Ansicht vertreten, die RL erlaube nur eine Abweichung durch TVe kraft Tarifbindung, nicht aber kraft **Bezugnahme** (*Zimmer* NZA 2013, 289, 292 f.). Nach anderen Autoren sollte die Bezugnahmemöglichkeit beseitigt werden (*Blanke* DB 2010, 1530; *Waltermann* NZA 2010, 487). Der Richtliniengeber hat die Abweichungsmöglichkeit jedoch in Kenntnis des deutschen Systems und damit der Bezugnahmemöglichkeit eröffnet (s. auch *Waas* ZESAR 2012, 7, 11). Auch würde durch deren Beseitigung dem verleiherbetriebsbezogenen deutschen Modell (s. Einl. Rn. 5) insgesamt der Boden entzogen.

8. Anspruch auf Gleichstellung. a) Gesamtvergleich. Soweit nach Vorstehendem TV unwirksam 27 sind, haben AN, in deren Arbeitsvertrag auf einen derartigen TV verwiesen wird, einen Anspruch auf Gleichstellung nach § 8 I 1. Sie haben also Anspruch auf den Lohn, den ein vergleichbarer AN im Entleiherbetrieb hat (zur Frage des vergleichbaren AN s. Rn. 7 ff.). Insofern ist ein Gesamtvergleich aller Entgelte im Überlassungszeitraum vorzunehmen (BAG 13.3.2013 NZA 2013, 680; *Greiner* RdA 2017, 153, 155). Außer Betracht bleibt Aufwendungsersatz (Einzelheiten bei *Zeppenfeld/Forst* NZA 2011, 1643).

b) Fälligkeit. Der gesetzl. Anspruch auf gleiches Entgelt wird in dem Zeitpunkt fällig, zu dem nach 28 dem Arbeitsvertrag der Lohn fällig wird (BAG 13.3.2013 NZA 2013, 680; zu Ausgleichsklauseln im gerichtl. Vergleich BAG 27.5.2015 DB 2015, 2032). In Bezug auf **Ausschlussfristen** im Entleiherbetrieb könnte man annehmen, wenn die im Entleiherbetrieb geltenden Löhne maßgebl. sind, müssten es auch die dort geltenden Ausschlussfristen sein. Das BAG hält jedoch Auschlussfristen nicht für einen Teil des Anspruchs selbst, sondern für etwas davon Getrenntes (BAG 23.3.2011 NZA 2011, 850). Deshalb gilt nach Ansicht des BAG zwar der Lohnanspruch wie im Entleiherbetrieb, nicht aber die dort geltende Ausschlussfrist (BAG 13.3.2013 NZA 2013, 680). Da die TV der CGZP keine TV, sondern nur nicht normativ geltende schuldrechtliche Vereinbarungen sind, werden die in ihnen genannten Ausschlussfristen durch Bezugnahme vertragl. Ausschlussfristen. Sofern die (scheinbar) tarifl. Ausschlussfrist mit einer vertragl. des Entleihers konkurriert, ist die Regelung intransparent und nichtig (*Betz* NZA 2013, 350, 352). Das gilt allerdings nicht, wenn der Arbeitsvertrag seiner Regelung zur Ausschlussfrist den Vorrang gegenüber einer tarifl. einräumt.

Im Hinblick auf vertragl. Ausschlussfristen in allg. Arbeitsbedingungen hat das BAG bereits früher 29 entschieden, dass Fristen von weniger als **drei Monaten** unwirksam sind (BAG 25.5.2005 NZA 2005, 1111). Eine Ausgleichsklausel in einem gerichtl. Vergleich, die ausdrückl. auch arbeitsrechtl. Ansprüche erfasst, schließt auch Ansprüche auf Zahlung der Differenz zum nach § 8 geschuldeten Lohn ein, BAG 27.5.2015 NZA 2015, 1125. Soweit die Ansprüche nicht auf Grund von Ausschlussfristen verfallen sind, greift eine **Verjährung** gem. der regelmäßigen Verjährungsfrist von drei Jahren. Diese Frist beginnt am Ende des Jahres, in dem der AN von den Tatsachen Kenntnis hatte, die seinen Anspruch begründen (BAG 13.3.2013 NZA 2013, 680 zur „Kenntnis der AN"); dazu *Brors* RdA 2014, 182, 185.

c) Vertrauensschutz. Im Anschluss an die BAG-Entscheidung von 2010 wurde in der Lit. geltend 30 gemacht, die betroffenen AG hätten auf die Wirksamkeit der TV vertrauen dürfen. Das BAG hat in seinem Urt. v. 13.3.2013 NZA 2013, 680 (dazu *Hamann/Rudnik* Anm. AP AÜG § 10 Nr. 27) einen derartigen **Vertrauensschutz** abgelehnt. Das BVerfG hat eine entspr. Verfassungsbeschwerde nicht zur Entscheidung angenommen, 10.3.2014 NZA 2014, 496.

31 **9. Haftung des Entleihers.** Für Entleiher besteht die Möglichkeit einer subsidiären Haftung für **Sozialversicherungsbeiträge** nach § 28e II 1, IV SGB IV (s. *Schüren/Wilde* NZS 2009, 303; *Zeppenfeld/Forst* NJW 2011, 1643, 1646). Für Nachforderungen von Sozialversicherungsansprüchen durch die Sozialversicherungsträger beim Verleiher gilt das Entstehungsprinzip; d h. diese Ansprüche sind unabhängig davon, ob der LeihAN Ansprüche aus Gleichstellung geltend macht (*Park/Riederer von Paar/Schüren* NJW 2008, 3670, 3673; *Schlegel* NZA 2011, 380, 382; aA *Plagemann* NJW 2011, 1488, 1490 f.)

32 **10. Achtung des Gesamtschutzes der Arbeitnehmer.** Art. 5 LeiharbeitsRL erlaubt eine Abweichung durch TV nur „unter Achtung des Gesamtschutzes von Leiharbeitnehmern" (dazu PS/*Sansone* § 8 Rn. 76 mwN). Insofern müssen zwei Fragen aus einander gehalten werden: Hat der deutsche Gesetzgeber diese Voraussetzungen erfüllt? Sind diese Voraussetzungen bei einem konkreten TV erfüllt?

33 a) Der **Gesetzgeber** muss nach EU-Recht den Schutz der LeihAN nach Art. 51 I GRC und die Tarifautonomie nach Art. 28 GRC gegeneinander abwägen (s. auch Erwägungsgründe 17 und 19). Der nationale Gesetzgeber kann eine Ausnahme nur für TVe der Leiharbeit vorsehen, die den Gesamtschutz der AN achten (ebenso *Blanke* DB 2010, 1528, 1531; *Düwell/Dahl* DB 2009, 1070, 1073; *Fuchs* NZA 2009, 57, 61; *Schüren/Wank* RdA 2011, 1, 5; *Ulber* AuR 2010, 10, 14; *ders.* AuR 2010, 412, 413; *Waltermann* NZA 2010, 482, 484; *Wank* in Henssler/Tezuka, Aktuelle arbeitsrechtliche Herausforderungen in Japan und Deutschland, 2014, S. 29, 44 ff.; *Zimmer* NZA 2013, 284; aA *Lembke* DB 2011, 414, 417; zu Art. 31 GRC s. *Hanau* NZA 2010, 3). Der Gesetzgeber glaubt anscheinend, dieser Anforderung dadurch nachgekommen zu sein, dass er nur TVe privilegiert, die bestimmte Mindestarbeitsentgelte vorsehen (s. § 3a). Dadurch werden aber nur die Löhne gesichert, nicht aber, wie von der RL gefordert, auch die sonstigen Arbeitsbedingungen. Damit wird die Regelung der RL nicht gerecht. IÜ weist die Gesetzesbegründung zur vorletzten AÜG-Novelle zwar auf den Gesamtschutz der AN hin; dies hätte jedoch auch im G genannt werden müssen (*Zimmer* NZA 2013, 289, 291). In der vorliegenden Form ist das AÜG insoweit formal und inhaltl. nicht mit EU-Recht konform (zu einem Gesetzgebungsvorschlag s. *Brors/Schüren*, Missbrauch von Werkverträgen (s. § 1 Rn. 29; *Schüren/Wank* RdA 2011, 1, 7). Der Gesetzgeber könnte sich an anderen tarifdispositiven Vorschr. orientieren (*Zimmer* NZA 2013, 289, 291); dagegen ist die Festlegung einer eng begrenzten quantitativen Absenkung (*Blanke* DB 2010, 1258) abzulehnen.

34 b) Unabhängig von der fehlenden gesetzl. Regelung müssen die **Gerichte** überprüfen, ob ein bestimmter TV den Gesamtschutz der LeihAN genügend beachtet. Dabei müssen einerseits die Besonderheiten von TVen auf dem Gebiet der Leiharbeit und zum anderen die Möglichkeiten einer gerichtl. Kontrolle berücksichtigt werden. Zwar kann in Fällen einer tarifdispositiven ges. Regelung grds. vom G zugunsten oder zu Lasten des AN abgewichen werden (*Ulber* AuR 2003, 7, 11; s. a. Rn. 14). Da die ges. Regelung schon das Optimum für den LeihAN bietet, kann es nur darum gehen, dass TV hiervon nach unten abweichen. Wie die Gestaltungsgrenzen für diese TV iE zu ziehen sind, ist str. (s. vor der Gesetzesnovelle *Reim* ZTR 2003, 106, 110; *Schüren/Behrend* NZA 2003, 524 f.; *Ulber* AuR 2003, 7, 11). Eine Kontrolle wird iÜ auch durch die Überprüfung der Tariffähigkeit erreicht (s. Rn. 16).

35 **11. Drehtürklausel, Abs. 3.** Durch die Gesetzesnovelle vom 28.4.2011 wurde § 3 I Nr. 3 S. 4 eingefügt, die sog. **Drehtürklausel**, nunmehr **§ 8 III.** Die Vorschr. betrifft zwei Fälle: Ein AN ist zuvor aus einem ArbVerh bei einem anderen AG ausgeschieden und wird nunmehr wieder bei dem AG aufgrund Leiharbeit eingestellt; Var.: Ein konzernangehöriges Unternehmen beschäftigt einen AN, der zuvor bei einem anderen konzernangehörigen Unternehmen eingesetzt war. In beiden Fällen tritt keine Verdrängung des Gleichstellungsgrunds. durch einen LeiharbeitsTV ein, wenn zwischen beiden Terminen weniger als drei Monate liegen. Wird dem nicht entsprochen, gilt das Gleichstellungsgebot; der Verstoß führt zu einer Ordnungsstrafe nach § 16 I Nr. 7a. Die Klausel gilt nach § 19 I nicht für LeihArbVerh., die vor dem 15.12.2010 begr. wurden. Ein früheres Ausbildungsverhältnis rechnet nicht als früheres ArbVerh. (*Lembke* DB 2011, 414, 419); wohl aber ein fortbestehendes ruhendes (aA *Lembke* DB 2011, 414, 419).

36 **12. 9-Monats-Frist, Abs. 4.** Durch das TarifautonomiestärkungsG neu ins G aufgenommen wurde **Abs. 4.** Insoweit müssen zwei Zeiträume unterschieden werden, die **ersten neun Monate** und ein darüber hinausgehender Zeitraum (s. Rn. 3). Während der ersten neun Monate kann ein TV (abgesehen vom Mindestlohn nach § 3a oder nach dem MiLoG) uneingeschränkt vom Gleichstellungsgrunds. abweichen, S. 1. Für nicht tarifgebundene AG besteht die Möglichkeit – die in der Praxis allg. genutzt wird –, durch Bezugnahmeklauseln auf den einschlägigen TV zu verweisen. Wird derselbe AN nach einer früheren Beschäftigung beim Verleiher von diesem erneut eingestellt, so ist die frühere Beschäftigungszeit nur dann voll auf die neun Monate anzurechnen, wenn zwischen beiden Einsätzen weniger als drei Monate liegen; ansonsten bleibt sie unberücksichtigt.

37 Durch TV kann auch für eine Beschäftigung **über neun Monate hinaus** ein abweichendes Entgelt festgesetzt werden. Allerdings greift nach spätestens 15 Monaten eine zweite Stufe ein: Danach muss das tarifl. Entgelt in der Verleiherbranche gleichwertig mit dem tarifvertragl. Entgelt vergleichbarer AN in der Einsatzbranche sein. Die Angleichung der Löhne zwischen dem 9. und dem 15. Monat muss sich in Stufen vollziehen; die erste Stufe muss spätestens nach einer Einarbeitungszeit von sechs

Wochen erreicht werden. Die gesetzl. Regelung lehnt sich an die bestehenden BranchenzuschlagsTV an (zu ihnen *Bissels/Mehnert* DB 2014, 2407). Auch nicht tarifgebundene AG können für die Zeit zwischen 9 und 15 Monaten vom Gleichstellungsgrunds. dadurch abweichen, dass sie auf einen LeiharbeitsTV Bezug nehmen, wobei die Anrechnungsregelung auch für sie gilt, Abs. 4 S. 3.

13. Mindestlohn, Absatz 5. Gleichgültig ob der LeihAN den StammAN gleichgestellt wird oder ob für ihn ein abweichender TV gilt; ob der TV normativ oder kraft Bezugnahme gilt (Abs. 2 S. 1) – die Untergrenze ergibt sich aus dem Mindestlohn nach § 3a II (zZ aus dem MiLoG, s. § 3a Rn. 1 f.). 38

§ 9 Unwirksamkeit

(1) Unwirksam sind:

1. Verträge zwischen Verleihern und Entleihern sowie zwischen Verleihern und Leiharbeitnehmern, wenn der Verleiher nicht die nach § 1 erforderliche Erlaubnis hat; der Vertrag zwischen Verleiher und Leiharbeitnehmer wird nicht unwirksam, wenn der Leiharbeitnehmer schriftlich bis zum Ablauf eines Monats nach dem zwischen Verleiher und Entleiher für den Beginn der Überlassung vorgesehenen Zeitpunkt gegenüber dem Verleiher oder dem Entleiher erklärt, dass er an dem Arbeitsvertrag mit dem Verleiher festhält; tritt die Unwirksamkeit erst nach Aufnahme der Tätigkeit beim Entleiher ein, so beginnt die Frist mit Eintritt der Unwirksamkeit,

1a. Arbeitsverträge zwischen Verleihern und Leiharbeitnehmern, wenn entgegen § 1 Absatz 1 Satz 5 und 6 die Arbeitnehmerüberlassung nicht ausdrücklich als solche bezeichnet und die Person des Leiharbeitnehmers nicht konkretisiert worden ist, es sei denn, der Leiharbeitnehmer erklärt schriftlich bis zum Ablauf eines Monats nach dem zwischen Verleiher und Entleiher für den Beginn der Überlassung vorgesehenen Zeitpunkt gegenüber dem Verleiher oder dem Entleiher, dass er an dem Arbeitsvertrag mit dem Verleiher festhält,

1b. Arbeitsverträge zwischen Verleihern und Leiharbeitnehmern mit dem Überschreiten der zulässigen Überlassungshöchstdauer nach § 1 Absatz 1b, es sei denn, der Leiharbeitnehmer erklärt schriftlich bis zum Ablauf eines Monats nach Überschreiten der zulässigen Überlassungshöchstdauer gegenüber dem Verleiher oder dem Entleiher, dass er an dem Arbeitsvertrag mit dem Verleiher festhält,

2. Vereinbarungen, die für den Leiharbeitnehmer schlechtere als die ihm nach § 8 zustehenden Arbeitsbedingungen einschließlich des Arbeitsentgelts vorsehen,

2a. Vereinbarungen, die den Zugang des Leiharbeitnehmers zu den Gemeinschaftseinrichtungen oder -diensten im Unternehmen des Entleihers entgegen § 13b beschränken,

3. Vereinbarungen, die dem Entleiher untersagen, den Leiharbeitnehmer zu einem Zeitpunkt einzustellen, in dem dessen Arbeitsverhältnis zum Verleiher nicht mehr besteht; dies schließt die Vereinbarung einer angemessenen Vergütung zwischen Verleiher und Entleiher für die nach vorangegangenem Verleih oder mittels vorangegangenem Verleih erfolgte Vermittlung nicht aus,

4. Vereinbarungen, die dem Leiharbeitnehmer untersagen, mit dem Entleiher zu einem Zeitpunkt, in dem das Arbeitsverhältnis zwischen Verleiher und Leiharbeitnehmer nicht mehr besteht, ein Arbeitsverhältnis einzugehen,

5. Vereinbarungen, nach denen der Leiharbeitnehmer eine Vermittlungsvergütung an den Verleiher zu zahlen hat.

(2) Die Erklärung nach Abs. 1 Nummer 1, 1a oder 1b (Festhaltenserklärung) ist nur wirksam, wenn

1. der Leiharbeitnehmer diese vor ihrer Abgabe persönlich in einer Agentur für Arbeit vorlegt,

2. die Agentur für Arbeit die abzugebende Erklärung mit dem Datum des Tages der Vorlage und dem Hinweis versieht, dass sie die Identität des Leiharbeitnehmers festgestellt hat, und

3. die Erklärung spätestens am dritten Tag nach der Vorlage in der Agentur für Arbeit dem Ver- oder Entleiher zugeht.

(3) Eine vor Beginn der Frist nach Absatz 1 Nummer 1 bis 1b abgegebene Festhaltenserklärung ist unwirksam. Wird die Überlassung nach der Festhaltenserklärung fortgeführt, gilt Absatz 1 Nr. 1 bis 1b. Eine erneute Festhaltenserklärung ist unwirksam. § 28e Absatz 2 Satz 4 des Vierten Buches Sozialversicherung gilt unbeschadet der Festhaltenserklärung.

1. Allgemeines. § 9 benennt die zwischen Verleiher und LeihAN unerwünschten Vertragsgestaltungen und erklärt derartige Verträge für unwirksam. 1

Die unter der Anwendung des § 9 eintretende Rechtsfolge ist die **Unwirksamkeit** des LeihArbVerh. Auf die bei den einzelnen Nichtigkeitsgründen bestehenden Besonderheiten ggü. den BGB-Vorschriften wird im Folgenden bei den einzelnen Vorschr. eingegangen. Darüber hinaus kann ein Verstoß gegen § 9 zum Widerruf der Erlaubnis nach § 5 I Nr. 3 führen. 2

3 **2. Unwirksamkeitsgründe im Einzelnen. a) Fehlende Erlaubnis.** Nach **Nr. 1** sind Überlassungs- und Leihverträge unwirksam, wenn dem Verleiher die nach § 1 erforderl. Erlaubnis fehlt. Dies gilt unabhängig davon, ob sie von Anfang an fehlte oder ob sie erst später wegfiel. Die Unwirksamkeit tritt auch unabhängig davon ein, ob dem Vertragspartner des Verleihers das Fehlen oder der spätere Wegfall der Erlaubnis bekannt ist (SMS Rn. 19). Allerdings ist der Verleiher gem. § 12 I 3 dazu verpflichtet, den Entleiher über das Bestehen einer Erlaubnis und gem. § 12 II über deren Wegfall zu unterrichten. Ein Sonderfall besteht bei einer Rücknahme, einem Widerruf und einer Nichtverlängerung einer Erlaubnis. Hier werden die Verträge, die innerhalb der Abwicklungsfrist des § 2 IV 4 abgewickelt werden, nicht unwirksam (vgl. auch § 5 Rn. 9). Die Unwirksamkeit beginnt erst, wenn der AN dem Entleiher tatsächl. überlassen wird, BAG 20.1.2016 AP AÜG § 1 Nr. 38.

4 Die Unwirksamkeit tritt mit dem Wegfall der Erlaubnis und **nicht rückwirkend** ein. Daher genügt es auch nicht, dass die Voraussetzungen für einen Widerruf nach § 3 gegeben sind.

5 Der gesetzl. Übergang eines ArbVerh wird vom Gesetzgeber einerseits als Sanktion bei Gesetzesverstößen und andererseits als Begünstigung des AN verstanden. Aber wie im Falle des § 613a BGB kann der AN den Übergang als für ihn ungünstig ansehen und kann ihm deshalb **widersprechen**. Die Neuregelung durch das AÜGÄndG sieht deshalb für Nr. 1, 1a und 1b ein Widerspruchsrecht des Leiharbeitnehmers durch eine sog. **Festhaltenserklärung** vor (dazu *Deinert* RdA 2017, 65, 79; *Hamann/Rudnik* NZA 2017, 22 ff.; *Hennecke* NZA 2016, 1309; *Henssler* RdA 2017, 83, 99; *Lembke* NZA 2017, 1, 9 f.; *Tuengerthal/Hennecke* BB 2017, 1652; *Wank* RdA 2017, 100, 112 f.). Bei der Fristenregelung wird nicht berücksichtigt, dass der LeihAN die Unwirksamkeit des Überlassungsvertrages häufig nicht sofort feststellen wird, sondern erst während der Durchführung des ArbVerh. Sie sollte deshalb besser an die Kenntnis des LeihAN anknüpfen statt an den Eintritt der Unwirksamkeit (Bedenken bei *Deinert* RdA 2017, 65, 79; für verfassungskonforme Auslegung *Lembke* NZA 2017, 1, 10). Auf Empfehlung des 11. BT-Ausschusses wurde § 9 II ins G eingefügt, der verlangt, dass der LeihAN persönl. die Erklärung bei der Agentur für Arbeit vorlegt und sich zertifizieren lässt sowie selbst für den Zugang seiner Erklärung sorgt (krit. *Bissels/Falter* DB 2016, 2789, 2790; *Kainer/Schweipert* NZA 2017, 13, 17; *Neighbour/Schröder* BB 2016, 2869, 2870 ff.; aA *Deinert* RdA 2017, 65, 80). Um zu verhindern, dass sich der Verleiher bereits beim Abschluss des Arbeitsvertrages die Festhaltenserklärung aushändigen lässt (dazu *Hamann* AuR 2016, 137), ist eine Vorratserklärung unwirksam, Abs. 3. IÜ ist dem Verleiher, der keine wirksame Überlassungserlaubnis hat und keine bekommt, die weitere Tätigkeit untersagt, so dass ein Widerspruchsrecht des LeihAN nur bei Mischbetrieben mit anderweitiger Beschäftigungsmöglichkeit einen Sinn ergibt.

6 Durch die **nachträgl. Erteilung** der Erlaubnis werden laufende Überlassungsverträge nicht rückwirkend geheilt. Umstritten ist, ob durch die Erlaubniserteilung eine Heilung für die Zukunft eintritt oder ob es, so die ganz überw. Lit. (vgl. Übersicht bei SH/*Schüren* Rn. 44), eines Neuabschlusses bedarf. Zwar ist regelm. in der Fortführung des Überlassungsvertrages ein konkludenter Neuabschluss zu sehen; jedoch fehlt es insoweit an der Schriftform des § 12 I.

7 **b) Fehlende Bezeichnung als ANÜberlassung, Nr. 1a.** Auch im Verhältnis zwischen Verleiher und LeihAN führt das Fehlen der Überlassungserlaubnis zur Unwirksamkeit des zwischen ihnen geschlossenen Vertrages. Allerdings kann der LeihAN diese Rechtsfolge durch die schriftl. Erklärung gegenüber dem Verleiher oder gegenüber dem Entleiher verhindern, dass er an dem Arbeitsvertrag mit dem Verleiher festhält. Die Frist für die Erklärung beträgt einen Monat nach dem zwischen Verleiher und Entleiher vorgesehenen Beginn der Überlassung.

8 Nr. 1a wurde durch das AÜGÄndG neu ins G aufgenommen. Ein Schutz eines AN, der auf Grund eines Scheinvertrages angeblich als „normaler" AN eingesetzt wird und nachträglich unter Berufung auf eine Vorratserlaubnis zum LeihAN umdeklariert wird, wird nunmehr dadurch erreicht, dass dem AN ausdrücklich erklärt werden muss, dass er **als LeihAN tätig** werden soll. Auch in diesem Fall kann der LeihAN, wie nach Nr. 1, durch eine Festhaltenserklärung den Übergang des ArbVerh verhindern.

9 **c) Nr. 1b** wurde ebenfalls neu ins G aufgenommen. Sanktioniert wird die Überschreitung der Überlassungshöchstdauer. Nr. 1b sieht eine **Überlassungshöchstdauer** von 18 Monaten vor, die aber unter den dort genannten Voraussetzungen verlängert werden kann. Wird dagegen zwar gegen die Voraussetzung verstoßen, dass die ANÜberlassung nur vorübergehend erfolgen darf, erfolgt die Überlassung aber für weniger als 18 Monate, so tritt keine Unwirksamkeitsfolge nach § 9 ein. Auch hier kann der LeihAN, wie nach Nr. 1, einem Übergang des ArbVerh durch seine Erklärung widersprechen.

10 **d) Verstoß gegen Gleichstellungsgebot. Nr. 2** war auch schon bislang im G enthalten, verwies aber auf § 3 I aF. Die Vorschrift war von Anfang an taridfdispositiv. Eine Abweichung vom G kann dadurch erfolgen, dass der LeiharbeitsTV eigene Arbeitsbedingungen und ein eigenes Lohnschema vorsieht. Eine weitgehende Gleichstellung mit den AN im Entleiherbetrieb wurde schon bisher durch BranchenzuschlagsTV erreicht. § 8 IV 2 nimmt darauf Bezug. Wichtiger noch als die Tarifdispositivität ist die Möglichkeit für nicht tarifgebundene AG, auf einen einschlägigen TV Bezug zu nehmen. Die Abweichung vom Grunds. des § 8 unterliegt zwei Schranken, zum einen darf der Mindestlohn nach § 3a II nicht unterschritten werden, § 8 II 1, zum anderen gilt eine Drehtürklausel, § 8 III.

11 Eine Abweichung durch TV ist nicht wirksam, wenn der LeihAN in den letzten drei Monaten vor der Überlassung bei demselben Entleiher bereits beschäftigt war oder wenn er bei einem anderen

konzernangehörigen Unternehmen wie der angehende Entleiher beschäftigt war („**Drehtürklausel**"). Zwar ist es weiterhin mögl., Arbeitsplätze an Verleiher auszugliedern und dann die früher im Unternehmen beschäftigten AN an dieses zurückzuüberlassen; jedoch gilt dann das Gleichstellungsprinzip.

e) Beschränkung des Zugangs zu Gemeinschaftseinrichtungen, Nr. 2a. Die Vorschr. enthält eine Sanktion im Hinblick auf § 13b. Eine entspr. Regelung bezügl. eines Verstoßes gegen § 13a ist allerdings unterblieben (krit. *Lembke* NZA 2011, 319, 322; *Ulber* AuR 2010, 412, 415); jedoch ergibt sich die Unwirksamkeit einer entsprechenden Abrede aus § 134 BGB. 12

f) Verbot der Eingehung eines Arbeitsverhältnisses ggü. dem Entleiher, Nr. 3. Oftmals bedeutet die Überlassung für den LeihAN das „Sprungbrett" zu einem dauerhaften Arbeitsplatz beim Entleiher **(Klebeeffekt)** (SH/*Schüren* Rn. 69). Eine Vergütungsregelung in AGB ist unwirksam, die keine Staffelung nach der vorangegangenen Verleihdauer vorsieht, BGH 11.3.2010 NZA 2010, 511. Unwirksam ist nach Nr. 3 eine Vereinbarung, nach der es dem Entleiher untersagt ist, mit dem LeihAN in dem Zeitpunkt ein ArbVerh. einzugehen, in dem das ArbVerh. zwischen Verleiher und LeihAN nicht mehr besteht. Vom Schutzzweck der Nr. 3 her werden auch solche Abreden zwischen Entleiher und Verleiher erfasst, nach denen es dem Entleiher verboten ist, dem LeihAN eine Tätigkeit als AN im Entleiherbetrieb anzubieten (SMS Rn. 29; SH/*Schüren* Rn. 74). 13

Davon abzugrenzen ist die unlautere **ANAbwerbung.** Eine Aufforderung des Entleihers an den LeihAN, ohne Einhaltung der Kündigungsfrist vom Verleiher zu ihm zu wechseln, stellt eine Verleitung zum Vertragsbruch dar. Damit verletzt der Entleiher zum einen seine Vertragspflichten aus dem Überlassungsvertrag, und zum anderen verstößt er gegen § 3 UWG (s. a. *Ziegelmayer/Bissels* DB 2015, 1659). 14

Eine Unwirksamkeit nach Nr. 3 lässt nach ihrem Schutzzweck den Rest des Vertrages unberührt. Erfasst werden außer dieser Vereinbarung nur noch vertragl. Abreden, die das Einstellungsverbot absichern sollen (*Becker/Wulfgramm* Rn. 30a; SH/*Schüren* Rn. 95: „Vertragsstrafen"). **§ 139 BGB** ist also **nicht anzuwenden.** 15

Eine Vereinbarung zwischen Verleiher und Entleiher darüber, dass dem Verleiher bei einem nach dem Ende des Verleihs erfolgenden Verbleib des LeihAN im Betrieb des Entleihers eine Vermittlungsgebühr zu zahlen ist, verstößt nicht gegen Nr. 3. Indes wird auch nach der neuen Rechtslage die Höhe der **Vergütung** im Hinblick auf den Zweck der Regelung nur solange als **angemessen** erscheinen, wie sich die Vermittlungsgebühr iRd. Übl. hält und auf Grund ihrer Höhe in ihrer wirtschaftl. Wirkung nicht einer Untersagung gleichkommt (zur formularmäßigen Vereinbarung BGH 7.12.2006 NZA 2007, 571; zur Höhe der Vergütung BGH 11.3.2010 NZA 2010, 519). In den Fällen, in denen dem LeihAN durch eine derartige Vereinbarung ein Schaden entsteht, kann er diesen vom Verleiher nach Deliktsrecht ersetzt verlangen, da § 9 Nr. 3 AÜG ein Schutzgesetz iSv. § 823 II BGB ist (LAG BW 3.12.1998 LAGE AÜG § 9 Nr. 5). 16

g) Verbot der Eingehung eines Arbeitsverhältnisses ggü. dem Leiharbeitnehmer, Nr. 4. Den gleichen Zweck wie Nr. 3 verfolgt die Regelung der Nr. 4, nach der eine zwischen Verleiher und LeihAN getroffene Abrede, die es dem LeihAN verbietet, nach Beendigung des Leiharbeitsverhältnisses bei einem Entleiher als AN tätig zu werden, unwirksam ist. Damit soll dem LeihAN die Chance gesichert werden, seine nur kurzfristig angelegte Tätigkeit im Entleiherbetrieb in ein Dauerbeschäftigungsverhältnis umzuwandeln (LAG K 22.8.1984 DB 1984, 445). Selbst wenn sich der Verleiher verpflichtet hat, dem LeihAN für den Zeitraum der Verbotsabrede eine Entschädigung zu zahlen, ist die Abrede nach § 9 Nr. 4 unwirksam. Nr. 4 geht den allg. Wettbewerbsbestimmungen (§§ 74 ff. HGB iVm. §§ 6 II, 110 GewO) vor (zum nachvertragl. Wettbewerbsverbot bezügl. der Gründung eines eigenen Verleihunternehmens SH/*Schüren* Rn. 92). 17

Während der Dauer des ArbVerh. kann dem LeihAN nur nach den allg. Regeln eine **Nebentätigkeit** verboten werden. Eine Nebentätigkeit kann nach der Rspr. des BAG dem LeihAN nur untersagt werden, wenn sie die Erfüllung seiner Arbeitspflicht erhebl. beeinträchtigen würde (BAG 26.8.1976 AP BGB § 626 Nr. 68; s. *Wank* Nebentätigkeit Rn. 83 ff.). Während der Dauer des LeihArbVerh. besteht gem. § 60 HGB analog ein Wettbewerbsverbot für den LeihAN (LAG BE 9.2.1981 DB 1981, 1095), das jede Form von Konkurrenztätigkeit – ausgenommen deren Vorbereitung für die Zeit nach dem Ausscheiden aus dem ArbVerh. (BAG 16.1.1975 AP HGB § 60 Nr. 8; s. *Wank* Nebentätigkeit Rn. 24) – erfasst. 18

Die Unwirksamkeit führt zu einer **Teilnichtigkeit** des zwischen LeihAN und Verleiher bestehenden Leiharbeitsvertrages und erfasst auch wie im Falle der Nr. 3 absichernde oder erg. Bestimmungen (zB eine Vertragsstrafe). Eine vom Verleiher gezahlte „Karenzentschädigung" kann gem. § 817 BGB selbst dann nicht zurückgefordert werden, wenn der AN sich an die so abgesicherte Verpflichtung nicht hält (LAG K 22.8.1984 DB 1985, 445). 19

h) Verbot der Vereinbarung einer Vermittlungsgebühr mit dem LeihAN, Nr. 5. Während Nr. 3 2. HS eine Vergütung zwischen Verleiher und Entleiher zulässt (s. Rn. 16; dazu *Boemke* RIW 2009, 177, 185; zur RL *Hamann* EuZA 2009, 287, 360 ff.), wird eine entsprechende Vereinbarung zwischen Verleiher und LeihAN vom G völlig ausgeschlossen. 20

§ 10 Rechtsfolgen bei Unwirksamkeit

(1) [1]Ist der Vertrag zwischen einem Verleiher und einem Leiharbeitnehmer nach § 9 unwirksam, so gilt ein Arbeitsverhältnis zwischen Entleiher und Leiharbeitnehmer zu dem zwischen dem Entleiher und dem Verleiher für den Beginn der Tätigkeit vorgesehenen Zeitpunkt als zustande gekommen; tritt die Unwirksamkeit erst nach Aufnahme der Tätigkeit beim Entleiher ein, so gilt das Arbeitsverhältnis zwischen Entleiher und Leiharbeitnehmer mit dem Eintritt der Unwirksamkeit als zustande gekommen. [2]Das Arbeitsverhältnis nach Satz 1 gilt als befristet, wenn die Tätigkeit des Leiharbeitnehmers bei dem Entleiher nur befristet vorgesehen war und ein die Befristung des Arbeitsverhältnisses sachlich rechtfertigender Grund vorliegt. [3]Für das Arbeitsverhältnis nach Satz 1 gilt die zwischen dem Verleiher und dem Entleiher vorgesehene Arbeitszeit als vereinbart. [4]Im übrigen bestimmen sich Inhalt und Dauer dieses Arbeitsverhältnisses nach den für den Betrieb des Entleihers geltenden Vorschriften und sonstigen Regelungen; sind solche nicht vorhanden, gelten diejenigen vergleichbarer Betriebe. [5]Der Leiharbeitnehmer hat gegen den Entleiher mindestens Anspruch auf das mit dem Verleiher vereinbarte Arbeitsentgelt.

(2) [1]Der Leiharbeitnehmer kann im Falle der Unwirksamkeit seines Vertrages mit dem Verleiher nach § 9 von diesem Ersatz des Schadens verlangen, den er dadurch erleidet, daß er auf die Gültigkeit des Vertrages vertraut. [2]Die Ersatzpflicht tritt nicht ein, wenn der Leiharbeitnehmer den Grund der Unwirksamkeit kannte.

(3) [1]Zahlt der Verleiher das vereinbarte Arbeitsentgelt oder Teile des Arbeitsentgelts an den Leiharbeitnehmer, obwohl der Vertrag nach § 9 unwirksam ist, so hat er auch sonstige Teile des Arbeitsentgelts, die bei einem wirksamen Arbeitsvertrag für den Leiharbeitnehmer an einen anderen zu zahlen wären, an den anderen zu zahlen. [2]Hinsichtlich dieser Zahlungspflicht gilt der Verleiher neben dem Entleiher als Arbeitgeber; beide haften insoweit als Gesamtschuldner.

1 **1. Allgemeines.** Durch § 10 werden die Folgen der Unwirksamkeit eines Arbeitsvertrages nach § 9 geregelt; zum gleichzeitigen Verstoß gegen § 1b AÜG LAG HE 20.1.2010 ArbRAktuell 2010, 277. Von § 10 werden auch die Fälle illegaler ANÜberlassung in der Form von **Scheindienst- und Scheinwerkverträgen** erfasst. In Zweifelsfällen sind zwei Abgrenzungen erforderl., die zwischen AN und Selbständigen einerseits und die zwischen Dienstvertrag und Werkvertrag (für alle *Greiner* AcP 211 (2011), 221 mwN) andererseits. Dabei ist wiederum zwischen Verträgen mit Solo-Selbständigen und Verträgen mit Hilfe von AN als Erfüllungsgehilfen zu unterscheiden. Ein Scheindienstvertrag oder Scheinwerkvertrag führt dazu, dass im einen Fall der Solo-Selbständige AN des Auftraggebers wird und im anderen Fall der scheinbare Erfüllungsgehilfe zu einem AN des Auftraggebers. Das Gleiche gilt, wenn der scheinbare Auftragnehmer nur Arbeitsvermittler ist. Davon abzugrenzen ist der Fall, dass in Wahrheit ANÜberlassung vorliegt (zum Ganzen § 1 Rn. 8 ff., 14 ff.; BAG 25.9.2013 AP BGB § 611 Abhängigkeit Nr. 126 = NZA 2013, 3672 = RdA 2015, 115 m. Anm. *Boemke*; LAG BW 1.8.2013 NZA 2013, 1017; *Bauer/Heimann* NJW 2013, 3287; *Birkemeyer* NJW 2014, 839; *Greiner* NZA 2013, 697; *Maschmann* NZA 2013, 1305; *Reiserer* DB 2013, 2016; *Schüren* FS Wank, 2014, S. 571; zur Beweislast *Ulrici* NZA 2015, 456).

2 Erweist sich der angebl. Dienst- oder Werkvertrag als Scheindienst- oder Scheinwerkvertrag, so kann sich der Auftragnehmer nach der Neufassung des G in § 1 I 5 nicht mehr auf eine vorhandene **Vorratserlaubnis** berufen (§ 1 Rn. 50). Die in erster Linie dem Schutz des LeihAN dienende Vorschr. erfüllt zugleich eine mittelbare Kontrollfunktion: Allein schon wegen der damit für ihn begr. Gefahr, einen AN übernehmen zu müssen, wird der Entleiher jeweils sorgfältig das Bestehen einer Erlaubnis prüfen

3 **2. Rechtsfolgen der Unwirksamkeit im Einzelnen. a) ArbVerh. zum Entleiher.** Nach der Regelung des Abs. 1 wird zum Schutze des LeihAN durch eine Fiktion ein ArbVerh. zum Entleiher begr. Die Regelung ist nicht abdingbar. Str. war bisher, ob die Rechtsfolge des § 10 durch einen Widerspruch des LeihAN verhindert werden kann (s. Voraufl. Rn. 8). Während § 9 in Nr. 1, Nr. 1a und Nr. 2 für den Fall, dass eine Verleiherlaubnis fehlt oder im Arbeitsvertrag nicht ausdrückl. ein Leiharbeitsverhältnis genannt wird oder dass die Überlassungshöchstdauer überschritten wird, ein Widerspruchsrecht vorsieht, fehlt diese Möglichkeit bei den anderen Unwirksamkeitsgründen. Die Wirkung der Unwirksamkeit besteht zudem darin, dass ohne eine vertragl. Einigung zwischen Entleiher und LeihAN die Rechtswirkungen eines ArbVerh. zwischen Entleiher und LeihAN eintreten, wenn der gewerbsmäßig handelnde Verleiher nicht die nach § 1 erforderl. Erlaubnis hat. Für das Eingreifen der Fiktion kommt es nur darauf an, dass die Erlaubnis fehlt. Ist der Leiharbeitsvertrag aus anderen Gründen als den in § 9 genannten unwirksam (wie Geschäftsunfähigkeit, mangelnde Vertretungsbefugnis), so greift die Fiktion nicht ein (SMS Rn. 22). Verstößt eine illegale Überlassung auch gegen §§ 15 ff., so steht das der Fiktion eines ArbVerh. nicht entgegen (SMS Rn. 22; SH/*Schüren* Rn. 34). Für den Fall, dass die Erlaubnis später wegfällt, endet das LeihArbVerh., und es entsteht ein ArbVerh. zwischen Entleiher und LeihAN.

Das **fingierte ArbVerh. beginnt in dem Zeitpunkt,** in dem der LeihAN nach dem Überlassungsvertrag die Tätigkeit beim Entleiher aufnehmen soll. Dafür ist auf den im Überlassungsvertrag genannten Zeitpunkt abzustellen (SMS Rn. 4; *Becker/Wulfgramm* Rn. 12; aA SH/*Schüren* Rn. 46 f. und *Ulber* Rn. 21; *ders.* AuR 1982, 54, 63). Fehlt es an der Vereinbarung eines festen Zeitpunktes oder lässt er sich im Nachhinein nicht mehr genau ermitteln, ist auf den Zeitpunkt der tatsächl. Arbeitsaufnahme abzustellen (BAG 10.2.1977 AP BetrVG 1972 § 103 Nr. 9). Voraussetzung für die Fiktion ist, dass die Beteiligten in dem vorgesehenen Zeitpunkt die ANÜberlassung noch tatsächl. durchführen wollen. Da nach § 9 Nr. 1 Überlassungsvertrag und Leiharbeitsvertrag unwirksam sind, werden die Beteiligten durch beide **nicht für die Zukunft** gebunden. 4

Fehlt die Erlaubnis bereits im Zeitpunkt des Arbeitsvertragsschlusses, so ist der Arbeitsvertrag gem. § 9 Nr. 1 nichtig. Es kommt nur ein Neuabschluss in Betracht. Unabhängig davon, ob der LeihAN die Arbeit beim Entleiher aufnimmt, entsteht zu ihm das fingierte ArbVerh. im Zeitpunkt der zwischen Verleiher und Entleiher vereinbarten Arbeitsaufnahme (*Becker/Wulfgramm* Rn. 12; aA Boemke/*Lembke* Rn. 26). 5

Die Fiktionswirkung tritt **unabhängig vom Willen** oder von der Kenntnis der Beteiligten ein (BGH 8.11.1979 NJW 1980, 452). Für den Zeitraum zwischen dem Abschluss des Arbeitsvertrages und dem Zeitpunkt der vorgesehenen Aufnahme der Tätigkeit beim Entleiher besteht wegen der nach § 9 Nr. 1 eintretenden Nichtigkeit ein fehlerhaftes ArbVerh. zwischen Verleiher und LeihAN (*Becker/Wulfgramm* Rn. 14). Entfällt die Erlaubnis nach Abschluss des Arbeitsvertrages, aber vor dem für die Überlassung vorgesehenen Zeitpunkt, so besteht bis zu diesem Zeitpunkt ein wirksames und danach ein fehlerhaftes LeihArbVerh. (*Becker/Wulfgramm* Rn. 15). 6

Ist der AN in einem sog. **gemischten Unternehmen** beschäftigt, tritt die Unwirksamkeit nach § 9 Nr. 1 erst zum Zeitpunkt der erstmals unerlaubt erfolgenden Überlassung ein. Da der LeihAN in Mischbetrieben regelm. zurückkehren kann, soll nach SH/*Schüren* (Rn. 25) nur die Überlassung und nicht auch der Arbeitsvertrag zum Verleiher unwirksam sein. *Ulber* (Rn. 13, 27) gewährt dem AN ein Wahlrecht dahingehend, welchem Betrieb er angehören möchte. 7

Fällt die Erlaubnis **nach Beginn der Arbeitsaufnahme** weg (Abs. 1 S. 1 2. Halbs.), so entsteht das fingierte ArbVerh. zwischen LeihAN und Entleiher im Zeitpunkt des Erlöschens (zu den Folgen des Todes eines erlaubt tätigen Verleihers SH/*Schüren* Rn. 54). Die Leiharbeits- und ANÜberlassungsverträge bleiben in den Fällen der Nichtverlängerung (§ 2 IV 3), der Rücknahme (§ 4) oder des Widerrufs (§ 5) bis zum Ablauf der zwölfmonatigen Abwicklungsfrist wirksam (§ 2 IV 4). Auch hier spielt eine Kenntnis der Beteiligten vom Erlöschen für die objektive Rechtsfolge jeweils keine Rolle. 8

b) Inhalt des Arbeitsverhältnisses. aa) Allgemeines. Die in § 10 I 2 bis 5 getroffene Regelung über den Inhalt des fingierten ArbVerh. ist nicht abschließend. Darüber hinaus wird in S. 4 nur auf die im Betrieb geltenden Vorschr. und sonstigen Regelungen verwiesen. Fehlen sie im Entleiherbetrieb, so sind die in vergleichbaren Betrieben geltenden anzuwenden. Auch die übl. AGPflichten im Bereich des Arbeits-, Steuer- und Sozialversicherungsrechts gelten, soweit das AÜG keine Sonderregelungen enthält. Von bes. Bedeutung wird hier für den LeihAN der **Gleichbehandlungsgrunds.** Davon werden va. alle betriebl. Sozialleistungen mit und ohne Entgeltcharakter erfasst. Kommt es in diesem Zusammenhang auf die Dauer der Betriebszugehörigkeit an, dann sind nur die Zeiten des fingierten ArbVerh. – sogar bis zu einer vierwöchigen Unterbrechung (BAG 10.5.1989 AP KSchG 1969 § 1 Wartezeit Nr. 7) – zu zählen. Vor dem Eintritt der Fiktion des § 10 I abgeleistete Arbeitszeiten werden nicht eingerechnet (ArbG Bochum 14.1.1982 DB 1982, 1623, 1624). Beenden Entleiher und LeihAN das fiktive ArbVerh. durch den **Abschluss eines Arbeitsvertrages,** so sind sie an die für das fiktive ArbVerh. geltenden Regelungen nicht mehr gebunden (BAG 19.12.1979 EzAÜG Nr. 64). 9

bb) Arbeitszeit. Durch die **Fiktion des Abs. 1 S. 3** gilt die zwischen Verleiher und Entleiher vorgesehene Arbeitszeit auch für das ArbVerh. nach Abs. 1 S. 1. Dadurch sollen der AN und der Entleiher, die sich auf eine bestimmte Arbeitszeit eingestellt haben, vor unvorhersehbaren Änd. geschützt werden, BAG 20.9.2016 NZA 2017, 49. Darüber hinaus wird nach zutreffender Ansicht neben der Dauer auch die Lage des ArbVerh. übertragen. Die Bindung des Entleihers an die Arbeitszeitregelung des Überlassungsvertrages kann nicht weiter reichen, als die des Verleihers iRd. LeihArbVerh. gereicht hätte (SH/*Schüren* Rn. 88 f.). Der Verleiher kann aber die **Arbeitszeit** nach billigem Ermessen (§ 106 GewO), ggf. innerhalb der tarifl. oder der durch Betriebsvereinbarung gezogenen Grenzen (§ 87 I Nr. 2 BetrVG) **bestimmen.** Dieses Recht kommt mit dem Eintritt der Fiktion dem Entleiher zu (SH/*Schüren* Rn. 88). Eine Beschränkung dieses Rechts kommt nicht bereits dadurch zustande, dass der illegale Verleiher seine betriebsübl. Arbeitszeitregelung in den Leiharbeitsvertrag aufnimmt (BAG 23.6.1992 AP BGB § 611 Arbeitszeit Nr. 1), vielmehr muss sie ausdrückl. zum Inhalt des Arbeitsvertrages gemacht werden (SH/*Schüren* Rn. 89). 10

Fehlen entspr. vertragl. Vereinbarungen, so sind gem. **Abs. 1 S. 4** subsidiär die im Entleiherbetrieb geltenden Regelungen und sonstigen Vorschr. anzuwenden (kollektivvertragl. Regelungen aus TV oder Betriebsvereinbarung, ansonsten gilt die betriebsübl. Arbeitszeit). Gibt es keine entspr. Regelungen, muss auf die betriebsübl. Arbeitszeit vergleichbarer Betriebe zurückgegriffen werden. Von den dadurch festgelegten Zeiten können zwar weder Entleiher noch AN einseitig Abstand nehmen, jedoch ist eine 11

Vereinbarung über eine Abweichung von der nach der Bestimmung des Abs. 1 S. 3 geltenden Arbeitszeit jederzeit möglich (*Becker/Wulfgramm* Rn. 23).

12 Der Entleiher hat auch im fingierten ArbVerh. die Vorschr. des **Arbeitszeitschutzes** zu berücksichtigen (insb. ArbZG, JArbSchG und die LadSchlG der Länder).

13 cc) **Arbeitsentgelt.** Für das Arbeitsentgelt kommt es gem. Abs. 1 S. 4 grds. auf die im Entleiherbetrieb geltenden Regelungen und Vorschr. an. Für die Schlüssigkeit der Klage des LeihAN reicht es aus, wenn er auf die ihm nach § 13 mitgeteilten Auskünfte Bezug nimmt (BAG 19.9.2007 DB 2008, 243). Allerdings soll der LeihAN gem. Abs. 1 S. 5 mind. das mit dem Verleiher vereinbarte Entgelt erhalten. Dieser **Mindestentgeltanspruch** gilt auch als Berechnungsgrundlage für die Beträge, die nach einem allg.verbindl. TV an Gemeinsame Einrichtungen der Tarifparteien abzuführen sind (LAG HE 7.6.1993 EzAÜG § 10 Fiktion Nr. 77). Der Begriff **„Arbeitsentgelt"** ist weit zu verstehen (BAG 13.3.2013 NZA 2013, 1226; 19.2.2014 NZA 2014, 1658). Darunter fallen Gehalt, Lohn, Kindergeld, Familienzulage, Trennungszulage, Urlaubsgeld, Provision und Auslösung sowie Sachleistungen. Sind LeihAN und Entleiher tarifgebunden, so sind die für den Entleiherbetrieb geltenden tarifl. Entgeltregelungen anzuwenden, § 4 I 1 TVG. Werden übertarifl. Löhne an StammAN gezahlt, hat der LeihAN nach dem arbeitsrechtl. Gleichbehandlungsgrunds. einen Anspruch auf den gleichen Lohn. Ohne eine kollektivvertragl. Regelung bemisst sich das Gehalt nach dem, was ein StammAN mit vergleichbarer Tätigkeit in dem Betrieb erhält; ansonsten nach dem Arbeitsentgelt von StammAN in vergleichbaren Betrieben (BAG 21.7.1993 EzAÜG § 10 Fiktion Nr. 78); zu Auslandseinsätzen BAG 28.5.2014 NZA 2014, 1264. Maßgeblich ist die Tätigkeit der LeihAN beim Entleiher, BAG 23.11.2016 NZA 2017, 380.

14 In jedem Fall hat der LeihAN zumindest den Lohn zu bekommen, der mit dem Verleiher vereinbart ist (Abs. 1 S. 5). Grds. werden davon alle arbeitsvertragl. Abreden erfasst. Fragl. ist jedoch, ob das auch für die nicht in Bezug genommenen, sondern tarifrechtl. für das LeihArbVerh. geltenden Vorschr. gilt (bei Tarifbindung von Verleiher und LeihAN, § 4 I 1 TVG). Dies ist zu bejahen, denn der Schutzzweck der Regelung geht dahin, dem LeihAN sein bisheriges Einkommen als Mindesteinkommen zu garantieren. Eine andere Auslegung würde die AN, bei denen die Tarifbindung auf Grund der Zugehörigkeit zur Gewerkschaft eintritt, ggü. den nicht tarifgebundenen AN, bei denen der TV einzelvertragl. in Bezug genommen wird, ungerechtfertigt schlechter stellen (*Becker/Wulfgramm* Rn. 28).

15 **dd) Sonstige Arbeitsbedingungen.** Gem. **Abs. 1 S. 4** sind hins. der sonstigen Arbeitsbedingungen auf das fingierte ArbVerh. die im Entleiherbetrieb geltenden Vorschr. und sonstigen Regelungen anzuwenden. Soweit sie nicht bestehen, ist auf die Regelungen vergleichbarer Betriebe zurückzugreifen. Erfasst werden von dem Begriff der **„sonstigen Arbeitsbedingungen"** die jeweils einschlägigen arbeitsrechtl. Gesetze und Verordnungen, Betriebsvereinbarungen (§ 77 IV 1 BetrVG) und die betriebl. Übung im Entleiherbetrieb (vgl. dazu BAG 1.6.1994 AR-Blattei ES 1840 Nr. 26). Fortlaufende Sozialleistungen kann der LeihAN unter dem Gesichtspunkt der Gleichbehandlung verlangen. Soweit nur der Entleiher tarifgebunden ist, gelten gem. § 3 II TVG nur die Rechtsnormen über betriebl. und betriebsverfassungsrechtl. Fragen auch für den LeihAN; die übrigen Bestimmungen des TV gelten nur, wenn sowohl Entleiher als auch LeihAN tarifgebunden sind, § 3 I TVG. Als voll gültiges ArbVerh. entspricht das fiktive ArbVerh. insgesamt dem Verhältnis AG – AN bei einem **normalen Arbeitsvertrag.** Damit bestehen für den Entleiher die übl. AGPflichten (zB Fürsorgepflicht, Pflicht zur Lohnfortzahlung und zur Urlaubsgewährung) und auch die übl. AGRechte (zB Recht auf sorgfältige Arbeitsleistung). Ebenso unterscheiden sich auch die bei dem fiktiven ArbVerh. bestehenden Rechte und Pflichten des AN nicht von den bei einem übl. Arbeitsvertrag bestehenden (*Becker/Wulfgramm* Rn. 32).

16 Sofern im Entleiherbetrieb **Ausschlussfristen** gelten, gehören diese nach Ansicht des BAG bei gemeinschaftsrechtskonformer Auslegung nicht zu den wesentl. Arbeitsbedingungen, die der Verleiher dem LeihAN „gewähren" muss, BAG 23.3.2011 DB 2011, 1526; zur Ausschlussfrist im Arbeitsvertrag BAG 23.10.2013 NZA 2014, 313.

17 c) **Dauer des Arbeitsverhältnisses.** Die Dauer des ArbVerh. bestimmt sich grds. nach den für den Entleiherbetrieb geltenden Vorschr. und sonstigen Regelungen. Eine Ausnahme davon bildet die Fiktion des **Abs. 1 S. 2**, nach der das fingierte ArbVerh. als **befristet** gilt, wenn die Tätigkeit bei dem Entleiher nur befristet vorgesehen war und für das ArbVerh. ein die Befristung sachl. rechtfertigender Grund vorliegt (zu den Befristungsgründen s. Einl. Rn. 7 ff.). Wenn das fingierte ArbVerh. nach Abs. 1 S. 2 wegen eines sachl. Befristungsgrundes nur befristet besteht, endet das ArbVerh. – vorbehaltl. eines Aufhebungsvertrages oder einer außerordentl. Kündigung – mit dem Ablauf des zwischen Verleiher und Entleiher geschlossenen Überlassungsvertrages. Die bloße **Mitteilung** darüber, dass das ArbVerh. mit dem Ablauf des Überlassungszeitraums endet, stellt keine Kündigung dar (BAG 26.4.1976 AP BGB § 620 Befristeter Arbeitsvertrag Nr. 47).

18 Wird ein nach Abs. 1 S. 2 wirksam befristetes ArbVerh. mit Wissen des AG (Entleihers) **fortgeführt,** dann gilt es als unbefristetes, soweit nicht der AG unverzügl. widerspricht (§ 625 BGB). Fehlt es jedoch an den für die Befristungsfiktion notwendigen Voraussetzungen, so besteht ein unbefristetes ArbVerh., das nach den allg. Grundsätzen – Aufhebungsvertrag, ordentl. oder außerordentl. Kündi-

gung – beendbar ist. Aufgrund des Schutzzwecks der Regelung beginnt die Kündigungsbefugnis aber erst mit dem Ende der vorgesehenen Überlassungsdauer (SH/*Schüren* Rn. 106).

In die **Wartezeit** von sechs Monaten nach § 1 I KSchG sind die Zeiten vor dem Beginn der Fiktion nach § 10 I nicht einzurechnen (BAG 8.12.1988 EzAÜG § 10 Fiktion Nr. 60; SH/*Schüren* Rn. 107; aA *Ulber* Rn. 39). Wenn Zeiten illegaler Überlassung nur geringfügig unterbrochen werden (weniger als vier Wochen), so sind sie auf die Erfüllung der Wartezeiten nach § 1 KSchG anzurechnen. Eine Anfechtung ist nicht mögl., da das fingierte Vertragsverhältnis nicht durch die Abgabe von Willenserklärungen zustande gekommen ist (*Becker/Wulfgramm* Rn. 37). 19

Während vor dem AÜGÄndG (Einl. Rn. 5) str. war, ob dem LeihAN ein Widerspruchsrecht gegen den gesetzl. Übergang seines ArbVerh. auf den Entleiher zusteht, kann er nunmehr eine „Festhaltenserklärung" abgeben (§ 9 Rn. 5). 20

d) Zeitlicher Umfang der Ansprüche. Im Hinblick auf den zeitl. Umf. der Ansprüche nach Abs. 1 ist danach zu fragen, wie lange sich ein AN auf die dort gewährten Ansprüche berufen kann. Hierbei ist zunächst zu unterscheiden, ob es sich um die Geltendmachung der Fiktionswirkung und damit um das Bestehen eines fingierten ArbVerh. oder um die Geltendmachung von Ansprüchen handelt, die aus dem Bestehen eines fingierten ArbVerh. folgen. 21

Im ersten Fall kann der LeihAN zwar im Wege einer allg. Feststellungsklage iSv. § 46 II ArbGG iVm. § 256 ZPO die Feststellung begehren, dass zwischen ihm und dem Entleiher ein ArbVerh. besteht; str. ist jedoch, ob und ggf. wann dieses Recht verwirkt (für die Verwirkung BAG 30.1.1991 EzAÜG Nr. 68 Fiktion; LAG K 14.11.1991 LAGE Nr. 5 zu § 242 BGB Prozeßverwirkung; LAG K 3.6.2003 BB 2004, 275; Boemke/*Lembke* Rn. 44; *Boemke* Anm. BAG AP AÜG § 13 Nr. 5; SMS Rn. 21a; SH/*Schüren* Rn. 139 ff.; aA wohl BAG 18.2.2003 AP AÜG § 13 Nr. 5). Zur Bejahung der **Verwirkung** bedarf es eines Zeitmoments und eines Umstandsmoments. Im vorliegenden Fall handelt es sich um ein negatives Umstandsmoment, denn bei der (Nicht-)Geltendmachung des Bestehens eines fingierten ArbVerh. nach Beendigung der Überlassung kann es regelm. nur darauf ankommen, ob der LeihAN durch zu langes Zuwarten bei dem Entleiher einen Vertrauenstatbestand geschaffen hat. Das Umstandsmoment ist dann als erfüllt anzusehen, wenn der LeihAN unter Umständen untätig geblieben ist, die den Eindruck erwecken können, dass er sein Recht nicht mehr geltend machen will, so dass der Verpflichtete sich darauf einstellen durfte, nicht mehr in Anspruch genommen zu werden. Ab welchem Zeitraum ein entspr. negatives Umstandsmoment durch den AN geschaffen wird, ist eine Frage des Einzelfalles, wobei die Instanzrspr. von drei und vier Monaten bis zu einem Jahr ausgeht (LAG HM 21.9.1998 NZA-RR 1999, 297; LAG K 14.11.1991 LAGE Nr. 5 zu § 242 BGB Prozeßverwirkung; LAG K 3.6.2003 BB 2004, 275). Nicht zu folgen ist dem BAG (18.2.2003 AP AÜG § 13 Nr. 5) in der Annahme, dass das Recht auf die Geltendmachung der Fiktionswirkung und damit auf das Bestehen eines fingierten ArbVerh. nach Abs. 1 nicht verwirken könne, weil es sich iE nicht um die Verwirkung eines Anspruchs, sondern um die Verwirkung eines Rechtsverhältnisses handele. Das Rechtsverhältnis ist unabdingbarer Bestandteil aller Folgeansprüche und kann deshalb nicht isoliert gesehen werden (zu diesem Urteil auch Anm. *Hamann* zu EzA § 10 AÜG Nr. 11). Alle übrigen, dh. von der Fiktion des ArbVerh. abhängigen Ansprüche verjähren nach den allg. Regeln des Verjährungsrechts und damit regelm. gem. § 195 BGB nach drei Jahren. 22

e) Schadensersatz, Abs. 2. Gem. Abs. 2 S. 1 hat der LeihAN gegen den Verleiher einen Anspruch auf Ersatz der Schäden, die er dadurch erlitten hat, dass er auf die Gültigkeit seines Arbeitsvertrages vertraute (zum geringeren Umfang der Arbeitszeit BAG 20.9.2016 APAÜG § 1 Nr. 39). Die Unwirksamkeit muss, wie der Gesetzestext jetzt ausdrückl. klarstellt, auf der Regelung des § 9 beruhen. Ob die Erlaubnis schon bei Abschluss des ArbVerh. nicht bestand oder ob sie später weggefallen ist, ist nur insoweit wichtig, als der Anspruch auf einen Ersatz des Vertrauensschadens erst in dem Zeitpunkt entsteht, von dem an keine Erlaubnis (mehr) vorliegt. 23

Die Ersatzpflicht ist jedoch gem. **Abs. 2 S. 2** ausgeschlossen, wenn der LeihAN den Unwirksamkeitsgrund kannte. Dabei muss der LeihAN positive **Kenntnis von der Unwirksamkeit** haben, denn die Versagungsgründe des § 3 treten unabhängig von einem Verschulden des Verleihers ein (*Becker/Wulfgramm* Rn. 42; *Ridder,* Der Schadensersatzanspruch des LeihAN gegen den Verleiher gemäß § 10 II AÜG, 2016, S. 46 ff.; SH/*Schüren* Rn. 199, 201). 24

Der Umf. des Schadensersatzes ist **nicht**, wie bei den §§ 122 und 179 BGB, **auf das negative Interesse begrenzt.** Erfasst werden die Schäden, die der LeihAN dadurch erleidet, dass der Entleiher seinen nach Abs. 1 bestehenden Verpflichtungen nicht nachkommt (*Becker/Wulfgramm* Rn. 45 mwN). Darüber hinaus sind all die Schäden zu ersetzen, die auf Grund der kraft Gesetzes eintretenden Beendigung des LeihArbVerh. entstehen. Der Verleiher haftet auch auf Schadensersatz, wenn es der LeihAN in Unkenntnis der von Abs. 1 begr. Fiktion unterlässt, ggü. dem Entleiher innerhalb der Ausschlussfrist (s. aber Rn. 16; zu den anderen Schadensersatzansprüchen *Ridder* S. 89 ff.) Ansprüche geltend zu machen. 25

Ebenso haftet der Verleiher im Falle der Insolvenz des Entleihers, wenn es der LeihAN in Unkenntnis der Fiktion des Abs. 1 unterlassen hat, Ansprüche auf Insolvenzgeld (§§ 183 ff. SGB III) rechtzeitig geltend zu machen (SMS Rn. 26). Wird der Verleiher insolvent, so hat der LeihAN einen Anspruch 26 nach § 183 SGB III, sofern das ArbVerh. durchgeführt wurde; denn in diesem Fall bestand auf Grund eines fehlerhaften ArbVerh. ein Vergütungsanspruch gegen den Verleiher, der als Anspruch auf Arbeitsentgelt iSd. § 183 I SGB III anzusehen ist. Beruht die zu geringe Lohnzahlung durch den Verleiher auf schuldhaft unrichtigen Angaben des Entleihers, so kann ihn der Verleiher nach §§ 280 I, 241 II BGB auf Schadensersatz in Anspruch nehmen (*Bauer/Krets* NJW 2003, 537, 539). Die Dauer der AZ ist eine wesentl. Arbeitsbedingung (BAG 16.4.2014 NZA 2014, 1263).

27 **f) Umfang der Leistungspflicht, Abs. 3.** Der Verleiher hat dem LeihAN die zur Geltendmachung von Schadensersatzansprüchen und zur Durchsetzung seiner Rechte ggü. dem Entleiher nötigen Auskünfte zu erteilen. Die Zahlungspflicht besteht unabhängig von einem fehlerhaften ArbVerh. Zahlt der Verleiher die Vergütung, so sind Verleiher und Entleiher wegen des Gesamtsozialversicherungsbeitrags gem. § 28e II 4 SGB IV Gesamtschuldner. Die Regelung begr. nur eine zusätzl. Haftung des Entleihers für die Beitragsschulden des Verleihers. Der Anspruch setzt voraus, dass der LeihAN vom Verleiher trotz Unwirksamkeit des Leiharbeitsvertrages gem. § 9 Nr. 1 die Vergütung ganz oder tw. erhält (Boemke/*Lembke* Rn. 118; *Ulber* Rn. 77; weitergehend SH/*Schüren* Rn. 225). Abs. 3 S. 2 ordnet eine gesamtschuldnerische Haftung von Entleiher und illegalem Verleiher an (ausführl. SH/*Schüren* Rn. 227 ff.; s. a. BSG 29.6.2016 BB 2017, 382.

28 **g) Gleiche Arbeitsbedingungen.** Der durch G v. 28.4.2011 eingeführte Abs. 4 (in Kraft seit dem 30.4.2011) ist in § 8 aufgegangen.

§ 10a Rechtsfolgen bei Überlassung durch eine andere Person als den Arbeitgeber

Werden Arbeitnehmer entgegen § 1 Absatz 1 Satz 3 von einer anderen Person überlassen und verstößt diese Person hierbei gegen § 1 Absatz 1 Satz 1, 5 und 6 oder Absatz 1b, gelten für das Arbeitsverhältnis des Leiharbeitnehmers § 9 Absatz 1 Nummer 1 bis 1b und § 10 entsprechend.

1 Die Vorschrift wurde durch das AÜGÄndG neu ins G aufgenommen. Sie ergänzt das Verbot des Kettenverleihs durch die entspr. Rechtsfolgen wie nach §§ 9 und 10.

§ 11 Sonstige Vorschriften über das Leiharbeitsverhältnis

(1) [1]Der Nachweis der wesentlichen Vertragsbedingungen des Leiharbeitsverhältnisses richtet sich nach den Bestimmungen des Nachweisgesetzes. [2]Zusätzlich zu den in § 2 Abs. 1 des Nachweisgesetzes genannten Angaben sind in die Niederschrift aufzunehmen:

1. Firma und Anschrift des Verleihers, die Erlaubnisbehörde sowie Ort und Datum der Erteilung der Erlaubnis nach § 1,
2. Art und Höhe der Leistungen für Zeiten, in denen der Leiharbeitnehmer nicht verliehen ist.

(2) [1]Der Verleiher ist ferner verpflichtet, dem Leiharbeitnehmer bei Vertragsschluß ein Merkblatt der Erlaubnisbehörde über den wesentlichen Inhalt dieses Gesetzes auszuhändigen. [2]Nichtdeutsche Leiharbeitnehmer erhalten das Merkblatt und den Nachweis nach Absatz 1 auf Verlangen in ihrer Muttersprache. [3]Die Kosten des Merkblatts trägt der Verleiher. [4]Der Verleiher hat den Leiharbeitnehmer vor jeder Überlassung darüber zu informieren, dass er als Leiharbeitnehmer tätig wird.

(3) [1]Der Verleiher hat den Leiharbeitnehmer unverzüglich über den Zeitpunkt des Wegfalls der Erlaubnis zu unterrichten. [2]In den Fällen der Nichtverlängerung (§ 2 Abs. 4 Satz 3), der Rücknahme (§ 4) oder des Widerrufs (§ 5) hat er ihn ferner auf das voraussichtliche Ende der Abwicklung (§ 2 Abs. 4 Satz 4) und die gesetzliche Abwicklungsfrist (§ 2 Abs. 4 Satz 4 letzter Halbsatz) hinzuweisen.

(4) [1]§ 622 Abs. 5 Nr. 1 des Bürgerlichen Gesetzbuchs ist nicht auf Arbeitsverhältnisse zwischen Verleihern und Leiharbeitnehmern anzuwenden. [2]Das Recht des Leiharbeitnehmers auf Vergütung bei Annahmeverzug des Verleihers (§ 615 Satz 1 des Bürgerlichen Gesetzbuchs) kann nicht durch Vertrag aufgehoben oder beschränkt werden; § 615 Satz 2 des Bürgerlichen Gesetzbuchs bleibt unberührt. [3]Das Recht des Leiharbeitnehmers auf Vergütung kann durch Vereinbarung von Kurzarbeit für die Zeit aufgehoben werden, für die dem Leiharbeitnehmer Kurzarbeitergeld nach dem Dritten Buch Sozialgesetzbuch gezahlt wird; eine solche Vereinbarung kann das Recht des Leiharbeitnehmers auf Vergütung bis längstens zum 31. Dezember 2011 ausschließen.

(5) [1]Der Entleiher darf Leiharbeitnehmer nicht tätig werden lassen, wenn sein Betrieb unmittelbar durch einen Arbeitskampf betroffen ist. [2]Satz 1 gilt nicht, wenn der Entleiher sicherstellt, dass Leiharbeitnehmer keine Tätigkeiten übernehmen, die bisher von Arbeitnehmern erledigt wurden, die

1. sich im Arbeitskampf befinden oder
2. ihrerseits von Arbeitnehmern, die sich im Arbeitskampf befinden, übernommen haben.

[3]Der Leiharbeitnehmer ist nicht verpflichtet, bei einem Entleiher tätig zu sein, soweit dieser durch einen Arbeitskampf unmittelbar betroffen ist. [4]In den Fällen eines Arbeitskampfes hat der Verleiher den Leiharbeitnehmer auf das Recht, die Arbeitsleistung zu verweigern, hinzuweisen.

(6) [1]Die Tätigkeit des Leiharbeitnehmers bei dem Entleiher unterliegt den für den Betrieb des Entleihers geltenden öffentlich-rechtlichen Vorschriften des Arbeitsschutzrechts; die hieraus sich ergebenden Pflichten für den Arbeitgeber obliegen dem Entleiher unbeschadet der Pflichten des Verleihers. [2]Insbesondere hat der Entleiher den Leiharbeitnehmer vor Beginn der Beschäftigung und bei Veränderungen in seinem Arbeitsbereich über Gefahren für Sicherheit und Gesundheit, denen er bei der Arbeit ausgesetzt sein kann, sowie über die Maßnahmen und Einrichtungen zur Abwendung dieser Gefahren zu unterrichten. [3]Der Entleiher hat den Leiharbeitnehmer zusätzlich über die Notwendigkeit besonderer Qualifikationen oder beruflicher Fähigkeiten oder einer besonderen ärztlichen Überwachung sowie über erhöhte besondere Gefahren des Arbeitsplatzes zu unterrichten.

(7) Hat der Leiharbeitnehmer während der Dauer der Tätigkeit bei dem Entleiher eine Erfindung oder einen technischen Verbesserungsvorschlag gemacht, so gilt der Entleiher als Arbeitgeber im Sinne des Gesetzes über Arbeitnehmererfindungen.

1. Allgemeines. Die Regelungen des § 11 sind nicht mehr nur auf die **gewerbsmäßige ANÜberlassung** anwendbar, sondern auf jede ANÜberlassung (s. § 1 Rn. 42 ff.). Die frühere Fassung hatte in Abs. 1 Nr. 1 bis 12 alle erforderl. Angaben aufgezählt. Nunmehr muss der Verleiher zunächst die Voraussetzungen des NachwG prüfen und dabei die Besonderheiten der Leiharbeit berücksichtigen, und zusätzl. § 11 Abs. 1 Nr. 1 und 2 beachten. 1

Nach dem NachwG hat der Verleiher zwei Möglichkeiten: Er kann in einen **schriftl. Arbeitsvertrag** alle Angaben nach § 2 I–III NachwG sowie die nach § 11 I Nr. 1 und 2 AÜG aufnehmen, § 2 IV NachwG. Alternativ kann er einen Arbeitsvertrag ohne diese Angaben schließen; er muss dann aber spätestens einen Monat nach dem vereinbarten Beginn des ArbVerh. dem AN eine **Niederschrift** aushändigen, die die genannten Angaben enthält, § 2 I NachwG iVm. § 11 I AÜG, so dass zB eine einfache E-Mail nicht dem Formerfordernis entspricht (*Beckschulze* DB 2003, 2777). Durch die Mitteilung der ges. vorgesehenen Angaben soll der LeihAN **über seine Rechtsstellung ggü. dem Verleiher informiert** werden. Eine bes. **Form** ist für den Abschluss des Leiharbeitsvertrages nicht vorgesehen, vielmehr kann er auch mündl. geschlossen werden (MüArbR/*Marschall* § 175 Rn. 7); demgegenüber bedarf der Überlassungsvertrag gem. § 12 I 1 der Schriftform. Ein Verstoß gegen die Anforderungen nach Abs. 1 führt nicht gem. § 125 BGB zu einer Nichtigkeit des Vertrages. Der Verleiher begeht eine mit einer Geldbuße bis zu 500 € zu ahndende Ordnungswidrigkeit iSd. § 16 I Nr. 8 (ArbG Stuttgart-Ludwigsburg 18.3.1976 – Ca 10–895/75– nv.; KHb/*Düwell* 4.5 Rn. 329). Anders als das NachwG selbst sieht das AÜG mit seinem Verweis auf das NachwG also eine Sanktion vor. 2

Durch die **Bezugnahme auf das NachwG** statt der früheren eigenständigen Regelung im AÜG (§ 11 I aF) muss der Verleiher nunmehr über die nach dem NachwG erforderl. Angaben hinaus die in § 11 I Nr. 1 und 2 genannten Angaben in die Niederschrift aufnehmen. Obwohl NachweisRL und NachwG eine umfassende Enumeration enthalten, wird sie von EuGH (8.2.2001 AP NachwG § 2 Nr. 4), BAG (23.1.2002 AP NachwG § 2 Nr. 5) und der ganz überw. Lit. (s. für alle *Oetker* Anm. SAE 2002, 163, 166; SH/*Schüren* Rn. 69) als nicht abschließend verstanden (krit. *Wank* RdA 1996, 21, 23; *ders.* NZA 2003, 14, 17); allerdings besteht keine Nachweispflicht bzgl. der Arbeitsbedingungen beim Entleiher, BAG 25.3.2015 NZA 2015, 877. Auf der Grdl. der LeiharbeitsRL (s. Einl. Rn. 3) könnte der deutsche Gesetzgeber für LeihAN eine abschl. Enumeration der wesentl. Vertragsbedingungen vorsehen und damit zur Rechtssicherheit und Praktikabilität des Gesetzes beitragen. 3

2. Die im Einzelnen zu machenden Angaben. Nach **§ 2 I Nr. 1 NachwG** iVm. § 11 I AÜG muss die Niederschrift (oder der schriftl. Arbeitsvertrag) **Name und Anschrift** der Vertragsparteien enthalten (vgl. § 11 I Nr. 1 und 2 aF); das zusätzl. Erfordernis in § 11 I Nr. 1 (Firma und Anschrift des Verleihers) ist daher überflüssig. Nach **§ 2 I Nr. 2 NachwG** ist der Zeitpunkt des **Beginns** des ArbVerh. anzugeben (vgl. § 11 I Nr. 4 AÜG aF). Dabei ist der Zeitpunkt des Vertragsschlusses und nicht der Zeitpunkt der vorgesehenen Arbeitsaufnahme gemeint (*Grünberger* NJW 1995, 2809 f.). Beim befristeten ArbVerh. muss nach **§ 2 I Nr. 3 NachwG** die vorhersehbare **Dauer** des ArbVerh. angegeben werden (vgl. § 11 I Nr. 4 AÜG aF). Nach der hier vertretenen Ansicht dürften Fälle einer nach § 14 TzBfG zulässigen Befristung selten sein (Einl. Rn. 6 ff.). Eine Überlassung darf nur „vorübergehend“ erfolgen (§ 1 Rn. 52). Nach **§ 2 I Nr. 4 NachwG** muss der **Arbeitsort** am Sitz der Verleihfirma genannt werden (vgl. § 11 I Nr. 8 AÜG aF); zugleich müssen Niederschrift oder Vertrag darauf hinweisen, dass der AN für Zeiten des Einsatzes bei Entleihern an verschiedenen Orten beschäftigt werden kann (vgl. § 11 I Nr. 3 AÜG aF). Anzugeben sind das räuml. Einsatzgebiet (evtl. der Einsatzstaat) und die damit im Zusammenhang stehenden Sonderregelungen (Fahrtkosten, Wegezeitvergütung uä.), evtl. auch eine Rechtswahl (*Becker/Wulfgramm* Rn. 13; SH/*Schüren* Rn. 38). Unter auswärtiger Arbeit ist nicht nur die Leistung im Ausland zu verstehen, sondern auch ein Leistungsort, der sich außerhalb des eigentl. Arbeitsortes befindet (SMS Rn. 10). 4

5 Niederschrift oder Vertrag müssen nach **§ 2 I Nr. 5 NachwG** eine kurze Charakterisierung oder Beschreibung der vom AN zu leistenden **Tätigkeit** enthalten. Dies kann in der Form einer konkreten oder einer bloß fachl. Umschreibung geschehen, in die auch zu leistende Nebenarbeiten aufzunehmen sind. Im Anschluss an EuGH 4.12.1997 AP NachwG § 2 Nr. 2 bedarf es einer Konkretisierung der auszuübenden Tätigkeit (SH/*Schüren* Rn. 39). Darüber hinaus wird sie durch das Direktionsrecht des Ver- oder Entleihers konkretisiert. Soll der LeihAN nicht nur bei Entleihern, sondern auch im Betrieb des Verleihers selbst eingesetzt werden, so muss dies ebenfalls in die Urkunde aufgenommen werden (*Becker/Wulfgramm* Rn. 13).

6 Im Hinblick auf Angaben zum **Entgelt** ist die Regelung in **§ 2 I Nr. 6 NachwG** im Zusammenhang zu sehen mit **§ 8 AÜG.** Es muss unterschieden werden zwischen den Verleihzeiten und den Zeiten ohne Verleih. Für **Verleihzeiten** bestimmt § 8 I 1, dass die wesentl. Arbeitsbedingungen beim jeweiligen Entleiher maßgebl. sind. Eine konkrete Aufnahme in die Niederschrift oder in den Arbeitsvertrag ist daher gar nicht mögl. (dazu auch SH/*Schüren* Rn. 45 ff.); vielmehr kann nur auf die Regelung im G verwiesen werden. Jedoch muss das bei der ersten Überlassung zu zahlende Entgelt – sofern es zu diesem Zeitpunkt bekannt ist – mitgeteilt werden (vgl. *Bauer/Krets* NJW 2003, 527, 529). Alle folgenden Änd. durch neue Überlassungen müssen dann jeweils genannt werden. Gilt § 8 I 1 – wie in der Regel – nicht, weil die Parteien tarifgebunden sind oder weil der Vertrag auf einen LeiharbeitsTV Bezug nimmt, so muss im Hinblick auf § 2 I Nr. 6 NachwG auf die entspr. Regelung im TV hingewiesen werden. Für **Zeiten ohne Verleih** enthält § 8 keine Vorgabe; zu beachten ist aber gem. § 11 IV 2, dass § 615 BGB hier unabdingbar ist (s. § 8 Rn. 10 f.). Die in der verleihfreien Zeit vom Verleiher an den LeihAN zu gewährenden Leistungen sind gem. § 11 I Nr. 2 nach Art und Höhe bereits in der Niederschrift anzugeben. Angegeben werden muss zunächst die **Grundvergütung.** Des Weiteren bedarf es einer genauen Angabe der Bemessungsfaktoren, evtl. Zuschläge (Prämie, Provision) und der Lohnnebenleistungen mit Entgeltcharakter (Auslösung, Weihnachtsgeld, betriebl. Altersversorgung; s. dazu KHb/*Düwell* 4.5 Rn. 336; SH/*Schüren* Rn. 41). Sofern ein TV gilt, kann gem. § 2 III 1 NachwG auf den einschlägigen **TV** verwiesen werden.

7 Nach **§ 2 I Nr. 7 NachwG** muss die vereinbarte **Arbeitszeit** angegeben werden (vgl. § 11 I Nr. 10 AÜG aF). Durch die Angabe wird verhindert, dass das Verbot der Aufhebung oder Beschränkung der §§ 611, 615 S. 1 BGB (§ 11 IV 2) unterlaufen wird (KHb/*Düwell* 4.5 Rn. 340). Diese Angabe ist auch nötig, um die Entgeltfortzahlungsansprüche errechnen zu können. Die BA hält die Vereinbarung zwischen Verleiher und LeihAN über einen Arbeitseinsatz auf Abruf für unzulässig (KHb/*Düwell* 4.5 Rn. 341). Das BSG lehnt eine Flexibilisierung der Arbeitszeit durch die Festlegung eines Jahresfixums (50 Tage), innerhalb dessen der Verleiher die Einsätze bedarfsgerecht festlegen kann, ab (BSG 29.7.1992 EzAÜG BeschFG Nr. 5). Die Angaben nach § 2 I Nr. 7 können durch einen Hinweis auf die einschlägigen TV oder BV ersetzt werden, § 2 III 1 NachwG.

8 Angaben über den **Erholungsurlaub** sieht **§ 2 I Nr. 8 NachwG** vor. Die Angaben über den Urlaub umfassen zum einen Angaben über den Urlaubsanspruch selbst (*Franßen/Haesen* Rn. 7) und zum anderen über das Urlaubsgeld. Zu letzterem muss angeführt werden, ob nur das ges. Urlaubsentgelt (§ 11 BUrlG) oder auch zusätzl. Urlaubsgeld geleistet wird.

9 **Die Fristen für eine Kündigung** des ArbVerh. sind ausdrückl. aufzunehmen, **§ 2 I Nr. 9 NachwG** (vgl. § 11 I Nr. 5 AÜG aF). Wenn die ges. oder die tarifvertragl. Kündigungsfristen gelten, bedarf es keiner expliziten Aufnahme, vielmehr reicht ein Verweis. Die Verleihunternehmen unterfallen allerdings selbst dann nicht dem fachl. Geltungsbereich der für die Entleiher geltenden TV, wenn sie ihre LeihAN immer an Unternehmen verleihen, für die stets derselbe TV gilt (LAG F 19.12.1972 DB 1973, 624); denn der reine Verleihbetrieb ist immer dem Dienstleistungsgewerbe, nicht dem Gewerbe des Entleiherbetriebes zuzuordnen (ArbG Lübeck 17.1.1978 EzAÜG Nr. 71). Seit dem 1.1.2004 ist der zwischen acht DGB-Gewerkschaften und dem Bundesverband Zeitarbeit e. V. (BZA) geschlossene MantelTV Zeitarbeit zu beachten (s. § 8 Rn. 23); in § 9 lässt er Abweichungen von den ges. Kündigungsfristen zu. So kann zB bei Neueinstellungen die Kündigungsfrist während der ersten vierzehn Tage des Beschäftigungsverhältnisses arbeitsvertragl. auf einen Tag verkürzt werden. Für die LeihAN können tarifl. Regelungen ferner unmittelbar gelten, wenn sie einem Mischbetrieb angehören, also einem Betrieb, der die Arbeitskräfte sowohl im eigenen Unternehmen einsetzt als auch sie verleiht. Hier ist nach den allg. Regeln über eine Tarifgeltung zu entscheiden (SH/*Schüren* Rn. 58). Wird die Geltung tarifl. Fristen für Nichttarifgebundene einzelvertragl. vereinbart, so muss nach der Rspr. der in Bezug genommene TV jdf. in der Urkunde bestimmt oder doch nach ihr bestimmbar sein (LSG HB 15.3.1983 – L 5 BR 11/82 – nv.; SH/*Schüren* Rn. 59). Die Angaben nach § 2 I Nr. 9 NachwG können durch einen Hinweis auf die einschlägigen TV oder BV ersetzt werden, § 2 III 1 NachwG.

10 **§ 2 I Nr. 10 NachwG** schreibt vor, dass in den Vertrag die auf das ArbVerh. anzuwendenden **Tarifverträge und Betriebsvereinbarungen** aufzunehmen sind. Als derartige TV kommen die TV speziell für die Zeitarbeit in Betracht; iÜ gelten TV für Mischbetriebe. Wegen des Umfangs und des möglicherweise sich ständig ändernden Inhalts der Betriebsvereinbarungen dürfte es ausreichen, dass der Vertrag einen Hinweis auf das Bestehen von Betriebsvereinbarungen zu bestimmten Regelungskomplexen enthält und dass die Betriebsvereinbarungen beim BR einsehbar sind (KHb/*Düwell* 4.5 Rn. 344).

Wenn der LeihAN länger als einen Monat seine **Arbeitsleistung außerhalb der Bundesrepublik** zu erbringen hat, müssen zusätzl. Angaben nach **§ 2 II NachwG** gemacht werden. Anzugeben sind dann die Dauer der Auslandstätigkeit; die Währung, in der das Arbeitsentgelt geleistet wird; an den Auslandsaufenthalt gekoppelte zusätzl. Geld- und Sachleistungen sowie vertragl. Rückkehrbedingungen. 11

Schließl. muss nach **§ 11 I Nr. 1** die **Erlaubnisbehörde** angegeben werden. Die anzugebende Erlaubnisbehörde muss nicht die wirkl. zuständige sein. Anzugeben ist diejenige, die tatsächl. die Erlaubnis erteilt hat (*Franßen/Haesen* Rn. 7). Neben der Firma und der Anschrift müssen Ort und Datum der Erteilung der Erlaubnis enthalten sein. Durch diese Angabe soll der LeihAN vor den Folgen der fehlenden Verleiherlaubnis geschützt werden (§§ 9 Nr. 1, 10 I). 12

Für einige nach früherem Recht erforderl. Angaben ist die **Mitteilungspflicht entfallen**. Zwar ist a. die Regelung des § 11 I 3 aF entfallen, nach der die Aufnahme weiterer Abreden in die Urkunde mögl. war; fasst man § 2 I 2 NachwG als nicht abschließend auf, ist dies aber auch weiterhin mögl. Der Verleiher ist nicht verpflichtet, die wesentl. Arbeitsbedingungen des Entleiherbetriebs nachzuweisen, BAG 25.3.2015 NZA 2015, 877. 13

3. Merkblatt, § 11 Abs. 2 S. 1, 2. Die Vorschr. verpflichtet den Verleiher, dem LeihAN bei Vertragsschluss ein Merkblatt mit dem wesentl. Inhalt des AÜG zu übergeben. Den Text hat die BA festgelegt, die auch die Merkblätter in fast allen europ. Sprachen vorhält. Die Ausländer erhalten dieses Merkblatt – unabhängig von ihren deutschen Sprachkenntnissen (LSG HB 15.3.1983 L 5 BR 11/82 – nv.) – in der von der BA vorgehaltenen Muttersprache. Die Kosten dieses Merkblatts hat der Verleiher zu tragen (II 3). Soweit die BA kein Merkblatt in der Muttersprache des ausl. AN vorhält, braucht ihm der Verleiher das Merkblatt nicht auf eigene Kosten übersetzen lassen (Thüsing/*Mengel* § 11 Rn. 35; aA *Ulber* § 11 Rn. 87). 14

4. Kennzeichnung als ANÜberlassung, Abs. 2 S. 4. Um zu verhindern, dass sich der AG gegenüber einem AN nachträgl. auf eine Vorratserlaubnis beruft, verpflichtet ihn Abs. 2 S. 4, ihn vor jeder Überlassung darauf hinzuweisen, dass er als LeihAN eingesetzt werden soll. 15

5. Benachrichtigungspflicht, § 11 Abs. 3. Wenn die **Verleiherlaubnis** nach dem Abschluss des Verleihvertrages **wegfällt**, hat der Verleiher den LeihAN über diesen Umstand unverzügl. zu unterrichten. Darüber hinaus hat er den Leiharbeiter auch über den Zeitpunkt des Wegfalls der Erlaubnis oder – sofern Zweifel bestehen – über den voraussichtl. Zeitpunkt des Wegfalls zu unterrichten. Diese Unterrichtung ist an keine Form gebunden (*Becker/Wulfgramm* Rn. 16; aA SH/*Schüren* Rn. 90). Fällt die Verleiherlaubnis weg, weil sie nicht verlängert (§ 2 IV 2), zurückgenommen (§ 4) oder widerrufen (§ 5) wird, so muss der Verleiher den LeihAN zusätzl. auf das voraussichtl. Ende der Abwicklung (§ 2 IV 4) und die ges. Abwicklungsfrist von max. zwölf Monaten hinweisen (§ 2 IV 4 2. Halbs.). Die Dauer der Abwicklungsfrist ist deshalb von Bedeutung, weil während dieser Zeit das LeihArbVerh. als fortbestehend fingiert wird; in diesem Zeitraum kann es nicht zu einem fingierten ArbVerh. mit dem Entleiher gem. § 10 kommen. 16

6. Unabdingbarkeit gem. Abs. 4. Abs. 4 ergänzt die Regelungen der §§ 8, 9 und 10. Auch durch diese Bestimmung soll sichergestellt werden, dass der Verleiher das von ihm zu tragende Beschäftigungsrisiko nicht auf den LeihAN abwälzt. Aus diesem Grunde werden bestimmte Vorschr. für zwgd. erklärt. Nach Abs. 4 S. 1 ist es dem Verleiher versagt, von der nach § 622 V Nr. 1 BGB bestehenden Möglichkeit, für Aushilfskräfte individualvertragl. eine kürzere als die in § 622 I BGB genannten **Kündigungsfrist** zu vereinbaren, Gebrauch zu machen. Eine tarifvertragl. Kürzung der Kündigungsfrist ist hingegen auch bei LeihArbVerh. im Geltungsbereich eines TV mögl. (*Becker/Wulfgramm* Rn. 28; SMS Rn. 24; auf die im Entleiherbetrieb geltenden tarifl. Kündigungsfristen kann nicht verwiesen werden; aA *Franßen/Haesen* Rn. 25). Der nach allg. Regeln abdingbare Anspruch aus §§ 611, 615 S. 1 BGB, wonach der AN die Vergütung trotz Nichtleistung der Arbeit verlangen kann, wenn der AG mit der Annahme der Arbeitsleistung in Verzug kommt, kann nach Abs. 4 S. 2 nicht ausgeschlossen oder beschränkt werden (s. *Schüren* BB 2012, 1411). Die Einführung eine AZKontos darf nicht zur Umgehung des § 11 IV 2 benutzt werden (BAG 16.4.2014 NZA 2014, 1262; s. a. LAG BB 17.12.2014 BB 2015, 829). 17

Im Falle des Annahmeverzuges ist ein AN grundsätzl. nach dem **Lohnausfallprinzip** so zu stellen, als wenn er gearbeitet hätte. Dafür erhält er die Vergütung einschließl. aller Nebenleistungen mit Entgeltcharakter. Soweit der Verleiher gem. § 8 dem LeihAN zur Gewährung des Arbeitsentgelts iHv. mit ihm vergleichbaren AN des Entleihers verpflichtet ist, muss der Verleiher an den LeihAN im Falle des Verzugs ein entspr. Entgelt zahlen. Dessen Höhe kennt der Verleiher aus den Angaben im Überlassungsvertrag gem. § 12 I 2. Für die Höhe des Annahmeverzugslohns in den verleihfreien Zeiten sind hingegen die Vereinbarungen zwischen Verleiher und LeihAN entscheidend (vgl. § 8 Rn. 10 f.). Die Anrechnungsbestimmung des § 615 S. 2 BGB, die festlegt, dass der AN sich all das anrechnen lassen muss, was er infolge des Unterbleibens der Arbeitsleistung erspart oder durch anderweitige Verwendung seiner Arbeitskraft erwirbt oder zu erwerben böswillig unterlässt, ist – anders als § 615 S. 1 BGB – abdingbar. 18

19 § 615 BGB enthält keine dem § 11 Nr. 3 KSchG vglb. Regelung, nach der sich der AN auch das anrechnen lassen muss, was er auf Grund **ör. Leistungen** erhalten hat. Tw. wird vertreten, der AN müsse sich auch diese Leistungen anrechnen lassen; der Verleiher sei dann ggü. der Stelle erstattungspflichtig, die die Leistung erbracht habe (Nachw. bei SH/*Schüren* Rn. 109). Dabei wird jedoch übersehen, dass dies zu Lasten der BA geht. Wenn gem. § 143 III SGB III Arbeitslosengeld gewährt wird, geht der Anspruch des AN gegen den AG iHd. geleisteten Arbeitslosengeldes gem. § 115 SGB X auf die BA über.

20 **7. Kurzarbeit.** Da die Einführung von Kurzarbeit zu einer Änderung der Vertragsbedingungen führt, kann sie nicht durch Ausübung des Weisungsrechts erfolgen. Vielmehr bedarf es einer Rechtsgrundlage in einem TV, in einer BV (str.) oder in einem Arbeitsvertrag.

21 **8. Verbot des Einsatzes im Arbeitskampf, Abs. 5.** Nach allg. Regeln darf ein LeihAN nur bei einem Arbeitskampf im Verleihbetrieb gegen den Verleiher streiken, denn im Entleiherbetrieb kann er keine Tarifregelung erreichen, die unmittelbar seiner Besserstellung dient, weil die Besserstellung erst durch § 8 erfolgt. Bis zur Gesetzesänderung 2017 enthielt Abs. 5 bezüglich eines Arbeitskampfs im Entleiherbetrieb nur ein **Leistungsverweigerungsrecht** des LeihAN; solange er sich nicht darauf berief, konnte er im bestreikten Betrieb eingesetzt werden. Nach der Neufassung durch das AÜGÄndG (dazu *Boemke* ZfA 2017, 1; *Klein/Leist* AuR 2017, 100 ff.; *Rieble* FS Wank 474) bedarf es keiner Berufung des LeihAN auf ein Leistungsverweigerungsrecht mehr (aA *Deinert* RdA 2015, 65, 78; *Klein/Leist* AuR 2017, 100, 104), denn der Entleiher, der unmittelbar durch einen Arbeitskampf betroffen ist, darf den LeihAN **gar nicht erst einsetzen** (zu entsprechenden Klauseln, die bereits in TV vorhanden waren, *Boemke/Sachadae* BB 2015, 1781). Voraussetzung ist zum einen, dass der Entleiher unmittelbar betroffen ist; das trifft bspw. bei einem Zulieferer nicht zu. Zum anderen gilt es nur, wenn der LeihAN Mitarbeiter vertritt, die sonst Streikarbeit verrichten würden. Die Regelung verstößt insbes. angesichts der Urteile des BAG zu Unterstützungsstreik und Flashmob gegen das Gebot der Arbeitskampfparität (*Franzen* RdA 2015, 141, 150 f.; *Henssler* RdA 2016, 18, 24; *Lembke* BB 2014, 1333, 1340; *Thüsing* NZA 2014, 10, 11; *ders.* NZA 2015, 1478, 1479; *Ubber/Löw* BB 2015, 3125, 3126; *Willemsen/Mehrens* NZA 2015, 897, 901; aA *Deinert* RdA 2017, 65, 78; *Klein/Leist* SR 2017, 31, 34 ff.), gegen die staatliche Neutralitätspflicht (*Franzen* RdA 2015, 141, 151; *Ubber/Löw* BB 2015, 3125, 3126; *Wank* RdA 2017, 100, 114; aA *Klein/Leist* SR 2017, 31, 37) sowie gegen die Berufsfreiheit der LeihAN (*Bauer/Haußmann* NZA 2016, 803 ff.; *Rieble* FS Wank, 2014, 475, 477; aA *Klein/Leist* SR 2017, 31, 37 ff.) und deren Koalitionsfreiheit (*Boemke* ZfA 2017, 1, 4). Das gilt vor allem für das Verbot, im Betrieb bereits beschäftigte LeihAN weiter zu beschäftigen. Seiner Hinweispflicht bezügl. der Rechtslage genügt der Verleiher nicht schon dadurch, dass er den LeihAN bei Abschluss des Leiharbeitsvertrages darauf hinweist. Vielmehr ist der LeihAN nach allg. Auff. jeweils vor dem geplanten Arbeitseinsatz zu informieren, wenn der Entleiherbetrieb bereits von einem Arbeitskampf betroffen ist. Beginnt der Arbeitskampf erst nach der Überlassung, muss der Entleiher den LeihAN über das Einsatzverbot unverzügl. informieren (*Becker/Wulfgramm* Rn. 18). Ein Verstoß gegen § 11 V ist nach § 16 I Nr. 8a bußgeldbewehrt.

22 **9. Verantwortlichkeit für die Einhaltung der öffentlich-rechtlichen Vorschriften des Arbeitsschutzrechts. Abs. 6** nimmt Verleiher und Entleiher gleichermaßen hins. der Einhaltung der ör. Vorschr. des Arbeitsschutzrechtes ggü. dem LeihAN in die Verantwortung; § 11 VI ist Spezialvorschrift zu § 8 II ArbSchG. In erster Linie obliegt dem Entleiher die praktische Durchführung der Arbeitsschutzmaßnahmen; der Verleiher ist schon aus praktischen Gründen auf eine Kontrolle beschränkt, BAG 7.6.2016 NZA 2016, 1420. In Umsetzung der RL 91/383/EWG treffen den Entleiher ggü. dem LeihAN nach Abs. 6 S. 2 und 3 bestimmte Unterrichtungspflichten. Der BR des Verleiherbetriebs hat regelmäßig kein Mitbestimmungsrecht bezüglich vom Entleiher bereitzustellender Schutzkleidung, BAG 7.6.2016 NZA 2016, 1420.

23 **10. Arbeitnehmererfindung.** Für eine interessengerechte Zuordnung der Verwertungsrechte bei einer ANErfindung fingiert Abs. 7 den **Entleiher als AG** iSd. ArbnErfG. Nach allg. Auff. ist der Wortlaut allerdings zu weit; er ist vielmehr dahingehend teleologisch zu reduzieren, dass es sich um Erfindungen und Verbesserungsvorschläge handeln muss, die auf den Betrieb des Entleihers bezogen sind, die also im Entleiherbetrieb entstanden sind oder maßgebl. auf der Tätigkeit in ihm und auf der dort gewonnenen Erfahrung beruhen (SH/*Schüren* Rn. 146). Nach § 2 ArbnErfG sind **Erfindungen** nur solche, die patent- oder gebrauchsmusterfähig sind. Unter diesen ist zwischen sog. gebundenen und freien Erfindungen zu unterscheiden (§§ 4 ff. ArbnErfG).

24 **11. Rechtsfolgen der Verletzung von Hinweis- und Informationspflichten.** Die Verletzung der **Hinweis- und Informationspflichten** nach § 11 I bis III und V 2 ist in mehrfacher Hinsicht von Bedeutung. Einmal kann sich der Verleiher bei schuldhafter Pflichtverletzung ggü. dem LeihAN aus § 280 I BGB schadensersatzpflichtig machen. Darüber hinaus ist die BA bei einer entspr. schweren Verletzung berechtigt, die Erlaubnis nicht zu verlängern oder sie zu widerrufen (SH/*Schüren* Rn. 152). Eine fahrlässige oder vorsätzl. Verletzung der Pflichten nach § 11 I oder II kann als Ordnungswidrigkeit nach § 16 I Nr. 8 mit einer Geldbuße belegt werden.

§ 12 Rechtsbeziehungen zwischen Verleiher und Entleiher

(1) [1]Der Vertrag zwischen dem Verleiher und dem Entleiher bedarf der Schriftform. [2]Wenn der Vertrag und seine tatsächliche Durchführung einander widersprechen, ist für die rechtliche Einordnung des Vertrages die tatsächliche Durchführung maßgebend. [3]In der Urkunde hat der Verleiher zu erklären, ob er die Erlaubnis nach § 1 besitzt. [4]Der Entleiher hat in der Urkunde anzugeben, welche besonderen Merkmale die für den Leiharbeitnehmer vorgesehene Tätigkeit hat und welche berufliche Qualifikation dafür erforderlich ist sowie welche im Betrieb des Entleihers für einen vergleichbaren Arbeitnehmer des Entleihers wesentlichen Arbeitsbedingungen einschließlich des Arbeitsentgelts gelten; Letzteres gilt nicht, soweit die Voraussetzungen der in § 8 Absatz 2 und 4 Satz 2 genannten Ausnahme vorliegen.

(2) [1]Der Verleiher hat den Entleiher unverzüglich über den Zeitpunkt des Wegfalls der Erlaubnis zu unterrichten. [2]In den Fällen der Nichtverlängerung (§ 2 Abs. 4 Satz 3), der Rücknahme (§ 4) oder des Widerrufs (§ 5) hat er ihn ferner auf das voraussichtliche Ende der Abwicklung (§ 2 Abs. 4 Satz 4) und die gesetzliche Abwicklungsfrist (§ 2 Abs. 4 Satz 4 letzter Halbsatz) hinzuweisen.

1. Allgemeines. § 12 regelt nur unvollkommen und nicht abschließend den Inhalt des **ANÜberlassungsvertrages.** In erster Linie dienen die Bestimmungen des § 12 I und II dem Schutz des Entleihers. Damit der Verleiher seiner Verpflichtung zur Gleichbehandlung der LeihAN in Bezug auf die wesentl. Arbeitsbedingungen vergleichbarer AN des Entleihers nachkommen kann, bestimmt Abs. 1, dass der Entleiher dem Verleiher diese Inf. erteilen muss (BT-Drs. 15/25 S. 39). Von bes. Bedeutung ist die Pflicht des Verleihers, zu erklären, ob er die nach § 1 notwendige Verleiherlaubnis hat, denn zwischen dem Entleiher und dem LeihAN wird im Falle der Unwirksamkeit des ANÜberlassungsvertrages nach § 9 Nr. 1 gem. § 10 I ein ArbVerh. fingiert. Daneben wird die Überwachung durch die Erlaubnisbehörde erleichtert und eine Nachprüfung gem. § 7 II mögl. gemacht. 1

2. Inhalt der Urkunde. Für die Einhaltung der nach Abs. 1 S. 1 vorgeschriebenen Schriftform muss die Vertragsurkunde entweder von beiden Parteien **eigenhändig** durch Namensunterschrift oder durch notariell beglaubigtes Handzeichen **unterzeichnet** sein, § 126 BGB. Aufgrund der Warnfunktion des Schriftformerfordernisses sind auch Vorverträge schriftl. abzufassen (MüArbR/*Marschall* § 175 Rn. 56). Ein Formmangel führt nach § 125 BGB zu einer (Teil-) Nichtigkeit, die nach § 139 BGB im Zweifel eine Gesamtnichtigkeit des Vertrages bewirkt. Aufrecht erhalten bleiben kann nur ein Vertragsbestandteil, der für sich allein nicht formbedürftig ist, wie Nebenabreden zum Gerichtsstand. Da das AÜG keine Heilungsmöglichkeit für Formmängel vorsieht (wie zB §§ 311b I 2, 518 II BGB), kann der Formmangel nur unter ganz engen Voraussetzungen unbeachtl. sein (§ 242 BGB). 2

An systematisch falscher Stelle (*Lembke* NZA 2017, 1, 2) bestimmt **§ 12 I 2**, dass es für die Qualifizierung des Vertrages nicht auf die Bezeichnung durch die Parteien, sondern auf die tatsächl. Durchführung ankommt. Da die Regelung im Anschluss an das Schriftformerfordernis steht, bezieht sie sich anscheinend nur auf einen Verstoß gegen die Schriftform. Tatsächl. handelt es sich um einen allg. Grunds. für den Fall, dass die Bezeichnung durch die Parteien und die objektiv-rechtl. zutr. Einordnung nicht übereinstimmen (vgl. § 611a I 5 BGB). Ungeschriebene Voraussetzung ist, dass auf Seiten der Vertragsparteien die zum Vertragsabschluss berechtigten Personen die andere Praxis kannten und zumindest duldeten BAG 15.4.2014 AP BetrAVG § 1 Nr. 71 BAG 20.9.2016. 3

Sind iRd. formnichtigen Überlassungsvertrages bereits Leistungen erbracht worden, so erfolgt die **Rückabwicklung** nach Bereicherungsrecht (BGH 17.2.2000 NJW 2000, 1557). Der Bereicherungsumfang bestimmt sich nach der erhaltenen Arbeitsleistung. Der BGH hat den Verkehrswert der ANÜberlassung einschließl. des Verleihgewinns als Bereicherung angesehen. Stehen sich die erbrachte Arbeitsleistung und die gezahlte Überlassungsvergütung gegenüber, sind die Ansprüche zu saldieren. In der Insolvenz gilt die Saldotheorie nur eingeschränkt (BGH 2.12.2004 AP BGB § 812 Nr. 34). 4

3. Inhalt des Überlassungsvertrages. Der Inhalt des zwischen Verleiher und Entleiher geschlossenen Überlassungsvertrages wird von § 12 nicht vorgegeben (s. zum Überlassungsverhältnis Einl. Rn. 16 ff.). Allerdings verpflichtet Abs. 1 den Verleiher zu erklären, dass er die nach § 1 erforderl. Erlaubnis besitzt; überdies hat der Entleiher anzugeben, welche bes. Merkmale die für den LeihAN vorgesehene Tätigkeit hat und welche berufl. Qualifikation dafür erforderl. ist sowie welche im Betrieb des Entleihers für einen vergleichbaren AN des Entleihers wesentl. Arbeitsbedingungen einschließl. des Arbeitsentgelts gelten. Die Angaben sind aber dann ausnahmsweise entbehrl., wenn ein TV abweichende Regelungen zulässt. Die **Hauptleistungspflichten des Verleihers** ergeben sich daraus aber noch nicht, sondern erst aus § 1 I, wonach der Verleiher die Überlassung von Arbeitskräften schuldet. Der Überlassungsvertrag entspricht keinem der im BGB geregelten bes. Schuldverhältnisse; es handelt sich bei ihm vielmehr um einen Unterfall des Dienstverschaffungsvertrages, auf den die Regeln des allg. Schuldrechts anzuwenden sind. 5

Die Überlassung der AN stellt eine Gattungsschuld dar; ohne abweichende Vereinbarung muss der Verleiher **für die vorgesehene Arbeit geeignete AN** stellen (BGH 13.5.1975 AP AÜG § 12 Nr. 1). 6

Entgegen *Becker/Wulfgramm* (Rn. 21) tritt nicht dadurch, dass der Verleiher einen bestimmten AN überlässt, eine Konkretisierung ein. Denn seine Leistungspflicht besteht darin, für die gesamte Überlassungsdauer einen geeigneten AN bereitzustellen (SH/*Schüren* Einl. Rn. 320 ff.). Bei der konzerninternen Abordnung wird hingegen ein bestimmter AN überlassen, der die Arbeitsleistung erbringen soll. Hier liegt demgemäß keine Gattungsschuld vor. Die Haftungsansprüche gegen den Verleiher im Falle einer Nichtleistung durch den AN bestimmen sich nach den §§ 280 I, III, 281 oder 283 BGB (s. o. Einl. Rn. 21 ff.).

7 Eine ausdrückl. **Nebenpflicht** des Verleihers findet sich in Abs. 2 in der Form der Hinweis- und Informationspflicht. Darüber hinaus treffen den Verleiher die bei jedem Vertragsverhältnis übl. Schutz- und Sorgfaltspflichten.

8 Nach § 12 I 3 muss der Entleiher grds. angeben, welche **Anforderungen** er an die Tätigkeit des LeihAN stellt. Da der Verleiher nach § 8 I 1 verpflichtet ist, den LeihAN zu den im jeweiligen Entleiherbetrieb geltenden wesentl. Arbeitsbedingungen zu beschäftigen, ist er auf die entspr. Angaben durch den jeweiligen Entleiher angewiesen. Deshalb sind nach § 12 I 2 die Angaben in den Überlassungsvertrag aufzunehmen. Zusätzl. hat der LeihAN nach § 13 einen entspr. Anspruch gegen den jeweiligen Entleiher. Wegen der Einzelheiten s. § 8 Rn. 6 ff.

9 Die **Hauptleistungspflicht des Entleihers** besteht darin, die vereinbarte Überlassungsvergütung zu zahlen (s. Einl. Rn. 18). Grds. ist der Verleiher vorleistungspflichtig; die Vorleistungspflicht kann jedoch im Überlassungsvertrag abbedungen oder modifiziert werden. Die Annahme der Arbeitsleistung stellt keine Hauptleistungspflicht des Entleihers dar, denn die Pflicht zur Zahlung der Überlassungsvergütung besteht unabhängig davon, ob der Entleiher den ordnungsgemäß angebotenen AN einsetzt oder nicht (bloße Obliegenheit). Den Entleiher treffen vielfältige Nebenpflichten. In erster Linie muss er für die Sicherheit des vom LeihAN wahrgenommenen Arbeitsplatzes sorgen und die Fürsorgepflichten wahrnehmen. Da der Verleiher auch während der Überlassung der AG des LeihAN bleibt, hat er gegen den Entleiher einen Anspruch auf Inf. über das Leistungsverhalten des überlassenen AN.

10 Regelm. enthalten die Überlassungsverträge **Allgemeine Geschäftsbedingungen** (zu deren typischer Ausgestaltung *Becker/Wulfgramm* Rn. 28; SH/*Schüren* Einl. Rn. 371). Sie unterliegen einer Inhaltskontrolle, die wegen § 310 I BGB auf § 307 I, II BGB begrenzt ist, soweit der Entleiher Unternehmer nach § 14 BGB ist. Insbes. Haftungsfreizeichnungsklauseln können gegen § 307 BGB verstoßen (*Urban-Crell/Schulz* Rn. 229 ff.; SH/*Schüren* Rn. 376 f.).

11 **4. Beendigung des Überlassungsverhältnisses.** Das Überlassungsverhältnis endet bei einer Befristung (Einl. Rn. 6 ff.) mit Zeitablauf und im Falle einer auflösenden Bedingung mit deren Eintritt (ausführl. *Becker/Wulfgramm* Rn. 54 ff.). Eine ordentl. **Kündigung** ist hier nur bei einer entspr. Vereinbarung mögl.; eine außerordentl. Kündigung gem. § 314 I BGB ist hingegen, sofern ein wichtiger Grund in der Form einer erhebl. Pflichtverletzung vorliegt, sowohl von Seiten des Verleihers als auch von Seiten des Entleihers regelm. nach Abmahnung jederzeit mögl. Darüber hinaus können die Parteien das Vertragsverhältnis auch durch einen Aufhebungsvertrag beenden. Der Tod des LeihAN beendet das Überlassungsverhältnis nicht, da sich die Leistungspflicht des Verleihers nicht auf die Überlassung dieses AN konkretisiert hat (vgl. Rn. 6; aA *Becker/Wulfgramm* Rn. 62). In den Fällen des nachträgl. **Wegfalls der Verleiherlaubnis** wird nicht automatisch auch das Überlassungsverhältnis beendet, da nach § 2 IV 4 eine max. zwölfmonatige Abwicklungsfrist besteht. Beim Tode des Verleihers können dessen Erben das Verleihgeschäft zur Abwicklung fortführen (SH/*Schüren* Einl. Rn. 348, § 2 Rn. 100 f.; s. § 2 Rn. 10).

12 **5. Unterrichtungspflichten.** Nach **Abs. 2 S. 1** hat der Verleiher den Entleiher über den Zeitpunkt des **Wegfalls der Erlaubnis** unverzügl. zu unterrichten. Wenn der Wegfall der Erlaubnis sicher zu erwarten ist, hat der Verleiher über den mögl. Zeitpunkt zu unterrichten. Damit soll dem Entleiher die Möglichkeit gegeben werden, sich auf das Ende der Überlassungszeit einzustellen. Eine bes. Form ist für die Benachrichtigung nicht vorgesehen (so auch *Becker/Wulfgramm* Rn. 7; aA SH/*Brors* Rn. 27; *Ulber* Rn. 42). Auch wenn die Erlaubnis wegen einer **Nichtverlängerung** (§ 2 IV 3), wegen einer Rücknahme (§ 4) oder wegen eines Widerrufs erlischt, muss der Entleiher unverzügl. unterrichtet werden. Daneben besteht wegen der nach § 2 IV 4 letzter Halbs. bestehenden zwölfmonatigen Abwicklungsfrist eine bes. Hinweispflicht hins. des voraussichtl. Endes der Geschäftsabwicklung sowie hins. des Ablaufs der Erlaubnisfiktion. Auch insoweit besteht keine Formvorschrift (*Becker/Wulfgramm* Rn. 9; aA SH/*Brors* Rn. 28).

§ 13 Auskunftsanspruch des Leiharbeitnehmers

Der Leiharbeitnehmer kann im Falle der Überlassung von seinem Entleiher Auskunft über die im Betrieb des Entleihers für einen vergleichbaren Arbeitnehmer des Entleihers geltenden wesentlichen Arbeitsbedingungen einschließlich des Arbeitsentgelts verlangen; dies gilt nicht, soweit die Voraussetzungen der in § 8 Absatz 2 und 4 Satz 2 genannten Ausnahme vorliegen.

§ 13 wurde durch das Erste G für moderne Dienstleistungen am Arbeitsmarkt v. 23.12.2002 (BGBl. I S. 4607) neu ins G eingeführt und füllt eine Leerstelle aus, die dadurch entstanden war, dass der frühere § 13, der einen ganz anderen Inhalt hatte, aufgeh. worden war. Die Vorschr. steht im Zusammenhang mit der Regelung, dass für LeihAN grds. die wesentl. Arbeitsbedingungen gelten wie für AN des Entleihers, § 8. Der Entleiher muss dem AN auch Auskunft über die Vergleichbarkeit der eigenen Tätigkeit mit der von StammAN erteilen (BAG 19.9.2007 AP AÜG § 10 Nr. 17 mit Anm. *Schüren* RdA 2009, 58). Beschäftigt der Entleiher keinen vergleichbaren AN, umfasst die Auskunftspflicht den hypothetischen vergleichbaren AN (BAG 23.11.2016 NZA 2017, 380). Die Auskunft ist eine Wissenserklärung (BAG 19.2.2014 NZA 2014, 915). Der Anspruch entsteht im Zeitpunkt der Überlassung (BAG 24.4.2014 NZA 2014, 968). Ein Rechtsstreit nach § 13 kann nicht nach § 97 V 1 ArbGG ausgesetzt werden, BAG 26.1.2016 NZA 2016, 842. 1

Die Einhaltung der Verpflichtung aus § 8 wird doppelt abgesichert. Einerseits ist der Entleiher gem. § 12 ggü. dem Verleiher zur Auskunft verpflichtet, andererseits gewährt § 13 auch dem LeihAN einen entspr. Anspruch gegen den Entleiher. Sanktionen für den Fall, dass der Entleiher seinen Verpflichtungen nicht oder nicht richtig nachkommt, fehlen. Da zwischen Verleiher und Entleiher ein Überlassungsvertrag besteht, greifen die allg. schuldrechtl. Sanktionen. Zwischen Entleiher und LeihAN besteht jedoch kein Arbeitsvertrag, so dass sich vertragl. Ansprüche nur dann ergeben, wenn man insoweit einen Vertrag zugunsten Dritter (hier zugunsten des LeihAN) annimmt. 2

§ 13a Informationspflicht des Entleihers über freie Arbeitsplätze

[1]Der Entleiher hat den Leiharbeitnehmer über Arbeitsplätze des Entleihers, die besetzt werden sollen, zu informieren. [2]Die Information kann durch allgemeine Bekanntgabe an geeigneter, dem Leiharbeitnehmer zugänglicher Stelle im Betrieb und Unternehmen des Entleihers erfolgen.

Die Regelung beruht auf Art. 6 I RL 2008/104/EG. Zweck der Regelung ist es, LeihAN aufgrund dieser Inf. die **Bewerbung** um eine Stelle **im Entleiherunternehmen** zu ermöglichen (BR-Drs. 847/10, S. 10). Die Rechte der LeihAN gehen insoweit über diejenigen von StammAN hinaus (abgesehen von § 7 II und § 18 TzBfG sowie § 23 BetrVG); dazu *Hamann* NZA 2011, 70, 76 f.; *Lembke* NZA 2011, 319, 320. 1

Der LeihAN erhält einen einklagbaren **Anspruch**. Der AG muss über alle offenen Stellen in allen seinen Betrieben informieren; anders als nach § 18 TzBfG gilt das nicht nur für „entsprechende" Arbeitsplätze. Die Regelung ist insoweit unverhältnismäßig und teleologisch zu reduzieren (Thüsing/*Kock* Rn. 6; aA *Lembke* NZA 2011, 320). 2

Die Inf. kann durch **Aushang** am Schwarzen Brett ebenso wie durch Intranet oder durch die Werkszeitung erfolgen. Bei Verletzung der Informationspflicht besteht ein Schadensersatzanspruch gegen den AG aus § 280 I BGB (*Lembke*, NZA 2011, 319, 321; er verweist a. auf § 823 II BGB). Jedenfalls im Anschluss an das EuGH-Urt. in der Rs. Albron (EuGH 21.10.2010 NJW 2011, 439, s. Einl. Rn. 38) ist ein Schuldverhältnis zu bejahen. 3

Schon vor der Neuregelung hatte das BAG die Anwendbarkeit des **§ 93 BetrVG** jdf. für den Fall bejaht, dass die Ausschreibungspflicht die Besetzung mit einem LeihAN jdf. dann erfasst, wenn der Einsatz mind. ein Jahr dauert (BAG 1.2.2011 NZA 2011, 703). 4

Der BR kann die Ausschreibung von Arbeitsplätzen verlangen, die der AG dauerhaft für die Besetzung mit LeihAN vorsieht, BAG 1.2.2011 NZA 2011, 703. 5

Für Rechtsstreitigkeiten sind nach § 2 I Nr. 3 lit. a) die **ArbG zuständig** (*Lembke* NZA 2011, 319, 322 mwN). 6

§ 13b Zugang des Leiharbeitnehmers zu Gemeinschaftseinrichtungen oder -diensten

[1]Der Entleiher hat dem Leiharbeitnehmer Zugang zu den Gemeinschaftseinrichtungen oder -diensten im Unternehmen unter den gleichen Bedingungen zu gewähren wie vergleichbaren Arbeitnehmern in dem Betrieb, in dem der Leiharbeitnehmer seine Arbeitsleistung erbringt, es sei denn, eine unterschiedliche Behandlung ist aus sachlichen Gründen gerechtfertigt. [2]Gemeinschaftseinrichtungen oder -dienste im Sinne des Satzes 1 sind insbesondere Kinderbetreuungseinrichtungen, Gemeinschaftsverpflegung und Beförderungsmittel.

Die Vorschr. entspricht Art. 6 IV der RL 2008/104/EG (zu ihr *Forst* AuR 2012, 97; *Kock* BB 2012, 323). Aus ihr ergibt sich ein **eigenständiger Anspruch** des LeihAN unabhängig von der allg. Gleichstellungsverpflichtung. Sie ist nicht tarifdispositiv (*Hamann* EuZA 2009, 287, 319; *Lembke* NZA 2011, 319, 323). Aus dem Vergleich mit den in S. 2 genannten Fällen wird überw. gefolgert, dass es sich um eine Einrichtung oder um Dienste handeln muss, die mit einer bestimmten Ausstattung versehen sind; bloße Geldleistungen fallen danach nicht darunter (Thüsing/*Kock* Rn. 18 mwN). Die soziale Einrich- 1 tung ist jedoch entspr. § 87 I Nr. 8 BetrVG zu verstehen (PS/*Sansone* § 8 Rn. 102 ff.; *Sansone* S. 215 ff.). Der LeihAN muss mit bestimmten AN im Einsatzbetrieb vergleichbar sein (s. dazu § 8 Rn. 7 f.).

2 Sofern aus rechtl. Gründen **Beschränkungen** für den Anspruch bestehen, gelten diese a. für LeihAN (z. B. Dauer der Betriebszugehörigkeit). Demgegenüber gibt es bspw. bei Regelungen über den Werkseinkauf keinen sachlichen Grund, LeihAN zu benachteiligen.

3 Nach § 9 Nr. 2a sind entgegenstehende Vereinbarungen **unwirksam.** Außerdem besteht ein Schadensersatzanspruch nach § 280 I BGB.

4 Für Rechtsstreitigkeiten sind die **ArbG** zuständig.

§ 14 Mitwirkungs- und Mitbestimmungsrechte

(1) **Leiharbeitnehmer bleiben auch während der Zeit ihrer Arbeitsleistung bei einem Entleiher Angehörige des entsendenden Betriebs des Verleihers.**

(2) **[1] Leiharbeitnehmer sind bei der Wahl der Arbeitnehmervertreter in den Aufsichtsrat im Entleiherunternehmen und bei der Wahl der betriebsverfassungsrechtlichen Arbeitnehmervertretungen im Entleiherbetrieb nicht wählbar. [2] Sie sind berechtigt, die Sprechstunden dieser Arbeitnehmervertretungen aufzusuchen und an den Betriebs- und Jugendversammlungen im Entleiherbetrieb teilzunehmen. [3] Die §§ 81, 82 Abs. 1 und die §§ 84 bis 86 des Betriebsverfassungsgesetzes gelten im Entleiherbetrieb auch in bezug auf die dort tätigen Leiharbeitnehmer. [4] Soweit Bestimmungen des Betriebsverfassungsgesetzes mit Ausnahme des § 112a, des Europäische Betriebsräte-Gesetzes oder der auf Grund der jeweiligen Gesetze erlassenen Wahlordnungen eine bestimmte Anzahl oder einen bestimmten Anteil von Arbeitnehmern voraussetzen, sind Leiharbeitnehmer auch im Entleiherbetrieb zu berücksichtigen. [5] Soweit Bestimmungen des Mitbestimmungsgesetzes , des Montan-Mitbestimmungsgesetzes, des Mitbestimmungsergänzungsgesetzes, des Drittelbeteiligungsgesetzes, des Gesetzes über die Mitbestimmung der Arbeitnehmer bei einer grenzüberschreitenden Verschmelzung, des SE- und des SCE-Beteiligungsgesetzes oder der auf Grund der jeweiligen Gesetze erlassenen Wahlordnungen eine bestimmte Anzahl oder einen bestimmten Anteil von Arbeitnehmern voraussetzen, sind Leiharbeitnehmer auch im Entleiherunternehmen zu berücksichtigen. [6] Soweit die Anwendung der in Satz 5 genannten Gesetze eine bestimmte Anzahl oder einen bestimmten Anteil von Arbeitnehmern erfordert, sind Leiharbeitnehmer im Entleiherunternehmen nur zu berücksichtigen, wenn die Einsatzdauer sechs Monate übersteigt.**

(3) **[1] Vor der Übernahme eines Leiharbeitnehmers zur Arbeitsleistung ist der Betriebsrat des Entleiherbetriebs nach § 99 des Betriebsverfassungsgesetzes zu beteiligen. [2] Dabei hat der Entleiher dem Betriebsrat auch die schriftliche Erklärung des Verleihers nach § 12 Abs. 1 Satz 2 vorzulegen. [3] Er ist ferner verpflichtet, Mitteilungen des Verleihers nach § 12 Abs. 2 unverzüglich dem Betriebsrat bekanntzugeben.**

(4) **Die Absätze 1 und 2 Satz 1 und 2 sowie Absatz 3 gelten für die Anwendung des Bundespersonalvertretungsgesetzes sinngemäß.**

1 **1. Allgemeines.** Die Regelung des § 14 bringt die Erg. der Rspr. zur betriebsverfassungsrechtl. Stellung der LeihAN in Gesetzesform (Nachw. bei SH/*Hamann* Rn. 4). Grds. wird der LeihAN dem Betrieb des Verleihers zugeordnet. Die Mitwirkungsrechte des LeihAN und des BR im Entleiherbetrieb werden im G genau festgelegt. Diese Festlegung ist jedoch nicht abschließend, sondern nach dem Willen des Gesetzgebers sollte der Rspr. ein Spielraum zur Ausgestaltung der Mitwirkungs- und Mitbestimmungsrechte verbleiben (BAG 15.12.1992 AP AÜG § 14 Nr. 7).

2 **2. Betriebsverfassungsrechtliche Zuordnung des Leiharbeitnehmers.** In betriebsverfassungsrechtl. Hinsicht gilt für Mitarbeiter von Leiharbeitsunternehmen eine bes. Situation. Zunächst ist zu unterscheiden zwischen denjenigen AN, die **nicht verliehen** werden (Bürokräfte, Disponenten) und den überlassenen LeihAN. Bei der zuerst genannten Gruppe bestehen nur Rechtsbeziehungen zwischen den AN und dem BR im Verleiherbetrieb (Überbl. über die verschiedenen Fallgestaltungen bei *Hamann* Anm. EzA AÜG § 14 Nr. 5).

3 Für die **überlassenen AN** könnte dagegen sowohl der BR im Verleiherbetrieb als auch der im Entleiherbetrieb zuständig sein; es könnten auch beide zuständig sein. Nach AÜG und BetrVG gilt eine kumulative Lösung. Danach bestehen im Verhältnis des LeihAN zum BR im Verleiherbetrieb grds. dieselben Rechtsbeziehungen wie bei anderen AN. Hinzu kommen noch die Rechtsbeziehungen zum BR im Entleiherbetrieb. Die ges. Regelung ist zudem auch deshalb unübersichtl., weil sie sich aus der Normierung in § 14 II bis IV AÜG, Erweiterungen durch die Rspr. sowie aus einer Regelung in § 7 S. 2 BetrVG zusammensetzt.

4 **Abs. 1** stellt ausdrückl. klar, dass die LeihAN auch während ihres Aufenthalts im Entleiherbetrieb **betriebsverfassungsrechtl. Angehörige des Verleiherbetriebes** bleiben (zur betriebsverfassungsrechtl. Stellung im Verleiherbetrieb SH/*Hamann* Rn. 112 ff.). Nach der ursprüngl. Konzeption war eine

doppelte betriebsverfassungsrechtl. Zugehörigkeit zum Entleiher- und zum Verleiherbetrieb nicht mögl. (BAG 18.1.1989 AP BetrVG 1972 § 9 Nr. 1). Sie führt zu Kompetenzabgrenzungsproblemen zwischen den betroffenen BRen, die das BetrVG im Hinblick auf die Regelungen der Kompetenzabgrenzung zwischen BR, GesamtBR und KonzernBR gerade vermeiden will (*Kort* ZfA 2000, 329, 365; s. aber Rn. 5). Den LeihAN stehen im Verleiherbetrieb sämtl. betriebsverfassungsrechtl. Rechte zu (vgl. *Hamann,* Anm. BAG 22.3.2000 EzA AÜG § 14 Nr. 4). § 14 I gilt auch bei der Überlassung durch ein konzernangehöriges Unternehmen als Personalführungsgesellschaft (BAG 20.4.2005 EzA AÜG § 14 Nr. 5 *(Hamann);* zum heutigen Stand s. § 1 Rn. 86 ff.). Den Mitgliedern des VerleiherBR steht kein anlassloses Zutrittsrecht im Entleiherbetrieb zu (BAG 15.10.2014 NZA 2015, 560).

Demnach haben **Abs. 2 S. 2 und 3 und Abs. 3 konstitutive Bedeutung,** da sie dem LeihAN Rechte geben, die ihm ohne diese Vorschr. mangels Betriebszugehörigkeit nicht zustünden. Für die Zwecke des AÜG braucht die allg. betriebsverfassungsrechtl. Frage, ob es einen eigenen ANBegriff des BetrVG gibt (zum Ganzen SH/*Hamann* Rn. 19 ff.), nicht geklärt zu werden; es gibt keine „doppelte Betriebszugehörigkeit" des LeihAN (so aber SH/*Hamann* Rn. 28; zu mögl. Folgerungen aus der Regelung des AÜG *Dörner* FS Wißmann 2005, S. 286, 293 ff.). Dass Abs. 2 dem LeihAN ggü. dem Entleiher bestimmte betriebsverfassungsrechtl. Rechte gibt, ist ohne Einfluss auf dessen Rechte im Verleiherbetrieb (SMS Rn. 5; SH/*Hamann* Rn. 73 f.). Diese Rechte können im Entleiher- und im Verleiherbetrieb wahrgenommen werden, denn der Gesetzgeber wollte mit dieser Regelung gerade der Sondersituation der LeihAN Rechnung tragen. Dem BR des Verleiherbetriebes stehen hins. des LeihAN ebenfalls sämtl. Rechte nach dem BetrVG zu (anders bezügl. des Mitbestimmungsrechts des Verleiherbetriebsrats bei der Anordnung von Überstunden im Entleiherbetrieb; zutr. LAG K 21.10.1994 MDR 1995, 393). 5

Mit dem G zur Reform des BetrVG (v. 23.7.2001 BGBl. I S. 1852) wurde **§ 14 II S. 1** dahingehend geänd., dass nur noch das passive Wahlrecht der LeihAN ausgeschlossen ist; zur Sonderregelung in § 5 I 3 BetrVG s. *Düwell* AuR 2011, 288. Nach **§ 7 S. 2 BetrVG** haben LeihAN das **aktive Wahlrecht** zum BR des Entleiherbetriebs, wenn sie länger als drei Monate im Betrieb eines anderen AG eingesetzt werden (zutr. Kritik an der Neuregelung bei *Brors* NZA 2002, 121; *Däubler* AuR 2001,1, 4; *Dewender,* S. 172 ff.). Hierdurch sollen die LeihAN betriebsverfassungsrechtl. aus der Randbelegschaft an die Stammbelegschaft herangeführt werden, um auf diese Weise einer Erosion der Stammbelegschaft durch den Einsatz von AN anderer AG entgegenzuwirken (BT-Drs. 14/5741 S. 28, 36). § 7 S. 2 BetrVG gilt auch für nichtgewerbsmäßige LeihAN, da es nach der ges. Regelung nur auf die Überlassung und den Einsatz von mehr als drei Monaten ankommt, die Neuregelung „insbesondere" LeihAN iSd. AÜG zugutekommen soll (BT-Drs. 14/5741 S. 36; so auch *Däubler* AuR 2001, 286; *Konzen* RdA 2001, 7683; *Löwisch* BB 2001, 1737). FremdfirmenAN haben dagegen kein Wahlrecht (GK-*Kreutz* § 7 BetrVG Rn. 69; *Maschmann* DB 2001, 2446; aA *Ulber* Rn. 47a). Für die Drei-Monats-Frist kommt es – entgegen dem Wortlaut („eingesetzt werden") – zunächst auf die vertragl. Regelung zu Beginn des Einsatzes und nicht auf die tatsächl. Einsatzdauer an (*Maschmann* DB 2001, 2447; SH/*Hamann* Rn. 56; zu Einzelfragen *Däubler* AiB 2001, 686 f.). Nach der ges. Konzeption steht dem überlassenen AN das aktive Wahlrecht zum BR vom ersten Arbeitstag im Einsatzbetrieb an zu (BT-Drs. 14/5741 S. 36). Der Einsatz muss spätestens am Tag der Wahl begonnen haben. Durch die Neuregelung, nach der die idR nur kurzfristig entliehenen LeihAN den BR für 4 Jahre wählen, entsteht ein neuartiges Legitimationsproblem (*Däubler* AuR 2001, 1, 4; *Hanau* RdA 2001, 65, 68; *Konzen* RdA 2001, 76, 83). Dem kann nicht mit dem Arg. entgegnet werden, dass auch befristet Beschäftigten das volle Wahlrecht zusteht (so GK-BetrVG/*Kreutz* § 7 Rn. 63, 71; *Ulber* Rn. 47b); denn dieser Personenkreis gehört – anders als LeihAN – eindeutig zu den AN des Einsatzbetriebs (vgl. *Dewender* S. 184 f.). § 7 S. 2 BetrVG kann nicht einschränkend dahingehend ausgelegt werden, dass ZeitAN, die im Rahmen eines Arbeitskampfes eingesetzt werden, vom Wahlrecht ausgeschlossen sind (ArbG D 2.6.2006 – 13 BV 55/06 nv.); s. jetzt aber § 11 V. 6

Gem. § 7 Abs. 2 BetrVG werden die überlassenen AN zu **„Wahlberechtigten"** iSd. BetrVG. Dadurch unterscheidet der Gesetzgeber innerhalb des BetrVG zwischen Wahlberechtigten (vgl. nur § 7 S. 2 BetrVG), wahlberechtigten AN (vgl. nur § 14 III BetrVG) und AN (vgl. nur § 5 BetrVG). Inwieweit LeihAN nunmehr bei der Anwendung von Vorschr. des BetrVG zu berücksichtigen sind, lässt sich nach dem Wortlaut nicht entscheiden. Bei teleologischer Auslegung ergibt sich: Vorschr., die das **Wahlverfahren** betreffen, wie § 14 III und § 19 BetrVG, gelten auch für LeihAN (s. für alle *Maschmann* DB 2001, 2448). IÜ sind sie aber **keine AN des Entleiherbetriebs,** so dass sie eigentl. **bei Schwellenwerten** (§§ 1, 9 BetrVG) nicht mitzählen (so früher BAG 16.4.2003 AP BetrVG 2002 § 9 Nr. 1; s. aber nunmehr Abs. 2 S. 4 (Rn. 31 ff.; zur früheren Rechtslage s. Voraufl. Rn. 7). 7

Das **passive Wahlrecht** steht LeihAN für den **BR** im Entleiherbetrieb nicht zu (verfassungsrechtl. bedenkl. nach SH/*Hamann* Rn. 63 mwN; s. dagegen *Steuer* S. 128). Wird ein Beamter oder ein im öffentl. Dienst stehender AN einem Betrieb zugewiesen, der unter das BetrVG fällt, so gilt er zwar nach § 5 I 3 BetrVG als AN. Dadurch wird er jedoch nicht im Beschäftigungsbetrieb wählbar (BAG 28.3.2001 AP BetrVG 1972 § 7 Nr. 5; *Richardi* BetrVG § 5 Rn. 113 f.). Abs. 2 Satz 1, wonach das **passive Wahlrecht** von LeihAN als ANvertreter in den **Aufsichtsrat** von Entleiherunternehmen **ausgeschlossen** ist, ist im Hinblick auf die Betriebszugehörigkeit der LeihAN zum Verleiherbetrieb nach § 14 I konsequent. 8

9 **3. Rechte des Arbeitnehmers im Entleiherbetrieb.** Die Sätze **2 und 3 des Abs. 2** gewähren dem LeihAN auch im Entleiherbetrieb gewisse betriebsverfassungsrechtl. Rechte, die sich unmittelbar auf die Arbeitsleistung beziehen und deren Geltendmachung ggü. dem Verleiher umständl., wenn nicht gar tw. zwecklos wäre (*Sandmann/Marschall* Rn. 10).

10 **a) Wahrnehmung von Sprechstunden.** Der LeihAN ist auch im Entleiherbetrieb dazu berechtigt, die Sprechstunden der ANVertretung (BR, Betriebsausschuss und betriebl. Jugendvertretung) wahrzunehmen (**§§ 39, 69 BetrVG**). Das Recht steht dem LeihAN in beiden Betrieben zu. Sofern also ein sachl. Grund dafür besteht, kann der LeihAN vom Entleiher eine Arbeitsfreistellung für einen Besuch bei dem BR des Verleihers verlangen (SH/*Hamann* Rn. 78). Während der Wahrnehmung dieser Rechte steht ihm ggü. dem Verleiher der vereinbarte Lohn zu, wenn der Besuch erforderl. war (SH/*Hamann* Rn. 80 mwN; zur Erforderlichkeit in diesem Zusammenhang *Fitting* § 39 BetrVG Rn. 22 ff.). Wer diese Kosten im Verhältnis zwischen Verleiher und Entleiher zu tragen hat, richtet sich nach dem Überlassungsvertrag. Fehlt darin eine Vereinbarung, hat der Entleiher auch für die Freistellungszeiten ein Überlassungsentgelt zu leisten (KHb/*Düwell* 4.5 Rn. 469).

11 Darüber hinaus stehen dem LeihAN die Rechte nach den **§§ 81, 82 I, 84 bis 86 BetrVG** zu. § 81 BetrVG verpflichtet den Entleiher, den LeihAN über die von ihm in seinem Betrieb einzuhaltenden Pflichten zu unterrichten. Darüber hinaus muss der Entleiher den LeihAN über Sicherheit und Gesundheitsschutz bei der Arbeit unterrichten, § 12 I, II ArbSchG (s. *Wank* Arbeitsschutz § 12 ArbSchG Rn. 8).

12 Nach § 82 I BetrVG kommen dem LeihAN bei ihn im Entleiherbetrieb betreffenden betriebl. Angelegenheiten **Anhörungs- und Vorschlagsrechte** zu. Der LeihAN kann also dann initiativ werden, wenn er Fragen zum konkreten Arbeitseinsatz beim Entleiher hat. Gegenstand dieses auch im Verleiherbetrieb geltenden Fragerechts werden in erster Linie solche Fragen sein, die die Fremdfirmeneinsätze und sonstige betriebl. Einsätze betreffen (SH/*Hamann* Rn. 91). Darüber hinaus hat er das Recht, zu den im Verleiher- oder Entleiherbetrieb getroffenen, ihn betreffenden Maßnahmen Stellungnahmen abzugeben. Dagegen hat der LeihAN die nach § 82 II BetrVG bestehenden Auskunfts- und Erörterungsrechte nur ggü. dem Verleiher, da sie von der Verweisung in § 14 II 3 ausgenommen sind (SH/*Hamann* Rn. 92). § 83 BetrVG – Einsichtsrecht in Personalakten – betrifft ebenfalls nur das Verhältnis zwischen LeihAN und Verleiher.

13 **b) Beschwerderechte.** Die **§§ 84 bis 86 BetrVG** geben dem LeihAN auch im Entleiherbetrieb ein Beschwerderecht. Der Kreis dieser beschwerdefähigen Angelegenheiten ist sehr weitreichend; es muss nur um ein Betroffensein der individuellen Stellung als AN gehen (SH/*Hamann* Rn. 98). Das Beschwerderecht steht dem LeihAN ggü. den zuständigen betriebl. Stellen (§ 84 I 1 BetrVG) oder **beim BR** (§ 85 I BetrVG) zu. Dabei bleibt es dem LeihAN überlassen, ob er sich wegen einer Beeinträchtigung im Entleiherbetrieb an dessen BR oder an den des Verleihunternehmens wendet (ausführl. *Erdlenbruch,* Die betriebsverfassungsrechtl. Stellung gewerbsmäßig überlassener AN, 1992 S. 110 f.). Das Verfahren richtet sich sowohl im Verleiher- als auch im Entleiherbetrieb nach **§§ 85 II und III BetrVG.** Nach § 86 gelten für den LeihAN auch die im Entleiherbetrieb geltenden Betriebsvereinbarungen, soweit es um die Regelung von Angelegenheiten geht, die ihn betreffen.

14 **c) Weitere betriebsverfassungsrechtliche Rechte.** Über die ausdrückl. genannten Bestimmungen hinaus können für den LeihAN im Entleiherbetrieb noch weitere betriebsverfassungsrechtl. Bestimmungen gelten. Der Gesetzgeber hat selbst darauf hingewiesen, dass die Aufzählung nicht abschließend ist. Es liegt bei der Rspr., sowohl für den LeihAN als auch für den BR diesen betreffende betriebsverfassungsrechtl. Rechte zu bestimmen (BAG 15.12.1992 AP AÜG § 14 Nr. 7). Insb. gilt § 75 BetrVG, nach dem alle im Betrieb tätigen Personen nach den Grundsätzen von Recht und Billigkeit zu behandeln sind. Speziell muss jede unterschiedl. Behandlung auf Grund von Rasse oder ethnischer Herkunft, Abstammung oder sonstiger Herkunft, Nationalität, Religion oder Weltanschauung, Behinderung, Alter, politischer oder gewerkschaftl. Betätigung oder Einstellung oder wegen des Geschlechts oder der sexuellen Identität unterbleiben. Bei der Berechnung der Belegschaftsstärke gem. § 38 BetrVG sind LeihAN zu berücksichtigen s. Rn. 33 u.

15 **4. Rechte des Betriebsrats des Entleiherbetriebes. Abs. 3** gibt dem BR des Entleiherbetriebes hins. der Übernahme eines LeihAN ausdrückl. ein Anhörungsrecht nach § 99 BetrVG (zum Unterrichtungsrecht s. Rn. 17). Nach § 1 I 6 ist die Person des LeihAN zu konkretisieren. S. 2 und 3 erweitern die Unterrichtungspflicht des Entleihers (*Kort* DB 2010, 1291). Nach dem Willen des Gesetzgebers soll über die Regelung des Abs. 3 hinaus die Feststellung **weiterer Beteiligungsrechte** des BR durch die Rspr. mögl. sein (BT-Drs. 9/847 S. 8 f.). Insb. kommen hier die allg. Aufgaben des BR nach §§ 75, 80 BetrVG, die Mitbestimmungsrechte nach § 87 BetrVG sowie Unterrichtungs- und Beratungsrechte, die sich auf die Gestaltung der Arbeitsplätze nach §§ 90 f. BetrVG beziehen, in Betracht (ausführl. SH/*Hamann* Rn. 218 ff.; ferner *Kort* DB 2010, 1291); zu Schranken betr. Schutzkleidung BAG 7.6.2016 NZA 2016, 1420; betr. arbeitsvertragl. Weisungen BAG 13.12.2016 NZA 2017, 525. Ob der BR des Verleiherbetriebs oder der des Entleiherbetriebs mitzubestimmen hat, richtet sich zunächst danach, welcher AG die mitbestimmungspflichtige Entscheidung trifft (BAG 19.6.2001 AP BetrVG 1972 § 87

Leiharbeitnehmer Nr. 1 = NZA 2001, 1263 = SAE 2002, 41 *(Kraft)*; BAG 24.8.2016 NZA 2017, 269; *Schirmer* FS BAG 2004 S. 1063, 1066 ff.; zur Lage nach der Gesetzesreform *Hamann* NZA 2003, 526, 580 ff.; *Hamann/Rudnik* NZA 2016, 1368, 1370 f.). Doch ist diese Feststellung nicht mehr als ein Indiz für die Zuständigkeit des die mitbestimmungspflichtige Entscheidung treffenden AG und beantwortet nicht die Frage, inwieweit der jeweilige BR für LeihAN initiativ werden kann. Faustformelartig gilt deshalb für die Zuständigkeit der Betriebsräte, dass Rechte des EntleiherBR in Bezug auf LeihAN dort bestehen, wo eine Eingliederung in die betriebl. Organisation vorausgesetzt ist oder der Entleiher infolge des ihm eingeräumten Direktionsrechts Maßnahmen auch mit Wirkung ggü. den LeihAN anordnen kann. Die Rechte und damit die Zuständigkeit des VerleiherBR bestehen hingegen dort, wo sie ein ArbVerh. voraussetzen, denn der Leiharbeitsvertrag besteht nur zwischen Verleiher und LeihAN (*Hamann* S. 83; SH/*Hamann* Rn. 355). Zur Kündigung bei Personalgestellung s. BAG 9.7.2011 AP BetrVG 1972 § 102 Nr. 164.

16 § 14 III erfasst ausdrückl. nur die erlaubte ANÜberlassung und diese auch nur tw. (*Becker/Wulfgramm* Rn. 95). Den mit der Aufspaltung der AGBefugnisse verbundenen Besonderheiten kann aber auch bei **anderen Formen drittbezogenen Personaleinsatzes** Rechnung zu tragen sein. Str. ist die Anwendung bei gelegentl. Überlassung und bei Überlassung an eine Arbeitsgemeinschaft (s. SH/*Hamann* Rn. 141 f; SMS Rn. 2a).

17 Bei einem Einsatz von AN von Fremdfirmen auf der Grdl. **echter Dienst- oder Werkverträge** ist § 14 nicht anzuwenden. Hierbei muss man allerdings unterscheiden zwischen der Unterrichtungspflicht nach § 80 BetrVG (dazu *Deinert* RdA 2017, 65, 81; HeG/*Grau/Sittard* § 5 Rn. 307 ff.; *Henssler* RdA 2017, 83, 100) und dem Mitbestimmungsrecht nach § 99 BetrVG. § 80 II BetrVG wurde bezügl. der **Unterrichtungspflicht** durch das AÜGÄndG wie folgt neu gefasst: „Zur Durchführung seiner Aufgaben nach diesem Gesetz ist der Betriebsrat rechtzeitig und umfassend vom AG zu unterrichten; die Unterrichtungspflicht erstreckt sich auch auf die Beschäftigung von Personen, die nicht in einem ArbVerh. zum AG stehen, und umfasst insbesondere den zeitlichen Umfang des Einsatzes, den Einsatzort und die Arbeitsaufgaben dieser Personen." Nach Satz 2 wurde folgender Satz 3 eingefügt: „Zu den erforderlichen Unterlagen gehören auch die Verträge, die der Beschäftigung der in Satz 1 genannten Personen zu Grunde liegen." Indem der Gesetzgeber die Mitwirkungsrechte im Rahmen der Unterrichtung verstärkt hat, hat er zugleich rechtspolitischen Forderungen nach einer Erweiterung des Mitbestimmungsrechts in § 99 BetrVG in Richtung auf eine unternehmerische Mitbestimmung eine Absage erteilt (sie wäre zudem unzulässig, *Franzen* RdA 2015, 141, 147; *Wank*, Auslegung und Rechtsfortbildung im Arbeitsrecht, 2013, S. 98); zu § 93 BetrVG s. BAG 7.6.2016 NZA 2016, 1226.

18 Für ein **Mitbestimmungsrecht nach § 99 BetrVG** ist in diesen Fällen kein Raum, da es an der für die Eingliederung der AN in den Fremdbetrieb typischen „Personalhoheit", dem arbeitsbezogenen Direktionsrecht des Inhabers des Einsatzbetriebes, fehlt (BAG 5.3.1991 AP BetrVG 1972 § 99 Nr. 90; 9.7.1991 AP BetrVG 1972 § 99 Nr. 94; 5.5.1992 AP BetrVG 1972 § 99 Nr. 97; *Dauner-Lieb* NZA 1992, 817, 819; *Dewender*, S. 203 f.).

19 Die **Rspr.** zu der Frage, in Bezug auf welche Beschäftigungsverhältnisse ein Mitbestimmungsrecht des BR nach **§ 99 BetrVG** besteht, ist allerdings schwankend (SH/*Hamann* Rn. 550 ff.). Zunächst hat das BAG ausgeführt, das Mitbestimmungsrecht beschränke sich nicht auf den Einsatz von AN (BAG 5.5.1992 AP BetrVG 1972 § 99 Nr. 97; 1.12.1992 EzA BetrVG 1972 § 99 Nr. 110). In späteren Entscheidungen hat das BAG dann zutr. eine übereinstimmende Abgrenzung im Hinblick auf AN und Selbständige einerseits und im Hinblick auf dem Mitbestimmungsrecht unterliegende und ihm nicht unterliegende Beschäftigungsverhältnisse andererseits vorgenommen. Allerdings hat es den inneren Zusammenhang zwischen beiden Problemkreisen nicht erwähnt, sondern für § 99 BetrVG scheinbar eigene Abgrenzungskriterien entwickelt, wobei es maßgebl. auf die „Eingliederung" abgestellt hat (BAG 18.10.1994 AP BetrVG 1972 § 99 Einstellung Nr. 5; 15.12.1998 AP BetrVG 1972 § 80 Nr. 56; 13.12.2005 AP BetrVG 1972 § 99 Einstellung Nr. 50 und 13.5.2014 Nr. 65). Die Rspr. läuft – zu Unrecht – darauf hinaus, dass eine „Einstellung" schon dann vorliegt, wenn Personen in den Betrieb eingegliedert werden, um zusammen mit den dort beschäftigten AN den arbeitstechnischen Zweck durch weisungsgebundene Tätigkeit zu verwirklichen. Dabei soll es auf die Rechtsnatur oder die Wirksamkeit des Rechtsverhältnisses nicht ankommen.

20 Eine übereinstimmende Abgrenzung mit dem allgem. ANBegriff ist deshalb geboten, weil sich das **Mitbestimmungsrecht nach § 99 BetrVG entgegen der Auff. des BAG nur auf ArbVerh. bezieht** (*Börgmann* Anm. zu BAG AP BetrVG 1972 § 99 Einstellung Nr. 18; *Dauner-Lieb* Anm. BAG 13.5.1992 EzA AÜG § 10 Nr. 4; *Hunold* NZA 1990, 465; *Rosenstein* S. 242 ff.; *Waas* Anm. SAE 1996, 160, 165; *Walle*, S. 263; *Wank* ZfA 1996, 535, 541 f.; *ders.* Anm. BAG AP BetrVG 1972 § 80 Nr. 56; vgl. BVerwG 6.9.1995 AP LPVG HE § 77 Nr. 2 = DÖV 1996, 467; aA *Deinert* RdA 2017, 65, 82; *Dütz/Dörrwächter* Anm. BAG 31.1.1995 EzA BetrVG 1972 § 99 Nr. 126; *Ulber* Einl. C Rn. 148 ff.; eingehend und krit. gegenüber der Rspr. des BAG *Hamann* Anm. zu BAG 23.6.2010 AP BetrVG 1972 Einstellung Nr. 60; unzutr. Erstreckung auf Erfüllungsgehilfen beim Werkvertrag bei *Karthaus/Klebe* NZA 2012, 421; zur missbräuchl. Ausübung von Mitbestimmungsrechten *Sieweke* NZA 2012, 426). Wie das BAG in den Entscheidungen vom 5.3.1991 (AP BetrVG 1972 § 99 Nr. 90) und vom 9.7.1991 (AP BetrVG 1972 § 99 Nr. 94) zutr. ausgeführt hat, gehört die Entscheidung des AG, Arbeiten auf

Grund von Werkverträgen vornehmen zu lassen, nicht zum Bereich des § 99 BetrVG, sondern zu dem des § 111 BetrVG. In der Entscheidung vom 18.10.1994 (AP BetrVG 1972 § 99 Einstellung Nr. 5 = SAE 1996, 157 *(Waas))* stellt das BAG zutr. fest, dass § 99 BetrVG nicht die Organisation des Betriebs zum Gegenstand hat. In neuerer Zeit neigt das BAG allerdings wieder zu einer Ausweitung des Mitbestimmungsrechts nach § 99 BetrVG (BAG 22.4.1997 AP BetrVG 1972 § 99 Einstellung Nr. 18; 26.9.2007 AP SGB II § 16 Nr. 3 = NZA 2007, 1422; vgl. a. BVerwG 21.3.2007 NZA-RR 2007, 499; dagegen zutr. *Eichenhofer* RdA 2008, 32). Für das ANÜberlassungsrecht ist demgegenüber darauf hinzuweisen, dass § 14 III eine konstitutive Sonderregelung enthält und dass es für die Erstreckung auf Nicht-AN kein Mitbestimmungsrecht des BR gibt. Nach der Entscheidung des BAG vom 2.10.2007 AP BetrVG 1972 § 99 Einstellung Nr. 54 hat der BR bei der Beschäftigung von Ein-Euro-Jobbern nach § 99 I BetrVG mitzubestimmen, obwohl diese keine AN sind (§ 16 III 2 SGB II).

21 Bei der Verweisung des Abs. 3 auf § 99 BetrVG handelt es sich um eine sogenannte **Rechtsfolgenverweisung** und nicht um eine Rechtsgrundverweisung (*Becker* AuR 1982, 369, 379; *Becker/Wulfgramm* Rn. 96; MüArbR/*Marschall* § 175 Rn. 107; SMS Rn. 16; aA SH/*Hamann* Rn. 146; *Wensing/Freise* BB 2004, 2238); dh. das Beteiligungsrecht besteht auch dann, wenn im Entleihunternehmen nur 20 oder weniger wahlberechtigte AN beschäftigt sind.

22 Streitigkeiten über das nach § 99 BetrVG bestehende Mitbestimmungsrecht sind im Wege eines arbeitsgerichtl. **Beschlussverfahrens** durch einen Antrag an das zuständige ArbG zu klären. Die Zuständigkeit bestimmt sich nach dem Bezirk, in dem der Betrieb liegt, dessen BR das Mitbestimmungsrecht beansprucht (SMS Rn. 17). Der BR kann bei einer fehlenden oder unvollständigen Unterrichtung ein Verfahren nach § 101 BetrVG einleiten.

23 Das Mitbestimmungsrecht wird durch **jegl. Übernahme** ausgelöst (BAG 23.1.2008 AP AÜG § 14 Nr. 14 *(Hamann))*. Die einmalige Beteiligung bei der Errichtung eines Personalpools genügt nicht. Es besteht auch, wenn der AN in den Betrieb des Entleihers durch die tatsächl. Arbeitsaufnahme eingegliedert wird (MüArbR/*Schüren* § 318 Rn. 59). Einer längeren Übernahme oder einer Auswirkung der Tätigkeit des LeihAN auf die Produktion bedarf es nicht. Die Verlängerung der Tätigkeit des LeihAN und dessen Austausch, nicht jedoch die Umsetzung innerhalb des Entleiherbetriebes stehen der Übernahme betriebsverfassungsrechtl. gleich (MüArbR/*Schüren* § 318 Rn. 59; SH/*Hamann* Rn. 152 ff.). Die Kündigung des Überlassungsvertrages führt nicht zu einem Mitbestimmungsrecht des BR (BAG 17.2.2015 NZA 2015, 762). Soll der zunächst nur als LeihAN tätige AN schließl. in ein ArbVerh. übernommen werden, so ist § 99 BetrVG nicht über § 14 III, sondern direkt anzuwenden (SH/*Hamann* Rn. 156). Die Übernahme des LeihAN kann auch als vorläufige personelle Maßnahme nach § 100 BetrVG erfolgen (BAG 23.1.2008 NZA 2008, 554 = AP AÜG § 14 Nr. 14). Ein Mitbestimmungsrecht nach § 99 BetrVG besteht a. bei LeihAN-Pools auf Abruf des Entleihers (dazu *Hamann* NZA 2008, 1042).

24 Der Entleiher muss dem EntleiherBR alle **Inf.** geben, die für eine Zustimmungsverweigerung nach § 99 II BetrVG relevant sein können. Aus der Natur der ANÜberlassung ergeben sich jedoch iRd. Unterrichtungspflicht nach § 14 III gewisse Modifikationen (hA, vgl. nur SH/*Hamann* Rn. 158 mit umfangr. Nachw.). Um dem BR die Möglichkeit zu geben, sich genau darüber zu informieren, ob sich sein Beteiligungsrecht aus § 14 ergibt oder ob eine unerlaubte Überlassung vorliegt, die kraft der Fiktion des § 10 I zu einem ArbVerh. führt, kann der BR nach dem neuen § 80 II 3 BetrVG eine **Information über die Verträge** im Rahmen eines Drittpersonaleinsatzes Verlangen (s. Rn. 17), während das bislang nur beim Bestehen ernsthafter Zweifel mögl. war (*Wank* Anm. BAG AP BetrVG 1972 § 80 Nr. 56; aA – Erstreckung auf alle Verträge – BAG AP BetrVG 1972 S. 80 Nr. 56). Darüber hinaus kann der BR verlangen, dass er Einsicht in die Erkl. des Verleihers über das Bestehen einer Verleiherlaubnis nach § 1 erhält. Der Entleiher muss den BR sofort unterrichten, wenn ihm der Verleiher den Wegfall der Erlaubnis mitgeteilt hat, § 14 III 3. Der BR kann zur Wahrnehmung seiner Beteiligungsrechte bei der Personalplanung nach § 92 II BetrVG die Einsichtnahme in Listen verlangen, aus denen sich genaue Daten über die Einsatzzeiten der LeihAN, deren Qualifikation, persönl. Daten und über deren vorgesehene Tätigkeit im Entleiherbetrieb ergeben; dagegen beziehen sich die Rechte aus § 92 II BetrVG nicht auf andere Fälle des drittbezogenen Personaleinsatzes (vgl. *Wank* Anm. BAG AP BetrVG 1972 § 80 Nr. 56).

25 Eine Unterrichtung über die **Eingruppierung** des LeihAN und dessen Lohnhöhe ist regelm. nicht mögl., da diese nur aus dem Vertrag zwischen LeihAN und Verleiher ersichtl. sind. Eine rechtl. Verpflichtung des Verleihers ggü. dem Entleiher oder dessen BR zu einer Offenlegung besteht nicht (BAG 6.6.1978 AP BetrVG 1972 § 99 Nr. 6; SH/*Hamann* Rn. 169). Ebensowenig kann der BR verlangen, dass ihm die Bewerbungsunterlagen des LeihAN vorgelegt werden, denn die Übernahme erfolgt durch eine Zuweisung des Verleihers (BAG 18.12.1990 AP BetrVG 1972 § 99 Nr. 85). Dem BR im Entleiherbetrieb steht kein Mitbestimmungsrecht bei der Eingruppierung von LeihAN zu (BAG 17.6.2008 AP BetrVG 1972 § 99 Eingruppierung Nr. 34).

26 Liegen die Voraussetzungen des **§ 99 II BetrVG** vor, kann der BR im Entleiherbetrieb die Zustimmung zur Übernahme des LeihAN verweigern (s. *Boemke* Anm. zu BAG 21.7.2009 AP AÜG § 3 Nr. 4; *von Tiling* BB 2009, 2422). Die Nr. 1–6 enthalten auch für den Fall der Übernahme von LeihAN eine abschl. Aufzählung über die Gründe einer Verweigerung der Zustimmung (MüArbR/*Schüren*

§ 318 Rn. 60; SH/*Hamann* Rn. 182; s. zu § 99 II BetrVG BAG 23.1.2008 AP AÜG § 14 Nr. 14 (*Hamann*)). Die allg. ggü. den anderen AN des Entleiherbetriebes bestehenden Nachteile des LeihAN, wie sie als Ausnahme zum Diskriminierungsverbot nach § 8 mögl. sind, ergeben sich aus der rechtl. Ausgestaltung des AÜG. Deshalb kann aus dieser ges. grds. zulässigen Benachteiligung der LeihAN kein Recht des BR erwachsen, die Zustimmung zu versagen begr. kein BAG 21.7.2009 AP AÜG § 3 Nr. 4.

Die Verweigerung der Zustimmung ist jedoch mögl., wenn die **Benachteiligung nicht aus der** 27 **Leiharbeit** herrührt. Unter anderem kann der BR geltend machen, dass der LeihAN im Entleiherbetrieb als betroffener AN für Arbeiten eingesetzt werden soll, die wegen ihrer Unbequemlichkeit und Schwere von Stammarbeitern nicht gemacht werden, wenn sich dies nicht aus dem Überlassungsvertrag ergibt (SMS Rn. 22; SH/*Hamann* Rn. 209). Die Ein- oder Umgruppierung ist allerdings nicht Sache des EntleiherBR, vielmehr ist der VerleiherBR zuständig, da sich die Entlohnung aus dem Arbeitsvertrag mit dem Verleiher ergibt (*Becker* AuR 1982, 369, 375).

Der BR kann auch die Zustimmung bei **Verstößen gegen das AÜG** verweigern, wenn dadurch die 28 Kollektivinteressen der Belegschaft des Entleiherbetriebes betroffen werden, denn das AÜG ist ein G iSv. Nr. 1 des § 99 II BetrVG (BAG 28.9.1988 AP BetrVG 1972 § 99 Nr. 60; zur Zustimmungsverweigerung bei nicht nur vorübergehender Überlassung BAG 30.9.2014 NZA 2014, 240; ausf. SH/*Hamann* Rn. 185 ff.

Die Beendigung der Tätigkeit des LeihAN im Entleiherbetrieb bedarf hingegen keiner Zustimmung 29 durch den BR im Entleiherbetrieb (SMS Rn. 23); zur Kündigung bei Personalgestaltung in einer Arbeitsgemeinschaft durch einen öffentl. AG s. BAG 9.6.2011 BAGE 138, 116.

In Fällen, in denen **im Entleiherbetrieb kein BR** vorhanden ist, ist die betriebsverfassungsrechtl. 30 Zuordnung der LeihAN problematisch. Denkbar wäre es zwar, die Mitwirkungs- und Mitbestimmungsrechte, die ansonsten vom BR des Entleiherbetriebs wahrgenommen werden, dem BR des Verleiherbetriebs zuzuordnen. Doch ist eine vollständige betriebsverfassungsrechtl. Zuständigkeit des VerleiherBR für den LeihAN schon wegen der differenzierten Regelung in § 14 ausgeschlossen; auch könnte der VerleiherBR ohne Kenntnisse der Umstände im Entleiherbetrieb die Mitbestimmungsrechte nicht sachgerecht ausüben (*Kort* ZfA 2000, 329, 267). Daher bleibt es bei der betriebsverfassungsrechtl. Zuständigkeitsverteilung nach § 14 auch dann, wenn im Entleiherbetrieb kein BR besteht.

5. Einbeziehung von LeihAN bei Schwellenwerten im Recht der betrieblichen Mitbestimmung 31 **und im Recht der Unternehmensmitbestimmung im Entleiherbetrieb.** Da LeihAN keine AN des Entleihers sind, bedarf es einer ausdrückl. gesetzl. Anordnung, um sie in für AN geltende Vorschriften einzubeziehen. Während das lange Zeit nur bei den im Vorigen genannten Vorschriften der Fall war, enthält § 14 II 4 nunmehr eine generelle Vorschrift über die Einbeziehung. Im Koalitionsvertrag von CDU/CSU/SPD war vorgesehen, dass im Betriebsverfassungsrecht bei den Schwellenwerten zukünftig LeihAN als AN des Entleihers mitzuzählen sind, **soweit das dem Gesetzeszweck nicht widerspricht.** Von dieser Einschränkung ist im Gesetzestext nur eine Ausnahme für § 112a BetrVG übriggeblieben. Über den Koalitionsvertrag hinaus werden LeihAN nach Abs. 2 S. 5 auch im Recht der Unternehmensmitbestimmung einbezogen.

Auch wenn es der Wortlaut nicht nennt, muss die im Koalitionsvertrag genannte **Einschränkung** 32 mitberücksichtigt werden. Der Gesetzgeber ist seiner Aufgabe nicht nachgekommen, bei den einzelnen Vorschriften anzugeben, ob und inwieweit sie sich auch auf LeihAN beziehen. Demgegenüber hatte sich das BAG bei seiner „normzweckorientierten Auslegung" auf den Zweck der jeweiligen Vorschrift bezogen und keine pauschale Aussage getroffen. Da sich der Gesetzgeber auf diese Rspr. bezieht, muss es bei diesem methodengerechten Vorgehen verbleiben.

a) Nach **neuerer Rspr.** wurden LeihAN bereits bei Schwellenwerten im Betriebsverfassungsrecht 33 im Entleiherbetrieb – ohne gesetzl. Grdl. – berücksichtigt (Überbl. bei *Haas/Hoppe* NZA 2013, 294; Darst. und Begründung der Rspr. bei *Linsenmaier/Kiel* RdA 2014, 135): in § 111 BetrVG (BAG 18.10.2011 NZA 2012, 221 = AP BetrVG 1972 § 111 Nr. 70 (*Hamann*), in § 23 I 3 KSchG (BAG 24.1.2013 NZA 2013, 726) und in § 9 BetrVG (BAG 13.3.2013 NZA 2013, 789). Für die Anwendung des **§ 111 BetrVG** auf LeihAN ist nach der Rspr. Voraussetzung, dass sie zu den in der Regel Beschäftigten gehören oder dass sie bei ledigl. zeitweiliger Beschäftigung länger als sechs Monate beim Entleiher beschäftigt werden. Zweck des Schwellenwertes sei es, kleinere Unternehmen vor finanzieller Überforderung durch Sozialpläne zu schützen. Für die Berechnung der wirtschaftl. Leistungsfähigkeit komme es aber nur auf die Kopfzahl der beschäftigten Personen an (BAG 18.10.2011 NZA 2012, 221; krit. *Fandel/Zanotti* BB 2012, 969, 971; *Mosig* NZA 2012, 1411; *Rieble* NZA 2012, 485, 486; *Tschöpe* NJW 2012, 2161). Zum Kündigungsrecht *Bayreuther* NZA 2016, 1304. Beim Schwellenwert nach **§ 9 BetrVG** hatte das BAG bisher mit Recht eine Berücksichtigung der LeihAN abgelehnt (BAG 10.3.2004 AP BetrVG 1972 § 7 Nr. 8; 7.5.2008 – AP BetrVG 1972 § 9 Nr. 12). Nunmehr meint es, die Berücksichtigung entspreche dem Sinn der Vorschr. Bei 5 bis 100 AN komme es zusätzl. auf die Wahlberechtigung an, bei einer Betriebsgröße von mehr als 100 AN nicht mehr. In Privatbetrieben tätige AN des öff. Dienstes zählen nach BAG 5.12.2012 NZA 2013,

690 bei den organisatorischen Vorschr. des BetrVG, wie **§ 38 BetrVG**, mit. Nach BAG 18.1.2017 NZA 2017, 865 sind LeihAN bei § 38 I BetrVG allg. mit einzubeziehen. Dagegen soll nach BAG 20.2.2014 NZA 2014, 1083 die Arbeit in einem Entleiherbetrieb bei späterer Einstellung nicht auf die Wartezeit nach **§ 1 I KSchG** angerechnet werden. Zu **§ 23 I 3 KSchG** hatte das BAG ausgeführt, dass es für die Personalstärke keinen Unterschied mache, ob diese auf dem Einsatz eigener oder entliehener AN beruhe (BAG 24.1.2013 NZA 2013, 726; s. auch *Hay/Grüneberg* NZA 2014, 814). Nach LAG K 20.7.2015 – 2 Sa 185/15 gilt die Vermutung des **§ 1 V KSchG** als widerlegt, wenn LeihAN auf einem Dauerarbeitsplatz eingesetzt werden und der Interessenausgleich keine Regelung zum Abbau dieser Arbeitsplätze enthält. Seinen neuen Ansatz hat das BAG auch auf die **Unternehmensmitbestimmung** ausgedehnt und auch für § 9 I MitbestG eine Erstreckung auf LeihAN bejaht (BAG 4.11.2015 NZA 2016, 559; s. auch *Hay/Grüneberg* NZA 2014, 814, *Schubert/Liese* NZA 2016, 1297). Dem ist das G gefolgt, Abs. 2 S. 5.

34 **b) Kritik.** Die genannten Erstreckungen auf gesetzl. nicht geregelte Fälle beruhten auf unzulässiger Rechtsfortbildung. Der Gesetzgeber des AÜG hatte bei der letzten Gesetzesnovelle auf eine Änderung verzichtet. Darauf kam es an und nicht auf die Normzwecke von Gesetzen außerhalb des AÜG. Mit der zum 1.4.2017 erfolgten gesetzl. Regelung hat sich der Einwand erledigt. In der Sache beruhen manche Urteile allerdings auf einem inneren Widerspruch. Leiharbeit ist nur als vorübergehende Überlassung zulässig. Auf der anderen Seite können LeihAN den AN des Entleiherbetriebs sinnvollerweise nur dann gleichgestellt werden, wenn sie für eine gewisse **Dauer im Betrieb** beschäftigt sind. IÜ ist die Gleichstellung mit den StammAN im Entleiherbetrieb sachl. nur dann gerechtfertigt, wenn die entsprechenden Arbeitsplätze **idR mit LeihAN** besetzt sind. In der Unternehmensmitbestimmung wird deshalb im G mit Recht eine Betriebszugehörigkeit von mindestens sechs Monaten vorausgesetzt, Abs. 2 S. 6. Das ist verallgemeinerungsfähig und sollte, um einen inneren Widerspruch im G zu vermeiden, bei allen Schwellenwerten hinzugefügt werden (auf die Unternehmensmitbestimmung beschränkt nach *Oetker* NZA 2017, 29, 34; *Ulrici* Rn. 42). Im Übrigen ist zu beachten, dass Abs. 2 S. 4 eine Rechtsgrundverweisung und keine Rechtsfolgenverweisung enthält. So kommt es nach § 1 und § 106 BetrVG nicht nur auf die Beschäftigung „in der Regel“, sondern auch auf die „ständige Beschäftigung“ an (*Talkenberg* NZA 2017, 413, 477). Insgesamt erscheint die Bezugnahme auf „AN“, „wahlberechtigte AN“, „wählbare AN“, „in der Regel beschäftigte AN“, „ständig beschäftigte AN“, „seit drei Monaten beschäftigte AN“ und „seit sechs Monaten beschäftigte AN“ im BetrVG und im AÜG inkonsistent und im Hinblick auf die Gesetzesziele (§ 1 Rn. 2) nicht durchdacht (*Wank* jM 2017, 192, 195).

35 **6. Unterrichtung des Wirtschaftsausschusses.** Der Wirtschaftsausschuss ist in Unternehmen einzusetzen, die ständig mehr als 100 AN haben (§ 106 BetrVG); LeihAN sind nach der pauschalen Bestimmung in Abs. 2 S. 4 mitzuzählen Die Aufgabe des Wirtschaftsausschusses besteht darin, wirtschaftl. Angelegenheiten mit dem Unternehmen zu beraten und den BR zu unterrichten. Zwar ist das Tätigwerden von LeihAN nicht in der Aufzählung des § 106 III BetrVG genannt, dessen Aufzählung ist jedoch nicht abschließend. Der längerfristige Einsatz von LeihAN hat Einfluss auf die Personalplanung des Unternehmens und berührt auch die Interessen der AN des Unternehmens im wesentl. Maße, § 106 II und III BetrVG (SH/*Hamann* Rn. 344).

36 **7. Anwendung von Abs. 1 bis 3 im Rahmen des Personalvertretungsrechts.** Abs. 4 trifft für den Bereich des Personalvertretungsrechts eine den betriebsverfassungsrechtl. Regelungen entspr. Bestimmung. Gem. Abs. 4 gelten Abs. 1, 2 S. 1 und 2 sowie Abs. 3 sinngemäß. Diese sinngemäße Anwendung betrifft mangels einer weitergehenden Gesetzgebungskompetenz des Bundes nur den Bereich des Bundespersonalvertretungsrechts. Für den Bereich der **Landesgesetze** zum Personalvertretungsrecht ist es daher Sache der Länder, die Frage der Mitbestimmung und Mitwirkung der Personalräte zu regeln (BT-Drs. 9/847 S. 9). Aus Abs. 4 lässt sich in diesem Bereich kein Mitbestimmungsrecht ableiten (BVerwG 6.9.1995 NVwZ 1997, 82). Soweit das jeweilige Landespersonalvertretungsgesetz keine ausdrückl. Regelung über die Anwendung des § 14 enthält (soweit ersichtl. ist dies nur in NI mit § 115 des LPVG geschehen), erfüllt die Aufnahme eines LeihAN zur Arbeitsleistung in einer Dienststelle den landespersonalvertretungsrechtl. Mitbestimmungstatbestand der Einstellung (BVerwG 20.5.1992 DVBl. 1993, 402).

37 Die entliehenen AN bleiben auch während ihrer Arbeitsleistung bei der entleihenden Dienststelle **AN des Verleihers.** Ein Wahlrecht besteht bei einem anderen Dienstherrn, wenn die Abordnung länger als drei Monate gedauert hat (SH/*Hamann* Rn. 594). In der entleihenden Dienststelle können die Sprechstunden der Personalvertretung (§ 43 BPersVG) oder der Jugendvertretung (§ 62 BPersVG) sowie das Recht zu einer Teilnahme an den Personal- oder Jugendversammlungen wahrgenommen werden. Im BPersVG finden sich keine den §§ 81 ff. BetrVG entspr. Bestimmungen über die Mitbestimmungs- und Beschwerderechte der Beschäftigten. Aufgrund der nicht abschl. Aufzählung in § 14 II kommen jedoch weitere personalvertretungsrechtl. Befugnisse in der Einsatzdienststelle in Betracht. Insb. sind die in § 67 BPersVG aufgezählten Grundsätze über die Behandlung der Beschäftigten auch auf die LeihAN anzuwenden (SH/*Hamann* Rn. 606).

Bei sinngemäßer Anwendung des § 14 III ist im Bereich des Personalvertretungsrechts nicht § 99 BetrVG, sondern **§ 75 BPersVG** anzuwenden. Danach umfasst das Mitbestimmungsrecht des Personalrates in Angelegenheiten der Angestellten und Arbeiter die Einstellungen und Versetzungen zu anderen Dienststellen und die Umsetzungen innerhalb der Dienststellen, wenn damit ein Wechsel des Dienstortes verbunden ist. Die Personalvertretung kann die Zustimmung nur in den Fällen verweigern, in denen dafür ein Grund nach § 77 II Nr. 1–3 BPersVG vorliegt. Insb. kann danach ein Verstoß gegen das AÜG einen Zustimmungsverweigerungsgrund nach Nr. 1 bilden (*Becker/Wulfgramm* Rn. 140). Aufgrund der Tatsache, dass § 14 nicht abschließend ist, können sich weitere Befugnisse der Personalvertretung ergeben, die die tatsächl. Eingliederung der LeihAN in die Dienststelle oder ihr Verhalten in der Dienststelle betreffen (insb. kommen dabei die Fälle des § 75 III BPersVG in Betracht, vgl. dazu SH/*Schüren* Rn. 610). 38

§ 15 Ausländische Leiharbeitnehmer ohne Genehmigung

(1) Wer als Verleiher einen Ausländer, der einen erforderlichen Aufenthaltstitel nach § 4 Abs. 3 des Aufenthaltsgesetzes, eine Aufenthaltsgestattung oder eine Duldung, die zur Ausübung der Beschäftigung berechtigen, oder eine Genehmigung nach § 284 Abs. 1 des Dritten Buches Sozialgesetzbuch nicht besitzt, entgegen § 1 einem Dritten ohne Erlaubnis überläßt, wird mit Freiheitsstrafe bis zu drei Jahren oder mit Geldstrafe bestraft.

(2) [1] In besonders schweren Fällen ist die Strafe Freiheitsstrafe von sechs Monaten bis zu fünf Jahren. [2] Ein besonders schwerer Fall liegt in der Regel vor, wenn der Täter gewerbsmäßig oder aus grobem Eigennutz handelt.

1. Allgemeines. § 15 bildet den Anfang der Straf- und Ordnungswidrigkeitenbestimmungen des AÜG. Mit §§ 15 und 15a soll der illegale Entleih und Verleih von ausl. LeihAN ohne Arbeitserlaubnis strafrechtl. sanktioniert werden (so auch die parallelen Straftatbestände der §§ 406, 407 SGB III), da diese ohne die nach § 284 I 1 SGB III erforderl. Arbeitserlaubnis in erhöhtem Maße Gefahr laufen, von den Verleihern ausgebeutet zu werden (SH/*Stracke* Rn. 7). Gem. § 12 II StGB handelt es sich bei den Straftaten nach dem AÜG um **Vergehen.** Personen, die dem Verleiher bei seiner Tätigkeit behilfl. sind, etwa der Dolmetscher oder der die Lohngelder verteilende Mitarbeiter, können als Gehilfen (§ 27 StGB) des Verleihers strafbar sein (SMS Rn. 6; SH/*Stracke* Rn. 25). Hingegen sind die verliehenen AN und die Entleiher selbst als so genannte notwendige Teilnehmer nicht nach § 15, wohl aber nach § 15a oder § 16 I Nr. 2 und § 404 SGB III verfolgbar. 1

Die Gründung oder das Betreiben einer Einzel-, Personen- oder **Kapitalgesellschaft** zum Zweck der illegalen ANÜberlassung ist nicht nach § 129 StGB verfolgbar, da eine solche Form der Beteiligung am Wirtschaftsleben noch keine Bildung einer kriminellen Vereinigung darstellt (BGH 13.1.1983 AP AÜG § 1 Nr. 6). Es kommt vielmehr darauf an, dass aus einer fest organisierten Vereinigung heraus Straftaten geplant und ausgeführt werden. 2

2. Verleih von Ausländern ohne Genehmigung, Abs. 1. Der Tatbestand des Abs. 1 ist verwirklicht, wenn ein gewerbsmäßiger Verleiher ohne Verleiherlaubnis einem Dritten einen Ausländer ohne einen erforderl. Aufenthaltstitel nach § 4 III AufenthG überlässt. Eine Bestrafung nach Abs. 1 setzt zunächst voraus, dass der Täter Verleiher iSv. § 1 I ohne die erforderl. Genehmigung oder die Erlaubnisfiktion des § 3 ist. Ist der Verleiher eine Personengemeinschaft oder eine jur. Person, richtet sich die Strafbarkeit nach § 14 StGB (*Becker/Wulfgramm* Rn. 3b). Fehlt es dem Verleiher an der AGEigenschaft, kommt eine Strafbarkeit nach § 406 SGB III wegen einer unerlaubten Arbeitsvermittlung in Betracht. Konkurrenzprobleme bestehen im Hinblick auf AufentG, SchwArbG und SGB III (s. SH/*Stracke* Rn. 58). 3

Ob der **AN Deutscher** ist oder eine vergleichbare Rechtsstellung hat, richtet sich nach Art. 116 I GG (vgl. zur Reform des Staatsangehörigkeitsrechts *Renner* ZAR 1999, 154 ff.; ferner *Huber/Butzke* NJW 1999, 2769). Die Zulassung ausl. Beschäftigter richtet sich nach §§ 18 iVm. 39, 42 AufenthG. Demgemäß sind ohne entspr. zwischenstaatl. Übk. alle ausl. und im Inland tätigen AN genehmigungspflichtig. Angehörige der EU-Mitgliedstaaten und der Vertragsstaaten des Europ. Wirtschaftsraumes bedürfen keiner Arbeitserlaubnis (§ 2 II Nr. 1, IV Freizügigkeitsgesetz/EU; betr. AN aus den zwölf neuen Mitgliedstaaten s. § 284 SGB III). Die Voraussetzungen für eine Zustimmung der BA nach § 39 AufenthG dürften regelm. nicht vorliegen. 4

Für eine Strafbarkeit nach § 15 muss der illegale Verleiher hins. aller objektiver Tatbestandsmerkmale des § 15 **vorsätzl.** gehandelt haben. Ihm muss bekannt gewesen sein, dass er ohne Verleiherlaubnis ausl. AN ohne Arbeitserlaubnis überließ. Die bloß fahrlässige Unkenntnis ist nicht strafbar. Die allg. strafrechtl. Irrtumsregeln (§§ 16, 17 StGB) gelten. Die irrtüml. Annahme, dass ein Verleihen ohne Erlaubnis mögl. ist oder dass der ausl. AN keine Arbeitserlaubnis benötigt, führt nur dann gem. § 17 StGB zur Straflosigkeit, wenn der Irrtum – bspw. durch eine Erkundigung bei der Arbeitsverwaltung oder bei einem Rechtsanwalt – nicht vermeidbar war (weitergehend OLG D 4.9.1979 EzAÜG Nr. 59: sogar unabhängig davon, ob ihm eine richtige Auskunft erteilt worden wäre; ausf. zu den Irrtumsfällen 5

SH/*Stracke* Rn. 50 ff.). Der illegale Verleiher kann mit einer **Freiheitsstrafe** von bis zu drei Jahren oder mit einer Geldstrafe bestraft werden. Hat sich der Täter an der Tat bereichert oder es versucht, kommt eine Geldstrafe neben einer Freiheitsstrafe in Betracht (§ 41 StGB).

6 **3. Besonders schwerer Fall, Abs. 2.** Besonders schwere Fälle werden mit der Strafschärfung nach § 15 II verfolgt. Ein bes. schwerer Fall ist anzunehmen, wenn die objektiven und subjektiven Tatumstände die üblicherweise vorkommenden an Strafwürdigkeit so übertreffen, dass der Strafrahmen für die üblicherweise zu ahndenden Fälle nicht ausreicht (BGH 24.6.1987 Wistra 1988, 27), weil der Verleiher bspw. einen bes. großen Vorteil über einen langen Zeitraum hinaus erstrebt oder weil die Zwangslage der AN zu bes. gefährl. Arbeiten ausgenutzt wird (SH/*Stracke* Rn. 40 ff.). In Abs. 2 S. 2 finden sich zwei Regelbeispiele, die das Vorliegen eines bes. schweren Falles widerlegbar indizieren. Die Aufzählung ist nicht abschließend. Demgemäß kann ein bes. schwerer Fall auch dann vorliegen, wenn kein Regelbeispiel verwirklicht wurde (BGH 24.6.1987 Wistra 1988, 27; *Becker/Wulfgramm* Rn. 13; SMS Rn. 15).

7 Da bereits der Grundtatbestand nur durch einen gem. § 1 I 1 gewerbsmäßig handelnden Verleiher verwirklicht werden kann, ist die **Gewerbsmäßigkeit iSv. Abs. 2 S. 2** strafrechtl. zu definieren (*Becker/Wulfgramm* Rn. 14; MüArbR/*Schüren* § 318 Rn. 184). Davon wird der Verleiher erfasst, der sich gerade durch die wiederholte Überlassung ausl. AN eine Einnahmequelle von nicht nur vorübergehender Dauer verschaffen will (SMS Rn. 18). Hinzu kommen muss allerdings, dass sich sein Gesamtverhalten als bes. strafwürdig darstellt; etwa dadurch, dass er diese ausl. AN auch noch ausbeutet oder sonst erhebl. benachteiligt (BGH 4.4.1981 NJW 1982, 394). Die Feststellung eines bes. schweren Falles erfordert mithin immer eine Gesamtwürdigung unter Abwägung aller Zumessungstatsachen (*Boemke/*Lembke Rn. 31). Ein grober Eigennutz ist dann gegeben, wenn der Täter einen wirtschaftl. Vorteil in bes. anstößigem Maße, also bspw. durch eine rücksichtslose Ausbeutung der Zwangslage ausl. AN, erstrebt.

8 Ein bes. schwerer Fall ist mit einer **Freiheitsstrafe** von mind. sechs Monaten zu ahnden. Über die Freiheitsstrafe hinaus kommt eine Geldstrafe in Betracht, wenn sich der Täter durch die Tat bereichert hat oder zu bereichern suchte (§ 41 StGB).

§ 15a Entleih von Ausländern ohne Genehmigung

(1) [1]**Wer als Entleiher einen ihm überlassenen Ausländer, der einen erforderlichen Aufenthaltstitel nach § 4 Abs. 3 des Aufenthaltsgesetzes, eine Aufenthaltsgestattung oder eine Duldung, die zur Ausübung der Beschäftigung berechtigen, oder eine Genehmigung nach § 284 Abs. 1 des Dritten Buches Sozialgesetzbuch nicht besitzt, zu Arbeitsbedingungen des Leiharbeitsverhältnisses tätig werden läßt, die in einem auffälligen Mißverhältnis zu den Arbeitsbedingungen deutscher Leiharbeitnehmer stehen, die die gleiche oder eine vergleichbare Tätigkeit ausüben, wird mit Freiheitsstrafe bis zu drei Jahren oder mit Geldstrafe bestraft.** [2]**In besonders schweren Fällen ist die Strafe Freiheitsstrafe von sechs Monaten bis zu fünf Jahren; ein besonders schwerer Fall liegt in der Regel vor, wenn der Täter gewerbsmäßig oder aus grobem Eigennutz handelt.**

(2) [1]**Wer als Entleiher**

1. **gleichzeitig mehr als fünf Ausländer, die einen erforderlichen Aufenthaltstitel nach § 4 Abs. 3 des Aufenthaltsgesetzes, eine Aufenthaltsgestattung oder eine Duldung, die zur Ausübung der Beschäftigung berechtigen, oder eine Genehmigung nach § 284 Abs. 1 des Dritten Buches Sozialgesetzbuch nicht besitzen, tätig werden läßt oder**
2. **eine in § 16 Abs. 1 Nr. 2 bezeichnete vorsätzliche Zuwiderhandlung beharrlich wiederholt,**

wird mit Freiheitsstrafe bis zu einem Jahr oder mit Geldstrafe bestraft. [2]**Handelt der Täter aus grobem Eigennutz, ist die Strafe Freiheitsstrafe bis zu drei Jahren oder Geldstrafe.**

1 **1. Allgemeines.** Während § 15 die Strafbarkeit von Verleihern betrifft, werden nach § 15a Entleiher bestraft.

2 **2. Täter des § 15a.** Allein taugl. Täter der Straftatbestände des § 15a ist der Entleiher im Rahmen einer mit einer Überlassungserlaubnis gem. § 1 I 1 betriebenen gewerbsmäßigen ANÜberlassung. Ein Tätigwerdenlassen liegt nicht bereits bei dem Abschluss des Überlassungsvertrages, sondern erst mit der tatsächl. Arbeitsaufnahme beim Entleiher vor. Bei den beim Entleiher tätigen ausl. AN muss es sich um solche handeln, die ohne eine nach § 39 AufenthG erforderl. Zustimmung der BA ihre Arbeit aufgenommen haben.

3 **3. Auffälliges Missverhältnis, Abs. 1.** Für die Feststellung eines auffälligen Missverhältnisses bei dem ersten Straftatbestand des § 15a kommt es auf das zwischen Verleiher und ausländischem AN bestehende ArbVerh. an. Wenn der Verleiher keine vergleichbaren deutschen AN beschäftigt, ist auf die deutschen LeihAN eines vergleichbaren Verleihers abzustellen (SH/*Stracke* Rn. 20). Eine **Tätigkeit**

ist gleich, wenn ihre wesentl. Ausgestaltung der des ausl. LeihAN entspricht (*Becker/Wulfgramm* Rn. 6). Die Vergleichbarkeit ist aber auch schon dann gegeben, wenn zwar in wesentl. Punkten eine Abweichung besteht, die Tätigkeit aber noch zum überw. Teil mit der zu vergleichenden Tätigkeit eine Übereinstimmung aufweist (SMS Rn. 3).

Von dem Tatbestandsmerkmal **Arbeitsbedingungen** wird die tatsächl. Ausgestaltung des ArbVerh. erfasst. Insoweit wird tw. auf die wesentl. Arbeitsbedingungen abgestellt, während andere auch Nebenleistungen einbeziehen wollen (vgl. zum Meinungsstand SH/*Stracke* Rn. 22). Die Abweichung muss in einem auffälligen Missverhältnis bestehen. Das wird bei der Lohnhöhe als Vergleichsmaßstab erst dann bejaht, wenn der Lohnunterschied ein Fünftel und darüber beträgt. Regelm. ist ein Missverhältnis zu bejahen, wenn der Arbeitsvertrag zwischen Verleiher und LeihAN sittenwidrig ist (*Becker/Wulfgramm* Rn. 8; SH/*Stracke* Rn. 24). 4

4. Beschäftigung von mehr als fünf Ausländern, Abs. 2 S. 1 Nr. 1. Der Entleiher macht sich nach § 15 II 1 Nr. 1 strafbar, wenn er gleichzeitig mehr als fünf ausl. AN ohne Arbeitserlaubnis beschäftigt. Es kommt weder darauf an, dass dieselben AN beschäftigt werden, noch kommt es darauf an, dass es sich um AN desselben Verleihers handelt (SH/*Stracke* Rn. 26). 5

5. Beschäftigung entliehener Ausländer ohne Genehmigung, Abs. 2 S. 2 Nr. 2. § 15 II 1 Nr. 2 will den Entleiher bestrafen, der beharrl. ausl. LeihAN ohne die erforderl. Arbeitserlaubnis von einem Verleiher mit Erlaubnis entleiht. Das setzt eine zumindest zweimalige vorsätzl. Verletzung des Verbotes voraus. Der Entleiher handelt dann **beharrl.,** wenn er deutl. auf die Ordnungswidrigkeit seines Handelns, etwa durch Ahndung, Abmahnung oder Verwarnung hingewiesen wurde (SMS Rn. 9; SH/*Stracke* Rn. 29; abw. *Boemke*/Lembke Rn. 18, der dieses Merkmal auch dann als erfüllt ansieht, wenn der Entleiher in Kenntnis des Unrechts geplant und auf Dauer angelegt ausl. LeihAN ohne Arbeitserlaubnis beschäftigt). Für den bes. schweren Fall nach § 15a I 2, II 2 gelten die Anmerkungen zu § 15 II entspr. Für einen Verstoß gegen die beiden Tatbestände des § 15a II ist im Höchstmaß eine einjährige **Freiheitsstrafe** vorgesehen; der Täter, der aus grobem Eigennutz, also unter Streben nach wirtschaftlichem Vorteil in bes. grober Weise, handelt, kann nach Abs. 2 S. 2 mit bis zu drei Jahren Freiheitsstrafe bestraft werden. 6

§ 16 Ordnungswidrigkeiten

(1) Ordnungswidrig handelt, wer vorsätzlich oder fahrlässig

1. entgegen § 1 einen Leiharbeitnehmer einem Dritten ohne Erlaubnis überläßt,

1a. einen ihm von einem Verleiher ohne Erlaubnis überlassenen Leiharbeitnehmer tätig werden läßt,

1b. entgegen § 1 Absatz 1 Satz 3 einen Arbeitnehmer überlässt oder tätig werden lässt,

1c. entgegen § 1 Absatz Satz 5 eine dort genannte Überlassung nicht, nicht richtig oder nicht rechtzeitig bezeichnet,

1d. entgegen § 1 Absatz 1 Satz 6 die Person nicht, nicht richtig oder nicht rechtzeitig konkretisiert,

1e. entgegen § 1 Absatz 1b Satz 1 einen Leiharbeitnehmer überlässt,

1f. entgegen § 1b Satz 1 Arbeitnehmer überläßt oder tätig werden läßt,

2. einen ihm überlassenen ausländischen Leiharbeitnehmer, der einen erforderlichen Aufenthaltstitel nach § 4 Abs. 3 des Aufenthaltsgesetzes, eine Aufenthaltsgestattung oder eine Duldung, die zur Ausübung der Beschäftigung berechtigen, oder eine Genehmigung nach § 284 Abs. 1 des Dritten Buches Sozialgesetzbuch nicht besitzt, tätig werden läßt,

2a. eine Anzeige nach § 1a nicht richtig, nicht vollständig oder nicht rechtzeitig erstattet,

3. einer Auflage nach § 2 Abs. 2 nicht, nicht vollständig oder nicht rechtzeitig nachkommt,

4. eine Anzeige nach § 7 Abs. 1 nicht, nicht richtig, nicht vollständig oder nicht rechtzeitig erstattet,

5. eine Auskunft nach § 7 Abs. 2 Satz 1 nicht, nicht richtig, nicht vollständig oder nicht rechtzeitig erteilt,

6. seiner Aufbewahrungspflicht nach § 7 Abs. 2 Satz 4 nicht nachkommt,

6a. entgegen § 7 Abs. 3 Satz 2 eine dort genannte Maßnahme nicht duldet,

7. *(aufgehoben)*

7a. entgegen § 8 Absatz 1 Satz 1 oder Absatz 2 Satz 2 oder 4 eine Arbeitsbedingung nicht gewährt,

7b. entgegen § 8 Absatz 5 in Verbindung mit einer Rechtsverordnung nach § 3a Absatz 2 Satz 1 das dort genannte Mindeststundenentgelt nicht oder nicht rechtzeitig zahlt,

8. einer Pflicht nach § 11 Abs. 1 oder Abs. 2 nicht nachkommt,

8a. entgegen § 11 Absatz 5 Satz 1 einen Leiharbeitnehmer tätig werden lässt,

9. entgegen § 13a Satz 1 den Leiharbeitnehmer nicht, nicht richtig oder nicht vollständig informiert,

10. entgegen § 13b Satz 1 Zugang nicht gewährt,
11. entgegen § 17a in Verbindung mit § 5 Absatz 1 Satz 1 des Schwarzarbeitsbekämpfungsgesetzes eine Prüfung nicht duldet oder bei dieser Prüfung nicht mitwirkt,
12. entgegen § 17a in Verbindung mit § 5 Absatz 1 Satz 2 des Schwarzarbeitsbekämpfungsgesetzes das Betreten eines Grundstücks oder Geschäftsraums nicht duldet,
13. entgegen § 17a in Verbindung mit § 5 Absatz 3 Satz 1 des Schwarzarbeitsbekämpfungsgesetzes Daten nicht, nicht richtig, nicht vollständig, nicht in der vorgeschriebenen Weise oder nicht rechtzeitig übermittelt,
14. entgegen § 17b Absatz 1 Satz 1 eine Anmeldung nicht, nicht richtig, nicht vollständig, nicht in der vorgeschriebenen Weise oder nicht rechtzeitig zuleitet,
15. entgegen § 17b Absatz 1 Satz 2 eine Änderungsmeldung nicht, nicht richtig, nicht vollständig, nicht in der vorgeschriebenen Weise oder nicht rechtzeitig macht,
16. entgegen § 17b Absatz 2 eine Versicherung nicht beifügt,
17. entgegen § 17c Absatz 1 eine Aufzeichnung nicht, nicht richtig, nicht vollständig oder nicht rechtzeitig erstellt oder nicht oder nicht mindestens zwei Jahre aufbewahrt oder
18. entgegen § 17c Absatz 2 eine Unterlage nicht, nicht richtig, nicht vollständig oder nicht in der vorgeschriebenen Weise bereithält.

(2) **Die Ordnungswidrigkeit nach Absatz 1 Nummer 1 bis 1 f, 6 und 11 bis 18 kann mit einer Geldbuße bis zu dreißigtausend Euro, die Ordnungswidrigkeit nach Absatz 1 Nummer 2, 7a, 7b und 8a mit einer Geldbuße bis zu fünfhunderttausend Euro, die Ordnungswidrigkeit nach Absatz 1 Nummer 2a, 3, 9 und 10 mit einer Geldbuße bis zu zweitausendfünfhundert Euro, die Ordnungswidrigkeit nach Absatz 1 Nummer 4, 5, 6a und 8 mit einer Geldbuße bis zu tausend Euro geahndet werden.**

(3) **Verwaltungsbehörden im Sinne des § 36 Abs. 1 Nummer 1 des Gesetzes über Ordnungswidrigkeiten sind in den Fällen des Absatzes 1 Nummer 1, 1a, 1c, 1d, 1 f, 2, 2a und 7b sowie 11 bis 18 die Behörden der Zollverwaltung jeweils für ihren Geschäftsbereich, in den Fällen des Absatzes 1 Nummer 1b, 1e, 3 bis 7a sowie 8 bis 10 die Bundesagentur für Arbeit.**

(4) **§ 66 des Zehnten Buches Sozialgesetzbuch gilt entsprechend.**

(5) [1]**Die Geldbußen fließen in die Kasse der zuständigen Verwaltungsbehörde.** [2]**Sie trägt abweichend von § 105 Abs. 2 des Gesetzes über Ordnungswidrigkeiten die notwendigen Auslagen und ist auch ersatzpflichtig im Sinne des § 110 Abs. 4 des Gesetzes über Ordnungswidrigkeiten.**

1 **1. Allgemeines.** Die Tatbestände des § 16 sind im Gegensatz zu denen der §§ 15 und 15a als bloße Ordnungswidrigkeiten ausgestaltet und können sowohl vorsätzl. als auch fahrlässig verwirklicht werden (SH/*Stracke* Rn. 51). Bei ihnen handelt es sich um Verwaltungsunrecht. § 16 gibt den Behörden der Zollverwaltung und der BA die Möglichkeit, bei einem Verstoß auf die Verhängung eines **Bußgeldes** zurückzugreifen. Unter Beachtung des Grunds. der Verhältnismäßigkeit müssen die Verwaltungsbehörden bemüht sein, geringfügige Verstöße zunächst mit dem milderen Mittel des Bußgelds zu sanktionieren, bevor sie Verwaltungszwang anwenden (§ 6) oder die Verleiherlaubnis widerrufen (§ 5).

2 **2. Anwendung des OWiG.** Da es sich bei den Tatbeständen des § 16 um Ordnungswidrigkeiten handelt, gilt das OWiG. Ist der **Täter** der Ordnungswidrigkeit keine natürl. Person, so sind die §§ 9 und 29 OWiG anzuwenden, dh. das Bußgeldverfahren richtet sich gegen die zur Geschäftsführung oder Vertretung berufene Person. Als Nebenfolge kann aber auch nach § 30 OWiG gegen die jur. Person oder die Personenhandelsgesellschaft eine Geldbuße festgesetzt werden, wenn Pflichten des Unternehmens verletzt wurden oder das Unternehmen bereichert wurde oder bereichert werden sollte (OLG D 16.11.1995 BB 1996, 79 f.). Ein Unternehmer, der vorsätzl. oder fahrlässig Aufsichtsmaßnahmen unterlassen hat, wodurch einer betriebsbezogenen Bußgeld- oder Strafvorschrift zuwider gehandelt wurde, kann nach § 130 OWiG verfolgt werden (SMS Rn. 3a; SH/*Stracke* Rn. 23). Die überlassenen LeihAN hingegen begehen im Hinblick auf ihre notwendige Beteiligung keine Ordnungswidrigkeit gem. § 16 I Nr. 1, 1a oder Nr. 2 (*Becker/Wulfgramm* Rn. 9, 19). Bei einer Beteiligung mehrerer an einer Ordnungswidrigkeit unterscheidet das OWiG nicht, wie das StGB, nach den unterschiedlichen Beteiligungsformen; vielmehr werden alle Beteiligten gleichermaßen verfolgt („Einheitstäterbegriff" des § 14 I OWiG). Ein notwendig Beteiligter kann nicht nach §§ 16 I, 14 OWiG verfolgt werden, soweit sein Handeln nicht über eine bloße Mitwirkung an der Tatbestandsverwirklichung hinausgeht (SH/*Stracke* Rn. 27). Deshalb können die überlassenen LeihAN keine Ordnungswidrigkeit nach § 16 I Nr. 1, 1a oder Nr. 2 begehen (*Becker/Wulfgramm* Rn. 9, 19).

3 Aufgrund der bloßen **Vermutung** des § 1 II kann kein Verschulden von Entleiher oder Verleiher angenommen werden. Wer über das Vorhandensein von Tatumständen irrt, kann zwar nicht wegen einer vorsätzl. Tatbegehung verfolgt werden (§ 11 I OWiG), ist aber wegen eines fahrlässigen Handelns verfolgbar, wenn ihm seine **Unkenntnis** vorwerfbar ist (§ 11 I 2 OWiG). Kannte der Täter bei

Begehung der Tat die Vorschr. des AÜG nicht, gegen die er verstieß, so handelte er dann nicht vorwerfbar, wenn sein Irrtum nicht vermeidbar war (§ 11 II OWiG). Jedoch muss sich jeder Verleiher bei der Agentur für Arbeit über die Rechtslage erkundigen, so dass ihm regelm. ein vermeidbarer Verbotsirrtum vorzuwerfen ist (OLG D 4.9.1979 EzAÜG Nr. 59; SMS Rn. 6).

Der **Versuch** einer Ordnungswidrigkeit nach § 16 ist mangels ausdrückl. Bestimmung im AÜG nicht verfolgbar (§ 13 II OWiG). 4

3. Tatbestände des § 16 im Einzelnen. a) Arbeitnehmerüberlassung ohne Erlaubnis. Von **Nr. 1** wird der Verleiher erfasst, der ohne Erlaubnis nach § 1 I die ANÜberlassung betreibt. Jede einzelne Überlassung bedeutet die Begehung einer einzelnen Ordnungswidrigkeit, selbst wenn in diesem Zusammenhang mehrere LeihAN überlassen wurden. Die Überlassung ist selbst dann ordnungswidrig, wenn der Verleiher seine AGPflichten erfüllt, da es unabhängig von konkreten Benachteiligungen auf die Sicherung der Ordnung des Arbeitsmarktes ankommt (*Becker/Wulfgramm* Rn. 9; zur Tatmehrheit vgl. 3. Aufl. Rn. 7). 5

b) Entleihen ohne Verleiherlaubnis. Nr. 1a erfasst den Entleiher, der AN vom Verleiher ohne Verleiherlaubnis entleiht. Ohne entgegenstehende konkrete Anhaltspunkte kann der Entleiher allerdings auf Grund der Erkl. nach § 12 I 2 darauf vertrauen, dass der Verleiher die erforderl. Erlaubnis hat. Er braucht sich also nicht die Verleiherlaubnis vorlegen zu lassen (KHb/*Düwell* 4.5 Rn. 290; SH/*Stracke* Rn. 31; aA *Becker/Wulfgramm* Rn. 9a). Auch bei einer längerfristigen Zusammenarbeit zwischen Entleiher und Verleiher stellt das Tätigwerdenlassen von ohne Erlaubnis überlassenen LeihAN kein Dauerdelikt des Entleihers dar (OLG D 7.4.2006 NJW 2006, 2647). 6

c) Kettenverleih, Nr. 1b. Der nunmehr ausdrückl. untersagte Kettenverleih wird durch Nr. 1b sanktioniert. 7

d) Bezeichnung als Arbeitnehmerüberlassung, Nr. 1c. Ein Leiharbeitsverh. muss nunmehr im Voraus als solches vertraglich bezeichnet werden. Auch wenn in Reserve eine Überlassungserlaubnis bereitgehalten wird, verhindert das eine Ordnungswidrigkeit nicht. 8

e) Warum die fehlende **Konkretisierung des AN, Nr. 1d,** bußgeldbewehrt ist, ist nicht ersichtlich. 9

f) Überlassungshöchstdauer, Nr. 1e. Während die Überschreitung der Überlassungshöchstdauer gem. § 1 Abs. 1b sanktioniert wird, gilt das nicht für die nicht nur vorübergehende Überlassung bis zu 18 Monaten, s. § 1 Rn. 37 ff. 10

g) Die **Überlassung im Baugewerbe** ist nach **Nr. 1 f** sanktioniert. 11

h) Beschäftigung ohne Genehmigung, Nr. 2. Eine Ordnungswidrigkeit nach Nr. 2 begeht der Entleiher, der einen ihm überlassenen ausl. AN ohne den erforderl. **Aufenthaltstitel** beschäftigt. In diesem Fall muss sich der Entleiher die Arbeitserlaubnis vom ausl. AN zeigen lassen, denn iRd. Nr. 2 schadet ihm bereits eine fahrlässige Unkenntnis (*Becker/Wulfgramm* Rn. 10; SH/*Stracke* Rn. 36). Nr. 2 entspricht damit § 404 II Nr. 3 SGB III, nach dem dem AG, der nichtdeutsche AN beschäftigt, eine Geldbuße droht, wenn die erforderl. Arbeitserlaubnis fehlt. Für eine Verfolgung nach Nr. 3 muss es sich um eine legale Überlassung handeln; denn wenn der Verleiher ohne Erlaubnis tätig geworden ist, begeht der Entleiher eine Ordnungswidrigkeit nach § 404 II Nr. 3 SGB III, weil die Fiktion des § 10 I greift (OLG HM 14.11.1980 AP AFG § 19 Nr. 7; SMS Rn. 29; vgl. dagegen *Bückle* BB 1981, 1529 ff.). Beim Vorliegen der weiteren Voraussetzungen kommt auch eine wahlweise Verurteilung in Betracht (*Marschall* RdA 1983, 18, 28; SH/*Stracke* Rn. 38). 12

i) Anzeige für erlaubnisfreie Überlassung, Nr. 2a. Der Verleiher, der eine Anzeige für eine **erlaubnisfreie Überlassung** nach § 1a nicht richtig, unvollständig oder falsch erstattet, handelt nach Nr. 2a ordnungswidrig. Die unrichtige Ausfüllung der von der Behörde zur Vfg. gestellten Vordrucke führt aber dann nicht zu einer Ordnungswidrigkeit, wenn sich die falsch beantwortete Frage nicht auf die in § 1a vorgeschriebenen Angaben bezieht. 13

j) Nichterfüllung von Auflagen, Nr. 3. Erfüllt der auf Grund der Verleiherlaubnis tätig gewordene Verleiher die ihm von der BA nach § 2 II gemachten rechtmäßigen **Auflagen** nicht richtig, nicht rechtzeitig oder unvollständig, begeht er eine Ordnungswidrigkeit nach Nr. 3, sofern die Auflage noch nicht unanfechtbar geworden ist. Im Falle einer Anfechtung der Auflage (zur Anfechtbarkeit von Auflagen vgl. *Pietzcker* NVwZ 1995, 15 ff.) wird die Behörde den Abschluss des Verfahrens iRd. Opportunitätsprinzips abwarten, da der Verleiher einen Bußgeldbescheid ebenfalls anfechten würde (*Becker/Wulfgramm* Rn. 11). 14

k) Sonstige Verstöße gegen Anzeige-, Auskunfts- und Aufbewahrungspflichten. Nach **Nr. 4–6** werden Verstöße gegen die **Anzeige-, Auskunfts- und Aufbewahrungspflichten** geahndet. Nr. 4 und 5 geben der BA die Möglichkeit, Verstöße gegen § 7 I und II 1 zu ahnden. Eine Ordnungswidrigkeit nach Nr. 6 liegt vor, wenn gegen die Pflicht zur **Aufbewahrung** der Geschäftunterlagen und der Durchschrift der Urkunde über den Vertrag zwischen Verleiher und LeihAN verstoßen wird. Nach **Nr. 6a** wird ein Verstoß der Duldungspflicht des Verleihers im Hinblick auf das Betretungs- und Prüfungsrecht der Erlaubnisbehörde nunmehr als weitere Ordnungswidrigkeit geahndet. 15

16 **l) Nr. 7a und b** sehen eine Ordnungswidrigkeit bei einem Verstoß gegen **Entgeltvorschriften** vor, Buchst. a im Hinblick auf gleiche Arbeitsbedingungen (*Boemke* BB 2016, 2741), Buchst. b bezüglich des Mindestentgelts.

17 **m) Verstoß gegen Beurkundungspflicht, Nr. 8.** § 11 I 1 verpflichtet den Verleiher, den wesentl. Inhalt des LeihArbVerh. in eine von ihm zu unterzeichnende Urkunde oder in den schriftl. Leiharbeitsvertrag (§ 11 I 4) aufzunehmen. Der Mindestinhalt der Urkunde ergibt sich aus § 11 I 1 iVm. § 2 I NachwG sowie aus § 11 I Nr. 1 und 2. Der Verleiher hat dem LeihAN nach § 11 II ein Merkblatt über den wesentl. Inhalt des AÜG (bei nichtdeutschen AN in ihrer Muttersprache) auszuhändigen. Bei einem Verstoß gegen diese Pflichten liegt eine Ordnungswidrigkeit nach Nr. 8 vor.

18 n) Der Einsatz von LeihAN in einem **bestreikten Betrieb** ist nach **Nr. 8a** sanktioniert.

19 o) Um die Verletzung der **Informationspflichten** geht es in Nr. 9.

20 **p) Zugang zu Gemeinschaftseinrichtungen, Nr. 10.** Der AG begeht des Weiteren eine Ordnungswidrigkeit, wenn er seiner Pflicht nach § 13b nicht nachkommt.

21 **q) Verstöße gegen Nr. 11 bis 18.** Diese Bestimmungen beziehen sich auf die neu ins G aufgenommenen §§ 17a bis 17c; Nr. 17 wurde durch das TarifautonomiestärkungsG geänd.

22 **4. Höhe der Geldbuße. § 16 II** regelt die Höhe der für die Ordnungswidrigkeit zu leistenden Geldbuße. Sie richtet sich nach dem Unrechtsgehalt der jeweiligen Ordnungswidrigkeit; dabei können der Grad der Gefährdung der geschützten Rechtsgüter, die Häufigkeit der Verstöße sowie der erstrebte Abschreckungsgrad berücksichtigt werden (AG Gießen 13.4.1987 EzAÜG Nr. 278; SH/*Stracke* Rn. 57ff.). Auch die wirtschaftl. Verhältnisse des ordnungswidrig Handelnden können berücksichtigt werden (§ 17 III 2 OWiG). Daneben ist auch der wirtschaftl. Vorteil, den Verleiher oder Entleiher aus der Tat gezogen haben, zu berücksichtigen (vgl. dazu BGH 13.1.1983 AP AÜG § 1 Nr. 6; OLG D 4.9.1979 EzAÜG Nr. 59). Der jeweils zulässige Höchstbetrag der Geldbuße richtet sich nach der verwirklichten Ordnungswidrigkeit. Die Höhe der Geldbuße bemisst sich im Einzelfall nach der Bedeutung der Ordnungswidrigkeit und dem den Täter treffenden Tatvorwurf (§ 17 II 1 OWiG). Das Minimum einer Geldbuße beträgt nach § 17 I OWiG € 5,–; bei fahrlässigem Handeln ist der zulässige Höchstbetrag zu halbieren (§ 17 II OWiG).

23 Die **Verfolgungsverjährung** richtet sich gem. § 31 OWiG abgestuft nach dem Höchstmaß der jeweiligen Geldbuße.

24 **5. Verfolgung der Ordnungswidrigkeit. Abs. 3–5** regeln die Verfolgung der Ordnungswidrigkeit. Nach **Abs. 3** sind die Behörden der Zollverwaltung und die BA in Abhängigkeit von der jeweiligen Ordnungswidrigkeit sachl. zuständig (vgl. iE SH/*Stracke* Rn. 95ff.). Gem. § 37 OWiG ist die Behörde, in deren Bezirk die Ordnungswidrigkeit begangen oder entdeckt wurde, örtl. zuständig. Die Verwaltungsbehörden entscheiden nach pflichtgemäßen Ermessen über die Einleitung eines Bußgeldverfahrens (Opportunitätsprinzip). Die Geldbuße wird nach §§ 89ff. OWiG beigetrieben. In Abweichung von § 92 OWiG obliegt die **Vollstreckung** der Geldbuße der nach § 66 SGB X zuständigen Behörde **(Abs. 4). Abs. 5** stellt klar, dass die beigetriebenen Geldbußen der Kasse der jeweils zuständigen Verwaltungsbehörde **zufließen.** Diese hat aber auch abw. von § 105 II OWiG die notwendigen Auslagen zu tragen, die sonst der Bundes- oder Landeskasse auferlegt werden. Darüber hinaus hat sie in Abweichung von § 110 IV OWiG die Vermögensschäden zu ersetzen, die durch eine Verfolgung im Bußgeldverfahren unrechtmäßigerweise verursacht wurden.

§ 17 Durchführung

(1) [1]**Die Bundesagentur für Arbeit führt dieses Gesetz nach fachlichen Weisungen des Bundesministeriums für Arbeit und Soziales durch.** [2]**Verwaltungskosten werden nicht erstattet.**

(2) **Die Prüfung der Arbeitsbedingungen nach § 8 Absatz 5 obliegt zudem den Behörden der Zollverwaltung nach Maßgabe der §§ 17a bis 18a.**

1 Die Durchführung des AÜG ist als **Auftragsangelegenheit** der BA übertragen („nach fachl. Weisungen des BMAS"). Damit geht das Weisungsrecht des Ministeriums über die nach § 401 SGB III ggü. der BA sonst bestehende allg. Aufsicht hinaus. Sie beschränkt sich also nicht auf die Überprüfung der Beachtung von G und Satzung, sondern auch auf die Anwendung des AÜG durch die BA sowie auf die Zweckmäßigkeit der Durchführung. Es können also konkrete Weisungen zur Durchführung des AÜG erteilt werden.

2 Mangels spezieller Regelung durch das AÜG ergibt sich die Organisation der Verwaltungsaufgaben aus der **Satzung** der BA. Demgemäß bestimmt der Verwaltungsrat der BA (§§ 374, 376 SGB III), von welchem Organ oder von welcher Dienststelle die Aufgaben wahrzunehmen sind. Die nach dem AÜG wahrzunehmenden Aufgaben sind von dem Verwaltungsrat den Regionaldirektionen zugewiesen (s. 12. Erfahrungsbericht BT-Drs. 18/573 S. 22ff.).

Die bei der Durchführung des AÜG entstehenden sachl. und persönl. Verwaltungskosten hat die BA selbst zu tragen. Diese **Kosten** werden tw. durch die Gebühren und Auslagen nach § 2a und durch die der BA nach § 16 V zufließenden Geldbußen gedeckt. 3

§ 17a Befugnisse der Behörden der Zollverwaltung

Die §§ 2, 3 bis 6 und 14 bis 20, 22, 23 des Schwarzarbeitsbekämpfungsgesetzes sind entsprechend anzuwenden mit der Maßgabe, dass die dort genannten Behörden auch Einsicht in Arbeitsverträge, Niederschriften nach § 2 des Nachweisgesetzes und andere Geschäftsunterlagen nehmen können, die mittelbar oder unmittelbar Auskunft über die Einhaltung der Arbeitsbedingungen nach § 8 Absatz 5 geben.

§ 17b Meldepflicht

(1) [1] Überlässt ein Verleiher mit Sitz im Ausland einen Leiharbeitnehmer zur Arbeitsleistung einem Entleiher, hat der Entleiher, sofern eine Rechtsverordnung nach § 3a auf das Arbeitsverhältnis Anwendung findet, vor Beginn jeder Überlassung der zuständigen Behörde der Zollverwaltung eine schriftliche Anmeldung in deutscher Sprache mit folgenden Angaben zuzuleiten:
1. Familienname, Vornamen und Geburtsdatum des überlassenen Leiharbeitnehmers,
2. Beginn und Dauer der Überlassung,
3. Ort der Beschäftigung,
4. Ort im Inland, an dem die nach § 17c erforderlichen Unterlagen bereitgehalten werden,
5. Familienname, Vornamen und Anschrift in Deutschland eines oder einer Zustellungsbevollmächtigten des Verleihers,
6. Branche, in die die Leiharbeitnehmer überlassen werden sollen, und
7. Familienname, Vornamen oder Firma sowie Anschrift des Verleihers.

[2] Änderungen bezüglich dieser Angaben hat der Entleiher unverzüglich zu melden.

(2) Der Entleiher hat der Anmeldung eine Versicherung des Verleihers beizufügen, dass dieser seine Verpflichtungen nach § 8 Absatz 5 einhält.

(3) Das Bundesministerium der Finanzen kann durch Rechtsverordnung im Einvernehmen mit dem Bundesministerium für Arbeit und Soziales ohne Zustimmung des Bundesrates bestimmen,
1. dass, auf welche Weise und unter welchen technischen und organisatorischen Voraussetzungen eine Anmeldung, Änderungsmeldung und Versicherung abweichend von den Absätzen 1 und 2 elektronisch übermittelt werden kann,
2. unter welchen Voraussetzungen eine Änderungsmeldung ausnahmsweise entfallen kann und
3. wie das Meldeverfahren vereinfacht oder abgewandelt werden kann.

(4) Das Bundesministerium der Finanzen kann durch Rechtsverordnung ohne Zustimmung des Bundesrates die zuständige Behörde nach Absatz 1 Satz 1 bestimmen.

§ 17c Erstellen und Bereithalten von Dokumenten

(1) Sofern eine Rechtsverordnung nach § 3a auf ein Arbeitsverhältnis Anwendung findet, ist der Entleiher verpflichtet, Beginn, Ende und Dauer der täglichen Arbeitszeit des Leiharbeitnehmers spätestens bis zum Ablauf des siebten auf den Tag der Arbeitsleistung folgenden Kalendertages aufzuzeichnen und diese Aufzeichnungen mindestens zwei Jahre beginnend ab dem für die Aufzeichnung maßgeblichen Zeitpunkt aufzubewahren.

(2) [1] Jeder Verleiher ist verpflichtet, die für die Kontrolle der Einhaltung einer Rechtsverordnung nach § 3a erforderlichen Unterlagen im Inland für die gesamte Dauer der tatsächlichen Beschäftigung des Leiharbeitnehmers im Geltungsbereich dieses Gesetzes, insgesamt jedoch nicht länger als zwei Jahre, in deutscher Sprache bereitzuhalten. [2] Auf Verlangen der Prüfbehörde sind die Unterlagen auch am Ort der Beschäftigung bereitzuhalten.

§ 18 Zusammenarbeit mit anderen Behörden

(1) Zur Verfolgung und Ahndung der Ordnungswidrigkeiten nach § 16 arbeiten die Bundesagentur für Arbeit und die Behörden der Zollverwaltung insbesondere mit folgenden Behörden zusammen:
1. den Trägern der Krankenversicherung als Einzugsstellen für die Sozialversicherungsbeiträge,
2. den in § 71 des Aufenthaltsgesetzes genannten Behörden,
3. den Finanzbehörden,
4. den nach Landesrecht für die Verfolgung und Ahndung von Ordnungswidrigkeiten nach dem Schwarzarbeitsbekämpfungsgesetz zuständigen Behörden,

5. den Trägern der Unfallversicherung,
6. den für den Arbeitsschutz zuständigen Landesbehörden,
7. den Rentenversicherungsträgern,
8. den Trägern der Sozialhilfe.

(2) Ergeben sich für die Bundesagentur für Arbeit oder die Behörden der Zollverwaltung bei der Durchführung dieses Gesetzes im Einzelfall konkrete Anhaltspunkte für
1. Verstöße gegen das Schwarzarbeitsbekämpfungsgesetz,
2. eine Beschäftigung oder Tätigkeit von Ausländern ohne erforderlichen Aufenthaltstitel nach § 4 Abs. 3 des Aufenthaltsgesetzes, eine Aufenthaltsgestattung oder eine Duldung, die zur Ausübung der Beschäftigung berechtigen, oder eine Genehmigung nach § 284 Abs. 1 des Dritten Buches Sozialgesetzbuch,
3. Verstöße gegen die Mitwirkungspflicht nach § 60 Abs. 1 Satz 1 Nr. 2 des Ersten Buches Sozialgesetzbuch gegenüber einer Dienststelle der Bundesagentur für Arbeit, einem Träger der gesetzlichen Kranken-, Pflege-, Unfall- oder Rentenversicherung oder einem Träger der Sozialhilfe oder gegen die Meldepflicht nach § 8a des Asylbewerberleistungsgesetzes,
4. Verstöße gegen die Vorschriften des Vierten und Siebten Buches Sozialgesetzbuch über die Verpflichtung zur Zahlung von Sozialversicherungsbeiträgen, soweit sie im Zusammenhang mit den in den Nummern 1 bis 3 genannten Verstößen sowie mit Arbeitnehmerüberlassung entgegen § 1 stehen,
5. Verstöße gegen die Steuergesetze,
6. Verstöße gegen das Aufenthaltsgesetz,

unterrichten sie die für die Verfolgung und Ahndung zuständigen Behörden, die Träger der Sozialhilfe sowie die Behörden nach § 71 des Aufenthaltsgesetzes.

(3) [1]In Strafsachen, die Straftaten nach den §§ 15 und 15a zum Gegenstand haben, sind der Bundesagentur für Arbeit und den Behörden der Zollverwaltung zur Verfolgung von Ordnungswidrigkeiten
1. bei Einleitung des Strafverfahrens die Personendaten des Beschuldigten, der Straftatbestand, die Tatzeit und der Tatort,
2. im Falle der Erhebung der öffentlichen Klage die das Verfahren abschließende Entscheidung mit Begründung

zu übermitteln. [2]Ist mit der in Nummer 2 genannten Entscheidung ein Rechtsmittel verworfen worden oder wird darin auf die angefochtene Entscheidung Bezug genommen, so ist auch die angefochtene Entscheidung zu übermitteln. [3]Die Übermittlung veranlaßt die Strafvollstreckungs- oder die Strafverfolgungsbehörde. [4]Eine Verwendung
1. der Daten der Arbeitnehmer für Maßnahmen zu ihren Gunsten,
2. der Daten des Arbeitgebers zur Besetzung seiner offenen Arbeitsplätze, die im Zusammenhang mit dem Strafverfahren bekanntgeworden sind,
3. der in den Nummern 1 und 2 genannten Daten für Entscheidungen über die Einstellung oder Rückforderung von Leistungen der Bundesagentur für Arbeit

ist zulässig.

(4) (*aufgehoben*)

(5) Die Behörden der Zollverwaltung unterrichten die zuständigen örtlichen Landesfinanzbehörden über den Inhalt von Meldungen nach § 17b.

(6) [1]Die Behörden der Zollverwaltung und die übrigen in § 2 des Schwarzarbeitsbekämpfungsgesetzes genannten Behörden dürfen nach Maßgabe der jeweils einschlägigen datenschutzrechtlichen Bestimmungen auch mit Behörden anderer Vertragsstaaten des Abkommens über den Europäischen Wirtschaftsraum zusammenarbeiten, die dem § 17 Absatz 2 entsprechende Aufgaben durchführen oder für die Bekämpfung illegaler Beschäftigung zuständig sind oder Auskünfte geben können, ob ein Arbeitgeber seine Verpflichtungen nach § 8 Absatz 5 erfüllt. [2]Die Regelungen über die internationale Rechtshilfe in Strafsachen bleiben hiervon unberührt.

1 **1. Allgemeines.** § 18 verbessert das Instrumentarium zur Bekämpfung der illegalen Beschäftigung, indem zu einer effektiven Verfolgung und Ahndung von Verstößen die Zusammenarbeit der zuständigen Behörden koordiniert und verstärkt wird. Die – nicht abschl. – Regelung des Abs. 1 normiert das Gebot einer Zusammenarbeit mit den wichtigsten Behörden (SH/*Hamann* Rn. 9).

2 Nach Abs. 1 besteht für die BA und die Behörden der Zollverwaltung eine **Rechtspflicht zur Zusammenarbeit** mit den in Nr. 1 bis 8 genannten Behörden bei der Verfolgung und Ahndung der Ordnungswidrigkeiten nach § 16. Sobald konkrete Anhaltspunkte für eine solche Ordnungswidrigkeit vorliegen, müssen die Verwaltungsbehörden sowie die anderen aufgeführten Behörden und Einrichtungen – soweit die für sie jeweils einschlägigen Gesetze keine eigene Verpflichtung enthalten – dieser Pflicht nachkommen (*Becker/Wulfgramm* Rn. 3).

150. Berufsbildungsgesetz (BBiG)

Vom 23. März 2005 (BGBl. I S. 931)

Geänd. durch Gesetz vom 17. Juli 2017 (BGBl. I S. 2581)*

(FNA 806-22)

– Auszug –

Teil 1. Allgemeine Vorschriften

§ 1 Ziele und Begriffe der Berufsbildung

(1) Berufsbildung im Sinne dieses Gesetzes sind die Berufsausbildungsvorbereitung, die Berufsausbildung, die berufliche Fortbildung und die berufliche Umschulung.

(2) Die Berufsausbildungsvorbereitung dient dem Ziel, durch die Vermittlung von Grundlagen für den Erwerb beruflicher Handlungsfähigkeit an eine Berufsausbildung in einem anerkannten Ausbildungsberuf heranzuführen.

(3) [1] Die Berufsausbildung hat die für die Ausübung einer qualifizierten beruflichen Tätigkeit in einer sich wandelnden Arbeitswelt notwendigen beruflichen Fertigkeiten, Kenntnisse und Fähigkeiten (berufliche Handlungsfähigkeit) in einem geordneten Ausbildungsgang zu vermitteln. [2] Sie hat ferner den Erwerb der erforderlichen Berufserfahrungen zu ermöglichen.

(4) Die berufliche Fortbildung soll es ermöglichen, die berufliche Handlungsfähigkeit zu erhalten und anzupassen oder zu erweitern und beruflich aufzusteigen.

(5) Die berufliche Umschulung soll zu einer anderen beruflichen Tätigkeit befähigen.

1 **1. Berufsbildung (Abs. 1).** Der Begriff des Berufs entspricht dem des Art. 12 GG. Berufsbildung umfasst die Berufsausbildungsvorbereitung, die Berufsausbildung, die berufl. Fortbildung und die berufl. Umschulung.

2 **2. Berufsausbildungsvorbereitung (Abs. 2).** Personen mit einem verringerten Entwicklungsstand (Lernbeeinträchtigte oder sozial Benachteiligte), die eine reguläre Ausbildung voraussichtl. nicht erfolgreich abschl. könnten, soll die Gelegenheit gegeben werden, bislang fehlende Kenntnisse und Fähigkeiten zu erwerben (*Natzel* DB 2003, 719). Dazu sollen insb. „Grdl. für den Erwerb berufl. Handlungsfähigkeit" geschaffen werden (dazu *Opolony* BB 2005, 1050), die in inhaltl. abgegrenzten Lerneinheiten unter sozialpädagogischer Betreuung vermittelt werden. Werden diese Maßnahmen nicht als öffentl. geförderte Maßnahmen ausgestaltet, die idR in einem ör. Leistungsverhältnis zur BA erbracht werden, sondern v. Betrieben durchgeführt, stehen die zust. Stellen als Berater zur Vfg. und überwachen die Durchführung. Das Rechtsverhältnis kann als ein Qualifizierungsverhältnis eigener Art (*Natzel* DB 2003, 720), ausgestaltet werden. Die Berufsausbildungsvorbereitung kann auch als (finanziell geförderte) Einstiegsqualifizierung gem. § 54a I, II Nr. 1 SGB III durchgeführt werden.

3 **3. Ausbildung, Fortbildung, Umschulung (Abs. 3 bis 5).** Zur **betriebl. Berufsbildung** zählen alle Maßnahmen, die dem AN gezielt Kenntnisse und Erfahrungen vermitteln, die er berufl. benötigt, einschl. Verträgen mit dem Inhalt des § 26 (BAG 4.12.1990 NZA 1991, 388). Betriebl. Berufsbildung liegt auch dann noch vor, wenn überbetriebl. Ausbildungsstätten die berufspraktische Ausbildung vermitteln (BAG 26.1.1994 NZA 1995, 120; 24.2.1999 NZA 1999, 557). Der in § 98 BetrVG verwandte Berufsbildungsbegriff ist somit weiter als der des § 1 (*Oetker,* Die Mitbestimmung der BR- und PR bei der Durchführung v. Berufsbildungsmaßnahmen, 1986 S. 80 ff.); das Gleiche gilt für § 5 I 1 ArbGG (BAG 21.5.1997 NZA 1997, 1013; 24.9.2002 BeckRS 2002, 30283918; 27.9.2006 BeckRS 2006, 44621.

4 Die **Berufsausbildung** wird v. G grds. als Erstausbildung im Anschluss an die Vollzeitschulpflicht verstanden BAG 12.2.2013 NZA 2014, 31; BSG 27.7.2011 BeckRS 2011, 77193; Lakies/*Malottke* Rn. 7 ff.), sie kann aber auch einer ersten Berufsausbildung nachfolgen (BAG 3.6.1987 NZA 1988, 66). In der **beruflichen Grundbildung** sind Grundkenntnisse, Grundfertigkeiten und Verhaltensweisen zu vermitteln, die für möglichst viele Tätigkeiten notwendig sind (BAG 21.8.2012 NZA 2012, 1428). Dies geschieht idR im dualen System, also einer parallel im Betrieb und der Berufsschule stattfindenden

* Die Kommentierung ist auf dem Stand der Gesetzgebung v. 1.1.2018. Für die Rechtslage bis 31.12.2017 ist auf die Voraufl. zu verweisen. Gesetzesänderungen nach dem 1.1.2018 werden in Folgeauflagen berücksichtigt.

Ausbildung; für einzelne Berufsfelder kann das erste Ausbildungsjahr allerdings als rein schulisches Berufsgrundbildungsjahr gestaltet werden. Die für eine qualifizierte berufl. Tätigkeit notwendigen **beruflichen Fertigkeiten, Kenntnisse und Fähigkeiten** bauen auf der Grundbildung auf. Dieser Ausbildungsabschn. bezweckt die fachl. Spezialisierung in theoretischen und praktischen Anforderungen des angestrebten Berufsfeldes. Die Berufsausbildung hat, der Ausbildungsordnung entspr., in einem geordneten Ausbildungsgang (§ 4) zu erfolgen. Entspricht eine Berufsausbildung den Anforderungen des Abs. 3, so darf auch in einem nicht anerkannten Ausbildungsgang ausgebildet werden, für Jugendl. unter 18 Jahren gilt jedoch § 4 III. Der **Erwerb der erforderlichen Berufserfahrung** nach § 1 III 2 setzt voraus, dass eine praktische Einführung in den Arbeitsprozess ermöglicht wird. Dafür muss der Auszubildende schrittweise in den Arbeitsprozess einbezogen werden. Weiter ist eine tatsächl. aktive Ausbildung erforderl., an der es bei erhebl. Fehlzeiten fehlen kann (OVG NW 31.5.2016 BeckRS 2016, 47697).

5 Die **berufliche Fortbildung** (§§ 53 ff.) dient der Anpassung vorhandener berufl. Kenntnisse an den technischen Wandel und andere Veränd. der Arbeitsumwelt; sie setzt daher eine bereits abgeschlossene Ausbildung (BAG 29.4.2015 BeckRS 2015, 71693) oder langjährige berufliche Tätigkeit voraus (LAG M 19.11.2013 BeckRS 2014, 71907). Eingliederungsverhältnisse zählen dazu nicht. Maßnahmen zur Erleichterung des berufl. Aufstiegs (Weiterbildung gem. § 180 II Nr. 1 SGB III) sind jedoch erfasst. Die **berufliche Umschulung** soll Voraussetzungen für den Übergang in eine andere berufl. Tätigkeit schaffen (§§ 58 ff.). Dies kann, muss aber nicht als ArbVerh. ausgestaltet werden (BAG 19.1.2006 NZA 2007, 97), je nach den vertragl. Vereinb. Wird die Umschulung im Rahmen eines Arbeitsvertrages durchgeführt, gelten die arbeitsrechtl. Bestimmungen; bei Vereinb. eines isolierten Berufsbildungsvertrages, der kein ArbVerh. ist, ist die Formvorschrift des § 623 BGB auch nicht entspr. anwendbar. Anders als beim ArbVerh. steht bei der isolierten Umschulung der Ausbildungszweck und nicht die Arbeitsleistung im Vordergrund (BAG 12.2.2013 NZA 2014, 31; *Matties* RdA 2007, 135, 141); anders als bei der berufl. Fortbildung geht es um eine berufl. Neuorientierung, nicht um eine Verbreiterung bestehender Kenntnisse im bisherigen Berufsfeld. Isolierte Umschulungsverträge sind mithin weder ArbVerh., noch sind die Vorschr. über Berufsausbildungsverhältnisse auf sie anwendbar (BAG 19.1.2006 NZA 2007, 97; 12.2.2013 NZA 2014, 31; **aA** *Leinemann/Taubert* Rn. 66 ff.). Dennoch kann das Rechtsverhältnis nur eingeschränkt aus wichtigem Grund gem. § 626 BGB gekündigt werden (BAG 15.3.1991 NZA 1992, 452). Eine Umschulung setzt nicht notwendigerweise eine vorherige Ausbildung des Umzuschulenden voraus, eine vorherige Berufstätigkeit genügt (BMMS/*Stück* Rn. 66; Lakies/*Malottke* Rn. 38). Die unmittelbar im Anschluss an eine Ausbildung erfolgte weitere Ausbildung ist Zweitausbildung, nicht Umschulung (BAG 3.6.1987 NZA 1988, 66).

§ 2 Lernorte der Berufsbildung

(1) **Berufsbildung wird durchgeführt**

1. **in Betrieben der Wirtschaft, in vergleichbaren Einrichtungen außerhalb der Wirtschaft, insbesondere des öffentlichen Dienstes, der Angehörigen freier Berufe und in Haushalten (betriebliche Berufsbildung),**
2. **in berufsbildenden Schulen (schulische Berufsbildung) und**
3. **in sonstigen Berufsbildungseinrichtungen außerhalb der schulischen und betrieblichen Berufsbildung (außerbetriebliche Berufsbildung).**

(2) **Die Lernorte nach Absatz 1 wirken bei der Durchführung der Berufsbildung zusammen (Lernortkooperation).**

(3) [1]**Teile der Berufsausbildung können im Ausland durchgeführt werden, wenn dies dem Ausbildungsziel dient.** [2]**Ihre Gesamtdauer soll ein Viertel der in der Ausbildungsordnung festgelegten Ausbildungsdauer nicht überschreiten.**

1 **1. Berufsbildungsstätten (Abs. 1).** Die **betriebl. Berufsbildung** findet vorrangig in Betrieben der Wirtschaft statt. Vergleichbar ist die Ausbildung im öffentl. Dienst bei Behörden, Körperschaften, Anstalten und Stiftungen des öffentl. Rechts etc. Ausbildungsstätte im öffentl. Dienst ist die Ausbildungsdienststelle als organisatorische Einheit; kurzzeitige Ausbildungsmaßnahmen in anderen Dienststellen verändern die Eingliederung nicht (BVerwG 11.9.2007 NZA-RR 2008, 110). Weitere Lernorte bilden die freien Berufe (RAe, Ärzte, Architekten, Steuerberater, Wirtschaftsprüfer etc.) und Haushalte; die Aufzählung ist nicht abschl. Zur Definition der **berufsbildenden Schulen** verweist die Norm auf die Schulgesetze der Länder. Zu ihren Aufgaben zählt auch die Durchführung des Berufsgrundbildungsjahres iSd. § 7. **Sonstige Berufsbildungseinrichtungen** sind zB Behinderten- und Umschulungswerkstätten, Berufsförderungswerke und Rehabilitationszentren, aber auch reine Ausbildungsbetriebe (BAG 24.2.1999 NZA 1999, 557; 15.11.2000 NZA 2001, 1248). Auch in Strafvollzugsanstalten ist eine Berufsausbildung möglich.

2. Lernortkooperation und Auslandsaufenthalt (Abs. 2, 3). Die an der Ausbildung jeweils beteiligten theoretischen und praktischen Lernorte sind zur Kooperation, dh. aufeinander abgestimmten Ausbildung verpflichtet (Abs. 2). Den Schulen können allerdings durch das BBiG schon mangels entspr. Gesetzgebungskompetenz keine konkreten Pflichten auferlegt werden. Tw. kann die Ausbildung, sofern dies sachdienl. ist, im Ausland durchgeführt werden (Abs. 3). Dies setzt das Einverständnis beider Vertragsparteien voraus (*Stück* NZA 2005, 1393); zur Übernahme der zusätzl. Kosten ist der Ausbildende ges. nicht verpflichtet (Lakies/*Malottke* Rn. 17); tw. wird ein Aufwendungsersatzanspruch befürwortet (*Stück* PERSONAL 2011, 48). Die reguläre Vergütung (§ 17) ist weiterzuzahlen, sofern der Auslandsaufenthalt als Bestandteil der Ausbildung gestaltet wird. Früher konnte der Auszubildende allerdings auch zwecks Auslandsausbildung v. seinem inländischen Ausbilder freigestellt werden, mit nachf. Entsch. der zust. Stelle über eine Anrechnung der im Ausland verbrachten Zeit (BT-Drs. 15/3980 S. 108; *Lakies* Berufsausbildung Rn. 8). Im Rahmen dieser Konstruktion bestand kein Anspruch auf Ausbildungsvergütung im inländischen Ausbildungsverhältnis. Dies dürfte wegen der Gleichstellung mit inländischen Ausbildungsmaßnahmen außerhalb der Ausbildungsstätte nunmehr gegen §§ 15 S. 2, 19 I Nr. 1 verstoßen (*Hartwich*, NZA 2011, 1267, 1268). Dem Ausbildungsziel „dienen" wird der Auslandsaufenthalt, sofern die dabei vermittelten Inhalte dem anderenfalls im Inland absolvierten Programm entsprechen und dabei Zusatzkompetenzen (Sprachkenntnisse) erworben werden können. Generell soll der Auslandsaufenthalt die Gesamtdauer v. einem Viertel der regulären Ausbildungszeit nicht überschreiten; ausnahmsweise zulässige Verkürzungen oder Verlängerungen der vorgesehenen Ausbildungszeit sind unerhebl. (*Opolony* BB 2005, 1050, 1051). Der Auslandsaufenthalt kann mithin bei regulär 3-jähriger Ausbildungszeit bis zu neun Monate umfassen. Sie müssen nicht zeitl. zusammenhängend genommen werden, doch entspricht dies der Dauer der Europ. Berufsbildungsprogramme, deren Inanspruchnahme durch § 2 gefördert werden soll. 2

§ 3 Anwendungsbereich

(1) Dieses Gesetz gilt für die Berufsbildung, soweit sie nicht in berufsbildenden Schulen durchgeführt wird, die den Schulgesetzen der Länder unterstehen.

(2) Dieses Gesetz gilt nicht für

1. **die Berufsbildung, die in berufsqualifizierenden oder vergleichbaren Studiengängen an Hochschulen auf der Grundlage des Hochschulrahmengesetzes und der Hochschulgesetze der Länder durchgeführt wird,**
2. **die Berufsbildung in einem öffentlich-rechtlichen Dienstverhältnis,**
3. **die Berufsbildung auf Kauffahrteischiffen, die nach dem Flaggenrechtsgesetz die Bundesflagge führen, soweit es sich nicht um Schiffe der kleinen Hochseefischerei oder der Küstenfischerei handelt.**

(3) Für die Berufsbildung in Berufen der Handwerksordnung gelten die §§ 4 bis 9, 27 bis 49, 53 bis 70, 76 bis 80 sowie 102 nicht; insoweit gilt die Handwerksordnung.

Nach **Abs. 1** gilt das G für die Berufsbildung iSd. § 1, mit Ausnahme der in berufsbildenden Schulen betriebenen, sofern sie den Schulgesetzen der Länder unterstehen. Damit wird der Kulturhoheit der Länder gem. Art. 30, 70 GG entsprochen. Darunter fallen va. schulische Ausbildungen, die aus dem betriebl. Geschehen vollkommen ausgegliedert sind, wie zB die Berufsschulen und Fachschulen (ausf. HBS/*Baumstümmler* Rn. 7 ff.), einschließl. etwaiger Betriebspraktika (*Orlowski* RdA 2009, 38, 39). 1

Das G gilt nach Abs. 2 Nr. 1 ausdr. nicht für Berufsbildung durch berufsqualifizierende **Studiengänge an Hochschulen** auf der Rechtsgrdl. des HRG oder des Landeshochschulrechts (*Brecht-Heitzmann* RdA 2008, 276, 27 f.; *Koch-Rust/Rosentreter* NJW 2009, 3005, 3006). Eingeschlossen sind staatl. anerkannte private Hochschulen. Damit soll ein Missverständnisdes weiten Begriffs der Berufsbildung in § 1 ausgeschlossen werden (BAG 16.10.2002 BeckRS 2003, 40323; LAG HM 13.10.2006 NZA-RR 2007, 97; LAG BW 15.2.2007 BeckRS 2009, 63622). Seit das Ausbildungsziel an Hochschulen den Erwerb berufl. Handlungsfähigkeit mit einschl., schien ein ausdr. Hinweis geboten. Studienbegleitende Praktika werden v. BBiG nicht geregelt (BAG 19.6.1974 BeckRS 9998, 148582; 18.11.2008 NZA 2009, 435); dasselbe gilt für Studiengänge mit regelm. Praxisphasen. Auch auf **duale Studiengänge** (*Brecht-Heitzmann* AuR 2009, 389), in denen Hochschule und Betrieb aufeinander bezogene Ausbildungen vornehmen, ist das G unanwendbar in Praxisphasen eines „kooperativen Studiums" für die vereinbarte betriebl. Tätigkeit während der vorlesungsfreien Zeit (LAG HM 13.10.2006 NZA-RR 2007, 97; LAG HE 5.6.2009 BeckRS 2011, 71637). In diesen Fällen wird ein Studium mit einem Praxisanteil in einem Kooperationsunternehmen absolviert; ein Mindestlohnanspruch gilt nicht (§ 22 MiLoG Rn. 3). Duale Studiengänge, in denen ein Studium zwar zeitl. parallel zu einer Berufsausbildung oder ihr nachf. stattfinden kann, ohne jedoch inhaltl. in die Ausbildung integriert zu sein, können für den praktischen Teil ein Ausbildungsverhältnis begründen (BAG 25.7.2002 BeckRS 2003, 40074; vgl. auch *Wohlgemuth* AuR 2009, 428; *Kleinebrink* ArbRB 2011, 58), das dem BBiG unterliegt. Während der Studienphase liegt kein Ausbildungsverhältnis mehr vor. Sie 2 pflegt ledigl. durch Rückzahlungpflichten vertragl. mit der Ausbildung verbunden zu sein (BAG 27.7.2010 BeckRS 2010, 71531).

2a Weiter gilt das G nicht für die Berufsbildung in einem **ör. Dienstverhältnis** (Nr. 2) (Beamte, Richter und Soldaten, Dienstanfänger in einem ör. Ausbildungsverhältnis (Lakies/*Malottke* Rn. 18). Maßgebl. ist der staatsrechtl. Beamtenbegriff; privatrechtl. Berufsausbildungsverhältnisse des öffentl. Dienstes unterfallen dem BBiG. Nach **§ 3 II Nr. 3** gilt für die Ausbildung auf Kauffahrteischiffen nicht das BBiG, sondern das Seemannsrecht (*Knopp/Kraegeloh* Rn. 2). Für **Heil- und Heilhilfsberufe** gilt das BBiG nur, falls die Ausbildungen nicht durch Bundesrecht nach Art. 74 I Nr. 19 GG oder durch Landesrecht geregelt sind, wie zB § 22 KrPflG, § 28 AltPflG oder für die Ausbildung zur/m Hebamme/Entbindungspfleger (*Leinemann/Taubert* Rn. 18). Abgrenzungskriterium ist hier, ob die Ausbildung vorwiegend schulisch oder vorwiegend betriebl. geprägt ist; das BBiG findet nur letzterenfalls Anwendung (GmS-OGB 27.1.1983 NJW 1983, 2070).

3 Regelungen der **Berufsbildung im Handwerk (Abs. 3)** sind zT in der HandwO geregelt. Die HandwO findet auf die Berufsausbildung im zulassungspflichtigen und im zulassungsfreien Handwerk sowie im handwerksähnl. Gewerbe Anwendung (*Leinemann/Taubert* Rn. 15 f.). Die wichtigsten bes. geregelten Gegenstände bilden die Ordnung der Berufsbildung, die Eignung v. Ausbildungsstätten und -personal sowie Bestimmungen zum Verzeichnis der Berufsausbildungsverhältnisse („Lehrlingsrolle") und zum Prüfungswesen. Die arbeitsrechtl. Vorschr. zur Regelung der Berufsausbildung sind jedoch auch bei der Ausbildung im Handwerk anwendbar.

Teil 2. Berufsbildung

Kapitel 1. Berufsausbildung

Abschnitt 1. Ordnung der Berufsausbildung; Anerkennung von Ausbildungsberufen

§ 4 Anerkennung von Ausbildungsberufen

(1) **Als Grundlage für eine geordnete und einheitliche Berufsausbildung kann das Bundesministerium für Wirtschaft und Energie oder das sonst zuständige Fachministerium im Einvernehmen mit dem Bundesministerium für Bildung und Forschung durch Rechtsverordnung, die nicht der Zustimmung des Bundesrates bedarf, Ausbildungsberufe staatlich anerkennen und hierfür Ausbildungsordnungen nach § 5 erlassen.**

(2) **Für einen anerkannten Ausbildungsberuf darf nur nach der Ausbildungsordnung ausgebildet werden.**

(3) **In anderen als anerkannten Ausbildungsberufen dürfen Jugendliche unter 18 Jahren nicht ausgebildet werden, soweit die Berufsausbildung nicht auf den Besuch weiterführender Bildungsgänge vorbereitet.**

(4) **Wird die Ausbildungsordnung eines Ausbildungsberufes aufgehoben, so gelten für bestehende Berufsausbildungsverhältnisse die bisherigen Vorschriften.**

(5) **Das zuständige Fachministerium informiert die Länder frühzeitig über Neuordnungskonzepte und bezieht sie in die Abstimmung ein.**

1 Die Vorschr. ermöglicht die staatl. **Anerkennung von Ausbildungsberufen (Abs. 1 bis 3)** im Wege der RechtsVO, um damit Rechtssicherheit herzustellen. Eine Berufsausbildung ist grds. auch in nicht anerkannten Berufen mögl. Zust. für die Anerkennung können neben dem BMI noch weitere Fachministerien für einzelne Wirtschaftszweige sein. Dabei hat das BIBB ein Verzeichnis anerkannter Ausbildungsberufe zu führen und zu veröffentl. (auf der Internetseite des BIBB). Eine Ausbildungsordnung muss nicht zwingend erlassen werden, um einen bestimmten Beruf geordnet erlernen zu können. Besteht jedoch eine Ausbildungsordnung, muss die Ausbildung jugendl. und erwachsener Auszubildender bindend danach gestaltet werden, **Abs. 2.** Damit soll gewährleistet werden, dass die Ausbildung den Erfordernissen der berufl. Mobilität und Anpassungsfähigkeit tats. gerecht wird (vgl. BT-Drs. V/4260). Die Vereinb. eines bloßen Anlernvertrages, in dem nur Grundkenntnisse eines anerkannten Ausbildungsberufes vermittelt werden sollen, ist gem. § 134 BGB, § 4 II nichtig (BAG 27.7.2010 BeckRS 2010, 71531; **aA** *Benecke* NZA 2012, 646, 648). In nicht anerkannten Ausbildungsberufen dürfen Personen erst nach Vollendung des 18. Lebensjahres ausgebildet werden (LAG D 21.4.1988 EzB BBiG § 28 Nr. 10; SG Itzehoe 7.11.2000 NZS 2001, 160), es sei denn, die Berufsausbildung bereitet auf den Besuch weiterführender Bildungsgänge vor, **Abs. 3;** Bsp.: Praktika vor dem Besuch einer Hochschule. Abs. 3 ist Verbotsgesetz iSd. § 134 BGB (BAG 27.7.2010 BeckRS 2010, 71531); infolge der Nichtigkeit entsteht ein faktisches Arbeits- (nicht: Ausbildungs-)verhältnis (BAG 27.7.2010 BeckRS 2010, 71531; ArbG Osnabrück 27.3.2015 BeckRS 2015, 68247; *Opolony* Rn. 119)

denn die Beschäftigung Jugendlicher in nicht anerkannten Berufen bleibt zulässig (*Knigge AR-Blattei* SD 400.3 Rn. 120).

Die Anerkennung eines Ausbildungsberufs endet mit der **Aufhebung der Ausbildungsordnung (Abs. 4).** Zu diesem Zeitpunkt bereits bestehende Ausbildungsverhältnisse werden jedoch nach den bisherigen Vorschr. fortgesetzt und auch mit den entspr. Prüfungen abgeschlossen. Will der Auszubildende anges. der Aufhebung der Anerkennung in einen anderen Ausbildungsgang wechseln, bedarf es der Kündigung oder der einvernehml. Aufhebung des bestehenden Ausbildungsverhältnisses. 2

§ 5 Ausbildungsordnung

(1) Die Ausbildungsordnung hat festzulegen

1. die Bezeichnung des Ausbildungsberufes, der anerkannt wird,

2. die Ausbildungsdauer; sie soll nicht mehr als drei und nicht weniger als zwei Jahre betragen,

3. die beruflichen Fertigkeiten, Kenntnisse und Fähigkeiten, die mindestens Gegenstand der Berufsausbildung sind (Ausbildungsberufsbild),

4. eine Anleitung zur sachlichen und zeitlichen Gliederung der Vermittlung der beruflichen Fertigkeiten, Kenntnisse und Fähigkeiten (Ausbildungsrahmenplan),

5. die Prüfungsanforderungen.

(2) [1]Die Ausbildungsordnung kann vorsehen,

1. dass die Berufsausbildung in sachlich und zeitlich besonders gegliederten, aufeinander aufbauenden Stufen erfolgt; nach den einzelnen Stufen soll ein Ausbildungsabschluss vorgesehen werden, der sowohl zu einer qualifizierten beruflichen Tätigkeit im Sinne des § 1 Abs. 3 befähigt als auch die Fortsetzung der Berufsausbildung in weiteren Stufen ermöglicht (Stufenausbildung),

2. dass die Abschlussprüfung in zwei zeitlich auseinander fallenden Teilen durchgeführt wird,

3. dass abweichend von § 4 Abs. 4 die Berufsausbildung in diesem Ausbildungsberuf unter Anrechnung der bereits zurückgelegten Ausbildungszeit fortgesetzt werden kann, wenn die Vertragsparteien dies vereinbaren,

4. dass auf die durch die Ausbildungsordnung geregelte Berufsausbildung eine andere, einschlägige Berufsausbildung unter Berücksichtigung der hierbei erworbenen beruflichen Fertigkeiten, Kenntnisse und Fähigkeiten angerechnet werden kann,

5. dass über das in Absatz 1 Nr. 3 beschriebene Ausbildungsberufsbild hinaus zusätzliche berufliche Fertigkeiten, Kenntnisse und Fähigkeiten vermittelt werden können, die die berufliche Handlungsfähigkeit ergänzen oder erweitern,

6. dass Teile der Berufsausbildung in geeigneten Einrichtungen außerhalb der Ausbildungsstätte durchgeführt werden, wenn und soweit es die Berufsausbildung erfordert (überbetriebliche Berufsausbildung).

7. *(aufgehoben)*

[2]Im Rahmen der Ordnungsverfahren soll stets geprüft werden, ob Regelungen nach Nummer 1, 2 und 4 sinnvoll und möglich sind.

1. Zwingender Inhalt von Ausbildungsordnungen (Abs. 1). Abs. 1 legt den **Mindestinhalt** einer Ausbildungsordnung fest. Darüber hinausgehende Regelungen sind iRd. Art. 80 I GG möglich. Für jeden Ausbildungsberuf ist eine bes. **Bezeichnung** festzulegen, **Abs. 1 Nr. 1.** Bei Stufenausbildungen ist jede Stufe zu bezeichnen. Eine Berufsbezeichnung ist aber nicht schon allein deshalb geschützt, weil der Ausbildungsberuf staatl. anerkannt ist (VG Freiburg 31.5.1983 NVwZ 1984, 131). Bei der Festlegung der **Ausbildungsdauer** nach **Abs. 1 Nr. 2** ist entscheidend, in welchem Zeitraum ein durchschnittl. begabter und hauptschulisch vorgebildeter Auszubildender in einem durchschnittl. geeigneten Betrieb bei Vollzeitausbildung das Ausbildungsziel normalerweise erreicht. Die zeitl. Vorgabe ist Sollvorschrift, darf also ggf. über- oder unterschritten werden, wenn die zust. Stelle die Ausbildungszeit verkürzt oder verlängert. Nach **Abs. 1 Nr. 3 sind alle beruflichen Fertigkeiten, Kenntnisse und Fähigkeiten,** die Gegenstand der Berufsausbildung sind (Ausbildungsberufsbild), präzise, übersichtl. und vollständig aufzuführen. Der **Ausbildungsrahmenplan (Abs. 1 Nr. 4)** soll über die sachl. und zeitl. Gestaltung der Ausbildung Auskunft geben. Die Gliederung soll nach Ausbildungsjahren mit Zeitrahmen oder mit Zeitrichtwerten erfolgen. Dem folgt der betriebl. Ausbildungsplan, den der Ausbildende aufzustellen hat (§ 11 I 2 Nr. 1). Die nach **Abs. 1 Nr. 5** festzulegenden **Prüfungsanforderungen** dürfen nur grds. Art sein, um der gem. § 47 zu erlassenden Prüfungsordnung nicht vorzugreifen. 1

Die Vorschr. legt abschl. fest, welche zusätzl. Inhalte in Ausbildungsordnungen geregelt sein können. Die optionalen Inhalte gem. Abs. 2 S. 1 Nrn. 1, 2 und 4 sollen dort, wo sie sinnvoll sind, nach Möglichkeit vorgesehen werden, Abs. 2 S. 2. Die Möglichkeit einer Stufenausbildung soll einer besseren Grundausbildung dienen und der berufl. Anpassungsfähigkeit und Mobilität, den Begabungen der Auszubildenden sowie dem Bedarf der Wirtschaft an qualifizierten Fachkräften besser gerecht 2 werden: Jede Stufe soll mit einem Abschluss enden, der zu einer qualifizierten berufl. Tätigkeit befähigt.

3 **2. Weitergehender Inhalt von Ausbildungsordnungen (Abs. 2).** Die Stufenausbildung **(Nr. 1)** bleibt nach wie vor zulässig. Der Ausbildungsvertrag kann jedoch nicht mehr als Kurzvertrag vereinbart werden, der sich nur auf eine einzelne Stufe bezieht, sondern das Ausbildungsverhältnis endet gem. § 21 I 2 erst mit Ablauf der letzten Stufe (LAG SH 20.10.2016 BeckRS 2016, 74935 ; *Lakies* Berufsausbildung Rn. 41). Dennoch muss jede Stufe mit einem eigenen berufsqualifizierenden Abschluss enden (*Taubert* NZA 2005, 503, 505). Die **gestreckte Abschlussprüfung (Nr. 2)** kann zugelassen werden. In diesem Falle ersetzt der erste Prüfungsteil die sonst obligatorische Zwischenprüfung. Dabei muss die Prüfungsordnung alle erforderl. Einzelheiten, insb. Ausbildungsinhalte und Prüfungsgegenstände des ersten Teils, gesondert festlegen. Auf bes. Vereinb. kann v. **§ 4 IV abgewichen** werden **(Nr. 3).** Den Parteien des Ausbildungsvertrages wird dadurch die Möglichkeit gegeben, eine etwa erlassene neue Ausbildungsordnung der weiteren Ausbildung zugrunde zu legen. Die unter Geltung der aufgeh. Ausbildungsordnung bereits zurückgelegte Ausbildungszeit ist zwgd. anzurechnen. Die Befugnis zur **Anrechnung anderweitig erworbener beruflicher Kenntnisse (Nr. 4)** lässt in der Ausbildungsordnung die Möglichkeit offen, einschlägige Berufsausbildungen mit dem Ziel der Verkürzung der Ausbildungsdauer anzurechnen. Da nicht eine „abgeschlossene" Berufsausbildung verlangt wird, genügen auch bloße Ausbildungszeiten in einem – fachl. einschlägigen – Ausbildungsberuf. Die Einbeziehung weiterer Kompetenzen **(Nr. 5)** kann eine breitere Einsetzbarkeit auf dem Arbeitsmarkt fördern, da sie über den Mindestinhalt des jeweiligen Ausbildungsberufes hinausgehen. Werden sie angeboten, müssen sie entspr. gesondert bescheinigt und geprüft werden.

4 Die überbetriebl. Berufsausbildung **(Nr. 6)** wird legal definiert. Die Vorschr. ermöglicht es, die Berufsausbildung tw. außerhalb der Ausbildungsstätte in geeigneten Einrichtungen vorzunehmen. Die Ausbildung in einer außerbetriebl. Einrichtung ist vertragl. festzulegen, der Auszubildende muss für die Teilnahme freigestellt werden und ihm ist während dieser Zeit die Vergütung weiterzuzahlen. Die außerbetriebl. Ausbildung dient der Erg. der betriebl. Ausbildung. Dem Auszubildenden sollen Inhalte vermittelt werden, die im Betrieb nur schwer oder gar nicht erlernbar sind, zB auf Grund mangelnder technischer Einrichtungen oder wegen bes. Spezialisierung. Auch die Ausbildung in überbetriebl. Ausbildungsstätten wird erfasst (*Knopp/Kraegeloh* Rn. 11). Deren Träger sind idR die zust. Stellen gem. §§ 71 ff., ggf. Gewerkschaften, AGVerbände, Berufsverbände oder Gemeinden. Auf die Ausbildung in einem Ausbildungsverbund soll § 5 II 1 Nr. 6 dagegen nicht anwendbar sein (Lakies/*Malottke* Rn. 41). Darunter versteht man das Zusammenwirken mehrerer Betriebe und Verw. zur gemeinsamen Ausbildung in anerkannten Ausbildungsberufen. Im Verbund kann die Ausbildung in anderen Betrieben überwiegen, solange der Ausbildende maßgebenden Einfluss auf die Durchführung der Ausbildung hat.

§ 6 Erprobung neuer Ausbildungsberufe, Ausbildungs- und Prüfungsformen

Zur Entwicklung und Erprobung neuer Ausbildungsberufe sowie Ausbildungs- und Prüfungsformen kann das Bundesministerium für Wirtschaft und Energie oder das sonst zuständige Fachministerium im Einvernehmen mit dem Bundesministerium für Bildung und Forschung nach Anhörung des Hauptausschusses des Bundesinstituts für Berufsbildung durch Rechtsverordnung, die nicht der Zustimmung des Bundesrates bedarf, Ausnahmen von § 4 Abs. 2 und 3 sowie den §§ 5, 37 und 48 zulassen, die auch auf eine bestimmte Art und Zahl von Ausbildungsstätten beschränkt werden können.

1 Die ErprobungsVO können neue Ausbildungsformen und Ausbildungsberufe oder neue Prüfungsformen vorsehen. Die Bestimmungen des BBiG, v. denen abgewichen werden darf, sind abschl. aufgezählt.

§ 7 Anrechnung beruflicher Vorbildung auf die Ausbildungszeit

(1) [1]Die Landesregierungen können nach Anhörung des Landesausschusses für Berufsbildung durch Rechtsverordnung bestimmen, dass der Besuch eines Bildungsganges berufsbildender Schulen oder die Berufsausbildung in einer sonstigen Einrichtung ganz oder teilweise auf die Ausbildungszeit angerechnet wird. [2]Die Ermächtigung kann durch Rechtsverordnung auf oberste Landesbehörden weiter übertragen werden.

(2) [1]Die Anrechnung nach Absatz 1 bedarf des gemeinsamen Antrags der Auszubildenden und Ausbildenden. [2]Der Antrag ist an die zuständige Stelle zu richten. [3]Er kann sich auf Teile des höchstzulässigen Anrechnungszeitraums beschränken.

Der Besuch berufsbildender Schulen (idR Berufsfachschulen) oder die Berufsausbildung in sonstigen Einrichtungen (außerbetriebl. Ausbildungswerkstätten, Berufsbildungswerke, Rehabilitationszentren usw.) können auf eine anschließende Berufsausbildung **angerechnet werden, Abs. 1.** Die Anrechnung wird durch RechtsVO bestimmt, deren Erl. in die Zust. der Länder fällt. Zust. sind die LReg., die Kompetenz kann auf oberste Landesbehörden delegiert werden (Abs. 1 S. 2). Unter „Anrechnung" ist zu verstehen, dass die Ausbildungszeit als durch die angerechneten Zeiten zurückgelegt anzusehen ist. Das kommt in Betracht, wenn die zurückgelegten Vorbildungszeiten den Inhalt der angestrebten Ausbildung im zeitl. Umf. der Ausbildungsordnung entspr. vermitteln. Die anzurechnende Zeit ist für die Berechnung der Ausbildungszeit und vergütungsmäßig als verbrachte Ausbildungszeit zu werten (BAG 22.9.1982 DB 1983, 51; 8.12.1982 NJW 1983, 1629). 1

Die Anrechnung bedarf des **gemeinsamen Antrags** der Vertragsparteien des Ausbildungsvertrages **(Abs. 2)**, da die Anrechnung die Ausbildungsdauer, und damit die vereinbarte Vertragslaufzeit, entspr. verkürzt. Den Vertragsparteien ist eine flexible Gestaltung des Ausbildungsvertrages möglich, da sie nicht den gesamten, nach der RechtsVO gem. Abs. 1 höchstzulässigen Anrechnungszeitraum beanspruchen müssen, sondern auch eine Teilanrechnung verlangen können. Ein Ermessens- oder Beurteilungsspielraum bei der Bescheidung des gemeinsamen Antrags ist der zust. Stelle nicht eingeräumt. Sie hat vielmehr dem Antrag zu entsprechen, sofern die RechtsVO gem. Abs. 1 erlassen worden ist. 2

§ 8 Abkürzung und Verlängerung der Ausbildungszeit

(1) [1] **Auf gemeinsamen Antrag der Auszubildenden und Ausbildenden hat die zuständige Stelle die Ausbildungszeit zu kürzen, wenn zu erwarten ist, dass das Ausbildungsziel in der gekürzten Zeit erreicht wird.** [2] **Bei berechtigtem Interesse kann sich der Antrag auch auf die Verkürzung der täglichen oder wöchentlichen Ausbildungszeit richten (Teilzeitberufsausbildung).**

(2) [1] **In Ausnahmefällen kann die zuständige Stelle auf Antrag Auszubildender die Ausbildungszeit verlängern, wenn die Verlängerung erforderlich ist, um das Ausbildungsziel zu erreichen.** [2] **Vor der Entscheidung nach Satz 1 sind die Ausbildenden zu hören.**

(3) **Für die Entscheidung über die Verkürzung oder Verlängerung der Ausbildungszeit kann der Hauptausschuss des Bundesinstituts für Berufsbildung Richtlinien erlassen.**

Die Ausbildungszeit ist zu **kürzen (Abs. 1)**, wenn der Auszubildende in der gekürzten Zeit voraussichtl. das Ausbildungsziel erreicht. Die Verkürzung kann von beiden Parteien gemeinsam bei der zust. Stelle gem. § 71 beantragt werden. Die Verkürzung führt nicht zu einer fiktiven Vorverlegung des Ausbildungsbeginns mit der Folge eines früheren Anspruchs auf eine für spätere Abschn. vorgesehene höhere Ausbildungsvergütung (BAG 8.12.1982 NJW 1983, 1629). Dem Antrag ist stattzugeben, wenn die Erreichung des Ausbildungsziels in der gekürzten Zeit zu erwarten ist, wobei die Leistungen, die allg. oder berufl. Vorbildung, Erfahrungen aus berufl. Tätigkeit, Erg. aus Zwischenprüfungen etc. zu berücksichtigen sind. Die Verkürzung kann schon bei Vertragsabschluss oder im Laufe des Ausbildungsverhältnisses vereinbart und beantragt werden. Sie kann auch generell für Absolventen höherer schulischer Vorbildung erfolgen; zum Mitbestimmungsrecht des BR bei der Entsch., nur noch solche verkürzten Ausbildungsgänge anzubieten, BAG 24.8.2004 NZA 2005, 371. Die Verkürzung der Ausbildungszeit kann auf gemeinsamen Antrag auch in Gestalt einer TZAusbildung stattfinden (Abs. 1 S. 2), indem entweder die tägl. Ausbildung stundenweise, oder die wöchentl. tageweise entfällt. Die reguläre Ausbildungsdauer bleibt dabei erhalten, die tat. Ausbildungszeit wird verkürzt (*Notzon* öAT 2015, 199, 201). Der Auszubildende muss befähigt sein, das Ausbildungsziel dennoch zu erreichen (*Wohlgemuth* AuR 2005, 241, 242). Zweck dieser Regelung ist die Möglichkeit zur Beachtung „berechtigter Interessen" an der TZAusbildung, die insb. bei Belastung durch familiäre Pflichten (Betreuung v. Kindern oder pflegebedürftigen Angehörigen) gegeben sind; ein „dringendes" Interesse wird nicht vorausgesetzt. Auch Interessen auf Seiten des Ausbildenden können eine TZAusbildung rechtfertigen, etwa im Falle v. teilzeitbeschäftigten Ausbildern. Ein Anspruch des Interessierten, dass der Vertragspartner den Antrag unterstützt (Abs. 1 S. 1), besteht nicht; auch § 8 TzBfG kann dafür nicht herangezogen werden. 1

In Ausnahmefällen kann die Ausbildungszeit auf einseitigen Antrag des Auszubildenden auch **verlängert** werden **(Abs. 2)**, wenn dies erforderl. ist, um das Ausbildungsziel zu erreichen. Die Vorschr. enthält eine echte Ausnahmeregel, Verlängerungsgründe sind daher nur außergewöhnl., nicht alltägl. Fallgestaltungen, die die Ausbildung planwidrig erschwert haben (BAG 30.9.1998 NZA 1999, 434). In Betracht kommen krankheitsbedingte Fehlzeiten des Auszubildenden, die das Erreichen des Ausbildungsziels gefährden (VG Oldenburg 1.9.2011 BeckRS 2011, 55169), wenn die Verlängerung bei einzelfallbezogener Betrachtung erforderlich ist. Eine „Verlängerung" scheidet aus, wenn die erforderl. Verlängerungszeit unverhältnismäßig lang sein müsste, da der Auszubildende in der bisherigen Laufzeit tats. kaum an der Ausbildung teilgenommen hatte (VG Gießen 27.5.2009 BeckRS 2009, 35446). Da die Entsch. der zust. Stelle die Ausbildung unmittelbar verlängert, also den Ausbildungsvertrag umgestaltet, ist der Ausbildende zuvor zu hören (Abs. 2 S. 2). Die Entsch. über die Verlängerung ist 2 unabhängig davon, ob der Auszubildende oder der Ausbildende die Verzögerung zu vertreten haben. Hat der Ausbildende die Verzögerung zu vertreten, ist er dem Auszubildenden **schadensersatzpflichtig.** Zu ersetzen ist die Differenz zwischen der Ausbildungsvergütung und dem entgangenen Arbeitsentgelt, das der Auszubildende bei rechtzeitiger Beendigung der Ausbildung verdient hätte (BAG 10.6.1976 NJW 1977, 74). Ein etwaiges Mitverschulden des Auszubildenden ist nach § 254 BGB zu beachten, wenn dieser seinen Pflichten aus § 13 nicht nachgekommen ist. Wird die Ausbildungszeit verlängert, kann eine weitere Steigerung der Ausbildungsvergütung nach § 17 I 2 nicht verlangt werden (*Natzel* DB 1979, 1363). Zur Standardisierung der Entsch. über die Verkürzung – einschl. der Zulässigkeit v. TZAusbildungen – oder Verlängerung der Ausbildungszeit besteht eine Kompetenz des Hauptausschusses des BIBB zum Erl. v. **RL (Abs. 3).** Diese sind bindend für die Entsch. der zust. Stellen.

§ 9 Regelungsbefugnis

Soweit Vorschriften nicht bestehen, regelt die zuständige Stelle die Durchführung der Berufsausbildung im Rahmen dieses Gesetzes.

1 Wer als zust. Stelle zur Regelung befugt ist, ergibt sich aus den bes. Vorschr. für einzelne Wirtschafts- und Berufszweige, §§ 71 ff. Diese Stelle hat eine umfassende Befugnis zur Durchführung des Gesetzes, soweit nicht ausdr. eine andere Zust. angeordnet ist, zB §§ 4 I, 33. Eine **Regelung** durch die zust. Stelle kann abstrakt-generell, aber auch im Einzelfall durch VA erfolgen (Lakies/*Malottke* Rn. 8 f.; *Knopp/Kraegeloh* Rn. 4). Die Rechtsnorm wird als Satzungsrecht v. dem Berufsausbildungsausschuss der zust. Stelle erlassen und bedarf der Verkündung und, soweit vorgeschrieben, der Genehmigung der zust. obersten Landesbehörde (BVerfG 14.5.1986 NJW 1987, 427).

Abschnitt 2. Berufsausbildungsverhältnis

Unterabschnitt 1. Begründung des Ausbildungsverhältnisses

§ 10 Vertrag

(1) **Wer andere Personen zur Berufsausbildung einstellt (Ausbildende), hat mit dem Auszubildenden einen Berufsausbildungsvertrag zu schließen.**

(2) **Auf den Berufsausbildungsvertrag sind, soweit sich aus seinem Wesen und Zweck und aus diesem Gesetz nichts anderes ergibt, die für den Arbeitsvertrag geltenden Rechtsvorschriften und Rechtsgrundsätze anzuwenden.**

(3) **Schließen die gesetzlichen Vertreter oder Vertreterinnen mit ihrem Kind einen Berufsausbildungsvertrag, so sind sie von dem Verbot des § 181 des Bürgerlichen Gesetzbuchs befreit.**

(4) **Ein Mangel in der Berechtigung, Auszubildende einzustellen oder auszubilden, berührt die Wirksamkeit des Berufsausbildungsvertrages nicht.**

(5) **Zur Erfüllung der vertraglichen Verpflichtungen der Ausbildenden können mehrere natürliche oder juristische Personen in einem Ausbildungsverbund zusammenwirken, soweit die Verantwortlichkeit für die einzelnen Ausbildungsabschnitte sowie für die Ausbildungszeit insgesamt sichergestellt ist (Verbundausbildung).**

1 **1. Ausbildungsverhältnis. a) Geltungsbereich.** Die §§ 10 ff. gelten zwgd. nur für die Berufsausbildung; die berufl. Fortbildung bzw. Umschulung werden nicht erfasst. Besteht das Vertragsziel im Erwerb v. Kenntnissen, die über einen berufsqualifizierenden Abschluss hinausgehen, eine solche Berufsausbildung aber zur notwendigen Voraussetzung haben, sind die §§ 10 bis 25 auf den Zeitraum anwendbar, in dem die Berufsausbildung erfolgt (BAG 25.7.2002 BeckRS 2003, 40074).

2 **b) Vertragsparteien (Abs. 1).** Der Ausbildende hat mit dem Auszubildenden einen Berufsausbildungsvertrag abzuschließen, muss aber selbst nicht zugleich Ausbilder sein; die Ausbildungspflichten können auch ganz oder tw. auf andere Personen oder Einrichtungen übertragen werden (BAG 11.10.1995 NZA 1996, 698), zB auf einen Ausbildungsverbund. Eine Betriebsübertragung gem. § 613a I BGB bewirkt neben dem Übergang der ArbVerh. auch den der Ausbildungsverhältnisse auf den neuen Inhaber (BAG 13.7.2006 NZA 2006, 1406). **Ausbildender** ist der Betriebsinhaber bzw. die jur. Person, bei BGB-Gesellschaften, OHG oder KG die vertretungsberechtigten Gesellschafter. Eine Ansicht (*Weber* § 3 aF Anm. 1; *Natzel* S. 142) hält wegen der ges. Anforderungen an die persönl. und fachl. Qualifikation des Ausbildenden auch bei jur. Personen die Handelnden für die Ausbilder; anders zutr. Lakies/*Malottke* Rn. 8; *Götz* Rn. 36; *Opolony* Rn. 236. Mehrere natürl. und jur. Personen können sich als Ausbildende zu einem Ausbildungsverbund zusammenschließen; überbetriebl. Ausbildungsstätten, auch Schulen, die nicht unter § 2 I fallen, können Ausbildende sein (*Fredebeul* BB 1982, 1493). Zu weiteren Voraussetzungen der Person des Ausbildenden vgl. §§ 28 ff. Zur Person des Ausbilders vgl. § 28 Rn. 2. **Auszubildende** sind diejenigen Personen, die nach der konkreten Ausgestaltung des

zugrundeliegenden privatrechtl. Rechtsverhältnisses (BAG 13.5.1992 NZA 1993, 762) in einer Berufsausbildungseinrichtung eingestellt werden, um ihr im Rahmen einer geregelten Berufsausbildung die berufl. Fertigkeiten, Kenntnisse und Fähigkeiten zu vermitteln, die zur Erreichung des Ausbildungszieles erforderl. sind. Der Begriff ist mit dem in §§ 5 I BetrVG und 4 I BPersVG enthaltenen („zu ihrer Berufsausbildung Beschäftigte") nicht identisch, sondern wird jeweils eigenständig ausgelegt (GmS-OGB 12.3.1987 NZA 1987, 663). Zu **Praktikanten, Volontären und Werkstudenten** vgl. § 26.

2. Ausbildungsvertrag (Abs. 2, 3). Das Ausbildungsverhältnis untersteht grds. den für das ArbVerh. geltenden Vorschr., damit der Auszubildende gleich einem AN geschützt wird (zust. BAG 20.9.2006 NZA 2007, 977); hiervon abw. vertragl. Vereinb. sind unzulässig, § 25. Auch arbeitsvertragl. Nebenpflichten gelten grds. im Ausbildungsverhältnis, wie auch die sonstigen für ArbVerh. entwickelten Grds., **Abs. 2** (Lakies/*Malottke* Rn. 39). 3

Dass das **Ausbildungsverhältnis deswegen selbst als ArbVerh.** einzuordnen ist, wird überwiegend abgelehnt (BAG 21.9.2011 NZA 2012, 255; *Natzel* SAE 2012, 39; abw. dagegen BAG 23.7.2015 NZA-RR 2015, 628). Aus der Verweisung in Abs. 2 folgerte die Rspr. für die Berechnung der verlängerten Kündigungsfristen des § 622 II BGB trotzdem, dass ein Ausbildungsverhältnis in diese Wartezeit mit eingerechnet wird, wenn sich nahtlos ein ArbVerh. angeschlossen hat (BAG 2.12.1999 NZA 2000, 720). Die Wartezeit des § 3 III EFZG entsteht bei nahtloser Übernahme des Ausgebildeten in ein ArbVerh. ebenfalls nicht neu (BAG 20.8.2003 NZA 2004, 205; **aA** *Natzel* SAE 2004, 185). Ob das Ausbildungsverhältnis stattdessen als **„Erziehungs"-verhältnis** einzuordnen ist, war strittig (BAG 10.7.2003 NZA 2004, 269; 20.8.2003 NZA 2004, 205; MüArbR/*Natzel* § 320 Rn. 31 ff., 34; *Knopp/Kraegeloh* Rn. 6; *Lakies* Berufsausbildung Rn. 10): Da der Ausbildungszweck im Vordergrund stehe (§ 14), sei die Arbeitsleistung des Auszubildenden nur v. nachgeordneter Bedeutung (LAG D 26.6.1984 NZA 1985, 95); beide Inhalte sind nicht gleichzusetzen (BAG 17.8.2000 NZA 2001, 150; *Leinemann/Taubert* Rn. 6). Auch hätte es des Abs. 2 nicht bedurft, wenn beide Rechtsverhältnisse identisch wären. Dennoch ist im Regelfall v. der Anwendbarkeit arbeitsrechtl. Vorschr. auszugehen (BAG 19.3.2015 NZA 2015, 1057). Abweichungen müssen sich durch den bes. Erziehungs-/Ausbildungszweck der Berufsausbildung rechtfertigen, und dürfen insb. den Schutzstandard des ArbR nur unterschreiten, wenn dies durch den Ausbildungszweck gefordert wird (*Schlachter* NZA 2003, 1180, 1182; **aA** BAG 21.9.2011 NZA 2012, 255). Der **Berufsausbildungsvertrag** begr. die Verpflichtung des Ausbildenden zur Ausbildung, die des Auszubildenden zum Lernen des Ausbildungsberufes. Der Vertrag ist nicht **formgebunden** (BAG 21.8.1997 NZA 1998, 37); daran ändert auch das Schriftformgebot des § 14 IV TzBfG nichts, das ges. Beendigungsgründe nicht erfasst. Erfolgt die nach § 11 II bzw. nach NachwG notwendige Niederschrift nicht vor Beginn der Berufsausbildung, bleibt der Vertrag wirksam, doch liegt eine Ordnungswidrigkeit nach § 102 I Nr. 1 vor. Auch die Ablehnung einer Eintragung des Vertrages in das Verzeichnis gem. § 35 macht diesen nicht unwirksam (LAG M 31.1.2005 BeckRS 2009, 68184). Die Vereinbarung eines Aufhebungsvertrages bedarf dagegen nach Abs. 2 iVm § 623 BGB der Schriftform (LAG RP 17.3.2016 BeckRS 2016, 71577). 3a

Soll der Ausbildungsvertrag mit einem **Minderjährigen** geschlossen werden, muss der ges. Vertreter einwilligen, § 107 BGB, oder genehmigen, § 108 BGB. Die Ausnahme des § 113 BGB gilt nach hM nicht für den Abschluss v. Berufsausbildungsverhältnissen, da diese gem. § 14 I Nr. 5 Erziehungselemente enthalten und daher keine reinen Dienst- oder ArbVerh. iSd. § 113 BGB sind (§ 113 BGB Rn. 6; Schaub/*Vogelsang* § 174 Rn. 5; *Knopp/Kraegeloh* Rn. 6; Lakies/*Malottke* Rn. 21; *Leinemann/Taubert* Rn. 19). Die Rspr. wendet § 113 BGB dagegen an (BAG 22.1.2008 NZA-RR 2008, 565; offen gelassen 8.12.2011 NZA 2012, 495). Die **Eltern** können nach **Abs. 3** mit ihrem minderjährigen Kind einen Berufsausbildungsvertrag abschl., wenn sie es selbst ausbilden wollen. § 181 BGB gilt dann nicht. 4

Soweit die zu ihrer Berufsausbildung Beschäftigten nach **§ 5 I BetrVG** AN sind, weil die Ausbildung nicht in einem reinen Ausbildungsbetrieb stattfindet (BAG 21.7.1993 NZA 1994, 713; BAG 13.6.2007 NZA-RR 2008, 19), hat nach **§§ 97 II, 98, 99 BetrVG** der BR ein MBR bei der Durchführung v. Maßnahmen der betriebl. Berufsbildung und bei der Einstellung v. Auszubildenden; im öffentl. Dienst: §§ 4 III, 75 III Nr. 6; 75 I Nr. 1 BPersVG. Auszubildende in **überbetriebl. Ausbildungsstätten** sind keine AN iSd. BPersVG (GmS-OGB 12.3.1987 NZA 1987, 663). 5

Drittstaatsangehörige Ausländer können nur einen Berufsausbildungsvertrag abschl., wenn sie über eine Erlaubnis der BA nach § 284 SGB III verfügen (BayObLG 29.7.1977 BB 1977, 1402). Fehlt die Erlaubnis, ist die Beschäftigung verboten; der dennoch durchgeführte Berufsausbildungsvertrag ist gem. § 134 BGB nichtig (BAG 13.1.1977 NJW 1977, 1023). EU-Angehörige können sich auf die Freizügigkeitsregeln stützen, sind also mit Inländern gleichgestellt. 6

Für die **LFZ im Krankheitsfall** ist § 19 I Nr. 2 lex specialis zu den Regelungen des EFZG. Der Auszubildende ist in der ges. **Unfall-, Renten- und Krankenvers.** pflichtversichert, § 2 II Nr. 1 SGB IV. Während eines bestehenden Ausbildungsverhältnisses gilt das **Wettbewerbsverbot** des § 60 HGB (BAG 20.9.2006 NZA 2007, 977); nach Beendigung des Ausbildungsverhältnisses darf dagegen nichts Entsprechendes vereinbart werden, § 12 I 1. Auf Schadensfälle sind die Grds. der **Haftungseinschränkung** im ArbVerh. anwendbar (BAG 19.3.2015 NZA 2015, 1057). Eine darüber hinaus- 7 gehende Haftungsbegrenzung ist trotz Unerfahrenheit der Auszubildenden nicht geboten; ihretwegen bestehen besondere Anweisungs- und Beaufsichtigungspflichten des Ausbildenden (BAG 7.7.1970 DB 1970, 1886), deren Verletzung ggf. über § 254 BGB zu berücksichtigen ist (BAG 20.9.2006 NZA 2007, 977). Will der Auszubildende Überstundenvergütung geltend machen, muss er das Ableisten vertragl. geschuldeter Tätigkeit über die vereinbarte AZ hinaus darlegen und ggf. beweisen (LAG RP 12.2.2009 BeckRS 2009, 61426).

8 Auszubildende dürfen nach hM auch **streiken** (BAG 12.9.1984 NZA 1984, 393; 21.6.1988 NZA 1988, 846; Art. 9 GG Rn. 164; Lakies/*Malottke* Rn. 6; *Leinemann/Taubert* Rn. 46; **aA** *Natzel* S. 133); zum Verlust des Vergütungsanspruchs BAG 30.8.1994 NZA 1995, 32. Den Umf. des Streikrechts hat das BAG offen gelassen (12.9.1984 NZA 1984, 393). Sie an kurzfristigen Warnstreiks zu beteiligen, ist zulässig, wenn in Tarifverh. verbesserte Arbeitsbedingungen für Auszubildende behandelt werden. Ob ihnen ggü. eine suspendierende Aussperrung zulässig ist, ist strittig, wird v. BVerfG und BAG bejaht (BVerfG 26.6.1991 NZA 1991, 809; BAG 11.8.1992 NZA 1993, 39; Lakies/*Malottke* Rn. 6); eine lösende Aussperrung wäre mit dem Ausbildungszweck unvereinbar.

9 Die Regelungen über **Kurzarbeit** gelten als entweder überhaupt nicht auf das Berufsausbildungsverhältnis anwendbar (*Natzel* S. 137) oder nur in bes. Ausnahmefällen (*Götz* Rn. 32 aE); stattdessen soll die betriebl. Ausbildung möglichst fortgesetzt werden, da der Ausbildungszweck v. der Auftragslage nicht beeinträchtigt werden darf.

10 **3. Fehlende Berechtigung (Abs. 4).** Die fehlende Berechtigung zur Einstellung oder Ausbildung v. Auszubildenden berührt nicht die Wirksamkeit des Berufsausbildungsvertrages. Fehlt die Berechtigung schon bei Vertragsschluss, kann der Auszubildende anfechten oder fristlos kündigen, wenn der Ausbildende nicht unverzügl. einen geeigneten Ausbilder einstellt; eine Anfechtung durch den Ausbildenden kommt nur ausnahmsweise in Betracht, führt aber zu Ersatzansprüchen gem. § 122 BGB. Verliert der Ausbildende seine Ausbildungsbefugnis nach Vertragsschluss, kann jdf. der Auszubildende gem. § 22 kündigen. Der Ausbildende ist nach § 23 zum Ersatz des Schadens verpflichtet, der dem Auszubildenden aus der vorzeitigen Beendigung des Ausbildungsverhältnisses entsteht. Der Ausbildende ist zur Kündigung berechtigt, wenn der Wegfall der Ausbildungsberechtigung nicht als Verletzung des Ausbildungsvertrages anzusehen ist. Nach § 102 begeht eine **Ordnungswidrigkeit,** wer einen Auszubildenden ohne die persönl. Eignung nach § 29 oder ohne die fachl. Eignung nach § 30 einstellt. Zu **Streitigkeiten** zwischen Ausbildendem und Auszubildendem aus einem bestehenden Berufsausbildungsverhältnis s. § 111 II ArbGG.

11 **4. Verbundausbildung (Abs. 5).** Die Vorschr. verdeutlicht die Zulässigkeit mehrgliedriger Verträge; die mehreren Ausbilder können auch jeweils gesonderte Ausbildungsverträge schließen, sofern das erforderl. Zusammenwirken sicher gestellt wird (*Opolony* BB 2005, 1050, 1051; *Hänlein* NZA 2006, 348, 350 f.; *Stück/Mühlhausen* NZA-RR 2006, 169, 170; **aA** *Wohlgemuth* AuR 2005, 241, 243; *Leinemann/Taubert* Rn. 89, die voraussetzen, dass es auch bei Verbundausbildung nur einen Ausbildenden gibt, den die Rechte und Pflichten aus dem Vertrag treffen). Auch kleinere Betriebe, die nicht das gesamte, nach der Ausbildungsordnung erforderl. Ausbildungsspektrum anbieten, sollen sich durch Zusammenschluss mit anderen an der Berufsausbildung beteiligen können. Solche Kooperationen können das Angebot an verfügbaren Ausbildungsplätzen vergrößern und zudem Ausbildungskosten senken. Im Interesse der Auszubildenden ist dabei sicherzustellen, dass sowohl klare Verantwortlichkeiten für jeden Ausbildungsabschn. festgelegt als auch die Gesamtausbildung abgesichert ist.

§ 11 Vertragsniederschrift

(1) [1]**Ausbildende haben unverzüglich nach Abschluss des Berufsausbildungsvertrages, spätestens vor Beginn der Berufsausbildung, den wesentlichen Inhalt des Vertrages gemäß Satz 2 schriftlich niederzulegen; die elektronische Form ist ausgeschlossen.** [2]**In die Niederschrift sind mindestens aufzunehmen**

1. **Art, sachliche und zeitliche Gliederung sowie Ziel der Berufsausbildung, insbesondere die Berufstätigkeit, für die ausgebildet werden soll,**
2. **Beginn und Dauer der Berufsausbildung,**
3. **Ausbildungsmaßnahmen außerhalb der Ausbildungsstätte,**
4. **Dauer der regelmäßigen täglichen Ausbildungszeit,**
5. **Dauer der Probezeit,**
6. **Zahlung und Höhe der Vergütung,**
7. **Dauer des Urlaubs,**
8. **Voraussetzungen, unter denen der Berufsausbildungsvertrag gekündigt werden kann,**
9. **ein in allgemeiner Form gehaltener Hinweis auf die Tarifverträge, Betriebs- oder Dienstvereinbarungen, die auf das Berufsausbildungsverhältnis anzuwenden sind,**
10. **die Form des Ausbildungsnachweises nach § 13 Satz 2 Nummer 7.**

(2) **Die Niederschrift ist von den Ausbildenden, den Auszubildenden und deren gesetzlichen Vertretern und Vertreterinnen zu unterzeichnen.**

(3) **Ausbildende haben den Auszubildenden und deren gesetzlichen Vertretern und Vertreterinnen eine Ausfertigung der unterzeichneten Niederschrift unverzüglich auszuhändigen.**

(4) **Bei Änderungen des Berufsausbildungsvertrages gelten die Absätze 1 bis 3 entsprechend.**

1. Inhalt der Vertragsniederschrift (Abs. 1). Der Berufsausbildungsvertrag ist ohne Niederschrift wirksam (BAG 22.2.1972 BeckRS 9998, 148783), daran ändert auch das NachwG nichts (BAG 21.8.1997 NZA 1998, 37; ebenso zur RL EuGH 8.2.2001 NZA 2001, 381). Ihr Fehlen ist aber Ordnungswidrigkeit iSd. § 102 I Nr. 1. Die Niederschrift erleichtert nicht nur die Inf. der Parteien über ihre Abmachungen, sondern auch die Überwachung der Berufsausbildung durch die zust. Stellen (*Götz* Rn. 48; *Opolony* Rn. 192). Die Ausbildung darf somit ohne die Niederschrift nicht begonnen werden; dennoch hat der Auszubildende vertragl. einen Anspruch auf Durchführung der Ausbildung. Die zur **Eintragung in das Verzeichnis der Ausbildungsverhältnisse zust. Stelle** kann die Benutzung des v. ihr hrsg. Vertragsformulars für die Niederschrift nicht als zusätzl. Eintragungserfordernis vorschreiben (OVG RP 10.4.1974 BeckRS 1974, 30473270). 1

Abs. 1 S. 1 erfordert die Niederschrift des **wesentlichen** Inhalts des Vertrages (vgl. § 2 NachwG Rn. 7 ff.); für Praktikanten gilt speziell § 2 Ia NachwG. **Abs. 1 S. 2 Nr. 1 bis 8** enthält keine abschl. Konkretisierung, sondern nur den Mindestinhalt der Vertragsniederschrift. Was der wesentl. Inhalt des Vertrages ist, richtet sich nach dem jeweiligen Einzelfall. **Art und Ziel der Berufsausbildung** (§ 11 I 2 Nr. 1) ergeben sich aus der Ausbildungsordnung. Soweit eine Ausbildungsordnung noch nicht erlassen wurde, sind die vor Inkrafttreten des BBiG anerkannten Lehr- und Anlernberufe oder vergleichbar geregelte Ausbildungsberufe zugrunde zu legen. Aufzunehmen ist die betriebl. Ausbildungssituation. Die **sachliche und zeitliche Gliederung** der Berufsausbildung ist in der Vertragsniederschrift anzugeben. Der Ausbildende soll einen betriebl. Ausbildungsplan auf der Grdl. des jeweiligen Ausbildungsrahmenplans (§ 5 I Nr. 4) der Ausbildungsordnung erstellen. Die Angaben müssen erkennen lassen, ob der Ausbildungsinhalt dem Rahmenplan entspricht. Der nach **Nr. 2** festzulegende **Beginn** der Berufsausbildung ist durch einen bestimmten Kalendertag zu kennzeichnen. Die **Dauer** der Berufsausbildung ergibt sich aus der Ausbildungsordnung. Eine Kürzung oder Verlängerung ist nur gem. § 8 möglich; eine noch längere Dauer kann nicht vereinbart werden (BVerwG 8.6.1962 NJW 1962, 1690). 2

Die nach **Nr. 3** festzulegenden Ausbildungsmaßnahmen außerhalb der Ausbildungsstätte ergeben sich gem. § 5 II 1 Nr. 6 aus der Ausbildungsordnung. Bsp. sind überbetriebl. Ausbildungsstätten oder Auslandspraktika, die schon zu Beginn der Ausbildung feststehen (*Eule* BB 1992, 986, 991). Die **tägliche Ausbildungszeit (Nr. 4)** beträgt grds. acht Stunden; für Jugendliche unter 18 gilt § 8 I JArbSchG, bei Volljährigen § 3 ArbZG. Aus ihrer Festlegung ergibt sich die Grenze zur Berechnung v., gem. § 17 III vergütungs- oder ausgleichspflichtigen, Überstunden. Die **Dauer der Probezeit (Nr. 5)** beträgt gem. § 20 mind. einen, höchstens vier Monate. Ihre Dauer ist für die Zulässigkeit einer ordentl. Kündigung bedeutsam (§ 22 I). Die **Zahlung der Vergütung (Nr. 6)** meint die Modalitäten der Zahlung, wie Zeit und Art unter Beachtung des § 18; die **Höhe** der Vergütung richtet sich nach § 17. Die **Dauer des Urlaubs (Nr. 7)** ergibt sich aus dem BUrlG, JArbSchG, ArbPlSchG und dem SGB IX. Seine Dauer ist für jedes Jahr der Berufsausbildung gesondert anzugeben. Ein bloßer Hinweis auf ges./tarifl. Regelungen genügt nicht. Freistellungsansprüche oder **Bildungsurlaub** sind nicht mit in die Niederschrift aufzunehmen. 3

Die **Voraussetzungen einer Kündigung (Nr. 8)** ergeben sich bindend aus § 22. In der Vertragsniederschrift auf das BBiG oder einen TV hinzuweisen, ist dennoch nicht ausreichend (VG Kassel 30.8.1973 EzB BBiG § 4 Nr. 2); über § 22 hinausgehende Gründe dürfen nicht vereinbart werden (Lakies/*Malottke* Rn. 61; **aA** *Knopp/Kraegeloh* Rn. 3). Der Hinweis auf **geltende Kollektivverträge (Nr. 9)** dient der Möglichkeit der Kenntnisnahme v. bes. Arbeitsbedingungen, ua. auch v. tarifl. Ausschlussfristen (BAG 24.10.2002 NZA 2004, 105; 25.10.2000 NZA 2001, 1146). Eine Verletzung dieser Hinweispflicht, die auch dem Schutz des einzelnen Auszubildenden dient, kann Schadensersatzpflichten begründen (aA LAG TH 27.9.2000 BeckRS 2000, 16198). Ein allgem. Hinweis auf die Kollektivverträge, die auf das Ausbildungsverhältnis anwendbar sind, genügt; das gilt auch, falls auf eine im TV enthaltene Ausschlussfrist nicht gesondert hingewiesen wurde. Für nachträgl. wesentl. Änd., etwa die AVE eines TV, gilt Abs. 4 (BAG 24.10.2002 NZA 2004, 105). Der Hinweis auf die gem. § 13 S. 2 Nr. 7 bestehende Pflicht zur Führung eines Ausbildungsnachweises (Nr. 10) verdeutlicht die Erwartungen an die Auszubildenden auch ggü. deren ges. Vertretern. 4

2. Unterzeichnung, Aushändigung, Änd. des Vertrages (Abs. 2 bis 4). Nach **Abs. 2** ist die Niederschrift v. Ausbildenden, den Auszubildenden und deren ges. Vertretern und Vertreterinnen zu unterzeichnen. Je eine unterzeichnete Niederschrift ist den Auszubildenden und den ges. Vertretern nach **Abs. 3** unverzügl. auszuhändigen. Sind beide Eltern die ges. Vertreter, so genügt die Aushändigung an beide zusammen, sofern sie nicht getrennt leben. Für alle, nicht nur die wesentl. Änd. des Berufsausbildungsvertrages gelten die Abs. 1 bis 3 entspr., Abs. 4; iÜ gilt § 2 NachwG. **Verstöße** gegen die 5

Vorschr. können nach § 102 I Nr. 1, 2 als Ordnungswidrigkeit geahndet werden. Den Einwand rechtsmissbräuchl. Verhaltens des AG begründen sie allein jedoch nicht. Der Ausbildende haftet dem Auszubildenden vielmehr für einen aus dem Fehlen der Niederschrift entstandenen Schaden (BAG 24.10.2002 NZA 2004, 105). Zugunsten des Auszubildenden gilt insoweit die Vermutung aufklärungsgem. Verhaltens (BAG 17.4.2002 NZA 2002, 1096).

§ 12 Nichtige Vereinbarungen

(1) [1] **Eine Vereinbarung, die Auszubildende für die Zeit nach Beendigung des Berufsausbildungsverhältnisses in der Ausübung ihrer beruflichen Tätigkeit beschränkt, ist nichtig.** [2] **Dies gilt nicht, wenn sich Auszubildende innerhalb der letzten sechs Monate des Berufsausbildungsverhältnisses dazu verpflichten, nach dessen Beendigung mit den Ausbildenden ein Arbeitsverhältnis einzugehen.**

(2) Nichtig ist eine Vereinbarung über
1. die Verpflichtung Auszubildender, für die Berufsausbildung eine Entschädigung zu zahlen,
2. Vertragsstrafen,
3. den Ausschluss oder die Beschränkung von Schadensersatzansprüchen,
4. die Festsetzung der Höhe eines Schadensersatzes in Pauschbeträgen.

1 **1. Normzweck.** § 12 ist Ausprägung des Art. 12 GG (BVerfG 7.2.1990 NZA 1990, 389; BAG 25.4.2001 NZA 2002, 1396), um die Entschlussfreiheit des Auszubildenden zu schützen. Er soll nach Abschluss der Ausbildung seine berufl. Entwicklung frei gestalten können; Eintritt der Volljährigkeit beendet die Schutzbedürftigkeit nicht. § 12 I 2 ermöglicht eine Vereinb. über Eingehung eines ArbVerh. noch während der letzten sechs Monate der Berufsausbildung; unter der Voraussetzung des § 14 TzBfG können auch befristete ArbVerh. vereinb. werden. Abs. 2 will einer Einschränkung der Entschlussfreiheit durch finanzielle Belastungen vorbeugen. Eine nach § 12 nichtige Vereinb. hindert entgegen § 139 BGB nicht die Wirksamkeit des ganzen Vertrages (BAG 21.8.2012 NZA 2012, 1428). Eine Anpassung an die Dreimonatsfrist des § 78a BetrVG (dafür: *Jäger/Künzl* ZTR 2000, 300, 301; *Opolony* BB 2003, 1329, 1333) ist nicht erfolgt.

2 **2. Nichtige Vertragsbindungsklauseln (Abs. 1).** Nichtig sind nach Abs. 1 Regelungen, die die Berufstätigkeit des Auszubildenden nach Abschluss seiner Ausbildung einschränken. Das erfasst nicht nur arbeitsvertragl., sondern auch tarifl. Bestimmungen. Weiterbildungsmaßnahmen in einem ArbVerh. unterliegen dem Verbot nicht. Da § 12 ein Schutzgesetz zugunsten der Auszubildenden enthält, erfasst die Nichtigkeit nur die unzulässige Bindung; soweit der Auszubildende aus der Abrede Rechte geltend machen kann, bleibt sie gültig (BAG 13.3.1975 NJW 1975, 1575). Die Nichtigkeitsfolge erfasst unmittelbare, aber auch mittelbare Beschränkungen durch wirtschaftl. Folgelasten für den Auszubildenden (BAG 25.4.2001 NZA 2002, 1396), sofern diese Beschränkung unverhältnismäßig ist: **Weiterarbeitsklauseln** für die Zeit nach der Berufsausbildung (BAG 5.12.2002 AP BBiG § 5 Nr. 11) oder Vereinb., nach denen der Auszubildende vor Beendigung des Berufsausbildungsverhältnisses anzeigen muss, dass er mit dem Ausbildenden nach dem Ende der Ausbildung kein ArbVerh. eingehen will (BAG 31.1.1974 NJW 1974, 1155) oder Rückzahlungsvereinb. über Kosten, die iRd. Ausbildung angefallen sind (BAG 12.12.2013 NZA 2014, 905; 18.3.2014 NZA 2014, 957; LAG B 18.1.2007 BeckRS 2011, 66970; *Dorth*, RdA 2013, 287, 289). Weiterarbeitsklauseln bei Absolventen eines dualen Studienganges werden v. der Rspr. zwar nicht § 12 unterstellt, wohl aber einer Klauselkontrolle anhand §§ 305 ff. BGB unterworfen (BAG 18.11.2008 NZA 2009, 435; LAG K 27.5.2010 NZA-RR 2011, 11); dasselbe gilt für Rückzahlungsvereinb. in nicht anerkannten Ausbildungsberufen (LAG RP 16.6.2014 BeckRS 2014, 73112) und **Kündigungsausschlussklauseln** (ArbG Nienburg 15.3.1971 EzB BBiG § 5 Nr. 1), ebenso wie Wettbewerbsabreden, wonach der Auszubildende nach dem Abschluss der Ausbildung seinen erlernten Beruf nicht am Ort des Ausbildenden ausüben darf oder sonst in der Ausübung seiner berufl. Tätigkeit nach Ende des Ausbildungsverhältnisses beschränkt wird (BAG 20.9.2006 NZA 2007, 977). **Übernahme der Kosten** für den Erwerb der Fahrerlaubnis nur für den Fall, dass im Anschluss an die Ausbildung das ArbVerh. mind. noch ein Jahr bestehen bleibt (BAG 25.4.1984 NZA 1985, 184; LAG K 7.3.1988 EzB BBiG § 5 Nr. 24). Verpflichtung zur **Rückzahlung des Weihnachtsgeldes,** falls der Auszubildende vor einem bestimmten, nach dem Ende des Ausbildungsverhältnisses liegenden Termin kündigt (BAG 25.4.2001 NZA 2002, 1396; LAG D 5.8.1975 EzB BGB § 242 Gratifikation Nr. 3). Zum Ersatz aufgewendeter Qualifizierungskosten bei Vereinswechsel im Profisport: EuGH 16.3.2010 NZA 2010, 346. Nach **§ 12 I 2** sind jedoch innerhalb der letzten sechs Monate des Ausbildungsverhältnisses Vereinb. über den Fortbestand des ArbVerh. nach Ablauf der Ausbildungszeit zulässig. Sie können durch Vertragsstrafeversprechen gesichert werden (Rn. 5). Die Weiterbeschäftigung kann im Falle des § 78a II BetrVG, 9 II BPersVG innerhalb der dort gültigen Dreimonatsfrist verlangt werden; die unterschiedl. langen Fristen sind nicht angeglichen worden (BAG 15.12.2011 NZA-RR 2012, 413; 5.12.2012 NZA-RR 2013, 241; VGH BY 19.11.2012 NZA-RR 2013, 222).

3. Nichtige Zahlungsvereinbarungen (Abs. 2). Nr. 1 verbietet eine Vereinb. über die Verpflichtung des Auszubildenden, für die betriebl. Berufsausbildung eine Entschädigung zu zahlen. Der Auszubildende oder die Eltern (VG Berlin 26.10.2011 BeckRS 2011, 56009) sollen nicht mit Kosten belastet werden, die dem Ausbilder durch die Ausbildung entstehen (BAG 26.9.2002 NZA 2003, 1403). Aus diesem Normzweck folgt, dass jdf. ein wirksames Berufausbildungsverhältnis bestehen muss; haben die Parteien ihre Vertragserkl. einverständl. nur zum Schein abgegeben (§ 117 I BGB), weil gar keine Pflicht zur Berufsausbildung begr. werden sollte, ist eine Kostentragungspflicht nicht nach Abs. 2 unzulässig (LAG HM 24.10.2006 NZA-RR 2007, 64). 3

Unzulässig sind: Die Verpflichtung zur Zahlung einer **Entschädigung** (BAG 28.7.1982 NJW 1983, 783). Die Aufnahme eines Darlehens für den Besuch einer anerkannten Fachschule/Berufsakademie gehört nach der Rspr. (BAG 25.4.2001 NZA 2002, 1396) nicht zu den verbotenen Vereinb., weil dadurch keine Kosten auf die Auszubildenden überwälzt werden, die an sich der Ausbildende tragen müsste; Kosten für den „schulischen" Anteil der Ausbildung im dualen System haben die Auszubildenden zu tragen (BAG 26.9.2002 NZA 2003, 1403; 18.11.2008 NZA 2009, 435). Unzulässig ist dagegen eine Erstattungsvereinb., die die Kosten der praktischen Ausbildung auf den Auszubildenden verlagert, etwa durch Gewährung eines Darlehens (BAG 18.3.2014 NZA 2014, 957). Dasselbe gilt, wenn zusätzl. Kosten nur anfallen, weil der Ausbildende den Auszubildenden veranlasst, an einer anderen als der kostenfreien Ausbildung in der staatl. Berufsschule teilzunehmen (BAG 25.7.2002 BeckRS 2003, 40074). Dasselbe gilt für die Entschädigung für Ausbildungsmaßnahmen außerhalb der Ausbildungsstätte, soweit diese in den Ausbildungsgang einbezogen sind (BAG 29.6.1988 BeckRS 1988, 30726712). Planmäßig infolge Beteiligung an einer Verbundausbildung gem. § 10 V wechselnde Ausbildungsstätten aufzusuchen, löst zwar ebenfalls Fahrtkosten aus, diese sind aber v. Auszubildenden selbst zu tragen. Die Verpflichtung, die Kosten für die Unterkunft und Verpflegung am **auswärtigen Ort** der betriebl. Ausbildung zurückzuzahlen, falls es nicht zum Abschluss eines Anstellungsvertrages kommt oder dieser vor Ablauf v. drei Jahren gelöst wird (BAG 21.9.1995 NZA 1996, 205). Unterbringungs- und Verpflegungskosten für die Teilnahme an auswärtigem schulischem Blockunterricht braucht der Ausbilder dagegen auch dann nicht zu tragen, wenn er sie in anderen Fällen bereits freiwillig übernommen hatte (LAG K 4.5.2006 NZA-RR 2006, 635). Der **„Kauf"** eines Ausbildungsplatzes seitens der Eltern (LAG D 25.11.1980 BB 1981, 495; LG Gießen 27.1.1986 EzB BBiG § 5 Nr. 20). Der Kaufvertrag über einen Omnibus ist nichtig, wenn er damit verknüpft ist, dass der Sohn des Käufers im Betrieb des Verkäufers eine Lehrstelle erhält (OLG HM 16.12.1982 NJW 1983, 2708). Die Vereinb. der Kostenübernahme zur Erlangung der **Fahrerlaubnis der Klasse 2** bei einer Ausbildung zum Berufskraftfahrer (BAG 25.4.1984 NZA 1985, 184). Bei Klauseln über die Rückzahlung v. **Weiterbildungskosten** ist eine richterl. Inhaltskontrolle nach § 242 BGB geboten; der AG muss beweisen, dass der AN durch die Weiterbildung einen auf dem Arbeitsmarkt verwertbaren berufl. Vorteil erlangt hat und kann nur einen Betrag zurückverlangen, dem in Gestalt der fragl. Ausbildung ein angemessener Gegenwert gerade für den betreffenden AN gegenübersteht (BAG 21.11.2001 NZA 2002, 624). Auf nur mittelbare Beschränkungen der Berufsfreiheit des Auszubildenden (Rn. 2) wendet das BAG diese Grds. entspr. (BAG 25.4.2001 NZA 2002, 1396) an. 4

Nr. 2 verbietet die Vereinb. v. Vertragsstrafen (§ 339 BGB). Da sich das Verbot nur auf das Berufsausbildungsverhältnis bezieht, kann in der Frist des Abs. 1 S. 2 eine Vertragsstrafe für den Fall vereinbart werden, dass der Auszubildende ein nachf. ArbVerh. nicht antritt (BAG 23.6.1982 NJW 1983, 1575: zur aF des Abs. 1 S. 2, dh. drei Monate vor Ende des Ausbildungsverhältnisses). **Nr. 3** sichert die Geltendmachung v. Schadensersatzansprüchen des Auszubildenden in voller Höhe; Schadensersatzansprüche des Ausbildenden gegen den Auszubildenden können dagegen ausgeschlossen werden. Die Vereinb. pauschaler Entschädigungssätze ist nach **Nr. 4** nichtig. 5

Unterabschnitt 2. Pflichten der Auszubildenden

§ 13 Verhalten während der Berufsausbildung

[1]Auszubildende haben sich zu bemühen, die berufliche Handlungsfähigkeit zu erwerben, die zum Erreichen des Ausbildungsziels erforderlich ist. [2]Sie sind insbesondere verpflichtet,

1. die ihnen im Rahmen ihrer Berufsausbildung aufgetragenen Aufgaben sorgfältig auszuführen,
2. an Ausbildungsmaßnahmen teilzunehmen, für die sie nach § 15 freigestellt werden,
3. den Weisungen zu folgen, die ihnen im Rahmen der Berufsausbildung von Ausbildenden, von Ausbildern oder Ausbilderinnen oder von anderen weisungsberechtigten Personen erteilt werden,
4. die für die Ausbildungsstätte geltende Ordnung zu beachten,
5. Werkzeug, Maschinen und sonstige Einrichtungen pfleglich zu behandeln,
6. über Betriebs- und Geschäftsgeheimnisse Stillschweigen zu wahren,
7. einen schriftlichen oder elektronischen Ausbildungsnachweis zu führen.

§ 13 dient der Konkretisierung der Mitwirkungspflichten des Auszubildenden, die der Ausbildungspflicht des Ausbildenden nach § 14 korrespondieren; sie sind ges. Inhalt des Ausbildungsvertrages, ohne dass es bes. Vereinb. bedarf. Die für die Ausbildung notwendige berufl. Handlungsfähigkeit setzt den Erwerb der in der jeweiligen Ausbildungsordnung definierten Fertigkeiten voraus. Der Auszubil- 1 dende hat aktiv und interessiert auf das Ausbildungsziel hinzuarbeiten und ein gewisses Maß an geistigen Bemühungen auch außerhalb der Ausbildungszeit aufzubringen (BAG 11.1.1973 AP BBiG § 6 Nr. 1; **aA** Lakies/*Malottke* Rn. 4). Bei grober Verletzung der Mitwirkungspflicht ist der Ausbildende zur fristlosen Kündigung nach § 22 II berechtigt.

2 Nach **S. 2** treffen den Auszubildenden im Rahmen seiner Berufsausbildung Verhaltenspflichten, die durch die gesetzl. aufgezählten konkretisiert werden. Der normierte Katalog ist nicht abschl. („insb."), daher können sich weitere Pflichten aus anderen Bestimmungen bzw. aus den gem. § 10 II anwendbaren Rechtsgrds. ergeben (BAG 20.9.2006 NZA 2007, 977). In **Nr. 1** wird eine Sorgfaltspflicht bei der Ausführung übertragener Aufgaben begr.; gänzl. **ausbildungsfremde** Tätigkeiten muss der Auszubildende nicht ausführen. Der AG kann aber das Ausführen v. mit der Ausbildung zusammenhängenden Nebentätigkeiten verlangen, die auf Grund der für die Ausbildungsstätte geltenden Ordnung ausgeführt werden müssen (zB das Reinigen des Arbeitsplatzes und der Werkzeuge). Die v. dem Auszubildenden anzuwendende **Sorgfalt** bemisst sich nach der Einsichtsfähigkeit und den Kenntnissen, die je nach Ausbildungsstand erwartet werden können (LAG D 23.2.1973 DB 1973, 974). Hat der Ausbildende seine Einweisungs- und Aufsichtspflicht missachtet, wird ein Verschulden des Auszubildenden geringer bewertet (BAG 7.7.1970 DB 1970, 1886; *Lakies* Berufsausbildung Rn. 145). IÜ genügt aber die Tatsache des Ausbildungsverhältnisses allein nicht, eine v. den allg. Grds. der ANHaftung abw., mildere Haftung anzunehmen (BAG 18.4.2002 NZA 2003, 37; 19.3.2015 NZA 2015, 1057). Der für Schulunfälle maßgebl. mildere Haftungsmaßstab ist auf die betriebl. Ausbildung nicht übertragbar (*Pallasch* RdA 2016, 119, 121).

3 Unter die Ausbildungsmaßnahmen nach **S. 2 Nr. 2** fällt die Teilnahme am Berufsschulunterricht und an den vereinbarten oder v. der Ausbildungsordnung vorgesehenen außerbetriebl. Ausbildungselementen. Eine Teilnahmepflicht an der Abschlussprüfung wird zT gänzl. verneint (LAG HB 19.4.1960 BB 1960, 1022; *Knopp/Kraegeloh* Rn. 5; *Natzel* S. 213); zutr. wird sie für den Fall bejaht, dass sich der Auszubildende zur Prüfung angemeldet und der Ausbildende ihn nach § 15 freigestellt hat (Lakies/*Malottke* Rn. 8; *Leinemann/Taubert* Rn. 12). Nimmt der Auszubildende trotz Freistellung an Ausbildungsmaßnahmen nicht teil, kann die Vergütung entspr. gekürzt werden; bei mehrfacher Nichtteilnahme und ggf. erfolgloser Abmahnung kommt eine fristlose Kündigung nach § 22 in Betracht.

4 Der Auszubildende hat den iRd. Berufsausbildung ergehenden Weisungen zu folgen, **S. 2 Nr. 3. Weisungsberechtigt** sind außer dem Ausbildenden und dem Ausbilder zB der jeweils zust. Meister, Vorarbeiter, Lagerverwalter, Personalleiter, Sicherheitsingenieur (*Leinemann/Taubert* § 9 aF Rn. 17). Die **Weisungsgebundenheit des Auszubildenden** besteht, soweit die Weisungen der Erreichung des Ausbildungszieles dienen und den körperl. Kräften angemessen sind, § 14 III. Weisungen zu ausbildungsfremden Tätigkeiten müssen nicht befolgt werden, Rn. 2. Die Weisungen müssen der Billigkeit entsprechen, § 106 GewO (BAG 14.12.1961 DB 1961, 375; 27.3.1980 DB 1980, 1603; *Lakies* BB 2003, 364); § 106 GewO ergänzt die Pflichten nach Nr. 3 (*Preis/Wieg* AuR 2016, 313). Weisungen bzgl. **Kleidung** oder **Haartracht** sind grds. nur zulässig, soweit der Geschäftsbetrieb (ArbG Bayreuth 7.12.1971 BB 1972, 175) oder die Sicherheit des Betriebes es erfordern, oder sie zur Gewährleistung eines einheitl. Erscheinungsbildes angemessen sind (LAG K 18.8.2010 NZA-RR 2011, 85). Ein **Rauchverbot** ist zu befolgen, wenn die Sicherheit des Betriebes das erfordert oder wenn TV, BV oder Arbeitsvertrag ein solches vorsehen. Die Aufforderung, sich von den Zielen und Absichten einer politischen **Partei zu distanzieren,** ist unzulässig, auch wenn diese Partei nach Ansicht des Ausbildenden verfassungsfeindl. ist (LAG RP 29.5.1978 BB 1978, 1414). Die nach **S. 2 Nr. 4** einzuhaltende Ordnung der Ausbildungsstätte ergibt sich aus der ArbStättV, dem JArbSchG, BV, den UVV sowie aus der kraft Direktionsrechts festgelegten Betriebsordnung.

5 Unter die Werkzeuge, Maschinen und sonstigen Einrichtungen iSd. **S. 2 Nr. 5** fallen alle Gegenstände, die dem Auszubildenden im Rahmen seiner Ausbildung zugängl. gemacht sind, einschl. der Werkstoffe. Pflegl. Behandlung setzt die Beachtung allg. Sorgfaltspflichten voraus. Die Pflicht, über Betriebs- und Geschäftsgeheimnisse Stillschweigen zu bewahren **(S. 2 Nr. 6),** ergibt sich bereits aus der nach § 10 II bestehenden Treuepflicht. Eine **Anrufung externer Stellen** verstieß nach hM sogar dann gegen diese Pflicht, wenn der AG strafbare Handlungen begeht (LAG BW 20.10.1976 EzA KSchG § 1 Verhaltensbedingte Kündigung Nr. 8; LAG BW 3.2.1987 NZA 1987, 756); das ist durch eine Einzelfallprüfung zu ersetzen (BVerfG 2.7.2001 NZA 2001, 888), ggf. ist eine Strafanzeige gegen den Ausbildenden zulässig (BAG 3.7.2003 NZA 2004, 427). Dies hat jdf. dann zu gelten, wenn sich die Handlung gegen den Auszubildenden selbst richtet. Nr. 6 gewährt kein Aussageverweigerungsrecht des Auszubildenden vor Gericht. Die Pflicht zur Führung eines Ausbildungsnachweises (S. 2 Nr. 7) ersetzt das nach alter Rechtslage vorgeschriebene Berichtsheft und ermöglicht insb. auch die elektronische Form, falls die Parteien sich darauf verständigen.

6 Der Auszubildende **haftet** für Pflichtverletzungen nach den allg. Rechtsgrds. (BAG 18.4.2002 NZA 2003, 37; vgl. § 10 Rn. 7). Das Verschulden bezieht sich nicht auf die Pflichtverletzung, sondern auf den Schadenseintritt (BAG 18.4.2002 NZA 2003, 37). Ob der Auszubildende sorgfaltswidrig handelt, ist v. dem Umstand beeinflusst, dass den Ausbildenden eine Einweisungs- und Aufsichtspflicht trifft (BAG 7.7.1970 DB 1970, 1886; 29.9.2006 NZA 2007, 977). Ein **Mitverschulden** des Ausbildenden nach § 254 BGB kommt in Betracht, wenn er seine Aufsichtspflicht nicht erfüllt (BAG 29.6.1964 DB 1964,

1741; 7.7.1970 DB 1970, 1886) oder den Auszubildenden überfordert hat (ArbG Ulm 23.7.1959 BB 1959, 994). Bei bekannter Unerfahrenheit oder Unzuverlässigkeit des Auszubildenden erhöht sich die Pflicht des Ausbildenden, Maßnahmen zur Schadensverhinderung zu ergreifen, entspr. (LAG D 23.2.1973 DB 1973, 974). Der Auszubildende haftet nur für Vorsatz und grobe Fahrlässigkeit, wenn er beim Verrichten einer **ausbildungsfremden** Tätigkeit einen Schaden verursacht hat (ArbG Kiel 24.4.1963 AP BGB § 611 Lehrverhältnis Nr. 21).

Unterabschnitt 3. Pflichten der Ausbildenden

§ 14 Berufsausbildung

(1) Ausbildende haben

1. dafür zu sorgen, dass den Auszubildenden die berufliche Handlungsfähigkeit vermittelt wird, die zum Erreichen des Ausbildungsziels erforderlich ist, und die Berufsausbildung in einer durch ihren Zweck gebotenen Form planmäßig, zeitlich und sachlich gegliedert so durchzuführen, dass das Ausbildungsziel in der vorgesehenen Ausbildungszeit erreicht werden kann,

2. selbst auszubilden oder einen Ausbilder oder eine Ausbilderin ausdrücklich damit zu beauftragen,

3. Auszubildenden kostenlos die Ausbildungsmittel, insbesondere Werkzeuge und Werkstoffe zur Verfügung zu stellen, die zur Berufsausbildung und zum Ablegen von Zwischen- und Abschlussprüfungen, auch soweit solche nach Beendigung des Berufsausbildungsverhältnisses stattfinden, erforderlich sind,

4. Auszubildende zum Besuch der Berufsschule anzuhalten,

5. dafür zu sorgen, dass Auszubildende charakterlich gefördert sowie sittlich und körperlich nicht gefährdet werden.

(2) [1] Ausbildende haben Auszubildende zum Führen der Ausbildungsnachweise nach § 13 Satz 2 Nummer 7 anzuhalten und diese regelmäßig durchzusehen. [2] Den Auszubildenden ist Gelegenheit zu geben, den Ausbildungsnachweis am Arbeitsplatz zu führen.

(3) Auszubildenden dürfen nur Aufgaben übertragen werden, die dem Ausbildungszweck dienen und ihren körperlichen Kräften angemessen sind.

1. **Normzweck.** Die Vorschr. enthalten die wichtigsten privatrechtl. Pflichten der Ausbildenden, die unmittelbar kraft Gesetzes Vertragsinhalt werden. Tw. wiederholen sie sinngem. Vorschr. des JArbSchG, die damit auch auf erwachsene Auszubildende erstreckt werden. 1

2. **Berufsausbildung.** Inhalt und Umf. der nach **Abs. 1 Nr. 1** zu vermittelnden berufl. Handlungsfähigkeit verlangen den Erwerb v. berufl. Fertigkeiten, Kenntnissen und Fähigkeiten entspr. der Ausbildungsordnung und dem Ausbildungsrahmenplan, § 5. Der Ausbildungsplan muss hinreichend detailliert sein, und insbes. bei neuen Ausbildungsformen und Methoden (Lernprozessbegleitung) deren wesentl. Elemente festlegen, um die Lerninhalte und die dafür vorgesehene Zeit zu verdeutl. Die in der Ausbildungsordnung vorgesehene Flexibilitätsklausel erlaubt unter bestimmten Voraussetzungen jedoch ein Abweichen v. der Ausbildungsordnung. In Betracht kommt eine andere sachl. und zeitl. Reihenfolge der Ausbildungsabschn., sofern Besonderheiten des Betriebes es erfordern (*Leinemann/Taubert* Rn. 11) oder der Jugendliche zuvor ein Berufsgrundbildungsjahr absolviert hat. Es drohen Schadensersatzansprüche, falls durch das Abweichen v. der Ausbildungsordnung ein Ausbildungsabschn. entfällt (BAG 10.6.1976 NJW 1977, 74). Ein Abweichen v. Ausbildungsinhalt ist unzulässig. 2

Der Ausbildende soll den Auszubildenden mit den **täglichen Betriebsabläufen** vertraut machen (BVerwG 25.2.1982 NVwZ 1984, 105). Der im G implizit vorausgesetzte **Anspruch des Auszubildenden** auf tats. Ausbildung kann nach § 888 I ZPO vollstreckt werden (LAG BE 19.1.1978 AP ZPO § 888 Nr. 9). Verletzt der Ausbildende seine Ausbildungspflicht, ist er dem Auszubildenden zum **Ersatz des Schadens** verpflichtet, falls dieser deshalb die Abschlussprüfung nicht besteht (BAG 10.6.1976 NJW 1977, 74). Der Auszubildende muss sich ein Mitverschulden anrechnen lassen, wenn er sich nicht bemüht hat, das Ausbildungsziel zu erreichen (BAG 10.6.1976 NJW 1977, 74). 3

Der Ausbildende muss die **persönliche und fachliche Eignung** nach §§ 28 bis 30 besitzen. Erfüllt er diese Voraussetzungen nicht, so hat er einen qualifizierten Ausbilder zu beauftragen, **Abs. 1 Nr. 2.** Der Ausbilder ist als AN des Ausbildenden dessen Erfüllungsgehilfe, § 278 BGB (*Eule* BB 1991, 2366); vertragl. Beziehungen zum Auszubildenden bestehen nicht, so dass er diesem ggf. nur nach §§ 823 ff. BGB haftet. Daneben haftet der Ausbildende aus dem Ausbildungsvertrag auf Schadensersatz bei einer fehlerhaften Ausbildung (BAG 11.12.1964 NJW 1965, 709; 17.12.1968 EzA BGB § 324 Nr. 1). Die Beauftragung des Ausbilders muss ausdr. (nicht notwendig schriftlich) erfolgen, eine stillschweigende Duldung ist nicht ausreichend. Der Ausbildende hat nach **Abs. 1 Nr. 3** die notwendigen **Ausbildungsmittel** zur Vfg. zu stellen, da er die mit der betriebl. Ausbildung verbundenen Kosten trägt (BAG 21.9.1995 NZA 1996, 205), vgl. § 12 Rn. 3. Die Ausbildungsmittel 4 sind nur leihweise bereitzustellen, also v. Auszubildenden sorgfältig zu behandeln und zurückzugeben. Für deren unsachgem. Behandlung haftet der Auszubildende nach den Grds. der ANHaftung (§ 619a BGB Rn. 7 ff.). Ausbildungsmittel, die der Auszubildende zum Besuch der Berufsschule braucht, fallen nicht unter Nr. 3, soweit sie nicht auch der innerbetriebl. Ausbildung dienen (BAG 16.12.1976 BeckRS 9998, 150625). Ausbildungsmittel für Prüfungen sind bereitzustellen, auch wenn das Ausbildungsverhältnis vorher endet. Werkstücke, die der Auszubildende im Rahmen seiner Ausbildung anfertigt, stehen im Eigentum des Ausbildenden, der insoweit Hersteller gem. § 950 BGB ist. Prüfungsstücke stehen zwar grds. im Eigentum des Auszubildenden (BAG 3.3.1960 BeckRS 9998, 152596; LAG K 20.12.2001 EzB BGB § 950 Nr. 1; LAG M 8.8.2002 NZA-RR 2003, 187; Lakies/*Malottke* Rn. 12); im Einzelfall kann aber auch der Ausbildende oder ein Dritter Eigentümer sein, wenn eine diesbzgl. Vereinb. getroffen wurde oder der Wert des Materials den Bearbeitungswert weit übersteigt. Der Auszubildende erlangt kein Eigentum, wenn das Prüfungsstück nicht fertig gestellt wird, also noch keine „wirtschaftl. neue Sache" entstanden ist (LAG SH 14.2.2006 NZA-RR 2006, 461). Auch in diesem Fall ist jedoch der Auszubildende nicht verpflichtet, dem Ausbilder die Kosten der Materialien für das Prüfungsstück zu ersetzen. Erfüllt der Ausbildende die Pflicht aus Nr. 3 nicht, so kann der Auszubildende die Ausbildungsmittel selbst anschaffen und die Auslagen gegen Übereignung ersetzt verlangen (BAG 16.12.1976 BeckRS 9998, 150625).

5 Der Ausbildende hat den Auszubildenden zum Besuch der Berufsschule anzuhalten, **Abs. 1 Nr. 4.** Eine Pflicht der Berufsschule, den Ausbilder auf Nachfrage über Fehlzeiten zu informieren, wird v. der Rspr. jedoch abgelehnt (OVG NW 12.2.2015 BeckRS 2015, 42028). Die Berufsschulpflicht ergibt sich für jugendl. und erwachsene Auszubildende aus den Schulgesetzen der Länder oder auf Grund Ausbildungsvertrages. Der Ausbildende hat den Auszubildenden unter Fortzahlung der Vergütung für die Teilnahme am Unterricht v. der Arbeit freizustellen, § 15; § 9 I 1 JArbSchG. Eine Verpflichtung des Ausbildenden zur Übernahme der Fahrtkosten für den Schulbesuch besteht weder aus Nr. 3 noch aus Nr. 4 (BAG 11.1.1973 AP BBiG § 6 Nr. 1). Etwas anderes kann beim Besuch einer auswärtigen Berufsschule gelten, falls der Ausbildende auf die Schulwahl Einfluss genommen und den Auszubildenen zum Besuch einer anderen als der regelm. vorgesehenen Berufsschule veranlasst hat (BAG 26.9.2002 NZA 2003, 1403; 22.12.2009 NZA 2010, 1440). Kommt der Auszubildende seiner Schulpflicht nur unregelm. nach, muss der Ausbildende dagegen einschreiten (OLG HH 31.8.1959 BB 1959, 1209), zB durch Ermahnung des Auszubildenden, durch schriftl. Abmahnung oder durch ein Gespräch mit den Eltern oder der Schule.

6 Im betriebl. Bereich besteht eine Pflicht des Ausbildenden zur **charakterlichen Förderung** des Auszubildenden **(Abs. 1 Nr. 5)**, soweit das Ausbildungsverhältnis auch ein Erziehungsverhältnis ist. Das Erziehungsrecht der Eltern aus Art. 6 GG darf dadurch nicht eingeschränkt werden (BVerwG 9.11.1962 NJW 1963, 1170; *Lakies* Berufsausbildung Rn. 156). Zur Verpflichtung des Ausbilders, gegen Verbreitung ausländerfeindl. Gedankenguts unter den Auszubildenden einzuschreiten: BAG 1.7.1999 BeckRS 1999, 41464. Der Ausbildende soll die geistig-seelische Entwicklung des Auszubildenden positiv beeinflussen, um ihn zu einem selbständigen, ernsten und sozial-orientierten Menschen zu erziehen; begrenzt wird dies durch die rein fachl. Zielsetzung der Berufsausbildung (*Natzel* RdA 1981, 162). Die Pflicht zum Schutz vor **sittlichen und körperlichen Gefahren** entspricht weitestgehend § 22 JArbSchG, besteht aber auch ggü. erwachsenen Auszubildenden. Darüber hinaus sind die UVV der Berufsgenossenschaften, die ArbStättV und das MaschinenschutzG zu beachten. Körperl. gefährdend kann auch die Arbeit an Bildschirmarbeitsplätzen sein (BAG 6.12.1983 EzA BetrVG 1972 § 87 Nr. 1). Zum Schutz vor körperl. Züchtigung und Misshandlung vgl. § 31 JArbSchG.

Der Ausbildende muss Auszubildende dazu anhalten, ihrer Pflicht zur Führung eines Ausbildungsnachweises nachzukommen (Abs. 2). Da diese Pflicht in § 13 S. 2 Nr. 7 nunmehr ges. geregelt ist, muss der Auszubildende sie nicht nur gem. § 13 S. 2 Nr. 7 sorgfältig erfüllen, sondern der Auszubildende muss dies auch überwachen. Dazu gehört die regelm. Durchsicht der Nachweise, um den Ausbildungserfolg zu befördern. Da Gelegenheit zu geben ist, die Nachweise „am Arbeitsplatz" zu führen, sollte dies auch während der Ausbildungszeit geschehen.

7 Verrichtungen, die nicht dem Ausbildungszweck dienen, dürfen dem Auszubildenden nicht übertragen werden, **Abs. 3.** Was der Ausbildung dient, bestimmt sich nach dem Einzelfall, nach dem jeweiligen Berufsbild und seiner pädagogischen Zielsetzung, nicht dem Verwertungsinteresse an der Arbeitsleistung des Auszubildenden. Geldbotengänge mit höheren Beträgen gehören im ersten Ausbildungsjahr nicht zu den vertragl. Aufgaben v. Auszubildenden (LAG D 23.2.1973 E § 282 BGB Nr. 1). Grobe Reinigungsarbeiten, insb. außerhalb der Verkaufs- und Lagerräume, gehören nicht zur Ausbildung zum Einzelhandelskaufmann (LAG SH 5.8.1969 DB 1969, 2188); dagegen ist das gelegentl. Reinigen des Fußbodens zulässig, soweit es in angemessenem Verhältnis zu den berufsspezifischen Tätigkeiten steht (OLG F 30.3.1981 EzB BBiG § 99 Nr. 1); ausbildungsfremde Botengänge sind unzulässig. Der Art nach an sich zulässige Verrichtungen können dadurch unzulässig werden, dass sie im Übermaß angeordnet werden, so dass sie einen Zuwachs an Kenntnissen oder Fertigkeiten nicht mehr vermitteln können (OLG KA 5.9.1988 EzB BBiG § 99 Nr. 3). Die körperlichen Kräfte des

Auszubildenden sind nach seiner aktuellen Verf. zu beurteilen. Überträgt der Ausbildende dem Auszubildenden entgegen Abs. 2 eine Verrichtung, die nicht dem Ausbildungszweck dient, so liegt eine **Ordnungswidrigkeit** nach § 102 I Nr. 3 vor. Der Auszubildende braucht die Weisung nicht zu befolgen, ohne Verlust des Anspruchs auf die Vergütung.

§ 15 Freistellung

[1]Ausbildende haben Auszubildende für die Teilnahme am Berufsschulunterricht und an Prüfungen freizustellen. [2]Das Gleiche gilt, wenn Ausbildungsmaßnahmen außerhalb der Ausbildungsstätte durchzuführen sind.

Der Ausbildende hat jeden, auch die volljährigen (BAG 26.3.2001 NZA 2001, 892), Auszubildenden zur Erfüllung der ges. Berufsschulpflicht v. der Ausbildung freizustellen. Die betriebl. Ausbildung wird für die Zwecke des § 15 unterbrochen, ohne dass Nachleistungspflichten entstehen. Die Freistellung wird erforderlich, wenn sich die Berufsschulzeiten mit der planmäßigen betriebl. Ausbildung überschneiden. § 15 soll verhindern, dass der Auszubildende zur Nachholung der ausgefallenen betriebl. Ausbildungszeit verpflichtet ist; § 19 I Nr. 1 verhindert, dass er deswegen Entgelteinbußen erleidet. Dass eine Nachholung der betriebl. Ausbildungszeit ausscheidet, kann § 15 bei flexiblen AZmodellen in Schichtarbeit allerdings nicht automatisch gewährleisten, da dann eine Kombination v. Unterricht und Ausbildung denkbar wäre. Dabei wirkt – neben der zulässigen zeitl. Gesamtbelastung – auch der Normzweck des § 15 einschränkend. Der Begriff des Berufsschulunterrichts ist weiter als der der Berufsschulpflicht, denn er umfasst auch die freiwillige Teilnahme, zB an Nachhilfestunden, Vorbereitungslehrgängen auf die Abschlussprüfung. Begriffsnotwendig bezieht sich die Freistellung weiter auf Zeiträume, in denen der Auszubildende wegen des Schulbesuchs nicht im Betrieb ausgebildet werden kann, zB weil er zwischen den Unterrichtsstunden in der Berufsschule bleibt, oder die notwendigen Wegezeiten zwischen Schule und Betrieb (BAG 26.3.2001 NZA 2001, 892). Die Freistellungspflicht besteht auch ggü. nicht mehr berufsschulpflichtigen Auszubildenden, wenn sie sich ggü. dem Ausbildenden zum Berufsschulbesuch verpflichtet haben (LAG K 18.9.1998 AuR 1999, 76). 1

Die Pflicht zur **Anrechnung** v. Berufsschulzeiten auf betriebl. Ausbildungszeiten ist im BBiG nicht geregelt, sondern ergibt sich (nur für jugendl. Auszubildende) aus § 9 JArbSchG, für die Freistellung zur Teilnahme an Prüfungen und außerbetriebl. Ausbildungsmaßnahmen gilt § 10 JArbSchG. Eine Anrechnung kann nur erforderl. werden, wenn die Berufsschulzeit gerade nicht auf betriebl. Ausbildungszeiten fällt. Zum Umf. der Anrechnung vgl. § 9 JArbSchG; dabei umfasst die Pflicht zur Anrechnung auf die AZ neben den Unterrichtsstunden auch die Pausen, nicht aber die aufgewendete Zeit für den Weg zur Berufsschule bzw. zurück zum Arbeitsplatz (LAG K 18.9.1998 AuR 1999, 76). Für volljährige Auszubildende besteht keine Anrechnungspflicht, da es insoweit an einer Anrechnungsvorschrift fehlt (BAG 26.3.2001 NZA 2001, 892; 13.2.2003 NZA 2003, 984; *Sowka* NZA 1997, 297, 298; *Leinemann/Taubert* Rn. 31, 33). Liegt die betriebl. Ausbildungszeit außerhalb der Schulzeiten, kann der erwachsene Auszubildende länger als die betriebsübl. AZ eingesetzt werden (*Lakies* Berufsausbildung Rn. 198). Überschreitet die Unterrichtsdauer die Zeit der für diesen Tag vorgesehenen betriebl. Ausbildung, ist die für den Schulbesuch zusätzl. aufgewendete Zeit bei Volljährigen nicht auf die wöchentl. Ausbildungszeit anrechenbar (BAG 13.2.2003 NZA 2003, 984). Dieses Erg. ist systematisch zwgd., auch wenn es auf einem gesetzgeberischen Versehen bzgl. der Auswirkungen der Streichung der Anrechnungsbestimmung in § 9 II JArbSchG aF beruhen dürfte (BT-Drs. 13/5494 S. 9; dazu *Anzinger* AuA 1997, 185; *Zmarzlik* DB 1997, 674, 676). **Prüfungen** iSd. §§ 15 und 10 JArbSchG sind Zwischenprüfungen nach § 48, Abschlussprüfungen nach § 37 und Wiederholungsprüfungen nach § 37 I 2 (*Zmarzlik* DB 1987, 2410). Ausbildungsmaßnahmen außerhalb der Ausbildungsstätte können in den jeweiligen Ausbildungsordnungen vorgesehen werden, § 11 I 2 Nr. 3. 2

§ 16 Zeugnis

(1) **[1]Ausbildende haben den Auszubildenden bei Beendigung des Berufsausbildungsverhältnisses ein schriftliches Zeugnis auszustellen. [2]Die elektronische Form ist ausgeschlossen. [3]Haben Ausbildende die Berufsausbildung nicht selbst durchgeführt, so soll auch der Ausbilder oder die Ausbilderin das Zeugnis unterschreiben.**

(2) **[1]Das Zeugnis muss Angaben enthalten über Art, Dauer und Ziel der Berufsausbildung sowie über die erworbenen beruflichen Fertigkeiten, Kenntnisse und Fähigkeiten der Auszubildenden. [2]Auf Verlangen Auszubildender sind auch Angaben über Verhalten und Leistung aufzunehmen.**

Anders als in § 630 BGB ist der Ausbildende bei Beendigung des Ausbildungsverhältnisses zur Erstellung eines Zeugnisses auch ohne ausdr. Verlangen des Auszubildenden verpflichtet (LAG HH 13.12.2010 BeckRS 2011, 70333; BAG 12.2.2013 NZA 2014, 31). Der Anspruch darauf kann nicht vertragl. ausgeschlossen werden (BAG 16.9.1974 EzA BGB § 630 Nr. 5) und besteht auch, wenn der 1

Auszubildende nach Beendigung der Ausbildung weiter im Betrieb beschäftigt wird oder wenn das Ausbildungsverhältnis vorzeitig beendet wird. Das Zeugnis bedarf der Schriftform (BAG 21.9.1999 NZA 2000, 257), die elektronische Form genügt nicht (Abs. 1 S. 2); es ist äußerl. ordnungsgem. zu erstellen (BAG 3.3.1993 NZA 1993, 697). Der Ausbilder übernimmt in den Fällen des § 16 I 3 eine Mitverantwortung für die Richtigkeit des Zeugnisses. Ausbildender und Auszubildender können v. Ausbilder idR die Mitunterzeichnung verlangen. Fehlt seine Unterschrift, ist das Zeugnis nicht unwirksam, denn Abs. 1 S. 3 ist nur Sollvorschrift. Bei mehreren Ausbildern hat der Ausbildungsleiter das Zeugnis mit zu unterschreiben, wenn sich nicht aus der Betriebsordnung etwas anderes ergibt.

2 Das Zeugnis muss obj. richtig sein und einer verkehrsübl. Bewertung entsprechen (BAG 29.7.1971 NJW 1971, 2325). Besondere fachl. Fähigkeiten des Auszubildenden zählen nunmehr zum Pflichtinhalt des Zeugnisses gem. Abs. 2 S. 1. Es sind alle wesentl. Umstände (§ 16 II 1) aufzuführen, auch wenn sie für den Auszubildenden nachteilig sind (wiederholtes Versagen bei der Gesellenprüfung, ArbG Darmstadt 6.4.1974 BB 1967, 541); zugleich soll das Zeugnis aber wohlwollend formuliert sein. Unzulässig sind Angaben über den bloßen Verdacht einer Straftat (OLG HH 14.12.1954 DB 1955, 172). Der Grund für eine etwaige vorzeitige Beendigung des Ausbildungsverhältnisses darf nur mit Zust. des Auszubildenden in das Zeugnis aufgenommen werden (LAG K 29.11.1990 E BGB § 630 Nr. 11). Der Auszubildende kann bei unwahren Angaben Richtigstellung verlangen (BAG 23.6.1960 NJW 1960, 1973); dabei handelt es sich um einen Erfüllungsanspruch auf Ausstellung des richtigen Zeugnisses (zur Verwirkung BAG 17.2.1988 NZA 1988, 427; LAG D 11.11.1994 DB 1995, 1135).

3 Auf Verlangen des Auszubildenden hat der Ausbilder ein qualifiziertes Zeugnis auszustellen, Abs. 2 S. 2, in das Angaben über Verhalten und Leistung aufzunehmen sind. Dazu zählen zB Auffassungsgabe, Lernwilligkeit, Fleiß, Arbeitsverhalten, Arbeitsausführung, Initiative, Ordnung, Pünktlichkeit, soziales Verhalten, Führen eines Ausbildungsnachw., bes. Eignung, Einsatzbereitschaft. Verlangt der Auszubildende ein qualifiziertes Zeugnis, so trägt er das Risiko eines für ihn ungünstigen Zeugnisses. Zu den Zeugnisgrds., Haftung des AG für fehlerhafte Zeugnisse und Schadensersatzansprüchen wegen fehlender oder fehlerhafter Zeugnisse vgl. § 109 GewO; Schaub/*Linck* § 147 Rn. 27, 29ff.

Unterabschnitt 4. Vergütung

§ 17 Vergütungsanspruch

(1) [1]**Ausbildende haben Auszubildenden eine angemessene Vergütung zu gewähren.** [2]**Sie ist nach dem Lebensalter der Auszubildenden so zu bemessen, dass sie mit fortschreitender Berufsausbildung, mindestens jährlich, ansteigt.**

(2) **Sachleistungen können in Höhe der nach § 17 Abs. 1 Satz 1 Nr. 4 des Vierten Buches Sozialgesetzbuch festgesetzten Sachbezugswerte angerechnet werden, jedoch nicht über 75 Prozent der Bruttovergütung hinaus.**

(3) **Eine über die vereinbarte regelmäßige tägliche Ausbildungszeit hinausgehende Beschäftigung ist besonders zu vergüten oder durch entsprechende Freizeit auszugleichen.**

1 Die Vorschr. regelt die Rahmenbedingungen des gem. § 25 unabdingbaren Vergütungsanspruchs des Auszubildenden (BT-Drs. V/4260 S. 9). Die Vorgabe ist zwingend, daher schuldet der Ausbildende eine Vergütung in angemessener Höhe unabhängig v. vertragl. vereinb. Umf. (BAG 23.8.2011 NZA 2012, 211; *Müller* SAE 2016, 53). Ein Anspruch auf Mindestlohn steht dem Auszubildenden nicht zu, § 22 Abs. 3 MiLoG. Die Vergütungspflicht ist im Ausbildungsverhältnis ledigl. Nebenpflicht des Ausbildenden (BAG 10.2.1981 DB 1981, 1935; *Natzel* DB 1992, 1521, 1524). Sie steht nicht im Austauschverhältnis zum Produktionsinteresse des Ausbildenden, denn dieses hat im Ausbildungsverhältnis nur untergeordnete Bedeutung (BAG 17.8.2000 NZA 2001, 150). Auf einen Vertrag zwischen einer Ausbildungs-GmbH und einem Auszubildenden ist § 17 anzuwenden, wenn der Vertrag als Berufsbildungsvertrag vereinbart wurde (LAG HM 12.12.1985 EzB BBiG § 10 I Nr. 47). Schulen und sonstige Bildungseinrichtungen sind nicht „Ausbildende" iSd. Abs. 1, wohl aber außerbetriebl. Ausbildungseinrichtungen gem. § 2 I Nr. 3 (BAG 22.1.2008 NZA-RR 2008, 565).

2 Die Ausbildungsvergütung (Abs. 1 S. 1) ist **Unterhaltsbeitrag** zur Finanzierung der Berufsausbildung (*Natzel* DB 1992, 1521, 1524 lehnt daher weitere Funktionen der Vergütung ab; **aA** *Opolony* BB 2000, 510f.), zugleich **Entgelt** für geleistete Arbeit (BAG 19.2.2008 NZA 2008, 828; 17.3.2015 BeckRS 2015, 69079; 29.4.2015 NZA 2015, 1384; *Opolony* BB 2000, 510); zudem soll sie die Heranbildung einer hinreichenden Zahl qualifizierter Fachkräfte sichern (BAG 15.12.2005 NZA 2007, 1392; 16.7.2013 NZA 2013, 1202). Die Vergütung ist gem. § 850a Nr. 6 ZPO **unpfändbar** (*Natzel* DB 1970, 2267; Lakies/*Malottke* Rn. 5; *Leinemann/Taubert* Rn. 7; StJ/*Brehm* § 850a Rn. 31), kann nach § 1274 II BGB nicht verpfändet werden und ist daher auch nicht abtretbar nach § 400 BGB.

3 Die **Höhe** der Vergütung kann durch TV oder einzelvertragl. bestimmt werden und ist gem. § 11 I Nr. 6 vertragl. festzulegen; ob ein Industrie- oder HandwerksTV den Maßstab für die Angemessenheitsprüfung bildet, bestimmt sich nach Art der überwiegend im Betrieb geleisteten Tätigkeit (BAG 26.3.2013 BeckRS 2013, 69474; LAG MV 26.2.2015 BeckRS 2015, 68008). Fehlt eine tarifl. Regelung, sind die Empfehlungen

v. Kammern/Innungen zu berücksichtigen (BAG 30.9.1998 NZA 1999, 265). Dabei sind die Umstände des Einzelfalls abzuwägen, die kommerzielle Verwertbarkeit der Arbeitserg. oder ein Überangebot an Ausbildungsbewerbern jedoch nicht (*Opolony* Rn. 470 ff.). Ebenso wenig kommt es auf die individuellen Lebensumstände der Auszubildenden oder auf eine bes. schwierige Situation des Ausbildungsbetriebes an (BAG 23.8.2011 NZA 2012, 211; 16.7.2013 NZA 2013, 1202; **aA** LAG M 17.6.2011 BeckRS 2013, 73100). Die Vergütung ist **angemessen,** wenn sie einen verhältnismäßigen Ausgleich zwischen den Aufwendungen beider Parteien für die Durchführung des Ausbildungsverhältnisses herstellt. Unangemessen ist die Vergütung nicht erst, wenn sie die Grenze des § 138 II BGB unterschreitet (BAG 29.4.2015 NZA 2015, 1384). Nach Ansicht der Rspr. muss sie die Lebenshaltungskosten zu bestreiten helfen und zugleich eine Mindestentlohnung für die Leistungen des Auszubildenden darstellen (BAG 10.4.1991 NZA 1991, 773; 30.9.1998 NZA 1999, 265; 29.4.2015 NZA 2015, 1384); daran fehlt es idR, wenn sie die für den Ausbildungsbetrieb im Falle einer Tarifbindung, AVE oder Bezugnahme maßgebl. (BAG 15.12.2005 NZA 2007, 1392; LAG M 17.6.2011 BeckRS 2013, 73100) tarifl. Vergütung um mehr als 20% unterschreitet (BAG 23.8.2011 NZA 2012, 211; 29.4.2015 NZA 2015, 1384; 16.5.2017 BeckRS 2017, 116437). Um eine Geltungserstreckung des Tariflohns handelt es sich dabei nicht, sondern um eine Konkretisierung der Verkehrsanschauung der „angemessenen" Vergütungshöhe. Ein TV ist einschlägig, wenn er für das ArbVerh. räuml., zeitl., und fachl. einschlägig ist und in einem vergleichbaren Wirtschaftskreis gilt (BAG 20.4.2011 NZA 2011, 1173; LAG B 6.3.2013 BeckRS 2013, 73369). Die Unangemessenheit der Vergütung bei 20%iger Abweichung wird ledigl. vermutet; die Vermutung ist widerlegbar (BAG 11.10.1995 NZA 1996, 698; 8.5.2003 NZA 2003, 1343). Ist die Vergütung unangemessen niedrig vereinbart, besteht Zahlungspflicht nicht nur im Umf. V. 80% des Tariflohns, sondern v. 100% (BAG 25.7.2002 BeckRS 2003, 40074; LAG SN 16.11.2010 BeckRS 2011, 66074). Die tarifl. Ausbildungsvergütung ist stets auch für die nicht tarifl. gebundenen Auszubildenden als angemessen anzusehen (BAG 15.12.2005 NZA 2007, 1392; 22.1.2008 NZA-RR 2008, 565). Empfehlungen v. Kammern und Innungen können selbst in Gebieten mit geringer Tarifbindung nicht automatisch an die Stelle v. TV als Bezugsgröße treten, da sie nicht dies. Gewähr für die Berücksichtigung der Interessen beider Seiten bieten (OVG B 29.9.2009 NZA-RR 2010, 260). Zur Orientierung können solche Empfehlungen jedoch herangezogen werden (BAG 15.12.2005 NZA 2007, 1392; 16.7.2013 NZA 2013, 1202). Im verbleibenden Bereich haben die Vertragsparteien einen Regelungsspielraum (BAG 30.9.1998 NZA 1999, 265; 19.2.2008 NZA 2008, 828); eine schematisch um 20% niedriger als der Tariflohn gestaltete Ausbildungsvergütung rechtfertigt dies aber nicht (ArbG HH 18.6.2008 AuR 2008, 404). Ist eine konkrete Vergütungsvereinb. getroffen worden, geht sie im Falle einer nachträgl. Tariflohnsenkung vor, wenn die daneben getroffene Bezugnahmeabrede ledigl. „mind." auf den Tariflohn verweist (BAG 26.9.2002 NZA 2003, 435). Wird die Ausbildung allerdings zu 100% v. der öffentl. Hand zwecks Schaffung zusätzl. Ausbildungsplätze finanziert, können auch Vergütungen, die erhebl. unter den tarifl. Ausbildungsvergütungen liegen, noch angemessen sein (BAG 8.5.2003 NZA 2003, 1343; 17.3.2015 BeckRS 2015, 69079; BAG 16.5.2017 BeckRS 2017, 116437: bei Finanzierung der Ausbildungsvergütung durch Spenden Dritter zwecks Bekämpfung der Jugendarbeitslosigkeit). Dann bieten die Beträge nach § 12 II BAföG einen Anhaltspunkt (BAG 17.3.2015 BeckRS 2015, 69079; 29.4.2015 NZA 2015, 1384). Bei spendenfinanzierten Ausbildungsverhältnissen wird eine geringere Vergütung akzeptiert (BAG 8.5.2003 NZA 2003, 1343; 16.5.2017 BeckRS 2017, 116437). In einem öffentl. (v. der BA) finanzierten Ausbildungsverhältnis v. berufl. Rehabilitanden gem. § 112 SGB III können die Vergütungsansprüche des Auszubildenden ganz entfallen (BAG 15.11.2000 NZA 2001, 1248; 16.1.2003 NZA-RR 2003, 607). Geringere Anforderungen an die „Angemessenheit" rechtfertigen sich aber nicht durch die Förderung aus öffentl. Mitteln, sondern durch die Förderung solcher Auszubildender, die auf dem regulären Ausbildungsmarkt nicht vermittelbar waren (BAG 22.1.2008 NZA-RR 2008, 565; 29.4.2015 NZA 2015, 1384; *Müller* SAE 2016, 53, 58). Die Finanzierung v. Ausbildungsplätzen in der Krankenpflege genießt, soweit sie den Ausbildenden v. den Krankenkassen erstattet wird, daher keine Privilegierung (BAG 19.2.2008 NZA 2008, 828).

Die Vergütung muss mind. jährl. ansteigen, weil die Bedürfnisse des Auszubildenden, aber auch die 4
Qualität seiner Arbeitsleistung steigt (BAG 22.1.2008 NZA-RR 2008, 565). Maßgebl. ist das Ausbildungsjahr, nicht das Kj. (*Litterscheid* NZA 2006, 639, 641). Für ein **viertes Ausbildungsjahr** ist eine höhere tarifl. Ausbildungsvergütung nur vorgesehen, wenn der Ausbildungsberuf eine längere Ausbildungszeit als drei Jahre regelt (BAG 8.2.1978 AP BBiG § 10 Nr. 1); nicht dagegen: für die Zeit bis zur Wiederholungsprüfung. Wird auf die Berufsausbildungszeit ein **Berufsgrundschuljahr** oder der Besuch einer **Berufsfachschule** nach **§ 7 I** angerechnet, so ist die anzurechnende Zeit bei der Berechnung der Vergütung als zurückgelegte Ausbildungszeit zu werten (BAG 22.9.1982 AP BGB § 611 Ausbildungsverhältnis Nr. 5; 8.12.1982 NJW 1983, 1629). Eine **Verkürzung** nach § 8 führt nicht zu einer Vorverlegung des Ausbildungsbeginns mit der Folge, dass der Anspruch auf Erhöhung der Ausbildungsvergütung schon früher entsteht (BAG 8.12.1982 NJW 1983, 1629).

Sachwerte, wie Wohnung, Heizung, Beleuchtung etc. können nach **Abs. 2 auf** bis zu 75% der 5
Vergütung angerechnet werden; dem Auszubildenden muss mind. ein Viertel seiner Vergütung als Geldleistung erbracht werden. Ob eine Anrechnung stattfindet und in welcher Höhe, richtet sich nach TV oder nach dem Einzelarbeitsvertrag (LAG RP 12.4.2007 EzB BBiG § 17 II Nr. 4). Die Höhe der anzurechnenden Sachwerte ergibt sich aus § 17 I 1 Nr. 4 SGB IV iVm. der jährl. geänd. SachBezV.

6 **Mehrarbeit** iSd. **Abs. 3** liegt vor, wenn die nach § 11 I 2 Nr. 4 vereinbarte Dauer der regelm. tägl. AZ überschritten wird. Zulässig ist das nur, wenn es sich um Beschäftigung iRd. Ausbildung handelt, die Erbringung zusätzl. Arbeitsleistung ist in Abs. 3 nicht gemeint. Mehrarbeit iSd. Abs. 3 setzt mithin die Anwesenheit eines Ausbilders oder Mitwirkungsberechtigten (§ 28 II u. III) voraus, der zur fraglichen Zeit die Anleitung des Auszubildenden gewährleistet (ArbG Stade 30.8.2012 AuR 2012, 494). Zur zulässigen tägl. AZ v. Jugendl. §§ 8, 21 I JArbSchG; vergütungspflichtig ist aber auch verbotswidrig geleistete Mehrarbeit, § 10 II iVm § 612 II BGB (*Leisten* BB 1981, 1100). Für die nach Abs. 3 zusätzl. zu zahlende Vergütung gilt ebenfalls der in Abs. 1 festgelegte Grds. der Angemessenheit. Ein Ausgleich der Mehrarbeit durch Kürzung der Ausbildungszeit an anderen Tagen ist ausdr. vorgesehen, am Ausbildungszweck gemessen allerdings zw.

§ 18 Bemessung und Fälligkeit der Vergütung

(1) [1]**Die Vergütung bemisst sich nach Monaten.** [2]**Bei Berechnung der Vergütung für einzelne Tage wird der Monat zu 30 Tagen gerechnet.**

(2) **Die Vergütung für den laufenden Kalendermonat ist spätestens am letzten Arbeitstag des Monats zu zahlen.**

1 § 18 dient der einheitl. zeitl. Bemessung der Vergütung und bestimmt ihre Fälligkeit (Abs. 1). Eine Bemessung nach einem kürzeren Zeitraum als dem Kalendermonat verstößt gegen die Berechnungsvorschrift des Abs. 1 S. 2 und gegen § 25 (Lakies/*Malottke* Rn. 3; *Knopp/Kraegeloh* Rn. 1; *Leinemann/Taubert* Rn. 4). V. Betriebserg. abhängige Vergütung, Stunden- oder Schichtlöhne können nicht vereinbart werden. Für die Berechnung eines Vergütungsanspruchs für nur einzelne Tage wird nach § 18 I 2 jeder Monat zu 30 Tagen gerechnet; das gilt auch für den Februar. Abs. 2 regelt den Zahlungstermin für die Vergütung, der jedoch auf einen früheren Zeitpunkt verlegt werden kann. **Abschlagszahlungen und Vorschüsse** sind zulässig. Der Auszubildende muss spätestens am letzten Arbeitstag des Monats über die Vergütung verfügen können. Bei nicht rechtzeitiger Leistung tritt Verzug ohne Mahnung ein. Der Zahlungspflichtige kann mit der Aufl. belegt werden, die fristgerechte Zahlung regelm. nachw. zu müssen (VG Münster 9.2.2009 BeckRS 2009, 31741). **Erfüllungsort** ist mangels abw. Vereinb. der Ausbildungsort. Die Zahlung kann bar oder durch Überweisung erfolgen; letzterenfalls liegen Kosten und Risiko beim Ausbildenden, § 270 I BGB.

§ 19 Fortzahlung der Vergütung

(1) **Auszubildenden ist die Vergütung auch zu zahlen**
1. für die Zeit der Freistellung (§ 15),
2. bis zur Dauer von sechs Wochen, wenn sie
a) sich für die Berufsausbildung bereithalten, diese aber ausfällt oder
b) aus einem sonstigen, in ihrer Person liegenden Grund unverschuldet verhindert sind, ihre Pflichten aus dem Berufsausbildungsverhältnis zu erfüllen.

(2) **Können Auszubildende während der Zeit, für welche die Vergütung fortzuzahlen ist, aus berechtigtem Grund Sachleistungen nicht abnehmen, so sind diese nach den Sachbezugswerten (§ 17 Abs. 2) abzugelten.**

1 **1. Normzweck.** § 19 dient der Sicherung der Vergütung des Auszubildenden, wenn dieser auf Grund Freistellung nach § 15 oder unverschuldet nicht an der Berufsausbildung teilnimmt oder seine Pflichten aus dem Berufsausbildungsverhältnis nicht erfüllen kann. Die Bestimmung ist lex specialis im Ausbildungsrecht, wird aber durch arbeitsrechtl. Schutzvorschriften ergänzt (§ 14 ArbPlSchG, §§ 9 III, 10 II 2, 43 JArbSchG; §§ 18, 23 MuSchG, § 2 EFZG). § 615 BGB ist im Falle einer unwirksamen Kündigung durch den Ausbildenden anwendbar (BAG 15.3.2000 NZA 2001, 214), oder wenn die Ausbildung für einen über 6 Wochen hinausgehenden Zeitraum entfällt, weil der Auszubildende einem Übergang des Ausbildungsverhältnisses auf den Betriebserwerber widersprochen hat (LAG SN 11.5.2005 EzB BGB 2002 § 615 Nr. 1; insoweit zust. BAG 13.7.2006 NZA 2006, 1406). Der Auszubildende muss sich jedoch zur Ausbildung bereithalten (LAG K 4.5.2006 NZA-RR 2006, 635), denn fehlende Ausbildungsbereitschaft ließe den Annahmeverzug entfallen. § 19 gilt nicht nur für Berufsausbildungen, sondern gem. § 26 auch für andere Vertragsverhältnisse.

2 **2. Vergütungsfortzahlung während der Freistellung, Abs. 1 Nr. 1.** Abs. 1 Nr. 1 schreibt die Vergütungsfortzahlung für die Zeit der **Freistellung** nach § 15 vor. Das gilt auch für die Zeit eines notwendigen, aber vertragl. außerhalb des Beschäftigungsbetriebes zu absolvierenden Praktikums (ArbG Kiel 23.12.1997 NZA-RR 1998, 344). Eine Freistellung nach § 15 ist nur möglich, wenn der Auszubildende an dem Tag andernfalls im Betrieb hätte arbeiten müssen (LAG BW 14.1.2015 NZA-RR 2015, 234). Den Anspruch nach Nr. 1 haben auch nicht mehr berufsschulpflichtige Auszubilden-

de (ArbG Münster 20.12.1979 EzB BBiG § 12 I Nr. 4), wenn der Berufsschulbesuch vertragl. vereinbart worden war. Auf den Anspruch kann erst nach Abschluss des Ausbildungsverhältnisses wirksam verzichtet werden (BAG 20.8.1980 DB 1981, 222; ArbG Kiel 23.12.1997 NZA-RR 1998, 344).

Zu **Dauer und Umf. der Freistellung:** §§ 9, 10 JArbSchG. Bleibt der Auszubildende der Ausbildungsstätte fern, obwohl der Berufsschulunterricht ausgefallen ist, kann seine Vergütung entspr. gekürzt werden (*Götz* Rn. 277; *Leinemann/Taubert* Rn. 5). Eine Verrechnung v. unentschuldigten Fehltagen mit Urlaubstagen hatte das BAG (5.2.1970 EzA BUrlG § 7 Nr. 11) jedoch nicht zugelassen. Auch wenn die Freistellung gem. § 15 länger als die vereinbarte regelm. AZ dauert oder an einem ausbildungsfreien Tag stattfindet, ist nur die vereinbarte Vergütung für die regelm. tägl. AZ zu zahlen (BAG 3.9.1960 AP JArbSchG § 13 Nr. 1; 17.11.1972 AP JArbSchG § 13 Nr. 3). Findet die Schulausbildung an einem Tag statt, an dem im Betrieb nicht gearbeitet wird, fehlt es an der „Freistellung" iSd. Nr. 1; ein Vergütungsanspruch entsteht nicht. 3

Der Auszubildende hat grds. keinen Anspruch auf Ersatz der **Fahrtkosten,** die im Zusammenhang mit der Freistellung entstehen; etwas anderes gilt im Falle betriebl. Übung (BAG 11.1.1973 DB 1973, 831), oder wenn auf Veranlassung des Ausbildenden eine andere als die zust. Schule besucht wird, und dadurch Mehrkosten entstehen (LAG HM 30.8.2007 EzB BBiG § 12 Nr. 25). Ein Anspruch auf Übernahme der Kosten anlässl. der Teilnahme des Auszubildenden an der **Abschlussprüfung an einem auswärtigen Prüfungsort** besteht grds. nicht, kann aber vertragl. vorgesehen werden oder sich aus der Verkehrssitte ergeben (BAG 14.12.1983 BeckRS 9998, 148795). Kosten für betriebl. **Ausbildungsmaßnahmen außerhalb der Ausbildungsstätte** hat der Ausbildende zu tragen, wenn erst dadurch die Erfüllung der Ausbildungspflicht gewährleistet wird (BAG 29.6.1988 EzB BBiG § 5 Nr. 25). 4

3. Zeitlich begrenzte Fortzahlung der Vergütung, Abs. 1 Nr. 2 lit. a und b. erhält den vertragl. Anspruch auf Vergütung für höchstens 6 Wochen uneingeschränkt aufrecht, wenn die Ausbildung aus einem nicht v. Auszubildenden zu vertretenden Grunde entfällt und er sich während dieser Zeit für die Berufsausbildung bereithält; das betrifft insb. Gründe aus der Risikosphäre des Ausbildenden (Betriebsstörung, Maschinenschaden, Auftragsmangel) oder die Wahrnehmung öffentl. Pflichten. **Bereithalten** setzt grds. ein ordnungsgem. Angebot zur Erfüllung der Pflichten voraus; nachf. muss der Auszubildende auf telefonische oder schriftl. Nachfrage fähig sein, die Ausbildung wieder aufzunehmen. Die Vergütung ist ebenfalls zu zahlen, wenn der Auszubildende aus einem sonstigen, in seiner Person liegenden Grund unverschuldet verhindert ist, seine Pflichten aus dem Berufsausbildungsverhältnis zu erfüllen, **Abs. 1 Nr. 2 lit. b).** Die Vorschr. entspricht § 616 S. 1 BGB, ist jedoch unabdingbar und nicht ledigl. auf „eine verhältnismäßig nicht erhebl. Zeit" begrenzt. Subj. Verhinderungsgründe sind Heirat, Geburt, schwerwiegende Erkrankung naher Angehöriger, Umzug, medizinisch notwendige Arztbesuche, Gerichtstermine etc. (Lakies/*Malottke* Rn. 6; Schaub/*Linck* § 97 Rn. 6 mwN). Bei obj., nicht in der Person des Auszubildenden liegenden Hindernissen (Glatteis, Überschwemmungen, Verkehrshindernisse) besteht kein Anspruch auf die Fortzahlung der Vergütung (BAG 24.3.1982 BeckRS 1982, 05051; 8.12.1982 NJW 1983, 1079). Der subj. Grund muss den Auszubildenden hindern, seine Pflichten aus dem Ausbildungsverhältnis zu erfüllen. 5

Der Begriff des **Verschuldens** entspricht dem des § 3 EFZG (vgl. dort Rn. 23 ff.). Bei **Verschulden eines Dritten** ist der Auszubildende verpflichtet, seine Ansprüche gegen den Schädiger iHd. Vergütungsfortzahlung an den Ausbildenden abzutreten (LG Hannover 20.11.1973 BB 1974, 40). Die Vergütung wird in den Fällen des Abs. 1 Nr. 2 lit. a) und b) bis zur Dauer v. höchstens **sechs Wochen** weitergezahlt. Bei Pflege erkrankter Angehöriger ergibt sich daraus nicht regelm. eine v. § 616 S. 1 BGB abw. Privilegierung auszubildender Pflegepersonen: In der Person der Auszubildenden liegt die Verhinderung näml. nur solange, wie eine anderweitige Betreuung nicht zumutbar organisiert werden kann; das dürfte sich den zu § 616 BGB entwickelten zeitl. Grenzen annähern (*Schmitt*[5] § 12 BBiG aF Rn. 110; Staudinger/*Oetker* § 616 BGB Rn. 98). Eine direkte Übertragung der zu § 616 BGB entwickelten zeitl. Grenzen kommt demggü. nicht in Betracht, da dies dem bewusst abw. Wortlaut des § 19 widerspräche. 6

Die alte Gesetzesfassung verwies für den Krankheitsfall noch ausdr. auf das **EFZG**; dieser Verweis wurde gestrichen, weil § 1 II EFZG ohnehin ausdr. regelt, dass die zur Berufsausbildung Beschäftigten dem ANBegriff des EFZG unterfallen. Die **Beweislast** für ein etwaiges Verschulden des Auszubildenden trägt grds. der Ausbildende (BAG 4.12.1985 NZA 1986, 289; *Natzel* S. 257). Die unverschuldete Erkrankung muss kausal dafür geworden sein, dass der Auszubildende an der Ausbildung nicht teilnehmen kann, also zur „Ausbildungsunfähigkeit" geführt haben (BAG 17.3.1961 NJW 1961, 1694; *Schmitt*[5] § 12 BBiG aF Rn. 37; Staudinger/*Oetker* § 616 BGB Rn. 224). Rechtsfolge ist der in § 3 I EFZG begr. Anspruch auf EFZ. Auch die vierwöchige Wartefrist des § 3 III EFZG gilt im Berufsausbildungsverhältnis (BAG 20.8.2003 NZA 2004, 205); wird unmittelbar nach Abschluss der Ausbildung ein ArbVerh. zwischen denselben Parteien begr., beginnt jedoch keine weitere Wartefrist zu laufen. Unterschiede zur Rechtslage „normaler" AN bestehen generell insoweit, als bei der Anwen- 7 dung des EFZG auf Auszubildende stets die Besonderheiten des Ausbildungszwecks zu berücksichtigen sind.

8 **4. Sachleistungen (Abs. 2).** Mit Abs. 2 wird auf die SachBezV verwiesen, die auf Grdl. v. § 17 I 1 Nr. 4 SGB IV erlassen worden ist, weil eine Abgeltung solcher Sachleistungen stattfinden muss, die der Auszubildende wegen der Verhinderung nicht abnehmen kann, zB Unterbringung/Verpflegung.

Unterabschnitt 5. Beginn und Beendigung des Ausbildungsverhältnisses

§ 20 Probezeit

[1]Das Berufsausbildungsverhältnis beginnt mit der Probezeit. [2]Sie muss mindestens einen Monat und darf höchstens vier Monate betragen.

1 Die Probezeit ermöglicht den Vertragsparteien die Prüfung, ob der Auszubildende für den betreffenden Beruf **geeignet** ist. Das Ausbildungsverhältnis steht unter dem Vorbehalt jederzeitiger Beendigung, sofern sich eine Zusammenarbeit auf Dauer für eine Partei als nicht zweckentsprechend erweist (*Schweighöfer* AuA 2012, 136). Der Auszubildende kann zudem die Zusammenarbeit mit dem Ausbildenden und die Ausbildungsstätte prüfen (BAG 12.2.2015 NZA 2015, 737). Während der Probezeit kann das Ausbildungsverhältnis jederzeit nach § 22 fristlos **gekündigt** werden. Die höchst zulässige Dauer der Probezeit wurde von drei auf vier Monate verlängert, weil der Erprobungszweck nicht erreicht werden kann, falls in den ersten Ausbildungswochen Zeiten v. Blockunterricht oder überbetriebl. Unterweisung liegen. Die **Probezeit** (S. 1) beginnt mit der Berufsausbildung; maßgebl. ist der vertragl. vereinbarte Beginn, unabhängig v. Ausfall wegen Erkrankung oder Feiertagen. Eine dem Ausbildungsverhältnis vorgeschaltete selbständige Probezeit ist unzulässig; ihre generelle Verlängerung über vier Monate hinaus ist wegen § 25 unwirksam (Lakies/*Malottke* Rn. 10; diff. *Knopp/Kraegeloh* Rn. 5). Dasselbe muss für Konstruktionen gleicher Wirkung gelten, etwa für einen während der Probezeit geschlossenen, auf nach Ende der Probezeit datierten Auflösungsvertrag, der nur im Falle der späteren Bewährung „widerrufen" wird. Die Vereinbarung einer erneuten Probezeit in einem rechtl. selbständigen Ausbildungsverhältnis ist unzulässig, falls dieses zu dem vorangegangenen Ausbildungsverhältnis in besonders engem sachl. Zusammenhang steht (BAG 12.2.2015 NZA 2015, 737). Dann verlangt der Normzweck eine beschränkende Auslegung von § 20. Anerkannt wurde dagegen eine Regelung, wonach eine Unterbrechung der Ausbildung in der Probezeit um mehr als ein Drittel der vereinbarten Probezeit zu einer automatischen Verlängerung der Probezeit um den Unterbrechungszeitraum führt (BAG 9.6.2016 NZA 2016, 1406). Für ledigl. zeitl. geringfügige Unterbrechungen gilt das nicht. Die Vereinbarung über die Länge der Probezeit unterliegt der Klauselkontrolle nach § 307 BGB (BAG 9.6.2016 NZA 2016, 1406; *Reinartz* DB 2015, 1347).

2 Eine Beschäftigung als **Praktikant** unmittelbar vor Beginn der Ausbildungszeit gilt nach Ansicht des BAG nicht als Ausbildungszeit und wird auf die Probezeit nicht angerechnet (BAG 19.11.2015 NZA 2016, 228; **aA** ArbG Wetzlar 24.10.1989 BeckRS 1989, 30841172; BMMS/*Stück* § 13 aF Rn. 6), da der Zweck mit dem des § 20 nicht identisch ist. Dasselbe gilt für ein vorgeschaltetes ArbVerh. , das vereinbarungsgem. In ein Ausbildungsverhältnis münden soll. Andere Vertragsverhältnisse, die nicht den Pflichten aus §§ 13, 14 unterliegen, sollen den Zweck der Erprobung nicht erfüllen können. Gerade für ein ausbildungsnahes Praktikum überzeugt das nicht (*Lakies/Malottke* Rn. 15; *Benecke/Hergenröder* Rn. 7; **aA** *Leinemann/Taubert* Rn. 8; KR/*Weigand* §§ 21–23 Rn. 42), da der Ausbilder den Auszubildenden auch dann im Lern- und Arbeitsverhalten kennen lernen kann. Für die Zulässigkeit einer weiteren Probezeit nach Wechsel des Ausbilders LAG SH 12.8.2010 BeckRS 2010, 74227. Bei einer **Stufenausbildung** gilt der Anfang der Ausbildung in der ersten Ausbildungsstufe als Beginn des Berufsausbildungsverhältnisses. Die Probezeit ist daher nur vor der ersten Stufe zu absolvieren (BAG 27.11.1991 NZA 1992, 506).

§ 21 Beendigung

(1) **[1]Das Berufsausbildungsverhältnis endet mit dem Ablauf der Ausbildungszeit. [2]Im Falle der Stufenausbildung endet es mit Ablauf der letzten Stufe.**

(2) Bestehen Auszubildende vor Ablauf der Ausbildungszeit die Abschlussprüfung, so endet das Berufsausbildungsverhältnis mit Bekanntgabe des Ergebnisses durch den Prüfungsausschuss.

(3) Bestehen Auszubildende die Abschlussprüfung nicht, so verlängert sich das Berufsausbildungsverhältnis auf ihr Verlangen bis zur nächstmöglichen Wiederholungsprüfung, höchstens um ein Jahr.

1 **1. Ende des Ausbildungsverhältnisses (Abs. 1).** Das Ausbildungsverhältnis endet automatisch mit Zeitablauf ohne Kündigung oder bes. Mitt. Wird die Ausbildung als Stufenausbildung gem. § 5 II 1 Nr. 1 durchgeführt, so muss der Ausbildungsvertrag über die gesamte Regelausbildungsdauer laufen, nicht mehr über einzelne Stufen (LAG SH 20.10.2016 BeckRS 2016, 74935). Zwar können Auszubil-

dende nach Abschluss einer Stufe die Ausbildung aufgeben, dies bedarf jedoch einer Kündigung gem. § 22 II Nr. 2. Zu einer automatischen Beendigung gem. Abs. 1 S. 1 kommt es gerade nicht. § 21 regelt die Beendigung des Berufsausbildungsverhältnisses nicht abschl., denn es kann auch in beiderseitigem Einverständnis aufgeh. werden, seit Einf. des § 623 BGB jedoch nur noch in schriftl. Form (*Preis/Gotthardt* NZA 2000, 348, 354). Zur Kündigung vgl. § 22.

Die Dauer der Ausbildungszeit ergibt sich aus der jeweiligen Ausbildungsordnung. Dabei sind Verlängerungen, Verkürzungen, Unterbrechungen nach § 8, § 6 III ArbPlSchG, § 20 I 2 BEEG mögl. und für den Fristablauf maßgebl. (BMMS/*Stück* § 14 aF Rn. 6). Das Ausbildungsverhältnis verkürzt bzw. verlängert sich bei ges. Anordnung automatisch; ohne bes. Anordnung ist eine Analogie (DDZ/Wroblewski Rn. 4 f.) schwer begründbar. Eine Verlängerung findet auf Verlangen des Auszubildenden statt, falls dieser die Abschlussprüfung nicht bestanden hat (Abs. 3; vgl. auch *Natzel* SAE 2009, 250); weiter kann eine Verlängerung bei der zust. Stelle beantragt werden, um dem Auszubildenden das Erreichen des Ausbildungsziels noch zu ermöglichen, § 8 II. Findet eine Abschlussprüfung erst nach Ende der regulären Ausbildungszeit statt, die der Auszubildende erfolgreich absolviert, ohne in der Zwischenzeit im Betrieb beschäftigt worden zu sein, hat das Ausbildungsverhältnis mit dem vertragl. vorgesehenen Zeitpunkt geendet (BAG 13.3.2007 NZA 2007, 1391). Das Ausbildungsverhältnis endet auch dann mit Zeitablauf, wenn der Auszubildende zur Abschlussprüfung nicht zugelassen wird oder sich ihr nicht stellt; ein Zwang zur Teilnahme besteht nicht (LAG HB 19.4.1960 DB 1960, 1131). Den Ausbildenden kann dann aber die (Neben-)Pflicht treffen, eine Nachausbildung zu vereinbaren (ArbG Hamm 20.6.1968 DB 1968, 1762). Findet eine Abschlussprüfung kurze Zeit nach Ablauf der Vertragsfrist statt und wird die Ausbildung im Hinblick auf die Prüfung tat. fortgesetzt, wird eine stillschweigende Verlängerung des Ausbildungsverhältnisses angenommen (*Natzel* S. 1363; *Grünberger* AuA 1996, 155); wegen § 24 sollte eine befristete Verlängerung des Ausbildungsvertrages gesondert vereinbart werden. Das BAG (14.1.2009 NZA 2009, 738) hält im Falle, dass zwar die Prüfung vor Ablauf der Ausbildungszeit stattfindet, aber das Prüfungserg. erst nach Abschluss der vereinbarten Ausbildungszeit bekannt gegeben wird, eine automatische Verlängerung für nicht interessengerecht. Etwas anderes galt aber für den Fall entsprechend Abs. 3, d. h. nach ausdr. „Verlangen" des Auszubildenden (aA *Natzel* SAE 2009, 250, 253). 2

2. Vorzeitige Abschlussprüfung (Abs. 2). Nach **Abs. 2** endet das Berufsausbildungsverhältnis vor Ablauf der vereinbarten Ausbildungszeit, wenn der Auszubildende die Abschlussprüfung vorher besteht. Die Abschlussprüfung ist **erst dann bestanden,** wenn das Prüfungsverfahren abgeschlossen und das Erg. der Prüfung mitgeteilt worden ist (BAG 16.6.2005 NZA 2006, 680; 22.1.2008 NZA–RR 2008, 565). Diese Rspr. hat Abs. 2 jetzt ausdr. übernommen. Damit wird die zuvor anerkannte Möglichkeit beseitigt, dass die gem. § 47 zu erlassende Prüfungsordnung einen abw. Bestehenszpkt. vorschreibt (vgl. dazu BAG 5.4.1984 BeckRS 1984, 04426; 16.2.1994 NZA 1994, 855). Auf Verlangen des Ausbildenden ist diesem das Erg. der Abschlussprüfung ebenfalls zu übermitteln, § 37 II 2, um sicherzustellen, dass er das Ende des Ausbildungsverhältnis kennt (*Lakies* AR-Blattei SD 400 Rn. 648). 3

3. Wiederholung bei erfolgloser Prüfung (Abs. 3). Besteht ein Auszubildender die Abschlussprüfung nicht, kann er die Verlängerung des Berufsausbildungsverhältnisses bis zur nächstmögl. Wiederholungsprüfung verlangen, **Abs. 3,** höchstens um ein Ausbildungsjahr (BAG 7.10.1971 BB 1972, 136). Mit Zugang des Verlangens beim Ausbildenden verlängert sich das Ausbildungsverhältnis kraft Gesetzes unmittelbar (BAG 15.3.2000 NZA 2001, 214; LAG BE 25.2.2000 NZA-RR 2001, 243), ohne dass der Ausbildende dies verweigern könnte. Eine Verlängerung liegt nur in unmittelbarem zeitl. Zusammenhang mit dem bestehenden Ausbildungsverhältnis vor; zudem muss der Zweck der Verlängerung, die angemessene Vorbereitung auf die Wiederholungsprüfung, noch sinnvoll erreichbar sein. Eine Frist zur Geltendmachung der Verlängerung (*Götz* Rn. 102) ist nicht vorgesehen. Vor Ablauf der im Ausbildungsvertrag vereinbarten Zeit ist der Verlängerungsanspruch daher nicht fristgebunden, selbst wenn der Auszubildende v. Nichtbestehen der Abschlussprüfung bereits Kenntnis hat (BAG 23.9.2004 NZA 2005, 413); nach Ablauf der vereinbarten Vertragslaufzeit ist das Fortsetzungsverlangen dagegen unverzügl. zu erklären (aaO). Selbst eine Pflicht zu „unverzügl." Erkl. nach Bekanntgabe des Prüfungserg. ermöglicht jedoch eine angemessene Überlegungsfrist (ArbG Hanau 26.6.1997 AuR 1998, 79). Das Verlängerungsverlangen ist analog Abs. 3 ebenfalls möglich, wenn die Abschlussprüfung zwar bereits abgelegt, das Prüfungserg. aber vor Ablauf der Ausbildungszeit noch nicht bekannt gegeben worden ist (BAG 14.1.2009 NZA 2009, 738). Durch die Verlängerung wird ledigl. die Dauer der Ausbildung verändert, alle anderen Vertragsbedingungen bleiben bestehen. Das Ausbildungsverhältnis endet spätestens nach einem Jahr, berechnet ab dem Zugang des Verlängerungsverlangens. Liegt die nächstmögl. Prüfung vor diesem Termin, endet das Ausbildungsverhältnis zu diesem Zeitpunkt, selbst wenn der Auszubildende an dieser Prüfung vorwerfbar nicht teilnimmt (*Brill* BB 1998, 208) oder sie nicht besteht (auflösende Bedingung). 4

Der Auszubildende kann allerdings innerhalb der Höchstfrist des Abs. 3 eine **weitere Verlängerung** verlangen (BAG 15.3.2000 NZA 2001, 214; abl. LAG D 9.6.1998 E BBiG § 14 Nr. 3; *Opolony* BB 1999, 1709). Allerdings muss diese Wiederholungsprüfung innerhalb der Jahresfrist, gerechnet ab dem ersten Verlängerungsverlangen, abgelegt werden (BAG 15.3.2000 NZA 2001, 214; für die Zulässigkeit 5 einer weiteren Verlängerung auch wenn die Abschlussprüfung außerhalb der Höchstfrist liegt: LAG BE 25.2.2000 NZA-RR 2001, 243). Die großzügige Zulassung der Wiederholungsmöglichkeiten ist nach dem Normzweck geboten und mit dem Wortlaut vereinbar: Der Begriff der „Abschlussprüfung" ist nicht notwendig auf den ersten Versuch festgelegt. Die (Kalender-)Jahresfrist bestimmt dabei den absoluten Höchstumfang eines verlängerten Ausbildungsverhältnisses (*Götz* Rn. 104; BMMS/*Stück* § 14 aF Rn. 31); sie darf ausgeschöpft werden, selbst wenn die zweite Wiederholungsprüfung wenige Tage nach Fristablauf angesetzt ist (für eine nochmalige Verlängerung um ein weiteres Jahr: DDZ/Wroblewski Rn. 23). Mehr als zwei Wiederholungsprüfungen können nicht verlangt werden, § 37 I 2, auch nicht zur Wiederholung der bereits bestandenen Prüfung zwecks Notenverbesserung. Eine Verlängerung ist auch mögl. bei **entschuldigtem Fehlen bei der Abschlussprüfung** (BAG 30.9.1998 NZA 1999, 434; *Sarge* DB 1993, 1034; **aA** ArbG BE 5.12.1985 EzB BBiG § 29 III Nr. 3: nur Verlängerung nach § 29 III aF möglich). Dasselbe gilt mind. entspr. (BAG 30.9.1998 NZA 1999, 434), wenn krankheitsbedingte AU ursächl. für das Fehlen war (BMMS/*Stück* § 14 aF Rn. 21; Lakies/*Malottke* Rn. 33). Findet die Abschlussprüfung erst nach der Beendigung der vereinbarten Vertragsdauer statt, beginnt das Ausbildungsverhältnis v. dem Zeitpunkt des Verlangens an (für höchstens ein Jahr) neu. Wird die Fortsetzung noch während der Laufzeit des Berufsausbildungsverhältnisses verlangt, schließt sie sich unmittelbar an (*Gaul* BB 1988, 1385; Lakies/*Malottke* Rn. 36 ff.). Die **Vergütung** richtet sich bei einer Verlängerung nach dem letzten regulären Ausbildungsjahr, nicht nach einem 4. Ausbildungsjahr, soweit sich aus einem TV nichts anderes ergibt (BAG 8.2.1978 EzB BBiG § 10 I Nr. 22).

§ 22 Kündigung

(1) Während der Probezeit kann das Berufsausbildungsverhältnis jederzeit ohne Einhalten einer Kündigungsfrist gekündigt werden.

(2) Nach der Probezeit kann das Berufsausbildungsverhältnis nur gekündigt werden
1. aus einem wichtigen Grund ohne Einhalten einer Kündigungsfrist,
2. von Auszubildenden mit einer Kündigungsfrist von vier Wochen, wenn sie die Berufsausbildung aufgeben oder sich für eine andere Berufstätigkeit ausbilden lassen wollen.

(3) Die Kündigung muss schriftlich und in den Fällen des Absatzes 2 unter Angabe der Kündigungsgründe erfolgen.

(4) [1] Eine Kündigung aus einem wichtigen Grund ist unwirksam, wenn die ihr zugrunde liegenden Tatsachen dem zur Kündigung Berechtigten länger als zwei Wochen bekannt sind. [2] Ist ein vorgesehenes Güteverfahren vor einer außergerichtlichen Stelle eingeleitet, so wird bis zu dessen Beendigung der Lauf dieser Frist gehemmt.

1 **1. Kündigung, Allgemeines.** Die Vorschr. gestattet eine Beendigung des Berufsausbildungsverhältnisses durch Kündigung nur in beschränktem Umf. Abgesehen v. der Regelung in Abs. 1 kann das (befristete, § 21 I) Berufsausbildungsverhältnis nicht ordentl. gekündigt werden. Dieser Grds. des Abs. 2 gilt für alle Berufsausbildungsverhältnisse (LAG D 22.1.1976 DB 1976, 1112) und ist vertragl. nicht abänderbar; § 25 schließt eine weitergehende Zulassung der ordentl. Kündigung aus (BT-Drs. 5/4260 zu § 15 II aF). Der Auszubildende soll ohne diese Sorge seine Ausbildung absolvieren können, für den Ausbildenden wird im Zuge der Ausbildung die praktische Arbeit des Auszubildenden wertvoller. Vor jeder Kündigung des Berufsausbildungsverhältnisses ist der BR/PR zu hören, da BetrVG und die PersVG grds. auch für Ausbildungsverhältnisse gelten. Der Sonderkündigungsschutz gem. § 17 MuSchG, § 18 BEEG, § 85 SGB IX, § 15 KSchG gilt auch für Berufsausbildungsverhältnisse. **Vor Antritt der Probezeit** kann das Ausbildungsverhältnis ordentl. gekündigt werden, wenn sich aus einer Vereinb. oder aus den Umständen nichts anderes ergibt (BAG 17.9.1987 NZA 1988, 735; LAG D 16.9.2011 NZA-RR 2012, 127). In der Insolvenz des Ausbildenden kann der InsV das Ausbildungsverhältnis gem. § 113 InsO auch nach Ablauf der Probezeit fristgem. kündigen (BAG 27.5.1993 EzA KO § 22 Nr. 5; vgl. § 113 InsO Rn. 6; *Hirdina* NZA-RR 2010, 65). Kündigt der Ausbildende einem Minderjährigen, muss er die Erkl. ggü. den gesetzl. Vertretern abgeben (§ 131 II 1 BGB; BAG 8.12.2011 NZA 2012, 495).

2 **2. Kündigung während der Probezeit (Abs. 1).** Während der Probezeit (§ 20) kann das Ausbildungsverhältnis jederzeit, auch mit Zugang am letzten Tag der Probezeit (BAG 8.12.2011 NZA 2012, 495), fristlos gekündigt werden. Auch der Auszubildende ist in der Probezeit zur Kündigung ohne Beachtung der Anforderungen des Abs. 2 berechtigt. Bei einem minderjährigen Auszubildenden muss der rechtzeitige Zugang ggü. den ges. Vertretern bewirkt werden (BAG 8.12.2011 NZA 2012, 495). Eine der Kündigung vorausgehende Erörterung der Kündigungsgründe mit den Eltern ist auch bei minderjährigen Auszubildenden nicht gem. § 242 BGB geboten (BAG 8.12.2011 NZA 2012, 495). Die im ArbVerh. zu beachtende Frist des § 622 III BGB ist damit nicht maßgeblich; ein Verstoß gegen den Gleichbehandlungsgrds. liegt darin nicht (BAG 16.12.2004 NZA 2005, 578), weil das Ende eines Ausbildungsverhältnisses, dessen Ausbildungszweck nicht erreicht werden kann, möglichst rasch her-

beigeführt werden soll, vgl. § 20 Rn. 1. Die Kündigung nach Abs. 1 ist dennoch eine **ordentliche** Kündigung (BAG 10.11.1988 NZA 1989, 268; *Kreutzfeldt/Kramer* DB 1995, 975). Der Angabe eines Kündigungsgrundes bedarf es nach Abs. 1 nicht (BAG 8.3.1977 BeckRS 2012, 68718; *Hirdina* NZA-RR 2010, 65); die Schriftform des Abs. 3 ist zu beachten. Die Kündigung ist an §§ 138, 242, 612a BGB zu messen, um die Härten für den Auszubildenden mit berücksichtigen zu können, die sich aus dem Fehlen v. Ausweichausbildungsplätzen nach Beginn des Ausbildungsjahres ergeben können. (LAG HM 22.8.1985 DB 1986, 812; LAG D 16.9.2011 NZA-RR 2012, 127; BMMS/*Stück* § 15 aF Rn. 6). Das Verbinden mit einer **Auslauffrist** ist möglich, wenn sie nicht unangemessen lang ist (BAG 10.11.1988 NZA 1989, 268).

3. Kündigung nach Ablauf der Probezeit (Abs. 2). Nach **Abs. 2 Nr. 1** kann nach Ablauf der 3
Probezeit beiderseits aus **wichtigem Grund** ohne Einhalten einer Kündigungsfrist gekündigt werden. Eine Auslauffrist ist auch hier mögl. (BAG 16.7.1959 AP BGB § 626 Nr. 31). Einhaltung der Schriftform und Angabe des Kündigungsgrundes (BAG 10.2.1999 AP BMT-G II § 54 Nr. 2) sind Wirksamkeitsvoraussetzung (Abs. 3). Ein **wichtiger Grund** setzt in Anlehnung an § 626 BGB voraus, dass das Ausbildungsziel erhebl. gefährdet und die Fortsetzung des Ausbildungsverhältnisses unzumutbar ist (BAG 12.2.2015 NZA 2015, 741; LAG RP 2.3.2017 BeckRS 2017, 106870). Dabei sind das ggf. jugendl. Alter des Auszubildenden (ArbG Essen 27.9.2005 NZA-RR 2006, 246) und der Ausbildungszweck des Vertragsverhältnisses zu berücksichtigen (LAG BW 21.3.1966 DB 1966, 747). Die Verhältnismäßigkeitsprüfung hat streng und unter Abwägung aller konkreten Umstände zu erfolgen (BAG 25.10.2012 NZA 2013, 319); der Vortrag pauschaler Vorwürfe genügt nicht (LAG RP 24.10.2013 BeckRS 2014, 65476). Pflichtverstöße sind daher nur unter erschwerten Bedingungen als unzumutbar für den Ausbildenden zu bewerten (LAG K 8.1.2003 AuR 2003, 235). Eine fristlose Kündigung kurz vor Abschluss der Ausbildung ist kaum noch mögl. (BAG 10.5.1973 EzA BBiG § 15 Nr. 2; LAG BW 31.10.1996 NZA-RR 1997, 288; LAG D 15.4.1993 EzB BBiG § 15 II Nr. 1, Nr. 76). In jedem Fall ist die Kündigung nur als **ultima ratio** nach Ausschöpfung aller mögl. pädagogischen Mittel und der Einschaltung des ges. Vertreters zulässig (LAG BW 18.8.1953 WA 1954, 35). Einer vorherigen **Abmahnung** (LAG RP 25.4.2013 NZA-RR 2013, 406) bedarf es nur ausnahmsweise nicht, wenn der Auszubildende, obwohl ihm die Gefährdung des Ausbildungsverhältnisses klargemacht wird, jede Einsicht in die Tragweite seines Verhaltens vermissen lässt (LAG K 11.8.1995 NZA-RR 1996, 128; *Fuhlott/Gömöry* FA 2012, 133 f.) oder wenn eine Hinnahme des Verhaltens durch den Ausbildenden offensichtl. ausgeschlossen ist (BAG 1.7.1999 NZA 1999, 1270; LAG BE 22.10.1997 NZA-RR 1998, 442). Auch die fristlose Eigenkündigung des Auszubildenden setzt grds. eine Abmahnung voraus (ArbG Trier 15.8.2013 NZA-RR 2014, 17). **Verdachtskündigungen** bleiben jedoch mögl. jdf. wenn der bes. Charakter des Ausbildungsverhältnisses bei der Prüfung der Verdachtskündigung berücksichtigt wird (BAG 12.2.2015 NZA 2015, 741; *Reinartz* DB 2015, 1347, 1350); auf das Vorliegen einer besonderen Vertrauensstellung soll es dafür nicht ankommen.

Tatsachen, die v. der **Rspr.** als wichtiger Grund für eine Kündigung seitens des **Ausbildenden** 4
anerkannt worden sind: Eine **Folge v. Pflichtwidrigkeiten,** die Sinn und Zweck der Ausbildung und das Erreichen des Ausbildungszieles in Frage stellen (BAG 22.6.1972 EzA BGB § 611 Nr. 1) wie zB häufiges Zuspätkommen, unentschuldigtes Fernbleiben, Nichteinhalten der Zeitkontrolle, wiederholtes Erschleichen oder Übertreten des Urlaubs (LAG HM 7.11.1978 DB 1979, 606), verspätetes Abliefern der Berichtshefte trotz Abmahnung (LAG HE 3.11.1997 BeckRS 1997, 30872490; ArbG Wesel 14.11.1996 NZA-RR 1997, 291), Nichteinhaltung v. Ausbildungszeiten und mehrfaches unentschuldigtes Versäumen des Berufsschulunterrichts (LAG D 15.4.1993 EzB BBiG § 15 II Nr. 1, Nr. 76; ArbG Magdeburg 7.9.2011 ArbRB 2011, 301) bzw. Weigerung, die Berufsschularbeiten zu erledigen (LAG D 13.1.1959 BB 1959, 490) (nicht aber: mangelhafte Berufsschulleistungen oder schlechte Leistungen bei der Zwischenprüfung, LAG RP 25.4.2013 NZA-RR 2013, 406; ArbG Essen 27.9.2005 NZA-RR 2006, 246); Fälschung eines Zeugnisses (VG D 18.4.2012 BeckRS 2012, 50489); das Nehmen einer größeren Anzahl v. **Fahrstunden** während einer krankheitsbedingten AU (ArbG Stade 16.10.1970 EzB BBiG § 15 II Nr. 1, Nr. 25), die Weigerung, zulässigerweise angeordnete **Mehrarbeit** zu leisten (LAG D 27.1.1955 DB 1955, 222), **unbefugtes Fahren** eines Kfz auf dem Betriebsgelände durch einen Auszubildenden im Kfz-Handwerk (ArbG Passau 10.2.1966 ARSt 1966, 84 Nr. 139), **grobe Beleidigung** des Ausbildenden (ArbG Göttingen 13.4.1976 GewArch 1977, 153) oder des AG (LAG HM 10.10.2012 BB 2012, 2688), auch durch ehrkränkende Äußerungen bei Facebook (LAG HM 10.10.2012 BB 2012, 2688); Bedrohung eines Vorgesetzten mit Gewaltanwendung (ArbG F 15.2.2006 EzB BBiG 2005 § 22 Nr. 2), **Diebstahl** (LAG D 6.11.1973 EzB BBiG § 15 II Nr. 1, Nr. 17; ArbG Duisburg 1.6.1971 EzB BBiG § 15 II Nr. 1, Nr. 16; **aA** ArbG Reutlingen 20.5.1977 AP BBiG § 15 Nr. 5 wegen Vorrangs der betriebl. Resozialisierung), **Straftat gegen das BtMG,** sofern sie im Betrieb begangen wurde (ArbG Wilhelmshaven 16.4.1982 E BBiG 2005 § 22 Nr. 2). Straftaten bilden aber keine absoluten Kündigungsgründe, sondern müssen sich auf das Ausbildungsverhältnis konkret auswirken (LAG B 13.11.2009 E BBiG 2005 § 22 Nr. 1, 68). Gewerkschaftl. oder **parteipolitische Betätigung** ist allenfalls ein wichtiger Grund, wenn sie das Vertragsverhältnis konkret beeinträchtigt und den Betriebsfrieden ernsthaft stört (BAG 15.7.1971 NJW 1971, 2325), **Tragen einer Politikplakette** (BAG

9.12.1982 EzA BGB § 626 nF Nr. 86; **aA** ArbG HH 6.6.1979 NJW 1979, 2638; ArbG K 28.3.1984 BB 1985, 663), **Verbreiten neonazistischen Gedankenguts** während der AZ und mit Hilfe der dem Auszubildenden zur Vfg. gestellten Mittel, auch bei einem zeitl. weit fortgeschrittenen Berufsausbildungsverhältnis (LAG K 11.8.1995 NZA-RR 1996, 128), rassistisches Verhalten (BAG 1.7.1999 NZA 1999, 1270; LAG BE 22.10.1997 NZA-RR 1998, 442); ggf. Wegfall der Ausbildungsberechtigung; **Stilllegung oder wesentliche betriebl. Einschränkung der Ausbildungsstätte** (ArbG K 6.5.1965 NJW 1965, 2075). Bei Stilllegung in der Insolvenz ist, wenn nicht ohnehin eine kürzere Frist gilt, § 113 InsO zu beachten (BAG 3.12.1998 NZA 1999, 425; MüArbR/*Natzel* § 178 Rn. 307).

5 Wichtige Gründe, die den **Auszubildenden** zu einer Kündigung berechtigen: Weigerung des Ausbildenden, den Auszubildenden zu einem v. der Innung vorgeschriebenen **Fortbildungskurs** zu schicken (ArbG Stade 29.8.1969 ARSt 1970, 31, Nr. 1029), **Fehlen oder Verlieren der Berechtigung zum Einstellen oder Ausbilden,** Untersagung der Ausbildung durch die Behörde gem. § 33 (§ 24 aF), auch wenn die Entsch. später wieder aufgeh. wird (ArbG Celle 15.12.1971 EzB BBiG § 15 II Nr. 1, 39), schwerer Verstoß gegen die Bestimmungen des **JArbSchG** (BAG 28.10.1971 EzA BGB § 626 nF Nr. 9), oder andere Arbeitsschutzvorschriften; dauernde Beschäftigung mit ausbildungsfremden Tätigkeiten (LAG SH 5.8.1969 DB 1969, 2188); **Tätlichkeiten oder grobe Ehrverletzungen** gegen den Auszubildenden, systematisch schlechte Behandlung durch die Mitarbeiter (ArbG Marburg 27.11.1962 AP BGB § 611 Lehrverhältnis Nr. 20; ArbG Verden 24.1.1969 ARSt 1969 Nr. 142) oder der Annahmeverzug des AG in erheblichem Umf. (ArbG Trier 15.8.2013 NZA-RR 2014, 17). Die Parteien können wichtige Gründe iSd. Abs. 2 Nr. 1 unter Berücksichtigung der Eigenart des Ausbildungsverhältnisses **einzelvertragl.** konkretisieren (BAG 22.11.1973 EzA BGB § 626 nF Nr. 33). Die Vereinb. v. wichtigen Gründen über das ges. Maß hinaus ist aber unzulässig.

6 Der Auszubildende kann außerdem nach **Abs. 2 Nr. 2** mit einer Kündigungsfrist v. vier Wochen kündigen, wenn er die **Berufsausbildung aufgeben** oder sich für eine andere Berufstätigkeit ausbilden lassen will. Eine ordentliche Kündigung durch den Ausbildenden ist nach Ablauf der Probezeit nicht mehr zulässig (BAG 27.5.1993 NZA 1993, 845). Die Ernsthaftigkeit der Erkl. nach Nr. 2 lässt sich kaum nachprüfen. Die Gefahr eines Missbrauchs des Kündigungsrechts ist um einer zutreffenden Berufsfindung willen und wegen des Rechts aus Art. 12 GG in Kauf zu nehmen. Bei einer Kündigung zur Fortsetzung ders. Ausbildung in einem Konkurrenzunternehmen macht sich der Auszubildende **schadensersatzpflichtig** (BAG 28.2.1966 ARSt 1967, 127 Nr. 1192). Die Kündigungserkl. eines **Minderjährigen** erfordert die Einwilligung oder Mitwirkung der Erziehungsberechtigten (ArbG Stade 19.11.1965 ARSt 1966 Nr. 35), § 111 S. 1 BGB.

7 **4. Schriftform, Unwirksamkeit der Kündigung (Abs. 3 und 4).** Die Kündigung muss **schriftlich** (§ 126 BGB) und in den Fällen des Abs. 2 unter **Angabe der Kündigungsgründe** erfolgen, **Abs. 3;** dies gilt für beide Vertragsparteien. Ein Verstoß dagegen führt zur Nichtigkeit gem. § 125 BGB (BAG 25.8.1977 EzA BGB § 125 Nr. 3). Eine nachträgl. Mitt. der Kündigungsgründe heilt den Mangel nicht (BAG 22.2.1972 AP BBiG § 15 Nr. 1; LAG RP 25.4.2013 NZA-RR 2013, 406); auch das Nachschieben v. Gründen im Prozess ist idR unzulässig (LAG RP 17.1.2008 EzB BBiG § 22 II Nr. 1 Nr 65; LAG HH 30.9.1994 E BBiG § 15 Nr. 9). Die die Kündigung begründenden Tatsachen müssen konkret und so eindeutig beschrieben werden, dass der fragl. Lebenssachverhalt auch im Prozess nicht ernsthaft zweifelhaft sein kann (BAG 10.2.1999 AP BMT-G II § 54 Nr. 2; LAG RP 6.3.2007 EzB BBiG § 22 II Nr. 1, Nr. 64a; 2.3.2017 BeckRS 2017, 106870) und dass die Erfolgsaussichten einer Klage erkennbar sind (BAG 22.2.1972 AP BBiG § 15 Nr. 1). Die Angabe der subj. maßgebl. Gründe genügt, der AG darf sich im Rechtsstreit dann aber nicht auf Gründe stützen, die er im Kündigungsschreiben nicht genannt hat (LAG HH 29.8.1997 E BBiG § 15 Nr. 11). Die bloße Bezugnahme auf Verletzung einer im Ausbildungsvertrag vereinbarten Pflicht ohne Benennung des zugrunde liegenden Sachverhalts genügt nicht (LAG K 18.2.2004 BeckRS 2004, 41339).

8 Die Kündigung nach Abs. 2 Nr. 1 muss **innerhalb v. zwei Wochen** nach Kenntnis des wichtigen Grundes erklärt werden, **§ 22 V 1.** Das entspricht nach Inhalt und Zweck § 626 II BGB (*Grünberger* AuA 1996, 155, 157). Ist ein außergerichtl. Güteverfahren eingeleitet, so wird bis zu dessen Beendigung diese Frist gehemmt, **§ 22 IV 2.** Dieses Verfahren ist bereits vor Ausspruch einer Kündigung einzuleiten mit dem Ziel, die Beendigung des ArbVerh. zu verhindern (*Leinemann/Taubert* Rn. 111). Die Anrufung eines nach § 111 II ArbGG gebildeten Schlichtungsausschusses ist damit nicht gemeint, denn dies ist erst nach der Kündigung erforderlich. Sie gilt als unverzichtbare Prozessvoraussetzung für die Klage (BAG 25.11.1976 AP BBiG § 15 Nr. 4; 13.4.1989 DB 1990, 586), kann aber bis zur str. Verh. nachgeholt werden (BAG 25.11.1976 AP BBiG § 15 Nr. 4). Die Anrufung des Gremiums ist regelm. innerhalb v. drei Wochen, bei Verhinderung aber bis zur Grenze der Verwirkung unbefristet mögl. (BAG 13.4.1989 BeckRS 9998, 153044; **aA** *Sarge* DB 1989, 880; *Kreutzfeldt/Kramer* DB 1995, 975 mwN Fn. 9).

9 **5. Vorgehen gegen die Kündigung.** Eine soziale Rechtfertigung einer Kündigung gem. § 1 KSchG kommt im Ausbildungsverhältnis nicht in Betracht, da nach Ablauf der Probezeit gem. Abs. 2 nur noch fristlos gekündigt werden kann. Besteht ein Ausschuss gem. § 111 II ArbGG, ist dieser zuerst anzurufen (*v. Vogel* NJW-Spezial 2007, 33, 34). Ein Schlichtungsverfahren ist nur Prozessvoraussetzung eines noch bestehenden Ausbildungsverhältnisses; nach dessen Beendigung endet die Zust. des

Schlichtungsausschusses (BAG 13.3.2007 NZA 2007, 1391; 22.1.2008 NZA-RR 2008, 565). Besteht kein Ausschuss, kann eine Klage unter Beachtung der Frist des § 111 II 3 ArbGG unmittelbar vor dem ArbG erhoben werden (BAG 13.4.1989 NZA 1990, 395). Auf diese ist nach **Ansicht des BAG** die Frist des § 4 KSchG anwendbar, während diese Frist für die Befassung des Ausschusses gerade nicht gilt (BAG 5.7.1990 NZA 1991, 671; 26.1.1999 NZA 1999, 934; 23.7.2015 NZA-RR 2015, 628). Nach **aA** (GMP/*Prütting* § 111 ArbGG Rn. 22; SPV/*Vossen* Rn. 1828 f.) widerspricht das Erfordernis der Fristwahrung dem Zweck des BBiG, das einen erhöhten Bestandsschutz zur Verwirklichung des Ausbildungsziels voraussetzt. Trotz der Erweiterung des Anwendungsbereichs der Klagefrist ist die Kritik iE berechtigt, denn die Differenzierung zwischen Bezirken mit und ohne Schlichtungsausschuss ist sachwidrig.

§ 23 Schadensersatz bei vorzeitiger Beendigung

(1) [1]**Wird das Berufsausbildungsverhältnis nach der Probezeit vorzeitig gelöst, so können Ausbildende oder Auszubildende Ersatz des Schadens verlangen, wenn die andere Person den Grund für die Auflösung zu vertreten hat.** [2]**Dies gilt nicht im Falle des § 22 Abs. 2 Nr. 2.**

(2) **Der Anspruch erlischt, wenn er nicht innerhalb von drei Monaten nach Beendigung des Berufsausbildungsverhältnisses geltend gemacht wird.**

Die Vorschr. gewährt der vertragstreuen Partei einen **Schadensersatzanspruch** bei jegl. vorzeitiger Beendigung, also unvollständigen Durchführung (BAG 17.7.1997 NZA 1997, 1224; 17.8.2000 NZA 2001, 150; 8.5.2007 NJW 2007, 3594) des Berufsausbildungsverhältnisses. Weitere Ersatzansprüche können sich aus den allg. arbeitsrechtl. Vorschr. ergeben; ggü. § 628 II BGB ist die Norm jedoch spezieller (BAG 16.7.2013 NZA 2013, 1201). Da dem Bestandsschutz im Ausbildungsverhältnis kein dem ArbVerh vergleichbarer Wert als wirtschaftl. Lebensgrdl. zukommt, ist seine erleichterte Auflösung vorgesehen. Voraussetzung des Anspruchs aus Abs. 1 ist die **tats. Beendigung** des Berufsausbildungsverhältnisses nach der Probezeit; auf die rechtl. Zulässigkeit der Beendigung kommt es nicht an (BAG 17.8.2000 NZA 2001, 150; 17.7.2007 BeckRS 2007, 48695; LAG NI 14.8.2006 NZA-RR 2007, 348). Der Anspruch besteht nicht, wenn die Ausbildung gar nicht erst angetreten (ArbG Celle 23.3.1982 EzA BBiG § 16 Nr. 8) oder vor Ablauf der Probezeit beendet wird. Bei einvernehml. Aufhebung des Ausbildungsverhältnisses ist gegenseitiger Verzicht auf Schadensersatz anzunehmen. Die vorzeitige Beendigung des Ausbildungsverhältnisses muss v. der vertragsuntreuen Partei zu vertreten sein, §§ 276, 278 BGB (BAG 22.6.1972 EzA BGB § 611 Ausbildungsverhältnis Nr. 1); das kann auch die Partei sein, die die Auflösung veranlasst, etwa: der Ausbildende, dem die Eignung fehlt (§ 28), weil der geeignete Ausbilder fehlt (LAG HM 9.4.2014 BeckRS 2015, 72632; *Opolony* Rn. 768). Eine **Ausnahme** v. der Schadensersatzpflicht besteht nach Abs. 1 S. 2 im Falle des Ausbildungswechsels, § 22 II Nr. 2. 1

Rechtsfolge ist der Ersatz des Schadens, der durch die vorzeitige Beendigung des Ausbildungsverhältnisses entstanden ist, §§ 249 ff., 254 BGB (LAG K 30.10.1998 NZA 1999, 317), ohne Begrenzung auf den Lohnausfall während einer fiktiven Kündigungsfrist (BAG 16.7.2013 NZA 2013, 1202). Auch die Feststellung der Pflicht zum Ersatz künftigen Schadens kann beantragt werden (LAG RP 11.1.2008 EzB BBiG § 17 Abs. 1 Nr. 62d). Ersatzfähig sind zB die Aufwendungen für die Begründung eines neuen Berufsausbildungsverhältnisses und die Mehrkosten, die durch die Ausbildung an einem anderen Ort verursacht werden (BAG 11.8.1987 AP BBiG § 16 Nr. 1). Zu ersetzen ist weiter der Verdienstausfall, der sich durch eine Verschiebung des Ausbildungsabschlusses ergibt (LAG NI 14.8.2006 NZA-RR 2007, 348). Dagegen kann der Ausbildende v. dem vertragsbrüchigen Auszubildenden nicht Ersatz für die Übernahme der Tätigkeit durch einen – teureren – AN verlangen: das Ausbildungsverhältnis schützt nicht die Produktionsinteressen des Betriebes (BAG 17.8.2000 NZA 2001, 150). Ebenso wenig kann der Ausbilder Ersatz verlangen für die Kosten einer betriebl. Fachausbildung, zB für den Erwerb der Fahrerlaubnis eines Berufskraftfahrers (BAG 25.4.1984 NZA 1985, 184). Der Auszubildende kann Vertrauensschaden wegen Verletzung vorvertragl. Pflichten nicht aus § 23 ersetzt verlangen (BAG 17.7.1997 NZA 1997, 1224), wohl aber aus Verschulden bei Vertragsschluss. Der Ersatzanspruch des Auszubildenden ist begrenzt auf die Ausbildungsvergütung bis zum vereinbarten Ende des Berufsausbildungsverhältnisses. Auf diesen Betrag ist jedoch dasjenige anzurechnen, was der (ehem.) Auszubildende während dieser Zeit durch anderweitige Tätigkeit erworben hat, dh. es findet eine Gesamtbetrachtung v. Vor- und Nachteil während der gesamten vereinbarten Vertragslaufzeit statt (BAG 8.5.2007 NJW 2007, 3594). Die Ansicht des BAG, ein Anspruch wegen vorzeitiger Beendigung aus § 628 II BGB könne um eine Entschädigung für Verluste des Bestandsschutzes ergänzt werden (BAG 26.7.2001 NZA 2002, 325; 21.5.2008 NZA-RR 2009, 75), ist mangels vergleichbaren Bestandsschutzes auf ein befristetes Ausbildungsverhältnis nicht übertragbar (BAG 16.7.2013 NZA 2013, 1202). 2

Der Anspruch muss innerhalb v. drei Monaten **(Ausschlussfrist)** nach der vertragl. vorgesehenen Beendigung des Berufsausbildungsverhältnisses zumindest dem Grunde nach geltend gemacht werden, 3

Abs. 2. Maßgebend für den Fristbeginn ist das vertragsgem. Ende des Ausbildungsverhältnisses, nicht das tats. Ende der Ausbildung (BAG 17.7.2007 BeckRS 2007, 48695). Der Ausschuss für Streitigkeiten aus dem Ausbildungsverhältnis (§ 111 II ArbGG) muss vorprozessual nicht angerufen werden, da es sich insoweit nicht um eine Streitigkeit aus einem bestehenden Berufsausbildungsverhältnis handelt (LAG D 26.6.1984 EzB BBiG § 16 Nr. 9).

Unterabschnitt 6. Sonstige Vorschriften

§ 24 Weiterarbeit

Werden Auszubildende im Anschluss an das Berufsausbildungsverhältnis beschäftigt, ohne dass hierüber ausdrücklich etwas vereinbart worden ist, so gilt ein Arbeitsverhältnis auf unbestimmte Zeit als begründet.

1 Grds. endet das Ausbildungsverhältnis bei Vorliegen der gesetzl. Beendigungsgründe, ohne dass ein Anspruch auf Begründung eines ArbVerh. entsteht. Entspr. § 625 BGB dient die Vorschr. der Klarstellung der Rechtslage, wenn der Auszubildende nach Ende des Ausbildungsverhältnisses ohne Unterbrechung und ohne entspr. Vereinb. weiterbeschäftigt wird (BT-Drs. 5/4260 zu § 17 aF; *Benecke* NZA 2008, 820). § 24 erfasst auch den Auszubildenden, der vor Abschluss der vereinbarten Vertragslaufzeit seine Abschlussprüfung besteht, § 21 II, und anschließend wieder im Betrieb tätig wird (BAG 16.6.2005 NZA 2006, 680). Der weitere Besuch der Berufsschule ohne Fortsetzung der betriebl. Tätigkeit genügt dafür nicht (BAG 13.3.2007 NZA 2007, 1391). Wird allerdings das Ausbildungsverhältnis verlängert iSd. § 21 III, vgl. § 21 Rn. 4, greift § 24 nicht (BAG 14.1.2009 NZA 2009, 738). Folge des § 24 ist die Begründung eines unbefristeten ArbVerh. mit der Pflicht zur Zahlung des vollen Facharbeiterlohnes, § 612 II BGB, falls der Auszubildende die Prüfung bestanden hatte. Andernfalls ist auf § 612 II BGB iRd. Tätigkeit abzustellen, mit er als AN tats. beschäftigt worden ist.

2 Eine Verpflichtung zur Begründung eines ArbVerh. besteht nicht (BAG 11.4.1984 EzA BBiG § 17 Nr. 12; 20.11.2003 NZA 2004, 752), vgl. jedoch § 78a BetrVG, § 9 BPersVG (*Kleinebrink* ArbRB 2010, 279). Selbst tarifl. „Übernahmeverpflichtungen" begründen nicht automatisch ein ArbVerh., sondern verpflichten ledigl. den Ausbildenden, ein solches anzubieten (BAG 14.10.1997 NZA 1998, 775); Nichterfüllung führt insoweit nur zu Schadensersatzansprüchen. Soll der Auszubildende nicht weiterbeschäftigt werden, sollte vor der Prüfung eine schriftl. Mitt. darüber zugehen, dass das Ausbildungsverhältnis mit Bestehen der Prüfung endet, eine Übernahme in ein ArbVerh. nicht stattfindet und eine Weiterbeschäftigung abgelehnt wird. Dabei ist diese Entsch. ggf. an §§ 75, 95 BetrVG oder den Diskriminierungsverboten zu messen (BAG 5.4.1984 NVwZ 1985, 608); auf eine Meinungsäußerung des Auszubildenden darf die Ablehnung nicht gestützt werden (BVerfG 19.5.1992 NJW 1992, 2409).

3 Eine **Weiterbeschäftigung** iSd. § 24 liegt vor, wenn der Auszubildende an dem der rechtl. Beendigung des Berufsausbildungsverhältnisses folgenden Arbeitstag oder sonst „im Anschluss (Rn. 4)" erscheint und auf Weisung oder mit Wissen und Willen des Ausbildenden oder eines Vertreters tätig wird (BAG 8.2.1978 EzA BBiG § 10 Nr. 1; LSG RP 5.3.2010 BeckRS 2010, 70362). Wird auf einen Vertreter abgestellt, muss dieser auch zum Abschluss v. Arbeitsverträgen befugt sein (BAG 20.2.2002 NZA 2002, 1000; LAG D 26.9.2002 NZA-RR 2003, 175). Tw. wird weiter verlangt, der Ausbildende müsse v. der Beendigung des Rechtsverhältnisses Kenntnis haben, damit die Fiktionswirkung des § 24 ausgelöst werden kann (LAG RP 18.1.2006 BeckRS 2006, 41315; LAG B 20.4.2007 EzA-SD 2007 Nr. 14, 11), weil das Gesetz diese Wirkung an eine fehlende ausdr. Vereinb. knüpft; eine Veranlassung zum Abschluss einer solchen Vereinb. könne aber nur derjenige AG haben, der weiß, dass die Abschlussprüfung beendet ist. Dies überzeugt nicht. Das G fingiert hier einen Vertragsabschluss, so dass es auf subj. Kenntnis oder Absichten der Parteien nur ausnahmsweise überhaupt ankommen kann. Stellt man auf einen solchen Ausnahmefall ab, ist aber nach dem Schutzzweck das Kennenkönnen der Kenntnis gleichzustellen: Das Bestehen der Abschlussprüfung ist dem Prüfling bekannt zu geben, aber auf besondere Anforderung auch dem Ausbildenden, § 37 II 2. Eine Planung hins. der mögl. Weiterbeschäftigung eines Auszubildenden muss auch nicht gerade im Moment der Abschlussprüfung einsetzen; eine vorsorgl. Erkl. darüber (Rn. 2) ist in zeitl. Nähe zum bevorstehenden Ende der Ausbildungszeit mögl. und zumutbar. Wer die ihm mögl. Kenntniserlangung durch Nichtstellen des entsprechenden Antrags versäumt, ist zu behandeln als ob Kenntnis bestünde. Auch zu den inhaltl. parallelen Bestimmungen des § 625 BGB bzw. § 14 TzBfG verlangt die Lit. überw. keine Kenntnis v. der Vertragsbeendigung.

4 Im **Anschluss** an das Ausbildungsverhältnis erfolgt eine Beschäftigung, wenn keine oder nur so geringfügige Unterbrechungszeiten zwischen dem Ende des Ausbildungsverhältnisses gem. § 21 I und der Weiterbeschäftigung liegen, dass es nicht um eine konkludente Neubegründung geht. Krankheitszeiten sind keine relevanten Unterbrechungen, sie hindern eine Beschäftigung „im Anschluss" nicht (aA KR/*Fischermeier* Rn. 7). Über die Anschlussbeschäftigung darf keine **ausdr. Vereinb.** getroffen worden sein; liegt eine solche vor, ist sie an § 12 I zu messen. Hat der Ausbildende ausdr. erklärt, dass er den Auszubildenden nach Beendigung des Berufsausbildungsverhältnisses nicht weiter beschäftigen

wolle oder könne, greift § 24 nicht (LAG HE 14.6.1982 EzB BBiG § 17 Nr. 8; BMMS/*Stück* § 17 aF Rn. 9). **Rechtsfolge** des § 24 ist das Zustandekommen eines ArbVerh. auf unbestimmte Zeit. Soll stattdessen ein befristetes ArbVerh. geschlossen werden (vgl. § 14 I Nr. 2 TzBfG; dazu *Kliemt* NZA 2001, 296 f.), muss die Befristung schriftl. erfolgen, § 14 IV TzBfG. Eine stillschweigende Verlängerung des Ausbildungsverhältnisses wird zT angenommen, wenn die Abschlussprüfung nach dem Ende des Ausbildungsvertrages liegt und die Ausbildung einvernehml. fortgesetzt wird (§ 21 Rn. 2). Wird der Auszubildende dann mit Facharbeiten beschäftigt, wandelt sich das Ausbildungs- in ein ArbVerh. mit den entspr. Entgeltansprüchen um (ArbG Kiel 7.10.1970 AP BBiG § 17 Nr. 1).

§ 25 Unabdingbarkeit

Eine Vereinbarung, die zuungunsten Auszubildender von den Vorschriften dieses Teils des Gesetzes abweicht, ist nichtig.

1 §§ 4 bis 26 sind zum **Schutz des Auszubildenden** unabdingbar; auch v. den allg. Rechtsvorschriften darf nicht zuungunsten des Auszubildenden abgewichen werden. Ob die Abweichung zuungunsten des Auszubildenden wirkt, ist obj. zu bestimmen (BAG 9.6.2016 NZA 2016, 1406). Für die Beurteilung der vertragl. Verlängerung der Probezeit (§ 20 Rn. 1) stellt das BAG darauf ab, dass Verlängerungen wegen Unterbrechung der Probezeit den Auszubildenden zugutekommen, weil sie eine „zweite Chance" auf Bewährung in der Probezeit bekommen. § 25 erfasst auch Regelungen in BV und Dienstvereinb. und TV (LAG RP 7.3.1997 EzB BBiG § 10 I Nr. 65). Unzulässige Vereinb. beseitigen nicht den Bestand des Vertrages, sondern werden durch die ges. Regelungen ersetzt (BAG 13.3.1975 NJW 1975, 1575).

§ 26 Andere Vertragsverhältnisse

Soweit nicht ein Arbeitsverhältnis vereinbart ist, gelten für Personen, die eingestellt werden, um berufliche Fertigkeiten, Kenntnisse, Fähigkeiten oder berufliche Erfahrungen zu erwerben, ohne dass es sich um eine Berufsausbildung im Sinne dieses Gesetzes handelt, die §§ 10 bis 23 und 25 mit der Maßgabe, dass die gesetzliche Probezeit abgekürzt, auf die Vertragsniederschrift verzichtet und bei vorzeitiger Lösung des Vertragsverhältnisses nach Ablauf der Probezeit abweichend von § 23 Abs. 1 Satz 1 Schadensersatz nicht verlangt werden kann.

1 Die Vorschr. regelt die Anwendung bestimmter Vorschr. des BBiG auf Rechtsverhältnisse, die weder ArbVerh. sind noch Berufsausbildungsverhältnisse. Dient das Vertragsverhältnis nicht vorrangig dem Erwerb berufl. Kenntnisse usw., untersteht es als ArbVerh. ledigl. dem allg. ArbR, nicht dem BBiG (BAG 5.12.2002 NZA 2003, 880; 13.3.2003 BeckRS 2008, 54164; *Grimm/Linden* ArbRB 2014, 51, 52). Voraussetzung ist, dass die eingestellten Personen eine vertragl. geschuldete Arbeitsleistung iRd. v. AG bestimmten Arbeitsorganisation erbringen (BAG 6.5.1998 NZA 1998, 939). Dafür kommt es auf die Gewichtung der vertragl. begr. Pflichten bei der tats. Vertragsdurchführung an (BAG 1.12.2004 NZA 2005, 779). Besteht der Vertragszweck in der Durchführung einer Ausbildung, ist grds. ein Ausbildungsverhältnis zu wählen, nur ausnahmsweise kann ein ArbVerh. begr. werden. Eine Ausbildung in einem „Anlernverhältnis" durchzuführen, um sie § 26 zu unterstellen, ist unzulässig (BAG 27.7.2010 BB 2011, 572), selbst wenn der Abschluss eines Ausbildungsvertrages an mangelndem Einverständnis oder mangelnder Ausbildungsreife der Bewerber scheitert (krit. *Benecke* NZA 2012, 646, 648). Der Begriff der „Einstellung" in ein „anderes Vertragsverhältnis" iSd. § 26 setzt zumindest ein Mindestmaß an Verpflichtung des anderen Vertragspartners zur Mitwirkung am Betriebszweck voraus (BAG 17.7.2007 NZA 2008, 417). Als andere Vertragsverhältnisse iSd. § 26 gelten Rechtsverhältnisse, in denen *erstmals* Kenntnisse oder Fertigkeiten vermittelt werden (BAG 12.2.2013 NZA 2014, 31; LAG B 6.3.2013 BeckRS 2013, 73369), idR also die Ausbildung v. Praktikanten und Volontären (BAG 19.6.1974 AP BAT § 3 Nr. 3). Nicht erfasst werden Qualifizierungsmaßnahmen im bestehenden ArbVerh. zur Erweiterung berufl. Handlungsfähigkeit oder für einen berufl. Aufstieg. Sofern in Rechtsverhältnissen die Arbeitspflicht ggü. der Ausbildung überwiegt, unterfallen sie § 26 nicht; dann kann der Beschäftigte trotz Wahl in den BR auch nicht die Rechte aus § 78a BetrVG beanspruchen (BAG 1.12.2004 NZA 2005, 779). Ob auch die Ausbildungsvorbereitung unter § 26 fällt (sowohl die GBegr. BT-Drs. 15/26 S. 30), wird bezweifelt, da dort nicht berufsbefähigende Kenntnisse vermittelt werden (BAG 10.2.1981 NJW 1982, 350), sondern im Vorfeld angesiedelte (*Natzel* DB 2003, 719). Ob dieses Rechtsverhältnis als ArbVerh. oder als „anderes" iSd. § 26 einzuordnen ist, hängt davon ab, ob ein geordneter Kenntniserwerb vereinbart bzw. tarifl. vorgeschrieben ist und die Dauer der Ausbildung mind. zwei Jahre beträgt (BAG 1.12.2004 NZA 2005, 779; *Leinemann/Taubert* Rn. 22). Eine Einstiegsqualifizierung als Berufsausbildungsvorbereitung (§ 1) kann § 26 unterstellt werden, § 54a I, II Nr. 1 SGB III.

2 Ein **Volontär** ist eine Person, die sich ggü. dem AG als Ausbildendem zur Leistung v. Diensten und dieser sich zur Ausbildung der Person verpflichtet, ohne dass mit der Ausbildung eine vollständig abgeschlossene Fachausbildung in einem anerkannten Ausbildungsberuf beabsichtigt wäre (BAG 23.6.1983 NJW 1984, 1779; *Düwell* DB 2014, 2047, 2048). Es muss jedoch ein geordneter Ausbildungsgang für die in § 5 I Nr. 2 vorgeschriebene Mindestdauer v. 2 Jahren vereinbart werden (BAG 1.12.2004 NZA 2005, 779). Die v. § 82a HGB grds. vorgesehene Unentgeltlichkeit des Volontariats wird durch §§ 26, 17 ausgeschlossen.

3 **Praktikanten** sind Personen, die sich ohne eine systematische Berufsausbildung zu absolvieren, zeitweilig einer bestimmten betriebl. Tätigkeit und Ausbildung im Rahmen einer Gesamtausbildung unterziehen (ArbG Bochum 25.3.2014 BeckRS 2014, 71220; *Lakies* AR-Blattei SD 400 Rn. 120; *Schade* NZA 2012, 654). Eine davon etwas abw. Definition bietet § 22 I 3 MiLoG, der auf den Rahmen einer Gesamtausbildung verzichtet; damit war jedoch nach der Gesetzesbegründung eine Änd. der Rechtslage nicht beabsichtigt (§ 22 MiLoG Rn. 7). Die wesentl. Bedingungen des Praktikantenvertrags sind schriftl. niederzulegen und vor Aufnahme der Tätigkeit dem Praktikanten auszuhändigen, § 2 Ia NachwG. Dies wird in § 22 I 2 MiLoG durch eine Gleichstellung von Praktikum und ArbVerh. erreicht, die – für den Anspruch auf Mindestlöhne – die Abgrenzung beider Rechtsverhältnisse gerade entbehrl. macht. Für Ansprüche aus § 612 II BGB bleibt diese aber weiterhin maßgebend. Für die Einordnung als Praktikum muss der Kenntniserwerb im Vordergrund stehen; Rechtsverhältnisse, die nicht zur Weiterqualifizierung dienen, sondern nur zur Erledigung lfd. anfallender Arbeiten geschlossen werden, sind ArbVerh. Dennoch erbringen auch Praktikanten verwertbare Tätigkeiten, die zur betriebl. Gesamtleistung beitragen (LAG RP 10.8.2006 BeckRS 2007, 41825; aA *Horstmeier* AiB 2006, 230, 231). Die Vergütung für Praktikanten darf eher als Aufwandsentschädigung oder als Beihilfe zum Lebensunterhalt ausgestaltet sein (BAG 13.3.2003 EzB BBiG § 19 Nr. 33a; LAG K 31.5.2006 NZA-RR 2006, 525; LAG BW 8.2.2008 NZA 2008, 768), muss sich aber gem. § 17 I im angemessenen Rahmen halten. V. den unter § 26 fallenden Rechtsverhältnissen, die keine ArbVerh. sind, unterliegt nur das Praktikum grds. dem MiLoG. Der Mindestlohnanspruch gem. § 22 I 2 MiLoG gilt nur, wenn keine Ausnahmebestimmung greift, dh., wenn nicht ein Praktikum verpflichtend in einer Schul-, Ausbildungs- oder Studienordnung vorgeschrieben wird oder es sich um ein bis zu dreimonatiges Orientierungspraktikum vor Aufnahme einer Berufsausbildung oder eines Studiums oder um ein bis zu dreimonatiges ausbildungsbegleitendes Praktikum (§ 22 MiLoG Rn. 8–12; *Greiner* NZA 2016, 594) handelt. Für die Abgrenzung zum „Scheinpraktikum" vgl. Rn. 4.

4 **Studenten,** bei denen das Praktikum in die Ausbildung integriert ist, sind **keine Praktikanten** iSv. § 26 (BAG 19.6.1974 AP BAT § 3 Nr. 3; 3.9.1998 BeckRS 1998, 30371274; *Leinemann/Taubert* Rn. 2; *Lakies* Berufsausbildung Rn. 29; *Natzel* NZA 2008, 567, 569; krit. Lakies/*Malottke* Rn. 14; *Scherer* NZA 1986, 280). Das gilt auch für die betriebspraktischen Ausbildungsanteile sog. „duale Studiengänge", wenn diese in der Studienordnung vorgeschrieben sind. Freiwillige, v. der Studienordnung nicht vorgeschriebene Zusatzpraktika unterliegen jedoch § 26; dasselbe muss für die „Vorpraktika" gelten, die Voraussetzung einer Immatrikulation sind, da bei Aufnahme dieser Tätigkeit noch keine Hochschulzugehörigkeit besteht. Ebenso wenig um Praktikanten iSd. § 26 handelt es sich bei den Rechtsverhältnissen der sog. **„Generation Praktikum"** (vgl. BT-Drs. 16/3544; *Matties* RdA 2007, 135, 138; krit. *Picker/Sausmikat* NZA 2014, 942 ff.), dh. bei Beschäftigungsverhältnissen v. bereits fertigen Absolventen eines Studiums oder einer Berufsausbildung, denen ein Ersteinstieg in den Arbeitsmarkt nur auf dem Umweg über ein/mehrere gering oder gar nicht vergütete „Praktika" ermöglicht wird, obwohl sie die Arbeitsaufgaben von AN übernehmen. Soweit weder eine zusätzl. Qualifikation vermittelt wird noch eine fachl. betreute Ausbildung stattfindet (vgl. BAG 6.5.1998 NZA 1998, 939), sondern ledigl. der Erwerb von Berufserfahrung ermöglicht werden soll, handelt es sich – unabhängig v. der Bezeichnung des Vertragstyps – um ein ArbVerh. mit entsprechender Verpflichtung zur Entgeltleistung (BAG 13.3.2003 EzB VjA BBiG § 19 Nr. 33a; 10.2.2015 BeckRS 2015, 68606; LAG B 6.3.2012 BeckRS 2013, 73369; LAG B 20.5.2016 BeckRS 2016, 72890; *Orlowski* RdA 2009, 38, 40). Dass § 26 auch auf den Erwerb „berufl. Erfahrungen" abstellt, ist kein taugl. Gegeneinwand: aus der systematischen Stellung der Norm folgt, dass alle dem BBiG auch nur tw. unterliegenden Rechtsverhältnisse notwendig einen Ausbildungsaspekt verfolgen. Auch wenn ein regulärer Praktikant zur Arbeitsleistung eingesetzt wird, die über die vereinbarte Praktikantentätigkeit hinausgeht, weil sie nicht der Ausbildung, sondern überw. betrieblichem Interesse dient, entsteht ein Vergütungsanspruch entsprechend § 612 I BGB (BAG 10.2.2015 BeckRS 2015, 68606; LAG K 25.5.2016 BeckRS 2016, 73138). Dagegen werden in der Rspr. Vereinb. über „Einfühlungsverhältnisse" anerkannt (*Barth* BB 2009, 2646; *Benecke* NZA 2012, 646, 648), bei denen sich (potentielle) zukünftige AN im Betrieb betätigen, ohne überhaupt eine Gegenleistung dafür zu erhalten (LAG SH 17.3.2005 BeckRS 2005, 41256; LAG BW 25.4.2007 BeckRS 2011, 65869), selbst wenn sie verwertbare Tätigkeiten verrichten; für die Abweichung v. Normaltypus des ArbVerh ist jedoch der AG beweisbelastet (*Grimm/Linden* ArbRB 2014, 51, 53). Das Einfühlungsverhältnis begr. weder eine Arbeitspflicht noch ein Weisungsrecht und ist auf wenige Tage begrenzt; weiter ist dem Beschäftigten ein konkretes Ausbildungs-/ArbVerh. bei Bewährung zuzusagen.

Werkstudenten und **Schüler** werden außerhalb v. verpflichtenden Betriebspraktika idR als AN eingestellt, § 26 findet dann keine Anwendung (*Natzel* NZA 2008, 567, 569). Auf Schüler im Betriebspraktikum sind arbeitsrechtl. Bestimmungen grds. nicht anwendbar, auch nicht § 26 (aA *Schade* NZA 2012, 654, 655). Ein „ausbildungsintegriertes Studium" das aus einem zweistufigen Rahmenvertrag über eine Berufsausbildung und ein mit finanzieller Unterstützung des Betriebes ermöglichtes Studium besteht, ist für jede Phase getrennt zu beurteilen (BAG 25.7.2002 DB 2003, 510). Nur der Ausbildungsteil unterliegt dem BBiG, nicht die Studienphase. Der **Anlernling,** der in einem engeren Fachgebiet eine planmäßige Spezialausbildung erhält, fällt unter § 26 (vgl. BAG 19.6.1974 AP BAT § 3 Nr. 3). In Abgrenzung zum Auszubildenden ist die Ausbildung des Anlernlings kürzer, seine persönl. Bindung an den Ausbildenden geringer (Schaub/*Vogelsang* § 15 Rn. 2). Traineeverhältnisse dienen typischerweise der betriebl. Einarbeitung, zielen in erster Linie auf wirtschaftl. verwertbare Arbeitsleistung, sind also ArbVerh. (**a**A *Natzel* BB 2011, 1589, 1591). Ein Praktikum auf der Grdl. eines dreiseitigen Vertrages unter Einschluss der BA, das Teil einer **Berufsvorbereitungsmaßnahme** gem. § 51 SGB III ist, ist kein ArbVerh. (LAG HM 5.12.2015 NZA-RR 2015, 117), unterfällt aber auch nicht § 26. Die **Umschulung** wird v. der Rspr. überw. als ArbVerh. und nicht als Rechtsverhältnis gem. § 26 verstanden (BAG 19.1.2006 NZA 2007, 97; 12.2.2013 NZA 2014, 31), da sie auf Erwachsene zugeschnitten sind, weniger Ausbildungszeit benötigen und wegen bereits vorhandener fachlicher Fähigkeiten nicht so regulierungsbedürftig sind. Die Einordnung hängt jedoch v. Vertragsinhalt ab (§ 1 Rn. 5). 5

Rechtsfolge des § 26 ist die Anwendung der §§ 10 bis 23, 25, abgesehen von den in § 26 vorgesehenen Ausnahmen. Abw. v. der früheren Gesetzesfassung wird auf den Weiterbeschäftigungsanspruch (gem. § 24) nicht mehr verwiesen. Er schien bei den hauptsächl. v. § 26 erfassten Vertragsverhältnissen der Praktikanten und Volontäre als unverhältnismäßig belastend für den AG. Um diese Belastung auszuschließen, müsste allerdings auch eine Berufung auf § 625 BGB ausgeschlossen sein. In welchem Umf. die Probezeit d. § 20 abgekürzt werden kann, gibt das G nicht vor. Es muss sich um eine im Verhältnis zur Gesamtlaufzeit des Rechtsverhältnisses angemessene Verringerung der ges. Probezeit handeln. 6

Abschnitt 3. Eignung von Ausbildungsstätte und Ausbildungspersonal

§ 27 Eignung der Ausbildungsstätte

(1) Auszubildende dürfen nur eingestellt und ausgebildet werden, wenn

1. die Ausbildungsstätte nach Art und Einrichtung für die Berufsausbildung geeignet ist und

2. die Zahl der Auszubildenden in einem angemessenen Verhältnis zur Zahl der Ausbildungsplätze oder zur Zahl der beschäftigten Fachkräfte steht, es sei denn, dass anderenfalls die Berufsausbildung nicht gefährdet wird.

(2) Eine Ausbildungsstätte, in der die erforderlichen beruflichen Fertigkeiten, Kenntnisse und Fähigkeiten nicht im vollen Umfang vermittelt werden können, gilt als geeignet, wenn diese durch Ausbildungsmaßnahmen außerhalb der Ausbildungsstätte vermittelt werden.

(3) [1]Eine Ausbildungsstätte ist nach Art und Einrichtung für die Berufsausbildung in Berufen der Landwirtschaft, einschließlich der ländlichen Hauswirtschaft, nur geeignet, wenn sie von der nach Landesrecht zuständigen Behörde als Ausbildungsstätte anerkannt ist. [2]Das Bundesministerium für Ernährung und Landwirtschaft kann im Einvernehmen mit dem Bundesministerium für Bildung und Forschung nach Anhörung des Hauptausschusses des Bundesinstituts für Berufsbildung durch Rechtsverordnung, die nicht der Zustimmung des Bundesrates bedarf, Mindestanforderungen für die Größe, die Einrichtung und den Bewirtschaftungszustand der Ausbildungsstätte festsetzen.

(4) [1]Eine Ausbildungsstätte ist nach Art und Einrichtung für die Berufsausbildung in Berufen der Hauswirtschaft nur geeignet, wenn sie von der nach Landesrecht zuständigen Behörde als Ausbildungsstätte anerkannt ist. [2]Das Bundesministerium für Wirtschaft und Energie kann im Einvernehmen mit dem Bundesministerium für Bildung und Forschung nach Anhörung des Hauptausschusses des Bundesinstituts für Berufsbildung durch Rechtsverordnung, die nicht der Zustimmung des Bundesrates bedarf, Mindestanforderungen für die Größe, die Einrichtung und den Bewirtschaftungszustand der Ausbildungsstätte festsetzen.

Der Begriff der Ausbildungsstätte ist **weit** auszulegen; er umfasst Arbeitsräume in Gebäuden, auf dem Betriebsgelände, im Freien, Baustellen etc., **§ 2 I ArbStättV.** Die geforderte Eignung ist gem. **§ 28 JArbSchG**, der **ArbStättV** und den UVV der Berufsgenossenschaften zu bestimmen, bzw. ist unmittelbar dem Ausbildungsberufsbild und dem Ausbildungsrahmenplan zu entnehmen (VG Arnsberg 20.5.1976 EzB BBiG § 22 Nr. 2). Die Ausbildungsstätte ist nach ihrer **Art** und **Einrichtung** für die Berufsausbildung geeignet, **Abs. 1 Nr. 1**, wenn sie alle diejenigen Tätigkeiten ermöglicht und Räume, Maschinen und Vorrichtungen aufweist, die eine geordnete Ausbildung nach Maßgabe des Ausbil- 1 dungsberufs und des Ausbildungsrahmenplans voraussetzt (VG Arnsberg 20.5.1976 EzB BBiG § 22 Nr. 2; VG Oldenburg 18.7.1989 EzB BBiG § 22 Nr. 13).

2 **Abs. 1 Nr. 2** erfordert zusätzl. (Nr. 1 und Nr. 2 müssen kumulativ erfüllt sein) ein **angemessenes Verhältnis** zwischen der Zahl der Auszubildenden und der Zahl der Ausbildungsplätze **oder** (alternativ) der Zahl der beschäftigten Fachkräfte. V. dem Erfordernis kann ganz abgesehen werden, wenn dadurch die Ausbildung nicht gefährdet wird. **Ausbildungsplatz** ist der Ort innerhalb der Ausbildungsstätte, an dem ein Auszubildender kraft Ausstattung und personeller Besetzung in einem bestimmten Ausbildungsberuf praxisnah ausgebildet werden kann. Fachkräfte sind AN, die in dem Ausbildungsberuf eine Abschlussprüfung abgelegt haben, und solche, die eine dementspr. Tätigkeit für mind. die doppelte Zeit, die als Ausbildungszeit vorgeschrieben ist, tats. verrichtet haben. Der Bundesausschuss für Berufsbildung hatte eine Empfehlung über die Eignung v. Ausbildungsstätten beschlossen (BArbBl. 1972, 344), die zur Bestimmung des angemessenen Verhältnisses zwischen der Zahl der Auszubildenden und der Zahl der Fachkräfte berücksichtigt werden kann: Danach können bei 1 bis 2 Fachkräften ein Auszubildender, bei 3 bis 5 Fachkräften zwei Auszubildende, bei 6 bis 8 Fachkräften drei Auszubildende, bei jeweils drei weiteren Fachkräften ein weiterer Auszubildender eingestellt werden. Maßgebl. ist jedoch der Einzelfall und dass die Ausbildung durch eine ausreichende Zahl v. Ausbildern sichergestellt ist (LAG BE 26.10.1978 EzB BBiG § 22 Nr. 4; OVG NW 3.3.1982 NJW 1983, 133; VG Freiburg 26.8.1976 BeckRS 1976, 31338740; VG Kassel 16.2.1984 NVwZ 1984, 818). Durch **Ausbildungsmaßnahmen außerhalb der Ausbildungsstätte** kann nach **Abs. 2** eine an sich ungeeignete Ausbildungsstätte als geeignet angesehen werden. Ist die Ausbildungsstätte nicht geeignet iSd. § 27, wird der Ausbildungsvertrag dadurch nicht unwirksam. Dem Auszubildenden steht aber ein Recht zur fristlosen Kündigung zu.

3 Die Ausbildungsstätten in der **Landwirtschaft (Abs. 3)** und der **Hauswirtschaft (Abs. 4)** bedürfen der formellen behördl. Anerkennung als geeignet. Dieses Verfahren dient der Qualitätssicherung der Ausbildung in solchen Berufszweigen, in denen häufig Ausbildung in Kleinst- oder Familienbetrieben stattfindet. Zust. für die Anerkennung ist die nach Landesrecht zust. Behörde, der jedoch kein Ermessen eingeräumt ist; liegen die Voraussetzungen vor, besteht ein Anspruch auf die Anerkennung. Um diese Voraussetzungen zu konkretisieren, können jeweils v. zust. Bundesministerium Mindestanforderungen durch RechtsVO festgelegt werden.

§ 28 Eignung von Ausbildenden und Ausbildern oder Ausbilderinnen

(1) [1]**Auszubildende darf nur einstellen, wer persönlich geeignet ist.** [2]**Auszubildende darf nur ausbilden, wer persönlich und fachlich geeignet ist.**

(2) **Wer fachlich nicht geeignet ist oder wer nicht selbst ausbildet, darf Auszubildende nur dann einstellen, wenn er persönlich und fachlich geeignete Ausbilder oder Ausbilderinnen bestellt, die die Ausbildungsinhalte in der Ausbildungsstätte unmittelbar, verantwortlich und in wesentlichem Umfang vermitteln.**

(3) **Unter der Verantwortung des Ausbilders oder der Ausbilderin kann bei der Berufsausbildung mitwirken, wer selbst nicht Ausbilder oder Ausbilderin ist, aber abweichend von den besonderen Voraussetzungen des § 30 die für die Vermittlung von Ausbildungsinhalten erforderlichen beruflichen Fertigkeiten, Kenntnisse und Fähigkeiten besitzt und persönlich geeignet ist.**

1 Die Bestimmungen über die **Eignung zur Ausbildung** sind öffentl. Berufsordnungsrecht. Zum Schutz des Auszubildenden ist dessen Einstellung v. der persönl. Eignung des Ausbildenden und v. der persönl. und fachl. Eignung des Ausbilders abhängig. Ein „Berechtigungsnachw." ist nicht erforderlich, doch können die Eignungsvoraussetzungen näher konkretisiert werden, vgl. dazu §§ 29, 30. Die Vorschr. erlaubt die Einstellung v. Auszubildenden auch dem, der mangels fachl. Eignung nicht selbst ausbilden darf, wenn ein geeigneter Ausbilder vorhanden ist. Bei jur. Personen ist die persönl. Eignung der sie vertretenden natürl. Person maßgebl. (VGH BW 22.12.1988 BeckRS 1988, 30475604).

2 Wer fachl. nicht geeignet ist oder wer nicht selbst ausbildet, darf Auszubildende nur dann einstellen, wenn er zuvor einen **Ausbilder** (*Eule* BB 1991, 2366) bestellt, der geeignet ist, **Abs. 2.** Der Begriff der Ausbilder wird bestimmt durch die unmittelbare, verantwortl. und umfangmäßig wesentl. Vermittlung der Ausbildungsinhalte in der Ausbildungsstätte; für andere Personen vgl. Abs. 3. Der Ausbilder muss vor der Einstellung des Auszubildenden bestellt werden. Zum MBR des BR und des PR: *Ehrich* RdA 1993, 220; *Hamm* AuR 1992, 326. Verstöße gegen Vorschr. über die persönl. und fachl. Eignung sind gem. § 102 I Nr. 5 Ordnungswidrigkeiten. Bestehende Eignungsmängel beeinträchtigen die Wirksamkeit des Ausbildungsvertrages nicht. An der Ausbildung kann **„mitwirken" (Abs. 3)**, ohne selbst Ausbilder zu sein, wer zwar persönl. zur Ausbildung geeignet ist (§ 29), aber nicht alle Voraussetzungen der fachl. Eignung gem. § 30 erfüllt. Solcher Personen kann sich der Ausbilder zur Durchführung der Ausbildung unter seiner Verantwortung bedienen, wenn sie die erforderl. Fertigkeiten, Kenntnisse und Fähigkeiten für Teilbereiche der Ausbildungsinhalte besitzen.

§ 29 Persönliche Eignung

Persönlich nicht geeignet ist insbesondere, wer
1. Kinder und Jugendliche nicht beschäftigen darf oder
2. wiederholt oder schwer gegen dieses Gesetz oder die auf Grund dieses Gesetzes erlassenen Vorschriften und Bestimmungen verstoßen hat.

Die Vorschr. nennt nicht abschl. Gründe, die die persönl. Eignung ausschließen: Nach Nr. 1 ist 1 persönl. nicht geeignet, wer **Kinder und Jugendliche nicht beschäftigen** darf, vgl. **§ 25 JArbSchG.** Die mit § 25 JArbSchG begr. persönl. Ungeeignetheit gilt für alle Ausbildungsverhältnisse, auch für die mit erwachsenen Auszubildenden. Die Dauer der seit dem Verstoß verstrichenen Zeit ist gem. § 25 I 2, 3 JArbSchG zur Eignungsbeurteilung zu berücksichtigen. Bei in Nr. 2 genannten **wiederholten** Verstößen sind mind. zwei Verstöße vorausgesetzt, unabhängig v. deren Schwere (Lakies/*Malottke* Rn. 3); einer gerichtl. Feststellung der Verstöße bedarf es nicht. Ob ein **schwerer** Verstoß vorliegt, bestimmt sich danach, ob für den Auszubildenden ein schwerer Schaden entstanden ist. Zu den **Bestimmungen** iSd. Nr. 2 zählen neben dem BBiG selbst die v. der zust. Stelle erlassenen Regelungen. Wie das Wort „insb." zeigt, kommen weitere Fälle mangelnder persönl. Eignung in Betracht, die nach ihrer Schwere den ges. benannten entsprechen müssen (VGH BY 12.8.2004 NVwZ-RR 2005, 49). Als weitere Gründe für eine Nichteignung wurden anerkannt: Nichtabführung der Sozialversicherungsbeiträge (OVG SL 10.6.1976 BeckRS 1976, 30472575), allg. Unzuverlässigkeit (BVerwG 12.3.1965 NJW 1965, 1394), der Versuch weltanschaul. Beeinflussung (OVG NW 10.10.1994 EzB BBiG §§ 23, 24 Nr. 11); sexuelle Belästigung des Auszubildenden (BAG 23.4.1998 NZA 1999, 214); Belästigung durch Berührungen (LG Münster 18.1.2013 BeckRS 2013, 11317); Verletzung der Intim- und Privatsphäre v. Auszubildenden (VG Trier 3.5.2007 BeckRS 2007, 24311); Verpflichtung der Auszubildenden, für die Ausbildung eine Entschädigung zu zahlen (VG Berlin 26.10.2011 BeckRS 2011, 56009).

§ 30 Fachliche Eignung

(1) Fachlich geeignet ist, wer die beruflichen sowie die berufs- und arbeitspädagogischen Fertigkeiten, Kenntnisse und Fähigkeiten besitzt, die für die Vermittlung der Ausbildungsinhalte erforderlich sind.

(2) Die erforderlichen beruflichen Fertigkeiten, Kenntnisse und Fähigkeiten besitzt, wer
1. die Abschlussprüfung in einer dem Ausbildungsberuf entsprechenden Fachrichtung bestanden hat,
2. eine anerkannte Prüfung an einer Ausbildungsstätte oder vor einer Prüfungsbehörde oder eine Abschlussprüfung an einer staatlichen oder staatlich anerkannten Schule in einer dem Ausbildungsberuf entsprechenden Fachrichtung bestanden hat,
3. eine Abschlussprüfung an einer deutschen Hochschule in einer dem Ausbildungsberuf entsprechenden Fachrichtung bestanden hat oder
4. im Ausland einen Bildungsabschluss in einer dem Ausbildungsberuf entsprechenden Fachrichtung erworben hat, dessen Gleichwertigkeit nach dem Berufsqualifikationsfeststellungsgesetz oder anderen rechtlichen Regelungen festgestellt worden ist

und eine angemessene Zeit in seinem Beruf praktisch tätig gewesen ist.

(3) Das Bundesministerium für Wirtschaft und Energie oder das sonst zuständige Fachministerium kann im Einvernehmen mit dem Bundesministerium für Bildung und Forschung nach Anhörung des Hauptausschusses des Bundesinstituts für Berufsbildung durch Rechtsverordnung, die nicht der Zustimmung des Bundesrates bedarf, in den Fällen des Absatzes 2 Nr. 2 bestimmen, welche Prüfungen für welche Ausbildungsberufe anerkannt werden.

(4) Das Bundesministerium für Wirtschaft und Energie oder das sonst zuständige Fachministerium kann im Einvernehmen mit dem Bundesministerium für Bildung und Forschung nach Anhörung des Hauptausschusses des Bundesinstituts für Berufsbildung durch Rechtsverordnung, die nicht der Zustimmung des Bundesrates bedarf, für einzelne Ausbildungsberufe bestimmen, dass abweichend von Absatz 2 die für die fachliche Eignung erforderlichen beruflichen Fertigkeiten, Kenntnisse und Fähigkeiten nur besitzt, wer
1. die Voraussetzungen des Absatzes 2 Nr. 2 oder 3 erfüllt und eine angemessene Zeit in seinem Beruf praktisch tätig gewesen ist oder
2. die Voraussetzungen des Absatzes 2 Nr. 3 erfüllt und eine angemessene Zeit in seinem Beruf praktisch tätig gewesen ist oder
3. für die Ausübung eines freien Berufes zugelassen oder in ein öffentliches Amt bestellt ist.

(5) [1]Das Bundesministerium für Bildung und Forschung kann nach Anhörung des Hauptausschusses des Bundesinstituts für Berufsbildung durch Rechtsverordnung, die nicht der Zustimmung des Bundesrates bedarf, bestimmen, dass der Erwerb berufs- und arbeitspädagogischer

Fertigkeiten, Kenntnisse und Fähigkeiten gesondert nachzuweisen ist. ²Dabei können Inhalt, Umfang und Abschluss der Maßnahmen für den Nachweis geregelt werden.

(6) **Die nach Landesrecht zuständige Behörde kann Personen, die die Voraussetzungen des Absatzes 2, 4 oder 5 nicht erfüllen, die fachliche Eignung nach Anhörung der zuständigen Stelle widerruflich zuerkennen.**

1 Die „erforderl." berufl. und berufs- und arbeitspädagogischen Fertigkeiten, Kenntnisse und Fähigkeiten zur Vermittlung aller Ausbildungsinhalte begründen generell die **fachliche Eignung (Abs. 1).** Sind diese Kenntnisse nur auf Teilgebiete beschränkt, fehlt es mithin an der Eignung (BVerwG 3.3.1981 NVwZ 1982, 41), doch können solche Personen unter der Verantwortung eines anderen Ausbilders an der Ausbildung mitwirken, § 28 III.

2 In **Abs. 2** wird die Voraussetzung der „erforderl." berufl. Fertigkeiten, Kenntnisse und Fähigkeiten (Abs. 1) konkretisiert durch Eröffnung v. vier alt. **Nachweismöglichkeiten,** kombiniert mit einer praktischen Tätigkeit im Beruf für eine „angemessene" Zeit. Nach Nr. 1 kann der Nachw. durch die Abschlussprüfung in der entspr. Fachrichtung erbracht werden. Nr. 2 eröffnet die Möglichkeit des Nachw. durch eine anerkannte Prüfung an einer Ausbildungsstätte oder vor einer Prüfungsbehörde. Damit sind Abschlüsse nach einer Fortbildung gem. §§ 53, 54 erfasst, aber auch Abschlussprüfungen entspr. Fachrichtung von Absolventen vollzeitschulischer Bildungsgänge in staatl. oder staatl. anerkannten Schulen. Nach Nr. 3 kommt auch eine Abschlussprüfung an einer dt. Hochschule in entspr. Fachrichtung als Nachw. in Betracht; erfasst werden alle Einrichtungen, die v. HRG als dt. Hochschulen eingestuft werden. Eine im Ausland erworbene Berufsqualifikation (Nr. 4), die gleichwertig iSd. BAFG oder gem. RechtsVO nach § 50 II ist, genügt ebenfalls als Nachw. In **Abs. 3** ist eine Ermächtigung zum Erl. einer RechtsVO enthalten, die die Anerkennung v. Prüfungen gem. Abs. 2 Nr. 2 festlegt. Die Anerkennung kann für alle Berufsbereiche geregelt werden.

3 In **Abs. 4** wird die Möglichkeit geschaffen, durch RechtsVO v. Abs. 2 abw. Anforderungen für die fachl. Eignung in bestimmten Berufen festzusetzen. Damit sollte vornehml. den höheren Mindestanforderungen in der Landwirtschaft (= jeweils: Meisterprüfung) entsprochen werden, Nr. 1. Dasselbe gilt für die freien Berufe, bei denen die fachl. Eignung an eine bestandene Hochschulprüfung geknüpft werden kann (Ärzte, Zahnärzte, Tierärzte, Apotheker, Wirtschafts- und Steuerberater, Notare, RA). Aufgrund v. **Abs. 5** kann im Wege der RechtsVO bestimmt werden, dass der Erwerb v. berufs- und arbeitspädagogischen Fertigkeiten, Kenntnissen und Fähigkeiten gesondert nachzuweisen ist. Auf der Grdl. dieser Bestimmungen ist die AEVO erlassen worden (BGBl. I 2009, 88). Sofern Personen die Voraussetzungen des § 30 II, IV oder V nicht erfüllen, kann ihnen die fachl. Eignung widerrufl. zuerkannt werden (Abs. 6).

§ 31 Europaklausel

(1) **¹In den Fällen des § 30 Abs. 2 und 4 besitzt die für die fachliche Eignung erforderlichen beruflichen Fertigkeiten, Kenntnisse und Fähigkeiten auch, wer die Voraussetzungen für die Anerkennung seiner Berufsqualifikation nach der Richtlinie 2005/36/EG des Europäischen Parlaments und des Rates vom 7. September 2005 über die Anerkennung von Berufsqualifikationen (ABl. EU Nr. L 255 S. 22) erfüllt, sofern er eine angemessene Zeit in seinem Beruf praktisch tätig gewesen ist. ²§ 30 Abs. 4 Nr. 3 bleibt unberührt.**

(2) **Die Anerkennung kann unter den in Artikel 14 der in Absatz 1 genannten Richtlinie aufgeführten Voraussetzungen davon abhängig gemacht werden, dass der Antragsteller oder die Antragstellerin zunächst einen höchstens dreijährigen Anpassungslehrgang ableistet oder eine Eignungsprüfung ablegt.**

(3) **¹Die Entscheidung über die Anerkennung trifft die zuständige Stelle. ²Sie kann die Durchführung von Anpassungslehrgängen und Eignungsprüfungen regeln.**

1 Die Vorschr. dient zur Umsetzung der in **Abs. 1** genannten AnerkennungsRL bei der Beurteilung der Ausbildungsberechtigung (fachl. Eignung). Die entspr. ausl. Bildungsabschlüsse sind den dt. Abschlüssen gleichzusetzen, um die Freizügigkeit innerhalb der Union zu fördern. Die RL sehen jeweils in Art. 4 die Möglichkeit vor, Anpassungsinstrumente in Gestalt des Nachw. v. Berufserfahrung, eines Anpassungslehrganges oder einer Eignungsprüfung vorzuschreiben. Diese Möglichkeit wird in **Abs. 2** übernommen und durch **Abs. 3** auf die zust. Stelle (§ 71) übertragen, die auch die Durchführung v. Anpassungslehrgängen und Eignungsprüfungen regelt. Sie hat innerhalb v. vier Monaten begr. zu entscheiden.

§ 31a Sonstige ausländische Vorqualifikationen

¹In den Fällen des § 30 Absatz 2 und 4 besitzt die für die fachliche Eignung erforderlichen Fertigkeiten, Kenntnisse und Fähigkeiten, wer die Voraussetzungen von § 2 Absatz 1 in Ver-

bindung mit § 9 des Berufsqualifikationsfeststellungsgesetzes erfüllt und nicht in einem anderen Mitgliedstaat der Europäischen Union oder einem anderen Vertragsstaat des Europäischen Wirtschaftsraums oder der Schweiz seinen Befähigungsnachweis erworben hat, sofern er eine angemessene Zeit in seinem Beruf praktisch tätig gewesen ist. [2] § 30 Absatz 4 Nummer 3 bleibt unberührt.

Diese Vorschr. überträgt den Regelungsgehalt des § 31, der sich auf Personen mit Staatsangehörigkeit eines Mitgliedstaates der EU oder des EWR bezieht, auf Drittstaatsangehörige. Auch diese sollen ihre fachliche Eignung zum Ausbilden durch entsprechend gleichwertige Berufsqualifikationen nachweisen können, die im Ausland erworben wurden. 1

§ 32 Überwachung der Eignung

(1) **Die zuständige Stelle hat darüber zu wachen, dass die Eignung der Ausbildungsstätte sowie die persönliche und fachliche Eignung vorliegen.**

(2) [1] **Werden Mängel der Eignung festgestellt, so hat die zuständige Stelle, falls der Mangel zu beheben und eine Gefährdung Auszubildender nicht zu erwarten ist, Ausbildende aufzufordern, innerhalb einer von ihr gesetzten Frist den Mangel zu beseitigen.** [2] **Ist der Mangel der Eignung nicht zu beheben oder ist eine Gefährdung Auszubildender zu erwarten oder wird der Mangel nicht innerhalb der gesetzten Frist beseitigt, so hat die zuständige Stelle dies der nach Landesrecht zuständigen Behörde mitzuteilen.**

Die zust. Stelle wird nach **Abs. 1** verpflichtet, über das Vorliegen der persönl. und fachl. Eignung sowie die Eignung der Ausbildungsstätte zu wachen. Andere für die Ausbildung bedeutsame Vorschr. werden nicht v. den „zust. Stellen" und im Verfahren gem. BBiG überwacht, sondern zB v. Gewerbeaufsichtsämtern oder Berufsgenossenschaften; die Verletzung solcher Vorschr. durch den Ausbilder kann jedoch ein Indiz gegen die persönl. Eignung gem. § 29 sein. **Zust. Stellen** sind für den Bereich des Handwerks nach § 71 I die Handwerkskammern, für den Bereich der sonstigen Gewerbebetriebe die IHK (§ 71 II), für den Bereich der Landwirtschaft die Landwirtschaftskammern (§ 71 III); für die rechtsberatenden Berufe (§ 71 IV), die wirtschafts- und steuerberatenden Berufe (§ 71 V), die ärztl. Berufe (§ 71 VI) die jeweiligen Berufskammern. Sondervorschriften gelten für den öffentl. Dienst (§ 73), den kirchl. Bereich (§ 75), die rechtsberatenden Berufe. Werden Mängel festgestellt, so hat der Ausbildende, falls eine Gefährdung des Auszubildenden nicht zu erwarten ist, ledigl. innerhalb einer gesetzten Frist den **Mangel zu beseitigen, § 32 II 1.** Ein Mangel in der persönl. Eignung ist kaum behebbar, wohl aber ein Mangel der fachl. Eignung, zB durch eine nachträgl. Prüfung. Die Aufforderung zur Mangelbeseitigung ist **VA** (*Knopp/Kraegeloh* Rn. 4). Ist der Mangel der Eignung nicht zu beheben oder ist eine Gefährdung des Auszubildenden zu erwarten oder wird der Mangel nicht innerhalb der gesetzten Frist beseitigt, erfolgt die Mitt. an die zust. Behörde, § 32 II 2, damit das Untersagungsverfahren gem. § 33 angeschlossen werden kann. Gelingt die Mängelbeseitigung nicht, ist die Eintragung in das Berufsausbildungsverzeichnis abzulehnen bzw. zu löschen. 1

§ 33 Untersagung des Einstellens und Ausbildens

(1) **Die nach Landesrecht zuständige Behörde kann für eine bestimmte Ausbildungsstätte das Einstellen und Ausbilden untersagen, wenn die Voraussetzungen nach § 27 nicht oder nicht mehr vorliegen.**

(2) **Die nach Landesrecht zuständige Behörde hat das Einstellen und Ausbilden zu untersagen, wenn die persönliche oder fachliche Eignung nicht oder nicht mehr vorliegt.**

(3) [1] **Vor der Untersagung sind die Beteiligten und die zuständige Stelle zu hören.** [2] **Dies gilt nicht im Falle des § 29 Nr. 1.**

Die Vorschr. regelt die **Zust. für das Untersagungsverfahren.** Die **nach Landesrecht zust. Behörde** ist idR die höhere Verwaltungsbehörde (Bezirksregierung oder das Regierungspräsidium), sofern nicht nach §§ 71 ff. bes. Vorschr. für einzelne Wirtschafts- und Berufszweige bestehen. Das Einstellen und Ausbilden **kann** untersagt werden, wenn die **Ausbildungsstätte** nicht oder nicht mehr den Voraussetzungen des § 27 entspricht. Die Behörde **muss** beim Fehlen der persönl. (VG Gelsenkirchen 1.9.2010 BeckRS 2010, 53399) oder fachl. Eignung, Abs. 2, tätig werden; sie hat keinen Ermessensspielraum. Das **Unterlassen** der **nach Abs. 3 erforderlichen Anhörung** der Beteiligten macht die Untersagungsvfg. nicht nichtig, aber anfechtbar. Der Mangel kann im Widerspruchsverfahren geheilt werden. **Beteiligte** sind der Ausbildende, der Ausbilder und der Auszubildende. In den Fällen des § 29 Nr. 1 ist die Anhörung entbehrl. (Abs. 3 S. 2), weil bereits eine bestandskräftige Untersagungsvfg. vorliegt. Die Untersagung nach Abs. 1 und 2 kann im Verwaltungsrechtsweg angegriffen werden, §§ 40 ff. VwGO. Ausbildender und Auszubildender können nach einer Untersagung das Ausbildungsverhältnis gem. § 22 II Nr. 1 kündigen. Der Auszubildende kann nach § 23 Schadensersatz verlangen. 1

Bestehende **Ausbildungsverträge** sind nach § 35 II aus dem Verzeichnis der Berufsausbildungsverhältnisse zu löschen. Eine Zuwiderhandlung gegen die Untersagung ist Ordnungswidrigkeit nach § 102 I Nr. 6.

Abschnitt 4. Verzeichnis der Berufsausbildungsverhältnisse

§ 34 Einrichten, Führen

(1) [1]Die zuständige Stelle hat für anerkannte Ausbildungsberufe ein Verzeichnis der Berufsausbildungsverhältnisse einzurichten und zu führen, in das der Berufsausbildungsvertrag einzutragen ist. [2]Die Eintragung ist für Auszubildende gebührenfrei.

(2) Die Eintragung umfasst für jedes Berufsausbildungsverhältnis
1. Name, Vorname, Geburtsdatum, Anschrift der Auszubildenden;
2. Geschlecht, Staatsangehörigkeit, allgemeinbildender Schulabschluss, vorausgegangene Teilnahme an berufsvorbereitender Qualifizierung oder beruflicher Grundbildung, berufliche Vorbildung;
3. erforderlichenfalls Name, Vorname und Anschrift der gesetzlichen Vertreter oder Vertreterinnen;
4. Ausbildungsberuf einschließlich Fachrichtung;
5. Datum des Abschlusses des Ausbildungsvertrages, Ausbildungsdauer, Dauer der Probezeit;
6. Datum des Beginns der Berufsausbildung;
7. Art der Förderung bei überwiegend öffentlich, insbesondere auf Grund des Dritten Buches Sozialgesetzbuch geförderten Berufsausbildungsverhältnissen;
8. Name und Anschrift der Ausbildenden, Anschrift der Ausbildungsstätte, Wirtschaftszweig, Zugehörigkeit zum öffentlichen Dienst;
9. Name, Vorname, Geschlecht und Art der fachlichen Eignung der Ausbilder und Ausbilderinnen.

1 Durch die Pflicht der zust. Stelle (§§ 71 ff.), ein **Verzeichnis** der Berufsausbildungsverhältnisse zu führen, wird die Beratung und Überwachung erleichtert; zur Abschlussprüfung können nur Kandidaten zugelassen werden, deren Ausbildungsverhältnis eingetragen ist, § 43 I Nr. 3. Das Verzeichnis enthält nur gem. § 4 staatl. anerkannte Ausbildungsberufe, andere Verträge sind nicht einzutragen (Lakies/*Malottke* Rn. 4; *Knopp/Kraegeloh* Rn. 3). Die Eintragung in das Verzeichnis ist für Auszubildende gebührenfrei. Ist die zust. Stelle eine Kammer, kann nach Maßgabe zulässigen Satzungsrechts eine Gebühr v. Ausbildenden erhoben werden. **Auskünfte** aus dem Verzeichnis dürfen nur unter Beachtung des DSG erteilt werden (BVerfG 15.12.1983 NJW 1984, 419). In das Verzeichnis ist der wesentl. Inhalt des Berufsausbildungsvertrages aufzunehmen, § 34 I. Welche Angaben das mind. umfasst, regelt nunmehr ausdr. **Abs. 2.**

§ 35 Eintragen, Ändern, Löschen

(1) Ein Berufsausbildungsvertrag und Änderungen seines wesentlichen Inhalts sind in das Verzeichnis einzutragen, wenn
1. der Berufsausbildungsvertrag diesem Gesetz und der Ausbildungsordnung entspricht,
2. die persönliche und fachliche Eignung sowie die Eignung der Ausbildungsstätte für das Einstellen und Ausbilden vorliegen und
3. für Auszubildende unter 18 Jahren die ärztliche Bescheinigung über die Erstuntersuchung nach § 32 Abs. 1 des Jugendarbeitsschutzgesetzes zur Einsicht vorgelegt wird.

(2) [1]Die Eintragung ist abzulehnen oder zu löschen, wenn die Eintragungsvoraussetzungen nicht vorliegen und der Mangel nicht nach § 32 Abs. 2 behoben wird. [2]Die Eintragung ist ferner zu löschen, wenn die ärztliche Bescheinigung über die erste Nachuntersuchung nach § 33 Abs. 1 des Jugendarbeitsschutzgesetzes nicht spätestens am Tage der Anmeldung der Auszubildenden zur Zwischenprüfung oder zum ersten Teil der Abschlussprüfung zur Einsicht vorgelegt und der Mangel nicht nach § 32 Abs. 2 behoben wird.

(3) [1]Die nach § 34 Abs. 2 Nr. 1, 4, 6 und 8 erhobenen Daten dürfen zur Verbesserung der Ausbildungsvermittlung, zur Verbesserung der Zuverlässigkeit und Aktualität der Ausbildungsvermittlungsstatistik sowie zur Verbesserung der Feststellung von Angebot und Nachfrage auf dem Ausbildungsmarkt an die Bundesagentur für Arbeit übermittelt werden. [2]Bei der Datenübermittlung sind dem jeweiligen Stand der Technik entsprechende Maßnahmen zur Sicherstellung von Datenschutz und Datensicherheit zu treffen, die insbesondere die Vertraulichkeit, Unversehrtheit und Zurechenbarkeit der Daten gewährleisten.

1 Die Vorschr. nennt die Voraussetzungen, bei deren Vorliegen ein Berufsausbildungsverhältnis in das Verzeichnis gem. § 34 einzutragen oder zu löschen ist. Die Eintragung in das Verzeichnis ist ein VA

(BVerwG 20.3.1959 DVBl 1959, 395); dasselbe gilt für Ablehnung und Löschung der Eintragung. Die Eintragung ist jedoch nicht Wirksamkeitsvoraussetzung des Ausbildungsverhältnisses (BAG 16.3.1972 NJW 1972, 1440). Abs. 1 legt die **Eintragungsvoraussetzungen** fest. Die zust. Stelle darf nicht durch Satzung als zusätzl. formelle Voraussetzung für die Eintragung die Benutzung eines v. ihr hrsg. Vertragsformulars verlangen (OVG RP 26.4.1976 EzA BBiG § 32 Nr. 1; VG Hannover 21.6.1974 EzB BBiG § 4 Nr. 4). Ausbildender und Auszubildender haben einen Anspruch auf Eintragung bei Vorliegen der Voraussetzungen (VGH BY 5.3.1982 EzB BBiG § 32 Nr. 15). Die vorl. Eintragung kann im Wege der einstweiligen Anordnung durchgesetzt werden (VG Stuttgart 1.10.1974 EzB BBiG § 32 Nr. 9).

Nach **Abs. 1 Nr. 1** muss der Berufsausbildungsvertrag diesem G und der Ausbildungsordnung 2 entsprechen. Vereinb., die hiergegen verstoßen, verhindern die Eintragung. Daher kann die Eintragung einer vereinbarten Vergütung verweigert werden, wenn sie die Grenze der Angemessenheit nicht mehr einhält (BVerwG 26.3.1981 NJW 1981, 2209; LAG SN 16.11.2010 BeckRS 2011, 66074). Ist in einem Berufsausbildungsvertrag der erfolgreiche Besuch eines schulischen Berufsgrundbildungsjahres entgegen § 7 I nF nicht angerechnet worden, entspricht der Vertrag nicht dem BBiG; die Parteien konnten auf eine Anrechnung nicht verzichten (BVerwG 12.4.1984 NVwZ 1985, 579). Zu der nach **Abs. 1 Nr. 2** erforderl. **persönlichen und fachlichen Eignung** des Ausbildenden bzw. des Ausbilders §§ 28 bis 30; zur Eignung der **Ausbildungsstätte** § 27. Die zust. Stelle kann für einen bestimmten Ausbildungsberuf nicht generell die Höchstzahl der gleichzeitig Auszubildenden festlegen (OVG RP 17.3.1975 BeckRS 1975, 30473262). **Abs. 1 Nr. 3** verlangt für Auszubildende unter 18 Jahren die Vorlage einer **Bescheinigung über die Erstuntersuchung** nach § 32 JArbSchG (vgl. dort).

Die zust. Stelle hat die Eintragung **abzulehnen** oder zu **löschen,** wenn die Eintragungsvoraussetzungen nicht vorliegen und der Mangel nicht nach § 32 II behoben wird, **§ 35 II 1.** Auch eine Auflösung des Ausbildungsverhältnisses führt zur Löschung (VG D 18.4.2012 BeckRS 2012, 50489). Die Eintragung ist nach **§ 35 II 2** ferner zu löschen, wenn die ärztl. Bescheinigung über die erste Nachuntersuchung nach § 33 I JArbSchG nicht spätestens am Tage der Anmeldung des Auszubildenden zur Zwischenprüfung zur Einsicht vorliegt, und der Mangel nicht nach § 32 II behoben wird. Bei gestreckten Abschlussprüfungen, bei denen keine Zwischenprüfung mehr abgenommen wird, wird diese als maßgebl. Zeitpunkt für die Vorlage der ärztl. Bescheinigung durch den ersten Teil der Abschlussprüfung ersetzt. Die zust. Stelle hat bei der Eintragung ein eigenes Recht zur **Nachprüfung der Eignung** und kann die Eintragung auch dann ablehnen, wenn die nach Landesrecht zust. Behörde den Ausbildenden für geeignet hält (VG Hannover 16.10.1973 EzB BBiG § 32 Nr. 3). Der Verstoß gegen die Eintragungspflicht ist ordnungswidrig, doch wird der Vertrag nicht unwirksam. Der Auszubildende kann allerdings fristlos kündigen, zumal die Eintragung Voraussetzung der Zulassung zur Abschlussprüfung ist, § 43; ggf. ist der Ausbildende **schadensersatzpflichtig** (LAG Stuttgart 28.2.1955 AP HGB § 77 Nr. 1; LAG BE 4.1.1966 BB 1966, 538). Durch **Abs. 3** wird es gestattet, bestimmte Daten aus dem Verzeichnis der Berufsausbildungsverhältnisse gem. § 34 an die BA zu übermitteln. Dort dürfen die Daten zu den ges. bes. benannten Zwecken verwendet werden; auf die Beachtung des Datenschutzes weist S. 2 noch bes. hin. 3

§ 36 Antrag und Mitteilungspflichten

(1) [1] **Ausbildende haben unverzüglich nach Abschluss des Berufsausbildungsvertrages die Eintragung in das Verzeichnis zu beantragen.** [2] **Der Antrag kann schriftlich oder elektronisch gestellt werden; eine Kopie der Vertragsniederschrift ist jeweils beizufügen.** [3] **Auf einen betrieblichen Ausbildungsplan im Sinne von § 11 Absatz 1 Satz 2 Nummer 1, der der zuständigen Stelle bereits vorliegt, kann dabei Bezug genommen werden.** [4] **Entsprechendes gilt bei Änderungen des wesentlichen Vertragsinhalts.**

(2) **Ausbildende und Auszubildende sind verpflichtet, den zuständigen Stellen die zur Eintragung nach § 34 erforderlichen Tatsachen auf Verlangen mitzuteilen.**

Die Vorschr. verpflichtet die Ausbildenden zur unverzügl. schriftl. oder elektron. Beantragung der 1 Eintragung, Abs. 1. Zudem muss eine vorausgegangene allg. und berufl. Ausbildung des Auszubildenden und die Bestellung v. Ausbildern angezeigt werden, Abs. 2. Dadurch wird der zust. Stelle die Prüfung erleichtert, ob die Anrechnung einer zuvor erfolgten Ausbildung mögl. ist, § 7. Weiter wird dem Auszubildenden das Recht zuzuerkennen sein, seinerseits die Eintragung zu beantragen (VG Stuttgart 1.10.1974 EzB BBiG § 32 Nr. 9; *Opolony* Rn. 225 f.).

Der Ausbildende ist unverzügl. (§ 121 BGB) antragspflichtig; dem Antrag ist eine Kopie der Ver- 2 tragsniederschrift beizufügen. Fallen der Vertragsabschluss und die Vertragsniederschrift zeitl. nicht zusammen, ist zunächst unverzügl. der wesentl. Inhalt des Vertrages schriftl. niederzulegen, sodann ist unverzügl. der Antrag nach Abs. 1 zu stellen. Zur Abkürzung des Verfahrens kann auf einen bereits vorliegenden betriebl. Ausbildungsplan verwiesen werden. Beides soll vor Beginn der Berufsausbildung geschehen, damit die zust. Stelle das Vorliegen der Voraussetzungen des § 35 I prüfen kann und damit etwaige Eignungsmängel noch behoben werden können. Auch bei Änd. des wesentl. Vertragsinhalts ist eine Eintragung zu beantragen, **§ 36 I 4.** Dazu gehören auch kraft Gesetzes eintretende Verlängerungen der Ausbildungszeit, § 6 III ArbPlSchG. bzw. § 20 I 2 BEEG **Verstöße** gegen Abs. 1 sind Ordnungswidrigkeiten gem. § 102 I Nr. 7.

Abschnitt 5. Prüfungswesen

§ 37 Abschlussprüfung

(1) [1]**In den anerkannten Ausbildungsberufen sind Abschlussprüfungen durchzuführen.** [2]**Die Abschlussprüfung kann im Falle des Nichtbestehens zweimal wiederholt werden.** [3]**Sofern die Abschlussprüfung in zwei zeitlich auseinander fallenden Teilen durchgeführt wird, ist der erste Teil der Abschlussprüfung nicht eigenständig wiederholbar.**

(2) [1]**Dem Prüfling ist ein Zeugnis auszustellen.** [2]**Ausbildenden werden auf deren Verlangen die Ergebnisse der Abschlussprüfung der Auszubildenden übermittelt.** [3]**Sofern die Abschlussprüfung in zwei zeitlich auseinander fallenden Teilen durchgeführt wird, ist das Ergebnis der Prüfungsleistungen im ersten Teil der Abschlussprüfung dem Prüfling schriftlich mitzuteilen.**

(3) [1]**Dem Zeugnis ist auf Antrag der Auszubildenden eine englischsprachige und eine französischsprachige Übersetzung beizufügen.** [2]**Auf Antrag der Auszubildenden kann das Ergebnis berufsschulischer Leistungsfeststellungen auf dem Zeugnis ausgewiesen werden.**

(4) **Die Abschlussprüfung ist für Auszubildende gebührenfrei.**

1 Die Vorschr. regeln die Zulassung zu Prüfungen, deren Durchführung, den Gegenstand und den Abschluss. Sie gelten grds. auch für Zwischenprüfungen (§ 48), die berufl. Fortbildung (§ 56) und die Umschulung (§ 62). Die **Abschlussprüfung** dient dem Nachw. der erreichten berufl. Qualifikation für einen anerkannten Ausbildungsberuf. Die zust. Stelle ist zur Durchführung der Abschlussprüfung verpflichtet. Der Auszubildende kann sie notfalls im Verwaltungsrechtsweg erzwingen, ist aber selbst der zust. Stelle nicht zur Ablegung der Abschlussprüfung verpflichtet. Dem Ausbilder ggü. besteht dagegen die Teilnahmepflicht der §§ 13 S. 2 Nr. 2, 15. Abschlussprüfungen werden nur für die anerkannten Ausbildungsberufe durchgeführt.

2 Bei der in **Abs. 1 S. 2** bestehenden zweimaligen **Wiederholungsmöglichkeit** der Prüfung war nach der Gesetzesbegründung zur alten Gesetzesfassung (BT-Drs. 5/4260) nur an die Wiederholung einer nicht bestandenen Prüfung gedacht. § 24 I der Musterprüfungsordnung schließt den Fall der Wiederholungsprüfung zur bloßen Notenverbesserung ausdr. aus. Mittlerweile ist in Abs. 1 S. 2 eine solche Beschränkung ausdr. aufgenommen, so dass eine Prüfung zur Notenverbesserung nicht mehr zulässig ist (Lakies/*Malottke* Rn. 10; *Leinemann/Taubert* Rn. 19; aA *Natzel* S. 271, 427). Ein Anspruch auf eine dritte Wiederholungsprüfung besteht auch dann nicht, wenn die Ausbildungszeit erneut absolviert worden ist (VG HH 21.11.1980 EzB BBiG § 34 Nr. 5; aA Lakies/*Malottke* Rn. 11 f.). Eine weitere Wiederholung ist jedoch denkbar, wenn der Auszubildende unverschuldet (Krankheit) an der Teilnahme einer Prüfung, zu der er bereits angemeldet war, verhindert war (*Leinemann/Taubert* Rn. 22; BMMS/*Mühlhausen* Rn. 16). Einer Sonderregelung unterliegt die Wiederholungsmöglichkeit bei der sog. **gestreckten Abschlussprüfung** (§ 5 II 1 Nr. 2). Obwohl diese zeitl. in mehrere Teile zerfällt, handelt es sich rechtl. um eine einheitl. Prüfung, deren Bestandteile nicht gesondert wiederholbar sind (Abs. 1 S. 3). Die Wiederholungsmöglichkeit besteht mithin nur, wenn die gesamte Prüfung nicht bestanden wurde, könnte dann aber ggf. inhaltl. auf einen Teil beschränkt werden.

3 Nach **Abs. 2** hat der Prüfling einen Anspruch auf Ausstellung eines **Zeugnisses** über die bestandene Prüfung. Der Ausbildende ist auf seinen Wunsch hin v. den Prüfungserg. zu informieren (Abs. 2 S. 2), um ihm die Kontrolle des Ausbildungserfolges zu erleichtern und etwaige Mängel zu beseitigen (BMMS/*Mühlhausen* Rn. 32). Im Falle der gestreckten Abschlussprüfung (Rn. 2) wird über den ersten, rechtl. nicht selbständigen Prüfungsteil kein Zeugnis erteilt. Der Auszubildende hat jedoch einen Anspruch auf schriftl. Mitt. des Erg. (Abs. 2 S. 3). Durch **Abs. 3** wird dem Auszubildenden die Möglichkeit eröffnet, sein Abschlusszeugnis auch in englischer und französischer Sprache ausgestellt zu erhalten, das zudem auf Wunsch auch noch die Leistungen in der Berufsschule ausweisen kann. Damit soll die grenzüberschreitende Mobilität innerhalb der EU verbessert werden. Die Abschlussprüfung ist nach **Abs. 4** für den Auszubildenden **gebührenfrei;** das gilt auch für Wiederholungsprüfungen. Andere im Zusammenhang mit der Prüfung anfallende Kosten (zB Fahrt- und Übernachtungskosten) sind v. dem Auszubildenden selbst zu tragen (BAG 14.12.1983 BeckRS 9998, 148795).

§ 38 Prüfungsgegenstand

[1]**Durch die Abschlussprüfung ist festzustellen, ob der Prüfling die berufliche Handlungsfähigkeit erworben hat.** [2]**In ihr soll der Prüfling nachweisen, dass er die erforderlichen beruflichen Fertigkeiten beherrscht, die notwendigen beruflichen Kenntnisse und Fähigkeiten besitzt und mit**

müssen, **Abs. 1.** Die für den ersten Prüfungsteil zu erfüllenden Voraussetzungen präzisiert **Abs. 2** dahingehend, dass das Ausbildungsverhältnis idR im Verzeichnis eingetragen sein muss (§ 43 I Nr. 3), die jeweils in der Ausbildungsordnung geregelte Ausbildungszeit absolviert sein muss und die ggf. vorgeschriebenen Ausbildungsnachw. geführt sind; die daneben in Bezug genommene Zwischenprüfung findet dagegen bei Ausbildungen mit gestreckter Abschlussprüfung nicht statt, § 48 II. Für den zweiten Prüfungsteil legt **Abs. 3** fest, dass sie ledigl. eine Teilnahme am ersten Prüfungsteil voraussetzt, nicht aber dessen Bestehen. Im Falle einer unverschuldet nicht erfolgten Beteiligung am ersten Prüfungsteil sind beide Teile gemeinsam durchzuführen (Abs. 3 S. 3), v. der Beteiligung am ersten Teil als Zulassungsvoraussetzung des zweiten Teils wird in diesem Falle abgesehen (Abs. 3 S. 2).

§ 45 Zulassung in besonderen Fällen

(1) Auszubildende können nach Anhörung der Ausbildenden und der Berufsschule vor Ablauf ihrer Ausbildungszeit zur Abschlussprüfung zugelassen werden, wenn ihre Leistungen dies rechtfertigen.

(2) [1]Zur Abschlussprüfung ist auch zuzulassen, wer nachweist, dass er mindestens das Eineinhalbfache der Zeit, die als Ausbildungszeit vorgeschrieben ist, in dem Beruf tätig gewesen ist, in dem die Prüfung abgelegt werden soll. [2]Als Zeiten der Berufstätigkeit gelten auch Ausbildungszeiten in einem anderen, einschlägigen Ausbildungsberuf. [3]Vom Nachweis der Mindestzeit nach Satz 1 kann ganz oder teilweise abgesehen werden, wenn durch Vorlage von Zeugnissen oder auf andere Weise glaubhaft gemacht wird, dass der Bewerber oder die Bewerberin die berufliche Handlungsfähigkeit erworben hat, die die Zulassung zur Prüfung rechtfertigt. [4]Ausländische Bildungsabschlüsse und Zeiten der Berufstätigkeit im Ausland sind dabei zu berücksichtigen.

(3) Soldaten oder Soldatinnen auf Zeit und ehemalige Soldaten oder Soldatinnen sind nach Absatz 2 Satz 3 zur Abschlussprüfung zuzulassen, wenn das Bundesministerium der Verteidigung oder die von ihm bestimmte Stelle bescheinigt, dass der Bewerber oder die Bewerberin berufliche Fertigkeiten, Kenntnisse und Fähigkeiten erworben hat, welche die Zulassung zur Prüfung rechtfertigen.

Abs. 1 ermöglicht die Zulassung v. Auszubildenden zur Abschlussprüfung, auch wenn § 43 I Nr. 1 1 noch nicht erfüllt ist; § 43 I Nr. 2, 3 bleiben unberührt. Voraussetzung der Zulassung ist, dass die Auszubildenden auf Grund ihrer Leistungen das vorgeschriebene Ausbildungsziel vorzeitig erreichen (VG K 13.4.1993 EzB BBiG § 40 I Nr. 32). ZZ der Abschlussprüfung müssen alle vorgesehenen Ausbildungsabschn. durchlaufen und alle Fertigkeiten und Kenntnisse vermittelt worden sein. Der Auszubildende muss durch überdurchschnittl. Leistungen in der Berufsschule und im Betrieb unter Beweis gestellt haben, dass er den Lernstoff beherrscht (VG D 15.11.1990 EzB BBiG § 40 I Nr. 30). Das in Abs. 1 vorgeschriebene Anhörungsverfahren soll der zust. Stelle ein umfassendes Bild über den Leistungsstand des Auszubildenden verschaffen. Eine Bindung an die Stellungn. besteht nicht (VG Ansbach 5.5.1981 EzB BBiG § 40 I Nr. 18). Ohne Anhörung ist die Entsch. über die Zulassung nicht nichtig, sondern fehlerhaft und aufhebbar (VG Ansbach 21.7.1977 EzB BBiG § 40 Nr. 5). Die Entsch. über die Zulassung ist eine Ermessensentsch. und gerichtl. voll nachprüfbar (VG BE 27.12.1982 EzB HandwO § 37 I Nr. 12).

Abs. 2 will **Externen,** die kein Berufsausbildungsverhältnis durchlaufen haben, die Möglichkeit eines 2 Qualifikationsnachw. eröffnen (VGH BW 30.5.1979 EzB BBiG § 40 III Nr. 3). Dabei müssen grds. alle in der Ausbildungsordnung vorgesehenen Tätigkeiten ausgeübt, und hinreichende Fertigkeiten und Kenntnisse iSd. gesamten Berufsbildes erworben sein (VG Kassel 20.4.1978 EzB BBiG § 40 II Nr. 4; **aA** *Eule* BB 1990, 1337). Da die Vorschr. eine Berufstätigkeit für das Eineinhalbfache der vorgeschriebenen Ausbildungszeit fordert, ist eine individuelle Kürzungsmöglichkeit nach § 8 ausgeschlossen (*Eule* BB 1990, 1337). Liegen die Voraussetzungen des § 45 II 1 vor, besteht ein **Anspruch auf Zulassung** zur Abschlussprüfung (VGH HE 13.2.1973 EzB BBiG § 40 II Nr. 1). Der erforderl. Nachw. kann durch Auskünfte jeder Art, durch eine Arbeitsbescheinigung, durch die Anhörung v. Beteiligten, durch die Beiziehung v. Urkunden erbracht werden. Gem. Abs. 2 S. 2 zählen zu den anrechnungsfähigen Zeiten nicht mehr nur diejenigen praktischer Berufstätigkeit, sondern auch Ausbildungszeiten in artverwandten Berufen. Damit werden insb. Absolventen v. Berufen mit zweijähriger Ausbildungsdauer profitieren, die nach entspr. Berufstätigkeit v. weiteren 2,5 Jahren die Zulassung zur Abschlussprüfung in einem verwandten Beruf mit dreijähriger Ausbildung verlangen können. V. dem Nachw. der **Dauer** der Berufstätigkeit kann nach Abs. 2 S. 3 abgesehen werden, wenn durch Vorlage v. Zeugnissen oder auf andere Weise glaubhaft dargetan wird, dass der Bewerber Kenntnisse und Fertigkeiten erworben hat, die die Zulassung zur Prüfung rechtfertigen (VGH HE 13.2.1973 EzB BBiG § 40 II Nr. 1; VG Karlsruhe 30.9.1980 EzB BBiG § 40 II Nr. 5; *Eule* BB 1990, 1337).

§ 46 Entscheidung über die Zulassung

(1) [1]**Über die Zulassung zur Abschlussprüfung entscheidet die zuständige Stelle.** [2]**Hält sie die Zulassungsvoraussetzungen nicht für gegeben, so entscheidet der Prüfungsausschuss.**

(2) **Auszubildenden, die Elternzeit in Anspruch genommen haben, darf bei der Entscheidung über die Zulassung hieraus kein Nachteil erwachsen.**

1 Die Entsch. über die Zulassung trifft die jeweils zust. Stelle gem. §§ 71 ff. Bei Vorliegen der Voraussetzungen gem. § 43 ist die Zulassung zu erteilen. Liegen die Voraussetzungen dagegen nach Ansicht der zust. Stelle nicht vor, so kann der Auszubildende dennoch zugelassen werden (*Leinemann/Taubert* Rn. 12 ff.); hierüber entscheidet der Prüfungsausschuss (Abs. 1 S. 2). Dass die Inanspruchnahme v. EZ die Zulassungsentsch. nicht nachteilig beeinflussen darf (Abs. 2), versteht sich an sich v. selbst, weil damit das Ziel der Einf. der EZ für diesen Teilbereich konterkariert würde. Anwendungsbsp. könnten in einer wegen Inanspruchnahme v. EZ lange zurückliegenden Ausbildungszeit liegen oder im Wunsch, noch während der EZ zur Prüfung zugelassen zu werden.

§ 47 Prüfungsordnung

(1) [1]**Die zuständige Stelle hat eine Prüfungsordnung für die Abschlussprüfung zu erlassen.** [2]**Die Prüfungsordnung bedarf der Genehmigung der zuständigen obersten Landesbehörde.**

(2) [1]**Die Prüfungsordnung muss die Zulassung, die Gliederung der Prüfung, die Bewertungsmaßstäbe, die Erteilung der Prüfungszeugnisse, die Folgen von Verstößen gegen die Prüfungsordnung und die Wiederholungsprüfung regeln.** [2]**Sie kann vorsehen, dass Prüfungsaufgaben, die überregional oder von einem Aufgabenerstellungsausschuss bei der zuständigen Stelle erstellt oder ausgewählt werden, zu übernehmen sind, sofern diese Aufgaben von Gremien erstellt oder ausgewählt werden, die entsprechend § 40 Abs. 2 zusammengesetzt sind.**

(3) **Der Hauptausschuss des Bundesinstituts für Berufsbildung erlässt für die Prüfungsordnung Richtlinien.**

1 Die Prüfungsordnungen gem. Abs. 1 enthalten die **formellen Regeln für die Abschlussprüfungen;** Abs. 2 legt den Mindestinhalt der Prüfungsordnung fest. Ist die „zust. Stelle" eine Kammer, wird die Prüfungsordnung als Satzung erlassen. Als Satzungsrecht ist die Prüfungsordnung dem G nachgeordnet; sie muss mind. den Inhalt v. §§ 47, 48 haben und darf auch sonst nicht v. §§ 37 ff. abweichen. Sieht die Prüfungsordnung vor, dass die Prüfungsleistung v. den berufenen Mitgliedern des Prüfungsausschusses zu bewerten ist, darf während der Prüfung kein Wechsel in der Zusammensetzung des Prüfungsausschusses stattfinden (VGH BY 7.6.1974 BeckRS 1974, 30371541). Die Prüfungsordnung ist v. der obersten Landesbehörde zu genehmigen, sofern sie den in Abs. 2 festgelegten Mindestinhalt aufweist (*Leinemann/Taubert* Rn. 12). Die RL gem. Abs. 3 sind dabei mangels rechtl. Verbindlichkeit nicht zwgd. Vorgabe für die Genehmigungsfähigkeit der Ordnung. Abs. 2 S. 1 legt fest, dass die Prüfungsordnung das formelle Zulassungsverfahren, den Prüfungsablauf einschl. der Bewertungsmaßstäbe, die Zeugniserteilung, die Folgen v. Ordnungsverstößen sowie die Wiederholungsprüfungen regelt. Die benannten Gegenstände sind vollständig zu regeln, so dass die Prüflinge der Ordnung Ablauf und Inhalt des Prüfungsverfahrens entnehmen können. Darüber hinaus kann die Prüfungsordnung noch die Verpflichtung zur Übernahme überregional bzw. v. einem Aufgabenerstellungsausschuss erstellter oder ausgewählter Aufgaben vorschreiben (Abs. 2 S. 2). Diese Verpflichtung ist jedoch mit der dem Prüfungsausschuss allein zugewiesenen Kompetenz zur Abnahme der Abschlussprüfung (§ 39 I) nur vereinbar, wenn die zwgd. Besetzungsvorschriften des § 40 II auch v. dem Gremium erfüllt werden, das die verbindl. vorgegebene Aufgabe erstellt oder ausgewählt hat. Der Hauptausschuss des BIBB erlässt nach Abs. 3 **RL** für die **Prüfungsordnungen.** Sie sind weder Satzung noch Verwaltungsvorschr. und entfalten keine Bindungswirkung; sie sollen nur Orientierungshilfe geben, um die Prüfungsordnungen zu vereinheitl. Verbindlichkeit erlangt die Prüfungsordnung, wenn sie v. Berufsbildungsausschuss der zust. Stelle beschlossen, v. der zust. Stelle erlassen, verkündet und v. der zust. obersten Landesbehörde genehmigt wird (*Knopp/Kraegeloh* Rn. 3).

§ 48 Zwischenprüfungen

(1) [1]**Während der Berufsausbildung ist zur Ermittlung des Ausbildungsstandes eine Zwischenprüfung entsprechend der Ausbildungsordnung durchzuführen.** [2]**Die §§ 37 bis 39 gelten entsprechend.**

(2) **Sofern die Ausbildungsordnung vorsieht, dass die Abschlussprüfung in zwei zeitlich auseinander fallenden Teilen durchgeführt wird, findet Absatz 1 keine Anwendung.**

Durch die Zwischenprüfung soll der Ausbildungsstand des Auszubildenden ermittelt werden, damit ggf. korrigierend auf den weiteren Verlauf der Ausbildung Einfluss genommen werden kann. Einer Anfechtungsklage gegen die Zwischenprüfung fehlt daher das Rechtsschutzbedürfnis (VG D 29.3.1985 EzB BBiG § 42 Nr. 2). Die Teilnahme an der Zwischenprüfung ist Voraussetzung für die Zulassung zur Abschlussprüfung nach § 43 I Nr. 2. **Gegenstand** der Zwischenprüfung sind die in der Ausbildungsordnung vorgesehenen, bis zu diesem Zeitpunkt vermittelten Fertigkeiten und Kenntnisse sowie der im Berufsschulunterricht zu vermittelnde, für die Berufsausbildung wesentl. Lehrstoff. Die Ausbildungsordnung kann statt einer auch mehrere Zwischenprüfungen vorschreiben. Sofern die Ausbildungsordnung eine **gestreckte Abschlussprüfung** vorsieht (Abs. 2), ist eine Zwischenprüfung entbehrlich. Das mit ihr bezweckte Kontrollziel wird bereits durch den ersten Teil der Abschlussprüfung erreicht. 1

§ 49 Zusatzqualifikationen

(1) [1]Zusätzliche berufliche Fertigkeiten, Kenntnisse und Fähigkeiten nach § 5 Abs. 2 Nr. 5 werden gesondert geprüft und bescheinigt. [2]Das Ergebnis der Prüfung nach § 37 bleibt unberührt.

(2) § 37 Abs. 3 und 4 sowie die §§ 39 bis 42 und 47 gelten entsprechend.

Die Ausbildungsordnungen können gem. § 5 II 1 Nr. 5 vorsehen, dass über die notwendigen Mindestqualifikationen hinausgehende weitere berufl. Fertigkeiten, Kenntnisse und Fähigkeiten vermittelt werden können. Damit die Auszubildenden ihre Einsetzbarkeit am Arbeitsmarkt durch solide Zusatzqualifikationen verbessern, müssen diese auch geprüft und entspr. nachweisbar werden. Es handelt sich um eine gesonderte Prüfung, die auf das Erg. der Abschlussprüfung keinen Einfluss nimmt (Abs. 1 S. 2), aber ohne weiteres in unmittelbarem zeitl. Zusammenhang mit ihr v. selben Prüfungsausschuss abgenommen werden kann. Abs. 2 legt fest, dass auf die Zusatzprüfung die Bestimmungen über Zusammensetzung und Beschlussfassung der Prüfungsausschüsse, die Prüfungsordnungen, die Gebührenfreiheit für Auszubildende und über eine mögl. Übersetzung der Prüfungsbescheinigung entspr. gelten. 1

§ 50 Gleichstellung von Prüfungszeugnissen

(1) Das Bundesministerium für Wirtschaft und Energie oder das sonst zuständige Fachministerium kann im Einvernehmen mit dem Bundesministerium für Bildung und Forschung nach Anhörung des Hauptausschusses des Bundesinstituts für Berufsbildung durch Rechtsverordnung außerhalb des Anwendungsbereichs dieses Gesetzes erworbene Prüfungszeugnisse den entsprechenden Zeugnissen über das Bestehen der Abschlussprüfung gleichstellen, wenn die Berufsausbildung und die in der Prüfung nachzuweisenden beruflichen Fertigkeiten, Kenntnisse und Fähigkeiten gleichwertig sind.

(2) Das Bundesministerium für Wirtschaft und Energie oder das sonst zuständige Fachministerium kann im Einvernehmen mit dem Bundesministerium für Bildung und Forschung nach Anhörung des Hauptausschusses des Bundesinstituts für Berufsbildung durch Rechtsverordnung im Ausland erworbene Prüfungszeugnisse den entsprechenden Zeugnissen über das Bestehen der Abschlussprüfung gleichstellen, wenn die in der Prüfung nachzuweisenden beruflichen Fertigkeiten, Kenntnisse und Fähigkeiten gleichwertig sind.

Abs. 1 regelt die Gleichstellung **inländischer** Prüfungszeugnisse, soweit sie sachl. nicht dem BBiG unterfallen. Prüfungszeugnisse v. Ausbildungsstätten, wie zB Umschulungs- oder Rehabilitationseinrichtungen, und v. Prüfungsbehörden (Berufsfachschulen) können gleichgestellt werden, wenn die Ausbildung der betriebl. gleichwertig ist und die Prüfungsanforderungen derjenigen nach dem BBiG vergleichbar sind. Entspr. Gleichstellungen erfolgen durch VO, vgl. *Knopp/Kraegeloh* Rn. 1; *Natzel* S. 433. Abs. 2 betrifft die Gleichstellung **ausl.** Prüfungszeugnisse. Sie setzt gleichwertige Anforderungen in den Abschlussprüfungen voraus, die durch Vergleich der Prüfungsordnungen festzustellen ist. Gleichwertigkeit ist zu bejahen, wenn Inhalt, Umf. und Schwierigkeitsgrad der Prüfungen vergleichbar sind, auf die Gleichwertigkeit der Ausbildung kommt es hier, anders als gem. Abs. 1, nicht an. 1

§ 50a Gleichwertigkeit ausländischer Berufsqualifikationen

Ausländische Berufsqualifikationen stehen einer bestandenen Aus- oder Fortbildungsprüfung nach diesem Gesetz gleich, wenn die Gleichwertigkeit der beruflichen Fertigkeiten, Kenntnisse und Fähigkeiten nach dem Berufsqualifikationsfeststellungsgesetz festgestellt wurde.

1 Die Vorschr. regelt die Rechtsfolge einer Gleichwertigkeitsfeststellung nach dem Berufsqualifikationsfeststellungsg bzgl. aller Entsch. der „zust. Stellen" gem. BBiG: ist diese Gleichwertigkeit einmal förmlich festgestellt worden, treten dies. Rechtsfolgen ein, die bei Vorliegen einer entsprechenden inländischen Qualifikation maßgeblich sind.

Abschnitt 6. Interessenvertretung

§ 51 Interessenvertretung

(1) Auszubildende, deren praktische Berufsbildung in einer sonstigen Berufsbildungseinrichtung außerhalb der schulischen und betrieblichen Berufsbildung (§ 2 Abs. 1 Nr. 3) mit in der Regel mindestens fünf Auszubildenden stattfindet und die nicht wahlberechtigt zum Betriebsrat nach § 7 des Betriebsverfassungsgesetzes, zur Jugend- und Auszubildendenvertretung nach § 60 des Betriebsverfassungsgesetzes oder zur Mitwirkungsvertretung nach § 52 des Neunten Buches Sozialgesetzbuch sind (außerbetriebliche Auszubildende), wählen eine besondere Interessenvertretung.

(2) Absatz 1 findet keine Anwendung auf Berufsbildungseinrichtungen von Religionsgemeinschaften sowie auf andere Berufsbildungseinrichtungen, soweit sie eigene gleichwertige Regelungen getroffen haben.

1 Auszubildende in **außerbetriebl. Ausbildungseinrichtungen** („sonstige Berufsbildungseinrichtungen", § 2 I Nr. 3) wurden früher v. keiner betriebl. Interessenvertretung vertreten (BAG 20.3.1996 NZA 1997, 107; 24.8.2004 NZA 2005, 371), da sie nicht zu den AN iSd. § 5 I BetrVG zählen, sondern ihre Ausbildung gerade den Betriebszweck des Ausbildungsbetriebes darstellte. An der Wahl des BR bzw. der JAV des Ausbildungsbetriebes sind sie daher nicht zu beteiligen (BAG 16.11.2011 BeckRS 2012, 68564); Dies gilt nach der Rspr. sogar dann, wenn der Ausbildungsbetrieb durch konzernweite Zentralisierung aller Auszubildenden geschaffen wurde, die praktisch jedoch in den konzernangehörigen Betrieben, nicht im Ausbildungsbetrieb selbst, eingesetzt werden. Die Teilnahme an Betriebsversammlungen im Betrieb der praktischen Ausbildung hat das BAG jedoch anerkannt (24.8.2011 NZA 2012, 223). Eine gesonderte Interessenvertretung der berufl. Rehabilitanden wurde in § 52 SGB IX geschaffen, § 51 führt parallel dazu eine weitere Interessenvertretung ein (BAG 13.6.2007 NZA-RR 2008, 19), zu der allerdings nur wahlberechtigt ist, wer durch die vorgenannten Einrichtungen nicht vertreten werden kann. Die erforderl. Mindestzahl v. fünf außerbetriebl. Auszubildenden übernimmt den in §§ 1, 60 BetrVG vorgesehenen Schwellenwert für die Schaffung einer Interessenvertretung. Ob die Auszubildenden bei Vorliegen der Voraussetzungen eine Interessenvertretung wählen oder nicht, bleibt ihnen überlassen; die Formulierung in Abs. 1 („wählen") übernimmt sinngem. insoweit den Sprachgebrauch des § 1 I 1 BetrVG. Die Voraussetzungen, unter denen eine gleichwertige besondere Interessenvertretung durch TV geregelt werden kann, beschreibt BAG 24.8.2004 NZA 2005, 371). **Abs. 2** nimmt die Berufsbildungseinrichtungen v. **Religionsgemeinschaften** v. der Bildung v. Interessenvertretungen aus; entspr. § 118 II BetrVG ist das kirchl. Selbstbestimmungsrecht zu respektieren. Die weitere Bereichsausnahme zugunsten bestehender Vertretungsregelungen macht deutlich, dass Einrichtungen, die bereits ohne Bestehen einer Rechtspflicht gleichwertige Vertretungen geschaffen hatten, an ihren individuell zugeschnittenen Lösungen festhalten dürfen (BAG 13.8.2008 AP BetrVG 1972 § 78a Nr. 51; LAG B 5.9.2013 NZA-RR 2014, 68).

§ 52 Verordnungsermächtigung

Das Bundesministerium für Bildung und Forschung kann durch Rechtsverordnung, die nicht der Zustimmung des Bundesrates bedarf, die Fragen bestimmen, auf die sich die Beteiligung erstreckt, die Zusammensetzung und die Amtszeit der Interessenvertretung, die Durchführung der Wahl, insbesondere die Feststellung der Wahlberechtigung und der Wählbarkeit sowie Art und Umfang der Beteiligung.

1 § 52 bildet die Ermächtigungsgrdl. für eine RechtsVO über die Einzelheiten der Einrichtung und Befugnisse einer Interessenvertretung gem. § 51. Die auf Grdl. der Vorgängerregelung (§ 18b aF) konzipierte VO über die Vertretung der Interessen der Auszubildenden in sonst. Berufsbildungseinrichtungen außerhalb der schulischen und betriebl. Berufsbildung orientierte sich an den Vorschr. über die JAV, §§ 60 ff. BetrVG. Da die VO im Bundesrat gescheitert (BR-Drs. 339/02) ist, lief die Vorschr. leer.

160. Bundesdatenschutzgesetz (BDSG)

In der Fassung der Bekanntmachung vom 14. Januar 2003 (BGBl. I S. 66)

Zul. geänd. durch Gesetz vom 30. Juni 2017 (BGBl. I S. 2097)

(FNA 204-3)

– Auszug –

Erster Abschnitt. Allgemeine und gemeinsame Bestimmungen

§ 1 Zweck und Anwendungsbereich des Gesetzes

(1) Zweck dieses Gesetzes ist es, den Einzelnen davor zu schützen, dass er durch den Umgang mit seinen personenbezogenen Daten in seinem Persönlichkeitsrecht beeinträchtigt wird.

(2) Dieses Gesetz gilt für die Erhebung, Verarbeitung und Nutzung personenbezogener Daten durch

1. öffentliche Stellen des Bundes,

2. öffentliche Stellen der Länder, soweit der Datenschutz nicht durch Landesgesetz geregelt ist und soweit sie

a) Bundesrecht ausführen oder

b) als Organe der Rechtspflege tätig werden und es sich nicht um Verwaltungsangelegenheiten handelt,

3. nicht-öffentliche Stellen, soweit sie die Daten unter Einsatz von Datenverarbeitungsanlagen verarbeiten, nutzen oder dafür erheben oder die Daten in oder aus nicht automatisierten Dateien verarbeiten, nutzen oder dafür erheben, es sei denn, die Erhebung, Verarbeitung oder Nutzung der Daten erfolgt ausschließlich für persönliche oder familiäre Tätigkeiten.

(3) [1] Soweit andere Rechtsvorschriften des Bundes auf personenbezogene Daten einschließlich deren Veröffentlichung anzuwenden sind, gehen sie den Vorschriften dieses Gesetzes vor. [2] Die Verpflichtung zur Wahrung gesetzlicher Geheimhaltungspflichten oder von Berufs- oder besonderen Amtsgeheimnissen, die nicht auf gesetzlichen Vorschriften beruhen, bleibt unberührt.

(4) Die Vorschriften dieses Gesetzes gehen denen des Verwaltungsverfahrensgesetzes vor, soweit bei der Ermittlung des Sachverhalts personenbezogene Daten verarbeitet werden.

(5) [1] Dieses Gesetz findet keine Anwendung, sofern eine in einem anderen Mitgliedstaat der Europäischen Union oder in einem anderen Vertragsstaat des Abkommens über den Europäischen Wirtschaftsraum belegene verantwortliche Stelle personenbezogene Daten im Inland erhebt, verarbeitet oder nutzt, es sei denn, dies erfolgt durch eine Niederlassung im Inland. [2] Dieses Gesetz findet Anwendung, sofern eine verantwortliche Stelle, die nicht in einem Mitgliedstaat der Europäischen Union oder in einem anderen Vertragsstaat des Abkommens über den Europäischen Wirtschaftsraum belegen ist, personenbezogene Daten im Inland erhebt, verarbeitet oder nutzt. [3] Soweit die verantwortliche Stelle nach diesem Gesetz zu nennen ist, sind auch Angaben über im Inland ansässige Vertreter zu machen. [4] Die Sätze 2 und 3 gelten nicht, sofern Datenträger nur zum Zweck des Transits durch das Inland eingesetzt werden. [5] § 38 Abs. 1 Satz 1 bleibt unberührt.

I. Rechtsgrundlagen des Datenschutzes

1. Verfassungsrecht. a) Grundrechte. Das GG kennt kein selbständiges Grundrecht auf Datenschutz, jedoch ist aus dem allg. Persönlichkeitsrecht (Art. 2 I iVm. Art. 1 I GG) nach der Rspr. des BVerfG ein **Recht des Bürgers auf informationelle Selbstbestimmung** abzuleiten. Es dient als Grdl. für einen breit angelegten Datenschutz und umfasst die aus dem Gedanken der Selbstbestimmung folgende Befugnis des Einzelnen, grds. selbst zu entscheiden, wann und innerhalb welcher Grenzen pers. Lebenssachverhalte offenbart werden (BVerfG 15.12.1983 E 65, 1, 43; (Kammer) 10.2.1988 CR 1989, 416; BVerwG 20.2.1990 NJW 1990, 2761). In seiner Entsch. v. 27.2.2008 (NJW 2008, 822) hat das BVerfG darüber hinaus das „Grundrecht auf Gewährleistung der Vertraulichkeit und Integrität informationstechnischer Systeme" **(Recht auf private Datensphäre)** begr. (zu den Auswirkungen *Kutscha* NJW 2008, 1042 ff.; *Roßnagel/Schnabel* NJW 2008, 3534 ff.; instruktiv *Wedde* AuR 2009, 373 ff.). Der Schutz personenbezogener Daten wurde zudem in Art. 8 GRC aufgenommen. Die Herrschaft des Einzelnen über seine Daten besteht jedoch nicht absolut und schrankenlos. Da mit dem Persönlichkeitsrecht des AN die Grundrechte des AG auf wirtschaftl. Handlungs- und Betätigungsfreiheit 1

(Art. 2 I GG) sowie seine Berufsfreiheit (Art. 12 I GG) kollidieren, sind Einschränkungen hinzunehmen, die sich aus überw. betriebl. Interessen ergeben (vgl. GG Art. 2 Rn. 88 ff.); auch Kollisionen mit der Pressefreiheit sind denkbar (EuGH 16.12.2008 EuZW 2009, 108).

2 **b) Wirkung im Privatrecht.** Das Recht auf informationelle Selbstbestimmung, als datenschutzbezogene Ausprägung des allg. Persönlichkeitsrechts, sowie das Recht auf private Datensphäre sind nach den allg. Grds. auch im **Privatrecht** zu beachten. Der Staat muss, um seiner Schutzpflicht aus den genannten Grundrechten nachzukommen, die für Privatpersonen als Datenverarbeiter relevanten datenschutzrechtl. Regelungen grundrechtskonform ausgestalten (näher GG Einl. Rn. 33). Dies gilt ebenso für TV (TVG § 1 Rn. 11) und für BV bzw. DV (GG Einl. Rn. 59).

3 **2. Gesetzliche Grundlagen des Arbeitnehmerdatenschutzes. a) Bundesdatenschutzgesetz.** Als Grdl. für den Schutz personenbezogener Daten im ArbVerh. dienen die allg. DSG. Von bes. und eigenständiger Bedeutung ist, mangels einer spezifischen arbeitsrechtl. Regelung, trotz seiner grds. Subsidiarität (§ 1 III), das BDSG. Seine Vorschr. über den Datenschutz in nicht-öffentl. Stellen sind im gesamten privatwirtschaftl. Bereich maßgebend (§ 1 II Nr. 3, § 27 I 1 Nr. 1, § 32 I, II). Ist die Daten verarbeitende Stelle eine Behörde, Körperschaft, Anstalt oder Stiftung des öffentl. Rechts, ist das BDSG ebenfalls anwendbar, sofern es sich um eine öffentl. Stelle des Bundes handelt (§ 2 I und III 1). Geht es um Datenverarbeitung in öffentl. Stellen der Länder, gilt das BDSG gem. § 1 II Nr. 2 nur hilfsweise, soweit der Datenschutz nicht durch LandesG geregelt ist.

4 **b) Landesdatenschutzgesetze.** Die Länder haben von ihren Gesetzgebungsbefugnissen umfassend durch Erl. ihrer LandesDSG Gebrauch gemacht. Um den Besonderheiten des ANDatenschutzes Rechnung zu tragen, enthalten zahlr. LDSG Sonderbestimmungen für den Datenschutz im Zusammenhang mit Dienst- und ArbVerh. (§ 29 BbgDSG; § 20 BrDSG; § 36 LDSG-BW; § 28 HmbDSG; § 34 HessDSG; § 35 DSG-MV; § 29 DSG NW; § 31 LDSG-RhPf.; § 31 SDSG; § 37 SächsDSG; § 28 DSG-LSA; § 23 LDSG-SH; § 33 ThürDSG). Andere nehmen Bezug auf die Regelungen des BDSG zum Datenschutz in nicht-öffentl. Stellen (Art. 3 BayDSG; § 2 II BlnDSG; § 2 III und IV NDSG).

5 **c) Weitere Gesetze.** Datenschutzrelevante Vorschr. finden sich ferner im **BetrVG** und im **BPersVG.** Neben dem individualrechtl. Recht des AN auf Einsicht in die Personalakte (§ 83 BetrVG) werden va. mitbestimmungsrechtl. Aspekte des Datenschutzes erfasst. Das BetrVG gewährt eine Vielzahl von Informations-, Mitwirkungs- und Mitbestimmungsrechten, die vom BR in datenschutzrechtl. Fragen in Anspruch genommen werden können (§§ 80, 85, 87 I Nr. 6, 90, 92, 93, 94 I und II, 95, 99, 102 BetrVG; §§ 67 I, 68, 75 III Nr. 8, Nr. 9, Nr. 17, 76 II Nr. 2, Nr. 3, Nr. 8 BPersVG). Die Stellung und Aufgabenerfüllung der BR wird durch das BDSG rechtl. nicht verändert. Soweit der AG nicht durch spezielle Vorschr. des BetrVG oder des BPersVG zur Bekanntgabe an die Mitarbeitervertretung verpflichtet ist, richtet sich die Zulässigkeit der Weitergabe nach § 32 I 1 (*Gola/Wronka* Rn. 967; näher zur Stellung des BR iRd. Datenschutzes § 32 Rn. 33 ff.). Eine Aufzählung weiterer EinzelG, die personenbezogene Daten betreffen, findet sich bei *Thon* FS 25 Jahre ARGE des DAV 2006 S. 1377.

6 **d) Europarecht.** Auf der Ebene des supranationalen Rechts ist, neben einigen – unverbindl. – Empfehlungen, die am 28.1.1981 vom Europarat beschlossene **Datenschutzkonvention** zu berücksichtigen (Konv. 108, abgedr. in: *Dammann/Simitis* BDSG, 9. Aufl. 2005; *Ellger* CR 1994, 558, 559 f.; MüArbR/*Reichold* § 88 Rn. 8 mwN). Von Bedeutung ist die am 24.6.1995 vom Rat beschlossene **EG-RL** zum Schutz natürl. Personen bei der Verarbeitung personenbezogener Daten und zum freien Datenverkehr (RL 95/46/EG; abgedr. bei *Gola/Schomerus* Anh.). Zu den wichtigsten Veränderungen gehört, dass die Trennung zwischen öffentl. und nicht-öffentl. Bereich aufgegeben wurde, ferner die Ausweitung des Verarbeitungsbegriffs, die Lösung vom Dateibegriff, die Einführung einer Zweckbindung sowie die Unterscheidung zwischen sensitiven und nicht-sensitiven Daten (vgl. *Ehmann/Helfrich*, Komm. zur EG-DatenschutzRL, 1999). Die RL 95/46/EG belässt nach Auff. des EuGH den Mitgliedstaaten zwar Spielräume für die Konkretisierung der RLVorgaben durch innerstaatl. Recht, folgt aber grds. dem Prinzip der vollständigen Harmonisierung (EuGH 24.11.2011 NZA 2011, 1409). Die RL 95/46/EG wird am 25.5.2018 außer Kraft treten und durch die Datenschutz-GrundVO abgelöst (Rn. 6a).

6a Die EU-Kommission möchte das Datenschutzrecht in der EU vereinheitlichen und hat hierzu einen **Vorschlag für eine Datenschutz-GrundVO** vorgelegt (KOM 2012, 11 endg.). Der VO-Vorschlag ist grds. auch auf den Beschäftigtendatenschutz anwendbar, sieht aber Konkretisierungsspielräume für die Mitgliedstaaten vor (näher *Forst* NZA 2012, 364; *Franzen* DuD 2012, 322; *Gola* EuZW 2012, 332; *ders.* RDV 2012, 60; *Kort* DB 2012, 1020; *Wuermling* NZA 2012, 368; *Wybitul/Rauer* ZD 2012, 160; allg. zur Datenschutz-GrundVO *Dehmel/Hullen* ZD 2013, 147; *Eckhardt/Kramer* DuD 2013, 287; *Gola/Schulz* RDV 2013, 1; *Härtling* CR 2013, 715; *Körner* ZESAR 2013, 99, 153). Nach mehrjährigen Verh. haben Rat und EP im April 2016 die **Datenschutz-GrundVO** verabschiedet. Sie wurde im Mai 2016 als VO (EU) 2016/679 im AblEU veröffentlicht (AblEU L 119/1 v. 4.5.2016), trat am 24.5.2016 in Kraft und gilt ab dem 25.5.2018 (Art. 99 DS-GVO). Zu diesem Zpkt. wird auch die RL 95/46/EG aufgehoben (Art. 94 I DS-GVO). BT und BR haben im Mai 2017 ein ArtikelG, das **Datenschutz-Anpassungs- und UmsetzungsG EU (DSAnpG-EU)**, beschlossen, dessen Hauptteil, Art. 1

DSAnpG-EU, das novellierte und an die **Datenschutz-GrundVO angepasste BDSG** enthält (BT-Drs. 18/11325, 18/11655, 18/12084). Das DSAnpG-EU wird am 25.5.2018 in Kraft treten und das bislang geltende BDSG ersetzen. Das novellierte BDSG enthält in § 26 BDSG nF eine Regelung über den Beschäftigtendatenschutz, der § 32 BDSG im Wesentlichen übernimmt und an einigen Stellen modifiziert (näher dazu § 32 Anhang; s. a. *Wybitul* NZA 2017, 413).

II. Das Bundesdatenschutzgesetz

1. Aufbau und Systematik des BDSG. Das BDSG gliedert sich in fünf Abschnitte. Der erste (§§ 1 bis 11) enthält **allg. Bestimmungen,** in denen ua. der Anwendungsbereich des G (§ 1 II–V), die Zulässigkeit der Datenerhebung, -verarbeitung und -nutzung (§ 4), die Einwilligung und deren Wirksamkeitsvoraussetzungen (§ 4a), der DSB (§§ 4f, 4g), das Datengeheimnis (§ 5), Schadensersatz infolge unzulässiger Datenverarbeitung (§§ 7, 8), erforderl. Datenschutzmaßnahmen (§ 9) sowie die Einrichtung automatisierter Abrufverf. (§ 10) geregelt sind. Außerdem finden sich in den §§ 2, 3 zahlr. Begriffsbestimmungen, deren Kenntnis für die Arbeit mit dem G unumgängl. ist. Das BDSG diff. nach den Subjekten der Datenerfasser. So widmet sich der zweite Abschn. des G (§§ 12 bis 26) ausschl. der Datenverarbeitung durch **öffentl. Stellen,** während der dritte (§§ 27 bis 38a) den Schutz personenbezogener Daten in **nicht-öffentl. Stellen** und **ör. Wettbewerbsunternehmen** betrifft. Beide Abschn. sind in drei UAbschn. geteilt, die sich jeweils mit den Rechtsgrundlagen der Datenverarbeitung, den Rechten des Betroffenen und dem Bundesbeauftragten für Datenschutz oder der Aufsichtsbehörde beschäftigen. Der vierte Abschn. enthält **Sondervorschr.** für den Umgang mit personenbezogenen Daten, die einem Berufs- oder bes. Amtsgeheimnis unterliegen (§ 39), für die Datenverarbeitung und -nutzung durch Forschungseinrichtungen und die Medien (§§ 40, 41) und den DSB der Bundesanstalten des Bundesrechts (§ 42). Der fünfte Abschn. enthält **Straf- und Bußgeldtatbestände** (§§ 43, 44), und im sechsten und letzten Abschn. finden sich **Übergangsvorschr.** (§§ 45, 46) für Datenerhebungen und -verarbeitungen, die vor der GÄnd. am 23.5.2001 bereits begonnen haben und (§ 47) weitere Übergangsregelungen für die Reform Ende 2009. 7

2. Arbeitsrechtlich relevante Normen des BDSG. Beim BDSG handelt es sich nicht um ein spezifisch arbeitsrechtl. G. Welche Normen einschlägig sind, richtet sich nach dem Datenerfasser, also dem AG. Ist die verantwortl. Stelle **nicht-öffentl.** iSd. § 2 IV oder stellt sie ein öffentl. Wettbewerbsunternehmen dar, sind außer den Vorschr. des allg. Teils (§§ 1 bis 11) die §§ 27 bis 38a anwendbar (§ 27 I). Ist die verantwortl. Stelle eine **öffentl. Stelle des Bundes** iSv. § 2 I, III 1, sind neben den §§ 1 bis 11 grds. die §§ 12 bis 26 einschlägig (§ 12 I). Werden jedoch personenbezogene Daten für frühere, bestehende oder künftige dienst- oder arbeitsrechtl. Rechtsverhältnisses verarbeitet oder genutzt, verweist § 12 IV auf das Recht der nicht-öffentl. Stellen. Es gelten damit sowohl § 28 II Nr. 2, § 32 hins. der Rechtsgrundlagen als auch §§ 33 bis 35 bzgl. der Rechte der Betroffenen. In den zwei wesentl. Punkten des Datenschutzes herrschen damit im arbeitsrechtl. Bereich einheitl. Grds. Normen des zweiten Abschn., die weiterhin anwendbar bleiben, sind die Normen zur Datenerhebung (§ 13) und zur Durchführung des Datenschutzes in der Bundesverw. (§ 18) sowie die Regelungen über den Bundesbeauftragten für Datenschutz (§§ 21, 22 bis 26). Arbeitsrechtl. relevant sind damit die §§ 1 bis 11, 12, 13, 18, 27 bis 38a, uU auch die in den §§ 39 bis 42 enthaltenen Sondervorschr. sowie die Bußgeld- und Strafvorschr. (§§ 43, 44). Auf öffentl. Stellen der Länder findet das BDSG nur nach Maßgabe des § 1 II Anwendung. 8

3. Reformvorhaben bezüglich Arbeitnehmerdatenschutz. In der 17. Legislaturperiode hat die BReg. den **„Entw. eines G zur Regelung des Beschäftigtendatenschutzes"** vorgelegt (BT-Drs. 17/4230). An die Stelle des § 32 sollten die neuen §§ 32 bis 32l treten. Der BR hat dazu in seiner 876. Sitzung am 5.11.2010 Stellung genommen, eine Gegenäußerung der BReg. ist erfolgt (Stellungn. zum RefEntw. von *Bayreuther* NZA 2010, 679 ff.; *Raif* ArbR Aktuell 2010, 359 ff.; DAV NZA 13/2010, IX ff.; zum RegE von *Beckschulze/Natzel* BB 2010, 2368 ff.; *Forst* NZA 2010, 1043 ff.; *Franzen* ZfA 2012, 172; *Jacobs* ZfA 2012, 215; *Hjort* AiB 2010, 639 ff.; *Kort* DB 2011, 651 ff.). Nach intensiver Diskussion wurde der GE nicht mehr weiter verfolgt. In der zu Ende gehenden 18. Legislaturperiode haben BT und BR in Umsetzung der Datenschutz-GrundVO das Datenschutz-Anpassungs- und UmsetzungsG (DS-AnpUG-EU) beschlossen, das am 25.5.2018 in Kraft treten wird. Näher dazu Rn. 6; zu den Änd. betr. den Beschäftigtendatenschutz § 32 Anhang. Zur rechtspolitischen Diskussion s. *Thüsing* RDV 2014, 196; *Franzen* RDV 2014, 200. 9, 10

III. Regelungsgehalt des § 1 BDSG

1. Zweck des BDSG (Abs. 1). Ziel des BDSG ist ein umfassender Schutz des Einzelnen davor, dass er durch den Umgang mit seinen personenbezogenen Daten in seinem Persönlichkeitsrecht beeinträchtigt wird. Die Konzeption des G ist in erster Linie präventiv (*Gola/Schomerus* Rn. 6). Das Anliegen des BDSG lässt sich wie folgt zusammenfassen: Vorbeugender Schutz des Einzelnen vor einem zweckwidrigen und missbräuchl. Umgang mit seinen personenbezogenen Daten. Erstellt etwa 11 ein AG aus den ihm zum Zwecke der Lohn- und Gehaltsabrechnung vorliegenden Geburtstagsdaten seiner Mitarbeiter eine Geburtstagsliste ohne Einwilligung der Betroffenen, so ist die Datenverarbeitung – ohne vorherige Einwilligung der AN – unzulässig, da sie nicht zur Durchführung des Vertrages erforderl. ist (vgl. §§ 4 I, 32 I). Das BDSG ist SchutzG iSv. § 823 II BGB sowie der §§ 68 I Nr. 2 BPersVG, 80 I Nr. 1 BetrVG (*Gola/Schomerus* Rn. 3, 5). Sofern das BDSG Eingriffe in das Persönlichkeitsrecht durch den Staat oder private Daten verarbeitende Stellen legitimiert, stellt es gleichzeitig ein EingriffsG dar (*Gola/Schomerus* Rn. 16).

12 **2. Adressat der gesetzlichen Regelung (Abs. 2).** Adressat des BDSG ist der AG als datenerhebende oder -speichernde Stelle, wenn er personenbezogene Daten für sich selbst erhebt oder speichert oder durch andere im Auftrag erheben oder speichern lässt (§ 3 VII). § 3 VII geht zurück auf Art. 2 lit. a RL 95/46/EG (dazu *Monreal* ZD 2014, 611). An der unmittelbaren Verantwortlichkeit des AG ändert sich auch im Falle der Telearbeit nichts, da insoweit kein bes. Datenschutzrecht gilt (*Peter* DB 1998, 576; *Wank* Telearbeit 1997, S. 79 ff.; *Wedde* FS Däubler 1999 S. 703, 705, 712). Die Datenauftragsverw. ist gesondert in § 11 geregelt. § 1 II diff. gesetzessystematisch zwischen öffentl. Stellen des Bundes, öffentl. Stellen der Länder und nicht-öffentl. Stellen. Der Begriff der **öffentl. Stelle** wird durch die in § 2 I, II enthaltenen Begriffsbestimmungen konkretisiert, der der **nicht-öffentl. Stelle** in § 2 IV BDSG. Die Zuweisung des AG zum öffentl. oder nicht-öffentl. Bereich ist trotz der weitgehenden Angleichung der Regelungen im Bereich des ANDatenschutzes (vgl. § 12 IV) nicht zul. wegen der verbleibenden datenschutzrechtl. Konsequenzen erforderl. Öffentl. und nicht-öffentl. Stellen sind neuerdings auch abw. von §§ 1 II Nr. 3, 27 I, 12 IV Normadressaten, wenn sie Daten ohne Einsatz von Datenverarbeitungsanlagen verarbeiten, nutzen oder sie dafür erheben oder Daten aus nicht automatisierten Dateien iSd. § 3 II 2 nutzen, erheben oder verarbeiten, soweit es um BeschVerh. geht.

13 **3. Subsidiarität (Abs. 3).** Das BDSG ist gem. § 1 III formell subsidiär. Dies bedeutet folgendes: Sobald eine Rechtsvorschr. des Bundes den Umgang mit personenbezogenen Daten regelt, gilt nicht das BDSG, sondern diese Rechtsvorschr. So gehen im Bereich der modernen Medien TKG und TMG, soweit Tatbestandskonkurrenz vorliegt, dem BDSG vor. TKG und TMG sind jedoch nur bei privater Nutzung durch den AN anzuwenden, da beide G ein Anbieter-Nutzer-Verhältnis voraussetzen (zum Anwendungsbereich von TKG und TMG *Sander* CR 2014, 176; *Sassenberg/Mantz* BB 2013, 889 f.; *Schuster* CR 2014, 21; *Walther/Zimmermann* BB 2013, 2933). TV und BV fallen nicht unter die Subsidiaritätsklausel, da es sich hierbei nicht um Rechtsvorschr. des Bundes handelt. Auch verdrängen Regelungen der Bundesländer das BDSG nicht (*Gola/Wronka* Rn. 226). Die Subsidiarität gem. § 1 III ist, aufgrund des Wortes „soweit", dahingehend auszulegen, dass eine Subsidiarität nur bei Tatbestandskonkurrenz eintritt (*Gola/Wronka* Rn. 232 f.). Das BAG hat dies bspw. iRd. Pflicht des BR, die für den Arbeitsschutz zust. Behörden zu unterstützen, nach § 89 I 2 BetrVG mit Recht abgelehnt (BAG 3.6.2003 AP BetrVG § 89 Nr. 1)

14 **4. Räumlicher Anwendungsbereich (Abs. 5).** Das G findet grds. nur Anwendung, wenn die für die Datenverarbeitung verantwortl. Stelle ihren Sitz im Anwendungsbereich des G, also auf dem Territorium der BRD hat (**Sitzlandprinzip**), oder wenn die Datenerhebung, -verarbeitung oder -nutzung in einer Niederlassung im Inland vorgenommen wird. Dies geht auf Art. 4 RL 95/46/EG zurück. Der EuGH legt den Begriff der Niederlassung in Art. 4 I RL 94/46/EG recht weit aus; es genügt, wenn der für die Datenverarbeitung Verantwortliche die Daten „im Rahmen seiner Geschäftstätigkeit" mittels einer „festen Einrichtung" nutzt (EuGH 13.5.2014 NJW 2014, 2257 Rn. 48 ff.; 1.10.2015 RDV 2015, 320; 28.7.2016 BeckRS 2016, 81742). S. 2 beruft dt. Datenschutzrecht zur Anwendung, wenn die verantwortl. Stelle nicht in der EU oder einem Vertragsstaat des EWR belegen ist und die Datenverarbeitung, -erhebung oder -nutzung im Inland erfolgt (**Territorialitätsprinzip**). Regelungen über die grenzüberschreitende Datenübermittlung finden sich in § 4b und § 4c. Näher zu den damit zusammenhängenden Fragen *Alich/Sagalov* CR 2013, 783; *Herbrich/Beyvers* ZD 2016, 3; *Voigt* ZD 2014, 15; *Beyvers/Herbrich* ZD 2014, 558).

§ 2 Öffentliche und nicht-öffentliche Stellen

(1) [1]Öffentliche Stellen des Bundes sind die Behörden, die Organe der Rechtspflege und andere öffentlich-rechtlich organisierte Einrichtungen des Bundes, der bundesunmittelbaren Körperschaften, Anstalten und Stiftungen des öffentlichen Rechts sowie deren Vereinigungen ungeachtet ihrer Rechtsform. [2]Als öffentliche Stellen gelten die aus dem Sondervermögen Deutsche Bundespost durch Gesetz hervorgegangenen Unternehmen, solange ihnen ein ausschließliches Recht nach dem Postgesetz zusteht.

(2) Öffentliche Stellen der Länder sind die Behörden, die Organe der Rechtspflege und andere öffentlich-rechtlich organisierte Einrichtungen eines Landes, einer Gemeinde, eines Gemeindeverbandes und sonstiger der Aufsicht des Landes unterstehender juristischer Personen des öffentlichen Rechts sowie deren Vereinigungen ungeachtet ihrer Rechtsform.

(3) [1] Vereinigungen des privaten Rechts von öffentlichen Stellen des Bundes und der Länder, die Aufgaben der öffentlichen Verwaltung wahrnehmen, gelten ungeachtet der Beteiligung nicht-öffentlicher Stellen als öffentliche Stellen des Bundes, wenn
1. sie über den Bereich eines Landes hinaus tätig werden oder
2. dem Bund die absolute Mehrheit der Anteile gehört oder die absolute Mehrheit der Stimmen zusteht.
[2] Andernfalls gelten sie als öffentliche Stellen der Länder.

(4) [1] Nicht-öffentliche Stellen sind natürliche und juristische Personen, Gesellschaften und andere Personenvereinigungen des privaten Rechts, soweit sie nicht unter die Absätze 1 bis 3 fallen. [2] Nimmt eine nicht-öffentliche Stelle hoheitliche Aufgaben der öffentlichen Verwaltung wahr, ist sie insoweit öffentliche Stelle im Sinne dieses Gesetzes.

1. Öffentliche Stelle. Der Begriff der **Behörde** in § 2 I, II ist mangels spezifische Definition im BDSG in Anlehnung an das VwVfG funktional zu verstehen (vgl. § 1 IV VwVfG). Es kommt nicht auf die Organisationseinheit an, die die Daten tats. speichert. Auch der PR ist Teil der verantwortl. Stelle (*Gola/Schomerus* Rn. 8; *Gola* PR 1990, 33). Vom Sammelbegriff der **anderen ör. organisierten Einrichtungen** werden alle sonstigen öffentl. Stellen, die weder Behörden noch Organe der Rechtspflege sind, umfasst, zB jur. Pers. des öffentl. Rechts, und zT auch rechtl. unselbständige Einheiten (zB Eigenbetriebe) (*Gola/Schomerus* Rn. 14). Ör. Religionsgemeinschaften kommen nicht als verantwortl. Stellen in Betracht (*Auernhammer* Rn. 3; *Wohlgemuth* Rn. 51 f.; diff. Simitis/*Dammann* Rn. 107 ff.). 1

2. Private Arbeitgeber (Abs. 4). Maßgebend für die Zuordnung einer Daten verarbeitenden Stelle zum nicht-öffentl. Bereich ist in erster Linie die privatrechtl. Organisationsform. Eine **natürl. Person** wird unabhängig davon erfasst, ob sie als Privatperson oder im Rahmen einer selbständigen Tätigkeit (Einzelkaufmann, freier Beruf) auftritt. Neben **jur. Personen** des Privatrechts können datenspeichernde Stellen auch **nicht- oder teilrechtsfähige Gesellschaften** (zB GbR, nicht-rechtsfähiger Verein) sein. Die Personalabt. eines Unternehmens, der Betriebsarzt (*Gola/Wronka* Rn. 524), aber auch der (Gesamt-)BR (BAG 11.11.1997 AP BDSG § 36 Nr. 1; *Auernhammer* Rn. 54; *Gola/Schomerus* § 3 Rn. 48, 49, 51; § 27 Rn. 3; *Gola/Wronka* Rn. 966; Simitis/*Simitis* Rn. 141; **aA** Richardi/*Thüsing* BetrVG § 80 Rn. 57) sind jeweils nur unselbständige Teile der verantwortl. Stelle. Handelt es sich um eine im Ausland tätige rechtl. unselbständige Zweigniederlassung, so ist diese mangels Anwendbarkeit des BDSG kein Teil der verantwortl. Stelle (*Auernhammer* § 3 Rn. 52). Umgekehrt kann ein rechtl. unselbständiger Betriebsteil dann als Personenvereinigung des privaten Rechts iSd. § 2 IV angesehen werden, wenn er von einem im Ausland gelegenen Unternehmen betrieben wird (*Auernhammer* Rn. 19; *Gola/Schomerus* § 27 Rn. 3; zu den Problemen des grenzüberschreitenden Datenschutzes vgl. § 1 V; Art. 4, 25, 26 RL DatSch sowie *Däubler* AiB 1997, 258 ff.). Konzerne sind keine Normadressaten des BDSG, sondern nur die in ihnen zusammengeschlossenen jur. Personen und Gesellschaften (BAG 22.10.1986 AP BDSG § 23 Nr. 2; *Auernhammer* Rn. 21; *Gola/Schomerus* § 27 Rn. 4). Sofern eine Form von nicht gewerbl. Leiharbeit oder eine nach dem AÜG zulässige ANÜberlassung vorliegt, ist die verantwortl. Stelle das Verleihunternehmen (*Däubler,* Gläserne Belegschaften? Rn. 449). Dieses bleibt auch dann datenschutzverpflichtet, wenn gem. § 10 AÜG ein ArbVerh. zwischen dem AN und dem ausleihenden Unternehmen fingiert wird. Nimmt eine verantwortl. Stelle trotz ihrer privatrechtl. Organisationsform ausnahmsweise hoheitl. Aufgaben der öffentl. Verw. wahr, ist sie insoweit gem. § 2 IV 2 als öffentl. Stelle anzusehen. 2

§ 3 Weitere Begriffsbestimmungen

(1) Personenbezogene Daten sind Einzelangaben über persönliche oder sachliche Verhältnisse einer bestimmten oder bestimmbaren natürlichen Person (Betroffener).

(2) [1] Automatisierte Verarbeitung ist die Erhebung, Verarbeitung oder Nutzung personenbezogener Daten unter Einsatz von Datenverarbeitungsanlagen. [2] Eine nicht automatisierte Datei ist jede nicht automatisierte Sammlung personenbezogener Daten, die gleichartig aufgebaut ist und nach bestimmten Merkmalen zugänglich ist und ausgewertet werden kann.

(3) Erheben ist das Beschaffen von Daten über den Betroffenen.

(4) [1] Verarbeiten ist das Speichern, Verändern, Übermitteln, Sperren und Löschen personenbezogener Daten. [2] Im Einzelnen ist, ungeachtet der dabei angewendeten Verfahren:
1. Speichern das Erfassen, Aufnehmen oder Aufbewahren personenbezogener Daten auf einem Datenträger zum Zweck ihrer weiteren Verarbeitung oder Nutzung,
2. Verändern das inhaltliche Umgestalten gespeicherter personenbezogener Daten,
3. Übermitteln das Bekanntgeben gespeicherter oder durch Datenverarbeitung gewonnener personenbezogener Daten an einen Dritten in der Weise, dass
a) die Daten an den Dritten weitergegeben werden oder
b) der Dritte zur Einsicht oder zum Abruf bereitgehaltene Daten einsieht oder abruft,

4. Sperren das Kennzeichnen gespeicherter personenbezogener Daten, um ihre weitere Verarbeitung oder Nutzung einzuschränken,
5. Löschen das Unkenntlichmachen gespeicherter personenbezogener Daten.

(5) **Nutzen ist jede Verwendung personenbezogener Daten, soweit es sich nicht um Verarbeitung handelt.**

(6) **Anonymisieren ist das Verändern personenbezogener Daten derart, dass die Einzelangaben über persönliche oder sachliche Verhältnisse nicht mehr oder nur mit einem unverhältnismäßig großen Aufwand an Zeit, Kosten und Arbeitskraft einer bestimmten oder bestimmbaren natürlichen Person zugeordnet werden können.**

(6a) **Pseudonymisieren ist das Ersetzen des Namens und anderer Identifikationsmerkmale durch ein Kennzeichen zu dem Zweck, die Bestimmung des Betroffenen auszuschließen oder wesentlich zu erschweren.**

(7) **Verantwortliche Stelle ist jede Person oder Stelle, die personenbezogene Daten für sich selbst erhebt, verarbeitet oder nutzt oder dies durch andere im Auftrag vornehmen lässt.**

(8) [1]**Empfänger ist jede Person oder Stelle, die Daten erhält.** [2]**Dritter ist jede Person oder Stelle außerhalb der verantwortlichen Stelle.** [3]**Dritte sind nicht der Betroffene sowie Personen und Stellen, die im Inland, in einem anderen Mitgliedstaat der Europäischen Union oder in einem anderen Vertragsstaat des Abkommens über den Europäischen Wirtschaftsraum personenbezogene Daten im Auftrag erheben, verarbeiten oder nutzen.**

(9) **Besondere Arten personenbezogener Daten sind Angaben über die rassische und ethnische Herkunft, politische Meinungen, religiöse oder philosophische Überzeugungen, Gewerkschaftszugehörigkeit, Gesundheit oder Sexualleben.**

(10) **Mobile personenbezogene Speicher- und Verarbeitungsmedien sind Datenträger,**
1. die an den Betroffenen ausgegeben werden,
2. auf denen personenbezogene Daten über die Speicherung hinaus durch die ausgebende oder eine andere Stelle automatisiert verarbeitet werden können und
3. bei denen der Betroffene diese Verarbeitung nur durch den Gebrauch des Mediums beeinflussen kann.

(11) **Beschäftigte sind:**
1. Arbeitnehmerinnen und Arbeitnehmer,
2. zur ihrer Berufsbildung Beschäftigte,
3. Teilnehmerinnen und Teilnehmer an Leistungen zur Teilhabe am Arbeitsleben sowie an Abklärungen der beruflichen Eignung oder Arbeitserprobung (Rehabilitandinnen und Rehabilitanden),
4. in anerkannten Werkstätten für behinderte Menschen Beschäftigte,
5. nach dem Jugendfreiwilligendienstegesetz Beschäftigte,
6. Personen, die wegen ihrer wirtschaftlichen Unselbständigkeit als arbeitnehmerähnliche Personen anzusehen sind; zu diesen gehören auch die in Heimarbeit Beschäftigten und die ihnen Gleichgestellten,
7. Bewerberinnen und Bewerber für ein BeschVerh sowie Personen, deren BeschVerh beendet ist,
8. Beamtinnen, Beamte, Richterinnen und Richter des Bundes, Soldatinnen und Soldaten sowie Zivildienstleistende.

1 **1. Regelungsgehalt.** § 3 enthält **Begriffsbestimmungen,** die für die Arbeit mit dem G notwendig sind. Zur Abgrenzung, wer verantwortl. Stelle, Auftragnehmer und wer Dritter iSd. G ist, s. §§ 1, 11. Durch die Streichung des § 3 II 2 aF waren Akten (§ 3 III aF) bisher aus dem Anwendungsbereich ausgenommen. Nunmehr unterfallen sie dem BDSG, soweit sie unter § 3 II 2 subsumierbar sind; näher dazu § 27 Rn. 1 f.

2 **2. Personenbezogene Daten (Abs. 1).** Dies sind gem. § 3 I **Einzelangaben über pers. oder sachl. Verhältnisse einer bestimmten oder bestimmbaren Person.** Zu den Einzelangaben über **pers. Verhältnisse** gehören solche, die der Identifizierung und Beschreibung des Betroffenen dienen, zB Name, Anschrift, Familienstand, Geburtsdatum, Staatsangehörigkeit, Konfession, Beruf, Ausbildungsstand, Erscheinungsbild, Leistungen, Arbeitsverhalten, Gesundheitszustand oder Überzeugungen. **„Sachl. Verhältnisse"** sind Angaben über einen auf den Betroffenen beziehbaren Sachverhalt, so zB die Bezeichnung der Datei, in der die Daten des Betroffenen gespeichert sind, das Führen eines Telefongesprächs mit Dritten (BAG 27.5.1986 AP BetrVG 1972 § 87 Überwachung Nr. 15; 13.1.1987 AP BDSG § 23 Nr. 3), oder Aufzeichnungen über pers. AZ (EuGH 30.5.2013 NZA 2013, 723). Die Zuordnung der entspr. Inf. zu einer natürl. Person kann über den Namen erfolgen, aber auch über Nummern, sofern diese eine Identifizierung ermöglichen (Ausweis-, Personal- oder Telefon-Nr.; zur Nummer der betriebl. Nebenstelle als personenbezogenes Datum des anrufenden AN s. BAG 27.5.1986 AP BetrVG 1972 § 87 Überwachung Nr. 15). Wird eine Einzelperson als Mitglied einer

Personengruppe gekennzeichnet, zB bei der Überwachung von ANGruppen, so gelten die zur Gruppe aufgenommenen Daten dann als personenbezogen, wenn sie auf die Einzelpersonen „durchschlagen" (BAG 18.2.1986 AP BetrVG 1972 § 87 Überwachung Nr. 13; 26.7.1994 AP BetrVG 1972 § 87 Überwachung Nr. 26; *Gola/Schomerus* Rn. 3). Für die Frage, ob sich einzelne Verhältnisse einer Person zuordnen lassen, kommt es nicht nur auf die Kenntnisse, Mittel und Möglichkeiten der verantwortl. Stelle selbst an, sondern auch auf diejenigen Möglichkeiten Dritter, sofern diese Mittel vernünftigerweise eingesetzt werden können. Diese recht weite Auslegung des Begriffs der **Bestimmbarkeit** der Person ergibt sich aus Art. 2 Buchstabe a RL 95/46/EG und deren Erwägungsgrund 26 (vgl. EuGH 19.10.2016 NJW 2016, 3579; dazu *Kühling/Klar* ZD 2017, 27; *Kring/Marosi* K&R 2016, 773; **aA** *Gola/Schomerus* Rn. 10: Bestimmbarkeit nur in Bezug auf die verantwortl. Stelle, ausf. *Bergt* ZD 2015, 365; *Brink/Eckhardt* ZD 2015, 205; *Kühling/Klar* NJW 2013, 3611; s. a. BAG 17.11.2016 NZA 2017, 394 Rn. 28; BGH 16.5.2017 BeckRS 2017, 114664).

3. Die einzelnen Formen des Umgangs mit Daten (Abs. 3–5). a) Datenverarbeitung (Abs. 4 S. 1). 3
Verarbeitung von Daten ist der **Oberbegriff**, welcher die meisten Umgangsarten erfasst, ausgenommen Erhebung und sonstige Nutzung von Daten. Die EG-DatenschutzRL sieht in Art. 2b einen extensiven Begriff der Verarbeitung vor, der die Erhebung und Benutzung von Daten mitumfasst (*Gola/Schomerus* Rn. 1). Das BDSG hingegen sieht das Erheben nicht als Verarbeitung an. Um den EG-rechtl. Vorgaben nachzukommen, hat der Gesetzgeber in allen einschlägigen Normen neben dem Verarbeiten auch das Erheben unter den Schutz des BDSG gestellt. Keine Verarbeitung idS stellt das Parteivorbringen in gerichtl. Verf. dar; dessen Zulässigkeit richtet sich ausschl. nach prozessualen Regeln (BAG 22.9.2016 NZA 2017, 112 Rn. 20 ff.; dazu näher *Fuhlrott/Schröder* NZA 2017, 278).

b) Erheben von Daten (Abs. 3). Datenerhebung ist gem. § 3 III das Beschaffen von Daten über den 4
Betroffenen. Sie kann mdl. oder schriftl. erfolgen. Häufig wird eine Mitwirkung des Betroffenen oder Dritter erforderl. sein, die Beschaffung kann aber auch Erg. einer systematischen Auswertung und Verknüpfung vorhandener Datenbestände sein (*Gola/Schomerus* Rn. 24). Werden ledigl. Daten aus vorliegenden Unterlagen zusammengestellt, handelt es sich nicht um Datenerhebung (*Gola/Schomerus* Rn. 24). Erforderl. ist zielgerichtetes Handeln: Zufällige Beobachtungen oder unaufgefordert zugeleitete Daten werden nicht erfasst. Ebenso wenig genügt das Vorhalten von Empfangsgeräten für die Entgegennahme von Inf. wie Briefkasten, Faxgerät, E-Mail-Konto oder Website. Bereits bei der Erhebung muss der Zweck der späteren Nutzung festgelegt werden.

c) Datenspeicherung (Abs. 4 S. 2 Nr. 1). Daten werden gem. § 3 IV Nr. 1 gespeichert, wenn per- 5
sonenbezogene Daten auf einem Datenträger zum Zwecke ihrer weiteren Verarbeitung oder Nutzung erfasst, aufgenommen oder aufbewahrt werden. Als Datenträger kommt jedes Medium in Betracht, auf dem Inf. für eine spätere Wahrnehmung festgehalten werden können. Die Daten können schriftl. (Datenerfassung) oder mit Hilfe bes. Aufnahmetechniken, dh. per Tonband, Film, Video (Aufnehmen von Daten) fixiert oder anderweitig aufbewahrt worden sein. Das Vorrätighalten der Daten muss für Zwecke der weiteren Verarbeitung oder Nutzung geschehen.

d) Datenveränderung (Abs. 4 S. 2 Nr. 2). Datenveränderung ist nach § 3 IV Nr. 2 das inhaltl. 6
Umgestalten gespeicherter personenbezogener Daten. Sie liegt vor, wenn die einzelne Inf. einen anderen Inhalt bekommt. Ausreichend hierfür kann eine Kontextveränderung oder eine starke Textverkürzung sein, nicht aber die bloße Veränderung der äußeren Form. Werden Daten berichtigt, so können die Tatbestände des Veränderns, Löschens und Speicherns gleichzeitig erfüllt sein (*Gola/Schomerus* Rn. 31 mwN auch zur Subsidiarität des Veränderns ggü. dem Tatbestand des Löschens). Auch das Anonymisieren von Daten, dh. die Löschung des Personenbezugs mit der Folge, dass dieser nicht mehr herstellbar ist, ist nach dem Wortlaut des § 3 VI Datenveränderung. Für die Datenveränderung gelten die gleichen Rechtmäßigkeitsvoraussetzungen wie für die Erhebung und Speicherung von ANDaten (§§ 32, 28 VI).

e) Datenübermittlung (Abs. 4 S. 2 Nr. 3). Eine Datenübermittlung liegt vor, wenn die verantwortl. 7
Stelle gespeicherte oder durch Datenverarbeitung gewonnene personenbezogene Daten an einen Dritten bekannt gibt; auf die Form kommt es nicht an. **Dritter** ist gem. § 3 VIII 2 jede Person oder Stelle außerhalb der verantwortl. Stelle. Dies ist auch innerhalb eines Konzerns der Fall, wenn kein konzernweiter Versetzungsvorbehalt vorliegt und der AN Ang. des Konzerns ist (*Wedde* AiB 2007, 82; zur Datenübermittlung im Konzern *Felge* ZD 2015, 116). Auch bei Betriebsübergängen können Übermittelungen erforderl. werden (zur Zulässigkeit in diesen Fällen *Göpfert/Meyer* NZA 2011, 486 ff.; *Sander/Schuhmacher/Kühne* ZD 2017, 105).

Durch die Neufassung des Begriffs des Dritten werden (grds.) auch die Auftragsverarbeiter einbezo- 8
gen. Die Datenübermittlung ist gem. § 3 VIII 3 von der Weitergabe von Daten im Rahmen einer Auftragsdatenverw. (§ 11) abzugrenzen, wenn die mit der Datenauftragsverw. befasste Person oder Stelle im Inland, der EU oder innerhalb eines Vertragsstaates des Abk. über den Europ. Wirtschaftsraum Daten im Auftrag erhebt, verarbeitet oder nutzt (näher *Vogt* BB 2014, 245). Empfänger ist gem. § 3 VIII 1 jede Person oder Stelle, die Daten erhält. Damit werden vom Empfängerbegriff auch die verschiedenen Organisationseinheiten innerhalb einer verantwortl. Stelle und auch im Auftrag ver-

arbeitende Personen erfasst; sie fallen jedoch nicht unter den Begriff des Dritten iSd. § 3 IV, VIII 2. Eine Bekanntgabe iSd. § 3 IV Nr. 3 kann durch Weitergabe erfolgen oder entspr. der Regelung zur Einrichtung automatisierter Abrufverf. (§ 10) dadurch, dass der Empfänger in zur Einsicht oder zum Abruf bereitgehaltene Daten einsieht oder diese abruft. Zum Begriff des Übermittelns bei der Internetrecherche *Bieresborn* ZD 2016, 319.

9 **f) Sperren von Daten (Abs. 4 S. 2 Nr. 4).** Datensperrung ist gem. § 3 IV Nr. 4 das Kennzeichnen gespeicherter personenbezogener Daten, um ihre weitere Verarbeitung oder Nutzung einzuschränken. Im Gegensatz zur Löschung nach § 3 IV Nr. 5 werden die personenbezogenen Daten nicht unkenntl. gemacht, sondern bleiben gespeichert (*Gola/Schomerus* Rn. 29). Das BDSG behandelt Sperrverpflichtungen in den §§ 20 III, IV, VI, VII, 35 III, IV, VIII.

10 **g) Löschen von Daten (Abs. 4 S. 2 Nr. 5).** Datenlöschung ist gem. § 3 IV Nr. 5 jede Form der Unkenntlichmachung, von der physischen Vernichtung des Datenträgers bis hin zur Unlesbarmachung durch Überschreiben, Durchstreichen, Übermalen. Ein Unterstreichen oder Überkleben der betr. Passagen reicht nicht. Führt die Löschung der Daten zu einer Neuaussage, kann dies eine Veränderung sein, die ihrerseits an § 28 zu messen ist (*Gola/Schomerus* Rn. 40, 31). Das Löschen von Daten ist nach § 35 II 1 mit Ausnahme der in § 35 III Nr. 1, 2 geregelten Fälle jederzeit zulässig. Existiert eine ges., satzungsmäßige oder vertragl. Pflicht zur Aufbewahrung (§ 35 III Nr. 1; zB nach HGB, AO oder EStG), oder besteht Grund zu der Annahme, dass die Löschung schutzwürdige Belange des Betroffenen beeinträchtigt (§ 35 III Nr. 2), zB weil das in der „Personalakte" wiedergegebene Bild des Betroffenen unvollständig und damit unrichtig werden würde, dürfen die entspr. Daten nicht unkenntl. gemacht werden.

11 **h) Datennutzung (Abs. 5).** Datennutzung ist jede Verwendung personenbezogener Daten, soweit es sich nicht um Verarbeitung handelt. Unter den Auffangtatbestand der „Datennutzung" fällt ua. der gesamte betriebs- und behördeninterne Datenfluss, insb. der Informationsaustausch mit der Mitarbeitervertretung (*Gola/Wronka* Rn. 936, 966). Für die Datennutzung gelten die gleichen Rechtmäßigkeitsvoraussetzungen wie für die Speicherung von ANDaten und ihre Übermittlung an Dritte (grds. § 32, § 28 II).

12 **Bsp.:** Unzulässig ist die Kundgabe eines Diebstahlsvorwurfs (BAG 21.2.1979 AP BGB § 847 Nr. 3) oder von Gehalts- und Lohnhöhe einzelner Beschäftigter am schwarzen Brett (LAG BE 26.6.1986 LAGE BetrVG 1972 § 99 Nr. 19) oder die Weiterleitung von Bewerberdaten, sofern nicht bereits in der Ausschreibung deutl. gemacht wird, dass die Bewerbung für mehrere Stellen in Betracht kommt (*Gola/Wronka* Rn. 956). Zur Veröff. privater Telefonnummern im betriebl. Telefonverzeichnis oder zur Erstellung von Geburtstagslisten ist der AG nur mit Zust. des betroffenen AN berechtigt (*Gola/Wronka* Rn. 937, 940 ff.).

13 **4. Beschäftigter (Abs. 11).** Durch das G zur Änd. datenschutzrechtl. Vorschr. (§ 1 Rn. 9) wurde Abs. 11 neu eingefügt. Das G verwendet nicht den Begriff des AN, sondern den des **Beschäftigten** (umfassend dazu *Forst* RDV 2014, 128). Das sind zum einen die in Nr. 1 bis 7 aufgrund privatrechtl. Rechtsverhältnisses, in Nr. 8 die aufgrund ör. BeschVerh. beschäftigten Personen. Den Kern der Beschäftigten machen AN (Nr. 1), zu ihrer Berufsbildung Beschäftigte (Nr. 2) und Arbeitnehmerähnliche (Nr. 6) aus. Wichtig ist, dass nunmehr auch Bewerber und Bewerberinnen und ehem. Beschäftigte erfasst werden (Nr. 7). Ergänzt wird der Anwendungsbereich um die Bereiche Rehabilitation, Werkstätten für behinderte Menschen und Beschäftigung nach dem JugendfreiwilligendiensteG (Nr. 3–5).

§ 3a Datenvermeidung und Datensparsamkeit

[1]Die Erhebung, Verarbeitung und Nutzung personenbezogener Daten und die Auswahl und Gestaltung von Datenverarbeitungssystemen sind an dem Ziel auszurichten, so wenig personenbezogene Daten wie möglich zu erheben, zu verarbeiten oder zu nutzen. [2]Insbesondere sind personenbezogene Daten zu anonymisieren oder zu pseudonymisieren, soweit dies nach dem Verwendungszweck möglich ist und keinen im Verhältnis zu dem angestrebten Schutzzweck unverhältnismäßigen Aufwand erfordert.

1 Bei § 3a handelt es sich um eine **Zielvorgabe für den AG**. An die Nichteinhaltung ist jedoch keine Rechtsfolge geknüpft. § 3a führt erstmals den Grds. der Datenvermeidung und Datensparsamkeit in das allg. Datenschutzsystem ein. IRd. Verhältnismäßigkeitsprinzips sind die Daten zu pseudonymisieren (§ 3 Abs. 6a) oder zu anonymisieren (§ 3 Abs. 6). Die Anonymisierung stellt einen speziellen Unterfall der Datenverarbeitung dar. Bei der Anonymisierung ist zwischen der **echten** und der **faktischen Anonymisierung** zu unterscheiden. Bei der echten wird die Bestimmbarkeit der betroffenen Person völlig aufgeh., für die faktische ist es ausreichend, dass die Angaben über pers. oder sachl. Verhältnisse nur mit unverhältnismäßig hohem Aufwand einer bestimmten Person zugeordnet werden können. Die unterschiedl. Begriffe sind insb. für die nicht einheitl. LDSG von Bedeutung. Für das BDSG ist die faktische Anonymisierung ausreichend (§ 3 VI). Daten, die einer faktischen Anonymisie-

rung unterzogen worden sind, unterfallen weiter dem Anwendungsbereich des BDSG (Simitis/*Dammann* § 3 Rn. 196), wohingegen Daten, die nicht reidentifizierbar sind, mangels Personenbezugs nicht mehr in den Anwendungsbereich des BDSG fallen; vgl. § 1 I (Simitis/*Dammann* § 3 Rn. 22, 24).

§ 4 Zulässigkeit der Datenerhebung, -verarbeitung und -nutzung

(1) Die Erhebung, Verarbeitung und Nutzung personenbezogener Daten sind nur zulässig, soweit dieses Gesetz oder eine andere Rechtsvorschrift dies erlaubt oder anordnet oder der Betroffene eingewilligt hat.

(2) [1] Personenbezogene Daten sind beim Betroffenen zu erheben. [2] Ohne seine Mitwirkung dürfen sie nur erhoben werden, wenn

1. eine Rechtsvorschrift dies vorsieht oder zwingend voraussetzt oder

2. a) die zu erfüllende Verwaltungsaufgabe ihrer Art nach oder der Geschäftszweck eine Erhebung bei anderen Personen oder Stellen erforderlich macht oder

b) die Erhebung beim Betroffenen einen unverhältnismäßigen Aufwand erfordern würde und keine Anhaltspunkte dafür bestehen, dass überwiegende schutzwürdige Interessen des Betroffenen beeinträchtigt werden.

(3) [1] Werden personenbezogene Daten beim Betroffenen erhoben, so ist er, sofern er nicht bereits auf andere Weise Kenntnis erlangt hat, von der verantwortlichen Stelle über

1. die Identität der verantwortlichen Stelle,

2. die Zweckbestimmungen der Erhebung, Verarbeitung oder Nutzung und

3. die Kategorien von Empfängern nur, soweit der Betroffene nach den Umständen des Einzelfalles nicht mit der Übermittlung an diese rechnen muss,

zu unterrichten. [2] Werden personenbezogene Daten beim Betroffenen aufgrund einer Rechtsvorschrift erhoben, die zur Auskunft verpflichtet, oder ist die Erteilung der Auskunft Voraussetzung für die Gewährung von Rechtsvorteilen, so ist der Betroffene hierauf, sonst auf die Freiwilligkeit seiner Angaben hinzuweisen. [3] Soweit nach den Umständen des Einzelfalles erforderlich oder auf Verlangen, ist er über die Rechtsvorschrift und über die Folgen der Verweigerung von Angaben aufzuklären.

1. Verbot mit Erlaubnisvorbehalt (§ 4 I). § 4 I stellt als Grundnorm des Datenschutzrechts ein **grds. Verbot der Erhebung, Verarbeitung und Nutzung personenbezogener Daten** auf. Die Datenverarbeitung und Erhebung sind nur zulässig, wenn das BDSG selbst (nach §§ 28 ff., für das ArbR insb. § 32) oder eine andere Rechtsvorschr. den entspr. Datenumgang erlaubt oder anordnet oder soweit der Betroffene eingewilligt (§ 4a) hat. Eine Einwilligung des AN kommt auch im ArbVerh. trotz der strukturellen Unterlegenheit des AN grds. als Erlaubnistatbestand einer Datennutzung in Betracht (BAG 11.12.2014 NZA 2015, 604 Rn. 32; **aA** Simitis/*Simitis* § 4a Rn. 62: es fehle an einer nach § 4a erfordl. „freien Entsch." des AN; ausf. *Wybitul/Böhm* BB 2015, 2101). Die Zulässigkeit ist bezogen auf jedes personenbezogene Datum und jede Phase der Datenerhebung, -verarbeitung und -nutzung festzustellen (*Dörr/Schmidt* Rn. 2; *Gola/Schomerus* Rn. 5). 1

2. Arbeitsrechtlich relevante Zulässigkeits- und Verbotsnormen außerhalb des BDSG. a) Andere Rechtsvorschriften. Abw. Rechtsvorschr. des Bundes haben ggü. dem BDSG bereits wegen der in § 1 III festgelegten Subsidiarität des BDSG Vorrang. Dem Hinweis des § 4 I auf andere Rechtsvorschr. kommt so nur bei sonstigen Normen, wie zB Landesvorschr., eine eigenständige Bedeutung zu. Unter die anderen Rechtsvorschr. iSd. § 4 I fallen auch normative Bestimmungen von TV, BV und DV (BAG 27.5.1986 AP BetrVG 1972 § 87 Überwachung Nr. 15; 9.7.2013 NZA 2013, 1433 Rn. 31; 25.9.2013 NZA 2014, 41 Rn. 32; *Auernhammer* § 1 Rn. 25; *Gola/Schomerus* Rn. 7; *Beckschulze/Fackeldey* RDV 2013, 109; *Wybitul* NZA 2014, 225). Allerdings kann eine BV zwar eine ansonsten unzulässige Datenverarbeitung rechtfertigen, nicht aber eine Verletzung des allg. Persönlichkeitsrechts; Zulässigkeitsmaßstab für eine BV ist dann § 75 II BetrVG. TV spielen im Gegensatz zu BV und DV nur eine untergeordnete Rolle (*Gola/Wronka* Rn. 63 f., 242). Ein TV kann ebenfalls grds. eine Erlaubnisnorm iSd. § 4 I darstellen (BAG 25.6.2002 NZA 2003, 275); ob er auch Übermittlungsbefugnisse begründen kann, die nicht mit dem BDSG in Einklang stehen, blieb in der genannten Entsch. offen. 2

b) Erlaubnisnorm. Die Erlaubnisnorm iSd. § 4 I muss die Verarbeitung oder Nutzung von AN-Daten eindeutig, dh. unter Nennung zumindest der Arten der Daten und des Zwecks der Datenverarbeitung, für zulässig erklären. Es reicht nicht aus, wenn die Norm Rechte und Pflichten der Arbeitsvertragsparteien umschreibt, auch wenn die Erfüllung der Aufgabe Datenkenntnis zwgd. voraussetzt; sie dient dann höchstens der Ausfüllung der Erlaubnistatbestände des BDSG. Am Bsp. Sozialauswahl ergibt sich: § 1 III KSchG verpflichtet den AG zur Sozialauswahl, enthält aber keine Erlaubnis iSd. BDSG. Soweit Kenntnis der „Sozialdaten" erforderl. ist, besteht zwar ein entspr. Informationsinteresse des AG. Auch gestattet zB § 89 BetrVG dem BR keine vom Einzelfall unabhängige, generelle und einschränkungslose Übermittelung von ANDaten (BAG 3.6.2003 AP BetrVG 1972 § 89 Nr. 1). Die 3

Zulässigkeit der Datenverarbeitung und -nutzung ergibt sich dann aber allein aus § 32 I und der iRd. Zweckbestimmung vorzunehmenden Interessenabwägung (BAG 22.10.1986 AP BDSG § 23 Nr. 2; *Gola/Schomerus* Rn. 9; *Gola/Wronka* Rn. 92, 134). Die Worte „oder anordnet" stellen klar, dass eine zwgd. ges. Regelung zugleich eine Erlaubnis enthält (*Dörr/Schmidt* Rn. 4). Ob die Erlaubnisnorm hinter dem **Schutzniveau** des BDSG zurückbleibt, ist datenschutzrechtl. unerhebl. Dies gilt auch für abw. Regelungen in TV, DV und BV (BAG 27.5.1986 AP BetrVG 1972 § 87 Überwachung Nr. 15; 29.6.2004 AP BetrVG 1972 § 87 Überwachung Nr. 41; 26.8.2008 NZA 2008, 1187), wobei die widerstreitenden Belange jedoch ordnungsgemäß abgewogen werden müssen (*B. Buchner* FS Buchner 2009 S. 162; krit. die wohl hL, *Gola* Computerfachwissen 1/2001, 24; *Latendorf/Rademacher* CR 1989, 1105; *Wohlgemuth* CR 1988, 1005; *Gola/Wronka* Rn. 243; *Löwisch* DB 2009, 2784; Simitis/*Sokol* Rn. 17; *Trittin/Fischer* NZA 2009, 334). Im Hinblick auf einen durch § 75 II BetrVG gewährleisteten Mindestschutz ist jedoch die Gestattung einer nach dem BDSG unzulässigen Datenverarbeitung oder Nutzung zB durch BV kaum denkbar (*Gola/Schomerus* Rn. 10; *Heither* BB 1988, 1053).

4 **c) Datenverarbeitungsverbote.** Vorrangige Vorschr. iSd. § 4 I können auch Datenverarbeitungsverbote enthalten. Schweige- und Geheimhaltungsgebote, die gleichzeitig von § 1 III 1 erfasst werden, sind zB § 30 AO; § 79 BetrVG; § 130 SGB IX; § 8 I 3 ASiG; § 203 I 1 StGB; § 17 UWG. Von § 4 I werden ua. Geheimhaltungsverbote aus TV, DV und BV erfasst. In diesen Zusammenhang reiht sich systematisch die Regelung des § 1 III 2, nach der die Pflichten zur Wahrung von Berufs- oder Amtsgeheimnissen durch das BDSG auch dann unberührt bleiben, wenn sie nicht auf Rechtsnormen, sondern zB auf von der Rspr. oder dem Standesrecht entwickelten Grds. beruhen (*Gola/Schomerus* Rn. 12; vgl. a. § 39).

5 **3. Grundsatz der Direkterhebung.** Nach § 4 II müssen die Daten bei dem Betroffenen erhoben werden. Jedoch kann eine Erhebung bei Dritten spezialges. vorgesehen sein, zB in § 275 SGB V. § 4 III führt erstmalig eine Informationspflicht für nicht-öffentl. Stellen bei der Erhebung personenbezogener Daten ein, bei der nicht nur die Identität der verantwortl. Stelle zu nennen ist, sondern auch die Zweckbestimmung der Erhebung, Verarbeitung und Nutzung und die Kategorien der Empfänger. Dabei sind an die Zweckbestimmung hohe Anforderungen zu stellen. Es ist erforderl., dass der konkrete Zweck der Erhebung, Verarbeitung und Nutzung angegeben wird, da eine zweckwidrige Nutzung der erhobenen Daten nur in bestimmten Ausnahmefällen zulässig ist. Ferner soll die Übermittlung von Mindestinformationen die Wahrnehmung eines effektiven Rechtsschutzes ermöglichen (*Ehmann/Helfrich* Art. 10 Rn. 2, 5).

§ 4a Einwilligung

(1) [1]Die Einwilligung ist nur wirksam, wenn sie auf der freien Entscheidung des Betroffenen beruht. [2]Er ist auf den vorgesehenen Zweck der Erhebung, Verarbeitung oder Nutzung sowie, soweit nach den Umständen des Einzelfalles erforderlich oder auf Verlangen, auf die Folgen der Verweigerung der Einwilligung hinzuweisen. [3]Die Einwilligung bedarf der Schriftform, soweit nicht wegen besonderer Umstände eine andere Form angemessen ist. [4]Soll die Einwilligung zusammen mit anderen Erklärungen schriftlich erteilt werden, ist sie besonders hervorzuheben.

(2) [1]Im Bereich der wissenschaftlichen Forschung liegt ein besonderer Umstand im Sinne von Absatz 1 Satz 3 auch dann vor, wenn durch die Schriftform der bestimmte Forschungszweck erheblich beeinträchtigt würde. [2]In diesem Fall sind der Hinweis nach Absatz 1 Satz 2 und die Gründe, aus denen sich die erhebliche Beeinträchtigung des bestimmten Forschungszwecks ergibt, schriftlich festzuhalten.

(3) Soweit besondere Arten personenbezogener Daten (§ 3 Abs. 9) erhoben, verarbeitet oder genutzt werden, muss sich die Einwilligung darüber hinaus ausdrücklich auf diese Daten beziehen.

1 **1. Einwilligung.** Einwilligung bedeutet in Übereinstimmung mit der Terminologie des BGB (§ 183 BGB) die vorherige Zust. des Betroffenen; sie ist darauf gerichtet, einen Grundrechtseingriff zu rechtfertigen (*Franzen* EAS B 5300 Rn. 48; abw. *Riesenhuber* RdA 2011, 257, 258: tatbestandsausschließendes Einverständnis). Die Erteilung einer solchen Einverständniserklärung setzt Einwilligungsfähigkeit des Betroffenen voraus. Da sich die Zust. nur auf eine tats. Handlung, den Eingriff in das Persönlichkeitsrecht, bezieht, reicht es, wenn der Betroffene die Tragweite seiner Entsch. zu erkennen vermag. Es kommt nicht auf seine Geschäftsfähigkeit an. Der Betroffene ist auf sämtl. Daten, auf die sich seine Einwilligung bezieht, den Zweck der Datenverarbeitung sowie ggf. auf Zweck und Empfänger einer vorgesehenen Datenübermittlung hinzuweisen. Unklarheiten gehen zu Lasten der verantwortl. Stelle (*Gola/Schomerus* Rn. 26). Eine Blankoeinwilligung ist unwirksam (Simitis/*Simitis* Rn. 77; *Wohlgemuth* Rn. 192). Eine Einwilligung ist als Grdl. einer Erlaubnis unbrauchbar, wenn ihre Einholung gegen zwgd. Schutznormen oder Schutzprinzipien verstößt. Inf., die dem AG nach den für das ArbR geltenden Grds. des Fragerechts unzugängl. sind (§ 32 Rn. 9 ff.), dürfen nicht über die Einwilligung verarbeitet werden (*Gola/Schomerus* Rn. 22; *Ehmann/Helfrich* Art. 8 Rn. 25). Ferner kann eine Ein-

willigung nicht mehr dort greifen, wo durch BV in zulässiger Weise im kollektiven Interesse einheitl. eine Zulässigkeitsgrenze gezogen wurde (*Gola/Wronka* Rn. 256).

2. Wirksamkeitshindernisse. Die Einwilligung darf nicht an wesentl. Willensmängeln leiden und muss frei von Zwang sein. Werden Einverständniserklärungen im Zusammenhang mit Formulararbeitsverträgen vom AN unterschrieben, ist eine Kontrolle gem. §§ 305c, 307 BGB mögl. Um zu verhindern, dass der AN im Zusammenhang mit allg. Arbeitsbedingungen eine gefährl. Datenschutzklausel unterschreibt, ohne dies zu bemerken, sieht § 4a I 4 vor, dass die Einwilligung, sofern sie zusammen mit anderen Erkl. erteilt wird, im äußeren Erscheinungsbild bes. hervorzuheben ist (LG M I 9.3.2006 RDV 2006, 309 ff.). Der bloße Hinweis des AG auf seine allg. Arbeitsbedingungen genügt nicht, selbst wenn der maßgebl. Textbestandteil fett gedruckt sein sollte. Erforderl. ist vielmehr, dass die Einwilligungsklausel an deutl. sichtbarer Stelle, drucktechnisch vom anderen Text abgesetzt, erscheint (vgl. Simitis/*Simitis* Rn. 41; *Gola/Schomerus* Rn. 31). Eine ohne sachl. Zusammenhang eingebaute Einwilligungsklausel verstößt gegen das Transparenzgebot des § 307 I 2 BGB (LG Bonn 31.10.2006 – 11 O 66/06 – nv.). Eine durch Täuschung erlangte Einwilligung ist unwirksam. Folgt man dem nicht, so ist dem AG eine Berufung auf die Einwilligung gem. § 242 BGB zu versagen (*Gola/Wronka* Rn. 260). 2

3. Schriftform. Die Einwilligung ist gem. § 4a I 3 formbedürftig. Sie ist schriftl. zu verfassen und zu unterschreiben. Ein Verstoß gegen die Schriftformklausel hat in entspr. Anwendung der §§ 125, 126 BGB die Unwirksamkeit der Einwilligung und damit die Unzulässigkeit der Datenverarbeitung zur Folge. Nur in Ausnahmefällen, wie bei einer bes. Eilbedürftigkeit, kann der Ausnahmetatbestand des § 4a I 3 Hs. 2 erfüllt sein. Ein solcher Ausnahmefall liegt nach Auff. des BAG nicht vor, wenn der AN die Veröff. seines Fotos auf der Homepage kennt und duldet oder in Kenntnis der Verwendungsabsicht für die Internetpräsenz des AG an einem Belegschaftsfototermin teilnimmt (BAG 11.12.2014 NJW 2015, 2140 Rn. 26; vgl. dazu *Grau/Schaut* NZA 2015, 981, 983). Eine konkludente, stillschweigende oder gar mutmaßl. Einwilligung reicht jdf. nicht aus (BT-Drs. 16/12011 Begr. S. 29). 3

4. Widerruflichkeit. Ist ein Einverständnis einmal erteilt, kann bei unveränderter Sachlage davon ausgegangen werden, dass die Einwilligung fortdauernde Wirkung hat. Umgekehrt kann der Betroffene eine einmal erteilte Einwilligung grds. wieder zurückziehen. Ein Widerruf der Einwilligung ist vom AG zu berücksichtigen und kann die weitere Speicherung und Nutzung unwirksam machen. Der AN braucht zur Ausübung des Widerrufs keine pers. Gründe vorzutragen (*Gola/Wronka* Rn. 281). 4

5. Sensitive Daten. § 4a III sieht aufgrund des intensiven Eingriffs in die informationelle Selbstbestimmung bei sensitiven Daten iSd. § 3 IX vor, dass sich die Einwilligung des Betroffenen genau auf den Dateninhalt beziehen muss. Eine globale oder nur umrisshafte Vorstellung des Betroffenen ist somit nicht ausreichend. 5

§ 4d Meldepflicht

(1) Verfahren automatisierter Verarbeitungen sind vor ihrer Inbetriebnahme von nicht-öffentlichen verantwortlichen Stellen der zuständigen Aufsichtsbehörde und von öffentlichen verantwortlichen Stellen des Bundes sowie von den Post- und Telekommunikationsunternehmen der oder dem Bundesbeauftragten für den Datenschutz und die Informationsfreiheit nach Maßgabe von § 4e zu melden.

(2) Die Meldepflicht entfällt, wenn die verantwortliche Stelle einen Beauftragten für den Datenschutz bestellt hat.

(3) Die Meldepflicht entfällt ferner, wenn die verantwortliche Stelle personenbezogene Daten für eigene Zwecke erhebt, verarbeitet oder nutzt, hierbei in der Regel höchstens neun Personen ständig mit der Erhebung, Verarbeitung oder Nutzung personenbezogener Daten beschäftigt und entweder eine Einwilligung des Betroffenen vorliegt oder die Erhebung, Verarbeitung oder Nutzung für die Begründung, Durchführung oder Beendigung eines rechtsgeschäftlichen oder rechtsgeschäftsähnlichen Schuldverhältnisses mit dem Betroffenen erforderlich ist.

(4) Die Absätze 2 und 3 gelten nicht, wenn es sich um automatisierte Verarbeitungen handelt, in denen geschäftsmäßig personenbezogene Daten von der jeweiligen Stelle
1. zum Zweck der Übermittlung,
2. zum Zweck der anonymisierten Übermittlung oder
3. für Zwecke der Markt- oder Meinungsforschung
gespeichert werden.

(5) [1] Soweit automatisierte Verarbeitungen besondere Risiken für die Rechte und Freiheiten der Betroffenen aufweisen, unterliegen sie der Prüfung vor Beginn der Verarbeitung (Vorabkontrolle). [2] Eine Vorabkontrolle ist insbesondere durchzuführen, wenn

1. besondere Arten personenbezogener Daten (§ 3 Abs. 9) verarbeitet werden oder
2. die Verarbeitung personenbezogener Daten dazu bestimmt ist, die Persönlichkeit des Betroffenen zu bewerten einschließlich seiner Fähigkeiten, seiner Leistung oder seines Verhaltens,

es sei denn, dass eine gesetzliche Verpflichtung oder eine Einwilligung des Betroffenen vorliegt oder die Erhebung, Verarbeitung oder Nutzung für die Begründung, Durchführung oder Beendigung eines rechtsgeschäftlichen oder rechtsgeschäftsähnlichen Schuldverhältnisses mit dem Betroffenen erforderlich ist.

(6) [1]Zuständig für die Vorabkontrolle ist der Beauftragte für den Datenschutz. [2]Dieser nimmt die Vorabkontrolle nach Empfang der Übersicht nach § 4g Abs. 2 Satz 1 vor. [3]Er hat sich in Zweifelsfällen an die Aufsichtsbehörde oder bei den Post- und Telekommunikationsunternehmen an die Bundesbeauftragte oder den Bundesbeauftragten für den Datenschutz und die Informationsfreiheit zu wenden.

§ 4e Inhalt der Meldepflicht

[1]Sofern Verfahren automatisierter Verarbeitungen meldepflichtig sind, sind folgende Angaben zu machen:

1. Name oder Firma der verantwortlichen Stelle,
2. Inhaber, Vorstände, Geschäftsführer oder sonstige gesetzliche oder nach der Verfassung des Unternehmens berufene Leiter und die mit der Leitung der Datenverarbeitung beauftragten Personen,
3. Anschrift der verantwortlichen Stelle,
4. Zweckbestimmungen der Datenerhebung, -verarbeitung oder -nutzung,
5. eine Beschreibung der betroffenen Personengruppen und der diesbezüglichen Daten oder Datenkategorien,
6. Empfänger oder Kategorien von Empfängern, denen die Daten mitgeteilt werden können,
7. Regelfristen für die Löschung der Daten,
8. eine geplante Datenübermittlung in Drittstaaten,
9. eine allgemeine Beschreibung, die es ermöglicht, vorläufig zu beurteilen, ob die Maßnahmen nach § 9 zur Gewährleistung der Sicherheit der Verarbeitung angemessen sind.

[2]§ 4d Abs. 1 und 4 gilt für die Änderung der nach Satz 1 mitgeteilten Angaben sowie für den Zeitpunkt der Aufnahme und der Beendigung der meldepflichtigen Tätigkeit entsprechend.

§ 4f Beauftragter für den Datenschutz

(1) [1]Öffentliche und nicht-öffentliche Stellen, die personenbezogene Daten automatisiert verarbeiten, haben einen Beauftragten für den Datenschutz schriftlich zu bestellen. [2]Nicht-öffentliche Stellen sind hierzu spätestens innerhalb eines Monats nach Aufnahme ihrer Tätigkeit verpflichtet. [3]Das Gleiche gilt, wenn personenbezogene Daten auf andere Weise erhoben, verarbeitet oder genutzt werden und damit in der Regel mindestens 20 Personen beschäftigt sind. [4]Die Sätze 1 und 2 gelten nicht für die nicht-öffentlichen Stellen, die in der Regel höchstens neun Personen ständig mit der automatisierten Verarbeitung personenbezogener Daten beschäftigen. [5]Soweit aufgrund der Struktur einer öffentlichen Stelle erforderlich, genügt die Bestellung eines Beauftragten für den Datenschutz für mehrere Bereiche. [6]Soweit nicht-öffentliche Stellen automatisierte Verarbeitungen vornehmen, die einer Vorabkontrolle unterliegen, oder personenbezogene Daten geschäftsmäßig zum Zweck der Übermittlung, der anonymisierten Übermittlung oder für Zwecke der Markt- oder Meinungsforschung automatisiert verarbeiten, haben sie unabhängig von der Anzahl der mit der automatisierten Verarbeitung beschäftigten Personen einen Beauftragten für den Datenschutz zu bestellen.

(2) [1]Zum Beauftragten für den Datenschutz darf nur bestellt werden, wer die zur Erfüllung seiner Aufgaben erforderliche Fachkunde und Zuverlässigkeit besitzt. [2]Das Maß der erforderlichen Fachkunde bestimmt sich insbesondere nach dem Umfang der Datenverarbeitung der verantwortlichen Stelle und dem Schutzbedarf der personenbezogenen Daten, die die verantwortliche Stelle erhebt oder verwendet. [3]Zum Beauftragten für den Datenschutz kann auch eine Person außerhalb der verantwortlichen Stelle bestellt werden; die Kontrolle erstreckt sich auch auf personenbezogene Daten, die einem Berufs- oder besonderen Amtsgeheimnis, insbesondere dem Steuergeheimnis nach § 30 der Abgabenordnung, unterliegen. [4]Öffentliche Stellen können mit Zustimmung ihrer Aufsichtsbehörde einen Bediensteten aus einer anderen öffentlichen Stelle zum Beauftragten für den Datenschutz bestellen.

(3) [1]Der Beauftragte für den Datenschutz ist dem Leiter der öffentlichen oder nicht-öffentlichen Stelle unmittelbar zu unterstellen. [2]Er ist in Ausübung seiner Fachkunde auf dem Gebiet des Datenschutzes weisungsfrei. [3]Er darf wegen der Erfüllung seiner Aufgaben nicht benachteiligt werden. [4]Die Bestellung zum Beauftragten für den Datenschutz kann in entsprechender Anwen-

dung von § 626 des Bürgerlichen Gesetzbuchs, bei nicht-öffentlichen Stellen auch auf Verlangen der Aufsichtsbehörde, widerrufen werden. [5]Ist nach Absatz 1 ein Beauftragter für den Datenschutz zu bestellen, so ist die Kündigung des Arbeitsverhältnisses unzulässig, es sei denn, dass Tatsachen vorliegen, welche die verantwortliche Stelle zur Kündigung aus wichtigem Grund ohne Einhaltung einer Kündigungsfrist berechtigen. [6]Nach der Abberufung als Beauftragter für den Datenschutz ist die Kündigung innerhalb eines Jahres nach der Beendigung der Bestellung unzulässig, es sei denn, dass die verantwortliche Stelle zur Kündigung aus wichtigem Grund ohne Einhaltung einer Kündigungsfrist berechtigt ist. [7]Zur Erhaltung der zur Erfüllung seiner Aufgaben erforderlichen Fachkunde hat die verantwortliche Stelle dem Beauftragten für den Datenschutz die Teilnahme an Fort- und Weiterbildungsveranstaltungen zu ermöglichen und deren Kosten zu übernehmen.

(4) **Der Beauftragte für den Datenschutz ist zur Verschwiegenheit über die Identität des Betroffenen sowie über Umstände, die Rückschlüsse auf den Betroffenen zulassen, verpflichtet, soweit er nicht davon durch den Betroffenen befreit wird.**

(4a) **[1]Soweit der Beauftragte für den Datenschutz bei seiner Tätigkeit Kenntnis von Daten erhält, für die dem Leiter oder einer bei der öffentlichen oder nichtöffentlichen Stelle beschäftigten Person aus beruflichen Gründen ein Zeugnisverweigerungsrecht zusteht, steht dieses Recht auch dem Beauftragten für den Datenschutz und dessen Hilfspersonal zu. [2]Über die Ausübung dieses Rechts entscheidet die Person, der das Zeugnisverweigerungsrecht aus beruflichen Gründen zusteht, es sei denn, dass diese Entscheidung in absehbarer Zeit nicht herbeigeführt werden kann. [3]Soweit das Zeugnisverweigerungsrecht des Beauftragten für den Datenschutz reicht, unterliegen seine Akten und andere Schriftstücke einem Beschlagnahmeverbot.**

(5) **[1]Die öffentlichen und nicht-öffentlichen Stellen haben den Beauftragten für den Datenschutz bei der Erfüllung seiner Aufgaben zu unterstützen und ihm insbesondere, soweit dies zur Erfüllung seiner Aufgaben erforderlich ist, Hilfspersonal sowie Räume, Einrichtungen, Geräte und Mittel zur Verfügung zu stellen. [2]Betroffene können sich jederzeit an den Beauftragten für den Datenschutz wenden.**

1. Rechtsstellung und Aufgaben des DSB. Der DSB ist Teil des Systems der Datenschutzkontrolle. 1
§ 4f gilt sowohl für den betriebl. als auch für den behördl. Beauftragten. Für den öffentl. Bereich ist der BundesDSB zust.; einschlägig sind insoweit die §§ 21, 22 bis 26. Der DSB ist unmittelbar dem Leiter der verantwortl. Stelle zu unterstellen (Abs. 3 S. 1). Er ist in Ausübung seiner datenschutzrechtl. Aufgaben weisungsfrei und unterliegt einem Benachteiligungsverbot (Abs. 3 S. 2 und 3) und einer Verschwiegenheitsverpflichtung (Abs. 4, 4a). Die Aufgaben des DSB ergeben sich im Wesentlichen aus § 4g.

2. Voraussetzungen der Bestellung des DSB. Gem. § 4f I sind private AG und öffentl. Stellen zur 2
schriftl. **Bestellung eines betriebl. DSB** verpflichtet, wenn sie personenbezogene Daten automatisiert erheben, verarbeiten oder nutzen, oder Daten auf andere Weise erhoben, verarbeitet oder genutzt werden und idR mind. 20 Personen damit beschäftigt sind. Ausnahmsweise entfällt die Pflicht zur Bestellung eines DSB für private AG, wenn idR max. neun Personen – nicht notwendig AN – mit der automatisierten Erhebung, Verarbeitung oder Nutzung personenbezogener Daten beschäftigt sind. Durch die Einfügung der Worte „in der Regel" in § 4f I 4 hat der Gesetzgeber nun klargestellt, dass eine kurzfristige Über- oder Unterschreitung nicht zu einer Bestellungspflicht oder zu deren Wegfall führt (*Gola/Klug* NJW 2007, 120). „Damit beschäftigt" iSd. § 4f I können auch AN sein, die nur mit Vor- oder Nacharbeiten wie dem Lochen und Versenden von Ausdrucken betraut sind (*Gola/Schomerus* Rn. 13); andererseits sollen Mitglieder der Geschäftsleitung nicht „beschäftigt" idS sein (Begr. RegE, BT-Drs. 16/1853 S. 12; *Gola/Klug* NJW 2007, 120). Der von § 4f I verwendete Begriff „in der Regel" ist nicht definiert, findet sich aber auch in § 1 BetrVG, so dass die dort von Rspr. und Lit. entwickelten Kriterien übertragbar sind (MüArbR/*Reichold* § 88 Rn. 75; *Gola/Schomerus* Rn. 11).

§ 4f I 6 trifft eine Sonderregelung für den Fall, dass ein privater AG automatisiert Daten verarbeitet, 3
die einer Vorabkontrolle (vgl. § 4d V) unterliegen, oder geschäftsmäßig (personenbezogene Daten oder auch dann schon anonymisierte Daten) übermittelt (zB Auskunftei, Adresshandel, Markt- und Meinungsforschung); in diesen Fällen ist stets ein DSB zu bestellen. Der Beauftragte muss binnen eines Monats nach Eintritt der Voraussetzungen schriftl. bestellt werden. Mangels Ausnahmen für öffentl. Stellen ist bei diesen eine Bestellung eines DSB gem. § 4f I 1 obligatorisch; dabei kann der Beauftragte uU (Abs. 1 S. 5) für mehrere Bereiche bestellt werden.

Der DSB muss im Zpkt. seiner Bestellung die zur Erfüllung seiner Aufgaben erforderl. Fachkunde 4
und Zuverlässigkeit aufweisen (Abs. 2). **Fachkunde** setzt außer einem allg. Grundwissen im Bereich des Datenschutzrechts Verständnis für betriebswirtschaftl. Zusammenhänge sowie Grundkenntnisse über Verf. und Techniken der automatisierten Datenverarbeitung voraus. Der Umf. der notwendigen Fachkunde hängt nach § 4f II 2 vom Umf. der Datenverarbeitung und den Schutzbedürfnissen der Betroffenen ab. Zur Erhaltung der Fachkunde muss der AG den DSB die Teilnahme an Fort- und

Weiterbildungsveranstaltungen ermöglichen und deren Kosten übernehmen, Abs. 3 S. 7. Drohen Interessenkonflikte, zB weil der DSB für mehrere verantwortl. Stellen gleichzeitig tätig wird, in der Mitarbeitervertretung aktiv ist oder neben seiner Tätigkeit als DSB andere berufl. Aufgaben wahrnimmt, kann seine **Zuverlässigkeit** in Frage stehen (BAG 22.3.1994 AP BetrVG 1972 § 99 Versetzung Nr. 4; *Gola/Schomerus* Rn. 24; *Wohlgemuth* Rn. 3 ff.). Insofern ist das Amt des DSB mit bestimmten Tätigkeiten inkompatibel (zB Personalleiter, EDV-Leiter oder Vertriebsleiter ua. Tätigkeiten, bei denen der Beauftragte sich selbst kontrollieren müsste; LAG HM 8.4.2011 ZD 2012, 83). Dasselbe gilt mit Blick auf Abs. 3 S. 1 für Leiter der verantwortl. Stelle. Ob ein BRMitglied taugl. DSB sein kann, ist str.; dafür: BAG 23.3.2011 NZA 2011, 1036; *Gola/Schomerus* Rn. 28; dagegen: Simitis/*Simitis* § 4 f Rn. 108). Zu den Mindestanforderungen s. ferner den Beschl. des Düsseldorfer Kreises v. 24./25.11.2010; dazu *Hallermann* DuD 2012, 122.

5 Die Bestellung nach § 4 f unterliegt als solche nicht der **Mitbestimmung** des BR. § 4 f II kommt jedoch als ges. Vorschr. iSd. § 99 II Nr. 1 BetrVG in Betracht. Falls die betriebsverfassungsrechtl. Voraussetzungen einer Einstellung oder einer Versetzung vorliegen, kann der BR daher nach Auff. des BAG die dann notwendige Zust. mit der Begr. verweigern, dem DSB fehle die erforderl. Eignung (BAG 22.3.1994 AP BetrVG 1972 § 99 Versetzung Nr. 4; **aA** *Sauerbier* Anm. zu AR-Blattei ES Nr. 13 Datenschutz). Der DSB und seine Mitarbeiter unterliegen nicht den Weisungen des AG in Bezug auf ihre datenschutzrechtl. Arbeit (*Gola/Wronka* Rn. 1480, 1364). Ihm sind personale, sachl. und finanzielle Mittel zur Vfg. zu stellen, § 4 f V.

6 **3. Beendigung des Amtes als DSB.** Die Bestellung zum DSB kann unter den Voraussetzungen des § 4 f III 4**widerrufen** werden (hierzu insb. *Gola/Jaspers* RDV 1998, 47). Erforderl. ist ein entspr. Verlangen der Aufsichtsbehörde oder das Vorliegen eines wichtigen Grundes iSd. § 626 BGB. Ein wichtiger Grund liegt zunächst stets vor, wenn die Voraussetzungen der Bestellung nicht mehr gegeben sind, also die Zuverlässigkeit oder Fachkunde fehlen (BAG 23.3.2011 NZA 2011, 1036 Rn. 24; s. a. Rn. 7). Ferner liegt ein wichtiger Grund vor bei groben Pflichtverletzungen des DSB oder bei der wirksamen Beendigung des Grundverhältnisses, etwa durch Kündigung seitens des (internen oder externen) DSB (Rn. 8). Nicht ausreichend ist die unternehmerische Entsch., künftig einen konzerneinheitl. DSB bestellen zu wollen (BAG 23.3.2011 NZA 2011, 1036). Der Widerruf muss als „actus contrarius" zur Bestellung ebenfalls schriftl. erklärt werden (Simitis/*Simitis* Rn. 199). Die Bestellung sowohl des internen als auch des externen DSB kann befristet werden (Simitis/*Simitis* Rn. 61; **aA** *Gola/Schomerus* Rn. 32). Der Düsseldorfer Kreis empfiehlt eine Befristung von 4 Jahren, bei Erstbestellungen von 1–2 Jahren (Beschl. v. 24./25.11.2010).

7 Entfallen die Voraussetzungen der Bestellung zum DSB, erlischt das Amt des DSB kraft G. Hierzu gehören bspw. die Heraufsetzung des **Schwellenwertes** für die Bestellung eines DSB (*Gola/Klug* NJW 2007, 119), gesellschaftsrechtl. Umstrukturierungen, welche die verantwortl. Stelle als solche entfallen lassen, wie bspw. die Fusion zweier Krankenkasse auf einen neuen Rechtsträger (BAG 29.9.2010 NJW 2011, 476) oder ein Betriebsübergang (LAG B 15.10.2013 BeckRS 2015, 73367).

8 **4. Amt des DSB und Grundverhältnis.** Die Bestellung des betriebl. DSB nach § 4 f ist vom **zugrunde liegenden BeschVerh.** zu trennen. Die verantwortl. Stelle kann zunächst zwischen einem internen oder einem externen DSB wählen (dazu *Brink* ZD 2012, 55, 57). Bei dem Grundverhältnis des externen DSB handelt es sich regelm. um einen Geschäftsbesorgungsvertrag gem. § 675 BGB. Umstr. ist, ob eine jur. Person externer DSB sein kann (dazu *Knopp* DuD 2015, 88). Demggü. ist der interne DSB AN. Insoweit sind verschiedene Fallkonstellationen zu unterscheiden: Die Zuweisung der Aufgabe als DSB kann im Arbeitsvertrag ausdr. vereinbart sein. In diesem Fall ist nach Auff. des BAG für die Beendigung des Amtes des DSB neben dem Widerruf der Bestellung (Rn. 6) zugleich eine ausdr. Teilkündigung des Arbeitsvertrags erforderl. (BAG 13.3.2007 NZA 2007, 563). Diese Auff. relativiert damit die postulierte Trennung von Amt und Grundverhältnis nicht unerhebl. Fehlt es im Arbeitsvertrag an einer ausdr. Vereinb. über die Zuweisung der Aufgaben als DSB, liegt im Akt der Bestellung zum DSB mit Einverständnis des AN eine konkludente Änd. des Arbeitsvertrags. Für die Beendigung bedarf es in diesem Fall keiner ausdr. Teilkündigung des Arbeitsvertrags mehr, weil dann der wirksame Widerruf der Bestellung die arbeitsvertragl. geschuldete Leistung als DSB ebenso konkludent beendet (BAG 23.3.2011 NZA 2011, 1036 Rn. 30). Näher zum Problemkreis *Krasshöfer* FS Düwell 2011 S. 224 ff.; *Reinhard* NZA 2013, 1049.

9 **5. Sonderkündigungsschutz des internen DSB.** Der interne DSB genießt seit dem 1.9.2009 nach Abs. 3 S. 5 **Sonderkündigungsschutz.** Dies diente der Stärkung der Unabhängigkeit des DSB ggü. dem AG (dazu *Schwab/Ehrhard* NZA 2010, 1118 ff. und gilt ebenso für den Stellvertreter, sofern dieser tats. als DSB tätig geworden ist (LAG HH 21.7.2016 Beck-RS 2016, 112662). Das ArbVerh. mit dem DSB kann nur außerordentl. gem. § 626 BGB gekündigt werden. Dies gilt ab dem Zpkt. der Wirksamkeit der Bestellung (Rn. 2 ff.) und damit auch während einer vereinbarten Probezeit (ArbG Dortmund 20.2.2013 RDV 2013, 319). Der Schutz besteht jedoch nicht für den vom AG freiwillig bestellten DSB, damit der AG nicht aufgrund des Kündigungsschutzes davon Abstand nimmt, einen DSB freiwillig zu bestellen. Dieser Schutz wirkt auch ein Jahr nach der Beendigung des Amts als DSB

noch nach (Abs. 3 S. 6; vgl. die entspr. Regelung für BRMitglieder in § 15 I 2 KSchG). Im Falle betriebl. Umstrukturierungen wird zT die Auff. vertreten, die Zulässigkeit einer Kündigung sei entspr. § 15 IV, V KSchG zu beurteilen (*Dzida/Kröpelin* BB 2010, 1027; aA LAG D 23.7.2012 ZD 2013, 357; ArbG BE 23.10.2015 BeckRS 2016, 66167; offengelassen von BAG 23.1.2014 NZA 2014, 895 Rn. 25). Betriebl. Gründe können einen wichtigen Grund iSv. § 4f III 5, 6 bilden, wenn der AG den AN anderenfalls trotz Wegfall der Beschäftigungsmöglichkeit als DSB noch für Jahre vergüten müsste, ohne dass dem eine entspr. Arbeitsleistung gegenüberstünde (BAG 23.1.2014 NZA 2014, 895 Rn. 17). Eine Kündigung führt nicht zur automatischen Beendigung der Stellung als DSB (*Gelhaar* NZA 2010, 376f.). Ob als Kündigungsgründe amts- und arbeitsvertragl. Pflichtverletzungen ausreichen, ist str., jedoch anzunehmen (DKWW/*Däubler* Rn. 67ff.; *Däubler* DuD 2010, 22).

§ 4g Aufgaben des Beauftragten für den Datenschutz

(1) [1] Der Beauftragte für den Datenschutz wirkt auf die Einhaltung dieses Gesetzes und anderer Vorschriften über den Datenschutz hin. [2] Zu diesem Zweck kann sich der Beauftragte für den Datenschutz in Zweifelsfällen an die für die Datenschutzkontrolle bei der verantwortlichen Stelle zuständige Behörde wenden. [3] Er kann die Beratung nach § 38 Abs. 1 Satz 2 in Anspruch nehmen. [4] Er hat insbesondere

1. die ordnungsgemäße Anwendung der Datenverarbeitungsprogramme, mit deren Hilfe personenbezogene Daten verarbeitet werden sollen, zu überwachen; zu diesem Zweck ist er über Vorhaben der automatisierten Verarbeitung personenbezogener Daten rechtzeitig zu unterrichten,

2. die bei der Verarbeitung personenbezogener Daten tätigen Personen durch geeignete Maßnahmen mit den Vorschriften dieses Gesetzes sowie anderen Vorschriften über den Datenschutz und mit den jeweiligen besonderen Erfordernissen des Datenschutzes vertraut zu machen.

(2) [1] Dem Beauftragten für den Datenschutz ist von der verantwortlichen Stelle eine Übersicht über die in § 4e Satz 1 genannten Angaben sowie über zugriffsberechtigte Personen zur Verfügung zu stellen. [2] Der Beauftragte für den Datenschutz macht die Angaben nach § 4e Satz 1 Nr. 1 bis 8 auf Antrag jedermann in geeigneter Weise verfügbar.

(2a) Soweit bei einer nichtöffentlichen Stelle keine Verpflichtung zur Bestellung eines Beauftragten für den Datenschutz besteht, hat der Leiter der nichtöffentlichen Stelle die Erfüllung der Aufgaben nach den Absätzen 1 und 2 in anderer Weise sicherzustellen.

(3) [1] Auf die in § 6 Abs. 2 Satz 4 genannten Behörden findet Absatz 2 Satz 2 keine Anwendung. [2] Absatz 1 Satz 2 findet mit der Maßgabe Anwendung, dass der behördliche Beauftragte für den Datenschutz das Benehmen mit dem Behördenleiter herstellt; bei Unstimmigkeiten zwischen dem behördlichen Beauftragten für den Datenschutz und dem Behördenleiter entscheidet die oberste Bundesbehörde.

§ 5 Datengeheimnis

[1] Den bei der Datenverarbeitung beschäftigten Personen ist untersagt, personenbezogene Daten unbefugt zu erheben, zu verarbeiten oder zu nutzen (Datengeheimnis). [2] Diese Personen sind, soweit sie bei nicht-öffentlichen Stellen beschäftigt werden, bei der Aufnahme ihrer Tätigkeit auf das Datengeheimnis zu verpflichten. [3] Das Datengeheimnis besteht auch nach Beendigung ihrer Tätigkeit fort.

§ 5 enthält pers. Verpflichtungen für die in der Datenverarbeitung tätigen Personen. Betroffen sind in erster Linie Beschäftigte mit Verarbeitungsbefugnissen; im Einzelfall kann es jedoch ausreichen, dass Mitarbeiter ohne Datenverarbeitungsbefugnis, wie Schreibkräfte oder Wartungspersonal, im Rahmen ihrer Tätigkeit Datenkenntnis erlangen (*Gola/Schomerus* Rn. 9). Auf das Datengeheimnis verpflichtet sind auch Mitglieder des BR oder PR, wenn sie im Rahmen ihrer Funktionsausübung ANDaten verarbeiten (vgl. LAG B 12.11.2012 BB 2013, 499). Unbefugt handeln Mitarbeiter bereits dann, wenn zwar die Verarbeitung aus Sicht der verantwortl. Stelle zulässig ist, sie aber die ihnen intern zugewiesenen Zugriffsberechtigungen überschreiten (*Gola/Schomerus* Rn. 6). Verstöße hiergegen können eine Kündigung rechtfertigen (LAG B 1.9.2016 NZA-RR 2017, 18). Zu den Verpflichteten gehören kraft Verweisung gem. § 11 IV auch die Auftragsdatenverarbeiter. 1

Die für die Mitarbeiter des BR geltenden Geheimhaltungspflichten der §§ 79, 82 II 3, 83 I 3, 99 I 3, 102 II 5 BetrVG sowie das generelle Gebot des Stillschweigens in § 10 BPersVG verdrängen § 5 nicht, solange dieser Norm noch ein eigener Regelungsgehalt zukommt (*Gola/Schomerus* Rn. 15; vgl. *Gola/Wronka* Rn. 1302f.). 2

§ 6 Rechte des Betroffenen

(1) **Die Rechte des Betroffenen auf Auskunft (§§ 19, 34) und auf Berichtigung, Löschung oder Sperrung (§§ 20, 35) können nicht durch Rechtsgeschäft ausgeschlossen oder beschränkt werden.**

(2) [1] **Sind die Daten des Betroffenen automatisiert in der Weise gespeichert, dass mehrere Stellen speicherungsberechtigt sind, und ist der Betroffene nicht in der Lage festzustellen, welche Stelle die Daten gespeichert hat, so kann er sich an jede dieser Stellen wenden.** [2] **Diese ist verpflichtet, das Vorbringen des Betroffenen an die Stelle, die die Daten gespeichert hat, weiterzuleiten.** [3] **Der Betroffene ist über die Weiterleitung und jene Stelle zu unterrichten.** [4] **Die in § 19 Abs. 3 genannten Stellen, die Behörden der Staatsanwaltschaft und der Polizei sowie öffentliche Stellen der Finanzverwaltung, soweit sie personenbezogene Daten in Erfüllung ihrer gesetzlichen Aufgaben im Anwendungsbereich der Abgabenordnung zur Überwachung und Prüfung speichern, können statt des Betroffenen die Bundesbeauftragte oder den Bundesbeauftragten für den Datenschutz und die Informationsfreiheit unterrichten.** [5] **In diesem Fall richtet sich das weitere Verfahren nach § 19 Abs. 6.**

(3) **Personenbezogene Daten über die Ausübung eines Rechts des Betroffenen, das sich aus diesem Gesetz oder aus einer anderen Vorschrift über den Datenschutz ergibt, dürfen nur zur Erfüllung der sich aus der Ausübung des Rechts ergebenden Pflichten der verantwortlichen Stelle verwendet werden.**

1 § 6 I regelt die Unabdingbarkeit der Rechte Betroffener. Die Vorschr. ist über ihren Wortlaut hinaus auf andere Rechte wie zB das Recht auf Benachrichtigung (§ 33) auszudehnen (vgl. *Gola/Schomerus* Rn. 2).

2 Die in § 6 II enthaltene Weiterleitungs- und Unterrichtungspflicht soll sicherstellen, dass der Betroffene seine Rechte ggü. der verantwortl. Stelle auch dann wirksam geltend machen kann, wenn für ihn zB aufgrund von Systemvernetzungen nicht ohne weiteres erkennbar ist, wer für die Datenverarbeitung verantwortl. ist. Die „falsche“ Stelle muss in einem solchen Fall entweder die „datenspeichernde Stelle“ benennen oder das Begehren des Betroffenen weiterleiten.

§ 6a Automatisierte Einzelentscheidung

(1) [1] **Entscheidungen, die für den Betroffenen eine rechtliche Folge nach sich ziehen oder ihn erheblich beeinträchtigen, dürfen nicht ausschließlich auf eine automatisierte Verarbeitung personenbezogener Daten gestützt werden, die der Bewertung einzelner Persönlichkeitsmerkmale dienen.** [2] **Eine ausschließlich auf eine automatisierte Verarbeitung gestützte Entscheidung liegt insbesondere dann vor, wenn keine inhaltliche Bewertung und darauf gestützte Entscheidung durch eine natürliche Person stattgefunden hat.**

(2) [1] **Dies gilt nicht, wenn**

1. **die Entscheidung im Rahmen des Abschlusses oder der Erfüllung eines Vertragsverhältnisses oder eines sonstigen Rechtsverhältnisses ergeht und dem Begehren des Betroffenen stattgegeben wurde oder**
2. **die Wahrung der berechtigten Interessen des Betroffenen durch geeignete Maßnahmen gewährleistet ist und die verantwortliche Stelle dem Betroffenen die Tatsache des Vorliegens einer Entscheidung im Sinne des Absatzes 1 mitteilt sowie auf Verlangen die wesentlichen Gründe dieser Entscheidung mitteilt und erläutert.**

(3) **Das Recht des Betroffenen auf Auskunft nach den §§ 19 und 34 erstreckt sich auch auf den logischen Aufbau der automatisierten Verarbeitung der ihn betreffenden Daten.**

1 § 6a I soll verhindern, dass Entsch. allein aufgrund automatisierter Erstellung von Persönlichkeitsprofilen getroffen werden (zB durch Scoringverf.; dazu *Roßnagel* NZA 2009, 2719, oder durch den Einsatz intelligenter Systeme bzw. Roboter, dazu *Günther/Böglmüller* BB 2017, 53; *Gresse/Groß* NZA 2016, 990). Beschränkt wird der Anwendungsbereich des § 6a I durch das Erfordernis der Ausschließlichkeit; dh. sobald eine erneute Prüfung durch einen Menschen erfolgt, kann sich die Entsch. auch allein auf das ermittelte Personenprofil stützen. Eine weitere Einschränkung ergibt sich daraus, dass die Entsch. rechtl. Folgen nach sich ziehen muss oder zumindest erhebl. beeinträchtigende Wirkungen hat. Auf diese Weise werden zB Vorentsch. im Rahmen einer Einstellung, Versetzung oder Kündigung anhand bestimmter Suchkriterien ausgeschlossen, solange sie nicht die Entsch. als solche auf ein bestimmtes Erg. festlegen.

2 Gem. § 6a II Nr. 2 sind Ausnahmen zulässig, sofern die Wahrung berechtigter Interessen durch geeignete Maßnahmen sichergestellt ist. Was eine geeignete Maßnahme ist, muss vom Sinn und Zweck der Vorschr. hergeleitet werden, dem Berechtigten die Möglichkeit zu eröffnen, die Bewertungsmaßstäbe zu erfahren und ggf. seinen Standpunkt geltend zu machen. Seine Interessen werden durch die Inf. bzgl. der automatisierten Entsch. und der Bewertungsmaßstäbe sowie durch die Möglichkeit zu Gegendarstellungen gewahrt.

§ 6b Beobachtung öffentlich zugänglicher Räume mit optisch-elektronischen Einrichtungen

(1) Die Beobachtung öffentlich zugänglicher Räume mit optisch-elektronischen Einrichtungen (Videoüberwachung) ist nur zulässig, soweit sie
1. zur Aufgabenerfüllung öffentlicher Stellen,
2. zur Wahrnehmung des Hausrechts oder
3. zur Wahrnehmung berechtigter Interessen für konkret festgelegte Zwecke
erforderlich ist und keine Anhaltspunkte bestehen, dass schutzwürdige Interessen der Betroffenen überwiegen. Bei der Videoüberwachung von

1. öffentlich zugänglichen großflächigen Anlagen, wie insbesondere Sport-, Versammlungs- und Vergnügungsstätten, Einkaufzentren oder Parkplätzen, oder

2. Fahrzeugen und öffentlich zugänglichen großflächigen Einrichtungen des öffentlichen Schienen-, Schiffs- und Busverkehrs
gilt der Schutz von Leben, Gesundheit oder Freiheit von dort aufhältigen Personen als ein besonders wichtiges Interesse.

(2) Der Umstand der Beobachtung und die verantwortliche Stelle sind durch geeignete Maßnahmen erkennbar zu machen.

(3) [1] Die Verarbeitung oder Nutzung von nach Absatz 1 erhobenen Daten ist zulässig, wenn sie zum Erreichen des verfolgten Zwecks erforderlich ist und keine Anhaltspunkte bestehen, dass schutzwürdige Interessen der Betroffenen überwiegen. [2] Absatz 1 Satz 2 gilt entsprechend. [3] Für einen anderen Zweck dürfen sie nur verarbeitet oder genutzt werden, soweit dies zur Abwehr von Gefahren für die staatliche und öffentliche Sicherheit sowie zur Verfolgung von Straftaten erforderlich ist.

(4) Werden durch Videoüberwachung erhobene Daten einer bestimmten Person zugeordnet, ist diese über eine Verarbeitung oder Nutzung entsprechend den §§ 19a und 33 zu benachrichtigen.

(5) Die Daten sind unverzüglich zu löschen, wenn sie zur Erreichung des Zwecks nicht mehr erforderlich sind oder schutzwürdige Interessen der Betroffenen einer weiteren Speicherung entgegenstehen.

1 **1. Regelungsgehalt der Vorschrift.** § 6b schafft für die (Video-)Überwachung **öffentl. zugängl. Räume** eine **ges. Grdl.** Die Beobachtung öffentl. zugängl. Räume mit optisch-elektronischen Einrichtungen ist danach nur zu den in Abs. 1 genannten Zwecken zulässig und muss darüber hinaus verhältnismäßig sein. Außerdem muss die Beobachtung nach Abs. 2 erkennbar gemacht werden. Damit erfasst § 6b nur die offene Videoüberwachung. Keine Anwendung findet die Vorschr. und deren Maßstäbe somit auf nicht öffentl. zugängl. Räume, insb. Betriebsstätten, die nicht für den allg. Verkehr geöffnet sind (zum Begriff Rn. 3). Maßstab für eine Videoüberwachung in solchen Räumen, verdeckt oder offen, bildet somit, soweit es um Zwecke des BeschVerh. geht, allein § 32 (Simitis/*Scholz* Rn. 51; Thüsing/*Pötters* Datenschutz § 11 Rn. 18).

1a § 6b I 2 wurde eingeführt durch das **VideoüberwachungsverbesserungsG** v. 28.4.2017. Nach Einschätzung des Gesetzgebers nehmen terroristische und andere Bedrohungslagen zu. Deshalb sollen Sicherheitsbelange bei der Abwägungsentsch., ob private Stellen Videoüberwachung vornehmen können, stärker berücksichtigt werden. Die Regelung gilt für Fahrzeuge und Einrichtungen des öffentl. Schienen-, Schiffs- und Busverkehrs, bspw. Eisenbahn- oder Busbahnhöfe, sowie für großflächige Anlagen, wie etwa Sport-, Versammlungs- und Vergnügungsstätten, Einkaufszentren und Parkräume. Solche Einrichtungen zeichnen sich durch großen Publikumsverkehr aus. Der Schutz von Freiheit und körperl. Unversehrtheit dort befindl. Personen stellt nach der GBegr. ein bes. wichtiges Interesse dar, welches eine Videoüberwachung dieser Bereiche rechtfertigen kann (BT-Drs. 18/10941, S. 8).

2 Aus § 6b kann aber auch für den **öffentl. zugängl. Bereich** nicht abgeleitet werden, dass eine **verdeckte Videoüberwachung** stets unzulässig ist. Dies folgt daraus, dass die Hinweispflicht des Abs. 2 keine Rechtmäßigkeitsvoraussetzung für die Videoüberwachung statuiert, sondern eine Ordnungsvorschr. darstellt (ebenso iE BAG 21.6.2012 NZA 2012, 1025 Rn. 39 ff.; Thüsing/*Pötters* Datenschutz § 11 Rn. 38 f.; *Byers/Pracha* BB 2013, 760; *Pötters/Traut* RDV 2013, 132, 135; **aA** *Bayreuther* DB 2012, 2222, 2223; Simitis/*Scholz* Rn. 110; offen gelassen von *Gola/Schomerus* Rn. 26). Außerdem kann nicht angenommen werden, dass § 6b umfassend die allg. Rechtfertigungsvorschr. der §§ 28, 32 verdrängt (BAG 22.9.2016 NZA 2017, 112 Rn. 43; **aA** *Jerchel/Schubert* DuD 2015, 151, 152). Es entstünde ein Wertungswiderspruch: Heiml. Videoüberwachung wäre bei Arbeitsplätzen, die sich mehr oder weniger zufällig in öffentl. zugängl. Räumen befinden, stets unzulässig, während iÜ § 32 den Rechtfertigungsmaßstab bildete. § 6b ist daher teleologisch dahingehend zu reduzieren, dass eine heiml. Überwachung öffentl. zugängl. Räume zur Aufdeckung einer Straftat jdf. im Bereich von ArbVerh. nach Maßgabe von § 32 I 2 zulässig ist (iE *Helle* JZ 2004, 346; ähnl. *Grimm* ArbRB 2006, 180; *Maschmann* FS Hromadka 2008 S. 233 ff., 242; **aA** *Bayreuther* NZA 2005, 1038, 1040; Simitis/

Scholz Rn. 98). Das BAG hält die heiml. Videoüberwachung eines AN in öffentl. zugängl. Räumen – etwa im Kassenbereich eines Getränkemarkts – für zulässig, wenn der konkrete Verdacht einer strafbaren Handlung oder einer anderen schweren Verfehlung zu Lasten des AG besteht, weniger einschneidende Mittel zur Aufklärung des Verdachts ausgeschöpft sind, die verdeckte Videoüberwachung praktisch das einzig verbleibende Mittel darstellt und insges. nicht unverhältnismäßig ist (BAG 21.6.2012 NZA 2012, 1025; 21.11.2013 NZA 2014, 810 Rn. 50; 22.9.2016 NZA 2017, 112 Rn. 28; ebenso zur Rechtslage vor Inkrafttreten des § 6b BAG 27.3.2003 NZA 2003, 1193 ff.). Der EGMR hält diese Rspr. für vereinbar mit der EMRK (EGMR 5.10.2010 – 420/07 – Köpke). Umgekehrt wäre nach Auff. des BAG (21.6.2012 NZA 2012, 1025 Rn. 41; 21.11.2013 NZA 2014, 810 Rn. 51) ein vollständiges Verbot verdeckter Videoüberwachung im Hinblick auf Art. 12, 14 GG verfassungsrechtl. bedenkl. Ist eine heiml. Videoüberwachung nach diesen Grds, rechtswidrig, kann der überwachte AN Schmerzensgeld wegen Persönlichkeitsrechtsverletzung verlangen (BAG 19.2.2015 NZA 2015, 994; dazu *Venetis/Oberwetter* NJW 2016, 1051).

3 **2. Öffentlich zugängliche Räume.** § 6b erfasst nur öffentl. zugängl. Räume. Darunter werden allg. Bereiche innerhalb und außerhalb von Gebäuden verstanden, die von einem unbestimmten und nur nach allg. Merkmalen abgrenzbaren Personenkreis betreten und genutzt werden können und ihrem Zweck nach auch dazu bestimmt sind (Simitis/*Scholz* Rn. 42). Die Zweckbestimmung kann sich hierbei aus der Widmung oder aus dem erkennbaren Willen des Berechtigten ergeben. Dazu gehören Verkaufsräume von Geschäften, Kaufhäusern oder Tankstellen, Einkaufspassagen, Restaurants, Schalterhallen von Banken, Hotelfoyers, Flughäfen sowie Bahnhofshallen und Bahnsteige (Simitis/*Scholz* Rn. 44), Spielhallen, aber auch Straßen und Parks. Soweit sich in solchen öffentl. zugängl. Räumen Arbeitsplätze befinden, sind die Vorgaben des § 6b ebenso für die Beobachtung von AN zu beachten. Es wäre künstl., einen grds. öffentl. zugängl. Raums (zB Getränkemarkt) in Verkaufsraum und nur den Kassenmitarbeitern zugängl. Kassenraum zu unterteilen (ArbG F 25.1.2006 RDV 2006, 214 f.; *Bayreuther* NZA 2005, 1038; **aA** Simitis/*Scholz* Rn. 51). Die Überwachung ist räuml. auf die Grenzen des Grundstücks des Hausrechtsinhabers begrenzt.

4 **3. Beobachtung durch optisch-elektronische Einrichtungen.** § 6b setzt voraus, dass **optisch-elektronische Einrichtungen** zur Beobachtung eingesetzt werden. Erfasst sind Geräte jeder Art, die für derartige Beobachtungen geeignet sind, sofern sie Licht in elektrische Signale umwandeln. Dazu gehören neben klassischen Überwachungskameras auch Webcams, digitale Fotoapparate oder Mobiltelefone mit integrierter Kamera (Simitis/*Scholz* Rn. 38); dabei muss das Beobachtungsgerät nicht fest installiert, sondern kann auch mobil sein (Thüsing/*Pötters* Datenschutz § 11 Rn. 3). Kameraattrappen fallen demggü. mangels Eignung zur Beobachtung nicht unter die Vorschr. Dasselbe gilt für Spiegel oder Ferngläser, weil hier die optischen Signale mechanisch verarbeitet werden.

5 Unter **Beobachten** ist das Sichtbarmachen von Geschehnissen und Personen mit Hilfe der beschriebenen technischen Einrichtungen zu verstehen (Simitis/*Scholz* Rn. 63). Der Vorgang muss zeitl. eine gewisse Dauer aufweisen, weshalb einmalige Bilderfassungen ausscheiden. Beim Einsatz von mit Kameras ausgestatteten Drohnen kommt es darauf an, ob der Überflug einmalig ist – dann scheidet § 6b aus – oder ob die Drohne regelm. der gleichen Strecke folgt, so dass die Intensität der Beobachtung einer stationären Einrichtung entsprechen kann (vgl. *Uschkereit/Zdanowiecki* NJW 2016, 444, 447 f.). Nicht erforderl. ist, dass das gewonnene Bildmaterial aufgezeichnet oder ausgewertet wird und dies beabsichtigt ist. Daher fallen auch „Kamera-Monitor-Systeme", die ledigl. als „verlängertes Auge" fungieren, unter die Vorschr. (Simitis/*Scholz* Rn. 65; **aA** *Gola/Schomerus* Rn. 10). Ferner müssen die beobachteten Geschehnisse einen Bezug zu einer oder mehreren Personen aufweisen, da anderenfalls der Zweck des BDSG – Schutz des Umgangs mit personenbezogenen Daten (§ 1 Rn. 11) – nicht einschlägig wäre. Die Vorschr. ist demnach nicht anwendbar bei videotechnischen Anl., die ausschl. Übersichtsaufnahmen liefern (Simitis/*Scholz* Rn. 67).

6 **4. Zulässigkeitsvoraussetzungen.** Die Videoüberwachung ist zulässig zur Verfolgung der in Abs. 1 genannten Zwecke: zur Aufgabenerfüllung öffentl. Stellen (Nr. 1), zur Wahrnehmung des Hausrechts (Nr. 2) oder zur Wahrnehmung berechtigter Interessen für konkret festgelegte Zwecke (Nr. 3). Unter Nr. 3 fällt nicht nur ein rechtl. Interesse, sondern jedes tats. Interesse, das wirtschaftl. oder ideeller Art sein kann (Simitis/*Scholz* Rn. 78), etwa der Zweck der Gefahrenabwehr, bspw. die Verhütung von Vandalismus in öffentl. Verkehrsmitteln oder von Vermögensdelikten in Kaufhäusern. Dabei müssen die Zwecke, für welche die Videoüberwachung eingesetzt wird, konkret festgelegt werden. Die Videoüberwachung muss außerdem für die Erreichung der genannten Zwecke erforderl. sein. Dies verlangt die Eignung der Videoüberwachung für den konkreten Zweck; ferner darf keine milderes, gleich geeignetes Mittel existieren. Schließl. ist eine Interessenabwägung vorzunehmen: Es dürfen keine Anhaltspunkte dafür bestehen, dass schutzwürdige Interessen der von der Überwachung betroffenen Personen überwiegen. Diese Voraussetzungen schließen es aus, dass eingesetzte Videoüberwachung zur Leistungskontrolle von AN genutzt wird (s. auch § 32 Rn. 18). Denkbar ist aber je nach Zweckbestimmung der Überwachung die Verwendung des Bildmaterials zur Aufdeckung bzw. Verhinderung

von Straftaten auch ggü. AN – etwa wenn ein Kaufhaus die Videoüberwachung erkennbar zur Verhinderung und Aufdeckung von Ladendiebstahl einsetzt.

Abs. 3 formuliert den Grds. der Zweckbindung. Die nach Abs. 1 erhobenen Daten dürfen also nur für die nach Abs. 1 zulässigen Zwecke verarbeitet oder genutzt werden. Damit sind Verarbeitung und Nutzung an den originären Beobachtungszweck gebunden. Eine Zweckänd. ist nur zulässig, sofern dies zur Abwehr von Gefahren für die öffentl. Sicherheit oder zur Verfolgung von Straftaten erforderl. ist. Abs. 4 verweist für die Benachrichtigung auf § 33, falls durch Videoüberwachung erhobene Daten einer bestimmten Person zugeordnet werden können. Abs. 5 statuiert unter den dort beschriebenen Voraussetzungen eine Löschungspflicht. 7

§ 7 Schadensersatz

[1]Fügt eine verantwortliche Stelle dem Betroffenen durch eine nach diesem Gesetz oder nach anderen Vorschriften über den Datenschutz unzulässige oder unrichtige Erhebung, Verarbeitung oder Nutzung seiner personenbezogenen Daten einen Schaden zu, ist sie oder ihr Träger dem Betroffenen zum Schadensersatz verpflichtet. [2]Die Ersatzpflicht entfällt, soweit die verantwortliche Stelle die nach den Umständen des Falles gebotene Sorgfalt beachtet hat.

Werden die Grenzen einer zulässigen Personaldatenverarbeitung durch den AG überschritten, so kommt neben den allg. zivilrechtl. Vorschr. (§§ 280 I, 311 II, §§ 823 ff. BGB; das BDSG ist SchutzG iSd. § 823 II BGB) als weitere eigenständige **verschuldensabhängige** Grdl. eines Schadensersatzanspruchs § 7 in Betracht (BAG 19.2.2015 NZA 2015, 994 Rn. 14; *Forst* AuR 2010, 109; Einzelfälle bei *Oberwetter* NZA 2009, 1121 f.). Wegen der in § 7 S. 2 getroffenen Beweislastumkehr muss der AG beweisen, dass er nicht schuldhaft gehandelt hat. Der AN braucht nur den obj. Tatbestand darzulegen und zu beweisen. Fragl. ist jedoch, ob auch nach der Neufassung der §§ 7, 8 eine Beweislastumkehr bzgl. der Kausalität zwischen dem vom AG zu vertretenden Umstand und dem Schaden fortbestehen soll (vgl. § 8 aF). Nach der Neufassung des § 7 besteht nur eine Beweislastumkehr bzgl. des Verschuldens des AG; auf die Kausalität erstreckt sie sich nach dem Wortlaut nicht. In Anbetracht der Tatsache, dass es dem AN idR schwer fallen wird, die Kausalität nachzuweisen, der AG bisher gem. § 8 aF auch hierfür die Beweislast trug und die GBegr. keinerlei Ausführungen zu einem gewollten Wegfall der in § 8 aF normierten Beweislastumkehr aufweist, ist davon auszugehen, dass der Gesetzgeber die Beweislast bzgl. der Kausalität weiter beim AG wissen wollte (*Gola/Schomerus* Rn. 9 und *Gola/Wronka* Rn. 1360). 1

Nach Auff. des BAG kann sich der AG nicht mit Hilfe von § 7 gegen die Zusendung von Werbung per E-Mail durch eine Gewerkschaft an die dienstl. E-Mailadresse wehren, weil der AG nicht Betroffener sei (BAG 20.1.2009 NJW 2009, 1990). Die dienstl. E-Mail-Adresse des einzelnen AN ist damit ein personenbezogenes Datum des AN. 2

§ 8 Schadensersatz bei automatisierter Datenverarbeitung durch öffentliche Stellen

(1) **Fügt eine verantwortliche öffentliche Stelle dem Betroffenen durch eine nach diesem Gesetz oder nach anderen Vorschriften über den Datenschutz unzulässige oder unrichtige automatisierte Erhebung, Verarbeitung oder Nutzung seiner personenbezogenen Daten einen Schaden zu, ist ihr Träger dem Betroffenen unabhängig von einem Verschulden zum Schadensersatz verpflichtet.**

(2) **Bei einer schweren Verletzung des Persönlichkeitsrechts ist dem Betroffenen der Schaden, der nicht Vermögensschaden ist, angemessen in Geld zu ersetzen.**

(3) **[1]Die Ansprüche nach den Absätzen 1 und 2 sind insgesamt auf einen Betrag von 130 000 Euro begrenzt. [2]Ist aufgrund desselben Ereignisses an mehrere Personen Schadensersatz zu leisten, der insgesamt den Höchstbetrag von 130 000 Euro übersteigt, so verringern sich die einzelnen Schadensersatzleistungen in dem Verhältnis, in dem ihr Gesamtbetrag zu dem Höchstbetrag steht.**

(4) **Sind bei einer automatisierten Verarbeitung mehrere Stellen speicherungsberechtigt und ist der Geschädigte nicht in der Lage, die speichernde Stelle festzustellen, so haftet jede dieser Stellen.**

(5) **Hat bei der Entstehung des Schadens ein Verschulden des Betroffenen mitgewirkt, gilt § 254 des Bürgerlichen Gesetzbuchs.**

(6) **Auf die Verjährung finden die für unerlaubte Handlungen geltenden Verjährungsvorschriften des Bürgerlichen Gesetzbuchs entsprechende Anwendung.**

§ 8 entspricht im Wesentlichen § 7 aF. Er enthält eine eigenständige **verschuldensunabhängige Haftung öffentl. Stellen,** die jedoch nur bei einer Verletzung durch automatisierte Datenerhebung, -verarbeitung oder -nutzung eingreift. § 8 ist nicht subsidiär zu § 7, sondern daneben anwendbar. Anders als § 7 ermöglicht § 8 einen Ersatz des immateriellen Schadens (vgl. Simitis/*Simitis* § 7 Rn. 32 f.). 1

§ 9 Technische und organisatorische Maßnahmen

[1]Öffentliche und nicht-öffentliche Stellen, die selbst oder im Auftrag personenbezogene Daten erheben, verarbeiten oder nutzen, haben die technischen und organisatorischen Maßnahmen zu treffen, die erforderlich sind, um die Ausführung der Vorschriften dieses Gesetzes, insbesondere die in der Anlage zu diesem Gesetz genannten Anforderungen, zu gewährleisten. [2]Erforderlich sind Maßnahmen nur, wenn ihr Aufwand in einem angemessenen Verhältnis zu dem angestrebten Schutzzweck steht.

Anlage (zu § 9 Satz 1)

[1]Werden personenbezogene Daten automatisiert verarbeitet oder genutzt, ist die innerbehördliche oder innerbetriebliche Organisation so zu gestalten, dass sie den besonderen Anforderungen des Datenschutzes gerecht wird. [2]Dabei sind insbesondere Maßnahmen zu treffen, die je nach der Art der zu schützenden personenbezogenen Daten oder Datenkategorien geeignet sind,

1. **Unbefugten den Zutritt zu Datenverarbeitungsanlagen, mit denen personenbezogene Daten verarbeitet oder genutzt werden, zu verwehren (Zutrittskontrolle),**
2. **zu verhindern, dass Datenverarbeitungssysteme von Unbefugten genutzt werden können (Zugangskontrolle),**
3. **zu gewährleisten, dass die zur Benutzung eines Datenverarbeitungssystems Berechtigten ausschließlich auf die ihrer Zugriffsberechtigung unterliegenden Daten zugreifen können, und dass personenbezogene Daten bei der Verarbeitung, Nutzung und nach der Speicherung nicht unbefugt gelesen, kopiert, verändert oder entfernt werden können (Zugriffskontrolle),**
4. **zu gewährleisten, dass personenbezogene Daten bei der elektronischen Übertragung oder während ihres Transports oder ihrer Speicherung auf Datenträger nicht unbefugt gelesen, kopiert, verändert oder entfernt werden können, und dass überprüft und festgestellt werden kann, an welche Stellen eine Übermittlung personenbezogener Daten durch Einrichtungen zur Datenübertragung vorgesehen ist (Weitergabekontrolle),**
5. **zu gewährleisten, dass nachträglich überprüft und festgestellt werden kann, ob und von wem personenbezogene Daten in Datenverarbeitungssysteme eingegeben, verändert oder entfernt worden sind (Eingabekontrolle),**
6. **zu gewährleisten, dass personenbezogene Daten, die im Auftrag verarbeitet werden, nur entsprechend den Weisungen des Auftraggebers verarbeitet werden können (Auftragskontrolle),**
7. **zu gewährleisten, dass personenbezogene Daten gegen zufällige Zerstörung oder Verlust geschützt sind (Verfügbarkeitskontrolle),**
8. **zu gewährleisten, dass zu unterschiedlichen Zwecken erhobene Daten getrennt verarbeitet werden können.**

[3]Eine Maßnahme nach Satz 2 Nummer 2 bis 4 ist insbesondere die Verwendung von dem Stand der Technik entsprechenden Verschlüsselungsverfahren.

1 Welche **Maßnahmen** der AG oder eine in seinem Auftrag Daten verarbeitende Stelle **zu treffen** hat, um den Schutz personenbezogener ANDaten zu gewährleisten, ergibt sich ua. aus § 9. Nach dieser Vorschr. sind sämtl. technischen und organisatorischen Maßnahmen zu treffen, die erforderl. sind, um die Ausführung der Vorschr. des BDSG und einen Schutz des Betroffenen vor Beeinträchtigungen des Persönlichkeitsrechts zu gewährleisten. Die Erforderlichkeit der Maßnahme wird in S. 2 konkretisiert: Sie muss nicht nur geeignet sein, sondern auch in einem angemessenen Verhältnis zum angestrebten Schutzzweck stehen. Das G fordert damit eine Abwägung zwischen Schutzzweck und Aufwand nach dem Verhältnismäßigkeitsprinzip. Jedoch soll sich das Verhältnismäßigkeitsprinzip nicht auf das „Ob", sondern nur auf das „Wie" beziehen (*Gola/Wronka* Rn. 298).

2 Ist die Datenverarbeitung automatisiert, so ergeben sich konkrete Anforderungen aus der Anl. zu § 9 S. 1. Der Anlagenkatalog diff. zwischen acht verschiedenen Kontrollformen, wobei sich die erforderl. Datensicherungsmaßnahmen zumeist mehreren Kontrollaufgaben zuordnen lassen (ausf. *Gola/Schomerus* Rn. 22 ff.; *Gola/Wronka* Rn. 295). Diese organisatorischen und technischen Anforderungen müssen auch dann beachtet werden, wenn ein AN Daten für seinen AG an seinem eigenen privaten Endgerät verarbeitet und nutzt (s. zu diesem sog. „BYOD" – „bring your own device" – *Conrad/Schneider* ZD 2011, 153; *Göpfert/Wilke* NZA 2012, 765; *Jandt/Steidle* CR 2013, 338; *Lober/Falker* KuR 2013, 357).

§ 11 Erhebung, Verarbeitung oder Nutzung personenbezogener Daten im Auftrag

(1) [1]Werden personenbezogene Daten im Auftrag durch andere Stellen erhoben, verarbeitet oder genutzt, ist der Auftraggeber für die Einhaltung der Vorschriften dieses Gesetzes und anderer Vorschriften über den Datenschutz verantwortlich. [2]Die in den §§ 6, 7 und 8 genannten Rechte sind ihm gegenüber geltend zu machen.

(2) [1]Der Auftragnehmer ist unter besonderer Berücksichtigung der Eignung der von ihm getroffenen technischen und organisatorischen Maßnahmen sorgfältig auszuwählen. [2]Der Auftrag ist schriftlich zu erteilen, wobei insbesondere im Einzelnen festzulegen sind:

1. der Gegenstand und die Dauer des Auftrags,
2. der Umfang, die Art und der Zweck der vorgesehenen Erhebung, Verarbeitung oder Nutzung von Daten, die Art der Daten und der Kreis der Betroffenen,
3. die nach § 9 zu treffenden technischen und organisatorischen Maßnahmen,
4. die Berichtigung, Löschung und Sperrung von Daten,
5. die nach Absatz 4 bestehenden Pflichten des Auftragnehmers, insbesondere die von ihm vorzunehmenden Kontrollen,
6. die etwaige Berechtigung zur Begründung von Unterauftragsverhältnissen,
7. die Kontrollrechte des Auftraggebers und die entsprechenden Duldungs- und Mitwirkungspflichten des Auftragnehmers,
8. mitzuteilende Verstöße des Auftragnehmers oder der bei ihm beschäftigten Personen gegen Vorschriften zum Schutz personenbezogener Daten oder gegen die im Auftrag getroffenen Festlegungen,
9. der Umfang der Weisungsbefugnisse, die sich der Auftraggeber gegenüber dem Auftragnehmer vorbehält,
10. die Rückgabe überlassener Datenträger und die Löschung beim Auftragnehmer gespeicherter Daten nach Beendigung des Auftrags.

[3]Er kann bei öffentlichen Stellen auch durch die Fachaufsichtsbehörde erteilt werden. [4]Der Auftraggeber hat sich vor Beginn der Datenverarbeitung und sodann regelmäßig von der Einhaltung der beim Auftragnehmer getroffenen technischen und organisatorischen Maßnahmen zu überzeugen. [5]Das Ergebnis ist zu dokumentieren.

(3) [1]Der Auftragnehmer darf die Daten nur im Rahmen der Weisungen des Auftraggebers erheben, verarbeiten oder nutzen. [2]Ist er der Ansicht, dass eine Weisung des Auftraggebers gegen dieses Gesetz oder andere Vorschriften über den Datenschutz verstößt, hat er den Auftraggeber unverzüglich darauf hinzuweisen.

(4) Für den Auftragnehmer gelten neben den §§ 5, 9, 43 Abs. 1 Nr. 2, 10 und 11, Abs. 2 Nr. 1 bis 3 und Abs. 3 sowie § 44 nur die Vorschriften über die Datenschutzkontrolle oder die Aufsicht, und zwar für

1. a) öffentliche Stellen,
b) nicht-öffentliche Stellen, bei denen der öffentlichen Hand die Mehrheit der Anteile gehört oder die Mehrheit der Stimmen zusteht und der Auftraggeber eine öffentliche Stelle ist, die §§ 18, 24 bis 26 oder die entsprechenden Vorschriften der Datenschutzgesetze der Länder,
2. die übrigen nicht-öffentlichen Stellen, soweit sie personenbezogene Daten im Auftrag als Dienstleistungsunternehmen geschäftsmäßig erheben, verarbeiten oder nutzen, die §§ 4f, 4g und 38.

(5) Die Absätze 1 bis 4 gelten entsprechend, wenn die Prüfung oder Wartung automatisierter Verfahren oder von Datenverarbeitungsanlagen durch andere Stellen im Auftrag vorgenommen wird und dabei ein Zugriff auf personenbezogene Daten nicht ausgeschlossen werden kann.

Der AG entgeht seinen datenschutzrechtl. Pflichten nicht dadurch, dass er sich bei der Verw. von ANDaten eines in seinem Auftrag stehenden Hilfsorgans bedient. Die verantwortl. Stelle behält als „Herrin der Daten" die volle Verfügungsgewalt und bestimmt durch ihre die Art und den Umf. der Datenverarbeitung betr. Vorgaben die Tätigkeit des Auftragnehmers. Die Rechte der betroffenen AN bestehen ihr ggü. (*Gola/Schomerus* Rn. 3 f.; *Wächter* CR 1991, 333). Das Auftragsunternehmen ist datenschutzrechtl. als Einheit mit der verantwortl. Stelle anzusehen (§ 3 VIII 3). Der AG ist verpflichtet, sich vor und nach der Auftragsvergabe regelm. davon zu überzeugen, dass die technischen und organisatorischen Maßnahmen zum Schutze der Daten eingehalten werden (Abs. 4 S. 2). 1

Der **Begriff des Auftrags** ist nicht ausschl. iSv. § 662 BGB zu verstehen. Umfasst sind zahlr. Var. von der Beauftragung eines externen Entsorgungsunternehmens mit dem Vernichten von Akten bis zur Übernahme der Datenverarbeitung durch ein externes Service-Rechenzentrum oder ein als solches tätig werdendes anderes Konzernunternehmen (*Gola/Schomerus* Rn. 7; § 27 Rn. 4 f.); zur Durchführung von Persönlichkeitstests bei AN durch externe Dienstleister *Eckhardt/Kramer* DuD 2016, 144. Entscheidend ist, dass der Auftrag allein auf die Erhebung, Verarbeitung und Nutzung von Daten gerichtet ist. Wird neben der Datenverarbeitung auch die zugrunde liegende Aufgabe übertragen, gehen alle datenschutzrechtl. Pflichten, insb. die Ansprüche des Betroffenen, mit über (*Auernhammer* Rn. 2, 26). 2

Zweiter Abschnitt. Datenverarbeitung der öffentlichen Stellen

Erster Unterabschnitt. Rechtsgrundlagen der Datenverarbeitung

§ 12 Anwendungsbereich

(1) Die Vorschriften dieses Abschnittes gelten für öffentliche Stellen des Bundes, soweit sie nicht als öffentlich-rechtliche Unternehmen am Wettbewerb teilnehmen.

(2) Soweit der Datenschutz nicht durch Landesgesetz geregelt ist, gelten die §§ 12 bis 16, 19 bis 20 auch für die öffentlichen Stellen der Länder, soweit sie
1. Bundesrecht ausführen und nicht als öffentlich-rechtliche Unternehmen am Wettbewerb teilnehmen oder
2. als Organe der Rechtspflege tätig werden und es sich nicht um Verwaltungsangelegenheiten handelt.

(3) Für Landesbeauftragte für den Datenschutz gilt § 23 Abs. 4 entsprechend.

(4) Werden personenbezogene Daten für frühere, bestehende oder zukünftige Beschäftigungsverhältnisse erhoben, verarbeitet oder genutzt, gelten § 28 Absatz 2 Nummer 2 und die §§ 32 bis 35 anstelle der §§ 13 bis 16 und 19 bis 20.

1 Mit den in § 12 IV enthaltenen Verweisungen hat der Gesetzgeber die ansonsten strikte gesetzessystematische Trennung von öffentl. und nicht-öffentl. datenspeichernden Stellen für den Bereich des öffentl. Dienstes durchbrochen. Ziel war es, für alle im öffentl. Dienst Tätigen ein einheitl. Datenschutzrecht zu schaffen (vgl. zu den Schwierigkeiten der Verweisung §§ 13, 27). Erforderl. ist, dass sich die Datenerhebung, -verarbeitung oder -nutzung auf die Ausgestaltung (Begr., Durchführung, Beendigung) eines bestehenden oder zukünftigen dienst- oder arbeitsrechtl. Rechtsverhältnisses bezieht. Außerdem gehören Daten über den Personalbestand, Beihilfen und Versorgung hierher (*Gola/Schomerus* Rn. 8). Durch § 12 IV wird sichergestellt, dass ANDaten unabhängig vom verwendeten Speichermedium durch § 28 I, III Nr. 1, §§ 32, 33, 34, 35 geschützt werden. Dass durch § 12 IV nur auf § 28 II Nr. 2 und nicht auch auf § 28 VI verwiesen wird, ist als Redaktionsversehen zu interpretieren (so zur aF auch *Gola/Wronka* Rn. 216). Speziellere Regelungen finden sich in §§ 106 bis 115 BBG, § 29 SoldG.

§ 13 Datenerhebung

(1) Das Erheben personenbezogener Daten ist zulässig, wenn ihre Kenntnis zur Erfüllung der Aufgaben der verantwortlichen Stelle erforderlich ist.

(1a) Werden personenbezogene Daten statt beim Betroffenen bei einer nicht-öffentlichen Stelle erhoben, so ist die Stelle auf die Rechtsvorschrift, die zur Auskunft verpflichtet, sonst auf die Freiwilligkeit ihrer Angaben hinzuweisen.

(2) Das Erheben besonderer Arten personenbezogener Daten (§ 3 Abs. 9) ist nur zulässig, soweit
1. eine Rechtsvorschrift dies vorsieht oder aus Gründen eines wichtigen öffentlichen Interesses zwingend erfordert,
2. der Betroffene nach Maßgabe des § 4a Abs. 3 eingewilligt hat,
3. dies zum Schutz lebenswichtiger Interessen des Betroffenen oder eines Dritten erforderlich ist, sofern der Betroffene aus physischen oder rechtlichen Gründen außerstande ist, seine Einwilligung zu geben,
4. es sich um Daten handelt, die der Betroffene offenkundig öffentlich gemacht hat,
5. dies zur Abwehr einer erheblichen Gefahr für die öffentliche Sicherheit erforderlich ist,
6. dies zur Abwehr erheblicher Nachteile für das Gemeinwohl oder zur Wahrung erheblicher Belange des Gemeinwohls zwingend erforderlich ist,
7. dies zum Zweck der Gesundheitsvorsorge, der medizinischen Diagnostik, der Gesundheitsversorgung oder Behandlung oder für die Verwaltung von Gesundheitsdiensten erforderlich ist und die Verarbeitung dieser Daten durch ärztliches Personal oder durch sonstige Personen erfolgt, die einer entsprechenden Geheimhaltungspflicht unterliegen,
8. dies zur Durchführung wissenschaftlicher Forschung erforderlich ist, das wissenschaftliche Interesse an der Durchführung des Forschungsvorhabens das Interesse des Betroffenen an dem Ausschluss der Erhebung erheblich überwiegt und der Zweck der Forschung auf andere Weise nicht oder nur mit unverhältnismäßigem Aufwand erreicht werden kann oder
9. dies aus zwingenden Gründen der Verteidigung oder der Erfüllung über- oder zwischenstaatlicher Verpflichtungen einer öffentlichen Stelle des Bundes auf dem Gebiet der Krisenbewältigung oder Konfliktverhinderung oder für humanitäre Maßnahmen erforderlich ist.

Dritter Abschnitt. Datenverarbeitung nicht-öffentlicher Stellen und öffentlich-rechtlicher Wettbewerbsunternehmen

Erster Unterabschnitt. Rechtsgrundlagen der Datenverarbeitung

§ 27 Anwendungsbereich

(1) [1]Die Vorschriften dieses Abschnittes finden Anwendung, soweit personenbezogene Daten unter Einsatz von Datenverarbeitungsanlagen verarbeitet, genutzt oder dafür erhoben werden oder die Daten in oder aus nicht automatisierten Dateien verarbeitet, genutzt oder dafür erhoben werden durch

1. nicht-öffentliche Stellen,

2. a) öffentliche Stellen des Bundes, soweit sie als öffentlich-rechtliche Unternehmen am Wettbewerb teilnehmen,

b) öffentliche Stellen der Länder, soweit sie als öffentlich-rechtliche Unternehmen am Wettbewerb teilnehmen, Bundesrecht ausführen und der Datenschutz nicht durch Landesgesetz geregelt ist.

[2]Dies gilt nicht, wenn die Erhebung, Verarbeitung oder Nutzung der Daten ausschließlich für persönliche oder familiäre Tätigkeiten erfolgt. [3]In den Fällen der Nummer 2 Buchstabe a gelten anstelle des § 38 die §§ 18, 21 und 24 bis 26.

(2) Die Vorschriften dieses Abschnittes gelten nicht für die Verarbeitung und Nutzung personenbezogener Daten außerhalb von nicht automatisierten Dateien, soweit es sich nicht um personenbezogene Daten handelt, die offensichtlich aus einer automatisierten Verarbeitung entnommen worden sind.

1. Automatisierte Datenverarbeitung (§§ 27 I, 3 I). Die Erhebung, Verarbeitung und Nutzung personenbezogener Daten durch nicht-öffentl. Stellen und ör. Wettbewerbsunternehmen unterliegt grds. nur den Anforderungen des G, wenn der Datenumgang automatisiert erfolgt oder die Daten in oder aus nicht automatisierten Dateien verarbeitet, genutzt oder dafür erhoben werden (§ 27 I 1). **Automatisierte Verf.** erfordern nach § 3 II 1 den Einsatz von Datenverarbeitungsanlagen, auch von PCs und Kleincomputern, Bürokommunikations- und Textverarbeitungssystemen. Eine Strukturierung der Datensammlung ist nicht erforderl. Es genügt, wenn technisch eine Auswertungsmöglichkeit besteht. **Nicht-automatisierte Dateien** – herkömml. Karteien genannt – werden erfasst, wenn sie gleichartig aufgebaut sind. Es genügt, wenn bestimmte Suchmerkmale – mind. zwei (*Gola/Schomerus* § 3 Rn. 20), wie Name, Adresse, Kontonr. usw., fest formatiert sind und eine systematische Erfassung mögl. ist. Nicht erforderl. ist, dass die Inf. exakt an den gleichen Positionen stehen (*Auernhammer* § 3 Rn. 12). Die Datensammlung muss des Weiteren nach bestimmten Merkmalen geordnet und umgeordnet werden können. Das ist dann der Fall, wenn sich die Daten nach einem Ordnungsmerkmal (zB dem Namen des AN) physisch in eine lineare Reihenfolge bringen lassen, man sie aber auch anhand eines anderen Ordnungsmerkmals (Anschrift, Alter des Betroffenen) anderweitig sortieren und für eine Datenverarbeitung, -übermittlung usw. auswerten kann. Diese Voraussetzungen sind idR bei alphabetisch geordneten Karteikarten, nicht aber bei herkömml. manuell geführten Personalakten oder Listen mit fortlaufend aufgeführten Daten erfüllt (*Auernhammer* § 3 Rn. 13; MüArbR/*Reichold* § 88 Rn. 16; s. auch BAG 16.11.2010 NZA 2011, 453 Rn. 26). Eine Akte oder Aktensammlung fällt nur dann nicht unter den Begriff der Datei, wenn ihr Inhalt nicht in der Art einer Datei strukturiert ist (*Gola/Schomerus* § 3 Rn. 20). 1

2. Arbeitsrecht. Für die Anwendung des Dritten Abschn. ist es grds. erforderl., dass Daten automatisiert erhoben, verarbeitet oder genutzt werden. Für das **ArbR** wird der Anwendungsbereich des Datenschutzes jedoch durch **§ 32 II** erweitert (vgl. § 32 Rn. 2). Nach diesem ist § 32 I, die zentrale Norm des ANDatenschutzes, auch anzuwenden, wenn personenbezogene Daten erhoben, verarbeitet oder genutzt werden, ohne dass sie automatisiert verarbeitet oder in oder aus einer nicht automatisierten Datei verarbeitet, genutzt oder für die Verarbeitung oder Nutzung in einer solchen Datei erhoben werden. 2

3. Ausnahmen (§§ 27 I, 1 II Nr. 3). § 27 I nimmt, in Übereinstimmung mit § 1 II Nr. 3, die rein pers. oder familiären Zwecken dienende Verwendung von Daten aus dem Anwendungsbereich der §§ 27 ff. aus. Die Verwendung von ANDaten unterfällt idR nicht rein pers. oder familiären Zwecken, so dass diese Ausnahmevorschr. im Bereich des ArbR ohnehin kaum bedeutsam ist (*Gola/Wronka* Rn. 211). Außerdem eröffnet § 32 II die Anwendung des G für **ArbVerh.** 3

4. Verarbeitung außerhalb von nicht automatisierten Dateien (§ 27 II). § 27 II bestätigt den Inhalt des § 27 I, ergänzt ihn aber insofern, als er den Anwendungsbereich des BDSG auf solche 4

Datensammlungen ausdehnt, die zwar nicht dem Begriff der automatisierten oder nicht-automatisierten Datei (§ 3 II) unterfallen, aber Daten umfasst, die offensichtl. aus einer automatisierten Verarbeitung entnommen worden sind. Das Merkmal der Offensichtlichkeit lässt sich aus praktischen Erwägungen sinnvoll durch das Kriterium der Unmittelbarkeit konkretisieren (*Dörr/Schmidt* Rn. 21; *Gola/Schomerus* Rn. 16; krit. Simitis/*Simitis* Rn. 32 f.). Zweck der Regelung ist, eine Umgehung des BDSG zu verhindern, indem man Daten auf der Grdl. von Dateiauszügen verarbeitet. Sind die Regelungen des **BDSG nicht anwendbar,** bedeutet dies nicht, dass sich der AG Inf. beliebig verschaffen kann. Aufgrund der kollidierenden Grundrechtspositionen der Arbeitsvertragsparteien ergeben sich vergleichbare Schranken wie im Anwendungsbereich des BDSG (*Däubler* CR 1994, 101, 103). Für das ArbR hat Abs. 2 ohnehin wegen § 32 Abs. 2 keine Bedeutung mehr.

5 **5. Besonderheiten des öffentlichen Dienstrechts.** Das Recht der öffentl. Stellen kennt selbst keine § 27 II vergleichbaren Einschränkungen. § 27 findet auch nicht indirekt über § 12 IV Anwendung. Durch die Einfügung des letzten Hs. ist nun endgültig klar gestellt, dass es auf einen Dateibezug iSd. § 27 II nicht ankommt (Simitis/*Dammann* § 12 Rn. 29). Fragl. ist nach der Novellierung, ob für den öffentl. Dienst sensitive Daten (vgl. § 28 Rn. 30) nur noch mit Einwilligung (§ 4a) erhoben werden dürfen, da § 12 IV nicht auf § 28 VI bis VIII verweist, sondern nur auf § 28 II Nr. 2 und §§ 32 bis 35. Dabei scheint es sich jedoch um ein gesetzgeberisches Versehen zu handeln, da nicht ersichtl. ist, warum der Gesetzgeber den öffentl. Dienst intensiver schützen wollte. Vielmehr ist davon auszugehen, dass er für alle AN einen einheitl. Datenschutz schaffen wollte (vgl. Begr. zu § 5 des RegE zum BDSG 1977 BT-Drs. 7/1027).

§ 28 Datenerhebung und -speicherung für eigene Geschäftszwecke

(1) [1]Das Erheben, Speichern, Verändern oder Übermitteln personenbezogener Daten oder ihre Nutzung als Mittel für die Erfüllung eigener Geschäftszwecke ist zulässig,

1. wenn es für die Begründung, Durchführung oder Beendigung eines rechtsgeschäftlichen oder rechtsgeschäftsähnlichen Schuldverhältnisses mit dem Betroffenen erforderlich ist,

2. soweit es zur Wahrung berechtigter Interessen der verantwortlichen Stelle erforderlich ist und kein Grund zu der Annahme besteht, dass das schutzwürdige Interesse des Betroffenen an dem Ausschluss der Verarbeitung oder Nutzung überwiegt, oder

3. wenn die Daten allgemein zugänglich sind oder die verantwortliche Stelle sie veröffentlichen dürfte, es sei denn, dass das schutzwürdige Interesse des Betroffenen an dem Ausschluss der Verarbeitung oder Nutzung gegenüber dem berechtigten Interesse der verantwortlichen Stelle offensichtlich überwiegt.

[2]Bei der Erhebung personenbezogener Daten sind die Zwecke, für die die Daten verarbeitet oder genutzt werden sollen, konkret festzulegen.

(2) Die Übermittlung oder Nutzung für einen anderen Zweck ist zulässig

1. unter den Voraussetzungen des Absatz 1 Satz 1 Nummer 2 oder Nummer 3,

2. soweit es erforderlich ist,

a) zur Wahrung berechtigter Interessen eines Dritten oder

b) zur Abwehr von Gefahren für die staatliche oder öffentliche Sicherheit oder zur Verfolgung von Straftaten

und kein Grund zu der Annahme besteht, dass der Betroffene ein schutzwürdiges Interesse an dem Ausschluss der Übermittlung oder Nutzung hat, oder

3. wenn es im Interesse einer Forschungseinrichtung zur Durchführung wissenschaftlicher Forschung erforderlich ist, dass wissenschaftliche Interesse an der Durchführung des Forschungsvorhabens das Interesse des Betroffenen an dem Ausschluss der Zweckänderung erheblich überwiegt und der Zweck der Forschung auf andere Weise nicht oder nur mit unverhältnismäßigem Aufwand erreicht werden kann.

(3) [1]Die Verarbeitung oder Nutzung personenbezogener Daten für Zwecke des Adresshandels oder der Werbung ist zulässig, soweit der Betroffene eingewilligt hat und im Falle einer nicht schriftlich erteilten Einwilligung die verantwortliche Stelle nach Absatz 3a verfährt. [2]Darüber hinaus ist die Verarbeitung oder Nutzung personenbezogener Daten zulässig, soweit es sich um listenmäßig oder sonst zusammengefasste Daten über Angehörige einer Personengruppe handelt, die sich auf die Zugehörigkeit des Betroffenen zu dieser Personengruppe, seine Berufs-, Branchen- oder Geschäftsbezeichnung, seinen Namen, Titel, akademischen Grad, seine Anschrift und sein Geburtsjahr beschränken, und die Verarbeitung oder Nutzung erforderlich ist

1. für Zwecke der Werbung für eigene Angebote der verantwortlichen Stelle, die diese Daten mit Ausnahme der Angaben zur Gruppenzugehörigkeit beim Betroffenen nach Absatz 1 Satz 1 Nummer 1 oder aus allgemein zugänglichen Adress-, Rufnummern-, Branchen- oder vergleichbaren Verzeichnissen erhoben hat,

2. für Zwecke der Werbung im Hinblick auf die berufliche Tätigkeit des Betroffenen und unter seiner beruflichen Anschrift oder
3. für Zwecke der Werbung für Spenden, die nach § 10b Absatz 1 und § 34g des Einkommensteuergesetzes steuerbegünstigt sind.

[3] Für Zwecke nach Satz 2 Nummer 1 darf die verantwortliche Stelle zu den dort genannten Daten weitere Daten hinzuspeichern. [4] Zusammengefasste personenbezogen Daten nach Satz 2 dürfen auch dann für Zwecke der Werbung übermittelt werden, wenn die Übermittlung nach Maßgabe des § 34 Absatz 1a Satz 1 gespeichert wird; in diesem Fall muss die Stelle, die die Daten erstmalig erhoben hat, aus der Werbung eindeutig hervorgehen. [5] Unabhängig vom Vorliegen der Voraussetzungen des Satzes 2 dürfen personenbezogene Daten für Zwecke der Werbung für fremde Angebote genutzt werden, wenn für den Betroffenen bei der Ansprache zum Zwecke der Werbung die für die Nutzung der Daten verantwortliche Stelle eindeutig erkennbar ist. [6] Eine Verarbeitung oder Nutzung nach den Sätzen 2 bis 4 ist nur zulässig, soweit schutzwürdige Interessen des Betroffenen nicht entgegenstehen. [7] Nach den Sätzen 1, 2 und 4 übermittelte Daten dürfen nur für den Zweck verarbeitet oder genutzt werden, für den sie übermittelt worden sind.

(3a) [1] Wird die Einwilligung nach § 4a Absatz 1 Satz 3 in anderer Form als der Schriftform erteilt, hat die verantwortliche Stelle dem Betroffenen den Inhalt der Einwilligung schriftlich zu bestätigen, es sei denn, dass die Einwilligung elektronisch erklärt wird und die verantwortliche Stelle sicherstellt, dass die Einwilligung protokolliert wird und der Betroffene deren Inhalt jederzeit abrufen und die Einwilligung jederzeit mit Wirkung für die Zukunft widerrufen kann. [2] Soll die Einwilligung zusammen mit anderen Erklärungen schriftlich erteilt werden, ist sie in drucktechnisch deutlicher Gestaltung besonders hervorzuheben.

(3b) [1] Die verantwortliche Stelle darf den Abschluss eines Vertrags nicht von einer Einwilligung des Betroffenen nach Absatz 3 Satz 1 abhängig machen, wenn dem Betroffenen ein anderer Zugang zu gleichwertigen vertraglichen Leistungen ohne die Einwilligung nicht oder nicht in zumutbarer Weise möglich ist. [2] Eine unter solchen Umständen erteilte Einwilligung ist unwirksam.

(4) [1] Widerspricht der Betroffene bei der verantwortlichen Stelle der Verarbeitung oder Nutzung seiner Daten für Zwecke der Werbung oder der Markt- oder Meinungsforschung, ist eine Verarbeitung oder Nutzung für diese Zwecke unzulässig. [2] Der Betroffene ist bei der Ansprache zum Zweck der Werbung oder der Markt- oder Meinungsforschung und in den Fällen des Absatzes 1 Satz 1 Nummer 1 auch bei Begründung des rechtsgeschäftlichen oder rechtsgeschäftsähnlichen Schuldverhältnisses über die verantwortliche Stelle sowie über das Widerspruchsrecht nach Satz 1 zu unterrichten; soweit der Ansprechende personenbezogene Daten des Betroffenen nutzt, die bei einer ihm nicht bekannten Stelle gespeichert sind, hat er auch sicherzustellen, dass der Betroffene Kenntnis über die Herkunft der Daten erhalten kann. [3] Widerspricht der Betroffene bei dem Dritten, dem die Daten im Rahmen der Zwecke nach Absatz 3 übermittelt worden sind, der Verarbeitung oder Nutzung für Zwecke der Werbung oder der Markt- oder Meinungsforschung, hat dieser die Daten für diese Zwecke zu sperren. [4] In den Fällen des Absatz 1 Satz 1 Nummer 1 darf für den Widerspruch keine strengere Form verlangt werden als für die Begründung des rechtsgeschäftlichen oder rechtsgeschäftsähnlichen Schuldverhältnisses.

(5) [1] Der Dritte, dem die Daten übermittelt worden sind, darf diese nur für den Zweck verarbeiten oder nutzen, zu dessen Erfüllung sie ihm übermittelt werden. [2] Eine Verarbeitung oder Nutzung für andere Zwecke ist nicht-öffentlichen Stellen nur unter den Voraussetzungen der Absätze 2 und 3 und öffentlichen Stellen nur unter den Voraussetzungen des § 14 Abs. 2 erlaubt. [3] Die übermittelnde Stelle hat ihn darauf hinzuweisen.

(6) Das Erheben, Verarbeiten und Nutzen von besonderen Arten personenbezogener Daten (§ 3 Abs. 9) für eigene Geschäftszwecke ist zulässig, soweit nicht der Betroffene nach Maßgabe des § 4a Abs. 3 eingewilligt hat, wenn

1. dies zum Schutz lebenswichtiger Interessen des Betroffenen oder eines Dritten erforderlich ist, sofern der Betroffene aus physischen oder rechtlichen Gründen außerstande ist, seine Einwilligung zu geben,
2. es sich um Daten handelt, die der Betroffene offenkundig öffentlich gemacht hat,
3. dies zur Geltendmachung, Ausübung oder Verteidigung rechtlicher Ansprüche erforderlich ist und kein Grund zu der Annahme besteht, dass das schutzwürdige Interesse des Betroffenen an dem Ausschluss der Erhebung, Verarbeitung oder Nutzung überwiegt, oder
4. dies zur Durchführung wissenschaftlicher Forschung erforderlich ist, das wissenschaftliche Interesse an der Durchführung des Forschungsvorhabens das Interesse des Betroffenen an dem Ausschluss der Erhebung, Verarbeitung und Nutzung erheblich überwiegt und der Zweck der Forschung auf andere Weise nicht oder nur mit unverhältnismäßigem Aufwand erreicht werden kann.

(7) [1]**Das Erheben von besonderen Arten personenbezogener Daten (§ 3 Abs. 9) ist ferner zulässig, wenn dies zum Zweck der Gesundheitsvorsorge, der medizinischen Diagnostik, der Gesundheitsversorgung oder Behandlung oder für die Verwaltung von Gesundheitsdiensten erforderlich ist und die Verarbeitung dieser Daten durch ärztliches Personal oder durch sonstige Personen erfolgt, die einer entsprechenden Geheimhaltungspflicht unterliegen.** [2]**Die Verarbeitung und Nutzung von Daten zu den in Satz 1 genannten Zwecken richtet sich nach den für die in Satz 1 genannten Personen geltenden Geheimhaltungspflichten.** [3]**Werden zu einem in Satz 1 genannten Zweck Daten über die Gesundheit von Personen durch Angehörige eines anderen als in § 203 Abs. 1 und 3 des Strafgesetzbuchs genannten Berufes, dessen Ausübung die Feststellung, Heilung oder Linderung von Krankheiten oder die Herstellung oder den Vertrieb von Hilfsmitteln mit sich bringt, erhoben, verarbeitet oder genutzt, ist dies nur unter den Voraussetzungen zulässig, unter denen ein Arzt selbst hierzu befugt wäre.**

(8) [1]**Für einen anderen Zweck dürfen die besonderen Arten personenbezogener Daten (§ 3 Abs. 9) nur unter den Voraussetzungen des Absatzes 6 Nr. 1 bis 4 oder des Absatzes 7 Satz 1 übermittelt oder genutzt werden.** [2]**Eine Übermittlung oder Nutzung ist auch zulässig, wenn dies zur Abwehr von erheblichen Gefahren für die staatliche und öffentliche Sicherheit sowie zur Verfolgung von Straftaten von erheblicher Bedeutung erforderlich ist.**

(9) [1]**Organisationen, die politisch, philosophisch, religiös oder gewerkschaftlich ausgerichtet sind und keinen Erwerbszweck verfolgen, dürfen besondere Arten personenbezogener Daten (§ 3 Abs. 9) erheben, verarbeiten oder nutzen, soweit dies für die Tätigkeit der Organisation erforderlich ist.** [2]**Dies gilt nur für personenbezogene Daten ihrer Mitglieder oder von Personen, die im Zusammenhang mit deren Tätigkeitszweck regelmäßig Kontakte mit ihr unterhalten.** [3]**Die Übermittlung dieser personenbezogenen Daten an Personen oder Stellen außerhalb der Organisation ist nur unter den Voraussetzungen des § 4a Abs. 3 zulässig.** [4]**Absatz 2 Nummer 2 Buchstabe b gilt entsprechend.**

1 **1. Bedeutung der Vorschrift für arbeitsrechtlich relevante Sachverhalte.** Für das ArbR war § 28 bis zum 31.8.2009 die bedeutendste Norm des BDSG. Seit dem 1.9.2009 besteht mit § 32 eine Spezialvorschr. für BeschVerh. (§ 3 XI). Grds. ist **§ 32 I, II die speziellere Vorschr.** Die Reichweite der verbliebenen Bedeutung des § 28 für arbeitsrechtl. relevante Sachverhalte ist allerdings umstr. Im Ausgangspunkt besteht Einigkeit, dass die Spezialität des § 32 nur soweit reicht, wie diese Norm Regelungen aufstellt. § 32 I erfasst die Datenerhebung, -verarbeitung und -nutzung für **Zwecke des BeschVerh.** (näher s. § 32 Rn. 4). Außerhalb dieser Zwecke kann also unbegrenzt auf § 28 – auch auf Abs. 1 – zurückgegriffen werden. Soweit bspw. im Rahmen einer due-diligence-Prüfung personenbezogene Daten erhoben oder übermittelt werden, geschieht dies nicht für Zwecke des BeschVerh.; daher ist nicht § 32, sondern § 28 I Prüfungsmaßstab.

2 Darüber hinaus ist umstr., inwieweit § 32 die Regelungen des § 28 I verdrängt. Ein Teil der Lit. spricht sich dafür aus, dass ledigl. § 28 I 1 Nr. 1 verdrängt wird, ein Rückgriff auf § 28 I 1 Nr. 2 und 3 zulässig bleiben soll (*Thüsing* NZA 2009, 865, 869; *Joussen* JbArbR 2010, 69, 85). Dem ist nicht zu folgen (ebenso Simitis/*Seifert* § 32 Rn. 17): Die GBegr. geht deutl. davon aus, dass § 28 I insg. ausgeschlossen sein soll (BT-Drs. 16/13657 S. 35). Außerdem würde ein Rückgriff insb. auf Nr. 2 die insg. strengeren Zulässigkeitsvoraussetzungen des § 32 I letztl. aushebeln. Geschieht die Datenerhebung, -verarbeitung und -nutzung somit für Zwecke des BeschVerh., können allenfalls § 28 II und V – IX bedeutsam werden – Abs. 3, 3a, 3b und 4 spielen hier keine Rolle, da sie Adresshandel und Werbung betreffen. Für andere Zwecke steht § 28 vollständig offen und ist umgekehrt § 32 nicht anwendbar.

3 **2. Regelungsgehalt von § 28 I. a) Katalogtatbestände des Abs. 1 S. 1.** Die grdl. Erlaubnisnorm für den Datenumgang zur Verfolgung eigener Geschäftszwecke, § 28 I 1, enthält drei Tatbestände: Zunächst ist das Erheben, Speichern, Verändern, Übermitteln personenbezogener Daten oder ihre Nutzung zulässig, wenn es für die Begr., Durchführung oder Beendigung eines rechtsgeschäftl. oder rechtsgeschäftsähnl. Schuldverhältnisses erforderl. ist (Nr. 1). An die Stelle dieser Vorschr. tritt nun für das ArbVerh. § 32 (Rn. 1, § 32 Rn. 2 ff.). Ferner ist ein entspr. Datenumgang zulässig, soweit dies für die Wahrung berechtigter Interessen der verantwortl. Stelle erforderl. ist und kein Grund zur Annahme besteht, dass das schutzwürdige Interesse des Betroffenen am Ausschluss der Verarbeitung oder Nutzung überwiegt (Nr. 2). Für diesen Katalogtatbestand müssen die Interessen der verantwortl. Stelle mit denjenigen des Betroffenen abgewogen werden. Schließl. ist der entspr. Datenumgang zulässig, wenn die Daten allg. zugängl. sind oder die verantwortl. Stelle sie veröffentlichen würde, es sei denn, das schutzwürdige Interesse des Betroffenen überwiegt die Interessen der verantwortl. Stelle (Nr. 3). Auf diese beiden zul. genannten Katalogtatbestände kann auch in arbeitsrechtl. relevanten Sachverhalten zurückgegriffen werden, sofern die Datenerhebung, -verarbeitung oder -nutzung nicht für Zwecke des BeschVerh. erfolgt, sondern für davon unabhängige Zwecke (zur Abgrenzung § 32 Rn. 4).

4 **b) Zweckbindung (Abs. 1 S. 2).** § 28 I 2 sieht vor, dass bei der Erhebung bereits der **konkrete Zweck** der Verarbeitung und Nutzung festgelegt wird. Dies bedeutet im Einzelfall, dass der Zweck vor

der Erhebung feststehen und auch bestimmbar sein muss (*Ehmann/Helfrich* Art. 6 Rn. 8). Diese Festlegung des Zwecks muss im Zusammenhang mit Abs. 2, 3 gesehen werden, die nur ausnahmsweise eine Nutzung zu anderen Zwecken erlauben. Der Innenausschuss ist der Auff., dass § 28 I 2 iRd. Beschäftigtendatenschutzes nicht mehr anwendbar sei (BT-Drs. 16/13657 S. 35). Dies ist nicht zutr., weil § 28 I 2 das grdl. datenschutzrechtl. Prinzip der Zweckbindung formuliert, welches iRd. ANDatenschutzes weiterhin Bestand haben muss.

3. Zweckänderung (Abs. 2). Eine Ausnahme vom strengen Grds. der Zweckbindung (Abs. 1 S. 2) enthält Abs. 2. Diese Vorschr. ist neben § 32 auch im Zusammenhang mit dem Beschäftigtendatenschutz anwendbar (Rn. 2). Eine Zweckänd. oder -ergänzung ist zunächst zulässig, wenn der neue Zweck von Abs. 1 Nr. 2 bzw. 3 gedeckt ist (Abs. 2 Nr. 1). Nr. 2 erweitert dies auf die berechtigten Interessen eines Dritten und das allg. Interesse der Abwehr von Gefahren für die öffentl. Sicherheit sowie zur Verfolgung von Straftaten. Nr. 3 privilegiert die Nutzung oder Übermittlung von Daten für Forschungszwecke und dürfte im vorliegenden Kontext weniger einschlägig sein. Relevant werden kann § 28 II bspw. im Zusammenhang mit der Durchführung von Kontendatenabgleichen. Das personenbezogene Datum der Kontonr. wurde einst erhoben zum Zweck der bargeldlosen Entgeltzahlung. Die Nutzung dieses Datums zum Zweck der Durchführung eines entspr. Abgleichs wäre von urspr. Erhebungszweck nicht gedeckt. Prüfungsmaßstab wäre insoweit § 28 II Nr. 1 iVm. § 28 I 1 Nr. 2. Ebenso ist die Weitergabe der Privatanschrift eines AN durch den AG als Zweckänd. anhand dieses Maßstabs zu beurteilen (bspw. Auskunft des Klinikträgers ggü. geschädigtem Patienten über Privatanschrift des angestellten Arztes BGH 20.1.2015 WM 2015, 449). 5

4. Sensitive Daten (Abs. 6–9). Bes. Arten von personenbezogenen Daten (§ 3 IX) unterliegen einem strengeren Schutz insofern, als an ihre Erhebung, Verarbeitung oder Nutzung bes. Voraussetzungen geknüpft sind. Gegenstand dieses Schutzes sind Angaben über rassische oder ethnische Herkunft, politische Meinungen, religiöse oder philosophische Überzeugungen, Gewerkschaftszugehörigkeit, Gesundheit oder Sexualleben. Nach § 28 VI dürfen solche personenbezogene Daten grds. nur erhoben, verarbeitet oder genutzt werden, soweit eine Einwilligung iSd. § 4a III vorliegt oder eine Ausnahme gem. § 28 VI Nr. 1 bis 4, VII, IX eingreift. Hierbei hat VI Nr. 3 bes. Bedeutung (*Franzen* EAS B 5300 Rn. 51). Für die Erhebung und Speicherung von Daten iRd. **BEM** iSd. § 84 SGB IX kann VI Nr. 3 taugl. Grdl. für die Erhebung und Verarbeitung entspr. Daten sein (BAG 7.2.2012 NZA 2012, 744 Rn. 24 ff.; aA *Gundermann/Oberberg* AuR 2007, 19, 22; umf. *Kiesche* RDV 2014, 321). Dasselbe gilt für die Frage nach der Schwerbehinderteneigenschaft eines AN bzw. Gleichstellung zur Vorbereitung einer Kündigung im bestehenden ArbVerh., sofern der AN die Voraussetzungen für den Kündigungsschutz nach §§ 85 SGB IX erlangt hat (BAG 16.2.2012 NZA 2012, 555). 6

Bestimmten Organisationen (politischen, philosophischen, religiösen und **gewerkschaftl.**, sofern sie keine Erwerbszwecke verfolgen) ist es gem. § 28 IX gestattet, sensitive Daten zu erheben, zu verarbeiten oder zu nutzen, soweit dies für ihre Tätigkeit als solche Organisation erforderl. ist. Dabei ist die Erhebung, Verarbeitung und Nutzung auf die Mitglieder oder die Personen, mit denen die Organisationen regelm. Kontakt haben, beschränkt. 7

§ 31 Besondere Zweckbindung

Personenbezogene Daten, die ausschließlich zu Zwecken der Datenschutzkontrolle, der Datensicherung oder zur Sicherstellung eines ordnungsgemäßen Betriebes einer Datenverarbeitungsanlage gespeichert werden, dürfen nur für diese Zwecke verwendet werden.

§ 31 bezieht sich auf Daten, die nur noch gespeichert werden, um die Zulässigkeit der erfolgten Verarbeitung und Zugriffe überprüfen zu können (*Gola/Schomerus* Rn. 5). Diese Norm ist arbeitsrechtl. insofern relevant, als es sich bei den in § 31 angesprochenen Daten um sog. Benutzerdaten handelt, also auch um Daten von AN, die bei der Datenverarbeitung tätig sind. Ist bei der Auswertung dieser Daten eine Kontrolle des Leistungs- und Arbeitsverhaltens mögl., greifen die MBR aus § 87 I Nr. 6 BetrVG oder § 75 III Nr. 17 BPersVG ein (BAG 6.12.1983 AP BetrVG 1972 § 87 Überwachung Nr. 7). 1

§ 32 Datenerhebung, -verarbeitung und -nutzung für Zwecke des Beschäftigungsverhältnisses

(1) [1]**Personenbezogene Daten eines Beschäftigten dürfen für Zwecke des Beschäftigungsverhältnisses erhoben, verarbeitet oder genutzt werden, wenn dies für die Entscheidung über die Begründung eines Beschäftigungsverhältnisses oder nach Begründung des Beschäftigungsverhältnisses für dessen Durchführung oder Beendigung erforderlich ist.** [2]**Zur Aufdeckung von Straftaten dürfen personenbezogene Daten eines Beschäftigten nur dann erhoben, verarbeitet oder genutzt werden, wenn zu dokumentierende tatsächliche Anhaltspunkte den Verdacht begründen, dass der**

Betroffene im Beschäftigungsverhältnis eine Straftat begangen hat, die Erhebung, Verarbeitung oder Nutzung zur Aufdeckung erforderlich ist und das schutzwürdige Interesse des Beschäftigten an dem Ausschluss der Erhebung, Verarbeitung oder Nutzung nicht überwiegt, insbesondere Art und Ausmaß im Hinblick auf den Anlass nicht unverhältnismäßig sind.

(2) Absatz 1 ist auch anzuwenden, wenn personenbezogene Daten erhoben, verarbeitet oder genutzt werden, ohne dass sie automatisiert verarbeitet oder in oder aus einer nicht automatisierten Datei verarbeitet, genutzt oder für die Verarbeitung oder Nutzung in einer solchen Datei erhoben werden.

(3) Die Beteiligungsrechte der Interessenvertretungen der Beschäftigten bleiben unberührt.

1 **1. Bedeutung und Entstehungsgeschichte.** § 32 ist bis zur Verabschiedung eines AN-DSG (s. § 1 Rn. 10) die zentrale Norm des ANDatenschutzes. Die Vorschr. soll ausweisl. der GBegr. die bisherige zumeist richterrechtl. geprägte Rechtslage nicht ändern, sondern ledigl. konkretisieren (BT-Drs. 16/13657 S. 34) und die von der Rspr. erarbeiteten Grds. kodifizieren (BT-Drs. 16/13657 S. 35). Die Vorschr. wurde kurzfristig vor Ende der Legislaturperiode im August 2009 ua. auf Bitte des BR (BT-Drs. 16/12011, Stellungn. des BR S. 66, unter Hinweis auf die jüngsten Vorfälle bei der DB AG) in das ÄndG aufgenommen, das urspr. aus Gründen des Schutzes der Verbraucher vor Adresshandel und Kontoinformationsweitergabe geplant war. Dementspr. gab es keine längeren, ausgereiften Vorarbeiten mit entspr. rechtspolitischer Diskussion. Wegen des zu erwartenden AN-DSG sollten keine Umwälzungen stattfinden. Die Möglichkeit der Einwilligung gem. § 4a bleibt weiter bestehen (dazu *Riesenhuber* RdA 2011, 257).

2 **2. Anwendungsbereich. a) Sachlich.** § 32 II umschreibt die Aufgreifkriterien der Vorschr. Danach reicht es für Anwendung des § 32 bereits aus, dass personenbezogene Daten (§ 27 Rn. 1) erhoben, verarbeitet oder genutzt werden, **ohne dass dies automatisiert erfolgt** (krit. zur Rechtfertigung *Franzen* RdA 2010, 257 ff.). Davon werden nahezu alle Tätigkeiten erfasst, die mit Inf. über den AN zusammenhängen, bspw. Anruf beim früheren AG, Befragung und Beobachtung durch den Vorgesetzten, Notizen über das Leistungsverhalten, handschriftl. Aufzeichnungen des AG und Datenerhebung durch rein tats. Handeln, wie etwa Taschen- und Torkontrollen, Befragung des AN oder eines früheren AG oder durch Beobachtungen des Wach- oder Sicherheitspersonals (ebenso BAG 20.6.2013 NZA 2014, 143 Rn. 24; *Deutsch/Diller* DB 2009, 1462; ähnl. GBegr. BT-Drs. 16/13657 S. 36). Dies geht zwar über die Anforderungen des Art. 3 I der RL 95/46/EG hinaus, jedoch ist der Gesetzgeber diesbzgl. frei. Das Personalaktenrecht für Beamte ist bereichsspezifisch in §§ 106 ff. BBG geregelt (*Gola/Schomerus* Rn. 6).

3 Das **Konkurrenzverhältnis zu § 28** ist nicht eindeutig geklärt (dazu *Franzen* RdA 2010, 260 ff.). Nach hier vertretener Auff. verdrängt § 32 in seinem Anwendungsbereich umfassend die Regelung des § 28 I 1 (s. § 28 Rn. 2, 4; ebenso Begr. des Innenausschusses BT-Drs. 16/13657 S. 34, 35). Demggü. bleiben die übrigen Tatbestände des § 28, insb. § 28 VI, VII, VIII, IX, weiterhin anwendbar (BT-Drs. 16/13657 S. 35; zust. *Gola/Schomerus* Rn. 32). Diese Tatbestände stellen an die Erhebung, Verarbeitung und Nutzung personenbezogener ANDaten höhere Anforderungen als § 32 I. Ziel des Gesetzgebers war es jedoch, den bisherigen Schutz zu konkretisieren, die bisher von der Rspr. erarbeiteten Grds. zu kodifizieren und nicht den ANSchutz abzusenken (s. Rn. 1). Ein anderes Verständnis des Konkurrenzverhältnisses wäre bzgl. § 28 VI auch im Hinblick auf Art. 8 I RL 95/46/EG nicht europarechtskonform, da die nationalen Gesetzgeber durch diesen verpflichtet werden, die in § 3 IX geregelten sensitiven Daten bes. zu schützen (*Thüsing* NZA 2009, 86).

4 § 32 ist damit anwendbar, wenn der AG personenbezogene Daten des AN erhebt, speichert bzw. nutzt für **Zwecke des BeschVerh.** Nicht vollständig geklärt ist, was hierunter zu verstehen ist. Nach einer sehr engen Auff. erschöpfen sich die Zwecke des BeschVerh. in der Erfüllung der beiderseitigen Hauptleistungspflichten des Arbeitsvertrags (*Joussen* NZA 2010, 254, 258; *ders.* NZA 2011, Beil. 1, S. 35, 40 f.; wohl auch *Bissels/Meyer-Michaelis/Schiller* DB 2016, 3042 für „Big Data"-Analysen im Personalbereich). Dem steht ein sehr weites Verständnis ggü., welches alle Datenerhebungen und -verarbeitungen einbeziehen möchte, die mit dem BeschVerh. in Zusammenhang stehen (*Schmidt* DuD 2010, 207, 209; *Wybitul*, HdB Datenschutz im Unternehmen, 2011, Anh. 3, S. 428). Einen Mittelweg beschreiten wohl *Gola/Jaspers* (RDV 2009, 212, 214; iE ebenso *Zikesch/Reimer* DuD 2010, 96, 98): Danach soll ein Rückgriff auf § 28 I I Nr. 2 dann zulässig sein, wenn die beabsichtigte Datenerhebung oder -verarbeitung der Erfüllung weiterer vom BeschVerh. unabhängiger Pflichten dient. Dieser Auff. ist der Vorzug zu geben: Dient der Datenumgang durch den AG der Erfüllung von Pflichten, die unabhängig vom BeschVerh. bestehen, erscheint es nicht gerechtfertigt, diesen an den strengeren Vorgaben des § 32 zu messen, auch wenn hierdurch mittelbar ANDaten betroffen sind.

5 **b) Persönlich (BeschVerh).** Das BDSG geht nunmehr, genau wie das GenDG, nicht mehr vom ANBegriff aus, sondern verwendet als Oberbegriff den des Beschäftigten (§ 3 XI). LeihAN werden beim Entleiher weiterhin von § 28 erfasst (*Gola/Schomerus* Rn. 5; offengelassen von BAG 9.7.2013 NZA 2013, 1433 Rn. 31; umfassend *Forst* RDV 2014, 128, 129 ff.).

3. Verhältnismäßigkeit. a) Erforderlichkeit. § 32 I sieht für alle zeitl. Etappen eines BeschVerh. vor, dass die Erhebung und Nutzung der Daten erforderl. sein muss. § 28 I Nr. 1 aF ließ nach seinem Wortlaut ausreichen, wenn der Datenumgang den entspr. Zwecken dient. Richtigerweise gingen Rspr. und Lit. jedoch bereits bei § 28 davon aus, dass die Erhebung, Verarbeitung oder Nutzung für die Erfüllung ges., kollektivvertragl. oder einzelarbeitsvertragl. Pflichten oder zur Wahrnehmung von Rechten aus dem Vertragsverhältnis geeignet und erforderl. sein muss (BAG 22.10.1986 AP BDSG § 23 Nr. 2; *Gola/Schomerus* Rn. 10, 12; *Thüsing* NZA 2009, 868). Die Änd. des Wortlauts von „dienen" zu „erforderl." stellt mithin keine Änd. der Rechtslage dar, sondern ledigl. eine Bestätigung der bisherigen Auslegung (Rn. 1; gute Übersicht zur Erforderlichkeit bei *Wybitul* BB 2010, 1085 ff.). Der Terminus der **Erforderlichkeit** darf dabei nicht zu eng verstanden werden. Das BAG ließ zur früheren Rechtslage unter Hinweis auf die Wirtschaftlichkeit des EDV-Einsatzes bereits die generelle Möglichkeit genügen, dass die Daten im Verlauf des ArbVerh. erforderl. werden können (BAG 22.10.1986 AP BDSG § 23 Nr. 2). Der AG soll die Daten vernünftigerweise benötigen (*Gola/Schomerus* Rn. 11). 6

b) Verhältnismäßigkeit im engeren Sinn. Bei der Auslegung des § 28 I wurde bereits in allen Nummern das Erfordernis der Verhältnismäßigkeit berücksichtigt, obwohl es nicht in allen drei Nummern des § 28 I normiert war (§ 28 Rn. 5). Hieran sollte sich auch in § 32 I nichts ändern (s. auch § 32 I, VII RegE). Bei der Verhältnismäßigkeitsprüfung kommt nach der Entsch. des BVerfG v. 27.2.2008 NJW 2008, 822 dem neuen „Grundrecht auf Gewährleistung der Vertraulichkeit und Integrität informationstechnischer Systeme" bes. Bedeutung zu; zu den Prüfungsstufen *Wybitul* BB 2010, 1086 ff.; BAG 20.6.2013 NZA 2014, 143 Rn. 28; *Brink/Wybitul* ZD 2014, 225. 7

4. Begründung des Arbeitsverhältnisses. a) Datenerhebung. Die Datenerhebung im Stadium der Begr. des ArbVerh. muss zur Erfüllung ges., kollektivvertragl. oder einzelarbeitsvertragl. Pflichten oder zur Wahrnehmung von Rechten aus dem Vertragsverhältnis geeignet und erforderl. sein (BAG 22.10.1986 AP BDSG § 23 Nr. 2; *Gola/Schomerus* § 28 Rn. 14 f.). Auf der zweiten Stufe findet eine Interessenabwägung nach Maßgabe des **Verhältnismäßigkeitsprinzips** statt, wobei nach der Entsch. des BVerfG v. 27.2.2008 (NJW 2008, 822) dem neuen „Grundrecht auf Gewährleistung der Vertraulichkeit und Integrität informationstechnischer Systeme" (§ 1 Rn. 1) bes. Bedeutung zukommt. Die früher unter dem Aspekt der **Rechtmäßigkeit** (§ 28 I 1 aF) geprüften allg. arbeitsrechtl. Grds., wie zB diejenigen zum Fragerecht, lassen sich nun in den auch für die Erhebung anzuwendenden § 32 I berücksichtigen. Überschreitet der AG die Grenzen des Fragerechts, hat der AN nicht nur ein „Recht zu lügen"; die so gewonnenen Daten dürfen auch nicht weiter verwertet werden (BAG 11.3.1986 AP BetrVG 1972 § 87 Überwachung Nr. 14). Der Verstoß gegen ein Diskriminierungsverbot kann die Unzulässigkeit der Datenerhebung zur Folge haben. Beschränkungen der Zulässigkeit ergeben sich ferner aus dem Grds. der Verhältnismäßigkeit: Das Informationsinteresse des AG muss ggü. dem Recht des AN auf informationelle Selbstbestimmung überwiegen, um dessen Einschränkung zu rechtfertigen. Lässt sich kein unmittelbarer Bezug der Daten zum konkreten (bestehenden oder künftigen) ArbVerh. herstellen, ist die Datenerhebung von vorneherein unzulässig (MüArbR/*Reichold* § 88 Rn. 28). 8

b) Beispiele (un)zulässiger Datenerhebung im Anbahnungsverhältnis. Gem. § 28 I 2 aF mussten die Daten nach Treu und Glauben rechtmäßig erhoben werden. Die hierzu ergangene Rspr. ist nun in § 32 I einzuordnen. Nur in diesen Fällen wird dem präventiven Verbot mit Erlaubnisvorbehalt Genüge getan. Wegen eines übermäßigen **Eingriffs in die Persönlichkeitssphäre** des AN werden allg. Intelligenztests, die Erstellung von Persönlichkeitsprofilen, Stressinterviews sowie Genomanalysen generell für unzulässig gehalten (zum GenDG s. 310). Psychologische Tests müssen sich von vornherein auf solche Eigenschaften beschränken, die für die in Aussicht genommene Tätigkeit von Bedeutung sind (näher *Bausewein* DuD 2016, 139; *Franzen* NZA 2013, 1; *Kort* NZA 2016, Beil. 2, 62; *Wietfeld* ZfA 2016, 215). Zur Einholung graphologischer Gutachten bedarf es einer ausdr. Einwilligung des Betroffenen (BAG 16.9.1982 AP BGB § 123 Nr. 24). Im Zusammenhang mit Personalfragebögen ist das MBR aus § 94 I BetrVG zu beachten, und zwar auch dann, wenn der AG dem Bewerber Fragen aus einer formularmäßigen Zusammenstellung über pers. Verhältnisse nacheinander mdl. stellt und die Antworten selbst vermerkt (BAG 21.9.1993 AP BetrVG 1972 § 94 Nr. 4). 9

Wegen des in Art. 9 III GG und in § 75 I BetrVG enthaltenen Benachteiligungsverbots ist es dem AG jdf. vor Abschluss des Arbeitsvertrags untersagt, nach der **Gewerkschaftszugehörigkeit** des Bewerbers zu fragen (vgl. auch § 28 VI). Sofern die Gewerkschaftszugehörigkeit zwecks Erfüllung tarifvertragl. Pflichten für den AG von Bedeutung ist, genügt es, wenn die Datenerhebung nach der vertragl. Einigung erfolgt. Die Frage nach der **Schwangerschaft** darf seit der einschlägigen Entsch. des EuGH (8.11.1990 AP EWG-Vertrag Art. 119 Nr. 23) nun auch nach Ansicht des BAG (15.10.1992 AP BGB § 611a Nr. 8) unabhängig vom Geschlecht der übrigen Bewerber nicht mehr gestellt werden. Die Ausnahme für den Fall, dass Mutter und Kind auf dem vorgesehenen Arbeitsplatz obj. gefährdet wären (BAG 1.7.1993 AP BGB § 123 Nr. 36), konnte bereits nach EuGH 3.2.2000 NZA 2000, 255 für unbefristete Stellen nicht mehr aufrechterhalten worden. Eine Ausnahme soll nach der – abzulehnenden – Ansicht des EuGH (4.10.2001 EAS RL 76/207/EWG Art. 5 Nr. 16; 4.10.2001 EAS RL 92/85/EWG Art. 10 Nr. 1) auch nicht bei befristeten ArbVerh. gelten, selbst wenn die Schwangere während eines wesentl. Teils der Vertragsdauer nicht arbeiten kann (LAG K 11.10.2012 NZA-RR 2013, 232). 10

Dem ist entgegenzuhalten, dass der Diskriminierungsschutz bei einer Zweckverfehlung nicht eingreifen kann, was auch § 8 I AGG nahelegt (s. *Wank* FS *Richardi* 2007 S. 441 ff.; zusf. zum Fragerecht des AG *Gaul*, Aktuelles ArbR 2/2001 S. 377 ff. sowie EuGH 27.2.2003 DVBl. 2003, 792; BAG 6.2.2003 NZA 2003, 848 f.; *Thüsing/Lambrich* BB 2002, 1146).

11 **Politische oder religiöse Aktivitäten** des Bewerbers fallen grds. in seinen priv. Bereich; Ausnahmen gelten für Tendenzunternehmen (vgl. § 28 IX). Die Überschuldung des Bewerbers erlangt höchstens Bedeutung, wenn sie über das übl. Maß einer Kreditaufnahme (zB Bau eines Hauses) hinausgeht. **Vorstrafen** sind vom Bewerber auf Anfrage nur anzugeben, wenn sie in unmittelbarem Bezug zu dem ArbVerh. stehen und der Verurteilte sich nicht gem. § 53 BZRG als unbestraft bezeichnen darf (BAG 6.9.2012 NJW 2013, 1115; 20.3.2014 NZA 2014, 1131). Dagegen ist die unspezifizierte Frage nach eingestellten Ermittlungsverf. regelm. nicht erforderl., weil an derartigen Informationsbeschaffungen im allg. kein berechtigtes Interesse des AG besteht (BAG 15.11.2012 NZA 2013, 429 zu § 29 DSG-NW). Zum Vorlageverlangen eines **polizeil. Führungszeugnisses** *Husemann* AuR 2012, 471; *Joussen* NZA 2012, 776; zum erweiterten Führungszeugnis nach § 30a BZRG LAG HM 4.7.2014 ZD 2015, 37).

12 Berechtigt ist das Interesse des AG an Inf. über die engere familiäre Situation des Bewerbers und den **berufl. Werdegang** des Bewerbers. Er darf sich nach Nebentätigkeiten oder noch bestehenden BeschVerh. erkundigen (vgl. §§ 7 SGB V, 5 II SGB VI bei geringfügig Beschäftigten). Das bisherige Einkommen des Bewerbers ist für den AG nur von Bedeutung, wenn das Gehalt erkennbar zum Verhandlungsgegenstand gemacht wird oder auf die Qualifikation des Bewerbers hinweist (BAG 19.5.1983 AP BGB § 123 Nr. 25).

13 Fragen nach dem **Gesundheitszustand** sind nur insoweit zulässig, als gezielt Beeinträchtigungen der Verwendung auf dem vorgesehenen Arbeitsplatz ermittelt werden sollen (zB Ansteckungsgefahr für Kollegen und Kunden, AU zum vorgesehenen Dienstantritt oder in absehbarer Zeit danach). Dabei ist stets der strengere Maßstab des § 28 VI zu beachten. So wird man ein berechtigtes Interesse an einer Kenntnis über den Ausbruch von AIDS bejahen, hingegen bei reiner HIV-Infektion ablehnen können. Eine Einwilligung in eine allg. Einstellungsuntersuchung umfasst einen HIV-Test nicht (*Gola/Wronka* Rn. 545 ff., 551). Unterzieht sich der Bewerber/AN einer betriebsärztl. Eignungsuntersuchung, so unterliegen die Untersuchungsergebnisse wie auch die Befunddaten der ärztl. Schweigepflicht gem. § 203 StGB, § 8 I ASiG. Geht es um eine vom AN gewünschte Überprüfung der gesundheitl. Eignung, lässt sich eine konkludent erteilte Einwilligung des Betroffenen zur Weitergabe der erhobenen Gesundheitsdaten an den AG regelm. nur auf die Bekanntgabe des Ergebnisses beziehen (*Däubler* CR 1994, 101, 104; *Gola/Wronka* Rn. 524 f.; vgl. *Gola* NJW 1995, 3287 mwN). Erg. von arbeitsmedizinischen Vorsorgeuntersuchungen darf der Arzt nach § 6 IV 3 ArbMedVV auch dann nur mit Einwilligung des AN an den AG weiterleiten, wenn der Arzt aufgrund dieser Erg. einen Tätigkeitswechsel des AN für erforderl. hält (vgl. *Beckschulze* BB 2014, 103, 1019; *Behrens* NZA 2014, 401; *Kleinebrink* DB 2014, 776).

14 Weitere Einschränkungen des Fragerechts ergeben sich aus dem **AGG.** Nach § 7 AGG dürfen Beschäftigte (§ 6 AGG) nicht wegen eines in § 1 AGG genannten Grundes bei der Einstellung (§ 2 I Nr. 1 AGG) benachteiligt werden. Wegen § 81 II SGB IX hält die heute ganz hM die Frage nach der Eigenschaft als Schwerbehinderter entgegen früherer Rspr. (BAG 1.8.1985 AP BGB § 123 Nr. 30; 3.12.1998 AP BGB § 123 Nr. 49) grds. für unzulässig (ausf. *Husemann* RdA 2014, 16, 17 f.). .

15 Der AG darf Bewerberdaten, die im **Internet** veröffentlicht sind, dann erheben, wenn dies unter Anwendung allg. zugängl. Suchmaschinen mögl. ist. Dies entspricht der Wertung des § 28 VI Nr. 2, wonach selbst bes. geschützte Daten, die der Betroffene offenkundig öffentl. gemacht hat, erhoben werden können. Außerdem verwirklicht sich insoweit die allg. Informationsfreiheit (Art. 5 I 1 GG). Anders zu bewerten sind demggü. im Internet veröffentlichte Daten, welche nur einem abgrenzbaren Adressatenkreis zugängl. gemacht wurden. Solche Daten darf der AG nicht erheben, selbst wenn dies technisch mögl. sein sollte (näher zum Problem *Forst* NZA 2010, 427 ff.; dazu insb. bei sozialen Netzwerken *Bissels/Lützeler/Wisskirchen* BB 2010, 2433 ff.; *Oberwetter* NJW 2011, 417 ff.; *Dzida* NZA 2017, 541, 544 ff.). Die Erhebung nicht öffentl. Daten, die über Auskunfteien oder Dritte bezogen werden können, ist nur in sehr engem Rahmen zulässig (dazu *Weichert* AuR 2010, 100 ff.).

16 c) **Bewerberdaten.** Die Speicherung von Daten kann insb. bei Bewerbern unzulässig werden. Bewerberdaten dürfen nur bis zum Entscheidungszeitpunkt verwendet werden. Von dann an sind sie zu sperren, bis Sicherheit darüber besteht, dass keine Rechtsstreitigkeiten (zB bzgl. § 15 AGG) zu erwarten sind. Das Bayerische Landesamt für Datenschutzaufsicht hält insoweit einen Zeitraum von sechs Monaten nach Zugang der Absage für ausreichend (RDV 2013, 141 f.). Danach sind die Daten zu vernichten oder zu löschen oder dem Bewerber zurückzugeben (ausf. *Greßlin* BB 2015, 117 ff.).

17 **5. Durchführung des Arbeitsverhältnisses.** Ergibt die arbeitsvertragl. Zweckbestimmung die Zulässigkeit der Erhebung oder Speicherung, so ist die Nutzung der Daten zur Durchführung des BeschVerh. gerechtfertigt. Sind Nutzungs- und Speicherungszweck nicht identisch, so ist das Interesse des AG an der Datennutzung mit der konkreten Zweckbestimmung und dem Anspruch der Beschäftigten auf Wahrung ihres Persönlichkeitsrechts erneut abzuwägen. Bestehen spezielle Zweckbindungsgebote,

wie in § 39b I 4 EStG oder in BV und DV, so ist die Nutzung von ANDaten nur iRd. festgelegten Nutzungsziele gestattet.

a) Leistungskontrolle. Zur Durchführung des ArbVerh. gehört ua. die Überwachung der **Leistung der AN.** Eine permanente Überwachung ist wegen des damit verbundenen unverhältnismäßigen Eingriffs in das Persönlichkeitsrecht unzulässig (zur Überwachung des AN beim konkreten, nicht anders aufklärbaren Verdacht einer Straftat BAG 26.3.1991 AP BetrVG 1972 § 87 Überwachung Nr. 21; 15.5.1991 AP BGB § 611 Persönlichkeitsrecht Nr. 23; zur Überwachung durch sog. „Keylogger" LAG HM 17.6.2016 BeckRS 2016, 72746; BAG 27.7.2017 – 2 AZR 681/16). Sind Betriebsräume aufgrund berechtigter Sicherheitsinteressen des Unternehmens mit einer Videoüberwachungstechnik ausgerüstet (zB Schalterräume von Banken und Warenhäusern), so dürfen die Aufnahmen nicht zur ANÜberwachung verwendet werden (zur Videoüberwachung *Müller,* Die Zulässigkeit der Videoüberwachung am Arbeitsplatz, 2008; *Grimm/Schiefer* RdA 2009, 329 ff.; *Pötters/Traut* RDV 2913, 132; LAG SH 29.8.2013 NZA-RR 2013, 577); sie sind innerhalb kürzester Zeit zu löschen (vgl. zur Überwachung öffentl. zugängl. Räume § 6b). Betriebsdaten dürfen erhoben werden, sofern der Personenbezug unverzügl. aufgeh. wird (*Däubler* CR 1994, 101, 108). Das Konsumverhalten des AN kann allenfalls Gegenstand einer „verbrauchsbezogenen" Datenerfassung zu Abrechnungszwecken sein (*Däubler* CR 1994, 101, 107). 18

Bei der Tätigkeit von AN in **Callcentern** fällt die grds. zulässige Leistungskontrolle mit der Kontrolle der Telefongespräche zusammen. Daher besteht hier einerseits ein bes. Interesse des AG zur Überwachung zB mittels Silent Monitoring oder Voice Recording, andererseits sind ebenso rechtl. geschützte Interessen des AN und seines Gesprächspartners bes. zu beachten. Höchstrichterl. Rspr. hierzu existiert bisher nicht. Der Kontrollmaßstab ist der allg., wobei hier häufig Einwilligungen in AGB vorliegen, deren Wirksamkeit aber fragl. ist (dazu *Grobys,* Die Überwachung von AN in Call Centern, 2007; *Jordan/Bissels/Löw* BB 2008, 2626 f.). Bei AN, deren Hauptaufgabe das Pflegen von Online-Datenbanken bildet, ist das Speichern des Bearbeiters und des letzten Änderungsdatums einer Datei zulässig, damit der AG die jeweilige Eintragung auf einen best. AN und Zpkt. zurückführen kann (LAG K 29.9.2014 – 2 Sa 181/14). 19

Eine Überwachung des **Aufenthaltsortes** eines AN mittels mobiler technischer Mittel (GPS oder RFID) zur Leistungskontrolle kann in bes. Fällen, zB bei dem Rundgang von Wachpersonal oder bei begr. Missbrauchsverdacht, zulässig sein (*Göpfert* DB 2016, 1015; **aA** *Beckschulze* DB 2009, 2099 während der Dienstzeiten bei Handy-Ortung des Diensthandys; s. a. *Weichert* NZA 2017, 565). Unzulässig ist es jedoch regelm., GPS-Empfänger an privaten Kfz anzubringen, um den Aufenthaltsort der Betroffenen zu ermitteln und Bewegungsprofile zu erstellen (BGH 4.6.2013 NJW 2013, 2530 Rn. 93). Die Speicherung **eigener Erkenntnisse** des AG ist zulässig, soweit die Angaben für die Personalplanung und den sachgemäßen Einsatz der Mitarbeiter erforderl. sind (*Gola/Wronka* Rn. 692). 20

b) Mitbestimmung. Die Speicherung arbeitnehmerbezogener Daten ist ferner unzulässig, wenn der AG MBR des BR oder PR aus § 87 I Nr. 6 BetrVG, § 75 III Nr. 17 BPersVG oder aus §§ 94, 95 BetrVG, §§ 75 III Nr. 9, 76 II Nr. 3 und 8 BPersVG übergeht. Das BAG hat va. das MBR nach § 87 I Nr. 6 BetrVG in zahlr. Entsch. interpretativ erweitert und auf praktisch alle Formen der automatisierten ANDatenverarbeitung erstreckt (näher BetrVG § 87 Rn. 48 ff.). 21

c) Hinweisgebersysteme („whistleblowing"). Die Einführung von Ethikhotlines (vgl. dazu *Tinnefeld/Rauhofer* DuD 2008, 717 ff.) und „Whistleblowingsystemen" ist datenschutzrechtl. komplex (umfassend *v. Zimmermann* RDV 2006, 242; *Auer* CB 2013, 1; *Forst* RDV 2013, 122). Werden im Rahmen eines solchen Systems nur Hinweise aufgenommen, welche einen Personenbezug nicht erkennen lassen, fehlt es bereits an der Erhebung personenbezogener Daten. Allerdings sind solche Systeme wenig wirksam und daher in Praxis nicht sehr verbreitet. Häufiger anzutreffen sind Einrichtungen, bei denen der Hinweisgeber anonym bleiben kann, die Hinweise aber Bezug zu bestimmten Personen aufweisen. In diesen Fällen ist der Anwendungsbereich des Datenschutzrechts grds. eröffnet. Regelm. dient ein solches Hinweisgebersystem dazu, Straftaten oder schwerwiegende Pflichtverletzungen im ArbVerh. aufzudecken. Rechtfertigungsmaßstab ist dann § 32 I 2 (*Gola/Schomerus* § 32 Rn. 16); es müssen tats. zu dokumentierende Anhaltspunkte vorliegen, welche einen konkreten Verdacht gegen den Beschäftigten begründen (Rn. 30 ff.). Ferner muss das Hinweisgebersystem so ausgestaltet sein, dass es berechtigte Interessen des von einer Meldung betroffenen AN schützt, etwa vor „Verleumdung"; anderenfalls wäre das konkrete Hinweisgebersystem und die damit verbundene Datenerhebung unverhältnismäßig. Ferner stehen Hinweisgebersysteme stets in Spannung mit dem Grds. der Direkterhebung nach § 4 II 1, der allerdings nach § 4 II 2 Ausnahmen kennt, sowie mit dem Erfordernis, dass der Betroffene nach § 33 zu benachrichtigen ist; als Ausnahme kommt hier § 33 II Nr. 3 bzw. Nr. 7b in Betracht (§ 33 Rn. 1 f.). Sollte ein externes Unternehmen mit der Ethikhotline betraut werden, ohne dass die Aufgabe gem. § 11 übertragen wird, so findet zudem der strengere § 29 (geschäftsmäßige Datenerhebung) Anwendung (*Barthel/Huppertz* AuA 2006, 179; *Wisskirchen/Körber/Bissels* BB 2006, 1570). 22

d) Beispiele (un)zulässiger Datenerhebung, -speicherung und -übermittlung im Rahmen des bestehenden Arbeitsverhältnisses. Bzgl. einer automatisierten Speicherung von Stammdaten hat das 23

BAG entschieden, dass jdf. die Speicherung von Angaben über Geschlecht, Familienstand, Schule, Ausbildung in Lehr- und anderen Berufen, Fachschulausbildung, Fachrichtung, Abschluss oder Sprachkenntnisse unter Beachtung der iRd. Zweckbestimmung vorzunehmenden Interessenabwägung und des Verhältnismäßigkeitsgrds. zulässig ist (BAG 22.10.1986 AP BDSG § 23 Nr. 2).

24 **Krankheits- und Fehlzeitendaten** sind nicht nur zum Zwecke der Lohn- und Gehaltsabrechnung speicherbar. Der AG hat auch ein berechtigtes Interesse daran festzustellen, inwiefern das arbeitsvertragl. Austauschverhältnis durch Krankheits- und Fehlzeiten gestört ist. Werden solche Daten in einem Personalinformationssystem erarbeitet, besteht ein MBR des BR gem. § 87 I Nr. 6 BetrVG (BAG 11.3.1986 AP BetrVG 1972 § 87 Überwachung Nr. 14; *Wellhöner/Byers* BB 2009, 2314). Krankenrückkehrgespräche sind zulässig, aber strengen Grenzen unterworfen (vgl. *Iraschko-Luscher/Kiekenbeck* NZA 2009, 1242). Ferner kann es erforderl. sein, best. Krankheiten eines AN zu dokumentieren, wenn dies betriebl. Auswirkungen mit sich bringen kann. Dies darf allerdings nicht unmittelbar in der Personalakte geschehen, sondern nur in einem verschlossenen Umschlag, damit er nicht ohne weiteres einsehbar ist (BAG 12.9.2006 AP BGB § 611 Personalakte Nr. 1). Der AG darf die **Schwerbehinderteneigenschaft** und die Gleichstellung eines AN im bestehenden ArbVerh. insb. zur Vorbereitung beabsichtigter Kündigungen erfragen, sofern das ArbVerh. sechs Monate bestanden hat und der AN daher grds. Kündigungsschutz nach §§ 85 ff. SGB IX genießt (BAG 16.2.2012 NZA 2012, 555; umfassend *Husemann* RdA 2014, 16, 19 ff.).

25 Der AG ist grds. zur Erfassung von **Telefondaten** berechtigt (BAG 27.5.1986 AP BetrVG 1972 § 87 Überwachung Nr. 15; 13.1.1987 AP BDSG § 23 Nr. 3; 1.8.1990 AP ZA-Nato-Truppenstatut Art 56 Nr. 20; BVerwG 16.6.1989 AP BPersVG § 8 Nr. 3; 28.7.1989 AP LPVG Nds. § 75 Nr. 3; vgl. *Däubler* CR 1992, 754; *Gola/Wronka* Rn. 753 ff.). Die automatische Erfassung äußerer Gesprächsdaten, wie Tag, Uhrzeit, Beginn und Ende des Gesprächs oder Anzahl der vertelefonierten Einheiten, rechtfertigt sich bei Dienstgesprächen bereits aus dem legitimen Interesse des AG, die Kosten im Hinblick auf einen wirtschaftl. Einsatz des Telefons zu kontrollieren und Missbrauch, zB durch Führen unerlaubter Privatgespräche als angebl. Dienstgespräche, zu vermeiden. Dies gilt grds. auch für die Registrierung von Telefondaten der Mitarbeitervertretung (BVerwG 28.7.1989 NJW 1990, 529; BAG 1.8.1990 AP ZA-Nato-Truppenstatut Art. 56 Nr. 20). Allerdings lässt sich ein Registrieren eingehender Anrufe beim BR so nicht rechtfertigen. Umstr. und von der Rspr. noch nicht eindeutig geklärt ist die Frage, ob die Speicherung der Zielnummer des externen Gesprächspartners datenschutzrechtl. zulässig ist (abl. im Hinblick auf die Schweigepflicht eines Psychologen BAG 13.1.1987 AP BDSG § 23 Nr. 3). Es empfiehlt sich deshalb, nur die Vorwahl und einen Teil der Rufnummer zu speichern. Die Erfassung äußerer Gesprächsdaten ist auch bei Privatgesprächen des AN zulässig, egal ob sie aus dienstl. Anlass geführt werden oder weil der AG das Telefonieren gegen Kostenerstattung gestattet. Die Speicherung zu Abrechnungszwecken ist bis zum Ende des jeweiligen Berechnungszeitraums gerechtfertigt. Zugriffe auf den Gesprächsinhalt, zB durch nicht vorher mitgeteiltes Mithören oder das Aufzeichnen von Gesprächen, verletzen sowohl bei Dienst- als auch bei Privatgesprächen das sich aus dem Persönlichkeitsrecht des AN ergebende „Recht am eigenen Wort" (BVerfG 19.12.1991 NJW 1992, 815; *Däubler* CR 1992, 754, 756; diff. *Wellhöner/Byers* BB 2009, 2312 f.).

26 Die für Telefongespräche entwickelten Grds. lassen sich auf andere Kommunikationsmittel, zB **E-Mails,** übertragen (*Balke/Müller* DB 1997, 326 ff.; *Müller* RDV 1998, 205; *Roggler/Hellich* NZA 1997, 862 ff.). Dienstl. Emails dürfen grds. eingesehen werden (*Gola/Wronka* Rn. 787; *Fülbier/Splittgerber* NJW 2013, 1995; *Schrader/Mahler* NZA-RR 2016, 57, 62; *Wellhöner/Byers* BB 2009, 2311; *Sassenberg/Mantz* BB 2013, 889, 890; **aA** *Däubler,* Gläserne Belegschaften? Rn. 351). Erlaubt der AG seinen Mitarbeitern die **private Nutzung** betriebl. Kommunikationsmittel, etwa Telefon oder Internet, so ist er nach wohl noch hM als Anbieter einer Telekommunikationsdienstleistung dem Fernmeldegeheimnis des § 88 TKG unterworfen (*Brink* RDV 2015, 171; *ders.* ZD 2015, 295, 296; *Heidrich/Wegener/Scheuch* RDV 2016, 246; **aA** *Schimmelpfennig/Wenning* DB 2006, 2290; *Schuster* CR 2014, 21; *Walther/Zimmer* BB 2013, 293; LAG BB 16.2.2011 NZA-RR 2011, 342; LAG B 14.1.2016 BB 2016, 891). In diesem Fall wird § 32 wegen der Subsidiaritätsregel des § 1 III durch § 88 TKG in seinem Anwendungsbereich verdrängt (§ 1 Rn. 13). Das Fernmeldegeheimnis bezieht sich nach hM nur auf den Übertragungsvorgang als solchen und endet mit dem Abschluss der Übermittlung (VGH HE 19.5.2009 NJW 2009, 2470, 2473; zust. *Beckschulze* DB 2009, 2098; *Behling* BB 2010, 893 f.; *Sassenberg/Mantz* BB 2013, 889, 890; weiter aber wohl BVerfG 16.6.2009 NJW 2009, 2431; *Brink* RDV 2015, 171, 174 f.). Zur Problematik s. auch die „Orientierungshilfe der Datenschutzaufsichtsbehörden zur datenschutzgerechten Nutzung von E-Mail und anderen Internetdiensten am Arbeitsplatz".

27 Die Eignung, Befähigung und fachl. Leistung des AN kann vom AG bewertet werden, die **Beurteilung** kann in der Personalakte festgehalten werden. Die Datenspeicherung ist zulässig, soweit die Angaben für die Personalplanung, den sachgemäßen Einsatz der Mitarbeiter und den berufl. Werdegang Bedeutung haben, und zwar auch im Hinblick auf evtl. zukünftige Tätigkeiten und im Vergleich der Leistungen einzelner AN untereinander (BAG 21.2.1979 AP BPersVG § 75 Nr. 3). Der AG muss aber dafür Sorge tragen, dass die Personalakte des AN ein richtiges Bild des AN in dienstl. und pers. Beziehungen vermittelt und dass keine leistungsfremden Angaben mit in die Beurteilung einfließen (so bereits BAG 25.2.1959 AP BGB § 611 Fürsorgepflicht Nr. 6; 21.2.1979 AP BPersVG § 75 Nr. 3; zur

bes. Problematik der automatischen Speicherung von Beurteilungsdaten vgl. *Gola/Wronka* Rn. 691 ff.). Eine vom AG erteilte **Abmahnung** dient sowohl der Beseitigung einer durch das missbilligte Verhalten des Beschäftigten eingetretenen Störung als auch der Dokumentation von vertragl. Pflichtverletzung und uU der Vorbereitung einer verhaltensbedingten Kündigung. Sofern sie auf zutr. Tatsachen beruht und einen obj. Verstoß gegen arbeitsvertragl. Pflichten missbilligt, darf sie schriftl. fixiert und in der Personalakte des AN niedergelegt werden. Die Klagemöglichkeit des AN gegen die Speicherung der Abmahnung entfällt nicht deshalb, weil der AN die Berechtigung der Abmahnung auch in einem nachf. Kündigungsschutzprozess nachprüfen lassen kann (BAG 5.8.1992 AP BGB § 611 Abmahnung Nr. 8). Der AN kann die Entfernung einer rechtl. zulässigen Abmahnung aus der Personalakte allerdings nur verlangen, wenn diese unter keinem rechtl. Gesichtspunkt mehr Bedeutung für das ArbVerh. haben kann (BAG 19.7.2012 NZA 2013, 91).

Zulässig **iRd. arbeitsvertragl. Zweckbestimmung** ist die Datenweitergabe an die kontoführende 28
Bank zum Zwecke der unbaren Gehaltszahlung oder an eine zugunsten des AN abgeschlossene Vers. oder die Datenübermittlung zum Zwecke der gerichtl. Verfolgung arbeitsvertragl. Ansprüche. Nach § 1 III 1 Hs. 2 KSchG ist der AG vorprozessual verpflichtet, einem gekündigten AN auf Verlangen die „Sozialdaten" aller aus Sicht des klagenden AN vergleichbaren Mitarbeiter bekanntzugeben, um diesem zu ermöglichen, die soziale Berechtigung der Kündigung zu überprüfen (zur Problematik der Beweislast s. BAG 24.3.1983 AP KSchG 1969 § 1 Betriebsbedingte Kündigung Nr. 12; **aA** LAG M 23.9.1982 DB 1982, 2302). Eine Weitergabe von ANDaten bzgl. der Überschreitung der zulässigen Höchststundenzahl iSd. ArbZG durch den BR an eine Aufsichtsbehörde ist nicht generell zulässig, sondern bedarf der Prüfung im Einzelfall (BAG 3.6.2003 AP BetrVG 1972 § 89 Nr. 1). Innerhalb eines LeihArbVerh. darf der Verleiher den Entleiher über den Verliehenen informieren. Die Weitergabe von ANDaten an Gewerkschaften ist den Mitarbeitervertretungen nur mit Einwilligung des betroffenen AN gestattet (*Gola/Wronka* Rn. 1034; vgl. § 5).

Das **Einstellen von ANDaten ins Internet** kann zulässig sein, wenn dies für das konkrete ArbVerh. 28a
erforderl. ist, etwa wenn der betreffende AN aufgrund seiner Arbeitsaufgabe Außenkontakte – bspw. zu Kunden und sonstigen Dritten – wahrnehmen muss. Allerdings müssen die Angaben auf das unbedingt Notwendige beschränkt werden und dürfen sich nicht auf rein private Verhältnisse wie die Adresse und private Telefonnr. beziehen. Das Einstellen eines Fotos des AN bedarf in jedem Fall dessen ausdr. Einwilligung (LAG RP 30.11.2012 DB 2013, 1239; *Däubler* DuD 2013, 759 f.); ein einmal erklärtes Einverständnis des AN hiermit erlischt nicht ohne weiteres nach Beendigung des ArbVerh. (BAG 11.12.2014 NJW 2015, 2140). Eine grenzüberschreitende Übermittlung von ANDaten liegt darin nach Auff. des EuGH (6.11.2003 JZ 2004, 242 ff. für die RL 95/46/EG) bei der Übermittelung in Drittstaaten nicht (**aA** *Däubler* DuD 2013, 759; *Gola/Wronka* Rn. 974, 1148 ff.). Die Ausstellung eines Zeugnisses (§ 630 BGB, § 109 GewO, § 16 BBiG, § 61 BAT, § 35 TVöD) kann sich als Übermittlung darstellen und muss zusätzl. den Grds. für die Abfassung von Zeugnissen entsprechen. Die Lage und Dauer einer EZ darf im Zeugnis nur ausgewiesen werden, wenn ansonsten beim künftigen AG der falsche Eindruck entstünde, die Beurteilung beruhe auf einer hinreichend langen AZ (BAG 10.5.2005 AP BGB § 630 Nr. 30). Im Rahmen von Disziplinarverf. können Daten ggf. übermittelt werden, da das öffentl. Interesse an der Aufrechterhaltung der Vertrauenswürdigkeit der Beamtenschaft ein berechtigtes Interesse iSd. § 28 II 2 a darstellt (OVG RP 12.1.2007 NVwZ-RR 2007, 318). Den Abgleich personenbezogener ANDaten mit den in den Terrorismuslisten der entspr. EU-VO Nr. 2580/2001 und Nr. 881/2002 enthaltenen Namen hält der BFH (19.6.2012 E 237, 562 Rn. 12 f.) in sicherheitsrelevanten Bereichen für zulässig (dazu *Byers/Fetsch* NZA 2015, 1364; *Behling* NZA 2015, 1359; *Elking* AuA 2016, 604). Zur Übermittlung elektronischer Entgeltabrechnungen an AN *Kremer/ Schmidt* CR 2014, 228.

6. Beendigung. Zum Zweck der Beendigung des BeschVerh. können alle Daten gespeichert und 29
genutzt werden, die für die einseitige oder einvernehml. Beendigung des Vertrags erforderl. sind. Ferner dürfen auch alle Inf., die zur Abwicklung des beendeten BeschVerh. erforderl. sind, gespeichert und genutzt werden. Ob aber Daten ausgeschiedener AN (weiter) nach § 32 I gespeichert oder genutzt werden dürfen, ist fragl. Dies sollte mögl. sein, soweit es um Rechte und Pflichten geht, die in dem ArbVerh. begr. worden sind. Systematisch lässt sich dies durch § 3 XI Nr. 7 stützen, der auch Personen erfasst, deren BeschVerh. beendet ist. So muss es mit Blick auf das Vorbeschäftigungsverbot des § 14 II 2 TzBfG zul. sein, Stammdaten ausgeschiedener Mitarbeiter 3 Jahre zu speichern (vgl. § 14 TzBfG Rn. 99).

7. Aufdeckung von Straftaten (Abs. 1 S. 2). a) Regelungszweck. Abs. 1 S. 2 ist § 100 TKG nach- 30
gebildet, so dass auf die Erkenntnisse zu dieser Norm zurückgegriffen werden kann (*Schmidt* DuD 2010, 211). Die Erhebung, Verarbeitung oder Nutzung zur Aufdeckung von Straftaten, die der Betroffene im BeschVerh. begangen hat, ist zulässig. Jedoch muss die Erhebung erforderl. sein, und das schutzwürdige Interesse des Beschäftigten an dem Ausschluss der Erhebung, Verarbeitung oder Nutzung darf nicht überwiegen. Zunächst ist auffällig, dass Ordnungswidrigkeiten nicht erfasst werden und dass die Taten im BeschVerh. begangen sein müssen. Hins. des BeschVerh. ist dieses iwS zu verstehen, dh. es ist ausreichend, wenn die Handlungen im Zusammenhang mit dem BeschVerh.

vorgenommen worden sind. Ein unmittelbarer Bezug zur Leistungshandlung ist nicht erforderl. Abs. 1 S. 2 dient **repressiven Zwecken**, also der Aufklärung entspr. Vorgänge und schließt präventive Maßnahmen zur Vermeidung von Straftaten und sonstigen Pflichtverletzungen nicht aus; diese lassen sich auf § 32 I 1 stützen. Daher können bspw. Torkontrollen zur Vermeidung von Straftaten weiterhin gemessen an § 32 I 1 zulässig sein (ebenso iE BAG 9.7.2013 NZA 2013, 1433; *Joussen* NZA 2010, 285, aber mit verfehltem Rückgriff auf § 28 I 1 Nr. 2).

31 **b) Voraussetzungen.** § 32 I 2 setzt voraus, dass der AG **Straftaten aufdecken** möchte. Ordnungswidrigkeiten und anderen Vertragsverletzungen auch schwerwiegenderer Art sind nicht erfasst. Es stellt sich insoweit die Frage, ob in diesen Fällen eine Datenerhebung unzulässig sein kann. Handelte es sich um ein ausgereiftes G, so müsste man konsequent in diesen Fällen von einem beredten Schweigen ausgehen und die Zulässigkeit von AGMaßnahmen ablehnen (so wohl LAG BW 20.7.2016 BeckRS 2016, 72889; **aA** die hM, vgl. nur *Kempter/Steinat* DB 2016, 2415; s. a. Rn. 1). Eine Rechtsfolgenbetrachtung macht jedoch deutl., dass dieses Erg. weder gewollt sein kann noch mit den kollidierenden Interessen des AG in Einklang steht. Es gibt weitere Fälle, in denen es um die Aufklärung von Straftaten gehen kann. In diese Richtung geht auch die GBegr. (BT-Drs. 16/13657 S. 36). Die Maßnahmen müssen verhältnismäßig sein, die Vorschr. orientiert sich ausdr. (BT-Drs. 16/13657 S. 36) an der Rspr. zur heiml. Überwachung (mit Hinweis auf BAG 27.3.2003 NZA 2003, 1193; 26.8.2008 NZA 2008, 1187). Daher ist S. 2 richtigerweise vom Tatbestand her auf diese oder vergleichbare Fälle von Kontrollmaßnahmen zu beschränken (vgl. BAG 20.6.2013 NZA 2014, 143; 12.2.2015 ZD 2016, 237 Rn. 75 f.). Die Anhörung des AN zu einer Verdachtskündigung unterfällt daher nicht dem Maßstab des § 32 I 2 BDSG (BAG 12.2.2015 ZD 2016, 237 Rn. 76).

32 Voraussetzung für eine Erhebung ist nach S. 2 darüber hinaus, dass tats. **Anhaltspunkte** existieren. Sie müssen dokumentiert werden und über vage Anhaltspunkte und bloße Mutmaßungen hinausreichen; ein „dringender" Tatverdacht ist aber nicht erforderl. (BAG 20.10.2016 NJW 2017, 1193 Rn. 25). Die Verwertung von „Zufallsfunden", die aufgrund solcher Maßnahmen generiert werden, unterliegt nach BAG (22.9.2016 NZA 2017, 112 Rn. 31 ff.) dem Maßstab des § 32 I 1. Allein das Vorliegen des konkreten Tatverdachts genügt jedoch nicht, um eine flächendeckende Überwachung – etwa durch sog. „Keylogger" (dazu LAG HM 17.6.2016 BeckRS 2016, 72746, Revision anhängig unter 2 AZR 681/16) durchzuführen. Bei einem konkreten Verdacht auf unzulässige private Internetnutzung während der AZ hat das LAG B (14.1.2016 BB 2016, 891) die Auswertung des Browserverlaufs ohne Zust. des betr. AN für zulässig gehalten (ähnl. Wertung bei EGMR 12.1.2016 – 61496/08 – Barbulescu – zu Art. 8 EMRK). Im Falle des Vortäuschens einer AU als überwachungsrechtfertigende Straftat verlangt das BAG anges. des hohen Beweiswerts einer ärztl. AUB, dass begr. Zweifel an der Richtigkeit dieser Bescheinigung bestehen (BAG 19.2.2015 NZA 2015, 994 Rn. 25). Nach dem letzten Hs. des Abs. 1 S. 2 ist eine Abwägung zwischen Aufklärungsinteresse und Persönlichkeitsbeeinträchtigung der Überwachten vorzunehmen. In diese Abwägung müssen die Dringlichkeit des Tatverdachts, die Zahl der (unschuldig) überwachten Beschäftigten sowie die Größe des Schadens gegen die Intensität der Überwachungsmaßnahme einbezogen werden. Dabei erhöht die Heimlichkeit einer Kontrolle ggü. einem identifizierten mutmaßl. Täter typischerweise das Gewicht der Freiheitsbeeinträchtigung, während dies die Anwesenheit des betr. AN, BR bzw. betriebl. DSB typischerweise senkt (BAG 20.6.2013 NZA 2014, 143 Rn. 31; LAG RP 25.11.2014 ZD 2015, 488).

33 **8. Datenverarbeitung, Datenschutz und Mitarbeitervertretung (BR, PR).** Die Mitarbeitervertretung ist **datenschutzrechtl. Teil der verantwortl. Stelle** (BAG 7.2.2012 NZA 2012, 744 Rn. 43; 14.1.2014 NZA 2014, 738 Rn. 28), also dem AG zugeordnet. Ihre betriebsverfassungsrechtl. oder personalvertretungsrechtl. Stellung wird durch das BDSG nicht berührt. Sofern sie selbst Daten erhebt, verwaltet oder vom AG übermittelt bekommt, kommt es wesentl. auf die bereichsspezifischen Regelungen des BetrVG oder der PersVG an. Soweit diese den Umgang mit Daten verbieten oder beschränken, ist die Verwendung datenschutzrechtl. unzulässig. Stehen sie nicht entgegen, ist die Zulässigkeit der jeweiligen Datenverarbeitungsphase unter Heranziehung des § 32 zu prüfen. Da die Mitarbeitervertretung in die arbeitsvertragl. Beziehung zwischen AG und AN unmittelbar eingebunden ist, entspricht die Datenverarbeitung dann der Zweckbestimmung des Arbeitsvertrages, wenn der Umgang mit ANDaten zur Erfüllung betriebsverfassungsrechtl. oder personalvertretungsrechtl. Aufgaben erforderl. ist (vgl. BAG 14.1.2015 NZA 2014, 738; *Wronka* RDV 2012, 277). So darf der AG bspw. nach zutr. Auff. des BAG die Namen der für ein BEM in Betracht kommenden AN dem BR mitteilen, weil dieser anderenfalls seiner Überwachungsaufgabe nach § 84 II 7 SGB IX, § 80 I BetrVG nicht nachkommen könnte (BAG 7.2.2012 NZA 2012, 744; zust. *Joussen* ZD 2013, 546). Andererseits steht dem BR ein dauerhafter Online-Zugriff auf elektronisch geführte Personalakten der AN mangels Erforderlichkeit nicht zu (*Kort* ZD 2015, 3 ff.; s. auch BVerwG 19.3.2014 RDV 2014, 212 für PR).

34 Das BetrVG sowie die PersVG enthalten zahlr. **datenschutzrelevante Mitwirkungs- und Mitbestimmungstatbestände**, über die die Mitarbeitervertretungen den betriebl. Datenschutz beeinflussen und mitgestalten können. In Betracht kommt va. die Mitbestimmung bei technischen Leistungs- und Verhaltenskontrollen durch automatisierte Personaldatenverarbeitung (§ 87 I Nr. 6 BetrVG; § 75 III Nr. 17 BPersVG), die Mitbestimmung bei formalisierter Personaldatenerhebung unter Verwendung

von Personalfragebögen (§ 94 I BetrVG; §§ 75 III Nr. 8 und 76 II Nr. 2 BPersVG) sowie bei der Anwendung von Beurteilungsgrds. und AuswahlRL (§ 94 II, 95 BetrVG; §§ 75 III Nr. 9 und 76 II Nr. 3, 8 BPersVG). Die Beachtung von Beteiligungsrechten durch den AG ist Wirksamkeits- und Rechtmäßigkeitsvoraussetzung der einzelnen Datenerhebungs- und Datenverarbeitungsmaßnahme. Übergeht der AG MBR des BR oder PR, können sowohl die Erhebung als auch alle weiteren Phasen der Datenverarbeitung ggü. dem einzelnen AN unzulässig sein. Die Unzulässigkeit der Datenverwendung löst eine Erhebungs- und Verarbeitungssperre sowie die dem betroffenen AN zustehenden Korrekturrechte aus (BAG 22.10.1986 AP BDSG § 23 Nr. 2; 12.1.1988 AP BPersVG § 75 Nr. 23; *Däubler* CR 1994, 101, 102; *Schierbaum* AiB 1998, 494, 498 ff.; umfassend MüArbR/*Matthes* § 248). Die genannten Mitwirkungsmöglichkeiten der ANVertretung bleiben nach Abs. 3 unberührt.

Nach der Rspr. des BAG unterliegt der **BR nicht der Kontrolle durch den betriebl. DSB** (BAG 35
11.11.1997 AP BDSG § 36 Nr. 1). Das BAG hat diese Auff. va. damit begr., dass der betriebl. DSB keine „neutrale Stellung“ innehabe, „verlängerter Arm“ des AG sei und deshalb wegen des betriebsverfassungsrechtl. Grds. der unabhängigen Amtsführung und Aufgabenerfüllung des BR diesen nicht kontrollieren dürfe (BAG 11.11.1997 AP BDSG § 36 Nr. 1). Die Grundannahmen dieser Entsch. treffen vor dem Hintergrund des im Jahre 2009 eingeführten Sonderkündigungsschutzes des internen DSB (§ 4 f Rn. 5) nicht mehr zu. Außerdem ist diese Auff. nicht ganz in Einklang mit dem Urt. des BAG, wonach auch ein BRMitglied DSB sein kann (BAG 23.3.2011 NZA 2011, 1036): Wenn man den DSB als „verlängerten Arm des AG“ betrachtet (so wörtl. BAG 11.11.1997 AP BDSG § 36 Nr. 1) und daher in dessen Lager verortet, kann man nicht gleichzeitig das Amt des DSB für kompatibel halten mit dem Amt des BR. Diesen Zusammenhang haben manche Beobachter zu der Spekulation veranlasst, ob das BAG mit dem Urt. v. 23.3.2011 die Grds. der Entsch. v. 11.11.1997 aufgegeben habe (etwa *Wybitul* BB 2011, 947). Die Entscheidungsgründe haben diese Frage ausdr. offen gelassen (BAG 23.3.2011 NZA 2011, 1036). Umfassend zur Stellung des BR im System des ANDatenschutzes *Kort* RDV 2012, 8 ff.; *ders.* NZA 2015, 1345; *ders.* ZD 2016, 3.

Anhang
§ 26 BDSG nF (tritt am 25.5.2018 in Kraft und ersetzt § 32 BDSG)

Abschnitt 2. Besondere Verarbeitungssituationen

§ 26 Datenverarbeitung für Zwecke des Beschäftigungsverhältnisses

(1) Personenbezogene Daten von Beschäftigten dürfen für Zwecke des Beschäftigungsverhältnisses verarbeitet werden, wenn dies für die Entscheidung über die Begründung eines Beschäftigungsverhältnisses oder nach Begründung des Beschäftigungsverhältnisses für dessen Durchführung oder Beendigung oder zur Ausübung oder Erfüllung der sich aus einem Gesetz oder einem Tarifvertrag, einer Betriebs- oder Dienstvereinbarung (Kollektivvereinbarung) ergebenden Rechte und Pflichten der Interessenvertretung der Beschäftigten erforderlich ist. Zur Aufdeckung von Straftaten dürfen personenbezogene Daten von Beschäftigten nur dann verarbeitet werden, wenn zu dokumentierende tatsächliche Anhaltspunkte den Verdacht begründen, dass die betroffene Person im Beschäftigungsverhältnis eine Straftat begangen hat, die Verarbeitung zur Aufdeckung erforderlich ist und das schutzwürdige Interesse der oder des Beschäftigten an dem Ausschluss der Verarbeitung nicht überwiegt, insbesondere Art und Ausmaß im Hinblick auf den Anlass nicht unverhältnismäßig sind.

(2) Erfolgt die Verarbeitung personenbezogener Daten von Beschäftigten auf der Grundlage einer Einwilligung, so sind für die Beurteilung der Freiwilligkeit der Einwilligung insbesondere die im Beschäftigungsverhältnis bestehende Abhängigkeit der beschäftigten Person, so wie die Umstände, unter denen die Einwilligung erteilt worden ist, zu berücksichtigen. Freiwilligkeit kann insbesondere vorliegen, wenn für die beschäftigte Person ein rechtlicher oder wirtschaftlicher Vorteil erreicht wird oder Arbeitgeber und beschäftigte Person gleich gelagerte Interessen verfolgen. Die Einwilligung bedarf der Schriftform, soweit nicht wegen besonderer Umstände eine andere Form angemessen ist. Der Arbeitgeber hat die beschäftigte Person über den Zweck der Datenverarbeitung und über ihr Widerrufsrecht nach Artikel 7 Absatz 3 der Verordnung (EU) 2016/679 in Textform aufzuklären.

(3) Abweichend von Artikel 9 Absatz 1 der Verordnung (EU) 2016/679 ist die Verarbeitung besonderer Kategorien personenbezogener Daten im Sinne des Artikels 9 Absatz 1 der Verordnung (EU) 2016/679 für Zwecke des Beschäftigungsverhältnisses zulässig, wenn sie zur Ausübung von Rechten oder zur Erfüllung rechtlicher Pflichten aus dem Arbeitsrecht, dem Recht der sozialen Sicherheit und des Sozialschutzes erforderlich ist und kein Grund zu der Annahme besteht, dass das schutzwürdige Interesse der betroffenen Person an dem Ausschluss der Verarbeitung überwiegt. Absatz 2 gilt auch für die Einwilligung in die Verarbeitung besonderer

Kategorien personenbezogener Daten; die Einwilligung muss sich dabei ausdrücklich auf diese Daten beziehen. § 22 Absatz 2 gilt entsprechend.

(4) Die Verarbeitung personenbezogener Daten einschließlich besonderer Kategorien personenbezogener Daten von Beschäftigten für Zwecke des Beschäftigungsverhältnisses ist auf der Grundlage von Kollektivvereinbarungen zulässig. Dabei haben die Verhandlungspartner Artikel 88 Absatz 2 der Verordnung (EU) 2016/679 zu beachten.

(5) DerVerantwortliche muss geeignete Maßnahmen ergreifen, um sicherzustellen, dass insbesondere die in Artikel 5 der Verordnung (EU) 2016/679 dargelegten Grundsätze für die Verarbeitung personenbezogener Daten eingehalten werden.

(6) Die Beteiligungsrechte der Interessenvertretungen der Beschäftigten bleiben unberührt.

(7) Die Absätze 1 bis 6 sind auch anzuwenden, wenn personenbezogene Daten, einschließlich besonderer Kategorien personenbezogener Daten, von Beschäftigten verarbeitet werden, ohne dass sie in einem Dateisystem gespeichert sind oder gespeichert werden sollen.

(8) Beschäftigte im Sinne dieses Gesetzes sind:

1. **Arbeitnehmerinnen und Arbeitnehmer, einschließlich der Leiharbeitnehmerinnen und Leiharbeitnehmer im Verhältnis zum Entleiher,**
2. **zu ihrer Berufsbildung Beschäftigte,**
3. **Teilnehmerinnen und Teilnehmer an Leistungen zur Teilhabe am Arbeitsleben sowie an Abklärungen der beruflichen Eignung oder Arbeitserprobung (Rehabilitandinnen und Rehabilitanden),**
4. **in anerkannten Werkstätten für behinderte Menschen Beschäftigte,**
5. **Freiwillige, die einen Dienst nach dem Jugendfreiwilligendienstegesetz oder dem Bundesfreiwilligendienstgesetz leisten,**
6. **Personen, die wegen ihrer wirtschaftlichen Unselbständigkeit als arbeitnehmerähnliche Personen anzusehen sind; zu diesen gehören auch die in Heimarbeit Beschäftigten und die ihnen Gleichgestellten,**
7. **Beamtinnen und Beamte des Bundes, Richterinnen und Richter des Bundes, Soldatinnen und Soldaten sowie Zivildienstleistende.**

Bewerberinnen und Bewerber für ein Beschäftigungsverhältnis sowie Personen, deren Beschäftigungsverhältnis beendet ist, gelten als Beschäftigte.

1 § 26 nF stellt eine **spezifischere Vorschrift iSv. Art. 88 I DS-GVO** dar (zur Datenschutz-GrundVO § 1 Rn. 6a). Die Mitgliedstaaten können danach den Beschäftigtendatenschutz weitgehend autonom regeln (näher dazu EUArbR/*Franzen* Art. 88 DS-GVO Rn. 5 ff.). § 26 I nF entspricht im Wesentlichen § 32 I. Die Terminologie wurde an die Datenschutz-GrundVO angepasst. Erweitert wurde die Vorschrift um die Datenverarbeitung zum Zwecke der Ausübung von Rechten der ANInteressenvertretung. Damit wird die Verarbeitung der Beschäftigtendaten durch die jeweilige ANVertretung auf eine rechtssichere Grundlage gestellt (dazu § 32 Rn. 33 ff.).

2 § 26 II nF statuiert Voraussetzungen für die **Einwilligung des Beschäftigten** in die Verarbeitung der auf seine Person bezogenen Daten. Die Vorschrift knüpft an die Definition der Einwilligung in Art. 4 Nr. 11 und Art. 7 DS-GVO an. Danach muss die betroffene Person ihre Einwilligung in die Datenverarbeitung insb. **„freiwillig"** erteilen, anderenfalls die Einwilligung unwirksam ist (näher dazu EU-ArbR/*Franzen* Art. 7 DS-GVO Rn. 7 ff.). Die Datenschutz-GrundVO lässt es zu, dass die Mitgliedstaaten die Bedingungen für die Freiwilligkeit der Einwilligung in die Verarbeitung von Beschäftigtendaten näher festlegen (vgl. Erwägungsgrund 155 DS-GVO und EUArbR/*Franzen* Art. 7 DS-GVO Rn. 10 f.). Nach § 26 II 1 nF sind für die Beurteilung der Freiwilligkeit einer Einwilligung die Umstände zu berücksichtigen, unter denen die Einwilligung erklärt worden ist. Dabei sind folgende Aspekte wichtig: die Art des verarbeiteten Datums, die Eingriffstiefe und der Zpkt. der Einwilligungserkl. – etwa vor oder nach Abschluss des Arbeitsvertrags (BT-Drs. 18/11325, S. 97). Nach § 26 II 2 nF kann eine freiwillige Einwilligung insb. dann vorliegen, wenn der Beschäftigte infolge der Datenverarbeitung einen **rechtl. oder wirtschaftl. Vorteil** erlangt oder AG und AN **gleichgerichtete Interessen** verfolgen. Die GBegr. nennt als Bsp. für solche Vorteile die Einf. eines betriebl. Gesundheitsmanagements zur Gesundheitsförderung oder die Erlaubnis zur privaten Nutzung betriebl. IT-Systeme (BT-Drs. 18/11325, S. 97). Ein wirtschaftl. Vorteil kann allerdings nicht in einem erhöhten Arbeitsentgelt liegen; einer solchen Auslegung steht das Koppelungsverbot des Art. 7 IV DS-GVO entgegen (näher EUArbR/*Franzen* Art. 7 DS-GVO Rn. 9). Als Bsp. für gleichgerichtete Interessen von AG und AN nennt die GBegr. „die Aufnahme von Name und Geburtsdatum in eine Geburtstagsliste" und „die Nutzung von Fotos für das Intranet" (BT-Drs. 18/11325, S. 97). Diese Bsp. werden der Komplexität der digitalisierten Arbeitswelt und der damit verbundenen Problemlagen allerdings in keiner Weise gerecht. § 26 II 3 nF statuiert grds. ein **Schriftformgebot für die Einwilligung** und ist wörtl. identisch mit § 4a I 3 (§ 4a Rn. 3). § 26 II 4 Var. 1 nF trägt der in Art. 4 Nr. 11 DS-GVO niedergelegten Regelung Rechnung, dass die Einwilligung eine **informierte Willensbekundung** darstellen muss. Außerdem muss der AG den AN nach § 26 II 4 Var. 2 nF über dessen Recht nach Art. 7 III DS-GVO,

die Einwilligung jederzeit für die Zukunft widerrufen zu können, informieren (näher EUArbR/*Franzen* Art. 7 DS-GVO Rn. 5 f.).

§ 26 III nF konkretisiert die Erlaubnisnorm des Art. 9 II DS-GVO für die Verarbeitung **bes. sensibler Daten** (vgl. EUArbR/*Franzen* Art. 9 DS-GVO Rn. 2 ff.). Dazu gehören insb. Gesundheitsdaten (vgl. auch § 3 IX). § 26 III 2 nF stellt in Übereinstimmung mit Art. 9 II Buchst. a DS-GVO klar, dass eine ausdr. Einwilligung in die Verarbeitung solcher sensibler Daten zulässig ist (zur bisherigen Rechtslage § 28 Rn. 6). § 26 IV nF lässt die Verarbeitung von Beschäftigtendaten auf der Grdl. von **„Kollektivvereinb."** ausdr. zu. Dies schließt insb. **BV** ein, wie Art. 88 I DS-GVO und Erwägungsgrund 155 DS-GVO verdeutlichen (näher EUArbR/*Franzen* Art. 88 DS-GVO Rn. 16). TV sind ebenfalls erfasst, in der Praxis aber seltener anzutreffen. Damit kann die bisherige Rechtslage grds. beibehalten werden (vgl. § 4 Rn. 2). Allerdings müssen die Partner der entspr. Kollektivvereinb. nach § 26 IV 2 nF Art. 88 II DS-GVO beachten, was auch ohne diese Klarstellung wegen der unmittelbaren Wirkung der Datenschutz-GrundVO gelten würde. Art. 88 II DS-GVO verlangt bes. und angemessene Maßnahmen zur Wahrung der berechtigten Interessen und Grundrechte der betroffenen Personen (näher EUArbR/*Franzen* Art. 88 DS-GVO Rn. 12, 23). 3

§ 26 V nF verpflichtet die für die Datenverarbeitung verantwortl. Stelle auf die **Grundprinzipien der Datenverarbeitung**, wie sie in Art. 5 DS-GVO niedergelegt sind: Rechtmäßigkeit, Verarbeitung nach Treu und Glauben, Transparenz; Zweckbindung; Datenminimierung; Richtigkeit; Speicherbegrenzung sowie Integrität und Vertraulichkeit (näher EUArbR/*Franzen* Art. 5 DS-GVO Rn. 2 ff.). Die Daten verarbeitende Stelle trägt nach Art. 5 II DS-GVO die Darlegungs- und Beweislast für die Einhaltung der entspr. Regeln (EUArbR/*Franzen* Art. 5 DS-GVO Rn. 1). § 26 VI nF ist identisch mit § 32 III (dazu § 32 Rn. 33 ff.). § 26 VII nF entspricht der bisher in § 32 II niedergelegten Rechtslage (dazu § 32 Rn. 2). § 26 VIII nF umschreibt den pers. Anwendungsbereich der Vorschr. und ist inhaltl. deckungsgleich mit § 3 XI (dazu § 3 Rn. 13). 4

Zweiter Unterabschnitt. Rechte des Betroffenen

§ 33 Benachrichtigung des Betroffenen

(1) [1]Werden erstmals personenbezogene Daten für eigene Zwecke ohne Kenntnis des Betroffenen gespeichert, ist der Betroffene von der Speicherung, der Art der Daten, der Zweckbestimmung der Erhebung, Verarbeitung oder Nutzung und der Identität der verantwortlichen Stelle zu benachrichtigen. [2]Werden personenbezogene Daten geschäftsmäßig zum Zweck der Übermittlung ohne Kenntnis des Betroffenen gespeichert, ist der Betroffene von der erstmaligen Übermittlung und der Art der übermittelten Daten zu benachrichtigen. [3]Der Betroffene ist in den Fällen der Sätze 1 und 2 auch über die Kategorien von Empfängern zu unterrichten, soweit er nach den Umständen des Einzelfalles nicht mit der Übermittlung an diese rechnen muss.

(2) [1]Eine Pflicht zur Benachrichtigung besteht nicht, wenn
1. der Betroffene auf andere Weise Kenntnis von der Speicherung oder der Übermittlung erlangt hat,
2. die Daten nur deshalb gespeichert sind, weil sie aufgrund gesetzlicher, satzungsmäßiger oder vertraglicher Aufbewahrungsvorschriften nicht gelöscht werden dürfen oder ausschließlich der Datensicherung oder der Datenschutzkontrolle dienen und eine Benachrichtigung einen unverhältnismäßigen Aufwand erfordern würde,
3. die Daten nach einer Rechtsvorschrift oder ihrem Wesen nach, namentlich wegen des überwiegenden rechtlichen Interesses eines Dritten, geheim gehalten werden müssen,
4. die Speicherung oder Übermittlung durch Gesetz ausdrücklich vorgesehen ist,
5. die Speicherung oder Übermittlung für Zwecke der wissenschaftlichen Forschung erforderlich ist und eine Benachrichtigung einen unverhältnismäßigen Aufwand erfordern würde,
6. die zuständige öffentliche Stelle gegenüber der verantwortlichen Stelle festgestellt hat, dass das Bekanntwerden der Daten die öffentliche Sicherheit oder Ordnung gefährden oder sonst dem Wohle des Bundes oder eines Landes Nachteile bereiten würde,
7. die Daten für eigene Zwecke gespeichert sind und
a) aus allgemein zugänglichen Quellen entnommen sind und eine Benachrichtigung wegen der Vielzahl der betroffenen Fälle unverhältnismäßig ist, oder
b) die Benachrichtigung die Geschäftszwecke der verantwortlichen Stelle erheblich gefährden würde, es sei denn, dass das Interesse an der Benachrichtigung die Gefährdung überwiegt,
8. die Daten geschäftsmäßig zum Zweck der Übermittlung gespeichert sind und
a) aus allgemein zugänglichen Quellen entnommen sind, soweit sie sich auf diejenigen Personen beziehen, die diese Daten veröffentlicht haben, oder
b) es sich um listenmäßig oder sonst zusammengefasste Daten handelt (§ 29 Absatz 2 Satz 2) und eine Benachrichtigung wegen der Vielzahl der betroffenen Fälle unverhältnismäßig ist,

9. aus allgemein zugänglichen Quellen entnommene Daten geschäftsmäßig für Zwecke der Markt- oder Meinungsforschung gespeichert sind und eine Benachrichtigung wegen der Vielzahl der betroffenen Fälle unverhältnismäßig ist.

[2] Die verantwortliche Stelle legt schriftlich fest, unter welchen Voraussetzungen von einer Benachrichtigung nach Satz 1 Nr. 2 bis 7 abgesehen wird.

1 Der AG hat den AN gem. § 33 I 1 von der erstmaligen Speicherung seiner personenbezogenen Daten und insb. auch der Zweckbestimmung der Erhebung, Verarbeitung und Nutzung zu benachrichtigen. Gem. § 33 I 2 gilt eine entspr. Informationspflicht auch bei erstmaliger Übermittlung. Diese Informationsrechte sollen dem AN die gezielte Wahrnehmung des Auskunftsrechts (§ 34) sowie der in § 35 vorgesehenen Korrekturrechte ermöglichen und ihn insg. in die Lage versetzen, die Einhaltung des ges. Datenschutzes durch den AG zu kontrollieren und sicherzustellen. Sie stehen mangels Deckungsgleichheit neben den Rechten des AN aus § 83 BetrVG (GK-BetrVG/*Franzen* § 83 Rn. 42; *Fitting* § 83 Rn. 32; *Wohlgemuth* Rn. 546, 552 ff.). § 33 ist in § 6 nicht genannt, wird aber gleichwohl als unabdingbar angesehen (§ 6 Rn. 1).

2 In den Fällen des § 33 II 1 besteht keine Benachrichtigungspflicht. Geht es um üblicherweise gespeicherte Grunddaten wie Name, Geburtstag, Adresse und Beruf, sind gesonderte Benachrichtigungen nach § 33 II Nr. 1 entbehrl., da davon ausgegangen werden kann, dass AN von der Personaldatenverarbeitung des AG Kenntnis haben (*Gola/Schomerus* Rn. 30; MüArbR/*Reichold* § 88 Rn. 51). Zur Benachrichtigungspflicht bei Erwerb eines Betriebs im Rahmen einer Due Diligence wird eine Pflicht abgelehnt oder stets gerechtfertigt sein (vgl. *Göpfert/Meyer* NZA 2011, 489 f.). Im Rahmen von Hinweisgebersystemen kommt als Ausnahme von der Benachrichtigungspflicht § 33 II Nr. 3 bzw. Nr. 7b in Betracht (§ 32 Rn. 22). § 33 II 1 Nr. 3 steht ebenso einer Benachrichtigungspflicht von abgelehnten Stellenbewerbern entgegen (*Gola* NZA 2013, 360, 362).

§ 34 Auskunft an den Betroffenen

(1) [1] Die verantwortliche Stelle hat dem Betroffenen auf Verlangen Auskunft zu erteilen über
1. die zu seiner Person gespeicherten Daten, auch soweit sie sich auf die Herkunft dieser Daten beziehen,
2. den Empfänger oder die Kategorien von Empfängern, an die Daten weitergegeben werden, und
3. den Zweck der Speicherung.

[2] Der Betroffene soll die Art der personenbezogenen Daten, über die Auskunft erteilt werden soll, näher bezeichnen. [3] Werden die personenbezogenen Daten geschäftsmäßig zum Zweck der Übermittlung gespeichert, ist Auskunft über die Herkunft und die Empfänger auch dann zu erteilen, wenn diese Angaben nicht gespeichert sind. [4] Die Auskunft über die Herkunft und die Empfänger kann verweigert werden, soweit das Interesse an der Wahrung des Geschäftsgeheimnisses gegenüber dem Informationsinteresse des Betroffenen überwiegt.

(1a) [1] Im Fall des § 28 Absatz 3 Satz 4 hat die übermittelnde Stelle die Herkunft der Daten und den Empfänger für die Dauer von zwei Jahren nach der Übermittlung zu speichern und dem Betroffenen auf Verlangen Auskunft über die Herkunft der Daten und den Empfänger zu erteilen. [2] Satz 1 gilt entsprechend für den Empfänger.

(2) [1] Im Fall des § 28b hat die für die Entscheidung verantwortliche Stelle dem Betroffenen auf Verlangen Auskunft zu erteilen über
1. die innerhalb der letzten sechs Monate vor dem Zugang des Auskunftsverlangens erhobenen oder erstmalig gespeicherten Wahrscheinlichkeitswerte,
2. die zur Berechnung der Wahrscheinlichkeitswerte genutzten Datenarten und
3. das Zustandekommen und die Bedeutung der Wahrscheinlichkeitswerte einzelfallbezogen und nachvollziehbar in allgemein verständlicher Form.

[2] Satz 1 gilt entsprechend, wenn die für die Entscheidung verantwortliche Stelle
1. die zur Berechnung der Wahrscheinlichkeitswerte genutzten Daten ohne Personenbezug speichert, den Personenbezug aber bei der Berechnung herstellt oder
2. bei einer anderen Stelle gespeicherte Daten nutzt.

[3] Hat eine andere als die für die Entscheidung verantwortliche Stelle
1. den Wahrscheinlichkeitswert oder
2. einen Bestandteil des Wahrscheinlichkeitswerts

berechnet, hat sie die insoweit zur Erfüllung der Auskunftsansprüche nach den Sätzen 1 und 2 erforderlichen Angaben auf Verlangen der für die Entscheidung verantwortlichen Stelle an diese zu übermitteln. [4] Im Fall des Satzes 3 Nr. 1 hat die für die Entscheidung verantwortliche Stelle den Betroffenen zur Geltendmachung seiner Auskunftsansprüche unter Angabe des Namens und der Anschrift der anderen Stelle sowie der zur Bezeichnung des Einzelfalls notwendigen Angaben unverzüglich an diese zu verweisen, soweit sie die Auskunft nicht selbst erteilt. [5] In diesem Fall hat die andere Stelle, die den Wahrscheinlichkeitswert berechnet hat, die Auskunftsansprüche nach

den Sätzen 1 und 2 gegenüber dem Betroffenen unentgeltlich zu erfüllen. [6]Die Pflicht der für die Berechnung des Wahrscheinlichkeitswerts verantwortlichen Stelle nach Satz 3 entfällt, soweit die für die Entscheidung verantwortliche Stelle von ihrem Recht nach Satz 4 Gebrauch macht.

(3) [1]Eine Stelle, die geschäftsmäßig personenbezogene Daten zum Zweck der Übermittlung speichert, hat dem Betroffenen auf Verlangen Auskunft über die zu seiner Person gespeicherten Daten zu erteilen, auch wenn sie weder automatisiert verarbeitet werden noch in einer nicht automatisierten Datei gespeichert sind. [2]Dem Betroffenen ist auch Auskunft zu erteilen über Daten, die
1. gegenwärtig noch keinen Personenbezug aufweisen, bei denen ein solcher aber im Zusammenhang mit der Auskunftserteilung von der verantwortlichen Stelle hergestellt werden soll,
2. die verantwortliche Stelle nicht speichert, aber zum Zweck der Auskunftserteilung nutzt.
[3]Die Auskunft über die Herkunft und die Empfänger kann verweigert werden, soweit das Interesse an der Wahrung des Geschäftsgeheimnisses gegenüber dem Informationsinteresse des Betroffenen überwiegt.

(4) [1]Eine Stelle, die geschäftsmäßig personenbezogene Daten zum Zweck der Übermittlung erhebt, speichert oder verändert, hat dem Betroffenen auf Verlangen Auskunft zu erteilen über
1. die innerhalb der letzten zwölf Monate vor dem Zugang des Auskunftsverlangens übermittelten Wahrscheinlichkeitswerte für ein bestimmtes zukünftiges Verhalten des Betroffenen sowie die Namen und letztbekannten Anschriften der Dritten, an die die Werte übermittelt worden sind,
2. die Wahrscheinlichkeitswerte, die sich zum Zeitpunkt des Auskunftsverlangens nach den von der Stelle zur Berechnung angewandten Verfahren ergeben,
3. die zur Berechnung der Wahrscheinlichkeitswerte nach den Nummern 1 und 2 genutzten Datenarten sowie
4. das Zustandekommen und die Bedeutung der Wahrscheinlichkeitswerte einzelfallbezogen und nachvollziehbar in allgemein verständlicher Form.
[2]Satz 1 gilt entsprechend, wenn die verantwortliche Stelle
1. die zur Berechnung des Wahrscheinlichkeitswerts genutzten Daten ohne Personenbezug speichert, den Personenbezug aber bei der Berechnung herstellt oder
2. bei einer anderen Stelle gespeicherte Daten nutzt.

(5) Die nach den Absätzen 1a bis 4 zum Zweck der Auskunftserteilung an den Betroffenen gespeicherten Daten dürfen nur für diesen Zweck sowie für Zwecke der Datenschutzkontrolle verwendet werden; für andere Zwecke sind sie zu sperren.

(6) Die Auskunft ist auf Verlangen in Textform zu erteilen, soweit nicht wegen der besonderen Umstände eine andere Form der Auskunftserteilung angemessen ist.

(7) Eine Pflicht zur Auskunftserteilung besteht nicht, wenn der Betroffene nach § 33 Abs. 2 Satz 1 Nr. 2, 3 und 5 bis 7 nicht zu benachrichtigen ist.

(8) [1]Die Auskunft ist unentgeltlich. [2]Werden die personenbezogenen Daten geschäftsmäßig zum Zweck der Übermittlung gespeichert, kann der Betroffene einmal je Kalenderjahr eine unentgeltliche Auskunft in Textform verlangen. [3]Für jede weitere Auskunft kann ein Entgelt verlangt werden, wenn der Betroffene die Auskunft gegenüber Dritten zu wirtschaftlichen Zwecken nutzen kann. [4]Das Entgelt darf über die durch die Auskunftserteilung entstandenen unmittelbar zurechenbaren Kosten nicht hinausgehen. [5]Ein Entgelt kann nicht verlangt werden, wenn
1. besondere Umstände die Annahme rechtfertigen, dass Daten unrichtig oder unzulässig gespeichert werden, oder
2. die Auskunft ergibt, dass die Daten nach § 35 Abs. 1 zu berichtigen oder nach § 35 Abs. 2 Satz 2 Nr. 1 zu löschen sind.

(9) [1]Ist die Auskunftserteilung nicht unentgeltlich, ist dem Betroffenen die Möglichkeit zu geben, sich im Rahmen seines Auskunftsanspruchs persönlich Kenntnis über die ihn betreffenden Daten zu verschaffen. [2]Er ist hierauf hinzuweisen.

Gem. § 34 ist der AG auf ein entspr. Ersuchen des betroffenen AN hin verpflichtet, kostenlos (§ 34 VIII 1), grds. schriftl. (§ 34 IV) und unverzügl. (*Gola/Schomerus* Rn. 16; DKWW/*Däubler* Rn. 25: im Normalfall innerhalb von zwei Wochen; aA *Dörr/Schmidt* Rn. 16: innerhalb von drei Wochen) mitzuteilen, welche personenbezogenen Daten gespeichert sind, zu welchem Zweck die Speicherung erfolgt und an welche Personen und Stellen seine Daten weitergegeben werden. Auch gesperrte Daten unterliegen der Auskunftspflicht. Werden Angaben über die Herkunft der Daten gespeichert, sind diese im Hinblick auf externe Stellen oder Personen mitzuteilen (*Gola/Schomerus* Rn. 10), sowie auch die Empfänger der Daten. Empfänger der Daten sind hier Dritte, interne Stellen, denen die Daten zur Vfg. gestellt werden und auch Datenverarbeiter im Auftrag (*Gola/Schomerus* Rn. 11). Das Auskunftsrecht gehört zu den **unabdingbaren** Rechten des Betroffenen (§ 6 I). Adressat des Auskunftsverlangens ist der AG, wobei die praktische Ausführung zumeist der Personalabt. oder dem betriebl. DSB obliegen wird. Kommt der AG seiner Auskunftspflicht nicht nach, so wird die 1

Speicherung dadurch nicht unzulässig. In den Fällen des **§ 33 II 1 Nr. 2, 3 und 5 bis 7** besteht für ihn gem. **§ 34 VII** ein **Auskunftsverweigerungsrecht.** Die Ablehnung der Auskunft ist zu begründen, und zwar so detailliert, dass der betroffene AN die Verweigerung überprüfen und ggf. um Rechtsschutz nachsuchen kann. Im ArbVerh. ist hierfür die Arbeitsgerichtsbarkeit zust. (BAG 3.2.2014 NZA 2014, 391).

2 § 34 gilt nur für die automatisierte Datenverarbeitung iSd. § 27 (§ 27 Rn. 1). Die Vorschr. ist nicht über § 32 II anwendbar, weil § 32 Abs. 2 auf diese Vorschr. nicht verweist und die Verweisung auch nicht entspr. fortgebildet werden kann (BAG 16.11.2010 NZA 2011, 453; **aA** *Riesenhuber* NZA 2014, 753). Probl. ist das Konkurrenzverhältnis zwischen dem datenschutzrechtl. Auskunftsanspruch nach § 34 und dem Personalakteneinsichtsrecht nach **§ 83 I BetrVG.**§ 83 I BetrVG geht vom **materiellen Personalaktenbegriff** aus. Damit werden alle Daten über einen bestimmten Beschäftigten mit direktem Bezug auf seine Person oder den Inhalt und Verlauf des BeschVerh. erfasst und zwar unabhängig davon, auf welchen Datenträgern sie gespeichert sind (*Gola/Wronka* Rn. 103 f.). Damit unterliegt auch die elektronische Datenverarbeitung dem Personalaktenrecht. Es sind zahlr. Übereinstimmungen mit dem Auskunftsanspruch des § 34 denkbar. Soweit das Einsichtsrecht nach § 83 BetrVG reicht, hat es wegen § 1 III Vorrang (*Fitting* § 83 Rn. 33; GK-BetrVG/*Franzen* § 83 Rn. 46; *Gola/Schomerus* Rn. 3a). § 34 und § 83 I BetrVG sind aber nicht deckungsgleich. Das personalaktenrechtl. Einsichtsrecht ist, anders als das nach § 34, nicht mit einem umfangr. Ausnahmekatalog versehen. Umgekehrt geht § 34 insofern weiter, als er auch solche Daten erfasst, die sich nicht aus der „Personalakte" ergeben: zB bei regelm. Datenübermittlungen sind Angaben über die Herkunft oder den Empfänger der Daten häufig nicht in der „Personalakte" vermerkt; hier kann der Betroffene über § 34 eine entspr. Mitt. verlangen (*Däubler* CR 1991, 475, 478 f.; GK-BetrVG/*Franzen* § 83 Rn. 43; *Wächter,* Datenschutz im Unternehmen, 3. Aufl. 2003 Rn. 1049; *Wohlgemuth* Rn. 546). Weitere Einsichtsrechte werden zB in § 110 BBG, § 13 I BAT und § 3 Abs. 5 TVöD normiert.

3 Die zum 1.4.2010 neu eingefügten Abs. 1a bis 5 beziehen sich auf den geschäftsmäßigen Umgang mit Daten zum Zweck der Übermittlung insb. für Werbung und Adresshandel. Sie sind daher für das ArbR von nur geringer Bedeutung. Diese Vorschr. erklären sich nur durch die Wiedereinführung des Listenprivilegs (DKWW/*Däubler* Rn. 50a).

§ 35 Berichtigung, Löschung und Sperrung von Daten

(1) [1]Personenbezogene Daten sind zu berichtigen, wenn sie unrichtig sind. [2]Geschätzte Daten sind als solche deutlich zu kennzeichnen.

(2) [1]Personenbezogene Daten können außer in den Fällen des Absatzes 3 Nr. 1 und 2 jederzeit gelöscht werden. [2]Personenbezogene Daten sind zu löschen, wenn

1. ihre Speicherung unzulässig ist,

2. es sich um Daten über die rassische oder ethnische Herkunft, politische Meinungen, religiöse oder philosophische Überzeugungen, Gewerkschaftszugehörigkeit, Gesundheit, Sexualleben, strafbare Handlungen oder Ordnungswidrigkeiten handelt und ihre Richtigkeit von der verantwortlichen Stelle nicht bewiesen werden kann,

3. sie für eigene Zwecke verarbeitet werden, sobald ihre Kenntnis für die Erfüllung des Zwecks der Speicherung nicht mehr erforderlich ist, oder

4. sie geschäftsmäßig zum Zweck der Übermittlung verarbeitet werden und eine Prüfung jeweils am Ende des vierten, soweit es sich um Daten über erledigte Sachverhalte handelt und der Betroffene der Löschung nicht widerspricht, am Ende des dritten Kalenderjahres beginnend mit dem Kalenderjahr, das der erstmaligen Speicherung folgt, ergibt, dass eine längerwährende Speicherung nicht erforderlich ist.

[3]Personenbezogene Daten, die auf der Grundlage von § 28a Abs. 2 Satz 1 oder § 29 Abs. 1 Satz 1 Nr. 3 gespeichert werden, sind nach Beendigung des Vertrages auch zu löschen, wenn der Betroffene dies verlangt.

(3) An die Stelle einer Löschung tritt eine Sperrung, soweit

1. im Fall des Absatzes 2 Satz 2 Nr. 3 einer Löschung gesetzliche, satzungsmäßige oder vertragliche Aufbewahrungsfristen entgegenstehen,

2. Grund zu der Annahme besteht, dass durch eine Löschung schutzwürdige Interessen des Betroffenen beeinträchtigt würden, oder

3. eine Löschung wegen der besonderen Art der Speicherung nicht oder nur mit unverhältnismäßig hohem Aufwand möglich ist.

(4) Personenbezogene Daten sind ferner zu sperren, soweit ihre Richtigkeit vom Betroffenen bestritten wird und sich weder die Richtigkeit noch die Unrichtigkeit feststellen lässt.

(4a) Die Tatsache der Sperrung darf nicht übermittelt werden.

(5) [1]Personenbezogene Daten dürfen nicht für eine automatisierte Verarbeitung oder Verarbeitung in nicht automatisierten Dateien erhoben, verarbeitet oder genutzt werden, soweit der Betrof-

fene dieser bei der verantwortlichen Stelle widerspricht und eine Prüfung ergibt, dass das schutzwürdige Interesse des Betroffenen wegen seiner besonderen persönlichen Situation das Interesse der verantwortlichen Stelle an dieser Erhebung, Verarbeitung oder Nutzung überwiegt. [2]Satz 1 gilt nicht, wenn eine Rechtsvorschrift zur Erhebung, Verarbeitung oder Nutzung verpflichtet.

(6) [1]Personenbezogene Daten, die unrichtig sind oder deren Richtigkeit bestritten wird, müssen bei der geschäftsmäßigen Datenspeicherung zum Zweck der Übermittlung außer in den Fällen des Absatzes 2 Nr. 2 nicht berichtigt, gesperrt oder gelöscht werden, wenn sie aus allgemein zugänglichen Quellen entnommen und zu Dokumentationszwecken gespeichert sind. [2]Auf Verlangen des Betroffenen ist diesen Daten für die Dauer der Speicherung seine Gegendarstellung beizufügen. [3]Die Daten dürfen nicht ohne diese Gegendarstellung übermittelt werden.

(7) Von der Berichtigung unrichtiger Daten, der Sperrung bestrittener Daten sowie der Löschung oder Sperrung wegen Unzulässigkeit der Speicherung sind die Stellen zu verständigen, denen im Rahmen einer Datenübermittlung diese Daten zur Speicherung weitergegeben wurden, wenn dies keinen unverhältnismäßigen Aufwand erfordert und schutzwürdige Interessen des Betroffenen nicht entgegenstehen.

(8) Gesperrte Daten dürfen ohne Einwilligung des Betroffenen nur übermittelt oder genutzt werden, wenn

1. **es zu wissenschaftlichen Zwecken, zur Behebung einer bestehenden Beweisnot oder aus sonstigen im überwiegenden Interesse der verantwortlichen Stelle oder eines Dritten liegenden Gründen unerlässlich ist und**
2. **die Daten hierfür übermittelt oder genutzt werden dürften, wenn sie nicht gesperrt wären.**

1. Berichtigungsanspruch (§ 35 I). a) Unrichtigkeit. Unrichtige gespeicherte Daten sind vom AG gem. § 35 I zu berichtigen, ohne dass der AN selbst initiativ zu werden braucht. Dies gilt bereits für nur geringfügige, den Persönlichkeitsbereich nicht tangierende Unrichtigkeiten, zB wenn ein Straßenname in der Anschrift falsch geschrieben wurde (*Gola/Schomerus* Rn. 4). Die Daten brauchen nicht von vornherein unzutr. zu sein; es genügt, wenn sie erst später unrichtig werden (*Gola/Schomerus* Rn. 3). Hierfür genügt es, wenn Daten aus ihrem Kontext gelöst werden und der Kontextverlust derart gravierend ist, dass Fehlinterpretationen nahe liegen (*Gola/Wronka* Rn. 1287, 1356). Der Berichtigungspflicht muss der AG rechtzeitig nachkommen, damit eine weitere Verarbeitung oder Nutzung nicht mehr stattfinden kann. Bestreitet der Beschäftigte die Richtigkeit und lässt sich weder die Richtigkeit noch die Unrichtigkeit feststellen, so sind die betr. Daten gem. § 35 IV zu sperren. Bes. pers. Daten iSd. § 3 IX und Daten über strafbare Handlungen oder Ordnungswidrigkeiten sind wegen ihrer bes. Sensibilität nach § 35 II 2 Nr. 2 sogar zu löschen, wenn es der verantwortl. Stelle nicht gelingt, ihre Richtigkeit zu beweisen. 1

b) Gegendarstellung. Str. ist, ob § 35 durch den arbeitsrechtl. Gegendarstellungsanspruch nach § 83 II BetrVG verdrängt wird. Nach der stRspr. des BAG ist § 83 II BetrVG nicht als abschl. Korrekturregelung ggü. unrichtiger Personaldatenverarbeitung zu verstehen (BAG 27.11.1985 AP BGB § 611 Fürsorgepflicht Nr. 93; 13.4.1988 AP BGB § 611 Fürsorgepflicht Nr. 100). Bei obj. rechtswidrigen Eingriffen in sein Persönlichkeitsrecht kann der AN vielmehr in entspr. Anwendung von §§ 242 (Fürsorgepflicht), 1004 BGB Widerruf oder Beseitigung der Beeinträchtigung verlangen. Außerdem kann er sich im Geltungsbereich des BDSG grds. auf § 35 stützen (*Fitting* § 83 Rn. 32, 34; GK-BetrVG/*Franzen* § 83 Rn. 69 ff.). 2

2. Löschungsanspruch (§ 35 II 2). a) Unzulässige Speicherung. Ist die Speicherung personenbezogener ANDaten unzulässig, so kann der AN gem. § 35 II 2 Nr. 1 Löschung verlangen. Maßgebend für die Feststellung der Unzulässigkeit ist der Zpkt. „ex nunc", dh. eine zunächst gerechtfertigte Speicherung kann unzulässig geworden sein und umgekehrt (*Dörr/Schmidt* Rn. 6; *Gola/Schomerus* Rn. 11; *Gola/Wronka* Rn. 1249). Bei Unrichtigkeit der Daten besteht in erster Linie ein Korrekturrecht nach § 35 I. Ist jedoch keine Ber. mögl., sind die Angaben wegen unzulässiger Speicherung zu löschen. 3

b) Wegfall der Zweckbestimmung. Nach § 35 II 2 Nr. 3 kann Löschung verlangt werden, wenn zur Erreichung des Speicherungszwecks keine Datenkenntnis mehr erforderl. ist und auch keine weitere die Speicherung legitimierende Zweckbestimmung vorliegt. Dies ist zB der Fall, wenn sich eine berechtigterweise ausgesprochene Abmahnung durch Zeitablauf erledigt (nach BAG 18.11.1985 AP KSchG 1969 § 1 Verhaltensbedingte Kündigung Nr. 17 ist die Dauer einer zulässigen Speicherung von den Umständen des Einzelfalles abhängig; s. LAG HM 14.5.1986 NZA 1987, 26 f. für einen Zwei-Jahres-Zeitraum). Allerdings gewährt das BAG einen Entfernungsanspruch zu Recht nur noch dann, wenn das gerügte Verhalten für das ArbVerh. in jeder Hinsicht bedeutungslos geworden ist (BAG 19.7.2012 NZA 2013, 91; zur Entfernung eines für die weitere Beurteilung überflüssigen Schreibens aus der Personalakte wegen drohender Beeinträchtigung der berufl. Entwicklungsmöglichkeiten s. BAG 13.4.1988 AP BGB § 611 Fürsorgepflicht Nr. 100). Ein abgelehnter Bewerber kann Vernichtung eines zwecks Bewerbung ausgefüllten Personalfragebogens sowie Löschung sämtl. gespeicherter Bewerberdaten verlangen (so bereits BAG 6.6.1984 AP BGB § 611 Persönlichkeitsrecht Nr. 7). 4

5 **3. Entfernungs- und Löschungsansprüche.** Der Löschungsanspruch des § 35 II 2 konkurriert mit personalaktenrechtl. gewährleisteten Entfernungs- und Löschungsansprüchen, die die Rspr. aufgrund von Fürsorgepflichtverletzungen oder rechtswidrigen Eingriffen in das Persönlichkeitsrecht des AN analog §§ 242, 1004 BGB gewährt (BAG 19.7.2012 NZA 2013, 91)). Bei einer auf unzutr. Angaben gestützten Abmahnung darf der AN nicht einfach auf sein Gegendarstellungsrecht nach § 83 II BetrVG verwiesen werden. Der durch eine nicht gerechtfertigte Personalaktenführung vorgenommene persönlichkeitsrechtl. Eingriff ist vielmehr durch eine entspr. Korrektur abzustellen, die unzulässig ausgesprochene Abmahnung ist „zurückzunehmen", was idR Vernichtung des Schriftstücks bedeutet (BAG 5.8.1992 AP BGB § 611 Abmahnung Nr. 8). Ist eine Abmahnung, mit der mehrere Verstöße gerügt werden, nur tw. unberechtigt, bleibt es dem AG unbenommen, den AN gestützt auf die zutr. Pflichtverletzungen erneut abzumahnen, da es keine Regelausschlussfrist für Abmahnungen gibt (BAG 15.1.1986 AP § 611 BGB Fürsorgepflicht Nr. 96).

6 **4. Sperrung von Daten (§ 35 III Nr. 1 bis 3, IV).** An die Stelle einer ansonsten nach § 35 II 2 Nr. 1 bis 4 vorzunehmenden Löschung tritt in den Fällen des **§ 35 III Nr. 1 bis 3** die Datensperrung. Während die Nr. 1 und 2 zwischen einer an sich bestehenden Löschungsverpflichtung einerseits und dem Interesse an der Bewahrung der Daten andererseits vermitteln, dient Nr. 3 allein der Arbeitserleichterung der verantwortl. Stelle. Gem. § 35 III Nr. 1 dürfen an sich nicht mehr benötigte Daten (§ 35 II Nr. 3) nicht gelöscht werden, wenn ges., satzungsmäßige oder vertragl. Aufbewahrungspflichten des AG bestehen. Im beendeten ArbVerh. sind zB die 6- oder 10-jährigen Aufbewahrungsfristen der iRd. Lohn- und Gehaltsabrechnung entstandenen handels- und steuerrechtl. Unterlagen zu beachten (*Gola/Wronka* Rn. 1268). § 35 III Nr. 2 betrifft den Fall, dass die Löschung schutzwürdige Belange des Betroffenen beeinträchtigen würde. Eine solche Beeinträchtigung droht zB, wenn der betroffene AN die Daten zum Beweis für von ihm geltend gemachte Ansprüche benötigt.

7 **§ 35 IV** ordnet die Sperrung für den sog. „non-liquet"-Fall an, in dem Betroffener und verantwortl. Stelle die Richtigkeit der Daten unterschiedl. beurteilen. Die Beweislast der Richtigkeit liegt grds. beim AG.

8 Gem. **§ 35 VIII** hat eine Datensperrung ein **umfassendes Verarbeitungs- und Nutzungsverbot** zur Folge, das nur in den vom G genannten Fällen durchbrochen werden kann. Der Begriff der Unerlässlichkeit ist nur dann erfüllt, wenn der Zweck ohne die Entsperrung überhaupt nicht mehr erreicht werden kann (*Dörr/Schmidt* Anm. zu Abs. 7; *Gola/Schomerus* Rn. 21).

9 Neben dem Recht des AN auf Sperrung von Daten steht das **Gegendarstellungsrecht** nach § 83 II BetrVG. Beide Rechte ergänzen sich insofern, als § 35 die weitere Verarbeitung oder Nutzung der Daten einschränkt und § 83 BetrVG dem AN darüber hinaus die Möglichkeit verschafft, zu einem umstr. Punkt in der Personalakte sachl. Stellung zu nehmen und die Darst. seines Persönlichkeitsbildes unmittelbar zu beeinflussen. § 83 II BetrVG ist daher gem. § 1 III vorrangig (*Fitting* § 83 Rn. 33; MüArbR/*Reichold* § 88 Rn. 67; Richardi/*Thüsing* § 83 Rn. 42; *Wohlgemuth* Rn. 575).

10 **5. Widerspruchsrecht.** § 35 V sieht ein Widerspruchsrecht des Betroffenen in Fällen einer an sich rechtmäßigen Datenverarbeitung vor. Das Widerspruchsrecht muss sich aus einer Abwägung der widerstreitenden Interessen unter Berücksichtigung des Einzelfalles und der pers. Situation des Betroffenen ergeben, wobei die Interessen des Betroffenen überwiegen müssen. In Anbetracht der Tatsache, dass es sich bei § 35 V um eine an sich bereits rechtmäßige Verarbeitung oder Nutzung handelt, ist bei der Prüfung der Interessenabwägung ein strenger Maßstab zugrunde zu legen. Bei ges. vorgeschriebener Erhebung, Verarbeitung oder Nutzung ist ein Widerspruch gem. § 35 V 2 von vornherein unzulässig. Durch den Widerspruch entfällt die Rechtmäßigkeit der Verarbeitung ex nunc (*Gola/Wronka* Rn. 279).

Dritter Unterabschnitt. Aufsichtsbehörde

§§ 36 und 37 *(weggefallen)*

Vierter Abschnitt. Sondervorschriften

§ 39 Zweckbindung bei personenbezogenen Daten, die einem Berufs- oder besonderen Amtsgeheimnis unterliegen

(1) [1]**Personenbezogene Daten, die einem Berufs- oder besonderen Amtsgeheimnis unterliegen und die von der zur Verschwiegenheit verpflichteten Stelle in Ausübung ihrer Berufs- oder Amtspflicht zur Verfügung gestellt worden sind, dürfen von der verantwortlichen Stelle nur für den Zweck verarbeitet oder genutzt werden, für den sie sie erhalten hat.** [2]**In die Übermittlung an eine nicht-öffentliche Stelle muss die zur Verschwiegenheit verpflichtete Stelle einwilligen.**

(2) Für einen anderen Zweck dürfen die Daten nur verarbeitet oder genutzt werden, wenn die Änderung des Zwecks durch besonderes Gesetz zugelassen ist.

§ 39 I enthält ein **Zweckentfremdungsverbot** für denjenigen, der von einer einem bes. Berufs- oder Amtsgeheimnis unterliegenden Stelle Daten mitgeteilt bekommt. Die Norm gilt auch für den Datenfluss innerhalb der verantwortl. Stelle, zB bei Angaben, die der Betriebsarzt dem AG über das Erg. der Einstellungsuntersuchung zur Vfg. stellt. Ob die Übermittlung selbst zulässig war, ist nach den speziellen Regelungen des „Geheimnisses" festzustellen. Die Zweckbindung kann durch G nach § 39 II oder durch Einwilligung des Betroffenen durchbrochen werden, da das Recht des Betroffenen auf informationelle Selbstbestimmung durch § 39 nicht ausgeschaltet werden soll (*Dörr/Schmidt* Rn. 5). 1

§ 42a Informationspflicht bei unrechtmäßiger Kenntniserlangung von Daten

[1] Stellt eine nichtöffentliche Stelle im Sinne des § 2 Absatz 4 oder eine öffentliche Stelle nach § 27 Absatz 1 Satz 1 Nummer 2 fest, dass bei ihr gespeicherte
1. besondere Arten personenbezogener Daten (§ 3 Absatz 9),
2. personenbezogene Daten, die einem Berufsgeheimnis unterliegen,
3. personenbezogene Daten, die sich auf strafbare Handlungen oder Ordnungswidrigkeiten oder den Verdacht strafbarer Handlungen oder Ordnungswidrigkeiten beziehen, oder
4. personenbezogene Daten zu Bank- oder Kreditkartenkonten
unrechtmäßig übermittelt oder auf sonstige Weise Dritten unrechtmäßig zur Kenntnis gelangt sind, und drohen schwerwiegende Beeinträchtigungen für die Rechte oder schutzwürdigen Interessen der Betroffenen, hat sie dies nach den Sätzen 2 bis 5 unverzüglich der zuständigen Aufsichtsbehörde sowie den Betroffenen mitzuteilen. [2] Die Benachrichtigung des Betroffenen muss unverzüglich erfolgen, sobald angemessene Maßnahmen zur Sicherung der Daten ergriffen worden oder nicht unverzüglich erfolgt sind und die Strafverfolgung nicht mehr gefährdet wird. [3] Die Benachrichtigung der Betroffenen muss eine Darlegung der Art der unrechtmäßigen Kenntniserlangung und Empfehlungen für Maßnahmen zur Minderung möglicher nachteiliger Folgen enthalten. [4] Die Benachrichtigung der zuständigen Aufsichtsbehörde muss zusätzlich eine Darlegung möglicher nachteiliger Folgen der unrechtmäßigen Kenntniserlangung und der von der Stelle daraufhin ergriffenen Maßnahmen enthalten. [5] Soweit die Benachrichtigung der Betroffenen einen unverhältnismäßigen Aufwand erfordern würde, insbesondere aufgrund der Vielzahl der betroffenen Fälle, tritt an ihre Stelle die Information der Öffentlichkeit durch Anzeigen, die mindestens eine halbe Seite umfassen, in mindestens zwei bundesweit erscheinenden Tageszeitungen oder durch eine andere, in ihrer Wirksamkeit hinsichtlich der Information der Betroffenen gleich geeignete Maßnahme. [6] Eine Benachrichtigung, die der Benachrichtigungspflichtige erteilt hat, darf in einem Strafverfahren oder in einem Verfahren nach dem Gesetz über Ordnungswidrigkeiten gegen ihn oder einen in § 52 Absatz 1 der Strafprozessordnung bezeichneten Angehörigen des Benachrichtigungspflichtigen nur mit Zustimmung des Benachrichtigungspflichtigen verwendet werden.

§ 42a knüpft an einen Vorschlag zur Änd. der RL 2002/58/EG über die Verarbeitung personenbezogener Daten und den Schutz der Privatsphäre in der elektronischen Kommunikation an. Die Vorschr. verpflichtet den AG, die Aufsichtsbehörde und die Betroffenen darüber zu informieren, dass personenbezogene Daten unrechtmäßig übermittelt oder Dritten auf andere Weise unrechtmäßig zur Kenntnis gelangt sind. Es muss die Gefahr bestehen, dass Rechte oder schutzwürdige Interessen des Betroffenen in schwerwiegender Weise beeinträchtigt werden (s. dazu *Marschall* RDV 2015, 17). Die Pflicht entsteht, sobald der AG Kenntnis davon erlangt hat, dass bei ihm gespeicherte personenbezogene Daten iSd. § 3 IX unrechtmäßig erlangt oder weitergegeben worden sind oder es sich um Daten handelt, die dem Berufsgeheimnis unterliegen und Straftaten oder Ordnungswidrigkeiten betreffen sowie bei Bank- und Kreditkartenkonten. Sollten bes. Vorschr. Geheimnisschutz (Berufs- oder Amtsgeheimnisse) gewähren, so müssen dieses Vorschr. eine Inf. gestatten (*Gabel* BB 2009, 2048 f.). 1

Die Meldung muss unverzügl., dh. ohne schuldhaftes Zögern (§ 121 BGB) erfolgen. Allerdings darf der AG nach S. 2 zunächst seine Sicherheitslücken im System schließen, wenn ansonsten eine Gefahr für ihn besteht. Die Mitteilungspflicht umfasst insb. auch (sofern mögl.) Hinweise zur Minderung der Gefahren für die Betroffenen. S. 6 enthält ein Beweisverwertungsverbot zugunsten des Benachrichtigungspflichtigen. 2

170. Gesetz zum Elterngeld und zur Elternzeit (Bundeselterngeld- und Elternzeitgesetz – BEEG)

In der Fassung der Bekanntmachung vom 27. Januar 2015 (BGBl. I S. 33)

Zul. geänd. durch Gesetz vom 23. Mai 2017 (BGBl. I S. 1228)*

(FNA 85-5)

– Auszug –

Abschnitt 4. Elternzeit für Arbeitnehmerinnen und Arbeitnehmer

§ 15 Anspruch auf Elternzeit

(1) [1] Arbeitnehmerinnen und Arbeitnehmer haben Anspruch auf Elternzeit, wenn sie

1. a) mit ihrem Kind,

b) mit einem Kind, für das sie die Anspruchsvoraussetzungen nach § 1 Absatz 3 oder 4 erfüllen, oder

c) mit einem Kind, das sie in Vollzeitpflege nach § 33 des Achten Buches Sozialgesetzbuch aufgenommen haben,

in einem Haushalt leben und

2. dieses Kind selbst betreuen und erziehen.

[2] Nicht sorgeberechtigte Elternteile und Personen, die nach Satz 1 Nummer 1 Buchstabe b und c Elternzeit nehmen können, bedürfen der Zustimmung des sorgeberechtigten Elternteils.

(1a) [1] Anspruch auf Elternzeit haben Arbeitnehmer und Arbeitnehmerinnen auch, wenn sie mit ihrem Enkelkind in einem Haushalt leben und dieses Kind selbst betreuen und erziehen und

1. ein Elternteil des Kindes minderjährig ist oder

2. ein Elternteil des Kindes sich in einer Ausbildung befindet, die vor Vollendung des 18. Lebensjahres begonnen wurde und die Arbeitskraft des Elternteils im Allgemeinen voll in Anspruch nimmt.

[2] Der Anspruch besteht nur für Zeiten, in denen keiner der Elternteile des Kindes selbst Elternzeit beansprucht.

(2) [1] Der Anspruch auf Elternzeit besteht bis zur Vollendung des dritten Lebensjahres eines Kindes. [2] Ein Anteil von bis zu 24 Monaten kann zwischen dem dritten Geburtstag und dem vollendeten achten Lebensjahr des Kindes in Anspruch genommen werden. [3] Die Zeit der Mutterschutzfrist nach § 3 Absatz 2 und 3 des Mutterschutzgesetzes wird für die Elternzeit der Mutter auf die Begrenzung nach den Sätzen 1 und 2 angerechnet. [4] Bei mehreren Kindern besteht der Anspruch auf Elternzeit für jedes Kind, auch wenn sich die Zeiträume im Sinne der Sätze 1 und 2 überschneiden. [5] Bei einem angenommenen Kind und bei einem Kind in Vollzeit- oder Adoptionspflege kann Elternzeit von insgesamt bis zu drei Jahren ab der Aufnahme bei der berechtigten Person, längstens bis zur Vollendung des achten Lebensjahres des Kindes genommen werden; die Sätze 2 und 4 sind entsprechend anwendbar, soweit sie die zeitliche Aufteilung regeln. [6] Der Anspruch kann nicht durch Vertrag ausgeschlossen oder beschränkt werden.

(3) [1] Die Elternzeit kann, auch anteilig, von jedem Elternteil allein oder von beiden Elternteilen gemeinsam genommen werden. [2] Satz 1 gilt in den Fällen des Absatzes 1 Satz 1 Nummer 1 Buchstabe b und c entsprechend.

(4) [1] Der Arbeitnehmer oder die Arbeitnehmerin darf während der Elternzeit nicht mehr als 30 Wochenstunden im Durchschnitt des Monats erwerbstätig sein. [2] Eine im Sinne des § 23 des Achten Buches Sozialgesetzbuch geeignete Tagespflegeperson kann bis zu fünf Kinder in Tagespflege betreuen, auch wenn die wöchentliche Betreuungszeit 30 Stunden übersteigt. [3] Teilzeitarbeit bei einem anderen Arbeitgeber oder selbstständige Tätigkeit nach Satz 1 bedürfen der Zustimmung des Arbeitgebers. [4] Dieser kann sie nur innerhalb von vier Wochen aus dringenden betrieblichen Gründen schriftlich ablehnen.

(5) [1] Der Arbeitnehmer oder die Arbeitnehmerin kann eine Verringerung der Arbeitszeit und ihre Verteilung beantragen. [2] Über den Antrag sollen sich der Arbeitgeber und der Arbeitnehmer oder die Arbeitnehmerin innerhalb von vier Wochen einigen. [3] Der Antrag kann mit der schriftli-

* Die Kommentierung ist auf dem Stand der Gesetzgebung v. 1.1.2018. Für die Rechtslage bis 31.12.2017 ist auf die Voraufl. zu verweisen.

chen Mitteilung nach Absatz 7 Satz 1 Nummer 5 verbunden werden. [4]Unberührt bleibt das Recht, sowohl die vor der Elternzeit bestehende Teilzeitarbeit unverändert während der Elternzeit fortzusetzen, soweit Absatz 4 beachtet ist, als auch nach der Elternzeit zu der Arbeitszeit zurückzukehren, die vor Beginn der Elternzeit vereinbart war.

(6) Der Arbeitnehmer oder die Arbeitnehmerin kann gegenüber dem Arbeitgeber, soweit eine Einigung nach Absatz 5 nicht möglich ist, unter den Voraussetzungen des Absatzes 7 während der Gesamtdauer der Elternzeit zweimal eine Verringerung seiner oder ihrer Arbeitszeit beanspruchen.

(7) [1]Für den Anspruch auf Verringerung der Arbeitszeit gelten folgende Voraussetzungen:

1. Der Arbeitgeber beschäftigt, unabhängig von der Anzahl der Personen in Berufsbildung, in der Regel mehr als 15 Arbeitnehmer und Arbeitnehmerinnen,
2. das Arbeitsverhältnis in demselben Betrieb oder Unternehmen besteht ohne Unterbrechung länger als sechs Monate,
3. die vertraglich vereinbarte regelmäßige Arbeitszeit soll für mindestens zwei Monate auf einen Umfang von nicht weniger als 15 und nicht mehr als 30 Wochenstunden im Durchschnitt des Monats verringert werden,
4. dem Anspruch stehen keine dringenden betrieblichen Gründe entgegen und
5. der Anspruch auf Teilzeit wurde dem Arbeitgeber
   a) für den Zeitraum bis zum vollendeten dritten Lebensjahr des Kindes sieben Wochen und
   b) für den Zeitraum zwischen dem dritten Geburtstag und dem vollendeten achten Lebensjahr des Kindes 13 Wochen

   vor Beginn der Teilzeittätigkeit schriftlich mitgeteilt.

[2]Der Antrag muss den Beginn und den Umfang der verringerten Arbeitszeit enthalten. [3]Die gewünschte Verteilung der verringerten Arbeitszeit soll im Antrag angegeben werden. [4]Falls der Arbeitgeber die beanspruchte Verringerung oder Verteilung der Arbeitszeit ablehnen will, muss er dies innerhalb der in Satz 5 genannten Frist mit schriftlicher Begründung tun. [5]Hat ein Arbeitgeber die Verringerung der Arbeitszeit

1. in einer Elternzeit zwischen der Geburt und dem vollendeten dritten Lebensjahr des Kindes nicht spätestens vier Wochen nach Zugang des Antrags oder
2. in einer Elternzeit zwischen dem dritten Geburtstag und dem vollendeten achten Lebensjahr des Kindes nicht spätestens acht Wochen nach Zugang des Antrags

schriftlich abgelehnt, gilt die Zustimmung als erteilt und die Verringerung der Arbeitszeit entsprechend den Wünschen der Arbeitnehmerin oder des Arbeitnehmers als festgelegt. [6]Haben Arbeitgeber und Arbeitnehmerin oder Arbeitnehmer über die Verteilung der Arbeitszeit kein Einvernehmen nach Absatz 5 Satz 2 erzielt und hat der Arbeitgeber nicht innerhalb der in Satz 5 genannten Fristen die gewünschte Verteilung schriftlich abgelehnt, gilt die Verteilung der Arbeitszeit entsprechend den Wünschen der Arbeitnehmerin oder des Arbeitnehmers als festgelegt. [7]Soweit der Arbeitgeber den Antrag auf Verringerung oder Verteilung der Arbeitszeit rechtzeitig ablehnt, kann die Arbeitnehmerin oder der Arbeitnehmer Klage vor dem Gericht für Arbeitssachen erheben.

I. Normgeschichte und Normzweck

1. Normgeschichte. Das BEEG (BGBl. I S. 2748) ersetzte nach einer Übergangszeit bis 31.12.2008 1
das BErzGG. Das Recht der EZ ist seitdem auch in den arbeitsrechtl. relevanten Teilen erhebl. verändert worden. Durch das G zur Vereinfachung des Elterngeldes v. 10.9.2012 sind § 15 IV 1 und § 16 III novelliert worden. Die EZ für AN ist inzwischen aufgrund des G v. 15.2.2013 in Abschn. 4 anstelle des Abschn. 2 des BEEG geregelt. Abschn. 2 behandelt das Betreuungsgeld, das in seiner bundesrechtl. Regelung gegen Art. 72 II GG verstößt (BVerfG 21.7.2015 NJW 2015, 2399). Das BEEG wurde mit Bek. v. 27.1.2015 (BGBl. I S. 33) erneut neugefasst. Die Neufassung trat am 1.1.2015 in Kraft. Sie gilt für Kinder, die ab dem 1.7.2015 geboren werden. Mit dieser Novelle soll die Vereinbarkeit von Familie und Beruf weiter gestärkt werden. Die Neuregelung hat ua. §§ 15, 16 und 18 BEEG zum Gegenstand. §§ 17 und 19 BEEG blieben unberührt. Die gewichtigsten inhaltl. Veränderungen betreffen Erleichterungen der EZ und ElternTZ anstelle von zwölf von bis zu 24 Monaten zwischen dem dritten und dem vollendeten achten Lebensjahr des Kindes (§ 15 II 2) mit einer 13- anstatt einer siebenwöchigen Anmeldefrist (§ 15 VII 1 Nr. 5 lit. b), § 16 I 1 Nr. 2). Die ANRechte sind mit Blick auf eine bestimmte **Verteilung der AZ bei ElternTZ** gestärkt worden (Ablehnungsfrist von vier Wochen für den AG mit schriftl. Begr.: „beanspruchte Verringerung oder Verteilung der AZ", § 15 VII 4, Zustimmungsfiktion bei unterbliebener schriftl. Ablehnung des AG binnen vier bzw. acht Wochen, § 15 VII 5 und 6, und Klagerecht des AN auch gegen die abgelehnte Verteilung der verringerten AZ in der ElternTZ, § 15 VII 7). Zudem besteht nun die Möglichkeit, die EZ oder ElternTZ ohne Zust. des AG auf drei statt auf zwei Abschn. zu verteilen (§ 16 I 6; zu den Neuregelungen Küttner/*Poeche* EZ Rn. 1, 10; *v. Steinau-Steinrück/Reiter* NJW-Spezial 2015, 242, 243; *Urban*

ArbR 2015, 168). Der Kündigungsschutz nach § 18 I endet wie bisher mit dem Ende der EZ (§ 18 I 2 und 3) oder ElternTZ (§ 18 II Nr. 1) und im Sonderfall der TZArbeit ohne EZ mit dem Ende des Elterngeldanspruchs (§ 18 II Nr. 2). Die BT-Fraktion der Grünen will das BEEG zu einem G für mehr Zeitsouveränität für Mütter und Väter weiterentwickeln (BT-Drs. 18/9007).

2 **2. Normzweck.** § 15 soll die Betreuung und Erziehung eines Kindes in den ersten Lebensjahren durch einen Elternteil fördern (bessere Vereinbarkeit von Beruf und Familie, BT-Drs. 14/3553 S. 11; 16/1889 S. 16). In einigen Fällen können auch die Großeltern eines Kindes Anspruch auf Arbeitsbefreiung haben (Rn. 1, 5a). §§ 15 ff. schaffen den rechtl. Rahmen, der es dem Berechtigten ohne Verlust des Arbeitsplatzes erlaubt, eine Arbeitspause einzulegen oder die Arbeitsmenge zu reduzieren (BAG 18.12.2008 NZA 2009, 391). Das Elterngeld nach §§ 1 ff. sichert während dieser Zeit die wirtschaftl. Existenz. AN haben das **Gestaltungsrecht** des Verlangens nach EZ, das durch unbezahlte (Teil-)Freistellung von der Arbeit realisiert wird (stRspr., zB BAG 12.5.2011 NZA 2012, 208; 10.5.2016 NZA 2016, 1137). Das unionsrechtl. für die Dauer von mind. vier Monaten verbürgte Recht auf Elternurlaub steht den Eltern, nicht dem Kind zu (noch zu § 2 I der von UNICE, CEEP und EGB am 14.12.1995 geschlossenen Rahmenvereinb. über Elternurlaub im Anh. der RL 96/34/EG des Rates v. 3.6.1996 [ABl. EG L 145 v. 19.6.1996 S. 4], aber auch schon zu Art. 33 II GRC EuGH 16.9.2010 EuZW 2011, 62 Rn. 31 ff. – Chatzi; zu der seit 7.4.2010 geltenden, bis 8.3.2012 umzusetzenden Rahmenvereinb. über Elternurlaub der europ. Sozialpartner v. 18.6.2009 [RV] im Anh. der RL 2010/18/EU v. 8.3.2010 [ABl. EU L 68 v. 18.3.2010 S. 13] *Dahm* EuZA 2011, 30 ff.). Dem Vater steht das Recht auf Elternurlaub unabhängig von der Erwerbstätigkeit seiner Ehefrau zu (EuGH 16.7.2015 NZA 2015, 987 – Maïstrellis; *Krebber* GPR 2016, 188, 192). Die dreijährige Dauer der EZ nach § 15 II 1 überschreitet auch iVm. der sieben- bzw. 13-wöchigen Ankündigungsfrist des § 16 I 1 das Niveau der ElternurlaubsRL 2010/18/EU von vier Monaten nach § 2 II 1 RV (*Düwell* FA 2010, 137, 138 ff.). Das EP fordert eine Anhebung auf sechs Monate (P8_TA-PROV(2016)0226 vom 12.5.2016). Dagegen dürfte in der Voraussetzung des § 15 I Nr. 1, wonach das Kind im Haushalt des Berechtigten leben muss, ein **Umsetzungsdefizit** liegen. Durch dieses Erfordernis wird der von § 2 I RV verbürgte Anspruch auf Elternurlaub unzulässig eingeschränkt (*Klenter* AiB 2013, 217, 218). Ein Umsetzungsdefizit besteht auch ggü. der Vorgabe in § 6 I 1 RV (*Wenckebach* AuR 2013, 189). Danach treffen die Mitgliedstaaten und/oder die Sozialpartner die erforderl. Maßnahmen, um sicherzustellen, dass die AN bei der Rückkehr aus dem Elternurlaub Änd. ihrer AZ und/oder des Arbeitsarrangements für eine bestimmte Dauer beantragen können. Das BAG nimmt für § 8 TzBfG jedoch nur einen Anspruch auf unbefristete AZVerringerung an (12.9.2006 NZA 2007, 253). Die EU-Kommission hat am 24.1.2013 beschlossen, den EuGH gegen die Niederlande anzurufen. Die Kom. nimmt an, die Rechte von AN, die nach der EZ in ihren Beruf zurückkehren wollten, seien dort unzureichend ausgestaltet. Der Koalitionsvertrag von CDU, CSU und SPD für die 18. Legislaturperiode (S. 70) spricht sich für einen Anspruch auf befristete TZArbeit aus. Der entspr. Vorstoß des BMAS ist gescheitert. Allerdings können die Kautelen für die Wiederaufnahme der Erwerbstätigkeit in § 6 I RV nicht dahin ausgelegt werden, dass sie auch eine Rückkehr aus dem Mutterschaftsurlaub iSd. RL 85/92/EWG umfassen (EuGH 16.6.2016 NZA 2016, 935 – Rodríguez Sánchez; zum Begriff *Busemann* NZA 2017, 102). Vor dem Hintergrund der ElternurlaubsRL ist auch die Auff. des SG Bremen probl., wonach die einvernehml. Verringerung der AZ nach dem Ende der EZ die Kürzung des Anspruchs auf Alg. II wegen einer Pflichtverletzung iSv. § 31 SGB II rechtfertigen kann (7.1.2013 – S 21 AS 2221/12 ER). Die EZ kann ohne Freistellung durch den AG wirksam angetreten werden. Die vollständige Suspendierung der Arbeitspflicht setzt **keine Vereinb.** mit dem AG voraus. Mit dem Verlangen nach EZ tritt ein Befreiungstatbestand ein, sofern die ges. Voraussetzungen erfüllt sind (Rn. 3 bis 5; s. auch § 16 Rn. 2 bis 4). Die Regeln des BUrlG, des vereinbarten Sonderurlaubs oder des Beamtenrechts (LAG D 11.10.2001 ZTR 2002, 39; zur EZ für Soldaten zB BVerwG 21.5.2015 – 1 WB 20/14) können nicht auf die EZ von AN übertragen werden. Besonderheiten nach Maßgabe der Abs. 5 bis 7 gelten, wenn der Berechtigte seine AZ mit der EZ ledigl. verringern will (sog. ElternTZ, s. auch Rn. 1).

II. Voraussetzungen

3 **1. Arbeitsverhältnis.** AN können EZ in einem bestehenden und bei Beginn der EZ andauernden ArbVerh. verlangen. Das Recht auf EZ ist nicht auf das ArbVerh. beschränkt, das bei der Geburt des Kindes bestand. Es besteht auch in einem FolgeArbVerh. (BAG 11.3.1999 NZA 1999, 1047). AN iSd. BEEG sind nicht nur AN iSd. allg. ArbR (BGB § 611a Rn. 8 ff.), sondern auch die zu ihrer **Berufsbildung** Beschäftigten, § 20 I 1. EZberechtigt sind unter den Voraussetzungen des § 20 II **Heimarbeiter** und die ihnen Gleichgestellten. Auf Art und Inhalt des ArbVerh. kommt es nicht an. AN in einem **befristeten ArbVerh.** (zB § 2 V 1 Nr. 3 WissZeitVG), **TZBeschäftigte** und **Studierende** in einer Nebenbeschäftigung können AN iSd. BEEG sein und EZ verlangen. Ltd. Ang. iSv. § 5 III 1 BetrVG behalten ihren Status in der EZ, wenn mit ihrer Rückkehr in den Betrieb zu rechnen ist. Dem steht nicht entgegen, dass sie ihre Leitungsfunktion während der EZ tats. nicht ausüben. Für die Statusbegr. ist der Rückgriff auf die faktisch ausgeübte Leitungsmacht sinnvoll, um Manipulationen des AG entgegen-

zuwirken („ltd. Ang. auf dem Papier"). Ist der Status dagegen durch die faktisch ausgeübte Leitungsmacht vor der EZ begr., genügt in der EZ die Rückkehrprognose für den Statuserhalt (*Verstege* RdA 2011, 99 ff.).

2. Betreuung und Erziehung eines Kindes. Im Haushalt des AN muss ein Kind zu betreuen und zu erziehen sein. Der AN muss die Erziehung und Betreuung selbst übernehmen und kann sie nicht einem anderen überlassen. Die Mithilfe Dritter – zB Au-pair-Bediensteter oder Familienangehöriger – schließt das Recht nicht aus. Das zu betreuende Kind muss **nicht** das **leibl. Kind** sein. Neben leibl. Kindern (§ 15 I 1 Nr. 1 lit. a)) kann es sich um Kinder handeln, für die Anspruch auf Elterngeld nach § 1 III und IV besteht (§ 15 I 1 Nr. 1 lit. b)). Das sind mit dem Ziel der Annahme als Kind aufgenommene Kinder (§ 1 III 1 Nr. 1), Kinder von Ehe- und Lebenspartnern (dh. eingetragenen gleichgeschlechtl. Lebenspartnern iSv. § 1 III 1 Nr. 2 BEEG, § 1 I 1 LPartG), Kinder, bei denen die Vaterschaft anerkannt und über die noch nicht entschieden ist (§ 1 III 1 Nr. 3) sowie unter best. Voraussetzungen bei Verwandten lebende Kinder (§ 1 IV: Verwandte bis zum dritten Grad und ihre Ehe- oder Lebenspartner; der Verwandtschaftsgrad dürfte sich nach dem Wortlaut und der GBegr. in BT-Drs. 16/1889 S. 19 auf das Kind, nicht auf dessen Eltern beziehen). Schließl. kann EZ verlangt werden für Kinder, die in Vollzeitpflege iSd. § 33 SGB VIII in den Haushalt aufgenommen sind (§ 15 I 1 Nr. 1 lit. c)). Im Regelfall muss der AN nicht die **Zust.** eines anderen, insb. nicht des ebenfalls **personensorgeberechtigten Elternteils** haben, um EZberechtigt zu sein. Verlangt der nicht personensorgeberechtigte Elternteil eines leibl. Kindes oder jemand aus dem in § 15 I 1 Nr. 1 lit. b) und c) genannten Personenkreis EZ, bleibt der AN jedoch nur dann berechtigt der Arbeit fern, wenn der personensorgeberechtigte Elternteil zustimmt, § 15 I 2. Die Bestimmung schützt den AG vor unberechtigt verlangter EZ. 4

3. Berechtigung. Beide erwerbstätige Berechtigte können ganz oder ant. EZ nehmen. Das gilt für die Gesamtdauer der EZ mit der Folge, dass beide Partner zur selben Zeit für dasselbe Kind für drei Jahre EZ nehmen können, § 15 III. Das Recht steht nicht nur den Eltern, sondern auch den in § 15 III 2 genannten Personen zu. 5

Seit der Änd. des G v. 17.1.2009 (Rn. 1) gehören nach § 15 I a AN zum Kreis der Berechtigten, die als Großeltern ein **Enkelkind** in ihren Haushalt aufnehmen und das Kind selbst betreuen und erziehen, sofern die weiteren Voraussetzungen der Nr. 1 oder Nr. 2 des Abs. 1a erfüllt sind. Das Recht auf EZ steht in der vorhergehenden Generation ledigl. Verwandten iSv. § 1589 BGB zu. Nur das in gerader Linie mit dem Berechtigten verwandte Enkelkind ist ein Enkelkind iSd. § 15 I a. Großeltern sind dagegen nicht die Eltern eines Mannes, der keine der Voraussetzungen des § 1592 BGB erfüllt. Enkelkinder sind auch nicht die in § 15 I 1 Nr. 1 lit. b) und c) genannten Kinder. Das folgt aus der Wortwahl „Enkelkind" anstelle von „Kind" und der GBegr. (BR-Drs. 341/08: Hilfe für Eltern nach der sog. Teenagerschwangerschaft). 5a

Die Zusatzvoraussetzung des § 15 I a 1 Nr. 1 knüpft an die Minderjährigkeit eines Elternteils an. Minderjährige sind Personen bis zur Vollendung des 18. Lebensjahres. Von diesem Zpkt. an sind sie volljährig, § 2 BGB. Anspruchsberechtigt sind nicht nur die Eltern der minderjährigen Mutter oder des minderjährigen Vaters, sondern auch die jeweils anderen verschwägerten (§ 1590 BGB) Eltern. Das G setzt nur einen minderjährigen Elternteil, nicht einen verwandten minderjährigen Elternteil voraus. 5b

Die alternative Zusatzvoraussetzung des § 15 I a Nr. 2 gibt Großeltern das Recht auf EZ, wenn die Eltern des Enkels zwar volljährig sind, ein Elternteil sich aber in der Ausbildung befindet (s. auch Rn. 1). Das Recht wird durch Zeitvorgaben begrenzt. Die Ausbildung muss während der Minderjährigkeit begonnen haben. Die weitere Einschränkung der vollen Arbeitskraft im Allg. ist wenig aussagekräftig. Auch die Gesetzesmaterialien geben dazu keinen Aufschluss (BR-Drs. 341/08). Die volle Arbeitskraft im Allg. wird in der Berufsausbildung eines Elternteils regelm. vorliegen, nicht aber zwgd. in anderen Ausbildungsgängen wie in der Schulausbildung. 5c

Das Recht auf EZ entsteht für Großeltern nach derzeitigem Recht nicht, wenn ein Elternteil selbst EZ nimmt. Das Recht erlischt, wenn ein Elternteil im Zeitraum des § 15 II 1 (Rn. 6) EZ nimmt (§ 15 I a 2). Auf der Grdl. des Achten Familienberichts der BReg. „Zeit für Familie" (BT-Drs. 17/9000) wird diskutiert, ob Großeltern neben minder- oder volljährigen Eltern durch einen neuen § 15 I b ein Recht auf GroßEZ erlangen sollen, auch wenn die Eltern ihr Recht auf EZ ausüben. 5d

III. Dauer und Lage der Elternzeit

1. Dauer. Das Recht auf EZ besteht grds. höchstens bis zur Vollendung des dritten Lebensjahres eines Kindes, § 15 II 1. AE des Tages, der dem Geburtstag des Kindes vorausgeht, geht das Recht auf EZ ersatzlos unter. Das gilt auch dann, wenn zwei Berechtigte den Anspruch hatten. Es können also nicht erst die Mutter und dann der Vater jeweils höchstens drei Jahre EZ verlangen. Innerhalb der Höchstfrist können die Berechtigten einen Teilabschnitt für die EZ wählen. Das Bestimmungsrecht unterliegt keinen Beschränkungen (LAG D 11.10.2001 ZTR 2002, 39). Klargestellt hat der Gesetzgeber, dass das Recht für jedes Kind auch dann besteht, wenn sich die Zeiträume überschneiden, § 15 II 4. Die Mutterschutzfrist nach § 6 I MuSchG/§ 3 II MuSchG nF wird angerechnet (§ 15 II 3). 6

7 **2. Lage.** Im Regelfall werden die Berechtigten eine EZ in die ersten drei Lebensjahre des Kindes legen. § 15 II 2 eröffnet ihnen die Möglichkeit, einen Teil von höchstens 24 Monaten des Anspruchs **ohne Zust. des AG** in den Zeitraum zwischen dem Beginn des vierten und dem Ende des achten Lebensjahres zu übertragen (*Graue* SGb 2016, 421, 423). Die EZ kann für Kinder, die ab dem 1.7.2015 geboren werden, auf drei statt auf zwei Zeitabschn. aufgeteilt werden. § 15 II 2 beruht auf dem Ziel des Gesetzgebers, eine Betreuung des Kindes rd. um die Einschulung zu ermöglichen. Das gilt auch bei der Überschneidung von Zeiträumen bei mehreren Kindern. Für **Geburten bis zum 30.6.2015** setzte eine Übertragung von höchstens zwölf Monaten nach § 15 II 4 aF die **Zust. des AG** und damit eine Übereinkunft der Arbeitsvertragsparteien voraus, wonach das Recht in einem späteren Zeitraum verwirklicht werden konnte. Bei einem Wechsel in ein anderes ArbVerh. war eine neue Übereinkunft erforderl. (BT-Drs. 14/3118 S. 20); dazu BAG 24.5.2012 NZA 2012, 1304; *Winterfeld* BB 2004, 930, 933; **aA** *Schiefer* NZA-Beil. 4/2012, 132, 136).

8 **3. Besonderheiten bei Pflegekindern.** Angenommene Kinder und in Vollzeit- oder in Adoptionspflege (§ 1 III 1 Nr. 1, § 15 I 1 Nr. 1 lit. b)) aufgenommene Kinder kommen nicht immer als Babys zu den Anspruchsberechtigten, sondern mitunter erst nach einigen Jahren. In diesen Fällen können die AN das Recht auf EZ vor, aber auch nach Vollendung des dritten Lebensjahres des Kindes – längstens bis zur Vollendung des achten Lebensjahres – ausüben. Die Berechtigten müssen die EZ auch in diesem Fall nicht geschlossen nehmen, sondern können vom AG eine Aufteilung verlangen und mit ihm vereinbaren, § 15 II 5.

IV. Unabdingbarkeit

9 Die ges. Regeln über das Recht auf EZ sind einseitig zwgd. Recht (BAG 5.6.2007 NZA 2007, 1352). Sie können nicht zuungunsten der AN beschränkt oder ausgeschlossen werden, § 15 II 6. Das Unabdingbarkeitsgebot gilt nicht nur für Einzelverträge, wie der Wortlaut des G vermuten lässt. Auch Betriebspartner und TVParteien haben es zu beachten. Entgegenstehende Normen sind nach § 134 BGB nichtig (BAG 26.11.2003 AP TVG § 1 Tarifverträge: Lufthansa Nr. 30). § 15 II 6 steht deshalb Regelungen entgegen, die die von Art. 6 GG geschützte Freiheit beeinträchtigen, sich für die EZ zu entscheiden (BAG 12.4.2016 NZA 2016, 833 zu § 23a BAT). **Günstigere Vereinb.** zB über die Länge der EZ sind mögl., auch wenn ein Ausschlusstatbestand erfüllt ist. Sie betreffen aber nur die Befreiung von der Arbeitspflicht, nicht die Zahlung des Elterngeldes und die daran anknüpfenden sozialversicherungsrechtl. Rechtsfolgen (*Buchner/Becker* Rn. 30).

V. Erwerbstätigkeit während der Elternzeit in Teilzeit

10 Die „Inanspruchnahme" der EZ führt zur Befreiung des AN von der Arbeitspflicht (Rn. 2). Der AN ist jedoch nicht gehalten, seine Zeit nur für die Betreuung und Erziehung des in seinem Haushalt lebenden Kindes zu verwenden. Es ist auch mögl., dass er einer Erwerbstätigkeit bis zu einem bestimmten Umf. nachgeht (TZArbeit während der EZ; zu der verbotenen Diskriminierung bei Elternurlaub auf TZBasis EuGH 27.2.2014 NZA 2014, 359 – Lyreco Belgium). Dabei kann die Erwerbstätigkeit in **abhängiger Arbeit** (Rn. 11), aber auch als **Dienstnehmer oder Selbständiger** (Rn. 24) ausgeübt werden. Ferner sind Tätigkeiten bei einem Dritten (Rn. 20 bis 24) erlaubt. Die Erwerbstätigkeit kann nur in TZ von höchstens 30 Stunden in der Woche ausgeübt werden. Durch G v. 10.9.2012 (BGBl. I S. 1878) ist klargestellt worden, dass die 30-Wochenstunden-Grenze im Monatsdurchschnitt nicht überschritten werden darf. Eine Ausnahme besteht für die Betreuung von Kindern in Tagespflege durch den Personenkreis des § 23 SGB VIII (§ 15 IV 2).

11 **1. Arbeit beim alten Arbeitgeber. a) Grundsätze.** Regelm. wird eine (TZ-)Beschäftigung beim bisherigen AG in Betracht kommen. Das ist unprobl., wenn der Berechtigte bereits vorher höchstens in TZ von 30 Stunden tätig war und diese Tätigkeit für die EZ beibehält, § 15 V 4. Eine Vereinb. zur Verringerung der AZ anlässl. der EZ ist dann überflüssig (*Brors* RdA 2005, 51 ff.). Allerdings müssen AN nach § 16 I auch den Wunsch anzeigen, während der EZ der bisherigen TZBeschäftigung weiter nachzugehen. Dabei sollte sich der AN hinreichend klar ausdrücken, um Nachteile zu vermeiden (BAG 27.4.2004 NZA 2004, 1039). Das gilt auch dann, wenn zunächst volle EZ genommen wird und nach Ablauf eines genau bezeichneten Zeitraums die bisherige Tätigkeit unv. wieder aufgenommen werden soll. Eine Fortsetzung iSd. § 15 V 4 kommt nicht nur zu Beginn der EZ in Betracht, sondern auch nach zeitweiliger vollständiger Arbeitsbefreiung (BAG 27.4.2004 NZA 2004, 1039).

12 **b) Verringerung der Arbeitsverpflichtung.** Vollzeitbeschäftigte oder TZBeschäftigte können ihre AZ während der EZ **nicht durch einseitige Erkl.** (Rn. 2) verringern. Sie müssen ein mehrstufiges Verf. einhalten, um die Teilbefreiung von der Arbeitspflicht zu erreichen. § 15 VII 5 enthält jedoch eine Zustimmungsfiktion des AG, wenn das Kind ab dem 1.7.2015 geboren wird. Lehnt der AG den TZAntrag in einer EZ bis zur Vollendung des dritten Lebensjahres des Kindes nicht spätestens vier Wochen nach Zugang des Antrags oder in einer EZ zwischen dem dritten Geburtstag und dem vollendeten achten Lebensjahr des Kindes nicht spätestens acht Wochen nach Zugang des Antrags

schriftl. ab, gilt die Zust. des AG zum Antrag als erteilt. AN sind nicht gehalten, die TZBeschäftigung bei Beginn der EZ zu beantragen. Sie haben auch dann Anspruch auf Verringerung der AZ unter Beachtung der Verfahrensregeln des § 15, wenn sie zunächst volle EZ genommen haben (BAG 19.4.2005 NZA 2005, 1354; 9.5.2006 NZA 2006, 1413; *Joussen* Anm. AP BErzGG § 15 Nr. 44; *ders.* NZA 2005, 336, 338; **aA** *Brors* RdA 2005, 51, 53; *Worzalla* SAE 2005, 242, 244). Für diesen Fall ist § 16 III 1 nicht anzuwenden (§ 16 Rn. 7). AN können die ElternTZ aber nicht verlangen, bevor sie die EZ und deren Lage verbindl. in Anspruch genommen haben (BAG 5.6.2007 NZA 2007, 1352; 12.5.2011 NZA 2012, 208). Wird der Antrag vorzeitig gestellt, besteht kein Anspruch auf Zust. des AG (vgl. zu den Änd. mit Blick auf den Anspruch auf Verteilung der verringerten AZ aus § 15 VII 4 bis 7 Rn. 1).

aa) Vereinbarungslösung. Der Gesetzgeber erwartet von den Parteien eines ArbVerh. eine **Vereinb. über die Verringerung und Verteilung** der AZ während der EZ, § 15 V. Das Einigungsverf. beginnt mit dem Antrag des AN auf Abschluss einer Vereinb. zur Verringerung der Arbeitsverpflichtung und ihrer Verteilung (Rn. 1). Der Antrag kann bereits mit der schriftl. Mitt. nach § 15 VII 1 Nr. 5 verbunden werden. Dabei sind die allg. Bestimmtheitsanforderungen des § 145 BGB zu beachten (BAG 15.12.2009 NZA 2010, 447). Der Verringerungsantrag muss – va. hins. der Dauer der AZReduzierung – so konkret gefasst sein, dass der AG ihn mit einem schlichten „Ja" annehmen kann (BAG 16.4.2013 AP BEEG § 15 Nr. 5). Diesem Antrag kann der AG in beiden Bereichen entsprechen, auch wenn eine oder mehrere der in Abs. 7 genannten Voraussetzungen nicht erfüllt ist/sind. Der AG kann allerdings auch – im Anwendungsbereich des § 15 V ohne Begr. – ablehnen. Dafür haben die Parteien nach der Sollbestimmung des § 15 V 2 vier Wochen Zeit. 13

bb) Einseitiges Verfahren. Kommt eine Einigung nach § 15 V 2 nicht zustande, kann der AN einen **Anspruch auf Verringerung und Verteilung der AZ,** ggf. auch im einstweiligen Rechtsschutz durch Leistungsverfügung (LAG HE 18.5.2015 – 16 SaGa 376/15 –), geltend machen, wenn die Erfordernisse des § 15 VII 1 gewahrt sind. Mit dem Antrag, der während der EZ zweimal gestellt werden kann (§ 15 VI, sog. Anspruchsverf. nach § 15 VI, VII, BAG 19.2.2013 NZA 2013, 907), wird der AG in Verzug gesetzt, wenn er die Abgabe der Annahmeerkl. zu der angebotenen AZVerringerung zu Unrecht verweigert. Nach Auff. des BAG sind einvernehml. ElternTZRegelungen im **Konsensverf.** des § 15 V 1, 2 nicht auf den Anspruch auf zweimalige Verringerung (und mittlerweile auch Verteilung) der AZ während der EZ anzurechnen. Einigen sich AG und AN demggü. im Anspruchsverf. auf eine Reduzierung (und ggf. Verteilung) der AZ, wird sie angerechnet, der Zeitanteil ist „verbraucht" (BT-Drs. 18/2583 S. 36; **aA** *Fecker/Scheffzek* NZA 2015, 778, 780). Ob der AN die AZVerringerung und ihre Verteilung im Konsens- oder Anspruchsverf. durchzusetzen versucht, ist durch Auslegung zu ermitteln (noch ausschl. zur Verringerung BAG 19.2.2013 NZA 2013, 907; **aA** die zugrunde liegende Berufungsentsch. LAG HH 18.5.2011 NZA-RR 2011, 454). Das BAG lässt offen, ob es für den Übergang in das Anspruchsverf. erforderl. ist, dass keine Einigung im Konsensverf. nach § 15 V 2 zustande gekommen ist, oder ob die schriftl. Mitt. des Verringerungs- und Verteilungsanspruchs nach § 15 VII 1 Nr. 5 für die Geltendmachung nach § 15 VI genügt (19.2.2013 NZA 2013, 907). Die Auff. des BAG birgt die Gefahr, dass sich AG wünschenswerten Lösungen im Konsensverf. verschließen, um die Verringerung (und Verteilung) der AZ auf zwei Perioden der EZ zu begrenzen. Eine solche Verlagerung in das Anspruchsverf. belastet das ArbVerh. mit einem formalisierten, ggf. gerichtl. Verf. (ähnl. skeptisch für die Betriebspraxis, aber dogmatisch zust. *Leuchten* Anm. AP BEEG § 15 Nr. 4). Hinzu kommt, dass die Auslegung, ob der AN die Reduzierung und Verteilung der AZ im Konsens- oder Anspruchsverf. geltend macht, für den AG und die Tatsacheninstanzen nicht einfach sein dürfte. Zuzustimmen ist dem BAG darin, dass sich der Verringerungsanspruch aus § 15 VI auch auf die Verteilung der verminderten AZ erstreckt (19.2.2013 NZA 2013, 907). Das ist inzwischen in § 15 VII 4, 6 und 7 ausgedrückt. Der AN muss einen Leistungsantrag stellen, ein Feststellungsantrag genügt nicht (BAG 16.4.2013 AP BEEG § 15 Nr. 5). Stehen der vom AN im Anspruchsverf. angegebenen Verteilung der reduzierten AZ dringende betriebl. Gründe entgegen, besteht kein Anspruch auf Verringerung der AZ (BAG 19.2.2013 NZA 2013, 907). Für den Verringerungsanspruch gibt es allg. Voraussetzungen in § 15 VII 1: Der AG muss idR **mehr als 15 AN** ungeachtet der in der Berufsbildung stehenden Personen beschäftigen. Auf die Beschäftigtenzahl im Betrieb kommt es nicht an. Dem kommt nicht nur Bedeutung zu, wenn ein Unternehmen mehrere Betriebe hat, sondern auch dann, wenn der AN in einem Gemeinschaftsbetrieb arbeitet und der VertragsAG nur eine geringe Zahl von AN in diesem Betrieb beschäftigt. Der Berechtigte muss im Betrieb oder Unternehmen länger als sechs Monate beschäftigt sein **(Wartezeit)**. Hierfür gelten dies. Regeln wie bei den Wartezeiten anderer G. Maßgebl. ist der Bestand des ArbVerh., berechnet ab der vereinbarten Arbeitsaufnahme. Kurzfristige rechtl. Unterbrechungen können unschädl. sein (KSchG § 1 Rn. 39 ff.). 14

AN können nicht verlangen, in einer TZBeschäftigung von nur wenigen Wochenstunden eingesetzt zu werden. Sie müssen eine vollständige Befreiung von der Arbeitspflicht verlangen oder um Beschäftigung von **mind. 15 und höchstens 30 Wochenstunden** nachsuchen (§ 15 VII 1 Nr. 3). Die GÄnd. hat die frühere Sollvorschr. korrigiert. Sie bezog sich schon nach früherem Verständnis nicht auf den AZRahmen, sondern auf den Mindestzeitraum der zweimal mögl. (s. aber Rn. 14) Verringerungs- 15 anträge (§ 15 VI). Es ist wünschenswert, dass der AG die betriebl. Arbeitsabläufe nur im Ausnahmefall für kurze Zeit umorganisieren muss. Ein auf eine kürzere Dauer der Verringerung als zwei Monate gerichteter Antrag ist für sich genommen allerdings kein Ablehnungsgrund (Rn. 17).

16 Der Antrag auf Verringerung der AZ muss dem AG **schriftl.** zugehen (§ 16 Rn. 2). Der AN hat dabei den **Beginn und den Umf. der verringerten AZ mitzuteilen** (BAG 19.4.2005 NZA 2005, 1354; 15.4.2008 NZA 2008, 998). Diesen Erfordernissen kann auch mit der Klage auf Abgabe einer Zustimmungserkl. genügt werden (BAG 19.4.2005 AP BErzGG § 15 Nr. 43). Der Berechtigte soll die gewünschte Verteilung der AZ angeben. Er muss diese Angabe ebenso wenig wie bei einem Verringerungsantrag nach § 8 II TzBfG machen. Der AN kann die Verteilung der AZ der Ausübung des Weisungsrechts des AG nach billigem Ermessen überlassen, § 106 S. 1 GewO, § 315 I BGB (BAG 15.12.2009 NZA 2010, 447). Er kann das Gestaltungsrecht des Verlangens nach EZ (BAG 12.5.2011 NZA 2012, 208) jedoch damit verknüpfen, dass ElternTZ vereinbart wird (BAG 5.6.2007 NZA 2007, 1352; 12.5.2011 NZA 2012, 208). Will der AN eine bestimmte Verteilung der AZ durchsetzen, erstreckt sich der Verringerungsanspruch aus § 15 VI auch auf eine bestimmte Verteilung der AZ (klargestellt durch BAG 19.2.2013 NZA 2013, 907). Der AN muss bei Geburten ab dem 1.7.2015 die „Vorlaufzeit" von sieben Wochen (Zeitraum bis zum vollendeten dritten Lebensjahr des Kindes) bzw. 13 Wochen (Zeitraum zwischen dem dritten Geburtstag und dem vollendeten achten Lebensjahr des Kindes) beachten, § 15 VII 1 Nr. 5. Für Geburten bis zum 30.6.2015 gilt einheitl. eine Frist von sieben Wochen. Das gilt auch bei einem klageweisen Antrag. Wird die Siebenwochenfrist oder die 13-Wochen-Frist unterschritten, ist der Antrag nicht unwirksam. Der AG braucht sich aber erst zum ges. vorgesehenen Zpkt. mit der Reduzierung der Arbeitspflicht einverstanden zu erklären (LAG RP 13.9.2007 – 11 Sa 244/07). Bis zu diesem Zpkt. ist der AN zur vertragl. Leistung verpflichtet. Er ist nicht in EZ und kann die daran anknüpfenden Leistungen nach dem BEEG nicht in Anspruch nehmen. Diese Grds. gelten auch bei der denkbaren zweiten Verringerung iSd. § 15 VI (dazu *Hamann* BB 2005 Beil. 6, 2, 11). Der AG kann auf den Schutz der Siebenwochenfrist oder 13-Wochen-Frist verzichten (zur Siebenwochenfrist BAG 15.12.2009 NZA 2010, 447).

17 Der AZVerringerung dürfen **keine dringenden betriebl. Gründe** entgegenstehen. § 15 VII 1 Nr. 4 ist eine negative Tatbestandsvoraussetzung. Der AN ist deshalb verpflichtet, wenigstens formelhaft vorzubringen, dass seinem AZWunsch keine dringenden betriebl. Gründe entgegenstehen. Genügt der AN dieser pauschalen Behauptungslast, muss der AG die entgegenstehenden dringenden betriebl. Gründe substantiiert vortragen, dazu Beweis anbieten und erbringen (BAG 15.4.2008 NZA 2008, 998; 15.12.2009 NZA 2010, 447). Kann das Gericht nicht feststellen, dass dem Verringerungsantrag dringende betriebl. Gründe entgegenstehen, ist der AG antragsgemäß zu verurteilen. Anders als bei § 8 TzBfG genügen keine betriebl. Gründe jeder Art. Die betriebl. Gründe müssen dringend sein (BAG 15.12.2009 NZA 2010, 447). Der unbestimmte Rechtsbegriff ist so eng zu verstehen wie an anderer Stelle, zB in § 3 IV 2 PflegeZG. Entgegenstehende dringende betriebl. Gründe sind die Ausnahme. An das obj. Gewicht der Ablehnungsgründe nach § 15 VII 1 Nr. 4 sind erhebl. Anforderungen zu stellen. Mit dem Begriff „dringend" wird ausgedrückt, dass eine Angelegenheit notwendig, erforderl. oder sehr wichtig ist. Die entgegenstehenden betriebl. Interessen müssen zwgd. Hindernisse für die beantragte Verkürzung oder Verteilung der AZ sein (zur AZVerringerung BAG 15.12.2009 NZA 2010, 447). Inhalt und Umf. der vom AG darzulegenden Tatsachen richten sich nach dem Lebenssachverhalt, auf den er die Zustimmungsverweigerung stützt. Geht es um die Unteilbarkeit des Arbeitsplatzes – zB in einer Leitungsfunktion – oder die Unvereinbarkeit der gewünschten TZArbeit mit den betriebl. AZModellen, ist das für § 8 TzBfG entwickelte Prüfungsschema anzuwenden (BAG 15.12.2009 NZA 2010, 447; zu dem regelm. anzuwendenden Dreistufenschema zB 13.11.2012 NZA 2013, 373). Der AG muss in dieser Fallgruppe alle Möglichkeiten der betriebl. Umorganisation prüfen und überzeugend darlegen, dass eine Reduzierung der bisherigen AZ anstelle des vom G uneingeschränkt vorgesehenen Totalausfalls für die Dauer der EZ nicht durchführbar ist (BAG 5.6.2007 NZA 2007, 1352). Das betriebl. Organisationskonzept und daraus abgeleitete AZRegelungen sind dagegen regelm. bedeutungslos, wenn sich der AG darauf beruft, er habe für den AN keine Beschäftigungsmöglichkeit. Der Verringerungswunsch muss dann nicht mit den betriebl. Abläufen in Einklang gebracht werden. Gegenüberzustellen sind die vorübergehende Beschäftigung des AN in EZ mit verringerter AZ und das vollständige Ruhen der Arbeitspflicht bis zum Ende der EZ (BAG 15.12.2009 NZA 2010, 447). Will der AN während der EZ eine TZBeschäftigung aufnehmen und hat der AG zur Vertretung eine Vollzeitkraft eingestellt, die ihre Arbeitsverpflichtung ebenso wenig wie andere AN zugunsten des EZBerechtigten reduzieren will, liegen dringende betriebl. Gründe iSv. § 15 VII vor (BAG 5.6.2007 NZA 2007, 1352; *Joussen* NZA 2005, 336, 337, 340). Gleiches gilt, wenn ein AG mehr AN beschäftigt, als Arbeitsplätze vorhanden sind (zB nach dem Widerspruch gegen einen Betriebsübergang). Stimmen der Beschäftigungsbedarf und die ANZahl nur aufgrund der EZ überein, stehen dem TZWunsch dringende betriebl. Gründe entgegen (BAG 15.4.2008 NZA 2008, 998). Eine allg. tarifl. Quote, die die Zahl von TZStellen begrenzt, verstößt gegen das zwgd. Recht des § 15 VII, wenn mit ihr der Anspruch auf ElternTZ ohne dringende betriebl. Gründe beschränkt wird (LAG SN 17.5.2011 – 7 Sa 137/10 –, tw. Stattgabe der Revision durch BAG 16.4.2013 AP BEEG § 15 Nr. 5 aufgrund der Unzulässigkeit der Klageanträge). Bei der Anwendung des unbestimmten Rechtsbegriffs der „entgegenstehenden

dringenden betriebl. Gründe" besteht ein revisionsrechtl. nur eingeschränkt überprüfbarer **Beurteilungsspielraum der Tatsacheninstanzen** (BAG 15.12.2009 NZA 2010, 447). Der AG ist nicht mit dringenden betriebl. Gründen gegen die ElternTZ ausgeschlossen, wenn er sie nicht in der Vierwochenfrist des § 15 VII 4 geltend macht (str., wie hier LAG BW 23.11.2006 – 7 Sa 95/06 –; *Menke* ArbR 2011, 112 ff. mwN zu der Kontroverse, bislang offengelassen von der Rspr. des BAG, s. insb. 5.6.2007 NZA 2007, 1352). Eine solche **Präklusion** geht nicht hinreichend deutl. aus dem GWortlaut hervor. Ein Vergleich von § 15 IV 4 und § 15 VII 4 stützt dieses Erg. § 15 IV 4 verlangt, dass der AG TZArbeit bei einem anderen AG oder selbständige Tätigkeit von 30 Wochenstunden innerhalb von vier Wochen aus dringenden betriebl. Gründen schriftl. ablehnt. § 15 VII 4 lässt bei ElternTZ bei demselben AG dagegen die Ablehnung innerhalb von vier Wochen mit schriftl. Begr. genügen. Der Elternteilzeitantrag kann anders als der TZAntrag nach § 8 II 1 TzBfG langfristig im Voraus gestellt werden. Zu diesem Zpkt. kann die betriebl. Entwicklung häufig noch nicht sicher prognostiziert werden. Auch die GBegr. des § 15 VII BErzGG (BT-Drs. 14/3553 S. 22) lässt den gesetzgeberischen Willen einer Präklusion nicht erkennen. § 15 VII 4 BEEG ist wortgleich mit § 15 VII 4 BErzGG (*Menke* ArbR 2011, 112, 114).

cc) Reaktion des Arbeitgebers. Der AG kann dem Antrag des AN entsprechen und die gewünschte 18
Verringerung der AZ in dem beantragten Umf. und für die beabsichtigte Dauer akzeptieren. Diese Lösung kam nach früherem Recht in Betracht, wenn die nach § 15 V versuchte Einigung nur an der **Verteilung** der verbleibenden AZ gescheitert war (s. mittlerweile aber Rn. 1, 12, 13). Will der AG eine TZBeschäftigung überhaupt oder in dem vom AN beantragten Umf. verhindern, muss er die Ablehnung innerhalb von vier Wochen nach Zugang des Antrags in einer EZ zwischen der Geburt und dem vollendeten dritten Lebensjahr des Kindes oder innerhalb von acht Wochen nach Zugang des Antrags in einer EZ zwischen dem dritten Geburtstag und dem vollendeten achten Lebensjahr des Kindes schriftl. begründen. Versäumt er die Frist oder missachtet er die Form, wird die Zust. nach § 15 VII 6 fingiert (*Graue* SGb 2016, 421, 423). Der AN muss seine Ansprüche dagegen gerichtl. durchzusetzen versuchen, § 15 VII 7 (Leistungsklage auf Abgabe der Annahmeerkl. iSv. § 894 S. 1 ZPO), wenn der AG schriftl. rechtzeitig widerspricht. Für die Klage besteht noch nach Beendigung der EZ ein allg. Rechtsschutzbedürfnis, wenn die mit Rechtskraft des Urt. fingierte Abgabe der Annahmeerkl. zu Vergütungsansprüchen aus Annahmeverzug führen kann (BAG 15.12.2009 NZA 2010, 447).

dd) Verhältnis zu anderen ges. Reduzierungsvorschriften. Außerhalb des BEEG finden sich im 19
SGB IX für behinderte Menschen und in § 8 TzBfG für alle AN ges. Bestimmungen, nach denen eine Verringerung der AZ verlangt werden kann. Daneben gibt es tarifl. Reduzierungsvorschr. zB in § 11 TVöD-AT/TV-L. § 15 ist ebenso wie § 81 V 3 SGB IX/§ 164 V 3 SGB IX nF lex specialis zu § 8 TzBfG und kommt nur dann zur Anwendung, wenn die bes. tatbestandl. Voraussetzungen erfüllt sind. Ein behinderter Mensch ist nach der Geburt eines Kindes jedoch nicht gehindert, auf den allg. Verringerungsanspruch aus § 8 TzBfG zurückzugreifen. Die Anspruchsgrdl. sind nebeneinander anwendbar. Soweit der AN nicht angibt, worauf er sein Verlangen stützt, ist das zu klären und ggf. aus den obj. Umständen wie dem Zpkt. des Verlangens, dem Umf. der Reduzierung und ihrer Dauer zu ermitteln. Im Verhältnis zu tarifl. Vorschr. wie § 11 TVöD-AT/TV-L gelten entspr. Grds. Ges. und tarifl. Ansprüche stehen nebeneinander. Es ist durch Auslegung zu ermitteln, welcher Anspruch geltend gemacht wird. Der AN ist nicht gehalten, sich auf den ges. Anspruch zu beschränken. Er kann den weiter gehenden, aber auch anderen Einwendungen unterliegenden tarifl. Anspruch anstelle des ges. Anspruchs geltend machen (LAG HB 23.11.2000 LAGE BErzGG § 15 Nr. 5).

2. Arbeit bei einem anderen Arbeitgeber. Will der AN bei einem anderen AG während der EZ 20
einer TZBeschäftigung nachgehen, muss der AG **zustimmen**. Der AN hat die Zust. zu beantragen und konkret zu beschreiben, welcher Tätigkeit er mit welchem Inhalt nachgehen will. Der AG muss prüfen, ob der Tätigkeit bei einem anderen AG dringende betriebl. Gründe entgegenstehen, § 15 IV 4. Wenn das nicht zutrifft, muss er die Zust. erteilen. Er darf die vierwöchige Überlegungsfrist des § 15 IV 4 ausschöpfen. Will er dringende betriebl. Gegengründe, zB Geheimhaltungs- und Wettbewerbsinteressen (LAG D 8.10.2003 AnwBl. 2004, 187) oder den Bedarf an der Arbeitskraft des Berechtigten im eigenen Unternehmen (BAG 26.6.1997 NZA 1997, 1156), geltend machen, muss er diese innerhalb der **Vierwochenfrist** – beginnend mit dem Zugang des Antrags – schriftl. darlegen. Die Gründe müssen grds. in der Ablehnung genannt werden. Eine formgerechte Ablehnung ist auch dann zu bejahen, wenn der AG rügt, dass die Inf. des AN über die auszuübende Tätigkeit unvollständig seien und er deshalb nicht beurteilen könne, ob dringende betriebl. Interessen entgegenstünden oder nicht.

Geht der AN einer TZBeschäftigung nach, ohne die Zust. des AG eingeholt zu haben, hat das keinen 21
Einfluss auf den Elterngeldanspruch und den Entgeltanspruch gegen den anderen AG. Der Vertrag mit ihm ist **nicht nichtig**. Auch wenn angenommen würde, das G enthalte ein Beschäftigungsverbot und das ArbVerh. mit dem neuen AG sei nichtig, bliebe dem AN das verdiente Entgelt sowohl nach den Grds. des faktischen ArbVerh. als auch nach Bereicherungsrecht (BAG 30.4.1997 NZA 1998, 199). Der AN verletzt aber Pflichten aus dem ArbVerh. mit dem ErstAG und kann dafür zur Rechenschaft gezogen werden. Regelm. bringt er damit den Arbeitsplatz in Gefahr. Er kann sich auch wettbewerbsrechtl. Ansprüchen aussetzen. Der AG kann Unterlassung verlangen. Dasselbe gilt, wenn der AG die

beantragte Zust. zu Recht verweigert hat. In diesem Fall kann sogar eine Kündigung während der EZ nach § 18 in Betracht kommen (§ 18 Rn. 11).

22 Bes. Probleme entstehen, wenn der AG die Zust. zu Unrecht verweigert hat, die ges. vorgeschriebene Form oder Frist nicht eingehalten hat oder sich überhaupt nicht auf den Antrag des AN eingelassen hat. Auch dann fehlt die vom G vorgeschriebene Zust. Das G sieht keine Zustimmungsfiktion vor. Die Auslegung von § 15 IV 3 und 4 ergibt jedoch, dass das Erfordernis der Zust. nur besteht, soweit die Interessen des AG **schützenswert** sind. Davon ist nicht mehr auszugehen, wenn der AG die ihm zugebilligte ges. Frist untätig verstreichen lässt. Das Zustimmungserfordernis entfällt (BAG 26.6.1997 NZA 1997, 1156). In diesem Fall kann der AN einer Teiltätigkeit bei einem anderen AG nachgehen, ohne dass ihn die fehlende Zust. daran hindert (*Buchner/Becker* Rn. 40). Eine **Klage** auf Abgabe der fehlenden Erkl., ggf. im Weg einstweiligen Rechtsschutzes, ist nicht nötig. Nichts anderes gilt, wenn der AG zwar innerhalb der Frist ablehnt, aber die Begründungsform nicht beachtet. Der AN muss abwarten, ob ihm noch innerhalb der Frist eine formgerechte Zustimmungsverweigerung zugeht. Nach Ablauf der Frist kann er die Tätigkeit aufnehmen, weil eine nicht formgerechte Zust. eine Teiltätigkeit nicht „sperrt". Der AN muss nicht klagen (**aA** *Joussen* NZA 2003, 644, 648).

23 Lehnt der AG form- und fristgerecht ab, bestehen jedoch die genannten Gründe nicht oder sind sie nicht als entgegenstehende dringende betriebl. Gründe zu bewerten, kann der AN nach Fristablauf eine anderweitige Tätigkeit aufnehmen. Innerhalb der Frist kann der AG „nachbessern". Etwas anderes gilt nur dann, wenn der AG zu erkennen gibt, dass seine Verweigerung endgültig ist und nicht weiter begr. werden soll. Der AN darf dann eine andere Tätigkeit aufnehmen. Er geht jedoch das Risiko ein, dass die Zustimmungsverweigerung im Nachhinein als berechtigt und die Arbeitsaufnahme als unberechtigt beurteilt wird. Zur Sicherheit kann der AN eine Klage auf Abgabe der Zustimmungserkl. erheben (**aA** LAG D 2.7.1999 NZA-RR 2000, 232).

24 **Schadensersatz** wegen Verdienstausfalls im mögl. TZArbVerh. kann der Berechtigte nur im Ausnahmefall geltend machen. Bis zum Ablauf der ges. Frist ist der Anspruch des AN nicht fällig. Ist die Zust. nicht formgerecht oder überhaupt nicht innerhalb der Frist erteilt, kann der AN einer Tätigkeit nach Ablauf der Frist nachgehen. Unterlässt er das, beruht der Schaden auf einer Fehleinschätzung, nicht auf einer rechtswidrigen und schuldhaften Handlung des AG (BAG 26.6.1997 NZA 1997, 1156). Ledigl. dann, wenn der AG **inhaltl. zu Unrecht** die Zust. verweigert hat und der AN die Rechtswidrigkeit der Zustimmungsverweigerung nicht erkennen konnte, besteht ein Anspruch auf Schadensersatz wegen Pflichtverletzung aus § 280 I und II, § 286 BGB. Den AG trifft die Nebenpflicht, Erwerbschancen des AN in EZ nur in begr. Ausnahmefällen zu beeinträchtigen. Er verletzt diese Pflicht, wenn er Verweigerungsgründe vorschiebt. Diese Grds. gelten für eine selbständige Tätigkeit während der EZ entspr.

VI. Arbeitsrechtliche Rechtsfolgen der Elternzeit

25 **1. Bestand des Arbeitsverhältnisses.** Durch die EZ wird das ArbVerh. in seinem Bestand nicht berührt. Es entfallen (bei fehlender TZBeschäftigung) ledigl. die wechselseitigen Hauptleistungspflichten, die Arbeitspflicht und die Vergütungspflicht. **Sie ruhen** (BAG 10.5.1989 NZA 1989, 759; 10.2.1993 NZA 1993, 801). Mit Beendigung der EZ leben die Hauptleistungspflichten wieder auf. Eine Erkl. ist nicht erforderl. Wurde die AZ während der Eltern(-teil)zeit verringert, lebt die urspr. Arbeitsverpflichtung am Tag des dritten oder achten Geburtstags des Kindes, dessen Geburt der EZ zugrunde liegt, ohne Weiteres wieder auf. Das gilt auch bei einem AGWechsel nach Betriebsübergang (BAG 2.12.1999 NZA 2000, 369). Über den Einsatz des zurückgekehrten AN auf seinem alten Arbeitsplatz oder an anderer Stelle befinden die vertragl., betriebl. und tarifvertragl. Vereinb. und Normen. Vereinbaren die Parteien des ArbVerh. eine TZBeschäftigung, handelt es sich nicht um ein anderes, neues ArbVerh., sondern um ein einheitl. ArbVerh. mit neuen Arbeitsbedingungen (BAG 23.4.1996 NZA 1997, 160). Ein von der Einheitlichkeit des ArbVerh. abhängiger Anspruch besteht fort (BAG 23.4.1996 NZA 1997, 160: tarifl. Zuwendung).

26 **2. Arbeitsunfähigkeit wegen Krankheit.** Wird der AN während der EZ arbeitsunfähig krank, hat er **keinen Anspruch auf EFZ** nach dem EFZG. Die Krankheit ist für die unterbleibende Arbeitsleistung nicht ursächl. Die Arbeitspflicht ruht bereits aus anderem Grund (BAG 22.6.1988 NZA 1989, 13). Die Krankheit verlängert die EZ auch nicht. Eine dem § 9 BUrlG vergleichbare Vorschr. fehlt im BEEG. Erkrankt der AN **vor Beginn** der EZ, hat das auf den Beginn der EZ keinen Einfluss, es sei denn, der AN erklärt, er wolle die EZ erst nach seiner Genesung antreten. Das ist unter Beachtung der Formalien des § 16 rechtl. mögl. und führt zu einem EFZAnspruch nach den ges. oder tarifl. Bestimmungen (BAG 17.10.1990 NZA 1991, 320). **Endet** die EZ und ist der AN zu diesem Zpkt. arbeitsunfähig krank, hat er einen Anspruch auf EFZ nach Maßgabe der Bestimmungen des EFZG. Die grds. „aufgelebte" Arbeitspflicht ist wegen der AU infolge Krankheit suspendiert. Die AU ist die einzige Ursache des Arbeitsausfalls.

27 **3. Urlaub.** Während der EZ kann kein Urlaub gewährt werden, weil der AN nicht noch einmal von der Arbeitspflicht befreit werden kann. Entfällt die Möglichkeit der Urlaubsgewährung und ist diese

Voraussetzung für den Anspruch auf zusätzl. Urlaubsgeld, entfällt auch der Anspruch auf Urlaubsgeld (BAG 14.8.1996 NZA 1996, 1204; § 17 Rn. 11). Dasselbe gilt für die Freistellung des AN zur Teilnahme an einer Bildungsveranstaltung nach den **BildungsurlaubsG** der Länder (zur Unmöglichkeit doppelter Freistellung bei Bildungsurlaub BAG 24.8.1993 NZA 1994, 456). Auch eine Sonderurlaubsvereinb. wird von der erst später eintretenden Möglichkeit, EZ zu beantragen, nicht berührt (BAG 16.7.1997 NZA 1998, 104).

4. Sonderzuwendungen. Ob und unter welchen Voraussetzungen Sonderzahlungen wie Gratifikationen, Weihnachtsgelder, 13. Monatsgehälter und Leistungen mit ähnl. Bezeichnungen während der Fehlzeiten von AN gekürzt werden können, bestimmen die außerges. Rechtsgrdl. über diese Leistungen (BGB § 611 Rn. 527 ff.). Sie enthalten selten ausdr. Bestimmungen darüber, ob und unter welchen Voraussetzungen ihr Bezug von der tats. Arbeitsleistung während des Bezugszeitraums abhängt. Das gilt auch für den Tatbestand der EZ und ist unionsrechtlich nicht zu beanstanden (für den Mutterschafts-, nicht den Elternurlaub EuGH 14.7.2016 NZA 2016, 933 – Ornano; *Hartmann* EuZA 2017, 153, 185). Regelm. muss die anspruchsbegründende Norm oder Vereinb. ausgelegt werden. Entscheidend ist die Zweckbestimmung der Sonderzahlung. Wird die Leistung der Sonderzahlung unabhängig von der Gegenleistung der Arbeit geschuldet, gilt das regelm. auch für die Zeiten der EZ. Enthält die Rechtsgrdl. dagegen Hinweise, dass die Sonderzuwendung nur entspr. der tats. Arbeitsleistung im Bezugszeitraum zu gewähren ist, entfällt sie auch ant. für die Zeiten eines Jahres, in denen der AN EZ nimmt. Sehen TV vor, dass der Bezug einer Sonderzahlung ausfällt, wenn ein ArbVerh. kraft G ruht, gilt das auch für die EZ (BAG 10.2.1993 NZA 1993, 801). Damit ist keine (mittelbare) Diskriminierung iSv. Art. 157 AEUV verbunden, wenn die Leistung nur von der Voraussetzung abhängt, dass sich der AN zum Zpkt. der Gewährung im aktiven ArbVerh. befindet (EuGH 21.10.1999 NZA 1999, 1325 – Lewen noch zu Art. 119 EGV). Das gilt auch hins. des § 3 II AGG (s. aber zu der Diskriminierung von Beamten in Elternurlaub bei der Streichung von Stellen EuGH 20.6.2013 – C-7/12 – Riežniece). Ähnl. ist für **vermögenswirksame Leistungen** anzunehmen. Ihre Fortzahlung hängt vom Inhalt der Rechtsgrdl. ab. **Sachbezüge**, die nur an den Bestand des ArbVerh. anknüpfen – wie zB „Logis" – bleiben auch bestehen, wenn die Hauptleistungspflichten ruhen. Andere Sachbezüge, wie etwa Kost, die aus Anlass der Arbeit gewährt werden, entfallen in der EZ ohne Beschäftigung. 28

5. Betriebl. Altersversorgung. In der betriebl. AV sind Zeiten der EZ bei der Berechnung der Wartezeiten und der Unverfallbarkeitsfristen zu berücksichtigen. Das ArbVerh. besteht fort. Die Hauptleistungspflichten ruhen ledigl. Der AG ist nicht gehindert, Zeiten der vollständigen Arbeitsbefreiung während der EZ von Steigerungen einer Anwartschaft auf Leistungen der betriebl. AV auszunehmen (BAG 15.2.1994 NZA 1994, 794). 29

6. Betriebsverfassung. Der Betriebsangehörige in EZ ist aktiv und passiv wahlberechtigt. Er hat das Recht, an **Betriebsversammlungen** teilzunehmen. Er hat dafür Anspruch auf Zahlung der Vergütung nach § 44 I 2 BetrVG (BAG 31.5.1989 NZA 1990, 449). Der AN in EZ darf auch sein BRAmt wahrnehmen (BAG 25.5.2005 NZA 2005, 1002). Er muss sich jedoch deutl. erklären, um ggf. einen Verhinderungsfall iSv. § 25 I 2 BetrVG feststellen zu können. Eine bezahlte Freistellung des AN zum **Besuch von Schulungsveranstaltungen** nach § 37 VI und VII BetrVG nach einem entspr. BRBeschl. ist für den vollständig von der Arbeitspflicht befreiten AN rechtl. nicht mögl., weil er bereits wegen der EZ von der Arbeitspflicht befreit ist. 30

§ 16 Inanspruchnahme der Elternzeit

(1) [1] Wer Elternzeit beanspruchen will, muss sie

1. für den Zeitraum bis zum vollendeten dritten Lebensjahr des Kindes spätestens sieben Wochen und

2. für den Zeitraum zwischen dem dritten Geburtstag und dem vollendeten achten Lebensjahr des Kindes spätestens 13 Wochen

vor Beginn der Elternzeit schriftlich vom Arbeitgeber verlangen. [2] Verlangt die Arbeitnehmerin oder der Arbeitnehmer Elternzeit nach Satz 1 Nummer 1, muss sie oder er gleichzeitig erklären, für welche Zeiten innerhalb von zwei Jahren Elternzeit genommen werden soll. [3] Bei dringenden Gründen ist ausnahmsweise eine angemessene kürzere Frist möglich. [4] Nimmt die Mutter die Elternzeit im Anschluss an die Mutterschutzfrist, wird die Zeit der Mutterschutzfrist nach § 3 Absatz 2 und 3 des Mutterschutzgesetzes auf den Zeitraum nach Satz 2 angerechnet. [5] Nimmt die Mutter die Elternzeit im Anschluss an einen auf die Mutterschutzfrist folgenden Erholungsurlaub, werden die Zeit der Mutterschutzfrist nach § 3 Absatz 2 und 3 des Mutterschutzgesetzes und die Zeit des Erholungsurlaubs auf den Zweijahreszeitraum nach Satz 2 angerechnet. [6] Jeder Elternteil kann seine Elternzeit auf drei Zeitabschnitte verteilen; eine Verteilung auf weitere Zeitabschnitte ist nur mit der Zustimmung des Arbeitgebers möglich. [7] Der Arbeitgeber kann die Inanspruchnahme eines dritten Abschnitts einer Elternzeit innerhalb von acht Wochen nach Zugang des Antrags aus dringenden betrieblichen Gründen ablehnen, wenn dieser Abschnitt im Zeitraum

zwischen dem dritten Geburtstag und dem vollendeten achten Lebensjahr des Kindes liegen soll. [8]Der Arbeitgeber hat dem Arbeitnehmer oder der Arbeitnehmerin die Elternzeit zu bescheinigen. [9]Bei einem Arbeitgeberwechsel ist bei der Anmeldung der Elternzeit auf Verlangen des neuen Arbeitgebers eine Bescheinigung des früheren Arbeitgebers über bereits genommene Elternzeit durch die Arbeitnehmerin oder den Arbeitnehmer vorzulegen.

(2) **Können Arbeitnehmerinnen aus einem von ihnen nicht zu vertretenden Grund eine sich unmittelbar an die Mutterschutzfrist des § 3 Absatz 2 und 3 des Mutterschutzgesetzes anschließende Elternzeit nicht rechtzeitig verlangen, können sie dies innerhalb einer Woche nach Wegfall des Grundes nachholen.**

(3) **[1]Die Elternzeit kann vorzeitig beendet oder im Rahmen des § 15 Absatz 2 verlängert werden, wenn der Arbeitgeber zustimmt. [2]Die vorzeitige Beendigung wegen der Geburt eines weiteren Kindes oder in Fällen besonderer Härte, insbesondere bei Eintritt einer schweren Krankheit, Schwerbehinderung oder Tod eines Elternteils oder eines Kindes der berechtigten Person oder bei erheblich gefährdeter wirtschaftlicher Existenz der Eltern nach Inanspruchnahme der Elternzeit, kann der Arbeitgeber unbeschadet von Satz 3 nur innerhalb von vier Wochen aus dringenden betrieblichen Gründen schriftlich ablehnen. [3]Die Elternzeit kann zur Inanspruchnahme der Schutzfristen des § 3 des Mutterschutzgesetzes auch ohne Zustimmung des Arbeitgebers vorzeitig beendet werden; in diesen Fällen soll die Arbeitnehmerin dem Arbeitgeber die Beendigung der Elternzeit rechtzeitig mitteilen. [4]Eine Verlängerung der Elternzeit kann verlangt werden, wenn ein vorgesehener Wechsel der Anspruchsberechtigten aus einem wichtigen Grund nicht erfolgen kann.**

(4) **Stirbt das Kind während der Elternzeit, endet diese spätestens drei Wochen nach dem Tod des Kindes.**

(5) **Eine Änderung in der Anspruchsberechtigung hat der Arbeitnehmer oder die Arbeitnehmerin dem Arbeitgeber unverzüglich mitzuteilen.**

1 **1. Normzweck.** Die Vorschr. enthält weitere **Verfahrensbestimmungen** für die EZ. Die sieben- bzw. 13-wöchige Anzeigefrist soll die EZPlanung erleichtern und zugleich das Dispositionsinteresse des AG wahren (BT-Drs. 16/1889 S. 27). Hier und in § 15 I finden sich die Bestimmungen über die mögl. Dauer der EZ durch Regelungen über **Beginn und Ende der EZ** für den Regelfall und bestimmte Ausnahmen. § 15 II 1 und 2, § 16 I 1 übersteigen das Niveau der ElternurlaubsRL 2010/18/EU (*Dahm* EuZA 2011, 30 ff.; *Düwell* FA 2010, 137, 138 ff.; § 15 Rn. 2; § 16 Rn. 6). § 16 erschließt sich regelm. in der Gesamtschau mit den Bestimmungen des § 15.

2 **2. Beginn der Elternzeit. a) Erklärung des Arbeitnehmers.** EZ kann nur angetreten werden, wenn die oder der berechtigte AN sie vom AG verlangt (BAG 5.6.2007 NZA 2007, 1352). Der AG kann nicht von sich aus EZ gewähren. Es gibt auch keine EZ „von Amts wegen" im Zusammenhang mit beantragtem Elterngeld. Die Erkl. des AN über die „Inanspruchnahme" von EZ ohne TZBeschäftigung führt die Rechtsfolge, dass die Hauptleistungspflichten ab dem angezeigten Zpkt. ruhen, **ohne Mitwirkung des AG** durch rechtsgestaltende empfangsbedürftige Willenserkl. herbei (§ 15 Rn. 2; s. auch BSG 15.12.2015 NJW 2016, 3117). Die Erkl. ist nach § 16 I 1 va. wegen der Warnfunktion an die strenge Schriftform des § 126 I BGB gebunden. Sie ist vom AN eigenhändig durch Namensunterschrift oder notariell beglaubigtes Handzeichen zu unterzeichnen. Ein Telefax oder eine E-Mail genügt nicht. Eine solche Erkl. ist nach § 125 S. 1 BGB nichtig. Der AG kann sich aber im Einzelfall rechtsmissbräuchl. verhalten, wenn er sich darauf beruft, das Schriftformerfordernis sei nicht gewahrt (BAG 10.5.2016 NZA 2016, 1137; 10.5.2016 – 9 AZR 149/15 – BeckRS 2016, 73353; *Boemke* JuS 2017, 270; *Jesgarzewski* BB 2016, 2304: *Spielberger* NJW 2016, 2909; *Vossen* DB 2016, 2967). Die Erkl. ist an den AG, einen seiner Vertreter oder Repräsentanten zu richten (*Buchner/Becker* Rn. 2). Ungenügend ist eine Erkl. ggü. der nach § 12 für die Ausführung des G zust. Behörde.

3 **b) Inhalt.** Der Berechtigte hat dem AG die EZ rechtzeitig anzuzeigen. Dazu muss eine **Frist von sieben** (Zeitraum bis zum vollendeten dritten Lebensjahr des Kindes) **bzw. 13 Wochen** (Zeitraum zwischen dem dritten Geburtstag und dem vollendeten achten Lebensjahr des Kindes; krit. *Fecker/Scheffzek* NZA 2015, 778, 779 f.) beachtet werden, § 16 I 1, es sei denn, es liegen dringende Gründe für einen früheren Beginn der EZ vor, § 16 I 3 (§ 15 Rn. 1). Der AN kann den AG auch früher über die gepl. EZ informieren. Davon zu unterscheiden ist die **Frist nach § 16 II.** Mit ihr wird das Interesse der Berechtigten, die während der Dauer des Beschäftigungsverbots nach § 6 I MuSchG/§ 3 II MuSchG nF aus bes. Gründen an der rechtzeitigen Abgabe der Erkl. gehindert waren, höher bewertet als das Dispositionsinteresse des AG, der sich ggf. kurzfristig auf das bevorstehende Ruhen der Hauptleistungspflichten wegen der EZ einstellen muss (*Russell* ZRP 2010, 96 f.). Der in § 16 II genannte Hinderungsgrund bezieht sich nicht darauf, dass EZ nicht im unmittelbaren Anschluss an das Beschäftigungsverbot des § 6 I MuSchG/§ 3 II MuSchG nF angetreten werden kann, sondern darauf, dass die Erkl. für den Antritt zu diesem Zpkt. nicht rechtzeitig abgegeben werden kann (BAG 17.10.1990 NZA 1991, 320). In Betracht kommen dafür nur Ereignisse, die eine Artikulierung

des Berechtigten überhaupt nicht ermöglichen oder eine Äußerung als noch nicht zumutbar erscheinen lassen. Mit der Regelung soll Härtefällen Rechnung getragen werden. Der AN darf die Frist weder vorsätzl. noch fahrlässig versäumt haben. Zu denken ist etwa an den Krankenhausaufenthalt der Mutter (BT-Drs. 10/3792 S. 20). Geht die Erkl. noch innerhalb der Woche nach Wegfall des Grundes zu, kann die EZ auch kurzfristig angetreten werden (die Bedeutung der Bestimmung ist anges. des § 16 I 3 gering geworden). Die früher für mögl. gehaltene **analoge Anwendung** der Vorschr. auf andere Sachverhalte, in denen der Berechtigte gehindert ist, die EZ rechtzeitig anzuzeigen – zB in den Fällen des § 15 I 1 Nr. 1 lit. b) und c) – kommt nach der Aufhebung des BErzGG nicht mehr in Betracht (offengelassen, aber tendenziell gegen eine Analogie BAG 17.2.1994 NZA 1994, 656; wie hier *Buchner/Becker* Rn. 11; **aA** *Meisel/Sowka* Rn. 13, 16). Der Gesetzgeber, der die Kontroverse im Schrifttum nicht übersehen haben dürfte, hat das G nicht ergänzt. Es kann daher nicht als unbewusst lückenhaft bezeichnet werden.

Die Frist (und Form) gilt nicht nur für das Verlangen, sondern auch für die Angabe, welche Zeiten in 4
den **nächsten beiden Jahren** als Befreiungszeiten (Zeiträume) anzusehen sein werden. Dabei ist seit 2004 die Klarstellung in § 16 I 4 und 5 zu beachten, dass bei EZ der Mutter des Kindes die Mutterschutzfrist nach § 6 I MuSchG/§ 3 II MuSchG nF und die ggf. im Anschluss an die Mutterschutzfrist gewährte Urlaubszeit auf den Zweijahreszeitraum angerechnet werden. Die Angaben zu den **Zeiträumen bis zur Vollendung des zweiten Lebensjahres** des Kindes sind zwgd. vorgeschrieben und zunächst (zur Abänderung Rn. 7 ff.) für beide Parteien verbindl. Darüber hinaus kann der AN auch über die „Inanspruchnahme" der EZ im dritten Jahr verfügen, er muss das jedoch nicht (BAG 19.4.2005 NZA 2005, 1354; 9.5.2006 NZA 2006, 1413). Die Beschränkung auf den Zeitraum der ersten beiden Jahre und drei Zeitabschnitte in § 16 I Nr. 1 und I 2 ist eine Schutzvorschr. zugunsten des AN, der sich die Entsch. über die Lage der letzten, höchstens 24-monatigen Freistellung anges. der eröffneten Möglichkeiten nach § 15 II 2 und 5 vorbehalten darf. Eine spätere EZ im Anschluss an die Arbeitspause in den ersten beiden Lebensjahren des Kindes und die Übertragung des letzten Teilanspruchs auf die Zeit nach Vollendung des dritten Lebensjahres des Kindes bis zur Vollendung seines achten Lebensjahres sind nach § 15 II 2 und 5, § 16 III 1 von der Zust. des AG abhängig. Sie ist regelm. zu erteilen. § 15 II 1 und § 16 I 2 beziehen sich nur auf die Erstanzeige, wie § 16 I 2 aE verdeutlicht. Die Pflicht aus § 16 I 1, sich hins. der ersten beiden Lebensjahre des Kindes verbindl. festzulegen, schützt die Planungssicherheit des AG (*Huke* SAE 2012, 74, 76; *Niklas* BB 2013, 951). Zustimmungsfrei soll eine Verlängerung nur unter den engen Voraussetzungen des § 16 III 4 sein. Für die Verlängerung der EZ unmittelbar im Anschluss an die Zweijahresfrist des § 16 I 2 gilt sonst § 16 III 1 (str., wie hier *Huke* SAE 2012, 74, 76; Schaub/*Linck* § 172 Rn. 12; **aA** zB LAG SN 17.5.2011 – 7 Sa 137/10 –, tw. Stattgabe der Revision durch BAG 16.4.2013 AP BEEG § 15 Nr. 5 aufgrund der Unzulässigkeit der Klageanträge; LAG D 24.1.2011 – 14 Sa 1399/10 – mwN, Revision unter – 9 AZR 290/11 – ohne inhaltl. Klärung nach § 91a I 1 ZPO erledigt; *Aschmoneit* NZA 2012, 247, 248 f.; *Fecker/Scheffzek* NZA 2015, 778, 781 f.). Die EZ muss nicht in einem Zeitblock genommen werden. Der Berechtigte kann Zeitabschnitte verschiedener Länge wählen. Ein Mindestumfang für einen Zeitraum ist nicht gefordert. Bei einer Verbindung des Verlangens nach EZ mit einem Wunsch nach ElternTZ ist § 15 VII 1 Nr. 3 zu beachten (s. auch BAG 12.5.2011 NZA 2012, 208). Der AN muss nicht den gesamten Zeitraum ausschöpfen (BAG 17.10.1990 NZA 1991, 320). Hilfreich ist die Angabe eines gepl. Wechsels der Berechtigten. Eine Verpflichtung dazu besteht nicht. Der AG kann die gewählten Zeiträume bis zur Grenze des Rechtsmissbrauchs nicht inhaltl. überprüfen (ähnl. LAG SL 17.5.1995 ZTR 1996, 325).

c) Rechtsfolgen bei Versäumung von Form und Frist. Werden die Form- und Fristvorschr. nicht 5
eingehalten, ist die EZ nicht rechtzeitig wirksam geltend gemacht. Der AN bleibt ggf. unberechtigt der Arbeit fern und genießt nicht den bes. Kündigungsschutz, bis er die Erfordernisse erfüllt hat (BAG 17.2.1994 NZA 1994, 656; § 18 Rn. 3 ff.). Die Fristen des § 16 I 1 sind keine **Ausschlussfristen,** ihre Einhaltung ist keine Wirksamkeitsvoraussetzung (BAG 18.10.2011 NZA 2012, 262). Sie gelten nicht für das Verlängerungsbegehren nach § 16 III 1 (BAG 18.10.2011 NZA 2012, 262). Es gibt keinen notwendigen Beginn der EZ und damit keinen Zpkt., von dem an eine Ausschlussfrist laufen kann. Maßgebend ist allein die Entsch. des AN, von welchem Zpkt. an er EZ nehmen will. Eine Fristversäumung hat ledigl. zur Folge, dass sich der Beginn der EZ auf einen späteren Zpkt. verschiebt (BAG 17.2.1994 NZA 1994, 656; LAG RP 22.11.2011 – 3 Sa 305/11). Die Fristen sind bloße Schutzfristen für den AG, der ausreichend Zeit haben soll, hins. des frei werdenden Arbeitsplatzes zu disponieren (BAG 17.10.1990 NZA 1991, 320).

3. Verlängerung und Ende der Elternzeit. a) Regelfall. Die EZ beträgt **höchstens drei Jahre** ab 6
der Geburt des Kindes. Sie endet aufgrund entspr. Erkl. des Berechtigten nach § 16 I spätestens mit Ablauf des Tages, der dem dritten Geburtstag des Kindes vorangeht. Da der Anspruchsberechtigte die Höchstdauer nicht ausschöpfen muss, kann er davon abw. einen beliebigen Endzeitpunkt vor dem dritten Geburtstag festsetzen. Er muss diesen Termin mit dem EZVerlangen nach § 16 I 1 bestimmen. Die Erkl. bindet ihn (*Graue* SGb 2016, 421, 423). Eine **einseitige Änd. des Endzeitpunkts** ist nicht mögl. (Schaub/*Linck* § 172 Rn. 11). Das gilt grds. auch dann, wenn die EZ auf mehrere Zeiträume

aufgeteilt werden soll. Davon kann ledigl. im Einvernehmen abgewichen werden (BAG 21.4.2009 NZA 2010, 155). Das BAG geht allerdings davon aus, dass der von § 16 III 1 Alt. 2 verlangten Zust. im Fall der **Verlängerung** der EZ **keine Vertragslösung** zugrunde liegt. Die Zust. soll nicht zu einer Änd. des Arbeitsvertrags erforderl. sein. Der Zustimmungsvorbehalt bewirkt nach dieser Auff. ledigl., dass das Verlangen nur dann zu einer entspr. Verlängerung der EZ führt, wenn der AG die Zust. erklärt oder rkr. verurteilt wird, die Zust. zu erklären, § 894 S. 1 ZPO. Der AG hat entspr. § 315 I BGB nach billigem Ermessen zu entscheiden, ob er die Zust. erteilt (BAG 18.10.2011 NZA 2012, 262; *Schwarz-Seeberger* ZMV 2012, 109; krit. *Weller* AuA 2012, 340, 341; **aA** *Schiefer* NZA-Beil. 4/2012, 132, 136). Je gewichtiger die Gründe für eine Verlängerung der EZ sind, desto gewichtiger müssen die konkret zu benennenden Ablehnungsgründe des AG sein (*Huke* SAE 2012, 74, 76; *Vietmeyer* BB 2012, 648). Eine rechtl. Besonderheit gilt für aufgenommene Kinder nach § 15 I 1 Nr. 1 lit. c). Die EZ für die Erziehung und Betreuung dieser Kinder endet spätestens mit Ablauf des achten Lebensjahres. Da die Dauer der EZ auch in diesen Fällen ledigl. drei Jahre beträgt, kann der Endzeitpunkt nur erreicht werden, wenn die EZ mit dem fünften Geburtstag des Kindes beginnt. Die ges. Höchstbegrenzung bezieht sich auf **ein Kind**. Bekommen die Berechtigten in der Folgezeit **weitere Kinder** oder nehmen sie weitere Kinder auf, kann für jedes zusätzl. Kind EZ beansprucht werden. Dadurch können die Hauptleistungspflichten erhebl. länger als drei Jahre ruhen. Die Berechtigung, für ein weiteres Kind EZ beanspruchen zu können, hat keinen Einfluss auf die lfd. EZ (zur Übertragung des Erholungsurlaubs in diesem Fall § 17 Rn. 10). Dieses System ist auch bei Zwillingsgeburten und anderen „Mehrlingsgeburten" unionsrechtskonform. § 2 Nr. 1 der am 14.12.1995 von UNICE, CEEP und EGB geschlossenen früheren Rahmenvereinb. über Elternurlaub im Anh. der RL 96/34/EG des Rates v. 3.6.1996 (ABl. EG L 145 v. 19.6.1996 S. 4) verlangt nicht, den Eltern von Zwillingen „doppelten Elternurlaub" zu gewähren. Das gilt auch im Licht des Grds. der Gleichbehandlung, der zu den allg. Grds. des Unionsrechts gehört und inzwischen in Art. 20 GRC verankert ist. Die Erziehung von Zwillingen erfordert zwar intensivere Betreuungsleistungen als die Erziehung eines einzelnen Kindes. Die Tatsache, dass Zwillinge gleichzeitig heranwachsen und sich entwickeln, bringt aber auch Synergieeffekte mit sich. § 2 Nr. 1 der früheren Elternurlaubsrahmenvereinb. wird genügt, wenn der nationale Gesetzgeber ein Elternurlaubssystem schafft, das den bes. Bedürfnissen der Eltern von Zwillingen Rechnung trägt (EuGH 16.9.2010 EuZW 2011, 62 Rn. 63, 67 und 71 – Chatzi). Für die aktuelle Rahmenvereinb. über Elternurlaub der europ. Sozialpartner v. 18.6.2009 im Anh. der RL 2010/18/EU (ABl. EU L 68 v. 18.3.2010 S. 13) gilt nichts anderes. Eltern von „Mehrlingen" haben jedoch Anspruch auf Elterngeld für jedes Kind (BSG 27.6.2013 WzS 2013, 309).

7 **b) Vorzeitige Beendigung. aa) Grundsatz.** Die Bindung des AN an die Erkl. über die Dauer und die Anzahl der Wechsel bei der Erziehung und Betreuung zeigt sich auch daran, dass der AN bei seinem Wunsch nach Verkürzung der EZ an das Einverständnis des AG gebunden ist. § 16 III 1 dient dem Dispositionsschutz des AG. Dazu gehört auch die Entsch., den Arbeitsplatz des fehlenden AN eine bestimmte Zeit unbesetzt zu lassen. Auch ein Fall bes. Härte für den AN rechtfertigt **nicht die einseitige Verkürzung**. Der AG darf die Zust. zur vorzeitigen Beendigung jedoch nur aus dringenden betriebl. Gründen binnen vier Wochen schriftl. ablehnen, § 16 III 2 (BAG 21.4.2009 NZA 2010, 155). Der AN muss dem AG die vorzeitige Beendigung spätestens vier Wochen vor dem beabsichtigten Beendigungstermin ankündigen, um es dem AG zu ermöglichen, die Vierwochenfrist einzuhalten (*Niklas* BB 2013, 951, 954). Von der vorzeitigen Beendigung der EZ zu unterscheiden ist der Antrag des AN in (voller) EZ, künftig in TZ arbeiten zu wollen. Dieser Wunsch ist nach den Vorgaben in § 15 V bis VII zu beurteilen (BAG 19.4.2005 NZA 2005, 1354; 9.5.2006 NZA 2006, 1413; § 15 Rn. 12 ff.).

8 **bb) Wegfall der Anspruchsvoraussetzungen.** Von der vorzeitigen Beendigung der EZ ist der Fall zu unterscheiden, wenn die Voraussetzungen für die EZ inzwischen weggefallen sind, zB weil der AN die Personensorge für das Kind verliert. In diesem Fall ist der durch den Antritt der EZ eingetretene Ruhenstatbestand beendet. Der AN ist zur Arbeit verpflichtet, der AG zur Beschäftigung. Der AG kann die Arbeitsaufnahme, der AN die Beschäftigung auf seinem bisherigen Arbeitsplatz oder auf einer inhaltl. gleichwertigen Stelle verlangen (**aA** *Buchner/Becker* Rn. 22 f., die ledigl. dem AG ein Aufforderungsrecht zugestehen, iÜ aber die Dispositionsfreiheit des AG höher bewerten als das Beschäftigungsinteresse des AN). Weigert sich eine Vertragspartei, kommt sie in Verzug. Dagegen lässt sich nicht der Wortlaut des § 16 III 1 anführen. Das dort genannte Zustimmungserfordernis betrifft nur den Fall, dass die Voraussetzungen für die EZ noch gegeben sind, der AN jedoch lieber arbeiten möchte. Die Konstellation, in der die EZVoraussetzungen weggefallen sind, wird von § 16 III 1 nicht erfasst. Der Gesetzgeber hat mit § 16 IV auch keine abschl. Sonderregelung getroffen. § 16 IV regelt nur die bes. Modalitäten des tragischsten Sachverhalts weggefallener EZVoraussetzungen, des Todes des Kindes (Rn. 10). Der Gesetzgeber hat nicht alle Fälle der Beendigung der EZ geregelt (*Niklas* BB 2013, 951, 955). Die EZ endet stets auch ohne bes. ges. Erwähnung, wenn das **ArbVerh.** während ihrer Dauer zB wegen Fristablaufs **endet**. Das befristete ArbVerh. wird nicht um die Zeit der EZ verlängert. Der AN hat auch keinen Anspruch auf Verlängerung des befristeten ArbVerh., sofern nicht

ein Fall des § 2 V 1 Nr. 3 WZVG vorliegt (WissZeitVG § 2 Rn. 19). Das gilt auch ohne bes. ges. Anordnung, wie sie zB in § 1 IV ArbPlSchG enthalten ist.

cc) Geburt eines weiteren Kindes und Mutterschutzfristen. Bei der Geburt eines weiteren Kindes kann der AG einem Verlangen des AN nach vorzeitiger Beendigung der EZ nur mit dringenden betriebl. Gründen entgegentreten (BAG 21.4.2009 NZA 2010, 155; zu § 15 VII 1 Nr. 4 die Erl. in § 15 Rn. 17). Dasselbe gilt in Fällen bes. **Härte** iSv. § 16 III 2. Während die bis 17.9.2012 geltende Altfassung dieser Norm auf § 7 II 3 Bezug nahm, bringt § 16 III 2 nF eine redaktionelle Klarstellung (*Zetl* ZMV 2012, 267). Die nicht abschl. beispielhafte Aufzählung von Härtefällen benennt den Eintritt einer schweren Krankheit, einer Schwerbehinderung, den Tod eines Elternteils oder eines Kindes der berechtigten Person und die erhebl. gefährdete wirtschaftl. Existenz der Eltern. Lehnt der AG die vorzeitige Beendigung der EZ unberechtigt ab, muss der AN das Einverständnis des AG einklagen. 9

Um Missbräuchen vorzubeugen, war die vorzeitige Beendigung der EZ nach § 16 III 3 aF bis zu seiner Neufassung durch G. v. 10.9.2012 mWv. 18.9.2012 ausgeschlossen, wenn die Berechtigte die Beendigung anstrebte, weil sie stattdessen die Schutzfristen nach dem MuSchG in Anspruch nehmen wollte (vgl. die 13. Aufl.). Nach der Vorabentsch. Kiiski des EuGH v. 20.9.2007 (NZA 2007, 1274; s. auch 14.4.2005 NZA 2005, 587; 13.2.2014 NZA 2014, 316 – Terveys) dürften Art. 2 der GleichbehandlungsRL 76/207/EWG idF der RL 2002/73/EG sowie Art. 8 und 11 der MutterschutzRL 92/85/EWG idF der RL 2007/30/EG dem früheren nationalen Verständnis von § 16 III 3 aF entgegengestanden haben (*Buchner/Becker* Rn. 28; **aA** *Joussen* EuZA 2008, 375, 379, 382 ff.). Die RL 76/207/EWG wurde mittlerweile im hier interessierenden Zusammenhang der Diskriminierung wegen des Geschlechts durch die RL 2006/54/EG ersetzt. Nach der Entsch. Kiiski ist es mit dem genannten RLRecht nicht vereinbar, wenn die schwangere Frau den Zeitraum des Elternurlaubs nicht ändern kann, um den Mutterschaftsurlaub und die damit verbundenen Rechte in Anspruch zu nehmen. Verschiedene VG hatten deshalb zu § 16 III 3 aF entspr. beamtenrechtl. Bestimmungen entschieden, dass sie schwangere AN diskriminierten (zB OVG ST 21.4.2011 – 1 L 26/10). Der jetzige S. 3 des § 16 III trägt dem Rechnung und stellt nun klar, dass die schwangere AN die EZ ohne Zust. des AG vorzeitig beenden kann, um die **Mutterschutzfristen** und damit ua. den AGZuschuss nach dem MuSchG in Anspruch nehmen zu können (*Faber* ZTR 2012, 689, der diese Grds. auch auf die vorzeitige Beendigung eines unbezahlten Sonderurlaubs nach § 28 TVöD-AT/TV-L anwenden will; *Huke* SAE 2012, 74, 77; *Niklas* BB 2013, 951, 954 f.; zu den von der RL 2010/41/EU verbürgten Mutterschaftsleistungen für Selbständige *Knigge* ZESAR 2013, 24, 27 ff.). Damit vermeidet die AN im öffentl. Dienst zugleich die Verminderung der Jahressonderzahlung nach § 20 IV 2 lit. c) TVöD-AT/TV-L (*Faber* ZTR 2012, 689). Schon vor der Änd. des BEEG hatte das BAG ua. mit Rückgriff auf die Entsch. Kiiski entschieden, dass der Anspruch auf AGZuschuss zum **Mutterschaftsgeld** nach § 14 IV 1 MuSchG nicht für den gesamten Zeitraum der Mutterschutzfristen entfällt, wenn das ArbVerh. zu Beginn der Schutzfrist des § 3 II MuSchG/§ 3 I MuSchG nF geruht hat. Der Anspruch ist nur bis zum Ende der EZ ausgeschlossen (BAG 22.8.2012 NZA 2012, 1277; zu dem Verh. von Elterngeld und Mutterschaftsgeld BSG 20.12.2012 – B 10 EG 19/11 R –; zu der Berechnung des Zuschusses zum Mutterschaftsgeld *Croissant* NZA 2013, 713 ff.). § 20 MuSchG nF sieht keine Anrechnung mehr vor. Die AN soll dem AG die vorzeitige Beendigung rechtzeitig nach § 16 III 3 Hs. 2 mitteilen. Damit ist keine feste Ankündigungsfrist verbunden (*Faber* ZTR 2012, 689). Die AN ist jedoch gehalten, die vorzeitige Beendigung der EZ mitzuteilen, sobald sie die Entsch. getroffen hat, das Gestaltungsrecht auszuüben. 9a

dd) Tod des Kindes. Die EZ **endet** entgegen dem sonstigen Wortlaut der Norm stets in dem Moment, wenn das zu betreuende Kind stirbt. Die wesentl. Anspruchsvoraussetzung entfällt damit. Die grds. auflebende Arbeitspflicht des AN (Rn. 8) ist allerdings weiter bis zur Höchstdauer von drei Wochen suspendiert (§ 16 IV; LAG D 19.4.2011 – 16 Sa 1570/10). Der **AN** kann sich von der **Suspendierung vorzeitig lösen** und seine Beschäftigung ab einem früheren Zpkt. verlangen. Der AG ist verpflichtet, einem solchen Verlangen nachzukommen (vgl. die Zeitbestimmung „spätestens" in § 16 IV). Stirbt das Kind **vor Antritt der EZ**, aber nach der Ankündigung durch den berechtigten AN nach § 16 I, ist § 16 IV nicht anzuwenden (iE ebenso HWK/*Gaul* Rn. 12). Die Wirkung der Ankündigung nach § 16 I, die Suspendierung der Arbeitspflicht im ruhenden ArbVerh., tritt wegen des vorzeitigen Wegfalls der wesentl. Anspruchsvoraussetzung nicht ein. Der AN ist zur **Arbeit verpflichtet**, es sei denn, es liegt ein anderer Befreiungstatbestand vor. In Betracht kommt zB eine kurzfristige Arbeitsbefreiung nach § 616 BGB oder eine bes. Vereinb. mit dem AG außerhalb des BEEG. 10

c) Verlängerung. aa) Wichtiger Grund. Ein urspr. vorgesehener begrenzter Zeitraum kann jederzeit einvernehml. verlängert werden, § 16 III 1 (s. auch Rn. 4). Der Berechtigte kann die Verlängerung verlangen und ohne Zust. des AG in Anspruch nehmen, wenn ein vorgesehener Wechsel der Berechtigten aus wichtigem Grund nicht erfolgen kann, § 16 III 4. Der Plan der „Ablösung" des anderen Elternteils muss sich aus Gründen von einigem Gewicht nicht verwirklichen lassen können (*Wagner* FA 2012, 109). Das macht den Unterschied zur zustimmungspflichtigen Verlängerung nach § 16 III 1 aus (s. auch Rn. 4, 6 und 7). Bei dem unbestimmten Rechtsbegriff des wichtigen Grundes handelt es sich **nicht** um die Beschreibung der **Unzumutbarkeit** wie in § 626 BGB (LAG BE 7.6.2001 NZA-RR 2001, 625), sondern um eine Abgrenzung zum einfachen Grund, der den AG nicht zwingen soll, seine 11

Dispositionen zu ändern. Es soll verhindert werden, dass die betroffenen AG beliebigen Überlegungen der Berechtigten dazu ausgesetzt werden, wer das Kind in nächster Zeit erziehen und betreuen wird. Unter dieser Prämisse kann einer weiten Auslegung des GBegriffs zugestimmt werden. ZB können die Arbeitslosigkeit des anderen Berechtigten, eine die Betreuung ausschließende Erkrankung oder der Tod des Unterhaltsverpflichteten als wichtige Gründe angesehen werden. Ein wichtiger Grund kann auch darin liegen, dass der andere Elternteil nach einer Trennung nicht mehr in einem Haushalt mit dem Kind lebt und deshalb wegen § 15 I 1 Nr. 1 keine EZ verlangen kann (HaKo-MuSchG/*Rancke* Rn. 12). Auf die Versorgungssituation des Kindes kommt es nicht vorrangig an. Der AG kann deshalb nicht einwenden, für die Verlängerung gebe es keinen wichtigen Grund, weil das Kind in einer Kindertagesstätte oder bei den Großeltern versorgt werden könne.

12 **bb) Ankündigungsfrist.** Die Ankündigungsfristen des § 16 I 1 müssen bei der Verlängerung nach § 16 III 1 oder 4 **nicht eingehalten** werden (BAG 18.10.2011 NZA 2012, 262; **aA** *Huke* SAE 2012, 74, 77). Das folgt nicht nur aus dem Wortlaut des G, sondern auch aus dem Zweck der Regelung. Die Verlängerung kann angezeigt werden, sobald die Voraussetzungen gegeben sind. Bei der Zustimmungslösung des § 16 III 1 ist die Einhaltung von Fristen überflüssig. Der Tatbestand des wichtigen Grundes nach § 16 III 4 duldet keinen Aufschub der Entsch. Auf eine analoge Anwendung von § 16 V braucht nicht zurückgegriffen zu werden. Vielmehr ist davon auszugehen, dass der Tatbestand des wichtigen Grundes nicht erfüllt ist, wenn die Berechtigten den Sachverhalt schon länger kennen, aber keine Entsch. über die Verlängerung der EZ zugunsten des bisher Erziehenden getroffen haben. Übt der AN sein Recht auf EZ aus § 16 I 1 Nr. 1 aus, muss er die ersten beiden Lebensjahre des Kindes verbindl. gestalten (§ 16 I 2). Hat er einen kürzeren Zeitraum als zwei Jahre festgelegt, ist er daran gebunden. Will er für diesen Zeitraum später EZ verlangen, handelt es sich nicht um eine zustimmungsfreie erstmalige Ausübung des Rechts nach § 16 I 1 Nr. 1, sondern um eine Verlängerung der EZ, der der AG zustimmen muss (BAG 18.10.2011 NZA 2012, 262).

13 **cc) Rechtsfolgen.** Die Verlängerung der EZ nach § 16 III 4 ist wie der Erstantritt der EZ **nicht an eine Zust.** des AG gebunden. Ausreichend sind die Verlängerungsanzeige und die Schilderung des Sachverhalts, der den wichtigen Grund ausmacht. Ist der Tatbestand des wichtigen Grundes obj. nicht gegeben, trägt der AN wie bei der inhaltl. unvollständigen oder verfristeten Erstanzeige nach § 16 I das Risiko der unrichtigen rechtl. Bewertung (Rn. 2). Das gilt insb. für das Kündigungsrisiko. Nach einer Verlängerungsanzeige, deren rechtl. Voraussetzungen nicht erfüllt sind, befindet sich der AN nicht (mehr) in EZ, sondern in Schuldnerverzug. Er genießt nicht länger den bes. Kündigungsschutz des § 18 (*Niklas* BB 2013, 951, 955; § 18 Rn. 3 ff.).

14 **4. Änderung der Anspruchsberechtigung.** § 16 V verpflichtet den AN, die Änd. der Anspruchsberechtigung unverzügl. (ohne schuldhaftes Zögern, § 121 I 1 BGB) mitzuteilen. Darunter fallen die Tatbestände des § 15 I. Die Vorschr. ist auch im Fall des § 16 III 4 anwendbar, letztl. in allen Fällen von Veränderungen. Die Mitteilungspflicht konkretisiert nur eine ohnehin bestehende Nebenpflicht des AN aus § 241 II BGB.

§ 17 Urlaub

(1) [1]**Der Arbeitgeber kann den Erholungsurlaub, der dem Arbeitnehmer oder der Arbeitnehmerin für das Urlaubsjahr zusteht, für jeden vollen Kalendermonat der Elternzeit um ein Zwölftel kürzen.** [2]**Dies gilt nicht, wenn der Arbeitnehmer oder die Arbeitnehmerin während der Elternzeit bei seinem oder ihrem Arbeitgeber Teilzeitarbeit leistet.**

(2) **Hat der Arbeitnehmer oder die Arbeitnehmerin den ihm oder ihr zustehenden Urlaub vor dem Beginn der Elternzeit nicht oder nicht vollständig erhalten, hat der Arbeitgeber den Resturlaub nach der Elternzeit im laufenden oder im nächsten Urlaubsjahr zu gewähren.**

(3) **Endet das Arbeitsverhältnis während der Elternzeit oder wird es im Anschluss an die Elternzeit nicht fortgesetzt, so hat der Arbeitgeber den noch nicht gewährten Urlaub abzugelten.**

(4) **Hat der Arbeitnehmer oder die Arbeitnehmerin vor dem Beginn der Elternzeit mehr Urlaub erhalten, als ihm oder ihr nach Absatz 1 zusteht, kann der Arbeitgeber den Urlaub, der dem Arbeitnehmer oder der Arbeitnehmerin nach dem Ende der Elternzeit zusteht, um die zu viel gewährten Urlaubstage kürzen.**

1 **1. Gesetzeszweck.** Die Vorschr. des § 17 ändern und ergänzen die ges. Bestimmungen des **BUrlG** im Hinblick auf die Besonderheiten, die durch das ggf. mehrjährige Ruhen der Hauptleistungspflichten auftreten können. Dabei hat der Gesetzgeber tw. auf die Vorbilder des § 4 ArbPlSchG und des aufgehobenen § 8d MuSchG zurückgegriffen (BT-Drs. 10/3792). Das G regelt drei Fallgestaltungen: die **Kürzung** des Erholungsurlaubs in § 17 I und IV, die **Übertragung** in § 17 II und die **Abgeltung** in § 17 III. Betroffen sind dadurch die Regelungen der §§ 3, 5 III, § 7 III und IV BUrlG.

2. Kürzung des Erholungsurlaubs. a) Kürzung vor Urlaubserteilung. aa) Grundsatz. Nach stRspr. des BAG entsteht der Urlaubsanspruch unabhängig von der Arbeitsleistung des AN im bestehenden ArbVerh. (unionsrechtl. auf der Grdl. von Art. 7 I der AZRL 2003/88/EG gebilligt durch EuGH 24.1.2012 NZA 2012, 139 – Dominguez). Das gilt auch bei einer mehrmonatigen oder sogar mehrjährigen EZ, weil das ArbVerh. während der EZ nicht beendet wird, sondern ruht (ArbG Herne 1.2.2012 – 1 Ca 1751/10 –; § 15 Rn. 25). Die Dauer des Erholungsurlaubs wird an die Zeit des aktualisierten ArbVerh. **angepasst (gekürzt).** Die Kürzungsmöglichkeit betrifft jeden Erholungsurlaub unabhängig von der Rechtsgrdl. Soll tarifl., betriebl. oder einzelvertragl. Urlaub von der „Inanspruchnahme" einer EZ unberührt bleiben, müssen die entspr. Normen oder Vereinb. das Kürzungsrecht des AG ausschließen (zum aufgehobenen § 8d MuSchG BAG 15.2.1984 NZA 1985, 27). Die Kürzungsbestimmung gehört nach bisherigem nationalen Verständnis zu den „Maßgaben der Bedingungen für die Inanspruchnahme und Gewährung" iSd. Art. 7 I der AZRL 2003/88/EG, für die die Mitgliedstaaten die Regelungsbefugnis haben (LAG NI 16.11.2010 – 3 Sa 1288/10). Ob der EuGH diese Auff. teilt, ist nicht geklärt. Die Kürzungsbefugnis des § 17 I 1 könnte bei fortbestehendem ArbVerh. § 2 der Rahmenvereinb. im Anh. der RL 2010/18/EU verletzen (EUArbR/*Gallner* RL 2003/88/EG Art. 7 Rn. 19). Dagegen spricht nach Auff. eines Teils des Schrifttums, dass während der EZ oder des Elternurlaubs im unionsrechtl. Sinn keine Arbeitsleistung zu erbringen ist. Diese Stimmen berufen sich ua. auf die Sache Heimann und Toltschin (EuGH 8.11.2012 NZA 2012, 1273). In Zeiten ohne Arbeitsleistung dürfen Sonderzahlungen wie zB Weihnachtsgratifikationen entfallen oder gekürzt werden (EuGH 21.10.1999 NZA 1999, 1325 – Lewen; idS Preis/Sagan/*Mehrens/Witschen* § 7 Rn. 22; *C. Schubert* NZA 2013, 1105, 1111; s. auch EuGH 16.9.2010 EuZW 2011, 62 – Chatzi). Der EuGH nimmt allerdings in stRspr. an, dass der vierwöchige Mindestjahresurlaub von der erbrachten Arbeitsleistung unabhängig ist. Zugleich macht er die abw. Lösung in der Sache Heimann und Toltschin, die einen Fall der Kurzarbeit behandelt, als Ausnahme kenntl. und grenzt sie von den Regelfällen der krankheitsbedingten AU und der Erwerbsminderung ab (EuGH 8.11.2012 NZA 2012, 1273). Das BAG hat bisher offengelassen, ob § 17 I 1 gegen Unionsrecht verstößt (BAG 19.5.2015 NZA 2015, 989; 17.5.2011 AP BEEG § 17 Nr. 1; zu der Frage *Kamanabrou* RdA 2014, 321, 324 ff.; *Ricken/Zibolka* EuZA 2014, 504, 511 ff.; *Rosenkranz* RdA 2016, 231; *C. Schubert* NZA 2013, 1105, 1111). Das ArbG Karlsruhe geht davon aus, dass § 17 I 1 in das unionsrechtl. von § 2 Nr. 1 der Rahmenvereinb. im Anh. der früheren ElternurlaubsRL 96/34/EG (heute: § 2 I der Rahmenvereinb. im Anh. der aktuellen ElternurlaubsRL 2010/18/EU; *Busemann* NZA 2017, 102 f.) verbürgte Recht auf Elternurlaub eingreift. Die Norm verletze unfortgebildet Art. 7 I der AZRL 93/104/EG. Die Vorschr. könne aber durch teleologische Reduktion richtlinienkonform fortgebildet werden. Das ArbG Karlsruhe will deshalb die ersten drei Monate der EZ von der Kürzung des § 17 I 1 ausnehmen (16.12.2011 – 3 Ca 281/11; *Busch* jurisPR-ArbR 23/2012 Anm. 2). Die LAG HM, HE, RP und SH halten § 17 I 1 BEEG dagegen für unionsrechtskonform (LAG HM 27.6.2013 – 16 Sa 51/13 – Rev. zurückgewiesen durch BAG 19.5.2015 NZA 2015, 989; LAG HE 6.12.2013 – 3 Sa 980/12 –; LAG RP 16.1.2014 – 5 Sa 180/13 –; LAG SH 12.1.2016 – 1 Sa 88a/15 – Rev. unter – 9 AZR 125/16 – als unzulässig verworfen). 2

bb) Kürzungsvoraussetzungen. Der AN muss wenigstens **einen vollen Kalendermonat** in EZ sein, damit ein Kürzungsrecht entsteht, § 17 I 1. Beginnt oder endet die EZ im Lauf eines Kalendermonats, kommen diese Kalendermonate für die Kürzung nicht in Betracht (Schaub/*Linck* § 172 Rn. 24). Das gilt auch dann, wenn die ersten Kalendertage eines Monats arbeitsfrei sind, zB bei Beginn der EZ am 4.10. Es darf keine TZBeschäftigung des Berechtigten nach § 15 IV beim EZ gewährenden AG vereinbart sein, § 17 I 2. In diesem Fall kann der Berechtigte von der reduzierten Arbeitsverpflichtung freigestellt werden, also Urlaub erhalten, ggf. in einem Umf., der den verminderten Arbeitspflichten angepasst ist (ausf. BUrlG § 3 Rn. 13 ff.). Erlaubte Tätigkeiten nach § 15 IV außerhalb des suspendierten ArbVerh. berühren das Kürzungsrecht des AltAG nicht. Im TZArbVerh. mit einem anderen AG haben die AN die sich aus dem BUrlG ergebenden Ansprüche. Die Kürzung des Urlaubs erfolgt nicht kraft G, sondern durch **empfangsbedürftige Willenserkl.** des AG. Der AG muss von dem ges. eingeräumten Gestaltungsrecht keinen Gebrauch machen (BAG 28.7.1992 NZA 1994, 27). Er kann es bei der Dauer des Anspruchs, wie sie bei Beginn der EZ besteht, belassen. Allerdings muss er bei der Ausübung seines Rechts den Gleichbehandlungsgrds. beachten. Die Kürzungserkl. kann nach Maßgabe der Bestimmungen des BGB über die Willenserkl. erfolgen, §§ 116 ff. BGB. So muss die Kürzung nicht mit den Worten des G erklärt werden. Sie kann sich auch aus schlüssigem Verhalten des AG ergeben (BAG 28.7.1992 NZA 1994, 27). § 17 V UAbs. 1 des MantelTV für die Beschäftigten der Betriebe der Metall- und Elektroindustrie des Saarlands sah vor, dass bei einer Arbeitsleistung an weniger als drei Vierteln der nach der jeweiligen betriebl. AZEinteilung (Schichtplan) anfallenden Arbeitstage im Kalendermonat kein Urlaubsanspruch besteht. Das gilt nach Auff. des LAG SL nicht für den Fall, dass eine Arbeitsleistung des AN während eines bestimmten Zeitraums unterbleibt, weil der AN in EZ ist (25.11.2009 – 2 Sa 36/09). Dem ist das BAG jdf. iE gefolgt. Der Anspruch auf Erholungsurlaub entsteht zu Beginn des Jahres auch für die Monate der künftigen EZ. Er darf nach § 17 I 1 um ein Zwölftel für jeden vollen Kalendermonat der EZ gekürzt werden. Der MantelTV traf keine hiervon abw. Regelung. Diese Grds. gelten auch für den Zusatzurlaub aus § 125 I SGB IX/§ 208 I SGB IX nF. Der Neunte 3

Sen. musste nicht darüber befinden, ob die ges. Kürzungsbefugnis unionsrechtskonform ist. Der AN hatte nur den gekürzten Anspruch erhoben (BAG 17.5.2011 BeckRS 2011, 75611; s. aber die Schlussanträge v. GA Tanchev in der Sache King – C-214/16 – v. 8.6.2017 BeckRS 2017, 112268).

4 **cc) Zeitpunkt.** Der AG muss die Kürzung nicht zu einem bestimmten Zpkt. aussprechen. Er kann die Erkl. **vor Beginn und während der EZ** abgeben, nicht aber vor der Erkl. des Berechtigten, EZ in Anspruch nehmen zu wollen. Nach Beendigung des ArbVerh. kann der Urlaub nicht mehr gekürzt werden (Rn. 13).

5 **dd) Rechtsfolge.** Mit dem Zugang der Kürzungserkl. **erlischt** der Teil des Urlaubsanspruchs, der nach §§ 3 und 4 oder nach § 5 I BUrlG und entspr. Bestimmungen entstanden war. Dieser Teil des Urlaubs muss nicht mehr gewährt werden. Er kann nicht übertragen und nicht abgegolten werden. Soweit sich durch die Kürzung von Vollurlaub nach § 3 BUrlG **Bruchteile** von Urlaubstagen ergeben, kommt weder eine Aufrundung nach § 5 II BUrlG noch eine Abrundung in Betracht (LAG SH 12.1.2016 – 1 Sa 88a/15 –; TM/*Tillmanns* Rn. 12). Der verbleibende Bruchteil eines Urlaubstags ist zu gewähren oder abzugelten (BUrlG § 5 Rn. 21). § 5 II BUrlG findet nur Anwendung, wenn Teilurlaub nach § 5 I lit. a) BUrlG gekürzt wird (ausf. BUrlG § 5 Rn. 20 f.).

6 **b) Kürzung nach Urlaubsgewährung.** Hat der AN vor Antritt der EZ mehr Urlaub erhalten, als er bei Ausübung des Kürzungsrechts durch den AG nach § 17 I zu beanspruchen gehabt hätte, kann der **realisierte Urlaub nicht mehr gekürzt** werden. Der AG kann nur die künftig entstehenden Urlaubsansprüche kürzen. Hat ein AN den Jahresurlaub 2017 im Januar insg. erhalten und ab September 2017 EZ genommen, standen ihm nur $^{8}/_{12}$ des Urlaubs aus 2017 zu, wenn der AG kürzt. Der AN hat dann zu viel Urlaub erhalten. Die zu viel erhaltenen $^{4}/_{12}$ kann der AG allerdings nur zur Kürzung des Urlaubs verwenden, den der AN nach Rückkehr aus der EZ erwirbt, § 17 IV. Der Sache nach handelt es sich um eine Verrechnung des zu viel erhaltenen Urlaubs mit dem künftig entstehenden Urlaub (BT-Drs. 10/3792).

7 Die Kürzung nach § 17 IV kann der AG sofort erklären. Das **Kürzungsrecht erlischt**, wenn der AG nach Wiederaufnahme der Arbeit erstmals Urlaub in dem Umf. erteilt, um den er den neuen Urlaub hätte kürzen können. Das folgt aus der Tatsache, dass der AG von seinem Recht keinen Gebrauch machen muss, und aus der ges. Formulierung „nach dem Ende der EZ". Diese Zeitbestimmung schließt es aus, dass der AG erst im nächsten oder übernächsten Jahr nach Rückkehr des AN sein Kürzungsrecht geltend macht. **Beendet** der AN während der EZ oder mit dem Ende der EZ sein ArbVerh., bleibt für eine nachträgl. Kürzung des zu viel gewährten Urlaubs kein Raum (Rn. 13). Entgegen einer im Schrifttum vertretenen Ansicht (HWK/*Gaul* Rn. 12) kommt eine **Rückforderung** des Urlaubsentgelts aus Bereicherungsrecht nicht in Betracht. Der AN hat den Urlaub vor der EZ mit Rechtsgrund erhalten. Der Urlaub war in dieser Höhe entstanden und fällig. Der Rechtsgrund ist auch nicht nachträgl. weggefallen. Das G erlaubt dem AG keine nachträgl. Kürzung des bereits gewährten Urlaubs, sondern nur eine Verrechnung mit künftigem Urlaub.

8 **3. Übertragung des Urlaubs. a) Grundsatz.** Im Regelfall hat der AN zu Beginn seiner EZ noch nicht den (gesamten) Erholungsurlaub des lfd. Jahres erhalten. Da der Urlaub wegen der Suspendierung der Arbeitspflicht während der EZ und der häufig vorangehenden mutterschutzrechtl. Beschäftigungsverbote (vgl. § 17 S. 2 MuSchG/§ 24 S. 2 MuSchG nF) nicht genommen werden kann, verfiele er ohne bes. ges. Anordnung im BEEG am Jahresende oder aE des Übertragungszeitraums des Folgejahres, § 7 III BUrlG (BUrlG § 7 Rn. 38 f.). Das verhindert § 17 II (*Latzel/Sausmikat* JA 2015, 497, 504 f.; zu § 17 S. 2 MuSchG/§ 24 S. 2 MuSchG nF: MuSchG § 17 Rn. 1). Die Vorschr. soll **sicherstellen**, dass die **EZ nicht zum Verfall des Urlaubsanspruchs** führt. Sie geht als ges. Sonderregelung der Befristungsvorschr. des § 7 III BUrlG und entspr. tarifl. Bestimmungen vor (BAG 25.1.1994 NZA 1994, 652; 23.4.1996 NZA 1997, 44). § 17 II ist keine nur deklaratorische Norm. Sonst wäre die Befristungsvorschr. des § 7 III BUrlG in den Fällen der EZ anzuwenden (BUrlG § 7 Rn. 38).

8a Bei ElternTZ gilt nicht § 17 II, sondern § 7 III BUrlG. Die Übertragung ist von Handlungen der Arbeitsvertragparteien unabhängig. Sie vollzieht sich ebenso wie die Übertragung nach § 7 III BUrlG kraft G (BAG 25.1.1994 NZA 1994, 652).

9 **b) Übertragungsgegenstand.** Der Urlaub wird auf einen weiteren Zeitraum übertragen, **der zu Beginn der EZ noch besteht** (BAG 9.8.1994 NZA 1995, 174) und bis zum Ende der für ihn bestehenden Befristung hätte gewährt werden können. Der nach der EZ neu entstehende Urlaub wird nicht übertragen. Er bleibt auf das lfd. Urlaubsjahr befristet (Schaub/*Linck* § 172 Rn. 25; BUrlG § 7 Rn. 34 ff.). Ist der Jahresurlaub bereits weitgehend erfüllt oder aus anderen Gründen erloschen (BAG 9.8.1994 NZA 1995, 174) oder beginnt die EZ wenige Tage vor dem Jahresende oder vor dem Ende des Übertragungszeitraums, wird nur der Teil des Urlaubs nach § 17 II übertragen, der noch hätte verwirklicht werden können (BAG 1.10.1991 NZA 1992, 419). Anders als nach der früheren GLage (dazu BAG 1.10.1991 NZA 1992, 419; 9.8.1994 NZA 1995, 174) kann eine weitere Übertragung nach § 17 S. 2 MuSchG/§ 24 S. 2 MuSchG nF in Betracht kommen, wenn Urlaub wegen der Beschäftigungsverbote nach dem MuSchG nicht gewährt werden konnte (BAG 15.12.2015 NZA 2016, 433; *Sowka* SAE 2016, 67, 69).

c) **Übertragungszeitraum.** Der Zeitraum, in den der Urlaub übertragen wird, hängt von der Dauer und dem Ende der EZ ab. Mit der Bezeichnung **des lfd. Urlaubsjahres und des nächsten Urlaubsjahres** hat der Gesetzgeber einen Zeitraum von mind. einem Jahr und einem Tag (Ende der EZ mit Ablauf des 30.12.) und – bei enger Auslegung des Wortlauts – von höchstens einem Jahr und 364 Tagen (Ende der EZ mit Ablauf des 1.1.) normiert. AN, die aus der EZ zurückkehren, sollen ihren Urlaub wie andere AN zumindest auf ein Kj. verteilen können (BAG 15.12.2015 NZA 2016, 433). Mit Ablauf des nächsten Urlaubsjahres verfiel der Anspruch nach früherer Auff. des BAG ersatzlos, wenn die EZ in diesem Jahr endete und der Urlaub nicht gewährt wurde. Das galt auch, wenn der AN wegen andauernder Erkrankung, eingetretener Beschäftigungsverbote und/oder erneuter EZ bis zum Ende des Übertragungszeitraums nicht mehr von der Arbeitspflicht freigestellt werden konnte (BAG 23.4.1996 NZA 1997, 44). Daran hält das BAG für den Fall einer weiteren EZ unter Aufgabe seiner bisherigen Rspr. nicht mehr fest. Der wegen einer ersten EZ übertragene Erholungsurlaub wird bei einer EZ aus Anlass der Geburt eines weiteren Kindes, die sich nahtlos an die bisherige EZ anschließt, auf die Zeit nach dem Ende der weiteren EZ übertragen. Das BAG hat dieses Erg. auf eine geänd. Auslegung des einfachen Rechts in § 17 II, eine verfassungskonforme Auslegung dieser Norm auf der Grdl. des allg. Gleichheitssatzes aus Art. 3 I GG und eine richtlinienkonforme Auslegung anhand von Art. 7 I der AZRL 2003/88/EG gestützt (näher 20.5.2008 NZA 2008, 1237; **aA** noch 21.10.1997 NZA 1998, 648). Diese Auff. ist unionsrechtskonform (EuGH 22.4.2010 NZA 2010, 557 – ZentralBR der Landeskrankenhäuser Tirols; zu der Kürzungsbefugnis des AG für jeden vollen Kalendermonat der EZ BAG 17.5.2011 BeckRS 2011, 75611; § 7 BUrlG Rn. 38). Übertragene Urlaubsansprüche verfallen nach § 17 II 15 Monate nach dem Ende des Jahres, in dem der AN aus der EZ zurückkehrt (§ 7 III 3 BUrlG; BAG 7.8.2012 NZA 2012, 1216; 15.12.2015 NZA 2016, 433). 10

d) **Erfüllung.** Der übertragene Urlaub wird wie Urlaub des betr. Jahres erfüllt, dh. durch **Freistellung** von der Arbeit (BUrlG § 7 Rn. 4 ff.). Der AN erhält das Urlaubsentgelt nach § 11 BUrlG. Ihm steht außerdem das tarifl. oder vertragl. zusätzl. Urlaubsgeld zu, wenn die jeweiligen anspruchsbegründenden Bestimmungen die Zahlung des Urlaubsgeldes in diesem Fall nicht ausschließen (BAG 28.7.1992 NZA 1994, 27; 14.8.1996 NZA 1996, 1204). Davon zu unterscheiden sind die Fälle, in denen der AG das tarifl. zusätzl. Urlaubsgeld sogar während der EZ schuldet (BAG 11.4.2000 NZA 2001, 512; 19.3.2002 AP BAT §§ 22, 23 Urlaubsgeld Nr. 2). 11

4. Abgeltung. Wird das ArbVerh. im Anschluss an die EZ nicht fortgesetzt, sondern zum Ende der letzten EZ beendet, oder endet das ArbVerh. während der EZ (§§ 18, 19 BErzGG), entsteht **mit dem Zpkt. der Beendigung** ein Abgeltungsanspruch iHd. übertragenen und ungekürzten oder gekürzten Urlaubsanspruchs. 12

Der AG kann den Erholungsurlaub wegen EZ **nach dem Ende des ArbVerh.** nicht mehr kürzen. Mit der Beendigung besteht nur noch ein Urlaubsabgeltungsanspruch, der nach Aufgabe der Surrogatstheorie nicht mehr Surrogat des Urlaubsanspruchs, sondern ein reiner Geldanspruch ist (BAG 19.6.2012 NZA 2012, 1087; näher BUrlG § 1 Rn. 6 ff., § 7 Rn. 41 ff.). Dieser mit der Beendigung des ArbVerh. ungekürzt entstandene Geldanspruch gehört zum Vermögen des AN (BAG 19.5.2015 NZA 2015, 989; abw. noch BAG 28.7.1992 NZA 1994, 27; 23.4.1996 NZA 1997, 44; zu der neueren Rspr. *Fink* DB 2015, 2153; *Hohmeister* BB 2016, 1525, 1527; *Kühnel* ArbRB 2015, 261; *Rosenkranz* RdA 2016, 231, 232 ff.). Der Abgeltungsanspruch des ausgeschiedenen AN unterliegt tarifl. Ausschlussfristen. 13

§ 18 Kündigungsschutz

(1) [1]Der Arbeitgeber darf das Arbeitsverhältnis ab dem Zeitpunkt, von dem an Elternzeit verlangt worden ist, nicht kündigen. [2]Der Kündigungsschutz nach Satz 1 beginnt
1. frühestens acht Wochen vor Beginn einer Elternzeit bis zum vollendeten dritten Lebensjahr des Kindes und
2. frühestens 14 Wochen vor Beginn einer Elternzeit zwischen dem dritten Geburtstag und dem vollendeten achten Lebensjahr des Kindes.

[3]Während der Elternzeit darf der Arbeitgeber das Arbeitsverhältnis nicht kündigen. [4]In besonderen Fällen kann ausnahmsweise eine Kündigung für zulässig erklärt werden. [5]Die Zulässigkeitserklärung erfolgt durch die für den Arbeitsschutz zuständige oberste Landesbehörde oder die von ihr bestimmte Stelle. [6]Die Bundesregierung kann mit Zustimmung des Bundesrates allgemeine Verwaltungsvorschriften zur Durchführung des Satzes 4 erlassen.

(2) Absatz 1 gilt entsprechend, wenn Arbeitnehmer oder Arbeitnehmerinnen
1. während der Elternzeit bei demselben Arbeitgeber Teilzeitarbeit leisten oder
2. ohne Elternzeit in Anspruch zu nehmen, Teilzeitarbeit leisten und Anspruch auf Elterngeld nach § 1 während des Zeitraums nach § 4 Absatz 1 Satz 1 und 3 haben.

1 **1. Normzweck.** Mit Inkrafttreten des BEEG am 1.1.2007 wurden die Kündigungsschutzrechte für TZBeschäftigte in § 18 II gestärkt (Rn. 8).

1a § 18 schützt mittelbar („flankierende Maßnahme", KR/*Bader* Rn. 15) die Realisierung des Anspruchs auf EZ oder „GroßEZ" nach §§ 15, 16 (vgl. zur GroßEZ den durch das BEEGÄndG 1 eingefügten, am 24.1.2009 in Kraft getretenen § 15 I a, BGBl. I S. 61; zum Gesetzgebungsverf. *Düwell* FA 2009, 140; *ders.* NZA 2009, 759; krit. *Genenger* ZRP 2008, 180, 181 ff.; zu der Neuregelung der §§ 15, 16 § 15 Rn. 1). „GroßEZ" und EZ der Eltern schließen sich nach § 15 I a 2 aus. Personen, die von ihrem Recht auf EZ ordnungsgemäß Gebrauch machen, sind während der EZ gegen AGKündigungen geschützt. Ob für eine Kündigung ein Kündigungsgrund gegeben wäre, ist für das Verbot unerhebl. (APS/*Rolfs* Rn. 21). Die Bestimmung enthält parallel zu § 9 MuSchG/§ 17 MuSchG nF ein befristetes präventives Kündigungsverbot mit Erlaubnisvorbehalt (BAG 26.6.1997 NZA 1997, 1156; BVerwG 30.9.2009 NJW 2010, 2074). Verboten sind **ordentl., außerordentl.** und **arbeitskampfbedingte Beendigungs-** oder **Änderungskündigungen** (vgl. zu anderen gesetzgeberischen Ansätzen zB die belgische Regelung, die keinen Bestandsschutz, sondern eine Abfindungslösung kennt, EuGH 22.10.2009 NZA 2010, 29 – Meerts mit Bespr. *Maties* EuZA 2010, 226, 233 f.; zu dem Problem der Abfindungshöhe bei ElternTZ in der Folge der Entsch. Meerts BetrVG § 112a Rn. 25; *Köhler/Wolff* ZESAR 2012, 468 ff.). Eine Ausnahme besteht auch nicht für Massenänderungskündigungen. Erlaubt sind andere Vertragsbeendigungen wie Befristungen oder Aufhebungsverträge (LSG HE 2.9.2011 – L 9 AL 120/11 – BeckRS 2011, 79261). Für Mütter wird der Kündigungsschutz nach § 9 MuSchG/§ 17 MuSchG nF verlängert, wenn sie anschließend EZ nehmen. Das Kündigungsverbot des § 18 schließt nahtlos an § 9 MuSchG/§ 17 MuSchG nF an. Beide Kündigungsverbote können nebeneinander bestehen. Bei EZ der Mutter während lfd. Schutzfristen muss der AG eine Kündigung deshalb nach beiden Vorschr. von der Behörde für zulässig erklären lassen (BAG 31.3.1993 AP MuSchG 1968 § 9 Nr. 20). Der Kündigungsschutz nach § 18 greift nur zugunsten der Personen, die iSv. § 15 eltern- oder großelternzeitberechtigt sind. Das Kündigungsverbot des Abs. 1 tritt neben den allg. Kündigungsschutz und weitere ges., tarifl. oder im Arbeitsvertrag geregelte Kündigungsbeschränkungen.

2 Nach dem Ende der (Groß-)EZ besteht das ruhende ArbVerh. wieder zu den urspr. Vertragsbedingungen fort, soweit diese nicht einvernehml. geänd. wurden. Ein **Anspruch auf Beschäftigung** auf demselben Arbeitsplatz wie vor der EZ steht dem Rückkehrer nur bei einzel- oder kollektivvertragl. Vereinb. zu. § 18 enthält eine Beschäftigungs-, keine Arbeitsplatzgarantie (KR/*Bader* Rn. 17; *Hromadka* Sonderausgabe AuA 2009, 8, 11). Das ist unionsrechtskonform. Nach § 5 Nr. 1 der durch die RL 2010/18/EU (ABl. EU L 68 v. 18.3.2010 S. 13; § 15 Rn. 2) umgesetzten überarb. Rahmenvereinb. der europ. Sozialpartner über den Elternurlaub v. 18.6.2009 hat der AN das Recht, dass ihm eine entspr. seinem ArbVerh. oder Arbeitsvertrag gleichwertige oder ähnl. Arbeit zugewiesen wird, wenn er nicht an seinen früheren Arbeitsplatz zurückkehren kann.

3 **2. Kündigungsverbot. a) Geltungsbereich.** Geschützt sind alle anspruchsberechtigten AN einschl. der zu ihrer Berufsbildung oder in Heimarbeit Beschäftigten und nach § 20 Gleichgestellten, wenn sie EZ bereits wirksam verlangt oder angetreten haben (§§ 15, 16; BAG 26.6.2008 NZA 2008, 1241; 10.5.2016 NZA 2016, 1137). Die „GroßEZ" ist damit erfasst. Sie wird in § 15 I a ohne begriffl. Unterscheidung von der EZ ieS als EZ bezeichnet. Die GroßEZ führt zum bes. Kündigungsschutz des § 18 I, II Nr. 1, berechtigt mit Ausnahme der Fälle des § 1 IV jedoch nicht zum Bezug von Elterngeld (näher *Genenger* ZRP 2008, 180, 181 ff.). Betreuende Großeltern, die TZArbeit leisten, ohne EZ in Anspruch zu nehmen, genießen regelm. keinen bes. Kündigungsschutz (*Düwell* FA 2009, 140, 141; *ders.* NZA 2009, 759). Die Großeltern haben entgegen dem Erfordernis des § 18 II Nr. 2 keinen Anspruch auf Elterngeld, wenn nicht die bes. Voraussetzungen des § 1 IV erfüllt sind. Der Sonderkündigungsschutz besteht auch, wenn das Arb.- oder TZArbVerh. erst nach der Geburt des Kindes begr. wurde (BAG 11.3.1999 NZA 1999, 1047). § 18 ist auf Tätigkeiten in Haushalten anzuwenden (APS/*Rolfs* Rn. 5). Unionsrechtl. können auch Vertreter jur. Personen – insb. FremdGF einer GmbH – gegen Kündigungen während des Mutterschutzes zu schützen sein (näher EuGH 11.11.2010 NZA 2011, 143 – Danosa; bekräftigt für die Massenentlassungsrichtlinie durch EuGH 9.7.2015 NZA 2015, 861 – Balkaya; dazu *Lunk* NZA 2015, 917; s. auch EuGH 19.6.2014 NZA 2014, 765 – Saint Prix; zum unionsrechtl. autonom auszulegenden ANBegriff und der gebotenen Differenzierung zwischen der Abberufung im Bestellungsverhältnis und der Kündigung im Anstellungsverhältnis *Lunk/Hildebrand* NZA 2016, 129, 132, 135; *Preis/Sagan* ZGR 2013, 26, 33 ff., 36 ff.; *Schubert* ZESAR 2013, 7 ff., 9 ff.; zum Diskriminierungsschutz von FremdGF bei Kündigungen BGH 23.4.2012 NZA 2012, 797; *Dzida/Naber* ArbRB 2012, 373, 374 f.; *Kruse/Stenslik* NZA 2013, 596 ff.; *Lunk* RdA 2013, 110, 112; *Olbertz* AuA 2013, 400 ff.; *Schiefer/Worzalla* ZfA 2013, 41, 70 f.). Mit Blick auf die ElternurlaubsRL 2010/18/EU liegt ihr Kündigungsschutz auch während der unionsrechtl. gewährleisteten Dauer des Elternurlaubs von vier Monaten nach § 2 II 1 der Rahmenvereinb. im Anhang der RL nahe. Die in § 9 MuSchG/§ 17 MuSchG nF vorgesehenen Einschränkungen für Heimarbeiterinnen gelten nicht. § 18 ist unabhängig davon anzuwenden, ob allg. Kündigungsschutz besteht oder nicht (KR/*Bader* Rn. 23). Die Vorschr. gilt im Insolvenzverf. (KR/*Bader* Rn. 24; APS/*Rolfs* Rn. 21).

Nach der ges. Regelung sind folgende Alt. zu unterscheiden: Kündigungsschutz ab dem Verlangen von (Groß-)EZ und **während der EZ**, Kündigungsschutz bei TZArbeit während der EZ und Kündigungsschutz bei TZArbeit ohne EZ in bes. Fällen. 4

b) Kündigungsschutz ab dem Verlangen von EZ und während der EZ bei Vollzeitbeschäftigten (Abs. 1). Der bes. Kündigungsschutz besteht während der (Groß-)EZ. Das Kündigungsverbot gilt außerdem bereits von dem Zpkt. an, zu dem EZ verlangt wurde (sog. Vorwirkung). Für diesen Fall besteht das Kündigungsverbot allerdings nicht bereits mit dem EZVerlangen, sondern frühestens acht Wochen vor Beginn einer EZ bis zum vollendeten dritten Lebensjahr des Kindes bzw. frühestens 14 Wochen vor Beginn einer EZ zwischen dem dritten Geburtstag und dem vollendeten achten Lebensjahr des Kindes (§ 18 I 2 Nr. 1 und 2; *Graue* SGb 2016, 421, 424). Das gilt, wenn das Kind ab dem 1.7.2015 geboren wird. Für Geburten bis zum 30.6.2015 beginnt der Kündigungsschutz acht Wochen vor Beginn der EZ, unabhängig davon, ob die EZ in den ersten drei Lebensjahren genommen wird oder ein Teil in den Zeitraum nach dem dritten Geburtstag des Kindes übertragen wird (§ 18 I 1 aF). Eine dennoch ausgesprochene Kündigung ist nach § 134 BGB nichtig (§ 18 I 1, 3; BAG 12.5.2011 NZA 2012, 208). Diese Fristen finden auch auf Adoptiveltern Anwendung, bei denen sich im Kündigungsschutz nach § 18 I durch Verzögerungen bei der Inobhutnahme des Kindes, die außerhalb ihres Einflusses liegen (zB durch schleppende Arbeitsweise von Behörden im Ausland), eine Rechtsschutzlücke ergeben kann. Diese Lücke kann ledigl. über § 612a BGB geschlossen werden (LAG NI 12.9.2005 NZA-RR 2006, 346). Wird die EZ aufgeteilt, findet der vorverlagerte Kündigungsschutz für beide Abschn. Anwendung. In diesen Zeiträumen darf das ArbVerh. vom AG ohne Zulässigkeitserkl. nicht gekündigt werden, sofern die ges. Voraussetzungen der §§ 15, 16 erfüllt sind (BAG 17.2.1994 NZA 1994, 656). Andere Freistellungen, zB unbezahlter Sonderurlaub, können den bes. Kündigungsschutz nicht auslösen. Das Kündigungsverbot endet mit dem (auch vorzeitigen) Ende der (Groß-)EZ. 5

c) Teilzeitarbeit während der EZ (Abs. 2 Nr. 1). Das Kündigungsverbot gilt auch, wenn die elternzeitberechtigte Person in zulässigem Umf. (KR/*Bader* Rn. 21) TZArbeit während der (Groß-)EZ leistet (zum Begriff der TZArbeit § 2 TzBfG). IÜ gelten die Sonderregelungen des BEEG (zu der Abgrenzung von TZAnsprüchen aus § 15 V bis VII BEEG und § 8 TzBfG zB BAG 13.11.2007 NZA 2008, 314; 22.10.2008 NZA 2009, 962; *Altunkas* AiB 2009, 698 ff.; *Bruns* BB 2008, 330, 333). Abs. 2 Nr. 1 schützt Personen, deren vertragl. AZ während der EZ auf einen anspruchsunschädl. Umf. reduziert wird. Der Antrag, die AZ während der EZ zu verringern, kann frühestens mit der Erkl., EZ „in Anspruch zu nehmen" (§ 16 I 1), gestellt werden (BAG 12.5.2011 NZA 2012, 208). Der AN kann das Gestaltungsrecht der EZ davon abhängig machen, dass ihm ElternTZ gewährt wird (BAG 15.4.2008 NZA 2008, 998; 12.5.2011 NZA 2012, 208). Hat der EZBerechtigte sein Recht auf EZ ausgeübt, kann er die Verringerung auch erst später verlangen (BAG 5.6.2007 NZA 2007, 1352; 15.4.2008 NZA 2008, 998). Die TZArbeit muss grds. bei dem AG verrichtet werden, bei dem die EZ genommen wird. TZArbeit bei einem anderen AG löst dort keinen Sonderkündigungsschutz nach § 18 aus (BAG 2.2.2006 NZA 2006, 678). Bei einer nach § 15 IV nicht zulässigen Erwerbstätigkeit von mehr als 30 Stunden bei demselben AG greift der Kündigungsschutz des Abs. 1 nicht (näher *Bruns* BB 2008, 386, 388; APS/*Rolfs* Rn. 6). Maßgebl. ist der verabredete Umf. der WochenAZ; vorübergehende Überschreitungen (zB sog. Überstunden) sind unerhebl. (KR/*Bader* Rn. 36). Die Parteien können sich bei einer Überschreitung der 30-Stunden-Grenze des § 15 IV 1 jedoch auf die Anwendung des Kündigungsschutzes nach § 18 verständigen. Eine zulässige TZArbeit bei einem anderen AG lässt den Sonderkündigungsschutz des urspr. ArbVerh. unberührt (APS/*Rolfs* Rn. 11). Das gilt auch, wenn bei einem anderen AG TZArbeit verrichtet wird, die gegen § 15 IV verstößt. Hier kommt jedoch eine Zulässigkeitserkl. nach Abs. 1 S. 2 in Betracht (APS/*Rolfs* Rn. 12). 6

Die Vereinb. der TZArbeit ändert nichts daran, dass ein **einheitl. ArbVerh.** besteht (BAG 23.4.1996 NZA 1997, 160; 22.10.2008 NZA 2009, 962). Der Kündigungsschutz des Abs. 1 umfasst sowohl das tw. suspendierte ArbVerh. mit seinem urspr. vereinbarten Inhalt als auch das TZArbVerh. (*Betz* NZA 2000, 248, 250 f.; *Buchner/Becker* Rn. 35; **aA** *Köster/Schiefer/Überacker* DB 1994, 2341 f.; *Ramrath* DB 1987, 1785, 1787). Ein einheitl. ArbVerh. ist auch anzunehmen, wenn der Inhalt der Arbeitsleistung für die Dauer der EZ einvernehml. geänd. wird (KR/*Bader* Rn. 38). Ein einheitl. ArbVerh. besteht nur dann nicht, wenn die Rechtsbeziehungen der Parteien völlig neu geordnet werden (BAG 22.10.2008 NZA 2009, 962). 7

d) Teilzeitarbeit (Abs. 2 Nr. 2). Abs. 2 Nr. 2 schützt Personen, die keine EZ in Anspruch nehmen, sondern bei ihrem AG unv. TZArbeit leisten und während des Bezugszeitraums (§ 4) Elterngeld nach § 1 beanspruchen können. Der Sonderkündigungsschutz besteht unabhängig davon, ob das TZArbVerh. vor oder erst nach der Geburt des Kindes begr. wurde (BAG 27.3.2003 NZA 2004, 155; *Düwell* FA 2007, 44, 47). Voraussetzung ist ein Anspruch auf EZ aus § 15. Personen, die nur 30 Stunden oder weniger beschäftigt waren, sollen nicht schlechtergestellt werden als Beschäftigte, die ihre AZ reduziert oder aufgegeben haben, um sich der Betreuung ihres Kleinkindes anzunehmen (BT-Drs. 10/4212 S. 6; KR/*Bader* Rn. 39). 8

e) Kündigungsverbot. Besteht ein Anspruch auf EZ aus § 15 und hat der AN ihn geltend gemacht, darf das ArbVerh. vom AG nicht gekündigt werden. Entscheidend hierfür ist idR die obj. Rechtslage 9

(LAG BE 15.12.2004 LAGReport 2005, 147; KR/*Bader* Rn. 42; APS/*Rolfs* Rn. 13). Das Kündigungsverbot des § 18 besteht grds. nur dann, wenn bei Zugang der Kündigung alle Voraussetzungen für die EZ nach §§ 15 und 16 erfüllt sind. Der bes. Kündigungsschutz setzt aus Gründen der Rechtsklarheit regelm. voraus, dass die EZ schriftl. verlangt wurde (§ 16 I 1; HaKo-MuSchG/*Rancke* Rn. 13). Es kann jedoch rechtsmissbräuchl. sein, wenn sich der AG auf die fehlende Schriftform beruft. Ein treuwidriges widersprüchl. Verhalten ist anzunehmen, wenn der AG es hinnimmt, dass der AN nicht zur Arbeit erscheint, ihn wie eine elternzeitberechtigte Person behandelt und später geltend macht, der bes. Kündigungsschutz greife nicht (BAG 26.6.2008 NZA 2008, 1241; *Lipinski* BB 2008, 2690). Der maßgebl. Zpkt. für den bes. Kündigungsschutz ist der Zugang der Kündigungserkl., § 130 BGB. Hat der AG keine Kenntnis vom Sonderkündigungsschutz – etwa in einem Fall des § 18 II Nr. 2 –, hat die elternzeitberechtigte Person innerhalb der dreiwöchigen Klagefrist des § 4 S. 1 KSchG Klage zu erheben (vgl. für § 9 I MuSchG BAG 19.2.2009 NZA 2009, 980; MuSchG § 9 Rn. 13; zu § 18 II Nr. 2 APS/*Rolfs* Rn. 9, 23). Kennt der AG den Sonderkündigungsschutz dagegen und hat der AG keine Zulässigkeitserkl. beantragt, beginnt die Klagefrist des § 4 S. 1 KSchG wegen § 4 S. 4 KSchG nicht (vgl. für § 9 I MuSchG BAG 19.2.2009 NZA 2009, 980). Das Kündigungsverbot ist zwgd. und kann vertragl. weder ausgeschlossen noch im Voraus beschränkt werden. Ein nachträgl. Verzicht auf den Schutz durch § 18 ist dagegen zulässig (KR/*Bader* Rn. 22). Eine verbotswidrig erklärte Kündigung ist nichtig, § 134 BGB (BAG 25.3.2004 AP MuSchG 1968 § 9 Nr. 36; *Düwell* FA 2007, 44, 47). Sie kann nicht in eine Kündigung nach Ablauf der EZ umgedeutet werden (*Linck* HzA Gruppe 6/1 Rn. 401). Wird die Kündigung vor Geltendmachung der EZ ausgesprochen, ist sie nicht nach Abs. 1 S. 1 verboten. Zu beachten ist jedoch, dass eine unzulässige Maßregelung iSv. § 612a BGB vorliegen kann, die ihrerseits zur Nichtigkeit der Kündigung nach § 134 BGB führt (BAG 17.2.1994 NZA 1994, 656). Das Verlangen, die EZ nach § 16 III zu verlängern, ist dem EZVerlangen nach § 16 I nicht gleichgestellt. Es löst deshalb den Kündigungsschutz nach § 18 I nicht aus. Der AN in EZ wird nur von § 612a BGB geschützt, wenn der AG das ArbVerh. wegen eines berechtigten Verlängerungsverlangens nach § 16 III 4 kündigt (LAG BE 15.12.2004 NZA-RR 2005, 474). Auf das **Maßregelungsverbot** können sich auch Adoptiveltern berufen, wenn der AG in zeitl. Zusammenhang mit dem EZVerlangen kündigt und das Kind erst nach Ablauf der Achtwochenfrist des Abs. 1 S. 2 Nr. 1 angenommen werden kann (LAG NI 12.9.2005 NZA-RR 2006, 346).

10 Der Kündigungsschutz nach Abs. 1 S. 1 beginnt mit dem Tag, an dem (Groß-)EZ wirksam verlangt wurde, sofern dieser Termin nicht mehr als acht Wochen vor dem Beginn einer EZ zwischen dem dritten Geburtstag und dem vollendeten achten Lebensjahr des Kindes bzw. nicht mehr als 14 Wochen vor Beginn einer EZ zwischen dem dritten Geburtstag und dem vollendeten achten Lebensjahr des Kindes liegt (Abs. 1 S. 2 Nr. 1 und 2). Als Endtermin der Frist ist nach Wortlaut, Zusammenhang und Zweck des § 18 der Endtermin der prognostizierten Geburt maßgebl., wenn er vor dem Tag der tats. Geburt liegt (BAG 12.5.2011 NZA 2012, 208). Maßgebl. ist der Tag des Zugangs der Kündigungserkl., nicht der, zu dem das ArbVerh. beendet werden soll (APS/*Rolfs* Rn. 15). Macht der AN die EZ früher als acht bzw. 14 Wochen vor der EZ geltend, greift § 18 erst mit Beginn der ersten der acht bzw. 14 Wochen (BAG 12.5.2011 NZA 2012, 208; APS/*Rolfs* Rn. 16). Der Kündigungsschutz dauert während der EZ an, auch bei Arbeitskämpfen). Wird die EZ nur verkürzt beansprucht oder vorzeitig beendet (§ 16 III 1, IV), endet auch der Kündigungsschutz des § 18. Der bes. Kündigungsschutz wirkt nicht nach. Eine wegen der früheren Inanspruchnahme von EZ erklärte Kündigung verstößt jedoch gegen § 612a BGB. Solange die EZ nicht vollständig (§ 15) genommen ist, hat der elternzeitberechtigte AN auch in einem FolgeArbVerh. Anspruch auf EZ, sofern die Voraussetzungen der §§ 15, 16 weiter erfüllt sind (BAG 11.3.1999 NZA 1999, 1047; zur Übertragung des Teils einer früheren EZ auf eine spätere EZ BAG 21.4.2009 NZA 2010, 155). Der Kündigungsschutz endet im Fall des § 18 I 2 Nr. 1 normalerweise am **Tag vor dem dritten Geburtstag des Kindes** (APS/*Rolfs* Rn. 20). Wird eine AN während der EZ schwanger, besteht unabhängig von einer weiteren Tätigkeit wegen der Schwangerschaft Kündigungsschutz nach § 9 MuSchG/§ 17 MuSchG nF (zu der vorzeitigen Beendigung der EZ wegen erneuter Schwangerschaft § 16 Rn. 9; *Zetl* ZMV 2011, 258 f.). Nach dem Ende der EZ gelten wieder der allg. Kündigungsschutz und mögl. andere bes. Kündigungsschutzbestimmungen wie § 9 MuSchG/§ 17 MuSchG nF, § 85 SGB IX/§ 168 SGB IX nF, §§ 15 KSchG, 103 BetrVG.

11 **3. Befreiung vom Kündigungsverbot (Abs. I S. 4 bis 6).** Eine Kündigung kann nach Abs. 1 S. 4 in **bes. Fällen** für zulässig erklärt werden. Das ist unionsrechtl. unbedenkl. (BAG 24.11.2011 NZA 2012, 610). Wird die Kündigung eines AN in EZ nicht für zulässig erklärt, besteht für sie ein ges. Verbot iSv. § 134 BGB (zu mehreren behördl. Zustimmungserfordernissen BVerfG 28.6.2014 – 1 BvR 1157/12 –; BAG 24.11.2011 NZA 2012, 610). Der bes. geschützte AN ist in der Sozialauswahl nach § 1 III 1 KSchG nicht mit einem AN ohne Sonderkündigungsschutz vergleichbar (LAG BW 25.3.2011 NZA-RR 2011, 407, die Sache ist durch BAG 19.7.2012 NZA 2013, 86 an das LAG zurückverwiesen worden; *Breschendorf* BB 2007, 661, 668). Ein bes. Fall ist anzunehmen, wenn außergewöhnl. Umstände verlangen, dass die vom G grds. als vorrangig angesehenen Interessen des AN in EZ hinter die Belange des AG zurücktreten (BayVGH 8.10.2014 BayVBl 2015, 195; 7.10.2015 – 12 ZB 15.239 – BeckRS 2015, 53812). Die Voraussetzungen bes. Fälle sind in der Allg. Verwaltungsvorschr. zum Kündigungsschutz

bei EZ (§ 18 I 4 BEEG) v. 3.1.2007 erläutert (BAnz. 2007 Nr. 5 S. 247). Die Verwaltungsvorschr. regelt die Sonderfälle in § 2 nicht abschl., sondern beispielhaft („insb."). Ein bes. Fall liegt zB vor: bei einer Betriebs- oder Betriebsteilstilllegung, wenn der AN nicht in einem anderen Betrieb des Unternehmens weiterbeschäftigt werden kann (BAG 27.2.2014 NZA 2014, 897; BVerwG 18.8.1977 E 54, 276; *Wiebauer* BB 2013, 1784 ff.), einer Verlagerung des Betriebs oder einer Betriebsabteilung, der Ablehnung eines Weiterbeschäftigungsangebots durch den AN in diesen Fällen, einer Existenzgefährdung für Betrieb oder AG, bes. schweren Vertragspflichtverletzungen oder vorsätzl. strafbaren Handlungen, wenn es dem AG ihretwegen unzumutbar ist, das ArbVerh. fortzuführen. Die Möglichkeit, eine Kündigung während der EZ für zulässig zu erklären, ist unionsrechtskonform (EuGH 11.11.2010 NZA 2011, 143 Rn. 61 – Danosa). Ist die Kündigung für zulässig erklärt, kann der Insolvenzverwalter mit der kurzen Kündigungsfrist des § 113 S. 2 InsO kündigen (BAG 27.2.2014 NZA 2014, 897).

Praktisch relevant ist va. der Fall der **(beabsichtigten) Betriebsstilllegung** (zu anderen Fällen 12 betriebl. veranlasster Beendigungskündigungen *Kittner* NZA 2010, 198, 199 ff.). Ist str., ob ein Betrieb stillgelegt oder auf einen anderen Inhaber übergegangen ist, darf die zust. Behörde die Zulässigkeitserkl. nicht mit der Begr. verweigern, es liege ein Betriebsübergang vor. Diese Frage können nur die ArbG verbindl. beantworten (BAG 22.6.2011 NZA-RR 2012, 119; 18.10.2012 DB 2013, 586; OVG SN 22.10.2013 – 5 A 877/11 –; *Schwarz* BB 2013, 96; *Winzer* ArbR 2013, 77). Entsprechendes gilt für die Weiterbeschäftigungspflicht in Betrieb und Unternehmen (*Kittner* NZA 2010, 198, 200). Ist die Kündigung für zulässig zu erklären, hängt ihre Wirksamkeit davon ab, ob das ArbG eine Stilllegung bejaht oder nicht (OVG NW 21.3.2000 AP BErzGG § 18 Nr. 5; KR/*Bader* Rn. 67; vgl. aber für den Fall, dass das KSchG keine Anwendung findet, VG Aachen 21.12.2004 – 2 K 2511.03 –: Prüfung durch die Behörde, ob der Arbeitsplatz weggefallen ist; zu der Abgrenzung des Prüfungsgegenstands der ArbG und VG *Bruns* BB 2008, 386, 389). Sind dringende betriebl. Erfordernisse zu bejahen und ist die soziale Auswahl ordnungsgemäß durchgeführt, kann eine einzelfallbezogene Interessenabwägung – wenn an diesem Prüfungsparameter überhaupt festgehalten wird – nur in seltenen Ausnahmefällen zu überw. Bestandsschutzinteressen des AN führen (BAG 20.1.2005 NZA 2005, 687). § 18 dient nicht dazu, den Versicherungsschutz in der ges. Krankenvers. zu erhalten (BAG 14.2.2014 DB 2014, 1145; BVerwG 30.9.2009 NJW 2010, 2074; s. auch *Kittner* NZA 2010, 198 ff.). Allg. Verwaltungsvorschr. begründen keine Pflicht des AG, bei Ausspruch der Kündigung wegen Betriebsstilllegung eine soziale Auslauffrist bis zum Ende der EZ einzuhalten (BAG 20.1.2005 NZA 2005, 687). Wird mit einem Teil des Schrifttums angenommen, die Zulässigkeitserkl. könne bei beabsichtigter Betriebsstilllegung unter die Bedingung gestellt werden, dass der Betrieb im Kündigungstermin auch tats. eingestellt ist (*Wiebauer* NZA 2011, 177, 178 mwN), nimmt diese Bedingung dem AN nicht die Last, Kündigungsschutzklage zu erheben. Korrektiv ist ein Wiedereinstellungsanspruch, wenn der Betrieb bei Ablauf der Kündigungsfrist nicht stillgelegt ist. Die erforderl. Fehlprognose und die Zumutbarkeit der Weiterbeschäftigung sind zu bejahen (*Wiebauer* NZA 2011, 177, 179 f.).

Ein **bes. schwerer Vertragsverstoß** des AN gegen arbeitsvertragl. Pflichten muss zur Unzumut- 13 barkeit der Aufrechterhaltung des ArbVerh. führen, damit ein bes. Fall nach § 18 I 4 anzunehmen ist. Bei einem AN in EZ scheidet eine Verletzung der suspendierten Arbeitspflicht aus, sodass nur schwerwiegende Verletzungen arbeitsvertragl. Nebenpflichten (insb. von Interessenwahrungs- oder Unterlassungspflichten) in Betracht kommen. Die Eheschließung einer kath. Kindergärtnerin mit einem geschiedenen Mann begr. idR keine wirksame Kündigung durch die kath. Gemeinde (OLG D 17.10.1991 BB 1992, 775). Rufschädigende Äußerungen über den AG in der Öffentlichkeit (zB durch Flugblätter) können nach Abwägung mit der Meinungsfreiheit des AN einen bes. Fall nach § 18 I 4 darstellen (BayVGH 30.11.2004 – 9 B 03 2878 – BayVBl. 2005, 409). § 2 der Allg. Verwaltungsvorschr. zum Kündigungsschutz bei EZ v. 3.1.2007 (BAnz. 2007 Nr. 5 S. 247) begr. als innerdienstl. Anweisung keinen Rechtsanspruch des AG auf Zulässigkeitserkl. Die Bestimmung gibt ledigl. verwaltungsintern durch eine beispielhafte Aufzählung den Rahmen vor, in dem zu entscheiden ist, ob ein „bes. Fall" iSv. § 18 I 4 vorliegt und die Kündigung deshalb für zulässig zu erklären ist (KR/*Bader* Rn. 64 f.; *Bruns* BB 2008, 386, 389). Dabei ist zB auch zu würdigen, ob der AG unverzügl. reagiert hat (APS/*Rolfs* Rn. 30). Erklärt die Behörde eine Kündigung für zulässig, ist nicht immer eine neue Zulässigkeitserkl. erforderl., wenn die Kündigung an einem sonstigen Rechtsmangel leidet. Eine weitere Zulässigkeitserkl. ist zB entbehrl., wenn die Kündigung wegen fehlenden Vollmachtsnachweises nach § 174 S. 1 BGB zurückgewiesen wird und deshalb wiederholt werden muss. Das behördl. Verf. nach § 18 ist mit der „vor jeder Kündigung" durchzuführenden Anhörung des BR nicht vergleichbar (LAG K 21.4.2006 LAGE BErzGG § 18 Nr. 4). Der AG sollte allerdings kein Risiko eingehen und die Erkl. der Zulässigkeit der Kündigung erneut beantragen.

Die Zulässigkeitserkl. nach § 18 I 4, 5 muss bei Zugang der Kündigung vorliegen, braucht aber noch 14 nicht bestandskräftig zu sein (BAG 19.2.2009 NZA 2009, 980; 25.4.2013 AP InsO § 343 Nr. 1). **Mängel der Zulässigkeitserkl.** können nur im Widerspruchsverf. geltend gemacht werden (BAG 20.1.2005 NZA 2005, 687). Anderes gilt bei einer nichtigen Zulässigkeitserkl. Auf ihrer Grdl. darf keine Kündigung erklärt werden (BAG 20.1.2005 NZA 2005, 687). Das Recht, sich auf das Fehlen der Zulässigkeitserkl. zu berufen, kann verwirken. Dem AG kann es unzumutbar sein, sich auf die nach mehrjähriger Prozessdauer in der letzten mdl. Verh. erhobene Rüge eines Mangels der Zulässigkeitserkl. einzulassen (BAG

25.3.2004 AP MuSchG 1968 § 9 Nr. 36). Die Monatsfrist des § 88 III SGB IX/§ 171 III SGB IX nF ist auf Zulässigkeitserkl. nach § 18 I 4, 5 nicht anzuwenden. Nach § 88 III SGB IX/§ 171 III SGB IX nF kann das ArbVerh. eines schwerbehinderten AN nur innerhalb eines Monats nach Zustellung einer vom Integrationsamt erteilten Zust. gekündigt werden. § 18 enthält keine vergleichbare Regelung. Eine planwidrige und damit analogiefähige Regelungslücke fehlt (BAG 22.6.2011 AP BGB § 613a Nr. 408; 24.11.2011 NZA 2012, 610). Mittlerweile ist auch geklärt, wie sich eine Kombination von bes. Kündigungsschutz nach § 18 I 1 BEEG und § 85 SGB IX/§ 168 SGB IX nF auf die Frist zur Erkl. der Kündigung nach § 88 III SGB IX/§ 171 III SGB IX auswirkt. Die Frist zur Kündigung des ArbVerh. des schwerbehinderten Menschen von einem Monat nach förml. Zustellung des Zustimmungsbescheids ist eine materiell-rechtl. Ausschlussfrist. Solange sie andauert, ist die ges. Kündigungssperre aufgeh. Die Ausschlussfrist des § 88 III SGB IX/§ 171 III SGB IX nF gilt auch dann, wenn die Wirksamkeit der Kündigung nicht nur von der Zust. des Integrationsamts abhängt, sondern zudem unter dem Vorbehalt einer behördl. unbefristeten Zulassung nach § 18 I 4 und 5 BEEG steht. Liegt die Zulässigkeitserkl. nach § 18 I 4 BEEG bei Ablauf der Monatsfrist des § 88 III SGB IX/§ 171 III SGB IX nF noch nicht vor, ist sie aber in dieser Frist beantragt worden, ist die nach Ablauf der Monatsfrist erklärte Kündigung nicht unwirksam. An die Stelle des Zugangs der Kündigung iSv. § 88 III SGB IX/§ 171 III SGB IX nF tritt der Antrag auf Zust. durch die weitere Behörde (BAG 24.11.2011 NZA 2012, 610). Im Fall einer **Massenentlassung** sind die Benachteiligung von Personen mit bes. Kündigungsschutz und Verstöße gegen Art. 3 I, II, Art. 6 I GG zu vermeiden. Muss die Kündigung zunächst – zB nach § 18 I 2 – für zulässig erklärt werden, gilt der 30-Tage-Zeitraum des § 17 I 1 KSchG auch dann als gewahrt, wenn die Kündigung in diesem Zeitraum nicht zugeht. Es genügt, dass währenddessen der Antrag gestellt wird, die Kündigung für zulässig zu erklären (BVerfG 8.6.2016 NZA 2016, 939 Rn. 25, das BAG 25.4.2013 AP InsO § 343 Nr. 1 aufhebt; krit. ua. *Arnold* ArbR 2016, 375; zum unionsrechtl. Entlassungsbegriff EuGH 27.1.2005 NZA 2005, 213 Rn. 39 – Junk; 21.12.2016 NZA 2017, 167 Rn. 26 ff. – AGET Iraklis; *Hartmann* EuZA 2017, 153, 170 ff.). Bei AN in EZ ist Entlassung iSd. § 17 KSchG deshalb bereits der Antrag auf Zust. bei der zust. Behörde (BAG 26.1.2017 NZA 2017, 577 auch zu den Folgeproblemen für das dt. Recht). Diese Grds. sind auf andere bes. geschützte Personengruppen zu übertragen (zB § 9 MuSchG/§ 17 MuSchG nF, § 85 SGB IX/§ 168 SGB IX nF, § 5 PflegeZG; *Graf* ArbRB 2017, 50, 53; zu der gerechtfertigten Besserstellung von AN in EZ ggü. TZBeschäftigten bei der Bemessung der Höhe von Sozialplanabfindungen BAG 5.5.2015 BeckRS 2015, 71662).

15 **Zust. Behörden** sind in BW der Kommunalverband für Jugend und Soziales BW, in BY die Gewerbeaufsichtsämter der Regierungsbezirke, in B das Landesamt für Arbeitsschutz, Gesundheitsschutz und technische Sicherheit B, in BB die Landesämter für Arbeitsschutz, in HB das Gewerbeaufsichtsamt, in HH das Amt für Arbeitsschutz der Behörde für Gesundheit und Verbraucherschutz, in HE die Regierungspräsidien, in MV die Abteilung Arbeitsschutz und technische Sicherheit des Landesamts für Gesundheit und Soziales, in NI die Gewerbeaufsichtsämter, in NW die Bezirksregierungen, in RP die Zentralreferate Gewerbeaufsicht der Struktur- und Genehmigungsdirektionen Süd oder Nord, im SL das Landesamt für Umwelt- und Arbeitsschutz, in SN die Abteilung Arbeitsschutz der Landesdirektion SN, in ST das Landesamt für Verbraucherschutz (Gewerbeaufsicht), in SH die Staatl. Arbeitsschutzbehörde bei der Unfallkasse Nord und in TH das Landesamt für Verbraucherschutz.

16 **4. Darlegungs- und Beweislast.** Der AN ist darlegungs- und beweispflichtig dafür, dass die Voraussetzungen des § 18 erfüllt sind. Das gilt auch für die EZBerechtigung nach § 15 und die fristgerechte Geltendmachung (§ 16). Der AG muss sich darüber erklären, weshalb die in § 15 II geregelten Voraussetzungen des bes. Kündigungsschutzes ausnahmsweise nicht erfüllt sein sollen. Der AG hat auch die Zulässigkeitserkl. darzulegen und ggf. zu beweisen (APS/*Rolfs* Rn. 33 f.).

§ 19 Kündigung zum Ende der Elternzeit

Der Arbeitnehmer oder die Arbeitnehmerin kann das Arbeitsverhältnis zum Ende der Elternzeit nur unter Einhaltung einer Kündigungsfrist von drei Monaten kündigen.

1 Die Vorschr. gibt dem (groß-)elternzeitberechtigten AN ein **Sonderkündigungsrecht** (BAG 16.10.1991 NZA 1992, 793). Das Sonderkündigungsrecht dient der nahtlosen Betreuung des Kindes (*Bruns* BB 2008, 386, 390) und ist keine bloße Kündigungsfristenregelung. Der AN braucht eine längere ges., tarifl. oder einzelvertragl. Frist nicht einzuhalten, wenn das ArbVerh. deckungsgleich mit dem Tag enden soll, an dem die EZ endet (*Linck* HzA Gruppe 6/1 Rn. 396). Der AG wird dadurch geschützt, dass der kündigende Elternteil in diesem Fall die dreimonatige Kündigungsfrist des § 19 einhalten muss (Rn. 3). Das Kündigungsrecht steht jedem AN zu, der sich in EZ befindet oder sie berechtigt geltend gemacht hat (APS/*Rolfs* Rn. 5).

2 Die Regelung ist **zwgd.** (KR/*Bader* Rn. 4 bis 7; APS/*Rolfs* Rn. 4). Das Kündigungsrecht steht dem anspruchsberechtigten, nicht nur dem (EZ-)beurlaubten AN zu. Bei wechselnder EZ (§ 15 III) ist es beiden Elternteilen eingeräumt (APS/*Rolfs* Rn. 8). Die Vorschr. erfasst Vollzeitkräfte nach § 18 I und TZKräfte mit einer WochenAZ von bis zu 30 Std. nach § 18 II Nr. 1. TZKräfte nach § 18 II Nr. 2, die

EZ nicht geltend gemacht haben, unterfallen ihr nicht (APS/*Rolfs* Rn. 5). Für eine zum Ende der EZ ausgesprochene Kündigung dürfen zum Nachteil des EZBerechtigten weder einzelvertragl. noch kollektivrechtl. abw. Regelungen getroffen werden (KR/*Bader* Rn. 5, 14).

Kündigt der AN zum Ende der EZ, muss er die **Frist von drei Monaten** zwgd. einhalten. Das folgt aus der aufgeh. früheren Formulierung des § 19 („soweit nicht eine kürzere ges. oder vereinbarte Kündigungsfrist gilt") und dem heute stattdessen eingefügten Wort „nur" (KR/*Bader* Rn. 3; APS/*Rolfs* Rn. 2 f.). Hält der AN die Kündigungsfrist nicht ein, wird die Kündigung nicht zum Ende der EZ wirksam, sondern wirkt bei mögl. Auslegung der Kündigungserkl. zu dem danach liegenden richtigen Termin (allg. außerhalb der EZ zB BAG 20.6.2013 NZA 2013, 1137). Dann sind die allg. ges. oder (tarif-) vertragl. Kündigungsfristen zu beachten. Wird EZ in mehreren Abschn. genommen oder in einem Wechsel der Berechtigten, gilt die Frist des § 19 nur für den letzten Abschnitt. Das Recht des AN zur außerordentl. Kündigung bleibt unberührt. Der AN darf ordentl. zu einem früheren Termin als dem Ende der EZ kündigen. Erfüllt die AN während der Schwangerschaft oder nach der Entbindung zugleich die Voraussetzungen des § 10 I MuSchG, kann sie wählen, welches Kündigungsrecht sie ausübt. Die am 1.1.2018 in Kraft tretende Neufassung des MuSchG enthält das Kündigungsrecht der Mutter nicht mehr. 3

Für die Kündigung sind die allg. Vorschr. zu beachten, insb. die **Schriftform** des § 623 BGB. Ist individualvertragl. oder tarifl. eine strengere Form vorgesehen, muss diese eingehalten werden (APS/ *Rolfs* Rn. 6). Die Dreijahresfrist der EZ (§ 15 II 1) errechnet sich nach §§ 187 II 2, 188 II Alt. 2 BGB (*Bruns* BB 2008, 386, 388). Für die Berechnung der Dreimonatsfrist des § 19 gelten wegen des Ereignisses des zu bewirkenden Zugangs der Kündigung § 187 I, § 188 II Alt. 1 BGB und ggf. § 193 BGB. Hat der AN EZ nach § 16 I 1 Nr. 1 in vollem Umf. in Anspruch genommen, ist der Kündigungstermin der Zpkt., der dem Tag vorangeht, an dem das Kind drei Jahre alt wird (KR/*Bader* Rn. 11). Bsp.: Das Kind ist am 17.8.2014 geb. Es vollendet sein drittes Lebensjahr im Rechtssinn des § 187 II 2 BGB am 16.8.2017. Die Kündigung des AN, mit der er sein Recht aus § 19 ausübt, muss spätestens am 16.5.2017 zugegangen sein. Wird die EZ durch andere Umstände vorzeitig beendet (zB den Tod des Kindes) und hatte der AN bereits fristgemäß zu dem zu erwartenden regelm. Ende der EZ gekündigt, bleibt diese Kündigung wirksam, wenn sie mind. drei Monate zuvor zuging (APS/*Rolfs* Rn. 8). Ging die Kündigung weniger als drei Monate vor dem regelm. Ende der EZ zu, wird das ArbVerh. nach dem Ende der EZ erst mit Ablauf der Dreimonatsfrist (APS/*Rolfs* Rn. 8; **aA** KR/*Bader* Rn. 13) oder der kürzeren oder längeren ges., tarifl. oder einzelvertragl. Kündigungsfrist beendet. Mit Ablauf der Kündigungsfrist endet das ArbVerh. endgültig. Die Folgen entsprechen den Auswirkungen einer „gewöhnl." Kündigung. 4

Die Regelung in § 19 schließt nicht aus, dass das ArbVerh. durch schriftl. **Aufhebungsvertrag** ohne Beachtung von Fristen beendet wird (KR/*Bader* Rn. 23). Kündigt der AN mit einer kürzeren als der von § 19 vorgeschriebenen Frist, kann es dem AG wegen widersprüchl. Verhaltens (§ 242 BGB) versagt sein, sich darauf zu berufen, die abgekürzte Frist sei gesetzwidrig vereinbart. Widersprüchl. Verhalten kommt nur in Betracht, wenn der AG zuvor zumindest konkludent zu erkennen gegeben hat, er werde die Kündigungsfrist akzeptieren. § 19 schließt eine außerordentl. Kündigung des AN nach § 626 BGB nicht aus (KR/*Bader* Rn. 22). 5

§ 20 Zur Berufsbildung Beschäftigte, in Heimarbeit Beschäftigte

(1) [1] **Die zu ihrer Berufsbildung Beschäftigten gelten als Arbeitnehmer oder Arbeitnehmerinnen im Sinne dieses Gesetzes.** [2] **Die Elternzeit wird auf Berufsbildungszeiten nicht angerechnet.**

(2) [1] **Anspruch auf Elternzeit haben auch die in Heimarbeit Beschäftigten und die ihnen Gleichgestellten (§ 1 Absatz 1 und 2 des Heimarbeitsgesetzes), soweit sie am Stück mitarbeiten.** [2] **Für sie tritt an die Stelle des Arbeitgebers der Auftraggeber oder Zwischenmeister und an die Stelle des Arbeitsverhältnisses das Beschäftigungsverhältnis.**

Mittels einer Fiktion stellt Abs. 1 die zu ihrer Berufsbildung Beschäftigten den AN iSd. G gleich. Erfasst werden Auszubildende, Volontäre, Anlernlinge, Umschüler und Praktikanten. Letztere aber nicht, wenn die Praktika in eine ör. organisierte Ausbildung (zB Studium) organisatorisch und inhaltl. integriert sind (BAG 19.6.1973 AP BAT § 3 Nr. 3). Da die EZ gem. Abs. 1 S. 2 nicht auf **Berufsbildungszeiten** angerechnet wird, hat der Auszubildende Anspruch auf Verlängerung der zunächst vereinbarten Ausbildungszeit (Kontrahierungszwang des Ausbildenden; **aA** KR/*Bader* Rn. 2 automatische Verlängerung). Die in Heimarbeit Beschäftigten und die ihnen Gleichgestellten haben wie AN Anspruch auf EZ, soweit sie am Stück mitarbeiten. 1

§ 21 Befristete Arbeitsverträge

(1) **Ein sachlicher Grund, der die Befristung eines Arbeitsverhältnisses rechtfertigt, liegt vor, wenn ein Arbeitnehmer oder eine Arbeitnehmerin zur Vertretung eines anderen Arbeitnehmers oder einer anderen Arbeitnehmerin für die Dauer eines Beschäftigungsverbotes nach dem Mutter-**

schutzgesetz, einer Elternzeit, einer auf Tarifvertrag, Betriebsvereinbarung oder einzelvertraglicher Vereinbarung beruhenden Arbeitsfreistellung zur Betreuung eines Kindes oder für diese Zeiten zusammen oder für Teile davon eingestellt wird.

(2) **Über die Dauer der Vertretung nach Absatz 1 hinaus ist die Befristung für notwendige Zeiten einer Einarbeitung zulässig.**

(3) **Die Dauer der Befristung des Arbeitsvertrags muss kalendermäßig bestimmt oder bestimmbar oder den in den Absätzen 1 und 2 genannten Zwecken zu entnehmen sein.**

(4) [1]**Der Arbeitgeber kann den befristeten Arbeitsvertrag unter Einhaltung einer Frist von mindestens drei Wochen, jedoch frühestens zum Ende der Elternzeit, kündigen, wenn die Elternzeit ohne Zustimmung des Arbeitgebers vorzeitig endet und der Arbeitnehmer oder die Arbeitnehmerin die vorzeitige Beendigung der Elternzeit mitgeteilt hat.** [2]**Satz 1 gilt entsprechend, wenn der Arbeitgeber die vorzeitige Beendigung der Elternzeit in den Fällen des § 16 Absatz 3 Satz 2 nicht ablehnen darf.**

(5) **Das Kündigungsschutzgesetz ist im Falle des Absatzes 4 nicht anzuwenden.**

(6) **Absatz 4 gilt nicht, soweit seine Anwendung vertraglich ausgeschlossen ist.**

(7) [1]**Wird im Rahmen arbeitsrechtlicher Gesetze oder Verordnungen auf die Zahl der beschäftigten Arbeitnehmer und Arbeitnehmerinnen abgestellt, so sind bei der Ermittlung dieser Zahl Arbeitnehmer und Arbeitnehmerinnen, die sich in der Elternzeit befinden oder zur Betreuung eines Kindes freigestellt sind, nicht mitzuzählen, solange für sie aufgrund von Absatz 1 ein Vertreter oder eine Vertreterin eingestellt ist.** [2]**Dies gilt nicht, wenn der Vertreter oder die Vertreterin nicht mitzuzählen ist.** [3]**Die Sätze 1 und 2 gelten entsprechend, wenn im Rahmen arbeitsrechtlicher Gesetze oder Verordnungen auf die Zahl der Arbeitsplätze abgestellt wird.**

1 **1. Normzweck.** § 21 regelt primär einen **Sachgrund für die Befristung** des Arbeitsvertrags einer Ersatzkraft. Darüber hinaus wird ein ges. Kündigungsrecht begr. und die Zählung der Ersatzkräfte im Rahmen anderer ges. Bestimmungen geregelt. Die Regelungen der Befristung und der Kündigung sind einseitig zwgd. (APS/*Backhaus* Rn. 2; DDZ/*Wroblewski* Rn. 30). Von ihnen kann zugunsten der AN durch TV abgewichen werden, wenn kein TV eingreift, auch durch BV. Aus Abs. 6 kann hins. der Bestimmungen über die Vertretung kein abw. Umkehrschluss gezogen werden. Hingegen sind die Regeln über die Zählung der Vertretungskräfte nach anderen ges. Bestimmungen in gleichem Maße zwgd. wie diese.

2 **2. Anwendungsbereich.** Die **Befristung** von Arbeitsverträgen zur Vertretung wird in § 21 für die Fälle der Verhinderung eines AN durch ein Beschäftigungsverbot nach dem MuSchG, einer EZ, einer auf TV, BV oder einzelvertragl. Vereinb. beruhenden Arbeitsfreistellung zur Betreuung eines Kindes eigenständig geregelt. Der Gesetzgeber hat diese Norm aufrechterhalten, obgleich § 14 I 2 Nr. 3 TzBfG eine ausreichende Grdl. für die Befristung derartiger Arbeitsverträge bietet. Die Rspr. bezeichnet § 21 als Konkretisierung des § 14 I 2 Nr. 3 TzBfG (BAG 29.4.2015 NZA 2015, 928 Rn. 16; 26.10.2016 NZA 2017, 382 Rn. 14; 15.2.2017 – 7 AZR 223/15 – Rn. 22). Das G hat durch die ausdr. Aufnahme der Befristungsregelungen in das Recht der EZ deren gesellschaftl. Bedeutung unterstrichen (BAG 17.11.2010 NZA 2011, 34).

2a Von der Befristungsmöglichkeit des § 21 können dies. Vertragsparteien – insb. anlässl. verschiedener Vertretungsfälle – **wiederholt Gebrauch** machen (vgl. Rn. 8a; zur fragl. Vereinbarkeit mit der RL 1999/70/EG BAG 17.11.2010 NZA 2011, 34).

3 Die **Bestimmungen des TzBfG** über befristete Arbeitsverträge finden erg. Anwendung (MüKoBGB/*Hesse* § 23 TzBfG Rn. 23). Insb. kann die Befristung auch auf Tatbestände des § 14 TzBfG gestützt werden, wenn die Voraussetzungen des § 21 nicht vorliegen sollten (*Dörner* Rn. 649). So kann ein Arbeitsvertrag nach § 21 befristet abgeschlossen werden, wenn zuvor bereits ein nach § 14 I oder II TzBfG befristetes ArbVerh. bestanden hat. Umgekehrt kann nach Ablauf eines aufgrund von § 21 befristeten ArbVerh. nur ein nach § 14 I TzBfG mit Sachgrund geschlossen werden. Demggü. können dies. Vertragsparteien keinen ohne Sachgrund befristeten Arbeitsvertrag nach § 14 II TzBfG mehr schließen (APS/*Backhaus* Rn. 7), jdf. nicht vor Ablauf von drei Jahren (vgl. § 14 TzBfG Rn. 99). Darüber hinaus sind das Schriftformerfordernis des § 14 IV TzBfG (BAG 14.12.2016 – 7 AZR 756/14 – BeckRS 2016, 118462; AT/*Kühn* § 23 TzBfG Rn. 116) und die **Klagefrist** nach § 17 TzBfG von bes. Bedeutung. Die weiteren, in den §§ 15, 16 TzBfG enthaltenen allg. Regelungen sind gleichermaßen anwendbar. § 21 enthält kein Zitiergebot.

4 § 21 I bestätigt für den Fall der EZ den bereits nach allg. Grds. und seit dem 1.1.2001 durch § 14 I 2 Nr. 3 TzBfG anerkannten **Sachgrund der Vertretung** und hat insoweit bestätigende und klarstellende Bedeutung (BAG 15.8.2001 NZA 2002, 85; 2.7.2003 NZA 2004, 1055; 20.1.2010 NJW-Spezial 2010, 340; 9.9.2015 NZA 2016, 169 Rn. 27; 7.10.2015 NZA 2016, 354 Rn. 11 „Konkretisierung"). Das G regelt die Befristung wegen **Vertretung eines AN** während der EZ bzw. einer auf TV, BV oder einzelvertragl. Vereinb. beruhenden Arbeitsfreistellung zur Betreuung eines Kindes sowie einer AN während eines Beschäftigungsverbotes nach dem MuSchG. Es ist entspr. anzuwenden, wenn ein

Beamter EZ in Anspruch nimmt oder eine Beamtin aus entspr. Gründen an der Arbeitsleistung gehindert ist (KR/*Lipke* Rn. 18; MüKoBGB/*Hesse* § 23 TzBfG Rn. 19; **aA** APS/*Backhaus* Rn. 17). Diese Frage ist vom BAG (9.7.1997 – 7 AZR 540/96 – BeckRS 1997, 30928071; 21.2.2001 NZA 2001, 1069) bislang nicht beantwortet worden, weil jeweils der durch die Rspr. entwickelte Sachgrund „Vertretung" herangezogen werden konnte. § 21 wird weder durch andere bes. ges. Regelungen der Befristung von Arbeitsverträgen verdrängt, noch werden diese verdrängt.

3. Befristung mit Sachgrund. Das G erlaubt **Zeit- und Zweckbefristungen** (Abs. 3; BAG 9.9.2015 NZA 2016, 169 Rn. 29). Im Falle der Zweckbefristung ist § 15 II TzBfG zu beachten. Zur Vereinb. einer Doppelbefristung vgl. TzBfG § 3 Rn. 13; BAG 22.4.2009 AP TzBfG § 14 Vertretung Nr. 7; 9.9.2015 NZA 2016, 169 Rn. 11, 14). § 21 erlaubt nicht die Vereinb. einer **auflösenden Bedingung,** steht aber einer entspr. auf §§ 21, 14 TzBfG gestützten Abrede nicht entgegen (HKTzBfG/*Boecken* Rn. 13; *Laux/Schlachter* Anh. 2 F Rn. 12). 5

Der Sachgrund greift sowohl in Fällen unmittelbarer als auch in Fällen **mittelbarer Vertretung** ein (BAG 15.8.2001 NZA 2002, 85; MüKoBGB/*Hesse* § 23 TzBfG Rn. 18). Folgl. ist es unerhebl., ob und ggf. in welcher Weise der AG anlässl. der befristeten Einstellung eine Umverteilung der Aufgaben vornimmt. Die Vertretungskraft muss nicht dies. Aufgaben verrichten, die der ausgefallene AN zu verrichten gehabt hätte (BAG 21.2.2001 NZA 2001, 1069). Ausreichend ist ein Kausalzusammenhang mit dem Ausfall wegen EZ (KR/*Lipke* Rn. 21; AT/*Kühn* § 23 TzBfG Rn. 133). Werden dem befristet beschäftigten AN Aufgaben übertragen, die der vertretene AN zu keinem Zpkt. ausgeübt hat, besteht der erforderl. Kausalzusammenhang, wenn der AG tats. und rechtl. in der Lage wäre, dem vorübergehend abwesenden AN im Falle seiner Weiterarbeit oder nach seiner Rückkehr nicht seine bisherigen Tätigkeiten, sondern den Aufgabenbereich des Vertreters zu übertragen. Der befristet eingestellte Vertreter muss nicht zeitl. und/oder fachl. in der Lage sein, die Aufgaben der vertretenen Stammkraft zu übernehmen. Entscheidend ist vielmehr, ob der zeitl. Umf. der AZ der vertretenen Stammkraft zumindest denjenigen der befristet eingestellten Vertretungskraft erreicht (BAG 20.1.2010 NJW-Spezial 2010, 340). Im Rechtsstreit hat der AG diesen Zusammenhang bei mittelbarer Vertretung näher darzulegen (BAG 15.8.2001 NZA 2002, 85). Die Darlegung des Kausalzusammenhangs zwischen der zeitweiligen Arbeitsverhinderung der Stammkraft und der Einstellung der Vertretungskraft erfordert, dass der AG bei Vertragsschluss mit dem Vertreter dessen Aufgaben einem oder mehreren vorübergehend abwesenden Beschäftigten, etwa durch eine entspr. Angabe im Arbeitsvertrag, gedankl. zuordnet. Nur dann ist gewährleistet, dass die Einstellung des Vertreters auf der Abwesenheit des zu vertretenden AN beruht (BAG 25.3.2009 NZA 2010, 34; 20.1.2010 NJW-Spezial 2010, 340). Dies kann durch Darlegung des Vertretungskonzepts geschehen, unverzichtbare Voraussetzung ist dies jedoch nicht (BAG 15.8.2001 NZA 2002, 85). Den AG trifft ggf. die materielle Beweislast (KR/*Lipke* Rn. 24; *Buchner/Becker* Rn. 14). 6

Die Befristung ist in ihrer **Wirksamkeit unabhängig** davon, ob dem zu vertretenden AN die Freistellung zu Recht gewährt worden ist (BAG 29.4.2015 NZA 2015, 928 Rn. 19; AT/*Kühn* § 23 TzBfG Rn. 124; APS/*Backhaus* Rn. 15; *Buchner/Becker* Rn. 6; HKTzBfG/*Boecken* Rn. 7; **aA** *Laux/Schlachter* Anh. 2 F Rn. 5; *Roos/Bieresborn/Othmer* MuSchG BEEG Rn. 11; *Bruns* BB 2008, 386). Der Sachgrund setzt nicht voraus, dass bereits im Zpkt. der Befristungsvereinb. ein rechtsverbindl. EZVerlangen des zu vertretenden AN vorlag (BAG 9.9.2015 NZA 2016, 169 Rn. 35), entscheidend ist die Lage bei Arbeitsbeginn des Vertreters (**aA** LAG K 14.12.2007 – 4 Sa 992/07 – BeckRS 2008, 52520), wobei Einarbeitungszeiten (vgl. Abs. 2) zu berücksichtigen sind. Beantragt der in EZ befindl. AN ElternTZ, berührt dies die Wirksamkeit des befristeten Arbeitsvertrags der Vollzeitvertretung nicht, vielmehr begr. dieser Vertrag dringende betriebl. Gründe für die Ablehnung der TZBeschäftigung (vgl. hierzu BAG 19.4.2005 NZA 2005, 1354; 9.9.2015 NZA 2016, 169 Rn. 39). 7

Wie beim Befristungsgrund der Vertretung (§ 14 I 2 Nr. 3 TzBfG) bedarf es der **Prognose** des zukünftigen Wegfalls des Vertretungsbedarfs (vgl. TzBfG § 14 Rn. 16 ff.). Der Zpkt. der Rückkehr des zu vertretenden AN und damit die Dauer der Befristung braucht nicht prognostiziert zu werden (BAG 6.12.2000 NZA 2001, 721, 722; 9.9.2015 NZA 2016, 169 Rn. 34; KR/*Lipke* Rn. 25). Die Befristungsdauer kann kürzer als die zu erwartende Ausfallzeit der AN gewählt werden (*Dörner* Rn. 653). 8

Es können mit ders. Vertretungskraft mehrere befristete Arbeitsverträge zur Vertretung desselben AN geschlossen werden (BAG 5.6.2007 NZA 2007, 1352), doch können sich auch hier Grenzen aus der Missbrauchskontrolle ergeben (dazu BAG 9.9.2015 NZA 2016, 169 Rn. 44 ff.; TzBfG § 14 Rn. 9 und 36). Die Befristungsdauer kann großzügig bemessen werden (*Dörner* Rn. 653), denn Abs. 2 stellt klar, dass notwendige Zeiten einer Einarbeitung in die Befristungsdauer einbezogen werden dürfen. Die jeweils **notwendige Einarbeitungsdauer** ist stark abhängig vom zu besetzenden Arbeitsplatz und den Vorkenntnissen der Vertretungskraft. Eine Höchstgrenze sieht das G nicht vor, Einarbeitungszeiten von mehr als sechs Wochen Dauer sind nicht ungewöhnl. (KR/*Lipke* Rn. 45; AT/*Kühn* § 23 TzBfG Rn. 128). 8a

4. Kündigung des Arbeitsverhältnisses. Der AG kann den befristeten Arbeitsvertrag unter Einhaltung einer **Frist von (mind.) drei Wochen**, jedoch frühestens zum Ende der EZ, kündigen, wenn diese ohne Zust. des AG vorzeitig endet und der vertretene AN die vorzeitige Beendigung seiner EZ mitgeteilt hat oder der AG die vorzeitige Beendigung der EZ in den Fällen des § 16 III 2 nicht 9 ablehnen darf. Hierzu gehört auch der Fall einer Eigenkündigung des vertretenen AN (LAG N 2.8.2007 – 5 Sa 564/06 – BeckRS 2007, 47219 [obiter dictum]; KR/*Lipke* Rn. 60; *Laux/Schlachter* Anh. 2 F Rn. 13; HKTzBfG/*Boecken* Rn. 17; **aA** APS/*Backhaus* Rn. 35a; DDZ/*Wroblewski* Rn. 19; NK-GA/*Pauly* Rn. 30; *Bruns* BB 2008, 386, 387). Dieses **außerordentl. Kündigungsrecht** besteht allein bei Vertretungen während der EZ. Auf diese Kündigung findet das KSchG keine Anwendung (Abs. 5), dies betrifft auch die Klagefrist des § 4 KSchG (*Laux/Schlachter* Anh. 2 F Rn. 17; DDZ/*Wroblewski* Rn. 20; **aA** ArbG BE 4.12.2013 – 56 Ca 9425/13 – BeckRS 2014, 66229; HKTzBfG/*Boecken* Rn. 18). Abs. 4 verdrängt § 622 BGB. Andere Kündigungsschutzbestimmungen sind aber anwendbar (insb. § 102 BetrVG). In den anderen Vertretungsfällen des Abs. 1 verbleibt es bei den allg. Kündigungsmöglichkeiten.

10 Das außerordentl. **Kündigungsrecht** kann durch TV oder Einzelvertrag ganz oder in Teilen **abbedungen** werden (Abs. 6; *Buchner/Becker* Rn. 30; HKTzBfG/*Boecken* Rn. 19), dafür sind Regelungen der ordentl. Kündigung unzureichend (*Bruns* BB 2008, 386, 387). Ggü. der dreiwöchigen Kündigungsfrist gehen konstitutive Regelungen der Kündigungsfristen vor (*Laux/Schlachter* Anh. 2 F Rn. 16; AT/*Kühn* § 23 TzBfG Rn. 146; KR/*Lipke* Rn. 70).

11 **5. Regelung der Zählweise.** Abs. 7 stellt sicher, dass der AG wegen der Beschäftigung von Vertretungskräften nicht in anderen G geregelte **Schwellenwerte** (zB § 23 KSchG, §§ 9, 99, 111 BetrVG, § 622 V BGB) überschreitet. Bei der Ermittlung der jeweils maßgebl. Zahl der AN sind die sich in der EZ befindl. oder zur Betreuung eines (Enkel-)Kindes freigestellten AN nicht mitzuzählen, solange für sie ein Vertreter eingestellt ist. Dies gilt aber nicht, wenn der Vertreter seinerseits nicht mitzuzählen ist. Wegen der Systematik des § 21 und der zur Begr. der Stellung eines „Vertreters" notwendigen Tatsachen, werden ausschl. die durch befristet angestellte Arbeitskräfte vertretenen AN nicht mitgezählt (*Bruns* BB 2008, 386, 387; **aA** LAG D 26.7.2000 NZA-RR 2001, 308; LAG N 16.2.2016 – 7 Sa 225/15 – BeckRS 2016, 67373; APS/*Backhaus* Rn. 44; KR/*Lipke* Rn. 77; NK-GA/*Pauly* Rn. 37). Damit zählen die Arbeitsplätze und nicht die Arbeitsverträge, wie durch S. 3 bestätigt wird. Demzufolge kann der AG nicht vorübergehend Schwellenwerte wegen der Inanspruchnahme von EZ und Freistellungen iSv. S. 1 durch AN unterschreiten (KDZ/*Däubler* Rn. 22).

200. Gesetz zur Verbesserung der betrieblichen Altersversorgung (Betriebsrentengesetz – BetrAVG)*

Vom 19. Dezember 1974 (BGBl. I S. 3610)

Zuletzt geändert durch Art. 1 G vom 17. August 2017 (BGBl. I S. 3214)

(FNA 800-22-1)

– Auszug –

Erster Teil. Arbeitsrechtliche Vorschriften

Erster Abschnitt. Durchführung der betrieblichen Altersversorgung

§ 1 Zusage des Arbeitgebers auf betriebliche Altersversorgung

(1) [1]Werden einem Arbeitnehmer Leistungen der Alters-, Invaliditäts- oder Hinterbliebenenversorgung aus Anlass seines Arbeitsverhältnisses vom Arbeitgeber zugesagt (betriebliche Altersversorgung), gelten die Vorschriften dieses Gesetzes. [2]Die Durchführung der betrieblichen Altersversorgung kann unmittelbar über den Arbeitgeber oder über einen der in § 1b Abs. 2 bis 4 genannten Versorgungsträger erfolgen. [3]Der Arbeitgeber steht für die Erfüllung der von ihm zugesagten Leistungen auch dann ein, wenn die Durchführung nicht unmittelbar über ihn erfolgt.

(2) Betriebliche Altersversorgung liegt auch vor, wenn

1. der Arbeitgeber sich verpflichtet, bestimmte Beiträge in eine Anwartschaft auf Alters-, Invaliditäts- oder Hinterbliebenenversorgung umzuwandeln (beitragsorientierte Leistungszusage),

2. der Arbeitgeber sich verpflichtet, Beiträge zur Finanzierung von Leistungen der betrieblichen Altersversorgung an einen Pensionsfonds, eine Pensionskasse oder eine Direktversicherung zu zahlen und für Leistungen zur Altersversorgung das planmäßig zuzurechnende Versorgungskapital auf der Grundlage der gezahlten Beiträge (Beiträge und die daraus erzielten Erträge), mindestens die Summe der zugesagten Beiträge, soweit sie nicht rechnungsmäßig für einen biometrischen Risikoausgleich verbraucht wurden, hierfür zur Verfügung zu stellen (Beitragszusage mit Mindestleistung),

2a. der Arbeitgeber durch Tarifvertrag oder auf Grund eines Tarifvertrages in einer Betriebs- oder Dienstvereinbarung verpflichtet wird, Beiträge zur Finanzierung von Leistungen der betrieblichen Altersversorgung an einen Pensionsfonds, eine Pensionskasse oder eine Direktversicherung nach § 22 zu zahlen; die Pflichten des Arbeitgebers nach Absatz 1 Satz 3, § 1a Absatz 4 Satz 2, den §§ 1b bis 6 und § 16 sowie die Insolvenzsicherungspflicht nach dem Vierten Abschnitt bestehen nicht (reine Beitragszusage),

3. künftige Entgeltansprüche in eine wertgleiche Anwartschaft auf Versorgungsleistungen umgewandelt werden (Entgeltumwandlung) oder

4. der Arbeitnehmer Beiträge aus seinem Arbeitsentgelt zur Finanzierung von Leistungen der betrieblichen Altersversorgung an einen Pensionsfonds, eine Pensionskasse oder eine Direktversicherung leistet und die Zusage des Arbeitgebers auch die Leistungen aus diesen Beiträgen umfasst; die Regelungen für Entgeltumwandlung sind hierbei entsprechend anzuwenden, soweit die zugesagten Leistungen aus diesen Beiträgen im Wege der Kapitaldeckung finanziert werden.

1. Normzweck. § 1 definiert im Schwerpunkt betriebl. AV in ihren verschiedenen Erscheinungsformen. Daneben werden Grds. zur Zusage des AG aufgestellt. Diese Konzeption wird aber nicht konsequent durchgehalten, wenn erst in § 1b I 4 den Verpflichtungen aus einer Versorgungszusage Versorgungsverpflichtungen gleichgestellt werden, die auf betriebl. Übung oder dem Grds. der Gleichbehandlung beruhen. 1

2. Begriff der betrieblichen Altersversorgung. Nach der Legaldefinition in § 1 I 1 muss es sich um eine Leistung handeln, die einen Versorgungszweck erfüllt, indem sie der Alters-, Invaliditäts- oder Hinterbliebenensicherung dient. Diese Leistung muss dem AN aus Anlass des ArbVerh. vom AG 2

* Die Kommentierung ist auf dem Stand der Gesetzgebung v. 1.1.2018. Für die Rechtslage bis 31.12.2017 ist auf die Voraufl. zu verweisen

zugesagt worden sein. Der Versorgungszweck unterscheidet diese Leistung von anderen Leistungen des AG. Die Zusage aus Anlass eines ArbVerh. grenzt die betriebl. AV von anderen Formen der Alterssicherung ab. Maßgebl. ist allein, ob die Versorgungszusage den Voraussetzungen des § 1 I 1 entspricht; wie der AG die in Aussicht gestellte Leistung bezeichnet, ist irrelevant (BAG 3.11.1998 NZA 1999, 595).

3 **a) Leistung.** Die Vorschr. bezieht sich auf Leistungen des AG, die dieser dem AN verspricht; dabei geht es nicht um den Finanzierungsaufwand, sondern um die tats. Ruhegeldzahlung. Der AG muss diese Leistung entweder selbst erbringen (unmittelbare Versorgungszusage), oder er kann sich eines Dritten bedienen, also etwa eines Lebensversicherers bei Direktvers., einer Pensions- oder einer Unterstützungskasse (mittelbare Versorgungszusage). In diesem Fall verspricht der AG, die Leistung unter Einschaltung dieser Versorgungseinrichtung zu erbringen. Es kann sich um lfd. **Leistungen,** aber auch um einmalige Leistungen – Kapitalleistungen – handeln; entscheidend ist nur die Abhängigkeit von einem biologischen Ereignis (SHSS/*Diller* Teil 4 A Rn. 10). Eine Leistung iSv. § 1 I 1 liegt auch vor, wenn der AG zusagt, die Krankenversicherungsbeiträge seiner Pensionäre zu tragen, wenn es sich insoweit um eine geldwerte Leistung handelt, die der Versorgung im Alter dient und der Anspruch auf diese Leistung erst ab Eintritt in den Ruhestand besteht (LAG HE 22.4.1998 BB 1999, 591). Es kann sich sogar um Sachleistungen handeln, sofern nur der Versorgungszweck sichergestellt ist (BAG 11.8.1981 NJW 1982, 957). Die Höhe der Leistung ist ggf. im Wege der Auslegung zu ermitteln, bei der sog. gespaltenen Rentenformel aber nicht grds. dahingehend, als wäre die außerplanmäßige Anhebung der BBG nicht erfolgt (BAG 23.4.2013 NZA 2013, 1275; anders noch BAG 21.4.2009 NJOZ 2009, 4925). § 1 II erstreckt den Begriff der betriebl. AV auch auf die beitragsorientierte Leistungszusage (Rn. 15), die Beitragszusage mit Mindestleistung (Rn. 16 f.) und die Entgeltumwandlung (Rn. 19 ff. sowie § 1a). Mit dem BetriebsrentenstärkungsG wird in Nr. 2a die reine Beitragszusage eingeführt, bei der eine Ruhegeldleistung nicht versprochen wird, die aber an zusätzl. Voraussetzungen geknüpft ist (Rn. 18).

4 Eine **Beteiligung des AN** mit eigenen Beiträgen an seiner AV etwa bei der Pensionskasse oder der Direktvers. erfüllt hins. des eigenfinanzierten Teils nicht die Merkmale der betriebl. AV; für die Entgeltumwandlung bedurfte es daher einer bes. Konstruktion (s. dazu Rn. 20 f.).

5 **b) Versorgungszweck.** Der Versorgungszweck der Leistung bedeutet, dass sie für die Absicherung im Fall des Alters, der Invalidität oder des Todes zu dienen bestimmt ist. Er ist zu unterscheiden vom Rechtscharakter der betriebl. AV, die als Entgelt für während des Arbeitslebens erbrachte Arbeitsleistung anzusehen ist. Im einen Fall geht es um den Zweck einer Leistung, im anderen Fall um ihre Einordnung in das arbeitsvertragl. Austauschverhältnis. Vom Zweck der Leistung ist auch zu unterscheiden das ihr zugrundeliegende Motiv, das etwa den AG dazu bewogen hat, eine betriebl. AV zu schaffen. Die Zusage muss nicht eine **Absicherung aller drei Risiken** enthalten, um als betriebl. AV qualifiziert werden zu können. Wegen des fehlenden Versorgungszwecks regelm. nicht Leistungen der betriebl. AV sind etwa Abfindungen, Gewinnbeteiligungen, Tantiemen, aber auch Leibrenten, Schenkungen etc. (BRO/*Rolfs* Rn. 12 ff.); werden solche Leistungen allerdings erst bei Erreichen einer Altersgrenze oder bei Eintritt eines der genannten Risiken ausgezahlt, kann der Versorgungszweck und damit betriebl. AV gegeben sein (SHSS/*Diller* Teil 4 A Rn. 100). Eine derartige Risikoabsicherung fehlt aber bei Überbrückungshilfen, deren Leistungen den Übergang in einen anderen Beruf oder in den Ruhestand erleichtern sollen (BAG 3.11.1998 NZA 1999, 595), bei Werksrenten als Anpassungsleistung wegen Umstrukturierung, da derartige Leistungen dem Risiko Arbeitslosigkeit zuzuordnen sind (BAG 16.3.2010 DB 2010, 1834; 14.2.2012 NZA 2012, 788) sowie bei Pensions-Sondervermögen in Gestalt von Sparplänen (*Hanau/Arteaga* BB Beil. 17/1997, 3). Ein Übergangszuschuss neben der Betriebsrente für die ersten drei Monate des Ruhestandes jedoch ist betriebl. AV (BAG 18.3.2003 NZA 2004, 1064 [LS]) nicht aber Leistungen des AG bei Krankheit, auch wenn sie während des Ruhestandes gewährt werden (BAG 12.12.2006 AiB 2008, 114; **aA** *Seegmüller* NZA 1998, 287). Eine Ausnahme gilt, wenn die Leistung als integraler Teil der AV angesehen werden kann, also zweckgebunden an Versorgungsempfänger gewährt wird; dies gilt etwa für Kohledeputate (BAG 11.8.1981 NJW 1982, 957; s. auch *Küpper* FS Höfer 2011 S. 127) oder Energiekostenerstattung (BAG 14.12.2010 BeckRS 2011, 70704), wenn die Leistungspflicht an biometrische Risiken iSd. BetrAVG anknüpft (BAG 16.3.2010 DB 2010, 1834). Keine betriebl. AV sind auch Rückdeckungsvers. des AG, obwohl sie auf das Leben des AN abgeschlossen sind, aber nur die Mittel zur Erfüllung des Versorgungsversprechens sichern sollen (KBH/*Kisters-Kölkes* Rn. 91). Ein Rentnerweihnachtsgeld ist betriebl. AV (BAG 18.2.2003 NZA 2004, 98).

6 Die Leistung dient der **AV,** wenn der Leistungsanspruch vom Erreichen eines bestimmten Lebensalters abhängig ist, wobei sich weder eine bestimmte Altersgrenze noch eine Mindestgrenze dem G entnehmen lässt; auf die Bezeichnung der Leistung kommt es nicht an (*Reinecke* BB 2011, 247). Es muss nur die Einkommensersatzfunktion für den Fall des Alters sichergestellt sein (so BAG 28.10.2008 NZA 2009, 844 für Übergangsbezüge ab Ruhestandseintritt bis zur Vollendung des 65. Lebensjahres). Nicht jeder Stichtag, von dem an eine Rentenleistung fällig sein soll, ist als Altersgrenze anzusehen. Eine darüber hinausgehende Festlegung einer Altersgrenze idS, dass in zw. Fällen von einer typischen

– an die ges. Rentenvers. angelehnten – grds. auszugehen ist, kann nicht angenommen werden (BAG 24.6.1986 NZA 1987, 309). Allerdings ist bei einer Altersgrenze unter 60 idR keine Altersleistung mehr gegeben (BAG 17.4.2012 AP BetrAVG § 1 Auslegung Nr. 35; *Reinecke* BB 2011, 246), es sei denn bes. Umstände rechtfertigen dies; anges. der Anhebung des Zugangsalters in der Rentenvers. wird man für Neuzusagen aber auf Dauer von 62 auszugehen haben (ähnl. Hanau/Hanau FS Höfer 2011 S. 85). Die Übergangsversorgung für Bordpersonal von Luftfahrtunternehmen bei Ausscheiden mit 55 ist keine betriebl. AV (BAG 18.5.2004 EzA TVG § 4 Luftfahrt Nr. 9; *Reinecke* BB 2011, 248). Die Festsetzung von Altersgrenzen ist zulässig und die Förderung der betriebl. AV ist ebenso ein legitimes Ziel iSd. § 10 S. 1 AGG (BAG 11.8.2009 NZA 2010, 408; 12.2.2013 AP AGG § 10 Nr. 3) wie die Kalkulierbarkeit ihrer Leistungen (BAG 11.12.2012 NZA 2013, 564; *de Groot* SAE 2012, 79; *Rolfs* SR 2013, 43).

Eine Leistung dient der **Invaliditätsversorgung,** wenn sie dazu bestimmt ist, den Einkommens- 7
ausfall zumindest zT auszugleichen, der sich daraus ergibt, dass ein AN infolge gesundheitl. bedingter Minderung seiner Erwerbsfähigkeit auf nicht absehbare Zeit nicht mehr oder in reduziertem Umf. zu einer Erwerbstätigkeit in der Lage ist. Einen bestimmten Begriff der Invalidität schreibt das G nicht vor; die Begriffsbestimmung der ges. Rentenvers. (Berufsunfähigkeit, Erwerbsunfähigkeit, verminderte Erwerbsfähigkeit, Erwerbsminderung – §§ 43 f. SGB VI) kann aber in Zweifelsfällen Auslegungshilfe geben (BAG 14.12.1999 NZA 2001, 326), zumal die Betriebsrenten insoweit Ergänzungsfunktion haben, weshalb ggf. auch Änd. der Begrifflichkeit in der ges. Rentenvers. zu berücksichtigen und auf die des § 43 SGB VI umzustellen ist (BAG 19.1.2011 DB 2011, 2499). In der Zusage kann auch von Dienstunfähigkeit die Rede sein, was ein Hinweis auf eine Anlehnung an die beamtenrechtl. Begriffsbestimmung sein könnte, aber nicht muss. Hiervon abzugrenzen ist der Begriff der **AU,** unter der nur eine vorübergehende Verhinderung zu verstehen sein wird (§§ 44 und 46 SGB V sowie EFZG). Die Auslegung kann im Einzelfall aber auch ergeben, dass in einer Versorgungszusage dieser Begriff iSv. Invalidität zu verstehen ist. Zu weit geht es allerdings, auch die Pflegebedürftigkeit als in der betriebl. AV abdeckbares Risiko anzusehen (so aber wohl BRO/*Rolfs* Rn. 25; unentschieden SHSS/*Diller* Teil 4 A Rn. 51); so bedeutsam die Abdeckung auch sein mag, würde es doch wegen seiner Andersartigkeit den Charakter des Systems verändern, so dass es ohne GÄnd. nicht erfasst wird. Ein **Ausschluss von Behinderten** aus der Invaliditätsversorgung ist wegen des Diskriminierungsverbots wegen Behinderung (AGG) grds. nicht zu rechtfertigen, es sei denn das Invaliditätsrisiko ist deutl. erhöht (*Rolfs* SR 2013, 50). Eine unterschiedl. Behandlung ist zulässig, wenn sie auf anerkannten Prinzipien risikoadäquater Kalkulation beruht (§ 20 II 3 AGG, *Steinmeyer* ZfA 2007, 39).

Für den Begriff der **Hinterbliebenenversorgung** ist auf das Recht der ges. Rentenvers. Bezug zu 8
nehmen, dh. erfasst wird die Versorgung von Witwen, Witwern und Waisen sowie früheren Ehegatten (s. *Diller* BetrAV 2016, 469). Letzteres hat wegen des Versorgungsausgleichs aber nur noch Bedeutung für Ehen, die vor dem 1.7.1977 geschieden worden sind. Die Versorgungszusage kann auch Leistungen an hinterbliebene Lebensgefährten (SHSS/*Diller* Teil 4 A Rn. 48; *Langohr-Plato* Rn. 51) und muss wegen AGG an Lebenspartner iSd. LPartG vorsehen. In Grenzfällen ist maßgebend, ob dem AN bezogen auf die begünstigte Person bei typisierender Betrachtung ein Versorgungsinteresse unterstellt werden kann (BAG 18.11.2008 NZA-RR 2009, 153 – abgelehnt bei Schwester). Nicht erfasst wird der Fall, dass nach der Zusage die Leistung den Erben zustehen soll; hier fehlt es am biometrischen Risiko aber auch am Versorgungscharakter (wie hier HBD/*Vienken* Rn. 14; wohl auch BAG 19.1.2010 NZA 2004, 848). Der AG darf sein Risiko begrenzen, muss aber ggf. die Rechtfertigungstatbestände des AGG beachten; Spätehenklauseln sind als Begrenzung von Gestaltungsmissbrauch grds. zulässig (mit anderer Begr. zum alten Recht BAG 28.7.2005 NZA-RR 2006, 591; wie hier *Schlewing* NZA-Beil. 2/2015, 64; unzutr. BAG 4.8.2015 NZA 2015, 1447, das Hinterbliebenenleistungen unter Bezugnahme auf EuGH 26.9.2013 – C-476/11 – ausnehmen will, wo aber diese Aussage gerade nicht entschieden wird – zumindest hätte das BAG vorlegen müssen); zulässig Altersabstandsklauseln (EuGH 23.9.2008 NZA 2008, 1119; BAG 27.6.2006 NZA 2006, 1276; *Konzen* SAE 2007, 194), bei denen aber zu prüfen ist, ob sie erforderl. und angemessen sind (*Preis/Temming* NZA 2008, 1209); dies gilt auch für den Ausschluss einer Hinterbliebenenversorgung bei Eheschließung nach Eintritt des Versorgungsfalls (BAG 15.10.2013 NZA 2014, 308). Zulässig ist es auch, die Leistung davon abhängig zu machen, dass die familienrechtl. Beziehung zum begünstigten AN bereits während des ArbVerh. bestand (BAG 19.12.2000 NZA 2001, 1260) oder Witwe/Witwer zum Zpkt. des Todes des AN ein best. Lebensalter vollendet haben (BAG 19.2.2002 NZA 2002, 1286). Auch sog. Wiederverheiratungsklauseln (s. auch § 46 SGB VI) sind nicht zu beanstanden; dies gilt auch, wenn abw. von § 46 III SGB VI kein Wiederaufleben nach Scheidung der Zweitehe vorgesehen ist (BAG 16.4.1997 NZA 1987, 456). Die Hinterbliebenenversorgung darf davon abhängig gemacht werden, dass der Verstorbene Haupternährer der Familie gewesen ist (Haupternährerklausel). Dies kann allerdings nur bei arbeitgeberfinanzierten Zusagen gelten, da hier hins. der Hinterbliebenen der bes. Versorgungsbedarf zum Tragen kommt; leistet auch der AN Beiträge, so wäre eine solche Klausel wegen mittelbarer Diskriminierung probl. (undiff. für Zulässigkeit LAG HM 8.12.1998 NZA-RR 1999, 431; zweifelnd BAG 7.7.1992 NZA 1992, 841).

c) Leistung aus Anlass des Arbeitsverhältnisses. Es muss ein Kausalzusammenhang zwischen 9
Zusage und ArbVerh. bestehen. Die Versorgungszusage muss nicht notwendig während des ArbVerh.

oder gar anlässl. der Begr. des ArbVerh. erfolgt sein; sie kann auch vorher oder nachher erteilt werden (BAG 8.5.1990 NZA 1990, 931). Es sollen Leistungen der betriebl. AV von solchen der Eigenvorsorge abgegrenzt werden, für die ein Schutz durch das BetrAVG nicht gerechtfertigt erscheint. Deshalb werden Zusagen nicht erfasst, die aus anderen etwa familiären Gründen erfolgen; treten diese aber ledigl. hinzu, ohne dominant zu werden, so liegt eine Versorgungszusage iSv. § 1 vor (LAG K 15.1.1999 EWiR 1999, 541). Der Zusammenhang zwischen Zusage und ArbVerh. besteht nicht, wenn die Zusage nur an die beschäftigten Gesellschafter erfolgt und deren Art und Höhe bei Beschäftigten, die nicht Gesellschafter sind, wirtschaftl. nicht vertretbar wäre (BAG 25.1.2000 NZA 2001, 959). Für eine Leistung wegen des ArbVerh. ist es unschädl., wenn jemand auch Gesellschafter ist; die Zusage darf nicht Unternehmerlohn sein (BAG 19.1.2010 NZA 2010, 1200; s. auch § 17 Rn. 9ff.).

10 **d) Versorgungszusage.** Mit dem Begriff der Zusage sind alle Versorgungsvereinb. gemeint, die zwischen AG und AN, AG und BR oder zwischen den TVParteien zustande kommen, also sowohl kollektivrechtl. als auch **individualrechtl. Vereinb., vertragl. Einheitsregelungen und Gesamtzusagen**; letztere liegt vor, wenn AG einseitig bekannt gibt, dass er jedem AN, der die von ihm abstrakt festgelegten Voraussetzungen erfüllt, eine bestimmte Leistung gewährt (BAG 22.12.2009 DB 2010, 1074). Eine unwirksame BV kann in eine Gesamtzusage umgedeutet werden (§ 140 BGB), sofern aus den Umständen auf einen entspr. hypothetischen Verpflichtungswillen des AG geschlossen werden kann (BAG 23.2.2016 NZA 2016, 642).Versorgungsverpflichtungen, die auf betriebl. Übung oder dem Gleichbehandlungsgrds. beruhen, sind nach § 1b I 4 gleichgestellt. Bei der **betriebl. Übung** ist zwischen Zahlungsübung und Zusageübung zu unterscheiden; maßgebl. für eine betriebl. Übung ist der durch obj. Umstände zum Ausdruck gekommene Bindungswille des AG (BAG 19.7.2011 BeckRS 2011, 79273), wobei idR eine mehrjährige Gewährung erforderl. ist (BAG 15.5.2012 NZA 2012, 1279). Eine betriebl. Übung greift auch, wenn sie nur einem Teil der AN bekannt war (BAG 23.8.2011 NZA 2012, 41). An der Verpflichtung ändert es nichts, dass bei der betriebl. Übung Änderungskündigung und kollektivvertragl. Abänderung nicht zur Vfg. stehen (BAG 16.2.2010 NZA 2011, 104). Sie ist grds. subsidiär zu anderen Rechtsgrdl. und entsteht auch nicht bei irrtüml. Annahme der Leistungspflicht (BAG 18.2.2014 BeckRS 2014, 68286). Die Anwendung des **Gleichbehandlungsgrds.** bedeutet, dass der AN dann, wenn der AG Versorgungszusagen aufgrund eines erkennbar generalisierenden Prinzips erteilt, Anspruch darauf hat, wie vergleichbare AN bei Vorliegen gleicher Voraussetzungen gestellt zu werden, wenn keine Unterschiede von solcher Art und solchem Gewicht bestehen, dass sie die Ungleichbehandlung rechtfertigen könnten (BAG 28.6.2011 BeckRS 2011, 77105); die Besserstellung einzelner AN bleibt davon unberührt (BAG 21.8.2012 BeckRS 2012, 75177); dies gilt auch bei einer Zusage aufgrund betriebl. Übung (BAG 20.8.2013 BeckRS 2013, 72911). Er greift nicht bei bloßem – auch vermeintl. – Normenvollzug (BAG 18.2.2014 BeckRS 2014, 68286). Ein Anspruch mag sich auch aus dem Gleichbehandlungsgebot des AÜG ergeben, sofern die betriebl. AV zu den wesentl. Arbeitsbedingungen gehört (näher *Brandt/Haberkorn/Veit* NZA 2014, 1167). Gleichgültig ist, ob sich der AG in der Zusage verpflichtet, die Versorgungsleistungen selbst zu erbringen (sog. Direktzusage oder **unmittelbare Versorgungszusage**) oder sie durch einen selbständigen Versorgungsträger erbringen zu lassen (sog. **mittelbare Versorgungszusage**). Die Möglichkeit eines Wechsels des Durchführungswegs gegen den Willen des AN ist der Zusage zu entnehmen (*Steinmeyer* Anm. zu AP BetrAVG § 1 Nr. 47); wird dort ein bestimmter Durchführungsweg benannt, ist der AG daran gebunden (*Reinecke* DB 2010, 2392; *Zwanziger* FS Bepler 2012 S. 689 mit Überlegungen zu mögl. Abweichungen; **aA** *Löwisch/Diller* BetrAV 2010, 411).

11 Als Zusagender kommt grds. **nur der AG** in Betracht. Dies gilt auch bzgl. der ggf. rein AN-finanzierten Versorgungen (Entgeltumwandlung); Merkmal ist also nicht, dass der AG sich verpflichtet, aus eigenen Mitteln Versorgungsleistungen zu erbringen. Das BetrAVG setzt bei der AG Zusage an, was auch für die Grundverpflichtung bei einer mittelbaren Versorgungszusage gilt.

12 Nach dem BetrAVG ist die unmittelbare Versorgungszusage der **Prototyp der betriebl. AV**; in diesem Fall haftet der AG für die Erfüllung der Zusage unmittelbar mit seinem Betriebsvermögen. Davon abw. Versorgungsformen, also Direktvers., Pensionskassen, Pensionsfonds und Unterstützungskassen, wird durch Regelungen Rechnung getragen, die die sich bei diesen aus ihrer Gestaltung und den Eigenarten des Privatversicherungsrechts ergebenden Besonderheiten bei der Einfügung in ein an der unmittelbaren Versorgungszusage entwickeltes arbeitsrechtl. Regelungskonzept berücksichtigen. Der AG schaltet bei den mittelbaren Versorgungszusagen eine rechtl. selbständige Einrichtung ein, weshalb zur Rechtsbeziehung zwischen AG und AN solche des AG aber auch des AN zur Versorgungseinrichtung kommen. Diese Vervielfältigung der Rechtsbeziehungen zusammen mit den privatversicherungsrechtl. Besonderheiten hat zur Folge, dass für die Sicherung der Versorgungsanwartschaft bei vorzeitigem Ausscheiden (Unverfallbarkeit) andere Anknüpfungspunkte gewählt werden mussten.

13 Die mittelbare Versorgung kann erfolgen durch eine Direktvers. (§ 1b II), eine Pensionskasse (§ 1b III), einen Pensionsfonds (§ 1b III) sowie durch eine Unterstützungskasse (§ 1b IV). Andere Formen der mittelbaren Versorgung sind nicht vorgesehen **(numerus clausus)**. Kein Durchführungs-

weg sind eine Vermögensauslagerung iS eines CTA und Wertguthaben wie Langzeitkonten (DFL/*Kisters-Kölkes* § 1b Rn. 36).

Bei den **mittelbaren Versorgungszusagen** trifft den AG ein **Verschaffungsanspruch.** Er erbringt seine Gegenleistung für erbrachte Arbeitsleistung durch Leistung einer Versorgungseinrichtung und muss alles seinerseits Erforderliche tun, um die AV des AN sicherzustellen. Es handelt sich bei der Leistung der Versorgungseinrichtung nicht um eine Leistung an Erfüllungs statt oder erfüllungshalber, da sie keine Erfüllungsalternative ist, sondern die abredegemäße Erfüllung der arbeitsrechtl. Grundverpflichtung, die auch in der Einhaltung eines bestimmten Durchführungsweges bestehen kann (BAG 12.6.2007 NZA-RR 2008, 537). Den AG trifft deshalb eine Einstandspflicht, wie sie jetzt in § 1 I 3 ausdr. bestimmt ist (s. auch BAG 15.3.2016 NZA 2016, 1205); bei einer reinen Beitragszusage wäre allerdings für eine solche Einstandspflicht kein Raum. Der aus dieser Einstandspflicht folgende und insolvenzgesicherte (*Höfer* DB 2016, 2843) Verschaffungsanspruch bedeutet dann, dass der AG für die zugesagte Leistung einzustehen hat (BAG 22.12.2009 DB 2010, 1074) und erforderlichenfalls aus seinem eigenen Vermögen die Versorgungsleistungen im zugesagten Umf. erbringen muss (BAG 19.6.2012 DB 2012, 2818; krit. *Forst/Granetzny* BetrAV 2013, 3); wenn die Versorgungseinrichtung selbst in anderem Zusammenhang eine Einstandspflicht trifft (EuGH 9.10.2001 NZA 2001, 1301), ändert dies nichts an der grds. Verpflichtung des AG. Eine Leistungskürzung durch eine Pensionskasse löst nur dann keine Einstandspflicht aus, wenn diese Möglichkeit sich ausdr. aus der Verweisungskette ergibt; die dynamische Verweisung auf die Satzung und die Leistungsbedingungen der Pensionskasse soll dafür nicht ausreichen (BAG 30.9.2014 NZA 2015, 544), was zu pauschal ist, da es insoweit auf die genaue Ausgestaltung der Verweisung ankommen muss; zutr. ist allerdings der Vertrauensschutz und der erworbene Besitzstand zu beachten. Eine Berufung auf § 313 BGB wegen der Nullzinspolitik ist nur ein scheinbarer Ausweg, da fragl. ist, ob und wann die Vorauss. für eine schwerwiegende Änd. der Verhältnisse erfüllt ist (so aber *Höfer* DB 2016, 1573). Unterlässt der AG die Anmeldung eines AN zu einer Versorgungseinrichtung, muss er ihn so stellen, wie der AN bei erfolgter Anmeldung gestanden hätte. Fällt die Versorgungseinrichtung aus, muss der AG die Leistung selbst erbringen (zweifelnd KBH/*Kisters-Kölkes* Rn. 254); auf den Grund für den Ausfall oder die geringere Leistungsfähigkeit der Einrichtung kommt es nicht an. Wie der Verschaffungsanspruch zu erbringen ist, richtet sich grds. nach dem Durchführungsweg und der arbeitsrechtl. Grundverpflichtung (s. auch *Rolfs* BetrAV 2012, 469), so dass auch eine Nachdotierung in Betracht kommen kann (ähnl. *Langohr-Plato* FS Höfer 2011 S. 159); eine Kürzungsmöglichkeit in der Satzung befreit den AG nicht von der Verpflichtung aus dem arbeitsrechtl. Grundverhältnis (SHSS/*Schlewing* Teil 5 G Rn. 12). Von dieser Einstandspflicht zu unterscheiden ist der Anspruch auf Einhaltung des Durchführungswegs, wonach der AN vom AG verlangen kann, dass dieser die betriebl. AV entspr. dem vereinbarten Durchführungsweg gestaltet (BAG 12.11.2013 AuR 2014, 159; SHSS/*Schlewing* Teil 5 G Rn. 5). Dieser Verschaffungsanspruch greift nicht bei der reinen Beitragszusage (Nr. 2a), da nur die Zahlung von Beiträgen versprochen wird. 14

e) Die beitragsorientierte Leistungszusage. Mit Abs. 2 Nr. 1 wird klargestellt, dass abw. von der nach dem G typischen leistungsorientierten Versorgung auch eine beitragsorientierte Zusage dann betriebl. AV ist, wenn der AG sich zur Umwandlung der Beiträge in eine Anwartschaft auf betriebl. AV verpflichtet, der AG also zusagt, Beiträge zu einer Versorgungseinrichtung zu leisten (zu den Zusagearten s. allg. *Schipp* NZA 2011, 445) und eine künftige Versorgungsleistung zugesagt wird, die ein im BetrAVG angesprochenes biometrisches Risiko zumindest tw. abdeckt (BAG 14.2.2012 NJOZ 2012, 1131). Dies kann auch bei einer Direktzusage geschehen, wenn der AG zusagt, die Berechnung der Leistung nach – fiktiven – Prämien vorzunehmen. Im Versorgungsfall steht dann als Leistung die Summe der Beiträge zzgl. erzielter Erträge zur Vfg. Der AG muss bei einer solchen Zusage festlegen, welcher Beitrag für den einzelnen Mitarbeiter aufgewendet wird und es muss bei Umwandlung der Beiträge in Anwartschaften feststehen, welche Höhe die aus Beiträgen resultierende Leistung im Versorgungsfall mind. hat (so BAG 30.8.2016 AP BetrAVG § 1 Auslegung Nr. 58). Es handelt sich also um eine Leistungszusage mit Beitragselementen, bei der es im Falle mittelbarer Versorgung bei der Einstandspflicht des AG bleibt. Voraussetzung ist jeweils eine versicherungs- oder finanzmathematische Umwandlung der Beiträge in eine Leistung (*Doetsch* FS Höfer 2011 S. 21). Bei **Berechnung der Unverfallbarkeitsbeträge und der Leistungen** wird der Beitragsbezogenheit der Leistung Rechnung getragen; Maßstab ist hier nicht mehr die zugesagte Leistung, sondern die aus den Beiträgen bis dahin erworbene Anwartschaft. Eine Mindestverzinsung ist hier nicht geboten (*Doetsch* FS Höfer 2011 S. 20). 15

f) Die Beitragszusage mit Mindestleistung. Bei der Beitragszusage mit Mindestleistung handelt es sich um eine Beitragszusage mit Elementen der Leistungszusage und keine reine Beitragszusage (s. dazu Rn. 17). Die Verpflichtung des AG bezieht sich auf Beiträge zur Finanzierung von Leistungen von Pensionsfonds, Pensionskasse oder Direktvers. – und nicht Unterstützungskasse oder Direktzusage (*Schwark/Raulf* BetrAV 2003, 307; KBH/*Huber* Rn. 453 f.; UFOD/*Uckermann* Einl. Kap. 2 Rn. 30; **aA** entgegen GWortlaut *Höfer* § 1 Rn. 53). Die sich ergebende Leistung kann hier im Gegensatz zur Leistungszusage erst im Versorgungsfall ermittelt werden. Der AN trägt bei einer reinen Beitragszusage das Anlagerisiko; dies wird ihm durch die Garantie einer Mindestleistung zT abge- 16 nommen. Die Einstandspflicht des AG wird also nicht aufgeh., sondern nur reduziert. Im Unterschied zur beitragsorientierten Leistungszusage werden hier nur Beiträge zugesagt; die Abgrenzung iE kann nur durch Auslegung erfolgen (BAG 10.2.2015 BeckRS 2015, 68735; *Rolfs* BetrAV 2015, 198). Es ist mind. die Summe der zugesagten Beiträge zu gewähren, soweit sie nicht rechnungsmäßig für einen biometrischen Risikoausgleich verbraucht wurden. Aus Abs. 2 Nr. 2 ist auch zu schließen, dass eine reine Beitragszusage derzeit nicht in den Schutzbereich des BetrAVG fällt und deshalb bei Erfüllung der sonstigen Voraussetzungen in eine Beitragszusage mit Mindestleistung umgedeutet werden kann (ähnl. *Höfer* § 1 Rn. 41).

17 Der AG muss die **Summe der eingezahlten Beiträge** und die daraus erzielten Erträge garantieren und dafür einstehen. Bleibt die Leistung unter der Summe der eingezahlten Beiträge, so muss der AG die Differenz übernehmen. Diese Einstandspflicht reduziert sich aber ggf. um die Kosten der Tragung des biometrischen Risikos, wenn also Hinterbliebenenschutz oder Invaliditätsschutz gewährt wurde; daraus ergibt sich zugleich, dass sich die ges. Pflicht zur Gewährung der Mindestleistung nur auf das Risiko „Alter" bezieht und der Versorgungsträger auf die Regelaltersgrenze abstellen kann, was im Fall des § 6 zu Abschlägen führen mag (*Langohr-Plato/Teslau* DB 2003, 662, 665; unklar *Uckermann* RdA 2012, 359). Die Einstandspflicht dürfte für den AG insb. bei Pensionsfonds bedeutsam sein, da hier auch risikoreichere Anlagemöglichkeiten als bei Pensionskasse und Direktvers. wahrgenommen werden können. Die Einstandspflicht besteht auch hins. der Leistungsphase („Mindest*leistung*"); aus Abs. 1 S. 3 kann nichts anderes hergeleitet werden, da Abs. 2 Nr. 2 eine bes. anders formulierte Anordnung trifft (anders *Weigel*, Rechtl. und wirtschaftl. Aspekte des Pensionsfonds nach dt. Recht, S. 22 f.; unentschieden *Langohr-Plato/Teslau* DB 2003, 663). Eine Zusage iSv. Abs. 2 Nr. 2 ist auch anzunehmen, wenn der AG eine über die Summe der eingezahlten Beiträge hinausgehende Mindestleistung verspricht (*Doetsch* FS Höfer 2011 S. 23).

18 **g) Die reine Beitragszusage.** Durch das BRSG zum 1.1.2018 neu eingeführt, erfolgt durch die reine Beitragszusage in der Ausgestaltung durch Nr. 2a eine Abkehr von der Leistungsorientierung der betriebl. AV, die allerdings an zusätzl. Voraussetzungen geknüpft ist. Bei der reinen Beitragszusage trägt AN das Investmentrisiko, weshalb sie nur durch TV oder aufgrund TV und auch nur vermittels der sichereren Durchführungswege Pensionsfonds, Pensionskasse und Direktvers. erfolgen darf (zu den sich ergebenden Leistungen s. § 22 Rn. 1 ff.). Eine AVE kann hier nicht auf § 5 Ia TVG gestützt werden, da sich wegen der individuellen Anwartschaftsdeckung die Frage der Funktionsfähigkeit nicht stellt (*Rolfs* SR 2017 Sonderausg. 35) Da der Verschaffungsanspruch nach Abs. 1 S. 3 auf die Leistung gerichtet ist, greift er ebenso wie § 1a IV 2 hier nicht, da zudem in § 22 I 2 ein Garantieverbot vorgesehen ist. Die auf Leistungszusagen zugeschnittenen §§ 1b bis 6 sowie 16 finden ebenfalls keine Anwendung, was zu § 1b die sofortige Unverfallbarkeit bedeutet (§ 22 II 1); Rechte im Zusammenhang mit der Leistung sind ggü. der Versorgungseinrichtung geltend zu machen (§ 22 III). Die Ausklammerung der Insolvenzsicherung ist ebenfalls konsequent, da die Anlage der Beiträge bei anderweitig gesicherten Einrichtungen erfolgt und der AG mit der Beitragszahlung seiner Verpflichtung ledig ist. Aus dem Grundgedanken der reinen Beitragszusage folgt auch, dass ein Widerruf nur Wirkung für die Zukunft haben kann und sich die Frage des Eingriffs in erdiente Anwartschaften nicht stellt (s. dazu Rn. 29 ff, 37 ff.).

19 **h) Die Entgeltumwandlung.** Die Entgelt- oder auch Gehaltsumwandlung ist eine Form der betriebl. AV (so schon BAG 26.6.1990 NZA 1991, 144; BRO/*Rolfs* § 1 Rn. 104; *Bode* DB 1977, 17; anders *Walther* SAE 1992, 268). Der Regelung in § 1 II Nr. 3 kommt va. eine klarstellende Funktion zu (HARV/*Rieble* A 22); sie soll aber auch die Entgeltumwandlung ggü. anderen Formen der betriebl. AV abgrenzen. Das BetrAVG ist nach seiner Konzeption auf **arbeitgeberfinanzierte betriebl. AV** abgestellt, so dass arbeitnehmerfinanzierte betriebl. AV nur über die Entgeltumwandlung in dieses System passt. Der in § 1a vorgesehenen Anspruch auf betriebl. AV durch Entgeltumwandlung hat ihr zusätzl. Bedeutung gegeben. Auch bei ihr muss es sich um eine **Zusage des AG aus Anlass** des ArbVerh. handeln. Die Begriffsmerkmale der betriebl. AV müssen erfüllt sein. Ist das nicht der Fall, handelt es sich um Eigenvorsorge des AN, die vom Schutz des BetrAVG nicht erfasst wird.

20 **Entgelt** ist in einem weiten Sinn zu verstehen, da es für die Anwendung des BetrAVG keine Rolle spielen kann, aus welcher Entgeltform umgewandelt wurde. Vom Begriff des „Entgeltanspruches" ist jeder geldwerte Anspruch umfasst, der Gegenleistung für eine Tätigkeit des AN ist. Der Begriff des Entgelts umfasst daher etwa auch Gewinnanteile oder Tantiemen (*Blomeyer* DB 2001, 1413), sowie Sachleistungen (*Rieble* BetrAV 2001, 586; unklar *Bode/Grabner* DB 2001, 484).

21 **„Künftige" Entgeltansprüche** können nur solche sein, für die im Umwandlungszpkt. bereits eine Rechtsgrdl. bestanden hat, die aber noch nicht fällig sind (BAG 8.6.1999 NZA 1999, 1105; *Doetsch/Förster/Rühmann* DB 1998, 258). Das Entgelt soll dem AN vor Eintritt des Versorgungsfalles nicht bereits zur Vfg. gestanden haben. Bereits entstandene Ansprüche sind von § 1 II Nr. 3 nicht erfasst, sie sind nicht insolvenzgesichert und können nicht Gegenstand des Anspruchs nach § 1a sein. Damit wollte der Gesetzgeber insb. verhindern, dass es letztl. zum Insolvenzschutz für Arbeitsentgelt durch den PSV kommt (*Blomeyer* BetrAV 2000, 43). Wird dem AN anstelle einer noch nicht vereinbarten Gehaltserhöhung eine Versorgungszusage erteilt, so liegt keine Entgeltumwandlung, sondern eine

klassische Form der betriebl. AV vor. Ein Grenzfall ist gegeben, wenn der AN seine Leistung bereits erbracht hat, die Leistung aber noch nicht fällig und also nicht ausgezahlt ist. Da aber hier der Anspruch bereits entstanden ist, handelt es sich nicht mehr um einen künftigen Entgeltanspruch (wie hier *Rieble* BetrAV 2001, 586; **aA** *Höfer* § 1 Rn. 76); dieses Verständnis von „künftigen Ansprüchen" entspricht dem übl. zivilrechtl. Begriffsverständnis aber auch der steuerrechtl. Situation. Dementspr. scheidet auch eine Entgeltumwandlung bei Guthaben aus AZKonten aus; es handelt sich dann um Eigenvorsorge des AN.

Es muss sich um **Leistungen der betriebl. AV** iSd. § 1 I handeln. Vereinbaren die Parteien die Vererbbarkeit des Versorgungsanspruchs, so steht diese der Annahme einer betriebl. AV entgegen, da dies bei einer Leistungszusage dem Gedanken der Ruhegeldverpflichtung als Risikogeschäft (näher *Steinmeyer* S. 62 ff.) widersprechen würde (*Blomeyer* BetrAV 2000, 44; **aA** HARV/*Rieble* (A 77)) Das vererbl. Bar-Arbeitsentgelt kann mit der Zusage einer Versorgung – also dem Risikoelement – nicht gleichgesetzt werden. 22

Mit dem Erfordernis der Umwandlung in eine **wertgleiche Anwartschaft bei der Entgeltumwandlung** soll sichergestellt werden, dass der AN für das umgewandelte Entgelt den Gegenwert in Gestalt einer Versorgungsanwartschaft erhält; es ist auch eine Konsequenz aus dem Umstand, dass es sich um eine Umwandlung in eine Leistungszusage handelt. Dieses Erfordernis würde an sich bedeuten, dass das BetrAVG auf Entgeltumwandlung nur anwendbar ist, wenn die Wertgleichheit gegeben ist; der AN ist aber auch dann schutzbedürftig, wenn die Voraussetzung – insb. zu seinem Nachteil – nicht erfüllt ist. Daher kann der Begriff der Wertgleichheit nur so ausgelegt werden, dass das Austauschverhältnis zwischen dem zuvor bestehenden Entgelt- und dem neu begr. Versorgungsanspruch gemeint ist (*Blumenstein/Krekeler* BetrAV 1999, 53). 23

Für die **Bestimmung der Wertgleichheit** macht das G keine Vorgaben. Maßgebl. kann grds. nur das Wertverhältnis zum Zpkt. der Umwandlung sein. Bei der Berechnung kommt es dann aber auch darauf an, in welchen Durchführungsweg umgewandelt wird. Bei Direktvers. ist von einer Wertgleichheit zwischen der vom AG zu entrichtenden Versicherungsprämie und dem Bezugsrecht des AN auszugehen; entspr. hat für die Pensionskasse zu gelten (*Blomeyer* FS Förster S. 196) und auch für Pensionsfonds. Bei der unmittelbaren Versorgung und der Unterstützungskassen-Versorgung ist die Wertgleichheit im Grds. versicherungsmathematisch zu ermitteln (*Blomeyer* FS Förster S. 201; *Höfer* § 1 Rn. 82 ff.). In jedem Fall eine genaue versicherungsmathematische Bewertung zu verlangen, ist jedoch praktisch nicht durchführbar, so dass eine vertretbare Wertrelation ausreichend ist (ähnl. FCK/*Cisch* Rn. 23; BMF-Schreiben v. 31.3.2010 – IV C 3 – S 2222/09/10041 Rn. 255). Der AG kann Verwaltungskosten abziehen (KBH/*Huber* Rn. 486 ff.; **aA** BRO/*Rolfs* Rn. 146); umstr. ist die Behandlung der Abschlusskosten (Zillmerung), die aber diesen vom AG abziehbaren Kosten zuzurechnen sind. Aus der Wertgleichheit folgt nur, dass der AN den Gegenwert in Gestalt einer Versorgungsanwartschaft erhält, nicht aber, dass die übl. Kosten vom AG zu tragen sind; es reicht, wenn er das Entgelt – vollständig – zum Erwerb einer Anwartschaft nutzt (ähnl. *Cisch/Kruip* NZA 2007, 788). Die Üblichkeit unterliegt der Überprüfung (ähnl. DFL/*Kisters-Kölkes* Rn. 43 unter Hinweis auf § 169 III VVG). Das BAG lässt grds. Zillmerung zu und knüpft bei Inhaltskontrolle an § 1 I Nr. 8 AltZertG als Maßstab an (BAG 15.9.2009 NZA 2010, 164; s. dazu BRO/*Rolfs* Rn. 146a ff.; *Reinhard/Luchtenberg* BB 2010, 1277). 24

Trotz des Wortlauts ist eine betriebl. AV auch bei **unterproportionalen Umwandlungen** anzunehmen (*Bepler* BetrAV 2000, 25); gerade der AN, der eine unterproportionale Anwartschaft erhält, bedarf des Schutzes des G. Fehlende Wertgleichheit wäre eine arbeitsvertragl. Pflichtverletzung des AG, die aber nur bei Abweichung vom vertretbaren Rahmen angenommen werden kann. Allerdings reicht zur Kompensation ein Schadensersatzanspruch iHd. Differenz zu einer wertgleichen Zusage nicht aus, da dieser nicht insolvenzgeschützt wäre (*Bepler* BetrAV 2000, 25). Ein Auffüllungsanspruch gegen den AG (so *Höfer* § 1 Rn. 81) ist hier abzulehnen, da das G keine derartige AG-Verpflichtung vorsieht (*Blomeyer* BetrAV 2001, 436; **aA** HARV/*Rieble* A 128; NK-GA/*Vienken* § 1 Rn. 170). Man wird hier vielmehr mit einem verbleibenden Auszahlungsanspruch iHd. Differenz zu arbeiten haben (*Blomeyer* BetrAV 2001, 436; BAG 15.9.2009 NZA 2010, 164). 25

Überproportionale Entgeltumwandlungen sind in einen den Vorschr. über die Entgeltumwandlung unterfallenden wertgleichen Teil und den überproportionalen Teil aufzuteilen, auf den die allg. Vorschr. des BetrAVG anzuwenden sind, was etwa bei der Insolvenzsicherung Bedeutung entfalten kann (BRO/*Rolfs* Rn. 163; anders HARV/*Rieble* A 132 f f., der diese Aufteilung für unpraktikabel hält, von der Rspr. aber die Vorgabe eines Höchst-Überschreitungswerts erwartet). 26

Es können **alle Durchführungswege** der betriebl. AV in Betracht kommen (s. *Reinecke* DB 2009, 1182), was eine gewisse Bandbreite bei der Bestimmung der Wertgleichheit unausweichl. macht. Die Entgeltumwandlung stellt sich aus der Sicht des Arbeitsvertrags als **Schuldänd.** dar, da nur der urspr. Inhalt des Entgeltanspruchs geänd. wird und er – wie das Erfordernis der Wertgleichheit zeigt – weiterhin im Synallagma steht (ähnl. *Blomeyer* NZA 2000, 283; *Hopfner* DB 2002, 1050). Als Leistung erfüllungshalber kann es nicht angesehen werden, da dann Entgeltanspruch und Versorgungszusage nebeneinander bestehen müssten. Leistung an Erfüllungs statt scheidet hier aus, da ein Erlöschen des Schuldverhältnisses bei Annahme der Versorgungszusage gekünstelt wirken würde. Dem Parteiwillen 27 wird regelm. auch nicht die Annahme einer Ersetzungsbefugnis gerecht. Bietet der AG einen gezillmerten Tarif an, so unterliegt dies der Inhaltskontrolle nach §§ 305 ff. BGB (*Reinecke* DB 2006, 562; mit nicht tragfähiger Begr. für Unzulässigkeit LAG M 15.3.2007 NZA 2007, 813; für grds. Zulässigkeit *Neumann/Schwebe* ZIP 2007, 981). Hier ist zu diff. (s. dazu Rn. 26). Den AG treffen Informationspflichten (*Vogel/Vieweg* BetrAV 2006, 43); er muss darauf hinweisen, dass es sich um einen gezillmerten Tarif handelt und ist ggf. schadensersatzpflichtig (ähnl. *Diller* NZA 2008, 338). Eine Entgeltumwandlung kann auch über eine **beitragsorientierte Leistungszusage** oder eine Beitragszusage mit Mindestleistung erfolgen (ähnl. *Blomeyer* NZA 2001, 913; *Höfer* § 1 Rn. 96). In beiden Fällen entspricht dann der umgewandelte Entgeltteil den eingezahlten Beiträgen. Bei der beitragsorientierten Leistungszusage ergibt sich die Wertgleichheit aus der Äquivalenz zwischen Finanzierungsbeitrag und zugesagter Leistungshöhe; bei der Beitragszusage mit Mindestleistung bleibt als Maßstab für die Wertgleichheit nur der eingezahlte Beitrag, der als Maßstab für die Mindestleistung gesichert ist; die Erwartung von höheren aus den Beiträgen im Versorgungsfall resultierenden Leistungen kann keinen Einfluss auf die Wertgleichheit haben.

28 Mit Abs. 2 Nr. 4 wird der Fall der sog. **Umfassungszusagen** geregelt. Der Begriff der betriebl. AV wird ausgedehnt auf **Eigenbeiträge des AN,** nicht aber allg. auf die Eigenvorsorge. Entgegen der Gesetzesbegr. ist dies aber keine Klarstellung (so aber BT-Drs. 14/9007 S. 34; BAG 15.3.2016 NZA 2016, 1205) sondern eine Begriffserweiterung (krit. auch *Hopfner* DB 2002, 1050). Der Bezug bleibt dadurch hergestellt, dass die Zusage des AG auch die Leistungen aus diesen Beiträgen umfassen muss; „umfasst" sind diese Leistungen dann, wenn eine Einstandspflicht nach Abs. 1 auch insoweit besteht, wovon nicht in jedem Fall ausgegangen werden kann; eine ausdr. Erkl. ist nicht erforderl. sondern es kann aus den Umständen geschlossen werden (KBH/*Huber* § 1 Rn. 523); das BAG stellt aber bei Zusagen vor Einf. der Nr. 4 erhöhte Anforderungen (BAG 15.3.2016 NZA 2016, 1205), was eigentl. für Begriffserweiterung spricht. Diese Vorschr. hat insb. Bedeutung für die Zusatzversorgung des öffentl. Dienstes ist aber nicht auf sie beschränkt (UFOD/*Uckermann* Einl. Kap. 2 Rn. 40). Anges. der Ähnlichkeit zur Entgeltumwandlung ist es gerechtfertigt, deren Regelungen entspr. anzuwenden, § 20 I allerdings nur bei Gehaltsverzicht und nicht bei Gehaltsverwendung. Ein gleiches Schutzbedürfnis wie bei der Entgeltumwandlung ist nur dann gerechtfertigt, wenn die Beiträge in eine Kapitaldeckung fließen. Hs. 2 gilt allerdings nur für Zusagen, die nach dem 31.12.2002 erteilt werden (§ 30e I). Für Pensionskassen gilt nach § 30e II eine Sonderregelung.

29 **3. Widerruf von Ruhegeldverpflichtungen.** Verpflichtet sich der AG bei einer Leistungszusage vorbehaltlos zur Gewährung eines Ruhegeldes bei Erfüllung der Voraussetzungen, so kann er sich davon grds. nicht mehr lösen, wenn die Gegenleistung in Gestalt von Arbeitsleistung bzw. Betriebstreue bereits erbracht ist (zu den Möglichkeiten durch TV oder BV vgl. Rn. 37 ff.) Hiervon werden in Rspr. und Schrifttum Ausnahmen für den Fall des Widerrufs wegen Treuepflichtverletzung, des Widerrufs wegen wirtschaftl. Notlage sowie des Widerrufs wegen „Überversorgung" und wegen Reduktion der Leistungen der ges. Rentenvers. gemacht. Dies kann grds. nur dann gerechtfertigt sein, wenn ein Fall des Wegfalls der Geschäftsgrdl. gegeben ist. Bei einer reinen Beitragszusage ist kraft Natur der Sache der Widerruf ausgeschlossen.

30 **a) Widerruf wegen Treupflichtverletzung.** Die Rspr. räumt dem AG bei schweren Verfehlungen des AN das Recht ein, die Gewährung des Ruhegeldes zu verweigern bzw. die Ruhegeldzusage zu widerrufen (vgl. nur BAG 18.10.1979 NJW 1980, 1127; 19.6.1980 NJW 1981, 181; 3.4.1990 NZA 1990, 808). Dies bedeutet, dass dann dem AG die Möglichkeit gegeben wird, zur Sanktionierung einer Pflichtverletzung dem AN die Gegenleistung für die von ihm erbrachte Arbeitsleistung vorzuenthalten, was nur sehr begrenzt zulässig sein kann, da grds. bereits durch Gegenleistung verdientes Arbeitsentgelt nicht nachträgl. wieder entzogen werden kann (zur Kritik *Steinmeyer* S. 119 ff.).

31 Das BAG unterscheidet hier den Fall der **nachträgl. entdeckten Verfehlungen während** und den der **Verfehlungen nach Beendigung** des ArbVerh. In beiden Fällen wird vom BAG der Widerruf auf den Einwand des Rechtsmissbrauchs gestützt (BAG 18.10.1979 NJW 1980, 1127; 11.5.1982 DB 1982, 2411; 8.2.1983 NJW 1984, 141; BGH 25.11.1996 NZA-RR 1997, 147). Rechtsmissbrauch führt aber grds. nur dazu, dass ein an sich bestehender Anspruch nicht geltend gemacht werden kann, die Ausübung des Rechts also unzulässig ist. Hiervon weicht das BAG ab, wenn es in solchen Fällen ein Widerrufsrecht einräumt (präziser BGH 17.12.2001 NZA 2002, 511). Ein einschlägiger Widerrufsvorbehalt hat nur deklaratorische Bedeutung (BAG 17.6.2014 BeckRS 2014, 72449). Bei nachträgl. entdeckten Verfehlungen während des ArbVerh. sieht das BAG den Einwand des Rechtsmissbrauchs dann als gerechtfertigt an, wenn der AN die Unverfallbarkeit der Anwartschaften durch Vertuschung schwerer Verfehlungen erschlichen hat oder wenn der AN dem AG durch grobes Fehlverhalten einen nicht behebbaren, insb. durch Ersatzleistungen nicht wieder gutzumachenden schweren Schaden zugefügt hat (BAG 13.11.2012 NZA 2013, 1279). Mit dieser Formel trägt das BAG auch hier geäußerten Bedenken gegen seine frühere Rspr. (BAG 29.1.1991 AP BetrAVG § 1 Hinterbliebenenversorgung Nr. 13) sowie dem BVerfG (BVerfG 28.6.2000 NZA 2000, 999) Rechnung und lässt anges. des Entgeltcharakters eine Verweigerung der betriebl. AV nicht bereits dann zu, wenn der AN dem AG einem

erhebl. Vermögensschaden unterhalb der Schwelle der Existenzgefährdung zugefügt hat (BAG 12.11.2013 NZA 2014, 780).

Ein **Grund für eine fristlose Kündigung** reicht als **Rechtfertigung für einen Widerruf** regelm. nicht aus. Der AG ist auch grds. auf die Geltendmachung von Schadensersatzansprüchen zu verweisen (s. BRO/*Rolfs* Anh. § 1 Rn. 530). Dass er bei der Durchsetzung dann an die geltenden Pfändungsfreigrenzen gebunden ist, steht dem nicht entgegen (BAG 13.11.2012 BB 2013, 819), sondern bestätigt vielmehr die hier vertretene enge Auff., da bei einem Widerruf derartige Schutzvorschr. nicht gelten würden. 32

Nach § 87 II AktG können **Ruhegelder von Vorstandsmitgliedern** innerhalb der ersten drei Jahre nach Ausscheiden herabgesetzt werden, sofern sich die Lage der Gesellschaft nach der Festsetzung der Bezüge so verschlechtert hat, dass die Weitergewährung dieser Bezüge unbillig für die Gesellschaft wäre. Diese durch das G zur Angemessenheit der Vorstandsvergütung v. 31.7.2009 (BGBl. I S. 2509) eingeführte Regelung erlaubt den Eingriff in bereits erworbenes Entgelt, was nach Art. 14 I GG probl. ist. 33

b) Widerruf wegen wirtschaftlicher Notlage. Eine wirtschaftl. Notlage berechtigt den AG nicht zum einseitigen Widerruf (BAG 17.6.2003 AP BetrAVG § 7 Widerruf Nr. 24; 31.7.2007 DB 2008, 1505; *Bepler* BetrAV 2000, 19, 24 f.; FCK/*Rihn* Rn. 264; für Vorstandsmitglieder vgl. aber § 87 II AktG); dies kann auch nicht auf § 313 BGB gestützt werden, da der AG grds. für seine finanzielle Leistungsfähigkeit einzustehen hat. 34

c) Der Widerruf wegen „Überversorgung" und wegen Reduktion der Leistungen der gesetzlichen Rentenversicherung. Ein Widerruf nach den Grds. über den Wegfall der Geschäftsgrdl. (§ 313 BGB) ist dann gerechtfertigt, wenn eine wesentl. Abweichung vom urspr. Vertragsplan gegeben ist und nicht nach der vertragstypischen Risikoverteilung der AG dieses Veränderungsrisiko tragen muss (BAG 9.7.1985 NZA 1986, 517; vgl. BRO/*Rolfs* Anh. § 1 Rn. 498 ff.; *Dieterich* FS Hilger/Stumpf S. 77 ff.; *Wiedemann* FS Stimpel S. 955 ff.). Ob eine **planwidrige Überversorgung** vorliegt, hängt von dem Versorgungsgrad ab, der in der jeweiligen Versorgungsordnung angestrebt ist (BAG 17.1.2012 NZA 2012, 942; *Schipp* RdA 2007, 341). Für den öffentl. Dienst lässt das BAG den Abbau planmäßiger Überversorgung zu, wenn der AN mehr als eine volle Sicherung des bisherigen Lebensstandards erhält (BAG 25.5.2004 AP BetrAVG § 1 Überversorgung Nr. 11). Eine den Widerruf rechtfertigende **Aufwandserhöhung** ist ab 20–30% seit Erteilung der Zusage anzunehmen (*Steinmeyer* RdA 2005, 353; für einen vergleichbaren Maßstab auch BRO/*Rolfs* Anh. § 1 Rn. 509; *Schumann* FS Förster S. 173; s. auch BAG 23.9.1997 NZA 1998, 719; ohne nähere Begr. für 50% bei Gesamtversorgungszusagen BAG 19.2.2008 NZA-RR 2008, 600). Das Widerrufsrecht bedeutet ein Anpassungsrecht des AG, das auch ggü. mit einer unverfallbaren Versorgungsanwartschaft ausgeschiedenen AN (BAG 28.7.1998 NZA 1999, 444; 9.11.1999 NZA 2001, 98) und Versorgungsempfängern besteht und nach billigem Ermessen auszuüben ist; dieses Anpassungsrecht rechtfertigt nicht anderweitige Korrekturen der Versorgungsleistungen (BAG 9.11.1999 NZA 2001, 98). Für den Wegfall der Geschäftsgrdl. ist die wirtschaftl. Situation des AG kein entscheidendes Kriterium. 35

d) Vorbehaltener Widerruf. Die in der Praxis übl. und nach R 6a IV EStR steuerunschädl. Widerrufsvorbehalte hat die Rspr. in Anknüpfung an die Entgeltlichkeit des Ruhegeldes zutr. so interpretiert, dass sie nur eine Widerrufsmöglichkeit in dem Rahmen geben, der sich nach den og. Voraussetzungen auch für den Widerruf vorbehaltloser Versorgungszusagen ergibt (BAG 26.4.1988 NZA 1989, 305; 17.6.2003 AP BetrAVG § 7 Widerruf Nr. 24; BRO/*Rolfs* Anh. § 1 Rn. 492 ff.; *Griebeling* Rn. 834 f.). Das bedeutet, dass sie für noch nicht erdiente Anwartschaften Bedeutung erlangen können (*Blomeyer* FS Ostheim S. 517, 525). 36

4. Kollektivrechtliche Änderungsmöglichkeiten. Aus der Erbringung der Betriebstreue bzw. der Arbeitsleistung (s. näher *Steinmeyer* S. 87) als Gegenleistung für die Gewährung der betriebl. AV ergibt sich ein Bestandsschutz, soweit diese Gegenleistung erbracht ist; diese Anwartschaften sind „erdient" im Gegensatz zu solchen, die durch künftige Leistungen erst noch zu erdienen sind. Daraus ergeben sich Grenzen für Eingriffe. Für die genaue Feststellung des bereits Erworbenen ist vorbehaltl. ausdr. Abreden in der Zusage der Rechtsgedanke des § 2 iS einer Gesetzesanalogie heranzuziehen, also auch hier eine ratierl. Betrachtungsweise zugrundezulegen (ähnl. BAG 8.12.1981 AP BetrAVG § 1 Ablösung Nr. 1). Aus alledem ergeben sich Grenzen für die kollektivrechtl. Abänderbarkeit. 37

Beruht die **betriebl. AV auf BV oder TV**, so wird man ein allg. Vertrauen auf den Fortbestand von BV oder TV nicht annehmen können. Bei einer Ablösung durch BV sind die erdienten Anwartschaften und Ansprüche zu berücksichtigen (s. näher Rn. 39 ff.). Bei TV erfolgt nur eine Prüfung der Vereinbarkeit mit höherrangigem Recht, dh. am Maßstab des Art. 14 GG und des Rechtsstaatsprinzips (BAG 21.8.2007 NZA 2008, 182). Mit Einschnitten auch in bereits entstandene und fällig gewordene, noch nicht abgewickelte Ansprüche, die aus einer Tarifnorm folgen, muss grds. gerechnet werden (BAG 23.11.1994 NZA 1995, 844), zumal die Regelungsmacht der TVParteien auch die Betriebsrentner erfasst (BAG 17.6.2008 NZA 2008, 1244). Das Drei-Stufen-Modell (Rn. 45) ist hier nicht anwendbar (BAG 21.8.2007 NZA 2008, 182; *Lange* SAE 2006, 295; *Steinmeyer* SAE 2009, 63). Eingriffe in die bei 38

Beendigung des ArbVerh. erdiente Ausgangsrente dürfen erfolgen, wenn bereits vor Entstehung des Anspruchs bes. Anhaltspunkte für verschlechternde Eingriffe der TVParteien bestehen (BAG 21.8.2007 NZA 2008, 182).

39 **aa) Der abgestufte Besitzstand nach der Rechtsprechung des BAG.** Bei Änd. durch BV arbeitet das BAG (17.4.1985 NZA 1986, 57; 11.5.1999 NZA 2000, 322) bei den Grenzen des Eingriffs in die Höhe der Versorgungsanwartschaften mit folgender – auch bei Änd. wegen Anpassung der Altersgrenzen anwendbaren (BAG 30.9.2014 NZA 2015, 750) – in Konkretisierung der Grds. des Vertrauensschutzes und der Verhältnismäßigkeit entwickelter (BAG 21.4.2009 NZA-RR 2009, 548) Abstufung des Besitzstandes (häufig als Drei-Stufen-Modell bezeichnet):

40 **(1) Erdienter Teilbetrag.** Am stärksten geschützt ist der erdiente Teilbetrag einer Versorgungsanwartschaft, der sich zZ der Änd. nach den Berechnungsgrds. des § 2 ergibt. Ein Unterschied zwischen verfallbaren und unverfallbaren Anwartschaften wird insoweit nicht gemacht, da in beiden Fällen die Gegenleistung erbracht ist. Eine Kürzung kann nur noch in seltenen Ausnahmefällen erfolgen, die va. vorliegen bei einem Wegfall der Geschäftsgrdl. gem. § 313 BGB, wobei die Berufung allein auf die wirtschaftl. Notlage des Unternehmens (BAG 17.6.2003 AP BetrAVG § 7 Widerruf Nr. 24) nicht mehr greifen kann. Es ist an Fälle der Äquivalenzstörung bzw. planwidriger Überversorgung (*Schipp* RdA 2007, 340) zu denken. Das BAG spricht hier irreführend von wichtigem Grund; eine Unzumutbarkeit wie in § 626 BGB kann aber anges. erbrachter Gegenleistung nicht ausreichen.

41 **(2) Zuwachsraten.** Sie sind unterschiedl. stark geschützt je nachdem, ob der AN bereits seine Gegenleistung erbracht hat: Soll die Anwartschaft der Gehaltsentwicklung folgen, so erdient der AN mit seiner Betriebstreue nicht nur den zeitanteilig errechneten Festbetrag, sondern auch die darauf entfallende Dynamik, die nur aus „triftigen Gründen" eingeschränkt werden kann, dh. wenn ein Fortbestand der bisherigen Versorgungsregelung den Bestand des Unternehmens des Versorgungsschuldners langfristig gefährden würde (BAG 11.12.2001 NZA 2003, 1414; 9.12.2008 NZA 2009, 1341). Diese Differenzierung ist probl., da es sich bei der zukünftigen Lohn- und Gehaltsentwicklung um einen durchaus noch abänderbaren Bemessungsfaktor handelt, der von Umständen abhängig ist, die erst in Zukunft eintreten (*Steinmeyer* S. 107 f.); es führt auch bei einer endgehaltsbezogenen Versorgungsordnung zu Schwierigkeiten, was das BAG zu einer ergebnisbezogenen Betrachtungsweise veranlasst hat, die auf die Situation zum Ablösungsstichtag abstellt (BAG 11.12.2001 NZA 2003, 1407; 10.9.2002 NZA 2004, 231 – ggf. auch erst bei Eintritt des Versorgungsfalls). Hier sollte sich das BAG konsequent an den Entgeltgedanken halten (*Schumann* DB 2003, 1527 f.).

42 **(3) Dienstzeitabhängige Steigerungsraten.** Hingegen sind Eingriffe in die dienstzeitabhängigen Steigerungsraten, die der AN zum Zpkt. der Änd. noch nicht erdient hat, aus weniger gewichtigen sachl.-proportionalen Gründen zulässig; darunter sind willkürfreie, nachvollziehbare und anerkennenswerte Gründe zu verstehen, die auf einer wirtschaftl. ungünstigen Entwicklung des Unternehmens oder einer Fehlentwicklung der betriebl. AV beruhen (BAG 15.1.2013 NZA 2013, 1168), auf die ein vernünftiger Unternehmer reagieren darf. Unter letzterem Kriterium ist eine zum Zpkt. der Schaffung des Versorgungswerks unvorhersehbare Mehrbelastung zu verstehen, die auf Änd. im SGB VI oder im Steuerrecht beruht (BAG 10.11.2015 AP BetrAVG § 1 Ablösung Nr. 72). Davon zu unterscheiden sind allg. Mehrbelastungen etwa durch den Niedrigzins, wo es aber über übl. Marktschwankungen hinausgehen und zu einer deutl. Mehrbelastung führen muss (ähnl. *Thüsing/Rawe* NZA 2016, 1169). Verflechtungen innerhalb eines Konzerns dürfen berücksichtigt werden (BAG 9.12.2014 NZA 2015, 1198). Die wirtschaftl. Schwierigkeiten sind aber iE darzutun (BAG 15.2.2011 NZA-RR 2011, 541; 12.2.2013 AP BetrAVG § 1 Ablösung Nr. 62); der Eingriff muss sich in ein auf eine Verbesserung der wirtschaftl. Lage zur Beseitigung der wirtschaftl. Schwierigkeiten ausgerichtetes Gesamtkonzept einpassen (BAG 16.6.2015 BeckRS 2015, 71012). Auf die Proportionalität des Eingriffs kommt es dann nicht an, wenn die Überprüfung der Verwendung der Einkünfte wegen Art. 9 III GG verwehrt ist (BAG 2.9.2014 BeckRS 2014, 73234).

43 **bb) Eingriffe in laufende Leistungen.** Bei Veränderungen der Versorgungsordnung nach Eintritt des Versorgungsfalls stellt das BAG auf die Prinzipien der Verhältnismäßigkeit und des Vertrauensschutzes ab und erlaubt – praktisch schwer handhabbar – einen Eingriff in lfd. Leistungen nur dann, wenn tragfähige Gründe vorliegen. IdR können danach nur geringfügige Verschlechterungen gerechtfertigt sein, aber auch für sie bedarf es sachl. nachvollziehbarer, Willkür ausschließender Gründe, wobei auch Eingriffe in eine Anpassungsregelung diese Grenze überschreiten können, was nur in Ausnahmefällen mögl. sein soll (BAG 28.6.2011 NZA 2012, 1229); auch der Maßstab, dass die vom AG zur Rechtfertigung der Änd. angeführten Gründe um so gewichtiger sein müssen je schwerwiegender für den AN die Nachteile der Änd. sind (BAG 18.9.2012 NZA-RR 2013, 651), führt nicht wirkl. weiter.

44 Mit den Kriterien des **Vertrauensschutzes und der Verhältnismäßigkeit** arbeitet das BAG auch bei einer **Umstellung von einer Rentenanwartschaft auf eine Anwartschaft auf Kapitalleistung** (BAG 15.5.2012 NZA-RR 2012, 433) und verlangt eine Rechtfertigung – und zwar auch dann, wenn das vom AG gezahlte Kapital grds. ausreichen würde, um durch Eigenvorsorge Einbußen bei der AV zu

vermeiden. Für die erforderl. Interessenabwägung gibt das BAG aber kaum sichere Hinweise. Als verlässl. Maßstab käme in Betracht, ob das Kapital für die Kompensation der Einbußen im Wege der Eigenvorsorge reicht; wenn dies nicht erreicht wird, sollte hier und auch sonst das – entspr. modifizierte – Drei-Stufen-Schema Anwendung finden, das das BAG aber auf die Höhe der Versorgungsanwartschaft beschränken will (BAG 13.10.2016 AP BetrAVG § 1 Ablösung Nr. 74). Hier bedarf die Rspr. noch der näheren Ausgestaltung (NK-GA/*Vienken* § 1 Rn. 129), da der Verweis auf Vertrauensschutz und Verhältnismäßigkeit allein nicht weiterhilft.

§ 1a Anspruch auf betriebliche Altersversorgung durch Entgeltumwandlung

(1) [1] **Der Arbeitnehmer kann vom Arbeitgeber verlangen, dass von seinen künftigen Entgeltansprüchen bis zu 4 vom Hundert der jeweiligen Beitragsbemessungsgrenze in der allgemeinen Rentenversicherung durch Entgeltumwandlung für seine betriebliche Altersversorgung verwendet werden.** [2] **Die Durchführung des Anspruchs des Arbeitnehmers wird durch Vereinbarung geregelt.** [3] **Ist der Arbeitgeber zu einer Durchführung über einen Pensionsfonds oder eine Pensionskasse (§ 1b Abs. 3) oder über eine Versorgungseinrichtung nach § 22 bereit, ist die betriebliche Altersversorgung dort durchzuführen; andernfalls kann der Arbeitnehmer verlangen, dass der Arbeitgeber für ihn eine Direktversicherung (§ 1b Abs. 2) abschließt.** [4] **Soweit der Anspruch geltend gemacht wird, muss der Arbeitnehmer jährlich einen Betrag in Höhe von mindestens einem Hundertsechzigstel der Bezugsgröße nach § 18 Abs. 1 des Vierten Buches Sozialgesetzbuch für seine betriebliche Altersversorgung verwenden.** [5] **Soweit der Arbeitnehmer Teile seines regelmäßigen Entgelts für betriebliche Altersversorgung verwendet, kann der Arbeitgeber verlangen, dass während eines laufenden Kalenderjahres gleich bleibende monatliche Beträge verwendet werden.**

(1a) **Der Arbeitgeber muss 15 Prozent des umgewandelten Entgelts zusätzlich als Arbeitgeberzuschuss an den Pensionsfonds, die Pensionskasse oder die Direktversicherung weiterleiten, soweit er durch die Entgeltumwandlung Sozialversicherungsbeiträge einspart.**

(2) **Soweit eine durch Entgeltumwandlung finanzierte betriebliche Altersversorgung besteht, ist der Anspruch des Arbeitnehmers auf Entgeltumwandlung ausgeschlossen.**

(3) **Soweit der Arbeitnehmer einen Anspruch auf Entgeltumwandlung für betriebliche Altersversorgung nach Absatz 1 hat, kann er verlangen, dass die Voraussetzungen für eine Förderung nach den §§ 10a, 82 Abs. 2 des Einkommensteuergesetzes erfüllt werden, wenn die betriebliche Altersversorgung über einen Pensionsfonds, eine Pensionskasse oder eine Direktversicherung durchgeführt wird.**

(4) [1] **Falls der Arbeitnehmer bei fortbestehendem Arbeitsverhältnis kein Entgelt erhält, hat er das Recht, die Versicherung oder Versorgung mit eigenen Beiträgen fortzusetzen.** [2] **Der Arbeitgeber steht auch für die Leistungen aus diesen Beiträgen ein.** [3] **Die Regelungen über Entgeltumwandlung gelten entsprechend.**

1 **1. Normzweck.** Die durch das **AVmG** eingeleitete Senkung des Rentenniveaus führt zu einer **Versorgungslücke,** die ua. durch den Anspruch auf Entgeltumwandlung geschlossen werden soll, da es sich hier im wirtschaftl. Erg. um eine arbeitnehmerfinanzierte betriebl. AV handelt, die sich weitgehend bruchlos in das auf arbeitgeberfinanzierte betriebl. AV konzipierte BetrAVG einfügt. Durch diese Vorschr. hat zugleich ein partieller Bedeutungswandel der betriebl. AV von einer erg. zu einer ersetzenden Funktion stattgefunden (näher *Steinmeyer* FS v. Maydell 2005 S. 683; *ders.,* Gutachten 65. DJT, F 8 ff.).

2 **2. Anspruch auf Entgeltumwandlung.** Der AN kann vom AG die **Umwandlung künftiger Entgeltansprüche** verlangen (zu den Voraussetzungen der Entgeltumwandlung im allg. s. § 1 Rn. 19 ff.). Dabei sieht Abs. 1 S. 1 eine Höchstgrenze, S. 4 eine Mindestgrenze und die S. 2 und 3 nähere Bestimmungen über die Durchführung vor. Der Anspruch ist auf Verwendung durch den AG gerichtet, da sich die Entgeltumwandlung so in das System des BetrAVG einfügt; er ist verfassungsgemäß und bewegt sich innerhalb des Gestaltungsspielraums der Berufsfreiheit (BAG 12.6.2007 NZA-RR 2007, 650).

3 Den **Anspruch auf Entgeltumwandlung** hat **jeder AN,** der nach § 17 I 1 und 2 in den pers. Anwendungsbereich des BetrAVG fällt, soweit er aufgrund der Beschäftigung oder Tätigkeit bei dem AG, gegen den sich der Anspruch nach § 1a richten würde, in der ges. Rentenvers. versicherungspflichtig ist (s. näher § 17 Rn. 2 ff.); deshalb haben auch versicherungsfreie geringfügig beschäftigte AN keinen Anspruch, sofern sie nicht nach § 5 II 2 SGB VI auf die Versicherungsfreiheit verzichten. Der Anspruch kann auch bei kurzzeitigen ArbVerh. geltend gemacht werden, soweit eben die Versicherungspflicht in der ges. Rentenvers. gegeben ist. Der Anspruch des AN geht auf „Entgeltumwandlung für seine betriebl. AV“, also auf **betriebl. AV iSd. § 1.** Der AN ist auf die fünf Durchführungswege begrenzt und kann nicht zB eine Lebensvers. außerhalb der Direktvers. verlangen (**aA** *Blomeyer*

BetrAV 2000, 518, dem aber anges. des eindeutigen Wortlauts nicht gefolgt werden kann). Der Anspruch ist unabhängig von der tats. Inanspruchnahme der steuerl. Förderung (*Höfer* § 1a Rn. 10).

4 **a) Höhe des Anspruchs.** Der Anspruch ist in seiner Höhe begrenzt auf **4% der BBG in der ges. Rentenvers.**, was zzt. (2017) 254 € mtl. ausmacht; es ist hier für das gesamte Bundesgebiet von der allg. BBG (West) auszugehen, da der Gesetzgeber die für die neuen Bundesländer in § 275a SGB VI gesondert bezeichnet (**aA** HARV/*Rieble* A 181). Eine darüber hinausgehende Entgeltumwandlung ist arbeitsrechtl. und betriebsrentenrechtl. unprobl., kann aber vom AN auf der Grdl. von § 1a nicht verlangt werden. Daraus folgt aber zugleich, dass der AN die Höhe des umzuwandelnden Entgelts bestimmen kann. S. 4 der Vorschr. sieht eine **Mindesthöhe von jährl. einem Hundertsechzigstel der Bezugsgröße nach § 18 I SGB IV** vor, was zzt. (2017) 223,13 € bedeutet; durch die Bezugnahme auf den Abs. 1 des § 18 SGB IV wird deutl. gemacht, dass für das gesamte Bundesgebiet maßgebl. sind die Werte für die alten Bundesländer (KBH/*Huber* § 1a Rn. 18; *Langohr-Plato* Rn. 356). Mit dieser Begrenzung soll offenbar Missbrauch verhindert und der Aufbau sinnvoller Anwartschaften gefördert werden. Der AG muss einem geltend gemachten Anspruch, der über einen Betrag unterhalb dieser Grenze lautet, nicht nachkommen; S. 4 ist deshalb unglückl. formuliert, weil S. 1 von einer Verwendung von zukünftigen Entgeltansprüchen durch den AG für die betriebl. AV spricht während S. 4 sich auf eine Verwendung durch den AN bezieht. Das kann aber anges. der rechtl. Konstruktion der Entgeltumwandlung nicht bedeuten, dass der AN ein eigenes Verwendungsrecht hat, das ebenfalls zum Schutz durch das BetrAVG führt. Aus S. 4 ergibt sich aber zugleich, dass der **AN auf Dauer** diesen Mindestbetrag für Entgeltumwandlung aufbringen muss. Die Verwendung gleich bleibender mtl. Beträge bei **Umwandlung von regelm. Entgelt** nach S. 5 dient der Verwaltungsvereinfachung für den AG, der deshalb dies verlangen kann aber nicht muss. Der AN kann sich daher nicht mit einem Begehren nach Umwandlung einmaliger Entgeltleistungen – etwa Weihnachtsgeld – durchsetzen (**aA** entgegen Wortlaut NK-GA/*Vienken* § 1b Rn. 6). Über die Höhe kann der AN jährl. neu entscheiden, da die maßgebl. Werte jährl. neu festgesetzt werden (*Höfer* § 1a Rn. 24).

5 **b) Geltendmachung des Anspruchs.** Der Anspruch richtet sich darauf, dass dieser Betrag durch den AG für die betriebl. AV des AN verwendet wird. Der AN hat kein einseitiges Gestaltungsrecht, da er allein durch einseitige Erkl. die Entgeltumwandlung nicht bewirken kann. Es kommt jedoch ein **einseitiges Leistungsbestimmungsrecht** in Betracht; der AN entscheidet über das Ob und über die Höhe des umzuwandelnden Entgelts.

6 **c) Durchführung der Entgeltumwandlung.** Sie erfolgt nach Abs. 1 S. 2 durch **Vereinb.** Darunter ist zu verstehen die Entsch. über den Durchführungsweg aber etwa auch über ein Opting-Out; dies kann auch im Weg einer BV geregelt werden, da dem AN der Anspruch nicht genommen wird, sondern es nur um die Durchführung geht (wie hier *Neufeld* BetrAV 2013, 661; **aA** *Rolfs/Masnitza* ZBVR-online 7–8/2015, 31). Grds. sind im Rahmen dieser Vereinb. alle Durchführungswege mögl. Allerdings kann der AG dies auf die Durchführung über einen Pensionsfonds oder eine Pensionskasse reduzieren und der AN „anderenfalls" verlangen, dass der AG für ihn eine Direktvers. abschließt. Mit dem 1.1.2018 kann der AG den AN auch auf die Möglichkeit verweisen, die betr. AV über eine Versorgungseinrichtung nach § 22 durchzuführen, was iE den Weg der Beitragszusage bedeutet. Eine Durchführung über eine Direktzusage oder eine Unterstützungskasse kann also nur mit Zust. des AN erfolgen. Der AG kann auch von vornherein die Durchführung über eine Direktvers. vorsehen, so dass er eine verbindl. Entsch. über einen dieser drei Durchführungswege treffen kann.

7 Bei der **Durchführung über eine Pensionskasse oder einen Pensionsfonds** ist der AG in der Wahl des konkreten Pensionsfonds oder der konkreten Pensionskasse frei und er kann die Versorgungseinrichtung nach § 22 bestimmen. Allerdings können öffentl. AG gezwungen sein, Entgeltumwandlungsvereinb. nach Vergaberecht öffentl. auszuschreiben (*Schwintowski* BetrAV 2006, 717), es sei denn, sie erfolgen per TV, da EuGH im WettbR – übertragbar auf das Vergaberecht – diese ausdr. ausnimmt (EuGH 21.10.1999 AP BetrAVG § 1 Pensionskasse Nr. 6; ähnl. wie hier *Koenig/Pfromm* BetrAV 2006, 724).

8 Bei der **Durchführung über eine Direktvers.** ist der AG in der Wahl der konkreten Direktvers. frei, und zwar sowohl dann, wenn der AN sie verlangt als auch wenn er sie von sich aus vorsieht. Die Direktvers. macht nur als Gruppenvers. Sinn, es bleibt weiterhin eine betriebl. AV durch den AG und S. 3 soll die Wahl des AN zwischen den verschiedenen Durchführungswegen ordnen. Hat der AG bisher noch keine Direktvers., so muss der AG eine solche abschl. Schlägt ihm der AN eine bestimmte Direktvers. vor, muss der AG nicht darauf eingehen (BAG 19.7.2005 NZA-RR 2006, 372). Das G regelt nicht, wann der Anspruch des AN auf Abschluss einer Direktvers. entsteht, wenn der AG nicht bereit ist, die Entgeltumwandlung über eine Pensionskasse oder einen Pensionsfonds durchzuführen. Längere Verh. dürfen nicht zu Lasten des AN gehen, weshalb der **Beginn der Direktvers.** auf den Zpkt. der Geltendmachung des Anspruchs auf Entgeltumwandlung bezogen werden muss. Allerdings können sich für den AN steuer- oder sozialversicherungsrechtl. Nachteile ergeben, die er vom AG unter dem Gesichtspunkt des Verzuges nach einer Überlegungsfrist verlangen kann.

9 Grds. kann die Entgeltumwandlung über alle **Zusagearten** durchgeführt werden. Man wird aber dem AG das Bestimmungsrecht über die Zusageart einräumen müssen (*Höfer* DB 2001, 1146; HBD/

Vienken Rn. 9), da anderenfalls seine Entscheidungsprärogative für einen bestimmten Durchführungsweg und darin enthalten für einen bestimmten Versorgungsträger wirtschaftl. leer laufen würde. Eine wirtschaftl. sinnvolle Bündelung von betriebl. AV der AN erfordert eine einheitl. Finanzierungsformel. Der AG ist bei seiner Entsch. an § 315 BGB oder, sofern es kollektivvertragl. erfolgt, an die sich insofern ergebenden Maßstäbe gebunden (s. auch *Doetsch* BetrAV 2003, 52).

In der Vorschr. nicht geregelt ist die Frage, welchen **Einfluss der AN auf die Leistungsformel** haben soll, also etwa darauf, welche Risiken abzudecken sind, ob also nur eine Alterssicherung oder auch eine Invaliditäts- bzw. Hinterbliebenensicherung vorgesehen wird. Hier wird in der Praxis der AG dem AN häufig eine Wahlmöglichkeit einräumen, die bei den vier vorgesehenen Durchführungswegen auch realisierbar ist. Einen Anspruch auf die Wahlmöglichkeit räumt das G aber nicht ein. 10

Zur Ausübung seiner Befugnisse nach § 1a bedarf der AN gewisser Inf. Die **Hinweis- und Aufklärungspflicht des AG** ist in diesen Fällen jedoch begrenzt. Mit dem BAG sind Voraussetzungen und Umf. dieser Pflicht aus dem Grds. von Treu und Glauben (§ 242 BGB) bzw. aus § 241 II BGB herzuleiten, wobei die erkennbaren Informationsbedürfnisse des AN einerseits und die Beratungsmöglichkeiten des AG andererseits bei der Abwägung zu beachten sind (BAG 17.10.2000 NZA 2001, 206; offenbar restriktiver UFOD/*Hübner* § 1a Rn. 40); eine Hinweispflicht des AG auf den Anspruch nach § 1a als solchen ist nicht herzuleiten, wie durch „auf Verlangen" auch zum Ausdruck kommt (BAG 21.1.2014 NZA 2014, 903); Weitergehende Hinweispflichten treffen den AG, etwa wenn ein Aufhebungsvertrag auf seine Initiative und in seinem Interesse erfolgt (*Reinecke* NZA 2015, 1157; s. dazu auch § 4a). Der private AG wird zur umfassenden Erl. von Vor- und Nachteilen bestimmter Durchführungswege und Wahlmöglichkeiten zumeist nicht imstande sein. Auch im öffentl. Dienst begrenzt das BAG die Hinweis- und Aufklärungspflicht des AG regelm. auf den Verweis an die Zusatzversorgungskasse (BAG 17.10.2000 NZA 2001, 206). Da es sich hier aber um konkurrierende Anbieter handelt, kann allein der Verweis an diese nicht ausreichen. Der AG genügt aber seiner Pflicht, wenn er in allg. Form auf die Vor- und Nachteile der verschiedenen Möglichkeiten hinweist und dem AN so eine Entscheidungsgrdl. gibt; derartige Inf. sind für den AG verfügbar und zumutbar (zu undiff. abl. BRO/*Rolfs* Rn. 14). Empfiehlt der AG aber konkret ein bestimmtes Modell, so muss er den AN über dessen Risiken aufklären, anderenfalls er sich schadensersatzpflichtig machen kann (*Loritz* ZfA 2001, 199 f.; *Vogel/Vieweg* BetrAV 2006, 43). 11

d) Anspruchsausschluss bei bestehender Entgeltumwandlung. Der Anspruch auf Entgeltumwandlung ist **nicht zusätzl. zu einer bestehenden Entgeltumwandlung** gegeben (Abs. 2), diese wird vielmehr angerechnet. Sofern also die bisherige Entgeltumwandlung den Höchstbetrag des Abs. 1 S. 1 nicht ausschöpft, bleibt ein Anspruch iHd. Differenz bestehen (**aA** SHSS/*Karst* Teil 6 B Rn. 108, wonach für den Ausschluss die Möglichkeit der Inanspruchnahme ausreicht); für die insoweit zu beanspruchende Entgeltumwandlung gelten die Wahlrechte von AN und AG des Abs. 1. Dies kann allerdings nur dann zur Zweigleisigkeit der Entgeltumwandlung beim einzelnen AN führen, wenn die bisherige über eine Direktzusage oder eine Unterstützungskasse durchgeführt wird. 12

e) Anspruch auf Förderung nach § 10a EStG. Der Anspruch auf Entgeltumwandlung ist arbeitsrechtl. ausgestaltet. Der AN kann ihn also unabhängig von der steuerl. Förderung der zusätzl. Vorsorge in Anspruch nehmen. Der AN kann ggü. dem AG geltend machen, dass er für diese betriebl. AV die **steuerl. Förderung** in Anspruch nehmen will. Dies setzt aber voraus, dass diese betriebl. AV über eine Direktvers., eine Pensionskasse oder einen Pensionsfonds durchgeführt wird, da nur sie nach § 82 II EStG die Fördervoraussetzungen erfüllen. Der AN hat die Wahl zwischen der steuerl. Förderung seiner privaten AV oder der betriebl. AV nach § 1a. Die Förderung ist alternativ und nicht kumulativ. Im Fall des Abs. 2 besteht dieser Anspruch nur iHd. Differenz; der Wortlaut ließe zwar auch eine andere Auslegung zu, was aber zur Pflicht einer Veränderung einer bereits bestehenden Entgeltumwandlung führen würde, die von Abs. 2 gerade nicht gewollt ist (iE ebenso *Höfer* § 1a Rn. 48). Um den Voraussetzungen der steuerl. Förderung zu genügen, muss eine **lebenslange AV** iSd. § 1 I Nr. 4 des AltZertG gewährleistet sein; das bedeutet, dass die Auszahlung in Form einer lebenslangen gleich bleibenden oder steigenden mtl. Leibrente oder eines Auszahlungsplans mit unmittelbar anschließender lebenslanger Teilkapitalverrentung ab dem 85. Lebensjahr zu erfolgen hat; bis zu zwölf Monatsleistungen können in einer Auszahlung zusammengefasst werden oder eine Kleinbetragsrente nach § 93 III EStG abgefunden werden. Eine Teilkapitalisierung von bis zu 30% ist zulässig. Das bedeutet praktisch einen nicht unerhebl. Einfluss auf die Ausgestaltung des Leistungssystems. 13

f) Einvernehmliche Entgeltumwandlung. Wenn sich AN und AG einigen, sind sie an die Vorgaben des § 1a grds. nicht gebunden, können also unter Beachtung der allg. Grenzen und der steuer- und sozialversicherungsrechtl. Folgen andere Durchführungswege und Formen wählen. 14

g) Beitragsrechtliche Konsequenzen. Nach § 14 I 2 SGB IV sind Arbeitsentgelt und damit beitragspflichtig auch solche Entgeltteile, die durch Entgeltumwandlung nach § 1 II für betriebl. AV in den Durchführungswegen Direktzusage und Unterstützungskasse verwendet werden (§ 14 I 2 SGB IV), soweit die Entgeltbestandteile 4% der jährl. BBG der allg. Rentenvers. übersteigen. Ein Anspruch auf die Entgeltbestandteile ist entstanden, wenn der – umgewandelte – künftige Entgelt- 15 anspruch fällig geworden ist. Für die übrigen Durchführungswege ist durch dieses G die Beitragsfreiheit über § 1 I Nr. 4 SvEV gewährleistet.

16 **h) Zuschuss des AG.** Da der AG so Beiträge zur Sozialvers. erspart, sieht der durch das BRSG eingeführte Abs. 1a vor, dass der AG einen Prozentsatz des umgewandelten Entgelts pauschal an die Versorgungseinrichtung weiterleitet. Dieser Satz von 15% ist so berechnet, dass die Verwaltungskosten des AG berücksichtigt werden, er aber iE aus der beitragsrechtl. Konsequenz keine Vorteile mehr hat, dem AN aber eine höhere AV zugutekommt. Voraussetzung ist nur die Einsparung der Beiträge als solche. Hat der AG bereits bisher Zuzahlungen geleistet, so werden diese angerechnet, da es nur um die „Weitergabe" ersparter Beiträge geht. Die 15% sind nur eine Mindestgrenze.

17 **i) Tarifvertragliche Regelungen der Entgeltumwandlung.** § 20 I begrenzt die Möglichkeiten der Entgeltumwandlung, soweit Entgeltansprüche auf TV beruhen. Eine Entgeltumwandlung soll nur vorgenommen werden können, soweit dies durch TV vorgesehen oder zugelassen ist. Diese Regelung dürfte in der Praxis nur eine relativ geringe Bedeutung entfalten, da durch sie die Entgeltumwandlung bei nichttarifgebundenen AN nicht ausgeschlossen wird. Um aber tarifgebundene AN nicht ggü. nichttarifgebundenen zu benachteiligen, werden insb. die Gewerkschaften diese Vorschr. nicht dazu nutzen können und wollen, die Entgeltumwandlung tarifvertragl. Beschränkungen zu unterwerfen (s. näher § 20 Rn. 1 ff.). Nach § 19 I ist **§ 1a tarifdispositiv**. Dies bedeutet grds., dass von den Vorgaben des § 1a auch vom Zuschuss des AG – durch TV auch zuungunsten des AN abgewichen werden kann. Diese Regelungskompetenz ist aber nicht unbeschränkt (s. zu den Einzelheiten § 19 Rn. 1 ff.).

18 **3. Fortsetzung mit eigenen Beiträgen.** Abs. 4 schafft die Möglichkeit einer Fortsetzung der – arbeitnehmerfinanzierten – betriebl. AV mit eigenen Beiträgen, die auch weiterhin dem BetrAVG unterfällt, da ein enger Bezug zum ArbVerh. besteht; diese Fortsetzung muss zu den grds. gleichen Bedingungen erfolgen. Es geht hier insb. um die Fälle einer längeren Krankheit oder EZ. S. 2 macht deutl., dass die Einstandspflicht des § 1 I 3 auch hier gelten soll. Anges. der Parallelen zur Entgeltumwandlung (arbeitnehmerfinanzierte betriebl. AV) wird auf deren Regelung verwiesen, was insb. für Unverfallbarkeit (§ 1b V), Insolvenzschutz (§ 7 II) und Anpassung (§ 16 V) Bedeutung hat. Die eigenen Beiträge müssen anges. des klaren Wortlauts nicht aus Entgeltumwandlung oder Arbeitsentgelt (§ 1 II Nr. 4) resultieren (anders wohl Amtl. Begr. BT-Drs. 15/2150 S. 93; *Langohr-Plato/Teslau* NZA 2004, 1298). Trotz des insoweit missverständl. Wortlauts ist Abs. 4 beschränkt auf die **versicherungsförmigen Durchführungswege** (*Förster/Cisch* BB 2004, 2133; **aA** HARV/*Rieble* A 262, der aber den Regelungszusammenhang der Vorschr. übersieht). Eine rechtspolitisch wünschenswerte Fortsetzung mit eigenen Beiträgen auch nach Ende des ArbVerh. (*Steinmeyer,* Gutachten 65. DJT, F 79 f.) würde nicht mehr unter den Schutz des BetrAVG fallen.

§ 1b Unverfallbarkeit und Durchführung der betrieblichen Altersversorgung

(1) [1]Einem Arbeitnehmer, dem Leistungen aus der betrieblichen Altersversorgung zugesagt worden sind, bleibt die Anwartschaft erhalten, wenn das Arbeitsverhältnis vor Eintritt des Versorgungsfalls, jedoch nach Vollendung des 21. Lebensjahres endet und die Versorgungszusage zu diesem Zeitpunkt mindestens drei Jahre bestanden hat (unverfallbare Anwartschaft). [2]Ein Arbeitnehmer behält seine Anwartschaft auch dann, wenn er aufgrund einer Vorruhestandsregelung ausscheidet und ohne das vorherige Ausscheiden die Wartezeit und die sonstigen Voraussetzungen für den Bezug von Leistungen der betrieblichen Altersversorgung hätte erfüllen können. [3]Eine Änderung der Versorgungszusage oder ihre Übernahme durch eine andere Person unterbricht nicht den Ablauf der Fristen nach Satz 1. [4]Der Verpflichtung aus einer Versorgungszusage stehen Versorgungsverpflichtungen gleich, die auf betrieblicher Übung oder dem Grundsatz der Gleichbehandlung beruhen. [5]Der Ablauf einer vorgesehenen Wartezeit wird durch die Beendigung des Arbeitsverhältnisses nach Erfüllung der Voraussetzungen der Sätze 1 und 2 nicht berührt. [6]Wechselt ein Arbeitnehmer vom Geltungsbereich dieses Gesetzes in einen anderen Mitgliedstaat der Europäischen Union, bleibt die Anwartschaft in gleichem Umfange wie für Personen erhalten, die auch nach Beendigung eines Arbeitsverhältnisses innerhalb des Geltungsbereichs dieses Gesetzes verbleiben.

(2) [1]Wird für die betriebliche Altersversorgung eine Lebensversicherung auf das Leben des Arbeitnehmers durch den Arbeitgeber abgeschlossen und sind der Arbeitnehmer oder seine Hinterbliebenen hinsichtlich der Leistungen des Versicherers ganz oder teilweise bezugsberechtigt (Direktversicherung), so ist der Arbeitgeber verpflichtet, wegen Beendigung des Arbeitsverhältnisses nach Erfüllung der in Absatz 1 Satz 1 und 2 genannten Voraussetzungen das Bezugsrecht nicht mehr zu widerrufen. [2]Eine Vereinbarung, nach der das Bezugsrecht durch die Beendigung des Arbeitsverhältnisses nach Erfüllung der in Absatz 1 Satz 1 und 2 genannten Voraussetzungen auflösend bedingt ist, ist unwirksam. [3]Hat der Arbeitgeber die Ansprüche aus dem Versicherungsvertrag abgetreten oder beliehen, so ist er verpflichtet, den Arbeitnehmer, dessen Arbeitsverhältnis nach Erfüllung der in Absatz 1 Satz 1 und 2 genannten Voraussetzungen geendet hat, bei Eintritt

des Versicherungsfalles so zu stellen, als ob die Abtretung oder Beleihung nicht erfolgt wäre. [4]Als Zeitpunkt der Erteilung der Versorgungszusage im Sinne des Absatzes 1 gilt der Versicherungsbeginn, frühestens jedoch der Beginn der Betriebszugehörigkeit.

(3) [1]Wird die betriebliche Altersversorgung von einer rechtsfähigen Versorgungseinrichtung durchgeführt, die dem Arbeitnehmer oder seinen Hinterbliebenen auf ihre Leistungen einen Rechtsanspruch gewährt (Pensionskasse und Pensionsfonds), so gilt Absatz 1 entsprechend. [2]Als Zeitpunkt der Erteilung der Versorgungszusage im Sinne des Absatzes 1 gilt der Versicherungsbeginn, frühestens jedoch der Beginn der Betriebszugehörigkeit.

(4) [1]Wird die betriebliche Altersversorgung von einer rechtsfähigen Versorgungseinrichtung durchgeführt, die auf ihre Leistungen keinen Rechtsanspruch gewährt (Unterstützungskasse), so sind die nach Erfüllung der in Absatz 1 Satz 1 und 2 genannten Voraussetzungen und vor Eintritt des Versorgungsfalles aus dem Unternehmen ausgeschiedenen Arbeitnehmer und ihre Hinterbliebenen den bis zum Eintritt des Versorgungsfalles dem Unternehmen angehörenden Arbeitnehmern und deren Hinterbliebenen gleichgestellt. [2]Die Versorgungszusage gilt in dem Zeitpunkt als erteilt im Sinne des Absatzes 1, von dem an der Arbeitnehmer zum Kreis der Begünstigten der Unterstützungskasse gehört.

(5) [1]Soweit betriebliche Altersversorgung durch Entgeltumwandlung einschließlich eines möglichen Arbeitgeberzuschusses nach § 1a Absatz 1a erfolgt, behält der Arbeitnehmer seine Anwartschaft, wenn sein Arbeitsverhältnis vor Eintritt des Versorgungsfalles endet; in den Fällen der Absätze 2 und 3

1. dürfen die Überschussanteile nur zur Verbesserung der Leistung verwendet,
2. muss dem ausgeschiedenen Arbeitnehmer das Recht zur Fortsetzung der Versicherung oder Versorgung mit eigenen Beiträgen eingeräumt und
3. muss das Recht zur Verpfändung, Abtretung oder Beleihung durch den Arbeitgeber ausgeschlossen werden.

[2]Im Fall einer Direktversicherung ist dem Arbeitnehmer darüber hinaus mit Beginn der Entgeltumwandlung ein unwiderrufliches Bezugsrecht einzuräumen.

I. Normzweck

In § 1b finden sich die Regelungen, die sich mit der Unverfallbarkeit befassen. Zugleich enthält die Vorschr. Klammerdefinitionen für Direktvers., Pensionskasse, Pensionsfonds und Unterstützungskasse. Diese wären rechtssystematisch in § 1 besser aufgeh. gewesen, hätten aber eine vollständige Umgestaltung des Normenkonzepts erforderl. gemacht. Die Vorschr. enthält seit dem AVmG ua. auch Regelungen zur Unverfallbarkeit bei **grenzüberschreitenden Tatbeständen** sowie bei Entgeltumwandlung. Außerdem wurde die **Unverfallbarkeitsfrist** von zehn auf fünf Jahre verkürzt. Durch G zur Förderung der betriebl. AV v. 10.12.2007 wurde das **Mindestalter** auf 25 herabgesetzt. Mit Wirkung für Zusagen ab 1.1.2018 wird die Unverfallbarkeitsfrist auf drei Jahre und das Mindestalter auf 21 herabgesetzt (G zur Umsetzung der EU-Mobilitäts-RL). Für Zusagen zwischen dem 1.1.2009 und dem 31.12.2017 gilt, dass entweder die Voraussetzungen des bisherigen Rechts erfüllt sind oder die Zusage ab 1.1.2018 drei Jahre bestanden hat und bei Beendigung des ArbVerh. das 21. Lebensjahr vollendet ist (§ 30f III). 1

Die Vorschr. begrenzt die Möglichkeit, in Versorgungszusagen **Verfallklauseln vorzusehen**, die bei vorzeitigem Ausscheiden des AN zu einem Verlust erworbener Anwartschaften führen. Es wird so dem Umstand Rechnung getragen, dass betriebl. Ruhegeld Entgelt für erbrachte Arbeitsleistung und Betriebstreue (BAG 22.11.1994 NZA 1995, 734; s. dazu *Wackerbarth,* Entgelt für Betriebstreue, 1996) ist, wenn auch dieser **Entgeltcharakter** die Verfallbarkeit nicht völlig ausschließt. Es geht vielmehr um Inhaltskontrolle und die Setzung von Mindestnormen (vgl. § 19 II). Die Vorschr. regelt die Unverfallbarkeit aber nur dem Grunde nach und nicht auch hins. der Höhe der aufrechterhaltenen Anwartschaft (s. dazu § 2). Ausgangspunkt ist die unmittelbare Versorgungszusage (Abs. 1). Für die anderen Durchführungswege und für die Entgeltumwandlung wird dieser Grds. in den Abs. 2 bis 5 modifiziert. Für die reine Beitragszusage nach § 1 II Nr. 2a ist sofortige Unverfallbarkeit vorgesehen (§ 22 II 1). Soweit also der AN seine Gegenleistung bereits erbracht hat, erwirbt er eine **Anwartschaft** auf Gewährung eines betriebl. Ruhegeldes, die einen **schützenswerten Vermögenswert** besitzt. § 1b gewährt deshalb Bestandsschutz ungeachtet entgegenstehender Verfallklauseln, sofern bestimmte zeitl. Voraussetzungen erfüllt sind. Enthält eine Versorgungszusage keine Verfallklausel, so ist iZw. anzunehmen, dass die erworbenen Anwartschaften sofort unverfallbar sind. 2

II. Unverfallbarkeit von Anwartschaften aus unmittelbarer Versorgungszusage nach Abs. 1

Nach § 1b I behält ein AN, dem eine Leistung der betriebl. AV zugesagt worden ist, seine **Anwartschaft bei Erfüllung bestimmter Voraussetzungen**. Es wird zum einen dem Umstand Rechnung getragen, dass der AN trotz vorzeitigen Ausscheidens seine Betriebstreue bereits zT erbracht hat 3

(Bestand der Versorgungszusage) und dass die in Erwartung der Versorgung erbrachte AZ im Betrieb nicht wiederholbar ist, was in dem **Mindestalter von 21 Jahren** (bis 31.12.2017 25 Jahre) zum Ausdruck kommt. Dabei werden auch die wirtschaftl. Auswirkungen und der Einfluss auf die Bereitschaft zur Bereitstellung von betriebl. AV berücksichtigt (s. auch *Beye/Bode/Stein* BetrAV 2001, 516).

4 Mit dem Kriterium **„Bestand der Versorgungszusage"** wird der Tatsache Rechnung getragen, dass das Ruhegeld Entgelt für Arbeitsleistung ist; mit der **Erteilung der Zusage** ist es Bestandteil der Gegenleistung für die erbrachte Arbeitsleistung geworden; dann aber soll nach Ablauf einer bestimmten Frist die Verbleibebedingung nicht mehr greifen können. Anges. der Fristverkürzung hat das Problem der Verlängerung der Betriebsbindung durch Hinausschieben der Erteilung der Zusage an Bedeutung verloren (s. die Übergangsregelung in § 30 f).

5 **1. Begriff der Anwartschaft.** Das BetrAVG verwendet zur Bezeichnung der Rechtsposition des AN vor Eintritt des Versicherungsfalles den **Begriff der Anwartschaft** (§§ 1 II, 1b, 2 I 1, 3 I 1, 7 II 1, 9 I, II und III, 11 III 2) oder der Versorgungsanwartschaft (§§ 2 III 2 Nr. 1, V 3, 7 II 1, 8 II, 10 II). Das G nimmt damit Bezug auf den **allg. jur. Sprachgebrauch**, wonach Anwartschaften Vorstufen subj. Rechte sind. Das BAG hat den vom BGH (18.12.1967 Z 49, 197, 201) vornehml. für den Bereich des SachenR geprägten Begriff der Anwartschaft als **Vorstufe auf Erwerb des Vollrechts** übernommen (BAG 10.3.1972 AP BGB § 242 Ruhegehalt Nr. 156). Auf die vom BGH entwickelte Definition des Anwartschafts**rechts** hat es nicht Bezug genommen. Wenn das G mit dem Begriff der Anwartschaft arbeitet, so ist damit zunächst nur die Position des bedingt Berechtigten gekennzeichnet.

6 § 1b verschafft dem Inhaber einer Anwartschaft insoweit eine gesicherte Rechtsposition, als es dem AG als dem bedingt Verpflichteten nach Eintritt der Unverfallbarkeit nicht mehr mögl. ist, durch Kündigung des ArbVerh. den Eintritt der Verbleibebedingung, also der Bedingung einer bestimmten Mindestbetriebszugehörigkeit, zu vereiteln. Eine **Verbleibebedingung**, die von den in § 1b genannten Voraussetzungen zuungunsten des AN abweicht (Verlängerung der Frist), ist, da diese Vorschr. eine Mindestnorm darstellt (§ 19 III), **ohne rechtl. Relevanz**. Durch § 1b wird nur die ges. Unverfallbarkeit geregelt. Die Parteien können die Fristen aber jederzeit und unbeschränkt vertragl. verkürzen. Mit Ablauf der vereinbarten Frist wird die Anwartschaft des AN ebenso unverfallbar wie dies ansonsten mit Ablauf der ges. Frist der Fall gewesen wäre. Bedeutung behält die ges. Unverfallbarkeit jedoch für den Insolvenzschutz: § 7 knüpft an die Unverfallbarkeit nach § 1b an, so dass insoweit grds. nur die ges. Unverfallbarkeitsfristen maßgebend sind (vgl. auch § 7 Rn. 28).

7 **2. Bestand der Versorgungszusage. a) Fristbeginn.** Die Frist beginnt grds. mit Erteilung der Versorgungszusage, womit alle Versorgungsvereinb. zwischen AG und AN einschl. kollektivrechtl. Verpflichtungstatbestände gemeint sind, so dass es für den Fristbeginn grds. auf den rechtsgeschäftl. Abschluss der individuellen Versorgungsvereinb. ankommt.

8 Bei **einzelvertragl.** Abreden ergibt sich damit der Zusagezpkt. aus **den §§ 145 ff. BGB.** Dies gilt entspr. auch für **Gesamtzusagen und vertragl. Einheitsregelungen**, da sie sich auf eine individualrechtl. Versorgungsvereinb. zurückführen lassen. Bei einer Gesamtzusage wird man auf deren Bek. abzustellen haben, da iZw. der AG auf den Zugang der Annahmeerkl. verzichtet haben dürfte; tritt ein AN erst nach Bekanntgabe einer Versorgungsordnung im Wege der Gesamtzusage in das Unternehmen ein, so ist maßgebl. der Zpkt. der Aufnahme der Tätigkeit (s. SHSS/*Diller* Teil 10 A Rn. 47). Bei Versorgungsverpflichtungen aufgrund betriebl. Übung oder beruhend auf dem arbeitsrechtl. Gleichbehandlungsgrds. (§ 1b I 4) ist den Besonderheiten dieser Verpflichtungstatbestände Rechnung zu tragen, indem bei erstmaliger Entstehung einer **betriebl. Übung** der Fristbeginn mit der Entstehung der Übung identisch ist, womit maßgebl. der Zpkt. ist, zu dem der AG in seiner Entsch. nicht mehr frei ist, ob er die Leistung erbringen will oder nicht; bei bestehender betriebl. Übung ist die Erfüllung der Voraussetzungen maßgebl. Zpkt., was etwa relevant wird bei einer betriebl. Übung, unter bestimmten zeitl. Voraussetzungen eine Versorgungszusage zu erteilen. Bei Versorgungsverpflichtungen, die auf dem **arbeitsrechtl. Gleichbehandlungsgrds.** beruhen, ergibt sich der Fristbeginn daraus, dass dieser Grds. anspruchsbegründende Wirkung hat. Hat deshalb ein AN aufgrund dieses Grds. einen Anspruch auf Erteilung der Zusage, so ist der Zpkt. entscheidend, zu dem die Zusage an den anderen AN erteilt worden ist.

9 Bei **kollektivvertragl. Verpflichtungstatbeständen** kommt es grds. auf deren **Inkrafttreten** an; auch wenn dies gesondert und ggf. rückwirkend bestimmt wird (BAG 6.3.1984 AP BetrAVG § 1 Nr. 10). Beruht die Versorgungszusage auf TV oder BV, so ist bei bestehendem ArbVerh. dieser Zpkt. der maßgebl. Zusagezpkt., sofern die normative Wirkung das betriebl. ArbVerh. erfasst; bei später begr. ArbVerh. ist der Beginn dieses ArbVerh. maßgebl. Dies ist bei BV unprobl. Bei TV ist im Bereich der betriebl. AV nicht selten von einer Allgemeinverbindlichkeit auszugehen; anderenfalls gelten bei Bezugnahmeklauseln die oben zu den individualrechtl. Zusagen entwickelten Grds.

10 **Vordienstzeiten**, dh. Beschäftigungszeiten aus vorhergehenden ArbVerh., können grds. den Eintritt der **ges. Unverfallbarkeit** nach § 1b nicht beeinflussen. Davon zu unterscheiden ist, dass ein AG vertragl. Vordienstzeiten anrechnet und so dem AN eine frühere Unverfallbarkeit einräumt. Dies ist nach § 17 III 3 unprobl., da es sich bei § 1b nur um die Regelung einer Mindestbedingung handelt. Davon sind **Vorschaltzeiten** zu unterscheiden, dh. Zeiten, die der AN zurückgelegt haben muss, bevor

die Zusage erteilt wird oder als erteilt gelten soll. Nach BAG (7.7.1977 AP BetrAVG § 1 Wartezeit Nr. 3) gilt als Zusage iSd. § 1 jede Form der Begr. einer Versorgungsanwartschaft, wenn das Erstarken zum Vollrecht nur noch eine Frage der Zeit ist, also allein vom Umf. der geleisteten Betriebstreue abhängt. Das BAG sieht deshalb zeitbezogene Wirksamkeitsvoraussetzungen dieser Art als bedeutungslos an; die Frist beginnt also bereits mit Erteilung der „Zusage einer Zusage" zu laufen (krit. *Gitter* DB 1978, 791; *v. Maydell* SAE 1980, 79). Hier ist zu unterscheiden zwischen solchen Fallkonstellationen, in denen dem AG kein Entscheidungsspielraum verbleibt, die spätere Zusage also zur Formalität wird und solchen, in denen ihm noch ein solcher verbleibt (BAG 24.2.2004 VersR 2005, 528). Im ersteren Fall ist seine Bindung bereits bei der Ankündigung gegeben, die deshalb als Zusage zu werten ist; im anderen Fall läuft die Frist erst ab formaler Erteilung der Zusage. Ein Entscheidungsspielraum fehlt, wenn der AG das Merkmal, an das er für die Erteilung der Zusage verbindl. anknüpft, nicht mehr beeinflussen kann, wie etwa das Bestehen einer Prüfung. Kann der AG hingegen etwa bei Anknüpfung an einen Status dessen Erreichen beeinflussen oder stellt er eine Zusage nur vage in Aussicht, so verbleibt ihm der Entscheidungsspielraum (wohl auch BRO/*Rolfs* Rn. 53 ff.).

b) Berechnung und Fristablauf. Sie bestimmen sich nach den §§ 187 ff. BGB. Eine – wenn auch kurze – Unterbrechung der Betriebszugehörigkeit führt zu einem **Neubeginn des Fristablaufs** (BAG 21.1.2003 NZA 2004, 152; 25.4.2006 AP BetrAVG § 7 Nr. 111). Anders als etwa im Kündigungsschutzrecht praktiziert, kann hier **keine Zusammenrechnung von Zeiten** erfolgen, **die in einem inneren Zusammenhang zueinander stehen.** Unter Zurückstellung der Zweifel an der Richtigkeit der hM zur entspr. Problematik im Kündigungsschutzrecht (BAG 10.5.1989 NZA 1990, 221; KR/*Griebeling* KSchG § 1 Rn. 108 ff.; krit. SPV/*Preis* Rn. 877; s. KSchG § 1 Rn. 40) muss für das Betriebsrentenrecht festgestellt werden, dass hier eine Bindung an den Betrieb verlangt wird, die von dieser Zweckrichtung her ununterbrochen sein muss. Hinzu kommt, dass für den AG eine Verlässlichkeit bei der Durchführung der betriebl. AV bestehen muss, der eine Berücksichtigung verschiedener TZ zuwiderlaufen würde (ähnl. BAG 14.8.1980 AP BetrAVG § 1 Wartezeit Nr. 6). Allerdings wird man deshalb aber unmittelbar aneinander anschließende Beschäftigungszeiten zusammenrechnen dürfen (aA *Schoden* BetrAVG § 1b Rn. 28). 11

c) Betriebszugehörigkeit und Zusagedauer. Wenn das G von Betriebszugehörigkeit spricht oder auf den Ablauf der Unverfallbarkeitsfrist abstellt, so bedeutet das nicht notwendig, dass der AN die **Zeit in ein und demselben Betrieb als organisatorischer Einheit zurückgelegt** hat; maßgebl. ist vielmehr die **dauerhafte arbeitsvertragl. Bindung zum AG.** Die Verfallbarkeit von Anwartschaften mag Frauen mehr betreffen als Männer, ist aber durch das Erfordernis der Akzeptanz und Kalkulierbarkeit für den AG gerechtfertigt (BAG 9.10.2012 NZA-RR 2013, 150). Mit dem **Wechsel innerhalb eines Konzerns** kann je nach Ausgestaltung ein Wechsel des AG im arbeitsvertragl. Sinne verbunden sein. Gleichwohl wird man bei fortbestehender Konzernzugehörigkeit idR von einer durchgehenden Betriebszugehörigkeit auszugehen haben; Betriebstreue kann anges. der tats. Verhältnisse von AN-Tätigkeiten innerhalb eines Konzerns in verschiedenen Konzernunternehmen erbracht werden (wie hier *Hanau* ZfA 1976, 488; *Henssler* S. 154, 156; *Höfer* § 1b Rn. 271 ff.; ähnl. BRO/*Rolfs* Rn. 77). 12

Um Nachteile für AN zu vermeiden, sehen verschiedene Regelungen außerhalb des BetrAVG eine **Anrechnung anderer** – insb. im Dienst an der Öffentlichkeit erbrachter – **Zeiten** vor. Nach § 6 II 1 ArbPlSchG wird die Zeit des Grundwehrdienstes oder einer Wehrübung auf die Betriebszugehörigkeit angerechnet; dies gilt auch für Soldaten auf Zeit, deren festgesetzte Dienstzeit zwei Jahre nicht überschreitet. Nach § 78 ZDG gilt dies für anerkannte Kriegsdienstverweigerer entspr. Zwar sind die Vorschr. des Wehrpflichtrechts auf den Dienst in der Bundeswehr ausgerichtet, sie müssen aber für den in der NVA der DDR abgeleisteten Wehrdienst entspr. gelten. Dass Kindererziehungszeiten insofern nicht berücksichtigt werden, ist keine mittelbare Diskriminierung von Frauen, da Aufwendungen für Zeiten des Wehr- bzw. Zivildienstes durch die öffentl. Hand erstattet werden (BAG 20.4.2010 NZA 2011, 1188). Ein **WanderAN, der Staatsangehöriger eines Mitgliedstaates** ist und seine Tätigkeit in einem Unternehmen eines anderen Mitgliedstaates zur Erfüllung der Wehrpflicht ggü. seinem Heimatland unterbrechen muss, hat Anspruch auf Anrechnung der Wehrdienstzeit auf die Betriebszugehörigkeit, soweit im Beschäftigungsland zurückgelegte Wehrdienstzeiten den einheimischen AN gleichfalls angerechnet werden (EuGH 15.10.1969 AP EWG-Vertrag Art. 177 Nr. 2), da es sich hier um Beschäftigungs- und Arbeitsbedingungen iSd. Art. 7 VO (EU) Nr. 492/2011 handelt und dem Gedanken der Freizügigkeit nur dann ausreichend Rechnung getragen ist, wenn auch die Ableistung des Wehrdienstes in einem anderen Mitgliedstaat der EU mit berücksichtigt wird (BAG 20.5.1988 AP KSchG 1969 § 1 Personenbedingte Kündigung Nr. 9; krit. *Boldt* Anm. AP EWG-Vertrag Art. 177 Nr. 2). Nach § 4 des G über die Rechtsverhältnisse der **Mitglieder des Dt. BT** ist die Zeit einer Mitgliedschaft im Dt. BT auf die Betriebszugehörigkeit anzurechnen. Eine Sonderregelung findet sich im Bergrecht, wenn für Bergleute mit **BVS** in jedem außerbergbaul. Beschäftigungsbetrieb dem Inhaber dieses Scheins die im Bergbau unter Tage verbrachten Beschäftigungszeiten als gleichwertige Zeiten der Betriebszugehörigkeit anzurechnen sind (so etwa § 9 III BVSG-NRW). 13

Maßgebl. für die **Beginn der Betriebszugehörigkeit** ist der Tag der nach dem Arbeitsvertrag vorgesehenen Arbeitsaufnahme. Das bloße Bestehen eines Arbeitsvertrags reicht nicht aus, da darin 14 nicht die Verbundenheit mit dem Betrieb – die Betriebstreue – zum Ausdruck kommt. Auf die Wirksamkeit des zugrunde liegenden Arbeitsvertrags kommt es nicht entscheidend an. Für das **Ende der Betriebszugehörigkeit** kommt es auf den Ablauf des ArbVerh. an mit der Maßgabe, dass eine frühere Beendigung der tats. Beschäftigung – etwa infolge Urlaubs – unerhebl. ist und bei Vorliegen eines „faktischen ArbVerh." auch über den Ablaufzpkt. hinaus andauern kann.

15 **d) Das Mindestalter von 21 Lebensjahren.** Die ges. Unverfallbarkeit tritt ab 1.1.2018 nur ein, sofern der AN im **Zpkt. des Ausscheidens das 21. Lebensjahr vollendet** hat. Bis zum 31.12.2017 beträgt das Mindestalter 25. Die neuerl. Verkürzung ist erfolgt durch das G zur Umsetzung der EU-Mobilitäts-RL.

16 **e) Beendigung des ArbVerh. vor Eintritt des Versorgungsfalles.** § 1b bestimmt den Erhalt der Anwartschaft auch bei Ausscheiden vor Eintritt des Versorgungsfalls. Es ist **unerhebl., aus welchem Grund das ArbVerh.** insofern vorzeitig endet. Auch eine Kündigung aus wichtigem Grund hebt eine unverfallbare Anwartschaft nicht auf. Eine Ausnahme ist nur für den Fall zu machen, dass der AG die Beendigung des ArbVerh. treuwidrig herbeiführt, um den Eintritt der Unverfallbarkeit zu verhindern bzw. zu vereiteln; sie kann auch für den seltenen Fall in Betracht kommen, dass der AG zum Widerruf der Versorgungszusage wegen schwerwiegender Verfehlungen des AN berechtigt ist (vgl. § 1 Rn. 30 ff.; *Höfer* § 1b Rn. 304).

17 **3. Rechtsfolge.** Bei Erfüllung der Voraussetzungen ist die **Rechtsposition des bedingt berechtigten AN gesichert.** Der mit einer unverfallbaren Anwartschaft **ausgeschiedene AN** erhält bei Eintritt des Versorgungsfalles einen seiner tats. Betriebszugehörigkeit entspr. Teil der zugesagten Betriebsrente (§ 2). Die Unverfallbarkeit bezieht sich auf alle Leistungen für den Fall des Alters, der Invalidität und des Todes (BAG 24.6.1998 NZA 1999, 318; 20.11.2001 AP BetrAVG § 1 Invaliditätsrente Nr. 13). Der Anspruch auf Invalidenrente darf auch nicht davon abhängig gemacht werden, dass bei Eintritt der Berufsunfähigkeit das ArbVerh. noch besteht.

18 Die Rechtsposition des im **Betrieb verbliebenen AN** wird durch die Unverfallbarkeitsregelung nur mittelbar beeinflusst; dessen Rechtsposition ist nur für den Fall des Ausscheidens sicherer geworden. Allerdings hat die Unverfallbarkeit für vorzeitig Ausgeschiedene Bedeutung für die Grenzen des Eingriffs in Anwartschaften, denn die Position des im Betrieb verbliebenen AN kann nicht schlechter sein.

19 Mit welchem Inhalt die Anwartschaft aufrechterhalten bleibt und welche Leistungsfälle sie abdeckt, bestimmt sich nach dem **Inhalt der Versorgungszusage.** Ist also nur eine Altersleistung vorgesehen, so folgt aus § 1, dass der betr. AN im **Alter** auch nur unter den Voraussetzungen der Versorgungszusage aufgrund der aufrechterhaltenen Anwartschaft eine Leistung beanspruchen kann. Sieht die Versorgungszusage eine **Hinterbliebenenversorgung** vor, so entsteht grds. ein Anspruch auch im Falle einer erst nach Ausscheiden geschlossenen Ehe oder von nach dem Ausscheiden geb. Kindern (BAG 20.4.1982 NJW 1983, 414). Allerdings kann eine Versorgungsordnung Ansprüche davon abhängig machen, dass die familienrechtl. Beziehungen zu den begünstigten AN bereits während des ArbVerh. bestanden (BAG 19.12.2000 NZA 2001, 1260), was entspr. Auswirkungen auf den aufrecht zu erhaltenden Anspruch hat.

20 **4. Besonderheiten bei Vorruhestand.** S. 2 der Vorschr. soll **verhindern,** dass der **AN Nachteile** hins. seiner Betriebsrente dadurch erleidet, dass er aufgrund einer **Vorruhestandsregelung** ausscheidet. Der AN wird hier so behandelt, als wäre er nicht vorzeitig ausgeschieden. Erforderl. ist deshalb aber eine Kausalität zwischen Ausscheiden und Vorruhestandsregelung. Die Regelung ist nicht beschränkt auf das VRG, sondern erfasst auch andere Vorruhestandsregelungen (anders wohl BRO/*Rolfs* Rn. 106; wie hier KBH/*Huber* Rn. 105, UFOD/*Axler* § 1b Rn. 48).

21 **5. Änderung und Übernahme der Versorgungszusage.** Unschädl. sind auch Änd. der Versorgungszusage oder deren Übernahme durch einen Dritten. In beiden Fällen beginnt der Lauf der Fristen nicht von neuem. Eine Unterbrechung tritt nicht ein. Bei der **Abgrenzung zwischen Änd. der Versorgungszusage** in Gestalt einer Erhöhung der Zusage und einer zusätzl. Zusage kann die umstr. Frage dahingestellt bleiben, ob aus dieser Vorschr. ein Prinzip der „Einheit der Versorgungszusage" hergeleitet werden kann (BAG 12.2.1981 NJW 1982, 463; HPRW/*Höhne* Rn. 214 ff.; krit. BRO/*Rolfs* Rn. 111 ff.). S. 3 ist dahin zu verstehen, dass eine zusätzl. Zusage, die in einem unmittelbaren Zusammenhang mit der urspr. Zusage steht, nicht zu einem erneuten Beginn des Fristablaufs führt, da es keinen Unterschied machen kann, wenn der AG die betriebl. AV des AN verbessern will und dies nicht durch Änd. der bisherigen, sondern Erteilung einer neuen zusätzl. Zusage vornimmt. Der erforderl. Zusammenhang ist im Einzelfall im Wege der Auslegung zu ermitteln. Das BAG hat eine Änd. und nicht eine Neuerteilung angenommen, wenn der AG nicht die zunächst abgeschlossene Direktvers. selbst erhöht, sondern im Laufe des ArbVerh. weitere Direktvers. für denselben AN abschließt (BAG 12.2.1981 NJW 1982, 463). Andererseits hat das BAG einen solchen Zusammenhang abgelehnt in einem Fall, in dem der AG dem AN nacheinander mehrere Versorgungszusagen erteilt (BAG 28.4.1992 BetrAV 1992, 229). Entscheidend war hier, dass es in der weiteren Zusage hieß, weitere Ansprüche und Anwartschaften würden von der Zusage nicht berührt. Der AG kann einzelne Zusagen an den gleichen

AN erteilen, bei denen die Unverfallbarkeitsfristen unterschiedl. laufen; etwas Weitergehendes kann aus der Vorschr. nicht hergeleitet werden. Eine Änd. der Versorgungszusage liegt auch vor, wenn die **Zusage auf einen andere Rechtsgrdl. gestellt** wird, also etwa eine individuelle Zusage durch eine auf TV oder BV beruhende abgelöst wird (MüArbR/*Andresen/Cisch* § 145 Rn. 30). Gleiches gilt bei einem Wechsel des Durchführungsweges, also etwa von einer Direktzusage zu einer Direktvers. In diesen Fällen ist der geforderte innere Zusammenhang gegeben.

Unter der **Übernahme** der Versorgungszusage durch eine andere Person sind die **Fälle der Schuld- und Vertragsübernahme**, nicht aber der Wechsel des Versorgungsträgers zu verstehen. Gesamtrechtsnachfolge und Betriebsübergang nach § 613a BGB sind nicht erfasst, da das ArbVerh. in beiden Fällen nicht unterbrochen ist und bereits aus dem G abgeleitet werden kann, dass in diesen Fällen der Fristablauf nicht unterbrochen wird. 22

6. Gleichbehandlungsgrundsatz und betriebliche Übung. Da Rechtsgrdl. für eine Versorgungszusage auch **Gleichbehandlungsgrds.** oder **betriebl. Übung** sein können (s. § 1 Rn. 10), stellt S. 4 klar, dass für derartige Zusagen nichts anderes gilt als für solche, die auf den anderen Rechtsgrdl. beruhen. S. 4 fügt deshalb diese arbeitsrechtl. anerkannten Rechtsgrdl. in das System der Unverfallbarkeitsregelung ein. 23

Die Vorschr. greift sowohl dann, wenn die betriebl. Übung auf die **Gewährung von Ruhegeldern** als auch dann, wenn sie nur auf **Erteilung einer Versorgungszusage** gerichtet war. Ein Freiwilligkeitsvorbehalt ist zu beachten, da er den fehlenden Verpflichtungswillen zum Ausdruck bringt (BAG 19.5.2005 NZA 2005, 889; anders *Gelhaar* BB 2008, 835, der zudem den Entgeltgedanken missversteht; s. auch *Preis* NZA 2009, 281). In beiden Fällen ist der AG nicht mehr frei zu entscheiden, ob er ein Ruhegeld zahlen will (BAG 19.6.1980 AP BetrAVG § 1 Wartezeit Nr. 8), denn er kann sich vom Anspruch auf Gewährung des Ruhegeldes (BAG 19.8.2008 NZA 2009, 196) – ggf. auch iS einer **Berechnungsübung** (BAG 23.4.2002 AP BetrAVG § 1 Berechnung Nr. 22; 19.7.2005 AP BetrAVG § 1 Nr. 42) oder **Anpassungsübung** – ebenso wie vom Anspruch auf Erteilung einer Zusage nicht mehr einseitig lösen. Für den maßgebl. Zusagezpkt. kommt es auf Bestand und Ausgestaltung der betriebl. Übung an. Besteht diese bei Beginn des ArbVerh., so ist dieser maßgebl. Ist die betriebl. Übung an einen bestimmten Status des AN geknüpft, kommt es auf dessen Erreichen an. Entscheidend ist auch hins. des Zpkt., dass alle AN des Betriebs, die die Voraussetzungen erfüllen, eine Zusage erhielten (BAG 25.6.2002 NZA 2003, 875). Aus einer ggü. der eigenen Erkl. über längere Zeit fehlerhaften Betriebsrentenberechnung entsteht keine von der Versorgungsordnung abw. Übung (BAG 23.4.2002 AP BetrAVG § 1 Berechnung Nr. 22). 24

Beim **Gleichbehandlungsgrds.** geht es zumeist um den Anspruch auf Abgabe einer Versorgungszusage. Hier ist zu ermitteln, wann dem AN unter Beachtung dieses Grds. eine Zusage hätte erteilt werden müssen. Der AG darf nach sachl. Kriterien diff. (BAG 13.11.2012 AP BetrAVG § 1 Auslegung Nr. 39), wobei auch Stichtagsregelungen eines sachl. Grundes bedürfen. Der AG darf etwa diff., um beim gepl. Personalabbau aufgetretene Schwierigkeiten durch Schaffung von Anreizen zu beseitigen (BAG 18.9.2001 NZA 2002, 148). Eine allein an den unterschiedl. Status von Arbeitern und Ang. anknüpfende Ungleichbehandlung verletzt den Gleichbehandlungsgrds. Der Anspruch richtet sich bei einer Unterstützungskassenversorgung auch gegen diese (BAG 16.2.2010 NZA 2010, 701). 25

7. Wartezeiten. Die Unverfallbarkeitsregelung darf nicht durch die Festsetzung von Wartezeiten **unterlaufen** werden. Von einer Wartezeit spricht man dann, wenn der AG eine zusätzl. zeitl. Voraussetzung für den Anspruchserwerb aufstellt, indem er etwa eine Mindestbetriebszugehörigkeit verlangt. Abs. 1 S. 5 ordnet deshalb an, der **Ablauf der Wartezeit** werde durch Beendigung des ArbVerh. nach Eintritt der Unverfallbarkeit nicht berührt; allerdings erwirbt ein AN, der die Wartezeit nicht erreichen kann, keine unverfallbare Anwartschaft, da er die Anspruchsvoraussetzungen nicht erfüllen kann (BAG 12.2.2013 NZA 2013, 733). Von den Wartezeiten sind die **Vorschaltzeiten** zu unterscheiden, durch die die Erteilung der Versorgungszusage hinausgeschoben werden soll (s. dazu Rn. 14). Voraussetzung ist, dass der AN bei Ausscheiden die Unverfallbarkeitsvoraussetzungen erfüllt hat. Die Regelung bedeutet aber zugleich, dass die Wartezeit als Leistungsvoraussetzung grds. akzeptiert wird. So erhält etwa ein AN, der mit einer unverfallbaren Anwartschaft ausgeschieden ist, keine Leistungen wegen Erwerbsunfähigkeit, wenn dieser Versorgungsfall vor Ablauf der Wartezeit eintritt. 26

§ 1b I 5 berührt nicht die **Zulässigkeit solcher Wartezeiten**, mit denen der **begünstigte Personenkreis abgegrenzt** werden soll (BAG 7.7.1977 VersR 1979, 242; 19.4.2005 AP BetrAVG § 1 Betriebsveräußerung Nr. 19); ein schützenswertes Vertrauen ist nicht gegeben, wenn der AN weiß, dass er mit seiner zukünftigen Betriebszugehörigkeit keine betriebl. AV mehr erwerben kann. Erfasst werden deshalb zB nicht solche Wartezeiten, nach denen ein AN ein Ruhegeld nur erhält, wenn er bei Vollendung des 65. Lebensjahres mind. 15 Jahre dem Betrieb angehören muss, also faktisch ein Höchsteintrittsalter festgelegt wird. Hätte er die Wartezeit aber noch erfüllen können und erfüllt er sie nur wegen vorzeitigen Ausscheidens nicht, so greift gleichwohl S. 5 (s. BRO/*Rolfs* Rn. 147). Erfasst werden auch nicht risikobegrenzende Wartezeiten, wenn der AG das Risiko der Invalidität nur absichert, sofern es sich erst nach einer bestimmten Dienstzeit und nicht schon vorher verwirklicht (BAG 19.12.2000 DB 2002, 226). In diesen Fällen sind allerdings die Vorgaben des **AGG** zu beachten, 27 das Altersdiskriminierung verbietet. Bei Höchstaufnahmealter Frage des damit verfolgten Ziels, bei leistungsbezogenen Systemen grds. gerechtfertigt (BAG 12.11.2013 AP BetrAVG § 1 Teilzeit Nr. 17; **aA** *Preis* BetrAV 2010, 514), aber Angemessenheitsprüfung (45 Jahre deshalb zu niedrig – BAG 18.3.2014 AP AGG § 10 Nr. 6) unzulässig bei arbeitnehmerfinanzierter Versorgung (*Rolfs* NZA 2008, 556).

28 **8. Wechsel in einen anderen Mitgliedstaat der EU.** S. 6 trägt den Vorgaben der **RL 98/49** (näher *Steinmeyer* EuZW 1999, 645) Rechnung. Nach Art. 4 dieser RL treffen die Mitgliedstaaten die erforderl. Maßnahmen, um die Aufrechterhaltung erworbener Rentenansprüche für Anspruchsberechtigte eines erg. Sicherungssystems im gleichen Umf. sicherzustellen wie für anspruchsberechtigte Personen, für die keine Beiträge mehr gezahlt werden, die jedoch im selben Mitgliedstaat verbleiben. Das bedeutet eine Gleichbehandlung hins. der Unverfallbarkeit von rein innerstaatl. und grenzüberschreitenden Sachverhalten. Da sich die Vorschr. nur auf Anwartschaften bezieht, die dem BetrAVG unterfallen, hat sie nur deklaratorische Bedeutung, denn eine Unverfallbarkeit trat auch bisher schon unabhängig davon ein, ob der AN ins Ausland wechselt oder im Inland verbleibt (ähnl. EUArbR/*Reiner* RL 98/49/EG Art. 4 Rn. 1). Das **Freizügigkeitsgebot** des Art. 45 AEUV erschöpft sich aber nicht in einer Gleichbehandlung von grenzüberschreitenden Sachverhalten mit reinen Inlandssachverhalten (EUArbR/*Steinmeyer* AEUV Art. 45 Rn. 35). Für Unverfallbarkeitsfristen, die ohne Zweifel ein Freizügigkeitshindernis darstellen, ist nicht maßgebl., dass von ihnen Inlands- wie grenzüberschreitende Sachverhalte gleichermaßen erfasst und betroffen sind. Das europ. Recht fragt nur, ob ein Hindernis der grenzüberschreitenden Freizügigkeit besteht, nicht ob auch innerhalb des Staates die Freizügigkeit begrenzt ist (EuGH 10.3.2011 NZA 2011, 561, wonach TV gegen Art. 45 AEUV verstoßen, die bei grenzüberschreitendem Wechsel beim selben AG Dienstjahre im anderen Staat nicht berücksichtigen).

III. Unverfallbarkeit von Anwartschaften auf Leistungen einer Direktversicherung nach Abs. 2

29 **1. Einführung.** Abw. von der unmittelbaren Versorgungszusage als dem Prototyp der betriebl. AV kommen bei den **mittelbaren Versorgungszusagen** durch Einschaltung einer **rechtl. selbständigen Einrichtung** zur Rechtsbeziehung zwischen AG und AN solche des AG aber auch des AN zur Versorgungseinrichtung. Dies hat zur Folge, dass für die Sicherung der Versorgungsanwartschaft bei vorzeitigem Ausscheiden (Unverfallbarkeit) andere Anknüpfungspunkte gewählt werden mussten. Die **Direktvers.** (näher *Diefenbach* H-BetrAV 70 Rn. 5 ff.) ist dadurch gekennzeichnet, dass der AG eine Lebensvers. auf das Leben des AN abschließt und diesem oder seinen Hinterbliebenen ein Bezugsrecht ganz oder tw. eingeräumt wird (Legaldefinition in § 1b II 1). Dieses Versicherungsverhältnis zwischen AG und Versicherungsunternehmen ist als Vertrag zugunsten Dritter (§ 328 I BGB) anzusehen. Der Versicherungsvertrag bildet das Außen- oder Deckungsverhältnis und die Versorgungszusage des AG, eine AV durch Direktvers. zu gewähren, ist dann das Valuta- oder Innenverhältnis, das nach der Legaldefinition der Direktvers. nicht vorliegen muss aber regelm. vorliegen wird. Eine Direktvers. liegt nicht vor, wenn der AN selbst Versicherungsnehmer ist (BAG 10.3.1992 NZA 1993, 25). Bei der AV durch Direktvers. ist der **AG Vertragspartner** sowohl der arbeitsvertragl. Versorgungsverpflichtung als auch des Versicherungsverhältnisses. Er ist im Versicherungsverhältnis Versicherungsnehmer und als solcher nach § 159 VVG iZw. berechtigt, das Bezugsrecht des AN zu widerrufen. Bis zum Eintritt des Versicherungsfalles hat deshalb der AN eine versicherungsrechtl. Anwartschaft, die ihm allerdings nur eine schwache Rechtsposition gibt, sofern nicht der Widerruf der Bezugsberechtigung ausgeschlossen ist. Darüber hinaus ist der AG versicherungsrechtl. berechtigt, den Anspruch aus dem Versicherungsvertrag abzutreten oder zu beleihen. Sofern der AN unwiderrufl. bezugsberechtigt ist, steht ihm schon vor Eintritt des Versicherungsfalles das Verfügungsrecht über den Anspruch zu; eine Abtretung oder Beleihung durch den AG ist dann nicht mehr mögl. Der AN kann sich mit eigenen Beiträgen an der Beitragszahlung beteiligen, die aber nur unter den Voraussetzungen des § 1 II Nr. 4 (s. § 1 Rn. 32) der betriebl. AV iSd. BetrAVG unterfallen. Der AG ist grds. beitragspflichtig (§ 1 S. 2 VVG); bei unzureichender Dotierung trifft ihn eine Einstandspflicht.

30 **2. Ausschluss des Widerrufs des Bezugsrechts.** Den versicherungsrechtl. Besonderheiten wird durch eine arbeitsrechtl. Einschränkung des Rechts des AG zum Widerruf der Bezugsberechtigung Rechnung getragen. Die versicherungsrechtl. Befugnisse des AG zum Widerruf des Bezugsrechts, das dieser allerdings auch unwiderrufl. stellen kann (BAG 15.6.2010 AP BetrAVG § 1b Nr. 12; dazu *Krause* FS Bepler 2012 S. 303), bleiben unangetastet, ihm wird jedoch im arbeitsrechtl. Versorgungsverhältnis zum AN die Verpflichtung auferlegt, das Bezugsrecht nach Eintritt der Unverfallbarkeitsvoraussetzungen nicht mehr zu widerrufen. Dem AG wird also schuldrechtl. auferlegt, keine Gestaltungserkl. vorzunehmen, durch die das Bezugsrecht des AN beeinträchtigt wird. Dies betrifft die Zusage in vollem Umf. also etwa auch hins. einer mögl. Hinterbliebenensicherung. Eingeschränkt ist der **Widerruf wegen Beendigung des ArbVerh.**; ein Widerruf aus anderen zulässigen Gründen bleibt unberührt; so handelt etwa ein InsV nicht rechtsmissbräuchl., wenn er wegen seiner Pflichten nach § 159 InsO das Bezugsrecht widerruft (BAG 8.6.1999 NZA 1999, 1103).

Widerruft der AG die Bezugsberechtigung dennoch, so verstößt er nicht gegen seine Verpflichtungen aus dem Versicherungsvertrag, wohl aber gegen die aus dem arbeitsrechtl. Versorgungsverhältnis. Er macht sich in diesem Fall ggü. dem AN **schadensersatzpflichtig** wegen pVV des Versorgungsversprechens (BAG 28.7.1987 NZA 1988, 159); dies führt im Wege der Naturalrestitution dazu, dass der AG den AN so zu stellen hat, als wäre der Widerruf nicht erfolgt; dieser Schadensersatzanspruch ist nicht von der Insolvenzsicherung erfasst (MüArbR/*Andresen/Cisch* § 150 Rn. 56); leistet der AG aufgrund dieses Anspruchs, so besteht dafür Insolvenzschutz (BRO/*Rolfs* § 7 Rn. 64). Anges. der Entgeltlichkeit des Ruhegeldes wird man einen **Teilwiderruf** als zulässig ansehen müssen, der sich auf den noch nicht erdienten Teil der Anwartschaft beschränkt (ähnl. BRO/*Rolfs* Rn. 217 ff.; *Höfer* § 1b Rn. 346 ff.; ein dahingehender Gedanke auch herleitbar aus BAG 29.7.1986 NZA 1987, 349). 31

3. Unwirksamkeit der Vereinbarung einer auflösenden Bedingung. Die Vereinb. einer auflösenden Bedingung für das Bezugsrecht ist nach S. 2 insoweit unwirksam, als die **Unverfallbarkeitsvoraussetzungen erfüllt** sind, da sonst die Unverfallbarkeitsregelung iE unterlaufen werden könnte. Die Unwirksamkeit bezieht sich auf den Versicherungs- und nicht den Versorgungsvertrag, da eine Vereinb. über die auflösende Bedingung des Bezugsrechts nur im Versicherungsvertrag sinnvoll ist (BRO/*Rolfs* Rn. 231). 32

4. Abtretungen und Beleihungen. Da der AG versicherungsrechtl. berechtigt ist, die Ansprüche aus dem Versicherungsvertrag nach § 398 BGB abzutreten oder zu beleihen, kann auch hierdurch der AN der Versorgungsanwartschaft verlustig gehen. Insofern ist arbeitsrechtl. bestimmt, dass der AG verpflichtet ist, den AN, dessen ArbVerh. nach Erfüllung der Unverfallbarkeitsvoraussetzungen geendet hat, so zu stellen, als sei eine Abtretung oder Beleihung nicht erfolgt. Diese Pflicht besteht nach Eintritt des Versicherungsfalles. Unter **Beleihung** ist eine Vorauszahlung auf die spätere Versicherungsleistung zu verstehen; eine Verpfändung ist als (vorübergehende) Abtretung zu behandeln (BRO/*Rolfs* Rn. 235). 33

5. Zeitpunkt der Erteilung der Versorgungszusage. Den versicherungsrechtl. Besonderheiten muss auch Rechnung getragen werden beim **Fristbeginn für die Unverfallbarkeitsvoraussetzungen.** An die Stelle der Erteilung der Versorgungszusage (Abs. 1) tritt hier im Wege einer Fiktion der Versicherungsbeginn bzw. der Beginn der Betriebszugehörigkeit, da der AG bei Gewährung von betriebl. AV durch Direktvers. das Leistungsrisiko gerade nicht selbst übernehmen, sondern einem Versicherungsunternehmen übertragen will (**aA** entgegen Wortlaut HBD/*Vienken* Rn. 56). 34

Unter Versicherungsbeginn ist der **technische Versicherungsbeginn** zu verstehen (BRO/*Rolfs* Rn. 244 mwN). Wenn der AG den Abschluss einer Lebensvers. nach einer bestimmten Mindestbetriebszugehörigkeit verspricht, handelt es sich um eine Vorschaltzeitenproblematik, die aber hier eine andere Dimension dadurch erhält, dass § 1b II 4 eine versicherungsrechtl. Lösung vorsieht, die Vereinb. einer Vorschaltzeit aber eine arbeitsrechtl. Gestaltung ist. Grds. muss der AG einer derartigen Ankündigung auch nachkommen und macht sich anderenfalls schadensersatzpflichtig. Orientiert an der auch hier maßgebl. Grundregel des Abs. 1 kann der AG durch diese Gestaltungsform den Beginn des Laufes der Unverfallbarkeitsfrist nicht hinausschieben. Die zu den Vorschaltzeiten entwickelten Grds. müssen deshalb auch hier gelten (MüArbR/*Andresen/Cisch* § 145 Rn. 73; *Höfer* § 1b Rn. 375 ff.; BRO/*Rolfs* Rn. 251 ff.; in der Tendenz auch BAG 7.7.1977 NJW 1977, 2376; **aA** *Blomeyer* DB 1992, 2499; DFL/*Kisters-Kölkes* Rn. 54). 35

Wenn sich auch in Abs. 2 kein ausdr. Hinweis auf Abs. 1 S. 3 findet, kann aber auch hier nichts anderes gelten und **unterbrechen nachträgl. Änd. der Direktvers.** und ihre Übernahme durch eine andere Person nicht den Fristablauf (BAG 12.2.1981 NJW 1982, 463; BRO/*Rolfs* Rn. 273 ff.). Diese Sonderregelung wird durch Abs. 2 S. 4 nicht abgelöst, da dieser nur eine Fiktion für den Regelfall vorsieht. Zur Frage, wann eine Änd. vorliegt, s. Rn. 21 ff. Da es hier um die Sicherstellung der arbeitsrechtl. Unverfallbarkeit geht, kommt es auf die Übernahme des Versorgungs- und nicht des Versicherungsverhältnisses an. 36

IV. Unverfallbarkeit von Anwartschaften auf Leistungen einer Pensionskasse oder eines Pensionsfonds nach Abs. 3

1. Einführung. Sowohl bei der Pensionskasse als auch beim Pensionsfonds (vgl. auch *Baumeister* DB 2005, 2076; *Zeppenfeld/Rößler* BB 2006, 1221) ist zu unterscheiden zwischen dem arbeitsrechtl. Versorgungsverhältnis mit AN und AG als Beteiligten und den **Rechtsbeziehungen zur Versorgungseinrichtung.** Üblicherweise werden **Pensionskassen** (näher *Dresp* ua. Pensionskassen H-BetrAV 50; *Koch* BetrAV 2003, 418) in der Rechtsform von VVaG betrieben. Sie können aber auch als AG gegründet werden. Die Legaldefinition in § 1b III 1 besagt nur, dass es sich um eine **rechtsfähige Versorgungseinrichtung** handeln muss, die dem AN oder seinen Hinterbliebenen auf ihre Leistungen einen Rechtsanspruch gewährt. Wird die Pensionskasse als VVaG betrieben, so gehören die begünstigten AN grds. diesem Verein als Mitglieder an (§ 176 VAG). Zwischen AN und Pensionskasse besteht zugleich ein **Versicherungsverhältnis** (§ 232 I Nr. 4 VAG), woraus sich auch eine Beitrags- 37 pflicht des AN ergeben kann. Neben dem AN kann auch der AG Mitglied und Versicherungsnehmer sein. Er bringt zumeist die Beiträge auf und verpflichtet sich häufig zu bes. Zuwendungen an die Pensionskasse. Der AG überträgt das Versorgungsrisiko auf eine rechtl. selbständige Einrichtung, der er sich zur Erbringung seiner Gegenleistung für erbrachte Arbeitsleistung bzw. geleistete Betriebstreue bedient. Mitgliedschaft und Versicherungsverhältnis sind grds. an das ArbVerh. geknüpft, können aber nach dessen Beendigung fortgesetzt werden. Das **Versorgungsverhältnis** verpflichtet den AG ggü. dem AN, alles zu unternehmen, damit er im Versorgungsfall Leistungen von der Pensionskasse erhält; dazu kann etwa die Anmeldung zu einer Pensionskasse gehören. Bei Nichterfüllung der Verpflichtungen macht sich der AG schadensersatzpflichtig.

38 Die **Pensionsfonds** eröffnen einen Durchführungsweg, der europ. Entwicklungen Rechnung trägt und steuerl. Gestaltungsmöglichkeiten erweitert (*de Groot* S. 3 ff.). Da der Gesetzgeber auf eine Detailregelung zu Pensionsfonds verzichtet hat, finden die Regelungen über Pensionskassen Anwendung, soweit es die Vorschr. über die Durchführung der betriebl. AV betrifft. Vorschr. über die Pensionsfonds finden sich im VAG (§§ 236 ff.). Der Pensionsfonds unterscheidet sich von der Pensionskasse dadurch, dass beim Pensionsfonds die Vers. und die Kapitalanlage auch durch Dritte erfolgen können (*Blomeyer* BetrAV 2001, 433) und der Pensionsfonds durch die Liberalisierung von Anlageschutzregelungen größere Anlagefreiheiten erhält. Pensionsfonds sind **rechtsfähige Versorgungseinrichtungen,** die im Wege des Kapitaldeckungsverf. AVLeistungen für einen oder mehrere AG zugunsten von AN erbringen. Der AN hat einen eigenen Anspruch auf Leistungen gegen den Pensionsfonds, der in jedem Fall als lebenslange Altersrente zu erbringen ist. Die Regelungen der §§ 236 ff. VAG machen deutl., dass es nicht um Versicherungsunternehmen handelt, die Vorschr. über Lebensversicherungsunternehmen aber grds. entspr. Anwendung finden.

39 Die Bedingungen zur planmäßigen Leistungserbringung im Versorgungsfall sind im **Pensionsplan** festgelegt, also auch die Frage der Invaliditäts- oder Hinterbliebenenversorgung. Pensionsfonds sind auch iRd. Entgeltumwandlung nutzbar. Für Pensionskasse und Pensionsfonds sind die **gleichen Regeln zur Unverfallbarkeit** vorgesehen. Die arbeitsrechtl. Probleme bei der Pensionskassen- und der Pensionsfonds-Versorgung decken sich im Wesentlichen mit denen bei der Direktvers. Aus der Tatsache, dass der AN im Regelfall Versicherungsnehmer ist, ergibt sich allerdings, dass ihm grds. auch die volle Verfügungsmacht über Versicherungsansprüche und -anwartschaften zusteht.

40 **2. Voraussetzungen für die Unverfallbarkeit.** Indem anders als bei der Direktvers. darauf verzichtet wird, eine genaue Regelung darüber zu treffen, wie die Unverfallbarkeit sicherzustellen ist und in § 1b III der § 1b I für entspr. anwendbar erklärt wird, trägt das G der Komplexität der sich bei der Pensionskassen- bzw. Pensionsfonds-Versorgung ergebenden rechtl. Gestaltungen Rechnung. Daraus ergibt sich zunächst nur, dass der AN seine **Rechtsposition im Falle des vorzeitigen Ausscheidens nicht verliert.** Über die rechtl. Konstruktion wird aber nichts gesagt, so dass alle rechtl. Gestaltungen, die den Verlust dieser Rechtsposition bewirken, von dieser Vorschr. erfasst werden. Da sich bei den Pensionskassen der Verfall der Rechtsposition bei vorzeitigem Ausscheiden regelm. aus der Satzung der Kasse ergibt, gestaltet § 1b III diese Satzung. Bei Pensionsfonds kann Entspr. im Pensionsplan festgelegt werden. Anders als bei der Direktvers. kann der AG bei der Pensionskassen-Versorgung die Versicherungsansprüche weder durch Abtretung oder Beleihung wirtschaftl. nutzen noch das Bezugsrecht ändern, da hier sowohl AG als auch AN Versicherungsnehmer sind. Deshalb bedarf es insoweit keiner das arbeitsrechtl. Versorgungsverhältnis betr. Regelung, durch die – wie bei der Direktvers. – die Ausübung versicherungsrechtl. zulässiger Maßnahmen eine arbeitsrechtl. Restitutionsverpflichtung auslöst. Es ist hier nicht erforderl., dem AG die Verpflichtung aufzuerlegen, keine Gestaltungserkl. vorzunehmen, durch die die Anwartschaft beeinträchtigt werden könnte. Eine den Verlust der Anwartschaft bei vorzeitigem Ausscheiden vorsehende Satzungsbestimmung der Pensionskasse ist aufgrund des § 1b III unwirksam. Entspr. gilt für Pensionsfonds, da hier die AN unmittelbare Leistungsansprüche gegen den Fonds haben (anders *de Groot* S. 206 ff.).

41 **3. Zeitpunkt der Erteilung der Versorgungszusage.** Abs. 3 trifft eine mit der Regelung zur Direktvers. gleich lautende Bestimmung, die für Pensionskassen und Pensionsfonds gleichermaßen gilt, bei der unter Versicherungsbeginn ebenfalls der technische Versicherungsbeginn zu verstehen ist. Zur Frage der **Vorschaltzeiten** vgl. die Anm. zur Direktvers. (Rn. 35) und für die Frage von Beginn und Berücksichtigung der Betriebszugehörigkeit das zur unmittelbaren Versorgungszusage ausgeführte (vgl. Rn. 12 ff.). Bei Konzernpensionskassen wird man einen Wechsel innerhalb des Konzerns als unschädl. anzusehen haben (vgl. dazu Rn. 12), während ein Wechsel des AG anzunehmen ist, wenn beide ledigl. ihre betriebl. AV über die gleiche Gruppenpensionskasse betreiben (anders und insofern nicht diff. BRO/*Rolfs* Rn. 309). Bei Pensionsfonds gilt Entspr.

V. Unverfallbarkeit von Anwartschaften auf Leistungen einer Unterstützungskasse nach Abs. 4

42 **1. Einführung.** Unter den mittelbaren Versorgungszusagen hat in Rspr. und Lit. die betriebl. AV durch Unterstützungskassen die meiste Aufmerksamkeit erfahren (BVerfG 14.1.1987 NZA 1987, 347;

BAG 23.10.1962 AP BGB § 242 Ruhegehalt Nr. 86; 17.11.1992 NZA 1993, 938; BRO/*Rolfs* Anh. § 1 Rn. 949 ff.; KHb/*Griebeling* 2.9 Rn. 273 ff.; MüArbR/*Andresen/Cisch* § 143 Rn. 87 ff.; *Förster/Weppler* H-BetrAV 60; *Reinecke* DB 2009, 1182; *Langohr-Plato* BetrAV 2014, 242; *Ulbrich* BetrAV 2015, 546), da die Unterstützungskasse lt. Legaldefinition auf ihre Leistungen keinen Rechtsanspruch gewährt (§ 1b IV 1), gleichwohl aber eine Unverfallbarkeitsregelung getroffen wird (§ 1b IV 1 iVm. § 1b I S. 1) und der Gesetzgeber die Versorgung durch Unterstützungskassen in die Insolvenzsicherung einbezogen und damit für den Insolvenzfall einen Anspruch des begünstigten AN auf Leistungen des Trägers der Insolvenzsicherung geschaffen hat.

In der auch der Unterstützungskassen-Versorgung grds. zugrunde liegenden **arbeitsrechtl. Versorgungsvereinb.** verpflichtet sich der AG, dem AN eine AV durch Einschaltung einer Unterstützungskasse zu gewähren. Der AG erfüllt hier seine Verpflichtung zur Erbringung der Gegenleistung für erbrachte Arbeitsleistung, indem er dafür sorgt, dass die Unterstützungskasse im Versorgungsfall die nach der Satzung oder RL der Kasse oder der Zusage des AG vorgesehenen Leistungen erbringt. Der AN wird auf die Leistungen einer Einrichtung verwiesen, die ihm keinen Anspruch auf ihre Leistungen einräumt. 43

§ 1b IV bemüht sich anges. der Legaldefinition der Unterstützungskasse darum, durch die Formulierung die Anerkennung eines Rechtsanspruchs zu vermeiden. Dies wird durch die Anordnung erreicht, die **vorzeitig ausgeschiedenen AN** den bis zum Versorgungsfall im Betrieb Verbliebenen gleich zu behandeln. Die Unverfallbarkeitsregelung setzt beim Verhältnis zwischen AN und Unterstützungskasse an. Das G hält allerdings diese Vermeidung der Anerkennung eines Rechtsanspruchs nicht durch, wie sich aus § 2 IV (s. näher § 2 Rn. 34) und dem Umstand ergibt, dass § 7 die Leistungen der Unterstützungskasse für den Insolvenzschutz den anderen Leistungen gleichstellt (s. näher § 7 Rn. 18). Diese gesetzgeberischen „Kunstgriffe" sind überholt, seit Rspr. und Lit. sich bemühen, die **Rechtsposition des AN ggü. der Unterstützungskasse** derjenigen eines mit unmittelbarer Versorgungszusage bedachten AN anzugleichen. Da die betriebl. AV in jeder ihrer Formen vom AG versprochene Gegenleistung ist, nach § 1b der erdiente Teilwert bei jeder Art der betriebl. AV aufrechterhalten bleibt und sowohl Leistungen wie unverfallbare künftige Leistungen der Unterstützungskassen insolvenzgeschützt sind, kann der Ausschluss des Rechtsanspruchs nur bedeuten, dass er zu einem an sachl. Gründe gebundenen Widerruf berechtigt (BAG 5.7.1979 AP BGB § 242 Ruhegehalt-Unterstützungskassen Nr. 9; NK-GA/*Vienken* § 1 Rn. 66). Es wäre dann widersprüchl. und verstieße gegen Treu und Glauben, wenn der AG die Arbeitsleistung des AN erhält und wirtschaftl. verwerten kann, der AN dann aber im Versorgungsfall von der Unterstützungskasse auf den Ausschluss des Rechtsanspruchs verwiesen wird. Da der AN seine Arbeitsleistung im Vertrauen auf den Erhalt der Gegenleistung erbracht hat, ist sein **Vertrauen** auch schutzwürdig (BAG 15.2.2011 NZA-RR 2011, 541). Die Unterstützungskasse muss deshalb trotz des Ausschlusses des Rechtsanspruchs im Versorgungsfall die Versorgungsleistung gewähren. Der AN hat einen **Rechtsanspruch** auf Gewährung des Ruhegeldes durch die Unterstützungskasse (BRO/*Rolfs* Anh. § 1 Rn. 950 ff. mwN). Daraus folgt auch, dass die Unterstützungskasse die Verpflichtungen nach dem AGG treffen (BAG 12.11.2013 NZA 2014, 848). 44, 45

2. Unverfallbarkeit. Das **G vermeidet** hier **den Begriff der Anwartschaft,** ordnet durch die Gleichstellung mit den im Betrieb Verbliebenen aber gleichwohl die Aufrechterhaltung der bis zum Zpkt. des Ausscheidens erworbenen Anwartschaft an, sofern die zeitl. Voraussetzungen für die Unverfallbarkeit nach Abs. 1 erfüllt sind. Abs. 4 S. 1 bezieht sich dabei auf die S. 1 und 2 des Abs. 1, erfasst also ausdr. auch das vorzeitige Ausscheiden aufgrund einer Vorruhestandsregelung (s. Rn. 20). Wenn Abs. 4 nur auf die S. 1 und 2 des Abs. 1 Bezug nimmt, so bedeutet dies nicht, dass die übrigen Sätze nicht heranzuziehen sind; vielmehr unterscheidet das G hier zwischen den Voraussetzungen für die Unverfallbarkeit, zu denen es das in den S. 1 und 2 des Abs. 1 geregelte zählt und den Regelungen, die Folgerungen für bes. Konstellationen ziehen. Auf eine Änd. der von der Unterstützungskasse übernommenen Versorgungsverpflichtung findet Abs. 1 S. 3 entspr. Anwendung (s. Rn. 21 ff.). Die entspr. Anwendung von Abs. 1 S. 4 hat Bedeutung für Verpflichtungen auf der Grdl. des Gleichbehandlungsgrds. (s. Rn. 25) und auch die Wartezeitproblematik (S. 5) kann sich hier in gleicher Weise und demzufolge mit gleicher Rechtsfolge stellen (s. Rn. 26 ff.). 46

Da beim **Zpkt. der Erteilung der Versorgungszusage** hier das bei den mittelbaren Versorgungszusagen sonst (Abs. 2 und 3) übl. Abstellen auf das Verhältnis zwischen AN und Versorgungseinrichtung nicht erfolgen kann, behilft sich das G mit der Zugehörigkeit zum „Kreis der Begünstigten", so dass maßgebl. die vom AG bzw. der Unterstützungskasse aufgestellten Zugehörigkeitsvoraussetzungen sind. Das BAG wendet zutr. seine Vorschaltzeiten-Rspr. (s. Rn. 14) auch im Falle einer Unterstützungskassen-Versorgung an (BAG 21.8.1980 NJW 1981, 1855). Zum Kreis der Begünstigten gehöre auch derjenige, der ein aufschiebend bedingtes oder vorvertragl. Recht auf Aufnahme habe. Bei der Anwendung des S. 2 können sich Auslegungsprobleme ergeben, wenn nur die Anspruchsvoraussetzungen genannt sind. Dann wird man annehmen müssen, dass jeder betriebsangehörige AN zum Kreis der Begünstigten gehört (BRO/*Rolfs* Rn. 326). 47

VI. Unverfallbarkeit bei Entgeltumwandlung (Abs. 5)

48 Hier ist eine praktisch arbeitnehmerfinanzierte betriebl. AV gegeben und es wäre unangemessen, die so finanzierten Anwartschaften verfallbar zu stellen. Abs. 5 ordnet deshalb die sofortige ges. Unverfallbarkeit – unabhängig von Mindestalter oder Zusagedauer – ausdr. an, was auch den Insolvenzschutz sofort sicherstellt (für Altzusagen vor dem 1.1.2001 s. § 30f und BAG 14.1.2009 NZA 2010, 226). Daneben werden Regelungen getroffen, die den **Besonderheiten der Durchführungswege** Direktvers., Pensionskasse und Pensionsfonds Rechnung tragen. Dadurch wird sichergestellt, dass bei dieser arbeitnehmerfinanzierten betriebl. AV der AN diese Anwartschaft auch einschränkungslos behält. Deshalb müssen dem AN die Überschussanteile als Verbesserung der Leistung zugutekommen, dürfen also an den AN auch nicht vor Eintritt des Versorgungsfalles ausgezahlt werden. Auf welche Weise die Leistung verbessert wird, legt das G nicht fest; es benennt ledigl. die Zweckbestimmung.

49 Die **Fortsetzung der Vers. oder Versorgung mit eigenen Beiträgen** soll gewährleisten, dass der AN trotz Ausscheidens aus dem Unternehmen diese arbeitnehmerfinanzierte AV entspr. seinen eigenen Vorsorgeplanungen weiterführen kann. Die Vorschr. sieht dies für alle drei genannten Durchführungswege vor. Daraus ergibt sich aber nicht, dass der AN in jedem Fall die Vers. oder Versorgung zu den gleichen Konditionen fortführen kann. Das Verbot der Abtretung, Verpfändung oder Beleihung dürfte praktische Bedeutung nur bei der Direktvers. haben. Die Verpflichtung zur Einräumung eines unwiderrufl. Bezugsrechts ist ausdr. nur auf die Direktvers. bezogen. Ein Wechsel des Durchführungsweges ist nur mit Zust. des AN mögl., es sei denn, ihm entstehen daraus keine Nachteile (*Höfer* § 1b Rn. 409). Die Fortführung ist Eigenvorsorge, die nicht dem BetrAVG unterfällt (*de Groot* DB 2011, 532).

§ 2 Höhe der unverfallbaren Anwartschaft

(1) [Unmittelbare Versorgung] [1]Bei Eintritt des Versorgungsfalles wegen Erreichens der Altersgrenze, wegen Invalidität oder Tod haben ein vorher ausgeschiedener Arbeitnehmer, dessen Anwartschaft nach § 1b fortbesteht, und seine Hinterbliebenen einen Anspruch mindestens in Höhe des Teiles der ohne das vorherige Ausscheiden zustehenden Leistung, der dem Verhältnis der Dauer der Betriebszugehörigkeit zu der Zeit vom Beginn der Betriebszugehörigkeit bis zum Erreichen der Regelaltersgrenze in der gesetzlichen Rentenversicherung entspricht; an die Stelle des Erreichens der Regelaltersgrenze tritt ein früherer Zeitpunkt, wenn dieser in der Versorgungsregelung als feste Altersgrenze vorgesehen ist, spätestens der Zeitpunkt der Vollendung des 65. Lebensjahres, falls der Arbeitnehmer ausscheidet und gleichzeitig eine Altersrente aus der gesetzlichen Rentenversicherung für besonders langjährig Versicherte in Anspruch nimmt. [2]Der Mindestanspruch auf Leistungen wegen Invalidität oder Tod vor Erreichen der Altersgrenze ist jedoch nicht höher als der Betrag, den der Arbeitnehmer oder seine Hinterbliebenen erhalten hätten, wenn im Zeitpunkt des Ausscheidens der Versorgungsfall eingetreten wäre und die sonstigen Leistungsvoraussetzungen erfüllt gewesen wären.

(2) [Direktversicherung] [1]Ist bei einer Direktversicherung der Arbeitnehmer nach Erfüllung der Voraussetzungen des § 1b Abs. 1 und 5 vor Eintritt des Versorgungsfalles ausgeschieden, so gilt Absatz 1 mit der Maßgabe, daß sich der vom Arbeitgeber zu finanzierende Teilanspruch nach Absatz 1, soweit er über die von dem Versicherer nach dem Versicherungsvertrag auf Grund der Beiträge des Arbeitgebers zu erbringende Versicherungsleistung hinausgeht, gegen den Arbeitgeber richtet. [2]An die Stelle der Ansprüche nach Satz 1 tritt auf Verlangen des Arbeitgebers die von dem Versicherer auf Grund des Versicherungsvertrages zu erbringende Versicherungsleistung, wenn

1. spätestens nach 3 Monaten seit dem Ausscheiden des Arbeitnehmers das Bezugsrecht unwiderruflich ist und eine Abtretung oder Beleihung des Rechts aus dem Versicherungsvertrag durch den Arbeitgeber und Beitragsrückstände nicht vorhanden sind,
2. vom Beginn der Versicherung, frühestens jedoch vom Beginn der Betriebszugehörigkeit an, nach dem Versicherungsvertrag die Überschußanteile nur zur Verbesserung der Versicherungsleistung zu verwenden sind und
3. der ausgeschiedene Arbeitnehmer nach dem Versicherungsvertrag das Recht zur Fortsetzung der Versicherung mit eigenen Beiträgen hat.

[3]Der Arbeitgeber kann sein Verlangen nach Satz 2 nur innerhalb von 3 Monaten seit dem Ausscheiden des Arbeitnehmers diesem und dem Versicherer mitteilen. [4]Der ausgeschiedene Arbeitnehmer darf die Ansprüche aus dem Versicherungsvertrag in Höhe des durch Beitragszahlungen des Arbeitgebers gebildeten geschäftsplanmäßigen Deckungskapitals oder, soweit die Berechnung des Deckungskapitals nicht zum Geschäftsplan gehört, des nach § 169 Abs. 3 und 4 des Versicherungsvertragsgesetzes berechneten Wertes weder abtreten noch beleihen. [5]In dieser Höhe darf der Rückkaufswert auf Grund einer Kündigung des Versicherungsvertrages nicht in Anspruch genommen werden; im Falle einer Kündigung wird die Versicherung in eine prämienfreie

Versicherung umgewandelt. [6]§ 169 Abs. 1 des Versicherungsvertragsgesetzes findet insoweit keine Anwendung. Eine Abfindung des Anspruchs nach § 3 ist weiterhin möglich.

(3) [Pensionskassen] [1]Für Pensionskassen gilt Absatz 1 mit der Maßgabe, daß sich der vom Arbeitgeber zu finanzierende Teilanspruch nach Absatz 1, soweit er über die von der Pensionskasse nach dem aufsichtsbehördlich genehmigten Geschäftsplan oder, soweit eine aufsichtsbehördliche Genehmigung nicht vorgeschrieben ist, nach den allgemeinen Versicherungsbedingungen und den fachlichen Geschäftsunterlagen im Sinne des § 9 Absatz 2 Nummer 2 in Verbindung mit § 234 Absatz 3 Nummer 1 des Versicherungsaufsichtsgesetzes (Geschäftsunterlagen) auf Grund der Beiträge des Arbeitgebers zu erbringende Leistung hinausgeht, gegen den Arbeitgeber richtet. [2]An die Stelle der Ansprüche nach Satz 1 tritt auf Verlangen des Arbeitgebers die von der Pensionskasse auf Grund des Geschäftsplanes oder der Geschäftsunterlagen zu erbringende Leistung, wenn nach dem aufsichtsbehördlich genehmigten Geschäftsplan oder den Geschäftsunterlagen

1. vom Beginn der Versicherung, frühestens jedoch vom Beginn der Betriebszugehörigkeit an, Überschußanteile, die auf Grund des Finanzierungsverfahrens regelmäßig entstehen, nur zur Verbesserung der Versicherungsleistung zu verwenden sind oder die Steigerung der Versorgungsanwartschaften des Arbeitnehmers der Entwicklung seines Arbeitsentgeltes, soweit es unter den jeweiligen Beitragsbemessungsgrenzen der gesetzlichen Rentenversicherungen liegt, entspricht und

2. der ausgeschiedene Arbeitnehmer das Recht zur Fortsetzung der Versicherung mit eigenen Beiträgen hat.

[3]Absatz 2 Satz 3 bis 7 gilt entsprechend.

(3a) [Pensionsfonds] Für Pensionsfonds gilt Absatz 1 mit der Maßgabe, dass sich der vom Arbeitgeber zu finanzierende Teilanspruch, soweit er über die vom Pensionsfonds auf der Grundlage der nach dem geltenden Pensionsplan im Sinne des § 237 Absatz 3 Nummer 2 und 3 des Versicherungsaufsichtsgesetzes berechnete Deckungsrückstellung hinausgeht, gegen den Arbeitgeber richtet.

(4) [Unterstützungskassen] Eine Unterstützungskasse hat bei Eintritt des Versorgungsfalles einem vorzeitig ausgeschiedenen Arbeitnehmer, der nach § 1b Abs. 4 gleichgestellt ist, und seinen Hinterbliebenen mindestens den nach Absatz 1 berechneten Teil der Versorgung zu gewähren.

(5) Bei einer unverfallbaren Anwartschaft aus Entgeltumwandlung tritt an die Stelle der Ansprüche nach Absatz 1, 3a oder 4 die vom Zeitpunkt der Zusage auf betriebliche Altersversorgung bis zum Ausscheiden des Arbeitnehmers erreichte Anwartschaft auf Leistungen aus den bis dahin umgewandelten Entgeltbestandteilen; dies gilt entsprechend für eine unverfallbare Anwartschaft aus Beiträgen im Rahmen einer beitragsorientierten Leistungszusage.

(6) An die Stelle der Ansprüche nach den Absätzen 2, 3, 3a und 5 tritt bei einer Beitragszusage mit Mindestleistung das dem Arbeitnehmer planmäßig zuzurechnende Versorgungskapital auf der Grundlage der bis zu seinem Ausscheiden geleisteten Beiträge (Beiträge und die bis zum Eintritt des Versorgungsfalls erzielten Erträge), mindestens die Summe der bis dahin zugesagten Beiträge, soweit sie nicht rechnungsmäßig für einen biometrischen Risikoausgleich verbraucht wurden.

I. Normzweck

1 Die Vorschr. legt die **Mindesthöhe der unverfallbaren Anwartschaft** fest, die gem. dem Entgeltgedanken in einem **angemessenen Verhältnis zu der vom AN erbrachten Arbeitsleistung** stehen soll. § 2 trifft auch eine Regelung hins. der Frage, ob bei der Berechnung an den Beginn der Betriebszugehörigkeit oder an den Zpkt. der Erteilung der Versorgungszusage anzuknüpfen ist. Die Entsch. für die **Maßgeblichkeit des Beginns der Betriebszugehörigkeit** wird damit gerechtfertigt, dass die betriebl. AV für die gesamte im Betrieb geleistete Arbeit gewährt werde. Dabei wird nicht unterschieden zwischen der Arbeitsleistung vor oder nach Erteilung der Versorgungszusage. Der Gesetzgeber hat sich bei der Berechnung für die **ratierl. Betrachtungsweise** entschieden. Der Normaufbau des § 2 entspricht dem des § 1b, indem hier wie dort in Abs. 1 die **unmittelbare Versorgungszusage**, in Abs. 2 die **Direktvers.**, in Abs. 3 die **Pensionskassen,** in Abs. 3a die **Pensionsfonds** und in Abs. 4 die **Unterstützungskassen** angesprochen werden. Die Abs. 5 und 6 schließl. betr. die Besonderheiten von Entgeltumwandlung und Beitragszusage mit Mindestleistung. Der die Berücksichtigung zukünftiger Entwicklungen regelnde bisherige Abs. 5 geht zum 1.1.2018 im neuen § 2a auf.

II. Berechnung bei unmittelbarer Versorgungszusage

2 **1. Anspruch des Arbeitnehmers gegen den Arbeitgeber.** Bei Eintritt des Versorgungsfalles wird aus der unverfallbaren Anwartschaft ein Anspruch auf Leistung eines Teils der zugesagten Versorgung. Anspruchsgegner ist der AG. Der **Versorgungsberechtigte** kann den Anspruch geltend machen.

3 **2. Eintritt des Versorgungsfalles.** Als Versorgungsfälle erkennt die Vorschr. **Alter, Invalidität und Tod** an. Während in § 1 hins. der abgedeckten Risiken nur auf den Versorgungszweck abgestellt wurde, wird hier konkret auf den Versorgungsfall Bezug genommen. Zum Versorgungsfall Alter sieht das G **keine bestimmte Altersgrenze** vor. Dass in S. 1 von der Regelaltersgrenze in der ges. Rentenvers. als Bestandteil der Berechnung des unverfallbaren Teils die Rede ist und im 2. Hs. zum Ausdruck gebracht wird, dass an ihre Stelle ein früherer Zpkt. trete, wenn dieser in der Versorgungsregelung als feste Altersgrenze vorgesehen sei, bedeutet nicht, dass die Altersgrenze bei der Regelaltersgrenze in der ges. Rentenvers. fixiert ist. Unter „fester Altersgrenze" ist der Zpkt. zu verstehen, zu dem nach der Versorgungszusage im Regelfall – und unabhängig von § 6 – mit einer Inanspruchnahme der Altersrente und einem altersbedingten Ausscheiden aus dem Berufsleben zu rechnen ist (BAG 17.9.2008 NZA 2009, 440). Es geht um feste Bezugsgrößen, die für eine sachgerechte Berechnung erforderl. sind. Eine im Versorgungsversprechen festgesetzte Altersgrenze ist nur dann anzunehmen, wenn die AN zu einem bestimmten Zpkt. vor Erreichen der Regelaltersgrenze in den Ruhestand treten können und bereits von diesem Zpkt. ab ihre ungekürzte Betriebsrente erhalten sollen (BAG 6.3.1984 BB 1984, 1749). § 6 soll ledigl. eine Verknüpfung zur ges. Rentenvers. herstellen und es dem AN ermöglichen, trotz möglicherweise anderslautender Versorgungsregelung die Betriebsrente gleichzeitig mit vorzeitigen Altersleistungen aus der ges. Rentenvers. in Anspruch zu nehmen (wie hier noch einmal klarstellend BAG 23.1.2001 NZA 2002, 93). § 2 ist aber als Auslegungsregel bei der Berechnung der vorzeitigen Rente heranzuziehen, wenn die Versorgungszusage für diesen Fall keine ausdr. Regelung vorsieht (s. dazu § 6 Rn. 8 ff.). Das AltersgrenzenanpassungsG zwingt nicht zur Änd. bestehender Zusagen in der betriebl. AV; ggf. Auslegung im Einzelfall – bei Verknüpfung mit Leistungsbezug aus der ges. Rentenvers. oder Anknüpfung an das 65. Lebensjahr kann aber muss nicht dies als auf die jeweilige ges. Altersgrenze bezogen angesehen werden; anges. der Entgeltlichkeit des Ruhegeldes ist iZw. gegen eine Anpassung im Wege der Auslegung zu entscheiden (anders u. zu allg. BAG 15.5.2012 NZA-RR 2012, 433; s. auch *Diller/Beck* DB 2012, 2398; *Langohr-Plato* BetrAV 2013, 402; *Zwanziger* DB 2012, 2632, ähnl. wie hier *Reinhard/Hoffmann-Remy* NZA 2015, 1159). Bei Gesamtversorgungszusagen muss dies erst recht gelten, da idR nicht angenommen werden kann, dass der AG den Gesamtbetrag alleine zahlen will (BAG 13.1.2015 NZA 2015, 1192). Vereinbarte frühere Altersgrenzen haben Bestand bzw. bedürfen der ausdr. Änd. (HWK/*Schipp* Vorb. Rn. 106a).

4 Auch die Bestimmung des **Leistungsfalles der Invalidität** bleibt dem Versorgungsversprechen vorbehalten. Häufig wird an die Versicherungsfälle wegen verminderter Erwerbsfähigkeit in der ges. Rentenvers. angeknüpft und zT sogar von einer Rentenbewilligung des Sozialversicherungsträgers abhängig gemacht (näher § 1 Rn. 7). Zum Kennzeichen der Invalidität gehört auch das invaliditätsbedingte Ausscheiden aus dem Betrieb.

5 Beim **Versorgungsfall Tod** besteht die Möglichkeit einer näheren Bestimmung des begünstigten Personenkreises sowie der Aufnahme von Leistungsausschlussklauseln. Welche Hinterbliebenen bedacht werden sollen, kann in der Versorgungsregelung bestimmt werden (s. näher § 1 Rn. 8). Wird pauschal auf die Hinterbliebenen verwiesen, so wird man iZw. anzunehmen haben, dass der begünstigte Personenkreis der ges. Rentenvers. gemeint ist (§§ 46 und 48 SGB VI – Witwen, Witwer und Waisen). Es kann ein Leistungsausschluss bei Selbstmord des primär Berechtigten vorgesehen werden.

6 **3. Unverfallbare Anwartschaft.** Aus dem Verweis auf eine nach § 1b fortbestehende Anwartschaft folgt, dass die in der Vorschr. näher geregelte **Berechnungsweise** nur für unverfallbare Anwartschaften gilt. Für andere Fragestellungen – etwa die Problematik der Bestimmung des zu einem bestimmten Zpkt. erworbenen Anwartschaftsteils zur Klärung der Grenzen des Eingriffs in erworbene Anrechte – kann die Vorschr. nur entspr. herangezogen werden (s. näher *Steinmeyer* S. 104 ff.). Die Vorschr. greift auch nur bei **vorzeitigem Ausscheiden des AN** und besagt nichts über die Berechnung von Ansprüchen bei Ausscheiden wegen Erwerbsunfähigkeit oder Ende des ArbVerh. durch Tod des AN – hier im Hinblick auf die Hinterbliebenenleistungen. Eine bes. günstige Anspruchsberechnung für AN, die vorgezogen Betriebsrente in Anspruch nehmen, nachdem sie bis zu diesem Zpkt. betriebstreu geblieben sind, führt nicht über den arbeitsrechtl. Gleichbehandlungsgrds. dazu, dies auch vorzeitig ausgeschiedenen AN zu gewähren (BAG 23.1.2001 AP BetrAVG § 6 Nr. 26).

7 **4. Bestimmung der Höhe des Anspruchs.** Bei der Feststellung des zu einem bestimmten Zpkt. bereits erworbenen Anwartschaftsteils orientiert sich § 2 am Vorbild des SchuldR und dem Gedanken, dass in Fällen, in denen die vertragl. Leistung nicht voll erbracht wurde, die Teilleistung ihrem Wert entspr. zu entgelten ist (§ 628 I 1 BGB; s. etwa auch BAG 10.3.1972 AP BGB § 242 Ruhegehalt Nr. 156). Der Anspruch auf die erdiente Anwartschaft richtet sich grds. darauf, den Teil der typischerweise für das 65. Lebensjahr versprochenen Vergütung zu erhalten, der nach dem Verhältnis der tats. Betriebszugehörigkeit zu der für den Erwerb des Vollrechts erforderl. Betriebszugehörigkeit erdient worden ist. Es wird also die an der Regelaltersgrenze orientierte mögl. Betriebszugehörigkeit zur tats. Betriebszugehörigkeit ins Verhältnis gesetzt. Daraus bestimmt sich dann der Teil der Versorgungsleistung, der im Falle vorzeitigen Ausscheidens aufrechterhalten bleibt. Es handelt sich hier um die sog. ratierl. Berechnung, die mathematisch als Unverfallbarkeitsfaktor m/n ausgedrückt wird (m = tats. Betriebszugehörigkeit; n = erreichbare Betriebszugehörigkeit). Durch diese Regelung könnten Per-

sonen, die ihre Betriebszugehörigkeit in jüngeren Jahren zurückgelegt haben, iS einer mittelbaren Diskriminierung wegen Alters ggü. Personen benachteiligt werden, die die gleiche Betriebszugehörigkeit im höheren Alter erbracht haben; da Ruhegeld aber Entgelt für die Gesamtheit der erbrachten Arbeitsleistungen ist, verfolgt die Anknüpfung an die Betriebszugehörigkeit bis zur Altersgrenze ein legitimes, im Allgemeininteresse bestehendes Ziel (BAG 19.7.2011 BeckRS 2011, 79273; ähnl. *Diller* NZA 2011, 727, der zutr. darauf hinweist, dass es weniger um § 2 und mehr um die Ausgestaltung der Zusage geht). Auch eine Berücksichtigung nur bis zu einer bestimmten Dauer der Betriebszugehörigkeit ist zulässig (BAG 11.12.2012 NZA 2013, 564). Die Berechnung ist ausgerichtet an **leistungsorientierten** Versorgungszusagen. Für die Beitragszusage mit Mindestleistung ist eine Sonderregelung in Abs. 6 vorgesehen.

a) Tatsächliche Betriebszugehörigkeit. Es kommt auf die tats. **zurückgelegte Zeit** der Betriebszugehörigkeit an. Wenn G die Anrechnung anderer Zeiten als solcher der Betriebszugehörigkeit vorsehen, was insb. bei im Dienst an der Öffentlichkeit erbrachten Zeiten der Fall ist, dann werden diese Zeiten nicht nur bei den Voraussetzungen für die Unverfallbarkeit (§ 1b), sondern auch bei der Berechnung des aufrechterhaltenen Anspruchs berücksichtigt. Eine vertragl. Anrechnung von Vordienstzeiten ist ebenfalls bei der Berechnung zu berücksichtigen; allerdings bedarf es hier der Prüfung im Wege der Auslegung, ob eine Anrechnung nach der Versorgungsvereinb. nur auf § 1b bezogen sein soll, oder ob die Vordienstzeiten auch bei der Berechnung berücksichtigt werden sollen (MüArbR/*Andresen/Cisch* § 145 Rn. 121). Für die Berechnung der Dauer der Betriebszugehörigkeit und die Frage der Unterbrechungen ist auf die Kommentierung zu § 1b (Rn. 12 ff.) zu verweisen. 8

b) Mögliche Betriebszugehörigkeit. Grds. ist als **mögl. Betriebszugehörigkeit** die Zeit vom Beginn der Betriebszugehörigkeit bis zum Erreichen der Regelaltersgrenze in der ges. Rentenvers. anzunehmen. Die Versorgungsregelung kann jedoch einen früheren Zpkt. als feste Altersgrenze vorsehen (s. Rn. 3); allerdings darf dieser für solche Personen, die im Versorgungsfall die Voraussetzungen für die Rente für bes. langjährig Versicherte (§ 38 SGB VI) erfüllen, nicht später als beim 65. Lebensjahr liegen, um insoweit den Einklang mit der ges. Rente sicherzustellen; es ist davon auszugehen, dass mit „Ausscheiden" iSd. § 2 I 1 letzter Hs. das aus dem Erwerbsleben gemeint ist, da sonst faktisch kein Anwendungsbereich verbleibt (anders HWK/*Schipp* Rn. 30a; wie hier *Cisch/Kruip* BB 2007, 1166; *Höfer/Witt/Kuchem* BB 2007, 1445; *Rolfs* NZA 2011, 543). Das führt allerdings zu einer Berechnung der unverfallbaren Anwartschaft unter Vorbehalt, was der Wertung des Abs. 5 widerspricht und eine Bestimmung in der Versorgungsordnung nahe legt (*Steinmeyer* FS ZVK-Bau S. 227; *Cisch/Kruip* BB 2007, 1166); es führt auch zu einer probl. Begünstigung desjenigen beim Ruhegeld, der die Voraussetzungen des § 38 SGB VI erfüllt ggü. dem mit gleicher Betriebszugehörigkeit. Kann ein AN die **geforderte Wartezeit** erst nach Vollendung der Regelaltersgrenze erreichen und ist nicht anzunehmen, dass diese Wartezeit bis zur Regelaltersgrenze erreicht sein muss, so ist in entspr. Anwendung des § 1b I 5 als Endzpkt. der mögl. Betriebszugehörigkeit ausnahmsweise der Ablauf der vorgesehenen Wartezeit anzunehmen (BAG 7.7.1977 AP BetrAVG § 1 Wartezeit Nr. 1; 3.5.1983 NJW 1983, 2283). Die Änd. des S. 1 durch das RV-LeistungsverbesserungsG stellt klar, dass diese Sonderregelung nicht auch für die abschlagsfreie Rente ab 63 gelten soll. 9

c) Versorgungsleistung. Sie bestimmt sich **nach der jeweiligen Versorgungsregelung.** Maßgebend ist die im Zpkt. des Ausscheidens bestehende Bemessungsgrdl., die dann auf den Versorgungsfall hochzurechnen ist (BAG 12.3.1991 NZA 1992, 132). Nach dem Zpkt. des Ausscheidens sich verändernde Berechnungsfaktoren bleiben gem. § 2a I grds. unberücksichtigt (s. näher § 2a Rn. 2 ff.). Hat der AG im Zuge einer ablösenden Neuregelung einen bis dahin erdienten und nach § 2 errechneten Besitzstand als Mindestrente garantiert, darf dieser bei späterem vorzeitigen Ausscheiden nicht erneut nach § 2 I gekürzt werden (BAG 18.3.2003 AP BetrAVG § 2 Nr. 40; 16.12.2003 AP BetrAVG § 1 Berechnung Nr. 25). Sieht die Versorgungsordnung einen garantierten Besitzstand vor, so ist dieser bei der Berechnung nach § 2 zu berücksichtigen und darf nicht unterschritten werden (BAG 19.5.2016 AP BetrAVG § 1 Berechnung Nr. 40). 10

Bei der **Berechnung nach der Leistungsformel** bei einer Altersrente nach einem bestimmten Festbetrag ergeben sich keine Probleme, da hier unschwer die ant. erworbene Versorgung bestimmt werden kann. Eine ratierl. Kürzung hat auch dann zu erfolgen, wenn der AN anges. der Leistungsformel bei vorzeitigem Ausscheiden die erreichbare Höchstrente bereits erdient hat; dies rechtfertigt sich daraus, dass eine Betriebsrente gezahlt wird als Gegenleistung für Arbeitsleistung bzw. Betriebstreue, eine kürzere Betriebszugehörigkeit also zu einer gekürzten Leistung führen muss (BAG 12.3.1985 NZA 1986, 135). Bei einer Leistungsformel mit **festem Grundbetrag** und darauf aufbauenden Steigerungsbeträgen sind die bis zum Erreichen der Altersgrenze sich ergebenden Steigerungsbeträge zu berücksichtigen; hier steht Abs. 5 nicht entgegen, da diese Beträge feststehen und sich nicht erst aus nachträgl. Änd. ergeben. Auf der Basis dieser Summe erfolgt dann die ratierl. Berechnung. Bei einer **gehaltsabhängigen Dynamik,** bei der sich der Bemessungsfaktor je nach Ausgestaltung der Zusage erst später, zumeist erst bei Eintritt des Versorgungsfalles feststellen lässt (zB Endgehaltszusagen), kann nur die Gehaltsentwicklung zum Zpkt. des Ausscheidens maßgebl. sein. Werden allerdings für die Berücksichtigung der gehaltsabhängigen Dynamik bestimmte prozentuale Steigerungssätze vorgesehen, so 11 werden diese für die Berechnung bis zum Zpkt. des Erreichens der Altersgrenze in Ansatz gebracht, während für die Bestimmung des Gehalts der Zpkt. des Ausscheidens maßgebl. ist (s. BAG 21.6.1979 AP BetrAVG § 2 Nr. 1). Arbeitet die Versorgungsregelung mit dem **Gehaltsdurchschnitt mehrerer Jahre** vor Erreichen der Altersgrenze, so ist umstr., ob bei vorzeitigem Ausscheiden generell mit dem Durchschnitt mehrerer Jahre, wie in der Versorgungszusage vorgesehen, zu arbeiten ist (so *Gumpert* BB 1975, 1489) oder dies eine Frage der Auslegung ist und ggf. nur das letzte Gehalt vor Ausscheiden (so BRO/*Rolfs* Rn. 106 ff.) heranzuziehen ist. § 2 stellt auf den Zpkt. des vorzeitigen Ausscheidens als Konstante bis zum Eintritt des Versorgungsfalles ab, was dafür spricht, iZw. das letzte Gehalt vor Ausscheiden und nicht den Durchschnitt maßgebl. sein zu lassen, was auch dem Umstand Rechnung trägt, dass der AN nach Ausscheiden an der Gehaltsentwicklung im Unternehmen nicht mehr teilnimmt (s. § 2a I). Daran ändert sich auch nichts durch die Dynamisierung der Anwartschaften nach § 2a II, da diese Vorschrift nicht die Berechnungsgrdl. verändert, sondern nur eine Anpassung fordert.

12 Bei **Gesamtversorgungssystemen,** dh. solchen, bei denen die Betriebsrente die Differenz zwischen einem definierten Sicherungsziel und zB einer Rente aus der ges. Rentenvers. abdeckt und bei kombinierten Versorgungsregelungen, die sowohl einen festen Leistungsbestandteil als auch einen an die Höhe der Sozialleistung geknüpften vorsehen, ist es zur Ermittlung der Höhe der Versorgungsleistung erforderl., die Bemessungsgrdl. der Rente aus der ges. Rentenvers. auf den Zpkt. des Eintritts des Versorgungsfalles hochzurechnen, so dass bestimmt werden kann, wie hoch die Rente aus der ges. Rentenvers. wäre (BAG 12.11.1991 NZA 1992, 466). Dabei ist grds. die Vollendung des 65. Lebensjahres als Maßstab heranzuziehen. Ist dagegen ein früherer Zpkt. als feste Altersgrenze iSv. § 2 I 2. Hs. vereinbart, so ist für die Berechnung der Rente aus der ges. Rentenvers. auf diesen früheren Zpkt. abzustellen (LAG K 24.7.1998 BeckRS 1998, 30905659). Für die konkrete Berechnung gewährt § 2a III eine Erleichterung, wenn dort in S. 1 auf das zu steuerl. Zwecken entwickelte sog. Näherungsverf. verwiesen wird (s. näher § 2a Rn. 12). Enthält die Versorgungszusage eine Regelung, nach der die Betriebsrente eine bestimmte Höhe nicht überschreiten darf **(Gesamtobergrenze),** so ist diese Obergrenze bereits bei der Berechnung des Teilanspruchs nach § 2 I und nicht erst bei der zeitanteilig ermittelten Rente zu berücksichtigen (BAG 28.7.1998 NZA 1999, 444). Andernfalls würde entgegen dem Grundgedanken des § 2 ein vorzeitig ausgeschiedener AN uU dies. Pension erhalten wie ein bis zum Eintritt des Versorgungsfalls bei seinem AG verbliebener AN. Sofern die Begrenzungsklausel von der eigentl. Rentenberechnung unabhängig ist und nur korrigierend eingreifen soll, wenn eine unerwünschte Überversorgung eintritt, wird nach BAG nur die zeitanteilig gekürzte Teilrente an der Klausel gemessen (BAG 25.10.1983 AP BetrAVG § 2 Nr. 2); dem kann aber nicht gefolgt werden, da dies zur Begünstigung vorzeitig ausgeschiedener AN führt.

13 **d) Sonderproblem der Invaliditäts- und Hinterbliebenenleistungen.** Für die Berechnung von Invaliditäts- oder Hinterbliebenenleistungen besteht das Problem darin, dass die einschlägigen Leistungsformeln zT Berechnungsfaktoren enthalten, die zum Zpkt. des vorzeitigen Ausscheidens des AN noch nicht feststehen. Hier wird man nur anhand der zum Zpkt. des Ausscheidens feststehenden Faktoren in Anlehnung an das zu den Altersleistungen Gesagten eine Berechnung vornehmen können (so wohl auch BAG 20.11.2001 AP BetrAVG § 1 Invaliditätsrente Nr. 13). Der **Obergrenze für Invaliditäts- und Hinterbliebenenleistungen** in S. 2, nach der diese im Falle eines ausgeschiedenen AN nicht höher sein dürfen als die eines im Betrieb verbliebenen, bedurfte es, da Leistungsformeln in Einzelfällen zu derartigen Erg. führen können, etwa wenn sie Steigerungsbeträge vorsehen, die sich auch nach dem Ausscheiden noch erhöhen können. Hier würde wegen der nach S. 1 erforderl. Vergleichsberechnung der vorzeitig Ausgeschiedene von den auch noch später anwachsenden Steigerungsbeträgen profitieren, während für den im Betrieb Verbliebenen allein der Zpkt. des Eintritts des Versorgungsfalles maßgebl. ist. Das G verlangt deshalb eine **Vergleichsrechnung** dahingehend, dass fiktiv der Betrag ermittelt wird, der sich für den AN oder seine Hinterbliebenen ergeben hätte, wenn im Zpkt. des Ausscheidens der Versorgungsfall eingetreten wäre und die sonstigen Leistungsvoraussetzungen erfüllt gewesen wären. Damit wird unterstellt, dass im Zpkt. des Ausscheidens der Versorgungsfall eintritt, was zu erhebl. geringeren Versorgungsleistungen ggü. solchen AN führen kann, die bis zum Eintritt des Versorgungsfalles im Betrieb verblieben sind (BAG 21.8.2001 NZA 2002, 1395).

III. Berechnung bei Direktversicherung

14 **1. Besonderheiten der Direktversicherung.** Wie bei § 1b ist auch hier die unmittelbare Versorgungszusage der gesetzgeberische Ausgangspunkt. Für die mittelbaren Versorgungszusagen werden Sonderregelungen getroffen, die unter Berücksichtigung der Besonderheiten der Durchführungswege iE eine Gleichbehandlung mit der unmittelbaren Versorgungszusage erreichen sollen. Bei der Direktvers. können sich deshalb Diskrepanzen zwischen dem sich nach Abs. 1 an sich ergebenden Teilanspruch und der Versicherungsleistung aufgrund des Versicherungsvertrags zum Zpkt. des Ausscheidens ergeben, weshalb der Gesetzgeber in Abs. 2 die sog. **versicherungsrechtl.** Lösung und die sog. **arbeitsrechtl. Lösung** zur Auswahl gestellt hat. Nach der arbeitsrechtl. Lösung hat der AG als Zusagender die Differenz zwischen der vom Versicherer aufgrund der Beiträge des AG zu finanzieren-

den Teilleistung und dem sich aus der nach Abs. 1 erfolgenden Berechnung ergebenden Teilanspruch zu tragen. Er kann jedoch (versicherungsrechtl. Lösung) den AN auch auf die Leistung des Versicherers verweisen, wenn bestimmte zusätzl. Voraussetzungen erfüllt sind. Werden diese Voraussetzung nicht erfüllt, greift die arbeitsrechtl. Lösung.

2. Arbeitsrechtliche Lösung. Auch wenn die arbeitsrechtl. Lösung **rechtstats. nicht der Regelfall** sein mag (MüArbR/*Andresen/Cisch* § 145 Rn. 154 ff. gehen wie selbstverständl. von der versicherungsrechtl. Lösung aus), da sie eine fortbestehende Verpflichtung des AG bedeutet und die Direktvers. gerade wegen der Möglichkeit, dieses zu vermeiden, gewählt wird, stellt sie doch den dogmatischen Prototyp dar, da das G im Grds. arbeitsrechtl. anknüpft. Hier muss zu der in Abs. 1 erläuterten und auch hier anwendbaren Vergleichsbewertung eine weitere hinzukommen, die die Versicherungsleistung ins Verhältnis setzt zu dem in Anwendung des Abs. 1 Erworbenen. 15

a) Versorgungsleistung. Für die Bestimmung des nach Abs. 1 Erworbenen ist auf die dortigen Erl. zu verweisen (Rn. 2 ff.). Für die Bestimmung der festen Altersgrenze ist hier erforderlichenfalls auch auf den Versicherungsvertrag Bezug zu nehmen. Für die Bestimmung der Versorgungsleistung ist deshalb grds. auszugehen von der im Versicherungsvertrag angegebenen **Leistungssumme und Leistungsumf.** Eigenbeitragsanteile der AN sind grds. nicht zu berücksichtigen, da das G auf die Beiträge des AG abstellt. Zur Entgeltumwandlung vgl. die Sonderregelung in Abs. 5. **Überschussbeteiligungen** gebühren versicherungsrechtl. dem AG als Versicherungsnehmer, der allerdings bestimmen kann, dass sie dem AN zustehen sollen; dann stehen versprochene Überschussanteile dem AN zu, soweit sie auf die Zeit bis zur vorzeitigen Vertragsbeendigung entfallen; später erwirtschaftete Überschussanteile könne der AG anderweitig verwenden (BAG 29.7.1986 NZA 1987, 349; anders HPRW/*Höhne* Rn. 176; *Kessel* BetrAV 1975, 99). Insb. wegen § 2a I kann nur die vereinbarte Versicherungssumme zzgl. der beim Ausscheiden des AN bereits angefallenen Überschussanteile maßgebl. sein (BAG 16.2.2010 NZA-RR 2010, 601); davon zu unterscheiden ist die Dynamisierung der Anwartschaft nach § 2a II. Bei **Gesamtversorgungszusagen**, die allerdings hier eher selten vorkommen dürften, und bei dynamisierten Zusagen entstehen die gleichen Probleme wie bei den Direktzusagen (s. deshalb Rn. 11). 16

b) Versicherungsleistung. Im Versicherungsverhältnis wird der AG grds. bei Ausscheiden den Versicherungsvertrag kündigen und Beitragsfreistellung beantragen. Daraus ergibt sich dann eine reduzierte Leistungsverpflichtung des Versicherers, die der versprochenen Versorgungsleistung ggü. zu stellen und **versicherungsmathematisch** zu berechnen ist. Es erfolgt eine **Umrechnung in einen Einmalbetrag**, den die Vers. hätte haben müssen, um zum Zpkt. des vorzeitigen Ausscheidens des AN die urspr. vorgesehene Versicherungsleistung finanzieren zu können; dabei können ggf. auch Überschussanteile berücksichtigt werden. Daneben muss die **Deckungsreserve** ermittelt werden, die sich durch die erfolgten Beitragszahlungen ergeben hat. Setzt man beides zueinander ins Verhältnis, so ergibt sich die vom Versicherer zu erbringende Versicherungsleistung. 17

c) Vergleichsbewertung. Aus der **Gegenüberstellung beider Beträge** ergibt sich sodann, ob und inwieweit der AG bei der arbeitsrechtl. Lösung selbst einstehen muss. Ist die Versorgungsleistung höher als die Versicherungsleistung, so trifft ihn die Einstands- oder Ergänzungspflicht. 18

d) Ergänzungsanspruch. Der so entstehende Ergänzungsanspruch ist ein arbeitsrechtl. Anspruch des AN gegen den AG, der wie eine unmittelbare Versorgungszusage behandelt wird und demzufolge auch der Insolvenzsicherung unterliegt. Übersteigt ausnahmsweise die Versicherungsleistung die Versorgungsleistung, so ist im Wege der Auslegung zu ermitteln, ob sich bei einer solcherart **überdotierten Anwartschaft** ein Anspruch des AG gegen den AN auf Ausgleich ergibt oder der AN sie erhalten soll, was iZw. anzunehmen ist. 19

3. Versicherungsrechtliche Lösung. Um die Belastung des AG, die nach der arbeitsrechtl. Lösung erhebl. sein kann, in Grenzen zu halten, sieht das G als **Wahlmöglichkeit** eine Lösung vor, bei der der AN vollständig in den Versicherungsvertrag eintritt und ihn mit eigenen Mitteln fortsetzen kann. Da die Entsch. für die arbeitsrechtl. oder die versicherungsrechtl. Lösung beim AG liegt, ist S. 2 so ausgestaltet, dass der AN durch diese Wahlmöglichkeit des AG möglichst keine zusätzl. Nachteile erleidet; der AN hat gegen den AG keinen Anspruch auf Wahl der versicherungsrechtl. Lösung (BAG 12.2.2013 AP BetrAVG § 2 Nr. 67). Das G arbeitet dafür mit drei Voraussetzungen – enthalten in S. 2 Nr. 1 bis 3 – und Verfügungsbeschränkungen (S. 4 bis 6) des AN. 20

a) Erste Voraussetzung. S. 2 Nr. 1 stellt sicher, dass der **AN den Vermögenswert erhält** und er dem Zugriff des AG entzogen ist. Deshalb muss das Bezugsrecht unwiderrufl. gestellt werden. Ist ein unwiderrufl. Bezugsrecht durch Vorbehalte eingeschränkt (**eingeschränktes unwiderrufl. Bezugsrecht** – vgl. BAG 26.6.1990 NZA 1991, 60), so sind auch diese Einschränkungen aufzuheben. Deshalb darf das Recht aus dem Versicherungsvertrag auch nicht abgetreten oder beliehen sein und es dürfen auch keine Beitragsrückstände des AG aus der Zeit bis zum Ausscheiden bestehen. Dem AG wird hierfür eine **Frist von drei Monaten** eingeräumt, die mit dem Zpkt. des Ausscheidens des AN beginnt. Innerhalb dieser Frist müssen die betr. Maßnahmen wirksam und nicht nur eingeleitet sein. So müssen etwa auch Abtretungen und Beleihungen rückgängig gemacht worden sein. 21

22 **b) Zweite Voraussetzung.** Die Überschussanteile dürfen nur zur **Verbesserung der Versicherungsleistung** verwendet werden. Dies muss von Beginn der Vers., frühestens jedoch vom Beginn der Betriebszugehörigkeit an geschehen, um sicherzustellen, dass der AN eine dem Versicherungsnehmer weitgehend angenäherte Stellung erhält. So wird auch aus der Sicht des AN die Differenz zwischen der arbeitsrechtl. und der versicherungsrechtl. Lösung möglichst gering gehalten. Unter Versicherungsbeginn ist der technische Versicherungsbeginn zu verstehen. Bei einer Direktvers. ohne Überschussbeteiligung scheidet nach dem Wortlaut die versicherungsförmige Lösung aus (DFL/*Kisters-Kölkes* Rn. 42 f.; **aA** BRO/*Rolfs* Rn. 208). Eine **Verbesserung der Versicherungsleistung** kann auf unterschiedl. Art und Weise geschehen. Die Bestimmung bedeutet, dass die Überschüsse beim Versicherer verbleiben, der sie dementspr. zu verwenden hat, etwa durch Erhöhung der Versicherungssumme oder durch Einf. weiterer Versicherungsleistungen. Die Überschussanteile müssen vollständig zu einer derartigen Verbesserung verwendet werden.

23 **c) Dritte Voraussetzung.** Durch die vorgeschriebene Möglichkeit einer **Fortsetzung der Vers. mit eigenen Beiträgen** wird ein Anreiz zur Eigenvorsorge in Anknüpfung an die betriebl. AV gegeben. Der AG kann dafür die Eigenschaft als Versicherungsnehmer auf den ausgeschiedenen AN übertragen oder ihm ein Fortsetzungsrecht einräumen, falls der AG die Vers. kündigen sollte. Das bedeutet allerdings nicht, dass der ausgeschiedene AN die Vers. zu den gleichen Bedingungen wie der AG fortführen kann (NK-GA/*Schlewing* § 2 Rn. 50). Der AG wird bei einer Gruppenvers. regelm. günstigere Konditionen erhalten und das G verlangt nur die Fortsetzungsmöglichkeit, legt aber nicht fest, zu welchen Bedingungen dies zu geschehen hat. Dabei trifft den AG die Verpflichtung, über diese Möglichkeit auch zu informieren (*Doetsch* BetrAV 2003, 50). Dem AN muss nur die Möglichkeit der Fortsetzung mit eigenen Beiträgen eingeräumt werden; er muss nicht von der Möglichkeit Gebrauch machen.

24 **d) Mitteilung des Arbeitgebers.** Der AG hat die Wahl der versicherungsrechtl. Lösung **innerhalb von drei Monaten nach Ausscheiden** des AN diesem mitzuteilen. Dass das G hier von „kann" spricht, bedeutet nicht, dass der AG in seiner Entsch. über die Mitt. frei ist, sondern nur, dass er es ihm zu einem beliebigen Zpkt. innerhalb des Drei-Monats-Zeitraums mitteilen kann und er darin frei ist, sich für eine arbeitsrechtl. oder eine versicherungsrechtl. Lösung zu entscheiden. Es handelt sich um eine **Ausschlussfrist** („nur"). Das BAG sieht auch eine Erkl. vor Beendigung des ArbVerh. als wirksam an, wenn bereits ein sachl. und zeitl. Zusammenhang mit einer konkret bevorstehenden Beendigung des ArbVerh. besteht (BAG 19.5.2016 AP BetrAVG § 2 Nr. 78).

25 **e) Verfügungsbeschränkungen.** Um sicherzustellen, dass der ausgeschiedene AN die ihm überlassene Direktvers. auch ihrem Versorgungszweck gem. verwendet und ihm der Wert der aufrechterhaltenen Anwartschaft erhalten bleibt, sind ihm Verfügungsbeschränkungen auferlegt. Dem AN ist deshalb nach S. 4 eine **Abtretung oder Beleihung** iHd. durch die Beitragszahlungen des AG gebildeten Deckungskapitals bzw. des nach § 169 III VVG berechneten Zeitwerts **untersagt.** Hierzu sind auch die bis zum Ausscheiden angefallenen Überschussanteile zu rechnen. Es handelt sich hier um ein VerbotsG iSv. § 134 BGB, wobei anges. des Schutzzwecks sowohl das Kausalgeschäft als auch das Vollzugsgeschäft nichtig sind. Im Falle einer **Kündigung des Versicherungsvertrags** darf der Rückkaufswert in dieser Höhe nicht in Anspruch genommen werden (S. 5). Die Vorschr. schließt damit in dieser Höhe die Inanspruchnahme eines Rechts aus § 169 I VVG aus. Mit dem Begriff der Inanspruchnahme ist klargestellt, dass durch S. 5 nicht nur die Zahlung (Erstattung) iSv. § 169 I VVG ausgeschlossen ist, sondern jegl. Art von Verwertung, grds. also auch die Verwendung für einen neu abzuschließenden Vertrag, es sei denn durch den neuen Vertrag wird dem Versorgungszweck voll Rechnung getragen. S. 6 macht deutl., dass das BetrAVG dem VVG insoweit vorgeht. Auch im Fall des S. 5 handelt es sich um ein VerbotsG iSv. § 134 BGB. Leistet der Versicherer gleichwohl, so erbringt er eine **nicht geschuldete Leistung,** die er nach § 812 I 1 1. Alt. BGB (condictio indebiti) zurückfordern kann. Da sich das Verbot nicht an den Versicherer richtet, steht dem nicht § 817 S. 2 BGB entgegen (BRO/*Rolfs* Rn. 299). Durch die Verfügungsbeschränkung wird nach S. 7 eine Abfindung nach § 3 nicht ausgeschlossen; damit hat der AG – nicht aber der Versicherer (*Langohr-Plato* ZAP Fach 17, 1153) – die Möglichkeit, unverhältnismäßigen Verwaltungsaufwand für Bagatellrenten zu vermeiden.

IV. Berechnung bei Pensionskassen

26 Da die Pensionskassen-Versorgung Parallelen zur Direktvers. aufweist und Pensionskassen Lebensvers. betreiben, folgt auch die **Berechnung der unverfallbaren Anwartschaft** in vielem dem für die Direktvers. entwickelten Modell. Abs. 3 trägt den Besonderheiten der Pensionskassen-Versorgung Rechnung, indem auf die erste Voraussetzung (Verbot der Abtretung oder Beleihung etc.) verzichtet werden kann, da hier das Bezugsrecht des AN der Verfügungsmacht des AG nicht unterliegt. Die zweite Voraussetzung musste modifiziert werden, da neben der Überschussbeteiligung hier eine Dynamisierung von Anwartschaften bedeutsam ist (Abs. 3 Nr. 1). Nr. 2 des Abs. 3 entspricht Abs. 2 Nr. 3. Wie Abs. 2 für die Direktvers. sieht auch Abs. 3 für die Pensionskasse wahlweise eine arbeitsrechtl. und eine versicherungsrechtl. Lösung vor.

1. Arbeitsrechtliche Lösung. Die arbeitsrechtl. Lösung setzt wie in Abs. 2 bei der Grundsatzregelung des Abs. 1 an und stellt den vom AG zu finanzierenden **Teilanspruch** (Versorgungsverhältnis) der von der Pensionskasse tats. zu erbringenden Leistung ggü. (Versicherungsverhältnis). 27

a) Versorgungsverhältnis. Im Versorgungsverhältnis sind die tats. Betriebszugehörigkeit, die mögl. Betriebszugehörigkeit und die zugesagte Versorgungsleistung **Berechnungsfaktoren** (s. Rn. 10 ff. und 16 ff.). Für die **Ermittlung der zugesagten Versorgungsleistung** sieht Abs. 3 Sonderregelungen vor, die den Besonderheiten von Pensionskassen Rechnung tragen. Zum einen ist hier bedeutsam, dass bei Pensionskassen die eigene Beitragsleistung des AN eher typisch ist als bei der Direktvers. Zum anderen ergibt sich hier die Höhe des Anspruchs nicht aus dem Versicherungsvertrag, sondern aus dem Geschäftsplan. Wie bei der Direktvers. bleiben auch hier die **Eigenbeitragsanteile** der AN **unberücksichtigt**. Es ist in der Praxis hier allerdings schwieriger, die Versorgungsleistung rechnerisch nach AN- und AGAnteilen aufzuteilen. Jedoch besteht bei Pensionskassen die Möglichkeit, die Aufteilung in einem nach §§ 8 und 12 VAG genehmigten Geschäftsplan vorzusehen. Für Überschussanteile gilt hier das Gleiche wie bei der Direktvers. und bei beitragsorientierten Systemen bedarf es einer Hochrechnung bis zum Erreichen der Altersgrenze. Basis für die Berechnung ist der Geschäftsplan der Kasse, der einer aufsichtsbehördl. Genehmigung unterliegt. 28

b) Versicherungsverhältnis. Dem aus dem Versorgungsverhältnis sich ergebenden Betrag ist der Betrag ggü. zu stellen, der sich als **Leistung der Pensionskasse** ergibt (vgl. Ausführungen zur Direktvers.). Die Pensionskassen können die Ermittlung der maßgebl. Beträge in den zu genehmigenden Geschäftsplan bzw. die allg. Versicherungsbedingungen und die fachl. Geschäftsunterlagen aufnehmen. 29

c) Vergleichsbewertung. Für die Vergleichsbewertung ergeben sich keine Unterschiede zur Direktvers. (s. Rn. 18). 30

d) Ergänzungsanspruch. Ein Ergänzungsanspruch entsteht, wenn der **Teilanspruch aus dem Versorgungsverhältnis den Anspruch aus dem Versicherungsverhältnis übersteigt**. Das bedeutet, dass der AG die Differenz zwischen dem sich aus der Satzung auf der Basis der AGBeiträge ergebenden Leistung und dem sich aus Abs. 1 ergebenden Anspruch auszugleichen hat (BAG 18.2.2014 AP BetrAVG § 1 Berechnung Nr. 37). Nach § 4 I kann der AG den Ergänzungsanspruch auf die Pensionskasse übertragen, muss ihn dann allerdings in geeigneter Weise versicherungsrechtl. abdecken, sei es durch weitere Zuwendungen an die Pensionskasse oder durch einen neuen Versicherungsvertrag. 31

2. Versicherungsrechtliche Lösung. Auch hier hat der Gesetzgeber ein **Wahlrecht** des AG vorgesehen. Die Regelung ist an die zur Direktvers. angelehnt und berücksichtigt die Besonderheiten der Pensionskassen (beachte § 30e II für kofinanzierte Pensionskassen). Die **erste Voraussetzung** stellt sicher, dass die Überschussanteile nur im Interesse der AN verwendet werden, also wie bei der Direktvers. nur zur Verbesserung der Versicherungsleistung. Allerdings kann hier diese Voraussetzung auch durch eine sog. dynamisierte Anwartschaft erfüllt werden. Das G nennt dafür mehrere, iE nicht immer ganz klare weitere Voraussetzungen. Zum einen muss die Steigerung der Anwartschaften der Entwicklung des Arbeitsentgelts folgen; das bedeutet eine Orientierung am zul. bezogenen Arbeitsentgelt, wobei der Versorgungsregelung überlassen bleibt, inwieweit auch Gehaltsbestandteile iwS wie Zulagen einbezogen werden. Zum anderen betrifft diese Dynamisierungsverpflichtung nur den Teil des Arbeitsentgelts, der unter der jeweiligen BBG in der ges. Rentenvers. liegt (vgl. §§ 159 und 275a SGB VI sowie die Anl. 2 und 2a zum SGB VI). Maßgebl. Beurteilungszpkt. ist der des Ausscheidens des AN. Eine halbdynamische Versorgungszusage, bei der AN bei Eintritt des Versorgungsfalles ein bestimmter Prozentsatz des zul. vor Eintritt in den Ruhestand bezogenen ruhegeldfähigen Einkommen versprochen wird, ist als insoweit ausreichend anzusehen; eine Volldynamik im Einklang mit der Entwicklung der Arbeitsentgelte wäre unpraktikabel. **Zweite Voraussetzung:** Beim Recht auf Fortsetzung ist der AN anders als bei der Direktvers. Versicherungsnehmer und auch Mitglied. Es bleiben damit auch ausgeschiedene AN in diesem Fall Mitglieder der Pensionskasse; will die Pensionskasse bzw. der AG das verhindern, so bleibt nur die arbeitsrechtl. Lösung. Hins. der **Mitt. des AG** verweist § 2 III auf die Regelung zur Direktvers., so dass insofern keine Unterschiede bestehen (Rn. 24). Für die **Verfügungsbeschränkungen** ist ebenfalls auf die Regelung zur Direktvers. zu verweisen (Rn. 25). 32

V. Berechnung bei Pensionsfonds

Für die Pensionsfonds wird auf die **ratierl. Berechnungsweise in Abs. 1** Bezug genommen und wie bei der Direktvers. und der Pensionskasse mit dem vom AG zu finanzierenden Ergänzungsanspruch gearbeitet. Eine versicherungsrechtl. Lösung ist nicht vorgesehen. Vielmehr richtet sich der Anspruch gegen den AG auf die Differenz zwischen dem nach Maßgabe des Abs. 1 zu berechnenden Teilanspruch und der auf der Basis des Pensionsplans berechneten Deckungsrückstellung. Für die Deckungsrückstellung und die bei ihrer Berechnung anzuwendenden Grds. ist auf § 240 VAG iVm. einer auf der Basis dieser Vorschr. ergehenden RechtsVO zu verweisen. Die Vorschr. hat **nur Bedeutung bei Leistungszusagen**, da für die Entgeltumwandlung und die Beitragszusage mit Mindestleistung Sonderregelungen gelten (Abs. 5 und 6). Sofern die angesammelten Deckungsmittel des Pensionsfonds 33 nicht ausreichen, um die sich ergebende Leistung sicherzustellen, ist die Lücke vom AG zu schließen (*Höfer* DB 2001, 1147).

VI. Berechnung bei Unterstützungskassen

34 Auch bei der Berechnung der aufrecht erhaltenen Anwartschaft muss dem Umstand Rechnung getragen werden, dass die Unterstützungskasse nach der Legaldefinition keinen Anspruch auf ihre Leistungen gewährt. Während aber bei § 1b IV mit einer pauschalen Anordnung einer Gleichstellung gearbeitet wurde, trifft hier der Gesetzgeber eine Entsch. dahingehend, dass die versicherungsrechtl. Lösung ausscheidet und nur die arbeitsrechtl. Lösung in Betracht kommt. Durch die Verweisung auf Abs. 1 wird der dort geregelte Berechnungsmodus übernommen. Der ausgeschiedene AN erhält **Leistungen auf der Basis des Zpkt.s seines vorzeitigen Ausscheidens.** Die Vorschr. gilt auch bei einer rückgedeckten Unterstützungskasse, auch wenn bei ihr die Nähe zur Pensionskasse und zur Direktvers. unübersehbar ist. Insoweit ist aber die Regelung des § 2 IV eindeutig. AG und AN sind auf die Möglichkeiten des § 4 II zu verweisen.

VII. Berechnung bei Entgeltumwandlung und beitragsorientierter Leistungszusage

35 Mit Abs. 5 wird dem Umstand Rechnung getragen, dass **beitragsorientierte Zusagen bei der Berechnung der Unverfallbarkeitsbeiträge** im Rahmen eines an Leistungszusagen orientierten Systems zu probl. Erg. führen, da die Summe der umgewandelten Entgeltbestandteile bei vorzeitigem Ausscheiden deutl. geringer sein kann als der Betrag, der sich bei Anwendung der ratierl. Berechnungsweise nach den Abs. 1 (unmittelbare Versorgungszusage) und 4 (Unterstützungskassen-Versorgung) ergibt, die keine versicherungsrechtl. Lösung vorsehen (*Höfer* § 2 Rn. 460). Abs. 5 ordnet zur Vermeidung erhebl. vom AG zu schließender Deckungslücken an, dass sich bei der beitragsorientierten Leistungszusage und bei der Entgeltumwandlung die erreichte Anwartschaft aus den bis zum Ausscheiden umgewandelten Entgeltbestandteilen bzw. gezahlten Beiträgen ergibt. Dies muss auch die bis zum Zpkt. des Ausscheidens erzielten Erträge umfassen. Bei Entgeltumwandlung oder beitragsorientierter Leistungszusage, die über einen Pensionsfonds durchgeführt wird, gilt ebenfalls die Sonderregelung des Abs. 5. Dies gilt nach § 30g nur für **Anwartschaften,** die nach dem **31. Dezember 2000** erteilt wurden. Um Abs. 5 auch auf Altzusagen anzuwenden, bedarf es des Einvernehmens zwischen AG und AN; damit lässt sich für die Altfälle die Deckungslücke nicht immer vermeiden, dürfte dem AG aber als Risiko bei ihrer Erteilung auch bekannt gewesen sein.

VIII. Berechnung bei der Beitragszusage mit Mindestleistung

36 Für die **Beitragszusage mit Mindestleistung** ersetzt Abs. 6 die Vorschr. der Abs. 2, 3a und 5 vollständig, trifft also nicht nur eine Regelung für die Fälle, in denen nach dem bisherigen System nur eine arbeitsrechtl. aber keine versicherungsrechtl. Lösung zur Vfg. steht. Indem die Regelung von „Ansprüchen" spricht, meint sie dies dem Grund und der Höhe nach (zweifelnd *Langohr-Plato/Teslau* DB 2003, 663). Die **Berechnung erfolgt auf der Grdl. der bis zum Ausscheiden geleisteten Beiträge,** wobei aber vertragswidrig nicht erbrachte Beiträge nicht in Abzug gebracht werden dürfen (*Höfer* § 2 Rn. 491). Allerdings sind hier auch ausdr. die Erträge hinzugerechnet und zwar nicht nur bis zum Ausscheiden, sondern bis zum Eintritt des Versorgungsfalls. Das bedeutet auch, dass dann negative Wertentwicklungen nach dem Ausscheiden auch zu Lasten des AN gehen können. Entspr. der Grundregelung in § 1 II Nr. 2 wird hier als Mindestleistung die Summe der bis zum Ausscheiden zugesagten Beiträge bestimmt.

§ 2a Berechnung und Wahrung des Teilanspruchs

(1) Bei der Berechnung des Teilanspruchs eines mit unverfallbarer Anwartschaft ausgeschiedenen Arbeitnehmers nach § 2 sind die Versorgungsregelung und die Bemessungsgrundlagen im Zeitpunkt des Ausscheidens zugrunde zu legen; Veränderungen, die nach dem Ausscheiden eintreten, bleiben außer Betracht.

(2) Abweichend von Absatz 1 darf ein ausgeschiedener Arbeitnehmer im Hinblick auf den Wert seiner unverfallbaren Anwartschaft gegenüber vergleichbaren nicht ausgeschiedenen Arbeitnehmern nicht benachteiligt werden. Eine Benachteiligung gilt insbesondere als ausgeschlossen, wenn
1. die Anwartschaft
a) als nominales Anrecht festgelegt ist,
b) eine Verzinsung enthält, die auch dem ausgeschiedenen Arbeitnehmer zugutekommt, oder
c) über einen Pensionsfonds, eine Pensionskasse oder eine Direktversicherung durchgeführt wird und die Erträge auch dem ausgeschiedenen Arbeitnehmer zugutekommen, oder
2. die Anwartschaft angepasst wird
a) um 1 Prozent jährlich,

b) wie die Anwartschaften oder die Nettolöhne vergleichbarer nicht ausgeschiedener Arbeitnehmer,

c) wie die laufenden Leistungen, die an die Versorgungsempfänger des Arbeitgebers erbracht werden, oder

d) entsprechend dem Verbraucherpreisindex für Deutschland.

(3) Ist bei der Berechnung des Teilanspruchs eine Rente der gesetzlichen Rentenversicherung zu berücksichtigen, so kann bei einer unmittelbaren oder über eine Unterstützungskasse durchgeführten Versorgungszusage das bei der Berechnung von Pensionsrückstellungen allgemein zulässige Verfahren zugrunde gelegt werden, es sei denn, der ausgeschiedene Arbeitnehmer weist die bei der gesetzlichen Rentenversicherung im Zeitpunkt des Ausscheidens erreichten Entgeltpunkte nach. Bei einer Versorgungszusage, die über eine Pensionskasse oder einen Pensionsfonds durchgeführt wird, sind der aufsichtsbehördlich genehmigte Geschäftsplan, der Pensionsplan oder die sonstigen Geschäftsunterlagen zugrunde zu legen.

(4) Versorgungsanwartschaften, die der Arbeitnehmer nach seinem Ausscheiden erwirbt, dürfen nicht zu einer Kürzung des Teilanspruchs führen.

I. Normzweck

Der durch das G zur Umsetzung der MobilitätsRL zum 1.1.2018 neu eingefügte § 2a sieht vor, dass ruhende Anwartschaften ausgeschiedener AN in gleicher Weise wie bestehende Anwartschaften anzupassen sind. Diese Regelung erfolgt in Gestalt einer Modifikation des bisherigen § 2 V, der § 2a I wird und in seiner Grundaussage bestehen bleibt; Abs. 2 sieht dann aber vor, dass ein ausgeschiedener AN im Hinblick auf den Wert seiner unverfallbaren Anwartschaft ggü. vergleichbaren nicht ausgeschiedenen AN nicht benachteiligt werden darf. Damit wird der sich aus der MobilitätsRL ergebenden Pflicht zur Dynamisierung von Anwartschaften Rechnung getragen. 1

II. Berücksichtigung künftiger Entwicklung

Die Bestimmung, dass bei der **Berechnung des Teilanspruchs** die Versorgungsregelung und die Bemessungsgrdl. im Zpkt. des Ausscheidens zugrunde zu legen sind, soll der Rechtsklarheit dienen. Die Verpflichtung aus der trotz Ausscheidens des AN fortbestehenden Anwartschaft kann unter bestimmten Voraussetzungen mit einem Kapitalbetrag abgefunden werden (§ 3) oder von einem neuen AG oder einem anderen Versorgungsträger übernommen werden (§ 4). In beiden Fällen muss die Höhe der Anwartschaft bereits kurz nach dem Ausscheiden des AN aus dem Unternehmen ermittelt werden können. Ungewisse Umstände, die erst in Zukunft eintreten können, sollen daher grds. keine Berücksichtigung finden. Von der Veränderungssperre kann zugunsten des AN abgewichen werden (BAG 15.11.2005 NZA-RR 2006, 482). 2

Die **Veränderungssperre des Abs. 1** betrifft nur die Berechnung der aufrechterhaltenen Anwartschaft bei einer unmittelbaren Versorgungszusage (§ 2 I) sowie die arbeitsrechtl. Lösungen bei der Direktvers. (§ 2 II) und der Pensionskasse sowie dem Pensionsfonds (§ 2 III). Da bei der Unterstützungskasse nur die arbeitsrechtl. Lösung mögl. ist, findet auch hier Abs. 1 Anwendung. Für die versicherungsrechtl. Lösung bedarf es einer solchen Regelung nicht, da die versicherungsrechtl. Berechnung nach anderen Kriterien erfolgt und dem AN eine Fortsetzung der Vers. ermöglicht wird. 3

Unter **Versorgungsregelung** ist hier die **Rechtsgrdl. für die betriebl. AV** zu verstehen, die im Einzelarbeitsvertrag, in der BV, dem TV, der betriebl. Übung und dem Gleichbehandlungsgrds. sowie auch einer Regelung nach dem SprAuG bestehen kann. Der eigentl. Anwendungsbereich des Abs. 1 sind die sich in Zukunft verändernden **Bemessungsgrdl.** Sie finden sich bei **dynamischen Versorgungszusagen**, die in ihrer Einzelausgestaltung höchst unterschiedl. sein können, so dass sich eine Typisierung verbietet. Die Dynamik kann die Anwartschaften während der Erwerbsphase betreffen aber auch eine Anpassung lfd. Leistungen, die von § 16 unabhängig ist und über sie hinausgeht (s. BAG 22.11.1994 NZA 1995, 887). Alle nach dem Ausscheiden des AN aus dem Betrieb sich ergebenden Veränderungen bleiben außer Betracht. Davon erfasst sind auch Veränderungen nach Eintritt in den Ruhestand des vorzeitig ausgeschiedenen AN. Der Anspruch ist so zu berechnen, als hätten die zu diesem Zpkt. für die Höhe des Versorgungsanspruchs maßgebl. Bezugsgrößen bis zum Versorgungsfall unverändert fortbestanden. Davon ist allerdings für volldynamische Zusagen eine Ausnahme zu machen, wenn der Versorgungsanspruch bei Ausscheiden des AN auf der Grdl. der bereits geltenden Bemessungsgrdl. genau berechenbar ist (ähnl. BRO/*Rolfs* Rn. 407). Die Veränderungssperre umfasst auch die Berechnungsgrdl. zur Feststellung eines versicherungsmathematischen Abschlags (BAG 17.8.2004 AP BetrAVG § 2 Nr. 46). Die Veränderungssperre bezieht sich nicht auf die Entwicklung der Betriebsrenten nach Eintritt des Versorgungsfalls (BAG 27.2.2007 NZA 2007, 1371). Die Veränderungssperre gilt auch betr. Berücksichtigung betriebsfremder Versorgungsbezüge bei Gesamtversorgungssystemen. Die diesbzgl. Regelung im § 2 V ist zwar nicht in § 2a übernommen worden, der Grundgedanke greift aber auch hier. 4

III. Dynamisierung von Anwartschaften

5 Die Regelung des Abs. 1 führt dazu, dass **vorzeitig ausgeschiedene AN schlechter gestellt** sind als bis zum Ruhestand im Betrieb verbliebene. Dies ist bisher damit gerechtfertigt worden, dass der betriebstreue AN an der weiteren Entwicklung des Betriebes teilnimmt und ggf. in positiver Weise mitwirkt. Die MobilitätsRL 2014/50/EU verlangt nunmehr jedoch, dass „die Behandlung der ruhenden Rentenanwartschaften ausscheidender AN und ihrer Hinterbliebenen oder des Wertes solcher Anwartschaften der Behandlung des Wertes der Ansprüche aktiver Versorgungsanwärter oder der Entwicklung der derzeit ausgezahlten Renten entspricht, oder dass diese Anwartschaften oder ihr Wert in einer anderen Weise behandelt werden, die als gerecht betrachtet wird" (Art. 5 II). Dies wird in Abs. 2 dadurch umgesetzt, dass ein ausgeschiedener AN nicht ggü. einem vergleichbaren nicht ausgeschiedenen benachteiligt werden darf. Schwierigkeiten bereitet hier die Frage, welche **AN als vergleichbar** anzusehen sind, da die Vorschrift dies nicht konkretisiert. Man mag hierfür Rsp. und Lit. zu § 16 II Nr. 2 heranziehen (*Rolfs* BetrAV 2016, 385), was aber nur begrenzt weiterhilft, da dort von ANGruppen die Rede ist, wo man dem AG eine begrenzte Gestaltungsfreiheit bei der Gruppenbildung zugestehen kann. Hier aber geht es um den einzelnen AN, so dass an die Tarifgruppe anzuknüpfen ist, der der AN zul. unterworfen war bzw. an die Merkmale, die seine Tätigkeit – einschl. des Arbeitsentgelts – charakterisiert haben. Maßgebend ist eine Ungleichbehandlung aktiver und ausgeschiedener AN ab dem Zpkt. des Ausscheidens.

6 S. 2 sieht in nicht abschl. Aufzählung **Ausnahmen** davon vor. Dabei unterscheidet die Vorschrift zwischen zw. Anwartschaften, die ihrer Natur nach benachteiligungsfrei sind (Nr. 1) und solchen, wo eine Anpassung als benachteiligungsfrei anzusehen ist, wenn an § 16 angelehnte Vorgaben erfüllt sind. Letzteres führt dazu, dass eine Anpassung nach konkret feststellbaren Maßstäben erfolgt.

7 Aus sich heraus erklärl. ist, dass eine Benachteiligung bei einem **nominalen Anrecht** ausgeschlossen ist, das also auf einen bestimmten Euro-Betrag lautet. Das gilt auch dann, wenn dieser Betrag nachträgl. für die Aktiven verändert wird, da Art. 5 II a RL nur von der Sicherung erworbener nominaler Anrechte spricht. Zudem besteht anges. des Zwecks der Vorschrift kein Anlass, in diesen Fällen eine spätere Entwicklung zu berücksichtigen, da der Nominalbetrag der Zusage bereits eine Entsch. über die weitere Wertentwicklung getroffen hat (*Rolfs* BetrAV 2016, 385). Endgehaltsbezogene Anrechte fallen nicht unter lit. a), da sie eine unbestimmte Einkommensdynamik enthalten.

8 Die Berücksichtigung der weiteren Wertentwicklung liegt kraft Natur der Sache auch vor, wenn die Anwartschaft eine **Verzinsung** enthält, die **auch den ausgeschiedenen AN** an zugutekommt (lit. c)). Auf den Durchführungsweg oder den Zinssatz kommt es nicht an. Es muss aber sichergestellt sein, dass sich eine Benachteiligung nicht durch andere Elemente der Leistungsformel ergeben kann, was in Art. 5 II RL 2014/50/EU deutl. zum Ausdruck kommt, wenn dort von einer in das Zusatzrentensystem integrierte Verzinsung die Rede ist.

9 Auf dem gleichen Gedanken beruht lit. c), der bei den **Erträgen aus Pensionskasse, Pensionsfonds oder Direktvers.** eine Benachteiligung nicht sieht, wenn sie auch den ausgeschiedenen AN zugutekommen. Anders als bei der ähnl. Vorschrift des § 16 III Nr. 2 müssen hier aber nicht sämtl. Erträge den AN zugutekommen; es reicht, dass es für verbleibende und ausgeschiedene AN gleich ist.

10 Eine benachteiligungsfreie Anpassung von Anwartschaften ist bei einer **einprozentigen jährl. Anpassung** anzunehmen, wobei es ausreicht, dass dies im Versorgungsfall berechnet wird. Das gleiche gilt bei einer Orientierung an den **Anwartschaften oder den Nettolöhnen vergleichbarer nicht ausgeschiedener AN**, was zum einen auf den Maßstab des § 16 II Nr. 2 verweist und zu anderen zu einer allg. Orientierung an der Anpassung der Anwartschaften im Verlauf des ArbVerh., nicht der lfd. Leistungen. Passt AG die Anwartschaften an, muss er dies nunmehr generell tun. Probl. ist es, wenn hier anders als in § 16 II Nr. 2 nicht von AN-Gruppen die Rede ist, was den AG zu einer genauen Zuordnung zwingt. Eine Orientierung an den **lfd. Leistungen der Versorgungsempfänger** des AG meint den Maßstab, der sich in Anwendung des § 16 ergibt; es muss auf die rechtl. zu erbringende und nicht die tats. erbrachte Anpassung abgestellt werden. Die Orientierung am **Verbraucherpreisindex** entspricht § 16 II Nr. 1.

11 Die Anpassungsvarianten stehen zur **Wahl des AG**, der beim Versorgungsfall die Erfüllung der Vorgaben zu belegen hat. Zu dynamisieren sind nur die Anwartschaftsteile, die auf Beschäftigungszeiten ab dem 1.1.2018 beruhen, es sei denn das Versorgungssystem ist vor dem 20.5.2014 geschlossen worden (§ 30f III).

IV. Einzelheiten zur Berechnung des Teilanspruchs

12 1. Für die **Berücksichtigung von Renten aus der ges. Rentenvers.** bei der Berechnung des Teilanspruchs sieht Abs. 3 ein vereinfachtes Verf. vor. Das G verweist insofern – erst auf den zweiten Blick erkennbar – auf ein **Näherungsverf.** der Sozialversicherungsrenten bei der Berechnung der steuerl. Pensionsrückstellungen. Zzt. ist maßgebl. ein Verfahren, das der BMF mit Schreiben v. 15.3.2007 (IV B 2 – S 2176/07/0003; geänd. durch BMF-Schreiben v. 5.5.2008) als ein Verf. benannt hat, gegen dessen Anwendung keine Bedenken bestehen. Dieses Näherungsverf. trägt dem Umstand Rechnung, dass sich

bei der geltenden Rentenformel die künftig zu erwartende Rente aus der ges. Rentenvers. eines noch aktiven AN nur schwer errechnen lässt (MüArbR/*Andresen/Cisch* § 145 Rn. 142 ff. mwN). Gleichwohl orientiert sie sich an der tats. Berechnung der Rente aus der ges. Rentenvers.; es geht dabei dann entscheidend darum, eine sachgerechte Schätzung für den Entgeltpunktestand in der Zukunft zu ermöglichen (näher *Brüggemann/Kasper* BetrAV 2006, 16). Nach dem Wortlaut der Vorschr. „kann" der AG diese Berechnungsweise in Anspruch nehmen, was dahin zu verstehen ist, dass er auch eine andere Berechnungsmethode wählen kann, sofern diese das Ziel genauer erreicht. So kann er stattdessen auch eine individuelle Berechnung vornehmen (BAG 9.12.1997 NZA 1998, 1171). Das og. Näherungsverf. ist insofern nur ein erleichtertes Verf.

Bei **Pensionskassen und Pensionsfonds** erfolgt die Hochrechnung von Renten aus der Sozialvers. 13
nicht nach dem Näherungsverf., sondern nach dem aufsichtsbehördl. genehmigten Geschäftsplan der Pensionskasse oder ihren Geschäftsunterlagen. Dies schließt sowohl das Näherungsverf. als auch die individuelle Berechnung über den Nachw. von Entgeltpunkten aus.

2. **Nachträglich erworbene Versorgungsanwartschaften.** Um sicherzustellen, dass dem AN der 14
bei Ausscheiden erworbene Anwartschaftswert verbleibt, sieht Abs. 4 vor, dass Kürzungen aufgrund später erworbener Anwartschaften nicht mögl. sind. Dies trifft sich mit dem Rechtsgedanken des Abs. 1, der den Einfluss später eintretender ungewisser Veränderungen ausschließt. Abs. 4 gilt nicht für den Fall der Kürzung eines später erworbenen Versorgungsanspruchs um den aufrechterhaltenen Versorgungsanspruch gegen den ersten AG (BAG 20.11.1990 NZA 1991, 850). Auf die versicherungsrechtl. Lösung findet die Vorschr. keine Anwendung, hat also Bedeutung nur für den Ergänzungsanspruch.

§ 3 Abfindung

(1) Unverfallbare Anwartschaften im Falle der Beendigung des Arbeitsverhältnisses und laufende Leistungen dürfen nur unter den Voraussetzungen der folgenden Absätze abgefunden werden.

(2) [1]Der Arbeitgeber kann eine Anwartschaft ohne Zustimmung des Arbeitnehmers abfinden, wenn der Monatsbetrag der aus der Anwartschaft resultierenden laufenden Leistung bei Erreichen der vorgesehenen Altersgrenze 1 vom Hundert, bei Kapitalleistungen zwölf Zehntel der monatlichen Bezugsgröße nach § 18 des Vierten Buches Sozialgesetzbuch nicht übersteigen würde. [2]Dies gilt entsprechend für die Abfindung einer laufenden Leistung. [3]Die Abfindung einer Anwartschaft bedarf der Zustimmung des Arbeitnehmers, wenn dieser nach Beendigung des Arbeitsverhältnisses ein neues Arbeitsverhältnis in einem anderen Mitgliedstaat der Europäischen Union begründet und dies innerhalb von drei Monaten nach Beendigung des Arbeitsverhältnisses seinem ehemaligen Arbeitgeber mitteilt. [4]Die Abfindung ist unzulässig, wenn der Arbeitnehmer von seinem Recht auf Übertragung der Anwartschaft Gebrauch macht.

(3) Die Anwartschaft ist auf Verlangen des Arbeitnehmers abzufinden, wenn die Beiträge zur gesetzlichen Rentenversicherung erstattet worden sind.

(4) Der Teil der Anwartschaft, der während eines Insolvenzverfahrens erdient worden ist, kann ohne Zustimmung des Arbeitnehmers abgefunden werden, wenn die Betriebstätigkeit vollständig eingestellt und das Unternehmen liquidiert wird.

(5) Für die Berechnung des Abfindungsbetrages gilt § 4 Abs. 5 entsprechend.

(6) Die Abfindung ist gesondert auszuweisen und einmalig zu zahlen.

1. **Normzweck.** Die Vorschr. will den Versorgungszweck mit Hilfe eines **Abfindungsverbots für** 1
unverfallbare Versorgungsanwartschaften bei Beendigung des ArbVerh. und **lfd. Leistungen** der betriebl. AV sicherstellen. Eine Ausnahme wird in Abs. 2 für Klein-Anwartschaften bzw. Klein-Renten gemacht. Abs. 5 stimmt die Berechnung des Abfindungsbetrages mit der Berechnung des Übertragungswerts bei der Portabilität ab. Der **Sinn eines Abfindungsverbotes** auch für lfd. Leistungen ist fragl., da es durchaus Sinn machen kann, nach Eintritt in den Ruhestand aus einer lfd. Leistung eine Kapitalzahlung zu machen (krit. auch *Höfer* § 3 Rn. 16 f.), was so nur bei ausdr. Wahlrecht in der Versorgungszusage mögl. ist (*Neufeld/Fleckenhaus* RdA 2016, 275). Gerechtfertigt ist sie hingegen für die geförderte Zusatzversorgung nach § 1a, da dort eine lebenslange AV iSd. § 1 I Nr. 4 und 5 des AltZertG gewährleistet sein muss (§ 1a Rn. 13).

Die Bestimmung der Höhe der Abfindung in Abs. 5 bedeutet nicht, dass nicht auch eine darüber 2
hinausgehende Abfindung gewährt werden kann. Es handelt sich nur um eine **Mindestregelung.** Die Vorschr. bezieht sich nur auf Anwartschaften und lfd. Leistungen, da in diesen Stadien aus der Sicht des Gesetzgebers ein stärkeres Bedürfnis besteht, den AN bzw. Ruheständler „vor sich selbst zu schützen" (BAG 21.3.2000 NZA 2001, 1308). Abfindungen bei fortdauerndem ArbVerh. werden also vom Verbot des § 3 nicht erfasst. Maßgebl. ist eine Abfindung im Falle der Beendigung, was für einen inhaltl. Zusammenhang spricht; kein Fall der Beendigung ist der Betriebsübergang nach § 613a BGB.

3 **2. Abfindung dem Grunde nach (Abs. 1). a) Begriff.** Unter Abfindung ist eine **Entschädigung** für die Aufgabe einer Anwartschaft oder lfd. Leistung zu verstehen; die Ausübung eines Kapitalwahlrechts fällt deshalb nicht darunter (*Förster/Cisch* BB 2004, 2132; *Langohr-Plato/Teslau* NZA 2004, 1200). Die Abfindung ist rechtl. ein Vertrag, der die bestehende Versorgungsverpflichtung des AG abändert, also grds. von der Zust. des AN abhängig ist. Die Vorschr. ist auch auf Abfindungen im Rahmen von gerichtl. oder außergerichtl. Vergleichen anzuwenden; ist allerdings unter den Parteien str., ob der AG überhaupt eine Versorgungszusage erteilt hat oder stehen sonstige tats. Voraussetzungen des Versorgungsanspruchs in Zweifel, so steht § 3 einem Vergleich nicht entgegen; durch den Vergleich soll hier der Streit ausgeräumt werden, von dem das Vorhandensein ges. geschützter Rechte abhängt (BAG 18.12.1984 NZA 1986, 95). Aus Abs. 1 ergibt sich, dass eine Abfindung grds., auch bei Zust. des AN oder Leistungsbeziehers unzulässig ist.

4 § 3 erfasst nach der Rspr. des BAG auch den **entschädigungslosen Verzicht auf die Anwartschaft**, also einen Erlass. Wenn eine Versorgungsanwartschaft nicht einmal gegen Zahlung einer Abfindung aufgeh. werden könne, dann könne sie auch nicht entschädigungslos aufgeh. werden (BAG 17.6.2014 BeckRS 2014, 72449). Daran ist so viel richtig, dass Abfindung oder vollständiger Verzicht auf die Anwartschaft in unmittelbarem Zusammenhang mit der Beendigung des ArbVerh. (s. BAG 21.1.2003 NZA 2004, 331) sich wesentl. gleichen. Im einen Fall entscheidet sich der AN für eine „Teilleistung", im anderen verzichtet er auch auf diese. Allerdings geht der Gesetzeszweck dahin, zu verhindern, dass der AN gern in eine Abfindung einwilligt, weil er die Summe für andere Zwecke als seine Alterssicherung verwenden will (BRO/*Rolfs* Rn. 2; BR-Drs. 590/73 zu § 3, S. 27). Dieser Schutzzweck greift bei einem entschädigungslosen Verzicht nicht. Die Arg. des BAG trifft aber bei den lfd. Leistungen.

5 **b) Anwendungsbereich.** Das Abfindungsverbot des Abs. 1 gilt **nur für den AG**, nicht aber für Lebensvers., Pensionskassen und Pensionsfonds sowie für sonstige Dritte, da Gegenstand einer Abfindungsvereinb. nur die Versorgungsverpflichtung des AG sein kann. Das Abfindungsverbot gilt auch für die Fälle der **Liquidation**, der **Betriebsstilllegung** sowie des Betriebsübergangs. Dies mag wirtschaftl. probl. sein; das G lässt insoweit aber eine teleologische Reduktion nicht zu (BRO/*Rolfs* Rn. 20; *Höfer* § 3 Rn. 93f.; s. zur Liquidation *Kemper* DB 1995, 374, 375; anders HPRW/*Höhne* Rn. 24). Allerdings können Teile von Anwartschaften, die während des Insolvenzverf. erdient worden sind, bei Betriebseinstellung oder Liquidation abgefunden werden; so soll iRd. neuen Insolvenzverf. die Unternehmensliquidation erleichtert werden (Abs. 4).

6 Erfasst werden nur Abfindungen von Anwartschaften, die der AN nach § 1b I bis IV behält, so dass also § 3 bei **Abfindungsvereinb.** zu beachten ist, die im Zusammenhang mit dem Ausscheiden des AN aus dem Betrieb bei ges. unverfallbaren Anwartschaften abgeschlossen werden. Dies gilt auch für Anwartschaften aus einer betriebl. AV durch Entgeltumwandlung. Ebenso wenig wie der AG kann aber auch der AN **einseitig Abfindung** seiner unverfallbaren Anwartschaften aus Entgeltumwandlung verlangen, obgleich es sich hier um eine arbeitnehmerfinanzierte betriebl. AV handelt. Erfasst werden auch Vereinb. nach Eintritt des Versorgungsfalles.

7 Der AN muss – soweit es **Anwartschaften** betrifft – bei Beendigung des ArbVerh. noch Versorgungsanwärter sein (BAG 21.3.2000 NZA 2001, 1308). § 3 betrifft dann jede Vereinb. zwischen AG und AN, durch die eine unverfallbare Versorgungsanwartschaft mit oder ohne Zahlung einer Abfindung eingeschränkt oder aufgeh. wird. Das gilt auch für die Verrechnung der späteren Altersrente mit Forderungen des AG auf Rückzahlung einer Abfindung nach §§ 9, 10 KSchG, da so die Betriebsrentenansprüche kapitalisiert und vorab erfüllt werden (BAG 24.3.1998 NZA 1998, 1280; 21.3.2000 NZA 2001, 1308) und anderenfalls der Versorgungszweck gefährdet wäre. § 3 verbietet nicht nur die vollständige Abfindung aller Versorgungsrechte, sondern auch **Teilabfindungen** (BAG 20.11.2001 AP BetrAVG § 3 Nr. 12). Vom Abfindungsverbot erfasst sind auch die Fälle, in denen zur Vermeidung von Doppelzahlungen beim vorzeitigen Ausscheiden eine gezahlte Abfindung mit etwa entstehenden Ansprüchen auf betriebl. Invaliditätsversorgung zu verrechnen ist (BAG 17.10.2000 NZA 2001, 963), da auch hier im wirtschaftl. Erg. eine unverfallbare Versorgungsanwartschaft abgefunden wird. § 3 steht aber einer inhaltl. Veränderung der Versorgungszusage anlässl. der Beendigung des ArbVerh. nicht entgegen, wenn die neuen Versorgungsleistungen wirtschaftl. gleichwertig sind (BAG 20.11.2001 AP BetrAVG § 3 Nr. 12 zur Ablösung einer Invaliditätsversorgung durch eine entspr. höhere AV) und der Versorgungsberechtigte zustimmt (*Neufeld/Flockenhaus* RdA 2016, 276; ähnl. *Höfer* § 3 Rn. 25). Nicht erfasst sind Vereinb. vor Eintritt der Unverfallbarkeit sowie solche mit aktiven AN über unverfallbare Anwartschaften, wenn kein Zusammenhang mit einem vorzeitigen Ausscheiden gegeben ist (21.1.2003 NZA 2004, 331). § 3 steht Vereinb., die während des bestehenden ArbVerh. und ohne Rücksicht auf seine Beendigung getroffevn werden, grds. nicht entgegen (BAG 14.8.1990 NZA 1991, 174).

8 Bei der Abfindung lfd. **Leistungen** ist jede Vereinb. zwischen AG und Ruheständler bzw. Leistungsbezieher betroffen, weshalb der AG auch eine Hinterbliebenenleistung nicht abfinden darf. Erfasst werden auch andere Vereinb. zwischen AG und Leistungsbezieher, die den Betrag der lfd. Leistung verringern. Der Zahlbetrag der lfd. Leistungen steht also nicht mehr zur Disposition der Parteien. Die durch das AltEinkG eingeführten Vorschr. über die Abfindung bei lfd. Leistungen finden keine

Anwendung auf solche, die vor dem 1.1.2005 erstmals gezahlt worden sind (§ 30g II). dabei kommt es auf den erstmaligen Leistungsbezug aus dem Versorgungsverhältnis überhaupt an, was für spätere Hinterbliebenenleistungen bedeutsam ist und sich aus dem hinter § 30g II stehenden Vertrauensschutzgedanken ergibt (NK-GA/*Ahrendt* § 3 Rn. 23). Für diese Fälle bleibt es also dabei, dass Vereinb. nach Eintritt des Versorgungsfalls nicht erfasst werden. Erfasst werden auch Vereinb. von Personen iSd. § 17 I 2; eine Bereichsausnahme für Gesellschaftsorgane ist deshalb abzulehnen (*Neufeld/Flockenhaus* RdA 2016, 279).

c) Verstoß gegen das Abfindungsverbot. Das Abfindungsverbot des Abs. 1 ist als **ges. Verbot** iSv. 9
§ 134 BGB zu verstehen, so dass eine gegen Abs. 1 verstoßende Abfindungsvereinb. nichtig ist (BAG 22.3.1983 NZA 1985, 218). Umgehungsgeschäfte sind ebenfalls nichtig. Die Nichtigkeit erfasst dem Normzweck gem. **nicht nur das Grundgeschäft, sondern auch das Erfüllungsgeschäft.** Eine Rückforderung durch den AG aus ungerechtfertigter Bereicherung ist wegen § 817 S. 2 BGB ausgeschlossen (BRO/*Rolfs* Rn. 43; *Braun* NJW 1983, 1591; MüArbR/*Andresen/Cisch* § 146 Rn. 41; anders DFL/*Kisters-Kölkes* Rn. 27). Wird allerdings die in einem Aufhebungsvertrag vereinbarte Abfindung für den Verlust des Arbeitsplatzes mit der bis zur Vollendung des 60. Lebensjahres entstehenden betriebl. Invalidenrente verrechnet, so steht nach Ansicht des BAG dem Rückzahlungsanspruch nicht § 817 S. 2 BGB entgegen, da § 3 nicht verlange, dass der AN die Invalidenrente zusätzl. zur vollen Abfindung erhalte; nur die Verrechnung sei verboten (BAG 17.10.2000 NZA 2001, 963; ähnl. SHSS/*Pakirnus* Teil 11 Rn. 89). Dem BAG kann nicht gefolgt werden, da hier im wirtschaftl. Erg. dadurch eine Abfindung akzeptiert wird, es also um das geht, was aus dem vom G missbilligten Vorgang geschuldet wird (s. BGH 8.11.1979 NJW 1980, 452). Der Versorgungsberechtigte kann bei Verstoß gegen § 3 trotz erhaltener Abfindung die abgefundene Betriebsrente verlangen (BAG 20.11.2001 AP BetrAVG § 3 Nr. 12).

3. Abfindung von Klein-Anwartschaften und Klein-Renten (Abs. 2). Klein-Anwartschaften und 10
Klein-Renten können nach Abs. 2 abgefunden werden. Es sollen die Fälle erfasst werden, in denen eine Anwartschaft oder Leistung so gering ist, dass für den AG ein unverhältnismäßiger Verwaltungsaufwand entsteht. Diese Möglichkeit steht nur dem AG zu und **bedarf nicht der Zust. des AN** bzw. Leistungsbeziehers. Die Regelung des Abs. 2 bezweckt eine Minimierung des Verwaltungsaufwandes. Eine bestimmte Verwendung des Abfindungsbetrages ist nicht vorgeschrieben. Seit 1.1.2018 bedarf gem. S. 3 eine Abfindung – abw. von S. 1 – der Zust. des AN, wenn dieser innerhalb eines Jahres nach Beendigung des ArbVerh. in einen anderen Mitgliedstaat der EU abwandert (G zur Umsetzung der EU-Mobilitäts-RL) und dies innerhalb von drei Monaten nach Beendigung des ArbVerh. seinem ehemaligen AN mitteilt. Die Drei-Monatsfrist erscheint aus Praktikabilitätsgründen akzeptabel; eine Benachteiligung von Inländern mag formal gegeben sein, ein wirtschaftl. Nachteil ergibt sich aber eher nicht (ähnl. *Rolfs* BetrAV 2016, 387).

S. 1 bestimmt für die Anwartschaften, dass eine Abfindung mögl. ist, wenn die bei Erreichen der 11
vorgesehenen Altersgrenze maßgebl. mtl. Versorgungsleistung **1% der Bezugsgröße nach § 18 SGB IV** (€ 29,75 alte und € 26,60 neue Bundesländer in 2017), bei Kapitalleistungen zwölf Zehntel der mtl. Bezugsgröße (€ 3570,– alte und € 3192,– neue Bundesländer in 2017) nicht überschreitet. Durch die pauschale Verweisung auf § 18 SGB IV wird anders als bei § 1a (s. Rn. 6) deutl., dass unterschiedl. Werte für Ost und West anzusetzen sind. Maßgebl. Zpkt. für die Bestimmung der Obergrenze bei Anwartschaften ist der Tag des Ausscheidens, für den die maßgebl. Werte auch zu einem späteren Zpkt. noch ermittelt werden können (**aA** *Doetsch/Förster/Rühmann* DB 1998, 260, die auf den Abfindungszpkt. abstellen wollen, was aber Manipulationsmöglichkeiten eröffnen würde). Dabei sind die bei einem AG – auch auf der Basis mehrerer Zusagen – erworbenen Anwartschaften zusammenzurechnen. Von S. 1 erfasst sind Anwartschaften auf **unmittelbare wie mittelbare Versorgung.**

S. 2 erklärt die Abfindungsmöglichkeit bei **lfd. Leistungen** für entspr. anwendbar. Hier ist hins. der 12
Höhe auf den Abfindungszpkt. abzustellen. Diese Abfindung kann ggü. jedem Leistungsbezieher – also auch Hinterbliebenen – erfolgen. Bei Hinterbliebenenleistungen ist für die Obergrenze der Zahlbetrag dieser Leistung und nicht der bisherigen Leistung an den Verstorbenen maßgebl.; dies ergibt sich aus dem Gedanken der Vermeidung von unverhältnismäßigem Verwaltungsaufwand. Allerdings ist für die Anwendbarkeit (§ 30g II) auf den erstmaligen Leistungsbezug aus dem Versorgungsverhältnis überhaupt abzustellen (s. Rn. 8).

Durch S. 4 wird die Abfindungsmöglichkeit bei Klein-Renten und Klein-Anwartschaften abge- 13
stimmt auf die Vorschr. des § 4 zur Übertragung. Die Möglichkeit der Übertragung soll **Vorrang vor der Abfindung** haben. Nicht klar geregelt ist, wann der AN iSd. S. 4 von seinem Recht auf Übertragung Gebrauch macht, denn die Vorschr. sagt nur, dass die Abfindung in dem Fall unzulässig ist, dass der AN von seinem Recht Gebrauch macht. Hier ist die Jahresfrist des § 4 III heranzuziehen, da in dieser Vorschr. das dem AN zustehende Übertragungsrecht näher konkretisiert wird und dem AN eine Entscheidungsfrist von einem Jahr eingeräumt wird; anderenfalls wäre der AN im Falle eines Übertragungswunsches für Klein-Anwartschaften veranlasst, sofort nach Ausscheiden die Übertragung geltend zu machen, um eine Abfindung durch den AG nach Abs. 2 S. 1 zu verhindern.

14 **4. Sonderregelung bei erstatteten Rentenversicherungsbeiträgen (Abs. 3).** Die Regelung des Abs. 3 (Abs. 1 S. 3 Nr. 3 aF) ist urspr. eingeführt worden durch das G zur Förderung der **Rückkehrbereitschaft von Ausländern** v. 28.11.1983 (BGBl. I S. 1377). Da das G aber die **Rückerstattung** der Beiträge zur ges. Rentenvers. nach diesem G zeitl. befristet hat (Ausreise zwischen dem 30.10.1983 und dem 30.9.1984), für die Einräumung der erleichterten Abfindungsmöglichkeiten im BetrAVG aber keine Frist gesetzt hat, ist sie generell und auch noch nach dem 30.9.1984 auf AN anzuwenden, die die Möglichkeit einer Beitragserstattung in der ges. Rentenvers. haben. Insofern ist auf den in § 210 SGB VI genannten Personenkreis zu verweisen, der sich aber mit dem vom G zur Förderung der Rückkehrbereitschaft erfassten Personenkreis praktisch deckt, da nur Nicht-Deutsche mit Wohnsitz im Ausland kein Recht zur freiwilligen Vers. haben (§ 7 SGB VI).

15 **5. Sonderfall der Insolvenz (Abs. 4).** Für den Sonderfall der Insolvenz sieht Abs. 4 eine **Abfindung des während eines Insolvenzverf.** erdienten Anwartschaftsteils auch ohne Zust. des AN vor, sofern die Betriebstätigkeit völlig eingestellt und das Unternehmen liquidiert wird, dh. wenn der Schuldner selbst keine gewerbl. oder freiberufl. Tätigkeiten mehr entfaltet. Dadurch soll die Liquidation eines Unternehmens im Insolvenzverf. erleichtert werden; die Vorschr. dient dem Gläubigerschutz, weshalb ein Betriebsübergang dem Abfindungsrecht nicht entgegensteht. Die Grenzen des Abs. 2 S. 1 gelten hier nicht (BAG 22.12.2009 NZA 2010, 568; *Reinecke* DB 2011, 995).

16 **6. Höhe der Abfindung (Abs. 5).** Für die Höhe der Abfindung verweist Abs. 5 auf die Vorschr. zur Berechnung des Übertragungswerts nach § 4 V, was bedeutet, dass es für die Direktzusage und die Unterstützungskassen-Versorgung auf den Barwert der nach § 2 bemessenen künftigen Versorgungsleistung im Zpkt. der Übertragung ankommt. Wird die betriebl. AV über einen Pensionsfonds, eine Pensionskasse oder eine Direktvers. durchgeführt, so wird auf das gebildete Kapital abgestellt (s. Erl. zu § 4 V). § 4 V nennt als maßgebl. Zpkt. den der Übertragung. Für die Abfindung lfd. Leistungen ist dementspr. auf den **Abfindungszpkt.** abzustellen. Da § 3 für Anwartschaften auf die Abfindung im Falle der Beendigung des ArbVerh. abstellt und der Schutzzweck des Abfindungsverbots ua. dahin geht, den AN bei Ende des ArbVerh. „vor sich selbst zu schützen", ist es sachgerecht, insoweit auf den Beendigungszpkt. abzustellen. Eine von Abs. 5 zuungunsten des AN abw. Abfindungsvereinb. ist unwirksam (BAG 30.9.1986 NZA 1987, 456; BGH 15.7.2002 NJW 2002, 3632).

17 **7. Auszahlung der Abfindung (Abs. 6).** Die Abfindung ist nach Abs. 6 **gesondert auszuweisen,** um sie von anderen Abfindungen anlässl. der Beendigung des ArbVerh. unterscheiden zu können (BT-Drs. 13/8011 S. 70f. zu § 3 aF). Der Abfindungsbetrag ist nunmehr **einmalig auszuzahlen.** Dies kann für den AG vor dem Hintergrund des § 34 II Nr. 2 iVm. § 24 Nr. 1 a) EStG steuerl. vorteilhaft sein. Durch die Stellung in einem eigenen Abs. wird deutl. gemacht, dass dies für alle Formen der Abfindung gelten soll. Durch die nach Abs. 2 zulässige Abfindung wird die bestehende Verpflichtung, aus der aufrechterhaltenen Anwartschaft im Versorgungsfall eine Leistung zu gewähren, abgelöst und das **Versorgungsverhältnis damit beendet.** Gleiches gilt bei einer Abfindung lfd. Leistungen. Überw. wird bzw. wurde auch eine Teilabfindung für zulässig gehalten, bei der die Versorgungsverpflichtung zT bestehen bleibt; zwar spricht die Vorschr. von „einmaliger" Abfindung; es bestehen aber nach dem Schutzzweck der Regelung keine Bedenken gegen eine tw. Aufrechterhaltung der Anwartschaft bzw. lfd. Leistung (ähnl. HPRW/*Höhne* Rn. 22; *Höfer* § 1a Rn. 28; UFOD/*Grünhagen* § 3 Rn. 81; **aA** *Kemper* Unverfallbarkeit 1977 S. 132); anges. der nur noch bei Klein-Renten und Klein-Anwartschaften mögl. Abfindung dürfte aber eine Teilabfindung keine große praktische Bedeutung mehr haben. Zum Zpkt. der Abfindung macht das G ebenso wenig Vorgaben wie zum Zpkt. und zum Modus der Auszahlung. Es ist aber von einer Auszahlung der Abfindung in Kapitalform auszugehen.

§ 4 Übertragung

(1) **Unverfallbare Anwartschaften und laufende Leistungen dürfen nur unter den Voraussetzungen der folgenden Absätze übertragen werden.**

(2) **Nach Beendigung des Arbeitsverhältnisses kann im Einvernehmen des ehemaligen mit dem neuen Arbeitgeber sowie dem Arbeitnehmer**
1. **die Zusage vom neuen Arbeitgeber übernommen werden oder**
2. **der Wert der vom Arbeitnehmer erworbenen unverfallbaren Anwartschaft auf betriebliche Altersversorgung (Übertragungswert) auf den neuen Arbeitgeber übertragen werden, wenn dieser eine wertgleiche Zusage erteilt; für die neue Anwartschaft gelten die Regelungen über Entgeltumwandlung entsprechend.**

(3) [1]**Der Arbeitnehmer kann innerhalb eines Jahres nach Beendigung des Arbeitsverhältnisses von seinem ehemaligen Arbeitgeber verlangen, dass der Übertragungswert auf den neuen Arbeitgeber oder auf die Versorgungseinrichtung nach § 22 des neuen Arbeitgebers übertragen wird, wenn**

1. die betriebliche Altersversorgung über einen Pensionsfonds, eine Pensionskasse oder eine Direktversicherung durchgeführt worden ist und

2. der Übertragungswert die Beitragsbemessungsgrenze in der allgemeinen Rentenversicherung nicht übersteigt.

[2]Der Anspruch richtet sich gegen den Versorgungsträger, wenn der ehemalige Arbeitgeber die versicherungsförmige Lösung nach § 2 Abs. 2 oder 3 gewählt hat oder soweit der Arbeitnehmer die Versicherung oder Versorgung mit eigenen Beiträgen fortgeführt hat. [3]Der neue Arbeitgeber ist verpflichtet, eine dem Übertragungswert wertgleiche Zusage zu erteilen und über einen Pensionsfonds, eine Pensionskasse oder eine Direktversicherung durchzuführen. [4]Für die neue Anwartschaft gelten die Regelungen über Entgeltumwandlung entsprechend. Ist der neue Arbeitgeber zu einer Durchführung über eine Versorgungseinrichtung nach § 22 bereit, ist die betriebliche Altersversorgung dort durchzuführen; die Sätze 3 und 4 sind in diesem Fall nicht anzuwenden.

(4) **[1]Wird die Betriebstätigkeit eingestellt und das Unternehmen liquidiert, kann eine Zusage von einer Pensionskasse oder einem Unternehmen der Lebensversicherung ohne Zustimmung des Arbeitnehmers oder Versorgungsempfängers übernommen werden, wenn sichergestellt ist, dass die Überschussanteile ab Rentenbeginn entsprechend § 16 Abs. 3 Nr. 2 verwendet werden. [2]§ 2 Abs. 2 Satz 4 bis 6 gilt entsprechend.**

(5) **[1]Der Übertragungswert entspricht bei einer unmittelbar über den Arbeitgeber oder über eine Unterstützungskasse durchgeführten betrieblichen Altersversorgung dem Barwert der nach § 2 bemessenen künftigen Versorgungsleistung im Zeitpunkt der Übertragung; bei der Berechnung des Barwerts sind die Rechnungsgrundlagen sowie die anerkannten Regeln der Versicherungsmathematik maßgebend. [2]Soweit die betriebliche Altersversorgung über einen Pensionsfonds, eine Pensionskasse oder eine Direktversicherung durchgeführt worden ist, entspricht der Übertragungswert dem gebildeten Kapital im Zeitpunkt der Übertragung.**

(6) **Mit der vollständigen Übertragung des Übertragungswerts erlischt die Zusage des ehemaligen Arbeitgebers.**

1. Normzweck. Die Vorschr. regelt **die Übertragung von Versorgungsanwartschaften und Versorgungsverpflichtungen** umfassend und bestimmt, wie die erworbenen Betriebsrentenanwartschaften vom einzelnen AN nach Beendigung eines ArbVerh. zum neuen AG mitgenommen werden können. Die Vorschr. findet deshalb keine Anwendung bei einem Betriebsübergang nach § 613a BGB, wo das ArbVerh. gerade nicht beendet wird; der Vorschr. unterfällt auch nicht die umwandlungsrechtl. Aufspaltung/Abspaltung/Ausgliederung der Verbindlichkeiten aus betriebl. AV (*Langohr-Plato* NZA 2005, 966). IRd. partiellen Gesamtrechtsnachfolge nach dem UmwG ist § 4 nicht anwendbar (BAG 22.2.2005 NZA 2005, 639); sie betrifft nur die Übertragung von Versorgungsverbindlichkeiten im Wege der Einzelrechtsnachfolge (BAG 11.3.2008 NZA 2009, 790; *Höfer/Küpper* DB 2009, 118). Auch findet die Vorschr. keine Anwendung auf den bloßen Wechsel des Durchführungsweges. Sie geht über die Übernahme der Versorgungszusage durch befreiende Schuldübernahme iSd. §§ 414 ff. BGB hinaus, was in der veränderten Normüberschrift zum Ausdruck kommt. Bei einem AGWechsel kann der Wert der vom AN beim alten AG erworbenen unverfallbaren Anwartschaft in einen bezifferbaren Kapitalbetrag umgerechnet und dieser auf den neuen AG übertragen werden. 1

Moderne Erwerbsbiographien zeichnen sich durch **häufigere Arbeitsplatzwechsel** aus, so dass immer mehr AN dann bei einer Reihe von AG Anwartschaften erwerben. Sie sind deshalb interessiert, diese Anrechte miteinander zu verbinden, ältere Anrechte aufzuwerten sowie ggf. eine Versorgung mit eigenen Mitteln fortzusetzen. Für den AG kann je nach Durchführungsweg eine Übertragung seiner Kalkulation und finanziellen Planung zuwiderlaufen; dies mag etwa bei Direktzusagen der Fall sein. Auf der anderen Seite mag es für manchen AG bzw. Versorgungsträger kostspielig und aufwändig sein, kleine Anwartschaften zu bedienen, so dass ein Interesse bestehen mag, diese Anrechte mit anderen zu größeren Einheiten zu verbinden (näher *Steinmeyer* Gutachten 65. DJT, F 72 ff.). Die Einf. der Übertragung steht auch in einem europ. Kontext; zu verweisen ist auf die RL 2014/50/EU, die die Bedeutung der Übertragbarkeit von Anwartschaften aus Zusatzversorgungssystemen für die Freizügigkeit der AN im Binnenmarkt betont, wenn sie auch eine Regelung zur Übertragbarkeit zunächst noch zurückstellt (näher *Steinmeyer* in *Schulze/Zuleeg/Kadelbach* Europarecht 3. Aufl. 2015 B 40 Rn. 337; EUArbR/*Reiner* RL 2014/50/EU Art. 1 Rn. 1 ff.). 2

2. Übertragung dem Grunde nach (Abs. 1). Abs. 1 normiert als Grds. ein **Übertragungsverbot** für unverfallbare Anwartschaften und lfd. Leistungen. Dabei ist für die Anwartschaften von der ges. Unverfallbarkeit iSd. § 1b auszugehen; eine vertragl. Unverfallbarkeit reicht nicht. Das allg. Übertragungsverbot rechtfertigt sich aus dem Schutz des AN und des Trägers der Insolvenzsicherung; letzterer soll vor unerwünschten Haftungsrisiken geschützt werden. Eine Übertragung ist nur nach Maßgabe der Abs. 2 bis 6 zulässig. Dieses Übertragungsverbot ist ein **ges. Verbot** iSd. § 134 BGB, so dass eine dagegen verstoßende Übertragung nichtig ist. 3

4 **3. Einvernehmliche Anwartschaftsübertragung bei Beendigung des ArbVerh. (Abs. 2).** Sie kann in der Weise erfolgen, dass entweder die **Versorgungszusage vom neuen AG übernommen** wird (Nr. 1) oder der Wert der vom AN erworbenen unverfallbaren Anwartschaft auf betriebl. AV (**Übertragungswert** – Abs. 5) auf den neuen AG übertragen wird und dieser dem AN eine dem Übertragungswert wertgleiche Zusage gibt (Nr. 2). Diese Vorschr. erfasst nicht lfd. Leistungen, die deshalb nur nach Abs. 3 übertragen werden können. Die Einvernehmlichkeit muss zwischen altem und neuem AG sowie dem ausgeschiedenen AN hergestellt werden, nicht aber mit dem mittelbaren Versorgungsträger. Gegenstand der einvernehml. Anwartschaftsübertragung ist damit das Versorgungsverhältnis bzw. arbeitsrechtl. Grundverhältnis zwischen AG und AN. Der neue AG übernimmt nur die arbeitsrechtl. Versorgungsverpflichtung.

5 Dies bedeutet für die **Übernahme der Zusage nach Nr. 1**, dass hier der neue AG sie so übernimmt, wie sie vom alten AG zugesagt worden ist, was auch die Einschaltung eines mittelbaren Versorgungsträgers betrifft. Der neue AG hat nach dem Wortlaut nicht die Möglichkeit, den Versorgungsträger auszu wechseln; er müsste sich dann der Option der Nr. 2 bedienen (NK-GA/*Ahrendt* § 4 Rn. 13; **aA** HWK/*Schipp* § 4 Rn. 10). Deshalb spielt in Nr. 1 auch der Übertragungswert keine Rolle. Allerdings kann mit Zust. des Versorgungsberechtigten iRd. Übernahme nach Nr. 1 auch eine Änd. erfolgen (ähnl. *Reichenbach* BB 2008, 1786).

6 Die **Übertragung** nach Nr. 2 erlaubt einerseits bei der Ausgestaltung größere Freiheiten, da nicht die Zusage sondern nur der Wert der Anwartschaft übernommen wird, also eine anders ausgestaltete Zusage vom neuen AG erteilt werden kann, was es diesem leichter macht, die betriebl. AV des AN in sein Versorgungssystem zu integrieren. Andererseits ist die Vorschr. starr, wenn sie bei einer – hier freiwilligen – Übertragung eine dem Übertragungswert **wertgleiche Zusage** vorschreibt. Es ist zu unterscheiden zwischen der Bestimmung des Übertragungswerts zur Feststellung dessen, was vom alten auf den neuen AG zu übertragen ist und der vom neuen AG erteilten Zusage, die mit dem Übertragungswert wertgleich sein muss (zu den Schwierigkeiten bei der Bestimmung der Wertgleichheit s. *Uckermann* RdA 2012, 359). Erteilt der neue AG eine Zusage im gleichen Durchführungsweg wie der bisherige AG, so dürfte die Bestimmung der Wertgleichheit wenig Probleme bereiten. Anders ist dies, wenn der neue AG einen anderen Durchführungsweg vorsieht. Man wird dem neuen AG das Recht geben müssen, den Durchführungsweg auszuwählen, um ihm die Verw. und Durchführung der betriebl. AV zu erleichtern (*Reinsch/Novara/Stratmann* NZA 2011, 10). Bei der Bestimmung der **Wertgleichheit** kommt es auf das **Wertverhältnis im Zpkt. der Übertragung** an. Der Zpkt. der neuen Zusage ist insoweit unmaßgebl. Bei Wechsel von einer unmittelbaren Zusage in eine Unterstützungskassenzusage ist der Barwert heranzuziehen; bei Durchführung der betriebl. AV über einen Pensionsfonds, eine Pensionskasse und eine Direktvers. ist es das im Zpkt. der Übertragung gebildete Kapital. Bei einem Wechsel zwischen diesen beiden Bereichen ist eine Umrechnung vom gebildeten Kapital zum Barwert bzw. umgekehrt erforderl.

7 Da es um die Übertragung von unverfallbaren Anwartschaften geht, der AN diese Leistung also bereits unentziehbar erworben hat, ist es sachgerecht, dass für die neue Anwartschaft die **Regelungen über die Entgeltumwandlung entspr.** gelten, dh. sie sind sofort unverfallbar und insolvenzgeschützt, allerdings bei letzterem mit der Einschränkung des § 7 V 3. Für die Anpassung gilt dann § 16 V.

8 Die Übernahme nach Nr. 1 erfolgt durch **Schuldübernahmevertrag** zwischen dem Versorgungsberechtigten, dem alten und dem neuen AG. Ein Anspruch des Versorgungsberechtigten gegen den bisherigen Versorgungsschuldner, die Versorgungsverpflichtung auf den anderen Versorgungsschuldner zu übertragen, besteht nicht (BAG 21.1.1992 NZA 1992, 975). Während das alte Recht von einer Übernahme mit Zust. des AN sprach, ist nun vom **Einvernehmen aller drei Beteiligten** die Rede, was sich nicht ausdr. mit der Konstruktion des Schuldübernahmevertrags nach §§ 414 f. BGB deckt. Aus der Formulierung ergibt sich vielmehr die Konstruktion eines Vertrags mit drei Vertragsparteien, der drei übereinstimmende Willenserkl. voraussetzt. Dabei müssen sich die Parteien im Fall der Nr. 1 darüber einig sein, dass der neue AG die Zusage – so wie sie vom alten AG erteilt ist – übernimmt.

9 Im Fall der **Nr. 2** muss sich die **Einigung auf die Übertragung** beziehen; die Höhe des Übertragungswerts muss von der Einigung nicht erfasst werden, da sie sich obj. feststellbar aus Abs. 5 ergibt; hier ist kein Fall einer Schuldübernahme gegeben. Da konditional formuliert, ist diese Vereinb. aber unwirksam, wenn der neue AG keine wertgleiche Zusage erteilt (**aA** DFL/*Kisters-Kölkes* Rn. 23 unter Hinweis auf die Gefahren für den ehem. AG); dies wird man aber nur gelten lassen können, wenn die Zusage des neuen AG unterproportional ist. Aus der konditionalen Verknüpfung ergibt sich auch, dass die neue Zusage und ihre Ausgestaltung nicht von der Einigung erfasst sein müssen. Die Erkl. der Beteiligten sind **empfangsbedürftige Willenserkl.**, die keiner Form bedürfen; Einvernehmen bedeutet dann aber, dass die jeweilige Willenserkl. ggü. beiden anderen Beteiligten erklärt werden muss.

10 **4. Übertragungsrecht des Arbeitnehmers (Abs. 3).** Neben dieser einverständl. Übertragung nach Abs. 2 ist eine auf Antrag des AN vorgesehen, der **innerhalb eines Jahres nach Beendigung des ArbVerh.** von seinem ehem. AG verlangen kann, dass der Übertragungswert auf den neuen AG übertragen wird; dies gilt allerdings nur für Zusagen, die nach dem 31.12.2004 erteilt worden sind

(§ 30b). Für Altzusagen ist nur eine Übernahme oder Übertragung nach Abs. 2 mögl. Die Übertragung nach Abs. 3 kann nur erfolgen aus einem abgebenden System, das über einen Pensionsfonds, eine Pensionskasse oder eine Direktvers. durchgeführt worden ist; in den Fällen der Direktzusage und der Unterstützungskassenzusage wird der alte AG also nicht verpflichtet.

IS eines Überforderungsschutzes ist vorgesehen, dass der **Übertragungswert** die **BBG** in der allg. Rentenvers. nicht übersteigen darf (2017: 76200 € jährl. bzw. 6350 € mtl. alte Bundesländer und 68400 € bzw. 5700 € neue Bundesländer); maßgebl. ist insofern der im Jahr der Übertragung geltende Betrag; dass für Ost und West unterschiedl. Beträge gelten, ergibt sich aus dem allg. Verweis auf die BBG, während in § 1a ausdr. auf die Bezugsgröße West verwiesen wird (s. § 1a Rn. 4; **aA** UFOD/*Grünhagen* § 4 Rn. 56). Übersteigt der Übertragungswert diesen Betrag, so besteht kein Recht zur Mitnahme eines Betrages bis zu dieser Grenze; hier soll der Gesamtbetrag und damit die betriebl. AV beim alten AG verbleiben. Eine Aufteilung würde der auf Anwartschaftsbündelung ausgerichteten Portabilität widersprechen. 11

Der Anspruch richtet sich gem. S. 2 gegen den Versorgungsträger, sofern der alte AG bei Direktvers. und Pensionskasse die **versicherungsförmige Lösung** gewählt oder der AN die Vers. oder Versorgung mit eigenen Mitteln fortgeführt hat. Der AG hat dann eine dem Übertragungswert wertgleiche Zusage zu erteilen, ist aber auf die Durchführungswege Pensionsfonds, Pensionskasse und Direktvers. beschränkt, eine Direktzusage oder eine – auch rückgedeckte – Unterstützungskasse (anders SHSS/*Schlewing* Teil 5 F Rn. 3) kommen nicht in Betracht. Auf diese Weise wird verhindert, dass der Anspruch des AN leerläuft, denn die versicherungsförmige Lösung nach § 2 II oder III bedeutet, dass der AN vollständig in den Versicherungsvertrag eintritt (§ 2 Rn. 20). Der Übertragungsanspruch richtet sich deshalb in diesen Fällen gegen den mittelbaren Versorgungsträger. Ist dieser allerdings zu einer solchen Übertragung nicht imstande, so kommt eine **subsidiäre Haftung des alten AG** nicht in Betracht, da in diesen Fällen seine Ruhegeldverpflichtungen nicht mehr bestehen. Bei der Fortführung mit eigenen Beiträge ist sowohl die iRd. versicherungsrechtl. Lösung mögl. (§ 2 II S. 2 Nr. 3 und § 2 III S. 2 Nr. 3) als auch die durch § 1a IV neu eingeführte einschlägig. Der arbeitsrechtl. Ergänzungsanspruch wird, da unmittelbare Verpflichtung des AG, nicht erfasst (so wohl auch *Förster/Cisch* BB 2004, 2128; anders SHSS/*Pakirnus* Teil 12 Rn. 172, der aber die Wirkung der versicherungsförmigen Lösung übersieht). 12

Der neue AG ist nicht darin frei, ob er den **Übertragungsbetrag annimmt oder nicht**, denn nach S. 3 ist neuer AG verpflichtet, eine dem Übertragungswert wertgleiche Zusage zu erteilen und über einen Pensionsfonds, eine Pensionskasse oder eine Direktvers. durchzuführen; er kann zwischen diesen Durchführungswegen wählen und hat auch das Bestimmungsrecht hins. des Leistungsspektrums der Zusage; anderenfalls wäre es ihm nur schwer mögl., den Übertragungswert in sein System der betriebl. AV zu integrieren – verbunden mit erhebl. Kosten. Der AG muss keine inhaltsgleiche dem bisher abgedeckten Risiko entspr. betriebl. AV zusagen; da entscheidend nur der Übertragungswert ist, kann an die Stelle einer auch Invaliditäts- und Hinterbliebenenversorgung umfassenden Versorgung beim alten AG auch eine reine Alterssicherung treten, die dann natürl. betragsmäßig höher ist. Konsequent wird auch hier wieder auf die entspr. anzuwendenden Vorschr. über die Entgeltumwandlung verwiesen (s. Rn. 7). Der AN kann den Anspruch nur geltend machen, wenn nicht bereits zuvor eine **Übernahmevereinb. nach Abs. 2 geschlossen** worden ist; dies ergibt sich auch aus Abs. 6, der allerdings auf die vollzogene vollständige Übertragung abstellt; hat aber der AN zur Übernahme nach Abs. 2 sein Einvernehmen erklärt, so kann er nicht mehr den Antrag nach Abs. 3 stellen (**aA** HBD/*Mohr* Rn. 27; NK-GA/*Ahrendt* § 4 Rn. 23). Der Anspruch beläuft sich dann auf Übertragung des Betrages, der sich nach Abs. 5 ergibt. Für die **Durchführung der Übertragung** ist anders als für die Geltendmachung des Anspruchs **keine Frist** gesetzt. Hier kann deshalb Maßstab nur ein angemessener Zeitraum sein. Auch hier gilt das Erfordernis der Wertgleichheit, im Verhältnis zu Abs. 2 aber mit dem Unterschied, dass es dort konditional für die Wirksamkeit der Übertragung ist während es hier Teil der Verpflichtung des neuen AG ist. Bei einer unterproportionalen Zusage trifft also den neuen AG eine Nachhaftung. 13

Durch das BRSG ist die Möglichkeit eröffnet worden, eine Übertragung auch auf eine **Versorgungseinrichtung nach § 22** vorzunehmen. In einem solchen Fall bedarf es nicht der Erteilung einer wertgleichen Zusage und die Regelungen über die Entgeltumwandlung gelten nicht. Der AN kann also das beim alten AG aufgebaute Versorgungskapital in ein System der reinen Beitragszusage einbringen und der neue AG kann ihn auch darauf verweisen. Die Nichtanwendbarkeit der S. 3 und 4 bedeutet hier, dass die Regelungen über leistungsbezogene Zusagen keine Anwendung finden, also den neuen AG auch keine Einstandspflicht trifft. 14

5. Einstellung der Betriebstätigkeit und Unternehmensliquidation (Abs. 4). Zur Vermeidung sog. Rentnerfirmen, die in der Vergangenheit nur deshalb aufrechterhalten wurden, weil unverfallbare Ansprüche auf Leistungen der betriebl. AV mangels Zust. der betroffenen AN oder Versorgungsempfänger nicht auf Dritte übertragen werden konnten, sieht **Abs. 4** für Übertragungen vor, dass bei Betriebseinstellung mit Liquidation des Unternehmens Zusagen auch **ohne Zust. des AN** oder Versorgungsempfängers mit befreiender Wirkung übertragen werden können; dies ist nicht beschränkt auf 15 unmittelbare Zusagen oder Unterstützungskassenzusagen, obwohl nur insoweit ein praktisches Bedürfnis besteht, denn Direktvers. und Pensionskassen bleiben bei Liquidation des Unternehmens idR bestehen. Jedoch kann die Mitwirkung des AN erforderl. sein, da dieser aufgrund des § 150 II 1 VVG, der auch auf einer Gruppenvers. zugrunde liegende Versicherungsverträge anwendbar ist (BGH 7.5.1997 VersR 1997, 1213), dem Abschluss einer Rückdeckungsvers. zustimmen muss (*Blumenstein/Krekeler* DB 1998, 2602). Allerdings grenzt das G die **Übertragungsmöglichkeit** insoweit ein, als sie nur von einer Pensionskasse oder einem Unternehmen der Lebensvers. übernommen werden kann (unzutr. *Müller* BB 2015, 2423). Es handelt sich um eine Lebensvers., bei der der Versorgungsberechtigte Versicherungsnehmer und versicherte Person ist. Sie muss mit der alten Zusage wertgleich sein; eine identische Abbildung der alten Zusage ist nicht erforderl. So wird erstmals faktisch eine **Form der betriebl. AV vom AG abgekoppelt** (*Blomeyer* NZA 1997, 964). Der Ausgleich wird hier dadurch geschaffen, dass für die Anpassung lfd. Leistungen eine Sonderregelung durch den Verweis auf § 16 III Nr. 2 geschaffen worden ist und mit dem Verweis auf Pensionskassen und Unternehmen der Lebensvers. der Schutz der Anwartschaftsinhaber und Versorgungsberechtigten gewährleistet ist. Diese Sicherheiten sind formal Wirksamkeitsvoraussetzung für die Übertragung. Diese Versorgungsform ist vom weiteren Schicksal des bisherigen AG unabhängig und bedarf wegen der Übernahme durch eine Pensionskasse oder eine Lebensvers. einer sonst vom AG zu finanzierenden Insolvenzsicherung nicht. Auch hier gilt § 2 II S. 4 bis 6 entspr., wodurch verhindert wird, dass der mit aufrechterhaltener Versorgungsanwartschaft ausgeschiedene AN den Wert der Versorgungszusage wirtschaftl. nutzt.

16 **6. Übertragungswert (Abs. 5).** Bei der Berechnung des Übertragungswerts wird zwischen den unmittelbaren Zusagen und Unterstützungskassenzusagen einerseits und der über Pensionsfonds, Pensionskasse oder Direktvers. durchgeführten betriebl. AV andererseits unterschieden. Während für erstere der **Barwert** maßgebl. ist, geht es für letztere um den **Kapitalwert.**

17 Für Direktzusage und Unterstützungskassenzusage ist der **Barwert der künftigen Versorgungsleistungen** bezogen auf den Zpkt. der Übertragung maßgebl. Barwert bedeutet dabei der „auf den Bewertungszpkt. unter Berücksichtigung des Zinses und der Wahrscheinlichkeit der ersten Fälligkeit der Pension sowie ihrer voraussichtl. ferneren Zahlungsdauer berechnete Wert der vertragl. vorgesehenen Pensionsleistung" (*Braun* NJW 1983, 1592). Bei der Ermittlung sind nach Abs. 2 S. 3 die Rechnungsgrdl. sowie die anerkannten Regeln der Versicherungsmathematik maßgebend. Das bedeutet, dass mit Durchschnittswerten zu arbeiten ist. Zum Rechnungszinsfuß findet sich keine Regelung, so dass dies der Wahl der Parteien überlassen bleibt (s. *Höfer* § 4 Rn. 131). Der Übertragungswert darf nicht an der vom AG gebildeten Pensionsrückstellung (Teilwert gem. § 6a EStG) bzw. bei Unterstützungskassen an dem steuerl. zulässigen Reservepolster (§ 4d EStG) ausgerichtet werden.

18 Bei den anderen Zusagen kommt es auf das beim Versorgungsträger zum **Übertragungszpkt. gebildete Kapital** an. Erworbene Anwartschaften iRd. kapitalgedeckten betriebl. AV sind deshalb ebenso zu behandeln wie die Beiträge zur privaten zusätzl. AV im Fall des Anbieterwechsels (§ 1 I S. 1 Nr. 10 AltZertG). Maßgebl. ist also der gesamte Wert des den AN begünstigenden Vertrags. Dies kann bei fondsgebundenen oder sog. Hybrid-Verträgen der ant. Wert der für den AN erworbenen Fondsanteile sein. Vom Zeitwert der Vers. einschl. der Überschuss- und Schlussüberschussanteile ohne Abzüge ist bei versicherungsförmig durchgeführten Verträgen auszugehen. Hier richtet sich die Berechnung des Zeitwerts nach § 169 III VVG; Abzüge nach § 169 V VVG sind anders als beim Rückkaufswert für die Ermittlung des gebildeten Kapitals nicht zulässig. Negative Folgen, die sich aus der vorzeitigen Auflösung des Versicherungs- oder Versorgungsvertrags ergeben, hat der AN zu tragen (*Langohr-Plato/Teslau* NZA 2004, 1356).

19 **7. Rechtsfolge der Übertragung (Abs. 6).** Die Übertragung nach Abs. 2 Nr. 1 erfolgt im Wege der Schuldübernahme (**aA** *Rolfs* NZA 2005, 745; aus dem von ihm herangezogenen Abs. 6 ergibt sich nicht die Notwendigkeit, hier Schuldbeitritt anzunehmen). Sie führt zu einer vollständigen **Auswechselung des Schuldners.** Allerdings kann nach § 417 I 1 BGB der übernehmende Versorgungsträger dem AN alle Einwendungen entgegensetzen, die sich aus dem Rechtsverhältnis zwischen dem AN und dem bisherigen Versorgungsträger ergeben. Die Aufrechnung mit einer dem bisherigen Schuldner zustehenden Forderung bleibt aber nach § 417 I 2 BGB ausgeschlossen. Die Rechtsfolge tritt ein mit der tats. Zahlung an den neuen AG.

20 Da es sich in den Fällen von Abs. 2 Nr. 2 und Abs. 3 **nicht um Schuldübernahme** handelt, bedurfte es insoweit einer ausdr. Regelung. Wird der Übertragungswert nicht vollständig übertragen, so müsste die Zusage des alten AG weiter bestehen bleiben. Dies kollidiert allerdings bei Abs. 3 mit dem Umstand, dass der AN einen Anspruch auf Übertragung des Übertragungswerts hat, ihm also auch mit einem Fortbestehen der Zusage iHd. Differenz zwischen erfolgter Übertragung und Übertragungswert ausreichend gedient wäre; er könnte hier allerdings auch darauf verwiesen werden, den Restanspruch geltend zu machen und zudem richtet sich die Verpflichtung des neuen AG (S. 3) am obj. Übertragungswert aus. Wird im Fall des Abs. 2 Nr. 2 ein geringerer Wert als der Übertragungswert auf den neuen AG übertragen, so ist diese Übertragung anges. der Konditionalverknüpfung mit der Zusage des neuen AG ohnehin regelm. unwirksam, da eine dem obj. Übertragungswert wertgleiche Zusage vorausgesetzt wird. Abs. 6 ist deshalb etwas missglückt.

8. Kosten der Übertragung. Nicht eindeutig geklärt ist, wer die Kosten einer solchen Übertragung trägt. Die Regelung spricht dafür, dass dies iE die beteiligten AG sind, da die Vorschr. den Übertragungswert ohne etwaigen Kostenabzug zur Grdl. der Übertragung macht. Im Ausland finden sich zT ausdr. Regelungen, die die Kosten auch durchaus den die Übertragung begehrenden AN anlasten (näher *Steinmeyer*, Gutachten 65. DJT, F 75). Andererseits kann es für den AG anges. der Kosten für Aufrechterhaltung und Bedienung von Anwartschaften auch durchaus interessant sein, diese zu übertragen. Mangels ausdr. Regelung sind die **Kosten** deshalb von den beteiligten AG zu tragen. 21

9. Übertragung laufender Leistungen. Eine Übertragung lfd. Leistungen ist in § 4 nur mangelhaft geregelt. Das Regelungskonzept geht davon aus, dass ein alter und ein neuer AG vorhanden sind, legt also einen noch aktiven AN zugrunde, es sei denn man würde den neuen AG als „späteren" AG ansehen, bei dem die Leistungen gebündelt werden sollen. Sowohl Abs. 2 Nr. 2 als auch Abs. 3 S. 4 sprechen aber von „neuen Anwartschaften". Faktisch bliebe es deshalb an sich für lfd. Leistungen beim Übertragungsverbot des Abs. 1; dieses Erg. dürfte aber kaum gewollt sein, da schon nach altem Recht § 4 auch auf die Übertragung lfd. Versorgungsverpflichtungen angewendet wurde und Entsprechendes auch in der Amtl. Begr. zum Ausdruck kommt (BT-Drs. 15/2150 S. 95 f.). Es ist deshalb von der **Anwendbarkeit auch auf lfd. Leistungen** auszugehen. 22

§ 4a Auskunftspflichten

(1) Der Arbeitgeber oder der Versorgungsträger hat dem Arbeitnehmer auf dessen Verlangen mitzuteilen,

1. ob und wie eine Anwartschaft auf betriebliche Altersversorgung erworben wird,

2. wie hoch der Anspruch auf betriebliche Altersversorgung aus der bisher erworbenen Anwartschaft ist und bei Erreichen der in der Versorgungsregelung vorgesehenen Altersgrenze voraussichtlich sein wird,

3. wie sich eine Beendigung des Arbeitsverhältnisses auf die Anwartschaft auswirkt und

4. wie sich die Anwartschaft nach einer Beendigung des Arbeitsverhältnisses entwickeln wird.

(2) [1] **Der Arbeitgeber oder der Versorgungsträger hat dem Arbeitnehmer oder dem ausgeschiedenen Arbeitnehmer auf dessen Verlangen mitzuteilen, wie hoch bei einer Übertragung der Anwartschaft nach § 4 Absatz 3 der Übertragungswert ist.** [2] **Der neue Arbeitgeber oder der Versorgungsträger hat dem Arbeitnehmer auf dessen Verlangen mitzuteilen, in welcher Höhe aus dem Übertragungswert ein Anspruch auf Altersversorgung bestehen würde und ob eine Invaliditäts- oder Hinterbliebenenversorgung bestehen würde.**

(3) [1] **Der Arbeitgeber oder der Versorgungsträger hat dem ausgeschiedenen Arbeitnehmer auf dessen Verlangen mitzuteilen, wie hoch die Anwartschaft auf betriebliche Altersversorgung ist und wie sich die Anwartschaft künftig entwickeln wird.** [2] **Satz 1 gilt entsprechend für Hinterbliebene im Versorgungsfall.**

(4) Die Auskunft muss verständlich, in Textform und in angemessener Frist erteilt werden.

1. Normzweck. Der AN hat ein Interesse, Inf. über seine betr. AV zu erhalten. Deshalb müssen AG oder Versorgungsträger darüber informieren, ob und ggf. wie die Anwartschaft erworben wird, wie hoch diese ist, wie sich ein Ende des ArbVerh. auf sie auswirkt und wie sie sich anschließend weiterentwickelt. Die Inf. müssen auf ausdr. Verlangen des AN erfolgen; die Geltendmachung eines berechtigten Interesses ist nicht mehr erforderl. Anspruchsinhaber ist **nach Abs. 1 der noch im ArbVerh. stehende AN**, nach **Abs. 2 auch der ausgeschiedene AN** während **Abs. 3 nur für den ausgeschiedenen** gilt. Anspruchsgegner sind neben dem AG die sonstigen Versorgungsträger (unzutr. HBD/*Mohr* Rn. 4), womit Lebensversicherer, Pensionskassen und Unterstützungskassen sowie andere Personen und Einrichtungen gemeint sind, die für den AG die AV der AN durchführen. Der Umf. der Auskunftspflicht kann für die sonstigen Versorgungsträger nicht der gleiche sein, da sie aufgrund ihrer Tätigkeit nicht über alle Inf. verfügen. Die Vorschr. ist deshalb dahin zu verstehen, dass bei anderen als vom AG direkt erbrachten Versorgungsleistungen die Auskunftspflicht komplementär von AG und sonstigem Versorgungsträger zu erfüllen ist (ähnl. *Höfer* § 4a Rn. 10 ff.). Die vorl. Fassung beruht auf G zur Umsetzung der EU-Mobilitäts-RL. Die Neufassung hat den Umf. der Inf. erweitert und anges. ihrer Ausgestaltung auch das Haftungsrisiko für den AG. 1

Die **Mitteilung über das Ob und Wie einer Anwartschaft** (Abs. 1 Nr. 1) betr. neben der Grundaussage auch eine Darstellung der jeweiligen betr. AV und muss auch Inf. über die Voraussetzungen für den Anwartschaftserwerb enthalten. Ein Verweis etwa auf die Satzung eines Versorgungsträgers dürfte idR nicht ausreichen, da sie für den AN oft nicht aus sich heraus verständl. ist (Abs. 4); es ist vielmehr eine erläuternde Darstellung erforderl. 2

2. Mitteilung über die Höhe des bisher erworbenen Anspruchs (Abs. 1 Nr. 2). Der Anspruch bezieht sich anders als in der bisherigen Fassung nicht nur auf die **unverfallbaren** sondern auf alle bereits **erdienten Anwartschaften.** Zur **Höhe der Versorgungsleistungen**, die der AN bei Erreichen 3 der Altersgrenze beanspruchen kann, ist zT schwierig eine Auskunft zu erteilen, da es dafür je nach Leistungsformel einer Projektion bedarf. Maßgebl. ist zunächst die in der Versorgungsregelung vorgesehene Altersgrenze. Die Auskunft erstreckt sich nur auf die Leistungen wegen Alters, nicht auf etwaige Invaliditäts- oder Hinterbliebenenleistungen. Die Auskunft muss das Erg. der Berechnungen nach § 2 wiedergeben, der hier als Maßstab heranzuziehen ist. Es empfiehlt sich für den Auskunftsverpflichteten, in seiner Auskunft neben der Anspruchshöhe auch die maßgebl. Berechnungsfaktoren zu benennen (HPRW/*Höhne* Rn. 448). Die Bemessungsgrdl. und der Rechenweg sind dabei so präzise zu bezeichnen, dass der AN die Berechnung nachvollziehen kann (BAG 9.12.1997 NZA 1998, 1171). Bei der Beitragszusage mit Mindestleistung muss der AG deutl. machen, was zzt. angesammelt ist inkl. der Erträge; er muss auch die erreichte Mindestleistung ausweisen. Eine verlässl. Angabe über die Höhe der Versorgungsleistung bei Erreichen der in der Versorgungsregelung vorgesehenen Altersgrenze kann er hier naturgemäß nicht machen. Der Auskunftsanspruch dient nicht der Klärung von Streitigkeiten über die Höhe der Verpflichtung; insoweit ist der AN vor Eintritt des Versorgungsfalls auf die Feststellungsklage verwiesen (BAG 23.8.2011 NZA-RR 2012, 268).

4 **3. Auswirkung einer Beendigung des ArbVerh. auf die Anwartschaft (Abs. 1 Nr. 3).** Die Mitt. umfasst hier einen Hinweis auf die mögl. Verfallbarkeit der Anwartschaft aber auch die Berechnung der Anwartschaft nach § 2.

5 **4. Entwicklung der Anwartschaft nach Beendigung des ArbVerh. (Abs. 1 Nr. 4).** Damit wird Bezug genommen auf § 2a II. Dem AN ist die Dynamisierung der Anwartschaft ebenso zu erläutern wie die bei Anwendung von § 2a II gewählten Maßstäbe. Dies darf nicht auf deren abstrakte Bezeichnung beschränkt bleiben, sondern es muss zumindest eine Beispielsrechnung vorgelegt werden.

6 **5. Mitteilung des Übertragungswerts (Abs. 2).** Die Mitt. des Übertragungswerts an den AN sowie den ausgeschiedenen AN dient dazu, ihm eine Einschätzung zu ermöglichen, wie hoch seine beim AG aufgebaute AV im Vergleich zu der vom neuen AG auf der Basis des Übertragungsbetrages neu zugesagten ist (BT-Drs. 15/2150 S. 97). Es geht jeweils um die Entsch. über die Übertragung auf das System des neuen AG, was auch für den noch nicht Ausgeschiedenen bedeutsam ist. **Maßgebl. Zpkt.** für die Berechnung des Übertragungswerts ist nach § 4 V der Zpkt. der Übertragung. Da es hier um eine Inf. als Entscheidungsgrdl. geht, kann auch ein anderer Zpkt. maßgebl. sein (s. dazu auch Rn. 7).

7 Der neue AG oder der Versorgungsträger muss auf der Basis des ihm übermittelten Übertragungswerts eine **Mitt. über die Höhe des Anspruchs auf Altersrente** machen. Es hat insoweit die gleiche Berechnung zu erfolgen wie nach Abs. 1 Nr. 2. Es sind nur die zu übertragenden Anwartschaften zu berücksichtigen und der neue AG bzw. Versorgungsträger muss dabei auch bereits entscheiden, in welches Betriebsrentensystem der Übertragungswert eingezahlt werden soll; dann kann er auch mitteilen, ob in diesem System eine Invaliditäts- und/oder Hinterbliebenenversorgung bestehen würde. Diese Pflicht ist nicht auf versicherungsförmige Durchführungswege beschränkt (NK-GA/*Ahrendt* § 4a Rn. 11; **aA** *Höfer* § 4a Rn. 38), da ein Mitteilungsinteresse auch im Fall des § 4 II besteht. Da es sich um eine arbeitsrechtl. Verpflichtung handelt, trifft sie den neuen AG bzw. den Versorgungsträger erst nach Abschluss des neuen ArbVerh. Ein Anspruch auf Mitt. im Rahmen und im Vorfeld von Vertragsverh. kann daraus nicht hergeleitet werden.

8 Für den **ausgeschiedenen AN** beschränkt sich die Auskunftspflicht gem. Abs. 3 neben der nach Abs. 2 auf die Höhe der Anwartschaft sowie die künftige Entwicklung der Anwartschaft. Bei der Höhe der Anwartschaft geht es sowohl um die zum Zpkt. des Ausscheidens erworbene als auch wegen § 2a II die zum Zpkt. des Auskunftsverlangens bestehende sowie die weitere Entwicklung iSd. Abs. 1 Nr. 4. Wenn S. 2 dies auch auf Hinterbliebene im Versorgungsfall ausdehnt, so bedeutet dies, dass sie über die bestehende Anwartschaft zu informieren sind. Da der Versorgungsfall eingetreten ist, wird die weitere Entwicklung der Anwartschaft nicht relevant sein.

9 Für die **reine Beitragszusage** bestimmt § 22 III 2, dass der AN entspr. § 4a Auskunft verlangen kann. Dies ist ausdr. nur ggü. der Versorgungseinrichtung mögl., die die entspr. Inf. zur Vfg. stellen muss.

10 **6. Durchführung und Sanktionen.** Die Mitt. erfolgt auf – auch mdl. – Verlangen des AN in schriftl. Form. Er hat einen einklagbaren Anspruch und kann **Rechte aus § 260 BGB** geltend machen, wenn der AG oder ein sonstiger Versorgungsträger keine oder keine hinreichenden Auskünfte erteilt (BAG 8.11.1983 AP BetrAVG § 2 Nr. 3). Erteilt der AG oder ein sonstiger Versorgungsträger eine unrichtige Auskunft über die Höhe der Versorgungsanwartschaft oder eine Auskunft über eine nicht bestehende Anwartschaft, so ist er hieran nicht gebunden, da es sich regelm. um eine reine Wissenserkl. und nicht etwa ein abstraktes oder deklaratorisches Schuldanerkenntnis handelt (BAG 9.12.1997 NZA 1998, 1171; 17.6.2003 DB 2004, 608; *Reinecke* DB 2006, 559). Richtet sich der AN im Vertrauen auf die Richtigkeit der Auskunft bei seiner Alterssicherung ein, so können dem AN jedoch **Schadensersatzansprüche** erwachsen (BAG 8.11.1983 AP BetrAVG § 2 Nr. 3). Durch die Regelung, dass die Auskunft verständl. sein müsse, werden möglichst konkrete Angaben verlangt und nicht nur vage Prognosen, was das Haftungsrisiko erhöht. Verzichtsklauseln in Aufhebungsverträgen unterliegen der Inhaltskontrolle nach §§ 305 ff. BGB (*Reinecke* DB 2006, 559).

Zweiter Abschnitt. Auszehrungsverbot

§ 5 Auszehrung und Anrechnung

(1) Die bei Eintritt des Versorgungsfalles festgesetzten Leistungen der betrieblichen Altersversorgung dürfen nicht mehr dadurch gemindert oder entzogen werden, daß Beträge, um die sich andere Versorgungsbezüge nach diesem Zeitpunkt durch Anpassung an die wirtschaftliche Entwicklung erhöhen, angerechnet oder bei der Begrenzung der Gesamtversorgung auf einen Höchstbetrag berücksichtigt werden.

(2) [1] Leistungen der betrieblichen Altersversorgung dürfen durch Anrechnung oder Berücksichtigung anderer Versorgungsbezüge, soweit sie auf eigenen Beiträgen des Versorgungsempfängers beruhen, nicht gekürzt werden. [2] Dies gilt nicht für Renten aus den gesetzlichen Rentenversicherungen, soweit sie auf Pflichtbeiträgen beruhen, sowie für sonstige Versorgungsbezüge, die mindestens zur Hälfte auf Beiträgen oder Zuschüssen des Arbeitgebers beruhen.

1. Normzweck. Anges. der erg. Funktion der betriebl. AV werden in der Versorgungszusage oft anderweitige Ruhestandseinkünfte berücksichtigt. Auch hins. anderer Leistungssysteme, die entweder die Funktion der ersten als auch der zweiten Säule erfüllen (insb. Beamtenversorgung) oder bes. Leistungszwecke verfolgen, finden sich in der Versorgungszusage oft Bestimmungen, die die Verknüpfung dieser Leistungen mit der betriebl. AV regeln (näher *Ruland* NZS 2015, 81). Deshalb bestimmt Abs. 1, dass **bereits lfd. Versorgungsleistungen** nicht mehr dadurch gekürzt werden dürfen, dass andere Versorgungsleistungen durch **Anpassung an die wirtschaftl. Entwicklung** erhöht werden. Abs. 2 betrifft insb. die erstmalige Festsetzung von Versorgungsleistungen und begrenzt die Möglichkeit des AG, andere Leistungen anzurechnen. Die Anrechnung setzt sowohl bei Abs. 1 als auch bei Abs. 2 eine ausdr. Anrechnungsklausel voraus. Diese muss die Anrechnungstatbestände für den Vertragspartner erkennbar und eindeutig beschreiben (BAG 5.9.1989 NZA 1990, 269; *Langohr-Plato* Rn. 677). 1

2. Auszehrungsverbot. Das Auszehrungsverbot des Abs. 1 geht zurück auf die Rspr. von BAG (28.1.1964 NJW 1964, 1490) und BGH (6.6.1968 AP BGB § 242 Ruhegehalt Nr. 131), die in der Zeit vor Inkrafttreten des BetrAVG eine Reduzierung der Ruhegeldleistungen durch die periodische Anhebung von Sozialversicherungsrenten für unzulässig erklärte. Dieses Problem konnte sich nur bei **Gesamtversorgungssystemen** ergeben und ist bei der derzeitigen Entwicklung der Rentenhöhe auch nicht sehr relevant. Die Dynamisierung sozialer Leistungen soll gem. ihrem Sinn und Zweck dem Empfänger zugutekommen und nicht den AG entlasten. Maßgebl. ist der **erstmalig** für die Versorgungsleistung **festgesetzte Nominalbetrag**, der später nicht mehr unterschritten werden darf (BAG 5.10.1999 NZA 2000, 839). Ein weiterer Versorgungsfall wie etwa der Übergang von einer tw. Erwerbsminderung zu einer vollen Erwerbsminderung, die dann wegen des unterschiedl. Rentenartfaktors (§ 67 SGB VI) zu einer Erhöhung der Sozialversicherungsleistung führt, kann bei einer Gesamtversorgungszusage mit Invaliditätsschutz ggf. zu einer geringeren betriebl. Leistung führen. Da es sich hier um einen weiteren Versorgungsfall handelt, kann gegen die mögl. Minderung der Betriebsrente nicht das Auszehrungsverbot des § 5 I vorgebracht werden, das nur den Wert der einmal gewährten Betriebsrente – bezogen auf den Versorgungsfall – ggü. nachträgl. Auszehrung schützen soll (BRO/*Rolfs* Rn. 24). 2

a) Betriebl. Versorgungsleistungen. Das Auszehrungsverbot bezieht sich **nur auf lfd. Versorgungsleistungen** und nicht auf Anwartschaften. Maßgebl. ist die Leistungshöhe, wie sie anlässl. des Eintritts des Versorgungsfalles festgesetzt ist. Das BAG arbeitet bei der **Auszehrung von Anwartschaften** mit einer Billigkeitskontrolle nach § 315 BGB; insoweit hat es bei einer Versorgungsordnung über eine Gesamtversorgung eine Aufgabe der Anpassung der Bemessungsgröße Arbeitsentgelt an der Einkommensentwicklung als unbillig angesehen, wenn der AG diese Anpassung stillschweigend und ohne sachl. Grund aufgibt (BAG 18.12.1975 AP BGB § 242 Ruhegehalt Nr. 170). Dieses Verbot gilt auch dann, wenn sich die **Gesamtversorgung** selbst erhöht, also **dynamisiert** ist, da die Erhöhung der Betriebsrente und die Erhöhung der anzurechnenden Rente zeitl. auseinanderfallen können und deshalb vorübergehend die vorgesehene Versorgungsgrenze überschritten wird. 3

b) Erhöhung anderer Versorgungsbezüge. Mit dem pauschalen Verweis auf „andere Versorgungsbezüge" sind **sämtl. Altersvorsorgeleistungen** gemeint, seien sie nun **ges. Natur** wie Leistungen aus der ges. Rentenvers., der Kriegsopferversorgung, der Beamtenversorgung und der berufsständischen Versorgungssysteme oder seien sie **vertragl. Natur**, wie etwa Leistungen der betriebl. AV anderer (früherer) AG. Nicht erfasst sind Leistungen des gleichen AG; hier sind die verschiedenen Leistungsteile als Gesamtheit zu sehen (BAG 5.10.1999 NZA 2000, 839; 26.8.2003 AiB 2003, 709; BRO/*Rolfs* Rn. 34). Das bedeutet, dass auch Leistungen anderer Versorgungsträger für den gleichen AG (mittelbare Versorgungszusagen) als Leistungen des gleichen AG anzusehen sind. Andere Versorgungsbezüge auf vertragl. Grdl. sind auch Leistungen aus **Eigenvorsorge des AN**. Auch hier greift das Auszeh- 4 rungsverbot. Eine **Erhöhung** dieser anderen Versorgungsbezüge muss **durch Anpassung an die wirtschaftl. Entwicklung** erfolgen. Damit sind alle Anpassungen gemeint, die sich aus der Veränderung der wirtschaftl. Rahmenbedingungen ergeben, also Preissteigerungen, Entwicklung der Löhne etc. Zu denken ist hier an § 65 SGB VI, aber auch an alle anderen Anpassungsmechanismen und -maßnahmen wie die Dynamik bei der Beamtenversorgung und dynamisierte betriebl. Versorgungssysteme. Da mehrere Leistungen des gleichen AG als Einheit anzusehen sind, darf deshalb die Erhöhung der einen auch zur Reduzierung der anderen führen, sofern der Nominalbetrag unangetastet bleibt. **Nicht erfasst** sind in Konsequenz deshalb **Erhöhungen,** die auf zusätzl. Leistungen oder zusätzl. nachträgl. entrichteten Beiträgen beruhen. Das Auszehrungsverbot findet seine Konsequenz auch in § 16, wo die Maßstäbe für die Anpassung der Betriebsrente sich unabhängig von der Entwicklung der Sozialversicherungsleistung bestimmen (§ 16 Rn. 25).

5 c) **Rechtsfolge.** Bei Verstoß des AG gegen das Auszehrungsverbot des Abs. 1 behält der Versorgungsberechtigte sein **Recht auf ungeschmälerten Bezug der Versorgungsleistung,** so dass er im Prozess den Unterschiedsbetrag zwischen der gekürzten und der ungekürzten Versorgungsleistung geltend machen kann. Der AN kann aber bei mittelbarer Versorgung auch den Versorgungsträger in Anspruch nehmen, da sich die Norm nicht auf den AG als Adressaten reduziert. Aus der Vorschr. ist nicht erkennbar, dass sich der Anspruch aus dem Versorgungsversprechen herleitet (NK-GA/*Ahrendt* § 5 Rn. 11; anders BRO/*Rolfs* Rn. 46; UFOD/*Fuhrmann* § 5 Rn. 21).

6 **3. Anrechnungsverbot. a) Überblick.** Das ausdr. Anrechnungsverbot des § 5 II 1 betrifft **Leistungen der Eigenvorsorge,** da sonst der AN benachteiligt würde, der sich während des Arbeitslebens – möglicherweise unter Konsumverzicht – eine eigene AV verschafft hat und derjenige begünstigt würde, der irgendwelche Maßnahmen der Eigenvorsorge für den Fall des Alters, der Invalidität oder des Todes nicht vorgenommen hat (BAG 10.5.1955 AP BGB § 242 Ruhegehalt Nr. 2; 26.10.1973 VersR 1974, 285). Bei Anrechnung dieser Maßnahmen der Eigenvorsorge würde seine Gegenleistung für erbrachte Arbeitsleistung geschmälert (näher *Steinmeyer* S. 197 f.). Eine Ausnahme von diesem Grds. macht Abs. 2 S. 2 für **Renten der ges. Rentenvers.,** soweit sieauf Pflichtbeiträgen beruhen sowie für **sonstige Versorgungsbezüge,** die mind. zur Hälfte auf Beiträgen oder Zuschüssen des AG beruhen. Damit werden auch Leistungen angerechnet, zu denen der AN Beiträge entrichtet hat, die also insofern zumindest tw. Leistungen der Eigenvorsorge sind. Die Versicherungspflicht trifft alle AN; diese Alterssicherung beruht nicht auf seiner eigenen Initiative. Deshalb darf auch eine Witwenrente aus der ges. Rentenvers. und die eigene Altersrente auf eine betriebl. Hinterbliebenenrente aus dem gleichen Todesfall angerechnet werden, letztere wegen Art. 3 I GG bis zu 80% (BAG 18.5.2010 NZA 2011, 581). Da keine Vorgaben zum Umf. der Anrechnung gemacht werden, ist auch eine Versorgungsregelung zulässig, nach der aufgrund der Anrechnung anderer Versorgungsleistungen eine Betriebsrente gar nicht erst entsteht. Bei der Bemessung des Versorgungsanspruchs ist dabei auf den gleichen Zpkt. abzustellen, der auch für einen im Betrieb verbliebenen AN gelten würde (BAG 20.3.1984 NZA 1985, 25).

7 **b) Leistungen der betrieblichen Altersversorgung.** Geschützt sind Leistungen der betriebl. AV (Legaldefinition in § 1), was auch Leistungen aus reiner Beitragszusage umfasst. Vom Anrechnungsverbot insofern erfasst sind sämtl. Versorgungsformen und wie bei Abs. 1 nur fällige Ansprüche. Das Anrechnungsverbot bezieht sich auf die **erstmalige Festsetzung von Versorgungsleistungen** (MüArbR/*Andresen/Cisch* § 147 Rn. 17). Anwartschaften werden nicht erfasst.

8 **c) Anrechnungsklausel.** Eine Anrechnung kann überhaupt nur dann in Betracht kommen, wenn eine **ausdr. und konkrete Anrechnungsklausel** gegeben ist, die die Anrechnung dem Grunde sowie der Höhe nach genau darlegt. Sie kann auch nachträgl. in eine Versorgungsregelung für noch aktive im Anwartschaftsstadium befindl. AN eingefügt werden (BAG 25.2.1986 NJW 1984, 751). Nach Eintritt des Versorgungsfalles ist wegen des entstandenen Anspruchs eine Anrechnung nachträgl. nicht mehr mögl.; der AG kann sich auch nicht mehr auf das Anrechnungsrecht berufen, wenn er auf dieses Recht über einen längeren Zeitraum erkennbar verzichtet hat (BAG 10.8.1982 AP BetrAVG § 5 Nr. 7). Eine Anrechnungsklausel kann sich auch aus der Leistungsordnung eines RLVerbandes wie des Bochumer oder Essener Verbandes ergeben, auf die dann im Versorgungsverhältnis zwischen AN und AG durch eine sog. **„Jeweiligkeitsklausel"** Bezug genommen wird, die der Ermessenskontrolle nach § 315 I BGB unterliegt (BAG 8.10.1991 NZA 1992, 655).

9 **d) Andere Versorgungsbezüge.** Es kann nur um die **Bezüge** gehen, die ebenfalls den in § 1 I bei der Legaldefinition der betriebl. AV genannten Versorgungszwecken (Alter, Invalidität und Tod) dienen und durch Leistungen der betriebl. AV ergänzt werden können. **Nicht** dazu gehören deshalb etwa **Leistungen der Krankenversicherungsträger,** da sie das Arbeitseinkommen des AN ersetzen (BAG 25.10.1983 NJOZ 2006, 1859 – zu Leistungen einer Krankentagegeldvers.). Ebenfalls nicht dazu gehören **Leistungen des Familienlastenausgleichs** wie das Kindergeld aber auch der inzwischen nur noch für Altfälle relevante Kinderzuschuss zur Rente aus der ges. Rentenvers. (§ 270 SGB VI; BAG 21.8.1980 AP BetrAVG § 5 Nr. 5; vgl. aber Rn. 18).

Probl. ist die Einordnung als Versorgungsleistung **bei Renten aus der ges. UV** nach dem SGB VII, da dieser Rente neben der Lohnersatz- und Versorgungsfunktion auch die Funktion eines immateriellen Schadensausgleichs zukommt (näher *Steinmeyer* S. 203 sowie Rn. 29ff.). Da die anderen Versorgungsbezüge auf eigenen Beiträgen des Versorgungsberechtigten beruhen müssen (BAG 20.11.1990 NZA 1991, 850) dürfen auch **beamtenrechtl. Versorgungsbezüge** bei der Bemessung betriebl. Versorgungsleistungen berücksichtigt werden, denn sie werden in vollem Umf. vom früheren Dienstherrn aufgrund der ihm ggü. dem Beamten und dessen unterhaltsberechtigten Angehörigen obliegenden Alimentationspflicht aufgebracht (BAG 27.4.1978 AP BetrAVG § 5 Nr. 1; 10.8.1982 VersR 1983, 1666; ebenso für Abgeordnetenpensionen BAG 23.9.2003 NZA 2004, 850). Versorgungsleistungen, die auf Nachvers. nach § 8 II SGB VI beruhen, können aus dem gleichen Grunde angerechnet werden (*Höfer* § 5 Rn. 53). Angerechnet werden dürfen auch Betriebsrenten, die von einem anderen AG gezahlt werden, da und soweit sie nicht auf eigenen Beiträgen des Versorgungsempfängers beruhen (*Höfer* § 5 Rn. 103ff.; *Griebeling* Rn. 519; **aA** *Schoden* Rn. 17f.). Diese Abgrenzung zwischen eigenfinanzierten Versorgungsleistungen und anderen stößt auf praktische Schwierigkeiten bei **tw. selbstfinanzierten Versorgungsbezügen.** Hier ist grds. – ggf. unter Zuhilfenahme versicherungsmathematischer Verf. – eine Zuordnung von Versorgungsbezügen zu korrespondierenden Beitragszahlungen vorzunehmen (*Höfer* § 5 Rn. 171ff.). Vom Anrechnungsverbot erfasst sind aber die nach dem AVmG mögl. **Maßnahmen der zusätzl. Altersvorsorge,** die die Voraussetzungen des AltZertG erfüllen, da es sich hier um Eigenvorsorge handelt; dies gilt auch für die Entgeltumwandlung (MüArbR/*Andresen/Cisch* § 147 Rn. 18). 10

e) **Ausnahmeregelung für Renten aus den gesetzlichen Rentenversicherungen.** Mit dem Begriff der Renten aus den ges. Rentenvers. sind **Leistungen nach dem SGB VI** gemeint; Renten aus der ges. UV sind davon ebenso wenig erfasst wie Leistungen der Alterssicherung der Landwirte (BAG 5.9.1989 NZA 1990, 269), letztere, da sie nicht dem SGB VI unterfallen. Die zumindest unter hälftiger Beteiligung des AG erdienten ges. Versorgungsansprüche sollen anrechenbar sein; diese Voraussetzung ist bei einer durch Versorgungsausgleich erworbenen Anwartschaft nicht gegeben, so dass diese nicht anrechenbar ist (BAG 20.3.2001 NZA 2002, 274).Vom Begriff der Renten aus der ges. Rentenvers.sind **alle Leistungsbestandteile** dieser Renten erfasst, also auch die Kindererziehungszeiten (BAG 5.12.1995 NZA 1996, 761), bei denen es sich nicht um Leistungen des Familienlastenausgleichs handelt, sondern um eine Leistung des Sozialversicherungsträgers an den Rentenempfänger um der Leistung willen, die der Rentenempfänger im Interesse der Allgemeinheit erbracht hat. IZw. ist, wenn eine Anrechnungsklausel die Berücksichtigung der Sozialversicherungsrente vorsieht, der Bruttobetrag der Rente gemeint, also unter Einschluss der Beiträge der Rentner zur Krankenvers. (BAG 10.3.1992 NZA 1992, 935; *Griebeling* Rn. 526). Bei durchgeführtem Versorgungsausgleich ist vorbehaltl. anderer Regelungen von dem Betrag auszugehen, der sich ohne Durchführung des Scheidungsverf. ergeben hätte (SHSS/*Ferstl* Teil 9 A Rn. 705). 11

Das BAG zählt zu den Renten aus der ges. Rentenvers. iSv. Abs. 2 S. 2 auch **Leistungen ausl. Rentenvers.** So hat es für französische Leistungen ausgesprochen, dass der französische Anteil der Rente durch den dt. Rententräger gezahlt werde und einen nach dt. SozVersR erwerbbaren Anspruch ersetze (BAG 27.11.1984 AP BetrAVG § 5 Nr. 19). Das BAG verweist damit auch auf die Koordinierungsvorschr. der VO (EG) 883/04 (s. HSW/*Steinmeyer* § 21; *ders.* in *Schulze/Zuleeg/Kadelbach* Europarecht, 3. Aufl. 2015 § 40 Rn. 23ff.). Zur Anrechnung einer österreichischen Rente hat das BAG vor Beitritt Österreichs zur EG ausgeführt, dass es sich dabei um eine Rente aus einer Pflichtvers. handele, die dienstzeit- und beitragsabhängig sei und bestimmte Prozentsätze der Rentenbemessungsgrdl. als Versicherungsleistungen im Alter und bei Invalidität sicherstelle. Die Beiträge seien vom AG und versicherungspflichtigen AN je zur Hälfte zu zahlen. Nach Sinn und Zweck der Regelung müssten auch diese Leistungen erfasst werden (BAG 24.4.1990 NZA 1990, 936). Man wird daraus **nicht eine allg. Anrechenbarkeit ausl. Rentenleistungen** herleiten können, da diese nicht immer in dieser Weise auf der Grenzlinie zur Eigenvorsorge liegen. So gibt es staatl. Alterssicherungssysteme, die auf der Idee des Zwangssparens beruhen und deshalb als staatl. Systeme im hier interessierenden Zusammenhang wohl mehr der Eigenvorsorge zuzurechnen sind (näher *Steinmeyer* DRV 1997, 474). 12

Renten aus der ges. Rentenvers. sind aber nur anrechenbar, soweit sie auf **Pflichtbeiträgen** beruhen. Dies gilt auch dann, wenn erst durch freiwillige Beiträge die Wartezeit erfüllt wurde (BAG 19.2.1976 AP BGB § 242 Ruhegehalt Nr. 171; 24.4.1990 NZA 1990, 936), da dies nichts daran ändert, dass die Rente zumindest zT auf Pflichtbeiträgen beruht. Bei anderen AG erzielte Rentenanteile dürfen angerechnet werden. Aus § 5 II 2 wird deutl., dass die Betriebstreue und die Arbeitsleistungen, die in einem früheren ArbVerh. erbracht wurden, nicht als Eigenbeiträge anzusehen sind (BAG 14.10.1998 NZA 1999, 874; 22.2.2000 NZA 2002, 36). Bei **TZKräften** kann die Sozialversicherungsrente auf die auf der geringeren AZ beruhende Gesamtversorgung auch insoweit angerechnet werden, wie sie auf früheren Vollzeitbeschäftigungen beruht. Dies entspricht dem Sinn und Zweck einer Gesamtversorgung und der Ergänzungsfunktion der Zusatzversorgung (BAG 14.10.1998 NZA 1999, 874). Die Rentenformel des SGB VI erlaubt es, die auf freiwilligen Beiträgen beruhenden Rententeile und die auf Pflichtbeiträgen beruhenden **klar voneinander zu unterscheiden und zu trennen** (vgl. näher § 70 SGB VI). Beitrags- 13 freie Zeiten wie etwa Anrechnungszeiten wird man den Pflichtbeiträgen zuordnen müssen, da mit diesen auf Kosten und ggf. im Interesse der gesamten Versichertengemeinschaft ein Ausgleich für nicht geleistete Beiträge geschaffen werden soll.

14 **f) Ausnahmeregelung für sonstige Versorgungsbezüge, die mindestens zur Hälfte auf Beiträgen oder Zuschüssen des AG beruhen.** Damit sind alle Versorgungsleistungen angesprochen, die von AN und AG gemeinsam finanziert werden. So kann der AG sich an der Finanzierung einer vom AN abgeschlossenen Lebensvers. beteiligen. Leistet der AG hierzu Zuschüsse, so können je nach Höhe des Zuschusses die Voraussetzungen der Ausnahmeregelung erfüllt sein (näher *Höfer* § 5 Rn. 69 ff.). Entspr. ist auch anzunehmen für Leistungen der berufsständischen Versorgungssysteme, wenn der AG im Fall von dort versicherten Ang. Beitragszuschüsse gewährt. Derartige Versorgungsbezüge sind **anrechenbar, wenn sie zu mind. 50% vom AG finanziert worden sind.** Es handelt sich um eine feste und starre Größe, Spielraum für flexiblere Lösungen lässt der eindeutige GWortlaut nicht zu (BRO/*Rolfs* Rn. 104 ff.). Ist die Beteiligung des AG niedriger, ist nur eine Anrechnung nach § 5 II 1 mögl., dh. dass der auf Eigenbeiträgen des AN beruhende Anteil nicht anrechenbar ist.

15 **4. Außergesetzliche Anrechnungsverbote.** Die Frage der Anrechenbarkeit **anderweitiger Versorgungsbezüge** auf Leistungen der betriebl. AV ist anges. der Vielzahl unterschiedl. Sozialleistungen bzw. Leistungsbestandteile und sonstiger Bezüge, die für die Anrechnung in Betracht kommen, und die Vielgestaltigkeit mögl. Anrechnungsregelungen einer **abschl. Regelung nicht zugängl.** (BT-Drs. 7/2843 S. 8). Rspr. und Lit. haben deshalb für die nicht ausdr. erfassten Leistungen Prüfungskriterien entwickelt.

16 **a) Maßgebliche Prüfungskriterien.** Dafür sind vorrangig der **Gleichbehandlungsgrds.**, das **Willkürverbot** und ggf. der **Entgeltgedanke** heranzuziehen. Das BAG hat in seiner Rspr. – entwickelt an der Anrechenbarkeit von Renten aus der ges. UV (BAG 17.1.1980 NJW 1980, 1975) – zunächst darauf abgestellt, dass es den Gleichbehandlungsgrds. verletze, wenn diejenigen AN, die eine Unfallrente beziehen, sich diese Leistung auf die betriebl. Versorgungsleistungen anrechnen lassen sollten, da der unfallgeschädigte AN die gleiche Leistung erbracht habe wie ein vergleichbarer nichtgeschädigter AN. Damit hat das BAG die Entgeltlichkeit des Ruhegeldes in den Vordergrund gestellt.

17 Ob eine **sachwidrige Ungleichbehandlung** vorliegt, ist anhand der konkreten Ausgestaltung der Zusage zu ermitteln. Sieht eine Versorgungszusage die Anrechnung von Leistungen vor, die einem bes. Zweck – etwa dem des Familienlastenausgleichs – dienen, so bestehen gegen diese Anrechnung keine Bedenken, wenn die Leistungen aus der Versorgungszusage dem gleichen Zweck dienen. Bei der Ausgestaltung des Austauschverhältnisses von Arbeitsleistung und Ruhegeld kann bei der Bestimmung der Gegenleistung des AG für erbrachte Arbeitsleistung auch bes. Versorgungsgesichtspunkten Rechnung getragen werden, was nicht dem Entgeltcharakter widerspricht (näher *Steinmeyer* S. 199 ff.; BRO/*Rolfs* Rn. 112). Bei einer Ausrichtung des zugesagten Ruhegeldes an der bes. Bedürftigkeit einer Person stellt sich die Frage der Anrechenbarkeit anderer Ruhestandseinkünfte unter dem Aspekt der Verletzung des Gleichbehandlungsgrds. anders als etwa bei der Ausrichtung des Ruhegeldes am letzten Einkommen. Während im ersteren Fall eine Anrechnung von Leistungen, die nicht Lohnersatzleistungen sind, gerechtfertigt ist, würde eine solche Anrechnungsklausel im anderen Fall gegen den Gleichbehandlungsgrds. verstoßen. Je nach Ausgestaltung der Ruhegeldzusage ist deshalb eine **diff. Betrachtung** geboten (BRO/*Rolfs* Rn. 119).

18 **b) Anrechenbarkeit einzelner Versorgungsbezüge. aa) Renten aus der gesetzlichen Unfallversicherung.** Maßgebend ist hier das Versorgungsziel der Unfallrente einerseits und des Ruhegeldes andererseits. Renten aus der ges. UV haben **Lohnersatzfunktion** und sollen den Ausfall an Arbeitseinkommen ausgleichen, der durch die unfallbedingte Minderung der Erwerbsfähigkeit eintritt. Gem. § 93 SGB VI wird bei Zusammentreffen von Unfallrente und Rente aus der ges. Rentenvers. letztere insoweit nicht geleistet, als die Summe der Rentenbeträge vor Einkommensanrechnung einen Grenzbetrag übersteigt, der grds. bei 70% des Monatsbetrags des Jahresarbeitsverdienstes in der ges. UV liegt. Da das SozVersR der Unfallrente ebenso wie der Rente aus der ges. Rentenvers. Einkommensersatzfunktion beimisst, ist nicht einzusehen, warum sie hins. ihrer Anrechenbarkeit auf Leistungen der betriebl. AV unterschiedl. behandelt werden sollen (*Gitter* Anm. AP BetrAVG § 5 Nr. 8). Das BAG beruft sich darauf, dass den Unfallrenten neben dieser Lohnersatzfunktion faktisch auch die **Funktion eines immateriellen Schadensausgleichs** zukomme (BAG 17.1.1980 NJW 1980, 1975; 19.7.1983 NJW 1984, 83). Bei Minderungen der Erwerbsfähigkeit von weniger als 30%, nicht selten aber auch bei Minderungen der Erwerbsfähigkeit von 30 bis 50% treten häufig keine oder nur geringfügige Einkommensminderungen auf (*Gitter* FS Sieg 1976 S. 139 ff.), so dass die Unfallrente insoweit einen immateriellen Schaden ausgleicht und faktisch die Funktion eines Schmerzensgeldes erfüllt. Dem trägt der Gesetzgeber in § 93 II Nr. 2 SGB VI Rechnung, indem bei der Ermittlung der Summe der zusammentreffenden Rentenbeträge der Betrag der Grundrente nach dem BVG nach bestimmten Maßstäben unberücksichtigt bleibt. Demggü. knüpft das BAG pauschal an den Maßstab des § 31 BVG an; die Grundrente entspreche damit den Teil der Verletztenrente, der im Zusammenhang mit der betriebl. AV nicht berücksichtigt werden dürfe (BAG 19.7.1983 NJW 1984, 83; 19.3.2002 AP BetrAVG

§ 5 Nr. 45). Hier ist der diff. Maßstab des § 93 SGB VI näher liegend (wohl auch BAG 29.7.2003 NJOZ 2005, 2402) und sollte als Maßstab herangezogen werden, wenn eine ausdr. Regelung in der Versorgungszusage nicht erfolgt ist. Wenn sich der AG in der Zusage an die gesetzgeberische Wertung des § 93 SGB VI hält, also die Unfallrente ebenso wie die nach § 5 II 2 grds. anrechenbaren Leistungen aus der ges. Rentenvers. behandelt, kann ihm der Vorwurf einer **willkürl. Ungleichbehandlung nicht gemacht werden.**

bb) Leistungen der Alterssicherung für Landwirte. Eine Anrechnung von Leistungen der Alterssicherung für Landwirte scheidet regelm. bereits deshalb aus, weil es sich hier um ein **Alterssicherungssystem für Selbständige** handelt und sich deshalb etwa bei Nebenerwerbslandwirten nicht auf die ANTätigkeit, sondern auf die Tätigkeit als Selbständiger bezieht (ähnl. BAG 5.9.1989 NZA 1990, 269). 19

cc) Leistungen nach dem BVG. Leistungen nach dem BVG dürfen nach der **ausdr. Regelung des § 83 S. 2 BVG** nicht angerechnet werden. 20

dd) Arbeitseinkünfte. Arbeitseinkünfte dürfen **grds. angerechnet** werden. Aus dem Entgeltcharakter der betriebl. AV können keine Bedenken hergeleitet werden; der Grds. der Vertragsfreiheit erlaubt es, hier eine Anrechnung vorzusehen (BAG 9.7.1991 NZA 1992, 65). Bei der **Hinterbliebenenversorgung** darf eigenes Erwerbseinkommen des Hinterbliebenen angerechnet werden. Dies ergibt sich zum einen aus der Unterhaltsersatzfunktion von Hinterbliebenenleistungen und zum anderen aus dem Umstand, dass das Recht der ges. Rentenvers. für die Hinterbliebenenrenten in diesem System eine solche Anrechnung vorsieht (§ 97 SGB VI). Das BAG ist mit dem Gleichbehandlungsgrds. zum gleichen Erg. gekommen (23.4.1985 NZA 1986, 192). 21

ee) Leistungen der betrieblichen Altersversorgung. Die Anrechnung von **Leistungen aus dem gleichen Versorgungsverhältnis** ist unprobl., da es sich hier um eine **gewollte Versorgungseinheit** handelt. Werden Leistungen der betriebl. AV aus einem vorherigen ArbVerh. angerechnet, so stößt dies deshalb nicht auf Bedenken, weil es sich um Versorgungsbezüge iSv. § 5 II handelt und diese nicht auf eigenen Beiträgen des AN beruhen. Eine Anrechnung von später erworbenen Anwartschaften würde gegen § 2a IV verstoßen (BRO/*Rolfs* Rn. 165). Bei einer über **Entgeltumwandlung** finanzierten betriebl. AV darf eine Anrechnung nicht erfolgen. Der AN finanziert diese betriebl. AV im wirtschaftl. Erg. aus seinen eigenen Mitteln, so dass bei Anrechnung der AN, der von der Möglichkeit der Entgeltumwandlung Gebrauch gemacht hat, schlechter behandelt würde als derjenige, der dies nicht getan hat, was gegen den Gleichbehandlungsgrds. verstieße (ähnl. SHSS/*Ferstl* Teil 9 A Rn. 546). 22

Dritter Abschnitt. Altersgrenze

§ 6 Vorzeitige Altersleistung

[1] Einem Arbeitnehmer, der die Altersrente aus der gesetzlichen Rentenversicherung als Vollrente in Anspruch nimmt, sind auf sein Verlangen nach Erfüllung der Wartezeit und sonstiger Leistungsvoraussetzungen Leistungen der betrieblichen Altersversorgung zu gewähren. [2] Fällt die Altersrente aus der gesetzlichen Rentenversicherung wieder weg oder wird sie auf einen Teilbetrag beschränkt, so können auch die Leistungen der betrieblichen Altersversorgung eingestellt werden. [3] Der ausgeschiedene Arbeitnehmer ist verpflichtet, die Aufnahme oder Ausübung einer Beschäftigung oder Erwerbstätigkeit, die zu einem Wegfall oder zu einer Beschränkung der Altersrente aus der gesetzlichen Rentenversicherung führt, dem Arbeitgeber oder sonstigen Versorgungsträger unverzüglich anzuzeigen.

1. Normzweck. Die Vorschr. ist eine Konsequenz aus dem RRG v. 16.10.1972 (BGBl. I S. 1965), durch das die sog. **flexible Altersgrenze** eingeführt wurde (BT-Drs. 7/1281 S. 29), da sonst nicht sichergestellt gewesen wäre, dass ein AN, der von der Möglichkeit eines vorzeitigen Eintritts in den Ruhestand Gebrauch macht, zum Zpkt. des Bezugs der Rente aus der ges. Rentenvers. auch das Ruhegeld aus der betriebl. AV erhält. S. 1 verpflichtet deshalb den Versorgungsträger, einem **Versorgungsanwärter** immer dann Leistungen der betriebl. AV zu gewähren, wenn er die **Altersrente aus der ges. Rentenvers.** bezieht, auch wenn die Versorgungsordnung eine spätere Altersgrenze vorsieht. S. 2 soll sicherstellen, dass die Verpflichtung zur vorzeitigen Gewährung betriebl. AV begrenzt bleibt auf den Zeitraum, für den die Altersrente aus der ges. Rentenvers. gewährt wird. Dies wird unterstützt durch eine dahingehende Anzeigepflicht des AN. 1

2. Vorzeitige Inanspruchnahme des betrieblichen Ruhegeldes. a) Vorausgesetzt wird, dass die **Anwartschaft auf das Ruhegeld** aus der betriebl. AV bei Beendigung des ArbVerh. aufrechterhalten geblieben ist. Vorgezogene Rentenleistungen aus der ges. Rentenvers. ändern nichts an der Rechtsstellung für Leistungen der betriebl. AV (BAG 21.6.1979 AP BetrAVG § 6 Nr. 2). § 6 spricht ungenau von „Leistungen der betriebl. AV", obwohl nur **Leistungen wegen Alters** gemeint sein können, da nur bei diesen das Erfordernis der Verknüpfung auftreten kann. Deshalb kann auch ein mögl. Versorgungs- 2 berechtigter nicht unter Berufung auf § 6 vorzeitig Invaliditäts- oder Hinterbliebenenleistungen in Anspruch nehmen. Aus der neutralen Bezugnahme auf „Leistungen der betriebl. AV" folgt, dass Versorgungsform, Durchführungsweg und Leistungsart (lfd. Leistung oder Kapitalleistung) unerhebl. sind. Nicht erfasst sind die **Systeme der berufsständischen Versorgung** (s. BRO/*Rolfs* Rn. 23 und *Höfer* § 6 Rn. 68) sowie die **Altershilfe für Landwirte** und die sog. „befreiende Lebensvers." (LAG RP 24.7.1990 NZA 1991, 939 f.). § 6 ist konzipiert als flankierende Regelung für eine sozialpolitisch motivierte Maßnahme der ges. Rentenvers.

3 Es geht nach dem **SGB VI** um die Altersrente für langjährig Versicherte nach § 36 SGB VI (vgl. auch § 236 SGB VI), um die Altersrente für schwerbehinderte Menschen nach § 37 SGB VI (vgl. auch § 236a SGB VI), um die Altersrente für bes. langjährig Versicherte nach § 38 SGB VI, um Altersrente wegen Arbeitslosigkeit oder nach ATZ nach § 237 SGB VI sowie um Altersrente für langjährig unter Tage beschäftigte Bergleute nach § 40 SGB VI (vgl. auch § 238 SGB VI) und die sog. Rente mit 63 (§ 236b SGB VI). Nicht ausdr. geregelt ist in § 6, ob ein AN eine Altersleistung aus der betriebl. AV auch dann vorzeitig beziehen kann, wenn er **keine Ansprüche aus der ges. Rentenvers.** hat, also nicht zum Kreis der versicherungspflichtigen AN nach § 5 SGB VI gehört. Bei den mittelbaren Versorgungszusagen ist dieses Problem rein praktisch dadurch gelöst, dass das BAV (jetzt BaFin) für die Pensionskassen und die Direktvers. die Versorgungsträger angewiesen bzw. ihnen empfohlen hat, einem solchen Wunsch nach vorzeitigem Bezug auch dann Rechnung zu tragen, wenn keine Ansprüche auf Altersrente aus der ges. Rentenvers. bestehen (vgl. RdSchr. 1/75 v. 7.1.1975 VerBAV 1975, 5 für Pensionskassen und Geschäftsbericht BAV 1972, 45 für Lebensvers.). Bei unmittelbaren Versorgungszusagen und Zusagen auf Leistung durch Unterstützungskassen trifft den AG eine entspr. Pflicht nicht, da die Regelung gerade als flankierend zu Maßnahmen aus der ges. Rentenvers. gemeint ist. Es mag auch sonst ein Interesse daran bestehen, vorzeitig die betriebl. Altersleistung in Anspruch zu nehmen; wegen des flankierenden Charakters der Regelung ist dies aber vor Art. 3 I GG gerechtfertigt (SHSS/*Ferstl* Teil 9 A Rn. 168; *Höfer* § 6 Rn. 23; BRO/*Rolfs* Rn. 38 f.).

4 **b) Inanspruchnahme der gesetzlichen Altersrente.** Der AN muss die vorgezogene Altersrente aus der ges. Rentenvers. **als Vollrente in Anspruch** nehmen. Ein nur tw. Bezug – gleich nach welcher rechtl. Konstruktion – reicht nicht aus. Inanspruchnahme bedeutet, dass der AN die ges. Voraussetzungen für den Bezug einer solchen Altersrente erfüllt hat. Diese Anspruchsberechtigung löst erst dann das Recht des AN aus § 6 aus, wenn der Träger der ges. Rentenvers. dies per positivem Rentenbescheid festgestellt hat (vgl. §§ 115 ff. SGB VI). Dessen Rechtskraft ist nicht Voraussetzung, da anderenfalls etwa bei Streitigkeiten über die Rentenhöhe der Versorgungsberechtigte ungebührl. lange auf seine betriebl. Versorgungsleistung warten müsste (anders BRO/*Rolfs* Rn. 47; UFOD/*Fuhrmann* § 6 Rn. 51; unklar *Höfer* § 6 Rn. 16). Ruht die Rente aus der ges. Rentenvers. wegen **Zusammentreffens mit anderen Leistungen (§§ 89 ff. SGB VI)**, so ändert dies nichts an einem dem Grunde nach bestehenden Anspruch auf eine Altersrente aus der ges. Rentenvers., so dass auch in einem solchen Fall die Voraussetzungen für den Anspruch aus § 6 gegeben sind (zu Ausnahmen vgl. aber Rn. 18 ff.).

5 **c) Anspruch auf Leistungen der betrieblichen Altersversorgung.** Erst nach Erfüllung der Wartezeit und der sonstigen Leistungsvoraussetzungen werden vorzeitige Altersleistungen aus der betriebl. AV gewährt. Der Versorgungsberechtigte kann diese Wartezeit, aber auch die sonstigen Leistungsvoraussetzungen – außer der Altersvoraussetzung – auch noch nach seinem Ausscheiden erfüllen (BAG 28.3.1989 NZA 1989, 676). Der AG wird also nicht veranlasst, **eine Leistung zu erbringen, die er sonst nicht erbringen müsste**. Der AN, bei dem eine Wartezeit, die bis zur Regelaltersgrenze noch zurückgelegt werden kann, bei vorzeitigem Ausscheiden nicht erfüllt ist, kann die Leistung der betriebl. AV also **erst nach Ablauf der Wartezeit** erhalten (BAG 21.6.1979 AP BetrAVG § 6 Nr. 2). Der Versorgungsberechtigte muss allerdings im Augenblick des Eintritts des Versorgungsfalles noch **nicht die Unverfallbarkeitsvoraussetzungen** erfüllt haben. § 1b ordnet die Anwendung der Unverfallbarkeitsvorschr. für die Fälle an, dass der AN vor Eintritt des Versorgungsfalles aus dem Betrieb ausscheidet; hier hingegen scheidet aufgrund der bes. Regelung des § 6 der AN mit Eintritt des Versorgungsfalles aus (BAG 28.2.1989 NZA 1989, 676). Dies gilt allerdings nur, soweit der AN bis zum Eintritt dieses Versorgungsfalles dem Betrieb angehört hat. Scheidet jemand vorher mit einer verfallbaren Anwartschaft aus, so „heilt" § 6 diese Leistungsvoraussetzung nicht (BAG 21.6.1979 AP BetrAVG § 6 Nr. 2). Aus der Entstehungsgeschichte ergibt sich, dass die **Beendigung des ArbVerh. nicht zu den Voraussetzungen** für den Bezug der vorzeitigen Altersleistung aus der betriebl. AV gehört, das ArbVerh. also fortgesetzt werden kann (BRO/*Rolfs* Rn. 48, 59; HPRW/*Höhne* Rn. 38; *Höfer* § 6 Rn. 81 f.). Dem AG steht es aber frei, die Leistung an eine sog. Ausscheidensklausel zu knüpfen; dies rechtfertigt sich aus dem Versorgungszweck des Ruhegeldes.

6 **d) Verlangen des Arbeitnehmers.** Der AN muss den Anspruch auf vorzeitige Rentengewährung durch eine **rechtsgestaltende Willenserkl.** geltend machen. Adressat dieser Erkl. ist jeweils derjenige, der auch bei der normalen Geltendmachung des Anspruchs der Adressat wäre. Dies kann bei Insolvenz des AG auch der PSV sein (BGH 9.6.1980 NJW 1980, 2257).

3. Anspruch auf vorzeitige Altersleistung aus der betrieblichen Altersversorgung als Rechtsfolge. Der AN erwirbt – ggf. unter Abweichung von der vorgesehenen Versorgungsregelung – einen Anspruch auf Altersleistung aus der betriebl. AV, auch wenn die Zusage dies für diesen Zpkt. (noch) nicht vorsieht. Dieser Anspruch richtet sich grds. gegen den AG („Leistungen der betriebl. AV") und besteht **im arbeitsrechtl. Versorgungsverhältnis.** Bei mittelbaren Versorgungszusagen ist der AG grds. verpflichtet ist, alles Erforderliche zu tun, um dem AN die vorzeitige Inanspruchnahme der betriebl. Leistung zu ermöglichen (SHSS/*Ferstl* Teil 9 A Rn. 228); der AN kann sich aber auch direkt an den Versorgungsträger richten, wenn zu diesem unmittelbare Rechtsbeziehungen bestehen. Nach der Rspr. des BAG (28.3.1995 NZA 1996, 36) begr. das auf § 6 gestützte Verlangen zwar einen Versorgungsfall, nicht aber kraft G einen Versicherungsfall. Das BAG leitet aus § 6 ledigl. die **Verpflichtung des Versicherers** her, die Versicherungsbedingungen so auszugestalten, dass der AG dem versorgungsberechtigten AN bei Inanspruchnahme der vorzeitigen Altersrente aus der ges. Rentenvers. das Deckungskapital ohne Stornoabzug verschaffen kann. Zwar sollte mit § 6 nicht das Versicherungsvertragsrecht geänd. werden; ist aber der AN ggü. einem mittelbaren Versorgungsträger unmittelbar anspruchsberechtigt, so kann er die vorzeitige Altersleistung auch in dieser Beziehung geltend machen. Stößt die vorzeitige Inanspruchnahme dann aber auf versicherungsrechtl. Hindernisse, so greift der Verschaffungsanspruch gegen den AG. Der AG ist aber stets verpflichtet, in geeigneter Weise dabei ein- und mitzuwirken, dass der Versicherer die Leistung auch schon vorzeitig erbringt (s. SHSS/*Ferstl* Teil 9 A Rn. 228). Bei einer **Unterstützungskassen-Versorgung** muss der AG dafür sorgen, dass die Unterstützungskasse den Anforderungen des § 6 Rechnung trägt (Schaub/*Vogelsang* § 83 Rn. 119). Durch § 22 III 3 ist auch sichergestellt, dass Leistungen aus einer **reinen Beitragszusage** vorzeitig in Anspruch genommen werden können; hier richtet sich der Anspruch unmittelbar gegen die Versorgungseinrichtung. Eine Heranziehung von § 2 ist hier nicht erforderl. Der Anspruchsumfang lässt sich aus den Beiträgen herleiten. 7

4. Anspruchsumfang. a) Allgemeines. Die Vorschr. enthält keine Aussage über den Anspruchsumf., also dazu, ob der AG oder sonstige Versorgungsverpflichtete die Leistungen unter Berufung auf den vorzeitigen und damit **typischerweise längeren Rentenbezug kürzen** darf. Nach der zutr. Rspr. des BAG hat der Gesetzgeber das Problem zwar gesehen, wollte es aber nicht regeln. Dass ein vorzeitiger Rentenbezug zu Kürzungen der betriebl. Ruhegeldleistung führen darf, um den Gesamtaufwand nicht zu erhöhen, dürfte der Gesetzgeber als Konsequenz akzeptiert haben, zumal die vorzeitige Altersrente in der ges. Rentenvers. ebenfalls idR zu einer niedrigeren Rente führt (BAG 1.6.1978 NJW 1979, 124). Dies gilt allerdings nicht für die Beitragszusage mit Mindestleistung, da hier die Dauer der Betriebszugehörigkeit für die Leistungsbemessung keine Relevanz hat (*Langohr-Plato/Teslau*, DB 2003, 664). Der AG oder sonstige Versorgungsverpflichtete hat einen gewissen **Gestaltungsspielraum.** Wenn sich eine dahingehende Abrede in der Zusage nicht findet, zieht die Rspr. für die Kürzung der Ruhegeldleistungen als Maßstab sowohl für die Kontrolle einschlägiger Regelungen als auch als Auslegungsmaßstab den in § 2 niedergelegten **Teilwertgedanken** in analoger Anwendung heran (BAG 1.6.1978 NJW 1979, 124; BGH 9.6.1980 NJW 1980, 2257). Dem Zweck des § 6 widerspräche es, wenn die Betriebsrenten unangemessen beschnitten würden. Es dürfe jedoch unbedenkl. sein, die im Verhältnis zum Erwerb des vollen Altersruhegeldes kürzere Betriebszugehörigkeit zu berücksichtigen. Darüber hinaus sieht das BAG als sachgerechtes Kriterium auch die wegen des früheren Renteneintritts voraussichtl. längere Rentenbezugszeit an. 8

b) Vereinbarungen der Vertragsparteien. Das BAG **verneint** eine **Rechtspflicht, die Betriebsrente bei vorzeitiger Inanspruchnahme** entspr. § 2 ratierl. zu berechnen (BAG 28.3.1995 NZA 1996, 39). Der Gestaltungsspielraum des AG bzw. sonstigen Versorgungsverpflichteten geht vielmehr darüber hinaus. Die Rspr. prüft derartige Kürzungsmaßnahmen oder -klauseln nach dem Maßstab des § 315 III BGB, des arbeitsrechtl. Gleichbehandlungsgrds. und etwa bestehender betriebl. Übungen. Der arbeitsrechtl. Gleichbehandlungsgrds. verpflichtet einen AG allerdings nicht dazu, eine bes. günstige Anspruchsberechtigung für AN, die vorgezogen Betriebsrente in Anspruch nehmen, nachdem sie bis zu diesem Zpkt. betriebstreu geblieben sind, auch ant. an AN weiterzugeben, die vorzeitig aus dem Betrieb ausgeschieden sind (BAG 23.1.2001 AP BetrAVG § 6 Nr. 26). In TV kann von diesen Maßstäben abgewichen werden (§ 17 III 1; BAG 24.7.2001 NZA 2002, 1291). 9

Es liegt aber nahe, sich als Maßstab an den **versicherungsmathematischen Abschlägen** zu orientieren, die bei vorzeitiger Inanspruchnahme in der ges. Rentenvers. vorgesehen sind. Das bedeutet eine Minderung der Rente für jedes Jahr des Vorziehens um 3,6%. Höhere Abschläge können gleichwohl noch akzeptabel sein, wenn sie sich versicherungsmathematisch rechtfertigen lassen. So sieht das BAG in einem Fall, in dem der PSV Versorgungsträger ist, einen Kürzungssatz von 0,5% pro Monat = 6% pro Jahr nicht als unbillig an (BAG 20.4.1982 NJW 1983, 1015; 24.7.2001 NZA 2002, 672). Es handele sich dabei um eine stark vereinfachende der Massenhaftigkeit der Rechtsbeziehungen Rechnung tragende Pauschale, die in den Versorgungsordnungen der Betriebspraxis verbreitet sei und sich in der Mitte einer denkbaren Skala versicherungsmathematischer Abschläge bewege. Die Praxis sieht auch einen Kürzungssatz von 0,75 pro Monat (= 8,4% pro Jahr) noch als gerechtfertigt an (HPRW/*Höhne* Rn. 138). Eine Orientierung an einem Abschlag von 0,5% entspricht billigem Ermessen (BAG 10

29.9.2010 NZA 2011, 206) und hält einer Transparenzkontrolle nach § 307 I 2 BGB stand (BAG 8.3.2011 NZA-RR 2011, 591; zur AGB-Kontrolle im Betriebsrentenrecht s. *Schlewing* FS Höfer 2011 S. 243). Im Rahmen seiner hInhaltskontrolle hält das BAG eine Versorgungsregelung nicht für unbillig, die für die Berechnung der vorzeitigen Altersrente auf die tats. im Zpkt. des Ausscheidens erdiente Rente abstellt und auf versicherungsmathematische Abschläge ebenso verzichtet wie auf eine zeitratierl. Kürzung, da der AN hier das erhält, was er durch Arbeitsleistung tats. verdient hat (BAG 29.7.1997 NZA 1998, 543). Wird die betriebl. AV als **einmalige Kapitalleistung** gewährt, so kann eine längere Rentenbezugszeit keine Rolle spielen. Relevant kann deshalb hier nur die kürzere Betriebszugehörigkeit und ggf. der negative Zinseffekt sein. Genau umgekehrt ist die Situation bei AN, die mit **unverfallbaren Anwartschaften vorzeitig ausgeschieden** sind. Hier ist der Maßstab „verkürzte Betriebszugehörigkeit" irrelevant (BAG 23.1.2001 NZA 2002, 93). Es kann vielmehr nur gehen um den negativen Zinseffekt und die längere Rentenbezugsdauer. Werden durch BV später versicherungsmathematische Abschläge und eine feste Altersgrenze eingeführt, so unterliegt dies als Eingriff in die Höhe der Anwartschaften dem Drei-Stufen-Schema (BAG 13.10.2016 AP BetrAVG § 1 Ablösung Nr. 74).

11 **c) Ergänzende Vertragsauslegung.** Dieser bedarf es, wenn keine ausdr. Abrede für eine Rentenkürzung in der Versorgungsvereinb. festzustellen ist (BAG 13.3.1990 NZA 1990, 692). Aus der Nichterwähnung einer Kürzungsmöglichkeit kann je nach Lage des Einzelfalles auch geschlossen werden, dass eine Kürzung bei vorzeitigem Rentenbezug nicht beabsichtigt ist. Die Neuregelung durch das AltersgrenzenanpassungsG führt nicht zur Annahme einer stärkeren Kürzungsmöglichkeit, was iZw. auch bei einer Bezugnahme auf die Regelaltersgrenze gilt, da AN und AG in der Vergangenheit vom Fortbestand der Regelaltersgrenze bei 65 ausgehen konnten (anders HWK/*Schipp* Rn. 21).

12 Das BAG **beschränkt die Kürzungsmöglichkeit auf den Maßstab des § 2**, wenn die Versorgungsordnung in Kenntnis von Gesetzgebung und Rspr. nicht geänd. worden ist (BAG 11.9.1980 AP BetrAVG § 6 Nr. 3; 29.7.1997 NZA 1998, 545; 23.1.2001 NZA 2002, 93). Diese Auslegungsregel gilt nur dann nicht, wenn sich aus der Versorgungszusage Anhaltspunkte dafür ergeben, dass die Parteien die ungeregelt gebliebene Frage anders geregelt haben würden, wenn sie sie bedacht hätten. Ein versicherungsmathematischer Abschlag kann in einem solchen Fall nicht vorgenommen werden (BAG 24.6.1986 NZA 1987, 200).

13 Wenn ein bereits **vorher mit einer unverfallbaren Anwartschaft ausgeschiedener AN** die Altersrente vorzeitig in Anspruch nimmt, so kann bei fehlender Kürzungsabrede ebenfalls kein versicherungsmathematischer Abschlag vorgenommen werden. Die dem AN bei vorzeitiger Inanspruchnahme zustehende Rente durfte dann nach der früheren Rspr. allerdings noch einmal zeitanteilig um den Unverfallbarkeitsfaktor (§ 2 I) gekürzt werden (BAG 13.3.1990 NZA 1990, 692). Zunächst wurde festgestellt, welche Rente der AN bis zum vorgezogenen Wechsel in den Ruhestand erhalten hätte, wenn er bis dahin im Betrieb verblieben wäre. Dieser Betrag war mit dem Unverfallbarkeitsfaktor aus § 2 I zu multiplizieren, also mit dem Verhältnis der erreichten zu der bis zur Vollendung des 65. Lebensjahres erreichbaren Dauer der Betriebszugehörigkeit. Die so ermittelte Betriebsrente bei Erreichen des vorgezogenen Versorgungsfalls des § 6 war dann im Verhältnis der tats. erreichten zu der bis zur Vollendung des 65. Lebensjahres erreichbaren Betriebsrente zu kürzen (krit. *Neumann* FS Förster 2001 S. 219 ff.). Diese Rspr. hat das BAG inzwischen aufgegeben (BAG 23.1.2001 NZA 2002, 93; 24.7.2001 NZA 2002, 672; dazu *Bepler* FS Förster 2001 S. 237 ff.; *Eichenhofer* SAE 2002, 38; krit. *Höfer* § 6 Rn. 247 ff.; HWK/*Schipp*, Rn. 23 ff.; *Grabner/Bode* BB 2001, 2425), da die Annahme, zu den „ohne das vorherige Ausscheiden zustehenden Leistungen" iSv. § 2 I gehöre auch der Betriebsrentenanspruch eines bis dahin im BeschVerh. verbliebenen AN nach § 6, so nicht ganz in sich stimmig sei. Es ist festzustellen, dass § 2 I als Bezugspunkt nimmt das Erreichen der festen Altersgrenze und die vom AG für diesen Fall in Aussicht gestellte Betriebsrente. Diese wird bei vorzeitigem Ausscheiden dann nach den in § 2 enthaltenen Maßstäben gekürzt. Will der AN die Rentenleistung vorgezogen in Anspruch nehmen, so will das BAG wegen des früheren und längeren Rentenbezuges eine weitere Kürzung über einen möglicherweise vorgesehenen versicherungsmathematischen Abschlag oder um einen Faktor vornehmen, der die Zeit zwischen vorgezogener Inanspruchnahme und fester Altersgrenze zusätzl. mindernd berücksichtigt. Das BAG bezeichnet diese zweite Kürzung als **„untechnischen versicherungsmathematischen Abschlag"**; es gehe dabei um die erg. Auslegung der Versorgungsordnung durch Rückgriff auf allg. Rechtsgrds. (BAG 12.12.2006 NZA-RR 2007, 434). Der Unterschied zur bisherigen Rspr. besteht darin, dass § 2 I nicht doppelt herangezogen wird, sondern die zweite Kürzung den Ersatz für den fehlenden versicherungsmathematischen Abschlag darstellt. Krit. ist anzumerken, dass sie eine klare – wenngleich dogmatisch unstimmige – Rechenregel aufgegeben hat (*Höfer* DB 2001, 2045). Gleichwohl ist dem BAG zuzustimmen; der „untechnische versicherungsmathematische Abschlag" sorgt für die nötige Flexibilität und erzielt zumeist sachgerechte Erg. § 6 ist vom Gesetzgeber bewusst ohne konkrete Berechnungsvorgaben ausgestaltet; dann darf dem nicht durch eine unzutr. wenn auch klare Rechenregel entgegengewirkt werden. Dass diese Regel wiederum nicht für alle Fälle passen kann, liegt daran, dass in § 2 das vorgezogene Altersruhegeld eben nicht mitgeregelt ist, das Konzept vielmehr auf die Fälle der Regel-Altersrente, der Invalidität und des Todes zugeschnitten ist. Eine Vergleichsbetrachtung kann deshalb bei untypischen Zusagen und

atypischen Fällen zu unvermeidl. Brüchen führen, die mit dem BAG im Wege einer Einzelfallkorrektur zu bewältigen sind (BAG 24.7.2001 NZA 2002, 672; 18.11.2003 AP BetrAVG § 1 Berechnung Nr. 26; krit. *Höfer* Anm. AP BetrAVG § 6 Nr. 27), was auch für Gesamtversorgungssysteme gelten müsste (offengelassen BAG 19.6.2012 AP BetrAVG § 2 Nr. 66). Für einmalige Kapitalleistungen kann dieser Abschlag nicht entspr. herangezogen werden, da es an der längeren Bezugsdauer fehlt; es kann ledigl. der Zinseffekt wegen vorzeitiger Bereitstellung geltend gemacht werden (ungenau BAG 25.6.2013 NZA 2013, 1421).

Wird in einer Versorgungsordnung den Mitarbeitern ein betriebl. Altersruhegeld gewährt, wenn sie 14 die „Altersgrenze zum Bezug von Altersrenten nach den derzeit geltenden SozialversicherungsG ...“ erreichen, und enthält die Versorgungsordnung keine ausdr. Kürzungsregelung, so geht das BAG davon aus, dass hier auf die unterschiedl. Altersrenten der ges. Rentenvers. verwiesen wird und eine Kürzung ausgeschlossen ist (BAG 21.8.1990 NZA 1991, 507). Bei Gesamtversorgungszusagen ist bei vorgezogener Inanspruchnahme der Betriebsrente grds. die fiktiv auf die feste Altersgrenze hochgerechnete Rente aus der ges. Rentenvers. anzurechnen; dies ergibt sich aus der Heranziehung von § 2 I, der mit der erreichbaren Vollrente arbeitet (BAG 19.5.2016 BeckRS 2016, 71100).

Die Heranziehung von § 2 durch das BAG mag einen **für die Praxis handhabbaren Maßstab** 15 liefern, krankt jedoch daran, dass § 2 die Höhe einer noch nicht fälligen Leistung bestimmt, die erst mit Eintritt des Versorgungsfalles zu einer fälligen wird, während es sich hier um die Höhe einer fälligen Leistung handelt (*Ahrend/Förster/Rößler* Anm. AP BetrAVG § 6 Nr. 1). Zudem hat § 2 I an sich nur die Aufgabe, bei einer auf Betriebstreue bis zum Versorgungsfall zugeschnittenen Leistungsformel den Betrag zu ermitteln, den der AN bei vorzeitigem Ausscheiden aufgrund seiner Betriebszugehörigkeit erworben hat. Von § 6 aber wird sowohl der Fall des vorzeitigen Ausscheidens als auch der des Verbleibens im Betrieb bis zur vorgezogenen Inanspruchnahme der Betriebsrente erfasst.

Die vom BAG vorgeschlagenen Maßstäbe erg. Vertragsauslegung **funktionieren nicht ohne weiteres bei mittelbaren Versorgungszusagen**, da im Versicherungsverhältnis der Versicherer nur zur 16 Erbringung von Leistungen verpflichtet werden kann, die sich ausdr. aus dem Versicherungsverhältnis ergeben. Im Versorgungsverhältnis bewirkt dann § 6 eine Leistungsverschaffungspflicht des AG. Bei erg. Vertragsauslegung ist aber iZw. anzunehmen, dass die Parteien keinen über die Leistungspflicht des Versicherers hinausgehenden Verpflichtungsumf. vereinbart haben würden. Bei Gesamtversorgungszusagen kommen möglicherweise auch andere Rechenschritte in Betracht (BAG 15.11.2011 AP BetrAVG § 1 Auslegung Nr. 25).

Sieht eine Versorgungsordnung eine Höchstbegrenzungsklausel vor, so ist diese bei der Berechnung 17 vorgezogener Altersleistungen aus der betriebl. AV iZw. außer Betracht zu lassen. Die Obergrenze dient der Vermeidung einer Überversorgung; Renten sind deshalb erst bei Überschreitung der Höchstgrenzen zu kürzen (BAG 8.5.1990 NZA 1991, 15). Allerdings ist diese Auslegungsregel nicht ohne weiteres auf Fallgestaltungen übertragbar, in denen es um die Berechnung einer Teilrente aufgrund einer unverfallbaren Versorgungsanwartschaft geht, die dann später mit Eintritt in den vorzeitigen Ruhestand der ges. Rentenvers. geltend gemacht wird (BAG 28.3.1995 NZA 1996, 39). Das BAG will zutr. grds. auf den **Sinn und Zweck einer Höchstbegrenzungsklausel** abstellen (BAG 10.1.1984 NZA 1984, 354); wenn es dann aber diff. zwischen Gesamtversorgungsgrenzen, die nur zur Vermeidung von Überversorgung dienen sollen und solchen, die als Berechnungsfaktor unabhängig davon dienen, ob der AN eine hohe oder eine niedrige Betriebsrente erhält, so wird eine Differenzierung eingeführt, die offenbar in der Praxis so nicht durchführbar ist (*Höfer* § 6 Rn. 227). Es ist deshalb eine fiktive Betriebsrente auf den Zpkt. des Erreichens der Altersrente zu berechnen (*Höfer* § 6 Rn. 227; BRO/*Rolfs* Rn. 162).

5. Wegfall der Altersrente aus der gesetzlichen Rentenversicherung. Anges. der Verknüpfung 18 zwischen ges. Rentenvers. und betriebl. AV bei der Inanspruchnahme vorzeitiger Altersrente ist sicherzustellen, dass bei späterem Fortfall der Rente aus der ges. Rentenvers. auch die Zahlung der betriebl. Altersleistung wieder eingestellt werden kann. Ein solcher Fall kann eintreten, wenn die **Hinzuverdienstgrenze** überschritten wird (§ 34 II und III SGB VI) oder – weniger typisch – wenn von einer Vollrente zu einer Teilrente (§ 42 SGB VI) übergegangen wird. Der AG kann in diesen Fällen die **Leistungen der betriebl. AV** einstellen. Dies gilt nicht nur bei vollständigem Wegfall der Rente aus der ges. Rentenvers., sondern auch bei Reduzierung auf einen Teilbetrag. Der AG kann die betriebl. Versorgungsleistung auch weiterzahlen, hat also insoweit ein Wahlrecht. Bei der Gewährung einmaliger Kapitalleistungen ist S. 2 von seinem Sinn und Zweck her nicht anwendbar (*Höfer* § 6 Rn. 237 ff.; BRO/*Rolfs* Rn. 197). S. 2 betrifft nur das **arbeitsrechtl. Versorgungsverhältnis**. Der AG ist daraus berechtigt, die Einstellung der Versicherungsleistungen zu veranlassen. Der Vollzug der Einstellung im Versicherungsverhältnis kann allerdings wegen der existierenden Vereinb. im Versicherungsverhältnis probl. sein.

Fällt später die **rentenschädl. Beschäftigung** wieder weg, so entsteht wiederum der Anspruch auf 19 vorgezogene Altersrente aus der ges. Rentenvers. und damit auch wieder ein Anspruch auf vorgezogene Altersleistungen aus der betriebl. AV mit der Folge einer erneuten Berechnung einer mögl. Kürzung. Da für diesen Fall die Versorgungszusage idR keine ausdr. Regelung enthalten dürfte, ist deshalb

– falls vorhanden – auf die allg. Abrede zur Kürzung wegen vorzeitigen Rentenbezuges abzustellen oder auf die Grds. der erg. Vertragsauslegung zurückzugreifen.

20 Bei **Erreichen der Regelaltersgrenze** erfüllt der AN die Leistungsvoraussetzungen für die reguläre Altersleistung aus der betriebl. AV. Es ist gerechtfertigt, anges. der längeren Rentenbezugsdauer bei vorzeitigem Bezug für die gesamte Laufzeit der Rente eine niedrigere Leistung vorzusehen, so dass es bei Erreichen der Regelaltersgrenze nicht zu einer erneuten Berechnung kommen muss. Dies entspricht der Praxis der ges. Rentenvers.

21 Da AG oder sonstige Versorgungsträger bei Wegfall der Rente aus der ges. Rentenvers. auf **die Inf. durch den AN** angewiesen sind, verpflichtet S. 3 den AN, die Aufnahme oder Ausübung einer Beschäftigung, die zu einem Wegfall oder zu einer Beschränkung der Altersrente aus der ges. Rentenvers. führt, dem AG oder sonstigen Versorgungsträger – je nach Funktion iRd. Gewährung vorzeitiger Altersleistungen aus der betriebl. AV – unverzügl. mitzuteilen. Leistungsunschädl. Hinzuverdienste hat der AN also nicht mitzuteilen. Eine Verletzung der Mitteilungspflicht führt zu einer rechtsgrundlosen Leistung der betriebl. AV mit der Konsequenz eines Rückforderungsanspruchs nach § 812 I 1 BGB sowie zu Schadensersatzansprüchen aus Verletzung einer Nebenpflicht des Arbeitsvertrags. Denkbar ist auch ein Schadensersatzanspruch nach § 823 II BGB, da § 6 S. 3 ein SchutzG iSd. Vorschr. darstellt, denn er schützt die Vermögensinteressen der Versorgungsträger (BRO/*Rolfs* Rn. 234; *Höfer* § 6 Rn. 124).

Vierter Abschnitt. Insolvenzsicherung

§ 7 Umfang des Versicherungsschutzes

(1) [Versorgungsansprüche] [1] **Versorgungsempfänger, deren Ansprüche aus einer unmittelbaren Versorgungszusage des Arbeitgebers nicht erfüllt werden, weil über das Vermögen des Arbeitgebers oder über seinen Nachlaß das Insolvenzverfahren eröffnet worden ist, und ihre Hinterbliebenen haben gegen den Träger der Insolvenzsicherung einen Anspruch in Höhe der Leistung, die der Arbeitgeber auf Grund der Versorgungszusage zu erbringen hätte, wenn das Insolvenzverfahren nicht eröffnet worden wäre. [2] Satz 1 gilt entsprechend,**

1. wenn Leistungen aus einer Direktversicherung aufgrund der in § 1b Abs. 2 Satz 3 genannten Tatbestände nicht gezahlt werden und der Arbeitgeber seiner Verpflichtung nach § 1b Abs. 2 Satz 3 wegen der Eröffnung des Insolvenzverfahrens nicht nachkommt,

2. wenn eine Unterstützungskasse oder ein Pensionsfonds die nach ihrer Versorgungsregelung vorgesehene Versorgung nicht erbringt, weil über das Vermögen oder den Nachlass eines Arbeitgebers, der der Unterstützungskasse oder dem Pensionsfonds Zuwendungen leistet (Trägerunternehmen), das Insolvenzverfahren eröffnet worden ist.

[3] § 14 des Versicherungsvertragsgesetzes findet entsprechende Anwendung. [4] Der Eröffnung des Insolvenzverfahrens stehen bei der Anwendung der Sätze 1 bis 3 gleich

1. die Abweisung des Antrags auf Eröffnung des Insolvenzverfahrens mangels Masse,

2. der außergerichtliche Vergleich (Stundungs-, Quoten- oder Liquidationsvergleich) des Arbeitgebers mit seinen Gläubigern zur Abwendung eines Insolvenzverfahrens, wenn ihm der Träger der Insolvenzsicherung zustimmt,

3. die vollständige Beendigung der Betriebstätigkeit im Geltungsbereich dieses Gesetzes, wenn ein Antrag auf Eröffnung des Insolvenzverfahrens nicht gestellt worden ist und ein Insolvenzverfahren offensichtlich mangels Masse nicht in Betracht kommt.

(1a) [Anspruchszeitraum] [1] **Der Anspruch gegen den Träger der Insolvenzsicherung entsteht mit dem Beginn des Kalendermonats, der auf den Eintritt des Sicherungsfalles folgt. [2] Der Anspruch endet mit Ablauf des Sterbemonats des Begünstigten, soweit in der Versorgungszusage des Arbeitgebers nicht etwas anderes bestimmt ist. [3] In den Fällen des Absatzes 1 Satz 1 und 4 Nr. 1 und 3 umfaßt der Anspruch auch rückständige Versorgungsleistungen, soweit diese bis zu zwölf Monaten vor Entstehen der Leistungspflicht des Trägers der Insolvenzsicherung entstanden sind.**

(2) [Versorgungsanwartschaften] [1] **Personen, die bei Eröffnung des Insolvenzverfahrens oder bei Eintritt der nach Absatz 1 Satz 4 gleichstehenden Voraussetzungen (Sicherungsfall) eine nach § 1b unverfallbare Versorgungsanwartschaft haben, und ihre Hinterbliebenen haben bei Eintritt des Versorgungsfalls einen Anspruch gegen den Träger der Insolvenzsicherung, wenn die Anwartschaft beruht**

1. auf einer unmittelbaren Versorgungszusage des Arbeitgebers oder

2. auf einer Direktversicherung und der Arbeitnehmer hinsichtlich der Leistungen des Versicherers widerruflich bezugsberechtigt ist oder die Leistungen aufgrund der in § 1b Abs. 2 Satz 3 genannten Tatbestände nicht gezahlt werden und der Arbeitgeber seiner Verpflichtung aus § 1b Abs. 2 Satz 3 wegen der Eröffnung des Insolvenzverfahrens nicht nachkommt.

[2]Satz 1 gilt entsprechend für Personen, die zum Kreis der Begünstigten einer Unterstützungskasse oder eines Pensionsfonds gehören, wenn der Sicherungsfall bei einem Trägerunternehmen eingetreten ist. [3]Die Höhe des Anspruchs richtet sich nach der Höhe der Leistungen gemäß § 2 Absatz 1 und 2 Satz 2, bei Unterstützungskassen nach dem Teil der nach der Versorgungsregelung vorgesehenen Versorgung, der dem Verhältnis der Dauer der Betriebszugehörigkeit zu der Zeit vom Beginn der Betriebszugehörigkeit bis zum Erreichen der in der Versorgungsregelung vorgesehenen festen Altersgrenze entspricht, es sei denn, § 2 Abs. 5 ist anwendbar. [4]Für die Berechnung der Höhe des Anspruchs nach Satz 3 wird die Betriebszugehörigkeit bis zum Eintritt des Sicherungsfalles berücksichtigt. [5]Bei Pensionsfonds mit Leistungszusagen gelten für die Höhe des Anspruchs die Bestimmungen für unmittelbare Versorgungszusagen entsprechend, bei Beitragszusagen mit Mindestleistung gilt für die Höhe des Anspruchs § 2 Absatz 6. [6]Bei der Berechnung der Höhe des Anspruchs sind Veränderungen der Versorgungsregelung und der Bemessungsgrundlagen, die nach dem Eintritt des Sicherungsfalles eintreten, nicht zu berücksichtigen; § 2a Absatz 2 findet keine Anwendung.

(3) [Höchstgrenze] [1]Ein Anspruch auf laufende Leistungen gegen den Träger der Insolvenzsicherung beträgt im Monat höchstens das Dreifache der im Zeitpunkt der ersten Fälligkeit maßgebenden monatlichen Bezugsgröße gemäß § 18 des Vierten Buches Sozialgesetzbuch. [2]Satz 1 gilt entsprechend bei einem Anspruch auf Kapitalleistungen mit der Maßgabe, daß zehn vom Hundert der Leistung als Jahresbetrag einer laufenden Leistung anzusetzen sind. Bei der Berechnung der Höhe des Anspruchs sind Veränderungen der Versorgungsregelung und der Bemessungsgrundlagen, die nach dem Eintritt des Sicherungsfalls eintreten, nicht zu berücksichtigen; § 2a Absatz 2 findet keine Anwendung.

(4) [Anzurechnende Leistung] [1]Ein Anspruch auf Leistungen gegen den Träger der Insolvenzsicherung vermindert sich in dem Umfang, in dem der Arbeitgeber oder sonstige Träger der Versorgung die Leistungen der betrieblichen Altersversorgung erbringt. [2]Wird im Insolvenzverfahren ein Insolvenzplan bestätigt, vermindert sich der Anspruch auf Leistungen gegen den Träger der Insolvenzsicherung insoweit, als nach dem Insolvenzplan der Arbeitgeber oder sonstige Träger der Versorgung einen Teil der Leistungen selbst zu erbringen hat. [3]Sieht der Insolvenzplan vor, daß der Arbeitgeber oder sonstige Träger der Versorgung die Leistungen der betrieblichen Altersversorgung von einem bestimmten Zeitpunkt an selbst zu erbringen hat, entfällt der Anspruch auf Leistungen gegen den Träger der Insolvenzsicherung von diesem Zeitpunkt an. [4]Die Sätze 2 und 3 sind für den außergerichtlichen Vergleich nach Absatz 1 Satz 4 Nr. 2 entsprechend anzuwenden. [5]Im Insolvenzplan soll vorgesehen werden, daß bei einer nachhaltigen Besserung der wirtschaftlichen Lage des Arbeitgebers die vom Träger der Insolvenzsicherung zu erbringenden Leistungen ganz oder zum Teil vom Arbeitgeber oder sonstigen Träger der Versorgung wieder übernommen werden.

(5) [Versicherungsmissbrauch] [1]Ein Anspruch gegen den Träger der Insolvenzsicherung besteht nicht, soweit nach den Umständen des Falles die Annahme gerechtfertigt ist, daß es der alleinige oder überwiegende Zweck der Versorgungszusage oder ihre Verbesserung oder der für die Direktversicherung in § 1b Abs. 2 Satz 3 genannten Tatbestände gewesen ist, den Träger der Insolvenzsicherung in Anspruch zu nehmen. [2]Diese Annahme ist insbesondere dann gerechtfertigt, wenn bei Erteilung oder Verbesserung der Versorgungszusage wegen der wirtschaftlichen Lage des Arbeitgebers zu erwarten war, daß die Zusage nicht erfüllt werde. [3]Ein Anspruch auf Leistungen gegen den Träger der Insolvenzsicherung besteht bei Zusagen und Verbesserungen von Zusagen, die in den beiden letzten Jahren vor dem Eintritt des Sicherungsfalls erfolgt sind, nur

1. für ab dem 1. Januar 2002 gegebene Zusagen, soweit bei Entgeltumwandlung Beträge von bis zu 4 vom Hundert der Beitragsbemessungsgrenze in der allgemeinen Rentenversicherung für eine betriebliche Altersversorgung verwendet werden oder
2. für im Rahmen von Übertragungen gegebene Zusagen, soweit der Übertragungswert die Beitragsbemessungsgrenze in der allgemeinen Rentenversicherung nicht übersteigt.

(6) [Katastrophenfall] Ist der Sicherungsfall durch kriegerische Ereignisse, innere Unruhen, Naturkatastrophen oder Kernenergie verursacht worden, kann der Träger der Insolvenzsicherung mit Zustimmung der Bundesanstalt für Finanzdienstleistungsaufsicht die Leistungen nach billigem Ermessen abweichend von den Absätzen 1 bis 5 festsetzen.

I. Normzweck

Durch die §§ 7 bis 15 soll der AN und Ruheständler vor der Zahlungsunfähigkeit des AG geschützt werden (näher *Windel/Hoppenrath* H-BetrAV 100). Im Mittelpunkt dieses Systems steht der PSV, der zwar ein privatrechtl. VVaG ist, dem aber aufgrund dieses G auch hoheitl. Befugnisse eingeräumt sind. Erfasst werden die Durchführungswege bzw. die **Ausgestaltungen von Durchführungswegen**, bei denen die Insolvenz des AG zu einer Gefährdung der Ansprüche und Anwartschaften führt und eine anderweitige Sicherung nicht gegeben ist. Da Lebensversicherungs-Unternehmen als Träger der Di- 1 rektvers. und Pensionskassen der Aufsicht durch die BaFin unterliegen, besteht insoweit grds. kein Bedürfnis nach einer speziellen betriebsrentenrechtl. Insolvenzsicherung, da durch das VAG in ausreichender Weise der Schutz von Anwartschaften und Ansprüchen sichergestellt ist. Deshalb wird eine Versorgung durch Pensionskassen nicht durch die §§ 7ff. erfasst und eine betriebl. AV durch Direktvers. nur dann, wenn der AN hins. der Leistungen des Versicherers nur widerrufl. bezugsberechtigt ist oder die Ansprüche aus dem Versicherungsvertrag durch den AG beliehen oder an Dritte abgetreten sind. In diesen Fällen kann bei bestehender Direktvers. die Insolvenz des AG die Ansprüche und Anwartschaften der AN und Ruheständler gefährden. Daneben werden von der Insolvenzsicherung erfasst die Direktzusage sowie eine durch eine Unterstützungskasse oder einen Pensionsfonds durchgeführte Versorgung (vgl. zum System der Insolvenzsicherung *Steinmeyer,* Gutachten 65. DJT, F 67ff.). Nicht erfasst wird in Konsequenz auch die reine Beitragszusage (§ 1 II Nr. 2a).

2 § 7 schafft einen **versicherungsrechtl. Anspruch gegen den Träger der Insolvenzsicherung** für die Inhaber von Versorgungsansprüchen und Versorgungsanwartschaften, nennt die Voraussetzungen und die in Frage kommenden Fallgruppen und bestimmt den Umf. des Insolvenzschutzes. Der Träger der Insolvenzsicherung steht nur in dem Umf. ein, in dem auch der AG zur Leistung verpflichtet war und nur so weit, wie der AG zur Leistung nicht in der Lage ist. Daher besteht keine Leistungspflicht des PSV, wenn in einem früheren Prozess rkr. entschieden wurde, dass dem AN keinerlei Versorgungsansprüche gegen den AG zustehen (BAG 23.3.1999 NZA 1999, 652). Es fehlt dann an der nach § 7 I, II erforderl. Ursächlichkeit.

3 In § 7 I ist der Insolvenzschutz von Versorgungsansprüchen geregelt. Abs. 2 enthält die korrespondierende Regelung für Anwartschaften. In Abs. 3 wird der Anspruch gegen den Träger der Insolvenzsicherung der Höhe nach begrenzt, während Abs. 4 den Grds. der **Ausfallhaftung des Trägers der Insolvenzsicherung** betont, wenn er auf anzurechnende Leistungen der betriebl. AV verweist. Die Abs. 5 und 6 betreffen entspr. allg. versicherungsrechtl. Grds. den Fall des Versicherungsmissbrauchs und den Katastrophenfall.

4 Dieser Schutz von AN und Betriebsrentner gegen das **Risiko der Insolvenz des AG** steht in Übereinstimmung mit dem europ. Recht; die RL 2008/94/EG verlangt die Schaffung eines Systems zum Schutz von AN und Versorgungsberechtigten gegen das Risiko der Zahlungsunfähigkeit bei Zusatzversorgungssystemen (Art. 8 der RL).

5 Gegen das Risiko der Insolvenz gesichert sind nur Versorgungsansprüche sowie unverfallbare Versorgungsanwartschaften. Die §§ 7 bis 15 sichern deshalb Leistungen der betriebl. AV grds. in dem Umf. ab, in dem die §§ 1 bis 6 und 16 Anwartschaften und Leistungen der betriebl. AV arbeitsrechtl. sichern. Es kommt nicht auf den Fortbestand des ArbVerh. bis zum Versorgungsfall an (so noch einmal ausdr. BAG 8.6.1999 NZA 1999, 1215). Das G unterscheidet zwischen **Versorgungsempfängern und Personen mit nach § 1b unverfallbaren Anwartschaften;** noch verfallbare sowie nur vertragl. unverfallbare Versorgungsanwartschaften und Versorgungsansprüche, deren Höhe die Grenzen des § 7 III übersteigt, werden nicht erfasst. Eine Insolvenzsicherheit kann in diesen Fällen aber über eine Versorgung durch eine Pensionskasse oder eine Direktvers. mit unwiderrufl. Bezugsrecht oder auch zivilrechtl. Gestaltungsmöglichkeiten wie zB die Verpfändung einer Rückdeckungsvers. gewährleistet werden (hierzu *Blomeyer* BetrAV 1999, 17f.).

6 Bei **Eintritt des Sicherungsfalls** erlöschen die Versorgungsansprüche des AN gegen den AG nicht, da den PSV ledigl. eine ges. Einstandspflicht trifft und diese neben den Versorgungsverpflichtungen des AG besteht. Das erklärt auch § 9 II. Nicht insolvenzgesicherte Teile der AV können weiterhin vom AN ggü. dem AG beansprucht werden (BAG 9.11.1999 NZA 2000, 1290).

II. Insolvenzschutz bei Versorgungsansprüchen

7 § 7 I ist formuliert als **Anspruch des Versorgungsempfängers** gegen die Vers. in Gestalt des PSV. S. 1 benennt als Sicherungsgegenstand Ansprüche aus einer unmittelbaren Versorgungszusage des AG. Als versichertes Risiko wird bezeichnet der **Forderungsausfall** infolge der Eröffnung des Insolvenzverf. über das Vermögen des AG oder seines Nachlasses. In S. 2 wird dieser Schutz ausgedehnt auf mittelbare Versorgungszusagen insofern, als S. 1 auch gilt, wenn Leistungen aus einer Direktvers. nicht gezahlt werden, weil der AG die Ansprüche aus dem Versicherungsvertrag abgetreten oder beliehen hat oder eine von ihm eingeschaltete Unterstützungskasse die Leistungen nicht erbringt, sofern der Leistungsausfall auf die Eröffnung des Insolvenzverf. über das Vermögen oder den Nachlass des AG zurückzuführen ist. Zum anderen wird in den S. 3 und 4 der Insolvenzfall Eröffnung des Insolvenzverf. über das Vermögen oder den Nachlass des AG um weitere Fälle erweitert.

8 **1. Versorgungsanspruch.** Es muss sich um **Leistungen der betriebl. AV** iSd. BetrAVG handeln (vgl. § 1 Rn. 2ff.), wobei auch Kapitalleistungen erfasst werden. Da aber die Insolvenzsicherung nicht zur freien Disposition der Vertragsparteien der Versorgungsvereinb. stehen darf, sollte für die Insolvenzsicherung bei Altersleistungen grds. von einer festen Altersgrenze ausgegangen werden. Entgegen BAG (3.11.1998 NZA 1999, 594) kann es deshalb nicht allein darauf ankommen, dass die Wahl einer früheren Altersgrenze auf sachl., nicht außerhalb des ArbVerh. liegenden Gründen beruht. Vielmehr

sollte in Anknüpfung an die niedrigste Altersgrenze in der ges. Rentenvers. (§ 37 S. 2 SGB VI) nicht vor das vollendete 62. Lebensjahr zurückgegangen werden können (ähnl. BGH 2.7.1984 NZA 1984, 356; im Grds. wie hier *Paulsdorff* Rn. 300; BRO/*Rolfs* Rn. 20). Deshalb sind auch Übergangsleistungen und Überbrückungsleistungen ausgeschlossen, da sie ledigl. den Übergang in einen anderen Beruf oder den Übergang in den Ruhestand erleichtern (iE ebenso aber mit anderer Begr. BAG 3.11.1998 NZA 1999, 594). Ein **Versorgungsanspruch** ist in Abgrenzung zur **Anwartschaft** gegeben, wenn aus der bedingten Berechtigung (Anwartschaft) nach Erfüllung der vereinbarten Bedingung das Vollrecht geworden ist. Auf die Fälligkeit des Anspruchs kommt es nicht an, denn auch ein Anspruch auf künftige Leistungen kann ein Anspruch sein, der nicht erfüllt wird, weil über das Vermögen des AG oder seinen Nachlass das Insolvenzverf. eröffnet wird (BGH 14.7.1980 NJW 1980, 2468). Maßgebend ist die Versorgungsberechtigung und nicht der tats. Zahlungsbeginn.

Der **Eintritt des Versorgungsfalles vor Insolvenzeröffnung** ist nicht Voraussetzung für § 7 I 9 (BGH 16.6.1980 NJW 1980, 2471; BAG 20.9.2016 NZA 2017, 258). Anges. von § 7 II können solche Personen nicht ledigl. Anwartschaftsinhabern gleichgestellt werden, die von ihrer zum Vollrecht erstarkten Versorgungsberechtigung bis zum Sicherungsfall nur tats. noch keinen Gebrauch gemacht haben. Anders ist dies nur, wenn die Beendigung des ArbVerh. nach der Versorgungsvereinb. Anspruchsvoraussetzung ist (BRO/*Rolfs* Rn. 24; *Höfer § 7* Rn. 33). Einen **Grenzfall** stellt **die Situation des § 6** dar, wenn der AN bis auf die von ihm selbst vorzunehmende Geltendmachung des Anspruchs nach § 6 S. 1 alle Voraussetzungen erfüllt hat. Hier ist ausreichend, wenn der Berechtigte unter Nachw. des ges. Rentenanspruchs auf irgendeine Weise zu erkennen gibt, nunmehr auch vorzeitige Altersleistungen aus der betriebl. AV beziehen zu wollen (BGH 9.6.1980 NJW 1979, 1567).

Ein Hinterbliebener hat so lange nur eine Anwartschaft, auf die Abs. 2 anzuwenden ist, wie der 10 **Versorgungsfall „Tod des Berechtigten"** nicht eingetreten ist. Wenn der Hinterbliebene hingegen bereits Hinterbliebenenleistungen erhält, ist er insoweit Inhaber eines Versorgungsanspruchs. Erhält der unmittelbar Versorgungsberechtigte bereits Leistungen und tritt der die Hinterbliebenenrente auslösende Versorgungsfall erst später ein, so geht das G davon aus, dass die Hinterbliebenenleistungen bereits vor Eintritt dieses Versorgungsfalles als unter Abs. 1 fallende Ansprüche zu behandeln sind, da der Versorgungsanspruch der Hinterbliebenen stets auf dem Rentenstammrecht des AN beruht und deshalb das Schicksal der Hauptrente teilt (BAG 12.6.1990 VersR 1991, 365; BRO/*Rolfs* Rn. 28; *Paulsdorff* Rn. 45).

2. Versorgungsempfänger. Anspruchsberechtigte nach Abs. 1 S. 1 sind Versorgungsempfänger 11 und ihre Hinterbliebenen, sofern Ansprüche aus einer unmittelbaren Versorgungszusage des AG aufgrund der Insolvenz nicht erfüllt werden können. Versorgungsempfänger ist, wer einen Anspruch auf Versorgungsleistung hat; erforderl. ist daher nicht, dass der Betreffende bereits eine Ruhegeldzahlung erhalten hat, wie dies der Wortlaut nahe zu legen scheint (BAG 26.1.1999 NZA 1999, 711; 28.6.2011 NZI 2012, 91). Die Anspruchsberechtigung ist auch unabhängig davon, ob das ArbVerh. bis zum Versorgungsfall fortbestand oder schon vorher endete (BAG 8.6.1999, NZA 1999, 1215). Allerdings muss die Zusage vom AG erteilt worden sein, zu dem das ArbVerh. besteht und nicht nur durch die Konzernobergesellschaft (BAG 20.5.2014 NZA 2015, 225; *Rolfs* NZA 2015, 213). Zu den Anspruchsberechtigten sind **auch die sog. technischen Rentner** zu zählen, dh. diejenigen AN, die zwar nach der Versorgungsvereinb. alle Voraussetzungen für den Leistungsbezug erfüllen, aber noch weiterarbeiten (BGH 9.6.1980 NJW 1980, 2257). Zu letzteren sind auch diejenigen zu zählen, die nach der Versorgungsordnung Invaliditätsleistungen in Anlehnung an die ges. Rentenvers. beanspruchen können, soweit sie vor oder auch nach Eintritt des Insolvenzfalles einen Antrag auf Erwerbsminderungsrente beim zust. Träger der ges. Rentenvers. gestellt haben (*Paulsdorff* Rn. 47).

3. Versorgungsleistungen. Gesicherte Versorgungsleistungen sind solche aus einer **unmittelbaren** 12 **Versorgungszusage, Leistungen einer Unterstützungskasse** bzw. eines Pensionsfonds sowie solche der **Direktvers.** Letztere sind gesichert allerdings nur, sofern der AG durch Abtretung oder Beleihung des Bezugsrechts ein Schutzbedürfnis des AN erst geschaffen hat.

a) Unmittelbare Versorgungszusage. Mit der unmittelbaren Versorgungszusage ist das Verspre- 13 chen des AG gemeint, auf individualrechtl. oder kollektivrechtl. Rechtsgrdl. die versprochene Versorgungsleistung **aus eigenen Mitteln zu erbringen.** Der AG hat hierfür Rückstellungen zu bilden. Das erforderl. Kapital ist nicht aus dem Betrieb ausgesondert, weshalb die unmittelbare Versorgungszusage bes. insolvenzgefährdet ist. Hat der AG eine **Rückdeckungsvers.** abgeschlossen, bleibt die Zusage gleichwohl eine unmittelbare Versorgungszusage, so dass § 7 I grds. auch auf diese Zusagen anwendbar bleibt (vgl. aber § 8 III). Aber auch vertragl. Konstruktionen zur Insolvenzsicherung schließen anges. des Wortlauts die ges. Insolvenzsicherung nicht aus (SHSS/*Wortmann* Teil 16 A Rn. 689). Um einen Anspruch aus einer unmittelbaren Versorgungszusage handelt es sich auch, wenn der AG eine Verpflichtungen aus der Zusage nicht erfüllt und deshalb schadensersatzpflichtig wird. Dies ist weiterhin ein Anspruch aus einer unmittelbaren Versorgungszusage. Auch die Einstandspflicht nach § 1 I 3 ist hierunter zu fassen und unterliegt der Insolvenzsicherung (*Reich* FS Höfer 2011 S. 187).

14 **b) Direktversicherung.** Bei der Direktvers. schließt der AG eine Lebensvers. auf das Leben des AN ab und räumt diesem oder seinen Hinterbliebenen ein Bezugsrecht ganz oder tw. ein (§ 1b II 1). Das Insolvenzrisiko besteht bei Abtretung oder Beleihung des Bezugsrechts. Gleiches muss gelten für den Fall des **Bezugsrechtswiderrufs** sowie der **Bezugsrechtsverpfändung** durch den AG (BRO/*Rolfs* Rn. 57 ff.). In diesen Fällen **übt der AG seine ihm versicherungsrechtl. zustehenden Rechte aus**, handelt aber entgegen den Verpflichtungen aus dem Versorgungsverhältnis zwischen ihm und seinem AN. Er ist dann verpflichtet, den AN so zu stellen, als sei eine Abtretung oder Beleihung oder eine vergleichbare Maßnahme nicht erfolgt. Der Insolvenzschutz greift, wenn es ihm infolge des Insolvenzfalles nicht mögl. ist, dieser Wiederherstellungspflicht nachzukommen. Die Insolvenzsicherung greift auch, wenn der AN der **Abtretung oder Beleihung** durch den AG zugestimmt hat (BAG 26.6.1990 NZA 1991, 144). Dem kann nicht entgegengehalten werden, dass dann der AN nicht schutzbedürftig sei. Sofern der AN unwiderrufl. bezugsberechtigt ist, steht ihm schon vor Eintritt des Versicherungsfalles das Verfügungsrecht über den Anspruch zu; eine Abtretung oder Beleihung durch den AG ist dann ohne Zust. des AN nicht mehr mögl. Wenn das G es aber grds. billigt, dass der AG die Direktvers. durch Abtretung oder Beleihung wirtschaftl. nutzt, kann es für die Insolvenzsicherung keinen Unterschied machen, ob der AG von vornherein die Möglichkeit der Abtretung oder Beleihung hat oder sie sich später durch Einholung der Zust. des AN verschafft (ähnl. NK-GA/*Vogt* § 7 Rn. 13).

15 Der Insolvenzschutz erfasst nicht die Fälle der **Entgeltumwandlung im Wege der Direktvers.**, da dem AN nach § 1b V ein unwiderrufl. Bezugsrecht einzuräumen ist. Nicht insolvenzgesichert sind Schadensersatzansprüche des AN gegen den AG, auch wenn sie sich aus der Verletzung von Pflichten im arbeitsrechtl. Versorgungsverhältnis bei der Zusage einer betriebl. AV durch Direktvers. ergeben (*Paulsdorff* Rn. 66). Der ges. Insolvenzschutz soll den Versorgungsberechtigten nicht vor den Folgen jeder Pflichtverletzung schützen, die ein AG im Zusammenhang mit den bestehenden Versorgungsverbindlichkeiten begeht, sondern nur vor den Risiken, die in dem abschl. Katalog der Sicherungsfälle in § 7 aufgeführt sind (BAG 17.9.1991 NZA 1992, 219).

16 Nach **BVerwG** wird bei Widerruf der Bezugsberechtigung grds. ein der Insolvenzsicherung unterliegender Schadensersatzanspruch begr. (BVerwG 28.6.1994 NZA 1995, 75). Dies ändert aber nichts an der fortbestehenden arbeitsrechtl. Verpflichtung und der in ihr steckenden Einstandspflicht des AG, so dass eine derartige „Surrogation" gar nicht erforderl. ist. Es geht um die Grundverpflichtung des AG aus seiner Versorgungszusage. Auf dem gleichen Gedanken beruhen auch § 7 I 2 und § 7 II 1 ebenso wie § 2 II 1, so dass es jeweils darum geht, dass die arbeitsrechtl. Grundverpflichtung über das hinausgeht, was versicherungsrechtl. zu leisten ist. Ein solcher Anspruch aus der Einstandspflicht des AG ist wie eine unmittelbare Versorgungszusage zu behandeln (*Höfer* § 7 Rn. 116; unklar BRO/*Rolfs* Rn. 152).

17 **c) Pensionskassen.** Bei Pensionskassen kann sich ein **Sicherungsfall nicht ergeben**, da hier der AN idR selbst Versicherungsnehmer ist. Abtretung, Beleihung oder Widerruf des Bezugsrechts durch den AG sind damit ausgeschlossen. Es kann sich hier aber ein insolvenzbedingter Prämienausfall des AG ergeben; der daraus folgende Ersatzanspruch des AN gegen den AG ist aber als unmittelbare Versorgungszusage zu behandeln und insoweit insolvenzgesichert (BRO/*Rolfs* Rn. 66; *Höfer* § 7 Rn. 146).

18 **d) Unterstützungskassen.** Die sich aus dem **Ausschluss des Rechtsanspruchs** gegen eine Unterstützungskasse ergebenden rechtskonstruktiven Probleme (§ 1b Rn. 42 ff.) löst § 7 rechtstechnisch dadurch, dass auf die Insolvenz des AG abgestellt wird, durch die die Unterstützungskasse die in der Versorgungsordnung vorgesehenen Zahlungen nicht erbringt; bei Gruppenunterstützungskassen ist deshalb die Insolvenz des jeweiligen AG des Anspruchsberechtigten maßgebl. (BAG 24.1.1980 VersR 1980, 1035).

19 **e) Pensionsfonds.** Pensionsfonds unterliegen ebenfalls der Insolvenzsicherung. Der Spielraum bei der Anlagepolitik beim Pensionsfonds geht über den für Versicherungsunternehmen geltenden hinaus (§ 239 I 2 VAG; *Eilert* BetrAV 2001, 626). Anders als bei der Pensionskasse ist der AN hier nicht Versicherungsnehmer; Pensionsfonds sind **keine Versicherungsunternehmen**, auf die das VVG Anwendung findet; nur das VAG findet entspr. Anwendung. Entscheidend für die Einbeziehung in die Insolvenzsicherungspflicht war, dass eine betriebl. AV über Pensionsfonds auch im Wege einer Leistungszusage sowie einer Beitragszusage mit Mindestleistung mögl. ist, da dann die Versorgungsverpflichtung vom wirtschaftl. Schicksal des AG abhängig ist (*Hoppenrath* BetrAV 2001, 117). Anges. der ggü. den Pensionskassen liberaleren Kapitalanlagevorschr. sieht der Gesetzgeber trotz Aufsicht durch die BaFin das erforderl. Maß an Sicherheit nicht mehr als gegeben an (s. dazu AnlageVO v. 18.4.2016 (BGBl. I S. 769); s. auch die Pensionsfonds-AufsichtsVO v. 18.4.2016 (BGBl. I S. 842)).

20 **4. Sicherungsfälle.** Das G sieht insg. vier Sicherungsfälle vor. Dies geschieht rechtstechnisch dadurch, dass die Eröffnung des Insolvenzverf. in S. 1 als Grundfall genannt wird und in S. 4 drei weitere Sicherungsfälle dem gleichgestellt werden.

21 **a) Eröffnung des Insolvenzverfahrens über das Vermögen des AG oder dessen Nachlass.** Beim Grundtatbestand der Insolvenz des AG wird auf den Eröffnungsbeschl. nach § 27 InsO verwiesen.

Durch diesen Verweis wird auch auf die sonstigen materiellen und formellen Voraussetzungen des InsR Bezug genommen.

22 **b) Abweisung des Antrags auf Eröffnung des Insolvenzverfahrens mangels Masse.** Der Sicherungsfall tritt hier ein mit der Verkündung des Beschl. nach § 26 InsO. Ein solcher Beschl. ergeht, wenn nach dem Ermessen des Gerichts eine die Kosten des Verf. (§ 54 InsO) deckende Insolvenzmasse nicht vorhanden ist, da dann die Ansprüche der AN und Versorgungsberechtigten sowie der anderen Insolvenzgläubiger auch nicht zu einem kleinen Teil befriedigt werden können.

23 **c) Außergerichtlicher Vergleich.** Damit verfolgt der Schuldner/AG das Ziel, sich durch eine Vielzahl von Verträgen mit seinen Gläubigern zu vergleichen, um so das Insolvenzverf. abzuwenden. Vom G ausdr. genannt werden hier Stundungs-, Quoten- und Liquidationsvergleich. Der Vergleich muss **zur Abwendung des Insolvenzverf.** erfolgen, da nur solche Vergleiche den Sicherungsfall begründen, die bei drohender oder schon eingetretener Insolvenz geschlossen werden. Hier muss der **PSV zustimmen**; anderenfalls könnten außergerichtl. Vergleiche zu Lasten der Insolvenzsicherung erfolgen, da der Versorgungsberechtigte einem Vergleich mit einer geringen Quote zustimmen mag, wenn er sich gewiss ist, dass die Insolvenzsicherung für die Differenz eintreten wird. Der PSV hat dabei zu berücksichtigen, ob durch den außergerichtl. Vergleich das Unternehmen gerettet werden kann und damit auch ein Beitrag zur Sicherung der Versorgungsansprüche und –anwartschaften geleistet wird. Es ist auch abzuschätzen, ob durch diesen Vergleich ein Insolvenzverf. mit noch höheren Belastungen für die Insolvenzsicherung vermieden werden kann. Der PSV kann nicht als Sanierungsfonds der Wirtschaft fungieren, soll also nicht etwa den Schuldner entlasten, um zusätzl. Mittel für die Befriedigung der sonstigen Gläubiger zu haben (BAG 11.9.1980 VersR 1981, 965; BRO/*Rolfs* Rn. 102 ff.; *Höfer* § 7 Rn. 68 ff.). **Maßgebl. Zpkt.** für den Eintritt des Sicherungsfalles ist der Zpkt., in dem der AG seine Zahlungsunfähigkeit sämtl. Gläubigern bekannt gibt. Die Einstellung der Zahlungen allein reicht nach der Rspr. des BAG nicht aus. Das BAG räumt im Interesse der Rechtssicherheit AG und PSV die Möglichkeit ein, im Wege einer Absprache den Zpkt. zu bestimmen (BAG 14.12.1993 NZA 1994, 554).

24 **d) Vollständige Beendigung der Betriebstätigkeit.** Dies ist Auffangtatbestand für alle die Fälle, wo der Schuldner/AG wegen Überschuldung davon absieht, ein förml. Verf. einzuleiten. Bedingung ist die vollständige Einstellung der Betriebstätigkeit und eine offensichtl. unzureichende Insolvenzmasse. Eine vollständige Beendigung der Betriebstätigkeit ist gegeben, wenn der AG **jede unternehmerische Tätigkeit einstellt,** also den mit dem Betrieb verfolgten arbeitstechnischen Zweck unter Auflösung der organisatorischen Einheit des Unternehmens (BAG 20.11.1984 NZA 1986, 156). Eine Änd. des Unternehmenszwecks reicht nicht aus (BRO/*Rolfs* Rn. 111; *Höfer* § 7 Rn. 82 f.).

25 Darüber hinaus darf die Eröffnung eines Insolvenzverf. offensichtl. mangels Masse nicht in Betracht kommen. Bei der Feststellung der **offensichtl. Masselosigkeit** ist das BAG anges. der für den Versorgungsempfänger oft schwer durchschaubaren Vorgänge eher großzügig; dieser Sicherungsfall setze nicht voraus, dass bereits bei der Betriebseinstellung offensichtl. keine die Kosten eines Insolvenzverf. deckende Masse vorhanden gewesen sei; vielmehr genüge es, wenn die Zahlungsunfähigkeit und die offensichtl. Masselosigkeit erst später eintreten und offensichtl. werden (BAG 28.1.1986 NZA 1986, 826). Bei der Offensichtlichkeit kommt es auf die obj. Verhältnisse an (BAG 9.12.1997 NZA 1998, 941) zu dem Zpkt., zu dem die Versorgungsleistungen unter Hinweis auf die Vermögenslosigkeit eingestellt sind und der Träger der Insolvenzsicherung von den gesamten Umständen unterrichtet wird (BAG 11.9.1980 VersR 1981, 965). Der PSV muss einerseits die **Fortzahlung der Ruhegelder gewährleisten** und andererseits in die Lage versetzt werden, eine schnelle und sachgerechte Klärung der tats. Verhältnisse herbeizuführen, so dass ggf. ein Rückgriff auf vorhandenes Vermögen des AG mögl. bleibt. Zugleich muss verhindert werden, dass die Voraussetzungen für diesen Auffangtatbestand zu formalistisch ausgelegt werden, da dann zur Vermeidung von Unsicherheiten iZw. doch ein Insolvenzantrag gestellt wird. Deshalb reicht es aus, dass sich der AG oder ein Versorgungsberechtigter an den PSV wendet und das Vorliegen dieses Ausnahmetatbestandes geltend macht; dann kann der PSV entscheiden, ob auch er die Voraussetzungen für diesen Sicherungsfall als gegeben ansieht (BAG 11.9.1980 VersR 1981, 965).

26 **5. Nichterfüllung von Versorgungsansprüchen.** Die Leistungspflicht des Trägers der Insolvenzsicherung tritt ein, wenn infolge eines der Sicherungsfälle die Verpflichtung zur Gewährung des betriebl. Ruhegeldes nicht erfüllt wird. Dies wird regelm. eine Unmöglichkeit iSd. allg. SchuldR des BGB sein. Theoretisch ist auch an Nichterfüllung durch Schuldnerverzug zu denken, sie dürfte aber kaum praktische Bedeutung entfalten. Es ist ein ursächl. Zusammenhang zwischen der Versorgungseinbuße und der Insolvenz zu verlangen, der nicht gegeben ist, wenn durch rkr. Urt. im Versorgungsprozess festgestellt ist, dass ein Anspruch nicht besteht (BAG 23.3.1999 NZA 1999, 652).

27 **6. Versorgungsansprüche bei Betriebsveräußerung in der Insolvenz. § 613a BGB** ist für den Fall der Insolvenz insoweit **teleologisch zu reduzieren**, als für bereits entstandene Ansprüche die Verteilungsgrds. des Insolvenzverf. Vorrang haben (BAG 17.1.1980 NJW 1980, 1124). Die Versorgungsansprüche sind durch die Insolvenzsicherung der betriebl. AV hinreichend gesichert; würde die bei Veräußerung eines Betriebes übernommene Belegschaft einen neuen zahlungskräftigen Haftungs-

schuldner für bereits entstandene Ansprüche erhalten, so wären sie im Vergleich zu anderen Gläubigern und va. ggü. den ausgeschiedenen AN unangemessen bevorzugt. § 613a BGB beansprucht deshalb bei einer Veräußerung in der Insolvenz insoweit keine Geltung, als bei Insolvenzeröffnung bereits entstandene Ansprüche abzuwickeln sind.

III. Insolvenzschutz bei Versorgungsanwartschaften

28 **1. Versorgungsanwartschaft.** Abs. 2 erstreckt die Insolvenzsicherung auf nach § 1b unverfallbare Versorgungsanwartschaften. Der Insolvenzschutz greift auch bei aufgrund einer Vorruhestandsregelung ausgeschiedenem AN mit Eintritt der Unverfallbarkeit nach § 1b I 2, auch wenn dadurch dieser eine günstigere Position erhalten kann als der im Betrieb Verbliebene (BAG 28.3.1995 NZA 1996, 258). Es kann sich nur um **ges. unverfallbare Anwartschaften** handeln, nicht aber um solche, wo die Unverfallbarkeit nur auf einer vertragl. Vereinb. beruht (BAG 22.2.2000 NZA 2001, 1310; 21.1.2003 NZA 2004, 152). Eine vertragl. Anrechnung von Vordienstzeiten kann nicht zur Begr. des ges. Insolvenzschutzes führen (BAG 19.7.1983 BeckRS 1983, 04837). Eine Ausnahme wird von der Rspr. jedoch dann gemacht, wenn die Anrechnungszeiten dem letzten ArbVerh. unmittelbar vorangegangen sind und sie von einer Versorgungszusage begleitet waren (BAG 28.3.1995 NZA 1996, 258), was aber mit dem Wortlaut des § 1b unvereinbar ist. Zudem stellen die vom BAG genannten Kriterien keinen zwgd. Grund dar, den Grds. der scharfen Trennung von ges. und vertragl. Unverfallbarkeit zu durchbrechen. Vertragl. Anrechnung von Vordienstzeiten soll nicht die ges. Unverfallbarkeit und damit den Insolvenzschutz beeinflussen (**aA** *Loritz* FS Konzen 2006 S. 515, der übersieht, dass es sich um Vereinb. zu Lasten einer Solidargemeinschaft handelt). Ges. angeordnete Anrechnungen sind aber zu berücksichtigen (BAG 15.5.1984 AP BergmannsVersorgScheinG NRW § 9 Nr. 24). Auch bei den Versorgungsanwartschaften werden nur die **unmittelbare Versorgungszusage,** unter bestimmten Voraussetzungen die **Direktvers. sowie die Unterstützungskasse und der Pensionsfonds** erfasst. Dass hier bei der Direktvers. auch die widerrufl. Bezugsberechtigung noch ausdr. erwähnt wird, liegt daran, dass sie nur bei Anwartschaften nicht aber beim Bezug von Versorgungsansprüchen relevant werden kann.

29 **2. Versorgungsempfänger und Versorgungsleistungen.** Hins. der Versorgungsempfänger ergeben sich hier keine Besonderheiten, wenn man einmal davon absieht, dass es sich um Personen handelt, die noch keinen Versorgungsanspruch, sondern nur eine **unverfallbare Versorgungsanwartschaft** haben. Gleiches gilt hins. der Versorgungsleistungen.

30 **3. Sicherungsfälle.** Hins. der Sicherungsfälle wird ausdr. auf **die Sicherungsfälle des Abs. 1 verwiesen,** so dass auf die dortigen Erörterungen Bezug genommen werden kann.

31 **4. Versorgungsanwartschaften bei Betriebsveräußerung im Insolvenzverfahren.** Während für Versorgungsansprüche § 613a BGB eine teleologische Reduktion erfährt (s. Rn. 27), ist **für Versorgungsanwartschaften eine diff. Lösung** vorzunehmen. Grds. tritt nach § 613a BGB der Erwerber in die Versorgungsanwartschaften der AN ein. Gegen das Risiko der Insolvenz geschützt sind durch § 7 II die zum Zpkt. des Sicherungsfalles erworbenen und unverfallbaren Anwartschaften. Der PSV haftet für die beim Veräußerer bis zum Insolvenzfall erdienten unverfallbaren Anwartschaften (stRspr. seit BAG 17.1.1980 NJW 1980,1124; 20.6.2002 NZA 2003, 318; 19.5.2005 NZA-RR 2006, 373). Der Erwerber schuldet im Versorgungsfall nur die bei ihm erdiente Versorgungsleistung, hat aber auch die zwischen Sicherungsfall und Betriebsübergang entstandenen Anwartschaften zu übernehmen (BAG 19.5.2005 NZA-RR 2006, 373).

32 Bei Eintritt des Sicherungsfalles **noch verfallbare Anwartschaften** eines im Betrieb weiter beschäftigten AN führen für den PSV nicht zu einem Leistungsfall. Andererseits ist für die Haftungsgrds. im Konkurs nach BAG die Unterscheidung zwischen verfallbaren und unverfallbaren Anwartschaften nicht erhebl. (BAG 29.10.1985 AP BetrAVG § 1 Betriebsveräußerung Nr. 4; 19.5.2005 NZA-RR 2006, 373). Die bis zur Konkurseröffnung entstandenen Ansprüche seien nach der KO unter Beachtung des Grds. der gleichmäßigen Gläubigerbefriedigung zu erfüllen. Deshalb bedürfe § 613a BGB auch der teleologischen Reduktion, soweit er die Haftung für Versorgungsrechte betreffe, die schon im Zpkt. der Konkurseröffnung entstanden waren. Der Grds. der gleichmäßigen Gläubigerbefriedigung zwingt deshalb dazu, auch die im Zpkt. der Insolvenzeröffnung noch verfallbaren Anwartschaften hins. ihres bereits erdienten Wertes der Insolvenz des Veräußerers und nicht der Haftung des Betriebserwerbers zuzuordnen (*Paulsdorff* Rn. 374 f.; ähnl. BRO/*Rolfs* Rn. 175 ff.; **aA** *Höfer* K. 9 Rn. 118). An diesen Grds. hat sich auch durch die InsO nichts geänd.

IV. Der Versicherungsanspruch gegen den Träger der Insolvenzsicherung

33 Mit Eintritt des Sicherungsfalles erhält der Versorgungsempfänger einen Anspruch gegen den Träger der Insolvenzsicherung und der **Versorgungsanwärter einen bedingten Anspruch,** der im Versorgungsfall zum Leistungsanspruch gegen den PSV wird. Nach Abs. 1a entsteht dieser Anspruch mit Beginn des Kalendermonats, der auf den Eintritt des Versicherungsfalles folgt und endet mit Ablauf

des Sterbemonats des Begünstigten, sofern in der Versorgungszusage nichts anderes bestimmt ist. Damit wird für Verwaltungsvereinfachung gesorgt und dem Umstand Rechnung getragen, dass es sich bei einer Betriebsrente typischerweise um eine Monatsleistung handelt. Für die **Fälligkeit** dieses Anspruchs ist nach Abs. 1 § 14 VVG heranzuziehen, da der PSV wie ein Versicherer Ermittlungen zur Feststellung der Leistungen anstellen muss (BRO/*Rolfs* Rn. 189 ff.).

1. Umfang der Leistungen des Trägers der Insolvenzsicherung. Der PSV tritt entspr. der Aufgabe der Insolvenzsicherung grds. in dem Umf. ein, wie es die **Versorgungszusage des AG** vorsieht, so dass der mit einem verfestigten Anrecht von der Insolvenz des AG betroffene AN so gestellt wird, wie er stehen würde, wenn die Insolvenz nicht eingetreten wäre. Allerdings besteht das Versorgungsverhältnis zum AG fort, so dass ein Betriebsrentner den nicht insolvenzgesicherten Teil der AV weiter von seinem früheren AG verlangen kann (BAG 9.11.1999 NZA 2000, 1290). 34

a) Versorgungsansprüche. Bei der Leistungspflicht des PSV wird ohne Einschränkung an den Versorgungsanspruch angeknüpft, wie er sich aus der **Versorgungsvereinb.** ergibt (s. BAG 22.11.1994 NZA 1995, 887). Eine Anpassung lfd. Leistungen an die wirtschaftl. **Entwicklung findet grds. nicht statt**, da sich § 16 nur an den AG, nicht aber an den Träger der Insolvenzsicherung richtet und keine Besserstellung ggü. der Situation des AN beim insolventen AG erfolgen soll. Eine Pflicht zur Anpassung lfd. Leistungen ergibt sich deshalb nur, soweit die **Versorgungszusage eine Leistungsdynamisierung** vorsieht (BAG 3.8.1978 AP BetrAVG § 7 Nr. 1). Sind Leistungen vertragl. dynamisiert, hat auch der PSV die lfd. Leistungen entspr. den Vorgaben der Versorgungsordnung anzupassen (BAG 8.6.1999 NZA 1999, 1215; BRO/*Rolfs* Rn. 201 f.; *Höfer* § 7 Rn. 161 f.; *Paulsdorff* Rn. 80 ff.), da § 7 I auf die Versorgungszusage abstellt; eine Ungleichbehandlung kann deshalb nicht angenommen werden. Eine Pflicht zur Anpassung lfd. Leistungen kann auch auf betriebl. Übung beruhen. Dafür reicht es aber nicht, dass der AG bei der Anpassung nach § 16 eine gewisse Regelhaftigkeit zum Ausdruck gebracht hat. Vielmehr muss der AG deutl. die regelhafte Praktizierung einer bestimmten Anpassungshöhe zum Ausdruck gebracht haben (BAG 3.2.1987 NZA 1987, 666). 35

Nach § 7 I a 3 muss der PSV in allen Sicherungsfällen mit Ausnahme des außergerichtl. Vergleichs auch für solche Versorgungsansprüche einstehen, die **bis zu zwölf Monate vor Eintritt der Leistungspflicht entstanden** sind; dies betr. nur lfd. Leistungen und nicht Kapitalleistungen (BAG 20.9.2016 NZA 2017, 258). Mit dem Eintritt eines Sicherungsfalles wird aber nur der Zpkt. bezeichnet, an dem mit Sicherheit das Unvermögen des AG, seinen Versorgungsverpflichtungen nachzukommen, festgestellt ist. Da sich aber die Zahlungsschwierigkeiten regelm. bereits vorher anbahnen, ist es gerechtfertigt, in begrenztem Maße auch rückständige Leistungen in den Insolvenzschutz einzubeziehen (BGH 14.7.1980 NJW 1980, 2468). Beim außergerichtl. Vergleich wird der Beginn der Leistungspflicht dagegen in der Zustimmungserkl. des PSV festgelegt. Der PSV kann dem Versorgungsempfänger, da er nicht in die arbeitsrechtl. Rolle des AG eintritt, nur die sich aus dem Versicherungsrecht ergebenden **Einwendungen** entgegenhalten (*Höfer* § 7 Rn. 163 f.). Deshalb geht auch ein vom AG nicht ausgeübtes Widerrufsrecht nicht etwa auf den PSV über (BRO/*Rolfs* Rn. 215). 36

b) Versorgungsanwartschaften. Zur **Höhe des Anspruchs** gegen den PSV bezieht sich § 7 II 3 auf § 2 und modifiziert dies insofern, als bei der Berechnung der Höhe des Anspruchs die Betriebszugehörigkeit bis zum Eintritt des Sicherungsfalles berücksichtigt wird. Es ist hier zu beachten, dass es einmal um die AN geht, die vor dem Sicherungsfall mit einer unverfallbaren Anwartschaft ausgeschieden sind und zum anderen um solche, die bis zum Sicherungsfall im Betrieb verblieben sind, aber die Voraussetzungen des § 1b erfüllen. Diese Regelung verstößt nicht gegen das Verbot der Diskriminierung wegen Alters (s. § 2 Rn. 7; BAG 19.7.2011 NZA 2012, 155; *Franzen* RdA 2013, 180). Die Übernahme der vertragl. zugesagten Dynamik durch den PSV wird vom BAG unter Hinweis auf § 2a I abgelehnt (BAG 22.11.1994 NZA 1995, 887; *Höfer* § 7 Rn. 175). Da aber für die Insolvenzsicherung grds. der Zusageinhalt maßgebl. ist, kann dem für echte volldynamische Zusagen nicht gefolgt werden (KHb/*Griebeling* 2.9 Rn. 761, offenbar auch BAG 8.6.1999 NZA 1999, 1215). Zu beachten ist, dass es bei der Höhe zwar auf den Zusageinhalt ankommt, die Insolvenzsicherung als solche aber nicht zur Disposition der Parteien des Versorgungsvertrags steht (BAG 14.12.1999 NZA 2001, 33). 37

Bei der Berechnung wird grds. nur die **tats. Betriebszugehörigkeit** bis zum Eintritt des Sicherungsfalles berücksichtigt; der PSV ist also nur für die bis zum Sicherungsfall erworbenen Anwartschaften einstandspflichtig. Die Anwartschaft und der später bei Eintritt des Versorgungsfalles auf ihr beruhende Anspruch sind so zu berechnen, als hätten die für die Höhe des Versorgungsanspruchs maßgebl. Bezugsgrößen bis zum Erreichen der festen Altersgrenze fortbestanden; eine Weiterarbeit über die feste Altersgrenze hinaus kann deshalb den Versorgungsanspruch nicht mehr mindern (BAG 14.12.1999 NZA 2000, 1001). 38

Bei **unmittelbaren Versorgungszusagen** bedeutet § 7 II, dass die Anwartschaft des AN, der vor dem Insolvenzfall ausgeschieden ist, in der Höhe insolvenzgesichert ist, die sich durch § 2 ergibt. Eine günstigere vertragl. Bemessung der unverfallbaren Anwartschaft ist irrelevant (BAG 22.9.1987 NZA 1988, 732). Dasselbe muss für einen Verzicht des AG auf sein Recht zur Kürzung der Altersrente gelten. Bei AN, die bei Eintritt des Sicherungsfalles noch im Betrieb oder Unternehmen beschäftigt sind, wird die Betriebszugehörigkeit bis zum Eintritt des Sicherungsfalls zur Basis der Berechnung 39 gemacht. Bleibt der AN nach Eintritt des Sicherungsfalles weiter im Unternehmen, so bleibt gleichwohl diese Berechnungsmethode anwendbar, da die Leistung des PSV nur auf der Basis der bis zum Sicherungsfall zurückgelegten Zeiten der Betriebszugehörigkeit bemessen wird.

40 Für die Berechnung bei **Leistungen der Direktvers.** wird in § 7 II verwiesen auf § 2 II 2, also auf die versicherungsrechtl. Lösung. Dabei geht das G davon aus, dass durch Abtretung, Beleihung oder andere Inanspruchnahme durch den AG die Leistung aus der Direktvers. vollständig ausfällt. Ist dies nicht der Fall, so beschränkt sich die Leistungspflicht des PSV auf die Differenz zwischen Soll- und Ist-Versorgung. Die Soll-Versorgung ist dabei die auf den Insolvenzstichtag zurückgerechnete Versicherungssumme (vgl. BRO/*Rolfs* Rn. 226 ff.).

41 Für den Fall der **Unterstützungskassen-Versorgung** sieht das G wegen der Besonderheiten dieses Durchführungsweges (vgl. § 1b Rn. 44 f.) eine ausdr. Berechnungsvorschr. vor, nach der sich die Höhe des Anspruchs richtet nach dem Teil der nach der Versorgungsregelung vorgesehenen Versorgung, der dem Verhältnis der Dauer der Betriebszugehörigkeit zu der Zeit vom Beginn der Betriebszugehörigkeit bis zum Erreichen der in der Versorgungsregelung vorgesehenen festen Altersgrenze entspricht. Ein Unterschied zu § 2 IV besteht darin, dass in § 7 II 3 nur von vereinbarter fester Altersgrenze die Rede ist, während in § 2 IV grds. auf die Regelaltersgrenze Bezug genommen wird. Ein unterschiedl. Erg. ggü. § 2 IV mit Auswirkung auf den AN kann aber nur in dem nicht eben typischen Fall eintreten, dass die vereinbarte Altersgrenze jenseits der Regelaltersgrenze liegt (vgl. BRO/*Rolfs* Rn. 241).

42 Hins. der **Berechnung bei Pensionsfonds** findet sich eine ausdr. Vorschr. nur für solche mit Leistungszusagen (S. 5), indem insoweit auf die unmittelbare Versorgungszusage verwiesen wird. Diese Ausgestaltung des Pensionsfonds hat Anlass zur Einbeziehung der Pensionsfonds in die Insolvenzsicherung gegeben. Für den anderen Anwendungsfall des Pensionsfonds mit einer Beitragszusage mit Mindestleistung wird auf § 2 V I verwiesen, so dass die Berechnung auf der Grdl. der bis zum Eintritt des Sicherungsfalles geleisteten Beiträge und der ihnen zuzurechnenden Erträge und nicht nur der Mindestleistungsrente (anders Merkblatt PSVaG 300/M 14–01.05) erfolgt, wie sich auch aus § 7 I 1 ergibt (*Langohr-Plato/Teslau* DB 2003, 665). Dies gilt auch für Beitragszusagen mit Mindestleistung über andere Durchführungswege. Durch den Verweis auf § 2 VI wird klargestellt, dass als Bemessungsgrdl. der Pensionsplan und die sonstigen Geschäftsunterlagen maßgebend sind (§ 2 VI iVm. § 2a III 2).

43 In § 7 II 3 aE wird eine Ausnahme von den vorgenannten Regeln für den Fall gemacht, dass § 2 V anwendbar ist, da im Falle der **Entgeltumwandlung** und der beitragsorientierten Leistungszusage (s. näher § 2 Rn. 35) eine abw. Berechnungsweise der unverfallbaren Anwartschaft gilt. Allerdings bezieht sich dies anges. der Bezugnahme in § 2 V auf § 2 I, IIIa und IV nur auf Direktzusagen, Pensionsfonds und Unterstützungskassenzusagen. Der Insolvenzschutz ergibt sich dann aus dem in § 2 V genannten Betrag.

44 Durch den neuen S. 6 wird die **Veränderungssperre** des § 2a I für die Insolvenzsicherung ausdr. normiert und durch S. 7 die Pflicht zur **Dynamisierung der Anwartschaften** ausgeschlossen, was europarechtl. mögl. ist, da die Mobilitäts-RL ausdr. keine Anwendung auf Insolvenzschutzsysteme findet (Art. 2 Abs. 2c).

45 **2. Die Höchstgrenze des Abs. 3.** Die Leistungen des PSV sind nach Abs. 3 in ihrer Höhe begrenzt, da hier **zu Lasten der Beitragszahler hohe Aufwendungen** für einen Personenkreis erbracht werden müssten, der hins. des die Grenze des Abs. 3 überschießenden Betrages auch nicht schutzwürdig wäre. Die Höchstgrenze ist festzustellen im Zpkt. der ersten Fälligkeit, dh. der Fälligkeit der Versicherungsleistung des PSV. Sie beträgt das **Dreifache der im Zpkt. der ersten Fälligkeit** maßgebenden mtl. Bezugsgröße nach § 18 SGB IV. Durch die Verweisung auf § 18 SGB IV allg. wird deutl. gemacht, dass für Ost und West unterschiedl. Werte gelten (anders bei § 1a; s. Rn. 6): Für 2017 beträgt die Höchstgrenze bei lfd. Leistungen mtl. 8925 € (alte Bundesländer) bzw. 7980 € (neue Bundesländer). Bei Ansprüchen auf Kapitalleistungen ist vom Jahresbetrag der Bezugsgröße nach § 18 SGB IV auszugehen und dieser hochzurechnen auf eine fiktiv festgesetzte Laufzeit von 10 Jahren. Der insolvenzgeschützte Kapitalbetrag beträgt daher das Dreißigfache der jährl. Bezugsgröße. Die Höchstgrenze liegt 2017 hier bei 1071000 € (alte Bundesländer) bzw. 957600 € (neue Bundesländer). Diese Höchstgrenze gilt auch für den Fall der Entgeltumwandlung. Hat der Versorgungsberechtigte **mehrfache Ansprüche** auf lfd. Leistungen gegen den PSV, so sind diese für die Bemessung der Höchstgrenze zu addieren, da kein Grund ersichtl. ist, warum er bei mehreren Ansprüchen eine bessere Absicherung im Sicherungsfall haben sollte.

46 Nicht ausdr. geregelt ist die Frage der **Behandlung von dynamischen Rentenzusagen**. Das G stellt auf die bei der ersten Fälligkeit maßgebende Bezugsgröße ab, die sich bei dynamischen Versorgungszusagen der Leistungsbetrag aber später noch verändern kann. Der BGH (21.3.1983 NJW 1984, 980) dynamisiert iE diese Bezugsgröße (zum damaligen Zpkt. BBG), wenn er ausführt, dass der nach § 7 III ermittelte Betrag für den Fall, dass die Pensionszusage eine Anpassungsklausel enthält, Ausgangspunkt einer bei Eingreifen dieser Klausel geschuldeten erhöhten Rente sei. Dieser Rspr. kann nicht gefolgt werden, da sie den Gedanken der Anerkennung der vertragl. Dynamisierung für den Leistungsumf. des

PSV überträgt auf die ges. fixierte Höchstgrenze, deren Wortlaut eindeutig ist (*Paulsdorff* Rn. 408 ff.; wie der BGH BRO/*Rolfs* Rn. 263 ff.; *Höfer* § 7 Rn. 214 f.).

3. Anzurechnende Leistungen. Abs. 4 bringt zum Ausdruck, dass den **Träger der Insolvenzsicherung** nur eine Ausfallhaftung trifft. Leistungen der betriebl. AV, die der AG oder sonstige Träger der Versorgung erbringt, sind daher auf die Leistungspflicht des PSV anzurechnen. Als Leistungen sonstiger Träger kommen Zahlungen der Direktvers. sowie der Pensions- und Unterstützungskassen in Betracht. Zu berücksichtigen sind auch Leistungen aus einer freigegebenen Rückdeckungsvers. (BGH 28.9.1981 AP BetrAVG § 7 Nr. 12). 47

Die InsO bemüht sich, eine **Sanierung der betroffenen Unternehmen** zu erreichen. Im **Insolvenzplan** (§§ 217 ff. InsO) werden deshalb die Sanierungskonzeption und die Sanierungsmaßnahmen festgehalten. Dort kann auch festgehalten werden, dass der AG oder sonstige Träger der betriebl. AV von einem bestimmten Zpkt. einen Teil der Leistungen selbst erbringen soll; es kann auch eine Aufteilung der Verpflichtungen zwischen PSV und AG erfolgen (näher *Bremer* DB 2011, 875). Das G verpflichtet darüber hinaus dazu, im Plan vorzusehen, dass bei einer nachhaltigen Besserung der wirtschaftl. Lage des AG die Leistungen wieder ganz oder zT von ihm oder einem sonstigen Träger der betriebl. AV übernommen werden (sog. Besserungsklausel). Damit erhält der PSV die Möglichkeit, bei Besserung der wirtschaftl. Verhältnisse die Leistungen einzustellen. Der Insolvenzplan muss ein Erlöschen oder eine Modifikation der Beistandspflicht des PSV vorsehen für den Fall der nachhaltigen Besserung der wirtschaftl. Situation; anderenfalls muss das Insolvenzgericht den Plan vAw. zurückweisen (§ 231 I Nr. 1 InsO). Der AG oder sonstige Versorgungsträger muss dann wieder selbst die Leistungen erbringen. Dies gilt nach S. 4 auch für den außergerichtl. Vergleich nach § 7 I 4 Nr. 2; das entspr. Erg. wird hier dadurch gewährleistet, dass der PSV dem außergerichtl. Vergleich zustimmen muss. Ist eine Besserungsklausel nicht vereinbart, so kommt eine Herabsetzung der Zahlungspflichten des PSV nicht in Betracht (s. *Höfer* § 7 Rn. 249). 48

V. Versicherungsmissbrauch

Durch Abs. 5 soll der Träger der Insolvenzsicherung vor **missbräuchl. Inanspruchnahme** geschützt werden. Das G arbeitet mit einem allg. Missbrauchstatbestand in S. 1 und zur Erleichterung für den PSV mit einer Missbrauchsvermutung in S. 2. S. 3 schließl. soll Manipulationen verhindern. In diesen Fällen besteht kein Anspruch gegen den Träger der Insolvenzsicherung. Es wird hier nicht mit dem Eintritt des Versicherungsfalls sondern der Begr. des versicherten Rechts gearbeitet. 49

1. Allgemeiner Missbrauchstatbestand nach S. 1. Da es sich bei der Leistung des Trägers der Insolvenzsicherung um eine solche handelt, die den AN begünstigt und er derjenige ist, der vom Wegfall des Anspruchs betroffen ist, muss der **AN den missbilligten Zweck der Maßnahme** zumindest erkennen können (BAG 17.10.1995 NZA 1996, 880). Dies ist dann anzunehmen, wenn sich für ihn die Erkenntnis aufdrängen musste, wegen der wirtschaftl. Lage des AG sei ernsthaft damit zu rechnen, dass die Zusage nicht erfüllt werde (BAG 19.2.2002 AP BetrAVG § 7 Mißbrauch Nr. 4); die schlechte wirtschaftl. Lage allein reicht nicht. 50

Es muss eine Maßnahme vorgenommen werden, die geeignet ist, **eine Inanspruchnahme des PSV** auszulösen. Hierbei kann es sich handeln um die Erteilung einer Versorgungszusage und um ihre Verbesserung, aber auch um die Beeinträchtigung einer Direktvers. zum Nachteil des AN. So ist etwa an die Erteilung einer Zusage an Familienmitglieder zu denken, wenn kein ernsthaft gemeinter Arbeitsvertrag gegeben ist. Als eine Verbesserung kann etwa in Betracht kommen die Vereinb. eines sofortigen Ruhestandsbeginns trotz noch verfallbarer Anwartschaft (LG Köln 24.5.1978 BB 1978, 1118). Eine Anpassung nach § 16 verbessert zwar die Leistung an den Versorgungsberechtigten; hält sich der AG aber iRd. ihm nach § 16 zustehenden Beurteilungsspielraums, so liegt zwar eine Verbesserung iSd. S. 1 vor, diese dürfte aber idR nicht von der Absicht der Herbeiführung der Leistungen des PSV getragen sein (BAG 29.11.1988 AP BetrAVG § 16 Nr. 21). Ähnl. dürfte gelten für Steigerungen der Bemessungsgrdl. (BAG 20.7.1993 NZA 1994, 121). Alleiniger oder überw. Zweck dieser Maßnahme muss es sein, den Träger der Insolvenzsicherung in Anspruch zu nehmen. Die Beweislast trägt insoweit der PSV (allgM vgl. nur BAG 26.6.1990 AP BetrAVG § 1 Lebensversicherung Nr. 11; 19.2.2002 NZA 2003, 282; BRO/*Rolfs* Rn. 290). 51

2. Vermutung des Missbrauchs (S. 2). Ggü. S. 1 ist der **Anwendungsbereich** insoweit **reduziert,** als hier nur Erteilungen und Verbesserungen von Versorgungszusagen benannt sind, nicht aber Beeinträchtigungen der Direktvers. durch Abtretung oder Beleihung (BAG 17.10.1995 NZA 1996, 880). Die Vermutung des S. 2 ist widerlegbar (anders zunächst BAG 2.6.1987 AP BetrAVG § 7 Nr. 42 – unwiderlegbar). Das gesetzgeberische Ziel lässt sich auch mit einer widerlegbaren Vermutung erreichen (BAG 29.11.1988 AP BetrAVG § 16 Nr. 21). Zur Annahme dieses Missbrauchstatbestandes ist erforderl. eine obj. Beurteilung der wirtschaftl. Lage. Der PSV muss zur Erschütterung dieser Vermutung nur nachweisen, dass anges. der wirtschaftl. Lage des AG im Zpkt. der Maßnahme eine Erfüllung der Zusage oder eine Verbesserung der wirtschaftl. Lage nicht zu erwarten war (BAG 19.2.2002 NZA 52

2003, 282). Es handelt sich insoweit um eine Beweiserleichterung für den PSV (BRO/*Rolfs* Rn. 294; *Griebeling* Rn. 791). Aus dem Wortlaut kann eine Beweislastumkehr nicht entnommen werden (so aber *Paulsdorff* Rn. 431).

53 **3. Verbesserungen im letzten Jahr vor dem Sicherungsfall (S. 3).** S. 3 unterstellt gem. dem Rechtsgedanken der §§ 133 und 134 InsO eine Missbrauchsabsicht und will die Fälle erfassen, in denen der finanziell bereits bedrängte AG dem AN noch eine Verbesserung zusagt mit der Perspektive, dass nicht er, sondern der Träger der Insolvenzsicherung dafür aufkommen muss. Der AN würde sonst von der Großzügigkeit des AG auf Kosten anderer profitieren. Dieser **Leistungsausschluss** ist zwgd. (BAG 24.6.1986 AP BetrAVG § 7 Nr. 33) und kann nicht durch den Nachw. fehlender Missbrauchsabsicht aufgeh. werden (BAG 24.11.1998 NZA 1999, 650; BRO/*Rolfs* Rn. 296). Unter Verbesserungen sind alle Änd. zu verstehen, die den Betroffenen im Vergleich zur bis dahin geltenden Ausgestaltung der Zusage mit Wirkung für den Insolvenzschutz besser stellen wollen (BAG 26.4.1994 NZA 1995, 73). Treten Verbesserungen ohnehin nach der Ausgestaltung des Leistungsplans ein, werden sie von dieser Beschränkung des Insolvenzschutzes nicht erfasst. Maßgebl. für die Fristberechnung ist der Zpkt. der Zusage (BAG 2.6.1987 AP BetrAVG § 7 Nr. 42). S. 3 erfasst, ebenso wie die S. 1 und 2, entgegen seinem Wortlaut nicht nur Verbesserungen, sondern auch die Erteilung einer neuen Versorgungszusage. Wenn schon die Verbesserungen bestehender Versorgungszusagen einen Versicherungsmissbrauch vermuten lassen, dann muss dies erst recht für die Erteilung einer neuen Zusage gelten (BAG 24.11.1998 NZA 1999, 650; *Höfer/Küpper* DB 1991, 1569). Der zwgd. Leistungsausschluss nach Abs. 5 S. 3 **umfasst alle Verbesserungen**, die in den beiden letzten Jahren vor Eintritt des Sicherungsfalles gewährt werden.

54 Die **Zweijahresregel** gilt nicht für Leistungsverbesserungen, soweit die Erteilung oder Verbesserung der betriebl. AV auf einer ab 1. Januar 2002 erteilten Zusage beruht, der eine Vereinb. über eine **Entgeltumwandlung** zu Grunde liegt, soweit diese die Grenzen des § 1a (4% der BBG) nicht überschreitet. Der gleiche Gedanke eines sofortigen Insolvenzschutzes muss auch im Fall der Übertragung nach § 4 sowie einer freiwilligen Übertragung (*Langohr-Plato/Teslau* NZA 2004, 1358) gelten; die Bezugnahme auf die BBG in der ges. Rentenvers. dient der Kalkulierbarkeit des Risikos für den PSV. Für den darüber hinausgehenden Betrag greift dann die Zweijahresfrist.

55 **4. Katastrophenfall (Abs. 6).** Außergewöhnl. Risiken, die jenseits des klassischen unternehmerischen Risikos liegen, sind vom Träger der Insolvenzsicherung grds. nicht abzudecken. Allerdings wird dem PSV ein Spielraum eingeräumt, in dem ihm die Möglichkeit gegeben wird, in diesen Fällen Leistungen mit Zust. der BaFin nach billigem Ermessen abw. von den Abs. 1 bis 5 festzusetzen.

§ 8 Übertragung der Leistungspflicht und Abfindung

(1) Ein Anspruch gegen den Träger der Insolvenzsicherung auf Leistungen nach § 7 besteht nicht, wenn eine Pensionskasse oder ein Unternehmen der Lebensversicherung sich dem Träger der Insolvenzsicherung gegenüber verpflichtet, diese Leistungen zu erbringen, und die nach § 7 Berechtigten ein unmittelbares Recht erwerben, die Leistungen zu fordern.

(2) [1]Der Träger der Insolvenzsicherung hat die gegen ihn gerichteten Ansprüche auf den Pensionsfonds, dessen Trägerunternehmen die Eintrittspflicht nach § 7 ausgelöst hat, im Sinne von Absatz 1 zu übertragen, wenn die Bundesanstalt für Finanzdienstleistungsaufsicht hierzu die Genehmigung erteilt. [2]Die Genehmigung kann nur erteilt werden, wenn durch Auflagen der Bundesanstalt für Finanzdienstleistungsaufsicht die dauernde Erfüllbarkeit der Leistungen aus dem Pensionsplan sichergestellt werden kann. [3]Die Genehmigung der Bundesanstalt für Finanzdienstleistungsaufsicht kann der Pensionsfonds nur innerhalb von drei Monaten nach Eintritt des Sicherungsfalles beantragen.

(3) An die Stelle des Anspruchs gegen den Träger der Insolvenzsicherung nach § 7 tritt auf Verlangen des Berechtigten die Versicherungsleistung aus einer auf sein Leben abgeschlossenen Rückdeckungsversicherung, wenn die Versorgungszusage auf die Leistungen der Rückdeckungsversicherung verweist. Das Wahlrecht des Berechtigten nach Satz 1 besteht nicht, sofern die Rückdeckungsversicherung in die Insolvenzmasse des Arbeitgebers fällt oder eine Übertragung des Anspruchs durch den Träger der Insolvenzsicherung nach Absatz 2 erfolgt. Der Berechtigte hat das Recht, als Versicherungsnehmer in die Versicherung einzutreten und die Versicherung mit eigenen Beiträgen fortzusetzen; § 1b Absatz 5 Satz 1 Nummer 1 und § 2 Absatz 2 Satz 4 bis 6 gelten entsprechend. Der Träger der Insolvenzsicherung informiert den Berechtigten über sein Wahlrecht nach Satz 1 und über die damit verbundenen Folgen für den Insolvenzschutz. Das Wahlrecht erlischt sechs Monate nach Information durch den Träger der Insolvenzsicherung. Der Versicherer informiert den Träger der Insolvenzsicherung unverzüglich über den Versicherungsnehmerwechsel.

Dem Träger der Insolvenzsicherung soll die Möglichkeit eingeräumt werden, Pensionskassen oder andere Unternehmen der Lebensvers. bei der Durchführung des Insolvenzschutzes zu beteiligen, um ihm so die Erfüllung der ihm übertragenen Aufgabe zu erleichtern, was umgesetzt wurde, indem ein aus fast allen in der Bundesrepublik Deutschland tätigen Lebensversicherungsunternehmen zusammengesetztes Konsortium die vom PSV übernommenen Betriebsrenten versichert und an die Berechtigten auszahlt (*Laskowski* in: 10 Jahre Insolvenzsicherung 1985 S. 126). § 8 II enthält an § 3 angelehnt die Möglichkeit einer Kapitalabfindung. Abs. 1a trägt den Besonderheiten der Pensionsfonds Rechnung und bringt die auch sonst festzustellende Skepsis des Gesetzgebers ggü. der Sicherheit dieses Durchführungsweges zum Ausdruck. 1

Abs. 1 setzt seinem Normzweck nach voraus, dass die Verpflichtung der Pensionskasse oder des Unternehmens der Lebensvers. nur entsteht, wenn ein **Anspruch gegen den PSV zuvor** bestanden hat. Die Möglichkeit der **Abwicklung über Pensionskassen** sieht das G zwar vor; sie wird aber nicht praktiziert, da einschlägige Rahmenverträge nur mit Unternehmen der Lebensvers. bestehen. Bei dem von den Unternehmen der Lebensvers. gebildeten Konsortium handelt es sich um eine GbR, so dass die Übernahme rechtl. nicht durch dieses Konsortium, sondern durch die Einzelnen am Konsortium beteiligten Lebensvers. erfolgt. Der PSV hat sich in § 2 II seiner Satzung zur Vers. übernommener Rentenansprüche bei diesem Konsortium verpflichtet. Die in § 8 I vorgesehene **befreiende Wirkung** tritt aber nur ein, sofern sich die Lebensversicherer ggü. dem Träger der Insolvenzsicherung verpflichten, diese Leistung zu erbringen, was zivilrechtl. als Schuldübernahme zu qualifizieren ist. Eine Genehmigung des Gläubigers nach § 415 I BGB ist hier nicht erforderl., da § 8 I insofern lex specialis ist. § 8 I setzt weiter voraus, dass die nach § 7 Anspruchsberechtigten **ein unmittelbares Recht** gegen den Versicherer erwerben, die Leistungen zu fordern. Versicherungsrechtl. erhalten sie ein unwiderrufl. Bezugsrecht, das sich in der Praxis aus der vertragl. Vereinb. zw. dem Konsortium und dem PSV ergibt und als echter Vertrag zugunsten Dritter (§ 328 I BGB) zu qualifizieren ist. 2

Sind diese Voraussetzungen erfüllt, richtet sich der **Anspruch des Versorgungsberechtigten** gegen den Versicherer. Die schuldbefreiende Wirkung reicht aber nur so weit, wie der Verpflichtungswille des Trägers der Insolvenzsicherung geht. Der PSV hat hier eine inhaltl. Gestaltungsmöglichkeit. Hat das **Trägerunternehmen eines Pensionsfonds** die Eintrittspflicht nach § 7 ausgelöst, so sieht Abs. 2 eine Pflicht des PSV vor, die gegen ihn gerichteten Ansprüche auf den Pensionsfonds zu übertragen, wenn die BaFin hierzu die Genehmigung erteilt hat. Durch die jur. etwas verunglückte Formulierung „iSv. Abs. 1 zu übertragen" soll wohl ausgesagt werden, dass der Pensionsfonds in diesem Fall wie eine Pensionskasse oder ein Unternehmen der Lebensvers. nach Abs. 1 mit befreiender Wirkung an die Stelle des PSV tritt. Durch S. 2 wird die dauerhafte Erfüllbarkeit der Leistungen sichergestellt. Erst aus S. 3 wird deutl., dass die Übertragung auf einen Pensionsfonds nicht etwa ein Gestaltungsrecht des PSV ist, sondern die Initiative vom Pensionsfonds ausgehen muss (s. auch *Hersch* BetrAV 2015, 553). 3

Zur Verbesserung der Situation des AN bzw. Versorgungsberechtigten eröffnet der durch das BRSG eingeführte neue Abs. 3 die Möglichkeit der **Inanspruchnahme einer bestehenden Rückdeckungsvers.** Voraussetzung ist aber, dass die Versorgungszusage auf sie verweist, also eine subsidiäre Möglichkeit der Inanspruchnahme durch den AN oder Versorgungsberechtigten vorsieht. Nach seiner Wahl kann er dann entweder den Anspruch nach § 7 geltend machen oder die Versicherungsleistung aus der auf sein Leben abgeschlossenen Rückdeckungsvers. nutzen, was für ihn oft günstiger ist, da er die Vers. mit eigenen Beiträgen fortsetzen und weiter ausbauen kann; er kann außerdem von einer Überschussbeteiligung profitieren, darf aber diese Vers. dann auch nur für Alters-, Invaliditäts- oder Hinterbliebenensicherung nutzen (S. 3 2. Hs.). Diese Nutzung ist allerdings ggü. einer Inanspruchnahme durch den PSV subsidiär und darf nicht den insolvenzrechtl. Verteilungsregeln widersprechen, was den Anwendungsbereich begrenzt. Um das Wahlrecht (Frist 6 Monate) ausüben zu können, muss der Versorgungsberechtigte eine Entscheidungsgrdl. haben, weshalb er neben den Inf. des Versicherers vom PSV über den Umf. der Insolvenzsicherung und daraus sich ergebende Leistungen zu informieren ist. 4

§ 8a Abfindung durch den Träger der Insolvenzsicherung

[1]Der Träger der Insolvenzsicherung kann eine Anwartschaft ohne Zustimmung des Arbeitnehmers abfinden, wenn der Monatsbetrag der aus der Anwartschaft resultierenden laufenden Leistung bei Erreichen der vorgesehenen Altersgrenze 1 vom Hundert, bei Kapitalleistungen zwölf Zehntel der monatlichen Bezugsgröße nach § 18 des Vierten Buches Sozialgesetzbuch nicht übersteigen würde oder wenn dem Arbeitnehmer die Beiträge zur gesetzlichen Rentenversicherung erstattet worden sind. [2]Dies gilt entsprechend für die Abfindung einer laufenden Leistung. [3]Die Abfindung ist darüber hinaus möglich, wenn sie an ein Unternehmen der Lebensversicherung gezahlt wird, bei dem der Versorgungsberechtigte im Rahmen einer Direktversicherung versichert ist. [4]§ 2 Abs. 2 Satz 4 bis 6 und § 3 Abs. 5 gelten entsprechend.

Die Vorschr. überträgt den gesetzgeberischen Gedanken des § 3 auf die Insolvenzsicherung. Wie in § 3 soll **die Abfindung geringfügiger Anwartschaften** ermöglicht werden, ggü. § 3 hierfür jedoch 1 unter erleichterten Voraussetzungen. Der PSV kann in allen Fällen des § 3 II und III ohne Zust. des AN abfinden, was hins. des Falls der erstatteten Beiträge zur ges. Rentenvers. über § 3 hinausgeht und insg. zu einer erhebl. Entlastung des Trägers der Insolvenzsicherung führt. Dies betrifft auch lfd. Leistungen. Nach S. 3 ist eine Abfindung ferner mögl., wenn die Beträge an ein Unternehmen der Lebensversicherungswirtschaft gezahlt werden, bei dem der Versorgungsberechtigte im Rahmen einer Direktvers. versichert ist, wodurch dem PSV die Möglichkeit eingeräumt wird, unverfallbare Anwartschaften aus Gruppenversicherungsverträgen abzufinden, was insb. dann für den Träger der Insolvenzsicherung interessant ist, wenn eine Direktvers. nur tw. durch Abtretungen oder Beleihungen beschädigt ist. Es ist unklar, ob auch diese Abfindung an die Grenze des S. 1 gebunden ist; anges. der Funktion dieser Abfindungsmöglichkeit wird man sie aber ohne eine derartige Beschränkung zulassen müssen. Der PSV kann ohne wertmäßige Grenzen immer dann eine derartige Abfindung vornehmen, wenn für den Versorgungsberechtigten eine Direktvers. besteht. In S. 3 von Abs. 2 werden § 2 II 4 bis 6 und § 3 V für entspr. anwendbar erklärt. Das bedeutet, dass den AN Verfügungsbeschränkungen treffen (vgl. § 2 Rn. 25). Der Verweis auf § 3 V dient der Berechnung der Abfindung.

§ 9 Mitteilungspflicht; Forderungs- und Vermögensübergang

(1) [Mitteilungspflichten] [1] **Der Träger der Insolvenzsicherung teilt dem Berechtigten die ihm nach § 7 oder § 8 zustehenden Ansprüche oder Anwartschaften schriftlich mit. [2] Unterbleibt die Mitteilung, so ist der Anspruch oder die Anwartschaft spätestens ein Jahr nach dem Sicherungsfall bei dem Träger der Insolvenzsicherung anzumelden; erfolgt die Anmeldung später, so beginnen die Leistungen frühestens mit dem Ersten des Monats der Anmeldung, es sei denn, daß der Berechtigte an der rechtzeitigen Anmeldung ohne sein Verschulden verhindert war.**

(2) [Forderungsübergang] [1] **Ansprüche oder Anwartschaften des Berechtigten gegen den Arbeitgeber auf Leistungen der betrieblichen Altersversorgung, die den Anspruch gegen den Träger der Insolvenzsicherung begründen, gehen im Falle eines Insolvenzverfahrens mit dessen Eröffnung, in den übrigen Sicherungsfällen dann auf den Träger der Insolvenzsicherung über, wenn dieser nach Absatz 1 Satz 1 dem Berechtigten die ihm zustehenden Ansprüche oder Anwartschaften mitteilt. [2] Der Übergang kann nicht zum Nachteil des Berechtigten geltend gemacht werden. [3] Die mit der Eröffnung des Insolvenzverfahrens übergegangenen Anwartschaften werden im Insolvenzverfahren als unbedingte Forderungen nach § 45 der Insolvenzordnung geltend gemacht.**

(3) [Vermögensübergang] [1] **Ist der Träger der Insolvenzsicherung zu Leistungen verpflichtet, die ohne den Eintritt des Sicherungsfalles eine Unterstützungskasse erbringen würde, geht deren Vermögen einschließlich der Verbindlichkeiten auf ihn über; die Haftung für die Verbindlichkeiten beschränkt sich auf das übergegangene Vermögen. [2] Wenn die übergegangenen Vermögenswerte den Barwert der Ansprüche und Anwartschaften gegen den Träger der Insolvenzsicherung übersteigen, hat dieser den übersteigenden Teil entsprechend der Satzung der Unterstützungskasse zu verwenden. [3] Bei einer Unterstützungskasse mit mehreren Trägerunternehmen hat der Träger der Insolvenzsicherung einen Anspruch gegen die Unterstützungskasse auf einen Betrag, der dem Teil des Vermögens der Kasse entspricht, der auf das Unternehmen entfällt, bei dem der Sicherungsfall eingetreten ist. [4] Die Sätze 1 bis 3 gelten nicht, wenn der Sicherungsfall auf den in § 7 Abs. 1 Satz 4 Nr. 2 genannten Gründen beruht, es sei denn, daß das Trägerunternehmen seine Betriebstätigkeit nach Eintritt des Sicherungsfalls nicht fortsetzt und aufgelöst wird (Liquidationsvergleich).**

(3a) **Absatz 3 findet entsprechende Anwendung auf einen Pensionsfonds, wenn die Bundesanstalt für Finanzdienstleistungsaufsicht die Genehmigung für die Übertragung der Leistungspflicht durch den Träger der Insolvenzsicherung nach § 8 Abs. 2 nicht erteilt.**

(4) [Insolvenzplan] [1] **In einem Insolvenzplan, der die Fortführung des Unternehmens oder eines Betriebes vorsieht, kann für den Träger der Insolvenzsicherung eine besondere Gruppe gebildet werden. [2] Sofern im Insolvenzplan nichts anderes vorgesehen ist, kann der Träger der Insolvenzsicherung, wenn innerhalb von drei Jahren nach der Aufhebung des Insolvenzverfahrens ein Antrag auf Eröffnung eines neuen Insolvenzverfahrens über das Vermögen des Arbeitgebers gestellt wird, in diesem Verfahren als Insolvenzgläubiger Erstattung der von ihm erbrachten Leistungen verlangen.**

(5) [Beschwerderecht] **Dem Träger der Insolvenzsicherung steht gegen den Beschluß, durch den das Insolvenzverfahren eröffnet wird, die sofortige Beschwerde zu.**

1 **1. Normzweck.** Die Vorschr. zieht Konsequenzen aus der Einstandspflicht des Trägers der Insolvenzsicherung. Abs. 1 enthält eine allg. **Mitteilungspflicht des PSV ggü. den Versorgungsberechtigten**, die der Feststellung von Ansprüchen und Anwartschaften dient. Deshalb ist daneben auch eine Anmeldepflicht des Versorgungsberechtigten vorgesehen. Die Abs. 2, 3 und 3a sollen sicherstellen, dass der zur Leistung verpflichtete Träger der Insolvenzsicherung die Möglichkeit einer Kompensation seiner Aufwendungen erhält, wobei Abs. 3 den Besonderheiten der Unterstützungskassen und Abs. 3a

denen der Pensionsfonds Rechnung trägt; auch nach einem Sicherungsfall können noch nennenswerte Vermögensmassen vorhanden sein, auf die dem Träger der Insolvenzsicherung so der Rückgriff eingeräumt wird. Durch die Abs. 4 und 5 wird die Stellung des PSV im Insolvenzverf. gestärkt.

2. Mitteilungspflichten. Der PSV ist im **Interesse des Versorgungsempfängers** von sich aus zur Mitt. verpflichtet, da dieser in die Lage versetzt werden muss, die ordnungsgemäße Erfassung seiner Rechte durch den Träger der Insolvenzsicherung zu überprüfen. Insb. bei vorzeitig mit unverfallbaren Anwartschaften ausgeschiedenen AN kann auch die Situation eintreten, dass er vom Sicherungsfall gar keine Kenntnis hat. 2

a) Inhalt und Wirkung der Mitteilung. Deshalb ist der Anspruch **nicht nur dem Grunde, sondern auch der Höhe** nach durch den PSV mitzuteilen. Die Mitteilungspflichten erfassen dabei nicht nur die nach § 7 bestehenden Ansprüche gegen den Träger der Insolvenzsicherung, sondern durch den Verweis auf § 8 wird der PSV auch verpflichtet, darüber zu informieren, dass die Versorgungsverpflichtung von einem Versicherungsunternehmen übernommen ist und muss dies bezeichnen. Er muss den Berechtigten auch über die Gewährung der Abfindung nach § 8 II informieren. Einen solchen Anspruch auf Mitt. haben nur Versorgungsempfänger und Inhaber einer unverfallbaren Versorgungsanwartschaft. Hinterbliebene haben einen solchen Anspruch erst dann, wenn insoweit der Versorgungsfall eingetreten ist. Die Mitt. nach § 9 I hat nur **deklaratorische Funktion** (BAG 29.9.2010 NZA 2011, 210, 211). Allerdings begr. diese Mitt. einen Vertrauenstatbestand. Wenn also etwa der PSV seine Einstandspflicht entgegen der wahren Rechtslage bejaht hat, so hat er die Nachteile auszugleichen, die dem Versorgungsempfänger im Vertrauen auf die Richtigkeit der Mitt. entstanden sind und noch entstehen (BGH 3.2.1986 AP BetrAVG § 9 Nr. 4). 3

b) Unterbliebene Mitteilung. Es geht hier darum, dass die nötige Klärung nur im beiderseitigen Zusammenwirken erfolgen kann, so dass die Anmeldepflicht nach S. 2 den Charakter einer Mitwirkungspflicht bzw. einer **versicherungsrechtl. Obliegenheit** hat. Die Anmeldung muss innerhalb einer **Ausschlussfrist von einem Jahr** erfolgen. Das G knüpft an die Versäumung der Anmeldung die Sanktion des späteren Leistungsbeginns; dies gilt allerdings nur dann, wenn den Berechtigten an der Fristversäumung ein Verschulden (§ 276 BGB) trifft. Durch die Art der Formulierung („es sei denn …") wird deutl. gemacht, dass der Nachw. insoweit dem Berechtigten obliegt (BAG 9.12.1997 NZA 1998, 941). Indem die Vorschr. von „beginnen die Leistungen" spricht, erfasst sie an sich nicht einmalige Kapitalleistungen. Da aber kein Grund ersichtl. ist, warum nicht auch Kapitalleistungen von dieser Vorschr. erfasst sein sollen, wird man sie analog auch darauf anzuwenden haben (BRO/*Rolfs* Rn. 27).S. 2 ist in der Lit. dahin ausgelegt worden, dass es hins. der Anwartschaften ausreiche, dass der Anwärter die Meldung in dem Jahr vornimmt, in dem der Versorgungsfall eintritt (*Paulsdorff* Rn. 9), denn Anwärter können nach Insolvenzeintritt erst bei **Eintritt ihres individuellen Versorgungsfalles** einen Leistungsanspruch haben. Zutr. hat das BAG unter Berufung auf den Wortlaut dies zurückgewiesen und auf den Ausnahmetatbestand in S. 2 aE verwiesen (BAG 21.3.2000 NZA 2000, 835; BRO/*Rolfs* Rn. 21). Der Anwärter bleibt damit aber grds. verpflichtet, seine Anwartschaft innerhalb eines Jahres nach dem Sicherungsfall anzumelden. 4

3. Forderungsübergang. Durch den Forderungsübergang nach Abs. 2 gehen die **Forderungen des Berechtigten** auf Leistungen der betriebl. AV bzw. die entspr. Anwartschaften auf den PSV über, wodurch er Gläubiger in der Insolvenz über das Vermögen des Versorgungsschuldners wird (BAG 7.11.1989 NZA 1990, 524). Der PSV macht keine anderen Forderungen geltend als die Versorgungsberechtigten, wenn es den ges. Forderungsübergang aufgrund des Insolvenzschutzes nicht gäbe (BGH 23.1.1992 NZA 1992, 653, 654). **Betroffen** vom Forderungsübergang sind deshalb die insolvenzgeschützten **Ansprüche auf Leistungen** der betriebl. AV gegen den AG. Das bedeutet nicht, dass nur Ansprüche gegen den AG aus unmittelbarer Versorgungszusage erfasst sind; vielmehr werden die anderen Sicherungsfälle herbeigeführt durch eine vom AG verursachte Beeinträchtigung des Bezugsrechts, was einen unmittelbaren Anspruch gegen den AG auslöst. Dies gilt nicht nur für den Fall der Abtretung oder Beleihung einer Direktvers., sondern auch im Falle von Unterstützungskassen (BAG 6.10.1992 NZA 1993, 455; s. aber auch Abs. 3 und Rn. 10 ff.). Mit dem Übergang des Anspruchs oder der Anwartschaft gehen auch die zur Sicherung der Betriebsrente eingeräumten Rechte auf den Träger der Insolvenzsicherung über (§ 9 II 1. Alt. iVm. § 401 I BGB analog, § 412 BGB; BAG 12.12.1989 NZA 1990, 475; *Berenz* DB 2004, 1098). Ein solches akzessorisches Sicherungsrecht kann auch eine Bürgschaft sein (BGH 13.5.1993 NZA 1994, 365). 5

§ 9 II sieht **keine Beschränkung** dahin vor, dass die Ansprüche oder Anwartschaften nur übergehen, „soweit" der Träger der Insolvenzsicherung Leistungen zu gewähren hat (vgl. etwa § 86 VVG, § 116 SGB X). Hierdurch soll es dem PSV ermöglicht werden, seine vom Pensionär abgeleiteten Ansprüche gem. §§ 174 ff. InsO fristgerecht anzumelden; deshalb wird der Forderungsübergang früh angesetzt. Hinge die Anspruchsberechtigung jeweils davon ab, ob der Träger der Insolvenzsicherung noch gewillt oder im Hinblick auf § 9 I 2 noch verpflichtet ist, an den Versorgungsempfänger zu leisten, so bliebe die Inhaberschaft des Anspruchs gegen den Versorgungsschuldner (zu) lange in der Schwebe (BGH 8.3.1982 AP BetrAVG § 9 Nr. 1). Allerdings müssen die Anwartschaften und Ansprüche des Ver- 6 sorgungsberechtigten gegen den AG auf Leistungen der betriebl. AV dem Grunde nach geeignet sein, einen Anspruch gegen den Träger der Insolvenzsicherung zu begründen; der PSV muss also insoweit nach § 7 zur Leistung verpflichtet sein (ähnl. *Wortmann* Teil 16 A Rn. 582; BRO/*Rolfs* Rn. 48; *Höfer* § 9 Rn. 31 f.). Dies lässt sich als inhaltl. Begrenzung des Forderungsübergangs kennzeichnen, der nicht weiter reichen darf als die Insolvenzsicherung (BAG 9.11.1999 AP BetrAVG § 7 Nr. 96).

7 Dem Gedanken der Anwartschaft als Vorstufe zum Vollrecht Rechnung tragend, verwandelt sich nach der Rspr. des BAG eine Versorgungsanwartschaft im Insolvenzfall in einen **Zahlungsanspruch**. Dieser wird gem. § 9 II 3 nach § 45 InsO als unbedingte Forderung geltend gemacht.

8 Der Anspruch geht im Fall der Insolvenz über zum **Zpkt. der Eröffnung des Insolvenzverf.** In den anderen Sicherungsfällen fehlt es an einem auch für den Berechtigten offensichtl. Ereignis, an das der Anspruchsübergang geknüpft werden könnte. Deshalb wird hier der Zpkt. (des Zugangs) der Mitt. nach Abs. 1 S. 1 für maßgebl. erklärt. Das wird den PSV auch veranlassen, diese Mitt. möglichst frühzeitig zu machen. Die übergegangenen Forderungen sind **durch den PSV geltend zu machen** (BAG 12.4.1983 AP BetrAVG § 9 Nr. 2), der somit Insolvenzgläubiger nach § 38 InsO ist. Der Versorgungsberechtigte kann nach Forderungsübergang seine Rechte nur noch ggü. dem PSV geltend machen. Allerdings sieht Abs. 2 S. 2 vor, dass der Übergang nicht zum Nachteil des Berechtigten geltend gemacht werden darf. Das wird bedeutsam bei der Existenz **akzessorischer Sicherungsrechte,** die von ihrem Sicherungsumf. über das vom Träger der Insolvenzsicherung Benötigte hinausgehen; hier darf der Träger der Insolvenzsicherung die Sicherungsrechte nur insoweit verwerten, wie er es für den von ihm gesicherten Teil erforderl. ist und für den von ihm nicht gesicherten Teil nicht benötigt wird (s. etwa *Höfer* § 9 Rn. 48); dies kann auch bei CTA Bedeutung erlangen (*Rolfs* NZA Beil. 3/2012, 75; *Schnitker/Sittard* NZA 2012, 966). Der AG kann seinem neuen Gläubiger in Gestalt des PSV die vor dem Forderungsübergang begr. **Einwendungen** entgegenhalten (§§ 404, 412 BGB). Es finden in diesem Verhältnis auch die sonstigen einschlägigen Vorschr. des Abtretungsrechts (etwa § 407 BGB) Anwendung.

9 Soweit der PSV **keinen Insolvenzschutz** gewährt, ist er verpflichtet, die auf ihn übergegangene Ansprüche auf den Versorgungsberechtigten **rückzuübertragen** oder ihm eine Ermächtigung zur Geltendmachung der Forderung in eigenem Namen zu erteilen (BAG 12.4.1983 AP BetrAVG § 9 Nr. 2). So wird der Versorgungsberechtigte in die Lage versetzt, seine Forderungen selbst geltend zu machen. Unter Berufung auf § 812 I 1 2. Fall BGB (Eingriffskondiktion) kann der Versorgungsberechtigte die Rückabtretung verlangen.

10 **4. Vermögensübergang bei Unterstützungskassen.** Da lt. Legaldefinition der Unterstützungskassen-Versorgung ein Rechtsanspruch auf Leistungen der Unterstützungskasse nicht besteht, konnte ein Forderungsübergang wie in Abs. 2 nicht angeordnet werden. Da die Unterstützungskasse bei Zahlungsunfähigkeit des Trägerunternehmens ihre wirtschaftl. Basis verliert, kann nur noch auf das etwa vorhandene Vermögen zurückgegriffen werden (näher *Berenz* DB 2006, 1006), weshalb Abs. 3 den Vermögensübergang anordnet. Nach dem Wortlaut dürfte an sich ein Vermögensübergang nicht stattfinden, wenn zum Zpkt. des Eintritts des Versicherungsfalles nur Inhaber insolvenzgesicherter Anwartschaften, nicht aber Versorgungsempfänger vorhanden sind, da die Vorschr. den Übergang daran knüpft, dass der PSV zu Leistungen verpflichtet ist. Es besteht aber Einigkeit darüber, dass die **Vorschr. ausdehnend auszulegen ist und auch Anwartschaften umfasst,** da das Interesse des PSV hier das Gleiche ist (BRO/*Rolfs* Rn. 74; *Höfer* § 9 Rn. 63).

11 Da § 7 I 2 den Insolvenzschutz an die Eröffnung des Insolvenzverf. über das Vermögen des AG (Trägerunternehmen) knüpft, nimmt das BAG einen Vermögensübergang auf den PSV auch dann an, wenn die **Unterstützungskasse noch über hinreichende finanzielle Mittel** verfügt, um die bestehenden Versorgungsverbindlichkeiten zu erfüllen (BAG 12.2.1991 AP BetrAVG § 9 Nr. 13). Diese Entsch. ist dogmatisch probl., da sie hins. des Sicherungsfalls unscharf argumentiert; sie lässt sich aber aus pragmatischen Gründen rechtfertigen, da so verhindert wird, dass der InsV die in der Unterstützungskasse noch vorhandenen Mittel im Interesse der anderen Gläubiger zur Insolvenzmasse zieht und ansonsten auch bei überdotierten Unterstützungskassen ein Vermögensübergang stattfindet (§ 9 III 2), was etwa zu einer Erhöhung der lfd. Leistungen und der unverfallbaren Anwartschaften führen kann (KBH/*Berenz* Rn. 29).

12 Der Vermögensübergang erfasst **alle vermögenswerten Güter der Unterstützungskasse,** also etwa auch Darlehensforderungen (BAG 6.10.1992 AP BetrAVG § 9 Nr. 16). Das G sieht keine Einschränkung auf die Höhe der erbrachten oder zu erbringenden Leistungen vor. Der Zpkt. des Vermögensübergangs ist entspr. der Regelung des Abs. 2 zum Forderungsübergang zu bestimmen. Der 2. Hs. des S. 1 macht deutl., dass mit dem Vermögensübergang gleichzeitig auch die Verbindlichkeiten auf den PSV übergehen. Verbindlichkeiten der Unterstützungskasse sind aber wegen des fehlenden Rechtsanspruchs nicht deren „Ansprüche“ auf Versorgung. Die Haftung ist auf das übergegangene Vermögen begrenzt.

13 Für **Gruppen-Unterstützungskassen** findet sich in Abs. 3 S. 3 eine Ausnahme, da ein Vermögensübergang hier dazu führen würde, dass die Insolvenz eines der Unternehmen die anderen Unternehmen und ihre Versorgungsberechtigten beeinträchtigen würde. Das G behilft sich für diesen Fall mit einem

betragsmäßig bestimmten Anspruch des Trägers der Insolvenzsicherung gegen die Unterstützungskasse, der dem Teil des Vermögens der Kasse entspricht, der auf das Unternehmen entfällt. Anhaltspunkte für die Bestimmung dieses Betrages lassen sich aus der Satzung der Kasse, dem Gesellschaftsvertrag oder sonstigen Vereinb. entnehmen (BAG 22.10.1991 AP BetrAVG § 9 Nr. 14). Helfen diese Maßstäbe nicht weiter, so ist Anhaltspunkt die bisher übl. Praxis der jeweiligen Unterstützungskasse.

Beim **außergerichtl. Vergleich** findet nach S. 4 ein Vermögensübergang nicht statt, da hier der AG 14
weiterhin für die Leistungen haftet. S. 4 Hs. 2 bestimmt jedoch, dass der Ausschluss des Vermögensübergangs im Falle des Liquidationsvergleichs nicht gilt. Hier verliert die Unterstützungskasse mit dem Wegfall des Trägerunternehmens ihre Existenzberechtigung, so dass deshalb das Vermögen der Kasse auch nicht in die Vergleichsmasse fallen soll; vielmehr soll es dem PSV zur Befriedigung der Ansprüche der Betriebsrentner bzw. Anwartschaftsinhaber zur Vfg. stehen.

5. Vermögensübergang bei Pensionsfonds. Für den Fall der Nichterteilung der Genehmigung nach 15
§ 8 I a sieht Abs. 3a eine entspr. Anwendung der Regelung des Abs. 3 zu den Unterstützungskassen vor, womit die Konsequenz aus der Sonderstellung der Pensionsfonds gezogen wird. Anges. § 8 I a ist diese Reglung zwgd. Dies wird relevant bei einem **unterdotierten Pensionsfonds**; der PSV muss dann anstelle des Pensionsfonds die Leistung erbringen, was den Vermögensübergang rechtfertigt. Die Regelungen zu den Unterstützungskassen gelten zwar entspr.; hier ist aber der Anwendungsbereich begrenzter, da die Situation eines Pensionsfonds mit noch ausreichenden Mitteln hier nicht auftauchen kann (s. Rn. 17).

6. Stellung des PSV im Insolvenzverfahren. Abs. 4 stärkt die Stellung des PSV im Insolvenzverf. 16
Die InsO arbeitet mit der Aufstellung eines Insolvenzplans (§§ 217 ff. InsO) und bildet dabei Gruppen für die am Insolvenzplan Beteiligten (§ 222 InsO). Die Abstimmung über den Insolvenzplan erfolgt innerhalb der Gruppen (§ 243 InsO). Wird die Fortführung des Unternehmens oder eines Betriebes vorgesehen, so kann nach S. 1 für den PSV eine eigene Gruppe gebildet werden mit der Folge, dass der Insolvenzplan nicht gegen seine Stimme verabschiedet werden kann. Die Wiederauflebensklausel des § 255 InsO ist nicht zugeschnitten auf die langfristige Aufteilung der Verpflichtungen aus der betriebl. AV zwischen PSV und dem in der Sanierung befindl. Unternehmen. Sie wird deshalb durch die Regelung im neuen Abs. 4 S. 2 ersetzt. Die Drei-Jahres-Frist ist an die Regelung über die Aufhebung der Planüberwachung in § 268 I Nr. 2 InsO angelehnt und bedeutet zugleich, dass ein Insolvenzfall nach Ablauf dieser drei Jahre wie der übl. (neue) Insolvenzfall behandelt wird.

Das **eigene Beschwerderecht** des Trägers der Insolvenzsicherung (Abs. 5) trägt dem Umstand 17
Rechnung, dass die Eröffnung des Insolvenzverf. für ihn erhebl. wirtschaftl. Tragweite hat, da der Eröffnungsbeschl. bei Vorliegen der anderen Voraussetzungen die Leistungspflicht auslöst. Es ist deshalb gerechtfertigt, dem PSV das Recht zur sofortigen Beschwerde gegen den Eröffnungsbeschl. einzuräumen.

§ 10 Beitragspflicht und Beitragsbemessung

(1) [Beitragspflicht] Die Mittel für die Durchführung der Insolvenzsicherung werden auf Grund öffentlich-rechtlicher Verpflichtung durch Beiträge aller Arbeitgeber aufgebracht, die Leistungen der betrieblichen Altersversorgung unmittelbar zugesagt haben oder eine betriebliche Altersversorgung über eine Unterstützungskasse, eine Direktversicherung der in § 7 Abs. 1 Satz 2 und Absatz 2 Satz 1 Nr. 2 bezeichneten Art oder einen Pensionsfonds durchführen.

(2) [Gesamtbeitragsaufkommen] [1] Die Beiträge müssen den Barwert der im laufenden Kalenderjahr entstehenden Ansprüche auf Leistungen der Insolvenzsicherung decken zuzüglich eines Betrages für die aufgrund eingetretener Insolvenzen zu sichernden Anwartschaften, der sich aus dem Unterschied der Barwerte dieser Anwartschaften am Ende des Kalenderjahres und am Ende des Vorjahres bemisst. [2] Der Rechnungszinsfuß bei der Berechnung des Barwerts der Ansprüche auf Leistungen der Insolvenzsicherung bestimmt sich nach § 235 Absatz 1 Satz 1 Nummer 4 des Versicherungsaufsichtsgesetzes; soweit keine Übertragung nach § 8 Abs. 1 stattfindet, ist der Rechnungszinsfuß bei der Berechnung des Barwerts der Anwartschaften um ein Drittel höher. [3] Darüber hinaus müssen die Beiträge die im gleichen Zeitraum entstehenden Verwaltungskosten und sonstigen Kosten, die mit der Gewährung der Leistungen zusammenhängen, und die Zuführung zu einem von der Bundesanstalt für Finanzdienstleistungsaufsicht festgesetzten Ausgleichsfonds decken; § 193 des Versicherungsaufsichtsgesetzes bleibt unberührt. [4] Auf die am Ende des Kalenderjahres fälligen Beiträge können Vorschüsse erhoben werden. [5] In Jahren, in denen sich außergewöhnlich hohe Beiträge ergeben würden, kann zu deren Ermäßigung der Ausgleichsfonds in einem von der Bundesanstalt für Finanzdienstleistungsaufsicht zu genehmigenden Umfang herangezogen werden; außerdem können die nach den Sätzen 1 bis 3 erforderlichen Beiträge auf das laufende und die bis zu vier folgenden Kalenderjahre verteilt werden.

(3) [Beitragsbemessungsgrundlage] Die nach Absatz 2 erforderlichen Beiträge werden auf die Arbeitgeber nach Maßgabe der nachfolgenden Beträge umgelegt, soweit sie sich auf die laufenden

Versorgungsleistungen und die nach § 1b unverfallbaren Versorgungsanwartschaften beziehen (Beitragsbemessungsgrundlage); diese Beträge sind festzustellen auf den Schluß des Wirtschaftsjahres des Arbeitgebers, das im abgelaufenen Kalenderjahr geendet hat:

1. **Bei Arbeitgebern, die Leistungen der betrieblichen Altersversorgung unmittelbar zugesagt haben, ist Beitragsbemessungsgrundlage der Teilwert der Pensionsverpflichtung (§ 6a Abs. 3 des Einkommensteuergesetzes).**
2. **Bei Arbeitgebern, die eine betriebliche Altersversorgung über eine Direktversicherung mit widerruflichem Bezugsrecht durchführen, ist Beitragsbemessungsgrundlage das geschäftsplanmäßige Deckungskapital oder, soweit die Berechnung des Deckungskapitals nicht zum Geschäftsplan gehört, die Deckungsrückstellung. Für Versicherungen, bei denen der Versicherungsfall bereits eingetreten ist, und für Versicherungsanwartschaften, für die ein unwiderrufliches Bezugsrecht eingeräumt ist, ist das Deckungskapital oder die Deckungsrückstellung nur insoweit zu berücksichtigen, als die Versicherungen abgetreten oder beliehen sind.**
3. **Bei Arbeitgebern, die eine betriebliche Altersversorgung über eine Unterstützungskasse durchführen, ist Beitragsbemessungsgrundlage das Deckungskapital für die laufenden Leistungen (§ 4d Abs. 1 Nr. 1 Buchstabe a des Einkommensteuergesetzes) zuzüglich des Zwanzigfachen der nach § 4d Abs. 1 Nr. 1 Buchstabe b Satz 1 des Einkommensteuergesetzes errechneten jährlichen Zuwendungen für Leistungsanwärter im Sinne von § 4d Abs. 1 Nr. 1 Buchstabe b Satz 2 des Einkommensteuergesetzes.**
4. **Bei Arbeitgebern, soweit sie betriebliche Altersversorgung über einen Pensionsfonds durchführen, ist Beitragsbemessungsgrundlage 20 vom Hundert des entsprechend Nummer 1 ermittelten Betrages.**

(4) **[Zwangsvollstreckung]** [1]**Aus den Beitragsbescheiden des Trägers der Insolvenzsicherung findet die Zwangsvollstreckung in entsprechender Anwendung der Vorschriften der Zivilprozeßordnung statt.** [2]**Die vollstreckbare Ausfertigung erteilt der Träger der Insolvenzsicherung.**

1 **1. Normzweck.** Diese Vorschr. zur Finanzierung der Insolvenzsicherung bringt zum Ausdruck, dass alle AG, die eine nach § 7 insolvenzgesicherte betriebl. AV durchführen, beitragspflichtig sind. Sie stellt auch sicher, dass die aus den Insolvenzen resultierenden Lasten auf alle beitragspflichtigen AG gleichmäßig verteilt werden. Der Beitrag ist nicht nach der Art des Risikos diff.; dies war nicht unumstr., ist aber im Interesse einer allg. akzeptablen, kostenmäßig tragbaren und praktikablen Lösung gerechtfertigt (BVerwG 10.12.1981 NJW 1983, 59 ff.; *Heubeck* BB 1987, 399 ff.; *Gerke/Heubeck* BetrAV 2002, 433). Durch das 2. G zur Änd. des BetriebsrentenG v. 2.12.2006 wurde das Finanzierungsverf. auf volle Kapitaldeckung umgestellt (*Hoppenrath/Berenz* DB 2007, 630). Die Vorschr. regelt in Abs. 1 die **Beitragspflicht** dem Grunde nach und bestimmt den Kreis der beitragspflichtigen AG. Die Abs. 2 und 3 betreffen die Beitragsbemessung und Abs. 4 die **ZV** wegen Beitragsforderungen. Aus diesen Regelungen wird bereits deutl., dass dem PSV eine quasi ör. Stellung in mehrererlei Beziehung eingeräumt wird. Die Vorschr. ist verfassungskonform. Zweifel unter dem Aspekt von Art. 3 und Art. 12 GG hat das BVerwG überzeugend ausgeräumt (23.5.1995 E 98, 280).

2 **2. Beitragspflicht. a) Öffentlich-rechtliche Verpflichtung.** Hintergrund für die ör. Beitragsverpflichtung (Abs. 1) ist, dass nur so ein Anschlusszwang und damit eine flächendeckende Sicherung erreicht werden kann. Der PSV bleibt damit zwar als VVaG eine jur. Person des Privatrechts, ist jedoch im Hinblick auf die Beitragspflicht **beliehenes Unternehmen** und übt hoheitl. Gewalt aus. Von dieser ör. Natur des Beitragsverhältnisses zu unterscheiden ist die privatrechtl. Natur des Rechtsverhältnisses zwischen PSV und AN bzw. Versorgungsberechtigten. Dieses Verhältnis ist ein versicherungsrechtl. Verhältnis. Privatrechtl. sind auch alle sonstigen Rechtsbeziehungen zwischen AG und PSV.

3 **b) Beitragspflichtiger.** Eine Beitragspflicht besteht grds. für **alle AG, die Leistungen der betriebl. AV zugesagt haben.** Es sind allerdings die Erg. und Ausnahmen des § 17 zu beachten. So gilt die Beitragspflicht auch für Unternehmen, die Nicht-AN iSv. § 17 I 2 beschäftigen (s. § 17 Rn. 3 ff.). Die Beitragspflicht ist nicht anwendbar auf den öffentl. Dienst, für den gem. § 17 II die §§ 7 bis 15 nicht gelten, sofern bei diesen ör. Körperschaften ein Insolvenzverf. nicht zulässig ist (vgl. § 12 InsO). Der AG muss eine **betriebl. AV durchführen**; es müssen also die Voraussetzungen der Klammerdefinition des § 1 erfüllt sein. Die Tatsache alleine, dass der AG Beiträge an den PSV zahlt, löst daher keine Einstandspflicht des PSV aus (BRO/*Rolfs* Rn. 27 f.). Da § 10 III 1 bei der Festsetzung der Beitragsbemessungsgrdl. nur die nach § 1 unverfallbaren Anwartschaften berücksichtigt, unterliegen auch der Beitragspflicht nur diese unverfallbaren Anwartschaften. Die §§ 7 und 10 sind hins. Einstandspflicht einerseits und Beitragspflicht andererseits nicht völlig deckungsgleich, da bei der Beitragspflicht nicht das jeweilige individuelle Risiko eines einzelnen AG berücksichtigt werden kann.

4 **c) Besonderheiten der einzelnen Durchführungswege.** Es besteht eine Beitragspflicht bei der **unmittelbaren Versorgungszusage,** da der AG diese Versorgungsleistung aus seinem Vermögen erbringt. Aus dem gleichen Grund sind auch beitragspflichtig die unmittelbaren Leistungsverpflichtungen, die für den AG entstehen, wenn er nach § 2 II 2 die arbeitsrechtl. Lösung wählt. **Nicht beitrags-**

pflichtig ist ein Schadensersatzanspruch, der sich aus dem Widerruf einer Direktvers. nach Eintritt der Unverfallbarkeit ergibt (so die Schlussfolgerung aus BAG 17.9.1991 NJW 1984, 980; anders wenn man der unzutr. Auff. des BVerwG 28.6.1994 AP BetrAVG § 10 Nr. 3 folgt, näher § 7 Rn. 20 f.).

Bei einer **Direktvers.** kann ein Sicherungsfall nur eintreten, wenn der AG das Bezugsrecht des AN wirtschaftl. nutzt. Deshalb sieht Abs. 1 durch Verweis auf § 7 I 2 und II 1 Nr. 2 vor, dass der Beitragspflicht eine Direktvers. unterfällt, bei der der AG die Ansprüche aus dem Versicherungsvertrag abgetreten oder beliehen hat; für den Fall von Anwartschaften bedeutet die Verweisung, dass dies auch gilt für den Fall einer widerrufl. Bezugsberechtigung. Die angewendete Verweisungstechnik ist etwas undeutl. und meint mit der Formulierung „Direktvers. der in … bezeichneten Art" wohl, dass Beitragspflicht besteht bei widerrufl. Bezugsberechtigung allg. und bei unwiderrufl. Bezugsberechtigung, wenn eine Abtretung oder Beleihung des Bezugsrechts erfolgt ist. Die Pflicht zur Beitragsentrichtung trifft den AG. Bei der **Unterstützungskasse** trägt das G wiederum dem lt. Legaldefinition fehlenden Rechtsanspruch Rechnung, der AG ist beitragspflichtig. Die Regelung ist eindeutig und gilt auch bei ausreichend oder sogar überdotierten Unterstützungskassen ebenso wie dann, wenn der AG in der Satzung seinen Zugriff auf das Vermögen der Kasse ausdr. ausgeschlossen hat (BRO/*Rolfs* Rn. 23). Bei **Pensionsfonds** ist die Bestimmung über die Beitragsbemessungsgrdl. für unmittelbare Versorgungszusagen entspr. heranzuziehen; der Beitrag ist allerdings wegen des geringeren Insolvenzrisikos durch G v. 23.7.2003 (BGBl. I S. 1526) auf ein Fünftel ermäßigt worden. Für **Pensionskassen** entsteht eine Beitragspflicht nicht. 5

d) Durchsetzung und Fälligkeit der Beiträge. Die Beitragsfestsetzung und Beitragserhebung erfolgt, da der PSV ein beliehener Unternehmer ist, durch VA (s. BVerwG 22.11.1994 NZA 1995, 374). Demzufolge ist für Streitigkeiten um die Beitragspflicht zum PSV auch der Rechtsweg zu den VG gegeben (BayVGH 5.2.1982 E-BetrAV 140.1 Nr. 7). Wird ein Bescheid nach § 10 erfolgreich angefochten, so steht dem AG ein ör. Erstattungsanspruch auf Rückzahlung zu, der entspr. § 818 I BGB auch die gezogenen Nutzungen mitumfasst (BVerwG 27.10.1998 ZIP 1999, 202). Nicht als VA qualifiziert hat das BVerwG die vom PSV üblicherweise verwendete „Beitragsrechnung und -abrechnung", da diese nach ihrem äußeren Erscheinungsbild eher Beitragsrechnungen von Versicherungsunternehmen entspricht (BVerwG 17.8.1995 NJW 1996, 1073). Der PSV kann einen Beitragsgrundlagenbescheid erlassen, in dem er die Pflicht zur Zahlung von Beiträgen nur dem Grunde nach feststellt (BVerwG 28.6.1994 AP BetrAVG § 10 Nr. 3). Die Beiträge sind grds. **fällig aE des Kj.** (Abs. 2 S. 4). Die Verjährungsfrist für nicht durch Beitragsbescheid festgesetzte Beitragsansprüche des PSV beträgt in analoger Anwendung des § 169 AO vier Jahre (vgl. § 169 II Nr. 2 AO; BVerwG 17.8.1995 NJW 1996, 1073 f.). Wird die Verjährung durch VA unterbrochen, so ergibt sich eine Frist von dann 30 Jahren (§ 53 VwVfG iVm. § 197 I Nr. 3 BGB). 6

3. Gesamtbeitragsaufkommen. a) Finanzierungsverfahren. Bei der Wahl des Finanzierungssystems stand der Gesetzgeber vor den beiden Extrempositionen des reinen Ausgaben-Umlageverf. und des Anwartschaftsdeckungsverf. mit Einmalprämie. Er hat sich vor diesem Hintergrund urspr. für das sog. **Rentenwert-Umlage-Verf.** entschieden, eine Mischform zwischen einem reinen Umlageverf. und einem vollständigen Kapitaldeckungsverf Durch das 2. G zur Änd. des BetriebsrentenG erfolgte eine Umstellung auf das Kapitaldeckungsverf., um das finanzielle Risiko für die beitragzahlenden AG zu verringern und die Finanzierung unabhängiger von Strukturentsch. der AG und insg. zukunftssicherer zu machen. Neben den Versorgungsansprüchen sollen auch die zu sichernden Anwartschaften periodengerecht von den insolvenzsicherungspflichtigen AG ausfinanziert werden; zur verfassungsrechtl. Bedenklichkeit des derzeitigen Beitrags *Joussen* BB 2010, 1469. Die in der Vergangenheit aufgelaufenen Anwartschaften sind nachzufinanzieren, wobei letztere auf 15 Jahre gestreckt werden (§ 30i). Das derzeitige System ist sicher nicht frei von Systembrüchen – etwa im Zusammenhang mit der Beitragspflicht bei Pensionsfonds – für einen Verstoß gegen Art. 3 I GG reichen diese aber nicht (**aA** *Schnitker/Sittard* RdA 2010, 295). Ebenfalls ist kein Verstoß gegen Unionsrecht anzunehmen, da Art. 8 InsSchRL eine Sicherung fordert und der gewählte Weg verhältnismäßig ist (**aA** *Thum/Bitsch* BB 2010, 2693). Dass Direktzusagen und Unterstützungskassenzusagen auch dann der Beitragspflicht unterfallen, wenn sie rückgedeckt sind, ist verfassungsgemäß und rechtfertigt sich aus dem hohen abstrakten Insolvenzrisiko und der Typisierungsbefugnis des Gesetzgebers (BVerwG 25.8.2010 DB 2011, 181,184; BVerfG 16.7.2012 – 1 BvR 2983/10 –;*Wohlleben* FS Höfer 2011 S. 313). Die Beitragserhebung als solche ist verfassungsgemäß, hat unter dem Aspekt des Art. 14 GG keine erdrosselnde Wirkung und verstößt auch nicht gegen die wirtschaftl. Betätigungsfreiheit gem. Art. 2 I GG (BVerwG NZA-RR 2014, 554). 7

b) Berücksichtigungsfähige Aufwendungen. Es handelt sich zum einen um die Ansprüche auf Leistungen der betriebl. AV, die im lfd. Kj. entstehen, zum anderen aber auch um die aufgrund eingetretener Insolvenzen zu sichernden Anwartschaften. Zur Berechnung des Barwertes gibt Abs. 2 S. 2 und 3 die Berechnungskriterien vor. Danach ist bei dieser Berechnung der Rechnungszinsfuß nach § 88 VAG zu bestimmen. 8

Unter **Verwaltungskosten** sind alle Sach- und Personalkosten des PSV zu verstehen. Unter den sonstigen Kosten dürften insb. solche zu verstehen sein, die dem Träger der Insolvenzsicherung durch die Einschaltung der Lebensversicherungsunternehmen und die Begleichung der von diesen in Rech- 9 nung gestellten Kosten entstehen. Es sind weiterhin Zuführungen zu einem **Ausgleichsfonds** vorgesehen, der von der BaFin festgelegt wird; damit soll der schwankenden Insolvenzhäufigkeit Rechnung getragen werden. Der Ausgleichsfonds ist zu bilden in Höhe eines Jahresschadensaufwands aus dem Durchschnitt der letzten fünf Geschäftsjahre (BRO/*Rolfs* Rn. 65). Der in S. 3 2. Hs. herangezogene § 193 VAG bedeutet, dass die Satzung zur Deckung eines außergewöhnl. Verlustes eine Verlustrücklage zu bilden hat. Dies ist in § 5 I der Satzung des PSV erfolgt. Danach sind der Verlustrücklage bis zu einer Höhe von 5% des Barwertes der gesicherten Anwartschaften jährl. mind. 0,5% dieses Barwertes zuzuführen. Der Mindestbetrag der Verlustrücklage wird auf 2,5% des Barwertes der gesicherten Anwartschaften festgesetzt. Zur Abmilderung außergewöhnlich hoher Beiträge infolge eingetretener Sicherungsfälle kann zur Ermäßigung der Ausgleichsfonds mit Genehmigung der BAFin herangezogen werden (G zur Modernisierung der Finanzaufsicht über Versicherungen mWv. 1.1.2016).

10 **4. Beitragsbemessungsgrundlagen.** Abs. 3 regelt, wie der nach Abs. 2 ermittelte **Finanzbedarf von den AG** iE aufzubringen ist. In S. 1 wird der Verteilungsmaßstab im Grds. festgestellt; es ist dies der Wert der vom Träger der Insolvenzsicherung zu schützenden lfd. Versorgungsleistungen und der nach § 1 unverfallbaren Versorgungsanwartschaften. Die Vorschr. diff. dann die Beitragsbemessungsgrdl. iE in Abhängigkeit vom Durchführungsweg. Dieses System mag nicht in allen Fällen dem versicherten Risiko Rechnung tragen; es wird insoweit in der Lit. die mangelnde Beitragsgerechtigkeit beklagt (*Höfer* § 9 Rn. 44 f.). Die vorgenommene Verteilung rechtfertigt sich aber aus dem Gedanken einer sowohl im Interesse der AG als auch im Interesse des Trägers der Insolvenzsicherung liegenden Vereinfachung des Maßstabs. Maßgebl. **Feststellungszpkt.** ist das Ende des Wirtschaftsjahres des AG. Das bedeutet etwa, dass nur die Anwartschaften derjenigen AN in die Berechnung der jeweiligen Beitragsbemessungsgrdl. eingehen, die bis zum Schluss des Wirtschaftsjahres die Unverfallbarkeitsvoraussetzungen des § 1 erfüllen. Bei etwa erforderl. werdenden nachträgl. Berichtigungen der Beitragsbemessungsgrdl. ist der PSV an die Vorgaben des VwVfG, insb. die §§ 48 ff. VwVfG gebunden.

11 Für **unmittelbare Versorgungszusagen** nennt Abs. 3 Nr. 1 als Beitragsbemessungsgrdl. den **Teilwert der Pensionsverpflichtung** und verweist dafür auf § 6a III EStG. Dabei ist ein Rechnungszinsfuß von 6% vorgeschrieben. Die Entsch. des AG iRd. nach § 6a III EStG bestehenden Wahlrechts bei der Steuerpflicht bindet ihn auch hins. der Bemessungsgrdl. für die Insolvenzsicherung (*Everhardt* BetrAV 1986, 39, 41; *Paulsdorff* Rn. 87; **aA** BRO/*Rolfs* Rn. 88; *Höfer* § 10 Rn. 97). Zwar kann für das ArbR eine steuerrechtl. Bewertung grds. nicht bindend sein; andererseits ist aber bei einer eindeutigen Bezugnahme auf steuerrechtl. Vorschr. deren Vorgaben Rechnung zu tragen. Bei der Bestimmung der Beitragsbemessungsgrdl. sind im Falle einer Umwandlung auch die Teilwerte einzubeziehen, die auf im Umwandlungszpkt. bereits gezahlte Betriebsrenten oder unverfallbare Anwartschaften entfallen, sofern nach dem UmwG diese Versorgungsverpflichtungen übergegangen sind; eine fortdauernde Mithaftung einer ör. Körperschaft ändert daran nichts (BVerwG 13.7.1999 NZA 1999, 1217).

12 Bei **Direktvers.** wird die Beitragsbemessungsgrdl. bestimmt nach der Summe dessen, was unter **Insolvenzrisiko** steht, wenn das G unterscheidet zwischen Direktvers. mit widerrufl. Bezugsrecht auf der einen Seite und andererseits Direktvers., bei denen der Versicherungsfall bereits eingetreten ist sowie Versicherungsanwartschaften, für die ein unwiderrufl. Bezugsrecht eingeräumt ist, soweit die Vers. abgetreten oder beliehen sind. Das bedeutet, dass gem. Abs. 3 Nr. 2 S. 2 bei lfd. Leistungen eine Beitragspflicht des AG besteht und demgemäß die Beitragsbemessungsgrdl. zu bestimmen ist, wenn der AG ausnahmsweise über das Deckungskapital verfügt hat, indem er die Vers. abgetreten, beliehen oder verpfändet hat. Hier ist Beitragsbemessungsgrdl. das **geschäftsplanmäßige Deckungskapital** des Versicherers oder die Deckungsrückstellung; allerdings wird dies nur berücksichtigt, soweit der AG verfügt hat. Bei Versicherungsanwartschaften mit **unwiderrufl. Bezugsrecht** (Abs. 3 Nr. 2 S. 2) sind nur die unverfallbaren Anwartschaften zu berücksichtigen. Auch hier ist die Beitragsbemessungsgrdl. beschränkt auf die Versicherungsanwartschaften, die in der og. Weise wirtschaftl. genutzt werden. Bei **widerrufl. Bezugsberechtigung** (Abs. 3 Nr. 2 S. 1) besteht grds. das Insolvenzrisiko, so dass hier ohne die in S. 2 vorgenommenen Begrenzungen das geschäftsplanmäßige Deckungskapital bzw. die Deckungsrückstellungen Beitragsbemessungsgrdl. sind.

13 Abs. 3 Nr. 3 unterstellt für die Bestimmung der Beitragsbemessungsgrdl. bei einer **Unterstützungskassen-Versorgung** das Fehlen eines Rechtsanspruchs. Um dem Rechnung zu tragen, hat er sich für eine **Verweisung auf das Berechnungsverf. nach § 4d EStG** entschieden.

14 Indem Abs. 3 Nr. 4 für **Pensionsfonds** auf die Berechnung der Beitragsbemessungsgrdl. nach Nr. 1 (unmittelbare Versorgungszusage) verweist, bezieht sie sich auch auf § 6a EStG und das dort vorzufindende Wahlrecht (vgl. näher Rn. 13).

15 **5. Zwangsvollstreckung aus Beitragsbescheiden.** Dass der PSV selbst die vollstreckbare Ausfertigung des Beitragsbescheides erteilen kann, ist eine Konsequenz der ihm eingeräumten ör. Stellung. Seine Befugnis beschränkt sich aber darauf; iÜ wird auf die ZV nach der ZPO verwiesen. Der Beitragsschuldner hat deshalb die übl. Rechtsbehelfe iRd. ZV. Soweit es um Rechtsbehelfe gegen Maßnahmen des PSV iRd. ZV geht, dh. bei Rechtsbehelfen gegen die Vollstreckungsklausel und bei der Vollstreckungsabwehrklage (§ 767 ZPO) ist das VG zust. (BayVGH 5.2.1982 E-BetrAV 140.1 Nr. 7), ansonsten die ordentl. Gerichtsbarkeit – etwa im Falle der Vollstreckungserinnerung (§ 766 ZPO).

§ 10a Säumniszuschläge; Zinsen; Verjährung

(1) Für Beiträge, die wegen Verstoßes des Arbeitgebers gegen die Meldepflicht erst nach Fälligkeit erhoben werden, kann der Träger der Insolvenzsicherung für jeden angefangenen Monat vom Zeitpunkt der Fälligkeit an einen Säumniszuschlag in Höhe von bis zu eins vom Hundert der nacherhobenen Beiträge erheben.

(2) [1] Für festgesetzte Beiträge und Vorschüsse, die der Arbeitgeber nach Fälligkeit zahlt, erhebt der Träger der Insolvenzsicherung für jeden Monat Verzugszinsen in Höhe von 0,5 vom Hundert der rückständigen Beiträge. [2] Angefangene Monate bleiben außer Ansatz.

(3) [1] Vom Träger der Insolvenzsicherung zu erstattende Beiträge werden vom Tage der Fälligkeit oder bei Feststellung des Erstattungsanspruchs durch gerichtliche Entscheidung vom Tage der Rechtshängigkeit an für jeden Monat mit 0,5 vom Hundert verzinst. [2] Angefangene Monate bleiben außer Ansatz.

(4) [1] Ansprüche auf Zahlung der Beiträge zur Insolvenzsicherung gemäß § 10 sowie Erstattungsansprüche nach Zahlung nicht geschuldeter Beiträge zur Insolvenzsicherung verjähren in sechs Jahren. [2] Die Verjährungsfrist beginnt mit Ablauf des Kalenderjahres, in dem die Beitragspflicht entstanden oder der Erstattungsanspruch fällig geworden ist. [3] Auf die Verjährung sind die Vorschriften des Bürgerlichen Gesetzbuchs anzuwenden.

Die Vorschr. schafft durch die Regelung von **Säumniszuschlägen und Verzugszinsen** sowie über 1
die **Verjährung** Klarheit und ein handhabbares Instrumentarium für den PSV. Abs. 1 befasst sich dabei mit der Zahlung von Säumniszuschlägen für den Fall, dass Beiträge wegen Verstoßes des AG gegen die Meldepflicht erst nach Fälligkeit erhoben werden. Abs. 2 setzt Verzugszinsen für die verspätete Zahlung von Beiträgen und Vorschüssen fest. Abs. 3 erlegt es dem Träger der Insolvenzsicherung auf, zu erstattende Beiträge unter bestimmten Voraussetzungen zu verzinsen. Abs. 4 schließl. enthält eine Vorschr. über die Verjährung von Beitragsansprüchen des Trägers der Insolvenzsicherung.

Der **Säumniszuschlag** kann vom PSV per VA erhoben werden. Er setzt einen vorwerfbaren Verstoß 2
gegen die Meldepflicht nach § 11 I und II voraus. Zwar spricht § 11 nur in der Überschrift von Meldepflicht und ansonsten nur von Mitteilungspflichten, diese sind aber hier gemeint. Die Mitteilungspflichten nach § 11 III und IV werden nicht erfasst, da § 10a nur verspätet erhobene Beiträge betrifft. Der **Verzug** setzt voraus, dass die Beiträge vom PSV in einem **Beitragsbescheid** festgesetzt worden sind. Daraus ergibt sich auch die Fälligkeit. Einer Mahnung bedarf es nicht. Die Verzugszinsen können durch Beitragsbescheid festgesetzt werden.

Der ggü. den übrigen Beträgen erhöhte Säumniszuschlag nach Abs. 1 rechtfertigt sich daraus, dass 3
die Meldepflicht ausschl. in der Sphäre des AG liegt. Allerdings wird durch einen Vergleich zwischen dem Wortlaut des Abs. 1 und dem des Abs. 2 deutl., dass dem PSV bei der Festsetzung des Säumniszuschlages ein Ermessen eingeräumt ist, da er auch den Charakter einer Strafgebühr hat, die Verzugszinsen hingegen in ihrer Höhe fixiert sind. Dabei richtet sich im letzteren Fall die Höhe der Zinsen nach den üblicherweise zu erwirtschaftenden Zinserträgen. **Beitragserstattungen** können sich aufgrund des allg. ör. Erstattungsanspruchs oder bei Aufhebung eines Beitragsbescheides ergeben.

Die Regelung über die **Verjährung** betrifft Ansprüche auf Zahlung der Beiträge zur Insolvenzsiche- 4
rung gem. § 10 sowie Erstattungsansprüche nach Zahlung nicht geschuldeter Beiträge. Sie knüpft aus Gründen der praktischen Vereinfachung an den Ablauf des Kj. an, in dem die Beitragspflicht entstanden oder der Erstattungsanspruch fällig geworden ist. Durch den Verweis auf die Vorschr. des BGB über die Verjährung wird deutl. gemacht, dass die Verjährung nicht vAw. zu beachten ist, sondern der Anspruchsgegner die Einrede der Verjährung geltend machen muss. Beruft sich ein AG, der wegen unterlassener Meldung nach § 11 nicht zu Beiträgen herangezogen wurde, auf die Verjährung, so wird ihm der PSV unzulässige Rechtsausübung entgegenhalten können. Bei der Hemmung der Verjährung ist § 53 I VwVfG zu beachten, wonach ein VA die Verjährung dieses Anspruchs unterbricht.

§ 11 Melde-, Auskunfts- und Mitteilungspflichten

(1) [Erstmalige Mitteilung über Zusagen] [1] Der Arbeitgeber hat dem Träger der Insolvenzsicherung eine betriebliche Altersversorgung nach § 1b Abs. 1 bis 4 für seine Arbeitnehmer innerhalb von 3 Monaten nach Erteilung der unmittelbaren Versorgungszusage, dem Abschluß einer Direktversicherung oder der Errichtung einer Unterstützungskasse oder eines Pensionsfonds mitzuteilen. [2] Der Arbeitgeber, der sonstige Träger der Versorgung, der Insolvenzverwalter und die nach § 7 Berechtigten sind verpflichtet, dem Träger der Insolvenzsicherung alle Auskünfte zu erteilen, die zur Durchführung der Vorschriften dieses Abschnittes erforderlich sind, sowie Unterlagen vorzulegen, aus denen die erforderlichen Angaben ersichtlich sind.

(2) [Periodische Mitteilungen] [1]Ein beitragspflichtiger Arbeitgeber hat dem Träger der Insolvenzsicherung spätestens bis zum 30. September eines jeden Kalenderjahres die Höhe des nach § 10 Abs. 3 für die Bemessung des Beitrages maßgebenden Betrages bei unmittelbaren Versorgungszusagen und Pensionsfonds auf Grund eines versicherungsmathematischen Gutachtens, bei Direktversicherungen auf Grund einer Bescheinigung des Versicherers und bei Unterstützungskassen auf Grund einer nachprüfbaren Berechnung mitzuteilen. [2]Der Arbeitgeber hat die in Satz 1 bezeichneten Unterlagen mindestens 6 Jahre aufzubewahren.

(3) [Mitteilungen bei Insolvenz] [1]Der Insolvenzverwalter hat dem Träger der Insolvenzsicherung die Eröffnung des Insolvenzverfahrens, Namen und Anschriften der Versorgungsempfänger und die Höhe ihrer Versorgung nach § 7 unverzüglich mitzuteilen. [2]Er hat zugleich Namen und Anschriften der Personen, die bei Eröffnung des Insolvenzverfahrens eine nach § 1 unverfallbare Versorgungsanwartschaft haben, sowie die Höhe ihrer Anwartschaft nach § 7 mitzuteilen.

(4) Der Arbeitgeber, der sonstige Träger der Versorgung und die nach § 7 Berechtigten sind verpflichtet, dem Insolvenzverwalter Auskünfte über alle Tatsachen zu erteilen, auf die sich die Mitteilungspflicht nach Absatz 3 bezieht.

(5) In den Fällen, in denen ein Insolvenzverfahren nicht eröffnet wird (§ 7 Abs. 1 Satz 4) oder nach § 207 der Insolvenzordnung eingestellt worden ist, sind die Pflichten des Insolvenzverwalters nach Absatz 3 vom Arbeitgeber oder dem sonstigen Träger der Versorgung zu erfüllen.

(6) [Amtshilfe] Kammern und andere Zusammenschlüsse von Unternehmern oder anderen selbständigen Berufstätigen, die als Körperschaften des öffentlichen Rechts errichtet sind, ferner Verbände und andere Zusammenschlüsse, denen Unternehmer oder andere selbständige Berufstätige kraft Gesetzes angehören oder anzugehören haben, haben den Träger der Insolvenzsicherung bei der Ermittlung der nach § 10 beitragspflichtigen Arbeitgeber zu unterstützen.

(7) [Vordrucke] Die nach den Absätzen 1 bis 3 und 5 zu Mitteilungen und Auskünften und die nach Absatz 6 zur Unterstützung Verpflichteten haben die vom Träger der Insolvenzsicherung vorgesehenen Vordrucke zu verwenden.

(8) [Angaben der Finanzämter] [1]Zur Sicherung der vollständigen Erfassung der nach § 10 beitragspflichtigen Arbeitgeber können die Finanzämter dem Träger der Insolvenzsicherung mitteilen, welche Arbeitgeber für die Beitragspflicht in Betracht kommen. [2]Die Bundesregierung wird ermächtigt, durch Rechtsverordnung mit Zustimmung des Bundesrates das Nähere zu bestimmen und Einzelheiten des Verfahrens zu regeln.

1 **1. Normzweck.** Die Vorschr. enthält die **Melde-, Mitteilungs- und Auskunftspflichten**, die zur Inf. des PSV und zur Erfüllung seiner Aufgaben erforderl. sind. Die Pflichten sind sämtl. Schutzpflichten im Interesse des Trägers der Insolvenzsicherung und haben deshalb Schutzgesetzcharakter iSd. § 823 II BGB (AG Stuttgart 29.4.1986 DB 1987, 692; *Höfer* § 11 Rn. 55; *Paulsdorff* Rn. 31). In den Abs. 1 und 2 wird eine allg. Mitteilungspflicht bei Versorgungszusagen festgelegt. Die Abs. 3 bis 5 betreffen Mitteilungspflichten im Insolvenzfall. Die **Amtshilfevorschr.** der Abs. 6 und 8 haben unterstützende Funktion hins. der Beitragspflichtigkeit von AG nach § 10 und die Pflicht zur Verwendung von Vordrucken in Abs. 7 dient der Erleichterung des Verf. für den PSV. Bei Mitteilungs- und Auskunftspflichten iRd. Insolvenzsicherung in der betriebl. AV ist zu beachten, dass das Verhältnis zum Versorgungsempfänger dem Privatrecht unterliegt und beim Verhältnis zwischen AG und PSV danach zu unterscheiden ist, ob es sich um die Leistungsseite – dann Privatrecht – oder um die Beitragspflicht – dann ÖffR – handelt.

2 **2. Allgemeine Mitteilungspflicht bei Versorgungszusagen nach den Absätzen 1 und 2. a) Erstmalige Mitteilung über Zusagen.** Durch die erstmalige Mitt. nach Abs. 1 S. 1 soll der PSV die **erforderlichen Grundinformationen** erhalten. Es unterliegt deshalb jede individuelle Versorgungsmaßnahme der Mitteilungspflicht, sofern sie die Voraussetzungen für eine betriebl. AV erfüllt. Adressat der Mitteilungspflicht ist der AG. Nur diejenigen **Durchführungswege** sind von der Mitteilungspflicht nach Abs. 1 erfasst, bei denen sich ein vom PSV zu schützendes Insolvenzrisiko ergeben kann. Deshalb sind nur die Erteilung einer unmittelbaren Versorgungszusage, der Abschluss einer Direktvers. und die Errichtung einer Unterstützungskasse oder eines Pensionsfonds mitzuteilen. Aus der Formulierung des G ist zu schließen, dass es auf die Unverfallbarkeit nicht ankommt, wenn dem PSV Mitt. gemacht werden müssen, obwohl Insolvenzsicherung nur für unverfallbare Anwartschaften greift. Der PSV fordert die Mitt. erst bei Eintritt der Unverfallbarkeit bzw. im Leistungsfall (Nr. 1 I des Merkblattes 210/M 21a/1.17) und beruft sich auf ein Redaktionsversehen des Gesetzgebers (*Paulsdorff* Rn. 6). Anges. des so eindeutigen Wortlauts kann dem nicht gefolgt werden (BRO/*Rolfs* Rn. 11; *Höfer* § 11 Rn. 7); dem AG kann aber kein Vorwurf gemacht werden, wenn er den Vorgaben des PSV folgt. Auch bei der Direktvers. verlangt der PSV weniger als die ges. Vorgaben erlauben, wenn er bei solchen mit unwiderrufl. Bezugsrecht nur eine Mitt. bei Abtretung oder Verpfändung fordert (Nr. 1 I des Merkblattes 210/M 21a/1.17). Verpflichtet ist hier der AG, der aber auch Dritte – etwa den Pensionsfonds – beauftragen kann (*Höfer* § 11 Rn. 3).

b) Auskunftspflicht und Pflicht zur Vorlage von Unterlagen. Bei S. 2 geht es um **alle Aufgaben des Trägers der Insolvenzsicherung** nach dem Vierten Abschn., so dass der PSV auf der Basis dieser Rechtsgrdl. sämtl. Inf. erheben kann, die er zur Durchführung seiner Aufgaben benötigt. Es umfasst Leistungsverpflichtungen und Beitragsansprüche; diese Pflicht kann vom PSV bei Bedarf – auch durch VA (VG Hamburg 1.10.2009 DB 2009, 2604; *Lackner* DB 2009, 2601) – geltend gemacht werden. Der Kreis der verpflichteten Personen ist hier insoweit anders bestimmt, als neben dem AG auch **„sonstige Träger der Versorgung"** bezeichnet sind. Damit sind Lebensversicherungsunternehmen im Falle von Direktvers. sowie Unterstützungskassen gemeint. Wer InsV ist, bestimmt sich nach § 56 InsO. Die „nach § 7 Berechtigten" sind die Versorgungsempfänger sowie die insolvenzgesicherten Anwartschaftsberechtigten. 3

c) Periodische Mitteilungen. Durch die Pflicht zu periodischen Mitt. nach Abs. 2 wird der PSV in die Lage versetzt, die **Beitragsbemessungsgrdl.** zu bestimmen. Da es sich hier um eine Verpflichtung iRd. Beitragspflicht handelt, ist sie ör. Natur. Die Verpflichtung nach Abs. 2 ist unaufgefordert zu erfüllen, kann aber auch durch den PSV im Wege des VA konkretisiert werden (BVerwG 22.11.1994 NZA 1995, 374 ff.). Mitzuteilen ist die nach § 10 III berechnete Beitragsbemessungsgrdl. Der AG muss diese selbst ermitteln, allerdings dem Träger der Insolvenzsicherung zwecks Überprüfung auch bestimmte in Abs. 3 näher bezeichnete Unterlagen vorlegen. Die Vorlage der Unterlagen und die etwaige Erstellung von Gutachten erfolgt auf Kosten des AG (*Höfer* § 11 Rn. 26). S. 3 bestimmt für den AG eine sechsjährige Aufbewahrungspflicht. Das G legt fest, wie für die einzelnen **Durchführungswege** die Beitragsbemessungsgrdl. zu ermitteln ist; für Pensionsfonds wird hier wie bei § 10 auf die Regelungen zur unmittelbaren Versorgungszusage Bezug genommen. 4

3. Mitteilungen im Insolvenzfall. Für den **Insolvenzfall** sind dem InsV, dem AG und dem sonstigen Träger der Versorgung nach Abs. 3 **bes. Mitteilungspflichten** auferlegt, die es dem PSV ermöglichen sollen, seinen Aufgaben im Sicherungsfall nachzukommen. Die Vorschr. geht von der Eröffnung des Insolvenzverf. als Grundfall aus und legt in den übrigen Insolvenzfällen die Verpflichtungen allein dem AG oder dem sonstigen Versorgungsträger auf. Der **InsV** muss alle für den PSV im Sicherungsfall erforderl. Inf. übermitteln. Da hier regelm. schnelles Handeln angezeigt ist, hat die Mitt. unverzügl. zu erfolgen. Ein Verstoß gegen diese Mitteilungspflicht kann eine Haftung des InsV begründen. Gleiches gilt nach Abs. 4 für den **AG**, der darüber hinaus gem. Abs. 5 in den übrigen Sicherungsfällen die Pflichten wahrzunehmen hat, die im Insolvenzfall den InsV treffen. Die Mitteilungspflicht des AG im Insolvenzfall (Abs. 4) hat erg. Funktion und obliegt ggü. dem InsV, der so in die Lage versetzt wird, seinen Mitteilungspflichten ggü. dem PSV nachzukommen. In den übrigen Fällen tritt der AG an die Stelle des InsV; hier obliegt ihm die Mitteilungspflicht ggü. dem PSV. Seine Mitteilungspflicht ist dann den Besonderheiten dieser Sicherungsfälle gem. modifiziert. So muss er bei Abweisung des Antrags auf Insolvenzeröffnung den Abweisungsbeschl. mitteilen. Bei vollständiger Einstellung der Betriebstätigkeit muss er diese glaubhaft machen (vgl. BRO/*Rolfs* Rn. 61). Für die **sonstigen Träger der Versorgung** gilt das Gleiche wie für den AG. Zum einen ergibt sich eine erg. Mitteilungspflicht ggü. InsV nach Abs. 4 und darüber hinaus eine eigene in den übrigen Sicherungsfällen nach Abs. 5. Die **„nach § 7 Berechtigten"** haben wie der AG und der sonstige Träger der Versorgung erg. Mitteilungspflichten ggü. InsV. Es ist sinnvoll, diesen Personenkreis mit einzubeziehen, da er mit am besten über die eigenen Ansprüche und Anwartschaften Auskunft erteilen kann. 5

4. Amtshilfe. Berufsständische Einrichtungen (Abs. 6) und **Finanzämter** (Abs. 8) verfügen über Inf., die der PSV zur Ermittlung der beitragspflichtigen AG benötigt. Bei den berufsständischen Einrichtungen nach Abs. 6 werden sowohl einschlägige Körperschaften des ÖffR als auch privatrechtl. Vereinigungen erfasst. Während die berufsständischen Einrichtungen nach Abs. 6 zur Amtshilfe verpflichtet sind, enthält Abs. 8 für die Finanzämter nur eine Ermächtigung. Die Amtshilfe nach Abs. 8 ist bedeutsam bei solchen AG, die keiner berufsständischen Einrichtung angehören. Die in Abs. 8 S. 2 vorgesehene RechtsVO ist bis heute nicht erlassen worden. 6

§ 12 Ordnungswidrigkeiten

(1) Ordnungswidrig handelt, wer vorsätzlich oder fahrlässig

1. **entgegen § 11 Abs. 1 Satz 1, Abs. 2 Satz 1, Abs. 3 oder Abs. 5 eine Mitteilung nicht, nicht richtig, nicht vollständig oder nicht rechtzeitig vornimmt,**
2. **entgegen § 11 Abs. 1 Satz 2 oder Abs. 4 eine Auskunft nicht, nicht richtig, nicht vollständig oder nicht rechtzeitig erteilt oder**
3. **entgegen § 11 Abs. 1 Satz 2 Unterlagen nicht, nicht richtig, nicht vollständig oder nicht rechtzeitig vorlegt oder entgegen § 11 Abs. 2 Satz 2 Unterlagen nicht aufbewahrt.**

(2) Die Ordnungswidrigkeit kann mit einer Geldbuße bis zu zweitausendfünfhundert Euro geahndet werden.

(3) Verwaltungsbehörde im Sinne des § 36 Abs. 1 Nr. 1 des Gesetzes über Ordnungswidrigkeiten ist die Bundesanstalt für Finanzdienstleistungsaufsicht.

1 Die Vorschr. sichert nebenstrafrechtl. die **Einhaltung der Mitteilungs- und Auskunftspflichten** des § 11 ab. Sie erfasst sämtl. derartigen Pflichten aus § 11 I bis V. Als Täter kommen alle in diesen Vorschr. genannten Personen in Betracht, dh. der AG, InsV, die „nach § 7 Berechtigten" sowie die sonstigen Versorgungsträger. Die sanktionierten Pflichten sind dem PSV ggü. zu erfüllen.

§ 14 Träger der Insolvenzsicherung

(1) [Pensions-Sicherungs-Verein] [1]Träger der Insolvenzsicherung ist der Pensions-Sicherungs-Verein Versicherungsverein auf Gegenseitigkeit. [2]Er ist zugleich Träger der Insolvenzsicherung von Versorgungszusagen Luxemburger Unternehmen nach Maßgabe des Abkommens vom 22. September 2000 zwischen der Bundesrepublik Deutschland und dem Großherzogtum Luxemburg über Zusammenarbeit im Bereich der Insolvenzsicherung betrieblicher Altersversorgung. [3]Er unterliegt der Aufsicht durch die Bundesanstalt für Finanzdienstleistungsaufsicht. [4]Die Vorschriften des Versicherungsaufsichtsgesetzes gelten, soweit dieses Gesetz nichts anderes bestimmt.

(2) [1]Der Pensions-Sicherungs-Verein Versicherungsverein auf Gegenseitigkeit unterliegt der Aufsicht durch die Bundesanstalt für Finanzdienstleistungsaufsicht. [2] Soweit dieses Gesetz nichts anderes bestimmt, gelten für ihn die Vorschriften für kleine Versicherungsunternehmen nach den §§ 212 bis 216 des Versicherungsaufsichtsgesetzes und die auf Grund des § 217 des Versicherungsaufsichtsgesetzes erlassenen Rechtsverordnungen entsprechend. [3]Die folgenden Vorschriften gelten mit folgenden Maßgaben:

1. § 212 Absatz 2 Nummer 1 des Versicherungsaufsichtsgesetzes gilt mit der Maßgabe, dass § 30 des Versicherungsaufsichtsgesetzes Anwendung findet;
2. § 212 Absatz 3 Nummer 6 des Versicherungsaufsichtsgesetzes gilt ohne Maßgabe; § 212 Absatz 3 Nummer 7, 10 und 12 des Versicherungsaufsichtsgesetzes gilt mit der Maßgabe, dass die dort genannten Vorschriften auch auf die interne Revision Anwendung finden; § 212 Absatz 3 Nummer 13 des Versicherungsaufsichtsgesetzes gilt mit der Maßgabe, dass die Bundesanstalt für Finanzdienstleistungsaufsicht bei Vorliegen der gesetzlichen Tatbestandsmerkmale die Erlaubnis zum Geschäftsbetrieb widerrufen kann;
3. § 214 Absatz 1 des Versicherungsaufsichtsgesetzes gilt mit der Maßgabe, dass grundsätzlich die Hälfte des Ausgleichsfonds den Eigenmitteln zugerechnet werden kann. Auf Antrag des Pensions-Sicherungs-Vereins Versicherungsverein auf Gegenseitigkeit kann die Bundesanstalt für Finanzdienstleistungsaufsicht im Fall einer Inanspruchnahme des Ausgleichsfonds nach § 10 Absatz 2 Satz 5 festsetzen, dass der Ausgleichsfonds vorübergehend zu einem hierüber hinausgehenden Anteil den Eigenmitteln zugerechnet werden kann; § 214 Absatz 1 Satz 2 des Versicherungsaufsichtsgesetzes findet keine Anwendung;
4. der Umfang des Sicherungsvermögens muss mindestens der Summe aus den Bilanzwerten der in § 125 Absatz 2 des Versicherungsaufsichtsgesetzes genannten Beträge und dem nicht den Eigenmitteln zuzurechnenden Teil des Ausgleichsfonds entsprechen;
5. § 134 Absatz 3 Satz 2 des Versicherungsaufsichtsgesetzes gilt mit der Maßgabe, dass die Aufsichtsbehörde die Frist für Maßnahmen des Pensions-Sicherungs-Vereins Versicherungsverein auf Gegenseitigkeit um einen angemessenen Zeitraum verlängern kann; § 134 Absatz 6 Satz 1 des Versicherungsaufsichtsgesetzes ist entsprechend anzuwenden;
6. § 135 Absatz 2 Satz 2 des Versicherungsaufsichtsgesetzes gilt mit der Maßgabe, dass die Aufsichtsbehörde die genannte Frist um einen angemessenen Zeitraum verlängern kann.

(3) [Kreditanstalt für Wiederaufbau] [1]Der Bundesminister für Arbeit und Sozialordnung weist durch Rechtsverordnung mit Zustimmung des Bundesrates die Stellung des Trägers der Insolvenzsicherung der Kreditanstalt für Wiederaufbau zu, bei der ein Fonds zur Insolvenzsicherung der betrieblichen Altersversorgung gebildet wird, wenn

1. bis zum 31. Dezember 1974 nicht nachgewiesen worden ist, daß der in Absatz 1 genannte Träger die Erlaubnis der Aufsichtsbehörde zum Geschäftsbetrieb erhalten hat,
2. der in Absatz 1 genannte Träger aufgelöst worden ist oder
3. die Aufsichtsbehörde den Geschäftsbetrieb des in Absatz 1 genannten Trägers untersagt oder die Erlaubnis zum Geschäftsbetrieb widerruft.

[2]In den Fällen der Nummern 2 und 3 geht das Vermögen des in Absatz 1 genannten Trägers einschließlich der Verbindlichkeiten auf die Kreditanstalt für Wiederaufbau über, die es dem Fonds zur Insolvenzsicherung der betrieblichen Altersversorgung zuweist.

(4) [1]Wird die Insolvenzsicherung von der Kreditanstalt für Wiederaufbau durchgeführt, gelten die Vorschriften dieses Abschnittes mit folgenden Abweichungen:

1. In § 7 Abs. 6 entfällt die Zustimmung der Bundesanstalt für Finanzdienstleistungsaufsicht.
2. § 10 Abs. 2 findet keine Anwendung. Die von der Kreditanstalt für Wiederaufbau zu erhebenden Beiträge müssen den Bedarf für die laufenden Leistungen der Insolvenzsicherung im laufenden Kalenderjahr und die im gleichen Zeitraum entstehenden Verwaltungskosten und

sonstigen Kosten, die mit der Gewährung der Leistungen zusammenhängen, decken. Bei einer Zuweisung nach Absatz 2 Nr. 1 beträgt der Beitrag für die ersten 3 Jahre mindestens 0,1 vom Hundert der Beitragsbemessungsgrundlage gemäß § 10 Abs. 3; der nicht benötigte Teil dieses Beitragsaufkommens wird einer Betriebsmittelreserve zugeführt. Bei einer Zuweisung nach Absatz 2 Nr. 2 oder 3 wird in den ersten 3 Jahren zu dem Beitrag nach Nummer 2 Satz 2 ein Zuschlag von 0,08 vom Hundert der Beitragsbemessungsgrundlage gemäß § 10 Abs. 3 zur Bildung einer Betriebsmittelreserve erhoben. Auf die Beiträge können Vorschüsse erhoben werden.

3. In § 12 Abs. 3 tritt an die Stelle der Bundesanstalt für Finanzdienstleistungsaufsicht die Kreditanstalt für Wiederaufbau.

[2]Die Kreditanstalt für Wiederaufbau verwaltet den Fonds im eigenen Namen. [3]Für Verbindlichkeiten des Fonds haftet sie nur mit dem Vermögen des Fonds. [4]Dieser haftet nicht für die sonstigen Verbindlichkeiten der Bank. [5]§ 11 Abs. 1 Satz 1 des Gesetzes über die Kreditanstalt für Wiederaufbau in der Fassung der Bekanntmachung vom 23. Juni 1969 (BGBl. I S. 573), das zuletzt durch Artikel 14 des Gesetzes vom 21. Juni 2002 (BGBl. I S. 2010) geändert worden ist, ist in der jeweils geltenden Fassung auch für den Fonds anzuwenden.

Am 7.10.1974 ist von der BDA zusammen mit dem BDI und dem Verband der Lebensversicherungsunternehmen der **PSV auf Gegenseitigkeit mit Sitz in Köln** gegründet worden. Die in den Abs. 2 und 3 ausgestaltete Ersatzlösung über einen bei der Dt. Ausgleichsbank zu bildenden und von ihr zu verwaltenden Fonds zur Insolvenzsicherung der betriebl. AV ist damit praktisch gegenstandslos geworden, wenn man einmal von den nicht eben wahrscheinl. Fällen des Abs. 2 S. 1 Nr. 2 und 3 absieht. Seit 14.12.2001 ist der PSV auch Träger der Insolvenzvers. für luxemburgische Versorgungszusagen; die Sicherungsfälle müssen grds. mit denen des § 7 I übereinstimmen. Der PSV als Träger der Insolvenzsicherung ist **vor der Ausfertigung des BetrAVG** gegründet worden, so dass der Gesetzgeber ihn bereits als existent behandeln und benennen konnte und ledigl. noch für den Fall Sorge tragen musste, dass der PSV die Erlaubnis der Aufsichtsbehörde (nunmehr BaFin) zum Geschäftsbetrieb nicht erhielt (Abs. 2 S. 1 Nr. 1). 1

Der PSV ist ein **VVaG** und als solcher eine **privatrechtl. jur. Person.** Für den Beitragseinzug ist er aber zugleich beliehenes Unternehmen (BT-Drs. 7/2843 S. 10; BayVGH 5.2.1982 E-BetrAV 140.1 Nr. 7). Mitglied des PSV können alle AG werden, die eine betriebl. AV zugesagt haben, die der Insolvenzsicherung unterliegt. Versicherungsverhältnis und Mitgliedschaftsverhältnis sind nicht identisch, und eine Vers. ist auch ohne Mitgliedschaft denkbar. Dies geschieht satzungsrechtl. dadurch, dass grds. die Mitgliedschaft mit Abschluss der Vers. beginnt; eine Vers. ist abgeschlossen, wenn der PSV die Meldung einer sicherungspflichtigen betriebl. AV durch den AG schriftl. bestätigt hat (§ 3 I der Satzung des PSV idF v. 1.7.2009). Die Mitgliedschaft endet, wenn keine sicherungspflichtige betriebl. AV mehr durchgeführt wird, wenn ein Sicherungsfall eingetreten ist, es sei denn der AG oder sonstige Versorgungsträger ist auch nach Eintritt des Sicherungsfalles noch weiter zu Leistungen verpflichtet, sowie schließl., wenn die Voraussetzungen der Ausnahmevorschr. des § 17 II eingetreten sind (§ 3 II der Satzung). § 3 III der Satzung bestimmt dann, dass Versicherungsverträge ausnahmsweise auch mit der Bestimmung abgeschlossen werden können, dass die Versicherungsnehmer nicht Mitglieder sind. Der PSV verfügt nach seiner Satzung über eine **Mitgliederversammlung** (§§ 15 ff.), einen AR (§§ 10 ff.), einen Vorstand (§ 9) sowie fakultativ über einen Beirat (§§ 20 f.). Durch die erfolgreiche Gründung und Aufnahme des Geschäftsbetriebs ist der Fonds zur Insolvenzsicherung der betriebl. AV, der bei der Dt. Ausgleichsbank gebildet werden sollte, eine **theoretische Ersatzlösung** geblieben. 2

§ 15 Verschwiegenheitspflicht

[1]Personen, die bei dem Träger der Insolvenzsicherung beschäftigt oder für ihn tätig sind, dürfen fremde Geheimnisse, insbesondere Betriebs- oder Geschäftsgeheimnisse, nicht unbefugt offenbaren oder verwerten. [2]Sie sind nach dem Gesetz über die förmliche Verpflichtung nichtbeamteter Personen vom 2. März 1974 (Bundesgesetzbl. I S. 469, 547) von der Bundesanstalt für Finanzdienstleistungsaufsicht auf die gewissenhafte Erfüllung ihrer Obliegenheiten zu verpflichten.

Die beim PSV tätigen Mitarbeiter, aber auch die dort freiberufl. tätigen Berater verfügen über bes. **sensible Inf.**, indem sie in die wirtschaftl. Situation von Unternehmen eingeweiht werden müssen, die sich in einer wirtschaftl. Krisensituation befinden. Aber auch die mit dem Beitragseinzug befassten Mitarbeiter haben Zugang zu sensiblen Inf. Deshalb sieht die Vorschr. eine **Geheimhaltungspflicht** vor, deren Verletzung nach §§ 203 ff. StGB strafbar ist. S. 1 ist auch SchutzG iSd. § 823 II BGB zugunsten aller derjenigen, deren Geheimnisse dem PSV im Rahmen seiner Tätigkeit bekannt werden. Unter den Geheimnissen (Tatsachen, die nur einem begrenzten Personenkreis bekannt und nicht offenkundig sind, im Rahmen eines berechtigten Interesses aber geheimgehalten werden sollen) weist die Vorschr. insb. auf die Betriebsgeheimnisse und Geschäftsgeheimnisse hin. Die Ersteren beziehen 1 sich auf den technischen Betriebsablauf, insb. Herstellung und Herstellungsverf., während Geschäftsgeheimnisse den allg. Geschäftsverkehr des Unternehmens betreffen. Die **förml. Verpflichtung** nach S. 2 bewirkt, dass es sich bei den betr. Personen dann um für den öffentl. Dienst bes. Verpflichtete handelt, was sie bei der Verletzung des Geheimnisses auf die gleiche Stufe stellt etwa mit Ärzten und RA (vgl. § 203 II 1 Nr. 2 StGB).

Fünfter Abschnitt. Anpassung

§ 16 Anpassungsprüfungspflicht

(1) [Grundsatz] Der Arbeitgeber hat alle drei Jahre eine Anpassung der laufenden Leistungen der betrieblichen Altersversorgung zu prüfen und hierüber nach billigem Ermessen zu entscheiden; dabei sind insbesondere die Belange des Versorgungsempfängers und die wirtschaftliche Lage des Arbeitgebers zu berücksichtigen.

(2) [Obergrenzen] Die Verpflichtung nach Absatz 1 gilt als erfüllt, wenn die Anpassung nicht geringer ist als der Anstieg
1. des Verbraucherpreisindexes für Deutschland oder
2. der Nettolöhne vergleichbarer Arbeitnehmergruppen des Unternehmens
im Prüfungszeitraum.

(3) [Ausnahmen] Die Verpflichtung nach Absatz 1 entfällt, wenn
1. der Arbeitgeber sich verpflichtet, die laufenden Leistungen jährlich um wenigstens eins vom Hundert anzupassen,
2. die betriebliche Altersversorgung über eine Direktversicherung im Sinne des § 1b Abs. 2 oder über eine Pensionskasse im Sinne des § 1b Abs. 3 durchgeführt wird und ab Rentenbeginn sämtliche auf den Rentenbestand entfallende Überschußanteile zur Erhöhung der laufenden Leistungen verwendet werden oder
3. eine Beitragszusage mit Mindestleistung erteilt wurde; Absatz 5 findet insoweit keine Anwendung.

(4) [Nachholen der Anpassung] [1] Sind laufende Leistungen nach Absatz 1 nicht oder nicht in vollem Umfang anzupassen (zu Recht unterbliebene Anpassung), ist der Arbeitgeber nicht verpflichtet, die Anpassung zu einem späteren Zeitpunkt nachzuholen. [2] Eine Anpassung gilt als zu Recht unterblieben, wenn der Arbeitgeber dem Versorgungsempfänger die wirtschaftliche Lage des Unternehmens schriftlich dargelegt, der Versorgungsempfänger nicht binnen drei Kalendermonaten nach Zugang der Mitteilung schriftlich widersprochen hat und er auf die Rechtsfolgen eines nicht fristgemäßen Widerspruchs hingewiesen wurde.

(5) Soweit betriebliche Altersversorgung durch Entgeltumwandlung finanziert wird, ist der Arbeitgeber verpflichtet, die Leistungen mindestens entsprechend Absatz 3 Nr. 1 anzupassen oder im Falle der Durchführung über eine Direktversicherung oder eine Pensionskasse sämtliche Überschussanteile entsprechend Absatz 3 Nr. 2 zu verwenden.

(6) Eine Verpflichtung zur Anpassung besteht nicht für monatliche Raten im Rahmen eines Auszahlungsplans sowie für Renten ab Vollendung des 85. Lebensjahres im Anschluss an einen Auszahlungsplan.

I. Normzweck

1 § 16 war bis zur Rentenreform 1999 eine in Gesetzesform gegossene Aufforderung an die Rspr., dem Risiko der Geldentwertung der Betriebsrenten sachgerecht Rechnung zu tragen. Die Vorgaben beschränkten sich auf die Vorgabe eines Zeitraums für die Erfüllung einer **Pflicht zur Prüfung der Anpassung** und die Entsch. darüber nach billigem Ermessen. Als Vorgabe dafür fand sich ledigl. die Berücksichtigung der Belange des Versorgungsempfängers einerseits und der wirtschaftl. Lage des AG andererseits. Durch das RRG 1999 ist der bisherige § 16 der Abs. 1 des neuen § 16 geworden, so dass die grds. Aussage der Vorschr. bestehen bleibt. Mit den weiteren Abs. wird ledigl. versucht, die Maßstäbe näher zu konkretisieren und einige Zweifelsfragen zu klären. Zur besseren Handhabbarkeit wird zT festgelegt, dass die Anpassungsverpflichtung als erfüllt gilt, wenn bestimmte Mindestanforderungen erfüllt sind.

2 Nach Abs. 1 hat der AG in bestimmten Abständen die Anpassung zu prüfen und darüber zu entscheiden. Diese Verpflichtung bezieht sich nur auf lfd. Leistungen, also nicht auf Einmalzahlungen und nicht auf Anwartschaften (zu letzteren nunmehr § 2a II). Über den Anpassungsmaßstab lässt sich dem Wortlaut des Abs. 1 nichts außer einer Abwägung zwischen den Belangen des Versorgungsempfängers und der wirtschaftl. Lage des AG entnehmen. Haben sich die **Lebenshaltungskosten** innerhalb der vergangenen drei Jahre verändert, so hat der AG nach billigem Ermessen über eine Anpassung zu entscheiden. Dass der Anpassungsmaßstab die Veränderung der Lebenshaltungskosten ist, ergibt sich

aus der Entgeltlichkeit des Ruhegeldes. Dieser Anpassungsmaßstab wird durch Abs. 2 konkretisiert, indem als Maßstab der Verbraucherpreisindex (des Statistischen Bundesamts) ges. fixiert wird (s. Rn. 23); das Gleiche gilt für Abs. 2 Nr. 2, der eine Orientierung an der Nettolohn- und Gehaltsentwicklung festschreibt (vgl. Rn. 24). Abs. 3 sieht in Nr. 1 für **Neuzusagen eine Begrenzungsmöglichkeit** durch den AG vor, die zum Fortfall der Anpassungsprüfungspflicht führt. Nr. 2 lässt im Falle von betriebl. AV durch Direktvers. und durch Pensionskassen unter bestimmten Voraussetzungen eine Anpassungsprüfungspflicht ebenfalls entfallen; eher systemwidrig ist dies durch das AVmG auch auf die Beitragszusage mit Mindestleistung ausgedehnt worden (Nr. 3). Abs. 4 reagiert auf die Rspr. des BAG zur nachholenden Anpassung, Abs. 5 konkretisiert die Anpassungspflicht für Entgeltumwandlungen und Abs. 6 befasst sich mit einer Folge des AVmG.

Die Leistungen in einem gegenseitigen Vertrag müssen nicht an einem obj. Maßstab gemessen gleichwertig sein; es reicht vielmehr grds. aus, dass beide Parteien jeweils in der Leistung des anderen ein ausreichendes Entgelt für die eigene Leistung sehen. Die Lösung von **Äquivalenzverschiebungen** ist Sache der Vertragsparteien, die bei Dauerschuldverhältnissen entweder bereits bei Vertragsschluss eine Abrede treffen oder aber sich der Instrumentarien zur Anpassung solcher Schuldverhältnisse (zB Änderungskündigung) bedienen. Bei der Anpassung von Ruhestandsleistungen bedarf es anderer Wege, um dem Anpassungsinteresse Rechnung zu tragen da die bisher bereits erworbenen Ansprüche noch zu erbringen sind, bereits erbrachte Leistungen (Arbeitsleistungen) aber nicht zurückgegeben werden können (zur dogmatischen Begr. *Blomeyer* RdA 2000, 285). 3

Die Ausklammerung der Anpassung von Anwartschaften ist gerechtfertigt, soweit es die Anwartschaften noch im Unternehmen tätiger AN anbetrifft, da sie zumindest theoretisch durch Änderungskündigung eine Verbesserung ihrer AV erreichen können. Dies ist anders bei mit unverfallbaren Anwartschaften ausgeschiedenen AN; insoweit ist seit 1.1.2018 auf § 2a II zu verweisen. 4

II. Gegenstand der Anpassungsverpflichtung

Deshalb ist hier nur bei **lfd. Leistungen** eine Anpassungsverpflichtung vorgesehen. Das betr. Geldleistungen, gilt aber auch, wenn eine Sachleistung in eine Geldleistung umgewandelt worden ist, sofern sie auch einen Versorgungszweck hat (Kohlebezugsrecht – BAG 11.8.1981 NJW 1982, 95). Lfd. Leistungen sind regelm. wiederkehrende Leistungen; dabei ist die Zahlungsperiode (Monat, Quartal, Jahr etc.) für die Begrifflichkeit ebenso ohne Belang wie die Zeitdauer der Leistung, sofern sie nur dem Versorgungszweck dient. Hat der Versorgungsberechtigte eine **einmalige Kapitalleistung** erhalten, so ist es ihm selber mögl. und überlassen, sie so anzulegen, dass er daraus zusammen mit den anderen Versorgungseinkünften seinen Lebensunterhalt sichern und sich gegen das Inflationsrisiko absichern kann; für § 16 besteht dann kein Bedarf. § 16 findet auch dann Anwendung, wenn ein vereinbarter Gesamtbetrag **in Raten** ausgezahlt werden soll, sofern die Ratenzahldauer die Drei-Jahres-Frist des Abs. 1 überschreitet, da nach der gesetzgeberischen Wertung und der Funktion der Vorschr. diese Frist den Zeitraum kennzeichnet, während dessen den Versorgungsempfänger vorübergehend das Risiko der Geldentwertung trifft (anders – für einen Zehn-Jahres-Zeitraum *Höfer* § 16 Rn. 23; *Leitherer,* Die Belange des Versorgungsempfängers, 1983, S. 21; wie hier FCK/*Kruip* Rn. 6; *Churminski* RdA 1981, 21). Aus Abs. 6 können, da auf einen bes. Fall bezogen, keine Folgerungen hergeleitet werden. Für Leistungen aus einer reinen Beitragszusage gilt § 16 nicht (§ 1 II Nr. 2a). 5

Abs. 6 bestimmt, dass eine Anpassungspflicht nicht besteht für mtl. Raten im Rahmen eines **Auszahlungsplans** sowie für Renten ab Vollendung des 85. Lebensjahres im Anschluss an einen Auszahlungsplan. Es handelt sich hier um eine Folgeregelung der Altersvorsorgezulage nach §§ 79 ff. EStG. § 82 II EStG nimmt für die Altersvorsorgebeiträge insoweit Bezug auf § 1 I 1 Nr. 4 AltZertG, wonach die Auszahlung in Form einer lebenslangen gleich bleibenden oder steigenden mtl. Leibrente oder Ratenzahlungen im Rahmen eines Auszahlungsplans mit einer anschließenden Teilkapitalverrentung ab dem 85. Lebensjahr vorgesehen sind; bis zu zwölf Monatsleistungen können in einer Auszahlung zusammengefasst werden oder eine Kleinbetragsrente nach § 93 III EStG abgefunden werden. Eine Teilkapitalisierung von bis zu 30% ist zulässig. Hier ist es für die sichere Kalkulierbarkeit erforderl., dass während der Auszahlung dieser Teilraten keine Anpassungspflicht besteht (*Höfer* DB 2001, 1149). Eine Anpassungsprüfungspflicht nach § 16 besteht aber dann, wenn die Auszahlung in Form einer Leibrente erfolgt. Da sich diese Regelung erklärt aus den Besonderheiten eines Auszahlungsplans nach § 82 II EStG iVm. § 1 I 1 Nr. 4 AltZertG, gilt sie nicht allg. für die Auszahlung eines Kapitalbetrages in Raten. 6

§ 16 I verpflichtet den AG ohne Rücksicht darauf, ob er eine **unmittelbare oder eine mittelbare Versorgungszusage** gemacht hat, zur regelm. Anpassungsprüfung und -entscheidung. Diese Pflicht trifft ihn unmittelbar als Pflicht iRd. arbeitsrechtl. Versorgungsverhältnisses (*Höfer* § 16 Rn. 38 ff.). Zur Gegenleistung für erbrachte Arbeitsleistung gehört damit auch bei einer mittelbaren Versorgungszusage die Anpassung der lfd. Ruhegeldleistungen. 7

III. Berechtigter und Verpflichteter

8 **Anspruchsinhaber** ist grds. der Versorgungsempfänger, wenn und soweit er während seiner Dienstzeit unter den pers. Geltungsbereich des BetrAVG fiel (§ 17 I). Es handelt sich um ein höchstpers. Recht, so dass bei Abtretung der Versorgungsansprüche an einen Dritten die Anpassungsverpflichtung nach § 16 nicht mit übergeht.

9 **Verpflichteter** ist, da es sich um eine Verpflichtung aus dem arbeitsrechtl. Versorgungsverhältnis handelt, grds. der AG. Maßgebl. ist hier diejenige natürl. oder jur. Person, mit der der Arbeitsvertrag geschlossen worden ist. Bei Betriebsübergang trifft den Erwerber die Anpassungspflicht im Leistungsfall dann, wenn das ArbVerh. auf ihn übergegangen ist; deshalb besteht keine Anpassungspflicht des Erwerbers bei solchen Personen, die bei Betriebsübergang bereits Ruhegeldempfänger sind und bei vorher ausgeschiedenen AN, es sei denn der Versorgungsanspruch wurde im Wege der Spaltung dem rechtsnachfolgenden Unternehmen zugeordnet (MüArbR/*Andresen/Cisch* § 149 Rn. 28); allerdings bereitet hier die Feststellung der wirtschaftl. Lage des AG (Veräußerers) Schwierigkeiten. In Fällen der Übertragung nach § 4 und § 8 geht die Anpassungspflicht dem Grunde nach auf den neuen Verpflichteten über. Zur Anpassung verpflichtet ist auch eine sog. Abwicklungsgesellschaft (BAG 25.6.2002 NZA 2003, 520). Im Rahmen von **mittelbaren Versorgungszusagen** ist nur der AG Verpflichteter, nicht aber die Versorgungseinrichtungen (Lebensversicherer, Pensionskasse, Unterstützungskasse) selbst. Ebenfalls nicht verpflichtet zur Anpassung nach § 16 ist der PSV; er tritt nur im Sicherungsfall ein, nicht aber arbeitsrechtl. an die Stelle des AG (s. § 7 Rn. 42 ff.). Hinzu kommt, dass beim insolventen AG eine Anpassung kraft seiner wirtschaftl. Lage ohnehin ausgeschlossen wäre. Dass der PSV eine vertragl. Anpassungsregelung bedienen muss, steht dem nicht entgegen, da er die Zusage so zu erfüllen hat, wie der AG sie gemacht hat.

IV. Prüfungszeitpunkt

10 Die Anordnung, dass der AG alle drei Jahre eine Anpassung der lfd. Leistungen zu prüfen hat, bedeutet, dass **dieser Zeitraum mit dem Tage zu laufen beginnt**, von dem an der Versorgungsberechtigte die Leistung beanspruchen kann (BRO/*Rolfs* Rn. 63 ff.; *Höfer* § 16 Rn. 49), denn ein Abstellen auf den Beginn der effektiven Zahlung würde den Lauf der Frist von Zufällen bzw. vom Verhalten des AG abhängig machen. Diese Grds. gelten auch bei vorgezogenen Altersleistungen nach § 6, wenn der AN die Leistungsgewährung bei Erfüllung der Anspruchsvoraussetzungen fordert (*Höfer* § 16 Rn. 75).

11 Aus Gründen der Praktikabilität ist der AG nicht gehalten, sich an **starre, individuelle Prüfungstermine** zu halten. Er kann sich vielmehr dafür entscheiden, die in einem Jahr fälligen Anpassungsprüfungen der Betriebsrenten zusammenzufassen und zu einem bestimmten Zpkt. innerhalb oder aE des Jahres vorzunehmen (BAG 26.10.2010 AP BetrAVG § 16 Nr. 71). Dies führt ledigl. zu einer Verzögerung der ersten, die sich um höchstens 6 Monate verschieben darf (BAG 30.8.2005 AP BetrAVG § 16 Nr. 56), nicht aber späterer Anpassungsprüfungen (BAG 28.4.1992 NZA 1993, 69). Der AG kann auch die Anpassung insg. nur alle drei Jahre durchführen, wenn er die Leistungen an die Neurentner bereits beim nächsten allg. Anpassungstermin erhöht; dies hat für den Versorgungsempfänger mehr Vor- als Nachteile (BAG 14.2.2012 NZA-RR 2012, 593). Eine vertragl. Abweichung ist wegen des zwgd. Charakters nicht mögl. (BAG 11.11.2014 NZA 2015, 1076).

V. Verfahren

12 Der AG hat **zweistufig vorzugehen,** indem er zunächst prüft, ob ein Anpassungsbedarf besteht und dann den Anpassungssatz bestimmt. Nach dem Wortlaut haben sowohl Anpassungsprüfung als auch Anpassungsentsch. individuell zu erfolgen. Dies dürfte aber anges. der Massenhaftigkeit von Anpassungsentsch. insb. in größeren Unternehmen praktisch kaum zu bewältigen sein. Die Formulierung des Abs. 1 ist jedoch im Regelungszusammenhang des G konsequent, da es trotz der Massenhaftigkeit der Ruhegeldversprechen und der Ruhegeldgewährung auch sonst von der individualrechtl. Beziehung zwischen AN bzw. Versorgungsempfänger und AG ausgeht. Die dem AG erlaubte Standardisierung der Entscheidungskriterien ist daher eine Konzession an die Praktikabilität und damit an die Bedürfnisse der Praxis. Vor diesem Hintergrund sieht Abs. 3 insofern Möglichkeiten für eine vereinheitlichte und pauschale Anpassung vor.

13 Abs. 1 macht nicht deutl., worauf sich das „billige Ermessen" des AG beziehen soll. Das BAG bezeichnet das Kriterium der wirtschaftl. Lage des AG als unbestimmten Rechtsbegriff, der von den Gerichten nur begrenzt nachprüfbar sei und bei dem dem AG ein gewisser Beurteilungsspielraum verbleiben müsse. Neben den Belangen des Versorgungsempfängers und seiner eigenen wirtschaftl. Lage dürfe der AG noch andere Kriterien in seine Prüfung und Entsch. einbeziehen. Wenn aber nach BAG insg. die Entsch. des AG billigem Ermessen entsprechen muss und es weiterhin ausführt, dass das G ihm über den Beurteilungsspielraum hinaus einen zusätzl. Ermessensspielraum einräume (BAG 29.11.1988 AP BetrAVG § 16 Nr. 21), will es das Ermessen offenbar auch auf die Feststellung der

Fakten beziehen. Richtigerweise wird man entspr. dem übl. jur. Sprachgebrauch zwischen den bei der **Anpassungsprüfung** festzustellenden Fakten, bei denen allenfalls anges. unbestimmter Rechtsbegriffe ein **Beurteilungsspielraum** in Betracht kommen kann und einem Ermessensspielraum bei der Anpassungsentsch. zu unterscheiden haben (BRO/*Rolfs* Rn. 122 ff.).

1. Beurteilungszeitpunkt. Maßgebl. Beurteilungszpkt. ist der Zpkt., zu dem der **Anspruch** des Versorgungsempfängers aus § 16 auf Anpassungsprüfung und -entsch. fällig wird (so indirekt auch BAG 1.7.1976 NJW 1976, 1861; 1.7.1976 AP BetrAVG § 16 Nr. 2; 17.10.1995 NZA 1996, 1038). 14

2. Prüfungszeitraum. Zum Prüfungszeitraum, der in Abs. 2 als Begriff verwendet wird, ließe sich aus Abs. 1 („alle drei Jahre") allenfalls schließen, dass maßgebl. Zeitraum die letzten drei Jahre sind, ebenso gut aber, dass damit nur der Prüfungszpkt. gemeint ist (BRO/*Rolfs* Rn. 83 ff.). Aus dem Normzweck ergibt sich, dass **der Anwartschaftszeitraum** nicht einzubeziehen ist (s. Rn. 4; stRspr. seit BAG 1.7.1976 AP BetrAVG § 16 Nr. 2). 15

Ob es auf den Anpassungsbedarf **in den letzten drei Jahren** ankommt oder ob der gesamte Zeitraum seit Rentenbeginn maßgebl. ist, ergibt sich nach BAG (28.4.1992 NZA 1993, 69; s. dazu *Matthießen/Rößler/Rühmann* DB Beil. 5/1993) aus der Ratio des § 16, wonach die Gleichwertigkeit zwischen versprochener und tats. Leistung zu erhalten ist. Deshalb ist beim Anpassungsbedarf und damit auch hins. der reallohnbezogenen Obergrenze (BAG 19.6.2012 NZA 2012, 1291) stets die volle Teuerung seit Rentenbeginn zu berücksichtigen, sofern diese nicht bereits durch vorhergehende Anpassungen ausgeglichen wurde. Der Anpassungsbedarf kann zutr. nur anhand des gesamten Zeitraums festgestellt werden (BAG 30.8.2005 AP BetrAVG § 16 Nr. 56; 11.10.2011 NZA 2012, 454; *Schnitker/Granetzny* RdA 2014, 251; **aA** *Schipp* RdA 2007, 122) und eine vorübergehend schlechtere wirtschaftl. Lage des AG kann nicht für alle Zeiten ein niedrigeres Niveau festschreiben. Krit. zu bewerten sind jedoch einzelne Folgerungen für den Anpassungsmaßstab (s. Rn. 43). 16

Korrekturen einer Anpassungsentsch. sind bis zum nächsten Anpassungsstichtag geltend zu machen (BAG 10.2.2009 NZA-RR 2010, 42). Danach erlischt das Rügerecht, es sei denn der AG hat keine ausdr Anpassungsentsch. getroffen; dann gilt das Schweigen als nach drei Jahren abgegebene Erkl., weshalb dann eine Rüge bis zum übernächsten Anpassungsstichtag mögl. ist (BAG 21.10.2014 BeckRS 2015, 65742). 17

VI. Inhalt der Anpassungsverpflichtung

Indem das G dem AG aufgibt, über die Anpassung nach billigem Ermessen zu entscheiden und dabei insb. die Belange des Versorgungsempfängers und die wirtschaftl. Lage des AG zu berücksichtigen, gewährt es die Möglichkeit eines Interessenausgleichs zwischen AG und Versorgungsempfänger. Dabei kann anges. des Wortlauts des § 16 und der Regelung der §§ 7 ff. eine **Minusanpassung** nicht in Betracht kommen (**aA** *Meilicke* DB 1983, 2193). 18

1. Der Anpassungsmaßstab als Kriterium der Anpassungsprüfung. Der Gesetzgeber hat es in Abs. 1 unterlassen, den Maßstab zu konkretisieren, mit dessen Hilfe der AG die Anpassungsprüfung vornehmen kann und gib dem AG auf, alle drei Jahre über einen angemessenen Ausgleich zu befinden (BAG 16.12.1976 AP BetrAVG § 16 Nr. 4; stRspr). Dem AG ist durch § 16 I die Verpflichtung aufgegeben, dem Ruheständler, soweit er eine lfd. Rentenleistung erhält, das Inflationsrisiko abzunehmen; ihm soll das Entgelt für erbrachte Arbeitsleistung erhalten bleiben, woraus aber kein **allg. Anpassungsmaßstab** entnommen werden kann, da das gewährte Ruhegeld nicht in einer bestimmten obj. messbaren Wertrelation zur während des Arbeitslebens erbrachten Arbeitsleistung steht (*v. Maydell,* Geldschuld und Geldwert, 1974 S. 194). Eine Wiederherstellung subj. Äquivalenz ist nicht mögl. Es geht also um einen obj. Maßstab, der anges. des Sinnes der Vorschr. nur die Veränderung der Lebenshaltungskosten sein kann. Haben sich diese innerhalb der vergangenen drei Jahre verändert, so hat der AG nach billigem Ermessen über eine Anpassung zu entscheiden. 19

Dieser Anpassungsmaßstab wird durch Abs. 2 konkretisiert. Dies geschieht durch eine Formulierung, die die Annahme einer Fiktion nahe legt; da es hier aber nicht um die gewollte Gleichsetzung eines als ungleich Gewussten (*Larenz* Methodenlehre 6. Aufl. 1991 S. 251) geht, ist es als unwiderlegl. Vermutung zu verstehen. Mit dem neuen Begriff des **„Prüfungszeitraums"** wird keine Vorentsch. darüber getroffen, welcher Zeitraum für die Prüfung generell maßgebend ist; der Zeitraum bestimmt sich vielmehr jeweils auf der Basis der jeweiligen Anpassungsprüfung (anders *Höfer* § 16 Rn. 112 ff., der generell auf die Zeitspanne vom Rentenbeginn bis zum jeweiligen Prüfstichtag abstellt). 20

2. Die Anpassungsentscheidung. Ergibt die Prüfung einen Anpassungsbedarf, so hat der AG über die Anpassung **nach billigem Ermessen** zu entscheiden. Dem AG ist – insoweit die fehlende Möglichkeit der Änderungskündigung ersetzend – aufgegeben, einen gerechten Interessenausgleich vorzunehmen. 21

a) Die Belange des Versorgungsempfängers. Das Interesse des Versorgungsempfängers geht grds. dahin, einen Teuerungsausgleich seiner Geldrente zu erhalten (BT-Drs. 7/2843 S. 12 zu § 6k). Die Berücksichtigung der Belange des Versorgungsempfängers iRd. Ermessensentsch. bedeutet nicht, dass 22

individuelle Belange des einzelnen Versorgungsempfängers zu beachten sind. Die Bedürftigkeit des Gläubigers kann für den Ausgleich einer Äquivalenzstörung keine Bedeutung haben und wäre mit dem Entgeltgedanken unvereinbar.

23 Damit ist unter den Belangen des Versorgungsempfängers der Teuerungsausgleich der Geldrente zu verstehen (hM vgl. nur BRO/*Rolfs* Rn. 130; MüArbR/*Andresen/Cisch* § 149 Rn. 40; stRspr. seit BAG 1.7.1976 NJW 1976, 1861; 1.7.1976 AP BetrAVG § 16 Nr. 2). Der vom BAG eingeführte Maßstab ist der Verbraucherpreisindex des Statistischen Bundesamts zu den dem Anpassungsstichtag unmittelbar vorausgehenden Monaten (BAG 18.3.2014 NZA 2014, 1026). Deshalb kann, da als unwiderlegl. Vermutung formuliert, der AG ohne Rücksicht auf individuelle Belange eine Anpassung nach diesem Maßstab vornehmen. Er kann aber auch auf die Nettolohnentwicklung der Beschäftigten des Unternehmens abstellen und hat jeweils die Wahl (*Kreitner* FS Höfer 2011 S. 119).

24 **aa) Netto- oder reallohnbezogene Obergrenze.** Das bedeutet nicht, dass die „Belange des Versorgungsempfängers" in jedem Fall mit dem Teuerungsausgleich gleichzusetzen sind, sondern kann nur für den Regelfall gelten, dass die allg. Einkommensentwicklung über den Teuerungsausgleich hinausgeht. Den Belangen des Versorgungsempfängers ist auch Rechnung getragen, wenn der AG sich bei seiner Anpassungsentsch. an der **Nettolohn- oder -gehaltsentwicklung vergleichbarer ANGruppen des Unternehmens** orientiert, falls diese unterhalb des Teuerungsausgleichs liegt. Die Verwendung des Begriffs „Nettolöhne" bedeutet allerdings nicht, dass nur auf die Arbeiter abzustellen ist; vielmehr geht es hier um die Entwicklung der Nettolöhne und -gehälter (*Höfer* § 16 Rn. 99); eine Typisierung ist zulässig und eine Orientierung an der individuellen Steuer- und Beitragsbelastung nicht geboten (BAG 23.5.2000 NZA 2001, 1076; 30.8.2005 AP BetrAVG § 16 Nr. 56). Dabei wird man die erhöhten Vorsorgeaufwendungen der AN berücksichtigen dürfen (*Reichenbach/Dreger* BB 2010, 2306), grds. sind sämtl. Vergütungsbestandteile zu berücksichtigen (BAG 19.6.2012 NZA-RR 2013, 426). IE wird damit der Maßstab einer gewissen Solidarität mit der Belegschaft verlassen und der Pensionär auf das Schicksal seiner ANGruppe im Gesamtunternehmen verwiesen. Das BAG (30.8.2005 AP BetrAVG § 16 Nr. 56) lässt sogar die konzernweite Bildung vergleichbarer Unternehmensgruppen zu, was aber auch anges. des Wortlauts zu weit geht (*Reichenbach/Grüneklee* DB 2006, 446, 449) und im Gegensatz steht zu der sonst sehr diff. Sicht des BAG zur Konzernproblematik (vgl. etwa Rn. 31 ff.). Der AG kann entspr. dieser Gruppen die Anpassungssätze unterschiedl. festlegen, wenn sie sich für die aktive Belegschaft unterschiedl. entwickeln. Was unter „ANGruppen" iE zu verstehen ist, hat der Gesetzgeber nicht näher bestimmt. Es lässt sich an die tarifl. Eingruppierung ebenso denken wie an eine Einteilung nach Funktionsebenen, also ltd. Ang., gehobenes Management etc. Aus Gründen der Praktikabilität sollte man aber grds. an die tarifl. Eingruppierung oder in Ermangelung einer solchen an die im Unternehmen verwendeten Lohn- und Gehaltsgruppen anknüpfen, wobei dem AG bei der Gruppenbildung ein Entscheidungsspielraum einzuräumen ist; so kann der AG etwa alle außertarifl. Ang. zu einer Gruppe zusammenfassen (BAG 23.5.2000 NZA 2001, 1076). Bei der Bestimmung der ANGruppe kann nur mit einer Plausibilitäts- und Willkürkontrolle gearbeitet werden (*Langohr-Plato* DB 2002, 409). Das BAG konzediert, dass die Ermittlungen bei Anwendung der reallohnbezogenen Obergrenze einen erhebl. Verwaltungsaufwand mit sich bringen, will es aber der Praxis überlassen, dafür Modelle zu entwickeln, die eine praktikable und sachgerechte Anpassungsprüfung ermöglichen und deutet damit wohl eine gewisse Großzügigkeit bei der Bewertung an (BAG 19.6.2012 AP BetrAVG § 16 Nr. 86; krit. *Steinmeyer* Anm. AP BetrAVG § 16 Nr. 86).

25 **bb) Berücksichtigung von Leistungen der Sozialversicherung.** Anges. des Zusammenwirkens und Ineinandergreifens von betriebl. AV und ges. Rentenvers. stellt sich die Frage, ob der AG bei der nach § 16 I zu treffenden Ermessensentsch. die Erhöhung der Sozialrenten berücksichtigen darf. In § 16 sind alle Maßstäbe ohne Bezugnahme auf Leistungen der Sozialvers. festgelegt, weshalb von der **sog. Abkoppelungstheorie** auszugehen ist (stRspr. seit BAG 15.9.1977 AP BetrAVG § 16 Nr. 5), wonach der Rentenleistungen aus der Sozialvers. bei der Bestimmung der Höhe der Betriebsrente unbeachtet bleiben.

26 **cc) Sonstige Begrenzungen der Anpassung.** Daraus folgt auch, dass keine **absolute Obergrenze** dergestalt hergeleitet werden kann, wonach die Gesamtversorgung eines Rentners einen bestimmten Höchstbetrag, etwa das Nettoeinkommen eines Aktiven oder einen bestimmten Prozentsatz davon, nicht überschreiten darf (gegen eine absolute Obergrenze BAG 11.8.1981 NJW 1982, 957; s. BRO/*Rolfs* Rn. 153 ff.). Aber auch die sog. **relative Obergrenze** ist abzulehnen. Für deren Berechnung kommt es nach den dazu vertretenen Modellen darauf an, wie sich die Summe aus der Sozialversicherungsrente und der Betriebsrente zu den letzten Bezügen eines AN verhält. Der entspr. Prozentsatz wird dann als individueller Gesamtversorgungsgrad festgeschrieben und soll sich im Laufe des Ruhestandes – bezogen auf das Nettoeinkommen der vergleichbaren aktiven AN – nicht erhöhen. Eine Anpassung soll danach erst in Betracht kommen, wenn das betriebl. Ruhegeld so stark entwertet ist, dass die Gesamtversorgung trotz der Rentendynamik nicht den bisherigen Gesamtversorgungsgrad aufrechterhalten kann (*K. Heubeck* DB 1978, 345). Auch diese Obergrenze begegnet den gleichen Bedenken wie die absolute Obergrenze und lässt sich mit § 16 nicht vereinbaren (BRO/*Rolfs* Rn. 155).

b) Wirtschaftliche Lage des Arbeitgebers. aa) Allgemeines. Es besteht offenbar Einigkeit darüber, dass mit wirtschaftl. Lage die **Ertragslage** des Unternehmens (BRO/*Rolfs* Rn. 168 ff.; *Steinmeyer* S. 161) bzw. die Fähigkeit der Unternehmung, ihre Aufgaben in der Zukunft zu erfüllen (*Sieben/Becker* RdA 1986, 87) gemeint ist. Maßgebl. ist die tats. Lage und nicht eine fiktive, die bestehen würde, wenn die Entsch. anders gefallen wären (BAG 14.7.2015 NZA-RR 2015, 539). Nach der Rspr. des BAG bedeutet die Frage nach der wirtschaftl. Lage des AG, dass die durch den Teuerungsausgleich verursachten Belastungen ermittelt und in ihren Auswirkungen für die weitere Entwicklung des Unternehmens abgeschätzt werden müssen (BAG 23.4.1985 AP BetrAVG § 16 Nr. 17), was bedeutet, dass auch die wirtschaftl. Entwicklung nach dem Anpassungsstichtag bedeutsam sein kann (BAG 18.3.2014 AP BetrAVG § 16 Nr. 98); Voraussetzung dafür ist allerdings, dass diese zum Stichtag bereits vorhersehbar war, spätere unerwartete Veränderungen können erst bei der nächsten Prüfung berücksichtigt werden (BAG 21.4.2015 AP BetrAVG § 16 Nr. 113). Bei der wirtschaftl. Lage muss als entscheidend angesehen werden, dass vorrangig der Betrieb und seine Arbeitsplätze erhalten bleiben (BAG 15.9.1977 NJW 1977, 2370). Maßgebend ist die wirtschaftl. Lage des Versorgungsschuldners, was bedeutsam für die Fälle des § 613a BGB ist (BAG 25.4.2006 NZA-RR 2007, 374). Betreibt der AG seine betriebl. AV über einen Pension Trust, auf dessen Vermögen und Erträge er keine direkte Zugriffsmöglichkeit hat, so kommt es nicht auf dessen wirtschaftl. Lage sondern die des AG an (BAG 15.4.2014 NZA-RR 2015, 147). Bei einer Verschmelzung kann es auf die wirtschaftl. Entwicklung der beiden Unternehmen bis zur Verschmelzung ankommen (BAG 2.9.2014 AP BetrAVG § 16 Nr. 104). 27

bb) Maßgebliche Faktoren zur Bestimmung der wirtschaftlichen Lage. Nach der inzwischen verfestigten Rspr. des BAG (seit 23.3.1985 NZA 1985, 499; 23.3.1985 AP BetrAVG § 16 Nr. 17) rechtfertigt die wirtschaftl. Lage des AG nicht erst dann die **Ablehnung einer Anpassung,** wenn die Mehrbelastung einen Zusammenbruch des Unternehmens verursachen könnte. Andererseits genüge zur Begr. des Anpassungsbegehrens auch nicht die Feststellung, das Unternehmen werde die zu erwartenden Mehrkosten irgendwie aus der betriebl. Substanz decken können. Das versorgungspflichtige Unternehmen solle vielmehr langfristig nicht so geschwächt werden, dass es ausgezehrt werde oder durch die Anpassungsbelastung Arbeitsplätze in Gefahr gerieten. Eine gesunde wirtschaftl. Entwicklung dürfe nicht verhindert werden. Die Kosten einer Anpassung müssten daher aus den Erträgen eines Unternehmens und dessen Wertzuwachs finanzierbar sein. Dabei dürfen auch wegen steigender Lebenserwartung höhere Kosten für die AV berücksichtigt werden (ähnl. mit anderer Begr. *Reichenbach/Dreger* BB 2010, 2306; s. auch *Diller/Beck* ZIP 2013, 437, die Modelle für die Berücksichtigung vorstellen);das kann aber nur mWv. dem Zpkt. gelten, zu dem die Berechnung der Versorgung insg. der veränderten Lebenserwartung angepasst wird. 28

In dieser Rspr. wird aber zugleich eingeräumt, dass es nur schwer mögl. ist, **Kriterien zu entwickeln,** die in allen theoretisch denkbaren Fällen bei unterschiedl. wirtschaftl. Lagen maßgebend sein können. Deshalb arbeitet das BAG (23.3.1985 AP BetrAVG § 16 Nr. 17; 17.4.1996 NZA 1997, 155; 23.5.2000 NZA 2001, 1251) mit Prüfungsschritten: 29

1. Entscheidend sei zunächst iS einer **Prognoseentsch.**, ob das Unternehmen in der auf den Anpassungsstichtag folgenden Zeit ohne übermäßige Belastung in der Lage war und sein wird, den Anpassungsbedarf aufzubringen. Beurteilungsgrdl. für die erforderl. Prognose ist dann die wirtschaftl. Entwicklung des Unternehmens in der Zeit vor dem Anpassungsstichtag, soweit daraus Schlüsse für die weitere Entwicklung gezogen werden können. Dabei bleiben nicht voraussehbare, neue Rahmenbedingungen und sonstige unerwartete, spätere Veränderungen der wirtschaftl. Verhältnisse des Unternehmens unberücksichtigt (vgl. BAG 17.10.1995 NZA 1996, 1038).
2. Für eine einigermaßen zuverlässige Prognose müsse **die bisherige Entwicklung** über einen längeren, repräsentativen Zeitraum von idR mind. drei Jahren ausgewertet werden.
3. Der am Anpassungsstichtag absehbare **Investitionsbedarf**, auch für Rationalisierung und die Erneuerung von Betriebsmitteln, sei zu berücksichtigen.
4. **Scheingewinne** blieben unberücksichtigt.
5. Die **Betriebssteuern** verringerten die verwendungsfähigen Mittel. Bei den Steuern vom Einkommen sei zu beachten, dass nach einer Anpassungsentsch. die Rentenerhöhungen den steuerpflichtigen Gewinn verringerten (für eine grds. Nachsteuerbetrachtung *Weppler/Karst* BB 2015, 491; *Cisch/Weppler* BB 2016, 2805). Aktive latente Steuern iSv. § 274 I 2 HGB sind nicht zu berücksichtigen, da sie nichts über die wirtschaftl. Lage aussagen (BAG 21.2.2017 BeckRS 2017, 107603).
6. Eine **angemessene Eigenkapitalverzinsung** sei idR nötig. Dabei sei einerseits auf die Höhe des Eigenkapitals, andererseits auf das erzielte Betriebserg. abzustellen (näher BAG 28.5.2013 NZA-RR 2013, 598).
7. Soweit Gesellschafter einer GmbH als **GF** tätig seien, könne dafür eine angemessene Vergütung angesetzt werden. Der Unternehmerlohn dürfe das bei FremdGF Übliche nicht überschreiten.

Durch die Anpassung darf die **Wettbewerbsfähigkeit des Unternehmens** nicht gefährdet werden. Der Maßstab der angemessenen Eigenkapitalverzinsung muss dahin konkretisiert werden, dass sowohl auf die Höhe des Eigenkapitals als auch auf das erzielte Betriebserg. abzustellen ist (zu den Einzelheiten s. BAG 26.10.2010 AP BetrAVG § 16 Nr. 71; 11.10.2011 NZA 2012, 454). Für die **Höhe der Eigen-** 30

kapitalverzinsung können nicht die ausgeschütteten Dividenden maßgebend sein, da diese von der Ausschüttungspolitik eines Unternehmens abhängig sind und keine verlässl. Rückschlüsse auf die wirtschaftl. Situation des Unternehmens zulassen. Das BAG bezieht sich zutr. auf den handelsrechtl. Begriff des Eigenkapitals (§ 266 III lit. A HGB), wozu nicht nur das Stammkapital und die Kapitalrücklage, sondern auch Gewinnrücklagen, Gewinn-/Verlustvorträge sowie Jahresüberschüsse und -fehlbeträge zählen (BAG 21.8.2012 AP BetrAVG § 16 Nr. 87). Die angemessene Eigenkapitalverzinsung soll dann aus einem Basiszins und einem Risikozuschlag bestehen, wobei der Basiszins der Umlaufrendite öffentl. Anleihen entspreche. Der Risikozuschlag betrage für alle Unternehmen einheitl. 2%. Ein Geldentwertungsabschlag dürfe unterbleiben (BAG 23.5.2000 NZA 2001, 1251). Für diesen Maßstab spricht seine Kalkulierbarkeit und damit Zweckmäßigkeit; allerdings überschreitet das BAG damit die Grenze von der streitentscheidenden zu einer regelnden – an sich dem Gesetzgeber vorbehaltenen – Tätigkeit. Einer unzureichenden Eigenkapitalverzinsung ist eine **Eigenkapitalauszehrung** gleichzustellen (BAG 23.5.2000 NZA 2002, 554). Wertzuwächse des Unternehmens sind nur insoweit zu berücksichtigen, als sie zu bilanzieren sind und ohne Gefährdung der Wettbewerbsfähigkeit und der Arbeitsplätze verwertet werden können (BAG 18.2.2003 AP BetrAVG § 16 Nr. 53). Geeigneten Maßstab für die Feststellung des erzielten Betriebserg. sowie des vorhandenen Eigenkapitals bietet der handelsrechtl. Jahresabschluss, bei dem aber betriebswirtschaftl. notwendige Korrekturen vorzunehmen sind (BAG 11.12.2012 AP BetrAVG § 16 Nr. 88; zur Bedeutung der IFRS-Rechnungslegung s. *Förster/Weppler* BB 2006, 773; krit. zu ihrer Verwendung aber iE unklar BAG 7.6.2016 BeckRS 2016, 71103) sowie solche Entwicklungen und Umstände herauszurechnen sind, die für die weitere Ertragslage nicht repräsentativ sind. Maßgebl. ist die Ertragskraft im Ganzen (BAG 18.3.2014 AP BetrAVG § 16 Nr. 98). Verluste infolge der Finanzmarktkrise sind trotz Einmaligkeit zu berücksichtigen, da sie sich trotz Hilfe durch die SoFFin auf die wirtschaftl. Leistungsfähigkeit auswirken (BAG 15.4.2014 NZA-RR 2015, 147). Ist der Versorgungsschuldner durch Verschmelzung entstanden, kommt es auch auf die wirtschaftl. Entwicklung der verschmolzenen Unternehmen bis zur Verschmelzung an (BAG 28.5.2013 NZA-RR 2013, 598).

31 **cc) Anpassung im Konzern.** Die Frage, inwieweit iRd. Anpassungsentsch. auf die **wirtschaftl. Lage des Konzerns** anstelle der einzelnen Konzerngesellschaft abzustellen ist, stellt sich, wenn die Konzerngesellschaft aufgrund ihrer „wirtschaftl. Lage" eine Anpassung der Rente ablehnt, obwohl die wirtschaftl. Leistungsfähigkeit des Konzerns unzweifelhaft gegeben ist. AG ist jedoch regelm. nur das Unternehmen, mit dem der AN einen Arbeitsvertrag geschlossen hat und als solcher anpassungsverpflichtet (BAG 8.12.2015 BeckRS 2016, 67105). Der Konzern selbst dagegen hat keine eigene Rechtspersönlichkeit (§ 15 AktG) und kann damit nicht AG sein. Demnach kann auch nicht allg. auf den Konzern, sondern allenfalls auf die **Konzernmutter**, also das beherrschende Unternehmen abgestellt werden (zur dogmatischen Konstruktion des Rückgriffs auf die Konzernmutter vgl. *Junker* FS Kissel 1994 S. 451 ff.; *Reiners* DB 1994, 678 ff.). Aber auch insoweit gilt, dass es bei der Anpassungsentsch. nur ausnahmsweise auf die wirtschaftl. Lage des herrschenden Unternehmens ankommen kann (BAG 23.10.1996 NZA 1997, 1111).

32 Das im Konzernrecht geltende **Trennungsprinzip für jur. Personen** findet auch im Betriebsrentenrecht Beachtung (BAG 4.10.1994 NZA 1995, 368). Es müssen deshalb weitere Faktoren gegeben sein, die einen **Berechnungsdurchgriff** (krit. *Wutte* S. 9 ff.) auf die Konzernmutter und damit regelm. eine andere jur. Person als den Versorgungsschuldner erlauben. Die wirtschaftl. Verflechtung von Konzerngesellschaften kann aber dazu führen, dass bei der Anpassungsprüfung nach § 16 nicht die wirtschaftl. Lage des Einzelunternehmens, sondern die eines anderen Konzernunternehmens maßgebl. ist (BAG 28.4.1992 AP BetrAVG § 16 Nr. 25; 29.9.2010 NZA 2011, 1416). Wegen des Zusammenhangs zwischen der konzernmäßigen Durchgriffshaftung und der Beurteilung der Leistungsfähigkeit des AG bei der Anpassung nach § 16 und der Haftung der Konzernobergesellschaft für Anpassungsschulden der Konzerntochter beim qualifiziert faktischen Konzern sei auch schon bei der Anpassungsprüfung auf die Leistungsfähigkeit der Konzernobergesellschaft abzustellen (BRO/*Rolfs* Rn. 214 ff.). Die bisherige Rspr. zum Berechnungsdurchgriff hat das BAG (10.2.2009 NZA 2010, 95) wegen neuerer Rspr. des BGH (16.7.2007 NJW 2007, 2689) aufgegeben, aber die Auswirkung der Verflechtung auf die wirtschaftl. Lage des AG ist zu berücksichtigen, wenn ihm etwa kompensationslos Vermögenswerte entzogen wurden (*Schipp* DB 2010, 112). Ohne die Grundsatzfrage zu entscheiden, hat das BAG nun für den Berechnungsdurchgriff einen Gleichlauf von Zurechnung und Innenhaftung iS einer Einstandspflicht/Haftung des anderen Konzernunternehmens ggü. dem Versorgungsschuldner vorausgesetzt (BAG 18.3.2014 AP § 16 BetrAVG Nr. 98; *Schlewing* RdA 2010, 366; das übersehen *Preu/Novara* NZA 2011, 1263); deshalb hat das BAG für den qualifiziert faktischen Konzern wegen Fehlens des Gleichlaufs einen Berechnungsdurchgriff ausgeschlossen (BAG 15.1.2013 ZIP 2013, 1041). Der Berechnungsdurchgriff ändert nichts an der Schuldnerstellung, da Schuldner der Anpassungsprüfung und -entsch. nach § 16 der Versorgungsschuldner bleibt. Ein Berechnungsdurchgriff ist bei Vorliegen einer verbindl. Patronatserkl. mögl., die aber ausdr. Ansprüche nach § 16 umfassen muss (BAG 21.10.2014 NZA-RR 2015, 90) und sich auch auf künftige Anpassungen erstreckt (BAG 21.4.2015 AP BetrAVG § 16 Nr. 113).

Eine enge wirtschaftl. Verknüpfung ist regelm. dann gegeben, wenn zwischen den Unternehmen ein **Beherrschungs- oder ein Gewinnabführungsvertrag** besteht (BAG 14.12.1993 NZA 1994, 551; 28.4.1992 NZA 1993, 72; 23.10.1996 NZA 1997, 1111). Jedoch reicht dies alleine nicht aus, um auf die Leistungsfähigkeit der Konzernmutter abstellen zu können. Es kommt darauf an, dass die wirtschaftl. Leistungsfähigkeit eines Unternehmens durch Entwicklungen des Konzerns, dem es angehört, maßgebl. bestimmt werden kann (BAG 10.2.2009 NZA 2010, 95).Das Bestehen eines Beherrschungsvertrags rechtfertigte unter Berufung auf § 302 AktG nach bisheriger Rspr. ohne weitere Voraussetzungen einen Berechnungsdurchgriff (BAG 26.5.2009 NZA 2010, 641; 17.6.2014 DStR 2014, 2350). Nunmehr sehen BAG und BGH diese Vorschr. nicht mehr als ausreichende Rechtsgrdl. an, nehmen aber einen Berechnungsdurchgriff auf die wirtschaftl. Lage des herrschenden Unternehmens an, wenn sich die durch den Beherrschungsvertrag für die Versorgungsempfänger begr. Gefahrenlage verwirklicht hat (BAG 10.3.2015 NZA 2015, 1187, BGH 27.9.2016 NZA 2016, 1470). Auch ein Gewinnabführungsvertrag rechtfertigt nicht ohne Weiteres den Berechnungsdurchgriff, da das Konzernunternehmen nicht umfassend seine wirtschaftl. Selbständigkeit verliert. Man wird hier auf die wirtschaftl. Lage vor der Gewinnabführung abstellen müssen (zweifelnd noch BAG 17.6.2014 DStR 2014, 2350; *Schlewing* RdA 2010, 368; wie hier *Schubert* FS v. Hoyningen-Huene 2014 S. 455). Der Berechnungsduchgriff dient allerdings nur der Abwehr konzernspezifischer Risiken für das Anpassungsinteresse, was zu seiner umfangmäßigen Begrenzung führen kann (ähnl. *Rolfs/Heikel* NZA 2014, 1161) 33

dd) „Privatisierender“ Arbeitgeber und „Non-Profit-Organisationen“. Legt ein AG sein Unternehmen still oder veräußert er es, so haftet er – ggf. auch seine Erben – grds. weiter für die Versorgungsverbindlichkeiten. Ihn trifft auch die Anpassungspflicht nach § 16, wobei auf die Vermögenslage des privatisierenden AG abzustellen ist, allerdings nicht auf sein gesamtes Vermögen sondern nur auf den dem Unternehmen gewidmeten Teil, sofern eine solche Trennung mögl. ist (BAG 9.11.1999 NZA 2000, 1057; BRO/*Rolfs* Rn. 235). Für Erben bedeutet dies eine Beschränkung auf das ererbte Unternehmensvermögen. Der Versorgungsschuldner ist nicht verpflichtet, die Anpassungslasten durch Eingriffe in die Vermögenssubstanz zu finanzieren (BAG 9.11.1999 NZA 2000, 1057). Aus § 613a folgt keine Verpflichtung des Veräußerers sicherzustellen, dass er nach Veräußerung zur Anpassung in der Lage ist (BAG 17.6.2014 DStR 2014, 2350). Maßstab für den Umf. der Anpassungspflicht ist eine konservative Geldanlage, die Risiken vermeidet. Zur Eigenkapitalverzinsung ist auf die zum aktiven AG bzw. Unternehmen entwickelten Grds. zu verweisen (Rn. 29 f.), wobei sie angemessen ist, wenn sie der Umlaufrendite öffentl. Anleihen entspricht; ein Risikozuschlag wie bei aktiven AG ist nicht gerechtfertigt ist (BAG 26.10.2010 BetrAV 2011, 174). Der AG kann allerdings auch von der Möglichkeit des Abs. 3 Nr. 2 1. Alt. Gebrauch machen, indem er die betriebl. Altersvorsorge über eine Direktvers. vornimmt, mit der Konsequenz, dass seine Anpassungspflicht entfällt. Bei **„Non-Profit-Organisationen“** ist auf die Erhaltung der Funktionsfähigkeit der Organisation abzustellen (BRO/*Rolfs* Rn. 241 ff.), bei einer Gewerkschaft etwa auf die Erfüllung ihrer koalitionspolitischen Aufgaben, wobei es den Gerichten verwehrt sein soll, die Verwendung der Einkünfte iE zu überprüfen und zu bewerten (BAG 13.12.2005 NZA 2007, 39; krit. *Steinmeyer* RdA 2007, 182). Die sog. **Rentnergesellschaft**, auf die die Versorgungsverbindlichkeiten nach dem UmwG ausgegliedert werden, hat der versorgungspflichtige AG so auszustatten, dass sie nicht nur die lfd. Leistungen zahlen kann, sondern auch zu den ges. vorgesehenen Anpassungen in der Lage ist und sie alle drei Jahre jeweils um den Prozentsatz erhöhen kann, der dem durchschnittl. Kaufkraftschwund der letzten 20 Kj. entspricht (BAG 11.3.2008 NZA 2009, 790). Eine solche Ausstattungspflicht soll für eine im Wege von Betriebsübergängen entstandene Rentnergesellschaft nicht bestehen (BAG 17.6.2014 DStR 2014, 2350; krit. dazu *Höfer* Rn. 272.2; *Forst* EWiR 2014, 793 f.), da die Versorgungsverpflichtungen beim urspr. Versorgungsschuldner verblieben und die Gefahr des Missbrauchs der Gestaltungsform und der Beeinträchtigung der schutzwürdigen Interessen des Versorgungsberechtigten nicht bestehe (BAG 15.9.2015 NZA 2016, 235). Ob allerdings bei Transaktionen innerhalb eines Konzerns, die zu einer die Anpassung nicht auslösenden wirtschaftl. Lage führen, § 826 BGB ausreichend hilft, ist zw. (so aber BAG). 34

c) Die Entscheidung nach billigem Ermessen. § 16 I gibt dem AG auf, insb. unter Berücksichtigung der Belange des Versorgungsempfängers und der wirtschaftl. Lage des AG nach billigem Ermessen zu entscheiden, also iRd. Ausgleichs der Äquivalenzstörung eine Abwägungsentsch. zu treffen; eine **rechnerische Gegenüberstellung beider Maßstäbe** reicht also nicht. Es geht vielmehr um die Abwägung der **beiderseitigen Interessen**, was bei einer Entsch. nach billigem Ermessen eine umfassende Analyse erforderl. macht, bei der die gedeihl. Fortentwicklung des Unternehmens ebenso zu berücksichtigen ist wie das Interesse des Versorgungsempfängers am Teuerungsausgleich (BAG 23.4.1985 NZA 1985, 496; 14.2.1989 NZA 1989, 675; BRO/*Rolfs* Rn. 244 ff.). 35

Wenn das G ausdr. zwischen Anpassungsprüfung und Anpassungsentsch. unterscheidet, so bedeutet dies, dass das Ermessen nur die Anpassungsentsch. betrifft, da die Anpassungsprüfung sich nur auf die zu erhebenden Fakten beziehen kann und dabei ein Ermessen nicht recht vorstellbar ist (anders *Höfer* Rn. 5353; *Langohr-Plato* BB 2002, 406). Davon zu unterscheiden ist, dass etwa **Prognoseentsch.** immer mit Unsicherheiten behaftet sind; die Überprüfung kann bei diesen nur dahin gehen, ob auf der Basis der gegebenen Fakten die Prognose gerechtfertigt war. Das Ermessen bei der Anpassungsentsch. 36

ist nicht als freies Ermessen zu verstehen, sondern als ein gebundenes, das auf seine Billigkeit hin gerichtl. überprüft werden kann (BRO/*Rolfs* Rn. 247). Es kann sich nur beziehen auf die Abwägung der Interessen von AG und Versorgungsempfänger und die daraus folgende Entsch. Hier hat der AG einen gewissen Spielraum, wie er seiner wirtschaftlichen Lage Rechnung trägt. Dieser ist aber in der Praxis nur ein scheinbarer, da das BAG immer wieder dazu neigt, im Interesse der Rechtssicherheit und Kalkulierbarkeit genaue Vorgaben zu machen (s. die Rspr. zum Risikozuschlag beim Merkmal der Eigenkapitalverzinsung (BAG 23.5.2000 NZA 2001, 1251; s. Rn. 29 f.).

37 Bei seiner Entsch. ist der AG darüber hinaus an den **Gleichbehandlungsgrds.** gebunden. Dieser ist etwa dann verletzt, wenn die Renten bei einzelnen Gruppen von Rentnern angepasst werden, bei anderen hingegen nicht, ohne dass dafür sachl. Gründe erkennbar wären (BAG 23.4.1985 NZA 1985, 496). So ist etwa eine höhere Anpassung von sog. Kleinrenten abzulehnen, da nach der hier vertretenen Auff. eine individuelle Bedürftigkeitsprüfung nicht in Betracht kommt und es auch der hier vertretenen und von der Gesetzgebung inzwischen bestätigten Abkoppelungstheorie widersprechen würde (BRO/*Rolfs* Rn. 253 ff.; wohl auch *Höfer* § 16 Rn. 278 ff.). Allerdings stellt Abs. 2 Nr. 2 auf vergleichbare ANGruppen ab, was aber keine wirkl. neue Differenzierungsmöglichkeit eröffnet, da auch eine Differenzierung unter den aktiven AN dem Gleichbehandlungsgrds. unterliegt.

38 Bei der Anpassungsentsch. sind schließl. die **Grds. der betriebl. Übung** zu beachten, da auch eine Anpassungsübung entstehen kann (BAG 25.4.2006 NZA-RR 2007, 374). Es ist zu unterscheiden zwischen der Übung einer bloßen Anpassungsprüfung iRd. Billigkeit und der sehr viel weitergehenden Übung ganz bestimmter Rentenerhöhungen (BAG 3.2.1987 NZA 1987, 666). Bei ersterem kommt diese Bindung iE der Regelung des § 16 gleich: hier bleibt es bei dem Entscheidungsspielraum, der eine Abwägung der beiderseitigen Interessen erfordert und es besteht keine Anpassungsautomatik. Ist aber der AG aufgrund der betriebl. Übung verpflichtet, unter näher konkretisierten Voraussetzungen die Rente an ganz bestimmte Bezugsgrößen anzupassen, so entspricht die Bindung einer Spannenklausel, die für Abwägungen keinen Raum lässt, sondern das Erg. unmittelbar vorschreibt. Der AG kann die Veränderung der wirtschaftl. Lage einwenden, sofern nicht eine Anpassungsübung ohne Rücksicht auf die wirtschaftl. Lage anzunehmen ist.

39 **3. Besonderheiten der Anpassung bei mittelbaren Versorgungszusagen.** § 16 I verpflichtet den AG ohne Rücksicht darauf, ob er eine mittelbare oder eine unmittelbare Versorgungszusage erteilt hat, zur regelm. Anpassungsprüfung und -entsch. Diese Pflicht trifft ihn unmittelbar als Pflicht iRd. arbeitsrechtl. Versorgungsverhältnisses. Zur Gegenleistung für erbrachte Arbeitsleistung gehört damit ebenso bei Einschaltung einer Direktvers., einer Pensionskasse oder eines Pensionsfonds aber auch bei einer Unterstützungskassen-Versorgung die Anpassung der lfd. Ruhegeldleistungen.

40 Der **Prüfungsmaßstab** bestimmt sich grds. auch hier wie bei der unmittelbaren Versorgungszusage. Die Verpflichtung zur Anpassungsprüfung und -entsch. nach Abs. 1 entfällt gem. Abs. 3 Nr. 2, wenn die betriebl. AV über eine **Direktvers.** oder eine **Pensionskasse** durchgeführt wird und ab Rentenbeginn alle auf den Rentenbestand, dh. das individuelle Einzelversicherungsverhältnis entfallenden Überschussanteile zur Erhöhung der lfd. Leistungen verwendet werden, so dass sämtl. Überschussanteile uneingeschränkt und unabdingbar den Rentnern zur Erhöhung ihrer Renten zur Vfg. gestellt werden. Diese Regelung findet Anwendung auf alle Neuzusagen, die dem Genüge tun, aber auch auf lfd. Renten, sofern ab Rentenbeginn in dieser Weise verfahren worden ist. Sind diese Voraussetzungen nicht erfüllt, so besteht weiterhin die Pflicht des AG zur Anpassungsprüfung und -entsch. nach Abs. 1. Für **Pensionsfonds** bleibt es bei der allg. Regelung. Das bedeutet, dass der AG grds. zur Anpassung verpflichtet bleibt.

41 **4. Nachholende und nachträglichen Anpassung.** Bei der sog. **nachholenden Anpassung** geht es um die Frage, ob es bei einer Anpassungsentsch. ledigl. auf den Anpassungsbedarf in den letzten drei Jahren ankommt oder ob der gesamte Zeitraum seit Rentenbeginn maßgebl. ist (s. dazu die grdl. Entsch. des BAG 28.4.1992 NZA 1993, 69; 28.4.1992 NZA 1993, 72; *Matthießen/Rößler/Rühmann* DB Beil. 5/1993, 1 ff.). Dies ist bedeutsam, wenn der AG nicht immer eine volle Anpassung vorgenommen hat. Von der nachholenden Anpassung unterscheidet das BAG die **nachträgl. Anpassung.** Durch eine nachträgl. Anpassung solle die Betriebsrente bezogen auf einen früheren Anpassungsstichtag unter Berücksichtigung der damaligen wirtschaftl. Lage des Unternehmens erhöht werden (BAG 17.4.1996 NZA 1997, 155). Es geht also praktisch um die Frage einer Nachzahlung und einer Korrektur der damaligen Entsch.

42 **a) Nachholende Anpassung.** Für die nachholende Anpassung gilt grds., dass bei der Anpassungsprüfung nicht nur die Teuerung in den letzten drei Jahren, sondern der **Kaufkraftverlust seit Rentenbeginn** zu berücksichtigen ist (BAG 17.4.1996 NZA 1997, 155; näher Rn. 15 f.). Der Anpassungsbedarf kann nur anhand des gesamten Zeitraums festgestellt werden und eine vorübergehend schlechtere wirtschaftl. Lage des AG kann nicht für alle Zeiten ein niedrigeres Niveau festschreiben.

43 Das Interesse des Ruheständlers geht dahin, einen **vollen Inflationsausgleich** zu erhalten. Die wirtschaftl. Lage des AG kann es durchaus zulassen, dass nach einer zwischendurch einmal geringeren Anpassung nunmehr die unterbliebene Anpassung entspr. der Inflationsrate nachgeholt wird. Es bleibt

dann über den gesamten Zeitraum gesehen bei der schematischen Anpassung ausgerichtet an der Inflationsrate. Dies kann aber zB nicht berücksichtigen, dass die aktiven AN während der Krise des Unternehmens oder des Wirtschaftszweiges Einbußen hingenommen haben oder Zuwächse geringer ausgefallen sind. Diese Fälle, aber auch den Fall der Reduzierung von Versorgungszusagen aktiver AN in Krisenzeiten vermag das BAG nicht ausreichend zu erfassen, wenn es die Belange des Versorgungsempfängers grds. mit dem Ausgleich des Kaufkraftverlustes gleichsetzt. Das BAG löst damit den Verteilungskonflikt zwischen AN und Betriebsrentnern einseitig zugunsten der Betriebsrentner (*Matthießen/Rößler/Rühmann* DB Beil. 5/1993, 14). Die Kriterien „Belange des Versorgungsempfängers" und „wirtschaftl. Lage" sind deshalb für eine **diff. Entsch.** fruchtbar zu machen, um zu einer weniger schematischen Entsch. zu kommen, was allerdings zu möglicherweise noch schwerer voraussehbaren Entsch. führt. Zumindest wird man hier an die Nettolohnentwicklung der aktiven AN anknüpfen können. Es stehen hier Einzelfallgerechtigkeit und Praktikabilität in einem Spannungsverhältnis. Dem BAG ist jedoch beizupflichten, dass man die Anpassungsprüfung nicht nur auf den Drei-Jahres-Zeitraum beschränken kann. Sieht man den Gesamtzeitraum seit Beginn der lfd. Leistung als maßgebl. an, so bleibt nur die Entsch. zwischen der schematischen Lösung des BAG und einer mehr einzelfallorientierten Lösung.

Anges. der sich so ergebenden Schwierigkeiten und Belastungen hat der Gesetzgeber mit **Abs. 4** eine 44
Regelung geschaffen, die bestimmt, dass bei einer zu Recht unterbliebenen Anpassung eine Verpflichtung zur nachholenden Anpassung nicht besteht. Zum einen stellt Abs. 4 S. 1 fest, dass bei einer erfolgten Anpassungsprüfung und -entsch., die den Erfordernissen des Abs. 1 genügt, eine Verpflichtung zur Nachholung entfällt, was sich eigentl. aus sich selbst ergibt. Dem AG wird aber eine zusätzl. Möglichkeit eingeräumt, um das gleiche Ziel zu erreichen, indem er auch in einem erleichterten Verf. nach S. 2 seiner Pflicht aus Abs. 1 genügen kann. S. 2 des Abs. 4 bedeutet nicht, dass der AG auf diese Weise sich allg. der Anpassungsprüfung nach Abs. 1 entledigen kann. Abs. 4 findet deshalb auch keine Anwendung im Fall des Abs. 3. Vielmehr hat S. 2 nur Bedeutung für die nachholende Anpassung. Der AG entgeht also einer nachholenden Anpassung entweder dadurch, dass er die Rechtmäßigkeit der Minderanpassung nach Abs. 1 zu beweisen vermag oder dadurch, dass er sich des Verf. nach S. 2 bedient.

Das **vereinfachte Verf. des Abs. 4 S. 2** verpflichtet den AG ledigl., seine wirtschaftl. Lage schriftl. 45
darzulegen; dieser Pflicht genügt der AG nur, wenn der Rentner allein mit dieser Darlegung die Entsch. des AG nachvollziehen kann (*Doetsch/Förster/Rühmann* DB 1998, 263). Der Rentner muss alle Inf. erhalten, die er benötigt, um selbst die Beurteilung der wirtschaftl. Lage, wie sie Abs. 1 vorsieht, vornehmen zu können, da er anderenfalls keine Basis für die Entsch. über einen Widerspruch hat. Dass Abs. 4 von wirtschaftl. Lage des Unternehmens statt wie in Abs. 1 von wirtschaftl. Lage des AG spricht, führt nicht zu unterschiedl. Maßstäben; es handelt sich vielmehr um eine sprachl. Ungenauigkeit (*Höfer* § 16 Rn. 436). Aus der Darlegung muss hervorgehen, dass die – unzureichende – wirtschaftl. Lage eine Anpassung nicht zulässt; die notwendige Darlegung muss die sich aus den Bilanzen der vergangenen 3 Jahre ergebenden Daten zum Eigenkapital und zur Berechnung der Eigenkapitalverzinsung umfassen (BAG 11.10.2011 NZA 2012, 337). Es obliegt nach erfolgter Darlegung dann dem Ruheständler, initiativ zu werden. Im sich daran anschließenden mögl. Prozess unterliegen dann allerdings die Angaben des AG über die wirtschaftl. Lage der Überprüfung. Die Regelung des Abs. 4 findet Anwendung in allen Fällen, in denen eine Verpflichtung zur Anpassungsprüfung und -entsch. besteht.

Erfüllt der AG die Voraussetzungen des Abs. 4 – inklusive der Hinweispflicht auf die Rechtsfolgen 46
– nicht, so kann der Ruheständler eine **nachholende Anpassung iSd. bisherigen Rspr.** des BAG geltend machen. Der AG muss die wirtschaftl. Lage zutr. und vollständig darlegen; dies bezieht sich auf alle Gesichtspunkte, die für die Beurteilung der wirtschaftl. Lage von Bedeutung sein können. Eine ausdr. Präklusionswirkung ist der Vorschr. nicht zu entnehmen; wenn der AG aber ihm bekannte Umstände nicht nennt, ist eine ordnungsgemäße Darlegung zu verneinen.

Beim **Hinweis auf die Rechtsfolgen** reicht eine Verweisung auf die Vorschr. des § 16 IV nicht aus; 47
vielmehr muss der Hinweis aus sich heraus verständl. sein und dem Ruheständler muss deutl. gemacht werden, dass er binnen der Frist von drei Kalendermonaten der Anpassungsentsch. des AG widersprechen kann und er dann, wenn er die Frist verstreichen lässt, nicht geltend machen kann, dass der AG zu Unrecht die lfd. Leistung nicht oder nicht in vollem Umf. angepasst habe. Trotz des insoweit unklaren Wortlauts muss auch dieser Hinweis **schriftl.** erfolgen, da auch hier die Schriftlichkeit dem Schutz des AN dient (*Höfer* § 16 Rn. 440).

Hält der AG dieses Verf. nicht ein, so muss er im übl. Verf. nachweisen, dass die Anpassung zu 48
Recht unterblieben ist; ist dies der Fall, so beschränkt sich die Anpassungspflicht auf den Anpassungszeitraum. Um Manipulationen zu verhindern, wird man in Analogie zu § 187 I BGB annehmen müssen, dass der Kalendermonat, in dem die Mitt. dem Rentner zugeht, für die Berechnung der Frist nicht mit zu berücksichtigen ist (*Bepler* BetrAV 2000, 26; *Höfer § 16* Rn. 444).

Für den **Widerspruch des Versorgungsempfängers** schreibt das G nur die Schriftlichkeit und die 49
Einhaltung einer Frist vor, macht aber keine Vorgaben über den Inhalt. Es kann inhaltl. keine eingehende Darlegung von Widerspruchsgründen verlangt werden, wohl aber der Hinweis auf einen

plausiblen Grund (ähnl. *Höfer* § 16 Rn. 443). Die Regelung kann bei anhaltend schlechter wirtschaftl. Lage des Unternehmens durchaus bei gleich bleibendem Nominalwert der Betriebsrente zu einem Verlust des Geldwertes führen (*Blomeyer* RdA 2000, 287). Andererseits wird man dem AG zubilligen müssen, freiwillige Überzahlungen in der Vergangenheit anzurechnen (*Langohr-Plato* Rn. 974). Für **Anpassungen vor dem 1.1.1999** trifft § 30c II eine Übergangsregelung.

50 **b) Nachträgliche Anpassung.** Bei der nachträgl. Anpassung erlischt der **Anspruch auf Prüfung und Entsch.** idR nach Ablauf der Frist, für die die Anpassung verlangt werden könne, also nach drei Jahren ab Anpassungsstichtag (BAG 17.4.1996 NZA 1997, 155). Die nach § 16 I alle drei Jahre zu treffende Anpassungsentsch. hat Befriedungsfunktion und streitbeendenden Charakter (BAG 17.8.2004 NJOZ 2005, 4868). Wenn der Versorgungsempfänger die Entsch. des AG für unrichtig hält, muss er dies vor dem nächsten Anpassungsstichtag dem AG ggü. geltend machen (BAG 10.2.2009 NZA 2010, 95). Damit wird verhindert, dass die wirtschaftl. Lage des AG im Nachhinein aus der Sicht weit zurückliegender Anpassungsstichtage zu beurteilen ist (*Langohr-Plato* BB 2002, 408).

51 **5. Die Anpassung durch ein Konditionenkartell.** Die sog. Konditionenkartelle oder RLVerbände (**„Essener Verband"** und **„Bochumer Verband"**; vgl. *Schoden* Rn. 17; BAG 2.2.1988 NZA 1988, 611; 25.4.2006 AP BetrAVG § 16 Nr. 62) sind Zusammenschlüsse von AG zum Zwecke der Koordinierung der Bedingungen der betriebl. AV. Sie verfolgen regelm. den Zweck, für ihre Mitglieder einheitl. VersorgungsRL aufzustellen, um dadurch einheitl. Versorgungsregelungen für den Kreis der AT-Ang. sicherzustellen. Den betroffenen Beschäftigten werden dann regelm. Zusagen hins. der betriebl. AV entspr. der jeweiligen Leistungsordnung des Verbandes erteilt; anpassungspflichtig sind hier die Mitglieder. Legt der Verband für seine Mitglieder einheitl. eine Anpassung der Leistungen um einen bestimmten Prozentsatz fest, so entfaltet dieser Vorstandsbeschl. gem. der Satzung zunächst Bindungswirkung ggü. allen Mitgliedern. Soll aber wegen der wirtschaftl. Lage eine Anpassung unterhalb der Geldentwertungsrate vorgenommen werden, so kann wegen der zwgd. Wirkung des § 16 Maßstab nur der AG sein, dessen wirtschaftl. Situation unter den Mitgliedern am besten ist. Schwächere Unternehmen können von einer einmal vom Verband getroffenen Anpassungsentsch. grds. nicht unter Berufung auf ihre wirtschaftl. Lage abweichen, weshalb die RLVerbände inzwischen diese Bindungswirkung in ihren Satzungen einschränken (BAG 25.7.2000 AP BetrAVG § 1 Ablösung Nr. 31). Die Berücksichtigung eines biometrischen Faktors zur Begrenzung des Anpassungsbedarfs entspricht nicht billigem Ermessen (BAG 30.9.2014 NZA 2015, 227). Eine Differenzierung bei der Anpassung zwischen AN, die bis zum Leistungsfall im Unternehmen geblieben sind und solchen, die vorher ausschieden, verstößt nicht gegen das AGG (BAG 30.11.2010 NZA-RR 2011, 593).

VII. Vereinbarungen über die Anpassung

52 Da § 16 **Mindestnorm** ist, steht es dem AG frei, bei der Anpassung über den in dieser Vorschr. enthaltenen Maßstab hinauszugehen und einen großzügigeren Maßstab für die Anpassung lfd. Leistungen vorzusehen. Wird eine solche Zusage mit Rentendynamik durch BV abgelöst (zur ablösenden BV vgl. § 1 Rn. 37 f.) und durch einen Verweis auf den Maßstab des § 16 ersetzt, so sollen nach der Rspr. des BAG nicht die konkretisierenden Grds. anwendbar sein, die für den Eingriff in Versorgungsanwartschaften entwickelt worden sind. Der Eingriff sei regelm. bereits dann gerechtfertigt, wenn es für ihn sachl. nachvollziehbare und Willkür ausschließende Gründe gebe (BAG 16.7.1996 NZA 1997, 533; 9.11.1999 NZA 2001, 221). Das BAG übersieht dabei, dass auch eine **Dynamisierung lfd. Leistungen** erdient sein kann und deshalb den übl. Grenzen für eine nachteilige Veränderung unterliegt (zu den Maßstäben vgl. § 1 Rn. 39 ff.). Sieht die Versorgungszusage eine Dynamisierung vor, so ist diese mit erworben und kann nur unter den Voraussetzungen, die für alle erdienten Anwartschaften gelten, dem AN oder Ruheständler nachträgl. entzogen oder reduziert werden. Der entscheidende Unterschied zwischen der hier vertretenen Auff. und der des BAG besteht darin, dass das BAG mit Billigkeitserwägungen angemessene Erg. erzielen will, während die Bemessung nach erdienten Anrechten einen auch rechtl. konkret fassbaren Maßstab abgibt. Das BAG sieht einen Unterschied zwischen der Dynamisierung von Versorgungsanwartschaften und der von lfd. Betriebsrenten (BAG 9.11.1999 NZA 2001, 221), der so nicht nachvollziehbar ist, da beides von der jeweiligen Vereinb. erfasst ist und die Position des AN nicht schwächer werden kann, wenn er zum Betriebsrentner wird.

VIII. Entfallen der Anpassungspflicht nach Abs. 3

53 Nach Abs. 3 entfällt die Anpassungspflicht des AG bei Vorliegen der weiteren Voraussetzungen. So bietet Abs. 3 Nr. 1 dem AG die Möglichkeit, durch eine **pauschale jährl. Anpassung** der betriebl. AV von 1% den Aufwand einer individuellen Prüfung zu vermeiden und zugleich seine Verpflichtungen leichter kalkulieren zu können. Die Mindestanpassung nach Abs. 3 Nr. 1 setzt eine Vereinb. zwischen AN und AG voraus.

54 **1. Zusage einer Mindestanpassung.** Dies gilt für **alle Durchführungswege**. Im vorgegebenen Rahmen kann der AG den Anpassungszpkt. frei festlegen. Der Anpassungssatz von 1% ist nur als

Mindestwert zu verstehen und hindert den AG nicht daran, einen höheren Prozentsatz zuzusagen. Dieser Satz muss auch Bestand haben, wenn die Inflationsrate deutl. ansteigt und kann allenfalls in Grenzfällen wegen Wegfalls der Geschäftsgrdl. korrigiert werden müssen (ähnl. aber wohl noch zu weitgehend *Höfer* § 16 Rn. 375); dies gilt auch deshalb, weil bei dieser pauschalen Anpassungsverpflichtung der AG diese jährl. Anpassung nicht wegen unzureichender wirtschaftl. Lage aussetzen und sich auch nicht auf eine ausgebliebene Geldentwertung berufen darf.

Allerdings greift diese Regelung **nicht bei bestehenden Versorgungszusagen** (§ 30c); der AG kann dann, da es sich um eine Vertragsänd. handelt, die 1%-Verpflichtung nur mit Zust. des AN eingehen; eine solche Vereinb. würde nicht gegen § 17 verstoßen, da das G in seiner nF diese Option einräumt (*Küpper* Neue Chancen für Betriebsrenten S. 82). Eine spätere Verbesserung einer vor dem 1.1.1999 erteilten Versorgungszusage macht aus ihr keine Neuzusage iSv. Abs. 3 Nr. 1, da sonst zum einen der klare Wille des Gesetzgebers unterlaufen würde, nur Neuzusagen zu erfassen und zum anderen – ungeachtet eines etwa bestehenden Prinzips der „Einheit der Versorgungszusage" (dazu § 1b Rn. 29) – das BetrAVG grds. Rechtsfolgen gerade hins. Fristen und Stichtage an die urspr. Versorgungszusage und nicht stattdessen an deren Verbesserung anknüpft (s. *Küpper,* Neue Chancen für Betriebsrenten, S. 84). Etwas anderes kann nur gelten, wenn die alte und die neue Zusage als eigenständige und nebeneinander bestehende betrachtet werden können (*Höfer* § 16 Rn. 388 f.; *Blomeyer* RdA 2000, 286). Aus dem Zweck des § 16 folgt, dass von dieser Möglichkeit auch Gebrauch gemacht werden kann, wenn eine Kapitalzusage ab 1999 in eine Zusage lfd. Leistungen umgewandelt wird (*Höfer* § 16 Rn. 390). 55

2. Überschussverwendung zugunsten des Rentners bei Pensionskasse und Direktvers. Nach Abs. 3 Nr. 2 kann der AG seiner Verpflichtung aus Abs. 1 entgehen, indem er die betriebl. AV über eine Direktvers. oder über eine Pensionskasse durchführt, ab Rentenbeginn sämtl. auf den Rentenbestand entfallenden Überschussanteile zur Erhöhung der lfd. Leistungen verwendet und eine bestimmte Berechnung vornimmt. Aus dem Begriff der Verwendung ergibt sich, dass eine Vereinb. über die Verwendung der Überschussanteile nicht vorliegen muss; es reicht die tats. Verwendung. Diese Sicht ist auch deshalb gerechtfertigt, weil der AG der Anpassungspflicht nach Abs. 1 nur entgeht, wenn er den Anforderungen des Abs. 3 Nr. 2 tats. Rechnung trägt. 56

Unter **Rentenbestand** wird man die in der Person des individuellen AN gebündelten Leistungsarten zu verstehen haben (*Höfer* § 16 Rn. 404 ff.; *Blomeyer* RdA 2000, 286). Unter dem Begriff der sämtl. **Überschussanteile** sind alle Gewinne zu verstehen, die sich aus dem Rentenbestand ergeben haben. Dazu zählen nicht nur Überrenditen, die zB im Rahmen einer Lebensvers. vom Versicherer ausgeschüttet werden, sondern auch durch eine Kostensenkung im Bereich des Verwaltungsaufwands erzielte Guthaben. Des Weiteren sind verschiedene Modelle der Gewinnbeteiligung denkbar. So können sog. Zusatzrenten, wachsende und konstante Gewinnrenten sowie Barauszahlungen gewährt werden (dazu *Blumenstein/Krekeler* DB 1998, 2605). Entscheidend bei diesen Systemen ist aber, dass dadurch eine Erhöhung der lfd. Leistung bewirkt wird. Es ist nicht Voraussetzung für ein Entfallen der Anpassungsprüfungspflicht, dass die so vorgenommenen Anpassungen den Teuerungsausgleich oder die Nettolohnanhebung zumindest ausgleichen. 57

Die Überschussverwendung muss ab **Rentenbeginn** erfolgen; erfolgt sie erst später, ist Abs. 3 Nr. 2 nicht erfüllt. Die Überschussanteile müssen zur Erhöhung der lfd. Leistungen verwendet werden. Sinkt das Überschussniveau oder bleibt ein Überschuss ganz aus, so ändert dies bei Befolgung der anderen Voraussetzungen nichts daran, dass die Verpflichtung nach Abs. 1 entfällt, da der Gesetzgeber die Möglichkeit des Abs. 3 Nr. 2 als gleichwertige Alt. zu Abs. 1 ausgestaltet hat (ähnl. *Höfer § 16* Rn. 416 f.). Durch das G zur Umsetzung der EU-Mobilitäts-RL ist die frühere Bezugnahme auf § 65 VAG (jetzt § 88 VAG) und den dort bestimmten Höchstzinssatz gestrichen und so die notwendige Planungssicherheit hergestellt. Entgegen *Diller/Zeh* (NZA 2016, 75) und *Döring* (BB 2016, 2933) entfaltet diese Änd. keine Rückwirkung, da Entsprechendes nicht angeordnet ist und sich auch nicht aus der amtl. Begr. ergibt; dort wird ledigl. klargestellt, dass es nicht nur für künftige, sondern auch für bestehende Zusagen gilt; ein Hinweis darauf, dass es auch zurückliegende Anpassungszeiträume betreffen soll, findet sich nicht (wie hier *Rolfs* BetrAV 2017, 213); die Anordnung einer Rückwirkung muss im GText deutl. zum Ausdruck kommen (anders *Greiner/Bitzenhofer* NZA 2016, 1176). 58

Diese Regelung kann nicht dahin verallgemeinert werden, dass von einer Anpassungsprüfungspflicht des AG grds. dann abzusehen ist, wenn die Erträgnisse des Versorgungskapitals dem Leistungsempfänger zustehen (so *Blomeyer* RdA 2000, 286). Nur für **Direktvers. und Pensionskassen** wird hier eine Ausnahme von dem allg. Grds. gemacht, dass auch bei mittelbaren Versorgungszusagen die Pflicht zur Anpassungsprüfung und -entsch. den AG iRd. arbeitsrechtl. Versorgungsverhältnisses trifft. Der AG hat grds. für das Geldentwertungsrisiko einzustehen, so dass ihn eine Ausfallhaftung für den Fall trifft, dass die Erträgnisse des Versorgungskapitals insoweit nicht ausreichen. 59

3. Beitragszusage mit Mindestleistung. Die **Ausnahme** der Beitragszusage mit Mindestleistung von der Anpassungsprüfungspflicht (Abs. 3 Nr. 3) lässt sich damit erklären, dass der Gesetzgeber diese Leistungsform für den AG bes. attraktiv ausgestalten wollte. Der AN weiß hier, dass ihm der AG nur die Beiträge zusagt und eine Art Ausfallhaftung übernimmt. Eine Pflicht zur Anpassungsprüfung und 60

–entsch. würde dem widersprechen, es wäre auch nicht ersichtl., an welchem Maßstab sich eine Anpassung ausrichten sollte, ohne den Grundgedanken dieser Leistungsform zu unterlaufen.

61 Der **Verweis auf Abs. 5** kann hier an sich nur bedeuten, dass die bes. Regelungen zur Anpassung bei betriebl. AV durch Entgeltumwandlung dann nicht gelten, wenn diese in Form der Beitragszusage mit Mindestleistung durchgeführt wird. Allerdings schreibt § 1b V Nr. 1 vor, dass bei Entgeltumwandlung die Überschussanteile nur zur Verbesserung der Leistung verwendet werden dürfen. Dieser vom Gesetzgeber offenbar nicht gesehene Widerspruch kann nur dahin aufgelöst werden, dass die Verpflichtung aus § 1b V Nr. 1 nicht in Frage steht, die Rentenleistung in diesem Fall also um die Überschussanteile zu erhöhen ist.

62 **4. Altersversorgung durch Entgeltumwandlung.** Für die AV durch Entgeltumwandlung wird die **Anpassung von der wirtschaftl. Lage des AG** abgekoppelt. Die beiden Verweise in Abs. 5 nehmen jeweils Bezug auf derartige Regelungen. Das bedeutet, dass der AG grds. verpflichtet ist, die Leistungen jährl. um mind. 1% anzupassen; dies betrifft unmittelbare Versorgungszusagen, Unterstützungskassen und Pensionsfonds. Erfolgt die Entgeltumwandlung über eine Direktvers. oder eine Pensionskasse, so ist die Anpassungsverpflichtung erfüllt, wenn sämtl. Überschussanteile gem. Abs. 3 Nr. 2 zur Erhöhung der lfd. Leistungen verwendet werden; dabei hat der AG nicht die Wahl zwischen dieser Verwendung und der 1%-Anpassung, da bereits § 1b I 5 die Verwendung zur Verbesserung der Leistungen vorschreibt (BRO/*Rolfs* Rn. 325; aA DFL/*Kisters-Kölkes* Rn. 58). Keine Anpassungspflicht besteht, wenn die Entgeltumwandlung als Beitragszusage mit Mindestleistung durchgeführt wird.

Sechster Abschnitt. Geltungsbereich

§ 17 Persönlicher Geltungsbereich und Tariföffnungsklausel

(1) **[Arbeitnehmer]** [1]**Arbeitnehmer im Sinne der §§ 1 bis 16 sind Arbeiter und Angestellte einschließlich der zu ihrer Berufsausbildung Beschäftigten; ein Berufsausbildungsverhältnis steht einem Arbeitsverhältnis gleich.** [2]**Die §§ 1 bis 16 gelten entsprechend für Personen, die nicht Arbeitnehmer sind, wenn ihnen Leistungen der Alters-, Invaliditäts- oder Hinterbliebenenversorgung aus Anlaß ihrer Tätigkeit für ein Unternehmen zugesagt worden sind.** [3]**Arbeitnehmer im Sinne von § 1a Abs. 1 sind nur Personen nach den Sätzen 1 und 2, soweit sie aufgrund der Beschäftigung oder Tätigkeit bei dem Arbeitgeber, gegen den sich der Anspruch nach § 1a richten würde, in der gesetzlichen Rentenversicherung pflichtversichert sind.**

(2) **[Öffentlicher Dienst] Die §§ 7 bis 15 gelten nicht für den Bund, die Länder, die Gemeinden sowie die Körperschaften, Stiftungen und Anstalten des öffentlichen Rechts, bei denen das Insolvenzverfahren nicht zulässig ist, und solche juristische Personen des öffentlichen Rechts, bei denen der Bund, ein Land oder eine Gemeinde kraft Gesetzes die Zahlungsfähigkeit sichert.**

(3) **[Gesetzesvorrang] Gesetzliche Regelungen über Leistungen der betrieblichen Altersversorgung werden unbeschadet des § 18 durch die §§ 1 bis 16 und 26 bis 30 nicht berührt.**

1 **1. Persönlicher Geltungsbereich. a) Allgemeines.** Das G will nur solche Formen privater Altersvorsorge erfassen, für die ein **Schutz erforderl.** ist, wie er durch die §§ 1 bis 16 aufgebaut wurde. Es muss also etwa eine Einbeziehung in die Insolvenzsicherung und eine dem AG obliegende Pflicht zur Anpassungsprüfung und -entsch. sachgerecht und geboten sein. Deshalb ist der pers. Geltungsbereich nach Abs. 1 S. 1 grds. begrenzt auf AN – im G umschrieben mit „Arbeitern" und „Ang.", wobei die Unterscheidung dieser beiden Beschäftigtengruppen im BetrAVG nicht von praktischer Relevanz ist. Personen, die zu ihrer Berufsausbildung beschäftigt sind, befinden sich in der gleichen Situation und werden deshalb ebenso behandelt. Sehr unbestimmt formuliert und zu Schwierigkeiten bei der Eingrenzung führend ist S. 2 mit der Erweiterung auf Personen, denen eine Leistung aus Anlass ihrer Tätigkeit für ein Unternehmen zugesagt worden ist. Die Abgrenzung des pers. Geltungsbereichs erfolgt in dieser Vorschr. einheitl. für das gesamte BetrAVG. Maßgebend für die Anwendbarkeit des G ist allein der Status des Zusageempfängers.

2 **b) Arbeitnehmer und zu ihrer Berufsausbildung Beschäftigte.** Zum ANBegriff ist hier von der allg. arbeitsrechtl. Begriffsbestimmung auszugehen. Zum **Berufsausbildungsverhältnis** ist auf § 3 BBiG zu verweisen. Es entspricht dem Grundgedanken des § 3 II BBiG, die für den Arbeitsvertrag geltenden Vorschr. soweit als mögl. anzuwenden; insoweit hat die Vorschr. des § 17 verdeutlichende Funktion und soll sicherstellen, dass auch eine Beschäftigung zur Berufsausbildung für die Frage der betriebl. AV wie eine sonstige Beschäftigung zu behandeln ist, sofern dem zu seiner Berufsausbildung Beschäftigten eine Versorgungszusage erteilt worden ist (BT-Drs. 7/1281 S. 30 – zu § 7).

3 **c) Nicht-Arbeitnehmer nach Abs. 1 S. 2.** NichtAN sollten nur dann vom BetrAVG erfasst werden, wenn sie in einer Situation sind, die der der AN hins. der Schutzbedürftigkeit vergleichbar ist, weshalb S. 2 einschränkend auszulegen ist. Irgendeine Tätigkeit für ein Unternehmen, die mit einer Versorgungszusage verbunden ist, kann nicht ausreichen. Aus dem Wortlaut ergibt sich zur Eingrenzung des

Personenkreises allerdings nur, dass es sich um Personen handeln muss, die keine AN sind, denen „Leistungen der betriebl. AV" zugesagt sind, dh. Leistungen der Alters-, Invaliditäts- und Hinterbliebenenversorgung, dass die Leistungen auf einer Versorgungszusage beruhen müssen und dass die AV aus Anlass einer Tätigkeit für ein Unternehmen zugesagt worden ist. Daraus lässt sich zusätzl. entnehmen, dass **Zusagender und Leistungsempfänger** nicht identisch sein dürfen. Eine Tätigkeit für ein Unternehmen wird man deshalb nur annehmen können, wenn es nicht das eigene ist (BGH 28.4.1980 NJW 1980, 2254; 9.6.1980 NJW 1980, 2257; 9.6.1980 AP BetrAVG § 17 Nr. 4), wobei die Schwierigkeit einer Abgrenzung zwischen eigenem und fremdem Unternehmen insb. bei Beteiligungen nicht verkannt werden soll. Eine Zusage aus Anlass der Tätigkeit für ein Unternehmen ist anges. des Schutzzwecks des G und der Entgeltlichkeit des Ruhegeldes auch nur gegeben, wenn es sich um die Gegenleistung für eine dem Unternehmen dienende Tätigkeit handelt; es muss zwischen der Zusage und dem Tätigkeitsverhältnis ein ursächl. Zusammenhang bestehen. Es kommt auf den Einzelfall an, wobei Indiz eine nur den Gesellschaftern zugesagte AV sein kann (BAG 11.11.2014 NZA-RR 2015, 208). Über die Rechtsgrdl. sagt das G nichts aus, es ist aber von einer schuldrechtl. Vertragsbeziehung auszugehen (BAG 20.4.2004 NZA 2005, 927; BRO/*Rolfs* Rn. 63 f.). Es werden damit neben AN auch sog. **arbeitnehmerähnl. Personen** vom pers. Geltungsbereich erfasst, also Personen, die wirtschaftl. abhängig und einem AN vergleichbar sozial schutzbedürftig sind.

Neben diesem Personenkreis können **Unternehmer, Gesellschafter sowie Mitglieder gesellschaftsrechtl. Organe** in Betracht kommen. Die teleologische Reduktion der Vorschr. aufgrund der Überlegungen oben Rn. 4 ergibt, dass Einzelkaufleute ebenso von Abs. 1 S. 2 nicht erfasst werden wie Mehrheitsgesellschafter. Nach der Rspr. des BGH „sind vom Schutz des BetrAVG Personen ausgenommen, die ein Unternehmen leiten, das sie aufgrund ihrer vermögensmäßigen Beteiligung und ihres Einflusses als ihr eigenes betrachten können." (BGH 28.1.1991 NJW-RR 1991, 746). Maßgebl. Kriterien sind also Kapitalanteil und Leitungsmacht. Der BGH (28.4.1980 NJW 1980, 2254) anerkennt zwar, dass § 17 I 2 wesentl. auf das Leitbild eines wirtschaftl. abhängigen und deshalb bes. schutzbedürftigen AN ausgerichtet ist, das rechtfertige es aber nicht, die Anwendung der Bestimmungen des BetrAVG demzufolge stets vom Schutzbedürfnis des Versorgungsberechtigten abhängig zu machen, da sich der Gesetzgeber auf eine generelle Regelung beschränkt und nicht ausdr. auf die Schutzbedürftigkeit abgestellt habe. Auch die sog. Vertragsparität könne nicht maßgebend sein, da auch dies nicht ausreichend Niederschlag in der Formulierung des G gefunden habe. 4

Anges. des unbestimmten Wortlauts ist eine sichere Abgrenzung nur schwer mögl. Es besteht aber wohl Einigkeit darin, dass das BetrAVG nur zur Anwendung kommen soll, wenn der Zusagende und der Zusageempfänger **weder rechtl. noch wirtschaftl. identisch** sind und der Zusageempfänger keine bes. Möglichkeit hat, auf die Versorgungsbedingungen Einfluss zu nehmen (so BRO/*Rolfs* Rn. 61 f.; *Höfer* § 17 Rn. 48). *Arteaga* (Insolvenzschutz 1995) geht noch einen Schritt weiter und will jede Versorgungszusage in den Schutzbereich des BetrAVG einbeziehen, unabhängig davon, wem sie gegeben ist. Dem ist zu widersprechen, da der Schutzzweck des BetrAVG darin besteht, solche Personen zu schützen, die vergleichbar einem AN schutzbedürftig sind; nur daraus werden die §§ 1 bis 6 und § 16 verständl. § 17 kann aber nicht nur unter dem Gesichtspunkt des Insolvenzschutzes konkretisiert werden. 5

aa) Arbeitnehmerähnliche Personen. Zu dieser unter § 17 I 2 fallenden Personengruppe zählen die unter § 12a I Nr. 1 TVG zu subsumierenden Personen ebenso wie die in Heimarbeit Beschäftigten und ihnen Gleichgestellten. Damit sind insb. Heimarbeiter, Hausgewerbetreibende und Zwischenmeister gemeint. Hierunter und damit unter den Geltungsbereich des BetrAVG sind neben den freien Mitarbeitern der Presse auch die sog. Scheinselbständigen zu fassen, deren Tätigkeit der eines AN so nahe steht, dass sie arbeitsrechtl. wie AN behandelt werden sollten. Verspricht der Auftraggeber eines solchen Scheinselbständigen diesem eine AV, ist das BetrAVG anwendbar. 6

bb) Selbständige. Die klassischen Selbständigen sind vom BetrAVG grds. **nicht erfasst**, da sie in dem hier interessierenden Sinne nicht „für einen anderen" tätig sind. Sollte dies aber der Fall sei, was insb. bei Handelsvertretern und Versicherungsvertretern relevant sein dürfte, so sind sie vom BetrAVG erfasst, wenn sie keine bes. Möglichkeit haben, auf die Vertragsbedingungen Einfluss zu nehmen (BRO/*Rolfs* Rn. 77 f.). 7

cc) Mitglieder gesellschaftsrechtlicher Organe. Mitglieder gesellschaftsrechtl. Organe erfüllen nach hM nicht die Voraussetzungen für die Annahme einer ANEigenschaft (vgl. Nachw. und Kritik bei Schaub/*Vogelsang* § 15 Rn. 6). Die insoweit im Schrifttum geführte Diskussion kann hier dahingestellt bleiben, da sie für ein Unternehmen tätig sind und der Einfluss auf die Ausgestaltung der Vertragsbedingungen eingeschränkt ist (BRO/*Rolfs* Rn. 79 f.; *Höfer* § 17 Rn. 71). 8

dd) Personen mit gesellschaftsrechtlicher Beteiligung. Wenn unter der Tätigkeit „für ein Unternehmen" bei Anwendung des § 17 I 2 die Tätigkeit für ein fremdes Unternehmen verstanden werden muss, so ergeben sich Schwierigkeiten der Abgrenzung, wenn die betr. Person an dem Unternehmen selbst beteiligt ist. Der **Alleingesellschafter** fällt aus dem Anwendungsbereich des BetrAVG heraus. Zwar ist die Gesellschaft ihm ggü. selbständig, so dass formal er „für ein Unternehmen" tätig sein kann, es fehlt bei dieser Kapitalbeteiligung jedoch an der Fremdheit (BGH 28.4.1980 NJW 1980, 2254; BRO/ 9

Rolfs Rn. 85 f.). Die gleichen Grds. müssen für Mehrheitsgesellschafter gelten, die iÜ auch entscheidenden Einfluss auf die Ausgestaltung der Vertragsbedingungen ausüben können. Einen Mehrheitsgesellschafter nimmt man an, wenn jemand über mind. 50% der Anteile verfügt (BGH 28.4.1980 AP BetrAVG § 17 Nr. 1). Umstr. ist, ob dies auch bei einer Beteiligung von exakt 50% anzunehmen ist (zweifelnd BRO/*Rolfs* Rn. 89). Ein Gesellschafter, der über 50% der Anteile verfügt, hat aber entscheidenden Einfluss auf die Ausgestaltung der Vertragsbedingungen (BGH 1.2.1999 NZA 1999, 380).

10 Ein **Minderheitsgesellschafter**, der für das Unternehmen tätig ist, fällt damit grds. unter den Anwendungsbereich des BetrAVG (BGH 28.4.1980 NJW 1980, 2254; BRO/*Rolfs* Rn. 91 ff.; *Höfer* § 17 Rn. 88). Eine Ausnahme wird vom BGH jedoch dann gemacht, wenn Personen zwar nicht die Mehrheit an einem Unternehmen besitzen, diese aber zusammen mit anderen zur Geschäftsführung berufenen Gesellschaftern erreichen (BGH 9.6.1980 NJW 1980, 2257). Diese Haltung trägt der unternehmerischen Wirklichkeit Rechnung, führt aber zu einer im Einzelfall schwierigen die Rechtssicherheit beeinträchtigenden Abgrenzung (dazu BRO/*Rolfs* Rn. 93 f.; *Hanau/Kemper* ZGR 1982, 133). Bei der Frage der nicht unerhebl. Minderheitsbeteiligung hat die Rspr. noch keine exakte Grenze festgelegt (8% nicht erhebl. lt. BGH 14.7.1980 AP BetrAVG § 17 Nr. 3; 11,86% erhebl. lt. BGH 9.6.1980 AP BetrAVG § 17 Nr. 4). Unter Bezugnahme auf die §§ 122 I AktG und 50 I GmbHG, die ab einer Beteiligung von 5 bzw. 10% Minderheitenrechte einräumen, wird man eine zehnprozentige Minderheitsbeteiligung als eine nicht unerhebl. iSd. Rspr. ansehen können (BRO/*Rolfs* Rn. 94; *Höfer* § 17 Rn. 89; *Wiedemann/Moll* RdA 1977, 24). Bei dem so eingegrenzten Personenkreis geht die Rspr. davon aus, dass die Gesellschafter-GF gemeinsam in der Lage sind, Entsch. unter Ausschluss anderer Gesellschafter zu treffen. Es ist aber etwa umstr., ob die Stellung eines Gesellschafters als Prokurist dessen Stellung in der Weise verstärkt, dass dies bei der Bewertung zu berücksichtigen ist (so BGH 9.6.1980 AP BetrAVG § 17 Nr. 4; zu Recht zweifelnd *Höfer* § 17 Rn. 99; unklar BRO/*Rolfs* Rn. 115). Anteile von Familienangehörigen werden dem fragl. Minderheitsgesellschafter nicht zugerechnet, da es keinen Erfahrungssatz gibt, dass Familienangehörige stets gleichgerichtete Interessen verfolgen (BGH 28.4.1980 NJW 1980, 2254). Ein Minderheitsgesellschafter hat auch dann beherrschenden Einfluss, wenn im Gesellschaftsvertrag für ihn eine Stimmenmehrheit festgelegt ist (BAG 16.4.1997 NZA 1998, 101); es kommt hier also auf die rechtl. faktischen Einflussmöglichkeiten an. *Reinecke* (FS Höfer 2011 S. 199) will in typisierender Betrachtungsweise bei Gesellschafter-GF mit einer Beteiligung von mind. 10% und anderen Gesellschaftern mit mind. 25% das BetrAVG nicht anwenden, was dem Schutzzweck besser Rechnung trägt als eine Berücksichtigung des Einzelfalls.

11 Bei einer **GmbH & Co KG** gelten die gleichen Grds., sofern die GmbH keinen eigenen Betrieb unterhält. Dann handelt es sich um eine wirtschaftl. Einheit, bei der sich die Fragen der Leitungsmacht in gleicher Weise stellen (BRO/*Rolfs* Rn. 106). Anders ist die Situation bei pers. haftenden Gesellschaftern. Sie haben unabhängig von der Höhe ihrer vermögensmäßigen Beteiligung einen so starken Einfluss im Unternehmen und haften mit ihrem gesamten Vermögen, dass es nicht gerechtfertigt ist, sie in den Schutzbereich des BetrAVG einzubeziehen (BGH 9.6.1980 NJW 1980, 2257). Der BGH will aber eine Ausnahme für den sog. „angestellten Komplementär" machen, der ledigl. im Außenverhältnis als Gesellschafter auftritt, im Innenverhältnis aber wie ein Ang. ggü. den die Gesellschaft beherrschenden Kommanditisten gebunden ist. Die Einbeziehung solcher pers. haftender Gesellschafter, die durch Gesellschaftsvertrag von der Geschäftsführung und der Vertretung ausgeschlossen sind, in den Schutzbereich des G (so *Höfer* § 17 Rn. 79) kann nur dann in Betracht kommen, wenn gleichwohl **eine Tätigkeit für das Unternehmen** stattfindet, was dann häufig in einem ohnehin dem BetrAVG unterfallenden ArbVerh. stattfinden wird (ähnl. BRO/*Rolfs* Rn. 110 f.). **Kommanditisten** sind grds. nicht als Unternehmer anzusehen, da sie von der Führung der Geschäfte der Gesellschaft ausgeschlossen sind (§ 164 S. 1 Hs. 1 HGB); eine Ausnahme gilt nur, wenn sie aufgrund bes. Umstände die Leitungsmacht haben (BRO/*Rolfs* Rn. 113 f.); bei hälftiger Beteiligung des Komplementärs und des Kommanditisten, wobei letzterer im Innenverhältnis die Stellung eines maßgebl. GF mit Prokura innehat, scheint der BGH zutr. von einer Unanwendbarkeit des BetrAVG auszugehen (BGH 1.2.1999 NZA 1999, 380).

12 **d) Sonderregelung für Anspruch auf Entgeltumwandlung.** Enger als der in S. 1 und 2 umschriebene Personenkreis ist der, dem nach § 1a ein ges. Anspruch auf Entgeltumwandlung eingeräumt wird. S. 3 verknüpft den Anspruch mit der Versicherungspflicht in der ges. Rentenvers., allerdings nur soweit es sich um AN handelt; durch den Verweis nicht nur auf S. 1 sondern auch auf S. 2 wird aber der in Frage kommende Personenkreis über den engen klassischen ANBegriff des S. 1 hinaus ausgeweitet, durch das Erfordernis der „Beschäftigung oder Tätigkeit bei dem AG" aber wieder eingeschränkt. Da bei arbeitnehmerähnl. Personen von Auftraggebern und nicht von AG gesprochen wird, kann trotz der Bezugnahme auf S. 2 auf sie § 1a nach dem Wortlaut nicht angewendet werden (**aA** wohl *Timmermann* BB 2012, 388 für Franchise-Nehmer, der dies übersieht). Es sollte so eine Abstimmung mit der steuerrechtl. Regelung hergestellt werden, die ebenfalls nur in der ges. Rentenvers. Versicherungspflichtige erfasst; damit sollten auch geringfügig Beschäftigte einen Anspruch nach § 1a haben, die auf Versicherungsfreiheit verzichtet haben (BT-Drs. 14/4595 S. 70). Dem Gesetzgeber kann nicht unterstellt werden, dass er dem von S. 2 erfassten Personenkreis insg. einen Anspruch auf Entgeltumwand-

lung einräumen wollte; vielmehr kann die Regelung nur dahin verstanden werden, dass sie AN und arbeitnehmerähnl. Personen erfassen soll; erfasst sind also der Personenkreis nach § 12a TVG und der nach § 7 SGB IV, nicht aber der arbeitnehmerähnl. Selbständigen nach § 2 I Nr. 9 SGB VI, da diese unzweifelhaft Selbständige sind.

2. Sonderregelung für den öffentlichen Dienst. Nach Abs. 2 finden die Vorschr. über die Insol- 13
venzsicherung (§§ 7 bis 15) keine Anwendung auf den öffentl. Dienst, soweit bei ör. Körperschaften ein Insolvenzverf. nicht zulässig ist (vgl. § 12 InsO). Aus der Formulierung des G wird deutl., dass nur die **enumerativ aufgezählten Institutionen** nicht der Insolvenzsicherung unterliegen (BVerwG 27.9.1990 E 85, 242). Ausdr. genannt sind zunächst Bund, Länder und Gemeinden, so dass bei ihnen in Anwendung der Vorschr. nicht ausdr. die Unzulässigkeit der Insolvenz geprüft werden muss. Daneben nennt die Vorschr. Körperschaften, Stiftungen und Anstalten des ÖffR, bei denen **die Insolvenz nicht zulässig** ist. § 12 InsO sieht vor, dass das Insolvenzverf. über das Vermögen einer jur. Person des ÖffR, die der Aufsicht eines Landes untersteht, unzulässig ist, wenn das Landesrecht dies bestimmt. Jur. Personen des ÖffR, die der Aufsicht des Bundes unterliegen, sind insolvenzfähig (§ 12 I Nr. 2 InsO, unzutr. *Höfer* § 17 Rn. 137, der von einem Redaktionsversehen ausgeht).

Schließl. werden ausgenommen solche jur. Personen des ÖffR, bei denen der **Bund, ein Land oder** 14
eine Gemeinde kraft G die Zahlungsfähigkeit sichert. Hinzuweisen ist auch auf Vorschr. des Sozialversicherungsrechts, die eine Gewährsträgerschaft des Bundes oder der Länder vorsehen; für die Träger der ges. Rentenvers. ergibt sich das aus § 214 SGB VI und für die Berufsgenossenschaften aus § 120 SGB VII. Die ges. Krankenkassen sind gem. § 171b SGB V seit 1.1.2010 insolvenzfähig (näher *Steinmeyer* NZS 2008, 393) und damit beitragspflichtig zum PSV, der aber nur für die nach dem 31.12.2009 entstandenen unverfallbaren Anwartschaften einstehen muss; maßgebl. ist wohl der Zpkt. der Erteilung der Zusage. Für die anderen Anwartschaften und Leistungen haftet der Spitzenverband Bund der Krankenkassen im Insolvenzfall. Entspr. gilt für die Pflegekassen (§ 46 V SGB XI).

Das **Einstehenmüssen** muss auf ges. Basis erfolgen. Die Rspr. des BVerwG verlangt insoweit ein G 15
im formellen oder materiellen Sinne (BVerwG 10.12.1981 BB 1982, 372). Deshalb findet § 17 II keine Anwendung etwa auf RAKammern (BVerwG 10.12.1981 BB 1982, 372) und Industrie- und Handelskammern (BVerfG 5.10.1993 NJW 1994, 1465). Eine Ausnahme hiervon hat das BVerfG gemacht, soweit es die ör. Rundfunkanstalten betrifft (BVerfG 18.4.1994 NJW 1994, 2348). Das geltende Konkursrecht enthalte keine hinreichenden Vorkehrungen zum Schutz der Rundfunkfreiheit und die Länder träfe eine finanzielle Gewährleistungspflicht für ihre Rundfunkanstalten; diese gebiete es dem Land, für Verbindlichkeiten der Rundfunkanstalten einzutreten. Zur Unwirksamkeit der Übergangsregelung der VBL zu den Startgutschriften für rentenferne Versicherte anlässlich der Systemumstellung vgl. BGH 9.3.2016 NZA-RR 2016, 318.

Im Falle einer Änd. des Rechtsstatus als Folge einer **Privatisierung öffentl. Dienstleistungen** ent- 16
steht mit dem Wirksamwerden dieser Änd. der Insolvenzschutz und damit auch die Beitragspflicht zur Insolvenzsicherung, sofern die betriebl. AV dieser Einrichtung in ein System überführt wird, das der Insolvenzsicherung unterliegt (BVerwG 13.7.1999 NZA 1999, 1217). In der Praxis wird aber einem nach allg. Voraussetzungen an sich nicht mehr beteiligungsfähigen AG die Möglichkeit eingeräumt, die Beteiligung an der Zusatzversorgung des öffentl. Dienstes mit dem vorhandenen Versichertenbestand und Neueinstellungen fortzusetzen (s. *Boehringer* BetrAV 1996, 224). Vor dem Hintergrund des § 17 II ist in einem solchen Fall eine unwiderrufl. Verpflichtungserkl. einer jur. Person des ÖffR erforderl., über die das Insolvenzverf. nicht eröffnet werden kann. Ist die Beteiligung an der Zusatzversorgung für den öffentl. Dienst auf den vorhandenen Versichertenbestand beschränkt und gilt sie nicht für Neueinstellungen, so gilt das Gesagte nur für den Versichertenbestand. Wird die ZusatzAV völlig ausgegliedert, so greift § 17 II nicht und die Vorschr. über die Insolvenzsicherung sind anwendbar.

3. Gesetzesvorrang. Abs. 4 stellt klar, dass bes. ges. Regelungen zur betriebl. AV unberührt bleiben 17
und war aufgrund der lex posterior-Regel zur **Klarstellung** erforderl. Damit sind angesprochen das G zur Hüttenknappschaftl. Pensionsvers. im SL v. 22.12.1971 (BGBl. I S. 2104) sowie das G zur Errichtung einer Zusatzversorgungskasse für AN in der Land- und Forstwirtschaft v. 31.7.1974 (BGBl. I S. 1660).

§ 18 Sonderregelungen für den öffentlichen Dienst

(1) Für Personen, die

1. **bei der Versorgungsanstalt des Bundes und der Länder (VBL) oder einer kommunalen oder kirchlichen Zusatzversorgungseinrichtung versichert sind, oder**
2. **bei einer anderen Zusatzversorgungseinrichtung versichert sind, die mit einer der Zusatzversorgungseinrichtungen nach Nummer 1 ein Überleitungsabkommen abgeschlossen hat oder aufgrund satzungsrechtlicher Vorschriften der Zusatzversorgungseinrichtungen nach Nummer 1 ein solches Abkommen abschließen kann, oder**

3. unter das Hamburgische Zusatzversorgungsgesetz oder unter das Bremische Ruhelohngesetz in ihren jeweiligen Fassungen fallen oder auf die diese Gesetze sonst Anwendung finden,

gelten die §§ 2, 2a Absatz 1, 3 und 4 sowie die §§ 5, 16, 27 und 28 nicht, soweit sich aus den nachfolgenden Regelungen nichts Abweichendes ergibt; § 4 gilt nicht, wenn die Anwartschaft oder die laufende Leistung ganz oder teilweise umlage- oder haushaltsfinanziert ist.

(2) Bei Eintritt des Versorgungsfalles vor dem 2. Januar 2002 erhalten die in Absatz 1 Nr. 1 und 2 bezeichneten Personen, deren Anwartschaft nach § 1b fortbesteht und deren Arbeitsverhältnis vor Eintritt des Versorgungsfalles geendet hat, von der Zusatzversorgungseinrichtung aus der Pflichtversicherung eine Zusatzrente nach folgenden Maßgaben:

1. Der monatliche Betrag der Zusatzrente beträgt für jedes Jahr der aufgrund des Arbeitsverhältnisses bestehenden Pflichtversicherung bei einer Zusatzversorgungseinrichtung 2,25 vom Hundert, höchstens jedoch 100 vom Hundert der Leistung, die bei dem höchstmöglichen Versorgungssatz zugestanden hätte (Voll-Leistung). Für die Berechnung der Voll-Leistung
   a) ist der Versicherungsfall der Regelaltersrente maßgebend,
   b) ist das Arbeitsentgelt maßgebend, das nach der Versorgungsregelung für die Leistungsbemessung maßgebend wäre, wenn im Zeitpunkt des Ausscheidens der Versicherungsfall im Sinne der Versorgungsregelung eingetreten wäre,
   c) findet § 2a Absatz 1 entsprechend Anwendung,
   d) ist im Rahmen einer Gesamtversorgung der im Falle einer Teilzeitbeschäftigung oder Beurlaubung nach der Versorgungsregelung für die gesamte Dauer des Arbeitsverhältnisses maßgebliche Beschäftigungsquotient nach der Versorgungsregelung als Beschäftigungsquotient auch für die übrige Zeit maßgebend,
   e) finden die Vorschriften der Versorgungsregelung über eine Mindestleistung keine Anwendung und
   f) ist eine anzurechnende Grundversorgung nach dem bei der Berechnung von Pensionsrückstellungen für die Berücksichtigung von Renten aus der gesetzlichen Rentenversicherung allgemein zulässigen Verfahren zu ermitteln. Hierbei ist das Arbeitsentgelt nach Buchstabe b zugrunde zu legen und – soweit während der Pflichtversicherung Teilzeitbeschäftigung bestand – diese nach Maßgabe der Versorgungsregelung zu berücksichtigen.
2. Die Zusatzrente vermindert sich um 0,3 vom Hundert für jeden vollen Kalendermonat, den der Versorgungsfall vor Vollendung des 65. Lebensjahres eintritt, höchstens jedoch um den in der Versorgungsregelung für die Voll-Leistung vorgesehenen Vomhundertsatz.
3. Übersteigt die Summe der Vomhundertsätze nach Nummer 1 aus unterschiedlichen Arbeitsverhältnissen 100, sind die einzelnen Leistungen im gleichen Verhältnis zu kürzen.
4. Die Zusatzrente muss monatlich mindestens den Betrag erreichen, der sich aufgrund des Arbeitsverhältnisses nach der Versorgungsregelung als Versicherungsrente aus den jeweils maßgeblichen Vomhundertsätzen der zusatzversorgungspflichtigen Entgelte oder der gezahlten Beiträge und Erhöhungsbeträge ergibt.
5. Die Vorschriften der Versorgungsregelung über das Erlöschen, das Ruhen und die Nichtleistung der Versorgungsrente gelten entsprechend. Soweit die Versorgungsregelung eine Mindestleistung in Ruhensfällen vorsieht, gilt dies nur, wenn die Mindestleistung der Leistung im Sinne der Nummer 4 entspricht.
6. Verstirbt die in Absatz 1 genannte Person und beginnt die Hinterbliebenenrente vor dem 2. Januar 2002, erhält eine Witwe oder ein Witwer 60 vom Hundert, eine Witwe oder ein Witwer im Sinne des § 46 Abs. 1 des Sechsten Buches Sozialgesetzbuch 42 vom Hundert, eine Halbwaise 12 vom Hundert und eine Vollwaise 20 vom Hundert der unter Berücksichtigung der in diesem Absatz genannten Maßgaben zu berechnenden Zusatzrente; die §§ 46, 48, 103 bis 105 des Sechsten Buches Sozialgesetzbuch sind entsprechend anzuwenden. Die Leistungen an mehrere Hinterbliebene dürfen den Betrag der Zusatzrente nicht übersteigen; gegebenenfalls sind die Leistungen im gleichen Verhältnis zu kürzen.
7. Versorgungsfall ist der Versicherungsfall im Sinne der Versorgungsregelung.

(2a) Bei Eintritt des Versorgungsfalles oder bei Beginn der Hinterbliebenenrente nach dem 1. Januar 2002 erhalten die in Absatz 1 Nr. 1 und 2 genannten Personen, deren Anwartschaft nach § 1b fortbesteht und deren Arbeitsverhältnis vor Eintritt des Versorgungsfalles geendet hat, von der Zusatzversorgungseinrichtung die nach der jeweils maßgebenden Versorgungsregelung vorgesehenen Leistungen.

(3) Personen, auf die bis zur Beendigung ihres Arbeitsverhältnisses die Regelungen des Hamburgischen Zusatzversorgungsgesetzes oder des Bremischen Ruhelohngesetzes in ihren jeweiligen Fassungen Anwendung gefunden haben, haben Anspruch gegenüber ihrem ehemaligen Arbeitgeber auf Leistungen in sinngemäßer Anwendung des Absatzes 2 mit Ausnahme von Absatz 2 Nummer 3 und 4 sowie Nummer 5 Satz 2; bei Anwendung des Hamburgischen Zusatzversorgungsgesetzes bestimmt sich der monatliche Betrag der Zusatzrente abweichend von Absatz 2 nach der nach dem Hamburgischen Zusatzversorgungsgesetz maßgebenden Berechnungsweise.

An die Stelle des Stichtags 2. Januar 2002 tritt im Bereich des Hamburgischen Zusatzversorgungsgesetzes der 1. August 2003 und im Bereich des Bremischen Ruhelohngesetzes der 1. März 2007.

(4) Die Leistungen nach den Absätzen 2, 2a und 3 werden in der Pflichtversicherung jährlich zum 1. Juli um 1 Prozent erhöht. In der freiwilligen Versicherung bestimmt sich die Anpassung der Leistungen nach der jeweils maßgebenden Versorgungsregelung.

(5) Besteht bei Eintritt des Versorgungsfalles neben dem Anspruch auf Zusatzrente nach Absatz 2 oder auf die in Absatz 3 oder Absatz 7 bezeichneten Leistungen auch Anspruch auf eine Versorgungsrente oder Versicherungsrente der in Absatz 1 Satz 1 Nr. 1 und 2 bezeichneten Zusatzversorgungseinrichtungen oder Anspruch auf entsprechende Versorgungsleistungen der Versorgungsanstalt der deutschen Kulturorchester oder der Versorgungsanstalt der deutschen Bühnen oder nach den Regelungen des Ersten Ruhegeldgesetzes, des Zweiten Ruhegeldgesetzes oder des Bremischen Ruhelohngesetzes, in deren Berechnung auch die der Zusatzrente zugrunde liegenden Zeiten berücksichtigt sind, ist nur die im Zahlbetrag höhere Rente zu leisten.

(6) Eine Anwartschaft auf Versorgungsleistungen kann bei Übertritt der anwartschaftsberechtigten Person in ein Versorgungssystem einer überstaatlichen Einrichtung in das Versorgungssystem dieser Einrichtung übertragen werden, wenn ein entsprechendes Abkommen zwischen der Zusatzversorgungseinrichtung oder der Freien und Hansestadt Hamburg oder der Freien Hansestadt Bremen und der überstaatlichen Einrichtung besteht.

(7) [1]Für Personen, die bei der Versorgungsanstalt der deutschen Kulturorchester oder der Versorgungsanstalt der deutschen Bühnen pflichtversichert sind, gelten die §§ 2 und 3, mit Ausnahme von § 3 Absatz 2 Satz 3, sowie die §§ 4, 5, 16, 27 und 28 nicht. [2]Bei Eintritt des Versorgungsfalles treten an die Stelle der Zusatzrente und der Leistungen an Hinterbliebene nach Absatz 2 und an die Stelle der Regelung in Absatz 4 die satzungsgemäß vorgesehenen Leistungen; Absatz 2 Nr. 5 findet entsprechend Anwendung. [3]Als pflichtversichert gelten auch die freiwillig Versicherten der Versorgungsanstalt der deutschen Kulturorchester und der Versorgungsanstalt der deutschen Bühnen.

(8) Gegen Entscheidungen der Zusatzversorgungseinrichtungen über Ansprüche nach diesem Gesetz ist der Rechtsweg gegeben, der für Versicherte der Einrichtung gilt.

(9) Bei Personen, die aus einem Arbeitsverhältnis ausscheiden, in dem sie nach § 5 Abs. 1 Satz 1 Nr. 2 des Sechsten Buches Sozialgesetzbuch versicherungsfrei waren, dürfen die Ansprüche nach § 2 Abs. 1 Satz 1 und 2 nicht hinter dem Rentenanspruch zurückbleiben, der sich ergeben hätte, wenn der Arbeitnehmer für die Zeit der versicherungsfreien Beschäftigung in der gesetzlichen Rentenversicherung nachversichert worden wäre; die Vergleichsberechnung ist im Versorgungsfall aufgrund einer Auskunft der Deutschen Rentenversicherung Bund vorzunehmen.

1. Normzweck. Die Vorschr. nimmt den Bereich des **öffentl. Dienstes** in nicht unbeträchtl. Umf. vom Geltungsbereich des G aus. Bis auf die §§ 1, 1a und 1b gelten die Vorschr. über die Unverfallbarkeit nicht; es findet auch das Auszehrungs- und Anrechnungsverbot des § 5 keine Anwendung und ebenso nicht die Anpassungsverpflichtung nach § 16. Die Vorschr. zur Insolvenzsicherung sind bereits durch § 17 für diesen Bereich weitgehend ausgenommen. Soweit erforderl., setzt § 18 an die Stelle der nicht anwendbaren Vorschr. Sonderregelungen. 1

Die Zusatzversorgung des öffentl. Dienstes (näher *Hügelschäffer* H-BetrAV 80; *Furtmayr/Wagner* NZS 2007, 299) beruht auf **TV.** Dementspr. betont das BAG den Regelungsspielraum der TVParteien bei Festlegung des Versorgungsniveaus und der Rentenberechnung (BAG 29.1.2008 AP NZA-RR 2008, 438). Aufgrund **einzelvertragl. Bezugnahme** auf die Bestimmungen des Kollektivvertrags sind die Bestimmungen auch für nicht tarifgebundene AN des öffentl. Dienstes anwendbar. Die Zusatzversorgung im kirchl. Bereich beruht zumeist auf Rechtsgrdl. des kirchl. ArbR, zT aber auch auf TV. Das Ziel dieser Zusatzversorgung besteht darin, ein erg. System bereitzustellen, das auf der ges. Rentenvers. aufbaut und für die AN ein ähnl. Rentenniveau schaffen soll wie für Beamte. Die Zusatzversorgung des öffentl. Dienstes gewährt Zusatzleistungen zu allen Leistungen, die in der ges. Rentenvers. vorgesehen sind, dh. im Falle von Alter, Invalidität und Tod. 2

Die **Zusatzversorgungseinrichtungen** sind als **Pensionskassen** oder als **Anstalten des ÖffR** zT auch als nicht rechtsfähiges Sondervermögen organisiert; der AG ist Versicherungsnehmer bzw. Beteiligter. Die AN sind Versicherte und Bezugsberechtigte. Zwischen AG und AN besteht ein Versorgungsverhältnis, aus dem sich für den AG Hinweis- und Aufklärungspflichten ergeben (BAG 17.10.2000 AP BGB § 611 Fürsorgepflicht Nr. 16). So hat er bei einvernehml. Auflösung des ArbVerh. dann den AN über drohende Versorgungsnachteile aufzuklären, wenn er im betriebl. Interesse den Abschluss eines Aufhebungsvertrags vorschlägt, der AN offensichtl. nicht mit den Besonderheiten der ihm zugesagten Zusatzversorgung des öffentl. Dienstes vertraut ist, sich der baldige Eintritt des Versorgungsfalles bereits abzeichnet und durch die vorzeitige Beendigung des ArbVerh. außergewöhnl. hohe Versorgungseinbußen drohen. 3

4 Das BVerfG hat 1998 die für den öffentl. Dienst geltenden **Sonderregelungen** unter Berufung auf Art. 3 I GG und 12 GG weitgehend für **verfassungswidrig** erklärt (BVerfG 15.7.1998 NZA 1999, 194; 22.3.2000 NZA 2000, 996). Dies bezieht sich sowohl auf die Unverfallbarkeit als auch auf die Leistungsberechnung. Die Regelung führte zu einer nicht zu rechtfertigenden Kündigungserschwerung und Ungleichbehandlung vorzeitig ausscheidender AN. Die unterschiedl. Behandlung der Verfallbarkeit zwischen öffentl. Dienst und Privatwirtschaft wurde ebenfalls als Verletzung des Art. 3 I GG gerügt. Die urspr. Absicht des Gesetzgebers, die Versorgung ausscheidender Bediensteter einheitl. für den gesamten öffentl. Dienst unter Einbeziehung der Beamten, Richter und Soldaten zu regeln, ist nicht verwirklicht worden, so dass daraus keine Rechtfertigung der Ungleichbehandlung hergeleitet werden kann. Unter Herausarbeitung der Unterschiede zwischen der arbeitsvertragl. Rechtsbeziehung der Arbeiter und Ang. im öffentl. Dienst und den bes. ör. Dienstverhältnissen erklärt das BVerfG § 18 für insg. mit dem GG unvereinbar (zum grundrechtl. Mobilitätsschutz vgl. auch GG Art. 12 Rn. 34). Die Vorschr. wurde deshalb durch **G v. 21.12.2000** neu gefasst (zur Übergangsregelung s. § 30 f). Nunmehr ist die Gleichbehandlung von AN des öffentl. Dienstes mit denen in der gewerbl. Wirtschaft vorgesehen. Wie AN der Privatwirtschaft erhalten auch die des öffentl. Dienstes bei Ausscheiden nach Eintritt der Unverfallbarkeit aber vor dem Versorgungsfall eine Anwartschaft auf einen ihrer Betriebszugehörigkeit entspr. Anteil der zugesagten Zusatzversorgung (näher *Schaub* NZA 2002, 1119; *Fieberg* BetrAV 2002, 230; *Hügelschäfer* BetrAV 2002, 237; zu rechtl. Bedenken gegen die Überleitungsvorschr. in den neuen AltersvorsorgeTV vgl. *Rengier* NZA 2004, 817). Anges. der Unterschiede zwischen Beamten- und ArbVerh. ist der AG nicht verpflichtet, die Zusatzversorgung entspr. der Beamtenversorgung auszugestalten und muss deshalb nicht zwgd. Vordienstzeiten aus einem Beamtenverhältnis anerkennen (BAG 21.10.2003 AP BetrAVG § 1 Beamtenversorgung Nr. 17). Zur Verfassungswidrigkeit der Nichtanrechnung von Mutterschutzzeiten und altem Recht vgl. BVerfG 28.4.2011 NZA 2011, 857.

5 **2. Geltung von Vorschriften des BetrAVG.** Abs. 1 erklärt (Umkehrschluss) allein die §§ 1, 1a, 1b, 3, 4, 6, 7 bis 15 und 17 für anwendbar – und zwar sowohl für die Pflichtvers. als auch für die freiwillige Vers. Da nach § 17 der öffentl. Dienst in beträchtl. Umf. aus der Insolvenzsicherung ausgenommen ist, reduziert sich der Anwendungsbereich neben § 17 auf die Regelung zur Unverfallbarkeit und zum vorzeitigen Rentenbezug. Dies rechtfertigt sich auch daraus, dass die einschlägigen Versorgungssysteme insoweit ohnehin entspr. Regelungen vorsehen. Die Vorschr. zum Anspruch auf Entgeltumwandlung sind ebenfalls anwendbar; dabei ist zu beachten, dass für öffentl. AG die Vergabe von Gruppenversicherungsverträgen zur Entgeltumwandlung an Versicherer ausschreibungspflichtig sein kann (EuGH 15.7.2010 NZA 2011, 564; *Polster/Naujok* VersR 2011, 172; *Roth* EuZA 2011, 213). § 5 I **(Auszehrungsverbot)** ist anges. der Dynamisierung der Versorgungsrente praktisch gegenstandslos; § 5 II **(Anrechnungsverbot)** musste wegen der Gesamtversorgungssysteme ausgeschlossen werden. Außerges. Anrechnungsverbote werden hiervon allerdings nicht berührt (s. § 5 Rn. 15 ff.). § 6 hat Bedeutung für den Fall des vorzeitigen Ausscheidens (dazu Rn. 7 ff.); iÜ kann angenommen werden, dass den Anforderungen des § 6 in den Satzungen Rechnung getragen worden ist. Der Ausschluss der Anpassung (§ 16) erklärt sich aus der grds. Dynamisierung der Zusatzversorgung (vgl. zu den Zusatzrenten Rn. 7 ff.). Die Übertragungsmöglichkeit nach § 4 muss ausscheiden, wenn kein Kapital vorhanden ist, das mitgenommen werden könnte; folgerichtig muss dies auch dann gelten, wenn die Anwartschaften teilkapitalgedeckt sind, da eine Mitnahme nur des kapitalgedeckten Teils dem Grundprinzip der Portabilität widersprechen würde (s. § 4). Allerdings muss trotz nicht diff. Wortlauts die Schuldübernahme nach § 4 I und II mögl. sein (*Langohr-Plato/Teslau* NZA 2004, 1300). Andererseits greift § 4 nicht bei solchen Einrichtungen, die ein Sanierungsgeld erheben, was einer Umlage vergleichbar ist.

6 Die Anwendung des § 2 ist im Bereich des öffentl. Dienstes im Grds. deshalb ausgeschlossen, weil die Zusatzversorgungssysteme des öffentl. Dienstes, indem sie eine Annäherung an die Beamtenversorgung zu erreichen versuchen, **bes. Berechnungsgrds.** folgen (BAG 29.8.1989 VersR 1990, 184). Auch die Neufassung wendet § 2 nicht unmittelbar an, da dieses System bei vorzeitigem Ausscheiden eine Ermittlung der fiktiv bei Erreichen des 65. Lebensjahres zustehenden individuellen Versorgung insb. unter Berücksichtigung mehrerer Beschäftigungen im öffentl. Dienst in einer für die praktische Umsetzung vertretbaren Weise nicht zulasse; das System stellt nicht nur auf die Beschäftigungszeit bei einem einzelnen AG, sondern auf sämtl. Beschäftigungszeiten im öffentl. Dienst ab. § 18 gewährt den vorzeitig Ausgeschiedenen einen Anspruch auf eine bes. bezeichnete Leistung, die Zusatzrente.Der Katalog des Abs. 1 versucht, den Besonderheiten des öffentl. Dienstes Rechnung zu tragen.

7 **3. Anspruch auf Zusatzrente bei vorzeitigem Ausscheiden.** Abs. 2 enthält eingehende Regelungen zur Berechnung der Zusatzrente bei Eintritt des Versorgungsfalles, sofern er vor dem 2.1.2002 eingetreten ist. Als Konsequenz aus der Entsch. des BVerfG geht die Regelung für die in Fällen des vorzeitigen Ausscheidens **im öffentl. Dienst** erlangten Anwartschaften von der in der Zusatzversorgung des öffentl. Dienstes abstrakt höchstmögl. Versorgungsleistung aus, von der dann ein der Zeit in der Pflichtvers. bei der Zusatzversorgung entspr. Anteil ermittelt wird. Dabei wird anders als nach § 2 auf die Zeit der Pflichtvers. und nicht die der Betriebszugehörigkeit abgestellt. § 2a wird angewendet, soweit es um die Berücksichtigung künftiger Entwicklungen geht. § 2a III hingegen ist nicht anzuwen-

den, da hier nur das Näherungsverf. geeignet ist, die notwendige Kongruenz zwischen der Gesamtversorgung und der anzurechnenden Rente herzustellen (BAG 29.9.2004 NZA 2005, 299). Abw. von § 6 findet sich hier eine ausdr. Regelung zur Berechnung der Zusatzrente bei vorzeitiger Inanspruchnahme (Nr. 2); dabei ist sichergestellt, dass die vorzeitig ausgeschiedenen AN nicht schlechter gestellt werden als diejenigen, die bis zum Eintritt des Versorgungsfalles in der Zusatzversorgung versichert waren, was durch den Verweis auf den für die Voll-Leistung vorgesehenen Prozentsatz deutl. gemacht wird. Nr. 5 erklärt die Vorschr. der Versorgungsregelung über das Erlöschen, das Ruhen und die Nichtleistung der Versorgungsrente für entspr. anwendbar; daraus kann aber nicht hergeleitet werden, dass anders als in der Privatwirtschaft hier ein Erlöschen nach einer außerdienstl. Straftat erfolgen kann (anders BAG 21.11.2006 AP BetrAVG § 18 Nr. 3; zweifelnd BVerfG 28.6.2000 NZA 2000, 999).

Abs. 2a stellt klar, dass für Versorgungsfälle nach dem 1.1.2002 sich die Leistungen der vorzeitig Ausgeschiedenen nach der neuen Versorgungsregelung des Punktemodells richten. Dies gilt sowohl für die Pflichtvers. als auch für die freiwillige Vers. 8

Abs. 3 berücksichtigt die Besonderheiten der haushaltsfinanzierten Systeme HH und HB. Hierbei handelt es sich nicht um Gesamtversorgungssysteme, so dass hier die für die tats. abgeleisteten versorgungsfähigen Beschäftigungszeiten errechnete Leistung als **unverfallbare Zusatzrente** gezahlt wird. Die durch das 1. und 2. RuhegeldG eingeführte Beitragspflicht der AN ist mit dem GG vereinbar (BAG 28.5.2002 NZA 2003, 1198; 20.4.2004 DB 2004, 2591); die Systeme sind trotz Haushaltsfinanzierung Entgelt iSd. Art. 157 AEUV (EuGH 10.5.2011 NZA 2011, 557). 9

Abs. 7 bezieht in den Anwendungsbereich des § 18 die Systeme der Versorgungsanstalt der dt. **Kulturorchester** und der Versorgungsanstalt der dt. Bühnen wieder ein, die anlässl. der Rentenreform 1999 irrtüml. gestrichen worden waren. 10

Abs. 4 regelt für die Fälle der Abs. 2, 2a und 3 die Anpassung. Sie ist allerdings auf 1% begrenzt und betrifft die Pflichtvers., bei der allerdings TV andere großzügigere Dynamisierungen vorsehen können. Bei der freiwlligen Vers. sind die jeweiligen Versorgungsregelungen maßgebl. 11

4. Zusammentreffen von Ansprüchen aus verschiedenen Systemen. Durch Abs. 5 soll vermieden werden, dass der Berechtigte sowohl einen Anspruch auf Zusatzrente (wegen vorzeitigen Ausscheidens) als auch einen Anspruch auf Versorgungs- und Versicherungsrente nach der jeweiligen Versorgungsregelung geltend machen kann. Hier wird nur die im Zahlbetrag höhere Leistung gewährt. 12

5. Versorgungssystem einer überstaatlichen Einrichtung. Durch Abs. 6 ist die Möglichkeit eröffnet worden, den Barwert von Anwartschaften bei Übertritt in ein Versorgungssystem einer überstaatl. Einrichtung in dieses System zu übertragen. 13

6. Rechtsweg. Abs. 8 sieht eine Regelung für den Rechtsweg vor, die vorzeitig Ausgeschiedene den Versicherten gleichstellt. Das bedeutet nach der Satzung der VBL, dass gegen Entsch. der Zusatzversorgungseinrichtung das Schiedsgericht anzurufen ist, wenn zwischen Anstalt und Anspruchsteller ein Schiedsvertrag geschlossen ist. Ist dies nicht der Fall, ist die Klage bei den ordentl. Gerichten zu erheben. Bei Streitigkeiten zwischen AG und AN über die Zusatzversorgung bleibt es beim Rechtsweg zu den AG. 14

7. Sonderregelung für in der gesetzlichen Rentenversicherung Versicherungsfreie. Im öffentl. Dienst Beschäftigte wie etwa Dienstordnungs-Ang. können nach § 5 I Nr. 2 SGB VI in der ges. Rentenvers. versicherungsfrei sein. Für diesen Personenkreis soll durch Abs. 9 im Falle des vorzeitigen Ausscheidens sichergestellt werden, dass die unverfallbare Anwartschaft nach § 2 nicht geringer ist als die Anwartschaft, die sich aus einer Nachvers. der versicherungsfreien Zeit in der ges. Rentenvers. ergeben hätte; für diese Vergleichsrechnung sind nur die nach § 5 I Nr. 2 SGB VI versicherungsfreien Zeiten zu berücksichtigen (BAG 19.6.2012 NZA 2013, 433). Damit wird eine zusätzl. – idR zur Überversorgung führende – Nachvers. vermieden. 15

§ 18a Verjährung

[1] Der Anspruch auf Leistungen aus der betrieblichen Altersversorgung verjährt in 30 Jahren. [2] Ansprüche auf regelmäßig wiederkehrende Leistungen unterliegen der regelmäßigen Verjährungsfrist nach den Vorschriften des Bürgerlichen Gesetzbuchs.

Für das **Rentenstammrecht gilt eine Verjährungsfrist von 30 Jahren** (S. 1), während der Anspruch auf die regelm. wiederkehrenden Leistungen nach § 195 BGB erst in 3 Jahren verjährt (S. 2). Für den Anspruch auf Erteilung einer Versorgungszusage, der sich etwa aus dem Gleichbehandlungsgrds. oder aus betriebl. Übung ergeben kann, hat sich das BAG nach bisherigem Recht für eine 30-jährige Verjährung ausgesprochen (BAG 5.2.1971 AP BGB § 242 Betriebliche Übung Nr. 10). Wenn der Gesetzgeber für das Rentenstammrecht die 30-jährige Verjährung vorsieht, kann für den Anspruch auf AV nichts anderes gelten, denn in beiden Fällen steht die dauernde Alterssicherung auf dem Spiel. Da die Vorschr. nur zwischen Leistungen aus der betriebl. AV (30 Jahre) und Ansprüchen 1 auf wiederkehrende Leistungen (3 Jahre) unterscheidet, kann für **Ansprüche auf Kapitalzahlungen** nur die 30-jährige Verjährungsfrist gelten (so zum früheren Recht BAG 7.11.1989 NZA 1990, 524). Der Anspruch auf **Anpassung** gehört zum Rentenstammrecht und verjährt in 30 Jahren, während die einzelnen Anpassungsbeträge als Teil der wiederkehrenden Leistungen in 3 Jahren verjähren. **Andere Ansprüche** wie etwa Erstattungsansprüche des AG wegen Verletzung der Auskunftspflichten des Versorgungsberechtigten verjähren nunmehr anders als nach bisherigem Recht in 3 Jahren (regelm. Verjährung). Die Verjährungsfrist von 30 Jahren nach S. 1 ist **tarifdispositiv** (§ 17 III). Daraus ist aber zugleich zu schließen, dass diese Frist nicht einzelvertragl. verkürzt werden kann. Nach Art. 229 § 6 I EGBGB finden die durch das SMG eingeführten **neuen Verjährungsregelungen** auf die am 1.1.2002 bestehenden und noch nicht verjährten Ansprüche Anwendung; für weitere Übergangsregelungen vgl. Art. 229 § 6 EGBGB.

Siebter Abschnitt. Betriebliche Altersversorgung und Tarifvertrag

Unterabschnitt 1. Tariföffnung; Optionssysteme

§ 19 Allgemeine Tariföffnungsklausel

(1) **Von den §§ 1a, 2, 2a Absatz 1, 3 und 4, § 3, mit Ausnahme des § 3 Absatz 2 Satz 3, von den §§ 4, 5, 16, 18a Satz 1, §§ 27 und 28 kann in Tarifverträgen abgewichen werden.**

(2) **Die abweichenden Bestimmungen haben zwischen nichttarifgebundenen Arbeitgebern und Arbeitnehmern Geltung, wenn zwischen diesen die Anwendung der einschlägigen tariflichen Regelung vereinbart ist.**

(3) **Im Übrigen kann von den Bestimmungen dieses Gesetzes nicht zuungunsten des Arbeitnehmers abgewichen werden.**

1 **1. Normzweck.** Die Vorschr. (bis 31.12.2017 § 17 III) legt zunächst fest, dass von einer Reihe von Vorschr. **in TV abgewichen** werden kann und macht mit der ausdr. Bezeichnung zugleich deutl., dass iÜ auch in TV nicht von den Regelungen des BetrAVG abgewichen werden kann. So kann insb. von den durch die MobilitätsRL eingefügten Regelungen nicht abgewichen werden (§ 2a II und § 3 II 3). Durch Abs. 2 wird die Wirkung dieser Abweichung über den Kreis der unmittelbar Tarifgebundenen hinaus erstreckt. Abs. 3 schließl. schreibt fest, dass ansonsten nur zugunsten des AN von den Vorschr. des BetrAVG abgewichen werden kann. Für Organmitglieder ist eine Abweichung einzelvertragl. bei Tarifdispositivität mögl. (BAG 21.4.2009 NZA-RR 2010, 168; *Thüsing* NZG 2010, 449). Das BAG beschränkt die Dispositivität auf TV zur AV und schließt dies für einen nur auf die Abweichung beschränkten TV aus (BAG 18.9.2012 NZA 2013, 210), was eng verstanden werden sollte. Die Regelungsbefugnis erstreckt sich auch auf das Versorgungsverhältnis (BAG 20.9.2016 NZA 2017, 64).

2 **2. Abweichungen durch Tarifvertrag.** Indem § 19 den § 1b nicht tarifdispositiv macht, wird deutl., dass die Voraussetzungen für die Unverfallbarkeit in jedem Falle zwgd. und nur einer **Abweichung zugunsten des AN** zugängl. sind (dazu Rn. 6 f.). Modifikationen des tarifdispositiven § 2 dürfen daher nicht zu einer Aushöhlung der Unverfallbarkeitsregelung führen; die aufrechtzuerhaltenden Anwartschaften müssen also auch in ihrer Höhe grds. unangetastet bleiben. Die erlaubten Modifikationen beschränken sich auf die Modalitäten der Berechnung (BRO/*Rolfs* Rn. 162). Das Erg. einer solchen Berechnung darf zum Nachteil des AN von der Berechnung nach § 2 abweichen, da sonst die Tarifdispositivität des § 2 nur wenig Sinn machen würde; der Wert muss aber im Wesentlichen erhalten werden (ähnl. *Höfer* § 17 Rn. 146). Dies ist zugegebenermaßen ein etwas unbestimmter Maßstab, der sich aber aus dem Zusammenhang der §§ 1b und 2 einerseits und § 19 andererseits ergibt. Es geht aber zu weit, wenn *Höfer* (§ 17 Rn. 147) ledigl. verlangt, dass mind. die Hälfte des nach § 2 berechneten Wertes erhalten bleiben muss (HBD/*Vienken* Rn. 21). Vielmehr muss hier darauf abgestellt werden, ob Anwartschaften individualrechtl. noch entziehbar sind (vgl. Vorb. Rn. 11 ff.). Das bedeutet, dass erworbene Anwartschaften bei erbrachter Gegenleistung (Arbeitsleistung bzw. Betriebstreue) unentziehbar sind und deshalb nicht zur Disposition der TVParteien stehen. Daraus folgt, dass sich die aus § 19 ergebenden Möglichkeiten beschränken auf Modifikationen zukünftig zu erwerbender Anwartschaften (näher *Steinmeyer* FS Schaub 1998 S. 732 f.). Abw. von den zu § 6 vom BAG entwickelten Grds. (§ 6 Rn. 13) und damit auch von der Wertung des § 2 kann ein TV für die Berechnung einer vorgezogen in Anspruch genommenen Betriebsrente des vorzeitig ausgeschiedenen AN die fehlende Betriebstreue zwischen dem vorgezogenen Ruhestand und der festen Altersgrenze grds. auch zweifach mindernd berücksichtigen (BAG 24.7.2001 NZA 2002, 1291; 21.11.2006 NJOZ 2007, 5438). In TV kann von § 2 V abgewichen werden (BAG 21.11.2006 AP BetrAVG § 2 Nr. 56). Ähnl. Grenzen ergeben sich auch bei einer **Abweichung von § 3;** auch hier darf die Unverfallbarkeitsregelung des § 1b nicht entwertet werden.

Eine größere Freiheit haben die Tarifparteien **bei Abweichungen von den §§ 4 und 5 sowie 16.** Die Tarifparteien können die Anpassung auch völlig ausschließen. Bei einer allg. Verweisung im Arbeitsvertrag auf die Beamtenversorgung ist die Anpassung nach beamtenrechtl. Vorschr. vorzunehmen, auch wenn sie ungünstiger sein sollten (teleologische Reduktion – BAG 30.11.2010 NZA-RR 2011, 255). Die prinzipielle Gleichgewichtigkeit der Tarifparteien stellt die Angemessenheit der Lösung sicher; zentrale arbeitnehmerschützende Vorschr. stehen so durchaus zur Disposition der TVParteien. Bei einer Abweichung von § 5 muss diese nicht als solche gekennzeichnet sein: vielmehr reicht es, dass sich dies aus den tarifvertragl. Regelungen zweifelsfrei ergibt (BAG 5.10.1999 NZA 2000, 839). 3

Zwar ist **§ 6 nicht tarifdispositiv**, so dass die Regelung dem Grunde nach nicht zur Disposition der TVParteien steht. Sie enthält allerdings keine ausdr. Berechnungsvorschr. Dies kann deshalb durch TV geregelt werden (ähnl. BRO/*Rolfs* Rn. 175), wobei die TVParteien anders als der AG dann nicht an § 315 III BGB gebunden sind (vgl. § 6 Rn. 9 ff.). Ausgeschlossen von der Tarifdispositivität sind neben § 1b und § 6 auch die **Vorschr. über die Insolvenzsicherung**, was sich aus der bes. Natur dieses Teilgebietes rechtfertigt. Ebenfalls zwgd. ist § 17, also insb. die Regelung zum Geltungsbereich sowie § 18, der eine detaillierte Sonderregelung für den öffentl. Dienst enthält. Sofern bei den Übergangsvorschr. einzelne tarifdispositiv sind und andere nicht, erklärt sich das jeweils aus der Verknüpfung zu den Vorschr. der vorhergehenden Abschn. des G. Durch das SMG eingefügt wurde die Tarifdispositivität der 30-jährigen **Verjährung der Ansprüche** auf Leistungen aus der betriebl. AV (s. § 18a). Aus der Tarifdispositivität kann in diesem Fall zugleich geschlossen werden, dass eine einzelvertragl. Verkürzung nicht mögl. ist; anderenfalls würde die Regelung keinen Sinn machen. 4

3. Einzelvertragliche Bezugnahme. Durch Abs. 2 wird ermöglicht, dass tarifvertragl. Regelungen nach S. 1 **betriebs- oder unternehmenseinheitl.** gelten können. Es kann so vermieden werden, dass die ungünstigeren tarifl. Regelungen nur für die Tarifgebundenen gelten. Das bedeutet aber auch, dass einschlägige tarifl. Regelung nur die ist, die gem. § 4 I 1 TVG bei Tarifgebundenheit gelten würde (BAG 19.4.2011 NZA 2011, 982). Die Bezugnahme geschieht grds. durch den Einzelarbeitsvertrag, kann aber auch durch eine betriebl. Übung sowie unter bestimmten Voraussetzungen sogar durch eine BV geschehen. Diese Vorschr. gilt auch, wenn weder AN noch AG tarifgebunden sind. Ohne Bezugnahme sind die Vorschr. für Organmitglieder insoweit abdingbar, als den TVParteien Abweichungen erlaubt sind (BAG 21.4.2009 AP BetrAVG § 1 Beamtenversorgung Nr. 21; *Bauer* NZG 2010, 721; *Diller* GmbHR 2010, 281; *Thüsing/Granetzny* NZG 2010, 449). 5

4. Abweichung zugunsten des Arbeitnehmers. Abs. 3 bedeutet, dass das **G iÜ insg. zwgd.** ist und nur Abweichungen zugunsten der AN zulässt. Unter AN sind auch die in § 17 I zusätzl. benannten Personenkreise zu verstehen; dies ergibt sich aus der gesetzgebungstechnischen Ausgestaltung des G und dem Normzweck (BAG 21.4.2009 AP BetrAVG § 1 Beamtenversorgung Nr. 20; **aA** *Thüsing* AG 2003, 484). Eine Abweichung zugunsten des AN ist vom Normzweck her nicht mögl. bei der Insolvenzsicherung, da es sonst die Arbeits-, Betriebs- oder Tarifparteien in der Hand hätten, Regelungen zu Lasten des Trägers der Insolvenzsicherung zu treffen. Auch eine Vereinb. zwischen AN und AG, wonach der AN im Voraus auf seinen ges. Entgeltumwandlungsanspruch verzichtet, ist unwirksam (*Höfer* § 17 Rn. 160; *Klemm* NZA 2002, 1128). 6

Ein **gerichtl. Vergleich** über tats. Voraussetzungen eines Versorgungsanspruchs verstößt nicht gegen zwgd. Grds. des Betriebsrentenrechts, so dass nach der Rspr. des BAG auch eine Einigung, nach der keine Versorgungsrechte bestehen, weder durch § 17 III 3 noch durch § 3 verboten wird (BAG 18.12.1984 NZA 1986, 95). Nichts anderes muss auch für den **Erlassvertrag** gelten (vgl. BRO/*Rolfs* Rn. 208 ff.). Die Abdingbarkeit ist nur insoweit ausgeschlossen, wie die §§ 1 bis 16 die Vertragsfreiheit beschränken (BAG 21.1.2003 NZA 2004, 331). 7

5. Reichweite tariflicher Regelungsmacht bei Entgeltumwandlung. Die Aufnahme der Regelung des § 1a zur Entgeltumwandlung in § 19 I (s. *Schulte* BetrAV 2003, 591) ist entgegen Äußerungen im Schrifttum zum bisherigen § 17 III (*Heither* NZA 2001, 1275) dahin zu verstehen, dass der Gesetzgeber die Befugnis der TVParteien nicht nur auf eine Konkretisierung der gesetzgeberischen Vorgaben beschränken, sondern die Vorschr. **insg. tarifdispositiv** machen wollte, so dass auch eine Verschlechterung zu Lasten der AN mögl. ist (näher *Steinmeyer* BetrAV 2001, 727; *ders.* FS Schmähl S. 245 ff.). § 1a ist in die Liste der tarifdispositiven Normen aufgenommen worden und ist deshalb in gleicher Weise wie diese Änd. durch TV zugängl. 8

Der **Anspruch auf Entgeltumwandlung** ist auch dem Grunde nach der Disposition der TVParteien zugängl., kann also theoretisch auch ausgeschlossen werden. Der Gesetzgeber vertraut hier auf die materielle Richtigkeitsgewähr von TV; deshalb muss auch nicht im Einzelfall geprüft werden, ob der TV den Tarifunterworfenen eine gleichwertige Rechtsposition verschafft (anders *Blomeyer* DB 2001, 1416). Dem AN verbleibt hier die Privatvorsorge mit ihrer steuerl. Förderung (ähnl. *Rieble* BetrAV 2001, 590). Tarifdispositiv ist aus dem gleichen Grund auch die Höhe der Entgeltumwandlung (**aA** *Heither* NZA 2001, 1277). Der TV kann sowohl den Höchstbetrag des § 1a unterschreiten als auch eine Entgeltumwandlung vorsehen, die diese Höchstbeträge überschreitet. Allerdings bestehen Beden- 9 ken gegen einen TV, der nur den Versorgungsträger bestimmt, nicht aber selbst Entgeltumwandlung vornimmt (*Rieble* BetrAV 2006, 240).

10 Auch die **Wahl des Durchführungsweges** steht zur Disposition der TVParteien. Zwar greift die steuerl. Förderungsmöglichkeit bei nichtversicherungsförmigen Durchführungswegen nicht, sodass ein tarifvertragl. Zwang zur Wahl eines solchen Durchführungsweges zu Nachteilen für den AN führen würde. Zum einen kann aber auch hier auf die steuerl. geförderte Privatvorsorge verwiesen und zum anderen davon ausgegangen werden, dass die Sozialpartner einen insg. gleichwertigen Schutz herbeiführen (aA *Heither* NZA 2001, 1279). Auch der Anspruch auf Förderung nach § 1a III sowie die Möglichkeit der Fortsetzung mit eigenen Beiträgen nach § 1a IV können auf diese Weise ausgeschlossen werden.

§ 20 Tarifvertrag und Entgeltumwandlung; Optionssysteme

(1) **Soweit Entgeltansprüche auf einem Tarifvertrag beruhen, kann für diese eine Entgeltumwandlung nur vorgenommen werden, soweit dies durch Tarifvertrag vorgesehen oder durch Tarifvertrag zugelassen ist.**

(2) **In einem Tarifvertrag oder auf Grund eines Tarifvertrages in einer Betriebs- oder Dienstvereinbarung kann geregelt werden, dass der Arbeitgeber für alle Arbeitnehmer oder für eine Gruppe von Arbeitnehmern des Unternehmens oder einzelner Betriebe eine automatische Entgeltumwandlung einführt, gegen die der Arbeitnehmer ein Widerspruchsrecht hat (Optionssystem). Das Angebot des Arbeitgebers auf Entgeltumwandlung gilt als vom Arbeitnehmer angenommen, wenn er nicht widersprochen hat und das Angebot**

1. in Textform und mindestens drei Monate vor der ersten Fälligkeit des umzuwandelnden Entgelts gemacht worden ist und

2. deutlich darauf hinweist,

a) welcher Betrag und welcher Vergütungsbestandteil umgewandelt werden soll und

b) dass der Arbeitnehmer ohne Angabe von Gründen innerhalb einer Frist von mindestens einem Monat nach dem Zugang des Angebots widersprechen und die Entgeltumwandlung mit einer Frist von höchstens einem Monat beenden kann. Nichttarifgebundene Arbeitgeber können ein einschlägiges tarifvertragliches Optionssystem anwenden oder auf Grund eines einschlägigen Tarifvertrages durch Betriebs- oder Dienstvereinbarung die Einführung eines Optionssystems regeln; Satz 2 gilt entsprechend.

1 **1. Normzweck.** Das BRSG soll als Antwort auf das gesunkene Leistungsniveau der ges. Rentenvers. die Verbreitung der betr. AV insb. bei kleinen und mittleren Unternehmen und bei Personen mit niedrigem Einkommen stärken. Einer der Wege dahin ist die Verbesserung der Entgeltumwandlung, die durch den Anspruch auf Entgeltumwandlung nach § 1a eingeleitet wurde und nunmehr durch ein Optionssystem ergänzt wird. Auf diese Weise sollen alle AN oder eine Gruppe automatisch erfasst werden können aber individuell widersprechen. Dies soll durch TV oder aufgrund TV geschehen und kann im TV auch verpflichtend angeordnet werden.

2 **2. Tarifvorrang bei Entgeltumwandlung.** Mit Abs. 1 soll die Möglichkeit ausgeschlossen werden, tarifvertragl. vereinbartes Entgelt umzuwandeln, sofern dies durch TV nicht ausdr. vorgesehen oder zugelassen (Öffnungsklausel) ist. Wenn also Entgelte auf TV beruhen (beiderseitige Tarifbindung), bedarf eine Umgestaltung dieses Entgeltanspruchs zugunsten der Begr. von Anwartschaften einer einschlägigen tarifvertragl. Regelung (*Hanau* DB 2004, 2266). Eine **Umwandlung von nicht auf TV beruhendem Entgelt** bleibt weiterhin mögl.

3 **3. Optionssystem.** Die Vorschr. arbeitet mit einem **fiktiven Vertragsschluss**, bei dem der Vertrag zustandekommt, sofern kein Widerspruch erfolgt. Um eine sinnvolle Entsch. treffen zu können, wird der AG verpflichtet, den AN einschlägig zu informieren. Das Optionssystem bedarf einer tarifvertragl. Grdl.; dabei steht es den TVParteien frei, die AG zu verpflichten, ein solches System einzurichten oder aber nur ihnen die Möglichkeit einzuräumen. Im TV kann auch der Leistungsumfang vorgegeben werden – etwa hins. der abgesicherten Risiken. Es können auch Kostenvorgaben in Hinblick auf den durchführenden Versorgungsträger gemacht werden. Es kommen alle Zusagearten des § 1 in Betracht, auch die reine Beitragszusage nach Abs. 2 Nr. 2a und alle Durchführungswege. Dies kann auch nach § 19 HAG nachvollzogen werden. Die Vorgaben können auch aufgrund eines TV in einer BV oder DV geregelt werden.

4 Das **Angebot des AG** muss in Textform (§ 126b BGB) erfolgen, also zumindest auf einem dauerhaften Datenträger, etwa per eMail unter Einhaltung der Drei-Monatsfrist der Nr. 1. Inhaltl. muss der umzuwandelnde Betrag bezeichnet werden und aus welchem Vergütungsbestandteil er entnommen werden soll. Weiter ist auf die Widerspruchsmöglichkeit und auch die Möglichkeit der späteren jederzeitigen Beendigung hinzuweisen. Die Widerspruchs- und die Beendigungsfrist sind Mindestfristen und können entweder im TV bzw. aufgrund TV, in BV oder DV oder falls dort nicht geschehen, durch

den AG festgelegt werden. Mit dem Erfordernis des deutl. Hinweises sind Anforderungen an die Klarheit gemeint; der durchschnittl. AN muss mit dieser Inf. die Entsch. treffen können.

Das Ziel der Verbreitung auch bei kleinen und mittleren Unternehmen erfordert es, diese Möglichkeit auch **nicht tarifgebundenen AG** einzuräumen; sie können allerdings durch den TV nicht verpflichtet werden. Inhaltl. ist der TV mit seinen Qualitätsvorgaben maßgebl., wobei sich die Einschlägigkeit nach dem fachl. und räuml. Geltungsbereich bestimmt. Lässt der TV Spielräume, können diese durch BV oder DV ausgefüllt werden. Die übrigen Vorgaben gelten auch hier. 5

Unterabschnitt 2. Tarifvertragsparteien und reine Beitragszusage

§ 21 Tarifvertragsparteien

(1) Vereinbaren die Tarifvertragsparteien eine betriebliche Altersversorgung in Form der reinen Beitragszusage, müssen sie sich an deren Durchführung und Steuerung beteiligen.

(2) Die Tarifvertragsparteien sollen im Rahmen von Tarifverträgen nach Absatz 1 bereits bestehende Betriebsrentensysteme angemessen berücksichtigen. Die Tarifvertragsparteien müssen insbesondere prüfen, ob auf der Grundlage einer Betriebs- oder Dienstvereinbarung oder, wenn ein Betriebs- oder Personalrat nicht besteht, durch schriftliche Vereinbarung zwischen Arbeitgeber und Arbeitnehmer, tarifvertraglich vereinbarte Beiträge für eine reine Beitragszusage für eine andere nach diesem Gesetz zulässige Zusageart verwendet werden dürfen.

(3) Die Tarifvertragsparteien sollen nichttarifgebundenen Arbeitgebern und Arbeitnehmern den Zugang zur durchführenden Versorgungseinrichtung nicht verwehren. Der durchführenden Versorgungseinrichtung dürfen im Hinblick auf die Aufnahme und Verwaltung von Arbeitnehmern nichttarifgebundener Arbeitgeber keine sachlich unbegründeten Vorgaben gemacht werden.

(4) Wird die reine Beitragszusage über eine Direktversicherung durchgeführt, kann eine gemeinsame Einrichtung nach § 4 des Tarifvertragsgesetzes als Versicherungsnehmer an die Stelle des Arbeitgebers treten.

Die reine Beitragszusage ist international weit verbreitet, aber in Deutschland bisher anges. der Risiken für die AN nicht als betr. AV qualifiziert worden. Auf der anderen Seite ist dies eine Form, die insb. kleine und mittlere Unternehmen zur Einf. einer betr. AV motivieren kann, da sich die Verpflichtung auf die Entrichtung von Beiträgen beschränkt und eine Einstandspflicht nicht besteht. Vor dem Hintergrund der Vorteile leistungsbezogener Systeme aus der Sicht der AN hat deshalb der Gesetzgeber des BRSG die **reine Betragszusage beschränkt auf tarifvertragl. Systeme**, die als solche die Gewähr bieten, dass nicht generell die bewährten Systeme durch eine reine Beitragszusage abgelöst werden (*Steinmeyer*, Gutachten 65. DJT F S. 64 ff). Unter einer reinen Beitragszusage ist eine Zusage zu verstehen, die den AG lediglich verpflichtet, einen bestimmten Beitrag zur betrAV an eine Versorgungseinrichtung zu entrichten. Diese reine Beitragszusage kann in den Durchführungswegen Direktvers., Pnesionskasse und Pensionsfonds erfolgen, wie sich aus § 22 I ergibt. 1

Für die Vereinb. der betr. AV durch TV macht das G **keine näheren inhaltl. Vorgaben.** Es wird ledigl. verlangt, dass sich die TVParteien an der Durchführung und Steuerung der Versorgung beteiligen müssen. Damit ist sowohl die Einf. als auch die Verwaltung angesprochen, was in einer gemeinsamen Einrichtung nach § 4 TVG erfolgen kann. Es reicht aber, wenn die Sozialpartner in den jeweilige Gremien der Versorgungseinrichtungen hinreichende Einflussmöglichkeiten haben. Dies ist bei einem Pensionsfonds oder einer Pensionskasse durchführbar, stößt aber auf Schwierigkeiten bei einer Direktvers., weshalb dies hier durch eine zwischengeschaltete gemeinsame Einrichtung geschehen müsste oder aber durch eine bes. vertragl. Gestaltung mit dem Versicherer, die beiden TVParteien Einfluss auf die spezifische Direktvers. einräumt. Mit der Erfüllung der Beteiligungspflicht können auch Dritte beauftragt werden (*Rolfs* SR 2017 Sonderausg. S. 39) 2

Abs. 2 fordert die TVParteien auf, **bestehende Betriebsrentensysteme angemessen zu berücksichtigen**, was wohl bedeutet, dass zumindest an bereits bestehende tarifvertragl. Systeme angeknüft werden soll. Es bedeutet aber auch, dass dies auch sonst bei schon bestehenden Pensionskassen oder Pensionsfonds erfolgen kann, sofern nur der in Abs. 1 geforderte Einfluss der TVParteien gewährleistet ist. Die TVParteien sind allerdings zu dieser Anknüpfung nicht verpflichtet. Es besteht nach S. 2 ein Prüfauftrag an die TVParteien bzgl. der Verwendung der Beiträge für eine andere – leistungsbezogene – Zusageart, die dann allerdings insoweit die Einstandspflicht nach § 1 I 3 nach sich zieht. Die Vorschr. ist so zu verstehen, dass die Vorgaben dafür im TV vorzunehmen sind. Durch die Möglchkeit der Vereinb. zwischen AN und AG anstelle BV oder TV soll insb. der Situation von kleinen Unternehmen Rechnung getragen werden. Da mit Abs. 2 nur die TVParteien angesprochen sind, hat die Vorschr. anges. der Tarifautonomie trotz ihrer Formulierung nur Appellfunktion. Dies gilt insb. für S. 1. Für S. 2 reicht es, wenn in den Tarifverh. die Frage erörtert wird; die Nichtbeachtung führt allerdings nicht zur Rechtswidrigkeit des TV. 3

4 Abs. 3 enthält einen Appell, der sich ergibt aus dem Bestreben der flächendeckenden Verbreitung der reinen Beitragszusage nach dem Tarifmodell. Er veranlasst die Tarifparteien, vorzusehen, dass auch **nicht tarifgebundenen AN und AG der Zugang zu den die reine Beitragszusage durchführenden Versorgungseinrichtungen** gewährt wird. Aus der Formulierung ist zu schließen, dass es den TVParteien überlassen ist, wie sie den Zugang ermöglichen; eine Verwehrung des Zugangs ohne sachl. Grund würde aber gegen höherrangiges Recht verstoßen (anders und zu pauschal BT-Drs. 18/12612). Daraus ergibt sich aber kein einklagbarer Anspruch auf Zugang. Der durchführenden Versorgungseinrichtung dürfen Vorgaben hins. Aufnahme und Verw. gemacht werden, die aber an sachl. Gründe gebunden sind. Die Vorschr. ist verunglückt, da sie Anforderungen stellt, deren Umsetzung aber kaum sanktioniert.

5 IRd. reinen Beitragszusage ist der AG grds. Versicherungsnehmer einer Direktvers. Wird bei der Durchführung der Weg über die **gemeinsame Einrichtung** gewählt, kann abw. von § 1b II 1 auch diese als Versicherungsnehmerin bestimmt werden (Abs. 4)

§ 22 Arbeitnehmer und Versorgungseinrichtung

(1) **Bei einer reinen Beitragszusage hat der Pensionsfonds, die Pensionskasse oder die Direktversicherung dem Versorgungsempfänger auf der Grundlage des planmäßig zuzurechnenden Versorgungskapitals laufende Leistungen der betrieblichen Altersversorgung zu erbringen. Die Höhe der Leistungen darf nicht garantiert werden.**

(2) **Die auf den gezahlten Beiträgen beruhende Anwartschaft auf Altersrente ist sofort unverfallbar. Die Erträge der Versorgungseinrichtung müssen auch dem ausgeschiedenen Arbeitnehmer zugutekommen.**

(3) **Der Arbeitnehmer hat gegenüber der Versorgungseinrichtung das Recht,**

1. nach Beendigung des Arbeitsverhältnisses
   a) die Versorgung mit eigenen Beiträgen fortzusetzen oder
   b) innerhalb eines Jahres das gebildete Versorgungskapital auf die neue Versorgungseinrichtung, an die Beiträge auf der Grundlage einer reinen Beitragszusage gezahlt werden, zu übertragen,

2. entsprechend § 4a Auskunft zu verlangen und

3. entsprechend § 6 vorzeitige Altersleistungen in Anspruch zu nehmen.

(4) **Die bei der Versorgungseinrichtung bestehende Anwartschaft ist nicht übertragbar, nicht beleihbar und nicht veräußerbar. Sie darf vorbehaltlich des Satzes 3 nicht vorzeitig verwertet werden. Die Versorgungseinrichtung kann Anwartschaften und laufende Leistungen bis zu der Wertgrenze in § 3 Absatz 2 Satz 1 abfinden; § 3 Absatz 2 Satz 2 gilt entsprechend.**

(5) **Für die Verjährung der Ansprüche gilt § 18a entsprechend.**

1 Die Vorschr. fügt die reine Beitragszusage in das System des BetrAVG ein. Das bedeutet, dass hier die mögl. **Durchführungswege Pensionsfonds, Pensionskasse und Direktvers.** benannt sind und auch festgelegt wird, dass die reine Beitragszusage nicht als reines Sparmodell, sondern nur verrentet durchgeführt werden kann (**lfd. Leistungen**); die Höhe der Rente ergibt sich aus der Vermögens- und Ertragslage der Versorgungseinrichtung und kann auch zu Verlusten ggü. den eingezahlten Beiträgen führen. Zu den aufsichtsrechtl. Standards vgl. §§ 244a ff. VAG. Das in Abs. 1 S. 2 fixierte Garantieverbot ist Konsequenz der reinen Beitragszusage und stellt sicher, dass den AG aus dieser Zusage keine Einstandspflicht trifft.

2 Ebenfalls Konsequenz aus dem Gedanken der reinen Beitragszusage ist die **sofortige Unverfallbarkeit** nach Abs. 2 S. 1, die allerdings nur für die Altersrentenanwartschaft gilt. Für Invaliditäts- und Hinterbliebenensicherung können im TV abw. Lösungen vorgesehen werden, da es sich hier um Risikoabsicherung handelt. Abs. 2 S. 2 zieht die Folge aus der EU-Mobilitäts-RL und schließt an § 2a II an.

3 Abs. 3 gewährt dem AN im **Verhältnis zur Versorgungseinrichtung** die Rechte, die sich sonst aus dem BetrAVG gegen den AG ergeben. Dies ist eine Folge dessen, dass sich die Verpflichtung des AG auf die Zahlung des Beitrags beschränken soll und die Durchühung allein der Versorgungseinrichtung obliegt. Bei Beendigung des ArbVerh. hat der AN die Möglichkeit der Fortsetzung mit eigenen Beiträgen oder wahlweise bei Bestehen einer einschlägigen Versorgungseinrichtung beim neuen AG die Übertragung dorthin. Dies ist allein vom Verlangen des AN abhängig; einer Zust. des alten oder neuen AG bedarf es nicht. Die Leistungen aus der reinen Beitragszusage können entspr. § 6 vorzeitig in Anspruch genommen werden und die Versorgungseinrichtung allein trifft die Auskunftspflicht nach § 4a.

4 Um sicherzustellen, dass die reine Beitragszusage allein zur Alters-, Invaliditäts- und Hinterbliebenensicherung genutzt wird, **verbietet Abs. 4 die vorzeitige Verwertung** und untersagt auch andere dem Versorgungszweck abträgl. Maßnahmen. Eine Ausnahme wird ledigl. für Abfindungen nach § 3 gemacht. Abs. 5 stellt klar, dass die Verjährungsvorschrift des § 18a auch für Ansprüche gegen die Versorgungseinrichtung gilt.

§ 23 Zusatzbeiträge des Arbeitgebers

(1) Zur Absicherung der reinen Beitragszusage soll im Tarifvertrag ein Sicherungsbeitrag vereinbart werden.

(2) Bei einer reinen Beitragszusage ist im Fall der Entgeltumwandlung im Tarifvertrag zu regeln, dass der Arbeitgeber 15 Prozent des umgewandelten Entgelts zusätzlich als Arbeitgeberzuschuss an die Versorgungseinrichtung weiterleiten muss, soweit der Arbeitgeber durch die Entgeltumwandlung Sozialversicherungsbeiträge einspart.

Als Appell an die TVParteien gerichtet ist die **Vereinb. eines Sicherungsbeitrages** zur Absicherung der reinen Beitragszusage. Der Begriff des Sicherungsbeitrags ist etwas irreführend, da er nicht etwa der Sicherung gegen Risiken dienen soll, sondern er ist als Zusatzbeitrag des AG zur Finanzierung der Leistungen aus der reinen Beitragszusage zu verstehen. Er kann vom AG pauschal an die Versorgungseinrichtung gewährt oder den einzelnen AN gutgeschrieben oder zugerechnet werden. 1

Abs. 2 ist eine Parallelvorschrift zu § 1a Ia und verpflichtet die TVParteien dies im TV zu regeln (zu den Einzelheiten dieses **AGZuschusses** s. § 1a Rn. 16). 2

§ 24 Nichttarifgebundene Arbeitgeber und Arbeitnehmer

Nichttarifgebundene Arbeitgeber und Arbeitnehmer können die Anwendung der einschlägigen tariflichen Regelung vereinbaren.

Die Vorschr. korrespondiert mit § 21 III, der den TVParteien aufgibt, den nichttarifgebundenen AN und AG den Zugang zu ermöglichen. Aus ihr folgt, dass auch bei Nichtbeachtung der Vorgaben des § 21 III durch die TVParteien eine **Bezugnahme** mögl. ist. Allerdings gewährleistet die Vorschr. nur die Möglichkeit der Bezugnahme, die sich an sich auch so ergibt; sie sichert nicht den Zugang zur Versorgungseinrichtung, die keinem Kontrahierungszwang unterliegt. Erfolgt dieser nicht, so wird der AG mit einer anderen als der vorgesehenen Versorgungseinrichtung kontrahieren dürfen. 1

Die Bezugnahme darf nur erfolgen auf einen räuml., zeitl., betriebl.-fachl. und pers. maßgebenden TV, was der Gesetzgeber mit dem Hinweis auf die Einschlägigkeit des TV anordnet. 2

§ 25 Verordnungsermächtigung

Das Bundesministerium für Arbeit und Soziales wird ermächtigt, im Einvernehmen mit dem Bundesministerium der Finanzen durch Rechtsverordnung Mindestanforderungen an die Verwendung der Beiträge nach § 1 Absatz 2 Nummer 2a festzulegen. Die Ermächtigung kann im Einvernehmen mit dem Bundesministerium für Finanzen auf die Bundesanstalt für Finanzdienstleistungsaufsicht übertragen werden. Rechtsverordnungen nach den Sätzen 1 und 2 bedürfen nicht der Zustimmung des Bundesrates.

In einer RechtsVO wird der Rahmen für die Kapitalanlage abgesteckt, an den sowohl die Versorgungseinrichtung als auch die TVParteien gebunden sind. Auf diese Weise soll das sich bei der reinen Beitragszusage ergebende Investmentrisiko begrenzt werden. 1

210. Betriebsverfassungsgesetz

In der Fassung der Bekanntmachung vom 25. September 2001 (BGBl. I S. 2518)

Zul. geänd. durch Gesetz vom 17. Juli 2017 (BGBl. I S. 2509)

(FNA 801-7)

Erster Teil. Allgemeine Vorschriften

§ 1 Errichtung von Betriebsräten

(1) [1]In Betrieben mit in der Regel mindestens fünf ständigen wahlberechtigten Arbeitnehmern, von denen drei wählbar sind, werden Betriebsräte gewählt. [2]Dies gilt auch für gemeinsame Betriebe mehrerer Unternehmen.

(2) Ein gemeinsamer Betrieb mehrerer Unternehmen wird vermutet, wenn

1. zur Verfolgung arbeitstechnischer Zwecke die Betriebsmittel sowie die Arbeitnehmer von den Unternehmen gemeinsam eingesetzt werden oder

2. die Spaltung eines Unternehmens zur Folge hat, dass von einem Betrieb ein oder mehrere Betriebsteile einem an der Spaltung beteiligten anderen Unternehmen zugeordnet werden, ohne dass sich dabei die Organisation des betroffenen Betriebs wesentlich ändert.

I. Struktur der Betriebsverfassung

1 **1. Vorbemerkung.** Mitbestimmung hilft, eine Abhängigkeit auszugleichen oder zumindest abzumildern, in die sich jeder begibt, der Arbeit innerhalb einer fremdbestimmten Organisation leistet. Von den ersten Versuchen einer ges. Regelung der Beteiligung von ANvertretern am Betriebsgeschehen durch die Nationalversammlung 1848/49 über die Arbeiterausschüsse der Arbeiterschutzgesetze im ausgehenden 19. Jh., das BRG von 1920 bis hin zum BetrVG 1972 zieht sich der Gedanke, durch Beteiligung der ANschaft ihre strukturelle Ungleichheit innerhalb eines urspr. allein der Disposition des AG unterliegenden Arbeits- und Lebensbereichs zu überwinden. Es geht bei der Mitbestimmung um nicht weniger als die „Grundsätze der Selbstbestimmung, die Achtung vor der Würde des Menschen und den Ausgleich oder den Abbau einseitiger Machtstellungen durch Kooperation der Beteiligten und die Mitwirkung an Entscheidungen durch die von der Entscheidung Betroffenen" (BT-Drs. VI/334 S. 65). Materielle Gleichberechtigung soll vor dem Hintergrund unserer Eigentums- und Wirtschaftsordnung das Prinzip der nur formalen Gleichheit ergänzen. Leitprinzip der Betriebsverfassung ist der Gedanke einer gleichberechtigten Teilhabe der AN an den sie berührenden betriebl. Abläufen. Dabei geht es nicht vorrangig um die Verfolgung und Durchsetzung von Individualinteressen. Es kommt darauf an, einen Ausgleich divergierender Interessen der AN untereinander zu finden und sie ggü. dem AG geltend zu machen. Diese Aufgabe kann nur von einer kollektiven Interessenvertretung wahrgenommen werden.

2 Das BetrVG stellt den ANvertretungen hierfür ein differenziertes System von Informations-, Anhörungs-, Beratungs-, Veto- und Initiativrechten zur Vfg. Die Beteiligungsrechte ermöglichen die Ausgestaltung der privatrechtl. Beziehungen der ANschaft zum AG. Die Betriebsverfassung beruht auf dem Grundsatz der Gleichordnung, nicht dem der Überordnung eines Gemeinwesens im Verhältnis zum Einzelnen (*Fitting* Rn. 262). AG und BR üben keine ör. Funktion aus, sondern ein privates Amt auf der Ebene des Betriebs. Das im G angelegte Strukturprinzip der Repräsentation stellt nur die einheitl. Interessenvertretung und damit das Funktionieren der Betriebsverfassung sicher. Normativ auf die ArbVerh. einwirkende Regelungen beruhen auf privatrechtl. Vereinbarungen. Zwangsschlichtungen nehmen diesen Vereinbarungen nicht ihren privatrechtl. Charakter. Betriebsverfassungsrecht enthält ör. Strukturelemente. Es gehört aber – abgesehen von den §§ 119 bis 121 – zum Privatrecht.

3 **2. Abgrenzung zur Unternehmensmitbestimmung.** In der Bundesrepublik existieren zwei Grundformen der Mitbestimmung: Die betriebl. und die im Unternehmen. Die Betriebsverfassung beteiligt die AN über unterschiedl. abgestufte Beteiligungsrechte an Willensbildung und Entscheidungen des AG im Betrieb. Nach § 2 I bindet sie dort als arbeitsrechtl. Grundordnung „soziale Macht" durch Mitbestimmung und Mitwirkung zum Wohle des Betriebs und seiner Belegschaft. Die Unternehmensverfassung beteiligt die ANschaft an der Planung, Organisation und Leitung eines Unternehmens. Dies geschieht – abgesehen von der Bestellung des Arbeitsdirektors – nicht durch Mitwirkung an der eigentl. Führung des Unternehmens, sondern durch die Beteiligung von ANvertretern an der Kontrolle der Unternehmensführung in den Aufsichtsräten (s. dazu die Komm. zum MitbestG, MontanMitbestG und DrittelbG). In der Regel berührt die Mitbestimmung im Betrieb nicht Entscheidungen auf Unter-

nehmensebene. Im Unternehmen werden die strategischen Entscheidungen geplant. Im Betrieb werden sie umgesetzt. Faktisch gibt es eine Reihe von Berührungspunkten, zB bei der Mitbestimmung in wirtschaftl. Angelegenheiten.

II. Geltungsbereich

1. Persönlicher Geltungsbereich. Das G gilt nach § 5 I für alle AN – Arbeiter und Angestellte – einschließl. der zu ihrer Berufsausbildung Beschäftigten. Dazu kommen die in Heimarbeit Beschäftigten, soweit sie in der Hauptsache für den Betrieb tätig sind. Einige Bestimmungen des G gelten nach § 14 II und III AÜG für LeihAN. Unter bestimmten Voraussetzungen ist § 99 BetrVG auch auf AN von Fremdfirmen anzuwenden (s. § 99 Rn. 4). **Auslandstätigkeiten** von AN inländischer Betriebe stellt die Frage nach dem persönl. Anwendungsbereich des G. Das BetrVG erfasst ausl. AN in inländischen Betrieben. Umgekehrt gilt es für deutsche AN in ausl. Betrieben selbst dann nicht, wenn auf das Vertragsverhältnis deutsches Recht anzuwenden ist (BAG 30.4.1987 NZA 1988, 135). Deutsches Betriebsverfassungsrecht ist jedoch auf im Ausland tätige Mitarbeiter anzuwenden, soweit sich deren Auslandstätigkeit als **„Ausstrahlung"** des Inlandsbetriebs darstellt. Entscheidend ist der Einzelfall. Die Frage, ob ein AN trotz seiner Auslandstätigkeit dem Inlandsbetrieb zugehört, ist grds. nach den allgemeinen Kriterien der Betriebszugehörigkeit zu entscheiden (BAG 22.3.2000 NZA 2000, 1119). Besteht trotz Auslandseinsatz eine hinreichend konkrete materielle Beziehung zum Inlandsbetrieb, gilt das BetrVG auch für diese AN. Dabei spielen Umf. und Inhalt der Weisungsbefugnis des inländischen AG ggü. dem im Ausland eingesetzten Mitarbeiter (BAG 7.12.1989 NZA 1990, 658) und seine Zugehörigkeit zur inländischen betriebl. Arbeitsorganisation eine Rolle. Vorübergehend im Ausland eingesetzte AN inländischer Betriebe fallen damit unter den persönl. Geltungsbereich des G, soweit sie dort – zB als Montagearbeiter, LKW-Fahrer oder Fliegendes Personal – außerhalb einer betriebl. Organisation beschäftigt werden (BAG 25.4.1978 DB 1978, 1840). Ist der Einsatz zeitl. beschränkt – zB bei einer Vertretung oder der Erledigung eines zeitl. befristeten Auftrags, der Vereinbarung eines Rückrufrechts – kann das BetrVG auch auf AN eines inländischen Betriebs anzuwenden sein, die im Ausland in eine betriebl. Organisation eingegliedert tätig sind (BAG 7.12.1989 NZA 1990, 658). Es ist über § 14 AÜG auch anwendbar, wenn ein in Deutschland ansässiger VertragsAG AN an den Inhaber eines im Ausland liegenden Betriebs verleiht (BAG 22.3.2000 NZA 2000, 1119). Die erforderl. materielle Beziehung zum Inlandsbetrieb kann fehlen, wenn AN nur für einen Auslandseinsatz von einem inländischen Betrieb eingestellt wird (BAG 21.10.1980 NJW 1981, 1175), selbst wenn man sie dort kurzzeitig auf den Auslandseinsatz vorbereitet. Entscheidend ist, ob der AN iRd. Zwecksetzung des inländischen Betriebs eingesetzt wird und den von dort erteilten Weisungen unterliegt. Die Bindung zum Inlandsbetrieb besteht nicht, wenn der AN dem inländischen Betrieb nicht angehört hat und für einen Auslandseinsatz befristet eingestellt werden (BAG 21.10.1980 NJW 1981, 1175; aA *Fitting* Rn. 26). Soweit AN trotz Auslandseinsatz unter den persönl. Geltungsbereich des G fallen, steht ihnen das aktive und passive Wahlrecht (§§ 7, 8) zu (BAG 27.5.1981 NJW 1983, 413). Sie können an BetrVers teilnehmen (s. § 42 Rn. 2) und zählen bei den Schwellenwerten (s. §§ 1, 9, 19, 38, 99, 106, 110, 111, 112a) mit. Der BR kann Mitbestimmungsrechte in personellen Angelegenheiten und in den sozialen Angelegenheiten wahrnehmen, welche sich auf diese AN auswirken – zB bei Kündigung (BAG 7.12.1989 NZA 1990, 658) oder Versetzung (BAG 18.2.1986 NZA 1986, 616). BV – zB Sozialpläne – sind für diese AN möglich. 4

2. Räumlicher Geltungsbereich. Das G gilt für die innerhalb der Grenzen der Bundesrepublik Deutschland gelegenen Betriebe – sog. Territorialitätsprinzip. Dabei kommt es weder auf die Staatsangehörigkeit des AG noch auf die der AN an (BAG 7.12.1989 NZA 1990, 658); ebenso wenig auf das Vertragsstatut der Beschäftigten. Das G gilt für inländische Betriebe ausl. Unternehmen, nicht für ausl. Betriebe, Nebenbetriebe oder Betriebsteile inländischer Unternehmen (BAG 22.3.2000 NZA 2000, 1119); zur Bildung von GBR, KBR und WA bei Auslandsbezug s. § 47 Rn. 5, § 54 Rn. 7 sowie § 106 Rn. 2). 5

3. Gegenständlicher Geltungsbereich. Das G gilt grds. für alle Betriebe der Privatwirtschaft. Ist der Inhaber eine jur. Person des öffentl. Rechts, sind nach § 130 die PersVG anzuwenden. Für die Religionsgemeinschaften, ihre karitativen und erzieherischen Einrichtungen gelten statt dieses G eigene Vertretungsordnungen und -gesetze. In „Tendenzbetrieben" gilt das G nach § 118 II eingeschränkt (s. § 118 Rn. 17 ff.). Für die bei Luftfahrtunternehmen im Flugbetrieb Beschäftigten können nach § 117 II nur durch TV bes. Vertretungen gebildet werden. Für die Seeschifffahrt bestehen in den §§ 114–116 Sonderregelungen. Aus Anlass der Umwandlung der Bundesbahn in die Deutsche Bahn AG wurde ges. Übergangsmandate der Personalräte geschaffen. Auf die umgewandelten Teile der Deutschen Bundespost – Deutsche Post AG, Deutsche Postbank AG, Deutsche Telekom AG – ist das BetrVG anzuwenden, soweit das PostPersRG nichts anderes bestimmt. Die dort beschäftigten Beamten haben einen betriebsverfassungsrechtl. Sonderstatus. Er wirkt sich bei der Wahl des BR, bei der Ausübung der Beteiligungsrechte und bei der Zusammensetzung von GBR und KBR aus. 6

III. Betrieb

7 **1. Bedeutung.** Das G definiert nicht den Betrieb. Für das BetrVG gilt ein **eigener Betriebsbegriff,** weshalb die in anderen Rechtsgebieten geltenden Begriffsbestimmungen für das BetrVG nicht uneingeschränkt herangezogen werden können. Dies gilt insb. für den im Bereich des § 613a BGB entwickelten Begriffs der wirtschaftl. Einheit (s. § 613a Rn. 5). Der EuGH definiert den Betrieb als Einheit, dem die von dem Entlassung betroffenen AN zur Erfüllung ihrer Aufgaben angehören (EuGH 7.12.1995 NZA 1996, 471). TV können für ihren Geltungsbereich den Betriebsbegriff selbst festlegen (BAG 11.9.1991 NZA 1992, 422). Das BetrVG definiert ebenso wenig das **Unternehmen.** Es setzt den Begriff voraus und versteht darunter die organisatorische Einheit, mit der Unternehmer ihre wirtschaftl. oder ideellen Zwecke verfolgen (BAG 7.8.1986 NZA 1987, 131, s. § 47 Rn. 2 f.). Für den **Konzern** verweist das BetrVG grds. auf § 18 I AktG (s. § 54 Rn. 2 ff.). **Betriebsteile** gelten nach § 4 I unter den dort genannten Voraussetzungen als selbständige Betriebe. Die Belegschaft kann einen eigenen BR wählen oder formlos beschließen, an der Wahl des BR im Hauptbetrieb teilzunehmen. **Kleinstbetriebe,** welche zahlenmäßig die Voraussetzungen des § 1 I nicht erfüllen, werden nach § 4 II dem Hauptbetrieb zugeordnet (s. § 4 Rn. 6).

8 **2. Begriff.** Die Begriffsbestimmung hat sich am Zweck des G zu orientieren. BR brauchen „Arbeitnehmernähe" und „Entscheidungsnähe". Der BR muss dort installiert werden, wo die mitbestimmungsrelevanten Entscheidungen fallen. Der Betriebsbegriff sichert im BetrVG dieses Prinzip der einheitl. und sachgerechten ANrepräsentation. Der Betrieb bildet die Einheit, in der AN sinnvoll ihre Beteiligungsrechte wahrnehmen können. So wird einerseits die Vertretung der AN nach Abteilungen, Arbeitsbereichen oder Beschäftigungsraten ausgeschossen, andererseits sorgt man für eine arbeitnehmernahe **Mitbestimmungsform** und verhindert zugleich konkurrierende Vertretungsorgane. Betrieb iSd. BetrVG ist die organisatorische Einheit, innerhalb derer ein AG allein oder zusammen mit den von ihm beschäftigten AN bestimmte arbeitstechnische Zwecke fortgesetzt verfolgt, die sich nicht in der Befriedigung des Eigenbedarfs erschöpfen. Dazu müssen die in einer Betriebsstätte vorhandenen materiellen und immateriellen Betriebsmittel für den oder die verfolgten arbeitstechnischen Zwecke zusammengefasst, geordnet, gezielt eingesetzt und die menschl. Arbeitskraft von einem einheitl. Leitungsapparat gesteuert werden (BAG 15.10.2014 NZA 2015, 1014). Der Betriebsbegriff ist zwgd., soweit nicht nach § 3 eine abweichende Vertretungsstruktur vereinbart werden darf.

9 **3. Arbeitstechnischer Zweck.** Der arbeitstechnische Zweck grenzt den Betrieb vom Unternehmen ab, das idR wirtschaftl. Zwecke verfolgt (BAG 24.2.1976 AP BetrVG 1972 § 4 Nr. 2). Die wirtschaftl.-unternehmerische Zielsetzung ist daher für die Betriebsabgrenzung bedeutungslos (BAG 17.2.1971 AP TVG § 1 Tarifverträge: Bau Nr. 9). Auch auf die Art des verfolgten arbeitstechnischen Zwecks kommt es nicht an – Produktion, Verw., Dienstleistung, Vertrieb (BAG 23.9.1982 AP BetrVG 1972 § 4 Nr. 3). Es kann sich daher bei Büros, Bühnen oder fremdgenützten Wohnanlagen (BAG 5.8.1965 AP KSchG § 21 Nr. 2) um Betriebe handeln. Unerhebl. ist auch, warum der arbeitstechnische Zweck verfolgt wird. Er darf sich jedoch nicht in der Befriedigung des Eigenbedarfs erschöpfen (BAG 17.2.1981 NJW 1981, 2716); Familienhaushalte sind daher keine Betriebe. In einem Betrieb können mehrere arbeitstechnische Zwecke verfolgt werden (BAG 14.9.1988 NZA 1989, 190). Sie müssen sich nicht „berühren" (BAG 23.9.1982 AP BetrVG 1972 § 4 Nr. 3). Es reicht aus, wenn dies innerhalb einer einheitl., auf einen arbeitstechnischen Gesamtzweck gerichteten Organisation geschieht – zB Produktion und Verkauf oder Verw. und Produktion. Arbeitstechnische Zwecke müssen **fortgesetzt** verfolgt werden. Die nur vorübergehende Einrichtung von Arbeitsstätten führt nicht zur Lösung aus dem Betrieb. Die Organisation muss auf gewisse Dauer eingerichtet sein, wenn auch nicht für längere oder unbestimmte Zeit. Daher können Saison- oder Kampagnebetriebe solche iSd. BetrVG sein.

10 **4. Leitung.** Entscheidend für den Betrieb als betriebsverfassungsrechtl. Einheit ist der einheitl. Leitungsapparat, die Einheit der Entscheidung in mitbestimmungspflichtigen Angelegenheiten (BAG 17.1.2007 NZA 2007, 703). Damit ist nicht die technische Leitung angesprochen. Werden in einer organisatorischen Einheit mehrere arbeitstechnische Zwecke verfolgt, ist eine einheitl. technische Leitung nicht immer angebracht. Als Kriterium für die Bestimmung des Betriebsbegriffs scheidet sie damit aus. Ebenso wenig kommt es entscheidend darauf an, wo die wirtschaftlich-kaufmännischen Entscheidungen getroffen werden, weil diese der Mitbestimmung weitgehend entzogen sind (BAG 23.9.1982 AP BetrVG 1972 § 4 Nr. 3). Über den Betriebsbegriff wird die Einheit bestimmt, innerhalb derer eine sinnvolle Ordnung der Betriebsverfassung und damit eine sachgerechte Betreuung der AN durch ihre Repräsentanten mögl. ist. Fehlt ein eigener Leitungsapparat, der für die Organisationseinheit die maßgebl. mitbestimmungsrelevanten Entscheidungen einheitl. trifft, kann die Arbeitsstätte daher nur Teil eines Betriebs, nicht selbst Betrieb sein. Trifft die Unternehmensleitung selbst die mitbestimmungsrelevanten Entscheidungen für eine oder mehrere Produktionsstätten, handelt es sich um nur einen Betrieb. Werden diese Aufgaben in getrennten selbständigen Leitungsapparaten erfüllt, liegen regelm. mehrere Betriebe vor (BAG 23.9.1982 AP BetrVG 1972 § 4 Nr. 3). So hängt es von der (betriebsverfassungsbezogenen) Leitungsstruktur eines Unternehmens ab, ob die Hauptverwaltung

mit einer oder mehreren Produktionsstätten zusammen einen Betrieb oder jede dieser Produktionsstätten neben der Hauptverwaltung jeweils eigene Betriebe bilden. Die **Einheit der Entscheidungen** in mitbestimmungspflichtigen Angelegenheiten erfordert es nicht, dass bei der Betriebsleitung alle Kompetenzen für die Beziehungen zu den AN angesiedelt sind. Es kommt va. auf die Selbständigkeit der Entscheidung in personellen und sozialen, weniger in wirtschaftl. Angelegenheiten an. Eine organisatorische Einheit scheidet als Betrieb aus, wenn dort die AGfunktionen im Bereich der personellen und sozialen Mitbestimmung nicht zumindest im Kern – sei es auch nach Richtlinien einer Zentrale – ausgeübt werden (BAG 23.9.1982 AP BetrVG 1972 § 4 Nr. 3; RB anh. 7 ABR 50/15). Das BetrVG nennt als Ansprechpartner des BR in den §§ 111 ff. den „Unternehmer", im Übrigen den „AG".

5. Belegschaft. Auf die einheitl. Betriebsgemeinschaft bzw. die Einheit der Belegschaft und damit auf das Zusammengehörigkeitsgefühl der Beschäftigten kommt es für die Bestimmung des Betriebs nicht an. Die räuml. Einheit von Arbeitsstätten kann für einen Betrieb sprechen, sie muss es nicht (BAG 23.9.1982 AP BetrVG 1972 § 4 Nr. 3). Das Fehlen der räuml. Einheit spricht nicht notwendig gegen einen Betrieb, wie § 4 zeigt. Dies Kriterium ist auch sonst weitgehend ohne Aussagekraft. Bei nicht standortgebundenen Tätigkeiten kann es nicht entscheidend sein. AN im Außendienst gehören zu dem Betrieb, für den sie tätig werden (s. Rn. 4). Auswärtige Arbeitsstätten können sich selbst zu einem Betrieb entwickeln. Ausschlaggebend ist stets, ob für sie ein einheitl. Leitungsapparat besteht. Eine auf fremden Werksgelände über Jahre hinweg unterhaltene „Baustelle" bildet daher keinen selbständigen Betrieb, wenn ihr ein betriebsverfassungsrechtl. Leitungsapparat fehlt (LAG D 20.5.1997 NZA-RR 1998, 111). 11

6. Veränderungen. Nicht jede Änd. der tatsächl. Verhältnisse führt zum Untergang des Betriebs. So berühren ein Wechsel oder die Erg. des arbeitstechnischen Zwecks nicht den Bestand des Betriebs, wenn die Organisationseinheit unter einer Leitungsmacht erhalten bleibt (BAG 7.6.2011 NZA 2012, 110). Der Betrieb besteht auch nach seiner **Verlegung** weiter, solange nur die Belegschaft im Wesentl. dieselbe bleibt. Er endet mit einer Verlegung, wenn an dem neuen Standort eine neue Belegschaft eingestellt wird (BAG 12.2.1987 NZA 1988, 170). Bei einem **Betriebsübergang** bleibt regelmäßig die Identität des Betriebs erhalten und der Betriebserwerber tritt in die betriebsverfassungsrechtl. Stellung des Betriebsveräußerers ein. Dies gilt auch bei einem Gemeinschaftsbetrieb, der neue Betriebsinhaber tritt gegenüber den übernommenen AN an die Stelle des bisherigen Betriebsinhabers, soweit es für die Anwendung des BetrVG auf die Stellung als VertragsAG ankommt (BAG 8.12.2009 NZA 2010, 404). Der BR bleibt im Amt. BV und GesamtBV gelten normativ weiter (BAG 5.5.2015 NZA 2015, 1331; 18.9.2002 NZA 2003, 670, s. § 613a Rn. 114). Führt der Betriebsübergang zu einem Zusammenschluss oder entsteht bei der Übertragung von Betriebsteilen ein neuer selbständiger Betrieb, wird die Kontinuität der BRarbeit durch Rest- und Übergangsmandate gesichert (s. §§ 21a Rn. 2 ff. und 21b Rn. 2 ff.). Für die betriebl. Normen gilt dann § 613a I 2–4 BGB (s. § 613a Rn. 111 ff.). 12

IV. Gemeinsamer Betrieb

1. Vorbemerkung. Anders als bei einem Betrieb (§ 1 I 1) sind bei einem gemeinsamen Betrieb (§ 1 I 2) die sachl. und persönl. Betriebsmittel nicht einem, sondern mehreren Rechtsträgern rechtl. zugeordnet. Diese führen den Betrieb auf der Grdl. einer Vereinbarung über die gemeinsame Nutzung der sächl. Betriebsmittel und den gemeinsamen Einsatz der AN (sog. Führungsvereinbarung). Die AN werden nicht nur durch die Entscheidungen desjenigen Unternehmens betroffen, mit dem sie vertragl. verbunden sind, sondern auch von den unternehmerischen Entscheidungen des (oder der) weiteren am Gemeinschaftsbetrieb beteiligten Unternehmen. Für diesen ist typisch, dass Entscheidungen eines an ihm beteiligten Unternehmens über dessen Unternehmensgrenzen hinaus wirken (BAG 13.3.2013 NZA 2013, 853). Den AN steht betriebsverfassungsrechtl. nur ein Ansprechpartner gegenüber. Sie müssen daher auch von einem BR vertreten werden, der alle Beschäftigten ohne Rücksicht auf ihre arbeitsvertragrechtl. Bindung repräsentiert. Anders lassen sich Mitbestimmungsrechte nicht sinnvoll wahrnehmen. Eine ges. **Definition** des gemeinsamen Betriebs fehlt. Die Regelung in § 1 II bestimmt nur, unter welchen Voraussetzungen ein Gemeinschaftsbetrieb fingiert wird. Führen mehrere Unternehmen gemeinsam mehrere Betriebe, werden die Betriebe durch die gemeinsame Führung nicht zu einem einheitl. Betrieb. Die Unternehmen führen dann vielmehr mehrere jeweils gemeinsame Betriebe (BAG 18.1.2012 NZA-RR 2013, 133). An einem gemeinsamen Betrieb kann neben einer jur. Person des Privatrechts eine Körperschaft des öffentl. Rechts beteiligt sein (BAG 9.6.2011 AP BetrVG 1972 § 102 Nr. 164; BVerwG 13.6.2001 NZA 2002, 115). 13

2. Voraussetzungen. Ein gemeinsamer Betrieb liegt vor, wenn **(a)** mind. zwei Unternehmen die **(b)** in einer Betriebsstätte vorhandenen **(c)** materiellen und immateriellen Betriebsmittel für **(d)** einen oder mehrere einheitl. arbeitstechnische Zwecke zusammenfassen, ordnen, gezielt einsetzen und **(e)** der Einsatz der menschl. Arbeitskraft von einem einheitl. Leitungsapparat gesteuert wird; dazu müssen sich **(f)** die beteiligten Unternehmen zumindest stillschweigend zu einer gemeinsamen Führung rechtl. 14

verbunden haben. Diese einheitl. Leitung muss sich auf die **wesentl. Funktionen** des AG **in personellen und sozialen Angelegenheiten** erstrecken (BAG 23.11.2016 – 7 ABR 3/15, zVb.). Absprachen zwischen Unternehmen oder Einflussnahmen auf gesellschaftsrechtl. Ebene begründen allein keinen einheitl. betriebl. Leitungsapparat und haben keine unmittelbaren, sondern allenfalls mittelbare Auswirkungen auf betriebsverfassungsrechtl. relevante Sachverhalte (BAG 13.8.2008 NZA-RR 2009, 255). Eine einheitl. Leitung liegt daher nicht schon dann vor, wenn die AG bei der Durchführung ihrer Unternehmenstätigkeiten aufeinander angewiesen sind und diese aufeinander bezogen ausüben (zB. bei einer Just-in-time-Produktion, Richardi/*Richardi* Rn. 67) oder bei konzernrechtl. Weisungen (zB. aufgrund von Beherrschungsverträgen). In diesen Fällen fehlt der einheitl. Ansprechpartner für den BR. Vielmehr müssen die betriebsverfassungsrechtl. relevanten Funktionen des AG **institutionell einheitl.** für die beteiligten Unternehmen wahrgenommen werden (BAG 25.5.2005 NZA 2005, 1080). Die Nutzung der Betriebsmittel und der Einsatz der AN nur durch einen AG reichen nicht (BAG 22.6.2005 NZA 2005, 1248). Fehlt es an einer gem. Nutzung der sächl. Betriebsmittel, liegt kein Gemeinschaftsbetrieb vor (BAG 13.8.2008 NZA-RR 2009, 255; *Schönhöft/Oelze* BB 2016, 565). Dies gilt auch, wenn sich die unternehmerische Zusammenarbeit auf das Zur-Verfügung-Stellen von AN an einen oder mehrere andere Unternehmen beschränkt (BAG 23.9.2010 NZA 2011, 197; 17.2.2010 NZA 2010, 832). Der einheitl. Leitungsapparat erfordert eine **rechtl. Verbindung** der beteiligten Unternehmen (sog. Führungsvereinbarung), ihre tatsächl. Zusammenarbeit reicht nicht aus. Die Formulierung in § 1 II Nr. 1 wäre sonst überflüssig. Nach Ansicht des BAG vollzieht sich die Zusammenarbeit der an einem Gemeinschaftsbetrieb beteiligten AG bei Fehlen von anderweitigen Anhaltspunkten regelmäßig in Form einer BGB-Gesellschaft (BAG 16.4.2008 NZA-RR 2008, 583), wobei eine stillschweigende Vereinbarung genügt (BAG 31.5.2000 NZA 2000, 1350). Werden die AGfunktionen im personellen und sozialen Bereich im Wesentl. einheitl. ausgeübt, kann regelm. auf eine solche konkludente Führungsvereinbarung geschlossen werden (BAG 11.2.2004 NZA 2004, 618). Ob eine einheitl. Leitung vorliegt, beurteilt sich dabei nach der innerbetriebl. Entscheidungsfindung und ihrer Umsetzung. Die nur formale Ausübung von AGbefugnissen durch den jew. Vertragsarbeitgeber steht dem nicht entgegen (BAG 24.1.1996 NZA 1996, 1110). Die **Personenidentität** in der Unternehmensleitung kann ein wesentl. Indiz für einen einheitl. Leitungsapparat auf Betriebsebene sein. Daraus kann man aber nicht zwingend auf eine einheitl. Leitung in den wesentl. personellen und sozialen Angelegenheiten schließen. Der Umstand, dass eine Person mehrere Unternehmen leitet, bedeutet noch nicht, dass sie diese Aufgaben für alle Unternehmen einheitl. wahrnimmt (BAG 25.5.2005 EzA § 1 BetrVG 2001 Nr. 3). Haben sich mehrere Unternehmen – natürl. oder jur. Personen – durch Gesellschaftsvertrag nach § 705 BGB als **GbR** verpflichtet, gemeinsam einen Betrieb zu führen, handelt es sich regelmäßig um eine Innengesellschaft und damit um einen Gemeinschaftsbetrieb. Nachdem die Parteifähigkeit der BGB-Außengesellschaft anerkannt ist (BAG 1.12.2004 NZA 2005, 318) wird man zwar davon ausgehen können, dass es sich bei der GbR nach § 14 I und II BGB auch um ein Unternehmen handeln kann (*Fitting* Rn. 83). Entscheidend ist aber der Inhalt der konkret getroffenen Vereinbarung (BAG 16.4.2008 NZA-RR 2008, 583 – zur Zulässigkeit nach Kommunalrecht). Bleiben die Gesellschafter jeweils Vertragsarbeitgeber und Eigentümer der von ihnen in den Betrieb eingebrachten sachl. Mittel, handelt es sich nach wie vor um einen Gemeinschaftsbetrieb. Nur wenn sie neben der gemeinsamen Führung des Betriebs vereinbart haben, dass die GbR VertragsAG der AN und Eigentümer der Betriebsmittel wird, liegt kein Gemeinschaftsbetrieb, sondern eine GbR mit einem Betrieb vor.

14a Einen Gemeinschaftsbetrieb können darstellen das gemeinsame Büro verschiedener Buchverlage (BAG 14.11.1975 AP BetrVG 1972 § 118 Nr. 5), die von Baugesellschaften für gemeinsame Bauprojekte gebildeten Arbeitsgemeinschaften (ARGE), die Hauptverwaltungen und Filialdirektionen von Versicherungsgesellschaften, welche nach dem Versicherungsaufsichtsrecht verpflichtet sind, die verschiedenen Sparten des Versicherungsgeschäfts getrennt zu betreiben (BAG 14.9.1988 AP BetrVG 1972 § 1 Nr. 9) sowie eine ARGE nach dem SGB II (BAG 9.6.2011 AP BetrVG 1972 § 102 Nr. 164) .

15 **3. „Vermutungstatbestände".** Die als Vermutung formulierten Tatbestände (BT-Drs. 14/5741 S. 33) in **Abs. 2** führen bei dem Vorliegen der genannten Anforderungen zur gesetzl. Fiktion eines Gemeinschaftsbetrieb, der den Nachweis der Führungsvereinbarung (BAG 4.7.2007 NZA 2008, 307 – nicht im Tarifrecht) entbehrl. macht (so im Erg. DKKW/*Trümner* Rn. 142; Richardi/*Richardi* Rn. 76). Als Nachweis für das Vorliegen der Voraussetzungen des § 1 I 2 Nr. 1 genügt daher grds. die gem. Nutzung der in einer Betriebsstätte zusammengefassten Betriebsmittel und (kumulativ) der gem. Einsatz der AN (ähnl. DKKW/*Trümner* Rn. 93). Die gem. Nutzung der wesentl. Betriebsmittel ist ausreichend. Als Indiztatsachen für den gemeinsamen Einsatz von Betriebsmitteln und AN kommt die gemeinsame räuml. Unterbringung, eine personelle, organisatorische und technische Verknüpfung der Arbeitsabläufe, eine gem. Einsatz- u. Urlaubsplanung bzw. Überwachung der Arbeitseinsätze (BAG 13.2.2013 NZA-RR 2013, 521), eine gemeinsame Lohnbuchhaltung, Kantine oder Druckerei in Betracht (BAG 24.1.1996 NZA 1996, 1110). Die eigentumsrechtl. Verhältnisse an den Betriebsmitteln sind hingegen ohne Bedeutung (BAG 13.2.2013 NZA-RR 2013, 521). § 1 II Nr. 2 setzt voraus, dass ein

Betrieb mind. zwei an der Spaltung beteiligten Unternehmen zugeordnet wird. Gemeint ist die Unternehmensspaltung mit einer damit verbundenen zivilrechtl. Neuzuordnung zu einem anderen Rechtsträger, nicht die (reine) Betriebsspaltung. Erfasst werden die umwandlungsrechtl. partielle Gesamtrechtsnachfolge und die rechtsgeschäftl. Einzelrechtsnachfolge (DKKW/*Trümner* Rn. 148). Die Vorschr. entspricht dem außer Kraft gesetzten § 322 Abs. 1 UmwG. Auch dort war schon anerkannt, dass allein bei *wesentl.* Änd. der Organisation des Betriebs die Vermutung eines gemeinsamen Betriebs entfällt (Lutter/*Joost* UmwG § 322 Rn. 11, 12). Eine Spaltung aus steuer-, haftungs- oder wettbewerbsrechtl. Gründen spricht gegen eine wesentl. Organisationsänderung (DKKW/*Trümner* Rn. 152), wie etwa die Aufteilung in eine Besitz- und eine Betriebsgesellschaft. Da es sich bei § 1 II nicht um eine Vermutung, sondern um eine Fiktion handelt, kann die Annahme eines Gemeinschaftsbetriebs bei Vorliegen der Voraussetzungen des § 1 II nicht widerlegt werden. Ist das Vorliegen der Tatbestände des § 1 II nicht feststellbar, soll nach Ansicht des BAG dennoch ein gemeinsamer Betrieb vorliegen können, dessen Existenz aus anderen Umständen geschlossen werden (BAG 25.5.2005 NZA 2005, 1080; aA *Kreutz* FS Richardi S. 637, 653; offengelassen zul. von BAG 13.8.2008 NZA-RR 2009, 255). Steht allerdings fest, dass keine gemeinsame Nutzung der sächl. Betriebsmittel und auch kein gemeinsamer Personaleinsatz vorliegt, dürfte kaum jemals ein Gemeinschaftsbetrieb gegeben sein, insoweit ist der krit. Ansatz von *Kreutz* durchaus berechtigt.

4. Einzelfragen. Ein gemeinsamer Betrieb kann aus der Zusammenlegung von Betrieben entstehen. 16
Die beteiligten AN der betroffenen Betriebsstätten werden im Wege des nach § 21a II begr. **Übergangsmandats** von dem BR des größten Betriebs vertreten (s. § 21a). Die anderen BR entfallen, die Amtsstellung ihrer BRmitglieder endet, soweit sie nicht ein Restmandat wahrnehmen (s. § 21b). Bleibt es trotz Spaltung eines Unternehmens beim einheitl. Betrieb, bleibt der BR im Amt und seine Mitglieder behalten ihre **Amtsstellung** unabhängig davon, ob ihre ArbVerh. auf das andere an der Spaltung beteiligte Unternehmen übergehen (BAG 18.1.1990 NZA 1990, 977). Übergangsmandate entstehen nicht (BAG 31.5.2000 NZA 2000, 1350). BV bleiben bestehen, sie werden nicht nach § 613a I 2 BGB transformiert. Wann es für die **Beteiligungsrechte** auf die Größe des Gemeinschaftsbetriebs ankommt, richtet sich nach dem im Einzelfall einschlägigen Tatbestand. Auf die Zahl der AN im Gemeinschaftsbetrieb kommt es an, wenn es um die Frage geht, ob es sich um einen wesentl. Betriebsteil nach § 111 S. 1 Nr. 1 handelt (BAG 11.11.1997 NZA 1998, 1320); zu personellen Einzelmaßnahmen s. § 99 Rn. 1 und zur Sozialplanpflichtigkeit s. § 111 Rn. 5. Die AN des gemeinsamen Betriebs werden bei der Bildung des WA mitgezählt; dasselbe gilt für andere am Betrieb festmachende Schwellenwerte (BAG 1.8.1990 NZA 1991, 643). Im Gemeinschaftsbetrieb ist ein einzelnes an der gemeinsamen Führung beteiligtes Unternehmen nicht **Ansprechpartner** für Ansprüche des BR, die sich auf die Vornahme oder die Unterlassung einer Maßnahme richten, welche unter die gemeinsame betriebl. Leitungsmacht fallen (BAG 15.5.2007 NZA 2007, 1240). In personellen Angelegenheiten kann der AG zuständig sein, zu dem das ArbVerh. besteht (*Wißmann* NZA 2003, 1). So ist im Gemeinschaftsbetrieb allein der VertragsAG Adressat des dem BR bei der Eingruppierung zustehenden Mitbestimmungsrechts (BAG 8.12.2009 NZA 2010, 404). Ein Auflösungsantrag nach § 78a IV BetrVG kann von dem VertragsAG des Auszubildenden allein gestellt werden (BAG 17.2.2010 AP BetrVG 1972 § 78a Nr. 53). Ein Interessenausgleich wird alle am gemeinsamen Betrieb beteiligten Unternehmen betreffen, die ihn daher gemeinsam mit dem BR aushandeln müssen (BAG 12.11.2002 NZA 2003, 676). Den Sozialplan muss der jew. Vertragsarbeitgeber abschl. (*Fitting* Rn. 106). Ein entspr. Bezug zur gesamten Belegschaft wird sich oft bei den Mitbestimmungsrechten aus § 87 BetrVG ergeben. Für die Mitbestimmung nach § 87 I Nr. 10 ist aber der Vertragsarbeitgeber zuständig (BAG 8.12.2009 NZA 2010, 404). Die allgemeinen **Kosten** der BRtätigkeit (Sachmittel, Personal) tragen die beteiligten Unternehmen als Gesamtschuldner; die Kosten der Tätigkeit einzelner Mitglieder (Freistellung) tragen ihre jew. AG (*Fitting* Rn. 109). Der BR des Gemeinschaftsbetriebs entsendet seine Mitglieder in die **GBR** der beteiligten Unternehmen, wie § 47 IX zeigt. So können mehrere GBR für einen Betrieb zuständig sein (*Hanau* RdA 2001, 65). Ihre Zuständigkeit richtet sich dann im Einzelfall nach der Zugehörigkeit der betroffenen AN zum Unternehmen. Offen sind die Fragen der Stimmgewichte und Stimmrechte, soweit sie nicht durch TV oder BV gelöst werden. Die Bildung eines gemeinsamen GBR für verschiedene Unternehmen ist unzulässig, selbst wenn die beteiligten Unternehmen Gemeinschaftsbetriebe unterhalten (BAG 17.3.2010 NZA 2010, 1144). Der gemeinsame Betrieb **endet**, wenn die einheitl. Leitung nicht mehr ausgeübt wird. Wird ein von zwei Unternehmen geführter Gemeinschaftsbetrieb aufgelöst, weil eines der beiden Unternehmen seine betriebl. Tätigkeit einstellt, führt dies jedoch grds. nicht zur **Beendigung der Amtszeit** des für den Gemeinschaftsbetrieb gewählten BR. Dieser nimmt für die verbliebenen AN des anderen Unternehmens weiterhin seine Mitbestimmungsrechte wahr (BAG 19.11.2003 NZA 2004, 435). Führt die Auflösung des gemeinsamen Betriebs zum Verlust der Betriebsidentität, nimmt der BR für längstens sechs Monate nach § 21a I das Übergangsmandat wahr (*Fitting* Rn. 95); ohne Bedeutung ist hingegen eine Änderung des Betriebszwecks (BAG 29.11.2007 AP KSchG 1969 § 1 Soziale Auswahl Nr. 95). Gehen Beteiligte fälschlicherweise von einem gemeinsamen Betrieb aus, gelten die zur Verkennung des Betriebsbegriffs entwickelten Grundsätze.

V. Beteiligte

17 Die wichtigsten Normadressaten sind BR und AG, nicht die **Belegschaft.** Sie wird als Gemeinschaft vom BR repräsentiert. Die **AN** besitzen – von wenigen Ausnahmen abgesehen – keine Befugnisse iRd. Betriebsverfassung, welche sie selbst ausüben können. Sie wählen den BR, nehmen nach den §§ 42 I, 71 an den im G vorgesehenen Versammlungen teil, sind nach § 28a in Arbeitsgruppen tätig und müssen vom Unternehmen nach § 110 informiert werden. Der **AG** – in der Insolvenz der Verwalter – braucht die ihm zustehenden Rechte und Pflichten nicht in Person auszuüben und zu erfüllen. Als jur. Person wird er auch in der Betriebsverfassung von seinen Organen bzw. den vertretungsberechtigten Gesellschaftern vertreten. Diese können sich durch einen entscheidungsbefugten AN (BAG 21.12.1991 NZA 1992, 850) o. bevollmächtigte Dritte vertreten lassen. Jedes BRmitglied repräsentiert alle Beschäftigten, auch soweit sie nicht oder in anderen Gewerkschaften organisiert sind (BVerfG 27.3.1979 AP Art. 9 GG Nr. 31). Das Handeln des BR ist nicht von der Zustimmung der ANschaft abhängig; es besteht kein imperatives Mandat (BAG 27.9.1989 NZA 1990, 113). Datenschutzrechtl. ist der BR als Organ der Betriebsverfassung nach § 3 VII BDSG unselbständiger Teil der verantwortl. Stelle (BAG 12.8.2009 NZA 2009, 1218). Informationen des AG an den BR stellen daher keine Übermittlung nach § 3 IV Nr. 3 BDSG dar. Ebenso wenig wird der Informationsfluss zwischen dem BR und seinen Ausschüssen oder der JAV vom BDSG erfasst. Kraft G tritt der BR auch in Beziehung zu Dritten außerhalb des Betriebs – zB nach den §§ 17ff. KSchG. Solche Außenbeziehungen können daneben zu Sachverständigen, RA, Gewerkschaftsbeauftragen, zu den BR anderer Betriebe, zu Gerichten oder den Behörden der Arbeitsverwaltung entstehen. Grds. ist das Recht des BR, Interessen der AN wahrzunehmen durch keine Norm beschränkt. Es muss sich nur um die Wahrnehmung von Aufgaben handeln, die dem BR ges. übertragen sind (BAG 18.9.1991 NZA 1992, 315). Dabei ist er in der Wahl seiner Mittel grds. frei. Grenzen ergeben sich aus den allgemeinen Bestimmungen wie zB den §§ 2, 74 II, 77 I S. 2 und 79.

VI. Rechts- und Vermögensfähigkeit sowie Haftung des Betriebsrats

18 **1. Rechts- und Vermögensfähigkeit.** Der BR ist ausschließl. iRd. ihm ges. zugewiesenen Aufgaben rechtsfähig (BAG 24.4.1986 NZA 1987, 100). Nur in diesem Umf. kann er mit Dritten wirksam Verträge schließen, aus denen er selbst berechtigt und verpflichtet wird. Darüber hinausgehende Vereinb. sind (teilw.) unwirksam (BGH 25.10.2012 NZA 2012, 1382). Der BR kann daher über eine nicht erforderl. Aufgabenwahrnehmung keinen wirksamen Vertrag schließen. Seine ges. Rechte kann der BR im eigenen Namen im BeschlV durchsetzen (s. § 10 ArbGG). Er kann nur in den ausdrückl. genannten Fällen (zB §§ 82ff.) vom einzelnen AN ermächtigt werden oder deren Interessen wahrnehmen. IÜ kann er Individualansprüche der AN auch nicht außergerichtl. geltend machen (BAG 18.1.2005 NZA 2006, 167). Der AG wird aus Verträgen des BR mit Dritten nur verpflichtet, wenn dies mit dem BR zuvor so vereinbart worden ist. Eine Vertretungsmacht kraft G zulasten des AG besteht auch dann nicht, wenn dessen Kostentragungspflicht nach § 40 I besteht. Beauftragt der BR zur gerichtl. oder außergerichtl. Durchsetzung seiner Rechte einen Anwalt oder einen Berater (§ 111 S. 2), bedarf er hierfür anderseits keine Zustimmung des AG; hingegen ist nach § 80 III eine vorherige Einigung mit dem AG erforderl. (s. § 80 Rn. 35, s. § 111 Rn. 25). Vom BR benannte Beisitzer in Einigungsstellen erwerben kraft G nach § 76a III einen Honoraranspruch gegen den AG. Der BR ist nur insoweit **vermögensfähig**, als ihm nach dem BetrVG vermögensrechtl. Ansprüche zustehen (zB. § 40 I, II, § 80 III 1). Eine darüber hinausgehende generelle Vermögensfähigkeit kann auch durch Vereinbarung zwischen AG und BR nicht geschaffen werden (BAG 29.9.2004 NZA 2005, 123).

19 **2. Haftung.** Der BR haftet als Organ nicht aus unerlaubter Handlung. Dies gilt nach § 85 II ArbGG auch für Ansprüche aus § 945 ZPO. BRmitglieder haften grds. wie andere AN aus unerlaubter Handlung und sittenwidriger Schädigung (*Fitting* Rn. 218). Eine „amtsbedingte" Ausweitung der Haftung findet nicht statt (Richardi/*Thüsing* Vor § 26 Rn. 15). Das BetrVG schafft kein deliktisches Sonderrecht für Amtspflichtverletzungen von betriebsverfassungsrechtl. Amtsträgern. Die einzelnen BRmitglieder haften nach den allgemeinen Regeln. Für unerlaubte Handlungen des BR haften die AN oder der AG Dritten ggü. nicht.

20 **3. Einstandspflicht von Betriebsratsmitgliedern.** Der BR kann nur im Rahmen seiner Zuständigkeit Verträge schließen (Rn. 18). Handeln die BRmitglieder für den BR außerhalb der ges. Zuständigkeit des BR, haften sie persönl. (BAG 24.4.1986 NZA 1987, 100). Schließen sie hingegen innerhalb der ges. Zuständigkeit des BR selbst Verträge ab, werden sie aus diesen berechtigt und verpflichtet. Soweit die Kostentragungspflicht des AG reicht, können sie bei einem entspr. BRbeschluss einen Freistellungs- oder Erstattungsanspruch haben (s. § 40 Rn. 14). Der BR kann beim Vertragsabschluss mit Dritten (RA, Berater) als Gegenleistung für deren Tätigwerden nur seinen Freistellungsanspruch gegen den AG abtreten, der sich bei ordnungsgem. Beauftragung und Erforderlichkeit der Aufgabenwahrnehmung durch den Dritten in einen Zahlungsanspruch gegenüber dem AG wandeln kann (ähnl. *Fitting* Rn. 207). Eine darüber hinausgehende Gegenleistung kann der BR dem Dritten nicht versprechen, da ihm insoweit die Rechtsfähigkeit für die Zusage fehlt. Problematisch ist die Rechtslage, wenn der Vertragsschluss mit

einem Dritten Leistungen umfasst, für die kein Freistellungsanspruch besteht, weil die Aufgabenwahrnehmung oder die versprochene Gegenleistung nicht erforderl. war. Nach dem Haftungskonzept des BGH können die handelnden BRmitglieder entspr. § 179 I BGB als Vertreter ohne Vertretungsmacht haften. Hatte das BRmitglied keine Kenntnis von dem Überschreiten der Erforderlichkeitsgrenze, ist seine Haftung auf das neg. Interesse beschränkt; ansonsten haftet es dem Vertragspartner des BR auf dessen Erfüllungsinteresse. Die Haftung soll aber analog § 179 III BGB ausgeschlossen, wenn dem Vertragspartner bekannt oder infolge Fahrlässigkeit unbekannt war, dass der Vertragsschluss einen außerhalb des gesetzl. Wirkungskreises des BR liegenden Gegenstand betraf o. das durch den Vertrag ausgelöste Honorar (teilweise) nicht nach § 40 I erstattungsfähig ist. Das erforderl. Wissen für die zutreffende Beurteilung dieser Grenzen ist bei den Vertretern der beratenden Berufe zu unterstellen. Im Streitfall soll das BRmitglied ggf. darlegen und beweisen, dass die vertragl. vereinbarte Leistung betriebsverfassungsrechtl. zulässig sowie die vereinbarte Gegenleistung nach Umf. und Vergütungshöhe nach § 40 I erforderl. war (BGH 25.10.2012 NZA 2012, 1382; dazu *Lunk/Rodenbusch* NJW 2014, 1989; *U. Fischer* NZA 2014, 343). Die Rspr. des BGH ist abzulehnen. Er berücksichtigt nur unzureichend, dass das Handeln der BRmitglieder regelmäßig auf einem Beschl. beruht und dass bei ehrenamtl. Handelnden eine Begrenzung der Vertrauenshaftung geboten ist. Daneben muss der Dritte wegen der beschränkten Vermögensfähigkeit des BR stets davon ausgehen, dass er nur den Freistellungsanspruch als Gegenleistung für seine Tätigkeit erhält. Dass ein BRmitglied eine persönl. Haftung für seine ehrenamtl. Tätigkeit im BR begründet, ist schlicht abwegig. Besteht kein Freistellungsanspruch, haften daher auch die den Dritten beauftragenden BRmitglieder nicht. Zur Vermeidung von Risiken sollten diese als Gegenleistung entweder nur die Abtretung des Freistellungsanspruchs vereinbaren oder ihre Haftung mit dem Dritten ausschließen (*Preis/Ulber* JZ 2013, 578, 584).

4. Betriebsratsfähigkeit. Die Mindestzahl von 5 AN ist nicht nur Voraussetzung für die Errichtung, 21
sondern auch für den Fortbestand eines BR. Sinkt die Zahl der ständig beschäftigten wahlberechtigten AN nicht nur vorübergehend unter diese Zahl, endet das Amt des BR. Das Absinken der wählbaren AN unter 3 schadet nicht. Wer AN ist, bestimmt § 5. Das G berücksichtigt nur **ständig Beschäftigte** ohne Rücksicht auf deren AZ. Es kommt auf den Arbeitsplatz bzw. die Arbeitsaufgabe und nicht auf den AN an; LeihAN zählen insoweit mit, wenn Personen überlassen werden, die stets nach § 7 S. 2 wahlberechtigt sind (§ 14 II 4 AÜG). Unbefristet oder befristet eingestellte AN sind ständig beschäftigt, wenn sie nicht von vornherein nur für eine begrenzte Zeit beschäftigt werden sollen. Wer – wie Aushilfen oder Saisonarbeiter – von vornherein im Hinblick auf eine begrenzte Arbeitsaufgabe nur vorübergehend beschäftigt werden soll, gehört nicht zu den ständig Beschäftigten (*Fitting* Rn. 277). Wer **wahlberechtigt** und wer **wählbar** ist, folgt aus den §§ 7 und 8; zur Berechnung der **„in der Regel"** Beschäftigten – s. §§ 9 I, 14 IV, 99 I, 106 I, 110 I, 111 S. 1, 115 I u. II, 116 II s. jeweils dort.

§ 2 Stellung der Gewerkschaften und Vereinigungen der Arbeitgeber

(1) **Arbeitgeber und Betriebsrat arbeiten unter Beachtung der geltenden Tarifverträge vertrauensvoll und im Zusammenwirken mit den im Betrieb vertretenen Gewerkschaften und Arbeitgebervereinigungen zum Wohl der Arbeitnehmer und des Betriebs zusammen.**

(2) **Zur Wahrnehmung der in diesem Gesetz genannten Aufgaben und Befugnisse der im Betrieb vertretenen Gewerkschaften ist deren Beauftragten nach Unterrichtung des Arbeitgebers oder seines Vertreters Zugang zum Betrieb zu gewähren, soweit dem nicht unumgängliche Notwendigkeiten des Betriebsablaufs, zwingende Sicherheitsvorschriften oder der Schutz von Betriebsgeheimnissen entgegenstehen.**

(3) **Die Aufgaben der Gewerkschaften und der Vereinigungen der Arbeitgeber, insbesondere die Wahrnehmung der Interessen ihrer Mitglieder, werden durch dieses Gesetz nicht berührt.**

1. Vertrauensvolle Zusammenarbeit. § 2 I ist keine generalklauselartige Kompetenznorm. Die 1
Vorschr. begr. weder Mitbestimmungsrechte noch schränkt sie diese Rechte ein. Sie regelt als unmittelbar verpflichtende Rechtsnorm verbindl. das Verhalten der Betriebsparteien und konkretisiert für die Betriebsverfassung das Gebot von Treu und Glauben (BAG 21.4.1983 NJW 1984, 2309). Die bestehenden Interessengegensätze werden damit nicht geleugnet und die jew. Interessenwahrnehmung nicht ausgeschlossen (iE BAG 11.10.2016 NZA 2017, 68). Dies soll jedoch nach dem Prinzip der Legalität, in gegenseitiger Rücksichtnahme, mit „Ehrlichkeit und Offenheit" geschehen (BAG 22.5.1959 AP BetrVG § 23 Nr. 5). § 2 I ist bei der Auslegung des G zu beachten und wirkt so auf den Inhalt aller Einzelrechte und -pflichten der Betriebsparteien ein (BAG 21.2.1978 NJW 1978, 2216). **Adressaten** des Gebots sind in erster Linie AG u. BR. Die Vorschr. richtet sich an alle betriebsverfassungsrechtl. Gremien (BAG 28.5.2014 NZA 2014, 1213) und die SBV sowie die Vertretungen nach § 3. Zur vertrauensvollen Zusammenarbeit sind ebenso die einzelnen AN als Mitglieder dieser Institutionen, die im Betrieb vertretenen Gewerkschaften und AGVereinigungen verpflichtet, soweit sie betriebsverfassungsrechtl. Aufgaben wahrnehmen (BAG 21.2.1978 NJW 1978, 2216). Sie gilt nicht für die Zusam-

menarbeit im BR (BAG 5.9.1967 AP BetrVG § 23 Nr. 8) noch für das Verhältnis von AG zu den einzelnen AN oder der AN untereinander (BAG 13.7.1962 AP BGB § 242 Nr. 1).

2 **2. Inhalt.** Ausgangspunkt für das **Zusammenwirken** ist die grds. Trennung von BR/AG einerseits und Gewerkschaft/AGVereinigung andererseits. Hier die „wirtschaftsfriedliche" Interessenvertretung durch den BR als Repräsentant aller AN des Betriebs. Dort die Gewerkschaft, welche ihre Ziele im Interesse ihrer Mitglieder auch durch Kampfmaßnahmen verfolgen kann. Beide sollen als selbständige Interessenvertretungen zusammenarbeiten. Diese Verpflichtung besteht nicht allein in den Fällen, für die den Koalitionen ausdrückl. Befugnisse eingeräumt werden – zB in den §§ 14 V, 17 III, 46, 53 III, 76 VIII. Sie erstreckt sich auf den gesamten Bereich, in dem AG und BR zur vertrauensvollen Zusammenarbeit verpflichtet sind. AG und BR entscheiden eigenverantwortlich, ob sie darüber hinaus die Verbände einbeziehen. Auch in diesen Fällen gilt § 2 I (aA *Fitting* Rn. 53). Der BR bleibt jedoch nach § 79 zur Geheimhaltung verpflichtet. Er darf daher zB keine Lohnlisten an die Gewerkschaft weitergeben, um ihr die Überprüfung der Beitragsehrlichkeit ihrer Mitglieder zu ermögl. (BAG 22.5.1959 AP BetrVG § 23 Nr. 3). Ziel der Zusammenarbeit ist das **Wohl der AN und des Betriebs.** Die Betriebsparteien dürfen nicht ausschließl. egoistische Eigeninteressen verfolgen (BAG 2.11.1955 AP BetrVG § 23 Nr. 1). Jeder ist verpflichtet, auch die Interessen seines Gegenübers zu berücksichtigen. Grundtendenz des G ist es, Konflikte zu vermeiden und entstandene Konflikte gemeinsam zu lösen. Für den AG bedeutet dies, Wünsche des BR unverzügl. und ernsthaft zu prüfen; für den BR, das Wohl des Betriebs eher als vordergründige kurzfristige Interessen der Belegschaft zu fördern, Beteiligungsrechte nicht missbräuchl. – etwa für unzul. Koppelungsgeschäfte – zu nutzen (s. § 74 Rn. 35). Dauernde Obstruktion kann für beide Betriebspartner zu Maßnahmen nach § 23 oder zur Ahndung nach den §§ 119 ff. führen. Eine noch im BetrVG 1952 enthaltene Verpflichtung auf das Gemeinwohl besteht hingegen nicht. In Betrieben, die der Allgemeinheit dienen – Krankenhäuser, Verkehrs- und Versorgungsbetriebe –, müssen AG und BR aber deren bes. Verpflichtung beachten. Zusammenarbeit **unter Beachtung der geltenden TV** bedeutet nicht nur, dass der BR nach § 80 I Nr. 1 über ihre Durchführung im Betrieb zu wachen hat. AG und BR sind bei der Gestaltung betriebl. Angelegenheiten an die tarifl. Vorgaben gebunden. Der BR ist keine beitragsfreie Ersatzgewerkschaft. Neben den TV müssen AG und BR bindende Festsetzungen nach § 19 HAG beachten.

3 **3. Verbände.** Soweit die Vorschr. das Zusammenwirken mit den im Betrieb vertretenen Gewerkschaften und AGVereinigungen vorsieht, begr. dies kein eigenständiges Recht der Koalitionen, in das betriebl. Geschehen einzugreifen. Sie sind ebenso wenig zur Zusammenarbeit mit den Betriebspartnern verpflichtet (BAG 14.1.1983 AP BetrVG 1972 § 76 Nr. 12). Eine Gewerkschaft kann daher bei Ausübung ihrer Koalitionstätigkeit über § 2 weder in die Friedenspflicht genommen, noch verpflichtet werden, die Interessen von Nichtorganisierten wahrzunehmen oder dem BR Rechtsschutz zu gewähren (BAG 3.10.1978 NJW 1980, 1486). Das G setzt den **Begriff der Gewerkschaft** und der AGVereinigung voraus. Sie haben grds. dieselbe Bedeutung wie im TVG (BAG 19.9.2006 NZA 2007, 518; s. § 2 TVG Rn. 3 ff.). Zu den Gewerkschaften gehören auch ihre Spitzenverbände nach § 2 II TVG sowie die Bezirks- und Ortsverwaltungen einer Gewerkschaft, wenn sie kooperativ verfasst sind, eigenes Vermögen und die Befugnis zum Abschluss von TV haben (BAG 25.9.1990 NZA 1991, 314). Eine Gewerkschaft ist – ungeachtet ihrer Tarifzuständigkeit – **im Betrieb vertreten,** wenn mind. ein Mitglied AN des Betriebs ist und nicht zu den leitenden Angestellten zählt (BAG 25.3.1992 NZA 1993, 134; bestätigt BVerfG 21.3.1994 NZA 1994, 891). AGVereinigungen sind im Betrieb vertreten, wenn der AG dort Mitglied ist; zum Verhältnis BR – Gewerkschaften *Krause* RdA 2009, 129.

4 **4. Zugangsrechte. a) Bedeutung.** Das Zutrittsrecht wird den Gewerkschaften in Abs. 2 zur Wahrnehmung ihrer betriebsverfassungsrechtl. Aufgaben und Befugnisse gewährt (BAG 28.2.2006 NZA 2006, 798; zu Rechtsdurchsetzungskosten BAG 2.10.2007 NZA 2008, 372). Weder § 2 II noch § 2 I enthalten ein allgemeines gewerkschaftl. Zutrittsrecht zum Betrieb (BAG 26.6.1973 NJW 1973, 2222). Abs. 2 regelt das Zugangsrecht von Gewerkschaften jedoch nicht abschl. wie Abs. 3 zeigt (BAG 28.2.2006 NZA 2006, 798). Es ist damit Hilfsrecht bei der Realisierung ihrer im BetrVG genannten Berechtigungen und Pflichten. Es soll ihre Einflussmöglichkeiten nicht über dieses G hinaus ausdehnen. Die mit § 2 II verbundene Begrenzung des Hausrechts des Betriebsinhabers ist mit dem GG vereinbar (BVerfG 14.10.1976 AP BetrVG 1972 § 2 Nr. 3). Hingegen können sich die Gewerkschaften zur Wahrnehmung ihrer koalitionspolitischen Aufgaben nicht auf das Zugangsrecht aus Abs. 2 berufen (BAG 28.2.2006 NZA 2006, 798; s. Art. 9 GG Rn. 41). Die den Gewerkschaften in der Betriebsverfassung zugewiesenen Rechte dienen auch nicht zur Vorbereitung eines TVabschlusses (BAG 10.11.2004 NZA 2005, 426). Auf nicht tariffähige ANVereinigungen ist Abs. 2 nicht anzuwenden, wie zB § 77 III und § 87 I zeigen (BAG 19.9.2006 NZA 2007, 518 – kein Verstoß gegen Art. 9 III GG). Die im Betrieb vertretene Gewerkschaft nimmt – ggf. im Rahmen einer einstw. Vfg. (ArbG Verden 7.10.2013 NZA-RR 2014, 19) durchsetzbare – betriebsverfassungsrechtl. Initiativrechte, Teilnahme- und Beratungsrechte sowie Kontrollrechte wahr. Sie korrespondieren mit einem – tw. originären, zT nur mittelbaren – Zugangsrecht. Dabei handelt es sich ua. um folgende Vorschr.: § 2 I (s. Rn. 2); § 14 III, V; § 16 I (s. § 16 Rn. 6); § 16 II (s. § 16 Rn. 7); § 17 III (s. § 17 Rn. 2); § 17 IV (s. § 17 Rn. 4); § 18 I (s. § 18 Rn. 1, 4);

§ 18 II (s. § 18 Rn. 5); § 19 II (s. § 19 Rn. 10); § 23 I (s. § 23 Rn. 9); § 23 III (s. § 23 Rn. 20); § 31 (§§ 51 I, 59 I, 65 I, 73 II, 73b II, s. § 31 Rn. 1); § 35 (s. § 35 Rn. 1); § 43 IV, § 46 (s. § 46 Rn. 3); § 53 III (s. § 53 Rn. 2); § 76 II (s. § 76 Rn. 9); § 76 VIII (s. § 76 Rn. 33); § 108 I (s. § 108 Rn. 9); § 119 II (s. § 119 Rn. 5). Daneben kann ein Zugangsrecht für die Gewerkschaften bei der Wahrnehmung von Aufgaben bestehen, die mit denen aus dem BetrVG in einem inneren Zusammenhang stehen (BAG 26.6.1973 NJW 1973, 2222; aA GK-BetrVG/*Franzen* Rn. 56). Seine Grenzen sind bisher nicht abschl. geklärt. Zugangsrechte ergeben sich endl. aus der Möglichkeit der TVparteien, Regelungen des G – s. §§ 3, 38 I 3, 47 IV, 55 IV, 72 IV, 76 VIII, 86, 117 II – abzuändern oder zu ergänzen.

b) **Inhalt.** Die Gewerkschaft bestimmt, welche **Person** sie als Beauftragten in den Betrieb schickt. 5
Dabei kann es sich um einen hauptamtl. Mitarbeiter der Gewerkschaft oder um einen AN eines anderen Betriebs handeln (BAG 14.2.1978 NJW 1979, 1844). Soweit sie dies für erforderl. hält, kann sie auch mehrere Beauftragte entsenden. In Ausnahmefällen kann der AG den Zutritt eines bestimmten Beauftragten aus Gründen in seiner Person verweigern, etwa, wenn er wiederholt seine Befugnisse eindeutig überschritten, den Betriebsfrieden nachhaltig gestört oder den AG, seinen Vertreter oder AN des Betriebs grob beleidigt hat und dies erneut zu befürchten ist (BAG 14.2.1967 NJW 1967, 1295); an seiner Stelle kann ein anderer Beauftragter entsandt werden. **Zeitpunkt und Dauer** des Zugangsrechts bestimmt die Gewerkschaft, soweit sie nicht allein auf Ersuchen des BR tätig wird oder der AG im Einzelfall ihr Zugangsrecht beschränken darf (s. unten Rn. 7). Das Zutrittsrecht besteht grds. während der AZ (*Fitting* Rn. 70). Der Beauftragte ist nicht darauf beschränkt, das BRbüro aufzusuchen. Er darf im Betrieb den **Ort** aufsuchen, sofern dies zur Wahrnehmung der konkreten betriebsverfassungsrechtl. Aufgabe erforderl. ist (BAG 17.1.1989 NZA 1989, 938 – Arbeitsplätze von AN). Der AG kann den Zutritt nicht mit der Begründung verweigern, die Aufgaben könnten auch außerhalb des Betriebs wahrgenommen werden (LAG MV 11.11.2013 NZA-RR 2014, 130). Die Gewerkschaft darf den Betrieb auch unmittelbar vor und während eines **Arbeitskampfs** betreten, solange sich der Beauftragte auf ihre konkreten betriebsverfassungsrechtl. Aufgaben beschränkt (*Fitting* Rn. 71; diff. Richardi/*Richardi* Rn. 121; aA GK-BetrVG/*Franzen* Rn. 78).

c) **Schranken.** Die im G enthaltenen Schranken des Zugangsrechts beschränken den Anspruch, 6
schließen ihn aber nicht aus. Der AG darf den Zugang nur insoweit verweigern, als einer dieser Gründe entgegensteht. Das Zugangsrecht darf daher grds. nur für bestimmte Zeiten und bestimmte Betriebsteile versagt werden. Nach dem Grundsatz der Verhältnismäßigkeit ist die mildeste Maßnahme zu wählen. Dabei dürfen die Zugangsrechte für Gewerkschaftsvertreter idR nicht stärker eingeschränkt werden als für die AN des Betriebs. Der AG kann den Zutritt nur bei unzumutbaren Störungen oder Verzögerungen des Arbeitsablaufs verweigern. Zu den zwgd. Sicherheitsvorschr. gehören neben den ör. Sicherheitsvorschr. auch BV nach § 87 I Nr. 7 (*Fitting* Rn. 78). Hier kann zB der Zugang zu Strahlenschutzbereichen oder elektrischen Hochspannungseinrichtungen verweigert werden. Betriebsgeheimnisse sind grds. vor Gewerkschaftsbeauftragten schon nach § 79 II und 120 geschützt. Das Zugangsrecht kann daher nur auf den konkreten, durch Tatsachen belegten Verdacht gestützt werden, die Pflicht zur Geheimhaltung werde verletzt (*Fitting* Rn. 79; Richardi/*Richardi* Rn. 131). Über den Inhalt von Abs. 1 und die Zugangsrechte nach Abs. 2 wird im BeschlV entschieden.

5. Koalitionen. Mit Abs. 3 werden die typischen Aufgaben der Koalitionen – wie der Abschluss und 7
die Überwachung der Einhaltung von TV, Arbeitskampf, Mitgliederwerbung, -beratung und Prozessvertretung – weder geregelt noch beeinträchtigt (BAG 28.2.2006 NZA 2006, 798); zum Zutrittsrecht externer Gewerkschaftsvertreter zum Zweck der Mitgliederwerbung s. Art. 9 GG Rn. 41. Angesichts der eingeschränkten gewerkschaftl. Zugangsrechte gewinnt die Tätigkeit gewerkschaftl. **Vertrauensleute** im Betrieb an Bedeutung. Ihre Aufgaben sind organisationspolitisch definiert. Sie haben keine betriebsverfassungsrechtl. Funktion (GK-BetrVG/*Franzen* Rn. 101). Ihre Tätigkeit ist verfassungsrechtl. gesichert. Gegen Diskriminierung sind sie nach § 75 I geschützt, genießen aber keinen bes. Kündigungsschutz. Sie sollen nicht im Betrieb gewählt werden dürfen, weil ihre Wahl nicht von der Kernbereichsgarantie des Art. 9 III GG erfasst wird (BAG 8.12.1978 NJW 1979, 1847). Diese Entscheidung ist nach der Aufgabe der Kernbereichslehre durch das BVerfG überholt (zu Recht daher aA Richardi/*Richardi* Rn. 174; DKKW/*Berg* Rn. 134; *Fitting* Rn. 89). Die Rechtsstellung von Vertrauensleuten kann durch TV geregelt werden (offen gelassen in BAG 8.10.1997 NZA 1998, 492; DKKW/*Berg* Rn. 137; GK-BetrVG/*Franzen* Rn. 102 einerseits und Richardi/*Richardi* Rn. 176 andererseits).

§ 3 Abweichende Regelungen

(1) Durch Tarifvertrag können bestimmt werden:

1. für Unternehmen mit mehreren Betrieben

a) die Bildung eines unternehmenseinheitlichen Betriebsrats oder

b) die Zusammenfassung von Betrieben,

wenn dies die Bildung von Betriebsräten erleichtert oder einer sachgerechten Wahrnehmung der Interessen der Arbeitnehmer dient;

2. für Unternehmen und Konzerne, soweit sie nach produkt- oder projektbezogenen Geschäftsbereichen (Sparten) organisiert sind und die Leitung der Sparte auch Entscheidungen in beteiligungspflichtigen Angelegenheiten trifft, die Bildung von Betriebsräten in den Sparten (Spartenbetriebsräte), wenn dies der sachgerechten Wahrnehmung der Aufgaben des Betriebsrats dient;

3. andere Arbeitnehmervertretungsstrukturen, soweit dies insbesondere aufgrund der Betriebs-, Unternehmens- oder Konzernorganisation oder aufgrund anderer Formen der Zusammenarbeit von Unternehmen einer wirksamen und zweckmäßigen Interessenvertretung der Arbeitnehmer dient;

4. zusätzliche betriebsverfassungsrechtliche Gremien (Arbeitsgemeinschaften), die der unternehmensübergreifenden Zusammenarbeit von Arbeitnehmervertretungen dienen;

5. zusätzliche betriebsverfassungsrechtliche Vertretungen der Arbeitnehmer, die die Zusammenarbeit zwischen Betriebsrat und Arbeitnehmern erleichtern.

(2) **Besteht in den Fällen des Absatzes 1 Nr. 1, 2, 4 oder 5 keine tarifliche Regelung und gilt auch kein anderer Tarifvertrag, kann die Regelung durch Betriebsvereinbarung getroffen werden.**

(3) [1]**Besteht im Fall des Absatzes 1 Nr. 1 Buchstabe a keine tarifliche Regelung und besteht in dem Unternehmen kein Betriebsrat, können die Arbeitnehmer mit Stimmenmehrheit die Wahl eines unternehmenseinheitlichen Betriebsrats beschließen.** [2]**Die Abstimmung kann von mindestens drei wahlberechtigten Arbeitnehmern des Unternehmens oder einer im Unternehmen vertretenen Gewerkschaft veranlasst werden.**

(4) [1]**Sofern der Tarifvertrag oder die Betriebsvereinbarung nichts anderes bestimmt, sind Regelungen nach Absatz 1 Nr. 1 bis 3 erstmals bei der nächsten regelmäßigen Betriebsratswahl anzuwenden, es sei denn, es besteht kein Betriebsrat oder es ist aus anderen Gründen eine Neuwahl des Betriebsrats erforderlich.** [2]**Sieht der Tarifvertrag oder die Betriebsvereinbarung einen anderen Wahlzeitpunkt vor, endet die Amtszeit bestehender Betriebsräte, die durch die Regelungen nach Absatz 1 Nr. 1 bis 3 entfallen, mit Bekanntgabe des Wahlergebnisses.**

(5) [1]**Die aufgrund eines Tarifvertrages oder einer Betriebsvereinbarung nach Absatz 1 Nr. 1 bis 3 gebildeten betriebsverfassungsrechtlichen Organisationseinheiten gelten als Betriebe im Sinne dieses Gesetzes.** [2]**Auf die in ihnen gebildeten Arbeitnehmervertretungen finden die Vorschriften über die Rechte und Pflichten des Betriebsrats und die Rechtsstellung seiner Mitglieder Anwendung.**

I. Vorbemerkung

1 Die Organisationsbestimmungen des BetrVG sind zwgd., soweit das G nicht ausdrückl. Abweichungen zulässt (BAG 11.10.2004 AP BetrVG 1972 § 3 Nr. 2) – s. §§ 14 II, 38 I, 47 IV, 55 IV, 72 IV, 76 VIII, 86 und 117 II. Andere ANvertretungen sind auch auf individualrechtl. Basis nur zulässig, soweit ihre Befugnis sich nicht mit Zuständigkeiten des BR überschneiden (BAG 19.6.2001 NZA 2002, 397). Die verfassungsmäßige Neufassung der Vorschr. (BAG 13.3.2013 NZA 2013, 738) ermöglicht in erster Linie den TVparteien flexible und weitreichende Möglichkeiten, durch Vereinbarungen ohne behördl. Zustimmung von der Normalstruktur einer ANvertretung abzuweichen. Der Gesetzgeber hat den TVparteien zugestanden, unter den in § 3 genannten Voraussetzungen von dem Repräsentationsmodell des BetrVG abzuweichen; diese Entscheidung haben auch die Gerichte zu respektieren. Die Regelung verletzt nicht die negative **Koalitionsfreiheit** und genügt dem Demokratieprinzip (aA *Giesen* BB 2002, 1480, 1486). Nach § 3 abgeschlossene VerbandsTV gelten nur für tarifgebundene AG. Als betriebsverfassungsrechtl. Normen gelten sie nach § 3 II TVG einheitl. im ganzen Betrieb und erfassen auch die nichttarifgebundenen AN. Die in Abs. 1 abschl. (BAG 10.11.2004 NZA 2005, 895) aufgeführten Tatbestände betreffen in den Nrn. 1–3 abweichende Vertretungsstrukturen, in den Nrn. 4 und 5 zusätzl. betriebsverfassungsrechtl. Gremien. Dabei treten die nach den Nrn. 1 bis 3 gebildeten BR **an die Stelle** der ges. BR und nicht neben sie. Sie verdrängen die ges. Struktur in dem betriebl. Geltungsbereich, für den sie gewählt wurden (aA *Däubler* AiB 2001, 313). Die Existenz der bestehenden BR endet nach Maßgabe der Regelung in Abs. 4 S. 2. Die tarifl. bestimmten Einheiten sind nach Abs. 5 S. 1 als Betriebe iSd. BetrVG (nicht iSd. KSchG) anzusehen. Soweit nicht betriebsratsfähige Teile eines Betriebs zB in eine Spartenbildung nicht einbezogen sind, sind sie nach dem Schwerpunkt ihrer Aufgaben einer Sparte zuzuordnen. Verbleibt ein „Restbetrieb", ist dort ein BR zu wählen, ansonsten ist er einem (Haupt-) Betrieb zuzuordnen. Eine Kombination von SpartenBR und „normalen" BR ist daher nicht nur innerhalb eines Betriebs, auch innerhalb eines Unternehmens denkbar, wenn nicht in allen seinen Betrieben produkt- oder projektbezogene SpartenBR existieren (aA *Fitting* Rn. 42 f.). Die in § 3 I Nr. 1 bis 3 verwandten unbestimmten Rechtsbegriffe – „sachgerechte Wahrnehmung", „wirksame und zweckmäßige Interessenvertretung" – führen zu Beurteilungsspielräumen der TVparteien, sie sind jedoch einer gerichtl. Überprüfung zugängl. (BAG 29.7.2009 NZA 2009, 1424; *Richardi* NZA 2014, 232). Ein TV nach § 3 I Nr. 1 bis 3 BetrVG hindert den AG nicht an Unternehmensumstrukturierungen (LAG K 13.5.2015 BeckRS 2015, 71064; ArbG Ulm 12.8.2009 NZA-RR 2010, 27). Der TV

wird dadurch nicht gegenstandslos, mgl. ist aber, dass die ges. Voraussetzung für eine abw. Organisationsstruktur nach der Umstrukturierung nicht (mehr) vorliegen (BAG 21.9.2011 NZA-RR 2012, 186); TVe müssen daher zukünftige Organisationsänderungen auf Betriebsebene mitberücksichtigen. Eine vom G abweichende Zuständigkeit für die Ausübung der Beteiligungsrechte kann durch TV nicht bestimmt werden (BAG 18.11.2014 NZA 2015, 694).

II. Regelung durch Tarifvertrag

1. Tarifvertrag. a) Voraussetzungen. TV nach **Abs. 1** müssen neben den allgemeinen tarifrechtl. Voraussetzungen die der Nrn. 1–5 erfüllen. Sie können nach § 2 I TVG als FirmenTV oder als firmenbezogener VerbandsTV abgeschlossen werden (zum Gebot der Bestimmtheit und Normenklarheit BAG 21.9.2011 NZA-RR 2012, 186). Die **Tarifbindung** des AG reicht nach § 3 II TVG aus, wenn der Betrieb in den fachl., räuml. und betriebl. Geltungsbereich des (Verbands)TV fällt. Die abschl. Gewerkschaft muss tarifzuständig sein und durch zumindest ein Mitglied in den vom TV erfassten Einheiten vertreten sein. Sind mehrere Gewerkschaften zuständig, kann der TV mit jeder von ihnen abgeschlossen werden (BAG 29.7.2009 NZA 2009, 1424; *Fitting* Rn. 16c; GK-BetrVG/*Franzen* Rn. 33 f.; Richardi/*Richardi* Rn. 58). Unternehmensübergreifende Regelungen müssen mit jedem Unternehmen vereinbart werden (BAG 13.12.2016 – 1 AZR 148/15, zVb. – Konzern). TV wirken nicht nach § 4 V TVG nach (aA *Kempen/Zachert* TVG § 4 Rn. 300). § 3 eröffnet nur die Abweichung vom G durch Tarifnormen, nicht aufgrund eines nachwirkenden TV. Tritt der TV außer Kraft, ohne dass eine neue normative Tarifregelung an seine Stelle tritt, gilt wieder die ges. Regelung. Die durch TV geschaffenen ANvertretungen bleiben bei Fehlen einer anderweitigen Regelung bis zum Zeitpunkt der nächsten regulären BRwahlen bestehen. Vor Inkrafttreten von § 3 nF durch Vereinbarung geschaffene Einheiten bleiben bis zur Beendigung dieser TV bestehen. TV nach § 3 sind erstreikbar (BAG 29.7.2009 NZA 2009, 1424; DKKW/*Trümner* Rn. 14; aA *Fitting* Rn. 20; *Dzida* NZA 2010, 80, 82; *Friese* ZfA 2003, 237, 259; *Kort*, Anm. AP BetrVG 1972 § 3 Nr. 7). Diese Streitfrage dürfte rein akademischer Natur sein; für Streiks um TV nach § 3 werden die Gewerkschaften kaum je ihre Mitglieder mobilisieren können. 2

b) Tarifkonkurrenz. Mit Inkrafttreten des TarifeinheitsG am 10.7.2015 hat der Gesetzgeber auch das Verhältnis kollidierender Tarifverträge im Bereich des § 3 geregelt. Diese Frage war zuvor umstr. Nach Ansicht des BAG sollte eine Konkurrenz von TV nach § 3 I Nr. 1–3 nicht nach dem Repräsentationsprinzip (so insb. *Ulber, D.*, Anm. EzA § 3 BetrVG 2001 Nr. 3; *Fitting* [27. Aufl.] Rn. 16g), oder dem Spezialitätsprinzip (dafür *Thüsing* ZIP 2003, 693, 699 f.; *Teusch* NZA 2007, 124, 129; aA *Annuß* NZA 2002, 290, 293 – Unwirksamkeit der sich widersprechenden Tarifinhalte), sondern nach dem Ablösungsprinzip aufzulösen sein (BAG 29.7.2009 NZA 2009, 1424). Nunmehr hat der Gesetzgeber sich auch für den Bereich des § 3 I Nr. 1–3 für die Auflösung einer Tarifkonkurrenz nach dem **Mehrheitsprinzip** entschieden. Nach § 4a II 2 TVG (dazu *Linsenmaier* RdA 2015, 369) sind in dem von einem TV nach § 3 erfassten Betrieb nur die Rechtsnormen des TV derjenigen Gewerkschaft anwendbar, die zum Zeitpunkt des Abschlusses des zuletzt abgeschlossenen kollidierenden TV im Betrieb die meisten in einem Arbeitsverhältnis stehenden Mitglieder hat. In § 4a III TVG ist allerdings bestimmt, dass beide TV die Bildung von ANvertretungen nach § 3 I Nr. 1–3 ausdrücklich regeln müssen; insoweit reicht ein Überschneiden der konkurrierenden TV in ihrem Geltungsbereich nicht aus (s. § 4a TVG Rn. 9 ff.). Ein später abgeschlossener TV über betriebsverfassungsrechtl. Fragen, der keine Regelung nach § 3 I Nr. 1–3 enthält, bewirkt keine nach § 4a II 2 TVG aufzulösende **Kollisionslage** und lässt die Geltung des zuvor vereinbarten TV unberührt. Nach der kryptischen Gesetzesbegründung sollte hierdurch die Kontinuität der bestehenden ANvertretungen erhalten bleiben (BT-Drs. 18/4062 S. 14). Kommt es hingegen zu einer Tarifkonkurrenz, ist ggf. im Verfahren nach § 99 ArbGG die Anwendbarkeit des maßgebl. TV zu klären (*Wendeling-Schröder* NZA 2015, 525); bis zu dessen rkr. Abschluss richten sich die BR-Strukturen aus Gründen der Rechtssicherheit nach dem zuerst abgeschlossenen TV. Die nach § 99 I ArbGG beschränkte Antragsbefugnis gilt auch für den Bereich des § 3 I Nr. 1–3 (s. § 99 ArbGG Rn. 3), AG und BR können ein solches Verfahren nicht einleiten. Zu einer Kollision zwischen den TV kommt es bereits dann, wenn diese eine betriebliche Einheit iSd. § 1 I 1, § 4 I jew. abw. vom G zuordnen. Ohne Bedeutung ist, auf welcher der Alt. des § 3 I Nr. 1–3 die kollidierenden Zuordnungen beruhen. Dies ist deshalb wenig sachgerecht, weil bei einer Kollision des TV der Minderheitengewerkschaft dieser „nur" in einer seiner Einheiten nicht anzuwenden ist. Ein solches „Herausbrechen" eines in einen TV einbezogenen Betriebs kann aber zum Wegfall der Voraussetzungen nach § 3 I Nr. 1–3 in Bezug auf die anderen Einheiten des TV der Minderheitengewerkschaft führen. Ist der TV einer Minderheitsgewerkschaft nicht mehr anzuwenden, wird der Betrieb nicht betriebsratslos. Der bisherige BR bleibt entspr. § 3 V 1 bis zur Neuwahl der ANvertretungen nach dem TV der Mehrheitsgewerkschaft weiter im Amt. 2a

2. Unternehmenseinheitlicher Betriebsrat. Die Bildung eines unternehmenseinheitl. BR nach **Nr. 1a)** setzt voraus, dass in einem Unternehmen mehrere Betriebe nach § 1 oder Betriebsteile bestehen, die nach § 4 I 1 als selbständige Betriebe gelten, unabhängig davon, ob dort ein BR existiert. 3

Unternehmenseinheitl. BR können – anders als früher – grds. auch **gemeinsame Betriebe** mehrerer Unternehmen nach § 1 I 2 erfassen (aA BAG 13.3.2013 NZA 2013, 738). Der TV muss dann aber mit jedem am gemeinsamen Betrieb beteiligten Unternehmen abgeschlossen werden. Nur so lässt sich die betriebseinheitl. Normgeltung herbeiführen. Die Bildung eines unternehmenseinheitl. BR kann va. bei kleineren Unternehmen **sachgerecht** sein, in denen die wesentl. Entscheidungen des AG auf der Unternehmensebene fallen; wird hingegen die Leistungsmacht in den Betrieben ausgeübt, dürften die ges. Voraussetzungen für ein Abweichen von § 1 I nicht vorliegen. Unternehmenseinheitl. BR dürfen nicht gebildet werden, wenn bereits die Zusammenfassung von Betrieben ausreichend ist; sie können nicht nur durch TV, sondern nach § 3 II, III unter den dort genannten Voraussetzungen auch durch BV errichtet werden (BAG 24.4.2013 AP BetrVG 1972 § 3 Nr. 11 – GBR).

4 **3. Zusammenfassung von Einheiten.** Die Zusammenfassung mehrerer Betriebe – hierzu zählen auch Betriebsteile nach § 4 I 1, nicht aber Kleinstbetriebe nach § 4 II – zur Schaffung von RegionalBR nach Nr. 1b) bietet sich va. für große Filialunternehmen des Einzelhandels an (dazu BAG 21.9.2011 NZA-RR 2012, 186). Die Bestimmung erlaubt nicht die Aufteilung eines Betriebs oder Betriebsteils (*Fitting* Rn. 36; aA DKKW/*Trümner* Rn. 60). Gemeinsame Betriebe eines Unternehmens nach § 1 I 2 dürfen unter den in Rn. 3 genannten Bedingungen zusammengefasst werden (diff. *Fitting* Rn. 27, 33); darüber hinaus ist die unternehmensübergreifende Zuordnung von Betrieben nach Nr. 1 nicht zulässig. Die Zusammenfassung kann unter den Voraussetzungen des Abs. 2 auch durch BV, nicht aber durch Vereinbarungen mit dem AN selbst geschehen. Die Voraussetzungen der Nr. 1b) liegen vor, wenn in den Betrieben bisher kein BR gewählt worden war oder Zweifel an der BRfähigkeit ausgeräumt werden. Die erleichterte Bildung anderer ANvertretungen reicht für eine Zusammenfassung nicht aus. Einer **sachgerechten** Wahrnehmung der Interessen der AN kann es dienen, durch Zusammenlegung betriebsbezogene Schwellenwerte – etwa in § 92a II oder § 95 II 1 – zu überschreiten, die Organisation der Betriebsverfassung den Entscheidungsstrukturen auf Arbeitgeberseite anzupassen oder BRgrößen zu schaffen, die eine Vertretung der AN verbessern helfen (LAG SH 9.7.2008 DB 2009, 71; DKKW/*Trümner* Rn. 52). Durch die Zusammenfassung dürfen keine Betriebsstätten betriebsratslos werden, die nach dem ges. Modell von einer ANvertretung repräsentiert würden.

5 **4. Sparten.** SpartenBR dürfen nach Nr. 2 innerhalb eines Betriebs oder betriebsübergreifend im Unternehmen bzw. im Konzern gebildet werden. Die Belegschaft eines Betriebs darf daher sowohl zergliedert werden – betriebsinterner SpartenBR – als auch mit den AN anderer Betriebe zum Teil oder als Einheit zusammengeführt werden – betriebsübergreifender SpartenBR. Zu betriebsübergreifenden SpartenBR kann es nur kommen, wenn Geschäftsbereiche der gleichen Sparte in mind. zwei Betrieben vorhanden sind. Auch in diesem Fall können aber in den beteiligten Betrieben jeweils eigenständige SpartenBR gebildet werden. Es besteht kein Zwang zur Zusammenfassung gleicher Sparten aus verschiedenen Betrieben (*Buchner* NZA 2001, 633). SpartenBR dürfen nur so gebildet werden, dass alle AN erfasst werden oder ein betriebsratsfähiger Teil der bisherigen Einheit(en) verbleibt. Für diese „Restbelegschaft" muss noch ein BR gewählt werden können. Andere als die im G genannten produkt- oder projektbezogenen **Geschäftsbereiche** – wie die Ausrichtung an Kundengruppen, Absatzregionen oder Marktsegmenten – scheiden als Anknüpfungspunkt für einen SpartenBR aus (DKKW/*Trümner* Rn. 64). Die für die Bildung von SpartenBR erforderl. **Spartenleitung** muss ihre Entscheidungen so selbständig treffen, dass sie als kompetenter Ansprechpartner des BR in Frage kommt. Ihre Leitungsmacht muss so umfassend sein, dass der SpartenBR seine wesentl. Mitbestimmungsrechte auch tatsächl. wahrnehmen kann. (aA DKKW/*Trümner* Rn. 72 f.; wohl auch *Friese* RdA 2003, 92). Bestehen nach der Errichtung von SpartenBR im Unternehmen mind. zwei BR, muss nach § 47 I – wie sonst auch – ein **GBR** gebildet werden. Dabei kann es sich um einen reinen SpartenGBR oder in Unternehmen mit Sparten- und ges. BR um einen GBR handeln, in dem beide vertreten sind (aA *Fitting* Rn. 45). **Konzernweite SpartenBR** sind grds. zulässig. Die Errichtung eines SpartenBR dient der sachgerechten Wahrnehmung der Aufgaben des BR, wenn so die Ausübung der Beteiligungsrechte erleichtert oder verbessert wird (*Friese* RdA 2003, 92). SpartenBR können nach Abs. 2 auch durch BV errichtet werden.

6 **5. Andere Vertretungsstrukturen.** Nr. 3 eröffnet die Möglichkeit, mit der Errichtung anderer Arbeitnehmervertretungsstrukturen durch TV aktuell auf Änd. einer Unternehmensstruktur zu reagieren, ohne auf den Gesetzgeber warten zu müssen. So können auch dort Interessenvertretungen errichtet werden, wo dies sonst wegen bes. Organisationsformen auf Betriebs-, Unternehmens- oder Konzernebene mit Schwierigkeiten verbunden wäre. Mit neuen „Arbeitnehmervertretungsstrukturen" ist die Möglichkeit angesprochen, statt dreistufiger nur zwei- oder einstufige Interessenvertretungen, einen unternehmensübergreifenden StandortBR (BAG 10.11.2004 NZA 2005, 895) einzurichten oder auf andere Weise die gesamte ges. Vertretungsstruktur zu ersetzen (DKKW/*Trümner* Rn. 100). Dies setzt allerdings einen Zusammenhang zwischen vornehmlich organisatorischen oder kooperativen Rahmenbedingungen auf AGseite und der wirksamen sowie zweckmäßigen Interessenvertretung der AN voraus (BAG 13.3.2013 NZA 2013, 738); die Unterstützung des BR reicht nicht aus (BAG 29.4.2015 NZA 2015, 1397). Die neue Struktur muss wirksamer und zweckmäßiger sein als die alte.

Dies kann der Fall sein in Betrieben und Unternehmen mit ständig wechselnden AN – wie Baubetrieben, Betrieben des Verkehrsgewerbes, Beschäftigungs- bzw. Ausbildungsgesellschaften –, in Betrieben mit ständig wechselnden Betriebsstätten – wie zB Zirkus, Betrieben der Forstwirtschaft –, bei der just-in-time Produktion, bei fraktalen Fabriken oder shop-in-shop-Systemen. Die ges. Regelung muss sich durch die Organisation des Unternehmens, des Konzerns oder der Zusammenarbeit von zwei Unternehmen bedingt als nicht ausreichende Organisationsform herausgestellt haben. Allerdings darf die Zahl der BRmitglieder, die Amtszeit, Wahl oder Zusammensetzung der Vertretung nicht abweichend vom G geregelt werden (*Fitting* Rn. 51). Ebenso kann zB. die Rechtsstellung der Mitglieder einer solchen Vertretung nicht anders als im G geregelt und ebenso wenig festgelegt werden, dass etwa nur gewerkschaftl. Vertrauensleute die AN vertreten. Auch eine Abweichung von materiellen Beteiligungsrechten ist nicht möglich, wie Abs. 5 S. 2 zeigt. Alle dem ges. BR eingeräumten Befugnisse, Rechte und Pflichten gelten auch für die tarifl. Vertretung. Anders als nach altem Recht setzt die neue Regelung nicht voraus, dass die einbezogenen betriebl. Organisationsbereiche selbst betriebsratsfähig sind. Der in Nr. 3 verwandte Konzernbegriff umfasst grds. auch den Gleichordnungskonzern (DKKW/*Trümner* Rn. 104). Freil. wird es hier meist am einheitl. Ansprechpartner für die ANvertretung fehlen. Wegen der bes. Tragweite der Regelung kann sie nur durch TV eingeführt werden, wie die Abs. 2 und 3 zeigen. Bei den auf tarifl. Grdl. geschaffenen Auszubildendenvertretungen in reinen Ausbildungsbetrieben handelt es sich um TV nach § 3 I Nr. 3 (BAG 24.8.2004 NZA 2005, 371).

6. Zusätzliche Vertretungen. a) Form. Zusätzl. betriebsverfassungsrechtl. Gremien nach Nr. 4 7
kommen dort in Betracht, wo der Kontakt zwischen BR und den von ihm betreuten AN nicht ausreichend ist. Dies kann va. bei einem unternehmenseinheitl. BR oder RegionalBR der Fall sein, in denen nicht alle Betriebe oder die verschiedenen Organisationsbereiche und Beschäftigungsarten entgegen § 15 nicht vertreten sind. Bei den **Arbeitsgemeinschaften** handelt es sich weder um Mitbestimmungsorgane, noch um eine irgendwie geartete gewerkschaftl. Vertretungsstruktur. Sie ersetzen nicht den BR, sondern sollen die unternehmensübergreifende Zusammenarbeit der Vertretungsorgane erleichtern (BT-Drs. 14/5741 S. 34). Ihre Mitglieder werden gewählt, nicht ernannt (DKKW/*Trümner* Rn. 124). Es gelten die allgemeinen Grundprinzipien der Betriebsverfassung wie die §§ 78 und 79, Friedenspflicht, Ehrenamtlichkeit, Unentgeltlichkeit, Anfechtbarkeit des Wahlvorgangs und die Pflicht des AG zur Freistellung, Entgeltfortzahlung und Kostentragung (DKKW/*Trümner* Rn. 126). Mitglieder der Arbeitsgemeinschaften haben keinen bes. Kündigungsschutz nach den §§ 103 und 15 KSchG. Erfasst werden nicht nur BR, sondern neben den GBR alle anderen in § 3 vorgesehenen ANvertretungsstrukturen. Arbeitsgemeinschaften können nach Abs. 2 durch BV eingeführt werden (DKKW/*Trümner* Rn. 129).

b) Stellung. Mit der Möglichkeit, zusätzl. betriebsverfassungsrechtl. Vertretungen nach Nr. 5 einzurichten, knüpft das G an die bisherige Regelung in § 3 I Nr. 1 an. Sie dürfen nur gebildet werden wo ein BR bzw. eine ANvertretung nach Nr. 1 bis 3 existiert. Eine Vertretung nach § 3 I Nr. 5 liegt nicht vor bei Beauftragten des BR, die nicht in einer Organstruktur zusammengefasst sind (BAG 29.4.2015 NZA 2015, 1397). Dabei kann es sich auch um einen gemeinsamen Betrieb mehrerer Unternehmen handeln. Die Errichtung anderer als betriebsverfassungsrechtl. Gremien – wie zB gewerkschaftl. Vertretungen im Betrieb – lässt sich nicht auf Nr. 5 stützen (DKKW/*Trümner* Rn. 142). Die Beschränkung des Zusammenschlusses nach bestimmten Beschäftigungsarten oder Arbeitsbereichen ist weggefallen. So können zusätzl. Vertretungen nicht nur wie bisher etwa für Akkordmitarbeiter, Außendienstler, Aushilfskräfte, für bestimmte Abteilungen oder Arbeitsbereiche, sondern auch zB für Frauen, ausl. oder nicht ständige AN eingerichtet werden. Nach Nr. 5 kann jetzt – anders als nach alten Recht – auch die Wahl betriebl. – nicht: gewerkschaftl. – Vertrauensleute vereinbart werden (*Fitting* Rn. 62). Alle zusätzl. Vertretungen müssen ohne Rücksicht auf die Gewerkschaftszugehörigkeit von den Angehörigen der betreffenden ANgruppe nach demokratischen Grundsätzen gewählt werden und deren Interessen ohne Rücksicht auf eine Gewerkschaftszugehörigkeit vertreten. Eine Bestellung durch den BR oder den AG ist nicht möglich. Ihre **Amtszeit** ist nicht an die des BR gekoppelt. Sie richtet sich allein nach den ihnen zugrundeliegenden tarifl. bzw. betriebsverfassungsrechtl. Reglungen. Endet das Amt des BR jedoch endgültig, endet auch das Amt der zusätzl. Vertretung (DKKW/*Trümner* Rn. 140). Zusätzl. Vertretungen übernehmen keine **Zuständigkeiten** des BR. Sie haben keine Vertretungsbefugnis ggü. dem AG, sondern stellen nur als Gesprächspartner ein Bindeglied zwischen den AN ihrer Arbeitsgruppe dar. Sie können zu Beratungen des BR mit dem AG oder bei seinen Sitzungen hinzugezogen werden, wenn Angelegenheiten ihrer Arbeitsgruppe verhandelt werden, haben dort aber kein Stimmrecht. Ihre **Stellung** entspricht grds. nicht der von BRmitgliedern. Für sie gelten zwar die allgemeinen Grundsätze der Betriebsverfassung aus den §§ 2 I, 74 und 75. Die übrigen für den BR und seine Mitglieder geltenden Vorschr. sind jedoch auf die Mitglieder zusätzl. Vertretungen größtenteils nach wie vor nicht anwendbar, insb. nicht die §§ 37, 38, 103 und § 15 KSchG (*Fitting* Rn. 64; aA DKKW/*Trümner* Rn. 139). Über § 78 besteht freil. ein relativer Kündigungsschutz. Eine Kündigung, die allein wegen der Wahrnehmung des Amtes erfolgt, ist unwirksam. Der AG trägt entspr. § 40 die **Kosten** der zusätzl. Vertretung. Deren Mitglieder nehmen ihre Aufgaben während der AZ wahr. Der AG ist nach § 78 zur Fortzahlung der Vergütung verpflichtet. Mitglieder der zusätzl. 8

Vertretung unterliegen der Geheimhaltungspflicht nach § 79. Weitere Regelungen – etwa zur Wahl, Amtsführung und Schulung – können sich aus der zugrundeliegenden Vereinbarung ergeben. Zusätzl. Interessenvertretungen können ebenso auf Unternehmens- und Konzernebene eingerichtet werden. Dies kann nach Abs. 2 durch TV oder BV geschehen.

III. Regelungen durch Betriebsvereinbarung und die Arbeitnehmerschaft

9 **1. Betriebsvereinbarung.** Nach Abs. 2 können die abweichenden Regelungen zur ANvertretung mit Ausnahme der Errichtung anderer ANvertretungsstrukturen nach Nr. 3 auch durch BV geschaffen werden. Voraussetzung ist, dass **(a)** keine tarifl. Regelung mit dem Regelungsgegenstand des § 3 besteht, an die der AG gebunden ist und **(b)** „kein anderer Tarifvertrag" für den Betrieb besteht. Dabei ist unerheblich, welche Regelungsgegenstände einen normativ für den Betrieb geltender TV betreffen. Eine BV ist unzul. bei Tarifbindung des AG. TV gelten iSv Abs. 2 auch während nach einer AVE (§ 5 TVG) und während der Nachwirkung nach § 4 V TVG, ihre Inbezugnahme ist nicht ausreichend (aA DKKW/*Trümner* Rn. 165). Durch BV kann ein Gemeinschaftsbetrieb (§ 1 I 2) nicht gebildet werden. BV nach § 3 können nicht über die ESt. erzwungen werden. Ihnen kommt nach § 77 VI keine Nachwirkung zu. Die Zuständigkeit zum Abschluss der BV folgt auf ANseite aus Struktur und Regelungsgegenstand der BV (BAG 24.4.2013 AP BetrVG 1972 § 3 Nr. 11 – GBR, kein Vetorecht des BR).

10 **2. Arbeitnehmerschaft.** Ein unternehmenseinheitl. BR kann nach Abs. 3 in einem Unternehmen mit mehreren Betrieben oder Betriebsteilen nach § 4 I 1 gebildet werden. Handelt es sich um ein Unternehmen mit einem Hauptbetrieb und einem oder mehreren Kleinstbetrieben, entfällt die Möglichkeit nach Abs. 3, weil sie schon durch G dem Hauptbetrieb zugeordnet sind (DKKW/*Trümner* Rn. 184). In keinem der Betriebe darf ein BR bestehen oder ein TV mit dem Regelungsinhalt der Nr. 1a) gelten. Eine Regelung nach Abs. 3 ist ausgeschlossen, wenn bereits die BRwahl eingeleitet wurde. Für die Abstimmung über die Wahl des BR nach Abs. 3 hat das G bewusst keine Voraussetzungen geschaffen; die Durchführung einer geheimen Wahl ist daher nicht erforderl. Abstimmungsberechtigt sind alle wahlberechtigten AN des Unternehmens, zu diesen gehören auch LeihAN unter den Voraussetzungen des § 7 S. 2. Erforderl. ist die absolute Mehrheit der AN des Unternehmens (*Fitting* Rn. 95). Eine Gewerkschaft kann die Wahl veranlassen, wenn sie mit mind. einem Mitglied im Unternehmen vertreten ist (s. § 2 Rn. 3; DKKW/*Trümner* Rn. 183). Das weitere Wahlverfahren richtet sich nach den §§ 14 ff. und der WahlO (*Fitting* Rn. 98). Der so gebildete unternehmenseinheitl. BR hat die Rechte und Pflichten jedes BR. Seine Größe nach § 9 hängt von der Anzahl der im Unternehmen Beschäftigten ab. Der Beschl. zur Bildung eines unternehmenseinheitl. BR entfaltet Dauerwirkung und muss nach Ablauf der Amtszeit nicht wiederholt werden. Eine Rückkehr zum ges. Repräsentationsmodell ist ges. nicht vorgesehen, sie kann aber durch eine erneute Abstimmung entspr. Abs. 3 erfolgen; die zuvor erfassten Einheiten müssen nach ihrem Wirksamwerden jedoch sämtlich durch einen BR repräsentiert werden.

IV. Inkrafttreten und Rechtsfolgen

11 **1. Inkrafttreten.** Abs. 4 bestimmt den **Zeitpunkt des Übergangs** von der ges. zur vereinbarten Vertretungsstruktur und sichert für diese Fälle die Kontinuität der BRarbeit. Er überlässt die einzelnen Festlegungen weitgehend den TVparteien bzw. den Betriebspartnern. Das G greift nur, wenn sie keine Bestimmungen treffen. Wird die Wahl eines unternehmenseinheitl. BR durch Abstimmung der AN nach Abs. 3 ermöglicht, gelten stets die ges. Bestimmungen, hiervon abweichende Regelungen sind unwirksam. Die Bestimmungen des Abs. 4 sind ebenso anzuwenden, wenn eine abweichende Regelung nach Nrn. 1 bis 3, Abs. 3 die andere ablöst. Die Rückkehr zur ges. Struktur der Betriebsverfassung nach Beendigung der abweichenden Regelung richtet sich nach allgemeinen Grundsätzen, soweit diese nicht selbst Bestimmungen hierzu enthält (DKKW/*Trümner* Rn. 194). Eine Nachwirkung findet nicht statt (s. Rn. 2 und 9). Enthalten die Regelungen nach den Nrn. 1–3 selbst keine Bestimmungen, sind sie nach S. 1 erstmals bei der nachf. (übernächsten) Wahl anzuwenden, wenn sie nicht vor Einleitung des nächsten Wahlverfahrens – dh. vor Bestellung des Wahlvorstands – abgeschlossen wurden (*Fitting* Rn. 74). Die Amtszeit des bestehenden BR endet im Fall des S. 1 nach § 21, im Fall des S. 2 stets mit der Bekanntgabe des Wahlergebnisses. Die in den bisherigen Betrieben geltenden BV bleiben bestehen, wenn die Organisation der Arbeitsabläufe, der Betriebszweck und die Leitungsstruktur nach der Zusammenfassung weitgehend unverändert geblieben sind (BAG 7.6.2011 NZA 2012, 110).

12 **2. Rechtsfolgen.** Abs. 5 S. 1 begrenzt seine Fiktion ausdrückl. auf das BetrVG (zu § 111: *Trebeck/Kania* BB 2014, 1595). Für den Betriebsbegriff in anderen G ist die Bestimmung bedeutungslos. Daher findet zB die soziale Auswahl nicht in den Sparten, sondern nach wie vor im Betrieb statt. Die nach Nrn. 1 bis 3 gebildeten Einheiten sind aber zB maßgebend für die Anzahl der BRmitglieder nach § 9, die Größe seiner Ausschüsse nach den §§ 27, 28, die Zahl der Freistellungen nach § 38 und immer, wenn es für die Reichweite der Mitbestimmung auf die Anzahl der im Betrieb Beschäftigten ankommt. Beim Wechsel von der ges. zur abweichenden Vertretungsstruktur und zurück bleiben die BV für den

jeweils persönl. Geltungsbereich in Kraft. Werden zum gleichen Regelungsbereich vom nachf. BR Vereinbarungen abgeschlossen, gilt die Zeitkollisionsregel (DKKW/*Trümner* Rn. 209). S. 2 nimmt – anders als in S. 1 – nicht nur das BetrVG in Bezug, sondern auch alle Vorschr. außerhalb dieses G, welche Rechtsstellung, Rechte und Pflichten von BRmitgliedern betreffen wie zB § 15 KSchG.

3. Streitigkeiten. Über die Wirksamkeit der Vereinbarungen bzw. der Abstimmung zu abweichenden Regelungen nach Abs. 1 sowie ü. Rechtsstreitigkeiten zur Zusammensetzung, Wahl, Organisation, Rechte und Pflichten einer nach dieser Vorschr. gebildeten Vertretung oder Einrichtung entscheidet das ArbG im BeschlV. Antragsberechtigt können je nach Streitgegenstand neben dem AG, die auf ges. Grdl. gebildeten Organe, die TVparteien und konkurrierende Verbände sein. Eine auf der Grdl. eines TV nach § 3 durchgeführte BRwahl ist nicht nichtig, sondern bei einer Verkennung des Betriebsbegriffs ledigl. anfechtbar (*Mückl/Köhler* NZA-RR 2009, 513). Die BRwahlen müssen nach Ansicht des BAG nicht von sämtl. durch einen TV nach § 3 I Nr. 1 bis 3 betroffenen Einheiten angefochtenen werden (BAG 21.9.2011 NZA-RR 2012, 186; RB anh. 7 ABR 40/16). Streitigkeiten über die Wirksamkeit von TV nach § 3 I Nr. 1 bis 3 können auch außerhalb von BRwahlen im Rahmen eines Verfahrens nach § 18 II ausgetragen werden; eine Klage nach § 9 TVG ist hingegen unzweckmäßig. Ist das Wahlverfahren bereits eingeleitet, muss das ArbG ggf. im Rahmen einer auf Abbruch der Wahl gerichteten einstweiligen Vfg. entscheiden, ob ein TV nach § 3 I Nr. 1 bis 3 unwirksam ist. 13

§ 4 Betriebsteile, Kleinstbetriebe

(1) [1]**Betriebsteile gelten als selbständige Betriebe, wenn sie die Voraussetzungen des § 1 Abs. 1 Satz 1 erfüllen und**
1. räumlich weit vom Hauptbetrieb entfernt oder
2. durch Aufgabenbereich und Organisation eigenständig sind.

[2]**Die Arbeitnehmer eines Betriebsteils, in dem kein eigener Betriebsrat besteht, können mit Stimmenmehrheit formlos beschließen, an der Wahl des Betriebsrats im Hauptbetrieb teilzunehmen; § 3 Abs. 3 Satz 2 gilt entsprechend.** [3]**Die Abstimmung kann auch vom Betriebsrat des Hauptbetriebs veranlasst werden.** [4]**Der Beschluss ist dem Betriebsrat des Hauptbetriebs spätestens zehn Wochen vor Ablauf seiner Amtszeit mitzuteilen.** [5]**Für den Widerruf des Beschlusses gelten die Sätze 2 bis 4 entsprechend.**

(2) **Betriebe, die die Voraussetzungen des § 1 Abs. 1 Satz 1 nicht erfüllen, sind dem Hauptbetrieb zuzuordnen.**

1. Vorbemerkung. Die Vorschr. befasst sich nicht unmittelbar mit dem Begriff und der Abgrenzung von Betrieben. Sie baut darauf auf und legt zusammen mit §§ 1, 3 die betriebsratsfähigen Einheiten innerhalb eines Unternehmens und damit einen Teil seiner betriebsverfassungsrechtl. Organisation fest. Das G soll zu einer vernünftigen Ordnung der Betriebsverfassung führen. Normzweck des 2001 geänd. BetrVG ist ua., dass keine Organisationseinheit ohne BR bleiben soll. Die in Betriebsteilen beschäftigten AN werden vom BR des Betriebs vertreten, in dem die Leitungsaufgaben für den Betriebsteil wahrgenommen werden (BAG 29.1.1992 NZA 1992, 894). Unter den Voraussetzungen des Abs. 1 S. 1 werden sie von einem eigenen BR betreut, es sei denn, sie optieren nach Abs. 1 S. 2 für die Teilnahme an der BRwahl des Hauptbetriebs. Nicht betriebsratsfähige Betriebe werden nach Abs. 2 für die Wahl zum und die Vertretung durch den BR dem Hauptbetrieb zugeordnet. Nach § 3 I Nr. 1–3 können die TVparteien Betriebsteile und Kleinstbetriebe anders zuordnen, als es das G vorsieht. Streitigkeiten über die Zuordnung einer Betriebsstätte sind im BeschlV nach § 18 II (s. § 18 Rn. 5) oder als Vorfrage im UrtV (BAG 3.12.1985 NZA 1986, 334) zu entscheiden. 1

2. Einfache Betriebsteile. Hierbei handelt es sich um Betriebsbereiche, die zwar auf den Zweck des Hauptbetriebs ausgerichtet und in dessen Organisation eingegliedert sind, ihm ggü. aber organisatorisch abgrenzbar und relativ verselbständigt sind (BAG 21.7.2004 NZA-RR 2005, 671). Sie üben eine Teilfunktion beim Erreichen des arbeitstechnischen Zwecks des Betriebs aus. Sie erfüllen Aufgaben, die sich von denen der anderen Abteilungen idR erkennbar unterscheiden, aber in ihrer Zielsetzung dem arbeitstechnischen Zweck des Betriebs dienen – zB die Lackiererei in der Autoproduktion, die Reparaturwerkstatt eines Spediteurs, Auslieferungslager. Sie verfügen über eine gewisse Selbständigkeit, weil sie räuml. oder funktional vom Betrieb abgegrenzt sind und eine den Einsatz der AN bestimmende Leitung eingerichtet ist, die in Teilen das Weisungsrecht des AG ausübt (BAG 19.2.2002 NZA 2002, 1300). Es fehlt aber ein eigener (betriebsverfassungsrechtl.) Leitungsapparat, der die wesentl. beteiligungspflichtigen Entscheidungen im personellen und sozialen Bereich selbständig trifft (BAG 21.7.2004 NZA-RR 2005, 671). Die AN in Betriebsteilen nehmen an der BRwahl des Betriebs teil, zu dem der Betriebsteil gehört und werden von dessen BR vertreten. Betrieb ist die Stelle, in der die Leitungsaufgaben auch für den Betriebsteil wahrgenommen, dh. die wesentl. beteiligungspflichtigen Entscheidungen in personellen und sozialen Angelegenheiten getroffen werden (BAG 25.9.1986 NZA 1987, 708). Dies gilt auch, wenn ein anderer Betrieb des Unternehmens räuml. näher liegt (aA DKKW/*Trümner* Rn. 39). Die Zuordnung 2 zu einem Betrieb ohne Zuständigkeit in den wesentl. betriebsverfassungsrechtl. Entscheidungen würde den AN des Betriebsteils den Ansprechpartner nehmen.

3 **3. Qualifizierte Betriebsteile.** § 4 I 1 fingiert unter den dort genannten Voraussetzungen einen Betrieb, der nach der allgemeinen Begriffsbestimmung nicht Betrieb sein könnte, weil sich die dort ausgeübte Leitungsmacht nicht auf alle wesentl. Funktionen des AG in personellen und sozialen Angelegenheiten erstreckt (BAG 21.7.2004 NZA-RR 2005, 671). Voraussetzung für die Fiktion ist stets, dass der Betriebsteil jdf. nach der Zahl seiner AN **betriebsratsfähig** ist (s. § 1 Rn. 22 ff.). Die AN eines *nicht* betriebsratsfähigen Betriebsteils gehören auch dann zum Hauptbetrieb, wenn dieser Betriebsteil nach S. 1 selbständig ist. Sie nehmen ohne Beschl. nach S. 2 stets an der BRwahl im Hauptbetrieb teil und werden von diesem BR vertreten. Wird ein solcher Betriebsteil während seiner Amtszeit betriebsratsfähig, bleibt die Zuordnung bis zur Bekanntgabe des Wahlergebnisses einer im Betriebsteil durchgeführten Wahl aufrechterhalten. § 22 ist entspr. anzuwenden. Optieren die AN dort nach Abs. 1 S. 2, ändert sich an der ursprüngl. Zuordnung nichts. Betriebsteile sind nach **Nr. 1** vom „Hauptbetrieb" **räumlich weit entfernt,** wenn wegen dieser Entfernung eine sachgerechte Vertretung der AN des Betriebsteils durch den BR des Betriebs nicht erwartet werden kann (BAG 19.2.2002 NZA 2002, 1300). Es kommt dabei nicht allein auf die objektive Entfernung an. Ebenso wenig spielt eine Rolle, ob die Betriebsteile und der Betrieb innerhalb derselben politischen Gemeinde liegen; entscheidend sind grds. die Verkehrsverbindungen mit öffentl. Verkehrsmitteln (BAG 7.5.2008 NZA 2009, 328; RB anh. 7 ABR 21/15). BRmitglieder müssen in der Lage sein, kurzfristig zu einer Sitzung zusammenzukommen und für die AN leicht erreichbar sein. Ob zwischen dem Betriebsteil und dem Betrieb eine lebendige Betriebsgemeinschaft besteht, ist ebenso ohne Bedeutung (BAG 23.9.1982 AP BetrVG 1972 § 4 Nr. 3) wie die Belegschaftsstärke des Betriebsteils (BAG 29.3.1977 AuR 1977, 254). Dieser Gesichtspunkt soll im Einzelfall durchaus von Bedeutung sein (LAG K 28.6.1989 LAGE BetrVG 1972 § 4 Nr. 4; aA GK-BetrVG/*Franzen* Rn. 10). Bei einer Entfernung von 45 km kann ein Betrieb vorliegen (BAG 29.3.1977 AuR 1977, 254); selbst bei 70 km Entfernung soll das noch der Fall sein, wenn die AN im Betriebsteil von freigestellten BRmitgliedern betreut werden (BAG 24.9.1968 AP BetrVG § 3 Nr. 9). Andererseits können bei schlechten Verkehrsverbindungen Betriebsteile räuml. weit entfernt sein, die nur 28 km vom Betrieb liegen (BAG 23.9.1960 AP BetrVG § 3 Nr. 4). Vom Hauptbetrieb weit entfernte, organisatorisch voneinander abgegrenzte Betriebsteile, die jeweils die Voraussetzungen des § 1 erfüllen, gelten nach S. 1 auch dann jeder für sich als selbständiger Betrieb und nicht als einheitl. Betrieb, wenn sie nahe beieinander liegen (BAG 29.5.1991 NZA 1992, 74). Der Hauptbetrieb und ein räuml. von ihm weit entfernter Betriebsteil können keinen einheitl. Betrieb bilden. Zwar ist der Leitungsapparat für beide Organisationen im Hauptbetrieb angesiedelt. Gleichwohl gilt der Betriebsteil wegen der räuml. Entfernung als selbständiger Betrieb (BAG 19.2.2002 NZA 2002, 1300).

4 Liegen beide Voraussetzungen der Nr. 2 vor, fingiert S. 1 ohne Rücksicht auf die örtl. Lage des Betriebsteils (BAG 25.11.1980 AP BetrVG 1972 § 18 Nr. 3) einen Betrieb. Rspr. und hM unterscheiden dabei den eigenständigen Betriebsteil vom selbständigen Betrieb nach folgenden Kriterien: Die **eigenständige Organisation** soll eine eigene Leitung auf der Ebene des verselbständigten Teils des Betriebs voraussetzen, die in der Lage ist, die Arbeitgeberfunktionen in den wesentl. Bereichen der betriebl. Mitbestimmung wahrzunehmen (BAG 29.1.1992 NZA 1992, 894). Die einheitl. kaufmännische Leitung steht dabei der Annahme eines selbständigen Betriebs nicht entgegen (BAG 1.2.1963 AP BetrVG § 3 Nr. 5). Der **Aufgabenbereich** muss relativ eigenständig sein, wenn im Betriebsteil fachfremde Hilfsfunktionen für den Gesamtbetrieb erfüllt werden (Rspr.übersicht bei DKKW/*Trümner* Rn. 59 ff.). Dabei reichen fachnahe Funktionen aus (BAG 5.6.1964 AP BetrVG § 3 Nr. 7). Die Geltung eines anderen TV im Betriebsteil soll ein Indiz für die Eigenständigkeit des Aufgabenbereichs sein (GK-BetrVG/*Franzen* Rn. 16). Tarifl. und betriebsverfassungsrechtl. Selbständigkeit sind aber nicht deckungsgleich (Richardi/*Richardi* Rn. 26). Erfüllt ein Betriebsteil die Voraussetzungen des Abs. 1 S. 1 ist **Folge,** dass in ihm ein eigener BR gewählt wird, dessen Größe, Zusammensetzung und Reichweite der Mitbestimmung sich allein an den AN im qualifizierten Betriebsteil ausrichtet. Er hat dann auch zusammen mit dem BR des Hauptbetriebs einen GBR zu errichten. Die Vorschr. lässt sich in der Praxis kaum handhaben. Der Betriebsteil ist gerade dadurch gekennzeichnet, dass er über keinen eigenen betriebsverfassungsrechtl. bedeutsamen Leitungsapparat verfügt und keinen eigenen Aufgabenbereich hat, sondern Teilfunktionen des Hauptbetriebs erfüllt. Ist dies anders, wird es sich meist schon um einen eigenen Betrieb handeln. Für die Unterscheidung des Betriebs von dem durch Aufgabenbereich und Organisation eigenständigen Betriebsteil lassen sich jdf. verlässl. Kriterien kaum finden (BAG 3.12.1985 NZA 1986, 334). Die Rspr. behilft sich mit Begriffen wie der „relativen Eigenständigkeit" (BAG 21.7.2004 NZA-RR 2005, 671), einer „gewissen Eigenständigkeit" (BAG 14.1.2004 BeckRS 2009, 55090) oder „relativen Selbständigkeit" (BAG 3.12.1985 NZA 1986, 334). Wenn man dann die Eigenständigkeit der Organisation darin findet, dass in diesem Betriebsteil „der wesentl. Kern der der betriebl. Mitbestimmung unterliegenden AGfunktion auszuüben ist" (BAG 29.1.1992 NZA 1992, 894) oder darauf abstellt, dass die im Betriebsteil vorhandenen Vertreter des AG in der Lage sein müssen, „die AGfunktionen in den wesentl. Bereichen der betriebl. Mitbestimmung wahrzunehmen" (BAG 21.7.2004 NZA-RR 2005, 671), wird deutlich, dass die Vorschr. für viele Fälle einen Betrieb nicht

fingiert, sondern nur noch festgehalten wird, was von G wegen schon gilt. So besehen erschöpft sich Nr. 2 in der Feststellung, dass es je nach Organisation des Betriebs für die Belegschaft sinnvoll sein kann, trotz räuml. Nähe von Betriebsstätten zwei BR zu wählen.

4. Eigene Zuordnung. § 4 I 2 soll einem Missstand der alten Regelung abhelfen. Sie konnte sich in selbständigen Betriebsteilen mit mehr als 5 AN nachteilig auswirken, wenn dort nach S. 1 kein eigener BR gewählt wurde. Eine Mitvertretung durch den BR des Hauptbetriebs war dann ausgeschlossen. Jetzt können die AN des Betriebsteils – unabhängig von ihrer Anzahl – für ihre Vertretung sorgen, ohne selbst eine BRwahl organisieren zu müssen. Entscheiden sie sich für eine Teilnahme an der BRwahl im Hauptbetrieb, wird aus dem fingierten selbständigen Betrieb ein Teil des (Haupt-)Betriebs (*Bayreuther* NZA 2011, 727). Sie werden durch den nun von ihnen und den AN des Hauptbetriebs gemeinsam gewählten BR vertreten. Weder der AG noch die im Hauptbetrieb beschäftigten AN können die damit verbundene Zuordnung verhindern. Bei der Ermittlung der Schwellenwerte – s. §§ 9 I, 27, 28, 28a, 38, 92a II, 95 II, 99 I, 111, 112a – zählen dann auch die AN des zugeordneten Betriebsteils mit (BAG 17.9.2013 NZA 2014, 96). Für den (positiven) Beschl. nach S. 2 ist die absolute Mehrheit aller im Betriebsteil beschäftigten AN (inkl. LeihAN) und nicht nur die der Wahlberechtigten (*Fitting* Rn. 29 f.) erforderl. Die Abstimmung ist formlos auch außerhalb einer BetrVers. mögl., muss aber die Anforderungen an eine demokratische Wahl erfüllen. Antragsberechtigt sind nach S. 3 neben dem BR des Hauptbetriebs drei AN des Betriebsteils oder eine dort vertretene Gewerkschaft (DKKW/*Trümner* Rn. 113). Auf das Unternehmen kommt es nicht an. § 3 III 2 gilt nur „entspr.". Für die beiden ersten Alternativen gilt dabei § 17 III entspr. Fehler im Verfahren sind bei der Anfechtung der BRwahl nach § 19 geltend zu machen (*Hanau* NJW 2001, 2513). Die initiativberechtigten AN genießen keinen Kündigungsschutz nach § 15 III a KSchG. Da die Entscheidung für eine Teilnahme an der BRwahl im Hauptbetrieb Einfluss auf diese Wahl hat, ist der entspr. Beschl. nach **Satz 4** fristgerecht mitzuteilen. Geht er später ein, können die AN des Betriebsteils nicht im Hauptbetrieb mitwählen. Der Beschl. für die Teilnahme an den Wahlen im Hauptbetrieb gilt auch für alle folgenden Wahlen. Eine Änderung o. Aufhebung der getroffenen Zuordnung ist im G nicht vorgesehen und nicht mögl., weil die Wahl eines BR für den Betriebsteil nicht gewährleistet ist. Nur wenn dieser die Voraussetzungen des § 1 I 1 erfüllt, ist dort (wieder) ein eigenständiger BR zu bilden. 5

5. Gesetzliche Zuordnung. Abs. 2 regelt die betriebsverfassungsrechtl. Zuordnung selbständiger Betriebe, in denen kein BR gewählt wird, weil sie nicht betriebsratsfähig sind. Die Vorschr. regelt nicht die Zuordnung von Betriebsteilen. Sie sorgt dafür, dass AN in Kleinstbetrieben nicht von der Mitbestimmung ausgeschlossen sind. Eine Mitbestimmung findet nur dann nicht statt, wenn die Zahl aller AN im Unternehmen den Schwellenwert nicht erreicht. **Hauptbetrieb** ist seit der Neufassung des G nur noch für den Anwendungsbereich des Abs. 1 der betriebsratsfähige Betrieb, in dem die Leitungsfunktionen in den personellen und sozialen Angelegenheiten angesiedelt sind. Ihm sind die Betriebsteile ohne ausreichende institutionelle Leitung nach Abs. 1 zugeordnet. Kleinstbetriebe nach Abs. 2 verfügen selbst über eine eigene betriebsverfassungsrechtl. bedeutsame Leitung. Sonst wären sie nur Betriebsteile. Für die Zuordnung nach Abs. 2 soll daher eine mindere Form der Ausübung von Leitungsmacht entscheidend sein. Unterhält der AG mehrere Betriebe und werden in einem dieser Betriebe Arbeitgeberfunktionen in Angelegenheiten betriebl. Mitbestimmung auch für den nicht betriebsratsfähigen Betrieb – sei es auch nur in geringerem Umf. und beschränkt auf die Beratung der Leitung des nicht betriebsratsfähigen Betriebs – wahrgenommen, soll dieser Hauptbetrieb iSv. Abs. 2 sein. Die räuml. Entfernung der Betriebe ist für ihre Zuordnung grds. ohne Bedeutung (BAG 17.1.2007 NZA 2007, 703). Ist die räuml. Entfernung zwischen beiden so groß, dass die MBR vom BR des Hauptbetriebs nicht mehr sinnvoll wahrgenommen werden können, soll Hauptbetrieb der am nächsten gelegene Betrieb sein (BAG 17.1.2007 NZA 2007, 703). Ist nur ein Betrieb im Unternehmen betriebsratsfähig, bildet er mit den Betrieben nach Abs. 2 einen Betrieb (BAG 3.12.1985 NZA 1986, 334). Es können auch nur ein Teil der Kleinstbetriebe zu einem Betrieb zusammengefasst werden, solange der Schwellenwert bei ihnen zusammen erreicht wird und ein Ansprechpartner auf AGseite vorhanden ist. Entstehen so mehrere BR, ist auch ein GBR zu bilden. Für die Wahl, die formelle und materielle Mitbestimmung – s. §§ 9 I, 27, 28, 28a, 38, 92a II, 95 II, 99 I, 111, 112a – kommt es auf die Zahl der AN in den zusammengefassten Einheiten insgesamt an. 6

§ 5 Arbeitnehmer

(1) [1] Arbeitnehmer (Arbeitnehmerinnen und Arbeitnehmer) im Sinne dieses Gesetzes sind Arbeiter und Angestellte einschließlich der zu ihrer Berufsausbildung Beschäftigten, unabhängig davon, ob sie im Betrieb, im Außendienst oder mit Telearbeit beschäftigt werden. [2] Als Arbeitnehmer gelten auch die in Heimarbeit Beschäftigten, die in der Hauptsache für den Betrieb arbeiten. [3] Als Arbeitnehmer gelten ferner Beamte (Beamtinnen und Beamte), Soldaten (Soldatinnen und Soldaten) sowie Arbeitnehmer des öffentlichen Dienstes einschließlich der zu ihrer Berufsausbildung Beschäftigten, die in Betrieben privatrechtlich organisierter Unternehmen tätig sind.

(2) Als Arbeitnehmer im Sinne dieses Gesetzes gelten nicht
1. in Betrieben einer juristischen Person die Mitglieder des Organs, das zur gesetzlichen Vertretung der juristischen Person berufen ist;
2. die Gesellschafter einer offenen Handelsgesellschaft oder die Mitglieder einer anderen Personengesamtheit, soweit sie durch Gesetz, Satzung oder Gesellschaftsvertrag zur Vertretung der Personengesamtheit oder zur Geschäftsführung berufen sind, in deren Betrieben;
3. Personen, deren Beschäftigung nicht in erster Linie ihrem Erwerb dient, sondern vorwiegend durch Beweggründe karitativer oder religiöser Art bestimmt ist;
4. Personen, deren Beschäftigung nicht in erster Linie ihrem Erwerb dient und die vorwiegend zu ihrer Heilung, Wiedereingewöhnung, sittlichen Besserung oder Erziehung beschäftigt werden;
5. der Ehegatte, der Lebenspartner, Verwandte und Verschwägerte ersten Grades, die in häuslicher Gemeinschaft mit dem Arbeitgeber leben.

(3) [1]Dieses Gesetz findet, soweit in ihm nicht ausdrücklich etwas anderes bestimmt ist, keine Anwendung auf leitende Angestellte. [2]Leitender Angestellter ist, wer nach Arbeitsvertrag und Stellung im Unternehmen oder im Betrieb
1. zur selbständigen Einstellung und Entlassung von im Betrieb oder in der Betriebsabteilung beschäftigten Arbeitnehmern berechtigt ist oder
2. Generalvollmacht oder Prokura hat und die Prokura auch im Verhältnis zum Arbeitgeber nicht unbedeutend ist oder
3. regelmäßig sonstige Aufgaben wahrnimmt, die für den Bestand und die Entwicklung des Unternehmens oder eines Betriebs von Bedeutung sind und deren Erfüllung besondere Erfahrungen und Kenntnisse voraussetzt, wenn er dabei entweder die Entscheidungen im Wesentlichen frei von Weisungen trifft oder sie maßgeblich beeinflusst; dies kann auch bei Vorgaben insbesondere auf Grund von Rechtsvorschriften, Plänen oder Richtlinien sowie bei Zusammenarbeit mit anderen leitenden Angestellten gegeben sein.

[3]Für die in Absatz 1 Satz 3 genannten Beamten und Soldaten gelten die Sätze 1 und 2 entsprechend.

(4) [1]Leitender Angestellter nach Absatz 3 Nr. 3 ist im Zweifel, wer
1. aus Anlass der letzten Wahl des Betriebsrats, des Sprecherausschusses oder von Aufsichtsratsmitgliedern der Arbeitnehmer oder durch rechtskräftige gerichtliche Entscheidung den leitenden Angestellten zugeordnet worden ist oder
2. einer Leitungsebene angehört, auf der in dem Unternehmen überwiegend leitende Angestellte vertreten sind, oder
3. ein regelmäßiges Jahresarbeitsentgelt erhält, das für leitende Angestellte in dem Unternehmen üblich ist, oder,
4. falls auch bei der Anwendung der Nummer 3 noch Zweifel bleiben, ein regelmäßiges Jahresarbeitsentgelt erhält, das das Dreifache der Bezugsgröße nach § 18 des Vierten Buches Sozialgesetzbuch überschreitet.

I. Vorbemerkung

1 Die Vorschr. beschreibt den Personenkreis, der vom BR repräsentiert wird. Personen, die danach nicht AN sind oder nicht als AN gelten, haben kein aktives oder passives Wahlrecht zum BR. Mitbestimmungs- oder Beteiligungsrechte erfassen sie nicht. BV gelten für sie nicht unmittelbar und zwgd. (BAG 21.1.1979 NJW 1979, 1621). Sie zählen nicht mit, wo das G für die Wahl eines BR und seine Größe (s. §§ 1, 9) oder für Beteiligungsrechte eine Mindestzahl von AN voraussetzt (s. §§ 99, 106, 110, 111, 112a). Auf leitende Angestellte ist das BetrVG nur anzuwenden, soweit dies ausdrückl. bestimmt ist (s. §§ 105, 107 I, 108 II). Der Begriff des AN nach dem BetrVG ist zwgd. Er kann – wie der des leitenden Angestellten – weder durch TV/BV oder individualrechtl. verändert werden.

II. Arbeitnehmer

2 **1. Vertrag. a) Rechtsgeschäftliche Begründung.** Der ANbegriff des BetrVG geht vom allgemeinen arbeitsrechtl. ANbegriff aus (BAG 5.12.2012 NZA 2013, 793). Er ist aber einerseits enger – so sind zB enge Familienangehörige des AG ganz und leitende Angestellte weitgehend ausgenommen und andererseits weiter – zB sind Heimarbeiter AN iSd. BetrVG. Ebenfalls können überlassene oder gestellte AN solche nach dem BetrVG sein. Voraussetzung für die ANeigenschaft nach § 5 I ist regelm. (1) das Bestehen eines ArbVerh. mit dem Betriebsinhaber (zu Ausn. s. Rn. 3a, 6, § 7 Rn. 2, 6 und § 9 Rn. 2, § 38 Rn. 1) und (2) die Eingliederung in den Betrieb (sog. „Zwei-Komponenten-Lehre"). Die Eingliederung setzt das Bestehen eines Weisungsrechts (§ 106 GewO) voraus. Für die Fälle des drittbezogenen Personaleinsatzes (Rn. 4) hält das BAG die Eingliederung in die Arbeitsorganisation für ausreichend (BAG 5.12.2012 NZA 2013, 793). Freie Mitarbeiter sind daher ebenso wenig wie Franchisenehmer AN iSd. BetrVG. AN, die ledigl. auf Grund eines Werk- oder Dienstvertrags mit einem Dritten als dessen Erfüllungsgehilfen in einem Betrieb eingesetzt werden, sind nicht dessen AN (BAG 15.3.2006 – 7 ABR

39/05). Dem rechtsgeschäftl. begr. ArbVerh. steht das kraft G entstandene ArbVerh. (s. § 78a II, § 15 V TzBfG, § 10 I AÜG) gleich. Ob die Beschäftigung entgeltl. erfolgt, ist ebenso unbeachtl. wie der Umf. der vereinbarten AZ oder die Zahlung eines sozialversicherungspflichtigen Entgelts (BAG 30.9.1998 NZA 1999, 374). Wer auf Grund eines nichtigen oder anfechtbaren Arbeitsvertrags beschäftigt wird, ist bis zur Geltendmachung der Nichtigkeit bzw. wirksamen Anfechtung AN. Kein AN ist, wer gegen oder ohne den Willen des Betriebsinhabers für diesen tätig ist oder wer nur faktisch in den Betrieb eingegliedert ist, ohne dass vertragl. Beziehungen zum Betriebsinhaber begr. werden sollen (BAG 18.4.1989 NZA 1989, 804; aA DKKW/*Trümner* Rn. 13 ff.). Auf **ausl. AN** ist das BetrVG in seinem räuml. Geltungsbereich selbst dann anzuwenden, wenn der für eine Beschäftigung erf. Aufenthaltstitel fehlt (BAG 16.12.1976 NJW 1977, 1608). AN mit ausländ. Arbeitsvertragsstatut, die dem inländischen Betrieb zuzuordnen sind, sind AN iSd. Betriebsverfassung (BAG 7.12.1989 NZA 1990, 658; s. § 7 Rn. 5). AN, die ausschließl. im **Haushalt des Betriebsinhabers** beschäftigt sind, sind keine AN iSd. BetrVG. Erfolgt ihre Beschäftigung sowohl im Haushalt als auch im Betrieb, zählen sie zur Belegschaft des Betriebs auch dann, wenn sie in häusl. Gemeinschaft mit dem Betriebsinhaber leben. Mitarbeiter in sog. **Beschäftigungsgesellschaften** sind AN, wenn sie Arbeiten verrichten, die dem Betriebszweck dienen (LAG BB 24.2.1994 NZA 1995, 905). Sollen sie nur über Qualifizierung dem ersten Arbeitsmarkt zugeführt werden, gehören sie nicht zur Belegschaft der Beschäftigungsgesellschaft, weil sie wie die Auszubildenden in reinen Ausbildungsbetrieben selbst Gegenstand des Betriebszwecks sind (*Fitting* Rn. 152). Bei einem **mittelbaren ArbVerh.** gehört der AN zur Belegschaft seines Einsatzbetriebs.

b) Besonderer Status. AN ist auch nicht, wessen Beschäftigung auf ör. Zwang beruht oder einen 3 ges. Sonderstatus hat. Keine AN sind die iRd. Bundesfreiwilligendienste (BFDG, JFDG) Tätigen (BAG 12.2.1992 NZA 1993, 334). **Strafgefangene** sind keine AN, wenn sie im Rahmen einer Maßnahme der Vollzugslockerung nach § 11 StVollzG als Freigänger außerhalb der Strafvollzugsanstalt in einem Betrieb beschäftigt werden (BAG 3.10.1978 AP BetrVG 1972 § 5 Nr. 18). Sie sind AN, wenn sie nach § 39 StVollzG ein freies BeschVerh eingehen (LAG BW 15.9.1988 NZA 1989, 886; offengelassen von BAG 3.10.1978 AP BetrVG 1972 § 5 Nr. 18). **Zivildienstleistende** (§ 25 WPflG iVm. §§ 1 ff. ZDG) waren keine AN des Einsatzbetriebs (BAG 19.6.2001 AP BetrVG 1972 § 99 Einstellung Nr. 35), es sei denn, sie standen in einem ArbVerh. **Entwicklungshelfer** haben einen Sonderstatus und sind keine AN des Trägers der Entwicklungshilfe (BAG 27.4.1977 AP § 611 BGB Entwicklungshelfer Nr. 1). Wegen des Territorialitätsprinzips unterfallen sie auch dann nicht dem BetrVG, wenn sie in einem ArbVerh. mit dem ausl. Projektträger stehen. ANähnl. Personen sind – mit Ausn. der Heimarbeiter nach § 6 I 2, II 2 – keine AN iSd. BetrVG.

c) Personalüberlassung im öffentl. Dienst. Eine Sonderregelung über den betriebsverfassungsrechtl. 3a Status von zugewiesenen Beamten, Soldaten und AN des öffentl. Dienstes enthält § 5 I 3. Die Norm findet nur Anwendung, soweit nicht bes. gesetzl. Regelungen über den Einsatz von Beamten, Soldaten und AN eines ör. Dienstherrn bestehen, wie etwa im DBGrG, PostPersRG, BWKoopG (BVerwG 14.12.2009 NZA-RR 2010, 274), BWpVerwPG sowie im BfAJPG. Sie korrigiert die bisherige Rspr. des BAG, nach der die Anerkennung der ANeigenschaft iSd. § 5 I stets eine (arbeits-)vertragl. Beziehung zu dem Betriebsinhaber erforderte (Rn. 2). Der in § 5 I 3 gen. Personenkreis umfasst Beamte, Soldaten und AN, die einem AG im Geltungsbereich des BetrVG von einem AG/Dienstherrn iSd. § 130 („öffentlicher Dienst") auf der Grdl. einer zw. den AG getroffenen Vereinbarung zur Arbeitsleistung überlassen worden sind. Rechtstechnisch stellt die Vorschr. eine (unwiderlegbare) Fiktion dar, wonach der Personenkreis des § 5 I 3 für die Dauer seiner tatsächl. Beschäftigung als AN iSd. BetrVG gilt. Das Tätigwerden bei dem AG im Bereich des BetrVG kann dabei auf einer Zuweisung aufgrund beamtenrechtl. Vorschr., einer Personalgestellung (§ 4 II, III TVöD) oder einer Vereinbarung zwischen dem öffentl. AG und dem Beamten/Soldaten/AN beruhen. Deren Inhalt und ihre Wirksamkeit sind für den Eintritt der Fiktion ebenso ohne Bedeutung wie die Absprache zwischen den beteiligten AG über die Personalüberlassung (RB anh. 7 ABR 58/15). Die ANeigenschaft der in § 5 I 3 genannten Personen wird durch die tatsächl. Aufnahme einer weisungsgebundenen Tätigkeit begr. und besteht bis zum letzten Tag ihrer Beschäftigung bei dem (privaten) AG. Dies gilt auch für die bei der abgebenden Dienststelle freigestellten AN (BAG 12.9.2012 NZA-RR 2013, 197). Damit zählt der Personenkreis des § 5 I 3 für die Schwellenwerte und hat ein doppeltes Wahlrecht sowohl zum Personalrat des AG/Dienstherrn im Bereich des § 130 sowie zum Betriebsrat des aufnehmenden privaten AG (BAG 15.12.2011 NZA 2012, 519). Bei Maßnahmen, die allein den Vertragsarbeitgeber betreffen (Kündigung, Eingruppierung), ist jedoch nur der Personalrat der entsendenden Dienststelle zuständig (BAG 9.6.2011 AP BetrVG 1972 § 102 Nr. 164; *Löwisch/Mandler* BB 2016, 629). Werden gestellte AN in den BR des Entleihers gewählt, ist bei deren Abberufung kein Verfahren nach § 103 III durchzuführen, wenn die Entscheidung über die Abberufung durch den VertragsAG getroffen wird (BAG 17.2.2015 NZA 2015, 762).

2. Besondere Arbeitnehmergruppen. a) Arbeitnehmerüberlassung. LeihAN sind arbeitsvertragl. 4 an den Verleiher gebunden, der sie für unterschiedl. Zeiten einem anderen AG zur Vfg. stellt. Dieser nimmt für die Zeit der Entleihe einen Teil der Funktionen eines AG wahr. LeihAN bleiben nach § 14 I und II AÜG betriebsverfassungsrechtl. auch während ihres Einsatzes im Entleiherbetrieb dem Verleiherbetrieb zugeordnet (BAG 20.4.2005 NZA 2005, 1006). Gesetzl. normiert ist das Recht der LeihAN, im Entleiherbetrieb die Sprechstunden des BR aufzusuchen und an den Betriebs- und Jugendversammlungen teilzunehmen. Die §§ 81, 82 I und 84 bis 86 gelten im Entleiherbetrieb nach § 14 II 2, 3 AÜG auch für ihn (s. § 14 AÜG Rn. 31). § 14 II 4 AÜG enthält ua. eine Sonderregelung für die zahlenmäßige Berücksichtigung von LeihAN bei den Schwellenwerten und Quoren im BetrVG. Allerdings fingiert S. 4 nicht die tw. weitergehenden ges. Merkmale für die Berücksichtigung von AN/LeihAN. Diese müssen bei StammAN wie bei LeihAN gleichermaßen gegeben sein (BT-Drs. 18/9232 S. 28 f.). So stellt das BetrVG bei den Schwellenwerten und Quoren ab auf die bloße ANzahl (§ 4 I 2, 9 II, 15 II, 17 II 1, 28 I 1, 28a I 1, 38 II, 54 I 2, 73a I 2, 86 S. 2, 92a II 2, 95 II 1), die Wahlberechtigung (§ 1 I 1, 3 III 2, 9 I 1, 14 IV, 14a I 1, 16 II, 17 III, IV 1, 18 I 2, 19 II 1, 21a II, 23 I 1, 43 III, 47 VII, VIII, 48, 51 II, 56, 59 II 1, 99 I 1, 110 II 1, 111 S. 1, 115, 116) und Wählbarkeit (§ 1 I 1, 11, 115, 116) sowie die regelmäßige (§§ 1 I, 9 I, 14 IV, 14a I, 38 I, 60 I 1, 62 I 1, 63 IV 1, 69 I 1, 99 I 1, 106 I 1, 110 I 1, 111 S. 1, 115 I 1, 116 II) und die ständige (§ 1 I 1, 106 I 1, 110 I 1, II 1) Beschäftigung. Die Wahlberechtigung richtet sich nach § 7 S. 1 und 2 und die Wählbarkeit nach § 8. Für die **„regelmäßige"** Beschäftigung ist maßgebl. die Personalstärke, die für den Betrieb/das Unternehmen im Allgemeinen kennzeichnend ist, und nicht, wie viele AN diesem zu dem nach der jew. Norm maßgeblichen Stichtag zufällig angehören (BAG 18.10.2011 NZA 2012, 221). Für die Beschäftigung von **„ständig wahlberechtigten"** AN ist die Zahl der ständig zu besetzenden Arbeitsplätze entscheidend, nicht in welcher Form AN auf einem solchen Arbeitsplatz beschäftigt werden (BAG 5.10.2000 NZA 2001, 1325). Arbeitsplätze, auf denen dauerhaft LeihAN eingesetzt werden, zählen daher mit (aA *Löwisch/Wegmann* BB 2017, 373, 375). Nicht eindeutig geregelt hat der Gesetzgeber die Berücksichtigung von überlassenen AN, soweit das AÜG kraft ausdrücklicher Festlegung keine Anwendung auf bestimmte Überlassungsformen findet (zB. § 1 III AÜG s. § 1 AÜG Rn. 79). Diese sind entspr. dem Normzweck der jew. Normen im BetrVG wegen der Sondersituation (aufgespaltene AGstellung) bei der Berechnungsregel in § 14 II 4 AÜG zu berücksichtigen (aA *Löwisch/Wegmann* BB 2017, 373, 375 f.). Die gespaltene AGstellung darf nicht zum Verlust des Schutzes führen, den die Betriebsverfassung gewährleistet (BAG 19.6.2001 NZA 2001, 1263). Da der LeihAN in die Arbeitsorganisation des Entleiherbetriebs eingegliedert ist, besteht eine tw. Regelungszuständigkeit des BR im Entleiherbetrieb. Dieser ist für die Wahrnehmung von Beteiligungsrechten wegen der Beteiligung der LeihAN an seiner Wahl auch legitimiert. Ob bei den die LeihAN betreffenden Maßnahmen der BR des Verleiher- o. der des Entleiherbetriebs zu beteiligen ist, richtet sich nach dem Gegenstand des Mitbestimmungsrechts und danach, ob der VertragsAG oder der Entleiher die mitbestimmungspflichtige Entscheidung trifft (BAG 19.6.2001 NZA 2001, 1263; *Linsenmaier/Kiel* RdA 2014, 135). Eine Zuständigkeit des BR im Entleiherbetrieb wird regelmäßig in Betracht kommen, wenn der Entleiher aufgrund seines Weisungsrechts Maßnahmen anordnet, die Art und Weise der Arbeitsleistung betreffen (Ausführungsverhältnis). Dies ist insb. bei Maßnahmen nach § 87 Abs. 1 Nrn. 1, 2, 3, 6 und 7 der Fall. Hingegen unterliegen solche, die an Inhalt oder Bestand des ArbVerh. anknüpfen (Grundverhältnis), den Beteiligungsrechten beim Verleiher. Entsteht bei einer unerlaubten ANüberlassung nach § 10 I 1 AÜG ein ArbVerh. zwischen dem AN und dem Entleiher, ist dieser AN betriebsverfassungsrechtl., dessen ArbVerh. mit dem Verleiher kraft G endet, nur noch dem Entleiherbetrieb zugeordnet; § 14 AÜG ist auch nicht analog anzuwenden (BAG 20.4.2005 NZA 2005, 1006). Bei Abordnungen in eine Arbeitsgemeinschaft – ARGE – gelten die Regeln zum echten Leiharbeitsverhältnis. Bei einer Freistellung zur ARGE ruht nach § 9 Nr. 2 BRTV-Bau das ArbVerh. zum Stammbetrieb und es entsteht eines mit der ARGE. Dort gilt das BetrVG ohne Abstriche.

5 **b) Förderung durch die Arbeitsverwaltung.** Die Einordnung von erwerbsfähigen Hilfsbedürftigen nach den §§ 7, 14 ff. SGB II hängt davon ab, ob ein ArbVerh. begr. wird. Erhält der Arbeitslose Gelegenheit zu einer im öffentl. Interesse liegenden, zusätzl. Arbeit (sog. Ein-Euro-Job) ist er nach § 16d VII 2 SGB II nicht AN des Betriebs. Er ist weder aktiv noch passiv wahlberechtigt und zählt bei den Schwellenwerten nicht mit (zu Beteiligungsrechten *Engels* NZA 2007, 8). Bei der Eingliederung eines Beschäftigten nach § 16d SGB II ist der BR nach § 99 zu beteiligen (BAG 2.10.2007 NZA 2008, 244).

6 **c) Berufsausbildungsverhältnis.** Die ANeigenschaft eines zu seiner Berufsausbildung Beschäftigten iSv § 5 I 1 setzt neben dem Abschluss eines auf die Ausbildung gerichteten privatrechtl. Vertrags voraus, dass der Auszubildende in einen Betrieb des Ausbildenden eingegliedert ist; ein Entgelt als Gegenleistung muss nicht gewährt werden (BAG 6.11.2013 NZA 2014, 678). Kraft ausdrückl. ges. Bestimmung sind alle zu ihrer Berufsausbildung Beschäftigten AN iSd. BetrVG unabhängig davon, ob das der Beschäftigung zugrundeliegende Ausbildungsverhältnis als ArbVerh. zu qualifizieren ist (BAG 21.7.1993 NZA 1994, 713). Die Zahlung eines Entgelts kann aber Indiz für ein Ausbildungsverhältnis sein. Erfasst werden Berufsausbildungsverhältnisse nach § 10 BBiG (BAG 25.10.1989 AP BetrVG 1972 § 5 Nr. 40), Berufsausbildungsvorbereitungsverhältnisse nach § 1 II BBiG (BAG 26.11.1987 NZA 1988, 505) sowie alle Rechtsverh. von Personen, denen auf Grund eines privatrechtl. Vertrags, berufl. Kenntnisse, Fähigkeiten und Erfahrungen vermittelt werden sollen. Dazu zählen zB Umschüler, Volontäre, Praktikanten, Anlernlinge u. ä. (BAG 25.10.1989 AP BetrVG 1972 § 5 Nr. 40), Teilnehmer an einer Ausbildung in einer unternehmenseigenen Schule, wenn sie iRd. Ausbildung im Betrieb

praktisch unterwiesen werden (BAG 24.9.1981 AP BetrVG 1972 § 5 Nr. 26). Das bloße Zuschauen bei der betriebl. Arbeitsleistung anderer AN des Betriebs genügt nicht. Bei **schulischen Ausbildungsabschnitten** muss die betriebl.-praktische Ausbildung überwiegen oder der schul. Ausbildung zumindest gleichwertig ist (BAG 6.11.2013 NZA 2014, 678). Auszubildende in von mehreren Unternehmen bzw. Betrieben errichteten überbetriebl. Ausbildungsstätten, zB Ausbildungszentren, Lehrwerkstätten, sind AN iSd. BetrVG (BAG 26.1.1994 NZA 1995, 120). Auszubildende in reinen Ausbildungsbetrieben (Berufsbildungswerke, Berufsförderwerke, Rehabilitationszentren) sind keine AN des Ausbildungsbetriebs (BAG 13.6.2007 NZA-RR 2008, 19), selbst wenn sie dort nur vorübergehend berufspraktisch eingesetzt werden (BAG 16.11.2011 AP BetrVG 1972 § 5 Ausbildung Nr. 14). Diese Beschäftigtengruppe kann nach §§ 51, 52 BBiG eine eigene Interessenvertretung bilden (s. § 51 BBiG Rn. 1). In solchen Betrieben tätige Personen sind AN, wenn sie zum Einsatz iRd. arbeitstechnischen Zwecks der Einrichtung ausgebildet werden, etwa zum Betreuer oder Ausbilder (BAG 26.1.1994 NZA 1995, 120).

d) Gesellschafter. Gesellschafter von Kapital- und Personengesellschaften, die allein auf Grund einer sich aus dem Gesellschaftsvertrag ergebenden Verpflichtung in dem von der Gesellschaft geleiteten Betrieb tätig sind, sind für diese Zeit keine AN. Je nach der Ausgestaltung im Einzelfall kann ein ArbVerh. vorliegen. Das setzt jedoch pers. Abhängigkeit voraus. Daran fehlt es, wenn der Gesellschafter maßgebl. Einfluss auf die Geschäftsführung hat, indem er über eine Sperrminorität verfügt oder in einer Personengesellschaft nach dem Gesellschaftsvertrag die wesentl. Entscheidungen der Geschäftsführung nur einstimmig getroffen werden dürfen (BAG 10.4.1991 NZA 1991, 856; BAG 28.11.1990 DB 1991, 659). Auch wenn ein ArbVerh. vorliegt, sind die Gesellschafter, die unter Abs. 2 Nr. 1 oder 2 fallen, keine AN iSd. BetrVG (s. Rn. 25 f.). 7

e) Heimarbeiter. Nach § 5 I 2 gelten auch die in Heimarbeit Beschäftigten als AN, wenn sie in der Hauptsache für den Betrieb arbeiten. Den Kreis der Betroffenen bestimmt § 2 I und II HAG (BAG 25.3.1992 NZA 1993, 272). Neben den Heimarbeitern sind das die Hausgewerbetreibenden, nicht die ihnen nach § 1 II HAG gleichgestellten Personen. Unerhebl. ist der zeitl. Umf. ihrer Tätigkeit, die Höhe des Verdienstes und ob sie den Lebensunterhalt überw. mit Heimarbeit verdienen (BAG 27.4.1974 AP BetrVG 1972 § 6 Nr. 1). Ihre Beschäftigung für den Betrieb muss ggü. der Leistung von Heimarbeit für andere Auftraggeber überwiegen. So werden sie betriebsverfassungsrechtl. nur einem Betrieb zugeordnet (BAG 25.3.1992 NZA 1992, 899). Familienangehörige und fremde Hilfskräfte gehören nicht zur Belegschaft des Betriebs, dem der Heimarbeiter bzw. Hausgewerbetreibende zugeordnet wird (*Fitting* Rn. 313). 8

f) Konzern. Ist ein AN in mehreren Betrieben des Konzerns (s. § 18 AktG) tätig, zählt er zur Belegschaft jedes dieser Betriebe. Besteht in einem Konzernunternehmen ein (Stamm-)ArbVerh. und wird idR. für die Dauer der Tätigkeit in einem anderen Unternehmen des Konzerns ein zweites ArbVerh. begr., ruht das Stammarbeitsverhältnis bis zur Rückkehr des AN in den Stammbetrieb. Für die Dauer der vorübergehenden Unterbrechung der tatsächl. Beschäftigung beim Stammbetrieb zählt der AN zur Belegschaft beider Betriebe (*Fitting* Rn. 222). Bei der sog. Konzernleihe wird der AN von seinem AG zur Erbringung der Arbeitsleistung an ein anderes Konzernunternehmen, dem bestimmte Arbeitgeberrechte eingeräumt werden, abgeordnet (s. § 1 AÜG Rn. 86). 9

g) Studenten. Studierende, die im Rahmen ihres Studiums ein Praktikum in einem Betrieb absolvieren, zählen dann zu den AN, wenn sie in einer privatrechtl. Vertragsbeziehung mit dem Betriebsinhaber stehen (BAG 30.10.1991 NZA 1992, 808). Wird das Praktikum als Bestandteil einer Fachschul- oder Hochschulausbildung absolviert, bei deren Durchführung sich die Hochschulen der Betriebe bedienen, fehlt es an der ANeigenschaft (BAG 15.3.2006 – 7 ABR 39/05). Entscheidend ist, ob vertragl. Beziehungen ausschließl. zwischen Hochschule und Betriebsinhaber bestehen und ob das Praktikum ausschließl. als Hochschulmaßnahme vorgesehen ist. Dann wird der betroffene Student im Regelfall nicht AN sein. Wer als **Schüler** ein schulisches Praktikum absolviert, ist nicht AN (BAG 8.5.1990 NZA 1990, 896). AN sind hingegen Werkstudenten und Schüler, die während der Ferien auf der Grdl. eines Arbeitsvertrags tätig sind. 10

h) Telearbeit/Außendienst. § 5 I 1 knüpft daran an, dass der Betriebsbegriff funktional und nicht allein räuml. zu verstehen ist (BT-Drs. 14/5741 S. 35). Die Eingliederung in den Betrieb muss nicht tatsächl. örtl. erfolgen. Es ist mit dem ANstatus vereinbar, wenn die Arbeit außerhalb des Betriebs geleistet wird. Die Einbindung in die betriebl. Organisation reicht aus. Sie kann sich daraus ergeben, dass der Betroffene auf die betriebl. Organisation angewiesen ist, etwa durch Kundenbetreuungskonzepte (BAG 6.5.1998 NZA 1999, 205) bzw. Teamarbeit (BAG 15.3.1978 AP BGB § 611 Abhängigkeit Nr. 26) oder daraus, dass schon nach den allgemeinen Abgrenzungskriterien Arbeit als abhängig Beschäftigter geleistet wird. Die Zuordnung erfolgt in diesen Fällen danach, von welchem Betrieb aus das Direktionsrecht ausgeübt wird (BAG 10.3.2004 – 7 ABR 36/03). Zu den AN zählen die **Außendienstler** mit **ortsungebundener** Tätigkeit wie Auslieferungs- und Verkaufsfahrer, Beschäftigte von Pflegedienstagenturen, Monteure, Reiseleiter, Service- und Wartungspersonal, Zeitungsausträger ebenso wie Außendienstler mit **ortsgebundener** Tätigkeit, denen aus unterschiedl. Gründen die Arbeit 11 außerhalb des Betriebs an einem festen Ort gestattet wurde (*Fitting* Rn. 191 f.). Auch für die **Telearbeiter** gelten die allgemeinen Abgrenzungsregeln. Nicht jeder Telearbeiter ist AN. Es ist nicht nur entscheidend, ob die Telearbeit mobil (an verschiedenen Orten oder bei Kunden bzw. Lieferanten), alternierend in- und außerhalb des Betriebs oder beim Mitarbeiter zu Hause bzw. an einem anderen von ihm gewählten Ort erbracht wird (BT-Drs. 14/5741 S. 35). Bei dem modernen Stand der Technik kommt es für die ANeigenschaft von Telearbeitern neben ihrer zeitl. Einbindung nicht mehr darauf an, ob sie im online- oder offline-Betrieb arbeiten. Wichtiger ist ihre Bindung an eine vom AG vorgegebene Software (*Fitting* Rn. 204), sofern diese Weisungsgebundenheit vermittelt. Besteht keine persönl. Abhängigkeit, so kann der Telearbeiter nach § 2 I HAG Heimarbeiter und damit nach **Abs. 1 Satz 2** AN iSd. BetrVG sein.

III. Einschränkung des Arbeitnehmerbegriffs

12 **1. Organvertreter.** Der Katalog in **Abs. 2** verschließt sich einer Systematisierung: Zum einen sind manche der aufgeführten Gruppen schon nach allgemeinen Grundsätzen keine AN, zum anderen enthält die Aufzählung nicht alle Personengruppen, die nicht AN sind. **Nr. 1** meint ausschließl. Mitglieder des Organs, das kraft G vertretungsbefugt ist. Sie sind auch dann keine AN iSd. G, wenn sie in einem ArbVerh. stehen (Richardi/*Richardi* Rn. 155). Dazu gehören bei **Aktiengesellschaften** alle Vorstandsmitglieder (§ 78 I AktG), bei deren Abwicklung die Abwickler (§§ 265 ff., 269 AktG), bei **Genossenschaften** alle Vorstandsmitglieder bzw. ihre Liquidatoren (§§ 24, 88 GenG), bei der **GmbH** die Geschäftsführer bzw. die Liquidatoren der GmbH (§ 35 I, § 70 I GmbHG), bei der **KGaA** die persönl. haftenden Gesellschafter nach Maßgabe des Gesellschaftsvertrags (§ 278 II AktG in Verbindung mit §§ 125, 181 HGB), also nur soweit sie nicht von der Vertretung ausgeschlossen sind, während der Abwicklung die persönl. haftenden Gesellschafter und die von der HV der Kommanditaktionäre bestellten Personen (§ 290 I AktG), bei rechtsfähigen **Vereinen** die Vorstandsmitglieder (§ 26 BGB) und der Sondervertreter iSd. § 30 BGB, bei **Stiftungen** der Vorstand (§§ 26, 86 I 1 BGB) und das im Stiftungsgeschäft bestimmte Organ (§ 85 BGB), bei **Versicherungsvereinen aG** die Vorstandsmitglieder (§ 34 I 2 VAG in Verbindung mit § 78 AktG), während der Liquidation die Liquidatoren (§ 47 III 1 VAG in Verbindung mit § 269 AktG). Bei den **ausl. jur. Personen** richtet sich ihre Vertretung nach dem Recht des Staates, in dem die jur. Person ihren Verwaltungssitz hat. Die Einschränkung in Nr. 1 betrifft ausschließl. die Mitglieder des Vertretungsorgans. Aktionäre, Aufsichtsrats- und Genossenschaftsmitgl. sowie Gesellschafter können AN sein.

13 **2. Personengesamtheit.** § 5 II Nr. 2 dient nur der Klarstellung. IE handelt es sich um folgenden Personenkreis: In der **ehelichen Gütergemeinschaft** bei gemeinschaftl. Verw. beide Ehegatten, ansonsten der Ehegatte, der das Gesamtgut allein verwaltet (§ 1421 BGB), bei fortgesetzter Gütergemeinschaft der überlebende Ehegatte (§ 1487 I BGB), bei der **Erbengemeinschaft** alle Miterben (§ 2038 I BGB), in der **Gesellschaft bürgerlichen Rechts** alle Gesellschafter mit Ausnahme derer, die nach dem Gesellschaftsvertrag weder an der Geschäftsführung noch an der Vertretung der Gesellschaft beteiligt sind (§§ 709, 714 BGB), in der **Kommanditgesellschaft** die persönl. haftenden Gesellschafter (§§ 164, 170 HGB), bei einer **Reederei** alle Mitreeder, da ihnen die Geschäftsführung zusteht, wenn nicht der Vertrag insoweit etwas anderes bestimmt (§§ 490 ff. HGB). Beim **nichtrechtsfähigen** Verein fallen unter Nr. 2 die nach der Satzung vertretungsberechtigten Personen; nach § 54 iVm. § 26 BGB entspr. also regelm. nur der Vorstand und nicht alle Vereinsmitglieder. Für ausl. nichtrechtsfähige Personengesamtheiten richtet sich die Geschäftsführungs- und Vertretungsbefugnis nach der entspr. Satzung.

14 **3. Karitativ oder religiös motivierte Beschäftigung.** Von § 5 II Nr. 3 werden alle Personen erfasst, die aus vorwiegend karitativen oder religiösen Gründen einer bestimmten Beschäftigung nachgehen, zB **Ordensschwestern,** Mönche und Diakonissen. Sie werden nicht aus Erwerbsabsicht tätig. Ihre Lebensversorgung ist durch die Gemeinschaft gesichert, der sie angehören. Erfolgt ihre Beschäftigung in einer kirchl. Einrichtung, so sind sie von der Geltung des Arbeitsrechts generell ausgenommen (BAG 14.2.1978 NJW 1979, 1844; 25.4.1978 NJW 1978, 2116). Das gilt grds. auch, wenn sie auf Grund eines Gestellungsvertrages in einem Betrieb tätig werden, der nicht unter § 118 II fällt (aA DKKW/*Trümner* Rn. 181). **Krankenschwestern,** die sich in einem Verband (Deutsches Rotes Kreuz, Caritas, Innere Mission uä.) zusammengeschlossen haben, sind nicht AN des Schwesternverbandes. Im Verhältnis zum Verband, dem sie angehören, erbringen sie ihre Leistungen auf Grund ihrer Mitgliedschaft und nicht auf Grund eines Arbeitsvertrags (BAG 3.6.1975 NJW 1976, 386). Die Rspr. (BAG 20.2.1986 NZA 1986, 690) verneint die ANeigenschaft der Rote-Kreuz-Schwestern auch im Verhältnis zum Träger eines nicht dem Verband angehörenden Krankenhauses, in dem sie auf Grund eines Gestellungsvertrags tätig werden (aA DKKW/*Trümner* Rn. 183 ff.; *Fitting* Rn. 334; Richardi/*Richardi* Rn. 178; RB anh. 7 ABR 45/15; zur Einstellung nach § 99 BAG 21.2.2017 NZA 2017, 662), bejaht sie hingegen für Gastschwestern mit der Begründung, bei diesen bestehe neben der mitgliedschaftl. Bindung zugleich ein ArbVerh. mit der Schwesternschaft (BAG 14.12.1994 NZA 1995, 906).

4. Beschäftigung aus medizinischen oder erzieherischen Gründen. Erfasst werden Personen, bei denen die Beschäftigung als Mittel zur Behebung physischer, psychischer oder sonstiger in der Person des Beschäftigten liegender Mängel eingesetzt wird und nicht darauf gerichtet ist, einen Erwerb zu erzielen, wie etwa Kranke, Süchtige (BAG 15.3.2006 – 7 ABR 39/05) und die nach § 74 SGB V zur Wiedereingliederung Beschäftigten (BAG 19.4.1994 NZA 1995, 123). Bei den erwerbsfähigen Hilfsbedürftigen kommt es auf die Art der Förderung an (s. Rn. 7). Berufl. Rehabilitanden nach § 97 SGB III fallen nicht unter Nr. 4. Sie sollen befähigt werden, trotz ihrer Behinderung zu arbeiten (BAG 13.5.1992 NZA 1993, 762). Unter Nr. 4 fällt nur, wer durch die Beschäftigung in die Lage versetzt werden soll, einer geregelten Arbeit nachzugehen, nicht aber, wer diese Fähigkeit besitzt, aber Kenntnisse und Fertigkeiten für die Aufnahme einer Tätigkeit auf einem bestimmten Gebiet erwerben soll (BAG 25.10.1989 AP BetrVG 1972 § 5 Nr. 40). Ob behinderte Menschen, die in einer Werkstatt für behinderte Menschen beschäftigt werden, AN sind, hängt davon ab, ob ihre Beschäftigung vorwiegend zu therapeutischen Zwecken, auf Grund eines Berufsausbildungsvertrags oder eines Arbeitsvertrags erfolgt (*Fitting* Rn. 341). 15

5. Familienangehörige. Der Ehegatte, Eltern und Kinder (auch nichtehel. und adoptierte Kinder), Schwiegereltern und Schwiegerkinder des AG gelten nach dieser Vorschr. neben dem Lebenspartner nicht als AN iSd. Betriebsverfassung, wenn sie in häusl. Gemeinschaft mit dem AG leben. Häusl. Gemeinschaft erfordert nach § 1619 BGB das Bestehen eines gemeinsamen Lebensmittelpunkts. Eine gemeinsame Wohnung muss nicht die ständige Wohnung sein. Mit den **Lebenspartnern** sind allein die eingetragenen gleichgeschlechtl. Lebenspartner nach § 1 LPartG gemeint (*Fitting* Rn. 343). Nach wie vor werden daher AN, die mit dem AG in einer **eheähnlichen Lebensgemeinschaft** leben, nicht erfasst. Verwandtschaftl. Verhältnisse weiteren Grades schließen ein ArbVerh. so wenig aus wie ein **Verlöbnis.** Mit **Arbeitgeber** meint Nr. 5 stets eine natürl. Person, weil nur mit natürl. Personen eine häusl. Gemeinschaft mögl. ist. Bei der **Personengesamtheit** (oHG, KG) müssen die Voraussetzungen der Vorschr. in Bezug auf ein geschäftsführungs- oder vertretungsbefugtes Mitglied gegeben sein. Entspr. anwendbar ist die Vorschr. auf Verwandte und Verschwägerte des vertretungsberechtigten Organs einer jur. Person, weil die Interessenlage sich bei diesem Personenkreis von der des in Nr. 5 ausdrückl. genannten nicht unterscheidet und hier ein Verwandtschafts- bzw. Verschwägertenverhältnis zu der natürl. Person, die Organ des AG ist, besteht (*Fitting* Rn. 344; aA nur bei Einmann-GmbH: DKKW/*Trümner* Rn. 202). 16

IV. Leitende Angestellte

1. Begriff. a) Normzweck. Leitende Angestellte zählen zwar zur den AN iSd. BetrVG, das G ist nach Abs. 3 S. 1 auf sie aber nur anzuwenden, soweit dies ausdrückl. bestimmt ist (zB §§ 75 I, 105, 107, 108). Ihre grds. Ausgrenzung aus dem Anwendungsbereich des BetrVG entspricht dem Interessengegensatz zwischen AG und der durch den BR repräsentierten Belegschaft. Wer wegen seiner Tätigkeit oder der Bedeutung seiner Funktion der Unternehmensleitung nahe steht, soll der Einwirkung des BR entzogen sein (BAG 16.4.2002 NZA 2003, 56). Leitende Angestellte nehmen unternehmerischen Teilaufgaben wahr. Das BetrVG enthält keine allgemeine Definition der leitenden Angestellten. Für das KSchG und das ArbGG (s. §§ 14 II, 17 V Nr. 3 KSchG, § 22 II Nr. 2 ArbGG) gelten eigene Begriffsbestimmungen. § 5 III, IV gilt über die Verweisungen in § 1 I SprAuG und § 3 III MitbestG für die Anwendungsbereiche des SprAuG und des MitbestG. Die Abgrenzung ist für das BetrVG *zwingend* und kann weder durch Einzelarbeits- noch durch TV oder BV geänd. werden (BAG 16.4.2002 NZA 2003, 56). Der AG kann den Status eines leitenden Angestellten nur dadurch begründen, dass er einem AN Aufgaben und Funktionen zuweist, die zur Einordnung des AN als leitender Angestellter iSd. Abs. 3 führen. Er kann keinen AN ohne entspr. Aufgaben- und Funktionszuweisung zum leitenden Angestellten ernennen. Die Zuordnung zu dem Kreis der leitenden Angestellten erfolgt betriebsbezogen, der Status eines in mehrere Betriebe eingegliederten AN kann daher unterschiedl. zu beurteilen sein (RB anh. 7 ABR 30/16). Angestellte Wirtschaftsprüfer gelten nach § 45 S. 2 WPO nur als leitende Angestellte iSd. § 5 III, wenn ihnen Prokura erteilt ist (BAG 29.6.2011 NZA 2012, 408); die Norm ist nicht entspr. auf angestellte Rechtsanwälte oder Steuerberater anzuwenden (BAG 29.6.2011 NZA-RR 2011, 647). 17

b) Normstruktur. Die Nrn. 1 bis 3 enthalten unterschiedl. AGfunktionen, deren zugrunde liegende unternehmerische Aufgaben gleichwertig sind (BAG 16.4.2002 NZA 2003, 56). Dazu sind in den Ziffern 1 und 2 formale personelle oder handelsrechtl. Vollmachten als typische Merkmale der Wahrnehmung von AGfunktionen geregelt. Ziffer 3 enthält als Auffangtatbestand eine auf die darin aufgeführten Führungsaufgaben bezogene funktionale Abgrenzung. Der leitende Angestellte muss diese Funktionen nach Arbeitsvertrag und Stellung wahrnehmen, dh. er muss sie auch tatsächl. ausüben (BAG 11.3.1982 AP BetrVG 1972 § 5 Nr. 28). Weder reicht es aus, dass der Angestellte die Aufgaben faktisch wahrnimmt, ohne dass sie ihm vertragl. – sei es ausdrückl. oder konkludent (BAG 16.4.2002 NZA 2003, 56) – eingeräumt sind, noch, dass sie ihm im Arbeitsvertrag zugewiesen werden, ohne dass er sie tatsächl. ausübt. Auf die Bezeichnung des AN im Arbeitsvertrag kommt es nicht an (*Fitting* 18

Rn. 369). Die Aufnahme des Begriffspaares „im Unternehmen oder im Betrieb" im Eingangssatz stellt klar, dass es sich bei den wahrgenommenen Aufgaben um unternehmerische handeln muss. Sie müssen die Stellung des AN in der Arbeitsorganisation des Unternehmens prägen. Dieses Merkmal kann auch erfüllt sein, wenn der Angestellte nur für einen Betrieb des Unternehmens zuständig ist. Wenn ein Angestellter mehreren Betrieben eines Unternehmens angehört, kann sein Status bei der Wahrnehmung unternehmerischer Aufgaben nur einheitl. beurteilt werden (BAG 25.10.1989 NZA 1990, 820). Der Gegnerbezug ist kein selbständiges Abgrenzungsmerkmal, er kann nur Abgrenzungshilfe sein (BAG 23.1.1986 NZA 1986, 484).

19 **c) Personalbefugnis.** Die Berechtigung zur selbständigen **Einstellung und Entlassung** muss nicht nur im Außen-, sondern auch im Innenverhältnis zum AG gegeben sein (BAG 25.3.2009 NZA 2009, 1296). Der Angestellte muss dem AG ggü. im Wesentl. frei von Weisungen über Einstellung und Entlassung entscheiden können (BAG 11.3.1982 AP BetrVG 1972 § 5 Nr. 28). Er darf weder an die Entscheidung des AG noch an die über- oder gleichgeordneter Stellen gebunden sein. Der bloße Vollzug von Entscheidungen der Fachabteilung genügt nicht. Es schadet jedoch nicht, wenn der Angestellte Richtlinien und Budgets zu beachten hat oder Zweitunterschriften einholen muss, die ledigl. der Richtigkeitskontrolle dienen und seine Entscheidungsbefugnis nicht einschränken (BAG 16.4.2002 NZA 2003, 56). Im Unterschied zu § 14 KSchG müssen (kumulativ) Einstellungs- und Entlassungsbefugnis gegeben sein. Die Befugnis muss sich auf einen erhebl. Teil der ANschaft (*Fitting* Rn. 376) etwa auf eine ANgruppe – Arbeiter oder Angestellte – (BAG 11.3.1982 AP BetrVG 1972 § 5 Nr. 28) beziehen. Handelt es sich um eine vergleichsweise geringe Zahl, muss die Befugnis sich jdf. auf eine abgeschlossene Gruppe von AN erstrecken, deren Tätigkeit ein für das Unternehmen bedeutsames Aufgabengebiet zugrunde liegt (BAG 10.10.2007 NZA 2008, 664). Die Berechtigung des Leiters einer kleinen Filiale, Hilfskräfte einzustellen und zu entlassen, oder eines Poliers, AN für eine bestimmte Baustelle einzustellen und zu entlassen, genügt daher nicht (BAG 11.3.1982 AP BetrVG 1972 § 5 Nr. 28).

20 **d) Handelsrechtliche Bevollmächtigung.** Die Generalvollmacht ist die Vollmacht zur Führung des gesamten Geschäftsbetriebs (s. § 105 I AktG). Sie ist ein Unterfall der Handlungsvollmacht (§ 54 HGB). Sie kann im Innenverhältnis beschränkt sein, doch muss ein Dritter die Beschränkungen nur dann gegen sich gelten lassen, wenn er sie kannte oder kennen musste (§ 54 III HGB). Die Prokura ermächtigt – mit Ausnahme der Veräußerung und Belastung von Grundstücken – zu allen Arten von gerichtl. und außergerichtl. Rechtshandlungen, die der Betrieb eines Handelsgewerbes mit sich bringt (§ 49 HGB). Inhalt und Umf. der durch die Prokura erteilten Vertretungsmacht kann im Außenverhältnis nicht beschränkt werden (§ 50 I HGB). Die Prokura kann jedoch in der Form beschränkt werden, dass sie nur gemeinsam mit anderen ausgeübt werden kann (Gesamtprokura, § 48 II HGB) oder dass sie sich allein auf den Betrieb einer Niederlassung, die unter einer anderen Firma betrieben wird, bezieht (Niederlassungsprokura, § 50 II HGB). Ausschlaggebend sind aber nicht nur die mit der Bevollmächtigung verbundenen formellen und umfassenden Vertretungsbefugnisse im Außenverhältnis, sondern auch die damit verbundenen unternehmerischen Aufgaben, um deretwillen dem AN die Bevollmächtigung verliehen worden ist (BAG 25.3.2009 NZA 2009, 1296). Diese unternehmerischen Aufgaben dürfen nach Sinn und Zweck des § 5 III 2 Nr. 2 nicht von einer untergeordneten Bedeutung sein, weil es sonst an dem vom Gesetzgeber für den Personenkreis der leitenden Angestellten angenommenen Interessengegensatz zum Betriebsrat fehlen würde. Eine völlige Deckungsgleichheit der Berechtigung im Innen- und Außenverhältnis ist zwar nicht erforderl. Leitender Angestellter ist aber nicht, wer im Innenverhältnis gehalten ist, von der Prokura keinen (selbständigen) Gebrauch zu machen, sog. Titularprokurist. Prokuristen, die ausschließl. Stabsfunktionen wahrnehmen, sind keine leitenden Angestellten nach Nr. 2 (BAG 11.1.1995 NZA 1995, 747).

21 **e) Herausragende Stellung.** Diese Bestimmung umschreibt – wie der Ausdruck „sonstige Aufgaben" verdeutlicht – als Auffangtatbestand den **Grundtatbestand** zur Definition des leitenden Angestellten. Mit ihr hat man nicht den Kreis der leitenden Angestellten erweitert oder begrenzt, sondern ledigl. die Merkmale konkretisiert (BT-Drs. 11/3618 S. 8; BAG 25.10.1989 NZA 1990, 820). Leitende Angestellte müssen nach der Art ihrer Tätigkeit und der Bedeutung ihrer Funktion der Unternehmensleitung nahe stehen (BAG 29.1.1980 NJW 1980, 2724). Sie müssen **Aufgaben** wahrnehmen, die – kumulativ – für Bestand und Entwicklung eines Unternehmens oder Betriebs von Bedeutung sind. Es kommen wirtschaftl., personelle, organisatorische, kaufmännische oder technische Aufgaben in Betracht. Sie müssen aber immer einen beachtl. Teilbereich der unternehmerischen Gesamtaufgaben ausmachen. Die Aufgaben müssen mit den in Nr. 1 und 2 genannten gleichwertig sein (BT-Drs. 11/2503 S. 30; BAG 16.4.2002 NZA 2003, 56), ohne dass deshalb Nr. 3 zu einem offenen Tatbestand wird. Soweit auf den Bestand und die Entwicklung eines Betriebs abgestellt wird, kann eine für den Unternehmenszweck wesentl. Aufgabe auch vorliegen, wenn bei mehreren Betrieben eines Unternehmens die Aufgaben nur für Bestand und Entwicklung eines Betriebs von Bedeutung ist (BT-Drs. 11/2503 S. 30). Der Angestellte darf die Aufgaben nicht nur zu einem geringen Bruchteil seiner Tätigkeit ausüben, sondern die Wahrnehmung der Aufgaben iSv. Nr. 3 muss den **Schwerpunkt** der Tätigkeit

bilden; sie muss seiner Tätigkeit das **Gepräge** geben (BAG 25.10.1989 NZA 1990, 820). Es reicht daher nicht, dass der Angestellte die Aufgaben nur gelegentl. oder vorübergehend – etwa vertretungsweise – wahrnimmt, er muss das **regelm.** tun (BAG 23.1.1986 NZA 1986, 487). Das Merkmal der Regelmäßigkeit kann jedoch auch erfüllt sein, wenn die Leitungsaufgaben dem Angestellten als ständigem Vertreter übertragen sind (Richardi/*Richardi* Rn. 219 unter Hinweis auf BT-Drs. 11/2503 S. 30). Ein Angestellter kann schon während der vertragl. vereinbarten **Probezeit** leitender Angestellter sein, wenn ihm schon während dieser Zeit uneingeschränkt die Leitungsaufgaben übertragen werden (BAG 25.3.1976 NJW 1976, 1285). Werden nur zu Zwecken der Erprobung vorübergehend Leitungsaufgaben zugewiesen, begr. dies den Status nach § 5 III nicht (*Fitting* Rn. 401). Die vom G verlangten bes. **Erfahrungen und Kenntnisse** verlangen keine Formalqualifikationen. Der Angestellte kann die Kenntnisse auch durch längere praktische Tätigkeit oder durch Selbststudium erworben haben (BAG 9.12.1975 AP BetrVG 1972 § 5 Nr. 11).

Wesentl. Merkmal des leitenden Angestellten ist, dass er iRd. unternehmerischen Leitungsaufgaben 22 die Entscheidungen im Wesentl. **weisungsfrei** trifft oder sie maßgebl. beeinflusst (BAG 23.1.1986 NZA 1986, 484). Es kommt darauf an, ob sich die Tätigkeit des Angestellten darin erschöpft, vorgegebene Ziele zu erarbeiten, oder ob sie Raum lässt für eine eigene unternehmerische Initiative (BAG 23.1.1986 NZA 1986, 487). Diese Voraussetzungen können auch erfüllt sein, wenn der Angestellte bei seinen Entscheidungen an Rechtsvorschr., Pläne oder Richtlinien gebunden ist (BAG 29.1.1980 NJW 1980, 2724) oder mit anderen leitenden Angestellten zusammenarbeiten muss (BAG 10.2.1976 AP BetrVG 1972 § 5 Nr. 12), doch dürfen durch die Vorgaben die Entscheidungen nicht schon weitgehend vorprogrammiert sein (BAG 23.3.1976 AP BetrVG 1972 § 5 Nr. 14). Die Übertragung einer bedeutenden Sachverantwortung ohne nennenswerte Entscheidungskompetenz oder die bloße Vorgesetztenfunktion ggü. einer größeren Zahl von AN genügen nicht (BAG 23.1.1986 NZA 1986, 484). Bei einem kooperativen Führungsstil im Rahmen dezentralisierter Organisation dürfen die Leitungsaufgaben nicht so aufgeteilt *(atomisiert)* sein, dass sie für das Erreichen der Unternehmensziele für sich genommen nicht mehr von Bedeutung sind (*Fitting* Rn. 398). Hier ist nur derjenige leitender Angestellter, dem organisatorisch diese schmalen Teilbereiche in einer übergeordneten Einheit unterstellt sind (BAG 5.3.1974 NJW 1974, 965). Auch der **Stabsangestellte** kann leitender Angestellter sein, wenn er nur die unternehmerische Entscheidung „maßgebl. beeinflusst". Diese Voraussetzung ist erfüllt, wenn die eigentl. Entscheidungsträger an seinen durch Tatsachen und Arg. vorbereiteten Vorschlägen nicht vorbeikönnen (BAG 25.3.2009 NZA 2009, 1296).

2. Auslegungsregel. a) Anwendbarkeit. § 5 IV hat als ledigl. Hilfsfunktion bei der Abgrenzung des 23 Begriffs „leitender Angestellter". Die Vorschr. ist im Ganzen misslungen und weitgehend überflüssig. § 5 IV enthält selbst weder Tatbestandsmerkmale des leitenden Angestellten noch Regelbeispiele zu Abs. 3. Die Bestimmung will die Gerichte nicht von der Pflicht zur Feststellung der für die Zuordnung maßgebl. Tatsachen entbinden, sondern Orientierungshilfe bei der Rechtsanwendung bieten. Es handelt sich nicht um eine Auslegungsregel, da die hier aufgeführten Tatbestände mangels Vergleichbarkeit keine Anhaltspunkte für die Definition der Tatbestandsmerkmale von Abs. 3 bieten. Sie begr. auch keine ges. Vermutung. Ges. Vermutungen sind Beweislastregeln, die an das Vorliegen einer Tatsache die Vermutung knüpfen, dass eine andere (vermutete) Tatsache gegeben ist, während die Zweifel iSd. Abs. 4 solche bei der rechtl. Würdigung sind (BAG 25.10.2001 NZA 2002, 584). Abs. 4 ist erst anzuwenden, wenn trotz ausreichender Sachverhaltsfeststellung erhebl. **rechtl. Zweifel** an der Auslegung und Anwendung des Abs. 3 S. 2 Nr. 3 bleiben (aA Richardi/*Richardi* Rn. 232). Die Zweifel sind erheblich, wenn nach Ausschöpfen aller Auslegungsgrundsätze mind. zwei Auslegungsergebnisse vertretbar sind (*Fitting* Rn. 423). Diese Voraussetzungen gelten auch für die Wahlvorstände, die eine Zuordnung vornehmen müssen. Ob rechtl. erhebl. Zweifel vorlagen, die den Rückgriff auf Abs. 4 erlauben, ist eine Rechtsfrage, bei der kein Beurteilungsspielraum besteht und die von den ArbG voll nachgeprüft werden kann.

b) Bisherige Zuordnung. Ausschlaggebend ist jeweils die letzte Wahl. Es kommt allein auf die 24 positive Zuordnung an (*Fitting* Rn. 428). Beide Wahlvorstände müssen den Angestellten übereinstimmend als leitenden Angestellten angesehen haben, oder der BR muss den Angestellten bei der letzten BRwahl nicht in die Wählerliste aufgenommen haben. Der Spruch des Vermittlers nach § 18a bietet nicht die erforderl. Orientierungshilfe (*Fitting* Rn. 429). Wenn die Zuordnung durch gerichtl. Entscheidung korrigiert wird, ist diese maßgebend. Auch die Zuordnung bei der Wahl von ARmitgliedern der AN hat Indizwirkung. Dabei ist zu beachten, dass nach den Wahlordnungen zum MitbestG die Zuordnung auch von der Selbsteinschätzung des AN abhängen kann (§ 10 1. WO MitbestG; § 10 2. WO MitbestG; § 11 3. WO MitbestG). Die Zuordnung durch rkr. gerichtl. Entscheidung erfasst nur den Fall, dass der Status in einem BeschlV – sei es auch als Vorfrage – festgestellt worden ist. Eine Entscheidung im UrtV genügt nicht (aA GK-BetrVG/*Raab* Rn. 215), da sie nicht die erforderl. Richtigkeitsgewähr begr. Es fehlt die durch den dort nach § 83 ArbGG geltenden Untersuchungsgrundsatz sichergestellte Prüfungstiefe (s. § 83 ArbGG Rn. 1 f.). Die bisherige Zuordnung ist bedeutungslos, wenn sich die Umstände seither geänd. haben.

25 **c) Leitungsebene.** § 5 IV Nr. 2 meint die Leitungsebene iSd. hierarchischen Ebene im Unternehmen, wobei der vom Unternehmer aufgestellte Organisationsplan als Prüfungsgrundlage dient. Entscheidend ist, ob die derselben Ebene zuzuordnenden Angestellten als leitende Angestellte iSd. Grundtatbestands zu qualifizieren sind. Überw. vertreten heißt zu mehr als 50%. Dabei sind nur solche Angestellten zu berücksichtigen, deren Status als leitende Angestellte zwischen den Beteiligten unstreitig ist oder feststeht.

26 **d) Vergütung.** Nach § 5 IV Nr. 3 ist das regelm. Jahresarbeitsentgelt – s. § 14 SGB IV maßgebl., das im konkreten Unternehmen für leitende Angestellte übl. ist. Einbezogen sind alle lfd. oder einmaligen Einnahmen einschließl. Tantiemen, Gratifikationen und Sachbezügen. Ausgenommen sind nur einmalige Leistungen, auf die kein Rechtsanspruch für die Zukunft besteht. Auch in diesem Zusammenhang sind nur solche leitenden Angestellten zu berücksichtigen, deren Status feststeht oder unstreitig ist. Übl. bedeutet nicht durchschnittlich, sondern lediglich, dass Abweichungen nach oben oder nach unten auf Grund bes. Faktoren wie höheren Lebensalters, Betriebszugehörigkeit u. ä. nicht zu berücksichtigen sind. Im gerichtl. Verfahren muss der AG, wenn es für die Statusbeurteilung darauf ankommt, über die Höhe der an die leitenden Angestellten gezahlten Vergütung konkret Auskunft erteilen. Zur namentl. Benennung ist er nicht gehalten, wenn nicht ausnahmsweise die Namensnennung zur Ermittlung des übl. Gehalts erforderl. ist.

27 **e) Bezugsgröße.** Die dreifache Bezugsgröße beträgt im Jahr 2017 in den alten Bundesländern und West-Berlin 107 100 €, in den neuen Bundesländern und Ost-Berlin 95 760 €. Der Rückgriff auf Nr. 4 ist unzul., wenn nur Zweifel über das Bestehen des Grundtatbestands des § 5 III S. 2 Nr. 3 vorliegen oder das Fehlen der Voraussetzungen des § 5 IV Nr. 3 feststeht. Die praktische Bedeutung der Vorschr. ist daher gering.

28 **3. Rechtsprechung.** Als **leitende Angestellte** hat das BAG angesehen: Abteilungsleiter eines TÜV (BAG 29.1.1980 AP BetrVG 1972 § 5 Nr. 24), Abteilungsleiter für Organisation und Unternehmensplanung (BAG 17.12.1974 NJW 1975, 1720), Alleinmeister in einem Baubetrieb (BAG 10.4.1991 NZA 1991, 857), Chefpilot (BAG 25.10.1989 NZA 1990, 820), Hauptabteilungsleiter (BAG 11.1.1995 NZA 1995, 747), Abteilungsleiter (BAG 8.2.1977 AP BetrVG 1972 § 5 Nr. 16), Verkaufsleiter (BAG 23.3.1976 AP BetrVG 1972 § 5 Nr. 14), Wirtschaftsprüfer (BAG 28.1.1975 NJW 1975, 1296). **Nicht** als **leitende Angestellte** hat es angesehen: Abteilungsleiter eines Maschinenbauunternehmens (BAG 17.12.1974 NJW 1975, 1717), Bereichsleiter (BAG 16.4.2002 NZA 2001, 336), Grubenfahrsteiger (BAG 23.1.1986 NZA 1986, 487), Leiter eines Verbrauchermarkts ohne nennenswerte Entscheidungsbefugnis (BAG 19.8.1975 BetrVG 1972 § 105 Nr. 1), Produktionsleiter (BAG 15.3.1977 – 1 ABR 86/76). **Chefärzte** hat es unterschiedl. beurteilt (bejaht: BAG 5.6.2014 NZA 2015, 40; 10.12.1992 NZA 1993, 593; a. A. BAG 10.10.2007 NZA 2008, 664 zu § 5 III Nr. 1; 5.5.2010 NZA 2010, 955 zu § 5 III Nr. 3).

V. Streitigkeiten

29 Über den betriebsverfassungsrechtl. Status eines Mitarbeiters als AN iSd. BetrVG oder dessen Zuordnung zu den leitenden Angestellten entscheidet das ArbG im BeschlV. Antragsberechtigt sind AG, BR, im Zusammenhang mit einer Wahl der Wahlvorstand und der Sprecherausschuss, wenn es um den Status eines Mitarbeiters als leitender Angestellter geht (BAG 23.1.1986 NZA 1986, 487). Der betroffene Mitarbeiter ist immer zu beteiligen. Eine im Betrieb vertretene Gewerkschaft ist dann antragsbefugt, wenn der Streit im Zusammenhang mit einer bevorstehenden BRwahl steht (*Fitting* Rn. 464). Das Rechtsschutzinteresse für die positive oder negative Feststellung ist immer gegeben, weil unabhängig von Wahlen oder ähnl. konkreten Anlässen ein Interesse an der Klärung des Zuständigkeitsbereiches des BR besteht (BAG 23.1.1986 NZA 1986, 487). Es entfällt mit dem Ausscheiden des Mitarbeiters aus dem ArbVerh. und – soweit der Streit um die Zuordnung zum Kreis der leitenden Angestellten geht – mit der Änd. der dem Angestellten zugewiesenen Tätigkeit jdf. dann, wenn hins. der neuen Tätigkeit die Zuordnung unstreitig ist (BAG 23.1.1986 NZA 1986, 404). Im Rahmen eines Kündigungsschutzverfahrens kann die Statusfrage als Vorfrage entschieden werden (BAG 5.6.2014 NZA 2015, 40). Diese Entscheidung wirkt nicht ggü. dem BR oder dem Wahlvorstand. Ein Feststellungsinteresse über die Zuordnung einer gesamten Beschäftigtengruppe zu den AN kommt nur ausn. in Betracht (BAG 18.3.2015 NZA 2015, 1144).

§ 6 *(weggefallen)*

Zweiter Teil. Betriebsrat, Betriebsversammlung, Gesamt- und Konzernbetriebsrat

Erster Abschnitt. Zusammensetzung und Wahl des Betriebsrats

§ 7 Wahlberechtigung

[1]Wahlberechtigt sind alle Arbeitnehmer des Betriebs, die das 18. Lebensjahr vollendet haben. [2]Werden Arbeitnehmer eines anderen Arbeitgebers zur Arbeitsleistung überlassen, so sind diese wahlberechtigt, wenn sie länger als drei Monate im Betrieb eingesetzt werden.

1 **1. Arbeitnehmer.** Wahlberechtigt sind alle AN iSd. § 5 I, die am (letzten) Wahltag das 18. Lebensjahr vollendet haben und dem Betrieb angehören (BAG 10.11.2004 NZA 2005, 707). Mit S. 2 erkennt das G unter den genannten Voraussetzungen die Betriebszugehörigkeit von AN an, die in keinem ArbVerh. zum Betriebsinhaber stehen, zur ANeigenschaft iSd. BetrVG s. § 5 Rn. 2 ff. Bei einer außerordentl. Kündigung erlischt das Wahlrecht mit Zugang der Kündigungserkl., bei einer ordentl. Kündigung besteht es bis zum Ablauf der Kündigungsfrist. Danach bleibt es erhalten, solange der AN tatsächl. beschäftigt wird, selbst wenn der AN Kündigungsschutzklage erhoben hat (BAG 10.11.2004 NZA 2005, 707). Ein BRmitglied bleibt trotz Kündigung solange wahlberechtigt, wie der BR die Zustimmung zur Kündigung nicht erteilt bzw. das ArbG die Zustimmung nrkr. ersetzt hat und ihm dann erneut gekündigt wird (aA GK-BetrVG/*Raab* Rn. 39 ff.). Das gilt ebenso für eine nach § 103 III zustimmungspflichtige Versetzung von BRmitgliedern.

2 **2. Betriebszugehörigkeit. a) Grundsatz.** Wahlberechtigt sind einmal nach S. 1 AN, die zur Belegschaft des Betriebs gehören. Dies ist grds. der Fall, wenn **(1)** der AN zum Betriebsinhaber in einem ArbVerh. steht und **(2)** von diesem in der betriebl. Organisation zur Erfüllung des Betriebszwecks weisungsabhängig eingesetzt wird (BAG 10.11.2004 NZA 2005, 707). Der AN muss spätestens am (letzten) Wahltag dem Betrieb als AN angehören. Auch der erst kurz vor der Wahl eingetretene AN ist daher wahlberechtigt (§ 4 III 2 WO). Auf **Umf. und Dauer der Betriebszugehörigkeit** kommt es nicht an. AN, welche **Altersteilzeit** im Blockmodell ausüben, verlieren ihr Wahlrecht mit dem Beginn der Freistellungsphase (BAG 25.10.2000 NZA 2001, 461).

3 **b) Vorübergehende Abwesenheit.** AN bleiben wahlberechtigt, wenn ihr ArbVerh. nur ruht. Entspr. gilt bei Heranziehung zum Katastrophenschutz (§ 9 KatastrophenschutzG) oder bei Eignungsübungen (§ 1 I EigÜbG). Die Wahlberechtigung bleibt während der Dauer von **Beschäftigungsverboten,** des Mutterschaftsurlaubs (§§ 3 3–6, 10 III, 13 I Nr. 3, 16 MuSchG) oder während der EZ unberührt (§ 15 BEEG).

4 **c) Zugehörigkeit zur Betriebsstätte.** AN im Außendienst sind betriebszugehörig, wenn sie zur Erfüllung des Betriebszwecks eingesetzt werden. Der Betriebsbegriff ist nicht primär räuml. (Betriebsgrundstück), sondern funktional (Betriebszweck) zu verstehen. Zusteller von Tageszeitungen sind daher idR ebenso wahlberechtigt (BAG 29.1.1992 NZA 1992, 894) wie **Telearbeiter. Heimarbeiter** sind innerhalb des Betriebs, dem sie als AN zuzuordnen sind, wahlberechtigt und wählbar (BAG 27.9.1974 AP BetrVG 1972 § 6 Nr. 1). AN, die im Rahmen von **werkvertragl. Beziehungen** Arbeitsleistungen in einem anderen Betrieb erbringen, gehören nicht dem Betrieb des Werkbestellers an (BAG 18.1.1989 NZA 1989, 724). Ein in **mehreren Betrieben** beschäftigter AN ist, sofern die allgemeinen Voraussetzungen vorliegen, in jedem Betrieb wahlberechtigt (BAG 25.10.1989 NZA 1990, 820). Gehört ein AN zu einer **Arbeitsgemeinschaft** mehrerer Bauunternehmen, ist er dort wahlberechtigt (BAG 11.3.1975 AP BetrVG 1972 § 24 Nr. 1). Werden in einem Betrieb AN **verschiedener Unternehmen** ausgebildet, sind nur diejenigen wahlberechtigt, welche einen Arbeits- oder Ausbildungsvertrag mit dem auszubildenden Unternehmen geschlossen haben, selbst wenn es sich um eine längere Ausbildungszeit handelt (LAG HM 11.10.1989 DB 1990, 383, zur ANeigenschaft s. § 5 Rn. 6). Auszubildende, die abschnittsweise in *verschiedenen Betrieben* ausgebildet werden, sind nur in dem die Ausbildung leitenden Stammbetrieb zum BR und zur JAV wahlberechtigt (BAG 13.3.1991 NZA 1992, 223). Ist eine Schwesternschaft vom Deutschen Roten Kreuz Mitbetreiber eines Krankenhauses, sind auch die bei der Schwesternschaft angestellten, in diesem Krankenhaus beschäftigten **Gastschwestern** zum dortigen BR wahlberechtigt (BAG 14.12.1994 NZA 1995, 906, s. § 5 Rn. 14). AN in **nichtbetriebsratsfähigen Betrieben** sind nach § 4 II im Hauptbetrieb wahlberechtigt.

5 **d) Ausland.** Ein ins Ausland entsandter AN bleibt zum BR des entsendenden Betriebs wahlberechtigt, wenn er trotz Auslandstätigkeit dem Inlandsbetrieb zuzuordnen ist. Die Zuordnung hängt von der Würdigung aller Umstände des Einzelfalls ab, wobei insb. die Dauer des Auslandseinsatzes, die Eingliederung in einen Auslandsbetrieb, das Bestehen und die Voraussetzungen eines Rückrufrechts zu einem Inlandseinsatz und der sonstige Inhalt von Weisungsbefugnissen von Bedeutung sind (BAG 7.12.1989 NZA 1990, 658). Ist der AN nicht in eine im Ausland bestehende Betriebsorganisation

eingegliedert – wie im Regelfall bei Montagearbeiten – und wird er iRd. Betriebszwecks des inländischen Betriebs tätig, ist er auch bei dauerhaftem Auslandsaufenthalt Angehöriger des Inlandsbetriebs. Das Gleiche gilt trotz Eingliederung in eine betriebl. Organisation im Ausland, wenn die Tätigkeit nur vorübergehender Natur ist, zB wegen einer Vertretung oder eines zeitl. befristeten Auftrags (BAG 25.4.1978 – 6 ABR 2/77). Ein ständig zur Auslandsvertretung eines Unternehmens entsandter AN ist selbst dann nicht wahlberechtigt, wenn für sein ArbVerh. weiterhin deutsches Arbeitsrecht maßgebend ist (BAG 21.10.1980 NJW 1981, 1175).

6 e) **Arbeitnehmerüberlassung.** Nach S. 2 sind echte, unechte sowie verdeckt eingesetzte LeihAN nicht nur beim VertragsAG, sondern auch beim Entleiher wahlberechtigt, wenn sie nur länger als drei Monate in seinem Betrieb eingesetzt werden. Beamte und von einem Dienstherrn iSd. § 130 überlassene AN sind AN iSd. § 5 I und daher keine LeihAN iSd. § 7 S. 2 (s. § 5 Rn. 3a). S. 2 gewährt ein zusätzl. Wahlrecht und lässt die betriebsverfassungsrechtl. Stellung der LeihAN iÜ grds. unberührt (BAG 16.4.2003 NZA 2003, 1345, s. § 5 Rn. 4). AN sind zur Arbeitsleistung überlassen, wenn sie im Einsatzbetrieb derart eingegliedert sind, dass sie dem Weisungsrecht des Entleihers unterliegen (BT-Drs. 14/5741 S. 36). Der gewerbsmäßig überlassene AN bleibt nach § 14 I AÜG Angehöriger des entsendenden Betriebs und damit zugleich dort wahlberechtigt. Für den nicht gewerbsmäßig Überlassenen gilt nichts anderes (BAG 17.2.2010 NZA 2010, 832). Auch er bleibt AN des verleihenden Betriebs, wird jedoch – anders als der unechte LeihAN – in aller Regel nur gelegentl. in einem fremden Betrieb eingesetzt. Wahlberechtigt im Einsatz-Betrieb ist unter den Voraussetzungen von S. 2 auch der im Wege der **Konzernleihe** (BAG 20.4.2005 NZA 2005, 1006) oder einer sonstigen Personalgestellung vorübergehend abgeordnete AN, der AN des Entleiherbetriebs bleibt und auch dort ein aktives Wahlrecht besitzt. Das Wahlrecht besteht **vom ersten Tag** an (BT-Drs. 14/5741 S. 36). Das setzt eine Prognoseentscheidung zur Dauer der Entleihe voraus, die der Wahlvorstand idR aufgrund der Vereinbarungen im ANüberlassungs- oder Gestellungsvertrag beurteilen muss. Maßgebl. ist der **ununterbrochene** Einsatz von mehr als drei Monaten in dem Betrieb und nicht im Unternehmen. Kurzzeitige Unterbrechungen von ein oder zwei Tagen schaden nicht.

7 **3. Wahlalter.** Der AN muss spätestens am Wahltag 18 Jahre alt sein (aA *Bertelsmann* NZA-RR 2017, 57). Erstreckt sich die Stimmabgabe über mehrere Tage, muss er spätestens am letzten Tag der Wahl Geburtstag haben (§ 187 II 2 BGB). Noch nicht Volljährige haben die Möglichkeit, an der Wahl zur JAV nach §§ 60 ff. teilzunehmen. Die 18 – bis 25-jährigen zur Berufsausbildung Beschäftigten sind sowohl zum BR als auch zur JAV wahlberechtigt.

8 **4. Weitere Voraussetzungen.** Damit ein AN sein Wahlrecht ausüben kann, muss er in die **Wählerliste eingetragen** sein. Das Vorhandensein eines Eintrags oder sein Fehlen haben aber keine materiell konstitutive Bedeutung für die Wahlberechtigung (BAG 21.3.2017 – 7 ABR 19/15, zVb.). Ausl. und staatenlose AN sind wahlberechtigt, da das G keine Einschränkungen hins. der **Staatsangehörigkeit** macht. Grds. wahlberechtigt sind auch die AN, für die durch das Vormundschaftsgericht nach §§ 1896 ff. BGB **Betreuung** angeordnet wurde (*Fitting* Rn. 89). § 13 Nr. 2 BWG und § 50 II SGB IV enthalten keinen für die BRwahlen relevanten allgemeinen Rechtsgrundsatz. Das Vormundschaftsgericht muss vielmehr entscheiden, ob der Betreuer nur in bestimmten oder in allen Angelegenheiten seine Einwilligung erteilen muss. § 1903 I BGB verweist insoweit auf § 113 BGB. Wer mit Zustimmung des Betreuers abhängige Arbeit leistet, hat alle ANrechte einschließl. des Wahlrechts. Unberührt bleibt § 104 Nr. 2 BGB, so dass derjenige, der wegen akuter Geisteskrankheit nicht übersehen kann, welche Bedeutung sein Tun hat, nicht wählen darf. Die Wahlberechtigung wird nicht durch die Aberkennung des aktiven Wahlrechts nach § 45 V StGB berührt. Bei der BRwahl handelt es sich nicht um eine „öffentl. Angelegenheit" im Sinne dieser Vorschr.

9 **5. Auswirkungen der Wahlberechtigung.** Die Wahlberechtigung des S. 1 gibt dem AN neben dem aktiven Wahlrecht die Möglichkeit zur Ausübung bestimmter anderer Rechte. Nach § 14 III und IV das Recht Wahlvorschläge zu machen, nach § 16 I die Mitgliedschaft im Wahlvorstand und nach § 16 II und § 18 I 2 Rechte im Zusammenhang mit der Einsetzung eines Wahlvorstands. Neben diesen auf die Wahl eines BR abzielenden Rechten gibt die Wahlberechtigung auch Möglichkeiten, gegen einen BR nach § 19 II im Wege der Wahlanfechtung oder nach § 23 I über den Antrag beim ArbG zur Amtsenthebung des BR oder eines einzelnen BRmitglieds vorzugehen. Darüber hinaus gibt § 43 III eine weitere Kontrollmöglichkeit. Oft verlangt die Ausübung der gen. Rechte das Erreichen eines Quorums. Die Errichtung und die Größe eines BR nach § 1 und § 9 hängen unter anderem von einer bestimmten Anzahl wahlberechtigter AN im Unternehmen ab. Darüber hinaus sind jeweils 20 wahlberechtigte AN im Unternehmen Voraussetzung, um wichtige Beteiligungsrechte wie die Mitbestimmung bei personellen Einzelmaßnahmen nach § 99 und bei Betriebsänderungen nach §§ 111 ff. seitens des BR ausüben zu können. § 106 und § 110 stellen hingegen nicht auf die Wahlberechtigung, sondern allein auf die ständig beschäftigten AN ab. Nach § 47 VII, VIII und § 55 III ist die Stimmengewichtung im GBR und im KBR von den jeweils zu vertretenden wahlberechtigten AN abhängig. AN, die zum BR wahlberechtigt sind, besitzen nach § 76 BetrVG 52 auch das aktive Wahlrecht für die Wahl der ANvertreter in den Aufsichtsrat.

6. Streitigkeiten. Im Zusammenhang einer BRwahl liegt die Entscheidung über die Wahlberechtigung zunächst beim Wahlvorstand (§§ 2, 4 II WO). Dessen Entscheidung ist im BeschlV überprüfbar. Außerhalb eines Wahlverfahrens wird die Streitigkeit über das aktive Wahlrecht ebenfalls im arbeitsgerichtl. BeschlV ausgetragen. Beteiligte können der betroffene AN, der AG und jede im Betrieb vertretene Gewerkschaft sein. Ist die Wahl noch nicht durchgeführt, kann der Wahlvorstand, nach Durchführung der Wahl der BR Beteiligter im Verfahren sein. Die Wahlberechtigung kann auch inzidenter in einem Wahlanfechtungsverfahren zu entscheiden sein. 10

§ 8 Wählbarkeit

(1) [1]**Wählbar sind alle Wahlberechtigten, die sechs Monate dem Betrieb angehören oder als in Heimarbeit Beschäftigte in der Hauptsache für den Betrieb gearbeitet haben. [2]Auf diese sechsmonatige Betriebszugehörigkeit werden Zeiten angerechnet, in denen der Arbeitnehmer unmittelbar vorher einem anderen Betrieb desselben Unternehmens oder Konzerns (§ 18 Abs. 1 des Aktiengesetzes) angehört hat. [3]Nicht wählbar ist, wer infolge strafgerichtlicher Verurteilung die Fähigkeit, Rechte aus öffentlichen Wahlen zu erlangen, nicht besitzt.**

(2) **Besteht der Betrieb weniger als sechs Monate, so sind abweichend von der Vorschrift in Absatz 1 über die sechsmonatige Betriebszugehörigkeit diejenigen Arbeitnehmer wählbar, die bei der Einleitung der Betriebsratswahl im Betrieb beschäftigt sind und die übrigen Voraussetzungen für die Wählbarkeit erfüllen.**

1. Wählbarkeit. a) Grundsatz. Die Vorschr. regelt abschl. und zwgd. die Voraussetzungen für das passive Wahlrecht zum BR. Abweichende Regelungen durch BV oder TV sind nicht zulässig (BAG 12.10.1976 NJW 1977, 647). Besonderheiten für die Wahl zum Jugendvertreter ergeben sich aus § 61 II. Maßgebender Zeitpunkt für die Beurteilung, ob ein AN zum BR wählbar ist, ist der Wahltag. Die Wählbarkeit setzt zunächst voraus, dass der AN nach § 7 **wahlberechtigt** ist. Wird ein AN gewählt, der am Wahltag das 18. Lebensjahr noch nicht vollendet hat, ist die Wahl daher anfechtbar. Der Mangel der Wählbarkeit wird geheilt, wenn der AN das Mindestalter erreicht, bevor die Wahl mit Erfolg angefochten oder die Nichtwählbarkeit gerichtl. festgestellt wurde (BAG 7.7.1954 NJW 1954, 1421; s. § 24 Rn. 10). Die Entscheidung über die Wählbarkeit eines Wahlbewerbers hat zunächst der Wahlvorstand zu treffen. Verstöße können in einem Wahlanfechtungsverfahren nach § 19 geltend gemacht werden. 1

b) Einzelfälle. LeihAN sind nach § 14 II 1 AÜG im Entleiherbetrieb unabhängig von der Einsatzdauer nicht wählbar (Ausn.: AN nach § 5 I 3, BAG 15.8.2012 NZA 2013, 107). Dies gilt auch für nicht gewerbsmäßig überlassene LeihAN (BAG 17.2.2010 NZA 2010, 832). Ein in zwei Betrieben beschäftigter AN ist in beiden Betrieben wählbar und kann in beiden BRmandate ausüben. Dies gilt unabhängig davon, ob der AN in verschiedenen Betrieben des gleichen AG oder in mehreren Betrieben mit unterschiedl. AG beschäftigt ist. Wählbar sind auch AN, die sich in einem **ruhenden ArbVerh.** befinden (s. § 7 Rn. 3). Werden diese Wahlbewerber in den BR gewählt, sind sie während ihrer Abwesenheit nach § 25 I 2 an der Ausübung des Amts verhindert und müssen von einem Ersatzmitglied vertreten werden (s. § 25 Rn. 3). Hat der AN gegen eine arbeitgeberseitige **Kündigung** Klage erhoben, bleibt er wählbar (BAG 10.11.2004 NZA 2005, 707). Der AG soll nicht durch Kündigung die Wahl eines unliebsamen Kandidaten verhindern (zum Kündigungsschutz von Wahlbewerbern s. § 103 Rn. 2 und s. § 15 KSchG Rn. 10). Wird ein gekündigter AN gewählt, ist er bis zur rkr. Entscheidung an der Ausübung des BRamts iSd. § 25 I 2 verhindert und muss durch ein Ersatzmitglied vertreten werden (BAG 14.5.1997 NZA 1997, 1245). Wenn die Kündigungsschutzklage nicht offensichtl. begr. ist, hat der AG dem gekündigten Wahlkandidaten Zutritt zum Betrieb und Kontakt zu den wahlberechtigten AN zu gestatten (LAG HM 6.2.1980 EzA BetrVG 1972 § 20 Nr. 11). Bei der **Altersteilzeit** steht mit Beginn der Freistellungsphase fest, dass der AN nicht wieder in den Betrieb eingegliedert wird. Er verliert zu diesem Zeitpunkt seine Wählbarkeit (BAG 16.4.2003 NZA 2003, 1345). Der Wählbarkeit steht nicht entgegen, dass ein Wahlkandidat häufig **abwesend** sein wird und daher voraussichtl. oft von Ersatzmitgliedern vertreten werden muss. **Mitglieder des Wahlvorstands** können Wahlbewerber zum BR sein (BAG 4.10.1977 AP BetrVG 1972 § 18 Nr. 2). Nach § 23 **ausgeschlossene BRmitglieder** sind weiterhin wählbar (s. § 23 Rn. 11). Dies Verfahren nimmt das Amt, nicht die Wählbarkeit. Formell setzt die Wählbarkeit nach § 2 III WO eine Eintragung in die Wählerliste und nach § 14 III die Aufnahme in einen ordnungsgemäßen Wahlvorschlag voraus (s. § 14 Rn. 14 ff.). 2

2. Betriebszugehörigkeit. Mit der 6-Monats-Frist soll sichergestellt werden, dass nur solche AN in den BR gewählt werden, die einen gewissen Überbl. über die betriebl. Verhältnisse erworben haben Sie berechnet sich – auch für Teilzeitbeschäftigte – nach §§ 186 ff. BGB. Wird an mehreren Tagen gewählt, ist der letzte Wahltag maßgebl. (BAG 26.9.1996 NZA 1997, 666). Dem Betrieb gehört an, wer zu seiner Belegschaft gehört (s. § 7 Rn. 2 ff.). Eine bloß arbeitsvertragl. Bindung zum Betrieb reicht zur Begründung des passiven Wahlrechts nicht aus, wenn der AN weder jemals im Betrieb tätig geworden, noch eine tatsächl. Zuordnung absehbar ist (BAG 28.11.1977 AP BetrVG 1972 § 8 Nr. 2). Zeiten vor Vollendung 3 des 18. Lebensjahrs und Beschäftigungszeiten iSd. § 5 II, III sind bei der Berechnung der Betriebszugehörigkeit zu berücksichtigen (GK-BetrVG/*Kreutz/Raab* Rn. 32). Beschäftigungszeiten als **LeihAN** im Entleiherbetrieb sind seit der Neufassung des G mitzurechnen, wenn im Anschluss daran ein ArbVerh. mit dem Entleiher zustande kommt (BAG 10.10.2012 NZA 2013, 863) oder sie auch als LeihAN wählbar werden (s. Rn. 2). Die Anrechnung der Beschäftigungszeit in Betrieben des gleichen **Unternehmens** bzw. **Konzerns** nach § 8 I 2 verhindert, dass die Kandidatur unliebsamer Wahlbewerber durch Versetzung unterlaufen werden kann. Unmittelbar und damit anrechenbar ist die vorausgehende Beschäftigungszeit, wenn das ArbVerh. zum Unternehmen/Konzernunternehmen ununterbrochen fortbesteht oder zwar unterbrochen ist, aber ein enger zeitl. und innerer Zusammenhang zur vorausgehenden Betriebszugehörigkeit besteht (GK-BetrVG/*Kreutz/Raab* Rn. 38). Unmittelbarkeit liegt nicht vor, wenn der AN zwischenzeitl. ein neues ArbVerh. zu einem anderen AG begr. hat oder längere Zeit arbeitslos war.

4 **3. Richterspruch.** Nach § 45 I StGB führt eine strafgerichtl. Verurteilung wegen eines Verbrechens zu einer Mindestfreiheitsstrafe von einem Jahr für einen Zeitraum von fünf Jahren zum automatischen Verlust der Amtsfähigkeit und der Fähigkeit, Rechte aus öffentl. Wahlen zu erlangen. Nach § 45 II StGB iVm. mit Spezialgesetzen kann auch das Gericht diese Rechte für einen Zeitraum von zwei bis fünf Jahren aberkennen. Kein Einfluss auf die Wählbarkeit hat die Aberkennung des aktiven Wahlrechts nach § 45 V StGB (s. § 7 Rn. 7) oder eine Entscheidung des BVerfG nach § 39 II BVerfGG, da das BRamt kein öffentl. Amt iSd. Vorschr. ist. Ist einem ausl. AN im Herkunftsland durch strafgerichtl. Entscheidung die Fähigkeit aberkannt worden, Rechte aus öffentl. Wahlen zu erlangen, führt dies zum Verlust des passiven Wahlrechts in den BRwahlen, wenn die Entscheidung nicht im Widerspruch zu deutschen Rechtsgrundsätzen steht.

5 **4. Neu errichtete Betriebe.** Nach Abs. 2 wählbar sind alle AN, die zum Zeitpunkt der Einleitung der BRwahl Beschäftigte des Betriebs sind. Nach § 3 I 2 WO ist die BRwahl mit Erlass des Wahlausschreibens eingeleitet. Der Zusammenschluss mehrerer Betriebe eines Unternehmens unter Aufgabe ihrer Identität zu einem Betrieb und die Wiederaufnahme eines stillgelegten Betriebs stellen eine Neuerrichtung dar. Keine Neuerrichtung liegt bei einem Betriebsübergang nach § 613a BGB vor, gleiches gilt für die Eingliederung in einen anderen Betrieb oder die Erweiterung eines bestehenden Betriebs (BAG 26.9.1996 AP KSchG 1969 § 15 Wahlbewerber Nr. 3). Bei der Eingliederung im Konzern werden die vorhergehenden Beschäftigungszeiten nach Abs. 1 S. 2 angerechnet (DKKW/*Homburg* Rn. 8). Ein Kampagnebetrieb unterfällt Abs. 2, es sei denn, es handelt sich ledigl. um einen unselbständigen Betriebsteil eines anderen Betriebs (zweifelnd GK-BetrVG/*Kreutz/Raab* Rn. 66).

§ 9 Zahl der Betriebsratsmitglieder

[1] Der Betriebsrat besteht in Betrieben mit in der Regel

5 bis 20	**wahlberechtigten Arbeitnehmern aus**	**einer Person,**
21 bis 50	**wahlberechtigten Arbeitnehmern aus**	**3 Mitgliedern,**
51	**wahlberechtigten Arbeitnehmern**	
bis 100	**Arbeitnehmern aus**	**5 Mitgliedern,**
101 bis 200	**Arbeitnehmern aus**	**7 Mitgliedern,**
201 bis 400	**Arbeitnehmern aus**	**9 Mitgliedern,**
401 bis 700	**Arbeitnehmern aus**	**11 Mitgliedern,**
701 bis 1000	**Arbeitnehmern aus**	**13 Mitgliedern,**
1001 bis 1500	**Arbeitnehmern aus**	**15 Mitgliedern,**
1501 bis 2000	**Arbeitnehmern aus**	**17 Mitgliedern,**
2001 bis 2500	**Arbeitnehmern aus**	**19 Mitgliedern,**
2501 bis 3000	**Arbeitnehmern aus**	**21 Mitgliedern,**
3001 bis 3500	**Arbeitnehmern aus**	**23 Mitgliedern,**
3501 bis 4000	**Arbeitnehmern aus**	**25 Mitgliedern,**
4001 bis 4500	**Arbeitnehmern aus**	**27 Mitgliedern,**
4501 bis 5000	**Arbeitnehmern aus**	**29 Mitgliedern,**
5001 bis 6000	**Arbeitnehmern aus**	**31 Mitgliedern,**
6001 bis 7000	**Arbeitnehmern aus**	**33 Mitgliedern,**
7001 bis 9000	**Arbeitnehmern aus**	**35 Mitgliedern.**

[2] In Betrieben mit mehr als 9000 Arbeitnehmern erhöht sich die Zahl der Mitglieder des Betriebsrats für je angefangene weitere 3000 Arbeitnehmer um 2 Mitglieder.

1 **1. Anzahl. a) Grundsatz.** Die Vorschr. legt zwgd. die Zahl der BRmitglieder für die jew. Betriebsgröße fest. Weder durch BV noch durch TV kann von der Staffel abgewichen werden. Eine Abweichung ist nur zulässig, wenn nicht genügend wählbare AN vorhanden oder zur Übernahme des Amts bereit sind (LAG D 4.7.2014 NZA-RR 2014, 476). Die Größe des BR wird vom Wahlvorstand

festgestellt und nach § 3 II Nr. 4 WO im Wahlausschreiben ausgewiesen. Die Zahl der bei Erlass des Wahlausschreibens **„in der Regel"** Beschäftigten ist maßgebend für die Bestimmung der Belegschaftsgröße bei der anstehende BRwahl. Ausschlaggebend ist die Zahl der betriebsangehörigen (BAG 18.1.1989 NZA 1989, 724) AN, die im Allgemeinen kennzeichnend für den Betrieb ist. Werden AN nicht ständig, sondern nur zeitweilig beschäftigt, kommt es für die Frage der regelmäßigen Beschäftigung iSv. § 9 darauf an, ob sie normalerweise während des größten Teils des Jahres in dem Betrieb tätig sind (BAG 7.5.2008 NZA 2008, 1142). Vorübergehende Schwankungen bleiben außer Betracht. Es wird die Anzahl der AN zugrunde gelegt, die unter normalen betriebl. Verhältnissen üblicherweise beschäftigt werden. Da auch absehbare künftige Entwicklungen des Beschäftigtenstands einzubeziehen sind (BAG 25.11.1992 NZA 1993, 955), kann es nicht selten zu Streitigkeiten bei der Berechnung über der regelm. Belegschaftsstärke kommen. Der Wahlvorstand entscheidet dann nach pflichtgemäßem Ermessen mit eigenem **Beurteilungsspielraum** (BAG 12.10.1976 NJW 1977, 647). Die bloße Befürchtung von Entlassungen rechtfertigt kein Abweichen von der Staffel (LAG HM 6.10.1978 DB 1979, 1563). Die ANzahlen bei § 7 S. 2 und deren Berücksichtigung bei § 9 BetrVG müssen sich entspr.

b) Einzelfälle. Leitende Angestellte und die in § 5 II genannten Personen sind nicht einzubeziehen 2
(BAG 12.10.1976 NJW 1977, 647). AN in den dem Betrieb nach § 4 S. 2 zugeordneten Betriebsteilen und **Kleinstbetrieben** nach 4 II sind zu berücksichtigen. **TeilzeitAN** zählen nicht anteilig, sondern nach Köpfen (LAG HM 11.5.1979 DB 1979, 2380). **AushilfsAN** sind, wenn sie regelm. länger als sechs Monate im Jahr beschäftigt werden, einzubeziehen (BAG 25.11.1992 NZA 1993, 955). Dabei ist es unerheblich, ob es sich um dieselben oder jeweils andere Aushilfskräfte handelt (LAG D 26.9.1990 DB 1991, 238). Das Gleiche gilt für die AN in Saisonbetrieben, sofern die Saison die Dauer von sechs Monaten überschreitet. In Kampagnebetrieben beschäftigte AN sind während der Kampagne voll einzubeziehen (BAG 16.11.2004 NZA-RR 2005, 615). Bei der befristeten Einstellung von **Vertretungskräften** sind für zeitweilig ausfallendes Stammpersonal nicht sowohl diese StammAN als auch die Vertretungskräfte zu berücksichtigen (BAG 15.3.2006 – 7 ABR 39/05). AN, die in der **EZ** oder zur Kinderbetreuung freigestellt sind, sind neben dem für sie eingestellten Vertreter daher nicht zusätzl. zu berücksichtigen. Arbeitsplätze, auf denen regelmäßig **LeihAN** beschäftigt werden zählen für die Staffel des § 9 ebenso mit (BAG 13.3.2013 NZA 2013, 789) wie AN iSd. § 5 I 3 (BAG 15.12.2011 NZA 2012, 519); bei einer Beschäftigtenzahl bis 100 AN müssen auf diesen Arbeitsplätzen aber wahlberechtigte LeihAN (s. § 7 Rn. 6) beschäftigt sein (§ 14 II 4 AÜG).

2. Betriebsrat. Der nur aus einem BRmitglied bestehende BR hat grds. die gleichen Rechte und 3
Pflichten wie ein mehrköpfiger BR. Eine Ausnahme besteht bei Beteiligungsrechten, die das Erreichen einer bestimmten Anzahl wahlberechtigter AN im Unternehmen voraussetzen (zB § 99 oder § 111). Überschreitet während der Amtszeit des einköpfigen BR der Beschäftigtenstand diese Grenze, wachsen ihm die entspr. Rechte zu. Beim mehrköpfigen BR ist in der dritten Stufe der Staffel zu beachten, dass die Grenze von 51 *wahlberechtigten* AN überschritten sein muss (BAG 18.1.1989 NZA 1989, 724). Ab 101 Beschäftigten kommt es auf ihre Wahlberechtigung generell nicht mehr an. Eine Obergrenze für die Anzahl der BRmitglieder in Großbetrieben ist nicht festgelegt.

3. Fehler. Die Verkennung der Wählbarkeit führt zur Unwirksamkeit der Wahl, wenn die nicht 4
Wahlberechtigten als BRmitglieder gewählt wurden oder der AN, dessen Wählbarkeit im Streit steht, Wahlbewerber war (BAG 12.9.2012 NZA-RR 2013, 197). Geht der Wahlvorstand von einer zu großen Zahl zu wählender BRmitglieder (BAG 12.10.1976 AP BetrVG § 8 Nr. 1) aus, kann das Wahlergebnis nicht korrigiert, sondern nur die BRwahl im Ganzen angefochten und wiederholt werden (BAG 10.3.2004 NZA 2004, 1340). Dies gilt sowohl für die Mehrheits- wie auch die Verhältniswahl (BAG 12.10.1976 NJW 1977, 647; 12.10.1976 AP BetrVG 1972 § 19 Nr. 5; aA für die Verhältniswahl *Fitting* Rn. 53; GK-BetrVG/*Kreutz/Jacobs* Rn. 31). Werden irrtüml. eine zu hohe oder zu geringe Anzahl von BRmitglieder festgelegt und die Wahl nicht angefochten, bleibt es für die Dauer der Amtszeit bei der unzutreffenden Mitgliederzahl. Nach Ablauf der Anfechtungsfrist kann über die zahlenmäßig fehlerhafte BRgröße nicht mehr als Vorfrage in einem anderen gerichtl. Verfahren entschieden werden. Eine einstweilige Vfg. mit dem Ziel, das Wahlausschreiben hins. der Zahl der zu wählenden BRmitglieder zu korrigieren oder den Wahlvorstand zu verpflichten ein neues Wahlausschreiben zu erlassen, soll nicht zulässig sein (LAG HE 21.3.1990 DB 1991, 239).

§ 10 *(weggefallen)*

§ 11 Ermäßigte Zahl der Betriebsratsmitglieder

Hat ein Betrieb nicht die ausreichende Zahl von wählbaren Arbeitnehmern, so ist die Zahl der Betriebsratsmitglieder der nächstniedrigeren Betriebsgröße zugrunde zu legen.

Die praktische Bedeutung der Vorschr. ist gering. Auf Betriebe mit bis zu 50 wahlberechtigten AN 1
ist sie nicht anwendbar, weil nach § 1 drei wählbare AN Mindestvoraussetzung für die BRfähigkeit

sind. Sie gilt nicht für den GBR, den KBR, die JAV und die Gesamt-JAV. Nicht ausreichend ist die Zahl, wenn nicht genügend wählbare AN vorhanden sind, um die nach § 9 vorgesehene Größe des BR zu besetzen. Sind ebenso viel wählbare AN vorhanden wie nach § 9 BRmandate zu verteilen sind, ist dies trotz der Sollvorschr. des § 6 III WO ausreichend. Sind nicht genügend wählbare AN vorhanden, ist innerhalb der Staffel auf die nächst niedrigere Betriebsgröße zurückzugehen. Auch wenn mehr wählbare AN vorhanden sind als diese nächst niedrigere Staffel vorsieht, ist eine Einstufung außerhalb der Staffel nicht möglich. Sind immer noch zu wenig wählbare AN vorhanden, ist solange auf eine nächst niedrigere Staffel zurückzugehen bis die entspr. Zahl von BRsitzen voll besetzt werden kann. Die neu festgelegte Größe des BR ist verbindl. und gilt bis zur nächsten Wahl als ges. Zahl der BRmitglieder. Eine Nachwahl ist während dieser Amtsperiode auch dann nicht zulässig, wenn die Anzahl der wählbaren AN auf die in der Staffel des § 9 vorgesehene Größe ansteigt. Eine Neuwahl kann aber unter den Voraussetzungen des § 13 II Nr. 1 erforderl. werden. Von ihrem Wortlaut her ist § 11 nur anzuwenden, wenn nicht genügend AN vorhanden sind, welche die Voraussetzungen der Wählbarkeit erfüllen. Sie ist daneben entspr. anzuwenden, wenn nach der Wahl nicht genügend Gewählte die Wahl annehmen, wenn trotz ordnungsgemäßen Wahlausschreibens die Wahlvorschläge nicht genügend Bewerber ausweisen oder bei Mehrheitswahl nicht genügend Bewerber eine Stimme erhalten (aA GK-BetrVG/*Kreutz/Jacobs* Rn. 11). Nur so lässt sich ohne Neuwahl sicherstellen, dass der BR stets eine ungerade Zahl von Mitgliedern hat. In der Staffel des § 9 ist auch in diesen Fällen solange zurückzugehen, bis alle Sitze der entspr. BRgröße ausgefüllt werden können. Die Vorschr. ist nicht entspr. anwendbar, wenn die nach § 15 II zustehenden Sitze nicht besetzt werden können.

§ 12 *(weggefallen)*

§ 13 Zeitpunkt der Betriebsratswahlen

(1) [1]Die regelmäßigen Betriebsratswahlen finden alle vier Jahre in der Zeit vom 1. März bis 31. Mai statt. [2]Sie sind zeitgleich mit den regelmäßigen Wahlen nach § 5 Abs. 1 des Sprecherausschussgesetzes einzuleiten.

(2) Außerhalb dieser Zeit ist der Betriebsrat zu wählen, wenn

1. mit Ablauf von 24 Monaten, vom Tage der Wahl an gerechnet, die Zahl der regelmäßig beschäftigten Arbeitnehmer um die Hälfte, mindestens aber um fünfzig, gestiegen oder gesunken ist,
2. die Gesamtzahl der Betriebsratsmitglieder nach Eintreten sämtlicher Ersatzmitglieder unter die vorgeschriebene Zahl der Betriebsratsmitglieder gesunken ist,
3. der Betriebsrat mit der Mehrheit seiner Mitglieder seinen Rücktritt beschlossen hat,
4. die Betriebsratswahl mit Erfolg angefochten worden ist,
5. der Betriebsrat durch eine gerichtliche Entscheidung aufgelöst ist oder
6. im Betrieb ein Betriebsrat nicht besteht.

(3) [1]Hat außerhalb des für die regelmäßigen Betriebsratswahlen festgelegten Zeitraums eine Betriebsratswahl stattgefunden, so ist der Betriebsrat in dem auf die Wahl folgenden nächsten Zeitraum der regelmäßigen Betriebsratswahlen neu zu wählen. [2]Hat die Amtszeit des Betriebsrats zu Beginn des für die regelmäßigen Betriebsratswahlen festgelegten Zeitraums noch nicht ein Jahr betragen, so ist der Betriebsrat in dem übernächsten Zeitraum der regelmäßigen Betriebsratswahlen neu zu wählen.

1 **1. Regelmäßige Betriebsratswahlen.** Die Vorschr. bestimmt in Abs. 1 zwgd. den Wahlrhythmus und den Wahlzeitraum. Der konkrete Zeitpunkt des Amtsbeginns des neuen BR und des Amtsendes des vorgehenden BR wird in § 21 festgelegt. Die regelm. Wahlen finden seit 1990 im vierjährigen Rhythmus statt. Der Wahltag, dh. der Tag der Stimmabgabe muss innerhalb des durch Abs. 1 vorgegebenen Zeitraums liegen. Bei mehreren Wahltagen darf nach dem eindeutigen Wortlaut der Vorschr. der erste Tag der Stimmabgabe nicht vor dem 1. März, der Letzte nicht nach dem 31. Mai liegen (aA Richardi/*Thüsing* Rn. 6; *Fitting* Rn. 6 – jeweils der letzte Tag der Wahl). Hat die Stimmabgabe nicht bis zum 31. Mai stattgefunden, kann die Wahl nach Abs. 2 Nr. 6 jederzeit nachgeholt werden, weil der Betrieb jetzt nach § 21 ohne BR ist. Um eine betriebsratslose Zeit zu vermeiden können die Wahlvorbereitungen können schon vor dem 1. März beginnen, wie § 16 I 1 zeigt. Die Amtszeit des bestehenden BR wird durch eine frühe Wahl nicht verkürzt, wie § 21 S. 2 zeigt. Da der Zeitpunkt der Wahl durch G festgelegt ist, ist die **„Abwahl"** eines ordnungsgemäß gewählten BR durch Neuwahl eines BR („konstruktives Misstrauensvotum") nicht zulässig. Die Verpflichtung aus Abs. 1 S. 2 bezieht sich nur auf die regelm. Wahlen. Die Wahlausschreiben für die BRwahl und die Wahl des SprA müssen zeitgleich erlassen werden. Das weitere Wahlverfahren kann unabhängig voneinander betrieben werden, insb. brauchen die Wahltage nicht aufeinander abgestimmt zu sein. Die Einhaltung der Vorschr. kann – ggf. im Wege der einstweiligen Vfg. – jdf. insoweit gesichert werden, dass ein ArbG den Tag für

den Erlass der Wahlausschreiben festlegt (*Fitting* Rn. 15; aA GK-BetrVG/*Kreutz*/*Jacobs* Rn. 24). Der Verstoß gegen die Vorschr. kann eine Wahlanfechtung nicht begründen.

2. Wahlen außerhalb des Wahlzeitraums. a) Grundsatz. Abs. 2 statuiert trotz des missverständl. 2
Wortlauts keine Pflicht zur BRwahl. Die Bestimmung regelt nur, wann außerhalb des regelm. Wahlzeitraums ein BR gewählt werden kann (BAG 23.11.2016 NZA 2017, 589). Die Aufzählung ist – zusammen mit § 21a – abschl. Wird außerhalb des regelm. Wahlzeitraums gewählt ohne dass ein Fall des Abs. 2 vorliegt, ist die Wahl nichtig (BAG 11.9.1978 – 6 ABR 22/77). Die „außerordentlichen" Wahlen des Abs. 2 gelten keine Sonderregelungen. In den Fällen der Nrn. 1 bis 3 muss der bisherige BR den Wahlvorstand bestellen. In den Fällen der Nrn. 4 und 6 wird der Wahlvorstand nach § 17 bestellt. Im Fall der Nr. 5 bestellt den Wahlvorstand nach § 23 II das ArbG.

b) Wesentliche Veränderung der Belegschaftsstärke. Mit der Regelung in Nr. 1 sollen die Größe 3
des BR an die veränderte Belegschaftsgröße angepasst und Zweifel an seiner Legitimation vermieden werden. Der Stichtag für die Feststellung der Belegschaftsstärke dient der Rechtssicherheit. Frühere oder spätere vorübergehende Änd. sind ohne Bedeutung. Entscheidend ist der Wahltag, nicht die Amtszeit des BR; bei einer Wahl über mehrere Tage, entscheidet der letzte Tag der Stimmabgabe. Nach §§ 186 ff. BGB läuft die 24-Monatsfrist mit dem Tag ab, der seiner Zahl nach dem Tag der Wahl entspricht, so dass der darauf folgende Tag maßgebl. Stichtag ist. Der Stichtag ist ebenso zu berechnen, wenn der BR außerhalb des regelm. Wahlzeitraums gewählt wurde. Dabei kann sich die Notwendigkeit der Neuwahl nach Nr. 1 auch zweimal ergeben. Abzustellen ist auf die Zahl der regelm. beschäftigten AN sowie LeihAN. Nur vorübergehend Beschäftigte sind ebenso wenig zu berücksichtigen wie die in § 5 II genannten Personen und die leitenden Angestellten nach § 5 III. Da es auf die Wahlberechtigung nicht ankommt, sind die noch nicht volljährigen AN mitzuzählen. Unbeachtl. ist, ob die Veränderung auch nach der Staffel des § 9 zu einer anderen Größe des BR führt. Es sind daher auch Neuwahlen durchzuführen, wenn die etwa durch Ausscheiden aus dem Betrieb reduzierte Zahl der BRmitglieder der neuen Belegschaftsstärke entspricht. Nach § 21 S. 5 bleibt der BR bis zur Bekanntgabe des Wahlergebnisses des neuen BR im Amt (s. § 21 Rn. 4). Das Gleiche gilt für seine Ausschüsse und den Wirtschaftsausschuss (LAG HE 17.8.1993 BB 1994, 717). Der BR hat unverzügl. einen Wahlvorstand zu bestellen. Unterlässt er dies, kann das ArbG den Wahlvorstand analog § 16 II bestellen.

c) Geringe Zahl der Betriebsratsmitglieder. Der Tatbestand der Nr. 2 setzt voraus, dass die Mit- 4
gliedschaft im BR endgültig erloschen ist. Dabei kommen alle Beendigungsgründe in Betracht (s. § 24 Rn. 3). Zeitweilige Verhinderungen führen auch dann nicht zu Neuwahlen, wenn es kein Ersatzmitglied mehr gibt. Für die Berechnung der „vorgeschriebenen Zahl" ist die Anzahl der nach §§ 9, 11 bei der Wahl festgestellten und nach § 3 II Nr. 4 WO im Wahlausschreiben ausgewiesenen BRmitglieder maßgeblich, auch wenn sie herabgesetzt war. Entspr. gilt, wenn irrtüml. eine zu hohe oder zu geringe Anzahl von BRmitgliedern gewählt und die Wahl nicht angefochten wurde. Der BR muss auch neu gewählt werden, wenn die verringerte Anzahl von BRmitgliedern wegen einer gleichzeitigen Verringerung der Belegschaftszahlen der Staffel des § 9 entspricht. Eine Neuwahl erfolgt nicht, wenn nach Einrücken aller Ersatzmitglieder des Minderheitengeschlechts die nach § 15 II erforderl. Mindestzahl nicht mehr erreicht wird. Scheidet in einem **einköpfigen BR** das BRmitglied *oder* das Ersatzmitglied dauerhaft aus, findet keine Neuwahl statt (LAG HM 22.8.1990 DB 1990, 2531). Die Zahl der BRmitglieder bleibt unverändert. Scheiden beide aus, findet eine BR-Wahl nach Abs. 1 Nr. 6 statt, weil es keinen BR mehr gibt. Die Vorschr. verlangt das **Nachrücken „sämtlicher" Ersatzmitglieder.** Daher kommt nach § 25 II eine Neuwahl erst nach vollständiger Erschöpfung der Liste der Ersatzmitglieder – ungeachtet ihrer Listenzugehörigkeit – in Betracht. Dabei muss § 15 II nur beachtet werden, solange Vertreter des Minderheitengeschlechts zur Vfg. stehen. § 21 S. 5 verlängert die Amtszeit des nicht mehr vollständigen BR bis zur Bekanntmachung des Wahlergebnisses des neuen BR. Zur Pflicht, unverzügl. die Neuwahl zu ermöglichen, gelten die Ausführungen zu II Nr. 1 (Rn. 4) entspr. Wird ein von zwei Unternehmen geführter **Gemeinschaftsbetrieb** aufgelöst, weil eines der beiden Unternehmen seine betriebl. Tätigkeit einstellt, führt dies grds. nicht zur Beendigung der Amtszeit des für den Gemeinschaftsbetrieb gewählten BR. Dieser nimmt für die verbliebenen AN des anderen Unternehmens weiterhin seine Mitbestimmungsrechte wahr (BAG 19.11.2003 NZA 2004, 435).

d) Rücktritt des Betriebsrats. Seinen Rücktritt muss der BR nach Nr. 3 „mit der Mehrheit seiner 5
Mitglieder", dh. mit absoluter Mehrheit beschließen. Er erfasst das gesamte Organ BR und damit neben den überstimmten Mitgliedern auch die Ersatzmitglieder. Mit dem Rücktrittsbeschluss endet seine Amtszeit (§ 21 S. 5). Eine Mitteilung an den AG oder an die Belegschaft ist nicht erforderlich. Der BR führt jedoch nach § 22 die Geschäfte weiter, bis ein neuer BR gewählt ist. Die Ersatzmitglieder rücken nicht nach, da das BRamt erloschen ist. Sie können nur in den nach § 22 geschäftsführenden BR nachrücken. Wie in den Fällen der Nrn. 1 und 2 ist dieser verpflichtet, unverzügl. einen Wahlvorstand zu bestellen (Rn. 4; s. § 22 Rn. 2). Auch der aus **einer Person bestehende BR** kann zurücktreten. Soweit das G die „Mehrheit seiner Stimmen" verlangt, wird nur die hierfür erforderl. qualifizierte Mehrheit festgelegt. Es wird nicht die Rücktrittsmöglichkeit beschränkt. Beim einköpfigen BR ist durch Auslegung der Erkl. festzustellen, ob der Rücktritt oder eine **Niederlegung des BRamts** nach

§ 24 I Nr. 2 gewollt war. Sollte die Amtszeit des BRorgans beendet werden, handelt es sich um einen Rücktritt. Wollte er sich aus – persönl. – Gründen zurückziehen, ist regelm. eine freiwillige Amtsniederlegung anzunehmen. Der praktische Unterschied besteht va. darin, dass nur im letzten Fall Ersatzmitglieder nachrücken können. Eine Amtsniederlegung aller BRmitglieder und aller Ersatzmitglieder beendet ihr Amt sofort. Sie führen nicht die Geschäfte nach § 22 weiter. Oft lässt sich die Niederlegung als kollektiver Rücktritt verstehen (aA GK-BetrVG/*Kreutz/Jacobs* Rn. 69). Es ist kaum jemals anzunehmen, dass der bisherige BR eine betriebsratslose Zeit beabsichtigt. Eine gerichtl. Überprüfung des Rücktrittsbeschlusses im Hinblick auf die Gründe ist ausgeschlossen (BAG 3.4.1979 AP BetrVG 1972 § 13 Nr. 1).

6 **e) Sonstige Anlassfälle (Nrn. 4 bis 6).** Ist die BRwahl angefochten, bleibt der BR bis zur rkr. für ihn negativen Entscheidung im Amt (s. § 19 Rn. 6). Um zu verhindern, dass der Betrieb danach bis zur nächsten regelm. Wahl betriebsratlos bleibt, eröffnet Nr. 4 die Möglichkeit der Neuwahl. Der BR kann durch seinen Rücktritt nicht verhindern, dass nach Rechtskraft der Entscheidung erst einmal eine betriebsratslose Zeit entsteht. Die rkr. gerichtl. Entscheidung führt auch zum Verlust der Befugnis, nach § 22 die Geschäfte des BR weiterzuführen (BAG 29.5.1991 NZA 1992, 74). Die Anfechtung der Wahl eines einzelnen BRmitglieds berührt den Bestand des BR nicht und führt ledigl. zum Nachrücken seines Ersatzmitglieds. Ist **der BR rkr.** nach § 23 **aufgelöst** (Nr. 5), endet seine Amtszeit. Er führt die Geschäfte nicht bis zur Neuwahl weiter. Die Bestellung des Wahlvorstands erfolgt nach § 23 II durch das Gericht (s. § 23 Rn. 16). Werden einzelne Mitglieder des BR ausgeschlossen, rücken die Ersatzmitglieder nach. Sind keine Ersatzmitglieder vorhanden, sind Neuwahlen nach Abs. 2 Nr. 2 möglich. **Fehlt ein BR**, muss nach Nr. 6 mit seiner Wahl nicht bis zum nächsten Wahlzeitraum gewartet werden. Aus welchem Grund kein BR existiert, ist gleichgültig. Die Bestellung des Wahlvorstands erfolgt nach § 17 durch den GBR oder KBR, die BetrVers bzw. das ArbG (s. § 17 Rn. 1), es sei denn es liegt ein Fall vor, in dem der BR ein Übergangsmandat hat (s. § 21a Rn. 7). Kündigen sämtl. BRmitglieder sowie Ersatzmitglieder ihr ArbVerh, so endet auch das Amt des BR selbst (LAG D 15.4.2011 NZA-RR 2011, 531).

7 **3. Anschluss an die regelmäßigen Wahlzeiträume.** Abs. 3 stellt sicher, dass die ausnahmsweise vorzeitig gewählten BR wieder in den regelm. Wahlzeitraum eingegliedert werden. Regelm. ist nach Abs. 3 S. 1 im nächstfolgenden Wahlzeitraum neu zu wählen. Die Amtszeit des BR wird dadurch verkürzt. Unter den Voraussetzungen des Abs. 3 S. 2 verlängert sich die Amtszeit des BR. Die Rückkehr zum regelm. Wahlrhythmus erfolgt erst im übernächsten Wahlzeitraum. Für den Beginn der Amtszeit ist die Bekanntgabe des Wahlergebnisses entscheidend (s. § 21 Rn. 2). Dieser Tag wird nicht mitgezählt. Die Frist berechnet sich nach den §§ 186 ff. BGB. Liegt die Bekanntgabe des Wahlergebnisses der außerordentl. durchgeführten Wahl am 1. März des dem regelm. Wahljahr vorausgegangenen Jahres oder später, ist erst im übernächsten Wahlzeitraum wieder regulär zu wählen, ansonsten im nächsten Wahlzeitraum.

§ 14 Wahlvorschriften

(1) **Der Betriebsrat wird in geheimer und unmittelbarer Wahl gewählt.**

(2) [1]**Die Wahl erfolgt nach den Grundsätzen der Verhältniswahl.** [2]**Sie erfolgt nach den Grundsätzen der Mehrheitswahl, wenn nur ein Wahlvorschlag eingereicht wird oder wenn der Betriebsrat im vereinfachten Wahlverfahren nach § 14a zu wählen ist.**

(3) **Zur Wahl des Betriebsrats können die wahlberechtigten Arbeitnehmer und die im Betrieb vertretenen Gewerkschaften Wahlvorschläge machen.**

(4) [1]**Jeder Wahlvorschlag der Arbeitnehmer muss von mindestens einem Zwanzigstel der wahlberechtigten Arbeitnehmer, mindestens jedoch von drei Wahlberechtigten unterzeichnet sein; in Betrieben mit in der Regel bis zu zwanzig wahlberechtigten Arbeitnehmern genügt die Unterzeichnung durch zwei Wahlberechtigte.** [2]**In jedem Fall genügt die Unterzeichnung durch fünfzig wahlberechtigte Arbeitnehmer.**

(5) **Jeder Wahlvorschlag einer Gewerkschaft muss von zwei Beauftragten unterzeichnet sein.**

1 **1. Wahlgrundsätze.** Die Vorschr. bestimmt die Grundsätze für die Durchführung der BRwahl, einschließl. des Wahlvorschlagsrechts. Die aufgrund § 128 erlassene WO ergänzt und konkretisiert die Wahlvorschr. Die Vorschr. ist zwgd. Abweichende Wahlbestimmungen können auch durch BV oder TV nicht geschaffen werden. Dies gilt grds. auch für die nach § 3 I Nr. 1–3 gebildeten BR. Die Bildung einer anderen ANvertretungsstruktur nach Nr. 3 muss jdf. demokratischen Grundsätzen entsprechen. Die Norm gilt nicht für den GBR (s. § 47), KBR (s. § 55) und die Gesamt-JAV (s. § 72). Ein BR kann nur durch **Wahl** der AN errichtet werden. Eine andere Möglichkeit besteht nicht. Jede andere Form der Errichtung ist unzul. und nichtig; das ArbG kann nur nach den §§ 16 II und 23 II einen Wahlvorstand bestellen. Die Wahl ist **frei.** Die Teilnahme an der Wahl ist keine Pflicht, sondern ein Recht des wahlberechtigten AN. Das Wahlrecht ist unverzichtbar. Jede Behinderung der Wahl ist unzulässig.

Die Beeinflussung der Wähler darf über die übl. Wahlwerbung nicht hinausgehen. Wer an der Wahl teilnimmt, darf keine Nachteile erleiden. Die Wahl ist daher grds. während der AZ durchzuführen und darf nach § 20 III nicht zur Minderung des Arbeitsentgelts führen. **Geheime** Wahlen verlangen eine Stimmabgabe, bei der für Dritte nicht erkennbar ist, welche Wahlentscheidung der Wähler getroffen hat (BAG 12.6.2013 NZA 2013, 1368). Der Inhalt der Wahlentscheidung muss geheim bleiben, nicht, ob jemand gewählt hat oder nicht. Die Geheimhaltung schließt eine Wahl durch offene Abstimmung auf einer BetrVers oder durch Zuruf aus. Vorgedruckte Stimmzettel sind erforderlich, damit der Wähler nicht an der Handschrift erkannt werden kann. Weder Wahlhelfer noch Dritte dürfen beim Ausfüllen des Stimmzettels Hilfe leisten, auch nicht als Dolmetscher für AN mit unzureichenden deutschen Sprachkenntnissen. Blinde oder sonst körperl. behinderte AN, denen es unmögl. ist, den Wahlzettel ohne fremde Hilfe auszufüllen, dürfen eine Vertrauensposition zur Wahlhandlung hinzuziehen. Die Briefwahl verstößt nicht gegen das Wahlgeheimnis, wenn die Voraussetzungen der §§ 24 ff. WO eingehalten werden (BAG 27.1.1993 NZA 1993, 949). Während der laufenden BRwahl darf der Wahlvorstand Dritten keine Einsicht in die mit dem Stimmabgabevermerk versehene Wählerliste gestatten (BAG 6.12.2000 AP BetrVG 1972 § 19 Nr. 48). Der AN muss über seine Stimmabgabe keine Auskunft erteilen. **Unmittelbare Wahl** bedeutet, dass ohne Zwischenschalten von Wahlmännern oder Delegierten gewählt wird. Die Stimmabgabe muss nach § 25 Nr. 1 WO stets persönl. sein. Die Wahl ist **gleich** (*Löwisch* BB 2014, 117). Jeder Wähler hat mit seiner Stimme den gleichen Einfluss auf das Wahlergebnis. Die Wahl ist **allgemein.** Jeder Wahlberechtigte kann sein Wahlrecht in formal gleicher Wiese ausüben. Er darf nicht unberechtigt – etwa wegen seines Geschlechts, seiner Religion, der Gewerkschaftszugehörigkeit – von der Wahl ausgeschlossen werden. Eine Aufteilung in Wahlkreise, in denen sich die Kandidaten gesondert zur Wahl stellen, ist unzulässig.

2. Verhältniswahl/Mehrheitswahl. a) Grundsatz. Das Wahlsystem für die BRwahl unterscheidet 2 zwischen Mehrheits- und Verhältniswahl. Entscheidend ist weiter, ob ein ein- bzw. dreiköpfiger BR oder ein BR mit einer größeren Anzahl von Mitgliedern zu wählen ist. Wird nur ein (gültiger) Wahlvorschlag (Vorschlagsliste) eingereicht oder ist der BR im vereinfachten Wahlverfahren nach § 14a zu wählen, findet nach Abs. 2 S. 2 eine Mehrheitswahl statt. Da das vereinfachte Wahlverfahren für Betriebe mit bis zu 50 AN vorgesehen ist, werden ein- und dreiköpfige BR generell in Mehrheitswahl gewählt. Werden für die Wahl mind. zwei Vorschlagslisten eingereicht, sind mehr als drei Sitze für den BR zu vergeben und ist das vereinfachte Wahlverfahren nicht nach § 14a V vereinbart, findet nach Abs. 2 S. 1 eine Verhältniswahl statt. Verstöße gegen die Wahlbestimmungen nach § 14 können unter den weiteren Voraussetzungen des § 19 die Anfechtung der Wahl rechtfertigen. Nur bei krassen Verstößen kommt Nichtigkeit der Wahl in Betracht (s. § 19 Rn. 12). Streitigkeiten aus den Wahlvorschr. sind im BeschlV zu entscheiden. Sie können unabhängig von der Anfechtung schon während des Wahlverfahrens gerichtl. ausgetragen werden (s. § 18 Rn. 7). Antragsberechtigt sind neben den in § 19 genannten Personen und Organen jeder, der in seinem aktiven oder passiven Wahlrecht durch Maßnahmen des Wahlvorstands betroffen sein könnte.

b) Verhältniswahl. Dies ist ein Wahlsystem, das die Repräsentanz der verschiedenen Wahlalternati- 3 ven – entspr. ihrem Verhältnis zueinander – im Vertretungsorgan gewährleistet. Ein bestimmter Anteil von Stimmen soll zu einem entspr. Anteil von Vertretern führen, damit möglichst keine Stimme verloren geht und auch Minderheiten entspr. ihrer Stärke vertreten sind. Die Verhältniswahl erfolgt als Listenwahl. Der Wähler kann nur die Liste als Ganzes wählen oder ablehnen, hat aber nicht die Möglichkeit, Bewerber zu streichen oder andere hinzuzusetzen. Der Wähler hat eine Stimme, unabhängig von der Anzahl der zu wählenden Vertreter. Je mehr Stimmen die Liste erhält, desto mehr Kandidaten rücken von dieser Liste in den BR ein. Nach § 15 WO wird das Verhältniswahlsystem des Höchstzahlenverfahrens nach d'Hondt verwandt. Danach werden die auf die verschiedenen Listen entfallenden Stimmenzahlen nebeneinandergestellt und jeweils durch 1, 2, 3, 4 usw. geteilt. Entspr. den so gefundenen Teilzahlen werden die Sitze den Höchstzahlen zugewiesen bis keine Sitze mehr zu vergeben sind. Jede Vorschlagsliste erhält damit so viele Sitze im BR, wie Höchstzahlen auf sie entfallen. Entfällt die niedrigste in Betracht kommende Höchstzahl auf mehrere Vorschlagslisten, entscheidet nach § 15 II WO das Los, welcher Liste der Sitz zufällt. Entfallen auf eine Liste mehr BRsitze als sie Bewerber enthält, gehen die nicht in Anspruch genommenen Sitze nach § 15 III WO auf die anderen Listen in der Reihenfolge der nächsten Höchstzahlen über. Bei der Verteilung der Sitze des **Geschlechts in der Minderheit** sind nach § 15 V Nr. 5 WO auf den einzelnen Vorschlagslisten nur die Angehörigen dieses Geschlechts in der Reihenfolge ihrer Benennung zu berücksichtigen. Sie treten nach § 15 V Nr. 1 WO an die Stelle der dort besser postierten Angehörigen des anderen Geschlechts (iE § 15). Die nicht gewählten Bewerber einer Liste sind in der Reihenfolge der Liste **Ersatzmitglieder** (Einzelheiten s. § 25 Rn. 6).

c) Mehrheitswahl. Sie ist nach Abs. 2 S. 2 eine Personenwahl. Der Wahlvorschlag kann nicht 4 einheitl. angenommen werden. Es werden nicht Listen als Ganzes, sondern die einzelnen Kandidaten auf der Liste gewählt. Jeder Wähler darf dort höchstens so viele Kandidaten ankreuzen, wie Sitze zu vergeben sind. Kreuzt er mehr Kandidaten an, ist seine Stimme nach den §§ 20 III, 11 IV WO ungültig. Die zu vergebenden Sitze werden unter Berücksichtigung des Minderheitengeschlechts entspr. der erreichten Stimmenzahl auf die Wahlbewerber verteilt. Dazu werden nach § 22 I und II WO in getrennten Auszählungen erst einmal die dem Minderheitengeschlecht zustehenden Sitze und dann die weiteren Sitze unabhängig vom Geschlecht der Bewerber verteilt (s. § 15 Rn. 6). Ersatzmitglieder sind jeweils die Bewerber mit der nächst höchsten Stimmenzahl (s. § 25).

5 **3. Wahlvorschläge. a) Bewerber.** Mit dem Wahlvorschlag werden schriftl. oder im vereinfachten Verfahren nach § 14a auch mündl. Personen als Wahlkandidaten benannt. Eine BRwahl, die nicht auf Grund von Wahlvorschlägen durchgeführt wird, ist **nichtig,** nicht nur anfechtbar. Die Wahlbewerber genießen von der Benennung im Wahlvorschlag an nach § 15 III KSchG einen speziellen Kündigungsschutz. Sind mehrere Personen zu wählen, bestimmt § 6 II WO, dass die Vorschlagsliste mind. doppelt so viel Bewerber aufweisen soll, als zu wählen sind. Die Verletzung dieser bloßen Sollvorschr. ist unschädlich. Selbst die Benennung nur eines einzigen Wahlbewerbers ist gültig (BAG 29.6.1965 AP BetrVG § 13 Nr. 11). Ein Bewerber darf nach § 6 VIII WO nur auf einer Vorschlagsliste kandidieren. Ist nur eine Person zu wählen, soll jeder Einzelvorschlag nach § 33 II WO iVm. § 6 II WO zwei Bewerber umfassen. Zu den Anforderungen an die Wahlvorschläge, die Einreichungsfristen, die Prüfung der Gültigkeit der Vorschläge durch den Wahlvorstand und die Bekanntmachung (§§ 6–10, § 33 WO).

6 **b) Vorschlagsberechtigung.** Vorschlagsberechtigt sind nach § 14 III 1. Alt. die nach § 7 S. 1, 2 wahlberechtigten AN. Der schriftl. Wahlvorschlag muss nach den Abs. 4 ein bestimmtes Quorum von Stützunterschriften vorsehen, um völlig aussichtslose Vorschläge und Stimmenzersplitterung zu vermeiden. Ein Wahlvorschlag mit einer zu geringen Zahl von Stützunterschriften ist nach § 8 I Nr. 3 WO ungültig (BAG 25.5.2005 NZA 2006, 116). Ergibt die Berechnung des Zwanzigstels keine volle Zahl, ist auf die nächste volle Zahl aufzurunden, denn nur dann ist das erforderl. Mindestquorum überschritten. Bei 162 wahlberechtigten AN sind 9 Unterschriften nötig. Für den Wahlvorschlag zum einköpfigen BR genügen nach Abs. 4 S. 1 Hs. 2 zwei Stützunterschriften. Nach § 3 II Nr. 6 WO muss die erforderl. Mindestanzahl nach § 14 IV im Wahlausschreiben angegeben werden. Deshalb sind die erforderl. Quoren auf der Basis der am Tag des Erlasses des Wahlausschreibens gegebenen Beschäftigten zu berechnen. Die erforderl. Zahl von Stützunterschriften müssen nach § 8 I Nr. 3 VO vorliegen, wenn der Wahlvorschlag eingereicht wird. **Verbindliche Vorabstimmungen** der Belegschaft über die Auswahl der Kandidaten sind nicht zulässig. Abs. 4 regelt das Vorschlagsrecht abschl. Jedoch sind sonstige Abstimmungen der AN über die zu benennenden Kandidaten und die Reihenfolge nicht nur zulässig, sondern unerlässlich. Die **Verbindung** mehrerer rechtsgültig eingereichter Vorschlagslisten zur Bündelung der Wählerstimmen ist nach § 6 VI WO unzulässig. Sie können auch nicht zu einer Vorschlagsliste zusammengefasst werden.

7 **c) Form.** Die Stützunterschriften müssen sich entweder auf dem Wahlvorschlag selbst befinden oder Vorschlags- und Unterschriftenliste müssen eine einheitl. **Urkunde** bilden. Dies kann sich aus einer körperl. festen Verbindung der Blätter oder aus sonstigen, den Schriftstücken anhaftenden Merkmalen ergeben, zB der Wiedergabe des Kennworts auf den einzelnen Blättern (BAG 25.5.2005 NZA 2006, 116). Zulässig ist die Zirkulation mehrerer Exemplare eines Wahlvorschlags, sofern sie bezügl. der Personen und der Reihenfolge der Bewerber identisch sind. Der Wahlvorschlag muss persönl. **unterschrieben** sein, eine Unterzeichnung auf einem „Ketten-Fax" (zum SGB IX: BAG 20.1.2010 AP SGB IX § 97 Nr. 2) oder durch Einscannen einer Unterschrift ist nach dem BAG nicht zul. Das Erg. überrascht ein wenig angesichts der Möglichkeit, mit diesen Kommunikationsmitteln Rechtsmittel einzulegen. Bei Betrieben mit im Ausland gelegenen Betriebsstätten müssen daher die Postlaufzeiten bei den Fristen für die Einreichung von Wahlvorschlägen berücksichtigt werden. Im Wahlvorschlag aufgeführte Bewerber und Mitglieder des Wahlvorstands sind **unterzeichnungsberechtigt** (BAG 6.11.2013 NZA 2015, 128). Der Wahlvorschlag ist ein **Vorschlag aller Unterzeichner,** nicht allein des Listenvertreters (BAG 15.12.1972 NJW 1973, 1016). Seine Änd. (Ergänzung/Streichung von Kandidaten, offen BAG 18.7.2012 AP BetrVG 1972 § 19 Nr. 62) ohne Einverständnis aller bisherigen Unterstützer macht diesen ungültig (BAG 21.1.2009 NZA-RR 2009, 481; RB anh. 7 ABR 19/16, Termin 13.12.2017). Ist ein AN mit seiner Zustimmung in eine Vorschlagsliste aufgenommen worden, kann er seine Bewerbung nur mit Zustimmung aller Unterstützer **zurückziehen,** weil dies eine Änd. des Wahlvorschlags bedeutet (BAG 15.12.1972 NJW 1973, 1016). Der Gewählte hat nur die Möglichkeit, nach § 17 I 2 WO die Annahme des Amts abzulehnen. Dies gilt nicht für den Sonderfall der Doppelkandidatur, der speziell in § 6 VII WO geregelt ist. Die **Unterzeichnung von Wahlvorschlägen** ist eine einseitige, empfangsbedürftige Willenserkl., sie kann nach Eingang des Wahlvorschlags beim Wahlvorstand nicht mehr zurückgezogen werden (BAG 1.6.1966 AP WO § 6 Nr. 2). Dies gilt nicht für den Sonderfall, dass ein Wahlberechtigter unzulässigerweise mehrere Wahlvorschläge unterzeichnet hat (§ 6 V WO). Vor Einreichen des Wahlvorschlags kann der Wahlberechtigte seine Unterstützung jdf. durch Erkl. ggü. dem Wahlvorstand zurückziehen bzw. widerrufen, soweit man nicht schon ausreichen lässt, dass er schlicht seine Unterschrift durchstreicht. Der Wahlvorstand hat sicherzustellen, dass am letzten Tag der Frist eingehende Wahlvorschläge noch sofort geprüft werden und die Listenvertreter über etwaige Mängel informiert werden können (§ 7 II WO, BAG 25.5.2005 NZA 2006, 116). Die Prüfungspflicht des Wahlvorstands erstreckt sich auf alle erkennbaren Unwirksam-

keitsgründe für den eingereichten Wahlvorschlag und umfasst alle erkennbaren Umstände, die geeignet sind, seine Gültigkeit in Frage zu stellen (BAG 21.1.2009 NZA-RR 2009, 481).

d) Gewerkschaft. Deren Wahlvorschlagsrecht gehört zu den Aufgaben und Befugnissen iSd. § 2 II (s. § 2 Rn. 4, ArbG Verden 7.10.2013 NZA-RR 2014, 19). Ein Wahlvorschlag nach § 14 V liegt nur vor, wenn er von zwei Gewerkschaftsbeauftragten unterzeichnet ist; gleiches gilt für dessen Änd. (RB anh. 7 ABR 19/16, Termin: 13.12.2017). Nur dann darf die Bezeichnung der Gewerkschaft auch als Kennwort der Liste verwendet werden (BAG 26.10.2016 NZA-RR 2017, 194). Mögl. sind gemeinsame Wahlvorschläge (LAG MV 3.5.2010 – 2 TaBVGa 2/10). Die Gewerkschaft bestimmt selbst, wer ihre **Beauftragten** sind. Der Auftrag muss sich unmittelbar aus der Satzung ergeben oder durch satzungsmäßige Organe wirksam ausgesprochen werden; er ist ggf. nachzuweisen. Will die Gewerkschaft einen Wahlvorschlag machen, muss mind. ein AN unabhängig von seiner Wahlberechtigung Mitglied dieser Gewerkschaft sein (zum Nachweis BAG 25.3.1992 NZA 1993, 134). Die Gewerkschaften können auch Nichtmitglieder vorschlagen. Die Unterzeichnung muss vor Ablauf der Frist für die Einreichung von Wahlvorschlägen erfolgt sein (s. § 8 I Nr. 3 iVm. § 27 WO). Die Gewerkschaft kann auch einen Wahlvorschlag von Dritten, der wegen ungenügender Anzahl von Stützungsunterschriften ungültig wäre, vor dem Einreichen unterstützen und ihn so übernehmen. 8

§ 14a Vereinfachtes Wahlverfahren für Kleinbetriebe

(1) [1]**In Betrieben mit in der Regel fünf bis fünfzig wahlberechtigten Arbeitnehmern wird der Betriebsrat in einem zweistufigen Verfahren gewählt.** [2]**Auf einer ersten Wahlversammlung wird der Wahlvorstand nach § 17a Nr. 3 gewählt.** [3]**Auf einer zweiten Wahlversammlung wird der Betriebsrat in geheimer und unmittelbarer Wahl gewählt.** [4]**Diese Wahlversammlung findet eine Woche nach der Wahlversammlung zur Wahl des Wahlvorstands statt.**

(2) **Wahlvorschläge können bis zum Ende der Wahlversammlung zur Wahl des Wahlvorstands nach § 17a Nr. 3 gemacht werden; für Wahlvorschläge der Arbeitnehmer gilt § 14 Abs. 4 mit der Maßgabe, dass für Wahlvorschläge, die erst auf dieser Wahlversammlung gemacht werden, keine Schriftform erforderlich ist.**

(3) [1]**Ist der Wahlvorstand in Betrieben mit in der Regel fünf bis fünfzig wahlberechtigten Arbeitnehmern nach § 17a Nr. 1 in Verbindung mit § 16 vom Betriebsrat, Gesamtbetriebsrat oder Konzernbetriebsrat oder nach § 17a Nr. 4 vom Arbeitsgericht bestellt, wird der Betriebsrat abweichend von Absatz 1 Satz 1 und 2 auf nur einer Wahlversammlung in geheimer und unmittelbarer Wahl gewählt.** [2]**Wahlvorschläge können bis eine Woche vor der Wahlversammlung zur Wahl des Betriebsrats gemacht werden; § 14 Abs. 4 gilt unverändert.**

(4) **Wahlberechtigten Arbeitnehmern, die an der Wahlversammlung zur Wahl des Betriebsrats nicht teilnehmen können, ist Gelegenheit zur schriftlichen Stimmabgabe zu geben.**

(5) **In Betrieben mit in der Regel 51 bis 100 wahlberechtigten Arbeitnehmern können der Wahlvorstand und der Arbeitgeber die Anwendung des vereinfachten Wahlverfahrens vereinbaren.**

1. Vorbemerkung. Das vereinfachte Wahlverfahren soll die Wahl von BR erleichtern und anregen (BT-Drs. 14/5741 S. 37). Fristen sind verkürzt, die Urnenwahl ist durch eine Wahlversammlung ersetzt. Es findet nach Abs. 1 in Betrieben mit bis zu 50 wahlberechtigten AN statt. In Betrieben mit bis zu 100 AN kann es nach Abs. 5 mit dem AG vereinbart werden. IÜ kann es nicht frei gewählt werden. Wird das vereinfachte Verfahren in anderen Betrieben durchgeführt oder wird umgekehrt in den für dieses Verfahren vorgesehenen Betrieben die Wahl nach den für die übrigen Betriebe geltenden allgemeinen Wahlvorschr. durchgeführt, ist die Wahl nach § 19 anfechtbar (BAG 19.11.2003 AP BetrVG 1972 § 19 Nr. 54). Die Wahlberechtigung richtet sich nach § 7 S. 1, 2. Für die Ermittlung der Schwellenwerte und den Beurteilungsspielraum des Wahlvorstands gelten die Ausf. zu § 9 Rn. 1. Nach Abs. 3 ist das Verfahren einstufig, wenn der Wahlvorstand nach den §§ 16, 17 I, IV durch den BR, GBR, KBR oder vom ArbG bestellt wird. Nach Abs. 1 ist es zweistufig, wenn der Wahlvorstand nach den §§ 17 II, 17a Nr. 3 auf einer BetrVers gewählt wird. Von der Vorschr. kann auch durch TV oder BV abgewichen werden; sie gilt nicht für die Wahl von Bordvertretungen, SeeBR oder für die Bestellung des GBR, KBR, der GesamtJAV oder der KonzernJAV. Ein Verstoß gegen das in § 14 geregelte Verfahren kann je nach Schwere eine Wahlanfechtung rechtfertigen oder zur Nichtigkeit der Wahl führen (s. § 19 Rn. 2ff. und 12ff.). Eine gerichtl. Klärung kann schon während des Wahlverfahrens erfolgen. Freil. ist dies wegen der Kürze des vereinfachten Verfahrens allenfalls für den Fall einer einstweiligen Vfg. denkbar (s. § 18 Rn. 7). 1

2. Zweistufiges Verfahren. a) Einladung. In betriebsratslosen Betrieben, in denen der Wahlvorstand nicht schon nach den §§ 16, 17 I, IV bestellt ist, wird er nach Abs. 1 S. 2 auf einer BetrVers nach § 17a Nr. 3 von der Mehrheit der anwesenden AN gewählt. Zu dieser Versammlung können nach § 17a Nr. 3, 17 III drei wahlberechtigte AN oder eine im Betrieb vertretene Gewerkschaft (s. § 2 Rn. 4) spätestens 7 Tage vorher einladen – § 28 I 1, 2 WO. Die **Einladung** ist durch Aushang an 2 geeigneter Stelle im Betrieb bekannt zu machen. Informations- und Kommunikationstechnik kann grds. nur erg. herangezogen werden – § 28 I 4 WO. Elektronische Form ist – auch ohne qualifiziert signiertes Dok. (*Fitting* Rn. 12) – nach §§ 28 I 4, 2 IV 4 WO als ausschließl. Art der Inf. zulässig, wenn alle AN von ihr Kenntnis nehmen können und ihre Änd. nur von der einladenden Stelle aus mögl. ist. Die erforderl. Technik ist den einladenden AN bzw. der einladenden Gewerkschaft zur Vfg. zu stellen. Die Einladung muss nach § 28 I 5 WO Folgendes enthalten: Ort, Tag und Zeit der Wahlversammlung, den Hinweis, dass Wahlvorschläge zur Wahl des BR bis zum Ende der Versammlung gemacht werden können, dass diese Vorschläge von der in § 14 IV genannten Anzahl wahlberechtigter AN unterzeichnet sein müssen und das Wahlvorschläge, die erst auf dieser Versammlung gemacht werden, nicht der Schriftform bedürfen. Unverzügl. nach Aushändigung der Einladung hat der AG nach § 28 II WO der einladenden Stelle alle für die Anfertigung einer Wählerliste erforderl. Unterlagen in einem versiegelten Umschlag zu übergeben.

3 **b) Erste Wahlversammlung.** Sie findet nach § 44 I grds. während der AZ statt, ein Versammlungsleiter muss nicht gewählt werden. Die Mehrheit der anwesenden AN des Betriebs einschließl. der AN nach § 7 S. 2 wählt nach § 17a Nr. 3 S. 1 und § 29 S. 3 WO den **Wahlvorstand** und seinen Vorsitzenden. Der Wahlvorstand hat nach § 17a Nr. 2 und § 29 S. 2 WO drei Mitglieder. Jedes braucht die Stimmenmehrheit. Solange nicht mehr als drei Kandidaten zur Vfg. stehen, sollen sie auch gemeinsam gewählt werden dürfen. Eine Mindestzahl von Anwesenden ist nicht erforderlich. Eine förml. geheime Wahl ist nicht vorgesehen. Der Wahlvorstand muss nach § 30 I WO noch auf der Versammlung die **Wählerliste** getrennt nach den Geschlechtern, aufstellen. Dabei muss er nach § 2 I 3 WO die nicht passiv Wahlberechtigten ausweisen. Hierzu übergeben ihm die Einladenden nach § 30 I 3 WO den Umschlag mit den Angaben, den sie nach § 28 II WO vom AG erhalten haben. Der teilnahmeberechtigte AG (aA Richardi/*Thüsing* Rn. 13; DKKW/*Homburg* Rn. 11; s. § 17) hat nach § 2 II WO weitere erforderl. Auskünfte zu erteilen. Nach § 30 II WO ist die Einspruchsfrist gegen die Wählerliste auf drei Tage verkürzt. Im Anschluss an ihre Aufstellung erlässt der Wahlvorstand nach § 31 I WO noch in der Wahlversammlung das **Wahlausschreiben.** Es ist bis zum letzten Tag der Stimmabgabe nach § 30 II WO an den Wahlberechtigten zugängl. geeigneten Stellen vom Wahlvorstand auszuhändigen. Unter den gleichen Voraussetzungen wie die Einladung zur Wahlversammlung kann das Wahlausschreiben nach § 31 II 2 und 3 WO mit Hilfe vorhandener Informations- oder Kommunikationstechnik bekannt gegeben werden. Sein zwgd. Inhalt ist in § 31 I Nrn. 1–15 WO geregelt. Nach § 33 I WO können bis zum Schluss der Versammlung **Wahlvorschläge** für die BRwahl eingereicht werden, die zu protokollieren sind. Da in Mehrheitswahl gewählt wird erfolgen die Vorschläge durch namentl. Benennung der Kandidaten. Eine Nachfrist kann der Wahlvorstand im vereinfachten Verfahren nicht setzen. Werden Vorschläge von AN erst in der Wahlversammlung gemacht, bedürfen sie nach **Abs. 2** nicht der Schriftform. Die nach § 14 IV erforderl. Unterstützung kann durch Handzeichen ersetzt werden (BT-Drs. 14/5741 S. 37). Unterstützt dabei ein Wahlberechtigter mehrere Vorschläge muss er nach § 33 II WO nach Aufforderung durch den Wahlvorstand erklären, welche Unterstützung er aufrecht erhält. Wahlvorschläge einer im Betrieb vertretenen Gewerkschaft müssen nach § 33 II 2 WO stets schriftl. mit den erforderl. Stützunterschriften eingereicht werden (s. § 14 Rn. 17). Unmittelbar nach Abschluss der Wahlversammlung hat der Wahlvorstand nach § 33 IV WO die von ihm anerkannten Wahlvorschläge bekannt zu machen. Wurde kein Wahlvorschlag gemacht, findet eine BRwahl nicht statt. Auch dies ist nach § 33 V WO bekannt zu machen.

4 **c) Zweite Wahlversammlung.** Sie findet nach Abs. 1 S. 4 eine Woche nach der ersten Wahlversammlung statt. Auf ihr wird nach Abs. 1 S. 3 der BR nach § 14 II 2 in geheimer und unmittelbarer (s. § 14 Rn. 3, 4) Mehrheitswahl (s. § 14 Rn. 8) gewählt. Das Wahlverfahren regeln die §§ 34 und 35 WO. Die Stimmzettel enthalten die Bewerber in alphabetischer Reihenfolge unter Angabe ihrer Beschäftigungsart. Jeder Wähler hat so viele Stimmen, wie BRmitglieder gewählt werden. Wer an der Wahlversammlung nicht teilnehmen kann, darf seine Stimme nach Abs. 4 nachträgl. schriftl. abgeben, wenn er dies spätestens drei Tage vor der Wahlversammlung beim Wahlvorstand – auch formlos – beantragt. Einen Grund muss er nicht angeben. Steht schon vor der Wahlversammlung fest, dass bestimmte AN wegen der Art ihrer Beschäftigung nicht werden teilnehmen können (Außendienstmitarbeiter), muss der Wahlvorstand ihnen die Wahlunterlagen für die schriftl. Abstimmung nach den §§ 35 I 3, 24 II WO unaufgefordert vorab zukommen lassen. Der Wahlvorstand hat die Frist für die nachträgl. Stimmabgabe so zu bemessen, dass eine ordnungsgemäße Briefwahl mögl. ist. Die öffentl. Stimmauszählung erfolgt bei nachträgl. Stimmangabe nicht wie sonst nach § 34 III WO am Ende der Wahlversammlung, sondern nach den §§ 34 II, 35 III, IV WO erst nach Ablauf der Frist für die nachträgl. Stimmabgabe. Gewählt ist, wer unter Beachtung von § 15 II (s. § 15 Rn. 3) die meisten Stimmen erhalten hat. Ersatzmitglieder sind wie im Fall des § 25 II 3 die nicht Gewählten mit der nächst höchsten Stimmenzahl. Eine gesonderte Wahl des Ersatzmitglieds bei einem einköpfigen BR findet nicht mehr statt (BT-Drs. 14/5741 S. 36).

5 **3. Einstufiges Verfahren.** Ist der Wahlvorstand schon bestellt, entfällt nach Abs. 3 die erste Wahlversammlung. Die BRwahl erfolgt auf einer Versammlung in geheimer, unmittelbarer Mehrheitswahl. Dazu muss der Wahlvorstand nach den §§ 36 I 3 iVm. § 2 WO unmittelbar nach seiner Bestellung die

Wählerliste getrennt nach Geschlechtern aufstellen. Hierzu hat ihm der AG nach § 2 II WO die erforderl. Auskünfte zu erteilen und Unterlagen zur Vfg. zu stellen. Wie im zweistufigen Verfahren beträgt die Einspruchsfrist gegen die Wählerliste nach § 36 I 3 iVm. § 30 II WO drei Tage. Danach hat er nach § 36 II 1 WO das **Wahlausschreiben** zu erlassen. Im einstufigen Verfahren nach § 14a III 2 sind nur schriftl. Wahlvorschläge zulässig, die nach § 14a III 2, § 36 V WO spätestens eine Woche vor der Wahlversammlung beim Wahlvorstand schriftl. einzureichen sind. Daher entfällt nach § 36 III im Wahlausschreiben der Hinweis auf die Möglichkeit des mündl. Wahlvorschlags und der letzte Tag der Frist für die Abgabe der Wahlvorschläge beim Wahlvorstand muss angegeben werden. Eine Nachfrist kann nicht gewährt werden. Die Form der **Wahlvorschläge** richtet sich nach § 14 IV (s. § 14 Rn. 9). Nach Ablauf der Frist muss der Wahlvorstand die von ihm als gültig anerkannten Vorschläge nach § 36 V 3 WO bekannt machen. Liegen keine Vorschläge vor, muss er nach § 36 VI WO bekannt geben, dass die Wahl nicht stattfindet. Für den Ablauf der Wahlversammlung und das Wahlverfahren selbst gelten nach § 36 IV WO dieselben Vorschr. wie im zweistufigen Verfahren.

4. Vereinfachtes Wahlverfahren durch Vereinbarung. Die Vereinbarung des einfachen Wahlverfahrens nach Abs. 5 muss für jede BRwahl – auch nach erfolgreicher Anfechtung (aA DKKW/*Homburg* Rn. 3) – neu getroffen werden. Sie hat keine Dauerwirkung (*Fitting* Rn. 54a) und führt dazu, dass nach § 37 WO in diesen Betrieben ausschließl. Mehrheitswahl stattfindet. Ein Minderheitenschutz findet so nicht statt. Die Vereinbarung kann grds. auch konkludent getroffen werden. Schweigt der AG auf einer Betriebs- oder Wahlversammlung zu einem entspr. Angebot des Wahlvorstands, kommt sie jedoch nicht zustande (BAG 19.11.2003 NZA 2004, 395). 6

§ 15 Zusammensetzung nach Beschäftigungsarten und Geschlechter

(1) Der Betriebsrat soll sich möglichst aus Arbeitnehmern der einzelnen Organisationsbereiche und der verschiedenen Beschäftigungsarten der im Betrieb tätigen Arbeitnehmer zusammensetzen.

(2) Das Geschlecht, das in der Belegschaft in der Minderheit ist, muss mindestens entsprechend seinem zahlenmäßigen Verhältnis im Betriebsrat vertreten sein, wenn dieser aus mindestens drei Mitgliedern besteht.

1. Organisationsbereiche und Beschäftigungsarten. Die Vorschr. enthält in Abs. 1 eine red. Anpassung an die geänd. §§ 3 und 4 und in Abs. 2 erstmals einen zwgd. Schutz des Minderheitengeschlechts. Abs. 1 regt als **Sollvorschrift** dazu an, Wahlvorschläge so zu gestalten, dass sich im BR die Organisation des Betriebs und die Struktur der ANschaft abbilden. Wird sie nicht beachtet, hat das keinen Einfluss auf die Gültigkeit der Wahl (BAG 16.2.1973 AP BetrVG 1972 § 19 Nr. 1). § 15 I gilt nach den §§ 47, 55, 72, 73a nicht für den GBR, den KBR, die GesamtJAV und die KonzernJAV. Nach wie vor ist eine angemessene Berücksichtigung von ausl. AN nicht ausdrückl. vorgesehen. Mit Abs. 1 soll über die Aufforderung zu einer entspr. Zusammensetzung des BR die Vertretung spezifischer konkret arbeitsplatz- und beschäftigungsbezogener Interessen in der ANvertretung angeregt werden. **Organisationsbereiche** sind die organisatorischen Untergliederungen innerhalb eines Betriebs oder einer anderen in § 3 vorgesehenen betriebsverfassungsrechtl. Organisationseinheit. Dabei kann es sich zB um Betriebsabteilungen innerhalb einer Sparte oder eines Betriebs, um Kleinstbetriebe, aber auch um betriebsratsfähige Betriebe handeln, wenn ein unternehmenseinheitl. oder regionaler BR gebildet wurde (BT-Drs. 14/5741 S. 37). Unter **Beschäftigungsart** sind die im Betrieb vertretenen Berufsgruppen und Arbeitstätigkeiten zu verstehen. Die Repräsentanten der verschiedenen Organisationsbereiche und Beschäftigungsarten haben innerhalb des BR keine bes. Stellung oder Funktion; insb. handelt es sich nicht um Arbeitsgruppensprecher nach § 3 I Nr. 5 (*Fitting* Rn. 8). 1

2. Gleichstellung von Frau und Mann. a) Zweck. Abs. 2 schreibt zwgd. vor, dass die weibl. und männl. Beschäftigten entspr. ihrem zahlenmäßigen Anteil an der Belegschaft auch im BR vertreten sein müssen. Die Bestimmung gilt in abgeschwächter Form als Sollvorschr. nach den §§ 47 II 2, 55 I 2 auch für den GBR und den KBR. Mit der Umwandlung von Abs. 2 aus einer Soll- in eine Mussvorschr. wird dem Gleichberechtigungsgebot aus Art. 3 II GG Rechnung getragen. Obwohl geschlechtsneutral formuliert, zielt die Vorschr. in erster Linie auf eine stärkere Repräsentanz von Frauen an der BRarbeit (*Homburg/Klebe* FS *Pfarr* S. 209). Statt einer starren Geschlechterquote enthält die Vorschr. eine grundrechtskonforme (BAG 16.3.2005 NZA 2005, 1252; krit. *Siebert* NZA-RR 2014, 340) **Mindestquote.** So können Frauen, die schon jetzt in BR überrepräsentiert sind, es auch in Zukunft bleiben und ein Mitglied des Minderheitengeschlechts kann auch dort in den BR gewählt werden, wo dies auf Grund des reinen Zahlenverhältnisses nicht erforderl. wäre. Die Mindestklausel führt in den meisten Fällen zu einer leichten Überrepräsentation des Minderheitengeschlechts im BR. Sie kann zu Korrekturen des Wahlergebnisses führen, bei denen nicht die Zahl der erreichten Stimmen, sondern allein die Zugehörigkeit zu einem Geschlecht ausschlaggebend ist. Beides ist jedoch zulässig. Die Verteilung der BRsitze nach Abs. 2 gilt für seine gesamte Amtszeit, selbst wenn sich das zahlenmäßige Verhältnis der 2

Geschlechter ändert (DKKW/*Homburg* Rn. 21). Verstöße gegen Abs. 2 können die Anfechtung der BRwahl rechtfertigen (BAG 10.3.2004 NZA 2004, 1340).

3 b) **Anwendungsbereich.** Die Regelung ist anzuwenden, wenn der BR aus mind. drei Mitgliedern besteht. Sie ist nicht anzuwenden, wenn im Betrieb beide Geschlechter in gleicher Zahl im Betrieb vertreten sind, weil dann eine Minderheit fehlt, die geschützt werden müsste. Die Sitzverteilung im BR erfolgt in diesem Fall unabhängig vom Geschlecht nach den § 15 I 4, § 22 II 2 und III WO. Entscheidend für die **Quotenberechnung** ist die Gesamtzahl der tatsächl. beschäftigten AN nach § 5 I bei Erlass des Wahlausschreibens, nicht die Anzahl der Wahlberechtigten nach § 7. Die Vorschr. stellt anders als § 9 nicht auf die Zahl der regelm. Beschäftigten ab. Jedoch ergibt sich eine „natürliche" Untergrenze aus § 7 S. 2. Nur wer länger als drei Monate im Betrieb eingesetzt wird ist für die Quotenberechnung von Bedeutung (*Fitting* Rn. 16). Der Wahlvorstand ist nach § 3 II Nr. 4, 5 WO verpflichtet, im **Wahlausschreiben** den Anteil der Geschlechter im Betrieb und die auf das Minderheitengeschlecht entfallende Mindestzahl von BRsitzen anzugeben sowie auf die Verpflichtung zur anteilmäßigen Berücksichtigung hinzuweisen (BAG 13.3.2013 NZA-RR 2013, 575 – unrichtige Angabe ist Wahlfehler). Es besteht keine Pflicht, dies auch bei der Aufstellung der **Wahlvorschläge** zu berücksichtigen. Listen mit Angehörigen nur eines Geschlechts sind zulässig (BT-Drs. 14/5741 S. 53). Die **Mindestzahl der Sitze für das Geschlecht in der Minderheit** wird vom Wahlvorstand nach § 5 WO nach den Grundsätzen der Verhältniswahl im d'Hondtschen Höchstzahlensystem ermittelt. Das Geschlecht in der Minderheit erhält so viele BRsitze wie Höchstzahlen auf es entfallen. Fällt die niedrigste zu berücksichtigende Höchstzahl auf beide Geschlechter, entscheidet nach § 5 II 3 WO das Los. Steht dem Geschlecht in der Minderheit keine BRsitz zu, kann doch ein Vertreter dieses Geschlechts in den BR gewählt werden, wie die offene Mindestklausel zeigt (*Fitting* Rn. 20).

4 c) **Sitzverteilung.** Bei der **Verhältniswahl** richtet sich die Verteilung der Sitze des Geschlechts in der Minderheit nach § 15 V WO. Befindet sich unter den auf die Vorschlagslisten entfallenden Höchstzahlen nicht die erforderl. Mindestzahl von Angehörigen eines Geschlechts in der Minderheit, tritt nach § 15 V Nr. 1 WO an die Stelle der auf der Vorschlagsliste mit der niedrigsten Höchstzahl benannten Person die nicht dem Geschlecht in der Minderheit angehört, die in derselben Vorschlagsliste in der Reihenfolge nach ihr benannte, nicht berücksichtigte Person des Geschlechts der Minderheit. Der Liste bleibt der BRsitz erhalten. Enthält die Vorschlagsliste keine Person des Geschlechts der Minderheit, geht dieser Sitz nach § 15 V Nr. 2 WO auf die Vorschlagsliste mit der folgenden nicht berücksichtigten Höchstzahl und einem Angehörigen des Geschlechts der Minderheit über. Dieser „Listensprung" verstößt weder gegen den aus Art. 3 I GG hergeleiteten Grundsatz der Wahlrechtsgleichheit, noch verletzt er das durch Art. 9 III GG geschützte Recht der Gewerkschaft auf Gewährung gleicher Wettbewerbschancen bei der BRwahl (BAG 16.3.2005 NZA 2005, 1252; zur Korrektur bei Nichtannahme der Wahl LAG NI 10.3.2011 NZA-RR 2011, 465). Findet sich auf keiner Vorschlagsliste mehr ein Angehöriger des Geschlechts in der Minderheit, bleiben die Sitze nach § 15 V Nr. 5 WO bei der Liste, die den Sitz sonst hätte abgeben müssen. Lehnt eine gewählte Person die Wahl ab, tritt nach § 17 II WO an ihre Stelle die in derselben Vorschlagsliste in der Reihenfolge nach ihr benannte, nicht gewählte Person. Gehört die gewählte Person dem Geschlecht in der Minderheit an, tritt an ihre Stelle die nach ihr benannte nicht gewählte Person derselben Vorschlagsliste. Gibt es sie nicht, geht der Sitz nach § 17 II 3 WO auf die Liste mit Angehörigen desselben Geschlechts und der folgenden nicht berücksichtigten Höchstzahl über. Wird nach den **Grundsätzen der Mehrheitswahl** gewählt, richtet sich die Verteilung der Sitze nach den §§ 22, 23 WO, zum Nachrücken von Ersatzmitgliedern § 25 Rn. 6.

§ 16 Bestellung des Wahlvorstands

(1) [1]Spätestens zehn Wochen vor Ablauf seiner Amtszeit bestellt der Betriebsrat einen aus drei Wahlberechtigten bestehenden Wahlvorstand und einen von ihnen als Vorsitzenden. [2]Der Betriebsrat kann die Zahl der Wahlvorstandsmitglieder erhöhen, wenn dies zur ordnungsgemäßen Durchführung der Wahl erforderlich ist. [3]Der Wahlvorstand muss in jedem Fall aus einer ungeraden Zahl von Mitgliedern bestehen. [4]Für jedes Mitglied des Wahlvorstands kann für den Fall seiner Verhinderung ein Ersatzmitglied bestellt werden. [5]In Betrieben mit weiblichen und männlichen Arbeiternehmern sollen dem Wahlvorstand Frauen und Männer angehören. [6]Jede im Betrieb vertretene Gewerkschaft kann zusätzlich einen dem Betrieb angehörenden Beauftragten als nicht stimmberechtigtes Mitglied in den Wahlvorstand entsenden, sofern ihr nicht ein stimmberechtigtes Wahlvorstandsmitglied angehört.

(2) [1]Besteht acht Wochen vor Ablauf der Amtszeit des Betriebsrats kein Wahlvorstand, so bestellt ihn das Arbeitsgericht auf Antrag von mindestens drei Wahlberechtigten oder einer im Betrieb vertretenen Gewerkschaft; Absatz 1 gilt entsprechend. [2]In dem Antrag können Vorschläge für die Zusammensetzung des Wahlvorstands gemacht werden. [3]Das Arbeitsgericht kann für Betriebe mit in der Regel mehr als zwanzig wahlberechtigten Arbeitnehmern auch Mitglieder einer im Betrieb vertretenen Gewerkschaft, die nicht Arbeitnehmer des Betriebs sind, zu Mitglie-

dern des Wahlvorstands bestellen, wenn dies zur ordnungsgemäßen Durchführung der Wahl erforderlich ist.

(3) [1] **Besteht acht Wochen vor Ablauf der Amtszeit des Betriebsrats kein Wahlvorstand, kann auch der Gesamtbetriebsrat oder, falls ein solcher nicht besteht, der Konzernbetriebsrat den Wahlvorstand bestellen.** [2] **Absatz 1 gilt entsprechend.**

1. Vorbemerkungen. Die Vorschr. regelt die Bestellung des Wahlvorstands für **Betriebe mit BR.** 1
Fehlt ein BR, wird der Wahlvorstand nach den §§ 17 I, 17a Nr. 1 durch den GBR und wenn dieser fehlt durch den KBR bestellt. Fehlen alle drei oder unterlassen sie die Bestellung des Wahlvorstands, kann er nach den §§ 17 II und III, 17a Nr. 3 auf einer BetrVers bestellt werden. Kommt eine BetrVers nicht zustande oder wird dort nicht ein Wahlvorstand bestellt, bestellt ihn auf Antrag das ArbG nach den §§ 17 IV, 17a Nr. 4. Eine **ohne Wahlvorstand** durchgeführte BRwahl ist nichtig. Kommt der BR seiner Pflicht, den Wahlvorstand zu bestellen, beharrl. nicht nach, kann er nach § 23 I aufgelöst werden. Wegen der Dauer des Bestellungsverfahrens empfiehlt es sich allerdings, die Bestellung des Wahlvorstands durch das ArbG nach Abs. 2 zu betreiben. Die Vorschr. ist grds. **zwgd** (LAG K 2.8.2011 NZA-RR 2012, 23). Weder durch TV noch durch BV darf von ihr abgewichen werden. Andere ANvertretungsstrukturen nach § 3 I Nr. 5 können durch TV abweichend von der ges. Regelung errichtet werden.

2. Bestellung durch den Betriebsrat. a) Zeitpunkt. § 16 I sichert dem BR seinen Einfluss auf die 2
Zusammensetzung des Wahlvorstands (dazu *Otto/B. Schmidt* NZA 2014, 169). Die korrespondierende Pflicht soll sicherstellen, dass die Neuwahl des BR rechtzeitig eingeleitet wird. Abs. 1 S. 1 bestimmt eine Mindestfrist („spätestens"). Eine frühere Bestellung des Wahlvorstands ist nicht nur zulässig, sondern zweckmäßig und oftmals notwendig, um betriebsratslose Zeiten zu vermeiden (s. § 13 Rn. 1). Die Berechnung der Frist erfolgt nach §§ 187 ff. BGB. Der BR muss den Wahlvorstand spätestens an dem Tag bestellen, der um zehn Wochen zurückgerechnet dem Tag entspricht, an dem seine Amtszeit abläuft. Ist dieser Tag ein Samstag, Sonntag oder ges. Feiertag, ist der letzte davor liegende Werktag maßgebend. § 193 BGB ist nicht anzuwenden. Da nach § 13 I 2 die BRwahlen zeitgleich mit den Wahlen zum Sprecherausschuss einzuleiten sind und das Zuordnungsverfahren nach § 18a durchgeführt werden muss, ist vom Ablauf der Amtszeit derjenigen Vertretung auszugehen, deren Amtszeit zuerst endet (*Fitting* Rn. 10). Nach Ablauf der Zehnwochenfrist bleibt die Bestellung nach Abs. 1 bis zur rkr. Ersatzbestellung durch das ArbG nach Abs. 2 oder durch den GBR bzw. KBR nach Abs. 3 möglich. Nach Ablauf seiner Amtszeit können weder der BR noch das ArbG nach Abs. 2 den Wahlvorstand bestellen. Er kann nur noch nach Abs. 3 durch den GBR oder KBR oder nach §§ 17, 17a durch die BetrVers bestellt werden.

b) Ende der Amtszeit. Die Beendigung der Amtszeit des BR richtet sich im Regelfall nach § 21; § 16 3
gilt grds. auch bei vorzeitiger Beendigung der Amtszeit (BAG 31.5.2000 NZA 2000, 1350). In den Fällen § 13 II Nr. 1–3 iVm. § 21 S. 5 und § 22 ist die Frist nicht berechenbar. Der BR muss deshalb den Wahlvorstand unverzüglich, dh. ohne schuldhaftes Zögern bestellen. Da mit rkr.r Anfechtung bzw. gerichtl. Auflösung kein BR mehr besteht, muss der Wahlvorstand in den Fällen des § 13 II Nr. 4 und 5 nach § 17 bzw. § 23 II bestellt werden (DKKW/*Homburg* Rn. 7). Der vorzeitig neugewählte BR hat spätestens bis zum 22. März des Jahres, in dem nach § 13 III eine Neuwahl ansteht, den Wahlvorstand zu bestellen, da seine Amtszeit am 31. Mai des Jahres, in dem die Eingliederung erfolgt, abläuft (*Fitting* Rn. 16). Nimmt der BR nach § 21a ein **Übergangsmandat** in einem betriebsratslosen Betrieb wahr, hat er den Wahlvorstand unverzüglich, spätestens aber zehn Wochen vor Ablauf des Mandats zu bestellen. Wird durch **Zusammenlegen** mehrerer Betriebe bzw. selbständiger Betriebsteile mit bisher jeweils eigenständigen BR ein neuer Betrieb gebildet, steht das Recht und die Pflicht zur Bestellung des Wahlvorstands nach § 21a II dem BR zu, der nach Zahl der wahlberechtigten AN den größten Betrieb/Betriebsteil repräsentiert.

c) Mitglieder. Der BR bestellt die Mitglieder des Wahlvorstands durch Beschl. mit einfacher Mehr- 4
heit nach § 33. Eine förml. Wahl ist im G nicht vorgesehen. Die Bestellung des Wahlvorstands kann nach § 27 auf den Betriebsausschuss übertragen werden. Der BR kann jeden wahlberechtigten AN als Wahlvorstandsmitglied bestellen. Auf seine Wählbarkeit kommt es nicht an. Es können daher auch die nach § 7 S. 2 wahlberechtigten LeihAN in den Wahlvorstand bestellt werden (*Fitting* Rn. 21). Da das G keine weiteren Beschränkungen vorsieht, können selbst amtierende BRmitglieder und mögl. Wahlkandidaten bestellt werden (BAG 4.10.1977 AP BetrVG 1972 § 18 Nr. 2). Der bestellte AN ist nicht verpflichtet, das Amt anzunehmen, die Bestellung von Ersatzmitgliedern ist zulässig.

d) Mitgliederzahl. Der Wahlvorstand hat nach Abs. 1 S. 1 mind. drei Mitglieder. Die Erhöhung der 5
Mitgliederzahl nach Abs. 1 S. 2 bedarf nicht der Zustimmung des AG. Eine Höchstgrenze besteht nicht. Die **Erforderlichkeit** ist als unbestimmter Rechtsbegriff arbeitsgerichtl. überprüfbar. Für seine Entscheidung steht dem BR ein Beurteilungsspielraum zu (aA GK-BetrVG/*Kreutz* Rn. 33). Zu berücksichtigen sind die Größe des Betriebs, die Vielzahl der Betriebsabteilungen, der Arbeitsrhythmus, die räuml. Entfernung und die im Einzelfall vom Wahlvorstand zu bewältigenden Aufgaben, wie zB

das Zuordnungsverfahren nach § 18a. Bestehen mehrere Wahlräume, kann eine Erhöhung erforderl. sein, um den Anforderung des § 12 II WO gerecht zu werden. Der BR kann noch nachträgl. die Mitgliederzahl erhöhen. Stets muss der Wahlvorstand aber aus einer ungeraden Zahl von Mitgliedern bestehen.

6 e) **Zusammensetzung.** Mit Abs. 1 S. 6 wird der BR aufgefordert, beide **Geschlechter** bei der Zusammensetzung des Wahlvorstands zu berücksichtigen. Die Nichtbeachtung der Vorschr. ist sanktionslos. Das Recht, nach Abs. 1 S. 5 einen nicht stimmberechtigten Beauftragten in den Wahlvorstand zu entsenden, steht den im Betrieb vertretenen **Gewerkschaften** zu (s. § 2 Rn. 3). Der Wahlvorstand ist auf Anfrage verpflichtet, ihnen mitzuteilen, welche Mitglieder und Ersatzmitglieder bestellt wurden. Eine Entsendung ist nur zulässig, wenn kein Gewerkschaftsmitglied Mitglied des Wahlvorstands ist (DKKW/*Homburg* Rn. 22). Die Entsendung eines nicht betriebsangehörigen Vertreters durch die Gewerkschaft ist unzulässig (*Fitting* Rn. 48). Der Beauftragte muss nicht Mitglied der Gewerkschaft sein aber wahlberechtigt iSd. § 7 sein. Das entsandte Mitglied hat bis auf das Stimmrecht alle Rechte und Befugnisse eines Wahlvorstandsmitglieds. Bei endgültigem Ausscheiden des entsandten Mitglieds, kann die Gewerkschaft ein neues Mitglied bestimmen. Bei Abs. 1 S. 5 handelt es sich zwar um eine wesentl. Wahlvorschr., deren Verletzung aber eine Wahlanfechtung nicht rechtfertigen kann. Der BR bestellt den **Vorsitzenden** des Wahlvorstands; wird ein entspr. Beschl. nicht gefasst, wählt der Wahlvorstand eines seiner Mitglieder als Vorsitzenden. Die Wahl eines Stellvertreters ist nicht vorgeschrieben, aber zulässig. Die Befugnisse des Vorsitzenden richten sich nach § 26 II; die Kenntnis einzelner seiner Mitglieder von Wahlfehlern steht der Kenntnis des Gremiums gleich.

7 f) **Ersatzmitglieder.** Bei der Bestellung von Ersatzmitgliedern nach Abs. 1 S. 4 muss auch die Reihenfolge des Nachrückens festgelegt werden. Das Ersatzmitglied vertritt bei Verhinderung das Wahlvorstandsmitglied und ersetzt es nach seinem Ausscheiden. Die Bestellung von Ersatzmitgliedern ist nicht zwgd. Der BR kann auch die nach Abs. 1 S. 5 von den Gewerkschaften entsandten nicht stimmberechtigten Mitglieder als Ersatzmitglieder benennen (*Fitting* Rn. 35). Hat der Wahlvorstand nach Nachrücken aller Ersatzmitglieder nicht genügend Mitglieder, hat der BR den Wahlvorstand unverzügl. zu ergänzen (BAG 14.12.1965 AP BetrVG § 16 Nr. 5). Bleibt der BR untätig, kann der Wahlvorstand durch das ArbG entspr. Abs. 2 ergänzt werden. Finden sich nicht genügend AN bereit, als Wahlvorstandsmitglied zu fungieren, kann das ArbG nach Abs. 2 S. 3 unter den dort genannten Voraussetzungen betriebsfremde Personen zu Mitgliedern des Wahlvorstands bestellen. Nach Ablauf der Amtszeit des BR müssen die Erg. nach § 17 I durch den GBR oder KBR oder falls sie nicht tätig werden bzw. nicht bestehen durch die BetrVers nach § 17 II 2 und letztl. durch das ArbG nach § 17 IV umgesetzt werden. Eine Selbstergänzung des Wahlvorstands durch Zuwahl ist nicht zulässig (*Fitting* Rn. 38).

8 **3. Bestellung durch den Gesamt- oder Konzernbetriebsrat.** Unter den Voraussetzungen des Abs. 3 kann der Wahlvorstand auch vom GBR oder KBR ohne förml. Antrag bestellt werden. GBR oder KBR können auch von sich aus tätig werden. Bei der Bestellung sind sie an die Grundsätze des Abs. 1 gebunden. Die Möglichkeit besteht neben der gerichtl. Bestellung nach Abs. 2. Es gilt das **Prioritätsprinzip** (*Fitting* Rn. 76). Wird der Wahlvorstand während des Bestellungsverfahrens schon vom GBR oder KBR bestellt, ist das BeschlV erledigt. Ist der Einsetzungsbeschluss rkr., kommt eine Bestellung nach Abs. 3 nicht mehr in Betracht. Hat der GBR oder KBR den Wahlvorstand schon bestellt, kann der bis dahin säumige BR dies nicht mehr nachholen. Der KBR kann nach Abs. 3 S. 1 nicht tätig werden, wenn der GBR untätig geblieben ist, sondern nur, wenn ein GBR fehlt, weil es in einem Konzernunternehmen nur einen BR gibt oder die BR entgegen ihrer ges. Verpflichtung aus § 47 keinen GBR gebildet haben. Um das Bestellungsverfahren ordnungsgemäß abwickeln zu können haben der GBR und der KBR ein **Zutrittsrecht** zu dem Betrieb, für den der Wahlvorstand bestellt wird. Es besteht bis zum Abschluss der BRwahl, um die Rechte aus § 18 I 2 zu sichern (*Fitting* Rn. 81).

9 **4. Bestellung durch das Arbeitsgericht.** Abs. 2 stellt sicher, dass ein Wahlvorstand auch gebildet wird, wenn BR, GBR und KBR untätig bleiben. Der Antrag kann frühestens an dem Tag gestellt werden, der um acht Wochen zurückgerechnet dem Tag des Ablaufs der Amtszeit des BR entspricht. In den Fällen des § 13 II Nr. 1 bis 3 kann der Antrag zwei Wochen nach dem Tag gestellt werden, an dem der BR den Wahlvorstand hätte bestellen müssen. Bleiben ein vorzeitig gewählter BR untätig, darf frühestens am 6. April des nach § 13 III zu bestimmenden Eingliederungsjahres der Antrag gestellt werden. Für die Abgrenzung, ob sich die gerichtl. Bestellung nach § 16 II oder nach § 17 IV richtet, ist der Zeitpunkt der Antragstellung maßgebend. War die Amtszeit des BR bereits abgelaufen, findet § 17 IV Anwendung. War das Verfahren hingegen schon vor seinem Amtszeitende eingeleitet, ist der Wahlvorstand nach § 16 II gerichtlich zu bestellen. Dies gilt aber nicht, wenn er vor der rkr. Entscheidung nach § 17 I durch den GBR/KBR bestellt oder nach § 17 II in einer BetrVers gewählt worden ist (BAG 23.11.2016 NZA 2017, 589). Die Antragsberechtigung muss während des gesamten Verfahrens bis zur letzten Anhörung in der Rechtsbeschwerdeinstanz bestehen (BAG 21.11.1975 NJW 1976, 1165). Das ArbG kann jeden nach § 7 S. 1, 2 wahlberechtigten AN des Betriebs bestellen. Es ist an die Besetzungsvorschläge des Antragstellers nicht gebunden, unterliegt aber den für den BR geltenden Vorgaben an

die Mitgliederzahl und Zusammensetzung nach Geschlechtern (§ 16 II S. 1 2. Hs.). Das Recht der Gewerkschaften zur Entsendung von Beauftragten bleibt unberührt (*Fitting* Rn. 63). Wird die erforderl. Zahl von Mitgliedern des Wahlvorstands unterschritten, muss das ArbG auf Antrag den Wahlvorstand ergänzen. Soweit es nach Abs. 2 S. 3 **externe Gewerkschaftsmitglieder** bestellt, reichen bloße Zweckmäßigkeitsüberlegungen nicht aus. Deren Bestellung ist nur erforderlich, wenn die konkreten Verhältnisse des Betriebs dies verlangen; etwa, weil nicht genügend AN bereit oder in der Lage sind, das Amt im Wahlvorstands zu übernehmen (LAG D 7.11.1974 DB 1975, 260).

5. Rechtsstellung des Wahlvorstands und seiner Mitglieder. Das Amt als Wahlvorstand ist ein 10
Ehrenamt (zur Neutralität *Zumkeller/Karwatzki* BB 2011, 2101). Der Entgeltschutz richtet sich nach § 20 II. Die externen Gewerkschaftsmitglieder handeln ehrenamtl. und haben keinen unmittelbaren Lohnanspruch gegen den Betriebsinhaber, weil er nicht ihr AG ist. Er hat ihnen jedoch notwendige Aufwendungen und Auslagen inklusive eines Verdienstausfalls als Mitglieder des Wahlvorstands zu erstatten (*Fitting* Rn. 73), weil es sich um Kosten der BRwahl handelt. Die Gewerkschaft kann unter den Voraussetzungen des § 683 BGB vom AG Ersatz ihrer Aufwendungen verlangen. Die Wahlvorstandsmitglieder haben nach § 15 III KSchG, § 103 einen bes. Kündigungsschutz, der mit ihrer Bestellung eingreift und sechs Monate nach der Bekanntgabe des Wahlergebnisses endet. Wahlvorstandsmitglieder unterliegen – abgesehen von allgemeinen datenschutzrechtl. Bestimmungen – keinen bes. Verschwiegenheits- oder Geheimhaltungspflichten (*Fitting* Rn. 86). Die **Mitgliedschaft endet** mit Verlust des aktiven Wahlrechts oder der Amtsniederlegung. Der Wahlvorstand kann als Gremium nicht durch Beschl. zurücktreten oder sich auflösen (LAG D 26.3.1975 DB 1975, 840). Der BR kann weder das Gremium noch einzelne seiner Mitglieder abberufen; dazu ist nur das ArbG nach § 18 I 2 befugt. Das Amt des Wahlvorstands erlischt nicht schon mit der Einladung zur konstituierenden Sitzung des BR nach § 29 I 1, sondern erst mit der Wahl des Wahlleiters für die Wahl des BRvorsitzenden nach § 26 I 1 (aA BAG 14.11.1975 AP BetrVG 1972 § 18 Nr. 1). Bis zu diesem Zeitpunkt leitet der Vorsitzende des Wahlvorstands nach § 29 I 2 die BRsitzung und nimmt damit die letzte Amtshandlung des Wahlvorstands wahr. Beim einköpfigen BR endet das Amt des Wahlvorstands mit Annahme der Wahl durch den Gewählten (GK-BetrVG/*Kreutz* Rn. 80).

6. Streitigkeiten. Vor Abschluss der Wahl entscheidet das ArbG über die Bestellung und Zusam- 11
mensetzung des Wahlvorstands sowie hinsichtl. der Rechtsstellung seiner Mitglieder im BeschlV. Antragsberechtigt sind sowohl die im Betrieb vertretene Gewerkschaft, der AG sowie 3 wahlberechtigte AN. Die Nichtigkeit der Bestellung des Wahlvorstands ist auf besonders schwerwiegende Errichtungsfehler beschränkt, eine nur fehlerhafte Bestellung genügt nicht (BAG 15.10.2014 NZA 2015, 1014). Gegen seine Bestellung kommt eine einstweilige Vfg. nur in Betracht, wenn der Verfahrensverstoß zur Nichtigkeit der nachf. Wahl führen würde (LAG HM 6.9.2013 NZA-RR 2013, 637), was nur ausnahmsweise der Fall ist (BAG 27.7.2011 NZA 2012, 345). In einem BeschlV zur Bestellung des Wahlvorstands durch das ArbG sind die vorgeschlagenen AN nicht Beteiligte iSd. § 83 III ArbGG (BAG 6.12.1977 AP BetrVG 1972 § 118 Nr. 10).

§ 17 Bestellung des Wahlvorstands in Betrieben ohne Betriebsrat

(1) [1]**Besteht in einem Betrieb, der die Voraussetzungen des § 1 Abs. 1 Satz 1 erfüllt, kein Betriebsrat, so bestellt der Gesamtbetriebsrat oder, falls ein solcher nicht besteht, der Konzernbetriebsrat einen Wahlvorstand.** [2]**§ 16 Abs. 1 gilt entsprechend.**

(2) [1]**Besteht weder ein Gesamtbetriebsrat noch ein Konzernbetriebsrat, so wird in einer Betriebsversammlung von der Mehrheit der anwesenden Arbeitnehmer ein Wahlvorstand gewählt; § 16 Abs. 1 gilt entsprechend.** [2]**Gleiches gilt, wenn der Gesamtbetriebsrat oder Konzernbetriebsrat die Bestellung des Wahlvorstands nach Absatz 1 unterlässt.**

(3) **Zu dieser Betriebsversammlung können drei wahlberechtigte Arbeitnehmer des Betriebs oder eine im Betrieb vertretene Gewerkschaft einladen und Vorschläge für die Zusammensetzung des Wahlvorstands machen.**

(4) [1]**Findet trotz Einladung keine Betriebsversammlung statt oder wählt die Betriebsversammlung keinen Wahlvorstand, so bestellt ihn das Arbeitsgericht auf Antrag von mindestens drei wahlberechtigten Arbeitnehmern oder einer im Betrieb vertretenen Gewerkschaft.** [2]**§ 16 Abs. 2 gilt entsprechend.**

1. Bestellung durch Gesamt- und Konzernbetriebsrat. Die Regelung soll die Bestellung von Wahl- 1
vorständen im **betriebsratslosen Betrieb** erleichtern. Die Vorschr. greift regelm. nur in Betrieben mit mehr als 50 AN, da sich die Wahl und die Bestellung des Wahlvorstands in den kleineren Betrieben nach den §§ 14a und 17a richtet. Die BetrVers ist erst zuständig, wenn GBR oder KBR fehlen oder den Wahlvorstand nicht bestellt haben. Wird der Wahlvorstand auch auf einer BetrVers nicht gewählt, bestellt ihn auf Antrag nach Abs. 4 das ArbG. Die Vorschr. ist zwgd. Sie gilt weder für die Wahl der JAV, noch für die Entsendung in den GBR oder KBR, in die Gesamt- und KonzernJAV. Der GBR

bestellt nach Abs. 1 den Wahlvorstand für den BRfähigen aber BRlosen Betrieb. Besteht kein GBR, bestellt der KBR. Die Vorschr. enthält eine Verpflichtung dieser Gremien zur Bestellung eines Wahlvorstands (aA LAG N 25.1.2007 AiB 2009, 585). Unerhebl. ist, aus welchen Gründen kein BR besteht. Die Regelungen gelten sowohl für die erstmalige Errichtung eines BR als auch für den Fall, dass die Amtszeit des BR abgelaufen ist ohne dass er einen Wahlvorstand bestellt hat und das gerichtl. Bestellungsverfahren nicht durchgeführt wurde, nicht hingegen, wenn der nach § 22 geschäftsführende BR die Bestellung unterlässt, da hier § 16 II anwendbar ist (s. § 16 Rn. 9). Ist der BR rkr. nach § 23 I aufgelöst, bestellt ihn das ArbG (§ 23 II). GBR und KBR haben zur Wahrnehmung ihrer Befugnis aus Abs. 1 gegenüber dem AG einen Auskunftsanspruch über die erforderl. Angaben für die Einleitung der BRwahl in den betriebsratslosen Betrieben des Unternehmens; zur Durchführung von BetrVers sind sie nicht berechtigt (BAG 16.11.2011 NZA 2012, 404).

2 **2. Bestellung in einer Betriebsversammlung. a) Voraussetzungen.** In BRlosen aber BRfähigen Betrieben wählt nach Abs. 2 die im Betrieb stattfindende BetrVers den Wahlvorstand, wenn GBR und KBR fehlen, untätig geblieben sind oder ihre Tätigkeit wieder eingestellt haben. Abs. 1 entfaltet daher zusammen mit Abs. 2 S. 2 Sperrwirkung ggü. Abs. 2 S. 1. Die BetrVers kann daher nicht mehr stattfinden, wenn GBR oder KBR das Bestellungsverfahren aufgenommen haben und betreiben (enger *Fitting* Rn. 14 – Bestellung erforderlich). Die auf einer (noch) nicht zulässigen BetrVers durchgeführte Wahl des Wahlvorstands ist anfechtbar (weiter *Fitting* Rn. 14 – Nichtigkeit). Die Aufzählung der **Einladungsberechtigten** in Abs. 3 ist erschöpfend. Der AG (aA BAG 19.3.1974 AP BetrVG 1972 § 17 Nr. 1) ist ebenso wenig einladungsberechtigt wie der amtierende BR (aA GK-BetrVG/*Kreutz* Rn. 22) oder weniger als drei AN. Die Einladung durch einen hierzu nicht Berechtigten soll allein die Anfechtbarkeit der Wahl nicht begründen (*Fitting* Rn. 22). Nach Abs. 2 ist eine **Gewerkschaft** einladungsberechtigt, bei der mind. ein im Betrieb Beschäftigter Mitglied ist (s. § 2 Rn. 3). Das Einladungsrecht ist eine betriebsverfassungsrechtl. Befugnis iSd. § 2 II und vermittelt ein Zutrittsrecht der Gewerkschaft zum Betrieb. Es entfällt nicht deshalb, weil bereits drei AN zu derselben BetrVers eingeladen haben (LAG K 6.10.1989 BB 1990, 998). Der Kündigungsschutz für die zu einer Versammlung nach § 16 III einladenden AN richtet sich nach § 15 III a KSchG (s. § 15 KSchG Rn. 13). **Form- oder Fristvorschriften** für die Einladung bestehen nicht. Es muss jedoch gewährleistet sein, dass alle AN über Termin, Ort und Zweck der BetrVers rechtzeitig informiert werden. Insoweit sind strenge Anforderungen zu stellen, weil sonst der Grundsatz der Allgemeinheit einer Wahl verletzt wird (BAG 7.5.1986 NZA 1986, 753). Es genügt ein sichtbarer Aushang der Einladung im Betrieb. Da keine Schriftform vorgeschrieben ist, muss der Aushang von den Einladenden nicht unterschrieben sein (LAG HM 29.11.1973 DB 1974, 389). Hat der Betrieb AußenAN, können die Einladenden vom AG verlangen, dass er die Einladung auf seine Kosten zusendet (BAG 26.2.1992 AP BetrVG 1972 § 17 Nr. 6). Lädt die Gewerkschaft ein, kann auch sie die Übersendung der Einladungsschreiben vom AG (GK-BetrVG/*Kreutz* Rn. 24), nicht aber das Überlassen von Namen und Adressen aller AN verlangen (*Fitting* Rn. 17). Wird die Einladung nicht ausreichend bekannt gemacht und haben die AN dadurch nicht von der BetrVers erfahren, ist die Wahl des Wahlvorstands nichtig, falls das Fernbleiben der nicht unterrichteten AN das Wahlergebnis beeinflussen konnte (BAG 7.5.1986 NZA 1986, 753). An der Versammlung **teilnahmeberechtigt** sind unabhängig von ihrer Wahlberechtigung alle im Betrieb beschäftigten AN. Ausgeschlossen sind Beschäftigte nach § 5 II, III und die Mitglieder des SpA. Die in den §§ 42 ff. enthaltenen Regelungen sind für die Teilnahmeberechtigung, die Zeit ihrer Durchführung, den Entgeltsausfall und die zu ersetzenden Fahrtkosten heranzuziehen.

3 **b) Verfahren.** Bis zur Wahl eines Versammlungsleiters leiten die Einladenden die Versammlung. Wird eine Wahl des Versammlungsleiters nicht durchgeführt, sind die Mehrheit der Versammelten aber offensichtl. mit der Leitung einverstanden, führt dies allein nicht zur Ungültigkeit der Wahl des Wahlvorstands (BAG 14.12.1965 BetrVG § 16 Nr. 5). Neben den Einladenden kann **Wahlvorschläge** jeder an der BetrVers teilnehmende AN machen. Nach §§ 17 I 2, 16 I dürfen nur wahlberechtigte AN (§ 7) als Kandidaten benannt werden. Die **Beschlussfähigkeit** zur Wahl des Wahlvorstands hängt nicht von der Teilnahme einer Mindestzahl von AN ab, jedoch muss der Wahlvorstand nach Abs. 2 S. 1 von der „Mehrheit der anwesenden AN" gewählt werden. Stimmberechtigt sind alle teilnahmeberechtigten AN, auch soweit sie nicht zur BRwahl wahlberechtigt sind. Eine geheime Wahl ist nicht erforderl. (BAG 14.12.1965 AP BetrVG § 16 Nr. 5), wohl aber eine **Abstimmung,** zB durch Handaufheben, da sonst keine aktive Wahl iSd. § 17 I vorliegt. Unzulässig ist eine nach Geschlechtern getrennte Wahl. Die BetrVers bestimmt aus der Mitte der Gewählten den **Vorsitzenden,** der gleichfalls die Mehrheit der Stimmen aller Teilnehmer bekommen muss (ArbG HH 7.1.2015 NZA-RR 2015, 137). Unterlässt die BetrVers die Wahl des Vorsitzenden, ist er von den Mitgliedern des Wahlvorstands aus ihrer Mitte selbst zu bestimmen (BAG 14.12.1965 AP BetrVG § 16 Nr. 5). Der Entscheidungsspielraum der BetrVers zur Struktur und Zusammensetzung des Wahlvorstands deckt sich nach § 17 I 2 iVm. § 16 I mit dem des BR (s. § 16 Rn. 5). Nach § 17 I 2 iVm. § 16 I 7 hat auch hier die im Betrieb vertretene Gewerkschaft ein Entsendungsrecht nicht stimmberechtigter Wahlvorstandsmitglieder, wenn die sonstigen Voraussetzungen vorliegen (s. § 16 Rn. 6).

3. Arbeitsgericht. Beide Alternativen des Abs. 4 setzen die **Einladung** zu einer BetrVers (nicht: TeilBetrVers) voraus. Sie muss ordnungsgemäß gewesen sein (BAG 26.2.1992 AP BetrVG 1972 § 17 Nr. 6). Eine gerichtl. Bestellung scheidet auch dann aus, wenn die Einladung daran scheitert, dass der AG seine notwendige Mitwirkung verweigert (BAG 26.2.1992 AP BetrVG 1972 § 17 Nr. 6; aA DKKW/*Homburg* Rn. 17; *Fitting* Rn. 33). Der Wahlvorstand soll erst durch das Gericht bestellt werden, nachdem die Belegschaft seine Wahl versucht hat; zum Verhältnis zu § 16 II, s. § 16 Rn. 9. **Antragsberechtigt** sind nach Abs. 4 eine im Betrieb vertretene Gewerkschaft oder mind. drei aktuell wahlberechtigte AN des Betriebs. Dritte können das Verfahren nicht einleiten. Aus § 17 IV 2 iVm. § 16 II 1 Hs. 2, I ergeben sich auch für die Bestellung durch das ArbG dieselben Anforderungen zur Zusammensetzung und Struktur des Wahlvorstands wie bei der Bestellung durch den BR (s. § 16 Rn. 5f.). Ein gerichtl. bestellter Wahlvorstand kann erst nach Rechtskraft der Entscheidung tätig werden (LAG HM 14.8.2009 NZA-RR 2010, 191). 4

§ 17a Bestellung des Wahlvorstands im vereinfachten Wahlverfahren

Im Fall des § 14a finden die §§ 16 und 17 mit folgender Maßgabe Anwendung:

1. **Die Frist des § 16 Abs. 1 Satz 1 wird auf vier Wochen und die des § 16 Abs. 2 Satz 1, Abs. 3 Satz 1 auf drei Wochen verkürzt.**
2. **§ 16 Abs. 1 Satz 2 und 3 findet keine Anwendung.**
3. **In den Fällen des § 17 Abs. 2 wird der Wahlvorstand in einer Wahlversammlung von der Mehrheit der anwesenden Arbeitnehmer gewählt. Für die Einladung zu der Wahlversammlung gilt § 17 Abs. 3 entsprechend.**
4. **§ 17 Abs. 4 gilt entsprechend, wenn trotz Einladung keine Wahlversammlung stattfindet oder auf der Wahlversammlung kein Wahlvorstand gewählt wird.**

Die Vorschr. enthält bes. Regelungen für die Bestellung des Wahlvorstands im vereinfachten obligatorischen Wahlverfahren nach § 14a I–IV. Grdl. für die Bestellung des Wahlvorstands bleiben die §§ 16 und 17. Sie wurden modifiziert, um eine zügigere Wahl des BR sicherzustellen. Für das Verfahren nach § 14a V ist die Vorschr. unanwendbar (Richardi/*Thüsing* Rn. 1). Dort wird vorausgesetzt, dass es einen – nach allgemeinen Regeln bestellten – Wahlvorstand gibt, der daher mit dem AG das vereinfachte Verfahren nur noch für die zweite Stufe vereinbaren kann. Die Vorschr. ist im gleichen Umf. zwgd. wie § 16 (s. Rn. 1). **Bestellungs- und Wahlverfahren:** Im vereinfachten Verfahren kann der **BR** mit der Bestellung des Wahlvorstands nach Nr. 1 sechs Wochen länger zuwarten als im Normalfall nach § 16 I. Frühestens drei Wochen und nicht schon acht Wochen vor Ablauf der Amtszeit des säumigen BR können der GBR oder falls dieser fehlt der KBR (s. § 16 Rn. 8) nach § 16 III den Wahlvorstand bestellen. Erst zum gleichen Zeitpunkt können drei AN des Betriebs oder eine dort vertretene Gewerkschaft (s. § 16 Rn. 9) den Antrag zur Bestellung des Wahlvorstands durch das ArbG nach § 16 II stellen. Der BR kann den Wahlvorstand auch schon eher bestellen, da es sich bei der Frist in Nr. 1 um eine Mindestfrist handelt. Das Verhältnis der Bestellung des Wahlvorstands durch den BR, den GBR oder KBR bzw. das ArbG bestimmt sich wie bei § 16 nach dem Prioritätsprinzip (s. Rn. 9). Der Wahlvorstand besteht im vereinfachten Verfahren nach **Nr. 2** stets aus drei Mitgliedern. Ersatzmitglieder können bestellt werden. Im Betrieb vertretene Gewerkschaften können nach § 16 I 5 einen Beauftragten als nicht stimmberechtigtes Mitglied in den Wahlvorstand entsenden. Nrn. 1 und 2 gelten auch für Betriebe, in denen der BR ein Übergangsmandat nach § 21a wahrnimmt (*Fitting* Rn. 5). Für Betriebe **ohne BR** bestellen auch im vereinfachten Verfahren nach § 17 I der GBR bzw. falls er nicht besteht der KBR den Wahlvorstand (*Hanau* RdA 2001, 65; aA *Löwisch* BB 2001, 1734). Nur wenn beide nicht bestehen oder die Bestellung des Wahlvorstands unterlassen haben (hierzu § 17 Rn. 2) wird der Wahlvorstand nach **Nr. 3** auf einer BetrVers nach § 17 II und III gewählt. Für diese Versammlung gelten grds. keine anderen Regeln als für die Wahl des Wahlvorstands außerhalb des vereinfachten Verfahrens (s. § 14a Rn. 2, 3 und § 17 Rn. 2f.). Anders als bei § 17 III (s. Rn. 5) muss die Einladung zur Wahl des Wahlvorstands aber nach § 28 I 2 WO spätestens 7 Tage vor dem Tag der Wahlversammlung erfolgen und die Zahl der Wahlvorstandsmitglieder ist auch in diesem Fall nach Nr. 2 auf drei begrenzt. Den Antrag nach **Nr. 4** können nach § 17 IV ausschließl. drei wahlberechtigte AN oder eine im Betrieb vertretene Gewerkschaft (s. § 17 Rn. 4) stellen. Für die Zusammensetzung des Wahlvorstands und die Vorschläge zu seiner Zusammensetzung gelten über Nr. 4 S. 2 die allgemeinen Vorschr. (s. § 16 Rn. 5), so dass in Betrieben mit mehr als 20 wahlberechtigten AN auch nicht betriebsangehörige Gewerkschaftsmitglieder vom ArbG in den Wahlvorstand berufen werden können. Bis zur rkr. Entscheidung kann der Wahlvorstand noch nach Nr. 3 von der Wahlversammlung bestellt werden (s. § 17 Rn. 4). Verstöße gegen § 17a können eine Wahlanfechtung nach § 19 rechtfertigen. 1

§ 18 Vorbereitung und Durchführung der Wahl

(1) [1]Der Wahlvorstand hat die Wahl unverzüglich einzuleiten, sie durchzuführen und das Wahlergebnis festzustellen. [2]Kommt der Wahlvorstand dieser Verpflichtung nicht nach, so ersetzt ihn das Arbeitsgericht auf Antrag des Betriebsrats, von mindestens drei wahlberechtigten Arbeitnehmern oder einer im Betrieb vertretenen Gewerkschaft. [3]§ 16 Abs. 2 gilt entsprechend.

(2) Ist zweifelhaft, ob eine betriebsratsfähige Organisationseinheit vorliegt, so können der Arbeitgeber, jeder beteiligte Betriebsrat, jeder beteiligte Wahlvorstand oder eine im Betrieb vertretene Gewerkschaft eine Entscheidung des Arbeitsgerichts beantragen.

(3) [1]Unverzüglich nach Abschluss der Wahl nimmt der Wahlvorstand öffentlich die Auszählung der Stimmen vor, stellt deren Ergebnis in einer Niederschrift fest und gibt es den Arbeitnehmern des Betriebs bekannt. [2]Dem Arbeitgeber und den im Betrieb vertretenen Gewerkschaften ist eine Abschrift der Wahlniederschrift zu übersenden.

1 **1. Aufgaben des Wahlvorstands. a) Grundsatz.** § 18 I, III enthält die grundlegenden Rechte und Pflichten des Wahlvorstands, die durch die WO ergänzt und konkretisiert werden. Zu diesen gehört das Recht und die Pflicht, fehlerhafte Maßnahmen zu korrigieren und ggf. die Wahl abzubrechen (LAG HB 27.2.1990 DB 1990, 1571). Der Wahlvorstand trifft seine Entscheidungen mit **einfacher Mehrheit** durch Beschl. Die **Gewerkschaften** sind auf Grund ihrer betriebsverfassungsrechtl. Unterstützungsfunktion berechtigt, den Wahlvorstand auf Anfrage zu beraten und haben – nur auf Einladung – ein Teilnahmerecht an seinen Sitzungen. Zu diesem Zweck können sie nach § 2 II den Betrieb aufsuchen. Der AG hat alle für die Wahl erforderl. Auskünfte zu erteilen und erforderl. Unterlagen zur Vfg. zu stellen.

2 **b) Einleitung der Wahl.** Nach Abs. 1 S. 1 hat der Wahlvorstand die Wahl nach seinem Ermessen ohne schuldhaftes Zögern einzuleiten. Nach § 3 I 2 WO ist die BRwahl mit Erlass des Wahlausschreibens eingeleitet. Aus den Angaben, die es nach § 3 II WO enthalten muss, lassen sich die wesentl. Aufgaben des Wahlvorstands zur Vorbereitung einer ordnungsgemäßen Einleitung der Wahl ersehen: Erstellen der Wählerliste nach § 2 I WO; Feststellung des Anteils der Geschlechter im Betrieb und der Mindestquote; Feststellung der Anzahl der zu wählenden BRmitglieder nach §§ 9, 11; Berechnung der Mindestzahl von Stützunterschriften für Wahlvorschläge nach § 14 IV; Festlegung des Orts, Tags und der Zeit der Stimmabgabe; Beschlussfassung, ob schriftl. Wahl nach § 26 III WO erfolgen soll; Bestimmung der Betriebsadresse des Wahlvorstands. Darüber hinaus kann der Wahlvorstand die Bestellung von Wahlhelfern und eine schriftl. GO beschließen (§ 1 II WO). Gegebenenfalls muss er ein Zuordnungsverfahren nach § 18a durchführen. Schließl. muss er ordnungsgemäß, dh. spätestens sechs Wochen vor dem ersten Tag der Stimmabgabe, das Wahlausschreiben nach § 3 WO erlassen. Mit dem Aushang des Wahlausschreibens wird ua. sichergestellt, dass alle Interessenten erfahren, ob und unter welchen Voraussetzungen Wahlvorschläge gemacht werden können. Es muss daher an einem geeigneten Ort ausgehängt werden, von dem angenommen werden kann, dass ihn die Beschäftigten auch aufsuchen. Daher muss es auch in jeder Betriebsstätte eines Betriebs ausgehängt werden (BAG 5.5.2004 NZA 2004, 1285).

3 **c) Durchführung der Wahl.** Vor der Durchführung des Wahlgangs nach § 12 WO sind vom Wahlvorstand ua. folgende Aufgaben zu erledigen: (Rechtzeitige) Entscheidung über Einsprüche gegen die Wählerliste nach § 4 I, II WO (BAG 21.3.2017 – 7 ABR 19/15, zVb.); Entgegennahme und Prüfung von Wahlvorschlägen nach §§ 6 ff. WO; ggf. Setzung einer Nachfrist; Auslosung der Reihenfolge der Vorschlagslisten nach § 10 I WO; Bekanntgabe der Wahlvorschläge nach § 10 II WO; technische Vorbereitung des Wahlgangs, wie Beschaffen der Stimmzettel, Wahlumschläge und Wahlurnen (§§ 11 I 2, 12 I 1 WO). Nach Abschluss des Wahlgangs muss der Wahlvorstand nach § 14 WO die **Stimmen auszählen.** Nach Abs. 3 muss dies ohne schuldhaftes Zögern und öffentl. erfolgen. Gemeint ist nicht die allgemeine Öffentlichkeit, sondern die AN des Betriebs und alle, die ein berechtigtes Interesse an der BRwahl haben. Dazu zählt auch eine im Betrieb vertretene Gewerkschaft (BAG 16.4.2003 NZA 2003, 1359). Öffentlichkeit der Sitzung erfordert, dass die Sitzung unter Hinweis auf die Betriebsöffentlichkeit vorher im Betrieb angekündigt wird. Das Gebot der Öffentlichkeit ist eine wesentl. Wahlverfahrensvorschr. iSd. § 19 I. Ein Verstoß kann die Anfechtung der Wahl begründen (BAG 15.11.2000 NZA 2001, 853). Die Auszählung der Stimmen kann durch eine EDV-Anl. vorgenommen werden, wenn die Verantwortlichkeit des Wahlvorstands für den Auszählungsvorgang und die Öffentlichkeit der Stimmauszählung gewahrt bleibt (LAG BE 16.11.1987 DB 1988, 504). Auch die Feststellung des Wahlergebnisses ist öffentl. Das vorläufige Wahlergebnis ist nach § 16 WO in der **Wahlniederschrift** festzuhalten. Eine Abschrift ist dem AG und den im Betrieb vertretenen Gewerkschaften unverzügl. zu übersenden. Die Verletzung dieser Pflicht kann die Wahlanfechtung nicht rechtfertigen. Haben die Gewählten die Wahl angenommen, ist das endgültige Wahlergebnis nach § 18 WO durch zweiwöchigen Aushang bekannt zu geben. Damit ist die BRwahl beendet. Der Wahlvorstand muss nach § 29 I vor Ablauf einer Woche nach dem letzten Wahltag die konstituierende Sitzung des BR einberufen und die Wahlakten dem BR übergeben, damit dieser sie aufbewahren kann (§ 19 WO). Der

AG darf diese Unterlagen nach § 19 WO einsehen. Soweit einzelne Bestandteile der Wahlakten Rückschlüsse auf das Wahlverhalten einzelner AN zulassen, ist die Einsicht nur zulässig, soweit gerade dies zur Überprüfung der Ordnungsmäßigkeit der Wahl erforderl. ist (BAG 27.7.2005 NZA 2006, 59). Das Amt des Wahlvorstands endet, wenn der neu gewählte BR nach § 29 I 2 einen Wahlleiter für die Wahl des BRvorsitzenden bestellt hat (aA BAG 14.11.1975 AP BetrVG 1972 § 18 Nr. 1; s. § 16 Rn. 10).

2. Ersetzung des Wahlvorstands. Voraussetzung für die Ersetzung nach Abs. 1 S. 2 ist die objektive Untätigkeit oder Säumnis des Wahlvorstands. Ein Verschulden ist nicht erforderlich. Unzweckmäßige Aktivitäten des Wahlvorstands rechtfertigen die Abberufung nur, wenn sie die BRwahl verzögern. Die Ersetzungsbefugnis soll die Durchführung der Wahl ermöglichen. Ein pflichtwidriger Ermessensmissbrauch des Wahlvorstands kann nicht aber zu einem Ersetzungsverfahren führen (*Fitting* Rn. 49). Das ArbG beruft den alten Wahlvorstand ab und bestellt zugleich einen neuen Wahlvorstand. Mit Rechtskraft der Entscheidung ist der alte Wahlvorstand aufgelöst. Für die Bestellung des neuen Wahlvorstands gelten nach Abs. 1 S. 3 iVm. § 16 II 1 2. Hs., I auch die Vorschr. über seine Zusammensetzung entspr. Der Wahlvorstand kann nur insg. ersetzt werden. Einzelne Mitglieder des alten Wahlvorstands können wieder bestellt werden, wenn sie keinen Anlass für die Abberufung gegeben haben. Die Abberufung hat **keine rückwirkende Kraft,** die bisherigen Maßnahmen des alten Wahlvorstands bleiben rechtswirksam, sind aber ggf. einer Korrektur durch den neuen Wahlvorstand zugänglich. Die Mitglieder des abberufenen Wahlvorstands verlieren mit Rechtskraft des Beschlusses den bes. Kündigungsschutz nach § 15 III; sie genießen keinen nachwirkenden Kündigungsschutz (Richardi/*Thüsing* Rn. 17). 4

3. Feststellung betriebsratsfähiger Organisationseinheiten. Das Verfahren nach § 18 II dient der Klärung der Frage, welche Organisationseinheit als der Betrieb anzusehen ist, in der ein BR (künftig) gewählt wird und in der er seine Beteiligungsrechte wahrnehmen kann (BAG 23.11.2016 – 7 ABR 3/15, zVb.). So kann ua. Gegenstand des Verfahrens sein, das Bestehen eines Gemeinschaftsbetriebs (BAG 9.4.1991 NZA 1991, 812), die Bildung von Vertretungen nach § 3 I durch TV oder BV, die Selbständigkeit von Betriebsteilen nach § 4 I (BAG 17.1.1978 AP BetrVG 1972 § 1 Nr. 1), das Bestehen und die Zuordnung eines Kleinstbetriebs nach § 4 II (BAG 17.1.2007 NZA 2007, 703). Die im BeschlV ergangene Entscheidung hat **präjudizielle Bindungswirkung** auch für nachf. UrtV, zB den Nachteilsausgleich nach § 113. Die Bindungswirkung besteht bis zu einer Änderung der tatsächl. Voraussetzungen, von denen das ArbG ausgegangen ist. Stellt das ArbG **vor Abschluss des Wahlverfahrens** rkr. eine andere Betriebsstruktur fest, ist die Wahl abzubrechen und ein neues Wahlverfahren einzuleiten (BAG 1.12.2004 NZA 2005, 1319). Ergeht **während der Amtszeit** eines BR eine rkr. Entscheidung, wonach die Zuordnungen fehlerhaft erfolgten, ist das Erg. grds. erst für die nächste Wahl maßgebend. Der auf fehlerhafter Grdl. gewählte BR bleibt im Amt, da die Verkennung des Betriebsbegriffs oder die Zuordnung eines Betriebsteils bzw. Kleinstbetriebs regelm. nur zur Anfechtbarkeit führt und der Mangel innerhalb der Anfechtungsfrist des § 19 II geltend gemacht werden muss. Dies gilt auch dann, wenn eine BRwahl unter Verkennung der Voraussetzungen der § 3 I Nr. 1 bis 3 stattgefunden hat (aA *Fitting* Rn. 64b). Nach rkr. Zuordnung kann entspr. § 13 II Nr. 1 eine Neuwahl wegen Veränderung der Belegschaftsstärke in Betracht kommen. 5

4. Streitigkeiten. Über Streitigkeiten, die sich aus dieser Vorschr. ergeben, ist im BeschlV zu entscheiden. Im **Abberufungsverfahren** nach Abs. 1 S. 2 ist der AG nicht antragsberechtigt (*Fitting* Rn. 45). Über den Wortlaut der Vorschr. hinaus ist dies jeder AN, der durch Maßnahmen des Wahlvorstands in seinem aktiven oder passiven Wahlrecht betroffen ist. Neben dem BR sind auch der GBR und KBR antragsberechtigt, wenn einer von ihnen den Wahlvorstand bestellt hat (*Fitting* Rn. 46). Der Wahlvorstand selbst ist Beteiligter. Auch im **Zuordnungsverfahren** nach Abs. 2 folgt die **Antragsberechtigung** den generellen Regeln des BeschlV (aA DKKW/*Homburg* Rn. 23 – abschl. Regelung). Antragsberechtigt ist über die im G ausdrückl. gen. Personen und Stellen hinaus jeder, dem die streitgegenständl. betriebsverfassungsrechtl. Normen eine eigene Rechtsposition einräumen, die ihm erlauben, sie mit seinem Antrag zu schützen (BAG 23.2.1988 NZA 1989, 229; s. § 81 ArbGG Rn. 10). Wurde ein Betriebsteil als selbständiger Betrieb angesehen und hatte er einen eigenen BR, ist er neben dem BR des Hauptbetriebs beteiligt und antragsberechtigt (BAG 29.1.1987 NZA 1987, 707). Antragsberechtigt ist nicht allein der Wahlvorstand des Hauptbetriebs, sondern auch die Wahlvorstände der Organisationseinheiten, deren betriebsverfassungsrechtl. Stellung durch die Entscheidung betroffen sein kann. Eine Gewerkschaft ist antragsberechtigt, wenn sie im Hauptbetrieb oder in einer der betroffenen Organisationseinheiten vertreten ist (BAG 5.6.1964 AP BetrVG § 3 Nr. 7). Antragsberechtigt ist jeder beteiligte Sprecherausschuss und jeder bei deren Wahl beteiligte Wahlvorstand. An einem vom AG eingeleiteten Verfahren soll der Wahlvorstand, nicht aber eine im Betrieb vertretene Gewerkschaft beteiligt sein (BAG 25.9.1986 NZA 1987, 708). Nicht antragsberechtigt sind die AN der Organisationseinheit (*Fitting* Rn. 60) sowie die SBV (BAG 18.1.2012 NZA-RR 2013, 133). Im Verfahren nach § 18 II ist jede Arbeitnehmervertretung zu beteiligen, deren Status oder Zusammensetzung durch eine mögl. Entscheidung betroffen sein könnte, maßgebl. Zeitpunkt ist die letzte Anhörung in der Tatsacheninstanz (BAG 23.11.2016 – 7 ABR 3/15, zVb.). 6

7 **5. Korrektur und Abbruch von Betriebsratswahlen.** Entscheidungen und Maßnahmen des Wahlvorstands können auch schon vor Abschluss der BRwahl **selbständig** angegriffen werden (BAG 25.8.1981 AP ArbGG 1979 § 83 Nr. 2; Übersicht bei *Bonanni/Mückl* BB 2010, 437; *Heider* NZA 2010, 488). Ein vor Durchführung der BRwahl eingeleitetes BeschlV ist nicht ohne Antragsänderung als Wahlanfechtungsverfahren fortzusetzen. Der Übergang auf den Wahlanfechtungsantrag ist innerhalb der Anfechtungsfrist grds. zulässig (BAG 14.1.1983 AP BetrVG 1972 § 19 Nr. 9). Eine **einstweilige Vfg.** nach § 85 II ArbGG ist möglich. Durch diese können Korrekturen am Wahlverfahren vorgenommen werden. Einstweilige Vfg. dürfen aber grds. nicht dazu führen, dass die Durchführung der Wahl bis zur endgültigen Klärung der Rechtsfrage ausgesetzt wird, da dies zu betriebsratslosen Zeiten führen kann (LAG M 3.8.1988 BB 1989, 147). Deshalb kommen grds. keine Sicherungsverfügungen, sondern nur Leistungsverfügungen in Betracht. An die Begründetheit des **Verfügungsanspruchs** sind jedoch strenge Anforderungen zu stellen, da es sich um nicht unerhebl. Eingriffe in das Wahlverfahren handelt und durch Leistungsverfügungen nicht bloß temporäres Zwischenrecht geschaffen wird. Die bloße Wahrscheinlichkeit des Verstoßes gegen wesentl. Wahlvorschr. genügt deshalb nicht. Es muss ein wesentl. Fehler vorliegen, der zweifelsfrei die Anfechtbarkeit oder Nichtigkeit begr. und durch einstweilige Vfg. korrigierbar ist (LAG HM 18.9.1996 BB 1996, 2622); dies ist grds. nicht der Fall, wenn die Ordnungsmäßigkeit der Wahl von einer schwierigen und ungeklärten Rechtsfrage abhängt (LAG HE 7.8.2008 ZTR 2008, 696). Die Berichtigungsverfügung hat dabei Vorrang vor einer Abbruchsverfügung, bei der zu unterscheiden ist zwischen einem auf eine Neueinleitung und dem Verbot einer Neueinleitung gerichteten Antragsziel (GK-BetrVG/*Kreutz* Rn. 89f.). Die Entsch. im vorläufigen Rechtsschutz darf sich nicht über die Wertentsch. des Gesetzgebers hinwegsetzen, dass bestimmte Fehler im Wahlverfahren im Interesse einer funktionierenden Mitbestimmung erst einmal hinzunehmen sind, weil wegen der Beendigung der Amtszeit des bisherigen BR im Betrieb ansonsten keine ANvertretung bestehen würde (BAG 27.7.2011 NZA 2012, 345; aA *Krois* SAE 2012, 100). Ein **Abbruch** oder eine vorläufige **Aussetzung der Wahl** auf Grund einstweiliger Vfg. ist ausnahmsweise möglich, wenn die Mängel des Wahlverfahrens nicht korrigierbar und derart schwerwiegend sind, dass sie mit Sicherheit zur **Nichtigkeit** der BRwahl führen (dem BAG folgend: LAG HM 16.5.2014 – 7 TaBVGa 17/14; LAG K 8.4.2014 – 7 Ta 101/14; LAG HE 3.4.2014 – 9 TaBVGa 42/14). Die sichere **Anfechtbarkeit** der Wahl reicht für eine „Abbruchsverfügung" nicht aus (so aber LAG HH 19.4.2010 NZA-RR 2010, 585; LAG HM 14.8.2009 NZA-RR 2010, 191; aA *Fitting* Rn. 42; *Rieble/Triskatis* NZA 2006, 233). Diese Grundsätze gelten auch für Streitigkeiten um die Wirksamkeit der Bestellung eines **Wahlvorstands** (LAG HM 6.9.2013 NZA-RR 2013, 637). **Antragsberechtigt** ist jeder, der dies im Hauptsachenverfahren wäre (s. Rn. 9). Gegen einen Beschl. im Eilverfahren, der dem Wahlvorstand die weitere Durchführung einer eingeleiteten Wahl einstweilen vollständig untersagt, steht neben dem Wahlvorstand auch dem AG die Beschwerdebefugnis zu (LAG HE 16.7.1992 NZA 1993, 1008).

§ 18a Zuordnung der leitenden Angestellten bei Wahlen

(1) [1]Sind die Wahlen nach § 13 Abs. 1 und nach § 5 Abs. 1 des Sprecherausschussgesetzes zeitgleich einzuleiten, so haben sich die Wahlvorstände unverzüglich nach Aufstellung der Wählerlisten, spätestens jedoch zwei Wochen vor Einleitung der Wahlen, gegenseitig darüber zu unterrichten, welche Angestellten sie den leitenden Angestellten zugeordnet haben; dies gilt auch, wenn die Wahlen ohne Bestehen einer gesetzlichen Verpflichtung zeitgleich eingeleitet werden. [2]Soweit zwischen den Wahlvorständen kein Einvernehmen über die Zuordnung besteht, haben sie in gemeinsamer Sitzung eine Einigung zu versuchen. [3]Soweit eine Einigung zustande kommt, sind die Angestellten entsprechend ihrer Zuordnung in die jeweilige Wählerliste einzutragen.

(2) [1]Soweit eine Einigung nicht zustande kommt, hat ein Vermittler spätestens eine Woche vor Einleitung der Wahlen erneut eine Verständigung der Wahlvorstände über die Zuordnung zu versuchen. [2]Der Arbeitgeber hat den Vermittler auf dessen Verlangen zu unterstützen, insbesondere die erforderlichen Auskünfte zu erteilen und die erforderlichen Unterlagen zur Verfügung zu stellen. [3]Bleibt der Verständigungsversuch erfolglos, so entscheidet der Vermittler nach Beratung mit dem Arbeitgeber. [4]Absatz 1 Satz 3 gilt entsprechend.

(3) [1]Auf die Person des Vermittlers müssen sich die Wahlvorstände einigen. [2]Zum Vermittler kann nur ein Beschäftigter des Betriebs oder eines anderen Betriebs des Unternehmens oder Konzerns oder der Arbeitgeber bestellt werden. [3]Kommt eine Einigung nicht zustande, so schlagen die Wahlvorstände je eine Person als Vermittler vor; durch Los wird entschieden, wer als Vermittler tätig wird.

(4) [1]Wird mit der Wahl nach § 13 Abs. 1 oder 2 nicht zeitgleich eine Wahl nach dem Sprecherausschussgesetz eingeleitet, so hat der Wahlvorstand den Sprecherausschuss entsprechend Absatz 1 Satz 1 erster Halbsatz zu unterrichten. [2]Soweit kein Einvernehmen über die Zuordnung besteht, hat der Sprecherausschuss Mitglieder zu benennen, die anstelle des Wahlvorstands an dem Zuordnungsverfahren teilnehmen. [3]Wird mit der Wahl nach § 5 Abs. 1 oder 2 des Sprecheraus-

schussgesetzes nicht zeitgleich eine Wahl nach diesem Gesetz eingeleitet, so gelten die Sätze 1 und 2 für den Betriebsrat entsprechend.

(5) [1]**Durch die Zuordnung wird der Rechtsweg nicht ausgeschlossen.** [2]**Die Anfechtung der Betriebsratswahl oder der Wahl nach dem Sprecherausschussgesetz ist ausgeschlossen, soweit sie darauf gestützt wird, die Zuordnung sei fehlerhaft erfolgt.** [3]**Satz 2 gilt nicht, soweit die Zuordnung offensichtlich fehlerhaft ist.**

1. Anwendungsbereich. Die Norm soll durch verfahrensrechtl. Bestimmungen die Lösung der materiell-rechtl. oft schwierigen Fragen erleichtern, wer leitender Angestellter ist und das Wahlverfahren abkürzen. Sie regelt allein die Zuordnung für die Wahlverfahren zum BR und SprA und hat keine Bedeutung für die materielle Rechtsstellung der Betroffenen außerhalb des Wahlverfahrens oder andere Statusverfahren (LAG BE 5.3.1990 NZA 1990, 570); sie gilt auch für die in § 3 I Nr. 1–3 geregelten betriebsverfassungsrechtl. Einheiten (aA GK-BetrVG/*Kreutz* Rn. 8). Die Vorschr. gilt nicht im Verfahren nach § 14a. Zum Zuordnungsverfahren gehört die Verpflichtung der Wahlvorstände, die **regelm.** Wahlen des BR und des SprA nach § 13 I 2 und § 5 I 2 SprAuG **zeitgleich** einzuleiten. Die Abs. 1–3 sind ebenso anzuwenden, wenn zwar keine Pflicht besteht, die Wahlen zeitgleich abzuhalten, aber beide Wahlvorstände zeitgleiche Wahlen beschlossen haben (aA DKKW/*Trümner* Rn. 31, 41). Leitet ein Wahlvorstand die Wahl vor Abschluss des Zuordnungsverfahrens ein, ist es beendet. Werden BR- und Sprecherausschusswahlen nicht zeitgleich durchgeführt, gilt das bes. Verfahren nach Abs. 4 (aA GK-BetrVG/*Kreutz* Rn. 26, 33). Wird in einem Unternehmen nach § 20 I SprAuG ein Unternehmenssprecherausschuss gewählt, führt dieser das Zuordnungsverfahrens mit den verschiedenen Wahlvorständen der einzelnen Betriebe durch. 1

2. Einigung. Nach Aufstellung der Wählerlisten haben sich die Wahlvorstände nach Abs. 1 S. 1 formlos ohne schuldhaftes Zögern über die von ihnen vorgenommene Zuordnung gegenseitig zu unterrichten. Soweit die Listen übereinstimmen, ist (endgültiges) Einvernehmen hergestellt. Die anderen Fälle müssen in den Wahlvorständen beraten werden. Die **gemeinsame Sitzung** nach Abs. 1 S. 2 findet nicht nur statt, wenn das fehlende Einvernehmen aus den von den Wahlvorständen abgegebenen Erkl. folgt. Unterlässt einer der Wahlvorstände die Unterrichtung und nimmt er nicht zu der von dem anderen Wahlvorstand getroffenen Zuordnung Stellung, besteht ebenso kein Einvernehmen. Auch in diesem Fall haben sie spätestens eine Woche vor Einleitung der Wahlen in gemeinsamer Sitzung eine Einigung zu versuchen (aA *Fitting* Rn. 16). Jeder Wahlvorstand trifft für sich eine Entscheidung, entweder in getrennten Sitzungen oder iRd. gemeinsamen Sitzung, an der die nicht stimmberechtigten Mitglieder iSv. § 16 I 6 teilnehmen können (aA DKKW/*Trümner* Rn. 18). Die Sitzung muss mind. eine Woche vor Erlass des Wahlausschreibens stattfinden, da nach Abs. 2 S. 1 die letzte Woche der Tätigkeit des Vermittlers vorbehalten bleiben muss. 2

3. Vermittler, getrennte Wahlen. Kommt es zu keiner einvernehml. Lösung, ist nach Abs. 3 ein Vermittler zu bestellen. Der Vermittler wird in erster Linie in getrennten Abstimmungen der Wahlvorstände bestimmt. Kommt es zu keiner Einigung, ist mangels Absprache im Fall eines Losentscheids das allgemein übl. Verfahren anzuwenden (§ 10 WO). Eine gerichtl. Bestellung ist nicht zulässig. Schlägt zumindest einer der beteiligten Wahlvorstände keinen Vermittler vor, kann das Zuordnungsverfahren nicht weitergeführt werden. In diesem Fall entscheiden die Wahlvorstände allein über die Zuordnung und die jew. Wählerlisten. Der Vermittler muss so zeitgerecht bestellt werden, dass er spätestens eine Woche vor der Wahl noch die in Abs. 2 S. 1 vorgesehene Verständigung versuchen kann (*Fitting* Rn. 51a). Er darf dabei nur die umstrittenen Fälle aufgreifen. Die **Auskunfts- und Vorlagepflicht** nach Abs. 2 S. 2 erstreckt sich auf alle Aspekte, welche für die Entscheidung von Bedeutung sind, einschließl. der Bandbreite der an leitende Angestellte gezahlten Gehälter sowie das Gehalt der umstrittenen Angestellten. Die Wahlvorstände sind verpflichtet, die Wählerlisten der Entscheidung des Vermittlers entspr. zu verändern. Die Vermittlertätigkeit wird als **Ehrenamt** nicht bes. vergütet. Bei notwendiger Arbeitsversäumnis ergibt sich aus § 20 III 2 bzw. § 8 III 2 SprAuG ein **Entgeltfortzahlungsanspruch.** Es besteht keine Verpflichtung, die Vermittlertätigkeit auszuüben. Der Vermittler ist in seiner Tätigkeit an keine Weisungen gebunden und wird durch § 20 und § 119 I Nr. 1 geschützt (*Fitting* Rn. 59). Er unterliegt nicht der Schweigepflicht nach § 79 (aA GK-BetrVG/*Kreutz* Rn. 76), aber der arbeitsvertragl. Schweigepflicht. Wird nur der BR oder der Sprecherausschuss gewählt, ist in das Zuordnungsverfahren nach Abs. 4 die nicht zu wählende Vertretung eingeschaltet. Zunächst trifft der Wahlvorstand eine Zuordnungsentscheidung, die er unverzügl. der anderen Vertretung bekannt gibt. Ist die Zuordnung umstritten, muss die andere Vertretung Mitglieder benennen, die „anstelle des Wahlvorstands“ an dem Zuordnungsverfahren teilnehmen, das dann wie sonst auch abläuft. Es können nur Mitglieder der Vertretung benannt werden. Dabei sollten, um Pattsituationen zu vermeiden, stets eine ungerade Zahl von Mitgliedern benannt werden. 3

4. Streitigkeiten. Ein nicht ordnungsgemäß durchgeführtes Zuordnungsverfahren berechtigt den BR oder den SprA nicht, die Veränderung der Wählerliste der jeweils anderen ANvertretung bzw. den Wahlabbruch zu verlangen (LAG HM 24.4.1990 NZA 1990, 704). Wird in einem Statusverfahren die 4

Zuordnung eines AN rkr. festgestellt, ist diese Entscheidung für die anstehende Wahl maßgebend und eine durch das Zuordnungsverfahren getroffene andere Entscheidung unverbindlich. Ergeht die Entscheidung erst nach Durchführung der Wahlen, verlieren falsch zugeordnete gewählte AN analog § 9 II Nr. 6 ihre Mitgliedschaft im SprA bzw. analog § 24 I Nr. 6 die im BR. Abs. 5 S. 2 soll im Interesse der Rechtssicherheit die Fälle von Neuwahlen der Gremien begrenzen. Bei der erfolgreichen Anfechtung der Wahl einzelner Mitglieder rückt nur das Ersatzmitglied nach. Die Vorschr. schränkt den Rechtsschutz ein und ist daher eng auszulegen (aA GK-BetrVG/*Kreutz* Rn. 99). **Offensichtlich fehlerhaft** ist nach S. 3 ein Mangel der Zuordnung, der sich einem mit den Gegebenheiten des Betriebs und den rechtl. Abgrenzungskriterien Vertrauten geradezu aufdrängt (DKKW/*Trümner* Rn. 70). Die Einschränkung der Anfechtungsmöglichkeit erfasst nicht die **Anfechtung der Wahl eines einzelnen Mitglieds** des BR oder des SprA wegen fehlender Wählbarkeit.

§ 19 Wahlanfechtung

(1) Die Wahl kann beim Arbeitsgericht angefochten werden, wenn gegen wesentliche Vorschriften über das Wahlrecht, die Wählbarkeit oder das Wahlverfahren verstoßen worden ist und eine Berichtigung nicht erfolgt ist, es sei denn, dass durch den Verstoß das Wahlergebnis nicht geändert oder beeinflusst werden konnte.

(2) [1]**Zur Anfechtung berechtigt sind mindestens drei Wahlberechtigte, eine im Betrieb vertretene Gewerkschaft oder der Arbeitgeber.** [2]**Die Wahlanfechtung ist nur binnen einer Frist von zwei Wochen, vom Tage der Bekanntgabe des Wahlergebnisses an gerechnet, zulässig.**

1 **1. Normzweck.** Die Bestimmung dient der Rechtssicherheit. Es soll möglichst schnell und umfassend geklärt werden, ob ein BR wirksam gewählt ist. Die Vorschr. gilt nach § 63 II 2 auch für die Anfechtung der Wahl zur JAV. Sie ist entspr. anwendbar auf die Wahl des BRvorsitzenden, seines Stellvertreters, die Bestellung der Mitglieder des Betriebsausschusses und anderer Ausschüsse des BR sowie auf die Wahlen der freizustellenden BRmitglieder (BAG 15.1.1992 NZA 1992, 1091; s. § 27 Rn. 7). Sie gilt nicht für die Bestellung der Mitglieder des GBR, KBR und der Gesamt-JAV (BAG 15.8.1978 NJW 1979, 2422; s. § 47 Rn. 6); zum einstw. Rechtsschutz während eines Wahlverfahrens § 18 Rn. 7; Rspr.übersicht bei *Burgmer/Richter* NZA-RR 2014, 57; *Lunk/Schmelle/Witten* NZA 2014, 57).

2 **2. Anfechtungsgründe. a) Rechtsverstoß.** Gegen wesentl. Vorschr. wird verstoßen, wenn die Wahlvorschr. tragende Grundprinzipien der BRwahl enthalten. Zwingende Vorschr. stellen regelm. wesentl. Vorschr. iSd. § 19 dar (BAG 31.5.2000 NZA 2000, 1350). Verstöße gegen Sollvorschr. berechtigen idR nur zur Anfechtung, wenn sie elementare Grundprinzipien der BRwahl enthalten, tragende Grundsätze des BetrVG berühren (BAG 13.10.2004 AP WahlO BetrVG 1972 § 2 Nr. 1) oder wenn für die Abweichung kein vernünftiger Grund besteht (BAG 13.11.1991 NZA 1992, 944). Für die Wissenszurechnung innerhalb des Wahlvorstands gilt § 26 II 2 analog.

3 **b) Wahlrecht.** Dies sind Regelungen nach §§ 7, 8. Versäumen AN, rechtzeitig Einspruch gegen die Wählerliste nach § 4 WO beim Wahlvorstand einzulegen, verlieren sie nicht die Möglichkeit der Wahlanfechtung nach § 19 (BAG 21.3.2017 – 7 ABR 19/15, zVb.; aA *Fitting* Rn. 14). Die Anfechtungsbefugnis ist in § 19 abschl. geregelt. § 126 ermächtigt den Verordnungsgeber lediglich, das Wahlverfahren selbst zu regeln. Auch die Anfechtungsberechtigung des AG und der im Betrieb vertretenen Gewerkschaft hängen nicht von einem vorherigen Einspruch ab. Die Berufung darauf, dass ein im Zuordnungsverfahren nach § 18a eingestufter leitender Angestellter zu Unrecht von der Wahl ausgeschlossen wurde, ist nur bei offensichtl. fehlerhafter Zuordnung mögl. (s. § 18a Rn. 7). **Einzelfälle für Wahlfehler:** fehlerhafte Zulassung/Nichtzulassung von AN zur Wahl (BAG 29.1.1992 NZA 1992, 894 – Wahlberechtigter; BAG 21.7.2004 NZA 2005, 240 – Nichtwahlberechtigter); verspätete (RB anh. 7 ABR 19/15) oder inhaltlich fehlerhafte Korrektur der Wählerliste (BAG 27.1.1993 NZA 1993, 949). Verstöße gegen die **Wählbarkeit** (s. § 8 Rn. 1 f.) betreffen § 8 und mittelbar die §§ 4 bis 7: die Zulassung nicht wählbarer AN als Wahlkandidaten (BAG 12.9.2012 NZA-RR 2013, 197) oder die Nichtzulassung eines wählbaren AN zur Wahl, zB durch unberechtigte Streichung von der Vorschlagsliste (*Fitting* Rn. 16). Die Anfechtung kann nicht auf den Mangel der Wählbarkeit gestützt werden, wenn der AN vor Abschluss des Anfechtungsverfahrens wählbar geworden ist, zB weil er das 18. Lebensjahr zwischenzeitl. vollendet hat oder inzwischen sechs Monate dem Betrieb angehört (BAG 7.7.1954 AP BetrVG § 24 Nr. 1). Ein im Verfahren nach § 18a den leitenden Angestellten zugeordneter AN kann sich im Anfechtungsverfahren auf sein passives Wahlrecht nur berufen, wenn die Zuordnung offensichtl. fehlerhaft ist (s. § 18a Rn. 7).

4 **c) Wahlverfahren.** Um das Wahlverfahren geht es bei Verstößen gegen die §§ 9 bis 18 und die Vorschr. der WO. **Einzelfälle:** Einsicht Dritter in die mit Stimmabgabevermerken versehene Wählerliste während der laufenden BRwahl (BAG 6.12.2000 AP BetrVG 1972 § 19 Nr. 48); Fehlen einer Wählerliste (BAG 27.4.1976 NJW 1976, 2229); fehlende oder nicht ordnungsgemäße Bekanntgabe des

Wahlausschreibens (BAG 21.1.2009 NZA-RR 2009, 481; 5.5.2004 NZA 2004, 1285); unzureichende Unterrichtung ausl. AN, die der deutschen Sprache nicht mächtig sind (BAG 13.10.2004 AP BetrVG 1972 WahlO § 2 Nr. 1); fehlende Bekanntgabe der Wahlzeit oder deren Änderung ohne ausreichende Bekanntgabe (BAG 19.9.1985 NZA 1986, 368); fehlende Angabe des Ortes der Wahllokale im Wahlausschreiben, sofern dieses nicht so rechtzeitig ergänzt wird, dass für die Wahlberechtigten keine Einschränkung ihres Stimmrechts eintritt (BAG 19.9.1985 NZA 1986, 368); unterbliebene Anordnung einer Briefwahl (RB anh. 7 ABR 41/15); fehlerhafte Behandlung von Briefwahlstimmen (BAG 10.7.2013 AP SGB IX § 94 Nr. 6); Nichtbekanntgabe von Ort und Zeitpunkt der Stimmauszählung (BAG 15.11.2000 NZA 2001, 853); rechtswidrige Wahlbeeinflussung, zB finanzielle oder sonstige Unterstützung einer bestimmten Gruppe von Kandidaten bei der Wahlwerbung durch den AG (BAG 4.12.1986 NZA 1987, 166); Bestellung des Wahlvorstands durch einen nicht mehr amtierenden BR (BAG 2.3.1955 NJW 1955, 766; aA GK-BetrVG/*Kreutz* Rn. 49); Nichteinhaltung der Fristen der WO zur Einreichung von Wahlvorschlägen (BAG 12.2.1960 AP BetrVG § 18 Nr. 11); Festsetzung des Endes der Frist für die Einreichung von Wahlvorschlägen auf einen Zeitpunkt, der vor Ende der AZ der überw. Zahl der AN liegt (BAG 12.2.1960 AP BetrVG § 18 Nr. 11); Streichung einzelner oder mehrerer Kandidaten von der Vorschlagsliste durch einige Unterzeichner (BAG 15.12.1972 AP BetrVG § 14 Nr. 1); fehlerhafte Zulassung oder Nichtzulassung eines Wahlvorschlags (BAG 21.1.2009 NZA-RR 2009, 481 – Verletzung der Prüfungspflicht des Wahlvorstands (BAG 18.7.2012 NZA 2013, 168; LAG HM 26.11.2010 BB 2010, 3148 – Fristablauf); unterschiedl. Gestaltung der Stimmzettel (BAG 14.1.1969 NJW 1969, 1134); Wahl einer unrichtigen Anzahl von BRmitgliedern (BAG 21.7.2004 NZA 2005, 240); gegen § 15 II verstoßende Feststellung des Wahlvorstands, eine Frau sei in den BR gewählt (BAG 10.3.2004 NZA 2004, 1340); nicht ordnungsgemäße Besetzung des Wahlvorstands (BAG 3.6.1975 BetrVG 1972 § 5 Rotes Kreuz Nr. 1); Verkennung des Betriebsbegriffs (BAG 13.3.2013 NZA 2013, 738; *Salamon* NZA 2014, 175). Wird die Anfechtung darauf gestützt, dass in einem einheitl. Betrieb mehrere BR für jeweils unselbständige Betriebsteile gewählt worden sind, muss die Wahl aller BR angefochten werden (BAG 31.5.2000 NZA 2000, 1350; aA BAG 21.9.2011 NZA-RR 2012, 186; RB anh. 7 ABR 40/16, Termin: 22.11.2017).

3. Weitere Voraussetzungen. a) Keine Korrektur. Der Verstoß gegen wesentl. Vorschr. rechtfertigt die Anfechtung nur, wenn er nicht rechtzeitig korrigiert wurde. Die Berichtigung erfolgt idR durch den Wahlvorstand (s. § 18 Rn. 7). Geht es um Mängel bei seiner Bestellung, kann die Berichtigung durch den noch amtierenden BR vorgenommen werden. Grds. sind alle Wahlfehler reparabel (BAG 19.9.1985 NZA 1986, 368). Rechtzeitig ist die Berichtigung, wenn die Wahl danach noch ordnungsgemäß ablaufen kann (*Fitting* Rn. 23). Ein Wahlausschreiben mit unzutreffender Angabe des Wahlorts kann deshalb berichtigt werden, wenn sich die Wahlberechtigten noch rechtzeitig über den Ort der Wahl informieren können und keine Einschränkung des Wahlrechts eintritt (BAG 19.9.1985 NZA 1986, 368). Formale Unrichtigkeiten im Wahlausschreiben, die offensichtl. sind (zB Schreib- und Rechenfehler) können ohne weiteres vom Wahlvorstand korrigiert werden. Ist jedoch zB die Gesamtzahl der BRmitglieder im Wahlausschreiben fehlerhaft angegeben, muss der Wahlvorstand es erneut erlassen, sodass auch die Fristen zum Einreichen von Wahlvorschlägen neu beginnen (DKKW/*Homburg* Rn. 15). 5

b) Kausalität. Der nicht berichtigte Verstoß muss potentiell kausal für ein geänd. oder von ihm beeinflusstes Wahlergebnis sein. Wahlergebnis ist die Feststellung, welche AN BRmitglieder sind (BAG 14.9.1988 NZA 1989, 360). Soweit durch den Wahlfehler nur Zwischenergebnisse beeinflusst sind, ist dies ohne Bedeutung. Es kommt nicht darauf an, dass das Wahlergebnis geänd. oder beeinflusst **wurde.** Eine verfahrensfehlerhafte BRwahl muss nur dann nicht wiederholt werden, wenn sich konkret feststellen lässt, dass auch bei der Einhaltung der Wahlvorschr. kein anderes Wahlergebnis erzielt worden wäre, andernfalls bleibt es bei der Unwirksamkeit der Wahl (BAG 13.3.2013 NZA-RR 2013, 575). Steht fest, dass der Verstoß keinen Einfluss auf das Wahlergebnis hat, fehlt der Anfechtungsgrund. Entscheidend ist, ob die hypothetische Betrachtung (Wahl ohne den Verstoß) unter Berücksichtigung der konkreten Umstände zwgd. zu demselben Wahlergebnis geführt hätte. Es reicht aber schon aus, wenn ein anderes Erg. nach der allgemeinen Lebenserfahrung und den konkreten Umständen des Einzelfalls denkbar ist (BAG 13.10.2004 AP BetrVG 1972 WahlO § 2 Nr. 1). Die Anfechtung ist nicht begr., wenn Nicht-Wahlberechtigte mitgewählt haben, das Wahlergebnis aber bei der Nichtberücksichtigung ihrer Stimmen nicht anders aussehen würde (BAG 14.9.1988 NZA 1989, 360). Sie ist ebenso wenig begr., wenn ein Wahlverstoß sich ledigl. auf die Reihenfolge der Ersatzmitglieder auswirkt (BAG 21.2.2001 NZA 2002, 282). Die vorzeitige Schließung des Wahllokals begr. keine Anfechtung, wenn feststeht, dass kein Wahlberechtigter von der Stimmabgabe abgehalten worden ist (BAG 19.9.1985 NZA 1986, 368). Lässt sich der Sachverhalt nicht eindeutig dahingehend aufklären, dass der Verstoß keinen Einfluss auf das Wahlergebnis hatte, so ist von der Möglichkeit der Beeinflussung auszugehen (BAG 25.5.2005 NZA 2006, 116). Die Anfechtungsberechtigten können nach § 19 WO die Wahlunterlagen einsehen, soweit gerade dies zur Überprüfung der Ordnungsmäßigkeit der Wahl erforderl. ist (BAG 27.7.2005 NZA 2006, 59). 6

7 **4. Folgen der Anfechtung.** Mit rkr.r Entscheidung steht die Wirksamkeit oder Unwirksamkeit der BRwahl fest. Stellt sich im Anfechtungsverfahren heraus, dass eine nachträgl. Berichtigung des Wahlmangels mögl. ist, muss das Gericht die Berichtigung im BeschlV vornehmen und darf die Wahl nicht für ungültig erklären (BAG 26.11.1968 NJW 1969, 526). Grds. ist die Berichtigung nur möglich, wenn sich die Anfechtung gegen die Feststellung des Wahlergebnisses einer ansonsten ordnungsgemäß durchgeführten Wahl richtet – zB Rechenfehler bei der Verteilung der Sitze oder Verteilung der Sitze ohne Rücksicht auf die Geschlechterquote. Sie ist nicht möglich, wenn die Wahl auf Grund einer vom Wahlvorstand falsch angegebenen Größe des BR durchgeführt wurde; dies gilt für Mehrheits- und für Listenwahl (BAG 29.5.1991 NZA 1992, 36; s. § 9 Rn. 4). Die erfolgreiche **Anfechtung der Wahl als Ganzes** entzieht dem BR die Grdl. für sein weiteres Bestehen und führt zu einem betriebsratslosen Betrieb. Sie hat keine rückwirkende Kraft, sondern wirkt für die Zukunft (BAG 13.3.1991 NZA 1991, 946). Alle bis zur rkr. Entscheidung vom BR vorgenommenen Rechtshandlungen, einschließl. abgeschlossener BV, sind und bleiben gültig. Der BR führt nach § 22 iVm. § 13 II Nr. 4 nicht mehr die Geschäfte bis zur Neuwahl. Vor Rechtskraft der Entscheidung kann er keinen Wahlvorstand bestellen (aA *Fitting* Rn. 45), weil dieser unverzügl. Wahlen einleiten müsste, die zu diesem Zeitpunkt noch nicht stattfinden dürfen (LAG HM 14.8.2009 NZA-RR 2010, 191). Der für die Neuwahl erforderl. Wahlvorstand muss daher vom GBR, KBR bestellt oder von der BetrVers nach § 17 gewählt werden. Sie können den alten Wahlvorstand oder einzelne seiner Mitglieder wieder berufen. Liegen die Voraussetzungen von § 17 IV vor, kann eine Ersatzbestellung nach § 16 II erfolgen. Tritt der BR schon im Verlauf des Wahlanfechtungsverfahrens zurück, führt er die Geschäfte nach § 22 weiter und muss daher unverzügl. den Wahlvorstand bestellen, wenn dies noch mögl. ist. Wird im Anfechtungsverfahren nur die Wahl **einzelner BRmitglieder** für unwirksam erklärt, treten mit Rechtskraft der Entscheidung nach § 25 die Ersatzmitglieder an ihre Stelle. Die Notwendigkeit einer Neuwahl kann sich aber aus § 13 Abs. 2 Nr. 2 ergeben, wenn trotz Nachrücken aller Ersatzmitglieder die vorgeschriebene Zahl von BRmitgliedern nicht mehr erreicht wird. Bis zum Abschluss des Anfechtungsverfahrens unterliegen die BRmitglieder dem bes. Kündigungsschutz aus § 15 KSchG und § 103 (s. § 15 KSchG Rn. 17).

8 **5. Verfahren. a) Verfahrensgrundsätze.** Über die Wahlanfechtung entscheidet das ArbG auf Antrag eines Anfechtungsberechtigten im BeschlV. Die Angabe eines Antragsgegners in der Antragsschrift nicht erforderl. Das ArbG muss wegen des Untersuchungsgrundsatzes sämtl. Anfechtungsgründe vAw. berücksichtigen, soweit der Vortrag der Beteiligten Anhaltspunkte liefert, unabhängig davon, ob sie sich darauf berufen oder nicht (BAG 4.12.1986 NZA 1987, 166). Deshalb können die Beteiligten auch einen Anfechtungsgrund, der sich aus dem vorgetragenen Sachverhalt ergeben kann, nicht einvernehml. der gerichtl. Prüfung entziehen (BAG 13.10.2004 NZA 2005, 480). Der Antrag kann sich auf Korrektur des Wahlergebnisses, Gesamt- oder Teilanfechtung (LAG N 16.2.2016 NZA-RR 2016, 417) der Wahl richten. Bei einem Antrag auf Feststellung der Ungültigkeit einer Wahl ist regelm. eine Überprüfung unter jedem rechtl. Gesichtspunkt gewollt. Das Gericht prüft dann auch die Nichtigkeit der Wahl (BAG 12.10.1976 NJW 1977, 647). Das **Rechtsschutzinteresse** für das Wahlanfechtungsverfahren entfällt, wenn alle AN, die das Verfahren betreiben, endgültig aus dem ArbVerh. ausscheiden (BAG 23.7.2014 NZA 2014, 1288) und mit Ablauf der Amtszeit des Gremiums, dessen Wahl angefochten wird (BAG 27.7.2011 NZA 2012, 345). Tritt der BR während des Verfahrens zurück, ist es wegen der nach § 22 weiterbestehenden Geschäftsführungsbefugnis fortzusetzen (BAG 29.5.1991 NZA 1989, 731) bis das Wahlergebnis einer Neuwahl bekannt gegeben wird (BAG 15.2.2012 NZA-RR 2012, 602). Wird die Wahl einzelner BRmitglieder angefochten, entfällt das Rechtsschutzbedürfnis mit ihrer Amtsniederlegung, weil sie sofort aus dem BR ausscheiden (*Fitting* Rn. 44). Örtl. zuständig ist nach § 82 S. 1 ArbGG das ArbG, in dessen Bezirk der Betrieb seinen Sitz hat.

9 **b) Anfechtungsfrist.** Die für die Wahlanfechtung in Abs. 2 S. 2 vorgesehene Zwei-Wochen-Frist beginnt mit der Bekanntgabe des endgültigen Wahlergebnisses nach § 18 WO. Die Frist berechnet sich nach den §§ 187 ff. BGB und endet nach § 188 II BGB mit Ablauf des Wochentags, der dem Tag entspricht, an dem das Wahlergebnis zwei Wochen zuvor ausgehängt worden ist. Der Antrag muss einschließl. Begründung spätestens am letzten Tag der Frist beim ArbG eingegangen sein. Es reicht auch der Eingang bei einem örtl. nicht zuständigen ArbG (BAG 15.7.1960 NJW 1960, 2165). Eine Verlängerung der Frist ist ebenso wenig mögl. wie eine Wiedereinsetzung in den vorigen Stand. Wird innerhalb der Frist kein Anfechtungsgrund vorgetragen, kann dieser nicht nachgeschoben werden, da dies auf eine Verlängerung der Frist hinausliefe. Nach Ablauf der Frist erlischt das Anfechtungsrecht und die Wahl ist unanfechtbar (BAG 26.10.1979 NJW 1980, 1484). Das Anfechtungsverfahren kann schon vor Fristbeginn angestrengt werden. Wird das Wahlergebnis nachträgl. vom Wahlvorstand geänd., beginnt die Frist erneut, wird der Aushang vorzeitig abgenommen, wird die Frist unterbrochen (*Fitting* Rn. 35, 38).

10 **c) Anfechtungsberechtigung. aa) Arbeitnehmer.** Das Anfechtungsrecht steht den nach § 7 S. 1, 2 wahlberechtigten AN nach Abs. 2 S. 1 als Individualrecht zu (BAG 4.12.1986 NZA 1987, 166). Der BR oder der Wahlvorstand haben kein Anfechtungsrecht (BAG 14.11.1975 AP BetrVG 1972 § 18 Nr. 1). Drei gewählte BRmitglieder oder die Mitglieder des Wahlvorstands können aber als AN die

Anfechtung betreiben. Keine Anfechtungsberechtigung hat ein einzelner AN, auch wenn er bei ordnungsgemäßer Wahl gewählt worden wäre (BAG 12.2.1985 NZA 1985, 786). Der **nachträgliche Wegfall** der Wahlberechtigung hat keinen Einfluss auf die Anfechtungsbefugnis (BAG 4.12.1986 NZA 1987, 166; aA GK-BetrVG/*Kreutz* Rn. 58). Haben drei am Wahltag wahlberechtigte AN das Verfahren eingeleitet haben und scheiden sie alle vor Abschluss des Verfahrens aus dem Betrieb aus, entfällt das Rechtsschutzbedürfnis (BAG 15.2.1989 NZA 1990, 115). Jeder anfechtende AN kann seinen **Antrag** ohne Zustimmung der anderen Beteiligten in der ersten Instanz **zurücknehmen** (BAG 12.2.1985 NZA 1985, 786). Scheidet ein Antragssteller aus, kann nach Ablauf der Anfechtungsfrist weder eine im Betrieb vertretene Gewerkschaft (BAG 10.6.1983 AP BetrVG 1972 § 19 Nr. 10) noch ein anderer wahlberechtigter AN (BAG 12.2.1985 NZA 1985, 786) in das Verfahren „einsteigen". Wer selbst die Anfechtungsfrist versäumt hat, kann das nicht durch die „Übernahme" eines fremden Verfahrens heilen.

bb) Gewerkschaft, Arbeitgeber. Jede im Betrieb vertretene Gewerkschaft ist anfechtungsberechtigt. 11
Die Vertretung im Betrieb muss während des ganzen Verfahrens gegeben sein (BAG 21.11.1975 NJW 1976, 1165). Bei Anfechtung durch eine dem Haupt- bzw. Bundesvorstand nachgeordnete Gliederung der Gewerkschaft, zB eine örtl. Verwaltungsstelle, muss diese dazu durch die Satzung der Gewerkschaft ermächtigt sein (BAG 29.3.1974 NJW 1974, 1526). Der AG braucht als Anfechtungsberechtigter kein besonderes rechtl. Interesse nachzuweisen (BAG 10.11.1954 NJW 1961, 894). Nach einem Betriebsübergang ist der Betriebsveräußerer nicht mehr anfechtungs- und beschwerdeberechtigt (LAG D 8.1.1979 BB 1979, 938). In Gemeinschaftsbetrieben ist dies die einheitl. Leitung (RB anh. 7 ABR 21/16). Haben sich die AG aber in einer BGB-Gesellschaft zusammengeschlossen, ist nur diese antragsberechtigt (BAG 28.11.1977 NJW 1978, 1992).

6. Beteiligte. Neben dem Antragsteller sind nach § 83 III ArbGG BR und AG beteiligt. Antrags- 12
gegner ist grds. der BR. Anfechtungsgegner können aber auch einzelne BRmitglieder sein, wenn ledigl. deren Wahl angefochten wurde (BAG 28.11.1977 AP BetrVG 1972 § 8 Nr. 2). Ist Anfechtungsgrund, dass die in einem Hauptbetrieb und einem unselbständigen Betriebsteil durchgeführten Wahlen unwirksam sind, weil ein gemeinsamer BR hätte gewählt werden müssen, ist die Wahl beider BR anzufechten (BAG 7.12.1988 NZA 1989, 731). Hat eine im Betrieb vertretene Gewerkschaft von ihrem Anfechtungsrecht keinen Gebrauch gemacht, ist sie nicht nach § 83 III ArbGG Beteiligte (BAG 19.9.1985 NZA 1986, 368). Der Wahlvorstand ist auch dann nicht Beteiligter, wenn die Anfechtung mit Mängeln seiner Bestellung oder seines Verfahrens begr. wird (BAG 14.1.1983 AP BetrVG 1972 § 19 Nr. 9).

7. Nichtigkeit der Wahl. a) Voraussetzungen. Eine BRwahl ist ganz ausnahmsweise nichtig, wenn 13
gegen wesentl. Grundsätze der Wahl in so hohen Maße verstoßen worden ist, dass nicht einmal mehr der Anschein einer dem G entspr. Wahl vorliegt (BAG 22.3.2000 NZA 2000, 1119). Erforderl. ist ein grober und offensichtl. Verstoß gegen wesentl. ges. Wahlregeln (BAG 24.1.1964 NJW 1964, 1338). Deshalb kann die Häufung von Mängeln, von denen jeder für sich nur die Anfechtbarkeit der Wahl begr., ebenso wenig zur Nichtigkeit der BRwahl führen (BAG 19.11.2003 NZA 2004, 395; GK-BetrVG/*Kreutz* Rn. 136) wie Fälle, in denen der Verstoß erst durch eine umfangr. Beweisaufnahme festgestellt werden kann (BAG 15.11.2000 – 7 ABR 23/99), solange nicht die handelnden Personen die Verstöße bewusst vertuscht haben, welche die Nichtigkeit der Wahl begründen. Die Nichtigkeit einer Wahl kann **von jedermann, der an der Feststellung der Nichtigkeit ein berechtigtes Interesse hat, zu jeder Zeit in jeder Form** geltend gemacht werden (BAG 27.4.1976 NJW 1976, 2229). Dazu gehören jdf. die nach § 19 II Anfechtungsberechtigten. Die Frist für eine Wahlanfechtung gilt hier nicht (BAG 27.4.1976 NJW 1976, 2229). Die Geltendmachung der Nichtigkeit ist an keine Form gebunden und setzt kein bestimmtes gerichtl. Verfahren voraus. Sie kann zB auch als Vorfrage in einem Kündigungsschutzverfahren entschieden werden (BAG 27.4.1976 NJW 1976, 2229). Ist bei einer Wahlanfechtung die Feststellung der Unwirksamkeit der Wahl beantragt worden, ist der Antrag entspr. der dazu gegebenen Begründung dahingehend auszulegen, ob neben der Anfechtbarkeit auch die Nichtigkeit überprüft werden soll (weiter BAG 24.1.1964 NJW 1964, 1338).

b) Rechtsfolge. Die Nichtigkeit einer BRwahl wirkt zurück. Ihre gerichtl. Feststellung hat nur 14
deklaratorische Bedeutung (BAG 29.4.1998 NZA 1998, 1133). Der BR, dessen Wahl für nichtig erklärt wurde, hat rechtl. nie existiert. Alle von ihm getroffenen Maßnahmen, insb. die von ihm abgeschlossenen BV und Regelungsabreden sind unwirksam (BAG 29.5.1991 AP BetrVG 1972 § 9 Nr. 2). Mitbestimmungs- und Mitwirkungsrechte bestanden und bestehen für die aus nichtiger Wahl hervorgegangene betriebl. Vertretung nicht (BAG 27.4.1976 NJW 1976, 2229). Der AG kann sich auch auf die Nichtigkeit für die Vergangenheit berufen, wenn er in Kenntnis der Umstände, die zur Nichtigkeit führten, den BR längere Zeit als rechtmäßige Vertretung anerkannt und behandelt hat (BAG 27.4.1976 NJW 1976, 2229; aA DKKW/*Homburg* Rn. 45; *Fitting* Rn. 8). Dies kann anders für individualrechtl. Ansprüche zu beurteilen sein, die sich aus der Tätigkeit des nicht existenten BR ergeben (GK-BetrVG/*Kreutz* Rn. 141; Richardi/*Thüsing* Rn. 77). Dies gilt insb., wenn die Nichtigkeitsgründe nicht offenkundig waren (BAG 29.4.1998 NZA 1998, 1133). Mitglieder eines BR, dessen Wahl für nichtig erklärt

wurde, genießen keinen Kündigungsschutz nach § 103 (BAG 27.4.1976 NJW 1976, 2229) und § 15 I KSchG, sondern nur den nachwirkenden Kündigungsschutz von Wahlbewerbern nach § 15 III KSchG (*Fitting* Rn. 6).

15 **c) Einzelfälle.** Nichtigkeit bejaht: Terrorisierung der Belegschaft während des Wahlakts (BAG 8.3.1957 NJW 1957, 1086); Wahl bereits 12 Tage nach Bestellung des bei der Stimmabgabe nicht mehr vollzähligen Wahlvorstands ohne Aufstellung einer Wählerliste und ohne Erlass eines Wahlausschreibens auf der Grdl. nicht mehr zutreffender Stimmzettel, wobei die Stimmauszählung nicht durch Wahlvorstandsmitglieder, sondern durch ein gewähltes BRmitglied erfolgte (BAG 27.4.1976 NJW 1976, 2229); Wahl eines BR für einen Betriebsteil, obwohl ein gemeinsamer BR mit anderen Betriebsteilen gewählt und nicht angefochten war (BAG 11.4.1978 AP BetrVG 1972 § 19 Nr. 8); Bildung eines BR durch Zuruf (BAG 12.10.1961 NJW 1962, 268); Durchführung einer BRwahl in einem Betrieb der offensichtl. nicht dem BetrVG unterliegt (BAG 9.2.1982 NJW 1982, 1894); Wahl eines BR durch Nicht-AN (BAG 16.2.1995 NZA 1995, 881); vorzeitige, vor Abschluss des Wahlgangs und unter Ausschluss der Öffentlichkeit erfolgte Öffnung der Wahlurne und der Stimmauszählung.

§ 20 Wahlschutz und Wahlkosten

(1) [1]**Niemand darf die Wahl des Betriebsrats behindern.** [2]**Insbesondere darf kein Arbeitnehmer in der Ausübung des aktiven und passiven Wahlrechts beschränkt werden.**

(2) **Niemand darf die Wahl des Betriebsrats durch Zufügung oder Androhung von Nachteilen oder durch Gewährung oder Versprechen von Vorteilen beeinflussen.**

(3) [1]**Die Kosten der Wahl trägt der Arbeitgeber.** [2]**Versäumnis von Arbeitszeit, die zur Ausübung des Wahlrechts, zur Betätigung im Wahlvorstand oder zur Tätigkeit als Vermittler (§ 18a) erforderlich ist, berechtigt den Arbeitgeber nicht zur Minderung des Arbeitsentgelts.**

1 **1. Vorbemerkung.** Die Vorschr. schützt in Abs. 1 die freie Willensbetätigung über das Verbot der Wahlbehinderung, in Abs. 2 die freie Willensbildung über das Verbot der Wahlbeeinflussung (dazu *Maschmann* BB 2010, 245). Abgesichert wird beides durch die Androhung von Freiheits- oder Geldstrafen in § 119 I Nr. 1. Die Kostenregelung in Abs. 3 ergänzt mit § 103 und § 15 KSchG den Schutz des Verfahrens und der beteiligten AN. Nach § 63 II 2 gilt die Bestimmung auch für die Wahl der JAV. GBR, KBR, Gesamt-JAV sowie der Wirtschaftsausschuss werden durch § 78 geschützt. Die Vorschr. ist zwgd. Über die Kostentragung nach Abs. 3 S. 1 wird im BeschlV entschieden. **Streitigkeiten** über die Lohnfortzahlung nach Abs. 3 S. 2 sind im UrtV auszutragen (BAG 11.5.1973 AP BetrVG 1972 § 20 Nr. 2). Die Darlegungs- und Beweislast liegt beim Anspruchsteller (BAG 26.6.1973 AP BetrVG 1972 § 20 Nr. 4). Ein im BeschlV zur Notwendigkeit der Arbeitsversäumnis ergangener Beschl. hat für das folgende UrtV präjudizielle Wirkung (BAG 6.5.1975 AP BetrVG 1972 § 65 Nr. 5).

2 **2. Verbot der Wahlbehinderung. a) Begriff.** Unter Behinderung versteht man jedes rechtswidrige Verhalten, mit dem die Einleitung oder Durchführung der Wahl erschwert oder unmögl. gemacht wird (Richardi/*Thüsing* Rn. 6). Damit meint das G jede Beeinträchtigung oder Beschränkung eines Wahlbeteiligten in der Ausübung seiner Rechte, Befugnisse oder Aufgaben, gleichgültig in welcher Weise sie geschieht und von wem sie ausgeht. Der Behinderungsbegriff ist weit auszulegen (*Dörner* FS Kreutz S. 81, 84). Die bloße Eignung der Maßnahme zur Erschwerung der Wahl reicht nicht aus; die Wahl muss tatsächl. erschwert worden sein (LAG K 15.10.1993 NZA 1994, 431). Der Begriff **Wahl** umfasst alle mit ihr zusammenhängenden oder ihr dienenden Handlungen, Betätigungen und Geschäfte. Neben der eigentl. Durchführung der Wahl sind ua. folgende Betätigungen geschützt: Einberufung bzw. Durchführung der BetrVers zur Wahl eines Wahlvorstands, Betätigung im Wahlvorstand oder als Wahlhelfer, Sammlung von Stützunterschriften und Aufstellung von Wahlvorschlägen, Teilnahme an Vorabstimmungen nach § 12 I oder § 14 II, Betreiben eines arbeitsgerichtl. Verfahrens im Zusammenhang mit der Wahl, Stimmauszählung, Bekanntgabe des Wahlergebnisses, Durchführung eines Wahlanfechtungsverfahrens. Jedoch ist nicht jede Wahlbehinderung als rechtswidrig anzusehen, diese ist aufgrund einer wertenden Betrachtung positiv festzustellen *Dörner* FS Kreutz S. 81, 85).

3 **b) Wahlwerbung.** Teil der Wahl ist die von AN oder von einer im Betrieb vertretenen Gewerkschaft betriebene Wahlwerbung. Sie wird von der allgemeinen Meinungsfreiheit und für die Gewerkschaft zusätzl. von Art. 9 III GG als Teil der gewerkschaftl. Betätigungsgarantie geschützt (BVerfG 30.11.1965 NJW 1966, 491; BAG 6.12.2000 AP BetrVG 1972 § 19 Nr. 48), solange mit ihr nicht gegen G oder arbeitsvertragl. Pflichten verstoßen wird. Der AG hat daher zulässige Wahlwerbung unter Berücksichtigung der betriebl. Gegebenheiten zu gestatten. Dies gilt auch für das Verteilen von Handzetteln während der AZ. Die Grenze ist bei einer mehr als unerhebl. Störung der Betriebsabläufe überschritten (*Fitting* Rn. 8; aA GK-BetrVG/*Kreutz* Rn. 19). In jedem Fall ist Wahlwerbung während der Arbeitspausen sowie vor und nach der AZ geschützt (GK-BetrVG/*Kreutz* Rn. 19). Keine Behinderung der Wahl ist die **Meinungsäußerung** für oder gegen einen Kandidaten oder eine Liste (*Fitting* Rn. 11) oder ein Aufruf zum Wahlboykott (GK-BetrVG/*Kreutz* Rn. 22), nicht aber die diffamierende

und wahrheitswidrige Propaganda *gegen* einen Wahlbewerber (DKKW/*Homburg* Rn. 19). Mit der Behinderung einer Wahl wird nur die Einschränkungen der Handlungsfreiheit und nicht die bloße Beeinflussung der inneren Willensbildung angesprochen, sofern nicht die Grenzen zur Nötigung oder Ehrverletzung überschritten werden (LAG K 15.10.1993 NZA 1994, 431; GK-BetrVG/*Kreutz* Rn. 11). Der betroffene Wahlbewerber kann sich mit einer einstweiligen Vfg. vor dem ArbG zur Wehr setzen (aA *Fitting* Rn. 11).

3. Schutz des Wahlrechts. a) Wahlausübungsfreiheit. Der Schutz des aktiven und passiven Wahlrechts nach Abs. 1 S. 2 ist im weitesten Sinn als Schutz aller Betätigungen eines AN zu verstehen, die im Zusammenhang mit der Wahl stehen. Damit wird die äußere Freiheit zur Ausübung der Wahlbefugnisse, nicht wie in Abs. 2 die innere Freiheit des Wahlberechtigten schützt (GK-BetrVG/*Kreutz* Rn. 24). Darunter fällt nicht nur der Schutz von Wählern oder Wahlkandidaten, sondern der Schutz aller Wahlbeteiligten wie des Wahlvorstands oder des Wahlhelfers. So wird auch das Aufstellen und Unterzeichnen von Wahlvorschlägen erfasst (*Fitting* Rn. 12). Eine Beschränkung des Wahlrechts liegt in dem von AN oder AG unternommenen Versuch, Wahlberechtigte mit Gewalt am Betreten des Wahllokals zu hindern oder sie zur Rücknahme einer Kandidatur zu zwingen. Unzulässige Beschränkungen liegen zB in der Anweisung des AG, am Wahltag eine nicht zu diesem Zeitpunkt erforderl. Geschäftsreise zu unternehmen; in der Weigerung, notwendige Arbeitsbefreiung zur Stimmabgabe oder für die Tätigkeit als Wahlvorstand, Wahlhelfer, Vermittler iSd. § 18a zu gewähren (*Fitting* Rn. 14). Verboten ist die Anweisung und Empfehlung des AG, einen bestimmten Kandidaten bzw. eine bestimmte Liste zu wählen oder auf einer gegnerischen Liste zu kandidieren (*Fitting* Rn. 17). Auch die nur rechtsirrige Mitteilung an wahlberechtigte AN, sie seien leitende Angestellte und nicht wahlberechtigt, ist unzulässig, soweit sie nicht eindeutig unverbindl. Meinungsäußerung ist und auch als Wunsch oder Weisung verstanden werden kann (LAG HM 27.4.1972 DB 1972, 1297; LAG BW 31.5.1972 DB 1972, 1392; weiter DKKW/*Homburg* Rn. 11). Eine unzulässige Beschränkung des Wahlrechts liegt endl. in dem Versuch des AG, von den AN schriftl. Erkl. zu bekommen, dass sie eine BRwahl nicht wünschen (ArbG München 26.5.1987 DB 1987, 2662). Ebenso darf der BR nicht durch Wahlwerbung für eine bestimmte Liste oder Kandidaten in den Wahlkampf eingreigen (aA *Löwisch* BB 2014, 117, 119). 4

b) Personelle Maßnahmen. Kündigungen und Versetzungen bleiben vor einer anstehenden BRwahl grds. möglich. Sie verstoßen aber gegen Abs. 1, wenn sie anlässl. oder im Zusammenhang mit der Betätigung für die BRwahl mit dem Ziel ausgesprochen werden, einen AN an der Ausübung des Wahlrechts zu hindern, ihn zu maßregeln oder die Durchführung der Wahl zu erschweren (BAG 13.10.1977 AP KSchG 1969 § 1 Verhaltensbedingte Kündigung Nr. 1) und sind dann nach § 134 BGB unwirksam (LAG RP 5.12.1991 AiB 1992, 531). Das Behinderungsverbot deckt ebenso wenig rechtswidriges Verhalten von AN im Zusammenhang mit einer BRwahl. Wer als Wahlbewerber die Ehre anderer schwerwiegend verletzt und dabei mit verfassungsfeindl. Zielsetzung agiert, kann auch vor der Wahl außerordentl. gekündigt werden (BAG 15.12.1977 NJW 1978, 1874). Da Wahlkandidaten und Mitglieder des Wahlvorstands nach § 15 KSchG und § 103 gegen Kündigungen geschützt sind, hat Abs. 1 S. 2 für sie Bedeutung für den Zeitraum vor Aufstellen des Wahlvorschlags bzw. Bestellung in den Wahlvorstand. Auch die **Maßregelung nach Ausüben der Wahlbefugnisse** wird vom Verbot des Abs. 1 S. 2 erfasst. Sie kann daher Schadensersatzansprüche des AN auslösen (DKKW/*Homburg* Rn. 18). Da die nachträgl. Sanktion keinen Einfluss auf das Wahlergebnis hat, kann sie nicht zur Wahlanfechtung führen. Anderes gilt, wenn die Maßregelung vorher angekündigt wurde und damit eine unzulässige Wahlbeeinflussung nach Abs. 2 gegeben ist. 5

4. Wahlbeeinflussung. a) Grundsatz. Abs. 2 schützt die Freiheit der Willensbildung. Jede Begünstigung oder Benachteiligung von Wahlbeteiligten ist untersagt, die darauf einwirkt, dass sie ihre Wahlbefugnisse nicht nach eigenem Entschl., sondern im Interesse eines Dritten ausüben. Es reicht das Androhen von Nachteilen und das Versprechen von Vorteilen (*Fitting* Rn. 21 f.) unabhängig davon, ob sie Erfolg haben (GK-BetrVG/*Kreutz* Rn. 25). Die angesprochenen Nachteile und Vorteile können materieller oder immaterieller Art sein. Es kann um Kündigung, Versetzung auf einen schlechteren Arbeitsplatz, Beförderung, Lohn- und Gehaltserhöhung, Versetzung auf einen bevorzugten Arbeitsplatz, Geschenke oder sonstige Zuwendungen gehen. Auf moralische Anstößigkeit kommt es so wenig an (GK-BetrVG/*Kreutz* Rn. 26) wie darauf, ob es sich bei den in Aussicht gestellten oder gewährten Vorteilen um unsachl., an den Egoismus des Einzelnen appellierende Leistungen handelt (BAG 8.3.1957 NJW 1957, 1086; aA *Fitting* Rn. 22). 6

b) Einzelfälle. Bei der **Werbung oder Propaganda** von AN und im Betrieb vertretenen Gewerkschaften für oder gegen eine Liste oder einen Kandidaten handelt es sich um zulässige Wahlbeeinflussung. Sie gehört zum Wahlkampf, solange sie ein Abwägen der Standpunkte zulässt und die Entscheidungsfreiheit des Wählers wahrt (*Fitting* Rn. 24). Sie ist durch Art. 5 I 1 GG und für die Gewerkschaften zusätzl. durch Art. 9 III GG geschützt. Auch Kritik – etwa an konkurrierenden Gewerkschaften – gehört zum Wesen des Wahlkampfs und ist zulässig (BVerfG 30.11.1965 AP GG Art. 9 Nr. 7). Sofern nicht falsche Hoffnungen geweckt werden, gilt dies auch für vergleichende 7

Werbung und angreifbare Werturteile (BGH 7.1.1964 AP BGB § 1004 Nr. 1; BGH 6.10.1964 NJW 1965, 29). Die Grenze ist dann erreicht, wenn eine andere Gewerkschaft diffamiert wird bzw. die Propaganda in Hetze ausartet (BAG 14.2.1967 NJW 1967, 843). Dem **Arbeitgeber** ist jegl. Wahlwerbung untersagt, da die BRwahl allein Sache der AN des Betriebs ist und er sich als Gegenspieler des BR einer Einflussnahme auf die Zusammensetzung des BR zu enthalten hat (aA *Rieble/Triskatis* NZA 2006, 233, 239; RB anh. 7 ABR 10/16). Unzulässig ist auch die finanzielle oder sonstige tatsächl. Unterstützung von Wahlwerbung einer oder mehrerer bestimmter Vorschlagslisten durch den AG (BAG 4.12.1986 NZA 1987, 166; BGH 13.9.2010 NJW 2011, 88). Die Drohung mit dem **Gewerkschaftsausschluss** eines AN, der nicht auf der Gewerkschaftsliste, sondern auf einer von ihr nicht unterstützten neutralen Liste kandidiert, soll auch dann keinen Verstoß gegen Abs. 2 darstellen, wenn die Kandidatur über den Wettbewerb der Stimmen hinaus nicht gewerkschaftsfeindl. ist (BVerfG 24.2.1999 NZA 1999, 713; aA wohl GK-BetrVG/*Kreutz* Rn. 39 f.; Richardi/*Thüsing* Rn. 26). Allerdings dürfte die Drohung mit einem Gewerkschaftsausschluss gegen Abs. 2 verstoßen, wenn die Gewerkschaftsliste nicht nach demokratischen Grundregeln aufgestellt wurde (*Fitting* Rn. 30). Gewerkschaftsfeindl. ist die Kandidatur auf der Liste einer konkurrierenden Gewerkschaft, sowie auf einer Liste, die von einem Programm bestimmt wird, welches die Gewerkschaften allgemein oder die Grundordnung, die ihre freie Betätigung garantiert, bekämpft. Hier darf ausgeschlossen werden (BAG 2.12.1960 NJW 1961, 894; BGH 19.1.1981 NJW 1981, 2178).

8 **5. Folgen der Zuwiderhandlung.** Verstöße gegen Abs. 1 und 2 (dazu *Kothe* FS Höland S. 544) können zur Wahlanfechtung nach § 19, bes. grobe Verstöße können zur Nichtigkeit der Wahl führen (BAG 8.3.1957 AP BetrVG § 19 Nr. 1; enger *Fitting* Rn. 32). Grobe Verbotsverletzungen können darüber hinaus nach § 23 geahndet werden. Vorsätzl. Verstöße werden auf Antrag nach § 119 I Nr. 1 bestraft (BGH 13.9.2010 NJW 2011, 88). Soweit rechtsgeschäftl. Maßnahmen gegen Abs. 1 und 2 verstoßen, sind sie – unabhängig von einer etwaigen Zustimmung des AN – iVm. § 134 BGB nichtig. Bei Abs. 1 und 2 handelt es sich um Schutzgesetze iSv. § 823 II BGB, so dass auch ein Schadensersatzanspruch eines geschädigten AN in Betracht kommen kann.

9 **6. Kosten der Wahl. a) Erforderlichkeit.** Der AG trägt nach Abs. 3 S. 1 alle bei der Vorbereitung und Durchführung einer BRwahl entstehenden Kosten, soweit sie zur ordnungsgemäßen Durchführung der Wahl erforderl. sind (BAG 8.4.1992 NZA 1993, 415). Dies gilt auch für eine Wahl, bei der der Wahlvorstand durch das ArbG eingesetzt wurde (GK-BetrVG/*Kreutz* Rn. 49). Dem Wahlvorstand steht bei der Einschätzung, was erforderl. ist, ein **Beurteilungsspielraum** zu, den er nach den für den BR iRd. §§ 40, 37 II, VI geltenden Grundsätzen zu beachten hat (BAG 3.12.1987 NZA 1988, 440). Erforderl. sind die Kosten von **Anfechtungsverfahren sowie gerichtl. Verfahren** zur Klärung von Streitfragen im Laufe des Wahlverfahrens, soweit die Rechtsverfolgung nicht mutwillig oder offensichtl. aussichtslos ist (BAG 8.4.1992 NZA 1993, 415). Darf der Anfechtungsberechtigte oder der Wahlvorstand eine anwaltl. Vertretung bei vernünftiger Betrachtung für erforderl. halten, sind auch die **Anwaltskosten** in diesen Verfahren zu erstatten (BAG 7.7.1999 NZA 1999, 1232). Erforderl. sind die außergerichtl. Kosten einer Gewerkschaft, welche ihr entstanden sind, weil sie in einem BeschlV zur gerichtl. Bestellung des Wahlvorstands einen Anwalt beauftragt hat (BAG 16.4.2003 NZA 2003, 1359). Auch die Hinzuziehung eines RA als Sachverständiger (§ 80 III) kann erforderl. sein (BAG 11.11.2009 NZA 2010, 353). Im Streit über das Bestehen eines gemeinsamen Betriebs sind diejenigen Unternehmen analog § 421 BGB als Gesamtschuldner kostenpflichtig, die Umstände für die Annahme eines Gemeinschaftsbetriebs gesetzt haben (BAG 8.4.1992 NZA 1993, 415).

10 **b) Sachkosten und persönliche Kosten.** Zu den Sachkosten gehören die Kosten der Geschäftsführung des Wahlvorstands, die Überlassung der erforderl. Räume, Büroeinrichtung, einschlägigen Gesetzestexte bzw. Kommentarliteratur, Büromaterial, Telefon und Porto, Stimmzettel, Wahlurnen, Wahlkabinen und ggf. eines PKW für Reisen und Transport. Benutzen die Mitglieder des Wahlvorstands das eigene Fahrzeug, ist die betriebsübl. Kilometerpauschale zu ersetzen (BAG 3.3.1983 NJW 1984, 198). Entsteht ein Unfallschaden an dem PKW, kommt ein Anspruch nach § 20 III 1 in Betracht, wenn der AG den Einsatz des Fahrzeugs gewünscht hat oder dieser für die Erfüllung der ges. Aufgaben des Wahlvorstands erforderl. war, weil der AG kein Fahrzeug zur Vfg. gestellt hat (BAG 3.3.1983 NJW 1984, 198).Neben den Sachkosten trägt der AG nach Abs. 3 auch die **persönlichen Kosten** der Mitglieder des Wahlvorstands. Dazu gehören va. Kosten einer notwendigen und angemessenen Schulung, um die Mitglieder des Wahlvorstands adäquat auf ihre Aufgaben vorzubereiten (BAG 7.6.1984 NZA 1985, 66). Dabei ist der halbtägige Besuch einer Schulungsveranstaltung eines erstmals in den Wahlvorstand bestellten Mitglieds auch ohne nähere Darlegung des Fehlens ausreichender Kenntnisse der Wahlvorschr. als erforderl. anzusehen (BAG 7.6.1984 NZA 1985, 66). Selbst wenn der Vorsitzende des Wahlvorstands Jahre zuvor bereits eine Wahl geleitet hat, kann eine Schulung zur Aktualisierung des Wissens notwendig sein (BAG 26.4.1995 NZA 1996, 160). Nicht erforderl. sind Kosten für Lichtbilder der Kandidaten, die den Vorschlagslisten hinzugefügt werden sollen (BAG 3.12.1987 NZA 1988, 440).

7. Lohnausfall. Nach Abs. 3 S. 2 ist das Entgelt für notwendige durch die Wahl bedingte Arbeitsversäumnis nach dem Lohnausfallprinzip zu zahlen. Notwendig ist die Arbeitsversäumnis, wenn der AN sie bei vernünftiger Überlegung für erforderl. halten durfte (*Fitting* Rn. 43). Notwendig ist die durch die Teilnahme an der Versammlung nach § 17 oder § 14a entstehende Arbeitsversäumnis. Ebenso notwendig ist die durch das Ausüben des aktiven oder passiven Wahlrechts entstehende Arbeitsversäumnis. Die Wahl findet während der AZ statt; dies folgt aus § 44 I 1 iVm. § 14a I 3. Das Sammeln von Stützunterschriften oder die Vorstellung als Wahlbewerber wird meist nicht während der AZ notwendig sein (LAG BE 9.1.1979 BB 1979, 1036; aA DKKW/*Homburg* Rn. 36). Die Anwesenheit bei der öffentl. Stimmauszählung nach § 18 III 1 soll nicht unter Abs. 3 S. 2 fallen (LAG SH 26.7.1989 NZA 1990, 118; aA DKKW/*Homburg* Rn. 37). Die **Tätigkeit des Wahlvorstands** findet grds. während der AZ statt. Das Arbeitsentgelt ist daher nach Abs. 3 weiterzuzahlen. Soweit die Tätigkeit aus betriebl. Gründen außerhalb der AZ geleistet wird, ist § 37 III entspr. anzuwenden (Richardi/*Thüsing* Rn. 42). Dem Mitglied des Wahlvorstands ist entspr. Arbeitsbefreiung bei Fortzahlung des Arbeitsentgelts zu gewähren (BAG 26.4.1995 NZA 1996, 160). Überstunden, die ein Mitglied des Wahlvorstands ohne seine Tätigkeit geleistet hätte, sind auch zu vergüten, wenn es sich nicht um regelm. anfallende Überstunden handelt (BAG 29.6.1988 NZA 1989, 315). Ist eine Schulung notwendig und angemessen, ist auch das Arbeitsentgelt für die entspr. Arbeitsversäumnis zu gewähren (BAG 7.6.1984 NZA 1985, 66; LAG HH 14.3.2012 ArbuR 2012, 325). Zur Betätigung im Wahlvorstand zählt auch die Tätigkeit von Wahlhelfern, die der Wahlvorstand zur Unterstützung heranzieht. 11

Zweiter Abschnitt. Amtszeit des Betriebsrats

§ 21 Amtszeit

[1]Die regelmäßige Amtszeit des Betriebsrats beträgt vier Jahre. [2]Die Amtszeit beginnt mit der Bekanntgabe des Wahlergebnisses oder, wenn zu diesem Zeitpunkt noch ein Betriebsrat besteht, mit Ablauf von dessen Amtszeit. [3]Die Amtszeit endet spätestens am 31. Mai des Jahres, in dem nach § 13 Abs. 1 die regelmäßigen Betriebsratswahlen stattfinden. [4]In dem Fall des § 13 Abs. 3 Satz 2 endet die Amtszeit spätestens am 31. Mai des Jahres, in dem der Betriebsrat neu zu wählen ist. [5]In den Fällen des § 13 Abs. 2 Nr. 1 und 2 endet die Amtszeit mit der Bekanntgabe des Wahlergebnisses des neu gewählten Betriebsrats.

1. Vorbemerkung. Die Vorschr. regelt Dauer, Beginn und Ende der Amtszeit des BR. Daneben koordiniert sie das Ende der Amtszeit des vorhergehenden mit dem Beginn der Amtszeit des neu gewählten BR. So werden drohende Kompetenzkonflikte vermieden. Die Vorschr. ist zwgd. und kann daher weder durch TV noch durch eine BV abgeänd. werden. Sie gilt weder für den GBR, noch für den KBR oder die Gesamt-JAV, da diese keine Amtszeit haben. Nur die Mitgliedschaft der dorthin Entsandten endet mit dem Ende der Amtszeit des Entsendungsgremiums (s. § 49 Rn. 2, § 57 Rn. 2, § 73 II iVm. § 49). Über die Amtszeit eines BR entscheidet das ArbG im **BeschlV** oder – inzidenter als Vorfrage – im UrtV In einem laufenden BeschlV tritt der neu gewählte BR ohne Weiteres an die Stelle des bisherigen BR; seine Antragsbefugnis erlischt nicht (BAG 25.4.1978 AP BetrVG 1972 § 80 Nr. 11). 1

2. Beginn der Amtszeit. Im **betriebsratslosen Betrieb** (§ 13 II Nr. 4–6) beginnt die Amtszeit des neu oder erstmals gewählten BR nach dem Wortlaut von S. 2 Alt. 1 mit **Bekanntgabe des Wahlergebnisses.** Bekannt gemacht ist das Erg., wenn der Wahlvorstand das Wahlresultat nach § 19 iVm. § 3 IV WO sichtbar im Betrieb ausgehängt hat. In den Fällen des § 13 II Nr. 1–2 existiert zwar noch ein BR. Seine Amtszeit endet jedoch nach S. 5 ebenso mit der Bekanntgabe des Wahlergebnisses des neu gewählten BR. Hat ein BR seinen Rücktritt beschlossen – § 13 II Nr. 3 – führt er nach § 22 die Geschäfte weiter, bis das Wahlergebnis der Neuwahl des BR bekannt gegeben ist. Auch hier beginnt die Amtszeit des neugewählten BR an diesem Tag. IÜ beginnt in **Betrieben mit BR** nach S. 2 Alt. 2 die Amtszeit des neuen BR am Tage nach dem **Ablauf der Amtszeit** des alten. So wird eine Überschneidung der Amtstätigkeit von altem und neugewählten BR vermieden. Fasst der neugewählte BR vor Beginn seiner Amtszeit Beschlüsse zu beteiligungspflichtigen Angelegenheiten, sind sie nichtig, zum Kündigungsschutz § 15 KSchG Rn. 16. Das Amt des neugewählten BR beginnt, ohne dass es einer Handlung oder Erkl. bedarf, insb. braucht sich der BR noch nicht konstituiert zu haben (DKKW/*Buschmann* Rn. 13). 2

3. Ende der Amtszeit. a) Regelmäßige Amtszeit. Mit Ablauf seiner Amtszeit enden grds. die Befugnisse des BR. Auch eine bloß kommissarische Tätigkeit bis zur Wahl eines neuen BR ist nicht zulässig (BAG 15.1.1974 AP PersVG BW § 68 Nr. 1). Ausnahmsweise kommt jedoch eine Weiterführung der Geschäfte nach § 22 oder auch die Ausübung eines Rest- und/oder Übergangsmandats nach den §§ 21a und 21b in Betracht. Das Ausscheiden eines einzelnen BRmitglieds hat grds. keine Auswirkung auf die Existenz des BR als Organ. Das Amt eines BR endet nach S. 1 im Regelfall mit Ablauf der vierjährigen Amtsperiode, nach S. 3 spätestens am 31. 5. des Jahres, in dem die regelm. BRwahlen 3 stattfinden (2018, 2022 usw.). Sie endet mit Ablauf der Vier-Jahres-Frist auch dann vor dem 31. 5., wenn noch kein neuer BR gewählt wurde (aA Richardi/*Thüsing* Rn. 13). Die Fristberechnung erfolgt nach den §§ 187 ff. BGB. So endet die Amtszeit des BR, dessen Amt mit Ablauf der Amtszeit des vorausgehenden BR begann, nach §§ 188 II, 187 II BGB vier Jahre später mit Ablauf des Tages, der seiner kalendermäßigen Bezeichnung nach dem Tag des Beginns seiner Amtszeit vorausging – Ende der Amtszeit des alten BR am 17.4.2014; Beginn der Amtszeit des neuen BR am 18.4.2014; Ende der Amtszeit des neuen BR am 17.4.2018. Das Ende der Amtszeit des BR, dessen Amtsbeginn am Tag der Bekanntgabe des Wahlergebnisses lag, orientiert sich an §§ 188 II, 187 I BGB. Seine Amtszeit endet vier Jahre später mit Ablauf des Tages, der kalendermäßig dem Tag der Bekanntgabe des Wahlergebnisses entspricht – Bekanntgabe des Wahlergebnisses 16.4.2014; Ende der Amtszeit mit Ablauf des 16.4.2018.

4 **b) Unregelmäßige Amtszeit.** Der außerhalb des regelm. Wahlzeitraums gewählte BR hat eine von § 21 S. 1 abweichende Amtszeit. Die Amtszeit ist nach § 13 III kürzer als vier Jahre, wenn der BR zum 1. 3. des nächstfolgenden regelm. Wahlzeitraums ein Jahr oder länger im Amt war. Die Amtszeit ist länger als vier Jahre, wenn der BR zum gleichen Zeitpunkt weniger als 1 Jahr im Amt war. Die **Amtszeit** eines außerhalb des regelm. Wahlzeitraums gewählten BR **endet** mit der Bekanntgabe des Wahlergebnisses des neu gewählten BR (BAG 28.9.1983 AP BetrVG 1972 § 21 Nr. 1). Zwar bestimmen S. 3 und S. 4 ausdrückl. ledigl. den 31. Mai des Jahres für beide in § 13 III genannte Fälle als Amtszeitende. Das Wort „spätestens" weist jedoch darauf hin, dass mit dem 31. Mai nur die äußerste Grenze abgesteckt werden sollte. Als früherer Zeitpunkt kommt bei regelmäßig nachf. Neuwahl in Anlehnung an S. 5 und § 22 allein die Bekanntmachung des Wahlergebnisses der Neuwahl in Betracht (BAG 28.9.1983 AP BetrVG 1972 § 21 Nr. 1). Erfolgt eine Neuwahl nicht oder zu spät, greift die ausdrückl. durch S. 3 und S. 4 gezogene Grenze des 31. Mai des Jahres, in dem nach § 13 III eine Neuwahl zu erfolgen hat. Bei einer **Veränderung der Belegschaftsstärke** nach § 13 II Nr. 1 und beim **Absinken der Mitgliederzahl** des BR unter die ges. vorgeschriebene Größe nach § 13 II Nr. 2 endet die Amtszeit des bestehenden BR nicht automatisch mit Unter- oder Überschreiten der dort angegebenen Grenzen, sondern erst mit dem Beginn der Amtszeit eines neu gewählten BR (LAG D 13.4.2011 LAGE § 13 BetrVG 2001 Nr. 1). S. 5 knüpft das Ende der Amtszeit des bestehenden BR an die Bekanntgabe des Wahlergebnisses des neu zu wählenden BR. Ausnahmsweise endet die Amtszeit des BR bei Veränderung der Belegschaftsstärke, wenn der Betrieb nicht mehr betriebsratsfähig ist, weil die Anzahl der regelmäßig beschäftigten AN unter die Mindestzahl des § 1 I fällt (*Fitting* Rn. 31). Bei einem **Rücktritt** des BR führt er nach § 22 die Geschäfte bis zur Bekanntgabe des Wahlergebnisses des nach § 13 II Nr. 3 neu gewählten BR fort. Äußerste Grenze der Amtsdauer bildet jedoch auch in den Fällen des § 13 II Nr. 1–3 das Ende der regulären Amtszeit des bestehenden BR. Bei erfolgreicher **Wahlanfechtung** (s. § 19 Rn. 6) und der **Auflösung** des BR durch Gerichtsbeschluss nach § 23 (s. § 23 Rn. 15) endet die Amtszeit des BR mit Rechtskraft der gerichtl. Entscheidung. Wird die Nichtigkeit einer BRwahl festgestellt, hat es ihn de jure nie gegeben (s. § 19 Rn. 13).

5 **4. Sonderfälle.** Die Amtszeit des BR endet bei **Ausscheiden** aller Mitglieder und Ersatzmitglieder **aus dem Amt.** Mangels einer ges. Grdl. können die Geschäfte nicht weitergeführt werden (BAG 12.1.2000 AP BetrVG 1972 § 24 Nr. 5). Nach § 3 IV endet die Amtszeit des BR bei seiner Ablösung durch abweichende BR- oder Arbeitnehmervertretungsstrukturen nach § 3 I Nr. 1–3 mit Bekanntgabe des Wahlergebnisses. Ein **Betriebsübergang** nach § 613a BGB führt nicht zu einer Beendigung der Amtszeit, da die Identität des Betriebs insoweit erhalten bleibt (BAG 28.9.1988 AP BetrVG 1972 § 99 Nr. 55). Das BRamt endet jedoch, wenn der Betriebserwerber nicht unter den Geltungsbereich des BetrVG fällt (BAG 9.2.1982 AP BetrVG 1972 § 118 Nr. 24). Auch die Fusion von Gesellschaften oder die Rechtsformänderung allein haben keinen Einfluss auf den Bestand des BR, sofern die Identität des Betriebs nicht berührt wird (BAG 28.9.1988 AP BetrVG 1972 § 99 Nr. 55). Die Eröffnung eines **Insolvenzverfahrens** hat rechtl. keinen unmittelbaren Einfluss auf die Amtszeit, da die nach § 80 InsO auf den Verwalter übergehende Verwaltungs- und Verfügungsbefugnis auch die Rechte und Pflichten aus der Arbeitgeberstellung und damit auch der betriebsverfassungsrechtl. Rechte und Pflichten umfasst.

§ 21a Übergangsmandat

(1) [1] **Wird ein Betrieb gespalten, so bleibt dessen Betriebsrat im Amt und führt die Geschäfte für die ihm bislang zugeordneten Betriebsteile weiter, soweit sie die Voraussetzungen des § 1 Abs. 1 Satz 1 erfüllen und nicht in einen Betrieb eingegliedert werden, in dem ein Betriebsrat besteht (Übergangsmandat).** [2] **Der Betriebsrat hat insbesondere unverzüglich Wahlvorstände zu bestellen.** [3] **Das Übergangsmandat endet, sobald in den Betriebsteilen ein neuer Betriebsrat gewählt und das Wahlergebnis bekanntgegeben ist, spätestens jedoch sechs Monate nach Wirksamwerden der Spaltung.** [4] **Durch Tarifvertrag oder Betriebsvereinbarung kann das Übergangsmandat um weitere sechs Monate verlängert werden.**

(2) [1]**Werden Betriebe oder Betriebsteile zu einem Betrieb zusammengefasst, so nimmt der Betriebsrat des nach der Zahl der wahlberechtigten Arbeitnehmer größten Betriebs oder Betriebsteils das Übergangsmandat wahr.** [2]**Absatz 1 gilt entsprechend.**

(3) **Die Absätze 1 und 2 gelten auch, wenn die Spaltung oder Zusammenlegung von Betrieben und Betriebsteilen im Zusammenhang mit einer Betriebsveräußerung oder einer Umwandlung nach dem Umwandlungsgesetz erfolgt.**

1. Vorbemerkung. Mit dem Übergangsmandat wird die Zuständigkeit des BR zeitl. beschränkt betriebsübergreifend ausgeweitet. Grdl. der Tätigkeit von BR sind die Betriebe nach § 1, die nach § 4 I als selbständig geltenden Betriebsteile und die nach § 3 I Nrn. 1–3 geschaffenen Organisationseinheiten. Der BR ist grds. nur für die Einheit zuständig, für die er gewählt wurde. Soweit Umstrukturierungen auf Unternehmensebene keine Veränderungen der betriebl. Organisation hervorrufen, die Identität des Betriebs, des selbständigen Betriebsteils oder der Organisationseinheit erhalten bleibt, haben sie keinen Einfluss auf den Bestand des BR und seine Rechtsstellung. Dies gilt bspw. für die bloße Änd. des Betriebszwecks, die Verlegung eines Betriebs, den vollständigen Betriebsübergang nach § 613a BGB (BAG 8.5.2014 NZA 2015, 889), den Gesellschafterwechsel, die Änd. der Rechtsform, die Fusion von Gesellschaften oder die gemeinsame Führung eines Betriebs durch die an einer Unternehmensspaltung beteiligten Rechtsträger. Das Bedürfnis nach einer Ausdehnung des Mandats entsteht, wenn durch Organisationsänderungen oder durch einen TV nach § 3 **neue betriebsratsfähige Einheiten** nach §§ 1, 4 geschaffen werden, für die neue ANvertretungen zu bilden sind. Soweit die betroffenen AN nicht in einen Betrieb eingegliedert werden, in dem schon ein BR besteht, werden sie bis zur Neuwahl eines BR nicht mehr vertreten. Sie verlieren ihren kollektiven Schutz (BAG 31.5.2000 NZA 2000, 1350) in einer für sie bes. kritischen Phase. § 21a stellt sicher, dass bei betriebl. Organisationsänderungen für eine Übergangsphase keine betriebsratslosen Zeiten entstehen und bei rechtzeitiger Neuwahl auch im Anschluss daran nicht entstehen können. Dem BR steht **für jede Form der Betriebsspaltung** (Abs. 1) **oder Zusammenlegung** von Betrieben oder Betriebsteilen zu einem Betrieb (Abs. 2) unabhängig davon, ob die betriebl. Umstrukturierung im Wege der Einzel- oder Gesamtrechtsnachfolge oder auf Grund von Änd. der Betriebsorganisation innerhalb eines Unternehmens erfolgt (Abs. 3) ein Übergangsmandat zu, wenn die Organisationsänderung zum Wegfall des bisherigen BR führt oder ein Teil der AN aus seinem Zuständigkeitsbereich herausfallen. Das Übergangsmandat unterscheidet sich vom Restmandat dadurch, dass es durch den zuvor existierenden BR des Ursprungsbetriebs ggü. der Leitung neu entstandener Einheiten, das Restmandat dagegen ggü. der Leitung des Ursprungsbetriebs ausgeübt wird. Die Vorschr. ist zwgd. Nur die Verlängerung des Übergangsmandats bis zu sechs Monaten ist nach Abs. 1 S. 4 möglich. Die Vorschr. gilt nicht für GBR oder KBR. Streitigkeiten über Entstehung und Ausübung des Übergangsmandats entscheidet das ArbG im **BeschlV.** Der neugewählte BR ist an Stelle des BR zu beteiligen, der das Übergangsmandat wahrgenommen hat (*Fitting* Rn. 30). In jedem Verfahren kann als Vorfrage entschieden werden, ob ein BR noch im Amt war, soweit es um die Wirksamkeit einer von ihm vorgenommenen Handlung geht (BAG 15.1.1974 AP PersVG BW § 68 Nr. 1). 1

2. Voraussetzungen. Strukturänderungen auf Unternehmensebene (Aufspaltungen, Abspaltungen, Verschmelzungen oder Vermögensübertragungen) sind für das Mandat des BR ohne Bedeutung, solange nicht zugleich betriebsverfassungsrechtl. Strukturen verändert werden. § 21a greift nur bei **betriebl. Organisationsänderungen** ein (BAG 24.5.2012 NZA 2013, 277). Entscheidend sind Veränderungen in der Leitungsstruktur, der Betriebsorganisation und des arbeitstechnischen Zwecks als bestimmende Merkmale (BAG 7.6.2011 NZA 2012, 110). Dabei ist wiederum unerhebl., worauf die Änderungen beruhen. Bei einer **Spaltung** nach Abs. 1 werden entweder einer oder mehrere Teile des Betriebs bzw. einer betriebsratsfähigen Organisationseinheit nach § 3 I Nrn. 1–3 (*Fitting* Rn. 9) ausgegliedert – **Abspaltung** – oder die betriebsratsfähige Einheit vollständig aufgeteilt – **Aufspaltung.** Bei der Abspaltung besteht die ursprüngl. organisatorische Einheit fort. Die ausgegliederten Teile werden als eigener Betrieb fortgeführt oder in einen anderen Betrieb eingegliedert. Die Aufspaltung in mehrere Betriebe bedeutet regelmäßig den Verlust der Betriebsidentität, wenn der Betrieb „atomisiert" wird. Die neu gebildeten Organisationseinheiten bilden ihrerseits neue Betriebe oder werden in bestehende Betriebe eingegliedert. 2

Abs. 1 S. 1 gilt **subsidiär,** wenn der Fortbestand des BRmandats sich nicht aus allgemeinen Vorschr. ergibt (Richardi/*Thüsing* Rn. 4). Neue Zuordnungen von Betrieben oder ganzen Organisationseinheiten nach § 3 I Nrn. 1–3 auf der Unternehmensebene werden daher nicht erfasst. Sie verlieren hierdurch nicht ihre betriebsverfassungsrechtl. Identität (BAG 18.3.2008 AP BetrVG 1972 § 3 Nr. 6). Geht zB ein Betrieb als Ganzes auf einen anderen Inhaber über, besteht keine Notwendigkeit für ein Übergangsmandat (BAG 27.7.1994 NZA 1995, 222). Das Übergangsmandat soll die **Kontinuität der BRarbeit** sichern. Es entsteht daher schon nach dem Wortlaut der Vorschr. nur bei der Eingliederung in einen **betriebsratslosen Betrieb** und nicht, wenn ein ausgegliederter Betriebsteil in einen Betrieb eingegliedert wird, der über einen BR verfügt, weil dieser von Anfang an auch für die eingegliederte Belegschaft zuständig ist oder ein kleinerer Betrieb in einen größeren mit BR eingegliedert wird (BAG 3

21.1.2003 AP BetrVG 1972 § 21a Nr. 1), weil dieser nach Abs. 2 das BRmandat wahrnimmt. Das Übergangsmandat entsteht unabhängig davon, ob der aufnehmende Betrieb selbst vor der Eingliederung **betriebsratsfähig** war. Voraussetzung ist nur, dass er es mit der Eingliederung wird. Es entsteht nicht, wenn es sich bei dem gespaltenen Betrieb um einen **Kleinstbetrieb** handelt, der selbst nicht die Voraussetzungen des § 1 I 1 erfüllt – unabhängig davon, ob durch die Eingliederung eines Teils des Kleinstbetriebs in eine andere Einheit ein betriebsratsfähiger Betrieb entsteht, da unter den Voraussetzungen der §§ 1, 13 II Nr. 6 BetrVG ein BR gewählt werden kann. Das Übergangsmandat entsteht jedoch bei der Abspaltung eines Betriebsteils aus einem Betrieb mit BR, wenn die neu entstandene Einheit betriebsratsfähig (geworden) ist und unabhängig davon, ob die bisher dem BR zugeordneten Betriebsteile selbst schon vor der organisatorischen Maßnahme die Voraussetzungen des § 1 I 1 erfüllten (DKKW/*Buschmann* Rn. 36; aA Hako-BetrVG/*Düwell* Rn. 30; zum alten Recht BAG 31.5.2000 NZA 2000, 1350). Auf die BRfähigkeit der ausgegliederten Teile kommt es nicht an. Der BR bleibt für das Übergangsmandat im Amt, soweit die ihm bisher zugeordneten Betriebsteile die Voraussetzungen des § 1 I 1 (nach der Organisationsänderung) „erfüllen", nicht (vorher schon) „erfüllten". Es folgt auch aus dem Sinn der Vorschr.: Das Übergangsmandat sichert die Kontinuität der Betreuung von AN durch den BR. Dem BR soll bei *jeder* Form der Betriebsspaltung oder Zusammenlegung ein Übergangsmandat zustehen, wenn die Organisationsänderung zu seinem Wegfall führt oder ein Teil der Belegschaft aus seinem Zuständigkeitsbereich herausfällt (BT-Drs. 14/5741 S. 39). Die Interessenlage ist unabhängig von der Zahl der betroffenen wahlberechtigten AN dieselbe. Hierfür spricht weiter die Geschichte der Vorschr. Sie löst ua. § 321 UmwG ab, weil er „überflüssig" geworden ist (BT-Drs. 14/5741 S. 39). Dort kam es schon vom Wortlaut her nicht darauf an, ob die abgespaltenen Betriebsteile ihrerseits betriebsratsfähig waren (BAG 31.5.2000 NZA 2000, 1350). Dass der Gesetzgeber die Mitbestimmungsrechte bei der Ablösung dieser Vorschr. verkürzen wollte, lässt sich den Materialien jdf. nicht entnehmen. Und endl. entspricht das Erg. wohl – unabhängig vom Zwang zu einer richtlinienkonformen Auslegung – der RL 2001/23/EG vom 12.3.2001. Nach Art. 6 Abs. 1 Unterabs. 4 der RL sind die Mitgliedstaaten verpflichtet, die erforderl. Maßnahmen zu treffen, damit die betroffenen AN während des Zeitraums, der für die Neubildung der ANvertretungen erforderl. ist, angemessen vertreten werden unabhängig davon, ob die Bedingungen für die Bildung einer ANvertretung erfüllt sind. Das Übergangsmandat entfällt daher nur, wenn die *neu entstandene Einheit* selbst nicht betriebsratsfähig ist (*Fitting* Rn. 13). Das Übergangsmandat knüpft nicht an den Übergang einer beliebigen Zahl von AN an, sondern die Spaltung in „Betriebsteile" und damit um organisatorisch abgrenzbare Einheiten. Wo kein Übergangsmandat entsteht, können aber Restmandate nach § 21b bestehen (*Fitting* Rn. 28 f.).

4 Für die organisatorische **Zusammenfassung** von Betrieben oder Betriebsteilen zu einem Betrieb legt Abs. 2 für eine Übergangszeit die Repräsentation durch einen der beteiligten BR nach dem Prinzip der größten Zahl fest. Das Übergangsmandat entsteht dabei auch für einen bisher betriebsratslosen Betriebsteil, solange nur die neue betriebl. Einheit betriebsratsfähig ist und zumindest bei einem beteiligten bzw. abgebenden Betrieb ein BR bestand. War der betriebsratslose Betrieb bzw. Betriebsteil nach der Zahl der wahlberechtigten AN der Größte, nimmt das Übergangsmandat der nächst größte wahr (*Hanau* NJW 2001, 2513); zum personellen Anwendungsbereich des Übergangsmandats in diesen Fällen s. Rn. 8.

5 **3. Inhalt.** Beim Übergangsmandat handelt es sich um ein **zeitlich befristetes Vollmandat** (LAG BB 20.4.2015 NZA-RR 2015, 324), das nicht auf Übergangs- und Abwicklungsrechte beschränkt ist. Der BR nimmt seine Beteiligungsrechte in vollem Umf. wahr. Er kann insb. Einigungsstellenverfahren betreiben und Rechtsstreitigkeiten führen unabhängig davon, ob sie innerhalb der Sechsmonatsfrist beendet sein werden (*Fitting* Rn. 20). Wird kein BR gewählt, sind sie einzustellen. Die Geltung einer BV aus dem abgebenden Betrieb ist auf die AN dieser Einheit begrenzt (*Fitting* Rn. 22a; aA GK-BetrVG/*Kreutz* Rn. 78). Für ihre weitergehende Geltung bedarf es eines bes. betriebsverfassungsrechtl. Geltungsgrundes (s. § 77 Rn. 121 ff.). Der BR ist nach Abs. 1 S. 2 verpflichtet, in der neuen Einheit unverzügl. **BRwahlen** einzuleiten. Dabei ist der Wahlvorstand nach § 16 zu bestellen (BAG 31.5.2000 NZA 2000, 1350). Der Betrieb ist für die Dauer des Übergangsmandats nicht ohne BR. Bestellt der das Übergangsmandat ausübende BR keinen Wahlvorstand, kann er nach § 16 III vom GBR bzw. KBR bestellt werden (Richardi/*Thüsing* Rn. 21). Die Bestellung durch das ArbG wird kaum in Betracht kommen, weil die Sechsmonatsfrist vor Rechtskraft der Entscheidung abgelaufen sein wird; § 14a findet Anwendung (*Fitting* Rn. 22).

6 **4. Zeitraum.** Das Übergangsmandat beginnt mit dem Übergang der Leitungsmacht auf den Inhaber der neuen Einheit (ähnl. BAG 31.5.2000 NZA 2000, 1350). Dieser Zeitpunkt wird meist mit dem Zeitpunkt der Organisationsänderung zusammenfallen (*Fitting* Rn. 24). Es endet nach Abs. 1 S. 3 mit der Bekanntgabe des Wahlergebnisses. Erfolgt keine Wahl, läuft das Übergangsmandat spätestens nach sechs Monaten aus. Die Verlängerung der Frist durch TV oder BV nach Abs. 1 S. 4 muss vor Auslaufen der Frist vereinbart werden (*Fitting* Rn. 26). Wird ein Betrieb aufgespalten oder Teile abgespalten, kann neben das Übergangsmandat ein **Restmandat** treten. Es wird ggü. der Leitung des abgebenden Betriebs wahrgenommen (*Fitting* Rn. 28). Kommt es nach Entstehung des Übergangsmandats in der neu ent-

standenen betriebl. Einheit vor Ablauf der Sechsmonatsfrist zu einer sozialplanpflichtigen Betriebsänderung und wurde dort kein neuer BR gewählt, entsteht ein Restmandat zum Übergangsmandat (wohl auch *Hanau* NJW 2001, 2513), welches vom BR des Übergangsmandats wahrgenommen wird.

5. Zusammensetzung und personeller Anwendungsbereich. Die personelle Zusammensetzung des BR bleibt für die Ausübung des Übergangsmandats bestehen. Entscheidend ist die Mitgliederzahl und Zusammensetzung des BR vor der Umstrukturierung. Dies gilt auch beim Wechsel von BRmitgliedern in die neue Einheit (aA HaKo-BetrVG/*Düwell* Rn. 39). Bei einer Betriebsaufspaltung ließe sich sonst die Fortdauer der ANvertretung ohne personelle Kontinuität nicht sichern. Hier bleibt dem BR nur das Übergangsmandat. Es fehlt an einem Gremium, in das Ersatzmitglieder nachrücken könnten. § 24 II Nr. 4 muss daher teleologisch reduziert werden. Mit der Vorschr. soll verhindert werden, dass dem BR Mitglieder angehören, die nicht mehr zu der von ihm vertretenen Belegschaft zählen (*Fitting* Rn. 16). Soweit er iRd. Übergangsmandats für die im ausgegliederten Betriebsteil Beschäftigten zuständig ist, gehören sie zu der von ihm vertretenen „Belegschaft". Das Übergangsmandat sichert nicht nur die Fortdauer einer betriebsverfassungsrechtl. Vertretung, sondern zugleich für seine Dauer die Kontinuität des BRamts. Die Zusammensetzung des BR ändert sich aber beim Wechsel von BRmitgliedern in die neue Einheit, soweit MBR wahrgenommen werden, die allein die Belegschaft des abgebenden Betriebs betreffen (aA DKKW/*Buschmann* Rn. 43; *Fitting* Rn. 16; WPK/*Wlotzke* Rn. 27). An die Stelle der ausgeschiedenen BRmitglieder treten nach § 25 I die Ersatzmitglieder. Die aus dem Betrieb ausgeschiedenen Mitarbeiter verlieren grds. ihr Mandat nach § 24 II Nr. 4. Sie gehören nicht mehr zu der vom BR im Restbetrieb vertretenen Belegschaft. Sie können daher kein BRmandat ausüben, soweit es um die Belange dieser Mitarbeiter geht. Für eine teleologische Reduktion der Vorschr. fehlt bei dieser Konstellation ein Ansatzpunkt. Die betriebsbezogene Interessenvertretung ist hier über die Ersatzmitglieder sichergestellt (aA *Gragert* NZA 2004, 289, 290). Hat die neue Einheit einen anderen Inhaber müsste dieser sonst auch Kosten der Betriebsverfassung in Angelegenheiten eines Betriebs tragen, in dem er keinerlei Leitungsfunktionen ausübt oder ausgeübt hat. Das Übergangsmandat ist **nicht** auf die dem BR bisher zugeordneten AN **personell beschränkt.** Es erstreckt sich auch auf personelle Einzelmaßnahmen gegenüber AN des bisher betriebsratslosen Betriebs. Bei der Ausübung von Mitbestimmungsrechten kommt es daher für die Schwellenwerte auf die Gesamtzahl der AN in der neuen Einheit an. Die im Ursprungsbetrieb erreichten Schwellenwerte spielen keine Rolle mehr (*Fitting* Rn. 23). 7

6. Kosten und Statusrechte. Die bei der Wahrnehmung des Übergangsmandats im abgebenden Betrieb entstehenden Sachkosten trägt dessen Inhaber im Umf. des § 40 (aA *Fitting* Rn. 27; *Gragert* NZA 2004, 289 – Haftung der beteiligten AG als Gesamtschuldner). Ebenso muss er als VertragsAG der in seinem Betrieb verbliebenen BRmitglieder den Anspruch auf Freistellung und Entgeltfortzahlung nach § 37 II auch erfüllen, soweit sie das Übergangsmandat wahrnehmen (*Fitting* Rn. 27). Das Übergangsmandat ist eine ges. Aufgabe des BR. Es entsteht als Folge einer Organisationsentscheidung des AG und ist ihm ggü. ges. angeordnet. Haben BRmitglieder als Folge der Betriebsspaltung den AG gewechselt, trägt die bei ihm anfallenden Sachkosten des Übergangsmandats ihr neuer AG als Inhaber des Betriebs, weil das Übergangsmandat ihm ggü. wahrgenommen wird und ges. angeordnet ist. Er ist ihnen ggü. aus demselben Grund als VertragsAG zur Freistellung und Entgeltfortzahlung nach § 37 II verpflichtet (aA nur Freistellung und Entgeltfortzahlung durch den Inhaber des abgebenden Betriebs Richardi/*Thüsing* Rn. 24). Angesichts des bes. Schutzes von BRmitgliedern gegen Kündigung und Versetzung wird dies Problem wohl nur selten auftauchen. Wechselt ein BRmitglied doch einmal in die neue Einheit, wirken die **Statusrechte** – zB (nachwirkender) Kündigungsschutz – ggü. dem neuen VertragsAG. Wer ein Übergangsmandat ausübt, muss in seiner Amtsführung ihm ggü. ebenso geschützt sein, wie er es zuvor ggü. dem alten AG war. Das Übergangsmandat umfasst **Zugangsrechte** der BRmitglieder des abgebenden Betriebs im aufnehmenden Betrieb, soweit dies die Wahrnehmung des Mandats erfordert (*Gragert* NZA 2004, 289). Die in den aufnehmenden betriebsratslosen Betrieb gewechselten BRmitglieder können im Rahmen ihres Übergangsmandats nicht in den **GBR** des Unternehmens entsandt werden, dem der aufnehmende Betrieb angehört (aA *Rieble* NZA 2002, 233). Sie vertreten nicht die gesamte Belegschaft des aufnehmenden Betriebs und ihr Übergangsmandat ist zeitl. begrenzt. Die im aufnehmenden Unternehmen abgeschlossenen GesamtBV gelten schon nach § 50 I S. 1 letzter Hs. im aufnehmenden Betrieb unabhängig davon, ob er im GBR vertreten ist. Die Anzahl der Freistellungen nach § 38 erhöht sich nicht durch die Wahrnehmung eines Übergangsmandats (aA *Gragert* NZA 2004, 289). Das Übergangsmandat ist zeitl. begrenzt und der aufnehmende Betrieb ist nicht der, an dem die Zahl der Freistellungen festmacht. Die Anzahl der Freistellungen nach der Abspaltung richtet sich nach allgemeinen Regeln (s. § 38 Rn. 1). 8

§ 21b Restmandat

Geht ein Betrieb durch Stillegung, Spaltung oder Zusammenlegung unter, so bleibt dessen Betriebsrat so lange im Amt, wie dies zur Wahrnehmung der damit im Zusammenhang stehenden Mitwirkungs- und Mitbestimmungsrechte erforderlich ist.

1 **1. Vorbemerkung.** Die Vorschr. schließt eine Mitbestimmungslücke, die sich aus dem Verlust des BRamts bei Untergang des Betriebs ergeben kann. Fällt die Betriebsorganisation endgültig weg, endet nach § 24 Nr. 4 das BRamt. Oft wird es sich beim Untergang eines Betriebs um Tatbestände handeln, die Mitbestimmungsrechte auslösen. Bis zu diesem Zeitpunkt übt der BR seine Recht uneingeschränkt aus. Das Restmandat sorgt dafür, dass er sie in dem von der Vorschr. geschützten Umf. auch danach wahrnehmen kann. Das BRmandat wird inhaltl. eingeschränkt zeitl. ausgeweitet. Die Vorschr. ist zwgd. und kann weder durch TV oder BV noch durch Individualvereinbarung mit den BRmitgliedern (BAG 12.1.2000 NZA 2000, 669) abgeänd. werden. Streitigkeiten über das Bestehen und den Inhalt des Restmandats werden im BeschlV entschieden. Daneben können Bestand und Inhalt des Restmandats als Vorfrage eines Individualrechtsstreits im UrtV entscheidungserhebl. werden (*Fitting* Rn. 23).

2 **2. Anwendungsbereich.** Die Vorschr. erfasst alle Fälle des **Betriebsuntergangs.** Besteht ein Betrieb weiter und scheiden nur alle Mitglieder sowie die Ersatzmitglieder des BR aus, endet die Amtszeit des BR und es entsteht kein Restmandat (BAG 27.8.1996 AP ArbGG 1979 § 83a Nr. 4; *Fitting* Rn. 5). Gleiches gilt, wenn der Betrieb nach Ablauf der Amtszeit eines BR untergeht und die AN keinen neuen BR gewählt haben. Die Vorschr. greift auch nicht bei der räuml. Verlegung eines Betriebs, seinem Übergang nach § 613a BGB (LAG N 9.8.2011 BB 2011, 2612), seiner Zerstörung durch einen Brand (BAG 16.6.1987 NZA 1987, 858) oder bei einer nur vorübergehenden Stilllegung, zB bei einem Arbeitskampf (BAG 25.10.1988 AP GG Art. 9 Arbeitskampf Nr. 100). Eine **Betriebsstilllegung** liegt vor bei der Aufhebung der Produktions- und Betriebsgemeinschaft zwischen AG und AN für einen nach seiner Dauer unbestimmten, wirtschaftl. nicht unerhebl. Zeitraum (BAG 21.6.2001 AP KSchG 1969 § 15 Nr. 50). Sie ist nicht schon mit der endgültigen Stilllegung der Betriebsanlagen vollzogen, sondern erst mit Beendigung aller ArbVerh. bzw. Versetzung aller AN in einen anderen Betrieb. Die Belegschaft muss in rechtl. Hinsicht aufgelöst sein (BAG 29.3.1977 AP BetrVG 1972 § 102 Nr. 11). Bei einer **Teilstilllegung** bleibt der BR im Amt, sofern der verbleibende Restbetrieb betriebsratsfähig ist (BAG 24.5.2012 NZA 2013, 277). Er bleibt für anfallende Beteiligungsrechte der von der Teilstilllegung betroffenen und aus dem Betrieb ausgeschiedenen AN zuständig. Ein Restmandat entsteht auch, wenn der Betrieb weiter besteht aber betriebsratsunfähig wird, weil die Zahl der ständig beschäftigten wahlberechtigten AN unter fünf sinkt. Bei der **Betriebsaufspaltung** kommt es für das Restmandat nicht darauf an, ob der Betriebsteil als eigenständiger Betrieb fortgeführt, in einen anderen eingegliedert oder mit anderen zusammengelegt werden und ob dies mit einem Wechsel des Betriebsinhabers verbunden ist (DKKW/*Buschmann* Rn. 16 ff.). Bei der **Abspaltung** endet die Amtszeit des BR in der verbleibenden Einheit nicht. Er nimmt alle Rechte als Vollmandat wahr (LAG BB 20.4.2015 NZA-RR 2015, 324). Bei der **Zusammenlegung** von Betrieben geht der eingegliederte Betrieb unter oder aus den zusammengelegten Betrieben entsteht ein neuer. Die Beteiligungsrechte nach § 111 werden als Restmandat wahrgenommen (DKKW/*Buschmann* Rn. 19). Dieses erfasst den ursprüngl. Betrieb, das **Übergangsmandat** die neu entstandene Einheit. Das Restmandat wird ggü. dem Inhaber des „abgebenden" Betriebs, das Übergangsmandat ggü. dem des „aufnehmenden" Betriebs wahrgenommen. Sie können daher bei einer Spaltung und Fortführung als selbständige Betriebe bzw. Eingliederung in einen betriebsratslosen Betrieb zusammenfallen (s. § 21a Rn. 6). Bei der Zusammenlegung steht jedem BR für die Einheit, für die er gewählt wurde, ein Restmandat und dem BR mit der größten Anzahl wahlberechtigter AN das Übergangsmandat zu (s. § 21a Rn. 4). Geht ein Betrieb auf einen neuen Inhaber über und widersprechen alle AN nach § 613a VI BGB, liegt wegen dessen fehlender Betriebsgemeinschaft ein Betriebsuntergang vor, der zum Entstehen eines Restmandats führt (aA *Hidalgo/Kobler* NZA 2014, 290); der Widerspruch einzelner AN begründet kein Restmandat (BAG 8.5.2014 NZA 2015, 889).

3 **3. Inhalt.** Das Restmandat ist kein allgemeines Abwicklungsmandat für alle bei seinem Entstehen noch nicht abgeschlossenen betriebsverfassungsrechtl. Vorgänge, sondern **funktional** auf alle im Zusammenhang mit dem Betriebsuntergang bestehenden Beteiligungsrechte **begrenzt** (BAG 24.9.2015 NZA 2016, 366). Dies sind zB ein Interessenausgleich oder die Vereinbarung eines Sozialplans (BAG 28.10.1992 AP BetrVG 1972 § 112 Nr. 63) u. dessen notwendige Anpassung (BAG 5.10.2000 AP BetrVG 1972 § 112 Nr. 141). Ein Restmandat entsteht nicht, wenn es nach dem Untergang des Betriebs nichts mehr zu regeln gibt. So endet ein Einigungsstellenverfahren zur Lage der AZ mit der Betriebsstilllegung, ebenso BeschlV, deren Streitgegenstand in keinem Zusammenhang mit der Auflösung des Betriebs steht (BAG 11.10.2016 NZA 2017, 68; 14.8.2001 NZA 2002, 109; teilweise aA DKKW/*Buschmann* Rn. 23). Der BR bleibt zuständig für betriebsverfassungsrechtl. Aufgaben, die sich daraus ergeben, dass trotz Untergang des Betriebs noch nicht alle ArbVerh. beendet sind (BAG 25.10.2007 AP BGB § 613a Nr. 333 – Kündigungsausspruch) oder einzelne AN noch mit Abwicklungsarbeiten beschäftigt werden (BAG 23.11.1988 AP BGB § 613a Nr. 77). Nicht hierzu gehört die Beteiligung an der Zuweisung von Tätigkeiten in anderen Betrieben eines Unternehmens nach Vollzug der Stilllegung (BAG 8.12.2009 AP BetrVG 1972 § 99 Nr. 129).

4 **4. Personelle Zusammensetzung.** Das Restmandat ist von dem BR auszuüben, der bei Beendigung des Vollmandats im Amt war (BAG 6.12.2006 AP BetrVG 1972 § 21b Nr. 5). Entscheidend für seine

Größe und Zusammensetzung ist der Zeitpunkt, in dem das originäre Mandat endet und das Restmandat an seine Stelle tritt. Ist zu diesem Zeitpunkt seine Mitgliederzahl bereits unter die in § 9 vorgesehene Zahl gesunken und sind Ersatzmitglieder nicht vorhanden, führen die verbliebenen Mitglieder die Geschäfte nach den §§ 22, 13 II Nr. 2 weiter. Der BR wird nicht durch bereits ausgeschiedene Mitglieder aufgestockt (BAG 12.1.2000 NZA 2000, 669). Das Restmandat wird durch den BR insg. und nicht allein von dessen Vorsitzenden wahrgenommen (BAG 14.11.1978 AP § 59 KO Nr. 6). Es besteht, solange noch mind. ein (Ersatz-)Mitglied des BR vorhanden und willens ist, es wahrzunehmen (BAG 12.1.2000 NZA 2000, 669). Der Wechsel zu einem anderen AG oder in einen anderen Betrieb beendet ebenso nicht die Mitgliedschaft im restmandatierten Betriebsrat (Richardi/*Thüsing* Rn. 13) wie eine ohne die Betriebsstilllegung eingetretene Beendigung des ArbVerh. (BAG 5.5.2010 NZA 2010, 1025). Die das Restmandat ausübenden BRmitglieder können ihr Amt niederlegen (aA *Hanau* NJW 2001, 2315). Die Wahrnehmung eines Restmandats verpflichtet nicht stärker zur Amtsausübung als die eines Vollmandats. Besteht der BR nur noch aus einem Mitglied und ist eine Belegschaft nicht mehr vorhanden, kann die Amtsniederlegung ggü. dem AG erklärt werden (BAG 12.1.2000 NZA 2000, 669).

5. Dauer und Kosten. Die zeitl. **Dauer** des Restmandats ist grds. unbeschränkt. Es **entsteht** mit dem Untergang des Betriebs. Es kann noch nach Ablauf der regulären Amtszeit des BR entstehen, wenn der AG vor diesem Zeitpunkt alle AN gekündigt hat und er sich erst nach diesem Zeitpunkt entschließt, den Betrieb endgültig stillzulegen (BAG 16.6.1987 AP BetrVG 1972 § 111 Nr. 20). Das Restmandat besteht, solange im Zusammenhang mit dem Untergang des Betriebs noch mitbestimmte Verhandlungsgegenstände offen sind (BAG 6.12.2006 AP BetrVG 1972 § 21b Nr. 5). Es **endet,** wenn alle mit ihm zusammenhängenden Mitbestimmungsrechte ausgeübt sind oder kein BRmitglied mehr bereit ist, sie auszuüben (BAG 5.10.2000 AP BetrVG 1972 § 112 Nr. 141) und die Ansprüche auf Kostenerstattung aus den Tätigkeiten des BR iRd. Restmandats erfüllt wurden. Das Restmandat besteht auch über die reguläre Amtszeit des BR hinaus (BAG 16.6.1987 AB BetrVG 1972 § 111 Nr. 20), da die (ehem.) AN keine Möglichkeit haben, einen neuen BR zu wählen. Die **Kosten** des Restmandats trägt nach § 40 der AG des Ursprungsbetriebs; allerdings besteht kein Vergütungsanspruch für die aufgewandte Freizeit (BAG 5.5.2010 AP BetrVG 1972 § 37 Nr. 147). Ist das BRmitglied schon bei einem anderen AG beschäftigt, hat dieser es zur Ausübung des Restmandats entspr. § 37 II unbezahlt freizustellen (*Fitting* Rn. 20; iE Richardi/*Thüsing* Rn. 14). Der AG des Ursprungsbetriebs ist zur Vergütung des dadurch ausgefallenen Arbeitsentgelts verpflichtet (nur für BRarbeit während der AZ Richardi/*Thüsing* Rn. 14; aA *Willhelmsen* DB 2016, 717). 5

§ 22 Weiterführung der Geschäfte des Betriebsrats

In den Fällen des § 13 Abs. 2 Nr. 1 bis 3 führt der Betriebsrat die Geschäfte weiter, bis der neue Betriebsrat gewählt und das Wahlergebnis bekanntgegeben ist.

1. Weiterführung. Die Vorschr. gewährleistet die Kontinuität der BRarbeit zwischen vorzeitigem Amtsende und Neuwahl eines BR. Sie hat nur für den Fall des Rücktritts des BR (§ 13 II Nr. 3) Bedeutung. Für die Fälle des § 3 I Nr. 1–3 bestimmt § 3 IV, für die § 13 II Nr. 1 und 2 bestimmt § 21 S. 5, dass die Amtszeit des vorherigen erst mit Bekanntgabe des Wahlergebnisses des neu gewählten BR endet. Die Vorschr. ist zwgd. Abweichungen sind weder durch TV noch durch BV zulässig. Bei erfolgreicher Wahlanfechtung und der Auflösung des BR durch Gerichtsentscheidung nach § 13 II Nr. 4 und 5 ist sie auch nicht analog heranzuziehen, da mit rkr. Entscheidung der Betrieb bis zur Neuwahl betriebsratslos ist (BAG 29.5.1991 AP BetrVG 1972 § 4 Nr. 5). Die Vorschr. gilt entspr., wenn der BR wegen zeitweiliger Verhinderung von BRmitgliedern, die auch nicht durch Ersatzmitgliedern ersetzt werden können, beschlussunfähig ist (BAG 18.8.1982 AP BetrVG 1972 § 102 Rn. 24; krit. *Klar* NZA 2017, 295). § 22 ist entspr. heranzuziehen, wenn aus anderen Gründen ein vorübergehender oder dauerhafter betriebsratsloser Zustand eintritt ohne dass ein Restmandat nach § 21b entsteht und vermögensrechtl. Rechtspositionen des BR sonst ersatzlos untergehen würden (BAG 24.10.2001 AP BetrVG 1972 § 40 Nr. 71), etwa wenn nach Ablauf der Amtszeit kein neuer BR gewählt wird, die BRwahl mit Erfolg angefochten oder der BR durch gerichtl. Entscheidung aufgelöst wurde sowie in den Fällen des § 24 I Nr. 3–5. 1

2. Inhalt und Reichweite. Die Geschäftsführungsbefugnis nach § 22 ist umfassend und entspricht derjenigen eines amtierenden BR. Der geschäftsführende BR kann sämtl. Mitwirkungs- und Mitbestimmungsrechte wahrnehmen. Er bleibt in entspr. Anwendung der §§ 22 BetrVG, 49 II BGB befugt, noch nicht erfüllte Kostenerstattungsansprüche gegen den AG weiter zu verfolgen und an den Gläubiger abzutreten (BAG 24.10.2001 AP BetrVG 1972 § 40 Nr. 71). Der geschäftsführende BR muss unverzügl. einen Wahlvorstand für eine Neuwahl bestellen. Seine Mitglieder haben die **gleiche Rechtsstellung** wie in einem regulär amtierenden BR, einschl. aller Schutzvorschr. und des erweiterten Kündigungsschutzes nach § 15 KSchG und § 103 (BAG 12.3.2009 NZA-RR 2010, 180). Die Geschäfts- 2 führungsbefugnis **endet** mit Bekanntgabe des Wahlergebnisses des neu gewählten BR, nicht erst mit Ablauf dieses Tages (s. § 21 Rn. 2). Kommt eine Neuwahl nicht zustande, führt der BR die Geschäfte weiter, längstens jedoch bis zum Zeitpunkt des an sich regulären Ablaufs seiner Amtszeit. Dies gilt auch, wenn das ArbG die Nichtigkeit der Neuwahl feststellt, weil es einen neuen BR nie gegeben hat. Dies gilt nicht für den Fall, dass die Wahl erfolgreich angefochten wurde. Hier hat ein neuer BR bestanden, so dass ein Fall des § 14 II Nr. 4 vorliegt (aA DKKW/*Buschmann* Rn. 14).

§ 23 Verletzung gesetzlicher Pflichten

(1) [1]**Mindestens ein Viertel der wahlberechtigten Arbeitnehmer, der Arbeitgeber oder eine im Betrieb vertretene Gewerkschaft können beim Arbeitsgericht den Ausschluss eines Mitglieds aus dem Betriebsrat oder die Auflösung des Betriebsrats wegen grober Verletzung seiner gesetzlichen Pflichten beantragen.** [2]**Der Ausschluss eines Mitglieds kann auch vom Betriebsrat beantragt werden.**

(2) [1]**Wird der Betriebsrat aufgelöst, so setzt das Arbeitsgericht unverzüglich einen Wahlvorstand für die Neuwahl ein.** [2]**§ 16 Abs. 2 gilt entsprechend.**

(3) [1]**Der Betriebsrat oder eine im Betrieb vertretene Gewerkschaft können bei groben Verstößen des Arbeitgebers gegen seine Verpflichtungen aus diesem Gesetz beim Arbeitsgericht beantragen, dem Arbeitgeber aufzugeben, eine Handlung zu unterlassen, die Vornahme einer Handlung zu dulden oder eine Handlung vorzunehmen.** [2]**Handelt der Arbeitgeber der ihm durch rechtskräftige gerichtliche Entscheidung auferlegten Verpflichtung zuwider, eine Handlung zu unterlassen oder die Vornahme einer Handlung zu dulden, so ist er auf Antrag vom Arbeitsgericht wegen einer jeden Zuwiderhandlung nach vorheriger Androhung zu einem Ordnungsgeld zu verurteilen.** [3]**Führt der Arbeitgeber die ihm durch eine rechtskräftige gerichtliche Entscheidung auferlegte Handlung nicht durch, so ist auf Antrag vom Arbeitsgericht zu erkennen, dass er zur Vornahme der Handlung durch Zwangsgeld anzuhalten sei.** [4]**Antragsberechtigt sind der Betriebsrat oder eine im Betrieb vertretene Gewerkschaft.** [5]**Das Höchstmaß des Ordnungsgeldes und Zwangsgeldes beträgt 10 000 Euro.**

I. Vorbemerkung

1 Die Norm soll sicherstellen, dass BR und AG im betriebl. Geschehen ein Mindestmaß gesetzmäßigen Verhaltens bewahren (BAG 20.8.1991 NZA 1992, 317). Sie sieht daher bei groben Pflichtverletzungen Sanktionen ggü. dem BR, seinen Mitgliedern und dem AG vor. Durch Mehrheitsentscheidungen der Belegschaft können weder BRmitglieder abgesetzt noch der BR aufgelöst werden. Ebenso wenig kann der BR durch Beschl. einzelne Mitglieder „ausstoßen". Allein die Auflösung des BR als Kollektivorgan und der Ausschluss eines Mitglieds ist in Abs. 1 und 2 abschl. geregelt. Die gerichtl. Unterlassung eines bestimmten gesetzwidrigen Verhaltens ggü. dem BR oder einem seiner Mitglieder kann hingegen nicht verlangt werden (BAG 17.3.2010 NZA 2010, 1133; aA BAG 22.7.1980 – 6 ABR 5/78; *Reichold* RdA 2011, 59). Abs. 3 gibt dem BR oder einer im Betrieb vertretenen Gewerkschaft die Möglichkeit, durch gerichtl. Zwangsmaßnahmen den AG zu verpflichten, die Rechte der Mitbestimmungsorgane zu achten. Auch diese Regelung ist nicht abschl. Daneben bleibt für weite Bereiche die Möglichkeit erhalten, die Einhaltung betriebsverfassungsrechtl. Pflichten nach allgemeinen Regeln sicherzustellen. Abs. 1 gilt nach § 65 auch für die JAV, nach den §§ 115 III und 116 II für die Bordvertretung und den SeeBR. Für den GBR und KBR sowie die Gesamt- und KonzernJAV gelten die Sonderregelungen der §§ 48, 56, 73 II und 73b II. Nach § 51 VI und § 59 gilt Abs. 3 auch im Verhältnis des GBR und KBR zum Unternehmer.

II. Ausschluss von Betriebsratsmitgliedern

2 **1. Grobe (Amts-)Pflichtverletzung. a) Amtsstellung.** Ges. Pflichten nach Abs. 1 sind alle Pflichten, die sich für die BRmitglieder aus ihrer **Amtsstellung** ergeben (BAG 12.1.1988 AP ArbGG 1979 § 64 Nr. 8). Verstöße gegen arbeitsvertragl. Pflichten rechtfertigen einen Ausschluss nicht, sondern können nur zu individualrechtl. Sanktionen wie Abmahnung und Kündigung führen. Umgekehrt kann die alleinige Verletzung betriebsverfassungsrechtl. Pflichten nicht Grdl. einer individualrechtl. Abmahnung oder Kündigung sein (BAG 16.10.1986 AP BGB § 626 Nr. 95). Eine Pflichtverletzung durch ein BRmitglied kann aber individualrechtl. Sanktionen rechtfertigen, wenn zumindest auch arbeitsvertragl. Pflichten verletzt wurden (BAG 10.11.1993 NZA 1994, 500); gleiches gilt auch im umgekehrten Fall. Eine außerordentl. Kündigung setzt in diesen Fällen eine bes. schwere Verletzung der Vertragspflichten voraus. An ihre Berechtigung ist ein strengerer Maßstab anzulegen (BAG 15.7.1992 NZA 1993, 220; dazu ausf. GK-BetrVG/*Oetker* Rn. 26). Die Gefahr, bei der Wahrnehmung der betriebsverfassungsrechtl. Befugnisse und Pflichten mit arbeitsvertragl. Pflichten in Kollision zu geraten, ist insb. bei engagierten BRmitgliedern größer als bei anderen AN. Jedenfalls ist stets zu prüfen, ob nicht der Ausschluss aus dem BR künftige Störungen des Vertragsverhältnisses beseitigen kann, so dass die

außerordentl. Kündigung schon aus diesem Grund unwirksam ist (*Fitting* Rn. 23). Bei der Amtspflichtverletzung muss es sich um eine solche in der **aktuellen Amtsperiode** handeln. Pflichtverletzungen aus früheren Perioden können grds. nicht Gegenstand eines Ausschlussverfahrens in einer neuen Amtszeit sein (BAG 27.7.2016 NZA 2017, 136). Das kann anders sein, wenn die frühere Pflichtverletzung sich auf die neue Amtsperiode (zB fehlende Eignung) auswirkt und/oder konkrete Wiederholungsgefahr besteht (ähnl. Richardi/*Thüsing* Rn. 26; GK-BetrVG/*Oetker* Rn. 45 f.). Ein grober Verstoß wird nicht dadurch geheilt, dass die Mehrheit der Belegschaft ihn durch Wiederwahl des betreffenden BRmitglieds billigt. Das Arg. der Wiederwahl als „Vertrauensbeweis" zieht iÜ nicht, soweit Rechte des AG verletzt wurden.

b) Amtspflichten. Dies sind die im BetrVG selbst normierten Pflichten, die Beachtung der Grundsätze von Recht und Billigkeit nach § 75, alle übrigen in allgemeinen oder speziellen G enthaltenen Pflichten sowie die durch TV oder BV geregelten Pflichten, soweit durch sie betriebsverfassungsrechtl. Pflichten konkretisiert werden (GK-BetrVG/*Oetker* Rn. 15). Dazu zählen auch Pflichten, die ein BRmitglied als Funktionsträger innerhalb des BR zB als BRvorsitzender oder Ausschussmitglied treffen. Eine Verletzung von Pflichten zB als KBR, ANvertreter im AR oder als Beisitzer der Einigungsstelle rechtfertigt den Ausschluss nur, wenn sie zugleich eine Verletzung von Pflichten aus dem BRamt darstellt (*Fitting* Rn. 15). Eine ges. Pflichtverletzung kann schließl. darin liegen, dass der BR oder einzelne BRmitglieder **ges. Befugnisse** nicht wahrnehmen, die ihnen im Interesse und zum Schutz Dritter gewährt werden (BAG 5.6.1967 AP BetrVG § 23 Nr. 8) oder derartige Befugnisse missbrauchen (GK-BetrVG/*Oetker* Rn. 19). 3

c) Schwere. Erforderl. ist eine objektiv erhebl. und offensichtl. schwerwiegende Pflichtverletzung. Das auszuschließende Mitglied muss durch ein ihm zurechenbares Verhalten die Funktionsfähigkeit des BR ernstl. bedroht oder lahmgelegt haben (BAG 5.9.1967 AP BetrVG § 23 Nr. 8). Bei einer zukunftsgerichteten Betrachtung muss die weitere Amtsausübung unter Berücksichtigung aller Umstände des Einzelfalls untragbar erscheinen (BAG 22.6.1993 NZA 1994, 184). Das setzt regelm. **schuldhaftes Verhalten** voraus (weiter GK-BetrVG/*Oetker* Rn. 39). Bei krankhaftem, querulatorischem Verhalten ist ein Verschulden ausnahmsweise entbehrl. (BAG 5.9.1967 AP BetrVG § 23 Nr. 8; BVerwG 14.2.1969 AP PersVG § 26 Nr. 8). Es genügt ein **einmaliger Verstoß,** wenn er offensichtl. und bes. schwerwiegend ist (BAG 4.5.1955 BetrVG § 44 Nr. 1). Eine förml. Abmahnung als Reaktion auf den Pflichtverstoß zwar im G nicht vorgesehen, kann aber bei fortgesetzten leichten Verstößen zu einem groben Verstoß führen (*Kania* DB 1996, 374; aA *Fitting* Rn. 17a; GK-BetrVG/*Oetker* Rn. 49; Richardi/*Thüsing* Rn. 11). Da § 23 in erster Linie die Funktionsfähigkeit des BR für die Zukunft gewährleisten will, kann es darauf ankommen, ob auf Grund der Gesamtumstände mit der Fortsetzung des störenden Verhaltens gerechnet werden muss (ArbG Halle 25.1.2013 NZA-RR 2013, 36). So können ausnahmsweise wiederholte leichtere Pflichtverletzungen den Ausschluss rechtfertigen, wenn trotz Hinweises auf die Pflichtwidrigkeit mit einer gewissen Beharrlichkeit fortgesetzt gegen die gleiche Pflicht verstoßen wird. 4

d) Einzelfälle. Zu den groben Pflichtverletzungen zählen zB der Aufruf zu einem wilden Streik unter Ausnutzung des BRamts, Tätlichkeiten ggü. anderen BRmitgliedern während einer BRsitzung (ArbG BE 19.5.1981 AuR 1982, 260), grds. Ablehnung der Zusammenarbeit mit anders organisierten BRmitgliedern (BAG 21.2.1978 AP BetrVG 1972 § 74 Nr. 1) – nicht aber auf unterschiedl. Auff. beruhende Streitigkeiten im BR, Weigerung zur Übernahme von BRaufgaben (ArbG Halle 25.1.2013 NZA-RR 2013, 36), falsche Angaben eines freigestellten BRmitglieds über den Zweck seiner Tätigkeit während der AZ außerhalb des Betriebs (BAG 21.2.1978 AP BetrVG 1972 § 74 Nr. 1), Weitergabe einer vom AG für vertraul. Vorgängen an Dritte, die Gewährung von Einsicht in Bewerbungsunterlagen ggü. diesen (ArbG Wesel 16.10.2008 NZA-RR 2009, 21), Einsichtnahme in Personalakten (LAG BB 12.11.2012 DuD 2013, 321), Beleidigungen anderer BRmitglieder (LAG HE 23.5.2013 – 9 TaBV 17/13), vorsätzl. falsche Beschuldigung des AG (LAG M 26.8.1992 BB 1993, 2168), Verleitung zu oder Duldung von wahrheitswidrigem Prozessvortrag (ArbG Kempten 21.8.2012 ArbRB 2012, 369), Annahme von bes. Vorteilen zur Beeinflussung der Amtsführung oder Belohnung einer vorausgegangenen Pflichtwidrigkeit (LAG M 15.11.1977 DB 1978, 894), fehlende Rücksichtnahme bei der Festlegung von BRsitzungen, Verstoß gegen die Schweigepflicht aus §§ 79, 82 II, 83, 99 I 2, 102 II 5 (*Fitting* Rn. 19). Auch der wiederholte Verstoß gegen das Verbot der **parteipolitischen Betätigung** im Betrieb (§ 74 II 3) kann den Ausschluss aus dem BR rechtfertigen (BAG 17.3.2010 NZA 2010, 1133 – Unterlassungsanspruch verneint; 21.2.1978 AP BetrVG 1972 § 74 Nr. 1, BVerfG 28.4.1976 AP BetrVG 1972 § 74 Nr. 2, s. § 74 Rn. 21). 5

Keine groben Pflichtverletzungen sind Streitigkeiten im BR auf Grund unterschiedl. Standpunkte (BAG 5.9.1967 AP BetrVG § 23 Nr. 8), irrtüml. Verstoß gegen betriebsverfassungsrechtl. Pflichten (ArbG Paderborn 8.2.1973 BB 1973, 335), Streikaufruf im Betrieb, der nicht in der Funktion als BRmitglied geschieht (LAG D 18.9.1975 BB 1975, 1302), Werbung für eine Gewerkschaft, wenn dabei kein Druck ausgeübt wird (BVerwG 15.1.1960 AP PersVG § 26 Nr. 2), mangelnde Kompromissbereitschaft ggü. dem AG (DKKW/*Trittin* Rn. 63), Strafanzeige gegen den AG, die keine absichtl. unwahren Anschuldigungen enthält (LAG BW 25.10.1957 AP BetrVG § 78 Nr. 2), Inf. der zust. 6

Behörden über sicherheitstechnische Mängel (*Fitting* Rn. 20), Vertreten eines nicht vollkommen abwegigen Rechtsstandpunkts (BAG 19.4.1989 AP BetrVG 1972 § 40 Nr. 29), Weitergabe von Tatsachen, die auf einer BRsitzung erörtert wurden und nicht der Schweigepflicht unterliegen (BAG 5.9.1967 AP BetrVG § 23 Nr. 8).

7 **2. Verfahren.** Der Antrag nach § 23 I muss ausdrückl. und unbedingt gestellt sowie mit konkreten Tatsachen begr. werden. Örtl. zuständig ist das für den Sitz des Betriebs zuständige ArbG (§ 82 ArbGG). In der ersten Instanz kann er noch ohne Zustimmung der anderen Beteiligten (BAG 12.2.1985 NZA 1985, 786), iÜ nach den §§ 87 II, 92 II ArbGG, 269 ZPO nur mit deren Zustimmung zurückgenommen werden. Der Antrag kann sich auch gegen ein **Ersatzmitglied** richten, das in die Reihe der Ersatzmitglieder zurückgetreten ist, nachdem es vertretungsweise BRaufgaben wahrgenommen und dabei eine grobe Pflichtverletzung begangen hat (GK-BetrVG/*Oetker* Rn. 72). Der Antrag bezweckt dann, das Ersatzmitglied aus dem Kreis der Nachrückenden auszuschließen. Entspr. gilt, wenn die Pflichtverletzung zwar nach der zeitweisen Amtsausübung begangen wurde, damit aber im unmittelbaren Zusammenhang steht (*Fitting* Rn. 34). Das Rechtsschutzinteresse für den Antrag entfällt mit der **Amtsniederlegung** des betroffenen Mitglieds (BAG 29.4.1969 – 1 ABR 19/68) und – regelm. – bei **Ablauf der Amtsperiode** des BR, auch wenn das Mitglied in der folgenden Amtsperiode wiedergewählt wird (BAG 18.5.2016 NZA-RR 2016, 582, s. Rn. 2). Das Verfahren erledigt sich nicht durch **Rücktritt** des gesamten BR. Er führt in diesem Fall die Geschäfte nach § 22 bis zur Neuwahl weiter und das BRmitglied bleibt noch im Amt. Es erledigt sich aber durch Amtsniederlegung. In dringenden und offensichtl. Fällen kann im Wege der **einstweiligen Vfg.** die vorläufige Amtsenthebung bis zur rkr. Entscheidung erfolgen (BAG 29.4.1969 – 1 ABR 19/68; LAG HE 6.10.2016 – 9 TaBVGa 201/16), wenn die weitere Amtsausübung nicht einmal vorübergehend zumutbar erscheint und der BR funktionsfähig bleibt.

8 **3. Antragsberechtigung. a) Arbeitgeber, Arbeitnehmer.** Der AG ist antragsberechtigt, wenn der Antrag auf eine Amtspflichtverletzung gestützt wird, die das Verhältnis einzelner BRmitglieder oder des BR zu ihm betrifft, nicht aber wenn es um Pflichtverletzungen ggü. dem BR oder der Belegschaft geht, deren Interessen er nicht wahrt (GK-BetrVG/*Oetker* Rn. 80; aA HaKo/*Düwell* Rn. 20). Stellen **AN** den Antrag, ist deren Mindestzahl vAw. zu beachtende Verfahrensvoraussetzung, die während des gesamten Verfahrens vorliegen muss (*Fitting* Rn. 9). Sie ist nach der regelm. Belegschaftsstärke zu berechnen (DKKW/*Trittin* Rn. 80). AN, die während des Laufs des Verfahrens aus dem ArbVerh. ausscheiden und damit ihre Wahlberechtigung nach § 7 S. 1 oder 2 verlieren, bleiben antragsberechtigt (BAG 4.12.1986 NZA 1987, 166). Es müssen aber nach wie vor mind. ein Viertel der AN das Verfahren betreiben. Wenn alle Antragsteller aus dem ArbVerh. ausscheiden, entfällt das Rechtsschutzinteresse, der Antrag wird unzulässig (BAG 15.2.1989 NZA 1990, 115). Weil für den Antrag keine Fristen zu wahren sind, ist es im Gegensatz zur Wahlanfechtung zulässig, dass für ausscheidende AN andere in das Verfahren eintreten, um die Mindestzahl zu erhalten (DKKW/*Trittin* Rn. 79; aA GK-BetrVG/*Oetker* Rn. 79). Dagegen können weder eine im Betrieb vertretene Gewerkschaft, noch der AG oder der BR an Stelle ausgeschiedener AN eintreten (LAG HM 5.5.1982 DB 1982, 2709).

9 **b) Gewerkschaft, Betriebsrat.** Eine Gewerkschaft ist im Betrieb vertreten und antragsberechtigt, wenn ihr mind. ein AN des Betriebs angehört (s. § 2 Rn. 3). Auf die Tarifzuständigkeit dieser Gewerkschaft für den Betrieb kommt es nicht an, weil es um die betriebsverfassungsrechtl. Ordnung und nicht um die tarifrechtl. Abgrenzung geht (BAG 10.11.2004 NZA 2005, 426). Ebenso unbeachtl. ist, ob der Auszuschließende der antragstellenden Gewerkschaft angehört (BAG 22.6.1993 NZA 1994, 184). Das Antragsrecht örtl. Untergliederungen der Gewerkschaft und für einen Spitzenverband richtet sich nach der Satzung (DKKW/*Trittin* Rn. 84), wobei Letzterer von einer antragsberechtigten Gewerkschaft bevollmächtigt werden kann (GK-BetrVG/*Oetker* Rn. 82). Das Vertretensein im Betrieb ist eine vAw. zu beachtende Verfahrensvoraussetzung und muss während der gesamten Dauer des Verfahrens gegeben sein (aA DKKW/*Trittin* Rn. 85). Der BR ist antragsberechtigt, wenn es um den Ausschluss einzelner seiner Mitglieder geht. Der Beschl. zur Einleitung eines Ausschlussverfahrens ist nach § 33 mit einfacher Mehrheit zu fassen. Das auszuschließende Mitglied ist von der Beratung und der Mitwirkung an der Beschlussfassung ausgeschlossen und wird durch ein Ersatzmitglied vertreten. Es soll jedoch vom BR angehört werden (*Fitting* Rn. 13).

10 **4. Antragsverbindung.** Liegt in dem Fehlverhalten des BRmitglieds sowohl ein Verstoß gegen seine Amtspflichten als auch gegen Pflichten aus dem Arbeitsvertrag, kann der AG, wenn er dem BRmitglied außerordentl. kündigen will und der BR seine Zustimmung dazu nach § 103 verweigert hat, einen Antrag auf **Ersetzung der Zustimmung zur außerordentlichen Kündigung** mit dem Antrag auf **Ausschluss des Mitglieds aus dem BR** verbinden (BAG 21.7.1978 AP BetrVG 1972 § 74 Nr. 1; aA DKKW/*Trittin* Rn. 90). Die Verbindung sollte sinnvollerweise so erfolgen, dass der Ausschlussantrag als Hauptantrag gestellt wird und die Zustimmungsersetzung nur hilfsweise beantragt ist (aA GK-BetrVG/*Oetker* Rn. 93; Richardi/*Thüsing* Rn. 44). Mit Rechtskraft des Ausschlussantrags ist die Zustimmung nach § 103 I nicht mehr erforderl. (GK-BetrVG/*Oetker* Rn. 94), so dass der Antrag nach § 23 I schneller Klarheit über die Zusammensetzung des BR bringt (*Fitting* Rn. 22) und idR eine

außerordentl. Kündigung unwirksam sein wird, wenn ein grober Verstoß gegen die Betriebsverfassung fehlt (weiter GK-BetrVG/*Oetker* Rn. 27 – Sperrwirkung). Mit dieser Kombination der Anträge gibt der AG auch nicht zu erkennen, dass er die Fortsetzung des ArbVerh. für zumutbar ansieht. Er macht schlicht von der Möglichkeit Gebrauch, in einem ersten – aus seiner Sicht notwendigen – Schritt dafür zu sorgen, dass dieser AN jdf. nicht mehr im BR tätig ist. Die Antragsverbindung kann auch andersherum erfolgen (BAG 21.2.1978 – 1 ABR 54/76), weil die Abweisung des Antrags nach § 103 je nach tatsächl. Schwerpunkt des Verstoßes die Möglichkeit eines erfolgreichen Antrags auf Ausschluss aus dem BR grds. offen lässt. Nach hM können beide Anträge auch nebeneinander als Hauptanträge gestellt werden (aA DKKW/*Trittin* Rn. 90). Der Antrag auf **Ausschluss** eines BRmitglieds kann als **Hilfsantrag** zu dem Antrag auf **Auflösung des BR** nach Abs. 2 gestellt werden. Die Auflösung des BR ist das weitergehende Rechtsschutzziel. Mit ihr erübrigt sich der Ausschluss einzelner Mitglieder. Doch ist der Ausschluss ggü. der Auflösung des BR kein minus, sondern ein aliud. Daher kann nicht auf Ausschluss erkannt werden, wenn nur die Auflösung beantragt war (LAG SH 30.11.1983 AuR 1984, 287) und die Anträge können auch umgekehrt gestellt werden. Entscheidend ist allein der Wille des Antragstellers. Ein **Wahlanfechtungsverfahren** und ein Verfahren auf Feststellung der Nichtigkeit der BRwahl hat ggü. einem Ausschlussverfahren Vorrang. Der Ausschlussantrag kann in diesen Verfahren hilfsweise gestellt werden.

5. Wirkung des Ausschlusses. Mit der Rechtskraft des Beschlusses erlischt die Mitgliedschaft im BR 11 sowie die Mitgliedschaft in allen betriebsverfassungsrechtl. Gremien, zB im GBR, KBR und BRausschuss. Das gilt nicht für die Mitgliedschaft in der Einigungsstelle. Auf den Ausschluss hin kann aber die Abberufung durch den BR erfolgen. In den BR rückt nach § 25 ein Ersatzmitglied nach. Das ausgeschlossene Mitglied verliert den bes. (auch einen ggf. noch nachwirkenden) **Kündigungsschutz** als Funktionsträger nach § 103 und § 15 KSchG (GK-BetrVG/*Oetker* Rn. 105 f.). Ist ihm die Amtsausübung im Wege der einstweiligen Vfg. nur vorläufig untersagt, bleibt der Kündigungsschutz erhalten. Die Rechte aus §§ 37 Abs. 4, 38 Abs. 4 (wirtschaftl. und berufl. Absicherung, berufl. Weiterbildung) gehen nicht verloren (aA GK-BetrVG/*Oetker* Rn. 111, s. § 37 Rn. 10). Diese Vorschr. sehen den Verlust der durch sie begr. Rechte im Falle der Amtsenthebung im Gegensatz zu § 15 I 2, 2. Hs. KSchG nicht vor. Das ausgeschlossene BRmitglied ist für eine alsbaldige **Neuwahl** als Wahlbewerber zugelassen. Das G hat die Voraussetzungen der Wählbarkeit in § 8 abschl. geregelt.

III. Auflösung des Betriebsrats

1. Grobe Pflichtverletzung. a) Grundsatz. Die gerichtl. Auflösung des BR erfordert eine Pflicht- 12 verletzung des BR **als Organ.** Dabei reicht es aus, wenn das pflichtwidrige Verhalten auf einem Mehrheitsbeschluss beruht, Einstimmigkeit ist nicht erforderl. (RB anh. 7 ABR 20/16; DKKW/*Trittin* Rn. 156). Der Pflichtenkreis ist der des Abs. 1. Dazu kommen die dem BR als Gremium obliegenden Pflichten. Begehen einzelne oder alle BRmitglieder parallel Pflichtverletzungen, die nicht auf einem gemeinsamen Beschl. des BR als solchem beruhen, kommt nur ein Ausschlussverfahren, nicht die Auflösung des BR in Betracht (LAG HM 6.11.1975 DB 1976, 343). Die Auflösung setzt voraus, dass unter Berücksichtigung aller Umstände des Einzelfalls, insb. der betriebl. Gegebenheiten und des Anlasses für den Pflichtverstoß die **weitere Amtsausübung** des BR **untragbar** erscheint (BAG 22.6.1993 NZA 1994, 184). Dabei kann eine grobe Pflichtverletzung des BR als Organ auch gegeben sein, wenn der BR gesetzwidriges Verhalten einzelner Mitglieder oder seiner Ausschüsse duldet, billigt oder unterstützt (GK-BetrVG/*Oetker* Rn. 124). Das konsequente Ausschöpfen der betriebsverfassungsrechtl. Möglichkeiten und Befugnisse stellt keine Pflichtverletzung dar. Die Grenze bildet der bewusste Rechtsmissbrauch. Der grobe Verstoß kann auf der anderen Seite darin liegen, dass der BR Rechte und Befugnisse nicht wahrnimmt, die ihm im Interesse und zum Schutz Dritter übertragen sind (*Fitting* Rn. 36). Im Gegensatz zum Ausschluss von BRmitgliedern setzt der grobe Pflichtverstoß bei der Auflösung des BR **kein Verschulden** voraus (BAG 22.6.1993 NZA 1994, 184). Entscheidend ist, dass der BR als körperschaftl. Gremium seine Pflichten verletzt hat. Es kommt deshalb weder auf den Tatbeitrag Einzelner, noch darauf an, ob einzelne Mitglieder sich an der Pflichtverletzung nicht beteiligt haben (GK-BetrVG/*Oetker* Rn. 120).

b) Einzelfälle. Eine Auflösung kommt zB in Betracht bei Abschluss einer tarifwidrigen BV (BAG 13 20.8.1991 NZA 1992, 317; eenger BAG 22.6.1993 NZA 1994, 184 bei einem schwer erkennbaren Verstoß), Nichteinberufen von BetrVers nach § 43 trotz Antrags der Gewerkschaft (ArbG Wetzlar 22.9.1992 BB 1992, 2216), offensichtl. Verstoß gegen das Diskriminierungsverbot aus § 75, Beschlüssen über unzulässige Arbeitskampfmaßnahmen oder solchen, die erkennbar gegen ges. Schutzvorschr. verstoßen, groben oder wiederholten Verstößen gegen das Verbot der parteipolitischen Betätigung im Betrieb (§ 74 II 3), der Nichtbestellung des BRvorsitzenden und seines Stellvertreters, des Wahlvorstands oder von Mitgliedern des GBR und des Betriebsausschusses (*Fitting* Rn. 37), schuldhaften Verstoß gegen die Schweigepflicht aus § 79, Veröffentlichung von Vergütungsgruppen oder der Vergütungshöhe von AN am Schwarzen Brett (LAG BE 26.6.1986 RDV 1987, 252) oder der Nichtbehandlung von Beschwerden nach § 85.

14 **2. Antrag.** Für den Antrag auf Auflösung des BR gilt im Grundsatz dasselbe wie für den Antrag auf Amtsenthebung einzelner BRmitglieder (s. Rn. 2). Mit dem Ablauf der Amtszeit entfällt das Rechtsschutzinteresse für den Auflösungsantrag, auch wenn der neue BR mit dem alten Gremium personenidentisch ist (GK-BetrVG/*Oetker* Rn. 121). Das Rechtsschutzinteresse für den Auflösungsantrag kann entfallen, wenn sich während des BeschlV die Besetzung des BR komplett ändert (LAG K 19.12.1990 AuR 1991, 382). Der BR kann dem Auflösungsantrag nicht durch **Rücktritt** oder als Rücktritt anzusehende kollektive Amtsniederlegung seiner Mitglieder den Boden entziehen. In diesem Fall bleibt er nach § 22 selbst bei einer vorangegangenen groben Pflichtverletzung bis zur Neuwahl als geschäftsführender BR im Amt. Außerdem könnte er vorzeitige Neuwahlen verhindern, indem er keinen Wahlvorstand bestellt (*Fitting* Rn. 44). Eine **einstweilige Vfg.** auf vorläufige Untersagung der Amtsausübung durch den BR oder vorläufige Auflösung bis zur rkr. Entscheidung im Hauptsacheverfahren ist unzulässig (Richardi/*Thüsing* Rn. 65). Der betriebsratslose Zustand wäre mit dem Schutzgedanken des BetrVG nicht vereinbar. Der BR selbst ist nicht antragsberechtigt. IÜ gelten die Ausführungen zur Antragsberechtigung im Ausschlussverfahren (Rn. 10) entspr.

15 **3. Wirkung der Auflösung.** Mit der Rechtskraft des Beschlusses hört der BR kraft G auf zu bestehen, seine Amtszeit endet. Der Beschl. erstreckt sich auch auf Ersatzmitglieder. Die sich aus dem BRamt ergebenden Mitgliedschaften und Rechte erlöschen (s. Rn. 16). Ein laufendes Einigungsstellenverfahren wird durch den Wegfall eines der Beteiligten gegenstandslos. Die BRmitglieder (ggf. auch die Ersatzmitglieder) verlieren den bes. – auch den nachwirkenden – Kündigungsschutz (für nachwirkenden Kündigungsschutz DKKW/*Trittin* Rn. 190) und den Schutz gegen Versetzungen nach § 103 III. Der BR ist nach § 13 Abs. 2 Nr. 5 neu zu wählen. Die Auflösung führt nicht zum Verlust der Wählbarkeit.

16 **4. Bestellung des Wahlvorstands.** Nach Rechtskraft des Auflösungsbeschlusses ist nach Abs. 2 vom ArbG **auch ohne besonderen Antrag** in einem Anschlussverfahren ein Wahlvorstand zu bestellen. Eine **Verbindung** beider Verfahren ist mögl. (aA Richardi/*Thüsing* Rn. 69; GK-BetrVG/*Oetker* Rn. 119). Sie kann trotz der aufschiebenden Wirkung der Rechtsmittel nach den §§ 87 III, 92 III ArbGG der Beschleunigung dienen und die betriebsratslose Zeit verkürzen, weil das Bestellungsverfahren eher rkr. entschieden würde. Im Tenor ist die Bestellung von der Rechtskraft des Auflösungsbeschlusses abhängig zu machen (*Fitting* Rn. 46). Haben ein Viertel der wahlberechtigten AN oder eine im Betrieb vertretene Gewerkschaft den Auflösungsantrag gestellt, so können sie **Vorschläge** für die Größe und Zusammensetzung des Wahlvorstands machen. Der AG hat kein Vorschlagsrecht (aA Richardi/*Thüsing* Rn. 71a; GK-BetrVG/*Oetker* Rn. 143). § 16 II gilt nur entspr. Liegen die Voraussetzungen des § 16 II 3 vor, kann das ArbG auch Mitglieder einer im Betrieb vertretenen Gewerkschaft, die nicht AN des Betriebs sind, in den Wahlvorstand bestellen (*Fitting* Rn. 48).

IV. Maßnahmen gegenüber dem Arbeitgeber

17 **1. Grobe Pflichtverletzung. a) Grundsatz.** Mit § 23 III soll das gesetzmäßige Verhalten des AG iRd. betriebsverfassungsrechtl. Ordnung sichergestellt werden (BAG 20.8.1991 AP BetrVG 1972 § 77 Tarifvorbehalt Nr. 2). Der **Pflichtenkreis** des AG entspricht inhaltl. weitgehend dem der ANvertreter in Abs. 1. Trotz des missverständl. Wortlauts sind auch seine Pflichten nicht auf das BetrVG beschränkt. In seinen Pflichtenkatalog fallen auch die in anderen G – wie zB in § 17 II KSchG, §§ 178 ff. SGB IX – geregelten betriebsverfassungsrechtl. und durch TV, BV, Regelungsabrede und Spruch der Einigungsstelle begr. Pflichten, soweit sie die betriebsverfassungsrechtl. Stellung des AG ausgestalten (BAG 23.6.1992 NZA 1992, 1095). Von Abs. 3 **nicht erfasst** werden die Pflichten des AG, die ihre Grdl. ausschließl. im Einzelarbeitsvertrag haben, wohl aber die ggü. den einzelnen AN bestehenden Pflichten nach §§ 75, 81 ff. (LAG K 19.2.1988 DB 1989, 1341). Soweit § 17 II AGG dem BR Maßnahmen nach § 23 III gestattet, setzt dies – entgegen dem Wortlaut – einen „groben Verstoß" des AG gegen die §§ 6 ff. AGG voraus (BT-Drs. 16/1780 S. 39). Der BR darf nur „unter den Voraussetzungen des § 23 III 1 BetrVG" handeln. Anders käme es zu einem Wertungswiderspruch zu § 75, der über § 23 III nur gegen grobe Verstöße des AG geschützt ist. Nicht erfasst werden auch die Verpflichtung zur Herausgabe bewegl. Sachen, Abgabe einer Willenserkl. und Erfüllung von Geldforderungen (aA DKKW/*Trittin* Rn. 199; GK-BetrVG/*Oetker* Rn. 224; Richardi/*Thüsing* Rn. 92). Für diese Ansprüche bestehen bes. Vollstreckungsregelungen (§ 85 I ArbGG iVm. §§ 883, 894, 803 ff. ZPO). Ob der Pflichtverstoß aus der aktuellen oder einer früheren Amtsperiode des BR herrührt, ist unerhebl. (GK-BetrVG/*Oetker* Rn. 233). § 23 III enthält keine abschl. Regelung und wird insb. durch die einstweiligen Rechtsschutzmöglichkeiten im BeschlV (s. § 87 Rn. 138 und s. § 85 ArbGG Rn. 5) sowie den Unterlassungsanspruch zum Schutz der Tarifautonomie ergänzt (s. Art. 9 Rn. 90; s. § 1 TVG Rn. 89).

18 **b) Voraussetzungen.** Eine Pflichtverletzung ist grob, wenn sie objektiv erhebl. und offensichtl. schwerwiegend ist; auch eine einmalige Pflichtverletzung kann einen groben Verstoß darstellen (BAG 18.3.2014 NZA 2014, 987). Hieran fehlt es, wenn der AG in einer schwierigen und ungeklärten Rechtsfrage eine Rechtsansicht vertritt, die sich später als unzutreffend herausstellt (BAG 8.8.1989 NZA 1990, 198; LAG K 11.6.2008 AuR 2009, 52). Die Pflichtverletzung muss bereits begangen sein. Es reicht

nicht, dass sie ledigl. droht (BAG 18.4.1985 NZA 1985, 783; aA GK-BetrVG/*Oetker* Rn. 231). Ein **Verschulden** des AG ist nicht erforderl. (BAG 26.7.2005 NZA 2005, 1372). Entscheidend ist, ob der Verstoß objektiv so erhebl. war, dass unter Berücksichtigung des Gebots der vertrauensvollen Zusammenarbeit die Anrufung des ArbG durch den BR gerechtfertigt erscheint (BAG 27.11.1990 NZA 1991, 382; 16.7.1991 NZA 1992, 70). Der Unterlassungsanspruch aus Abs. 3 soll als „kollektivrechtl. Abmahnung" keine **Wiederholungsgefahr** voraussetzen (BAG 18.4.1985 NZA 1985, 783; offen BAG 29.2.2000 NZA 2000, 1066; aA GK-BetrVG/*Oetker* Rn. 234). Dies ist nicht unproblematisch. Der Anspruch aus Abs. 3 ist auf die Zukunft ausgerichtet. Er soll nicht vergangenes Verhalten bestrafen, allerdings wird die Wiederholungsgefahr bei einem groben Verstoß regelm. indiziert sein (ähnl. BAG 29.4.2004 NZA 2004, 670).

c) Einzelfälle. Zu den groben Pflichtverletzungen gehören die wiederholte Nichtbeachtung des Mitbestimmungsrechts des BR bei der Anordnung oder Duldung von Überstunden (BAG 18.4.1985 NZA 1985, 783), die unterlassene Beteiligung des BR bei der Ausgestaltung von Dienstkleidung (BAG 8.8.1989 NZA 1990, 320), das Übergehen des Mitbestimmungsrechts bei Maßnahmen der Berufsbildung (BAG 18.3.2014 NZA 2014, 987), die Vornahme personeller Maßnahmen ohne Zustimmung des BR (BAG 19.1.2010 NZA 2010, 659), die unterbliebene Durchführung einer BV sowie von Sprüchen der Einigungsstelle (BAG 13.10.1987 NZA 1988, 253), der Abschluss einer tarifwidrigen BV (BAG 20.8.1991 NZA 1992, 317), die Vornahme einer innerbetriebl. Stellenausschreibung, die ältere Bewerber benachteiligt (BAG 18.8.2009 NZA 2010, 222), das Beobachten von Arbeitsplätzen durch Video-Kamera ohne Zustimmung des BR (LAG BW 14.4.1988 AiB 1988, 281), die einseitige Absage von Schichten (LAG HM 29.6.1993 BB 1994, 139), die Einführung eines EDV-Systems ohne Beteiligung des BR (LAG HH 5.2.1986 LAGE BetrVG 1972 § 23 Nr. 5), die Wahlbehinderung und -beeinflussung, die fehlende Unterstützung der BRwahl (LAG HM 27.4.1992 DB 1972, 1297), das Öffnen der an den BR adressierten Post (ArbG Köln 21.3.1989 CR 1990, 208), die unterlassene Weiterleitung der Post des BR (ArbG Ludwigshafen 21.5.1992 BR 1992, 140), der Verstoß gegen die Friedenspflicht und das Verbot der parteipolitischen Betätigung (LAG BE 3.3.1986 AiB 1986, 235; LAG NI 9.3.1990 AuR 1991, 153), die Verweigerung des Zutrittsrechts nach § 2 (LAG HE 8.2.1990 BB 1990, 1626), die Druckausübung auf die AN wegen krankheitsbedingter Fehlzeiten (LAG K 19.2.1988 DB 1989, 1341) sowie das Aushängen einer Liste abgemahnter AN am Schwarzen Brett (ArbG Regensburg 28.7.1989 AiB 1989, 354). 19

2. Erkenntnisverfahren. a) Voraussetzungen. Die Einleitung des Verfahrens durch den BR setzt eine ordnungsgemäße Beschlussfassung nach § 33 voraus. Im Betrieb vertreten ist eine Gewerkschaft, wenn mind. eines ihrer Mitglieder dort AN ist (s. § 2 Rn. 3). Die Antragsberechtigten müssen nicht Inhaber des verletzten Rechts sein. Es besteht eine **ges. Prozessstandschaft.** Der BR kann daher die grobe Verletzung von Rechten der Gewerkschaft geltend machen und umgekehrt. Der Antrag kann ebenso auf die Verletzung von betriebsverfassungsrechtl. gesicherten Individualrechten (zB §§ 81 ff.) oder Rechten anderer Organe der Betriebsverfassung (Wirtschaftsausschuss, JAV, SBV) gestützt werden. Andere Einrichtungen (BRausschuss, JAV) oder einzelne Personen sind nicht antragsberechtigt. Wohl kommt nach § 83 ihre Beteiligung im BeschlV in Betracht (BAG 15.8.1978 – 6 ABR 10/76). 20

b) Antrag. Der Antrag muss nach allgem. Grundsätzen hinreichend bestimmt sein, das Gericht muss ihn aber entspr. der angeführten Verletzungshandlung auslegen (BAG 19.1.2010 NZA 2010, 659 – Unterlassungsantrag; 25.8.2004 NZA 2004, 1240 – Vergleich; s. § 81 ArbGG Rn. 3). Ein Globalantrag, mit dem dem AG aufgegeben werden soll, allgemein für alle denkbaren Fallgestaltungen Mitbestimmungsrechte zu beachten („… aufzugeben, außer in Eil- oder Notfällen die Anordnung von Überstunden zu unterlassen, wenn nicht die Zustimmung des BR vorliegt oder durch Spruch der Einigungsstelle ersetzt ist"), ist grds. zulässig (BAG 10.3.1992 NZA 1992, 952), aber risikoreich. Erfasst er auch nur einen Fall, in dem die geltend gemachte Rechtsverletzung nicht gegeben ist, ist er insg. als unbegründet zurückzuweisen (BAG 18.4.1985 NZA 1985, 783). Die bloße Wiederholung des Gesetzestextes ist jdf. dann nicht ausreichend, wenn gerade der Regelungsinhalt der Norm zwischen den Betriebspartnern streitig ist (BAG 17.3.1987 NZA 1987, 786). Die Herausnahme von „Notfällen" führt nicht zur Unbestimmtheit des Antrags (BAG 24.4.2007 NZA 2007, 818). Die Verbindung mit dem Antrag auf Androhung eines Ordnungs-/Zwangsgelds ist zulässig (LAG HH 27.1.1992 NZA 1992, 568). 21

c) Verfahren. Über den Antrag entscheidet das ArbG im BeschlV. Für den Antrag fehlt ein Rechtsschutzbedürfnis, wenn der BR bereits über einen Titel verfügt, aus dem er vollstrecken könnte. Dies ist ggf. durch Auslegung des Titels zu ermitteln (BAG 19.1.2010 NZA 2010, 659). Fehlt ein grober Pflichtverstoß des AG, ist der Antrag als *unbegründet* abzuweisen (BAG 29.2.2000 NZA 2000, 1066; aA Richardi/*Thüsing* Rn. 100 – unzulässig). Das Verfahren ist stets auf das zukünftige Verhalten des AG ausgerichtet (*Fitting* Rn. 75). Die Verstöße des AG gegen seine Pflichten können daher nicht selbst schon zu einer Verurteilung nach § 23 III 2, 3 führen. Ein Antrag nach Abs. 3 S. 1 kann nicht in einen entspr. Feststellungsantrag umgedeutet werden (GK-BetrVG/*Oetker* Rn. 247); eine entspr. Antragsänderung ist aber bis zum Ablauf der Beschwerdefrist zulässig (BAG 15.8.1978 – 6 ABR 10/76). Wird das Verfahren durch **Vergleich** beendet, dient dieser als Grdl. für die Vollstreckung nach Abs. 3 S. 2, 22 wenn er erkennen lässt, welche konkreten Verstöße des AG zur Vollstreckung berechtigen sollen (BAG 29.2.2000 AP BetrVG 1972 § 87 Lohngestaltung Nr. 105; LAG HH 27.1.1992 NZA 1992, 568; LAG D 26.7.1990 NZA 1992, 812).

23 **d) Einstweiliger Rechtsschutz.** Der Anspruch nach Abs. 3 kann nicht Gegenstand einer einstweiligen Vfg. sein (LAG HM 4.2.1977 DB 1977, 1514; LAG K 21.2.1989 LAGE BetrVG § 23 Nr. 20; LAG NI 5.6.1987 LAGE BetrVG § 23 Nr. 11; LAG RP 30.4.1986 DB 1986, 1629; aA LAG D 16.5.1990 NZA 1991, 29; LAG K 22.2.1985 LAGE BetrVG § 23 Nr. 4). Die Verurteilung zu einem Ordnungs- oder Zwangsgeld setzt die Rechtskraft der gerichtl. Entscheidung voraus. Dies verträgt sich nicht mit der notwendigen Eilbedürftigkeit eines auf Erlass einer einstweiligen Vfg. gerichteten Verfahrens. Es bleibt die einstweilige Vfg. zur Sicherung der Mitbestimmungsrechte des BR (s. Rn. 34).

24 **3. Vollstreckungsverfahren. a) Ablauf.** Es wird auf Antrag eines Antragsberechtigten (s. Rn. 27) eingeleitet. Der Antragsteller im Vollstreckungsverfahren muss nicht mit dem Antragsteller im Erkenntnisverfahren identisch sein. Vor der Festsetzung der Zwangsmittel muss nach § 724 ZPO der mit der Vollstreckungsklausel versehene Titel zugestellt werden (RB anh. 10 AZB 43/17). Nach § 85 I 3 ArbGG gelten die Vorschr. der ZPO für das Zwangsvollstreckungsverfahren erg. Die Entscheidung im Vollstreckungsverfahren nach § 53 I 1 ArbGG kann ohne mündl. Verhandlung durch den Vorsitzenden allein ergehen. Den Beteiligten – insb. dem AG – ist **rechtl. Gehör** zu gewähren. Nur bei der Vollstreckung aus einem Titel auf Vornahme einer Handlung soll ausnahmsweise ohne Gewährung rechtl. Gehörs entschieden werden dürfen, weil der AG hier die Vollstreckung jederzeit dadurch abwenden kann, dass er die Handlung vornimmt (DKKW/*Trittin* Rn. 297). AG und BR können keine Vereinbarung treffen, durch die sich der AG verpflichtet, an den BR (BAG 29.9.2004 NZA 2005, 123) oder einen Dritten (BAG 19.1.2010 NZA 2010, 592) im Falle der Verletzung von Mitbestimmungsrechten eine Vertragsstrafe zu bezahlen. Sie können aber ein BeschlV nach der Zahlung eines Geldbetrags an einen Dritten für erledigt erklären.

25 **b) Ordnungsgeld.** Als Zwangsmittel für den Titel, der die Verpflichtung des AG ausspricht, eine Handlung zu unterlassen oder die Vornahme einer Handlung zu dulden, kommt unter folgenden Voraussetzungen nach Abs. 3 S. 2 die Verurteilung zu einem Ordnungsgeld in Betracht: Die Entscheidung im Erkenntnisverfahren muss rkr. sein. Dem AG muss außerdem durch Beschl. für den Fall der Zuwiderhandlung ein Ordnungsgeld angedroht worden sein. Der Androhungsbeschluss muss nicht in Rechtskraft erwachsen sein (GK-BetrVG/*Oetker* Rn. 277; aA Richardi/*Thüsing* Rn. 108). Er braucht keine konkrete Höhe des Ordnungsgelds anzugeben, zumindest aber das ges. Höchstmaß von 10 000 € (LAG D 13.8.1987 LAGE BetrVG 1972 § 23 Nr. 10). Ist im Androhungsbeschluss ein bestimmter Betrag genannt, darf dieser bei der späteren Festsetzung nicht überschritten werden. Bei der Androhung sind keine Verhältnismäßigkeitserwägungen im Hinblick auf Schwere und Bedeutung vorangegangener und künftig zu besorgender Pflichtverletzungen anzustellen. Dies hat vielmehr erst bei der Festsetzung zu geschehen. Der AG muss weiter nach Rechtskraft des Titels der in diesem enthaltenen Verpflichtung **schuldhaft zuwidergehandelt** haben; Zuwiderhandlungen vor Rechtskraft genügen nicht. Das Ordnungsgeld kann wegen jeder nachf. Zuwiderhandlung erneut verhängt werden. Ein grobes Verschulden des AG ist nicht erforderlich, es reicht Fahrlässigkeit (BAG 18.4.1985 NZA 1985, 783). Bei jur. Personen muss Verschulden eines Organmitglieds gegeben sein (Geschäftsführer der GmbH; Vorstandvorsitzender der AG u. ä.). Das Ordnungsgeld ist nicht nur Beugemittel, sondern hat auch repressiven Charakter. Die Vollstreckung ist daher auch zulässig, wenn der AG, der nach Rechtskraft des Titels der darin ausgesprochenen Verpflichtung zuwidergehandelt hat, noch vor der Vollstreckung des Ordnungsgelds die Handlung unterlässt oder die Vornahme der Handlung duldet (*Fitting* Rn. 83). Es ist jedoch keine Kriminalstrafe, weshalb gegen den AG wegen derselben Zuwiderhandlung ein Ordnungsgeld nach Abs. 3 S. 2 und eine Geldbuße nach § 121 oder Strafe nach § 119 verhängt werden kann.

26 **c) Zwangsgeld.** Soll ein Titel auf Vornahme einer Handlung vollstreckt werden, kommt als Zwangsmittel nach Abs. 3 S. 3 ein Zwangsgeld in Betracht. Der Antrag muss keinen bestimmten Betrag bezeichnen. Auch hier ist die Rechtskraft des Titels Vollstreckungsvoraussetzung. Das Zwangsgeld muss nicht vorher angedroht sein. Die Zwangsgeldfestsetzung ist eine Beugemaßnahme und setzt **kein Verschulden** des AG voraus; sie ist nicht mehr zulässig ist, wenn der AG die Handlung vorgenommen hat. Darauf, ob die Handlung vertretbar oder unvertretbar ist, kommt es nicht an. Entscheidend ist, dass sie dem AG überhaupt mögl. ist (LAG HM 30.7.1976 AP BetrVG 1972 § 23 Nr. 4). Das für den Einzelfall zu verhängende Ordnungs-/Zwangsgeld darf 10 000 € nicht überschreiten. Werden mehrere Verstöße geahndet, ist das Ordnungsgeld-/Zwangsgeld jeweils gesondert festzusetzen. Insofern ist ein Überschreiten des **Höchstbetrags** mögl. (*Fitting* Rn. 88). Ordnungsgeld wird vAw nach der Justizbeitreibungsordnung vollstreckt, Zwangsgeld auf Antrag gemäß § 85 I ArbGG iVm. §§ 803 ff. ZPO. Die Beitreibung (zu Gunsten der Staatskasse) kann schon vor Rechtskraft des Ordnungs-/Zwangsgeldbeschlusses erfolgen (GK-BetrVG/*Oetker* Rn. 298). Die Festsetzung von Ordnungs- oder Zwanghaft ist nach § 85 I 3 ArbGG unzulässig.

4. Allgemeine Zwangsvollstreckung. Abs. 3 schließt die allgemeine Zwangsvollstreckung nach § 85 ArbGG iVm den zivilprozessualen Vorschr. nicht aus. Aus Beschlüssen und Vergleichen, die Unterlassungs- oder Erfüllungsansprüche außerhalb von Abs. 3 titulieren, kann nach § 85 ArbGG in Verbindung mit den allgemeinen zivilprozessualen Vorschr. vollstreckt werden. Liegen grobe Pflichtverstöße des AG vor, so ist zu unterscheiden: Der materiell Nichtberechtigte kann nur das Verfahren nach Abs. 3 betreiben. Der materiell Berechtigte kann auch nach den allgemeinen Vollstreckungsvorschr. vollstrecken, das Verfahren nach Abs. 3 ist subsidiär (*Fitting* Rn. 110). 27

§ 24 Erlöschen der Mitgliedschaft

Die Mitgliedschaft im Betriebsrat erlischt durch
1. Ablauf der Amtszeit,
2. Niederlegung des Betriebsratsamtes,
3. Beendigung des Arbeitsverhältnisses,
4. Verlust der Wählbarkeit,
5. Ausschluss aus dem Betriebsrat oder Auflösung des Betriebsrats aufgrund einer gerichtlichen Entscheidung,
6. gerichtliche Entscheidung über die Feststellung der Nichtwählbarkeit nach Ablauf der in § 19 Abs. 2 bezeichneten Frist, es sei denn, der Mangel liegt nicht mehr vor.

1. Vorbemerkung. Die Vorschr. betrifft das einzelne BRmitglied. Die Beendigung der Amtszeit des BR als Organ ist in § 21 geregelt. In den Fällen der Nr. 1 bis 4 erlischt die Mitgliedschaft kraft G, in den anderen kraft rkr. gerichtl. Entscheidung. Auf Ersatzmitglieder ist § 24 entspr. anwendbar, so dass bei Vorliegen der Tatbestandsvoraussetzung die Anwartschaft, in den BR nachzurücken, erlischt. In den Fällen des Abs. 1 Nr. 5 und 6 ist das BeschlV die ausschließl. Verfahrensart (*Fitting* Rn. 48). In den übrigen Fällen kann diese Frage auch inzidenter im Rahmen eines UrtV entschieden werden. Das Rechtsschutzinteresse entfällt, wenn vor rkr. Entscheidung das betreffende BRmitglied bereits aus dem BR ausgeschieden ist (BAG 11.3.1975 BetrVG 1972 § 24 Nr. 1). 1

2. Ablauf der Amtszeit. Die Mitgliedschaft aller BRmitglieder erlischt mit Ablauf der Amtszeit des BR. In Betracht kommen die Beendigungstatbestände des § 21, aber auch die erfolgreiche Wahlanfechtung nach § 19 und die Auflösung durch das ArbG gemäß § 23 I. Die Feststellung der Nichtigkeit einer BRwahl kann die Amtszeit nicht beenden, da der BR rechtl. nicht bestanden hat. 2

3. Niederlegung des Betriebsratsamts. Gemeint ist die freiwillige Aufgabe des Amts. Sie ist schon unmittelbar nach der Wahl mögl. (BVerwG 9.10.1959 AP PersVG § 27 Nr. 2). Die Ablehnung der Wahl vor Amtsantritt gemäß § 17 II WO ist keine Amtsniederlegung, da noch kein Amt angetreten wurde. Ebenso wenig ist das **Ausscheiden** des BRmitglieds **aus speziellen Funktionen** wie zB aus dem Amt des BRvorsitzenden eine Amtsniederlegung. Seine Mitgliedschaft im BR bleibt hiervon unberührt. Die **Erkl.**, das Amt niederlegen zu wollen, ist formlos ggü. dem BR abzugeben und wird mit Zugang oder mit dem vom BRmitglied angegebenen Zeitpunkt wirksam (*Fitting* Rn. 10). Eine Erkl. ggü. dem AG ist rechtl. ohne Bedeutung (LAG SH 19.8.1966 AP BetrVG § 24 Nr. 4). Besteht der BR nur noch aus einem Mitglied und ist eine Belegschaft nicht mehr vorhanden, kann jedoch die Niederlegung des Restmandats ggü. dem AG erklärt werden (BAG 12.1.2000 NZA 2000, 669). Die Rücktrittserkl. kann nach Zugang nicht mehr zurückgenommen oder widerrufen werden (BVerwG 9.10.1959 AP PersVG § 27 Nr. 2). Auch eine Anfechtung ist grds. ausgeschlossen. 3

4. Beendigung des Arbeitsverhältnisses. a) Kündigung. Betriebszugehörigkeit und aktives Wahlrecht sind nach § 8 Voraussetzung für das passive Wahlrecht. Durch die Beendigung des ArbVerh. erlischt zwangsläufig die Mitgliedschaft im BR. Entscheidend ist die rechtl. Beendigung des ArbVerh. In Betracht kommen die allgemeinen Beendigungsgründe wie Kündigung, Aufhebungsvertrag, Fristablauf, Tod des AN. Während des **Kündigungsschutzprozesses** ist das BRmitglied an der Ausübung seines Amts zeitweilig verhindert und wird nach § 25 I 2 von einem Ersatzmitglied vertreten (BAG 10.11.2004 NZA 2005, 707). Wird das BRmitglied während des Prozesses weiterbeschäftigt, übt es weiterhin das BRamt aus. Während des Kündigungsrechtsstreits kann zum Schutz der BRtätigkeit eine **einstweilige Vfg.** jdf. dann erlassen werden, wenn die Kündigung offensichtl. unbegründet ist oder der allgemeine Weiterbeschäftigungsanspruch besteht (LAG SH DB 1976, 1974). Das ArbVerh. endet im Fall einer ordentl. Kündigung zum Zeitpunkt der **Betriebsstilllegung** bzw. der Teilstilllegung, wenn auch die sonstigen Voraussetzungen des § 15 IV, V KSchG gegeben sind. Grds. erlischt damit auch das BRamt, solange dem BR nicht ein Restmandant (s. § 21b Rn. 1) zusteht. 4

b) Sonstige Beendigungsgründe. Die erfolgreiche **Anfechtung** oder die **Nichtigkeit des Arbeitsvertrags** wirkt nur für die Zukunft. Auch das BRamt bleibt bis zu diesem Zeitpunkt erhalten (BAG 5.12.1957 AP BGB § 123 Nr. 2). Bei **Befristung** des Vertrags endet das BRamt mit Ablauf der Frist, soweit nicht § 78a greift. Ein **Betriebsübergang** nach § 613a BGB hat keine Auswirkungen auf die Mitgliedschaft im BR. Die ArbVerh. der BRmitglieder gehen kraft G auf den neuen Betriebsinhaber 5 über, soweit sie nicht dem Übergang widersprechen. Bei **Übergang eines Betriebsteils** kann es zu Übergangsmandaten (s. § 21a Nr. 1) kommen. Die Eröffnung eines **Insolvenzverfahrens** wirkt sich unmittelbar weder auf das ArbVerh. noch auf das BRamt aus. Die Mitgliedschaft bleibt während des Insolvenzverfahrens bis zur Auflösung des Betriebs unberührt. Wird das ArbVerh. eines zuvor ausgeschiedenen BRmitglieds **neu begr.**, lebt die Mitgliedschaft im BR selbst dann nicht wieder auf, wenn die Neubegründung von Anfang an geplant oder gar zugesichert war. **Ruht** das ArbVerh., zB bei Ableisten des Wehr- oder Zivildienstes, der Heranziehung zum Zivil- und Katastrophenschutz, aber auch bei Sonderurlaub, Beschäftigungsverboten oder EZ, bleibt die Zugehörigkeit zum BR erhalten. Für die Zeit der Verhinderung rückt ein Ersatzmitglied nach. Da **Streik und Aussperrung** lediglich. die Hauptleistungspflichten suspendieren, das ArbVerh. als solches aber erhalten bleibt, führen sie nicht zum Erlöschen der Mitgliedschaft im BR (BAG 25.10.1988 NZA 1989, 353).

6 **5. Verlust der Wählbarkeit, Amtsenthebung.** Erfüllt ein BRmitglied nicht mehr alle in § 8 genannten Voraussetzungen, verliert es nachträgl. sein passives Wahlrecht. Damit erlischt seine Mitgliedschaft im BR. Waren die Voraussetzungen der Wählbarkeit von Anfang an nicht gegeben, erlischt Mitgliedschaft im BR nur auf Grund erfolgreicher Wahlanfechtung bzw. in einem gerichtl. Feststellungsverfahren, also nicht kraft G, sondern durch gerichtl. Beschl. (s. Rn. 10). Die Wählbarkeit kann ein BRmitglied auch verlieren, welchem auf Grund einer **strafrechtl. Verurteilung** die Fähigkeit, Rechte aus öffentl. Wahlen zu erlangen, entzogen werden (s. § 8 Rn. 6) oder für das ein **Betreuer** nach den §§ 1896 f. BGB bestellt wurde. Anders als beim Wahlrecht kommt es hier verstärkt darauf an, dass man seine Angelegenheiten selbst besorgen kann. Die Beförderung zum **leitenden Angestellten** führt zum Verlust der Wählbarkeit. Das Ausscheiden aus der Belegschaft bei **Versetzung** des BRmitglieds in einen anderen Betrieb des Unternehmens beendet seine Mitgliedschaft im BR. Eine nur vorübergehende Abordnung lässt die Mitgliedschaft im BR unberührt. Ohne Einwilligung des betroffenen BRmitglieds ist die Versetzung nur zulässig, wenn sie sich iRd. durch den Arbeitsvertrag bestimmten Direktionsrechts hält und nicht gegen § 103 III verstößt. Eine nicht durch Arbeitsvertrag gestattete Versetzung ist individualrechtl. nur als **Änderungskündigung** durchsetzbar, welche als ordentl. Änderungskündigung den Anforderungen des § 15 KSchG unterliegt (s. § 15 KSchG Rn. 14). Bei der **außerordentlicher Änderungskündigung** ist die vorherige Zustimmung des BR nach § 103 I einzuholen, bzw. das Ersetzungsverfahren nach § 103 II einzuleiten. Bei der **Altersteilzeit** steht mit Beginn der Freistellungsphase fest, dass der AN nicht wieder in den Betrieb eingegliedert wird. Er verliert in diesem Zeitpunkt seine Wählbarkeit (BAG 25.10.2000 NZA 2001, 461). Das BRmitglied scheidet auch aus dem Betrieb aus, wenn der **Betriebsteil,** in dem es beschäftigt ist, organisatorisch **ausgegliedert** wird und entweder mit einem anderen Betrieb zusammengeschlossen oder als selbständiger neuer Betrieb des Unternehmens organisiert wird. Mit Abschluss der Neugliederung erlischt grds. die Mitgliedschaft. Häufig wird es in solchen Fällen zur Wahrnehmung eines **Übergangsmandats** und/oder **Restmandats** kommen (§§ 21a, 21b). Folge ist, dass die in dem ausgegliederten Betriebsteil beschäftigten BRmitglieder ihre Mitgliedschaft während der Dauer dieses Mandats nicht verlieren soweit es um die Wahrnehmung dieses Mandats geht. Die Mitgliedschaft endet im Fall des Ausschlusses des BRmitglieds aus dem BR oder der Auflösung des gesamten BR gemäß § 23 I mit Rechtskraft des Beschlusses des ArbG (Nr. 6, s. § 23 Rn. 11, 15).

7 **6. Gerichtliche Feststellung der Nichtwählbarkeit.** Anders als bei Nr. 4 liegt hier der Mangel bereits im **Zeitpunkt der Wahl** vor und tritt nicht erst nachträgl. auf. Er muss im Rahmen eines Anfechtungsverfahrens nach § 19 bis zum Ablauf der Anfechtungsfrist geltend gemacht werden; danach kann er jederzeit weiterhin in einem BeschlV festgestellt werden (BAG 11.4.1958 AP BetrVG § 6 Nr. 1). Die Feststellung, dass zum Zeitpunkt der Wahl die Voraussetzungen der Wählbarkeit nicht gegeben waren, führt nicht zum Verlust der Mitgliedschaft, wenn der Mangel inzwischen behoben ist, weil zB das BRmitglied vor dem gerichtl. Beschl. 18 Jahre alt geworden ist (BAG 7.7.1954 AP BetrVG § 24 Nr. 1). **Antragsberechtigt** sind nur die nach § 19 Anfechtungsberechtigten (BAG 28.11.1977 AP BetrVG 1972 § 8 Nr. 2). Gegenstand des Verfahrens muss die Feststellung der Nichtwählbarkeit als solche sein. Eine Entscheidung als Vorfrage in einem UrtV reicht nicht aus. Mit der rkr. Feststellung der Nichtwählbarkeit erlischt die Mitgliedschaft im BR für die Zukunft. Bis zum rkr. Beschl. behält das BRmitglied den bes. Kündigungsschutz für BRmitglieder (BAG 29.9.1983 AP KSchG 1969 § 15 Nr. 15).

8 **7. Rechtsfolgen des Erlöschens der Mitgliedschaft.** Liegt einer der Erlöschensgründe aus Abs. 1 Nr. 1 bis 6 vor, wird die Mitgliedschaft im BR mit Wirkung für die Zukunft beendet. BRbeschlüsse, an denen das Mitglied mitgewirkt hat, bleiben wirksam. Gleichzeitig verliert der Betroffene alle mit dem BRamt notwendigerweise verbundenen Ämter und Funktionen wie seine Mitgliedschaft im GBR oder KBR. Die Mitgliedschaft im Wirtschaftsausschuss endet, wenn es sich um das in § 107 I genannte notwendige Mitglied aus dem Kreis des BR handelt. Da Ämter in der Einigungsstelle und als ANvertreter im Aufsichtsrat nicht notwendig mit dem BRamt verbunden sind, enden sie nicht automatisch, der Betroffene kann aber aus der Einigungsstelle abberufen werden. Mit dem Erlöschen der Mitgliedschaft entfallen auch alle Rechte aus der Amtsstellung. Das ehem. BRmitglied verliert den bes.

Kündigungsschutz aus § 15 I 1 KSchG und § 103, behält aber mit Ausnahme der Fälle des Abs. 1 Nr. 5 und 6 den nachwirkenden Kündigungsschutz aus § 15 I 2 KSchG (BAG 5.7.1979 NJW 1980, 359). Darüber hinaus bestehen die Rechte aus § 37 IV und V sowie § 38 III und IV.

§ 25 Ersatzmitglieder

(1) [1] **Scheidet ein Mitglied des Betriebsrats aus, so rückt ein Ersatzmitglied nach.** [2] **Dies gilt entsprechend für die Stellvertretung eines zeitweilig verhinderten Mitglieds des Betriebsrats.**

(2) [1] **Die Ersatzmitglieder werden unter Berücksichtigung des § 15 Abs. 2 der Reihe nach aus den nichtgewählten Arbeitnehmern derjenigen Vorschlagslisten entnommen, denen die zu ersetzenden Mitglieder angehören.** [2] **Ist eine Vorschlagsliste erschöpft, so ist das Ersatzmitglied derjenigen Vorschlagsliste zu entnehmen, auf die nach den Grundsätzen der Verhältniswahl der nächste Sitz entfallen würde.** [3] **Ist das ausgeschiedene oder verhinderte Mitglied nach den Grundsätzen der Mehrheitswahl gewählt, so bestimmt sich die Reihenfolge der Ersatzmitglieder unter Berücksichtigung des § 15 Abs. 2 nach der Höhe der erreichten Stimmenzahlen.**

1. Vorbemerkung. Die Vorschr. regelt das Nachrücken von Ersatzmitgliedern für endgültig ausgeschiedene oder zeitweilig verhinderte BRmitglieder. Normzweck ist die Sicherung der Kontinuität der BRarbeit, der Beschlussfassung durch den BR nach § 33 und darüber hinaus die Gewährleistung einer möglichst vollständigen und stetigen Besetzung des BR. Die Vorschr. enthält zwgd. Recht und kann nicht abbedungen werden. Die Frage eines Vertretungs- bzw. Ersetzungsfalls und/oder die Reihenfolge des Nachrückens kann auch als Vorfrage im UrtV von Bedeutung sein; zum bes. Kündigungsschutz von Ersatzmitgliedern s. § 15 KSchG Rn. 14. 1

2. Allgemeine Grundsätze. Nicht gewählte Wahlbewerber sind Ersatzmitglieder. Das Ersatzmitglied tritt beim Ausscheiden des BRmitglieds endgültig, bei vorübergehender Verhinderung zeitweise in alle Rechte und Pflichten ein, die sich aus dem BRamt ergeben. Soweit im Einzelfall erforderlich, kann es daher auch an BRschulungen teilnehmen (BAG 19.9.2001 AP BetrVG 1972 § 25 Nr. 9). Die Stellvertretung/Ersetzung erstreckt sich aber nur auf das BRamt als solches, nicht auf die Ämter und Funktionen, die das ausgeschiedene oder zeitweilig verhinderte BRmitglied darüber hinaus innehat, zB eine Mitgliedschaft im Betriebsausschuss. Ist das Ersatzmitglied verhindert, wird es vom nächst zuständigen Ersatzmitglied vertreten. Ersatzmitglieder rücken kraft G nach. Weder ein BRbeschluss oder eine Berufung bzw. Benachrichtigung durch den BRvorsitzenden noch eine Annahmeerkl. durch das Eratzmitglied ist erforderl. (BAG 17.1.1979 AP KSchG 1969 § 15 Nr. 5). Die Heranziehung der Ersatzmitglieder vollzieht sich automatisch mit Beginn des Verhinderungsfalls; dieser muss dem Ersatzmitglied nicht bekannt sein (BAG 8.9.2011 NZA 2012, 400). Die Vertretung endet, wenn das verhinderte BRmitglied seine Tätigkeit wieder aufnimmt. Der BRvorsitzende hat das Ersatzmitglied vom Vertretungsfall zu unterrichten und für entspr. Aufgaben des BR heranzuziehen. Eine Benachrichtigung des AG ist erforderl., um etwaige Auseinandersetzungen zB wegen Arbeitsbefreiungen oder wegen des bes. Kündigungsschutzes zu vermeiden (großzügiger BAG 6.9.1979 AP KSchG 1969 § 15 Nr. 7). Wird für ein zeitweilig verhindertes BRmitglied kein Ersatzmitglied geladen, kann der BR auf einer BRsitzung keine wirksamen Beschlüsse fassen (BAG 6.11.2013 NZA-RR 2014, 196); etwas anderes gilt, wenn das BRmitglied seine Verhinderung nicht zuvor mitgeteilt hat. Mit dem **Ende der Amtszeit** des BR als Organ, endet auch die Funktion des Ersatzmitglieds. Die Ersatzmitgliedschaft endet wie die Mitgliedschaft im BR aus den in § 24 I genannten Gründen. Ist die **Ersetzung** von ausgeschiedenen BRmitgliedern durch Ersatzmitglieder nicht mehr möglich, ist der BR nach § 13 II Nr. 2 neu zu wählen (s. § 13 Rn. 5). Bis zur Bekanntgabe des Wahlergebnisses der Neuwahl amtiert dieser als „Rumpf"-BR nach § 21 S. 5 weiter (s. § 21 Rn. 4). 2

3. Nachrücken/Stellvertretung. a) Verhinderung. Scheidet ein BRmitglied aus den in § 24 I Nr. 2 bis 6 genannten Gründen **endgültig** aus, rückt das nächst zuständige Ersatzmitglied nach **Abs. 1 S. 2** für den Rest der Amtszeit nach. Ein Nachrücken ist bis zum Ablauf der Amtszeit, bei Weiterführung der Geschäfte nach § 22 bis zur Bekanntgabe des Wahlergebnisses des neugewählten BR mögl. (*Fitting* Rn. 13). Bei einer **zeitweiligen Verhinderung** des BRmitglieds rückt das Ersatzmitglied nach Abs. 1 S. 2 nicht endgültig, sondern nur für deren Dauer in den BR nach. Während der Stellvertretung ist es vollwertiges BRmitglied mit allen Rechten und Pflichten. Es tritt jedoch nur in das BRamt als solches, nicht in die speziellen Funktionen und Ämter des zu ersetzenden BRmitglieds ein (s. Rn. 2). Das zeitweilig verhinderte Mitglied behält sein Amt und seine Funktionen ebenso wie die Rechte und Befugnisse, die sich aus dem BRamt ergeben. Das BRmitglied ist zeitweilig verhindert, wenn es aus tatsächl. oder rechtl. Gründen nicht in der Lage ist, die ihm zukommenden Amtsgeschäfte zu besorgen. Unmöglichkeit ist nicht gefordert. Über einen etwaigen Interessenkonflikt zwischen Arbeitspflicht und BRaufgaben hat das BRmitglied selbst zu befinden. Die Erfüllung von BRaufgaben hat auch keinen absoluten Vorrang vor der Arbeitspflicht (aA LAG SH 1.11.2012 DB 2012, 2814). Liegt ein Interessenkonflikt zwischen Amts- und Arbeitspflicht vor (s. § 37 Rn. 2), ist die Entscheidung des 3

BRmitglieds über seine Verhinderung weder vom BRvorsitzenden nicht gerichtl. überprüfbar (BAG 15.4.2014 NZA 2014, 551). Erklärt sich ein geladenes BRmitglied für verhindert, muss der BRvorsitzende das Vorliegen des angeführten Hinderungsgrundes nicht näher nachprüfen, sondern darf zunächst davon ausgehen, dass das BRmitglied nach pflichtgemäßer Abwägung einen Verhinderungsgrund angenommen hat. Nur wenn Anhaltspunkte für eine pflichtwidrige Entscheidung vorliegen, kann Veranlassung bestehen, ggf. auf einer Sitzungsteilnahme zu bestehen. In einem Verfahren um die Wirksamkeit eines BRbeschlusses ist das Vorliegen des Verhinderungsgrundes der Nachprüfung entzogen, lediglich die ordnungsgemäße Heranziehung des Ersatzmitglieds unterliegt der gerichtl. Kontrolle (*Fitting* Rn. 21; s. Rn. 4).

4 **b) Verhinderungsgründe.** Dies sind ua.: Krankheit, Kuraufenthalt, Urlaub, Dienstreise, Montage, Teilnahme an Schulungsveranstaltungen (einschließl. derer nach § 37 VI und VII), Beschäftigungsverbote nach dem MuSchG, EZ, Zivil- oder Wehrdienst sowie ein Vorrang der Arbeitsaufgaben. Auf die **Dauer** der Verhinderung kommt es nicht an (LAG HB 15.2.1985, BB 1985, 1129). Ein Verhinderungsfall ist auch gegeben, wenn ein BRmitglied nur zeitweise an einer BRsitzung teilnehmen kann. Die Vorschr. soll die stetig volle Zusammensetzung des BR sicherstellen und nicht nur die wirksame Beschlussfassung nach § 33 II gewährleisten. Die Verhinderung kann jede Art der BRtätigkeit betreffen. Eine tatsächl. vorliegende krankheitsbedingte **Arbeitsunfähigkeit** eines BRmitglieds muss nicht zwangsläufig auch zur Amtsunfähigkeit führen (BAG 15.11.1984 NZA 1985, 367). Das verhinderte BRmitglied soll berechtigt sein, trotz nicht bestehender Arbeitspflicht BRtätigkeiten auszuüben. Nach Ansicht des BAG kann es bspw. zu diesem Zweck seinen Urlaub unterbrechen (BAG 27.9.2012 NZA 2013, 425; dazu soll nur die positive Anzeige der Bereitschaft für BRtätigkeit erforderl. sein; richtigerweise bedarf es aber noch der Zustimmung des AG) oder während der EZ BRtätigkeiten ausüben (BAG 25.5.2005 NZA 2005, 1002). Meldet sich ein BRmitglied krank, ist es auch dann zeitweilig verhindert, wenn sich später herausstellt, dass es nicht arbeitsunfähig war und unberechtigt der Arbeit ferngeblieben ist (BAG 5.9.1986 AP KSchG 1969 § 15 Nr. 26). Eine zeitweilige Verhinderung liegt bei **Interessenkollision** vor, weil ein BRmitglied von der Beschlussfassung in seinen Statusrechten persönl. unmittelbar (BAG 24.4.2013 NZA 2013, 85) betroffen ist, etwa bei Beratung und Beschl. zu einem Ausschlussantrag nach § 23 I oder einer das BRmitglied betreffenden personellen Maßnahme wie Umgruppierung oder Versetzung (BAG 3.8.1999 NZA 2000, 440) und insb. im Entscheidungsprozess um die Zustimmung zur außerordentl. Kündigung nach § 103 I (BAG 26.8.1981 AP BetrVG 1972 § 103 Nr. 13); kein Verhinderungsgrund liegt vor bei Maßnahmen, die das BRmitglied auch als Belegschaftsangehörigen treffen (BAG 24.4.2013 NZA 2013, 85 – Bewerber; aA LAG N 16.10.2012 NZA-RR 2013, 23 – Beschwerde). Zu keiner Interessenkollision führen organisatorische Akte, die keinen unmittelbar persönl. Bezug haben. Dazu gehören Wahl oder Abberufung zu Ämtern oder Funktionen, die aus den Reihen des BR zu besetzen sind, so zB in oder aus dem Amt des (stellv.) Vorsitzenden, die Freistellungen nach § 38, die Entsendung in den GBR und KBR oder sonstige Auswahlentscheidungen wie die Bestimmung der Teilnahme an einer Schulungsveranstaltung. In diesen organisatorischen Angelegenheiten dürfen alle BRmitglieder einschließl. der jew. Bewerber bzw. Kandidaten an Beratung und Beschlussfassung teilnehmen (DKKW/*Buschmann* Rn. 25). Für die Beurteilung des Interessenkonflikts ist der Zeitpunkt der Beratung und Beschlussfassung des BR maßgebl. (BAG 10.11.2009 NZA-RR 2010, 416). Eine Beteiligung des BRmitglieds trotz einer Interessenkollision führt nur im Evidenzfall zur Unwirksamkeit des Beschl. (offengelassen von BAG 6.11.2013 NZA-RR 2014, 196). Ein BRmitglied ist während des Rechtsstreits über die Rechtswirksamkeit einer außerordentl. **Kündigung** verhindert, wenn der BR gemäß § 103 der Kündigung zugestimmt hat. Hat der BR nicht zugestimmt bzw. das ArbG dessen Zustimmung gemäß § 103 II (noch) nicht ersetzt, liegt kein Verhinderungsfall vor, da die Kündigungserkl. unwirksam ist. Einstweilige Vfg. zum Schutz der BRtätigkeit sind denkbar (s. § 24 Rn. 4). Ein Ersatzmitglied rückt nach, wenn ein BRmitglied durch einstweilige Vfg. vorläufig aus dem BR entfernt wurde (*Fitting* Rn. 22). BRmitglieder sind **nicht verhindert**, wenn sie aus Desinteresse, Vergesslichkeit oder mutwillig ihre Aufgaben nicht wahrnehmen; wenn das BRmitglied nicht an der BRsitzung teilnimmt, weil es nicht außerhalb seiner persönl. AZ den Betrieb während der betriebl. AZ aufsuchen will (BAG 18.1.1989 BB 1989, 1618), an einem Arbeitskampf teilnimmt (GK-BetrVG/*Oetker* Rn. 17) oder wegen der Belastung mit Kinderbetreuungskosten (BAG 23.6.2010 AP BetrVG 1972 § 40 Nr. 106).

5 **4. Reihenfolge des Nachrückens. a) Grundsatz.** Die Ersatzmitglieder rücken in der sich aus Abs. 2 ergebenden Reihenfolge nach. Diese ist zwingend, so dass das an erster Stelle stehende Ersatzmitglied stets vor dem folgenden nachrückt (BAG 6.9.1979 AP KSchG 1969 § 15 Nr. 7). Beispiel: Ist das BRmitglied B1 zeitweilig verhindert, wird es von dem Ersatzmitglied E1, welches 1. Ersatzmitglied in der Reihenfolge ist, vertreten. Scheidet während der zeitweiligen Verhinderung von B1, das BRmitglied B2 endgültig aus dem BR aus, wird es zunächst von E2 ersetzt. Diese Ersetzung dauert jedoch nur bis zu dem Zeitpunkt, zu dem B1 zeitweilige Verhinderung endet. Dann rückt E1 auf Dauer für den B2 in den BR nach. Die **Reihenfolge** orientiert sich an den Grundsätzen, die für die Verteilung der Sitze bei der BRwahl gelten (s. § 14 Rn. 6 ff.). Es ist daher zwischen Verhältniswahl (Listenwahl) und Mehrheitswahl (Personenwahl), zu unterscheiden und dabei die Mindestrepräsentanz des Minderheiten-

geschlechts zu berücksichtigen. Wird gegen die Reihenfolge verstoßen, ist der Beschl. des BR unwirksam (BAG 18.1.2006 – 7 ABR 25/05).

b) Wahlverfahren. Wurde die Wahl nach § 14 II 1 als **Verhältniswahl** (Listenwahl), dh. auf Grund mehrerer Vorschlagslisten durchgeführt, so bestimmt sich die Reihenfolge des Nachrückens nach II 1: Das Ersatzmitglied wird der Liste, der das ausgeschiedene oder zu ersetzende BRmitglied angehört, entnommen. Das Nachrücken erfolgt in der Reihenfolge in der die Ersatzmitglieder auf der Liste aufgeführt sind. Dabei muss – auch ohne Rücksicht auf die Reihenfolge der Vorschlagsliste – die Geschlechterquote beachtet werden, solange noch Wahlbewerber dieses Geschlechts zur Vfg. stehen und die Mindestquote nicht trotz Nachrückens aus dem anderen Geschlecht gewahrt bleibt (DKKW/*Buschmann* Rn. 30). Die auf der Liste davor stehenden Angehörigen des anderen Geschlechts werden übergangen. Ausschlaggebend für die Quote ist der Zeitpunkt der BRwahl, nicht der Zeitpunkt des Nachrückens (*Fitting* Rn. 24). Ist diese Liste erschöpft, bestimmt II 2, dass auf die Ersatzmitglieder der Liste zurückzugreifen ist, auf die nach den Grundsätzen der Verhältniswahl der nächste Sitz entfallen wäre. Dies gilt auch, wenn zwar nicht die Liste als Ganzes erschöpft ist, aber eine Vorschlagsliste keinen Wahlbewerber des Minderheitengeschlechts (mehr) enthält, der nachrücken müsste (Richardi/*Thüsing* Rn. 18). Beim Nachrücken geht Geschlecht vor Liste. Dabei sind auch Listen zu berücksichtigen, die (zunächst) kein BRmitglied stellten, da das BetrVG keine Sperrklausel vorsieht (GK-BetrVG/*Oetker* Rn. 53). Hat die Wahl nach den Grundsätzen der **Mehrheitswahl** stattgefunden (nur eine Vorschlagsliste oder vereinfachtes Verfahren nach § 14a), rückt unter Beachtung der Geschlechterquote der Wahlbewerber mit der nächst höchsten Stimmenzahl nach. Ist so das Minderheitengeschlecht nicht mehr anteilmäßig vertreten, rückt der Wahlbewerber des Minderheitengeschlechts mit der nächst höheren Stimmenzahl – an den Bewerbern des anderen Geschlechts vorbei – nach. Sind Wahlbewerber des Minderheitengeschlechts nicht (mehr) vorhanden, bleibt es bei der ursprüngl. Reihenfolge des Nachrückens. 6

5. Einzelperson. In Betrieben mit bis zu 20 AN besteht der BR nach § 9 I aus einer Person. Eine Geschlechterquote muss beim Nachrücken nicht beachtet werden. Die Ersatzmitglieder werden nicht (mehr) gesondert gewählt. Ist kein Ersatzmitglied vorhanden, müssen Neuwahlen erfolgen. Tritt beim AN, der aus einer Person besteht, ein Verhinderungsfall ein und ist kein Ersatzmitglied mehr vorhanden, so ist der AG in den Grenzen der Zumutbarkeit verpflichtet, beteiligungspflichtige Angelegenheiten zurückzustellen (BAG 15.11.1984 NZA 1985, 367). 7

Dritter Abschnitt. Geschäftsführung des Betriebsrats

§ 26 Vorsitzender

(1) **Der Betriebsrat wählt aus seiner Mitte den Vorsitzenden und dessen Stellvertreter.**

(2) [1]**Der Vorsitzende des Betriebsrats oder im Fall seiner Verhinderung sein Stellvertreter vertritt den Betriebsrat im Rahmen der von ihm gefassten Beschlüsse.** [2]**Zur Entgegennahme von Erklärungen, die dem Betriebsrat gegenüber abzugeben sind, ist der Vorsitzende des Betriebsrats oder im Fall seiner Verhinderung sein Stellvertreter berechtigt.**

1. Wahl des Vorsitzenden und seines Stellvertreters. Abs. 1 ist zwgd. Recht. Von Abs. 2 kann insoweit abgewichen werden, als auch andere Mitglieder des BR mit der Vertretung beauftragt werden können. Für ANvertretungen nach § 3 I Nrn. 2, 3 sind abweichende Regelungen unzulässig. Die Vorschr. gilt nach den §§ 51 I und 59 I entspr. für den GBR und KBR sowie nach den §§ 65 I, 73 II und 73b II für die JAV, die GesamtJAV und die KonzernJAV. Die Wahl erfolgt nach § 29 I auf der konstituierenden Sitzung des BR. Der BR muss nach § 33 II beschlussfähig sein. Gegenkandidaten sind nicht erforderl. (BAG 29.1.1965 AP BetrVG § 27 Nr. 8). Für jede Wahlfunktion ist ein gesonderter Wahlgang durchzuführen. Absolute Stimmenmehrheit wird vom G nicht verlangt, kann aber vom BR beschlossen werden. Bei Stimmengleichheit kann der BR sofortigen Losentscheid beschließen. Die Wahl kann offen erfolgen, muss aber eine einwandfreie Feststellung des Wahlergebnisses ermöglichen; iÜ gelten die allgem. Voraussetzungen für die Wirksamkeit und die Anfechtbarkeit von BRbeschlüssen (§ 33). Über § 8 und § 26 I hinausgehende zusätzl. persönl. Wählbarkeitsvoraussetzungen dürfen nicht aufgestellt werden (BAG 16.2.1973 AP BetrVG 1972 § 19 Nr. 1). Absprachen über die zu wählende Person sind zulässig (BAG 1.6.1966 AP BetrVG § 18 Nr. 16). Die Gewählten müssen das **Amt nicht annehmen** (BAG 29.1.1965 AP BetrVG § 27 Nr. 8) und können es jederzeit durch unwiderrufl. Erkl. ggü. dem BR **niederlegen.** Der BR kann durch Mehrheitsbeschluss den Vorsitzenden und den Stellvertreter aus dieser Funktion ohne bes. Grund abberufen (BAG 26.1.1962 AP BGB § 626 Druckkündigung Nr. 8). Eine Amtsenthebung analog § 23 ist nicht zulässig; zur Beteiligungspflicht des AG vor der Konstituierung des BR § 29 Rn. 1. 1

2. Vorsitzender. Der Vorsitzende ist nicht Willens-, sondern Erklärungsvertreter. Er vertritt den BR „im Rahmen der von ihm gefassten Beschlüsse" (BAG 19.3.2003 NZA 2003, 870). Nur in diesem 2

Rahmen hat er Vertretungsmacht (BAG 25.5.2016 NZA 2016, 1140; 30.9.2014 NZA 2015, 370). §§ 27, 28 regeln abschl. die Möglichkeiten von Kompetenzübertragungen des BR. Dieser kann daher nicht generell seine Entscheidungskompetenz auf den Vorsitzenden oder seinen Stellvertreter übertragen. Diese vertreten den BR auch bei den schriftl. Mitteilungen an den AG über die Verweigerung der Zustimmung des BR zu personellen Einzelmaßnahmen, die sie selbst betreffen (BAG 19.3.2003 NZA 2003, 870). Handelt der Vorsitzende ohne Vertretungsmacht oder überschreitet er diese, sind darauf bezogene Erkl. ohne rechtl. Bedeutung (BAG 9.12.2014 NZA 2015, 368). Der Mangel kann durch **Genehmigung** geheilt werden (BAG 10.10.2007 NZA 2008, 369). Hierzu ist ein ausdrückl. Beschl. des BR nach § 33 erforderlich. Zur Regelung immer wiederkehrender Fälle kann der BR als Gremium dem Vorsitzenden **Richtlinien oder Weisungen** für Sachentscheidungen vorgeben (aA DKKW/*Wedde* Rn. 21). Der BR kann dem Vorsitzenden iÜ einen **Verhandlungsspielraum** einräumen oder diesen durch Alternativ- oder Grundsatzbeschlüsse von vornherein beschränken. Die Letztentscheidungsbefugnis muss allerdings beim BR selbst liegen. Er kann dem Vorsitzenden für ein Einigungsstellenverfahren eine „Linie" vorgeben, mit der er auch ohne erneuten Beschl. zur Unterzeichnung der dort verhandelten BV bevollmächtigt ist (BAG 24.2.2000 NZA 2000, 785). Für eine Erkl. des BRvorsitzenden soll eine Vermutung bestehen, dass sie einem entspr. Beschl. des BR entspricht. Diese könne durch Gegenbeweis jederzeit entkräftet werden (offengelassen BAG 9.12.2014 NZA 2015, 368). Der gute Glaube des AG oder vom Dritten auf die Wirksamkeit der Beschlussfassung des BR ist nur geschützt, wenn diese aus einer Sitzungsniederschrift gem. § 34 ersichtl. ist (BAG 30.9.2014 NZA 2015, 370). Der BR kann auch selbst in seiner Gesamtheit tätig werden oder andere Mitglieder in bestimmten Einzelfällen zu Erklärungsvertretern bestellen. Erkl. ggü. dem BRvorsitzenden gehen nach Abs. 2 S. 2 dem BR zu und setzen Fristen in Gang. Andere BRmitglieder sind nur Boten. Eine Erkl. ist deshalb solange nicht zugegangen, bis der BR als solcher oder der Vorsitzende Kenntnis erlangt haben. Sind Vorsitzender und Stellvertreter gemeinsam verhindert und hat der BR für diesen Fall keine Vorkehrungen zur Entgegennahme von Erkl. getroffen, kann der AG jedem BRmitglied die Erkl. mit Zugangswirkung übergeben (BAG 27.6.1985 NZA 1986, 426). Gleiches gilt für die Entgegennahme von Zustellungen im arbeitsgerichtl. Verfahren. Bedient sich der BR der Posteingangsstelle des AG, ist der dort tätige AN Bediensteter iSv. § 184 I ZPO (BAG 20.1.1976 AP BetrVG 1972 § 47 Nr. 2). Der BRvorsitzende ist berechtigt, aber nicht verpflichtet, Erkl. außerhalb der AZ oder außerhalb der Betriebsräume entgegenzunehmen (BAG 27.8.1982 AP BetrVG 1972 § 102 Nr. 25). Durch sein Amt wird er in der eigenen Rechtsdurchsetzung als AN nicht beschränkt (BAG 13.10.2016 – 3 AZR 439/15).

3 **3. Stellvertreter.** Der Stellvertreter ist kein zweiter Vorsitzender, sondern nimmt nur im Fall der Verhinderung die Aufgaben und Befugnisse des Vorsitzenden wahr (BAG 7.7.2011 NZA 2011, 1108). Für die Verhinderung gelten die für § 25 I 2 maßgebenden Grundsätze entspr. (s. § 25 Rn. 3). Die Verhinderung führt zur Aufspaltung der Vertretung. Der Stellvertreter tritt an die Stelle des Vorsitzenden und ein Ersatzmitglied rückt nach § 25 II in den BR nach. Scheidet der Vorsitzende endgültig aus dem Amt aus, wird nicht der Stellvertreter zum Vorsitzenden, sondern der Vorsitzende muss neu gewählt werden. Bei vorübergehender Verhinderung des Vorsitzenden und des Stellvertreters kann die GO oder ein Beschl. des BR einen weiteren Stellvertreter bestimmen.

§ 27 Betriebsausschuss

(1) [1]Hat ein Betriebsrat neun oder mehr Mitglieder, so bildet er einen Betriebsausschuss. [2]Der Betriebsausschuss besteht aus dem Vorsitzenden des Betriebsrats, dessen Stellvertreter und bei Betriebsräten mit

9 bis 15	**Mitgliedern aus 3 weiteren Ausschussmitgliedern,**
17 bis 23	**Mitgliedern aus 5 weiteren Ausschussmitgliedern,**
25 bis 35	**Mitgliedern aus 7 weiteren Ausschussmitgliedern,**
37 oder mehr	**Mitgliedern aus 9 weiteren Ausschussmitgliedern.**

[3]Die weiteren Ausschussmitglieder werden vom Betriebsrat aus seiner Mitte in geheimer Wahl und nach den Grundsätzen der Verhältniswahl gewählt. [4]Wird nur ein Wahlvorschlag gemacht, so erfolgt die Wahl nach den Grundsätzen der Mehrheitswahl. [5]Sind die weiteren Ausschussmitglieder nach den Grundsätzen der Verhältniswahl gewählt, so erfolgt die Abberufung durch Beschluss des Betriebsrats, der in geheimer Abstimmung gefasst wird und einer Mehrheit von drei Vierteln der Stimmen der Mitglieder des Betriebsrats bedarf.

(2) [1]Der Betriebsausschuss führt die laufenden Geschäfte des Betriebsrats. [2]Der Betriebsrat kann dem Betriebsausschuss mit der Mehrheit der Stimmen seiner Mitglieder Aufgaben zur selbständigen Erledigung übertragen; dies gilt nicht für den Abschluss von Betriebsvereinbarungen. [3]Die Übertragung bedarf der Schriftform. [4]Die Sätze 2 und 3 gelten entsprechend für den Widerruf der Übertragung von Aufgaben.

(3) Betriebsräte mit weniger als neun Mitgliedern können die laufenden Geschäfte auf den Vorsitzenden des Betriebsrats oder andere Betriebsratsmitglieder übertragen.

1. Bestellung des Betriebsausschusses. a) Anwendungsbereich. Mit der Vorschr. soll die Arbeit des BRkollegiums erleichtert werden. Die Vorschr. ist zwgd. Nach § 51 I, II gelten die Abs. 2 und 3 für den GBR, nach § 59 I auch für den KBR und den KBRausschuss. Die Vorschr. ist auf die JAV (§ 65 I) und die Gesamt-JAV (§ 73 II) nicht anzuwenden. Für ANvertretungen nach § 3 I Nrn. 2, 3 können keine abweichende Regelungen vereinbart werden. In Betrieben mit weniger als 9 BRmitgliedern besteht nach Abs. 3 nur die Möglichkeit, laufende Geschäfte auf den Vorsitzenden, ein anderes BRmitglied oder mehrere Mitglieder (arg. Wortlaut „andere") zu übertragen. Eine Übertragung von Aufgaben zur selbständigen Erledigung, insb. von Beteiligungsrechten, auf Fachausschüsse ist nicht zulässig (BAG 14.8.2013 NZA 2014, 161). Für diesen Übertragungsakt gelten die Vorgaben in Abs. 1 und 2 nicht, er kann daher auch mit einfacher Stimmenmehrheit gefasst werden. Bildet ein BR mit neun oder mehr Mitgliedern keinen Betriebsausschuss, handelt er pflichtwidrig. 1

b) Zusammensetzung. Der BRvorsitzende und sein Stellvertreter gehören nach **Abs. 1 S. 2** kraft G dem Betriebsausschuss an. Im Fall ihres Ausscheidens rücken die jew. Nachfolger in den Betriebsausschuss ein. Die weiteren Mitglieder sind möglichst schon auf der konstituierenden Sitzung des BR in geheimer Wahl zu wählen. Wählbar sind nur BRmitglieder. Die Wahl erfolgt grds. als **Verhältniswahl** (Listenwahl), wobei das G die Berechnungsmethode für das Wahlergebnis nicht vorschreibt. **Mehrheitswahl** findet statt, wenn im BR ledigl. ein Wahlvorschlag eingereicht wird. Die Mehrheitswahl kann in getrennten Wahlgängen für jeden Betriebsausschuss-Sitz erfolgen oder in einem einzigen Wahlgang durchgeführt werden, in dem soviel Bewerber angekreuzt werden dürfen wie Betriebsausschuss-Sitze zu besetzen sind; eine Pattsituation wird durch Stichentscheid oder Los entschieden. Die weiteren Betriebsausschussmitglieder werden grds. für die Dauer der Amtszeit des BR gewählt. Sie können jederzeit ihr **Amt niederlegen**, ohne dass sie dadurch aus dem BR ausscheiden. Dies gilt wegen § 27 I 2 nicht für die geb. Mitglieder des Betriebsausschusses. Der BR kann die weiteren Ausschussmitglieder abberufen. Sind die abzuberufenden Mitglieder in Verhältniswahl gewählt worden, ist nach Abs. 1 S. 5 geheime Abstimmung und drei Viertel Mehrheit erforderlich. Die Abberufung von BRvorsitzenden und dessen Stellvertreter aus dem Betriebsausschuss kann nur erfolgen, wenn sie gleichzeitig als Vorsitzender oder stellvertretender Vorsitzender des BR abberufen werden. Der BR kann analog §§ 47 III, 55 II aus seiner Mitte **Ersatzmitglieder** des Betriebsausschusses wählen und die Reihenfolge des Nachrückens bestimmen. Auch eine Nachwahl von Ersatzmitgliedern ist möglich. 2

2. Stellung und innere Geschäftsführung. Der Betriebsausschuss ist als sein geschäftsführender Ausschuss Organ des BR. Träger der MBR bleibt der BR. Er kann nach Abs. 2 S. 4 dem Betriebsausschuss die über die Geschäftsführung hinausgehenden Aufgaben wieder entziehen. Für die **innere Geschäftsführung** des Betriebsausschusses gelten die §§ 29 ff. über die Geschäftsführung des BR sinngemäß. Entspr. § 30 hält der Betriebsausschuss seine Sitzung nach Unterrichtung des AG nichtöffentl. und regelm. während der AZ ab. Das **Teilnahmerecht** von Nichtmitgliedern des Betriebsausschusses an dessen Sitzungen, zB des AG, des Vertreters der AGVereinigung oder der im BR vertretenen Gewerkschaften, regeln die §§ 29 IV und 31. Die Schwerbehindertenvertreter haben nach § 178 IV 1 SGB IX ein eigenständiges Teilnahme- und Beratungsrecht an Ausschusssitzungen. Die JAV kann entspr. § 67 I an den Sitzungen teilnehmen, soweit dem Betriebsausschuss Aufgaben zur selbständigen Erledigung übertragen wurden (weiter DKKW/*Wedde* Rn. 31). Haben nach § 67 I 2 iVm. § 60 I alle Jugend- und Auszubildendenvertreter ein Teilnahmerecht und nach § 67 II Stimmrecht, ist die Zahl der Mitglieder der JAV im Verhältnis Betriebsausschussmitglieder zu BRmitgliedern zu kürzen, um eine ungleichgewichtige Stimmenverteilung zu vermeiden (*Fitting* Rn. 59 a). Für **Beschlussfassungen** gilt § 33. Der BR kann für übertragene Aufgaben qualifizierte Stimmenmehrheiten bestimmen. Die BRmitglieder können in die Unterlagen des Betriebsausschusses analog § 34 III jederzeit Einsicht nehmen. Unter den Voraussetzungen des § 35 kann auch die Aussetzung von Beschlüssen des Betriebsausschusses beantragt werden. Der Betriebsausschuss kann sich analog § 36 eine eigene GO geben, wenn der BR sich insoweit der Beschlussfassung enthält. 3

3. Laufende Geschäfte. Im Bereich des **Abs. 2 S. 1** entscheidet der Betriebsausschuss grds. anstelle des BR. Im Einzelfall kann der BR Geschäftsführungsaufgaben an sich ziehen und Entscheidungen des Betriebsausschusses aufheben, soweit sie nach außen noch nicht wirksam geworden sind. **Laufende Geschäfte** sind die internen verwaltungsmäßigen und organisatorischen Aufgaben des BR. Ausgeschlossen sind alle Maßnahmen, zu deren Wirksamkeit ein Beschl. des BR erforderl. ist. Die Ausübung der materiellen Mitwirkungs- und Mitbestimmungsrechte zählen auch dann nicht zur laufenden Geschäftsführung, wenn es sich um die routinemäßige Bearbeitung von Einzelfällen handelt (LAG D 23.11.1973 DB 1974, 926; aA Richardi/*Thüsing* Rn. 53); der Abschluss von BV gehört niemals zu den laufenden Geschäften. 4

4. Übertragung von Aufgaben zur selbständigen Erledigung. Überträgt der BR nach **Abs. 2 S. 2, 3** Aufgaben zur selbständigen Erledigung auf den Betriebsausschuss, tritt dieser in Willensbildung und 5

Willensäußerung an die Stelle des BR. Der Beschl. des Betriebsausschusses ersetzt den Beschl. des BR. Der BR kann mit der Mehrheit seiner Mitglieder einen noch nicht außen wirksam gewordenen Beschl. des Betriebsausschusses aufheben. Der BR entscheidet in eigener Verantwortung, welche Aufgabenbereiche er übertragen will, da das G materiell den Gegenstand der Übertragung nicht beschränkt (BAG 15.8.2012 NZA 2013, 284 – Monatsgespräch). Deshalb können auch der Mitbestimmung unterliegende Angelegenheiten zur selbständigen Erledigung übertragen werden (BAG 17.3.2005 NZA 2005, 1064 – Verfahren nach § 103). Die **Übertragung** unterliegt nur einer Rechts- und keiner Zweckmäßigkeitskontrolle (BAG 20.10.1993 AP BetrVG 1972 § 28 Nr. 5). Sie ist in folgenden Angelegenheiten **nicht** möglich: der Abschluss von BV (Abs. 2 S. 2 Hs. 2) und die Anrufung der Einigungsstelle in den Fällen des § 76 V und VI (LAG M 29.10.2009 LAGE § 98 ArbGG 1979 Nr. 55; aA GK-BetrVG/*Raab* Rn. 71), wenn ihr Spruch eine BV ersetzt sowie organisatorische Entscheidungen, zB Wahl des BRvorsitzenden, Bestellung der weiteren Ausschüsse/Arbeitsgruppen nach § 28, § 28a, Entsendung von Mitgliedern in GBR und KBR. Nicht übertragbar sind daneben alle Angelegenheiten, in denen das G einen Beschl. der Mehrheit der Mitglieder des BR fordert. Schließl. muss dem BR ein Kernbereich der ges. Befugnisse verbleiben, wobei nicht auf einen einzelnen Mitbestimmungstatbestand, sondern auf den Gesamtaufgabenbereich des BR abzustellen ist (BAG 20.10.1993 NZA 1994, 567). Der BR kann sich stets die endgültige Entscheidung vorbehalten, die Beschlussfassung des Betriebsausschusses an eine qualifizierte Mehrheit oder an Einstimmigkeit zu knüpfen oder sonstige Beschränkungen vorzunehmen. Darüber hinaus kann er dem Betriebsausschuss Einzelweisungen oder Richtlinien vorgeben. Für den **Übertragungsakt** ist nach Abs. 2 S. 2 eine absolute Stimmenmehrheit im BR erforderlich. Nach Abs. 2 S. 3 bedarf der Beschl. der Schriftform. Die übertragene Angelegenheit muss genau umschrieben sein, damit Rechtssicherheit gewährleistet ist und eindeutig feststeht, in welchen Angelegenheiten der Betriebsausschuss rechtsverbindl. Beschlüsse fällen kann. Der Übertragungsbeschluss kann in der Sitzungsniederschrift nach § 34 I festgehalten oder in der GO des BR enthalten sein (BAG 20.10.1993 NZA 1994, 567). Für den Widerruf gelten diese Grundsätze nach Abs. 2 S. 4 entspr. Werden die Voraussetzungen für Übertragung und Widerruf nicht beachtet, sind sie unwirksam. Ist die **Übertragung unwirksam,** kann der Betriebsausschuss keine wirksamen Beschlüsse fassen. Die Unwirksamkeit kann durch Beschl. des BR geheilt werden.

6 **5. Streitigkeiten.** Streitigkeiten aus der Vorschr. sind im BeschlV zu entscheiden. **Nichtigkeit** der Wahl zum Betriebsausschuss ist nur bei groben, offensichtl. Verstößen gegen zwgd. Wahlvorschr. anzunehmen, wenn nicht einmal der Anschein einer dem G entspr. Wahl gegeben ist, etwa Personen gewählt wurden, die keine Mitglieder des BR sind oder die Wahl ohne ordnungsgemäße Abberufung der vorher wirksam gewählten Ausschussmitglieder erfolgt (BAG 13.11.1991 NZA 1992, 944). Die Nichtigkeit kann jederzeit durch jedermann geltend gemacht werden. Die Geltendmachung ist nicht an ein bestimmtes Verfahren gebunden. Eine **Wahlanfechtung** ist analog § 19 innerhalb von zwei Wochen nach dem Wahltag mögl. (BAG 13.11.1991 NZA 1992, 944). Sie beginnt für BRmitglieder, welche an der Sitzung nicht teilgenommen haben, mit Kenntniserlangung (BAG 20.4.2005 NZA 2005, 1013 – Freistellungswahl). Wesentl. Wahlvorschr., deren Verletzung eine Anfechtung rechtfertigen können sind zB die ordnungsgemäße Ladung der Mitglieder unter Mitteilung der Tagesordnung oder das Fehlen der Beschlussfähigkeit. **Antragsberechtigt** ist jedes BRmitglied (BAG 13.11.1991 NZA 1992, 944) sowie die im Betrieb vertretenen Gewerkschaften (BAG 11.2.1969 AP BetrVG § 28 Nr. 1). Nicht anfechtungsberechtigt sind der AG und die AN des Betriebs. Der AG ist nur anfechtungsberechtigt, wenn eine unzutreffende Anzahl von Ausschussmitgliedern in den Betriebsausschuss gewählt wird.

§ 28 Übertragung von Aufgaben auf Ausschüsse

(1) [1]**Der Betriebsrat kann in Betrieben mit mehr als 100 Arbeitnehmern Ausschüsse bilden und ihnen bestimmte Aufgaben übertragen.** [2]**Für die Wahl und Abberufung der Ausschussmitglieder gilt § 27 Abs. 1 Satz 3 bis 5 entsprechend.** [3]**Ist ein Betriebsausschuss gebildet, kann der Betriebsrat den Ausschüssen Aufgaben zur selbständigen Erledigung übertragen; § 27 Abs. 2 Satz 2 bis 4 gilt entsprechend.**

(2) **Absatz 1 gilt entsprechend für die Übertragung von Aufgaben zur selbständigen Entscheidung auf Mitglieder des Betriebsrats in Ausschüssen, deren Mitglieder vom Betriebsrat und vom Arbeitgeber benannt werden.**

1 **1. Weitere Ausschüsse des Betriebsrats.** Der BR kann zur Arbeitsteilung vorbereitende Ausschüsse bilden, denen auch die Ausübung von Beteiligungsrechten übertragen werden können. Die Delegation von Beteiligungsrechten nach § 99 und § 102 (BAG 4.8.1975 – 2 AZR 266/74) bzw. nach § 103 (BAG 17.3.2005 NZA 2005, 1064) auf einen Personalausschuss ist zulässig. IRd. übertragenen Beteiligungsrechte nimmt der Ausschuss auch die lfd. Geschäftsführung des BR wahr. IÜ gelten die Beschränkungen des Betriebsausschusses auch für die weiteren Ausschüsse (s. § 27 Rn. 6) Bei wirksamer Übertragung tritt der Ausschuss an die Stelle des BR, der aber die Reichweite der Delegation bestimmt. Weitere Ausschüsse **ohne Sachentscheidungskompetenz** können gebildet werden unabhängig davon,

ob ein Betriebsausschuss besteht. Er ist nach Abs. 1 S. 3 nur erforderlich, wenn auf einen der Ausschüsse Aufgaben zur **selbständigen Erledigung** übertragen werden sollen (BT-Drs. 14/5741 S. 39). Derartige Ausschüsse kann es daher nach Abs. 1 S. 3 iVm. § 27 I nur in Betrieben mit mind. 9 BRmitgliedern und damit mind. 201 AN geben (BAG 14.8.2013 NZA 2014, 161) Maßgebl. für die erforderl. **Betriebsgröße** ist die Anzahl der regelm. Beschäftigten (s. § 9 Rn. 2), zu diesen können auch LeihAN unabhängig von ihrer Wahlberechtigung gehören (§ 14 II 4 AÜG). Die Entscheidung, ob der BR weitere Ausschüsse bildet und diesen Aufgaben zur selbständigen Erledigung überträgt, steht in seinem Ermessen (enger Richardi/*Thüsing* Rn. 6). Der Übertragungsakt erfordert nach Abs. 1 S. 3 iVm. § 27 II 2, 3 Schriftform und die absolute Mehrheit bei der Abstimmung im BR. Für den Widerruf oder die Abänderung des Übertragungsbeschlusses gilt nach Abs. 1 S. 3 iVm. § 27 II 4. Entspr. Streitigkeiten aus der Vorschr. sind im BeschlV zu entscheiden. Die Wirksamkeit der Übertragung kann auch im Rahmen eines UrtV von Bedeutung sein. Die für die Nichtigkeit oder die Anfechtbarkeit von Wahlen des Betriebsausschusses geltenden Grundsätze finden entspr. Anwendung (BAG 20.10.1993 NZA 1994, 567; s. § 27 Rn. 7). Für die Wahl der Mitglieder der weiteren Ausschüsse gelten nach **Abs. 1 S. 2** iVm. § 27 I 3 bis 5 die gleichen Grundsätze wie für die Wahl der weiteren Mitglieder des Betriebsausschusses (s. § 27 Rn. 3). Beschließt der BR während seiner Amtszeit, einen nach § 28 gebildeten Ausschuss, dessen Mitglieder nach den Grundsätzen der Verhältniswahl gewählt wurden, um ein zusätzl. Mitglied zu erweitern, sind sämtl. Ausschussmitglieder neu zu wählen. Der BRvorsitzende und sein Stellvertreter gehören den Ausschüssen nicht kraft G an, ihre Mitgliedschaft kann auch nicht in einer GO festgelegt sein (BAG 16.11.2005 NZA 2006, 445). Die **Größe** eines Ausschusses steht im Ermessen des BR (BAG 20.10.1993 NZA 1994, 567). Für die **Geschäftsführung** sowie die Amtsniederlegung und die Abberufung gelten die Ausführungen für den Betriebsausschuss sowie für die Geschäftsführung die §§ 29 ff. entspr. (s. § 27 Rn. 5).

2. Gemeinsame Ausschüsse. Gemeinsame Ausschüsse ohne Entscheidungskompetenz können un- 2
abhängig von der Anzahl der AN und davon, ob es einen Betriebsausschuss gibt, gebildet werden (BAG 20.10.1993 NZA 1994, 567). Sollen den Mitgliedern des BR in diesem Ausschuss Aufgaben zur **selbständigen Entscheidung** übertragen werden, setzt dies nach Abs. 2, Abs. 1 S. 3 voraus, dass ein Betriebsausschuss vorhanden ist. Bei den gemeinsamen Ausschüssen handelt es sich nicht um Organe des BR, sondern eine eigenständige Einrichtung der Betriebsverfassung. Die Entscheidung über die Bildung und Aufgabenübertragung auf gemeinsame Ausschüsse mit dem AG kann nur durch eine Vereinbarung erfolgen (BAG 22.3.2016 NZA 2016, 1283) und unterliegt nur einer Rechtskontrolle (BAG 20.10.1993 NZA 1994, 567). Werden in Betrieben mit weniger als 201 AN gemeinsame Ausschüsse gebildet, können ihnen keine Aufgaben zur selbständigen Erledigung übertragen werden. Die Größe eines gemeinsamen Ausschusses wird von BR und AG gemeinsam festgelegt. Sind einem gemeinsamen Ausschuss Aufgaben zur selbständigen Erledigung übertragen, muss die Anzahl der BRmitglieder (BAG 22.3.2016 NZA 2016, 1283) im Ausschuss zumindest der der AGseite entsprechen. Die **Beschlussfassung** im gemeinsamen Ausschuss ist ges. nicht geregelt. Haben auch die Betriebsparteien nichts geregelt, gelten die Regeln über BRbeschlüsse entspr. Bei einer Pattsituation fällt die Angelegenheit an BR und AG zurück (GK-BetrVG/*Raab* Rn. 44). Die Vorschr. überträgt jedoch die Aufgaben auf die „Mitglieder des BR“, nicht auf den Ausschuss als Ganzes. So wird abgesichert, dass Beteiligungsrechte allein von der betriebsverfassungsrechtl. Vertretung der AN ausgeübt werden. Ein Beschl., durch den eine Aufgabe des BR wahrgenommen wird, kann daher nicht gegen die Mehrheit der vom BR entsandten Mitglieder gefasst werden (Richardi/*Thüsing* Rn. 36, offengelassen von BAG 12.7.1984 NZA 1985, 96). Die **Beschränkungen** für den Betriebsausschuss gelten für die gemeinsamen Ausschüsse entspr. (s. § 27 Rn. 6).

§ 28a Übertragung von Aufgaben auf Arbeitsgruppen

(1) [1]In Betrieben mit mehr als 100 Arbeitnehmern kann der Betriebsrat mit der Mehrheit der Stimmen seiner Mitglieder bestimmte Aufgaben auf Arbeitsgruppen übertragen; dies erfolgt nach Maßgabe einer mit dem Arbeitgeber abzuschließenden Rahmenvereinbarung. [2]Die Aufgaben müssen im Zusammenhang mit den von der Arbeitsgruppe zu erledigenden Tätigkeiten stehen. [3]Die Übertragung bedarf der Schriftform. [4]Für den Widerruf der Übertragung gelten Satz 1 erster Halbsatz und Satz 3 entsprechend.

(2) [1]Die Arbeitsgruppe kann im Rahmen der ihr übertragenen Aufgaben mit dem Arbeitgeber Vereinbarungen schließen; eine Vereinbarung bedarf der Mehrheit der Stimmen der Gruppenmitglieder. [2]§ 77 gilt entsprechend. [3]Können sich Arbeitgeber und Arbeitsgruppe in einer Angelegenheit nicht einigen, nimmt der Betriebsrat das Beteiligungsrecht wahr.

1. Vorbemerkung. Die – von der Praxis nicht angenommene – Vorschr. steht in engem Zusammen- 1
hang mit dem MBR bei Gruppenarbeit nach § 87 I Nr. 13 und der Verpflichtung der Betriebspartner aus § 75 II 2, die Selbständigkeit und Eigeninitiative von AN zu fördern. Im Kern handelt es sich um einen weiteren Ausschuss, der im Umf. der Aufgabenübertragung eigenständig handelt und nicht aus

BRmitgliedern bestehen muss. Die Vorschr. gilt unmittelbar für die für ANvertretungen nach § 3 I Nr. 1 und entspr. für die nach Nr. 2 und 3. Sie gilt nach den §§ 51 I und 59 I nicht für den GBR und KBR. Hinsichtl. der Voraussetzungen und Rechtsfolgen der Übertragung betriebsverfassungsrechtl. Aufgaben ist sie zwgd, ansonsten einer Regelung durch BRbeschluss zugängl. (*Fitting* Rn. 3). Maßgebl. für die erforderl. **Betriebsgröße** ist die Anzahl der regelm. Beschäftigten (s. § 9 Rn. 2), zu diesen können auch LeihAN unabhängig von ihrer Wahlberechtigung gehören (§ 14 II 4 AÜG). Bei Streitigkeiten, die im Zusammenhang mit den ihr übertragenen Aufgaben stehen, ist die Arbeitsgruppe im BeschlV antrags- und beteiligungsbefugt.

2 **2. Arbeitsgruppe.** Dies ist jede arbeitsorganisatorisch auf Zeit zusammengehörende Gruppe von AN, denen ganzheitl. Aufgaben zur eigenverantwortl. gemeinsamen Erledigung übertragen sind. AN in Gruppenarbeit nach § 87 I Nr. 13 (s. § 87 BetrVG Rn. 134) bilden stets eine Arbeitsgruppe (BT-Drs. 14/5741 S. 40). Die Zusammenfassung muss nicht auf Dauer erfolgt sein (BT-Drs. 14/5741 S. 40). Die AN müssen notwendige Arbeitsschritte iRd. betriebl. Zielvorgaben selbständig planen, steuern, verteilen, regulieren und verwalten (*Preis/Elert* NZA 2001, 371). Die Arbeitsgruppe muss nicht in die betriebl. Arbeitsabläufe eingegliedert sein, sondern kann parallel zur Arbeitsorganisation des Betriebs bestehen (aA DKKW/*Wedde* Rn. 20). Erforderl. für die Existenz und die Übertragung von Aufgaben auf die Arbeitsgruppe ist eine **Rahmenvereinbarung** in Form einer nicht erzwingbaren und – ohne bes. Vereinbarung – nicht nachwirkenden BV, für deren Abschluss die allgem. Grundsätze gelten. Mit der Beendigung der Rahmenvereinbarung fallen die Beteiligungsrechte an den BR zurück. Die **Übertragung** der betriebsverfassungsrechtl. Aufgaben selbst erfordert nach **Abs. 1 S. 1 und 3** einen qualifizierten Mehrheitsbeschluss und Schriftform und ist nach **Abs. 1 S. 2 inhaltlich begrenzt.** Mögl. sind die Übertragung von Regelungsbefugnissen im Zusammenhang mit Arbeitszeitfragen, Pausenregelungen, Urlaubsplanung, Arbeitsgestaltung und ähnl. tätigkeits- oder aufgabenbezogene Sachverhalte (BT-Drs. 14/5741 S. 40) wie die Vereinbarung von Berufsbildungsmaßnahmen, Stellenausschreibungen oder Gruppengesprächen. Der **Widerruf** einer Übertragung erfordert nach **Abs. 1 S. 4** einen mit qualifizierter Mehrheit gefassten Beschl. des BR und Schriftform bedarf keiner Begründung (BT-Drs. 14/5741 S. 40).

3 Die Arbeitsgruppe ist **kein Organ** des BR. Sie ist im Umf. der übertragenen Aufgaben selbständig und ihre Befugnisse und Rechte entsprechen denen eines BR. Sie kann mit dem AG formlose Regelungsabreden treffen oder nach **Vereinbarungen** nach **Abs. 2** abschl. Diese Vereinbarungen wirken nach **Abs. 2 S. 2** wie BV und folgen deren Regeln (BT-Drs. 14/5741 S. 40). Abstimmungsberechtigt sind alle Mitglieder der Gruppe und damit alle – auch die nicht wahlberechtigten – AN nach § 5. Enthält die Übertragung keine Konkurrenzregelung, gilt der Grundsatz der **Spezialität** (*Natzel* DB 2001, 1362). Die Arbeitsgruppe kann mit dem AG nach **Abs. 2 S. 3** auch in Gegenständen der erzwingbaren Mitbestimmung nur **freiwillige Regelungen** treffen und daher nicht die Einigungsstelle anrufen (*Fitting* Rn. 37). Mitglieder der Arbeitsgruppe werden nicht zu Mitgliedern des BR; § 78 ist anwendbar, nicht aber § 15 KSchG und § 103. Arbeitsgruppenmitglieder sind nach § 79 zur Verschwiegenheit verpflichtet, erweben aber kein Recht auf Freistellung nach § 38 oder Schulung nach § 37 VI und VII. Es gelten für sie die Regeln zur Unentgeltlichkeit, Freistellung und Entgeltfortzahlung nach § 37 I–III; die Sachkosten ihrer Tätigkeit trägt entspr. § 40 der AG.

§ 29 Einberufung der Sitzungen

(1) [1]Vor Ablauf einer Woche nach dem Wahltag hat der Wahlvorstand die Mitglieder des Betriebsrats zu der nach § 26 Abs. 1 vorgeschriebenen Wahl einzuberufen. [2]Der Vorsitzende des Wahlvorstands leitet die Sitzung, bis der Betriebsrat aus seiner Mitte einen Wahlleiter bestellt hat.

(2) [1]Die weiteren Sitzungen beruft der Vorsitzende des Betriebsrats ein. [2]Er setzt die Tagesordnung fest und leitet die Verhandlung. [3]Der Vorsitzende hat die Mitglieder des Betriebsrats zu den Sitzungen rechtzeitig unter Mitteilung der Tagesordnung zu laden. [4]Dies gilt auch für die Schwerbehindertenvertretung sowie für die Jugend- und Auszubildendenvertreter, soweit sie ein Recht auf Teilnahme an der Betriebsratssitzung haben. [5]Kann ein Mitglied des Betriebsrats oder der Jugend- und Auszubildendenvertretung an der Sitzung nicht teilnehmen, so soll es dies unter Angabe der Gründe unverzüglich dem Vorsitzenden mitteilen. [6]Der Vorsitzende hat für ein verhindertes Betriebsratsmitglied oder für einen verhinderten Jugend- und Auszubildendenvertreter das Ersatzmitglied zu laden.

(3) Der Vorsitzende hat eine Sitzung einzuberufen und den Gegenstand, dessen Beratung beantragt ist, auf die Tagesordnung zu setzen, wenn dies ein Viertel der Mitglieder des Betriebsrats oder der Arbeitgeber beantragt.

(4) [1]Der Arbeitgeber nimmt an den Sitzungen, die auf sein Verlangen anberaumt sind, und an den Sitzungen, zu denen er ausdrücklich eingeladen ist, teil. [2]Er kann einen Vertreter der Vereinigung der Arbeitgeber, der er angehört, hinzuziehen.

1. Konstituierende Sitzung. Die konstituierende Sitzung dient der Wahl des Vorsitzenden, des stellvertretenden Vorsitzenden und ggf. der Wahl eines Betriebsausschusses. Der Vorsitzende des Wahlvorstands beruft die Sitzung innerhalb einer Woche nach dem Wahltag ein. Die Sitzung muss nicht in der ersten Woche stattfinden (aA GK-BetrVG/*Raab* Rn. 8), aber vor Beginn der Amtszeit des BR abgehalten werden. Solange der BR keinen Vorsitzenden hat, kann der AG die Verhandlungen mit dem BR verweigern (BAG 23.8.1984 NZA 1985, 566; aA DKKW/*Wedde* § 26 Rn. 4; GK-BetrVG/*Raab* § 26 Rn. 6). Steht die Wahl unmittelbar bevor, ist der AG – jdf. bei nicht unaufschiebbaren Maßnahmen – nach § 2 I verpflichtet, bis zur Konstituierung des BR zu warten (BAG 28.9.1983 NZA 1984, 52). Ein **Teilnahmerecht** besteht für die nach dem endgültig bekannt gegebenen Wahlergebnis (§ 18 WO) tatsächl. in den BR einrückenden Mitglieder, ggf. nach § 25 für die Ersatzmitglieder. Der Wahlvorstand ist nicht berechtigt, andere Teilnehmer zur Sitzung zu laden. Ein Teilnahmerecht von Gewerkschaftsvertretern (aA DKKW/*Wedde* Rn. 10) oder des AG besteht nicht. Die **Sitzungsleitung** liegt nach Abs. 1 S. 2 bis zur Bestellung eines Wahlleiters beim Vorsitzenden des Wahlvorstands. Mit diesem Übergang der Sitzungshoheit auf den Wahlleiter, der aus der Mitte des BR gewählt wird, entfällt das Teilnahmerecht des Wahlvorstands. 1

2. Weitere Sitzungen. Die weiteren Sitzungen werden nach **Abs. 2** vom Vorsitzenden oder im Verhinderungsfall durch dessen Stellvertreter **einberufen.** Andere BRmitglieder sind hierzu grds. nicht befugt. Für den Verhinderungsfall von Vorsitzenden und Stellvertreter, kann der BR eine Regelung zB in der GO treffen. Besteht keine Regelung, ist im Verhinderungsfall jedes BRmitglied zur Einladung berechtigt (*Fitting* Rn. 24). Andere Personen oder Stellen können eine BRsitzung nur anregen. Eine **Ladung** geht neben den in Abs. 2 S. 3 und 4 Genannten auch an den Vertrauensmann der Zivildienstleistenden, sofern die Voraussetzungen des § 3 I ZDVG vorliegen. Darüber hinaus sind der AG und eine im BR vertretene Gewerkschaft unter Mitteilung der Tagesordnung rechtzeitig zu laden, soweit diesen nach Abs. 4 bzw. § 31 ein Teilnahmerecht zusteht. Die Pflicht, dem BRvorsitzenden nach Abs. 2 S. 5 unverzügl. die Verhinderung anzuzeigen, dient der Prüfung durch den BRvorsitzenden, ob ein Verhinderungsfall gegeben ist und er deshalb Ersatzmitglieder laden muss. Wird für ein – zeitweilig – verhindertes BRmitglied ein vorhandenes Ersatzmitglied nicht oder fehlerhaft geladen, kann der BR keine wirksamen Beschlüsse fassen. Dies ist nur anders, wenn die Verhinderung so plötzl. eintritt, dass ein Ersatzmitglied nicht mehr rechtzeitig geladen werden kann (BAG 3.8.1999 NZA 2000, 440). Ladung und Übersenden der Tagesordnung sind rechtzeitig, wenn der Geladene sich auf die Sitzung einrichten und vorbereiten kann (LAG K 3.3.2008 BB 2008, 1570). In unvorhergesehenen Eilfällen ist auch eine ganz kurzfristige Einladung zulässig. Nur wenn alle regulären BRmitglieder mit Zeit und Ort einer Sitzung einverstanden sind, können dort wirksam Beschlüsse gefasst werden, ohne dass der BRvorsitzende zu dieser Sitzung eingeladen hat. Der BRvorsitzende stellt die Tagesordnung an Hand der Geschäftslage und der Anträge, die zur Tagesordnung eingegangen sind, zusammen. Die Zusammenstellung steht grds. in seinem pflichtgemäßen Ermessen. Anträge nach Abs. 3 oder nach § 67 III sind zwgd. aufzunehmen, sofern sie in die funktionelle Zuständigkeit des BR fallen. Eine kurzfristige **Änderung der Tagesordnung vor der Sitzung** ist möglich. Die BRmitglieder müssen dann notfalls fernmündl. unterrichtet werden. Eine sachgerechte Sitzungsvorbereitung durch die BRmitglieder muss auch in diesem Fall gewährleistet sein (BAG 24.5.2006 NZA 2006, 1364). Eine **Erg. der Tagesordnung auf der BRsitzung** selbst ist nur mögl., wenn der BR beschlussfähig ist und die Anwesenden einstimmig beschließen, über einen Regelungsgegenstand zu beraten und abzustimmen. Nicht erforderlich ist, dass an dieser Sitzung alle regulären BRmitglieder teilnehmen (BAG 15.4.2014 NZA 2014, 551). Die **Leitung** der BRsitzungen obliegt dem Vorsitzenden, der die Sitzung eröffnet und schließt, die Rednerliste führt, das Wort gibt und entzieht, die Abstimmung leitet, das Erg. feststellt und ggf. zur Ordnung ruft. Im Sitzungszimmer steht ihm das **Hausrecht** zu. Der BRvorsitzende hat mangels ges. Regelung nicht das Recht, ein BRmitglied von der Sitzung auszuschließen (aA GK-BetrVG/*Raab* Rn. 61). Die BRmitglieder haben bis zur Beendigung ihres Amts zur Durchführung von BRtätigkeit ein **Zutrittsrecht** zum Betrieb, das sie gerichtl. durchsetzen können (LAG M 18.11.2009 NZA-RR 2010, 189; LAG B/BB 2.9.2009 LAGE § 78 BetrVG 2001 Nr. 4). 2

3. Teilnahmerecht des Arbeitgebers. Der AG hat nach Abs. 4 nur ein Teilnahmerecht an den BRsitzungen zu den von ihm beantragten Tagesordnungspunkten. Der AG ist bei einer Einladung nach Abs. 4 iVm. § 2 I verpflichtet, selbst oder durch einen Vertreter der Einladung nachzukommen und an der Sitzung teilzunehmen. Die Teilnahmepflicht kann im BeschlV durchgesetzt werden (aA GK-BetrVG/*Raab* Rn. 70). Bei wiederholten Zuwiderhandlungen können Sanktionen nach § 23 III, § 119 I Nr. 2 in Betracht kommen. Der AG hat grds. persönlich, bei jur. Personen durch eine vertretungsberechtigte Personen zu erscheinen. Die **Vertretung** durch einen in der zu erörternden Angelegenheit bes. sachkundigen AN ist mögl. (BAG 11.12.1991 NZA 1992, 850). Der AG kann sich zu den von ihm nach Abs. 4 beantragten Punkten der Tagesordnung äußern. Sein Teilnahmerecht erstreckt sich nicht auf die Beschlussfassung (LAG D 7.3.1975 DB 1975, 743; teilw. abw. GK-BetrVG/*Raab* Rn. 68). **Beauftragte der AGverbände** dürfen an der BRsitzung teilnehmen, wenn der AG deren Mitglied ist, selbst teilnehmen darf und entweder selbst oder durch einen Vertreter an der Sitzung teilnimmt. Der AG darf der Sitzung fernbleiben, wenn der BR den Verbandsvertreter unzulässiger- 3 weise nicht teilnehmen lässt (aA GK-BetrVG/*Raab* Rn. 74). Der BRvorsitzende kann dem Beauftragten das Wort erteilen. Daneben kann der BRvorsitzende den AG zu bestimmten Tagesordnungspunkten einladen; eine Verpflichtung des AG oder einer vertretungsberechtigten Person zur Teilnahme besteht dann aber nicht. Zum Teilnahmerecht von **Beauftragten der Gewerkschaften** s. § 31.

§ 30 Betriebsratssitzungen

[1] Die Sitzungen des Betriebsrats finden in der Regel während der Arbeitszeit statt. [2] Der Betriebsrat hat bei der Ansetzung von Betriebsratssitzungen auf die betrieblichen Notwendigkeiten Rücksicht zu nehmen. [3] Der Arbeitgeber ist vom Zeitpunkt der Sitzung vorher zu verständigen. [4] Die Sitzungen des Betriebsrats sind nicht öffentlich.

1 Nach S. 1 finden BRsitzungen idR während der AZ statt. Ausnahmsweise können BRsitzungen außerhalb der AZ stattfinden, wenn die Mehrzahl der BRmitglieder am Arbeitsplatz unabkömml. ist und organisatorische Änd. dem AG nicht zumutbar sind. Bei unterschiedl. AZ der BRmitglieder kann es unvermeidl. sein, die BRsitzung außerhalb der AZ eines Teils der BRmitglieder zu legen (BAG 16.1.2008 NZA 2008, 546). BRmitglieder brauchen für ihre Teilnahme an BRsitzungen nicht die Erlaubnis des AG, müssen aber ihrem Vorgesetzten das Verlassen des Arbeitsplatzes und die voraussichtl. Wiederaufnahme der Arbeit anzeigen (BAG 19.6.1979 AP BetrVG 1972 § 37 Nr. 36). Über die Anzahl der BRsitzungen entscheidet entspr. dem Arbeitsanfall allein der BR bzw. der Vorsitzende (BAG 23.4.1974 AP BetrVG 1972 § 37 Nr. 11). Der AG ist nach S. 3 nur über den Zeitpunkt der Sitzung und nicht über die Tagesordnung der Sitzung zu unterrichten. Die fehlende Unterrichtung berechtigt nicht zur Minderung des Arbeitsentgelts der BRmitglieder. **Betriebliche Notwendigkeiten** iSd. S. 2 sind betriebl. Gründe, die zwgd. Vorrang vor dem Interesse des BR auf Abhaltung der BRsitzung zu dem vorgesehenen Zeitpunkt haben. Dem BR muss es daneben mögl. und zumutbar sein, die Sitzung zu einer anderen Zeit abzuhalten. Werden Sitzungen ohne Rücksicht auf die betriebl. Notwendigkeiten festgelegt, hat dies auf die Wirksamkeit der Beschlüsse keinen Einfluss. Der AG kann die Sitzungen nicht eigenmächtig unterbinden, kann aber nach § 85 II ArbGG eine einstweilige Vfg. des ArbG erwirken (*Fitting* Rn. 13). Er ist nicht berechtigt, den BRmitgliedern das Arbeitsentgelt zu kürzen (LAG HM 8.6.1978 EzA BetrVG 1972 § 37 Nr. 58). **Satz 4** beschränkt die BRsitzungen auf die BRmitglieder und die nach den §§ 29, 31, 32, 67 sowie § 3 I ZDVG Teilnahmeberechtigten. Daneben kann der BR nach § 2 II 2 SprAuG dem Sprecherausschuss oder einzelnen seiner Mitglieder Teilnahmerecht einräumen. Andere Personen, insb. auch Ersatzmitglieder sind nicht teilnahmeberechtigt, können aber zur Vorbereitung der Meinungsbildung gehört werden. Ein Verstoß gegen den Grundsatz der Nichtöffentlichkeit beeinträchtigt die Wirksamkeit eines Beschlusses nur, wenn er bei Beachtung des Grundsatzes anders ausgefallen wäre (BAG 24.3.1977 NJW 1978, 122). Aus S. 4 ergibt sich keine über § 79 hinausgehende Verpflichtung zur Verschwiegenheit über den Inhalt von BRsitzungen (BAG 5.9.1967 NJW 1968, 73). Verschwiegenheitspflichten können sich aber aus dem Inhalt der Beschlüsse oder dem vertraul. Charakter einer Angelegenheit ergeben. Der BR ist nicht berechtigt, seinen Mitgliedern zu verbieten, auf BRsitzungen mitzuschreiben oder Unterlagen aus einer BRsitzung mitzunehmen.

§ 31 Teilnahme der Gewerkschaften

Auf Antrag von einem Viertel der Mitglieder des Betriebsrats kann ein Beauftragter einer im Betriebsrat vertretenen Gewerkschaft an den Sitzungen beratend teilnehmen; in diesem Fall sind der Zeitpunkt der Sitzung und die Tagesordnung der Gewerkschaft rechtzeitig mitzuteilen.

1 Die Vorschr. dient dem Schutz von gewerkschaftl. Minderheiten im BR. Die Vorschr. ist auf Sitzungen der Ausschüsse des BR entspr. anzuwenden (BAG 25.6.1987 NZA 1988, 167). Ein Beauftragter einer im BR vertretenen Gewerkschaft kann auch vom BR als Gremium eingeladen werden. Die Teilnahme von Gewerkschaftsvertretern kann generell in der GO vorgesehen sein (BAG 28.2.1990 NZA 1990, 660; aA Richardi/*Thüsing* Rn. 15; GK-BetrVG/*Raab* Rn. 19 f.). Ist der formlos mögl. Antrag von dem erforderl. **Quorum** gestellt worden, kann die Mehrheit des BR den Antrag nicht ablehnen. Der Antrag bedarf keiner Begründung. Er ist gegenüber dem BRvorsitzenden abzugeben und muss so gestellt werden, dass eine Hinzuziehung zu der fragl. Sitzung mögl. ist. Der Antrag kann auf bestimmte Tagesordnungspunkte beschränkt werden. Die Gewerkschaft muss im BR, nicht nur im Betrieb vertreten sein (BAG 28.2.1990 NZA 1990, 660). Sofern der Antrag von den entspr. Mehrheiten gestellt wird, können mehrere Gewerkschaftsbeauftragte an der Sitzung teilnehmen. Beauftragte von Gewerkschaften, die nicht im BR vertreten sind, können als Auskunftspersonen zu bestimmten Beratungsgegenständen zu hören sein. Der BRvorsitzende handelt pflichtwidrig, wenn er einem ordnungsgemäß gestellten Antrag nicht nachkommt. Die Gewerkschaft entscheidet grds. frei über die **Person des Beauftragten.** Dieser hat beratende Stimme und darf – soweit der BR nichts Gegenteiliges beschließt – bei der Beschlussfassung anwesend sein. Bei § 31 handelt es sich ggü. dem Zugangsrecht

aus § 2 II um eine Sonderregelung, weshalb der AG den Zutritt auch aus den in § 2 II genannten Gründen nicht verweigern darf (aA GK-BetrVG/*Raab* Rn. 24). Nach § 31 hinzugezogene Gewerkschaftsbeauftragte unterliegen der Verschwiegenheitspflicht nach § 79 II. Die Mitteilung der Tagesordnung und des Zeitpunkts der Sitzung nach Hs. 2 ist rechtzeitig, wenn der Gewerkschaft ausreichend Zeit bleibt, einen Vertreter auszuwählen und sich auf die Sitzung vorzubereiten. Ist die Mitteilung trotz ordnungsgemäßer Antragsstellung unterblieben, kann der Tagesordnungspunkt nicht behandelt werden, da ansonsten das Antragsrecht unterlaufen würde (aA GK-BetrVG/*Raab* Rn. 15). Bei Streitigkeiten über das Zugangsrecht ist auch die betroffene Gewerkschaft antragsberechtigt (BAG 18.11.1980 AP BetrVG 1972 § 108 Nr. 2).

§ 32 Teilnahme der Schwerbehindertenvertretung

Die Schwerbehindertenvertretung (§ 94 des Neunten Buches Sozialgesetzbuch) kann an allen Sitzungen des Betriebsrats beratend teilnehmen.

Die SBV hat ein beratendes Teilnahmerecht an allen Sitzungen des BR bzw. Vertretungen nach § 3 I 1 Nr. 1–4. Sie wird ergänzt durch § 95 IV 1 SGB IX, wonach ein Teilnahmerecht an allen Ausschusssitzungen (BAG 21.4.1993 AP SchwbG 1986 § 25 Nr. 4 – § 28 II; 4.6.1987 AP SchwbG § 22 Nr. 2 – § 106) und an den Bespr. des BR mit dem AG nach § 74 I besteht (enger GK-BetrVG/*Raab* Rn. 3); ein Teilnahmerecht besteht aber nicht bei ledigl. informativen Bespr. einzelner BRmitglieder mit dem AG (LAG SH 10.9.2008 DB 2008, 2839). Das Beratungsrecht ggü. dem BR ist umfassend, nicht auf die spezifischen Angelegenheiten der SBV beschränkt. Ein Doppelamt (Vertrauensperson/BRmitglied) ist zulässig. Die SBV ist nicht an die Beschlüsse des BR gebunden, sondern kann dem AG ggü. eine abw. Meinung nach § 178 II SGB IX vertreten (*Fitting* Rn. 15). Eine Unterlassung der Ladung oder die Nichtteilnahme der SBV an den BRsitzungen haben keinen Einfluss auf die Wirksamkeit von Beschlüssen des BR. Bei Streitigkeiten über das Teilnahmerecht ist die SBV antragsberechtigt.

§ 33 Beschlüsse des Betriebsrats

(1) [1] **Die Beschlüsse des Betriebsrats werden, soweit in diesem Gesetz nichts anderes bestimmt ist, mit der Mehrheit der Stimmen der anwesenden Mitglieder gefasst.** [2] **Bei Stimmengleichheit ist ein Antrag abgelehnt.**

(2) **Der Betriebsrat ist nur beschlussfähig, wenn mindestens die Hälfte der Betriebsratsmitglieder an der Beschlussfassung teilnimmt; Stellvertretung durch Ersatzmitglieder ist zulässig.**

(3) **Nimmt die Jugend- und Auszubildendenvertretung an der Beschlussfassung teil, so werden die Stimmen der Jugend- und Auszubildendenvertreter bei der Feststellung der Stimmenmehrheit mitgezählt.**

1. Vorbemerkung. Die Vorschr. ist zwgd. Recht; für den GBR und den KBR bestehen Sonderrege- 1 lungen (s. §§ 47 VII, VIII, 51 III, 55 III, 59 I). Sie gilt entspr. für den Betriebsausschuss und die weiteren Ausschüsse des BR sowie für die ANvertretungen nach § 3 I Nr. 2 und 3. § 33 I, II gilt für den Gesamtbetriebsausschuss sowie für die weiteren Ausschüsse des GBR (§ 51 IV) und für die JAV (§ 65 I) entspr. Bei der Übertragung bestimmter Aufgaben auf die Ausschüsse können BR, GBR und KBR dort anderweitige Anforderungen an die Beschlussfassung vorsehen. Beschlüsse, die auf einer nach § 2 II 3 SprAuG anzuberaumenden gemeinsamen Sitzung von BR und Sprecherausschuss gefasst werden, erfolgen in getrennten Abstimmungen nach den jeweils geltenden Vorschr. (§ 33 I, II und § 14 I, II SprAuG) (*Fitting* Rn. 6).

2. Beschlüsse. Beschlüsse können nur auf einer ordnungsgemäßen Sitzung des BR gefasst werden. 2 Unter den Voraussetzungen von §§ 27, 28 ist eine begrenzte Übertragung von Aufgaben auf Ausschüsse zur selbständigen Erledigung und Entscheidung möglich. Die **Beschlussfähigkeit** muss bei jeder Abstimmung und nicht etwa nur zu einem bestimmten Zeitpunkt, zB bei Beginn der BRsitzung vorliegen. Führen BRmitglieder ohne triftigen Grund Beschlussunfähigkeit herbei, handeln sie uU pflichtwidrig. Nur Verstöße gegen Verfahrensvorschr., die für das ordnungsgemäße Zustandekommen eines Beschlusses als wesentl. anzusehen sind, führen zu dessen Unwirksamkeit. Hierfür ist maßgebl., ob die Verletzung der durch die Verfahrensvorschr. geschützten Interessen stärker zu gewichten ist, als das Interesse an der Aufrechterhaltung des Beschlusses (BAG 15.4.2014 NZA 2014, 551). Kleinere Formfehler, zB der Verstoß gegen die Pflicht zur Aufnahme des Beschlusses in der Sitzungsniederschrift (§ 34 I) oder die Nichtbeachtung der Nichtöffentlichkeit der Sitzung führen regelmäßig nicht zur Unwirksamkeit (BAG 30.9.2014 NZA 2015, 370). Hat ein Nichtberechtigter an der Beschlussfassung teilgenommen, ist der Beschl. nur unwirksam, wenn die Teilnahme Einfluss auf das Erg. gehabt haben kann. Zu den Verfahrensvorschr., deren Verletzung zur Unwirksamkeit des BRbeschlusses führen kann, gehört insb. die Pflicht zur ordnungsgemäßen **Ladung** aller stimmberechtigten BRmitglieder einschließl.

etwaiger Ersatzmitglieder und die rechtzeitige Mitteilung der Tagesordnung (BAG 24.5.2006 NZA 2006, 1364). Hat die JAV nach § 67 II Stimmrecht, ist auch ihre ordnungsgemäße Ladung Voraussetzung einer wirksamen Beschlussfassung. Wird ein Ersatzmitglied, das nach § 25 in den BR eingerückt ist, nicht ordnungsgemäß geladen, obwohl dies dem BRvorsitzenden mögl. gewesen wäre, ist eine Beschlussfassung unwirksam (BAG 3.8.1999 NZA 2000, 440). Der BR kann grds. nur über Punkte beschließen, die in der rechtzeitig mitgeteilten **Tagesordnung** aufgeführt sind. Ein dagegen gerichteter Verstoß kann geheilt werden, wenn der BR beschlussfähig ist und die Anwesenden einstimmig beschließen, über einen Regelungsgegenstand zu beraten und abzustimmen. Nicht erforderlich ist, dass an dieser Sitzung alle regulären BRmitglieder teilnehmen (BAG 4.11.2015 NZA-RR 2016, 256 – GBR; 15.4.2014 NZA 2014, 551). Der BR kann auch nach einer unwirksamen Beschlussfassung erneut über die Angelegenheit beschließen. Der zweite Beschl. wirkt aber grds. nicht auf den Zeitpunkt der unwirksamen Beschlussfassung zurück, sondern schafft erst für die Zukunft eine Rechtsgrundlage. Hat der BRvorsitzende auf Grund des unwirksamen Beschlusses eine rechtsgeschäftl. Verpflichtung für den BR begr., kann die erneute Beschlussfassung bei nicht stichtagsbezogenen Beschlüssen nach den für die Genehmigung geltenden Grds. (§ 184 I BGB) Rückwirkung entfalten (BAG 10.10.2007 NZA 2008, 369). BRbeschlüsse können, solange sie nach außen noch nicht wirksam geworden sind, **aufgeh.** oder inhaltl. **geänd.** werden (LAG HM 22.10.1991 DB 1992, 483). Muss der AG bei seinen Maßnahmen Beteiligungsrechte des BR beachten, bleiben **nichtige Beschlüsse** im Bereich der *Mitwirkung* grds. ohne Wirkung. Bei Maßnahmen, die der *Mitbestimmung* unterliegen, führt der nichtige Beschl. des BR zur Unwirksamkeit der Maßnahme. Hier können Vertrauensschutzgrundsätze zugunsten des AG oder des betroffenen AN greifen (BAG 30.9.2014 NZA 2015, 370; 23.8.1984 NZA 1985, 254).

3 **3. Abstimmung.** Das Abstimmungsverfahren ist iE nicht ges. geregelt. Es kann in einer GO nach § 36 näher festgelegt werden. Eine GO kann aber nicht eine qualifizierte Mehrheit vorschreiben, wenn das G einfache Mehrheit ausreichen lässt, oder umgekehrt. Eine Beschlussfassung im **Umlaufverfahren** ist ebenso unzulässig (BAG 4.8.1975 AP BetrVG 1972 § 102 Nr. 4) wie eine schriftl., telegrafische oder fernmündl. Beschlussfassung. Die Abstimmungen finden, soweit nicht anders geregelt, grds. offen statt (Ausn.: geheime Abstimmung wird von einem BRmitglied verlangt). Eine namentl. Abstimmung kann nicht verlangt werden. Sofern das G keine bes. Stimmenmehrheit verlangt, genügt nach Abs. 1 die Mehrheit der anwesenden Mitglieder. Diese muss unzweifelhaft feststehen. Daher sind stets die Ja-/Nein-Stimmen und die Enthaltungen zu ermitteln. **Stimmenthaltung** ist möglich, wirkt sich aber als Ablehnung aus. Die Nichtteilnahme eines bei Abstimmung anwesenden Mitglieds muss ausdrückl. erklärt werden. Geschieht dies nicht, spricht eine tatsächl. Vermutung dafür, dass eine Stimmenthaltung vorliegt (aA GK-BetrVG/*Raab* Rn. 15 f.). Bei Stimmengleichheit ist ein Antrag abgelehnt. Soweit ein BRmitglied von einer Entscheidung des BR **persönlich betroffen** ist, zB von einer ihn betreffenden personellen Maßnahme, ist es von der Beratung und Stimmabgabe ausgeschlossen (s. § 25 Rn. 4). Nehmen die **Mitglieder der JAV** nach § 67 II an der Beschlussfassung des BR teil, zählen ihre Stimmen nach **Abs. 3** bei der Berechnung der Stimmenmehrheit, nicht aber bei der Beschlussfähigkeit mit (*Fitting* Rn. 39). Soweit das G für Beschlüsse abweichend von Abs. 1 eine Mehrheit der Stimmen der Mitglieder des BR verlangt, muss neben der Mehrheit des gemeinsamen Beschlussgremiums auch eine Mehrheit der Mitglieder des BR gegeben sein (GK-BetrVG/*Raab* Rn. 32).

4 **4. Streitigkeiten.** Die Wirksamkeit der Beschlussfassung des BR kann auch inzidenter iR eines UrtV überprüft werden; zur Darlegungslast (BAG 29.7.2009 NZA 2009, 1223). BRbeschlüsse unterliegen grds. keiner gerichtl. Zweckmäßigkeitskontrolle (BAG 3.4.1979 AP BetrVG 1972 § 13 Nr. 1; aA LAG N 19.11.1985 LAGE BetrVG 1972 § 38 Nr. 3 – Ermessensfehler), sondern nur einer Rechtskontrolle. Die Rechtmäßigkeitskontrolle von Organisationsentscheidungen des BR beschränkt sich für die bei förml. Wahlen getroffenen Entscheidungen auf das entspr. § 19 durchzuführende Anfechtungsverfahren und die Geltendmachung der Nichtigkeit (*Fitting* Rn. 49). **Sonstige Beschlüsse** des BR können mangels ges. Grdl. nicht nach § 19 angefochten werden (BAG 21.7.2004 NZA 2005, 170). Eine Anfechtung der Stimmabgabe durch das einzelne BRmitglied wegen Irrtums, Täuschung oder Drohung ist mögl. und kann zur Unwirksamkeit des Beschlusses führen (GK-BetrVG/*Raab* Rn. 49). Das ArbG kann die Unwirksamkeit von Beschlüssen nur feststellen, wenn sie **nichtig** sind. Dazu gehören der gesetzeswidrige Inhalt des Beschlusses (Verstoß gegen höherrangiges Recht, zB § 77 III), fehlende Zuständigkeit des BR oder nicht ordnungsgemäßes Zustandekommen des Beschlusses (Rn. 2); die Einhaltung eines bestimmten Abstimmungsverfahrens kann nicht gerichtl. durchgesetzt werden (BAG 7.6.2016 NZA 2016, 1350).

§ 34 Sitzungsniederschrift

(1) [1] **Über jede Verhandlung des Betriebsrats ist eine Niederschrift aufzunehmen, die mindestens den Wortlaut der Beschlüsse und die Stimmenmehrheit, mit der sie gefasst sind, enthält.** [2] **Die Niederschrift ist von dem Vorsitzenden und einem weiteren Mitglied zu unterzeichnen.** [3] **Der Niederschrift ist eine Anwesenheitsliste beizufügen, in die sich jeder Teilnehmer eigenhändig einzutragen hat.**

(2) [1]Hat der Arbeitgeber oder ein Beauftragter einer Gewerkschaft an der Sitzung teilgenommen, so ist ihm der entsprechende Teil der Niederschrift abschriftlich auszuhändigen. [2]Einwendungen gegen die Niederschrift sind unverzüglich schriftlich zu erheben; sie sind der Niederschrift beizufügen.

(3) Die Mitglieder des Betriebsrats haben das Recht, die Unterlagen des Betriebsrats und seiner Ausschüsse jederzeit einzusehen.

1. Niederschrift. Die – zwgd. – Vorschr. gilt auch für den GBR (§ 51 I), KBR (§ 59 I), die JAV 1 (§ 65 I) und die Gesamt-JAV (§ 73 II). Sie gilt entspr. für den Betriebsausschuss und die weiteren Ausschüsse des BR nach § 28, die Arbeitsgruppen nach § 28a und die ANvertretungen nach § 3 I Nr. 2 u. 3. Für die Fertigung der Niederschrift ist der BRvorsitzende verantwortlich. Eine Niederschrift ist auch anzufertigen, wenn keine Beschlüsse gefasst wurden. Ist eine Beschlussfassung erfolgt, ist der Wortlaut der zur Abstimmung gestellten Beschlüsse und das Stimmenverhältnis anzugeben. Angaben zum Stimmverhalten einzelner BRmitglieder sind möglich, aber grds. nicht vorgeschrieben. Protokollerkl. einzelner BRmitglieder sind aufzunehmen; in der GO kann bestimmt werden, was zusätzl. in die Niederschrift gehört. Der BR kann einen **Schriftführer** bestellen. Ein Anspruch des BR auf Teilnahme einer ihm nicht angehörenden Person als verantwortl. Protokollführer besteht nicht (BAG 17.10.1990 NZA 1991, 432). Die Hinzuziehung einer Schreibkraft zur Unterstützung eines Schriftführers, der BRmitglied ist, ist zulässig (aA GK-BetrVG/*Raab* Rn. 8). **Tonbandaufnahmen** sind nur zulässig, wenn alle Anwesenden ausdrückl. damit einverstanden sind. Neben dem Vorsitzenden hat ein weiteres Mitglied die Niederschrift zu **unterzeichnen.** Die **Anwesenheitsliste** ist Bestandteil der Niederschrift und beweist durch eigenhändige Unterschrift die Teilnahme aller Teilnehmer. Bei nur vorübergehender Teilnahme Dritter, zB von Auskunftspersonen, ist daher der Zeitraum ihrer Teilnahme festzuhalten. Einer ordnungsgemäßen Sitzungsniederschrift kommt ein vom AG oder Dritten zu erschütternder hoher Beweiswert für die in der Sitzung gefassten Beschlüsse zu (BAG 30.9.2014 NZA 2015, 370). Das **Fehlen einer Niederschrift** hat nur Auswirkungen auf die Rechtsgültigkeit von Beschlüssen, wenn für diese ein ges. Schriftformerfordernis (zB § 27 II 2, § 36) besteht (BAG 8.2.1977 AP BetrVG 1972 § 80 Nr. 10). Soweit der AG oder sein Vertreter an der Sitzung teilgenommen haben, ist ihm eine (Teil-) Abschrift der Niederschrift **auszuhändigen.** Gleiches gilt für den Gewerkschaftsbeauftragten. Solange die Niederschrift von rechtl. Bedeutung sein kann, ist sie – auch vom nachf. BR – aufzubewahren.

2. Einwendungen und Einsichtsrecht. Die Berechtigung, Einwendungen gegen die Niederschrift zu 2 erheben, steht nicht nur den in Abs. 2 S. 1 genannten Personen, sondern allen zu, die an der Sitzung teilgenommen haben, insb. den BRmitgliedern. Einwendungen haben auf die Wirksamkeit der Beschlüsse des BR keine Auswirkung. Sie müssen nach Abs. 2 S. 2 unverzügl. schriftl. ggü. dem BRvorsitzenden erhoben werden. Es ist zulässig, die Einwendungen schon auf der BRsitzung mündl. vorzubringen. Auch wenn der BR die Einwendungen für sachl. nicht berechtigt hält, müssen sie der Niederschrift beigefügt werden. Ein vollständiges „Gegenprotokoll" des AG ist keine Einwendung (LAG HE 19.5.1988 DB 1989, 486; einschr. GK-BetrVG/*Raab* Rn. 26). Darüber hinaus gibt es keinen weitergehenden Anspruch auf Korrektur der Niederschrift. Auf Antrag eines Beteiligten kann die Richtigkeit der Niederschrift im BeschlV geklärt werden (*Fitting* Rn. 32). Das **Einsichtsrecht** (§ 34 III) unterliegt weder zeitl. noch sachl. Schranken oder Voraussetzungen, solange seine Ausübung nicht die Arbeit des BR konkret behindert. Es besteht nur für amtierende BRmitglieder und erstreckt sich nicht nur die Sitzungsniederschriften, sondern auf sämtl. Aufzeichnungen und Materialien, die der BR, ein Ausschuss (auch Arbeitsgruppen *Fitting* Rn. 38) oder einzelne BRmitglieder angefertigt haben und die ständig zur Vfg. stehen. Das gilt unabhängig davon, ob diese Aufzeichnungen in Papierform verkörpert oder in Dateiform elektronisch auf Datenträgern gespeichert sind; hiervon erfasst sind auch die elektronischen Kommunikationsmittel des BR. Der Einsichtsberechtigte kann sich Notizen oder Abschriften anfertigen oder vorhandene Dateien auf elektronischem Weg einsehen (BAG 12.8.2009 NZA 2009, 1218). Es besteht ein Anspruch auf Überlassung der einzusehenden Unterlagen oder die Fertigung von Kopien, wenn dies für eine ordnungsgemäße BRtätigkeit unerlässl. ist (aA BAG 27.5.1982 AP BetrVG 1972 § 34 Nr. 1 – kein Anspruch). Die Einsichtsberechtigt nach Abs. 3 sind nur die BRmitglieder. Der JAV kann nach § 70 II im Einzelfall ein Einsichtsrecht zustehen. Der BR hat die Möglichkeit, auch anderen Personen und Stellen Einsicht zu gewähren, soweit nicht ges. Vorschr., insb. die Geheimhaltungspflicht aus § 79 dem entgegensteht und ein berechtigtes Interesse an der Einsicht besteht (GK-BetrVG/*Raab* Rn. 29).

§ 35 Aussetzung von Beschlüssen

(1) Erachtet die Mehrheit der Jugend- und Auszubildendenvertretung oder die Schwerbehindertenvertretung einen Beschluss des Betriebsrats als eine erhebliche Beeinträchtigung wichtiger Interessen der durch sie vertretenen Arbeitnehmer, so ist auf ihren Antrag der Beschluss auf die Dauer von einer Woche vom Zeitpunkt der Beschlussfassung an auszusetzen, damit in dieser Frist eine Verständigung, gegebenenfalls mit Hilfe der im Betrieb vertretenen Gewerkschaften, versucht werden kann.

(2) [1]**Nach Ablauf der Frist ist über die Angelegenheit neu zu beschließen.** [2]**Wird der erste Beschluss bestätigt, so kann der Antrag auf Aussetzung nicht wiederholt werden; dies gilt auch, wenn der erste Beschluss nur unerheblich geändert wird.**

1 Die zwgd. Vorschr. gilt nach § 51 I auch für den GBR und nach § 59 I mit gewissen Modifikationen für den KBR (s. § 59 Rn. 2). Sie gilt entspr. bei Entscheidungen von BRausschüssen, denen Aufgaben zur selbständigen Entscheidung übertragen worden sind. Der **Antrag** kann nur gegen Beschlüsse des BR geltend gemacht werden, nicht gegen seine organisatorischen Akte, wie zB Wahlen. Der Antrag kann formlos gestellt werden, die Beeinträchtigung muss aber deutl. gemacht werden. Steht der JAV nach § 67 I 2 ein beratendes Stimmrecht zu, setzt der Antrag voraus, dass sie ihre Bedenken gegen den zur Abstimmung gestellten Beschl. während seiner Beratung deutl. gemacht hat; gleiches gilt für die SBV. **Aussetzung:** Mit der Aussetzung wird die Durchführung des Beschlusses hinausgeschoben. Ist der Beschl. bereits durchgeführt, kann er nicht mehr ausgesetzt werden. Die **Wochenfrist** beginnt nach Abs. 1 nicht mit der Antragstellung, sondern mit der Beschlussfassung. Der BR kann eine längere Frist einräumen, nicht aber die Frist verkürzen. Die Wirksamkeit von BRbeschlüssen wird von der Aussetzung oder der Nichtbeachtung der Vorschr. nicht berührt. Bei § 35 handelt es sich um eine interne Ordnungsvorschr. für die Willensbildung des BR. Deshalb führt der Aussetzungsantrag auch nicht zur Verlängerung der Fristen nach § 99 III und § 102 II. Nach Abs. 2 S. 1 ist ein **neuer Beschl.** (frühestens) nach Ablauf der Wochenfrist herbeizuführen. Gegenstand der Beratung und neuen Beschlussfassung ist nicht der ursprüngl. Antrag, sondern der angegriffene Beschl. unter Einbeziehung der von den Aussetzungsberechtigten vorgetragenen Einwände. Der erneute Beschl. beendet das Aussetzungsverfahren. Bestätigt der BR den angegriffenen Beschl. oder ändert den ersten Beschl. nur unerheblich, kann der erneute Beschl. nicht wieder Gegenstand eines neuen Verfahrens nach § 35 sein (*Fitting* Rn. 27 f.).

§ 36 Geschäftsordnung

Sonstige Bestimmungen über die Geschäftsführung sollen in einer schriftlichen Geschäftsordnung getroffen werden, die der Betriebsrat mit der Mehrheit der Stimmen seiner Mitglieder beschließt.

1 Die GO legt die Ordnung der Geschäftsführung des BR fest. Die Vorschr. gilt entspr. für die Ausschüsse des BR, des GBR und des KBR. Soweit BR, GBR oder KBR GO für die Geschäftsführung ihrer Ausschüsse erlassen, haben diese Vorrang vor den von den Ausschüssen selbst erlassenen (GK-BetrVG/*Raab* Rn. 3). Die GO des BR kann nur Bestimmungen darüber enthalten, in welcher Art und Weise der BR seine Aufgaben erfüllen will (BAG 16.1.1979 AP BetrVG 1972 § 38 Nr. 5). Sie kann dem BR keine Befugnisse übertragen, die ihm nicht bereits durch G oder TV zugewiesen wurden. Die Bestimmungen der §§ 26 bis 41 können wiederholt und tw. konkretisiert werden. Es kann aber nicht von zwgd. Vorschr. (zB. Verhaltenspflichten als BRmitglied) abgewichen werden (BAG 16.11.2005 NZA 2006, 445; RB anh. 7 ABR 29/15). Maßnahmen, die nur gemeinsam mit dem AG entschieden werden können, wie zB zusätzl. Freistellungen nach § 38 oder die Nutzung von Betriebsräumen können nicht durch die GO, sondern müssen durch BV oder Regelungsabrede vereinbart werden (BAG 16.1.1979 AP BetrVG 1972 § 38 Nr. 5). Der Beschl. nach § 36 bedarf der absoluten Mehrheit der Stimmen der Mitglieder des BR. Die GO muss vom BRvorsitzenden unterzeichnet werden und ist auch ohne Veröffentlichung wirksam. Sie gilt für die Dauer der Amtszeit des BR. Die GO muss dem AG grds. nicht mitgeteilt werden, soweit mit ihr nicht Aufgaben zur selbständigen Erledigung nach § 27 III S. 2 und § 28 übertragen sind (*Fitting* Rn. 11). Wird eine GO nicht erlassen, führt dies nicht zur Unwirksamkeit der Beschlüsse des BR. Die GO bindet den Vorsitzenden, den Stellvertreter, die Ausschüsse und alle sonstigen BRmitglieder oder Organe des BR. Der BR selbst kann mit absoluter Mehrheit im Einzelfall von ihr abweichen. Eine Verletzung der GO führt nicht zur Unwirksamkeit von BRbeschlüssen (diff. GK-BetrVG/*Raab* Rn. 19).

§ 37 Ehrenamtliche Tätigkeit, Arbeitsversäumnis

(1) **Die Mitglieder des Betriebsrats führen ihr Amt unentgeltlich als Ehrenamt.**

(2) **Mitglieder des Betriebsrats sind von ihrer beruflichen Tätigkeit ohne Minderung des Arbeitsentgelts zu befreien, wenn und soweit es nach Umfang und Art des Betriebs zur ordnungsgemäßen Durchführung ihrer Aufgaben erforderlich ist.**

(3) [1]**Zum Ausgleich für Betriebsratstätigkeit, die aus betriebsbedingten Gründen außerhalb der Arbeitszeit durchzuführen ist, hat das Betriebsratsmitglied Anspruch auf entsprechende Arbeitsbefreiung unter Fortzahlung des Arbeitsentgelts.** [2]**Betriebsbedingte Gründe liegen auch vor, wenn die Betriebsratstätigkeit wegen der unterschiedlichen Arbeitszeiten der Betriebsratsmitglieder nicht innerhalb der persönlichen Arbeitszeit erfolgen kann.** [3]**Die Arbeitsbefreiung ist vor Ablauf**

eines Monats zu gewähren; ist dies aus betriebsbedingten Gründen nicht möglich, so ist die aufgewendete Zeit wie Mehrarbeit zu vergüten.

(4) [1]Das Arbeitsentgelt von Mitgliedern des Betriebsrats darf einschließlich eines Zeitraums von einem Jahr nach Beendigung der Amtszeit nicht geringer bemessen werden als das Arbeitsentgelt vergleichbarer Arbeitnehmer mit betriebsüblicher beruflicher Entwicklung. [2]Dies gilt auch für allgemeine Zuwendungen des Arbeitgebers.

(5) Soweit nicht zwingende betriebliche Notwendigkeiten entgegenstehen, dürfen Mitglieder des Betriebsrats einschließlich eines Zeitraums von einem Jahr nach Beendigung der Amtszeit nur mit Tätigkeiten beschäftigt werden, die den Tätigkeiten der in Absatz 4 genannten Arbeitnehmer gleichwertig sind.

(6) [1]Die Absätze 2 und 3 gelten entsprechend für die Teilnahme an Schulungs- und Bildungsveranstaltungen, soweit diese Kenntnisse vermitteln, die für die Arbeit des Betriebsrats erforderlich sind. [2]Betriebsbedingte Gründe im Sinne des Absatzes 3 liegen auch vor, wenn wegen Besonderheiten der betrieblichen Arbeitszeitgestaltung die Schulung des Betriebsratsmitglieds außerhalb seiner Arbeitszeit erfolgt; in diesem Fall ist der Umfang des Ausgleichsanspruchs unter Einbeziehung der Arbeitsbefreiung nach Absatz 2 pro Schulungstag begrenzt auf die Arbeitszeit eines vollzeitbeschäftigten Arbeitnehmers. [3]Der Betriebsrat hat bei der Festlegung der zeitlichen Lage der Teilnahme an Schulungs- und Bildungsveranstaltungen die betrieblichen Notwendigkeiten zu berücksichtigen. [4]Er hat dem Arbeitgeber die Teilnahme und die zeitliche Lage der Schulungs- und Bildungsveranstaltungen rechtzeitig bekannt zu geben. [5]Hält der Arbeitgeber die betrieblichen Notwendigkeiten für nicht ausreichend berücksichtigt, so kann er die Einigungsstelle anrufen. [6]Der Spruch der Einigungsstelle ersetzt die Einigung zwischen Arbeitgeber und Betriebsrat.

(7) [1]Unbeschadet der Vorschrift des Absatzes 6 hat jedes Mitglied des Betriebsrats während seiner regelmäßigen Amtszeit Anspruch auf bezahlte Freistellung für insgesamt drei Wochen zur Teilnahme an Schulungs- und Bildungsveranstaltungen, die von der zuständigen obersten Arbeitsbehörde des Landes nach Beratung mit den Spitzenorganisationen der Gewerkschaften und der Arbeitgeberverbände als geeignet anerkannt sind. [2]Der Anspruch nach Satz 1 erhöht sich für Arbeitnehmer, die erstmals das Amt eines Betriebsratsmitglieds übernehmen und auch nicht zuvor Jugend- und Auszubildendenvertreter waren, auf vier Wochen. [3]Absatz 6 Satz 2 bis 6 findet Anwendung.

I. Ehrenamt

Die Vorschr. ist zugunsten des BR und seiner Mitglieder zwingend; für Mitglieder der SBV enthält § 179 I SGB IX eine inhaltsgleiche Regelung. Für das BRamt als privatrechtl. Ehrenamt gilt streng der **Grundsatz der Unentgeltlichkeit** (dazu *Byers* NZA 2014, 65; *U. Fischer* NZA 2014, 7). Nur so lässt sich die innere Unabhängigkeit des BRmitglieds und des BR als Organ gewährleisten (BAG 20.10.1993 NZA 1994, 278). Im Interesse der unparteiischen und unabhängigen Ausübung des Amtes dürfen BRmitglieder aus der Amtsführung weder Vorteile haben noch Nachteile erleiden. Eine Pauschalierung ihrer amtsbedingten regelm. Auslagen und Aufwendungen soll daher nur zulässig sein, wenn sie im Wesentl. den durchschnittl. tatsächl. Belastungen entsprechen. Vereinbarungen über unzulässige Entgeltgewährung im Einzelvertrag, in einer BV oder in einem TV sind nach § 78 iVm. § 134 BGB nichtig. Das ohne Rechtsgrund Geleistete kann trotz § 817 S. 2 BGB zurückgefordert werden (aA DKKW/*Wedde* Rn. 7; *Fitting* Rn. 11). Verstöße können zu einem Verfahren nach § 23 I führen und ggf. nach § 119 I Nr. 3 sowie § 266 StGB geahndet werden (BGH 17.9.2009 NJW 2010, 92). 1

II. Arbeitsbefreiung

1. Aufgaben. Nach § 37 II sind nicht freigestellte BRmitglieder von ihrer berufl. Tätigkeit ohne Minderung des Arbeitsentgelts zu befreien, wenn und soweit es nach Umfang und Art des Betriebs zur ordnungsgemäßen Durchführung ihrer Aufgaben erforderl. ist; für Mitglieder der SBV gilt § 179 IV 1 SGB IX. Der Anspruch auf Vergütungsfortzahlung setzt daher voraus, dass das BRmitglied während der Zeit der Arbeitsbefreiung (a) ges. Aufgaben des BR wahrnimmt. Außerdem muss (b) die Arbeitsbefreiung zur ordnungsgemäßen Durchführung der Aufgaben des Betriebsrats erforderl. sein (s. Rn. 3). Aufgaben der Amtsträger können sich neben dem BetrVG aus den allgemeinen G, TV, BV und Regelungsabreden ergeben. Die Aufgaben des BR können auch **außerhalb des Betriebs** wahrzunehmen sein zB bei Verhandlungen mit nat. oder internat. Behörden, dem Aufsuchen eines RA, der den BR vertritt oder das Auftreten in Gerichtsverhandlungen, soweit der BR oder das BRmitglied selbst am Verfahren beteiligt sind. IÜ kann die Teilnahme an Gerichtsverhandlungen im Einzelfall zu den Aufgaben des BR gehören, wenn er davon ausgehen darf, dass er die dort zu erwartenden Inf. in naher Zukunft für die gezielte Wahrnehmung anderer ges. oder betriebsverfassungsrechtl. Aufgaben einsetzen kann (BAG 31.8.1994 NZA 1995, 225; weiter *Fitting* Rn. 28). Auch Bespr. mit BR fremder Betriebe können zu den Aufgaben des BR zählen, wenn dafür ein konkreter betriebl. Anlass besteht 2 (dazu BAG 21.6.2006 – 7 AZR 418/05). Nicht zu den Aufgaben des BR gehören: die Werbung für eine Gewerkschaft oder die Teilnahme an Veranstaltungen rein gewerkschaftl. Charakters ohne Bezug zu konkreten betriebsverfassungsrechtl. Aufgaben, die Teilnahme an Tarifverhandlungen (LAG RP 10.9.2009 NZA-RR 2010, 78), die Ausübung von Ehrenämtern, die Tätigkeit als ehrenamtl. Richter oder als Vertreter in den Selbstverwaltungsorganen der Sozialversicherungsträger, die Rechtsberatung einzelner AN (LAG RP 10.9.1984 NZA 1985, 430), die Teilnahme an Gerichtsverhandlungen ohne Aufgabenbezug, die gerichtl. Klärung individueller Rechtspositionen (BAG 18.1.2005 NZA 2006, 167) sowie die Kontrolle von Maßnahmen des AG, die nicht der Mitbestimmung unterliegen (BAG 11.8.1993 – 7 AZR 619/92).

3 **2. Erforderlichkeit. a) Prüfungsmaßstab.** Die Prüfung der Frage, ob die Versäumung der AZ zur ordnungsgem. Durchführung der BRaufgaben (s. Rn. 2) erforderl. ist, obliegt sowohl diesem als Gremium als auch dem betr. Mitglied. Ihnen steht insoweit ein Beurteilungsspielraum zu. Sie dürfen die Frage der Erforderl. allerdings nicht allein nach ihrem subj. Ermessen beantworten, sondern müssen die Interessen des Betriebs einerseits und des BR und der Belegschaft andererseits gegeneinander abwägen. Fasst der BR den Beschluss, dass das BRmitglied eine bestimmte Aufgabe wahrnehmen soll, entbindet dies das Mitglied nicht von einer selbständigen Überprüfung der Rechtslage hinsichtl. des Bestehens einer BRaufgabe und deren Erforderl. Ob die Arbeitsbefreiung überhaupt der Durchführung der BRaufgaben dient, ist eine Rechtsfrage, die allein nach obj. Maßstäben zu beurteilen ist. Ein Beurteilungsspielraum besteht insoweit nicht. Auch ein entschuldbarer Irrtum des BRmitglieds darüber, ob eine von ihm wahrgenommene Tätigkeit zu den Aufgaben des BR gehört, kann grundsätzlich einen Vergütungsanspruch nach § 611a BGB, § 37 II nicht begründen. Allerdings entscheiden der BR sowie sein Mitglied eigenverantwortl. über die Ausübung der BRtätigkeit. Deshalb kann nicht jede Verkennung der obj. Rechtslage, insbesondere bei schwierigen und ungeklärten Rechtsfragen, nachteilige Auswirkungen für das betreffende BRmitglied haben. Das ist nur dann der Fall, wenn bei verständiger Würdigung erkennbar ist, dass es sich bei der Tätigkeit nicht mehr um die Wahrnehmung gesetzl. Aufgaben des Betriebsrats handelt (BAG 21.6.2006 – 7 AZR 418/05). Die Erforderlichkeit kann nicht anhand von Erfahrungs- oder Richtwerten gemessen werden. Stets muss eine Einzelfallbetrachtung erfolgen (BAG 16.10.1986 NZA 1987, 643). Die Teilnahme an BRsitzungen ist regelmäßig als erforderl. anzusehen (BAG 16.1.2008 NZA 2008, 546, enger LAG HE 4.2.2013 – 16 TaBV 261/12). Bei BRtätigkeiten außerhalb des Betriebs zählen auch notwendige Wege- und Reisezeiten zur erforderl. Arbeitsversäumnis (BAG 11.7.1978 AP BetrVG 1972 § 37 Nr. 57). Durfte ein BRmitglied nach gewissenhafter Prüfung bei einer ges. Aufgabe zu der Einschätzung kommen, seine Tätigkeit sei erforderlich, fehlt es an einer für eine **Abmahnung** wegen Arbeitsversäumnis notwendigen vorwerfbaren Pflichtverletzung (BAG 31.8.1994 NZA 1995, 225).

4 **b) Umfang.** Der Umf. der Arbeitsbefreiung ist nicht für alle BRmitglieder gleich, sondern abhängig von der konkreten Aufgabenstellung und Funktion des einzelnen BRmitglieds. In Betrieben mit nach § 38 freigestellten BRmitgliedern ist eine Arbeitsbefreiung für nicht freigestellte BRmitglieder nicht erforderl., wenn die freigestellten BRmitglieder nicht ausgelastet sind (BAG 19.9.1985 – 6 AZR 476/83; ähnl. GK-BetrVG/*Weber* Rn. 44). Die Entscheidung über die Arbeitsorganisation und Arbeitsteilung innerhalb des BR ist iÜ allein seine Sache (BAG 29.1.1991 AP BetrVG 1972 § 37 Nr. 8). Nimmt ein BRmitglied an einer außerhalb seiner persönl. AZ stattfindenden BRsitzung teil und ist es ihm deswegen unmögl. oder unzumutbar, seine vor oder nach der BRsitzung liegende AZ einzuhalten, hat es insoweit einen Anspruch auf bezahlte Arbeitsbefreiung (BAG 18.1.2017 – 7 AZR 224/15, zVb.; 21.3.2017 – 7 ABR 17/15 – Aktivlegitimation).

5 **c) Verfahren.** Ein nicht nach § 38 vollständig freigestelltes BRmitglied muss sich zur Ausübung von BRtätigkeit beim AG **abmelden**. Freigestellte BRmitglieder müssen sich nur bei Verlassen des Betriebs unter Angabe der vors. Dauer der Abwesenheit abmelden (BAG 24.2.2016 NZA 2016, 831). Die Abmeldung soll es dem AG ermögl., notwendige arbeitsorganisatorische Dispositionen zu treffen, um den Arbeitsausfall zu überbrücken und Störungen des Betriebsablaufs zu vermeiden (BAG 15.7.1992 NZA 1993, 220). Das BRmitglied muss daher Ort, Zeitpunkt und voraussichtl. Dauer der BRtätigkeit, nicht aber deren Art oder Inhalt angeben (BAG 15.3.1995 NZA 1997, 1062). Die Abmeldepflicht besteht auch bei der Ausübung von BRtätigkeit am Arbeitsplatz, sofern nicht ausgeschlossen ist, dass der AG wegen der zeitweisen Verhinderung den Arbeitsablauf umorganisiert (BAG 29.6.2011 NZA 2012, 47). Der AG kann keine persönl. Abmeldung des betroffenen BRmitglieds verlangen, wie es den Zugang seiner Mitteilung bewirkt, ist ihm überlassen (BAG 13.5.1997 NZA 1997, 1062). Die Zustimmung des AG zur Arbeitsbefreiung ist nicht erforderl. (BAG 6.8.1981 AP BetrVG 1972 § 37 Nr. 39). Der AG darf, falls der BR einen AN aufsuchen will, nicht nach dessen Namen fragen (BAG 23.6.1983 AP BetrVG 1972 § 37 Nr. 45). Eine genauere Schilderung ist nur erforderl., wenn der AG bei der Abmeldung seinerseits darlegt, dass der Betroffene für die Zeit der beabsichtigten BRtätigkeit unabkömml. ist und betriebsbedingte Gründe eine zeitl. Verschiebung verlangen. Das BRmitglied muss dann prüfen, ob oder inwieweit die geplante BRtätigkeit verschoben werden kann und ggf. darlegen, dass die BRarbeit zu dringl. ist, um dem Verlangen des AG nachkommen zu können (BAG 15.3.1995 NZA 1997, 1062). Diese Grds. gelten singgemäß auch für Reisen eines BRmitglieds; die Darlegung der

Erforderlichkeit der Reise kann aber noch im BeschlV erfolgen (BAG 10.8.1994 NZA 1995, 796). Das BRmitglied muss dem AG ebenso seine voraussichtl. **Rückkehr** an den Arbeitsplatz **anzeigen**, damit er die für die Dauer der Abwesenheit erforderl. Dispositionen treffen kann (BAG 13.5.1997 NZA 1997, 1062). Eine einseitige nähere Regelung des Ab- und Rückmeldemeldeverfahrens allein durch den AG ist unwirksam, soweit er damit sein Weisungsrecht ggü. dem einzelnen AN überschreitet oder gesetzwidrig ein Weisungsrecht zur Ausübung der BRtätigkeit in Anspruch nimmt (BAG 13.5.1997 NZA 1997, 1062). Verletzt das BRmitglied die Abmeldepflicht, kann dies zu einer Abmahnung führen (BAG 15.7.1992 NZA 1993, 220). Darüber hinaus kann sich das BRmitglied schadensersatzpflichtig machen (LAG D 9.8.1985 DB 1985, 2463). Besteht im Betrieb eine Pflicht zur Zeiterfassung bei Betreten und Verlassen des Betriebs, gilt diese auch für BRmitglieder bei amtsbedingten Unterbrechungen der Arbeit (LAG BE 9.1.1984 DB 1984, 2098). Eine ordnungsgemäße Abmeldung ersetzt nicht die für die **Entgeltfortzahlung** maßgebl. Prüfung, ob und inwieweit das BRmitglied die Arbeitsbefreiung zur Erledigung der ges. Aufgaben für erforderl. halten durfte. Zweifelt der AG auf Grund der konkreten betriebl. Situation und des vom BRmitglied genannten Zeitaufwands an der Erforderlichkeit der BRtätigkeit, hat das BRmitglied dem AG stichwortartige Angaben zu übermitteln, die diesem zumindest eine Plausibilitätskontrolle ermöglichen. Solange das BRmitglied dieser Pflicht nicht nachkommt, kann der AG das Entgelt zurückhalten (BAG 15.3.1995 NZA 1995, 961). Eine genaue Schilderung der betreffenden Aufgabe ist in keinem Fall erforderl. (BAG 19.6.1979 AP BetrVG 1972 § 37 Nr. 36). Die Mitglieder des BR sind auch nicht verpflichtet, für den AG oder den BR eine schriftl. Dokumentation ihrer Tätigkeit anzufertigen (RB anh. 7 ABR 29/15).

3. Arbeitsentgelt. Das BRmitglied hat im Rahmen seiner vertragl. AZ (Rev. anh. 7 AZR 731/15) 6
Anspruch auf das Arbeitsentgelt, was er erhalten hätte, wenn er keine BRtätigkeit ausgeübt hätte – Lohnausfallprinzip (BAG 23.6.2004 AP BetrVG 1972 § 37 Nr. 139). § 37 II begr. keinen eigenständigen Vergütungsanspruch, sondern sichert das Entgelt des BRmitglieds, indem er dem AG den Einwand des nicht erfüllten Vertrags nimmt. Der Entgeltanspruch unterliegt daher Verjährungs- und Verfallfristen (BAG 8.9.2010 AP BetrVG 1972 § 37 Nr. 148). Der Begriff des fortzuzahlenden Arbeitsentgelts iSv. Abs. 2 kann in einem TV nicht modifiziert werden (BAG 13.7.1994 AP BetrVG 1972 § 37 Nr. 97). Anspruchsgrundlage ist der Arbeitsvertrag iVm. § 611 I BGB und § 37 II (BAG 27.6.1990 AP BetrVG 1972 § 37 Nr. 76). Es wird nicht die BRarbeit, sondern die wegen der BRarbeit notwendige Arbeitsversäumnis wie geleistete Arbeit vergütet (*Fitting* Rn. 58). Die Berechnung nach dem Lohnausfallprinzip erfordert eine hypothetische Betrachtung, welches Arbeitsentgelt das BRmitglied ohne die Arbeitsbefreiung verdient hätte (BAG 29.4.2015 NZA 2015, 1328). Neben der **Grundvergütung** sind alle **Zuschläge und Zulagen** zu bezahlen, die das BRmitglied ohne Arbeitsbefreiung verdient hätte, insb. Zuschläge für Mehr-, Über-, Nacht-, Sonn- und Feiertagsarbeit, Erschwernis- und Sozialzulagen (BAG 5.4.2000 AP BetrVG 1972 § 37 Nr. 131). Darüber hinaus sind Weihnachtsgratifikationen, Urlaubsgeld, Anwesenheitsprämien, vermögenswirksame Leistungen und sonstige allgemeine Zuwendungen fortzuzahlen. Gleiches gilt für freiwillige, jederzeit widerrufl. Zulagen (BAG 21.4.1983 AP BetrVG 1972 § 37 Nr. 43). Ein nach § 37 II freigestelltes BRmitglied hat Anspruch auf Überlassung eines Firmenfahrzeugs zur privaten Nutzung, wenn ihm der AG vor der Freistellung zur Erfüllung seiner dienstl. Aufgaben einen Firmenfahrzeug zur Vfg. gestellt hatte und er dieses auch privat nutzen durfte (BAG 23.6.2004 AP BetrVG 1972 § 37 Nr. 139). Kein Nutzungsrecht (auch nicht für BRtätigkeit) besteht, wenn das Firmenfahrzeug ausschließl. zur Durchführung der arbeitsvertragl. geschuldeten Tätigkeit zur Vfg. gestellt worden ist (BAG 25.2.2009 AP BetrVG 1972 § 37 Nr. 146). Auch **„Antrittsgelder"** müssen gezahlt werden, weil es unerhebl. ist, ob das BRmitglied die Arbeit, für welche die zusätzl. Leistung bezahlt wird, tatsächl. geleistet hat oder nicht (BAG 13.7.1994 AP BetrVG 1972 § 37 Nr. 97). **Trinkgelder** gehören bei Fehlen einer bes. arbeitsvertragl. Vereinbarung für Zeiten des Arbeitsausfalls nicht zum fortzuzahlenden Arbeitsentgelt (BAG 28.6.1995 AP BetrVG 1972 § 37 Nr. 112; ebenso Aktienoptionen BAG 16.1.2008 AP BetrVG 1972 § 37 Nr. 144). Zum Arbeitsentgelt nach Abs. 2 gehören nicht Vergütungsbestandteile, die das BRmitglied vor der Amtsübernahme bezogen hat, die aber wegen einer geänderten AZlage nicht mehr anfallen (BAG 18.5.2016 NZA 2016, 1212 – Nachtarbeitszuschlag). Hierzu zählt auch **Aufwendungsersatz** für Arbeiten, die das BRmitglied nicht mehr ausführt wie zB Wegegeld, Auslösungen, Beköstigungszulagen usw., es sei denn, die Zahlung geht über einen reinen Aufwendungsersatz hinaus und es handelt sich dabei um einen Teil des Lohns (BAG 10.2.1988 AP BetrVG 1972 § 37 Nr. 64) wie zB die Fahrentschädigung für Lokomotivführer und Zugbegleiter (BAG 5.4.2000 AP BetrVG 1972 § 37 Nr. 131). **Leistungsabhängige Entgeltbestandteile** (Akkordlohn, Boni) sind nach der vorangegangenen durchschnittl. Arbeitsleistung des BRmitglieds, soweit sie nicht feststellbar ist nach Maßgabe der durchschnittl. Arbeitsleistung vergleichbarer AN zu vergüten (BAG 29.4.2015 NZA 2015, 1328 – Boni; anders *Jacobs/Frieling* NZA 2015, 513 – wie bei § 37 IV). Bei witterungsbedingtem Arbeitsausfall im Baugewerbe, hat das BRmitglied nur Anspruch auf die tarifl. und sozialversicherungsrechtl. Leistungen (§§ 101 ff. SGB III) auch wenn es während des Arbeitsausfalls BRtätigkeit verrichtet hat (BAG 31.7.1986 AP BetrVG 1972 § 37 Nr. 55). Bei **Kurzarbeit** hat auch das BRmitglied nur Anspruch auf das verkürzte Arbeitsentgelt bzw. auf das Kurzarbeitergeld der BA. BRmitgliedern, die in **Heimarbeit** beschäftigt sind, ist der jeweils festgelegte

Mindeststundenlohn zu zahlen (*Fitting* Rn. 70). Soweit dem BRmitglied eine unterwertige Tätigkeit zugewiesen werden darf, bleibt der Anspruch auf den vorangegangenen höheren Lohn bestehen (Richardi/*Thüsing* Rn. 7). Ist die Arbeitspflicht auf Grund einer rechtmäßigen **Aussperrung** suspendiert, besteht grds. kein Anspruch auf Fortzahlung des Arbeitsentgelts, wenn während der Aussperrung BRtätigkeit wahrgenommen wird (BAG 25.10.1988 AP GG Art. 9 Arbeitskampf Nr. 110; aA DKKW/*Wedde* Rn. 61); etwas anders gilt, wenn der AG den BR während des Arbeitskampfs beteiligt.

III. Betriebsratstätigkeit außerhalb der Arbeitszeit

7 **1. Voraussetzungen.** BRtätigkeit ist grds. innerhalb der AZ durchzuführen (BAG 3.12.1987 AP BetrVG 1972 § 37 Nr. 62). **Abs. 3** enthält einen Ausgleichsanspruch nur für tatsächl. geleistete erforderl. BTtätigkeit außerhalb der persönl. AZ, die ein BRmitglied dadurch erleidet, dass es aus betriebsbedingten Gründen zur Wahrnehmung der BRaufgaben Freizeit opfern muss (BAG 11.1.1995 AP BetrVG 1972 § 37 Nr. 103; Rev. anh. 7 AZR 829/16), ein davon unabhängiger Anspruch auf Zahlung einer angemessenen Vergütung besteht nicht (BAG 28.5.2014 NZA 2015, 564); für Mitglieder der SBV enthält § 179 VI SGB IX ggü. § 37 III 1 eine identische Regelung. **Arbeitszeit** ist die individuelle, persönl. AZ des BRmitglieds, wie sie sich aus dem Arbeitsvertrag, BV oder TV ergibt (BAG 3.12.1987 AP BetrVG 1972 § 37 Nr. 62), selbst wenn es sich um ein Teilzeitarbeitsverhältnis handelt, wie jetzt **Abs. 3 S. 2** klarstellt. Auch die außerhalb der AZ geleistete BRtätigkeit muss **erforderlich** sein (BAG 16.4.2003 AP BetrVG 1972 § 37 Nr. 138). Für die Teilnahme an außerhalb der AZ stattfindenden Betriebs- und Abteilungsversammlungen ergibt sich der Anspruch für BRmitglieder aus Abs. 3, soweit sie in ihrer Amtseigenschaft als BRmitglieder teilnehmen (ähnl. Richardi/*Thüsing* Rn. 61), iÜ aus § 44 I (weiter BAG 5.5.1987 AP BetrVG 1972 § 44 Nr. 4). **Betriebsbedingte Gründe** iSd. Abs. 3 S. 1 und 2 beruhen auf den betriebl. Verhältnissen. Sie liegen vor, wenn dem BRmitglied keine andere Wahl bleibt, als seine Tätigkeit außerhalb seiner individuellen, persönl. AZ durchzuführen (BAG 19.3.2014 NZA 2014, 1104). Sie können sich einmal aus der Eigenart des Betriebs oder der Arbeitsabläufe ergeben. Ein im Betrieb vorhandener Sachzwang muss dazu führen, dass die BRtätigkeit nicht innerhalb der AZ durchgeführt werden kann (BAG 16.4.2003 AP BetrVG 1972 § 37 Nr. 138). Betriebsbedingte Gründe können zum anderen auch gegeben sein, wenn der AG mittelbar oder unmittelbar darauf Einfluss genommen hat, dass die BRtätigkeit nicht während der AZ durchgeführt werden kann (BAG 26.1.1994 AP BetrVG 1972 § 37 Nr. 93). Die betriebsbedingten Gründe ergeben sich dann „aus seiner Sphäre" (*Fitting* Rn. 80). Wird die AZ des BRmitglieds durch Verhandlungen mit dem AG in für den Betrieb wichtigen Fragen überschritten, liegen ebenfalls betriebsbedingte Gründe vor (GK-BetrVG/*Weber* Rn. 86). Sie können gegeben sein, wenn das BRmitglied die außerhalb der AZ beabsichtigte BRtätigkeit anzeigt und der AG keine Möglichkeit zur Ausübung der Tätigkeit während der AZ gibt (BAG 3.12.1987 AP BetrVG 1972 § 37 Nr. 62). Betriebsbedingte Gründe, liegen auch ohne Anzeige vor, wenn eine Verlegung der Tätigkeit in die AZ objektiv unmögl. ist oder der AG sich eindeutig und endgültig auch für zukünftige Fälle weigert, die BRtätigkeit während der AZ zu ermögl. (BAG 31.10.1985 AP BetrVG 1972 § 37 Nr. 52). **Reisezeiten** außerhalb der AZ, die im unmittelbaren Zusammenhang mit der BRtätigkeit stehen, können auszugleichen sein, wenn ein TV oder betriebl. Regelungen dies auch für AN vorsehen (BAG 27.7.2016 NZA 2016, 1418; 12.8.2009 NZA 2009, 1284). **Abs. 3 Satz 2** soll verhindern, dass sich die heute übl. unterschiedlichsten Formen flexibler AZgestaltung negativ auf die BRarbeit oder die persönl. Rechtsstellung seiner Mitglieder auswirkt. **Teilzeitbeschäftigte** können Freistellung und Entgeltfortzahlung verlangen können, wenn sie BRarbeit innerhalb der betriebl., aber außerhalb ihrer persönl. AZ leisten (BAG 10.11.2004 AP BetrVG 1972 § 37 Nr. 140). Dabei kommt es nicht darauf an, ob das BRmitglied sein Teilzeitarbeit selbst gewünscht und etwa über § 8 TzBfG herbeigeführt hat (*Fitting* Rn. 83). Die Neuregelung gilt für alle Formen der individuellen, persönl. AZ wie KAPOVAZ, Job-Sharing, Gleitzeit (BT-Drs. 14/5741 S. 40) oder Wechselschichtarbeit (DKKW/*Wedde* Rn. 62). Bei **Gleitzeitarbeit** wird dabei nur die innerhalb des Gleitzeitrahmens ausgeübte BRtätigkeit iRd. Freizeitnahmen ausgeglichen (BAG 28.9.2016 NZA 2017, 335). Betriebsbedingte Gründe liegen auch vor, wenn die BRarbeit wegen der unterschiedl. Länge der individuellen AZ von BRmitgliedern außerhalb der persönl. AZ erforderl. ist (BAG 10.11.2004 AP BetrVG 1972 § 37 Nr. 140). **BRbedingte Gründe,** dh. Gründe, die sich aus der Organisation der BRarbeit durch den BR ergeben, sind nicht notwendig gleichzusetzen mit betriebsbedingten Gründen (BAG 21.5.1974 AP BetrVG 1972 § 37 Nr. 14). Eine generelle Verpflichtung, die BRarbeit den unterschiedl. AZ der teilzeitbeschäftigten BRmitglieder anzupassen, besteht zwar nicht (*Fitting* Rn. 86). Die Festsetzung der Zeit von Sitzungen von BR, GBR oder KBR werden jedoch oft nicht durch betriebsbedingte Gründe bestimmt sein (BAG 11.7.1978 AP BetrVG 1972 § 37 Nr. 57). So kann sich im Einzelfall die Notwendigkeit ergeben, BRsitzungen in die AZ von während der VollAZ tätigen teilzeitbeschäftigten BRmitgliedern zu legen, wenn die BRarbeit dadurch nicht behindert wird (GK-BetrVG/*Weber* Rn. 91). Soweit die Organisationsentscheidungen des BR jedoch auf betriebsbedingte Gründe zurückzuführen sind, greift der Ausgleichsanspruch. Wird BRarbeit allein aus Gründen in der Person des BRmitglieds außerhalb der AZ erledigt, fehlen betriebsbedingte Gründe; etwa, wenn das BRmitglied seinen Urlaub unterbricht, um an einer BRsitzung teilzunehmen (BAG 28.5.2014 NZA 2015,

564). Auch die Teilnahme eines BRmitglieds an einer **Schulungs- und Bildungsveranstaltung** nach Abs. 6 oder 7, die außerhalb der AZ stattfindet, löst einen Anspruch nach Abs. 3 aus (BAG 10.11.2004 AP BetrVG 1972 § 37 Nr. 140). Nicht nur Abs. 2, sondern auch Abs. 3 gilt für die Schulung und Bildung von BRmitgliedern entspr. Auch wenn der Träger die zeitl. Lage einer Schulung festgelegt hat, können sich daher betriebsbedingte Gründe nach Abs. 3 aus der betriebl. AZgestaltung ergeben (BAG 10.11.2004 AP BetrVG 1972 § 37 Nr. 140).

2. Ausgleichs- oder Abgeltungsanspruch. Das Rangverhältnis zwischen dem vorrangig zu beanspruchenden Ausgleichsanspruch (§ 37 III 1, 2) gegenüber dem Abgeltungsanspruch (§ 37 III 3) ist zwgd. Es unterliegt nicht der Disposition des AG oder des BRmitglieds. **Ausgleichsanspruch**: Der AG hat die **Arbeitsbefreiung** zu gewähren. Das BRmitglied darf der Arbeit ohne Gewährung der Freizeit nicht einfach fernbleiben (BAG 25.8.1999 AP BetrVG 1972 § 37 Nr. 130). Dies gilt auch, wenn die Arbeitsbefreiung innerhalb eines Monats ohne erkennbare Gründe nicht gewährt wird (aA *Fitting* Rn. 96). Der Ausgleichsanspruch steht dem Anspruch auf Freistellung zur BRarbeit (s. Rn. 2) nicht gleich. Es gelten vielmehr die Grundsätze billigen Ermessens iSd. § 106 S. 1 GewO. Ein Vorrang der persönl. vor den betriebl. Interessen besteht daher nicht; der AG muss aber die Wünsche des BRmitglieds berücksichtigen (BAG 15.2.2012 NZA 2012, 1112). Der Ausgleichanspruch kann ggf. mit einer einstweiligen Vfg. durchgesetzt werden (BAG 25.8.1999 AP BetrVG 1972 § 37 Nr. 130). Er besteht in dem Umf., in dem das BRmitglied erforderl. BRtätigkeit außerhalb der AZ tatsächl. verrichtet hat. Eine zeitl. Begrenzung des Ausgleichsanspruchs auf die persönl. AZ des BRmitglieds sieht das G nicht vor (BAG 25.8.1999 AP BetrVG 1972 § 37 Nr. 130). Liegen keine betriebsbedingten Gründe vor, behält das BRmitglied auch nach Ablauf des Monats den Freizeitanspruch. Bei der Monatsfrist handelt es sich nicht um eine ges. Ausschlussfrist (*Fitting* Rn. 104). Der Anspruch auf Freizeitausgleich unterliegt aber etwaigen tarifvertragl. Ausschlussfristen (BAG 16.4.2003 AP BetrVG 1972 § 37 Nr. 138). Er erlischt durch Erfüllung, wenn der AG die Arbeitsbefreiung gewährt und das BRmitglied diese unbegründet nicht wahrnimmt. Für die Zeit der Arbeitsbefreiung ist das Arbeitsentgelt fortzuzahlen. BRmitglieder dürfen jedoch wegen ihrer BRtätigkeit nach § 78 S. 2 weder benachteiligt noch begünstigt werden. Die außerhalb der AZ durchgeführte BRtätigkeit gilt nicht automatisch als zusätzl. AZ, die entspr. den ges. oder tarifvertragl. Vorschr. zusätzl. als Mehrarbeit zu vergüten oder mit einer über den tatsächl. Zeitaufwand hinausgehenden Arbeitsbefreiung abzugelten wäre (BAG 19.7.1977 AP BetrVG 1972 § 37 Nr. 29). **Abgeltungsanspruch**: Der in § 37 III 3 normierte Vergütungsanspruch für die außerhalb der AZ aufgewendete Zeit ist eine Kompensation dafür, dass der in § 37 III 1 vorgesehene Freizeitausgleich aus Gründen, die in der Sphäre des AG liegen, nicht zeitnah möglich ist. Der Anspruch auf Arbeitsbefreiung wandelt sich weder mit Ablauf der Monatsfrist noch durch bloße Untätigkeit des AG in einen Vergütungsanspruch um. Nur wenn das BRmitglied Freizeitausgleich innerhalb der Monatsfrist geltend gemacht und der AG ihn aus betriebsbedingten Gründen verweigert hat, entsteht der Abgeltungsanspruch (BAG 28.5.2014 NZA 2015, 564). Fehlt es an diesen Voraussetzungen, bleibt der Anspruch nach § 37 III 1 erhalten. Der Begriff „betriebsbedingte Gründe“ des S. 3 ist enger auszulegen als der gleiche Begriff in S. 1 und 2. Betriebsbedingte Gründe liegen nur vor, wenn aus obj. Gründen für den AG die Arbeitsbefreiung nicht zumutbar erscheint, weil ein ordnungsgemäßer Betriebsablauf bei nur vorübergehender Abwesenheit des BRmitglieds nicht mehr gewährleistet ist (ähnl. *Fitting* Rn. 106; GK-BetrVG/*Weber* Rn. 113). Die Monatsfrist ist nach §§ 187 ff. BGB, ab dem Zeitpunkt der Durchführung der BRtätigkeit außerhalb der AZ zu berechnen. Zum **Arbeitsentgelt** gehören neben der Grundvergütung alle Zuschläge und Zulagen, die das BRmitglied ohne Arbeitsbefreiung verdient hätte, insb. Zuschläge für Mehr-, Über-, Nacht-, Sonn- und Feiertagsarbeit, Erschwernis- und Sozialzulagen, nicht aber Aufwandsentschädigungen, die Aufwendungen abgelten sollen, welche dem BRmitglied infolge seiner Befreiung von der Arbeitspflicht nicht entstehen (BAG 5.4.2000 AP BetrVG 1972 § 37 Nr. 131). Der Abgeltungsanspruch ist „wie Mehrarbeit“ zu vergüten, sofern Überarbeit tatsächl. geleistet wurde (BAG 7.2.1985 AP BetrVG 1972 § 37 Nr. 48). Sonst würden BRmitglieder ggü. den anderen Beschäftigten bevorzugt, was § 78 S. 2 verbietet. Dies gilt auch für Teilzeitbeschäftigte, soweit Arbeitsvertrag oder TV nicht etwas anderes vorsehen (BAG 7.2.1985 AP BetrVG 1972 § 37 Nr. 48; weiter DKKW/*Wedde* Rn. 85). Für Mitglieder von SBV enthält § 179 SGB IX keine § 37 III 3 Hs. 2 entspr. Regelung (BAG 28.5.2014 NZA 2015, 564 – keine Regelungslücke). 8

IV. Wirtschaftliche und berufliche Absicherung

1. Wirtschaftliche Absicherung. a) Voraussetzungen. Abs. 4 und 5 konkretisieren § 78 S. 2. Sie sollen durch einfach nachzuweisende Anspruchsvoraussetzungen sicherstellen, dass BRmitglieder nicht benachteiligt werden (BAG 15.1.1992 AP BetrVG 1972 § 37 Nr. 84). Für Mitglieder der SBV gilt § 179 V SGB IX. § 78 S. 2 bleibt daneben anwendbar. Er enthält das Gebot, dem BRmitglied eine berufl. Entwicklung zu eröffnen, wie sie ohne das BRamt mögl. gewesen wäre (BAG 15.1.1992 AP BetrVG 1972 § 37 Nr. 84). **Abs. 4** gibt dem BRmitglied einen Anspruch auf Angleichung des Arbeitsentgelts an die Entgeltentwicklung vergleichbarer AN im Betrieb (*Jacobs/Frieling* ZfA 2015, 241). **Vergleichbar** sind andere AN, die im Zeitpunkt der Übernahme des BRamts ähnl., im Wesentl. gleich qualifizierte 9

Tätigkeiten wie das BRmitglied ausgeübt haben und dafür in ähnl. Art und Weise wie das BRmitglied fachl. und persönl. qualifiziert waren (BAG 17.8.2005 AP BetrVG 1972 § 37 Nr. 142). Ist ein BRmitglied bes. qualifiziert oder hat es überdurchschnittl. Arbeitsleistungen erbracht, muss der Vergleich mit ähnl. qualifizierten bzw. überdurchschnittl. Leistung erbringenden AN vorgenommen werden (BAG 13.11.1987 AP BetrVG 1972 § 37 Nr. 61). Gleiches gilt für den umgekehrten Fall (*Fitting* Rn. 120). Tatsächl. entstehende Tätigkeits- oder Qualifikationsunterschiede zu vergleichbaren AN dürfen allerdings nicht zuungunsten des BRmitglieds veranschlagt werden, wenn sie ohne Übernahme und Ausübung des BRamts nicht vorlägen (*Fitting* Rn. 116). Dies gilt insb., wenn das BRmitglied auf Grund seiner BRtätigkeit an Fortbildungen, an denen vergleichbare AN teilgenommen haben, nicht hat teilnehmen können. **Maßstab** dieser hypothetischen und dynamischen Fortschreibung des Entgelts ist nicht das betroffene BRmitglied selbst, sondern die Weiterentwicklung vergleichbarer AN mit betriebsübl. berufl. Entwicklung (BAG 17.8.2005 AP BetrVG 1972 § 37 Nr. 142). Der Entgeltschutz gewährleistet nicht nicht das absolut gleiche Entgelt wie es vergleichbare AN beziehen (BAG 18.1.2017 – 7 AZR 205/15, zVb.). Persönl. Umstände wie eine längere Erkrankung oder erfolglose Teilnahme an Fortbildungsmaßnahmen haben – jdf. wenn der Misserfolg auf die Belastung durch die BRtätigkeit zurückgeht – aber außer Betracht zu bleiben. Fallen die Gehaltserhöhungen innerhalb der Vergleichsgruppe unterschiedl. aus, kommt es auf die Erhöhung bei der Mehrzahl der AN dieser Gruppe an. Ist die Vergleichsgruppe so klein, dass sich nicht feststellen lässt, dass die Gehälter der Mehrzahl der vergleichbaren AN in gleichem Umf. erhöht wurden, kommt es auf die durchschnittl. Anhebung in der Gruppe an (BAG 19.1.2005 – 7 AZR 208/04). Hat der Betrieb nur einen vergleichbaren AN, ist für den Vergleich auf diesen abzustellen (BAG 21.4.1983 AP BetrVG 1972 § 37 Nr. 43). Gibt es keinen vergleichbaren AN, kommt es auf den am ehesten vergleichbaren AN an (*Fitting* Rn. 118; aA GK-BetrVG/*Weber* Rn. 122; differenz. *Bayreuther* NZA 2014, 235, 237). Das Verfahren zur Ermittlung des Entgelts nach § 37 IV kann in den Grenzen des § 78 S. 2 durch Vereinbarung mit dem BR ausgestaltet werden (BAG 18.1.2017 – 7 AZR 205/15, zVb.). Für die Vergleichbarkeit ist auf den **Zeitpunkt** abzustellen, in dem sich das BRmitglied zul. noch ausschließl. der berufl. Tätigkeit gewidmet hat (BAG 13.11.1987 AP BetrVG 1972 § 37 Nr. 61). Für Ersatzmitglieder ist der Zeitpunkt des Nachrückens heranzuziehen (BAG 15.1.1992 AP BetrVG 1972 § 37 Nr. 84). **„Betriebsüblich"** ist eine berufl. Entwicklung, die bei objektiv vergleichbarer Tätigkeit AN mit vergleichbarer fachl. und persönl. Qualifikation bei Berücksichtigung der normalen betriebl. und personellen Entwicklung in berufl. Hinsicht genommen haben (BAG 17.8.2005 AP BetrVG 1972 § 37 Nr. 142). Berufl. Entwicklungen bei anderen AG sind unbeachtl. (BAG 14.7.2010 NZA 2011, 311). Beförderungen müssen idS typisch sein, dass zumindest für die überw. Mehrzahl vergleichbarer AN mit ihr gerechnet werden kann (BAG 15.1.1992 AP BetrVG 1972 § 37 Nr. 84). Kann das BRmitglied nachweisen, dass es nur auf Grund der Übernahme des BRmandats nicht in eine Position höherer Vergütung gekommen ist, hat es unmittelbar einen Anspruch auf Zahlung der höheren Vergütung (BAG 11.12.1991 NZA 1993, 909). Bewerben sich neben dem nicht freigestellten BRmitglied noch andere AN des Betriebs um den höher dotierten Arbeitsplatz, ist der entspr. Arbeitsentgeltanspruch des BRmitglieds gerechtfertigt, wenn eine personelle Auswahl iR der betriebsübl. berufl. Entwicklung ergibt, dass nach den betriebsübl. Auswahlkriterien das BRmitglied hätte befördert werden müssen (BAG 13.11.1987 AP BetrVG 1972 § 37 Nr. 61). Der Anspruch aus § 37 IV kann tarifl. Verfallfristen unterliegen (BAG 8.9.2010 AP BetrVG 1972 § 37 Nr. 148).

10 **b) Fortschreibung.** Das Arbeitsentgelt des BRmitglieds ist dem vergleichbarer AN laufend anzupassen. Das BRmitglied darf keinen geringeren Stundenlohn, Akkordlohn, Prämiensatz usw. erhalten als vergleichbare AN (*Fitting* Rn. 124 f.). Zum Arbeitsentgelt gehören auch allgemeine Zuwendungen, die der AG allen oder zumindest einem vergleichbaren AN gewährt. Dazu zählen Sozialzulagen, bes. Leistungszulagen oder Leistungsprämien (BAG 21.4.1983 AP BetrVG 1972 § 37 Nr. 43), Gewinnbeteiligungen, Gratifikationen, vermögenswirksame Leistungen und Vertretungszulagen (*Fitting* Rn. 127). Auch Leistungen der betriebl. Altersversorgung können unter § 37 IV fallen (BAG 10.11.2015 NZA 2016, 576). Gewährt ein AG vergleichbaren AN eine freiwillige, jederzeit widerrufl. Zulage, hat auch das BRmitglied Anspruch darauf (BAG 21.4.1983 AP BetrVG 1972 § 37 Nr. 43). Steht fest, dass ein BRmitglied ohne Freistellung Mehrarbeit ebenso geleistet hätte wie vergleichbare AN, umfasst der Anspruch auch die Mehrarbeitsvergütung (BAG 7.2.1985 AP BPersVG § 46 Nr. 3). Diese Grundsätze gelten auch für den Zeitraum von einem Jahr nach Beendigung der Amtszeit des BR bzw. nach Erlöschen der Mitgliedschaft im BR zB durch Rücktritt. Der nachwirkende Schutz besteht auch bei erfolgreicher Wahlanfechtung nach § 19 und im Fall des § 24 I Nr. 6 und selbst dann, wenn ein Verfahren nach § 23 I erfolgreich durchgeführt wurde (aA Richardi/*Thüsing* Rn. 71; GK-BetrVG/*Weber* Rn. 136). Die Einschränkung in § 15 I 2 KSchG ist auf die außerordentl. Kündigung beschränkt. Der nachwirkende Entgeltschutz besteht nicht bei nichtiger BRwahl (einschr. *Fitting* Rn. 129). Hat es nie einen BR gegeben, können Schutzrechte nicht nachwirken, weil sie nicht entstanden sind. BRmitglieder haben nach § 242 BGB einen Auskunftsanspruch gegen den AG zur Gehaltsentwicklung vergleichbarer AN mit betriebsübl. berufl. Entwicklung (BAG 4.11.2015 – 7 AZR 972/13).

2. Beruflicher Tätigkeitsschutz. Abs. 5 sichert das BRmitglied gegen die Zuweisung von geringerwertigen berufl. Tätigkeiten und damit vor Diskriminierung oder Disziplinierung (LAG HE 14.8.1986 DB 1987, 442). BRmitgliedern dürfen nur Tätigkeiten zugewiesen werden, die denjenigen vergleichbarer AN gleichwertig sind. Ein Anspruch auf die Nichtbesetzung einer zuvor von einem freigestellten BRmitglied besetzten Stelle besteht nicht (Rev. anh. 7 AZR 451/15). Mit **„Tätigkeit"** ist die konkrete berufl. Tätigkeit des BRmitglieds gemeint. **Gleichwertig** ist die Tätigkeit, wenn sie unter Berücksichtigung der Umstände des Einzelfalls und der in der beteiligten Berufsgruppe herrschenden Verkehrsauffassung als gleichwertig anzusehen ist (LAG HE 14.8.1986 DB 1987, 442; aA GK-BetrVG/*Weber* Rn. 140). Verüben vergleichbare AN inzwischen eine höherwertige Tätigkeit, hat das BRmitglied Anspruch auf Zuweisung eines entspr. Arbeitsplatzes. Hat es auf Grund der BRtätigkeit die entspr. Qualifikation nicht oder nicht mehr, muss der AG ihm eine entspr. Fortbildungsmaßnahme ermögl. (*Fitting* Rn. 133). Dabei ist das höhere Entgelt schon vor der Qualifikationsmaßnahme zu zahlen (Rn. 10). Ausnahmsweise entfällt der Anspruch, soweit **zwgd. betriebl. Notwendigkeiten** entgegenstehen. Sie sind gegeben, wenn auf Grund der betriebl. Organisation die Zuweisung einer entspr. Tätigkeit ausgeschlossen ist, zB weil ein entspr. Arbeitsplatz fehlt oder weil das BRmitglied nicht an berufl. Fortbildungsmaßnahmen teilgenommen hat, die für diese Tätigkeit unbedingt erforderl. sind, ohne dass dies in seiner BRarbeit begr. ist. Ist ein BRmitglied mangels eines gleichwertigen auf einen geringerwertigen Arbeitsplatz versetzt worden und wird später ein gleichwertiger Arbeitsplatz frei, hat das BRmitglied Anspruch auf die Zuweisung dieses gleichwertigen Arbeitsplatzes (LAG HE 14.8.1986 DB 1987, 442). Das Verbot unterwertiger Beschäftigung gilt auch für den Zeitraum von einem Jahr nach Beendigung der Mitgliedschaft im BR (Rn. 9 f.). 11

V. Schulung und Bildung

1. Grundsatz. Zur effektiven Wahrnehmung ihrer Aufgaben benötigen BRmitglieder die entspr. Kenntnisse. Der Erwerb dieser Kenntnisse allein durch ein Selbststudium oder durch die Unterrichtung durch andere BRmitglieder kann nicht verlangt werden (BAG 19.9.2001 AP BetrVG 1972 § 25 Nr. 9). Daher hat der BR einen kollektiven Anspruch auf bezahlte Freistellung für seine Mitglieder zum Besuch von **Schulungsveranstaltungen,** soweit die Schulungsinhalte für die Arbeit des BR erforderl. sind (BAG 5.4.1984 AP BetrVG 1972 § 37 Nr. 46). Hat der BR durch Beschl. ein bestimmtes BRmitglied für die Schulungsteilnahme bestimmt, erwirbt dieser einen abgeleiteten Individualanspruch (BAG 16.10.1986 AP BetrVG 1972 § 37 Nr. 58). Abs. 7 gibt dem einzelnen BRmitglied einen zusätzl. zeitl. begrenzten Individualanspruch zum Besuch von als geeignet anerkannten **Bildungsveranstaltungen** ohne Rücksicht auf den konkreten Wissensstand des einzelnen BRmitglieds (BAG 5.4.1984 AP BetrVG 1972 § 37 Nr. 46). Für Mitglieder der SBV besteht eine entspr. Regelung in § 179 IV 3 SGB IX. 12

2. Schulungsveranstaltungen (Abs. 6). a) Grundsatz. Eine Schulungsveranstaltung ist für die BRarbeit **erforderlich,** wenn der BR sie unter Berücksichtigung der konkreten betriebl. Situation benötigt, um seine derzeitigen oder demnächst anfallenden Aufgaben sachgerecht wahrnehmen zu können (BAG 15.1.1997 AP BetrVG 1972 § 37 Nr. 118). Der BR hat die Erforderlichkeit zum Zeitpunkt der Beschlussfassung aus der Sicht eines vernünftigen Dritten zu beurteilen, der die Interessen des Betriebs einerseits und die Interessen des BR und der ANschaft andererseits gegeneinander abzuwägen hat (BAG 19.7.1995 AP BetrVG 1972 § 37 Nr. 110). Hierbei handelt es sich um die Anwendung eines unbestimmten Rechtsbegriffs, der dem BR einen gewissen Beurteilungsspielraum lässt. Er bezieht sich auf den Inhalt der Veranstaltung, deren Dauer und die Anzahl der zu entsendenden Teilnehmer. Für die Beurteilung der Schulungsbedürftigkeit eines einzelnen BRmitglieds ist sein konkreter Wissenstand und die Aufgabenverteilung im BR zu berücksichtigen (BAG 7.6.1989 AP BetrVG 1972 § 37 Nr. 67). 13

b) Voraussetzungen. Die Zulässigkeit des Schulungsinhalts richtet sich danach, ob Kenntnisse vermittelt werden, die sich auf Gegenstände beziehen, die zu den Aufgaben des BR gehören. Dabei kann es sich um Rechtskenntnisse (zB BetrVG, allgemeines Arbeitsrecht), Kenntnisse spezieller Sachmaterien (Leistungsentlohnung, Arbeitsschutz) oder Kenntnisse zur Gestaltung der BRarbeit handeln (*Fitting* Rn. 139). Sie sind **erforderlich,** soweit sie den BR befähigen, seiner Schutzfunktion gerecht zu werden. Er muss in die Lage versetzt werden, durch eine sachgerechte Ausübung seiner Beteiligungsrechte die Entscheidungsbefugnis des AG im ges. vorgesehenen Umf. zu binden (sog. Grundschulungen). Hierzu gehören die (einmalige) Vermittlung von Grundkenntnissen im BetrVG und im allgem. Arbeitsrecht, im Bereich der Arbeitssicherheit bzw. der Unfallverhütung (BAG 19.9.2001 AP BetrVG 1972 § 25 Nr. 9). Gleiches gilt für Schulungen zur Organisation der BRarbeit, zB der Geschäftsführung, Vorbereitung und Durchführung der BetrVers (BAG 15.5.1986 AP BetrVG 1972 § 37 Nr. 54). Nicht zu den Grundschulungen gehören Veranstaltungen über die laufende Entwicklung der Rspr. Eine Grundschulung im letzten Jahr der regulären Amtszeit des BR ist bei fehlenden Vorkenntnissen (Rn. 15) grds. erforderl. (BAG 7.5.2008 AP BetrVG 1972 § 37 Nr. 145); dies gilt gleichermaßen für das bevorstehende Ende des ArbVerh. des BRmitglieds (BAG 17.11.2010 14

NZA 2011, 816). Handelt es sich nicht um eine Grundschulung, muss der BR **einen aktuellen oder absehbaren betriebl. Anlass darlegen,** aus dem sich der konkrete Schulungsbedarf ergibt (BAG 14.1.2015 NZA 2015, 632). Die notwendige Aktualität folgt nicht nur aus der Absicht des AG, beteiligungspflichtige Maßnahmen durchzuführen. Sie kann sich auch aus einer beabsichtigten Initiative des BR ergeben. Die Erforderlichkeit für eine Vertiefung hängt von den konkreten Aufgaben des BR sowie der Art und Struktur des Betriebs ab (*Fitting* Rn. 146). Als Schulungsinhalte sind dem Grunde nach anerkannt worden die Vermittlung von Kenntnissen über die für den Betrieb maßgebenden TV (BAG 9.10.1973 AP BetrVG 1972 § 37 Nr. 4), den Akkord- und Prämienlohn (BAG 29.1.1974 AP BetrVG 1972 § 37 Nr. 9), die menschengerechte Gestaltung von Arbeitsplätzen (BAG 14.6.1977 AP BetrVG 1972 § 37 Nr. 30), eine Erläuterung der Rspr. des BAG (BAG 18.1.2012 NZA 2012, 813) und zum BetrVG (BAG 20.12.1995 AP BetrVG 1972 § 37 Nr. 113), Diskussionsführung und Verhandlungstechnik (BAG 12.1.2011 NZA 2011, 813), die schriftl. Kommunikation im Betrieb (BAG 15.2.1995 AP BetrVG 1972 § 37 Nr. 106), den Einsatz von PC zur Erledigung von BRaufgaben (BAG 19.7.1995 AP BetrVG 1972 § 37 Nr. 110) sowie Mobbing (BAG 14.1.2015 NZA 2015, 632). **Nicht erforderlich** sind Schulungsveranstaltungen für Mitglieder einer Einigungsstelle (BAG 20.8.2014 NZA 2014, 1349) und zu den Themen Förderung der Sprechtechnik (BAG 20.10.1993 AP BetrVG 1992 § 37 Nr. 91), Lohnsteuerrichtlinien (BAG 11.12.1973 AP BetrVG 1972 § 80 Nr. 5), gewerkschaftl. Bildungsarbeit (BAG 28.1.1975 AP BetrVG 1972 § 37 Nr. 20), Durchsetzbarkeit tarifvertragl. Forderungen (ArbG Ludwigshafen 6.6.2012 ZTR 2012, 539) oder die Vermittlung allgemeiner Grundkenntnisse des Sozial- oder Sozialversicherungsrechts ohne konkreten betriebsbezogenen Anlass (BAG 4.6.2003 AP BetrVG 1972 § 37 Nr. 136); zu weiteren Einzelfallentscheidungen s. die Übersichten bei DKKW/*Wedde* Rn. 131 f.; *Fitting* Rn. 149; GK-BetrVG/*Weber* Rn. 183). Ebenso ist der Besuch von Gerichtsverhandlungen nicht erforderl. Da Schulungsveranstaltungen grds. allgemein und nicht speziell für die BR eines Betriebs angeboten werden, kann ihr Inhalt nur **teilweise erforderl.** sein. Werden nicht erforderl. Kenntnisse nur ganz geringfügig gestreift, berührt dies die Erforderlichkeit der gesamten Schulung nicht (BAG 29.1.1974 AP BetrVG 1972 § 40 Nr. 5). Die Aufteilung einer Schulung in einen für die Tätigkeit eines BRmitglieds erforderl. und einen nicht erforderl. Teil kommt nur dann in Betracht, wenn die unterschiedl. Themen so klar voneinander abgegrenzt sind, dass ein zeitweiser Besuch der Schulungsveranstaltung mögl. und sinnvoll ist. Nimmt der nicht erforderl. Teil einen größeren Umf. an und ist er vom erforderl. Teil thematisch und zeitl. so abgrenzbar, dass ein zeitweiser Besuch mögl. und sinnvoll ist, beschränkt sich die Erforderlichkeit nur auf den Teil, der erforderl. Kenntnisse vermittelt (BAG 21.7.1978 AP BetrVG 1972 § 38 Nr. 4). Ist eine Aufteilung nicht mögl. und überwiegt der Zeitanteil der erforderl. Themen, ist die gesamte Veranstaltung als erforderl. anzusehen (BAG 28.9.2016 NZA 2017, 69).

15 c) **Teilnehmerkreis.** Die Anzahl der zu schulenden Teilnehmer richtet sich gleichermaßen nach dem Grundsatz der Erforderlichkeit. Grundkenntnisse des BetrVG (BAG 7.6.1989 AP BetrVG 1972 § 37 Nr. 67), zum allgemeinen Arbeitsrecht (BAG 16.10.1986 AP BetrVG 1972 § 37 Nr. 58) und ein gewisser Standard an allgemein rechtl., wirtschaftl. und technischen Kenntnissen (BAG 27.11.1973 AP ArbGG 1953 § 89 Nr. 9) sind für alle BRmitglieder erforderlich. Deshalb kann jedes BRmitglied, das noch nicht über entspr. Kenntnisse verfügt, diese Schulungen besuchen; ein Anspruch auf den Besuch an einer Wiederholungs- bzw. Auffrischungsschulung besteht regelmäßig nicht (LAG N 1.9.2009 BB 2009, 2309). An der Erforderlichkeit kann es fehlen, wenn die Grundkenntnisse bereits auf andere Weise erworben worden sind, zB durch langjährige BRarbeit oder als Vertrauensperson der Schwerbehinderten (BAG 19.3.2008 – 7 ABR 2/07). Eine vertiefte Schulung zum BetrVG kommt für den BRvorsitzenden und seinen Stellvertreter in Betracht (BAG 8.2.1977 AP BetrVG 1972 § 37 Nr. 26). IÜ folgt aus der Aufgabenteilung im BR, welche BRmitglieder zur sachgerechten Wahrnehmung ihrer Aufgaben bes. Spezialkenntnisse benötigen (BAG 29.4.1992 NZA 1993, 375). Die Entsendung von **Ersatzmitgliedern** zu Schulungsveranstaltungen kommt grds. nur in Betracht, wenn sie endgültig in den BR nachgerückt sind. Ausnahmsweise kann dies anders zu beurteilen sein, wenn sie häufig zur Stellvertretung herangezogen werden und daher die Schulung für die Arbeitsfähigkeit des BR erforderl. ist (BAG 19.9.2001 AP BetrVG 1972 § 25 Nr. 9). Mitglieder des **Wirtschaftsausschusses,** die nicht BRmitglieder sind, haben regelm. keinen Anspruch auf bezahlte Freistellung zu Schulungszwecken (BAG 11.11.1998 AP BetrVG 1972 § 37 Nr. 129). Eine Ausnahme kommt in Betracht, wenn sie die vom AG kraft G zu gebenden Inf. sonst nicht verstehen (BAG 28.4.1988 NZA 1989, 221). Gewerkschaftl. **Vertrauensleute** haben nach § 37 VI keinen Anspruch auf Schulung, durch TV kann etwas anderes bestimmt werden.

16 d) **Dauer.** Die erforderl. Dauer einer Schulung lässt sich nur unter Berücksichtigung der konkreten betriebl. Verhältnisse beurteilen. Entscheidend sind der Wissensstand der BRmitglieder, Umf. und Schwierigkeit der behandelten Themen und die Besonderheiten und Probleme des betroffenen Betriebs (*Fitting* Rn. 172). Das G lässt neben kurzfristigen Schulungen von wenigen Tagen Dauer auch längere Schulungen zu. Das BAG hat 14-tägige Schulungen zum BetrVG für BRvorsitzende (BAG 8.2.1977 AP BetrVG 1972 § 37 Nr. 26) und 5–6-tägige für die übrigen BRmitglieder anerkannt (BAG 6.11.1973

AP BetrVG 1972 § 37 Nr. 5). Bei komplizierten Spezialmaterien können Vertiefungsveranstaltungen erforderl. sein (weiter GK-BetrVG/*Weber* Rn. 209 – auch Wiederholungsveranstaltungen).

e) Verhältnismäßigkeit. Neben der Erforderlichkeit soll der Grundsatz der Verhältnismäßigkeit zu beachten sein, soweit es um die Dauer der Schulung und die Teilnehmerzahl geht (BAG 8.2.1977 AP BetrVG 1972 § 37 Nr. 26; aA *Fitting* Rn. 171). Der Maßstab lässt wegen seiner Unbestimmtheit kaum praxisnahe Aussagen zu. Es kann nur darum gehen, in Grenzfällen mit Hilfe dieses allgemeinen Rechtsgrundsatzes den an sich gegebenen Anspruch wegen bes. Umstände des Einzelfalls zu begrenzen. In der Praxis dürfte er kaum eine Rolle spielen. Eine Schulung kann allenfalls unverhältnismäßig sein, wenn sie für den AG im Einzelfall wirtschaftl. untragbar ist. Der BR muss daher insoweit neben der Erforderlichkeit nach pflichtgemäßem Ermessen zusätzl. prüfen, ob die für die Schulung anfallenden Kosten mit der Größe und Leistungsfähigkeit des Betriebs zu vereinbaren sind und nicht zu einer unverhältnismäßigen Belastung führen (BAG 8.2.1977 AP BetrVG 1972 § 37 Nr. 26). 17

f) Entgelt. Der Vergütungsanspruch des BRmitglieds bei Teilnahme an einer Schulungs- und Bildungsveranstaltung nach **Abs. 6** richtet sich nach Abs. 2 (BAG 31.7.1986 AP BetrVG 1972 § 37 Nr. 55). Es gilt das Lohnausfallprinzip. Der AG muss das vereinbarte Arbeitsentgelt (s. Rn. 6) fortzahlen. Wurde das BRmitglied vor der Schulung regelm. über die vertragl. geschuldete AZ hinaus zu weiteren Arbeitseinsätzen herangezogen, ist während der Teilnahme an BRschulungen, deren Dauer über die vertragl. geschuldete AZ nicht hinausgeht, das Entgelt auch für die ausgefallenen zusätzl. Arbeitseinsätze zu zahlen (BAG 3.12.1997 AP BetrVG 1972 § 37 Nr. 124). Der AN erhält so Mehrarbeitsvergütung, ohne während der Schulung Mehrarbeit zu leisten. Während der Teilnahme an Schulungen und der An- bzw. Abreise sind die Teilnehmer nach den §§ 2 ff. SGB VII unfallversichert. 18

g) Freizeitausgleich. Nach **Abs. 6 S. 1 und 2** bestehen Ansprüche auf Freizeitausgleich bzw. Abgeltung entspr. Abs. 3 auch für BRmitglieder, die aus betriebsbedingten Gründen (s. Rn. 7) außerhalb ihrer persönl. AZ (BT-Drs. 14/5741 S. 41) an Schulungen teilnehmen. Dabei sind nicht nur die reinen Schulungszeiten, sondern auch die während der Schulungstage anfallenden Pausen sowie die zur Teilnahme notwendigen Reisezeiten ausgleichspflichtig (BAG 16.2.2005 AP BetrVG 1972 § 37 Nr. 141). Besonderheiten der betriebl. AZgestaltung nach S. 2 sind stets als betriebsbedingt anzusehen (BT-Drs. 14/5741 S. 41). Eine Besonderheit der betriebl. AZgestaltung liegt vor, wenn die AZ von der betriebsübl. AZ abweicht. Derartige Abweichungen können sich sowohl hins. der Lage als auch des Umf. der AZ ergeben (BAG 16.2.2005 AP BetrVG 1972 § 37 Nr. 141). **Teilzeitbeschäftigten** steht daher beim Besuch von Schulungen ein Freizeit- und ggf. Abgeltungsanspruch für Zeiten zu, die zeitl. über die Dauer ihrer persönl. AZ (BAG 10.11.2004 AP BetrVG 1972 § 37 Nr. 140). Ein betriebsbedingter Grund liegt auch vor, wenn die Schulung an einem Tag stattfindet, der im Rahmen eines betriebl. **Rolliersystems** arbeitsfrei ist (*Fitting* Rn. 189). Betriebsbedingte Gründe sind auch bei Schichtarbeit und branchentypisch außergewöhnl. AZ – etwa im Gaststätten- und Vergnügungsgewerbe oder bei Zeitungszustellern – gegeben. Betriebsbedingte Gründe liegen endl. vor, wenn ein BRmitglied wegen seiner **Unabkömmlichkeit** am Arbeitsplatz an einer außerhalb seiner AZ liegenden Schulung teilnimmt (*Fitting* Rn. 188). Kein Ausgleichsanspruch besteht, wenn ein Vollzeitmitarbeiter an einer Schulung teilnimmt, die über die betriebl. AZ hinausgeht oder bei einer Fünftagewoche Schulungen besucht, die am Wochenende oder abends nach Dienstschluss stattfinden (Richardi/*Thüsing* Rn. 135a). Der Ausgleichsanspruch ist nach **Abs. 6 Satz 2 2. Hs** in der Höhe begrenzt auf die konkrete Lage und Dauer der AZ der Vollzeitbeschäftigten. Auf die AZ ist daneben eine wirksame Arbeitsbefreiung nach Abs. 2 anzurechnen. So wird verhindert, dass Teilzeitbeschäftigte besser stehen als Vollzeitbeschäftigte (BAG 10.11.2004 AP BetrVG 1972 § 37 Nr. 140). Ist die betriebsübl. AZ Vollzeitbeschäftigter nicht einheitlich, kommt es auf die AZ eines AN der Abteilung oder ANgruppe an, welcher das teilzeitbeschäftigte BRmitglied angehört (BAG 16.2.2005 AP BetrVG 1972 § 37 Nr. 141). Diese Begrenzung erfolgt nur in Fällen des Abs. 3, bei Teilnahme an Schulungen außerhalb der persönl. AZ. In den Fällen des Abs. 2 gilt das Lohnausfallprinzip (*Fitting* Rn. 194). 19

3. Bildungsveranstaltung (Abs. 7). a) Voraussetzungen. Beim Freistellungsanspruch handelt es sich um einen **Individualanspruch** des einzelnen BRmitglieds (BAG 28.8.1996 AP BetrVG 1972 § 37 Nr. 117). Er steht selbständig neben dem Anspruch aus Abs. 6. Eine Anrechnung der Ansprüche aus dieser Vorschr. auf die aus Abs. 6 oder umgekehrt ist unzulässig (BAG 5.4.1984 AP BetrVG 1972 § 37 Nr. 46). Soweit erforderl. Kenntnisse auf einer Veranstaltung nach Abs. 7 bereits vermittelt wurden, kommt eine Teilnahme an Veranstaltungen nach Abs. 6 nicht mehr in Betracht. Allerdings besteht kein Vorrang der Teilnahme an Veranstaltungen nach Abs. 7. Der Anspruch ist nur gegeben, wenn das BRmitglied die zu erwartenden Kenntnisse noch in die BRarbeit einbringen kann, was ausgeschlossen ist, wenn die Amtszeit des BR am letzten Tag oder wenige Tage nach der Schulung endet (BAG 28.8.1996 AP BetrVG 1972 § 37 Nr. 117; aA *Fitting* Rn. 217). Scheidet ein BRmitglied aus dem BR aus und hat es den Anspruch nach Abs. 7 noch nicht verbraucht, verfällt er und kann nicht in eine neue Amtszeit übertragen werden (LAG D 8.10.1991 DB 1992, 636). Wurden BRmitglieder bei verkürzter Amtszeit länger freigestellt, als ihnen zustand, führt dies nicht zu einem Ausgleichsanspruch des AG (GK-BetrVG/*Weber* Rn. 257). Ersatzmitglieder, die noch nicht endgültig nach § 25 I 1 in den BR 20 nachgerückt sind, haben keinen Anspruch auf bezahlte Freistellung (BAG 14.12.1994 AP BetrVG 1972 § 37 Nr. 100; s. Rn. 15). Sind sie endgültig nachgerückt, kommt ein anteiliger Anspruch unabhängig davon in Betracht, ob das ausgeschiedene BRmitglied seinen Anspruch bereits ausgeschöpft hatte (*Fitting* Rn. 218).

21 **b) Anspruchsinhalt.** Der Anspruch richtet sich auf **bezahlte Freistellung** für die Dauer von drei bzw. vier Wochen. Dies ergibt für den Drei-Wochen-Zeitraum bei Beschäftigten in der Fünf-Tage-Woche fünfzehn Arbeitstage, in der Sechs-Tage-Woche achtzehn Arbeitstage (*Fitting* Rn. 219 f.). Verkürzt oder verlängert sich die Amtszeit des BR, verkürzt bzw. verlängert sich der Freistellungsanspruch entspr. (aA DKKW/*Wedde* Rn. 185). Der gekürzte Anspruch verlängert sich für erstmalig gewählte BRmitglieder, die nicht zuvor Jugend- und Auszubildendenvertreter waren, stets um eine Woche (BAG 19.4.1989 AP BetrVG 1972 § 37 Nr. 68). Für den Anspruch auf bezahlte Freistellung gelten die gleichen Grundsätze wie bei einer Arbeitsbefreiung nach Abs. 2 iVm. Abs. 6 (Rn. 18 f.). Auch bei Schulungsveranstaltungen nach Abs. 7 können Freizeitausgleich und Abgeltung verlangt werden, wenn ein BRmitglied aus betriebsbedingten Gründen **außerhalb seiner persönliche AZ** an einer Schulung teilnimmt (*Fitting* Rn. 226; aA GK-BetrVG/*Weber* Rn. 263 f.). Das folgt schon aus der Bezugnahme des Abs. 7 S. 3 auf Abs. 6 S. 2. Nimmt ein BRmitglied während der Betriebsferien an einer Schulung nach Abs. 7 teil, ist der Urlaub entspr. nachzugewähren.

22 **c) Schulungsthemen.** Im Gegensatz zu den Schulungen nach Abs. 6 muss nicht jeweils geprüft werden, ob die Veranstaltung erforderl. **Kenntnisse** vermittelt. Es reicht aus, wenn die oberste Landesbehörde die Veranstaltung als geeignet anerkannt hat. Ihr steht dabei ein Beurteilungsspielraum zu (BAG 18.12.1973 AP BetrVG 1972 § 37 Nr. 7). Über einen rechtzeitig gestellten Antrag auf Anerkennung kann sie auch nach Veranstaltungsbeginn entscheiden (BAG 11.10.1995 AP BetrVG 1972 § 37 Nr. 115). Veranstaltungen nach Abs. 7 sind **geeignet,** wenn sie im Zusammenhang mit der BRtätigkeit stehen und von Inhalt und Zielsetzung her einen nennenswerten Vorteil für eine sach- und fachgerechte Erfüllung der im G vorgesehenen BRaufgaben erwarten lassen (BAG 11.8.1993 AP BetrVG 1972 § 37 Nr. 92). Die Eignung ist stets zu bejahen, soweit die engeren Voraussetzungen von Abs. 6 vorliegen (BAG 6.11.1973 AP BetrVG 1972 § 37 Nr. 5). Hat die **Thematik** einen betriebsverfassungsrechtl. Bezug und kann sie zur Aufgabenerfüllung dienl. und förderl. sein, ist die Veranstaltung geeignet, ohne dass es darauf ankäme, dass die vermittelten Kenntnisse für die konkrete Arbeit im einzelnen Betrieb benötigt werden (BAG 11.8.1993 AP BetrVG 1972 § 37 Nr. 92). Themenbereiche können ua. sein das Arbeitsrecht, Arbeitswissenschaften, einschließl. der Arbeitsbewertung (BAG 25.4.1978 AP BetrVG 1972 § 37 Nr. 33), gesellschaftsrechtl. Bezüge der Mitbestimmung, Personalwesen, allgemeines Sozialrecht, Versammlungspraxis und Versammlungsleitung sowie wirtschaftl. und betriebswirtschaftl. Fragen (dazu *Fitting* Rn. 199 f.). Geeignet sind auch Themen tarifpolitischer, sozialpolitischer und wirtschaftl. Art, sowie Fragen der Frauenförderung und der Vereinbarkeit von Familie und Beruf, die den Betrieb oder seine AN unmittelbar betreffen – zB betriebl. Umweltschutz (BAG 11.10.1995 AP BetrVG 1972 § 37 Nr. 115). Der zu erwartende Nutzen darf allerdings nicht bloßer Nebeneffekt von untergeordneter Bedeutung sein (BAG 11.8.1993 AP BetrVG 1972 § 37 Nr. 92). Deshalb sind Veranstaltungen, die ledigl. auf Allgemeinbildung gesellschafts- oder staatsbürgerl. Art bzw. auf rein gewerkschaftspolitische oder historisches Wissensvermittlung abzielen, nicht geeignet (BAG 11.8.1993 AP BetrVG 1972 § 37 Nr. 92). Befasst sich die Veranstaltung tw. mit ungeeigneten Themen, muss die Anerkennung durch die Behörde verweigert oder durch entspr. Nebenbestimmungen sichergestellt werden, dass die Veranstaltung insg. geeignet ist (BAG 11.8.1993 AP BetrVG 1972 § 37 Nr. 92). **Träger** der Veranstaltung kann grds. jeder sein, der nach Zweckbestimmung und Organisation die Gewähr bietet, eine iSd. Vorschr. geeignete Veranstaltung ordnungsgemäß durchzuführen (weiter DKKW/*Wedde* Rn. 177). Die Zuständigkeit für die Anerkennung der Veranstaltung liegt bei der obersten Arbeitsbehörde des Landes, in dem der Veranstalter seinen Sitz hat; zum Anerkennungsverfahren *Fitting* Rn. 210 ff. und GK-BetrVG/*Weber* Rn. 243 ff.).

23 **4. Verfahren für die Freistellung.** Grunds. muss der für die Schulungsteilnahme nach **Abs. 6** erforderl. BRbeschluss auf ein konkretes BRmitglied und auf eine konkrete, nach Zeitpunkt und Ort bestimmte Schulung bezogen sein; weitere Gegenstände muss der Beschl. aber nicht umfassen (BAG 27.5.2015 NZA 2015, 1141). Ohne eine solche Beschlussfassung ist ein BRmitglied nicht berechtigt, Schulungsveranstaltungen zu besuchen (BAG 28.8.1996 AP BetrVG 1972 § 37 Nr. 117). Die **personelle Auswahlentscheidung** steht dem BR als Träger des Anspruchs aus Abs. 6 zu, der sie nach pflichtgemäßem Ermessen und unter Beachtung der Grds. des § 75 I treffen muss. An der Auswahlentscheidung darf sich das betroffene BRmitglied beteiligen. Bei der Festlegung der **zeitlichen Lage** hat der BR betriebl. Notwendigkeiten zu berücksichtigen. Dies sind nicht schon allgemeine betriebl. Interessen oder Bedürfnisse, sondern nur betriebl. Gegebenheiten, die zwgd. Vorrang ggü. der Arbeitsbefreiung eines BRmitglieds für Schulungszwecke haben (*Fitting* Rn. 238; aA Richardi/*Thüsing* Rn. 115). Der AG hat Vorkehrungen dafür zu treffen, dass die Teilnahme mögl. wird. Ist eine Beeinträchtigung betriebl. Notwendigkeiten, unabhängig von der zeitl. Lage nicht zu umgehen, hat die Schulungsteilnahme Vorrang. Da der Anspruch aus **Abs. 7** Individualanspruch des einzelnen BRmitglieds ist, hat der BR sich hier auf die Festlegung der zeitl. Lage der Teilnahme an den Veranstaltungen zu beschrän-

ken. Er hat dabei die Auswahl der als geeignet anerkannten Schulung dem jew. BRmitglied zu überlassen (BAG 28.8.1996 AP BetrVG 1972 § 37 Nr. 117) und kann allenfalls mittelbar durch die Festlegung der zeitl. Lage Einfluss auf die Auswahlentscheidung nehmen, wobei er die betriebl. Notwendigkeiten berücksichtigen muss und die eigenen Geschäftsbedürfnisse berücksichtigen darf (GK-BetrVG/*Weber* Rn. 281). Die zeitl. Lage der Bildungsveranstaltung muss dem AG so **rechtzeitig mitgeteilt** werden, dass er noch die Einigungsstelle anrufen kann (BAG 18.3.1977 AP BetrVG 1972 § 37 Nr. 27). Dies gilt auch für die Teilnahme freigestellter BRmitglieder (BAG 21.7.1978 AP BetrVG 1972 § 38 Nr. 4). Eine Mitteilung 2½ Wochen vor Beginn der Schulung soll ausreichen (LAG NI 14.8.1987 AuR 1989, 60). Der BR muss dem AG zusätzl. die näheren Einzelheiten der Schulung wie Ort, Themenplan, Genehmigung durch die zuständige Behörde mitteilen (*Fitting* Rn. 241). Unterlässt der BR die Unterrichtung, geht der Entgeltanspruch aber nicht verloren.

Hält der AG die betriebl. Notwendigkeiten nicht für ausreichend berücksichtigt, kann er die **Einigungsstelle** nach § 76 V anrufen. Nur für diese Entscheidung ist die Einigungsstelle zuständig. Über die Erforderlichkeit entscheiden die ArbG im BeschlV. Das G sieht keine Frist für die Anrufung der Einigungsstelle vor. Die Einigungsstelle ist jdf. so zeitig anzurufen, dass der BR noch umdisponieren oder das Einigungsstellenverfahren noch durchgeführt werden kann (Richardi/*Thüsing* Rn. 127 – unverzüglich; GK-BetrVG/*Weber* Rn. 288 – in angemessener Zeit; DKKW/*Wedde* Rn. 159 und *Fitting* Rn. 244 – binnen 14 Tagen). Ruft der AG die Einigungsstelle nicht rechtzeitig an, ist er so zu behandeln, als habe er keine Bedenken gegen die Teilnahme gehabt (BAG 18.3.1977 AP BetrVG 1972 § 37 Nr. 27). Hat der AG die Einigungsstelle rechtzeitig angerufen, ist die Teilnahme bis zur Beendigung des Einigungsstellenverfahrens zurückzustellen (BAG 18.3.1977 AP BetrVG 1972 § 37 Nr. 27). Hält die Einigungsstelle die betriebl. Notwendigkeiten vom BR für nicht ausreichend berücksichtigt, trifft sie selbst eine Regelung in der Sache (*Fitting* Rn. 246). Widerspricht der AG der Teilnahme eines BRmitglieds, weil er die **Erforderlichkeit** der Schulung anzweifelt, muss sich das BRmitglied nach Abs. 6 iVm. Abs. 2 ledigl. ordnungsgemäß abmelden, nicht aber auf die Zustimmung oder Gewährung einer Arbeitsbefreiung durch den AG warten (DKKW/*Wedde* Rn. 161 f.; *Fitting* Rn. 250; aA GK-BetrVG/*Weber* Rn. 294). Das ArbG kann daher dem BRmitglied durch einstweilige Vfg. die Schulungsteilnahme weder gestatten noch untersagen (LAG HE 5.8.2013 – 16 TaBVGa 120/13; LAG K 20.11.2003 DB 2004, 551; aA LAG HM 23.11.1972 DB 1972, 2489). In keinem Fall muss das BRmitglied die Teilnahme zurückstellen, wenn der BR vor Beginn der Schulung einen obsiegenden Beschl. in erster Instanz erwirkt hat (BAG 6.5.1975 AP BetrVG 1972 § 65 Nr. 5; aA GK-BetrVG/*Weber* Rn. 297). 24

VI. Streitigkeiten

Über die Fortzahlung des Arbeitsentgelts nach Abs. 2 (BAG 21.3.2017 – 7 ABR 17/15), die Gewährung von Freizeitausgleich nach Abs. 3, über das Arbeitsentgelt bezogen auf vergleichbare AN mit betriebsübl. berufl. Entwicklung nach Abs. 4 und die Zuweisung eines unterwertigen Arbeitsplatzes nach Abs. 5 wird im **UrtV** entschieden (BAG 15.2.1989 AP BetrVG 1972 § 37 Nr. 117). Die betriebsverfassungsrechtl. Voraussetzungen dieser individualrechtl. Ansprüche sind als Vorfragen mitzuentscheiden. Ist im BeschlV über diese Vorfragen rkr. entschieden worden, hat dies für das UrtV präjudizielle Wirkung (BAG 6.5.1975 AP BetrVG 1972 § 65 Nr. 5). Bezieht sich die Streitigkeit allein auf betriebsverfassungsrechtl. Fragen, ist im **BeschlV** zu entscheiden (BAG 3.6.1969 AP BetrVG § 37 Nr. 11). Antragsberechtigt sind der BR, der AG und ggf. das einzelne BRmitglied. Die Gewerkschaften sind weder antragsberechtigt, noch am Verfahren zu beteiligen (BAG 28.1.1975 AP BetrVG 1972 § 37 Nr. 20). Das Rechtsschutzinteresse an der Feststellung der Erforderlichkeit einer Schulung entfällt regelmäßig, wenn die Schulung stattgefunden hat (BAG 16.3.1976 AP BetrVG 1972 § 37 Nr. 22; zur Antragsfassung bei zukünftigen Veranstaltungen BAG 12.1.2011 NZA 2011, 813). Streitigkeiten über die Anerkennung von Schulungs- und Bildungsveranstaltungen sind im BeschlV vor dem ArbG zu entscheiden (BAG 11.8.1993 AP BetrVG 1972 § 37 Nr. 92). Antragsberechtigt sind der Träger der Veranstaltung, der den Antrag auf Anerkennung gestellt hat und die im Anerkennungsverfahren zu beteiligenden Spitzenorganisationen der Gewerkschaften und der AGverbände (BAG 30.8.1989 AP BetrVG 1972 § 37 Nr. 73). Nach Rspr. des BAG ist der AG auch dann nicht antragsberechtigt, wenn er auf Grund der Anerkennung einer Schulungs- und Bildungsveranstaltung auf Entgeltfortzahlung in Anspruch genommen wird (BAG 25.6.1981 AP BetrVG 1972 § 37 Nr. 38; offen gelassen in BAG 30.8.1989 AP BetrVG 1972 § 37 Nr. 73), was sich mit § 19 IV GG kaum vereinbaren lässt (*Fitting* Rn. 265). 25

§ 38 Freistellungen

(1) [1]**Von ihrer beruflichen Tätigkeit sind mindestens freizustellen in Betrieben mit in der Regel**

200 bis 500	**Arbeitnehmern**	**ein Betriebsratsmitglied,**
501 bis 900	**Arbeitnehmern**	**2 Betriebsratsmitglieder,**
901 bis 1500	**Arbeitnehmern**	**3 Betriebsratsmitglieder,**
1501 bis 2000	**Arbeitnehmern**	**4 Betriebsratsmitglieder,**

2001 bis 3000	Arbeitnehmern	5 Betriebsratsmitglieder,
3001 bis 4000	Arbeitnehmern	6 Betriebsratsmitglieder,
4001 bis 5000	Arbeitnehmern	7 Betriebsratsmitglieder,
5001 bis 6000	Arbeitnehmern	8 Betriebsratsmitglieder,
6001 bis 7000	Arbeitnehmern	9 Betriebsratsmitglieder,
7001 bis 8000	Arbeitnehmern	10 Betriebsratsmitglieder,
8001 bis 9000	Arbeitnehmern	11 Betriebsratsmitglieder,
9001 bis 10 000	Arbeitnehmern	12 Betriebsratsmitglieder.

[2] In Betrieben mit über 10 000 Arbeitnehmern ist für je angefangene weitere 2000 Arbeitnehmer ein weiteres Betriebsratsmitglied freizustellen. [3] Freistellungen können auch in Form von Teilfreistellungen erfolgen. [4] Diese dürfen zusammengenommen nicht den Umfang der Freistellungen nach den Sätzen 1 und 2 überschreiten. [5] Durch Tarifvertrag oder Betriebsvereinbarung können anderweitige Regelungen über die Freistellung vereinbart werden.

(2) [1] Die freizustellenden Betriebsratsmitglieder werden nach Beratung mit dem Arbeitgeber vom Betriebsrat aus seiner Mitte in geheimer Wahl und nach den Grundsätzen der Verhältniswahl gewählt. [2] Wird nur ein Wahlvorschlag gemacht, so erfolgt die Wahl nach den Grundsätzen der Mehrheitswahl; ist nur ein Betriebsratsmitglied freizustellen, so wird dieses mit einfacher Stimmenmehrheit gewählt. [3] Der Betriebsrat hat die Namen der Freizustellenden dem Arbeitgeber bekannt zu geben. [4] Hält der Arbeitgeber eine Freistellung für sachlich nicht vertretbar, so kann er innerhalb einer Frist von zwei Wochen nach der Bekanntgabe die Einigungsstelle anrufen. [5] Der Spruch der Einigungsstelle ersetzt die Einigung zwischen Arbeitgeber und Betriebsrat. [6] Bestätigt die Einigungsstelle die Bedenken des Arbeitgebers, so hat sie bei der Bestimmung eines anderen freizustellenden Betriebsratsmitglieds auch den Minderheitenschutz im Sinne des Satzes 1 zu beachten. [7] Ruft der Arbeitgeber die Einigungsstelle nicht an, so gilt sein Einverständnis mit den Freistellungen nach Ablauf der zweiwöchigen Frist als erteilt. [8] Für die Abberufung gilt § 27 Abs. 1 Satz 5 entsprechend.

(3) Der Zeitraum für die Weiterzahlung des nach § 37 Abs. 4 zu bemessenden Arbeitsentgelts und für die Beschäftigung nach § 37 Abs. 5 erhöht sich für Mitglieder des Betriebsrats, die drei volle aufeinander folgende Amtszeiten freigestellt waren, auf zwei Jahre nach Ablauf der Amtszeit.

(4) [1] Freigestellte Betriebsratsmitglieder dürfen von inner- und außerbetrieblichen Maßnahmen der Berufsbildung nicht ausgeschlossen werden. [2] Innerhalb eines Jahres nach Beendigung der Freistellung eines Betriebsratsmitglieds ist diesem im Rahmen der Möglichkeiten des Betriebs Gelegenheit zu geben, eine wegen der Freistellung unterbliebene betriebsübliche berufliche Entwicklung nachzuholen. [3] Für Mitglieder des Betriebsrats, die drei volle aufeinander folgende Amtszeiten freigestellt waren, erhöht sich der Zeitraum nach Satz 2 auf zwei Jahre.

1 **1. Anzahl. a) Berechnung.** Mit der Freistellung werden BRmitglieder generell von der Arbeitspflicht befreit, um Aufgaben des BR zu erfüllen. Anders als bei der Befreiung von der berufl. Tätigkeit nach § 37 II ist ein konkreter Nachweis der Erforderlichkeit nicht vorgesehen (BAG 26.7.1989 NZA 1990, 621). § 38 ist Sonderregelung zu § 37 II und vermutet unwiderlegl. die Erforderlichkeit der Freistellung für die in Abs. 1 angegebene Mindestzahl von Freistellungen (BAG 12.2.1997 NZA 1997, 782). Für Mitglieder der SBV besteht eine entspr. Regelung in § 179 IV 2 SGB IX. Der Anspruch steht zunächst dem BR zu; das einzelne BRmitglied hat nach seiner Auswahl einen abgeleiteten Individualanspruch. Die ges. Staffel enthält eine Mindeststaffel (BAG 22.5.1973 AP BetrVG 1972 § 38 Nr. 2) Sie stellt auf die **„in der Regel"** beschäftigten AN ab. Das ist die Zahl von AN, die für den Betrieb im Allgemeinen kennzeichnend ist (BAG 22.2.1983 AP BetrVG 1972 § 113 Nr. 7). AN sind grds. die in § 5 I genannten Personen, auf ihre Wahlberechtigung kommt es nicht an (*Fitting* Rn. 9); auch die in § 5 I 3 genannten AN (BAG 5.12.2012 NZA 2013, 690) und Arbeitsplätze, auf denen regelmäßig LeihAN beschäftigt werden, zählen mit (BAG 18.1.2017 – 7 ABR 60/15, zVb.; 13.3.2013 NZA 2013, 789). Teilzeitbeschäftigte werden nach Köpfen berechnet. Heimarbeiter sind heranzuziehen, soweit sie in der Hauptsache für den Betrieb arbeiten. Jugendl. AN zählen mit, die in § 5 II und III Genannten nicht. Grds. muss für die Feststellung der Belegschaftsstärke auf den **Zeitpunkt** des Freistellungsbeschlusses abgestellt werden. Künftige Entwicklungen, die nicht unmittelbar bevorstehen, führen zu einer späteren Anpassung der Anzahl der Freistellungen (BAG 26.7.1989 NZA 1990, 621). Erhöht sich die Zahl der regelm. beschäftigten AN während der Amtszeit des BR nicht nur vorübergehend, kann der BR eine Anpassung verlangen. Sinkt die Belegschaftsstärke nicht nur vorübergehend, kann der AG eine entspr. Verringerung verlangen, es sei denn die Aufgaben der BR haben sich nicht im gleichen Maß verringert (BAG 26.7.1989 NZA 1990, 621).

2 **b) Erhöhter Freistellungsbedarf.** Der BR hat – abgesehen von der Möglichkeit, die Zahl der Freizustellenden durch freiwilligen TV und BV aufzustocken – einen gerichtl. durchsetzbaren Anspruch auf **Erhöhung der Zahl** freizustellender BRmitglieder, wenn dies zur ordnungsgemäßen Durchführung seiner Aufgaben erforderl. ist (BAG 26.7.1989 NZA 1990, 621). Der BR kann die weitere

Freistellung nicht einfach einseitig beschließen. Er braucht die Zustimmung des AG (BAG 22.5.1973 AP BetrVG 1972 § 38 Nr. 2). Unterbleibt eine an sich nach § 38 II 1 erforderl. vorherige Beratung mit dem AG, führt dies zur Anfechtbarkeit der Freistellungswahl (ArbG K 21.2.2008 BB 2008, 945). Das in **Abs. 2 Satz 4** vorgesehene Einigungsstellenverfahren bezieht sich nicht auf die Anzahl der freizustellenden BRmitglieder, sondern allein auf die Auswahl der Person (BAG 16.1.1979 AP BetrVG 1972 § 38 Nr. 5). Meinungsverschiedenheiten zur Anzahl sind daher in einem BeschlV zu klären. Für die Beurteilung der Erforderlichkeit weiterer Freistellungen können keine Richtwerte oder Erfahrungswerte zugrunde gelegt werden (BAG 21.11.1978 AP BetrVG 1972 § 37 Nr. 34). Maßgebend ist, ob unter Einsatz aller sonstigen personellen Möglichkeiten, dh. einer verstärkten zeitweiligen Arbeitsbefreiung anderer BRmitglieder nach § 37 II weitere Freistellungen erforderl. sind, um eine ordnungsgemäße BRarbeit innerhalb der betriebsübl. AZ zu gewährleisten (BAG 26.7.1989 NZA 1990, 621). Ist ein freigestelltes BRmitglied durch die Wahrnehmung von Funktionen in anderen Betriebsverfassungsorganen (zB GBR) in einem zeitl. feststehendem Umf. gehindert, seine BRaufgaben zu erledigen, kann ein weiteres BRmitglied nur zusätzl. freigestellt werden, wenn erkennbar ist, dass die Aufgaben auch nach einer zumutbaren betriebsratsinternen Umverteilung durch die anderen Mitglieder des BR nicht erledigt werden können (BAG 12.2.1997 NZA 1997, 782). Tw. oder völlige Freistellungen können auch in Betrieben mit weniger als 200 AN erforderl. sein, wenn Arbeitsbefreiungen nach § 37 II nicht ausreichen. Die Durchführung von BRsprechstunden rechtfertigt allein noch keine tw. Freistellung (BAG 13.11.1991 NZA 1992, 414). Besonderheiten der betriebl. Organisation, zB weitverzweigte Betriebsstätten (LAG D 29.6.1988 AiB 1989, 90), Mehrschichtbetrieb (BAG 22.5.1973 AP BetrVG 1972 § 38 Nr. 1) oder ein erhöhter Arbeitsanfall auf Grund außergewöhnl. Maßnahmen wie Betriebsänderungen (DKKW/*Wedde* Rn. 13) können weitere Freistellungen erforderl. machen. Dabei sollen die Zeiten der Arbeitsbefreiung nach § 37 II für die übrigen BRmitglieder Anhaltspunkte abgeben (ArbG F 4.1.1990 AiB 1990, 256). Im Verfahren muss der BR darlegen, dass auf ihn für die gesamte Amtsperiode und nicht nur vorübergehend höhere Anforderungen als im Normalfall zukommen (BAG 12.2.1997 NZA 1997, 782). Er muss die eine Abweichung vom Normalfall begründenden Umstände detailliert beschreiben, so dass die zeitl. Belastung bestimmbar und die Untergrenze der regelm. Mehrbelastung pauschalierbar wird (BAG 26.7.1989 NZA 1990, 621). Der Tatsachenrichter hat bei der Prüfung der „Erforderlichkeit" einen gewissen Beurteilungsspielraum (BAG 9.10.1973 AP BetrVG 1972 § 38 Nr. 3).

c) Änderung. Nicht jede kurzfristige Verhinderung eines ständig freigestellten BRmitglieds berechtigt den BR, ein anderes BRmitglied freizustellen. Erst einmal müssen die übrigen Freigestellten – zB Bei Urlaub oder Krankheit – seine Aufgaben mit übernehmen. Bei der Aufstellung der Staffel des Abs. 1 hat der Gesetzgeber gewisse Fehlzeiten schon einkalkuliert (BAG 9.7.1997 NZA 1998, 164). Bei längerer Verhinderung – etwa durch die Tätigkeit als GBRvorsitzender – besteht die Möglichkeit einer Befreiung nach § 37 II, falls dies zur ordnungsgemäßen Erledigung der Aufgaben notwendig ist (*Fitting* Rn. 27). IÜ kann ein weiteres BRmitglied in diesen Fällen nach § 38 nur mit Zustimmung des AG unter den Voraussetzungen des § 37 II freigestellt werden (BAG 12.2.1997 NZA 1997, 782). Verweigert er seine Zustimmung, muss die Freistellung im BeschlV geklärt werden (BAG 22.5.1973 AP BetrVG 1972 § 38 Nr. 1), bei bes. Eilbedürftigkeit durch einstweilige Vfg. (DKKW/*Wedde* Rn. 12). Eine solche weitere Freistellung kann erforderl. sein, wenn die Aufgaben des BR auch nach einer internen zumutbaren Umverteilung durch die anderen BRmitglieder nicht erledigt werden können und feststeht, dass eine Arbeitsbefreiung einzelner BRmitglieder aus konkretem Anlass nicht ausreicht (BAG 12.2.1997 NZA 1997, 782). Es besteht maW für die Fälle der zeitweiligen Verhinderung ein Vorrang der Arbeitsbefreiung nach § 37 II ggü. der anteiligen Freistellung nach § 38 (BAG 9.7.1997 NZA 1998, 164). 3

d) Teilfreistellung. Das G geht bei den Freizustellenden zwar grds. von vollzeitbeschäftigten BRmitgliedern aus (BAG 26.6.1996 NZA 1997, 58). Dieses **Gesamtvolumen** kann aber nach **Abs. 1 S. 3** flexibel über Teilfreistellungen aufgeteilt werden, so dass zB anzahlmäßig doppelt soviel nur zur Hälfte freigestellte BRmitglieder bestimmt werden können (BAG 26.6.1996 NZA 1997, 58). So können auch Teilzeitbeschäftigte freigestellt werden, ohne dass Teile des Gesamtvolumens verloren gehen. Bleibt der BR durch eine flexible Aufteilung innerhalb des sich aus Abs. 1 ergebenden Arbeitsvolumens, braucht er die Erforderlichkeit von Umf. und Dauer der Freistellung nicht darzulegen, wohl aber die Notwendigkeit der Aufteilung selbst, da die rein zahlenmäßige Überschreitung der Staffel betriebsorganisatorisch den AG vor zusätzl. Probleme stellen kann. Die Aufteilung von Vollzeitfreistellungen kann zur ordnungsgemäßen Erfüllung der BRaufgaben notwendig oder zB erforderl. sein, um berufl. Nachteile für BRmitglieder zu vermeiden, die durch Abs. 4 nicht ausgeglichen werden (BAG 26.6.1996 NZA 1997, 58). Die Grenze ergibt sich aus dem Gebot der vertrauensvollen Zusammenarbeit. Die zeitl. Lage der Teilfreistellung kann konkret festgelegt werden. Sie kann in einem starren Schema erfolgen oder an die berufl. Tätigkeit bzw. die Erfordernisse der BRarbeit angepasst werden. Im Streitfall geht die BRarbeit grds. vor (*Fitting* Rn. 14). Eine unzumutbare Mehrbelastung kann dem AG jedoch nicht abverlangt werden. Für die Unzumutbarkeit des höheren Organisationsaufwands trägt der AG die Feststellungslast (BAG 26.6.1996 NZA 1997, 58). 4

5 **2. Regelungen durch Tarifvertrag oder Betriebsvereinbarung.** Die Möglichkeit einer anderweitigen Regelung nach Abs. 1 S. 5 bezieht sich auf die Anzahl der freigestellten BRmitglieder sowie auf die Voraussetzungen und Modalitäten von Teilfreistellungen (*Fitting* Rn. 28), nicht auf eine abweichende Regelung des Freistellungsverfahrens nach Abs. 2 (GK-BetrVG/*Weber* Rn. 36). Dies Verfahren ist vielmehr auch bei anderweitiger Regelung beizubehalten. Die zusätzl. Freistellungen sind daher zusammen mit den Mindestfreistellungen vorzunehmen (LAG HE 1.8.1991 DB 1991, 2494). Mit der anderweitigen Regelung kann eine geringere Zahl von Freistellungen festgelegt werden, als in der Mindeststaffel vorgesehen sind (BAG 11.6.1997 NZA 1997, 1301). Ein gänzl. Ausschluss der Freistellung ist unzulässig. Die BV kann nur freiwillig abgeschlossen und nicht über die Einigungsstelle erzwungen werden, der entspr. TV ist erstreikbar (*Fitting* Rn. 31; aA GK-BetrVG/*Weber* Rn. 36). Besteht schon eine tarifvertragl. Regelung, sind weitergehende Freistellungen durch BV (oder Regelungsabrede, LAG K 7.10.2011 NZA-RR 2012, 135) möglich. § 77 III steht nicht entgegen. Es handelt sich nicht um die Vereinbarung von (Individual-)Arbeitsbedingungen (aA Richardi/*Thüsing* Rn. 23). Ungünstigere Freistellungen als im TV vorgesehen, sind unzulässig. Ist eine anderweitige Regelung durch BV oder TV ausgeschlossen, besteht Bindungswirkung für den BR, so dass er keinen Anspruch auf weitergehende Freistellungen geltend machen kann (GK-BetrVG/*Weber* Rn. 40).

6 **3. Wahl der freizustellenden Betriebsratsmitglieder.** Nur BRmitglieder können freigestellt werden; Ersatzmitglieder erst, wenn sie nach § 25 nachgerückt sind. Konkretisierungen kann der BR in der GO nach § 36 oder durch Beschl. festlegen, wobei er die zwgd. Grundentscheidungen von Abs. 2 zu beachten hat. Die Wahl ist vorrangig in einem Wahlgang (RB anh. 7 ABR 48/16) als Verhältniswahl durchzuführen, nur unter den Voraussetzungen des § 38 II 2 als Mehrheitswahl (RB anh. 7 ABR 77/16). Die Abstimmung hat **geheim** zu erfolgen, wenn ein BRmitglied dies verlangt. Die Ausführungen zur Wahlvorschlagsberechtigung, zur Beschlussfähigkeit, zu den Grundsätzen der Verhältniswahl und der Mehrheitswahl bei der Wahl des Betriebsausschusses gelten für die Wahlen der freizustellenden BRmitglieder entspr. (s. § 27 Rn. 3). Dasselbe gilt für die Wahl von Ersatzfreistellungen, die im Fall der Verhinderung oder des Ausscheidens eines Freigestellten nachrücken. Kommt es bei der Wahl der Freizustellenden zu einer Pattsituation, wird sie durch Losentscheid aufgelöst (BAG 15.1.1992 AP BetrVG 1972 § 26 Nr. 10). Bei Ausscheiden eines im Wege der Verhältniswahl in die Freistellung gewählten Mitglieds des BR ist das ersatzweise freizustellende Mitglied analog § 25 II 1 der Vorschlagsliste zu entnehmen, der das zu ersetzende Mitglied angehörte (BAG 25.4.2001 NZA 2001, 977; 14.11.2001 NZA 2002, 755). Ist sie erschöpft, ist das ersatzweise freizustellende Mitglied vom BR im Wege der Mehrheitswahl zu wählen (aA *Fitting* Rn. 53; RB anh. 7 ABR 54/16). Wurde über die Freistellung in Mehrheitswahl entschieden, erfolgt das Nachrücken in der Reihenfolge der erreichten Stimmen (DKKW/*Wedde* Rn. 60). In allen Fällen braucht § 15 II nicht beachtet zu werden (*Fitting* Rn. 49 f.). Erhöht sich die Zahl der freigestellten BRmitglieder während der Amtszeit, müssen *alle* Freizustellenden neu gewählt werden, wenn ihre ursprüngl. Wahl nach den Grundsätzen der Verhältniswahl erfolgte (BAG 20.4.2005 NZA 2005, 1013). Beratungen mit dem AG nach **Abs. 2 S. 1** müssen mit dem gesamten BR (BAG 29.4.1992 NZA 1993, 329) in einer BRsitzung erfolgen (aA GK-BetrVG/*Weber* Rn. 49). Sie sollen dem AG vor der Wahl Gelegenheit geben, Bedenken zu erheben, die der BR bei seiner Wahlentscheidung zu würdigen hat. Unterbleibt die Beratung, führt dies nicht zur Unwirksamkeit des Freistellungsbeschlusses (aA LAG BE 19.6.1995 LAGE BetrVG 1972 § 19 Nr. 14 – Anfechtbarkeit; offen gelassen in BAG 29.4.1992 NZA 1993, 329; RB anh. 7 ABR 26/16).

7 **4. Einigungsstelle.** Nach der Wahl im BR erfolgt die Freistellung des Gewählten durch den AG. Vor seiner ausdrückl. oder konkludenten Einverständniserkl. bzw. Eintritt der ges. Fiktion nach Abs. 2 S. 9 dürfen die gewählten Vertreter der Arbeit nur unter den Voraussetzungen des § 37 II fernbleiben. Im Einigungsstellenverfahren kann der AG nur die Konkretisierung der Auswahlentscheidung angreifen (BAG 9.10.1973 AP BetrVG 1972 § 38 Nr. 3). Er muss darlegen, warum zwgd. betriebl. Notwendigkeiten gerade gegen die vom BR getroffene Auswahl sprechen, zB weil eine bes. qualifizierte unabkömml. Fachkraft freigestellt wurde, für die keine Ersatzmöglichkeit gefunden werden kann (*Fitting* Rn. 61). Die Frist nach Abs. 2 S. 6 ist eine ges. Ausschlussfrist, die nach §§ 187 ff. BGB berechnet wird (BAG 15.1.1992 NZA 1992, 1091) und mit Ablauf des Tages der Bekanntgabe der Gewählten an den AG zu laufen beginnt. Teilt die Einigungsstelle die Bedenken des AG, hebt sie die Wahlentscheidung auf und bestimmt selbst ein oder mehrere neue freizustellende BRmitglieder, sofern diese damit einverstanden sind.

8 **5. Amtsniederlegung und Abberufung.** Jedes freigestellte BRmitglied kann jederzeit sein Einverständnis mit der Freistellung widerrufen und erklären, wieder die berufl. Tätigkeit aufnehmen zu wollen. Der BR kann ein BRmitglied oder alle freigestellten BRmitglieder jederzeit von dieser Funktion abberufen und ersetzen (BAG 20.4.2005 NZA 2005, 1013). Die Abberufung erfolgt durch das Gremium, das die Wahl durchgeführt hat oder hätte durchführen müssen. Dabei gelten nach § 38 II 8 die Grundsätze der Abberufung von Betriebsausschussmitgliedern entspr. (s. § 27 Rn. 3). Erfolgte die Freistellung nach den Grundsätzen der Verhältniswahl, werden die BRmitglieder auch durch Beschl. des BR nach § 27 I 5 abberufen (BAG 20.4.2005 NZA 2005, 1013).

6. Rechtsstellung und Schutz. a) Ausübung der Betriebsratstätigkeit. Ein freigestelltes BRmitglied ist von der Arbeitspflicht befreit, soweit dies durch die vom G zugewiesene Aufgabenstellung als BRmitglied erforderl. ist (BAG 13.11.1991 NZA 1992, 690). Es muss während der vertragl. AZ im Betrieb erreichbar sein und sich für erforderl. BRarbeit zur Vfg. stellen (BAG 31.5.1989 NZA 1990, 313). Leistungsort ist – auch für Außendienstmitarbeiter – grds. der Sitz des BR (BAG 13.6.2007 NZA 2007, 1301). Der Freigestellte kann die BRtätigkeit iR der allgemeinen Vorgaben grds. so einteilen, wie es seiner Ansicht nach für die ordnungsgemäße Durchführung der Aufgaben am besten ist (*Fitting* Rn. 78; aA GK-BetrVG/*Weber* Rn. 74 f.). Existiert im Betrieb eine Gleitzeitregelung, können die Freigestellten diese in Anspruch nehmen (BAG 10.7.2013 NZA 2013, 1221 – Zeiterfassung). Der AG hat kein Weisungsrecht bezügl. der Ausübung der BRtätigkeit (BAG 23.6.1983 AP BetrVG 1972 § 37 Nr. 45). Nur der BR als Organ ist befugt, den einzelnen BRmitgliedern bestimmte Aufgabengebiete oder konkrete Angelegenheiten zuzuweisen, wobei der BR die Tätigkeit in eigener Verantwortung ausfüllt. Die sozialversicherungsrechtl. Stellung eines BRmitglieds ändert sich durch die Freistellung nicht. Der AG kann vom freigestellten BRmitglied keinen laufenden Tätigkeitsbericht verlangen. Eine Ab- oder Rückmeldepflicht ggü. dem AG besteht nur für Tätigkeiten außerhalb des Betriebs, das freigestellte BRmitglied ist dabei nicht zur Angabe des Orts der beabsichtigten BRtätigkeit verpflichtet (BAG 24.2.2016 NZA 2016, 831). 9

b) Entgelt. Der Vergütungsanspruch des freigestellten BRmitglieds bemisst sich nach dem Lohnausfallprinzip. Gegenüber den Leistungsansprüchen vergleichbarer AN mit betriebsübl. berufl. Entwicklung sollen dem freigestellten BR keine Nachteile entstehen. Deshalb bleiben ihm auch sonstige Leistungen, wie zB Zusatzurlaub für Arbeit an gefährl. Arbeitsplätzen – trotz Wegfall der Beschwer – erhalten (BAG 8.10.1981 AP BAT § 49 Nr. 2). Dies gilt auch für Mehrarbeitszuschläge, wenn vergleichbare AN Mehrarbeit leisten, iRd. BRtätigkeit Mehrarbeit nicht anfällt (*Fitting* Rn. 88). Bei betriebsbedingter Mehrarbeit iR der BRtätigkeit darf es nicht zu doppelter Vergütung bzw. Arbeitsfreistellung nach § 37 III kommen. Ein ersatzloser Wegfall des früheren Arbeitsplatzes des BRmitglieds lässt diese Ansprüche unberührt (BAG 17.5.1977 AP BetrVG 1972 § 37 Nr. 28). Das freigestellte BRmitglied hat sich allein betriebsverfassungsrechtl. Aufgaben zu widmen (BAG 17.10.1990 NZA 1991, 432). Soweit es sich anderen Aufgaben widmet, entfällt der Entgeltanspruch (BAG 19.5.1983 NJW 1983, 2720; aA DKKW/*Wedde* Rn. 69). Dasselbe gilt für die Teilnahme an nicht erforderl. Schulungen (BAG 21.7.1978 AP BetrVG 1972 § 38 Nr. 4). Außerhalb des Betriebsgeländes durchgeführte BRtätigkeit ist, wie bei den nicht freigestellten BR, nur zu vergüten, wenn sie nach § 37 II erforderl. ist (BAG 31.5.1989 NZA 1990, 313). Bezweifelt der AG die Wahrnehmung von BRaufgaben, gelten die unter § 37 Rn. 5 dargestellten Grds. entspr. 10

c) Schutz. Abs. 3 knüpft bei der Verlängerung der Frist für den wirtschaftl. Schutz und den berufl. Tätigkeitsschutz aus § 37 IV, V an die völlige – nicht die tw. – Freistellung an. Auch die völlige Freistellung eines Teilzeitbeschäftigten wird von der Vorschr. erfasst. Maßgebl. ist die reguläre Amtszeit von 4 Jahren; der Grund für eine Verkürzung der Amtszeit ist ohne Bedeutung. Die Freistellung muss in drei aufeinander folgenden Amtszeiten bestehen (*Fitting* Rn. 95). Das BRmitglied muss auch in der letzten Amtszeit vor dem Ausscheiden freigestellt gewesen sein (aA DKKW/*Wedde* Rn. 82; GK-BetrVG/*Weber* Rn. 100). Abs. 4 soll als Ausprägung des allgemeinen Benachteiligungsverbots aus § 78 eine Wiedereingliederung in das Berufsleben ermögl. (*Fitting* Rn. 97). Abzustellen ist auf die betriebsübl. berufl. Entwicklung vergleichbarer AN im Betrieb. Bestehen keine innerbetriebl. Schulungsmöglichkeiten, hat das BRmitglied Anspruch auf eine über- oder außerbetriebl. Fortbildungsmöglichkeit auf Kosten des AG (DKKW/*Wedde* Rn. 86). Nach der entspr. Schulung hat das BRmitglied nach § 37 V iVm. § 38 III iR der betriebl. Möglichkeiten Anspruch auf Zuweisung einer Tätigkeit, die derjenigen von vergleichbaren AN mit betriebsübl. berufl. Entwicklung entspricht. 11

7. Streitigkeiten. Die Wahl der Freigestellten ist analog § 19 im BeschlV anfechtbar (BAG 11.3.1992 NZA 1992, 946). Die Frist hierfür beginnt mit der Feststellung des Wahlergebnisses durch den BR (BAG 20.4.2005 NZA 2005, 1426). Es gelten die Grundsätze für die Wahl des BRvorsitzenden bzw. des Betriebsausschusses entspr. (s. § 26 Rn. 1; s. § 27 Rn. 7). Soweit der AG die sachl. Unvertretbarkeit geltend macht, muss er zunächst die Einigungsstelle anrufen. Streitigkeiten zwischen einem BRmitglied und dem AG über eine Arbeitsentgeltminderung, die Beschäftigungspflicht (BAG 23.9.2014 NZA 2015, 179) oder die Berechtigung zur Teilnahme an einer Berufsbildungsmaßnahme nach Abs. 4 sind im UrtV zu entscheiden. 12

§ 39 Sprechstunden

(1) [1] **Der Betriebsrat kann während der Arbeitszeit Sprechstunden einrichten.** [2] **Zeit und Ort sind mit dem Arbeitgeber zu vereinbaren.** [3] **Kommt eine Einigung nicht zustande, so entscheidet die Einigungsstelle.** [4] **Der Spruch der Einigungsstelle ersetzt die Einigung zwischen Arbeitgeber und Betriebsrat.**

(2) Führt die Jugend- und Auszubildendenvertretung keine eigenen Sprechstunden durch, so kann an den Sprechstunden des Betriebsrats ein Mitglied der Jugend- und Auszubildendenvertretung zur Beratung der in § 60 Abs. 1 genannten Arbeitnehmer teilnehmen.

(3) Versäumnis von Arbeitszeit, die zum Besuch der Sprechstunden oder durch sonstige Inanspruchnahme des Betriebsrats erforderlich ist, berechtigt den Arbeitgeber nicht zur Minderung des Arbeitsentgelts des Arbeitnehmers.

1 **1. Einrichtung.** Die Einrichtung von Sprechstunden dient va. dem einzelnen AN, der während der AZ seine Beschwerden, Forderungen oder Vorschläge vorbringen kann und vom BR Unterstützung und Rat einholen kann. Die Vorschr. kann weder durch BV noch durch TV zuungunsten des BR oder der AN abbedungen werden. Sie gilt nicht für den GBR, KBR und die Gesamt-JAV. Die JAV hat die Möglichkeit eigene Sprechstunden einzurichten (s. § 69 Rn. 1 ff.). Der BR entscheidet nach pflichtgemäßem Ermessen allein über die Einrichtung von Sprechstunden und die Art und Weise ihrer Durchführung, zB ob sie während oder außerhalb der AZ oder auch außerhalb des Arbeitsorts durchzuführen sind. Eine Zustimmung des AG ist dafür nicht erforderlich. Die Sprechstunden finden grds. während der AZ statt, wobei die Pausen nicht zur AZ gehören. Allein die Festlegung von Zeit und Ort der Sprechstunden sind mit dem AG zu vereinbaren. Festlegung der Zeit sind die Bestimmung der Dauer der zeitl. Lage und der Häufigkeit der Sprechstunde und über den Raum, in dem die Sprechstunde abgehalten werden soll. Findet die Sprechstunde außerhalb der AZ und außerhalb des Betriebs statt, bedarf es keiner Vereinbarung mit dem AG. Kommt eine Vereinbarung zwischen BR und AG nicht zustande, entscheidet nach Abs. 1 S. 3, 4 die Einigungsstelle im Verfahren nach § 76 V. Der einzelne AN kann den BR, soweit dies erforderl. ist, auch außerhalb der Sprechstunden in Anspruch nehmen. BRmitglieder, die von AN angesprochen werden, sind nicht verpflichtet, die AN generell auf die Sprechstunde zu verweisen (BAG 23.6.1983 AP BetrVG 1972 § 37 Nr. 45).

2 **2. Durchführung.** Der BR bestimmt die BRmitglieder, die mit der Durchführung der Sprechstunde beauftragt werden. Die Durchführung der Sprechstunde gehört zur laufenden Geschäftsführung, so dass grds. der BRvorsitzende bzw. der Betriebsausschuss zuständig sind. Der BR kann, soweit dies für eine ordnungsgemäße Beratung des AN erforderl. ist, nach näherer Vereinbarung mit dem AG (§ 80 III) Sachverständige oder sachkundige AN (§ 80 II 3) zur Sprechstunde hinzuziehen. Der AG hat den sachl. Aufwand für die Sprechstunden nach § 40 II zu tragen. Dies gilt auch für die außerhalb der AZ und des Betriebs durchgeführten Sprechstunden. Der BR kann einen Gewerkschaftsbeauftragten iR der allgemeinen Unterstützungsfunktion der im Betrieb vertretenen Gewerkschaft an der Sprechstunde teilnehmen lassen. Dies muss er nicht mit dem AG vereinbaren, sondern ihn nur nach § 2 II unterrichten (LAG BW 25.6.1974 BB 1974, 1206). Voraussetzung für die Teilnahme eines Mitglieds der JAV an den Sprechstunden des BR ist, dass diese tatsächl. – unabhängig von der rechtl. Möglichkeit – keine eigenen Sprechstunden anbietet. Das Teilnahmerecht besteht nur für die Beratung von AN des § 60 I (aA DKKW/*Wedde* Rn. 19 – Ausschluss nur bei getrennten Sprechstunden; GK-BetrVG/*Weber* Rn. 26 – Teilnahme nur auf Verlangen des Betroffenen). Finden gemeinsame Sprechstunden statt, muss das Mitglied der JAV den Raum verlassen, wenn der nicht unter § 60 I fallende AN dies wünscht. Eine Verpflichtung zur Teilnahme eines JAVmitglieds besteht nicht (aA GK-BetrVG/*Weber* Rn. 23). Für die Teilnahme ist dieser von der Arbeitsleistungspflicht nach § 65 I iVm. § 37 II befreit. Der AN des § 60 I, der die Sprechstunde aufsucht, kann sich allein vom BRmitglied oder allein durch den Jugend- und Auszubildendenvertreter beraten lassen. Die BRmitglieder und das Mitglied der JAV haften für Auskünfte nur bei unerlaubter Handlung. Eine Haftung des BR oder des AG besteht nicht.

3 **3. Arbeitsentgelt.** Die durch den Besuch der Sprechstunde und die sonstige Inanspruchnahme des BR bedingte Arbeitsversäumnis ist nach Abs. 3 wie AZ zu vergüten. Auch Zuschläge sind weiterzuzahlen. Der Besuch der Sprechstunde muss erforderl. sein. Der AN hat dabei die betriebl. Notwendigkeiten zu berücksichtigen. Er bedarf jedoch keiner Genehmigung durch den AG oder den unmittelbaren Vorgesetzten (aA GK-BetrVG/*Weber* Rn. 31). Er braucht ihnen den Anlass für den Besuch der Sprechstunde oder die sonstige Inanspruchnahme des BR nicht mitzuteilen. Er hat sich aber ordnungsgemäß beim Vorgesetzten abzumelden und nach Rückkehr zur Arbeit zurückzumelden (BAG 23.6.1983 AP BetrVG 1972 § 37 Nr. 45). Verweigert der AG ohne triftigen Grund das Ansinnen, mit dem BR sprechen zu wollen, kann der AN sich über den Widerspruch hinwegsetzen. Arbeitsentgelt ist weiterzuzahlen, wenn sich der BR zulässigerweise zum Arbeitsplatz des AN begibt, um eine arbeitsplatzbezogene Angelegenheit zu besprechen und es dadurch zu einem kurzfristigen Produktionsausfall kommt (LAG BE 3.11.1980 EzA BetrVG 1972 § 39 Nr. 1). Über Ansprüche auf vorenthaltenes Arbeitsentgelt wegen Teilnahme oder Abhaltung der Sprechstunde ist im UrtV zu entscheiden.

§ 40 Kosten und Sachaufwand des Betriebsrats

(1) Die durch die Tätigkeit des Betriebsrats entstehenden Kosten trägt der Arbeitgeber.

(2) Für die Sitzungen, die Sprechstunden und die laufende Geschäftsführung hat der Arbeitgeber in erforderlichem Umfang Räume, sachliche Mittel, Informations- und Kommunikationstechnik sowie Büropersonal zur Verfügung zu stellen.

I. Allgemeine Grundsätze

Der AG trägt die sachl. und persönl. Kosten der Tätigkeit des BR und seiner Mitglieder (Übersicht 1 bei *Schiefer/Borchard* DB 2016, 770). Die Vorschr. ist zwgd. und weder durch BV oder durch TV abdingbar (BAG 9.6.1999 NZA 1998, 900). Pauschalierungen zur Praktikabilität sind zulässig (*Fitting* Rn. 3); ein Überschreiten der „Sachmittelmindestausstattung" ist keine nach § 78 S. 2 BetrVG unzulässige Begünstigung (*Bayreuther* NZA 2013, 758). Die Kosten der Ausschüsse des BR sind Kosten der Tätigkeit des BR und deshalb von § 40 unmittelbar gedeckt; die des Wirtschaftsausschusses sind entspr. § 40 zu tragen (BAG 17.10.1990 NZA 1991, 432). Die Pflicht besteht auch ggü. dem BR, der ein Rest- oder Übergangsmandat ausübt oder dessen Wahl angefochten ist oder nichtig war, es sei denn, dass die Nichtigkeit offensichtl. war (BAG 29.4.1998 NZA 1998, 1133). Es sind nicht alle, sondern nur die Kosten zu tragen, die für die Durchführung der BRarbeit **erforderlich** sind (BAG 19.4.1989 NZA 1990, 233). Dies beurteilt sich nicht rückblickend, sondern von einem rein objektiven Standpunkt zum Zeitpunkt der Beschlussfassung oder Handlung, die die Kosten auslöste. Die Berücksichtigung nachträgl. eintretender Umstände ist aber nicht ausgeschlossen (BAG 27.5.2015 NZA 2015, 1141). Dem BR steht dabei ein Beurteilungsspielraum zu. Es reicht aus, wenn der BR oder das Mitglied die Kosten bei verständiger Würdigung für erforderl. halten durften. Der BR muss die betriebl. Verhältnisse (Klein-/Großbetrieb) und die sich ihm stellenden Aufgaben berücksichtigen. Die Interessen der Belegschaft an einer sachgerechten Ausübung des BRamts und die berechtigten Interessen des AG an einer Begrenzung seiner Kostentragungspflicht sind gegeneinander abzuwägen. Hält sich diese Interessenabwägung im Rahmen seines Beurteilungsspielraums, dürfen die Gerichte die Entscheidung des BR nicht durch ihre eigene ersetzen (BAG 9.6.1999 AP BetrVG 1972 § 40 Nr. 66), was vielfach verkannt wird. Bei außergewöhnl. Ausgaben ist dem AG nach § 2 I Gelegenheit zur Stellungn. zu geben (BAG 18.4.1967 NJW 1967, 2377). In entspr. Anwendung der §§ 22 BetrVG, 49 II BGB bleibt der BR auch nach dem Ende seiner Amtszeit befugt, noch nicht erfüllte Kostenerstattungsansprüche gegen den AG weiter zu verfolgen und an den Gläubiger abzutreten (BAG 24.10.2001 NZA 2003, 53). Die AG des Gemeinschaftsbetriebs haften für die Kosten nach § 421 BGB als Gesamtschuldner (BAG 19.4.1989 NZA 1990, 233). Für die SBV besteht eine entspr. Regelung zur Kostentragungspflicht in § 179 VIII 1, 2 SGB IX.

II. Geschäftsführungs- und Rechtsdurchsetzungskosten

1. Geschäftsführungskosten. Dies sind alle Kosten, die iR des allgemeinen Geschäftsbetriebs anfal- 2 len und zur sachgerechten und ordnungsgemäßen Durchführung der BRarbeit erforderl. sind (*Fitting* Rn. 12). Hierzu gehören neben dem gesamten Sachaufwand die Kosten für die Beauftragung von Sachverständigen oder Rechtsanwälten nach § 80 III (s. § 80 Rn. 31) und von sachkundigen AN, soweit hierbei bes. Kosten entstehen. Daneben kann es erforderl. sein, Dolmetscher heranzuziehen oder Übersetzungen erstellen zu lassen (LAG D 30.1.1981 DB 1981, 1093).

2. Rechts- und Regelungsstreitigkeiten. a) Rechtsstreitigkeiten. aa) Erfolgsaussicht. Der AG hat 3 nach § 40 I im erforderl. Umf. die Kosten für die Rechtsdurchsetzung des BR zu übernehmen. Da im BeschlV Gerichtskosten nicht anfallen, geht es allein um die außergerichtl. Kosten. Unter die Kostentragungspflicht fällt auch die gerichtl. Überprüfung von BRbeschlüssen, wenn ein einzelnes BRmitglied ernsthafte Zweifel an ihrer Wirksamkeit hat (BAG 3.4.1979 AP BetrVG 1972 § 13 Nr. 1). Die Rechtsverfolgungskosten müssen **erforderlich** sein, dh. ein Parallelverfahren oder ein Musterprozess müssen grds. abgewartet werden (offen gelassen BAG 18.7.2012 NZA 2013, 49). Die Rechtsverfolgung selbst darf nicht von vornherein offensichtl. aussichtslos oder mutwillig sein (BAG 18.3.2015 NZA 2015, 954). Dies ist nicht der Fall, wenn das BeschlV bislang ungeklärte Rechtsfragen zum Gegenstand hat und die Rechtsauffassung des BR vertretbar ist (BAG 19.3.2003 AP BetrVG 1972 § 40 Nr. 77); auf der anderen Seite ist der AG nicht verpflichtet, die außergerichtl. Kosten für unzulässige oder offensichtl. unbegründete Rechtsmittel/-behelfe (zB NZB) zu tragen. Die Pflicht, Kosten zu erstatten, kann sich auf Prozesskosten des BR erstrecken, die durch Verfahren gegen Dritte vor den ordentl. Gerichten entstanden sind (LAG HH 13.3.1984 LAGE BetrVG 1972 § 40 Nr. 17). Zu den vom AG zu tragenden Kosten gehören auch Honorarkosten für einen RA, dessen Heranziehung der BR zur Durchsetzung oder Ausübung eines von ihm in Anspruch genommenen Beteiligungsrechts für erforderl. halten durfte. Dies umfasst die Einschaltung eines RA zur Durchsetzung oder Wahrnehmung von Rechten des BR (zB Abschluss eines Interessenausgleichs oder einer BV). Der AG kann bereits dann zur

Kostenübernahme verpflichtet sein, wenn das Beteiligungsrecht außergerichtl. geltend gemacht wird oder werden soll (BAG 14.12.2016 NZA 2017, 514; 25.6.2014 NZA 2015, 629).

4 **bb) Vertretung.** Grds. hat der BR die Wahl, ob er ein BeschlV selbst führt, sich der Vertretung durch die Gewerkschaft bedient oder einen **Rechtsanwalt** beauftragt (BAG 20.10.1999 AP BetrVG 1972 § 40 Nr. 67; dazu *Althoff* NZA 2014, 74; *Lüders/Weller* DB 2015, 2149). Die Beauftragung des Dritten erfordert einen ordnungsgemäßen BRbeschluss (BAG 5.4.2000 AP BetrVG 1972 § 78a Nr. 33), der im Zweifel nur für die jew. Instanz gilt (BAG 18.3.2015 NZA 2015, 954). Wegen § 81 ZPO kann ein im Innenverhältnis notwendiger Auftrag für die nächste Instanz auch noch nach Ablauf der Rechtsmittelfrist erfolgen (BAG 11.3.1992 AP BetrVG 1972 § 38 Nr. 11). Für die Rechtmittelverfahren ist die Vertretung durch einen RA oder Verbandsvertreter schon nach § 11 IV ArbGG vorgeschrieben. Die für die Vertretung durch einen RA entstandenen Kosten trägt der AG, wenn der BR bei verständiger Abwägung dessen Tätigkeit für erforderl. halten durfte, wobei ihm für diese Abwägung ein **Beurteilungsspielraum** zusteht (Rn. 1). Er hat die Interessen an einer sachgerechten Ausübung seines Amts und die berechtigten (Kosten-)Interessen des AG gegeneinander abzuwägen (BAG 15.11.2000 EzA BetrVG 1972 § 40 Nr. 92). Er muss dabei die Maßstäbe einhalten, die er anlegen würde, wenn seine Mitglieder die Kosten tragen müssten (BAG 16.10.1986 AP BetrVG 1972 § 40 Nr. 31). So darf ein RA beauftragt werden, wenn der BR bei der Beurteilung der Sach- oder Rechtslage unsicher ist, da dies stets der wesentl. Gesichtspunkt für die Beauftragung eines Anwalts ist (LAG BE 26.1.1987 DB 1987, 848). Die Möglichkeit, sich nach § 11 ArbGG in der 1. und 2. Instanz durch einen Gewerkschaftsvertreter vertreten zu lassen, steht der Tätigkeit eines RA nicht entgegen (BAG 4.12.1979 AP BetrVG 1972 § 40 Nr. 18). Sind ausn. die Vertretung durch einen Gewerkschaftsvertreter und die anwaltl. Vertretung als gleichwertig anzusehen, ist die kostengünstigere zu wählen, da der BR die finanziellen Belange des AG mit zu beachten hat (BAG 26.11.1974 AP BetrVG 1972 § 20 Nr. 6). Die Gewerkschaften sind auch aus § 2 I nicht zur Rechtsschutzgewährung verpflichtet. Zur anwaltl. Vertretung mit der Kostenfolge aus § 40 gehört auch die außergerichtl. Verfolgung eines konkreten MBR gegenüber dem AG mit dem Ziel, die vom BR bereits beschlossene Durchführung eines BeschlV entbehrl. zu machen (BAG 15.11.2000 EzA BetrVG § 40 Nr. 92); jedoch muss auch die außergerichtl. Vertretung durch den RA erforderl. sein. Dies setzt regelmäßig voraus, dass der AG die Kostenübernahme oder die Bereitstellung der geforderten Sachmittel abgelehnt hat (BAG 18.3.2015 NZA 2015, 954). An der Erforderlichkeit für die Einleitung eines BeschlV fehlt es, wenn die Verhandlungen der Betriebspartner noch nicht abgeschlossen sind (BAG 29.7.2009 AP BetrVG 1972 § 40 Nr. 93). Sind am Gerichtsort sachkundige RA ansässig und beauftragt der BR einen auswärtiges Anwaltsbüro, sind die Fahrtkosten des RA nur zu erstatten, wenn das beauftragte Anwaltsbüro für die maßgebl. Rechtsfragen eine über das normale Maß hinausgehende Sachkompetenz aufweist (BAG 16.10.1986 AP BetrVG 1972 § 40 Nr. 31), der BR einen ebenso qualifizierten ortsansässigen RA nicht finden konnte oder ihm auf Grund der konkreten Umstände eine solche Suche nicht mögl. oder unzumutbar war (BAG 20.10.1999 AP BetrVG 1972 § 40 Nr. 67). Der BR hat den RA grds. auf der Grdl. der ges. Vergütung (RVG) zu beauftragen; der AG ist zur Vorschusszahlung verpflichtet. Eine Honorarzusage, die zu einer höheren Vergütung führt, zB ein Zeithonorar, darf der BR regelm. nicht für erforderl. halten (BAG 14.12.2016 NZA 2017, 514; dazu *Hinrichs/Plitt* NZA 2011, 1006). Der beauftragte RA hat seinerseits den Grundsatz zu beachten, den AG nicht unverhältnismäßig mit Kosten zu belasten (*Fitting* Rn. 22). Dies kann im Einzelfall dazu führen, dass der BR bei der Einleitung eines BeschlV ein Muster- bzw. ein Gruppenverfahren durchführen muss (BAG 29.7.2009 AP BetrVG 1972 § 40 Nr. 93; RB anh. 7 ABR 69/16). Ist der AG nicht in der Lage, die entstehenden Prozesskosten aufzubringen, steht dem BR oder dem BRmitglied bei hinreichenden Erfolgsaussichten ein Anspruch auf **Prozesskostenhilfe** zu (LAG SN 25.7.2008 LAGE ZPO 2002 § 114 Nr. 9; LAG RP 4.5.1990 NZA 1991, 32). Nimmt der InsV ein vom AG eingeleitetes nach § 240 ZPO unterbrochenes BeschlV auf, sind die dem BR entstandenen, vom AG zu tragenden RAkosten Masseverbindlichkeiten einschließl. der Gebühren des RA, die bereits vor Eröffnung des Insolvenzverfahrens entstanden sind (BAG 17.8.2005 AP InsO § 55 Nr. 10). Der BR darf die anwaltl. Vertretung der JAV im Verfahren nach § 78a IV ohne Vorliegen eines konkreten Interessenkonflikts nicht für erforderl. halten (BAG 18.1.2012 NZA 2012, 683); zur **Einstandspflicht** der BRmitglieder § 1 Rn. 20.

5 **b) Einigungsstelle.** Auch die Kosten eines RA, dessen Auftritt für den BR vor der Einigungsstelle als Verfahrensbevollmächtigter erforderl. ist, trägt der AG nach § 40 I (BAG 14.2.1996 NZA 1996, 892). Wird er dort als Beisitzer tätig, gilt § 76a. Für die Erforderlichkeit gelten im Wesentl. die Grundsätze der anwaltl. Vertretung vor dem ArbG. Die Tätigkeit des RA vor der Einigungsstelle kann geboten sein, wenn deren Regelungsgegenstand schwierige Rechtsfragen aufwirft und kein BRmitglied über den notwendigen jur. Sachverstand verfügt (BAG 14.2.1996 NZA 1996, 892). Lässt sich der AG vor der Einigungsstelle anwaltl. oder einen Verbandsvertreter vertreten, folgt die Kostentragung des AG aus dem Prinzip der Waffengleichheit (*Fitting* Rn. 37). IÜ ist dies ein Indiz dafür, dass anwaltl. Vertretung erforderl. ist (BAG 14.2.1996 NZA 1996, 892). Das Gebühreninteresse des RA darf bei der Prüfung der Erforderlichkeit keine Rolle spielen. Der BR muss andererseits nicht prüfen, ob die Tätigkeit des RA als Beisitzer in der Einigungsstelle kostengünstiger wäre (BAG 14.2.1996 NZA 1996,

892). Auch Schwierigkeiten tatsächl. Art können anwaltl. Vertretung erfordern, wenn dem BR selbst der zur Analyse und Bewertung erforderl. Sachverstand fehlt (*Fitting* Rn. 37). Hat der BR einen RA als Beisitzer benannt, ist die Beauftragung eines weiteren RA als Verfahrensbevollmächtigter grds. nicht erforderl. (LAG HM 11.12.1990 – 13 TaBV 140/90; aA BAG 14.2.1996 NZA 1996, 892 – das die Doppelrolle eines Beisitzers der Einigungsstelle nicht genügend berücksichtigt). Der BR kann mit dem RA die Vergütung eines Beisitzers der Einigungsstelle vereinbaren, wenn der Gegenstandswert nach billigem Ermessen festzusetzen ist (BAG 21.6.1989 NZA 1990, 107). Bei der Einleitung und Durchführung von Einigungsstellenverfahren gilt der Grds. der Kostenschonung des AG (s. Rn. 4) gleichermaßen (LAG HE 1.3.2016 NZA-RR 2016, 535).

c) Rechtsstreitigkeiten von Betriebsratsmitgliedern. Auch die von einem BRmitglied für seine Tätigkeit erforderl. Aufwendungen zur Führung von Rechtsstreitigkeiten in betriebsverfassungsrechtl. Angelegenheiten sind Kosten der BRtätigkeit nach Abs. 1 (BAG 5.4.2000 AP BetrVG 1972 § 78a Nr. 33), selbst wenn der Rechtsstreit ausschließl. das Verhältnis des einzelnen BRmitglieds zum BR betrifft (BAG 14.10.1982 AP BetrVG 1972 § 40 Nr. 19). Jedes BRmitglied übt das Amt in eigener Verantwortung aus. Deshalb ist ein BRmitglied, wenn es ernsthafte Zweifel an der Rechtswirksamkeit von BRbeschlüssen oder Wahlakten des BR hat, zur gerichtl. Nachprüfung berechtigt (BAG 3.4.1979 AP BetrVG 1972 § 13 Nr. 1). Der AG hat grds. auch die Kosten zu tragen, die für das BRmitglied zur sachgerechten Verteidigung in einem Ausschlussverfahren nach § 23 I erforderl. sind (BAG 19.4.1989 AP BetrVG 1972 § 40 Nr. 29). Die Kosten für die Hinzuziehung eines RA sind nur dann nicht zu erstatten, wenn eine Verteidigung offensichtl. aussichtslos ist, zB weil das BRmitglied das vorgeworfene Verhalten nicht bestreitet und die rechtl. Würdigung des Verhaltens unzweifelhaft eine grobe Pflichtverletzung iSd. § 23 I darstellt (BAG 19.4.1989 AP BetrVG 1972 § 40 Nr. 29). Nicht ersetzen muss der AG Kosten des im Verfahren nach § 103 BetrVG beteiligten BRmitglieds (BAG 5.4.2000 AP BetrVG 1972 § 78a Nr. 33), es sei denn, der Zustimmungsersetzungsantrag wird rkr. abgewiesen (BAG 31.1.1990 AP BetrVG 1972 § 103 Nr. 28). Bei Gerichts- oder Anwaltskosten aus einem Rechtsstreit um Entgeltansprüche von BRmitgliedern handelt es sich nicht um Kosten der BRtätigkeit iSd. § 40 I (BAG 20.1.2010 AP BetrVG 1972 § 40 Nr. 98; tw. aA *Fitting* Rn. 65). 6

III. Sonstige Kosten

1. Aufwendungen. Erstattungspflichtige Kosten der BRtätigkeit sind auch die erforderl. Aufwendungen, die einzelne BRmitglieder im Rahmen und zur Erfüllung ihrer BRaufgabe machen (BAG 3.4.1979 AP BetrVG 1972 § 13 Nr. 1). Werden in einer BV **Pauschalbeträge** für Aufwendungen festgelegt, dürfen sie keine versteckten Vergütungen enthalten (*Fitting* Rn. 41). Über diese Pauschalbeträge hinausgehende tatsächl. erbrachte notwendige Aufwendungen sind vom AG zu erstatten (LAG K 13.9.1984 DB 1985, 394). Aufwendungsposten können zB Telefon-, Fax-, Portokosten oder auch bes. **Fahrtkosten** sein. Muss der AN außerhalb der AZ speziell für die BRsitzung anreisen, sind ihm die Kosten zu erstatten (BAG 16.1.2008 AP BetrVG 1972 § 40 Nr. 92; zur Entgeltfortzahlung § 37 Rn. 7). Normale Fahrtkosten, die jedem anderen AN auch entstehen, sind nicht ersatzfähig (BAG 28.8.1991 AP BetrVG 1972 § 40 Nr. 39). Jede Aufopferung von Vermögenswerten kann eine Aufwendung sein, die zu erstatten ist. Ein Schaden, der am Auto eines BRmitglieds während des Einsatzes für BRtätigkeit entstanden ist, ist unter denselben Voraussetzungen zu ersetzen wie ein Schaden, der am PKW des AN auf einer Dienstfahrt entstanden ist (*Fitting* Rn. 46). Für Personenschäden greift das sozialversicherungspflichtige Haftungsprivileg aus § 104 SGB VII. Alleinerziehende BRmitglieder können vom AG in angemessener Höhe die Erstattung von Kinderbetreuungskosten verlangen (BAG 23.6.2010 AP BetrVG 1972 §40 Nr. 106). 7

2. Reisekosten. Reisekosten können dem BRmitglied ua. durch die Teilnahme an Sitzungen des GBR, KBR, an Gerichtsverhandlungen oder durch den Besuch von zum Betrieb gehörenden Betriebsstätten entstehen; ihre Höhe ist grds. nachzuweisen. Kosten einer nicht erforderl. Reise des BR sind ebenso wenig zu tragen, wie nicht erforderl. Kosten einer notwendigen Reise. Zu den Reisekosten zählen die Kosten für angemessene Unterkunft und Verpflegung. Nicht zu erstatten sind die Kosten der persönl. Lebensführung, wie Getränke oder Tabakwaren (BAG 15.6.1976 AP BetrVG 1972 § 40 Nr. 5). Vor Antritt einer Reise braucht das BRmitglied weder detaillierte Auskünfte über den Reisezweck zu erteilen noch die Zustimmung des AG zur Reise einzuholen (BAG 10.8.1994 NZA 1995, 796). Machen mehrere BRmitglieder iR ihrer BRtätigkeit eine Reise und benutzt einer von ihnen einen PKW, soll der AG von den anderen die Mitfahrt verlangen können, wenn dies zumutbar ist (BAG 28.10.1992 – 7 ABR 10/92). Auch **Auslandsreisen** sind zu erstatten, soweit sie für die sachgerechte Erfüllung von BRarbeit erforderl. sind. Dies kann zB bei grenzüberschreitenden mitbestimmungspflichtigen Maßnahmen oder im Zusammenhang mit der Bildung und Zusammenarbeit des EBR (*Fitting* Rn. 49 f.) sowie dann in Frage kommen, wenn BRmitglieder ihr Anhörungsrecht aus Art. 18 IV der EG-Verordnung Nr. 4064/89 wahrnehmen wollen (LAG NI 10.6.1992 DB 1993, 1043). Bestehen betriebl. **Reisekostenregelungen,** sind diese für Reisen iR der BRtätigkeit anwendbar, soweit die BRmitglieder die entstehenden Kosten beeinflussen können (BAG 28.3.2007 AP BetrVG 1972 § 40 8

Nr. 89). Soweit die BRmitglieder auf die entstehenden Kosten keinen Einfluss haben, sind die die Tagessätze der betriebl. Regelung übersteigenden Kosten zu ersetzen (BAG 7.6.1984 AP BetrVG 1972 § 40 Nr. 24); jedoch kann bei der fehlenden Beeinflussbarkeit die Erforderlichkeit zu hinterfragen sein. Hat ein BRmitglied private Aufwendungen auf Grund einer längeren Dienstreise erspart, können diese abgezogen werden (BAG 29.1.1974 AP BetrVG 1972 § 37 Nr. 8; LAG K 18.3.2015 NZA-RR 2015, 581; aA DKKW/*Wedde* Rn. 74). Dies gilt nicht, wenn nach einer betriebl. Reisekostenregelung abgerechnet wird, bei der die ersparten Aufwendungen schon berücksichtigt sind (BAG 30.3.1994 AP BetrVG 1972 § 40 Nr. 42). Einen Vorschuss kann das BRmitglied nur verlangen, wenn eine betriebl. Regelung dies vorsieht (LAG HE 5.8.2013 – 16 TaBVGa 120/13).Teilzeitbeschäftigten BRmitgliedern ist ggf. die Möglichkeit der Einzelabrechnung nach Belegen zu ermöglichen, wenn sie auf Grund ihres teilzeitbedingt niedrigeren Jahreseinkommens im Falle der Abrechnung nach betriebl. Reisekostenerstattungsrichtlinien bei gleicher oder vergleichbarer Tätigkeit ansonsten benachteiligt wären (LAG HE 6.10.1988 NZA 1989, 943).

9 **3. Schulungskosten.** Kosten, die durch die Teilnahme von BRmitgliedern an Schulungs- und Bildungsveranstaltungen entstehen, die für die BRarbeit erforderl. Kenntnisse vermitteln, sind nach § 40 I Kosten der Tätigkeit des BR und deshalb vom AG zu tragen (BAG 27.5.2015 NZA 2015, 1141; Übersicht *Schiefer/Borchard* DB 2016, 1875). Dies gilt auch für gewerkschaftl. Schulungsveranstaltungen (BVerfG 14.2.1978 AP BetrVG 1972 § 40 Nr. 13). Die Kosten der Teilnahme einer nach § 37 VI für das BRmitglied erforderl. Schulung hat der AG stets zu tragen. Sind die Schulungsthemen nur tw. erforderl. iSd. § 37 VI, gelten für die Kostentragungspflicht dieselben Grundsätze wie für die Entgeltfortzahlung in diesen Fällen. Die Kosten für Schulungs- und Bildungsveranstaltungen nach § 37 VII hat der AG jdf. zu tragen, soweit sie iSd. § 37 VI für die BRtätigkeit erforderl. Kenntnisse vermitteln (BAG 25.4.1978 AP BetrVG 1972 § 37 Nr. 33; weiter DKKW/*Wedde* Rn. 84 f.; Richardi/*Thüsing* Rn. 33). Werden Kosten aus einer als § 37 VII als geeignet anerkannten Schulungsveranstaltung geltend gemacht, ist die Erforderlichkeit der Teilnahme daher dennoch bes. zu begründen (BAG 26.8.1975 AP BetrVG 1972 § 37 Nr. 21).

10 **a) Verhältnismäßigkeit.** Die auf § 40 I iVm. § 37 VI beruhende Kostenerstattungspflicht unterliegt neben dem Grundsatz der Erforderlichkeit nach der Rechtsprechung auch dem **Verhältnismäßigkeitsgrundsatz** (s. § 37 Rn. 17). Danach darf der BR den AG nur mit den Kosten belasten, die er der Sache nach für verhältnismäßig und deshalb zumutbar halten kann (BAG 28.6.1995 NZA 1995, 1216). Er hat nach pflichtgemäßen Ermessen zu prüfen, ob die zu erwartenden Schulungskosten (incl. Reise- und Unterbringungskosten, *Zimmermann* NZA 2017, 162) mit der Größe und Leistungsfähigkeit des Betriebs zu vereinbaren sind und ob der Schulungszweck in einem angemessenen Verhältnis zu den dafür aufzuwendenden Mitteln steht. Bei dieser Prüfung können die Dauer der Veranstaltung im Hinblick auf die behandelten Themen, die örtl. Lage der Schulungsveranstaltung (ArbG Trier 20.11.2014 – 3 BV 11/14 zur Inhouse-Schulung) und die Anzahl der zu entsendenden BRmitglieder von Bedeutung sein (BAG 27.9.1974 AP BetrVG 1972 § 37 Nr. 8). Der BR muss keine umfassende Marktanalyse durchführen und den günstigsten Anbieter ermitteln, sondern kann seine Auswahlentscheidung bei vergleichbaren Seminarinhalten vom Veranstalter selbst abhängig machen (zu großzügig BAG 28.6.1995 AP BetrVG 1972 § 40 Nr. 48; aA Richardi/*Thüsing* Rn. 40; *Fitting* Rn. 74; GK-BetrVG/*Weber* Rn. 72). Er darf die qualitativ höhere Schulung vorziehen, solange sich die Kosten nicht in einem unangemessenen Rahmen bewegen (BAG 29.1.1974 AP BetrVG 1972 § 37 Nr. 9). Das BAG hat den Einwand des AG für beachtl. gehalten, der unter Hinweis auf den Grds. der Verhältnismäßigkeit eine Schulungsveranstaltung beanstandet hat, deren Kosten nahezu 50% höher lagen als die Kosten vergleichbarer Veranstaltungen (BAG 19.3.2008 – 7 ABR 2/07).

11 **b) Verfahren.** Zur Begründung der Kostentragungspflicht des AG bedarf es eines ordnungsgemäßen Beschlusses des BR. Ein fehlender, fehlerhafter oder ein erst **nach** dem Besuch der Schulung gefasster Beschl. begr. keinen Anspruch auf Kostentragung (BAG 8.3.2000 AP BetrVG 1972 § 40 Nr. 68). Das Schweigen des AG auf eine Mitteilung des BR, er wolle ein bestimmtes BRmitglied zur Schulung schicken, führt nicht automatisch zur Kostentragungspflicht (BAG 24.5.1995 AP BetrVG 1972 § 37 Nr. 109). Der AG muss sich aber grds. rechtzeitig äußern, wenn er keine Kosten tragen will (BAG 11.5.1976 AP BetrVG 1972 § 76 Nr. 3).

12 **c) Anspruchsumfang.** Zu den erstattungsfähigen Schulungskosten zählen die **Teilnehmergebühren,** auch wenn der Veranstalter eine Gewerkschaft ist (BAG 28.6.1995 NZA 1995, 1216). Der BR kann es für angemessen halten, neue BRmitglieder von der Gewerkschaft schulen zu lassen (LAG HE 14.5.2012 LAGE § 37 BetrVG 2001 Nr. 5). Allerdings wird der Anspruch aus koalitionsrechtl. Grundsätzen eingeschränkt. Die Gewerkschaften dürfen aus den Schulungsveranstaltungen keinen Gewinn ziehen (BAG 30.3.1994 AP BetrVG 1972 § 40 Nr. 42) und können zur Vermeidung einer Gegnerfinanzierung nur Erstattung der ihnen tatsächl. entstandenen Kosten verlangen (BAG 17.6.1998 AP BetrVG 1972 § 40 Nr. 61). Diese Grundsätze gelten auch, wenn die Gewerkschaft 100% der Anteile einer veranstaltenden Gesellschaft hält (BAG 30.3.1994 AP BetrVG 1972 § 40 Nr. 42) oder kraft satzungsmäßiger Rechte und personeller Verflechtung maßgebl. Einfluss auf den Inhalt, die Organisation und

die Finanzierung der Bildungsarbeit nimmt (BAG 28.6.1995 NZA 1995, 1216). Ein Gewinn kann auch erzielt werden, wenn der für die Unterbringung in Rechnung gestellte Tagessatz den steuerl. Pauschbeträgen entspricht (BAG 15.1.1992 AP BetrVG 1972 § 40 Nr. 41). Auch Vorhalte- oder Generalkosten der Schulungsstätten für sachl. und personelle Mittel sollen vom AG nicht zu erstatten sein (BAG 28.5.1976 AP BetrVG 1972 § 40 Nr. 11). Kosten, die einer Gewerkschaft als Veranstalterin einer Schulung iSd. § 37 VI durch die konkrete Schulung entstehen und von den Generalkosten abgrenzbar sind, können anteilig auf die Sitzungsteilnehmer umgelegt werden (BAG 28.6.1995 AP BetrVG 1972 § 40 Nr. 48 – Einzelkostenermittlung bzw. Pauschalierung). Zulässig ist eine Mischkalkulation, bei der alle künftig zu erwartenden Kosten ermittelt und in Durchschnittswerte unabhängig von der konkreten Teilnehmerzahl einer Schulung teilnehmerbezogen zugeordnet werden (BAG 17.6.1998 AP BetrVG 1972 § 40 Nr. 63). Zu den abgrenzbaren und damit zu erstattenden Kosten zählen auch Honoraraufwendungen für eigene Referenten oder Referenten des DGB (*Fitting* Rn. 81), wenn die entspr. Lehrtätigkeit nicht zu den Haupt- oder Nebenpflichten ihres ArbVerh. gehört (BAG 28.6.1995 AP BetrVG 1972 § 40 Nr. 48) oder die Lehrkraft ausschließl. für BR-Schulungen eingesetzt wird (*Fitting* Rn. 81). Entspr. gilt für das Anmieten von Räumen zur Durchführung der Schulungsveranstaltungen (LAG HM 2.3.1983 DB 1983, 1576) und die erforderl. Tagungsunterlagen. Zu den Schulungskosten, die vom AG zu tragen sind, gehören die notwendigen **Reisekosten** (Rn. 8). Ist eine weiter als andere entfernt liegende Schulungsstätte qualitativ besser und ermöglicht sie eine effektivere(?) Ausbildung, sind die höheren Reisekosten zu erstatten (BAG 24.8.1976 AP ArbGG 1953 § 95 Nr. 2). Der AG ist berechtigt, von den Verpflegungskosten eines Schulungsteilnehmers in Anlehnung an steuerrechtl. Grundsätze ein Fünftel des Betrags als ersparte Eigenaufwendungen abzuziehen. Die Kosten der persönl. Lebensführung, wie Getränke oder Zigaretten hat er nicht zu tragen (BAG 28.6.1995 AP BetrVG 1972 § 40 Nr. 48).

d) Nachweis. BR und Schulungsteilnehmer sind zum Nachweis der erstattungsfähigen Kosten verpflichtet (BAG 30.3.1994 AP BetrVG 1972 § 40 Nr. 42). Kommen sie dieser Verpflichtung nicht nach, steht dem AG ein zeitweiliges Leistungsverweigerungsrecht zu (BAG 28.6.1995 AP BetrVG 1972 § 40 Nr. 48). Dies gilt auch ggü. einem Zessionar, wenn ihm der Kostenerstattungsanspruch abgetreten wurde (BAG 15.1.1992 AP BetrVG 1972 § 40 Nr. 41). Schulungsveranstalter müssen aus vertragl. Nebenpflicht die Kosten getrennt nach Unterkunft und Verpflegung anführen und es muss erkennbar sein, welche gastronomischen Leistungen in Rechnung gestellt wurden (BAG 28.6.1995 AP BetrVG 1972 § 40 Nr. 48). Eine unzulässige Gegnerfinanzierung hat der AG geltend zu machen (BAG 17.6.1998 AP BetrVG 1972 § 40 Nr. 62). 13

IV. Inhalt und Erfüllung des Anspruchs

Der Anspruch auf Kostentragung ist ein Anspruch aus einem durch § 40 begr. ges. Schuldverhältnis (BAG 24.1.2001 AP BetrVG 1972 § 40 Nr. 71). Anspruchsgegner ist der jew. AG (BAG 20.8.2014 – 7 ABR 60/12). Der **BR** kann einen angemessenen Vorschuss vom AG verlangen (*Fitting* Rn. 91); zum **Vertragsschluss mit Dritten** § 1 Rn. 20. Bei RA setzt ihr Honoraranspruch eine ordnungsgemäße Berechnung voraus (§ 10 I 1 RVG). Für das Hinzuziehen von Sachverständigen nach § 80 III ergeben sich Besonderheiten. Durch die Vereinbarung nach dieser Vorschr. entsteht ein ges. Schuldverhältnis zwischen BR und AG. Der Anspruch richtet sich auf Zahlung an einen Dritten oder Freistellung von einer Verbindlichkeit ggü. dem Dritten. Dieser wird nur Gläubiger eines Anspruchs gegen den AG, wenn der BR ihn abtritt (LAG BE/BB 9.10.2014 NZA-RR 2015, 80 – Antragsbefugnis) oder er gepfändet wird (LG Frankfurt 4.3.2015 – 2–09 T 566/14). Er wandelt sich dann in einen Zahlungsanspruch um (BAG 13.5.1998 AP BetrVG 1972 § 80 Nr. 55). Geht ein **BRmitglied** eine Verbindlichkeit ein, hat dieses ein Freistellungsanspruch gegen den AG (LAG RP 21.3.2013 ZInsO 2013, 1480 – Insolvenzforderung). Hat das BRmitglied die Verbindlichkeit erfüllt, steht ihm ein Erstattungsanspruch gegen den AG zu (BAG 27.3.1979 AP ArbGG 1953 § 80 Nr. 7), der ggf. zu verzinsen ist (BAG 18.1.1989 AP BetrVG 1972 § 40 Nr. 28). Ist das BRmitglied ggü. dem Gläubiger im Verzug, umfasst der Freistellungsanspruch die Verzugszinsen (BAG 3.10.1978 AP BetrVG 1972 § 40 Nr. 14). Auch bei der Abtretung des Freistellungsanspruchs durch ein BRmitglied wandelt sich dieser beim Zessionar in einen Zahlungsanspruch um (BAG 25.8.2004 AP BRAO § 43a Nr. 1). Da der Erstattungsanspruch sich aus der BRtätigkeit und nicht aus dem ArbVerh. ergibt, greifen tarifl. Ausschlussfristen nicht (BAG 30.1.1973 AP BetrVG 1972 § 40 Nr. 3). Er verjährt nach den §§ 195, 199 BGB in drei Jahren vom Ende des Jahres an, in dem er entstanden ist (*Fitting* Rn. 98). Der Anspruch kann verwirken (BAG 14.11.1978 AP BGB § 242 Verwirkung Nr. 39). Bei der Geltendmachung von Kostenerstattungsansprüchen nach Abs. 1 ist der BR in der Insolvenz des AG an das Verfahrensrecht der InsO gebunden (BAG 13.7.1994 AP KO § 61 Nr. 28). Auch nach dem Ende seiner Amtszeit ist der BR analog den §§ 22 und 49 II berechtigt, noch nicht erfüllte Kostenerstattungsansprüche gegen den AG weiter zu verfolgen und an die Gläubiger abzutreten (BAG 24.10.2001 AP BetrVG 1972 § 40 Nr. 71). 14

V. Sachmittel und Büropersonal

15 **1. Grundsatz. Abs. 2** stimmt in den Voraussetzungen mit Abs. 1 überein, schließt aber in der Rechtswirkung seine Anwendung aus. Der BR hat einen Überlassungsanspruch; er ist grds. nicht berechtigt, sich Sachmittel oder Büropersonal selbst zu beschaffen (BAG 21.4.1983 AP BetrVG 1972 § 40 Nr. 20). Der Anspruch kann im Wege der einstweiligen Vfg. durchgesetzt werden. Dem BR (nicht: einer Minderheitenliste LAG BB 19.7.2011 AiB 2012, 474) sind je nach seiner Größe ein oder mehrere Büroräume zu überlassen und ein Sitzungszimmer zur Vfg. zu stellen (*Fitting* Rn. 108). In den Räumen des BR, die zu Sitzungen, Sprechstunden oder zur Abwicklung des Geschäftsbetriebs dienen, hat er das Hausrecht (BAG 18.9.1991 AP BetrVG 1972 § 40 Nr. 40). Zum Hausrecht gehört die Möglichkeit, dass der BR die Büroräume abschl. kann (DKKW/*Wedde* Rn. 123). Er kann vom AG den Zutritt Dritter auf das Betriebsgelände und in sein Büro verlangen, wenn und soweit dies zur Erfüllung seiner ges. Aufgaben erforderl. ist (BAG 18.9.1991 AP BetrVG 1972 § 40 Nr. 40). Auch zur Durchführung von Betriebs- und Abteilungsversammlungen sind die entspr. Räumlichkeiten und sonstige erforderl. Sachmittel zur Vfg. zu stellen oder ggf. vom AG anzumieten (LAG RP 23.3.2010 LAGE § 40 BetrVG 2001 Nr. 14 – Stehtische). Für die SBV besteht eine entspr. Regelung in § 179 VIII 3, IX SGB IX.

16 **2. Büroausstattung, Kommunikationsmittel.** Sachmittel sind dem BR vom AG im erforderl. Umf. zu stellen. Dabei bestimmt sich die Erforderlichkeit nicht ausschließl. (wohl aber indiziell) am entspr. Ausstattungsniveau des AG (enger BAG 3.9.2003 AP BetrVG 1972 § 40 Nr. 79), sondern an den vom BR wahrzunehmenden Aufgaben und den betriebl. Verhältnissen. Ob ein Sachmittel erforderl. ist unterliegt der Einschätzung des BR, dem hier ein Beurteilungsspielraum zusteht (BAG 12.5.99 AP BetrVG 1972 § 40 Nr. 65). Der BR kann sich der Prüfung der Erforderlichkeit nicht mit der Begründung entziehen ein Sachmittel gehöre zur Normalausstattung eines Büros und dürfte ihm deshalb nicht vorenthalten werden (BAG 12.5.1999 AP BetrVG 1972 § 40 Nr. 65). Erforderl. Sachmittel sind jdf. ein verschließbarer Schrank, ein Aktenschrank, Schreibmaterialien, Diktiergerät, Porto und Stempel, die Mitbenutzung von Vervielfältigungsgeräten des AG (LAG NI 13.12.1988 NZA 1989, 442). Zur büromäßigen Grundausstattung gehört stets ein eigener – nicht: seperater (BAG 20.4.2016 NZA 2016, 1033) – Telefonanschluss, ggf. ein **Handy** (LAG HM 20.5.2011 LAGE § 40 BetrVG 2001 Nr. 16; LAG HE 28.11.2011 NZA-RR 2012, 307). In Kleinstbetrieben kann die – ungestörte – Mitbenutzung des betriebl. Fernsprechers zumutbar sein (LAG RP 9.12.1992 NZA 1993, 426). Der AG darf beim Telefonanschluss des BR die Zielnummer bei Haus-, Orts- und Nahbereichsgesprächen nicht registrieren, nach Auff. des BAG jedoch bei Ferngesprächen (BAG 18.1.1989 – 7 ABR 38/87; zu Recht aA *Fitting* Rn. 129). Jedenfalls dürfen stets neben den Gebühreneinheiten Zeitpunkt und Dauer der Gespräche registriert werden (BAG 27.5.1986 AP BetrVG 1972 § 87 Überwachung Nr. 15). Der BR kann vom AG verlangen, eine an den Arbeitsplätzen der AN und der BR vorhandene Telefonanlage durch eine bes. Schaltung für den innerbetriebl. Dialog nutzbar machen zu lassen (BAG 9.12.2009 AP BetrVG 1972 § 40 Nr. 97 – GBR; 27.11.2002 AP BetrVG 1972 § 40 Nr. 75). In größeren Betrieben kann der BR grds. die Überlassung eines eigenen **Fotokopiergeräts** verlangen (GK-BetrVG/*Weber* Rn. 147). Ein **Personalcomputer** mit Software und Peripherie (zum Datenschutz BAG 18.7.2011 NZA 2013, 49) war nach der bisherigen Rspr. des BAG vom AG nur zur Vfg. zu stellen, wenn der BR ihn für seine Aufgaben benötigt (zB zur Kalkulation) oder ansonsten wegen des zeitl. Mehraufwands seine Aufgaben vernachlässigen müsste (BAG 16.5.2007 AP BetrVG 1972 § 40 Nr. 90, großzügiger *Fitting* Rn. 131). Diese Entscheidung ist durch die inzwischen vom BAG anerkannte Verpflichtung des AG, dem BR einen Internetzugang zur Vfg. zu stellen überholt, denn dieser setzt die Verfügungsmöglichkeit über einen PC voraus. Einen vom Zugang des AG unabhängigen Anschluss kann der BR nicht beanspruchen (BAG 20.4.2016 NZA 2016, 1033). Der BR hat dabei regelm. die im Unternehmen verwandte **Software** zu benutzen (LAG K 9.7.2010 NZA-RR 2011, 24); die Überlassung eines Farbdruckers kann im Einzelfall erforderl. sein (LAG HM 18.6.2010 NZA-RR 2010, 521). Der BR ist aber berechtigt, seine Schreibarbeiten ohne PC zu erledigen, wenn er nicht zu dessen Benutzung bereit ist. Ein **Telefaxgerät** kann jdf. ab mittlerer Unternehmensgröße zu den erforderl. Sachmitteln gehören (LAG D 24.6.1993 NZA 1993, 1143). Der BR kann eine **Mailbox** mitbenutzen, wenn dies im Einzelfall erforderl. ist (BAG 17.2.1993 AP BetrVG 1972 § 40 Nr. 37). Auch ein Zugang zum Internet (BAG 23.8.2006 AB BetrVG 1972 § 40 Nr. 88) und das Überlassen eines Notebooks kann im Einzelfall ebenso erforderl. sein (BAG 3.9.2003 AP BetrVG 1972 § 40 Nr. 79). Anders als bei anderen Sachmitteln muss der BR die Erforderlichkeit der **Internetnutzung** nicht mehr darlegen, wenn es an entgegenstehenden Interessen des AG fehlt (BAG 20.1.2010 NZA 2010, 709); dies gilt gleichermaßen bei der Einrichtung eigener E-Mail-Adressen für die BRmitglieder (BAG 14.7.2010 AP BetrVG 1972 § 40 Nr. 107). Schließl. kann der BR einen Anspruch darauf haben, Inf. und Beiträge in einem vom AG im Betrieb eingerichteten **Intranet** zu veröffentl. (BAG 3.9.2003 AP BetrVG 1972 § 40 Nr. 78). Zu den Mitteln für die Kommunikation mit der Belegschaft gehören ein oder mehrere **„Schwarze Bretter"**, die an geeigneter, sichtbarer Stelle anzubringen sind (*Fitting* Rn. 115). Die Entscheidung, was anzuschlagen ist, liegt beim BR, der nur anbringen darf, was sich im Rahmen seiner Aufgaben und

Zuständigkeit bewegt (LAG HH 6.6.1977 DB 1978, 118). Der BR ist aber nicht darauf beschränkt, die Belegschaft allein auf BetrVers und durch Anschläge am Schwarzen Brett zu unterrichten. Gegebenenfalls können daher **Rundschreiben** des BR an die AN aus konkretem Anlass erforderl. sein (BAG 21.11.1978 AP BetrVG 1972 § 40 Nr. 15); gleiches gilt für ein Funktionspostfach (LAG SH 8.10.2015 NZA-RR 2016, 195).

3. Literatur. Zu den Sachmitteln gehört auch entspr. Lit. Dem BR ist – unabhängig von seiner 17
Größe – ein **Komm.** zum BetrVG in jeweils neuester Auflage zu überlassen. Verlangt der BR einen zweiten Komm. seiner Wahl, muss er die Erforderlichkeit konkret darlegen (BAG 26.10.1994 AP BetrVG 1972 § 40 Nr. 43). Jedenfalls in einem mehrköpfigen BR muss jedem BRmitglied eine Sammlung der gemäß § 80 I Nr. 1 zu überwachenden G und Verordnungen zur Vfg. stehen, wobei dem BR – weitgehend unabhängig von der Kostenbelastung – ein Auswahlrecht zukommt (BAG 24.1.1996 AP BetrVG 1972 § 40 Nr. 52). Daneben gehören – selbst bei einem Internetanschluss (BAG 19.3.2014 – 7 ABN 91/13) – **Fachzeitschriften,** die geeignet sind, dem BR die für seine Tätigkeit notwendigen Inf. aktuell und laufend zu vermitteln, zu den sachl. Mitteln iSd. § 40 II (BAG 29.11.1989 AP BetrVG 1972 § 40 Nr. 32). Der BR bestimmt dabei iR eines gerichtl. nachprüfbaren Ermessensspielraums selbst, welche Zeitschrift er benutzen will (BAG 21.4.1983 AP BetrVG 1972 § 40 Nr. 20; BVerfG 10.12.1985 AP BetrVG 1972 § 40 Nr. 20a). Steht dem BR bereits eine arbeitsrechtl. Fachzeitschrift zur Vfg., hat er darzulegen, welche betriebl. oder betriebsratsbezogenen Gründe die Anschaffung einer weiteren Fachzeitschrift erfordern, wobei er sich nicht vorrangig auf den Besuch von Schulungsveranstaltungen oder die Inanspruchnahme von Sachverständigen verweisen lassen muss (BAG 25.1.1995 AP BetrVG 1972 § 40 Nr. 46). Unter den gleichen Voraussetzungen hat der BR Anspruch auf **Spezialliteratur** zu den Sachbereichen, in denen ihm wesentl. Beteiligungsrechte zustehen (*Fitting* Rn. 122). In größeren Betrieben kann auch eine arbeitsrechtl. **Entscheidungssammlung** erforderl. werden (Richardi/*Thüsing* Rn. 70). Bei Beschäftigung von ausl. AN kann der BR entspr. **Wörterbücher** verlangen (DKKW/*Wedde* Rn. 195). Der Bezug von **Wirtschaftszeitungen** wird kaum jemals erforderl. sein (BAG 29.11.1989 AP BetrVG 1972 § 40 Nr. 32; weiter DKKW/*Wedde* Rn. 195; *Fitting* Rn. 125.

4. Büropersonal. Der AG ist auch dann verpflichtet, dem BR für die Sitzungen, die Sprechstunden 18
und die laufende Geschäftsführung in erforderl. Umf. Büropersonal zur Vfg. zu stellen, wenn er das BRbüro mit PC ausgestattet hat. Die Entscheidung ob und für welche Arbeiten Personal benötigt wird, obliegt dem BR; er hat dabei nicht nur die Interessen der Belegschaft an der ordnungsgemäßen Ausübung seines Amtes zu berücksichtigen, sondern auch die berechtigten Belange des AG, die Kosten zu begrenzen (BAG 20.4.2005 AP BetrVG 1972 § 40 Nr. 84). Bei dem Personal handelt es sich va. um Schreibkräfte, aber auch um Kräfte für andere Unterstützungstätigkeiten (BAG 29.4.2015 NZA 2015, 1397). In größeren Betrieben kommt, abhängig vom tatsächl. Arbeitsanfall, die Einstellung mehrerer Schreib- (BAG 20.4.2005 AP BetrVG 1972 § 40 Nr. 84) oder Hilfskräfte für die Bewältigung von Beteiligungsrechten (BAG 19.6.2012 NZA 2012, 1237) in Betracht. Ist die Bürokraft selbst BRmitglied ist sie iR auf die Staffel des § 38 I nicht anzurechnen (BAG 12.2.1997 AP BetrVG 1972 § 38 Nr. 19). Aus § 40 II ergibt sich für den BR oder seine Ausschüsse kein Recht das Büropersonal selbst zu bestimmen. Die Auswahl trifft der AG (BAG 17.10.1990 AP BetrVG 1972 § 108 Nr. 8). Er muss dabei auf die berechtigten Interessen des BR Rücksicht zu nehmen. Der BR hat allenfalls ein Mitspracherecht (aA GK-BetrVG/*Weber* Rn. 196; offen gelassen von BAG 17.10.1990 AP BetrVG 1972 § 108 Nr. 8). Er kann jedoch die Beschäftigung bestimmter Bürokräfte ablehnen (BAG 5.3.1997 AP BetrVG 1972 § 40 Nr. 56). Der Arbeitsvertrag des Büropersonals besteht zwischen diesem und dem AG. Das Weisungsrecht bezügl. des konkreten Arbeitseinsatzes steht dem BR zu (*Fitting* Rn. 137).

VI. Streitigkeiten

Über die Geschäftsführungskosten des BR und über die Pflicht des AG, Sachmittel zur Vfg. zu 19
stellen, entscheidet das ArbG im BeschlV (BAG 18.4.1967 AP BetrVG § 39 Nr. 7). Dies gilt auch für Ansprüche einzelner BRmitglieder, da der Anspruch auf dem BRamt beruht (BAG 18.1.1989 AP BetrVG 1972 § 40 Nr. 28). Der BR ist in diesem Fall nach § 83 ArbGG notwendiger Beteiligter. Er kann in eigenem Namen Freistellungs- und Erstattungsansprüche von BRmitgliedern geltend zu machen (BAG 15.1.1992 AP BetrVG 1972 § 40 Nr. 41). Der hinzugezogene RA ist nicht Beteiligter iSv. § 83 ArbGG, wenn es um seine Honoraransprüche geht. Er steht nur in einem vertragl. begr., nicht aber in einem betriebsverfassungsrechtl. Rechtsverhältnis zum BR bzw. AG (BAG 3.10.1978 AP BetrVG 1972 § 40 Nr. 14). Die Anspruchsberechtigten können nach einer Abtretung des Anspruchs Geschäftsführungskosten des BR im BeschlV geltend machen, da sich der Rechtscharakter der Forderung durch Abtretung nicht ändert (BAG 15.1.1992 AP BetrVG 1972 § 40 Nr. 41). Das gilt insb. für den RA hins. seiner Anwaltsgebühren, sofern ihm der Anspruch abgetreten wurde (LAG BE 26.1.1987 AP BetrVG 1972 § 40 Nr. 25). Führen Streitigkeiten zur Freistellung, Kostenübernahme und Ausstattung des BR mit Sachmitteln zu einer nicht hinnehmbaren Erschwerung der BRarbeit, kann eine einstweilige Vfg. nach § 85 II ArbGG iVm. § 940 ZPO erwirkt werden.

§ 41 Umlageverbot

Die Erhebung und Leistung von Beiträgen der Arbeitnehmer für Zwecke des Betriebsrats ist unzulässig.

1 Das Umlageverbot richtet sich an alle betriebsverfassungsrechtl. Organe und ist deshalb von BR und AG zu beachten. Es soll – zusammen mit § 40 – die Ehrenamtlichkeit der Tätigkeit des BR und seine Unabhängigkeit sicherstellen (BAG 14.8.2002 NZA 2003, 626 – Sachmittelkosten). Das Erheben von Beiträgen gleich welcher Art ist unzulässig, entspr. Beschl. sind nach § 134 BGB nichtig. Ebenso unzulässig sind Zuwendungen von Dritten und des AG, die über die ges. Erstattungspflicht hinausgehen; diese können trotz § 817 BGB zurückgefordert werden (aA DKKW/*Wedde* Rn. 2; *Fitting* Rn. 6). Die Vorschr. würde sonst leer laufen. Sammlungen für andere Zwecke durch BRmitglieder bleiben von § 41 unberührt.

Vierter Abschnitt. Betriebsversammlung

§ 42 Zusammensetzung, Teilversammlung, Abteilungsversammlung

(1) [1]Die Betriebsversammlung besteht aus den Arbeitnehmern des Betriebs; sie wird von dem Vorsitzenden des Betriebsrats geleitet. [2]Sie ist nicht öffentlich. [3]Kann wegen der Eigenart des Betriebs eine Versammlung aller Arbeitnehmer zum gleichen Zeitpunkt nicht stattfinden, so sind Teilversammlungen durchzuführen.

(2) [1]Arbeitnehmer organisatorisch oder räumlich abgegrenzter Betriebsteile sind vom Betriebsrat zu Abteilungsversammlungen zusammenzufassen, wenn dies für die Erörterung der besonderen Belange der Arbeitnehmer erforderlich ist. [2]Die Abteilungsversammlung wird von einem Mitglied des Betriebsrats geleitet, das möglichst einem beteiligten Betriebsteil als Arbeitnehmer angehört. [3]Absatz 1 Satz 2 und 3 gilt entsprechend.

§ 43 Regelmäßige Betriebs- und Abteilungsversammlungen

(1) [1]Der Betriebsrat hat einmal in jedem Kalendervierteljahr eine Betriebsversammlung einzuberufen und in ihr einen Tätigkeitsbericht zu erstatten. [2]Liegen die Voraussetzungen des § 42 Abs. 2 Satz 1 vor, so hat der Betriebsrat in jedem Kalenderjahr zwei der in Satz 1 genannten Betriebsversammlungen als Abteilungsversammlungen durchzuführen. [3]Die Abteilungsversammlungen sollen möglichst gleichzeitig stattfinden. [4]Der Betriebsrat kann in jedem Kalenderhalbjahr eine weitere Betriebsversammlung oder, wenn die Voraussetzungen des § 42 Abs. 2 Satz 1 vorliegen, einmal weitere Abteilungsversammlungen durchführen, wenn dies aus besonderen Gründen zweckmäßig erscheint.

(2) [1]Der Arbeitgeber ist zu den Betriebs- und Abteilungsversammlungen unter Mitteilung der Tagesordnung einzuladen. [2]Er ist berechtigt, in den Versammlungen zu sprechen. [3]Der Arbeitgeber oder sein Vertreter hat mindestens einmal in jedem Kalenderjahr in einer Betriebsversammlung über das Personal- und Sozialwesen einschließlich des Stands der Gleichstellung von Frauen und Männern im Betrieb sowie der Integration der im Betrieb beschäftigten ausländischen Arbeitnehmer, über die wirtschaftliche Lage und Entwicklung des Betriebs sowie über den betrieblichen Umweltschutz zu berichten, soweit dadurch nicht Betriebs- oder Geschäftsgeheimnisse gefährdet werden.

(3) [1]Der Betriebsrat ist berechtigt und auf Wunsch des Arbeitgebers oder von mindestens einem Viertel der wahlberechtigten Arbeitnehmer verpflichtet, eine Betriebsversammlung einzuberufen und den beantragten Beratungsgegenstand auf die Tagesordnung zu setzen. [2]Vom Zeitpunkt der Versammlungen, die auf Wunsch des Arbeitgebers stattfinden, ist dieser rechtzeitig zu verständigen.

(4) Auf Antrag einer im Betrieb vertretenen Gewerkschaft muss der Betriebsrat vor Ablauf von zwei Wochen nach Eingang des Antrags eine Betriebsversammlung nach Absatz 1 Satz 1 einberufen, wenn im vorhergegangenen Kalenderhalbjahr keine Betriebsversammlung und keine Abteilungsversammlungen durchgeführt worden sind.

§ 44 Zeitpunkt und Verdienstausfall

(1) [1]Die in den §§ 14a, 17 und 43 Abs. 1 bezeichneten und die auf Wunsch des Arbeitgebers einberufenen Versammlungen finden während der Arbeitszeit statt, soweit nicht die Eigenart des Betriebs eine andere Regelung zwingend erfordert. [2]Die Zeit der Teilnahme an diesen Versammlungen einschließlich der zusätzlichen Wegezeiten ist den Arbeitnehmern wie Arbeitszeit zu ver-

güten. [3]Dies gilt auch dann, wenn die Versammlungen wegen der Eigenart des Betriebs außerhalb der Arbeitszeit stattfinden; Fahrkosten, die den Arbeitnehmern durch die Teilnahme an diesen Versammlungen entstehen, sind vom Arbeitgeber zu erstatten.

(2) [1]Sonstige Betriebs- oder Abteilungsversammlungen finden außerhalb der Arbeitszeit statt. [2]Hiervon kann im Einvernehmen mit dem Arbeitgeber abgewichen werden; im Einvernehmen mit dem Arbeitgeber während der Arbeitszeit durchgeführte Versammlungen berechtigen den Arbeitgeber nicht, das Arbeitsentgelt der Arbeitnehmer zu mindern.

§ 45 Themen der Betriebs- und Abteilungsversammlungen

[1]Die Betriebs- und Abteilungsversammlungen können Angelegenheiten einschließlich solcher tarifpolitischer, sozialpolitischer, umweltpolitischer und wirtschaftlicher Art sowie Fragen der Förderung der Gleichstellung von Frauen und Männern und der Vereinbarkeit von Familie und Erwerbstätigkeit sowie der Integration der im Betrieb beschäftigten ausländischen Arbeitnehmer behandeln, die den Betrieb oder seine Arbeitnehmer unmittelbar betreffen; die Grundsätze des § 74 Abs. 2 finden Anwendung. [2]Die Betriebs- und Abteilungsversammlungen können dem Betriebsrat Anträge unterbreiten und zu seinen Beschlüssen Stellung nehmen.

§ 46 Beauftragte der Verbände

(1) [1]An den Betriebs- oder Abteilungsversammlungen können Beauftragte der im Betrieb vertretenen Gewerkschaften beratend teilnehmen. [2]Nimmt der Arbeitgeber an Betriebs- oder Abteilungsversammlungen teil, so kann er einen Beauftragten der Vereinigung der Arbeitgeber, der er angehört, hinzuziehen.

(2) Der Zeitpunkt und die Tagesordnung der Betriebs- oder Abteilungsversammlungen sind den im Betriebsrat vertretenen Gewerkschaften rechtzeitig schriftlich mitzuteilen.

1. Vorbemerkung. Die BetrVers dient der Aussprache und gegenseitigen Inf. unter AN sowie 1
zwischen BR und AN (BAG 27.6.1989 NZA 1990, 113; 27.5.1982 AP BetrVG 1972 § 42 Nr. 3 – Organ) und ihrer Unterrichtung durch den AG (§ 43 II 3). Der Informationsaustausch zwischen BR und der Belegschaft ist aber nicht auf die BetrVers beschränkt (BAG 8.2.1977 AP BetrVG 1972 § 80 Nr. 10). Ihre Zuständigkeit ist im G abschl. geregelt. Die Vorschr. über die BetrVers sind zwgd. und nicht durch TV oder BV abdingbar. In Betrieben ohne BR können nur Wahlversammlungen nach §§ 14a, 17 stattfinden (BAG 16.11.2011 NZA 2012, 404 – keine Informationsveranstaltungen). Versammlungen der AN auf Unternehmens- oder Konzernebene sieht das G nicht vor; zu Bordversammlungen § 116 III Nrn. 6 bis 8. Selbstversammlungen der AN fallen – abgesehen von den Fällen des § 14a und des § 17 – nicht unter die Vorschr.; ebenso wenig die vom AG einberufenen **Mitarbeiterversammlungen** (BAG 27.6.1989 NZA 1990, 113; LAG BW 13.3.2014 – 6 TaBV 5/13 – Weihnachtsfeier). BetrVers sind vorrangig als Vollversammlungen abzuhalten; die Zulässigkeit von **Teilversammlungen** bestimmt sich nach § 42 I 3 (BAG 9.3.1976 AP BetrVG 1972 § 44 Nr. 3 – Schichtbetrieb; ArbG Essen 14.4.2011 NZA-RR 2011, 579). Abteilungsversammlungen sind unter den Voraussetzungen des § 42 II zulässig; bei ihrer Anberaumung hat der BR einen Beurteilungsspielraum. **Streitigkeiten** über den Zeitpunkt einer BetrVers werden im BeschlV (§§ 2a, 80 ff. ArbGG) ausgetragen. Über den Verdienstausfall, die Wegezeitvergütung und den Fahrtkostenersatz streitet der AN mit dem AG im UrtV (BAG 1.10.1974 AP BetrVG 1972 § 44 Nr. 2). Meinungsverschiedenheiten über Pflichten des AG im Zusammenhang mit der Durchführung einer BetrVers, über ihren Zeitpunkt oder den Ort können im einstweiligen Verfügungsverfahren geklärt werden.

2. Anzahl, Lage und Dauer. Regelm. BetrVers sind in jedem Kalendervierteljahr (BAG 5.5.1987 2
NZA 1987, 714) durchzuführen; zu Abteilungsversammlungen § 42 I 3. Eine Einberufungspflicht besteht unter den Voraussetzungen des § 43 IV (LAG HE 12.8.1993 AuR 1994, 107 – zu § 23); diese kann durch einstweilige Vfg. erzwungen werden. In jedem Kalenderhalbjahr kann der BR nach § 43 I 4 einmal eine weitere BetrVers anberaumen, wenn außergewöhnl. Vorkommnisse (Betriebsänderungen, Kurzarbeit) zu einem Bedarf an zeitnaher zusätzl. Inf. und Meinungsaustausch der Belegschaft führen (BAG 23.10.1991 NZA 1992, 557). Außerordentl. BetrVers können vom BR nach § 43 III einberufen werden, wenn es aus bes. Gründen sachl. dringend geboten erscheint, unverzügl. eine Versammlung abzuhalten und regelm. bzw. weitere BetrVers nicht ausreichen. Nach § 44 I 1 finden die dort genannten Versammlungen kraft G idR **während der AZ** statt (BAG 27.11.1987 NZA 1988, 661). Die vom BR auf eigenen Wunsch und die auf Wunsch von einem Viertel der AN des Betriebs nach § 43 III einberufenen außerordentl. BetrVers sind kraft G idR außerhalb der AZ durchzuführen. Die Zustimmung des AG zur Durchführung einer Veranstaltung nach § 44 I ist nicht erforderl., der AG muss aber rechtzeitig unterrichtet werden. Bei einer solchen Versammlung muss der BR zwar auf die betriebl. Notwendigkeiten Rücksicht nehmen, er ist dabei aber nicht auf Zeiträume verwiesen, in denen der

Betriebsablauf so wenig wie mögl. gestört wird. BetrVers können im Einzelhandel während der **Ladenöffnungszeit** stattfinden (BAG 9.3.1976 AP BetrVG 1972 § 44 Nr. 3; LAG BW 12.7.1979 DB 1980, 1267 – verkaufsstarke Zeiten). AZ ist die Zeit, während der ein wesentl. Teil der Belegschaft des Betriebs arbeitet (BAG 27.11.1987 NZA 1988, 661). BetrVers dürfen auch während eines **Arbeitskampfs** (BAG 5.5.1987 NZA 1987, 714) oder während Zeiten abgehalten werden, in denen wegen arbeitskampfbedingter Störungen nur verkürzt gearbeitet wird (BAG 5.5.1987 AP BetrVG 1972 § 44 Nr. 6). Die BetrVers findet außerhalb der AZ statt, wenn entweder die Eigenart des Betriebs dies erfordert (BAG 27.11.1987 NZA 1988, 661; 9.3.1976 AP BetrVG 1972 § 44 Nr. 3 – absolute wirtschaftl. Unmöglichkeit) oder es sich um eine Versammlung nach § 43 III handelt. Weicht die persönl. AZ einer Gruppe von AN – zB TeilzeitAN – von der AZ eines wesentl. Teils der Belegschaft ab, berechtigt das den BR nicht, die regelm. BetrVers außerhalb der AZ durchzuführen (BAG 27.11.1987 NZA 1988, 661). Fällt eine Versammlung nach § 44 II in die (abweichende) AZ weiterer AN, dürfen sie nur teilnehmen, wenn der AG zustimmt; ggf. sind Teilversammlungen durchzuführen (ArbG Essen 14.4.2011 NZA-RR 2011, 579). Die AN dürfen sich grds. auf die Rechtmäßigkeit der Einladung des BRvorsitzenden zu einer entgegen § 44 II während der AZ durchgeführten BetrVers verlassen (BAG 14.10.1960 AP GewO § 123 Nr. 25). **Ort** der BetrVers ist grds. der Betrieb; der AG ist nach § 40 II zur Überlassung von geeigneten Räumlichkeiten verpflichtet; ein „Selbstanmietungsrecht" besteht aber nicht (aA DKKW/*Berg* § 42 Rn. 20; *Fitting* § 42 Rn. 31a). Versammlungen im **Ausland** für vorübergehend dorthin entsandte AN sind nicht erzwingbar (BAG 27.5.1982 AP BetrVG 1972 § 42 Nr. 3; aA Richardi/Annuß Vor § 42 Rn. 9; *Fitting* § 42 Rn. 55). Die **Dauer** einer BetrVers ist grds. unbegrenzt; eine vorherige zeitl. Begrenzung ist unzulässig; eine Fortführung am Folgetag ist mögl. (LAG BW 12.12.1985 AiB 86, 67).

3 **3. Teilnehmer.** Der Kreis der Teilnahmeberechtigten ist in § 42 I 1 bestimmt; teilnahmeberechtigt sind a. LeihAN im Entleiherbetrieb (§ 14 II 2 AÜG). Einer Freistellung durch den AG bedarf es nicht. Der AG ist nach § 43 II, III teilnahmeberechtigt (BAG 27.6.1989 AP BetrVG 1972 § 42 Nr. 5 – Einladung durch den BR) und nach § 43 II 3 verpflichtet. Auch vorübergehend nicht im Betrieb anwesende AN sind teilnahmeberechtigt (BAG 5.5.1987 NZA 1987, 712– Urlaub, Kurzarbeit; BAG 31.5.1989 NZA 1990, 449 – EZ; LAG MV 30.1.2017 – 3 TaBVGa 1/17 – gekündigte AN). Die nicht an der BetrVers teilnehmenden AN bleiben zur Arbeitsleistung verpflichtet. Auszubildende eines reinen Ausbildungsbetriebs sind berechtigt, an BetrVers im Einsatzbetrieb teilzunehmen (BAG 24.8.2011 NZA 2012, 223). Andere Personen dürfen nur auf Einladung des BR anwesend sein, wenn dies iRd. Zuständigkeit der BetrVers zur ordnungsgemäßen Erfüllung ihrer Aufgaben sachdienl. ist (BAG 13.9.1977 AP BetrVG 1972 § 42 Nr. 1); dies können sein zB Sachverständige (BAG 19.4.1989 NZA 1989, 936), Dolmetscher (LAG D 30.1.1981 DB 1981, 1093), betriebsfremde Referenten (BAG 13.9.1977 AP BetrVG 1972 § 42 Nr. 1), Mitglieder anderer ANvertretungen des Unternehmens oder des Konzerns sowie Vertreter der AN im AR (BAG 28.11.1978 AP BetrVG 1972 § 42 Nr. 2). Schließl. darf derjenige teilnehmen, den BR und AG gemeinsam eingeladen haben oder dessen Einladung durch den BR der AG nicht widerspricht. Das Teilnahmerecht von **Verbandsvertretern** richtet sich nach § 46 I. Die Unterrichtung der Gewerkschaften regelt § 46 II. Vertreter der im Betrieb vertretenen Gewerkschaft haben ein orginäres Zutrittsrecht für BetrVers, nicht hingegen für sonstige Versammlungen der Belegschaft (BAG 18.3.1964 AP BetrVG § 45 Nr. 1). Die Auswahl der Beauftragten obliegt der Gewerkschaft (BAG 14.2.1967 AP BetrVG § 45 Nr. 2 – Rechtsmissbrauch; 18.3.1964 AP BetrVG § 45 Nr. 1 – Arbeitskampf; LAG HH 28.11.1986 DB 1987, 1595). Eine Unterrichtungspflicht des AG (nach § 2 II) besteht nicht (aA Richardi/Annuß § 46 Rn. 14; GK-BetrVG/*Weber* § 46 Rn. 8). Dessen Zutrittsverweigerung kann nicht auf einen der Gründe des § 2 II gestützt werden. Der Vertreter der AGvereinigung hat nach § 46 I 2 kein eigenständiges Teilnahmerecht an Betriebs- oder Abteilungsversammlungen (BAG 19.5.1978 AP BetrVG 1972 § 43 Nr. 2).

4 **4. Ablauf.** Die Einberufung (§ 42 I, II) und die Gestaltung der BetrVers sind Sache des BR (BAG 19.4.1989 NZA 1989, 936). Vorgeschriebene TOP sind ledigl. sein Vierteljahresbericht (§ 43 I), der Wirtschafts-, Personal- und Sozialbericht des AG (§ 43 II 3) sowie der nach § 43 III 1 beantragte Beratungsgegenstand. Der vom BR beschlossene Tätigkeitsbericht (§ 43 I) ist von dessen Vorsitzenden mündlich vorzutragen. Schriftl. Ausführungen können geboten sein bei umfangr. Stellungnahmen, wenn ein größerer Teil der AN verhindert ist (LAG BW 10.2.1983 AuR 1984, 54) oder der Bericht ausl. Mitarbeitern übersetzt werden muss (LAG D/K 30.1.1981 DB 1981, 1093 – größere Betriebe). Die Tätigkeit der ARmitglieder der AN gehört nicht notwendig zum Bericht (BAG 1.3.1966 AP BetrVG § 69 Nr. 1). Die Berichtspflicht des AG (§ 43 II 3) besteht auch im Tendenzunternehmen (BAG 8.3.1977 AP BetrVG 1972 § 43 Nr. 1). Im gemeinsamen Betrieb (s. § 1 Rn. 13) muss jeder Unternehmer den Bericht erstatten (LAG HH 15.12.1988 BB 1989, 628). Die Berichtspflicht besteht nicht bei einer objektiven Gefährdung von **Betriebs- oder Geschäftsgeheimnissen.** Der AG darf sich nur zu den Kosten des BR äußern, wenn er hieran ein berechtigtes Interesse hat. Die Darst. darf weder gegen § 2 I verstoßen noch den BR in seiner Amtsführung beeinträchtigen (BAG 19.7.1995 NZA 1996, 332). Für die BetrVers gelten die Grundsätze des § 74 II (Beachtung des Betriebsfriedens, keine Arbeitskampfmaßnahmen LAG HB 14.1.1983 DB 1983, 778; Verbot parteipolitischer Betätigung). Es

dürfen danach alle Vorgänge angesprochen werden, für die ein konkreter Bezugspunkt zum Betrieb oder den dort Beschäftigten in ihrer Eigenschaft als AN dieses Betriebs besteht (BAG 13.9.1977 AP BetrVG 1972 § 42 Nr. 1). Jeder AN darf iRd. Tagesordnung zur Sache sprechen und Fragen stellen (LAG SL 12.12.1969 AP BetrVG § 43 Nr. 2). Die AN dürfen Kritik üben, solange sie nicht ehrverletzend ist oder den Betriebsfrieden stört (BAG 22.10.1964 AP KSchG § 1 Verhaltensbedingte Kündigung Nr. 4). Unrichtige Rechtsauffassungen und Hinweise auf ein Leistungsverweigerungsrecht rechtfertigen noch keine Abmahnung (BAG 15.1.1986 – 5 AZR 460/84). Der AG kann das Wort ergreifen und sich auch zum Bericht des BR äußern. Unzulässige Themen darf der BR weder auf die Tagesordnung setzen, noch ihre Behandlung auf der BetrVers dulden (LAG D 22.1.1963 AP BetrVG § 43 Nr. 7). Beschlüsse werden mit einfacher Mehrheit der teilnehmenden AN ohne Rücksicht auf ihre Wahlberechtigung gefasst. Diese binden den BR nicht, sondern stellen ledigl. Anregungen für seine Geschäftsführung dar. Die Leitung der BetrVers erfolgt durch den BRvorsitzenden oder im Verhinderungsfall durch seinen Stellvertreter bzw. ein beauftragtes BRmitglied (BAG 19.5.1978 AP BetrVG 1972 § 43 Nr. 3). Der Versammlungsleiter übt in den Räumen der BetrVers das **Hausrecht** aus, außerhalb davon verbleibt es beim AG (BAG 22.5.2012 NZA 2012, 1176). BetrVers sind nach § 42 I 2 nichtöffentl. Ton- und Bildaufzeichnungen sind nur mit Zustimmung des Versammlungsleiters zulässig und müssen zuvor bekannt gegeben werden (LAG M 15.11.1977 DB 1978, 894). Stichwortartige **Notizen** ohne Namensnennung sind erlaubt (LAG D 4.9.1991 DB 1991, 2552). Wortprotokolle – auch einzelne Beiträge – dürfen vom AG nicht angefertigt werden (LAG HM 9.7.1986 NZA 1986, 842; aA LAG BW 27.10.1978 DB 1979, 316). Die Pflicht zur **Verschwiegenheit** besteht nach § 79 oder auf Grund der arbeitsvertragl. Treuepflicht nur, soweit Geschäfts- oder Betriebsgeheimnisse offenbart wurden und der AG auf ihre Geheimhaltung ausdrückl. hingewiesen hat (aA DKKW/*Berg* § 42 Rn. 29).

5. Verdienstausfall, Wegezeiten, Fahrtkosten. Die erforderl. Kosten von BetrVers sind vom AG zu übernehmen. Hierzu gehören nicht Verpflegungskosten der Teilnehmer (LAG N 25.4.2012 NZA-RR 2012, 524). Für BetrVers nach § 44 I 1 sind Zeiten der Teilnahme, zusätzl. Wegezeiten und Fahrtkosten zu vergüten bzw. zu erstatten. Findet eine solche BetrVers in der betriebl. AZ statt, ist der AN für die Dauer seiner Teilnahme nach § 44 I 2 zu vergüten, findet sie außerhalb der AZ statt, besteht ein vom Lohnausfallprinzip unabhängiger Entgeltanspruch nach S. 3 (BAG 31.5.1989 NZA 1990, 449 – EZ; 5.5.1987 NZA 1987, 853 – Arbeitskampf; 5.5.1987 NZA 1987, 714 – Kurzarbeit; 5.5.1987 NZA 1987, 712 – Urlaub). Hat der AG den AN ggü. ausdrückl. widersprochen, eine BetrVers nach § 44 I 1 **außerhalb der AZ** anzusetzen, entfällt der Vergütungsanspruch (BAG 27.11.1987 NZA 1988, 661). Hat er nicht widersprochen, kann er zur Lohnzahlung aus Vertrauenshaftung verpflichtet sein (BAG 23.10.1993 NZA 1987, 712). Werden während der AZ begonnene Versammlungen über deren Ende hinaus fortgesetzt, besteht eine Vergütungspflicht auch für diese Zeit, wenn es für die Fortsetzung einen sachl. Grund gab (Richardi/Annuß § 44 Rn. 31). Hat der BR zu Unrecht eine **weitere BetrVers** nach § 43 I 4 einberufen, entsteht für die Teilnehmer kein Vergütungsanspruch unabhängig davon, ob dies für sie offensichtl. war. Auch eine Haftung des AG soll ausscheiden, wenn er vorher ausdrückl. darauf hingewiesen hat, dass er diese Zeiten nicht bezahlen will (BAG 23.10.1991 NZA 1992, 557; aA *Fitting* § 44 Rn. 27a). Wird der zeitl. Rahmen einer BetrVers durch das Abhandeln **unzulässiger Themen** erhebl. überschritten und weist der AG vorher (LAG BW 17.2.1987 DB 1987, 1441) oder jdf. rechtzeitig (*Fitting* § 44 Rn. 34) auf die Unzulässigkeit der Erörterung hin, entfällt in diesem Umf. seine Zahlungspflicht. Für **sonstige BetrVers oder Abteilungsversammlungen** (§ 44 II) besteht grds. keine Vergütungspflicht. Stimmt der AG zu, dass sie während der AZ durchgeführt werden oder widerspricht er dem nicht, ist eine Minderung des Arbeitsentgelts nach § 44 II 2 untersagt (Lohnausfallprinzip). Der **Verdienstausfall** umfasst den individuellen Lohnanspruch einschließl. Erschwernis- und Schmutzzulagen, Bergmannsprämien (LAG D 16.1.1978 AuR 1979, 27). Bei BetrVers an Sonn- und Feiertagen sollen die entspr. zeitabhängigen Lohnzuschläge nicht anfallen (BAG 1.10.1974 AP BetrVG 1972 § 44 Nr. 2; aA *Fitting* § 44 Rn. 31). Bei Akkord ist der Durchschnitt des zul. erzielten Akkordlohns zu zahlen (BAG 23.9.1960 AP FeiertagslohnzahlungsG § 1 Nr. 11). Nur wer in der Zeit seiner Teilnahme an einer BetrVers nach § 44 I Mehrarbeit verrichtet hätte, kann als Verdienstausfall die Mehrarbeitszuschläge verlangen (BAG 18.9.1973 AP BetrVG 1972 § 44 Nr. 1). Denn die Teilnahmezeit ist nach § 44 I 2 „wie AZ", nicht „als AZ" zu vergüten; die Teilnahme an einer BetrVers ist daher selbst dann keine „Mehrarbeit", wenn sie außerhalb der AZ stattfindet (BAG 18.9.1973 AP BetrVG 1972 § 44 Nr. 1). Für die Teilnahme an BetrVers nach §§ 43 I, 14a, 17 sind nach § 44 I 2, 3 auch die Zeiten wie AZ zu vergüten, welche der AN für deren Besuch zusätzl. über die **Wegezeiten** hinaus aufwenden muss, die er sonst zur Erfüllung seiner Arbeitspflicht benötigt (BAG 5.5.1987 AP BetrVG 1972 § 44 Nr. 4). Teilnehmer an Versammlungen nach § 44 II haben hingegen keinen Anspruch auf Wegezeitvergütung. **Fahrtkosten** sind nach § 44 I 3 2. Hs. den Teilnehmern zu erstatten, soweit sie entstehen, wenn BetrVers außerhalb der persönl. AZ der einzelnen AN stattfinden und deshalb zu zusätzl. Fahrtkosten führen (zB in arbeitsfreien Zeiten, BetrVers außerhalb des Betriebs). Pauschalierungen in TV oder BV sind zulässig, sie können aber den ges. Anspruch nicht ausschließen. Für die Teilnehmer an Versammlungen nach § 44 II besteht kein Anspruch auf Fahrtkostenersatz. 5

Fünfter Abschnitt. Gesamtbetriebsrat

§ 47 Voraussetzungen der Errichtung, Mitgliederzahl, Stimmengewicht

(1) Bestehen in einem Unternehmen mehrere Betriebsräte, so ist ein Gesamtbetriebsrat zu errichten.

(2) [1] In den Gesamtbetriebsrat entsendet jeder Betriebsrat mit bis zu drei Mitgliedern eines seiner Mitglieder; jeder Betriebsrat mit mehr als drei Mitgliedern entsendet zwei seiner Mitglieder. [2] Die Geschlechter sollen angemessen berücksichtigt werden.

(3) Der Betriebsrat hat für jedes Mitglied des Gesamtbetriebsrats mindestens ein Ersatzmitglied zu bestellen und die Reihenfolge des Nachrückens festzulegen.

(4) Durch Tarifvertrag oder Betriebsvereinbarung kann die Mitgliederzahl des Gesamtbetriebsrats abweichend von Absatz 2 Satz 1 geregelt werden.

(5) Gehören nach Absatz 2 Satz 1 dem Gesamtbetriebsrat mehr als vierzig Mitglieder an und besteht keine tarifliche Regelung nach Absatz 4, so ist zwischen Gesamtbetriebsrat und Arbeitgeber eine Betriebsvereinbarung über die Mitgliederzahl des Gesamtbetriebsrats abzuschließen, in der bestimmt wird, dass Betriebsräte mehrerer Betriebe eines Unternehmens, die regional oder durch gleichartige Interessen miteinander verbunden sind, gemeinsam Mitglieder in den Gesamtbetriebsrat entsenden.

(6) [1] Kommt im Fall des Absatzes 5 eine Einigung nicht zustande, so entscheidet eine für das Gesamtunternehmen zu bildende Einigungsstelle. [2] Der Spruch der Einigungsstelle ersetzt die Einigung zwischen Arbeitgeber und Gesamtbetriebsrat.

(7) [1] Jedes Mitglied des Gesamtbetriebsrats hat so viele Stimmen, wie in dem Betrieb, in dem es gewählt wurde, wahlberechtigte Arbeitnehmer in der Wählerliste eingetragen sind. [2] Entsendet der Betriebsrat mehrere Mitglieder, so stehen ihnen die Stimmen nach Satz 1 anteilig zu.

(8) Ist ein Mitglied des Gesamtbetriebsrats für mehrere Betriebe entsandt worden, so hat es so viele Stimmen, wie in den Betrieben, für die es entsandt ist, wahlberechtigte Arbeitnehmer in den Wählerlisten eingetragen sind; sind mehrere Mitglieder entsandt worden, gilt Absatz 7 Satz 2 entsprechend.

(9) Für Mitglieder des Gesamtbetriebsrats, die aus einem gemeinsamen Betrieb mehrerer Unternehmen entsandt worden sind, können durch Tarifvertrag oder Betriebsvereinbarung von den Absätzen 7 und 8 abweichende Regelungen getroffen werden.

1 **1. Vorbemerkung.** In Unternehmen mit mehreren Betrieben werden wichtige Entscheidungen auf der Unternehmensebene getroffen. Mit dem GBR wird dieser Leitungsebene ein Vertretungsorgan der AN gegenübergestellt. Die Vorschr. regelt die Zusammensetzung des GBR, seine Mitgliederzahl und die Stimmengewichtung. Sie ist zwgd., soweit nicht ausdrückl. ein Abweichen mittels TV oder BV vorgesehen ist. Der freiwillige Zusammenschluss mehrerer BR eines Unternehmens oder mehrerer Unternehmen eines Konzerns zu „Arbeitsgemeinschaften" oder ähnl. Einrichtungen ist betriebsverfassungsrechtl. ohne Bedeutung. Diese Gremien haben keine Kompetenz, können weder bindende Beschlüsse fassen noch in die Zuständigkeit eines GBR eingreifen.

2 **2. Errichtung. a) Grundsatz.** Nach § 47 I sind die BR des Unternehmens **verpflichtet**, Mitglieder in den GBR zu entsenden. Der GBR kann oder soll nicht nur errichtet werden, er „ist" zu errichten. Es kommt nicht darauf an, ob hierfür im Unternehmen Bedarf vorhanden ist oder etwa bei den BR Bedenken bestehen (BAG 23.9.1980 AP BetrVG 1972 § 47 Nr. 4). Kommt ein BR dieser Rechtspflicht nicht nach, liegt hierin idR eine grobe Pflichtverletzung nach § 23 I. Das BetrVG definiert nicht selbst den **Unternehmensbegriff**, sondern knüpft an die ges. für das Unternehmen vorgeschriebenen Rechts- und Organisationsformen an (BAG 9.8.2000 NZA 2001, 116). Es kommt weder auf eine wirtschaftl. Betrachtungsweise an, noch darauf, wo die Leitungsmacht de facto angesiedelt ist, sondern auf die Identität des AG. Unternehmen ist im BetrVG der zivil- und handelsrechtl. Träger des Unternehmens. Kennzeichnend für ein Unternehmen ist der einzelne Unternehmensträger mit einer einheitl. Unternehmensorganisation, der hinter dem arbeitstechnischen Zweck der Betriebe liegende wirtschaftl. oder ideelle Zwecke verfolgt (BAG 11.12.1987 AP BetrVG 1972 § 47 Nr. 7). Es muss eine **einheitliche Rechtspersönlichkeit,** eine rechtl. Identität des betreibenden Unternehmens vorhanden sein (BAG 29.11.1989 NZA 1990, 615). Dabei kann es sich um eine natürl. Person, eine jur. Person – AG, GmbH, Genossenschaft, e. V. –, um eine Personengesamtheit – OHG, KG – oder um den vertragl. Zusammenschluss mehrerer natürl. und/oder jur. Personen zu einem Unternehmen in einer Rechtsform ohne eigene Rechtspersönlichkeit handeln – GbR, nicht rechtsfähiger Verein. Schließen sich mehrere Unternehmen zur Erfüllung von Teilaufgaben (Forschung, Großprojekte) zu einem Unternehmen zusammen, welches mehrere Betriebe führt, besteht rechtl. Identität soweit sich der Geschäfts- und Tätig-

keitsbereich dieses Rechtsträgers erstreckt (*Fitting* Rn. 10). Bei der GmbH & Co KG ist darauf abzustellen, ob die KG mehrere Betriebe hat. Haben KG und GmbH jeweils selbständige Betriebe, kann (nur) ein KBR gebildet werden.

b) Identischer Rechtsträger. Ein Unternehmen iSd. § 47 I liegt vor, wenn sämtl. Betriebe demselben Unternehmen angehören. Unternehmer und Inhaber der zu dem Unternehmen gehörenden Betriebe müssen identisch sein. BR, die unterschiedl. Rechtsträgern angehören, können daher nicht gemeinsam einen GBR bilden (BAG 17.3.2010 NZA 2010, 1144; 13.2.2007 NZA 2007, 825; *Hoffmann/Alles* NZA 2014, 757). Die rechtl. Identität fehlt bei nur **wirtschaftlicher oder finanzieller Beteiligung** (BAG 5.12.1975 NJW 1976, 870), selbst wenn alle Gesellschaftsanteile sich in den Händen einer bzw. derselben mehreren Personen befinden oder Personengleichheit der Geschäftsführung besteht (BAG 11.12.1987 AP BetrVG 1972 § 47 Nr. 7). Die erforderl. Identität fehlt auch zwischen Mutter- und Tochtergesellschaft, bei der Zusammenfassung rechtl. selbständiger Unternehmen unter einheitl. Leitung, wenn zwischen ihnen ein Beherrschungsvertrag abgeschlossen oder eine Gesellschaft in die andere eingegliedert ist. 3

c) Leitungsmacht. GBR sind nur dort zu bilden, wo die Betriebe durch eine **einheitliche und selbständige Organisation,** eine einheitl. Leitung verbunden sind. Sonst fehlt der Ansprechpartner für den GBR. Dabei ist unerheblich, ob die Betriebe einen oder unterschiedl. Betriebszwecke verfolgen (*Fitting* Rn. 12). Jur. Personen und Gesamthandsgemeinschaften können nur ein Unternehmen betreiben, wie die ges. Vorschr. über die notwendige Festlegung des Unternehmensgegenstands und die Verantwortlichkeit der Unternehmensleitung zeigen (BAG 5.12.1975 NJW 1976, 870). Für natürl. Personen gilt dasselbe. Die betriebsverfassungsrechtl. Organisation hängt nicht von der Rechtsform des Unternehmensträgers ab. Führt eine **Betriebsführungsgesellschaft** die Betriebe der beteiligten Unternehmen im eigenen Namen und wird sie AG der dort Beschäftigten, ist ein GBR zu errichten. Bleiben die AN weiterhin rechtl. jeweils ihrem Unternehmen zugeordnet und führt die Betriebsführungsgesellschaft die Betriebe der beteiligten Unternehmen in deren Namen, kann kein GBR gebildet werden (BAG 29.11.1989 NZA 1990, 615). 4

d) Mehrzahl von Betriebsräten. Zur Errichtung eines GBR müssen mehrere (nicht notwendig mehrköpfige) BR vorhanden sein. Dabei ist unerheblich, ob sie in selbständigen Betrieben oder in Betrieben gewählt wurden, die nach §§ 4 I oder 3 V als selbständig gelten. Es muss nicht in allen Betrieben des Unternehmens ein BR vorhanden sein. BRlose Betriebe nehmen aber an der Errichtung des GBR nicht teil. Ist nur in einem von mehreren Betrieben ein BR gewählt worden, kann ein GBR nicht gebildet werden. Besteht nach § 3 I Nr. 1 oder III ein unternehmenseinheitl. BR, gilt dasselbe (*Fitting* Rn. 21). Im **Gemeinschaftsbetrieb** kann der BR Mitglieder in den GBR jedes der Trägerunternehmen entsenden (BAG 13.2.2007 NZA 2007, 825; *I. Schmidt* FS Küttner S. 499, 502). So wird eine Lücke in der Mitbestimmung vermieden. Betreiben mehrere Unternehmen mehrere Gemeinschaftsbetriebe, kann ein weiteres Unternehmen entstehen, bei dem dann auch ein GBR zu bilden wäre (BAG 5.12.1975 NJW 1976, 870). Bei einer **Betriebsübernahme,** die auf den Bestand des BR keinen Einfluss hat, muss der BR des übernommenen Betriebs seine Vertreter in den GBR des übernehmenden Unternehmens entsenden (BAG 16.3.2005 NZA 2005, 1069). Werden nicht alle Betriebe auf ein anderes Unternehmen ohne GBR übertragen, muss er dort gebildet werden (BAG 5.6.2002 NZA 2003, 336). Werden alle Betriebe auf ein Unternehmen ohne GBR übertragen, bleibt er im Amt. Im **Ausland** gelegene Betriebe eines inländischen Unternehmens nehmen an der Errichtung des GBR nicht teil (*Fitting* Rn. 22). Der räuml. Geltungsbereich des BetrVG endet an der Landesgrenze. Der GBR kann keine Beteiligungsrechte für ANvertretungen ausüben, die ausländischem Recht unterliegen. Hat ein Unternehmen mit Sitz im Ausland mehrere Betriebe in der Bundesrepublik, ist nach den allgemeinen Regeln für diese Betriebe ein GBR zu bilden (*Fitting* Rn. 23; aA *Schubert* Anm. EzA BetrVG 2001 § 54 Nr. 3). Die soziale Schutzfunktion der Mitbestimmung darf inländischen AN eines ausl. Unternehmens nicht vorenthalten bleiben (BAG 1.10.1974 NJW 1975, 1091; 31.10.1975 AP BetrVG 1972 § 106 Nr. 2 – Wirtschaftsausschuss). 5

3. Zusammensetzung. a) Entsendung. Die Mitglieder des GBR werden nach **Abs. 2** weder durch die AN der Betriebe, noch von Wahlmännergremien (LAG HE 21.12.1976 DB 1977, 1056) oder von einer aus Delegierten der BR bestehenden BRversammlung (BAG 25.5.2005 NZA 2006, 215) gewählt oder vom Betriebsausschuss (aA GK-BetrVG/*Kreutz* Rn. 39) bzw. dem ges. GBR bestimmt (BAG 15.8.1978 NJW 1979, 2422). Sie werden von den BR entsandt (BAG 21.7.2004 NZA 2005, 170). Besteht der BR aus nur einer Person tritt diese in den GBR ein. Der BR kann jedes seiner Mitglieder, aber nicht Dritte oder noch nicht nachgerückte Ersatzmitglieder bestimmen. Ob ein oder zwei Mitglieder entsandt werden, hängt allein von der Betriebsgröße ab. Die Vertreter des BR im GBR werden durch Beschluss mit einfacher Mehrheit der anwesenden Mitglieder nach § 33 I – nicht in Verhältniswahl – bestimmt (BAG 25.5.2005 NZA 2006, 215). Unter welchen Voraussetzungen der BR auch eine förml. Wahl mit der Festlegung beschließen kann, dass die relative Mehrheit der abgegebenen Stimmen ausreichen soll, hat das BAG bisher offen gelassen (BAG 21.7.2004 NZA 2005, 170 – „im Regelfall nicht durch Wahl"; dafür DKKW/*Trittin* Rn. 82; Richardi/*Annuß* Rn. 29; aA GK-BetrVG/*Kreutz* 6

Rn. 38). In jedem Fall handelt es sich aber bei der Entsendung nicht um eine Wahl, sondern um einen Geschäftsführungsbeschluss der BR, auf den daher § 19 mit der Frist zur Wahlanfechtung jdf. nicht unmittelbar anwendbar ist (BAG 15.8.1978 NJW 1979, 2422; aber s.Rn. 13). Für jedes der entsandten Mitglieder ist ein bes. Beschl. erforderlich. Der Schutz des Minderheitengeschlechts in **Abs. 2 S. 2** ist – anders als bei der BRwahl – nicht zwgd. Halten sich die Beteiligten nicht an die Aufforderung des Gesetzgebers, bleibt die Entsendung wirksam. Die Gewählten müssen ihre Wahl annehmen.

7 **b) Sonderfälle.** Die nach Abs. 5 **zusammengefassten BR** wählen als Entsendungsgremium ihre Vertreter im GBR in einer gemeinsamen Sitzung. Sie werden weder auf einer BRversammlung, noch von den Mitgliedern des nicht verkleinerten GBR gewählt (BAG 15.8.1978 NJW 1979, 2422). Im Fall des Abs. 4 darf nach regionalen Gesichtspunkten zusammengefassten Versammlungen der BR (Entsendungskörper) die Entscheidung über die in den GBR zu entsendenden BRmitglieder übertragen werden (BAG 25.5.2005 NZA 2006, 215). Auch jetzt werden die Entsendungsbeschlüsse nach § 33 I mit einfacher Stimmenmehrheit gefasst, die tarifl. Regelung muss nicht die Verhältniswahl vorschreiben (BAG 25.5.2005 NZA 2006, 215). Für jedes Mitglied des GBR ist nach **Abs. 3** ein **Ersatzmitglied** aus seiner Mitte (*Fitting* Rn. 43) zu bestellen. Der BR kann auch mehrere Ersatzmitglieder bestellen und muss die Reihenfolge ihres Nachrückens festlegen. Ein Ersatzmitglied des BR kann erst zum Ersatzmitglied des GBR bestimmt werden, nachdem es in den BR nachgerückt ist, es sei denn, der BR besteht nur aus einem Mitglied (GK-BetrVG/*Kreutz* Rn. 60).

8 **4. Abweichende Regelungen. a) Zulässigkeit.** Die Größe eines GBR kann bezogen auf die Zahl der AN des Unternehmens disproportional sein. In diesem Fall können nach **Abs. 4** durch TV oder BV von Abs. 2 abweichende Regelungen getroffen, im Fall des **Abs. 5** nach **Abs. 6** auch erzwungen werden. GBR können so vergrößert und verkleinert werden. Dabei kann die Bedeutung einzelner Betriebe unabhängig von der Zahl der Beschäftigten berücksichtigt werden. Die ges. Bestimmungen zu den Voraussetzungen für die Errichtung oder Zuständigkeit des GBR lassen sich nicht ändern (BAG 25.5.2005 NZA 2006, 215). GBR dürfen nicht nach regionalen Gesichtspunkten oder für die Gruppen getrennt errichtet werden. Ebenso wenig lässt sich eine andere Art der Bestellung als durch die BR oder die Bestellung anderer Personen als der BRmitglieder vereinbaren (Richardi/*Annuß* Rn. 57). Das G erlaubt keine Abweichung von dem Grundsatz der Repräsentation der BR im GBR. Auch bei einer abweichenden Regelung sollen die Geschlechter nach § 47 II 2 angemessen berücksichtigt werden.

9 **b) Mitgliederzahl.** Bei der Vergrößerung des GBR wird die Zahl der Vertreter einzelner oder aller Betriebe erhöht. Eine **Höchstgrenze** der Mitgliederzahl im GBR ist trotz Abs. 5 ges. nicht vorgeschrieben (*Fitting* Rn. 55 einschränkend Richardi/*Annuß* Rn. 55). Diese Vorschr. regelt nur die Voraussetzungen für eine (erzwingbare) Vereinbarung, nicht deren Erg. Oft wird sich eine Beschränkung auf höchstens 40 Mitglieder anbieten, um die Arbeitsfähigkeit des GBR zu erhalten. Eine **Verkleinerung** des GBR kann dadurch erfolgen, dass BR, die nach Abs. 2 S. 1 durch zwei Mitglieder im GBR vertreten sind, nur einen Vertreter entsenden. Der TV nach Abs. 4 muss nicht sicherstellen, dass jeder der BR mit mind. einem Mitglied im GBR vertreten ist. Es reicht aus, dass jeder BR bei der Bestimmung der Mitglieder des verkleinerten GBR – zB durch Zusammenfassen von Betrieben – mitwirken kann (BAG 25.5.2005 NZA 2006, 215). Regionale Verbundenheit nach Abs. 5 setzt voraus, dass die Betriebe nicht weit voneinander entfernt liegen (*Fitting* Rn. 69). Die Verbundenheit durch gleichartige Interessen kann bei gleichen oder verwandten Betriebszwecken, ähnl. Strukturen der Belegschaft oder gleicher Stellung der Betriebe in der Unternehmensorganisation gegeben sein (Richardi/*Annuß* Rn. 67). Bei der Anwendung über die unbestimmten Rechtsbegriffe des Abs. 5 haben die TVparteien, der GBR und der AG einen **Beurteilungsspielraum.** Im Falle des Abs. 4 können sie auf die Kriterien des Abs. 5 abstellen, müssen es aber nicht (BAG 25.5.2005 NZA 2006, 215).

10 **c) Tarifvertrag.** Die Tarifbindung des AG reicht nach § 3 II TVG für die tarifl. Regelung aus (BAG 25.5.2005 NZA 2006, 215). Der TV kann von jeder für alle in den erfassten betrieblichen Einheiten tarifzuständigen Gewerkschaft abgeschlossen werden, sofern diese dort vertreten ist (*Fitting* Rn. 51). Tarifkonkurrenzen sind nach § 4a II 2 TVG aufzulösen, § 4a III findet keine Anwendung (s. § 4a TVG Rn. 9 ff.). Ein **Vorrang des TV** ggü. der GesamtBV besteht selbst dann, wenn sie nach Abs. 5 durch Spruch der Einigungsstelle zustande gekommen ist. Er reicht nur so weit wie der TV. Werden nicht alle Betriebe des Unternehmens vom Geltungsbereich des TV erfasst, kann die tarifl. Regelung nicht durch GesamtBV auf die restl. Betriebe erstreckt werden (*Fitting* Rn. 50). Der TV soll durch Arbeitskampfmaßnahmen erstritten werden können (DKKW/*Trittin* Rn. 117). IÜ dürfte die Frage kaum jemals praktisch werden. Für BV nach den Abs. 4 und 5 ist allein der GBR zuständig (Richardi/*Annuß* Rn. 51). Er muss sich nach § 51 III konstituiert haben und für den Beschl. über den Abschluss der GesamtBV beschlussfähig sein (BAG 15.8.1978 NJW 1979, 2422). Er tagt damit zumindest einmal in der ges. Zusammensetzung. Die getroffene Regelung gilt auch für die Betriebe, deren Vertreter im GBR an der Abstimmung nicht teilgenommen (*Fitting* Rn. 53) oder dagegen votiert haben. Ist die Größe des GBR tarifl. geregelt, ist seine Verkleinerung durch Spruch der Einigungsstelle nicht möglich, auch wenn er mehr als 40 Mitglieder hat (GK-BetrVG/*Kreutz* Rn. 89). Eine ges. Verpflichtung, den GBR auf unter 41 Mitglieder zu verkleinern besteht auch für die Einigungsstelle nicht (s. Rn. 8).

5. Amtszeit. Beim GBR handelt es sich um eine **Dauereinrichtung.** Er besteht über die Wahlperiode der einzelnen BR hinaus und hat daher keine Amtszeit. Das Amt des GBR endet nur, wenn die Voraussetzungen für seine Errichtung dauerhaft entfallen. Überträgt ein Unternehmen seine sämtl. Betriebe auf zwei andere, rechtl. selbständige Unternehmen, endet daher das Amt des in dem übertragenden Unternehmen gebildeten GBR (BAG 5.6.2002 NZA 2003, 336). Ein kurzfristiger Wegfall – zB verspätete BRwahl nach Ablauf der Amtszeit in einem von zwei Betrieben des Unternehmens – ist ohne rechtl. Bedeutung (BAG 15.10.2014 NZA 2015, 1014). Abberufungen, Amtsniederlegungen und Auflösungsbeschlüsse haben keinen Einfluss auf seinen rechtl. Bestand. Der ges. GBR bleibt bis zur Konstituierung des durch TV oder BV in seiner Größe veränderte GBR im Amt (*Fitting* Rn. 71). Umgekehrt bleiben die abweichenden Regelungen nach Abs. 4 während ihrer Geltungsdauer für die Größe des GBR maßgeblich. Sie wirken nicht nach (Richardi/*Annuß* Rn. 53). Sind sie nicht befristet abgeschlossen und werden sie nicht durch neue Vereinbarungen abgelöst, gelten sie daher nur bis sie gekündigt oder aufgeh. werden. Von diesem Zeitpunkt an bestimmt sich die Mitgliederzahl des GBR wieder nach dem G. Bis zur Konstituierung des neuen GBR kann daher eine Mitbestimmungslücke entstehen. Ist die abweichende Regelung durch Spruch der Einigungsstelle zustande gekommen, soll sie nach § 77 VI nachwirken (*Fitting* Rn. 73; Richardi/*Annuß* Rn. 69 – nur für den Fall der Kündigung; aA DKKW/*Trittin* Rn. 129). Die abw. Regelung selbst kann aber ihre Nachwirkung bestimmen (dazu *Mengel* NZA 2002, 409). Nach seiner **Neuwahl** muss der BR seine Mitglieder im GBR neu bestimmen. Seine Mitglieder können jederzeit – auch ohne bes. Anlass – abberufen werden. Die **Abberufung** erfordert nach Abs. 2 S. 4 dasselbe Verfahren wie die Bestellung. Sie erfolgt durch einfachen Mehrheitsbeschluss des BR. Für das abberufene oder ausgeschlossene Mitglied rückt sein Ersatzmitglied nach. Der BR kann stattdessen ein neues Mitglied des GBR bestimmen. 11

6. Stimmengewichtung. Die Abs. 7 und 8 passen für die Abstimmungen im GBR das Stimmengewicht der Mitglieder der tatsächl. Stärke der Betriebe an und verhindern so eine Verzerrung. Maßgebend für das Stimmengewicht ist die Zahl der nach § 7 S. 1, 2 wahlberechtigten AN, die bei der letzten BRwahl in die Wählerliste eingetragen waren. Nachträgl. Veränderungen bleiben unberücksichtigt (DKKW/*Trittin* Rn. 143). Wird der GBR **verkleinert,** vertritt das GBRmitglied die AN aller zusammengefassten Betriebe. Das schlägt sich nach Abs. 8 S. 1 in der Stimmengewichtung nieder. Wird der GBR durch das Entsenden mehrerer Mitglieder **vergrößert,** teilen sie sich nach Abs. 8 S. 2 die zustehenden Stimmen zu gleichen Teilen. – In ihrer Stimmenabgabe sind die Mitglieder des GBR frei. Wer sich über die Meinungsbildung im BR hinwegsetzt, muss damit rechnen, abberufen zu werden. Jedes Mitglied des GBR kann die ihm zustehenden Stimmen nur einheitl. abgeben. Dies gilt auch für das von mehreren Betrieben entsandte Mitglied. Das Stimmengewicht aller entsandter GBRmitglieder entspricht auch dann der Zahl aller AN in den Betrieben, wenn sich ein oder mehrere gemeinsame Betriebe darunter befinden (BT-Drs. 14/5741 S. 42). Auch hier gilt nach Abs. 7 das Prinzip der Vollrepräsentation. Abs. 9 wäre sonst überflüssig. Diese Vorschr. ermöglicht eigene Regelungen zur Stimmengewichtung im GBR, weil dort – wie sonst auch – (alle) AN aus einem gemeinsamen Betrieb vertreten sind (*I. Schmidt* FS Küttner S. 499, 504). So kann sichergestellt werden, dass Belegschaftsmitglieder des gemeinsamen Betriebs bei der Stimmengewichtung nicht mitzuzählen, wenn über Angelegenheiten beschlossen werden soll, die nur eines der beteiligten Unternehmen betreffen (BT-Drs. 14/5741 S. 42). 12

7. Streitigkeiten. Über die Errichtung, Mitgliederzahl und Zusammensetzung des GBR, die Bestellung und Abberufung seiner Mitglieder und Ersatzmitglieder, über deren Stimmengewicht, über die Wirksamkeit einer Vereinbarung nach Abs. 4, 5 und 9 die Zuständigkeit der Einigungsstelle und die Wirksamkeit ihres Spruchs wird im BeschlV entschieden. Zuständig ist nach § 82 S. 2 ArbGG das ArbG, in dessen Bezirk das Unternehmen seinen Sitz hat. Befindet sich der Sitz des Unternehmens im Ausland, ist das ArbG örtl. zuständig, in dessen Bezirk der Betrieb liegt, dem innerhalb der Bundesrepublik Deutschland die zentrale Bedeutung zukommt (BAG 31.10.1975 AP BetrVG 1972 § 106 Nr. 2). In dem Verfahren um die wirksame Errichtung eines GBR sind neben den einzelnen BR deren Mitglieder, der GBR, der AG und die im Betrieb vertretenen Gewerkschaften zu beteiligen (BAG 15.8.1978 NJW 1979, 2422). Letztere ist jedoch nicht antragsbefugt (BAG 30.10.1986 NZA 1988, 27). BRinterne Wahlen können analog § 19 angefochten werden (BAG 16.3.2005 NZA 2005, 1080). Dies gilt auch für die Geschäftsführungsbeschlüsse zur Entsendung in den GBR. Die Zwei-Wochen-Frist des § 19 ist entspr. anzuwenden (BAG 25.5.2005 NZA 2006, 215). Sie beginnt regelm. mit der Feststellung des Wahl- bzw. Abstimmungsergebnisses durch den BR (*Fitting* Rn. 83). Der Antrag richtet sich auf die in Zukunft wirkende Unwirksamkeit der Wahl bzw. Abstimmung (BAG 15.8.2001 NZA 2002, 569). Die bis zur rkr. Entscheidung getroffenen Beschlüsse des BR sowie die von ihm bis dahin abgeschlossenen BV bleiben wirksam (GK-BetrVG/*Kreutz* Rn. 130). Fehlt es schon an dem Anschein einer dem G entspr. Wahl oder Abstimmung, kann dies zu ihrer Nichtigkeit führen. Ist die Wirksamkeit des Errichtung des GBR insg. streitig, gilt § 19 nicht (BAG 15.8.1978 NJW 1979, 2422). Aus Gründen der Rechtssicherheit wirkt die gerichtl. Entscheidung – ausgenommen die Nichtigkeit der Errichtung – nur für die Zukunft. 13

§ 48 Ausschluss von Gesamtbetriebsratsmitgliedern

Mindestens ein Viertel der wahlberechtigten Arbeitnehmer des Unternehmens, der Arbeitgeber, der Gesamtbetriebsrat oder eine im Unternehmen vertretene Gewerkschaft können beim Arbeitsgericht den Ausschluss eines Mitglieds aus dem Gesamtbetriebsrat wegen grober Verletzung seiner gesetzlichen Pflichten beantragen.

1 **1. Voraussetzungen und Folgen.** Die Vorschr. ist § 23 I nachgebildet. Für die Gesamt-JAV gilt sie nach § 73 II entspr., für den KBR gilt § 56. Die Vorschr. ist zwgd. Sie gestattet nur den Ausschluss einzelner Mitglieder, nicht die Auflösung des GBR. Der Antrag kann sich gegen mehrere oder alle Mitglieder des GBR richten. Selbst beim Ausschluss aller Mitglieder ist der GBR nicht aufgelöst, vielmehr rücken die jew. Ersatzmitglieder nach. Der Begriff der „groben Verletzung seiner ges. Pflichten" entspricht inhaltl. § 23 I (s. § 23 Rn. 12). Eine Verletzung der Pflichten des BR reicht für einen Ausschluss aus dem GBR nicht aus. Sie muss sich auf die Tätigkeit im GBR beziehen und in der Eigenschaft als Mitglied des GBR begangen worden sein. Der Ausschluss aus dem GBR führt nach § 57 zum **Verlust der Mitgliedschaft im KBR.** Er führt nicht automatisch zum Verlust des BRamts und rechtfertigt den Ausschluss aus dem BR nur, wenn gleichzeitig eine Pflicht aus dem BRamt verletzt worden ist. Nach rkr. Ausschluss aus dem GBR rückt das nach § 47 III bestellte Ersatzmitglied oder ein anderes bestelltes Mitglied nach. Wer rkr. ausgeschlossen wurde, kann erst nach einer Neuwahl in den BR wieder in den GBR entsandt werden.

2 **2. Verfahren.** Der Ausschlussantrag ist nicht fristgebunden. Wird der Antrag von den nach § 7 S. 1 oder 2 wahlberechtigten AN gestellt, ist deren Zahl zum Zeitpunkt der Antragstellung, nicht die zum Zeitpunkt der Errichtung des GBR entscheidend (*Fitting* Rn. 11). AN aus betriebsratslosen Betrieben des Unternehmens zählen seit der Neufassung des § 50 (s. Rn. 2) mit (Richardi/*Annuß* Rn. 7), weil sie von Pflichtverstößen der GBRmitglieder betroffen sein können. Die erforderl. Mindestzahl muss während der gesamten Dauer des Verfahrens vorliegen. Scheidet ein AN während des Verfahrens aus, rechnet er nicht mehr mit. Andere AN können sich nachträgl. beteiligen. Der Antrag des AG kann nur von der Unternehmensleitung gestellt werden. Der Ausschlussantrag des **GBR** erfordert einen förml. Beschl. nach § 51 IV iVm. § 47 VII. Das betroffene GBRMitglied gilt nach § 51 I iVm. § 25 I 2 als „zeitweilig verhindert" und wird nach § 47 III durch sein Ersatzmitglied vertreten; ihm ist aber Gelegenheit zur vorherigen Stellungn. zu gewähren (DKKW/*Trittin* Rn. 9). Eine im Unternehmen vertretene **Gewerkschaft** kann den Antrag stellen, wenn mind. ein unternehmensangehöriger AN bei ihr organisiert ist. Ein **BR** kann den Ausschluss nicht beantragen, sondern nur ein von ihm entsandtes Mitglied abberufen (s. § 47 Rn. 11); gegenüber den anderen Mitgliedern des GBR fehlt ihm die Sachlegitimation. Das ArbG entscheidet im **BeschlV;** örtl. zuständig ist nach § 82 I S. 2 ArbGG das ArbG, in dessen Bezirk das Unternehmen seinen Sitz hat. Bis zur rkr. Entscheidung bleibt das GBRmitglied im Amt. Eine einstweilige Vfg. auf vorläufige Untersagung der Amtsausübung kommt in eindeutigen Fällen während des Ausschlussverfahrens in Betracht.

§ 49 Erlöschen der Mitgliedschaft

Die Mitgliedschaft im Gesamtbetriebsrat endet mit dem Erlöschen der Mitgliedschaft im Betriebsrat, durch Amtsniederlegung, durch Ausschluss aus dem Gesamtbetriebsrat aufgrund einer gerichtlichen Entscheidung oder Abberufung durch den Betriebsrat.

1 Die Vorschr. entspricht § 24 BetrVG. Für die GesamtJAV gilt sie nach § 73 II entspr., für den KBR enthält § 57 eine bes. Regelung. Die Vorschr. ist zwgd. Der GBR hat als Dauereinrichtung keine Amtszeit. Er hört erst auf zu bestehen, wenn die Voraussetzungen für seine Errichtung entfallen. IÜ kann sich nur seine Zusammensetzung ändern, wenn einzelne Mitglieder ihr Amt verlieren. Ein **Rücktritt** des GBR als Gremium ist nicht möglich. Ausscheidende Mitglieder werden nach § 47 III oder durch Entsenden anderer BRmitglieder in den GBR ersetzt (s. § 47 Rn. 11). Das **Erlöschen der Mitgliedschaft im BR** führt automatisch zum Verlust der Mitgliedschaft im GBR, weil der BR nur seine Mitglieder entsenden kann (s. § 47 Rn. 6). Die **Amtsniederlegung** kann jederzeit und formlos ggü. dem Vors. des GBR erklärt werden. Sie wirkt mit ihrem Zugang, soweit nicht ein anderer Zeitpunkt von dem Erklärenden bestimmt wird und kann weder zurückgenommen, widerrufen oder angefochten werden. Die **Abberufung** eines GBRmitglieds kann jederzeit ohne bes. Grund erfolgen. Sie erfordert nach § 47 II 4 dasselbe Verfahren wie die Bestellung (BAG 16.3.2005 NZA 2005, 1080). Ist das GBRmitglied für mehrere Betriebe entsandt, muss das gesamte Entsendungsgremium den Beschl. fassen (*Fitting* Rn. 17). Die Abberufung wird mit der Mitteilung des BRvorsitzenden an den Betroffenen wirksam (aA DKKW/*Trittin* Rn. 10; WPK/*Roloff* Rn. 4). Mit der Mitgliedschaft im GBR endet nach § 57 auch die Mitgliedschaft im KBR. Bei Amtsniederlegung, Ausschluss und Abberufung bleibt die Mitgliedschaft im BR unberührt. Für das aus dem GBR ausgeschiedene Mitglied rückt grds. sein Ersatzmitglied nach § 47 III nach. Ist auch das BRamt erloschen, wird das Ersatzmitglied des BR nicht automatisch Ersatzmitglied im GBR (Ausn.: Betriebsobmann).

§ 50 Zuständigkeit

(1) [1]Der Gesamtbetriebsrat ist zuständig für die Behandlung von Angelegenheiten, die das Gesamtunternehmen oder mehrere Betriebe betreffen und nicht durch die einzelnen Betriebsräte innerhalb ihrer Betriebe geregelt werden können; seine Zuständigkeit erstreckt sich insoweit auch auf Betriebe ohne Betriebsrat. [2]Er ist den einzelnen Betriebsräten nicht übergeordnet.

(2) [1]Der Betriebsrat kann mit der Mehrheit der Stimmen seiner Mitglieder den Gesamtbetriebsrat beauftragen, eine Angelegenheit für ihn zu behandeln. [2]Der Betriebsrat kann sich dabei die Entscheidungsbefugnis vorbehalten. [3]§ 27 Abs. 2 Satz 3 und 4 gilt entsprechend.

1. Rechtsstellung. Die Vorschr. legt die Zuständigkeit des GBR fest und grenzt sie zwgd. (BAG 14.11.2006 NZA 2007, 399) von der des BR ab. Diese Abgrenzung kann weder unmittelbar noch mittelbar durch TV (BAG 9.12.2003 NZA 2005, 234) oder (Gesamt-)BV (BAG 28.4.1992 NZA 1993, 31) noch durch eine Vereinbarung des GBR mit den BR geänd. werden (BAG 30.8.1995 NZA 1996, 218). Auch nach § 50 II ist eine Delegation nur im Einzelfall zulässig (BAG 26.1.1993 NZA 1993, 714). Der GBR ist ein selbständiges, den EinzelBR weder über- noch untergeordnetes Organ der Betriebsverfassung. Er kann ihnen nach Abs. 1 S. 2 keine Weisungen erteilen, insb. keine Richtlinien für die Behandlung bestimmter Angelegenheiten durch die BR festlegen. Der GBR kann sich allenfalls um freiwillige Koordinierung bemühen. Andererseits ist der GBR den BR nicht untergeordnet. Die in den GBR entsandten BRmitglieder haben **kein imperatives Mandat.** Die BR dürfen den GBRmitgliedern keine Weisungen erteilen, die sie in ihrer Entscheidungsfreiheit rechtl. einschränken (*Fitting* Rn. 6). Da sie jederzeit abberufen werden können, besteht aber eine faktische Abhängigkeit. Der GBR hat im Rahmen seiner Zuständigkeit – unabhängig davon, ob diese kraft G oder kraft Beauftragung begr. ist – dieselben Handlungsmöglichkeiten wie der BR. Er kann insb. GesamtBV oder im Fall der Delegation (Abs. 2) BV schließen. Bei den kraft G in seinen Zuständigkeitsbereich fallenden Angelegenheiten ist **Verhandlungspartner** des GBR die Unternehmensleitung. Sie kann ihre Befugnisse auf eine Betriebsleitung delegieren, darf damit dem GBR aber nicht den adäquaten Verhandlungspartner entziehen. Die Betriebsleitung darf nicht nur ein Verhandlungs-, sie muss ein Abschlussmandat haben. Ist der GBR nach Abs. 2 zuständig, kann sowohl die Unternehmensleitung, als auch eine oder mehrere Betriebsleitungen Verhandlungspartner sein. Der GBR hat aber Anspruch auf einen Gegenüber, der die erforderl. Entscheidungen treffen darf (*Fitting* Rn. 14). 1

2. Originäre Zuständigkeit. a) Grundsatz. Nach der Konzeption des G ist von einer Primärzuständigkeit des EinzelBR auszugehen (BAG 18.10.1994 NZA 1995, 390). An seine Stelle tritt der GBR, soweit er zuständig ist (BAG 16.8.1983 NJW 1984, 2966). Originäre Mitbestimmungsrechte des GBR und der EinzelBR schließen sich gegenseitig aus (BAG 6.4.1976 AP BetrVG 1972 § 50 Nr. 2). Für die Angelegenheiten des § 50 I bestehen daher keine Beteiligungsrechte des EinzelBR, wenn pflichtwidrig (s § 47 Rn. 2) kein GBR gebildet wurde oder dieser sein MBR nicht ausübt (aA DKKW/*Trittin* Rn. 65 – Auffangzuständigkeit). Pflichtwidriges Verhalten lässt sich nicht durch eine vom G nicht gedeckte Kompetenzverlagerung auffangen. Die einstimmig oder mehrheitl. getroffene Entscheidung des nach Abs. 1 zuständigen GBR, in einer Angelegenheit nicht tätig zu werden, ist von den EinzelBR ebenso hinzunehmen, wie eine von ihm getroffene Regelung, die ihren Intentionen nicht entspricht. Der GBR ist nach § 50 I 1 Hs. 2 nur iRd. § 50 I für die **betriebsratslosen Betriebe** des Unternehmens zuständig. Er wird nicht zum „Ersatzbetriebsrat" und ersetzt ihn daher nicht in Angelegenheiten, die allein den betriebsratslosen Betrieb betreffen (BAG 9.12.2009 NZA 2010, 662). BRlos ist der betriebsratsfähige Betrieb ohne BR, nicht der Betrieb, welcher die Schwellenwerte nach § 1 I nicht erreicht (*Fitting* Rn. 29; GK-BetrVG/*Kreutz* Rn. 56; aA *Däubler* DB 2001, 1669, 1670). Allerdings sind die Kleinstbetriebe nach § 4 II stets Teil eines Hauptbetriebs, der seinerseits selbst dann nach Abs. 1 S. 1 Hs. 2 in die Zuständigkeit des EinzelBR oder des GBR fällt, wenn dort kein BR gewählt wurde. Die MBR des GBR umfassen insoweit auch die entspr. Initiativrechte (BAG 21.7.2009 NZA 2009, 1049). Die Zuständigkeit des GBR ist nicht auf eine **Rahmenkompetenz** beschränkt. Eine einheitl. mitbestimmungspflichtige Angelegenheit kann nicht in Teile (Mitbestimmungstatbestände) aufgespalten werden, die in die Zuständigkeit des GBR fallen und solche, für die der BR zuständig ist (BAG 14.11.2006 NZA 2007, 399; überholt BAG 3.5.1984 AP BetrVG 1972 § 95 Nr. 5; RB anh. 1 ABR 59/15). Beteiligungsrechte, die von einer bestimmten **Belegschaftsstärke** des Betriebs abhängen – zB § 95 II – stehen auch dem GBR nur für Betriebe zu, in denen die erforderl. Anzahl von AN beschäftigt werden (BAG 8.6.1999 NZA 1999, 1168). Auf die Anzahl der AN des Unternehmens kommt es nicht an. Wo MBR mangels Betriebsgröße fehlen, können sie nicht durch Bündelung der BRinteressen auf Unternehmensebene entstehen. 2

b) Fehlende Regelungsmöglichkeit bei überbetrieblichen Angelegenheiten. Der GBR ist nach § 50 I orginär nur **(1)** in überbetriebl. Angelegenheiten (aA *Däubler* DB 2017, 667 – Beteiligungsrechte) zuständig. Es müssen also mind. zwei Betriebe betroffen sein. Daneben **(2)** müssen die EinzelBR außerstande sein, diese Angelegenheit innerhalb ihrer Betriebe zu regeln. Letzteres ist nach der Rspr. anzunehmen bei **(a)** objektiver oder **(b)** subjektiver Unmöglichkeit sowie **(c)** bei einem zwingenden 3

Erfordernis für eine betriebsübergreifende Regelung. **Objektive Unmöglichkeit** soll vorliegen bei ausschließl. unternehmensbezogenen Maßnahmen (BAG 21.1.2003 NZA 2003, 992 – Altersversorgung; GK-BetrVG/*Kreutz* Rn. 28: unternehmensbezogene Sozialeinrichtung). Praktisch bedeutsamer sind die Fälle der **subjektiven Unmöglichkeit**. Eine solche liegt vor, wenn der AG in einer überbetriebl. Regelungsangelegenheit die überbetriebl. Regelungsebene mitbestimmungsfrei vorgeben kann und auch tatsächl. vorgibt. Der AG muss die Gewährung der von ihm vorgesehenen Leistung von einer unternehmenseinheitl. oder zumindest betriebsübergreifenden Regelung abhängig machen (BAG 10.10.2006 NZA 2007, 523). Hauptanwendungsfälle sind **teilmitbestimmte Regelungen** über Leistungen, die weder auf einer vertragl. oder einer sonstigen Rechtsgrundlage beruhen und bei denen der AG mitbestimmungsfrei über die Höhe der von ihm zur Vfg. gestellten Finanzmittel und über den Leistungszweck entscheiden kann (BAG 5.10.2010 NZA 2011, 598; RB anh 1 ABR 61/16 – Gehaltsanpassung). Hingegen kann der AG in Angelegenheiten der erzwingbaren Mitbestimmung die Zuständigkeit des GBR nicht allein dadurch begründen, dass er eine betriebsübergreifende Regelung verlangt (BAG 23.8.2016 NZA 2016, 1483). Subjektive Unmöglichkeit liegt daher nicht vor, weil ein TV zur Verschlechterung tarifl. Leistungen ledigl. freiwillig erg. BV zulässt und der AG nur zum Abschluss einer unternehmensweiten BV bereit ist (BAG 19.6.2007 NZA 2007, 1184). Ein **zwingendes Erfordernis für eine betriebsübergreifende Regelung** stellt auf eine wertende Betrachtung des jew. Beteiligungsrechts ab, hier lassen sich kaum abstrahierende Aussagen treffen. Ein solches Erfordernis kann sich aus technischen oder rechtl. Gründen ergeben, wobei Inhalt sowie Zweck des Mitbestimmungsrechts zu berücksichtigen sind. Der GBR ist zuständig, wenn sich eine unterschiedl. Regelung in den Einzelbetrieben sachl. nicht rechtfertigen lässt. Überw. fallen hierunter die Fälle der erzwingbaren Mitbestimmung; maßgeblich für eine fehlende betriebl. Regelungsmöglichkeit sind die Verhältnisse im Unternehmen (BAG 19.6.2012 NZA 2012, 1237). Als unbeachtl. hat die Rspr. angesehen die Natur der Sache (BAG 6.12.1988 NZA 1989, 479), Zweckmäßigkeitserwägungen (BAG 3.5.2006 NZA 2007, 1245), unternehmerisch-wirtschaftl. AGinteressen (BAG 18.5.2010 NZA 2011, 171 – Kosten- und Koordinierungsinteresse), Zuständigkeiten auf AGseite (BAG 18.10.1994 NZA 1995, 390), eine Gleichbehandlungspflicht (BAG 23.3.2010 NZA 2011, 642) sowie ein Ausgleich zw. den Interessen der EinzelBR (aA BAG 16.8.1983 NJW 1984, 2966). Für die **Überwachung** einer mit dem GBR abgeschlossenen BV ist bei Fehlen einer anderweitigen Regelung der EinzelBR nach § 80 I Nr. 1 zuständig (BAG 16.8.2011 NZA 2012, 342; RB anh. 1 ABR 55/16).

4 **c) Einzelfälle. aa) Soziale Angelegenheiten.** Im Bereich der sozialen Angelegenheiten ist regelmäßig der BR zuständig, weil die MBR betriebsbezogen sind und nur selten eine zwgd. sachl. Notwendigkeit für eine gemeinsame Regelung besteht (BAG 23.9.1975 AP BetrVG 1972 § 50 Nr. 1). Dies gilt zB für Betriebsbußen, Torkontrollen (*Fitting* Rn. 37), Nachweispflichten nach dem EFZG (BAG 23.8.2016 NZA 2016, 1483) oder eine unternehmenseinheitl. Dienstkleidung (BAG 17.1.2012 NZA 2012, 687). Für die Festlegung des Beginns und des Endes der tägl. AZ ist der GBR nur zuständig, wenn zwischen den Betrieben eine produktionstechnische Abhängigkeit besteht, die eine einheitl. Regelung zwgd. erfordert (BAG 9.12.2003 NZA 2005, 234) oder es an einer betriebsübl. AZ in den Betrieben fehlt (BAG 19.6.2012 NZA 2012, 1237). Für die Einführung von Kurzarbeit ist der BR zuständig (Richardi/*Annuß* Rn. 21), solange nicht Betriebe produktionstechnisch so eng miteinander verbunden sind, dass die Kurzarbeit in einem Betrieb notwendig zu Produktionseinschränkungen in einem anderen führt (*Fitting* Rn. 38; enger BAG 29.11.1978 AP BGB § 611 Bergbau Nr. 18); dies gilt auch für die Einführung einer Rufbereitschaft (RB anh. 1 ABR 31/15). Auch für Zeit, Art und Ort der Auszahlung des Arbeitsentgelts inklusive der Erstattung von Kontoführungsgebühren ist grds. der BR zuständig (BAG 15.1.2002 NZA 2002, 988). Für das Aufstellen von Urlaubsplänen kann sich die Zuständigkeit des GBR nur in Ausnahmefällen bei einer arbeitsmäßigen Verflechtung mehrerer Betriebe ergeben (*Fitting* Rn. 40; aA GK-BetrVG/*Kreutz* Rn. 48 – stets BR). Bei der Einführung von **technischen Einrichtungen** kann der GBR zuständig sein, wenn etwa ein unternehmenseinheitl. EDV-System (BAG 14.11.2006 NZA 2007, 399) oder eine unternehmenseinheitl. Telefonvermittlungsanlage (BAG 11.11.1998 NZA 1999, 947) angeschafft werden sollen und eine unterschiedl. Ausgestaltung in den einzelnen Betrieben mit der einheitl. Funktion des Systems nicht vereinbar wäre. Ohne Bedeutung ist, ob AN mehrerer Betriebe von der Überwachungseinrichtung erfasst werden (BAG 26.1.2016 NZA 2016, 498 – zu § 58). Arbeitsschutzangelegenheiten sollen dem GBR obliegen, wenn die Unternehmen in einem Gebäude untergebracht sind (LAG K 28.1.2008 BB 2008, 1113). Für die unternehmenseinheitl. Sozialeinrichtungen ist der GBR bei unternehmenseinheitl. Vorgaben des AG zuständig (zur Altersversorgung BAG 8.12.1981 NJW 1982, 1416). Für das Aufstellen von **Entlohnungsgrundsätzen** und die Einführung neuer Entlohnungsmethoden (§ 87 I Nr. 10) ist regelmäßig der BR und nicht der GBR zuständig (dazu *Kreutz* FS Buchner S. 511). Ein rechtl. Erfordernis zu einer unternehmenseintl. Regelung folgt nicht aus dem Gleichbehandlungsgrundsatz. Dieser begrenzt die Regelungsmacht der Betriebsparteien, vermag aber nicht deren Zuständigkeit zu begründen. Der AG kann auch nicht bindend festlegen, dass er die Vergütung von bestimmten ANgruppen unternehmenseintl. erbringen will (BAG 23.3.2010 NZA 2011, 642; aA noch BAG 6.12.1988 NZA 1989, 479). Die Zuständigkeit des GBR nach Nr. 10 kommt auch nicht unter dem Gesichtspunkt einer „tarifersetzen-

nachgewählt werden (BAG 16.3.2005 NZA 2005, 1072). Werden mehr als 100 AN im Unternehmen beschäftigt, kann der GBR weitere Ausschüsse unabhängig davon bilden, ob es einen Gesamtbetriebsausschuss gibt (*Fitting* Rn. 22), wie die (missverständliche) Bezugnahme in Abs. 1 S. 1 auf § 28 I 1 zeigt. Ist ein Gesamtbetriebsausschuss gebildet, können den weiteren Ausschüssen nach § 28 I 3 auch Aufgaben zur selbständigen Erledigung übertragen werden. Für deren Zusammensetzung gelten dieselben Grundsätze wie für die weiteren Ausschüsse des BR (s. § 28 Rn. 3). Auf § 28 I 2 wird in Abs. 1 S. 1 nicht verwiesen (BAG 21.7.2004 NZA 2005, 173). Auf die **Beschlüsse** im Gesamtbetriebsausschuss und den weiteren Ausschüssen ist das Prinzip der Stimmengewichtung nicht anzuwenden, so dass jedes Mitglied nach Abs. 4 iVm. § 33 I und II eine Stimme hat (Richardi/*Annuß* Rn. 47). Der Ausschuss ist beschlussfähig, wenn mind. die Hälfte seiner Mitglieder an der Beschlussfassung teilnimmt.

§ 52 Teilnahme der Gesamtschwerbehindertenvertretung

Die Gesamtschwerbehindertenvertretung (§ 97 Abs. 1 des Neunten Buches Sozialgesetzbuch) kann an allen Sitzungen des Gesamtbetriebsrats beratend teilnehmen.

§ 53 Betriebsräteversammlung

(1) [1]Mindestens einmal in jedem Kalenderjahr hat der Gesamtbetriebsrat die Vorsitzenden und die stellvertretenden Vorsitzenden der Betriebsräte sowie die weiteren Mitglieder der Betriebsausschüsse zu einer Versammlung einzuberufen. [2]Zu dieser Versammlung kann der Betriebsrat abweichend von Satz 1 aus seiner Mitte andere Mitglieder entsenden, soweit dadurch die Gesamtzahl der sich für ihn nach Satz 1 ergebenden Teilnehmer nicht überschritten wird.

(2) In der Betriebsräteversammlung hat
1. der Gesamtbetriebsrat einen Tätigkeitsbericht,
2. der Unternehmer einen Bericht über das Personal- und Sozialwesen einschließlich des Stands der Gleichstellung von Frauen und Männern im Unternehmen, der Integration der im Unternehmen beschäftigten ausländischen Arbeitnehmer, über die wirtschaftliche Lage und Entwicklung des Unternehmens sowie über Fragen des Umweltschutzes im Unternehmen, soweit dadurch nicht Betriebs- und Geschäftsgeheimnisse gefährdet werden,
zu erstatten.

(3) [1]Der Gesamtbetriebsrat kann die Betriebsräteversammlung in Form von Teilversammlungen durchführen. [2]Im Übrigen gelten § 42 Abs. 1 Satz 1 zweiter Halbsatz und Satz 2, § 43 Abs. 2 Satz 1 und 2 sowie die §§ 45 und 46 entsprechend.

Sechster Abschnitt. Konzernbetriebsrat

§ 54 Errichtung des Konzernbetriebsrats

(1) [1]Für einen Konzern (§ 18 Abs. 1 des Aktiengesetzes) kann durch Beschlüsse der einzelnen Gesamtbetriebsräte ein Konzernbetriebsrat errichtet werden. [2]Die Errichtung erfordert die Zustimmung der Gesamtbetriebsräte der Konzernunternehmen, in denen insgesamt mehr als 50 vom Hundert der Arbeitnehmer der Konzernunternehmen beschäftigt sind.

(2) Besteht in einem Konzernunternehmen nur ein Betriebsrat, so nimmt dieser die Aufgaben eines Gesamtbetriebsrats nach den Vorschriften dieses Abschnitts wahr.

1. Vorbemerkung. Mit der Anerkennung einer ANvertretung auf Konzernebene reagiert der Gesetzgeber auf die konzernrechtl. Leitungsmacht. Die Bestimmungen des sechsten Abschnitts stellen sicher, dass betriebsverfassungsrechtl. Beteiligungsrechte nicht durch Verlagerung von Entscheidungsmacht auf die Konzernebene verloren gehen (BAG 22.11.1995 NZA 2007, 768). Die AN werden daher auf dieser Ebene an den die einzelnen Unternehmen bindenden Leitungsentscheidungen in sozialen, personellen und wirtschaftl. Angelegenheiten beteiligt (BAG 13.10.2004 NZA 2005, 647). Damit ist keine Erweiterung der materiellen betriebsverfassungsrechtl. MBR verbunden. Zugleich werden die nicht immer übereinstimmenden ANInteressen koordiniert. Die Vorschr. ist zwgd. und weder durch TV noch durch eine BV abdingbar oder -änderbar. KBR können daher nicht durch TV errichtet werden, wohl aber andere Vertretungsstrukturen nach § 3 I Nr. 2 und 3. 1

2. Konzern. a) Begriff. Ein KBR kann nur in einem **Unterordnungskonzern** iSd. § 18 I AktG errichtet werden, nicht in einem Gleichordnungskonzern nach § 18 II AktG (BAG 13.10.2004 NZA 2005, 647) oder für einen Teilkonzern (BAG 9.2.2011 NZA 2011, 866). Das folgt aus dem Klammerhinweis in Abs. 1 (BAG 22.11.1995 NZA 2007, 768). Ein Unterordnungskonzern setzt voraus, dass ein herrschendes Unternehmen und ein oder mehrere abhängige Unternehmen unter einheitl. Leitung des 2 herrschenden Unternehmens zusammengefasst sind (s. § 18 AktG Rn. 2 ff.). Der Begriff des Unternehmens ist rechtsformneutral gefasst (BAG 13.10.2004 NZA 2005, 647). Rechtsträger der Unternehmen können deshalb alle jur. Personen, ör. Körperschaften (BGH 13.10.1977 NJW 1978, 104), Personenhandelsgesellschaften, Vereine, Stiftungen und natürl. Personen (BAG 22.11.1995 NZA 2007, 768) sein. Sind mehrere Gesellschafter an mehreren Unternehmen paritätisch beteiligt, so dass sie die Gemeinschaftsunternehmen nur gemeinsam iSd. §§ 15 ff. AktG beherrschen können, kommt die Bildung eines Konzernbetriebsrats bei der gesamten Unternehmensgruppe nicht in Betracht (BAG 13.10.2004 NZA 2005, 647). Ör. Körperschaften sind Unternehmen im konzernrechtl. Sinn, wenn sie zumindest ein in privater Rechtsform organisiertes Unternehmen beherrschen (BAG 27.10.2010 NZA 2011, 524).

3 **b) Abhängigkeit.** Das Merkmal der Abhängigkeit erfordert ledigl. die Möglichkeit des herrschenden Unternehmens, mittelbar oder unmittelbar (§ 17 I AktG) einen beherrschenden Einfluss auf die abhängigen Unternehmen auszuüben. Auf die tatsächl. Ausübung kommt es nicht an (BAG 22.11.1995 NZA 2007, 768). Dabei muss sich die Einflussnahme auf wesentl. Bereiche wie Produktion, Personalpolitik, Finanzen, Vertrieb, Forschung und Entwicklung beziehen (*Fitting* Rn. 16). Die **einheitliche Leitung** kann auf Mehrheitsbeteiligung, Eingliederung (bei AG), Vertrag oder faktischer Abhängigkeit beruhen. Die einheitl. Leitungsmacht muss tatsächl. ausgeübt werden, die Möglichkeit der Ausübung reicht nicht (BAG 22.11.1995 NZA 2007, 768). Nach § 18 I 3 AktG besteht für ein abhängiges Unternehmen die **Vermutung,** dass es mit dem beherrschenden Unternehmen einen Konzern bildet (BAG 11.2.2015 AP BetrVG 1972 § 54 Nr. 18). Diese Vermutung ist nur scheinbar unwiderlegbar. Sie gilt bis zum Beweis des Gegenteils, zB dass keine Abhängigkeit gegeben ist oder keine einheitl. Leitungsmacht ausgeübt wird (s. AktG § 18 Rn. 6). Von einem in Mehrheitsbesitz stehenden Unternehmen vermutet das G, dass es von dem an ihm mit Mehrheit beteiligten Unternehmen abhängig ist (§ 17 II AktG). Ein Beherrschungs- und Gewinnabführungsvertrag iSd. § 291 AktG und die Eingliederung iSd. § 319 AktG begründen gemäß § 18 I 2 AktG die unwiderlegl. Vermutung, dass die beteiligten Unternehmen einen Vertragskonzern bilden (ähnl. *Fitting* Rn. 18).

4 **c) Faktischer Konzern.** Von einem faktischen Konzern spricht man, wenn die einheitl. Leitung – anders als im Vertragskonzern – nicht durch Beherrschungsvertrag oder Eingliederung gesichert ist. Instrumente der Beherrschung können insb. Stimmrechte sein und Stimmbindungsverträge oder das Recht, Personen in die Führungsorgane des beherrschten Unternehmens zu entsenden (GK-BetrVG/*Franzen* Rn. 27 ff.). Es kommen aber auch alle sonstigen Mittel der einheitl. Leitung in Betracht, zB vertragl. Vereinbarungen, die darauf abzielen, die Organe des abhängigen Unternehmens zu besetzen und seine Gesellschaftspolitik zu bestimmen (BAG 30.10.1986 AP BetrVG 1972 § 55 Nr. 1). Ein Unternehmer, der ledigl. über eine Minderheitsbeteiligung verfügt, kann zum Beherrschenden werden, indem er von Gesellschaftern, die gemeinsam die Mehrheit der Stimmanteile halten, von vornherein auf ausreichend sicherer Grdl. und beständig unterstützt wird. Eine derart sichere Grdl. gemeinsamer Herrschaft können nicht nur vertragl. und organisatorische Bindungen bilden, sondern auch sonstige rechtl. oder tatsächl. Umstände. Treten etwa miteinander verwandte Gesellschafter insb. in ihrem Abstimmungsverhalten stets als geschlossene Einheit auf und geben dadurch dem Unternehmer, der allein nicht über die Mehrheit verfügt, die für die Geschäftspolitik erforderl. Rückendeckung, liegt Beherrschung vor (BGH 16.2.1981 NJW 1981, 1512). Eine einheitl. Leitung kann gegeben sein, wenn leitende Angestellte des herrschenden Unternehmens Organmitglieder des abhängigen Unternehmens sind (LAG D 11.9.1987 AuR 1988, 92). Schuldrechtl. Verträge über den Austausch von Leistungen, die wirtschaftl. Abhängigkeit begründen, reichen nach der Rspr. des BGH nicht aus. Erforderl. ist grds. eine gesellschaftsrechtl. Begründung der Leitungsmacht (BGH 26.3.1984 NJW 1984, 1893; GK-BetrVG/*Franzen* Rn. 19 f.; *Fitting* Rn. 26; aA DKKW/*Trittin* Vor § 54 Rn. 26; nicht eindeutig BAG 9.2.2011 NZA 2011, 866). Von einem **qualifiziert faktischen Konzern** spricht man, wenn das herrschende Unternehmen die Geschäfte des abhängigen dauernd und umfassend praktisch wie eine bloße Betriebsabteilung eines einheitl. Unternehmens selbst führt (BAG 6.10.1992 NZA 1993, 316). Dies wirkt sich im Zusammenhang mit der Errichtung eines KBR nicht aus.

5 **d) Gemeinschaftsunternehmen und Konzern im Konzern.** Das Gemeinschaftsunternehmen wird von mind. zwei Unternehmen gemeinsam beherrscht (BAG 11.2.2015 – 7 ABR 98/12). Es bildet jeweils mit dem herrschenden Unternehmen einen Konzern. Bei mehrfacher Abhängigkeit gilt die widerlegbare Vermutung nach § 18 I 3 AktG jdf. für den Regelungsbereich der §§ 54 ff. (BAG 30.10.1986 AP BetrVG 1972 § 55 Nr. 1). Wenn ein Unternehmen zwar von mehreren anderen abhängig ist, aber nur eines von diesen die einheitl. Leitung ausübt, bildet das abhängige Unternehmen nur mit diesem einen Konzern (GK-BetrVG/*Franzen* Rn. 40). Ein Konzern im Konzern liegt vor, wenn in einem mehrstufigen, vertikal gegliederten Konzern einem Tochterunternehmen ein rechtl. relevanter Spielraum für die bei ihm und für die von ihm abhängigen Unternehmen zu treffenden Entscheidungen verbleibt (BAG 21.10.1980 NJW 1982, 1303). Das setzt voraus, dass das Tochterunternehmen (= Unterkonzern) eigenständige Entscheidungen in wesentl. wirtschaftl., personellen oder sozialen Angelegenheiten treffen darf und trifft (*Fitting* Rn. 32).

3. Errichtung. a) Voraussetzungen. Der KBR kann, er muss nicht errichtet werden. Die GBR haben ggü. dem Unternehmer jew. einen Anspruch auf Erteilung von Auskunft darüber, ob und ggfs. mit welchen Unternehmen ein Konzernverhältnis nach § 18 I AktG besteht. Die Initiative zur Errichtung des KBR kann jederzeit von den GBR jedes zum Konzern gehörenden Unternehmens ausgehen. Es ist nicht erforderl., dass in dem Unternehmen zumindest zwei GBR bestehen. Für die Errichtung genügt der Beschluss eines GBR, soweit dieser mehr als 50% der AN der Konzernunternehmen repräsentiert (*Kreutz* NZA 2008, 259, 261; *Fitting* Rn. 39; aA wohl noch BAG 13.10.2004 NZA 2005, 647); LeihAN zählen ungeachtet ihrer Wahlberechtigung mit (§ 14 II 4 AÜG). Besteht in einem Unternehmen nur ein BR, weil das Unternehmen nur einen betriebsratsfähigen Betrieb hat, so nimmt dieser die Rechte des GBR wahr (BAG 10.2.1981 AP BetrVG 1972 § 54 Nr. 2). Ein KBR kann nur beim **herrschenden Unternehmen** errichtet werden. Darauf, ob das herrschende Unternehmen ein Tendenzunternehmen iSd. § 118 I ist, kommt es nicht an. Beim **Gemeinschaftsunternehmen** ist die Errichtung eines KBR bei jedem herrschenden Unternehmen mögl. (BAG 11.2.2015 – 7 ABR 98/12). Die betriebl. Mitbestimmung muss dem Zweck der §§ 54 ff. folgend dort ausgeübt werden, wo unternehmerische Leitungsmacht konkret entfaltet und ausgeübt wird. Entspr. gilt für den **Konzern im Konzern.** Hier kann sowohl bei der Mutter als auch bei dem Tochterunternehmen, dem betriebsverfassungsrechtl. relevante eigenständige Entscheidungskompetenzen belassen sind, ein KBR gebildet werden (BAG 21.10.1980 NJW 1982, 1303). Bei einem Konzern mit einer ör. verfassten Konzernobergesellschaft kann ein KBR für die privatrechtl. organisierten Tochterunternehmen gebildet werden (BAG 27.10.2010 NZA 2011, 524) 6

b) Auslandsbezug. Bei Konzernverbindungen mit Auslandsbezug ist zu differenzieren: Hat das herrschende Unternehmen seinen Sitz im Inland, während die abhängigen Unternehmen im Ausland liegen, kann kein KBR gebildet werden, weil für Letztere nach dem Territorialitätsprinzip das BetrVG nicht gilt (GK-BetrVG/*Franzen* Rn. 42). Wohl kann für die inländischen Konzernunternehmen ein KBR bei der im Inland ansässigen Muttergesellschaft gebildet werden (*Fitting* Rn. 36). Wenn das herrschende Unternehmen seinen Sitz im Ausland hat und die einheitl. Leitung von dort ausübt, kann auch für die im Inland liegenden Konzernunternehmen kein KBR gebildet werden (BAG 14.2.2007 NZA 2007, 999; GK-BetrVG/*Franzen* Rn. 43; *Kort* NZA 2009, 464; aA DKKW/*Trittin* Rn. 48 ff.; *Fitting* Rn. 34; RB anh. 7 ABR 60/16). Diese Rspr. hat der Siebte Sen. des BAG in einem durch den Streitfall nicht veranlassten obiter dictum unter Hinweis auf die Kommentarstelle bei *Fitting* (Rn. 34) in Frage gestellt (BAG 27.10.2010 NZA 2011,524), was die Beratungspraxis vor neue Herausforderungen stellen wird. Die dort vertretene Ansicht überzeugt indes nicht. Der Konzernbegriff des § 54 I entspricht dem des AktG (aA *Bachmann* RdA 2008, 107, 110). Dieses findet grds. keine Anwendung auf Konzerne, deren Muttergesellschaft im Ausland ansässig ist. Daher hätte ein im Inland gebildeter KBR im territorialen Geltungsbereich des BetrVG keinen Gegenspieler. Von der Notwendigkeit einer im Inland befindl. Leitungsmacht geht auch § 82 I ArbGG aus, so dass ein KBR seine Rechte nicht ggü. einem im Ausland ansässigen Rechtsträger durchsetzen könnte. Der Normzweck des BetrVG erfordert keine andere Sichtweise. Die Bildung des KBR ist nur fakultativ, dh. selbst wenn die ausl. Konzernspitze mitbestimmungsrechtl. relevante Entscheidungen für den gesamten Konzernbereich trifft, liegt es im Ermessen der zuständigen ANvertretungen, ob sie ihr einen Verhandlungspartner auf Konzernebene entgegensetzen oder ob es bei der Zuständigkeit der GBR und der BR bleibt. Außerdem ist es nicht einsichtig, warum bereits die Möglichkeit, solche Entscheidungen zu treffen, zur Bildung eines KBR führen soll. Dessen unterbliebene Errichtung führt auch nicht dazu, dass auf Seiten der AN zum Verlust von MBR kommt. Diese werden dann eben von den GBR und BR wahrgenommen. Hat die ausl. Konzernspitze ihre Leitungsmacht einem Tochterunternehmen im Inland zur selbständigen einheitl. Leitung der diesem nachgeordneten Unternehmen belassen (zB in Form einer Zentrale), so kann nach den Grundsätzen über den Konzern im Konzern bei dem herrschenden Tochterunternehmen ein KBR errichtet werden (BAG 14.2.2007 NZA 2007, 999). 7

c) Beschlussfassung. Der KBR ist errichtet, wenn die zuständige ANvertretung(en) (Rn. 6), in denen mind. 50% der AN des Konzerns beschäftigt sind, sich durch selbständige **Beschlüsse** für seine Errichtung aussprechen. Für die Beschlussfassung gilt § 51 IV. Der jew. Beschl. erfordert danach die einfache, nach Stimmengewicht zu berechnende Mehrheit (s. § 51 Rn. 2). Tritt der BR des einzigen Betriebs eines Konzernunternehmens an die Stelle des GBR, so ist für dessen Beschlussfassung die Mehrheit der anwesenden Mitglieder erforderlich. Es kommt nicht darauf an, dass mehrere GBR der Errichtung zustimmen. Vielmehr reicht aus, dass ein GBR sich für die Errichtung ausspricht, wenn er mind. 50% der AN des Konzerns repräsentiert. Für die Feststellung der Beschäftigtenzahl ist auf die Zahl aller mit Ausnahme der leitenden Angestellten zum Zeitpunkt der Beschlussfassung beschäftigten AN der Konzernunternehmen abzustellen. Es kommt nicht darauf an, ob sie wahlberechtigt sind (*Fitting* Rn. 46) oder in dem Betrieb bzw. Konzernunternehmen (Gesamt-)BR bestehen (BAG 11.8.1993 NZA 1994, 326). Die Zuständigkeit des KBR erstreckt sich auch auf Konzernunternehmen, deren GBR sich gegen seine Errichtung ausgesprochen haben oder kein Mitglied in den KBR entsandt haben und nach § 58 I 1 auf Unternehmen ohne GBR sowie Betriebe ohne BR. 8

9 **4. Beendigung.** Der KBR ist wie der GBR eine Dauereinrichtung ohne feste Amtszeit. Er kann sich nicht selbst auflösen. Allenfalls können seine Mitglieder geschlossen ihr Amt niederlegen. In diesem Fall rücken die Ersatzmitglieder nach. Als fakultatives Organ kann er – anders als der GBR – durch übereinstimmende Beschlüsse der GBR der Konzernunternehmen aufgelöst werden. Für die Auflösungsbeschlüsse fehlen ges. Vorgaben. Es reichen deshalb Auflösungsbeschlüsse der GBR der Konzernunternehmen, in denen mehr als die Hälfte der AN des Konzerns beschäftigt sind (Rn. 6). Die Existenz eines KBR endet, wenn die ges. Voraussetzungen für seine Errichtung nicht nur vorübergehend entfallen (BAG 23.8.2006 NZA 2007, 768; *Kreutz* FS Birk S. 494). Hauptanwendungsfall ist die Auflösung des Konzernverhältnisses der beteiligten Unternehmen oder die Änderung der Legitimationsbasis des KBR. Der Wechsel der Mehrheitsverhältnisse oder Änderungen des Konzernverbunds berühren seinen Bestand hingegen nicht (GK-BetrVG/*Franzen* Rn. 61).

10 **5. Konzernunternehmen mit einem Betriebsrat.** Abs. 2 legt generalklauselartig fest, dass unter den genannten Voraussetzungen alle Vorschr. über Rechte, Pflichten und die Zuständigkeit von GBR auch für den BR gelten. Dies gilt erst einmal für den Fall, dass ein Konzernunternehmen nur aus einem betriebsratsfähigen Betrieb besteht. Es gilt ebenso, wenn zwar mehrere betriebsratsfähige Betriebe bestehen, jedoch nur in einem Betrieb ein BR gewählt ist und deshalb ein GBR nicht gebildet werden konnte (GK-BetrVG/*Franzen* Rn. 65; aA Richardi/*Annuß* Rn. 55). Auch hier muss der einzelne BR nicht hinnehmen, dass er Zuständigkeiten ggü. dem GBR verliert. Es kann ihm deshalb seine Mitwirkung auf Konzernebene nicht versagt werden. Dieser BR repräsentiert allerdings nur die AN des Betriebs, in dem er gebildet ist, nicht die der betriebsratslosen Betriebe (s. § 50 Rn. 2). Es fehlt insoweit seine betriebsverfassungsrechtl. Legitimation. Abs. 2 ist nicht anzuwenden auf den Fall, dass in einem Konzernunternehmen mehrere BR bestehen, diese jedoch pflichtwidrig keinen GBR gebildet haben. Der einzige BR eines Konzernunternehmens nimmt an den Beschlüssen über die Bildung des KBR und der Entscheidung bzw. Abberufung seiner Mitglieder – s. §§ 54, 55, 57 – wie beim GBR teil und kann den KBR mit absoluter Stimmenmehrheit nach § 58 II damit beauftragen, eine Angelegenheit zu behandeln.

11 **6. Streitigkeiten.** Über Streitigkeiten aus den organisatorischen Angelegenheiten des KBR (§§ 54 ff.) wird im BeschlV entschieden, soweit nicht Individualansprüche der KBRmitglieder betroffen sind. Örtl. zuständig ist nach § 82 S. 2 ArbGG das für den Sitz des herrschenden Unternehmens zuständige ArbG. Betrifft der Streit das Entsendungsrecht eines GBR, so sind weder eine im Unternehmen vertretene Gewerkschaft noch der Gesellschafter einer Gesellschaft bürgerl. Rechts, die zur gemeinsamen Leitung des herrschenden Unternehmens gebildet wurde, antragsberechtigt (BAG 29.8.1985 NZA 1986, 400).

§ 55 Zusammensetzung des Konzernbetriebsrats, Stimmengewicht

(1) [1]**In den Konzernbetriebsrat entsendet jeder Gesamtbetriebsrat zwei seiner Mitglieder.** [2]**Die Geschlechter sollen angemessen berücksichtigt werden.**

(2) **Der Gesamtbetriebsrat hat für jedes Mitglied des Konzernbetriebsrats mindestens ein Ersatzmitglied zu bestellen und die Reihenfolge des Nachrückens festzulegen.**

(3) **Jedem Mitglied des Konzernbetriebsrats stehen die Stimmen der Mitglieder des entsendenden Gesamtbetriebsrats je zur Hälfte zu.**

(4) [1]**Durch Tarifvertrag oder Betriebsvereinbarung kann die Mitgliederzahl des Konzernbetriebsrats abweichend von Absatz 1 Satz 1 geregelt werden.** [2]**§ 47 Abs. 5 bis 9 gilt entsprechend.**

1 Nach Abs. 1 sind alle GBR der dem Konzern angehörenden – abhängigen und herrschenden – Unternehmen nach seiner Errichtung verpflichtet, Mitglieder in den KBR zu entsenden, auch wenn sie seiner Errichtung nicht zugestimmt haben. Es können nur GBRmitglieder entsandt werden. Besteht für ein Konzernunternehmen nur ein **BR,** ist dieser nach § 54 II zur Entsendung verpflichtet. Der Schutz des Minderheitengeschlechts in Abs. 1 S. 2 ist nicht zwgd. Die Bestellung von **Ersatzmitgliedern** erfolgt nach Abs. 2 nach demselben Verfahren wie die Entsendung von KBRmitgliedern. Sind mehrere Ersatzmitglieder für ein ordentl. Mitglied bestellt, muss der GBR die Reihenfolge des Nachrückens festlegen (*Fitting* Rn. 14). Diese Grundsätze gelten nach § 54 II entspr. für den Fall, dass in einem Konzernunternehmen nur ein BR besteht. Die Mitgliedschaft im KBR endet spätestens mit der Mitgliedschaft im BR. Die **Abberufung** erfordert dasselbe Verfahren wie die Entsendung. Für ein abberufenes oder aus sonstigen Gründen aus dem KBR ausgeschiedenes Mitglied rückt nach § 59 I iVm. § 25 I ein Ersatzmitglied nach, wenn nicht die zur Entsendung Berechtigten eine andere Regelung beschlossen haben. Abs. 4 ermöglicht die **Vergrößerung** und **Verkleinerung** des KBR durch Änd. der Mitgliederzahl. Für diese Änd. gilt § 47 V bis IX entspr. (s. § 47 Rn. 8 ff.). Die abweichende Vereinbarung ist in jedem Fall mit dem herrschenden Unternehmen abzuschließen (aA GK-BetrVG/*Franzen* Rn. 28 f.). Der Abschluss eines EinheitsTV oder inhaltsgleicher TV mit allen Konzernunternehmen kann mit kaum zu überwindenden Schwierigkeiten verbunden sein. Den TV kann nur eine für

alle erfassten betrieblichen Einheiten tarifzuständige Gewerkschaft abschließen (*Fitting* Rn. 20), diese muss aber nicht in allen Betrieben der Konzernunternehmen vertreten sein. Es besteht Tarifvorrang (s. § 47 Rn. 10); eine etwaige Tarifkonkurrenz ist nach § 4a II 2 TVG nach dem Mehrheitsprinzip aufzulösen. Die BV schließt der nach § 55 I gebildete KBR ab. Der Unternehmer des herrschenden Unternehmens und der KBR können nach Abs. 4 S. 2 iVm. § 47 V bis IX den Abschluss einer BV zur abweichenden Regelung der Mitgliederzahl verlangen, wenn der KBR bei regelm. Zusammensetzung nach Abs. 1 aus mehr als 40 Mitgliedern besteht. Kommt keine Einigung zustande, entscheidet die Einigungsstelle, die beim herrschenden Konzernunternehmen zu bilden ist. Abs. 3 knüpft das **Stimmengewicht** der KBRmitglieder an das der Mitglieder des entsendenden GBR an. Im Fall des § 54 II richtet sich das Stimmengewicht nach § 47 VII. Jedes entsandte Mitglied hat so viele Stimmen, wie in dem Betrieb, in dem es gewählt wurde, wahlberechtigte AN in der Wählerliste eingetragen sind. Entsendet der BR nur ein Mitglied, so entspricht dessen Stimmengewicht der Summe der Stimmen aller wahlberechtigten AN des Betriebs. Im Fall der Verkleinerung des KBR nach § 47 V bestimmt sich das Stimmengewicht der entsandten KBRmitglieder nach dem Gesamtvolumen der Stimmengewichte der betreffenden GBR. Die Mitglieder des KBR können ihre Stimmen nur einheitl. abgeben; ein Stimmensplitting findet nicht statt. Bei der Stimmabgabe sind die Mitglieder des KBR nicht an Weisungen des entsendenden (Gesamt-)BR gebunden.

§ 56 Ausschluss von Konzernbetriebsratsmitgliedern

Mindestens ein Viertel der wahlberechtigten Arbeitnehmer der Konzernunternehmen, der Arbeitgeber, der Konzernbetriebsrat oder eine im Konzern vertretene Gewerkschaft können beim Arbeitsgericht den Ausschluss eines Mitglieds aus dem Konzernbetriebsrat wegen grober Verletzung seiner gesetzlichen Pflichten beantragen.

Die Vorschr. entspricht § 48. Da der KBR wie der GBR eine Dauereinrichtung ist, kann er nicht 1
aufgelöst werden. Der Ausschluss setzt eine grobe Pflichtverletzung voraus, die dem auszuschließenden Mitglied gerade in seiner Eigenschaft als Mitglied des KBR obliegt. Der Ausschluss aus dem KBR wirkt sich nicht auf die Mitgliedschaft im GBR oder BR aus, umgekehrt bedingt der Ausschluss aus dem BR oder GBR den Verlust der Mitgliedschaft im KBR. Für die Antragsberechtigung müssen die erforderl. Voraussetzungen auf Konzernebene erfüllt sein. AN, die nicht im KBR repräsentiert sind, zählen unter den Voraussetzungen des § 7 S. 2 mit. AG ist die Konzernleitung, nicht die Leitung der abhängigen Unternehmen. Antragsberechtigt ist der KBR, nicht der GBR eines Konzernunternehmens. Eine Gewerkschaft ist im Konzern vertreten, wenn nur ein AN in irgendeinem Konzernunternehmen Mitglied der Gewerkschaft ist.

§ 57 Erlöschen der Mitgliedschaft

Die Mitgliedschaft im Konzernbetriebsrat endet mit dem Erlöschen der Mitgliedschaft im Gesamtbetriebsrat, durch Amtsniederlegung, durch Ausschluss aus dem Konzernbetriebsrat aufgrund einer gerichtlichen Entscheidung oder Abberufung durch den Gesamtbetriebsrat.

Die Vorschr. entspricht § 49, zu den Gründen für das **Erlöschen** der Mitgliedschaft s. § 49 Rn. 3. 1
Die Abberufung erfordert nach § 55 I 4 dasselbe Verfahren wie die Entsendung (s. § 54 Rn. 3). Mit dem Erlöschen der Mitgliedschaft im KBR enden alle Funktionen, die eine Mitgliedschaft im KBR voraussetzen. Für die ausgeschiedenen ordentl. Mitglieder rücken die nach § 55 II bestellten Ersatzmitglieder nach, es sei denn, der GBR bzw. im Fall des § 54 II der BR beschließen nach § 55 I, ein anderes Mitglied zu entsenden. Die Mitgliedschaft im KBR endet, wenn das Mitglied aus dem ArbVerh., der Betrieb aus dem Unternehmen oder das Unternehmen aus dem Konzern ausscheidet. Der KBR als **Dauereinrichtung** bleibt bestehen, solange die Voraussetzungen für seine Errichtung erfüllt sind. Sie entfallen, wenn kein Konzern iSd. § 18 AktG mehr besteht oder die GBR der Konzernunternehmen die Auflösung des KBR beschließen (s. § 54 Rn. 9). Die pflichtwidrige Nichtentsendung von KBRmitgliedern durch die zuständigen Gremien berührt den rechtl. Bestand des KBR nicht (aA GK-BetrVG/*Franzen* Rn. 5). Auch ein kollektiver Rücktritt aller KBRmitglieder führt nicht zur Auflösung des KBR als solchen, vielmehr rücken die Ersatzmitglieder nach (*Fitting* Rn. 4, 15).

§ 58 Zuständigkeit

(1) [1]**Der Konzernbetriebsrat ist zuständig für die Behandlung von Angelegenheiten, die den Konzern oder mehrere Konzernunternehmen betreffen und nicht durch die einzelnen Gesamtbetriebsräte innerhalb ihrer Unternehmen geregelt werden können; seine Zuständigkeit erstreckt sich insoweit auch auf Unternehmen, die einen Gesamtbetriebsrat nicht gebildet haben, sowie auf**

Betriebe der Konzernunternehmen ohne Betriebsrat. [2]Er ist den einzelnen Gesamtbetriebsräten nicht übergeordnet.

(2) [1]**Der Gesamtbetriebsrat kann mit der Mehrheit der Stimmen seiner Mitglieder den Konzernbetriebsrat beauftragen, eine Angelegenheit für ihn zu behandeln. [2]Der Gesamtbetriebsrat kann sich dabei die Entscheidungsbefugnis vorbehalten. [3]§ 27 Abs. 2 Satz 3 und 4 gilt entsprechend.**

1 **1. Rechtsstellung.** Die Vorschr. grenzt den Zuständigkeitsbereich des KBR von dem des BR und des GBR ab. Das Verhältnis des KBR zu den GBR entspricht dem des GBR zu den BR (s. § 50 Rn. 1). Der KBR ist ein selbständiges, nicht an Weisungen und Richtlinien des GBR gebundenes Organ der Betriebsverfassung, das den GBR nicht übergeordnet ist. Seine Mitglieder haben kein imperatives Mandat. Im Rahmen seiner Zuständigkeit hat er dieselben Rechte und Pflichten wie GBR und BR (BAG 20.12.1995 NZA 1996, 945). Er kann sich daneben bemühen, die Tätigkeiten der GBR zu koordinieren. **Verhandlungspartner** des KBR ist die **Konzernleitung** als Leitung des herrschenden Unternehmens (GK-BetrVG/*Franzen* Rn. 11 ff.). Das BetrVG geht ungeachtet der rechtl. Selbständigkeit der abhängigen Konzernunternehmen vom Bestehen eines KonzernAG als Gegenpart zum KBR aus (aA Richardi/*Annuß* Rn. 2, 35). Das BetrVG stattet den KonzernAG mit Rechten aus und legt ihm Pflichten auf. Insoweit verfügt er auch über eine betriebsverfassungsrechtl. Rechtsfähigkeit (dazu BT-Drs. VI/2729, 26). Ob ein Vertragskonzern oder ein faktischer Konzern vorliegt, ist unbeachtl. Das BetrVG beschränkt die Zuständigkeit des KBR nicht auf Vertragskonzerne. An KonzernBV sind daher alle Tochtergesellschaften unmittelbar gebunden (BAG 22.1.2002 AP BetrVG 1972 § 77 Nr. 4).

2 **2. Originäre Zuständigkeit. a) Grundsatz.** Die Zuständigkeitsabgrenzung in **Abs. 1** ist bewusst derjenigen zwischen GBR und EinzelBR nachgebildet. Es gelten deshalb die zu § 50 I entwickelten Grundsätze entspr. (BAG 20.12.1995 NZA 1996, 945; s. § 50 Rn. 2 ff.). Im Konzernbereich ist jedoch die Notwendigkeit einer einheitl. Regelung in deutl. geringerem Umf. gegeben als im Unternehmensbereich; die Bildung des KBR ist daher vGw. nur fakultativ. Führt nur ein Unternehmen die jew. Maßnahme durch, scheidet eine originäre Zuständigkeit des KBR von vornherein aus (BAG 26.1.2016 NZA 2016, 498). Der Begriff des „Nichtregelnkönnens" setzt keine denkges. Unmöglichkeit der Regelung durch die GBR voraus. Es muss eine **zwgd. sachliche oder rechtliche Notwendigkeit** für eine konzerneinheitl. oder unternehmensübergreifende Regelung bestehen, wobei auf die Verhältnisse des jew. Konzerns, seiner konkreten Unternehmen und der konkreten Betriebe abzustellen ist. Reine Zweckmäßigkeitserwägungen oder das Koordinierungsinteresse des AG allein genügen nicht. Es kommt auch nicht darauf an, auf welcher betriebsverfassungsrechtl. Ebene der AG die Regelung treffen möchte. Entscheidend sind der **Inhalt der geplanten Regelung** und das **Ziel**, das durch die Regelung erreicht werden soll. Lässt sich der Zweck einer Regelung nur durch eine einheitl. Regelung auf der Konzernebene erreichen, ist der KBR zuständig (BAG 20.12.1995 NZA 1996, 945). Die Zuständigkeit der GBR bleibt solange bestehen, wie eine konzerneinheitl. Regelung von keiner Seite angestrebt wird (BAG 19.3.1981 AP BetrVG 1972 § 80 Nr. 14). Die Zuständigkeit des KBR lässt sich nicht allein damit bejahen, dass eine Initiative zur Regelung einer beteiligungspflichtigen Maßnahme zu Lasten der AN von der Konzernleitung ausgeht (BAG 19.6.2007 AP BetrVG 1972 § 58 Nr. 4). Geht es aber um die Regelungen freiwilliger Leistungen, deren Zweck der AG (mitbestimmungsfrei) bestimmt, ist die Zuständigkeit des KBR gegeben, wenn der AG sie nur konzerneinheitl. oder unternehmensübergreifend gewähren will (s. § 50 Rn. 3). IÜ schließt die Zuständigkeit des KBR die des GBR oder der EinzelBR zum selben Gegenstand aus (s. § 50 Rn. 2). Das kann insb. im Bereich der freiwilligen AGleistungen zu einer Mitbestimmungslücke führen, wenn trotz Vorliegens der Voraussetzungen kein KBR gebildet ist. Fehlt das für die Entscheidungsebene zuständige Mitbestimmungsorgan, kann keine Mitbestimmung stattfinden (BAG 14.12.1993 NZA 1994, 554). Der KBR ist nach Abs. 1 S. 1 letzter Hs. auch zuständig für Unternehmen und Betriebe **ohne GBR- oder EinzelBR.** Dies gilt einmal für betriebsratsfähige Betriebe, die keinen BR gewählt haben und über § 4 II ebenso für die nicht betriebsratsfähige Betriebe (s. § 50 Rn. 2). Der KBR ist nach Abs. 1 S. 1 HS. 2 zuständig für Unternehmen, die pflichtwidrig keinen Vertreter entsandt haben. Sie verlieren nur Einfluss auf die Ausübung der Mitbestimmungsrechte durch den KBR. Die erweiterten Zuständigkeiten nach S. 1 machen aus dem KBR **keinen „Ersatzgesamtbetriebsrat"**. Die Vorschr. gilt allein im Rahmen seiner Zuständigkeit, dh. für Angelegenheiten, die mind. zwei Konzernunternehmen betreffen und von den GBR nicht selbst geregelt werden können. Beim sog. **Konzern im Konzern** (s. § 54 Rn. 5) richtet sich die Abgrenzung der Zuständigkeit zwischen den KBR danach, welches Unternehmen jeweils die Entscheidungskompetenz in der beteiligungspflichtigen Angelegenheit hat.

3 **b) Einzelne Mitbestimmungstatbestände.** Bei **sozialen Angelegenheiten** ist der KBR u. a. zuständig für Regelungen über die Errichtung und Verw. einer Sozialeinrichtung, deren Wirkungskreis sich auf den Konzern erstreckt (BAG 21.6.1979 AP BetrVG 1972 § 87 Sozialeinrichtung Nr. 1), wie zB konzernbezogener Unterstützungskassen (BAG 14.12.1993 NZA 1994, 554), für die Einführung und Ausgestaltung konzernweiter Personalinformationssysteme (BAG 25.9.2012 NZA 2013, 275) sowie für Regelungen über einen konzernweiten Datenaustausch (BAG 20.12.1995 NZA 1996, 945), nicht hingegen, wenn eine Überwachungseinrichtung von einem konzernangehörigen AG betrieben wird

und auch AN von anderen konzernangehörigen Unternehmen von dieser erfasst werden (BAG 26.1.2016 NZA 2016, 498). In allgemeinen **personellen Maßnahmen** ist der KBR für Fragen der allgemeinen Personalpolitik und für die Personalplanung zuständig, wenn und soweit sie konzerneinheitl. erfolgt (*Fitting* Rn. 13). Bei personellen Einzelmaßnahmen, die AN der Konzernunternehmen und des herrschenden Unternehmens betreffen, kommt die Zuständigkeit des KBR grds. nicht in Betracht; es sind die bei den jew. Unternehmen gebildeten EinzelBR zu beteiligen. Das gilt auch bei der Versetzung von einem Konzernunternehmen in ein anderes (BAG 19.2.1991 NZA 1991, 565). Eine Ausnahme für den Fall, dass ein Arbeitsvertrag mit dem Konzern besteht, ist schon deshalb nicht zu machen, weil der Konzern als solcher nicht AG sein kann (*Fitting* Rn. 14; aA DKKW/*Trittin* Rn. 74). Die Figur des rechtsfähigen KonzernAG existiert nur im BetrVG und ist auf diesen Anwendungsbereich beschränkt (GK-BetrVG/*Franzen* Rn. 13). IRd. **wirtschaftlichen Mitbestimmung** kann der KBR für den Abschluss eines Interessenausgleichs und Sozialplans zuständig sein, wenn und soweit die Regelungen nur konzerneinheitl. oder unternehmensübergreifend erfolgen können. Allein die in § 112 V Nr. 2 vorgesehene Möglichkeit, zur Vermeidung von Entlassungen, die Weiterbeschäftigung in anderen Betrieben oder Unternehmen zum Gegenstand des Interessenausgleichs zu machen, begr. jedoch nicht schon die Zuständigkeit des KBR (BAG 17.9.1991 NZA 1992, 227). Die Eröffnung eines InsV führt grds. zum Wegfall einer zuvor bestehenden Zuständigkeit des KBR (Rev. anh. 1 AZR 531/15, 1 AZR 546/15). Nach § 106 I ist der **Wirtschaftsausschuss** ausschließl. der Unternehmensebene zugeordnet. Der KBR kann deshalb keinen Wirtschaftsausschuss bilden (BAG 23.8.1989 AP NZA 1990, 863; aA DKKW/*Trittin* Rn. 77). Für eine analoge Anwendung des § 106 I fehlt eine planwidrige Gesetzeslücke. Der KBR kann jedoch Angelegenheiten mit der Konzernleitung erörtern, die auf Unternehmensebene in die Zuständigkeit des Wirtschaftsausschusses fallen, wenn die Konzernleitung zustimmt (GK-BetrVG/*Franzen* Rn. 29). Der KBR hat nach § 80 I Nr. 2 und II einen allgemeinen **Auskunftsanspruch** über konzernweite und unternehmensübergreifende Angelegenheiten. Er kann nach Maßgabe des § 80 III Sachverständige beauftragen, wenn dies zur ordnungsgemäßen Erfüllung seiner ges. Aufgaben erforderl. ist (*Fitting* Rn. 20).

c) Zuständigkeit außerhalb des BetrVG. Kraft ausdrückl. ges. Zuweisung wirkt der KBR mit: Nach 4
dem BetrVG bei der Bildung des Wahlvorstands (§ 16 III, § 17 I, 17a); nach dem MitbestG bei der Bestellung des Hauptwahlvorstands für die Wahl der ARmitglieder der AN des herrschenden Unternehmen des Konzerns (§ 26 III WO DrittelbG, §§ 2, 4 III der 3. WO MitbestG), bei der Entgegennahme eines Antrags auf Abberufung eines ARmitglieds der AN (§ 39 I Nr. 2 WO DrittelbG, § 88 3. WO MitbestG) und der Anfechtung der Wahl von ARmitgliedern der AN (§ 22 II Nr. 2 MitbestG); nach dem MitbestErgG vom 20.12.1988 (BGBl. I S. 2312) bei der Wahl des Hauptwahlvorstands zur Wahl der ARmitglieder der AN (§ 3 III WO MitbestErgG), bei der Entgegennahme von Anträgen auf Abberufung eines ARmitglieds der AN nach § 10m MitbestErgG (§ 101 WO zum MitbestG) und bei der Einleitung des Abberufungsverfahrens durch Bildung eines Hauptwahlvorstands. Nach § 1 IV Montan-MitbestG ist ein in einem Montanunternehmen, das herrschendes Unternehmen eines Konzerns ist, ohne unter das MitbestErgG zu fallen (§ 2 MitbestErgG), gebildeter KBR Wahlkörper iSd. § 6 Montan-MitbestG für die Vertreter der AN und das der ANseite zuzurechnende weitere Mitglied des AR (§ 4 I b) Montan-MitbestG). Wenn ein solcher KBR besteht, können auch AN der abhängigen Unternehmen auf die der Belegschaft vorbehaltenen Sitze gewählt werden (§ 6 I Montan-MitbestG). Ist kein KBR gebildet, sind nur die BR des herrschenden Unternehmens wahlberechtigt und nur die AN dieses Unternehmens wählbar (*Fitting* Rn. 22). Nach § 335 HGB kann der KBR beim Registergericht die Festsetzung eines Zwangsgeldes gegen das Unternehmen beantragen, wenn die Mitglieder des vertretungsberechtigten Organs der Konzernspitze ihrer Pflicht zur Aufstellung eines Konzernabschlusses und Konzernlageberichts nicht nachgekommen sind. Weitere Zuständigkeiten ergeben sich aus dem EBRG (§ 11 II, 18 II, 23 II, IV EBRG) und der Bildung der Wahlgremien nach § 8 II SEBG, § 8 II SCEBG sowie § 10 II MgVG.

3. Auftrag. § 58 II entspricht § 50 II. Die dort entwickelten Grundsätze gelten auch hier (s. § 50 5
Rn. 9 f.). Der Übertragungsbeschluss bedarf nach Abs. 2 S. 2 iVm. § 27 II 3 der Schriftform und nach § 59 I iVm. § 51 III 1 der absoluten Mehrheit. Für die Delegation sind die Besonderheiten der Beschlussfassung des GBR (s. § 51 Rn. 2) und der Stimmengewichtung nach § 47 VII und VIII zu beachten. Die Übertragung ist nur zulässig in Angelegenheiten, für die der GBR (im Fall des § 54 II der BR) selbst zuständig ist. Ist der GBR zulässigerweise vom EinzelBR beauftragt, darf er die Angelegenheit mit Zustimmung des BR an den KBR weiterdelegieren. Ansprechpartner des nach Abs. 2 beauftragten KBR sind die jew. Konzernunternehmen, deren GBR die Angelegenheit delegiert haben (BAG 17.3.2015 AP BetrVG 1972 § 58 Nr. 6; aA DKKW/*Trittin* Rn. 110 – auch die Konzernleitung).

4. Konzernbetriebsvereinbarungen. Dabei handelt es sich um BV, die der KBR im Rahmen seiner 6
ges. Zuständigkeit nach Abs. 1 mit der Konzernleitung schließt (*Fitting* Rn. 34). Sie gelten unmittelbar und zwgd. für die Konzernunternehmen und ihre AN unabhängig davon, ob es sich um einen Vertragskonzern oder einen faktischen Konzern handelt (BAG 22.1.2002 AP BetrVG 1972 § 77 Nr. 4).

Ihre Geltung erstreckt sich nur auf Betriebe und Unternehmen, für die eine originäre Zuständigkeit des KBR besteht (s. Rn. 2 und § 50 Rn. 2 f.). Die Frage der **Ablösung** von GesamtBV durch KonzernBV stellt sich nur selten. Ist der KBR zuständig, waren GesamtBV von Anfang an unwirksam (§ 50 Rn. 8). Überträgt ein GBR Angelegenheiten nach **Abs. 2** dem KBR zur **selbständigen Erledigung,** vereinbart dieser GBV nicht mit der Konzernspitze, sondern mit der Leitung des Konzernunternehmens, dessen GBR ihn beauftragt hat (BAG 12.11.1997 AP BetrVG 1972 § 58 Nr. 2).

7 **5. Streitigkeiten.** Über die Zuständigkeit des KBR wird im BeschlV entschieden. Örtl. zuständig ist nach § 82 I S. 2 ArbGG das für den Sitz des herrschenden Unternehmens zuständige ArbG. Ist Streitgegenstand die Wirksamkeit eines Übertragungsbeschlusses nach Abs. 2, so ist das für den Sitz des Unternehmens, bei dem der GBR gebildet ist, zuständige ArbG zuständig. In einem Verfahren über die Wirksamkeit einer vom KBR abgeschlossenen Vereinbarung sind alle GBR zu beteiligen (BAG 31.1.1989 AP ArbGG 1979 § 81 Nr. 12).

§ 59 Geschäftsführung

(1) Für den Konzernbetriebsrat gelten § 25 Abs. 1, die §§ 26, 27 Abs. 2 und 3, § 28 Abs. 1 Satz 1 und 3, Abs. 2, die §§ 30, 31, 34, 35, 36, 37 Abs. 1 bis 3 sowie die §§ 40, 41 und 51 Abs. 1 Satz 2 und Abs. 3 bis 5 entsprechend.

(2) [1]Ist ein Konzernbetriebsrat zu errichten, so hat der Gesamtbetriebsrat des herrschenden Unternehmens oder, soweit ein solcher Gesamtbetriebsrat nicht besteht, der Gesamtbetriebsrat des nach der Zahl der wahlberechtigten Arbeitnehmer größten Konzernunternehmens zu der Wahl des Vorsitzenden und des stellvertretenden Vorsitzenden des Konzernbetriebsrats einzuladen. [2]Der Vorsitzende des einladenden Gesamtbetriebsrats hat die Sitzung zu leiten, bis der Konzernbetriebsrat aus seiner Mitte einen Wahlleiter bestellt hat. [3]§ 29 Abs. 2 bis 4 gilt entsprechend.

1 **1. Konstituierung. Abs. 2** entspricht § 51 III (s. § 51 Rn. 1). Haben sich die GBR nach § 54 I 2 für die Errichtung eines KBR ausgesprochen, muss der GBR des herrschenden Unternehmens bzw. des nach der Zahl der wahlberechtigten AN größten Konzernunternehmens zur konstituierenden Sitzung einladen und zur Entsendung der nach § 55 zu bestimmenden Mitglieder des KBR auch die GBR auffordern, die sich gegen die Bildung des KBR ausgesprochen haben. Im Fall des § 54 II nimmt der jew. BR die Aufgaben des GBR wahr. Der KBR ist nach Abs. 1 iVm. § 51 III 3 beschlussfähig, wenn mind. die Hälfte seiner anwesenden Mitglieder an der Beschlussfassung teilnimmt und die teilnehmenden Mitglieder mind. die Hälfte des Stimmengewichts aller KBRmitglieder (*Fitting* Rn. 26) repräsentieren (s. § 51 Rn. 2). Er fasst seine Beschlüsse grds. mit der einfachen Stimmenmehrheit. Der absoluten Mehrheit bedarf nach Abs. 1 iVm. §§ 27 II, 28 die Übertragung von Aufgaben zur selbständigen Erledigung auf den Konzernbetriebsausschuss und andere Ausschüsse oder einzelne KBRmitglieder und nach Abs. 1 iVm. § 36 der Beschl. zum Erlass einer GO (s. § 51 Rn. 2).

2 **2. Geschäftsführung.** Der Vorsitzende und sein Stellvertreter werden nach Abs. 1 iVm. § 51 II 1 und 2, § 26 I in der konstituierenden Sitzung aus der Mitte des KBR in gleicher Weise wie beim GBR gewählt (s. § 51 Rn. 2). Der beschlussfähige KBR wählt in offener oder geheimer Abstimmung mit einfacher Mehrheit. Sie verlieren ihr Amt nur aus einem in ihrer Person liegenden Grund wie Amtsniederlegung, Absetzung durch oder Ausscheiden aus dem KBR. Sie scheiden aus dem KBR auch bei Ablauf ihrer Amtszeit als BR aus, selbst wenn sie wieder in den BR gewählt worden sind (s. § 47 Rn. 11). Die Befugnisse des Vorsitzenden und stellvertretenden Vorsitzenden des KBR entsprechen nach Abs. 1 iVm. §§ 26 II, 27 III denen des Vorsitzenden und des Stellvertreter des GBR (s. § 51 Rn. 2). Für die Geschäftsführung des KBR sind nach der Aufzählung in Abs. 1 im Wesentl. dieselben Vorschr. anzuwenden wie für die Geschäftsführung des GBR (§ 51 Rn. 4). Die Aufzählung ist abschl. Sie lässt sich nicht über den nach Abs. 1 anzuwendenden § 51 VI erweitern (aA DKKW/*Trittin* Rn. 32). Daher besteht keine pauschale Freistellungsmöglichkeit für KBRmitglieder (RB anh. 7 ABR 14/17). Über Abs. 2 S. 3 iVm. § 29 II–IV gelten die Vorschr. zur Einberufung der Sitzungen des BR entspr. Unter den dort genannten Voraussetzungen ist daher auch die Konzernleitung als „AG" einzuladen. Ein Teilnahmerecht an den Sitzungen des KBR besteht nur für die im KBR vertretenen Gewerkschaften (aA Richardi/*Annuß* Rn. 23; DKKW/*Trittin* Rn. 27).

3 **3. Konzernbetriebsausschuss.** Ein KBR mit mehr als acht Mitgliedern muss nach Abs. 1 iVm. § 51 I 2 einen Konzernbetriebsausschuss bilden. Dieser führt die laufenden Geschäfte. Er besteht aus dem Vorsitzenden und stellvertretenden Vorsitzenden des KBR sowie weiteren Mitgliedern. Für die Bestimmung der weiteren Mitglieder gelten die für den Gesamtbetriebsausschuss anzuwendenden Vorschr. und Grundsätze (s. § 51 Rn. 5). Die weiteren Mitglieder des Konzernbetriebsausschusses werden grds. nach den Grundsätzen der Verhältniswahl gewählt. Der KBR kann weitere Ausschüsse bilden, denen er bestimmte Aufgaben überträgt. Für deren Zusammensetzung und die Bestimmung ihrer Mitglieder gelten dieselben Grundsätze wie für die weiteren Ausschüsse des GBR (s. § 51 Rn. 5).

Einen Wirtschaftsausschuss kann der KBR nicht errichten (BAG 23.8.1989 AP BetrVG 1972 § 106 Nr. 7). Für die Beschlussfassung im Konzernbetriebsausschuss und den weiteren Ausschüssen ist die Kopfzahl maßgeblich.

§ 59a Teilnahme der Konzernschwerbehindertenvertretung

Die Konzernschwerbehindertenvertretung (§ 97 Abs. 2 des Neunten Buches Sozialgesetzbuch) kann an allen Sitzungen des Konzernbetriebsrats beratend teilnehmen.

Dritter Teil. Jugend- und Auszubildendenvertretung

Erster Abschnitt. Betriebliche Jugend- und Auszubildendenvertretung

§ 60 Errichtung und Aufgabe

(1) In Betrieben mit in der Regel mindestens fünf Arbeitnehmern, die das 18. Lebensjahr noch nicht vollendet haben (jugendliche Arbeitnehmer) oder die zu ihrer Berufsausbildung beschäftigt sind und das 25. Lebensjahr noch nicht vollendet haben, werden Jugend- und Auszubildendenvertretungen gewählt.

(2) Die Jugend- und Auszubildendenvertretung nimmt nach Maßgabe der folgenden Vorschriften die besonderen Belange der in Absatz 1 genannten Arbeitnehmer wahr.

§ 61 Wahlberechtigung und Wählbarkeit

(1) Wahlberechtigt sind alle in § 60 Abs. 1 genannten Arbeitnehmer des Betriebs.

(2) [1] Wählbar sind alle Arbeitnehmer des Betriebs, die das 25. Lebensjahr noch nicht vollendet haben; § 8 Abs. 1 Satz 3 findet Anwendung. [2] Mitglieder des Betriebsrats können nicht zu Jugend- und Auszubildendenvertretern gewählt werden.

§ 62 Zahl der Jugend- und Auszubildendenvertreter, Zusammensetzung der Jugend- und Auszubildendenvertretung

(1) Die Jugend- und Auszubildendenvertretung besteht in Betrieben mit in der Regel

5 bis	**20 der in § 60 Abs. 1 genannten Arbeitnehmer aus**	**einer Person,**
21 bis	**50 der in § 60 Abs. 1 genannten Arbeitnehmer aus**	**3 Mitgliedern,**
51 bis	**150 der in § 60 Abs. 1 genannten Arbeitnehmer aus**	**5 Mitgliedern,**
151 bis	**300 der in § 60 Abs. 1 genannten Arbeitnehmer aus**	**7 Mitgliedern,**
301 bis	**500 der in § 60 Abs. 1 genannten Arbeitnehmer aus**	**9 Mitgliedern,**
501 bis	**700 der in § 60 Abs. 1 genannten Arbeitnehmer aus**	**11 Mitgliedern,**
701 bis	**1000 der in § 60 Abs. 1 genannten Arbeitnehmer aus**	**13 Mitgliedern,**
mehr als	**1000 der in § 60 Abs. 1 genannten Arbeitnehmer aus**	**15 Mitgliedern.**

(2) Die Jugend- und Auszubildendenvertretung soll sich möglichst aus Vertretern der verschiedenen Beschäftigungsarten und Ausbildungsberufe der im Betrieb tätigen in § 60 Abs. 1 genannten Arbeitnehmer zusammensetzen.

(3) Das Geschlecht, das unter den in § 60 Abs. 1 genannten Arbeitnehmern in der Minderheit ist, muss mindestens entsprechend seinem zahlenmäßigen Verhältnis in der Jugend- und Auszubildendenvertretung vertreten sein, wenn diese aus mindestens drei Mitgliedern besteht.

§ 63 Wahlvorschriften

(1) Die Jugend- und Auszubildendenvertretung wird in geheimer und unmittelbarer Wahl gewählt.

(2) [1] Spätestens acht Wochen vor Ablauf der Amtszeit der Jugend- und Auszubildendenvertretung bestellt der Betriebsrat den Wahlvorstand und seinen Vorsitzenden. [2] Für die Wahl der Jugend- und Auszubildendenvertreter gelten § 14 Abs. 2 bis 5, § 16 Abs. 1 Satz 4 bis 6, § 18 Abs. 1 Satz 1 und Abs. 3 sowie die §§ 19 und 20 entsprechend.

(3) Bestellt der Betriebsrat den Wahlvorstand nicht oder nicht spätestens sechs Wochen vor Ablauf der Amtszeit der Jugend- und Auszubildendenvertretung oder kommt der Wahlvorstand seiner Verpflichtung nach § 18 Abs. 1 Satz 1 nicht nach, so gelten § 16 Abs. 2 Satz 1 und 2, Abs. 3

Satz 1 und § 18 Abs. 1 Satz 2 entsprechend; der Antrag beim Arbeitsgericht kann auch von jugendlichen Arbeitnehmern gestellt werden.

(4) [1]In Betrieben mit in der Regel fünf bis fünfzig der in § 60 Abs. 1 genannten Arbeitnehmern gilt auch § 14a entsprechend. [2]Die Frist zur Bestellung des Wahlvorstands wird im Fall des Absatzes 2 Satz 1 auf vier Wochen und im Fall des Absatzes 3 Satz 1 auf drei Wochen verkürzt.

(5) In Betrieben mit in der Regel 51 bis 100 der in § 60 Abs. 1 genannten Arbeitnehmer gilt § 14a Abs. 5 entsprechend.

§ 64 Zeitpunkt der Wahlen und Amtszeit

(1) [1]Die regelmäßigen Wahlen der Jugend- und Auszubildendenvertretung finden alle zwei Jahre in der Zeit vom 1. Oktober bis 30. November statt. [2]Für die Wahl der Jugend- und Auszubildendenvertretung außerhalb dieser Zeit gilt § 13 Abs. 2 Nr. 2 bis 6 und Abs. 3 entsprechend.

(2) [1]Die regelmäßige Amtszeit der Jugend- und Auszubildendenvertretung beträgt zwei Jahre. [2]Die Amtszeit beginnt mit der Bekanntgabe des Wahlergebnisses oder, wenn zu diesem Zeitpunkt noch eine Jugend- und Auszubildendenvertretung besteht, mit Ablauf von deren Amtszeit. [3]Die Amtszeit endet spätestens am 30. November des Jahres, in dem nach Absatz 1 Satz 1 die regelmäßigen Wahlen stattfinden. [4]In dem Fall des § 13 Abs. 3 Satz 2 endet die Amtszeit spätestens am 30. November des Jahres, in dem die Jugend- und Auszubildendenvertretung neu zu wählen ist. [5]In dem Fall des § 13 Abs. 2 Nr. 2 endet die Amtszeit mit der Bekanntgabe des Wahlergebnisses der neu gewählten Jugend- und Auszubildendenvertretung.

(3) Ein Mitglied der Jugend- und Auszubildendenvertretung, das im Laufe der Amtszeit das 25. Lebensjahr vollendet, bleibt bis zum Ende der Amtszeit Mitglied der Jugend- und Auszubildendenvertretung.

§ 65 Geschäftsführung

(1) Für die Jugend- und Auszubildendenvertretung gelten § 23 Abs. 1, die §§ 24, 25, 26, 28 Abs. 1 Satz 1 und 2, die §§ 30, 31, 33 Abs. 1 und 2 sowie die §§ 34, 36, 37, 40 und 41 entsprechend.

(2) [1]Die Jugend- und Auszubildendenvertretung kann nach Verständigung des Betriebsrats Sitzungen abhalten; § 29 gilt entsprechend. [2]An diesen Sitzungen kann der Betriebsratsvorsitzende oder ein beauftragtes Betriebsratsmitglied teilnehmen.

§ 66 Aussetzung von Beschlüssen des Betriebsrats

(1) Erachtet die Mehrheit der Jugend- und Auszubildendenvertreter einen Beschluss des Betriebsrats als eine erhebliche Beeinträchtigung wichtiger Interessen der in § 60 Abs. 1 genannten Arbeitnehmer, so ist auf ihren Antrag der Beschluss auf die Dauer von einer Woche auszusetzen, damit in dieser Frist eine Verständigung, gegebenenfalls mit Hilfe der im Betrieb vertretenen Gewerkschaften, versucht werden kann.

(2) Wird der erste Beschluss bestätigt, so kann der Antrag auf Aussetzung nicht wiederholt werden; dies gilt auch, wenn der erste Beschluss nur unerheblich geändert wird.

§ 67 Teilnahme an Betriebsratssitzungen

(1) [1]Die Jugend- und Auszubildendenvertretung kann zu allen Betriebsratssitzungen einen Vertreter entsenden. [2]Werden Angelegenheiten behandelt, die besonders die in § 60 Abs. 1 genannten Arbeitnehmer betreffen, so hat zu diesen Tagesordnungspunkten die gesamte Jugend- und Auszubildendenvertretung ein Teilnahmerecht.

(2) Die Jugend- und Auszubildendenvertreter haben Stimmrecht, soweit die zu fassenden Beschlüsse des Betriebsrats überwiegend die in § 60 Abs. 1 genannten Arbeitnehmer betreffen.

(3) [1]Die Jugend- und Auszubildendenvertretung kann beim Betriebsrat beantragen, Angelegenheiten, die besonders die in § 60 Abs. 1 genannten Arbeitnehmer betreffen und über die sie beraten hat, auf die nächste Tagesordnung zu setzen. [2]Der Betriebsrat soll Angelegenheiten, die besonders die in § 60 Abs. 1 genannten Arbeitnehmer betreffen, der Jugend- und Auszubildendenvertretung zur Beratung zuleiten.

§ 68 Teilnahme an gemeinsamen Besprechungen

Der Betriebsrat hat die Jugend- und Auszubildendenvertretung zu Besprechungen zwischen Arbeitgeber und Betriebsrat beizuziehen, wenn Angelegenheiten behandelt werden, die besonders die in § 60 Abs. 1 genannten Arbeitnehmer betreffen.

§ 69 Sprechstunden

[1]In Betrieben, die in der Regel mehr als fünfzig der in § 60 Abs. 1 genannten Arbeitnehmer beschäftigen, kann die Jugend- und Auszubildendenvertretung Sprechstunden während der Arbeitszeit einrichten. [2]Zeit und Ort sind durch Betriebsrat und Arbeitgeber zu vereinbaren. [3]§ 39 Abs. 1 Satz 3 und 4 und Abs. 3 gilt entsprechend. [4]An den Sprechstunden der Jugend- und Auszubildendenvertretung kann der Betriebsratsvorsitzende oder ein beauftragtes Betriebsratsmitglied beratend teilnehmen.

§ 70 Allgemeine Aufgaben

(1) Die Jugend- und Auszubildendenvertretung hat folgende allgemeine Aufgaben:

1. Maßnahmen, die den in § 60 Abs. 1 genannten Arbeitnehmern dienen, insbesondere in Fragen der Berufsbildung und der Übernahme der zu ihrer Berufsausbildung Beschäftigten in ein Arbeitsverhältnis, beim Betriebsrat zu beantragen;

1a. Maßnahmen zur Durchsetzung der tatsächlichen Gleichstellung der in § 60 Abs. 1 genannten Arbeitnehmer entsprechend § 80 Abs. 1 Nr. 2 a und 2b beim Betriebsrat zu beantragen;

2. darüber zu wachen, dass die zugunsten der in § 60 Abs. 1 genannten Arbeitnehmer geltenden Gesetze, Verordnungen, Unfallverhütungsvorschriften, Tarifverträge und Betriebsvereinbarungen durchgeführt werden;

3. Anregungen von in § 60 Abs. 1 genannten Arbeitnehmern, insbesondere in Fragen der Berufsbildung, entgegenzunehmen und, falls sie berechtigt erscheinen, beim Betriebsrat auf eine Erledigung hinzuwirken. Die Jugend- und Auszubildendenvertretung hat die betroffenen in § 60 Abs. 1 genannten Arbeitnehmer über den Stand und das Ergebnis der Verhandlungen zu informieren;

4. die Integration ausländischer, in § 60 Abs. 1 genannter Arbeitnehmer im Betrieb zu fördern und entsprechende Maßnahmen beim Betriebsrat zu beantragen.

(2) [1]Zur Durchführung ihrer Aufgaben ist die Jugend- und Auszubildendenvertretung durch den Betriebsrat rechtzeitig und umfassend zu unterrichten. [2]Die Jugend- und Auszubildendenvertretung kann verlangen, dass ihr der Betriebsrat die zur Durchführung ihrer Aufgaben erforderlichen Unterlagen zur Verfügung stellt.

1. Vorbemerkung. Die obligatorisch zu bildende JAV nimmt die bes. Interessen der jugendl. AN und der zu ihrer Berufsausübung Beschäftigten (s. § 5 Rn. 6) ggü. dem BR wahr; soweit die JAV Maßnahmen ggü dem AG durchführen will, bedarf dies der Mitwirkung des BR (BAG 21.1.1982 AP BetrVG 1972 § 70 Nr. 1). Durch TV können für Auszubildende in eigenständigen Ausbildungsbetrieben bes. Interessenvertretungen geschaffen werden (BAG 24.8.2004 AP BetrVG 1972 § 98 Nr. 12). 1

2. Wahl. Wahlberechtigt sind nach Abs. 1 neben den zu ihrer Berufsausbildung beschäftigten unter 25-Jährigen (s. § 5 Rn. 6) alle AN, die wegen fehlender Volljährigkeit noch nicht zum BR wahlberechtigt sind. Für das passive Wahlrecht besteht kein Mindestalter. Stichtag für die Höchstaltersgrenze ist nicht der Tag der Wahl, sondern der des Beginns der Amtszeit der JAV (§ 64 III). **BRmitglieder** sind nicht wählbar, wohl hingegen Ersatzmitglieder, solange sie nicht nachgerückt sind. Rückt ein Ersatzmitglied – auch nur vorübergehend – nach, scheidet es nach § 65 iVm. § 24 I Nr. 4 endgültig aus der JAV aus (BAG 21.8.1979 AP BetrVG 1972 § 78a Nr. 6). Stichtag für die Feststellung der **Zahl der „idR“ Beschäftigten** ist der Tag des Wahlausschreibens; § 13 II Nr. 1 ist bei nachträgl. Änd. nicht anwendbar (BAG 22.11.1984 AP BetrVG 1972 § 64 Nr. 1). Für die Wahl der JAV gelten nach **Abs. 1** die allgem. – auch ungeschriebenen (BAG 6.12.2000 AP BetrVG 1972 § 19 Nr. 48) – Wahlgrundsätze für die BRwahl (s. § 14 Rn. 1 ff.). Im Verfahren über die Anfechtung der Wahl zur JAV ist auch der BR Beteiligter, weil die JAV selbst nicht allein prozessual handlungsfähig ist (BAG 20.2.1986 AP BetrVG 1972 § 63 Nr. 1). 2

3. Geschäftsführung. Schulungen (§ 37 VI) sind nur erforderl., soweit sie Kenntnisse vermitteln, die für die Tätigkeit in der JAV unverzichtbar sind (BAG 6.5.1975 AP BetrVG 1972 § 65 Nr. 5; *Christoffer* NZA-RR 2009, 572). Da deren Mitglieder altersbedingt über geringere Erfahrungen und Kenntnisse im ArbR und im BetrVG verfügen, kann es Themen geben, bei denen die Schulung für sie, nicht aber für BRmitglieder, notwendig erscheint (aA GK-BetrVG/*Oetker* § 65 Rn. 49). Als Themen können die Grundsätze des BetrVG und der JAV in Frage kommen (BAG 10.6.1975 AP BetrVG 1972 § 65 Nr. 6; 3

6.5.1975 AP BetrVG 1972 § 65 Nr. 5). Für die Frage, ob eine Schulungsveranstaltung erforderl. ist, die teils für die Arbeit der JAV erforderl., teils nur geeignete Kenntnisse vermittelt, ist entscheidend, welche Themen der Schulung das Gepräge geben (BAG 10.5.1974 AP BetrVG 1972 § 65 Nr. 4; zum Ersatzmitglied BAG 15.5.1986 AP BetrVG 1972 § 37 Nr. 53). Über die zeitl. Lage der Schulungsveranstaltung und die **Teilnahme** entscheidet der BR (BAG 15.1.1992 AP BetrVG 1972 § 40 Nr. 41). Die Mitglieder der JAV haben den vollen Freistellungsanspruch nach § 37 VII, obwohl ihre Amtszeit nur halb so lang ist wie die des BR. **Kosten und Sachaufwand (§ 40):** zu den vom AG zu tragenden Kosten können auch die für einen RA gehören, den ein Mitglied der JAV in einem vom BR eingeleiteten Ausschlussverfahren beauftragt hat (BAG 29.7.1982 AuR 1982, 258), nicht aber die Kosten für eine anwaltl. Tätigkeit, die einem Mitglied der JAV in einem Verfahren nach § 78a IV entstanden sind (BAG 5.4.2000 AP BetrVG 1972 § 78a Nr. 33; s. iÜ § 40 Rn. 2 ff.). Die Durchführung von gemeinsamen Bespr. und Sprechstunden richten sich nach §§ 68, 69.

4 **4. Sitzungen.** Die Anberaumung von Sitzungen der JAV ist nicht vom Einverständnis des BR abhängig, notwendig ist nur eine Verständigung. Die Teilnahme an Sitzungen des BR regelt § 67. **Ein Mitglied** der JAV ist nach Abs. 1 S. 1 berechtigt (nicht: verpflichtet), an den **BRsitzungen** teilzunehmen. Unter den Voraussetzungen des § 67 I 2 sind **alle Mitglieder** einer JAV berechtigt, zu diesem TOP **beratend** an Sitzungen des BR teilzunehmen. Es muss sich um eine spezifische Angelegenheit der AN des § 60 I handeln (Berufsschulferien, Urlaubsplan, JArbSchG, BBiG). Die Ladung der JAV erfolgt jew. durch den BRvorsitzenden oder seinen Stellvertreter. Teilnahmeberechtigt sind alle Mitglieder der JAV, auch wenn es mehr sind als die BRmitglieder. Das Teilnahmerecht besteht auch für Ausschüsse, denen Angelegenheiten zur selbständigen Erledigung übertragen sind. Die Mitglieder der JAV sind nach § 60 II **stimmberechtigt**, wenn sie von dem Beschl. zahlenmäßig mehr als die anderen AN berührt werden. Soweit AN des § 60 I überw. betroffen sind, gelten sie als bes. betroffen. Die BRmitglieder können überstimmt werden. Betrifft ein Beschl. sowohl Angelegenheiten des Abs. 2 als auch andere, ist getrennt abzustimmen. Ist dies nicht möglich, kommt es darauf an, ob der Beschl. insg. mehr die AN des § 60 I betrifft. Werden die Mitglieder der JAV in Angelegenheiten des Abs. 2 an der Beschlussfassung nicht beteiligt, ist der Beschl. unwirksam (zu Ausnahmen: BAG 6.5.1975 AP BetrVG 1972 § 65 Nr. 5).

5 **5. Allgemeine Aufgaben.** § 70 I enthält einen an § 80 I angelehnten Katalog allgemeiner Aufgaben der JAV und ein umfassendes Informationsrecht. Die Anträge sind ggü. dem BR zu stellen, der sich mit ihnen befassen muss und die JAV ggf. unter den Voraussetzungen des § 68 die JAV beteiligen muss. Für die Überwachungsaufgabe der JAV geltenden die Ausführungen in § 80 Rn. 3 entspr. Will diese AN iSd. § 60 I im Rahmen ihrer Überwachungsaufgaben aufsuchen (BAG 21.1.1982 AP BetrVG 1972 § 70 Nr. 1) oder eine allgemeine Befragung dieser AN durchführen (BAG 8.2.1977 AP BetrVG 1972 § 80 Nr. 10), bedarf sie die Zustimmung des BR. Dieser kann nicht der JAV eine generelle Einwilligung jede zukünftige Überwachungsmaßnahme erteilen (BAG 21.1.1982 AP BetrVG 1972 § 70 Nr. 1).

§ 71 Jugend- und Auszubildendenversammlung

[1]Die Jugend- und Auszubildendenvertretung kann vor oder nach jeder Betriebsversammlung im Einvernehmen mit dem Betriebsrat eine betriebliche Jugend- und Auszubildendenversammlung einberufen. [2]Im Einvernehmen mit Betriebsrat und Arbeitgeber kann die betriebliche Jugend- und Auszubildendenversammlung auch zu einem anderen Zeitpunkt einberufen werden. [3]§ 43 Abs. 2 Satz 1 und 2, die §§ 44 bis 46 und § 65 Abs. 2 Satz 2 gelten entsprechend.

Zweiter Abschnitt. Gesamt-Jugend- und Auszubildendenvertretung

§ 72 Voraussetzungen der Errichtung, Mitgliederzahl, Stimmengewicht

(1) Bestehen in einem Unternehmen mehrere Jugend- und Auszubildendenvertretungen, so ist eine Gesamt-Jugend- und Auszubildendenvertretung zu errichten.

(2) In die Gesamt-Jugend- und Auszubildendenvertretung entsendet jede Jugend- und Auszubildendenvertretung ein Mitglied.

(3) Die Jugend- und Auszubildendenvertretung hat für das Mitglied der Gesamt-Jugend- und Auszubildendenvertretung mindestens ein Ersatzmitglied zu bestellen und die Reihenfolge des Nachrückens festzulegen.

(4) Durch Tarifvertrag oder Betriebsvereinbarung kann die Mitgliederzahl der Gesamt-Jugend- und Auszubildendenvertretung abweichend von Absatz 2 geregelt werden.

(5) Gehören nach Absatz 2 der Gesamt-Jugend- und Auszubildendenvertretung mehr als zwanzig Mitglieder an und besteht keine tarifliche Regelung nach Absatz 4, so ist zwischen Gesamt-

betriebsrat und Arbeitgeber eine Betriebsvereinbarung über die Mitgliederzahl der Gesamt-Jugend- und Auszubildendenvertretung abzuschließen, in der bestimmt wird, dass Jugend- und Auszubildendenvertretungen mehrerer Betriebe eines Unternehmens, die regional oder durch gleichartige Interessen miteinander verbunden sind, gemeinsam Mitglieder in die Gesamt-Jugend- und Auszubildendenvertretung entsenden.

(6) [1]Kommt im Fall des Absatzes 5 eine Einigung nicht zustande, so entscheidet eine für das Gesamtunternehmen zu bildende Einigungsstelle. [2]Der Spruch der Einigungsstelle ersetzt die Einigung zwischen Arbeitgeber und Gesamtbetriebsrat.

(7) [1]Jedes Mitglied der Gesamt-Jugend- und Auszubildendenvertretung hat so viele Stimmen, wie in dem Betrieb, in dem es gewählt wurde, in § 60 Abs. 1 genannte Arbeitnehmer in der Wählerliste eingetragen sind. [2]Ist ein Mitglied der Gesamt-Jugend- und Auszubildendenvertretung für mehrere Betriebe entsandt worden, so hat es so viele Stimmen, wie in den Betrieben, für die es entsandt ist, in § 60 Abs. 1 genannte Arbeitnehmer in den Wählerlisten eingetragen sind. [3]Sind mehrere Mitglieder der Jugend- und Auszubildendenvertretung entsandt worden, so stehen diesen die Stimmen nach Satz 1 anteilig zu.

(8) Für Mitglieder der Gesamt-Jugend- und Auszubildendenvertretung, die aus einem gemeinsamen Betrieb mehrerer Unternehmen entsandt worden sind, können durch Tarifvertrag oder Betriebsvereinbarung von Absatz 7 abweichende Regelungen getroffen werden.

§ 73 Geschäftsführung und Geltung sonstiger Vorschriften

(1) [1]Die Gesamt-Jugend- und Auszubildendenvertretung kann nach Verständigung des Gesamtbetriebsrats Sitzungen abhalten. [2]An den Sitzungen kann der Vorsitzende des Gesamtbetriebsrats oder ein beauftragtes Mitglied des Gesamtbetriebsrats teilnehmen.

(2) Für die Gesamt-Jugend- und Auszubildendenvertretung gelten § 25 Abs. 1, die §§ 26, 28 Abs. 1 Satz 1, die §§ 30, 31, 34, 36, 37 Abs. 1 bis 3, die §§ 40, 41, 48, 49, 50, 51 Abs. 2 bis 5 sowie die §§ 66 bis 68 entsprechend.

Dritter Abschnitt. Konzern-Jugend- und Auszubildendenvertretung

§ 73a Voraussetzung der Errichtung, Mitgliederzahl, Stimmengewicht

(1) [1]Bestehen in einem Konzern (§ 18 Abs. 1 des Aktiengesetzes) mehrere Gesamt-Jugend- und Auszubildendenvertretungen, kann durch Beschlüsse der einzelnen Gesamt-Jugend- und Auszubildendenvertretungen eine Konzern-Jugend- und Auszubildendenvertretung errichtet werden. [2]Die Errichtung erfordert die Zustimmung der Gesamt-Jugend- und Auszubildendenvertretungen der Konzernunternehmen, in denen insgesamt mindestens 75 vom Hundert der in § 60 Abs. 1 genannten Arbeitnehmer beschäftigt sind. [3]Besteht in einem Konzernunternehmen nur eine Jugend- und Auszubildendenvertretung, so nimmt diese die Aufgaben einer Gesamt-Jugend- und Auszubildendenvertretung nach den Vorschriften dieses Abschnitts wahr.

(2) [1]In die Konzern-Jugend- und Auszubildendenvertretung entsendet jede Gesamt-Jugend- und Auszubildendenvertretung eines ihrer Mitglieder. [2]Sie hat für jedes Mitglied mindestens ein Ersatzmitglied zu bestellen und die Reihenfolge des Nachrückens festzulegen.

(3) Jedes Mitglied der Konzern-Jugend- und Auszubildendenvertretung hat so viele Stimmen, wie die Mitglieder der entsendenden Gesamt-Jugend- und Auszubildendenvertretung insgesamt Stimmen haben.

(4) § 72 Abs. 4 bis 8 gilt entsprechend.

§ 73b Geschäftsführung und Geltung sonstiger Vorschriften

(1) [1]Die Konzern-Jugend- und Auszubildendenvertretung kann nach Verständigung des Konzernbetriebsrats Sitzungen abhalten. [2]An den Sitzungen kann der Vorsitzende oder ein beauftragtes Mitglied des Konzernbetriebsrats teilnehmen.

(2) Für die Konzern-Jugend- und Auszubildendenvertretung gelten § 25 Abs. 1, die §§ 26, 28 Abs. 1 Satz 1, die §§ 30, 31, 34, 36, 37 Abs. 1 bis 3, die §§ 40, 41, 51 Abs. 3 bis 5, die §§ 56, 57, 58, 59 Abs. 2 und die §§ 66 bis 68 entsprechend.

Vierter Teil. Mitwirkung und Mitbestimmung der Arbeitnehmer

Erster Abschnitt. Allgemeines

§ 74 Grundsätze für die Zusammenarbeit

(1) [1] **Arbeitgeber und Betriebsrat sollen mindestens einmal im Monat zu einer Besprechung zusammentreten.** [2] **Sie haben über strittige Fragen mit dem ernsten Willen zur Einigung zu verhandeln und Vorschläge für die Beilegung von Meinungsverschiedenheiten zu machen.**

(2) [1] **Maßnahmen des Arbeitskampfes zwischen Arbeitgeber und Betriebsrat sind unzulässig; Arbeitskämpfe tariffähiger Parteien werden hierdurch nicht berührt.** [2] **Arbeitgeber und Betriebsrat haben Betätigungen zu unterlassen, durch die der Arbeitsablauf oder der Frieden des Betriebs beeinträchtigt werden.** [3] **Sie haben jede parteipolitische Betätigung im Betrieb zu unterlassen; die Behandlung von Angelegenheiten tarifpolitischer, sozialpolitischer, umweltpolitischer und wirtschaftlicher Art, die den Betrieb oder seine Arbeitnehmer unmittelbar betreffen, wird hierdurch nicht berührt.**

(3) **Arbeitnehmer, die im Rahmen dieses Gesetzes Aufgaben übernehmen, werden hierdurch in der Betätigung für ihre Gewerkschaft auch im Betrieb nicht beschränkt.**

I. Vorbemerkung

1 Die Vorschr. enthält Grundsätze über die allg. Zusammenarbeit von AG und AN. Diese Grundsätze sind als **Konkretisierung des Gebots der vertrauensvollen Zusammenarbeit** gem. § 2 zu verstehen und stehen zu diesem im Verhältnis der Spezialität (GK-BetrVG/*Kreutz* Rn. 1 f.). Abs. 1 S. 1 schreibt eine monatl. Bespr. vor. Abs. 2 sichert die betriebl. Friedenspflicht durch drei sich erg. Verbote: Er verbietet Maßnahmen des Arbeitskampfes zwischen AG und BR (Abs. 2 S. 1), er untersagt jede Betätigung, durch die der Arbeitsablauf oder der Frieden des Betriebs beeinträchtigt wird (Abs. 2 S. 2) sowie jede parteipolitische Betätigung im Betrieb (Abs. 2 S. 3). Dies begr. Amtspflichten der BRmitglieder. Entspr. arbeitsvertragl. Pflichten können sich aus der Treuepflicht ergeben, aber nicht aus § 74. § 74 III bestätigt die Koalitionsfreiheit der BRmitglieder, indem er ausdrückl. das Recht gewährt, sich auch neben der Wahrnehmung betriebsverfassungsrechtl. Funktionen für die Gewerkschaft im Betrieb zu betätigen.

2 Für den GBR und den KBR gelten die Regelungen entspr. (§§ 51 VI, 59 I). Ebenso sind die Vorschr. analog anwendbar auf den Betriebsausschuss, die JAV, die GesamtJAV und den Wirtschaftsausschuss (*Fitting* Rn. 2).

II. Monatliche Besprechungen (Abs. 1 S. 1)

3 Nach Abs. 1 S. 1 sollen AG und BR sich mind. einmal im Monat zu einer Bespr. zusammenfinden. Die Vorschr. begr. die **betriebsverfassungsrechtl. Verpflichtung** beider Parteien, für die Bespr. aktiv Sorge zu tragen (GK-BetrVG/*Kreutz* Rn. 10, 11). Aus dem Sollcharakter dieser Regelung folgt aber, dass AG und BR in gegenseitigem Einvernehmen in einzelnen Fällen von einer Bespr. absehen können (*Fitting* Rn. 4). Das Monatsgespräch ist keine BRsitzung iSd. §§ 29 ff., kann aber mit einer solchen verbunden werden.

4 **Zur Teilnahme verpflichtet** sind der AG sowie sämtl. BRmitglieder (GK-BetrVG/*Kreutz* Rn. 14). Die wiederholte grundlose Verweigerung der Teilnahme kann eine grobe Pflichtverletzung iSd. § 23 I oder III darstellen (DKKW/*Berg* Rn. 5). Der AG hat grds. persönl. an den Bespr. teilzunehmen, er kann diese Aufgabe aber auch durch seine nach G oder Betriebsordnung vertretungsberechtigten Personen wahrnehmen lassen. Der BR braucht eine Vertretung des AG aber nur dann zu akzeptieren, wenn es sich bei dieser um eine in der betriebl. Organisation maßgebl. verantwortl. Person handelt, die für das Gespräch über die nötige Sachkompetenz verfügt (BAG 11.12.1991 AiB 92, 534; *Fitting* Rn. 7). Der AG kann zur Klärung konkreter Fragen sachkundige Betriebsangehörige einbeziehen (GK-BetrVG/*Kreutz* Rn. 15).

5 Dem BR steht das Recht zu, den **Betriebsausschuss** (§ 27) oder einen anderen Ausschuss (§ 28) mit der Durchführung der Bespr. zu beauftragen (*Fitting* Rn. 5; aA GK-BetrVG/*Kreutz* Rn. 14; offengelassen von BAG 19.1.1984 AP BetrVG 1972 § 74 Nr. 4). Das Monatsgespräch zählt aber nicht zu den laufenden Geschäften, die stets von dem Betriebsausschuss zu erledigen sind (DKKW/*Berg* Rn. 7).

6 Ein Anspruch auf Teilnahme steht auch der **Schwerbehindertenvertretung** gem. § 178 IV SGB IX zu. Das Gleiche gilt gem. § 68 IV für die JAV, sofern Themen erörtert werden, die jugendl. AN betreffen (*Fitting* Rn. 7 a).

7 **Gewerkschaften und AGVerbände** haben keinen eigenständigen Anspruch auf Teilnahme (GK-BetrVG/*Kreutz* Rn. 18). Deren Vertreter können aber an den Bespr. teilnehmen, wenn sowohl der AG als auch der BR sich damit einverstanden erklärt haben (GK-BetrVG/*Kreutz* Rn. 18). Das gegenseitige

Einverständnis ist im Einzelfall entbehrl., wenn die Hinzuziehung sachl. geboten erscheint und der andere Betriebspartner keine anerkennenswerten Gründe dagegen vorweisen kann (hM; vgl. *Fitting* Rn. 8). Durch das Einverständnis von AG und BR kann auch anderen Personen die Teilnahme ermöglicht werden, insb. dem SprAu, der kein Teilnahmerecht besitzt.

Den Betriebspartnern obliegt die Verpflichtung, streitige Fragen mit dem ernsthaften Willen zur Einigung zu verhandeln und Vorschläge zu deren Lösung zu machen (DKKW/*Berg* Rn. 12). Die gegenseitige **Einlassungs- und Erörterungspflicht** besteht auch dann, wenn der BR eine Regelung in einer nicht mitbestimmungspflichtigen Angelegenheit wünscht (BAG 13.10.1987 AP BetrVG 1972 § 87 Nr. 24 Arbeitszeit). Jedoch besteht keine Rechtspflicht zum Kompromiss (GK-BetrVG/*Kreutz* Rn. 26). Deshalb kann auch keine grobe Amtspflichtverletzung gem. § 23 darin gesehen werden, dass eine der Parteien auf ihrem Standpunkt beharrt. Die Voraussetzungen des § 23 können aber bei ständiger Verweigerung der Einlassungs- und Erörterungspflicht gegeben sein. 8

III. Verbot des Arbeitskampfes (Abs. 2 S. 1)

Abs. 2 S. 1 unterstellt AG und BR einer **umfassenden Friedenspflicht.** Beiden Betriebspartnern sind wirtschaftl. Kampfmaßnahmen wie Streik, Aussperrung oder Arbeitsverlangsamung zur Durchsetzung betriebsverfassungsrechtl. Ziele generell untersagt (*Fitting* Rn. 12). Solche Maßnahmen sind rechtswidrig und verpflichten zum Schadensersatz (BAG 7.6.1988 AP GG Art. 9 Arbeitskampf Nr. 106). Es dürfte auch für die kollektive Ausübung von Zurückbehaltungsrechten gelten, zumal diese von Arbeitskämpfen schwer abzugrenzen sind und einseitige Eingriffe in die Betriebsführung durch § 77 I 2 generell verboten sind. 9

Das Arbeitskampfverbot hat nach § 74 II 1 Halbs. 1 keinen Einfluss auf die Arbeitskämpfe tariffähiger Parteien. Das gilt auch, soweit der Arbeitskampf um den Abschluss eines FirmenTV oder um betriebsverfassungsrechtl. Regelungen geführt wird (GK-BetrVG/*Kreutz* Rn. 43). 10

Adressat des Arbeitskampfverbotes ist der BR als Organ. Kommt es im Betrieb zu Arbeitskampfmaßnahmen tariffähiger Parteien, so hat sich der BR neutral zu verhalten. Er darf insb. keinen Streik unterstützen oder die Belegschaft auffordern, sich an einem gewerkschaftl. organisierten Streik nicht zu beteiligen (*Fitting* Rn. 14). Die Neutralitätspflicht besteht unabhängig davon, ob es sich um einen rechtmäßigen oder einen rechtswidrigen Arbeitskampf handelt (GK-BetrVG/*Kreutz* Rn. 51). Da Abs. 2 S. 1 ledigl. ein Unterlassungsgebot enthält, besteht für den BR keine Rechtspflicht, rechtswidrig streikende AN aktiv zur Wiederaufnahme der Arbeit zu bewegen (BAG 5.12.1978 – 6 AZR 485/76 – nv.; LAG HM 6.11.75 BB 1976, 363). Der BR hat keine Garantenstellung für rechtmäßiges Verhalten der AN im Rahmen eines Arbeitskampfes (DKKW/*Berg* Rn. 27). Es steht dem BR aber frei, bei einem wilden Streik mit dem AG über die Beendigung des Streiks in Verhandlungen zu treten (BAG 5.12.1978 – 6 AZR 485/76). 11

Das Arbeitskampfverbot richtet sich auch gegen die **einzelnen BRmitglieder** in dieser Eigenschaft (BAG 5.12.1975 AP BetrVG 1972 § 87 Betriebsbuße Nr. 1; 21.2.1978 AP BetrVG 1972 § 74 Nr. 1). Treten die BRmitglieder aber als Gewerkschaftsmitglieder oder AN auf, so entfaltet das Arbeitskampfverbot für sie keine Wirkung. Sie können sich in gleicher Weise an einem rechtmäßigen Arbeitskampf aktiv beteiligen wie die übrigen AN, für die das Arbeitskampfverbot nicht gilt (GK-BetrVG/*Kreutz* Rn. 38). Das gilt auch für die freigestellten BRmitglieder (LAG D 5.7.1994 AuR 1995, 107). Die BRmitglieder sind nicht verpflichtet darauf hinzuweisen, dass sie als AN oder Gewerkschaftsmitglieder und nicht als BRmitglieder handeln (*Fitting* Rn. 16). 12

Während eines Arbeitskampfes besteht das **BRamt** grds. mit allen Rechten und Pflichten fort. Dies gilt unabhängig davon, ob sich die einzelnen BRmitglieder am Streik beteiligen oder nicht (BAG 25.10.1988 AP GG Art. 9 Arbeitskampf Nr. 110). Auch die Teilnahme eines BRmitglieds am Arbeitskampf kann ledigl. zu einer Suspendierung des ArbVerh. führen, nicht aber zu dessen Auflösung (BAG GS 21.4.1971 AP GG Art. 9 Arbeitskampf Nr. 43; BVerfG 19.2.1975 AP GG Art. 9 Arbeitskampf Nr. 50). 13

Der Arbeitskampf führt nicht zur Funktionsunfähigkeit des BR. Es liegt im allg. Interesse und im Interesse des AG, dass der BR seine Tätigkeiten während des Arbeitskampfes fortsetzt (BAG 14.2.1978 AP GG Art. 9 Arbeitskampf Nr. 57). Die **Beteiligungsrechte des BR** bleiben bestehen, soweit die fragl. Maßnahmen keinen Einfluss auf den Arbeitskampf haben (BAG 14.2.1978 AP GG Art. 9 Arbeitskampf Nr. 57; BVerfG 7.4.1997 AP GG Art. 100 Nr. 11). Insofern bleiben bloße Unterrichtungsansprüche des BR stets bestehen; diese hindern den AG nicht, sich in Ausübung seiner durch Art. 9 III GG gewährleisteten Koalitionsfreiheit und damit unabhängig vom Willen des BR arbeitskampfbezogen zu betätigen (BAG 10.12.2002, N ZA 2004, 223). Auch die meisten Mitbestimmungsrechte bleiben wegen fehlendem Arbeitskampfbezug während eines Arbeitskampfes erhalten (*Fitting* Rn. 19 f.; WPK/*Preis* Rn. 15). **Mitwirkungsfrei** sind dagegen im unmittelbar vom Arbeitskampf betroffenen Betrieb zB die Kennzeichnung der Werksausweise nicht ausgesperrter AN (BAG 16.12.1986, AP BetrVG 1972 § 87 Ordnung des Betriebs Nr. 13), die Verlängerung oder Verkürzung der betriebsübl. Arbeitszeit für arbeitswillige AN (BAG 24.4.1979, AP GG Art. 9 Arbeitskampf Nr. 63), der Ausspruch von Kampfkündigungen (BAG 14.2.1978, AP GG Art. 9 Arbeitskampf Nr. 58) oder die 14

Regelung von zu Kampfzwecken eingesetzten Streikbruchprämien. In nur mittelbar von Arbeitskämpfen betroffenen Betrieben bleiben dagegen grds. die Mitbestimmungsrechte bestehen. Die Mitbestimmung über Kurzarbeit entfällt allerdings dem Grunde nach, soweit schon die Grundsätze des Arbeitskampfrisikos zum Wegfall von Beschäftigungs- und Entgeltpflicht führen (BAG 22.12.1980, AP GG Art. 9 Arbeitskampf Nr. 71). Zu den Auswirkungen eines Arbeitskampfes auf die Beteiligungsrechte gem. §§ 111 ff. s. §§ 112, 112a Rn. 13.

15 Nicht einheitl. beurteilt wird, ob der BR befugt ist, mit dem AG während des Arbeitskampfes Vereinbarungen über Art und Umf. eines **Notdienstes** (zum Begriff BAG 30.3.1982 AP GG Art. 9 Arbeitskampf Nr. 74) zu treffen (bejahend GK-BetrVG/*Kreutz* Rn. 82 f.; abl. LAG HE 22.4.1969 AP GG Art. 9 Arbeitskampf Nr. 40; LAG NI 1.2.1980 AP GG Art. 9 Arbeitskampf Nr. 69; DKKW/*Berg* Rn. 43; offengelassen von BAG 30.3.1982 AP GG Art. 9 Arbeitskampf Nr. 74). Mit dem BAG (31.1.1995 AP GG Art. 9 Arbeitskampf Nr. 135) ist davon auszugehen, dass die Regelung eines Notdienstes als Teilkomplex des Arbeitskampfes den kampfführenden Parteien selbst obliegt. Raum für Absprachen mit dem BR bleibt danach nur, wenn die Arbeitskampfparteien die Regelung des Notdienstes bewusst den Betriebspartnern überlassen (*Fitting* Rn. 24a) oder zumindest erg. Regelungsbedarf verbleibt.

IV. Verbot der Beeinträchtigung von Arbeitsablauf oder Frieden des Betriebs (Abs. 2 S. 2)

16 Abs. 2 S. 2 verpflichtet die Betriebspartner über das Arbeitskampfverbot hinaus, Betätigungen zu unterlassen, die den Arbeitsablauf oder den Frieden des Betriebs beeinträchtigen. Zur Einhaltung dieser Regelung verpflichtet sind der AG, der BR sowie die Mitglieder des BR in dieser Eigenschaft, nicht aber die einzelnen AN (GK-BetrVG/*Kreutz* Rn. 13). Für die AN ergibt sich jedoch eine entspr. Pflicht aus dem Arbeitsvertrag (BAG 26.5.1977 AP BGB § 611 Beschäftigungspflicht Nr. 5).

17 Abs. 2 S. 2 bezieht sich ausschließl. auf ein **aktives störendes Verhalten.** Die Adressaten des Verbots haben dagegen nicht die Pflicht, gegen störendes Verhalten einzelner AN vorzugehen (*Fitting* Rn. 28).

18 Abs. 2 S. 2 setzt nicht voraus, dass bereits eine Störung des Arbeitsablaufs oder des Betriebsfriedens eingetreten ist. Es genügt bereits, dass die Betätigung mit hoher Wahrscheinlichkeit zu einer Beeinträchtigung führen wird (GK-BetrVG/*Kreutz* Rn. 136). Ein solcher Fall liegt vor, wenn **konkrete Anhaltspunkte für eine Störung** vorliegen, insb. wenn eine vergleichbare Situation in der Vergangenheit bereits eine Störung verursacht hat (*Fitting* Rn. 29).

19 Unter **ungestörtem Arbeitsablauf** ist die organisatorische, räuml. und zeitl. Gestaltung des Arbeitsprozesses im Zusammenwirken von Menschen und Betriebsmitteln zu verstehen (*Fitting* Rn. 30). Eine Störung des Arbeitsablaufs ist insb. dann anzunehmen, wenn durch rechtswidrige Aktionen des BR oder des AG der Arbeitsprozess unterbrochen wird (GK-BetrVG/*Kreutz* Rn. 138). Es liegt niemals eine Beeinträchtigung des Arbeitsablaufs vor, wenn sich die fragl. Handlung als Folge der ges. verankerten BRtätigkeit darstellt (GK-BetrVG/*Kreutz* Rn. 137).

20 Der Begriff **Betriebsfrieden** bezeichnet das störungsfreie Zusammenleben sowohl zwischen AG einerseits und BR sowie AN andererseits als auch der AN untereinander (*Fitting* Rn. 31). Von einer Beeinträchtigung ist insb. dann auszugehen, wenn AG und BR gegen das Gebot der vertrauensvollen Zusammenarbeit verstoßen, insb. wenn ein Betriebspartner in den Zuständigkeitsbereich des anderen eingreift (*Fitting* Rn. 31). Unzulässig ist etwa eine wiederholte Missachtung der Beteiligungsrechte des BR durch den AG oder die Verbreitung wahrheitswidriger oder hetzerischer Behauptungen über den anderen Betriebspartner (LAG K 16.11.1990 BB 1991, 1191). Als Störung des Betriebsfriedens ist auch eine Verlagerung von Auseinandersetzungen in die Medien zu sehen, sofern damit die andere Seite gezielt unter Druck gesetzt werden soll (BAG 22.7.1980 AP BetrVG 1972 § 74 Nr. 3). Wie auch in Bezug auf den Arbeitsablauf kann eine Störung des Betriebsfriedens idR nicht angenommen werden, wenn der BR im Rahmen seiner Befugnisse tätig wird. Bspw. darf der BR eine Fragebogenaktion gem. § 80 durchführen, wenn sich die Fragen an die AN im Rahmen seiner Zuständigkeit halten und die Persönlichkeitssphäre des AN nicht verletzt wird (BAG 8.2.1977 AP BetrVG 1972 § 80 Nr. 10; bedenkl. LAG HE 17.2.1997 NZA-RR 1998, 17: Flugblattaktion eines BRmitglieds).

V. Verbot parteipolitischer Betätigung (Abs. 2 S. 3)

21 Abs. 2 S. 3 unterstellt AG und BR im Betrieb einem **generellen Verbot** parteipolitischer Betätigung. Das Verbot wirkt der abstrakten Gefährdung des Betriebsfriedens durch parteipolitische Betätigungen entgegen und gilt deshalb unabhängig davon, ob der Betriebsfrieden konkret gefährdet ist (BAG 13.9.1977 AP BetrVG 1972 § 42 Nr. 1). Die in dem Verbot liegende Einschränkung des Rechts auf freie Meinungsäußerung nach Art. 5 I GG ist gerechtfertigt, da diese der Wahrung des Betriebsfriedens dient und das BVerfG diesem Rechtsgut ggü. der uneingeschränkten Meinungsfreiheit den Vorrang eingeräumt hat (28.4.1976 AP BetrVG 1972 § 74 Nr. 2; BAG 13.9.1977 AP BetrVG 1972 § 42 Nr. 1). Allerdings muss nach der Wechselwirkungstheorie des BVerfG Abs. 2 S. 3 seinerseits zurückhaltend ausgelegt werden (BVerfG 19.5.1992 AP GG Art. 5 Abs. 1 Meinungsfreiheit Nr. 12; vgl. auch *Schmidt* Art. 5 Rn. 42 f.).

Adressaten des Verbots sind der AG, der BR als Organ sowie die einzelnen BRmitglieder, sofern sie in ihrer Amtseigenschaft tätig sind (BAG 5.12.1975 AP BetrVG 1972 § 87 Betriebsbuße Nr. 1). Die Regelung des Abs. 2 S. 3 entfaltet für BRmitglieder keine Wirkung, sofern sie als AN im Betrieb auftreten (*Fitting* Rn. 39; DKKW/*Berg* Rn. 65). Insofern entsprechen ihre Möglichkeiten parteipolitischen Engagements denen der übrigen AN. Ein BRmitglied wird dann in seiner Amtseigenschaft tätig, wenn die parteipolitische Betätigung in unmittelbarem Zusammenhang mit der Tätigkeit des BR steht, bspw. mit der Leitung der Betriebsversammlung oder der Wahrnehmung der Sprechstunde des BR (GK-BetrVG/*Kreutz* Rn. 102; s. *Zielke*, Politische Betätigung von Arbeitnehmern, 1999). 22

Die im Betrieb vertretenen **Gewerkschaften** unterliegen dem Verbot nicht (GK-BetrVG/*Kreutz* Rn. 104), doch umfasst ihr Recht auf Betätigung im Betrieb nicht die Parteipolitik. Auch die AN des Betriebs sind davon nicht betroffen (BAG 12.6.1986 AP BetrVG 1972 § 74 Nr. 5; *Fitting* Rn. 41; GK-BetrVG/*Kreutz* Rn. 105). Sie unterstehen ledigl. der arbeitsvertragl. Verpflichtung, den Betriebsfrieden und den Arbeitsablauf nicht zu beeinträchtigen. Voraussetzung dafür ist eine konkrete Beeinträchtigung (BAG 9.12.1982 AP BGB § 626 Nr. 73). Die Zulässigkeit des Tragens von Plaketten parteipolitischen Inhalts ist deshalb abhängig von den konkreten Auswirkungen auf den Arbeitsablauf und den Betriebsfrieden (gegen das Tragen der Anti-Strauß-Plakette BAG 9.12.1982 AP BGB § 626 Nr. 73; gegen eine Anti-Atomkraft-Plakette im öffentl. Dienst BAG 2.3.1982 AP GG Art. 5 Abs. 1 Meinungsfreiheit Nr. 8). 23

Abs. 2 S. 3 richtet sich gegen **aktives Handeln,** enthält aber kein Handlungsgebot. Demnach liegt keine Pflichtverletzung vor, wenn AG oder BR nicht gegen die parteipolitische Betätigung von AN im Betrieb vorgehen. Unzulässig ist aber eine aktive Unterstützung oder eindeutige Billigung solcher parteipolitischen Betätigungen (*Fitting* Rn. 45). Der BR hat zudem die Pflicht, parteipolitische Betätigungen seiner Mitglieder zu unterbinden. Gleiches gilt für den AG in Bezug auf die von ihm mit AGFunktionen Beauftragten (GK-BetrVG/*Kreutz* Rn. 115). Zu Betriebsversammlungen § 45. 24

Abs. 2 S. 3 richtet sich gegen **Betätigungen parteipolitischer Art.** Darunter versteht man Tätigkeiten, die ausdrückl. auf eine politische Partei Bezug nehmen (*Fitting* Rn. 46) oder auf Themen, die im Parteienstreit sind. Eine Partei idS muss nicht der Definition des § 2 I Parteiengesetz entsprechen. Dazu zählen auch sonstige politische Gruppierungen, wie etwa Wählergemeinschaften oder Vereinigungen, denen der Status einer Partei versagt wurde (*Fitting* Rn. 46). Vom Verbot des Abs. 2 S. 3 nicht erfasst wird das Eintreten für Bürgerinitiativen im Betrieb, da diese sich regelm. mit Einzelfragen auseinandersetzen, ohne eine politische Richtung im parteipolitischen Sinne zu vertreten (*Fitting* Rn. 48; DKKW/*Berg* Rn. 56; aA GK-BetrVG/*Kreutz* Rn. 110). Zur Parteipolitik zählten dagegen, da es sich hier um typische Themen der parteipolitischen Auseinandersetzung handelte, die Friedensbewegung sowie die Bewegung gegen die Nachrüstung (BAG 12.6.1986 AP BetrVG 1972 § 74 Nr. 5; 21.2.1978 AP BetrVG 1972 § 74 Nr. 1; GK-BetrVG/*Kreutz* Rn. 110). In einer Parteiendemokratie ist im Zweifel jede Politik Parteipolitik (anders Art. 5 GG Rn. 43). Als unzulässige parteipolitische Betätigung gilt alles, was AG oder AN zu einer Stellungn. in parteipolitischen Fragen veranlassen soll, insb. die Propaganda durch das Verteilen von Informationsmaterial, Plakaten und Aushängen (*Fitting* Rn. 49). S. auch § 118 Rn. 8. 25

Das Verbot des Abs. 2 S. 3 ist räuml. auf den **Betrieb** begrenzt. Zum Betrieb zählen auch sonstige Einrichtungen auf dem Betriebsgelände sowie Betriebsteile und Nebenbetriebe iSv. § 3 I Nr. 3 und § 4. Das Verbot erstreckt sich zudem auf Aktivitäten in unmittelbarer Nähe des Betriebs, sofern diese objektiv in den Betrieb hineinwirken (BAG 21.2.1978 AP BetrVG 1972 § 74 Nr. 1). 26

Außerhalb des Betriebs sind den parteipolitischen Aktivitäten von AG und BRmitgliedern keine Grenzen gesetzt. Sie haben auch das Recht, sich in Wahlreden, Wahlaufrufen oder Wahlwerbeanzeigen als Betriebsinhaber bzw. BRmitglied oder betriebsverfassungsrechtl. Funktionsträger zu erkennen zu geben (LAG HH 17.3.1970 BB 1970, 1480; GK-BetrVG/*Kreutz* Rn. 118). Zur Öffentlichkeitsarbeit des *BR* § 79 Rn. 15. 27

Das Verbot parteipolitischer Betätigung beschränkt sich für BRmitglieder auf ihren Amtsbereich. Während BRmitglieder in anderen Betrieben des AG dem Verbot nicht unterliegen, sind GBR- und KBRmitglieder in allen Betrieben des Unternehmens bzw. der Konzernunternehmen daran gebunden (*Fitting* Rn. 52). 28

VI. Behandlung tarifpolitischer, sozialpolitischer und wirtschaftlicher Fragen (Abs. 2 S. 3 Halbs. 2)

Abs. 2 S. 3 Halbs. 2 legt ausdrückl. fest, dass das Verbot der parteipolitischen Betätigung keinen Einfluss auf die Behandlung von Fragen der Tarif- und Sozialpolitik sowie von Problemen wirtschaftl. Art hat. Gestattet ist über den Wortlaut der Vorschr. hinaus die Behandlung aller Angelegenheiten, die den Betrieb und seine AN unmittelbar betreffen (*Fitting* Rn. 54). An das **Unmittelbarkeitserfordernis** sind keine hohen Anforderungen zu stellen. Ausreichend ist, dass die zu behandelnde Angelegenheit zumindest auch den AG in seiner Eigenschaft als Betriebsinhaber oder die AN als Belegschaft berührt (*Fitting* Rn. 57). Deshalb können auch Fragen behandelt werden, die gleichzeitig einen ganzen Wirt- 29 schaftszweig oder die gesamte ANschaft in Deutschland betreffen (BAG 14.2.1967 AP BetrVG [1952] § 45 Nr. 2). Zu einschlägigen Presseerklärungen des BR: *Müller-Borutta* NZA 1996, 1071.

30 Gestattet ist auch die Erörterung von Angelegenheiten, die Gegenstand parteipolitischer Erörterungen oder Programme sind (BAG 17.3.2010 NZA 2010, 1133; GK-BetrVG/*Kreutz* Rn. 124). Ein Verstoß gegen das Verbot parteipolitischer Betätigung nach Abs. 2 S. 3 liegt aber dann vor, wenn die Sachaussagen erkennbar **Propaganda** für oder gegen eine Partei beinhalten (GK-BetrVG/*Kreutz* Rn. 124). Ebenso unzulässig ist es, wenn Äußerungen mit parteipolitischem Charakter zu einer konkreten Gefährdung des Betriebsfriedens oder des ungestörten Arbeitsablaufs führen.

31 Unter **tarifpolitischen Fragen** sind alle Angelegenheiten zu verstehen, die in Zusammenhang mit tarifl. regelbaren Arbeitsbedingungen stehen, die für den Betrieb gelten oder gefordert werden.

32 Der weit auszulegende Begriff der **Sozialpolitik** (BAG 13.9.1977 AP BetrVG 1972 § 44 Nr. 1) bezeichnet sämtl. ges. und sonstigen Regelungen, die der Sicherung der Existenz und der Würde des arbeitenden Menschen und seiner Angehörigen dienen (GK-BetrVG/*Weber* § 45 Rn. 14). Darunter fallen insb. Maßnahmen des Arbeits- und Unfallschutzes, des Sozialwesens sowie die für Betrieb und AN relevanten Steuerfragen (*Fitting* Rn. 59).

33 Unter **Angelegenheiten wirtschaftl. Art** sind sowohl konkrete wirtschaftl. Maßnahmen des AG als auch den Betrieb betreffende Maßnahmen der allgemeinen Wirtschaftspolitik zu verstehen (*Fitting* Rn. 61). Erfasst werden auch Anregungen zur Verbesserung der geltenden Bestimmungen.

VII. Gewerkschaftsbetätigung von betriebsverfassungsrechtlichen Funktionsträgern (Abs. 3)

34 Mit dieser Bestimmung wurde einer früher vertretenen Auff. der Boden entzogen, nach der eine Gewerkschaftstätigkeit nur gestattet war, wenn diese ausdrückl. und eindeutig vom BRamt getrennt war. Im Zweifel wurde eine solche Trennung verneint (BAG 14.2.1967 AP GG Art. 9 Nr. 10; BVerfG 26.5.1970 AP GG Art. 9 Nr. 16). Die heutige Rechtslage gestattet den betriebsverfassungsrechtl. Funktionsträgern gewerkschaftl. Tätigkeiten **in gleichem Umf. wie den übrigen AN,** was auch das Recht zum Tätigwerden als gewerkschaftl. Vertrauensmann einschließt (BAG 12.6.1986 NZA 1987, 153). Allerdings bleiben die Grundsätze des § 75 I unberührt, wonach die Amtsträger als Repräsentanten aller AN in ihrem Amt zur Neutralität verpflichtet sind (BVerfG 27.3.1979 NJW 1979, 1875). Daraus ergibt sich, dass eine Verquickung von gewerkschaftl. Tätigkeit und Amtstätigkeit, wie etwa die Verwendung von betriebsratseigenen Mitteln für gewerkschaftl. Betätigungen, unzulässig ist (BVerwG 22.8.1991 NJW 1992, 385). Es besteht aber keine Vermutung dafür, dass ein Gewerkschaftsmitglied als Amtsträger tätig wird (BAG 14.2.1967 AP GG Art. 9 Nr. 10).

35 Abs. 3 gilt für BRmitglieder und andere AN, die Aufgaben nach dem BetrVG wahrnehmen, insb. also für die Mitglieder der JAV, der Einigungsstelle, des Wirtschaftsausschusses und des Wahlvorstandes.

36 Gewerkschaftl. Betätigung ist in dem Umf. zulässig, in dem diese vom **Grundrecht der Koalitionsfreiheit** gem. Art. 9 III GG geschützt ist. Seit der Aufgabe der sog. Kernbereichslehre durch das BVerfG (14.11.1995 AP GG Art. 9 Nr. 80) gewährleistet Art. 9 III GG eine koalitionsmäßige Betätigung auch über den „Kernbereich" dieses Grundrechts hinaus; eine Begrenzung erfolgt durch kollidierende (Grund-)Rechte Dritter. Bereits von der früheren Rspr. des BVerfG anerkannte Gewerkschaftstätigkeiten sind insb. die Verteilung von Informationsmaterial (BAG 12.6.1986 NZA 1987, 153), die Plakatwerbung nach Rücksprache mit dem AG (BAG 30.8.1983 AP GG Art. 9 Nr. 38) sowie die Aushändigung der Gewerkschaftszeitung an alle AN. Entgegen der Auff. des BAG (23.2.1979 AP GG Art. 9 Nr. 29) ist die Verteilung auch dann als zulässig anzusehen, wenn sie ausschließl. an Gewerkschaftsmitglieder im Betrieb erfolgt (*Fitting* Rn. 73; *Hanau* ArbRGeg. 17, 51). Der AG hat die Ausgabe auch zu dulden, wenn sie seiner Meinung nach unzulässige parteipolitische oder politische Beiträge enthält (BAG 23.2.1979 AP GG Art. 9 Nr. 29). Unzulässig ist aber die Werbung zu allgemeinen politischen Wahlen durch die Gewerkschaft (BVerfG 28.4.1976 AP BetrVG 1972 § 74 Nr. 2). Von der früheren Rspr. abgelehnt wurde die Werbung während der AZ (BAG 26.1.1982 AP GG Art. 9 Nr. 35). Nach der Entscheidung des BVerfG vom 14.11.1995 (AP GG Art. 9 Nr. 80) ist dies nur noch dann der Fall, wenn die Arbeitsleistung der umworbenen AN beeinträchtigt wird und dadurch der AG unverhältnismäßig in seinen Grundrechten aus Art. 12, 14 GG beeinträchtigt wird. Nach alter wie nach neuer Rspr. unzulässig sind Werbemaßnahmen, die den AG in beleidigender Weise angreifen (*Fitting* Rn. 72) oder konkurrierende Gewerkschaften verunglimpfen (BAG 11.11.1968 AP GG Art. 9 Nr. 14). Weiteres, auch zum Zugang externer Gewerkschaftsvertreter Art. 9 GG Rn. 39 ff.

VIII. Streitigkeiten

37 Die Unterlassungspflicht des § 74 II begr. einen **Unterlassungsanspruch** des BR bzw. des AG (GK-BetrVG/*Kreutz* Rn. 88; *Reichold* RdA 2011, 58; aA *Fitting* Rn. 74a; DKKW/*Berg* Rn. 88 f.). Dies war lange Zeit auch die Auff. des BAG (BAG 22.7.1980 AP BetrVG 1972 § 74 Nr. 3; BAG 12.6.1986 AP BetrVG 1972 § 74 Nr. 5). Von dieser Rechtsprechung ist das BAG jedoch ausdr. abgerückt und hat

einen Unterlassungsanspruch des AG gegen den BR zunächst wegen parteipolitischer Betätigung (BAG 17.3.2010 NZA 2010, 1133) und dann auch wegen Verletzung des Arbeitskampfverbots (BAG 15.12.2013 NZA 2014, 319) verneint. Das Gericht begr. seinen Rechtsprechungswechsel va. mit der fehlenden Vollstreckbarkeit eines Unterlassungsanspruchs gegen den BR und der hinreichenden Sanktionierung von Verstößen des BR durch die Möglichkeit des Auflösungsantrags gemäß § 23 I. Dies vermag nicht zu überzeugen: Dem AG wird damit die Möglichkeit genommen, dem BR gerichtl. zukünftige Pflichtverletzungen zu verbieten, und das trotz der recht eindeutigen Vorgabe im Wortlaut des § 74 II. Der Auflösungsantrag nach § 23 I läuft, da die Gestaltungswirkung erst mit einer rechtskräftigen Entscheidung eintritt, bei Pflichtverletzungen in der zweiten Hälfte der Amtszeit des BR faktisch leer (ebenso *Reichold* RdA 2011, 58; *Burger/Rein* NJW 2010, 3613; *Wiebauer* BB 2010, 3091; *Pfrogner* RdA 2016, 161). Folgt man der neuen Rspr. des BAG, muss die Verneinung von Unterlassungsansprüchen gegen den BR folgerichtig auf alle Pflichten des § 74 II ausgedehnt werden (so ausdrückl. BAG 28.5.2014 NZA 2014, 1213). Allerdings hat der AG zumindest die Möglichkeit anerkannt, die Unterlassungspflicht des BR im Wege eines **Feststellungsantrags** gerichtl. klären zu lassen, ggf. auch im einstweiligen Rechtsschutz mit Antrag auf Erlass einer Feststellungsverfügung (BAG 28.5.2014 NZA 2014, 1213). Soweit ein Unterlassungsanspruch besteht, ist dieser im BeschlV. gem. § 2a ArbGG geltend zu machen. Der Anspruch muss sich auf die Unterlassung einer konkreten Handlung beziehen (BAG 22.7.1980 AP BetrVG 1972 § 74 Nr. 3). Bei groben Verstößen des BR gegen die in § 74 II enthaltenen Regelungen kann der AG die Auflösung des BR oder den Ausschluss einzelner Mitglieder aus dem BR gem. § 23 I beantragen. Zur betriebsverfassungsrechtl. Abmahnung *Kania* NZA 1996, 970; oben § 23 Rn. 4. Die BRmitglieder können auch gem. § 823 I BGB zum Schadensersatz verpflichtet sein (GK-BetrVG/*Kreutz* Rn. 93).

Verstößt der AG grob gegen die Verpflichtungen aus § 74 II, kann er nach § 23 III vom ArbG zu 38 einem gesetzmäßigen Verhalten verpflichtet und bei Missachtung dieser Entscheidung zu einem Ordnungsgeld verurteilt werden. Zudem kommt eine Strafbarkeit des AG gem. § 119 I Nr. 2 und 3 in Betracht (GK-BetrVG/*Kreutz* Rn. 91). Arbeitsvertragl. Sanktionen (Schadensersatz, Abmahnung, Kündigung) können sich aus der Treuepflicht ergeben, aber nicht aus § 74.

Fragen der Koalitionsfreiheit der Gewerkschaften und deren Informations- und Werbetätigkeit im 39 Betrieb sind im Urteilsverfahren gem. § 2 I Nr. 2 ArbGG zu klären (BAG 14.2.1978 AP GG Art. 9 Nr. 26).

§ 75 Grundsätze für die Behandlung der Betriebsangehörigen

(1) **Arbeitgeber und Betriebsrat haben darüber zu wachen, dass alle im Betrieb tätigen Personen nach den Grundsätzen von Recht und Billigkeit behandelt werden, insbesondere, dass jede Benachteiligung von Personen aus Gründen ihrer Rasse oder wegen ihrer ethnischen Herkunft, ihrer Abstammung oder sonstigen Herkunft, ihrer Nationalität, ihrer Religion oder Weltanschauung, ihrer Behinderung, ihres Alters, ihrer politischen oder gewerkschaftlichen Betätigung oder Einstellung oder wegen ihres Geschlechts oder ihrer sexuellen Identität unterbleibt.**

(2) [1]**Arbeitgeber und Betriebsrat haben die freie Entfaltung der Persönlichkeit der im Betrieb beschäftigten Arbeitnehmer zu schützen und zu fördern.** [2]**Sie haben die Selbständigkeit und Eigeninitiative der Arbeitnehmer und Arbeitsgruppen zu fördern.**

1. Vorbemerkung. Die Vorschr. enthält die wesentl. Grundsätze für die Behandlung der Betriebs- 1 angehörigen durch AG und BR. Zugleich werden durch diese Norm die grundrechtl. Wertentsch. der Art. 2 I, 3 und Art. 9 III GG hins. der Tätigkeit der Betriebspartner konkretisiert (Einl. vor Art. 1 GG Rn. 60). § 75 erweitert das Gebot der vertrauensvollen Zusammenarbeit in § 2 I um eine dritte Dimension, indem er die Pflichten der Betriebspartner im Verhältnis zu den im Betrieb tätigen Personen festlegt (Richardi/*Richardi* Rn. 1). Der Norm kommt unmittelbar materiell-rechtl. Bedeutung zu. Sie begr. **Amtspflichten** von AG und BR (*Fitting* Rn. 4). Aufgrund des kollektivrechtl. Charakters der Norm korrespondieren mit diesen Amtspflichten aber keine subjektiven Rechte der im Betrieb Tätigen (BAG 3.12.1985 AP BAT § 74 Nr. 2; GK-BetrVG/*Kreutz* Rn. 23). Allerdings haben die Grundsätze des § 75 inhaltl. den arbeitsrechtl. Gleichbehandlungsgrundsatz und die arbeitsvertragl. Schutz- und Fürsorgepflichten mitgeprägt, deren Einhaltung die einzelnen AN gerichtl. durchsetzen können (GK-BetrVG/*Kreutz* Rn. 25). Insofern ist die Einhaltung des § 75 für sie zumindest indirekt erzwingbar. Zudem dient § 75 als Auslegungsregel für die inhaltl. Ausgestaltung der Beteiligungsrechte und -pflichten sowie der Rechte der AN gem. §§ 81 ff. (*Fitting* Rn. 4). Die Vorschr. ist **zwgd.** Sie gilt entspr. für den Gesamt- und KBR, den Wirtschaftsausschuss sowie die JAV (*Fitting* Rn. 6).

2. Das Überwachungsgebot (Abs. 1). a) Normadressaten. Die Verpflichtungen dieser Vorschr. 2 treffen sowohl den AG als auch den BR als Organ sowie dessen Ausschüsse (*Fitting* Rn. 9 f.). Ebenso an § 75 gebunden sind die einzelnen BRmitglieder, soweit sie in ihrer Amtseigenschaft tätig werden (GK-BetrVG/*Kreutz* Rn. 10), sowie Personen, denen der AG betriebsverfassungsrechtl. Aufgaben übertragen hat (*Fitting* Rn. 9).

3 Die Überwachungspflicht bezieht sich auf **alle im Betrieb tätigen Personen,** einschließl. der Teilzeitkräfte, Leiharbeiter, Auszubildenden und Aushilfskräfte (BAG 25.1.1989 AP BeschFG 1985 § 2 Nr. 2; BAG 20.11.1990 AP BetrAVG § 1 Gleichberechtigung Nr. 8). Zudem werden die in § 5 II (insoweit aA GK-BetrVG/*Kreutz* Rn. 13) aufgeführten NichtAN, nicht aber Mitarbeiter von im Betrieb tätigen Fremdfirmen vom Schutz des § 75 erfasst (GK-BetrVG/*Kreutz* Rn. 16; weitergehend *Fitting* Rn. 14). Auf leitende Angestellte sowie selbstständig Tätige findet die Norm ebenfalls keine Anwendung (GK-BetrVG/*Kreutz* Rn. 14f.). Zusätzl. hat das BAG solche Personen in den Schutzbereich der Norm miteinbezogen, die nach der Beendigung eines befristeten ArbVerh. auf Grund einer Verletzung der in § 75 enthaltenen Grundsätze einen Wiedereinstellungsanspruch geltend machen (BAG 15.3.1984 AP KSchG 1969 § 1 Soziale Auswahl Nr. 2). Dies darf aber nicht in Widerspruch zu den speziellen Sanktionen des AGG treten.

4 **b) Überwachungspflicht/Überwachungsrecht.** Abs. 1 begr. für AG und BR sowohl eine Überwachungspflicht als auch ein Überwachungsrecht (BAG 26.1.1988 AP BetrVG 1972 § 80 Nr. 31; 12.6.1975 AP BetrVG 1972 § 87 Altersversorgung Nr. 3). Die Überwachungspflicht beinhaltet, dass AG und BR für die Einhaltung der Grundsätze von Recht und Billigkeit Sorge zu tragen und sich bei deren Verletzung um Abhilfe zu bemühen haben (GK-BetrVG/*Kreutz* Rn. 19). Das schließt für AG und BR auch die Verpflichtung mit ein, bei ihren eigenen Maßnahmen die Einhaltung der Grundsätze des § 75 zu beachten. Das gilt bspw. bei BV (BAG 11.11.1986 AP BetrAVG § 1 Gleichberechtigung Nr. 4; 20.7.1993 AP BetrAVG § 1 Gleichbehandlung Nr. 11) und bei dem Einblick in Lohn- und Gehaltslisten (BAG 12.2.1990 AP BetrVG 1972 § 80 Nr. 12).

5 **c) Grundsätze von Recht und Billigkeit.** Die Behandlung nach den **Grundsätzen des Rechts** meint die Einhaltung des bestehenden Rechts, wozu insb. die Erfüllung der Rechtsansprüche der AN zählt (Richardi/*Richardi* Rn. 13). Das geltende Recht umfasst die positive Arbeitsrechtsordnung, die Wertungen des GG, das arbeitsrechtl. Gewohnheits- und Richterrecht, einschließl. der Grundsätze des Vertrauensschutzes und der Verhältnismäßigkeit, TV und BV sowie sonstige Arbeitsbedingungen und die betriebl. Ordnung (GK-BetrVG/*Kreutz* Rn. 29). Die **Grundsätze der Billigkeit** sollen eine gerechte Entscheidung im Einzelfall gewährleisten (BAG 17.8.1999 AP BetrVG 1972 § 77 Nr. 79). Das BAG hat früher BV einer abstrakten weitergehenden Billigkeitskontrolle unterstellt, die aber zugunsten einer Rechtskontrolle aufgegeben wurde (BAG 23.10.1990 AP BetrAVG § 1 Ablösung Nr. 13; 21.1.1992 AP BetrAVG § 1 Ablösung Nr. 24; 26.7.1988 AP BetrVG 1972 § 112 Nr. 45; 26.10.1994 AP BGB § 611 Anwesenheitsprämie Nr. 18; 16.7.1996 AP BetrVG 1972 § 77 Billigkeitskontrolle Nr. 3) ausführl. Analyse der Rspr. bei *Preis/Ulber* RdA 2013, 211. Dementpr. hat § 310 IV 1 BGB die BV ebenso wie TV der Inhaltskontrolle nach §§ 307 bis 309 BGB entzogen. Deshalb müssen jetzt BV ebenso wie TV von den richterl. Grenzen zB von Rückzahlungsklauseln abweichen können (anders BAG 6.5.1995 NZA 1996, 437). Zu den Grundsätzen von Recht und Billigkeit gehört insb. der **betriebsverfassungsrechtl. Gleichbehandlungsgrundsatz,** dem wiederum der allg. Gleichheitssatz des Art. 3 I GG zu Grunde liegt. Bei dessen Anwendung haben die Betriebspartner wie andere Normgeber einen Beurteilungsspielraum und eine Einschätzungsprärogative hins. der tatsächl. Voraussetzungen und Folgen der von ihnen gesetzten Regeln (BAG 22.3.2005, NZA 2005, 773). Sind für verschiedene ANGruppen unterschiedl. Rechte und Pflichten vorgesehen, verlangt der Gleichheitssatz, dass eine Differenzierung sachl. gerechtfertigt ist. Maßgebl. ist insofern vor allem der Regelungszweck. Dieser muss die Gruppenbildung rechtfertigen. Gerechtfertigt ist eine Gruppenbildung, wenn sie einem legitimen Zweck dient und zur Erreichung dieses Zwecks erforderl. und angemessen ist (BAG 19.7.2016, NZA 2016, 1475). Zur Bedeutung von § 75 für Sozialplanregelungen s. §§ 112, 112a Rn. 24 ff.

6 **d) Diskriminierungsverbote.** Im Rahmen der Umsetzung der RL 2000/43/EG, 2000/78/EG und 2002/73/EG durch das AGG sind die in Abs. 1 aufgestellten Grundsätze für die Behandlung der im Betrieb tätigen Personen an die Terminologie des § 1 AGG angepasst worden. Die Insbesondere-Aufzählung der unzulässigen Diskriminierungsmerkmale wird durch die Einfügung der Benachteiligungsverbote aus Gründen der Rasse oder wegen der ethnischen Herkunft, Weltanschauung, Behinderung und des Alters, die bisher in der Vorschr. nicht ausdrückl. genannt waren, ergänzt. Wegen der Definition dieser Begriffe sowie der Begriffe Religion, Geschlecht und sexuelle Identität s. § 1 AGG Rn. 3 ff. Der im Gesetz beibehaltene Begriff Abstammung wurde schon bisher definiert als die blutsverwandtschaftl. oder volksmäßige Zugehörigkeit (*Fitting* Rn. 65). Er geht deshalb letztl. in den Begriffen Rasse und ethnische Herkunft auf. Eigenständige Bedeutung behält dagegen das Verbot der Diskriminierung wegen der Nationalität. Denn insofern wird unabhängig von Rasse und ethnischer Herkunft jegl. sachl. nicht gerechtfertigte Differenzierung wegen der Staatsangehörigkeit verboten. Mit dem Begriff der „sonstigen Herkunft" wird in Abgrenzung zur „ethnischen Herkunft" an das bisherige Differenzierungsverbot „wegen der Herkunft" angeknüpft. Damit ist weiterhin insb. auch eine Benachteiligung wegen der örtl., regionalen oder sozialen Herkunft nicht erlaubt (Regierungsbegründung vom 8.6.2006, BT-Drs. 16/1780, S. 59). Trotz der Anpassung der Terminologie an das AGG findet die Vermutungsregelung des § 22 AGG im Verhältnis der Betriebspartner zueinander weder unmittelbar noch entspr. Anwendung; betriebsverfassungsrechtl. Auseinandersetzungen, die ggf. im BeschlV. zu klären sind, sind keine „Streitfälle" iSd. § 22 AGG (*Bauer* AGG § 17 Rn. 28; *Besgen* BB 2007, 213).

Die **(partei)politische Betätigung oder Einstellung** von einem Betriebsangehörigen hat grds. mit seiner Tätigkeit im Betrieb nichts zu tun und darf deshalb kein Kriterium für eine unterschiedl. Behandlung der AN im Betrieb sein. Dabei ist es unerhebl., ob die Betätigung rechtl. erlaubt ist. Es ist nicht Aufgabe von AG und BR, mit arbeitsrechtl. Mitteln eine etwa unzulässige politische Betätigung zu unterbinden (*Fitting* Rn. 97). Freil. findet (partei)politische Betätigung im Betrieb ihre Grenzen in bestehenden arbeitsrechtl. Pflichten, insb. auch in der zur Einhaltung des Betriebsfriedens (*Fitting* Rn. 97). Das Verbot einer Differenzierung wegen gewerkschaftl. Betätigung oder Einstellung ergibt sich bereits aus Art. 9 Abs. 3 GG (vgl. Art. 9 GG Rn. 45 ff.). 7

Mit der Aufnahme des Verbots der **Diskriminierung wegen des Alters** in Umsetzung der RL 2000/78/EG haben AG und BR nicht nur wie früher nach § 75 I 2 darauf zu achten, dass AN nicht wegen Überschreitung bestimmter Altersstufen benachteiligt werden, sondern darüber zu wachen, dass jede Benachteiligung wegen des Alters unterbleibt. Zu den Grenzen unterschiedl. Behandlung wegen Alters s. § 10 AGG Rn. 1 ff. und §§ 112, 112a Rn. 24. 8

3. Freie Entfaltung der Persönlichkeit (Abs. 2). In Konkretisierung von Art. 2 I GG normiert Abs. 2 für AG und BR die Verpflichtung, die freie Entfaltung der Persönlichkeit der im Betrieb beschäftigten AN zu schützen und zu fördern. Diese Schutz- und Förderpflicht haben AG und BR nicht nur bei ihren eigenen Maßnahmen zu beachten. Sie ist darüber hinaus als allg. Verpflichtung zu verstehen, dafür Sorge zu tragen, dass die freie Entfaltung der Persönlichkeit der AN geschützt und gefördert wird (Richardi/*Richardi* Rn. 44). Die Schutzpflicht des Abs. 2 statuiert ein **betriebsverfassungsrechtl. Übermaßverbot,** durch das insb. rechtswidrige Verletzungen des Persönlichkeitsrechts verhindert werden sollen (*Fitting* Rn. 136 ff.). Danach sind Eingriffe etwa in das Recht an der eigenen Ehre oder das Recht auf Achtung des Privatlebens sowie der Intimsphäre nur zulässig, wenn überw. betriebl. Interessen dies erfordern und die Einschränkung nur in dem Maße erfolgt, wie es zur Erreichung des rechtl. zulässigen Zwecks unbedingt erforderl. ist (BAG 26.8.2008 NZA 2008, 1187). Das Übermaßverbot bildet somit auch eine Schranke für die Ausübung der Beteiligungsrechte des BR. Unzulässig ist das heiml. Abhören von dienstl. oder privaten Telefongesprächen des AN (BVerfG 19.12.1991 AP BGB § 611 Persönlichkeitsrecht Nr. 24; BAG 1.3.1973 AP BGB § 611 Persönlichkeitsrecht Nr. 1). Als zulässig wurde aber die Erfassung von Telefondaten bei Dienst- oder dienstl. veranlassten Privatgesprächen angesehen (BAG 27.5.1986 AP BetrVG 1972 § 87 Überwachung Nr. 15). Zulässig auch die Pflicht zur Angabe von Vornamen in Geschäftsbriefen (BAG 8.6.1999 AP § 87 BetrVG 1972 Ordnung des Betriebes Nr. 31) und zur Duldung des Duzens im Betrieb, soweit übl. (LAG HM 29.7.1998 NZA 1998, 481). Dagegen nicht mit dem Persönlichkeitsrecht des AN vereinbar ist es, wenn der AG graphologische Gutachten ohne Einwilligung des AN anfertigen lässt (GK-BetrVG/*Kreutz* Rn. 114). Bei der Installation von Kameras oder anderen technischen Kontrolleinrichtungen wird der Schutz des Persönlichkeitsrechts durch das Mitbestimmungsrecht gem. § 87 I Nr. 6 gewährt (näheres § 87 Rn. 48 ff.) Die Verhältnismäßigkeit einer Videoüberwachung von AN hängt von der Eingriffsintensität ab, insb. von der Anzahl der beobachteten Personen, der Dauer der Überwachung und davon, ob die Betroffenen einen zurechenbaren Anlass für ihre Beobachtung gesetzt haben (BAG 26.8.2008 NZA 2008, 1187). Das BAG (11.7.2000 DB 2000, 1522) sieht einen Verstoß gegen das Persönlichkeitsrecht in einer BV, die auch solche AN zu einer Beteiligung an den Kosten einer Kantine verpflichtet, die diese gar nicht in Anspruch nehmen. Eingehend zum Persönlichkeitsrecht Art. 2 GG Rn. 32j ff. 9

Das **Recht an der eigenen Ehre** wird insb. durch Beleidigung und üble Nachrede (BAG 21.2.1979 AP BGB § 847 Nr. 13) sowie durch sexuelle Belästigung (*Fitting* Rn. 157) verletzt. Das Recht auf Achtung der Privatsphäre erlaubt das Aufstellen einer betriebl. Kleiderordnung nur dann, wenn die betriebl. Verhältnisse dies erfordern (BAG 8.8.1989 AP BetrVG 1972 § 87 Ordnung des Betriebs Nr. 15). Die Respektierung der **Privatsphäre** erfordert auch, dass der AG über ihm bekannte persönl. oder dienstl. Umstände, die vertraul. zu behandeln sind, Stillschweigen bewahrt (*Fitting* Rn. 161). Den Inhalt der Personalakte darf der AG nicht ohne Einwilligung des AN an Unbefugte weitergeben (BAG 18.12.1984 AP BGB § 611 Persönlichkeitsrecht Nr. 8). Ein allg. **Rauchverbot** lässt sich aus dem Recht zur freien Entfaltung der Persönlichkeit ebenso wenig herleiten wie ein Recht auf uneingeschränktes Rauchen (GK-BetrVG/*Kreutz* Rn. 126f.). Allerdings hat der AG gem. § 618 BGB angemessene Maßnahmen zum Schutz der Nichtraucher zu treffen (*Fitting* Rn. 163). Im Kollisionsfall müssen die Interessen der Raucher zurücktreten (BAG 19.1.1999 AP § 87 BetrVG 1972 Ordnung des Betriebes Nr. 28). Nicht verhältnismäßig sind jdf. ein generelles Rauchverbot im Freien oder ein Rauchverbot mit dem Ziel, AN von gesundheitsschädl. Gewohnheiten abzubringen (BAG 19.1.1999 aaO). Die **Förderpflicht** des Abs. 2 verpflichtet die Betriebspartner, die betriebl. Ordnung nicht nur nach kollektiven Gesichtspunkten zu gestalten, sondern auch die Möglichkeiten zur Persönlichkeitsentfaltung der einzelnen AN zu berücksichtigen (*Fitting* Rn. 167). Allerdings können aus der Förderpflicht keine im G nicht erwähnten Mitwirkungs- und Mitbestimmungsrechte hergeleitet werden (GK-BetrVG/*Kreutz* Rn. 133). Jedoch ist die Förderpflicht als Auslegungsregel zu begreifen, nach der bei Zweifeln über die Interpretation ges. Regeln stets so zu entscheiden ist, dass die freie Entfaltung der Persönlichkeit der AN in größtmögl. Maße gewährleistet wird (Richardi/*Richardi* Rn. 46). 10

11 Die durch das BetrVerf-ReformG eingeführte Bestimmung des Abs. 2 S. 2 (dazu *Franzen* ZfA 2001, 423, 424 f.) ist eine von den Betriebsparteien und den Einigungsstellen zu beachtende ErmessensRL. Sie rechtfertigt insb. die weitgehende Übertragung von Entscheidungsbefugnissen in bestimmten Angelegenheiten an die Einzelnen betroffenen AN, zB im Rahmen einer Gleitzeitregelung (für Arbeitsgruppen besteht insoweit die Sonderregelung des § 28a). In Bezug auf **Arbeitsgruppen** ist dies eine Generalklausel, zu deren Ausführung va. die §§ 28a, 87 I Nr. 13 dienen. Der Begriff der Arbeitsgruppe deckt sich mit § 28a, während § 87 I Nr. 13 enger gefasst ist (*Fitting* Rn. 174).

12 **4. Streitigkeiten.** Vereinbarungen zwischen AG und BR, die gegen § 75 verstoßen, sind nichtig (GK-BetrVG/*Kreutz* Rn. 152). Entspr. Anordnungen sind rechtsunwirksam; gegen sie kommt ein Leistungsverweigerungsrecht der AN in Betracht (*Fitting* Rn. 177; aA GK-BetrVG/*Kreutz* Rn. 150). Da § 75 ein Schutzgesetz zugunsten der AN ist, kann eine schuldhafte Verletzung der Vorschr. deliktische Schadensersatzansprüche auslösen (BAG 5.4.1984 AP BBiG § 17 Nr. 2; aA GK-BetrVG/*Kreutz* Rn. 151).

13 Bei Verstößen des AG gegen die Grundsätze des § 75 Abs. 1 (anders Abs. 2: BAG 28.5.2002, AP BetrVG 1972 § 87 Ordnung des Betriebes Nr. 39) kann der allein antragsberechtigte BR im arbeitsgerichtl. BeschlV. Feststellungs- oder Unterlassungsansprüche geltend machen (LAG K 19.12.1988 AiB 1989, 163 f.). Das kann ggf. im Wege der einstweiligen Vfg. geschehen (ArbG Regensburg 28.7.1989 AiB 1989, 354 f.). Bei groben Verstößen des AG gegen § 75 kommt ein Verfahren nach § 23 III in Betracht. Verstößt der BR in erhebl. Weise gegen § 75, kann er nach § 23 I aufgelöst werden. Verstöße einzelner BRmitglieder können den Ausschluss aus dem BR (BAG 4.5.1955 AP BetrVG [1952] § 44 Nr. 1) zur Folge haben (*Fitting* Rn. 179). Zum Beschwerderecht der AN §§ 84, 85.

§ 76 Einigungsstelle

(1) [1] **Zur Beilegung von Meinungsverschiedenheiten zwischen Arbeitgeber und Betriebsrat, Gesamtbetriebsrat oder Konzernbetriebsrat ist bei Bedarf eine Einigungsstelle zu bilden.** [2] **Durch Betriebsvereinbarung kann eine ständige Einigungsstelle errichtet werden.**

(2) [1] **Die Einigungsstelle besteht aus einer gleichen Anzahl von Beisitzern, die vom Arbeitgeber und Betriebsrat bestellt werden, und einem unparteiischen Vorsitzenden, auf dessen Person sich beide Seiten einigen müssen.** [2] **Kommt eine Einigung über die Person des Vorsitzenden nicht zustande, so bestellt ihn das Arbeitsgericht.** [3] **Dieses entscheidet auch, wenn kein Einverständnis über die Zahl der Beisitzer erzielt wird.**

(3) [1] **Die Einigungsstelle hat unverzüglich tätig zu werden.** [2] **Sie fasst ihre Beschlüsse nach mündlicher Beratung mit Stimmenmehrheit.** [3] **Bei der Beschlussfassung hat sich der Vorsitzende zunächst der Stimme zu enthalten; kommt eine Stimmenmehrheit nicht zustande, so nimmt der Vorsitzende nach weiterer Beratung an der erneuten Beschlussfassung teil.** [4] **Die Beschlüsse der Einigungsstelle sind schriftlich niederzulegen, vom Vorsitzenden zu unterschreiben und Arbeitgeber und Betriebsrat zuzuleiten.**

(4) **Durch Betriebsvereinbarung können weitere Einzelheiten des Verfahrens vor der Einigungsstelle geregelt werden.**

(5) [1] **In den Fällen, in denen der Spruch der Einigungsstelle die Einigung zwischen Arbeitgeber und Betriebsrat ersetzt, wird die Einigungsstelle auf Antrag einer Seite tätig.** [2] **Benennt eine Seite keine Mitglieder oder bleiben die von einer Seite genannten Mitglieder trotz rechtzeitiger Einladung der Sitzung fern, so entscheiden der Vorsitzende und die erschienenen Mitglieder nach Maßgabe des Absatzes 3 allein.** [3] **Die Einigungsstelle fasst ihre Beschlüsse unter angemessener Berücksichtigung der Belange des Betriebs und der betroffenen Arbeitnehmer nach billigem Ermessen.** [4] **Die Überschreitung der Grenzen des Ermessens kann durch den Arbeitgeber oder den Betriebsrat nur binnen einer Frist von zwei Wochen, vom Tage der Zuleitung des Beschlusses an gerechnet, beim Arbeitsgericht geltend gemacht werden.**

(6) [1] **Im Übrigen wird die Einigungsstelle nur tätig, wenn beide Seiten es beantragen oder mit ihrem Tätigwerden einverstanden sind.** [2] **In diesen Fällen ersetzt ihr Spruch die Einigung zwischen Arbeitgeber und Betriebsrat nur, wenn beide Seiten sich dem Spruch im Voraus unterworfen oder ihn nachträglich angenommen haben.**

(7) **Soweit nach anderen Vorschriften der Rechtsweg gegeben ist, wird er durch den Spruch der Einigungsstelle nicht ausgeschlossen.**

(8) **Durch Tarifvertrag kann bestimmt werden, dass an die Stelle der in Absatz 1 bezeichneten Einigungsstelle eine tarifliche Schlichtungsstelle tritt.**

I. Vorbemerkung

1 Wie schon das BetrVG 1952, allerdings unter erhebl. Ausweitung der Kompetenzen, sieht § 76 die Bildung einer betriebl. Einigungsstelle vor. Von ihrer **Rechtsnatur** her ist sie eine betriebsverfassungs-

rechtl. Institution eigener Art. Sie ist ggü. AG und BR, aber auch ggü. den im Betrieb vertretenen Gewerkschaften eine selbstständige Schlichtungsstelle der Betriebsverfassung (BAG 6.4.1973 AP BetrVG 1972 § 76 Nr. 1). In dieser Funktion ist sie weder Gericht noch Verwaltungsbehörde, sondern eine privatrechtl. Einrichtung, die eine Hilfsfunktion ausübt, um die Mitbestimmung der AN bei der Gestaltung der betriebl. Ordnung zu gewährleisten. Sie ist nicht mit hoheitl. Gewalt ausgestattet, so dass ihre Entsch. nicht die Qualität von Verwaltungsakten haben (BAG 22.1.1980 AP BetrVG 1972 § 87 Lohngestaltung Nr. 3; Richardi/*Richardi* Rn. 7).

Die **Zuständigkeit der Einigungsstelle** erstreckt sich nach den ges. Kompetenznormen sowohl auf Rechts- als auch auf Regelungsstreitigkeiten (Rn. 23). Die Einigungsstelle kann gem. Abs. 6 auf Antrag beider Betriebspartner eingeschaltet werden; in den Fällen, in denen der Spruch der Einigungsstelle die Einigung zwischen AG und BR ersetzt (Angelegenheiten der erzwingbaren Mitbestimmung), wird die Einigungsstelle gem. Abs. 5 auf Antrag einer Seite tätig und entscheidet verbindl. IRd. verbindl. Einigungsstellenverfahrens handelt es sich bei der Tätigkeit der Einigungsstelle um **Zwangsschlichtung** (BVerfG 18.10.1986 EzA BetrVG 1972 § 76 Nr. 38; GK-BetrVG/*Kreutz/Jacobs* Rn. 6). Verfassungsrechtl. Bedenken gegen die Entscheidungskompetenz der Einigungsstelle bestehen nicht. Sie stellt eine zulässige, dem Sozialstaatsprinzip des Art. 20 I GG entspr. Einschränkung und Sozialbindung der Unternehmergrundrechte aus Art. 2, 12, 14 GG dar. Frühere Beanstandungen der Verfassungsmäßigkeit richteten sich weniger gegen die Institution der Einigungsstelle als gegen die erhebl. Ausweitung der Mitbestimmungsrechte insg. durch das BetrVG 1972 (Richardi/*Richardi* Rn. 25). 2

II. Errichtung und Zusammensetzung der Einigungsstelle

1. Bedarfs- und Dauereinigungsstelle. Eine Einigungsstelle ist gem. § 76 I **grds. nur bei Bedarf,** also bei Auftreten von Meinungsverschiedenheiten, die nicht zwischen BR und AG beigelegt werden können, zu bilden. Vor der Anrufung der Einigungsstelle haben AG und BR gem. § 74 I 1 über strittige Fragen mit dem ernsten Willen zur Einigung zu verhandeln und Vorschläge für die Beilegung des Streites zu machen (*Fitting* Rn. 9; weitergehend DKKW/*Berg* Rn. 5 keine Verfahrensvoraussetzung). Im Fall des § 113 III entsteht der Bedarf schon mit Fristbeginn, da dann jederzeit die Anrufung der Einigungsstelle mögl. ist (aA *Hunold* NZA 1999, 785, 789). 3

Im freiwilligen Einigungsstellenverfahren gem. Abs. 6 wird die Einigungsstelle von beiden Seiten, dh. AG und BR bzw. GBR oder KBR, gebildet. Im erzwingbaren Einigungsstellenverfahren kann grds. keine Seite die Mitwirkung an der Bildung der Einigungsstelle verweigern. In jedem Fall setzt die Errichtung einer Einigungsstelle einen **Antrag ggü.** der anderen Seite voraus, sich an der Bildung einer Einigungsstelle zu beteiligen, die Zahl der gewünschten Beisitzer zu benennen und die Person des Vorsitzenden vorzuschlagen. Kommt eine Einigung über die Person des Vorsitzenden oder über die Zahl der Beisitzer nicht zustande, so kann die Bestellung des Vorsitzenden bzw. die Festlegung der Zahl der Beisitzer nach § 76 II iVm. § 100 ArbGG durch das ArbG erfolgen. Näheres s. § 100 ArbGG. Stets muss festgelegt werden, für welche betriebl. Streitfragen die Einigungsstelle zust. sein soll; eine weitergehende Kompetenz kann allerdings von den Betriebsparteien vereinbart werden. 4

Durch **freiwillige BV, nicht aber gegen den Willen eines der Betriebspartner** (BAG 26.8.2008 BB 2008, 2743), kann gem. § 76 I 2 eine st. Einigungsstelle errichtet werden. Die st. Einigungsstelle kann für alle zukünftig auftretenden Meinungsverschiedenheiten zwischen AG und BR errichtet werden. Mögl. ist es auch, ihre Zuständigkeit auf bestimmte Streitigkeiten zu beschränken. Auch wenn eine st. Einigungsstelle gebildet ist, können sich die Betriebspartner vorbehalten, die Personen der Beisitzer je nach dem zu regelnden Sachverhalt zu wechseln. Mögl. ist es auch, für den Vorsitzenden und/oder die Beisitzer Ersatzpersonen zu bestellen, die bei Verhinderung der urspr. bestellten Einigungsstellenmitglieder nachrücken. 5

2. Zusammensetzung der Einigungsstelle. a) Vorsitzender. Zur Person des Vorsitzenden sagt § 76 II 1 nur aus, dass er **unparteiisch** sein muss. Das LAG BE (12.9.2001 NZA-RR 2002, 25) meint, dass der Vorsitzende nicht gegen den Widerspruch einer Partei bestellt werden dürfe. Diese Auff. ist abzulehnen, da sie unbegründetem Parteivorbringen zu viel Gewicht gibt, ja geradezu dazu ermuntert (ferner *Fischer* DB 2000, 217; *Schaub* NZA 2000, 1087). Allerdings hat das ArbG im Bestellungsverfahren gem. § 98 ArbGG (näheres siehe § 98 ArbGG Rn. 1 ff.) weites Ermessen und ist nicht an den Vorschlag eines der Beteiligten gebunden. Insofern kann auch das schlichte „nein" einer Partei dazu führen, dass das ArbG einen Dritten als Vorsitzenden einsetzt (LAG D 25.8.2014 NZA-RR 2014, 647). 6

Im Hinblick auf die entscheidende Bedeutung des Einigungsstellenvorsitzenden sollte dieser neben der Unparteilichkeit auch über die **notwendige fachl. Eignung** verfügen. Die Voraussetzungen der Geeignetheit hängen vom jeweiligen Gegenstand des Einigungsstellenverfahrens ab. Erforderl. sind stets die notwendigen Rechts- und Fachkenntnisse, die Fähigkeit, die streitigen betriebl. Probleme zu analysieren, die Gesprächs- und Verhandlungsbereitschaft der Betriebsparteien zu fördern sowie die Kompetenz, Verhandlungen zu leiten und zu einem angemessenen Ende zu führen (*Schönfeld* DB 1988, 1966). In der Praxis einigen sich die Betriebspartner überw. auf Berufsrichter der Arbeitsgerichtsbarkeit. Zu deren Bestellung s. die Kommentierung zu § 100 ArbGG. Auch andere Sachkundige 7 kommen in Betracht. Ein von den Parteien ins Auge gefasster Vorsitzender ist zur Übernahme des Amtes nicht verpflichtet (*Fitting* Rn. 24).

8 **b) Beisitzer.** § 76 II 1 sagt nichts über die **Zahl der Beisitzer,** sondern spricht ledigl. von einer gleichen Anzahl von Beisitzern, die von AG und BR bestellt werden. Die Festlegung der Zahl, die im Streitfall im Verfahren nach § 100 ArbGG erfolgt, hängt von den Umständen des Einzelfalls, insb. der Schwierigkeit und Bedeutung der anstehenden Streitfrage ab. Im Regelfall wird eine **Besetzung mit zwei Beisitzern** für jede Seite erforderl. und ausreichend sein, bei einfachen kleineren Streitfragen kann sich die Anzahl auf einen Beisitzer reduzieren (z. B. Beschwerde gem. § 85 II – LAG HE 3.11.2009 NZA-RR 2010, 359), bei bes. schwierigen und bedeutenden Fällen auf drei Beisitzer erhöhen. Eine noch größere Anzahl von Beisitzern dürfte im Regelfall nicht in Betracht kommen (LAG HM 8.4.1987 DB 1987, 1441; LAG HB 2.7.1982 AuR 1983, 28; LAG M 15.7.1991 DB 1991, 2678; LAG SH 4.2.1997 DB 1997, 832; gegen die Annahme einer Regelbesetzung DKKW/*Berg* Rn. 27). Soweit schwierige Rechtsfragen str. sind, ist es mögl., dass zusätzl. zu den Beisitzern ein anwaltl. Verfahrensbevollmächtigter vor der Einigungsstelle hinzugezogen wird. Wenn erforderl., ist dies auch für den BR auf Kosten des AG mögl. (BAG 14.2.1996 AP BetrVG 1972 § 76 Nr. 5), soweit er nicht schon einen rechtskundigen Beisitzer hat.

9 **Persönl. und sachl. Voraussetzungen** für die Bestellung als Beisitzer werden durch das G nicht aufgestellt. Dementpr. sind die Betriebsparteien bei der Auswahl ihrer Beisitzer frei. Insb. müssen die Beisitzer nicht Angehörige des Betriebs sein. Es können zB Verbandsvertreter oder Rechtsanwälte zu Einigungsstellenmitgliedern bestellt werden (BAG 14.1.1983 AP BetrVG 1972 § 76 Nr. 12; 14.12.1988 AP BetrVG 1972 § 76 Nr. 30). Unzulässig wegen Verstoß gegen den Grunds. der vertrauensvollen Zusammenarbeit (§ 2 I) ist nur die Benennung offensichtl. ungeeigneter Beisitzer (BAG 28.5.2014 NZA 2014, 1213). Nach BAG 24.4.1996 (AP BetrVG 1972 § 76 Einigungsstelle Nr. 5) ist der BR nicht aus Kostengründen gehalten, möglichst betriebsangehörige Beisitzer zu bestellen, doch kann dies vereinbart werden. Bei Bildung einer Einigungsstelle im Laufe eines Insolvenzverfahrens besteht keine Verpflichtung, Vertreter der Gläubiger zu Mitgliedern der Einigungsstelle zu bestellen (BAG 6.5.1986 AP HGB § 128 Nr. 8). Eine Ablehnung der Beisitzer der Gegenseite wegen Befangenheit ist nicht mögl., weil dies der Funktion der Beisitzer als vom Vertrauen der sie bestellenden Betriebsparteien getragener Interessenvertreter widersprechen würde. Dies gilt selbst dann, wenn vom Erg. des Einigungsstellenverfahrens persönl. Interessen eines Beisitzers berührt werden (GK-BetrVG/*Kreutz/Jacobs* Rn. 48; DKKW/*Berg* Rn. 33; LAG D 3.4.1981 BB 1981, 733; *Fitting* Rn. 16). Zu empfehlen ist die Bestellung eines unmittelbar betroffenen AN etwa in den Fällen des § 38 Abs. 2 S. 4 oder § 87 I Nr. 9 freil. nicht.

10 Die Benennung der vom BR zu bestellenden Beisitzer erfolgt durch BRBeschluss, wobei die Voraussetzungen des § 33 zu beachten sind. Auch wenn im G nicht geregelt, ist die Bestellung von Ersatzbeisitzern zulässig. Ferner können die Beisitzer jederzeit ausgewechselt werden, wodurch Unterbrechungen, zB in Krankheitsfällen vermieden werden können.

11 **3. Rechte und Pflichten.** Mit der Annahme der Bestellung zu Mitgliedern in der Einigungsstelle kommt zwischen Beisitzern bzw. Vorsitzendem und dem AG kraft Gesetzes ein **betriebsverfassungsrechtl. Schuldverhältnis** zustande (BAG 27.7.1994 AP BetrVG 1972 § 76a Nr. 4; *Fitting* Rn. 48). Dieses Schuldverhältnis hat, soweit den Mitgliedern ein Honoraranspruch zusteht, den Charakter eines entgeltl. Geschäftsbesorgungsvertrages gem. §§ 675, 611 BGB, bei betriebsangehörigen Mitgliedern der Einigungsstelle, die keinen Anspruch auf Vergütung haben, den Charakter eines Auftragsverhältnisses nach § 662 BGB (*Fitting* Rn. 48; GK-BetrVG/*Kreutz/Jacobs* Rn. 87). Zu Einzelheiten des Honoraranspruchs vgl. § 76a Rn. 4. Sie sind berechtigt, das Amt abzulehnen oder niederzulegen (GK-BetrVG/*Kreutz/Jacobs* Rn. 93; DKKW/*Berg* Rn. 37). Sie sind an Weisungen oder Aufträge nicht gebunden und haben allein nach bestem Wissen und Gewissen zu entscheiden (*Fitting* Rn. 51).

12 Aufgrund der bestehenden schuldrechtl. Bindung haften der Einigungsstellenvorsitzende und Beisitzer dem AG grds. für Pflichtverletzungen. Wegen der Funktion der Einigungsstelle als betriebl. Schlichtungsorgan, das einem Gericht vergleichbar ist, ist die **Haftung** jedoch auf grobe Fahrlässigkeit und Vorsatz beschränkt (*Fitting*, Rn. 52; für volle Haftung *Schipp* NZA 2011, 271; *Sprenger* BB 2010, 2110) und setzt voraus, dass die Benachteiligten nicht die arbeitsgerichtl. Überprüfung des Spruchs der Einigungsstelle herbeiführen konnten; wird auf die Einlegung von Rechtsmitteln verzichtet, ist von einem überw. Mitverschulden iSd. § 254 II 1 BGB auszugehen (DKKW/*Berg* Rn. 45).

13 Die Mitglieder der Einigungsstelle unterliegen ebenso wie BRmitglieder der **Schweigepflicht** gem. § 79 II. Die Verletzung dieser Schweigepflicht ist gem. § 120 I Nr. 1 strafbar. Weiter gilt für Mitglieder der Einigungsstelle die Schutzbestimmung des § 78, dh. Mitglieder der Einigungsstelle dürfen in der Ausübung ihrer Tätigkeit nicht gestört oder behindert werden; sie dürfen wegen ihrer Tätigkeit nicht benachteiligt oder begünstigt werden. Sie genießen allerdings nicht den bes. **Kündigungsschutz** iRd. Betriebsverfassung gem. § 15 KSchG und § 103 BetrVG. Aus dem Benachteiligungsverbot gem. § 78 ergibt sich jedoch ein relativer Kündigungsschutz; eine Kündigung, die wegen der Tätigkeit in der Einigungsstelle ausgesprochen wird, ist nach § 134 BGB nichtig (Richardi/*Richardi* Rn. 145).

III. Das Verfahren vor der Einigungsstelle

Das G enthält nur wenige Vorschr. über das Verfahren der Einigungsstelle. Diese sind zwgd. (DKKW/*Berg* Rn. 89). IÜ regelt die Einigungsstelle das Verfahren nach **pflichtgemäßem Ermessen** (ausführl. Überbl. bei *Faulenbach* NZA 2012, 953). Insb. muss der Verfahrensablauf rechtsstaatl. Grundsätzen genügen (BAG 18.4.1989 DB 1989, 1926). Gem. § 76 IV können durch BV weitere Einzelheiten des Verfahrens vor der Einigungsstelle geregelt werden. Durch die Formulierung „weitere Einzelheiten" wird deutl. gemacht, dass auch durch eine BV keine Abweichung von den zwgd. Vorschr. in §§ 76 III ff. mögl. ist (DKKW/*Berg* Rn. 136). Als Regelungsgegenstände einer BV kommen etwa in Betracht: Protokollführung, Zahl der Beisitzer, Schriftlichkeit von Anträgen, zwgd. mündl. Verhandlung, Ladungs- und Einlassungsfristen (*Fitting* Rn. 94). 14

Die Einigungsstelle wird nur auf **Antrag** und nicht vAw. tätig. Der Antrag ist im freiwilligen Einigungsstellenverfahren gem. Abs. 6 von beiden Seiten, in Fällen der erzwingbaren Mitbestimmung gem. Abs. 5 von einer Seite zu stellen. Antragsberechtigt und Beteiligte des Verfahrens sind auf der AGSeite der AG und auf der ANSeite der BR bzw. Gesamt- oder KBR. Weitere Beteiligte gibt es nicht. Insb. können sich einzelne AN des Betriebs nicht am Verfahren beteiligen, selbst wenn sie von der Entsch. unmittelbar betroffen werden (DKKW/*Berg* Rn. 91). 15

Ort und Zeit einer Sitzung der Einigungsstelle werden üblicherweise zwischen allen Mitgliedern abgesprochen. Ist dies nicht mögl., so hat der Vorsitzende Ort und Zeit zu bestimmen und für die ordnungsgemäße Einladung der Beisitzer zu sorgen. Angebot geeigneter Räume im Betrieb hat der Vorsitzende idR zu akzeptieren, um keine unnötigen Kosten zu verursachen. Dem Einigungsstellenvorsitzenden obliegt die **Leitung der Sitzung;** er erteilt Beisitzern oder Verfahrensbevollmächtigten das Wort und trifft alle darüber hinaus erforderl. verfahrensleitenden Maßnahmen (GK-BetrVG/*Kreutz/Jacobs* Rn. 100). Über den Ablauf der Verhandlung und die sonstige Ausgestaltung des Verfahrens entscheidet dagegen die Einigungsstelle als Kollegialorgan (LAG D 21.10.1986 DB 1987, 1255; DKKW/*Berg* Rn. 101). Anders als die Beisitzer (vgl. dazu oben Rn. 9) kann der Vorsitzende schriftl. wegen **Befangenheit** abgelehnt werden. Antragsbefugt sind die Betriebspartner, nicht aber die Beisitzer der Einigungsstelle (BAG 29.1.2001 EzA § 76 BetrVG 1972 Nr. 70). BAG 15.5.2001 AP BetrVG 1972 § 87 Prämie Nr. 17 betont ebenfalls, wenn auch in anderem Zusammenhang, dass die Beisitzer als solche nicht für eine Partei handeln können, selbst wenn sie für sie vertretungsbefugt sind. Dies gilt auch dann, wenn der Vorsitzende zunächst einvernehml. durch die Betriebspartner bestellt wurde (GK-BetrVG/*Kreutz/Jacobs* Rn. 53; DKKW/*Berg* Rn. 102; aA *Pünnel* Einigungsstelle Rn. 101). Für die Entsch. ist in erster und letzter Instanz das ArbG in Kammerbesetzung zuständig. Dies ergibt sich aus einer Analogie zu §§ 1037 III 1, 1062 I Nr. 1 Alt. 2, 1065 I 2 ZPO (BAG 17.11.2010 NZA 2011, 941). Über die Ablehnung befindet zunächst die Einigungsstelle ohne Beteiligung des Vorsitzenden (BAG 11.9.2001 BB 2002, 576). Weist sie den Antrag mit Mehrheit oder Stimmengleichheit zurück, kann das Verfahren entspr. § 1037 Abs. 3 S. 2 ZPO fortgesetzt werden. Wird das Verfahren ohne vorherige gerichtl. Überprüfung der Befangenheit abgeschlossen, ist darüber im Anfechtungsverfahren zu befinden (BAG 11.9.2001 BB 2002, 576). 16

Den **Gegenstand der Einigungsstelle** bestimmen die Betriebsparteien bzw. das ArbG gem. § 100 ArbGG durch den Einsetzungsbeschluss. Der so vorgegebene Regelungsgegenstand kann durch die Einigungsstelle nicht erweitert werden, es sei denn, die Betriebsparteien bzw. deren Vertreter in der Einigungsstelle einigen sich im Rahmen ihrer Vertretungsmacht auf eine entspr. Erweiterung (LAG HE 13.11.1984 DB 1985, 1535; LAG SH 28.9.1983 DB 1984, 1530). IRd. so abgesteckten Verfahrensgegenstandes gilt für die Einigungsstelle die **Offizialmaxime,** dh. die Einigungsstelle hat vAw. den Sachverhalt in einem für die zu treffende Sachentscheidung erforderl. Umf. aufzuklären (DKKW/*Berg* Rn. 110; Richardi/*Richardi* Rn. 92). Dabei ist sie nach pflichtgemäßem Ermessen befugt, selbst Ermittlungen vorzunehmen, Zeugen zu hören, Sachverständige hinzuzuziehen oder selbst Augenschein zu nehmen (*Fitting* Rn. 65). Für die Hinzuziehung von Sachverständigen bedarf es keiner Vereinbarung mit dem AG nach § 80 III (BAG 13.11.1991 AP BetrVG 1972 § 76a Nr. 1; BAG 4.7.1989 AP BetrVG 1972 § 87 Tarifvorrang Nr. 20). Die Einigungsstelle verfügt allerdings über keine Zwangsmittel zur Aufklärung des Sachverhalts; es besteht keine Zeugnispflicht ggü. der Einigungsstelle und kein Recht, erschienene Zeugen zu vereidigen; ebenso wenig kann die Einigungsstelle das ArbG um Zeugenvernehmung ersuchen. Der BR kann aber iRd. § 80 II Auskünfte des AG an die Einigungsstelle verlangen (ArbG BE 2.7.1999 AiB 2000, 436). 17

Die **Sitzungen der Einigungsstelle** sind **nicht öffentl.** Bei Einverständnis aller Mitglieder der Einigungsstelle ist es allerdings zulässig, die Anwesenheit dritter Personen, etwa von Ersatzbeisitzern, weiteren BRmitgliedern oder betroffenen AN, ausdrückl. zuzulassen. Dies kann auch Gegenstand einer freiwilligen BV nach Abs. 4 sein. Allerdings muss die abschl. Beratung und Beschlussfassung in Abwesenheit anderer Personen, auch der Betriebspartner und anwaltl. Vertreter, erfolgen; anderenfalls droht die Unwirksamkeit des Spruchs (BAG 18.1.1994 AP BetrVG 1972 § 76 Nr. 51; *Fitting* Rn. 74). Im Einigungsstellenverfahren ist der rechtsstaatl. **Grundsatz des rechtl. Gehörs** gem. Art. 103 I GG zu beachten. Dabei werden die Betriebsparteien durch ihre Beisitzer vertreten (BAG 11.2.1992 AP 18

BetrVG 1972 § 76 Nr. 50). Aus dem Grundsatz des rechtl. Gehörs folgt kein zwgd. **Erfordernis einer mündl. Verhandlung.** Das G sieht in § 76 III das Erfordernis einer „mündl. Beratung" ledigl. vor Beschlussfassung durch die Einigungsstelle vor. Allerdings erscheint in aller Regel eine mündl. Verhandlung geboten, und zwar nicht nur im Interesse einer umfassenden Erörterung der streitigen Angelegenheit, sondern auch im Hinblick auf die im Einigungsstellenverfahren stets noch anzustrebende einverständl. Regelung durch AG und BR.

19 Zur **Beschlussfähigkeit** enthält das G keine ausdrückl. Regelung. Aus der Verpflichtung zur paritätischen Besetzung der Einigungsstelle und der Regelung des Abs. 3 S. 2 folgt aber, dass die Einigungsstelle grds. nur beschlussfähig ist, wenn alle Mitglieder anwesend sind. Etwas anderes gilt in den Fällen des erzwingbaren Einigungsstellenverfahrens einschließl. des Interessenausgleichs (§ 112 III). Nach § 76 V 2 wird den Betriebspartnern die Möglichkeit abgeschnitten, durch Nichterscheinen eine Einigungsstelle zu torpedieren. Benennt eine Seite keine Mitglieder oder bleiben die von einer Seite genannten Mitglieder trotz rechtzeitiger Einladung der Sitzung der Einigungsstelle fern, so entscheiden der Vorsitzende und die erschienenen Mitglieder allein. Ist ein Mitglied ohne rasche Ersatzmöglichkeit verhindert, entspricht es dem Mitbestimmungsgedanken, keine Entsch. gegen den Willen einer Seite herbeizuführen. Zulässig ist aber, Parität durch entspr. Stimmverzicht der anderen Seite herzustellen.

20 Bei der **Beschlussfassung** ist die Einigungsstelle nicht an die Anträge der Betriebsparteien gebunden; vielmehr kann sie iRd. vorgegebenen Verfahrensgegenstandes abw. Lösungsvorschläge zur Beilegung der Meinungsverschiedenheit zur Abstimmung stellen (BAG 30.1.1990 DB 1990, 1090; DKKW/*Berg* Rn. 120). Bei der Beschlussfassung hat sich nach § 76 III 2 der Vorsitzende zunächst, dh. beim ersten Abstimmungsversuch, der Stimme zu enthalten. Ergibt die erste Abstimmung keine Mehrheit, so haben die Beteiligten erneut in die (mündl) Beratung einzutreten, wenn nicht alle verzichten (BAG 30.1.1990 AP BetrVG 1972 § 87 Lohngestaltung Nr. 41; *Fitting* Rn. 83; DKKW/*Berg* Rn. 125). An der zweiten Abstimmung nimmt der Vorsitzende zwgd. teil. Da der Vorsitzende im Nichteinigungsfall den Ausschlag geben soll, kann er sich nicht der Stimme enthalten (*Fitting* Rn. 86; GK-BetrVG/*Kreutz/Jacobs* Rn. 114). Eine Stimmenthaltung der Beisitzer ist dagegen zulässig. Die Stimmenthaltung wird nicht als „Neinstimme", sondern überhaupt nicht berücksichtigt (BAG 17.9.1991 AP BetrVG 1972 § 112 Nr. 59; *Fitting* Rn. 86; DKKW/*Berg* Rn. 128). Folge ist, dass bei Stimmenthaltung auch schon im ersten Abstimmungsvorgang eine Mehrheit erzielt werden kann, andererseits aber auch im zweiten Abstimmungsgang eine Pattsituation mögl. ist. Da keine § 29 II MitbestG entspr. Regelung besteht, zählt im Falle eines Patts nicht etwa die Stimme des Vorsitzenden doppelt. Konsequenz ist, dass in diesem Fall keine das Verfahren beendende Sachentsch. getroffen wurde, so dass das Verfahren fortzusetzen ist (*Fitting* Rn. 85; GK-BetrVG/*Kreutz/Jacobs* Rn. 114; aA MüArbR/*Joost* § 232 Rn. 52, der vorschlägt, dass in diesem Fall die Stimme des Vorsitzenden unberücksichtigt bleibt).

21 Der Spruch ist gem. § 76 III 3 **schriftl. niederzulegen,** vom Vorsitzenden zu unterschreiben und AG und BR zuzuleiten. Die Unterzeichnung durch den Vorsitzenden kann weder durch die elektronische Form (§ 126a BGB) noch durch die Textform (§ 126b BGB) ersetzt werden (BAG 5.10.2010 NZA 2011, 420; LAG BB 16.11.2011 NZA-RR 2012, 134; kritisch *Tschöpe/Geißler* NZA 2011, 545). Ein vom Vorsitzenden nicht unterzeichneter Einigungsstellenspruch ist unwirksam (BAG 1.9.2010 NZA-RR 2011, 526). Eine Heilung der Formunwirksamkeit durch Zuleitung einer vom Vorsitzenden inhaltlich korrigierten Spruchfassung ist nicht möglich (BAG 10.12.2013 NZA 2014, 862). Die Unterschrift der Beisitzer ist nicht vorgeschrieben. Das G verlangt keine schriftl. Begründung; sie ist nach Ansicht des BVerfG (18.10.1987 AP BetrVG 1972 § 87 Auszahlung Nr. 7) auch aus Gründen der Rechtsstaatlichkeit nicht zwgd. erforderl. Allerdings ist die schriftl. Begründung zweckmäßig und in der Praxis übl., schon um eine gerichtl. Überprüfung des Spruchs zu erleichtern (*Fitting* Rn. 131). Für die **Zuleitung des Spruchs** an AG und BR sind keine bes. Erfordernisse aufgestellt. Es muss ledigl. sichergestellt werden, dass der Spruch den Beteiligten nachweisl. zur Kenntnis gelangt ist, gleichgültig ob dies durch Übergabe unmittelbar nach Schluss der Sitzung, auf dem Postweg oder durch Boten geschieht. Unerlässl. ist allerdings die Zuleitung des (unterschriebenen) Originals; die Zuleitung einer pdf-Datei genügt deshalb nicht (BAG 13.3.2012 NZA 2012, 78). Da der Zeitpunkt der Zuleitung des Beschlusses nach § 76 V entscheidend für die gerichtl. Überprüfung des Einigungsstellenspruchs ist, sollte der Zeitpunkt der Zuleitung eindeutig feststellbar sein und nach Möglichkeit festgehalten werden.

IV. Der Spruch der Einigungsstelle

22 **1. Rechtliche Grenzen. a) Zuständigkeit.** Die Einigungsstelle kann nur im Rahmen ihrer durch das G und den Einsetzungsbeschluss vorgegebenen Zuständigkeit wirksam tätig werden. Sie ist zust. für die Beilegung von Meinungsverschiedenheiten zwischen AG und BR, § 76 I. Die allg. Zuständigkeitsregelung des § 76 I wird durch eine Vielzahl von speziellen Einzelregelungen ergänzt, vgl. zB §§ 87 II, 98 IV, 112 II. Über die Frage der Zuständigkeit hat sie vor einer Sachentscheidung selbst zu befinden (BAG 8.3.1983 AP BetrVG 1972 § 98 Lohngestaltung Nr. 14; 12.11.1997 AP BetrVG 1972 § 58 Nr. 2; 22.1.2002 AP BetrVG 1972 § 76 Einigungsstelle Nr. 16). Hier ist auch zu prüfen, ob das streitige Mitbestimmungsrecht noch durch eine frühere Regelung konsumiert wird (s. § 77 Rn. 14). Sofern

keine Zuständigkeit gegeben ist, ist das Verfahren unter Beachtung der Förmlichkeiten des Abs. 3 S. 3 durch Beschl. einzustellen. Die Frage der Zuständigkeit der Einigungsstelle ist eine Rechtsfrage. Sie kann ggf. vom **ArbG** im BeschlV. gem. §§ 2a, 80 ff. ArbGG entschieden werden. Die Frist des Abs. 5 S. 4 findet keine Anwendung. Sofern das ArbG entgegen der Entscheidung der Einigungsstelle deren Zuständigkeit bejaht, stellt es die Unwirksamkeit des Beschlusses der Einigungsstelle fest. Die zunächst eingerichtete Einigungsstelle muss dann das Verfahren fortsetzen. Eine Neueinrichtung oder erneute Anrufung der Einigungsstelle ist nicht erforderl. (GK-BetrVG/*Kreutz/Jacobs* Rn. 175; DKKW/*Berg* Rn. 113; aA *Pünnel* Rn. 49). Die Einigungsstelle endet dagegen mit einer abschl. Sachentscheidung. Wird diese aufgeh. und kommt deshalb die Fortsetzung des Verfahrens in Betracht, ist ggf. die Einigungsstelle (in ihrer alten Besetzung) erneut anzurufen (Richardi/*Richardi* Rn. 138; aA für automatische Fortsetzung des Einigungsstellenverfahrens *Fitting* Rn. 162; GK-BetrVG/*Kreutz/Jacobs* Rn. 175). Sofern die Einigungsstelle über ihre Zuständigkeit positiv entschieden hat, wird das Verfahren auch durch ein inzwischen anhängig gewordenes arbeitsgerichtl. BeschlV. über ihre Zuständigkeit **nicht unterbrochen.** Es findet keine Aussetzung des Verfahrens statt (BAG 16.8.1983 AP ArbGG 1979 § 81 Nr. 2, Bl. 2; DKKW/*Berg* Rn. 114; *Fitting* Rn. 115).

Soweit ihre Zuständigkeit reicht, entscheidet die Einigungsstelle sowohl über **Regelungs- als auch über Rechtsstreitigkeiten.** Die Zuständigkeit in Regelungsstreitigkeiten ist unbegrenzt (GK-BetrVG/*Kreutz/Jacobs* Rn. 24). Rechtsstreitigkeiten können von der Einigungsstelle behandelt werden, wenn eine ausdrückl. Zuweisung an sie besteht (zB § 37 VI, VII) oder die Betriebspartner dies beantragen bzw. damit einverstanden sind, dass diese Frage von der Einigungsstelle behandelt wird. Hierfür ist nicht erforderl., dass die Betriebspartner über den Gegenstand der Rechtsstreitigkeit verfügen können (GK-BetrVG/*Kreutz/Jacobs* Rn. 21). Die Verfügungsbefugnis ist jedoch im Hinblick auf die Verbindlichkeit des Spruchs maßgebl. (GK-BetrVG/*Kreutz/Jacobs* Rn. 23). 23

b) Höherrangiges Recht. Die Einigungsstelle ist in allen Entsch. an zwgd. vorrangiges Recht gebunden. Dies gilt auch in Bezug auf im Betrieb geltende TV. Zu beachten sind in diesem Rahmen insb. die durch § 77 III gesetzten Schranken. Begründungspflichten und Zustimmungsfiktionen in Anlehnung an § 99 verstoßen bei sozialen Angelegenheiten gegen die Grundsätze des § 87 (BAG 8.12.2015 AP BetrVG 1972 Arbeitszeit Nr. 139). Die Entsch. unterliegen dabei in vollem Umf. arbeitsgerichtl. Rechtskontrolle (GK-BetrVG/*Kreutz/Jacobs* Rn. 151). Die Rechtskontrolle bezieht sich jedoch nur auf die „Sprüche" der Einigungsstelle. Beschlüsse, die sich auf den Verfahrensgang oder Vorfragen beziehen, unterliegen keiner selbstständigen Rechtskontrolle (BAG 4.7.1989 EzA BetrVG 1972 § 87 Betriebl. Lohngestaltung Nr. 24; 22.1.2002 AP BetrVG 1972 § 76 Einigungsstelle Nr. 16). Zur Bindung an Grundrechte Vorb. GG Rn. 71 und Art. 12 Rn. 40: angemessener Spielraum für unternehmerische Entsch. muss bleiben. 24

c) Ermessensgrenzen. Sofern eine Regelungsstreitigkeit Gegenstand des Verfahrens ist, erfolgt die Entscheidung der Einigungsstelle unter angemessener Berücksichtigung der Belange der betroffenen AN und des Betriebes nach billigem Ermessen, Abs. 5 S. 3. Dem Wortlaut gem. gilt dieser Grundsatz nur im erzwingbaren Mitbestimmungsverfahren; er ist aber auch im freiwilligen Einigungsstellenverfahren zu beachten. Für den Bereich der Entsch. über einen Sozialplan geht § 112 V als speziellere Regelung vor. 25

2. Rechtswirkungen. Sofern die Einigungsstelle einen Spruch im verbindl. Verfahren gem. Abs. 5 erlässt, ist dieser für die Betriebspartner verbindl. Eine Ausnahme von diesem Grundsatz bildet nur § 112 III (vgl. § 112, 112a Rn. 9). Einem Spruch, der im freiwilligen Einigungsstellenverfahren zustande kommt, weist das G keine bindende Wirkung zu (Abs. 6). Eine Bindung der Betriebsparteien tritt hier nur ein, wenn sie sich im Voraus mit dem Spruch einverstanden erklären oder ihn nachträgl. annehmen (BAG 28.2.1984 AP BetrVG 1972 § 87 Tarifvorrang Nr. 4; GK-BetrVG/*Kreutz/Jacobs* Rn. 133 ff.). Die vorherige Unterwerfung kann im Rahmen einer BV für bestimmte oder alle Fälle erfolgen (*Fitting* Rn. 132). Die Einigungsstelle kann eine Frist für die Annahme bestimmen. Nehmen die Parteien den Spruch nachträgl. an, geht der Spruch in der hiermit erfolgten Einigung der Parteien auf. Andernfalls hat der Spruch nur die Wirkung eines (unverbindl.) Einigungsvorschlages. 26

Sofern es sich um eine **Regelungsstreitigkeit** handelt, wird der Entscheidung idR die Rechtsnatur einer **BV** zukommen. Hierfür ist nicht erforderl., dass ausdrückl. um den Abschluss einer BV verhandelt wurde. Bereits die Tatsache, dass durch die Regelung Rechte und Pflichten der AN begr. oder geänd. werden sollten, spricht für eine BV und gegen eine (formlose) Regelungsabrede; entspr. § 77 II 3 ist der Spruch deswegen im Betrieb auszulegen (*Löwisch/Kaiser* Rn. 26). Die Einigungsstelle kann ihrem Spruch aber auch die Wirkung einer Regelungsabrede geben, sofern nicht ein Anspruch auf BV besteht und geltend gemacht wird (s. § 77 Rn. 139). Die Einigungsstelle kann der Entscheidung sowohl rückwirkende Geltung (s. § 77 Rn. 64) als auch eine bestimmte zukünftige Dauer (s. § 77 Rn. 95) beilegen, mit oder ohne Kündigungsmöglichkeit. 27

3. Gerichtliche Überprüfung. a) Allg. Der Spruch der Einigungsstelle ist nicht schlechthin rechtl. verbindl., da er nur eine Einigung der Betriebspartner ersetzt, er ist kein Vollstreckungstitel (DKKW/*Berg* Rn. 141). Er unterliegt der **Rechtskontrolle.** Diese kann in einem eigenen BeschlV. vor dem 28

ArbG oder inzidenter als Vorfrage in einem anderen gerichtl. Verfahren erfolgen. Dies gilt für Rechts- und Regelungsstreitigkeiten. Sofern die ordnungsgemäße Ausübung des Ermessens durch die Einigungsstelle in Regelungsstreitigkeiten der erzwingbaren Mitbestimmung überprüft werden soll, setzt § 76 V 4 jedoch eine zeitl. Grenze von **zwei Wochen** fest. Nach Ablauf dieser Frist ist eine Überprüfung der Ermessensausübung nicht mehr mögl. Diese Frist gilt freil. nicht für die Überprüfung des Ermessens bei Entsch. iRd. freiwilligen Mitbestimmung. In Abs. 6 hat der Gesetzgeber diesbezügl. keine Frist bestimmt. Andere rechtl. Mängel eines Einigungsstellenspruchs können jederzeit unabhängig von einer Frist geltend gemacht werden.

29 AG und BR sind berechtigt, die Überprüfung des Spruchs zu beantragen. Da es sich um eine Rechtskontrolle handelt, kann die Anfechtung auch durch die Partei erfolgen, die durch die nach ihrer Auff. rechtswidrigen Regelungen materiell-rechtl. nicht beschwert ist (BAG 8.6.2004 NZA 2005, 227). Die Durchsetzung oder Nichtdurchsetzung des Spruchs kann (nur) bei offensichtl. Wirksamkeit bzw. Unwirksamkeit und Dringlichkeit auch durch einstweilige Vfg. betrieben werden (LAG K NZA-RR 2000, 311). Hält sich der AG an einen zwar angefochtenen, aber nicht offensichtl. rechtswidrigen Spruch der Einigungsstelle, liegt also kein mitbestimmungswidriges Verhalten vor. Die Einigungsstelle selbst ist nicht antragsbefugt. Sie kann nicht Ag. sein und ist auch nicht beteiligtenfähig. Einzelne AN können hingegen an dem Verfahren als Beteiligte teilnehmen (GK-BetrVG/*Kreutz/Jacobs* Rn. 150; *Fitting* Rn. 145). Ein einzelner AN kann aber nicht den Antrag auf Überprüfung des Spruchs der Einigungsstelle stellen, da er nicht in einer betriebsverfassungsrechtl. Rechtsstellung betroffen ist (*Fitting* Rn. 141; aA GK-BetrVG/*Kreutz/Jacobs* Rn. 150).

30 **b) Überprüfung von Sprüchen über Rechtsfragen.** Der Einigungsstelle kann ein **Beurteilungsspielraum** bei Auslegung unbestimmter Rechtsbegriffe zustehen; dieser unterliegt keiner vollen Rechtskontrolle (BAG 8.8.1989 BetrVG 1972 § 106 Nr. 6 allerdings nur in einem obiter dictum; *Rieble* BB 1991, 471; *Henssler* RdA 1991, 268; aA GK-BetrVG/*Kreutz/Jacobs* Rn. 152). Nach BAG 29.1.2002 EzA § 76 BetrVG 1972 Nr. 70, wird nicht das Verfahren, sondern der Inhalt des Spruchs überprüft.

31 **c) Überprüfung von Sprüchen über Regelungsfragen.** Der Spruch in Regelungsstreitigkeiten unterliegt grds. in vollem Umf. der gerichtl. Rechtskontrolle (GK-BetrVG/*Kreutz/Jacobs* Rn. 153). Einschränkungen bestehen allerdings bzgl. der Kontrolle der Ermessensausübung, vgl. § 76 V. Eine weitergehende Überprüfung – insb. eine **Zweckmäßigkeitskontrolle** – ist unzulässig (GK-BetrVG/*Kreutz/Jacobs* Rn. 155).

32 Eine **Ermessensüberschreitung** liegt vor, wenn die Entscheidung, also das Erg. der Einigungsstelle, die Grenzen des Ermessens überschreitet (GK-BetrVG/*Kreutz/Jacobs* Rn. 164), weil sie die Belange des Betriebes und der betroffenen AN nicht angemessen berücksichtigt (BAG 30.8.1995 AP BetrVG 1972 § 87 Überwachung Nr. 29). In diese Betrachtung ist der Schutzzweck des jeweils relevanten Mitbestimmungsrechts einzubeziehen. Ein Ermessensfehler liegt dagegen nicht vor, wenn sich der Spruch der Einigungsstelle selbst innerhalb des Ermessens bewegt, aber die von der Einigungsstelle angenommen tatsächl. und rechtl. Umstände nicht zutreffen, weitere Überlegungen fehlerbehaftet sind oder eine nicht erschöpfende Würdigung aller Umstände zum Inhalt haben (BAG 14.1.2014 NZA-RR 2014, 356; (BAG 22.1.2013, BB 2013, 1182; BAG 15.3.2011, NZA 2011, 1112; GK-BetrVG/*Kreutz/Jacobs* Rn. 165; *Fitting* Rn. 154). In jedem Fall ermessensfehlerhaft ist ein Spruch der Einigungsstelle, der nicht selbst eine Regelung der mitbestimmten Angelegenheit trifft, sondern die Regelungsbefugnis auf den AG überträgt (BAG 17.1.2012 NZA 2012, 687). Auf ein Verschulden der Mitglieder der Einigungsstelle kommt es dabei nicht an.

V. Tarifliche Schlichtungsstelle

33 Den TVparteien wird durch die Regelung in Abs. 8 die Möglichkeit eingeräumt, anstelle der Einigungsstelle eine tarifl. Schlichtungsstelle einzurichten. Diese nimmt dann die Funktionen der Einigungsstelle wahr. Die tarifl. Schlichtungsstelle verdrängt innerhalb ihres Zuständigkeitsbereichs die Einigungsstelle. Die TVparteien können die Zuständigkeit dieser Schlichtungsstelle auf den gesamten Bereich oder einzelne Teilaspekte der Zuständigkeit der Einigungsstelle erstrecken (GK-BetrVG/*Kreutz/Jacobs* Rn. 181). Eine tarifl. Regelung über die Einrichtung einer Schlichtungsstelle ist für den AG verbindl., wenn er tarifgebunden ist, § 3 II TVG (GK-BetrVG/*Kreutz/Jacobs* Rn. 186; DKKW/*Berg* Rn. 159; *Fitting* Rn. 170; aA *Rieble* RdA 1993, 140, 143). Die Funktion der tarifl. Schlichtungsstelle in betriebsverfassungsrechtl. Angelegenheiten geht aber – trotz ihrer Bestellung durch die TVparteien – nicht über die der Einigungsstelle hinaus. Eine **Erweiterung** der Zuständigkeit ist jedoch erlaubt, sofern das Betriebsverfassungs- oder Tarifrecht dem nicht entgegensteht (GK-BetrVG/*Kreutz/Jacobs* Rn. 182). Die tarifl. Schlichtungsstelle muss die wesentl. Vorschr. über die Bildung und das Verfahren vor der Einigungsstelle beachten (*Fitting* Rn. 176; GK-BetrVG/*Kreutz/Jacobs* Rn. 183; aA DKKW/*Berg* Rn. 156). Die Besetzung ist durch TV zu regeln. Sofern sie Aufgaben der Einigungsstelle wahrnimmt, muss sie einen unparteiischen Vorsitzenden haben und Einflussmöglichkeiten des AG und BR auf die Errichtung und Tätigkeit der Schlichtungsstelle enthalten. Der Spruch der tarifl.

Schlichtungsstelle kann ebenso wie der Spruch der Einigungsstelle durch die ArbG überprüft werden. Vgl. insoweit die Ausführungen zur Überprüfbarkeit des Einigungsstellenspruchs oben Rn. 28.

VI. Streitigkeiten

Streitigkeiten können sich insb. ergeben über die Frage der Zuständigkeit der Einigungsstelle, die Person des Vorsitzenden und die Zahl der Beisitzer. Streitigkeiten über die **Besetzung der Einigungsstelle** werden in dem bes. Verfahren gem. § 100 ArbGG ausgetragen (näheres s. § 100 ArbGG Rn. 1 ff.). Unabhängig von einem Verfahren über die Besetzung der Einigungsstelle kann ein Gerichtsverfahren über die Frage der **Zuständigkeit der Einigungsstelle** bzw. über das Bestehen oder Nichtbestehen eines Mitbestimmungsrechts gerichtl. geltend gemacht werden. Ein anhängiges Verfahren nach § 100 ArbGG lässt das Rechtsschutzbedürfnis für den allg. Feststellungsantrag nicht entfallen; denn das ArbG entscheidet in dem beschleunigten Bestellungsverfahren nicht abschließend über die Zuständigkeit der Einigungsstelle, sondern weist den Antrag nur ab, wenn die Einigungsstelle offensichtl. unzuständig ist. Umgekehrt ist das Bestellungsverfahren nach § 100 ArbGG auch dann durchzuführen, wenn in einem allg. BeschlV. die Streitfrage anhängig ist, ob die Einigungsstelle zuständig ist. Eine Aussetzung des Bestellungsverfahrens in entspr. Anwendung von § 148 ZPO bis zur Entscheidung des allg. Feststellungsverfahrens kommt nicht in Betracht; ansonsten würde der Zweck der ges. Regelung, eine schnelle Errichtung der Einigungsstelle und eine zügige Durchführung des Einigungsstellenverfahrens zu ermögl., vereitelt (BAG 24.11.1981 AP BetrVG 1972 § 76 Nr. 11; 16.8.1983 AP ArbGG 1979 § 81 Nr. 2). Ein Urteilsverfahren, für das ein Spruch vorgreifl. ist, muss wegen der Anfechtung des Spruchs nicht ausgesetzt werden (BAG 14.8.2001 AP BetrVG 1972 § 77 Nr. 85). 34

Das Einigungsstellenverfahren wird durch einen anhängigen Zuständigkeitsstreit nicht blockiert. Vielmehr hat die Einigungsstelle im Rahmen ihrer **Vorfragenkompetenz** über die Frage ihrer Zuständigkeit selbst zu befinden (BAG 3.4.1979 AP BetrVG 1972 § 87 Nr. 2; *Fitting* Rn. 113 f, 183). Verneint sie ihre Zuständigkeit, hat sie das Verfahren durch Beschl. einzustellen. Bejaht sie ihre Zuständigkeit, ist das Einigungsstellenverfahren fortzusetzen und zum Abschluss zu bringen. Der einstellende Beschl. ist anfechtbar, der bejahende nicht (offengelassen von BAG 22.1.2002 AP BetrVG § 76 Einigungsstelle Nr. 16). IÜ lässt auch ein Rechtsstreit über die Anfechtung des Einigungsstellenspruchs das Rechtsschutzbedürfnis für ein allg. BeschlV. zur Klärung, ob in einer bestimmten Angelegenheit ein Mitbestimmungsrecht des BR und damit eine Zuständigkeit der Einigungsstelle besteht, nicht entfallen. Denn der Streitgegenstand des Anfechtungsverfahrens beschränkt sich allein auf die Überprüfung der Wirksamkeit des gefällten Spruchs, nicht aber auf die generelle Frage des Bestehens oder Nichtbestehens eines Mitbestimmungsrechts (BAG 20.4.1982 DB 1982, 1674; *Fitting* Rn. 184). 35

Sämtl. Streitigkeiten sind im arbeitsrechtl. BeschlV. gem. §§ 2a, 80 ff. ArbGG auszutragen. Antragsberechtigt sind in diesen Fällen idR nur der AG und der BR, nicht jedoch einzelne AN (s. Rn. 29). Auch die Einigungsstelle ist grds. weder antragsberechtigt noch zu beteiligen, da sie ledigl. in einer Ersatzfunktion für die Betriebsparteien tätig wird (BAG 28.4.1981 AP BetrVG 1972 § 87 Vorschlagswesen Nr. 1; DKKW/*Berg* Rn. 161; GK-BetrVG/*Kreutz*/*Jacobs* Rn. 149). Zur Fortsetzung des Verfahrens nach Aufhebung eines Spruchs s. Rn. 22. 36

§ 76a Kosten der Einigungsstelle

(1) Die Kosten der Einigungsstelle trägt der Arbeitgeber.

(2) [1] Die Beisitzer der Einigungsstelle, die dem Betrieb angehören, erhalten für ihre Tätigkeit keine Vergütung; § 37 Abs. 2 und 3 gilt entsprechend. [2] Ist die Einigungsstelle zur Beilegung von Meinungsverschiedenheiten zwischen Arbeitgeber und Gesamtbetriebsrat oder Konzernbetriebsrat zu bilden, so gilt Satz 1 für die einem Betrieb des Unternehmens oder eines Konzernunternehmens angehörenden Beisitzer entsprechend.

(3) [1] Der Vorsitzende und die Beisitzer der Einigungsstelle, die nicht zu den in Absatz 2 genannten Personen zählen, haben gegenüber dem Arbeitgeber Anspruch auf Vergütung ihrer Tätigkeit. [2] Die Höhe der Vergütung richtet sich nach den Grundsätzen des Absatzes 4 Satz 3 bis 5.

(4) [1] Das Bundesministerium für Arbeit und Soziales kann durch Rechtsverordnung die Vergütung nach Absatz 3 regeln. [2] In der Vergütungsordnung sind Höchstsätze festzusetzen. [3] Dabei sind insbesondere der erforderliche Zeitaufwand, die Schwierigkeit der Streitigkeit sowie ein Verdienstausfall zu berücksichtigen. [4] Die Vergütung der Beisitzer ist niedriger zu bemessen als die des Vorsitzenden. [5] Bei der Festsetzung der Höchstsätze ist den berechtigten Interessen der Mitglieder der Einigungsstelle und des Arbeitgebers Rechnung zu tragen.

(5) Von Absatz 3 und einer Vergütungsordnung nach Absatz 4 kann durch Tarifvertrag oder in einer Betriebsvereinbarung, wenn ein Tarifvertrag dies zulässt oder eine tarifliche Regelung nicht besteht, abgewichen werden.

1 **1. Vorbemerkung.** Die Vorschr. weist dem AG ausdrückl. die Pflicht zur Tragung der Kosten der Einigungsstelle zu. Vor Einfügung der Vorschr. erfolgte die Vergütung nach von der Rspr. entwickelten Grundsätzen in Anlehnung an die BRAGO. Mit Inkrafttreten des § 76a am 1.1.1989 wurde der von der Lit. geübten Kritik an diesen Grundsätzen der Boden entzogen. Abs. 1 der Norm enthält den allg. Grundsatz der Vergütungspflicht durch den AG. Die Abs. 2 bis 5 betreffen einzelne Regeln für die Vergütung. Von der in Abs. 4 festgelegten VO-Ermächtigung ist bisher nicht Gebrauch gemacht worden.

2 **2. Kosten der Einigungsstelle.** Nach Abs. 1 besteht für den AG die umfassende und eigenständige Verpflichtung, alle Kosten der Einigungsstelle zu tragen. Voraussetzung für diese umfassende Verpflichtung ist ledigl., dass die Kosten **erforderl. und nicht unverhältnismäßig** sind (GK-BetrVG/*Kreutz/Jacobs* Rn. 9, 10). Die Erforderlichkeit der Kosten ist im Zeitpunkt ihrer Verursachung unter Anlegung eines verständigen Maßstabs zu bestimmen. Auf eine objektive Erforderlichkeit bei nachträgl. Betrachtung kommt es nicht an (*Fitting* Rn. 5). Die Verpflichtung des AG umfasst zunächst die Kosten der Verfahrensdurchführung, den sog. Geschäftsaufwand (*Fitting* Rn. 6). Ebenso hat der AG die Kosten zu tragen, die durch die Hinzuziehung von Sachverständigen entstehen, wobei die Hinzuziehung erforderl. und verhältnismäßig sein muss (BAG 13.11.1991 AP BetrVG 1972 § 76a Nr. 1). Auch muss der AG die den Mitgliedern der Einigungsstelle entstandenen Aufwendungen und Auslagen erstatten, sofern die Mitglieder einen entspr. Nachweis erbringen. Darunter fallen sowohl die Kosten für Reise, Übernachtung und Verpflegung als auch Telefon- und Portogebühren (DKKW/*Berg* Rn. 11). Für diese Kosten kann eine Pauschalierung vereinbart werden (*Fitting* Rn. 9). Die Mitglieder der Einigungsstelle haben ggü. dem AG einen Freistellungsanspruch iHd. eingegangenen Verbindlichkeiten. Ist die Bezahlung bereits erfolgt, steht ihnen ein Zahlungsanspruch gegen den AG zu (GK-BetrVG/*Kreutz/Jacobs* Rn. 7). Nicht nach § 76a zu ersetzen hat der AG die Kosten eines vom BR mit dessen Vertretung vor der Einigungsstelle beauftragten Rechtsanwalts. Das Honorar dieser Vertretung richtet sich, soweit erforderl. nach § 40 (BAG 21.6.1989 AP BetrVG 1972 § 76 Nr. 34). Erforderlichkeit kann dann gegeben sein, wenn zwischen den Betriebsparteien schwierige Rechtsfragen streitig sind (BAG 14.2.1996 AP BetrVG 1972 § 76a Nr. 5).

3 **3. Freistellungs- und Entgeltfortzahlungsanspruch betriebsangehöriger Arbeitnehmer.** Nach Abs. 2 haben betriebsangehörige Beisitzer keinen Anspruch auf Vergütung. Ihre Tätigkeit ist ein unentgeltl. Ehrenamt entspr. § 37 I (*Fitting* Rn. 11). Die Vorschr. ist zwgd. Sie gilt gleichermaßen für BRmitglieder und sonstige AN, für Beisitzer der AG- und ANSeite. Die betriebsangehörigen Beisitzer haben aber einen Anspruch darauf, für die Zeit der Einigungsstellentätigkeit **ohne Minderung des Arbeitsentgelts** von ihrer Arbeitstätigkeit freigestellt zu werden. Findet das Einigungsstellenverfahren außerhalb ihrer persönl. AZ statt, haben sie einen Anspruch auf Freizeitausgleich oder hilfsweise auf Mehrarbeitsvergütung nach § 37 III (*Fitting* Rn. 12). Dieselben Grundsätze gelten auch für konzern- bzw. unternehmensangehörige Beisitzer in Einigungsstellen, die für Streitigkeiten zwischen AG und GBR bzw. KBR gebildet werden (*Fitting* Rn. 13). Werden AN eines Betriebs oder Unternehmens aber in der für einen anderen Betrieb gebildeten Einigungsstelle tätig, so fallen sie als betriebsfremde Beisitzer nicht unter Abs. 2, sondern werden nach Abs. 3 bis 5 vergütet, soweit keine andere Abmachung mit dem AG besteht (GK-BetrVG/*Kreutz/Jacobs* Rn. 26). Scheidet ein betriebsangehöriger AN aus dem Betrieb während des Einigungsstellenverfahrens aus, ohne dass eine Abberufung aus der Einigungsstelle erfolgt, nimmt er ab diesem Zeitpunkt die Stellung eines außerbetriebl. Beisitzers ein, dem ein Vergütungsanspruch nach Abs. 3 zusteht (DKKW/*Berg* Rn. 20).

4 **4. Vergütungsanspruch des Vorsitzenden und der außerbetrieblichen Beisitzer.** Abs. 3 S. 1 gewährt dem Vorsitzenden und den betriebsfremden Beisitzern der Einigungsstelle einen unmittelbaren Vergütungsanspruch. In Abweichung zur früher hM (BAG 27.3.1979 AP BetrVG 1972 § 76 Nr. 7) bedarf es dafür weder hins. der Beisitzer noch hins. des Vorsitzenden einer Vereinbarung mit dem AG (BAG 12.2.1992 AP BetrVG 1972 § 76a Nr. 2). Voraussetzung für die Entstehung des Vergütungsanspruchs ist die **rechtswirksame Bestellung**, was bei einem vom BR bestellten Beisitzer einen wirksamen BRbeschluss voraussetzt (BAG 19.8.1992 AP BetrVG 1972 § 76a Nr. 3). Hinsichtlich der vertretbaren Beisitzerzahl und der Zulässigkeit betriebsfremder Beisitzer hat sich durch Einführung der Vorschr. nichts geänd. Ebenso hat ein hauptamtl. Gewerkschaftsfunktionär, der sein Honorar ganz oder tw. an eine Gewerkschaftsstiftung abzuführen hat, Anspruch auf Vergütung (*Fitting* Rn. 16). Auch ein in die Einigungsstelle berufener Rechtsanwalt kann Vergütung verlangen. Die Festlegung des Honorars erfolgt nicht nach dem RVG, sondern nach Abs. 3 S. 2, da der Rechtsanwalt als Beisitzer nicht in seiner Eigenschaft als Anwalt tätig wird (BAG 20.2.1991 AP BetrVG 1972 § 76 Nr. 44). Bei vorzeitiger Beendigung richtet sich der Vergütungsanspruch nach § 628 I BGB.

5 Da eine Verordnung iSd. Abs. 4 S. 1 bisher nicht erlassen wurde, ist die **Höhe der Vergütung** im Einzelfall festzulegen. Dies geschieht durch vertragl. Absprache mit dem AG, oder, falls eine solche nicht zustande gekommen ist, durch einseitige Bestimmung durch die anspruchsberechtigten Mitglieder der Einigungsstelle gem. §§ 315, 316 nach billigem Ermessen (BAG 12.2.1992 AP BetrVG 1972 § 76a Nr. 2). Anstelle des früher maßgebl. Streitwertes hat die Festsetzung nunmehr nach den in Abs. 4

S. 3 bis 5 aufgezählten Bemessungskriterien zu erfolgen (s. *Ebert*, Die Kosten der Einigungsstelle gem. § 76a BetrVG unter bes. Berücksichtigung der Honorierung, 1999; *R. Schneider* FS Stege 1997 S. 253). Gerichtl. kann die Vergütungshöhe nur dann festgesetzt werden, wenn die Vergütungsbestimmung des Einigungsstellenmitglieds unbillig ist (BAG 14.2.1996 AP BetrVG 1972 § 76a Nr. 6). Umstritten ist die in der Vorschr. nicht geregelte Bestimmung der konkreten **Tages- oder Stundensätze.** Die tw. vorgeschlagene Heranziehung des Justizvergütungs- und Entschädigungsgesetzes (JVEG) wird unter Hinweis auf die komplexere und umfangreichere Tätigkeit der Einigungsstellenmitglieder überw. abgelehnt (DKKW/*Berg* Rn. 32; *Fitting* Rn. 24 ff.). Das BAG hat mangels einer planwidrigen Gesetzeslücke die gerichtl. Festsetzung von Höchstbeträgen unter Heranziehung des ZSEG verworfen (Richardi/*Richardi* Rn. 21). Es hielt 1996 einen Stundensatz von DM 300,– bei einer Angelegenheit von mittlerer Schwierigkeit für nicht unangemessen (BAG 28.8.1996 AP BetrVG 1972 § 76a Nr. 7). Als Richtschnur dürfte heute ein Stundensatz von ca. € 200,– bis € 400 übl. und angemessen sein, abhängig von Bedeutung der Angelegenheit und wirtschaftlicher Leistungsfähigkeit des Unternehmens (s. auch GK-BetrVG/*Kreutz/Jacobs* Rn. 45 ff.: € 50,– bis € 260,–).

Die Vergütung der Beisitzer hat nach Abs. 4 niedriger zu sein als das Honorar des Vorsitzenden, 6
ohne dass aber ein konkreter Betrag genannt würde. Die vor Einführung des § 76a maßgebl. Grunds., wonach ein **Beisitzerhonorar iHv. 7/10 des Honorars des Vorsitzenden** im Allg. als sachgerecht und dem billigem Ermessen entspr. angesehen wurde, ist vom BAG mittlerweile bestätigt worden (BAG 14.2.1996 AP BetrVG 1972 § 76a Nr. 6). Bei bes. Umständen im Einzelfall können aber Ausnahmen von diesem Grundsatz gemacht werden (*Fitting* Rn. 25a), denn der Anspruch der Beisitzer ergibt sich aus dem G, nicht aus der Vereinbarung mit dem Vorsitzenden. Zu modifizieren ist die 7/10-Rechtsprechung, wenn mit dem Vorsitzenden (wie im Regelfall) ein Stunden- oder Tageshonorar vereinbart ist. Bei einer solchen aufwandsorientierten Vergütung sind auch Beisitzern nur 7/10 von ihrem tatsächl. Aufwand zu vergüten. Beisitzer haben also zB keinen Anspruch auf anteilige Vergütung, die dem Vorsitzenden für die Vorbereitung der Sitzung oder das Erstellen von BVsentwürfen zustehen. Aus Gründen der Parität ist es unzulässig, bei der Entlohnung der vom BR benannten Einigungsstellenmitglieder andere Bewertungsmaßstäbe anzulegen als bei den übrigen Beisitzern (BAG 20.2.1991 AP BetrVG 1972 § 76 Nr. 44; WPK/*Preis* Rn. 13).

5. Abweichende Regelungen. Gem. Abs. 5 kann von den Vergütungsvorschriften der Abs. 3 und 4 7
durch TV und, sofern der Tarifvorrang beachtet wird, auch durch BV abgewichen werden. Über den Wortlaut hinaus können anderweitige Regelungen aber auch durch Individualabsprachen zwischen AG und Einigungsstellenmitglied getroffen werden (GK-BetrVG/*Kreutz/Jacobs* Rn. 60). Die Abweichungen können für die betroffenen Personen sowohl günstiger als auch ungünstiger sein (*Fitting* Rn. 31). Zulässig ist es auch, eigene Berechnungskriterien aufzustellen und z. B. Honorarvereinbarungen mit externen Beisitzern abzuschließen. Durch solche Vereinbarungen darf die Verhandlungsparität nicht beeinträchtigt werden, was allerdings nicht automatisch dadurch geschieht, dass mit Beisitzern der AGSeite und mit Beisitzern der BRSeite unterschiedliche Vergütungsregelungen getroffen werden (GK-BetrVG/*Kreutz/Jacobs* Rn. 62; strenger *Fitting* Rn. 26).

6. Streitigkeiten. Streitigkeiten über die Kosten der Einigungsstelle sind im arbeitsgerichtl. BeschlV. 8
auszutragen. Da es sich um ges. Ansprüche handelt, ist der BR an einem gerichtl. Verfahren über die Höhe eines Vergütungsanspruchs nicht zu beteiligen (BAG 12.2.1992 AP BetrVG 1972 § 76a Nr. 2). Kosten, die einem betriebsfremden Einigungsstellenmitglied bei der Durchsetzung seines Honoraranspruchs entstehen, sind ebenfalls im BeschlV. auszutragen (BAG 27.7.1994 AP BetrVG 1972 § 76a Nr. 4). Dies schließt auch etwaige Anwaltskosten mit ein (*Fitting* Rn. 34). Ansprüche betriebsangehöriger Beisitzer nach Abs. 2 S. 1 iVm. § 37 II und III sind im Urteilsverfahren geltend zu machen (GK-BetrVG/*Kreutz/Jacobs* Rn. 66). Im Falle eines Insolvenzverfahrens sind Vergütungsansprüche und andere Kosten der Einigungsstelle Masseschulden gem. § 55 I InsO, wenn nicht das Einigungsstellenverfahren bereits vor Insolvenzeröffnung abgeschlossen war (DKKW/*Berg* Rn. 47). Das gilt auch dann, wenn das Einigungsstellenverfahren vor Insolvenzeröffnung begonnen und später vom InsV weitergeführt wurde (BAG 27.3.1979 AP BetrVG 1972 § 76 Nr. 7).

§ 77 Durchführung gemeinsamer Beschlüsse, Betriebsvereinbarungen

(1) [1] **Vereinbarungen zwischen Betriebsrat und Arbeitgeber, auch soweit sie auf einem Spruch der Einigungsstelle beruhen, führt der Arbeitgeber durch, es sei denn, dass im Einzelfall etwas anderes vereinbart ist.** [2] **Der Betriebsrat darf nicht durch einseitige Handlungen in die Leitung des Betriebs eingreifen.**

(2) [1] **Betriebsvereinbarungen sind von Betriebsrat und Arbeitgeber gemeinsam zu beschließen und schriftlich niederzulegen.** [2] **Sie sind von beiden Seiten zu unterzeichnen; dies gilt nicht, soweit Betriebsvereinbarungen auf einem Spruch der Einigungsstelle beruhen.** [3] **Der Arbeitgeber hat die Betriebsvereinbarungen an geeigneter Stelle im Betrieb auszulegen.**

(3) [1] **Arbeitsentgelte und sonstige Arbeitsbedingungen, die durch Tarifvertrag geregelt sind oder üblicherweise geregelt werden, können nicht Gegenstand einer Betriebsvereinbarung sein.** [2] **Dies gilt nicht, wenn ein Tarifvertrag den Abschluss ergänzender Betriebsvereinbarungen ausdrücklich zulässt.**

(4) [1] **Betriebsvereinbarungen gelten unmittelbar und zwingend.** [2] **Werden Arbeitnehmern durch die Betriebsvereinbarung Rechte eingeräumt, so ist ein Verzicht auf sie nur mit Zustimmung des Betriebsrats zulässig.** [3] **Die Verwirkung dieser Rechte ist ausgeschlossen.** [4] **Ausschlussfristen für ihre Geltendmachung sind nur insoweit zulässig, als sie in einem Tarifvertrag oder einer Betriebsvereinbarung vereinbart werden; dasselbe gilt für die Abkürzung der Verjährungsfristen.**

(5) **Betriebsvereinbarungen können, soweit nichts anderes vereinbart ist, mit einer Frist von drei Monaten gekündigt werden.**

(6) **Nach Ablauf einer Betriebsvereinbarung gelten ihre Regelungen in Angelegenheiten, in denen ein Spruch der Einigungsstelle die Einigung zwischen Arbeitgeber und Betriebsrat ersetzen kann, weiter, bis sie durch eine andere Abmachung ersetzt werden.**

Übersicht

I. Vorbemerkung

§ 77 regelt vornehml. das Zustandekommen, den Inhalt, die Rechtswirkung und die Beendigung der **BV** als wichtigstes **Gestaltungsinstrument** zur Verwirklichung der **Mitbestimmungsrechte** des BR. Daneben verwendet die Vorschr. verschiedene Begriffe für Absprachen zwischen AG und BR: Der in der Überschrift genannte Begriff des Beschlusses entstammt noch der Diktion des BetrVG 1952 und wurde dort als Oberbegriff für die betriebl. Einigung verwandt. In Abs. 1 ist ganz allg. von der Durchführung von **Vereinb.** zwischen BR und AG die Rede. Gemeint sind hier nicht nur BV, auch solche, die auf einem Spruch der Einigungsstelle beruhen, sondern auch sonstige Vereinb. zwischen AG und BR, für die sich die Bezeichnung Regelungsabreden eingebürgert hat (dazu unter Rn. 127). Dagegen behandeln die Abs. 2–6 der Vorschr. nur die BV. 1

II. Durchführung gemeinsamer Beschlüsse (§ 77 I)

Der AG führt die Vereinb. mit dem BR (BV oder Regelungsabrede) durch (§ 77 I 1), denn die Befugnis zur Leitung des Betriebs verbleibt auch auf der Grdl. des BetrVG allein beim AG (§ 77 I 2). Das betrifft Entsch., an denen der BR zuvor beteiligt war oder die der Mitbestimmung des BR unterliegen. Aus den Mitbestimmungsrechten des BR erwächst diesem kein Mitdirektionsrecht, auch nicht ggü. den AN (WPK/*Preis* Rn. 2; Richardi/*Richardi* Rn. 8). Der BR ist zur Durchführung einer Vereinb. nur dann berechtigt, wenn dies im Einzelfall ausdrückl. vereinbart ist. IÜ beziehen sich die Beteiligungsrechte des BR auf die Planung und die Entscheidungsvorbereitung zur Willensbildung des AG, bei dem auch die Verantwortung und zivilrechtl. Haftung für alle durchgeführten Maßnahmen liegen. Entsch. dagegen, die der BR selbst treffen kann und für die eine Vereinb. mit dem AG nicht erforderl. ist, sowie Beschlüsse in eigener Sache (zB Einberufung der Betriebsversammlung, § 43), führt der BR selbst durch (Richardi/*Richardi* Rn. 7 mwN.). 2

Über den missverständl. Wortlaut des § 77 I 1 hinaus trifft den AG eine Durchführungspflicht. Führt er die Vereinb. mit dem BR nicht durch oder trifft er Maßnahmen, die der Mitbestimmung unterliegen, darf der BR jedoch nicht eigenmächtig in die Betriebsleitung eingreifen, sondern muss sich an den AG bzw. an das ArbG wenden (dazu s. Rn. 8). 3

III. Betriebsvereinbarungen

1. Begriff und Rechtsnatur. Die BV ist das Rechtsinstitut für die Ausübung des Mitbestimmungsrechts und die innerbetriebl. Rechtssetzung: Sie sichert dem BR die gleichberechtigte Beteiligung an der Gestaltung bestimmter betriebl. Angelegenheiten und regelt diese mit verbindl. Wirkung für die Belegschaft. Die BV ist ein privatrechtl. Normenvertrag zwischen AG und BR für die von ihm repräsentierte Belegschaft zur Regelung der betriebl. und betriebsverfassungsrechtl. Ordnung sowie über Inhalt, Abschluss und Beendigung von ArbVerh. (Richardi/*Richardi* Rn. 26, 51 f.; ders. ausführl. zum Theorienstreit über die Rechtsnatur Rn. 23 ff.). Vereinb. zwischen AG und BR, die mangels normativer Wirkung keine BV sind, werden manchmal auch als betriebl. Einigung oder Betriebsabsprache, meist aber als Regelungsabrede bezeichnet (dazu Rn. 127). 4

2. Rechtswirkung. a) Normative Wirkung (Abs. 4). Charakteristisch für die BV ist die sog. **normative** Wirkung, dh. die unmittelbare und zwgd. Wirkung der Regelungen auf das ArbVerh. Das BetrVG selbst gebraucht zwar nicht den Ausdruck normativ und legt der BV an keiner Stelle die Befugnis bei, Normen zu setzen, in auffallendem Gegensatz zum TVG, das nicht weniger als sechsmal von den durch TV begr. Rechtsnormen spricht. Auch § 613a I 3 BGB spricht nur bei TV, nicht bei BV von Rechtsnormen. Indessen sagt § 77 IV ausdrückl., dass BV unmittelbar und zwgd. gelten. Deshalb geht die ganz hM bei der BV wie beim TV von einer normativen, gesetzesgleichen Wirkung auf die ArbVerh. aus (dazu eingehend *Hanau* RdA 1989, 207 ff. mwN). Sie ist unerlässl. Inhalt jeder BV. BV schaffen objektives Recht, das automatisch auf jedes im Geltungsbereich der jeweiligen BV bestehende ArbVerh. einwirkt. Es handelt sich aber nicht um unmittelbar an die Grundrechte gebundene Gesetzgebung iSd. Art. 1 III GG (BVerfG 23.4.1986 E 73, 261; dazu Einl. Art. 1 GG Rn. 24, 60). 5

Die normative Wirkung verleitet zu der Annahme und wurde auch zunächst so verstanden, dass die BV aufgrund ihrer unmittelbaren und zwgd. Wirkung über dem Arbeitsvertrag stehe. Dies gilt aber nur eingeschränkt, weil der GS 1986 das **Günstigkeitsprinzip** in die Betriebsverfassung eingeführt hat (16.9.1986 AP BetrVG 1972 § 77 Nr. 17). Seitdem oder genauer rückwirkend seit 1982 (BAG 20.11.1990 AP BetrAVG § 1 Ablösung Nr. 14) können BV die ArbVerh. nur noch unmittelbar und zwgd. gestalten, soweit im Betrieb nicht schon günstigere arbeitsvertragl. Regelungen bestehen. Damit gilt im Verhältnis zwischen BV und Arbeitsvertrag, dass individualrechtl. Vereinb. ggü. BV Vorrang haben, wenn und soweit sie eine für den ArbN günstigere Regelung enthalten, außer wenn die Arbeitsverträge ausdrückl. oder konkludent für verschlechternde BV offen sind. Das Günstigkeitsprinzip gilt auch dann als Kollisionsnorm, wenn es sich um vertragl. Ansprüche handelt, die auf einer vom AG gesetzten Einheitsregelung oder Gesamtzusage oder auf betriebl. Übung beruhen (dazu iE Rn. 70 ff.). 6

7 Unmittelbare und zwgd. Wirkung ggü. den AN haben nicht nur BV, sondern auch über ihre Wirksamkeit und ihren Inhalt ergangene Entsch. in **BeschlV**. Eine solche zwischen den Betriebspartnern ergangene rechtskräftige gerichtl. Entscheidung wirkt auch ggü. den AN, die Ansprüche aus der BV geltend machen (BAG 17.8.1999 AP BetrVG 1972 § 77 Nr. 79).

8 **b) Schuldrechtliche Wirkung (Abs. 1).** Die BV entfaltet regelm. auch schuldrechtl. Wirkungen, soweit sie das Verhältnis AG/BR regelt und die Betriebspartner gegenseitig berechtigt oder verpflichtet (MüArbR/*Matthes* § 239 Rn. 2; WPK/*Preis* Rn. 35). Zum einen ist jeder BV als Annex zur normativen Wirkung die **Durchführungspflicht** und die mit Abschluss der BV aktualisierte „Friedenspflicht" immanent (WPK/*Preis* Rn. 36; *Fitting* Rn. 50; aA GK-BetrVG/*Kreutz* Rn. 187, 200). Zum anderen ergibt sich die Pflicht des AG zur Durchführung von BV bereits aus **§ 77 I**, welcher der in § 1 TVG verankerten Durchführungspflicht entspricht. Danach führt der AG Vereinb. zwischen BR und AG durch, wenn nicht im Einzelfall etwas anderes vereinbart ist. Entgegen dem missverständl. Gesetzeswortlaut handelt es sich hierbei um ein gesetzl. Gebot: Der AG **muss** die Vereinb. mit dem BR, also auch die BV, durchführen. Tut er es nicht, kann der BR im arbeitsgerichtl. BeschlV. nicht nur die Feststellung der Durchführungspflicht beantragen, sondern weitergehend auch die Verpflichtung zu einem der Durchführungspflicht entspr. Tun oder Unterlassen **(Durchführungsanspruch)**. Der BR kann auch die Nichtdurchführung einer gesetzwidrigen BV verlangen (LAG HH 13.3.2002 LAGE ArbZG § 7 Nr. 1). Die Durchführungspflicht beinhaltet zugleich die Verpflichtung des AG dafür zu sorgen, dass sich auch die AN an die Regelung in der BV halten (BAG 29.4.2004 NZA 2004, 671), etwa an die in einer BV festgelegten AZ-Grenzen (LAG K 8.2.2010 NZA-RR 2010, 303). **Einschränkend:** Der Anspruch des BR auf Durchführung einer BV hat nicht die Befugnis des BR zum Inhalt, vom AG aus eigenem Recht die Erfüllung von Ansprüchen der AN aus dieser BV zu verlangen(BAG 18.3.2014 NZA 2014, 914). Ein Antrag des BR, mit dem er die Verurteilung des AG zur Erfüllung oder Nichterfüllung von Ansprüchen der AN aus einem Sozialplan begehrt, ist deshalb unzulässig (BAG 17.10.1989 AP BetrVG 1972 § 112 Nr. 53; LAG N 24.2.1995 LAGE BetrVG 1972 § 77 Nr. 19; LAG HM 22.9.1999 NZA-RR 2000, 194; ausführl. *Ahrendt* NZA 2011, 774). Dasselbe gilt für einen Antrag auf Weitergewährung eines mitbestimmungswidrig eingeführten Vergütungsbestandteils an die AN (BAG 18.3.2014 NZA 2014, 984). Bedenkl. ist es, wenn das BAG unter dem Gesichtspunkt der Verfahrenskonzentration gem. § 17 GVG im Beschlussverfahren über einen an sich im Urteilsverfahren zu entscheidenden Antrag auf Entfernung einer Abmahnung eines BRMitglieds entscheidet (so BAG 4.12.2013 NZA 2014, 803; kritisch *Salamon* NZA 2015, 85).

9 Nach § 77 I 2 darf der BR **keine Selbsthilfe** üben, dh. es ist ihm verboten, einseitig in die Leitung des Betriebs einzugreifen. Verstößt der BR hiergegen, so liegt eine Amtspflichtverletzung vor, die bei einem groben Verstoß gem. § 23 zur Auflösung des BR führen kann. Kein Eingriff in die Leitung des Betriebs liegt hingegen vor, wenn der BR seine ihm vom G eingeräumten Vollzugsrechte oder im Rahmen seiner Zuständigkeit gefasste Beschlüsse (§ 33) ausführt (DKKW/*Berg* Rn. 7).

10 Über die genannten immanenten obligatorischen Verpflichtungen hinaus können die Betriebsparteien **weitere schuldrechtl. Abreden** in der BV treffen. Anerkannt ist das jdf. für solche Abreden, die nicht vom normativen Teil losgelöst sind (AG verpflichtet sich, bei Neueinstellungen Arbeitsverträge nur mit festen AZ statt KAPOVAZ abzuschließen, unter Verzicht auf Abrufmöglichkeiten entspr. dem Arbeitsanfall, BAG 13.10.1987 AP BetrVG 1972 § 77 Auslegung Nr. 2). Umstr. ist dagegen, ob begriffl. eine BV vorliegt, wenn sich die Abrede zwischen den Betriebspartnern ausschließl. auf obligatorische Verpflichtungen zwischen AG und BR beschränkt (zB Versprechen des AG, Wohnraum für AN zu schaffen oder eine rechtl. selbständige Sozialeinrichtung zu errichten; ausführl. zum Meinungsstand: Richardi/*Richardi* Rn. 59 ff.). Tw. wird hierzu vertreten, der enge Wortlaut des § 77 IV 1 beschränke den Inhalt von BV auf Rechtsnormen und verweise die Parteien iÜ auf das Regelungsinstrument der Betriebsabsprachen oder Regelungsabreden (GK-BetrVG/*Kreutz* Rn. 187 ff.; *Hanau* AuA 1995, 402; *Fitting* Rn. 50). Diese Sichtweise ist aber zu eng. Soweit sich die Vereinb. iRd. **funktionellen Zuständigkeit der Betriebsparteien** bewegen, darf es ihnen nicht verwehrt sein, sich für die Vereinb. obligatorischer Pflichten der BV zu bedienen; dadurch wird der eigentl. Zweck des Regelungsinstruments nicht verfehlt (Richardi/*Richardi* Rn. 61 f.; WPK/*Preis* Rn. 35). Für den Durchführungsanspruch des BR allerdings ist diese Einordnung unerhebl. Zur Regelungsabrede Rn. 127 ff.

11 **Einzelfälle:** Der AG kann sich in einer BV verpflichten, die Einhaltung eines mit dem BR vereinbarten Alkoholverbots nur mit den ebenfalls in der BV genannten Mitteln (Kontrolle durch Vorgesetzte, freiwilliger Alkoholtest durch Werksarzt) zu überwachen (BAG 10.11.1987 AP BetrAVG § 77 Nr. 24). Der AG kann sich in einer BV dem BR ggü. verpflichten, teilzeitbeschäftigte Mitarbeiter nur zu den zuvor im Arbeitsvertrag festgelegten festen AZ zu beschäftigen (BAG 13.10.1987 AP BetrVG § 77 Nr. 24). Der AG verletzt eine BV über eine gleitende AZ, wenn er im dienstl. Interesse liegende Schulungs- und Informationsveranstaltungen für Kundenberater außerhalb der Kernzeit, aber innerhalb der Gleitzeit ohne Zustimmung des BR ansetzt. Der BR kann eine entspr. Feststellung verlangen (BAG 18.4.1989 AP BetrVG 1972 § 87 Arbeitszeit Nr. 33). Das LAG BW (11.7.2002 LAGE § 87 BetrVG 1972 Arbeitszeit) verpflichtet den AG, bei Gleitzeit den Verfall von Guthaben und ein Überschreiten des Arbeitszeitrahmens zu unterbinden, doch kann die BV das auch den AN überlassen (§ 75 II). Zulässig

ist auch der Antrag auf Feststellung, dass nach einer BV über Akkordzeiten die Erholungszeiten auf die Grundzeiten aufzuschlagen sind (BAG 24.2.1987 AP BetrVG 1972 § 77 Nr. 21).

3. Mitbestimmte und freiwillige Betriebsvereinbarungen. Im Einzelnen muss man zwischen mitbestimmten, teilmitbestimmten und freiwilligen BV unterscheiden. **Mitbestimmt** und **erzwingbar** sind BV in **mitbestimmungspflichtigen** Angelegenheiten, weil hier die fehlende Einigung zwischen AG und BR durch einen Spruch der Einigungsstelle ersetzt werden kann (vgl. § 77 VI). Die wichtigsten Fälle finden sich im Katalog des § 87, in §§ 94, 95 und in § 112 betr. den Sozialplan. Über diese durch G bestimmten Fälle hinaus können von den Betriebspartnern BV auf **freiwilliger** Basis abgeschlossen werden, sog. **freiwillige** BV (ua. §§ 76 I 2, 86, 88, 102 VI). Denn im Grundsatz können durch BV alle Fragen geregelt werden, die in die Zuständigkeit der Betriebspartner fallen. Das BAG geht von einer umfassenden Regelungskompetenz aus (BAG 26.8.1997 AP BetrVG 1972 § 112 Nr. 117; WPK/*Preis* Rn. 18). Zum Umf. der Regelungskompetenz und einer sog. „Allzuständigkeit" s. Rn. 36. 12

Auch wenn die mitbestimmten wie die freiwilligen BV idR von den Betriebspartnern selbst geschlossen werden, hat die Unterscheidung va. Bedeutung für die Frage der Erzwingbarkeit der BV, ihrer Kündigung, die Frage der Nachwirkung und der Abgrenzung der Zuständigkeiten von BR, GBR und KBR. Insbesondere haben die **mitbestimmten BV** in zweierlei Hinsicht eine **stärkere Wirkung**: Sie sind in geringerem Umf. als die freiwilligen BV an den Vorrang des TV gem. § 77 III gebunden (dazu Rn. 44) und haben nach § 77 VI Nachwirkung (dazu Rn. 100 ff.). Dies bedeutet aber nicht, dass immer zu prüfen ist, ob eine BV in einer mitbestimmungspflichtigen Angelegenheit zustande gekommen ist oder ob eine Erzwingbarkeit fehlt. Erhebl. ist das nur, soweit es im Einzelfall konkret auf die Unterschiede zwischen beiden Abschlusstatbeständen ankommt: so bei der Anrufung der Einigungsstelle, dem Verhältnis zum TV und der Nachwirkung. IÜ, also für Wirksamkeit, Auslegung und Durchführungsanspruch, gelten die **gleichen Grundsätze.** Bsp.: AG und BR schließen eine BV über Maßnahmen gegen **Alkoholsucht** im Betrieb. Für die Frage der Wirksamkeit ist es unerhebl., ob sie nach § 87 I Nr. 1 mitbestimmt ist. Denn in jedem Fall ist sie als freiwillige BV nach § 88 zulässig, der Vereinb. über alle sozialen Angelegenheiten umfasst, dh. über den gesamten Inhalt des ArbVerh. 13

Eine wenig beachtete, aber selbstverständl. Besonderheit der mitbestimmten BV ist, dass sie oder der sie ersetzende Spruch der Einigungsstelle das **Mitbestimmungsrecht des BR verbrauchen** und den BR und AG bis zu ihrem Ablauf hins. ihrer Regelungstatbestände binden. Das kann gleichfalls für die freiwillige BV gelten, soweit das von den Betriebspartnern gewollt ist (BAG 26.8.1997 AP BetrVG 1972 § 112 Nr. 117). Fragl. ist, ob damit vor Ablauf der BV auch die Einleitung des Mitbestimmungsverfahrens ausgeschlossen ist oder nur das Inkrafttreten eines Spruches der Einigungsstelle. Um einen nahtlosen Anschluss der Neuregelung mit Ablauf der bisherigen BV zu gewährleisten, muss – sobald dies erforderl. ist – die Einleitung des Mitbestimmungsverfahrens, insb. der Antrag auf Einsetzung und Besetzung einer Einigungsstelle, zulässig sein. 14

Vereinbarungen über Angelegenheiten, deren Inhalt nur tw. der erzwingbaren Mitbestimmung unterliegt, der andere Teil dagegen der Mitbestimmung entzogen ist, bezeichnet man als sog. **teilmitbestimmte BV.** Ihre Besonderheiten sind erst lange nach Inkrafttreten des G in den Blickpunkt der Rspr. geraten (bes. deutl. BAG 26.10.1993 AP BetrVG 1972 § 77 Nachwirkung Nr. 6), obwohl die meisten BV nicht eindeutig einem Abschlusstatbestand zuzuordnen sein dürften. Denn regelm. unterliegt ein Lebensvorgang nicht im Ganzen, sondern nur in einzelnen Aspekten der Mitbestimmung. Das wichtigste Bsp. sind BV über **Arbeitsentgelte** im weitesten Sinne, in denen nach heutiger Auslegung des § 87 I Nr. 10 nicht die Gesamthöhe der jeweiligen Leistung und auch nicht ihre Zweckbestimmung mitbestimmt sind, sondern nur der Verteilungsschlüssel. Zwar ist es theoretisch denkbar, Gesamthöhe und Zweck der Leistung einerseits, den Verteilungsschlüssel andererseits in verschiedenen BV zu regeln, die dann ganz freiwillig bzw. ganz mitbestimmt wären. In der Praxis ist ein solches Vorgehen aber selten, da Gesamthöhe und Zweck der Leistung mit dem Verteilungsschlüssel eng zusammenhängen. Deshalb enthalten die meisten **BV über Arbeitsentgelte** tw. mitbestimmte und tw. nichtmitbestimmte freiwillige Elemente, abgesehen von den Leistungsentgelten, die nach § 87 I Nr. 11 in vollem Umf. der Mitbestimmung unterliegen. Ähnl. verhält es sich bei BV über die **AZ**: Auch sie sind teilmitbestimmt, soweit sie die Dauer und die Lage der AZ regeln, da die Lage der AZ nach § 87 I Nr. 2 mitbestimmt ist, ihre regelm. Dauer aber nicht. Die teilmitbestimmten BV führen immer dort zu **Schwierigkeiten,** wo eine Rechtsvorschrift zwischen mitbestimmten und freiwilligen BV unterscheidet (dazu Rn. 53 ff., 109 ff.). 15

Hiervon zu unterscheiden und einfacher zu handhaben sind die verwandten Fälle, in denen eine BV nicht – wie oben beschrieben – eine einheitl. Materie regelt, die tw. mitbestimmt ist, sondern verschiedene abgrenzbare Materien, von denen einige der Mitbestimmungspflicht unterliegen, andere dagegen nicht. Dabei kann es sich um ganz verschiedene Regelungstatbestände handeln oder auch um nicht mitbestimmte Annex-Bedingungen zu mitbestimmungspflichtigen Angelegenheiten. Rechtsdogmatisch spricht man hier von **tw. mitbestimmten BV** in Abgrenzung zur teilmitbestimmten BV. Da es sich um verschiedene Materien handelt, müssen solche BV nicht einheitl. behandelt werden. Vielmehr kann jeder Teil nach den entspr. Regelungen, also als mitbestimmt oder als freiwillig behandelt werden, soweit sie einzeln sinnvoll handhabbar sind (BAG 23.6.1992 NZA 1993, 229). 16

17 **4. Zustandekommen von Betriebsvereinbarungen. a) Vertrag.** Die BV kommt nach hM durch den Abschluss eines **privatrechtl. kollektiven Normenvertrages** zustande (BAG 18.2.2003 AP BetrVG 1972 § 77 Betriebsvereinbarung Nr. 11; *Fitting* Rn. 13 mwN), der nur mittelbar der Grundrechtsbindung unterliegt. Als solcher bedarf die BV zu ihrer Wirksamkeit zweier übereinstimmender Willenserklärungen der Betriebspartner (sog. Vertragstheorie). Auch wenn Abs. 2 S. 1 von einem gemeinsamen Beschluss von AG und BR spricht, ist das Zustandekommen der BV nicht an eine gemeinsame Abstimmung im Rahmen einer gemeinsamen Sitzung geknüpft, sondern gemeint ist der Austausch zweier übereinstimmender bzw. sich erg. Willenserklärungen (*Fitting* Rn. 18; GK-BetrVG/*Kreutz* Rn. 39; Richardi/*Richardi* Rn. 30).

18 **b) Parteien.** Zum Abschluss der BV auf ANSeite ist der **BR** unter der Voraussetzung, dass er zur Regelung der Angelegenheit zuständig ist, befugt (auch bei Übergangs- oder Restmandat, s. §§ 21a, b). Dem BR gleichgestellt sind GBR (§ 50) und KBR (§ 58) (Richardi/*Richardi* Rn. 31). Überträgt der BR Aufgaben an den GBR, so ist Letzterer zum Abschluss befugt, jedoch bleibt der BR Vertragspartner (*Fitting* Rn. 18). Schließl. können auch ArbNVertretungen gem. § 3 I Nr. 1 bis 3 BV mit dem AG abschl. Keine Abschlussbefugnis besitzen dagegen die JAV, die GesamtJAV, die KonzernJAV, der Wirtschaftsausschuss, die Betriebsversammlung und der Sprecherausschuss (Richardi/*Richardi* Rn. 31). Vereinbarungen zwischen Arbeitsgruppen iSd. § 28a I und ArbGeb können als GruppenBV abgeschlossen werden (GK-BetrVG/*Kreutz* Rn. 42). Liegt eine mitbestimmungspflichtige Angelegenheit vor oder haben sich die Parteien im Voraus dem **Spruch der Einigungsstelle** unterworfen, so kann die BV durch Spruch der Einigungsstelle erfolgen (*Fitting* Rn. 19). Auf AGSeite ist der **Inhaber des Betriebs** Vertragspartner (*Fitting* Rn. 20), so dass im Gemeinschaftsbetrieb zwei Vertragspartner dem BR ggü stehen.

19 **c) Form der Betriebsvereinbarung.** Im Gegensatz zu den anderen Vereinbarungen zwischen AG und BR bedarf die BV nach § 77 II der **Schriftform** (zur Umdeutung formunwirksamer BV in eine Regelungsabrede s. unten Rn. 29; zur Form von Aufhebungsverträgen Rn. 91). Die Anforderungen an das Schriftformerfordernis richten sich grds. nach den allg. Regeln des BGB-AT (§§ 125 ff. BGB). Mithin ist die BV gem. § 125 BGB nichtig, wenn die Betriebspartner § 77 II nicht beachten. Bedingt durch die Rechtsnatur der BV als Normenvertrag, können die BGB AT-Regeln jedoch nicht ohne weiteres übertragen werden (BAG 3.6.1997 AP BetrVG § 77 Nr. 69). Eine wirksame BV liegt daher nur vor, wenn beide Parteien auf **demselben Schriftstück unterzeichnet** haben (§ 126 II 1 BGB). § 126 II 2 BGB findet unter Berücksichtigung des Drittinteresses der AN an der Erkennbarkeit einer wirksamen BV keine Anwendung (Richardi/*Richardi* Rn. 38). Die Ersetzung der Schriftform durch die elektronische Form verbunden mit einer digitalen Signatur (§§ 126 III, 126a BGB) ist zulässig (ebenso WPK/*Preis* Rn. 8; aA Richardi/*Richardi* Rn. 34; HWK/*Gaul* Rn. 14); Textform (§ 126b BGB) genügt hingegen nicht. Einzelheiten ergeben sich aus einem Beschl. des LAG BE vom 6.9.1991 (LAGE BetrVG § 77 Nr. 15). Danach ist das Schriftformerfordernis nicht erfüllt, wenn der AG die Fotokopie eines BRBeschl. unterzeichnet, selbst wenn das Original des Beschl. von sämtl. BRMitgliedern unterzeichnet war. Auch für die BV maßgebl. ist ein Beschl. des BGH v. 24.9.1997 (ZIP 1997, 2085), nach dem die Schriftform des § 126 BGB keine körperl. Verbindung der einzelnen Blätter verlangt, wenn sich deren Einheit aus fortlaufender Paginierung, fortlaufender Nummerierung der einzelnen Bestimmungen, einheitl. graphischer Gestaltung, inhaltl. Zusammenhang des Textes oder vergleichbaren Merkmalen zweifelsfrei ergibt.

20 Grds. finden ebenfalls die an das Formerfordernis von **Gesamturkunden** gestellten Anforderungen Anwendung. Somit genügt eine von den Betriebspartnern unterschriebene BV, welche die Altersversorgung des AN iVm. mit einer nicht unterschriebenen „Musterzusage" regelt, dem Formerfordernis des § 77 II, wenn sie mit der Musterzusage durch eine Heftklammer verbunden ist (BAG 11.11.1986 AP BetrVG 1972 § 77 Nr. 18; 7.5.1998 AP KSchG 1969 § 1 Namensliste Nr. 1).

21 Da § 77 II ledigl. eine Klarstellungsfunktion für den Inhalt der Vereinb. hat (und anders als § 126 BGB keine Schutzfunktion zB vor Übereilung) sind die Anforderungen an das Schriftformerfordernis tw. geringer, so dass sich insb. eine erweiterte Zulässigkeit von **Anl. und Verweisungen** ergibt (BAG 3.6.1997 AP BetrVG 1972 § 77 Nr. 69). Die erforderl. Klarheit kann auch bei einer Verweisung auf andere genau bezeichnete, im Zeitpunkt der Bezugnahme geltende schriftl. Regelungen bestehen. Zulässig ist daher die Verweisung auf TV, BV oder RL des AG, ohne dass diese wiederholt oder als Anl. beigefügt werden müssen (BAG 9.7.1980 BetrVG 1972 § 1 TVG Form Nr. 7; 3.6.1997 AP BetrVG 1972 § 77 Nr. 69 zur Verweisung auf eine allein vom AG unterzeichnete Gesamtzusage; *Fitting* Rn. 23). Eine **dynamische Bezugnahmeklausel** oder **Blankettverweisung** ist jedoch unzulässig, da sich die Betriebspartner sonst ihrer Normsetzungsbefugnis entäußern würden (*Fitting* Rn. 24). Ledigl. die Bezugnahme auf eine zum Zeitpunkt der Verweisung geltende Regelung (sog. statische Verweisung) ist wirksam (BAG 23.6.1992 AP § 77 BetrVG 1972 Nr. 55). Eine unwirksame Blankettverweisung soll aber nicht zur Unwirksamkeit der gesamten BV führen, sondern ist so zu lesen, als wäre der Inhalt der in Bezug genommenen Regelung statisch vereinbart worden; eine Teilunwirksamkeit bezieht sich dann nur auf die Regelung, dass die BV mit geänd. unbekannten, noch nicht feststehenden Inhalten in der Zukunft gelten soll (BAG 28.3.2007 AP BetrVG 1972 § 112 Nr. 184; WPK/*Preis* § 77 Rn. 9).

Zudem muss der **Abschlusswille der Betriebsparteien** zur BV erkennbar sein, so dass die gemeinsame Unterzeichnung einer Kurzarbeitsanzeige ledigl. als Regelungsabrede aufgefasst werden kann (BAG 14.2.1991 AP BGB § 615 Kurzarbeit Nr. 4). Ein **Anspruch des AG auf Unterzeichnung** einer BV besteht nicht, selbst wenn der BR durch Beschl. dem Entwurf einer BV zugestimmt hat. Es kommt dann immer noch die Umdeutung in eine Regelungsabrede in Betracht (s. Rn. 29). 22

d) Bekanntmachung. Die in Abs. 2 S. 3 vorgeschriebene **Auslage im Betrieb** ist keine Wirksamkeitsvoraussetzung für die BV, sondern eine Ordnungsvorschrift (einschränkend *Fischer* BB 2000, 354 unter Hinweis auf einen Kammerbeschl. des BVerfG zu gesteigerter Publizität bei Eingriffen in die betriebl. Altersversorgung); deren Verletzung begr. keine Schadensersatzpflicht des AG. Der AG hat die BV an geeigneter Stelle im Betrieb so auszulegen, dass alle AN ihren Inhalt ohne Schwierigkeiten zur Kenntnis nehmen können. Das Aushändigen einer Abschrift ist nicht erforderl. Ausreichend ist auch die Veröffentlichung in elektronischer Form, z. B. im Intra- oder Internet (WPK/*Preis* Rn. 9). Eine Sanktionierung der Nichtauslage kann jedoch wegen eines Verstoßes gegen § 2 I 2 Nr. 10 NachWG in Frage kommen (Richardi/*Richardi* Rn. 43). Zu den Publizitätspflichten nach dem NachwG s. § 2 NachwG Rn. 23. 23

5. Abschlussmängel. Grds. finden bei Abschlussmängeln die Vorschr. des BGB über Willenserklärungen und Rechtsgeschäfte Anwendung. Eine BV ist **nichtig**, wenn die vorgeschriebene Schriftform fehlt (§ 125 BGB), ebenso wenn die BRWahl nichtig war, die Betriebspartner ihre Regelungszuständigkeit (zB Abschluss einer BV für anderen Betrieb, fehlende Zuständigkeit des GBR, KBR) oder sonstige Schranken der Betriebsautonomie (zB die sachl. Regelungskompetenz, s. Rn. 36) überschreiten (Richardi/*Richardi* Rn. 46 f.). Außerdem führen der Verstoß gegen höherrangiges Recht, insb. die Nichtbeachtung des Tarifvorrangs bzw. -vorbehalts nach §§ 77 III, 87 I (s. Rn. 40 ff.), und ein Verstoß gegen die guten Sitten nach dem BGB (§§ 134, 138) zur Unwirksamkeit (Richardi/*Richardi* Rn. 47.). Verstöße gegen die Benachteiligungsverbote des AGG haben gem. § 7 II AGG die Nichtigkeit der BV zur Folge (BAG 13.10.2009 BB 2010, 1668); eingeschränkt sind bei der Anwendung kollektivrechtl. Vereinbarungen wegen § 15 III AGG nur die Möglichkeiten der Geltendmachung von Entschädigungsansprüchen (s. dazu § 15 AGG Rn. 8 ff.). 24

Im Regelfall führen Abschlussmängel zur **anfängl. Unwirksamkeit** der BV. Liegt der BV kein oder ein nicht ordnungsgem. Beschluss zugrunde, ist die BV jedoch nur **schwebend unwirksam** und daher genehmigungsfähig gem. §§ 183 ff. BGB; sie kann durch einen nachf. Beschluss rückwirkend geheilt werden (BAG 10.10.2007 NZA 2008, 369; *Fitting* Rn. 30; Richardi/*Richardi* Rn. 47). Stellt sich die Unwirksamkeit einer BV erst später heraus und gestaltet die BV ein Dauerschuldverhältnis, das bereits in Vollzug gesetzt ist, kann die Unwirksamkeit nur **für die Zukunft** geltend gemacht werden (MüArbR/*Matthes* § 239 Rn. 93; GK/*Kreutz* Rn. 62, 139). Dies gilt gleichfalls, wenn sich bei einer zunächst wirksamen BV der Unwirksamkeitsgrund erst später realisiert; zB wenn durch den nachträgl. Abschluss eines TV zum selben Regelungsgegenstand die Regelungskompetenz der Betriebspartner entfällt. 25

Da es sich bei der BV um einen Vertrag handelt, ist eine **Anfechtung** wegen Irrtums, Täuschung oder Drohung gem. §§ 119, 123 BGB zwar grds. möglich, hat aber kaum praktische Relevanz. In jedem Fall ist die Anfechtung wegen Irrtums entgegen § 142 BGB nur **ex nunc** wirksam, da eine BV wegen der verbindl. Wirkung für Dritte jdf. in ihrem normativen Teil nicht rückwirkend beseitigt werden kann (BAG 15.12.1961 NJW 1962, 654; Richardi/*Richardi* Rn. 49). IÜ würde eine Rückabwicklung nach Bereicherungsgrundsätzen zu unüberwindbaren Problemen führen. Dagegen ist eine Rückwirkung bei der Anfechtung nach § 123 BGB geboten, da sonst Arglist und Drohung zum Erfolg kämen. 26

IdR betreffen die Unwirksamkeitsgründe nicht die gesamte Regelung einer BV, sondern ledigl. einzelne Bestimmungen. Enthält der von der Unwirksamkeit nicht betroffene Teil eine sinnvolle, in sich geschlossene und für sich allein handhabbare Regelung, berührt die Unwirksamkeit einzelner Bestimmungen regelm. nicht die Wirksamkeit der Gesamtregelung (**Teilnichtigkeit**). Der durch die BV geschaffene Rechtszustand soll insoweit aufrecht erhalten werden, als er auch ohne den unwirksamen Teil ordnende Funktion entfaltet (Prinzip der Restgültigkeit); dies ergibt sich aus dem Normencharakter der BV (BAG 12.10.1994 NZA 1995, 641; Richardi/*Richardi* Rn. 48; WPK/*Preis* Rn. 15; GK/*Kreutz* Rn. 65). 27

Eine unwirksame BV entfaltet **keinerlei Rechtswirkungen**. Beruht die Unwirksamkeit auf einem Verstoß gegen § 77 III, ist die Berufung auf die Unwirksamkeit auch dann nicht nach § 242 BGB verwehrt, wenn die Unwirksamkeit bei Abschluss der BV bewusst war, weil der mit der Norm bezweckte Schutz der TVParteien nicht zur Disposition der Betriebspartner steht (BAG 26.1.2017 NZA 2017, 522). Nimmt ein Arbeitsvertrag auf die im Betrieb geltende BV Bezug, wird eine unwirksame BV dadurch nicht Inhalt des Arbeitsvertrages des einzelnen AN; eine Bezugnahme betrifft regelm. nur gültige und wirksam zustande gekommene BV (BAG 7.12.1977 BB 1978, 157). Auch eine **Umdeutung analog § 140 BGB** in individualrechtl. wirksame Rechtsgeschäfte (zB Gesamtzusage, Vertrag zugunsten Dritter, betriebl. Übung) kommt grds. nicht in Frage. Vollzieht der AG eine unwirksame BV, indem er den AN Leistungen erbringt, ist dieses rein tatsächl. Verhalten allein nicht geeignet, einzelvertragl. Ansprüche der AN zu begründen. Der AG bringt ledigl. zum Ausdruck, dass 28 er in Ausführung der getroffenen BV handelt (MüArbR/*Matthes* § 239 Rn. 90; WPK/*Preis* Rn. 14). Das BAG bejaht eine Umdeutung aber dann, wenn **bes. Umstände einen Verpflichtungswillen** des AG ergeben (BAG 24.1.1996 NZA 1996, 948; 5.3.1997 NZA 1997, 951; 28.6.2005 AP § 77 BetrVG 1972 Betriebsvereinbarung Nr. 25; BAG 23.2.2016 NZA 2016, 642): Danach kann die Erkl. des AG, die zu einer nach § 77 III nichtigen BV geführt hat, ausnahmsweise in ein entspr. Vertragsangebot an die AN umgedeutet werden, wenn bes. Umstände darauf schließen lassen, dass der AG sich unabhängig von der betriebsverfassungsrechtl. Regelungsform binden wollte. Der AG muss in Kenntnis der Unwirksamkeit der BV handeln und seinen gleichwohl bestehenden individualrechtl. Bindungswillen zum Ausdruck bringen (BAG 30.5.2006 NZA 2006, 1170). Dieses Angebot können die AN annehmen, ohne dass es einer ausdrückl. Annahmeerklärung bedarf (§ 151 BGB). Dabei ist zu beachten, dass ein umgedeutetes Rechtsgeschäft in seinen Rechtswirkungen nicht über den ursprüngl. Inhalt hinausgeht, so dass der Verpflichtungswille des AG auch hinsichtl. der Lösungs- und Abänderungsmöglichkeiten von den Regelungen der BV bestimmt wird (BAG 21.10.1998 AP BGB § 140 Nr. 11). Hier stellt sich bspw. die Frage, ob die Umdeutung einer ohne Nachwirkung kündbaren BV nur in eine widerrufl. arbeitsvertragl. Zusage in Betracht kommt. Dies ist idR zu bejahen (s. *Hromadka* FS Schaub 1998, S. 337, der einen an die Drei-Monats-Frist gebundenen Widerrufsvorbehalt empfiehlt, ebenso BAG 21.10.1998 AP BGB § 140 Nr. 11 für in der BV geregelte Abänderungsmöglichkeit, einschränkend BAG 20.11.2001 EzA BetrVG 1972 § 77 Nr. 70).

29 Im Verhältnis AG/BR kommt eine Umdeutung der nichtigen BV in eine **Regelungsabrede** in Betracht, um als schuldrechtl. Vertrag zwischen den Betriebspartnern über die ausgeübten Mitbestimmungsrechte fortzubestehen (aA: GK/*Kreutz* Rn. 62, der die Umdeutung an den unterschiedl. Wirkungsweisen von BV und Regelungsabrede scheitern lässt). Diese wirkt ohnehin nicht unmittelbar auf das Einzelarbeitsverhältnis, sondern kann wiederum nur Grdl. für eine Umsetzung auf individualrechtl. Ebene sein, zB durch vertragl. Einheitsregelung (vgl. BAG 20.4.1999 NZA 1999, 887). IdR dürfte es auch dem Parteiwillen entsprechen, dass bereits die mündl. Einigung über eine mitbestimmungspflichtige Maßnahme den AG ggü. dem BR berechtigen und verpflichten soll, während die BV als Gestaltungsmittel ggü. den AN vorgesehen ist.

30 **6. Auslegung.** Die Auslegung des **normativen** Teils erfolgt wie beim TV nach den Regeln über die Auslegung von Gesetzen. Es kommt auf den **objektiven Erklärungswert** der Norm an, der nach dem Wortlaut sowie der Systematik und dem Gesamtzusammenhang der einzelnen Bestimmungen zu ermitteln ist (BAG 8.11.1988 AP BetrVG 1972 § 102 Nr. 18; 19.6.2001 EzA BetrVG 1972 § 77 BetrVG Nr. 77; 22.5.2001 EzA BetrAVG § 1 Betriebsvereinbarung Nr. 3). Der **wirkl. Wille** der Betriebspartner und der von ihnen beabsichtigte Sinn und Zweck der Regelung ist aber insoweit beachtl., als er in der BV als Ausdruck der Betriebsautonomie seinen erkennbaren Niederschlag gefunden hat (BAG 28.4.1993 AP BetrVG 1972 § 112 Nr. 67; 5.2.1997 NZA 1998, 158). Gleichfalls können aus der **Vollzugspraxis** des AG Rückschlüsse auf den Regelungsinhalt der BV gezogen werden (BAG 22.1.2001 NZA 2002, 1224). Die Auslegung hat in Einklang mit höherrangigem Recht (GG, gesetzl. Vorschr., vorrangige TV) und gemeinschaftskonform zu erfolgen (Art. 288 AEUV). Sitzungsniederschriften, Protokollnotizen oder gemeinsame Erkl. der Parteien können bei der Ermittlung des Parteiwillens herangezogen werden. Der **schuldrechtl.** Teil, der ledigl. das Verhältnis AG/BR regelt (s. o. Rn. 5), unterliegt dagegen als Vertrag den allg. Regeln über die Vertragsauslegung gem. §§ 133, 157 BGB.

31 Die Auslegung einer BV ist eine Rechtsfrage; im Streitfall entscheiden die ArbG. Der Inhalt der BV unterliegt der Rechtskontrolle. Umstr. ist, ob in Fortführung der älteren BAGRspr wegen der reklamierten unzureichenden Parität von AG und BR auch eine Billigkeitskontrolle stattzufinden hat (ausführl. zum Streitstand WPK/*Preis* Rn. 32 ff.). Da das in der Betriebsverfassung verankerte Verhältnismäßigkeitsprinzip (§ 75 I, II) zum zentralen Prüfungsmaßstab der Rechtskontrolle wird und im Rahmen einer einzelfallbezogenen Interessenabwägung Berücksichtigung findet, ist eine darüber hinausgehende intensivere Billigkeitskontrolle abzulehnen (s. auch § 75 Rn. 5).

32 **7. Geltungsbereich. a) Räumlich und personell.** Grds. erfasst der **räuml.** Geltungsbereich den Betrieb, dessen BR die BV abgeschlossen hat. Dies gilt auch, wenn der GBR im Auftrag des BR (§ 50 Abs 2) eine BV abschließt oder seine Zuständigkeit sich gem. § 50 I 1 auf Betriebe ohne BR erstreckt. In **personeller** Hinsicht sind der BV alle AN mit Ausnahme der Personen iSd. § 5 II sowie der leitenden Angestellten iSd. § 5 III unterworfen, die mit dem Inhaber des Betriebes durch einen **Arbeitsvertrag verbunden** und in den **Betrieb eingegliedert sind.** Bezieht die BV die leitenden Angestellten dennoch ein, so kommt ledigl. eine Umdeutung in ein individualrechtl. Vertragsangebot des AG an die leitenden Angestellten in Betracht (so *Fitting* Rn. 36; WPK/*Preis* Rn. 16; aA HWK/*Gaul* Rn. 24). Die BV erstreckt sich auch auf die AN, die erst nach Abschluss der BV in den Betrieb eingegliedert wurden (*Fitting* Rn. 35). Vorübergehend in andere Betriebe entsandte AN sind nicht ausgeschlossen (BAG 7.12.1989 NZA 1990, 658). LeihAN und sonstige in den Betrieb eingegliederte Personen unterliegen der normativen Wirkung der BV, soweit der Regelungsgegenstand auf LeihAN passt (s. § 87 Rn. 5).

33 Entspr. dem jeweiligen Regelungsgegenstand können die Betriebspartner die räuml. und persönl. **Reichweite der BV einschränken**, soweit sie den in § 75 geregelten Gleichbehandlungsgrundsatz

beachten. Eine Beschränkung auf bestimmte ANGruppen (zB Schicht-, Akkordarbeiter oder Auszubildende) ist mögl. Dagegen ist eine **Ausweitung** des räuml. und personellen Geltungsbereichs der BV **nicht zulässig**, da dieser durch die Reichweite der Betriebsautonomie beschränkt wird. Daher ist auch keine Einbeziehung eines Betriebes oder Betriebsteils mögl., für den der BR nicht zuständig ist.

Nach st. BAGRspr. besteht keine Regelungskompetenz für bereits **ausgeschiedene AN** (zB Betriebsrentner) in Hinblick auf die betriebl. Altersversorgung (BAG 12.12.2006 NZA-RR 2007, 653; 13.5.1997, NZA 1998, 160), oder AN, die in einen anderen Betrieb versetzt wurden. Jedoch verlieren Regelungen in Sozialplänen ihre normative Wirkung nicht dadurch, dass AN in einen anderen Betrieb des AG übernommen werden; das folgt aus dem Restmandat gem. § 21b (BAG 28.6.2005 NZA 2005, 1431). Dem Zugriff der BV entzogen sind **fällige Ansprüche** und feste **Anwartschaften** (BAG 10.3.1992 AP BetrAVG § 1 Betriebsvereinbarung Nr. 5; 13.5.1997 NZA 1998, 160; 11.5.1999 AP BetrAVG § 1 Betriebsvereinbarung Nr. 6; 17.8.1999 AP BetrVG 1972 § 77 Nr. 79; s. aber zur ablösenden BV Rn. 65). Insb. wirkt eine spätere BV über **betriebl. Ruhegelder**, die Einschränkungen der betriebl. Leistung vorsieht, nicht hins. derjenigen früheren AN, die beim Inkrafttreten der neuen BV bereits im Ruhestand sind und Bezüge nach einer früheren Regelung erhalten. Mit seinem Ausscheiden ändert sich die Rechtsgrundlage der zugesagten Leistung: der Ruheständler erwirbt einen selbstständigen schuldrechtl. Anspruch gegen den AG, der über die Geltungsdauer der BV hinaus besteht (BAG 13.5.1997 NZA 1998, 160; 25.10.1988 AP BetrAVG § 1 Betriebsvereinbarung Nr. 1). Im **Arbeitsvertrag** kann allerdings vorgesehen werden, dass für den AN und seinen Ruhegeldanspruch auch nach dem Ausscheiden die **jeweiligen BV** maßgebl. sind (s. *Höfer* ART Rn. 448 ff.). Ein allg. Vorbehalt in der BV in Form einer **Jeweiligkeitsklausel** kann dagegen ausgeschiedene AN nicht unter das Regime späterer BV stellen (BAG 25.10.1988 AP BetrAVG § 1 Betriebsvereinbarung Nr. 1; s. Rn. 65). **Anders** verhält es sich bei **Unterstützungsleistungen** (zB Beihilfen im Krankheitsfall, Werkwohnungen, Personalrabatte): hier können durch BV die gleichen Kürzungen wie bei aktiven AN vorgesehen werden. Der entspr. Anspruch ist nach seiner schuldrechtl. Umwandlung mit dem Vorbehalt einer späteren Änderung der entspr. kollektivrechtl. Regelung für die aktive Belegschaft belastet; der Besitzstand ist insoweit unsicherer als der von Versorgungsansprüchen (BAG 13.5.1997 NZA 1998, 160; auch stillschweigend LAG NI 26.10.2000 LAGE BGB § 611 BGB Gratifikation Nr. 64). 34

b) Zeitl. Geltungsbereich. Schließl. ist auch der zeitl. Geltungsbereich in das Ermessen der Betriebsparteien gestellt (zur Beendigung s. Rn. 95 ff.). Sie können der BV unter Wahrung des Vertrauensschutzes und des Grundsatzes der Verhältnismäßigkeit **rückwirkende Kraft** beilegen, soweit dies nach der Natur der Angelegenheit überhaupt mögl. ist, zB Geltung eines Entlohnungssystems auch für eine zurückliegende Zeit (BAG 18.10.1988 NZA 1989, 369; 19.9.1995 AP § 77 BetrVG 1972 Nr. 61; Richardi/*Richardi* Rn. 128 ff.; *Fitting* Rn. 41 ff.; aA GK-BetrVG/*Kreutz* Rn. 208). Nicht rückwirkend regelbar sind auf Grund ihrer Rechtsnatur Normen der betriebl. Ordnung, des betriebl. Verhaltens sowie Abschlussnormen (Richardi/*Richardi* Rn. 129; *Fitting* Rn. 42). Die Rückwirkung kann aber nur AN erfassen, die noch unter die personelle Reichweite der Betriebsautonomie fallen (s. Rn. 32 ff.). Vorbehaltl. abweichender Vereinbarungen (zB Festlegung eines bestimmten Zeitpunkts, Eintritt einer Bedingung) tritt die BV mit Abschluss, also mit Leistung der Unterschriften, in Kraft. 35

8. Gegenstand der Betriebsvereinbarung. a) Sachlicher Geltungsbereich und Regelungskompetenz. Für die normative Regelung einer Angelegenheit durch BV ist stets eine gesetzl. Ermächtigungsgrundlage erforderl. Dafür reicht § 77 IV 1 nicht aus, weil er zwar den Mechanismus der normativen Wirkung beschreibt, aber nicht angibt, welche Angelegenheiten normativ geregelt werden können. Dies ergibt sich vielmehr aus Bestimmungen wie §§ 88, 112, die durch BV regelbare Angelegenheiten bezeichnen. Am wichtigsten ist insoweit § 88. Er enthält zwar nur eine beispielhafte, nicht abschl. Aufzählung der durch BV regelbaren Angelegenheiten, doch ergibt sich aus seiner systematischen Stellung im G, dass er eine Ermächtigung zur Regelung aller „sozialen Angelegenheiten" durch BV enthält. Das BAG spricht mehrfach von einer **umfassenden Regelungskompetenz** der Betriebsparteien, die ebenso weit gehe wie die der Tarifparteien. In den Grenzen des Tarifvorbehalts (§ 77 III dazu Rn. 43 ff.) bzw. Tarifvorrangs (§ 87 I, dazu Rn. 53 ff.) können somit alle **betriebl. und betriebsverfassungsrechtl. Regelungen, sowie auch normative Regelungen über Inhalt, Abschluss und Beendigung von ArbVerh.** Gegenstand der BV sein, unabhängig davon, ob es sich um materielle oder formelle Arbeitsbedingungen handelt (BAG GS 7.11.1989 AP BetrVG 1972 § 77 Nr. 46; 19.10.2005 BB 2006, 1747 zu Wiedereinstellungsansprüchen; *Schliemann* FS *Hanau* 1999, 577, 598; DKKW/*Berg* Rn. 81 ff.; *Fitting* Rn. 45 ff.; ausführl. dazu GK-BetrVG/*Kreutz* Rn. 89 ff..). Die BV kann sich dabei auf eine Rahmenregelung beschränken, deren Ausfüllung dem billigen Ermessen des AG überlassen wird (BAG 28.11.1989 AP BetrVG 1972 § 88 Nr. 6; zu Rahmenregelungen der Mitbestimmung s. unten Rn. 42). 36

b) Schaffung objektiven Rechts. Die Rechtsnormen der BV wirken automatisch auf jedes im Geltungsbereich der jeweiligen BV bestehende ArbVerh. ein; sie gelten unmittelbar und zwingend (§ 77 IV 1). Unterschieden wird analog der Einteilung in § 3 I 1 TVG zwischen **Inhalts-, Abschluss- und Betriebsnormen**. Dabei bleibt aber die rechtl. und praktische Bedeutung dieser Unterscheidung weit hinter derjenigen bei TV zurück. **Inhalts- und Beendigungsnormen** regeln den Inhalt und die 37

Beendigung von ArbVerh. (zB Beginn und Ende der tägl. Arbeitszeit, Zeitpunkt der Entgeltzahlung, Sonderzahlungen, Kündigungsgründe und -fristen). **Abschlussnormen** (zB personelle Auswahlrichtlinien) berechtigen und verpflichten nur den AG; ein ArbVerh. kann durch eine BV mangels personeller Regelungskompetenz nicht unmittelbar begr. werden (Richardi/*Richardi* Rn. 55). Als **Betriebsnormen** werden solche Regelungen bezeichnet, die sinnvoll nur betriebseinheitl. gelten können und keine individuellen Rechte und Pflichten begründen (zB Arbeitsschutz, Rauchverbot etc.). **Betriebsverfassungsrechtl. Normen** letztendl. regeln Fragen der Rechtsbeziehungen zwischen AG und BR betriebsverfassungsrechtl. Art (zB Freistellung von BRMitgl., BRSprechstunden während der Arbeitszeit, Durchführung von Betriebsversammlungen usw, vgl. Richardi/*Richardi* Rn. 56 ff.).

38 **c) Rechtliche Grenzen der Betriebsvereinbarung.** Ihre Grenze findet die Gestaltungsbefugnis der Betriebspartner durch **höherrangiges Recht:** Insofern hat die BV zunächst den gesamten Bereich zwgd. staatl. Rechts zu beachten. Dazu zählen auch allg. Rechtsprinzipien wie die in § 75 genannten Grundsätze (zB Gleichbehandlungsgrundsatz, Persönlichkeitsschutz), die Diskriminierungsverbote des AGG (vgl. BAG 13.10.2009 NZA 2010, 327) sowie grundrechtl. Wertentsch. wie der Grundsatz der Verhältnismäßigkeit (*Fitting* Rn. 52 f.; s auch Rn. 24). Nicht nur rechtl. Unzulässiges, sondern auch rechtl. Unmögliches kann nicht Gegenstand einer BV sein. Deshalb können die Betriebsparteien keine Vereinbarung treffen, durch die sich der AG verpflichtet, an den BR im Falle der Verletzung von Mitbestimmungsrechten eine Vertragsstrafe zu zahlen, da der BR hierfür nicht die erforderl. Vermögens- und Rechtsfähigkeit besitzt (BAG 29.9.2004 NZA 2005, 123). Weitergehend entspricht es allg. Auff., dass es im Interesse eines gebotenen **Individualschutzes des einzelnen AN** erforderl. ist, die Regelungskompetenz der Betriebspartner über die durch staatl. Recht gezogenen Grenzen hinaus einzuschränken. Dabei bestehen über die dogmatische Grundlegung dieser Bestimmung eines „kollektivfreien Individualbereichs" erhebl. Meinungsunterschiede (vgl. eingehend zum Meinungsstreit GK-BetrVG/*Kreutz* Rn. 332 ff.; *Linsenmaier* RdA 2008, 1). Der Regelungskompetenz der Betriebspartner grds. entzogen ist dabei insb. die außerbetriebl. Lebensgestaltung der AN (*Fitting* Rn. 56). Daher können zB Regelungen über die Gestaltung der Freizeit der AN oder über ihre gesunde Lebensführung durch ein allg. Rauchverbot nicht Gegenstand einer BV sein (BAG 19.1.1999 AP BetrVG 1972 § 87 Ordnung des Betriebes Nr. 28). Unzulässig sind deshalb auch sog. **Lohnverwendungsabreden.** Was der AN mit seinem verdienten Arbeitsentgelt macht, ist allein seiner Entscheidung überlassen. Lohnabzüge zu Gunsten kirchl. oder politischer Organisationen oder sozialer bzw. gemeinnütziger Zwecke durch BV sind deshalb ebenso unzulässig wie eine Verpflichtung zur Kostenbeteiligung an der Kantinenverpflegung durch solche AN, die diese überhaupt nicht in Anspruch nehmen (BAG 20.12.1957 AP BGB § 399 Nr. 1; 11.7.2000 AP BetrVG 1972 § 87 Sozialeinrichtung Nr. 16). Auch ist die BV keine Ermächtigungsgrundlage, um AN einen bereits erworbenen bes. kündigungsrechtl. Status (zB tarifl. oder arbeitsvertragl. Ausschluss der ordentl. Kündigung) zu entziehen (*Fitting* Rn. 62). **Dagegen** ist nach der BAGRspr. eine auf die Vollendung der Regelaltersgrenze der gesetzl. Rentenversicherung bezogene Altersgrenze auch in einer BV zulässig (BAG 5.3.2013, NZA 2013, 916; aA *Preis/Ulber* RdA 2013, 211; *Waltermann* RdA 2007, 257). Das Verbot zum Eingriff in entstandene Rechte betrifft jedoch nur Ansprüche, die auf anderer Rechtsgrundlage (Gesetz, TV, Arbeitsvertrag) beruhen. Gesetzl. Ansprüche, da idR einseitig zwgd., und tarifl. Ansprüche, wegen §§ 4 IV 1 TVG, 77 III 1, unterliegen einem umfassenden Bestandsschutz. Bei Ansprüchen auf einzelvertragl. Grdl. kann einer insgesamt verschlechternden BV das Günstigkeitsprinzip entgegenstehen (s. Rn. 68 ff.). Für Ansprüche, die ihrerseits auf BV beruhen, gelten die allg. Grenzen für rückwirkende Eingriffe aus dem Verhältnismäßigkeits- und Vertrauensschutzprinzip (*Fitting* Rn. 60). IE hierzu s. Rn. 64 ff.

39 **9. Verzicht, Verwirkung, Verfristung (Abs. IV).** Ein **Verzicht** seitens des AN auf seine Ansprüche aus BV ist nach § 77 IV 2 nur mit Zustimmung des BR zulässig; ohne sie ist der Verzicht unwirksam (§ 134 BGB; vgl. auch DKKW/*Berg* Rn. 89; GK-BetrVG/*Kreutz* Rn. 293). Dies ist ua. beachtl. für die Wirksamkeit sog. **Ausgleichsquittungen** bei Beendigung des ArbVerh., soweit sie Ansprüche aus einer BV betreffen. Unzureichend ist eine generelle Zustimmung des BR (27.1.2004 AP BetrVG 1972 § 112 Nr. 166) ebenso wie die bloße Duldung (BAG 3.6.1997 NZA 1998, 382). Zwar kann die Zustimmung formlos als Einwilligung bzw. Genehmigung analog §§ 182 ff. BGB erfolgen, sie ist aber an einen ordnungsgem. Beschluss (§ 33) geknüpft und muss konkret für den einzelnen AN oder den bestimmten Regelungstatbestand erklärt werden. Der BR muss bei Beschlussfassung über die für seine Entscheidung bedeutsamen Umstände unterrichtet sein (BAG 15.10.2013 NZA 2014, 217). Das gilt für alle Rechte der AN und besteht über die Beendigung des ArbVerh. hinaus (DKKW/*Berg* Rn. 90; *Fitting* Rn. 132 f., 136). Gleiches gilt auch für Verzichtsvereinbarungen in einem **Vergleich** (prozessual oder außergerichtl.); zulässig ist nur der Vergleich über die tatsächl. Voraussetzungen des Anspruchs (sog. Tatsachenvergleich), zB darüber, wie viele der Lohnforderung zugrunde liegende Überstunden tatsächl. geleistet wurden (BAG 31.7.1996 AP BetrVG 1972 § 77 Nr. 63). Zulässig ist ein Verzicht, nachdem die BV ihre zwgd. Wirkung durch Ablauf (Rn. 89), Betriebsinhaberwechsel (§ 613a I 2 BGB) oder Wegfall des BR (Rn. 126) verloren hat oder wenn die BV von vornherein eine entspr. Öffnungsklausel enthielt (Rn. 60). Ebenfalls ohne Zustimmung des BR ist ein Verzicht zulässig, wenn die abweichende Regelung für den AN objektiv günstiger ist (BAG 30.3.2004 NZA 2004, 1183). Maßgebl.

ist ein Sachgruppenvergleich. Ist nicht zweifelsfrei feststellbar, dass die Abweichung für den AN günstiger ist, bleibt es bei der zwgd. Geltung der BV (BAG 27.1.2004, AP BetrVG 1972 § 112 Nr. 166). Fragl. ist, ob ein zunächst unwirksamer Verzicht wirksam wird, wenn die zwgd. Wirkung der BV entfällt. Bei den TV ist das str. (verneint durch BAG 28.5.1997 NZA 1998, 40).

§ 77 IV 3 schließt auch die **Verwirkung** von Rechten des AN aus einer BV aus. Von Verwirkung spricht man, wenn noch vor Ablauf der Verjährungsfristen die Geltendmachung eines Rechts gegen Treu und Glauben verstoßen würde. Wichtig ist, dass die Vorschr. ausschließl. den Einwand der Verwirkung, nicht aber jegl. Berufung auf Treu und Glauben ausschließt (*Fitting* Rn. 137). Dieses Verwirkungsverbot erfasst anders als im Tarifrecht nur Rechte des AN, nicht des AG. 40

Ausschlussfristen für Rechte aus BV sind nach § 77 IV 4 nur insoweit zulässig, als sie in einem TV oder einer BV vereinbart werden. Ob tarifl. Ausschlussfristen auch Ansprüche aus einer BV erfassen sollen, ist durch Auslegung des jeweiligen TV zu ermitteln (BAG 27.3.1996 AP TVG § 4 Ausschlussfristen Nr. 134). Ist dies der Fall, gilt die Ausschlussfrist auch für nicht organisierte AN, falls die Geltung des gesamten TV einzelvertragl. vereinbart ist (BAG 27.1.2004 AP BetrVG 1972 § 112 Nr. 166). 41

Von der in § 77 IV geregelten Problematik des Verzichts auf Ansprüche aus BV **zu unterscheiden** ist die Frage, inwiefern **der BR auf seine Mitbestimmungsrechte verzichten** kann. Nach st. Rspr. des BAG darf sich der BR seiner gesetzl. Mitbestimmungsrechte nicht in der Substanz begeben. Eine Vereinbarung, mit der der BR dem AG das alleinige Gestaltungsrecht über den mitbestimmten Tatbestand einräumt, ist unwirksam (BAG 26.4.2005 NZA 2005, 892 mwN). Es steht aber im Ermessen der Betriebspartner, die Regelung in der BV auf eine generelle RL, von der im Einzelfall abgewichen werden kann, oder eine **Rahmenregelung**, deren Ausfüllung dem billigen Ermessen des AG überlassen wird, zu beschränken (BAG 28.11.1989 AP BetrVG 1972 § 88 Nr. 6). Dieselben Grenzen gelten auch für die Einigungsstelle; auch diese darf die Regelung nicht einseitig der Festlegung durch den AG überlassen, sondern muss eine eigene Entscheidung der zu regelnden Angelegenheit treffen (BAG 8.6.2004 NZA 2005, 227). Nicht abschließend geklärt ist, wie konkret die Vorgaben für den Gestaltungsspielraum des AG in der BV formuliert sein müssen, damit sich der BR nicht seiner Mitbestimmungsrechte im Kern begibt. Nach der Rspr. muss der BR die wesentl. Punkte mitgestalten, insb. bestimmte Grundsätze und Kriterien oder iE geregelte Voraussetzungen für die Umsetzung durch den AG aufstellen. ZB genügt für die Anordnung von Überstunden im Einzelfall durch den AG als Grdl. eine detaillierte Regelung von Verfahrens- und Verteilungsmodalitäten (BAG 3.6.2003 NZA 2003, 1155). Dadurch kann dem AG aber tatsächl. eine Freiheit eingeräumt werden, die einem mitbestimmungsfreien Zustand nahe kommt. Im Schrifttum wird daher teilw. für die Wahrung des Mitbestimmungsrechts verlangt, dass der BR die Zustimmung nur zu bestimmten nach Voraussetzungen und Inhalt beschriebenen Maßnahmen im Voraus erteilt. Ohne diese Beschränkung dürfe dem AG die alleinige Entscheidung nur für Eilfälle und zeitl. begrenzte Maßnahmen übertragen werden (vgl. *Joussen* RdA 2005, 31). Eine materielle **Verwirkung** von Mitbestimmungsrechten ist nicht mögl.; das ergibt sich ua. aus dem Verzichtsverbot (BAG 28.8.2007 NZA 2008, 188). Dies schlägt wiederum auf die an sich mögl. prozessuale Verwirkung durch; auch mehrjährige Untätigkeit eines BR führt nicht notwendig dazu, dass der AG darauf vertrauen kann, ein Mitbestimmungsrecht werde nicht mehr gerichtl. geltend gemacht (LAG SH 4.3.2008 NZA-RR 2008, 414). 42

IV. Verhältnis Betriebsvereinbarung/Tarifvertrag

1. Tarifvorbehalt des § 77 III. Nach § 77 III 1 können **Arbeitsentgelte und sonstige Arbeitsbedingungen**, die durch **TV geregelt** sind oder **üblicherweise geregelt** werden, nicht Gegenstand einer BV sein. Insoweit entfalten tarifl. oder tarifübl. Regelungen eine **Sperrwirkung** für die betriebl. Mitbestimmung. Entgegenstehende frühere oder spätere BV sind – schwebend (bei nachträgl. Genehmigung durch rückwirkende Öffnungsklausel) oder endgültig – **unwirksam**, wenn auch nicht nichtig (BAG 29.10.2002 AP BetrVG 1972 § 77 Tarifvorbehalt Nr. 18, vgl. auch Rn. 59 aE). Das Günstigkeitsprinzip findet im Geltungsbereich des § 77 III keine Anwendung und verdrängt insoweit § 4 III TVG (BAG 26.2.1986 AP TVG § 4 Ordnungsprinzip Nr. 12; *Fitting* Rn. 97; Richardi/*Richardi* Rn. 278). § 77 III dient dem Schutz der verfassungsrechtl. gewährleisteten **Tarifautonomie**, indem er den TVParteien den Vorrang zur Regelung von Arbeitsbedingungen einräumt und sie konkret vor einer Konkurrenz durch die Betriebspartner schützt. Diese Normsetzungsbefugnis soll nicht durch erg. oder abweichende Regelungen der Betriebspartner ausgehöhlt werden (BAG 24.2.1987 AP BetrVG 1972 § 77 Nr. 21; 29.10.2002 AP BetrVG 1972 § 77 Tarifvorbehalt Nr. 18; BAG 21.1.2003 AP BetrVG 1972 § 21a Nr. 1; 29.4.2004 NZA 2004, 670). Zum einen wird verhindert, dass der BR als „beitragsfreie Ersatzgewerkschaft" (*Hanau* NZA 1993, 817) durch das Herausholen größerer Verhandlungserfolge im übertarifl. Bereich (zB bei Entgeltfragen) zu den Gewerkschaften in Wettbewerb tritt. Zum anderen verhindert die Regelungssperre den Abbau tarifl. Arbeitsbedingungen durch BV, wodurch der Nichteintritt oder der Austritt aus den Tarifverbänden an Attraktivität verliert. Zur verfassungsrechtl. Gewährleistung Art. 9 GG Rn. 60 ff. 43

44 **2. Voraussetzungen der tariflichen Sperrwirkung. a) Arbeitsentgelte oder sonstige Arbeitsbedingungen.** Der Tarifvorbehalt aus § 77 III ist inhaltl. auf Regelungen über Arbeitsentgelte oder sonstige Arbeitsbedingungen beschränkt. Unter Arbeitsentgelt ist jede vermögenswerte AGLeistung zu verstehen (DKKW/*Berg* Rn. 129; Richardi/*Richardi* Rn. 253). Ebenfalls ein weites Verständnis wird dem Begriff der sonstigen Arbeitsbedingungen beigelegt. Erfasst werden nicht nur **materielle Arbeitsbedingungen**, die den Umf. von Leistung und Gegenleistung betreffen, sondern auch **alle „formellen" Bestimmungen**, die den Inhalt von ArbVerh. iSd. § 1 I TVG regeln (BAG 9.4.1991 AP BetrVG 1972 § 77 Tarifvorbehalt Nr. 1). Sind bspw. Ausschlussfristen für die Geltendmachung von Ansprüchen aus dem ArbVerh. tarifvertragl. geregelt, so können durch BV auch für die Geltendmachung von Akkordlohnansprüchen keine Ausschlussfristen geregelt werden, sofern nicht die tarifl. Regelung eine Öffnungsklausel enthält (BAG 9.4.1991 aaO).

45 **b) Regelung durch Tarifvertrag.** Arbeitsbedingungen sind durch TV geregelt, wenn über sie ein TV geschlossen wurde und der Betrieb in dessen räuml, betriebl., fachl. und persönl. Geltungsbereich fällt (BAG 9.12.1997 AP BetrVG 1972 § 77 Tarifvorbehalt Nr. 11; 20.11.2001 NZA 2002, 872; *Fitting* Rn. 75 mwN). Eine **Tarifgebundenheit des AG** ist **nicht erforderl.**, sondern nur, dass der Betrieb im Geltungsbereich des TV liegt (BAG 24.1.1996 NZA 1996, 948; 23.5.2007 NZA 2007, 940), obwohl es an sich im Zusammenspiel mit dem Tarifvorrang nach § 87 I Eingangssatz sachgerechter wäre, bei fehlender Tarifbindung des AG auf das Merkmal der Tarifüblichkeit abzustellen (vgl. auch GK-BetrVG/*Kreutz* Rn. 109 f.; Richardi/*Richardi* Rn. 259 f.).

46 Problematisch ist die **mitgliedsbezogene Formulierung** des Geltungsbereichs **eines TV**. Die Tarifparteien können den Geltungsbereich ausdrückl. auf einen Teil ihrer Mitglieder begrenzen, zB auf die ordentl. Mitglieder, also unter Ausschluss der OT-Mitglieder (BAG 24.2.1999 AP TVG § 3 Verbandszugehörigkeit Nr. 17). Soll ein solcher TV nicht einmal für alle Verbandsmitglieder gelten, kann er über den Kreis der aktuellen Verbandsmitglieder hinaus erst Recht keinen Geltungsanspruch erheben und somit keine Sperrwirkung gem. § 77 III auslösen (LAG Köln 16.3.1999 NZA-RR 1999, 481; *Fitting* Rn. 75; *Kania* BB 2001, 1091; aA DKKW/*Berg* Rn. 141). Bestimmt ein TV seinen fachl. Geltungsbereich unter Verzicht der fachl. Umschreibung nach Tätigkeitsfeldern bzw. der Angabe irgendeiner Branche allein durch die Mitgliedschaft im tarifschließenden AGVerband, ist es nach Auff. des BAG eine Frage der Auslegung, ob dieser TV auch potentielle Mitglieder erfassen soll (also solche, welche die in der Verbandssatzung vorgesehene Anforderungen an eine Aufnahme in den betr. AGVerband erfüllen), mit der Folge, dass für sie die Sperrwirkung des § 77 III eingreift. Es gehe die übereinstimmende Interessenlage der Tarifparteien regelm. dahin, den Geltungsbereich des TV wie bei einer fachl. Umschreibung auf diejenigen Unternehmen zu erstrecken, die durch Beitritt zum AGVerband eine Tarifbindung herbeiführen können (BAG 22.3.2005 AP TVG § 4 Geltungsbereich Nr. 26). Diese Auff. geht zu weit. Denn im Hinblick auf die negative Koalitionsfreiheit (vgl. dazu Art. 9 GG Rn. 32) kann eine Einbeziehung nur ausnahmsweise der Fall sein, wenn der TV für einen solchen Parteiwillen konkrete Anhaltspunkte enthält (in diese Richtung auch GK-BetrVG/*Kreutz* Rn. 107 f.; *Fitting* Rn. 76; *Kania* BB 2001, 1091). Im Regelfall ist der Wille der TVParteien, den Geltungsbereich eines TV auf die Verbandsmitglieder zu beschränken, ernst zu nehmen. Das muss insb. gelten, wenn der Kreis potentieller Mitglieder nicht konkretisiert bzw. auch mit Hilfe der Verbandssatzung nicht konkretisierbar ist oder Nichtmitglieder erfasst würden, auf die der Tarifinhalt überhaupt nicht zugeschnitten ist.

47 Auch ein **FirmenTV** kann Sperrwirkung entfalten, soweit sich dessen Geltungsbereich auf den betr. Betrieb erstreckt (BAG 21.1.2003 AP BetrVG 1972 § 21a Nr. 1). Gilt dieser nur für einzelne Betriebe eines Unternehmens, greift die Sperrwirkung nicht für die anderen Betriebe.

48 **c) Tarifüblichkeit.** Die tarifl. Sperrwirkung greift bereits ein, wenn bestimmte Arbeitsbedingungen – soweit eine Regelung durch TV nicht existiert – **üblicherweise tarifl. geregelt** werden (§ 77 III S. 1 Alt. 2). Das gilt für den Fall, dass gegenwärtig eine tarifl. Regelung nicht besteht, etwa weil der TV gekündigt ist und ledigl. **nachwirkt**, aber nach der bisherigen Tarifpraxis eine Regelung wieder zu erwarten ist. Die bloße Absicht, eine Angelegenheit zukünftig tarifl. regeln zu wollen, begr. noch keine Üblichkeit (BHG 5.3.2013, NZA 2013, 916). Der einmalige Abschluss eines TV kann die Tarifüblichkeit begründen, wenn er lange genug gilt. Das Fehlen einer bestehenden tarifl. Regelung über einen längeren Zeitraum schließt die Annahme der Tarifüblichkeit nicht grds. aus, zB bei einer schwierigen Regelungsmaterie oder wenn zzt. eine Einigung nicht erzielt werden kann. Jedenfalls ist von einem **Wegfall der Tarifüblichkeit** auszugehen, wenn die TVParteien zu erkennen geben, dass sie zur Neuregelung des betr. Gegenstandes nicht mehr willens oder in der Lage sind (*Fitting* Rn. 93; Richardi/*Richardi* Rn. 274). Existiert eine (voll wirksame) tarifl. Regelung, kommt es auf eine Tarifüblichkeit nicht an, da bereits die erstmalige tarifl. Regelung die Sperrwirkung auslöst. Insoweit hat das Merkmal der Tarifüblichkeit nur Auffangcharakter. Damit ist die Definition des bereits in § 59 BetrVG 1952 enthaltenen Begriffs der Üblichkeit einer tarifl. Regelung überholt, der dort die alleinige Sperre von Regelungsbefugnissen der Betriebsparteien bildete (vgl. hierzu WPK/*Preis* Rn. 73).

49 Hinsichtl. der **tarifübl.** Regelung ist zw., inwieweit die Sperrwirkung auch durch **TV kleinerer Gewerkschaften** ausgelöst werden kann, da es nicht auf die Tarifgebundenheit des AG ankommt. Zu § 59 BetrVG 1952 hat das BAG (6.12.1963 AP BetrVG > [1952] § 59 Nr. 23) Tarifüblichkeit nur

angenommen, wenn die Zahl der in den tarifgebundenen Betrieben regelm. beschäftigten AN größer ist als die Zahl der in den nicht tarifgebundenen Betrieben regelm. beschäftigten AN. Anders als noch § 59 BetrVG 1952 stellt § 77 nicht nur auf die Üblichkeit, sondern schlicht auf die Regelung durch TV ab. Man wird die Sperrwirkung deshalb nur solchen TV absprechen können, denen nach der Zahl der beiderseits Tarifgebundenen keine wesentl. Bedeutung zukommt (ähnl. MüArbR/*Matthes* § 328 Rn. 64: unerhebl., ob der TV für die Branche repräsentativ ist; weitergehend BAG 20.11.2001 EzA BetrVG 1972 § 77 Nr. 70, wonach die Zahl der normativ oder vertragl. tarifgebundenen AN unerheblich ist). Die **einzelvertragl. Übernahme eines TV**, von dessen Geltungsbereich der AG nicht erfasst wird, führt nicht dazu, dass in dem Betrieb Arbeitsbedingungen iSv. § 77 III üblicherweise tarifl. geregelt sind (BAG 27.1.1987 AP BetrVG 1972 § 99 Nr. 42).

3. Reichweite der Sperrwirkung. Der Umf. der Sperrwirkung ergibt sich aus dem **Inhalt der Tarifbestimmung** und ist durch deren **Auslegung** zu ermitteln. Verwehrt ist den Betriebsparteien jegl. Regelung über tarifl. Vergütungsbestandteile; sie können weder über die Höhe noch über den Zeitpunkt von Tariflohnerhöhungen disponieren (BAG 30.5.2006 AP BetrVG 1972 § 77 Tarifvorbehalt Nr. 23). Die tarifl. oder tarifübl. Regelung von Löhnen und Gehältern **sperrt** aber **nicht** die Vereinbarung betriebsbezogener **Prämien oder Leistungszulagen** durch die Betriebsparteien (BAG 30.5.2006 AP BetrVG 1972 § 77 Tarifvorbehalt Nr. 23). Die Regelung von solchen Zulagen ist durch BV zulässig, soweit die Vereinbarung an **andere tatbestandl. Voraussetzungen** anknüpft als die entspr. tarifl. Regelung. So fehlt hins. einer vom AG freiwillig gezahlten Zulage zum Tariflohn eine abschl. Regelung durch TV, wenn dieser ledigl. das Entgelt für die tarifl. geschuldete Arbeitsleistung und damit nur die Mindestentlohnung regelt (BAG 17.12.1985 AP BetrVG 1972 § 87 Tarifvorrang Nr. 5). Es entspricht dem Wesen tarifl. Entgeltregelungen, dass sie nur Mindestbedingungen setzen. Dagegen können tarifl. Entgeltregelungen im übertarifl. Bereich gerade diejenige Schutzwirkung nicht entfalten, wegen der dem BR bei der Lohngestaltung ein Mitbestimmungsrecht eingeräumt worden ist. Entspr. bezeichnet es der GS des BAG (3.12.1991 AP BetrVG 1972 § 87 Lohngestaltung Nr. 51) als ganz überw. Auff., dass der Tarifvorrang des § 87 I Eingangssatz einem Mitbestimmungsrecht nach § 87 Abs. 1 Nr. 10 bei der Aufstellung und Änd. von Entlohnungsgrundsätzen für übertarifl. Zulagen nicht entgegensteht. Ebenso sperrt die tarifl. oder tarifübl. Regelung von Löhnen und Gehältern nicht automatisch eine BV über die zusätzl. Gewährung vermögenswirksamer Leistungen, weil es sich hierbei um eine bes. Form des Arbeitsentgelts handelt, das eine selbständige Regelungsmaterie gem. § 88 Nr. 3 darstellt; insofern bedarf es für eine Sperrwirkung eigenständiger tarifl. Vorschr. über die Fragen der Vermögensbildung. Nach Auff. des BAG soll sogar eine tarifl. Regelung über ein Urlaubsgeld nicht eine BV über ein zusätzl Urlaubsgeld (BAG vom 9.2.1989 AP BetrVG 1972 § 77 Nr. 40) und eine tarifl. geregelte Befristung von ArbVerh nicht eine BV über die Beendigung von ArbVerh. mit Erreichen des 65. Lebensjahres (BAG GS 20.11.1987 AP BGB § 620 Altersgrenze Nr. 2) sperren. 50

Durch § 77 III werden BV ausgeschlossen, die einen TV ledigl. für unverändert anwendbar erklären und diesen damit auch auf **nicht tarifgebundene AN ausdehnen** wollen (BAG 20.11.2001 NZA 2002, 872; 13.8.1980 AP BetrVG 1972 § 77 Nr. 2). Eine solche Regelung ist nicht durch die Betriebspartner, sondern nur durch AVE mögl. Eine BV über Angelegenheiten, die der einschlägige **TV ausdrückl.** der **Regelung durch Arbeitsvertrag** zuweist, ist zulässig, da der Verzicht auf eine eigene Regelung keine inhaltl. Regelung darstellt und insoweit keine Sperrwirkung iSd. § 77 III zum Schutz der ausgeübten Tarifautonomie auslösen kann (BAG 1.12.1992 NZA 1993, 613). 51

Regelungsabreden werden, egal welchen Inhalt sie haben, nicht von der Sperrwirkung des § 77 III 1 erfasst (BAG 20.4.1999 NZA 1999, 887; vgl. auch Rn. 130). Zum einen spricht der Wortlaut des § 77 III 1 ausdrückl. nur von BV. Zum anderen soll die Vorschr. die durch TV geschaffene normative Ordnung vor einer Aushöhlung durch konkurrierende gesetzesgleiche Regelungen schützen. Regelungsabreden entfalten jedoch nur obligatorische Wirkung zwischen den Betriebsparteien und können mangels normativer Wirkung die ArbVerh. nicht unmittelbar gestalten; sie wirken deshalb nicht als Konkurrenz zum TV (BAG 20.4.1999 aaO; 21.1.2003 AP BetrVG § 21a Nr. 1; WPK/*Preis* Rn. 59; *Fitting* Rn. 102; aA DKKW/*Berg* Rn. 158; Richardi/*Richardi* Rn. 228, 293). **Gleiches** gilt für vertragl. **Einheitsregelungen oder Gesamtzusagen** des AG. Bei Abschluss und Durchführung entgegen § 4 III TVG tarifwidriger betriebl. Abreden steht der Gewerkschaft ein quasi-negatorischer Unterlassungsanspruch aus §§ 1004 I BGB analog, 823 BGB, Art. 9 III 2 GG zu (BAG 20.4.1999 NZA 1999, 887). 52

4. Einschränkungen und Ausnahmen. a) § 87 I Einleitungssatz – Vorrangtheorie. Nach der Rspr. des BAG gilt die **Regelungssperre** des § 77 III nicht für erzwingbare BV **über mitbestimmungspflichtige Angelegenheiten**; für solche gilt **allein § 87 I Einleitungssatz**. Denn im Anwendungsbereich des § 87 geht dieser als die speziellere Regelung vor. Regelt die BV einen nicht der erzwingbaren Mitbestimmung unterfallenden Tatbestand, kommt der Tarifvorbehalt des § 77 III zur Anwendung. Somit gilt die weiterreichende Sperrwirkung (ausr. Tarifüblichkeit) aus **§ 77 III in erster Linie nur für freiwillige BV** (BAG 24.2.1987 AP BetrVG 1972 § 77 Nr. 21; 29.4.2004 NZA 2004, 670; WPK/*Preis* Rn. 62; DKKW/*Berg* Rn. 135; *Fitting* Rn. 113). Damit folgen Rspr. und hL der **sog. Vorrangtheorie** (Die Gegenansicht wendet nach der sog. „Zwei-Schranken-Theorie" die Regelungen 53 des Tarifvorbehalts in § 77 III und des Tarifvorrangs in § 87 I nebeneinander an: GK-BetrVG/*Kreutz* Rn. 151 ff.; Richardi/*Richardi* Rn. 247 ff.).

54 Die Bedeutung der Vorrangtheorie liegt darin, dass BV über mitbestimmte Angelegenheiten aus dem Katalog des § 87 I **bei bloßer Tarifüblichkeit zulässig** sind. Dem Schutz der AN vor einem einseitigen und umfassenden Gestaltungsrecht des AG wird in § 87 I ohne die Mitbestimmung des BR nur dann ausreichend Rechnung getragen, wenn der AG bereits an eine dem Schutzzweck genügende tarifl. Reglung gebunden ist; in diesem Fall besteht kein Bedürfnis nach einer erg. Regelung auf Betriebsebene. Dagegen gewährleistet die bloße Tarifüblichkeit nicht den bezweckten Schutz der AN vor einseitigen Anordnungen des AG und hindert die Betriebspartner nicht, BV über Gegenstände des § 87 I abzuschließen (MüArbR/*Matthes* § 238 Rn. 67). Entspr. gilt für andere Mitbestimmungsrechte mit Letztentscheidungsrechten der Einigungsstelle (WPK/*Preis* Rn. 62; aA *Löwisch/Kaiser* Rn. 114).

55 Allerdings ist § 77 III 1 nach der Rspr. des **BAG** auch bei den mitbestimmten Angelegenheiten iSd. § 87 I nicht ohne Bedeutung: So **führt § 77 III 1** auch **im Anwendungsbereich des § 87 I** zur – vollständigen oder partiellen – **Unwirksamkeit einer betriebl. Regelung,** wenn dieser eine zwingende tarifl. Regelung entgegensteht und der TV den Abschluss erg. BV gem. § 77 III 2 nicht zulässt (BAG 29.4.2004 NZA 2004, 670). Gilt nämlich ein TV zwingend, sollen nicht nur die Mitbestimmungsrechte aus § 87 I gesperrt sein, sondern auch „freiwillige" BV der Betriebspartner über an sich mitbestimmte Tatbestände aus § 87. Es kann freilich nicht Konsequenz der Vorrangtheorie sein, dass die gem. § 87 I Einleitungssatz der Mitbestimmung entzogenen Angelegenheiten doch noch im Wege einer freiwilligen Einigung beliebig und ohne Rücksicht auf § 77 III geregelt werden können. Nach dieser Auff. sind **„freiwillige" BV über mitbestimmte Fragen** nach **Maßgabe des § 77 III unwirksam.** Die Regelungssperre des § 77 III wird nur insoweit vom spezielleren § 87 I verdrängt, wie das Mitbestimmungsrecht des BR aus § 87 I reicht. § 77 III bleibt also iÜ anwendbar, wenn bereits nach dem Einleitungssatz des § 87 die erzwingbare Mitbestimmung ausgeschlossen ist (BAG 29.4.2004 aaO; MüArbR/*Matthes* § 238 Rn. 68; WPK/*Preis* Rn. 63; Richardi/*Richardi* § 87 Rn. 166 ff.; vgl. auch BAG 29.10.2002 NZA 2003, 393). Zwar ergäbe sich dieselbe Rechtsfolge auch ohne Anwendung des § 77 III regelmäßig aus § 87 I Einleitungssatz iVm. § 134 BGB und dem jeweiligen TV. Die Sperre des § 77 III geht aber insofern über die zwingende Wirkung des TV hinaus, als ein solcher wegen § 4 III TVG günstigere BV zuließe, § 77 III dagegen nicht. Ein Rückgriff auf den strengeren § 77 III erscheint aber – als Zugeständnis an die 2-Schranken-Theorie – zur Verhinderung einer Umgehung der Regelungssperre gerechtfertigt.

56 **§ 87 I** ist in den **Angelegenheiten der erzwingbaren Mitbestimmung Spezialvorschrift** und genießt Anwendungsvorrang. Der BR hat ein Mitbestimmungsrecht, soweit eine gesetzl. oder tarifl. Regelung nicht besteht. Die mitbestimmte Angelegenheit darf nicht bereits durch einen bestehenden einschlägigen TV geregelt sein, der dem AG ggü normative Wirkung entfaltet. Das ist der Fall, wenn der AG tarifgebunden und der TV zum Zeitpunkt des Inkrafttretens der BV voll wirksam ist; die bloße Tarifüblichkeit erzeugt keine Sperrwirkung (BAG 27.11.2002 AP BetrVG 1972 § 87 Tarifvorrang Nr. 34; 22.3.2005 AP BetrVG 1972 § 4 TVG Geltungsbereich Nr. 26). Eine Tarifbindung der AN des Betriebes ist nach hM hingegen nicht erfordl. (BAG 24.2.1987 AP BetrVG 1972 § 77 Nr. 21; vgl. § 87 Rn. 15). Die erzwingbare Mitbestimmung nach § 87 I ist aber nur insoweit ausgeschlossen, wie die konkrete mitbestimmungspflichtige Angelegenheit zwingend und **abschließend durch den TV geregelt** ist. Die Tarifnorm muss dem Schutzzweck des Mitbestimmungsrechts genügen (BAG 18.4.1989 AP BetrVG 1972 § 87 Tarifvorrang Nr. 18; 4.7.1989 AP BetrVG 1972 § 87 Tarifvorrang Nr. 20). Dafür muss der TV die Materie so vollständig und eindeutig regeln, dass eine weitere Erg. zur praktischen Umsetzung der Regelung nicht notwendig ist. Das ist durch Auslegung zu ermitteln, was im Einzelfall schwierig sein kann (vgl. hierzu § 87 Rn. 16 f.). Das Mitbestimmungsrecht bleibt aber bestehen, wenn zB der TV keine materielle Regelung enthält (BAG 18.4.1989 AP BetrVG 1972 § 87 Tarifvorrang Nr. 18; auch bei sog. Negativregelung oder bewusster Nichtregelung einer Materie, BAG 23.10.1985 AP TVG § 1 Tarifverträge: Metallindustrie Nr. 33) oder den Betriebspartnern durch Öffnungsklausel ausdrückl. das Recht zu erg. Regelungen einräumt. Vgl. hierzu iE § 87 Rn. 14 ff.

57 Problematisch ist die Behandlung von **teilmitbestimmten BV.** Umstr. ist die Frage, inwiefern in **nicht** oder **nicht mehr tarifgebundenen Betrieben teilmitbestimmte Angelegenheiten** durch BV geregelt werden können (dafür *Hanau* NZA 1993, 817; *Hoß/Liebscher* DB 1995, 2525; dagegen *Bauer/Diller* DB 1993, 3089; *Däubler* ZTR 1994, 455). Soweit auf die zu regelnde Angelegenheit der § 77 III Anwendung findet, wäre eine BV bereits bei bloßer Tarifüblichkeit gesperrt. Ist dagegen mit der Vorrangtheorie der § 87 I als speziellere Vorschr. anwendbar, würde die Regelung durch BV mangels Tarifgebundenheit des AG nicht an der Sperre in Abs. 1 Einleitungssatz scheitern. Entscheidend ist also, ob je nach Schwerpunkt der zu regelnden Materie auf den mitbestimmten oder den mitbestimmungsfreien Teil der BV abgestellt wird. Soweit sich das **BAG** mit der Problematik bewusst auseinandersetzt, ist eine klare Tendenz zu beachten: Die Mitbestimmungspflichtigkeit eines Teils der Regelungen einer BV führt nicht etwa dazu, dass die Sperrwirkung eines TV auch für die mitbestimmungsfreien Regelungen aufgeh. wäre. Wird beim Arbeitsentgelt neben den (mitbestimmten) Verteilungsgrundsätzen auch die (mitbestimmungsfreie) Vergütungshöhe geregelt, ist § 77 III grds. anwendbar; die BV ist insoweit **teilunwirksam** (BAG 24.1.1996 AP BetrVG 1972 § 77 Tarifvorbehalt Nr. 8; 22.3.2005 AP § 4 TVG Geltungsbereich Nr. 26). Die Teilunwirksamkeit einer BV hat die Unwirk-

samkeit auch ihrer übrigen Bestimmungen zur Folge, wenn diese ohne die unwirksamen Teile keine **sinnvolle, in sich geschlossene Regelung** mehr darstellen (BAG 22.3.2005 AP § 4 TVG Geltungsbereich Nr. 26). Das ist auch zu bejahen, wenn mit der Erzwingung von übertarifl. Leistungen durch BV in das tarifvertragl. geregelte Gesamtgefüge eingegriffen würde. Bei „betriebl. Bündnissen für Arbeit" hat dies im Zweifel die Gesamtunwirksamkeit der BV zur Folge hat, weil die Neuverteilung zwgd. auf den Einschnitten in das Vergütungsniveau aufbaut.

Für das **AZRecht** bedeutet dies, dass in nicht oder nicht mehr tarifgebundenen Betrieben BV über eine vom TV abw. Lage der AZ nach § 87 I Nr. 2 zulässig sind. Eine BV über die Verteilung der AZ verstößt dagegen gegen § 77 III, wenn sie zugleich Regelungen über die Dauer der wöchentl. bzw. jährl. AZ enthält, die im Widerspruch zu einem für den Betrieb geltenden TV stehen (BAG 22.6.1993 AP BetrVG 1972 § 23 Nr. 22; BAG 22.7.2003 NZA 2004, 507). 58

b) Sozialpläne. Nach **§ 112 I 4** ist § 77 III auf Sozialpläne nicht anzuwenden. Dies ist insb. für tarifvertragl. **Rationalisierungsschutzabkommen** bedeutsam, die demnach weitergehende betriebl. Sozialpläne und ihre Erzwingbarkeit nicht ausschließen können. Dagegen kann ein TV bestimmen, dass die in ihm vorgesehenen Leistungen entfallen, wenn und soweit betriebl. Sozialpläne entspr. Leistungen gewähren (s. §§ 112, 112a Rn. 13). Fragl. ist, ob § 112 I 4 nur für den in § 112 vorgesehenen erzwingbaren Sozialplan gilt oder auch für darüber hinausgehende Sozialpläne, die mangels der nach §§ 111, 112a I erforderl. ANZahl, bzw. der nach § 112a II erforderl. Unternehmensdauer oder aus sonstigen Gründen nicht erzwingbar wären. Dies ist wohl zu bejahen, da eine Abgrenzung schwer fällt und der Tarifautonomie in diesem Bereich keine wesentl. Gefahr von konkurrierenden BV droht. Näheres zu Tarifsozialplänen §§ 112, 112a Rn. 13. 59

c) Öffnungsklauseln. § 77 III 2 lässt die Sperrwirkung des S. 1 entfallen, wenn ein TV den Abschluss **erg. BV** ausdrückl. zulässt. Der Begriff der Erg. ist weit auszulegen, so dass auch vom TV abweichende BV und auch untertarifl. Regelungen zugelassen werden können, zumal § 4 III TVG generell vom TV abw. Abmachungen zulässt (*Fitting* Rn. 121; WPK/*Preis* Rn. 79; aA DKKW/*Berg* Rn. 150). Gestattet der TV Abweichungen durch BV, reicht eine Regelungsabrede nicht aus (BAG 18.12.1997 AP KSchG 1969 § 2 Nr. 46). Der TV kann auch bestimmen, dass die BV in einer nach § 87 nicht mitbestimmten Angelegenheit, zB Dauer der AZ, erzwingbar sein soll (BAG 18.8.1987 AP BetrVG 1972 § 77 Nr. 23) und umgekehrt (*Kort* NZA 2001, 77). Die Öffnungsklausel gilt erst recht, wenn der TV nach § 77 V nur nachwirkt, endet aber mit einem neuen TV ohne Öffnungsklausel (BAG 25.8.1983 AP BetrVG 1972 § 77 Nr. 7). Die Klausel kann nur von den Parteien des zu öffnenden TV vereinbart werden (BAG 20.4.1999 AP BetrVG 1972 § 77 Tarifvorbehalt Nr. 12). Ein FirmenTV kann deshalb einen VerbandsTV nicht für eine BV öffnen, sondern nur nach dem Grundsatz der Spezialität durch eine eigene Regelung verdrängen (s. Wiedemann/*Wank* TVG § 4 Rn. 290). 60

Durch **rückwirkende Öffnungsklauseln** können auch nachträgl. (bestimmte) BV genehmigt werden, die zunächst wegen Verstoßes gegen die Regelungssperre des § 77 III 1 schwebend unwirksam waren; dies gilt nur soweit nicht die Grundsätze des Vertrauensschutzes entgegenstehen (BAG 20.4.1999 AP BetrVG 1972 § 77 Tarifvorbehalt Nr. 12; 29.1.2002 NZA 2002, 927; 29.10.2002 NZA 2003, 393). Die Beschränkung einer tarifl. Öffnungsklausel auf BV, die bereits vor dem Inkrafttreten eines TV bestanden haben, ist iZw. nicht gewollt (BAG 20.2.2001 AP BetrVG 1972 § 77 Tarifvorbehalt Nr. 15). S. auch *Wiedemann* und *Wisskirchen* FS *Hanau* 1999, 607, 623. 61

5. Verhältnis von Tarifvertrag und Betriebsvereinbarung bei Betriebsübergang. Nach **§ 613a I BGB** werden die Inhaltsnormen eines TV nach Betriebsübergang Inhalt des ArbVerh. zwischen dem neuen Inhaber und dem AN und dürfen nicht vor Ablauf eines Jahres nach dem Zeitpunkt des Übergangs zum Nachteil des AN geänd. werden. Dies gilt nicht, wenn die Rechte und Pflichten bei dem neuen Inhaber durch Rechtsnormen eines anderen TV oder durch eine andere BV geregelt werden (vgl. § 613a Rn. 123). 62

Umstr. ist, ob ein nach § 613a I 2 BGB transformierter TV nur durch einen anderen TV oder auch durch eine andere BV abgelöst werden kann. Das BAG hat entschieden, dass eine sog. **„Überkreuzablösung"** gem. § 613a I 3 BGB jdf. außerhalb des Bereichs zwingender Mitbestimmung ausgeschlossen sei (BAG 6.11.2007 NZA 2008, 542). Die Begründung des Gerichts vermag nicht zu überzeugen. Insb. spricht die vom Gericht selbst gezogene Parallele zu § 4 V TVG eher für die gegenteilige Wertung; denn diese Vorschr. lässt ja gerade auch ungünstigere andere Abmachungen zu. Richtig ist dagegen, dass eine „Überkreuzablösung" in den allermeisten Fällen bereits an § 77 III scheitert. Denn § 613a BGB kann Spezialvorschrift zu § 77 III nur im Verhältnis zu den beim Veräußerer geltenden TV, nicht aber zu im Erwerberbetrieb geltenden oder übl. TV sein (vgl. *Kania* DB 1995, 626). Keine durchgreifenden Bedenken bestehen dagegen gegen eine **„umgekehrte Überkreuzablösung"** einer BV im Veräußererbetrieb durch einen TV im Erwerberbetrieb. Würde man auch in dieser Konstellation unter Verweis auf den Schutzzweck des § 613a I 2 BGB eine Fortgeltung der BV (für Außenseiter) bejahen, wäre die beim Betriebsübergang transformierte BV stärker geschützt als die zwingend normativ geltende. 63

V. Verhältnis Betriebsvereinbarung/Betriebsvereinbarung

64 **1. Ablösung durch nachfolgende Betriebsvereinbarung.** Wird eine BV geschlossen, die eine ältere BV ablösen soll, so gilt nicht das Günstigkeitsprinzip, sondern die sog. **Zeitkollisionsregel (Ablöseprinzip):** Die jüngere Norm ersetzt die ältere mit Wirkung für die Zukunft, sofern sie denselben Gegenstand regelt (BAG 10.2.2009 NZA 2009, 796; 15.4.2008 NZA-RR 2008, 580; 5.10.2000 NZA 2001, 849). Das gilt grds. auch, wenn die Neuregelung für die betroffenen AN eine Verschlechterung bewirkt, soweit die Grundsätze der Verhältnismäßigkeit und des Vertrauensschutzes gewahrt sind (BAG 15.11.2000 NZA 2001, 900; 20.2.2001 NZA 2001, 1204; s. § 112 Rn. 39). Gleiches gilt, wenn eine BV nach § 613a I 2 BGB zum Inhalt der Arbeitsverträge geworden ist (BAG 14.8.2001 NZA 2002, 276). Eine Protokollnotiz der Betriebspartner zur BV reicht iZw. nicht aus (BAG 9.12.1997 NZA 98, 609; dagegen bejahend wegen Regelungswillen: BAG 20.2.2001 NZA 2001, 903). Rückwirkung ist mögl., wenn sie eindeutig ist und die AN damit rechnen konnten (BAG 19.9.1995 NZA 1996, 386; 20.4.1999 NZA 1999, 1509; *Fitting* Rn. 44).

65 Führt die ablösende BV zu einer Kürzung von **Versorgungsanwartschaften,** so unterliegt sie einer Billigkeitskontrolle. Dabei richten sich die Anforderungen an den Eingriff – wie zunächst für Unterstützungskassen entschieden – nach einem vom BAG entwickelten dreifach abgestuften Schutzsystem, nach dem die Änderungsgründe gegen die Bestandsschutzinteressen der betroffenen AN abgewogen werden; je stärker in Besitzstände eingegriffen wird, desto schwerer müssen die Änderungsgründe wiegen (BAG 30.4.1985 NZA 1986, 63; 17.3.1987 NZA 1987, 855). Das BAG differenziert zwischen **drei Arten von Eingriffen** und ordnet ihnen je nach Intensität für ihre Wirksamkeit erforderl. Rechtfertigungsgründe zu (BAG 11.9.1990 DB 1991, 26. 8. 1997 DB 1998, 1190; 18.9.2001 NZA 2002, 1164; 19.4.2005 NZA-RR 2005, 598): Der bereits **erdiente und nach den Grundsätzen des § 2 BetrAVG errechnete Teilbetrag** darf in seltenen Ausnahmefällen, bei zwgd. Gründen, gekürzt werden. Solche Gründe liegen nur vor, wenn sich die Geschäftsgrundlage der ursprüngl. Versorgungsregelung wesentl. geänd. hat oder gänzl. weggefallen ist. Will die Neuregelung die **sog. erdiente Dynamik,** also einen dienstzeitunabhängigen variablen Berechnungsfaktor wie das ruhegehaltsfähige Entgelt, für die AN nachteilig verändern, bedarf es eines triftigen Grundes; der Eingriff muss zB erforderl. sein, um eine langfristige Substanzgefährdung des Unternehmens zu verhindern. Geht es nur um eine Neuregelung **noch nicht erdienter dienstzeitabhängiger Teilbeträge und Zuwachsraten,** genügt zu deren Rechtfertigung bereits ein sachl., also willkürfreier, nachvollziehbarer und anerkennenswerter Grund; er kann in anhaltenden Verlusten trotz umfangr. Einsparmaßnahmen liegen oder auf eine wirtschaftl. ungünstige Entwicklung des Unternehmens bzw. eine Fehlentwicklung im betriebl. Versorgungswerk zurückgehen – der allgemeine Hinweis auf wirtschaftl. Schwierigkeiten reicht aber regelm. nicht aus. Anderweitige nahe liegende Einsparmöglichkeiten müssen zumindest erwogen und ihre Unterlassung plausibel erklärt werden. Ausreichend ist, wenn ein unabhängiger Sachverständiger den dringenden Sanierungsbedarf bescheinigt; eines ausgewogenen Sanierungsplans bedarf es indes nicht. Allenfalls offensichtl. und ergebnisrelevante Fehler oder die Erstellung der Bilanz entgegen den anerkannten Regeln können der Annahme entgegenstehen, ein Eingriff zu Sanierungszwecken sei nicht willkürl. erfolgt (BAG 18.9.2001 NZA 2002, 1164). Sachl. Gründe reichen auch für die Verschiebung der Fälligkeit von Betriebsrenten auf das Monatsende (BAG 23.9.1997 NZA 1998, 541). Zur Ablösung von BV nach einem Betriebs- oder Betriebsteilinhaberwechsel s. die Kommentierung zu § 613a BGB; zur Ablösung durch Kündigung der BV Rn. 93 ff.

66 **2. Verhältnis zur Gesamt- und Konzernbetriebsvereinbarung.** Eine **Kollision** zwischen **GesamtBV** und BV wird nach der vom G vorgesehen Zuständigkeitsverteilung (§ 50 Rn. 2 ff.) gelöst. Folgl. verdrängt – unabhängig vom Günstigkeitsprinzip – eine vom GBR im Rahmen seiner originären Zuständigkeit nach § 50 I geschlossene GesamtBV etwaige BV in einzelnen Betrieben über denselben Regelungsgegenstand (BAG 3.5.1984 DB 1984, 2413; *Fitting* § 50 Rn. 74; DKKW/*Berg* Rn. 30). Soweit die GesamtBV keine abschl. Regelung oder eine Öffnungsklausel für BV enthält, ist eine BV zulässig (BAG 3.5.1984 aaO). Allerdings kann eine in den Angelegenheiten der zwgd. Mitbestimmung vom zuständigen BR abgeschlossene, wenn auch nur nachwirkende BV, nicht durch eine mit dem für die Ausübung des Mitbestimmungsrechts unzuständigen GBR getroffene freiwillige Vereinb. zu Lasten der betriebszugehörigen AN ersetzt werden (BAG 15.1.2002 NZA 2002, 988).

67 Ebenfalls in einem durch die ges. Zuständigkeitsverteilung bestimmten Rangverhältnis stehen die durch den KBR geschlossene **KonzernBV** zur GesamtBV oder BV. Werden BV im Rahmen einer übertragenen Zuständigkeit (vgl. §§ 50 II, 58 II) abgeschlossen, so bestimmt sich der Rang der jeweiligen BV nach den Grundsätzen, die für die ANVertretung gelten, welche die Zuständigkeit übertragen hat (HWK/*Gaul* Rn. 58).

VI. Verhältnis Betriebsvereinbarung/Arbeitsvertrag

68 **1. Grundsatz.** Gem. § 77 IV wirken BV unmittelbar und zwgd. für das ArbVerh., so dass es keiner Umsetzung zu ihrer Wirksamkeit bedarf. Dieser Grundsatz wird durch das **Günstigkeitsprinzip**

modifiziert: Als allg. Kollisionsnorm des Arbeitsrechts schützt es ua. arbeitsvertragl. Regelungen vor einer Verschlechterung durch BV. Individualvertragl. Vereinb. haben ggü. der BV Vorrang, soweit sie eine für den AN günstigere Regelung enthalten (BAG 16.9.1986 NZA 1987, 168; 21.1.1989 NZA 1990, 351; *Fitting* Rn. 196; DKKW/*Berg* Rn. 33). Dies gilt sowohl für vor als auch für nach dem Inkrafttreten der BV geschlossene individualvertragl. Vereinb. (*Fitting* Rn. 197). Durch eine nachf. günstigere BV werden einzelvertragl. Regelungen aber nicht abgelöst, sondern sie werden ledigl. für die Dauer der normativen Geltung der BV – also einschließl. des Nachwirkungszeitraums – **verdrängt** (BAG 19.7.2016, NZA 2016, 1475; 28.3.2000 NZA 2001, 49; vgl. für TV BAG 12.12.2007 DB 2008, 1102; DKKW/*Berg* Rn. 34; *Fitting* Rn. 197; Richardi/*Richardi* Rn. 159; aA GK-BetrVG/*Kreutz* Rn. 247). Dasselbe gilt auch dann, wenn der Arbeitsvertrag „betriebsvereinbarungsoffen" (s. hierzu ausführl. Rn. 79 ff) ausgestaltet ist. Endet die verdrängende BV ersatzlos, lebt die arbeitsvertragl. Regelung wieder auf (*Fitting* Rn. 198; *Linsenmaier* RdA 2014, 336; *Waltermann* RdA 2016, 296). Die Feststellung, wann eine BV für den AN günstiger ist, erfolgt grds. nach dem **individuellen Günstigkeitsvergleich** (ausf. *Fitting* Rn. 199 ff.; GK-BetrVG/*Kreutz* Rn. 260 ff.; Richardi/*Richardi* Rn. 146). Eine Differenzierung nach materiellen und formellen Arbeitsbedingungen findet nicht statt (*Fitting* Rn. 204; GK-BetrVG/*Kreutz* Rn. 269). Ausnahmsweise findet im Verhältnis Arbeitsvertrag zur BV nicht das Günstigkeitsprinzip, sondern das **Ablöseprinzip** Anwendung, wenn eine BV gem. § 613a BGB zum individualrechtl. Inhalt des Arbeitsvertrages geworden ist. Sie kann durch eine spätere BV im Erwerberbetrieb auch zum Nachteil der betroffenen AN abgelöst werden, denn hier ist der Arbeitsvertrag vor einer Ablösung nicht in weiterem Umf. geschützt, als wenn die BV kollektivrechtl. weitergelten würde (BAG 14.8.2001 NZA 2002, 276; 18.11.2003 NZA 2004, 803

Die BV kann dem Günstigkeitsprinzip auch dadurch Rechnung tragen, dass sie ihre Wirkung von 69 der **Zustimmung der AN** abhängig macht. Fragl. ist, ob das Erfordernis der Freiwilligkeit bedeutet, dass die AN jederzeit die Möglichkeit haben müssen, die Leistung zu verweigern (so LAG HM 20.11.1990 LAGE BetrVG § 77 Nr. 11), oder ob es ausreicht, dass die Verpflichtung zur Leistung idS freiwillig war, dass Anstellung und Beschäftigung im Betrieb nicht davon abhängig sein sollten. Dies ist jeweils eine Auslegungsfrage.

2. Kollektives Günstigkeitsprinzip. Besonderheiten galten früher für das Verhältnis zwischen einer 70 BV und vertragl. begr. Ansprüchen der AN, die auf eine vom AG gesetzte vertragl. **Einheitsregelung, Gesamtzusage oder betriebl. Übung** zurückgehen. Hierunter versteht man Zusagen des AG an alle oder an eine Gruppe von AN, die in allg. Form (zB Aushänge, Rundschreiben, Veröffentlichung in Mitarbeiterzeitung, Intranet) erfolgen. Solche arbeitsvertragl. Einheitsregelungen sind Bestandteil des einzelnen Arbeitsvertrags und können damit ansich nur auf individualrechtl. Weg, zB durch Vertrag, Änderungskündigung oder (vorbehaltenen) Widerruf, verschlechtert werden.

Raum für **umstrukturierende BV** hatte der GS des BAG durch das Rechtsinstitut des **kollektiven** 71–77 **Günstigkeitsvergleichs** (BAG GS 16.9.1986 NZA 1987, 168) geschaffen: Die nach Maßgabe der Einheitsregelung gewährten betriebl. Sozialleistungen könnten durch eine nachf. BV in den Grenzen von Recht und Billigkeit beschränkt werden, wenn die Neuregelung insg. bei kollektiver Betrachtung nicht ungünstiger sei. Ist demggü. die nachf. BV insg. ungünstiger, sei sie nur zulässig, soweit der Arbeitsvertrag entweder betriebsvereinbarungsoffen ist (s. Rn. 79 ff.) oder der AG wegen eines vorbehaltenen Widerrufs oder Wegfalls der Geschäftsgrundlage (s. Rn. 87 f.) die Kürzung oder Streichung der Sozialleistungen verlangen kann (seither st. Rspr., vgl. BAG 18.3.2003 NZA 2004, 1099; 17.6.2003 NZA 2004, 1110). Eine unter Beachtung dieser Voraussetzungen kollektiv günstigere BV ersetzte die betriebl. Einheitsregelung entgültig; die abgelöste Einheitsregelung lebt nach der Beendigung der BV nicht wieder auf (BAG GS 16.9.1986 NZA 1987, 168; 28.3.2000 NZA 2001, 49). Für diese Rspr. dürfte es nach der Entsch. des BAG vom 5.3.2013 (NZA 2013, 916) keinen Anwendungsbereich mehr geben (a. A. *Linsenmaier* RdA 2014, 336), da das BAG alle auf allg. Arbeitsbedingungen beruhenden Regelungen mit kollektivem Bezug als betriebsvereinbarungsoffen einstuft (dazu unten Rn. 79) Damit sind bei Leistungen, die durch eine vertragl. Einheitsregelung, eine Gesamtzusage oder durch betriebliche Übung eingeführt wurden, ohne Rücksicht auf die Einstufung als „betriebl. Sozialleistung" auch kollektiv ungünstigere ablösende BV möglich (vgl. *Hromadka* NZA 2013, 1061).

3. Arbeitsvertragsoffene Betriebsvereinbarungen. Während § 4 III TVG **Öffnungsklauseln** in TV 78 für untertarifl. Arbeitsverträge zulässt, fehlt eine entspr. Bestimmung im BetrVG. Es steht aber nichts entgegen, § 4 III TVG (auch) insofern im Betriebsverfassungsrecht entspr. anzuwenden, zumal das in dieser Bestimmung ebenfalls verankerte Günstigkeitsprinzip vom BAG bereits in die Betriebsverfassung übertragen wurde (Rn. 68 ff.). Zudem lässt § 77 IV den nachträgl. Verzicht auf Rechte aus BV mit Zustimmung des BR zu.

4. Betriebsvereinbarungsoffene Arbeitsverträge. Durch verschlechternde BV kann eine arbeitsver- 79 tragl. Regelung wirksam – ohne Verletzung des Günstigkeitsprinzips – abgelöst werden, wenn diese den **Vorbehalt einer kollektivrechtl. Abänderung** enthält, also „betriebsvereinbarungsoffen" ausgestaltet ist (BAG 16.11.2011 NZA 2012, 349; GS 16.9.1986 NZA 1987, 168). Bei der Annahme von Betriebsvereinbarungsoffenheit war die Rspr. stets sehr großzügig. Ausdrückliche Öffnungsklauseln wurden nie verlangt. Auch konkludente Öffnungsvorbehalte wurden als ausreichend erachtet: So komme auch ein stillschweigender Ablösungsvorbehalt in Betracht, insb. wenn eine vertragl. Einheitsregelung nicht schriftl. abgefasst worden ist und sich aus den Begleitumständen der Entstehung ergibt (zB kollektivrechtl. Ursprung der Einheitsregelung, Mitwirkung oder in Abstimmung mit BR), dass eine etwaige Ablösung durch kollektivrechtl. Regelungen mögl. sein soll (BAG 23.10.2001 NZA 2003, 986).

80 Wesentl. sollte aber stets sein, dass dem einzelnen AN der Hinweis auf eine spätere BV oder eine frühere Beteiligung des BR seinerzeit erkennbar war. Es reiche mithin nicht aus, dass es eine Abstimmung zwischen dem AG und dem BR gegeben hat. Sie müsse auch in geeigneter Weise im Betrieb veröffentlicht oder durch einen entspr. Hinweis bei den Arbeitsvertragsverhandlungen bekannt sein. Werde bei der Bekanntgabe einer vertragl. Einheitsregelung bspw. darauf hingewiesen, dass diese auf mit dem BR „abgestimmten" RL beruht, so lege dies für den Erklärungsempfänger nahe, dass die vom AG zu erbringenden Leistungen durch Mitwirkung des BR wieder umgestaltet werden können (BAG 3.11.1987 NZA 1988, 509; 10.12.2002 NZA 04, 272).

81 Bei arbeitsvertraglicher Verweisung auf BV ist zu beachten, dass diese gem. Abs. 4 Satz 1 ohnehin unmittelbar und zwingend gelten. Nimmt der Arbeitsvertrag auf eine BV in bestimmter Fassung Bezug, ist diese Verweisung deshalb im Zweifel nur deklaratorisch und als **„dynamisch"**, dh. spätere Änderungen einbeziehend, zu verstehen und nicht als statische Verweisung (BAG 16.8.1988 NZA 1989, 102; 20.11.1987 NZA 1988, 617; 23.9.1997 NZA 1998, 541).

82 Mit Erstreckung des **AGB-Rechts** ins Arbeitsrecht sind die Anforderungen der §§ 305 ff. BGB, insb. das Transparenzgebot gem. § 307 I 2 BGB zu beachten. In der Tat sprechen das Transparenzgebot und die Unklarheitenregelung in § 305c BGB eher dafür, dass für die Annahme von Betriebsvereinbarungsoffenheit ohne klare vertragliche Abrede keine Grdl. mehr bestehe (vgl. *Preis/Ulber* RdA 2013, 211, 225 m. w. N.). Auch der 10. Sen. des BAG hatte betont, dass ein Öffnungsvorbehalt wie ein Widerrufs- oder Freiwilligkeitsvorbehalt dem Transparenzgebot genügen müsse (BAG 5.8.2009 NZA 2009, 1105). Demgegenüber hat der 1. Sen. des BAG die AGB-rechtl. Anforderungen an die Annahme einer Betriebsvereinbarungsoffenheit extrem herunter geschraubt. Eine konkludente Vereinbarung von Betriebsvereinbarungsoffenheit sei stets anzunehmen, wenn der Vertragsgegenstand in Allgemeinen Geschäftsbedingungen enthalten sei und einen **kollektiven Bezug** habe. Mit der Verwendung von Allgemeinen Geschäftsbedingungen mache der AG dem AN erkennbar deutlich, dass im Betrieb einheitliche Vertragsbedingungen gelten sollen. Etwas anderes gelte nur dann, wenn AG und AN ausdr. Vertragsbedingungen vereinbaren, die unabhängig von einer für den Betrieb geltenden normativen Regelung Anwendung finden sollen (BAG 5.3.2013 NZA 2013, 916; bestätigt durch BAG 21.8.2013, NZA 2014, 271 und für die BetrAV durch BAG 10.3.2015, NZA-RR 2015, 371; sehr kritisch hierzu *Preis/Ulber* NZA 2014, 6; *Säcker* BB 2013, 2677; *Waltermann* RdA 2016, 296; dem BAG zustimmend *Meinel/Kiehn* NZA 2014, 509; *Linsenmaier* RdA 2014, 336). Auch wenn damit das Verhältnis von BV zum Arbeitsvertrag neu gewichtet wird, wird freilich nicht massiven Einschnitten zu Lasten der AN Tür und Tor geöffnet. Dies ergibt sich schon daraus, dass etwaige ablösende BV gem. § 75 dem Verhältnismäßigkeitsprinzip genügen müssen (*Linsenmaier* RdA 2014, 336; *Hromadka* NZA 2014, Beilage 4, 136).

83–86 Das BAG bejahte in der Entscheidung vom 5.3.2013 (NZA 2013, 916) die Öffnung für eine durch BV eingeführte Beendigung des Arbeitsverhältnisses bei Erreichen der Altersgrenze trotz eines im Musterarbeitsvertrag „auf unbestimmte Zeit" abgeschlossenen Arbeitsverhältnisses. Die Begründung des Gerichts lässt den Schluss zu, dass alle im vorformulierten Arbeitsvertrag aufgeführten Arbeitsbedingungen „mit kollektivem Bezug" **grundsätzlich betriebsvereinbarungsoffen** sind (so *Hromadka* NZA 2013, 1061; **aA** *Preis/Ulber* NZA 2014, 6). Das wären dann etwa (nicht individuell angepasste) Vertragsklauseln zur betriebl. Arbeitszeit sowie zu zusätzl. allgemeinen Vergütungsbestandteilen (betriebl. Altersversorgung, Zulagen, Jahressonderzahlungen etc.). Um dem Transparenzgebot Rechnung zu tragen, ist im Einzelfall bei der Auslegung zu berücksichtigen, inwiefern ein verständiger AN von einer späteren Ablösung durch BV ausgehen musste. Das wird man vor allem bejahen können, wenn es um Vertragsgegenstände geht, die Gegenstände der erzwingbaren Mitbestimmung betreffen, weil hier grundsätzl. mit einer Ablösung durch BV zu rechnen ist. Für Betriebsvereinbarungsoffenheit soll es auch sprechen, wenn Regelungen auf einen längeren, unbestimmten Zeitraum angelegt sind (BAG 10.3.2015 NZA-RR 2015, 371). Kein ausschlaggebender Auslegungsgesichtspunkt dürfte hingegen sein, ob zum Zeitpunkt des Vertragsschlusses im Betrieb ein BR existierte oder nicht, da verständige Vertragspartner stets mit der (späteren) Wahl eines BR zu rechnen haben; zudem müssten sonst bei Weiterverwendung von Vertragsklauseln nach Wahl eines BR identisch formulierte Vertragsbestimmungen unterschiedl. ausgelegt werden (a. A. *Linsenmaier* RdA 2014, 336) . Jedenfalls bei nicht mit dem einzelnen AN abgeschlossenen vertragl. Vereinbarungen, also bei Einheitsregelungen wie Gesamtzusagen und betriebl. Übungen, ist aber stets von Betriebsvereinbarungsoffenheit auszugehen, weshalb der Rspr. des BAG zum kollektiven Günstigkeitsprinzip faktisch der Boden entzogen ist (dazu oben Rn. 70). IÜ ist dringend zu empfehlen, iRd. Vertragsgestaltung jdf. bei Zweifelsfällen hinreichend deutlich zum Ausdruck zu bringen, ob einzelne Regelungsgegenstände „kollektiven Bezug" haben sollen oder nicht. Wollen AG und AN ihren Vertrag insgesamt betriebsvereinbarungsfest vereinbaren, empfiehlt sich eine Klausel wie z. B. „Die Rechte und Pflichten dieses Vertrages sind nicht betriebsvereinbarungsoffen".

5. Ablösende Betriebsvereinbarung bei Widerrufsvorbehalt oder Änderung der Geschäftsgrundlage. Die Betriebsvereinbarungsoffenheit kann sich aber auch aus weitergehenden **vertragl. oder ges. Änderungsvorbehalten** ergeben. Bereits im Beschluss des GS vom 16.9.1986 (NZA 1987, 168) hat das BAG festgestellt, dass eine verschlechternde BV zulässig ist, soweit der AG wegen eines vorbehaltenen Widerrufs die Kürzung oder Streichung der Sozialleistung verlangen kann oder wenn die Gesamtzusage, vertragl. Einheitsregelung oder betriebl. Übung auf Grund einer wesentl. Störung in ihrer Geschäftsgrundlage (§ 313 BGB) ihre Verbindlichkeit verloren haben und hierdurch der Bedarf für eine betriebl. Neuregelung begr. worden ist. Das wird für die betriebl. Altersversorgung bejaht, wenn sich die zugrundeliegende Rechtslage nach Erteilung der Versorgungszusage ganz wesentl. und unerwartet geänd. hat und dies beim AG zu erhebl. Mehrbelastungen führt oder wenn der bei der Versorgungszusage erkennbare Versorgungszweck dadurch verfehlt wird, dass deren unveränderte Anwendung zu einer ggü dem ursprüngl. Versorgungsziel planwidrig eintretenden Überversorgung führen würde. Ist die Geschäftsgrundlage weggefallen, kann die Neuregelung auch in zeitanteilig erdiente Besitzstände eingreifen, muss sich jedoch an der Zielsetzung der ursprüngl. Regelung orientieren (BAG 23.9.1997 NZA 1998, 719). 87

Soweit der Widerruf oder der Wegfall der Geschäftsgrundlage zu einer **Anpassung von Leistungsordnungen** führen, muss der AG nach § 87 I Nr. 10 den **BR beteiligen**, wenn die Leistung nicht nur insgesamt gemindert, sondern auch nach einem neuen Schlüssel verteilt werden soll. Können sich AG und BR nicht einigen, ob überhaupt und in welchem Umf. eine Anpassung erforderl. ist, ist die Einigungsstelle zuständig. Der BR darf seine Mitwirkung an der Neuregelung aber nicht völlig verweigern; vielmehr muss er notfalls über die Modalitäten der Neuregelung unter dem Vorbehalt ihrer vertragsrechtl. Zulässigkeit verhandeln (BAG 23.9.1997 aaO). 88

VII. Beendigung von Betriebsvereinbarungen

1. Zeitablauf, Zweckerreichung und Ablösung. Die BV endet mit **Ablauf der Zeit,** für die sie abgeschlossen wurde. Ohne ausdrückl. Befristung endet eine BV mit **Zweckerreichung,** sofern sich eine zeitl. Begrenzung aus dem mit ihr verfolgten Zweck ergibt (BAG 20.12.1961 DB 1962, 375; DKKW/*Berg* Rn. 92; Richardi/*Richardi* Rn. 193). Ebenfalls wegen Zweckerreichung endet eine RahmenBV, deren Durchführungsregelungen vollständig durch EinzelBV erfüllt wurden (BAG 12.8.1982 AP BetrVG 1972 § 77 Nr. 5). Eine BV, die als **Erg. zu einem TV** abgeschlossen wird, ist grds. in ihrer Laufzeit auf die Dauer des TV sowie ggf. dessen Nachwirkungszeitraum beschränkt (BAG 25.8.1983 DB 1984, 1302). Durch Regelungen in einem nachf. TV kann danach die Geltung von erg. BV nicht zeitl. erweitert werden. Ist eine erg. BV auch im Hinblick auf einen künftigen TV geschlossen, hängt ihre Weitergeltung vom Inhalt dieses TV ab. Die BV endet auch mit **Inkrafttreten einer neuen BV** über denselben Regelungsgegenstand (sog. Ablöseprinzip); hier gilt nicht das Günstigkeitsprinzip, sondern die für ranggleiche Rechtsquellen bestehende Zeitkollisionsregel: Die jüngere Norm ersetzt die ältere (BAG 17.3.1987 NZA 1987, 855). 89

Fragl. ist, ob BV unter aufschiebenden oder auflösenden Bedingungen abgeschlossen werden können. Im bürgerl. Recht ist vielfach ges. geregelt, dass Geschäfte **bedingungsfeindl.** sind, die wegen ihrer Wirkung ggü. einer Vielzahl von Personen Unsicherheiten durch die Abhängigkeit von künftigen Ereignissen nicht vertragen (Überbl. bei Palandt/*Ellenberger* vor § 158 Rn. 12 f.). Andererseits werden betriebl. Einigungen erschwert, wenn nicht eine Anpassung an künftige Ereignisse vorgesehen werden kann. Das BAG hat gegen den Abschluss einer BV unter einer aufschiebenden Bedingung jdf. keine Bedenken, wenn deren Eintritt für alle Beteiligten, auch die AN, ohne weiteres feststellbar ist (BAG 15.1.2002 NZA 2002, 1112). 90

2. Aufhebungsvertrag. Den Betriebspartnern steht es offen, die BV durch einen, dem Formerfordernis des § 77 II entpr., **Aufhebungsvertrag** aufzuheben (DKKW/*Berg* Rn. 93; *Fitting* Rn. 143, Richardi/*Richardi* Rn. 194). Ob der Aufhebungsvertrag auch formlos, ggf. auch konkludent durch eine **Regelungsabrede**, als rein schuldrechtl. Absprache, geschlossen werden kann, ist noch nicht endgültig geklärt. Das BAG hat ledigl. festgestellt, dass eine BV nicht durch eine Regelungsabrede abgelöst werden könne, da sie ggü der BV eine niederrangige Rechtsquelle sei, die keine normative Wirkung entfalte. Aus diesem Grund könne sie auch nicht die normative Wirkung von Inhaltsnormen auf das ArbVerh. beseitigen. IÜ hat es die Möglichkeit einer Aufhebung und völligen Beseitigung der BV durch eine formlose Regelungsabrede offen gelassen (BAG 20.11.1990 NZA 1991, 426; 27.6.1985 NZA 1986, 401). Für eine solche Möglichkeit könnte sprechen, dass das BAG für TV entschieden hat, dass zwar ihre Änd., nicht aber ihre Aufhebung der Schriftform des § 1 II TVG unterliegen (BAG 8.9.1976 DB 1977, 640). Überw. wird jedoch im Schrifttum für eine Aufhebung als sog. „actus contrarius" sowie aus Gründen der Rechtssicherheit die Schriftform gefordert (DKKW/*Berg* Rn. 93; *Richardi*/*Richardi* 194; *Fitting* Rn. 143, WPK/*Preis* Rn. 37, der eine Umdeutung des formlosen und gem. § 125 BGB unwirksamen Aufhebungsvertrags in eine formlos zulässige Kündigung möglich hält; aA HWK/*Gaul* 91

Rn. 39). Auch das Schweigen des BR zu einseitigem Vorgehen des AG reicht nicht (BAG 21.3.2001 NZA 2001, 1031).

92 Die für das Erfordernis der förml. Aufhebung einer BV vorgebrachten Arg. lassen wiederum den Umkehrschluss zu, dass BV jdf. **insoweit durch Regelungsabreden geänd.** und aufgeh. werden können, soweit diese **nicht die normative Wirkung der BV** betreffen, sondern sich ledigl. auf die schuldrechtl. Absprache unter den Betriebsparteien beziehen (zB den Ausschluss von Mitbestimmungsrechten). Eine solche Differenzierung betrifft also die Frage, inwieweit durch eine Regelungsabrede die Geltung der BV zwischen den Betriebsparteien aufgeh. werden kann, während ihre normative Wirkung auf die ArbVerh. einstweilen bestehen bleibt. Daran können die Betriebsparteien interessiert sein, wenn sie ein neues Mitbestimmungsverfahren über eine durch BV geregelte Angelegenheit in Gang setzen, bis zu dessen Abschluss aber an der bisherigen Regelung festhalten wollen. Insoweit erfordert auch nicht das Bedürfnis nach Rechtssicherheit die Schriftform, da eine Klarstellung der Rechtslage ggü. den AN als wesentl. Arg. nicht zum Tragen kommt.

93 **3. Kündigung.** Nach § 77 V können BV, soweit nichts anderes vereinbart ist, mit einer Frist von drei Monaten formlos gekündigt werden. § 77 V unterscheidet dabei anders als § 77 VI nicht zwischen freiwilliger und mitbestimmter BV. Gekündigt werden kann auch, wenn die BV auf einem Spruch der Einigungsstelle beruht (DKKW/*Berg* Rn. 113; *Fitting* Rn. 144; WPK/*Preis* Rn. 40). Ein **sachl. Grund ist nicht erforderl.**, die Ausübung des Kündigungsrechts unterliegt keiner gerichtl. Kontrolle (BAG 21.8.2001 NZA 2002; 11. 5. 1999 NZA 2000, 322; BAG 26.10.1993 NZA 1994, 572; zweifelnd WPK/*Preis* § 77 Rn. 42 ff., der bei bereits erworbenen Besitzständen, Entgeltbestandteilen und im Bereich der Sozialleistungen auf Wertungswidersprüche zwischen dem im Individualarbeitsrecht vorgesehenen materiellrechtl. Änderungsschutz und der kollektivrechtl. Kündigungsmöglichkeit hinweist, s. dazu *Hanau/Preis* NZA 1991, 81 ff.; *Schaub* BB 1990, 289 ff.). Hinsichtl. der **Kündigungswirkung** können sich jedoch Einschränkungen nach den Grundsätzen des Vertrauensschutzes und der Verhältnismäßigkeit ergeben. Je mehr in Besitzstände und Anwartschaften eingegriffen wird, desto gewichtiger müssen die Eingriffsgründe sein; das hat das BAG jdf. für BV über die betriebl. Altersversorgung anerkannt (BAG 26.10.1993 NZA 1994, 572; 11.5.1999 NZA 2000; DKKW/*Berg* Rn. 111; *Fitting* Rn. 149).

94 In BV kann eine **kürzere oder längere** (nicht in der Insolvenz, § 120 I S. 2 InsO) **Kündigungsfrist** festgelegt oder die ordentl. Kündigung für eine bestimmte Zeitspanne ausgeschlossen werden. Die Einigungsstelle kann im Rahmen billigen Ermessens eine längere als die ges. Kündigungsfrist vorsehen (BAG 8.3.1977 DB 1977, 1464).

95 Eine **Teilkündigung** ist, anders als beim TV, nach allg. Auff. regelm. zulässig. Eine solche können die Betriebsparteien ausdrückl. in der BV selbst zulassen. Haben sie das nicht, ist die BV insoweit auszulegen: Der gekündigte Teil muss einen selbständigen Regelungskomplex betreffen, der ebenso in einer eigenständigen BV geregelt werden könnte. Dann setzt das Teilkündigungsrecht nicht zusätzl. den erkennbaren Willen der Betriebsparteien voraus, ein rechtl. eigenständiges Schicksal der Regelungskomplexe zu ermögl. Vielmehr müssen die Betriebsparteien, wenn sie in einem solchen Fall die Teilkündigung ausschließen wollen, dies in der BV deutl. zum Ausdruck bringen. Führt die Teilkündigung zu einer Störung des Ordnungs- und Äquivalenzgefüges, ist sie unzulässig (BAG 6.11.2007, NZA 2008, 422; *Fitting*, Rn. 153; WPK/*Preis* Rn. 40). Die Annahme der Zulässigkeit einer Teilkündigung bei bloßem Vorliegen eines selbständigen Regelungskomplexes ohne Hinzutreten weiterer Umstände, die einen entspr. Willen der Betriebspartner belegen, birgt jedoch für diese die Gefahr einer erhebl. Rechtsunsicherheit. Jedenfalls ist bei neu abzuschließenden BV den Betriebspartnern zu raten, zur Möglichkeit der Teilkündigung eine ausdrückl. Regelung zu treffen.

96 Ein **Ausschluss der ordentl. Kündigung** muss nicht notwendigerweise ausdrückl., sondern kann auch stillschweigend vereinbart werden; die getroffenen Regelungen müssen dafür aber hinreichende Anhaltspunkte liefern (BAG 21.8.2001 NZA 2002, 575; 10.3.1992 NZA 1993, 234). IZw. schließt eine Befristung oder auflösende Bedingung die Kündigung aus (BAG 7.11.2000 EzA BetrVG 1972 § 77 Nachwirkung Nr. 2). Enthält eine BV einschränkende Regelungen für den Widerruf der in ihr vorgesehenen Leistungen, wie es in der betriebl. Altersversorgung die Regel ist, wird dies vom BAG nicht als Beschränkung des Kündigungsrechts angesehen. Eine Kündigungsbeschränkung wird auch nicht angenommen, wenn die BV eine frühere, nur beschränkt kündbare arbeitsvertragl. Regelung übernimmt und fortbildet (BAG 18.4.1989 NZA 1990, 67; 10.3.1992 NZA 1993, 234). Auch die Bestimmung in einer BV, dass ältere Besitzstände erhalten bleiben sollen, bedeutet nach Auff. des BAG noch nicht, dass die ordentl. Kündbarkeit ausgeschlossen sein soll (BAG 17.1.1995 NZA 1995, 1010). Beim **Sozialplan** ist die ordentl. Kündigung **ohne besondere Vereinbarung** ausgeschlossen, da ansonsten der Zweck des Sozialplans gefährdet wäre. Etwas anderes kann für Dauerregelungen, zB Nachteilsausgleich durch laufende Leistungen, oder beim „vorsorgl. Sozialplan" gelten (BAG 10.8.1994 NZA 1995, 314).

97 In Ausnahmefällen kommt auch eine **außerordentl. Kündigung** in Betracht. Wie jedes Dauerrechtsverhältnis kann die BV gem. § 314 BGB fristlos aus wichtigem Grund gekündigt werden, wenn ihre Fortsetzung bis zum vereinbarten Ende oder zum Ablauf der ordentl. Kündigungsfrist einer Seite nicht zugemutet werden kann (BAG 19.7.1957 AP BetrVG § 52 Nr. 1; 28.4.1992 NZA 1993, 31). Das gilt

auch für befristete BV, wohl auch für Dauerregelungen im Sozialplan (noch nicht abschließend BAG 10.8.1994 NZA 1995, 314) und ebenso für den Fall der Insolvenz § 120 II InsO. Das Recht zur außerordentl. Kündigung ist nicht abdingbar (BAG 17.1.1995 NZA 1995, 1010).

Regelt die BV ledigl. einen **einmaligen** konkreten **Tatbestand** (zB für bestimmte Betriebsänderung 98
vereinbarter Sozialplan), so soll diese BV idR weder ordentl. noch außerordentl. kündbar sein (BAG 10.8.1994 NZA 1995, 314; 26.4.1990 NZA 1990, 814; DKKW/*Berg* Rn. 113; *Fitting* Rn. 145; einschränkend GK-BetrVG/*Kreutz* Rn. 387).

Schließl. kommt wegen **Störung der Geschäftsgrundlage** ein Anspruch auf Anpassung des Ver- 99
tragsinhalts, bzw. auf Kündigung bei Unzumutbarkeit gem. § 313 BGB in Betracht (BAG 28.8.1996 NZA 1997, 109). Die hierzu von Rspr. und Lehre entwickelten Rechtsgrundsätze sind unter Berücksichtigung des Normencharakters der BV entspr. heranzuziehen. Die Betriebspartner haben bei einer schwerwiegenden Störung der Geschäftsgrundlage einen Anspruch auf Anpassung der BV an die tatsächl. veränderten Umstände; ggf. entscheidet die Einigungsstelle. Ist eine Anpassung nicht mögl. oder unzumutbar, kann die BV gekündigt werden (IE s. §§ 112, 112a Rn. 41 f.).

4. Nachwirkung von Betriebsvereinbarungen. a) Erzwingbare Mitbestimmung. In mitbestimm- 100
ten Angelegenheiten tritt nach § 77 VI Nachwirkung ein, wenn die BV abgelaufen ist. Das bedeutet, dass ihre Normen unmittelbar, aber nicht mehr zwgd. **weitergelten, bis sie durch eine andere Abmachung ersetzt** werden (BAG 26.4.1990, DB 1990, 1871). Als andere Abmachung kommen neue wirksame **BV, TV,** aber auch **individualrechtl. Regelungen** (Einzelarbeitsvertrag, Änderungskündigung) in Betracht. In mitbestimmten Angelegenheiten sind andere Abmachungen nur zulässig, soweit sie mit dem Mitbestimmungsrecht des BR vereinbar sind (GK-BetrVG/*Kreutz* Rn. 429; *Fitting* Rn. 183). Die andere Abmachung kann sich auch auf die bloße Aufhebung der Nachwirkung beschränken. Eine Regelungsabrede ist keine andere Abmachung iSd. § 77 VI, da ihr keine das ArbVerh. gestaltende Wirkung zukommt; sie bedarf noch der individualvertragl. Umsetzung (GK-BetrVG/*Kreutz* Rn. 454; *Fitting* Rn. 184; aA: HWK/*Gaul* Rn. 44). Auch eine sog. „Zwischenlösung" bis zur endgültigen Neuregelung eines mitbestimmungspflichtigen Tatbestandes beendet die Nachwirkung (BAG 22.3.1995 NZA 1996, 107).

Eine Nachwirkung kommt BV **nur in Angelegenheiten der zwgd. Mitbestimmung** zu, da nur bei 101
diesen der Spruch der Einigungsstelle die fehlende Einigung zwischen AG und BR ersetzt. Das sind die Angelegenheiten, in denen beide Betriebsparteien die Einigungsstelle zur verbindl. Einigung anrufen können, daher zB nicht die Fälle, in denen die Zuständigkeit der Einigungsstelle kraft TV ausgeschlossen wurde, oder die des § 76 VI, in denen gegen den Widerstand des anderen Betriebspartners eine anderweitige Regelung nicht durchsetzbar wäre. Diese BV würden dann weiter gelten, solange sich der andere Betriebspartner nicht zu einer Ablösung bereit erklären würde (BAG 12.8.1982 DB 1982, 2704; WPK/*Preis* Rn. 51). Entfällt der BR, gibt es in dem Betrieb keine mitbestimmungspflichtige Angelegenheit mehr. Folgerichtig muss dann die Nachwirkung von BV über bisher mitbestimmte Angelegenheiten enden.

Die BV muss abgelaufen sein, daher muss die zeitl. Geltung der **BV beendet** sein, zB durch (ordentl.) 102
Kündigung der BV und Ablauf der Kündigungsfrist oder nach Ablauf der Befristung. Umstr. ist, ob die **außerordentl. Kündigung** eines Kollektivvertrages Nachwirkung auslösen kann. Dies wird va. im TVRecht diskutiert (*Buchner* NZA 1993, 93) und dürfte im Betriebsverfassungsrecht wesentl. geringere Bedeutung haben, da die Laufzeit von BV kürzer und die Nachwirkung seltener ist als bei TV. Grds. dürfte es widersprüchl. sein, zunächst die außerordentl. Kündigung eines Kollektivvertrages zu bejahen, weil seine Fortsetzung unzumutbar sei, und trotzdem Nachwirkung anzunehmen (*Fitting* Rn. 179; GK-BetrVG/*Kreutz* Rn. 427; aA DKKW/*Berg* Rn. 116; für Nachwirkung bei einem außerordentl. gekündigten Sozialplan s. BAG 10.8.1994 NZA 1995, 314). Nicht tangiert wird die ges. Nachwirkung durch den **Wegfall der Geschäftsgrundlage**, da diese nur die Notwendigkeit der Aufnahme neuer Verhandlungen zur Anpassung an die geänd. Verhältnisse zur Folge hat (BAG 29.9.2004 NZA 2005, 532). Führt ein **Aufhebungsvertrag** zwischen den Betriebspartnern zur wirksamen Beendigung der BV, so ist durch Vertragsauslegung zu ermitteln, ob die Betriebspartner damit auch die Nachwirkung aufheben wollten (DKKW/*Berg* Rn. 124; *Fitting* Rn. 181). Keine Nachwirkung besteht bei BV, die im Fall einer **Betriebsstilllegung** oder durch Eingliederung des Betriebs in einen anderen Betrieb enden (s. Rn. 116 ff.).

Die Nachwirkung einer BV ist **dispositiv** und kann von den Betriebspartnern aufgrund ihrer 103
kollektiven Vertragsfreiheit bei Abschluss der BV oder durch spätere Vereinb. abbedungen werden (BAG 9.2.1984 NZA 1984, 96; 17.1.1995 NZA 1995, 1010; 18.2.2003 NZA 2004, 336). Der Nachwirkungszeitraum kann zeitl. beschränkt werden, einzelne Regelungen und auch die ArbVerh. im Nachwirkungszeitraum neu eingestellter AN können von der Nachwirkung ausgenommen werden. Ein **Ausschluss der Nachwirkung** muss grds. ausdrückl. und eindeutig erfolgen, da er von der ges. Regelung abweicht (*Fitting* Rn. 180; WPK/*Preis* Rn. 52). Nach BAG kann sich der Ausschluss aber auch konkludent und aus der Natur der Sache ergeben, wenn die BV einen einmaligen, zeitl. begrenzten Gegenstand regelt, zB die Arbeitszeit oder Betriebsferien für bestimmte Tage bzw. für ein bestimmtes Jahr (BAG 17.1.1995 NZA 1995, 1010; 9.2.1984 NZA 1984, 96). Allein die Befristung einer

Regelung (sofern sie nicht als bes. Form der Zweckerreichung angesehen wird) rechtfertigt nicht die Annahme eines vereinbarten Ausschlusses der Nachwirkung (DKKW/*Berg* Rn. 124; *Fitting* Rn. 181; GK-BetrVG/*Kreutz* Rn. 452). Vereinbaren die Betriebsparteien alljährl. neu eine Weihnachtsgratifikation und betonen dabei ausdrückl. die Freiwilligkeit der Leistung, so hat die Leistungszusage keine Nachwirkung (BAG 17.1.1995 NZA 1995, 1010).

104 Nach Beendigung der BV sind – mangels zwingender Wirkung der BV im **Nachwirkungszeitraum** – für den AN **ungünstigere Abmachungen** zulässig. Nachwirkende BV müssen grds. auch für nach Ablauf der BV eingestellte AN gelten, da diese nur so in die mitbestimmte Ordnung einbezogen werden können (Richardi/*Richardi* Rn. 166; *Fitting* Rn. 182; anders für TV BAG 22.7.1998 NZA 1998, 1287).

105 **b) Freiwillige Betriebsvereinbarungen.** Freiwillige BV haben nach ihrem Ablauf **keine Nachwirkung** gem. Abs. 6. Leistet der AG Zahlungen aufgrund der BV, so hat deren Beendigung – soweit nicht ein Mitbestimmungsrecht über die Entgeltgestaltung eingreift (§ 87 I Nr. 10, s. auch Rn. 109 f.) – zur Folge, dass er die Zahlung ganz einstellen kann (BAG 26.4.1990 NZA 1990, 814; 26.10.1993 NZA 1994, 572; *Fitting* Rn. 186). Ein Vertrauen auf den Fortbestand der BV ist grds. nicht schutzwürdig. Bei Ablauf der BV bereits fällige Ansprüche und feste Anwartschaften, insb. auf betriebl. Altersversorgung, bleiben allerdings auch ohne Nachwirkung der BV bestehen (BAG 26.10.1993 NZA 1994, 572; 11.5.1999 NZA 2000; *Schlewing* NZA 2010, 529; siehe auch unten Rn. 114, 115).

106 Die Nachwirkung **kann allerdings vereinbart werden** (BAG 19.2.2008 NZA 2008, 1078; 28.4.1998 NZA 1998, 1348; GK-BetrVG/*Kreutz* Rn. 447). Dabei ist idR keine weitergehendere Bindung anzunehmen, als dies bei der erzwingbaren BV mögl. wäre (WPK/*Preis* Rn. 53). Auch wenn „Nachwirkung bis zu einer neuen BV" vereinbart ist, ist angesichts der eindeutigen Regelung der Nachwirkung in § 77 VI, § 4 V TVG davon auszugehen, dass eine Änd. auch durch Arbeitsvertrag mögl. ist. IZw. ist vom ges. Regelfall auszugehen, also dass keine Nachwirkung gewollt ist (BAG 21.8.2001 NZA 2002, 575).

107 Treffen die Betriebspartner keine ausdrückl. Regelung über die **Beendigung der Nachwirkung,** ist regelm. keine unbegrenzte Dauer der Nachwirkung gewollt, sondern eine Beendigung auch gegen den Willen eines Betriebspartners mögl. (*Fitting* Rn. 187). Kommt es zu keiner einvernehml. Neuregelung, ist in der vereinbarten Nachwirkung iZw. zugleich die Vereinbarung der **Zuständigkeit der Einigungsstelle** zu sehen; es ist davon auszugehen, dass die Betriebspartner im Konfliktfall eine der ges. Regelung bei mitbestimmten Angelegenheiten nach § 87 II entspr. Lösung gewollt haben (BAG 28.4.1998 NZA 1998, 1348; LAG Sachsen-Anhalt 19.1.1996 NZA-RR 97, 213; LAG D LAGE § 77 BetrVG 1972 Nr. 4; *Fitting* Rn. 187; Einzelheiten *Boemke/Kursawe* DB 2000, 1405; *Jacobs* NZA 2000, 69). Will der AG eine freiwillige Leistung vollständig einstellen, ist die Einigungsstelle wegen Ermessensreduzierung auf Null verpflichtet, dem Folge zu leisten (ähnl. *Trebeck/von Broich* NZA 2012, 1018). Wegen der mögl. Rechtsunsicherheit über die Dauer der Nachwirkung ist zu raten, über deren zeitl. Begrenzung in der BV eine ausdrückl. Regelung zu treffen; denkbar wäre es, die Nachwirkung bis zu einem Widerruf durch den AG vorzusehen. Eröffnet ein TV den Betriebspartnern die Möglichkeit, freiwillige BV abzuschließen, gilt nach Ablauf der Kündigungsfrist für eine derartige BV ohne weiteres wieder die tarifl. Regelung (BAG 12.8.1982 NZA 2004, 336). Die Sperrwirkung des § 77 III verhindert dann eine Nachwirkung der BV.

108 **c) Teilmitbestimmte Betriebsvereinbarungen.** Bei BV mit **tw. mitbestimmten** Regelungen (vgl. Rn. 16) werden die einzelnen **Regelungskomplexe** hins. ihrer Beendigung jeweils **getrennt behandelt;** sie wirken grds. nur bzgl. der Angelegenheit nach, die der zwgd. Mitbestimmung unterliegt (BAG 9.2.1989 NZA 1989, 765; 26.4.1990 NZA 1990, 814; 21.8.1990 NZA 1991, 190; 9.12.1997 NZA 1998, 661). Dies setzt voraus, dass sich die BV sinnvoll in „aus sich heraus handhabbare Regelungen" aufspalten lässt (BAG 23.6.1992 NZA 1993, 229).

109 Problematisch sind dagegen BV, die einheitl. Lebensvorgänge regeln und teils mitbestimmungspflichtige, teils mitbestimmungsfreie Regelungsgegenstände betreffen (sog. **teilmitbestimmte BV**, vgl. Rn. 15). Hierunter fallen regelm. freiwillige AGLeistungen, bei denen nach § 87 I Nr. 10 nur der Verteilungsschlüssel der Mitbestimmung unterliegt, während der Dotierungsrahmen als AGEntscheidung mitbestimmungsfrei ist. Hinsichtl. der Nachwirkung ist zu **differenzieren:** Kündigt der AG die BV, um seine **Leistungen vollständig und ersatzlos einzustellen**, tritt **keine Nachwirkung** ein. Denn mit dem ersatzlosen Wegfall der Leistung entfällt auch der mitbestimmungspflichtige Regelungsteil ihrer Verteilung iSd. der innerbetriebl. Lohngerechtigkeit nach § 87 I Nr. 10 (BAG 9.12.1997, NZA 1998, 661; 21.8.1990 NZA 1991, 190). Anders ist es, wenn eine BV nicht zum Zweck ihrer Beendigung, sondern **zum Zweck ihrer Änd. gekündigt** wird, weil der AG beabsichtigt, das zur Vfg. gestellte **Finanzvolumen zu reduzieren** und den **Verteilungsschlüssel zu ändern.** In dem Fall wirken die Regelungen über die teilmitbestimmte BV gem. § 77 VI **insgesamt nach** (BAG 26.10.1993 NZA 1994, 572). Die Anwendung von § 77 VI auch auf den mitbestimmungsfreien Teil führt damit zu einer gewissen überschießenden Wirkung. Diese Konsequenz ist aber hinzunehmen, da die Nachwirkung nur vorübergehend ist und die fehlende Einigung durch den Spruch der Einigungsstelle ersetzt werden kann (BAG 26.10.1993 aaO).

Schwierigkeiten bereiten die Fallgestaltungen, in denen der AG einzelne **freiwillige** Leistungen, bzw. der tarifgebundene AG **übertarifl. Leistungen**, aus der Gesamtheit einer betriebl. Vergütungsordnung verändern will. Insoweit galt bislang uneingeschränkt, was das BAG in seiner Entscheidung vom 26.10.1993 beschlossen hat. Diese mehrfach bestätigte Rspr (zB BAG 18.11.2003 NZA 2004, 803) stellte auf die einzelne (teilmitbestimmte) Leistung ab. Gibt es also in einem Betrieb eine BV über ein nicht tarifl. geregeltes Weihnachtsgeld und über ein nicht tarifl. geregeltes Urlaubsgeld und kündigt der AG die BV mit dem Ziel, künftig zwar weiterhin das Urlaubsgeld, nicht aber das Weihnachtsgeld zahlen zu wollen, konnte man davon ausgehen, dass die Weihnachtsgeldregelung keine Nachwirkung entfaltet, weil in Bezug auf diese freiwillige Leistung kein Raum mehr für die Ausübung des Mitbestimmungsrechts gem. § 87 I Nr. 10 besteht. Von dieser Sichtweise ist das BAG zwischenzeitl. abgerückt. Der 1. Sen. hatte in seiner **Entscheidung vom 26.8.2008** (NZA 2008, 1426) die Gesamtheit der nicht tarifl. geregelten Vergütung in einem Betrieb als einheitl. „Vergütungstopf" iSd. § 87 I Nr. 10 gewertet mit der Folge, dass, solange überhaupt noch irgendwelche freiwilligen Leistungen idS gewährt werden, BV über andere freiwillige Vergütungsleistungen nachwirken. Regelm. lasse sich die Gesamtvergütung nicht in mehrere voneinander unabhängige Bestandteile wie etwa Grundvergütung, Zulagen, Jahresleistungen usw. aufspalten, sondern bilde insg. die betriebl. Vergütungsordnung, bei deren Aufstellung und Veränderung der BR mitzubestimmen habe. Das Gericht beschränkte diese Gesamtbetrachtung nicht nur auf im Rahmen von BV gewährte Leistungen, sondern bezog ausdrückl. auch individualvertragl. geschuldete Ansprüche der AN ein (bestätigt durch BAG 23.6.2009 NZA 2009, 1159), obwohl diese Ansprüche einseitig nicht verändert werden können und einer Neuverteilung bereits in rechtl. Sicht nicht zugängl. sind. 110

Dieser **erste Schwenk der Rspr.** führte in der Praxis zu erhebl. Unruhe. Er bedeutete in tariffreien Unternehmen, dass letztl. jede BV über eine Vergütungsleistung Nachwirkung hätte, weil eine vollständige Einstellung aller Vergütungsleistungen faktisch unmögl. ist (vgl. auch *Bauer/Günther* DB 2009, 620; *Leuchten* BB 2009, 502). In tarifgebundenen Unternehmen würde aufgrund dieser Rspr. das gesamte übertarifl. Vergütungspaket mit einer grds. Nachwirkung versehen, weil eine vollständige Einstellung aller übertarifl. Leistungen regelm. auch nicht in Betracht kommen dürfte. Die Bedeutung dieser Entsch. ist jetzt durch einen **zweiten Schwenk der Rspr.** deutl. entschärft worden (vgl. auch *Salamon* NZA 2011, 549; *Grau/Sittard* RdA 2013, 118): Das BAG hat nun doch die Nachwirkung für den Fall verneint, dass eine freiwillige Leistung in einer gesonderten BV geregelt ist und diese Leistung vollständig eingestellt werden soll (BAG 5.10.2010 NZA 2011, 598; bestätigt durch BAG 10.12.2013 NZA 2014, 1040). Eine inhaltl. Auseinandersetzung mit der Entscheidung vom 23.1.2008 erfolgt nicht. Stattdessen werden klare **formale Anforderungen** für eine Verneinung der Nachwirkung aufgestellt: Die Leistung müsse alleiniger Gegenstand einer BV sein und der AG müsse die Einstellung der Leistung entweder ggü. dem BR oder ggü. den AN eindeutig erklären. Die Nachwirkung ende erst mit Zugang dieser Erkl. (so BAG 5.10.2010 BB 2011, 960 Rn. 26). Trotz dieser Korrektur dürfte die Lohnpolitik im übertarifl. Bereich zukünftig in weitergehendem Umf. durch den Einigungsstellenvorsitzenden erfolgen. Allerdings muss die Einigungsstelle bei dem Spruch über eine die Nachwirkung ablösende BV das vom AG für die freiwillige Leistung zur Vfg. gestellte Volumen als mitbestimmungsfreie Vorgabe ihrer Verteilungsentscheidung zugrunde legen (BAG 18.11.2003 DB 2004, 1508). 111

Zudem entfällt auch nach der neuen Rspr. des BAG die Nachwirkung dann, wenn (ausnahmsweise) die **Verteilungsgrundsätze aller freiwilligen Leistungen beibehalten** werden und **ledigl. die Höhe der finanziellen Leistungen gleichmäßig abgesenkt** wird. Das BAG sagt, in einem solchen Fall wirke nur der die Vergütungsstruktur betr. Teil der BV (oder der BVen) nach, nicht aber der die Vergütungshöhe betr. Teil (BAG 26.8.2008 NZA 2008, 1426). Für die **Vertragsgestaltung** ist, wenn man die Gefahr der „Gesamtnachwirkung" vermeiden und die übertarifl. Vergütung flexibel gestalten will, dringend zu empfehlen, bei Einführung freiwilliger Leistungen erstens nach Möglichkeit für jede Zusatzleistung eine gesonderte BV zu vereinbaren und zweitens bei Regelung mehrerer Leistungen in einer BV, die Nachwirkung ausdrückl. auszuschließen sowie ggf. ein Teilkündigungsrecht mit Ausschluss der Nachwirkung für den gekündigten Teil zu vereinbaren. Ist eine BV nicht eindeutig in einen nachwirkenden und einen nachwirkungslosen Teil aufspaltbar, entfaltet sie zur Sicherung der Mitbestimmung insg. Nachwirkung (BAG 10.11.2009 NZA 2011, 475). 112

Ist nach den oben dargelegten Grundsätzen ausnahmsweise nicht von einer Nachwirkung auszugehen, erzeugt die bloße **Möglichkeit** einer späteren **Wiederaufnahme der übertarifl. Leistung** keine Nachwirkung (BAG 17.1.1995 DB 1995, 1918); steht also überhaupt nicht fest, ob, wann und in welcher Weise zukünftig eine mitbestimmungspflichtige Regelungsfrage, zB in Bezug auf Weihnachtsgratifikationen, wieder entstehen kann, hat die gekündigte BV ihre Bedeutung als kollektivrechtl. Verhandlungsgrundlage verloren (ebenso BAG 19.9.1995 DB 1996, 1576). 113

Ob eine geplante Änd. des Verteilungsschlüssels auch im Bereich der **betriebl. Altersversorgung** zur Nachwirkung führt, lässt das BAG bisher offen (BAG 11.5.1999 NZA 2000, 322; ebenso weiter BAG 18.9.2001 NZA 2002, 1164). Eine so begründete **Nachwirkung** komme jdf. **nur dann** in Betracht, wenn der AG nicht nur vorübergehend bereit ist, über eine Abmilderung der mit der Kündigung verbundenen Nachteile zu verhandeln, sondern schon mit seiner Kündigung die auch später nicht aufgegebene **Absicht verfolgt**, an die Stelle der bisherigen Versorgungsregelung **ein** 114

anderes Versorgungswerk zu setzen mit zwar verringertem, aber einer mitbestimmungspflichtigen Umverteilung zugängl. Dotierungsrahmen. Die Wirkung der Kündigung einer BV über betriebl. Altersversorgung sei aber mit Hilfe der Grundsätze des Vertrauensschutzes und der Verhältnismäßigkeit zu begrenzen. Je weiter der AG mit seiner Kündigung in Besitzstände und Erwerbschancen eingreifen will, umso gewichtigere Eingriffsgründe braucht er. Dabei sei auf das Prüfungsschema zurückzugreifen, das der Sen. für ablösende BV entwickelt hat (Rn. 65). Soweit hiernach die Wirkungen der Kündigung einer BV über betriebl. Altersversorgung beschränkt sind und **Versorgungsbesitzstände unangetastet bleiben**, ist deren **Rechtsgrundlage weiterhin die gekündigte BV**. Die nach Kündigung der BV verbleibenden Rechtspositionen genießen unverändert den Schutz des § 77 IV. Das BAG hat dies bestätigt und daraus abgeleitet, dass der BR klagebefugt war (BAG 17.8.1999 NZA 2000, 498; zur Kündigung einer BV über betriebl. Altersversorgung mit dienstzeitunabhängiger Dynamik BAG 21.8.2001 NZA 2002, 575; auch BAG 18.9.2001 NZA 2002, 1164).

115 Die **Nachwirkung** einer gekündigten BV über betriebl. Altersversorgung ist nicht nur **ausgeschlossen**, wenn der AG mit der Kündigung die Ansprüche der AN völlig beseitigen will. Nichts anderes gilt auch dann, wenn der AG ledigl. bestimmte **Besitzstände der AN entfallen** lassen will und innerhalb des auf diese Weise mitbestimmungsfrei verringerten Dotierungsrahmens **kein Raum für eine Neuverteilung** bleibt. Der danach verbliebene Dotierungsrahmen könnte nur umverteilt werden, indem bei einer ANGruppe in erdiente Besitzstände eingegriffen würde, um anderen AN die Aussicht zu erhalten, weiterhin Steigerungen ihrer Versorgungsanwartschaften zu erdienen. Für einen solchen Eingriff fehlen den Betriebsparteien aber die erforderl. bes. Rechtfertigungsgründe. Eine mitbestimmungspflichtige Neuverteilung des mitbestimmungsfrei verringerten Dotierungsrahmens ist damit von Rechts wegen ausgeschlossen (BAG 11.5.1999 NZA 2000, 322). Die Kündigungserklärung muss erkennen lassen, ob sie nur für neue AN gelten oder auch in Besitzstände eingreifen soll und wenn ja, welche Versorgungsanwartschaften betroffen sind; denn nach der Qualität des Besitzstandes richten sich die Anforderungen (nach og. Prüfungsschema) an die Zulässigkeit des Eingriffs (BAG 17.8.1999 NZA 2000, 498).

116 **5. Schicksal der Betriebsvereinbarung bei Unternehmensumstrukturierungen. a) Betriebsinhaberwechsel.** Zum Schicksal von BV und Regelungsabrede nach dem Wechsel eines Betriebs- oder Betriebsteilinhabers s. oben Rn. 62, 63 sowie die Kommentierung zu § 613a BGB.

117 **b) Besonderheiten bei Gesamt- und Konzernbetriebsvereinbarung.** Eine GesamtBV verliert im Falle eines Betriebsinhaberwechsels grds. nicht ihre normative Geltung. Werden **sämtl. Betriebe** eines Unternehmens von einem anderen Unternehmen im Wege der Einzel- oder Gesamtrechtsnachfolge übernommen, welches bis dahin keinen eigenen Betrieb besaß, bleibt auch der bisherige GBR im Amt, so dass am kollektivrechtl. Fortbestand der GesamtBV grds. keine Zweifel bestehen (BAG 18.9.2002 NZA 2003, 671). Diese in der genannten Entscheidung vom BAG für die GesamtBV entwickelten Grundsätze können entspr. auf Konzernebene übertragen werden. Einschränkungen können sich nur ergeben, wenn die bisherige Regelung mit Besonderheiten des Betriebsveräußerers bzw. dessen Konzerns verknüpft war (GK-BetrVG/*Kreutz* Rn. 416 ff.; *Röder/Haußmann* DB 1999, 1754).

118 Werden nur **einzelne Betriebe** aus dem Unternehmensverbund herausgelöst, ist die Rechtsfolge umstr. Tw wird vertreten, dass als Konsequenz des Verlustes der „Unternehmensidentität" die Auffangvorschrift des § 613a I 2 BGB mit der Folge einer bloß individualrechtl. Fortgeltung eingreife (*Gaul* NZA 1995, 717; APS/*Steffan* § 613a BGB Rn. 121). Mit dem BAG (18.9.2002 NZA 2003, 671) ist jedoch grds. davon auszugehen, dass auch in diesem Fall die normative Fortgeltung nicht angetastet wird. Wenn nur einzelne Betriebe übertragen werden, gilt insofern die bisherige GesamtBV als EinzelBV beim Erwerber fort. Dies entspricht den schützenswerten Interessen der Beteiligten und ist systemkonform: Die Aufrechterhaltung der kollektiven Ordnung dient zum einem dem Schutz der AN; sie dient zum anderen dem potentiellen Veränderungsinteresse des AG, denn er kann die bestehenden betriebl. Regelungen gemeinsam mit dem BR an veränderte Gegebenheiten anpassen (BAG 18.9.2002 NZA 2003, 671; BAG 5.5.2015 NZA 2015, 1331).

119 Werden zwar nicht alle, aber **mehrere Betriebe** auf ein neues Unternehmen übertragen, ist davon auszugehen, dass die bisherige GesamtBV auch beim Erwerberunternehmen als GesamtBV weitergilt. Auch wenn der bisherige GBR seine Zuständigkeit verliert, ändert dies nichts daran, dass beim Erwerber eine gesamtbetriebsratsfähige Anzahl von Betrieben besteht und damit ein Bedarf an betriebsübergreifender Koordination begr. wird (BAG 18.9.2002 NZA 2003, 670).

120 Eine normative Fortgeltung von GesamtBV scheidet – ebenso wie die Fortgeltung von BV – dann aus, wenn es im Zuge der Betriebsveräußerung zu **Betriebsaufspaltungen mit dem Verlust der Betriebsidentität** kommt. In diesem Falle greift als Auffangregelung § 613a I 2 BGB ein. Für den umgekehrten Fall, dass bisher beim Veräußerer nicht verselbstständigte Betriebsteile zu eigenständigen Betrieben beim Erwerber werden, soll dagegen nach Auff. des BAG wiederum die normative Fortgeltung in Betracht kommen (BAG 18.9.2002 NZA 2003, 670; aA LAG HM 23.5.2002 NZA-RR 2003, 369).

121 **c) Umstrukturierung innerhalb des Unternehmens.** Umstrukturierungen, die sich ledigl. auf Unternehmensebene vollziehen, haben grds. keine Auswirkungen auf die BV (WHSS/*Hohenstatt* E

Rn. 74). Problematisch ist mangels ges. Regelung jedoch die Beendigung von BV, wenn die unternehmensinterne Umstrukturierung den **Verlust der Betriebsidentität** zur Folge hat. Eine direkte Anwendung von § 613a BGB scheidet auf Grund eines fehlenden AGWechsels aus (ausdrückl. auch gegen eine analoge Anwendung *Bachner* NZA 1997, 79). Es spricht vieles dafür, nach wie vor die Betriebsidentität grds. zur Voraussetzung für die normative Fortgeltung von BV zu machen und ansonsten, soweit sinnvoll mögl. und nötig, eine bloß „lückenfüllende" Nachwirkung anzuerkennen (ähnl. *Thüsing* DB 2004, 2474).

Wird ein Betrieb unter Verlust der Selbständigkeit in einen anderen **eingegliedert,** und bestehen sowohl in dem aufnehmenden Betrieb als auch in dem eingegliederten Betrieb BV über den gleichen Regelungsgegenstand, gelten die BV des aufnehmenden Betriebs (DKKW/*Berg* Rn. 97; *Fitting* Rn. 163; GK-BetrVG/*Kreutz* Rn. 403 ff.; iE auch *Bachner* NZA 1997, 79). Die des eingegliederten Betriebs werden gegenstandslos und enden mit der vollständigen Eingliederung (GK-BetrVG/*Kreutz* Rn. 403 ff.). Daneben bleiben für den eingegliederten Betrieb BV, die die Regelung der Eingliederung zum Gegenstand haben, und solche, die im aufnehmenden Betrieb keine entpr. BV, aber dennoch eine Gestaltungsaufgabe haben, nachwirkend anwendbar (Richardi/*Richardi* Rn. 211). Diese können durch den Betriebspartner des aufnehmenden Betriebs, als nunmehr allein zuständigen BR, geänd. oder aufgeh. werden (*Fitting* Rn. 163; *Bachner* NZA 1997, 97). 122

Keine ablösende Wirkung kommt der BV bei einem **Zusammenschluss mehrerer Betriebe** zu einem neuen Betrieb zu. Hier gelten die BV der jeweiligen Betriebe für ihren ursprüngl. Anwendungsbereich nachwirkend bis zu ihrer Beendigung oder Ablösung durch eine neue BV, solange und soweit die betriebl. Organisation nicht eine einheitl. Regelung erfordert (für weitergehende zwgd. Wirkung DKKW/*Berg* Rn. 49; *Fitting* Rn. 164;). 123

Besteht die Unternehmensumstrukturierung indessen in einer **Betriebsspaltung,** gelten die BV des Ursprungsbetriebs in den neu entstandenen Betrieben bis zu ihrer Beendigung oder Ablösung nachwirkend weiter (DKKW/*Berg* Rn. 99; *Fitting* Rn. 165; GK-BetrVG/*Kreutz* Rn. 405; aA WHSS/*Hohenstatt* E Rn. 84). Findet dagegen ledigl. die Abspaltung eines **Betriebsteils** statt, bleiben die im fortgesetzten Betrieb bestehenden BV anwendbar. Das Schicksal der BV im abgespaltenen Teil kann unterschiedl. verlaufen, je nachdem ob der abgespaltene Teil in einen anderen eingegliedert (Rn. 122) oder zu einem neuen zusammengeschlossen (Rn. 123) wird (*Fitting* Rn. 166). 124

Bei einer **Betriebsstilllegung** werden solche BV gegenstandslos und enden mit der endgültigen Betriebsstilllegung, die nicht auch und gerade die Gestaltung des Rechtsverhältnisses zwischen AN und AG nach der Stilllegung zum Inhalt haben, wie zB der Sozialplan, die betriebl. Altersversorgung oder BV über Werkswohnungen (BAG 24.3.1981 DB 1981, 2178; DKKW/*Berg* Rn. 94; *Fitting* Rn. 160 f.; GK-BetrVG/*Kreutz* Rn. 401 f.; Richardi/*Richardi* Rn. 210). 125

Kommt es vorübergehend oder endgültig zu dem **Wegfall des BR,** lässt dies allein die normative Wirkung von BV unberührt (BAG 18.9.2002 NZA 2003, 670; *Fitting* Rn. 175; GK-BetrVG/*Kreutz* Rn. 410). Der AG kann sich durch eine den AN einheitl. ggü. zu erklärende Kündigung von der BV lösen. Dies gilt erst Recht für den Wegfall eines GBR. Verliert der GBR dagegen ledigl. seine Zuständigkeit durch einen Betriebsübergang, so gilt die bisherige GesamtBV als EinzelBV fort (BAG aaO). 126

VIII. Regelungsabreden

1. Begriff. Neben der BV als wichtigster Form der Einigung der Betriebsparteien kennt das BetrVG noch **weitere Formen der Übereinkunft** von AG und BR. Das G verwendet hierfür keine einheitl. Terminologie, sondern spricht in § 77 I ganz allg. von **„Vereinbarungen"**. Weiterhin finden sich auch noch Bezeichnungen wie zB Einigung (§ 37 VI), Einvernehmen (§ 44 II) und Einverständnis (§ 76 II). Dabei handelt es sich im Gegensatz zur BV um formlos mögl. Übereinkünfte ohne normative Wirkung. Eingebürgert hat sich für derart getroffene Vereinb. der Begriff der Regelungsabrede, betriebl. Einigung oder Betriebsabsprache (*Adomeit,* Die Regelungsabrede, 1961; *ders.* FS *Hanau* 1998 S. 347; Richardi/*Richardi* Rn. 224 ff.). 127

Von Bedeutung ist, dass eine formlose Einigung zwischen den Betriebsparteien ausreicht, um die **Mitbestimmungsrechte des BR** in sozialen Angelegenheiten, insb. solche nach § 87 I, **zu wahren** (BAG 9.7.1985 NZA 1986, 517; BAG GS 16.9.1986 NZA 1987, 168; BAG 14.2.1991 NZA 1991, 607). Geregelt werden können Einzelfälle und Dauertatbestände; wegen der formlos mögl. Handhabe eignet sich die Regelungsabrede va. in Eilfällen, zB die kurzfristige Anordnung von Überstunden oder Kurzarbeit. 128

Von den **verpflichtenden** Regelungsabreden kann man die **ermächtigenden** unterscheiden, die dem AG zwar das Recht geben, ihn aber nicht verpflichten, eine betriebsverfassungsrechtl. relevante Angelegenheit in bestimmter Weise zu regeln. Erklärt zB der BR auf die Bitte des AG gem. § 87 I Nr. 3 sein Einverständnis zur Einführung von Kurzarbeit unter der Voraussetzung, dass die betroffenen AN zustimmen, handelt es sich idR um eine ermächtigende Regelungsabrede; eine unmittelbare und zwgd. Wirkung auf die ArbVerh. ist gerade nicht gewollt. Macht der AG von der Ermächtigung Gebrauch, handelt er mitbestimmungskonform und kann daher nicht vom BR auf Unterlassung in 129

Anspruch genommen werden (BAG 10.3.1992 DB 1992, 1734). Ermächtigende Regelungsabreden kommen daher praktisch nur in mitbestimmten Angelegenheiten in Betracht. Eine entspr. Verpflichtung des AG ist dagegen beabsichtigt, wenn die Vereinbarung über die Kurzarbeit auf Initiative des BR zustande kommt (zum Initiativrecht des BR auf Einführung von Kurzarbeit BAG 4.3.1986 DB 1986, 1395).

130 **2. Rechtswirkung.** Regelungsabreden entfalten, anders als die BV, **keine normative**, also die einzelnen ArbVerh. unmittelbar gestaltende Rechtswirkung (BAG 14.2.1991 NZA 1991, 607; 21.1.2003 NZA 2003, 1097; 6.5.2003 NZA 2003, 1422). Sie haben ledigl. eine **obligatorische, die Betriebsparteien verpflichtende Wirkung.** Ihre Erfüllung kann vom BR, jedoch nicht von den AN, durch Leistungsantrag im BeschlV. durchgesetzt werden (BAG 23.6.1992 NZA 1992, 1098). Das BAG lässt es dahingestellt, ob sich dies aus § 77 I oder unmittelbar aus den Abreden selbst ergibt. Aufgrund der fehlenden normativen Wirkung bedarf es einer Umsetzung auf arbeitsvertragl. Ebene durch individualrechtl. Maßnahmen, zB Änderungsvertrag, Änderungskündigung oder Weisung iRd. Direktionsrechts.

131 Mangels normativer Wirkung kann die Regelungsabrede auch keine BV ablösen (BAG 27.6.1985 NZA 1986, 401). Gleichfalls greift auch **nicht die Regelungssprerre des § 77 III**, da sich das Problem einer Normenkonkurrenz zum TV nicht stellt (BAG 20.4.1999 NZA 1999, 887; 21.1.2003 NZA 2003, 1097). Daher können nach hM durch Regelungsabrede nähere Regelungen über Arbeitsentgelte oder sonstige Arbeitsbedingungen auch dann getroffen werden, wenn entspr. TV bestehen oder üblicherweise bestehen (*Fitting* Rn. 224 mwN; aA Richardi/*Richardi* Rn. 230).

132 Bei einer die AN **begünstigenden** Regelungsabrede, durch die sich der AG ggü. dem BR zu Leistungen oder sonstigen begünstigenden Maßnahmen (zB Unterlassung von Betriebsänderungen) verpflichtet, stellt sich die Frage, ob die Regelungsabrede zugleich arbeitsvertragl. Wirkung hat, also nicht noch durch Erkl. des AG ggü. den AN umgesetzt werden muss. Nach einer Entscheidung des BAG vom 9.12.1997 (NZA 1998, 661; zust. WPK/*Preis* Rn. 93; iE wohl auch *Veit,* Die funktionale Zuständigkeit des BR 1998, 271), kann der Regelungsabrede nicht nach § 328 BGB verpflichtende Wirkung zugunsten der AN beigelegt werden, da eine unmittelbare Wirkung von Abreden zwischen AG und BR auf die ArbVerh. nur der BV vorbehalten ist. Insoweit begr. die Regelungsabrede auch **keinen Rechtsanspruch der AN auf ein abredegemäßes Verhalten** des AG. So führt zB die Missachtung einer Regelungsabrede über die Anrechnung übertarifl. Zulagen nicht zur Unwirksamkeit der Anrechnung im Verhältnis zum AN (BAG 14.8.2001 NZA 2002, 342). Dem steht allerdings entgegen, dass das G auch sonstige Vereinb. kennt, die zwar – anders als die BV – keine normative, aber gleichwohl verpflichtende Wirkung haben. Es kann näml. durchaus sinnvoll oder sogar rechtl. geboten sein, eine zwischen den Betriebsparteien abgesprochene Regelung im Verhältnis zu den AN nicht normativ, sondern auf arbeitsvertragl. Ebene durchzusetzen, so etwa, wenn das Günstigkeitsprinzip eine normative Regelung tw. ausschließt. Deshalb sind auch schuldrechtl. TV und sonstige Koalitionsvereinbarungen zugunsten Dritter anerkannt (BAG 5.11.1997 NZA 1998, 654).

133 Der BR handelt im Regelfall als betriebsverfassungsrechtl. Organ und nicht als Stellvertreter für einzelne Beschäftigte (LAG HM 28.10.1991 EWiR § 42 BetrVG 1/92, 127 – *Däubler*). Verpflichtet sich der AG ggü. dem BR in einer Regelungsabrede zu bestimmten Leistungen an die AN, kann der BR im BeschlV. beantragen, dass der AG entspr. Angebote an die AN abgibt. Für die **Zwangsvollstreckung** gilt dann § 894 ZPO iVm. § 85 ArbGG. Die abw. Rspr. des BAG zu der BV (Rn. 8) kann hier nicht eingreifen, da bei der Regelungsabrede nicht die alternative Möglichkeit einer Geltendmachung der Ansprüche durch die AN aufgrund normativer Wirkung besteht. Stets ist der Sachzusammenhang zwischen der betriebsverfassungsrechtl. Regelungsabrede und ihrer arbeitsvertragl. Umsetzung zu beachten, wenn Inhalt und Vollstreckung einer verpflichtenden Regelungsabrede näher bestimmt werden.

134 **3. Abschluss und Inhalt.** Nicht zwgd., aber dennoch regelm., wird die Regelungsabrede in Form eines Vertrages zw. den Betriebspartnern zustande kommen (GK-BetrVG/*Kreutz* Rn. 13). Mögl. ist jedoch auch, dass der BR einer einseitigen Maßnahme des AG ledigl. zustimmt. Sie bedarf, mit Ausnahme einer Regelungsabrede zum Interessenausgleich (vgl. dazu §§ 112, 112a), zu ihrer Wirksamkeit **keiner Form** (*Fitting* Rn. 219; Richardi/*Richardi* Rn. 227; einschränkend bei Abreden zugunsten der AN *Hanau* RdA 1989, 207; GK-BetrVG/*Kreutz* Rn. 13). Allerdings erfordert eine wirksame Willenserklärung des BR einen **ordnungsgemäßen Beschl.** gem. § 33, so dass der Abschluss einer Regelungsabrede durch konkludentes Verhalten des BR nicht in Betracht kommt (LAG HE 17.3.83 ZIP 83, 114; DKKW/*Berg* Rn. 165; *Fitting* Rn. 219; GK-BetrVG/*Kreutz* Rn. 11; aA noch BAG 15.12.1961 AP BetrVG § 56 Arbeitszeit Nr. 1; *Heinze* NZA 1994, 580).

135 Da die Mitbestimmung im Bereich des § 87 sowohl durch BV als auch durch Regelungsabrede ausgeübt werden kann, stehen diese beiden Gestaltungsformen nicht nur den Betriebsparteien, sondern im Streitfall auch der **Einigungsstelle** zur Vfg., deren Spruch nach § 87 II die Einigung zwischen AG und BR ersetzt. Dabei kann es sich also um die Ersetzung einer BV oder die einer Regelungsabrede handeln (zu der insoweit bestehenden Wahlmöglichkeit Rn. 139).

136 **Inhalt der Regelungsabrede** können alle – sowohl organisatorische als auch inhaltl. – betriebsverfassungsrechtl. Angelegenheiten iSd. §§ 80 ff. sein, die in die funktionale Zuständigkeit von BR, GBR

oder KBR fallen. Aus § 76 ergibt sich, dass bindende Vereinb. zw. AG und BR in dem gesamten Bereich mögl. sind, für den der BR nach §§ 80 ff. zust. ist, also nicht nur in dem Bereich, der nach § 88 und anderen Ermächtigungsnormen normativ durch BV geregelt werden kann (Enger BAG 14.8.2001 NZA 2002, 342; wie hier dagegen *Fitting* Rn. 45, 220; *Birk* ZfA 1986, 73. S. auch § 92a Rn. 1). **Kein Inhalt** einer Regelungsabrede können dagegen Angelegenheiten sein, die ausschließl. der BV vorbehalten sind (vgl. § 38 I S. 5; § 47 IV, V).

Mögl. ist die Regelungsabrede auch in den Fällen, bei denen eine **Regelung durch BV aus rechtl. oder tatsächl. Gründen unzulässig ist**. Bsp.: AG möchte den Gesamtaufwand für bisher arbeitsvertragl. zugesagte Gratifikationen herabsetzen und gleichzeitig den Verteilungsschlüssel ändern. Wegen des Günstigkeitsprinzips ist ein solcher verschlechternder Eingriff durch BV nicht mögl. Andererseits braucht der AG die Zustimmung des BR, weil die Änd. des Verteilungsschlüssels nach § 87 I Nr. 10 der Mitbestimmung unterliegt. Also kann der AG so vorgehen, dass er zunächst mit dem BR eine Regelungsabrede über den neuen Verteilungsschlüssel trifft und dann entspr. Änderungskündigungen ausspricht. Oder: Der AG erstrebt die betriebl. Regelung einer Materie, die bisher in einem TV geregelt war, der aber abgelaufen ist und nur noch nachwirkt. Nach § 77 III kann eine solche Regelung, wenn der Betrieb im Geltungsbereich des TV liegt, nicht durch BV, wohl aber durch Regelungsabrede iVm. entspr. arbeitsvertragl. Absprachen getroffen werden. Eine Regelungsabrede ist auch für Angelegenheiten zulässig, die zwar durch BV geregelt werden könnten, nach dem Willen eines oder beider Betriebsparteien aber **nur durch Regelungsabrede geregelt werden sollen.** So ausdrückl. der GS des BAG in einer Entscheidung vom 3.12.1991 (NZA 1992, 749) zur Mitbestimmung bei der Lohngestaltung iSd. § 87 I Nr. 10: Diese Mitbestimmung kann sowohl durch Regelungsabrede als auch durch BV ausgeübt werden. Es kommt allein darauf an, dass die Mitbestimmung des BR verwirklicht, dh. eine Angelegenheit nicht ohne vorheriges Einverständnis des BR geregelt wird (BAG 14.2.1991 NZA 1991, 607). Oder: Der BR wendet sich gegen die vom AG geplante Kürzung freiwilliger Leistungen, erklärt aber, dass er gegen die vorgesehene Verteilung keine Bedenken habe. Dann liegt eine Regelungsabrede über den Verteilungsschlüssel vor, nicht dagegen eine zwar mögl., aber nicht zustande gekommene BV über die Leistung insgesamt (BAG 10.2.1988 NZA 1988, 479). Oder: Der BR besteht darauf, über eine Gratifikationsordnung keine BV abzuschließen, sondern nur eine Regelungsabrede, bei der die Zustimmung zu entspr. arbeitsvertragl. Regelungen ausgesprochen wird, um die nur für BV, aber nicht für Arbeitsverträge geltende freie Kündbarkeit gem. § 77 V zu vermeiden. Soweit solche Abreden über die ges. Mitbestimmung hinausgehen, führen sie mangels normativer Wirkung nicht zur Unwirksamkeit der AGMaßnahmen (BAG 14.8.2001 NZA 2002, 342). 137

Bes. Bedeutung haben **Beschäftigungs- oder Standortsicherungsverträge,** in denen sich der AG ggü. dem BR zur Aufrechterhaltung eines Standorts, zur Vornahme bestimmter Investitionen oder Produktionen verpflichtet, idR gegen Zugeständnisse des BR bei den Arbeitsbedingungen (dazu *Walker* FS Schaub 1998, S. 617). Stets sollte klargestellt werden und ist zu prüfen, ob nur eine Absichtserklärung oder eine bindende Verpflichtung gewollt war. Entspr. § 113 S. 1 kann der AG aus zwgd. Gründen von den Vereinb. abweichen. Bei einer Betriebsveräußerung werden derartige Vereinb., wenn sie keine BV sind, nicht gem. § 613a I 2 BGB transformiert, sondern verlieren ihre Wirkung. 138

4. Wahlmöglichkeit zwischen Betriebsvereinbarung und Regelungsabrede. AG und BR haben grds. die **Wahl** zwischen dem Abschluss einer BV oder einer Regelungsabrede (BAG 14.8.2001, NZA 2002, 342). Von ihrem Willen hängt ab, ob die Vereinb. normativ wirken oder nur die Betriebsparteien verpflichten soll. IZw. wird man annehmen müssen, dass eine Vereinbarung zwischen AG und BR, die sich mit dem Inhalt der ArbVerh. befasst, normativ wirken und damit eine BV sein soll. Die BV bietet näml. den AN den Vorteil der Gewährung unabdingbarer Rechte, dem AG die Befreiung von der Notwendigkeit, die mit dem BR getroffene Einigung mit individualrechtl. Mitteln in die ArbVerh. umzusetzen. Aus diesem Grund haben BR und AG **in mitbestimmten Angelegenheiten** wechselseitig einen **Anspruch darauf**, nicht nur eine Regelungsabrede, sondern **eine BV abzuschließen** (BAG 8.8.1989, NZA 1990, 322). 139

Das BAG wirft in der Entscheidung vom 8.8.1989 (aaO) die Frage auf, ob der Anspruch des BR auf Abschluss einer BV mit dem Inhalt einer bisher arbeitsvertragl. vereinbarten Regelung durch die Anrufung der Einigungsstelle zu verfolgen ist oder vor dem ArbG geltend gemacht werden muss. Eine Antwort gibt die Entscheidung für den Fall, dass es bisher noch keine die arbeitsvertragl. Regelung erg. und mitbestimmungsrechtl. legitimierende Regelungsabrede gab. In diesem Falle könne und müsse der BR **auf Grund seines Initiativrechts** eine mitbestimmte Regelung verlangen und zur Durchsetzung dieses Verlangens die **Einigungsstelle anrufen.** Dies muss man so verstehen, dass die Einigungsstelle dann verpflichtet ist, ihrem Spruch die Rechtswirkung einer BV zu geben. Wenn aber weder AG noch BR die normative Regelung einer mitbestimmten Angelegenheit wünschen, kann und muss die Einigungsstelle sich auf einen Spruch beschränken, der die Rechtswirkung einer Regelungsabrede hat. Allerdings gilt auch hier, dass iZw. eine Regelung, die sich auf den Inhalt der ArbVerh. bezieht, als BV anzusehen ist. 140

Etwas anderes kann auch nicht gelten, wenn bereits eine Regelungsabrede vorliegt und der BR oder der AG nunmehr die **Umwandlung in eine BV** wünschen. Auch dies kann nicht beim ArbG, sondern 141 nur bei der Einigungsstelle durchgesetzt werden, da sich aus einer Regelungsabrede kein Anspruch auf Abschluss einer BV ergibt. Dieser Anspruch ist vielmehr unmittelbar aus dem jeweiligen Mitbestimmungsrecht abzuleiten und deshalb so durchzusetzen, wie das Mitbestimmungsrecht, dh. regelm. über die Einigungsstelle.

142 Im Bereich der **teilmitbestimmten Regelungen,** zu denen nach § 87 I Nr. 10 alle Entgeltabreden zählen, ist **fragl.**, ob man von einem **grds. Anspruch jeder Seite auf BV** ausgehen kann. Wenn zB der BR seine Mitbestimmung über ein bisher nur arbeitsvertragl. begründetes Entgeltsystem geltend macht, würde der Abschluss einer BV über den Bereich der Mitbestimmung hinausgehen. Denn die Mitbestimmung nach § 87 I Nr. 10 betrifft nicht das Ob und die Gesamthöhe betriebl. Entgelte, sondern nur den Verteilungsschlüssel. Die Mitbestimmung kann den AG also nicht daran hindern, die Leistungen einzustellen, soweit dies arbeitsvertragl. zulässig ist, insb. ggü. neu eingestellten AN. Eine BV würde dagegen, solange in ihr nichts anderes bestimmt ist, den AG während der dreimonatigen Kündigungsfrist an der Einstellung der Leistungen hindern. Auch würde die durch eine BV geschaffene Unabdingbarkeit und Unverzichtbarkeit der Leistungen über die Frage des Verteilungsschlüssels hinausgehen und zB Verzichtsverträge ausschließen, die mit dem Verteilungsschlüssel nichts zu tun haben, weil sie etwa auf die Beseitigung der Gesamtleistung oder Einzelfälle abzielen.

143 Trotzdem dürfte der Anspruch auf BV auch hier unentbehrl. sein. Denn idR wird sich nur durch eine iRd. kollektiven Günstigkeit **umstrukturierende BV** erreichen lassen, das **vertragl. gewachsene Vergütungssystem** in den betriebsverfassungsrechtl. gebotenen Verteilungsmodus zu überführen. Die BV muss dann aber, soll sie nicht über die ihr zugrundeliegende Mitbestimmung hinausschießen, die Regelung enthalten, dass sie den AG nicht daran hindert, die Leistung AN zu versagen, die nach einem bestimmten Stichtag eingestellt werden. Im Verhältnis zu den bereits beschäftigten AN ist dagegen eine Verkürzung der ges. Kündigungsfrist nur erforderl., soweit die bestehenden Ansprüche auf Grund von Freiwilligkeits- oder Widerrufsvorbehalten noch schneller abgebaut werden können (dazu *Hanau* AuA 1995, 402).

144 **5. Beendigung und Nachwirkung von Regelungsabreden.** Die Regelungsabrede endet idR, wie die BV, durch **Zweckerreichung** oder Zeitablauf. Ebenfalls zulässig ist der Abschluss als aufschiebend und auflösend bedingte Regelung (dazu Rn. 90).

145 Zur **Kündigung in Angelegenheiten der erzwingbaren Mitbestimmung** des BR wendet das BAG § 77 V analog auf die Regelungsabrede an (BAG 10.3.1992 NZA 1992, 952): Danach können die Betriebsparteien eine formlose Abrede, durch die für einen längeren Zeitraum eine mitbestimmungspflichtige Angelegenheit iSv. § 87 I geregelt wird, ordentl. mit einer **Frist von drei Monaten analog § 77 V kündigen,** sofern keine andere Kündigungsfrist vereinbart worden ist. Beschränke sich der Inhalt der Regelungsabrede über die Ausübung des Mitbestimmungsrechts nicht auf einen Einzelfall, sondern solle die Regelung die Betriebsparteien für längere Zeit binden, müsse sich jede Partei wie bei jedem anderen Dauerverhältnis durch Kündigung von dem schuldrechtl. Vertrag lösen können.

146 Dies bedeutet in der Konsequenz, dass das durch eine Regelungsabrede gestaltete Mitbestimmungsrecht des BR nicht vor ihrem Ablauf ausgeübt werden kann und folgt insoweit dem anerkannten Grundsatz (Rn. 14), dass die **Mitbestimmung verbraucht** ist, solange eine sie regelnde Vereinbarung besteht. Die analoge Anwendung des § 77 V auf die Regelungsabrede rechtfertigt sich daraus, dass die Regelungsabrede ebenso wie die BV die Beziehungen zwischen den Betriebsparteien, insb. das Mitbestimmungsrecht, gestaltet.

147 Neben der Beendigung durch eine ordentl. Kündigung, kommen zudem die **außerordentl. Kündigung** gem. § 314 BGB sowie die Anpassung bzw. Kündigung wegen **Störung der Geschäftsgrundlage** gem. § 313 BGB in Betracht.

148 Weiterhin geht das BAG von der **Nachwirkung** der Regelungsabrede in mitbestimmungspflichtigen Angelegenheiten **analog § 77 VI** aus (BAG 23.6.1992 NZA 1992, 1098). Soweit die Regelungsabrede die mitbestimmungspflichtige Ordnung gestaltet und beide Parteien verpflichtet, können sich AG und BR nicht einseitig von ihr lösen (aA *Fitting* Rn. 226; Richardi/*Richardi* Rn. 234).

149 Aus der analogen Anwendung des § 77 V, VI folgt, dass auch **freiwillige** Regelungsabreden nach Maßgabe des § 77 V kündbar sind, Nachwirkung aber nur eintritt, soweit sie **teilmitbestimmt** sind und der AG eine einseitige Änd. der teilmitbestimmten Angelegenheit vornehmen will.

150 Regelungsabreden entfallen dagegen stets mit dem **Wegfall des BR** ersatzlos, da ihre beiden Funktionen – Begründung von Rechten und Pflichten zwischen den Betriebsparteien sowie Ausübung der Mitbestimmung – untrennbar mit der Existenz eines BR verknüpft sind. Den BR überdauern kann nur die normative, nicht ledigl. die schuldrechtl. und betriebsverfassungsrechtl. Wirkung einer Vereinbarung. Aus demselben Grund verlieren Regelungsabreden auch bei einem Betriebsübergang (unter Verlust der Betriebsidentität) jegl. Wirkung; § 613a I 2 BGB erfasst nur normative Regelungen.

IX. Streitigkeiten

151 Streitigkeiten über die Durchführung gemeinsamer Beschlüsse nach § 77 I 1 sind gem. § 2a ArbGG im BeschlV zu klären. Nach st. Rspr. ist im arbeitsgerichtl. BeschlV. nur **antragsbefugt,** wer nach

materiellem Recht im konkreten Fall durch die begehrte Entscheidung in seiner eigenen betriebsverfassungsrechtl. Rechtsstellung unmittelbar betroffen wird bzw. dies zumindest behauptet (BAG 20.12.1995 NZA 1996, 945; LAG K 20.5.1999 NZA-RR 2000, 140). **Gesamt-** oder **KBR** sind antragsbefugt, wenn sie Partei der streitigen BV sind oder ihren Zuständigkeitsbereich verteidigen (LAG K aaO). Im letzteren Fall macht der BR näml. ein eigenes betriebsverfassungsrechtl. Recht geltend (BAG 20.12.1995 NZA 1996, 945).

Schuldrechtl. Ansprüche aus einer streitigen BV können **im BeschlV** (§§ 2a, 80 ff. ArbGG) geltend 152 gemacht werden. Der BR kann nicht die Feststellung oder Erfüllung individualrechtl. Ansprüche einzelner AN aus der BV verlangen (BAG 21.1.2003 NZA 2003, 1097; Rn. 8). Folgerichtig ist es dem BR auch verwehrt, im BeschlV. feststellen zu lassen, dass eine Anordnung oder Kündigung des AG wegen Verletzung der Mitbestimmung unwirksam sei (BAG 13.1.1987 NZA 1987, 386; 24.11.1987 NZA 1988, 322). Etwas anderes gilt aber dann, wenn der BR über die Feststellung der ANRechte die eigene betriebsverfassungsrechtl. Position klären will (BAG 17.8.1999 NZA 2000, 498). IÜ kann das BeschlV für die ANSeite vorteilhaft sein, weil es zu einer Klärung für alle betroffenen AN führen kann und weil der AG nach § 40 die Kosten des Verfahrens ohne Rücksicht auf seinen Ausgang tragen muss, wenn es vom BR nicht geradezu mutwillig angestrengt wird (BAG 19.4.1989 NZA 1990, 233). Die Antragsbefugnis des BR besteht auch in Bezug auf nachwirkende BV (offen gelassen vom BAG 27.10.1998 NZA 1999, 381), nicht aber auf eine rein individualrechtl. Fortwirkung wie im Fall des § 613a I 2 oder nach Beendigung des ArbVerh. (BAG 17.8.1999 NZA 2000, 498).

Ebenfalls im BeschlV. wird über die **Zulässigkeit, Auslegung** oder **Unwirksamkeit** einer BV ent- 153 schieden (*Fitting* Rn. 228, 234). Ein Antrag auf Feststellung der Unwirksamkeit kann nicht mit der Begründung, der Antragsteller habe selbst am Zustandekommen der in Frage stehenden BV mitgewirkt, zurückgewiesen werden (BAG 18.2.2003 NZA 2004, 336).

Die BV unterliegt **keiner allg. Billigkeitskontrolle**, sondern die richterl. Inhaltskontrolle ist auf die 154 durch § 75 I und II konkretisierte Rechtskontrolle beschränkt. BV und TV unterfallen wegen § 310 IV 1 BGB auch nicht der Inhaltskontrolle nach §§ 305 ff. BGB (s. hierzu Rn. 31 und §§ 305–310 BGB Rn. 12).

Normative **Ansprüche der AN** aus einer str. BV sind hingegen von diesen im **Urteilsverfahren** 155 (§§ 2 I Nr. 3 lit. a V, 46 ff. ArbGG) geltend zu machen. Die Feststellung der Gültigkeit der BV kann zwar notwendige Vorfrage des Urteilsverfahrens sein, dennoch beinhaltet diese Entscheidung keine Bindungswirkung über die am konkreten Verfahren beteiligten Prozessparteien hinaus (*Fitting* Rn. 229; GK-BetrVG/*Kreutz* Rn. 468).

Die **tarifschließende Gewerkschaft** (und wohl auch der AGVerband) kann vom AG im BeschlV. 156 (BAG 13.3.2001 NZA 2001, 1037; *Fitting* Rn. 237 mwN; gegen die Geltendmachung im BeschlV. *Bauer* NZA 1999, 958) Nichtanwendung einer tarifwidrigen BV oder Regelungsabrede jdf. verlangen, soweit der TV normativ gilt und die BV noch nicht abgelaufen ist. Diesen **Unterlassungsanspruch** hat das BAG aus **§§ 1004, 823 iVm. Art. 9 III GG** abgeleitet (20.4.1999 NZA 1999, 887; zum zeitl. Umf. der Antragsbefugnis BAG 20.4.1999 NZA 1999, 1235). In seiner Wirkung eingeschränkt ist dieser Anspruch allerdings dadurch, dass die Gewerkschaftsmitglieder, für die der Unterlassungsanspruch greifen soll, im Unterlassungsantrag namentl. genannt und damit „geoutet" werden müssen (BAG 19.3.2003 NZA 2003, 1221). Noch nicht abschließend geklärt ist, ob die Verletzung des § 77 III eine Pflichtverletzung iSd. § 23 III ist und somit einen gewerkschaftl. Unterlassungsanspruch begründen kann (bejahend BAG 20.8.1991 NZA 1992, 317; zweifelnd, aber offen gelassen BAG 20.4.1999 NZA 1999, 887). Befürwortet man den aus § 77 III iVm. § 23 III hergeleiteten Anspruch, so ist weiterhin ungeklärt, ob dieser nur gegen tarifgebundene AG geltend gemacht werden kann. Das BAG (20.4.1999 NZA 1999, 887) bezweifelt, ob der Anspruch dann auf § 23 III gestützt werden kann, dürfte aber Art. 9 III GG auch dann anwenden wollen. Es geht zwar davon aus, dass der gewerkschaftl. Unterlassungsanspruch nur zur Sicherung „normativ geltender Tarifbestimmungen" bestimmt ist, sagt dann aber ausdrückl. „außerhalb des Anwendungsbereichs des § 77 III BetrVG kommt eine Verletzung der Koalitionsfreiheit der Gewerkschaft durch tarifwidrige Regelungen nur in Betracht, soweit der jeweils betroffene TV normativ gilt". Dies spricht dafür, dass eine Verletzung der Koalitionsfreiheit auch in Betracht kommen soll, wenn nur gegen § 77 III und nicht gegen eine Tarifbindung verstoßen wird.

§ 78 Schutzbestimmungen

[1] Die Mitglieder des Betriebsrats, des Gesamtbetriebsrats, des Konzernbetriebsrats, der Jugend- und Auszubildendenvertretung, der Gesamt-Jugend- und Auszubildendenvertretung, der Konzern-Jugend- und Auszubildendenvertretung, des Wirtschaftsausschusses, der Bordvertretung, des Seebetriebsrats, der in § 3 Abs. 1 genannten Vertretungen der Arbeitnehmer, der Einigungsstelle, einer tariflichen Schlichtungsstelle (§ 76 Abs. 8) und einer betrieblichen Beschwerdestelle (§ 86) sowie Auskunftspersonen (§ 80 Absatz 2 Satz 4 dürfen in der Ausübung ihrer Tätigkeit nicht gestört oder behindert werden. [2] Sie dürfen wegen ihrer Tätigkeit nicht benachteiligt oder begünstigt werden; dies gilt auch für ihre berufliche Entwicklung.

1 **1. Vorbemerkung.** Die Vorschr. soll die **Unabhängigkeit** der betriebsverfassungsrechtl. Funktionsträger (einschließl. der Ersatzmitglieder) sichern (GK-BetrVG/*Kreutz* Rn. 1). Für die **ANVertreter im Aufsichtsrat** nach BetrVG 1952 gilt die Vorschr. entspr. (§ 76 BetrVG 1952 iVm. § 129); vergleichbaren Schutz gewähren § 26 MitbestG sowie § 179 SGB IX für die Mitglieder der Schwerbehindertenvertretung. § 78 ist **zwgd.:** Eine Abbedingung ist weder tarifvertragl. noch mittels BV oder im Einzelvertrag mögl. (hM, *Fitting* Rn. 4; GK-BetrVG/*Kreutz* Rn. 20). Zu dem entspr. IAO-Abkommen Nr. 135 DKKW/*Buschmann* Rn. 4.

2 **2. Schutz der Tätigkeit der Betriebsverfassungsorgane und ihrer Mitglieder (S. 1).** Durch das **Behinderungsverbot** des S. 1 ist sowohl die vorschriftsmäßige Tätigkeit der genannten betriebsverfassungsrechtl. Organe als auch die der einzelnen Mitglieder geschützt. Eine Behinderung ist jede Störung, Erschwerung oder Verhinderung der BRtätigkeit (BAG 1.8.1990 AP ZA-NATO-Truppenstatut Art. 56 Nr. 20) durch jedermann, also sowohl seitens des AG als auch durch AN oder außerbetriebl. Stellen (hM, GK-BetrVG/*Kreutz* Rn. 19; *Fitting* Rn. 7).

3 Behinderungen können durch positives **Tun** und durch **Unterlassen** bei entspr. Mitwirkungspflichten erfolgen (GK-BetrVG/*Kreutz* Rn. 27).

4 Vom Verbot erfasst wird **jede objektive Behinderung,** unabhängig davon, ob sie tatsächl. mit der Zielrichtung der Behinderung begangen wurde. Anders als bei einer Bestrafung nach § 119 kommt es bei § 78 auf ein Verschulden nicht an (BAG 12.11.1997 EzA § 23 BetrVG 1972 Nr. 38; GK-BetrVG/*Kreutz* Rn. 29; *Fitting* Rn. 12; DKKW/*Buschmann* Rn. 21). So darf der AG nicht dem BR die für dessen Tätigkeit erforderl. Räume und Sachmittel verweigern, eigenmächtig dessen Anschläge vom schwarzen Brett entfernen oder ein BRmitglied von den Sitzungen unberechtigt fernhalten (WPK/*Preis* Rn. 8). Auch der Hinweis des AG auf die Kosten der BRtätigkeit kann eine Behinderung sein, wenn nicht erkennbar wird, dass es sich um für die BRtätigkeit erforderl. und verhältnismäßige Kosten handeln kann, für die der AG von Gesetzes wegen einzustehen hat (BAG 12.11.1997 AP BetrVG 1972 § 23 Nr. 27; dazu *Bengelsdorf* FS Hanau, 1999, 359).

5 Verstößt der AG gegen das Behinderungsverbot, können sowohl der BR als auch die betroffenen Mitglieder Handlungs-, Duldungs- oder Unterlassungsansprüche geltend machen (BAG 12.11.1997 AP BetrVG 1972 § 23 Nr. 27); mögl. ist auch das Erwirken einer einstweiligen Vfg. sowie bei groben Verstößen ein Vorgehen gegen den AG aus § 23 III. Der BR kann aber nicht im Beschlussverfahren den (persönl.) Anspruch eines BR-Mitglieds auf Entfernung einer Abmahnung geltend machen (BAG 4.12.2013 NZA 2014, 803). Wird **vorsätzl.** gegen das Behinderungsverbot verstoßen, ist dies gem. § 119 I Nr. 2 strafbar.

6 **3. Benachteiligungs- und Begünstigungsverbot (S. 2).** Um die unabhängige, unparteiische Amtsführung der Mitglieder betriebsverfassungsrechtl. Organe zu gewährleisten, werden durch S. 2 sachl. nicht gerechtfertigte Benachteiligungen und Begünstigungen **wegen der BRtätigkeit** verboten. Hiermit soll sichergestellt werden, dass die BRmitglieder bei ordnungsgemäßer Tätigkeit nicht anders behandelt werden als die anderen AN (*Fitting* Rn. 14). Wie bei S. 1 genügt das **objektive** Vorliegen einer Begünstigung bzw. Benachteiligung, auf eine entspr. Absicht des Handelnden kommt es nicht an (WPK/*Preis* Rn. 12). Das Verbot richtet sich auch hier nicht nur gegen den AG, sondern gegen **jedermann** (*Fitting* Rn. 14).

7 Eine **Benachteiligung** ist jede Schlechterstellung im Verhältnis zu anderen vergleichbaren AN, die nicht aus sachl. Erwägungen, sondern wegen der Amtstätigkeit erfolgt: In Frage kommen ua. Kündigung, Versetzung auf einen geringer bezahlten Arbeitsplatz (BAG 9.6.1982 AP BPersVG § 107 Nr. 1), Zuweisung einer weniger angenehmen Arbeit (LAG HB 12.8.1982 AP BetrVG 1972 § 99 Nr. 15),die Zuweisung eines räuml. ungünstigeren (Großraum)büros aus Anlass der Wahl zum BR (LAG K 26.7.2010 NZA-RR 2010, 641) oder die Nichtverlängerung eines befristeten ArbVerh. wegen BRtätigkeit (BAG 25.6.2014 NZA 2014, 1209). Zur Versetzung in einen anderen Betrieb § 103 Rn. 6. Das Benachteiligungsverbot erfasst ebenfalls die **berufl. Entwicklung:** Bspw. muss einem BRmitglied nach Beendigung seiner Amtszeit die Möglichkeit zur berufl. Fortbildung iRd. allg. Möglichkeiten gegeben werden (GK-BetrVG/*Kreutz* Rn. 54). Bei Beförderungen darf eine Freistellung nicht nachteilig berücksichtigt werden (BAG 29.10.1998 AP BPersVG § 46 Nr. 22 zum Personalvertretungsrecht). Ob zwischen der betriebsverfassungsrechtl. Amtsausübung und der Benachteiligung oder Begünstigung ein **Kausalzusammenhang** besteht, muss für den Einzelfall festgestellt werden; die Beweislast trägt der AN. Zur Entgeltpauschalierung *Kehrmann* FS Wlotzke 1996, 357.

8 Wird gegen das Benachteiligungsverbot verstoßen, hat dies die **Nichtigkeit** des Rechtsgeschäfts nach § 134 BGB zur Folge. Bei schuldhaftem Verstoß können Schadenersatzansprüche aus § 823 II BGB in Betracht kommen, da § 78 S. 2 Schutzgesetz iSd. Bestimmung ist (BAG 9.6.1982 AP BPersVG § 107 Nr. 1). Beruht die Nichtverlängerung eines befristeten Arbeitsverhältnisses allein auf der BRtätigkeit, kann sich aus § 78 S. 2 in Verbindung mit §§ 280 I, 823 II, 249 I BGB ein Anspruch auf Abschluss eines unbefristeten Arbeitsvertrages ergeben; § 15 VI AGG steht einem solchen Anspruch nicht entgegen (BAG 25.6.2014 NZA 2014, 1209).

9 Auch eine **Begünstigung** der AN wegen ihrer BRtätigkeit ist unzulässig, so bspw. die über § 38 I hinausgehende, nicht erforderl. Freistellung eines BRmitglieds, eine sachl. unbegründete tarifl. Höher-

gruppierung oder eine höhere Sozialplanabfindung für BRmitglieder (ArbG Nürnberg 27.1.1997 BB 1997, 2165). Auch eine überzogene Sach- und Personalausstattung der BR kann in eine Begünstigung einzelner BRMitglieder umschlagen (*Bayreuther* NZA 2013, 758). **Vereinbarungen** hierüber sind gem. § 134 BGB **nichtig** (*Fitting* Rn. 23). Ein Anspruch der anderen AN auf Gleichbehandlung besteht nicht (LAG D 13.9.2001 BB 2002, 306).

Vorsätzl. Verstöße gegen S. 2 werden auf Antrag der geschützten Betriebsverfassungsorgane, des Unternehmers oder der Gewerkschaft gem. § 119 I Nr. 3 strafrechtl. verfolgt. Ebenfalls mögl. ist ein Antrag nach § 23 III. 10

§ 78a Schutz Auszubildender in besonderen Fällen

(1) Beabsichtigt der Arbeitgeber, einen Auszubildenden, der Mitglied der Jugend- und Auszubildendenvertretung, des Betriebsrats, der Bordvertretung oder des Seebetriebsrats ist, nach Beendigung des Berufsausbildungsverhältnisses nicht in ein Arbeitsverhältnis auf unbestimmte Zeit zu übernehmen, so hat er dies drei Monate vor Beendigung des Berufsausbildungsverhältnisses dem Auszubildenden schriftlich mitzuteilen.

(2) [1] Verlangt ein in Absatz 1 genannter Auszubildender innerhalb der letzten drei Monate vor Beendigung des Berufsausbildungsverhältnisses schriftlich vom Arbeitgeber die Weiterbeschäftigung, so gilt zwischen Auszubildendem und Arbeitgeber im Anschluss an das Berufsausbildungsverhältnis ein Arbeitsverhältnis auf unbestimmte Zeit als begründet. [2] Auf dieses Arbeitsverhältnis ist insbesondere § 37 Abs. 4 und 5 entsprechend anzuwenden.

(3) Die Absätze 1 und 2 gelten auch, wenn das Berufsausbildungsverhältnis vor Ablauf eines Jahres nach Beendigung der Amtszeit der Jugend- und Auszubildendenvertretung, des Betriebsrats, der Bordvertretung oder des Seebetriebsrats endet.

(4) [1] Der Arbeitgeber kann spätestens bis zum Ablauf von zwei Wochen nach Beendigung des Berufsausbildungsverhältnisses beim Arbeitsgericht beantragen,

1. festzustellen, dass ein Arbeitsverhältnis nach Absatz 2 oder 3 nicht begründet wird, oder

2. das bereits nach Absatz 2 oder 3 begründete Arbeitsverhältnis aufzulösen,

wenn Tatsachen vorliegen, aufgrund derer dem Arbeitgeber unter Berücksichtigung aller Umstände die Weiterbeschäftigung nicht zugemutet werden kann. [2] In dem Verfahren vor dem Arbeitsgericht sind der Betriebsrat, die Bordvertretung, der Seebetriebsrat, bei Mitgliedern der Jugend- und Auszubildendenvertretung auch diese Beteiligte.

(5) Die Absätze 2 bis 4 finden unabhängig davon Anwendung, ob der Arbeitgeber seiner Mitteilungspflicht nach Absatz 1 nachgekommen ist.

1. Zweck. Grds. endet das Ausbildungsverhältnis gem. § 21 BBiG mit Ablauf der Ausbildungszeit, ohne dass es einer Kündigung bedarf. Dem AG steht es vorbehaltl. des § 75 frei, ob er einen Auszubildenden nach Beendigung des Ausbildungsverhältnisses übernimmt oder nicht. Mitglieder betriebsverfassungsrechtl. Gremien sind damit der Gefahr ausgesetzt, dass sie wegen ihres Amtes nicht in ein ArbVerh. übernommen werden. Davor will die Regelung des § 78a schützen, indem die durch die automatische Beendigung des Ausbildungsverhältnisses entstandene Lücke im amtsbezogenen Schutz der §§ 103 BetrVG und 15 KSchG geschlossen wird. 1

2. Persönlicher Schutzbereich. Die Vorschr. erfasst nach Abs. 1 alle Auszubildenden, die Mitglied der JAV, des BR, der Bordvertretung oder des SeeBR sind. Sie gilt zunächst für **Ausbildungsverhältnisse** zu einem staatl. anerkannten Beruf gem. § 4 BBiG. Beschäftigte in einem anderen Vertragsverhältnis iSd. § 26 BBiG können dann den Schutz des § 78a genießen, wenn Sie eingestellt worden sind, um berufl. Kenntnisse, Fertigkeiten oder Erfahrungen zu erwerben. Voraussetzung dafür ist, dass nach Ausbildungsvertrag oder tarifl. Vorschr. ein geordneter Ausbildungsgang vorgeschrieben ist und die Dauer der Ausbildung mind. zwei jahre beträgt (BAG 1.12.2004 NZA 2005, 779). In diesem Rahmen fallen unter § 78a zB Umschüler, die in einem Umschulungsverhältnis für einen anerkannten Ausbildungsberuf ausgebildet werden, oder Redaktionsvolontäre an Tageszeitungen (*Fitting* Rn. 5 f.; GK-BetrVG/*Oetker* Rn. 18). Die Vorschr. gilt dagegen nicht für Praktikanten oder Volontäre, die vorrangig die vertragl. geschuldete Arbeitsleistung erbringen (BAG 1.12.2004 NZA 2005, 779; LAG K 23.2.2000 AiB 2000, 83). Für den Beginn des Schutzes nach § 78a ist nicht auf den Beginn der Amtszeit, sondern auf den Erwerb der Mitgliedschaft abzustellen (BAG 22.9.1983 AP BetrVG 1972 § 78a Nr. 11). Nach Abs. 3 gilt der Schutz auch für **ausgeschiedene Mitglieder** der Betriebsverfassungsorgane während des ersten Jahres nach Ablauf der Amtszeit. Auf **Ersatzmitglieder** findet die Vorschr. Anwendung, soweit sie im letzten Vierteljahr des Berufsausbildungsverhältnisses einem Betriebsverfassungsorgan angehören und in diesem Zeitraum die Weiterbeschäftigung verlangen (BAG 15.1.1980 AP BetrVG 1972 § 78a Nr. 8). Ersatzmitglieder genießen auch den nachwirkenden Schutz nach Abs. 3, sofern das Ausbildungsverhältnis innerhalb eines Jahres nach der Vertretung erfolgreich abgeschlossen wird und der Auszubildende innerhalb von drei Monaten vor Beendigung des Ausbildungsverhält- 2 nisses seine Weiterbeschäftigung verlangt, allerdings nur, wenn es in der Vertretungszeit auch tatsächl. BRaufgaben wahrgenommen hat (BAG 19.4.2012 NZA 2012, 1449).

3 **3. Ablehnung der Weiterbeschäftigung.** Beabsichtigt der AG, einen der geschützten Auszubildenden nach Beendigung des Berufsausbildungsverhältnisses nicht in ein ArbVerh. auf unbestimmte Zeit zu übernehmen, so muss er dies gem. § 78a I spätestens **drei Monate vor dem normalen Ende** des Berufsausbildungsverhältnisses dem Auszubildenden schriftl. mitteilen. AG iSd. § 78a ist auch im Gemeinschaftsbetrieb nur der VertragsAG (BAG 25.2.2009 DB 2009, 1473). Ist infolge vorzeitiger Ablegung der Prüfung ein früheres Ende vorauszusehen, muss die Mitteilung drei Monate vor diesem Zeitpunkt erfolgen (BAG 31.10.1985 AP BetrVG 1972 § 78a Nr. 15). Unterlässt der AG diese Mitteilung, so führt dies nicht automatisch zur Begründung eines ArbVerh., wie Abs. 5 verdeutlicht. Vielmehr muss der Auszubildende in jedem Fall seine Weiterbeschäftigung verlangen. Der AG kann jedoch uU schadensersatzpflichtig sein, so zB wenn der Auszubildende infolge der verspäteten Mitteilung durch den AG ein anderes ArbVerh. ausschlägt (BAG 31.10.1985 AP BetrVG 1972 § 78a Nr. 15). Wird der Auszubildende nach Ablauf des Ausbildungsverhältnisses dagegen tatsächl. weiterbeschäftigt und ist eine fristgemäße Mitteilung nicht erfolgt, so gilt nach § 24 BBiG ein ArbVerh. auf unbestimmte Zeit als begr., auch wenn nichts ausdrückl. vereinbart wird.

4 **4. Weiterbeschäftigungsanspruch des Auszubildenden.** Möchte der Auszubildende über das Ende des Ausbildungsverhältnisses hinaus weiterbeschäftigt werden, muss er dies gem. § 78a II 1 innerhalb der Letzten drei Monate vor der vertragl. Beendigung des Ausbildungsverhältnisses schriftl. vom AG **verlangen,** und zwar auch dann, wenn der AG seine Mitteilungspflicht aus Abs. 1 versäumt hat (vgl. § 78a V). Mit der Ausübung dieses ges. Gestaltungsrechtes gilt kraft ges. Fiktion ein ArbVerh. als auf unbestimmte Zeit begr. (*Fitting* Rn. 29). Ein vor diesem Zeitraum erfolgtes Weiterbeschäftigungsverlangen ist unwirksam und muss innerhalb der Drei-Monats-Frist wiederholt werden (BAG 15.12.2011, NZA-RR 2012, 413; BAG 5.12.2012, NZA-RR 2013, 241; ; GK-BetrVG/*Oetker* Rn. 92; aA entgegen dem Wortlaut, aber in Anlehnung an § 12 BBiG für eine sechsmonatige Erklärungsfrist *Fitting* Rn. 19; APS/*Künzel* Rn. 61).

5 Auf das durch das Weiterbeschäftigungsverlangen des Auszubildenden **zustande gekommene ArbVerh.** findet nach Abs. 2 S. 2 § 37 IV und V entspr. Anwendung. Der AN darf also während seiner Amtstätigkeit und des darauf folgenden Jahres nur mit Tätigkeiten beschäftigt werden, die den Tätigkeiten vergleichbarer AN mit betriebsübl. berufl. Entwicklung gleichwertig sind; sein Arbeitsentgelt muss dem vergleichbarer AN entsprechen (vgl. § 37 Rn. 11). Ein befristetes ArbVerh. kann kraft Gesetzes nicht begr. werden; insofern bedarf es einer vertragl. Vereinbarung (BAG 24.7.1991 AP BetrVG 1972 § 78a Nr. 23; aA *Fitting* Rn. 57 mwN für den Fall der Unmöglichkeit einer unbefristeten Weiterbeschäftigung). Dasselbe gilt für ein ArbVerh. zu geänd. Bedingungen. Allerdings ist der AG nach Auff. des BAG verpflichtet zu prüfen, ob eine anderweitige Beschäftigung des Auszubildenden mögl. und zumutbar ist. Unterlässt er die Prüfung oder verneint er zu Unrecht die Möglichkeit und die Zumutbarkeit, so kann das nach § 78a II entstandene ArbVerh. nicht nach § 78a IV aufgelöst werden. Dies gilt allerdings nur dann, wenn der Auszubildende seine Bereitschaft, ggf. zu anderen als den sich aus § 78a ergebenden Arbeitsbedingungen übernommen zu werden, unverzügl. nach der Erkl. des AG gem. § 78a I, spätestens mit seinem Übernahmeverlangen nach § 78a II erklärt (BAG 6.11.1996 AP BetrVG 1972 § 78a Nr. 26). Eine Einverständniserklärung erst im gerichtl. Verfahren über den Auflösungsantrag nach IV genügt nicht (BAG 8.9.2010 NZA 2011, 221).

6 **5. Entbindung von der Weiterbeschäftigungspflicht (Abs. 4).** Ist im Zeitpunkt der Beendigung des Ausbildungsverhältnisses über einen Feststellungsantrag des AG noch nrkr. entschieden, wandelt sich nach neuerer Rspr. des BAG der Feststellungsantrag automatisch in einen Auflösungsantrag nach Abs. 4 Nr. 2 um, ohne dass es einer Antragsänderung bedarf (BAG 29.11.1989 AP BetrVG 1972 § 78a Nr. 20 unter Abkehr von der früheren Rspr., insb. BAG 14.5.1987 AP BPersVG § 9 Nr. 4).

7 Der AG muss **Tatsachen geltend machen,** auf Grund derer ihm unter Berücksichtigung aller Umstände die Weiterbeschäftigung des Auszubildenden nicht zugemutet werden kann. Da es um die Zumutbarkeit der Beschäftigung eines AN in einem Dauerarbeitsverhältnis und nicht um die Zumutbarkeit der Beschäftigung bis zu einem bestimmten Zeitpunkt geht, können die zum Begriff der Unzumutbarkeit in § 626 I BGB entwickelten Grundsätze nicht auf den Auflösungstatbestand des § 78a IV übertragen werden (BAG 6.11.1996 AP BetrVG 1972 § 78a Nr. 26).

8 Die **Unzumutbarkeit der Beschäftigung** kann zunächst aus in der Person des Auszubildenden liegenden Gründen folgen, zB bei wiederholtem Nichtbestehen der Abschlussprüfung (LAG NI 8.4.1975 DB 1975, 1224). Allein das schlechtere Abschneiden bei der Abschlussprüfung im Vergleich zu anderen Ausgebildeten reicht hingegen nicht aus (LAG HM 21.10.1992 DB 1993, 439; LAG BE 18.7.1995 LAGE BetrVG § 78a Nr. 8; aA OVG Schleswig 9.9.1999 AP BPersVG § 9 Nr. 14; DKKW/*Bachner* Rn. 41).

9 **Dringende betriebl. Gründe** können eine Entbindung von der Weiterbeschäftigungspflicht rechtfertigen, etwa wenn zum Zeitpunkt der Übernahme keine freien Arbeitsplätze vorhanden sind (BAG 16.1.1979 AP BetrVG 1972 § 78a Nr. 5; LAG SH 26.11.1976 DB 1977, 777; LAG HM 13.5.1977 DB

1978, 260; LAG NI 11.3.1994 AuR 1995, 225). Für LeihAN vorgesehene Arbeitsplätze sind als freie Arbeitsplätze anzusehen (BAG 16.7.2008 NZA 2009, 202; BAG 25.2.2009 DB 2009, 1473). Inwiefern eine Pflicht des AG besteht, bereits mit LeihAN besetzte Arbeitsplätze frei zu machen, hängt von den Umständen des Einzelfalls ab (BAG 17.2.2010 DB 2010, 1355). Innerhalb von drei Monaten vor Beendigung des Ausbildungsverhältnisses frei werdende Stellen stehen freien Stellen im Zeitpunkt der Übernahme gleich, wenn eine sofortige Neubesetzung nicht durch dringende betriebl. Gründe geboten ist (BAG 12.11.1997 AP BetrVG 1972 § 78a Nr. 30, anders bei 5 Monaten BAG 12.12.1997 EzA BetrVG 1972 § 78a Nr. 26). Dabei ist nach Auff. des BAG auf die Weiterbeschäftigungsmöglichkeit im selben Betrieb und nicht im ganzen Unternehmen abzustellen, weil Normzweck des § 78a gerade die Gewährleistung von Ämterkontinuität sei (BAG 15.11.2006, AP BetrVG 1972 § 78a Nr. 38; aA *Fitting* Rn. 54; Richardi/*Thüsing* Rn. 43). Zudem kann vom AG nicht die Schaffung zusätzl. Arbeitsplätze oder die Entlassung anderer AN verlangt werden (BAG 16.1.1979 AP BetrVG 1972 § 78a Nr. 5; *Fitting* Rn. 55), idR auch nicht der Abbau von Überstunden (LAG BB 18.3.1998 LAGE § 78a BetrVG Nr. 16). Auf geplante Einsparmaßnahmen, die erst künftig möglicherweise einen Wegfall von Arbeitsplätzen zur Folge haben, kann sich der AG zur Begründung der Unzumutbarkeit nicht berufen (BAG 16.8.1995 AP BetrVG 1972 § 78a Nr. 25).

Genauso wie der Auflösungsantrag nach § 78a IV 2 zielt auch der Feststellungsantrag auf eine **rechtsgestaltende gerichtl. Entscheidung,** die ihre Wirkung erst mit ihrer Rechtskraft für die Zukunft entfaltet (BAG 29.11.1989 AP BetrVG 1972 § 78a Nr. 20). Solange eine rechtskräftige Entscheidung nicht vorliegt, verhindert daher auch ein vom AG vor Ende des Ausbildungsverhältnisses eingeleitetes Verfahren gem. § 78a IV 1 nicht die Begründung eines ArbVerh. nach § 78a II oder III. Der geschützte Auszubildende ist deshalb grds. bis zu einer rechtskräftigen Entscheidung entspr. seiner Ausbildung im Betrieb zu beschäftigen (BAG 15.1.1980 AP BetrVG 1972 § 78a Nr. 7). Etwas anderes gilt, wenn sich die gerichtl. Feststellung darauf bezieht, dass wegen Fehlens der Voraussetzungen nach § 78a II und III ein ArbVerh. überhaupt nicht begr. wurde. Einen derartigen Feststellungsanspruch kann nach einem Schwenk der Rspr. der AG in einem einheitl. BeschlV. mit dem Antrag gem. § 78a IV verbinden (BAG 11.1.1995 AP BetrVG 1972 § 78a Nr. 24; insoweit unter Aufgabe von BAG 29.11.1989 AP BetrVG 1972 § 78a Nr. 20; s. Rn. 11). 10

6. Streitigkeiten. Die Entscheidung darüber, ob dem AG gem. § 78a IV die Weiterbeschäftigung des Auszubildenden nicht zugemutet werden kann, ist im arbeitsgerichtl. **BeschlV.** zu treffen (BAG 5.4.1984 AP BetrVG 1972 § 78a Nr. 13; 29.11.1989 AP BetrVG 1972 § 78a Nr. 20). Für die Klärung der Frage nach der Zumutbarkeit ist eine vorherige Feststellung der Begründung eines ArbVerh. unter den Voraussetzungen der Abs. 2 und 3 nicht notwendig (BAG 29.11.1987 AP BetrVG 1972 § 78a Nr. 20). Demgegenüber hat der Auszubildende seinen Anspruch auf Feststellung des Bestehens eines ArbVerh. und dessen Inhalt im **Urteilsverfahren** zu verfolgen (BAG 13.11.1987 AP BetrVG 1972 § 78a Nr. 18; 22.9.1983 AP BetrVG 1972 § 78a Nr. 11). Das Gleiche galt nach bisheriger Rspr. für einen Antrag des AG, mit dem dieser die Feststellung begehrt, dass ein ArbVerh. deswegen nicht zustande gekommen ist, weil die Voraussetzung nach Abs. 2 oder Abs. 3 nicht vorlagen (BAG 29.11.1989 AP BetrVG 1972 § 78a Nr. 20). Anders jetzt BAG 11.1.1995 AP BetrVG 1972 § 78a Nr. 24 (dazu Rn. 10). Anwaltskosten des betroffenen Auszubildenden sind nicht vom AG zu tragen (BAG 5.4.2000 NZA 2000, 1178). 11

Im Wege der **einstweiligen Vfg.** können sowohl die vorläufige Weiterbeschäftigung als auch umgekehrt die Entbindung von der tatsächl. Weiterbeschäftigungspflicht, nicht aber die Vertragsauflösung geltend gemacht werden (LAG BE 22.2.1991 NZA 1991, 472). 12

§ 79 Geheimhaltungspflicht

(1) [1]Die Mitglieder und Ersatzmitglieder des Betriebsrats sind verpflichtet, Betriebs- oder Geschäftsgeheimnisse, die ihnen wegen ihrer Zugehörigkeit zum Betriebsrat bekannt geworden und vom Arbeitgeber ausdrücklich als geheimhaltungsbedürftig bezeichnet worden sind, nicht zu offenbaren und nicht zu verwerten. [2]Dies gilt auch nach dem Ausscheiden aus dem Betriebsrat. [3]Die Verpflichtung gilt nicht gegenüber Mitgliedern des Betriebsrats. [4]Sie gilt ferner nicht gegenüber dem Gesamtbetriebsrat, dem Konzernbetriebsrat, der Bordvertretung, dem Seebetriebsrat und den Arbeitnehmervertretern im Aufsichtsrat sowie im Verfahren vor der Einigungsstelle, der tariflichen Schlichtungsstelle (§ 76 Abs. 8) oder einer betrieblichen Beschwerdestelle (§ 86).

(2) Absatz 1 gilt sinngemäß für die Mitglieder und Ersatzmitglieder des Gesamtbetriebsrats, des Konzernbetriebsrats, der Jugend- und Auszubildendenvertretung, der Gesamt-Jugend- und Auszubildendenvertretung, der Konzern-Jugend- und Auszubildendenvertretung, des Wirtschaftsausschusses, der Bordvertretung, des Seebetriebsrats, der gemäß § 3 Abs. 1 gebildeten Vertretungen der Arbeitnehmer, der Einigungsstelle, der tariflichen Schlichtungsstelle (§ 76 Abs. 8) und einer betrieblichen Beschwerdestelle (§ 86) sowie für die Vertreter von Gewerkschaften oder von Arbeitgebervereinigungen.

1 **1. Normzweck und Rechtsnatur.** Zum einen besteht ein Interesse des AG an der Geheimhaltung von Daten, die ihm ggü. Konkurrenten einen Wettbewerbsvorsprung verschaffen, zum anderen besteht ein Informationsbedürfnis der Belegschaft und va. der Mitglieder betriebsverfassungsrechtl. Einrichtungen, weil eine effektive und sachgerechte Wahrnehmung der Mitbestimmungsbefugnisse Kenntnisse über alle betriebl. und unternehmerischen Vorgänge voraussetzt. Diesem Interessenkonflikt wird durch ein Verbot der Offenbarung (dh. Weitergabe an unbefugte Dritte) und Verwertung (dh. Ausnutzung der Kenntnisse zum eigenen Vorteil) geheimhaltungspflichtiger Tatsachen in § 79 Rechnung getragen. Der AG soll Inf. nicht aus Furcht vor Weitergabe an Dritte verschweigen müssen. § 79 betrifft nur die betriebsverfassungsrechtl. Amtspflicht. Davon unabhängig bestehen die arbeitsvertragl. und deliktsrechtl. Schweigepflichten, die die BRmitglieder wie alle anderen AN treffen.

2 **2. Gegenstand und Umfang der Schweigepflicht. a) Geheimhaltungspflicht.** Geheimhaltungspflichtig sind Betriebs- und Geschäftsgeheimnisse. Das sind Tatsachen, Erkenntnisse und Unterlagen, die im Zusammenhang mit dem technischen Betrieb oder der wirtschaftl. Betätigung des Unternehmens stehen, nur einem eng begrenzten Personenkreis bekannt, also nicht offenkundig sind, nach dem bekundeten Willen des AG (Unternehmers) geheimgehalten werden sollen und deren Geheimhaltung – insb. vor Konkurrenten – für den Betrieb oder das Unternehmen wichtig ist (sog. **materielles Geheimnis;** BAG 26.2.1987 AP BetrVG 1972 § 79 Nr. 2; 16.3.1982 AP BGB § 611 Betriebsgeheimnis Nr. 1; Richardi/*Thüsing* Rn. 5; GK-BetrVG/*Oetker* Rn. 10 f.).

3 **Betriebsgeheimnisse** liegen meist auf technischem Gebiet, zB technische Geräte und Maschinen, Diensterfindungen, Konstruktionspläne, Aufzeichnungen über neue technische Verfahren oder Mängel der hergestellten Ware, Rezepturen usw., auch die Tatsache, dass ein bestimmtes Verfahren in einem Betrieb angewendet wird (BAG 16.3.1982 AP BGB § 611 Betriebsgeheimnis Nr. 1; LAG K 16.12.1987 LAGE BGB § 611 Betriebsgeheimnis Nr. 1).

4 **Geschäftsgeheimnisse** betreffen regelm. wirtschaftl. und kaufmännische Tatsachen, zB Absatzplanung, Vorzugspreise, Kalkulation, unveröffentlichte Jahresabschlüsse, Liquidität des Unternehmens, Auftragslage, Umsatzhöhe, uU wichtige Verträge oder Vertragsverhandlungen, Kundenlisten und -karteien (GK-BetrVG/*Oetker* Rn. 15, 16) Stets muss ein sachl. und objektiv berechtigtes Interesse an seiner Geheimhaltung bestehen (vgl. Rn. 7), was bezügl. innerbetriebl. Kommunikation eine Abwägung mit betriebl. Informations- und Erörterungspflichten des BR erforderl. macht. Insofern kann nicht jeder geplante interessenausgleichspflichtige Personalabbau per se zu einem Geschäftsgeheimnis deklariert werden (LAG SH 20.5.2015 NZA-RR 77/2016; *Brammsen/Schmitt* NZA-RR 2016, 81).

5 Ob auch **Lohn- und Gehaltsdaten** unter die Betriebs- und Geschäftsgeheimnisse iSd. § 79 fallen, lässt sich nicht generell, sondern nur unter Berücksichtigung der Besonderheiten des betroffenen Unternehmens beantworten. Entscheidend ist, ob die Geheimhaltung der Daten gerade dieses Betriebes für den wirtschaftl. Erfolg des Betriebes insofern von Vorteil ist, als die Konkurrenz mit deren Kenntnis ihre eigene Wettbewerbsfähigkeit steigern könnte (BAG 26.2.1987 AP BetrVG 1972 § 79 Nr. 2; *Fitting* Rn. 4). Das ist bspw. anzunehmen, wenn die Gehaltsdaten weitgehend mit den Produktionskosten identisch und daher wesentl. Kalkulationsfaktor der Gesamtkosten sind.

6 **Ausgeschlossen** aus dem Kreis der schützenswerten Tatsachen sind gesetzwidrige Vorgänge, zB Steuerhinterziehungen (GK-BetrVG/*Oetker* Rn. 13; *Preis/Reinfeld* AuR 1989, 361, 363). Die Verschwiegenheitspflicht des AN, die aus seiner Treuepflicht herrührt, bleibt von § 79 unberührt, ebenso die §§ 17 ff. UWG (Rn. 17). Ferner unterliegen **persönl. Angelegenheiten der AN** des Betriebs nicht der Schweigepflicht, da es sich hier nicht um Betriebs- und Geschäftsgeheimnisse handelt (LAG HH 24.5.1988 CR 1989, 409). Insofern kommt allerdings ein Schutz über §§ 99 I 3, 102 II 5 in Betracht.

7 **b) Erklärung des Arbeitgebers.** Der AG muss durch ausdrückl. Erkl. darauf hingewiesen haben, dass er die betreffende Angelegenheit als Geschäfts- oder Betriebsgeheimnis ansieht, über das Stillschweigen zu halten ist (sog. **formelles Geheimnis**). Die Erkl. ist formfrei, muss jedoch hins. des Gegenstandes und des Umfangs der Geheimhaltung klar und eindeutig sein (DKKW/*Buschmann* Rn. 14; *Fitting* Rn. 5). Es genügt nicht, dass sich die Geheimhaltungsbedürftigkeit aus den Umständen ergibt (GK-BetrVG/*Oetker* Rn. 25). Für den Erklärungsempfänger muss der Wille des AG über die Geheimhaltungsbedürftigkeit klar erkennbar sein. Dazu reicht die bloße Bezeichnung einer Mitteilung als „vertraulich" aus (GK-BetrVG/*Oetker* Rn. 28). Eine Angelegenheit kann jedoch nicht willkürl. zum Geschäftsgeheimnis gemacht werden, vielmehr ist ein objektives Geheimhaltungsinteresse erforderl. (*Fitting* Rn. 3; GK-BetrVG/*Oetker* Rn. 13 f.; DKKW/*Buschmann* Rn. 7). Das Geheimhaltungsinteresse muss legal und legitim sein (vgl. BAG 26.2.1987 AP BetrVG 1972 § 79 Nr. 2: „berechtigtes wirtschaftl. Interesse").

8 Es ist erforderl., dass der AG selbst oder ein Vertreter die Geheimhaltungspflichtigkeit ggü. dem BR erklärt (*Fitting* Rn. 7; DKKW/*Buschmann* Rn. 14; Richardi/*Thüsing* Rn. 8). Auch wenn dem BR im Rahmen seiner Amtstätigkeit das Geheimnis als solches aus einer anderen Quelle bekannt geworden war und der AG erst nachträgl. die Geheimhaltung anordnet, greift § 79 ein (GK-BetrVG/*Oetker* Rn. 29; DKKW/*Buschmann* Rn. 15; Richardi/*Thüsing* Rn. 8). Die Vorschr. ist auch bei Mitteilung des Geheimnisses und der vom AG ausgehenden Anordnung der Geheimhaltung durch Dritte anwendbar.

c) **Kenntniserlangung.** Die geheimhaltungspflichtige Tatsache muss dem zur Verschwiegenheit Verpflichteten in seiner Eigenschaft als Amtsträger oder auf Grund seiner betriebsverfassungsrechtl. Funktion bekannt geworden sein (*Fitting* Rn. 7; DKKW/*Buschmann* Rn. 15). Wie die Kenntniserlangung iÜ erfolgt, ist ohne Belang, insb. dürfen auch rechtswidrig erlangte Kenntnisse weder verwertet noch weitergegeben werden (GK-BetrVG/*Oetker* Rn. 36). Erfolgt die Kenntniserlangung ohne Zusammenhang mit der Amtstätigkeit, unterliegt sie der Geheimhaltungspflicht nicht, die Verwertung oder Weitergabe kann dann allenfalls als Amtspflichtverletzung einen Verstoß gegen § 2 I darstellen und ist arbeitsvertragl. nach den allgemeinen Grundsätzen zu beurteilen. Eine Erweiterung des Geheimhaltungsgebots über § 79 hinaus ist nicht zulässig (vgl. auch BGH 5.6.1975 DB 1975, 1308). 9

d) **Adressatenkreis.** Zur Verschwiegenheit verpflichtet sind die in der Vorschr. genannten Stellen und Personen, insb. auch die Stellvertreter verhinderter BRmitglieder hins. während der Dauer der Verhinderung erfahrener Geheimnisse. Diese haben wiederum ihrerseits dafür Sorge zu tragen, dass andere Mitglieder, die von der Erkl. der Geheimhaltungspflichtigkeit bisher keine Kenntnis hatten, von der Geheimhaltungspflicht unterrichtet werden (DKKW/*Buschmann* Rn. 21; *Fitting* Rn. 6). Ferner unterliegt der BR selbst als Organ der Betriebsverfassung der Geheimhaltungspflicht (BAG 26.2.1987 AP BetrVG 1972 § 79 Nr. 2). 10

Die Aufzählung in § 79 ist nicht abschließend. §§ 80 III 2, 107 III 4, 108 II 3, 109 S. 3 sind erg. Bestimmungen für **Sachverständige** und **AN**, die zur Durchführung betriebsverfassungsrechtl. Aufgaben hinzugezogen werden. Die Schweigepflicht der **ANVertreter im AR** ergibt sich nicht aus § 79 BetrVG, sondern aus dem GesR (GK-BetrVG/*Oetker* Rn. 47). 11

e) **Dauer.** Die Geheimhaltungspflicht **beginnt** mit dem Amtsantritt. Sie **endet** erst, wenn die Tatsache entweder kein Betriebs- oder Geschäftsgeheimnis mehr ist oder vom AG als nicht mehr geheimhaltungsbedürftig erklärt wird (hM, vgl. BAG 15.12.1987 AP BGB § 611 Betriebsgeheimnis Nr. 5; 16.3.1982 AP BGB § 611 Betriebsgeheimnis Nr. 1; Richardi/*Thüsing* Rn. 17, 32; *Fitting* Rn. 17; GK-BetrVG/*Oetker* Rn. 51) und geht somit über die Mitgliedschaft im BR und über die Dauer des ArbVerh. hinaus. In der nachvertragl. Phase verringert sich aber das Gewicht der schutzwürdigen Interessen des AG (BGH 20.1.1981 AP BGB § 611 Schweigepflicht Nr. 4; restriktiv *Fezer* Anm. BGH 4.2.1993 JZ 1993, 956 mwN). 12

f) **Ausnahmen.** Die Schweigepflicht besteht nicht im Innenverhältnis zwischen den BRmitgliedern und nach Abs. 2 hins. der **internen** Kommunikation innerhalb der in Abs. 2 genannten Institutionen. Nach dem Zweck der Vorschr. muss die Ausnahme auf Mitteilungen mit betriebsverfassungsrechtl. Relevanz beschränkt werden. Ferner gilt die Schweigepflicht nicht im Verfahren vor der Einigungsstelle, der tarifl. Schlichtungsstelle oder einer betriebl. Beschwerdestelle, soweit die Kenntnis für diese Stellen von Belang ist. **Unzulässig** ist die Offenbarung von Geheimnissen durch (Gesamt/Konzern) BR, Bordvertretung und SeeBR an die Stellen und Personen, die nur in Abs. 2, nicht aber in Abs. 1 genannt sind (GK-BetrVG/*Oetker* Rn. 59). Somit ist die Offenbarung ggü. den JAV, dem Wirtschaftsausschuss, den zusätzl. Vertretern nach § 3 I Nr. 1 und den Vertretern der Gewerkschaften und AGVerbänden nicht gestattet (*Fitting* Rn. 25; GK-BetrVG/*Oetker* Rn. 59; kritisch DKKW/*Buschmann* Rn. 26). Die anderen Vertreter nach § 3 I Nr. 2 sind zwar ebenfalls nicht in Abs. 1 genannt, dennoch dürfen ihnen ggü. Geheimnisse offenbart werden, da sie an die Stelle des BR treten (*Fitting* Rn. 28; GK-BetrVG/*Oetker* Rn. 60). Ferner kann die Schweigepflicht ggü. Redepflichten weichen, zB Zeugenaussagen vor Gericht, Anzeigepflichten zur Verhütung strafbarer Handlungen und Auskunftserteilung iRd. Arbeitsschutzes (DKKW/*Buschmann* Rn. 36; *Fitting* Rn. 30). 13

g) **Verbot der Offenbarung und Verwertung.** Die Vorschr. verbietet die Offenbarung und Verwertung von Betriebs- und Geschäftsgeheimnissen. Ein **Offenbaren** liegt dabei in der Weitergabe des Geheimnisses an (unberechtigte) andere; ein **Verwerten** liegt vor, wenn ein Geheimnis zum Zweck der eigenen Gewinnerzielung wirtschaftl. ausgenutzt wird (GK-BetrVG/*Oetker* Rn. 49). 14

3. Sonstige Schweigepflichten. a) Betriebsverfassungsrechtlicher Art. Die BRmitglieder trifft eine bes. Verschwiegenheitspflicht aus **§§ 82 II, 83 I, 99 I 3 und 102 II 5** (Richardi/*Thüsing* Rn. 33; *Fitting* Rn. 32 ff.; GK-BetrVG/*Oetker* Rn. 74 ff.; DKKW/*Buschmann* Rn. 40) hins. persönl. Geheimnisse von AN. Zudem kann, auch wenn grds. keine Schweigepflicht hins. des Inhalts der BRsitzungen besteht (LAG M 15.11.1977 DB 1978, 894), doch die Aufgabenstellung des BR dem AG ggü. eine Schweigepflicht auslösen, wenn durch die Preisgabe der Inf. die Tätigkeit des BR ernstl. beeinträchtigt wird (LAG M 15.11.1977 DB 1978, 894). Zum Recht des BR auf Öffentlichkeitsarbeit s.GG Art. 5 Rn. 40. 15

b) **Allg. Geheimnisschutz.** Regelm. verstößt der AN mit der Offenbarung von geheimhaltungspflichtigen Tatsachen gegen seine Schweigepflicht, die aus der **arbeitsvertragl. Treuepflicht** herrührt (BGH 20.1.1981 AP BGB § 611 Schweigepflicht Nr. 4; 25.8.1966 AP BGB § 611 Schweigepflicht Nr. 1; 13.2.1969 AP BGB § 611 Schweigepflicht Nr. 3; 16.3.1982 AP BGB § 611 Betriebsgeheimnis Nr. 1; 15.12.1987 AP BGB § 611 Betriebsgeheimnis Nr. 5; LAG HE 1.6.1967 AP BGB § 611 Schweigepflicht Nr. 2; aA DKKW/*Buschmann* Rn. 46, der in § 79 eine abschl. Sonderregelung sieht). Diese Schweigepflicht umfasst über den Geheimnisbegriff des § 79 hinaus alle Geheimnisse, vertraul. und schützenswerte betriebl. und persönl. Angelegenheiten und gilt ggü. jedermann. Die Art und Weise der 16

Kenntniserlangung ist unerhebl.; auch ist ein ausdrückl. Hinweis des AG nicht erforderl. (GK-BetrVG/*Oetker* Rn. 81). Darüber hinaus ist der BR auf Grund des **Persönlichkeitsschutzes** (Grundrecht auf informationelle Selbstbestimmung nach Art. 1 GG, vgl. BVerfG 15.12.1983 DB 1984, 36, „Volkszählungsurteil") zur Geheimhaltung vertraul. Inf. über AN, von denen er im Rahmen seiner Tätigkeit Kenntnis erlangt hat, verpflichtet. Über § 823 BGB erfahren Betriebs- und Geschäftsgeheimnisse Schutz iRd. **eingerichteten und ausgeübten Gewerbebetriebes** (vgl. BGH 25.1.1955 AP UWG § 17 Nr. 4; BGH 18.3.1955 Z 17, 41, 51).

17 § 17 UWG unterstellt Betriebs- und Geschäftsgeheimnisse strafrechtl. Schutz, nach § 19 UWG besteht eine Schadensersatzpflicht. Von der Norm erfasst sind alle AN und Auszubildende eines Geschäftsbetriebs. Das Geheimnis muss ihnen auf Grund ihres ArbVerh. anvertraut oder zugängl. gemacht worden sein (GK-BetrVG/*Oetker* Rn. 84).

18 Wird ein BRmitglied gem. § 83 I 2 zur Einsicht in **personenbezogene Daten** herbeigezogen, gilt für die Schweigepflicht § 83 I 3. Diese Vorschr. geht gem. § 1 III BDSG dem § 5 BDSG vor. Da sich die betriebsverfassungsrechtl. Verschwiegenheitspflichten jedoch im Wesentl. auf Daten mit Intimcharakter sowie Betriebs- und Geschäftsgeheimnisse beziehen, ist § 5 BDSG, der sämtl. personenbezogenen Daten erfasst, iÜ für den BR anwendbar, da dieser als solcher Teil der speichernden Stelle Betrieb oder Unternehmen ist (GK-BetrVG/*Oetker* Rn. 89): § 5 BDSG verbietet, geschützte personenbezogene Daten anderweitig als zu dem zur jeweiligen rechtmäßigen Aufgabenerfüllung gehörenden Zweck zu nutzen.

19 **4. Rechtsfolgen der Verletzung der Schweigepflicht. a) Sanktionen nach § 23 I.** Bei groben Verletzungen der Verschwiegenheitspflicht aus § 79 kann das BRmitglied gem. § 23 I aus dem BR **ausgeschlossen** werden. Eine gerichtl. **Auflösung** des gesamten BR mit der Konsequenz von Neuwahlen (vgl. § 13 II Nr. 5) ist regelm. ausgeschlossen, da es sich bei der Verschwiegenheitspflicht um die Amtspflicht des einzelnen Funktionsträgers handelt (DKKW/*Buschmann* Rn. 54). Eine Ausnahme von diesem Grundsatz liegt dann vor, wenn der Verstoß dem BR als Kollegialorgan zuzuordnen ist (vgl. BAG 26.2.1987 AP BetrVG 1972 § 79 Nr. 2; 14.5.1987 DB 1987, 2569; Richardi/*Thüsing* Rn. 38; GK-BetrVG/*Oetker* Rn. 65; DKKW/*Buschmann* Rn. 54).

20 **b) Außerordentliche Kündigung.** Im Einzelfall kann wegen der Verletzung der Schweigepflicht auch eine außerordentl. Kündigung in Betracht kommen, wenn gleichzeitig Pflichten aus dem Arbeitsvertrag derart verletzt wurden, dass eine Fortführung des ArbVerh. unzumutbar geworden ist (Richardi/*Thüsing* Rn. 39; *Fitting* Rn. 41; GK-BetrVG/*Oetker* Rn. 71; DKKW/*Buschmann* Rn. 55).

21 **c) Schadensersatzansprüche.** Ferner ist § 79 ein Schutzgesetz iSv. § 823 II BGB, so dass ein Verstoß Schadensersatzansprüche des AG begründen kann (DKKW/*Buschmann* Rn. 56; Richardi/*Thüsing* Rn. 40; GK-BetrVG/*Oetker* Rn. 67). Soweit ihm ggü. eine Schweigepflicht verletzt ist, kann auch ein AN Schadensersatzansprüche geltend machen, Schutzgesetze sind insoweit §§ 99 I 3, 102 II 5. Nicht von § 79 berührt sind der allg. Geheimnisschutz iRd. arbeitsvertragl. Treuepflicht und die Ansprüche aus §§ 823, 826 BGB.

22 **d) Unterlassung.** Aus dem Sinn und Zweck der Vorschr. ergibt sich ferner ein Anspruch des AG auf Unterlassung der Offenbarung und Verwertung geheimhaltungspflichtiger Inf. (BAG 26.2.1987 AP BetrVG 1972 § 79 Nr. 2; GK-BetrVG/*Oetker* Rn. 69), der idR im Wege der einstweiligen Vfg. gem. §§ 85 ArbGG, 935 ff. ZPO durchgesetzt werden kann. Allerdings hat das BAG für den Pflichtenkreis des § 74 II nach Änderung seiner Rspr. einen Unterlassungsanspruch des AG verneint (BAG 17.3.2010 NZA 2010, 1133; zur Kritik an dieser Rspr. s. § 74 Rn. 37). In der Konsequenz dieser Entscheidung steht allerdings zu befürchten, dass das BAG auch für § 79 nun einen Unterlassungsanpruch verneinen wird.

23 **e) Strafrechtliche Sanktionen.** § 120 stellt die vorsätzl. Verletzung der betriebl. Verschwiegenheitspflicht unter **Strafe.**

24 **5. Streitigkeiten.** Über Streitigkeiten hins. des Bestehens und des Umfangs der Schweigepflicht aus § 79 entscheiden die AG im **BeschlV.** (§ 2a I Nr. 1, II, §§ 80 ff. ArbGG).

§ 80 Allgemeine Aufgaben

(1) Der Betriebsrat hat folgende allgemeine Aufgaben:

1. darüber zu wachen, dass die zugunsten der Arbeitnehmer geltenden Gesetze, Verordnungen, Unfallverhütungsvorschriften, Tarifverträge und Betriebsvereinbarungen durchgeführt werden;

2. Maßnahmen, die dem Betrieb und der Belegschaft dienen, beim Arbeitgeber zu beantragen;

2a. die Durchsetzung der tatsächlichen Gleichstellung von Frauen und Männern, insbesondere bei der Einstellung, Beschäftigung, Aus-, Fort- und Weiterbildung und dem beruflichen Aufstieg, zu fördern;

2b. die Vereinbarkeit von Familie und Erwerbstätigkeit zu fördern;

3. Anregungen von Arbeitnehmern und der Jugend- und Auszubildendenvertretung entgegenzunehmen und, falls sie berechtigt erscheinen, durch Verhandlungen mit dem Arbeitgeber auf eine Erledigung hinzuwirken; er hat die betreffenden Arbeitnehmer über den Stand und das Ergebnis der Verhandlungen zu unterrichten;
4. die Eingliederung schwerbehinderter Menschen einschließlich der Förderung des Abschlusses von Inklusionsvereinbarungen nach § 83 des Neunten Buches Sozialgesetzbuch und sonstiger besonders schutzbedürftiger Personen zu fördern;
5. die Wahl einer Jugend- und Auszubildendenvertretung vorzubereiten und durchzuführen und mit dieser zur Förderung der Belange der in § 60 Abs. 1 genannten Arbeitnehmer eng zusammenzuarbeiten; er kann von der Jugend- und Auszubildendenvertretung Vorschläge und Stellungnahmen anfordern;
6. die Beschäftigung älterer Arbeitnehmer im Betrieb zu fördern;
7. die Integration ausländischer Arbeitnehmer im Betrieb und das Verständnis zwischen ihnen und den deutschen Arbeitnehmern zu fördern sowie Maßnahmen zur Bekämpfung von Rassismus und Fremdenfeindlichkeit im Betrieb zu beantragen;
8. die Beschäftigung im Betrieb zu fördern und zu sichern;
9. Maßnahmen des Arbeitsschutzes und des betrieblichen Umweltschutzes zu fördern.

(2) [1]Zur Durchführung seiner Aufgaben nach diesem Gesetz ist der Betriebsrat rechtzeitig und umfassend vom Arbeitgeber zu unterrichten; die Unterrichtung erstreckt sich auch auf die Beschäftigung von Personen, die nicht in einem Arbeitsverhältnis zum Arbeitgeber stehen, und umfasst insbesondere den zeitlichen Umfang des Einsatzes, den Einsatzort und die Arbeitsaufgaben dieser Personen. [2]Dem Betriebsrat sind auf Verlangen jederzeit die zur Durchführung seiner Aufgaben erforderlichen Unterlagen zur Verfügung zu stellen; in diesem Rahmen ist der Betriebsausschuss oder ein nach § 28 gebildeter Ausschuss berechtigt, in die Listen über die Bruttolöhne und -gehälter Einblick zu nehmen. [3]Zu den erforderlichen Unterlagen gehören auch die Verträge, die der Beschäftigung der in Satz 1 genannten Personen zugrunde liegen. [4]Soweit es zur ordnungsgemäßen Erfüllung der Aufgaben des Betriebsrats erforderlich ist, hat der Arbeitgeber ihm sachkundige Arbeitnehmer als Auskunftspersonen zur Verfügung zu stellen; er hat hierbei die Vorschläge des Betriebsrats zu berücksichtigen, soweit betriebliche Notwendigkeiten nicht entgegenstehen.

(3) Der Betriebsrat kann bei der Durchführung seiner Aufgaben nach näherer Vereinbarung mit dem Arbeitgeber Sachverständige hinzuziehen, soweit dies zur ordnungsgemäßen Erfüllung seiner Aufgaben erforderlich ist.

(4) Für die Geheimhaltungspflicht der Auskunftspersonen und der Sachverständigen gilt § 79 entsprechend.

I. Vorbemerkung

Abs. 1 der Vorschr. enthält eine Aufzählung allg. Aufgaben und Rechte des BR. Der BR ist bei der Ausübung seiner Aufgaben nicht auf diejenigen Gebiete beschränkt, in denen ihm Beteiligungsrechte zustehen (GK-BetrVG/*Weber* Rn. 7). Die **allg. Aufgaben** bestehen unabhängig von den Mitwirkungs- und Mitbestimmungsbefugnissen der §§ 87 bis 113, auch wenn sie oftmals die Grdl. für die Ausübung der einzelnen Beteiligungsrechte bilden (*Fitting* Rn. 4). Der BR ist zur Wahrnehmung der ihm übertragenen Kompetenzen verpflichtet. Seine Grenze findet die BRtätigkeit in den für alle natürl. Personen geltenden straf- oder zivilrechtl. Beschränkungen, in dem Verbot von Arbeitskampfmaßnahmen (§ 74 II), dem Verbot einseitiger Handlungen (§ 77 I 2) sowie des Rechtsmissbrauchs (BAG 11.7.1972 AP BetrVG 1972 § 80 Nr. 1). Der AG hat alle Maßnahmen, die der Wahrnehmung der Befugnisse des BR dienen, zu tolerieren (GK-BetrVG/*Weber* Rn. 25). Die allg. Aufgaben des Abs. 1 räumen dem BR jedoch weder ein Mitbestimmungsrecht noch einen gerichtl. durchsetzbaren Anspruch gegen den AG auf bestimmte Handlungen ein (*Fitting* Rn. 14). Sie bezeichnen und begrenzen vielmehr die Angelegenheiten, über die der AG den BR zu unterrichten und die er mit ihm zu besprechen hat. Insoweit steht die Vorschr. in engem Zusammenhang mit der Pflicht zu vertrauensvoller Zusammenarbeit (§ 2 I) und zu regelm. Bespr. (§ 74 I). Die Vorschr. kann auch als Ermächtigungsgrundlage für Regelungsabreden (s. § 77 Rn. 136 ff.) zwischen AG und BR herangezogen werden. 1

Die Vorschr. gilt für den **GBR** sowie den **KBR** im Rahmen ihrer Zuständigkeit entspr. Nicht zust. ist der GBR jedoch für die Überwachung von BV, auch wenn er sie selbst abgeschlossen hat (BAG 20.12.1988 AP ArbGG 1979 § 92 Nr. 5). Die Vorschr. regelt außerdem die Informationspflichten des AG ggü. dem BR (Abs. 2) und die Möglichkeit der Hinzuziehung von Sachverständigen (Abs. 3). § 70 enthält eine Sonderregelung für die JAV, § 179 SGB IX eine entspr. Vorschr. für den Vertrauensmann der Schwerbehinderten und § 37 II und III ZDG für den Vertrauensmann der Zivildienstleistenden. Deren Aufgaben und Zuständigkeiten lassen diejenigen des BR unberührt (DKKW/*Buschmann* Rn. 6). Die in der Vorschr. genannten Aufgaben hat der BR für AN iSd. § 5 I wahrzunehmen, sie beziehen sich jedoch nicht auf leitende Angestellte iSd. § 5 III. Die in § 80 I geregelten Aufgaben können Gegenstand von Schulungsveranstaltungen sein (s. § 37 Rn. 14). 2

II. Allgemeine Aufgaben des Betriebsrats (Abs. 1)

3 **1. Überwachung von Rechtsnormen.** Die Überwachungspflicht des BR über die Einhaltung der in § 80 I 1 aufgeführten Normen soll sicherstellen, dass die Schutzvorschriften zugunsten der AN auch tatsächl. eingehalten werden (GK-BetrVG/*Weber* Rn. 11). Die Überwachungspflicht und das korrespondierende Überwachungsrecht des BR ist **nicht tarifdispositiv.** Eine Einschränkung durch TV ist unzulässig, und zwar auch in Bezug auf Regelungen im TV selbst (so BAG 21.10.2003, NZA 2004, 936 zu einem TV über Zielvereinbarungen). Der BR ist dabei nicht als ein dem AG übergeordnetes Kontrollorgan zu verstehen. Seine Befugnisse bestehen ledigl. im Interesse der Rechtskontrolle (*Fitting* Rn. 13). Der Begriff der zugunsten der AN geltenden **Gesetze und Verordnungen** ist weit zu verstehen. Er umfasst neben dem Richterrecht alle Rechtsvorschriften, die sich zugunsten der AN im Betrieb auswirken können (*Fitting* Rn. 6). Hierzu zählen insb.: Grundrechte der AN; arbeitsrechtl. Gesetze und Verordnungen, zB AGG, MuSchG (BAG 27.2.1968 AP BetrVG 1972 § 58 Nr. 1), BetrVG, ArbZG, KSchG, BUrlG, EFZG, JArbSchG, arbeitsrechtl. Vorschr. in BGB, HGB und GewO, Bestimmungen des Arbeitsschutzes im Betrieb, NachwG (BAG 19.10.1999 EzA § 80 BetrVG Nr. 45) sowie die UVV der Berufsgenossenschaften; ferner die ges. Bestimmungen über Leiharbeit, Teilzeitarbeit und Schwarzarbeit; allg. arbeitsrechtl. Grundsätze, zB Gleichbehandlungsgrundsatz (LAG SH 9.2.2016 NZA-RR 2016, 356), Grundsatz von Recht und Billigkeit (BAG 11.7.1972 AP BetrVG 1972 § 80 Nr. 1), Fürsorgepflicht; europarechtl. Vorschr.; das Datenschutzrecht, soweit es auf die AN des Betriebs Anwendung findet (BAG 17.3.1987 AP BetrVG 1972 § 80 Nr. 29); sozialversicherungsrechtl. Vorschr., zB die Pflicht des AG zur richtigen Berechnung und Abführung von Lohnsteuer und Sozialversicherungsbeiträgen (BAG 17.3.1960 AP BGB § 670 Nr. 8); Gesetze und Verordnungen zum Umweltschutz, soweit sie arbeitnehmerschützende Wirkung haben, zB BImSchG, ChemlSchG, AtomG, StrVO, GefStoffV, UmweltauditG und Gesetze, die dem BR weitere Zuständigkeiten zuweisen, zB ArbnErfG; ASiG, MitbestG, SchiedsstellenG, SGB IX (BAG 7.2.2012 NZA 2012, 744 zu Teilnehmern am betrieblichen Eingliederungsmanagement), UmwG, VermBG, VermG, ZDVG. Daraus ergibt sich ein Prüfungsrecht des BR in Bezug auf die vom AG verwandten Formulararbeitsverträge, insb. im Hinblick auf ihre Vereinbarkeit mit dem AGB-Recht (BAG 16.11.2005, NZA 2006, 553).

4 Die Überwachungspflicht hins. der **TV** bezieht sich sowohl auf Normen über die ArbVerh. als auch auf betriebl. und betriebsverfassungsrechtl. Normen iSd. § 4 I 2 TVG. Sie besteht ebenso bezügl. schuldrechtl. Regelungen eines TV, die sich zugunsten der AN auswirken (BAG 11.7.1972 AP BetrVG 1972 § 80 Nr. 1) und für nachwirkende Tarifnormen (*Oetker* FS Schaub 1998, 542). Voraussetzung ist, dass die TV kraft AVE oder als Firmentarif oder Mitgliedschaft des AG im tarifschließenden AGVerband für den betroffenen Betrieb gelten. Liegt keine Allgemeinverbindlichkeit vor, ist bei Abschluss-, Inhalts- und Beendigungsnormen zusätzl. erforderl., dass der AN tarifgebunden ist oder die Anwendung des TV einzelvertragl. vereinbart wurde (BAG 18.9.1973 AP BetrVG 1972 § 80 Nr. 3) sowie stets, dass der TV kraft seines persönl. und fachl. Geltungsbereichs für den AN gilt. Die bindenden Festsetzungen der Arbeitsbedingungen nach §§ 19, 22 HAG sowie die Mindestarbeitsbedingungen nach § 8 MindArbBedG stehen dem TV gleich.

5 Dem BR obliegt auch die Überwachungspflicht bezügl. der Einhaltung von **BV und Regelungsabreden,** deren Durchführung aber gem. § 77 I Aufgabe des AG ist. Die originäre Zuständigkeit der örtl. BR ist auch dann gegeben, wenn es um eine BV geht, die der GBR oder der KBR abgeschlossen hat (BAG 20.12.1988 AP ArbGG § 92 Nr. 5). Es besteht kein eigenständiges Überwachungsrecht bezügl. der Ausgestaltung einzelner Arbeitsverträge. Jedoch hat der BR zu prüfen, ob zwgd. AN-Schutzbestimmungen verletzt wurden (*Fitting* Rn. 12).

6 Zur **Prüfung der Einhaltung der Vorschr.** kann der BR auch ohne Darlegung eines Verstoßes gegen eine der in Nr. 1 genannten Vorschr. Betriebsbegehungen durchführen (BAG 21.1.1982 AP BetrVG 1972 § 70 Nr. 1). Der BR hat auch die Möglichkeit, AN aufzusuchen, die außerhalb des Betriebs tätig sind (BAG 13.6.1989 AP BetrVG 1972 § 80 Nr. 36). Diese Rechte bleiben auch während eines Arbeitskampfes bestehen (DKKW/*Buschmann* Rn. 24). Nach dem Gebot der vertrauensvollen Zusammenarbeit sollte der BR dem AG den Grund für die Betriebsbegehung in allg. Form angeben (LAG N 18.10.1993 DB 1994, 52).

7 Eine Durchsetzung der Rechtsnormen zugunsten der AN im arbeitsgerichtl. BeschlV. ist dem BR nur bei BV und Regelungsabreden mögl. (st. Rspr., BAG 25.5.1982 AP BetrVG 1972 § 87 Nr. 2 Prämie; 10.6.1986 AP BetrVG 1972 § 80 Nr. 26; 5.5.1992 AP BetrVG 1972 § 99 Nr. 97; LAG NI LAGE TVG § 1 Betriebsnorm Nr. 2; zu BV § 77 Rn. 152 ff.). Der BR ist ledigl. gehalten, dem AG Verstöße gegen ges. Bestimmungen und Verordnungen anzuzeigen und auf Beseitigung des Missstands hinzuwirken (BAG 10.6.1986 AP BetrVG 1972 § 80 Nr. 26). Es ist auch nicht die Aufgabe des BR, für die AN die Prozessvertretung zu übernehmen (BAG 31.8.1994 AP BetrVG 1972 § 37 Nr. 98). Bei der Erteilung von Rechtsauskünften ist er zur Zurückhaltung und Verweisung auf die im Betrieb vertretenen Gewerkschaften angehalten (DKKW/*Buschmann* Rn. 33).

8 **2. Antragsrecht ggü. dem Arbeitgeber.** Abs. 1 Nr. 2 spricht dem BR ein **Initiativrecht** bezügl. der Beantragung aller Maßnahmen zu, die dem Wohl des Betriebes, der gesamten Belegschaft oder des

einzelnen AN dienen. Das Initiativrecht besteht unabhängig von einem Beteiligungsrecht bei den einzelnen Maßnahmen (BAG 27.6.1989 AP BetrVG 1972 § 80 Nr. 37). Voraussetzung für die Antragstellung ist ein konkreter Bezug zum Betrieb und seinen AN (*Fitting* Rn. 19).

Auf **sozialem Gebiet** kann der BR zB die Einführung von Ausgleichszahlungen, die Gewährung von Vorschüssen oder außertarifl. Lohnerhöhungen anregen (BAG 26.1.1962 AP BGB § 626 Druckkündigung Nr. 8). Auf **personellem Gebiet** sind als Antragsgegenstand insb. die Umgruppierung, Versetzung oder Neuanstellung von Mitarbeitern zu nennen, auf **wirtschaftl. Gebiet** die humanere Gestaltung der Arbeit, die Verbesserung der Arbeitsmethoden sowie Rationalisierungsmaßnahmen und andere unternehmerische Entsch. (*Fitting* Rn. 20). 9

Der AG ist nach §§ 2 I, 74 I verpflichtet, sich mit den Anträgen des BR **ernsthaft zu befassen.** Eine Pflicht zur Umsetzung besteht aber nur in den im G ausdrückl. genannten Fällen (§§ 85 II, 87, 91, 93, 95 II, 98 V, 103 I, 104, 109, 112 IV iVm. 112a). 10

3. Durchsetzung der tatsächlichen Gleichstellung von Männern und Frauen; Vereinbarkeit von Familie und Erwerbstätigkeit. Die Vorschr. verleiht dem in Art. 3 II 2 GG verankerten Staatsziel Ausdruck, die tatsächl. Gleichberechtigung der Geschlechter zu fördern. Hauptsächl. wird es dabei um ausgleichende Maßnahmen zugunsten weibl. AN gehen. Nr. 2a ist als Aufforderung an den BR zu verstehen, durch Anträge und Vorschläge an den AG auf den Abbau von Benachteiligungen bei der Einstellung, Beschäftigung, Aus, Fort- und Weiterbildung sowie dem berufl. Aufstieg hinzuwirken. Auch hier kann der BR ein Tätigwerden des AG nur im Rahmen einzelner Mitbestimmungsrechte, insb. der §§ 92 ff., erzwingen. Durch das am 6.7.2017 in Kraft getretene EntgTranspG ist die Förderung der Durchsetzung der **Entgeltgleichheit** von Frauen und Männern ausdrückl. zu einer Kernaufgabe des BR iRd Nr. 2a erhoben worden (§ 13 I EntgTranspG). Das Gesetz sieht erweiterte Rechte, aber auch Mitwirkungspflichten des BR insb. bei der Erteilung von Entgeltauskünften ggü. AN vor (vgl. dazu unten Rn. 26, § 87 Rn. 21a, 101 sowie die Kommentierung zum EntgTranspG). 11

4. Behandlung von Anregungen der Arbeitnehmer und der Jugend- und Auszubildendenvertretung. Nr. 3 ergänzt die Befugnisse des BR aus Abs. 1 Nr. 2. Der BR soll nicht nur aus eigenem Antrieb auf den AG einwirken, sondern auch Anregungen der AN und der JAV entgegennehmen und sich sachl. mit ihnen befassen (*Fitting* Rn. 24 ff.). Unter Anregungen sind Vorschläge und Beschwerden zu verstehen (GK-BetrVG/*Weber* Rn. 37). Unabhängig davon besteht für den einzelnen AN, nicht aber für die JAV, die Möglichkeit, sich direkt an den AG zu wenden (GK-BetrVG/*Weber* Rn. 36). Hält die Mehrheit des BR die Anregung für gerechtfertigt, ist der BR berechtigt und verpflichtet, mit dem AG über die Umsetzung zu verhandeln (GK-BetrVG/*Weber* Rn. 38). Bei Meinungsverschiedenheiten über Beschwerden kann das Einigungsverfahren nach § 85 eingeleitet werden. Über das Erg. der Verhandlungen hat der BR den AN bzw. die JAV zu informieren (*Fitting* Rn. 25 f.). 12

5. Eingliederung bes. schutzbedürftiger Personen. Zu den bes. schutzbedürftigen Personen zählen neben den in Nr. 4 ausdrückl. erwähnten Schwerbehinderten auch sonstige körperl., geistig oder seelisch Behinderte. Die Schutzpflicht erstreckt sich weiterhin auf sonstige AN, die auf dem Arbeitsmarkt nur unter erschwerten Bedingungen zu vermitteln sind (§§ 18, 19 SGB III). Soweit ges. Vorschr. zum Schutz der bes. schutzbedürftigen Personen bestehen, hat der BR deren Umsetzung mit bes. Aufmerksamkeit zu überwachen. Dies gilt bspw. für die Förderungspflicht des AG nach § 164 SGB IX sowie die Pflicht zur Einstellung Schwerbehinderter gem. § 154 SGB IX (BAG 14.11.1989 AP BetrVG 1972 § 99 Nr. 77). Dabei hat der BR mit der Schwerbehindertenvertretung zusammenzuarbeiten (GK-BetrVG/*Weber* Rn. 42). Neben diesen Überwachungspflichten ist es Aufgabe des BR, die schutzbedürftigen Personen in den Betrieb zu integrieren, auf eine ihren Kräften und Fähigkeiten entspr. Beschäftigung hinzuwirken und bei der übrigen Belegschaft um Verständnis für sie zu werben (*Fitting* Rn. 28). 13

6. Wahl und Zusammenarbeit mit der Jugend- und Auszubildendenvertretung. Nr. 5 erweitert die Pflicht des BR gem. § 63 II zur Vorbereitung der Wahl zur JAV. Dem BR wird es zur Aufgabe gemacht, die Inf. der Betroffenen, die Vermittlung von Kenntnissen und Erfahrungen und die Bereitstellung der sächl. Mittel zu übernehmen (GK-BetrVG/*Weber* Rn. 45). Nach der Wahl einer JAV hat der BR mit dieser zur Förderung der in § 60 I genannten Belange eng zusammenzuarbeiten und der Vertretung Unterstützung anzubieten (GK-BetrVG/*Weber* Rn. 46). Interessenvertreter ggü. dem AG ist allein der BR (*Fitting* Rn. 41, § 60 Rn. 24). 14

7. Förderung der Beschäftigung älterer AN. Die Förderungspflicht der Nr. 6 stellt eine Erg. zu den §§ 75 I, 96 II dar. Handlungsbedarf besteht insb. in Bezug auf die berufl. Weiterentwicklung, die Anpassung an veränderte wirtschaftl. und technische Gegebenheiten sowie die Neueinstellung älterer AN (*Fitting* Rn. 31). Nach Inkrafttreten des AGG und der entsprechenden Anpassung des § 75 ist freil. auch der BR bei entsprechenden Fördermaßnahmen an die Grenzen des AGG gebunden; etwaige Fördermaßnahmen dürfen also nicht in eine Benachteiligung jüngerer AN umschlagen, ohne dass eine Rechtfertigung insb. gem. §§ 5, 10 AGG vorliegt (zu den Grenzen siehe § 5 AGG Rn. 1 ff.; § 10 AGG Rn. 1 ff.). 15

16 **8. Integration; Kampf gegen Rassismus und Fremdenfeindlichkeit.** Nr. 7 zielt primär auf die Integration bereits beschäftigter ausl. AN (*Fitting* Rn. 32) sowie die Durchsetzung des in § 75 verankerten Gleichbehandlungsgebotes ab. Dazu gehört auch, gegen Ausländerfeindlichkeit im Betrieb vorzugehen und ausl. AN vor Ausbeutung durch illegale Beschäftigung zu schützen (*Fitting* Rn. 32). Die Bekämpfung von Rassismus und Fremdenfeindlichkeit im Betrieb, also nicht außerhalb, war schon immer in dem Integrationsauftrag enthalten und ist durch das ReformG ausdrückl. hervorgehoben worden (*Fitting* § 74 Rn. 63f.). Dies dient auch zur Umsetzung der EG-RL 2000/43 zur Anwendung des Gleichbehandlungsgrundsatzes ohne Unterschied der Rasse oder der ethnischen Herkunft vom 29.6.2000, ABlEG L 180 v. 19.7.2000, S. 22 (DKKW/*Buschmann* Rn. 64). Zu den Begriffen s. § 1 AGG Rn. 1 ff.

16a **9. Förderung und Sicherung der Beschäftigung.** Die Sicherung der Beschäftigung im Betrieb gehört zu den angestammten Aufgaben der BR. Ihr dienen auch die Vorschr. der §§ 92a, 97 II . Wie § 2 SGB III zeigt, ist die Sicherung ihrer Beschäftigung auch eine Obliegenheit der AN selbst. Auch iRd. § 80 kann es sich nicht nur um Maßnahmen des AG handeln, sondern auch um gemeinsamen Einsatz von AG, AN und BR. Die neben der Sicherung erwähnte Förderung der Beschäftigung zielt nicht auf die Schaffung zusätzl. Arbeitsplätze für Externe, sondern auf zusätzl. Chancen für die bereits Beschäftigten (Richardi/*Thüsing* Rn. 46), wie auch die Beispiele in § 92a I S. 2 zeigen. Die Vorschr. enthält also kein allg. beschäftigungspolitisches Mandat für den BR (*Fitting* Rn. 44).

16b **10. Förderung von Arbeits- und Umweltschutz.** S. die Kommentierung von § 89.

III. Pflicht des Arbeitgebers zur Information und zum Bereitstellen von Unterlagen und Auskunftspersonen

17 **1. Informationspflicht.** Abs. 2 S. 1 statuiert eine allg. Informationspflicht des AG, sofern der BR Inf. zur Durchführung der ihm obliegenden Aufgaben benötigt. Durch diese Unterrichtung soll dem BR die sachgerechte und wirksame Wahrnehmung seiner ges. Aufgaben ermöglicht werden (BAG 26.1.1988 AP BetrVG 1972 § 80 Nr. 31; 10.2.1987 AP BetrVG 1972 § 80 Nr. 27). Unter Aufgaben idS sind sämtl. Mitbestimmungs- und Beteiligungsrechte sowie die Aufgaben aus Abs. 1 zu fassen (*Fitting* Rn. 51). Gegenüber den speziellen Informationspflichten des AG in Zusammenhang mit der Durchführung konkreter Aufgaben (§§ 43, 53, 89, 90, 92, 96, 97, 99, 100, 102, 106, 111, 115) tritt die Generalklausel des Abs. 2 S. 2 zurück (GK-BetrVG/*Weber* Rn. 54). Kein Spezialitätsverhältnis besteht zu dem Recht auf Einblicknahme in die Lohn- und Gehaltslisten gem. § 80 II S. 2; der Unterrichtungsanspruch wird nicht durch das Einblicksrecht verdrängt (BAG 10.10.2006 NZA 2007, 99).

18 Das Gebot der vertrauensvollen Zusammenarbeit bedingt ein **hohes Maß an Offenheit.** Die dem AG obliegende Unterrichtungspflicht soll den BR in die Lage versetzen, in eigener Verantwortung zu prüfen, ob er tätig werden kann und soll. Das Informationsrecht besteht also nicht erst dann, wenn bereits feststeht, dass Aufgaben des BR vorliegen (BAG 26.1.1988 AP BetrVG 1972 § 80 Nr. 31; 9.7.1991 AP BetrVG 1972 § 99 Nr. 94). Der BR muss aber darlegen, wozu er die gewünschten Inf. braucht (*Fitting* Rn. 52). Er kann nicht ohne Bezug auf eine konkrete Aufgabe jede Auskunft verlangen (BAG 5.2.1991 AP BGB § 613a Nr. 89). In Bezug auf mitbestimmungspflichtige Angelegenheiten besteht ein Informationsanspruch, wenn zumindest eine gewisse Wahrscheinlichkeit für ein Mitbestimmungsrecht besteht (BAG 15.12.1998 AP BetrVG 1972 § 80 Nr. 56). Für den erforderl. Grund der Wahrscheinlichkeit ist der jeweilige Kenntnisstand des BR maßgebl. Die Anforderungen sind umso niedriger, je weniger der BR auf Grund der ihm bereits zugängl. Inf. beurteilen kann, ob die begehrte Auskunft tatsächl. erforderl. ist (BAG 8.6.1999 AP BetrVG 1972 § 80 Nr. 57). Der Darlegung konkreter Anhaltspunkte für einen Regelverstoß bedarf es nicht (BAG 19.2.2008 NZA 2008, 1078). Die Grenzen des Unterrichtungsanspruchs liegen dort, wo ein Beteiligungsrecht offensichtlich nicht in Betracht kommt (BAG 23.3.2010 NZA 2011, 811). Umgekehrt hat die Unterrichtung soweit zu gehen, wie es zur Wahrnehmung der BR-Aufgaben erforderl. ist.

19 Die Inf. des BR hat **rechtzeitig und umfassend** zu erfolgen. Rechtzeitig bedeutet so frühzeitig, dass der BR die entspr. ges. Aufgabe ordnungsgemäß erfüllen kann (GK-BetrVG/*Weber* Rn. 70). Umfassend ist die Inf., wenn der BR von allen Angaben Kenntnis erlangt, die er zur ordnungsgemäßen Erfüllung seiner Aufgaben benötigt (GK-BetrVG/*Weber* Rn. 71). Der AG hat den BR ohne vorherige Aufforderung zu unterrichten. Das begr. die Pflicht des AG zu prüfen, ob er Inf. besitzt, auf die der BR zur Erfüllung seiner ges. Aufgaben angewiesen ist (GK-BetrVG/*Weber* Rn. 69). Darüber hinaus ist es Aufgabe des BR, von ihm benötigte Inf. beim AG anzufordern und sich bspw. durch eine Betriebsbegehung eigenständig Inf. zu beschaffen (BAG 13.6.1989 AP BetrVG 1972 § 80 Nr. 36). Der Informationsanspruch ist auf diejenigen Inf. beschränkt, die der AG selbst im Besitz hat. Er ist nicht verpflichtet, sich von Dritten weitere Inf. zu beschaffen (siehe auch Rn. 24). Der AG ist grds. nicht berechtigt, Inf. mit der Begründung zurückzuhalten, sie stellten Betriebs- oder Geschäftsgeheimnisse dar (BAG 5.2.1991 AP BGB § 613a Nr. 89). Der BR ist aber zur Geheimhaltung nach § 79 verpflichtet (GK-BetrVG/*Weber* Rn. 81).

Der AG muss **bspw.** unterrichten über: die Merkmale, nach denen Zulagen oder Einmalzahlungen geleistet werden (DKKW/*Buschmann* Rn. 91); einen geplanten Betriebsübergang oder den vollständigen Gesellschafterwechsel (BAG 22.1.1991 AP BetrVG 1972 § 106 Nr. 9); die Auswertung einer im Betrieb durchgeführten Befragung, wenn hinreichende Wahrscheinlichkeit besteht, dass die dabei gewonnenen Erkenntnisse Aufgaben des Betriebsrats betreffen (BAG 8.6.1999 AP BetrVG 1972 § 80 Nr. 57) und die geplante Einführung und Änd. von EDV-Systemen (BAG 17.3.1987 AP BetrVG 1972 § 80 Nr. 29). Zu unterrichten ist nach der Rspr. des BAG auch über die Konditionen der Beschäftigung von freien Mitarbeitern (BAG 15.12.1998 AP BetrVG 1972 § 80 Nr. 56) und die der Beschäftigung von AN aus Fremdfirmen zugrundeliegenden Verträge (BAG 31.1.1989 AP BetrVG 1972 § 80 Nr. 33; BAG 9.7.1991 AP BetrVG 1972 § 99 Nr. 94). Diese Rspr. ist mit Wirkung ab dem 1.4.2017 durch die Ergänzung von Satz 1 um die Worte „*... und umfasst insbesondere den zeitl. Umfang des Einsatzes, den Einsatzort und die Arbeitsaufgaben dieser Personen*" und die Einfügung eines neuen Satz 3 vom Gesetzgeber übernommen worden. Vorlage erteilter und beabsichtigter Abmahnungen kann der BR mangels Aufgabenbezugs nicht verlangen (BAG 17.9.2013 NZA 2014, 269). 20

Der AG kann sich bei der Informationserteilung durch dazu beauftragte AN **vertreten** lassen. 21
Voraussetzung für eine Vertretung ist, dass die betreffenden Vertreter über die erforderl. Kenntnisse und Vollmachten verfügen (*Fitting* Rn. 57). Die Unterrichtungspflicht bleibt aber in der Person des AG bestehen (GK-BetrVG/*Weber* Rn. 56). Eine Verweisung auf ausl. Muttergesellschaften ist unzulässig (DKKW/*Buschmann* Rn. 102). Anspruchsberechtigt ist der BR als Gesamtgremium und, soweit eine ges. Verweisung vorliegt, auch der Gesamt- oder KBR im Rahmen seiner Zuständigkeit (GK-BetrVG/*Weber* Rn. 58).

Die Unterrichtungspflicht des AG wird durch das **BDSG** nicht eingeschränkt. § 80 II 1 geht dem 22
BDSG insoweit vor (GK-BetrVG/*Weber* Rn. 80).

Die Unterrichtung unterliegt **keiner ges. Formvorschrift.** Auskünfte und die Beantwortung einzel- 23
ner Fragen sind ebenso denkbar wie die Aushändigung fotokopierter Unterlagen (*Fitting* Rn. 54, 69). Notwendig ist aber, dass die Unterrichtung in verständl. Weise erfolgt (*Fitting* Rn. 56). Ein Schriftlichkeitserfordernis kann sich insb. bei umfangr., komplexen Inf. aus § 2 I ergeben (BAG 10.10.2006 NZA 2007, 99; *Fitting* Rn. 56). Die Unterrichtung des BR hat grds. in deutscher Sprache zu erfolgen (LAG HE 19.8.1993 NZA 1995, 285). Übersetzungen bzw. die Zurverfügungstellung eines Dolmetschers sind dann erforderl. und verhältnismäßig, wenn Mitglieder des BR der deutschen Sprache nicht mächtig sind und eine Übersetzung/Erläuterung durch andere Mitglieder des Gremiums nicht mögl. ist (ähnlich *Oberrath/Herbert* NZA 2012, 1260; weiter DKKW/*Wedde* § 40 Rn. 16). Die Unterrichtung in einer Fremdsprache kommt in Betracht, wenn im BR ausreichende Kenntnisse der betr. Fremdsprache vorhanden sind (*Diller/Powietzka* DB 2000, 718). Das allg. Informationsrecht des BR umfasst grundsätzl. ein **Zugangsrecht** des BR zu den Arbeitsplätzen der Belegschaft; dieses Recht besteht gegenüber dem AG des Betriebs, in dem der BR gewählt ist. Folglich hat der BR eines Verleihers von AN kein allg. Zugangsrecht im Beschäftigungsbetrieb entliehener AN (BAG 5.10.2014 NZA 2015, 560). Nicht entschieden ist, ob der BR ein Recht hat, im Rahmen von **Umfragen bei AN** Inf. selbst zu beschaffen. Ein solches Recht ist grds. zu bejahen, weil die eigenständige Informationsbeschaffung den AG weniger belastet als eine Aufforderung an den AG zur entsprechenden Informationsbeschaffung. Voraussetzung für eine zulässige Umfrage ist allerdings Bezug zum Aufgabenkatalog gem. Abs. 1 (ausführl. *Neufeld/Elking* NZA 2014, 1170). Aus dem Grunds. der vertrauensvollen Zusammenarbeit folgt ein Recht des AG, über eine geplante Umfrage unterrichtet und nach Durchführung über die wesentl. Erg. informiert zu werden. § 80 II gewährt dem BR aber kein allgemeines „Selbstinformationsrecht" durch Online-Zugriff auf Datenverarbeitungsverfahren des AG, z. B. ein SAP-System (BAG 16.8.2011 NZA 2012, 342; *Kort* NZA 2010, 1038).

2. Vorlage von Unterlagen. Der AG hat dem BR auf dessen Verlangen Unterlagen zur Vfg. zu 24
stellen, soweit diese zur Durchführung der ges. Aufgaben des BR **erforderl.** sind (GK-BetrVG/*Weber* Rn. 84). Der BR kann auch die regelm. Vorlage bestimmter Unterlagen verlangen, die er zur Durchführung seiner Aufgaben benötigt, wie etwa Statistiken über Arbeitsunfälle sowie über Mehr- und Nachtarbeit (*Fitting* Rn. 62 f.). Der AG hat dem BR entweder das Original oder eineFotokopie für eine angemessene Zeit auszuhändigen (GK-BetrVG/*Weber* Rn. 93) oder eine entsprechende Datei zu übermitteln.Unterlagen iSd. Vorschr. sind alle Schriftstücke, die der AG im Besitz hat und die Angaben enthalten, die für die Aufgaben des BR von Belang sind (GK-BetrVG/*Weber* Rn. 88). Dazu zählen auch Betriebs- und Geschäftsgeheimnisse (*Fitting* Rn. 64). Die Form der Unterlagen ist unerhebl.; es kommt auch die Vorlage von Tonträgern, Fotos oder Werkstücken in Betracht (BAG 7.8.1986 AP BetrVG 1972 § 80 Nr. 25). Der BR kann auch verlangen, dass ihm im Einzelfall eine konkrete Inf. aus den Personalakten zugängl. gemacht wird (BAG 18.10.1988 AP BetrVG 1972 § 80 Nr. 25). Aus § 83 I ergibt sich jedoch, dass ihm die Vorlage der Personalakten grds. verwehrt ist (LAG NI 22.1.2007 NZA-RR 2007, 585). Die Vorlagepflicht des AG beschränkt sich grds. auf bereits **vorhandene Unterlagen** (BAG 17.3.1983 AP BetrVG 1972 § 80 Nr. 18; aA DKKW/*Buschmann* Rn. 113). Der BR hat keinen Anspruch darauf, dass der AG bestimmte Unterlagen von Dritten beschafft oder Anl. installiert, die die geforderten Unterlagen erst herstellen (BAG 7.8.1986 AP BetrVG 1972 § 80 Nr. 25).

Allerdings hat der BR Anspruch auf Übermittlung solcher Daten, die vom AG nur" zur Kenntnis genommen und mitteilbar gemacht" werden müssen und zu deren Erfassung der AG verpflichtet ist (BAG 6.5.2003 AP BetrVG 1972 § 80 Nr. 61). Insofern muss der AG ggf. Unterlagen erstellen, soweit die Inf. von einem Datenspeicher abgerufen werden können (BAG 17.3.1983 AP BetrVG 1972 § 80 Nr. 18) oder von Dritten zur Vfg. gestellt werden (LAG HE 19.3.1996 AiB 1996, 668). Erhebl. Bedeutung hat diese Rspr. insb. für Vertrauensarbeitszeitmodelle, weil der BR auch dann Anspruch auf genaue Angaben zu den tatsächl. AZen hat, wenn der AG auf eine AZkontrolle verzichtet und die Aufzeichnung von Überstunden gem. § 16 II ArbZG den AN überlässt (BAG 6.5.2003 AP BetrVG 1972 § 80 Nr. 61; LAG NI 8.11.2004 NZA-RR 2005, 424). Zu Unterlagen über Aktienoptionen ausl. Muttergesellschaften LAG N 22.1.2002 DB 2002, 488. Nach der Rspr. des BAG ist die Vorlagepflicht auch gegeben, wenn kein Verdacht eines drohenden Verstoßes des AG gegen zugunsten der AN geltende Vorschr. besteht (BAG 11.7.1972 AP BetrVG 1972 § 80 Nr. 1; 18.9.1973 AP BetrVG 1972 § 80 Nr. 3; einschränkend BAG 19.10.1999 EzA § 80 BetrVG Nr. 45 betr. Vorlage von Arbeitsverträgen, deren Muster mit dem BR abgestimmt ist). Der AG hat das Recht, die Vorlage von Unterlagen zu verweigern, wenn das Verlangen des BR rechtsmissbräuchl. ist (BAG 10.6.1974 AP BetrVG 1972 § 80 Nr. 8).

25 **3. Einblicksrecht in Lohn- und Gehaltslisten.** Nach Abs. 2 S. 2 Halbs. 2 hat der BR das Recht zur Einsicht in die Listen der Bruttolöhne und -gehälter, soweit dies zur Erfüllung seiner Aufgaben erforderl. ist. Es handelt sich bei der Einsichtnahme um eine nach § 32 I BDSG zulässige Datennutzung, weil der BR Teil der verantwortl. Stelle iSd. § 3 VII BDSG ist (BAG 14.1.2014 NZA 2014, 738). Unter „Listen" ist auch die Speicherung in Datenanlagen zu verstehen (BAG 17.3.1983 AP BetrVG 1972 § 80 Nr. 18). Das Einblicksrecht dient insb. dazu, dem BR die Überprüfung zu ermögl., ob die TV und die Grundsätze des § 75 I eingehalten wurden. Im Verhältnis zum allg. Anspruch auf Vorlage von Unterlagen gem. Abs. 2 S. 2 Halbs. 1 – nicht aber zum Unterrichtungsanspruch nach Abs. 2 S. 1– handelt es sich um die den allg. Anspruch verdrängende Spezialnorm (BAG 10.10.2006 NZA 2007, 99). Der Unterrichtungsanspruch gem. Abs. 2 S. 1 besteht dagegen neben dem Einblicksrecht nach Abs. 2, wenn die Angaben in einer Bruttolohn- und -gehaltsliste nicht ausreichen, um den BR im erforderl. Umf. zu unterrichten (BAG 30.9.2008 NZA 2009, 502).

26 Das Einblicksrecht in Lohn- und Gehaltslisten bezieht sich auf **alle Lohnbestandteile** (BAG 10.2.1987 AP BetrVG 1972 § 80 Nr. 27). Nach Auff. des BAG erstreckt sich das Einblicksrecht auch auf individuell ausgehandelte Vergütungen (BAG 10.2.1987 AP BetrVG 1972 § 80 Nr. 27; aA GK-BetrVG/*Weber* Rn. 97). Auch bei übertarifl. Zahlungen einschließl. von Prämien und Gratifikationen ist die Einsichtnahme mögl., ohne dass der BR darlegen müsste, dass diese auf einer kollektiven oder kollektivähnl. Regelung beruhen (BAG 28.5.1974, 12.2.1980, 30.6.1981, 3.12.1982 AP BetrVG 1972 § 80 Nr. 7, 12, 15, 16). Seit dem 1.7.2017 ergibt sich aus § 13 III EntgTranspG die ausdrückl. Verpflichtung des AG, die Entgeltlisten **nach Geschlecht aufzuschlüsseln** und auf alle Entgeltbestandteile einschl. übertarifl. Zulagen und solcher Zahlungen, die individuell ausgehandelt und gezahlt werden, zu erstrecken (dazu *Kania* NZA 2017, 819). Diese Pflicht besteht auch dann, wenn der BR nach §§ 14, 15 EntgTranspG nicht selbst zur Auskunft ggü. AN verpflichtet ist; in diesem Fall entfällt nur die Pflicht des AG zur auskunftsfähigen Aufbereitung der Listen nach § 13 III S. 3 EntgTranspG (zum Auskunftsanspruch der AN s. § 14 EntgTranspG Rn. 1 ff).

27 Von dem Einblicksrecht umfasst sind die Lohn- und Gehaltslisten aller **AN** iSd. BetrVG. Ausgenommen sind also ledigl. die Gehälter der leitenden Angestellten, nicht aber die der AT-Angestellten (*Fitting* Rn. 74). Die Beschränkung der Einsichtnahme auf die Bruttolisten dient dazu, die persönl. Verhältnisse der AN vor dem Einblick Dritter zu schützen (BAG 17.3.1983 AP BetrVG 1972 § 80 Nr. 18). Zur Durchsetzung der tatsächl. Gleichberechtigung von Männern und Frauen kann der BR verlangen, dass die Gehälter geschlechtsspezifisch aufgeschlüsselt werden. Das Einsichtsrecht besteht in gleichem Umf. in Tendenzbetrieben hins. der Einsichtnahme in die Gehälter von Tendenzträgern (BAG 30.4.1974 AP BetrVG 1972 § 118 Nr. 1). Da die Individualrechte ggü. dem kollektiven Recht des BR zurückzutreten haben, besteht das Einblicksrecht unabhängig vom Einverständnis des AN (BAG 20.12.1988 AP ArbGG 1979 § 92 Nr. 5).

28 Einblick iSd. Vorschr. bedeutet **Vorlage zur Ansicht.** Der BR hat darüber hinaus das Recht, sich Notizen zu machen, er kann aber nicht die Aushändigung der Listen verlangen (BAG 15.6.1976 AP BetrVG 1972 § 80 Nr. 9) und ebenso wenig Abschriften oder Fotokopien anfertigen (BAG 3.12.1981 AP BetrVG 1972 § 80 Nr. 17).

29 **Zur Einsichtnahme berechtigt** sind nach dem Wortlaut der Vorschr. der Betriebsausschuss (§ 27) sowie ein nach § 28 gebildeter Ausschuss. Damit ist die Ausübung des Einsichtsrechts Betrieben mit mehr als 200 AN vorbehalten. Das BAG sieht darin einen Widerspruch zu dem Gesamtsinn der Regelung und erkennt ein Einblicksrecht auch in kleineren Betrieben an. Das Einsichtsrecht in kleineren Betrieben steht danach den in § 27 IV erwähnten Personen zu, also dem BRvorsitzenden oder einem anderen BRmitglied, dem die laufenden Geschäfte übertragen wurden, nicht aber dem ganzen BR (BAG 23.3.1973 AP BetrVG 1972 § 80 Nr. 2; 18.9.1973 AP BetrVG 1972 § 80 Nr. 3; LAG NI 17.8.2001; LAGE BetrVG § 80 Nr. 17).

Die **Weitergabe** der durch die Einsichtnahme erlangten Kenntnisse ist unzulässig, soweit die Listen Betriebs- oder Geschäftsgeheimnisse iSd. § 79 darstellen (BAG 23.2.1973 AP BetrVG 1972 § 79 Nr. 2). Trotzdem ist der BR berechtigt, benachteiligte AN über seinen bes. Kenntnisstand zu unterrichten. 30

4. Auskunftspersonen. Die Zurverfügungstellung sachkundiger AN war früher eine Obliegenheit des AG, wenn er dadurch die Beiziehung externer Sachverständiger durch den BR entbehrl. machen konnte (s. Rn. 34). Durch § 80 II S. 3 ist dies zur erzwingbaren Rechtspflicht ggü. dem BR geworden (dazu ausf. *Oetker* NZA 2003, 1233). Im Streitfall muss sie vom BR wie die Beiziehung externer Sachverständiger gerichtl. durchgesetzt werden. Gegen den Willen des AG dürfen sich deshalb auch keine AN von sich aus dem BR in der AZ als Auskunftspersonen zur Vfg. stellen. Die Vorschr. erwähnt die sachkundigen AN im Plural, beschränkt den Anspruch also nicht auf eine Einzelperson. Dementpr. erläutert die amtl. Begr., dass ein AN im Rahmen einer Einzelfalllösung hinzugezogen werden könne oder aber auch ein oder mehrere sachkundige AN zusammen mit BRmitgliedern Arbeitskreise bilden können. Die AN können auch anderen Betrieben des Unternehmens angehören; leitende Angestellte sind nicht erfasst (*Fitting* Rn. 85; aA DKKW/*Buschmann* Rn. 145). Im Schrifttum wird angenommen, dass die AN zwar nicht vom AG zur Tätigkeit für den BR verpflichtet werden können, doch sei die Auskunftstätigkeit Teil der Arbeitsleistung, so dass sie vom AG einschließl. etwaiger Mehrarbeit zu vergüten sei (DKKW/*Buschmann* Rn. 149, 150). Dies erscheint widersprüchl. Angesichts der Einbettung aller ArbVerh. in die Betriebsverfassung erstreckt sich das Direktionsrecht auch auf die Zusammenarbeit mit dem BR (BAG 20.1.2015, NZA 2015, 696; *Fitting* Rn. 85). Wie auch sonst ist es Sache des AG zu bestimmen, ob zu diesem Zwecke Überstunden abgeleistet werden. In die vom G geforderte Feststellung der Erforderlichkeit muss also auch die Überlegung eingehen, ob und in welchem Umf. es erforderl. ist, dass der BR von den AN in deren AZ beraten wird. Außerhalb der AZ steht den AN die Beratung des BR frei, sofern sie nicht gegen arbeitsvertragl. Loyalitäts- und Verschwiegenheitspflichten verstößt. Die Mitteilung von Tatsachen, insb. Geschäftsgeheimnissen, zu deren Weitergabe an den BR der AG nicht verpflichtet ist, kann nicht über die Auskunftsperson erzwungen werden (*Fitting* Rn. 84). Ein Recht des AG, an Befragungen von Auskunftspersonen durch den BR teilzunehmen, besteht nicht (BAG 20.1.2015, NZA 2015, 696). 30a

IV. Hinzuziehung von externen Sachverständigen

Der BR hat die Möglichkeit, bei der Durchführung seiner Aufgaben Sachverständige hinzuzuziehen. Sachverständige sind Personen, die dem BR die ihm fehlenden Kenntnisse fachl. oder rechtl. Art vermitteln, damit sie ihre Aufgaben in Zusammenarbeit mit dem AG ordnungsgemäß erfüllen können (BAG 19.4.1989 AP BetrVG 1972 § 80 Rn. 35). Die Sachverständigen unterliegen der Geheimhaltungspflicht des § 79. Die Kosten für die Einschaltung von Sachverständigen trägt der AG (BAG 26.2.1992 AuR 1993, 95). Der Anspruch kann vom BR an den Sachverständigen abgetreten werden (BAG 13.5.1998 AP § 80 BetrVG Nr. 55). Im Gegensatz zu den in Rn. 30a behandelten Auskunftspersonen handelt es sich hier um externe, weder betriebs- noch unternehmensangehörige Sachverständige. 31

Sachverständige müssen bei ihrer Beratungstätigkeit **keine „neutrale" Haltung** einnehmen, sondern können den BR bei der Geltendmachung seiner Interessen mit ihrem Fachwissen unterstützen (BAG 26.2.1992 AP BetrVG 1972 § 80 Nr. 48). Gewerkschaftsvertreter können ebenfalls als Sachverständige fungieren. Das Gleiche gilt für Rechtsanwälte, sofern sie nicht den BR in einem gerichtl. Verfahren, in einem Verfahren vor der Einigungsstelle (GK-BetrVG/*Weber* Rn. 138) oder außergerichtl. bei einem konkreten Streit über das Bestehen oder Nichtbestehen eines Mitbestimmungsrechts vertreten (BAG 25.6.2014 NZA 2015, 629). Die Finanzierung der Vertretung in diesen Fällen beurteilt sich unmittelbar nach § 40. 32

Nicht als Sachverständige gelten **Auskunftspersonen,** die den BR im Rahmen ihrer berufl. Tätigkeit ohne Gebührenanspruch informieren, wie etwa Bedienstete der Betriebskrankenkasse, Werksärzte, andere BR desselben Unternehmens oder Beamte der Gewerbeaufsicht (GK-BetrVG/*Weber* Rn. 139). Die Teilnahme von Sachverständigen an Betriebsversammlungen und BRsitzungen verstößt nicht gegen den Grundsatz der Nichtöffentlichkeit (BAG 13.9.1977 AP BetrVG 1972 § 42 Nr. 1). 33

Voraussetzung für die Konsultation eines Sachverständigen ist die **Erforderlichkeit.** Diese ist in Bezug auf Rechtsanwälte zB zu bejahen bei schwierigen Rechtsfragen sowie Vorbereitungen für einen Interessenausgleich und Sozialplan (BAG 5.11.1981 AP BetrVG 1972 § 76 Nr. 9). Bei der Unterrichtung des BR über EDV-Systeme darf ein außerbetriebl. Sachverständiger erst dann herangezogen werden, wenn der Informationsbedarf des BR mit den im Betrieb zur Vfg. stehenden Mitteln, etwa die Unterrichtung durch Fachkräfte des Betriebs oder das Studium von Fachliteratur, nicht befriedigt werden kann (BAG 4.6.1987 AP BetrVG 1972 § 80 Nr. 30; aA DKKW/*Buschmann* Rn. 159 ff.). Die Erforderlichkeit kann jedoch grundsätzl. nicht mit dem Argument abgelehnt werden, der BR könne stattdessen seine Mitglieder an einer Schulung nach § 37 VI teilnehmen lassen (BAG 25.6.2014 NZA 2015, 629). Sachverständige dürfen nur in Zusammenhang mit einer zu erledigenden Aufgabe angehört werden (BAG 17.3.1987 AP BetrVG 1972 § 80 Nr. 29). 34

35 Wird die Erforderlichkeit bejaht, begr. sie einen **Anspruch des BR** auf Hinzuziehung (*Fitting* Rn. 90). Die Ausübung des Rechts auf Hinzuziehung eines Sachverständigen bedarf einer formlosen „näheren Vereinbarung" mit dem AG hins. der Modalitäten, etwa der Person des Sachverständigen, seines Honorars und des Gegenstandes der Sachverständigentätigkeit (BAG 19.4.1989 AP BetrVG 1972 § 80 Nr. 35). Ggf. muss der BR den AG auf Zustimmung zu diesen Modalitäten verklagen. Er kann notfalls eine einstweilige Vfg. erwirken (*Fitting* Rn. 93). Unter den Voraussetzungen des § 76 VI kann eine Einigung auch mit Hilfe der Einigungsstelle betrieben werden. Kommt eine Einigung nicht zustande, sind die Kosten für den Sachverständigen nicht vom AG zu erstatten (BAG 19.4.1989 EzA BetrVG § 80 Nr. 35). Zur Sondervorschrift des § 111 S. 2 dort Rn. 25.

V. Streitigkeiten

36 Meinungsverschiedenheiten über das Bestehen und den Umf. der Informationspflichten sind im BeschlV. beizulegen. Ebenfalls im BeschlV. ist darüber zu entscheiden, ob die Hinzuziehung eines Sachverständigen erforderl. ist (BAG 18.7.1978 AP BetrVG 1972 § 108 Nr. 1; 25.4.1978 AP BetrVG 1972 § 80 Nr. 11). Die Entscheidung des ArbG ersetzt die „nähere Vereinbarung" nach Abs. 3. Der Gegenstandswert bemisst sich nach den veranschlagten Kosten (LAG HM 12.6.2001 LAGE BRAGO § 8 Rn. 50). Einstweiliger Rechtsschutz kann nach § 85 ArbGG gewährt werden (LAG HM 2.10.2001 AiB 2002, 114). Die Zwangsvollstreckung zur Einsichtgewährung in Lohn- und Gehaltslisten erfolgt nach § 888 ZPO durch die Verhängung von Zwangsgeld (BAG 17.5.1983 AP BetrVG 1972 § 80 Nr. 19).

37 Verletzt der AG grob seine in § 80 geregelten Pflichten, kommt ein Verfahren nach § 23 III in Frage. Die Vorschr. enthält dagegen kein Schutzgesetz iSv. § 823 II BGB, da sie keine konkreten Interessen schützt. Der Sachverständige hat keinen eigenen Anspruch (BAG 13.5.1998 EzA BetrVG § 80 Nr. 42).

Zweiter Abschnitt. Mitwirkungs- und Beschwerderecht des Arbeitnehmers

§ 81 Unterrichtungs- und Erörterungspflicht des Arbeitgebers

(1) [1]**Der Arbeitgeber hat den Arbeitnehmer über dessen Aufgabe und Verantwortung sowie über die Art seiner Tätigkeit und ihre Einordnung in den Arbeitsablauf des Betriebs zu unterrichten.** [2]**Er hat den Arbeitnehmer vor Beginn der Beschäftigung über die Unfall- und Gesundheitsgefahren, denen dieser bei der Beschäftigung ausgesetzt ist, sowie über die Maßnahmen und Einrichtungen zur Abwendung dieser Gefahren und die nach § 10 Abs. 2 des Arbeitsschutzgesetzes getroffenen Maßnahmen zu belehren.**

(2) [1]**Über Veränderungen in seinem Arbeitsbereich ist der Arbeitnehmer rechtzeitig zu unterrichten.** [2]**Absatz 1 gilt entsprechend.**

(3) **In Betrieben, in denen kein Betriebsrat besteht, hat der Arbeitgeber die Arbeitnehmer zu allen Maßnahmen zu hören, die Auswirkungen auf Sicherheit und Gesundheit der Arbeitnehmer haben können.**

(4) [1]**Der Arbeitgeber hat den Arbeitnehmer über die aufgrund einer Planung von technischen Anlagen, von Arbeitsverfahren und Arbeitsabläufen oder der Arbeitsplätze vorgesehenen Maßnahmen und ihre Auswirkungen auf seinen Arbeitsplatz, die Arbeitsumgebung sowie auf Inhalt und Art seiner Tätigkeit zu unterrichten.** [2]**Sobald feststeht, dass sich die Tätigkeit des Arbeitnehmers ändern wird und seine beruflichen Kenntnisse und Fähigkeiten zur Erfüllung seiner Aufgaben nicht ausreichen, hat der Arbeitgeber mit dem Arbeitnehmer zu erörtern, wie dessen berufliche Kenntnisse und Fähigkeiten im Rahmen der betrieblichen Möglichkeiten den künftigen Anforderungen angepasst werden können.** [3]**Der Arbeitnehmer kann bei der Erörterung ein Mitglied des Betriebsrats hinzuziehen.**

1 **1. Vorbemerkung.** Die in §§ 81 bis 86 festgelegten Einzelrechte des AN stehen im Zusammenhang mit dem Schutz des Persönlichkeitsrechts, § 75 II (*Fitting* Rn. 1). Diese ANRechte ergeben sich bereits aus der arbeitsvertragl. Fürsorgepflicht des AG (DKKW/*Buschmann* Rn. 1; *Fitting* Rn. 2) und bestehen deshalb auch in betriebsratslosen Betrieben. BPersVG und SprAuG enthalten keine entspr. Vorschr.

2 **2. Unterrichtung des Arbeitnehmers über Aufgaben, Verantwortung und Tätigkeitsbereich.** Die vorgeschriebene **Unterrichtung** des AN über Aufgaben, Tätigkeiten und Verantwortung dient dem Zweck, dem AN ein rechtzeitiges Vertrautmachen und Einstellen auf seine Arbeit zu ermögl. Zweckwahrend erfolgt sie daher insgesamt *vor* der Arbeitsaufnahme (hM, GK-BetrVG*Franzen* Rn. 7; DKKW/*Buschmann* Rn. 6), auch wenn dies vom G ausdrückl. nur für die Unfall- und Gesundheitsgefahren angeordnet wird. Die individualrechtl. Verpflichtung zur Unterrichtung ist von den Berufsbildungsmaßnahmen nach §§ 96 ff. abzugrenzen (BAG 5.11.1985 AP BetrVG 1972 § 98 Nr. 2; s. § 96

Rn. 9). Danach erfordert § 81, dass der AN bereits die für die Ausübung der Tätigkeit am vorgesehenen Arbeitsplatz erforderl. berufl. Kenntnisse und Fähigkeiten besitzt (BAG 23.4.1991 AP BetrVG 1972 § 98 Nr. 7). § 81 ist erfüllt, wenn in einer vom AG organisierten Veranstaltung die Kundenfreundlichkeit des Verkaufspersonals verbessert werden soll (BAG 28.1.1992 AP BetrVG 1972 § 96 Nr. 1).

Pauschale, allg. **Inf.** zB im Rahmen eines Vorstellungsgesprächs reicht dabei nicht; es muss vielmehr präzise und individuell auf den einzelnen AN und seinen Arbeitsplatz abgestellt werden (*Fitting* Rn. 3). 3

Dazu gehören eine Unterrichtung über die Beschaffenheit des Arbeitsplatzes und der Arbeitsgeräte, die Art der Tätigkeit sowie der Werkstoffe, mit denen der AN umgeht. Ebenso sollen die Verantwortung des AN für sein Arbeitsergebnis sowie etwaige Leitungsaufgaben ggü. seinen Mitarbeitern und ggf. bes. Verhaltensweisen erläutert werden. 4

Nicht erforderl. ist ein **persönl. Tätigwerden** des AG; ausreichend ist vielmehr eine Übertragung der Aufgaben an die organisatorisch zust. Person, wie zB den Abteilungsleiter (GK-BetrVG*Franzen* Rn. 11). Allerdings ist der AG für eine ordnungsgemäße Unterrichtung verantwortl. 5

Bei **ausl. AN** hat eine Unterrichtung erforderlichenfalls in ihrer Heimatsprache zu erfolgen (GK-BetrVG/*Franzen* Rn. 10). 6

3. Belehrung über Unfall- und Gesundheitsgefahren. Ebenfalls vor Beginn der Beschäftigung hat eine **Belehrung** über Unfall- und Gesundheitsgefahren, die im Zusammenhang mit der aufzunehmenden Beschäftigung stehen, zu erfolgen. Hierunter versteht man eine bes. intensive Form der Unterrichtung (DKKW/*Buschmann* Rn. 12). 7

In diesem Zusammenhang müssen **Schutzmaßnahmen und -ausrüstungen** (Helme, Brillen, Handschuhe, Masken, Rettungsgeräte) detailliert erläutert und demonstriert werden, insb. auch solche für den Betrieb gefährl. Maschinen im Tätigkeitsbereich des AN (DKKW/*Buschmann* Rn. 12). 8

Erforderl. sind auch: Erläuterung von Warnsignalen, Inf. über Unfallhilfsstellen und Sanitätskästen sowie Benennung der bei Unfällen und Gefahrenlagen zu unterrichtenden Personen. 9

Soll ein Einsatz in gesundheitsgefährdenden AZsystemen wie **Nachtarbeit** erfolgen, die für einzelne ANGruppen verboten sind, ist eine bes. Belehrung erforderl. (BVerfG 28.1.1992 AP AZO § 19 Nr. 2). 10

Eine weitere **Konkretisierung** der Belehrungspflicht erfolgt durch Vorschr. des ges. Arbeitsschutzes wie zB § 12 ArbSchG, § 29 JArbSchG, § 7a HAG, §§ 20, 21 GefStoffV, § 6 StörfallVO. 11

Nicht ausreichend ist die Aushändigung eines **Merkblattes** an die AN (*Bächle* DB 1973, 1400, 1402). Das zu den ausl. AN Rn. 6 Gesagte gilt entspr. 12

4. Unterrichtung bei Veränderungen im Arbeitsbereich. Über Veränderungen in seinem **Arbeitsbereich** (der Arbeitsplatz und seine Beziehung zur betriebl. Umgebung in räuml., technischer und organisatorischer Hinsicht) ist der AN während seiner Tätigkeit zu unterrichten. Dies betrifft organisatorische und technische Veränderungen am gleichen Arbeitsplatz oder in der Arbeitsumgebung (zB neues Arbeitsgerät, neue betriebl. Räume, auch neue Produktionsmethoden) wie auch Versetzungen an einen anderen Arbeitsplatz mit anderen Tätigkeiten oder die Einordnung in einen anderen Arbeitsablauf. Auch bei vorübergehender Zuweisung einer anderen Arbeit ist eine erneute Unterrichtung bzw. Belehrung insb. bzgl. der Sicherheit am Arbeitsplatz erforderl. 13

5. Unterrichtungs- und Erörterungspflicht des Arbeitgebers bei Planung von Maßnahmen und deren Auswirkungen auf Arbeitplätze, Arbeitsumgebung und Tätigkeit. Abs. 3 beinhaltet zwei Verpflichtungen des AG ggü. dem einzelnen AN: zunächst muss der AG über die Planung von technischen Anl., Arbeitsverfahren und Arbeitsplätzen **unterrichten** (S. 1). Die Unterrichtung hat umfassend dann zu erfolgen, wenn sich bereits konkrete Maßnahmen abzeichnen; sie beinhaltet sämtl. Auswirkungen auf die Tätigkeit des AN, insb. auf seinen Arbeitsplatz und die Arbeitsmethode. Sinn dieser Regelung ist die Einbeziehung des AN in den Informationsprozess bei der Planung und Einführung neuer Techniken. 14

Die zweite Verpflichtung des AG besteht in der frühzeitigen **Erörterung** der Möglichkeiten des AN seine bisherigen berufl. Kenntnisse und Fähigkeiten an die nun geänd. Anforderungen anzupassen; mögl. sind Umschulung sowie betriebs- und unternehmensinterne Weiterbildung (s. dazu §§ 96 ff.). Die Verpflichtung des AG bezieht sich dabei nur auf die Erörterung; der AN hat keinen Anspruch auf Umschulung und Weiterbildung bzw. auf Kostenübernahme durch den AG bei entspr. Maßnahmen. Im Falle einer Kündigung wegen mangelnder Qualifikation ist allerdings § 1 II 3 KSchG, § 102 III 4 BetrVG zu beachten, neuerdings auch § 97 II. 15

Zur Erörterung kann der AN ein BRmitglied hinzuziehen (S. 3). Als Folge einer **versäumten Erörterung** ist der AG verpflichtet, vor einer personenbedingten Kündigung (gem. § 1 II KSchG) wegen unzureichender Kenntnisse und Fähigkeiten für die neue Aufgabe dem AN einen längeren Anpassungszeitraum an die neuen Anforderungen einzuräumen. Gleiches gilt auch bei der Unterlassung zumutbarer Förderungsmaßnahmen durch den AG. 16

6. Sanktionen. Bei Nichterfüllung der AGPflichten kann der AN das ArbG anrufen, das im **Urteilsverfahren** entscheidet. Zudem kann der AN ein Leistungsverweigerungsrecht gem. § 273 BGB ausüben (*Fitting* Rn. 28; GK-BetrVG/*Franzen* vor § 81 Rn. 37), wodurch der AG in Annahmeverzug 17 gerät. Schadenersatzansprüche können sich aus § 280 BGB, § 823 II BGB und, wenn eine Verletzung der Belehrungspflichten zu Verletzungen von Körper, Gesundheit und Eigentum geführt hat, auch aus § 823 I BGB ergeben (DKKW/*Buschmann* Rn. 24).

§ 82 Anhörungs- und Erörterungsrecht des Arbeitnehmers

(1) [1]Der Arbeitnehmer hat das Recht, in betrieblichen Angelegenheiten, die seine Person betreffen, von den nach Maßgabe des organisatorischen Aufbaus des Betriebs hierfür zuständigen Personen gehört zu werden. [2]Er ist berechtigt, zu Maßnahmen des Arbeitgebers, die ihn betreffen, Stellung zu nehmen sowie Vorschläge für die Gestaltung des Arbeitsplatzes und des Arbeitsablaufs zu machen.

(2) [1]Der Arbeitnehmer kann verlangen, dass ihm die Berechnung und Zusammensetzung seines Arbeitsentgelts erläutert und dass mit ihm die Beurteilung seiner Leistungen sowie die Möglichkeiten seiner beruflichen Entwicklung im Betrieb erörtert werden. [2]Er kann ein Mitglied des Betriebsrats hinzuziehen. [3]Das Mitglied des Betriebsrats hat über den Inhalt dieser Verhandlungen Stillschweigen zu bewahren, soweit es vom Arbeitnehmer im Einzelfall nicht von dieser Verpflichtung entbunden wird.

1 **1. Vorbemerkung.** In Erg. zu § 81 räumt § 82 I dem AN das Recht ein, selbst die Initiative zu ergreifen, um für ihn wichtige Auskünfte zu erlangen und durch Vorschläge oder Stellungnahmen an der Gestaltung des Arbeitsplatzes oder -ablaufs mitzuwirken. Weiterhin ist dem AN nach § 82 II jederzeit die Berechnung und Zusammensetzung seines Arbeitsentgelts zu erläutern. Diese Anhörungs- und Erörterungsrechte ergeben sich aus der Treue- und Fürsorgepflicht des AG. Die Vorschr. gilt auch für Betriebe ohne BR (*Fitting* Rn. 1).

2 Der AN kann seine Rechte grds. im angemessenen Rahmen **während der AZ** wahrnehmen. In Analogie zu §§ 20 III 2, 39 III, 44 I 2 ist der AG in diesem Fall nicht berechtigt, das Arbeitsentgelt zu kürzen (*Fitting* Rn. 2; GK-BetrVG/*Franzen* Rn. 3).

3 **2. Recht des Arbeitnehmers auf Anhörung und Stellungnahme.** § 82 I 1 gibt dem AN das Recht, in **allen betriebl. Angelegenheiten,** die ihn persönl. betreffen, gehört zu werden. Er hat sich zunächst an den jeweiligen unmittelbaren Vorgesetzten zu wenden (GK-BetrVG/*Franzen* Rn. 7). „Betriebl. Angelegenheiten" iSd. § 82 I sind va. solche, die mit der Arbeitsleistung der Person in Zusammenhang stehen. Des Weiteren fallen darunter wesentl. Fragen der betriebl. Organisation und der Arbeitsabläufe. Diese müssen die Tätigkeit des AN in seinem Arbeitsbereich betreffen, ohne jedoch zwgd. unmittelbar auf den Arbeitsplatz gerichtet zu sein (*Fitting* Rn. 4). Der Begriff „Betriebl. Angelegenheiten" ist extensiv auszulegen und muss daher nicht räuml. auf den Betrieb beschränkt sein (GK-BetrVG/*Franzen* Rn. 6). Soweit der AN sich durch betriebl. Maßnahmen beeinträchtigt fühlt und Abhilfe wünscht, kann das Vorbringen ggü. einer zust. Person als **Beschwerde** iSd. § 84 zu sehen sein.

4 Ferner hat der AN gem. § 82 I 2 das Recht, zu ihn betreffenden Maßnahmen **Stellung zu nehmen** und **Vorschläge** für die Gestaltung von Arbeitsplatz und Arbeitsablauf zu machen. Diese Rechte kann er auch gemeinsam mit anderen AN wahrnehmen. Insofern soll nach Auffassung des BAG auch eine von einem AN initiierte Unterschriftenaktion, mit der der Wunsch zur Wiedereinführung der 35-Stunden-Woche zum Ausdruck gebracht wird, gem. § 82 zulässig sein (BAG 3.9.2014 NZA 2015, 131). Ein Mitbestimmungsrecht wird dem AN dadurch allerdings nicht eingeräumt.

5 Die in § 82 I normierten Rechte setzen nicht voraus, dass sich der AN beeinträchtigt fühlt (GK-BetrVG/*Franzen* Rn. 5).

6 **3. Erläuterung des Arbeitsentgelts, Erörterung der Leistungen und der beruflichen Entwicklung.** § 82 II 1 Halbs. 1 gewährt dem AN das Recht, die Berechnung und Zusammensetzung seines Arbeitsentgelts erläutert zu bekommen. Dieser Erläuterungsanspruch kann unabhängig von einem konkreten Anlass geltend gemacht werden (GK-BetrVG*Franzen* Rn. 12). Unter Arbeitsentgelt ist die Gesamtheit der dem AN zustehenden Bezüge zu verstehen. Der AN kann demnach eine detaillierte Darst. der **Zusammensetzung** des Arbeitsentgelts (Gehalt, Zulagen, Prämien, Provision etc.), sowie dessen **Höhe** (Brutto- und Nettobezüge einschließl. der Aufgliederung der verschiedenen Abzüge) verlangen (GK-BetrVG/*Franzen* Rn. 12; DKKW/*Buschmann* Rn. 7). Dieses Recht gewinnt angesichts der Verwendung von Datenverarbeitungsanlagen immer größere Bedeutung, da auf Grund verschlüsselter Angaben dem AN die Nachvollziehbarkeit der Berechnung erschwert wird. IÜ steht § 82 II 1 Halbs. 1 dem Recht des BR, nach Maßgabe des § 80 II in die Listen der Bruttolöhne und -gehälter Einblick zu nehmen, nicht entgegen (BAG 18.9.1973 AP BetrVG 1972 § 80 Nr. 3).

7 Nach § 82 II 1 Halbs. 2 soll sich der AN sowohl über die Beurteilung seiner Leistung als auch über Möglichkeiten des berufl. Aufstiegs Gewissheit verschaffen können. Das Verlangen kann grds. unabhängig von einem konkreten Anlass in angemessenen Zeitabständen geltend gemacht werden, wobei der AN allerdings auf Grund seiner Treuepflicht auf die betriebl. Bedürfnisse Rücksicht zu nehmen hat (GK-BetrVG/*Franzen* Rn. 17).

In Bezug auf die Beurteilung muss der AN zunächst **Kenntnis** von solchen Beurteilungen haben. Soweit schriftl. Beurteilungen vorliegen, kann der AN diese nach § 83 einsehen und schriftl. dazu Stellung nehmen. Weiterhin ist dem AN mündl. Auskunft über seine Beurteilung durch den AG zu geben, wobei ihm sowohl die Beurteilung angemessen zu erläutern als auch auf seine Fragen einzugehen ist. Dagegen hat der AN auf der Grdl. eines Gespräches keinen Anspruch auf Aushändigung einer schriftl. **Leistungsbescheinigung** (GK-BetrVG/*Franzen* Rn. 16). 8

IÜ müssen mit dem AN auf sein Verlangen hin auch die Möglichkeiten seiner berufl. Entwicklung erörtert werden. Gesprächspartner ist hierfür idR nicht der unmittelbare Vorgesetzte, sondern ein Abteilungsleiter oder eine für betriebl. Bildungsmaßnahmen zuständige Stelle (WPK/*Preis* Rn. 12). Der AN hat keinen Anspruch auf bestimmte **Zusagen** hins. der weiteren berufl. Entwicklung im Betrieb (GK-BetrVG/*Franzen* Rn. 19). 9

4. Beteiligung eines Betriebsratsmitglieds. Zur Ausübung der Erörterungsrechte nach § 82 II kann der AN ein Mitglied des BR als **Vertrauensperson** hinzuziehen. Voraussetzung ist, dass sich der Gesprächsgegenstand jdf. teilweise auf die ausdrückl. in § 82 II 1 genannten Themen erstreckt. Dies ist etwa der Fall bei einem Gespräch über den Inhalt einer Tätigkeitsbeschreibung, wenn diese Grdl. der Entgeltfindung ist (BAG 20.4.2010 NZA 2010, 1307). Ein allgemeiner Anspruch auf Teilnahme an Personalgesprächen besteht also nicht (BAG 16.11.2004 – 1 ABR 53/03, NZA 2005, 416). „Hinzuziehen" bedeutet über die Anwesenheit hinaus, dass das BRmitglied auch selbst Fragen stellen und Vorschläge machen darf (GK-BetrVG/*Franzen* Rn. 21). Dieses Recht auf Beteiligung besteht nicht nur in den Fällen, in denen die Initiative zur Erörterung vom AN ausging, sondern auch dann, wenn der AG die Erörterung mit den AN sucht (BAG 24.4.1979 AP BetrVG 1972 § 82 Nr. 1; aA *Ehmann* ZfA 1980, 683, 735). Das BRmitglied **selbst** hat dagegen keinen Anspruch darauf, zu den Gesprächen hinzugezogen zu werden (BAG 23.2.1984 AP BetrVG 1972 § 82 Nr. 2). Erst recht folgt aus § 82 II kein Recht des AG, gegen den Willen des betroffenen AN Mitglieder des BR zu Personalgesprächen hinzu zu ziehen (LAG NI 22.1.2007 NZA-RR 2007, 585). Weiterhin muss der AG die Wahl eines vom AN bestimmten BRmitglied hinnehmen. Ebenso muss das BRmitglied dem Verlangen des AN entsprechen (*Fitting* Rn. 13; GK-BetrVG/*Franzen* Rn. 20). 10

Über den Inhalt der Verhandlungen hat das BRmitglied **Stillschweigen** zu bewahren, soweit es vom AN im Einzelfall nicht von dieser Pflicht entbunden wird. Die Verschwiegenheitspflicht gilt auch dem BR und den anderen BRmitgliedern ggü., weil nicht der BR als solcher, sondern das BRmitglied **persönl.** hinzugezogen wird (GK-BetrVG/*Franzen* Rn. 23). 11

5. Streitigkeiten. Eine Verletzung der sich aus § 82 ergebenden Rechte kann der AN im **Urteilsverfahren** geltend machen (DKKW/*Buschmann* Rn. 18; *Fitting* Rn. 14). Ebenso handelt es sich bei einem Streit über die Beteiligung eines BRmitglieds um einen individualrechtl. Anspruch, über den im Urteilsverfahren zu entscheiden ist (BAG 24.4.1979 AP BetrVG 1972 § 82 Nr. 1; *Fitting* Rn. 15; DKKW/*Buschmann* Rn. 18; aA GK-BetrVG/*Franzen* Rn. 25). Dagegen hat das BRmitglied keinen selbstständig geltend zu machenden Anspruch auf Teilnahme (BAG 23.2.1984 AP BetrVG 1972 § 82 Nr. 2). 12

§ 83 Einsicht in die Personalakten

(1) [1] **Der Arbeitnehmer hat das Recht, in die über ihn geführten Personalakten Einsicht zu nehmen.** [2] **Er kann hierzu ein Mitglied des Betriebsrats hinzuziehen.** [3] **Das Mitglied des Betriebsrats hat über den Inhalt der Personalakte Stillschweigen zu bewahren, soweit es vom Arbeitnehmer im Einzelfall nicht von dieser Verpflichtung entbunden wird.**

(2) **Erklärungen des Arbeitnehmers zum Inhalt der Personalakte sind dieser auf sein Verlangen beizufügen.**

1. Vorbemerkung. Die in § 83 I 1 und II garantierten Rechte des AN auf Einsicht in die über ihn geführte Personalakte und auf Aufnahme von Erkl. in diese sind **individualrechtl. Natur.** Sie bestehen daher unabhängig von der Existenz eines BR und der BRfähigkeit (*Fitting* Rn. 1). Nicht auf diese Vorschr. berufen können sich Personen, für die das BetrVG keine Gültigkeit besitzt; jedoch lässt sich für diese Personengruppe ein Anspruch aus den vertragl. Nebenpflichten herleiten (DKKW/*Buschmann* Rn. 2). § 83 enthält keine abschl. Regelung. Für Beamte ergibt sich das Recht auf Akteneinsicht aus § 90 BBG; für AN des öffentl. Dienstes aus § 13 BAT. § 26 II SprAuG enthält eine Sonderbestimmung für leitende Angestellte. 1

2. Personalakten. Personalakte iSd. § 83 ist jede Sammlung von Unterlagen, die sich auf die Person des AN bezieht, unabhängig von deren Form, Material sowie der Stelle, an der die Sammlung geführt wird (DKKW/*Buschmann* Rn. 3). Erfasst werden daher auch die in elektronischen Datenbanken gespeicherten Personaldaten. Als Personalakten gelten nicht nur Dok., die der AG als solche gekennzeichnet hat. Maßgebl. ist der Begriff der **Personalakte im materiellen Sinn,** der sich auf alle Dok. bezieht, die mit dem ArbVerh. in innerem Zusammenhang stehen (BAG 7.5.1980 AuR 1981, 124). 2

Geheimakten sind nicht zulässig. Die in Personalakten enthaltenen Angaben muss der AG rechtmäßig erlangt haben; zudem muss er an ihnen ein sachl. Interesse haben (LAG NI 10.7.1980 AP BGB § 611 Fürsorgepflicht Nr. 85). IdR enthalten Personalakten den Arbeitsvertrag, Beurteilungen, (Zwischen-) Zeugnisse, Personalfragebögen, Testergebnisse und abgeschlossene Ermittlungsakten in Disziplinarsachen (LAG HB 4.3.1977 BB 1977, 648). Ferner werden typischerweise erfasst: Angaben zum Personenstand, zum berufl. Werdegang, Abmahnungen, Lohn- und Gehaltsänderungen, Darlehen sowie Schriftwechsel zwischen AG und AN. Das Einsichtsrecht bezieht sich auch auf Sonder- und Nebenakten, bspw. Aufzeichnungen des Werkschutzes oder bei Vorgesetzten (LAG HB 4.3.1977 BB 1977, 648).

3 Nicht zu den Personalakten zählen Aufzeichnungen des Betriebsarztes, sog. „Befundbogen“, die dem AG auf Grund der in § 8 I 2 ASiG normierten ärztl. Schweigepflicht nicht zugängl. sind. Ebenfalls nicht zu den Personalakten gehören Prozessakten aus anhängigen Rechtsstreitigkeiten zwischen AG und AN (BAG 8.4.1992 RDV 1993, 171) sowie Erfassungen von Personaldaten mehrerer AN in Form von Statistiken (*Fitting* Rn. 6).

4 **3. Einsichtsrecht des Arbeitnehmers.** Abs. 1 gewährt ein Recht auf persönl. Kenntnisnahme unter Hinzuziehung eines BRMitglieds. Streitig ist, ob der AN auch einen Dritten, etwa einen Rechtsanwalt oder Gewerkschaftssekretär, hinzuziehen oder bevollmächtigen kann, das Einsichtsrecht für ihn auszuüben (dafür *Fitting* Rn. 12; a. A. LAG SH 17.4.2014 NZA-RR 2014, 465; Richardi/*Thüsing* Rn. 27). Das BAG hat einen Anspruch auf Hinzuziehung eines Rechtsanwalts jdf. für den Fall verneint, dass der AG dem AN erlaubt, für sich Kopien aus der Personalakte zu fertigen (BAG 12.7.2016, NZA 2016, 1344). Aus § 83 I S. 2 folgt, dass eine Bevollmächtigung des BR als Organ ausscheidet (*Fitting* Rn. 12). Auch einen Anspruch des BR auf Vorlage der Personalakten enthält § 83 nicht (BAG 20.12.1988 AP ArbGG 1979 § 92 Nr. 5). Das Einsichtsrecht darf der AN **während der AZ** ausüben. Eine Entgeltkürzung ist unzulässig. Der AN hat die Möglichkeit, sich bei der Einsichtnahme Notizen zu machen und auf eigene Kosten Kopien aus der Personalakte anzufertigen (GK-BetrVG/*Franzen* Rn. 24, 25). Davon abgesehen ist die Einsichtnahme kostenlos, und zwar auch dann, wenn dem AG Kosten entstehen. Die weiteren Einzelheiten, bspw. Häufigkeit oder Löschungsfristen bestimmter Vorgänge, können freiwillig durch BV geregelt werden (aA *Fitting* Rn. 13: erzwingbar nach § 87 I Nr. 1).

5 Der AG hat Personalakten sorgfältig zu verwahren und den Kreis der mit Personalakten befassten Personen so weit wie mögl. zu begrenzen (BAG 15.7.1987 AP BGB § 611 Persönlichkeitsrecht Nr. 14). Ohne Einverständnis des AN ist eine **Weitergabe der Personalakten** an Betriebsfremde unzulässig (BAG 18.12.1984 AP BGB § 611 Persönlichkeitsrecht Nr. 8). Weiterhin obliegt dem AG die Pflicht, dem AN die in seiner Personalakte enthaltenen Inf. zugängl. zu machen. Kodierte Angaben hat er soweit zu entschlüsseln, dass sie für den AN ohne weiteres verständl. sind. Soweit die Inf. auf elektronischen Datenträgern gespeichert sind, muss der AG sie lesbar machen (*Fitting* Rn. 11; Richardi/*Thüsing* Rn. 18).

6 **4. Erklärungen.** Gem. Abs. 2 hat der AN das Recht, der Personalakte schriftl. Erkl. und sonstige erg. Unterlagen zu einem bestimmten Vorgang beizufügen. Dieses Recht besteht auch dann, wenn der AG die Erkl. für fehlerhaft oder nicht in die Personalakte gehörend erachtet (DKKW/*Buschmann* Rn. 20). Ein Anspruch des AN auf Berichtigung der Personalakte oder **Entfernung unrichtiger Angaben** aus dieser enthält Abs. 2 nicht. Ein solches Recht ergibt sich aber aus der arbeitsvertragl. Fürsorgepflicht (BAG 15.1.1986 AP BGB § 611 Fürsorgepflicht Nr. 96). Der Berichtigungsanspruch ist dann gegeben, wenn die Personalakte unzutreffende Tatsachenbehauptungen enthält, die den AN in seiner Rechtsstellung und in seinem berufl. Fortkommen beeinträchtigen können (BAG 25.4.1972 AP BGB § 611 Öffentl. Dienst Nr. 9). Die Entfernung einer schriftl. Abmahnung, die wegen Verletzung arbeitsvertragl. Pflichten erfolgte, kann der AN verlangen, soweit die Abmahnung unbegründet oder unverhältnismäßig war oder ohne vorherige Anhörung des AN in die Personalakte aufgenommen wurde (BAG 5.8.1992 AP BGB § 611 Abmahnung Nr. 8; 13.4.1988 AP BGB § 611 Fürsorgepflicht Nr. 100). Auch bei nur tw. unzutreffenden Angaben besteht ein Anspruch auf die Beseitigung der vollständigen Abmahnung (BAG 13.3.1991 NZA 1991, 768). Der Entfernungsanspruch besteht regelm. nur bis zur Beendigung des ArbVerh.

7 **5. Hinzuziehung eines Betriebsratsmitglieds.** Gem. Abs. 1 S. 2 kann der AN zur Einsichtnahme in die Personalakte ein BRmitglied seiner Wahl hinzuziehen. Ablehnen kann das BRmitglied diese unterstützende Funktion nur aus wichtigen Gründen (DKKW/*Buschmann* Rn. 17). S. 3 stellt die beteiligte Person unter eine **Schweigepflicht,** von welcher sie aber im Einzelfall durch eine ausdrückl. Erkl. des AN befreit werden kann. Die Regelungen im BetrVG über die Schweigepflicht gehen dem BDSG gem. § 1 IV BDSG insoweit vor. Das Einsichtsrecht steht dem BRmitglied in demselben Umf. zu wie dem AN (*Fitting* Rn. 41). Schwerbehinderte AN haben nach § 178 III SGB IX die Möglichkeit, die Schwerbehindertenvertretung hinzuzuziehen.

8–10 **6. § 83 und das Bundesdatenschutzgesetz. § 32 I BDSG** gestattet die Erhebung, Verarbeitung und Nutzung personenbezogener Daten, soweit dies für die **Durchführung des Arbeitsverhältnisses erforderlich** ist. Hinsichtl. dieser materiellen Voraussetzung ist es für die Führung der Personalakten (einschließl. deren Speicherung, Veränderung, Übermittlung und Löschung) unerhebl., ob die Daten in automatisierter Form verarbeitet werden oder ob es sich um herkömml. Handakten in Papierform handelt (§ 32 I, II, § 3 II BDSG). Dagegen finden die **übrigen Vorschr. des Dritten Abschn. des BDSG** (Informations- und Korrekturrechte der Betroffenen) auf **Papierakten** nach BAG-Rspr mit Blick auf den Wortlaut des § 32 II BSDG keine Anwendung. Nur gleichförmig strukturierte, manuell auswertbar geführte Aktenbestände mit personenbezogenem Dateninhalt, soweit sie einen gleichartigen Aufbau aufwiesen, der einen leichten Zugriff auf die Daten ermögliche, unterfielen dem BDSG, zB Personalkarteien (BAG 16.11.2010 NZA 2011, 453). Somit können AN Ansprüche auf Auskunft, Berichtigung, Löschung und Sperrung aus §§ 34, 34 BDSG nur dann geltend machen, wenn die Personalakte nach vorst. Grundsätzen in den Anwendungsbereich des BDSG fällt (vgl. unten Rn. 13). IÜ verbleibt es bei den unter Rn. 6 genannten allg. Ansprüchen (näheres § 32 BDSG Rn. 1 ff).

Zu den **Rechtsvorschriften außerhalb des BDSG,** die eine Verarbeitung und Nutzung von Daten zulassen, zählen die dem AG obliegenden Auskunfts- und Meldepflichten (*Fitting* Rn. 29) sowie TV und BV (BAG 27.5.1986 AP BetrVG 1972 § 87 Überwachung Nr. 15). Letztere können auch die im BDSG normierten Zulässigkeitsvoraussetzungen der Datenverarbeitung weiter einschränken, sofern dies nach eigenen, an sachl. Gesichtspunkten orientierten Zulässigkeitsvoraussetzungen erfolgt (*Fitting* Rn. 30). 11

Die **Einwilligung des Betroffenen** kann nur eine rechtl. Grdl. für die Verarbeitung oder Nutzung solcher Daten schaffen, die in objektivem Zusammenhang mit dem ArbVerh. stehen und an deren Kenntnis der AG ein objektiv gerechtfertigtes Interesse hat (*Fitting* Rn. 28). Auch lässt die Einwilligung ein in einer höherrangigen Norm enthaltenes Verbot der Verarbeitung von Daten unberührt. 12

Das BDSG gewährt dem Betroffenen in Zusammenhang mit der Verarbeitung seiner Daten bestimmte **Schutzrechte.** § 34 I Nr. 1 bis 3 enthalten Ansprüche des AN auf Auskunft über die zu seiner Person gespeicherten Daten und den Zweck der Speicherung, denen allerdings das Einsichtsrecht aus § 83 vorgeht (ArbG BE 24.9.1987 BB 1988, 70). Dagegen stehen neben § 83 die Rechte auf Benachrichtigung des Betroffenen von der erstmaligen Speicherung und der Art der Daten (§ 33 I BDSG), auf Korrektur unrichtiger personenbezogener Daten (§ 35 I BDSG) sowie auf Löschung in den Fällen des § 35 II Nr. 1 bis 4 BDSG bzw. auf Sperrung gem. § 35 III und IV BDSG, wenn eine Löschung ausnahmsweise ausscheidet. 13

7. Streitigkeiten. Streitigkeiten zwischen AG und AN über die in § 83 gewährten Rechte sind im arbeitsgerichtl. Urteilsverfahren auszutragen (*Fitting* Rn. 42). Das Urteilsverfahren ist auch maßgebl. bei Auseinandersetzungen über die Rechte des AN aus dem BDSG, sowie wenn dieser die Entfernung unrichtiger Angaben aus der Personalakte verlangt. Den Anspruch auf Hinzuziehung eines BRmitglieds bei der Einsichtnahme kann der AN nicht gerichtl. durchsetzen (*Fitting* Rn. 43). Streitigkeiten zwischen dem BR und dem AG über eine BV zum Zwecke der weiteren Ausgestaltung des § 83 sind im BeschlV auszutragen. 14

§ 84 Beschwerderecht

(1) [1] Jeder Arbeitnehmer hat das Recht, sich bei den zuständigen Stellen des Betriebs zu beschweren, wenn er sich vom Arbeitgeber oder von Arbeitnehmern des Betriebs benachteiligt oder ungerecht behandelt oder in sonstiger Weise beeinträchtigt fühlt. [2] Er kann ein Mitglied des Betriebsrats zur Unterstützung oder Vermittlung hinzuziehen.

(2) Der Arbeitgeber hat den Arbeitnehmer über die Behandlung der Beschwerde zu bescheiden und, soweit er die Beschwerde für berechtigt erachtet, ihr abzuhelfen.

(3) Wegen der Erhebung einer Beschwerde dürfen dem Arbeitnehmer keine Nachteile entstehen.

1. Vorbemerkung. Das Recht des AN zur Beschwerde und die Pflicht des AG, den AN über die Behandlung der Beschwerde zu bescheiden, ergibt sich unabhängig von der ges. Anordnung aus der **arbeitsvertragl. Fürsorgepflicht.** Aus diesem individualrechtl. Charakter folgt, dass das Beschwerderecht auch für nicht betriebsratsfähige und betriebsratslose Betriebe gilt (DKKW/*Buschmann* Rn. 2; aA *Worzalla* NZA 1994, 1019). Einen betriebsverfassungsrechtl. Bezug erhält das Beschwerderecht nur durch die Möglichkeit der Zuziehung eines Mitglieds des BR gem. § 84 I 2 und das bes. Beschwerdeverfahren gem. § 85. Für leitende Angestellte gilt § 26 SprAuG. Die Beschwerdemöglichkeit besteht unabhängig von einem Klagerecht des einzelnen AN vor den ArbG. Bei einer Klage ohne vorherige Beschwerde oder anderweitige Geltendmachung droht allerdings bei sofortigem Anerkenntnis die Kostenfolge des § 93 ZPO. Andererseits werden ges. Fristen durch die Beschwerde nicht gehemmt. Zur Wahrung tarifl. Ausschlussfristen genügt die Beschwerde, wenn ledigl. eine schlichte Geltendmachung des Anspruchs verlangt wird (GK-BetrVG/*Franzen* Rn. 19; DKKW/*Buschmann* Rn. 3). 1

2 Abgesehen von der klageweisen Geltendmachung von Rechtsansprüchen sind Vorstellungen oder Beschwerden bei **außerbetriebl. Stellen** regelm. erst nach Erschöpfung der betriebl. Beschwerdemöglichkeiten zulässig (BAG 3.7.2003 AP KSchG 1969 § 1 KSchG verhaltensbedingte Kündigung Nr. 45; GK-BetrVG/*Franzen* Rn. 9; *Fitting* Rn. 1; aA DKKW/*Buschmann* Rn. 4 f.). § 17 II ArbSchG bestimmt dies für seinen Anwendungsbereich ausdrückl. Ausnahmen sind denkbar, wenn Straftaten des AG oder sonstige erhebl. Gefährdungen unmittelbar bevorstehen und ohnehin nicht mit einer Abhilfe seitens des AG zu rechnen ist (vgl. auch *Preis/Reinfeld* AuR 1989, 361, 372).

3 Neben dem betriebsverfassungsrechtl. Beschwerderecht gewährt § 13 AGG das Recht, sich bei den zuständigen Stellen des Betriebs, des Unternehmens oder der Dienststelle zu beschweren, wenn sich Beschäftigte im Zusammenhang mit ihrem BeschVerh vom AG, von Vorgesetzten, anderen Beschäftigten oder Dritten wegen eines der in § 1 AGG genannten Gründe benachteiligt fühlen. Gem. § 13 II AGG bleiben die Rechte der Arbeitnehmervertretungen, also § 84, 85 BetrVG, unberührt. Der sich diskriminiert fühlende AN kann deshalb auch eine Beschwerde nach §§ 84 ff. BetrVG erheben und auf diese Weise die im AGG nicht vorgesehene Möglichkeit der Hinzuziehung eines BR Mitglieds ausschöpfen. Zum Inhalt des Beschwerderechts nach dem AGG s. § 13 AGG Rn. 1 ff. Zu der Frage, ob dem BR bzgl. der Einrichtung der Beschwerdestelle gem. § 13 AGG ein Mitbestimmungsrecht zusteht, s. auch § 87 Rn. 13.

4 **2. Beschwerdegegenstand.** Gegenstand der Beschwerde kann jede Benachteiligung, ungerechte Behandlung oder sonstige Beeinträchtigung des einzelnen AN sein. Nach dem eindeutigen Wortlaut der Vorschr. („beeinträchtigt fühlt") kommt es allein auf das **subjektive Empfinden** des AN an (Richardi/*Thüsing* Rn. 5). Voraussetzung für die Beschwerdemöglichkeit ist, dass eine individuelle Position des einzelnen AN berührt ist. Ausgeschlossen ist deshalb die sog. **Popularbeschwerde** (LAG SH 21.12.1989 NZA 1990, 703; *Nebendahl/Lunk* NZA 1990, 676). Allein die Tatsache, dass eine Beschwerde von mehreren AN gleichzeitig vorgetragen wird, begr. noch nicht das Vorliegen einer unzulässigen Popularbeschwerde. Die Grenze ist erst dann erreicht, wenn der gerügte Missstand keinen Bezug zur individuellen Stellung des jeweiligen einzelnen Beschwerdeführers im Betrieb aufweist, etwa wenn ledigl. das allg. Betriebsklima oder das unzureichende Sicherheitsniveau gerügt werden (*Nebendahl/Lunk* NZA 1990, 676, 677).

5 Soweit keine unzulässige Popularbeschwerde vorliegt, kann die **Beeinträchtigung des AN** in einer vermeintl. Vereitelung von Rechtsansprüchen bestehen (zB Verstoß gegen die Grundsätze des § 75, insb. den Gleichbehandlungsgrundsatz, falsche Eingruppierung, unberechtigte Abmahnung); die Beeinträchtigung kann sich auch auf betriebsverfassungsrechtl. Regelungsfragen beziehen (Lage der AZ, Rauchverbot am Arbeitsplatz, Essensqualität in der Werkskantine) oder rein tatsächl. Beeinträchtigungen zum Gegenstand haben (st. Zuweisung bes. unangenehmer Arbeiten, Arbeitsüberlastung, Mobbing). Diese Beeinträchtigungen werden vielfach vom AG oder anderen Vorgesetzten des AN ausgehen. Gerügt werden können aber auch Beeinträchtigungen von Arbeitskollegen (zB Intrigen, Übergriffe in fremde Arbeitsbereiche, Schikane; sonstiges Mobbing). Es muss stets um die Abstellung negativ bewerteter Zustände gehen. Das Ausbleiben von Vorteilen kann nur Beschwerdegegenstand sein, wenn auf sie ein Rechtsanspruch besteht, insb. unter dem Aspekt der Gleichbehandlung. Nicht von § 84 erfasst werden Beschwerden gegen den BR oder einzelne BRmitglieder. Insoweit ist nur ein Antrag nach § 23 I mögl. (*Fitting* Rn. 12; GK-BetrVG/*Franzen* Rn. 14, 15).

6 **3. Beschwerdeverfahren.** Die Beschwerde ist bei der zust. Stelle des Betriebes einzulegen. Dies ist regelm. der unmittelbare Vorgesetzte, soweit keine bes. Regelung gem. § 86 S. 1 durch BV oder TV getroffen ist. Gem. § 84 I 2 kann der AN ein Mitglied des BR zur Unterstützung oder Vermittlung hinzuziehen. Weigert sich das vom AN ausgewählte BRmitglied, kann der AN dessen Unterstützung nicht gerichtl. erzwingen; außer bei querulatorischen Beschwerden liegt jedoch eine Verletzung der ges. Pflichten des BRmitglieds vor, so dass ein Verfahren nach § 23 I in Betracht kommt.

7 Die **Prüfung der Beschwerde** obliegt gem. § 84 II dem AG. Dieser hat selbst oder durch einen bevollmächtigten Vertreter die Berechtigung der Beschwerde zu prüfen und den AN über das Erg. zu unterrichten. Bei längerer Dauer der Prüfung ist ein Zwischenbescheid zu geben (*Fitting* Rn. 15; GK-BetrVG/*Franzen* Rn. 27; DKKW/*Buschmann* Rn. 28). Mit durch die Sache nicht gerechtfertigten Beleidigungen vorgebrachte Beschwerden sind rechtsmissbräuchl.; sie müssen nicht beschieden werden. Erkennt der AG die Berechtigung der Beschwerde an, so ist er durch diese Selbstbindung zur Abhilfe verpflichtet, soweit die Möglichkeit der Abhilfe in seinem Einflussbereich liegt. Der AG geht insofern eine vertragl. Verpflichtung ein, aus der ein **Rechtsanspruch des AN** erwächst (*Fitting* Rn. 18; *v. Hoyningen-Huene* BB 1991, 2217). Hilft der AG der Beschwerde nicht ab, so ist er dem AN ggü. verpflichtet, seine Entscheidung zu begründen (*Fitting* Rn. 16). Der AN hat die Entscheidung des AG hinzunehmen, vorbehaltl. einer Anrufung der Einigungsstelle gem. § 85. Nur wenn Gegenstand der Beschwerde ein Rechtsanspruch war, bleibt dem AN die Möglichkeit, seinen Anspruch im Klageweg weiter zu verfolgen.

8 **4. Benachteiligungsverbot.** Gem. § 84 III dürfen dem AN wegen der Erhebung einer Beschwerde keine Nachteile entstehen, auch keine Entgeltminderung (*Hallmen,* Die Beschwerde des AN als Instru-

ment innerbetriebl. Konfliktsregelung, 1997, 26 ff.). Die Vorschr. stellt eine Spezialregelung des allgemeinen Maßregelungsverbots gem. § 612a BGB dar. Eine Kündigung oder andere Sanktion allein für die Beschwerdeerhebung ist unwirksam (*Fitting* Rn. 21). Etwas anderes kann sich allerdings aus den Begleitumständen der Beschwerde ergeben. Haltlose Vorwürfe, insb. wenn sie in beleidigender Form vorgetragen sind, können ggf. eine Abmahnung oder auch Kündigung rechtfertigen (DKKW/*Buschmann* Rn. 34; GK-BetrVG/*Franzen* Rn. 34). § 84 III ist Schutzgesetz iSd. § 823 II BGB. Maßnahmen des AG, die gegen das Benachteiligungsverbot verstoßen, können deshalb Schadensersatzansprüche auslösen (*Fitting* Rn. 21).

5. Streitigkeiten. Der AN kann auf Entgegennahme und Bescheidung seiner Beschwerde klagen, jedoch keine konkrete Beschwerdeentscheidung erzwingen. Erkennt der AG eine Beschwerde an, kann der AN bei Weigerung zur Abhilfe auch diese gerichtl. erzwingen. Bei der Zuziehung von BRmitgliedern ist zu unterscheiden: Weigert sich ein BRmitglied, die Beschwerde eines AN zu unterstützen, kann dessen Mitwirkung gerichtl. nicht erzwungen werden (Rn. 6). Weigert sich dagegen der AG, ein vom AN ausgewähltes BRmitglied zu beteiligen, steht dem AN die Möglichkeit offen, dessen Hinzuziehung gerichtl. zu erzwingen (*Fitting* Rn. 22). Sämtl. Ansprüche, auch der Anspruch auf Hinzuziehung eines BRmitglieds (BAG 24.4.1979 AP BetrVG 1972 § 82 Nr. 1), sind im Urteilsverfahren geltend zu machen. 9

Bei einer Beschwerde eines AN über einen anderen ist fragl., ob der AG ggü. dem Beschuldigten die Person des Beschwerdeführers „outen" muss. Dies ist jdf. dann zu bejahen, wenn der AG auf Grund der Vorwürfe die Verhängung konkreter Maßnahmen wie Abmahnung oder Kündigung plant (ausf. *Hallmen*, S. 45 ff.; GK-BetrVG/*Franzen* Rn. 23). 10

§ 85 Behandlung von Beschwerden durch den Betriebsrat

(1) **Der Betriebsrat hat Beschwerden von Arbeitnehmern entgegenzunehmen und, falls er sie für berechtigt erachtet, beim Arbeitgeber auf Abhilfe hinzuwirken.**

(2) [1] **Bestehen zwischen Betriebsrat und Arbeitgeber Meinungsverschiedenheiten über die Berechtigung der Beschwerde, so kann der Betriebsrat die Einigungsstelle anrufen.** [2] **Der Spruch der Einigungsstelle ersetzt die Einigung zwischen Arbeitgeber und Betriebsrat.** [3] **Dies gilt nicht, soweit Gegenstand der Beschwerde ein Rechtsanspruch ist.**

(3) [1] **Der Arbeitgeber hat den Betriebsrat über die Behandlung der Beschwerde zu unterrichten.** [2] **§ 84 Abs. 2 bleibt unberührt.**

1. Verhältnis zu § 84. Die Vorschr. des § 85 ergänzt die des § 84, dessen Voraussetzungen gegeben sein müssen. Dem AN steht es frei, zunächst ein eigenes Beschwerdeverfahren gem. § 84 einzulegen oder unmittelbar die Beschwerde in die Hand des BR zu geben. Wählt der AN den Weg über § 85, wird das individuelle zum kollektiven, betriebsverfassungsrechtl. Beschwerdeverfahren (*Fitting* Rn. 1; Richardi/*Thüsing* Rn. 3; aA GK-BetrVG/Franzen Rn. 4). 1

2. Einlegung und Annahme der Beschwerde. Die Beschwerde ist grds. an den BR als Gremium zu richten. Etwas anderes gilt, wenn der BR gem. § 28 einen bes. (Beschwerde-)Ausschuss gebildet hat. Der BR bzw. der Ausschuss muss sich mit der Beschwerde befassen und über ihre Berechtigung einen Beschl. fassen. Ist der BR der Ansicht, die Beschwerde sei nicht berechtigt, hat er den AN mit Begründung zu unterrichten (*Fitting* Rn. 3). Ein weiteres Tätigwerden des BR kann vom AN nicht erzwungen werden. Auch hier bleibt nur die Möglichkeit, ggf. ein Verfahren nach § 23 I einzuleiten (DKKW/*Buschmann* Rn. 12). 2

Nimmt der BR die Beschwerde an, hat er zunächst beim AG auf Abhilfe hinzuwirken (Abs. 1). Der AG hat mit dem BR über die Erledigung der Beschwerde zu **verhandeln.** Kommt es dabei nicht zu einer Einigung über die Berechtigung oder Nichtberechtigung der Beschwerde, bleibt ggf. die Möglichkeit der Anrufung der **Einigungsstelle** gem. Abs. 2, wobei das G danach unterscheidet, ob Beschwerdegegenstand ein Rechtsanspruch oder eine sonstige Beeinträchtigung des AN ist. Die Anrufung der Einigungsstelle ist nicht von der ausdrückl. Zustimmung des betroffenen AN abhängig. Dieser sollte aber in die Verhandlung zwischen AG und BR einbezogen werden; er ist von der Einigungsstelle zumindest anzuhören (BAG 28.6.1984 AP BetrVG 1972 § 85 Nr. 1) (. Zudem behält der betroffene AN insofern die Herrschaft über das Verfahren, als er jederzeit seine Beschwerde zurücknehmen und damit das weitere Verfahren hinfällig machen kann (*Fitting* Rn. 4). Sein Name muss dem AG auf Verlangen offenbart werden (*Hallmen*, S. 91). 3

3. Zuständigkeit der Einigungsstelle. Soweit Gegenstand der Beschwerde ein **Rechtsanspruch** ist, ergibt sich aus Abs. 2 S. 3 eindeutig, dass ein die Einigung der Betriebspartner ersetzender Spruch der Einigungsstelle nicht ergehen kann. Umstritten ist dagegen, ob beim Streit um Rechtsansprüche dem BR schon die Möglichkeit der einseitigen Anrufung der Einigungsstelle verwehrt ist. *Buschmann* (DKKW/*Buschmann* Rn. 10) bejaht diese Möglichkeit. Zur Begründung macht er geltend, dass sich 4

Abs. 2 S. 3 nur auf S. 2 der Regelung beziehe, und verweist auf das erzwingbare Einigungsstellenverfahren mit nicht verbindl. Spruch der Einigungsstelle beim Interessenausgleich (§ 112 III). Das Einigungsstellenverfahren beim Interessenausgleich macht aber deswegen Sinn, weil dem BR ausschließl. diese (verfahrensmäßige) Möglichkeit der Einflussnahme auf die geplante Betriebsänderung offen steht. Soweit es iRd. § 85 um Rechtsansprüche geht, ist eine solche Einflussnahmemöglichkeit dagegen überflüssig, weil der betroffene AN seine Rechtsansprüche gerichtl. geltend machen kann. Die hM verneint deswegen zu Recht schon die Möglichkeit der einseitigen Anrufung der Einigungsstelle (BAG 28.6.1984 AP BetrVG 1972 § 85 Nr. 1; LAG M 6.3.1997 LAGE BetrVG § 85 Nr. 4; GK-BetrVG/*Franzen* Rn. 14).

5 Der **Ausschluss des erzwingbaren Einigungsstellenverfahrens** betrifft zunächst eindeutig in Gesetzen, TV, BV oder individualvertragl. Regelungen festgeschriebene Ansprüche und Rechte, etwa wenn sich ein AN beschwert, weil der AG den vereinbarten Lohn nicht zahlt, die Kündigung erklärt oder den tarifl. Urlaub nicht gewährt. Dasselbe gilt für Rechtsansprüche, die von der Rspr. entwickelt und anerkannt sind. Bsp. hierfür ist etwa der Anspruch auf Rücknahme einer unberechtigten Abmahnung (LAG RP 17.1.1985 NZA 1985, 190; LAG BE 19.8.1988 LAGE ArbGG 1972 § 98 Nr. 11; aA LAG K 16.11.1984 BB 1985, 524; LAG Hamburg 10.7.1985 BB 1985, 1729) oder Gleichbehandlung (LAG M LAGE BetrVG § 85 Nr. 4). **Eindeutig zust.** ist dagegen die Einigungsstelle, soweit es um rein tatsächl. Beschwerdegegenstände geht, wie die ständige Zuweisung bes. schmutziger oder unangenehmer Arbeiten, die subjektiv empfundene Unwürdigkeit von Arbeiten oder Arbeitsüberlastung (LAG BW 13.3.2000 AiB 2000, 760). Den **Grenzfall** bilden Beschwerdegegenstände, die zwar möglicherweise unter dem Gesichtspunkt der „Fürsorgepflicht" Nebenpflichten des AG und damit eventuell auch Rechtsansprüche des AN begründen, bei denen es aber bislang an der notwendigen Konkretisierung und Absicherung durch die Rspr. fehlt. Würde man auch in diesen Fällen den AN auf den (unsicheren) Weg vor den AG verweisen, würde das durch die Einigungsstelle durchsetzbare Beschwerderecht des AN weitgehend leer laufen. Deshalb ist die Einigungsstelle schon dann zu bilden, wenn zweifelhaft oder nicht ganz sicher ist, dass aus dem vom AN vorgetragenen Beschwerdegrund ein diesen beseitigender Rechtsanspruch entspringen kann. Nur wenn offensichtl. (Rechtsgedanke des § 98 I ArbGG) ein Rechtsanspruch besteht, ist die Einigungsstelle unzuständig (LAG D 21.12.1993 NZA 1994, 767; Hess. LAG 15.9.1992 LAGE ArbGG 1979 Nr. 26; *Hallmen* S. 116 ff.; aA *Hunold* DB 1993, 2282, 2285). Mobbing kann deshalb Gegenstand des Verfahrens sein (so BAG 15.1.1997 NZA 1997, 781 zu § 37 VI, allerdings ohne Auseinandersetzung mit einem Ausschluss des Verfahrens wegen bestehenden Rechtsanspruchs; ebenso ArbG Kiel 27.2.1997 NZA-RR 1998, 212; DKKW/*Buschmann* Rn. 19). Ein Ausschluss des Verfahrens kann sich auch aus der Sonderregelung der einzelnen Mitbestimmungsrechte ergeben (*Hallmen* S. 128 ff.; ; im Grundsatz auch DKKW/*Buschmann* Rn. 3, 14).

6 **4. Rechtsfolgen.** Erkennt der AG entweder nach Verhandlung mit dem BR die Berechtigung der Beschwerde an oder ersetzt die Einigungsstelle die Einigung zwischen BR und AG dahin, dass die Beschwerde als berechtigt gilt, so hat der AG der Beschwerde **abzuhelfen,** wenn dies im Rahmen seiner Einflussmöglichkeiten liegt. Ebenso wie im Fall der Anerkennung der Berechtigung der Beschwerde nach § 84 entsteht ein ggf. im Klagewege durchsetzbarer Rechtsanspruch des einzelnen AN (DKKW/*Buschmann* Rn. 25; *Fitting* Rn. 9). Die Art und Weise der Abhilfe bestimmt der AG. Der BR kann die Abhilfe der Beschwerde nicht verlangen. § 77 I bildet insofern keine Anspruchsgrundlage, denn der aus dem Einigungsstellenspruch folgende Abhilfeanspruch ist individualrechtl. Natur (*Fitting* Rn. 6, 9; aA DKKW/*Buschmann* Rn. 26). Die Einigungsstelle ist insoweit offensichtl. unzuständig (LAG D 29.6.2000, 5 TaBV 42/00).

7 Über die Behandlung der Beschwerde, insb. über die Art der Abhilfe, hat der AG den BR (§ 85 III 1) und den betreffenden AN zu **unterrichten.** Dies gilt auch bei Ablehnung der Beschwerde im Einvernehmen von AG und BR oder durch Spruch der Einigungsstelle (*Fitting* Rn. 10).

§ 86 Ergänzende Vereinbarungen

[1] Durch Tarifvertrag oder Betriebsvereinbarung können die Einzelheiten des Beschwerdeverfahrens geregelt werden. [2] Hierbei kann bestimmt werden, dass in den Fällen des § 85 Abs. 2 an die Stelle der Einigungsstelle eine betriebliche Beschwerdestelle tritt.

1 Die durch § 86 eingeräumte Möglichkeit, durch TV oder BV Einzelheiten des Beschwerdeverfahrens zu regeln, bezieht sich sowohl auf das Verfahren nach § 84 als auch auf das nach § 85. BV oder TV können etwa **Regelungen** enthalten über die Festlegung der „zuständigen Stelle" iSd. § 84 I, die Bestimmung von Formen oder Fristen für die Behandlung von Beschwerden, die Einrichtung eines betriebl. Instanzenzuges oder Besetzung und Geschäftsordnung der Einigungsstelle nach § 85 II. Ausdrückl. räumt S. 2 darüber hinaus die Möglichkeit ein, anstelle der in § 85 II vorgesehenen Einigungsstelle eine **betriebl. Beschwerdestelle** einzurichten. Soweit deren Zusammensetzung, Verfahrens- und Geschäftsordnung geregelt werden, muss gewährleistet sein, dass BR und AG ein gleichgewichtiger Einfluss eingeräumt ist (*Fitting* Rn. 4). Die Möglichkeit der Einrichtung einer be-

triebl. Beschwerdestelle nach S. 2 schließt nicht die Ersetzung der Einigungsstelle durch eine **tarifl. Schlichtungsstelle** gem. § 76 VIII aus. S. 2 will nur eine zusätzl. (dritte) Möglichkeit für die Entscheidung über die Beschwerde schaffen (DKKW/*Buschmann* Rn. 4; *Fitting* Rn. 5; aA Richardi/*Thüsing* Rn. 10; GK-BetrVG/*Franzen* Rn. 7). Da sich die durch § 86 eingeräumte Regelungsmacht nur auf die „Einzelheiten des Beschwerdeverfahrens" erstreckt, kann die Zuständigkeit der Einigungs-, Schlichtungs- oder Beschwerdestelle nicht durch TV oder BV verändert werden (DKKW/*Buschmann* Rn. 4). Unzulässig ist es auch, durch BV oder TV zwgd. festzulegen, dass der AN vor Anrufung des ArbG den betriebl. Beschwerdeweg ausgeschöpft haben muss (*Moll/Klunker* RdA 1973, 361, 368).

TV nach § 86 enthalten Rechtsnormen über betriebl. und betriebsverfassungsrechtl. Fragen iSd. § 1 I 2
TVG und gelten deshalb gem. § 3 II TVG für alle AN des Betriebs, auch die Außenseiter. Voraussetzung für die Geltung ist allein die Tarifgebundenheit des AG. Für den Abschluss von BV räumt § 86 kein erzwingbares Mitbestimmungsrecht ein. Besteht sowohl eine (freiwillige) BV nach § 86 als auch eine tarifl. Regelung, geht diese vor. Bloße **Tarifüblichkeit** sperrt dagegen den Abschluss einer BV nicht, da es sich bei Regelungen nach § 86 nicht um Arbeitsbedingungen iSd. § 77 III handelt (*Fitting* Rn. 2). Deshalb kann eine BV auch dann das Beschwerdeverfahren näher regeln, wenn ein entspr. TV nur noch kraft Nachwirkung gilt (*Fitting* Rn. 2; DKKW/*Buschmann* Rn. 3).

§ 86a Vorschlagsrecht der Arbeitnehmer

[1] Jeder Arbeitnehmer hat das Recht, dem Betriebsrat Themen zur Beratung vorzuschlagen. [2] Wird ein Vorschlag von mindestens 5 vom Hundert der Arbeitnehmer des Betriebs unterstützt, hat der Betriebsrat diesen innerhalb von zwei Monaten auf die Tagesordnung einer Betriebsratssitzung zu setzen.

Das durch das ReformG eingeführte Vorschlagsrecht (s. *Wiese* BB 2001, 2267) und das Recht zu 1
einer Unterstützung steht allen AN des Betriebes zu, außer den leitenden Angestellten. Es muss sich iRd. funktionellen Zuständigkeit des BR gem. §§ 80 ff. halten (s. *Veit,* Die funktionelle Zuständigkeit des BR, 1998, allerdings zu sehr auf die BV fixiert). Die notwendige Unterschriftensammlung kann während der AZ durchgeführt werden (*Fitting* Rn. 5), aber nur, soweit dies unumgängl. ist.

Auf GBR und KBR ist die Vorschr. nicht anwendbar. Auch besteht kein individueller Rechts- 2
anspruch auf entspr. Handeln des BR (*Fitting* Rn. 11).

Dritter Abschnitt. Soziale Angelegenheiten

§ 87 Mitbestimmungsrechte

(1) **Der Betriebsrat hat, soweit eine gesetzliche oder tarifliche Regelung nicht besteht, in folgenden Angelegenheiten mitzubestimmen:**

1. **Fragen der Ordnung des Betriebs und des Verhaltens der Arbeitnehmer im Betrieb;**
2. **Beginn und Ende der täglichen Arbeitszeit einschließlich der Pausen sowie Verteilung der Arbeitszeit auf die einzelnen Wochentage;**
3. **Vorübergehende Verkürzung oder Verlängerung der betriebsüblichen Arbeitszeit;**
4. **Zeit, Ort und Art der Auszahlung der Arbeitsentgelte;**
5. **Aufstellung allgemeiner Urlaubsgrundsätze und des Urlaubsplans sowie die Festsetzung der zeitlichen Lage des Urlaubs für einzelne Arbeitnehmer, wenn zwischen dem Arbeitgeber und den beteiligten Arbeitnehmern kein Einverständnis erzielt wird;**
6. **Einführung und Anwendung von technischen Einrichtungen, die dazu bestimmt sind, das Verhalten oder die Leistung der Arbeitnehmer zu überwachen;**
7. **Regelungen über die Verhütung von Arbeitsunfällen und Berufskrankheiten sowie über den Gesundheitsschutz im Rahmen der gesetzlichen Vorschriften oder der Unfallverhütungsvorschriften;**
8. **Form, Ausgestaltung und Verwaltung von Sozialeinrichtungen, deren Wirkungsbereich auf den Betrieb, das Unternehmen oder den Konzern beschränkt ist;**
9. **Zuweisung und Kündigung von Wohnräumen, die den Arbeitnehmern mit Rücksicht auf das Bestehen eines Arbeitsverhältnisses vermietet werden, sowie die allgemeine Festlegung der Nutzungsbedingungen;**
10. **Fragen der betrieblichen Lohngestaltung, insbesondere die Aufstellung von Entlohnungsgrundsätzen und die Einführung und Anwendung von neuen Entlohnungsmethoden sowie deren Änderung;**
11. **Festsetzung der Akkord- und Prämiensätze und vergleichbarer leistungsbezogener Entgelte, einschließlich der Geldfaktoren;**
12. **Grundsätze über das betriebliche Vorschlagswesen;**

13. **Grundsätze über die Durchführung von Gruppenarbeit; Gruppenarbeit im Sinne dieser Vorschrift liegt vor, wenn im Rahmen des betrieblichen Arbeitsablaufs eine Gruppe von Arbeitnehmern eine ihr übertragene Gesamtaufgabe im Wesentlichen eigenverantwortlich erledigt.**

(2) [1]**Kommt eine Einigung über eine Angelegenheit nach Absatz 1 nicht zustande, so entscheidet die Einigungsstelle.** [2]**Der Spruch der Einigungsstelle ersetzt die Einigung zwischen Arbeitgeber und Betriebsrat.**

Übersicht

I. Vorbemerkung

1 Die Vorschr. betrifft den **Kernbereich der Mitbestimmung** der AN nach dem BetrVG. In den in Nr. 1 bis 13 geregelten Angelegenheiten hat der BR ein erzwingbares Mitbestimmungsrecht. Dadurch sollen die AN va. in den zentralen Angelegenheiten des § 87 I vor einseitigen Anordnungen im Wege des Direktionsrechts durch den AG geschützt werden; die einseitige Anordnung wird durch die einverständliche Regelung zwischen BR und AG ersetzt, die ggf. über die Einigungsstelle erzwungen werden kann.

2 Der Katalog der Mitbestimmungstatbestände, in denen das erzwingbare Mitbestimmungsrecht besteht, ist abschließend. Die Vorschr. erweitert die Mitbestimmung in sozialen Angelegenheiten ggü. der Vorgängerregelung in § 56 BetrVG 1952 erhebl. Gleichzeitig ist durch die Neuregelung die früher kontrovers diskutierte Frage, ob sich die Mitbestimmungsrechte nur auf **formelle oder auch auf materielle Arbeitsbedingungen** erstrecken, gegenstandslos geworden. Ob materielle oder formelle Arbeitsbedingungen Gegenstand des Mitbestimmungsrechts sind, hängt von dem einzelnen Mitbestimmungstatbestand ab (BAG 13.3.1973 AP BetrVG 1972 § 87 Werkmietwohnungen Nr. 8 und 9;

29.3.1977 AP BetrVG 1972 § 87 Provision Nr. 1; *Fitting* Rn. 20). Die Erweiterung erzwingbarer Mitbestimmungsrechte in sozialen Angelegenheiten durch TV oder durch (freiwillige) BV ist grundsätzl. zulässig.

Zentrales **Mittel zur Ausübung der Mitbestimmung** nach § 87 ist die BV, da nur durch sie unmittelbare Rechte und Pflichten für AG und AN ausgelöst werden (§ 77 IV). Zwingend ist der Abschluss einer BV nicht. Soweit es nur um die Wahrung des Mitbestimmungsrechts und nicht um die Einräumung unmittelbar und zwgd. geltender Rechte und Pflichten geht, kann auch die formlose Regelungsabrede (näher dazu § 77 Rn. 127) das geeignete Mittel sein (BAG 24.4.2001 EzA § 87 BetrVG 1972 Betriebl. Lohngestaltung Nr. 71). Kommt zwischen AG und BR eine Einigung über eine Angelegenheit nach Abs. 1 nicht zustande, entscheidet die **Einigungsstelle,** deren Spruch die Einigung zwischen AG und BR ersetzt (Abs. 2). Solange eine mitbestimmte Regelung läuft, kann eine neue nicht erzwungen, aber schon verhandelt werden (DKKW/*Berg* § 77 Rn. 114). 3

II. Allgemeine Voraussetzungen

1. Anwendungsbereich. Persönl. gilt das Mitbestimmungsrecht gem. § 87 für alle **AN** iSd. § 5 I, also auch für außertarifl. Angestellte (AT-Angestellte). Im Hinblick auf das definitionsmäßige Fehlen einschlägiger tarifl. Regelungen besteht insofern sogar ein erweitertes Mitbestimmungsrecht. Für eine Einschränkung der Mitbestimmungsrechte ggü. AT-Angestellten findet sich im G keine Stütze (BAG 11.2.1992 AP BetrVG 1972 § 76 Nr. 50). Kein Mitbestimmungsrecht besteht ggü. leitenden Angestellten gem. § 5 III. 4

LeihAN gelten betriebsverfassungsrechtl. nur eingeschränkt als AN des Entleiherbetriebs; sie bleiben auch während der Zeit ihrer Arbeitsleistung bei einem Entleiher Angehörige des entsendenden Betriebs und sind bei der BRwahl im Entleiherbetrieb wahlberechtigt, wenn sie länger als drei Monate dort eingesetzt werden (§ 7 Satz 2). Mitbestimmungsrechte gem. § 87 I können sich dann auf LeihAN erstrecken, wenn der Normzweck und das dem Entleiher zustehende Weisungsrecht eine betriebsverfassungsrechtl. Zuordnung der LeihAN auch zum Entleiherbetrieb erforderl. machen, weil ansonsten diese AN ohne kollektiven Schutz durch eine Interessenvertretung der AN blieben (BAG 24.8.2016, NZA 2017, 269; *Fitting* Rn. 11). Das BAG hat eine Erstreckung des Mitbestimmungsrechts nach § 87 I Nr. 2 auf LeihAN bejaht (BAG 15.12.1992 AP AÜG § 14 Nr. 7). Dasselbe dürfte gelten für die Mitbestimmungstatbestände gem. Nr. 1, Nr. 6, Nr. 7 (dazu BAG 7.6.2016, NZA 2016, 1420) und Nr. 8, nicht dagegen für Mitbestimmungstatbestände aus dem Bereich der Vergütung (Nr. 4, Nr. 10, Nr. 11). Bei Nr. 3 und Nr. 5 ist nach den Umständen des Einzelfalls zu entscheiden (vgl. *Linsenmaier/Kiel* RdA 2014, 135). Für Überstunden durch höhere regelm. AZ beim Entleiher bleibt nach Auff. des BAG der BR des Verleihers zuständig (BAG 19.6.2001 AP BetrVG 1972 § 87 Leiharbeitnehmer Nr. 1) Eine Zuständigkeit des EntleiherBR für **AN eines Werkunternehmers**, die auf dem Betriebsgelände des Kundenunternehmen tätig sind, scheidet wegen der fehlenden Weisungsgebundenheit der AN ggü. dem Kundenunternehmen aus (BAG 21.6.2016, NZA 2016, 498; aA *Hamann/Rudnik* NZA 2016, 1368). 5

2. Kollektive Regelung und Einzelfall. Grds. beziehen sich die Mitbestimmungsrechte nach Abs. 1 nur auf generelle, kollektive Angelegenheiten (*Raab* ZfA 2001, 31; *Wank* FS Wiese 1998, 617). Ausnahmen, in denen auch die Regelung eines Einzelfalles mitbestimmungspflichtig ist, bilden nur Nr. 5 (Urlaub für einzelne AN) und Nr. 9 (Zuweisung und Kündigung von Wohnräumen). Soweit der **kollektive Bezug** Voraussetzung für das Eingreifen des Mitbestimmungsrechts ist, kommt es für die Abgrenzung maßgebl. darauf an, inwiefern sich eine Maßnahme abstrakt auf den ganzen Betrieb oder eine Gruppe von AN oder einen Arbeitsplatz, nicht aber auf einen AN persönl. bezieht (*Fitting* Rn. 16; GK-BetrVG/*Wiese* Rn. 20ff.). Ob Maßnahmen oder Entsch. des AG einen kollektiven Bezug haben, richtet sich nicht nach der Zahl der betroffenen AN; die Zahl ist ledigl. ein Indiz. Nur Vereinbarungen, die den **individuellen Besonderheiten** einzelner ArbVerh. Rechnung tragen und deren Auswirkungen sich auf das ArbVerh. dieses AN beschränken, sind mitbestimmungsfrei (BAG GS 3.12.1991 AP BetrVG 1972 § 87 Lohngestaltung Nr. 51, 52; 22.9.1992 AP BetrVG § 87 Lohngestaltung Nr. 56, 60). Zu Entgelten Rn. 99. 6

3. Eil- und Notfälle. Da im Bereich der sozialen Angelegenheiten anders als zB in § 100 keine Regelungen für vorläufige Maßnahmen existieren, schränkt die Rspr. des BAG das Mitbestimmungsrecht des BR auch in sog. **Eilfällen** nicht ein, in denen eine Regelung umgehend getroffen werden muss (BAG 5.3.1974 AP BetrVG 1972 § 87 Kurzarbeit Nr. 1; 19.2.1991 AP BetrVG 1972 § 87 Arbeitszeit Nr. 42; 17.11.1998 AP BetrVG 1972 § 87 Arbeitszeit Nr. 79). Bsp. ist etwa der plötzl. Bedarf der Anordnung von Überstunden wegen eines unerwarteten und eilig zu erledigenden Auftrags. Um das Mitbestimmungsrecht zu wahren, ist der AG auf eine sofortige Einigung mit dem BR angewiesen. Insb. genügt in solchen Fällen eine formlose Regelungsabrede zur Wahrung des Mitbestimmungsrechts. Gelingt eine solche Einigung nicht, ist der AG nicht berechtigt, vorläufig einseitige Anordnungen zu treffen (*Fitting* Rn. 24; Richardi/*Richardi* Rn. 55, 56). Die eingetretene Zwangslage wird als Erg. mangelhafter Organisation des AG gewertet, das dieser durch den frühzeitigen Abschluss von **Rah-** 7

menBV hätte abfangen können (zu diesen § 77 Rn. 42). Allerdings kann die Eilsituation bei der Beurteilung des Verfügungsgrundes berücksichtigt werden, wenn der BR einstweiligen Rechtsschutz beantragt (s. Rn. 138).

8 Die Mitbestimmungsrechte nach Abs. 1 entfallen dagegen in sog. **echten Notfällen** (LAG HM 23.4.1975 DB 1975, 1515; *Henssler* FS Hanau 1999, 413, 422; *Fitting* Rn. 25). Unter einem Notfall kann in Abgrenzung ggü. dem Eilfall eine plötzl., nicht voraussehbare und schwerwiegende Situation verstanden werden, die zur Verhinderung nicht wieder gutzumachender Schäden zu unaufschiebbaren Maßnahmen zwingt; es muss eine Extremsituation vorliegen (so BAG 2.3.1982 AP BetrVG 1972 § 87 Arbeitszeit Nr. 6). Beispiele hierfür sind etwa Brände, Überschwemmungen oder andere Katastrophen. Ein **rechtl. Notfall** ist anzuerkennen, wenn eine mitbestimmte Regelung fehlt, die von Rechts wegen erforderl. ist, wie zB die Festlegung der AZ.

9 **4. Initiativrecht des Betriebsrats.** Da § 87 I erzwingbare Mitbestimmungsrechte normiert, steht grds. auch dem BR ein Initiativrecht zu; er kann von sich aus die Regelung einer Angelegenheit anstreben und ggf. die Einigungsstelle anrufen (BAG 14.11.1974 AP BetrVG 1972 § 87 Nr. 1). Tw. wird ein Initiativrecht abgelehnt, wenn der BR mit seiner Initiative unmittelbar in die unternehmerische und wirtschaftl. Führung des Betriebs eingreifen würde (*Rüthers* ZfA 1973, 411 ff.; GK-BetrVG/*Wiese* Rn. 146). Das BAG hat jedoch entschieden, dass Mitbestimmungsrechte des BR nicht unter dem Vorbehalt stehen, dass durch sie nicht in die unternehmerische Entscheidungsfreiheit eingegriffen werden dürfe, so dass aus diesem Grund auch eine Einschränkung des Initiativrechts nicht mögl. ist (BAG 31.8.1982 AP BetrVG 1972 § 87 Arbeitszeit Nr. 8; 4.3.1986 AP BetrVG 1972 § 87 Kurzarbeit Nr. 3; 24.11.1987 AP BetrVG 1972 § 87 Akkord Nr. 6). Der BR kann deshalb auch zB die Initiative zur Einführung von Kurzarbeit oder zur Anordnung von Überstunden ergreifen (vgl. BAG 4.3.1986 AP BetrVG 1972 § 87 Kurzarbeit Nr. 3). Eine Einschränkung des Initiativrechts kann sich aus dem Inhalt des Mitbestimmungsrechts selbst ergeben, soweit dies nur eine abwehrende Funktion hat. Deshalb ist der BR nicht berechtigt, die Einführung einer technischen Überwachungseinrichtung zu verlangen, da sein Mitbestimmungsrecht nach Nr. 6 allein dem Schutz der AN vor den Gefahren einer technischen Überwachung dient (BAG 28.11.1989 AP BetrVG 1972 § 87 Initiativrecht Nr. 4; Richardi/*Richardi* Rn. 72). Für Fragen der betriebl. Ordnung iSd. Nr. 1 besteht keine Einschränkung des Initiativrechts (LAG N 10.9.2002 NZA-RR 2003, 197). Zur Einführung von Leistungslohn Rn. 100 ff.

10 **5. Gesetzes- und Tarifvorrang. a) Gesetzliche Regelungen.** Nach § 87 I Eingangssatz bestehen die Mitbestimmungsrechte nach Abs. 1 nur, soweit eine ges. oder tarifl. Regelung nicht besteht. Besteht eine ges. Regelung, sind die Interessen der AN hinreichend durch das G geschützt; für einen weiteren Schutz durch Mitbestimmungsrechte besteht kein Bedürfnis. Wenn der AG keinen Entscheidungsspielraum hat, braucht auch der BR nicht mitzuentscheiden (BAG 24.2.1987 AP BetrVG 1972 § 77 Nr. 21; *Fitting* Rn. 31).

11 Zu den **ges. Regelungen** iSd. § 87 gehören alle Gesetze im materiellen Sinne, solange es sich um zwgd. Recht handelt; dispositive Gesetzesvorschriften entfalten nach hM keine Sperrwirkung (BAG 13.3.1973 AP BetrVG 1972 § 87 Werkmietwohnungen Nr. 1; 26.5.1988 AP BetrVG 1972 § 87 Ordnung des Betriebes Nr. 14). Dagegen spricht, dass zwgd. Recht ohnehin unabänderl. ist, so dass die bes. Sperrwirkung ggü. der Mitbestimmung hier sinnlos ist. Nicht zum Gesetzesrecht zählt gesetzesvertretendes Richterrecht (*Fitting* Rn. 33; aA GK-BetrVG/*Wiese* Rn. 58), doch ist es im Zusammenhang mit der jeweils betroffenen Norm bedeutsam. Zu § 6 V ArbZG Rn. 65. Auch **ausl. Gesetze** können ausnahmsweise Sperrwirkung entfalten, wenn sie für dem deutschen BetrVG unterliegende ArbVerh. zwingende Wirkung entfalten (*Boemke* DB 2010, 843). In Deutschland nicht zwingend geltendes Recht wie etwa Vorgaben der US Securities and Exchange Commission (SEC) entfalten dagegen keine Sperrwirkung (BAG 22.7.2008, NZA 2008, 1248), sind aber ggf. z. B. bei der Einführung von Compliance-Richtlinien als betriebl. Belange von der Einigungsstelle zu beachten (vgl. Rn. 21a).

12 VA und Anordnungen auf Grund ges. Vorschr. oder Ermächtigungen, insb. im Bereich des öffentl. Rechts, stehen nach Sinn und Zweck des Gesetzes in ihrer Wirkung einer ges. Regelung gleich (BAG 11.12.2012, NZA 2013, 913; Rn. 31). Nur mittelbarer Zwang auf den AG lässt dagegen das Mitbestimmungsrecht nicht entfallen. So bleibt zB das Mitbestimmungsrecht erhalten, wenn die öffentl. Hand als Zuwendungsgeber für private Forschungseinrichtungen ledigl. Auflagen für die Vergütung der AN macht (BAG 27.1.1987 AP BetrVG 1972 § 99 Nr. 42; 24.11.1987 AP BetrVG 1972 § 87 Auszahlung Nr. 6). Im Einzelfall kann freil. eine solche faktische Zwangslage das Direktionsrecht des AG ebenso beschränken wie eine ges. oder tarifl. Regelung. Eine Berücksichtigung einer solchen Zwangslage erfolgt dann zumindest durch eine entspr. **Ermessensbindung der Einigungsstelle;** im Einzelfall kann eine Ausübung des Beteiligungsrechts des BR rechtsmissbräuchl. sein. Beispiel für eine solche faktische Zwangslage ist es etwa, wenn in einem Einkaufszentrum die Vergabe von Ladenlokalen an die Einhaltung bestimmter Ladenöffnungszeiten gekoppelt wird.

13 Ausgeschlossen ist das Mitbestimmungsrecht stets nur, **„soweit"** eine ges. oder gesetzesvertretende Regelung besteht. Wenn trotz einer ges. Regelung noch ein Gestaltungsspielraum verbleibt, den der AG durch sein Direktionsrecht ausfüllen könnte, bleibt in gleichem Umf. auch das Mitbestimmungsrecht erhalten. So steckt zB das LadSchlG nur die äußersten Ladenöffnungszeiten und damit AZ ab,

steht aber – jdf. nach Auff. des BAG – nicht einer Ausgestaltung der AZ in diesem Rahmen nach § 87 I Nr. 2 entgegen (BAG 31.8.1982 AP BetrVG 1972 § 87 Arbeitszeit Nr. 8). Beim **betriebl. Eingliederungsmanagement** ist nur der Begriff der Arbeitsunfähigkeit durch §§ 167 II SGB IX, 3 I EFZG iVm den AURichtlinien zu § 81 III Nr. 2 SGB V abschließend geregelt (BAG 13.3.3012 NZA 2012, 748; zur Mitbestimmung im Übrigen s. Rn. 21a). Ebenso sperrt eine behördl. Auflage, die den Betreiber einer kerntechnischen Anl. zur stichprobenartigen Sicherheitsüberprüfung der AN verpflichtet, die Auswahl der AN aber nicht iE regelt, nicht das Mitbestimmungsrecht des BR nach § 87 I Nr. 1 hins. der Modalitäten der Auswahl der zu überprüfenden Personen (BAG 9.7.1991 AP BetrVG 1972 § 87 Ordnung des Betriebes Nr. 19). Das Mitbestimmungsrecht nach § 87 I Nr. 1 bzgl. Regelungen zum Rauchen im Betrieb wird durch § 5 I Satz 2 ArbStättV eingeschränkt, aber nicht vollständig beseitigt (vgl. *Uhl/Polloczek* BB 2008, 1114). Nach BAG 25.1.2000 AP BetrVG 1972 § 87 Ordnung des Betriebs Nr. 34 schließt auch § 5 I S. 3 EFZG, nach dem der AG jederzeit die Vorlage einer Arbeitsunfähigkeitsbescheinigung verlangen kann, die Mitbestimmung nicht aus (s. Rn. 21a). § 2 MiLoG schränkt das Mitbestimmungsrecht des BR gem. § 87 I Nr. 4 bezügl. des Zeitpunkts der Auszahlung ein, schließt es aber nicht aus (vgl. zu § 3 I S. 1 PflegeArbbV BAG 22.7.2014 NZA 2014, 1151) Auch bzgl. der Einrichtung der **Beschwerdestelle gem. § 13 AGG** scheitert das Mitbestimmungsrecht nach Auff. des BAG nicht am Gesetzesvorbehalt (BAG 21.7.2009 NZA 2009, 1049; aA *Grobys* NJW 2006, 2950; *Besgen* BB 2007, 213; *Westhauser/Sediq* NZA 2008, 78 zum Umf. des Mitbestimmungsrechts siehe unten Rn. 21a).

b) Tarifliche Regelungen. Ausgeschlossen sind die Mitbestimmungsrechte nach Abs. 1 weiter, soweit eine tarifl. Regelung besteht. Der tarifl. Regelung gleichgestellt ist die bindende Festsetzung nach § 19 HAG für Heimarbeiter. Ebenso wie der Ausschluss der Mitbestimmungsrechte bei Bestehen einer abschl. ges. Regelung basiert auch der Vorrang des TV auf der Überlegung, dass bei Eingreifen einer tarifl. Regelung ein weitergehender Schutz der AN durch Mitbestimmungsrechte nicht erforderl. ist (*Fitting* Rn. 41, 43). Die Zielrichtung des Tarifvorrangs nach § 87 ist also eine andere als die des Tarifvorbehalts nach § 77 III, welcher die Gewerkschaften vor einer Konkurrenz durch BR als „beitragsfreie Ersatzgewerkschaften" schützen will. § 77 III bildet im Bereich des § 87 keine zusätzl. Schranke der Mitbestimmungsrechte (vgl. zur Abgrenzung § 77 Rn. 53). 14

Der Tarifvorrang wird nur ausgelöst, soweit eine **tarifl. Regelung „besteht"**. Voraussetzung hierfür ist, dass der jeweilige TV im Betrieb mit unmittelbarer und zwgd. Wirkung gem. § 4 I TVG gilt. Das bedeutet, dass er bereits in Kraft getreten und noch nicht abgelaufen ist; ein bloß nachwirkender TV iSd. § 4 V TVG sperrt die Mitbestimmungsrechte nicht (BAG 13.7.1977 AP BetrVG 1972 § 87 Kurzarbeit Nr. 2; 24.2.1987 AP BetrVG 1972 § 77 Nr. 21; 14.2.1989 AP BetrVG 1972 § 87 Akkord Nr. 8). Dasselbe gilt für einen TV, der gem. § 613a I 2 BGB als Bestandteil des Einzelarbeitsvertrages weitergilt (*Kania* DB 1995, 625). Weiter muss der Betrieb dem räuml. und fachlich-betriebl. Geltungsbereich des TV unterfallen, und schließl. muss der AG die persönl. Voraussetzungen der Tarifgebundenheit erfüllen, dh. beim VerbandsTV, dass der AG grds. Mitglied (§ 3 I TVG) bzw. ehem. Mitglied (§ 3 III TVG) des tarifschließenden AGVerbands sein muss, soweit der TV nicht ausnahmsweise gem. § 5 TVG für allgemeinverbindl. erklärt ist. **Tarifbindung der AN ist nicht erforderl.;** vielfach kommt es hierauf schon deshalb nicht an, weil es sich bei den mitbestimmungspflichtigen sozialen Angelegenheiten iSd. § 87 I um betriebl. Fragen handelt, deren Regelung im TV gem. § 3 II TVG bereits bei einseitiger Tarifbindung des AG für alle AN des Betriebs verbindl. ist. Aber auch unabhängig davon entfällt ein Bedürfnis für das Aufleben der Mitbestimmungsrechte nach Abs. 1 bei Bestehen eines TV im Betrieb, weil jeder AN sich durch Eintritt in die tarifschließende Gewerkschaft unter den Schutz des TV begeben kann und zudem der AG ohnehin regelm. Außenseiter und Gewerkschaftsmitglieder gleichbehandelt, um die Außenseiter nicht in die Arme der Gewerkschaft zu treiben (BAG 18.10.2011 NZA 2012, 392; *Fitting,* Rn. 44; aA für beiderseitige Tarifgebundenheit GK-BetrVG/*Wiese* Rn. 68). Soweit durch das Abstellen auf die einseitige Tarifbindung des AG eine Schutzlücke entsteht, ist dem iRd. Anwendung des jeweiligen Mitbestimmungstatbestandes Rechnung zu tragen (vgl. zur Mitbestimmung bei der Vergütung unten Rn. 100). 15

Inhaltl. muss der TV – ebenso wie eine ges. Regelung – eine **abschl. Regelung** der mitbestimmungspflichtigen Angelegenheit enthalten, damit das Mitbestimmungsrecht vollständig entfällt (BAG GS 3.12.1991 AP BetrVG 1972 § 87 Lohngestaltung Nr. 51, 52; 17.11.1998 BetrVG 1972 § 87 Arbeitszeit Nr. 79). Voraussetzung hierfür ist, dass der TV selbst eine ausreichende materielle Regelung der Angelegenheit enthält. Wenn die TVparteien über eine bestimmte Angelegenheit im TV überhaupt keine Regelung treffen, bleibt es beim Mitbestimmungsrecht des BR (BAG 18.4.1989 AP BetrVG 1972 § 87 Tarifvorrang Nr. 18; 21.9.1993 AP BetrVG 1972 § 87 Arbeitszeit Nr. 62). Ebenso wenig können die TVparteien die Mitbestimmungsrechte nach § 87 durch eine ausdrückl. Negativregelung ausschließen. S. auch § 77 Rn. 56. 16

Mögl. und vielfach übl. sind tarifl. Regelungen, die ausdrückl. zu dem **verbleibenden Raum für Mitbestimmungsrechte** Stellung nehmen: Dies gilt zum einen für Tarifnormen, die den Betriebspartnern aufgeben, die tarifl. Regelungen näher auszugestalten. Bsp. ist etwa ein TV, der Regelungen für Zuschläge über Nachtarbeit vorsieht, es dem AG und BR aber überlässt, die zuschlagspflichtige 17

Zeitspanne innerhalb eines zeitl. Rahmens festzulegen (BAG 21.9.1993 AP BetrVG 1972 § 87 Arbeitszeit Nr. 62). Zum anderen sind dies ausdrückl. **tarifl. Öffnungsklauseln,** mit denen den Betriebspartnern vom TV abw. Regelungen ermöglicht werden (BAG 24.11.1987 AP BetrVG 1972 § 87 Akkord Nr. 6). Ein Übergehen des BR durch eine tarifl. Öffnungsklausel, die dem AG ein einseitiges Bestimmungsrecht einräumt, ist nicht mögl. Bei einer solchen tarifl. Regelung bleibt es beim Mitbestimmungsrecht des BR. Überlässt zB ein TV den Parteien des Arbeitsvertrages die Vereinbarung über die Höhe des Entgelts, ohne selbst eine Entgeltordnung aufzustellen, unterliegt die Feststellung und Gewichtung von Kriterien für eine betriebl. Lohnstruktur dem Mitbestimmungsrecht des BR (BAG 14.12.1993 AP BetrVG 1972 § 87 Lohngestaltung Nr. 65). Ebenso sperrt ein TV, der dem AG die Befugnis zur Verlängerung oder Verkürzung der betriebl. AZ einräumt, nicht das Mitbestimmungsrecht gem. Nr. 3 hins. Ob und Umf. (LAG RP 24.10.2001 NZA 2001, 369).

III. Mitbestimmungstatbestände

18 **1. Ordnung im Betrieb. a) Ordnungs- und Arbeitsverhalten.** Das Mitbestimmungsrecht nach Nr. 1 bezieht sich auf die Gestaltung des Zusammenlebens und Zusammenwirkens der AN im Betrieb. Es erfasst die allg. betriebl. Ordnung und das Verhalten der AN, soweit deren Zusammenleben und Zusammenwirken berührt wird und damit ein Bezug zur betriebl. Ordnung besteht. Das BAG unterscheidet dieses sog. **Ordnungsverhalten** vom nicht mitbestimmten **Arbeitsverhalten.** Hierbei geht es um Maßnahmen, mit denen die Arbeitspflicht im Verhältnis zwischen AG und AN unmittelbar konkretisiert wird (BAG 24.3.1981 AP BetrVG 1972 § 87 Arbeitssicherheit Nr. 2; 23.10.1984, 14.1.1986, 1.12.1992, 8.11.1994 AP BetrVG 1972 § 87 Ordnung des Betriebes Nr. 8, 10, 20, 24). Dem Ordnungsverhalten zuzuordnen ist auch die Vorfrage, in welcher Sprache (deutsch, englisch usw.) innerbetriebl. und zwischen den Betriebspartnern kommuniziert werden soll (*Diller/Powietzka* DB 2000, 718; *Vogt/Oltmanns* NZA 2014, 181).

19 **Mitbestimmungspflichtig** sind danach zunächst **verbindl. Verhaltensvorschriften** für die AN des Betriebs, bspw. Vorschr. über eine bestimmte Arbeitskleidung (BAG 17.1.2012 NZA 2012, 687; BAG 30.9.2014 NZA 2015, 121; nicht aber die Kostentragungspflicht: BAG 13.2.2007 NZA 2007, 641; ausführlich und differenzierend *Brose/Greiner/Preis* NZA 2011, 369), das Tragen von Namensschildern (BAG 11.6.2002 NZA 2002, 1299), die Einführung von „Standesregeln" für Redakteure (BAG 28.5.2002 NZA 2003, 166; aA LAG D 29.5.2001 NZA 2001, 1358), den Erlass eines Alkoholverbotes (BAG 23.9.1986 AP BPersVG § 75 Nr. 20) oder eines Rauchverbots (BAG 19.1.1999 AP BetrVG 1972 § 87 Ordnung des Betriebes Nr. 28; LAG M 27.11.1990 NZA 1991, 521), die Nutzung von Parkflächen (BAG 7.2.2012 NZA 2012, 685) sowie Vorschr. über das Radiohören im Betrieb (BAG 14.1.1986 AP BetrVG 1972 § 87 Ordnung des Betriebes Nr. 10). Bzgl. Telefon-, email- und Internetnutzung besteht – neben dem Mitbestimmungsrecht nach Nr. 10 (dazu unten Rn. 96) – ein Mitbestimmungsrecht gem. Nr. 1 unter der Voraussetzung, dass der AG die Möglichkeit der Privatnutzung erlaubt; mitbestimmt sind dann die näheren Modalitäten der erlaubten Nutzung (LAG N 29.1.1987 NZA 1987, 572; WPK/*Bender* § 87 Rn. 42; GK-BetrVG/*Wiese* Rn. 190). Das gilt auch in Bezug auf die Nutzung sozialer Netzwerke (Facebook, XING etc.) (dazu *Oberwetter* NJW 2011, 417). Die Einrichtung eines Facebook Profils des Unternehmens allein ist hingegen keine Maßnahme nach Nr. 1 (BAG 13.12.2016 NZA 2017, 657; a. A. *Greif* NZA-RR 2015, 1106; zu Nr. 6 unten Rn. 57).

20 Erfasst werden weiter **Kontrollregelungen,** mit deren Hilfe die Ordnung im Betrieb durchgesetzt werden soll. Darunter fallen Vorschr. über Kontrollsysteme aller Art, etwa über die Benutzung von Werksausweisen (BAG 16.12.1986 AP BetrVG 1972 § 87 Ordnung des Betriebes Nr. 13) über die Torkontrolle einschließl. des Durchleuchtens von Taschen (BAG 26.5.1988 AP BetrVG 1972 § 87 Ordnung des Betriebs Nr. 14) über die Einführung von Stechuhren und Zeitstemplern sowie über körperl. Untersuchungen, Leibesvisitationen und stichprobenartige Taschenkontrollen im Betrieb (BAG 12.8.1999 NZA 2000, 421). Nach Auff. des BAG erfasst Nr. 1 auch Verhaltensanweisungen, die sich auf **Tätigkeiten in einem Kundenbetrieb** beziehen (BAG 27.1.2004 NZA 2004, 556). Dies kann aber dann nicht gelten, wenn die typischen AG-Weisungen vom Kunden ausgeben (Leiharbeit), da dann für tätigkeitsbezogene Beteiligungsrechte allein der BR des Kundenbetriebs zuständig sein dürfte (s. oben Rn. 5). Soweit es sich um technische Überwachungseinrichtungen handelt, besteht das Mitbestimmungsrecht nach Nr. 1 neben dem Mitbestimmungsrecht nach Nr. 6 (dazu unten Rn. 48 ff.).

21 Zum **nicht mitbestimmungspflichtigen Arbeitsverhalten** zählen alle Maßnahmen, die keinen Bezug zur betriebl. Ordnung aufweisen, sondern sich auf die arbeitsvertragl. Leistungsverpflichtung des AN beziehen. Beispiele hierfür sind etwa Arbeitsanweisungen, mit denen der AG die Arbeitspflicht seines AN konkretisiert, etwa die Weisung an einen Krankenpfleger, an Arzneimittelprüfungen teilzunehmen (BAG 10.3.1998 AP ArbGG 1979 § 84 Nr. 5) oder Vornamen in Geschäftsbriefen anzugeben (BAG 8.6.1999 AP BetrVG 1972 Ordnung des Betriebes § 87 Nr. 31; anders für Namensschilder an der Dienstbekleidung BAG 11.6.2002 NZA 2002, 1299). Weitere Bsp. sind Anordnungen über die Führung und Ablieferung arbeitsbegleitender Papiere (Tätigkeitsberichte) (BAG 24.11.1987 AP BetrVG 1972 § 87 Ordnung des Betriebes Nr. 3), die Verwendung von Laufzetteln, auf denen der Erhalt von Arbeitsmitteln und Zutrittsberechtigungen vermerkt ist (BAG 25.9.2012 NZA 2013, 467),

die Einführung oder Änd. von FührungsRL, das Ausfüllen von Überstundennachweisen (BAG 9.12.1980 AP BetrVG 1972 § 87 Ordnung des Betriebes Nr. 2), der Erlass einer Dienstreiseordnung mit Regelungen zum Aufwendungsersatz (BAG 8.12.1981 AP BetrVG 1972 § 87 Lohngestaltung Nr. 6; vgl. auch BAG 23.7.1996 NZA 1997, 216; 27.10.1998 NZA 1999, 381), die Ausarbeitung von Formulararbeitsverträgen und von formalisierten Anweisungen für Vorgesetzte zur Ab- und Rückmeldung von BRmitgliedern (BAG 13.5.1997 AP BetrVG 1972 § 37 Nr. 119), die Überwachung von AN durch Privatdetektive (BAG 26.3.1991 AP BetrVG 1972 § 87 Nr. 21) oder sonstige „Ehrlichkeitskontrollen" (BAG 18.11.1999 AP BGB § 626 Verdacht strafbarer HandlungVerdacht strafbarer Handlungen Nr. 13) bei konkretem Verdacht arbeitsvertragswidrigen Verhaltens sowie die (heimliche) Prüfung der Service- und Beratungsqualität durch Testkunden (BAG 18.4.2000 NZA 2000, 1176; LAG N 10.10.2006 BB 2007, 448; ausf. dazu *Deckers/Deckers* NZA 2004, 139). Nicht nach Nr. 1 mitbestimmt ist deshalb auch der systematische Datenabgleich zur Korruptionsbekämpfung (zum Mitbestimmungsrecht gem. Nr. 6 siehe unten Rn. 51). Auch Richtlinien des AG zur ausschließl. dienstl. Verwendung dienstl. erlangter Bonusmeilen betreffen nur das nicht mitbestimmte Arbeitsverhalten (*Kock* DB 2007, 462).

Grenzfälle: Problematisch ist das **Führen von Krankengesprächen:** Nicht mitbestimmt sind Kran- 21a
kenbesuche zur Überprüfung, ob der AN überhaupt krank ist (LAG RP 29.6.2006, NZA-RR 2007, 417), wohl aber formalisierte Krankengespräche zur Aufklärung eines überdurchschnittl. Krankenstandes mit einer nach abstrakten Kriterien ermittelten Mehrzahl von AN (BAG 8.11.1994 AP BetrVG 1972 § 87 Ordnung des Betriebes Nr. 24; zum Streitstand *Raab* NZA 1993, 193). Dasselbe gilt auch für die Einführung eines Formulars, auf dem die AN die Notwendigkeit eines Arztbesuchs während der AZ vom Arzt bescheinigen lassen sollen (BAG 21.1.1997 NZA 1997, 785), für Formulare zur Feststellung von Fortsetzungserkrankungen (LAG HE 6.9.2001 LAGE BetrVG 1972 § 87 Betriebl. Ordnung Nr. 13) und für eine Forderung auf frühe Arbeitsunfähigkeitsbescheinigung (BAG 25.1.2000 AP BetrVG 1972 § 87 Ordnung des Betriebs Nr. 34; s. Rn. 13). Gleichzustellen sind **formalisierte Gespräche über Zielvereinbarungen**, unabhängig davon, ob die Zielerreichung Einfluss auf die Vergütung hat (vgl. insofern Rn. 100), nicht jedoch die konkrete Festlegung der Ziele (*Däubler* NZA 2005, 797; *Bauer/Diller/Göpfert* BB 2002, 886). Wird iRd. **Eingliederungsmanagements** nach § 167 II SGB IX ein formalisiertes Verfahren zur Feststellung betroffener AN und/oder zur Festlegung allgemeiner Kriterien für Hilfen und Leistungen eingeführt, spricht der Bezug zum betriebl. Zusammenleben für ein Mitbestimmungsrecht; hinzukommen kann bezüglich der Nutzung von Gesundheitsdaten ein Mitbestimmungsrecht gemäß Nr. 6 und bezüglich der Ausgestaltung des Gesundheitsschutzes die Anwendung von Nr. 7 (BAG 22.3.2016, NZA 2016, 1283; BAG 13.3.2012 NZA 2012, 748). Die Schaffung eines paritätisch besetzten „Integrationsteams" kann nicht erzwungen werden (BAG 22.3.2016, NZA 2016, 1283; LAG HH 20.2.2014 NZA-RR 2014, 295). Nicht mitbestimmt sind auch konkrete Hilfsmaßnahmen im Einzelfall (vgl. oben Rn. 6; zur Mitbestimmung gem. Nr. 7 s. unten Rn. 63 ff.). Umstritten ist, ob und wieweit die Einführung von **ComplianceRL und Ethikregeln** der Mitbestimmung unterliegt (dafür *Junker* BB 2005, 602). Richtigerweise ist zu differenzieren (so auch zB Richardi/*Richardi* Rn. 196; *Fitting* Rn. 71; *Kort* NJW 2009, 129): Die Mitbestimmung greift dann ein, wenn über die konkrete Tätigkeitsausübung hinaus reichende Vorgaben gemacht werden sollen und Gestaltungsspielraum für die Betriebspartner verbleibt (BAG 22.7.2008 NZA 2008, 1248). Daran fehlt es, wenn eine abschl. ges. oder tarifl. Regelung besteht (vgl. oben Rn. 10, 11) oder unzulässig in die grundrechtl. geschützte Individualsphäre des AN eingegriffen wird (vgl. § 77 Rn. 38). Mitbestimmt sind zB Regelungen über die Zulässigkeit der Annahme von Geschenken, das Verbot anzügl. Witze und Bilder oder Vorgaben zur Meldung von Verstößen gegen die Richtlinie. Nicht mitbestimmt, weil gesetzl. ohnehin untersagt, sind Hinweise auf das Verbot sexueller Belästigung bzw. das Verbot, Geschäfte auf eigene Rechnung während der Arbeitszeit zu tätigen (BAG 22.7.2008 NZA 2008, 1248). Interviews zur Aufklärung von Regelverstößen dürfen grundsätzlich – ähnlich der Differenzierung bei Krankengesprächen – dem Arbeitsverhalten zuzurechnen sein und deshalb als solche nicht mitbestimmt sein (vgl. auch *Zimmer/Heymann* BB 2010, 1853). Ergänzend sind die traditionellen Vorgaben der Rspr. zu betriebl. Bußordnungen (unten Rn. 22) zu beachten. Hinsichtl. des **Beschwerderechts gem. § 13 AGG** ist nach Auff. des BAG zu unterscheiden: Kein Mitbestimmungsrecht besteht bei der Frage, wo der AG die Beschwerdestelle errichtet und wie er diese personell besetzt. Insofern stelle § 13 AGG zwar keine abschl. gesetzliche Regelung dar, es handele sich aber um eine noch nicht dem Ordnungsverhalten zuzuordnende Organisationsentscheidung des AG. Mitbestimmt sei dagegen die Einführung und Ausgestaltung des Verfahrens, in dem AN ihr Beschwerderecht wahrnehmen können (BAG 21.7.2009 NZA 2009, 1049). Bei **Verschwiegenheitserklärungen** ist nach dem Gegenstand, auf den sich die Verschwiegenheit erstreckt, zu differenzieren: Geht es um Betriebs- und Geschäftsgeheimnisse iSd. § 17 UWG steht dem Mitbestimmungsrecht schon der Gesetzesvorbehalt entgegen. Im Übrigen ist das mitbestimmte Ordnungsverhalten nur in außergewöhnl. Konstellationen berührt, etwa wenn AN untersagt wird, über die Durchführung von Torkontrollen zu sprechen (BAG 10.3.2009 NZA 2009, 180). Gem. § 17 EntgTranspG sind seit dem 1.7.2017 AG mit idR mehr als 500 Beschäftigten aufgefordert, mithilfe **betriebl. Prüfverfahren** ihre Entgeltregelungen und die verschiedenen gezahlten Entgeltbestandteile sowie deren Anwendung regelmäßig auf die Einhaltung des Entgeltgleichheits-

gebotes zu überprüfen (vgl. hierzu auch § 17 EntgTranspG Rn. 1 ff). Das Verfahren soll unter Berücksichtigung betriebl. Mitwirkungsrechte erfolgen (§ 18 II EntgTranspG). Da aber der Gesetzgeber klargestellt hat, dass durch das G keine neuen MBR etabliert werden sollen (BT-Drs. 18/11133, S. 69), stellt sich insb. die Frage, ob das Prüfverfahren unter Nr. 1 fällt. Dies ist zu verneinen. Nr. 1 soll gewährleisten, dass der BR an der „Gestaltung" des betriebl. Zusammenlebens mitwirkt. Reine Organisationsmaßnahmen (BAG 21.7.2009 NZA 2009, 274) sind dagegen ebenso wenig mitbestimmt wie betriebl. Erhebungen (BAG 8.11.1994 NZA 1995, 313 zu Refa-Messungen). Solange sich AG also gem. § 18 II EntgTranspG bezügl. des Prüfverfahrens auf „Bestandsaufnahme, Analyse und Ergebnisbericht" beschränken, unterliegt die Ausgestaltung des Verfahrens nicht der Mitbestimmung des BR (vgl. *Kania* NZA 2017, 819; zum MBR gem. Nr. 10 unten Rn. 101).

22 **b) Betriebsbußen.** Schließl. erstreckt sich das Mitbestimmungsrecht nach Nr. 1 noch auf betriebl. Bußordnungen, die aufgestellt werden, um Verhaltens- bzw. Ordnungsvorschriften iSd. Nr. 1 durchzusetzen (BAG 17.10.1989 AP BetrVG 1972 § 87 Betriebsbuße Nr. 12). Das Mitbestimmungsrecht erstreckt sich sowohl auf die **Aufstellung der Bußordnung** als auch auf die **Verhängung der Buße im Einzelfall** (BAG 5.12.1975 AP BetrVG 1972 § 87 Nr. 1; 17.10.1989 AP BetrVG 1972 § 87 Betriebsbuße Nr. 12). Will der AG eine Bußordnung aufstellen, ist er auf die Mitwirkung des BR angewiesen. Der Arbeitsvertrag und das auf ihm beruhende Direktionsrecht des AG scheiden als Rechtsgrundlage für die Verhängung einer Betriebsbuße aus (*Fitting* Rn. 79).

23 Geahndet werden können durch eine betriebl. Bußordnung nur **Verstöße des AN gegen die kollektive betriebl. Ordnung.** Verstößt ein AN gegen seine arbeitsvertragl. Pflichten, ist auf das individualarbeitsrechtl. Sanktionsinstrumentarium zurückzugreifen: In Betracht kommt insofern eine Abmahnung bzw. der Ausspruch einer verhaltensbedingten Kündigung; bei entspr. vertragl. Regelung ist auch die Verhängung einer Vertragsstrafe mögl. Abmahnung und Vertragsstrafe unterscheiden sich danach, dass der AG bei der Vertragsstrafe den vergangenen Vertragsverstoß ahndet, während bei der Abmahnung die Mahn- und Warnfunktion für die Zukunft im Vordergrund steht. Von den durch eine betriebl. Bußordnung zu ahndenden Verstößen gegen die betriebl. Ordnung sind auch Verstöße gegen betriebsverfassungsrechtl. Pflichten von BRmitgliedern zu unterscheiden. Auch insofern kommt die Verhängung einer Betriebsbuße nicht in Betracht; vielmehr besteht hier bei schweren Verstößen die Möglichkeit des gerichtl. Ausschlusses aus dem BR nach § 23 I und bei minderschweren Verstößen die Möglichkeit der Verhängung einer betriebsverfassungsrechtl. Abmahnung (str., vgl. *Kania* DB 1996, 374).

24 Hinsichtl. der **Sanktionsmittel** ist es übl., in der betriebl. Bußordnung eine Stufenfolge verschiedener Sanktionen je nach der Schwere und Häufigkeit ihres Vorkommens vorzusehen; in Betracht kommen etwa Verwarnung, Verweis und bei bes. schweren Verstößen auch Geldbußen. Eine Kündigung oder Rückgruppierung ist als Disziplinarmaßnahme nicht zulässig. Diese Maßnahmen sind mit dem zwgd. Kündigungsrecht nicht vereinbar (*Fitting* Rn. 89). Das Verfahren, das zur Verhängung einer Betriebsbuße führen soll, muss **rechtsstaatl. Grundsätzen** entsprechen. Dazu gehört die Wahrung des Grundsatzes des rechtl. Gehörs, die Bildung eines paritätisch aus Vertretern des AG und des BR zusammengesetzten Ausschusses und die schriftl. Begründung der Entscheidung (*Fitting* Rn. 93). IÜ ist nach Ansicht des BAG die Angemessenheit der verhängten Sanktion im Einzelfall gerichtl. nachprüfbar; die gerichtl. Nachprüfung kann auch nicht iRd. Bußordnung von vornherein ausgeschlossen werden (BAG 12.9.1967 AP BetrVG 1952 § 56 Betriebsbuße Nr. 1; 11.11.1971 AP BetrVG 1952 § 56 Betriebsbuße Nr. 2).

25 **2. Verteilung der Arbeitszeit. a) Umfang der Mitbestimmung.** Zweck des Mitbestimmungsrechts nach Nr. 2 ist es, die Interessen der AN an der Lage ihrer AZ und damit zugleich der Freizeit für die Gestaltung ihres Privatlebens zur Geltung zu bringen (BAG 15.12.1992 AP AÜG § 14 Nr. 7; *Fitting* Rn. 101). **AZ im mitbestimmungsrechtl. Sinne** ist die Zeit, in welcher der AN berechtigt bzw. verpflichtet ist, seine vertragl. geschuldete Arbeit zu leisten. Der AZ-Begriff iSv § 87 ist weder deckungsgleich mit dem Begriff der vergütungspflichtigen AZ noch mit dem Begriff des ArbZG bzw. der Richtlinie 2003/88/EG. Die Anordnung von Dienstreisen, während derer der AN nicht arbeiten muss, ist deshalb weder nach Nr. 2 noch nach Nr. 3 mitbestimmt (BAG 14.11.2006, NZA 2007, 458). Dagegen ist Ankleidezeit auch ohne Vergütungspflicht mitbestimmte AZ, wenn es sich um auffällige, nicht für den Weg zur Arbeit geeignete Kleidung handelt (BAG 17.11.2015 NZA 2016, 247; BAG 12.11.2013 NZA 2014, 557). **BRTätigkeit** ist der AZ nach dem ArbZG gleichzustellen (BAG 18.1.2017 – 7 AZR 224/15 Pressemitteilung), unterliegt aber als solche nicht der Mitbestimmung nach Nr. 2: Zum einen richten sich Lage und Dauer der BRTätigkeit allein nach dem Ermessen des BR gem. § 37 II; zum anderen stellt § 37 III für den Ausgleich von BRTätigkeit außerhalb der Arbeitszeit eine abschließende gesetzl. Regelung iSd § 87 I Eingangssatz dar.

25a Das Mitbestimmungsrecht erstreckt sich einmal auf die **Verteilung der wöchentl. AZ** auf die einzelnen Wochentage, also auf die Frage, an welchen Tagen der Woche überhaupt gearbeitet werden soll und an welchen Tagen wie lange. Mitbestimmt ist nach dem ausdrückl. Wortlaut der Vorschr. weiter die Regelung von Beginn und Ende der tägl. AZ. **Nicht dem Mitbestimmungsrecht unterliegt dagegen die Dauer der wöchentl. AZ.** Dies ergibt sich insb. aus einem Gegenschluss zu § 87 I Nr. 3, der nur für den Sonderfall der vorübergehenden Verkürzung oder Verlängerung der betriebsübl. AZ ein Mitbestimmungsrecht über die Dauer der AZ einräumt (BAG 13.10.1987 AP BetrVG 1972 § 87 Arbeitszeit Nr. 24; 28.9.1988 AP BetrVG 1972 § 87 Arbeitszeit Nr. 29; 22.6.1993 AP BetrVG 1972 § 23 Nr. 22; 15.5.2007 NZA 2007, 1240). Das Mitbestimmungsrecht hins. der **Pausen** erstreckt sich nicht nur auf deren Lage, sondern auch auf deren ggf. über die Mindestpausen nach § 4 S. 1 ArbZG hinausgehende Dauer (BAG 25.2.2015 NZA 2015, 442). IÜ ist der Begriff der Pausen eng auszulegen. Gemeint sind nur unbezahlte Pausen, in denen der AN weder Arbeit leisten noch sich zur Arbeit bereithalten muss (BAG 23.9.1992 AP AZO § 3 Nr. 6). Sollen auch Zeiten der Arbeitsunterbrechung bezahlt werden, handelt es sich nicht um Pausen iSd. Nr. 2, sondern um AZ, so dass sich das Mitbestimmungsrecht nur auf die Lage, nicht aber die Dauer erstreckt (BAG 1.7.2003 NZA 2004, 620).

IÜ wird das Mitbestimmungsrecht nach Nr. 2 durch vielfältige **ges. und tarifl. Vorschr.** eingeschränkt. 26 So handelt es sich bei der Dauer der wöchentl. AZ um eine Regelung, die typischerweise in jedem TV enthalten ist. Ges. Vorschr., die das Mitbestimmungsrecht nach Nr. 2 einschränken, finden sich insb. im ArbZG, in den §§ 8 ff. JArbSchG, § 8 MuSchG und den Bestimmungen der LadSchlG. Allerdings führen LadSchlG nicht zu einer vollen Sperre des Mitbestimmungsrechts; nach Auff. des BAG markieren sie nur die äußerste Grenze einer betriebl. Regelung, so dass auch eine BV, die kürzere AZ und damit faktisch eine kürzere Geschäftsöffnungszeit vorsieht, mögl. sein soll (BAG 13.10.1987 AP BetrVG 1972 § 87 Arbeitszeit Nr. 24). S. Rn. 11, 13.

b) Einzelfälle. Vom Mitbestimmungsrecht über die **Verteilung der AZ auf die einzelnen Wochentage** 27 werden zB Regelungen erfasst über die Anzahl der arbeitsfreien Tage in der Woche (BAG 13.10.1987 AP BetrVG 1972 § 87 Arbeitszeit Nr. 24), über die Einführung eines rollierenden Systems, nach dem die arbeitsfreien Tage in verschiedenen Wochen auf verschiedene Wochentage gelegt werden (BAG 31.1.1989 AP BetrVG 1972 § 87 Arbeitszeit Nr. 31; 25.7.1989 AP BetrVG 1972 § 87 Arbeitszeit Nr. 38), über die Beschäftigung von AN im Sonntagsverkauf, soweit dieser ges. zulässig ist (BAG 25.2.1997 BB 1997, 2003), über Ersatzruhetage gem. § 11 III ArbZG (LAG K 24.9.1998 AiB 1999, 467; *Fitting* Rn. 111), sowie über die regelm. Arbeitsbefreiung an bestimmten Tagen im Jahreszyklus (Karneval, Heiligabend, Sylvester) (BAG 26.10.2004 NZA 2005, 538).

Zur Mitbestimmung über **Beginn und Ende der tägl. AZ** zählen etwa die Einführung oder der 28 Abbau von Schichtarbeit für den ganzen Betrieb, bestimmte Betriebsabteilungen oder Arbeitsplätze (BAG 28.10.1986 AP BetrVG 1972 § 87 Arbeitszeit Nr. 20). Das Mitbestimmungsrecht erstreckt sich insofern auf die Entscheidung, ob überhaupt in Schichten gearbeitet werden soll, auf die Anzahl der Schichten und deren Änd. (zB Umstellung von einem Drei- auf ein Zwei-Schichten-System), auf die Grundsätze, nach denen die AN den einzelnen Schichten zugeordnet werden sollen und auf die Aufstellung des einzelnen Schichtplans (BAG 27.6.1989 AP BetrVG 1972 § 87 Arbeitszeit Nr. 35; 8.8.1989 AP BetrVG 1972 § 23 Nr. 11). Ein **unzulässiges Koppelungsgeschäft** liegt vor, wenn der BR seine Zustimmung zur Einführung von Schichtarbeit davon abhängig macht, dass der AG zusätzl. Zuschläge zahlt (ArbG Bielefeld 29.10.1982 DB 1983, 1880; *Löwisch/Kaiser* Rn. 22).

Auch die Einführung und Ausgestaltung **sonstiger AZmodelle** ist – iRd. tarifl. Vorgaben – mitbestimmt, 29 etwa die Einführung der sog. gleitenden AZ (BAG 18.4.1989 AP BetrVG § 87 Arbeitszeit Nr. 33), ggf. auch mit Kappungsgrenzen (BAG 20.12.2013, NZA 2014, 675), die Frage, ob AN nach Bedarf (sog. KAPOVAZ) oder zu festen AZ beschäftigt werden sollen (BAG 28.9.1988 AP BetrVG 1972 § 87 Arbeitszeit Nr. 29), die Einführung von Bereitschaftsdiensten (BAG 29.2.2000 EzA BetrVG 1972 § 87 Arbeitszeit Nr. 61; LAG HH 13.2.2002 LAGE ArbZG § 7 Nr. 1) die Errichtung einer Rufbereitschaft (BAG 21.12.1982 AP BetrVG 1972 § 87 Arbeitszeit Nr. 9), die Einführung von AZkonten oder die Möglichkeit des Ansparens längerer Freizeiten („Sabbaticals“), dagegen nicht die Nutzung freier Tage durch den AN (BAG 27.1.1998 AP BetrVG § 87 Sozialeinrichtung Nr. 14). Zu Brückentagen *Wirges* DB 1997, 2488.

Für **Teilzeitbeschäftigte** gilt das Mitbestimmungsrecht entspr. Das bedeutet, der BR hat über die 30 Dauer der vereinbarten oder tarifl. festgelegten wöchentl. AZ ebenso wenig mitzubestimmen wie über die Anzahl der wöchentl. einzusetzenden AN; das Mitbestimmungsrecht setzt erst ein, soweit es um die Lage der vorgegebenen wöchentl. AZ geht; es erstreckt sich auf die Verteilung der AZ auf die einzelnen Wochentage, auf die Frage, ob an einem Arbeitstag zusammenhängend oder in mehreren Schichten gearbeitet werden soll und insb. auf die Festlegung der Mindestdauer der tägl. AZ (BAG 13.10.1987, 28.9.1988, 16.7.1991 AP BetrVG 1972 § 87 Arbeitszeit Nr. 24, 29, 44). Bei AN, die einen **Teilzeitanspruch** gem. § 8 TzBfG geltend machen, ist zu unterscheiden: Mitbestimmungsfrei ist die Festlegung der Dauer der regelm. (Teilzeit-)Arbeit. Die Verteilung der AZ auf die vom AN gewünschten Wochentage und Tageszeiten unterliegt dagegen grundsätzl. der Mitbestimmung des BR (BAG 18.2.2003 DB 2003, 2442). § 8 TzBfG schafft kein Recht auf bevorzugte Zuweisung attraktiver AZ. Mitbestimmungsfreie Individualregelungen kommen nur ausnahmsweise in Betracht, wenn es um bes. Bedürfnisse und Wünsche eines einzelnen AN geht und keine allgemeinen Interessen der AN berührt werden (BAG 16.3.2004 NZA 2004, 1047). IÜ können kollektive AZRegelungen „betriebl. Gründe“ iSv. § 8 IV TzBfG darstellen, die den AG berechtigen, die Zustimmung zu der vom AN gewünschten Änd. von Dauer und Lage der AZ zu verweigern (BAG 18.2.2003 AP TzBfG § 8 Nr. 2; 16.3.2004,

NZA 2004, 1047; ausführl. *Hamann* NZA 2010, 785). Zwar hat der BR bei Vereinbarungen zur AZ gem. § 80 I Nr. 2 die Vereinbarkeit von Familie und Erwerbstätigkeit zu fördern; dies führt aber nicht notwendig zum Vorrang der Interessen des familiär eingebundenen AN (BAG 16.12.2008 NZA 2009, 565).

31 **3. Vorübergehende Verkürzung oder Verlängerung der Arbeitszeit. a) Grundsatz.** Nr. 3 ergänzt Nr. 2 für den Sonderfall der vorübergehenden Verkürzung oder Verlängerung der betriebsübl. AZ. Die Vorschr. verfolgt einen doppelten **Zweck:** Einerseits bindet sie im Hinblick auf die sog. Theorie der Wirksamkeitsvoraussetzung (dazu Rn. 136) den AG bei der Einführung von Überstunden oder Kurzarbeit an die Mitwirkung des BR; andererseits dient das Mitbestimmungsrecht der Schaffung einer Ermächtigungsgrundlage, was insb. bei der Einführung von Kurzarbeit auch im Interesse des AG liegt. Ohne die Beteiligung des BR wäre der AG bei Anordnung von Kurzarbeit auf die Zustimmung jedes einzelnen AN bzw. – in den engen Grenzen des § 19 KSchG – an die Zulassung durch das Landesarbeitsamt gebunden.

32 Das Mitbestimmungsrecht bezieht sich auf die **Veränderung der „betriebsübl." AZ.** Betriebsübl. ist die regelm. betriebl. AZ (BAG 21.11.1978 AP BetrVG 1972 § 87 Arbeitszeit Nr. 2, nicht die Jahresarbeitszeit, BAG 11.2.2001 EzA § 87 Arbeitszeit Nr. 67). Diese muss nicht für alle AN identisch sein, sondern kann zwischen verschiedenen Arbeitsplätzen und ANGruppen differieren. Es kann also in einem Betrieb mehrere betriebsübl. AZ geben mit der Folge, dass zB auch die vorübergehende Verlängerung oder Verkürzung der AZ von Teilzeitbeschäftigten mitbestimmungspflichtig ist (BAG 16.7.1991 AP BetrVG 1972 § 87 Arbeitszeit Nr. 44). Bei Gleitzeitregelungen beschreibt der „Gleitzeit-Korridor" die betriebsübl. AZ.

33 Weiter ist für das Eingreifen des Mitbestimmungsrechts die **„vorübergehende" Verkürzung oder Verlängerung** erforderl. Eine vorübergehende Veränderung der AZ liegt vor, wenn diese ledigl. einen überschaubaren Zeitraum betrifft und nicht auf Dauer erfolgen soll (BAG 21.11.1978 AP BetrVG 1972 § 87 Arbeitszeit Nr. 2; 28.2.2000 EzA § 87 BetrVG Arbeitszeit Nr. 61 betr. Bereitschaftsdienst). Der Endzeitpunkt muss nicht feststehen; es reicht die Absicht, nach Fortfall des Anlasses der Verkürzung oder Verlängerung der betriebl. AZ zur bisherigen AZ zurückzukehren (GK-BetrVG/*Wiese* Rn. 384; DKKW/*Klebe* Rn. 111). Nicht mehr vorübergehend ist die Veränderung der AZ im Hinblick auf den Ausnahmecharakter der Nr. 3, wenn die Verkürzung oder Verlängerung von vornherein für mehrere Jahre festgeschrieben wird. Anders ist es dagegen, wenn eine BV zwar über Jahre unkündbar ist, die darin geregelten Verlängerungen oder Verkürzungen der AZ jedoch als solche jeweils nur kurze Zeiträume betreffen (BAG 3.6.2003 NZA 2003, 1155). Vorübergehend iSv. Nr. 3 wird die AZ auch verändert, wenn die Arbeit aus einem bes. Anlass (Rosenmontagszug) an einem Tag ausfällt oder einmalig eine Sonderschicht eingelegt wird (BAG 14.2.1991 NZA 1991, 607; DKKW/*Klebe* Rn. 111). Für LeihAN stellt die Entsendung in Betriebe, deren betriebsübl. AZ die vertragl. geschuldete AZ übersteigt, eine Anordnung von Überstunden dar; zust. für die Ausübung der Mitbestimmung ist der BR beim Verleiher (BAG 19.6.2001 AP BetrVG 1972 § 87 Leiharbeitnehmer Nr. 1). Keine vorübergehende Veränderung der AZ liegt dagegen vor, wenn stets AN zum Sonntagsverkauf herangezogen werden; insofern handelt es sich um eine regelm. AZ iSd. Nr. 2 (BAG 25.2.1997 AP BetrVG 1972 § 87 Arbeitszeit Nr. 72).

34 **b) Überstunden.** Bei Überstunden bezieht sich das Mitbestimmungsrecht auf die Frage, ob und in welchem Umf. Überstunden zu leisten sind und welche AN diese Überstunden leisten sollen. Das Mitbestimmungsrecht greift nicht nur bei der ausdrückl. Anordnung von Überstunden ein, sondern auch, wenn der AG freiwillig geleistete Überstunden duldend entgegennimmt (BAG 27.11.1990 AP BetrVG 1972 § 87 Arbeitszeit Nr. 41; 16.7.1991 AP BetrVG 1972 § 87 Arbeitszeit Nr. 41, 44), dagegen nicht bei dem Abbau (BAG 25.10.1977 AP BetrVG 1972 § 87 Arbeitszeit Nr. 1; *Löwisch/Kaiser* Rn. 97). Mitbestimmt sind zwar nur kollektive Regelungen von Überstunden und Kurzarbeit (vgl. dazu schon Rn. 6); auf die Zahl der betroffenen AN kommt es aber nicht entscheidend an, deswegen kann auch bei der Anordnung von Überstunden ggü. einem einzigen AN ein kollektiver Tatbestand gegeben sein, solange die Anordnung nicht auf der Berücksichtigung individueller Interessen dieses AN beruht (*Fitting* Rn. 134). Eine Vereinbarung zwischen den Betriebspartnern, die den AG ledigl. pauschal zur Anordnung von Überstunden ermächtigt, verbraucht das Mitbestimmungsrecht nicht (BAG 17.11.1998 AP BetrVG 1972 § 87 Arbeitszeit Nr. 79). Es müssen zumindest die tatbestandl. Vorgaben vorgezeichnet werden, innerhalb derer dem AG dann ein gewisser Freiraum bei der Einzelfallregelung zustehen kann (BAG 1.7.2003 NZA 2003, 1209); die Festsetzung von Durchschnittswerten reicht aus (BAG 23.3.1999 AP BetrVG 1972 § 87 Arbeitszeit Nr. 80). Mitbestimmt sind etwa die Einführung von Bereitschaftsdienst außerhalb der regelm. AZ (BAG 29.2.2000 AP BetrVG 1972 § 87 Arbeitszeit Nr. 81) oder die Anberaumung einer Mitarbeiterversammlung außerhalb der betriebl. AZ, wenn eine Verpflichtung zur Teilnahme besteht (BAG 19.3.2001 NZA 2001, 976). Für regelm. Überstunden von Leiharbeitnehmern ist der Betriebsrat des Entleihers zuständig (BAG 19.6.2001 AP BetrVG 1972 § 87 Leiharbeitnehmer Nr. 1).

35 **c) Kurzarbeit.** Das Mitbestimmungsrecht bei der Kurzarbeit erstreckt sich auf die Frage, ob und in welchem Umf. Kurzarbeit eingeführt werden soll und wie die geänd. AZ auf die einzelnen Wochentage

zu verteilen ist (*Fitting* Rn. 150). Kurzarbeit ist auch die Einführung von „Kurzarbeit null" und damit ggf. auch die Freistellung von AN aus insolvenzspezifischen Gründen durch den InsV (*Berscheid* BuW 1998, 913, 918; offengelassen von LAG HM 27.9.2000 NZA-RR 2001, 654), soweit die Freistellung nicht auf Dauer erfolgt (LAG HM 20.9.2002 NZA-RR 2003, 422). Hinsichtl. der Einführung von Kurzarbeit steht dem BR ein **Initiativrecht** zu und damit ein effektives Mittel zur Vfg., Entlassungen aus betriebsbedingten Gründen überflüssig zu machen (BAG 4.3.1986 AP BetrVG 1972 § 87 Kurzarbeit Nr. 3; *Fitting* Rn. 159; *Löwisch* FS Wiese 1998, 249). Bejaht man ein Initiativrecht des BR, muss grds. nicht nur die Einführung von Kurzarbeit, sondern auch die Rückkehr zur NormalAZ der Mitbestimmung des BR unterliegen (aA BAG 21.11.1978 AP BetrVG 1972 § 87 Arbeitszeit Nr. 2; wie hier *Fitting* Rn. 151). Das Mitbestimmungsrecht bei der Rückkehr zur NormalAZ entfällt freil. dann, wenn der Zeitraum der Anordnung von Kurzarbeit von vornherein befristet oder auflösend bedingt festgelegt war, da insofern das Einverständnis des BR bereits vorweggenommen ist.

Für die **Einführung von Kurzarbeit** ist eine förml. und hinreichend konkrete (vgl. LAG HM 1.8.2012, NZA-RR 2013, 244) BV zu empfehlen, da nur diese unmittelbare und zwgd. Wirkung ggü. den AN entfaltet und damit eine verbindl. Rechtsgrundlage für die Einführung von Kurzarbeit schafft; bei Ausübung der Mitbestimmung in Form einer bloßen Regelungsabrede bleibt der AG auf die Zustimmung jedes einzelnen AN bzw. – in den engen Grenzen des § 19 KSchG – auf die Zulassung durch das LAA angewiesen, wenn er Kurzarbeit wirksam einführen will. Um dem für Rechtsnormen geltenden Bestimmtheitsgrundsatz zu genügen, ist für eine BV ein Mindestmaß konkreter Regelungen zu Umf. der Kurzarbeit und Personenkreis zu verlangen (zu restriktiv LAG ST 31.7.2002 NZA-RR 2003, 366; LAG HE 14.3.1997 NZA-RR 1997, 478). Der Tarifvorrang nach § 87 I Eingangssatz setzt vielfach der Einführung von Kurzarbeit bzw. der Mitbestimmung des BR Grenzen, da viele TV für die Einführung von Kurzarbeit Ankündigungsfristen vorsehen, die von den Betriebspartnern nicht unterschritten werden dürfen (vgl. BAG 10.12.1994 AP BetrVG 1972 § 87 Arbeitszeit Nr. 63). Das **Günstigkeitsprinzip** steht der Einführung von Kurzarbeit durch BV regelm. schon deshalb nicht entgegen, weil Arbeitsverträge für die vorübergehende Verkürzung der AZ idR keine Vorschr. enthalten, so dass ein Günstigkeitsvergleich überhaupt nicht angestellt werden kann (so auch ArbG BE 17.3.2004, 7 Ca 25174/03 nv.). IÜ spricht die bes. Interessenlage bei der Einführung von Kurzarbeit dafür, dass Nr. 3 den Betriebspartnern eine nicht durch das Günstigkeitsprinzip beschränkte Eingriffsbefugnis einräumt (so Richardi/*Richardi* Rn. 335). Die Günstigkeitsproblematik ist dadurch weiter entschäft, dass arbeitsvertragliche Vereinbarungen zur Dauer der regelmäßigen AZ jdf. bei Vollzeitbeschäftigten einen kollektiven Bezug haben mit der Folge, dass man sie nach der neueren Rspr. des BAG als betriebsvereinbarungsoffen einstufen kann (vgl. § 77 Rn. 79 ff.) 36

d) Vergütung. Das Mitbestimmungsrecht des BR erstreckt sich nicht auf das während der verkürzten oder verlängerten AZ zu zahlende Entgelt. Das bedeutet: Einerseits besteht das Mitbestimmungsrecht auch dann, wenn der AG die AZ ohne Minderung der Vergütung kürzen will (BAG 1.7.2003 NZA 2003, 1209). Andererseits ist der BR nicht berechtigt, seine Zustimmung zur Einführung von Kurzarbeit davon abhängig zu machen, dass der AG den AN das volle Entgelt zahlt bzw. die Differenz zwischen vollem Entgelt und Kurzarbeitergeld ausgleicht (LAG K 14.6.1989 NZA 1989, 939; Richardi/*Richardi* Rn. 372; aA DKKW/*Klebe* Rn. 129). Wird Kurzarbeit wirksam eingeführt, hat der AN neben der Vergütung für seine kürzere AZ nur Anspruch auf **Kurzarbeitergeld,** falls die Voraussetzungen der §§ 169 ff. SGB III erfüllt sind. Ein Widerruf der Zusage des AA, Kurzarbeitergeld zu zahlen, lässt den Entgeltanspruch iHd. Kurzarbeitergeldes aufleben, wenn die Kurzarbeit in einer BV mit dem BR vereinbart worden war (BAG 11.7.1990 AP BGB § 615 Betriebsrisiko Nr. 32; DKKW/*Klebe* Rn. 130). Die weitergehende Zahlung eines Ausgleichs zwischen Kurzarbeitergeld und voller Vergütung erfolgt auf freiwilliger Basis. Hat sich allerdings der AG hierzu entschlossen, greift hins. der Verteilungsgrundsätze das Mitbestimmungsrecht des BR nach Nr. 10 ein (dazu unten Rn. 96 ff.). Fehlt es an einer wirksamen Rechtsgrundlage zur Einführung von Kurzarbeit, haben die AN für die ausgefallene Arbeit nach Maßgabe des § 615 BGB Anspruch auf das volle Arbeitsentgelt. 37

e) Besonderheiten im Arbeitskampf. Im Arbeitskampf kollidiert das Mitbestimmungsrecht des BR mit dessen Neutralitätspflicht (vgl. § 74 Rn. 14). Ist der AG in seinem Betrieb **unmittelbar vom Streik betroffen,** hat der BR weder bei der Anordnung von Überstunden zur Aufrechterhaltung der Produktion noch bei der Anordnung von Kurzarbeit zum Zwecke einer (tw.) Betriebsschließung mitzubestimmen (BAG 22.12.1980 AP GG Art. 9 Arbeitskampf Nr. 70, 71; 24.4.1979 AP GG Art. 9 Arbeitskampf Nr. 63; s. BVerfG 7.4.1997 EzA BetrVG 1972 § 99 Einstellung Nr. 2). Bei **mittelbar kampfbetroffenen Betrieben** ist Kurzarbeit mitbestimmungsfrei, wenn eine Beeinträchtigung der Kampfparität droht, etwa wenn für mittelbar betroffene Betriebe in derselben Branche dieselben Verbände zuständig sind oder eine enge wirtschaftl. Verflechtung (Konzern) besteht. Allerdings hat der BR bei dem „Wie", dh. bei den Modalitäten mitzubestimmen, soweit noch etwas zu regeln ist (BAG 22.12.1980 AP GG Art. 9 Arbeitskampf Nr. 71; weitergehend *Fitting* Rn. 164 ff.). Beide Seiten müssen sich dann auf sofortige Verhandlungen einlassen. Kann keine rechtzeitige Einigung (ggf. über die Einigungsstelle) erreicht werden, liegt für den AG ein „Notfall" vor, der ihn zur alleinigen Anordnung arbeitskampfbedingter Kurzarbeit ermächtigt (ähnl. GK-BetrVG/*Wiese* Rn. 415). 38

39 **4. Auszahlung der Arbeitsentgelte.** Arbeitsentgelt iSv. Nr. 4 ist im weitesten Sinne zu verstehen; hierunter fällt jede Gegenleistung des AG für die Arbeitsleistung des AN unabhängig von ihrer Bezeichnung (Lohn, Gehalt, Tantieme, Provision, Urlaubsgeld, Gratifikation).

40 Das Mitbestimmungsrecht erstreckt sich auf Zeit, Ort und Art der Auszahlung, **nicht aber auf die Höhe** der jeweils zu zahlenden Vergütung. Der Mitbestimmung unterliegen die Festlegung der Lohnzahlungsperiode (wöchentl., mtl.), die Bestimmung des Zahlungszeitpunkts von Zeitguthaben (BAG 15.1.2002 EzA § 614 BGB Nr. 1), Tag und Stunde der Entgeltzahlung, der Ort der Zahlung sowie die Art der Entgeltzahlung, also Auszahlung in bar, durch Scheck oder bargeldlos durch Überweisung auf ein Bankkonto. Soweit die bargeldlose Zahlung vorgesehen ist, ergibt sich für den BR eine **Annex-Kompetenz** für die Regelung der Fragen, wer die Kosten der bargeldlosen Zahlung zu tragen hat und ob und in welchem Umf. Zeitaufwand vergütet werden soll, der den AN entsteht, um das Geld bei der Bank abzuholen (BAG 8.3.1977, 5.3.1991, 10.8.1993 AP BetrVG 1972 § 87 Auszahlung Nr. 1, 11, 12; *Fitting* Rn. 186; aA GK-BetrVG/*Wiese* Rn. 435). In einer BV kann deshalb dem AG auferlegt werden, die Kontoführungsgebühren zu tragen, soweit sie durch die Überweisung des Arbeitsentgelts verursacht werden (BAG 24.11.1987 AP BetrVG 1972 § 87 Auszahlung Nr. 6); zwgd. ist dies nicht, insb. wenn der AG kein Interesse an der bargeldlosen Lohnzahlung hat. Für Einigungsstellensprüche gilt die Grenze billigen Ermessens nach § 76 V. Diese Grenze ist überschritten, wenn ein Einigungsstellenspruch den AG verpflichtet, alle AN monatl. eine Stunde von der Arbeit freizustellen, um den Zeitaufwand für das Abholen des Geldes von der Bank auszugleichen, obwohl der AG die Zahlung per Scheck im Betrieb angeboten hat (BAG 10.8.1993 AP BetrVG § 87 Auszahlung Nr. 12).

41 Stets sind bei der Mitbestimmung nach Nr. 4 **vorrangige tarifl. und ges. Vorschr.** zu beachten. § 64 HGB schreibt vor, dass das Gehalt für kaufmännische Angestellte zwgd. am Ende jedes Monats ausgezahlt werden muss. Nach § 87c I 1 HGB darf der Abrechnungszeitraum bei auf Provisionsbasis bezahlten kaufmännischen Angestellten drei Monate nicht überschreiten. Gem. § 107 GewO ist das Arbeitsentgelt in Euro zu berechnen und auszuzahlen. § 2 I Nr. 2 MiLoG verlangt die Auszahlung des Mindestlohns spätestens am Ende des auf die Arbeitsleistung folgenden Monats.

42 **5. Urlaub.** Das Mitbestimmungsrecht nach Nr. 5 beschränkt das dem AG bei der Festlegung der Lage des Urlaubs zustehende Gestaltungsrecht, um einen Ausgleich der unterschiedl. Interessen der einzelnen AN und des Interesses des AG an einem ungestörten Betriebsablauf unter Beteiligung des BR zu ermögl.

43 Von dem **Begriff Urlaub** iSd. Nr. 5 wird jede Form bezahlten und unbezahlten Urlaubs erfasst, also ges. Mindesturlaub gem. § 1 BUrlG, zusätzl. Erholungsurlaub nach Tarif- oder Einzelarbeitsvertrag, Zusatzurlaub für Schwerbehinderte (LAG HE 16.2.1987 BB 1987, 1461), Bildungsurlaub nach den Landesgesetzen zur ANWeiterbildung (BAG 28.5.2002 NZA 2003, 171) sowie bezahlter oder unbezahlter Sonderurlaub (BAG 18.6.1974 AP BetrVG 1972 § 87 Urlaub Nr. 1; 17.11.1977 AP BUrlG § 9 Nr. 8). Nicht erfasst wird dagegen die vorübergehende oder dauerhafte **Suspendierung** von der Arbeitspflicht; diese kann, wenn die individualrechtl. Voraussetzungen vorliegen, mitbestimmungsfrei ausgesprochen werden (LAG K 16.3.2000 LAGE BUrlG § 7 Nr. 37).

44 Das Mitbestimmungsrecht nach Nr. 5 erstreckt sich zunächst auf die **Aufstellung allg. Urlaubsgrundsätze.** Urlaubsgrundsätze sind Regeln, die festlegen, nach welchen Grundsätzen der AG den AN Urlaub gewähren soll. Hierunter fallen etwa Vereinbarungen über die Aufteilung des Urlaubsanspruchs und die Verteilung des Urlaubs innerhalb des Kj., über Sperrzeiten zB während des Schlussverkaufs im Einzelhandel, über Auswirkungen von Familienstand und Vorhandensein schulpflichtiger Kinder auf die zeitl. Lage des Urlaubs und über die Einführung und zeitl. Lage von Betriebsferien (BAG 16.3.1972 AP BUrlG § 9 Nr. 3; 28.7.1981 AP BetrVG 1972 § 87 Urlaub Nr. 2). Da dem BR auch iRd. Nr. 5 ein Initiativrecht zusteht, kann dieser auch von sich aus die Einführung allg. Betriebsferien verlangen (*Fitting* Rn. 198; aA GK-BetrVG/*Wiese* Rn. 463). Soweit dem berechtigte betriebl. Belange entgegenstehen, dürfen allerdings die Betriebsferien nicht durch einen Einigungsstellenspruch gegen den Willen des AG eingeführt werden. Zum Bildungsurlaub BAG 28.5.2002 AP BetrVG 1972 § 87 Urlaub Nr. 10.

45 Auf Basis der allg. Urlaubsgrundsätze ist der gleichfalls nach Nr. 5 mitbestimmte **Urlaubsplan** aufzustellen. In diesem werden die Zeiten festgelegt, in denen den einzelnen AN der Urlaub im Laufe des Kj. gewährt werden soll. Der Urlaubsplan ist zu unterscheiden von der Urlaubsliste, in die AN ihre Urlaubswünsche eintragen. Die Aufstellung der Urlaubsliste ist mitbestimmungsfrei (*Fitting* Rn. 202).

46 Schließl. eröffnet Nr. 5 ausnahmsweise (vgl. Rn. 6) auch ein **Mitbestimmungsrecht im Einzelfall:** Mitbestimmt ist auch die Festsetzung der zeitl. Lage des Urlaubs für einzelne AN, wenn zwischen dem AG und den beteiligten AN kein Einverständnis erzielt wird. AG und BR haben von den Grundsätzen auszugehen, die § 7 I BUrlG aufstellt. Die Urlaubswünsche des betroffenen AN die berechtigten konkurrierenden Urlaubswünsche anderer AN und dringende betriebl. Erfordernisse sind nach billigem Ermessen gegeneinander abzuwägen (BAG 4.12.1970 AP BUrlG § 7 Nr. 5; *Fitting* Rn. 205). Gelingt eine Einigung zwischen AG und BR nicht, entscheidet die Einigungsstelle. Nr. 5 bezweckt insofern, dem einzelnen AN eine zusätzl. Möglichkeit einzuräumen, seinen sich aus § 7 I BUrlG ergebenden Rechtsanspruch auf Berücksichtigung seiner Urlaubswünsche wirksam durchzusetzen; die

Vorschr. soll dagegen nicht die individualarbeitsrechtl. Stellung des einzelnen AN schmälern (*Fitting* Rn. 207–210; aA GK-BetrVG/*Wiese* Rn. 471 f.). Trotz einer für den AN ungünstigen Einigung der Betriebspartner bzw. eines ungünstigen Einigungsstellenspruchs kann deshalb der AN auf Erteilung des Urlaubs für einen bestimmten Zeitraum unter Berufung auf § 7 I BUrlG im Urteilsverfahren klagen.

Kein Mitbestimmungsrecht räumt Nr. 5 hins. der **Dauer des Urlaubs** und hins. der **Gewährung von zusätzl. Urlaubsgeld** ein. Daraus ergibt sich, dass der BR zB nicht darüber mitzubestimmen hat, ob eine Schonzeit auf den Urlaubsanspruch anzurechnen ist oder nicht (BAG 26.11.1964 AP BUrlG § 10 Schonzeit Nr. 1). Da die mitbestimmten Tatbestände in Nr. 5 abschließend aufgezählt sind, ist auch der Widerruf eines gewährten Urlaubs im Einzelfall aus dringenden betriebl. Gründen mitbestimmungsfrei, nach BAG allerdings unzulässig. 47

6. Überwachung durch technische Einrichtungen. a) Technische Einrichtungen. Nr. 6 dient dem Schutz des allg. Persönlichkeitsrechts der AN vor Eingriffen durch anonyme technische Kontrolleinrichtungen. Dabei soll die Mitbestimmung nicht zur Verhinderung, sondern zu einer angemessenen, die Interessen beider Seiten berücksichtigenden Ausgestaltung der Maßnahmen führen (BAG 6.12.1983, 14.9.1984, 27.5.1986 AP BetrVG 1972 § 87 Überwachung Nr. 7, 9, 15). Eine technische Einrichtung stellt **jedes optische, mechanische, akustische oder elektronische Gerät** dar (BAG 8.11.1994 AP BetrVG 1972 § 87 Überwachung Nr. 27; DKKW/*Klebe* Rn. 168; *Fitting* Rn. 225). Unter den Begriff der Überwachung fällt zunächst die **Erhebung von Daten.** Beispiele hierfür sind die Überwachung der AN durch Film- oder Fernsehkameras, Abhörgeräte, Stechuhr, Produktographen, Fahrtenschreiber und ähnl. Geräte. Unerhebl. ist dabei, auf welche Weise die Überwachungsdaten dem AG von der technischen Einrichtung zugängl. gemacht werden. Dies wird im Regelfall durch eine Aufzeichnung geschehen (BAG 6.12.1983 AP BetrVG 1972 § 87 Überwachung Nr. 7). Mögl. und ausreichend ist aber auch die direkte Übermittlung der Inf. (BVerwG 31.8.1988 AP BPersVG § 75 Nr. 25). Eine Auswertung muss die Einrichtung nicht vornehmen (*Kraft* ZfA 1985, 141, 150; aA *Goos* BB 1983, 581, 583). Kameraattrappen sind objektiv zur Überwachung ungeeignet und fallen deshalb nicht unter den Mitbestimmungstatbestand (LAG MV 12.11.2014 NZA-RR 2015, 196). 48

Über die Datenerhebung hinaus unterliegt nach Ansicht des BAG und des überw. Teils des Schrifttums auch die alleinige **Datenauswertung** dem Mitbestimmungsrecht des BR nach Nr. 6 (BAG 14.9.1984 AP BetrVG 1972 § 87 Überwachung Nr. 9; *Fitting* Rn. 238; DKKW/*Klebe* Rn. 175; GK-BetrVG/*Wiese* Rn. 527 mwN). Dies bedeutet, dass Daten, die auf nichttechnischem Wege gewonnen und erst im Anschluss daran in eine Datenverarbeitungsanlage zur weiteren Verarbeitung eingespeist wurden, der Mitbestimmung unterworfen sind. Eine Auswertung liegt vor, wenn verhaltens- oder leistungsbezogene Daten ggf mit anderen Daten programmgemäß gesichtet, sortiert, zusammengestellt oder miteinander in Beziehung gesetzt und damit zu Aussagen über Verhalten oder Leistung von AN verarbeitet werden. 49

b) Verhalten oder Leistung der Arbeitnehmer. Die Überwachung muss sich auf ein Verhalten oder die Leistung der AN beziehen. Unter dem Begriff „Verhalten" wird ein individuell steuerbares **Tun oder Unterlassen** verstanden (BAG 11.3.1986 AP BetrVG 1972 § 87 Überwachung Nr. 14; *Däubler,* Gläserne Belegschaften, Rn. 427; weitergehend GK-BetrVG/*Wiese* Rn. 537, der jedes Tun oder Unterlassen unabhängig von einer willentl. Steuerung unter den Begriff des Verhaltens subsumiert). Eine Unterscheidung danach, ob die Verhaltensweisen auf die **Erbringung der Arbeitsleistung** gerichtet sind oder sich **außerhalb des Betriebes** abspielen, erfolgt nicht (BAG 27.1.2004 – 1 ABR 7/03, NZA 2004, 556; GK-BetrVG/*Wiese* Rn. 540; DKKW/*Klebe* Rn. 181). Allerdings müssen sie für das ArbVerh. relevant sein (GK-BetrVG/*Wiese* Rn. 536). Bei der Tätigkeit und technischen Überwachung in einem Drittunternehmen ist allerdings Voraussetzung für die Beteiligungspflicht des BR beim VertragsAG, dass bei diesem die typischen AG-Weisungsrechte verbleiben; handelt es sich dagegen um einen Fall echter oder unechter Leiharbeit, dürfte allein der BR im Drittunternehmen zuständig sein. Auf die Art der verarbeiteten Daten kommt es nicht an (MüArbR/*Matthes* § 248 Rn. 21). Dem **Leistungsbegriff** kommt neben dem weit verstandenen Verhaltensbegriff keine selbstständige Bedeutung zu. Er wird von dem Verhaltensbegriff eingeschlossen. Das Arbeitsergebnis, welches nicht in Beziehung zu anderen Daten gesetzt wird, stellt kein Leistungsdatum dar. 50

Nicht mitbestimmt ist die **Erhebung sog. Status- oder Betriebsdaten.** Statusdaten umschreiben persönl. Eigenschaften des AN und betreffen damit weder das Verhalten noch die Leistung des AN. Etwas anderes gilt jedoch, wenn diese Daten durch **Verknüpfung** mit anderen Daten zu Aussagen über das Verhalten oder die Leistung von AN führen (BAG 11.3.1986 AP BetrVG 1972 § 87 Überwachung Nr. 14; *Fitting* Rn. 236; *Simitis* NJW 1985, 401, 406; *Kort* CR 1992, 611, 617; aA BAG 22.10.1986 AP BDSG § 23 Nr. 2 ohne Begründung). Dies ist etwa dann der Fall, wenn mit Hilfe eines EDV-Programms ein systematischer **Datenabgleich zur Korruptionsbekämpfung** durchgeführt wird. Der Datenabgleich liefert Daten-Doubletten von Stammdaten, welche die leistungs- bzw. verhaltensbezogene Aussage stützen können, dass ein AN sehr wahrscheinlich im Rahmen seiner vertragl. Tätigkeit pflichtwidrig und unberechtigt Unternehmensgelder mittels fingierter Überweisungen auf sein privates Konto abgezweigt hat (*Kock/Francke* NZA 2009, 646; aA *Diller* BB 2009, 438). 51

52 **Betriebsdaten** sind Daten, die Auskunft über die Produktion, Nutzung von Maschinen, Lagerhaltung, etc. geben. Die Verarbeitung von Betriebsdaten ist grds. mitbestimmungsfrei nach Nr. 6. Auch dies ändert sich jedoch, wenn sie Rückschlüsse auf das Verhalten oder die Leistung von AN zulassen.

53 Weiterhin muss zumindest die Möglichkeit der Zuordnung der Daten zu einzelnen AN **(Individualisierbarkeit)** bestehen (BAG 6.12.1983 AP BetrVG 1972 § 87 Überwachung Nr. 7; GK-BetrVG/*Wiese* Rn. 546). Ausreichend ist insoweit, dass der jeweilige AN durch seinen Namen, seine Personalnummer etc. bestimmt ist oder über Schichtpläne mit vertretbarem Aufwand bestimmbar ist (MüArbR/*Matthes* § 248 Rn. 23). Die technische Einrichtung muss die Individualisierung hierbei nicht selbst vornehmen (GK-BetrVG/*Wiese* Rn. 546). Es genügt bereits, wenn die erfassten oder ermittelten Daten durch Hinzuziehung anderer Inf. einem bestimmten AN zugeordnet werden können. Die Erhebung oder Verarbeitung anonymisierter Daten unterliegt demnach nicht der Mitbestimmung nach Nr. 6. Voraussetzung ist jedoch, dass die **Anonymisierung** der Daten nicht aufgeh. werden kann (vgl. hierzu eingehend *Gebhardt/Umnuß* NZA 1995, 103 ff.; *Däubler*, Gläserne Belegschaften Rn. 745).

54 Das BAG macht seit dem Beschl. vom 18.2.1986 (AP BetrVG 1972 § 87 Überwachung Nr. 13) von dem Grundsatz der Individualisierbarkeit eine Ausnahme für den Fall der Überwachung einer **Arbeitsgruppe.** Voraussetzung ist, dass die ganze Gruppe für eine bestimmte Leistung oder ein bestimmtes Verhalten gemeinsam verantwortl. und daneben klein und überschaubar ist. Ferner müsse der von der technischen Einrichtung ausgehende Überwachungsdruck von der Gruppe auf den einzelnen AN durchschlagen (vgl. auch BAG 26.7.1994 AP BetrVG 1972 § 87 Überwachung Nr. 26. Zustimmend *Fitting* Rn. 220; GK-BetrVG/*Wiese* Rn. 549). Dem ist nicht zu folgen, denn der Druck auf die einzelnen Gruppenmitglieder wird nicht durch die technische Einrichtung, sondern durch die anderen Gruppenmitglieder verursacht (*Hunold* Anmerkung zu BAG 26.7.1994 aaO; *Ehmann* ZfA 1986, 357, 381; *Kort* CR 1987, 300, 307). Der von der Gruppe auf den einzelnen AN ausgeübte Druck ist ein Spezifikum des Gruppenakkordsystems, dessen Ausgestaltung gem. Nr. 10, 11, 13 der Mitbestimmung des BR unterliegt.

55 **c) Bestimmung zur Überwachung.** Weiterhin erfordert der Tatbestand der Nr. 6, dass die technische Einrichtung dazu bestimmt ist, die Leistung oder das Verhalten von AN zu überwachen. Dies ist trotz des insoweit missverständl. Wortlauts bereits dann der Fall, wenn die technische Einrichtung **objektiv geeignet** ist, das Verhalten oder die Leistung von AN zu überwachen (st. Rspr. seit BAG 9.9.1975 AP BetrVG 1972 § 87 Überwachung Nr. 2; 23.4.1985 AP BetrVG 1972 § 87 Überwachung Nr. 11; GK-BetrVG/*Wiese* Rn. 507; *Fitting* Rn. 226 mwN). Hiervon zu unterscheiden ist die bloße (theoretische) Möglichkeit bestimmter technischer Einrichtungen, auf Grund ihrer technischen Voraussetzungen ANDaten zu verarbeiten. Erst wenn eine solche Einrichtung konkrete Funktionen beinhaltet, um das Verhalten oder die Leistung von AN zu überwachen, wird ein Mitbestimmungsrecht des BR begr. (BAG 6.12.1983 AP BetrVG 1972 § 87 Überwachung Nr. 7; MüArbR/*Matthes* § 248 Rn. 27). In Bezug auf eine moderne PC-Anlage bedeutet dies, dass die Anschaffung der **Hardware** den AG zwar theoretisch in die Lage versetzt, ANDaten zu verarbeiten, eine Mitbestimmungspflichtigkeit indes erst durch das Aufspielen der entspr. **Software** (= Anwendungsprogramme) begr. wird. Nur dann ist der AG tatsächl. in der Lage, AN zu überwachen. Ob er diese Möglichkeit dann wahrnimmt oder nicht, ist unerhebl. Weiterhin ist es nicht erforderl., dass die Einrichtung ausschließl. oder überw. der Überwachung von AN dient (*Fitting* Rn. 235).

56 Des Weiteren sind **„absolute Systeme"** zur Überwachung von AN bestimmt (*Klebe* NZA 1985, 44, 46 f.; *Fitting* Rn. 242; *Ehmann* SAE 1985, 181, 189). Ein „absolutes System" liegt vor, wenn eine technische Einrichtung Verhaltens- oder Leistungsdaten nicht auf Grund eines festen Programms, sondern durch die Anwendung von **Abfragesprachen** zu Aussagen über Verhalten oder Leistung von AN verarbeitet (BAG 14.9.1984 AP BetrVG 1972 § 87 Überwachung Nr. 9). Der Unterschied zu herkömml. Programmen besteht darin, dass bei einer Abfragesprache die Parameter zur Verknüpfung und Auswahl von Daten (in einem bestimmten Rahmen) frei gewählt werden können. Der AG kann nach seinen Anforderungen die im System vorhandenen ANDaten unterschiedl. miteinander verknüpfen und zu immer neuen Aussagen verbinden. Eine objektive Eignung zur ANÜberwachung ist folgl. bereits dann gegeben, wenn die im System vorhandenen Daten zu Aussagen über Verhalten oder Leistung von AN verknüpft werden können. **Probleme** ergeben sich bei diesen Systemen auf der Ebene der Ausübung der Mitbestimmung. Durch die Flexibilisierung der Abfrage ist der BR bei Anschaffung eines solchen Systems kaum in der Lage zu erkennen, welche Möglichkeiten der Verknüpfung und Auswertung von ANDaten bestehen.

57 Um eine zu breite Anwendung des Tatbestandes zu verhindern, hatte das BAG bei den Entsch. bezügl. traditioneller Überwachungsinstrumente (Produktograph, Filmkamera etc.) verlangt, dass die technische Einrichtung unmittelbar, dh. in ihrem **Kern** schon selbst die Überwachung bewerkstellige. In neueren Entsch. zu Datenverarbeitungsanlagen wird dieses Kriterium nicht mehr erwähnt. Vielfach. wurde dies als Aufgabe der bisherigen Rspr. gedeutet (GK-BetrVG/*Wiese* Rn. 511; *Gaul* RDV 1987, 109, 112; *Klebe* NZA 1985, 44, 45; *Däubler* Rn. 757; *Ehmann* SAE 1985, 273, 276). Tatsächl. ist das Unmittelbarkeitserfordernis ledigl. in einem neuen Verständnis des Begriffes „zur Überwachung bestimmt" aufgegangen. Die Rspr. geht nunmehr davon aus, dass die technische Einrichtung eine

objektiv eigenständige Überwachungswirkung haben müsse, um zur Überwachung bestimmt zu sein (BAG 6.12.1983 AP BetrVG 1972 § 87 Überwachung Nr. 7; 14.9.1984 AP BetrVG 1972 § 87 Überwachung Nr. 9). Daran fehlt es etwa beim Einsatz von Google Maps zur Überprüfung einer Fahrtkostenrechnung, weil der Einsatz des Routenplaners und die Reaktion auf die durch die Verwendung gewonnenen Erkenntnisse vom Tätigwerden einer kontrollierenden Person abhängen (BAG 10.12.2013 NZA 2014, 439). Das gleiche gilt für den Betrieb einer Facebook-Seite durch den AG (LAG D 12.1.2015, NZA-RR 2015, 355; a. A. *Greif* NZA 2015, 1106).

d) Einführung, Anwendung und Abschaffung technischer Einrichtungen. Das Mitbestimmungsrecht des BR besteht gleichermaßen bei der Einführung und der Anwendung einer technischen Einrichtung. Die Mitbestimmung bei der **Einführung** einer technischen Einrichtung umfasst das „Ob" der Anschaffung sowie die hierzu erforderl. näheren Modalitäten. Die Einführungsphase beginnt, sobald der AG die Entscheidung getroffen hat, eine Überwachungseinrichtung einzuführen. Die diesbezügl. vorgelagerte Planung kann ledigl. dem Beratungsrecht gem. § 90 oder § 111 unterliegen. Der Mitbestimmung bei der Einführung unterliegen insb. die Modalitäten über die Zweckbestimmung, die Auswahl des Anbieters und Modells (*Bachner* DB 2006, 2518), die Art und Anzahl einzelner Komponenten, der Zeitpunkt der Einführung, der Ort der Verwendung, die Art der Installation, ggf. der Zeitraum, die Wirkungsweise ihrer Verwendung, sowie unmittelbar auf die Einführung bezogene Vorbereitungsmaßnahmen (Veränderung des Arbeitsplatzes, bzw. Arbeitsablaufs). Auch der Betrieb einer neuen Anl. zur **Probe** mit realen ANDaten fällt unter den Tatbestand der Nr. 6 (LAG BE 12.8.1986 DB 1987, 544). Wie immer ist bei der Ausgestaltung einer BV höherrangiges Recht zu beachten, wobei im Bereich des § 87 Nr. 6 bes. dem Persönlichkeitsrecht der AN Bedeutung zukommt. Letztl. ist bei einer Kollision des allgemeinen Persönlichkeitsrechts mit schutzwürdigen Interessen des AG eine umfassende Güterabwägung erforderl.; allein das Hausrecht des AG rechtfertigt keine technische Dauerüberwachung aller AN (BAG 29.6.2004 NZA 2004, 1278). Sofern eine Einigung über die Einführung einer Überwachungseinrichtung zwischen AG und BR erzielt wurde, obliegen Erwerb und Installation der Überwachungseinrichtung gem. § 77 I S. 1 allein dem AG. 58

Unter **Anwendung** iSv. Nr. 6 ist zunächst die allg. Handhabung der eingeführten Überwachungseinrichtung zu verstehen. Diese umfasst die Art und Weise, in der die Einrichtung tatsächl. zur Überwachung verwendet wird. Dazu gehört zB die Entscheidung über die Einschaltzeiten, die Festlegung des zu überwachenden Teils der AN oder die Festlegung des Aufstellungsortes (vgl. GK-BetrVG/*Wiese* Rn. 569). Die **Veränderung der Einrichtung** fällt ebenfalls unter den Begriff der Anwendung. Eine solche liegt etwa vor, wenn der Kreis der betroffenen AN oder die Zahl der erfassten Daten vergrößert wird. Damit eine Veränderung der technischen Einrichtung mitbestimmungspflichtig iSv. Nr. 6 ist, ist es erforderl., dass zumindest die Möglichkeit besteht, dass durch die Veränderung eine Intensivierung der Überwachung stattfindet oder diese eine neue Qualität bekommt (ebenso *Däubler* Rn. 72; aA *Schwarz* Arbeitnehmerüberwachung S. 125; DKKW/*Klebe* Rn. 188). Ansonsten ändert sich zwar die technische Einrichtung, nicht aber die Überwachung der AN. Der alleinige Austausch der Computerhardware genügt folgl. nicht, um ein Mitbestimmungsrecht des BR auszulösen. Die Vergabe der Überwachungstätigkeit an ein **Drittunternehmen** schließt die Mitbestimmungspflichtigkeit nicht aus (BAG 18.4.2000 NZA 2000, 1176). Der AG muss durch eine entspr. Vertragsgestaltung dafür Sorge tragen, dass die ordnungsgemäße Wahrnehmung des Mitbestimmungsrechts gewährleistet ist. Zu beachten ist auch die Vorschr. des § 11 BDSG. 59

Maßnahmen, die der AG auf Grund der erlangten Überwachungsergebnisse trifft, sind nicht mehr Gegenstand der Überwachung (*Ehmann* ZfA 1986, 357, 396). Sie unterliegen nicht mehr dem Mitbestimmungsrecht nach Nr. 6. Zu solchen Maßnahmen gehört bspw. die Versetzung, Abmahnung oder Kündigung. Dasselbe gilt für die vom AG initiierte **Abschaffung einer technischen Einrichtung** in seinem Betrieb (BAG 28.11.1989 NZA 1990, 406, 407 f.; *Fitting* Rn. 251; *Kort* CR 1992, 611, 614; aA DKKW/*Klebe* Rn. 166, 188). Dies ergibt sich aus der Zwecksetzung von Nr. 6 und dem insoweit eingeschränkten Initiativrecht des BR (vgl. oben Rn. 9). 60

e) Verhältnis zum BDSG. Problematisch ist, ob sich Beschränkungen im Hinblick auf den Regelungsspielraum der Parteien aus dem BDSG ergeben. Eine solche Beschränkung könnten sich aus §§ 28, 32 BDSG darstellen. Dort ist geregelt in welchen Fällen das Speichern, Verändern, Übermitteln oder Nutzen personenbezogener Daten als Mittel zur Erfüllung eigener Geschäftszwecke bzw. konkret im Rahmen eines Beschäftigungsverhältnisses zulässig ist. Ob diese Regelungen einen **Mindeststandard** für den Inhalt von BV darstellen, wird in Rspr. und Schrifttum kontrovers diskutiert (dagegen: BAG 27.5.1986 AP BetrVG 1972 § 87 Überwachung Nr. 15; *Simitis* FS Dieterich 1999 S. 601; dafür: *Wohlgemuth* Datenschutz für AN Rn. 321; *Kort* RdA 1992, 378, 385; DKKW/*Klebe* Rn. 195). Mit der Rspr. ist davon auszugehen, dass die Betriebspartner grunds. auch negativ von dem durch §§ 28, 32 BDSG gesetzten Standard abweichen dürfen. Dies folgt aus § 4 I BDSG. Danach ist die Verarbeitung personenbezogener Daten auch zulässig, wenn eine andere Rechtsvorschrift sie erlaubt. Eine BV stellt eine Rechtsvorschrift iSd. § 4 I BDSG dar (*Kort* RdA 1992, 378, 385). Folgl. ist die Verarbeitung personenbezogener Daten zulässig, sofern die BV sie erlaubt, unabhängig davon, ob ein Verstoß gegen §§ 28, 32 BDSG vorliegt. Die BV darf allerdings nicht gegen **höherrangiges Recht** 61 verstoßen, insb. ist § 75 II zu beachten (BAG 9.7.2013 NZA 2013, 1433; BAG 15.4.2014 NZA 2014, 551). Aus diesem Grunde sind in der Praxis kaum Fälle denkbar, die ggü. der Bewertung nach §§ 28, 32 BDSG zu anderen Ergebnissen führen.

62 **f) Beispiele technischer Überwachungseinrichtungen.** Abhörgeräte, maschinelle AZerfassung, Fahrtenschreiber, Fernseh- oder Videokameras, Fotoapparate, Multimomentkameras, Stempeluhren, Zugangskontrollsysteme, dazu GK-BetrVG/*Wiese* Rn. 551 f.; *Fitting* Rn. 244 ff.; DKKW/*Klebe* Rn. 198 ff. **ISDN**-Telefone und Telefonanlagen. Hierzu *Fangmann* AiB 1994, 135 ff.; *Roßnagel* CR 1993, 507 ff.; GK-BetrVG/*Wiese* Rn. 555. **Telefondatenerfassung.** Hier ist zwischen dienstl. und privaten Gesprächen zu unterscheiden. Vgl. GK-BetrVG/*Wiese* Rn. 555 ff. mwN. **Datenverarbeitungssysteme.** S. Rn. 55 und 57. **Arbeitsplatzrechner** mit entspr. **Office Software.** Die aktuelle Version von **Microsoft Office** speichert für jede mit dem Office-Paket bearbeitete Datei den Bearbeitungszeitpunkt und die Bearbeitungsdauer in einer Log-Datei, die eingesehen werden kann. Ihre Einführung oder Anwendung ist deshalb mitbestimmt. Dasselbe gilt für die Einrichtung eines Outlook-Gruppenkalenders (LAG N 21.2.2017 NZA-RR 2017, 302). **Mobiltelefone.** Ausf. *Wedde* CR 1995, 41, 44 f. Der AG kann bei von seinen AN benutzten Mobiltelefonen (C-, D- oder E-Netz) anhand eines Einzelgesprächsnachweises ebenso wie bei einer festen Telefonanlage überprüfen, mit wem, wie lange und wann der AN telefoniert hat. Darüber hinaus kann der AG durch Anruf auf dem Mobiltelefon ständig mit dem AN in Kontakt bleiben und so feststellen, ob er seiner Arbeitspflicht ordnungsgemäß nachkommt. Nr. 6 greift somit ein. **Personalabrechnungs- und Informationssysteme** (PAISY). BAG 23.4.1985 AP BetrVG 1972 § 87 Überwachung Nr. 12. **Tele-Arbeit.** *Fangmann* AiB 1994, 203 ff. Standard-**Internet**programme (zB MS Internet Explorer, Netscape Communicator oder Navigator, MS Outlook Express) enthalten Überwachungskomponenten (History bzw. Verlaufsfunktion, Cache) und unterfallen somit Nr. 6. Daneben unterfallen Programme zur Überwachung des Datenverkehrs mit dem Internet der Nr. 6. Eine Überwachung geschäftl. E-Mails ist in vollem Umf. (inhaltl. und Verbindungsdaten) zulässig. Die Überwachung privater E-Mails ist nur im Hinblick auf die äußeren Verbindungsdaten gestattet. Dabei dürfen jedoch weder Empfänger- noch Absenderadresse überwacht werden, da hieran kein betriebl. Interesse besteht. Diese Daten sind im Hinblick auf eine Abrechnung irrelevant (zusf. *Küttner/Kreitner*, Internet-/Telefonnutzung Rn. 8 ff). **Security Incident and Event Management-Systeme (SIEM).** Der Einsatz von SIEM-Systemen ist jdf. dann mitbestimmt, wenn es zu einer lückenlosen Erfassung der die Systeme bedienenden Personen kommt (ausführl. *Kort* NZA 2011, 1319).

63 **7. Regelungen zum Arbeitsschutz. a) Grundsatz.** Der Tatbestand des Nr. 7 gewährt dem BR ein MBR bei der betriebl. Umsetzung der Vorschriften des Arbeits- und Gesundheitsschutzes (durch innerbetriebl. kollektive Regelungen sowie technische und organisatorische Maßnahmen des AG) unter der Voraussetzung, dass dem AG hierbei eigene Regelungsspielräume verbleiben. Insoweit ergibt sich aus der Formulierung „im Rahmen der ges. Vorschr. oder der UVV" eine Begrenzung des MBR, die über den „normalen" Gesetzesvorbehalt nach § 87 I Eingangssatz hinausgeht. Zum einen gilt das MBR nur, soweit **Rahmenvorschriften des ör. Arbeitsschutzes** bestehen, die die zu treffenden Maßnahmen nicht selbst detailliert beschreiben, sondern dem AG lediglich ein zu erreichendes Schutzziel vorgeben und ihm einen Ermessensspielraum einräumen, innerhalb dessen der geeignete Weg zum Erreichen des Ziels nach Zweckmäßigkeitsgesichtspunkten ausgewählt werden kann (BAG 15.1.2002 NZA 2002, 995; *Fitting* Rn. 270 f.; so besteht z. B. bei den konkreten und zwingenden Beschäftigungsverboten des MuSchG kein Raum für die Mitbestimmung). Zum anderen folgt aus der Formulierung „im Rahmen", dass sich die obligatorische Mitbestimmung nach Nr. 7 auf die **Konkretisierung,** nicht aber auf die Anhebung des Schutzniveaus der Rahmenvorschriften erstreckt (BAG 28.7.1981 AP BetrVG 1972 § 87 Arbeitssicherheit Nr. 3). Zusätzl. Regelungen zur Verhütung von Arbeitsunfällen und Gesundheitsbeschädigungen, die über diesen Rahmen hinausgehen sollen, bleiben freiwilligen BV nach § 88 vorbehalten. Ob eine Vorschr. unmittelbar oder nur mittelbar dem Arbeits- bzw. Gesundheitsschutz dient, ist nach Auff. des BAG ebenso irrelevant wie die subjektive Regelungsbereitschaft des AG (BAG 8.6.2004 NZA 2004, 1175). Keine den AG verpflichtenden ör. Vorschriften sind allgem. VerwaltungsRL, technische Regeln oder Merkblätter der Berufsgenossenschaften und EU-RL (*Fitting* Rn. 269).

64 **b) Grundsatzregelungen und betriebliche Arbeitsschutzorganisation.** Die meisten Mitbestimmungstatbestände leiten sich aus dem am 21.8.1996 in Kraft getretenen **ArbSchG als Grundsatzregelung** des betriebl. Arbeitsschutzes mit seinem erhebl. erweiterten Schutzansatz ab (dazu *Merten/Klein* DB 1998, 673). Es enthält zahlreiche Rahmenregelungen und ist (vorbehaltl. einer Konkretisierung durch den Verordnungsgeber) auf Ausgestaltung durch die Betriebspartner angelegt. Dies gilt insb. für die Generalklausel des **§ 3 I ArbSchG,** der die Grundpflichten des AG beim Arbeitsschutz umschreibt. Dass auch **Generalklauseln** als ausfüllungsbedürftige Rahmenvorschriften iSd. Nr. 7 in Betracht kommen, hat das BAG ausdrückl. entschieden (BAG 16.6.1998 BB 1999, 55). Allerdings soll bei sehr weit gefassten Generalklauseln kein unbeschränktes MBR bestehen, da anderenfalls für freiwillige BV kein nennenswerter Anwendungsbereich mehr verbleibt. Daher eröffnet § 3 I ArbSchG nur bei Vorliegen einer **unmittelbaren objektiven Gesundheitsgefahr** ein MBR (BAG 11.12.2012 AP BetrVG 1972 § 87 Gesundheitsschutz Nr. 19; LAG N 9.12.2015, DB 2016, 1942; *Bauer/Günther/Böglmüller*

NZA 2016, 1361; weitergehend LAG B 25.3.2015 BeckRS 2015, 68950 auch bei festgestellten Gefährdungen aufgrund durchgeführter Gefährdungsbeurteilung). Nach dem erweiterten Schutzansatz des ArbSchG sollen nicht nur physische Gesundheitsgefahren erfasst werden, sondern auch arbeitsbedingte psychische Belastungsfaktoren, wie zB Mobbing (LAG ST 13.1.2014 BeckRS 2016, 69336).

Ausfüllungsbedürftig ist auch **§ 3 II ArbSchG**, der den AG zum Aufbau einer an den betriebl. Gegebenheiten ausgerichteten Sicherheitsorganisation verpflichtet (BAG 18.3.2014 NZA 2014, 855). Jedoch ist bei der **Übertragung von Aufgaben auf Mitarbeiter oder Dritte** danach zu unterscheiden, ob der AG eine Organisationsentscheidung idS oder ledigl. eine Einzelmaßnahme nach § 13 II ArbSchG trifft. Die Übertragung und Verteilung von Arbeitsschutzaufgaben auf Führungskräfte ist Teil des Aufbaus einer geeigneten Aufbau- und Ablauforganisation zum Gesundheitsschutz und unterliegt als abstrakt-generelle Regelung der Mitbestimmung. Das gilt auch, wenn der AG die Aufgabenerfüllung auf externe Dienstleister delegiert und diese zB mit der Gefährdungsbeurteilung gem § 5 ArbSchG oder der Unterweisung der Beschäftigten gem § 12 ArbSchG beauftragt. Die inhaltl. Anforderungen an die Umsetzung der jeweiligen Handlungspflichten unterliegen der Mitbestimmung und der AG muss durch entspr. Vertragsgestaltung mit dem Dritten sicherstellen, dass die Wahrnehmung der Mitbestimmungsrechte durch die Vergabe nicht leerläuft (BAG 30.9.2014 NZA 2015, 314). Erschöpft sich die Maßnahme hingegen in der Entsch. über das „Ob" und „an wen" der Aufgabenübertragung auf den Dritten, handelt es sich um eine **mitbestimmungsfreie Einzelmaßnahme iSd § 13 II ArbSchG** (BAG 18.3.2014 NZA 2014, 855; 18.8.2009 NZA 2009, 1434). 64a

Mitbestimmungspflichtige Spielräume bestehen weiter bei der **Berücksichtigung allg. Grundsätze nach § 4 ArbSchG** (*Fitting* Rn. 299), der **Gefährdungsbeurteilung gem. § 5 I ArbSchG**, etwa bei der Frage, welche Arbeitsplätze mit welchen Methoden auf welche Gefahrenursachen und in welchem Zeitablauf untersucht werden sollen (BAG 30.9.2014 NZA 2015, 314; 12.8.2008 NZA 2009, 102), und bei der **Unterweisung nach § 12 ArbSchG** in Bezug auf Umfang, Inhalt und Art ihrer Durchführung. Da die Unterweisung die konkrete Gefährdung zum Gegenstand haben muss, ist eine BV mit allg. Regeln für die Unterweisung ohne vorherige Gefährdungsanalyse unwirksam (BAG 8.11.2011 NZA 2012, 652). Weitergehend soll nach Auffassung des LAG HH (20.1.2015 BeckRS 2015, 68466) bereits die Durchführung einer anonymen Mitarbeiterbefragung zu den Arbeitsbedingungen als **vorgelagerte Maßnahme** der Gefährdungsanalyse nach Nr. 7 mitbestimmungspflichtig sein, da die Befragung mittelbar dem Gesundheitsschutz diene (krit. *Lüders/Weller* BB 2016, 116, 120). 64b

§ 9 III ASiG räumt dem BR bei der Bestellung und Abberufung der **Betriebsärzte und Fachkräfte für Arbeitssicherheit** sowie bei der Erweiterung oder Einschränkung ihrer Aufgaben ein ausdrückl. MBR ein. Dieses MBR erstreckt sich auf die Auswahlentscheidung darüber, ob und wie viele Ärzte bzw. Fachkräfte für Arbeitssicherheit zu bestellen sind, auf die Frage, ob hauptberufl. oder freiberufl. Kräfte bestellt werden sollen oder ob ein überbetriebl. Dienst in Anspruch genommen werden soll (BAG 10.4.1979 AP BetrVG 1972 § 87 Arbeitssicherheit Nr. 1; diff. GK-BetrVG/*Wiese/Gutzeit* Rn. 651 f.; aA LAG HM 16.6.1978 EzA BetrVG § 87 Arbeitssicherheit Nr. 1) sowie auf die Konkretisierung der Aufgabenkataloge aus §§ 3 und 6 ASiG (*Fitting* Rn. 325). Beteiligungsrechte des BR ergeben sich weiter hins. der näheren Ausgestaltung der Aufgaben der **Sicherheitsbeauftragten** nach **§ 22 SGB VII**. Der BR kann vom AG dagegen nicht die Einrichtung eines **Arbeitsschutzausschusses** nach **§ 11 ASiG** verlangen, da sich die Norm unmittelbar an den AG richtet und dem BR insoweit keinen Anspruch einräumt (BAG 15.4.2014 NZA 2014, 1094). Gleichfalls hat er kein MBR bei der Teilnahmepflicht seiner Mitglieder an den vorgesehenen Mindestsitzungen, da § 11 ASiG hierzu eine abschl. Regelung enthält (BAG 8.12.2015 NZA 2016, 504). 64c

c) Weitere Anknüpfungspunkte in öffentlich-rechtlichen Schutzvorschriften. Beschränkt wird die Mitbestimmung durch zahlreiche ör. Arbeitsschutzvorschriften, die teilw. nur wenig Raum für konkretisierende Regelungen der Betriebspartner lassen. Zu nennen sind insb. die 2004 neugefasste **ArbStättV** (von 12.8.2004, BGB. I S. 2179), die die Schutzziele bestimmt (§ 3a I 1) und die Anforderungen im Anhang konkretisiert, sowie die zu ihr ergangenen **ArbStättRegeln** (ASR – vormals ArbStättRL). Bei Einhaltung der Regeln gelten die Anforderungen der ArbStättV als erfüllt; hingegen bestehen Gestaltungsspielräume bzgl. der arbeitsstättenbezogenen Gefährdungsbeurteilung nach § 3 ArbStättV und der Umsetzung eines angepassten betriebl. Schutzkonzepts. Gleiches gilt bei der Verwendung von Arbeitsmitteln nach den Vorgaben der **BetrSichV** (vom 3.2.2015, BGBl. I S. 49). Spezialregelungen finden sich insb. in den vielfältigen **UVV der Berufsgenossenschaften** (ermächtigt durch §§ 15, 16 SGB VII), die vielfach wieder durch allg., teils branchenspezifische Detailregelungen konkretisiert sind. Inwieweit hier Gestaltungsspielräume für die Betriebspartner bestehen, ist im Einzelfall durch Auslegung zu ermitteln (BAG 16.6.1998 NZA 1999, 94). Ausfüllungsbedürftige Rahmenvorschriften finden sich in den **Verordnungen zur Umsetzung der EG-EinzelRL** zur RL 89/391/EWG, die auf Grund der VOermächtigung in § 19 ArbSchG am 4.12.1996 zur Konkretisierung von § 3 ArbSchG in Kraft getreten sind (BGBl. I S. 1841 ff.; vgl. ausf. dazu *Fabricius* BB 1997, 1254 ff.; speziell zur BildschirmarbeitsplatzVO *Siemes* NZA 1998, 232 ff.): zB verpflichtet **§ 2 LasthandhabungsVO** den AG, geeignete organisatorische Maßnahmen zu treffen oder geeignete Arbeitsmittel einzusetzen, um Belastungen der Lendenwirbelsäule zu verringern. **§ 2 PSA-BV** stellt Anforderungen an die Bereit- 65 stellung von persönl. Schutzausrüstungen. **§ 5 BildschirmarbeitsplatzVO** begr. die Pflicht, mittels Pausen oder anderer Tätigkeiten die Belastung der Beschäftigten durch die Arbeit am Bildschirmgerät zu verringern. In diesen Fällen bleibt dem AG Gestaltungsspielraum und damit dem BR ein Mitbestimmungsrecht nach Nr. 7. Kein MBR besteht hingegen hins. der Verpflichtung des AG, seinen Beschäftigten Sehhilfen zur Vfg. zu stellen, da sich dieser Anspruch unmittelbar und abschl. aus § 6 II BildschirmarbeitsplatzVO ergibt (BAG 2.4.1996 NZA 1996, 998).

66 Als **mittelbar dem Gesundheitsschutz** dienende Schutzvorschrift begründet **§ 6 V ArbZG** ein MBR über Art und Modalitäten des **Ausgleichs für Nachtarbeit**, soweit nicht durch TV abschl. geregelt (BAG 17.1.2012 NZA 2012, 5013, 26.4.2005 NZA 2005, 884). Auch wenn eine tarifl. Regelung nur kraft arbeitsvertragl. Bezugnahme gilt, entfällt das MBR (BAG 17.1.2012 NZA 2012, 513). Ausgestaltungsspielräume bestehen weiter beim **Eingliederungsmanagement nach § 167 II SGB IX**: neben dem MBR nach Nr. 1 (s. oben Rn. 21a) ist auch ein MBR hins. der inhaltl. Ausgestaltung nach Nr. 7 gegeben; hingegen nicht in Bezug auf die Umsetzung der Maßnahmen wie etwa der Bildung eines Integrationsteams (BAG 22.3.2016 – 1 ABR 14/14); und auch der Begriff der „Arbeitsunfähigkeit" kann nicht durch BV konkretisiert werden, da er zwingend von § 167 II 1 SGB IX iVm. den AURichtlinien zu § 81 III Nr. 2 SGB V vorgegeben ist (BAG 13.3.2012 NZA 2012, 748).

67 **d) Inhalt des Mitbestimmungsrechts.** Das MBR bestimmt sich nach dem Inhalt der Rahmenvorschrift und darf nicht über deren Inhalt hinausgehen (BAG 2.4.1996 AP BetrVG 1972 § 87 Gesundheitsschutz Nr. 5). Dem BR steht das volle **Initiativrecht** zu (Richardi/***Richardi*** Rn. 560; *Fitting* Rn. 287; GK-BetrVG/*Wiese/Gutzeit* Rn. 639). Die Mitbestimmung des BR ist grds. **Wirksamkeitsvoraussetzung** für die AGseitig ergriffenen Arbeitsschutzmaßnahmen (BAG 16.6.1998 NZA 1999, 49; *Fitting* Rn. 289; aA Richardi/***Richardi*** Rn. 566). Wegen der bestehenden ör. Verpflichtung zur Gewährleistung der Arbeitssicherheit darf der AG allerdings bei Konflikten mit dem BR nicht bis auf weiteres untätig bleiben, sondern muss aktiv auf die Beilegung durch Anrufung der Einigungsstelle oder der Aufsichtsbehörde hinwirken. Bei Vorliegen einer konkreten Gefahr kann der AG sofort die erfordl. Maßnahmen treffen (*Fitting* Rn. 289, vorbehaltl. einer späteren Korrektur durch die Einigungsstelle; aA GK-BetrVG/*Wiese/Gutzeit* Rn. 641). Die **Kostenlast für Maßnahmen des Arbeitsschutzes** trägt wegen § 3 III ArbSchG der AG (GK-BetrVG/*Wiese/Gutzeit* Rn. 625). Insoweit folgt aus Nr. 7 **keine Annex-Kompetenz** des BR und damit der Einigungsstelle darüber mitzubestimmen, wer die Kosten für Schutzeinrichtungen zu tragen hat. Die Regelung einer partiellen Kostenbeteiligung des AN durch freiwillige BV kommt nur in Betracht, soweit der ArbN auch einen privaten Gebrauchsvorteil in Anspruch nimmt (BAG 10.3.1976 AP BetrVG 1972 § 618 BGB Nr. 17). **Weitere Beteiligungsrechte** im Rahmen des Arbeits- und Gesundheitsschutzes hat der BR nach §§ 80 I Nr. 1 und II, 89 sowie bei **§§ 90 und 91 für die Gestaltung von Arbeitsplatz, -ablauf und -umgebung**. Hier stellt sich die Frage nach der Abgrenzung des MBR nach § 91 BetrVG zu § 87 I Nr. 7. Beabsichtigt der AG die Einführung eines neuen Bürokonzepts, etwa die Einrichtung von **Großraumbüros**, folgt aus § 90 regelm. nur die Informations- und Beratungspflicht des AG gegenüber dem BR, da es sich hierbei im Grundsatz um eine mitbestimmungsfreie Unternehmerentscheidung handelt (so LAG ST 9.3.2010 BeckRS 2010, 75228). Erst wenn die Arbeitsplatzgestaltung offensichtl. gegen gesicherte arbeitswissenschaftl. Erkenntnisse verstößt und der AN hierdurch in besonderer Weise belastet wird, eröffnet § 91 dem BR ein Mitbestimmungsrecht. Wäre dagegen bei jeder Grundentscheidung des AG über die (Um-)Gestaltung der Arbeitsplätze zugleich die Mitbestimmung nach Nr. 7 eröffnet, würde für §§ 90, 91 kein sinnvoller eigenständiger Anwendungsbereich verbleiben. Erst wenn der Schwerpunkt der Gestaltung auf der Frage des Gesundheitsschutzes oder der Unfallprävention liegt, greift deshalb § 87 I Nr. 7 ein (LAG ST 9.3.2010 BeckRS 2010, 75228; *Lüders/Weller* BB 2016, 116).

68 **8. Sozialeinrichtungen. a) Begriff.** Mit dem Begriff Sozialeinrichtungen in Nr. 8 hat der Gesetzgeber eine inhaltsgleiche, aber zeitgemäßere Umschreibung des Begriffs Wohlfahrtseinrichtungen in § 56 I BetrVG 1952 getroffen. Da das Mitbestimmungsrecht nach Nr. 8 eine gemeinsame Verw. von BR und AG ermögl. soll, kann es nur eingreifen, wenn etwas zu verwalten ist. Von einer „Einrichtung" iSd. Nr. 8 kann deshalb nur gesprochen werden, wenn die Mittel für die Sozialleistungen vom übrigen Betriebsvermögen abgrenzbar sind und ein gewisses Maß an **organisatorischer Eigenständigkeit** gewahrt ist. Eingebürgert hat sich hierfür der Begriff des „zweckgebundenen Sondervermögens" (BAG 15.9.1987 AP BetrVG 1972 § 87 Sozialeinrichtung Nr. 9; DKKW/*Klebe* Rn. 262; *Fitting* Rn. 340). Dieses zweckgebundene Sondervermögen darf nicht nur für die Gewährung einer Leistung in einem Einzelfall vorgehalten werden und muss auf eine gewisse Dauer gerichtet sein (BAG 9.7.1985 AP BPersVG § 75 Nr. 16; *Fitting* Rn. 341). Der bloße Einsatz von sächl. Betriebsmitteln (Raum, Mobiliar) für einen Personalkauf reicht für die Begründung des Mitbestimmungsrechts nicht aus (BAG 8.11.2011 NZA 2012, 462).

69 Dass die Einrichtung **„sozial"** sein muss, bedeutet nicht, dass der AG mit ihr altruistische Zwecke verfolgen muss. Der soziale Charakter setzt ledigl. voraus, dass den AN des Betriebs und eventuell deren Familienangehörigen über das unmittelbare Arbeitsentgelt für die Arbeitsleistung hinaus weitere Vorteile gewährt werden (*Fitting* Rn. 335). Damit handelt es sich bei den durch eine Sozialeinrichtung

gewährten Vergünstigungen um Arbeitsentgelt iwS; insofern überschneiden sich die Mitbestimmungstatbestände nach Nr. 8 und Nr. 10. Nr. 8 ist im Vergleich zu Nr. 10 der speziellere Tatbestand (WPK/*Bender* Rn. 153).

Nr. 8 setzt für ein Eingreifen des Mitbestimmungsrechts weiter voraus, dass der Wirkungsbereich 70 der Sozialeinrichtung **auf den Betrieb, das Unternehmen oder den Konzern beschränkt** ist. Diese Voraussetzung ist nicht erfüllt, wenn die Einrichtung einem unbestimmten Nutzerkreis zur Vfg. steht. Unschädl. ist es dagegen, wenn Außenstehende als Gäste zugelassen werden (BAG 10.2.2009 NZA 2009, 562). Unter den Begriff Konzern fallen in Übereinstimmung mit § 54 nur Unterordnungskonzerne (Richardi/*Richardi* Rn. 613; aA *Fitting* Rn. 346). Nicht zu den Sozialeinrichtungen iSd. Nr. 8 gehören deshalb zB Unterstützungskassen, die konzernübergreifend oder für mehrere Unternehmen eines Gleichordnungskonzerns eingerichtet sind (BAG 22.4.1986 AP BetrVG 1972 § 87 Altersversorgung Nr. 13) oder Kindertagesstätten, die nach der Zweckbestimmung des AG auch Dritten offen stehen (BAG 10.2.2009 NZA 2009, 562). Mögl. ist allerdings, dass bei konzernübergreifenden Sozialeinrichtungen das Mitbestimmungsrecht nach Nr. 10 eingreift, bezogen auf das Abstimmungsverhalten des einzelnen Unternehmers (BAG 9.5.1989 AP BetrVG 1972 § 87 Altersversorgung Nr. 18; 14.12.1993 NZA 1994, 554). Nach einer Entscheidung des LAG HM v. 10.8.1999 DB 1999, 237, kann die Verletzung des Mitbestimmungsrechts in einem Unternehmen zur Unwirksamkeit eines Beschlusses einer Gruppenkasse führen, wenn mit einiger Wahrscheinlichkeit anzunehmen sei. dass es sonst zu einem anderen Beschl. gekommen wäre. Unschädl. ist es dagegen, wenn Sozialleistungen auch Personen zugute kommen, die dem Unternehmen oder Konzern nicht mehr angehören wie zB Pensionäre (BAG 21.6.1979 AP BetrVG 1972 § 87 Sozialeinrichtung Nr. 1) oder noch nie angehörten, aber mit dem Unternehmen verbunden sind (GK-BetrVG/*Wiese* Rn. 699 zu Familienangehörigen von AN). Ebenso wenig nimmt die Mitbenutzungsmöglichkeit der Einrichtung durch **leitende Angestellte** iSd. § 5 III das Mitbestimmungsrecht nach Nr. 8. Anders ist es jedoch wegen fehlender Zuständigkeit des BR, wenn eine Sozialeinrichtung ausschließl. für leitende Angestellte und Organmitglieder errichtet wird (BAG 30.4.1974 BB 1974, 1070; LAG D 20.6.1978 DB 1979, 115).

Beispiele für Sozialeinrichtungen iSd. Nr. 8 sind etwa Pensions- und Unterstützungskassen (BAG 71 18.3.1976 AP BetrVG 1972 § 87 Altersversorgung Nr. 4), Kantinen (BAG 15.9.1987 AP BetrVG 1972 § 87 Sozialeinrichtung Nr. 9; 11.7.2000 AP BetrVG 1972 § 87 Sozialeinrichtung Nr. 16), betriebl. Sportanlagen, Kindergärten (BAG 22.10.1981 AP BetrVG 1972 § 76 Nr. 10), eigene Werksbusse (BAG 9.7.1985 AP BPersVG § 75 Nr. 16), ggf. Beschäftigungs- und Qualifizierungsgesellschaften (BAG 23.9.2001 ZIP 2001, 2059 zu § 2 I Nr. 4 b ArbGG; WPK/*Bender* Rn. 161), Werksbüchereien, Lehrlingsheime, Werkskrankenhäuser usw. Das Mitbestimmungsrecht bei Werkmietwohnungen ist in Nr. 9 eigenständig geregelt (dazu Rn. 83 ff.).

Nicht zu den Sozialeinrichtungen iSd. Nr. 8 zählen wegen fehlender organisatorischer Eigenstän- 72 digkeit zB unmittelbare Versorgungszusagen des AG, selbst wenn zur Finanzierung der Pensionsleistungen eine Rückdeckungsversicherung besteht (BAG 18.3.1976 AP BetrVG 1972 § 87 Altersversorgung Nr. 4; 16.2.1993 AP BetrVG 1972 § 87 Altersversorgung Nr. 19), die Vergabe von zinsvergünstigten AGDarlehen, selbst wenn sie nach vom AG festgelegten und bekannt gegebenen RL erfolgt (BAG 9.12.1980 AP BetrVG 1972 § 87 Lohngestaltung Nr. 5), die Gewährung von Warenbezug unter Einräumung eines Personalrabatts (BAG 18.5.1965 AP BetrVG 1972 § 56 Nr. 26) und die Ausgabe von Essensmarken unmittelbar an die AN (BAG 15.1.1987 AP BPersVG § 75 Nr. 21) sowie ein Liquidationspool (BAG 16.6.1998 BB 1998, 1956). Wegen fehlender Dauerhaftigkeit nicht von Nr. 8 erfasst wird zB die Veranstaltung von Betriebsfeiern und Betriebsausflügen (BAG 27.1.1998 AP BetrVG § 87 Sozialeinrichtung Nr. 14).

b) Umfang des Mitbestimmungsrechts. Das Mitbestimmungsrecht erstreckt sich auf Form, Aus- 73 gestaltung und Verw. **Nicht mitbestimmt** ist dagegen, wie sich aus § 88 Nr. 2 ergibt, die Entscheidung über die **Errichtung einer Sozialeinrichtung.** Der AG kann deshalb autonom entscheiden, ob er eine Sozialeinrichtung errichten, mit welchen finanziellen Mitteln er sie ausstatten will, welchem Zweck die Einrichtung dienen und ob sie wieder geschlossen werden soll. Zum mitbestimmungsfreien „Ob" zählt etwa die Entscheidung, eine geplante betriebl. Altersversorgung über eine Pensions- bzw. Unterstützungskasse oder über eine Gruppen-Lebensversicherung und damit ohne Sozialeinrichtung abzuwickeln. In diesem Fall zählt auch die Auswahl des Versicherungsunternehmens zu den mitbestimmungsfreien Vorgaben des AG (BAG 29.7.2003 NZA 2004, 1344). Entscheidet sich der AG für die Sozialeinrichtung, kann er weiter autonom die finanzielle Ausstattung, die „Dotierung" der Einrichtung, festlegen (BAG 12.6.1975 AP BetrVG 1972 § 87 Altersversorgung Nr. 3; 26.4.1988 AP BetrVG 1972 § 87 Altersversorgung Nr. 16). Weiter zählen zur mitbestimmungsfreien „Errichtung" die Festlegung des Zwecks und die (abstrakte) Bestimmung des begünstigten Personenkreises. Der AG kann deshalb zB allein entscheiden, ob er eine Kantine oder ein Erholungsheim oder eine Unterstützungskasse zur Durchführung einer Altersversorgung einrichten will (GK-BetrVG/*Wiese* Rn. 707).

Bei der – vom AG autonom vorzunehmenden – Festlegung des Personenkreises kann die **Abgren-** 74 **zung zur mitbestimmten „Ausgestaltung"** der Sozialeinrichtung schwierig werden. Der AG darf nicht unter dem Mantel der Zweckbestimmung die Ausgestaltung der Sozialeinrichtung allein bestimmen; er darf umgekehrt aber auch nicht über die Ausgestaltungsmitbestimmung des BR in seiner Zweckbestimmung eingeschränkt werden. Grds. lässt sich sagen, dass die Abgrenzung der bezugsberechtigten AN nach generellen Merkmalen, etwa die Begünstigung nur der Angestellten, nur der Arbeitnehmerinnen, nur der älteren AN oder nur der AN bestimmter Betriebsabteilungen zur Zweckbestimmung gehört, während die Bestimmung der Leistungsvoraussetzungen iE, etwa die Festlegung von Wartezeiten und anrechnungsfähigen Dienstzeiten bei einer betriebl. Ruhegeldeinrichtung, die Sozialeinrichtung näher ausgestaltet (GK-BetrVG/*Wiese* Rn. 708 f.). Stets ist bei der Beschränkung des begünstigten Personenkreises der Gleichbehandlungsgrundsatz gem. § 75 zu beachten. S. auch § 75 Rn. 9 aE.

75 Schließl. besteht **kein Mitbestimmungsrecht** bei der **Kürzung oder vollständigen Streichung** einer einmal durch den AG gewährten finanziellen Ausstattung (BAG 15.1.1987 AP BPersVG § 75 Nr. 21; 10.3.1992 AP BetrAVG § 1 Unterstützungskassen Nr. 34; 13.3.1972 AP BetrVG 1972 § 87 Werkmietwohnungen Nr. 1). Entschließt sich der AG nicht zur vollständigen Schließung, sondern nur zur Kürzung der finanziellen Mittel, hat allerdings der BR regelm. über die Grundsätze der Neuverteilung der reduzierten Mittel mitzubestimmen, soweit nicht ausnahmsweise jegl. Regelungsspielraum für die Verteilung der verbleibenden Mittel entfällt (BAG 10.3.1992 AP BetrAVG § 1 Unterstützungskassen Nr. 34). Da insofern zumindest tw. ein Mitbestimmungsrecht eingreift, gilt § 77 VI, so dass die bisherige Regelung bis zu einer Einigung der Betriebspartner über die Neuverteilung nachwirkt (zur Nachwirkung im Bereich teilmitbestimmter BV § 77 Rn. 110 f.).

76 Das **Mitbestimmungsrecht beginnt** bei der Frage, in welcher **Form die Sozialeinrichtung** errichtet werden soll. Gemeint ist die Rechtsform. AG und BR haben deshalb gemeinsam über die Frage zu bestimmen, ob eine Sozialeinrichtung als unselbstständiger Teil des Betriebs, Unternehmens oder Konzerns oder als selbstständige jur. Person (zB GmbH, AG, VaG) betrieben werden soll.

77 Weiter erstreckt sich das Mitbestimmungsrecht nach Nr. 8 auf die **Ausgestaltung der Sozialeinrichtung,** dh. auf die Maßnahmen, die zeitl. und ihrer Bedeutung nach zwischen der Festlegung der Form und der laufenden Verw. der Sozialeinrichtung liegen (BAG 13.3.1973 AP BetrVG 1972 § 87 Werkmietwohnungen Nr. 1). Zur Ausgestaltung gehört die Aufstellung von Benutzungsordnungen (BAG 15.9.1997 AP BetrVG 1972 § 87 Sozialeinrichtung Nr. 9) oder von Grundsätzen über die Ausstattung der Einrichtung (zB Plastikgeschirr in der Kantine, Verwendung von Automaten und ähnliches). Ferner die Aufstellung von Verteilungsgrundsätzen oder Leistungsplänen (*Fitting* Rn. 363), etwa die Voraussetzungen, unter denen Anwartschaften entstehen und Ansprüche auf betriebl. Altersversorgung gegen eine Unterstützungskasse erworben werden können, die Festsetzung von Kantinenpreisen oder die Aufstellung eines Fahrplans für den Werksbusverkehr.

78 Mitbestimmt ist schließl. die **Verw. der sozialen Einrichtung.** Ihre Abgrenzung zur Ausgestaltung ist fließend. Zur Verw. zählt die gesamte innerbetriebl. Organisation bis hin zur Geschäftsführung ebenso wie die Entscheidungsfindung im Einzelfall, ob und wie Leistungen der Sozialeinrichtung gewährt werden sollen (DKKW/*Klebe* Rn. 272; GK-BetrVG/*Wiese* Rn. 736). Je nach dem Gegenstand der sozialen Einrichtung kann die Notwendigkeit der Übereinkunft zwischen AG und BR in jedem Einzelfall hinderl. sein. Insofern empfiehlt es sich, entweder iRd. Mitbestimmungsrechts bei der Ausgestaltung Einzelheiten der Leistungsgewährung bzw. Benutzung in einer BV festzulegen oder einen paritätisch besetzten gemeinsamen Ausschuss von BR und AG gem. § 28 III zu errichten.

79 Entschließen sich AG und BR, eine Sozialeinrichtung **auf einen Dritten zu übertragen** (zB Verpachtung einer Kantine), hat der BR sowohl über das Ob als auch über das Wie der Übertragung mitzubestimmen. Einigen sich AG und BR auf die Übertragung, wird Vertragspartner des Dritten nur der AG, da der BR nicht rechtsfähig ist. Dessen Mitbestimmungsrecht beschränkt sich während der Laufzeit des Vertrages darauf, auf den AG als Vertragspartner des Dritten Einfluss zu nehmen. Der AG muss seine vertragl. Befugnisse ggü. dem Dritten in Übereinstimmung mit dem BR ausüben (BAG 18.7.1978 AP BetrVG 1972 § 87 Werkmietwohnungen Nr. 4; Richardi/*Richardi* Rn. 663).

80 Bei **Sozialeinrichtungen mit eigener Rechtspersönlichkeit** ergeben sich im Grundsatz zwei Modelle, um die Mitbestimmung bei der Verw. zu verwirkl. Einmal können AG und BR vereinbaren, dass der BR gleichberechtigte Vertreter in die Organe der Sozialeinrichtung entsendet und dass mitbestimmungspflichtige Fragen in den Beschlussgremien der Sozialeinrichtung nicht gegen den Widerspruch der Vertreter des BR entschieden werden dürfen. Bei diesem organschaftl. Modell ist eine paritätische Beteiligung des BR Voraussetzung (BAG 13.7.1978 AP BetrVG 1972 § 87 Altersversorgung Nr. 5; *Fitting* Rn. 371 f.). Das **organschaftl. Modell** schließt grds. eine Mitbestimmung des BR außerhalb des Organs der jur. Person aus; nur bei Entstehen einer Pattsituation müssen AG und BR die zu entscheidende Frage selbst, notfalls unter Einschaltung der Einigungsstelle entscheiden (*Hanau* BB 1973, 1274, 1277; GK-BetrVG/*Wiese* Rn. 754).

81 Fehlt es an einer solchen organschaftl. Regelung, müssen alle mitbestimmungspflichtigen Fragen zwischen AG und BR ausgehandelt werden. Die Umsetzung der Einigung, sei es im Einzelfall, sei es nach Maßgabe einer BV (vgl. § 77), obliegt dem AG **(zweistufiges Modell).** Dieser muss sich maßgebenden Einfluss auf die Verw. der Sozialeinrichtung sichern, damit die zwischen AG und BR vereinbarten Regelungen in der Sozialeinrichtung auch durchgeführt werden können (BAG 13.7.1978 AP BetrVG 1972 § 87 Altersversorgung Nr. 5; 10.3.1992 AP BetrAVG § 1 Unterstützungskassen

Nr. 34; *Fitting* Rn. 371). Die Mitbestimmung erfolgt hier ähnl. wie bei der Übertragung einer Sozialeinrichtung auf einen Dritten.

Zuständig für die Ausübung des Mitbestimmungsrechtes nach Nr. 8 ist grds. der BR des begünstigten Betriebes. Soweit in dem Betrieb der Sozialeinrichtung ein eigener BR besteht, ist dieser nur für die eigenen Angelegenheiten der dort beschäftigten AN zuständig (*Fitting* Rn. 368; diff. GK-BetrVG/*Wiese* Rn. 757). Allerdings ist, wenn die Sozialeinrichtung in einem eigenen Betrieb geführt wird, die Ausübung des Mitbestimmungsrechts nach Nr. 8 stets betriebsübergreifend, so dass die Zuständigkeit eines GBR bzw. bei rechtl. Verselbstständigung der sozialen Einrichtung eines KBR gegeben ist, falls dieser existiert. 82

9. Zuweisung und Kündigung von Wohnraum. a) Wohnraum iSd. Nr. 9. Das Mitbestimmungsrecht dient der gerechten Verteilung der vom AG zur Vfg. gestellten Wohnräume. Eigentümer muss der AG nicht sein; es genügt, wenn er ein Belegungs- oder Vorschlagsrecht für die Nutzung der Räume hat (BAG 18.7.1978 AP BetrVG § 87 Werkmietwohnungen Nr. 4). Das G spricht von **Wohnraum** und nicht von Wohnung. Darunter fällt jede Art von Räumen, die zum Wohnen geeignet und bestimmt ist (*Fitting* Rn. 381). Das Mitbestimmungsrecht besteht deshalb auch bei der Belegung einzelner Zimmer, von Behelfsheimen, Baracken, Wohnwagen und anderen Schlafstätten (GK-BetrVG/*Wiese* Rn. 772; *Fitting* Rn. 381). 83

Voraussetzung für das Eingreifen des Mitbestimmungsrechts ist allerdings, dass die Wohnräume „mit Rücksicht auf das Bestehen eines ArbVerh. vermietet werden". Das bedeutet, dass zwischen ArbVerh. und Mietverhältnis ein **innerer Zusammenhang** bestehen muss (DKKW/*Klebe* Rn. 286). Im Regelfall wird dieser dadurch hergestellt, dass Werkswohnungen nur an AN und ihre Angehörige vermietet werden. Bes. günstige Mietkonditionen sind häufig, aber nicht notwendig. Der erforderl. innere Zusammenhang mit dem ArbVerh. besteht auch, wenn AN zwar zu Marktpreisen, aber bevorzugt die Nutzung eingeräumt wird. Kein Mitbestimmungsrecht besteht dagegen, wenn der AG AN Wohnungen wie jedem beliebigen Dritten vermietet, etwa wenn eine Versicherungsgesellschaft Wohnungen zur Vermögensanlage baut und diese zu den übl. Bedingungen ua. auch an ihre AN vermietet (BAG 18.7.1978 AP BetrVG 1972 § 87 Werkmietwohnungen Nr. 4). Aus dieser Abgrenzung ergibt sich, dass jede mitbestimmungspflichtige Werkmietwohnung zugleich eine Sozialeinrichtung iSd. Nr. 8 darstellt. Das Mitbestimmungsrecht nach Nr. 9 ist deshalb ein Spezialfall der Nr. 8 (aA GK-BetrVG/*Wiese* Rn. 762). 84

Kein Mitbestimmungsrecht besteht bei **Werkdienstwohnungen.** Diese unterscheiden sich von den (mitbestimmten) Werkmietwohnungen dadurch, dass die Wohnräume dem AN im Rahmen seines ArbVerh. aus dienstl. Gründen überlassen werden, ohne dass neben dem Arbeitsvertrag ein bes. Mietvertrag abgeschlossen wird. Beispiele sind Wohnräume von Hausmeistern, Pförtnern oder Wachdienstpersonal. 85

b) Umfang des Mitbestimmungsrechts. aa) Alleinentscheidungsrecht des Arbeitgebers. Ebenso wie nach Nr. 8 ist die Entscheidung über das **„Ob"** mitbestimmungsfrei. Der AG kann deshalb autonom darüber entscheiden, ob er Wohnräume im Zusammenhang mit dem ArbVerh. zur Vfg. stellt oder dies wieder einstellt (BAG 23.3.1993 AP BetrVG 1972 § 87 Werkmietwohnungen Nr. 8), in welchem Umf. er finanzielle Mittel für die Beschaffung von Wohnräumen bzw. zur Gewährung von Mietzuschüssen zur Vfg. stellt und wie der begünstigte Personenkreis (zB Gastarbeiter, Monteure) abstrakt abgegrenzt werden soll (*Fitting* Rn. 387 f.; GK-BetrVG/*Wiese* Rn. 776; aA DKKW/*Klebe* Rn. 287). 86

bb) Zuweisung und Kündigung von Wohnraum. Mitbestimmt ist nach Nr. 9 zunächst die „Zuweisung und Kündigung von Wohnräumen". Insofern erstreckt sich das Mitbestimmungsrecht auf jeden Einzelfall (*Fitting* Rn. 390). Der BR soll stets bei der Zuweisung der Werkswohnung die sozialen Belange aller Bewerber und bei der Kündigung die des betroffenen AN in die Entscheidung einbringen können. 87

Hinsichtl. der **Zuweisung einer Werkswohnung an NichtAN** ist zu unterscheiden: Zählen nur Personen, die nicht zu den AN iSd. § 5 I zählen, zu dem begünstigten Personenkreis, besteht wegen fehlender Zuständigkeit des BR kein Mitbestimmungsrecht. Dies ist etwa der Fall, wenn der AG nur leitenden Angestellten iSd. § 5 III Werkswohnungen zur Vfg. stellt (GK-BetrVG/*Wiese* Rn. 769). Werden allerdings Werkswohnungen aus einem einheitl. Bestand sowohl AN iSd. § 5 I als auch Dritten zur Vfg. gestellt, bleibt das Mitbestimmungsrecht bestehen, und zwar für alle Wohnungen. Denn jede Zuweisung einer Werkswohnung an einen Dritten verhindert die Zuweisung an die AN iSd. § 5 I. Es ist deshalb unter Mitwirkung des BR eine gerechte Auswahl unter den potentiellen Benutzern zu treffen (BAG 28.7.1992 AP BetrVG 1972 § 87 Werkmietwohnungen Nr. 7; 23.3.1993 AP BetrVG 1972 § 87 Werkmietwohnungen Nr. 8; *Fitting* Rn. 391). 88

Umstritten ist, inwiefern die Beteiligung des BR **Wirksamkeitsvoraussetzung für Abschluss und Kündigung eines Mietvertrages** ist. Richtigerweise ist zu differenzieren: Die **„Zuweisung"** betrifft die Entscheidung über die Person des Begünstigten, die dem Abschluss des Mietvertrages vorgelagert ist, nicht aber den Abschluss des Mietvertrages selbst. Das Mitbestimmungsrecht läuft bei diesem Ver- 89 ständnis nicht leer, denn der BR kann ggf. Beseitigung der Folgen der unzulässigen Zuweisung und damit die Kündigung des Mietverhältnisses verlangen (GK-BetrVG/*Wiese* Rn. 782).

90 Anders ist es dagegen bei der **Kündigung:** Hier ergibt sich aus dem eindeutigen Wortlaut von Nr. 9, dass die Kündigung selbst und nicht nur ein vorgelagerter Entscheidungsakt der Zustimmung des BR unterliegt (*Fitting* Rn. 394 ff.). Hinsichtl. der zivilrechtl. Wirksamkeit der Kündigung sind die Spezialregelungen in §§ 576 ff. BGB zu beachten. Danach ist eine ordentl. Kündigung idR nur mögl., wenn das ArbVerh. beendet wird. Eine automatische Koppelung zwischen Kündigung des ArbVerh. und des Mietverhältnisses scheidet nach § 576 BGB aus (*Fitting* Rn. 395). Das Mitbestimmungsrecht des BR besteht auch **nach wirksamer Beendigung des ArbVerh.** fort, obwohl die Mieter nun nicht mehr zum Kreis der AN iSd. § 5 I gehören. Denn das Interesse der vom BR repräsentierten Belegschaft ist bei fortbestehender Belegung einer Wohnung mit einem NichtAN dadurch berührt, dass diese Wohnung nicht an einen gegenwärtigen AN vergeben werden kann (BAG 28.7.1992 AP BetrVG 1972 § 87 Werkmietwohnungen Nr. 7).

91 **cc) Nutzungsbedingungen.** Die „allgemeine Festlegung der Nutzungsbedingungen" betrifft zunächst die **Modalitäten der Wohnraumnutzung,** wie sie in Formularmietverträgen und Hausordnungen niedergelegt werden, etwa Regelungen über Schönheitsreparaturen, Reinigung des Treppenhauses, Anbringen von Antennen usw. (*Fitting* Rn. 399). Die Durchführung von Modernisierungs- und Instandsetzungsarbeiten ist teilmitbestimmt. Der BR kann vom AG nicht verlangen, solche Arbeiten durchzuführen, da dies finanzielle Aufwendungen des AG erforderte. Er hat aber ein Zustimmungsrecht wenn der AG von sich aus solche Maßnahmen durchführen will und es darum geht, ob, in welchem Umf., und zu welchen Zeiten die Mieter diese Arbeiten dulden müssen (*Röder,* Das betriebl. Wohnungswesen im Spannungsfeld von Betriebsverfassungsrecht und Wohnungsmietrecht 1983, S. 57 f.).

92 Zu den allg. Nutzungsbedingungen gehört auch die **Festlegung der Grundsätze über die Mietzinsbildung** (BAG 13.3.1973 AP BetrVG 1972 § 87 Werkmietwohnungen Nr. 1; 28.7.1992 AP BetrVG 1972 § 87 Werkmietwohnungen Nr. 7). Mitbestimmungspflichtig ist insofern die Festlegung von Kriterien, nach denen der Mietzins gebildet werden soll. Nicht zu beteiligen ist der BR dagegen, wenn der konkrete Mietzins anhand der mitbestimmten Grundsätze für die einzelne Werkmietwohnung festgesetzt wird (Richardi/*Richardi* Rn. 710). Da der AG den Dotierungsrahmen vorgibt, kann er nicht über das Mitbestimmungsrecht bei den Nutzungsbedingungen gezwungen werden, seinen finanziellen Beitrag zur Schaffung und Erhaltung eines Wohnungsbestandes zu erhöhen (*Fitting* Rn. 400).

93 Hat der AG als **Vermieter eine selbstständige jur. Person** eingeschaltet, gelten für das Mitbestimmungsrecht des BR nach Nr. 9 dieselben Grundsätze wie für das Mitbestimmungsrecht bei Sozialeinrichtungen nach Nr. 8 (vgl. dort Rn. 80). Der BR muss entweder in den Organen der jur. Person mind. paritätisch vertreten sein oder über die Art und Weise, in der der AG auf die jur. Person Einfluss nimmt, mitbestimmen können.

94 Das Mitbestimmungsrecht des BR kann stets nur so weit reichen, wie die Rechte des AG ggü. dem Vermieter (BAG 18.7.1978 AP BetrVG 1972 § 87 Werkmietwohnungen Nr. 4). Relevant wird dieser Grundsatz bei sog. **werksgeförderten Wohnungen,** bei denen sich die Leistung des AG auf die Bezuschussung des Baus von Wohnungen beschränkt, in denen ihm als Gegenleistung dingl. oder schuldrechtl. Wohnungsbesetzungsrechte eingeräumt werden. Beschränken sich die Möglichkeiten des AG darauf, dem Vermieter AN zur Auswahl vorzuschlagen, kann auch der BR nur an der Ausübung des Vorschlagsrechts beteiligt werden.

95 Anders als bei Zuweisung und Kündigung von Wohnräumen gilt das Mitbestimmungsrecht bei der Festlegung der Nutzungsbedingungen nur, soweit die Wohnungen an **AN** des Betriebs iSd. § 5 I vermietet werden (BAG 28.7.1992 AP BetrVG 1972 § 87 Werkmietwohnungen Nr. 7).

96 **10. Betriebliche Lohngestaltung. a) Lohn.** Der Lohnbegriff gem. Nr. 10 ist vom Sinn und Zweck des Mitbestimmungsrechts her zu bestimmen. Das Mitbestimmungsrecht soll die AN vor einer einseitig an den Interessen des AG orientierten oder willkürl. Lohngestaltung schützen. Es soll die **Angemessenheit und Durchsichtigkeit des innerbetriebl. Lohngefüges** und die innerbetriebl. Lohngerechtigkeit sichern (BAG GS 3.12.1991 AP BetrVG 1972 § 87 Lohngestaltung Nr. 51; *Fitting* Rn. 407; GK-BetrVG/*Wiese* Rn. 805). Um diesem Zweck gerecht zu werden, ist der Begriff **„Lohn" im weitesten Sinne** zu verstehen. Darunter fallen unabhängig von ihrer Bezeichnung alle Leistungen des AG, die als Gegenwert für die von den AN erbrachten Leistungen gewährt werden, gleichgültig ob es sich hierbei um leistungsbezogene Vergütungen oder Gratifikationen, um einmalige oder laufende Zahlungen, um Geld oder Sachleistungen handelt (BAG GS 16.9.1986 AP BetrVG 1972 § 77 Nr. 17; GK-BetrVG/*Wiese* Rn. 822; *Fitting* Rn. 412). Dies dürfte sich mit dem Lohnsteuerrecht in der Form decken, dass steuerbarer Arbeitslohn auch stets mitbestimmter Arbeitslohn ist, während es auf die konkrete Steuerpflichtigkeit nicht ankommt.

97 **Lohn iSd. Nr. 10** sind danach zB alle leistungs- und tätigkeitsbezogenen Vergütungsbestandteile wie Provisionen (BAG 26.7.1988 AP BetrVG 1972 § 87 Provision Nr. 6), Leistungsprämien (BAG 8.12.1981 AP BetrVG 1972 § 87 Prämie Nr. 1) oder Erschwerniszulagen (BAG 22.12.1981 AP BetrVG 1972 § 87 Lohngestaltung Nr. 7), Gratifikationen wie Weihnachtsgeld, Treueprämien, Jubiläumsgelder,

Anwesenheitsprämien und Urlaubsgeld (BAG 31.1.1984 AP BetrVG 1972 § 87 Lohngestaltung Nr. 15; 30.3.1982 AP BetrVG 1972 § 87 Lohngestaltung Nr. 10), sonstige freiwillige Leistungen wie AGDarlehen (BAG 9.12.1980 AP BetrVG 1972 § 87 Lohngestaltung Nr. 5), Leistungen der betriebl. Altersversorgung (BAG 16.2.1993 AP BetrVG 1972 § 87 Altersversorgung Nr. 19), Aufstockungsleistungen bei Altersteilzeit (BAG 10.12.2013 – BeckRS 2014, 67934) oder übertarifl. Zulagen aller Art (BAG GS 3.12.1991 AP BetrVG 1972 § 87 Lohngestaltung Nr. 51) und Sachleistungen wie etwa verbilligtes Heizgas aus eigener Produktion (BAG 22.10.1985 AP BetrVG 1972 § 87 Werkmietwohnungen Nr. 5), privat genutzte Dienstwagen (LAG HM 7.2.2014 NZA-RR 2014, 425), die Möglichkeit eines Personalkaufs (BAG 8.11.2011 NZA 2012, 462), „Haustrunk" in einer Brauerei, verbilligte bzw. kostenlose Personalfahrten von der Wohnung zur Arbeitsstätte (BAG 9.7.1985 AP BPersVG § 75 Nr. 16) oder zur Privatnutzung zur Vfg. gestellte Bonusmeilen (*Kock* DB 2007, 462), uU Liquidationspool (BAG 16.6.1998 AP BetrVG 1972 § 87 Lohngestaltung Nr. 92) und Zeitgutschriften (BAG 27.1.1998 AP BetrVG 1972 § 87 Sozialeinrichtung Nr. 14). Zum mitbestimmten Lohn zählt auch das Recht zur **privaten Nutzung betriebl. Telekommunikationsgeräte** wie zB die Privatnutzung von betriebl. (Mobil)telefonen oder das Recht zur privaten Internetnutzung. Dass diese Zuwendungen im Interesse der Steuervereinfachung gem. § 3 Nr. 45 EstG durch den Gesetzgeber steuerbefreit sind, bestätigt nur den mitbestimmungsrechtl. Lohncharakter, da es sich um an sich steuerbaren Arbeitslohn handelt (so wohl auch LAG Hamm 7.4.2006 NZA-RR 2007, 20). Ist dieses Recht individualrechtl. nicht mehr zurückzunehmen, hat der BR über die Modalitäten mitzubestimmen (vgl. unten Rn. 111; insofern aA LAG Hamm 7.4.2006 NZA-RR 2007, 20). Auch **Aktienoptionen** sind Lohn (vgl. BAG 15.4.2008 NZA 2008, 888; LAG N 22.1.2002 NZA-RR 2002, 247) und unterliegen in vollem Umf. der Mitbestimmung. Von der Hauptversammlung festgelegte, über die Vorgaben des § 193 II Nr. 4 AktG hinaus gehende Modalitäten sind ggf. von der Einigungsstelle ermessensbegrenzend zu beachten (*Oetker*, FS 50 Jahre BAG, S. 1017; aA für partiellen Ausschluss des Mitbestimmungsrechts *Otto/Mückl* DB 2009, 1594).

Nicht zum Lohn iSd. Nr. 10 zählen Leistungen, die ohne jeden Vergütungscharakter allein dem Ersatz von Aufwendungen oder Schäden dienen. Beispiele sind etwa die Erstattung von Kontoführungsgebühren, Tage- und Übernachtungsgelder, Umzugskosten oder Aufwandsentschädigungen für den Einsatz des privaten Pkw für Dienstfahrten (BAG 8.12.1981 AP BetrVG 1972 § 87 Lohngestaltung Nr. 6; 10.6.1986 AP BetrVG 1972 § 87 Lohngestaltung Nr. 22; 27.10.1998 NZA 1999, 381; *Fitting* Rn. 416). Lohncharakter haben nur Leistungen des AG, die das Vermögen des AN mehren, sei es unmittelbar, sei es dadurch, dass sie diesem sonst nötige eigene Aufwendungen ersparen. Daran fehlt es, wenn der AG bestimmten Außendienstmitarbeitern bes. technisch ausgestattete Büros und eigene Mitarbeiter zuteilt (BAG 31.3.2005 NZA 2006, 56). 98

b) Umfang des Mitbestimmungsrechts. aa) Lohngestaltung. Das Mitbestimmungsrecht bezieht sich, wie die beispielhaft aufgeführten Tatbestände „Entlohnungsgrundsätze" und „Entlohnungsmethoden" dokumentieren, nur auf **kollektive Tatbestände.** Ein kollektiver Tatbestand liegt vor, wenn Grund und Höhe der Zahlung von allg. Merkmalen abhängig gemacht werden, die von einer Mehrzahl der AN des Betriebs erfüllt werden können (*Fitting* Rn. 422). Die Anzahl der betroffenen AN ist nur ein Indiz; auch bei der Zahlung einer Vergütung an nur einen AN kann ein kollektiver Tatbestand vorliegen. Dies ist stets der Fall, wenn die Zahlung einer **Vergütung nach Leistung** erfolgt, da das Kriterium der Leistung notwendig den Vergleich mit einer Normal-, Mindest- oder Minderleistung anderer AN voraussetzt (BAG 22.9.1992, 27.10.1992, 14.6.1994, 29.2.2000 AP BetrVG 1972 § 87 Lohngestaltung Nr. 56, 61, 69, 105). Dasselbe gilt für Lohnbestandteile, die nach der Anzahl der Fehlzeiten, nach der Dauer der Betriebszugehörigkeit oder nach allg. Erwägungen sozialer Art, die mehrere AN betreffen können, vergeben werden (*Fitting* Rn. 422). Dem AG ist so die Möglichkeit abgeschnitten, das Mitbestimmungsrecht durch den Abschluss einer Vielzahl vermeintl. Einzelvereinbarungen zu umgehen (BAG GS 3.12.1991, 23.3.1993, 18.10.1994 AP BetrVG 1972 § 87 Lohngestaltung Nr. 51, 64, 70; 29.2.2000 AP BetrVG 1972 § 87 Lohngestaltung Nr. 105). Ein **nicht mitbestimmter Einzelfall** liegt danach nur vor, soweit bes. Umstände des einzelnen AN für die Zahlung eines Vergütungsbestandteils eine Rolle spielen, die keinen inneren Zusammenhang mit Leistungen anderer AN haben (BAG GS 3.12.1991 AP BetrVG 1972 § 87 Lohngestaltung Nr. 51; 24.1.2006 DB 2007, 471), zB wenn für die Lohnbemessung der Wunsch eines einzelnen AN maßgebend ist, der steuerl. Nachteile vermeiden will (BAG 27.10.1992 AP BetrVG 1972 § 87 Lohngestaltung Nr. 61), wenn ein AN ein konkretes anderweitiges Arbeitsangebot hat und nur durch das Angebot einer zusätzl. Vergütung zum Verbleib bewegt werden kann (BAG 10.10.2006 NZA 2007, 99; *Fitting* Rn. 423) oder wenn eine nachträgl. Sonderzahlung gewährt wird (LAG K 8.1.1999 LAGE BetrVG § 87 Betriebl. Lohngestaltung Nr. 15, diff. BAG 29.2.2000 EzA § 87 BetrVG Betr. Lohngestaltung Nr. 69). Die Einführung der „Riester-Rente" unterliegt bereits deswegen nicht der erzwingbaren Mitbestimmung, weil § 1a BetrAVG einen individuellen Anspruch auf Lohnumwandlung normiert (*Fender* DB 2001, 2047, 2049; *Blomeyer* DB 2001, 1413, 1418). 99

Mitbestimmte Entlohnungsgrundsätze sind die übergeordneten allg. Regelungen, nach denen das Entgelt für den Betrieb, bestimmte Betriebsabteilungen oder Gruppen von AN ermittelt werden soll. Es 100 geht um die Aufstellung von Vergütungssystemen. Mitbestimmt sind etwa die Fragen, ob im Zeitlohnsystem, im Prämienlohnsystem oder im Akkordlohnsystem, ob im Gruppenakkord oder im Einzelakkord gearbeitet werden soll, ob Gruppenprämien oder Einzelprämien zu zahlen sind. Da für das Eingreifen des Tarifvorrangs nach der Rspr. des BAG die **einseitige Tarifbindung** des AG ausreicht, kann es im Bereich der Mitbestimmung nach Nr. 10 zu einer Schutzlücke kommen. Diese ist dadurch zu schließen, dass der tarifgebundene AG das tarifl. Entlohnungssystem auch gegenüber nicht tarifgebundenen AN anzuwenden hat, soweit das Mitbestimmungsrecht reicht. Gemeint ist damit eine entsprechende Eingruppierungspflicht, aber keine gleichzeitige Verpflichtung, auch der Höhe nach Tariflohn an Außenseiter zu zahlen (BAG 18.10.2011 NZA 2012, 392; kritisch *Salamon* NZA 2012, 899). Bestehen zwei tarifliche Vergütungsordnungen nebeneinander (Tarifpluralität), ist der AG grundsätzlich verpflichtet, die AN beiden Vergütungsordnungen zuzuordnen (BAG 23.8.2016, NZA 2017, 74). Ein Initiativrecht auf Einführung von **Leistungslohn** steht dem BR aber nicht zu, denn dann ließe sich der Dotierungsrahmen nicht mitbestimmungsfrei festlegen; außerdem würden die tarifvertragl. Zeitlohnregelungen entwertet, wenn alternativ oder kumulativ im Wege der Mitbestimmung Leistungsentgelte festgelegt werden könnten (*Löwisch/Kaiser* Rn. 10, 251; aA LAG NI 30.11.1995 LAGE BetrVG § 87 Initiativrecht Nr. 4 mit abl. Anm. *Rüthers/Ruoff*). Will der AG dagegen selbst Leistungslohn, ist seine Ausgestaltung mitbestimmt. Zu den Entlohnungsgrundsätzen zählen weiter die Gesichtspunkte, nach denen Vergütungsbestandteile berechnet und bemessen werden sollen, etwa die Entscheidung über pauschalierte oder stundengenaue Abgeltung von Überstunden (LAG HE 15.1.2009, BeckRS 2009, 58803), die Aufstellung der Progressionsstufen bei erfolgsabhängigen Vergütungen (BAG 29.3.1977 AP BetrVG 1972 § 87 Provision Nr. 1) oder die Festlegung der Zahl der Provisionspunkte je Geschäft (BAG 13.3.1984 AP BetrVG 1972 § 87 Provision Nr. 4). Bei **Zielvereinbarungen** (vgl. auch oben Rn. 21a) im Zusammenhang mit einem Bonussystem unterliegen sowohl die Verfahrensregeln (etwa einseitige Festlegung der Ziele oder Einigung) als auch die abstrakte Festlegung der Kriterien und Regelungen zu ihrer Gewichtung dem Mitbestimmungsrecht gem. Nr. 10. Die Festlegung der konkreten Ziele eines einzelnen AN ist als Einzelfallregelung (s. Rn. 99) nicht mitbestimmungspflichtig (*Däubler* NZA 2005, 793; *Fitting* Rn. 414). Zum Mitbestimmungsrecht bei der Aufstellung der Entlohnungsgrundsätze für die Zahlung zusätzl. freiwilliger Vergütungsbestandteile s. Rn. 107 ff.

101 **Entlohnungsmethoden** betreffen das Verfahren, also die Art und Weise, in der die zwischen AG und BR ausgehandelten Entlohnungsgrundsätze ausgeführt werden sollen. Dabei geht es einmal um die Ermittlung des Arbeitswertes, dh. um die Feststellung des Schwierigkeitsgrades einer Arbeit, von dem die Zuordnung einer bestimmten Arbeit zu einer Entgeltgruppe abhängt (*Löwisch/Kaiser* Rn. 228). **Bsp.** sind Punktbewertungssysteme, die die Schwierigkeitsgrade jeder Arbeit durch Punkte ausdrücken, sowie Leistungsgruppensysteme, bei denen näher definierte Typen von Arbeiten bestimmten Entgeltgruppen zugeordnet werden. Zum anderen hat der BR mitzubestimmen über die Frage, wie der Leistungsgrad der einzelnen AN insb. beim Akkord- und Prämienlohn zu ermitteln ist. Mitbestimmt sind etwa beim Prämienlohn die Bestimmung der Normalleistung, der Bezugsgröße sowie des Prämienansatzes und der Prämienkurve, beim Akkordlohn die Frage, nach welchem System die Vorgabezeiten zu ermitteln sind (zB Refa- oder Bedaux-System) sowie die Zuordnung von bestimmten Provisionssätzen zu bestimmten Geschäftsabschlüssen bei Vereinbarung einer Abschlussprovision (BAG 26.7.1988 AP BetrVG 1972 § 87 Provision Nr. 6; Rn. 168). (Noch) **nicht mitbestimmt** sind dagegen Zeitstudien und sonstige Maßnahmen, die der Erprobung und Vorbereitung der Einführung von Entlohnungsmethoden dienen (GK-BetrVG/*Wiese* Rn. 933). Bsp. sind etwa die Einführung von Funktionsbeschreibungen ohne Bezug zu einer konkreten Vergütungsregelung (BAG 14.1.1986 AP BetrVG 1972 § 87 Lohngestaltung Nr. 21), die Festlegung der Bandgeschwindigkeit (*Fitting* Rn. 436), die Durchführung von Refa-Zeitmessungen mittels einer Stoppuhr (BAG 8.11.1994 AP BetrVG 1972 § 87 Überwachung Nr. 27) oder die Aufstellung und Auswahl von Kriterien für eine „Balanced Scorecard". Dasselbe gilt grds. auch für die Ausgestaltung von **betriebl. Prüfverfahren** iSd §§ 17, 18 EntgTranspG (vgl. Rn. 21a). Beschränkt sich der AG allerdings nicht auf eine reine Bestandsaufnahme und Analyse des gelebten Vergütungssystems, sondern werden in Anlehnung an § 4 IV EntgTranspG Kriterien zur (zukünftigen) Vermeidung von Entgeltbenachteiligung festgeschrieben, ist Nr. 10 anwendbar (vgl. *Kania* NZA 2017, 819). Keinen mitbestimmten Teil der Entlohnungsmethode stellt auch die Zuteilung von Arbeitsgebieten für Außendienstmitarbeiter dar; hierbei handelt es sich um eine der Lohngestaltung vorgelagerte Frage, die dem Direktionsrecht des AG unterfällt (BAG 16.7.1991 AP BetrVG 1972 § 87 Lohngestaltung Nr. 49). Allerdings kann eine gem. § 99 mitbestimmte Versetzung vorliegen (näheres § 99 Rn. 13).

102 Das Mitbestimmungsrecht erstreckt sich nach dem Wortlaut von Nr. 10 auf die „Aufstellung" von Entlohnungsgrundsätzen und die „Einführung und Anwendung" von neuen Entlohnungsmethoden sowie deren „Änd.". In der Sache besteht zwischen der Mitbestimmung bei Entlohnungsgrundsätzen und bei Entlohnungsmethoden kein Unterschied: in beiden Fällen sind sowohl **Einführung als auch Änd. mitbestimmt.** Soweit hins. der Entlohnungsmethoden auch die „Anwendung" mitbestimmt ist, trägt dies dem Umstand Rechnung, dass bei jeder Entlohnungsmethode, mag sie auch bis in die Einzelheiten bestimmt sein, immer wieder Fragen auftreten, die durch eine Auslegung oder Weiterentwicklung der gewählten Methode gelöst werden müssen (*Löwisch/Kaiser* Rn. 228). Eine mit-

bestimmte Änderung ist auch die Abschaffung einer Vergütungsleistung (BAG 23.6.2009 DB 2009, 2720), soweit es sich nicht um eine freiwillige Leistung handelt (dazu unten Rn. 107 ff).

Nicht mitbestimmt ist nach Nr. 10 die **Lohnhöhe** und konsequenterweise auch nicht die Dauer der regelm. AZ (BAG 30.10.2001 NZA 2002, 920; vgl. zur Mitbestimmung gem. § 87 Nr. 2 Rn. 25). Die gegenteilige Auff. (DKKW/*Klebe* Rn. 311) steht zum einen im Widerspruch zum Mitbestimmungsrecht nach Nr. 11, in dem unter den dort genannten engeren Voraussetzungen ausnahmsweise auch die Höhe des Entgelts als mitbestimmungspflichtig eingestuft wurde (dazu Rn. 117 ff.), und widerspricht zum anderen der Grundkonzeption des BetrVG; könnte näml. der BR über sein Initiativrecht und die Einschaltung einer Einigungsstelle die Höhe der Lohnsumme beeinflussen, wäre dies unvereinbar mit der vom Gesetzgeber anerkannten Verantwortung des AG für den wirtschaftl. Erfolg des Unternehmens und dessen damit verbundene Verpflichtung, das Risiko für den Einsatz der Produktionsmittel zu tragen (BAG GS 3.12.1991 AP BetrVG 1972 § 87 Lohngestaltung Nr. 51). Aber auch wenn der AG zustimmt, darf die Einigungsstelle die Lohnsätze nicht gegen den Willen des BR festsetzen (BAG 20.7.1999 AP BetrVG 1972 § 76 Einigungsstelle Nr. 8; 14.8.2001 AP BetrVG 1972 § 77 Nr. 85). Auch die Zustimmung der AG-Beisitzer der Einigungsstelle reicht nicht. Der AG muss den Dotierungsrahmen der Einigungsstelle vorgeben (BAG 15.5.2001 AP BetrVG 1972 § 87 Prämie Nr. 17; 14.8.2001 AP BetrVG § 77 Nr. 85). Die Trennung von mitbestimmten abstrakten Verteilungsgrundsätzen und iÜ mitbestimmungsfreien konkreten Regelungen kann im Hinblick auf § 77 III, V zweckmäßig sein, aber auch zu praktischen Schwierigkeiten führen und dann die Befriedungsfunktion der betriebl. Zusammenarbeit gefährden. Sie entspricht auch nicht dem Wortlaut des § 87 I Nr. 10, der ganz allg. die Lohngestaltung betrifft und nur im AGinteresse einschränkend ausgelegt wird (so LAG K 16.3.1999 NZA-RR 1999, 481). 103

bb) Tarifvertragsergänzende und -ersetzende Regelungen. Vergütungsregelungen sind typischer Kernbestandteil von TV. Insofern finden sich in den einschlägigen Lohn- und GehaltsTV vielfach abschl. Regelungen, die keinen Raum für abw. oder erg. BV lassen. Soweit derartige VergütungsTV im Betrieb gelten oder zumindest übl. sind (vgl. § 77 III), scheidet ein Mitbestimmungsrecht aus. Vielfach beschränken sich die TV aber darauf, Entgelthöhe und bestimmte Entgeltzahlungssysteme (zB Zeitlohn, Akkordlohn, Prämienlohn) festzusetzen, regeln aber nicht, welches System in welchem Betrieb für welche Arbeit angewandt und wie es dort **näher ausgestaltet** werden soll. Dann greift das Mitbestimmungsrecht nach Nr. 10 ein (*Löwisch/Kaiser* Rn. 231). So hat der BR zB über die Festlegung und Gewichtung der Kriterien für eine betriebl. Lohnstruktur mitzubestimmen, wenn ein TV den Arbeitsvertragsparteien die Vereinbarung der Höhe des Entgelts überlässt, ohne selbst eine Entgeltordnung aufzustellen (BAG 14.12.1993 AP BetrVG 1972 § 87 Lohngestaltung Nr. 65). Sieht der TV für einen tarifl. Nachtarbeitszuschlag nur einen Zeitrahmen vor, ist die Festlegung der Zeitspanne, für die der Nachtzuschlag gezahlt werden soll, mitbestimmungspflichtig (BAG 21.9.1993 AP BetrVG 1972 § 87 Arbeitszeit Nr. 62). 104

Ein **weitergehendes Mitbestimmungsrecht** im Bereich der „normalen" Vergütung hat der BR nur, wenn ein Betrieb ausnahmsweise überhaupt nicht unter den betrieblich-fachl. Geltungsbereich eines einschlägigen Tarifwerks fällt. In diesem Fall schlüpft der BR in die Rolle der Gewerkschaft und hat mit dem AG ein vollständiges Vergütungssystem auszuhandeln. Im Unterschied zur Gewerkschaft hat allerdings der BR auch in diesem Fall das vom AG vorgesehene Gesamtvolumen der Vergütung hinzunehmen; eine höhere Dotierung kann weder durch die Einigungsstelle noch durch Arbeitskampf (§ 74 II 1) erzwungen werden. Auch spricht einiges dafür, dass der AG an sich mitbestimmungsfrei den Zweck der jeweiligen Vergütungsbestandteile (Zeitlohn, Belohnung von Leistung, Belohnung von Betriebstreue usw.) wählen sowie die abstrakte Abgrenzung von AN-Gruppen für verschiedene Vergütungsformen vornehmen darf. Diese Einschränkung der Mitbestimmung entspricht der ständigen Rechtsprechung des BAG für freiwillige übertarifl. Leistungen (dazu ausf. unten Rn. 107), die vom Gericht traditionell als solche definiert werden, zu denen der AG „weder ges. noch tarifl. verpflichtet ist" (BAG 18.11.2003 AP BetrVG 1972 § 77 Nachwirkung Nr. 15). Da im tariflosen Betrieb auch für die Grundvergütung keine ges. oder tarifl. Verpflichtung zu einer bestimmten Leistung besteht, spricht dies eigentlich dafür, dass damit letzl. die gesamte Vergütung zu einer „freiwilligen Leistung" im mitbestimmungsrechtl. Sinne wird (so ausdrückl. BAG 26.8.2008 NZA 2008, 1426; zu Konsequenzen bzgl. der Nachwirkung siehe § 77 Rn. 103 ff). Zwischenzeitl. hat das BAG diese Aussage allerdings eingeschränkt bzw. präzisiert: Für **arbeitsvertragl. zugesagte (Grund)vergütung** finde zwar grds.§ 87 Nr. 10 Anwendung, die individualrechtl.Verbindlichkeit stehe aber der Freiwilligkeit bei Ob und Ausgestaltung entgegen (BAG 23.3.2010 DB 2010, 1765). **Wird ein Betrieb tariffrei** bzw. wird in einem tariffreien Betrieb erstmals ein BR gewählt, ergibt sich der Dotierungsrahmen aus der bislang auf tarifvertragl./einzelvertragl. Grdl. gezahlten Gesamtvergütung. Das vorgefundene tarifl. oder einzelvertragl. Vergütungssystem ist Grdl. für eventuelle Änd. zusammen mit dem BR (BAG 2.3.2004 NZA 2004, 852). Entscheidet sich der AG, das bisherige, jetzt nur noch nachwirkende tarifl. Vergütungssystem beizubehalten und auch auf Neueinstellungen anzuwenden, liegt weder eine „Aufstellung" von Entlohnungsgrundsätzen noch die „Einführung und Anwendung" von neuen Entlohnungsmethoden vor; § 87 Nr. 10 greift also nicht ein (LAG SH 17.1.2007 NZA-RR 2007, 365). Im Rahmen einer 105 freiwilligen BV gem. § 88 könnten BR und AG aber auch völlig neue Vergütungsformen und -prinzipien zur Verteilung des vorgefundenen Volumens einführen (zB das Verhältnis von Fixum und variabler Vergütung ändern). Erzwingbar wäre eine Änd. des Vergütungssystems oder der Gruppeneinteilung (vgl. insofern auch BAG 18.11.2003 AP BetrVG 1972 § 77 Nachwirkung Nr. 15) nach hier vertretener Auff. durch den BR aber nicht. Selbst wenn man aber ein umfassendes Mitbestimmungsrecht des BR zur Einführung neuer Vergütungsformen bejaht, ist im Zweifel, da ein solches Vorgehen wegen des Günstigkeitsprinzips (§ 77 Rn. 68 ff.) leicht zu einer faktischen Erhöhung des für die Gesamtvergütung vorgesehenen finanziellen Volumens führt, das Ermessen der Einigungsstelle in Richtung einer Beibehaltung des bisherigen Vergütungssystems gebunden. Eine grundlegende Änd. der bisherigen Systematik würde eine Einbeziehung der betroffenen AN und deren Bereitschaft zu Arbeitsvertragsänderungen voraussetzen. Die Problematik entschärft sich, wenn arbeitsvertragl. Vergütungsregelungen von vornherein betriebsvereinbarungsoffen gestaltet sind (dazu § 77 Rn. 80 ff.).

106 **AT-Angestellte** sind nach ihrer Definition AN, deren Vergütung gerade nicht durch TV geregelt wird, weil ihre Tätigkeit höher zu bewerten ist als die Tätigkeit in der obersten Tarifgruppe. Insofern wird das Mitbestimmungsrecht des BR nicht durch den Tarifvorrang gem. § 77 III eingeschränkt, so dass der BR nach den eben dargelegten Grundsätzen über die Aufstellung eines Vergütungssystems mitzubestimmen hat. Die Einschränkungen der Mitbestimmung für freiwillige Leistungen sollen allerdings nach der neueren Rspr. des BAG für die Normalvergütung von AT-Angestellten grds. nicht gelten. Die Entscheidungsfreiheit des AG sei nicht nur durch ausdrückliche arbeitsvertragl. Vergütungszusagen eingeschränkt, sondern auch durch § 612 BGB. Der AG könne deshalb nicht frei darüber entscheiden, ob er eine unternehmenseinheitl. Vergütungsordnung für AT-Angestellte einführen wolle oder nicht (BAG 23.3.2010 DB 2010, 1765, 621). In Bezug auf § 612 BGB, aus dem sich weder exakte Vorgaben für die Höhe noch für die Ausgestaltung einer konkreten Vergütungsregelung ableiten lassen, ist diese Rspr. nicht nachvollziehbar (vgl. zur Kritik auch *Lunk/Leder* NZA 2011, 249). IÜ kann der BR gemeinsam mit dem AG Gehaltsgruppen bilden und ihre Wertigkeit zueinander festzulegen (BAG 28.9.1994 AP BetrVG 1972 § 87 Lohngestaltung Nr. 68). Das Mitbestimmungsrecht erstreckt sich auf die Festlegung der generellen Grundsätze der Gehaltsfindung, etwa auf die Findung von Gehaltsgruppen, die Festlegung der Wertunterschiede zwischen diesen oder die Bestimmung der Kriterien für Gehaltserhöhungen (BAG 22.1.1980 AP BetrVG 1972 § 87 Lohngestaltung Nr. 3; 21.8.1990 NZA 1991, 434; 27.10.1992 AP BetrVG 1972 § 87 Lohngestaltung Nr. 61; *Wohlgemuth* BB 1993, 286). Sind Gehaltsgruppen festgelegt, kann hiervon auch nicht für neu eingestellte AN einseitig abgewichen werden (BAG 28.2.2006 NZA 2006, 1426). Voraussetzung für ein Mitbestimmungsrecht ist allerdings, dass der AG die Vergütungsstruktur der AT-Angestellten nach abstrakt generellen Kriterien festlegt. Dass ein AT-Gehaltsgruppensystem innerhalb einer gewissen Bandbreite Spielraum für individuelle Gehaltsvereinbarungen lässt, steht der Anwendung von Nr. 10 nicht entgegen (BAG 28.9.1994 AP BetrVG 1972 § 87 Lohngestaltung Nr. 68). Kein Mitbestimmungsrecht besteht hins. der Festlegung der Abstände zur höchsten Tarifgruppe, weil damit gleichzeitig die Gehaltshöhe festgelegt wäre, was dem AG allein vorbehalten bleiben soll (BAG 21.8.1990 NZA 1991, 434, 436; 27.10.1992 AP BetrVG 1972 § 87 Lohngestaltung Nr. 61; aA *Fitting* Rn. 491; unklar BAG 28.9.1994 AP BetrVG § 87 Lohngestaltung Nr. 68).

107 cc) **Freiwillige übertarifliche Leistungen.** Freiwillige Leistungen sind traditionell solche, zu deren Gewährung der AG weder durch G noch durch TV verpflichtet ist. Unter diese Definition fällt im tariflosen Betrieb, soweit das Mitbestimmungsrecht nicht ohnehin bereits gem. § 77 III ausgeschlossen ist, im Zweifel die gesamte Vergütung einschließl. Grundvergütung. Allerdings stellt das BAG für die Frage des Umfangs der Mitbestimmung arbeitsvertragl. verbindlich zugesagte oder üblicherweise zu vergütende (vgl. dazu oben Rn. 106) Leistungen zumindest teilweise den durch G oder TV zugesagten Leistungen gleich. Bei diesen Leistungen habe der AG zwar keine Entscheidungsfreiheit über Ob und Höhe, es gelte aber auch nicht der Tarif- bzw. Gesetzesvorbehalt des § 87 Abs. 1 Eingangshalbsatz (so BAG 23.3.2010 DB 2010, 1765). Nach dieser Konzeption des BAG ergeben sich **„teilfreiwillige Leistungen"**, an die der AG zwar gebunden ist, die aber der BR über sein erzwingbares Mitbestimmungsrecht und mit Hilfe des Günstigkeitsprinzips modifizieren kann. (vgl. dazu auch oben Rn. 105 f.). **Echte freiwillige Leistungen** im mitbestimmungsrechtl. Sinne, für die die nachstehend dargestellten Grundsätze uneingeschränkt gelten, sind deshalb nach dem aktuellen Stand der Rspr. nur noch solche Leistungen, die „auf der grünen Wiese" neu eingeführt werden, ohne dass ein arbeitsvertragl., tarifl. oder gesetzl. Anspruch auf sie besteht und ohne dass es sich um eine Leistung handelt, für die sich eine Vergütungspflicht aus § 612 BGB ergibt. Bei diesen echten freiwilligen Leistungen besteht im Hinblick auf die Freiwilligkeit die Notwendigkeit der Abgrenzung zwischen mitbestimmungsfreier Lohnpolitik des AG und mitbestimmungspflichtiger Lohngestaltung. Anerkannt ist, dass die Freiwilligkeit einer Leistung Mitbestimmungsrechte nicht ausschließt, sondern nur insoweit einschränkt, als es erforderl. ist, um die Entscheidungsfreiheit des AG darüber zu erhalten, in welchem Umf. er finanzielle Mittel für die Leistung zur Vfg. stellen will, zu welchem Zweck er die Leistung erbringen und welchen Personenkreis er mit der Leistung begünstigen will (BAG 8.12.1981 AP BetrVG 1972 § 87 Lohngestaltung Nr. 6; WPK/*Bender* Rn. 219).

Zur **mitbestimmungsfreien Lohnpolitik** gehört danach zunächst die Frage, ob überhaupt und mit welchem finanziellen Aufwand eine übertarifl. Leistung eingeführt werden soll. Der AG bestimmt allein über den sog. **„Dotierungsrahmen"**. Dieser kann allerdings dann überschritten werden, wenn der AG bereits vor Beteiligung des BR freiwillige Leistungen auf einzelvertragl. Grdl. erbracht bzw. sich einzelvertragl. zu deren zukünftiger Zahlung verpflichtet hat. Die Möglichkeit der Entstehung von Mehrkosten des AG begrenzt bei einem solchen mitbestimmungswidrigen Vorgehen nicht den Entscheidungsspielraum der Einigungsstelle bei der Aufstellung von Verteilungsgrundsätzen (BAG 14.6.1994 AP BetrVG 1972 § 87 Lohngestaltung Nr. 69). Zur Forderung des BAG nach ausdrückl. Trennung von Dotierungsrahmen und Verteilungsgrundsätzen Rn. 103 aE. 108

Mitbestimmungsfrei ist weiter die Entscheidung, welchen **abstrakten Zweck** der AG mit der freiwilligen Leistung verfolgen will. Dieser kann allein entscheiden, ob er eine Weihnachtsgratifikation, ein zusätzl. Urlaubsgeld, Leistungen der betriebl. Altersversorgung oder sonstige übertarifl. Zulagen zahlen will (*Fitting* Rn. 446). Mit der Bestimmung des Zwecks hängt wiederum die Bestimmung zusammen, für welchen Personenkreis die geplanten Leistungen gedacht sind (BAG 8.12.1981 AP BetrVG 1972 § 87 Prämie Nr. 1). Der AG darf deshalb auch darüber allein entscheiden, für welchen Kreis der AN er eine zusätzl. Leistung bereitstellen will, etwa nur für die Arbeiter, nur die Angestellten oder nur die AN im Außendienst. Bei der Abgrenzung des Personenkreises werden freil. Grenzen durch den Gleichbehandlungsgrundsatz gesetzt (näheres dazu § 75 Rn. 5 f.). Will der AG von der durch § 4a EFZG eingeräumten Möglichkeit Gebrauch machen, Sondervergütungen wegen Krankheit überproportional zu kürzen, sind sowohl der Dotierungsrahmen als auch der Zweck der Leistung betroffen, deshalb mE mitbestimmungsfrei (s. *Hanau* RdA 1997, 208). In seiner Rspr. zur Anrechnung übertarifl. Entgelte bei Tariflohnerhöhungen hat das BAG die Nichtanrechnung wegen Krankheit der Mitbestimmung nach § 87 I Nr. 10 unterworfen, ohne auf die Frage einzugehen, ob die Differenzierung zwischen Gesunden und Kranken zum mitbestimmungsfreien Bereich der Entgeltgestaltung gehört (27.10.1992 AP BetrVG 1972 § 87 Lohngestaltung Nr. 61; dazu *Thüsing* DB 1997, 1130). 109

Mitzubestimmen hat der BR dagegen bei der **näheren Ausgestaltung der übertarifl. Entgelte** in dem vom AG vorgegebenen Rahmen, insb. bei der Aufstellung der **Verteilungsgrundsätze.** Da keine übertarifl. Leistung ohne eine nähere Ausgestaltung eingeführt werden kann, hat der BR mittelbar auch Einfluss auf die Einführung übertarifl. Entgelte. Allerdings kann der BR die Einführung unliebsamer Zusatzleistungen, insb. von Streikbruchprämien, nicht endgültig verhindern, sondern nur bis in die Einigungsstelle blockieren (GK-BetrVG/*Wiese* Rn. 838). Umgekehrt kann der AG auch nicht durch die Einigungsstelle zur Einführung einer freiwilligen Leistung gezwungen werden. War der AG eigentl. zur Zahlung einer freiwilligen Leistung bereit, ist er aber mit den von der Einigungsstelle vorgesehenen Verteilungsgrundsätzen nicht einverstanden, kann er trotz des Spruchs der Einigungsstelle noch immer von der Gewährung der Leistung absehen (BAG 13.9.1983 AP BetrVG 1972 § 87 Prämie Nr. 3; anders möglicherweise BAG 26.5.1998 AP BetrVG 1972 § 87 Lohngestaltung Nr. 98). 110

Bei der **Kürzung und Einstellung freiwilliger Leistungen** ist zwischen der individualrechtl. und der kollektivrechtl. Ebene zu unterscheiden. Ob der AG übertarifl. Zulagen einstellen, kürzen oder auf Tariflohnerhöhungen anrechnen darf, hängt, soweit die übertarifl. Zulage nicht ausschließl. in einer BV geregelt ist, von der zugrundeliegenden arbeitsvertragl. Regelung ab. Erforderl. ist grds. ein **Widerrufs- oder Freiwilligkeitsvorbehalt,** um eine Kürzung oder Einstellung vornehmen zu können. Hinsichtl. der **Anrechenbarkeit von Tariflohnerhöhungen** auf übertarifl. Zulagen ist dagegen nach der bisherigen Rspr. auch ohne ausdrückl. vertragl. Regelung von einer Anrechnungsmöglichkeit auszugehen (BAG 22.9.1992 NZA 1993, 232; 7.2.1995 AP TVG § 4 Verdienstsicherung Nr. 6). Etwa anderes soll nur dann gelten, wenn der individuelle Arbeitsvertrag ein Anrechnungsverbot enthält, etwa indem eine Zulage als „tariffest" oder „nicht anrechenbar" bezeichnet wird oder wenn es sich um eine zweckbestimmte Zulage (zB Leistungs- oder Erschwerniszulage) handelt, da die Zweckbestimmung als konkludentes Anrechnungsverbot zu verstehen ist (BAG 23.3.1993 NZA 1993, 806). Diese Rspr. ist mit dem Transparenzgebot des § 307 I 2 BGB kaum zu vereinbaren, weil der Wille zur jederzeitigen Anrechenbarkeit aus einer solchen Klausel nicht mit der notwendigen Bestimmtheit hervorgeht (vgl. §§ 305–310 BGB Rn. 65 und WPK/*Bender* § 87 Rn. 224). Kann der AG eine auf arbeitsvertragl. Grdl. gewährte „freiwillige" Leistung etwa wegen Fehlens eines zulässigen Freiwilligkeits- oder Widerrufsvorbehalt **individualrechtl. nicht rechtmäßig** kürzen, besteht kein Mitbestimmungsrecht des BR hinsichtl. der Neuverteilung des gekürzten Volumens, und zwar auch dann nicht, wenn der AG rechtswidrig die Zahlungen faktisch reduziert (BAG 7.2.1996 AP BetrVG 1972 § 87 Lohngestaltung Nr. 85). Allerdings bedeutet diese Verknüpfung zwischen individualrechtl. Zulässigkeit und Mitbestimmung umgekehrt, dass unwiderrufl. auf individualrechtl. Grdl. gewährte Leistungen letzl. einen auf Dauer vom AG zur Vfg. gestellten „Vergütungstopf" bilden, dessen Verteilung der Mitbestimmung des BR gem. Nr. 10 unterliegt (s. auch oben Rn. 107). 111

Das Mitbestimmungsrecht des BR hängt davon ab, inwiefern nach einer Anrechnungs- oder Kürzungsentscheidung des AG noch **Spielraum für eine Neuverteilung** des verbleibenden Zulagenvolumens bleibt. Die Einzelheiten waren früher auch zwischen den verschiedenen Senaten des BAG umstritten, bis der Große Sen. des BAG mit seinem Beschl. vom 3.12.1991 (NZA 1992, 749 ff.) die Problematik einer grds. Klärung zugeführt hat. Die Entscheidung des Großen Senats ist im Schrifttum 112 zT kritisch aufgenommen worden (vgl. *Richardi* NZA 1992, 961; *Hromadka* DB 1992, 1573). Die einzelnen Senate des BAG halten jedoch an der Entscheidung fest und entwickeln die dort aufgestellten Grundsätze konsequent fort, so dass heute in der Praxis allein von den **Grundsätzen des Großen Senats** auszugehen ist. IE gilt Folgendes:

113 Da das Mitbestimmungsrecht nach Nr. 10 nicht dazu führen darf, dass urspr. freiwillige Leistungen in zwgd. Leistungen umgewandelt werden, ist der **vollständige Widerruf** einer freiwilligen Leistung mitbestimmungsfrei, sofern die endgültige Einstellung der Leistung beabsichtigt ist (BAG 13.1.1987 AP BetrVG 1972 § 87 Lohngestaltung Nr. 26). Das Mitbestimmungsrecht nach Nr. 10 kommt dagegen in Betracht, entweder wenn eine freiwillige Leistung nur **tw. widerrufen** wird bzw. bei einer unter Freiwilligkeitsvorbehalt gezahlten Leistung die weitere Zahlung tw. eingestellt wird oder wenn eine übertarifl. Leistung tw. auf eine Tariflohnerhöhung angerechnet wird (BAG 14.2.1995 AP BetrVG 1972 § 87 Lohngestaltung Nr. 73) oder wenn eine übertarifl. Leistung zwar vollständig widerrufen wird, aber im Zusammenhang mit dem Widerruf eine Neuverteilung eines ggf. gekürzten Zulagenvolumens vom AG geplant ist. Zwar unterliegen auch in diesen Fällen der Widerruf als solcher bzw. die Anrechnungsentscheidung als solche nicht der Mitbestimmung, wohl aber die im Zusammenhang damit geplante Neuverteilung der Leistung (BAG GS 3.12.1991 NZA 1992, 757). Der tw. Einstellung gleichzustellen ist der Fall, dass der AG dem BR verbindl. Verteilungsgrundsätze vorgibt und bei deren Ablehnung die Wirkung vollständig widerruft (BAG 26.5.1998 AP BetrVG 1972 § 87 Lohngestaltung Nr. 98).

114 Das **Mitbestimmungsrecht entfällt** unter zwei Voraussetzungen: einmal, wenn der Widerruf bzw. die Anrechnungsentscheidung **nicht zu einer Änd. der Verteilungsgrundsätze** führt (BAG GS 3.12.1991 NZA 1992, 758). Dies ist der Fall, wenn der AG bislang eine für alle AN prozentual zum jeweiligen Tariflohn gleiche Zulage gezahlt hat und diese nunmehr in gleichem prozentualen Umf. angerechnet bzw. gekürzt wird. Bei der übl. differenzierten Zulagengestaltung liegt dagegen regelm. eine Änd. der Verteilungsgrundsätze, dh. eine Verschiebung des Verhältnisses der Zulagen verschiedener AN zueinander, vor. Und selbst bei einer summenmäßig oder prozentual gleichen Anrechnung führt allein eine bislang unterschiedl. Zulagenhöhe bei einzelnen AN zu einer Änd. des Verteilungsschlüssels im Verhältnis der Zulagen untereinander (BAG 14.2.1995 AP BetrVG 1972 § 87 Lohngestaltung Nr. 73). Zu Einmalleistungen BAG 14.8.2001 AP BetrVG 1972 § 77 Regelungsabrede Nr. 4. Zu zeitl. versetzten Tariferhöhungen BAG 10.3.2009 NZA 2009, 684.

115 Zum zweiten scheidet ein Mitbestimmungsrecht aus, wenn trotz der Anrechnung bzw. Kürzung der Zulage für den AG **kein Regelungsspielraum** verbleibt. In tatsächl. Hinsicht scheidet ein Mitbestimmungsrecht aus, wenn die Anrechnung so weitgehend ist, dass sie insgesamt zum Wegfall der Zulage führt. Ohne verbleibendes Zulagenvolumen scheidet eine Verteilung und damit gleichzeitig jede dahingehende Mitwirkungshandlung des BR aus. In rechtl. Hinsicht sind nach der Rspr. des Großen Senats die Mitbestimmungsgrenzen dann erreicht, wenn der AG eine Tariflohnerhöhung vollständig auf alle Zulagen anrechnet, unabhängig davon, ob hierdurch eine Änd. der Verteilungsgrundsätze bewirkt wird (BAG 22.9.1992 AP BetrVG 1972 § 87 Lohngestaltung Nr. 55; 3.3.1993 AP BGB § 611 Gratifikation Nr. 151; 21.9.1999 NZA 2000, 898).

116 **Missachtet** der AG ein nach diesen Grundsätzen bestehendes Mitbestimmungsrecht in Bezug auf die Änd. der Verteilungsgrundsätze, soll der – an sich nicht mitbestimmte – Widerruf ggü. dem einzelnen AN unwirksam sein, mit der **Folge,** dass bis zur Einigung mit dem BR ein Anspruch auf die Zulage in bisheriger Höhe erhalten bleibt (BAG GS 3.12.1991 NZA 1992, 759; BAG 22.6.2010 NZA 2010, 1243). Allerdings besteht die Möglichkeit, durch eine BV die Neuverteilung der Zulage rückwirkend auf den Zeitpunkt der Ausübung des Widerrufsrechts zu regeln (BAG 19.9.1995 AP BetrVG 1972 § 77 Nr. 61). Die Verletzung des Mitbestimmungsrechts ist grds. nicht geeignet, Ansprüche der AN zu begründen, die vor der mitbestimmungspflichtigen Maßnahme nicht bestanden und bei Beachtung des Mitbestimmungsrechts nicht notwendig entstanden wären (BAG 28.9.1994 AP BetrVG 1972 § 87 Lohngestaltung Nr. 68; 13.2.2002 AP BGB § 242 Gleichbehandlung Nr. 184). Allerdings kann die Konsequenz der Beibehaltung der bisherigen Vergütungsstruktur im Falle der Verletzung des Mitbestimmungsrechts bei Neueinstellungen dazu führen, dass Ansprüche auf eine höhere Vergütung als die vertragl. vereinbarte entstehen (BAG 11.6.2002 NZA 2003, 570; BAG 15.4.2008 AP BetrVG 1972 Lohngestaltung Nr. 133; kritisch *Bauer/Günther* DB 2009, 620). Sind Entlohnungsgrundsätze schon mitbestimmungswidrig eingeführt worden, besteht kein Anspruch (BAG 24.1.2017 NZA 2017, 931).

117 **11. Leistungsbezogene Entgelte.** Nr. 11 unterstellt leistungsbezogene Entgelte einem verstärkten Mitbestimmungsrecht, indem der BR über alle Bezugsgrößen des Lohns einschließl. des Geldfaktors und damit **auch über die Lohnhöhe** mitzubestimmen hat. Der Sinn des erweiterten Mitbestimmungsrechts liegt in der bes. Belastung der AN durch leistungsbezogene Vergütung (BAG 29.3.1977 AP BetrVG 1972 § 87 Provision Nr. 1; 10.7.1979 AP BetrVG 1972 § 87 Provision Nr. 2; 28.7.1981 AP BetrVG 1972 § 87 Lohngestaltung Nr. 2). Selbst wenn man ein Initiativrecht des BR bejaht (dazu Rn. 100), erstreckt sich dies nur auf die Alternative Zeitlohn oder Leistungslohn; es gewährt jedoch kein Initiativrecht auf ein zusätzliches leistungsbezogenes Entgelt.

118 Mitbestimmt sind zunächst die **Akkordsätze.** Beim Akkordlohn erfolgt die Bezahlung ausschließl. nach der in einer bestimmten Zeit erreichten Arbeitsmenge, wobei zwischen Geld- bzw. Stückakkord

und Zeitakkord zu unterscheiden ist. Alle anderen Formen des Akkords, zB der Gruppenakkord (dazu BAG 26.4.1961 AP BGB § 611 Akkordlohn Nr. 14), sind Unterarten von Geld- oder Zeitakkord.

Beim **Geldakkord** richtet sich der Verdienst nach der Anzahl der erbrachten Leistungseinheiten (zB Anzahl der bearbeiteten Stücke) und dem pro Leistungseinheit vorgegebenen Geldbetrag (Geldfaktor). Beim **Zeitakkord** wird pro Leistungseinheit (zu bearbeitendes Stück) ein bestimmter – meist in Minuten ausgedrückter – Zeitwert vorgegeben. Jeder Akkordminute wird dann ein bestimmter Geldbetrag zugerechnet. Die pro Leistungseinheit vorgegebene Minutenzahl (Zeitfaktor) ergibt in Verbindung mit dem vorgegebenen Geldbetrag (Geldfaktor) und den erbrachten Leistungseinheiten den Verdienst. Den beim Geldakkord für die Leistungseinheit festgesetzten Geldwert und die beim Zeitakkord für die Leistungseinheit vorgesehene Bearbeitungszeit bezeichnet man als Akkordvorgabe. Die Festlegung der Akkordvorgabe erfolgt unter Berücksichtigung des sog. Akkordrichtsatzes, mit dem festgelegt wird, welchen Verdienst ein Akkordarbeiter bei normaler Leistung pro Stunde erreichen soll. Der Akkordrichtsatz ist regelm. im einschlägigen TV geregelt (ausf. *Fitting* Rn. 501 ff.). 119

Zur Verdeutlichung folgende **Bsp.** (nach DKKW/*Klebe* Rn. 347): Ist beim Geldakkord der Akkordrichtsatz auf € 24,– im TV festgesetzt, muss die Vergütung (Akkordvorgabe) für eine Leistungseinheit (zu bearbeitendes Stück) so festgesetzt werden, dass der AN pro Stunde bei einer normalen Arbeitsleistung den Akkordrichtsatz erreicht. Beträgt die Vergütung für eine Leistungseinheit € 4,– muss der AN bei normaler Leistung in der Stunde wenigstens 6 Leistungseinheiten erbringen. Dann macht die Vergütung pro Stunde € 24,– (Akkordrichtsatz) aus (€ 4,– × 6 Leistungseinheiten = € 24,–). Werden aber durch Mehrleistung des AN in einer Stunde zB 7 Leistungseinheiten erbracht, beträgt die Vergütung dann € 28,– (€ 4,– × 7 Leistungseinheiten = € 28,–). Beträgt beim Zeitakkord der Akkordrichtsatz € 24,–, muss die je Leistungseinheit vorgegebene Minutenzahl (Zeitfaktor) so festgesetzt werden, dass in Verbindung mit einem festzusetzenden Geldbetrag (Geldfaktor: $^1/_{60}$ des Akkordrichtsatzes von € 24,– = € 0,40), der AN bei normaler Arbeitsleistung in einer Stunde den Akkordrichtsatz erreicht. Ist die Minutenzahl für eine Leistungseinheit mit 10 festgesetzt, muss der AN in einer Stunde 6 Leistungseinheiten erbringen, wenn der Akkordrichtsatz erreicht werden soll. Die Berechnung ist wie folgt vorzunehmen: 6 Leistungseinheiten × 10 Minuten (Zeitfaktor) × € 0,40 (Geldfaktor) = € 24,–. Erbringt der AN durch Mehrleistung in der Stunde 7 Leistungseinheiten, ergibt sich folgende Berechnung: 7 × 10 × € 0,40 = € 28,–. 120

Mitbestimmt ist die Festsetzung der Akkordsätze. Darunter fallen **alle Bezugsgrößen,** die für die Berechnung des Akkordlohnes von Bedeutung sind, also zB die Festsetzung des Geldwerts beim Geldakkord für die jeweilige Leistungseinheit, die Bestimmung des Zeit- und Geldfaktors beim Zeitakkord sowie die Festlegung von Erholungs-, Verteil-, Rüst- und ähnl. Zeiten (DKKW/*Klebe* Rn. 354). Die „Festsetzung" betrifft nicht nur die generellen Akkordvorgaben, sondern auch die **Festsetzung jedes einzelnen Akkordsatzes** (BAG 28.7.1981 AP BetrVG 1972 § 87 Provision Nr. 2). Darunter fällt allerdings nicht die individuelle Lohnberechnung für einzelne AN, sondern ledigl. abstrakt die Berechnung des Akkordsatzes für ein bestimmtes Arbeitsvorhaben und einen bestimmten Arbeitsplatz. Ist für einen bestimmten Arbeitsplatz bzw. ein bestimmtes Arbeitsvorhaben einmal ein Akkordsatz festgelegt worden, löst nur eine Änd. dieses Akkordsatzes, nicht aber der Wechsel des Arbeitsplatzinhabers das Mitbestimmungsrecht des BR nach Nr. 11 erneut aus (*Löwisch/Kaiser* Rn. 252). 121

Durch das Mitbestimmungsrecht über den Geldfaktor kann der BR unmittelbar **Einfluss auf die Lohnhöhe** nehmen (BAG 29.3.1977 AP BetrVG 1972 § 87 Provision Nr. 1; 14.2.1989 AP BetrVG 1972 § 87 Akkord Nr. 8; 20.11.1990 AP BetrVG 1972 § 77 Nr. 48; GK-BetrVG/*Wiese* Rn. 999; aA *Joost* ZfA 1993, 257, 271). Ebenso wie bei Nr. 10 ergibt sich aber auch aus Nr. 11 nicht das Recht des BR, vom AG die Zahlung zusätzl. leistungsbezogener Entgelte zu verlangen und deren Zahlung über die Einigungsstelle zu erzwingen (s. Rn. 110). Deswegen ist der AG an einen Spruch der Einigungsstelle über den Geldfaktor nur so lange gebunden, wie er überhaupt Leistungslohn gewährt (BAG 16.12.1986 AP BetrVG 1972 § 87 Prämie Nr. 8). Praktisch kann sich der AG der Mitbestimmung des BR über den Geldfaktor dadurch entziehen, dass er statt des Leistungslohnsystems ein Zeitlohnsystem einführt. 122

Beim Zeitfaktor erstreckt sich das Mitbestimmungsrecht auch auf die Frage, ob und nach welcher **arbeitswissenschaftl. Methode** (zB Refa- oder Bedaux-Verfahren) die Zeitvorgabe ermittelt werden soll. Da keine arbeitswissenschaftl. Methode eine objektiv „richtige" Zeitvorgabe auswirft, muss der BR über den Weg der Entscheidungsfindung mitbeschließen können. Den Betriebspartnern steht es insofern auch frei, ein anerkanntes Zeitermittlungssystem für die konkreten Bedürfnisse abzuändern (BAG 24.2.1987 AP BetrVG 1972 § 77 Nr. 21; 24.11.1987 AP BetrVG 1972 § 87 Akkord Nr. 6). 123

Nicht mitbestimmt sind dagegen vom AG durchgeführte **Zeitstudien,** die ledigl. der eigenen Inf. oder als Hilfe zur eigenen Entschließung über die Einführung eines Leistungslohnsystems dienen (BAG 10.7.1979 AP BetrVG 1972 § 87 Überwachung Nr. 4; 24.11.1981 AP BetrVG 1972 § 87 Ordnung des Betriebes Nr. 3; aA GK-BetrVG/*Wiese* Rn. 1007). Der AG kann deshalb ohne Mitwirkung des BR Erfassungsbögen einführen, in die die AN die für jedes laufende Arbeitsprojekt aufgewendeten Arbeitsstunden einzutragen haben (BAG 24.11.1981 AP BetrVG 1972 § 87 Ordnung des Betriebs Nr. 3) oder Refa-Zeitmessungen durchführen lassen (BAG 8.11.1994 AP BetrVG 1972 § 87 Überwachung Nr. 27). Soweit die vorbereitenden Studien mittels technischer Einrichtungen erfolgen, ist 124 ggf. das Mitbestimmungsrecht nach Nr. 6 zu beachten (vgl. BAG 10.7.1979 AP BetrVG 1972 § 87 Überwachung Nr. 4).

125 Der nach Nr. 11 gleichfalls mitbestimmte **Prämienlohn** unterscheidet sich vom Akkordlohn dadurch, dass beim Prämienlohn die vom AN pro Zeiteinheit erwirtschaftete Leistungsmenge nicht die einzige Bezugsgröße darstellt, um die Arbeitsleistung des AN zu berechnen. Hinzu kommen weitere Gesichtspunkte wie Qualität, Materialausnutzung oder Maschinennutzung. Ebenso wie beim Akkord wird aber auch beim Prämienlohn die Leistung des AN gemessen und mit einer Bezugsleistung vergl., so dass die Höhe der Vergütung nach dem Verhältnis von tatsächl. Leistung und Bezugsleistung ermittelt werden kann (BAG 28.7.1981 AP BetrVG 1972 § 87 Provision Nr. 2; 25.5.1982 AP BetrVG 1972 § 87 Prämie Nr. 2). Die arbeitswissenschaftl. und arbeitstechnische Gestaltung des Prämienverfahrens, also Bestimmung von Prämienart, Bezugsgröße, Leistungsmaßstab, Verteilungsschlüssel, Prämienkurve usw., sind bereits nach Nr. 10 mitbestimmt; Nr. 11 dehnt das Mitbestimmungsrecht des BR auf die Festsetzung der zugrunde zu legenden Entgelteinheit (Prämienausgangslohn, Leistungsstufen, Höchstprämienlohn) aus, welche dem Geldfaktor beim Akkord entspricht (BAG 16.12.1986 AP BetrVG 1972 § 87 Prämie Nr. 8). S. auch Rn. 127.

126 Nach dem Wortlaut von Nr. 11 erstreckt sich das Mitbestimmungsrecht auch auf **„vergleichbare leistungsbezogene Entgelte"**. Allerdings sind die Anforderungen, die das BAG an die Ähnlichkeit zu Akkord und Prämie stellt, hoch: Einmal muss ebenso wie bei Akkord und Prämie die Höhe der Vergütung **unmittelbar** durch das vom AN erzielte konkrete Arbeitsergebnis beeinflusst werden können (BAG 28.7.1981 AP BetrVG 1972 § 87 Provision Nr. 2). Daran fehlt es zB, wenn der AG die Arbeitsleistung der AN in bestimmten Abständen beurteilt und entspr. dieser Beurteilung Zulagen gewährt, da zwischen Leistung und Vergütung die AGEntscheidung geschaltet ist (BAG 22.10.1985 AP BetrVG 1972 § 87 Leistungslohn Nr. 3). Dasselbe gilt für eine Gewinnbeteiligung, bei der der Ertrag des ganzen Unternehmens und nicht die Arbeitsleistung des einzelnen AN darüber bestimmt, in welcher Höhe der AN ein zusätzl. Entgelt erhält (LAG HB 7.10.1978 BB 1978, 1668).

127 Zum anderen verlangt das BAG für die Vergleichbarkeit mit Akkord und Prämienlohn, dass eine Vergütungsform vorliegt, bei der eine Leistung des AN **mit einer Bezugs- oder Normalleistung verglichen wird** und bei der sich die Höhe der Vergütung in irgendeiner Weise unmittelbar nach dem Verhältnis der Leistung des AN zur Bezugsleistung bemisst (BAG 13.3.1984 AP BetrVG 1972 § 87 Provision Nr. 4; 26.7.1988 AP BetrVG 1972 § 87 Provision Nr. 6; 15.5.2001 AP BetrVG 1972 § 87 Prämie Nr. 17). Nicht von Nr. 11 erfasst werden danach all die sog. Leistungszulagen, die ohne weitere Anforderungen gleich bleibend, wenn auch in Erwartung bes. Leistungen den AN gewährt werden wie zB Gratifikation, Jahresabschlussvergütungen, Zulagen für die Erfüllung ohnehin bestehender vertragl. Pflichten, Nachtschicht- und Erschwerniszulagen, Überstundenvergütung und Ergebnisbeteiligung (*Fitting* Rn. 532). Aber auch bei Provisionen, gleichgültig ob sie als Abschluss-, Anteils- oder Leistungsprovisionen vereinbart werden, fehlt es regelm. an der Verknüpfung mit einer Bezugsleistung (BAG 28.7.1981 AP BetrVG 1972 § 87 Provision Nr. 2; 13.3.1984 AP BetrVG 1972 § 87 Provision Nr. 4). Nicht ausreichend ist es, wenn die Leistung in einem Referenzzeitraum für einen längeren Zeitraum die Prämienhöhe bestimmt (BAG 15.5.2001 AP BetrVG 1972 § 87 Prämie Nr. 17). IE verlangt das BAG danach weniger eine „Vergleichbarkeit" als eine „Gleichheit" mit Akkord und Prämie (*Hanau* FS G. Müller 1981, 69, 85). Diese dürfte bei dem Programmlohn gegeben sein, bei dem Abweichungen von einer Normalleistung nicht in Geld, sondern in Zeit verrechnet werden (DKKW/*Klebe* Rn. 350). Bzgl. Zielvereinbarungsvergütung hat das BAG (21.10.2003 NZA 2004) angedeutet, dass es hierin ein vergleichbares leistungsbezogenes Entgelt sehen könnte. Dies erscheint bedenkl., da zwischen AN-Leistung und Vergütung hins. der persönl. Ziele regelm. die Beurteilung durch Vorgesetzte steht und hins. der unternehmensbezogenen Ziele der Faktor Arbeit ohnehin nur einen Teilaspekt des unternehmerischen Erfolgs darstellt; es dürfte insofern grds. an der notwendigen Unmittelbarkeit fehlen (*Rieble/Gistel* BB 2004, 2462).

128 **12. Betriebliches Vorschlagswesen.** Das Mitbestimmungsrecht nach Nr. 12 dient der gerechten Bewertung der Vorschläge sowie der Entfaltung der Persönlichkeit der AN; diese sollen durch ein betriebl. Vorschlagswesen zum Mitdenken und zur Teilnahme an der Gestaltung der Arbeit und der Entwicklung des Betriebs motiviert werden (BAG 28.4.1981 AP BetrVG 1972 § 87 Vorschlagswesen Nr. 1; 16.3.1982 AP BetrVG 1972 § 87 Vorschlagswesen Nr. 2).

129 Unter den **Begriff „betriebl. Vorschlagswesen"** fallen alle Systeme und Methoden, durch die Vorschläge der AN zur Verbesserung der betriebl. Arbeit angeregt, gesammelt, ausgewertet und belohnt werden. Dabei ist gleichgültig, ob die Verbesserungsvorschläge den organisatorischen, kaufmännischen, sozialen oder technischen Bereich betreffen (*Fitting* Rn. 539; DKKW/*Klebe* Rn. 361 ff.). Allerdings werden dem Mitbestimmungsrecht im Bereich der technischen Verbesserungsvorschläge durch die ges. Regelung im **ANErfG** Grenzen gesetzt. Für Erfindungen, die patent- oder gebrauchsmusterfähig sind (§ 2 ANErfG) enthält das G eine abschl. ges. Regelung sowohl für die organisatorische Behandlung als auch für die Vergütung der Erfindung, welche keinen Raum für eine Mitbestimmung des BR lässt. Für technische Verbesserungsvorschläge, die nicht patent- oder gebrauchsmusterfähig sind, aber dem AG eine ähnl. Vorzugsstellung gewähren wie ein gewerbl. Schutzrecht, gelten gem. § 20 I ANErfG die

Bestimmungen der §§ 9 und 12 ANErfG über die Vergütung sinngemäß. Insofern lässt die ges. Regelung Raum für eine betriebl. Mitbestimmung über die organisatorische Behandlung der Verbesserungsvorschläge. Für einfache Verbesserungsvorschläge bleibt die nähere Ausgestaltung gem. § 20 II ANErfG der Regelung durch TV oder BV überlassen. Soweit also keine einschlägige tarifl. Regelung existiert, besteht insofern ein volles Mitbestimmungsrecht nach Nr. 12.

Nicht mitbestimmt sind sog. **dienstl. Verbesserungsvorschläge,** dh. Verbesserungsvorschläge von AN, deren arbeitsvertragl. Tätigkeit darin besteht, durch das Einbringen von Verbesserungsvorschlägen zur Rationalisierung oder sonstigen Verbesserung des Arbeitslaufs im Betrieb beizutragen. Das (mitbestimmte) betriebl. Vorschlagswesen iSd. Nr. 12 betrifft nur die sog. freien Verbesserungsvorschläge, die nicht auf einer entspr. Verpflichtung des AN aus dem ArbVerh. beruhen (ArbG Heilbronn 15.5.1986 DB 1987, 541; DKKW/*Klebe* Rn. 364). 130

Das **Mitbestimmungsrecht** des BR besteht bei der Aufstellung von **Grundsätzen über das betriebl. Vorschlagswesen.** Der Umf. des Mitbestimmungsrechts ähnelt der Differenzierung bei den Entlohnungsgrundsätzen nach Nr. 10. Ebenso wie in Nr. 10 die betriebl. Lohngestaltung die Festlegung abstrakt-genereller Grundsätze zur Lohnfindung, die Strukturformen des Arbeitsentgelts und deren nähere Vollziehungsformen betrifft, geht es bei den Grundsätzen für das betriebl. Vorschlagswesen um die abstrakt-generelle Regelung des Erbringens von Verbesserungsvorschlägen und deren Bewertung sowie um die Festlegung der Grundsätze zur Bemessung der Vergütung für einen verwerteten Verbesserungsvorschlag; **nicht mitbestimmt** ist dagegen die Entscheidung des AG, **ob und in welcher Höhe überhaupt Verbesserungsvorschläge vergütet werden sollen** (BAG 28.4.1981 AP BetrVG 1972 § 87 Vorschlagswesen Nr. 1; *Fitting* Rn. 549; GK-BetrVG/*Wiese* Rn. 1027). Deshalb kann der AG nicht über die Einigungsstelle gezwungen werden, als Prämie einen bestimmten Prozentsatz des Nutzwerts eines Verbesserungsvorschlages zu zahlen (BAG 24.8.1981 AP BetrVG 1972 § 87 Vorschlagswesen Nr. 1). Ebenfalls nicht mitbestimmt ist die Entscheidung über die Annahme von Verbesserungsvorschlägen. Da der AG für angenommene Verbesserungsvorschläge individualrechtl. grds. zur Zahlung einer Vergütung aus Treu und Glauben verpflichtet ist (BAG 30.4.1965 AP ArbnErfG § 20 Nr. 1), würde der AG durch eine Annahmeverpflichtung mittelbar zur Zahlung einer Vergütung gezwungen. Noch weitergehend ist die Einflussnahme auf das mitbestimmungsfreie „Ob“ bei der Zahlung einer Anerkennungsprämie für nicht verwertete Verbesserungsvorschläge; auch insofern fehlt es an einem erzwingbaren Mitbestimmungsrecht (BAG 16.3.1982 AP BetrVG 1972 § 87 Vorschlagswesen Nr. 2; *Fitting* Rn. 550). 131

Mitbestimmungsfrei ist die Entscheidung über das „Ob“ einer Vergütung von Verbesserungsvorschlägen, nicht aber über das **„Ob“ eines betriebl. Vorschlagswesens.** Das Mitbestimmungsrecht nach Nr. 12 ist nicht davon abhängig, dass der AG zuvor ein betriebl. Vorschlagswesen „errichtet“ oder dafür Mittel bereitstellt. Der BR hat vielmehr ein Initiativrecht, sobald für eine allg. Regelung ein Bedürfnis besteht (BAG 24.8.1981 AP BetrVG 1972 § 87 Vorschlagswesen Nr. 1). Ist dies der Fall, sind die Grundsätze über das betriebl. Vorschlagswesen mitbestimmungspflichtig. Darunter fallen insb. Fragen der **Organisation und des durchzuführenden Verfahrens.** Festzulegen ist iE, wie eingereichte Verbesserungsvorschläge zu behandeln sind, wie die Prüfung vorzunehmen ist, welche Bewertungsmethoden Anwendung finden sollen und welche Organe einzusetzen sind, etwa ein Beauftragter für das betriebl. Vorschlagswesen oder ein paritätisch besetzter Ausschuss (DKKW/*Klebe* Rn. 368; *Fitting* Rn. 552). Einem Ausschuss kann zB die verbindl. Prüfung übertragen werden, ob die tatsächl. Voraussetzungen für einen Vergütungsanspruch gegeben sind; die verbindl. Entscheidung über einen Anspruch auf Vergütung verstieße allerdings gegen § 101 ArbGG (BAG 20.1.2004 NZA 2004, 994). Daneben umfasst das Mitbestimmungsrecht auch **generelle Regelungen über die Bestimmung der zu gewährenden Vergütung.** Der BR hat mitzubestimmen, nach welchen Grundsätzen und Methoden die Prämie bemessen werden soll, wie der Nutzen eines Verbesserungsvorschlags zu ermitteln ist, welche Grundsätze für die Höhe und Art der Prämie und die Verteilung einer Prämie bei Gruppenvorschlägen gelten, sowie darüber, wie eine Prämie für einen Verbesserungsvorschlag bestimmt werden soll, dessen Nutzen nicht zu ermitteln ist (BAG 28.4.1981 AP BetrVG 1972 § 87 Vorschlagswesen Nr. 1; 16.3.1982 AP BetrVG 1972 § 87 Vorschlagswesen Nr. 2). 132

Nicht (mehr) mitbestimmt ist dagegen die **Ausführung** der von BR und AG ausgehandelten Grundsätze über das Vorschlagswesen; diese obliegt, wie sich aus § 77 I ergibt, allein dem AG. Der AG entscheidet deshalb allein über die Annahme eines einzelnen Verbesserungsvorschlags und über die Höhe der Prämie im Einzelfall, auch wenn diese iRd. vereinbarten Bewertungsgrundsätze getroffen werden soll (BAG 16.3.1982 AP BetrVG 1972 § 87 Vorschlagswesen Nr. 2). Ebenso wenig besteht ein Mitbestimmungsrecht bei der Bestellung eines Beauftragten für das betriebl. Vorschlagswesen in Ausführung (mitbestimmter) Richtlinien über Aufgaben und persönl. und fachl. Voraussetzungen der Person des Beauftragten. Ein weitergehendes Mitbestimmungsrecht des BR bei der konkreten Besetzung der Stelle kann sich nur unter den Voraussetzungen des § 99 ergeben, wenn für die Besetzung eine Einstellung oder Versetzung erforderl. ist (BAG 16.3.1982 AP BetrVG 1972 § 87 Vorschlagswesen Nr. 2). 133

13. Gruppenarbeit. Gruppenarbeit (*Federlin* NZA Sonderheft 2001, 26; *Preis/Elert* NZA 2001, 371; *Wiese* BB 2002, 198; ausführl. *Nill,* Selbstbestimmung in der Arbeitsgruppe?, 2004). Die durch das ReformG eingeführte Vorschr. ergänzt die allg. Vorschr. der §§ 3 I Nr. 5, 28a, 75 II S. 2 um eine 134

Sondervorschrift für teilautonome Gruppen, die der Gefahr einer Selbstausbeutung der Gruppenmitglieder und einer Ausgrenzung von leistungsschwächeren AN begegnen soll. Diese teilautonomen Gruppen müssen hins. der Erledigung der tägl. Arbeiten auch im Verhältnis zum AG über eine gewisse Eigenverantwortlichkeit verfügen und auf Dauer angelegt sein (*Annuß* NZA 2001, 370; *Fitting* Rn. 568). Das Mitbestimmungsrecht bezieht sich nur auf die „Durchführung" der Gruppenarbeit. Die amtl. Begr. nennt als Beispiel die Wahl eines Gruppensprechers, dessen Stellung und Aufgaben, Abhalten von Gruppengesprächen, Berücksichtigung von leistungsschwächeren AN, Konfliktlösung in der Gruppe. Einführung und Beendigung der Gruppenarbeit bzw. ihres teilautonomen Charakters sind mitbestimmungsfrei, ebenso Aufgabenstellung und Zusammensetzung der Gruppe (*Preis/Elert* NZA 2001, 374; Richardi/*Richardi* Rn. 954). Soweit in Bezug auf die Zusammensetzung eine andere Auff. vertreten wird (*Fitting* Rn. 575), kann dem nicht gefolgt werden; ein so weit gehender Eingriff in die Befugnisse des AG hätte im Gesetzestext oder wenigstens in der Begr. deutlicher zum Ausdruck kommen müssen.

135 Die Mitbestimmung über diese Grundsätze liegt bei der Gruppe selbst, wenn ihr diese Befugnis iRd. § 28a übertragen wurde. Die Grundsätze haben je nach Inhalt den Charakter von BV oder Regelungsabreden (zu diesen Begriffen s. die Kommentierung zu § 77). Zur Frage, ob die Gruppe im ArbGVerfahren parteifähig ist s. die Kommentierung zu § 28a.

IV. Sanktionen

136 **1. Individualrechtliche Sanktionen: Theorie der Wirksamkeitsvoraussetzung.** Missachtet der AG die erzwingbaren Mitbestimmungsrechte nach Abs. 1, sind einseitige den AN belastende Maßnahmen unwirksam (sog. Theorie der Wirksamkeitsvoraussetzung). Diese individualrechtl. Sanktion dient der Durchsetzung des auf gleichberechtigte Teilhabe des BR gerichteten Mitbestimmungsrechts nach § 87. Derjenige, der sich betriebsverfassungswidrig verhält, soll sich Dritten gegenüber nicht auf diese Verletzung berufen dürfen (BAG GS 3.12.1991, AP BetrVG 1072 § 87 Lohngestaltung Nr. 51, 52; BAG 28.9.1994, AP BetrVG 1972 § 87 Lohngestaltung Nr. 68). Folgerichtig entfaltet eine rkr. Entscheidung im Beschlussverfahren zur Verneinung eines Mitbestimmungsrechts präjudizielle Wirkung zu Lasten einzelner AN (BAG 23.2.2016 NZA 2016, 906). **Besondere praktische Bedeutung** entfaltet die Theorie der Wirksamkeitsvoraussetzung im Bereich der Arbeitszeit- und Lohnmitbestimmung. AN brauchen Lohnabzüge wg. Kurzarbeit ohne Einigung zwischen AG und BR nicht hinzunehmen. Die Anordnung von Überstunden ist ohne Ausübung des Mitbestimmungsrechts ihnen gegenüber unwirksam (*Fitting* Rn. 605). Der Widerruf von freiwilligen Zulagen ist unwirksam, wenn der AG für einen Verteilungsplan nicht die Zustimmung des BR eingeholt hat; die AN können die ungekürzte Weiterzahlung der Zulagen verlangen (BAG GS 3.12.1991, AP BetrVG 1972 § 87 Lohngestaltung Nr. 51, 52; BAG 22.6.2010 NZA 2010, 1243). Eine unter Verstoß gegen das Mitbestimmungsrecht des BR aufgestellte Vergütungsordnung löst die bisher geltende Vergütungsordnung nicht ab; der AN kann Bezahlung nach der früheren Vergütungsordnung verlangen (BAG 24.4.2001 – 1 ABR 37/00), allerdings nicht, wenn schon die Einführung der Vergütungsordnung mitbestimmungswidrig erfolgt war (BAG 24.1.2017 NZA 2017, 932). Bei mehreren Änderungen ist die letzte mitbestimmte Fassung maßgeblich (BAG 5.5.2015 NZA 2015, 1207). Umgekehrt führt die Verletzung von Mitbestimmungsrechten des BR nicht dazu, dass sich individualrechtl. Ansprüche der betroffenen AN ergäben, die zuvor noch nicht bestanden haben (BAG 25.2.2015 NZA 2015, 442; BAG 3.9.2014 BeckRS 2014, 74404). Bei der **erstmaligen Gewährung einer Leistung** übergangene oder benachteiligte AN können deshalb aus der Verletzung des Mitbestimmungsrechts keine Ansprüche herleiten (BAG 28.9.1994 AP BetrVG 1972 § 87 Lohngestaltung Nr. 68; BAG 11.6.2002, AP BetrVG 1972 § 87 Lohngestaltung Nr. 113). Begünstigende Maßnahmen des AG gegenüber dem AN bleiben trotz Verstoßes gegen zwingende Mitbestimmungsrechte wirksam, weil das Gegenteil normzweckwidrig wäre sowie gegen den Vertrauensschutzgedanken des Verbots widersprüchl. Verhaltens verstieße (WPK/*Bender* § 87 Rn. 246; HaKo-BetrVG/*Kothe* § 87 Rn. 28).

137 **2. Beweisverwertungsverbot.** Ob die Missachtung ges. Mitbestimmungsrechte ein selbständiges Beweisverwertungsverbot nach sich zieht, ist umstritten. Tw. wird dies unmittelbar als Konsequenz der Theorie der Wirksamkeitsvoraussetzung gefordert (LAG BW 6.5.1999 BB 1999, 1439; *Fischer* BB 1999, 154; *Fuhlrott/Oltmanns* DB 2015, 1719). Tw. wird danach differenziert, ob das Mitbestimmungsrecht nicht nur die Ordnung des Betriebs sichern soll, sondern auch dem individuellen Schutz einzelner AN dient (*Maschmann* NZA 2002, 13), was zur Folge hätte, dass jdf. bei Verletzung von § 87 I Nr. 6 stets ein Beweisverwertungsverbot anzunehmen wäre. Nach Auff. des BAG (BAG 13.12.2007 NZA 2008, 1008; vgl. auch BAG 27.3.2003 NZA 2003, 1193) führt allein die Verletzung von Mitbestimmungsrechten des BetrVG nicht zu einem Beweisverwertungsverbot. Mangels ausdrückl. gesetzl. Anordnung komme ein Verwertungsverbot nur in Betracht, wenn die Verletzung eines Mitbestimmungsrechts zugleich unverhältnismäßig in verfassungsrechtl. geschützte Grundpositionen eingreife, insb. das Persönlichkeitsrecht eines AN erhebl. verletzt werde (BAG 21.6.2012, NZA 2012, 1025). Ein Beweisverwertungsverbot ist danach zu verneinen, wenn die Überwachung eines AN zwar mitbestimmungswidrig erfolgt, der darin liegende Eingriff in das Persönlichkeitsrecht aber iRd. vorzunehmenden Güterabwägung etwa wegen eines konkreten Tatverdachts gerechtfertigt erscheint (*Grosjean* DB 2003,

2650; *Schlewing* NZA 2004, 1071; wohl auch *Altenburg/Leister* NJA 2006, 469; ausführl. *Lunk* NZA 2009, 457; *Eylert* NZA 2015, 100). Bedeutsam ist bei der erforderl. Güterabwägung die Intensität des Eingriffs in das Persönlichkeitsrecht des AN, aber auch eine eventuelle Beweisnot des AG aufgrund des Fehlens anderer Erkenntnisquellen (BAG 20.6.2013 NZA 2014, 143). Jedenfalls bei anlassloser, heimlicher und dauerhafter Videoüberwachung in Büroräumen dürfte regelmäßig ein Beweisverwertungsverbot bestehen (ArbG Frankfurt 27.1.2016, BeckRS 2016, 67262). Gegen ein Beweisverwertungsverbot spricht es, wenn der BR die Verwendung mitbestimmungswidrig erlangter Beweismittel nachträgl. ausdrückl. genehmigt (BAG 27.3.2003 NZA 2003, 1193). Aus § 32 BDSG ergeben sich keine weiter gehenden Schranken der Beweisverwertung (BAG 20.6.2013 NZA 2014, 143). Von vornherein irrelevant sind Verletzungen von Mitbestimmungsrechten dann, wenn der mitbestimmungswidrig ermittelte Sachverhalt unstr. ist, weil ein „Sachvortragsverwertungsrecht" von unstreitigem Sachverhalt dem Zivilprozessrecht fremd ist (BAG 13.12.2007 NZA 2008, 1008). Zum Beweisverwertungsverbot bei Verletzung des Persönlichkeitsrechts s. auch Art. 2 GG Rn. 78.

3. Unterlassungsanspruch des Betriebsrats. In Abkehr von seiner früheren Rechtsprechung erkennt 138
das BAG seit seiner Entscheidung vom 3.5.1994 (AP BetrVG 1972 § 23 Nr. 23) einen nicht an die engen Voraussetzungen des § 23 III geknüpften allg. Unterlassungsanspruch an. Wie in § 1004 BGB ist der auf die Zukunft gerichtete Unterlassungsanspruch um einen Beseitigungsanspruch in Bezug auf die Folgen früheren mitbestimmungswidrigen Verhaltens zu ergänzen (BAG 16.6.1998 AP § 87 BetrVG Gesundheitsschutz Nr. 7). Der Unterlassungsanspruch des BR aus § 87 kann **auch durch einstweilige Vfg.** geltend gemacht werden. Bei den Anforderungen, die an den Verfügungsgrund zu stellen sind, können das Gewicht des drohenden Verstoßes und die Bedeutung der umstrittenen Maßnahmen für den AG und die Belegschaft angemessen berücksichtigt werden (BAG 3.5.1994 AP BetrVG 1972 § 23 Nr. 23). Dies verlangt eine Interessenabwägung, die zu Gunsten des AG ausschlagen muss, wenn seine Interessen an der Durchführung der mitbestimmten Maßnahmen ersichtl. so überwiegen, dass ihm ein Abwarten des Mitbestimmungsverfahrens bis hin zur Einigungsstelle nicht zugemutet werden kann. Dies entspricht nicht nur dem ges. Sanktionssystem, das in §§ 23 III, 101 einen Unterlassungsanspruch des BR erst nach rechtskräftigen Entsch. gewährt, sondern auch dem Grundprinzip der Mitbestimmung, dass bei einer Ausübung stets eine Abwägung der beiderseitigen Interessen stattzufinden hat (§§ 2, 76). Dieses Grundprinzip würde verletzt, wenn der AG bis zum Abschluss des Mitbestimmungsverfahrens an unternehmerischen Handlungen gehindert werden könnte, obwohl seine Interessen erkennbar überwiegen. Ein Verfügungsgrund liegt demnach nicht schon vor, wenn der AG formal das Mitbestimmungsrecht verletzt, sondern erst, wenn er es auch seinem Sinn und Zweck nach verletzt, weil er Handlungen vornimmt, die noch einer Abklärung im Verhältnis zu entgegenstehenden AN-Interessen bedürfen. Diese Begrenzung der kollektiven Sanktionen muss auf die individualrechtl. Sanktion zurückwirken. Wenn der BR gegen möglicherweise mitbestimmungswidriges AG-Verhalten nicht gerichtl. vorgehen will oder unterliegt, kann der einzelne AN aus der Verletzung des Mitbestimmungsrechts erst recht keine Folgen ableiten (BAG 10.3.1998 DB 1999, 2651; BAG 5.4.2001 DB 2001, 2403). Das Verfahren nach § 23 III steht neben dem allgemeinen Unterlassungsanspruch gem. § 87.

V. Erweiterung der Mitbestimmungsrechte durch Tarifvertrag

Durch TV können die Mitbestimmungsrechte grundsätzl. über den gesetzl. Umf. hinaus **erweitert** 139
werden (BAG 10.2.1988 AP Nr. 53 zu § 99 BetrVG 1972; *Fitting* § 1 Rn. 255, aA Richardi/*Richardi* Einl. Rn. 145 ff.). Rechtsgrundlage hierfür sind die §§ 1 I, 3 II TVG. Diese blieben auch durch die Einführung des BetrVG im Jahr 1952 und die anschließenden Novellierungen unangetastet. Der Gesetzgeber hat in Kenntnis der bestehenden Rspr. des BAG (anders als in § 3 BPersVG) auf eine abweichende Regelung verzichtet (*Fitting* § 1 Rn. 257). Die umfassende Ermächtigung des TVG zur Regelung betriebsverfassungsrechtl. Fragen wird auch durch tarifdispositive Normen im BetrVG nicht eingeschränkt. Zwar enthält das BetrVG an mehreren Stellen Vorschr. darüber, ob und in welchem Umf. TV betriebsverfassungsrechtl. Fragen regeln können (z. B. §§ 3, 38 I, 47 IV, 55 IV und 117 II), doch sind diese nur abschließend für den durch sie betroffenen Bereich der Wahlen und Organisationsstruktur (BAG 10.2.1988 AP Nr. 53 zu § 99 BetrVG 1972; *Fitting* § 1 Rn. 257; WPK/*Preis* § 1 Rn. 53; aA *Richardi/Richardi* Einleitung Rn. 145 ff.). Das Recht zur tarifl. Erweiterung der Mitbestimmungsrechte gilt freilich nicht unbegrenzt; es ist jdf. durch kollidierende Grundrechte Dritter, insb. die durch Art. 12 I GG geschützte Unternehmerfreiheit (dazu Art. 12 GG Rn. 14) eingeschränkt, wobei die im BetrVG vorgenommene Ausgestaltung der Mitbestimmungsrechte zumindest ein Anhaltspunkt für die herbei zu führende „praktische Konkordanz" (vgl. Einl. GG Rn. 70 f.) ist.

Die Erweiterung der Mitbestimmung in **sozialen Angelegenheiten** (§ 87) wird überw. als zulässig 140
bewertet (*Fitting* § 1 Rn. 258; GK-BetrVG/*Wiese* Rn. 11; DKKW/*Däubler* Einl. Rn. 90; WPK/*Preis* § 1 Rn. 53; aA *Richardi* Einl. Rn. 147 ff). Zulässig ist bspw. die Erweiterung der Mitbestimmung über § 87 I Nr. 2 (Lage der Arbeitszeit) hinaus auf die Dauer der AZ (BAG 18.8.1987 AP Nr. 23 zu § 77 BetrVG 1972). Dasselbe dürfte auch für die ihrem Wesen nach sozialen Fragen in §§ 90, 91 gelten (*Fitting* § 1 Rn. 258; GK-BetrVG/*Weber* vor § 90 Rn. 10; Beuthien, ZfA 86, 131).

141 Auch im Bereich der **personellen Angelegenheiten** hat das BAG die Erweiterung der Mitbestimmungsrechte zugelassen (BAG 10.2.1988 AP Nr. 53 zu § 99 BetrVG 1972; *Fitting* § 1 Rn. 259; aA GK-BetrVG/*Raab* vor § 92 Rn. 19ff.). Abweichend von § 99 kann dem BR bei Einstellungen ein echtes Mitbestimmungsrecht zugesprochen werden, so dass im Streitfall die Einigungsstelle endgültig zu entscheiden hat (BAG 10.2.1988 AP Nr. 53 zu § 99 BetrVG 1972). Dies ist ebenso für die Einstellung von Tendenzträgern in einem erzieherischen und karitativen Zielen dienenden **Tendenzbetrieb** zulässig (BAG 31.1.1995 AP Nr. 56 zu § 118 BetrVG 1972; BAG 5.10.2000 AP Nr. 67 zu § 118 BetrVG 1972). Auch die Wirksamkeit einer Kündigung kann von der Zustimmung des BR abhängig gemacht werden (BAG 21.6.2000 AP Nr. 121 zu § 102 BetrVG 1972).

142 Ob die Rechte des BR auch in **wirtschaftl. Angelegenheiten** (§§ 106 bis 113) erweiterbar sind, ist bisher nicht höchstrichterl. entschieden. Teile der Lit. gehen grds. von einem Vorrang der durch Art. 12 I GG geschützten Berufsfreiheit des Unternehmers aus (*Beuthien* ZfA 86, 131; aA *Fitting* § 1 Rn. 260; differenziert GK-BetrVG/*Oetker* vor § 106 Rn. 12ff.). Die Erweiterung dürfte jedoch zulässig sein, soweit folgende Grundsätze berücksichtigt werden: Zum einen muss sich die Erweiterung der Mitbestimmung iRd. Tarifautonomie gemäß Art. 9 III GG bewegen, d. h. sie muss der „Wahrung und Förderung der Arbeits- und Wirtschaftsbedingungen" dienen. Zum anderen darf in die Unternehmerfreiheit nicht übermäßig stark eingegriffen werden. Insb. darf der Unternehmer nicht bezügl. der Grundlagenentscheidungen eingeschränkt werden, so dass dem Unternehmer die Herrschaft über das Unternehmen selbst und die mit ihm verfolgten Ziele entzogen würden. Dem Regelungsbereich entzogen sind insbes. die Entsch. über Bestand, Umf. und Zielsetzung des Unternehmens (*Wiedemann* RdA 1986, 231), die Entsch. über Stilllegung oder Fortführung von Betrieben, ihre Verlegung oder ihren Zusammenschluss mit anderen Betrieben sowie über die Änd. der Betriebsorganisation und des Betriebszwecks. Insb. wäre es deshalb unzulässig, dem BR ein erzwingbares Mitbestimmungsrecht über die Durchführung solcher Maßnahmen zu geben, indem etwa bei Betriebsänderungen iSd § 111 ein erzwingbarer Anspruch auf Abschluss eines Interessenausgleichs eingeräumt würde.

§ 88 Freiwillige Betriebsvereinbarungen

Durch Betriebsvereinbarung können insbesondere geregelt werden

1. zusätzliche Maßnahmen zur Verhütung von Arbeitsunfällen und Gesundheitsschädigungen;
1a. Maßnahmen des betrieblichen Umweltschutzes;
2. die Errichtung von Sozialeinrichtungen, deren Wirkungsbereich auf den Betrieb, das Unternehmen oder den Konzern beschränkt ist;
3. Maßnahmen zur Förderung der Vermögensbildung;
4. Maßnahmen zur Integration ausländischer Arbeitnehmer sowie zur Bekämpfung von Rassismus und Fremdenfeindlichkeit im Betrieb;
5. Maßnahmen zur Eingliederung schwerbehinderter Menschen.

1 **1. Anwendungsbereich.** Während die Vorschr. des § 87 diejenigen sozialen Angelegenheiten, in denen dem BR ein erzwingbares Mitbestimmungsrecht zusteht, abschließend aufführt, können nach § 88 darüber hinaus in allen anderen sozialen Angelegenheiten, die nicht mitbestimmungspflichtig sind, BV freiwillig geschlossen werden (*Fitting* Rn. 1; GK-BetrVG/*Wiese/Gutzeit* Rn. 3). Die Vorschr. enthält **keine abschl.** Aufzählung der Regelungsgegenstände, sondern gibt lediglich. Beispiele für denkbare freiwillige BV (vgl. BAG 18.8.1987 AP BetrVG 1972 § 77 Nr. 23; GS 7.11.1989 AP BetrVG 1972 § 77 Nr. 46). Zu den sozialen werden alle durch TV regelbaren Angelegenheiten gerechnet (BAG GS 7.11.1989 BetrVG 1972 § 77 Nr. 46; DKKW/*Berg* Rn. 1; s. § 77 Rn. 36; enger *Veit*, Die funktionelle Zuständigkeit des BR, 1998, S. 200ff.). Die Annahme einer umfassenden Regelungskompetenz steht in Übereinstimmung mit dem Gesetzentwurf (vgl. BT-Drs. VI/1786 S. 47). Schließl. wird sie auch durch die Vorschr. des § 28 SprAuG verdeutlicht. Nach § 28 I SprAuG können AG und SprAuRL über den Inhalt, Abschluss und die Beendigung von ArbVerh. der leitenden Angestellten schriftl. vereinbaren. Der Inhalt der RL entfaltet unmittelbare und zwgd. Wirkung für die ArbVerh., soweit dies zwischen AG und SprAu vereinbart wird (§ 28 II 1 SprAuG). Da nicht davon auszugehen ist, dass der Gesetzgeber dem SprAu eine größere Regelungskompetenz als dem BR einräumen wollte, wird daher durch § 28 SprAuG eine umfassende Regelungsbefugnis des BR zum Abschluss freiwilliger BV bestätigt (BAG GS 7.11.1989 AP BetrVG 1972 § 77 Nr. 46). Allerdings werden freiwillige BV im bes. auch durch TV eingeschränkt (s. § 77 Rn. 53ff.). BAG 14.8.2001 AP BetrVG 1972 § 77 Regelungsabrede Nr. 4, deutet an, dass die Beschränkung auf soziale Angelegenheiten zu eng sein könnte.

2 Zu den mögl. Anwendungsfällen der Vorschr. gehören Regelungen über freiwillige Sozialleistungen (Gratifikationszahlungen, Treueprämien, Beihilfen zu Familienereignissen, Weihnachtsgelder), Regelungen über Angelegenheiten des betriebl. Umweltschutzes, sowie Regelungen über Dauer der wöchentl. **AZ** und Art und Höhe des **Arbeitsentgelts,** soweit der Tarifvorbehalt gem. § 77 III nicht entgegensteht.

2. Die ausdrücklich genannten Angelegenheiten. a) Verhütung von Unfällen und Gesundheitsbeschädigungen. Soweit ges. Regelungen zur Verhütung von Arbeitsunfällen und Gesundheitsschädigungen nicht bestehen, können in freiwilligen BV zusätzl. Maßnahmen zur Verhütung dieser Gefahren abgeschlossen werden. Die Vorschr. ergänzt die sich aus § 87 I Nr. 7 und § 89 ergebenden Mitwirkungs- und Mitbestimmungsrechte. **Bsp.** für zusätzl. Maßnahmen sind etwa Vereinbarungen zur Verbesserung der Arbeitshygiene, zur Einrichtung einer Unfallstation, zur Einführung von freiwilligen Reihenuntersuchungen (*Löwisch* DB 1987, 938), zur Durchführung von Vorsorge- und Rehabilitationsmaßnahmen, zur Verbesserung der Licht- und Luftverhältnisse oder zur Verbesserung der Schutzvorrichtungen an Maschinen. Erfüllen zusätzl. Maßnahmen zur Verhütung von Arbeitsunfällen und Gesundheitsschädigungen die tatbestandl. Voraussetzungen einer nach § 87 I mitbestimmungspflichtigen Angelegenheit, insb. von Nr. 1 und Nr. 6, unterliegen sie insoweit auch dem erzwingbaren Mitbestimmungsrecht des BR (GK-BetrVG/*Wiese/Gutzeit* Rn. 15). 3

b) Maßnahmen des betrieblichen Umweltschutzes. S. die Kommentierung des § 89. Normative Regelungen durch BV können va. Pflichten des AG zur Beratung des betriebl. Umweltschutzes beinhalten. 4

c) Errichtung von Sozialeinrichtungen. § 88 Nr. 2 ergänzt § 87 I Nr. 8, der die Form, Ausgestaltung und Verw. von Sozialeinrichtungen der Mitbestimmung des BR unterwirft. Die nicht mitbestimmungspflichtige Errichtung einer Sozialeinrichtung soll von den Betriebsparteien freiwillig vereinbart werden können. Beide Regelungsbereiche, der nach § 87 I Nr. 8 erzwingbare und der freiwillige Teil der Angelegenheit, können in einer BV geregelt werden. Gegenstand einer BV nach § 88 Nr. 2 kann die **Zweckbestimmung** und die **Dotierung** der Sozialeinrichtung sein (*Fitting* Rn. 20). Der Wirkungskreis kann sich, wie bei § 87 I Nr. 8, auf den Betrieb, das Unternehmen oder den Konzern erstrecken. Ist die Errichtung einer Sozialeinrichtung in einer BV festgelegt, so kann der AG diese nicht einfach schließen, sondern muss die BV zunächst kündigen. Gleiches gilt, wenn der AG die Zweckbestimmung oder Dotierung aufheben oder ändern will. 5

d) Förderung der Vermögensbildung. § 88 Nr. 3 erwähnt weiterhin als Gegenstand einer BV Angelegenheiten zur Förderung der Vermögensbildung. Dadurch wird klargestellt, dass die Betriebsparteien auch andere Formen der Vermögensbildung, als die im VermBG geregelten, vereinbaren können, zB die Ausgabe von Beteiligungspapieren wie Belegschaftsaktien (BAG 28.11.89 AP BetrVG 1972 § 88 Nr. 6). Soweit TV Fragen der Vermögensbildung regeln, greift der Tarifvorrang gem. § 77 III (GK-BetrVG/*Wiese/Gutzeit* Rn. 33; aA *Fitting* Rn. 25). Für eine tw. vorgeschlagene restriktive Auslegung der Vorschr. fehlt es an hinreichenden Anhaltspunkten. 6

e) Zur Bekämpfung von Rassismus und Fremdenfeindlichkeit. iSv Nr. 5 s. § 80 Rn. 16. BV können normative Regelungen über entspr. Verhaltenspflichten von AG und AN treffen. Nr. 5 stellt klar, dass auch Maßnahmen zur **Eingliederung schwerbehinderter Menschen** Gegenstand einer freiwilligen BV sein können. 7

3. Streitigkeiten. Weder der AG noch der BR können den Abschluss einer BV nach § 88 über die Einigungsstelle erzwingen. Es besteht jedoch die Möglichkeit, die Einigungsstelle freiwillig gem. § 76 VI einzuschalten. Streitigkeiten über Zulässigkeit, Bestehen, Inhalt und Durchführung von freiwilligen BV entscheidet gem. § 2a ArbGG das ArbG im **BeschlV.** Ebenfalls ist im BeschlV. darüber zu entscheiden, ob eine Angelegenheit durch BV geregelt werden kann (BAG GS 7.10.1989 AP BetrVG 1972 § 77 Nr. 46). Ansprüche eines einzelnen AN aus freiwilliger BV sind gegen den AG nach § 2 I Nr. 3 ArbGG im Urteilsverfahren geltend zu machen. 8

§ 89 Arbeits- und betrieblicher Umweltschutz

(1) [1]**Der Betriebsrat hat sich dafür einzusetzen, dass die Vorschriften über den Arbeitsschutz und die Unfallverhütung im Betrieb sowie über den betrieblichen Umweltschutz durchgeführt werden.** [2]**Er hat bei der Bekämpfung von Unfall- und Gesundheitsgefahren die für den Arbeitsschutz zuständigen Behörden, die Träger der gesetzlichen Unfallversicherung und die sonstigen in Betracht kommenden Stellen durch Anregung, Beratung und Auskunft zu unterstützen.**

(2) [1]**Der Arbeitgeber und die in Absatz 1 Satz 2 genannten Stellen sind verpflichtet, den Betriebsrat oder die von ihm bestimmten Mitglieder des Betriebsrats bei allen im Zusammenhang mit dem Arbeitsschutz oder der Unfallverhütung stehenden Besichtigungen und Fragen und bei Unfalluntersuchungen hinzuzuziehen.** [2]**Der Arbeitgeber hat den Betriebsrat auch bei allen im Zusammenhang mit dem betrieblichen Umweltschutz stehenden Besichtigungen und Fragen hinzuzuziehen und ihm unverzüglich die den Arbeitsschutz, die Unfallverhütung und den betrieblichen Umweltschutz betreffenden Auflagen und Anordnungen der zuständigen Stellen mitzuteilen.**

(3) **Als betrieblicher Umweltschutz im Sinne dieses Gesetzes sind alle personellen und organisatorischen Maßnahmen sowie alle die betrieblichen Bauten, Räume, technische Anlagen, Arbeitsverfahren, Arbeitsabläufe und Arbeitsplätze betreffenden Maßnahmen zu verstehen, die dem Umweltschutz dienen.**

(4) **An Besprechungen des Arbeitgebers mit den Sicherheitsbeauftragten im Rahmen des § 22 Abs. 2 des Siebten Buches Sozialgesetzbuch nehmen vom Betriebsrat beauftragte Betriebsratsmitglieder teil.**

(5) **Der Betriebsrat erhält vom Arbeitgeber die Niederschriften über Untersuchungen, Besichtigungen und Besprechungen, zu denen er nach den Absätzen 2 und 4 hinzuzuziehen ist.**

(6) **Der Arbeitgeber hat dem Betriebsrat eine Durchschrift der nach § 193 Abs. 5 des Siebten Buches Sozialgesetzbuch vom Betriebsrat zu unterschreibenden Unfallanzeige auszuhändigen.**

1 **1. Normzweck.** Die Vorschr. regelt die Beteiligung des BR bei der **Einhaltung und Durchführung der ges. Vorschr.** über den Arbeitsschutz und die Unfallverhütung im Betrieb sowie über den betriebl. Umweltschutz. Sie **ergänzt** die in anderen Bereichen des BetrVG vorhandenen Regelungen zum Arbeitsschutz (§ 80 I Nr. 1, § 87 I Nr. 7, § 88 Nr. 1, §§ 90, 91, § 115 VII Nr. 7) und zum betriebl. Umweltschutz (§ 43 II 3, § 45 S. 1, § 53 II Nr. 2, § 80 I Nr. 9, § 88 Nr. 1a, § 106 III Nr. 5a). Weitere Aufgaben des BR für den Bereich des Arbeitsschutzes ergeben sich aus **speziellen Arbeitsschutzvorschriften** außerhalb des BetrVG (vgl. hierzu insb. die Kommentierungen zum ArbSchG, zur ArbStättV und zum ASiG).

2 **2. Begriff des Arbeitsschutzes.** Der von § 89 erfasste Bereich des Arbeitsschutzes ist **weit** zu verstehen. Hierunter fallen nicht nur die Verhütung von Arbeitsunfällen oder arbeitsbedingten Erkrankungen, sondern jede Vorschr., die der Gesunderhaltung der AN dient. Der BR hat die Einhaltung staatl. Schutzvorschr. einschl. der des sozialen Arbeitsschutzes (ArbZG, MuSchG, JArbSchG) und der auf Grundlage des § 15 SGB VII von den Berufsgenossenschaften erlassenden UVV sowie der in TV oder BV festgeschriebenen Regelungen zu überwachen. Da es um die Durchführung des Arbeitsschutzes im Betrieb geht, betrifft die Tätigkeit des BR nicht nur alle AN des Betriebs, sondern auch AN fremder AG, LeihAN sowie Selbstständige, sofern sie im Unternehmen tätig sind (DKKW/*Buschmann* Rn. 3)

3 **3. Betrieblicher Umweltschutz.** Der Gegenstand des betriebl. Umweltschutzes ist in Abs. 3 definiert, wobei allerdings der **Begriff „Umweltschutz"** nicht näher erläutert wird. Insoweit wird überwiegend auf § 2 des Kommissionsentwurfs zur Kodifizierung des Umweltgesetzbuches zurückgegriffen (*Fitting* Rn. 9; GK-BetrVG/*Wiese/Gutzeit* Rn. 8). Nach der amtl. Begr. ist die Definition zweckorientiert auf die BetrVerf. und die sich hieraus ergebende Zuständigkeit und Beteiligung des BR zugeschnitten. Indem das BetrVG dem BR in Fragen des betriebl. Umweltschutzes eine vergleichbare Rechtsstellung einräumt wie in Fragen des Arbeitsschutzes, wird den Wechselwirkungen zwischen Arbeits- und Umweltschutz wirksam Rechnung getragen (BT-Drs. 14/5741, 48). Stehen Maßnahmen an, bei denen der BR etwa nach §§ 90, 99 oder 111 zu beteiligen ist, habe er das Recht und die Pflicht, im Rahmen seiner Beteiligung die umweltschutzrelevanten Gesichtspunkte und Auswirkungen zu prüfen und bei seiner Entscheidungsfindung zu berücksichtigen. Dem BR stehe aber kein generelles umweltpolitisches Mandat zugunsten Dritter oder der Allgemeinheit zu, denn die Regelung diene der Sicherstellung des Umweltschutzes im Betrieb und nicht aus dem Betrieb hinaus (BT-Drs. 14/5741, 48). Liegen die Auswirkungen der im Betrieb getroffenen umweltrelevanten Maßnahmen im außerbetriebl. Bereich, so geht dadurch der Bezug zu der betriebsverfassungsrechtl. Aufgabenstellung des BR nicht verloren, soweit ein betriebl. Anknüpfungspunkt vorliegt, z. B. Einführung eines Job-Tickets (*Fitting* Rn. 10; Richardi/*Annuß* Rn. 31; aA DKKW/*Buschmann* Rn. 56).

4 **4. Überwachung und Unterstützung.** Abs. 1 S. 1 verpflichtet den BR darüber zu wachen, dass die im Betrieb geltenden Arbeitsschutzvorschriften eingehalten werden, und ergänzt insoweit die allg. Aufgaben des BR nach § 80 I Nr. 1 und 9. Der BR hat nicht nur ein **eigenständiges Überwachungsrecht,** sondern auch eine Überwachungspflicht. Daraus folgt indes nicht, dass er die Befugnis besitzt, entspr. Maßnahmen selbst zu ergreifen, denn deren Durchführung obliegt ausschließl. dem AG (DKKW/*Buschmann* Rn. 28). Der BR hat jedoch das Recht, alle zur Erfüllung seiner Überwachungsverpflichtung erforderl. Maßnahmen ohne vorherige Überprüfung durch den AG vorzunehmen. Der BR kann jederzeit unangekündigte Stichproben durchführen sowie Beschwerden von AN nachgehen. Hierfür darf er sogar Bereiche des Betriebs betreten, die aufgrund entspr. Arbeitsschutz- oder UVV mit dem Schild „Unbefugten ist der Zutritt verboten" gekennzeichnet sind. Er muss jedoch die einschlägigen Sicherheitsvorschriften beachten (GK-BetrVG/*Wiese/Gutzeit* Rn. 11). Der BR ist verpflichtet, auch auf die AN des Betriebs einzuwirken (*Fitting* Rn. 13). Er kann auf die Bedeutung der Einhaltung der Arbeitsschutzvorschriften hinweisen, zB in der BetrVers., durch Anschläge am Schwarzen Brett, Emails, etc.

5 Der BR ist gem. Abs. 1 S. 2 verpflichtet, alle für den ges. Arbeitsschutz **zust. Stellen** durch Anregung, Beratung und Auskunft in Bezug auf den Arbeitsschutz im Betrieb zu **unterstützen.** Er kann insoweit auch Betriebskontrollen anregen. Als **staatl. Stellen** kommen Gewerbeaufsichtsämter, Gewerbeärzte, die Ämter für Arbeitssicherheit und Sicherheitstechnik, Gesundheitsbehörden, Baubehörden, die Stellen für vorbeugenden Brandschutz, TÜV, Immissionsschutzbehörden, die Technischen Aufsichtsbeamten der Berufsgenossenschaften (TAB), Umweltschutzbehörden etc. in Betracht (ausf.

Übersicht bei GK-BetrVG/*Wiese*/Gutzeit Rn. 61 ff.), ebenso die Träger der ges. Unfallversicherung, hierzu zählen insbes. die Berufsgenossenschaften, vgl. § 114 I SGB VII. Als **innerbetriebl. Personen** sind zB die Betriebsärzte, die Fachkräfte für Arbeitssicherheit, die Sicherheitsbeauftragten oder der Sicherheitsausschuss Ansprechpartner. Natürlich gilt die Unterstützungspflicht auch gegenüber dem AG und den von ihm nach § 13 ArbSchG benannten verantwortl. Personen. Auch wenn die Norm nicht die für den Umweltschutz zust. Stellen ausdrückl. miteinbezieht, ergibt sich dies (wie vor der Erweiterung des § 89 um den betriebl. Umweltschutz durch die BetrVG-Reform) aus dem Sachzusammenhang von Arbeits- und Umweltschutz (*Fitting* Rn. 16; aA Richardi/*Annuß* Rn. 15). Im Rahmen seiner Unterstützungspflicht ist der **BR verpflichtet,** mit den entspr. Stellen zusammenzuarbeiten, über Missstände im Betrieb zu berichten und ggf. Kontrollen anzuregen und Lösungen vorzuschlagen. Insoweit ist er von seiner **Schweigepflicht** nach § 79 entbunden (GK-BetrVG/*Wiese/Gutzeit* Rn. 60 mwN). Der BR muss in diesem Rahmen aber den Grundsatz der vertrauensvollen Zusammenarbeit aus § 2 I und § 74 I 2 beachten; Art. 11 VI der ArbSchRL des Rates 89/391/EWG steht dem nicht entgegen (*Fitting* Rn. 18). Das bedeutet, dass er im Regelfall zunächst versuchen muss, durch den AG eine Beseitigung der Mängel zu erreichen (BAG 3.6.2003 AP BetrVG 1972 § 89 Abs. 1; Richardi/*Annuß* Rn. 19); ein Vorrang der innerbetriebl. Beanstandung kann auch im SpezialG selbst geregelt sein, zB § 17 II ArbSchG. Auch muss der BR aus Gründen des Datenschutzes im Einzelfall die Erforderlichkeit der Datenweitergabe prüfen und hierbei die Interessen der betroffenen AN berücksichtigen (BAG 3.6.2003 aaO).

5. Hinzuziehung des Betriebsrats. Durch Abs. 2 der Vorschr. werden **AG und die für den Arbeitsschutz zust. Stellen verpflichtet**, den BR bei allen im Zusammenhang mit dem Arbeitsschutz und der Unfallverhütung stehenden Besichtigungen und Fragen hinzuzuziehen. Bei betriebl. Maßnahmen des Umweltschutzes ist aber der AG allein für die Hinzuziehung des BR zuständig. Der BR kann hierfür einzelne Mitglieder bestimmen oder einen nach § 28 gebildeten Ausschuss beauftragen. Im Interesse einer effektiven Überwachung muss der BR vom AG über relevante Maßnahmen **rechtzeitig** und **umfassend unterrichtet** werden, um seine Aufgaben ordnungsgemäß durchführen zu können. Ihm sind die erforderl. betriebl. Unterlagen vorzulegen und auch die entspr. Gesetzestexte und Komm. zur Vfg. zu stellen, vgl. §§ 80 II 2, 40 II. Der AG muss den BR über **Auflagen oder Anordnungen** der in Abs. 1 genannten Stellen informieren. Diese Inf. kann auch durch die mit der entspr. Anordnung befasste Stelle erfolgen. Bei einer Anordnung der Aufsichtsbehörde nach dem ASiG ist der BR gem § 12 II und IV ASiG von der Behörde vor Ausspruch der Entsch. zu hören und über die getroffene Anordnung unmittelbar zu informieren. Bei der Einführung und Prüfung von **Arbeitsschutzeinrichtungen** (sofern nicht bereits Gegenstand der Mitbestimmung nach § 87 I Nr. 7) ist der BR ferner so rechtzeitig in Kenntnis zu setzen, dass er die Entsch. des AG noch beeinflussen kann. Hierunter fallen vor allem Schutzvorrichtungen an Maschinen, Einrichtungen zum Beleuchten, Kühlen, Be- und Entlüften, Entstauben, Entgasen sowie Körperschutzausrüstungen (DKKW/*Buschmann* Rn. 39). Bei der **Gefährdungsbeurteilung** nach § 5 ArbSchG, sowie der Planung und Umsetzung entspr. Arbeitsschutzmaßnahmen hat der BR neben dem MBR aus § 87 I Nr. 7 umfassende Beteiligungsrechte nach §§ 80 I, 89. 6

Bei der **Unfalluntersuchung** ist der BR unabhängig vom Eintritt eines Personenschadens hinzuzuziehen. Unerhebl. ist auch, ob sich der Unfall innerhalb der betriebl. Räume oder bei Außenarbeiten ereignet hat. Er ist von Beginn der Untersuchung an allen Aufklärungsmaßnahmen zu beteiligen, zB Zeugenvernehmung, Anhörung von Sachverständigen, Begehung des Unfallorts. Ebenso kann er Einsicht in die vom AG erstellten Unfallberichte verlangen (vgl. Rn. 9). Hat der AG einen Betriebsunfall dem Unfallversicherungsträger anzuzeigen, ist die Anzeige gem. § 193 V SGB VII vom BR mit zu unterzeichnen; dabei kann er auch eine abweichende Sicht vom Unfallgeschehen darlegen (*Fitting* Rn. 31). 7

6. Teilnahmerecht des Betriebsrats. Das in Abs. 4 normierte Recht des BR, an **Bespr. des AG mit den Sicherheitsbeauftragten** teilzunehmen, erweitert den in Abs. 2 begr. Informationsanspruch des BR. Zur Bestellung des/der Sicherheitsbeauftragten vgl. § 22 I SGB VII. Der BR ist bei der Auswahl und der Festlegung der Anzahl der Sicherheitsbeauftragten zu beteiligen. Den Sicherheitsbeauftragten obliegt die Aufgabe, den AG bei der Durchführung der Maßnahmen zur Verhütung von Arbeitsunfällen und Berufskrankheiten zu unterstützen und auf Risiken im Betrieb aufmerksam zu machen. Die früher in § 719 IV RVO vorgesehene Bildung eines Sicherheitsausschusses bei Bestellung von mehr als drei Sicherheitsbeauftragten im Betrieb sowie das dort vorgeschriebene monatl. Treffen des AG mit den Sicherheitsbeauftragten und dem BR zum Erfahrungsaustausch wurde nicht in § 22 SGB VII übernommen. 8

7. Aushändigung von Niederschriften. Nach Abs. 5 erhält der BR vom AG alle im Rahmen der Untersuchungen, Besichtigungen oder Bespr. nach Abs. 2 und 4 angefertigten Niederschriften; dies gilt unabhängig davon, ob er daran tatsächl. teilgenommen hat. Entsprechendes gilt auch für Auflagen und Anordnungen der für den Arbeitsschutz zust. Stellen. Der Anspruch richtet sich insoweit gegen die Stelle, die die Niederschrift angefertigt hat (*Fitting* Rn. 27; GK-BetrVG/*Wiese/Gutzeit* Rn. 82, 71). 9

Eine Pflicht zur Anfertigung einer Niederschrift besteht indes nur, sofern eine andere Norm dies vorschreibt (DKKW/*Buschmann* Rn. 49). Abs. 6 verpflichtet den AG ausdrückl. zur Aushändigung einer Durchschrift der Unfallanzeige gem. § 193 V SGB VII.

10 **8. Verstöße und Streitigkeiten.** Sofern der AG den BR bei der Wahrnehmung seiner Aufgaben nach § 89 stört, kann der BR oder eine im Betrieb vertretene Gewerkschaft gegen ihn gem. § 23 III vorgehen. Erfolgt die Störung durch den AG vorsätzl., macht der AG sich ggf. gem. § 119 I 2 strafbar. Verletzt der BR seine Verpflichtungen aus § 89 gröbl., so kommt ein Verf. nach § 23 I in Betracht.

11 Über **Streitigkeiten** zwischen BR und AG sowie BR und der für den Arbeitsschutz zust. außerbetriebl. Stelle entscheidet das ArbG im **BeschlV.** gem. §§ 2a I Nr. 1, II, 80 ff. ArbGG. Den Ersatz von Aufwendungen, die iRd. Tätigkeit nach § 89 entstanden sind, kann ein BRmitglied ebenfalls im BeschlV. geltend machen.

§ 90 Unterrichtungs- und Beratungsrechte

(1) Der Arbeitgeber hat den Betriebsrat über die Planung
1. von Neu-, Um- und Erweiterungsbauten von Fabrikations-, Verwaltungs- und sonstigen betrieblichen Räumen,
2. von technischen Anlagen,
3. von Arbeitsverfahren und Arbeitsabläufen oder
4. der Arbeitsplätze
rechtzeitig unter Vorlage der erforderlichen Unterlagen zu unterrichten.

(2) [1]Der Arbeitgeber hat mit dem Betriebsrat die vorgesehenen Maßnahmen und ihre Auswirkungen auf die Arbeitnehmer, insbesondere auf die Art ihrer Arbeit sowie die sich daraus ergebenden Anforderungen an die Arbeitnehmer so rechtzeitig zu beraten, dass Vorschläge und Bedenken des Betriebsrats bei der Planung berücksichtigt werden können. [2]Arbeitgeber und Betriebsrat sollen dabei auch die gesicherten arbeitswissenschaftlichen Erkenntnisse über die menschengerechte Gestaltung der Arbeit berücksichtigen.

1 **1. Normzweck.** Der 4. Abschn. des BetrVG regelt eine Beteiligung des BR bei Maßnahmen, die Auswirkungen auf die technische und organisatorische Gestaltung der Arbeitsplätze, des Arbeitsablaufs und der Arbeitsumgebung haben können. Die dortigen MBR erstrecken sich insb. auf Bereiche, die nicht bereits durch den gesetzl. Arbeitsschutz (zur Gefahrenabwehr, Unfallverhütung und Gesundheitsschutz, vgl. § 89 Rn. 1 ff.) geregelt sind, und haben – neben § 87 I Nr. 7 – Bedeutung in Bezug auf die Beteiligung des BR bei der **menschengerechten Gestaltung der Arbeit**. Allerdings verpflichtet § 90 den AG nicht, weitergehenden Anforderungen zu genügen, als durch gesetzl. Schutzvorschriften festgelegt. Denn § 91 belegt, dass betriebl. Maßnahmen auch erlaubtermaßen den gesicherten arbeitswissenschaftl. Erkenntnissen widersprechen können; insoweit hat der BR keinen generellen Regelungsanspruch (BAG 6.12.1983 AP BetrVG 1972 § 87 Überwachung Nr. 7). Systematisch handelt es sich um Arbeitsschutz iwS als **autonome Gestaltungsaufgabe** der Betriebspartner. Insoweit hat der Gesetzgeber dem BR den konkreten Auftrag gegeben, bereits im Planungsstadium (BT-Drs. VI/1786 S. 49) darauf Einfluss zu nehmen, dass **Grundrechte** wie der Schutz der Menschenwürde, die freie Entfaltung der Persönlichkeit und das Recht auf körperl. Unversehrtheit beachtet werden, und seine Mitwirkungsrechte durch entspr. Unterrichtungspflichten gestärkt (*Fitting* Rn. 2, 39). Die Regelung zielt ua. auf die Förderung der Selbstbestimmung des AN, den Abbau der Entfremdung von der Arbeit, die Erhöhung der Qualifikation sowie die Verbesserung der Aufstiegs- und Entfaltungschancen (DKKW/*Klebe* Rn. 1). Die Rechte des BR können weder durch TV noch durch BV eingeschränkt werden (DKKW/*Klebe* Rn. 5). Ein Verzicht des BR auf zukünftige Mitwirkungs- und Mitbestimmungsrechte ist unzulässig (BAG 29.11.1983 AP BetrVG 1972 § 113 Nr. 10; 23.6.1992 AP BetrVG 1972 § 77 Nr. 55). Anders als § 87 I Nr. 7 gibt § 90 dem BR aber **kein Initiativrecht;** an die unternehmerische Entsch., eine betriebl. Maßnahme überhaupt durchzuführen, ist der BR gebunden.

2 **2. Unterrichtung. a) Gegenstand der Unterrichtung.** Die Beteiligungspflicht betrifft abschl. die in Abs. 1 genannten Unterrichtungsgegenstände: **Neu-, Um- und Erweiterungsbauten** iSd. Nr. 1 sind alle Veränderungen der baul. Substanz an Fabrikations-, Verwaltungs- und sonstigen betriebl. Räumen, zB Laboratorien, Ausbildungsstätten, Lagerhallen und Verwaltungsgebäuden, aber auch sonstigen betriebl. Räumen wie Sozialräumen, zB Kantinen, Aufenthaltsräumen und Toiletten (*Fitting* Rn. 18). Betriebl. ist allerdings nur ein Ort, an dem AN tätig werden, also nicht die Errichtung von Park- oder Fußballplätzen (GK-BetrVG/*Weber* Rn. 9). Renovierungs- und Reparaturarbeiten ohne Veränderung der Bausubstanz sowie reine Abrissmaßnahmen werden nicht erfasst (*Fitting* Rn. 18). Auch das Brechen neuer Türen löst keine Unterrichtungspflicht nach dieser Vorschr. aus (*Fitting* Rn. 18; aA DKKW/*Klebe* Rn. 7).

3 **Technische Anlagen** iSd. Nr. 2 sind Maschinen und sonstige Geräte, die dem Betriebszweck und damit zumindest mittelbar dem Arbeitsablauf dienen (DKKW/*Klebe* Rn. 8). Erfasst werden Anlagen

im Fabrikations- und Verwaltungsbereich: zB EDV-Anlagen, auch die Umstellung auf EDV-gestützte Personalabrechnungssysteme (BAG 17.3.1987 AP BetrVG 1972 § 80 Nr. 29) und die Einführung von Internet; Fahrstühle, Raumbeleuchtung und Klimaanlagen; Förderbänder, numerisch gesteuerte (NC), computergesteuerte (CNC) und zentralcomputergesteuerte Maschinen; Geräte zum computergestützten Konstruieren (CAD) oder Fertigen (CAM). Die bloße Ersatzbeschaffung ohne nachhaltige Veränderung der gegebenen Bedingungen wird nicht erfasst (GK-BetrVG/*Weber* Rn. 15); genauso wenig die Anschaffung einfacher Werkzeuge (*Fitting* Rn. 20) oder von Büromobiliar (Richardi BetrVG/*Annuß* Rn. 11; aA *Fitting* Rn. 20).

Arbeitsverfahren und Arbeitsablauf. Das **Arbeitsverfahren** als Unterrichtungsgegenstand iSv. Nr. 3 betrifft die Technologie, mit derer Hilfe die betriebl. Arbeitsaufgabe erfüllt wird, und damit die Produktions- bzw Fertigungsmethode (Richardi BetrVG/*Annuß* Rn. 13, *Fitting* Rn. 23). Der **Arbeitsablauf** betrifft die räuml. und zeitl. Abfolge des Zusammenwirkens von Mensch und Betriebsmitteln als Arbeitsprozess in Umsetzung des geplanten Arbeitsverfahrens (*Fitting* Rn. 24). Erfasst werden zB Vorhaben zur Einführung von Fließbandarbeit, Gruppen- oder Einzelarbeit, Schichtarbeit; die Bandgeschwindigkeit bei taktgebundenen Produktionsanlagen und Rationalisierungsmaßnahmen. Es wird allerdings **nicht jede Anweisung** des AG erfasst, auch wenn sie den Arbeitsablauf betrifft. Gegenstand des Beteiligungsrechts ist nur die Schaffung, Gestaltung oder generelle Änd. von Arbeitsaufgaben, nicht aber die Einzelanweisung innerhalb einer unveränderten Aufgabenstellung (LAG HM 3.12.1976 DB 1977, 2190). Ebenfalls nicht erfasst ist die Einführung von Kontrolleinrichtungen zur Überprüfung der Arbeitsleistung, diese kann aber nach § 87 Nr. 6 mitbestimmungspflichtig sein. Ebensowenig sind erfasst Fremdfirmeneinsatz und Outsourcing, soweit nicht zugleich eine Änderung des Arbeitsablaufs damit verbunden ist (Richardi BetrVG/*Annuß* Rn. 13; LAG Hamm 3.12.76 DB 77, 2190; aA GK-BetrVG/*Weber* Rn. 15, DKKW/*Klebe* Rn. 13) 4

Arbeitsplätze. Nr. 4 stellt eine Art **begrenzte Generalklausel** dar. Sie erstreckt das Beteiligungsrecht auf die Ausgestaltung der einzelnen Arbeitsplätze und damit zugleich auf die Ausschaltung schädigender Einflüsse aus der Arbeitsumgebung (DKKW/*Klebe* Rn. 16); insoweit sind hier Überschneidungen mit den anderen Alt. des Abs. 1 mögl. **Arbeitsplatz** ist der räuml.-funktionale Bereich, in dem der AN im Rahmen seiner Arbeitsaufgabe in einem bestimmten Arbeitssystem tätig wird (GK-BetrVG/*Weber* Rn. 21). Unterrichtungspflichtig ist hierbei insb. die Gestaltung der Arbeitsbedingungen, der Arbeitsmethode, des Arbeitsverfahrens und der Einflüsse der Arbeitsumgebung (*Fitting* Rn. 30f.;). Bsp.: Ergonomisch günstige Anordnung und Gestaltung der Arbeitsmittel; Raumbedarf des AN entspr. der Arbeitssituation; Ausschaltung schädigender Einflüsse wie Staub, Gas oder Lärm über Anforderungen des spezialgesetzl. Gefahrenschutzes hinaus; Umzug von Abteilungen. 5

b) Zeitpunkt der Unterrichtung. Der BR muss so frühzeitig wie mögl. eingebunden werden, damit seine Anregungen im Planungsprozess noch berücksichtigt werden können. Das ist grds. der Zeitpunkt, in dem der AG ernsthafte Überlegungen zur Durchführung einer Maßnahme anstellt, spätestens aber bevor die Entwicklung von Lösungsalternativen abgeschlossen ist (BAG 18.7.1972 AP BetrVG 1952 § 72 Nr. 10; BAG 11.12.1991 AP BetrVG 1972 § 90 Nr. 2; LAG HH 20.6.1985 DB 1985, 2308; DKKW/*Klebe* Rn. 19; GK-BetrVG/*Weber* Rn. 6). Ist eine Bestandsaufnahme des Ist-Zustands Voraussetzung für eine Konkretisierung des Planungsziels, ist der BR bereits bei der Erhebung der Daten zu beteiligen. Aus der Planung als lfd. Prozess folgt auch das Erfordernis einer lfd. Unterrichtung, insb. über etwaige Änderungen (Richardi BetrVG/*Annuß* Rn. 21). 6

c) Art der Unterrichtung. Die Unterrichtung hat unter Vorlage der erforderl. Unterlagen und umfassend zu geschehen. Der AG muss dem BR die erforderl. Unterlagen ungefragt vorlegen. Dies bedeutet regelm. wie in § 106 II Einsichtnahme und Überlassung auf Zeit und nicht auf Dauer (BAG 20.11.1984 AP BetrVG 1972 § 106 Nr. 3; Richardi BetrVG/*Annuß* Rn. 22; aA DKKW/*Klebe* Rn. 25f. mwN). 7

3. Beratung. a) Zeitpunkt und Inhalt. Die Beratungen müssen ebenso rechtzeitig erfolgen, wie dies für die Unterrichtung gilt, sie sind aber dennoch klar von dieser zu trennen (DKKW/*Klebe* Rn. 27). Dem BR muss zwischen Unterrichtung und Beratung ausreichend Zeit für die interne Meinungsbildung, evtl. unter Hinzuziehung von Sachverständigen und durch Rückfragen an die Belegschaft, eingeräumt werden. Erst nach ausreichender Inf. finden die Beratungen statt, wobei der BR das betriebl. Vorhaben iS einer sozialen Gestaltung beeinflussen soll. Bei der Beratung können sämtl. Gesichtspunkte erörtert werden. Die Formulierung „insb." soll dabei nicht als Einschränkung ggü. anderen Überlegungen angesehen werden. Sie soll vielmehr für einen bes. wichtigen Bereich den Beratungsgegenstand konkretisieren (*Fitting* Rn. 36f.; GK-BetrVG/*Weber* Rn. 29). 8

b) Art der Arbeit. Gem Abs. 2 sind die **Auswirkungen** auf die Art der Arbeit und ihre Anforderungen an die AN zu beraten. In Betracht kommen dabei der Grad der Arbeitsteilung, der Mechanisierung und Automatisierung und der daraus folgenden Veränderung des Arbeitstempos und der Arbeitsqualität (DKKW/*Klebe* Rn. 29). Bsp. für sich auf AN beziehende Auswirkungen: höhere Anforderungen an Ausbildung, Erfahrung, Geschicklichkeit, Körpergewandtheit, Verantwortung, Aufmerksamkeit; oder aus dem Umfeld: höhere Belastungen durch Schmutz, Nässe, Gase, Lärm oder Erschütterung. 9

10 c) **Menschengerechte Arbeitsgestaltung.** Gem § 90 II 2 „sollen" AG und BR bei ihren Beratungen nicht nur die gesicherten arbeitswissenschaftl. Erkenntnisse über die menschengerechte Arbeitsgestaltung berücksichtigen, sondern auch **sonstigen Gesichtspunkten** personeller, wirtschaftl. und sozialer Art Rechnung tragen (GK-BetrVG/*Weber* Rn. 29). Der Begriff hat Eingang in weitere Arbeitsschutzvorschriften gefunden, zB § 2 I ArbSchG, § 6 S. 1 ASiG, § 28 I 2 JArbSchG. IdR ergeben sich Zielkonflikte zwischen **Rentabilität** und den oben genannten Prinzipien. Diesen Konflikt müssen AG und BR zu lösen versuchen (DKKW/*Klebe* Rn. 31). Hier kann der BR etwa Einfluss nehmen auf die Umwandlung von Etagen in Großraumbüros oder den Einbau einer Schallisolierung zur Erreichung von Dämmwerten unterhalb der Anforderungen des § 15 ArbStättVO und ggf. Maßnahmen im Rahmen des MBR nach § 91 durchsetzen.

11 Die menschengerechte Arbeitsgestaltung richtet sich nach dem **Maßstab Mensch** und nach der **Arbeitswissenschaft.** Maßstab Mensch bedeutet, dass die Arbeit den Bedingungen, Bedürfnissen und Interessen der AN gerecht werden muss. Dabei sind folgende Gesichtspunkte zu beachten: Ausführbarkeit der Tätigkeit auf Dauer, nur kurzfristige Höchstbelastungen, Zumutbarkeit, keine Gesundheitsschäden, möglichst Hervorrufen von Wohlbefinden und Zufriedenheit, Anerkennung und Förderung der Kreativität (*Fitting* Rn. 38a f.; DKKW/*Klebe* Rn. 33).

12 Der **Begriff der arbeitswissenschaftl. Erkenntnisse** findet sich zwar in weiteren Arbeitsschutzvorschriften, etwa in § 4 Nr. 3 ArbSchG, § 28 I 2 JArbSchG, § 3 I 5 ArbStättV, er ist aber nicht gesetzl. definiert. Es wird hiermit keine bestimmte abgegrenzte Wissenschaft in Bezug genommen, sondern auf die gesicherten Erkenntnisse verschiedener Fachdisziplinen verwiesen, etwa der Arbeitsmedizin, Arbeitsphysiologie und Arbeitspsychologie (*Fitting* Rn. 41 f.; GK-BetrVG/*Weber* Rn. 35). Erkenntnisgegenstand sind zB die Voraussetzungen und Bedingungen, unter denen sich Arbeit vollzieht, die Wechselwirkungen und Folgen, die sie auf die Menschen, ihr Verhalten und somit auch auf ihre Leistungsfähigkeit hat, sowie die Faktoren, durch die die Arbeit, ihre Bedingungen und Wirkungen menschengerecht beeinflusst werden können. Beachtl. sind daher nicht nur Rechtsvorschriften, zB ArbSchG, UVV, ArbStättVO, sondern auch DIN-Normen, Anforderungen gem. Anhang zur ArbStättVO, VDI-RL, ISO-Normen, TV und BV, die arbeitswissenschaftl. Erkenntnisse der BG und die überw. Meinung in Fachkreisen (GK-BetrVG/*Weber* Rn. 40 ff.) Bsp.: **ergonomische Fragen** wie Anpassung von Büromöbeln auf Körpermaße, optimale Gestaltung von Umwelteinflüssen wie Licht, Lärm, Temperatur und Ähnliches, aber auch **soziale Fragen** wie Abbau von autoritären Führungsstrukturen oder bessere innerbetriebl. Kommunikation. Zur Klärung der Frage, ob eine Erkenntnis als gesichert anzusehen ist, kann der BR gem § 80 III einen Sachverständigen hinzuziehen.

13 **4. Streitigkeiten.** Bei § 90 handelt es sich um eine Norm iSd. § 121, so dass der AG bei verspäteter, unvollständiger oder wahrheitswidriger Inf. mit einer Geldbuße bis zu 10 000 Euro bestraft werden kann. Bei Streitigkeiten über die Voraussetzungen der Beratungs- und Informationspflicht entscheidet das ArbG im BeschlV. nach §§ 2a, 80 ff. ArbGG. Der BR kann seine **Rechte auf Inf. und Beratung** auch im Verfahren des **einstweiligen Rechtsschutzes** durchsetzen, wenn die erforderl. Eilbedürftigkeit gegeben ist (DKKW/*Klebe* Rn. 38; *Fitting* Rn. 48). § 90 gibt dem BR indes nicht das Recht, eine geplante Maßnahme durch einstweilige Vfg. zu stoppen, da dies über den Hauptanspruch auf Unterrichtung und Beratung hinausginge (LAG Nürnberg 4.2.2003 NZA-RR 03, 588; *Fitting* Rn. 48;). Ist dem ArbG allerdings im Zeitpunkt des Erlasses der einstweiligen Vfg. bekannt, dass die vom AG geplante Maßnahme offensichtl. den arbeitswissenschaftl. Erkenntnissen über die menschengerechte Gestaltung der Arbeit widerspricht und die AN hierdurch bes. belastet werden, also ein Mitbestimmungsrecht nach § 91 vorliegt, kann auch eine Untersagung der Durchführung der geplanten Maßnahme nach § 938 ZPO in Betracht kommen (*Fitting* Rn. 49). Bei groben Verstößen gegen die Pflichten des § 90 kann der BR gem. § 23 III vorgehen.

§ 91 Mitbestimmungsrecht

[1]Werden die Arbeitnehmer durch Änderungen der Arbeitsplätze, des Arbeitsablaufs oder der Arbeitsumgebung, die den gesicherten arbeitswissenschaftlichen Erkenntnissen über die menschengerechte Gestaltung der Arbeit offensichtlich widersprechen, in besonderer Weise belastet, so kann der Betriebsrat angemessene Maßnahmen zur Abwendung, Milderung oder zum Ausgleich der Belastung verlangen. [2]Kommt eine Einigung nicht zustande, so entscheidet die Einigungsstelle. [3]Der Spruch der Einigungsstelle ersetzt die Einigung zwischen Arbeitgeber und Betriebsrat.

1 **1. Normzweck.** § 91 ergänzt die Regelungen des § 90 und räumt dem BR ein **korrigierendes Mitbestimmungsrecht** ein. § 91 geht in seinem Anwendungsbereich über eine Vermeidung und Verringerung der Belastungen hinaus und verhilft bei Eintritt konkreter erhebl. Verstöße zur Durchsetzung von Abhilfe- oder Ausgleichsmaßnahmen. Zudem steht dem BR anders als in § 90 ein **Initiativrecht** zu (*Fitting* Rn. 1 f.). Insoweit stehen beide Normen unabhängig nebeneinander, ohne dass es darauf ankommt, ob der AG seinen Pflichten aus § 90 im Vorfeld nachgekommen ist (Richardi/*Annuß* Rn. 31). Das muss grds. auch dann gelten, wenn der BR zuvor nach § 90 beteiligt war und der beabsichtigten

Maßnahme nicht widersprochen oder gar zugestimmt hat. Zwar hat der BR im Planungsstadium nach § 90 Einfluss auf die Vermeidung von Belastungen; dabei wird er aber möglicherweise nicht alle Konsequenzen abschätzen können (Richardi/*Annuß* Rn. 31; GK-BetrVG/*Weber* Rn. 9; aA LAG NI 29.5.1981 DB 1982, 2039). Soweit die Änderung der betriebl. Arbeitsbedingungen im Kern den gesetzl. **Gesundheits- und Unfallschutz** betrifft, greift regelm. das weitergehende MBR aus § 87 I Nr. 7 bereits im Vorfeld (zur Abgrenzung vgl. dort Rn. 67) oder ggf. auch § 80 I Nr. 1 und § 89 (vgl. dort Rn. 5, 6). Allerdings wird das Recht aus § 91 nicht durch die **vorherige Mitbestimmung nach § 87 Nr. 7** ausgeschlossen. Einmal verbleibt bei § 91 ein Anwendungsbereich für solche Ziele, die über die Vermeidung von Gesundheitsbeeinträchtigungen hinausgehen. Zudem erfordert § 91 anders als § 87 Nr. 7 keinen kollektiven Tatbestand, sondern es reicht bereits die Belastung eines einzelnen AN (*Fitting* Rn. 3; GK-BetrVG/*Weber* Rn. 24; einschränkend Richardi/*Annuß* Rn. 34).

2. Voraussetzungen. Die bes. Belastung für die AN muss sich durch die Änd. der Arbeitsplätze, des 2
Arbeitsablaufs oder der Arbeitsumgebung ergeben. Die Begriffe **Arbeitsplatz** und **Arbeitsablauf** sind identisch mit denen aus § 90 I Nr. 3 (vgl. § 90 Rn. 4). Unter **Arbeitsumgebung** sind die durch die Umwelt und den Betriebsablauf bedingten Einflüsse zu verstehen, die auf den Arbeitsablauf und den Arbeitsplatz einwirken (*Fitting* Rn. 10). Bsp.: Hitze, Kälte, Trockenheit, Nässe, Temperaturschwankungen, Lärm, Erschütterungen, Blendungen, Lichtmangel, Laugen, Gase, Dämpfe, Staub, Schmutz, Öl, Fett. Das MBR wird nur bei einer **Änd. des betriebl. Zustands** ausgelöst, nicht aber bei bloßen Renovierungen, Reparaturen oder Ersatzteilbeschaffung ohne grundlegende Veränderung der baul. oder techn. Gegebenheiten. Eine bestehende Anl. und gleich bleibende Verhältnisse fallen auch dann nicht unter § 91, wenn die menschengerechte Gestaltung der Arbeit nicht gewährleistet ist (BAG 28.7.1981 AP BetrVG 1972 § 87 Arbeitssicherheit Nr. 3; DKKW/*Klebe* Rn. 4; LAG D 3.7.1981 DB 81, 1676; GK-BetrVG/*Weber* Rn. 6). Die Änd. muss den **arbeitswissenschaftl. Erkenntnissen offensichtl. widersprechen.** Zu dem Begriff der arbeitswissenschaftl. Erkenntnisse s § 90 (dort Rn. 12). Ein offensichtl. Widerspruch liegt vor, wenn der Widerspruch für einen Fachmann, der mit dem konkreten Lebenssachverhalt vertraut ist, ohne weiteres erkennbar ist (DKKW/*Klebe* Rn. 14; *Fitting* Rn. 12; *Löwisch/Kaiser* Rn. 5; aA LAG BW 18.2.1981 BB 1981, 1577, 1578, das auf einen sachkundigen Betriebspraktiker abstellt oder LAG NI 25.3.1982 DB 1982, 2039, 2041, das auf einen einigermaßen Fachkundigen abstellt). Eine **bes. Belastung** liegt vor, wenn das normale Maß der Belastung nicht nur unwesentl. überschritten wird (DKKW/*Klebe* Rn. 17; GK-BetrVG/*Weber* Rn. 18). Dabei muss der BR **konkret darlegen**, worin die bes. Belastungen für den jeweiligen AN liegen. Er kann dagegen nicht generell die Herstellung möglichst menschengerechter Zustände verlangen, selbst wenn einzelne Arbeitsplätze den arbeitswissenschaftl. Erkenntnissen widersprechen (BAG 6.12.1983 AP BetrVG 1972 § 87 Überwachung Nr. 7; *Fitting* Rn. 16). Allerdings genügt nicht, dass die Belastung für einen einzelnen AN bes. gravierend ist, wenn dies nur wegen bes. persönl. Verhältnisse der Fall ist (*Fitting* Rn. 6; GK-BetrVG/*Weber* Rn. 19). Sind Verstoß und Auswirkungen bereits im **Planungsstadium** ersichtl., kann der BR uU bereits präventiv tätig werden (BAG 6.12.1983 AP BetrVG 1972 § 87 Überwachung Nr. 7; GK-BetrVG/*Weber* Rn. 8).

3. Angemessene Abhilfemaßnahme. Der BR kann Abwendung und Milderung der Belastung oder 3
aber einen Ausgleich für den belasteten AN verlangen. **Abwendung** ist die Korrektur der Belastung, so dass der AN dieser nicht mehr ausgesetzt ist. Diese Maßnahmen müssen allerdings **angemessen,** also wirtschaftl. vertretbar und technisch mögl. sein (DKKW/*Klebe* Rn. 19; s. BT-Drs. VI/1786 S. 50). Aus der ges. Reihenfolge der Abwehrmaßnahmen ergibt sich, dass der BR zuerst Abhilfe verlangen kann und erst dann, wenn diese Abhilfe unangemessen wäre, zur Milderung bzw. zum Ausgleich übergehen muss (*Fitting* Rn. 18; DKKW/*Klebe* Rn. 19). **Milderung** der Belastung kann bspw. durch Schutzeinrichtungen, Herabsetzung des Arbeitstempos, durch die Einführung von Mischarbeit oder durch häufige Vorsorgeuntersuchungen erreicht werden (BAG 6.12.1983 AP BetrVG 1972 § 87 Überwachung Nr. 7; weitere Bsp. bei Richardi/*Annuß* Rn. 20). Erst dann muss sich der BR auf einen **Ausgleich** der Belastung verweisen lassen. Ausgleich ist hierbei die nachträgl. Kompensierung der konkreten Belastung. Bsp. für einen Ausgleich sind: Herabsetzung der AZ, zusätzl. bezahlte Arbeitsunterbrechungen, Versorgung mit Getränken bei großer Hitze, Duschen und Bäder bei schmutziger Arbeit, Ruheräume oder Sonderurlaub (DKKW/*Klebe* Rn. 21).

4. Streitigkeiten. Bei Streitigkeiten entscheidet die **Einigungsstelle** verbindl. gem. § 76. Häufig begr. 4
der Spruch der Einigungsstelle **Ansprüche des AN,** die dieser dann im Urteilsverfahren durchsetzen kann (*Fitting* Rn. 23). Daneben kommen auch Leistungsverweigerungsrechte des AN nach § 273 BGB in Betracht, einmal wenn der AG die ihm obliegenden Maßnahmen nicht vornimmt und dadurch dem AN die Arbeitsleistung unzumutbar wird, zum anderen wenn in einer BV bzw. einem Einigungsstellenspruch dem AN eigene Individualansprüche eingeräumt sind. Die Rechtsfrage, ob überhaupt die Voraussetzungen des § 91 erfüllt sind, kann unabhängig von einem Einigungsstellenverfahren im arbeitsgericht1. BeschlV. geklärt werden (GK-BetrVG/*Weber* Rn. 35). Zur Möglichkeit einer einstweiligen Vfg. des BR s. § 87 Rn. 138, § 90 Rn. 13.

Fünfter Abschnitt. Personelle Angelegenheiten

Erster Unterabschnitt. Allgemeine personelle Angelegenheiten

§ 92 Personalplanung

(1) [1]Der Arbeitgeber hat den Betriebsrat über die Personalplanung, insbesondere über den gegenwärtigen und künftigen Personalbedarf sowie über die sich daraus ergebenden personellen Maßnahmen einschließlich der geplanten Beschäftigung von Personen, die nicht in einem Arbeitsverhältnis zum Arbeitgeber stehen und Maßnahmen der Berufsbildung anhand von Unterlagen rechtzeitig und umfassend zu unterrichten. [2]Er hat mit dem Betriebsrat über Art und Umfang der erforderlichen Maßnahmen und über die Vermeidung von Härten zu beraten.

(2) Der Betriebsrat kann dem Arbeitgeber Vorschläge für die Einführung einer Personalplanung und ihre Durchführung machen.

(3) [1]Die Absätze 1 und 2 gelten entsprechend für Maßnahmen im Sinne des § 80 Abs. 1 Nr. 2a und 2b, insbesondere für die Aufstellung und Durchführung von Maßnahmen zur Förderung der Gleichstellung von Frauen und Männern. [2]Gleiches gilt für die Eingliederung schwerbehinderter Menschen nach § 80 Absatz 1 Nummer 4.

1 **1. Vorbemerkung zu §§ 92 ff.** Im Rahmen der Bestrebungen, wirtschaftl. und soziale Probleme in einem Unternehmen vorausschauend zu regeln, gewinnt die **Personalplanung** (§ 92) Bedeutung. Unter Personalplanung versteht man im Allg. die methodische Planung zu einer weitgehenden Egalisierung zwischen den künftigen Arbeitsanforderungen in qualitativer und quantitativer Hinsicht und dem dann einsetzbaren Personal nach Qualifikation und Anzahl. Hierbei sind die Interessen von AG und AN weitgehend in Einklang zu bringen (DKKW/*Homburg* Rn. 1). Mithin ist eine Mitarbeit des BR bereits im Planungsstadium von bes. Bedeutung, denn hier können die Entsch. des Unternehmers durch den BR beeinflusst werden. Weiter soll die Personalplanung eine Objektivierung und bessere Durchschaubarkeit personeller Maßnahmen für alle Parteien ermögl. Der durch das ReformG eingeführte § 92a konkretisiert das allg. Vorschlagsrecht gem. § 92 II für Maßnahmen der Beschäftigungssicherung. Auf die Personalplanung aufbauend folgen Regelungen über die Mitbestimmungsrechte bei Ausschreibung von Arbeitsplätzen (§ 93), die Aufstellung von Personalfragebögen und Beurteilungsgrundsätzen (§ 94), sowie den Erlass von AuswahlRL (§ 95). Diese allg. Grundsätze stehen in einem engen Zusammenhang zu den Regelungen zur betriebl. Berufsbildung (§§ 96 bis 98) und den personellen Einzelmaßnahmen (§§ 99 bis 105).

2 Die Mitbestimmungsrechte des BR in personellen Angelegenheiten und bei der Berufsbildung sind **durch TV erweiterbar.** Einzige Ausnahme bildet hier die Personalplanung (§ 92). Die Personalplanung des § 92 stellt kein bloßes Modell, sondern die vom Gesetzgeber für angemessen erachtete Lösung dar, welche auch nicht durch BV oder TV in ihrer Struktur verändert werden soll. Näheres zur Erweiterung der Mitbestimmungsrechte durch TV, § 1 TVG Rn. 48.

3 **2. Personalplanung.** Gem. § 92 hat der AG den BR an der Personalplanung zu beteiligen. Inhalt der Personalplanung ist ein Abgleich zwischen dem momentanen und dem künftigen Personalbestand unter Berücksichtigung absehbarer Veränderungen (Pensionierungen, EZ oder notwendigen Rationalisierungsmaßnahmen) und dem voraussichtl. zukünftig notwendigen Personalbedarf sowohl in qualitativer wie quantitativer Hinsicht.

4 Die Personalplanung stellt einen zentralen Bereich der Unternehmensplanung dar und steht folgl. in engem Zusammenhang mit Bereichen der **Absatz-, Produktions- und Investitionsplanung** des Unternehmens. Jedoch werden diese Bereiche nicht von der Unterrichtungspflicht des § 92 erfasst. Ein Informations- und Mitwirkungsrecht in diesen wirtschaftl. Bereichen kommt gem. §§ 106 ff. dem **Wirtschaftsausschuss** zu. Stützt sich der AG bei seiner Personalplanung allerdings auf Daten der Unternehmensplanung, so sind auch diese dem BR gem. Abs. 1 S. 1 mitzuteilen (BAG 19.6.1984 AP BetrVG 1972 § 92 Nr. 2).

5 IE setzt sich die Personalplanung aus verschiedenen Komponenten zusammen: Ausgangspunkt ist die **Personalbedarfsplanung,** dh. die Ermittlung, wie viele Arbeitskräfte mit welcher Qualifikation an welchem Ort zu einem bestimmten Zeitpunkt gebraucht werden (BAG 6.11.1990 AP BetrVG 1972 § 92 Nr. 4; DKKW/*Homburg* Rn. 16). An die Bedarfsplanung schließt sich die **Personaldeckungsplanung** an, dh. die Planung, wie der zuvor ermittelte Bedarf gedeckt werden kann, sei es durch Personalbeschaffung oder Personalabbau (*Fitting* Rn. 13). Hier muss untersucht werden, inwieweit Neueinstellungen bzw. die Beschäftigung von LeihAN oder von AN von Fremdfirmen notwendig sind oder ob der Bedarf durch interne Umsetzung bzw. Fortbildung oder Ausbildung **(Personalentwicklungsplanung)** gedeckt werden kann (vgl. GK-BetrVG/*Raab* Rn. 14; *Fitting* Rn. 14). Dass sich die Personalplanung auch auf die Beschäftigung von Personen, die nicht in einem ArbVerh. zum AG stehen, erstreckt, hat der Gesetzgeber durch die Ergänzung von Satz 1 mit Wirkung ab dem 1.4.2017

klargestellt. Bei Neueinstellungen ist festzulegen, nach welchen Kriterien diese ausgewählt werden sollen (Zusammenstellung von Auswahlkriterien, Einsatz von Personalfragebögen). Insofern greifen die speziellen Mitbestimmungsrechte der §§ 93 bis 95 ein. Bei Personalabbauplanung sind insb. Fluktuationen im Personalbereich mit in die Überlegungen einzubeziehen. An die Personaldeckungsplanung schließt sich die **Personaleinsatzplanung** an, die die optimale Verknüpfung von Arbeitskräften und Arbeitsplätzen bewirken soll. Der Einsatz einzelner AN auf einen bestimmten Arbeitsplatz fällt jedoch nicht unter § 92, sondern wird von § 99 erfasst. Auch die **Kostenplanung,** also die Planung hins. der Kosten, die bei der Durchsetzung des Planzieles entstehen, wird von § 92 erfasst (*Fitting* Rn. 20; DKKW/*Homburg* Rn. 33; aA GK-BetrVG/*Raab* Rn. 18). Abs. 3 erstreckt Abs. 1 und 2 auf Maßnahmen zur Gleichstellung von Frauen und Männern sowie zur Eingliederung schwerbehinderter Menschen.

3. Unterrichtungs- und Beratungsrechte des Betriebsrats. Der AG hat den BR über die gesamte Personalplanung rechtzeitig und umfassend zu unterrichten und mit ihm über erforderl. Maßnahmen zu beraten. Das Beteiligungsrecht des BR wird durch den Umf. der vom AG durchgeführten Personalplanung begrenzt. Ist keine **Personalplanung** vorhanden, kann sie vom BR nicht erzwungen werden; allerdings kann er ihre Einführung gem. Abs. 2 vorschlagen (*Fitting* Rn. 36). Wenn konkrete Vorstellungen über eine der o. g. Komponenten der Personalplanung bestehen und der Unternehmer diese zur Basis seiner Handlungen macht, ist der BR in Kenntnis zu setzen (BAG 19.6.1984 AP BetrVG 1972 § 92 Nr. 2). Bei bloßen Vorüberlegungen des AG im Hinblick auf den künftigen Arbeitskräftebedarf entsteht noch kein Informationsrecht des BR (WPK/*Preis* Rn. 6). Der BR ist vom Unternehmer, unabhängig von der Ursache, die ihn zur Personalplanung motiviert hat, zu beteiligen (OLG HM 7.12.1977 DB 1978, 748). 6

Der BR ist **umfassend** zu unterrichten. Dieses Recht auf Vollständigkeit ist auch nicht durch einen Hinweis auf den Tendenzcharakter des Betriebes oder die Gefährdung von Betriebsgeheimnissen einzuschränken (BAG 6.11.1990 AP BetrVG 1972 § 92 Nr. 4; *Fitting* Rn. 23; aA *Löwisch/Kaiser* Rn. 10). Gem. Abs. 1 S. 1 bedarf es zur Vollständigkeit der Vorlage der zugrundegelegten Unterlagen, wie etwa Statistiken über Beschäftigte, Fluktuation, Krankenstand etc. Davon werden auch Personalunterlagen, Statistiken oder Ähnliches, die durch EDV-Anlagen ermittelt oder berechnet wurden und möglicherweise nur als Datei bestehen, erfasst (*Fitting* Rn. 25). Die Unterlagen müssen im Gegensatz zu § 80 II dem BR nicht zur Vfg. gestellt und für eine bestimmte Zeit überlassen werden, sondern es reicht aus, ihm **Einblick** zu gewähren (GK-BetrVG/*Raab* Rn. 27; LAG M 6.8.1986 BB 1987, 615; aA *Fitting* Rn. 34a). Werden Daten überhaupt nicht für die Personalplanung genutzt, sind sie auch nicht vorzulegen (BAG 8.11.2016 NZA 2017, 942). 7

Es bedarf einer **rechtzeitigen** Unterrichtung des BR, was bedeutet, dass er bereits in einem möglichst frühen Stadium der Planung hinzugezogen werden muss, um eine Einflussnahme überhaupt mögl. zu machen. 8

Nach Abs. 1 S. 2 hat der AG mit dem BR über Art und Umf. und über die Vermeidung von Härten zu beraten. Somit erstreckt sich nach dem Wortlaut das Beratungsrecht ledigl. auf den Bereich der Personaldeckungsplanung. In den anderen Bereichen der Personalplanung ist der BR auf die Unterrichtung durch den AG und auf das Recht zur Unterbreitung von Vorschlägen an den AG beschränkt (GK-BetrVG/*Raab* Rn. 31; *Heinze* Personalplanung Rn. 39; aA *Fitting* Rn. 35; DKKW/*Homburg* Rn. 46). Bestehen im Bereich der **Personaldeckungsplanung** und demzufolge auch iRd. Personalentwicklungs- bzw. Personaleinsatzplanung Uneinigkeiten oder sollen in diesen Bereichen Maßnahmen folgen, so haben die Parteien darüber mit ernstem Willen zur Einigung (Grundgedanke der §§ 2 und 74 I 2) zu beratschlagen. Freiwillig kann der AG natürl. auch über die anderen Komponenten der Personalplanung mit dem BR verhandeln. Eine Einigung kann vom BR jedoch nicht erzwungen werden. Es besteht zwar die Möglichkeit, eine Einigungsstelle einzuschalten oder ggf. zu errichten; diese kann allerdings nur mit dem Einverständnis beider Parteien angerufen werden (GK-BetrVG/*Raab* Rn. 34). 9

Für den BR besteht gem. Abs. 2 die Möglichkeit, **Vorschläge für die Personalplanung** einzubringen. Einerseits ist der AG zwar nicht verpflichtet diese Vorschläge umzusetzen oder zu übernehmen, andererseits hat er diese ernsthaft in seine Überlegungen einzubeziehen (Grundgedanke des § 74 Abs. 1 iVm. § 2 I). Soweit für die Erarbeitung von Vorschlägen erforderl., kann sich aus § 80 ein über § 92 I hinaus gehender Informationsanspruch des BR ergeben (LAG NI 1.6.2016 BeckRS 2016, 71156); BAG 8.11.2016 NZA 2017, 942. 10

In Unternehmen, in denen eine Personalplanung für **mehrere Betriebe** durchgeführt wird, ist der GBR zuständig. Bei einer unternehmensübergreifenden Personalplanung ergibt sich die Zuständigkeit des KBR (§ 58) für eine Personalplanung im Konzern. 11

4. Sanktionen und Streitigkeiten. Kommt der Unternehmer seiner Unterrichtungspflicht nicht nach, droht ihm ein **Bußgeld** bis zu 10 000 Euro gem. § 92 I 1 iVm. § 121. Verstöße gegen § 92 haben keinen Einfluss auf die Wirksamkeit der Personalplanung oder Maßnahmen bei Vollzug der Planung (*Fitting* Rn. 45). Im Falle von groben Verstößen des AG kommt ein Verfahren gem. § 23 III in Betracht. Bei **Streitigkeiten** über das Bestehen und den Umf. der in § 92 zuerkannten Rechte und über die aus § 92 entstehenden Pflichten entscheidet das ArbG im BeschlV (§ 2, §§ 80 ff. ArbGG). 12

§ 92a Beschäftigungssicherung

(1) [1]Der Betriebsrat kann dem Arbeitgeber Vorschläge zur Sicherung und Förderung der Beschäftigung machen. [2]Diese können insbesondere eine flexible Gestaltung der Arbeitszeit, die Förderung von Teilzeitarbeit und Altersteilzeit, neue Formen der Arbeitsorganisation, Änderungen der Arbeitsverfahren und Arbeitsabläufe, die Qualifizierung der Arbeitnehmer, Alternativen zur Ausgliederung von Arbeit oder ihrer Vergabe an andere Unternehmen sowie zum Produktions- und Investitionsprogramm zum Gegenstand haben.

(2) [1]Der Arbeitgeber hat die Vorschläge mit dem Betriebsrat zu beraten. [2]Hält der Arbeitgeber die Vorschläge des Betriebsrats für ungeeignet, hat er dies zu begründen; in Betrieben mit mehr als 100 Arbeitnehmern erfolgt die Begründung schriftlich. [3]Zu den Beratungen kann der Arbeitgeber oder der Betriebsrat einen Vertreter der Bundesagentur für Arbeit hinzuziehen.

1 Die durch das ReformG eingeführte Vorschr. konkretisiert die schon in § 80 I Nr. 8 verankerte Aufgabe des BR, sich für Sicherung und Förderung der Beschäftigung im Betrieb einzusetzen (dazu schon § 80 Rn. 16a). Wie die Bsp. zeigen, bezieht sich das nur auf die Beschäftigungsinteressen der vorhandenen AN, nicht auf die Arbeitslosen schlechthin (*Fitting* Rn. 5; aA DKKW/*Däubler* Rn. 2). Größere praktische Bedeutung dürfte die Vorschr. nicht erlangen, da eine wirkungsvolle Sanktion fehlt. Die Verweigerung von Beratung oder Begründung durch den AG gibt dem BR keinen Unterlassungsanspruch in Bezug auf Maßnahmen des AG und kann auch im Kündigungsschutzprozess nicht zu seinem Nachteil ausschlagen (BAG 18.10.2006, DB 2007, 810; *Rieble* NZA Sonderheft 2001, 49, 519). Bedeutsam wird die Vorschr. aber, wenn sie zu freiwilligen Vereinbarungen zwischen AG und BR über die in § 92a genannten Materien führt. Hier stellt sich die Frage, ob AG und BR im gesamten Funktionsbereich des BR bindende Regelungsabreden vereinbaren können oder dies auf die Materien beschränkt ist, die insb. gem. § 88 normativer Regelung zugängl. sind (für eine Vereinbarungsbefugnis im Gesamtbereich des § 92a DKKW/*Däubler* Rn. 17; *Hähnlein* DB 2001, 2098 und die oben § 77 Rn. 137 vertretene Auff.; für Beschränkung auf soziale Angelegenheiten wie flexible Gestaltung der AZ, die Förderung von Teilzeitarbeit und Altersteilzeit und die Durchführung von Qualifizierungsmaßnahmen *Löwisch/Kaiser* Rn. 2; *Rieble* NZA Sonderheft 2001, 50). Eine Bestimmung des Referentenentwurfs, nach der der AG berechtigt sein sollte, von entspr. Vereinbarungen abzugehen, ist nicht G geworden.

§ 93 Ausschreibung von Arbeitsplätzen

Der Betriebsrat kann verlangen, dass Arbeitsplätze, die besetzt werden sollen, allgemein oder für bestimmte Arten von Tätigkeiten vor ihrer Besetzung innerhalb des Betriebs ausgeschrieben werden.

1 **1. Normzweck.** Die Vorschr. dient nach dem erklärten Willen des Gesetzgebers (BT-Drs. VI/1786 S. 50) der Aktivierung des innerbetriebl. Arbeitsmarktes und damit zugleich auch der Transparenz betriebl. Vorgänge und der Vermeidung von Verstimmungen über die Einstellung externer AN trotz eines qualifizierten internen Angebots (BAG 23.2.1988 AP BetrVG 1972 § 93 Nr. 2; LAG Chemnitz 13.8.1993 AuA 1994, 26). Sie wahrt damit zwar allein die Interessen der Belegschaft (BAG 27.7.1993 AP BetrVG 1972 § 93 Nr. 3), geht indes nicht so weit, den Kreis der für eine Einstellung in Frage kommenden AN auf die innerbetriebl. Bewerber zu beschränken (s. dazu Rn. 8). Ihnen sollen ledigl. gleiche Chancen im Bewerbungsverfahren eingeräumt werden.

2 **2. Regelungsinhalt. a) Begriff der Ausschreibung.** Eine Ausschreibung ist die schriftl. Aufforderung an alle AN oder eine bestimmte Gruppe von AN des Betriebs, sich um bestimmte Arbeitsplätze im Betrieb zu bewerben (BAG 23.2.1988 AP BetrVG 1972 § 93 Nr. 2; *Fitting* Rn. 7). Um eine Ausschreibung iSd. Gesetzes handelt es sich dabei nur, wenn aus ihr hervorgeht, um welchen Arbeitsplatz es sich handelt und welche Anforderungen der Bewerber erfüllen muss (BAG 23.2.1988 AP BetrVG 1972 § 93 Nr. 2; 27.10.1992 AP BetrVG 1972 § 95 Nr. 29). Darüber hinaus schreibt das G keinen bestimmten **Inhalt der innerbetriebl. Stellenausschreibung** vor. Gegenstand der Ausschreibung sind **Arbeitsplätze,** die besetzt werden sollen. Ob es sich dabei um Vollzeit- oder Teilzeitarbeitsplätze handelt und ob diese befristet oder auf Dauer besetzt werden sollen, ist grundsätzl. irrelevant (*Fitting* Rn. 5). Da das G. auf den Arbeitsplatz und nicht auf das der Beschäftigung zu Grunde liegende Rechtsverhältnis darstellt, sind auch für LeihAN vorgesehene Stellen auszuschreiben (BAG 1.2.2011 NZA 2011, 703). Problematisch ist, dass nach Auff. des BAG auch die nicht nur geringfügige **Erhöhung der AZ** auf einer vorhandenen Stelle die Ausschreibungspflicht auslösen soll (BAG 25.1.2005 NZA 2005, 945). Nach Auff. des BAG ist die Geringfügigkeitsgrenze in Anlehnung an § 12 I 3 TzBfG bei einer Erhöhung der Arbeitszeit um mind. 10 Stunden pro Woche überschritten (BAG 9.12.2008 NZA-RR 2009, 260). Das BAG (15.5.2007 NZA 2007, 1240) hatte schon vorher negativ klar

gestellt, dass die Erhöhung der Arbeitszeit von 35 auf 40 Wochenstunden keine (ausschreibungspflichtige) Einstellung sei.

b) Zulässiger Inhalt des Ausschreibungsverlangens. Der BR kann die Ausschreibung frei werdender oder neu geschaffener Arbeitsplätze allg. oder nur für bestimmte Arten von Tätigkeiten verlangen. Diese Formulierung verdeutlicht zugleich, dass eine Ausschreibungspflicht **nicht für konkrete einzelne Arbeitsplätze** begr. werden kann (LAG K 1.4.1993 LAGE BetrVG 1972 § 93 Nr. 2; GK-BetrVG/*Raab* Rn. 23; *Fitting* Rn. 5; aA DKKW/*Buschmann* Rn. 9; *Kuhn/Wedde* AiB 1992, 546, 548). Ein auf einen bestimmten einzelnen Arbeitsplatz bezogenes Ausschreibungsverlangen kann daher nur ausgesprochen werden, wenn damit ledigl. deklaratorisch auf eine bereits begründete allg. Ausschreibungsverpflichtung nach § 93, der im Einzelfall nachgekommen werden soll, hingewiesen wird. Zu besetzende Arbeitsplätze leitender Angestellter werden von der Ausschreibungspflicht nicht erfasst (GK-BetrVG/*Raab* Rn. 15). Die Ausschreibungspflicht erstreckt sich nach einer Entscheidung des BAG vom 27.7.1993 (AP BetrVG 1972 § 93 Nr. 3) auch auf Arbeitsplätze, die nach dem Willen des AG mit freien Mitarbeitern besetzt werden sollen, wenn es sich bei der vorgesehenen Beschäftigung um eine Einstellung iSd. § 99 handelt. Dies ist jedoch nach der neuen Rspr. des BAG zu § 99 bei der Beschäftigung freier Mitarbeiter regelm. nicht der Fall (s. § 99 Rn. 8). 3

Das Ausschreibungsverlangen ist nur dann verbindl., wenn es **zeitl. vor der Besetzung** eines Arbeitsplatzes allg. oder für diese Art von Arbeitsplätzen ausgesprochen wurde. Ist dies nicht der Fall, so kann der Einstellung eines AN nicht mit Hinweis auf § 99 II Nr. 5 die Zustimmung verweigert werden (BAG 14.12.2004 NZA 2005, 424; *Fitting* Rn. 5). 4

§ 93 berechtigt den BR grds. nicht, im Hinblick auf **Form und Inhalt** der Ausschreibung ein zwgd. Mitbestimmungsrecht geltend zu machen (BAG 27.10.1992 AP BetrVG 1972 § 95 Nr. 29; 23.2.1988 AP BetrVG 1972 § 93 Nr. 2; GK-BetrVG/Raab Rn. 31; aA DKKW/*Buschmann* Rn. 15; *Fitting* Rn. 6 ff.). Alles andere liefe auf die Begründung von Mitbestimmungsrechten bei der Bestimmung von Anforderungsprofilen für Arbeitsplätze hinaus (vgl. die Nachweise zur st. Rspr. bei BAG 23.2.1988 AP BetrVG 1972 § 93 Nr. 2). Dass die Ausschreibung einen bestimmten Mindestinhalt aufweisen muss, bedeutet daher nicht, dass dieser Inhalt auch mitbestimmungspflichtig ist. Es bleibt den Betriebspartnern unbenommen, über die Einzelheiten der Durchführung einer Ausschreibung eine freiwillige BV zu schließen. 5

Eine inhaltl. Vorgabe bei der Ausübung folgt – jdf. dem Wortlaut nach – aus § 7 I TzBfG. Danach hat der AG einen Arbeitsplatz auch als **Teilzeitarbeitsplatz** auszuschreiben, wenn er sich hierfür eignet. Da der Gesetzgeber aber von einer Sanktion abgesehen hat, erweist sich die Vorschr. als „Papiertiger": Die Beurteilung der Eignung zur Teilzeitarbeit obliegt letztl. dem AG (*Preis/Gotthardt* DB 2001, 145; a. A. wohl *Fitting* Rn. 17). Und auch die Ausschreibung als Teilzeitarbeitsplatz hindert den AG nicht, die Stelle mit einer Vollzeitkraft zu besetzen (*Richardi/Annuß* DB 2000, 2201). Die Stellung des BR wurde eher geschwächt, da das Recht zur Anregung der Ausschreibung als Teilzeitstelle gem. § 93 S. 2 aF gestrichen wurde. S. auch § 99 Rn. 34. Für die Umwandlung eines befristeten in einen unbefristeten Arbeitsvertrag sieht das TzBfG keine Ausschreibung vor, deshalb muss das auch für § 93 gelten (aA LAG HM 31.10.2000 LAGE BetrVG 1972 § 93 Nr. 3). 6

Dem Wortlaut der Vorschr. zufolge, kann nur eine **betriebsweite Ausschreibung** verlangt werden. Nach hM kann jedoch der Gesamt- bzw. KBR in seinem Zuständigkeitsbereich eine **unternehmens- bzw. konzernweite Ausschreibung** verlangen (GK-BetrVG/*Raab* Rn. 30; *Fitting* Rn. 10). Das BAG hat die durch einen GBR begründete Ausschreibungsverpflichtung nicht beanstandet (BAG 18.11.1980 AP BetrVG 1972 § 93 Nr. 1). Tatsächl. entspricht es der auch sonst im BetrVG übl. Gesetzgebungstechnik, Beteiligungsrechte des BR zunächst nur im Hinblick auf einen Betrieb zu normieren. Ob eine Ausübung des Beteiligungsrechts durch den Gesamt- oder KBR sinnvoll, praktikabel oder erforderl. ist, ist eine andere – nach den einschlägigen Zuständigkeitsvorschriften – zu beantwortende Frage. 7

3. Rechtsfolgen der Ausschreibungspflicht. Hat der BR die Ausschreibung verlangt, muss der AG diesem Verlangen nachkommen. Für **Form und Frist der Ausschreibung** hat der Gesetzgeber keine Vorgaben gemacht. Die Bekanntmachung hat so zu erfolgen, dass alle als Bewerber in Betracht kommenden AN die Möglichkeit haben, von der Ausschreibung Kenntnis zu erlangen (BAG 6.10.2010 NZA 2011, 360). Erforderl. und ausreichend ist der betriebsübl. Informationsweg (z. B. Schwarzes Brett, Intranet, Betriebszeitung oder Rundmail). Bei der Bemessung der Mindestdauer der Ausschreibungsfrist durch den AG ist den Bewerbern eine gewisse Bedenkzeit einzuräumen, aber auch dem Interesse des AG an einer zügigen Stellenbesetzung Rechnung zu tragen. Ein **Ausschreibungszeitraum von zwei Wochen** ist im Regelfall nicht als unangemessen kurz anzusehen (BAG 6.10.2010 NZA 2011, 360). Auch bei Bestehen einer innerbetriebl. Ausschreibungsverpflichtung bleibt der AG berechtigt, die Stelle **außerbetriebl. auszuschreiben** (GK-BetrVG/*Raab* Rn. 25). Allerdings darf er in dieser Ausschreibung nicht geringere Anforderungen an den Bewerber stellen als in der betriebsinternen Ausschreibung (BAG 23.2.1988 AP BetrVG 1972 § 93 Nr. 2; vgl. auch § 99 Rn. 34). Der BR kann in diesem Fall der auf der Grdl. der externen Stellenausschreibung erfolgenden Einstellung gem. § 99 II Nr. 5 die **Zustimmung verweigern.** Darüber hinaus ist der BR berechtigt, seine Zustimmung 8 zu verweigern, wenn die vermeintl. Ausschreibung nicht den oben (Rn. 3 ff.) angesprochenen Mindestinhalt aufweist und den AN eine sinnvolle Bewerbung daher nicht mögl. ist.

9 § 93 verpflichtet den AG nicht, einen Bewerber aus dem Betrieb vorrangig zu berücksichtigen (BAG 18.11.1980 AP BetrVG 1972 § 93 Nr. 1). Die **Auswahlentscheidung** liegt – vorbehaltl. etwaiger AuswahlRL gem. § 95 sowie zwgd. ges. Vorschr. – in seinem Ermessen.

10 **4. Streitigkeiten und Sanktionen.** Schreibt der AG die Stelle entgegen der rechtzeitig begr. Verpflichtung durch den BR nicht aus, so kann dieser der daraufhin beabsichtigten Einstellung die Zustimmung gem. § 99 II Nr. 5 verweigern. Bei Streitigkeiten über den Inhalt und den Umf. der Ausschreibungspflicht entscheidet das ArbG im **BeschlV.** (§§ 2a I Nr. 1, 80 ff. ArbGG). Die trotz bestehender Verpflichtung wiederholte Weigerung, eine innerbetriebl. Ausschreibung durchzuführen, kann eine grobe Pflichtverletzung iSd. § 23 III darstellen.

§ 94 Personalfragebogen, Beurteilungsgrundsätze

(1) [1]**Personalfragebogen bedürfen der Zustimmung des Betriebsrats.** [2]**Kommt eine Einigung über ihren Inhalt nicht zustande, so entscheidet die Einigungsstelle.** [3]**Der Spruch der Einigungsstelle ersetzt die Einigung zwischen Arbeitgeber und Betriebsrat.**

(2) **Absatz 1 gilt entsprechend für persönliche Angaben in schriftlichen Arbeitsverträgen, die allgemein für den Betrieb verwendet werden sollen, sowie für die Aufstellung allgemeiner Beurteilungsgrundsätze.**

1 **1. Normzweck.** Die Mitbestimmung des BR bei Personalfragebogen dient dem Schutz des AN in seiner Menschenwürde, seinem Persönlichkeitsrecht und seinem **Recht auf informationelle Selbstbestimmung** (BAG 9.7.1991 AP BetrVG 1972 § 87 Ordnung des Betriebes Nr. 19; 21.9.1993 AP BetrVG 1972 § 94 Nr. 4; *Fitting* Rn. 2). Dies geschieht dadurch, dass das Fragerecht des AG auf die Gegenstände beschränkt bleibt, an denen ein berechtigtes Interesse besteht (BT-Drs. VI/1786 S. 50).

2 **2. Personalbogen und persönliche Angaben in schriftl. Arbeitsverträgen. a) Begriffe. Personalfragebogen** ist dem Wortlaut nach ein Formular, in dem personenbezogene Fragen nach einem bestimmten Schema zusammengestellt sind, die ein AN oder ein Bewerber um einen Arbeitsplatz schriftl. beantworten soll, um dem AG Aufschluss über seine Person und Qualifikation zu geben (BAG 21.9.1993 AP BetrVG 1972 § 94 Nr. 4; auch wenn von einer ausl. Konzernmutter kommend, LAG HE 5.7.2001 NZA-RR 2002, 200). Darüber hinaus werden wegen der Zielrichtung des § 94 alle formalisierten und standardisierten Informationserhebungen des AG über ANDaten vom Begriff des Personalfragebogens erfasst (DKKW/*Klebe* Rn. 3). Daraus ergibt sich, dass auch eine **mündl. Befragung** in der Form eines Tests oder Interviews, die anhand einer Checkliste und einer anschließenden schriftl. Fixierung der Antworten erfolgt, unter § 94 fällt (BAG 21.9.1993 AP BetrVG 1972 § 94 Nr. 4). Gleiches gilt für die sog. Assessment-Center-Technik (Richardi/*Thüsing* Rn. 68). **Persönl. Angaben in schriftl. Arbeitsverträgen** sind Angaben in allg. und nicht nur individuell im Betrieb verwandten Arbeitsverträgen, wobei nur die Angaben zur Person erfasst werden (GK-BetrVG/*Raab* Rn. 52 ff.; DKKW/*Klebe* Rn. 31). Aus § 94 II ergibt sich kein Mitbestimmungsrecht über die Verwendung von Arbeitsvertragsformularen als solchen (LAG N 21.12.2010 NZA-RR 2011, 130).

3 **b) Rechte des Betriebsrats.** § 94 enthält ein Mitbestimmungsrecht und kein Initiativrecht (LAG D 24.7.1984 DB 1985, 134, 135; LAG HE 8.1.1991 DB 1992, 534; DKKW/*Klebe* Rn. 2). Dieses Mitbestimmungsrecht betrifft zunächst die bereits im Betrieb tätigen AN, aber auch die noch nicht beschäftigten Bewerber. Dagegen ist die Einholung von Inf. über den AN bei Dritten, etwa einem früheren AG, einer Detektei oder beim Verfassungsschutz, nicht mitbestimmt (BAG 9.7.1991 AP BetrVG 1972 § 87 Ordnung des Betriebes Nr. 19; GK-BetrVG/*Raab* Rn. 22; aA DKKW/*Klebe* Rn. 5). Das Mitbestimmungsrecht bezieht sich auch auf die Frage, ob überhaupt ein Fragebogen eingeführt wird (DKKW/*Klebe* Rn. 6; *Fitting* Rn. 9; aA *Löwisch/Kaiser* Rn. 4). Die **Verwendung** der durch Fragebogen erhobenen Daten ist nicht iRd. § 94 mitbestimmt, da die Art und Weise der Verwendung bereits durch § 87 I Nr. 6, die arbeitsvertragl. Treuepflicht und ges. Normen (wie das BDSG) geschützt ist und ein darüber hinausgehender Schutzzweck nicht aus der Norm des § 94 hervorgeht (GK-BetrVG/*Raab* Rn. 24;WPK/*Preis* Rn. 12; aA DKKW/*Klebe* Rn. 7; *Fitting* Rn. 9). Ebenfalls **nicht mitbestimmt** sind **ärztl. Fragebogen** für die Einstellungsuntersuchung, da die Formulierung des Fragebogens vom Weisungsrecht des AG unabhängig ist und die Beantwortung der Fragen der ärztl. Schweigepflicht unterliegt. Weiter gilt § 94 nicht für **Beurteilungsgrundsätze,** die unmittelbar auf die Höhe des Entgelts Einfluss haben (insofern greift aber evtl. § 87 I Nr. 10, 11), sowie **Stellenbeschreibungen** und Anforderungsprofile, da sich diese auf den Arbeitsplatz und nicht auf die Person der AN beziehen. Bzgl. des **zulässigen Inhalts** von Fragebogen und den Rechtsfolgen bei falscher Beantwortung wird auf die Ausführungen zum Fragerecht des AG verwiesen (vgl. § 611 BGB Rn. 271 ff.). Bei Fragebogen, denen der BR nicht zugestimmt hat, ist die **Anfechtung** des ArbVerh. durch den AG bei falscher Beantwortung zulässiger Fragen durch den Bewerber nicht ausgeschlossen, da § 94 ledigl. das

Verhältnis AG/BR und nicht das Verhältnis AG/AN regelt (BAG 2.12.1999 AP BPersVG § 79 Nr. 16; GK-BetrVG/*Raab* Rn. 50;).

3. Beurteilungsgrundsätze. Beurteilungsgrundsätze sind Regelungen, die der Beurteilung von Leis- 4
tung und Verhalten der AN dienen und für eine bestimmte Gruppe von AN und nicht nur individuell gelten (BAG 14.1.2014 NZA-RR 2014, 356; GK-BetrVG/*Raab* Rn. 55 mwN). **Bsp.** sind Grundsätze über die Effektivität der Arbeit, die Sorgfalt der Ausführung der Arbeit, über Selbstständigkeit und Belastbarkeit, Zusammenarbeit und Anpassungsfähigkeit der AN. Voraussetzung des Mitbestimmungsrechts ist die Verfestigung durch schriftl. oder elektronische Fixierung der Grundsätze und eine Anwendung nach einer bestimmten Verfahrensweise, die nicht nur konkret individuell erfolgt (GK-BetrVG/*Raab* Rn. 59, 55; DKKW/*Klebe* Rn. 32). Das Mitbestimmungsrecht erstreckt sich auch auf die Ausgestaltung des Beurteilungsverfahrens (BAG 14.1.2014 NZA-RR 2014, 356) Vollzieht sich dieses auf der Grundlage von Mitarbeitergesprächen, werden diese vom Mitbestimmungsrecht erfasst (BAG 17.3.2015 NZA 2015, 885). **Nicht mitbestimmt** sind Fähigkeitsprofile in Bezug auf einzelne AN, Kriterien der Arbeitsplatzbewertung, Arbeitsplatzbeschreibung, FührungsRL (BAG 23.10.1984 AP BetrVG 1972 § 87 Ordnung des Betriebes Nr. 8; a. A. *Fitting* Rn. 29) und Zielvereinbarungen (VG Karlsruhe 7.3.1997 PersR 1997, 407, Anm. *Geffken* 518). Zu Beurteilungsgrundsätzen, die unmittelbar auf die Lohnhöhe Einfluss haben, s. oben Rn. 3.

4. Streitigkeiten. Beim Streit über den Inhalt entscheidet gem. § 94 die Einigungsstelle verbindl. Bei 5
Anwendung des Personalfragebogens ohne Zustimmung des BR kann der BR ggf. gem. § 23 III vorgehen, doch dürfte auch der zu § 87 anerkannte allg. Unterlassungsanspruch (s. § 87 Rn. 138) bestehen (unklar insoweit LAG HE 5.7.2001 B 2001, 2254; zweifelnd LAG N 21.12.2010 NZA-RR 2011, 130). Einer Beurteilung, der der BR nicht zugestimmt hat, kann der AN widersprechen und verlangen, dass die Beurteilung nicht verwandt wird oder dass sie ggf. aus der Personalakte gestrichen wird (GK-BetrVG/*Raab* Rn. 64).

§ 95 Auswahlrichtlinien

(1) [1]**Richtlinien über die personelle Auswahl bei Einstellungen, Versetzungen, Umgruppierungen und Kündigungen bedürfen der Zustimmung des Betriebsrats.** [2]**Kommt eine Einigung über die Richtlinien oder ihren Inhalt nicht zustande, so entscheidet auf Antrag des Arbeitgebers die Einigungstelle.** [3]**Der Spruch der Einigungsstelle ersetzt die Einigung zwischen Arbeitgeber und Betriebsrat.**

(2) [1]**In Betrieben mit mehr als 500 Arbeitnehmern kann der Betriebsrat die Aufstellung von Richtlinien über die bei Maßnahmen des Absatzes 1 Satz 1 zu beachtenden fachlichen und persönlichen Voraussetzungen und sozialen Gesichtspunkte verlangen.** [2]**Kommt eine Einigung über die Richtlinien oder ihren Inhalt nicht zustande, so entscheidet die Einigungsstelle.** [3]**Der Spruch der Einigungsstelle ersetzt die Einigung zwischen Arbeitgeber und Betriebsrat.**

(3) [1]**Versetzung im Sinne dieses Gesetzes ist die Zuweisung eines anderen Arbeitsbereichs, die voraussichtlich die Dauer von einem Monat überschreitet, oder die mit einer erheblichen Änderung der Umstände verbunden ist, unter denen die Arbeit zu leisten ist.** [2]**Werden Arbeitnehmer nach der Eigenart ihres Arbeitsverhältnisses üblicherweise nicht ständig an einem bestimmten Arbeitsplatz beschäftigt, so gilt die Bestimmung des jeweiligen Arbeitsplatzes nicht als Versetzung.**

1. Vorbemerkung. § 95 dient dem Zweck, die erforderl. **personellen Entsch.** des AG durchschaubа- 1
rer zu machen und zu versachl.; der Betriebsfrieden und eine gerechtere Behandlung der AN wird dadurch gefördert, dass die Entscheidung des AG an **objektive Kriterien** gebunden wird (GK-BetrVG/*Raab* Rn. 1). Willkürl. Personalveränderungen sollen dem AG so unmögl. gemacht werden.

Zu beachten ist die Größe des jeweiligen Betriebes: Sind **bis zu 500 AN** beschäftigt, steht dem AG 2
die Einführung von AuswahlRL frei. Entscheidet er sich jedoch dafür, bedürfen diese der Zustimmung des BR (Abs. 1). Demgegenüber kann der BR in Betrieben mit **mehr als 500 AN** gem. Abs. 2 die Aufstellung von AuswahlRL verlangen, da hier angesichts der häufiger anfallenden gleichartigen personellen Maßnahmen eine Objektivierung bes. notwendig ist. § 95 verstärkt somit die Mitwirkungsrechte des BR in der Personaldeckungsplanung erhebl. (GK-BetrVG/*Raab* Rn. 1). Der Schwellenwert ist im Zuge der Reform des BetrVG zum 28.7.2001 von früher 1000 auf jetzt 500 AN reduziert worden. Die Berücksichtigung von LeihAN ist umstritten (dagegen Fitting Rn. 15; zweifelnd *Linsenmaier/Kiel* RdA 2014, 135); soll aber vom Gesetzgeber durch § 14 II AÜG nF-RegE mit Wirkung ab dem 1.1.2017 anerkannt werden.

2. Auswahlrichtlinien. AuswahlRL sind Grundsätze, die der Entscheidungsfindung bei personellen 3
Einzelmaßnahmen dienen sollen, wenn für diese mehrere AN und Bewerber in Frage kommen (*Fitting* Rn. 7). Erforderl. ist die Aufstellung von Kriterien, die die Auswahl unter mehreren in Betracht kommenden AN für den Fall steuern, dass es im Betrieb zu personellen Einzelmaßnahmen nach § 95 I

kommt. Daran fehlt es bei der Zuweisung von privilegierten Büros an alle Außendienstmitarbeiter, die bestimmte Leistungen erbringen (BAG 31.3.2005 NZA 2006, 56). Durch AuswahlRL können, wie sich aus Abs. 2 S. 1 ergibt, die zu beachtenden **fachl., persönl. und sozialen Voraussetzungen** festgelegt werden. Zur Abgrenzung zu Beurteilungsgrundsätzen siehe § 94 Rn. 4.

4 Nach Auff. des BAG setzt der Begriff der AuswahlRL nicht voraus, dass sie allgemein für zukünftige personelle Einzelmaßnahmen gelten sollen. Ausreichend sei eine „gewisse Generalisierung". Diesen Anforderungen genüge etwa ein Punkteschema für die soziale Auswahl bei betriebsbedingten Kündigungen, das nur auf einen konkret anstehenden Personalabbau Anwendung finden soll (BAG 26.7.2005, DB 2005, 2530; aA LAG NI 18.10.1994 DB 1995, 2375; *Löwisch/Kaiser* Rn. 2; Voraufl. Rn. 4). Das BAG kreiert damit insbesondere in Großbetrieben mit mehr als 500 AN, in denen der BR ein Initiativrecht auf Aufstellung von AuswahlRL hat, ein wirkungsvolles Mittel für BR, um geplante Personalabbaumaßnahmen zu verzögern (vgl. zu den Sanktionen bei Mißachtung des Mitbestimmungsrecht unten Rn. 18).

5 Schriftl. abgeschlossene AuswahlRL bzw. solche, die auf einem Spruch der Einigungsstelle beruhen, sind regelm. **BV** (Richardi/*Thüsing* Rn. 57; *Fitting* Rn. 6; für ausnahmslose Einstufung als BV GK-BetrVG/*Raab* Rn. 8). Davon ist jdf. seit der Neufassung von § 1 IV KSchG durch das ArbRBeschFG 1996 auszugehen. **Schriftform** ist allerdings nicht vorgeschrieben, so dass AuswahlRL auch als formlose Regelungsabreden vereinbart werden können. Anerkannt ist, dass auch in diesem Fall § 77 V entspr. gilt, so dass ein einseitiger Widerruf der RL ohne Wahrung der Kündigungsfrist nicht mögl. ist (GK-BetrVG/*Raab* Rn. 10). **Nachwirkung** entfalten AuswahlRL nur im Anwendungsbereich von § 95 II (*Fitting* Rn. 6; GK-BetrVG/*Raab* Rn. 12; aA DKKW/*Klebe* Rn. 14).

6 **3. Mitbestimmung des Betriebsrats. Abs. 1** sieht ein Mitbestimmungsrecht des BR bei Betrieben mit bis zu 500 AN nur vor, wenn der AG, der hier nach seinem Ermessen handeln kann und das alleinige **Initiativrecht** hat (*Fitting* Rn. 6, 15), AuswahlRL aufstellen will. Entschließt sich der AG dafür, bedarf sowohl die Aufstellung an sich als auch der Inhalt der RL der Zustimmung des BR. Für die Feststellung der erforderl. Betriebsgröße ist dabei auf die **„regelmäßige" Zahl von AN** abzustellen (GK-BetrVG/*Raab* Rn. 27; DKKW/*Klebe* Rn. 15).

7 Bei RL, die nach Abs. 1 zustande kommen, kann über die in Abs. 2 genannten fachl. und persönl. Voraussetzungen und sozialen Gesichtspunkte hinaus auch die **Regelung des Auswahlverfahrens** selbst Gegenstand sein, da hier umfassender von „RL über die personelle Auswahl" die Rede ist (GK-BetrVG/*Raab* Rn. 24).

8 **Abs. 2** sieht anders als Abs. 1 für Betriebe mit mehr als 500 AN ein **Initiativrecht des BR** vor, so dass im Falle der Nichteinigung AuswahlRL über die Einigungsstelle erzwungen werden können.

9 Wird vom AG die Aufstellung von einheitl. AuswahlRL für alle Betriebe eines Unternehmens gewünscht und besteht hierzu eine zwgd. Notwendigkeit, kann eine Zuständigkeit des **GBR** gegeben sein; dieser besitzt allerdings nur für die Betriebe das Initiativrecht nach Abs. 2, die mehr als 500 AN beschäftigen (GK-BetrVG/*Raab* Rn. 30; *Fitting* Rn. 17; aA DKKW/*Klebe* Rn. 21).

10 **4. Auswahlgesichtspunkte.** Gem. Abs. 2 S. 1 sollen sich die AuswahlRL auf die fachl. und persönl. Voraussetzungen und sozialen Gesichtspunkte der aufgezählten personellen Einzelmaßnahmen erstrecken.

11 Bei **Einstellungen** und **Versetzungen** (vgl. hierzu die Anm. bei § 99 Rn. 4 ff.) hat der AG, sofern nicht ein individueller Rechtsanspruch des AN gegeben ist, einen verhältnismäßig weiten Ermessensspielraum, der durch Richtlinien kanalisiert und konkretisiert werden kann (*Fitting* Rn. 19). Bei Versetzungen kann die Einigungsstelle bei der Aufstellung von AuswahlRL eine Bewertung in Form eines **Punktesystems** beschließen, wobei dem AG noch ein Entscheidungsspielraum verbleiben muss (BAG 27.10.1992 AP BetrVG 1972 § 95 Nr. 29).

12 In Form von AuswahlRL können **fachl. Voraussetzungen** vorgegeben werden, um eine Auswahl unter mehreren Bewerbern zu ermögl., die alle der Mindestanforderung eines erstellten **Anforderungsprofils** genügen. Bei den auf der Grdl. von Stellenbeschreibungen erstellten Anforderungsprofilen selbst, die die generellen Anforderungen an den Inhaber der zu besetzenden Stelle festlegen, handelt es sich jedoch noch nicht um AuswahlRL, solange sie nicht als Gesichtspunkte für die konkrete Auswahl bestimmt sind (BAG 31.5.1983 AP BetrVG 1972 § 95 Nr. 2; GK-BetrVG/*Raab* Rn. 36). S. auch § 93 Rn. 3. Unter Beachtung dieser Einschränkung sind auch Regelungen zu Assessment-Centern mitbestimmungspflichtig. Dies muss jdf. dann gelten, wenn dem Erfolg im Assessment-Center-Verfahren Einfluss auf die Personalentscheidung zukommen soll (einschränkend Richardi/*Thüsing* Rn. 27).

13 Mögl. Auswahlkriterien im **persönl. Bereich** sind bspw. das Alter, Gesundheitszustand, Belastbarkeit und Führungsverhalten (*Fitting* Rn. 22).

14 Zu den **sozialen Gesichtspunkte** zählen etwa der Familienstand, die Dauer der Betriebszugehörigkeit und Unterhaltspflichten.

15 Bei betriebsbedingten Kündigungen ist die Sonderregelung des § 1 IV KSchG zu beachten(dazu § 1 KSchG Rn. 351 ff.; ausf. zu Gestaltungsmöglichkeiten sog. Punkteschemata *Gaul/Lunk* NZA 2004, 184).

Die Aufstellung von RL für **verhaltensbedingte** Kündigungen ist mangels Voraussehbarkeit der mögl. Tatbestände praktisch nicht mögl. Dasselbe gilt für Umgruppierungen, da hier bezügl. der „richtigen" Vergütungsgruppe keine Auswahlmöglichkeit für den AG besteht. Mitbestimmt ist insofern nicht die Frage wie, sondern wer umgruppiert wird (*Fitting* Rn. 14). 16

5. Begriff der Versetzung (Abs. 3). Der Begriff der Versetzung wird wegen des Sachzusammenhangs bei § 99 Rn. 13 erläutert. 17

6. Streitigkeiten. Bestehen Streitigkeiten über Inhalt und Umf. des Mitbestimmungsrechts, werden diese vom ArbG im **BeschlV.** nach §§ 2a, 80 ff. ArbGG entschieden. Bleibt eine Einigung zwischen AG und BR über den zweckmäßigen Inhalt der AuswahlRL iRd. ges. Vorschr. aus, entscheidet die **Einigungsstelle** verbindl. Diese kann im Fall des Abs. 1 nur durch den AG, im Fall des Abs. 2 sowohl durch den AG als auch durch den BR angerufen werden. Missachtet der AG das Mitbestimmungsrecht, steht dem BR nach Auff. des BAG ein sog. **allgemeiner Unterlassungsanspruch** gem. § 95 iVm. § 2 BetrVG zu (BAG 31.3.2005 DB 2005, 2530). Dieser Unterlassungsanspruch kann auch im Wege der einstweiligen Vfg. geltend gemacht werden (*Fitting* Rn. 31). Gerichtet ist er auf die Nichtanwendung einseitig vom AG aufgestellter Richtlinien (so auch *Rossa/Salamon* NJW 2008, 1991), nicht dagegen auf die Unterlassung des Ausspruchs betriebsbedingter Kündigungen vor Abschluss des Mitbestimmungsverfahrens. Ansonsten hätte, wie sich aus § 102 III Nr. 2 ergibt, die nicht ausgeübte Mitbestimmung eine stärkere Wirkung als die vereinbarte Auswahlrichtlinie. Macht der BR seine Rechte nicht geltend, führt die Verwendung einseitig aufgestellter AuswahlRL nicht zur Unwirksamkeit nachf. personeller Einzelmaßnahmen (*Gaul/Bonanni/Naumann* BB 2006, 459). 18

Zweiter Unterabschnitt. Berufsbildung

§ 96 Förderung der Berufsbildung

(1) [1]Arbeitgeber und Betriebsrat haben im Rahmen der betrieblichen Personalplanung und in Zusammenarbeit mit den für die Berufsbildung und den für die Förderung der Berufsbildung zuständigen Stellen die Berufsbildung der Arbeitnehmer zu fördern. [2]Der Arbeitgeber hat auf Verlangen des Betriebsrats den Berufsbildungsbedarf zu ermitteln und mit ihm Fragen der Berufsbildung der Arbeitnehmer des Betriebs zu beraten. [3]Hierzu kann der Betriebsrat Vorschläge machen.

(2) [1]Arbeitgeber und Betriebsrat haben darauf zu achten, dass unter Berücksichtigung der betrieblichen Notwendigkeiten den Arbeitnehmern die Teilnahme an betrieblichen oder außerbetrieblichen Maßnahmen der Berufsbildung ermöglicht wird. [2]Sie haben dabei auch die Belange älterer Arbeitnehmer, Teilzeitbeschäftigter und von Arbeitnehmern mit Familienpflichten zu berücksichtigen.

1. Vorbemerkung. Ein **Wandel der Berufsbildung** vollzieht sich sowohl im Bereich berufl. Ausbildung wie berufl. Weiterbildung infolge des Erfordernisses lebenslangen Lernens (dazu BVerfG 15.12.1987 AP GG Art. 12 Nr. 62). Voraussetzungen dafür werden in der Berufsausbildung geschaffen, indem ein Großteil der Berufsausbildungsordnungen reformiert und neue Berufsbilder geschaffen werden (s. ArbRGeg. 33 (1996), S. 119 ff.; Berufsbildungsbericht 1998, S. 73 f.). Berufl. Weiterbildung ist gekennzeichnet durch Bemühungen um Qualitätssicherung, Lean Management, Outsourcing und informelles Lernen im Arbeitsprozess, häufig mit Hilfe von Multimediaanwendungen (Berufsbildungsbericht 1996, S. 115 ff.). An berufl. Weiterbildung nahmen 1994 24% der Deutschen zwischen 19 bis 64 Jahren teil. Geschlechtsspezifische Unterschiede sind ebenso minimal wie die Abweichungen im Ost-West-Vergleich (Berichtssystem Weiterbildung VI, Bonn 1996). Die Aufwendungen der privaten gewerbl. Wirtschaft haben 1992 für berufl. Weiterbildung 36,5 Mrd. DM betragen, für alle Bereiche berufl. Weiterbildung etwa 100 Mrd. DM (Berufsbildungsbericht 1996, S. 115). 1

Allg. wird die Bedeutung der Berufsbildung sowie die **hohe Relevanz der Beteiligungsrechte** hieran betont (*Fitting* Rn. 1). In der Praxis wirken die BR allerdings vergleichsweise selten entscheidend an Berufsbildungsmaßnahmen mit (*Oetker,* Die Mitbestimmung der Betriebs- und Personalräte bei der Durchführung von Berufsbildungsmaßnahmen, 1986, S. 263 ff.). 2

Normzweck der §§ 96 ff. ist die Berücksichtigung der Belegschaftsinteressen iRd. Berufsbildung, insb. eine ordnungsgemäße Durchführung der Bildungsmaßnahme sowie eine gerechte Beteiligung der AN an den bestehenden Bildungsmöglichkeiten (GK-BetrVG/*Raab* Rn. 1). Zudem sollen alle Maßnahmen in den Betrieben der Mitbestimmung des BR unterworfen sein, die den AN diejenigen Kenntnisse und Erfahrungen verschaffen, die der Ausfüllung ihres Arbeitsplatzes und ihrer berufl. Tätigkeit dienen (BAG 31.1.1969 AP BetrVG 1952 § 56 Berufsausbildung Nr. 1; 5.11.1985 AP BetrVG 1972 § 98 Nr. 2). Der **ges. Normzusammenhang** von §§ 96 bis 98 mit § 92 im Abschnitt „Personelle Angelegenheiten" ergibt, dass Berufsbildung in engem Bezug zur Personalplanung steht (GK-BetrVG/*Raab* 3

Rn. 1). Berufsbildung trägt dazu bei, einen bestehenden Personalbedarf innerbetriebl. durch Qualifikation zu decken, wobei dies unter Berücksichtigung der §§ 96 ff. zu erfolgen hat.

4 **2. Begriff der Berufsbildung. a) Persönlicher Geltunsgbereich.** Persönl. Geltungsbereich von § 96 ist ebenso wie von §§ 97, 98 die Berufsbildung der AN iSd. §§ 5, 6. Berufsbildung **für leitende Angestellte** ist mitbestimmungsfrei (DKKW/*Buschmann* § 98 Rn. 31). Berufsbildung **zum leitenden Angestellten** oder für eine Aufgabe, die leitende Angestellte idR wahrnehmen, ist nach hM mitbestimmungspflichtig (*Fitting* § 98 Rn. 10a; DKKW/*Buschmann* § 98 Rn. 31; GK-BetrVG/*Raab* § 98 Rn. 45 hält nicht die Durchführung, wohl aber die Teilnehmerauswahl für mitbestimmungspflichtig).

5 **b) Sachlicher Geltungsbereich.** Das G definiert den **Begriff** der Berufsbildung nicht. In Rspr. und Lit. wird von einem weiten Verständnis ausgegangen, das zumindest alle Maßnahmen gem. § 1 I BBiG umfasst, also **Berufsausbildung, berufl. Fortbildung** und **berufl. Umschulung** (BAG 5.11.1985 AP BetrVG 1972 § 98 Nr. 2; 23.4.1991 AP BetrVG 1972 § 98 Nr. 7; 28.1.1992 AP BetrVG 1972 § 96 Nr. 1; *Fitting* Rn. 12 ff.; GK-BetrVG/*Raab* Rn. 7).

6 Die im BBiG vorzufindende Differenzierung war auch in den bis 1997 geltenden §§ 33 bis 52 AFG verankert, was als Beleg dafür angesehen wurde, dass der Gesetzgeber den in verschiedenen Gesetzen normierten Begriff der Berufsbildung gleich verwandt habe. Zumindest für das Arbeitsförderungsrecht fällt dieser Beleg inzwischen weg, da das ab dem 1.1.1998 geltende SGB III zwischen Förderung der Berufsausbildung (§§ 48 ff. SGB III) und Förderung der berufl. Weiterbildung (§§ 81 ff. SGB III) unterscheidet. Indes wird dadurch der Begriff der Berufsbildung für das BetrVG nicht enger. Weder die Dreiteilung des Berufsbildungsbegriffes im BBiG noch die Zweiteilung im SGB III vermögen den Begriff der Berufsbildung zu erschöpfen. Der ges. Normzweck (s. Rn. 3) erfordert über die Definition der Begriffe in BBiG und SGB III hinaus, dass **jede Maßnahme, die den AN diejenigen Kenntnisse und Erfahrungen verschaffen soll, die zur Ausfüllung ihres Arbeitsplatzes und ihrer berufl. Tätigkeiten dienen,** den Beteiligungsrechten aus §§ 96 ff. unterfällt (BAG 23.4.1991 AP BetrVG 1972 § 98 Nr. 7; 20.4.1993 AP BetrVG 1972 § 99 Nr. 106; *Fitting* Rn. 9; GK-BetrVG/*Raab* Rn. 11. Vonnöten ist eine systematische Vermittlung der Kenntnisse und Fähigkeiten (BAG 5.11.1985 AP BetrVG 1972 § 98 Nr. 2; fBAG 28.1.1992 AP BetrVG 1972 § 96 Nr. 1; *Fitting* Rn. 9).

7 **Von § 1 I BBiG nicht erfasste Bildungsmaßnahmen,** die aber den Beteiligungsrechten der §§ 96 ff. unterfallen, sind Maßnahmen gem. § 26 BBiG; dazu gehören relativ kurzzeitig durchgeführte Ausbildungsmaßnahmen für Anlernlinge und Praktikanten, sofern ihnen ein gewisser Plan zugrunde liegt (GK-BetrVG/*Raab* Rn. 11; *Fitting* Rn. 10, 14). Die Art der Maßnahme ist unerhebl., solange die Voraussetzung der **berufsbezogenen systematischen Vermittlung** erfüllt ist. Betriebl. Lehrgänge (BAG 4.12.1990 AP BetrVG 1972 § 97 Nr. 1), Seminare, Bildungsprogramme, Veranstaltungen zum Zweck des Erfahrungsaustausches, Besuch von Ausstellungen, Messen, Kongressen und Traineeprogramme können daher Berufsbildungsmaßnahmen sein (*Fitting* Rn. 10, 23; DKKW/*Buschmann* Rn. 7). Qualitätszirkel nur, soweit sie berufsbildende Elemente haben (*Fitting* Rn. 23; DKKW/*Buschmann* Rn. 9; generell dagegen GK-BetrVG/*Raab* Rn. 21). Assessment-Center gehören nicht zu Maßnahmen der Berufsbildung, da sie zur Personalauswahl außerbetriebl. Bewerber dienen; allerdings unterliegt eine Einweisung in den Arbeitsplatz, die nur als Assessment-Center bezeichnet wird, den Rechten aus § 98 (BAG 20.4.1993 AP BetrVG 1972 § 99 Nr. 106 unter B.II.2.). Sonstige Maßnahmen iSv. § 98 VI (s. § 98 Rn. 18 f.) gehören nicht zur Berufsbildung, da der berufl. Bezug fehlt (*Fitting* Rn. 10; aA *Natzel* S. 514 f.). Ausf. zum Begriff der Berufsbildung *Gilberg*, Die Mitwirkung des BR bei der Berufsbildung, 1999.

8 Die Beteiligung des BR bezieht sich va. auf **betriebl. Maßnahmen.** Eine solche liegt nach herrschendem funktionalen Verständnis immer dann vor, wenn der AG Träger bzw. Veranstalter der Bildungsmaßnahme ist, unabhängig von der örtl. Durchführung. Dabei muss die Maßnahme für die eigenen AN durchgeführt werden, zumindest müssen sie anteilmäßigen Vorrang haben (BAG 4.12.1990 AP BetrVG 1972 § 97 Nr. 1; 12.11.1991 AP BetrVG 1972 § 98 Nr. 8). Träger oder Veranstalter ist der AG, wenn er auf Inhalt und Organisation rechtl. einen beherrschenden Einfluss hat (BAG 4.12.1990 AP BetrVG 1972 § 97 Nr. 1; 12.11.1991 AP BetrVG 1972 § 98 Nr. 8). Fehlt es bei der Durchführung der Bildungsmaßnahme durch Dritte an dem beherrschenden Einfluss des AG, scheidet eine unmittelbare Mitbestimmung gem. §§ 96 ff. aus. In entspr. Anwendung der §§ 96 ff. ist dem BR aber ein Mitbestimmungsrecht bei Festlegung der Konditionen für die überbetriebl. Bildungsmaßnahme, zB in einem Kooperationsvertrag, einzuräumen (BAG 18.4.2000 AP BetrVG 1972 § 98 Nr. 9). Der neue Abs. 1 S. 2 bezieht sich auf betriebl. und außerbetriebl. Maßnahmen (*Fitting* Rn. 38; aA *Konzen* RdA 2001, 76) zur Deckung des betriebl. Personalbedarfs, auch des zukünftigen (*Fitting* Rn. 34; aA *Rieble* NZA Sonderheft 2001, 48, 52).

9 Das **Verhältnis zwischen Berufsbildungsmaßnahmen und Unterrichtung gem.** § 81 I wirft Probleme auf. Die hM trennt scharf zwischen Berufsbildungsmaßnahmen und Unterrichtung gem. § 81 I 1 (BAG 5.11.1985 AP BetrVG 1972 § 98 Nr. 2; 23.4.1991 AP BetrVG 1972 § 98 Nr. 7; *Fitting* Rn. 20; nach aA sind Überschneidungen mögl., GK-BetrVG/*Raab* Rn. 14 mwN). Eine Unterrichtung gem. § 81 soll nur vorliegen können, wenn der AN die für die Ausübung der Tätigkeit am vorgesehenen

Arbeitsplatz erforderl. berufl. Kenntnisse und Fähigkeiten bereits besitzt (BAG 23.4.1991 AP BetrVG 1972 § 98 Nr. 7), insb. wenn er die Voraussetzungen der Stellenbeschreibung des konkreten Arbeitsplatzes erfüllt. Auch bei kollektiven Veranstaltungen können die Voraussetzungen des § 81 erfüllt sein. Findet eine organisierte Veranstaltung zur Verbesserung der Freundlichkeit und Hilfsbereitschaft Kunden ggü. statt, so liegt eine Einweisung gem. § 81 vor (BAG 28.1.1992 AP BetrVG 1972 § 96 Nr. 1; krit. *Fitting* Rn. 22).

3. Normgehalt. a) Förderungspflicht. Abs. 1 S. 1 verpflichtet AG und BR zur Förderung der 10 Berufsbildung, belässt Planung und Konzeption aber in der Zuständigkeit des AG. Inhaltl. soll die Förderungspflicht unter Anwendung der Maßstäbe von § 75 I allen AN des Betriebs die gleiche Möglichkeit zur Teilnahme an Berufsbildung sichern (DKKW/*Buschmann* Rn. 27). Ein Mitbestimmungsrecht besteht nur gemäß § 97 II, § 98, der AG entscheidet iÜ frei über die Einführung betriebl. Bildungsmaßnahmen (*Fitting* Rn. 27; GK-BetrVG/*Raab* Rn. 22; im Einzelfall für eine Pflicht zur Einführung von Berufsbildungsmaßnahmen *Hamm* AuR 1992, 326, 328). Dem AN erwächst kein Individualanspruch auf Förderung, dieser kann sich aber zB aus den ANWeiterbildungsgesetzen der Länder ergeben (*Fitting* Rn. 24). Die Förderung hat iRd. betriebl. Personalplanung und **in Zusammenarbeit mit den für die Berufsbildung und den für die Förderung der Berufsbildung zust. Stellen** zu erfolgen. Zust. für die Berufsbildung sind verschiedene Kammern (§ 71 BBiG), die nach § 72 BBiG durch RechtsV bestimmten Stellen sowie jeweilige Landesausschüsse und der Berufsbildungsausschuss (§§ 77ff. BBiG). Für die Förderung der Berufsbildung zuständig sind die BA sowie die ihr nachgeordneten Stellen, berufs- und weiterbildende Schulen, AGVerbände und Gewerkschaften, soweit sie sich mit Berufsbildung und ihrer Förderung befassen (GK-BetrVG/*Raab* Rn. 27).

b) Beratungsanspruch und Vorschlagsrecht. Beratungsanspruch und Vorschlagsrecht **(Abs. 1 S. 2,** 11 **3)** des BR bestehen unabhängig von der nach § 92 I vorausgesetzten Personalplanung. Der BR muss die Beratung fordern; nur für die von § 97 erfassten Angelegenheiten kommt es auf das Verlangen des BR nicht an (GK-BetrVG/*Raab* Rn. 32; *Fitting* Rn. 39). **Beratungsgegenstand** sind alle mit der Berufsbildung im Zusammenhang stehenden Themen. So gehören etwa konkrete Einzelfragen im Rahmen einer laufenden Berufsbildungsmaßnahme ebenso dazu wie Fragen der Aufgabe und Einstellung von Berufsbildungsmaßnahmen (MüArbR/*Matthes* § 262 Rn. 5). Gleiches gilt für das **Vorschlagsrecht,** das im Falle seiner Ausübung dazu führt, dass die Betriebspartner mit dem Ziel einer Verständigung beraten müssen (vgl. § 74 I 2). Vorschläge des BR können sich zB auf die Erhebung des Bildungsbedarfs oder die Einführung einer Bildungsplanung beziehen. Die durch das ReformG eingefügte Ermittlung des Berufsbildungsbedarfs bereitet die Mitbestimmung nach §§ 96ff. vor (dazu *Fitting* Rn. 33ff.).

c) Ermöglichung der Berufsbildungsteilnahme. Abs. 2 verpflichtet die Betriebspartner, unter Be- 12 rücksichtigung der betriebl. Notwendigkeiten den AN Berufsbildung zu ermögl., wobei S. 2 bes. die Berücksichtigung von benachteiligten Gruppen fordert. Abs. 2 gewährt ebenso wie Abs. 1 keinen Rechtsanspruch einzelner AN, keine Kostentragungspflicht des AG und keinen Freistellungsanspruch des AN (HSWG/*Worzalla* Rn. 34; GK-BetrVG/*Raab* Rn. 35). Die ausdrückl. Erwähnung von älteren AN, Teilzeitbeschäftigten und AN mit Familienpflichten ergänzt § 75 I 1 und 2 sowie § 80 I Nr. 2aund 6 und **dient der Chancengleichheit.** Zumindest bezügl. älterer AN ist das Ziel gleichberechtigter Teilhabe an Berufsbildung noch nicht erreicht worden. Teilzeitbeschäftigte und AN mit Familienpflichten sind häufig Frauen, so dass die Vorschr. auch mittelbarer Diskriminierung entgegenwirken soll (vgl. GK-BetrVG/*Raab* Rn. 36). Dazu sollen zB Veranstaltungen mit geringerem zeitl. Umf. oder Tagesveranstaltungen mit Kinderbetreuung angeboten werden (*Fitting* Rn. 31). Eine etwaige Bevorzugung dieser Gruppen muss sich ihrerseits wieder an den Maßstäben des § 75 in der mit dem Inkrafttreten des AGG geänd. Fassung orientieren.

4. Streitigkeiten. Streitigkeiten über Informations-, Beratungs- oder Vorschlagsrechte entscheiden 13 die ArbG im BeschlV., §§ 2a, 80ff. ArbGG. Weigert sich der AG, Fragen der Berufsbildung zu beraten, kann auch die Einleitung eines Verfahrens nach § 23 III in Betracht kommen, wenn ein „grober Verstoß" gegen die Pflichten vorliegt. Bei groben Pflichtverletzungen des BR kommt ein Verfahren nach § 23 I in Betracht.

§ 97 Einrichtungen und Maßnahmen der Berufsbildung

(1) [1]**Der Arbeitgeber hat mit dem Betriebsrat über die Errichtung und Ausstattung betrieblicher Einrichtungen zur Berufsbildung, die Einführung betrieblicher Berufsbildungsmaßnahmen und die Teilnahme an außerbetrieblichen Berufsbildungsmaßnahmen zu beraten.**

(2) [1]**Hat der Arbeitgeber Maßnahmen geplant oder durchgeführt, die dazu führen, dass sich die Tätigkeit der betroffenen Arbeitnehmer ändert und ihre beruflichen Kenntnisse und Fähigkeiten zur Erfüllung ihrer Aufgaben nicht mehr ausreichen, so hat der Betriebsrat bei der Einführung von Maßnahmen der betrieblichen Berufsbildung mitzubestimmen.** [2]**Kommt eine Einigung nicht**

zustande, so entscheidet die Einigungsstelle. [3]Der Spruch der Einigungsstelle ersetzt die Einigung zwischen Arbeitgeber und Betriebsrat.

1 **1. Verhältnis zu den Rechten aus § 96.** § 97 ergänzt § 96 um ein bes. Beratungsrecht und statuiert im Gegensatz zu § 96 eine von dem Verlangen des BR unabhängige Beratungspflicht (*Fitting* Rn. 4). IÜ gilt das zu § 96 Gesagte, dh. der Begriff der Berufsbildung ist gleich und die – vorbehaltl. des Abs. 2 – freie unternehmerische Entscheidung bleibt auch bei § 97 unangetastet (GK-BetrVG/*Raab* Rn. 5). Zu Streitigkeiten s. § 96 Rn. 13.

2 **2. Beratungsrechte.** Die Errichtung und Ausstattung **betriebl. Einrichtungen zur Berufsbildung** erfasst solche Einrichtungen, die ohne das Erfordernis einer organisatorischen Verselbstständigung dauerhaft den Zweck der Berufsbildung zumindest auch der betriebsangehörigen AN verfolgen (GK-BetrVG/*Raab* Rn. 6). Als solche kommen in Betracht: zB Lehrwerkstätten, Lehrlingsecken, Unterrichtsräume, Umschulungswerkstatt, Betriebl. Bildungszentrum, Ausbildungslabors und -büros (Richardi/*Thüsing* Rn. 6). Die Einbeziehung einer Beschäftigungs- und Qualifizierungsgesellschaft (dafür DKKW/*Buschmann* Rn. 3) sollte davon abhängig gemacht werden, in welchem Umf. sie für den Betrieb tätig wird. Sofern die Voraussetzungen einer Sozialeinrichtung erfüllt sind, besteht für Form, Ausgestaltung und Verw. der Berufsbildungseinrichtung ein Mitbestimmungsrecht nach § 87 I Nr. 8 (GK-BetrVG/*Raab* Rn. 8).

3 Gegenstand des Beratungsrechts ist die **Errichtung und Ausstattung.** Wenn der AG die Errichtung von Berufsbildungseinrichtungen plant, muss er die Beratungsinitiative ergreifen (dazu *Fitting* Rn. 4). Die Ausstattung bezieht sich auf die sachl., finanzielle und personelle Ausstattung; bei letzterer ist zusätzl. § 98 II und V zu beachten. Zur sachl. Ausstattung zählen etwa die Anschaffung technischer Anl., Maschinen, Werkzeug und Lehrmaterial (DKKW/*Buschmann* Rn. 4). Daneben ist Beratungsgegenstand auch die Änd. (*Fitting* Rn. 4; GK-BetrVG/*Raab* Rn. 6;), nicht aber die **Schließung bzw. Beseitigung** von Einrichtungen (hM GK-BetrVG/*Raab* Rn. 6; *Fitting* Rn. 4; aA DKKW/*Buschmann* Rn. 3).

4 Die **Einführung betriebl. Berufsbildungsmaßnahmen** bezieht sich auf alle betriebl. Maßnahmen, die der Berufsbildung dienen (vgl. zum Begriff der Berufsbildung § 96 Rn. 5 ff.). Dazu können zB Fortbildungskurse, Traineemaßnahmen, betriebl. Zusatzunterricht für Auszubildende, Einführung in neue technische Verfahren oder Werkstoffe gehören (DKKW/*Buschmann* Rn. 5; *Fitting* Rn. 5). Ebenso wie im Rahmen von § 96 muss hier der Berufsbildungsbegriff gegen Maßnahmen abgegrenzt werden, die sich aus dem Individualanspruch des AN gem. § 81 I und II auf Unterrichtung ergeben (vgl. § 96 Rn. 9). Bei der Durchführung betriebl. Berufsbildungsmaßnahmen besteht das Mitbestimmungsrecht aus § 98 I.

5 Die **Teilnahme an außerbetriebl. Berufsbildungsmaßnahmen** erfasst die von betriebsfremden Trägern der Berufsbildung, etwa von Kammern und Agenturen für Arbeit, überbetriebl. Einrichtungen, Gewerkschaften oder AG durchgeführten Maßnahmen (GK-BetrVG/*Raab* Rn. 10). Das Beratungsrecht erstreckt sich auf die Frage, ob der AG sich an solchen Maßnahmen beteiligen soll und welchen AN er die Teilnahme ermögl. soll, auf Themen, Kurse, Träger, Zeitpunkt und Dauer der Maßnahme (DKKW/*Buschmann* Rn. 6, GK-BetrVG/*Raab* Rn. 10). Die Mitbestimmungsrechte nach § 98 sind zu beachten, da sie weitergehende Rechte bezügl. der Beratungsgegenstände eröffnen.

6 **3. Mitbestimmung.** Die Bestimmung des durch das ReformG eingeführten Abs. 2 ergänzt die individualrechtl. Regelung des § 1 II 3 KSchG, sowie die betriebsverfassungsrechtl. Regelungen in § 81 I und § 102 III Nr. 4. Aus diesen Bestimmungen ist abzuleiten, dass die betriebl. Berufsbildungsmaßnahme auch iRd. § 97 II sowohl dem AN als auch dem AG zumutbar sein muss (*Fitting* Rn. 25). Die Zumutbarkeit für den AG ist auf die Zahl der AN begrenzt, die er nach der Maßnahme weiterbeschäftigen will. Macht dies eine Auswahl unter den betroffenen AN notwendig, so entscheidet auch darüber nach §§ 97 II, 98 III, IV die Einigungsstelle. Diese ist, auch wenn damit eine Vorentscheidung für Kündigungen getroffen wird, nicht strikt an die Maßstäbe der sozialen Auswahl gebunden, hat aber auf soziale Kriterien Rücksicht zu nehmen (so wohl auch *Fitting* Rn. 28). Das Mitbestimmungsrecht nach § 97 II verlangt einen konkreten drohenden Qualifizierungsverlust der betroffenen AN. Ein Bedarf nach betriebl. Berufsbildung setzt voraus, dass die mit einer Maßnahme des AG verbundenen Änd. der Tätigkeiten der betroffenen AN so nachhaltig sind, dass die berufl. Kenntnisse und Fähigkeiten der betroffenen AN nicht mehr ausreichen, um ihre Aufgaben erfüllen zu können. Die bloße Einweisung von AN in die Tätigkeit an einer neuen Maschine, die bloße Bedienungsanleitung, stellt keine betriebl. Berufsbildung iSd. § 97 II dar (LAG HM 8.11.2002 NZA-RR 2003, 543).

7 Noch nicht abschließend geklärt ist die Verteilung der Kosten und der Zeitaufwendung auf AG und AN. Der Begriff der „betriebl." Bildungsmaßnahmen spricht für eine alleinige Verantwortung des AG, doch dient er nur der Abgrenzung ggü. außerbetriebl. Bildungsmaßnahmen. Das Kriterium der beiderseitigen Zumutbarkeit und die in § 2 SGB III verankerte Verantwortung beider Seiten für die Beschäftigungsfähigkeit der AN spricht für die Einbeziehung dieser Frage in die Mitbestimmung,

einschließl. etwaiger Rückzahlungsklauseln (ebenso *Rieble* NZA Sonderheft 2001, 49; *Franzen* NZA 2001, 865; aA *Fitting* Rn. 30 ff.; GK-BetrVG/*Raab* Rn. 23).

Der Spruch der Einigungsstelle kann normative Wirkung haben, soweit er Ansprüche der AN festlegt (aA WPK/*Preis* Rn. 8: keine Individualansprüche einzelner AN), sich aber auch auf eine Regelungsabrede beschränken, die dem BR ein Recht zur Etablierung bestimmter betriebl. Bildungseinrichtungen gibt. Ein Unterlassungsanspruch in Bezug auf vom AG beabsichtigte oder durchgeführte Maßnahmen ergibt sich aus der Vorschr. nicht, da sie keine Mitbestimmung in Bezug auf die Maßnahme und aus ihr folgende Kündigungen begr. (Richardi/*Thüsing* Rn. 19; aA *Fitting* Rn. 36). Dafür spricht auch die Beschränkung des Unterlassungsanspruchs in § 98 V auf den Tatbestand des § 98 II. Wird ein AN entlassen, weil ihm in Folge einer Maßnahme iSd. § 97 II die erforderl. Qualifikation fehlt, fällt eine Einigung zwischen AG und BR über das Ausmaß erforderl. Schulungsmaßnahmen, das Erg. solcher Maßnahmen oder aber die mitbestimmungswidrige Ablehnung solcher Maßnahmen im Kündigungsschutzprozess ins Gewicht (GK-BetrVG/*Raab* Rn. 28–30). 8

§ 98 Durchführung betrieblicher Bildungsmaßnahmen

(1) Der Betriebsrat hat bei der Durchführung von Maßnahmen der betrieblichen Berufsbildung mitzubestimmen.

(2) Der Betriebsrat kann der Bestellung einer mit der Durchführung der betrieblichen Berufsbildung beauftragten Person widersprechen oder ihre Abberufung verlangen, wenn diese die persönliche oder fachliche, insbesondere die berufs- und arbeitspädagogische Eignung im Sinne des Berufsbildungsgesetzes nicht besitzt oder ihre Aufgaben vernachlässigt.

(3) Führt der Arbeitgeber betriebliche Maßnahmen der Berufsbildung durch oder stellt er für außerbetriebliche Maßnahmen der Berufsbildung Arbeitnehmer frei oder trägt er die durch die Teilnahme von Arbeitnehmern an solchen Maßnahmen entstehenden Kosten ganz oder teilweise, so kann der Betriebsrat Vorschläge für die Teilnahme von Arbeitnehmern oder Gruppen von Arbeitnehmern des Betriebs an diesen Maßnahmen der beruflichen Bildung machen.

(4) [1] Kommt im Fall des Absatzes 1 oder über die nach Absatz 3 vom Betriebsrat vorgeschlagenen Teilnehmer eine Einigung nicht zustande, so entscheidet die Einigungsstelle. [2] Der Spruch der Einigungsstelle ersetzt die Einigung zwischen Arbeitgeber und Betriebsrat.

(5) [1] Kommt im Fall des Absatzes 2 eine Einigung nicht zustande, so kann der Betriebsrat beim Arbeitsgericht beantragen, dem Arbeitgeber aufzugeben, die Bestellung zu unterlassen oder die Abberufung durchzuführen. [2] Führt der Arbeitgeber die Bestellung einer rechtskräftigen gerichtlichen Entscheidung zuwider durch, so ist er auf Antrag des Betriebsrats vom Arbeitsgericht wegen der Bestellung nach vorheriger Androhung zu einem Ordnungsgeld zu verurteilen; das Höchstmaß des Ordnungsgeldes beträgt 10 000 Euro. [3] Führt der Arbeitgeber die Abberufung einer rechtskräftigen gerichtlichen Entscheidung zuwider nicht durch, so ist auf Antrag des Betriebsrats vom Arbeitsgericht zu erkennen, dass der Arbeitgeber zur Abberufung durch Zwangsgeld anzuhalten sei; das Höchstmaß des Zwangsgeldes beträgt für jeden Tag der Zuwiderhandlung 250 Euro. [4] Die Vorschriften des Berufsbildungsgesetzes über die Ordnung der Berufsbildung bleiben unberührt.

(6) Die Absätze 1 bis 5 gelten entsprechend, wenn der Arbeitgeber sonstige Bildungsmaßnahmen im Betrieb durchführt.

1. Vorbemerkung. Der AG ist grds. in seiner **Entscheidung frei, ob** er Maßnahmen der betriebl. Berufsbildung durchführt (BAG 8.12.1987 AP BetrVG 1972 § 98 Nr. 4). Wenn er dies tut, greift § 98 ein, der drei verschiedene Mitbestimmungstatbestände enthält, die unterschiedl. ausgestaltet sind: Abs. 1 gibt dem BR ein Mitbestimmungsrecht ohne Initiativrecht. Abs. 2 ist als Widerspruchs- und Abberufungsrecht ausgestaltet; Abs. 3 gewährt dem BR ein Vorschlagsrecht. **Ausnahmen** vom Grundsatz der freien Entscheidung über das „Ob" von Berufsbildungsmaßnahmen können sich aus § 102 III Nr. 4 BetrVG ergeben, wenn zumutbare Umschulungs- und Fortbildungsmaßnahmen zur Weiterbeschäftigung des AN führen können und dem BR deshalb ein Widerspruchsrecht gegen die Kündigung zusteht (*Fitting* Rn. 2; GK-BetrVG/*Raab* Rn. 10; DKKW/*Buschmann* Rn. 1). Ebenso ist es, wenn auf Grund des § 97 II, eines TV, einer BV oder einer arbeitsvertragl. Regelung Ansprüche auf Maßnahmen der Berufsbildung bestehen. § 98 erfasst nicht die Einstellung von Auszubildenden, insofern greift § 99 ein. 1

2. Durchführung von Maßnahmen der betrieblichen Berufsbildung. Der Begriff Berufsbildung entspricht dem in §§ 96, 97 verwandten umfassenden Verständnis (vgl. zu § 96 Rn. 5 ff.). Die Berufsbildung ist betriebl., wenn der AG auf die Maßnahmen einen beherrschenden Einfluss hat. Bei überbetriebl. Ausgestaltung der Berufsbildung besteht ein Mitbestimmungsrecht des BR bei der Festlegung der Konditionen der Zusammenarbeit in entspr. Anwendung von § 98 I (s. § 96 Rn. 8). 2

3 Die nach Abs. 1 mitbestimmte **Durchführung** erfasst die Ausgestaltung von generell-abstrakten Maßnahmen hins. Inhalt, Umf. und Methode der Vermittlung sowie Ausgestaltung der Prüfung (vgl. BAG 5.11.1985 AP BetrVG 1972 § 98 Nr. 2; *Fitting* Rn. 7, 10; GK-BetrVG/*Raab* Rn. 11, 13).

4 Gesperrt ist das Mitbestimmungsrecht durch G oder TV. Insb. im Bereich der **Berufsausbildung** sind zwgd. ges. Regelungen häufig. Dennoch verbleibt ein Gestaltungsspielraum, der sich auf die Ausfüllung und Anpassung an die betriebl. Verhältnisse erstreckt (*Fitting* Rn. 5; GK-BetrVG/*Raab* Rn. 13). Die Inhalte der Berufsausbildungsordnungen stellen allerdings idR nur Mindestnormen dar, so dass der BR über ihre mögl. Erweiterung freiwillige BV mit dem AG abschl. kann. Zudem enthalten die Ausbildungsordnungen weitere dispositive Vorschr., etwa bzgl. der sachl. und zeitl. Gliederung, die Regelungsspielräume für die Betriebspartner eröffnen. Im Bereich **berufl. Weiterbildung** ist auf Grund weitgehend fehlender ges. Normierung (vgl. §§ 53 ff. BBiG) ein entspr. großer Gestaltungsspielraum gegeben. Tarifl. Regelungen zur Berufsbildung finden sich nur vereinzelt und führen im Falle des Fehlens zwgd. Regelung nicht zur Mitbestimmungssperre des BR (*Oetker,* Die Mitbestimmung der Betriebs- und Personalräte bei der Durchführung von Berufsbildungsmaßnahmen, S. 209 ff., 230 ff.).

5 Als Gegenstand der Mitbestimmung nach § 98 I sind **bspw.** zu nennen Führung und Überwachung von Berichtsheften (vgl. § 14 I Nr. 4 BBiG), Regeln über die Aufstellung von Erziehungsmaßnahmen (vgl. § 14 I Nr. 5 BBiG), Pläne für die Reihenfolge der zu durchlaufenden Stationen, Zeit und Ort von Veranstaltungen (bei der Berufsausbildung regelt § 15 BBiG die Freistellung der Auszubildenden), Aufstellung von Lehrplänen, Einführung von betriebl. Zwischenprüfungen (vgl. BAG 5.11.1985 AP BetrVG 1972 § 98 Nr. 2; LAG K 12.4.1983 EzA BetrVG § 98 Nr. 1; GK-BetrVG/*Raab* Rn. 13; *Fitting* Rn. 5), Entsch. für eine generelle Verkürzung der Ausbildung für bestimmte Ausbildungsberufe gem. § 8 BBiG (BAG 24.8.2004 NZA 2005, 371; aA LAG K 11.4.2003 NZA-RR 2004, 360).

6 § 98 I erfasst weder konkrete Einzelmaßnahmen oder Einzelunterweisungen noch die Inhaltsgestaltung von Ausbildungsverträgen (*Fitting* Rn. 7 f.). Daher kommt auch **kein Mitbestimmungsrecht** bei der Ausgestaltung von Klauseln über die Rückzahlung von Ausbildungskosten nach Maßnahmenbeendigung in Betracht (vgl. zur individualrechtl. Zulässigkeit BAG 16.3.1994 AP BGB § 611 Ausbildungsbeihilfe Nr. 18; BAG 6.9.1995 AP BGB § 611 Ausbildungsbeihilfe Nr. 23); anders nach § 97 II, s. § 97 Rn. 7. Allein der inhaltl. Zusammenhang mit der Ausbildung stellt noch nicht den notwendigen Zusammenhang zur Durchführung der Maßnahme her (ebenso GK-BetrVG/*Raab* Rn. 16; aA DKKW/*Buschmann* Rn. 8).

7 Im Falle, dass sich AG und BR nicht über die mitbestimmungspflichtige Durchführung der Maßnahmen einigen können, entscheidet gem. Abs. 4 die **Einigungsstelle,** deren Spruch die Einigung der Betriebspartner ersetzt. Für den Spruch sind die rechtl. Grenzen der Mitbestimmung ebenso zu beachten wie für die Betriebspartner. Das Initiativrecht zur Einschaltung der Einigungsstelle kommt sowohl AG wie BR zu.

8 **3. Bestellung und Abberufung von Ausbildern.** Im Regelfall führt nicht der AG in Person Berufsbildung im Betrieb durch, sondern ein von ihm beauftragter Ausbilder. Liegt doch Berufsbildung durch die Person des AG vor, findet Abs. 2 keine Anwendung; vielmehr hat die zuständige Verwaltungsbehörde gem. § 71 BBiG vorzugehen (*Fitting* Rn. 19). Gem. § 28 I muss derjenige, der Auszubildende nur einstellt, persönl., aber nicht fachl. geeignet sein. Für den Regelfall, dass beauftragte Ausbilder berufl. Bildung vermitteln, regelt Abs. 2, dass der BR ein Mitbestimmungsrecht hins. Bestellung und Abberufung der mit der Durchführung der betriebl. Berufsbildung beauftragten Personen hat.

9 **Mit der betriebl. Berufsbildung beauftragte Personen** sind zunächst Ausbilder iSd. § 14 I Nr. 2 BBiG. Diese führen die Berufsausbildung im Betrieb persönl. durch. Das Widerspruchsrecht und das rechtmäßige Verlangen der Abberufung kann nach Abs. 2 aus zwei Gründen geltend gemacht werden. Erstens kann die persönl. oder fachl., insb. die berufs- und arbeitspädagogische Eignung iSd. BBiG fehlen. Zweitens kann der Ausbilder seine Aufgaben vernachlässigt haben. Die **persönl. Eignung** ist anhand von § 29 BBiG bzw. § 22a HandwO zu beurteilen. Sie fehlt, wenn der Ausbilder Kinder und Jugendliche nicht beschäftigen darf oder wiederholt oder schwer gegen das BBiG bzw. die HandwO oder die auf Grund dieser Gesetze erlassenen Vorschr. oder Bestimmungen verstoßen hat. Die **fachl. Eignung** fehlt gem. § 30 BBiG, wenn der Ausbilder die erforderl. berufl. Fertigkeiten und Kenntnisse oder die erforderl. berufs- und arbeitspädagogischen Kenntnisse nicht besitzt (vgl. dazu §§ 21 f. HandwO). Im Handwerk ist nach § 22b HandwO fachl. geeignet, wer die Meisterprüfung in dem Handwerk, in dem ausgebildet werden soll, bestanden hat. Für den Bereich der gewerbl. Wirtschaft regeln bes. Prüfungen zum Nachweis der berufs- und arbeitspädagogischen Kenntnisse gem. § 30 V BBiG die Ausbildereignungsverordnungen.

10 Die **Vernachlässigung seiner Aufgaben** durch den Ausbilder erfasst den objektiven Mangel der erforderl. Gründlichkeit und Gewissenhaftigkeit, so dass befürchtet werden muss, dass die Auszubildenden das Ziel der Ausbildung verfehlen (*Fitting* Rn. 17; GK-BetrVG/*Raab* Rn. 23; HSWG/*Worzalla* Rn. 37). Die subjektive Vorwerfbarkeit ist auf Grund des ges. Zwecks der Verhinderung von Schaden für die Auszubildenden irrelevant (WPK/*Preis* Rn. 18).

Umstritten ist, inwieweit das Mitbestimmungsrecht nach Abs. 2 auch für die **berufl. Weiterbildung** eingreift. Für die Umschulung regelt § 60 iVm. §§ 32f. BBiG, dass der BR die Einschaltung der Verwaltungsbehörde verlangen kann. Für den Bereich berufl. Fortbildung wird tw. angenommen, dass mangels geeigneter Maßstäbe für die Entscheidung nach Abs. 5 davon auszugehen sei, dass § 98 nicht anwendbar ist (*Ehrich* RdA 1993, 220, 223). Richtigerweise kann jedoch auf allgem. Maßstäbe zurückgegriffen werden. Denn das Wort „insb." legt nahe, dass der Gesetzgeber nicht alleine auf das BBiG abstellen wollte. Zudem erfordert die hohe Bedeutung berufl. Weiterbildung für das persönl. und betriebl. Arbeitsergebnis ähnl. hohe Ansprüche an die Qualität der Weiterbildung wie an die der Berufsausbildung (GK-BetrVG/*Raab* Rn. 22; DKKW/*Buschmann* Rn. 12; *Fitting* Rn. 18). 11

Können sich AG und BR nicht über Bestellung oder Abberufung einigen, kann das **ArbG** mit dem Antrag des BR angerufen werden, dem AG aufzugeben, die Bestellung zu unterlassen bzw. die Abberufung durchzuführen. Der AG kann beantragen, die Rechtmäßigkeit des BRWiderspruches feststellen zu lassen (LAG BE 6.1.2000 – 10 TaBV 2213/99 –). Strittig ist, ob der AG den Ausbilder ohne Anrufung des ArbG wirksam bestellen kann, wenn der BR widersprochen hat (so GK-BetrVG/*Raab* Rn. 32ff.). Mit Rücksicht auf den ges. bezweckten Schutz der Auszubildenden durch fachl. und persönl. geeignete Ausbilder ist davon auszugehen, dass eine einseitige Bestellung nicht mögl. ist (*Fitting* Rn. 21; DKKW/*Buschmann* Rn. 23). Zu den Folgen einer rkr. Entsch. des ArbG vgl. Abs. 5 S. 2, 3. Die gem. § 890 II ZPO notwendige Androhung im Falle der Unterlassungserzwingung kann schon mit dem Bestellungsverbot des Ausbilders in einem Beschl. verbunden werden (*Fitting* Rn. 24), so dass der BR beide Anträge zugleich stellen kann. Nach LAG BE 6.1.2000 kann der AN selbst die Berechtigung des Widerspruchs gerichtl. überprüfen lassen (10 Ta BV 2213/99). 12

Abzugrenzen von der Bestellung und Abberufung eines Ausbilders sind die **personellen Einzelmaßnahmen** auf Grund §§ 99, 102. § 98 II und V stellt einen Sondertatbestand zu § 99 und § 23 III dar (DKKW/*Buschmann* Rn. 22; *Fitting* Rn. 23; GK-BetrVG/*Raab* Rn. 37). Ungeeignetheit iSd. § 98 II bedeutet nicht das Vorliegen eines Zustimmungsverweigerungsrechts gem. § 99 II; ebenso wenig ersetzt die gerichtl. Abberufungsentscheidung eine Kündigung des AG. Wird eine solche durch den AG ausgesprochen, kommen Widerspruchsrechte des BR gem. § 102 III nur noch nach Nr. 3 und 5 in Betracht (GK-BetrVG/*Raab* Rn. 41; *Fitting* Rn. 23; *Ehrich* RdA 1993, 220, 230). Beim gekündigten Ausbilder ist ein Weiterbeschäftigungsanspruch nach § 102 V 1 ausgeschlossen, weil die Weiterbeschäftigung am bisherigen Arbeitsplatz im Widerspruch zum Abberufungsverlangen des BR steht (GK-BetrVG/*Raab* Rn. 41; *Ehrich* RdA 1993, 220, 230). 13

Dem BR fällt nach Abs. 2 eine **Überwachungsfunktion** zu, die gem. Abs. 5 S. 4 neben den zust. Stellen bzw. der zust. Behörde gem. §§ 33, 60 BBiG wahrzunehmen ist (vgl. GK-BetrVG/*Raab* Rn. 19; DKKW/*Buschmann* Rn. 21). § 80 II verpflichtet den AG zur rechtzeitigen Inf. über die Ausbilderbestellung (WPK/*Preis* Rn. 16), wodurch die Überwachung gesichert werden kann. Die doppelte Zuständigkeit von BR und zust. Stelle gem. §§ 32f. BBiG, 23, 24 HandwO für die Eignung der Ausbilder ist auch dann hinzunehmen, wenn eine divergierende Entscheidung zwischen Verwaltungsbehörde bzw. -gericht und ArbG mögl. ist. Sie wird praktisch kaum in Betracht kommen, da zum einen die berufl. Fortbildung nicht unter § 33 BBiG fällt und die Norm zum anderen nicht unmittelbar Bestellung und Abberufung regelt (*Fitting* Rn. 27; *Ehrich* RdA 1993, 220, 225). 14

4. Teilnahmevorschläge des Betriebsrats für Maßnahmen der Berufsbildung. Abs. 3 verfolgt den Zweck, die Chancengleichheit der AN beim berufl. Fortkommen zu fördern, dh. die Verwirklichung des Gleichberechtigungsgrundsatzes im Berufsbildungsbereich. Nicht nur der BR, sondern auch ein paritätisch besetzter Bildungsausschuss gem. § 28 III kann sich mit dem AG über die Teilnehmer einigen (*Fitting* Rn. 29). In den drei Fällen des Abs. 3 greift das Vorschlagsrecht ein: Durchführung betriebl. Maßnahmen der Berufsbildung (s. § 96 Rn. 5ff.), Freistellung für außerbetriebl. Maßnahmen der Berufsbildung, vollständige oder tw. Kostentragung des AG für die Teilnahme an Maßnahmen der Berufsbildung. Die **freie Entsch. des AG** bleibt erhalten bezügl. der Entsch. über das „Ob" der Durchführung, der Freistellung bzw. der Kostenübernahme; ebenso bezügl. der Festlegung der Ausbildungsziele und der Teilnehmerzahl (GK-BetrVG/*Raab* Rn. 26ff.; *Fitting* Rn. 32). 15

Aus der Verbindung mit Abs. 4 ergibt sich die **Erzwingbarkeit des Vorschlagsrechts.** Allerdings bedeutet dies nicht, dass immer über alle Teilnehmer Einigung erzielt werden müsste. Denn grds. entscheidet die Einigungsstelle nur dann, wenn AG und BR zusammen mehr AN vorschlagen als Ausbildungsplätze zur Vfg. stehen. In diesem Fall werden auch die vom AG vorgeschlagenen AN nach den Kriterien der Einigungsstelle beurteilt (BAG 8.12.1987 AP BetrVG 1972 § 98 Nr. 4). Macht der BR dagegen nicht von seinem Vorschlagsrecht gem. § 98 III Gebrauch, kommt auch kein Einigungsstellenverfahren in Betracht (BAG 30.5.2006 AP BetrVG 1972 § 118 Nr. 80), dh. er kann in diesem Fall nicht die Teilnahme der vom AG benannten AN verhindern. **Das Mitbestimmungsrecht greift damit nur ein, wenn der BR Teilnehmer vorschlägt.** Die Einigungsstelle entscheidet unter Berücksichtigung der Grundsätze des § 96 II iRd. vom AG nach Beratung mit dem BR gem. § 97 festgesetzten Aufnahmekapazität und den Teilnahmeanforderungen gem. Abs. 4 verbindl. (*Fitting* Rn. 33). 16

17 Den Betriebspartnern ist es mögl., objektive Auswahlgesichtspunkte aufzustellen, die das Vorschlagsrecht des BR präjudizieren, aber keine AuswahlRL iSd. § 95 darstellen (DKKW/*Buschmann* Rn. 30).

18 **5. Durchführung sonstiger Bildungsmaßnahmen im Betrieb.** Abs. 6 ordnet die entspr. Geltung der Abs. 1 bis 5 für die Durchführung sonstiger Bildungsmaßnahmen im Betrieb an. Zur Betrieblichkeit von Bildungsmaßnahmen s. die Erl. zu §§ 96, 98 I. IÜ gelten die Erl. zu Abs. 1 bis 5 auch hier.

19 Die Vorschr. erfasst alle Bildungsmaßnahmen, die nicht Berufsbildungsmaßnahmen sind, dh. sich nicht auf die aktuelle oder zukünftige berufl. Tätigkeit von AN beziehen (DKKW/*Buschmann* Rn. 33; GK-BetrVG/*Raab* Rn. 43). **Erfasst werden alle Veranstaltungen, die zur Vermittlung von Kenntnissen führen, um einen Lernprozess herbeizuführen** (vgl. GK-BetrVG/*Raab* Rn. 43). Bsp. dafür sind Kurse zur ersten Hilfe, zur Unfallverhütung, Veranstaltungen über staatsbürgerl., sozialkundl., gesundheits- oder kunsterzieherische Themen (vgl. DKKW/*Buschmann* Rn. 33). Soweit Programmiererkurse, Sprachkurse oder Lehrgänge über elektronische Datenverarbeitung unter Abs. 6 gefasst werden (GK-BetrVG/*Raab* Rn. 43), kann dies nur unter Ermittlung des jetzigen und absehbaren Betätigungsfeldes des AN festgestellt werden, da bei der wachsenden Verbreitung von computerisierten Arbeitsplätzen hier oftmals berufl. Bildung vorliegen wird.

20 **Nicht unter Abs. 6** fallen die betriebl. Berufsbildung des AN, die Unterrichtung des AN nach § 81 I, die Inf. über das Unternehmen und Veranstaltungen zum Erfahrungsaustausch zwischen den AN (ähnl. GK-BetrVG/*Raab* Rn. 44). Ferner scheiden zB aus Malkurse, betriebl. Sportvereine und Schachclubs, Werksorchester oder Vergnügungsveranstaltungen, Betriebsausflüge und Jubilarehrungen (vgl. DKKW/*Buschmann* Rn. 34).

21 **6. Streitigkeiten.** Hat ein AN trotz bes. Schulung Schaden verursacht, kann sich der AG nicht auf eine unter Verletzung des § 98 I durchgeführte Schulungsveranstaltung zum Nachweis groben Verschuldens berufen (BAG 23.6.94 – 8 AZR 599/92; aA LAG HM 29.9.1992 BB 1992, 2223). Die **Einigungsstelle** entscheidet verbindl. über Streitigkeiten über die Durchführung von Berufsbildung oder sonstigen Bildungsmaßnahmen und über die Vorschläge des BR bezügl. der ANTeilnahme an Maßnahmen iSv. Abs. 3. Das **ArbG** entscheidet im Wege des Beschlussverfahrens über Streitigkeiten bei der Bestellung und Abberufung von Ausbildern, zudem über die Frage, ob eine Maßnahme der Mitbestimmung unterliegt (*Fitting* Rn. 42).

Dritter Unterabschnitt. Personelle Einzelmaßnahmen

§ 99 Mitbestimmung bei personellen Einzelmaßnahmen

(1) [1]**In Unternehmen mit in der Regel mehr als zwanzig wahlberechtigten Arbeitnehmern hat der Arbeitgeber den Betriebsrat vor jeder Einstellung, Eingruppierung, Umgruppierung und Versetzung zu unterrichten, ihm die erforderlichen Bewerbungsunterlagen vorzulegen und Auskunft über die Person der Beteiligten zu geben; er hat dem Betriebsrat unter Vorlage der erforderlichen Unterlagen Auskunft über die Auswirkungen der geplanten Maßnahme zu geben und die Zustimmung des Betriebsrats zu der geplanten Maßnahme einzuholen. [2]Bei Einstellungen und Versetzungen hat der Arbeitgeber insbesondere den in Aussicht genommenen Arbeitsplatz und die vorgesehene Eingruppierung mitzuteilen. [3]Die Mitglieder des Betriebsrats sind verpflichtet, über die ihnen im Rahmen der personellen Maßnahmen nach den Sätzen 1 und 2 bekannt gewordenen persönlichen Verhältnisse und Angelegenheiten der Arbeitnehmer, die ihrer Bedeutung oder ihrem Inhalt nach einer vertraulichen Behandlung bedürfen, Stillschweigen zu bewahren; § 79 Abs. 1 Satz 2 bis 4 gilt entsprechend.**

(2) **Der Betriebsrat kann die Zustimmung verweigern, wenn**

1. **die personelle Maßnahme gegen ein Gesetz, eine Verordnung, eine Unfallverhütungsvorschrift oder gegen eine Bestimmung in einem Tarifvertrag oder in einer Betriebsvereinbarung oder gegen eine gerichtliche Entscheidung oder eine behördliche Anordnung verstoßen würde,**
2. **die personelle Maßnahme gegen eine Richtlinie nach § 95 verstoßen würde,**
3. **die durch Tatsachen begründete Besorgnis besteht, dass infolge der personellen Maßnahme im Betrieb beschäftigte Arbeitnehmer gekündigt werden oder sonstige Nachteile erleiden, ohne dass dies aus betrieblichen oder persönlichen Gründen gerechtfertigt ist; als Nachteil gilt bei unbefristeter Einstellung auch die Nichtberücksichtigung eines gleich geeigneten befristet Beschäftigten,**
4. **der betroffene Arbeitnehmer durch die personelle Maßnahme benachteiligt wird, ohne dass dies aus betrieblichen oder in der Person des Arbeitnehmers liegenden Gründen gerechtfertigt ist,**
5. **eine nach § 93 erforderliche Ausschreibung im Betrieb unterblieben ist oder**
6. **die durch Tatsachen begründete Besorgnis besteht, dass der für die personelle Maßnahme in Aussicht genommene Bewerber oder Arbeitnehmer den Betriebsfrieden durch gesetzwidriges**

Verhalten oder durch grobe Verletzung der in § 75 Abs. 1 enthaltenen Grundsätze, insbesondere durch rassistische oder fremdenfeindliche Betätigung, stören werde.

(3) [1]**Verweigert der Betriebsrat seine Zustimmung, so hat er dies unter Angabe von Gründen innerhalb einer Woche nach Unterrichtung durch den Arbeitgeber diesem schriftlich mitzuteilen.** [2]**Teilt der Betriebsrat dem Arbeitgeber die Verweigerung seiner Zustimmung nicht innerhalb der Frist schriftlich mit, so gilt die Zustimmung als erteilt.**

(4) **Verweigert der Betriebsrat seine Zustimmung, so kann der Arbeitgeber beim Arbeitsgericht beantragen, die Zustimmung zu ersetzen.**

I. Anwendungsbereich

§§ 99 ff. regeln die Mitbestimmungsrechte bei personellen Einzelmaßnahmen. Dabei sind drei der vier zentralen personellen Einzelmaßnahmen (Einstellung, Versetzung, Ein- und Umgruppierung) in §§ 99 bis 101 einem Zustimmungserfordernis seitens des BR unterworfen, während bei der Kündigung gem. § 102 nur die Anhörung des BR vorgesehen ist. Auf der anderen Seite reicht das Mitbestimmungsrecht des BR bei der Kündigung gem. § 102 insoweit weiter, als die Beteiligung des BR in jedem Betrieb erforderl. ist, während § 99 nur in Unternehmen (bis 28.7.2001: Betrieb) mit idR mehr als 20 wahlberechtigten AN eingreift. Bei der **Ermittlung der regelm. ANZahl** ist nicht die zufällige tatsächl. Beschäftigtenzahl zum Zeitpunkt der vorgesehenen personellen Einzelmaßnahme maßgebl., sondern die normale ANZahl des Unternehmens, dh. diejenige Personalstärke, die für das Unternehmen im Allg. kennzeichnend ist. Insofern bedarf es eines Rückblicks auf die bisherige personelle Stärke des Betriebs und einer Einschätzung der künftigen Entwicklung (näher dazu § 111 Rn. 5). LeihAN stehen hierbei StammAN gleich (*Fitting* Rn. 11; *Linsenmaier/Kiel* RdA 2014, 135; aA GK-BetrVG/*Raab* Rn. 7), was durch Gesetzgeber nach § 14 II AÜG nF-RegE mit Wirkung ab dem 1.1.2017 klargestellt werden soll. Ein einzustellender AN, durch dessen Einstellung die Mindestzahl von mehr als 20 wahlberechtigten AN erst erreicht würde, ist nicht mitzuzählen (*Fitting* Rn. 12). In **Gemeinschaftsbetrieben** spricht der Wortlaut des Gesetzes für ein Abstellen auf die Unternehmensgröße (*Löwisch* BB 2001, 1734; aA *Fitting* Rn. 10). Allerdings hat das BAG für die Versetzung eine analoge Anwendung der Vorschr. auf Gemeinschaftsbetriebe bejaht, weil diese angebl. zur Vermeidung von Verstößen gegen den Gleichheitssatz geboten sei (BAG 29.9.2004 NZA 2005, 420). Dies erscheint keineswegs zwingend, da die begriffsnotwendige Mehrzahl der Vertrags-AG im Gemeinschaftsbetrieb eine dem Wortlaut entpr. Differenzierung rechtfertigt. Folgt man dem BAG, dürfte für die Mitbestimmung bei der Einstellung ebenfalls die analoge Anwendung der Vorschr. zu bejahen sein. Für die Eingruppierung dürfte eine analoge Anwendung ausscheiden, da nach Auff. des BAG am Mitbestimmungsverfahren auch im Gemeinschaftsbetrieb nur der Vertrags-AG zu beteiligen ist (BAG 23.9.2003 NZA 2004, 800). 1

Für **leitende Angestellte** gelten weder §§ 99 bis 101 noch § 102; insofern ist ledigl. einheitl. für alle personellen Einzelmaßnahmen eine Mitteilungspflicht ggü. dem BR in § 105 vorgesehen. Nur § 105 greift auch dann ein, wenn ein AN zum leitenden Angestellten befördert werden soll (BAG 29.1.1980 AP BetrVG 1972 § 5 Nr. 24). Hat der AG einen AN fälschl. als leitenden Angestellten angesehen und den BR bei einer personellen Einzelmaßnahme nur nach § 105 beteiligt, kann die Mitteilung nach § 105 idR nicht in eine Unterrichtung nach § 99 umgedeutet werden. Zu den der **Deutschen Bahn** AG zugewiesenen Beamten BAG 12.12.1995 AP BetrVG 1972 § 99 Versetzung Nr. 8; 26.6.1996 AP ArbGG 1979 § 20 Nr. 12; zur **Post** AG BAG 12.8.1999 AP BetrVG 1972 § 99 Versetzung Nr. 15; *Fitting* Rn. 303 ff. 2

Eingeschränkt ist das Mitbestimmungsrecht gem. § 99 im **Arbeitskampf,** soweit seine Ausübung unmittelbar und zwangsläufig zur Folge hätte, dass die Freiheit des AG, Arbeitskampfmaßnahmen zu ergreifen oder Folgen eines Arbeitskampfes zu begegnen, in ihrem Kernbereich beeinträchtigt würde (BVerfG 7.4.1997 AP GG Art. 100 Nr. 11; BAG 13.12.2011 NZA 2012, 571). Eine solche Beeinträchtigung setzt voraus, dass sich der AG selbst im Arbeitskampf befindet und die betreffende personelle Maßnahme unmittelbar arbeitskampfbezogen ist (*Fitting* Rn. 24, 25). Bsp. sind etwa die Einstellung von Streikbrechern oder die Versetzung arbeitswilliger AN auf Arbeitsplätze streikender AN (BAG 13.12.2011 NZA 2012, 571). Bei Maßnahmen, die nicht wegen, sondern nur während des Arbeitskampfes durchgeführt werden, bleibt das Mitbestimmungsrecht dagegen bestehen (BAG 6.3.1979 AP BetrVG 1972 § 102 Nr. 20). In jedem Fall bleibt wegen mangelnder Arbeitskampfrelevanz die Unterrichtungspflicht des AG erhalten (LAG NI 21.11.2001 LAGE BetrVG 87 Arbeitszeit Nr. 28). **Beschlussunfähigkeit** des BR oder fehlende Erreichbarkeit stehen dem Mitbestimmungsrecht nicht entgegen, da dem Eilbedürfnis des AG durch § 100 hinreichend Rechnung getragen ist (BAG 19.1.2010 NZA 2010, 659). Zur **Erweiterung der Mitbestimmung** in personellen Angelegenheiten durch TV s. § 87 Rn. 141. 3

II. Mitbestimmungspflichtige Angelegenheiten

1. Einstellung. Darunter kann man sowohl die Begründung des ArbVerh. durch Abschluss des Arbeitsvertrages als auch die tatsächl. Eingliederung in den Betrieb verstehen. Während das BAG 4 zunächst in Übereinstimmung mit einer starken Auff. in der Lit. (*Fitting* Rn. 32; GK-BetrVG/*Raab* Rn. 27 f.) davon ausging, dass die jeweils zeitl. erste Maßnahme mitbestimmungspflichtig sei, stellt das Gericht nunmehr allein auf die tatsächl. Beschäftigung im Betrieb ab (BAG 28.4.1992 AP BetrVG 1972 § 99 Nr. 98; 27.7.1993 AP BetrVG 1972 § 93 Nr. 3). Diese liegt vor, wenn Personen **in den Betrieb eingegliedert** werden, um zusammen mit den im Betrieb schon beschäftigten AN den arbeitstechnischen Zweck des Betriebes durch weisungsgebundene Tätigkeit zu verwirklichen (BAG 27.7.1993 AP BetrVG 1972 § 93 Nr. 3). Wechselt deshalb ein AN von einem Betrieb in einen anderen Betrieb desselben Unternehmens, kommt es im aufnehmenden Betrieb zu einer Eingliederung, so dass der dortige BR wegen dieser Einstellung zu beteiligen ist. Dies gilt auch dann, wenn der AN etwa als Trainee von vornherein für die Beschäftigung in verschiedenen Betrieben angestellt wurde; § 95 III S. 2 ist in diesem Zusammenhang nicht anwendbar (BAG 30.9.2008 DB 2009, 350; vgl. zur Mitbestimmung im abgebenden Betrieb unten Rz. 15).

5 Beteiligungspflichtig ist zunächst jede **Einstellung auf Grund eines wirksamen Arbeitsvertrages,** gleichgültig ob der AN unbefristet, befristet, zur Probe oder zur Aushilfe eingestellt wird. Gleichgestellt ist die Ausgabe von Arbeit an in Heimarbeit Beschäftigte gem. § 6 und grds. auch die Begründung von Berufsausbildungsverhältnissen. Insoweit gilt eine Ausnahme für den Fall der Einstellung eines Auszubildenden in einem reinen Ausbildungsbetrieb, da es hier an der notwendigen Eingliederung fehlt (vgl. BAG 21.7.1993 AP BetrVG 1972 § 5 Ausbildung Nr. 8). Allerdings soll der BR bereits **vor Abschluss des Arbeitsvertrages** zu beteiligen und seine Zustimmung zu der geplanten Beschäftigung einzuholen sein (BAG 28.4.1992 AP BetrVG 1972 § 99 Nr. 98). Insofern befindet sich das BAG in Übereinstimmung mit der abweichenden Auff. in der Lit. und seiner früheren Rspr., wonach bei zeitl. Auseinanderfallen von Vertragsschluss und Eingliederung jeweils die zeitl. erste Maßnahme des AG mitbestimmungspflichtig sein soll (*Fitting* Rn. 32; DKKW/*Bachner* Rn. 38; BAG 14.5.1974 AP BetrVG 1972 § 99 Nr. 2; 18.7.1978 AP BetrVG 1972 § 99 Nr. 7). Die Mitbestimmung bei einem Rahmenvertrag deckt auch die späteren Vereinbarungen über die einzelnen Arbeitseinsätze ab, BAG 28.4.1992 aaO.

6 Bei der **Fortsetzung eines ArbVerh.** wird eine mitbestimmungspflichtige Einstellung angenommen, wenn der Fortsetzung jeweils eine neue AGEntsch. zugrunde liegt. Dies gilt etwa für die Beschäftigung über die vertragl. vereinbarte oder tarifl. Altersgrenze hinaus (BAG 10.3.1992 AP BetrVG 1972 § 99 Nr. 96), die vorübergehende Beschäftigung von AN im Betrieb aus einem anderen Konzernunternehmen, die Übernahme in ein ArbVerh. nach Beendigung des Berufsausbildungsverhältnisses (BAG 22.1.1991 AP BetrVG 1972 § 99 Nr. 86), die Teilzeitbeschäftigung eines AN während des Erziehungsurlaubs (BAG 28.4.1998 AP BetrVG 1972 § 99 Einstellung Nr. 22 oder die **Verlängerung von zunächst befristet abgeschlossenen Arbeitsverträgen** (BAG 28.10.1986 AP BetrVG 1972 § 118 Nr. 32; BAG 23.6.2009 NZA 2009, 1162). Eine Ausnahme gilt für die Verlängerung eines befristeten Probearbeitsverhältnisses, sofern dem BR vor der Einstellung zur Probe mitgeteilt worden ist, der AN solle bei Bewährung weiterbeschäftigt werden (BAG 7.8.1990 AP BetrVG 1972 § 99 Nr. 82), angesichts des Zwecks des Probearbeitsverhältnisses ein überflüssiger und lebensfremder Formalismus. Darüber hinaus widerspricht es dem Wortlaut des Gesetzes und der Grundkonzeption des BAG, die Verlängerung einer Beschäftigung im Betrieb als Einstellung anzusehen, geht es hier doch nur um die Dauer der Beschäftigung, die auch nach der Auff. des BAG (s. Rn. 23) der Mitbestimmung nicht unterliegt. Auch die **Erhöhung der AZ** soll nach Auff. des BAG (25.1.2005 NZA 2005, 945; bestätigt durch BAG 15.5.2007 NZA 2007, 1240) eine Einstellung sein, soweit sie nicht nur geringfügig ist, näml. mind. 10 Stunden pro Woche beträgt (BAG 9.12.2008 NZA-RR 2009, 260; s. auch § 93 Rn. 2). Damit dürften bereits die Grenzen des mögl. Wortsinns des Begriffs „Einstellung“ überschritten sein (vgl. auch *Hunold* NZA 2005, 910). Denkbar wäre eventuell, die Erhöhung der AZ als „Versetzung“ einzustufen, was das Gericht aber bereits zuvor abgelehnt hat (vgl. § 99 Rn. 13). Die Verringerung der AZ ist aber auch nach Auff. des BAG keine Einstellung. Mangels erforderl. AGEntsch. entfällt die Mitbestimmung gem. § 99 bei der Wiederaufnahme eines ruhenden ArbVerh., zB nach Ableistung des Wehr- bzw. Zivildienstes (*Fitting* Rn. 44) oder bei Übergang des ArbVerh. im Wege des Betriebsübergangs nach § 613a BGB (BAG 17.11.1975 AP BetrVG 1972 § 99 Nr. 3).

7 Eine Einstellung kann auch vorliegen, wenn der Arbeitsvertrag unwirksam ist oder ein solcher gar nicht existiert. Auch die Eingliederung von NichtAN in die betriebl. Tätigkeit wird erfasst, da das kollektive Interesse der Belegschaft unabhängig davon berührt wird, auf welcher vertragl. Grdl. die in die betriebl. Arbeit eingeschalteten Personen tätig werden (BAG 27.7.1993 AP BetrVG 1972 § 93 Nr. 3; 22.4.1997 NZA 1997, 1297; 23.6.2010 NZA 2010, 1302 und 21.2.2017 NZA 2017, 662 zu Rote-Kreuz-Schwestern; 19.6.2001 AP BetrVG 1972 § 99 Einstellung Nr. 9 zu Zivildienstleistenden; 2.10.2007 NZA 2008, 244 zu Ein-Euro-Jobern; BAG 23.6.2009 NZA 2009, 1162 zu zugewiesenen Beamten). Entscheidend ist allein, ob „Personen in den Betrieb eingegliedert werden, um zusammen mit den im Betrieb schon beschäftigten AN den arbeitstechnischen Zweck des Betriebes durch weisungsgebundene Tätigkeit zu verwirklichen“ (BAG 20.4.1993 AP BetrVG 1972 § 99 Nr. 106; 17.7.1993 AP BetrVG 1972 § 93 Nr. 3). Darunter fällt auch die Beschäftigung Freiwilliger nach dem BFDG (*Leube* ZTR 2012, 207; **aA** *Becker* NZA 2016, 923).

4. Versetzung. Der betriebsverfassungsrechtl. Begriff der Versetzung ist in § 95 III legal definiert. Der **„Arbeitsbereich"** iSd. § 95 III ist der konkrete Arbeitsplatz und seine Beziehung zur betriebl. Umgebung in räuml., technischer und organisatorischer Hinsicht (BAG 19.2.1991 AP BetrVG 1972 § 95 Nr. 25; 23.11.1993 AP BetrVG 1972 § 95 Nr. 33). Die Zuweisung eines anderen Arbeitsbereichs kann darin liegen, dass der AN mit einer Tätigkeit betraut wird, die sich inhaltl. erhebl. von seiner früheren Aufgabe unterscheidet (BAG 10.4.1984 AP BetrVG 1972 § 95 Nr. 4). Dies ist etwa der Fall, wenn der Tätigkeitsbereich durch das Hinzufügen oder die Wegnahme von Teilfunktionen erweitert oder verkleinert wird und sich dadurch das Gesamtbild der Tätigkeit ändert (BAG 2.4.1996 AP BetrVG 1972 § 95 Nr. 34; es muss sich daher um wesentl. Veränderungen handeln (BAG 11.9.2001 EzA § 95 BetrVG 1972 Nr. 34; Richardi/*Thüsing* Rn. 117). Bsp. sind der Einsatz eines Sachbearbeiters als Abteilungsleiter, einer Stenotypistin als Chefsekretärin oder eines Arbeiters als Lagerverwalter. Die bloße **Veränderung von Lage und Dauer der AZ** stellt keine Versetzung dar. Nicht mitbestimmungspflichtig ist deshalb etwa die Verlängerung oder Verkürzung der normalen WochenAZ von VollzeitAN, der MindestwochenAZ von Teilzeitbeschäftigten mit variabler AZ, die Umsetzung von Normal- in Wechselschicht oder von Tag- in Nachtschicht (BAG 19.2.1991, 16.7.1991, 23.11.1993 AP BetrVG 1972, § 95 Nr. 25, 28, 33; *Fitting* Rn. 149; aA LAG NI 12.9.2000 NZA-RR 2001, 141). Allerdings kann die Erhöhung der AZ nach Auff. des BAG eine mitbestimmte Einstellung darstellen (dazu oben Rn. 6). 13

Die Zuweisung einer anderen Arbeitsaufgabe kann, muss aber nicht mit einem **Wechsel des Arbeitsplatzes** verbunden sein. Kommt es zu einem Wechsel des Arbeitsplatzes, liegt regelm. eine mitbestimmungspflichtige Versetzung vor, wenn der Wechsel Auswirkungen auf den Inhalt der Tätigkeit hat. Bsp. sind etwa der Wechsel eines AN von der Forschungsabteilung in die Produktion, von der einen in die andere Abteilung eines Warenhauses, soweit grdl. andere Warenkenntnisse erforderl. sind (LAG D 28.1.1987 NZA 1988, 69; s. BAG 29.2.2000 EzA § 95 BetrVG Nr. 31 betr. verschiedene Abteilungen eines Seniorenheims) und evtl. auch der Wechsel von Einzel- in Gruppenarbeit oder umgekehrt (BAG 22.4.1997 AP BetrVG 1972 § 99 Versetzung Nr. 14; LAG K 26.7.1996 NZA 1997, 280). Bleibt der AN dagegen an seinem bisherigen Arbeitsplatz tätig, ohne dass sich die ihm zugewiesenen Aufgaben wenigstens tw. verändern, und kommt es ledigl. zu **organisatorischen Umstrukturierungen** innerhalb des Betriebs, liegt grds. keine Versetzung vor. Bsp. hierfür sind die Zuordnung eines Betriebsteils zu einer anderen Leitungsstelle im Unternehmen (BAG 10.4.1984 AP BetrVG 1972 § 95 Nr. 4), die Veränderung der Zuordnung von AN zu bestimmten Vorgesetzten oder die Vervollständigung einer Arbeitsgruppe durch neueingestellte AN. Bei im wesentl. gleich bleibender Tätigkeit, kann ein Vorgesetztenwechsel nur dann als Versetzung eingestuft werden, wenn damit ein spürbar anderes „Arbeitsregime" verbunden ist, was zumindest voraussetzt, dass der neue Vorgesetzte erhebl. eigene disziplinarische Befugnisse hat, die er eigenverantwortl. wahrnehmen kann (BAG 17.6.2008 DB 2008, 2771). Wird ein Betrieb oder ein Betriebsteil als Ganzes ledigl. räuml. verlagert, handelt es sich hierbei nicht um einzelne Versetzungen, da sich an der Beziehung zwischen konkretem Arbeitsplatz und seiner betriebl. Umgebung nichts ändert. Das BAG hat dies für den Umzug innerhalb einer Gemeinde entschieden (BAG 27.6.2006 NZA 2006, 1289). Letzl. dürfte entscheidend sein, ob der Betrieb trotz des Umzugs seine Identität wahrt oder nicht, ob es also um eine Betriebsverlegung iSd. § 111 S. 3 Nr. 2 oder um eine Betriebsschließung iSd. § 111 S. 3 Nr. 1 (mit anschließender Neugründung) geht. Wird dem AN überhaupt kein Arbeitsbereich zugewiesen, stellt dies nicht die Zuweisung eines anderen Arbeitsbereichs dar; die **Suspendierung** eines AN ist deshalb keine Versetzung (BAG 28.3.2000 NZA 2000, 1355). 14

Wird einem AN ein **Arbeitsplatz an einem anderen Ort** zugewiesen, liegt regelm. eine mitbestimmungspflichtige Versetzung vor. Es handelt sich hierbei um die Zuweisung eines anderen „Arbeitsbereichs" auch dann, wenn die an dem anderen Arbeitsort zu erbringende Arbeitsleistung inhaltl. unverändert ist (BAG 18.2.1986 AP BetrVG 1972 § 99 Nr. 33; 18.10.1988 AP BetrVG 1972 § 99 Nr. 56) oder wenn es sich um ein ruhendes ArbVerh. handelt (LAG Ha 27.4.2005 NZA-RR 2005, 590). Das Mitbestimmungsrecht entfällt grds. auch dann nicht, wenn der Ortswechsel mit dem **Wechsel in einen anderen Betrieb** desselben Unternehmens oder auch in den Betrieb eines anderen Unternehmens verbunden ist (BAG 19.2.1991 AP BetrVG 1972 § 95 Nr. 26). In diesen Fällen sind sowohl der BR des abgebenden als auch der BR des aufnehmenden Betriebes zu beteiligen; aus der Sicht des abgebenden Betriebes handelt es sich um eine Versetzung, aus der des aufnehmenden Betriebes um eine Einstellung. Das Mitbestimmungsrecht (nicht die Informationspflicht) im abgebenden Betrieb entfällt nur dann, wenn der Wechsel des Arbeitsplatzes dem Wunsch des AN entspricht. Zwar können auch in diesen Fällen die Interessen der Belegschaft des abgebenden Betriebes durch die geplante Versetzung berührt sein, etwa wenn sich mehrere AN für den Wechsel in einen anderen Betrieb interessiert haben. Allerdings kann § 99 hier keinen wirksamen Schutz der Belegschaft gewährleisten; denn bei Einverständnis des wechselnden AN kann der Wechsel in den neuen Betrieb jederzeit durch Beendigung des ArbVerh. und Neubegründung eines ArbVerh. im aufnehmenden Betrieb erreicht werden (BAG 20.9.1990 AP BetrVG 1972 § 99 Nr. 84). Diese Ausnahme gilt nur für den auf Dauer vorgesehenen Wechsel in einen anderen Betrieb. Ist die Rückkehr des AN in den abgebenden Betrieb beabsichtigt, handelt es sich um eine einheitl. Maßnahme des Ausscheidens aus und der Wiedereingliederung in den 15 abgebenden Betrieb, die – auch bei Einverständnis des AN – insgesamt der Mitwirkung des BR bedarf (BAG 18.2.1986 AP BetrVG 1972 § 99 Nr. 33; 14.11.1989 AP BetrVG 1972 § 99 Nr. 76). Kein Mitbestimmungsrecht hat allerdings der (Restmandats)BR eines stillgelegten abgebenden Betriebs (BAG 8.12.2009 NZA 2010, 665). Bei der **Personalgestellung** ist der BR im Stammbetrieb auch bei Versetzungen innerhalb des Einsatzbetriebs zu beteiligen, sofern der VertragsAG sich die Personalhoheit auch während der Gestellung zumindest teilweise vorbehalten hat (BAG 9.10.2013 NZA 2014, 795). Die Beendigung der Personalerstellung durch Kündigung des Personalüberlassungsvertrags ist dagegen keine Versetzung, weil es an einer Entscheidungsmöglichkeit des Einsatzunternehmens fehlt (BAG 12.2.2015, NZA 2015, 762).

16 In allen genannten Fällen setzt das Mitbestimmungsrecht grds. erst dann ein, wenn die Zuweisung des anderen Arbeitsbereichs **voraussichtl. die Dauer von einem Monat** überschreiten wird. Ziel dieser ges. Regelung ist es, insb. kurzfristige Krankheits- und Urlaubsvertretungen aus der Mitbestimmungspflicht herauszuhalten. Plant der AG eine Versetzung des AN auf Dauer, muss der BR der Versetzung auch dann zustimmen, wenn der AG den AN zunächst nur für einen Monat auf dem neuen Arbeitsplatz einsetzt (LAG SH 5.6.1992 LAGE BetrVG § 95 Nr. 14). Die einen Monat oder kürzer dauernde Zuweisung eines anderen Arbeitsbereichs ist nur dann mitbestimmungspflichtig, wenn sie mit einer **erhebl. Änd. der Umstände** verbunden ist, unter denen die Arbeit zu leisten ist. Eine solche erhebl. Änd. der Arbeitsumstände kann etwa vorliegen, wenn ein AN aus einer normalen Arbeitsumgebung auf einen Arbeitsplatz mit starken Umwelteinflüssen (Hitze, Nässe, Lärm usw.) wechselt (*Löwisch/Kaiser* Rn. 38). Ob die Verpflichtung zur Arbeitsleistung an einem anderen Ort eine erhebl. Veränderung der Arbeitsumstände mit sich bringt, hängt von der Entfernung und den Verkehrsverbindungen im Einzelfall ab (*Fitting* Rn. 143 f.). Die Rspr. war hierbei früher sehr großzügig. Eine erhebl. Änd. der Arbeitsumstände soll etwa vorliegen bei der zweitägigen Abordnung eines Croupiers von BE zur Kölner Messe (BAG 1.8.1989 AP BetrVG 1972 § 95 Nr. 17), bei der mehrfachen Entsendung eines Qualitätskontrolleurs für jeweils 4 bis 9 Tage in einen 160 km entfernt liegenden Schokoladenbetrieb (BAG 8.8.1989 AP BetrVG 1972 § 95 Nr. 18), bei der kurzzeitigen Versetzung in eine weit entfernte Filiale (BAG 28.9.1988 AP BetrVG 1972 § 99 Nr. 55) oder der Verpflichtung zu einem Arbeitseinsatz an einem anderen Ort verbunden mit der einmaligen Pflicht zur auswärtigen Übernachtung (LAG BB 7.11.1994 AiB 1996, 123). Diese Rspr. ist wohl durch die heutige Realität des Arbeitslebens überholt. Grds. sind gelegentl. Dienstreisen mit Übernachtung unterhalb der maßgebl. Wesentlichkeitsgrenze anzusiedeln, soweit nicht bes. Umstände des Einzelfalls eine andere Wertung verlangen (so tendenziell auch BAG 21.9.1999 AP BetrVG 1972 § 99 Versetzung Nr. 21). Keine erhebl. Änderung der Arbeitsumstände liegt idR in der Teilnahme an einem während der übl. Arbeitszeit auf dem Betriebsgelände stattfindenden „work-shop" zur Optimierung von Arbeitsabläufen (BAG 28.8.2007 NZA 2008, 188).

17 **Keine mitbestimmungspflichtige Versetzung** liegt gem. § 95 III 2 vor, wenn AN nach der Eigenart ihres ArbVerh. üblicherweise nicht st. an einem bestimmten Arbeitsplatz beschäftigt werden. Der st. Wechsel des Arbeitsplatzes muss für das ArbVerh. typisch sein (BAG 18.2.1986 AP BetrVG 1972 § 99 Nr. 33; 8.8.1989 AP BetrVG 1972 § 95 Nr. 18). Bsp. hierfür sind AN im Baugewerbe, angestellte Reisende, Montagearbeiter und sog. „Springer". Erfasst werden ggf. auch Auszubildende, wenn der st. Wechsel, wie etwa bei Trainees, übl. und zur Erreichung des Ausbildungsziels erforderl. ist (BAG 3.12.1985 AP BetrVG 1972 § 95 Nr. 8). Allein eine arbeitsvertragl. Vereinbarung, in der die jederzeitige Möglichkeit der Versetzung an einen anderen Ort oder auf eine andere Tätigkeit vorgesehen ist, führt nicht zum Ausschluss des Mitbestimmungsrechts nach § 99, wenn der st. Wechsel nicht in der Tätigkeit als solcher angelegt ist (*Fitting* Rn. 157; *Künzl* BB 1995, 824; aA *Gerauer* BB 1995, 406). Dies wird aber idR der Fall sein, wenn von der vertragl. Versetzungsmöglichkeit st. Gebrauch gemacht wird, wie bei job rotation. Gelegentl. Auslandsreisen reichen nicht (BAG 21.9.1999 AP BetrVG 1972 Versetzung Nr. 21).

18 Ebenso wie bei der Einstellung ist auch bei der Versetzung zwischen der tatsächl. Beschäftigung und der zugrundeliegenden individualarbeitsvertragl. Vereinbarung zu differenzieren. Das Mitbestimmungsrecht gem. § 99 bezieht sich nur auf die **tatsächl. Zuweisung** eines anderen Arbeitsbereichs (BAG 30.9.1993 AP KSchG 1969 § 2 Nr. 33). Ob diese Zuweisung eines anderen Arbeitsbereichs individualrechtl. zulässig ist, hängt von der getroffenen vertragl. Vereinbarung und der Qualität des neuen Arbeitsplatzes ab (Einzelheiten Rn. 44 ff.).

III. Unterrichtungspflicht des Arbeitgebers

19 Liegt eine mitbestimmungspflichtige Einstellung, Eingruppierung, Umgruppierung oder Versetzung vor, ist der AG verpflichtet, den BR vor der betreffenden Maßnahme zu unterrichten, er hat unter Vorlage der erforderl. Bewerbungsunterlagen Auskunft über die Person der Beteiligten zu geben und den BR um Zustimmung zu der geplanten personellen Einzelmaßnahme zu bitten. Eine bes. **Form** für den Zustimmungsantrag sieht das Gesetz nicht vor. Fehlt es an einem ausdrückl. Zustimmungsersuchen, ist es ausreichend, wenn der BR im Wege der Auslegung der Mitteilung des AG entnehmen kann, dass er um Zustimmung zu einer personellen Einzelmaßnahme angegangen wird (BAG 10.11.2009 NZA-RR 2010, 416). Die **Unterrichtungspflicht** beschränkt sich nicht auf die Person des unmittelbar betroffenen

AN. Bei der Einstellung ist deshalb nicht nur über die **Person des Bewerbers,** den der AG einstellen möchte, Auskunft zu geben, sondern auch über diejenigen Bewerber, die er nicht berücksichtigen will (BAG 18.7.1978 AP BetrVG 1972 § 99 Nr. 7; 19.5.1981 AP BetrVG 1972 § 118 Nr. 18). Allerdings müssen sich die AN um den konkret in Rede stehenden Arbeitsplatz beworben haben. An sich geeignete AN, die sich für einen anderen Arbeitsplatz beworben haben, sind nicht zu berücksichtigen (BAG 10.11.1992 AP BetrVG 1972 § 99 Nr. 100). Wird ein **Personalberatungsunternehmen** mit der Suche nach geeigneten Kandidaten für eine Einstellung beauftragt, so hat der AG den BR nach Auff. des BAG nur über die Bewerber zu informieren, die ihm selbst von dem Beratungsunternehmen benannt werden (BAG 18.12.1990 AP BetrVG 1972 § 99 Nr. 85; *Fitting* Rn. 169). Dies erscheint zw., weil sich der AG so durch die Einschaltung Dritter von seinen Pflichten befreien kann (DKKW/*Bachner* Rn. 144). Das BAG trägt diesen Bedenken in gewissem Maße Rechnung, indem diese Beschränkung nur dann gelten soll, wenn es um einen exklusiven Suchauftrag ohne öffentl. Stellenanzeige bzw. Ausschreibung geht. Ist aber die Stelle ausgeschrieben, kann sich der AG durch Einschaltung einer Personalberatung zur Vorauswahl aus den Bewerbungen nicht der umfassenden Vorlagepflicht aller Bewerbungsunterlagen entziehen, und zwar unabhängig davon, ob eine externe Personalberatung beauftragt wird oder ein unternehmensinternes „Recruitment-Center" (BAG 21.10.2014 NZA 2015, 311).

Inhaltl. sind iRd. Unterrichtung die genauen Personalien, der Zeitpunkt der Maßnahme und alle 20
persönl. Tatsachen über den Bewerber bzw. betroffenen AN mitzuteilen, die den BR nach Abs. 2 zur Verweigerung der Zustimmung berechtigen könnten, also alle Umstände über die fachl. und persönl. Eignung für den vorgesehenen Arbeitsplatz (BAG 10.11.1992 AP BetrVG 1972 § 99 Nr. 100). Dazu gehören auch sonstige persönl. Umstände wie Schwerbehinderteneigenschaft und Schwangerschaft). Dies gilt auch bei LeihAN; hier muss der AG ggf. die erforderl. Angaben beim Verleiher erfragen (BAG 9.3.2011 NZA 2011, 871). Gewinnt der AG Erkenntnisse über die Person von Stellenbewerbern, die für seine Auswahlentsch. maßgebl. sind, aus Tests, Einstellungsprüfungen oder Vorstellungsgesprächen, ist der für die AGEntscheidung bedeutsame Inhalt dem BR mitzuteilen. Ein Recht zur Teilnahme des BR an Vorstellungsgesprächen und Eignungstests ergibt sich aus § 99 nicht (BAG 28.6.2005 NZA 2006, 111). Die Auskunft hat sich auch auf die **Auswirkungen der geplanten Maßnahme** zu erstrecken (§ 99 I 1, 2 Halbs.), zB den Wegfall von Provisionsmöglichkeiten (LAG SH 3.7.2001 BB 2001, 2432). Bei Einstellungen und Versetzungen hat der AG insb. den in Aussicht genommenen Arbeitsplatz und die vorgesehene Eingruppierung mitzuteilen (§ 99 I 2). Ausreichend sind die Angaben des AG, wenn der BR in die Lage versetzt wird, die Berechtigung der vorgesehenen personellen Einzelmaßnahme und das Eingreifen von Zustimmungsverweigerungsgründen zu prüfen (*Fitting* Rn. 174; WPK/*Preis* Rn. 60). Deshalb sind bei Ein- und Umgruppierungen die Anforderungen an die Auskunftspflicht herabzusetzen. Der AG muss dem BR neben dem Namen des betroffenen AN und der nach seiner Ansicht zutreffenden Vergütungsgruppe nur mitteilen, aus welchen Tatsachen er zu der konkreten Eingruppierung gelangt. Nähere Angaben über die Person der beteiligten AN sind dagegen nicht erforderl. (*Löwisch/Kaiser* Rn. 113). IÜ ist der AG nicht verpflichtet, sich **Inf. zu beschaffen,** die er selbst nicht hat. Hinsichtl. der persönl. Angelegenheiten der AN, die den BRmitgliedern bei Wahrnehmung des Mitbestimmungsrechts gem. § 99 bekannt werden, unterliegen diese einer bes. Schweigepflicht, für die § 79 I 2 entspr. gilt.

Die Unterrichtung des BR hat unter Vorlage der erforderl., dh. der für die Meinungsbildung des BR 21
notwendigen Bewerbungsunterlagen zu erfolgen. Auch die Auswirkungen der geplanten Maßnahme sind dem BR durch **Vorlage der erforderl. Unterlagen** zu verdeutl. Zu den Bewerbungsunterlagen zählen einmal die vom Bewerber eingereichten Unterlagen wie Bewerbungsschreiben, Zeugnisse, Lebenslauf, Lichtbild usw. Weiter zählen zu den Bewerbungsunterlagen aber auch die Unterlagen, die der AG anlässl. der Bewerbung erstellt, also insb. ausgefüllte Personalfragebogen, Erg. von Einstellungsprüfungen und Tests, Aufzeichnungen über Einstellungsgespräche und Ähnliches (BAG 14.12.2004 NZA 2005, 827; BAG 28.6.2005 NZA 2006, 111), es sei denn, sie sind ohne jegliche Bedeutung für den Auswahlprozess (BAG 14.4.2015 NZA 2015, 1081). Nicht zu den Bewerbungsunterlagen zählen der Arbeitsvertrag als solcher und sonstige einzelvertragl. Vereinbarungen für das (zukünftige) Arbeitsverhältnis (BAG 18.10.1988 AP BetrVG 1972 § 99 Nr. 57; BAG 27.10.2010 NZA 2011, 527). Diese sind dem BR nicht vorzulegen. Bei Einstellung eines LeihAN sind weder Leiharbeitsvertrag noch ANÜberlassungsvertrag vorzulegen (LAG NI 28.2.2006 BB 2007, 2352). Ebenso wenig kann der BR Vorlage der gesamten Personalakten verlangen (*Fitting* Rn. 184). Soweit Unterlagen dem BR „vorzulegen" sind, müssen diese dem BR ausgehändigt werden, allerdings längstens für eine Woche. Der BR kann in dieser Zeit Einsicht in die Unterlagen nehmen, ist aber nicht berechtigt, Kopien oder Abschriften zu fertigen (BAG 3.12.1985 AP BetrVG 1972 § 99 Nr. 29; *Löwisch/Kaiser* Rn. 110). Eine Verpflichtung des AN Unterlagen die er selbst nicht hat, für den BR zu erstellen, folgt aus § 99 nicht. Weiter folgt aus § 99 kein Recht des BR bzw. einzelner BRmitglieder, an persönl. Vorstellungsgesprächen von Bewerbern beim AG teilzunehmen (BAG 18.7.1978 AP BetrVG 1972 § 99 Nr. 7). Existieren bei einer mündl. oder telefonischen Bewerbung keine Bewerbungsunterlagen, hat der AG den BR zumindest in groben Zügen über die für die personelle Maßnahme und eventuelle Widerspruchsgründe relevanten Erkenntnisse aus dem Vorstellungsgespräch zu informieren (LAG HM 1.8.2003 NZA-RR 2004, 84; DKKW/*Bachner* Rn. 159).

22 Hins. des **Zeitpunkts der Unterrichtung** verlangt § 99 I ausdrückl. nur, dass die Unterrichtung „vor" der jeweiligen Maßnahme zu erfolgen hat. Zweckmäßig kann es sein, den BR so früh wie mögl. einzuschalten. Spätestens hat die Inf. wegen der Frist des Abs. 3 eine Woche vor der Durchführung der Maßnahme zu erfolgen. Erfolgt innerhalb dieser Frist die Inf. nicht vollständig oder unterbleibt sie ganz, hat dies zur Folge, dass die Wochenfrist des Abs. 3 nicht zu laufen beginnt (BAG 10.8.1993 NZA 1994, 187). Der AG darf dann – außer bei einem Vorgehen nach § 100 – die Maßnahme nicht durchführen. Eine gerichtl. Ersetzung der Zustimmung gem. § 99 IV kommt nicht in Betracht. Allerdings ist der BR grds. verpflichtet, den AG auf die **ihm bekannten Mängel der Unterrichtung innerhalb einer Woche hinzuweisen.** Dies gilt nicht, wenn die Unterrichtung durch den AG offensichtl. unvollständig war, etwa weil der AG zu einzelnen der in § 99 I genannten Aspekte gar keine Angaben gemacht hat (BAG 14.12.2004 NZA 2005, 827; 28.6.2005 NZA 2006, 111). Ergänzt der AG seine Unterrichtung, setzt er damit eine neue Wochenfrist in Lauf. Hat der BR schon auf eine unvollständige Unterrichtung hin die Zustimmung verweigert, kann der AG noch im Zustimmungsersetzungsverfahren die fehlende Unterrichtung nachholen. Der BR kann dann innerhalb einer Woche weitere, sich aus der nachgeschobenen Unterrichtung ergebende Zustimmungsverweigerungsgründe geltend machen. Nach Ablauf dieses Zeitraums kann dann das schon eingeleitete Zustimmungsersetzungsverfahren fortgeführt werden (BAG 10.8.1993 NZA 1994, 187, 188).

IV. Gründe für die Zustimmungsverweigerung

23 **1. Verstoß gegen Rechtsvorschriften.** Zu beachten ist bei Nr. 1, dass ein Zustimmungsverweigerungsgrund nur dann besteht, wenn die **personelle Maßnahme als solche** gegen eine Rechtsvorschrift verstößt. Insb. bei der Einstellung bedeutet dies, dass Nr. 1 dem BR **kein Mittel zu einer Inhaltskontrolle** einzelner Arbeitsvertragsbestimmungen an die Hand gibt (BAG 28.6.1994 AP BetrVG 1972 § 99 Einstellung Nr. 4). Er kann deshalb zB einer geplanten Einstellung nicht deshalb nach Nr. 1 widersprechen, weil für die vorgesehene Befristung des Arbeitsvertrags ein sachl. Grund fehlt (BAG 27.10.2010 NZA 2011, 418) oder weil einzelvertragl. AZRegelungen tarifwidrig sind (BAG 27.10.2010 DB 2011, 713). Der BR wird über Nr. 1 nicht zum betriebl. „Hüter des zwgd. Rechts" (BAG 9.7.1996 AP BetrVG 1972 § 99 Einstellung Nr. 9). Nach Nr. 1 zum Widerspruch berechtigende Gesetzesverstöße betreffen deshalb in erster Linie **ges. Beschäftigungsverbote**, etwa die Verbote der Beschäftigung von Frauen gem. §§ 3, 4, 8 MuSchG, die gesundheitsschutzrechtl. Vorschr. der §§ 3 ff. ArbZG, die Bestimmungen zum Jugendschutz in §§ 22 ff. JArbSchG das Verbot der Beschäftigung von Nicht-EU-Ausländern ohne Aufenthaltstitel gem. § 4 III AufenthG (BAG 22.1.1991 AP BetrVG 1972 § 99 Nr. 86 zu § 19 AFG) oder die Missachtung der notwendigen Qualifikation eines Datenschutzbeauftragten gem. § 36 III BDSG (BAG 22.3.1994 AP BetrVG 1972 § 99 Versetzung Nr. 4) Bei der Eingruppierung liegt ein Verstoß gegen § 87 I Nr. 10 vor, wenn der AG bei der Änderung bestehender Entlohnungsgrundsätze das Mitbestimmungsrecht des BR nicht wahrt und Eingruppierungen in das von ihm einseitig neu geschaffene Vergütungssystem vornimmt (BAG 27.6.2000 NZA 2001, 626).

24 Nach Auff. des BAG muss allerdings die tatsächl. Beschäftigung nicht zwgd. als solche verboten sein. Ausreichend soll es sein, wenn die personelle Maßnahme unter **Verstoß gegen eine vom Gesetzgeber erwünschte Verhaltensweise** erfolgt, so dass etwa die Einstellung unter Verstoß gegen ein ges. **Diskriminierungsverbot** (zB § 4 TzBfG, Art. 9 III GG, BAG 28.3.2000 AP BetrVG 1972 § 99 Einstellung Nr. 27) oder auch die Einstellung eines gesunden AN ohne die gem. § 164 I SGB IX erforderl. Prüfung der Einstellung von Schwerbehinderten zum Widerspruch nach Nr. 1 berechtigt (BAG 23.6.2010 BB 2011, 317; die Missachtung von § 164 I SGB IX berechtigt jedoch nicht zur Zustimmungsverweigerung bei der Versetzung: BAG 17.6.2008 NZA 2008, 1139). Einen Verweigerungsgrund nach Nr. 1 stellt deshalb auch der Verstoß gegen § 7 AGG dar. Die Wertung des § 15 AGG steht dem auch bei der Einstellung nicht entgegen, da auch über den BR nicht die Einstellung des Diskriminierten durchgesetzt werden kann (*Besgen* BB 2007, 213; aA für die Einstellung *Thüsing*, AGG Rn. 639). Dagegen berechtigt der Umstand, dass der mit einem einzustellenden AN abgeschlossene Arbeitsvertrag **unzulässig befristet** ist, nicht zum Widerspruch, da die personelle Maßnahme als solche (Einstellung) ges. nicht untersagt ist und Nr. 1 – wie dargelegt – kein Instrument für eine umfassende „Rechtsaufsicht" des BR liefert (BAG 27.10.2010 NZA 2011, 418). Aus demselben Grund kann auch der BR im Entleiherbetrieb nicht seine Zustimmung zur **Einstellung eines LeihAN** verweigern, weil die Arbeitsbedingungen des LeihAN gegen das equal-pay-Gebot gem. §§ 3 I Nr. 3, 9 Nr. 2 AÜG verstoßen (BAG 21.7.2009 NZA 2009, 1156). Umstr. war, ob die nicht „vorübergehende" Einstellung eines LeihAN i. S. d. § 1 I S. 2 AÜG (zur Auslegung dieses Begriffes s. Einl. AÜG Rn. 12) zum Widerspruch nach § 99 II Nr. 1 berechtigt.; Das BAG hat § 1 I S. 2 AÜG als Verbotsgesetz i. S. von § 99 II Nr. 1 eingestuft, weil diese Vorschr. die Organisationsgewalt des AG, die Belegschaft in bestimmter Weise zusammen zu setzen, einschränke. Dieser Zweck könne nur erreicht werden, wenn die Einstellung des LeihAN insgesamt unterbleibe (BAG 10.7.2013 NZA 2013, 1296; bestätigt durch BAG 30.9.2014 NZA 2015, 240). Diese Rspr. war unter Geltung der bisherigen Formulierung von § 1 S. 2 AÜG zweifelhaft (zum Meinungsstand *Fitting* Rn. 192a). Der am 1.4.2017

in Kraft getretene § 1 I b AÜG nF enthält dagegen ein personenbezogenes und eindeutiges Tätigkeitsverbot, so dass die Annahme eines Zustimmungsverweigerungsgrundes nach Nr. 1 berechtigt erscheint.

Verstöße gegen TV kommen in erster Linie bei Ein- und Umgruppierungen wegen Anwendung der falschen (BAG 24.4.2001 EzBAT §§ 22, 23 BAT A Nr. 78) oder falschen Anwendung der richtigen tarifl. Vergütungsregelung in Betracht. Voraussetzung ist stets, dass der TV auf den betreffenden AN anwendbar ist, wobei in seinem Geltungsbereich auch die arbeitsvertragl. Bezugnahme ausreichen dürfte, soweit nicht im Einzelfall abbedungen (s. Rn. 33 zu nachwirkenden TV). Daneben besteht die Möglichkeit der Zustimmungsverweigerung, wenn tarifvertragl. Abschlussverbote (zB Ausschluss von Jugendlichen, Kindern oder von ungelernten Arbeitern von der Beschäftigung an bestimmten Arbeitsplätzen) oder Abschlussgebote (zB Wiedereinstellungsklauseln in tarifl. „Sozialplänen“, Besetzungsregeln, vgl. BAG 22.1.1991 AP GG Art. 12 Nr. 67 zu TV der Druckindustrie) missachtet werden. Das BAG zählt hierzu auch Einstellungen unter Verletzung tarifl. Vorschr. über MindestAZ (BAG 28.1.1992 AP BetrVG 1972 § 99 Nr. 95). Dies erscheint bedenkl., da es den AN um jede AZ bringt; es handelt sich um tarifl. Inhaltsnormen, die sich von selbst durchsetzen (so *Rieble* SAE 1992, 178). Untertarifl. Bezahlung ist auch nach Auff. des BAG (28.3.2000 AP BetrVG 1972 § 99 Einstellung Nr. 27) kein Grund für die Verweigerung der Zustimmung zu einer Einstellung; Dasselbe gilt für die Überschreitung betriebl. HöchstAZ (BAG 17.6.1997 AP TVG § 3 Betriebsnormen Nr. 2; anders unter dem Aspekt der Eingruppierung LAG HH 2.12.1999 (n. rkr.) AuR 2000, 197). 25

Für **BV** gilt im Prinzip nichts anderes. Nur ist deren Anwendungsbereich durch §§ 77 III, 87 I erhebl. eingeschränkt. Von bes. Bedeutung sind deshalb insb. in Sozialplänen enthaltene Wiedereinstellungsklauseln (BAG 18.12.1990 AP BetrVG 1972 § 99 Nr. 85). Bei den **gerichtl. Entsch.** ist einmal an vom Gericht verhängte Berufsverbote (zB § 70 StGB für Ärzte, § 44 StGB für Kraftfahrer) und zum anderen an rechtskräftige Gerichtsentsch. gem. §§ 100 III, 101 zu denken, die gerade die Durchführung der geplanten personellen Maßnahme betreffen. Die Verurteilung eines AN zur vertragsmäßigen Beschäftigung steht einer Versetzung auf eine andere adäquate Position nicht entgegen, wenn der genaue Inhalt der Arbeitsaufgaben nicht Streitgegenstand war (BAG 26.10.2004 NZA 2005, 535). Als behördl. Anordnungen, die eine Zustimmungsverweigerung auslösen können, kommen etwa die Untersagung des Einstellens und des Ausbildens von Auszubildenden gem. §§ 27, 33 BBiG oder das Verbot der Beschäftigung von Jugendlichen gem. § 27 JArbSchG in Betracht. 26

2. Verstoß gegen eine Auswahlrichtlinie. Der Widerspruchsgrund gem. Nr. 2 besteht unabhängig davon, ob die Aufstellung der AuswahlRL gem. § 95 II vom BR über die Einigungsstelle erzwungen werden konnte oder ob sie gem. § 95 I vom AG freiwillig eingeführt wurde. Allerdings greift Nr. 2 nicht ein, soweit es um einseitig vom AG verfügte und angewandte RL geht; das Vorliegen des Mitbestimmungstatbestands des § 95 und der ausdrückl. Zustimmung des BR ist unerlässl. (LAG HE 16.10.1984 DB 1985, 1534). 27

3. Benachteiligung anderer Arbeitnehmer. Nr. 3 nennt zwei mögl. Widerspruchsgründe: Einmal die Besorgnis, dass infolge der personellen Maßnahme im Betrieb beschäftigte AN gekündigt werden, zum anderen die Besorgnis, dass im Betrieb beschäftigte AN sonstige Nachteile erleiden, ohne dass dies aus betriebl. oder persönl. Gründen gerechtfertigt ist. In beiden Fällen wird vom Gesetzgeber gefordert, dass die Besorgnis „durch Tatsachen begr.“ ist. Bloße Vermutungen und Befürchtungen des BR genügen nicht; vielmehr muss dieser Tatsachen vortragen, die seine Besorgnis schlüssig erscheinen lassen (LAG D 19.10.1976 EzA BetrVG § 99 Nr. 11). Da die Mitbestimmung hier direkt in die durch Art. 12 GG geschützte Betriebsführung des AG eingreift, kann sie nur durch **erhebl.** Nachteile der AN gerechtfertigt werden. 28

Die **Besorgnis der Kündigung eines anderen AN** besteht dann, wenn ein AN, dessen Arbeitsplatz wegfällt, auf einen bereits besetzten Arbeitsplatz versetzt wird, soweit nach den Grundsätzen der Sozialauswahl dem versetzten AN gekündigt werden müsste (BAG 15.9.1987 AP BetrVG 1972 § 99 Nr. 45). Nach Auff. des BAG (s. 2.4.1996 AP BetrVG 1972 § 99 Versetzung Nr. 9) besteht ein Widerspruchsgrund nach Nr. 3 auch, wenn mehrere vergleichbare Arbeitsplätze wegfallen, gleichzeitig nur für einen Teil der betroffenen AN andere Beschäftigungsmöglichkeiten zur Vfg. stehen, so dass eine **Sozialauswahl** vorzunehmen ist, und dann ein AN auf einen der freien Arbeitsplätze versetzt wird. Dies überdehnt den Anwendungsbereich der Vorschr.: Das Zustimmungsverweigerungsrecht des BR soll ledigl. den Arbeitsplatzinhaber davor schützen, dass durch die Einstellung oder Versetzung eines anderen AN der Kreis der mit ihm iSd. § 1 III KSchG vergleichbaren AN erweitert und dadurch die Gefahr einer Kündigung erhöht wird. Wird dagegen einer von mehreren ohnehin vergleichbaren AN auf einen freien Arbeitsplatz versetzt, verschlechtert sich die Rechtsstellung der konkurrierenden AN nicht, da sie sich der Sozialauswahl mit dem versetzten AN ohnehin stellen müssen. Die Richtigkeit der Sozialauswahl ist dann nicht im Zustimmungsverweigerungsverfahren nach § 99, sondern im Anhörungsverfahren nach § 102 bzw. im Kündigungsschutzprozess nachzuprüfen (so *Löwisch* Anm. BAG 30.8.1995 EzA BetrVG § 99 Nr. 130). 29

30 Zu den **sonstigen, zum Widerspruch berechtigenden Nachteilen** zählen angebl. auch tatsächl., nicht unerhebl. Erschwerungen der Arbeit, etwa die Verdoppelung des Verantwortungsbereichs für einen Schichtleiter durch Versetzung des zweiten Schichtleiters der Abteilung (BAG 15.9.1987 AP BetrVG 1972 § 99 Nr. 46) oder andere Formen der Leistungsverdichtung (*Fitting* Rn. 228). Dies steht allerdings in Widerspruch dazu, dass § 91 eine Mitbestimmung über den Arbeitsablauf nur unter bestimmten Voraussetzungen vorsieht und auch bei der Anwendung von § 1 KSchG die Einsparung von Arbeitsplätzen durch Leistungsverdichtung zu den gerichtl. unüberprüfbaren Unternehmerentsch. gerechnet wird. „Nachteil" ist allerdings nicht gleichzusetzen mit „ausgebliebener Vorteil". Infolge einer personellen Maßnahme vereitelte Aussichten auf Beförderung oder sonstige berufl. Entwicklungsmöglichkeiten stellen deshalb nur dann einen relevanten Nachteil dar, wenn auf die Beförderung ein Rechtsanspruch oder mind. eine rechtserhebl. Anwartschaft besteht (BAG 18.9.2002 NZA 2003, 622; 13.6.1989 AP BetrVG 1972 § 99 Nr. 66; *Fitting* Rn. 229; aA DKKW/*Bachner* Rn. 210). Weitergehende Mitwirkungsrechte des BR ergeben sich nur bei Bestehen von AuswahlRL.

31 Auch wenn ein rechtserhebl. Nachteil iSd. Nr. 3 vorliegt, berechtigt dieser nicht zum Widerspruch, wenn dies aus betriebl. oder persönl. Gründen gerechtfertigt ist. Bsp. sind etwa die Notwendigkeit, einen bes. qualifizierten AN auf einer bestimmten Position zu beschäftigen oder die Ungeeignetheit des bisherigen Inhabers des Arbeitsplatzes (*Fitting* Rn. 238). Die Darlegungslast für das Vorliegen betriebl. oder persönl. Gründe trägt der AG.

31a Nach der seit dem 28.7.2001 geltenden Vorschr. der Nr. 3 Halbs. 2 gilt bei unbefristeter Einstellung auch die Nichtberücksichtigung eines gleich geeigneten befristet Beschäftigten als Nachteil. Einstellung verlangt hier die Begründung eines neuen ArbVerh.; die Versetzung aus einem anderen Betrieb reicht nicht aus (aA *Fitting* Rn. 230); sie kann nicht anders behandelt werden als die Versetzung im gleichen Betrieb. *Fitting* (Rn. 235) erkennt ja auch an, dass die Vorschr. bei einem betriebsinternen Wettbewerb um unbefristete Arbeitsplätze nicht greift. Zu der gleichen Eignung steht dem Arbeitgeber ein Beurteilungsspielraum zu (*Fitting* Rn. 233). Neben der Eignungsbeurteilung werden sonstige betriebl. Gründe nur selten in Betracht kommen, so bei besserer Zukunftsperspektive des externen Bewerbers. Zu den berücksichtigungsfähigen persönl. Gründen zählen auch Gründe in der Person des externen Bewerbers, zB ihm früher gemachte Einstellungszusagen oder soziale Gründe. Nr. 3 Halbs. 2 greift nicht ein, wenn ein AN zunächst befristet eingestellt wird und anschließend sein ArbVerh. in ein unbefristetes umgewandelt wird. Dem AG steht also ein einfacher Weg offen, um die Anwendung des Zustimmungsverweigerungsrechts zu vermeiden (Richardi/*Thüsing* Rn. 249).

32 **4. Benachteiligung des betroffenen Arbeitnehmers.** Der Widerspruchsgrund der Nr. 4 ist grds. nur für **Versetzungen** relevant. Bei Ein- und Umgruppierungen ist er von vornherein ausgeschlossen (BAG 28.4.2009 NZA 2009, 1102). Eine zum Widerspruch berechtigende Benachteiligung des betroffenen AN kann sowohl in einer durch die Versetzung bedingten Verschlechterung der äußeren Arbeitsbedingungen (zB Schmutz, Lärm, längere Wege) als auch der materiellen Arbeitsbedingungen liegen (*Fitting* Rn. 242; DKKW/*Bachner* Rn. 226). Der Verlust des BRAmtes ist keine Benachteiligung iSd. Nr. 4 (BAG 11.7.2000 AP BetrVG 1972 § 103 Nr. 44). Wie bei Nr. 3 ist der Widerspruch nur berechtigt, wenn die Benachteiligung erfolgt, ohne dass dies aus betriebl. oder in der Person des AN liegenden Gründen gerechtfertigt ist. Da Nr. 4 allein der Wahrung der Interessen des betroffenen AN dient, scheidet ein Widerspruch auch dann aus, wenn die Versetzung dem **Wunsch des betreffenden AN** entspricht (BAG 6.10.1978 AP BetrVG 1972 § 99 Nr. 10; 20.7.1990 AP BetrVG 1972 § 99 Nr. 84; GK-BetrVG/*Raab* Rn. 203; aA *Fitting* Rn. 246; DKKW/*Bachner* Rn. 225). Allein der Verzicht auf die Erhebung einer Klage gegen eine mit der betr. Versetzung einhergehende Änderungskündigung soll jedoch nicht genügen, um auf einen solchen Wunsch schließen zu können (BAG 2.4.1996 AP BetrVG 1972 § 99 Versetzung Nr. 9).

33 **Bei anderen personellen Maßnahmen** entfaltet Nr. 4 regelm. keine Bedeutung: Eine benachteiligende Ein- bzw. Umgruppierung wird bereits von dem Widerspruchsgrund nach Nr. 1 erfasst. Relevante Benachteiligungen bei Einstellungen scheiden von vornherein aus; insb. können ungerechtfertigte Schlechterstellungen bei Arbeitsbedingungen, die nicht als Eingruppierungsproblem fassbar sind, nicht über Nr. 4 zum Widerspruchsgrund erhoben werden. Dies hat seinen Grund darin, dass auch der Widerspruchsgrund nach **Nr. 4 kein Instrument zu einer allg. Inhaltskontrolle** der arbeitsvertragl. Bedingungen ist (BAG 9.7.1996 AP BetrVG 1972 § 99 Einstellung Nr. 9; *Fitting* Rn. 245). Deshalb kann der BR, wenn ein AG nach der Kündigung des maßgebenden TV im Nachwirkungszeitraum des § 4 V TVG einen AN zu untertarifl. Bedingungen einstellt, dieser Einstellung nicht unter Berufung auf § 99 II Nr. 4 die Zustimmung verweigern (BAG 9.7.1996 AP BetrVG 1972 § 99 Einstellung Nr. 9). S. auch Rn. 23.

34 **5. Unterbliebene Ausschreibung im Betrieb.** Nach Nr. 5 kann der BR auch dann einer vorgesehenen personellen Maßnahme widersprechen, wenn eine nach § 93 erforderl. Ausschreibung im Betrieb unterblieben ist. Der unterbliebenen Ausschreibung gleichzusetzen ist der Fall, dass eine erfolgte Ausschreibung inhaltl. gegen vereinbarte Ausschreibungsgrundsätze oder gegen geltendes Recht verstößt (*Fitting* Rn. 251; DKKW/*Bachner* Rn. 231). Zum Widerspruch berechtigt deshalb eine diskriminierende nicht mit § 11 AGG zu vereinbarende Stellenausschreibung (so zu § 611b BGB LAG HE 13.7.1999 AuR 2000, 35; *Fitting* Rn. 250; GK-BetrVG/*Raab* Rn. 208; aA zu § 11 AGG *Thüsing* AGG

Rn. 640; *Besgen* BB 2007, 213), nicht jedoch eine entgegen § 7 I TzBfG unterbliebene Ausschreibung als Teilzeitarbeitsplatz, da der BR hins. der Eignung als Teilzeitarbeitsplatz kein Mitsprache- oder Mitbeurteilungsrecht hat (*Ehler* BB 2001, 1146; *Hanau* NZA 2001, 1168; aA *Fitting* Rn. 249; DKKW/*Bachner* Rn. 230). Schreibt der AG zwar eine bestimmte Stelle im Betrieb aus, schaltet aber gleichzeitig eine Stellenanzeige in der Tageszeitung, in der geringere Anforderungen für den Bewerber verlangt werden, kann der BR der Einstellung eines Bewerbers, der sich auf die Zeitungsanzeige hin bewirbt, unter Berufung auf Nr. 5 widersprechen; denn die in der Tageszeitung ausgeschriebene Stelle (mit den geringeren Anforderungen) ist im Betrieb noch nicht ausgeschrieben worden (BAG 23.2.1988 AP BetrVG 1972 § 93 Nr. 2). Unterblieben ist eine Ausschreibung auch dann, wenn sie nicht ordnungsgemäß bekannt gemacht oder die Bewerbungsfrist zu kurz bemessen wurde (BAG 6.10.2010 NZA 2011, 360; zu den Formalien einer Ausschreibung s. § 93 Rn. 8). Ist eine Stelle einmal ausgeschrieben, muss sie nicht umgehend besetzt werden; der BR kann auch dann nicht unter Berufung auf Nr. 5 widersprechen, wenn zwischen Ausschreibung und Einstellung mehrere Monate liegen (BAG 30.4.2014, NZA 2015, 698: Faustregel 6 Monate).

Unzulässig ist ein Widerspruch, wenn von vornherein feststeht, dass kein AN des Betriebs für die 35
ausgeschriebene Stelle in Betracht kommt. Bestünde der BR in einem solchen Fall auf der Ausschreibung, wäre das ein Formalismus, der sich mit dem Grundsatz der vertrauensvollen Zusammenarbeit (§ 2) nicht verträgt (GK-BetrVG/*Raab* Rn. 208; aA DKKW/*Bachner* Rn. 234; LAG HE 2.11.1999 DB 2001, 155). Widersprüchl. und deshalb unzulässig ist es weiter, wenn der BR zunächst gebilligt hat, dass eine Stelle innerbetriebl. nicht ausgeschrieben wird, und später hiervon abrückt (LAG BE 11.2.1985 DB 1986, 49). Schließl. steht die fehlende Ausschreibung einer vorläufigen Einstellung gem. § 100 nicht entgegen, wenn die Einstellung so dringend war, dass eine Ausschreibung vor Besetzung der Stelle ohnehin keinen innerbetriebl. Bewerber mehr erreicht hätte (DKKW/*Bachner* Rn. 233). IÜ genügt für die Erhebung des Widerspruchs nach Nr. 5 der bloße Hinweis auf die unterbliebene Ausschreibung, ohne dass es einer weitergehenden Begründung seitens des BR bedarf (LAG HM 24.3.1992 DB 1992, 2639; *Fitting* Rn. 247a).

6. Gefahr für den Betriebsfrieden. Nr. 6 stellt das Gegenstück zu § 104 dar. Während nach § 104 36
der BR vom AG die Entlassung oder Versetzung eines AN verlangen kann, der durch gesetzwidriges Verhalten oder durch grobe Verletzung der in § 75 I enthaltenen Grundsätze den Betriebsfrieden wiederholt ernstl. gestört hat, sieht Nr. 6 das Recht des BR vor, von vornherein eine Einstellung oder Versetzung eines AN aus diesen Gründen zu unterbinden. Anders als bei § 104 kann der BR bei Nr. 6 nur eine **Prognose für die Zukunft** anstellen, die auf Ereignisse in der Vergangenheit gestützt wird. Da dem AN zukünftiges rechtswidriges Verhalten unterstellt werden muss, sind an die Widerspruchsgründe nach Nr. 6 strenge Anforderungen zu stellen (*Fitting* Rn. 253 ff.; DKKW/*Bachner* Rn. 236). Denkbare Fälle für einen Widerspruch nach Nr. 6 sind etwa Diebstahl an Kollegen, Beleidigungen, Mobbing, Raufereien am Arbeitsplatz, Denunziation oder sexuelle Belästigung am Arbeitsplatz (*Fitting* Rn. 259), vorausgesetzt, dass diese Vorfälle aus der jüngsten Vergangenheit stammen und eine ernstl. (vgl. § 104) Störung des Betriebsfriedens zu besorgen ist. Dabei genügt nicht das subjektive Gefühl des BR. Vielmehr müssen Tatsachen eine hinreichende Prognosegrundlage für eine „objektive Beurteilung" liefern (BAG 16.11.2004 NZA 2005, 775).

V. Entscheidung über die Zustimmung

Ist der BR vom AG über die geplante personelle Einzelmaßnahme unterrichtet worden, hat er gem. 37
Abs. 3 **eine Woche** Zeit, über die Zustimmung zu der Maßnahme zu entscheiden. Geht es um die personelle Maßnahme ggü. einem BRmitglied, ist dieses wegen Befangenheit sowohl von der Beschlussfassung als auch von der vorangehenden Beratung auszuschließen (BAG 3.8.1999 AP BetrVG 1972 § 25 Nr. 7). Für die Berechnung der Wochenfrist gem. Abs. 3 gelten §§ 187 I, 188 II BGB. Das bedeutet, der Tag, an dem die Auskunft dem BR zugegangen ist, ist bei der Fristberechnung nicht mitzurechnen. Fällt das Fristende auf einen Samstag, Sonntag oder Feiertag, endet die Frist am folgenden Werktag. Eine Verkürzung der Frist ist unzulässig, eine Verlängerung durch Vereinbarung zwischen BR und AG mögl. (BAG 16.11.2004 NZA 2005, 775; GK-BetrVG/*Raab* Rn. 148; DKKW/*Bachner* Rn. 175; aA Richardi/*Thüsing* Rn. 286 ff.), nicht aber ein völliger Verzicht auf eine Befristung (BAG 3.5.2006 NZA 2007, 47; BAG 23.8.2016 NZA 2017, 194). Unzulässig ist es auch, eine Verweigerungsfiktion bei Verstreichenlassen einer bestimmten Frist zu vereinbaren; eine solche Regelung entwertet das Verfahren gem. § 99 II–IV und übersteigt die Regelungskompetenz der Betriebspartner (BAG 18.8.2009 NZA 2010, 112).

Innerhalb der Frist des Abs. 3 hat der BR **drei Reaktionsmöglichkeiten:** er kann zunächst der 38
geplanten personellen Maßnahme **ausdrückl. zustimmen.** Anders als für die Ablehnung ist hierfür keine bestimmte Form vorgesehen. Allerdings sollte die Schriftform aus Beweisgründen gewahrt werden. Rücknahme bzw. Widerruf der ausdrückl. Zustimmung sind nicht mögl. (*Fitting* Rn. 272a; *Schreiber* RdA 1987, 257; einschränkend DKKW/*Bachner* Rn. 177). Eine Anfechtung wegen Irrtums oder arglistiger Täuschung (zB Vorenthalten von Inf.) ist mögl., allerdings nur bis zum Vollzug der personellen Einzelmaßnahme.

39 Die zweite Reaktionsmöglichkeit des BR besteht in der **ausdrückl. Verweigerung der Zustimmung.** Diese hat nach § 99 III 1 zum einen schriftl. und zum anderen „unter Angabe von Gründen" zu erfolgen. Hierfür reicht eine formelhafte, nicht dem Einzelfall angepasste Begründung, insb. die bloße Wiederholung des Wortlautes einer der Nummern des Abs. 2 nicht aus (BAG 24.7.1979 AP BetrVG 1972 § 99 Nr. 11). Ebenso wenig genügt eine Begründung, die offensichtl. keinen Bezug zu einem der Verweigerungsgründe des Gesetzes aufweist (*Fitting* Rn. 262; s. Hess. VGH 16.3.1995 ZTR 1995, 379). Ausreichend ist eine Begründung, die es als mögl. erscheinen lässt, dass mit der gegebenen Begründung ein ges. Widerspruchstatbestand geltend gemacht wird, ohne dass ausdrückl. auf eine der Nummern des Abs. 2 Bezug genommen wird (BAG 26.1.1988 AP BetrVG 1972 § 99 Nr. 50; 18.10.1988 AP BetrVG 1972 § 99 Nr. 57; 20.11.1990 AP BetrVG 1972 § 118 Nr. 47; *Fitting* Rn. 262). Ist durch die Rspr. des BAG geklärt, dass ein bestimmter Grund (zB Befristung) nicht dem G entspricht, ist seine Angabe nicht ausreichend. Die Betriebspartner sind nicht befugt, den BR durch freiwillige BV von der Begründungspflicht freizustellen; zulässig ist es dagegen, über den gesetzl. Katalog hinaus gehende Zustimmungsverweigerungsgründe zu vereinbaren (BAG 23.8.2016 NZA 2017, 194). Ein **Nachschieben neuer Widerspruchsgründe** nach Ablauf der Wochenfrist des Abs. 3 ist nach der Rspr. des BAG nicht zulässig (BAG 10.8.1993 NZA 1994, 187; 17.11.2010 NZA-RR 2011, 415; aA DKKW/*Bachner* Rn. 187). Zulässig ist es allerdings, bereits mitgeteilte Widerspruchsgründe rechtl. zu vertiefen (BAG 28.4.1998 AP BetrVG 1972 § 99 Eingruppierung Nr. 18). Nicht anwendbar soll die Wochenfrist für solche Gründe sein, die die Wirksamkeit einer Rechtsnorm betreffen, auf der die vom AG beabsichtigte Maßnahme beruht (BAG 6.8.2002 NZA 2003, 386). Wiederholt der AG mit neuen Argumenten die Bitte um Zustimmung, beginnt die Frist nicht erneut (LAG HB 13.9.2001 – 4 TaBV 6/01), wohl aber, wenn der BR zusätzl. Inf. verlangt (BAG 10.8.1993 NZA 1993, 187). Die Zustimmungsverweigerung hat **schriftl.** zu erfolgen. Das bedeutet nicht Schriftform iSd. § 126 I BGB, so dass die Zustimmung wirksam per Telefax verweigert werden kann (BAG 11.6.2002 NZA 2003, 226). Eine **E-Mail** genügt dem Schriftlichkeitsgebot, wenn diese den Erfordernissen der Textform nach § 126b BGB entspricht (BAG 10.3.2009 NZA 2009, 622). Dies ist dann der Fall, wenn eine maschinenschriftl. Erkl. den Aussteller zu erkennen gibt und durch eine Grußformel mit Namensangabe das Textende kenntl. macht (BAG 9.12.2008 NZA 2009, 627).

40 Schließl. kann der BR als dritte Reaktion die **Frist des Abs. 3 schlicht verstreichen lassen.** In diesem Fall gilt gem. § 99 III 2 die Zustimmung des BR als erteilt. Dies gilt auch, wenn die Verweigerung der Zustimmung nicht schriftl. oder ohne die Angabe konkreter, dem G entspr. Gründe ausgesprochen wurde. Diese Zustimmungsfiktion tritt allerdings in zwei Fällen nicht ein: einmal bei unzureichender Inf. des BR. In diesem Fall wird die Wochenfrist nicht in Lauf gesetzt. Daraus ergibt sich aber kein ewiges Widerspruchsrecht; denn der BR muss den AG auf ihm bekannte Mängel der Unterrichtung innerhalb der Wochenfrist hinweisen (BAG 10.8.1993 NZA 1994, 187; *Fitting* Rn. 268 ff.). Tut er dies nicht, entfällt das Mitbestimmungsrecht (*Fitting* Rn. 269; DKKW/*Bachner* Rn. 190). Dies gilt auch bei gänzl. fehlender Unterrichtung des AG, wenn der BR faktisch von der Einstellung/Versetzung Kenntnis erhält und den AG nicht zur Einhaltung des Mitbestimmungsrechts auffordert. Zum anderen tritt die Zustimmungsfiktion nicht ein, wenn der BR die Frist ohne sein Verschulden nicht einhalten konnte („höhere Gewalt"): In diesem Fall bleibt dem BR die Möglichkeit, seine Zustimmung alsbald nach Wegfall des Hindernisses zur Abgabe einer Erkl. noch nachträgl. zu verweigern (*Fitting* Rn. 272a; aA MüArbR/*Matthes* § 263 Rn. 71). Mit Ablauf der Wochenfrist gilt die Zustimmung als erteilt, wenn für ein wegen eigener Betroffenheit von Beratung und Entscheidung ausgeschlossenes BR-Mitglied kein Ersatzmitglied geladen wird (BAG 3.8.1999 EzA BetrVG 1972 § 33 Nr. 1).

VI. Gerichtliches Zustimmungsersetzungsverfahren

41 Verweigert der BR frist- und formgerecht mit der erforderl. Begründung die Zustimmung zu einer personellen Einzelmaßnahme, ist der AG, soweit er nicht nach § 100 vorgeht, zunächst rechtl. gehindert, die geplante Maßnahme durchzuführen. Er kann allerdings gem. § 99 IV beim ArbG beantragen, die fehlende Zustimmung des BR zu ersetzen. Die Möglichkeit, stattdessen **von der geplanten Maßnahme gänzl. abzusehen,** besteht nur bei einer geplanten Einstellung oder Versetzung (BAG 16.3.2010 NZA 2010, 1028). Anders ist es bei Ein- bzw. Umgruppierung: Wenn der AG den AN tatsächl. beschäftigt, muss er ihn auch entspr. der zugewiesenen Tätigkeit vergüten und dementpr. eingruppieren. Da dies nicht ohne Zustimmung des BR mögl. ist, muss er das Verfahren nach Abs. 4 einleiten. Der BR kann den AG hierzu über § 101 – ggf. auch mehrfach – zwingen, bis die richtige Vergütungsgruppe ermittelt ist (BAG 3.5.1994 AP BetrVG 1972 § 99 Eingruppierung Nr. 2). Der Rechtsstreit erledigt sich bei Wegfall der Maßnahme (BAG AP ArbGG 1979 § 83a Nr. 4, 5, 6). Verweigert der BR die Zustimmung zu einer geplanten Einstellung oder Versetzung eines Schwerbehinderten, soll der AG nach Auff. des BAG grds. gezwungen sein, das gerichtl. Zustimmungsersetzungsverfahren durchzuführen, um Schadensersatzansprüche des AN zu vermeiden (BAG 3.12.2002 NZA 2003, 1215). Dies verschiebt die in § 164 IV SGB IX ausdrückl. genannte Zumutbarkeitsgrenze bedenkl. zu Lasten des AG.

Über den Zustimmungsersetzungsantrag des AG entscheidet das ArbG im **BeschlV.** Dabei sind die von der geplanten personellen Maßnahme betroffenen AN nicht Beteiligte (BAG 27.5.1982 AP ArbGG 1979 § 80 Nr. 3; 17.5.1983 AP BetrVG 1972 § 99 Nr. 18; 22.3.1983 AP BetrVG 1972 § 101 Nr. 6). Im Verfahren hat der BR nur die frist- und formgerechte Verweigerung der Zustimmung darzulegen. IÜ trifft die **Darlegungslast** den AG, insb. für das Nichtvorliegen der vom BR vorgetragenen Verweigerungsgründe. IRd. gerichtl. Amtsermittlung nicht aufgeklärte Tatsachen gehen insoweit zu Lasten des AG. Das Amtsermittlungsprinzip ändert nichts daran, dass sich der Prüfungsumfang des Gerichts nur auf die vom BR vorgetragenen Widerspruchsgründe erstreckt (BAG 17.11.2010 NZA-RR 2011, 415; *Fitting* Rn. 290; vgl. zum Nachschieben von Widerspruchsgründen Rn. 39). Zieht der AG sein Ersuchen gegenüber dem BR zurück, erledigt sich ein gerichtl. Zustimmungsersetzungsverfahren, und zwar auch dann, wenn der BR zu diesem Zeitpunkt bereits einem weiteren Ersuchen um Zustimmung bzgl. desselben Bewerbers widersprochen hatte (BAG 28.2.2006 DB 2006, 2183). 42

Haben AG oder BR **Zweifel, ob überhaupt eine mitbestimmte personelle Maßnahme vorliegt,** kann dies in einem gerichtl. Feststellungsverfahren geklärt werden. Hält der AG die Zustimmungsverweigerung des BR für unbeachtl., kann er die Feststellung beantragen, dass die Zustimmung des BR nach dessen ordnungsgemäßer Unterrichtung wegen Fristablaufs als erteilt gilt (BAG 28.1.1986 AP BetrVG 1972 § 99 Nr. 34). Mit diesem Antrag kann hilfsweise der Antrag auf Zustimmungsersetzung verbunden werden. Ggf. hat das ArbG aber auch ohne ausdrückl. Antrag statt auf Ersetzung der Zustimmung auf die Feststellung zu erkennen, dass die Zustimmung als erteilt gilt (BAG 18.10.1988 AP BetrVG 1972 § 99 Nr. 57). S. auch § 101 Rn. 7 ff. Ob eine Versetzung vorliegt, ist im Rechtsbeschwerdeverfahren nur eingeschränkt überprüfbar (BAG 11.9.2001 EzA BetrVG 1972 § 95 Nr. 34). 43

VII. Rechtsstellung des einzelnen Arbeitnehmers

Grdl. für die Auswirkungen der (fehlenden) Mitbestimmung gem. § 99 auf die Rechtsstellung des einzelnen AN ist das **Prinzip der Trennung von personeller Einzelmaßnahme einerseits und zugrundeliegender Arbeitsvertragsgestaltung** andererseits (ausf. *Claus Weber,* Individualrechtl. Auswirkungen betriebsverfassungswidriger personeller Einzelmaßnahmen, 2000). 44

Bei der **Einstellung** bedeutet dies, dass ohne Zustimmung des BR zwar die tatsächl. Eingliederung des AN in den Betrieb, also dessen Beschäftigung untersagt ist; der zugrundeliegende Arbeitsvertrag kann dagegen auch vor Einholung der Zustimmung oder während eines schwebenden Mitbestimmungsverfahrens abgeschlossen werden und bleibt selbst bei endgültiger Ablehnung der Zustimmung wirksam (BAG 2.7.1980 AP BetrVG 1972 § 101 Nr. 5; 25.6.1987 AP BGB § 620 Bedingung Nr. 14; aA *Fitting* Rn. 277e; wie hier GK-BetrVG/*Raab* Rn.). Der AG kann allerdings bei Verweigerung der Zustimmung das ArbVerh. aus betriebsbedingten Gründen fristgerecht **kündigen,** soweit der AN bei Abschluss des Arbeitsvertrages über das Fehlen der BRZustimmung informiert wurde, auch fristlos (DKKW/*Bachner* § 100 Rn. 41). Zulässig ist es auch, das ArbVerh. auflösend bedingt an eine Verweigerung der Zustimmung des BR/ablehnende Gerichtsentscheidung zu knüpfen bzw. das ArbVerh. unter die aufschiebende Bedingung der Zustimmung des BR/gerichtl. Ersetzung der Zustimmung zu stellen. Eine Pflicht des AG bzw ein Anspruch des AN, nach verweigerter Zustimmung durch den BR ein Zustimmungsersetzungsverfahren durchzuführen, besteht grds. nicht (BAG 16.3.2010 DB 2010, 1710; BAG 21.2.2017 NZA 2017, 740). Eine Beschäftigung vor Ersetzung einer verweigerten Zustimmung durch das ArbG ist nur in dem Fall des § 100 II 3 zulässig, sonst unzulässig und damit rechtl. unmögl. (*Rixecker* AuR 1983, 238). Die Beschäftigung wird (rechtl.) unmögl., wenn sie dem AG auf Antrag des BR untersagt wird. Hat der AG das zu vertreten, haftet er nach § 280 BGB auf das Entgelt; sonst nur aus Verschulden bei Vertragsschluss (§ 311 II BGB) auf das Vertrauensinteresse, wenn der AG den AN nicht auf die fehlende Zustimmung des BR hinwies. Das BAG (2.7.1980 AP BetrVG 1972 § 101 Nr. 5) nimmt allerdings Annahmeverzug (§ 615 BGB) an, doch hindert das Verbot des § 100 II 2 AG und AN an der Beschäftigung. Es ist auch nicht gerechtfertigt, das Risiko einer vom AG nicht verschuldeten Zustimmungsverweigerung diesem aufzuerlegen. Beruft sich der BR gar nicht auf sein Mitbestimmungsrecht, kann der betroffene AN kein Zurückbehaltungsrecht geltend machen (BAG 5.4.2001 AP BetrVG 1972 § 99 Einstellung Nr. 32). 45

Ebenso wie bei der Einstellung führt auch bei der **Versetzung** die fehlende Zustimmung des BR gem. § 99 nur zur Unzulässigkeit der tatsächl. Zuweisung eines anderen Arbeitsbereichs. Die Rechtmäßigkeit einer mit der Versetzung einhergehenden Änderungskündigung wird nach der Rspr. des BAG durch die fehlende Zustimmung nicht tangiert (BAG 30.9.1993 AP KSchG 1969 § 2 Nr. 33; BAG 22.4.2010 NZA 2010, 1235). Gleichwohl soll der betroffene AN bis zur Erteilung der Zustimmung gem. § 99 zur Weiterarbeit auf seinem bisherigen Arbeitsplatz berechtigt bleiben, selbst wenn er die Änderungskündigung unter Vorbehalt angenommen hat. Dies spricht aber für eine die Wirksamkeit der Änderungskündigung suspendierende Wirkung der Mitbestimmung nach § 99 (vgl. *Kania* Anm. BAG 30.9.1993 EzA BetrVG § 99 Nr. 18). 46

Bei **Ein- und Umgruppierungen** führt schließl. das Prinzip der Trennung zwischen gem. § 99 mitbestimmter Maßnahme und zugrundeliegender Vertragsgestaltung dazu, dass der Vergütungsanspruch des betreffenden AN grds. unabhängig von der Reaktion des BR im Verfahren nach § 99 ist. 47

Wenn der AG eine Ein- bzw. Umgruppierung zwar ohne Beteiligung des BR, aber tarifrechtl. zutreffend vorgenommen hat, steht dem AN die tarifvertragl. Vergütung zu (BAG 14.6.1972 AP BAT §§ 22, 23 Nr. 54; 19.7.1978 AP BAT 1975 §§ 22, 23 Nr. 8). Der einzelne AN kann unabhängig von einem BeschlV. über die Ersetzung der Zustimmung zur Eingruppierung die seines Erachtens richtige Vergütungsgruppe einklagen (BAG 13.5.1981 AP HGB § 59 Nr. 24; *Fitting* Rn. 282). Ist allerdings im Verfahren nach § 99 die anzuwendende Vergütungsgruppe festgestellt worden, kann der AN seinen Vergütungsanspruch unmittelbar auf die gerichtl. Entsch. stützen. Insoweit ist ein Anspruch nicht von einer weiteren Prüfung der tarifl. Eingruppierungsvoraussetzungen abhängig (BAG 3.5.1994 AP BetrVG 1972 § 99 Eingruppierung Nr. 2). Dies gilt aber nur zugunsten, nicht zu Lasten des am BeschlV. nicht beteiligten AN.

§ 100 Vorläufige personelle Maßnahmen

(1) [1]**Der Arbeitgeber kann, wenn dies aus sachlichen Gründen dringend erforderlich ist, die personelle Maßnahme im Sinne des § 99 Abs. 1 Satz 1 vorläufig durchführen, bevor der Betriebsrat sich geäußert oder wenn er die Zustimmung verweigert hat.** [2]**Der Arbeitgeber hat den Arbeitnehmer über die Sach- und Rechtslage aufzuklären.**

(2) [1]**Der Arbeitgeber hat den Betriebsrat unverzüglich von der vorläufigen personellen Maßnahme zu unterrichten.** [2]**Bestreitet der Betriebsrat, dass die Maßnahme aus sachlichen Gründen dringend erforderlich ist, so hat er dies dem Arbeitgeber unverzüglich mitzuteilen.** [3]**In diesem Fall darf der Arbeitgeber die vorläufige personelle Maßnahme nur aufrechterhalten, wenn er innerhalb von drei Tagen beim Arbeitsgericht die Ersetzung der Zustimmung des Betriebsrats und die Feststellung beantragt, dass die Maßnahme aus sachlichen Gründen dringend erforderlich war.**

(3) [1]**Lehnt das Gericht durch rechtskräftige Entscheidung die Ersetzung der Zustimmung des Betriebsrats ab oder stellt es rechtkräftig fest, dass offensichtlich die Maßnahme aus sachlichen Gründen nicht dringend erforderlich war, so endet die vorläufige personelle Maßnahme mit Ablauf von zwei Wochen nach Rechtskraft der Entscheidung.** [2]**Von diesem Zeitpunkt an darf die personelle Maßnahme nicht aufrechterhalten werden.**

1 **1. Vorläufige Durchführung der Maßnahme.** Um aus dem Zustimmungserfordernis gem. § 99 entstehende Unzuträglichkeiten für den Betrieb zu vermeiden, ermöglicht § 100 die vorläufige Durchführung der geplanten personellen Maßnahme, wenn dies **aus sachl. Gründen dringend erforderl.** ist. Ein solches Erfordernis liegt vor, wenn ein verantwortungsbewusster AG im Interesse des Betriebes alsbald handeln müsste, die geplante Maßnahme also keinen Aufschub verträgt (*Fitting* Rn. 4). Allein der Umstand, dass im Betrieb AN fehlen, stellt noch keinen sachl. Grund iSd. Vorschr. dar, weil dies bei geplanten Einstellungen die Regel ist. Dass Einstellungen verzögert werden, kann aber nicht hingenommen werden, wenn dadurch der ordnungsgemäße betriebl. Ablauf gestört wird (BAG 6.10.1978 AP BetrVG 1972 § 99 Nr. 10). Ein typischer Grund für eine vorläufige Maßnahme liegt vor, wenn eine für den Betrieb wichtige Person mit bes. Qualifikationen nur bei sofortigem Handeln gewonnen werden kann (LAG BE 27.9.1982 BB 1983, 574). Für das Vorliegen des sachl. Grundes kommt es allein auf die Verhältnisse im Zeitpunkt der Durchführung der Maßnahme an; entfällt nachträgl. der Grund, so ist der AG nicht verpflichtet, die Maßnahme vor Abschluss des Zustimmungsersetzungsverfahrens wieder aufzuheben (BAG 6.10.1978 AP BetrVG 1972 § 99 Nr. 10). Allerdings ist der AG umgekehrt nach Einleitung eines Verfahrens nach § 100 gezwungen, die vorläufige Maßnahme bis zu einer rechtskräftigen Gerichtsentscheidung aufrecht zu erhalten. Er kann die vorläufige Maßnahme vielmehr jederzeit beenden; eine Zustimmung des BR hierzu gemäß oder entsprechend § 99 ist nicht erforderlich (BAG 15.4.2014 NZA 2014, 920). Denkbar sind vorläufige personelle Maßnahmen nur bei Einstellung und Versetzung, nicht aber bei **Ein- und Umgruppierung**. Ein- und Umgruppierung ist Rechtsanwendung, die richtig oder falsch sein kann, aber keine Maßnahme, die man vorläufig durchführt und ggf. später wieder (mit Wirkung für die Zukunft) beendet (*Fitting* Rn. 1; DKKW/*Bachner* Rn. 7; a. A. GK-BetrVG/*Raab* Rn. 13; offengelassen von BAG 11.10.2016 NZA 2017, 135).

2 **2. Unterrichtungspflichten des Arbeitgebers. a) Unterrichtung des Arbeitnehmers.** Gem. § 100 I 2 hat der AG den AN über die Sach- und Rechtslage aufzuklären, dh. hinzuweisen auf die Vorläufigkeit der Maßnahme, einen eventuellen Widerspruch des BR und die Möglichkeit, dass die Maßnahme kraft gerichtl. Entsch. rückgängig gemacht werden muss. Die Unterrichtung des AN durch den AG ist **keine Wirksamkeitsvoraussetzung** für die vorläufige Durchführung der Maßnahme, sondern dient zur Vermeidung von Schadensersatzansprüchen wegen Verschuldens bei Vertragsschluss bei Rückgängigmachung der Maßnahme (BAG 14.6.1972 AP BAT §§ 22, 23 Nr. 54; *Fitting* Rn. 7). Der AN ist seinerseits verpflichtet, den AG auf persönl. Umstände hinzuweisen, die zu einer Verweigerung der Zustimmung des BR führen könnten. Eine Verletzung dieser Pflicht kann ihn ebenfalls schadensersatzpflichtig ggü. dem AG machen, und einen eigenen Schadensersatzanspruch aus dem Gesichtspunkt des Mitverschuldens (§ 254 BGB) mindern (GK-BetrVG/*Raab* Rn. 20). Insb. bei der vorläufigen Einstel-

lung empfiehlt es sich, den Arbeitsvertrag unter der **auflösenden Bedingung** einer negativen arbeitsgerichtl. Entsch. abzuschließen, um Kündigungs- und Schadensersatzprobleme zu vermeiden (vgl. zu den Auswirkungen der verweigerten Zustimmung des BR auf den zugrundeliegenden Arbeitsvertrag § 99 Rn. 44 ff.).

b) Unterrichtung des Betriebsrats. Gem. § 100 II 1 hat der AG den BR unverzügl., also „ohne schuldhaftes Zögern" (§ 121 I BGB), von der vorläufigen personellen Maßnahme zu unterrichten. Die Unterrichtung kann sowohl vor als notfalls auch unmittelbar nach Durchführung der Maßnahme erfolgen (BAG 7.11.1977 AP BetrVG 1972 § 100 Nr. 1). Eine Form ist für die Unterrichtung nicht vorgeschrieben; aus Beweisgründen empfiehlt sich jedoch die Einhaltung der Schriftform. Inhaltl. muss die Inf. alle Angaben enthalten, die den BR in die Lage versetzt, die vorläufige Maßnahme und ihre Erforderlichkeit, insb. das Vorliegen eines sachl. Grundes, zu beurteilen (DKKW/*Bachner* Rn. 15). Ist der BR noch nicht nach § 99 I unterrichtet, kann die Unterrichtung nach § 99 zusammen mit der nach § 100 II 1 erfolgen (*Fitting* Rn. 8a). Erfüllt der AG seine Verpflichtung nach Abs. 2 S. 1 nicht oder nicht ordnungsgemäß, fehlt es an einer Wirksamkeitsvoraussetzung für die vorläufige personelle Maßnahme. Der BR kann deren Aufhebung über § 101 verlangen (*Fitting* § 101 Rn. 3; DKKW/*Bachner* Rn. 16). 3

3. Reaktionen des Betriebsrats und Konsequenzen für den Arbeitgeber. Gem. § 100 II 2 ist der BR verpflichtet, dem AG unverzügl. zu antworten. Für den BR ergeben sich folgende Reaktionsmöglichkeiten: Er kann der vorläufigen Maßnahme **zustimmen bzw. auf die Unterrichtung des AG schweigen:** In beiden Fällen ist bzw. gilt die Maßnahme vorläufig als gebilligt. Dem gleichzustellen ist der Fall, dass der BR der endgültigen Maßnahme gem. § 99 III zustimmt, aber deren Dringlichkeit bestreitet. Ein solches Bestreiten geht ins Leere und ist gegenstandslos (DKKW/*Bachner* Rn. 23). Nicht geregelt ist der Fall, dass der BR zwar die Zustimmung zur endgültigen Durchführung der Maßnahme verweigert, aber auf eine Unterrichtung über eine vorläufige personelle Maßnahme schweigt oder ihr gar zustimmt. Eine Verpflichtung des AG, auch in diesem Fall von sich aus unverzügl. beim ArbG die Zustimmung zur endgültigen Maßnahme einzuholen, ist dem G nicht zu entnehmen. Vielmehr muss der BR von sich aus klarstellen, ob er auf der Durchführung dieses Verfahrens besteht. Tut er dies und weigert sich der AG, die Zustimmungsersetzung zu beantragen, kann der BR den AG in entspr. Anwendung von § 101 zur Einleitung des Zustimmungsersetzungsverfahrens zwingen, nicht aber zur Aufhebung der vorläufigen personellen Maßnahme, der der BR nicht widersprochen hat (ausführl. *Kania* NZA 2016, 614; **aA** *Matthes* DB 1989, 1287; DKKW/*Bachner* Rn. 19). Dieses Recht kann durch längere Untätigkeit des BR verwirken; wovon idR. nach sechs Monaten auszugehen ist (*Kania* NZA 2016, 614). 4

Bestreitet der BR, dass die Maßnahme aus sachl. Gründen dringend erforderl. ist, darf sie der AG gem. § 100 II 3 nur aufrechterhalten, wenn er innerhalb von drei Tagen beim ArbG die Ersetzung der Zustimmung des BR und die Feststellung beantragt, dass die Maßnahme aus sachl. Gründen dringend erforderl. war. Wie sich aus dem Gesetzeswortlaut ergibt, muss der AG beide Anträge innerhalb der **Drei-Tage-Frist** stellen. Beide Verfahren werden zwgd. miteinander verbunden, um zu verhindern, dass der AG den Streit auf die Wirksamkeit der vorläufigen Maßnahme beschränkt und das Verfahren gem. § 99 IV in der Schwebe hält (BAG 15.9.1987 AP BetrVG 1972 § 99 Nr. 46; *Fitting* Rn. 11a). Stellt der AG innerhalb der Drei-Tages-Frist nur den Feststellungsantrag zur vorläufigen personellen Maßnahme, ist dieser unzulässig (*Matthes* DB 1989, 1287; DKKW/*Bachner* Rn. 27). 5

Bei der **Berechnung der Frist** von drei Tagen ist zu beachten, dass es sich um Kalendertage und nicht Werktage handelt. Der Tag des Zugangs wird nicht mitgerechnet (§ 187 BGB). Bei einem Widerspruch des BR am Freitag muss also das ArbG am folgenden Montag angerufen werden. Nur wenn der letzte Tag der Frist ein Samstag, Sonntag oder ges. Feiertag ist, verlängert sich die Frist bis zum Ablauf des nächsten Werktages (§ 193 BGB). 6

4. Entscheidung des Arbeitsgerichts. Das ArbG entscheidet im **BeschlV.,** wobei der AN – wie beim isolierten Verfahren gem. § 99 – nicht Beteiligter ist. Das Gericht hat stets über zwei Anträge, den Antrag auf Feststellung der Dringlichkeit einer vorläufigen Maßnahme und den Antrag auf Ersetzung der Zustimmung des BR zur endgültigen Maßnahme, zu entscheiden. Umstr. ist, ob über diese Anträge gemeinsam (LAG SH 27.9.1977 BB 1978, 611), über den Feststellungsantrag vorrangig (*Matthes* DB 1989, 1285) oder nach freiem Ermessen des Gerichts (DKKW/*Bachner* Rn. 31) zu entscheiden ist. Das BAG (18.10.1988 NZA 1989, 183) empfiehlt den Instanzgerichten die vorgezogene Entsch. über den Feststellungsantrag. 7

Die Kombination von Feststellungs- und Zustimmungsersetzungsantrag ergibt **vier mögl. Entsch. des ArbG:** Einmal ist es mögl., dass das ArbG die Maßnahme für dringl. und keinen Zustimmungsverweigerungsgrund iSd. § 99 II für gegeben hält. In diesem Fall obsiegt der AG und kann die Maßnahme endgültig durchführen. Zum zweiten kann das ArbG sowohl die Dringlichkeit der vorläufigen Maßnahme verneinen als auch die Zustimmungsverweigerungsgründe des BR anerkennen. In diesem Fall unterliegt der AG voll und darf die Maßnahme weder vorläufig noch endgültig aufrechterhalten. Die dritte Möglichkeit besteht darin, dass das ArbG zwar die Dringlichkeit der Maßnahme 8 anerkennt, aber die Zustimmung (auf Dauer) nicht ersetzt. Der AG obsiegt dann zwar mit dem Feststellungsantrag; mit Rechtskraft der Entsch. über die Verweigerung der Zustimmung werden aber die Rechtsfolgen des § 100 III ausgelöst; das bedeutet, die vorläufige personelle Maßnahme endet mit Ablauf von zwei Wochen nach Rechtskraft der Entsch.; von diesem Zeitpunkt an darf sie nicht aufrechterhalten werden. Als viertes bleibt die Möglichkeit, dass das ArbG zwar die Verweigerung der Zustimmung durch den BR nicht für gerechtfertigt hält, aber auch keinen sachl. Grund für die vorläufige Durchführung der Maßnahme sieht. Gem. § 100 III ist in diesem Fall der Feststellungsantrag aber nur abzuweisen, wenn ein sachl. Grund „offensichtl.", dh. auf den ersten Blick und eindeutig ersichtl., nicht gegeben war. Wird eine solche **Offensichtlichkeit** rkr. festgestellt, darf der AG die Maßnahme nicht über einen Zeitraum von zwei Wochen nach Rechtskraft aufrechterhalten (§ 100 III 2). Relevant wird diese Entsch.Variante nur, wenn das ArbG über den Feststellungsantrag vorab entschieden hat. Denn mit der gerichtl. Ersetzung der Zustimmung des BR endet die Rechtshängigkeit des Feststellungsantrages; über diesen ist dann nicht mehr zu entscheiden; vielmehr ist das Verfahren in entspr. Anwendung von § 83a II 1 ArbGG einzustellen (BAG 26.10.2004 NZA 2005, 535; aA *Fitting* Rn. 15).

9 Soweit gem. § 100 III vorläufige personelle Maßnahmen **zwei Wochen nach Rechtskraft** „enden" und „nicht aufrechterhalten werden" dürfen, bedeutet dies, dass eine (vorläufige) Einstellung oder Versetzung in diesem Moment ihre betriebsverfassungsrechtl. Zulässigkeit verliert: Der vorläufig eingestellte AN darf nicht mehr beschäftigt werden; ist der Bestand des zugrundeliegenden Arbeitsvertrages nicht an die negative Gerichtsentsch. als auflösende Bedingung geknüpft, wird die Leistung des AN rechtl. unmögl. (vgl. näher § 99 Rn. 45). Bei der Versetzung ist der AN auf seinen bisherigen Arbeitsplatz „zurückzuversetzen" (*Fitting* Rn. 19). Die tatsächl. Durchführung des Beschlusses des ArbG über die Beendigung der vorläufigen personellen Maßnahme kann der BR gem. § 101 erzwingen.

§ 101 Zwangsgeld

[1] Führt der Arbeitgeber eine personelle Maßnahme im Sinne des § 99 Abs. 1 Satz 1 ohne Zustimmung des Betriebsrats durch oder hält er eine vorläufige personelle Maßnahme entgegen § 100 Abs. 2 Satz 3 oder Abs. 3 aufrecht, so kann der Betriebsrat beim Arbeitsgericht beantragen, dem Arbeitgeber aufzugeben, die personelle Maßnahme aufzuheben. [2] Hebt der Arbeitgeber entgegen einer rechtskräftigen gerichtlichen Entscheidung die personelle Maßnahme nicht auf, so ist auf Antrag des Betriebsrats vom Arbeitsgericht zu erkennen, dass der Arbeitgeber zur Aufhebung der Maßnahme durch Zwangsgeld anzuhalten sei. [3] Das Höchstmaß des Zwangsgeldes beträgt für jeden Tag der Zuwiderhandlung 250 Euro.

1 **1. Anwendungsbereich von S. 1.** § 101 dient der Sicherung der Mitbestimmungsrechte des BR gem. §§ 99, 100. Den Antrag nach S. 1 kann der BR **in drei Fällen** stellen:
- wenn der AG eine endgültige personelle Maßnahme entgegen § 99 ohne Zustimmung des BR durchgeführt hat, also die Zustimmung weder ausdrückl. erteilt worden ist noch wegen Ablauf der Wochenfrist nach § 99 III 2 als erteilt gilt noch durch das ArbG rkr. im Verfahren nach § 99 IV ersetzt worden ist,
- wenn der AG eine vorläufige personelle Maßnahme aufrechterhält, obwohl er den BR überhaupt nicht bzw. nicht unverzügl. unterrichtet hat oder – nach unverzügl. Unterrichtung – nicht innerhalb von drei Tagen nach einem Bestreiten der Dringlichkeit durch den BR das ArbG angerufen hat,
- wenn der AG den AN noch länger als zwei Wochen nach einer negativen rkr. Entsch. des ArbG über die Ersetzung der Zustimmung bzw. die Dringlichkeit der Maßnahme faktisch weiterbeschäftigt.

2 Der in § 101 S. 1 vorgesehene **Aufhebungsantrag passt nur auf Einstellung und Versetzung,** nicht aber auf Ein- und Umgruppierung. Da die Eingruppierung selbst zu keiner tatsächl. Veränderung der Verhältnisse im Betrieb führt, kann auch eine betriebsverfassungswidrige **Eingruppierung** nicht aufgeh. werden. Der BR kann aber über § 101 verlangen, dem AG aufzugeben, die Zustimmung des BR zur vorgesehenen Eingruppierung nachträgl. einzuholen und im Verweigerungsfalle durch das ArbG ersetzen zu lassen (BAG 4.5.2011 NZA 2011, 1239; 12.8.1997 AP BetrVG 1972 § 99 Eingruppierung Nr. 14). Bleibt der AG im Zustimmungsersetzungsverfahren mit der von ihm vorgeschlagenen Vergütungsgruppe erfolglos, kann der BR über § 101 beantragen, dem AG aufzugeben, ein erneutes Beteiligungsverfahren einzuleiten, das die Eingruppierung in eine andere Vergütungsgruppe vorsieht (BAG 3.5.1994 AP BetrVG 1972 Eingruppierung Nr. 2; 27.6.2000 AP BetrVG 1972 § 99 Eingruppierung Nr. 23). Dies ist aber gekünstelt; wenn sich aus dem Beschl. die richtige Gruppe ergibt, entspricht es dem Sinn des § 101, dem BR dann einen Anspruch auf die richtige Eingruppierung zu geben.

3 Das ArbG entscheidet im BeschlV; eine auf § 101 gestützte einstweilige Vfg. ist, da Rechtskraft erforderl., nicht mögl. (LAG HE 15.12.1987 DB 1995, 915; Richardi/*Thüsing* Rn. 8; zu anderen

Rechtsschutzmöglichkeiten außerhalb des § 101 unten Rn. 7 ff.). Beteiligte sind der BR und der AG, nicht der betroffene AN (BAG 27.5.1982 AP ArbGG 1979 § 80 Nr. 3). Hat der AG ein **Verfahren** auf Ersetzung der Zustimmung und Feststellung der Dringlichkeit nach § 100 II 3 eingeleitet, kann der BR bereits in diesem Verfahren seinen Abweisungsantrag mit dem Antrag verbinden, dass dem AG aufgegeben wird, die vorläufige personelle Maßnahme aufzuheben (*Fitting* Rn. 6; DKKW/*Bachner* Rn. 11). Demggü. kann der AG seinen Abweisungsantrag ggü. einem BRAntrag nach § 101 nicht mit einem Hilfsantrag verbinden, die fehlende Zustimmung des BR zu ersetzen. Zudem kann er grds. in einem Verfahren nach § 101 nicht geltend machen, in Wahrheit fehle ein Zustimmungsverweigerungsgrund (BAG 18.7.1978 AP BetrVG 1972 § 101 Nr. 1; 21.11.1978 AP BetrVG 1972 § 101 Nr. 3; 16.7.1985 AP BetrVG 1972 § 99 Nr. 21; *Fitting* Rn. 4). Mögl. ist dagegen der Einwand des AG, die vorgesehene Maßnahme sei gar nicht mitbestimmungspflichtig bzw. der Widerspruch des BR entbehre der erforderl. Begründung (ähnl. *Richardi* Anm. BAG AP BetrVG 1972 § 101 Nr. 3; wohl aA DKKW/*Bachner* Rn. 12). Bsp. sind etwa der Widerspruch gegen die geplante Beschäftigung freier Mitarbeiter oder der ohne jede Begründung erfolgende bzw. abwegige Widerspruch gegen eine Einstellung oder Versetzung eines AN.

Hebt der AG die Maßnahme während des Verfahrens nach § 101 auf oder endet sie auf andere Weise, muss der Antrag als unbegründet abgewiesen werden, wenn er nicht zuvor für erledigt erklärt wird (DKKW/*Bachner* Rn. 10). 4

2. Zwangsgeldverfahren. Ergeht ein Beschl. nach S. 1 in **Rechtskraft,** kann der AG bei der Einstellung und Versetzung zur tatsächl. Aufhebung bzw. Rückgängigmachung der Maßnahme angehalten werden; bei einer mitbestimmungswidrigen Ein- oder Umgruppierung muss er der Verpflichtung zur Einleitung eines neuen Zustimmungsverfahrens nachkommen. Eine ausdrückl. Frist hierfür nennt das G nicht; die hM gewährt dem AG in entspr. Anwendung von § 100 III 1 eine **Frist von zwei Wochen ab Rechtskraft zur Umsetzung des Beschlusses** (*Fitting* Rn. 7; GK-BetrVG/*Raab* Rn. 16; aA DKKW/*Bachner* Rn. 13). 5

Leistet der AG einem Beschl. nach S. 1 nicht Folge, kann der BR nach Rechtskraft der Entsch. (BAG 18.6.1991 AP BetrVG 1972 § 99 Nr. 92) beim ArbG beantragen, den AG durch **Zwangsgeld** zur Befolgung der gerichtl. Anordnung anzuhalten. Da der AG zur Zahlung von „Zwangsgeld" und nicht von „Ordnungsgeld" (vgl. § 890 ZPO) verpflichtet wird, kommt es auf ein Verschulden nicht an (*Fitting* Rn. 11). Zwangsgelder sind als Beugemaßnahme nicht mehr festzusetzen oder zu vollstrecken, wenn der BR seinen Antrag zurücknimmt oder der AG die ihm verbotene personelle Maßnahme vor Verhängung oder Vollstreckung des Zwangsgeldes aufhebt (GK-BetrVG/*Raab* Rn. 18; *Fitting* Rn. 11). Das Zwangsgeld beträgt gem. § 101 S. 3 höchstens 250,00 Euro für jeden Tag der Zuwiderhandlung. Die Bestimmung der Höhe liegt im Ermessen des Gerichts. Zust. ist der Kammervorsitzende allein (§ 53 ArbGG). Die Entsch. ergeht ohne mündl. Verhandlung und ohne erneute Sachprüfung. Allerdings ist dem AG Gelegenheit zur mündl. oder schriftl. Äußerung zu geben (§ 891 ZPO). Einwendungen können sich nur darauf erstrecken, dass die Maßnahme in der Zwischenzeit bereits beendet wurde oder der BR seinen Antrag zurückgenommen hat (DKKW/*Bachner* Rn. 16). 6

3. Weitere Rechtsschutzmöglichkeiten. Neben einem Vorgehen nach § 101 kann der BR bei Vorliegen eines entspr. Rechtsschutzbedürfnisses **Beteiligungsrechte gerichtl. für die Zukunft feststellen lassen.** Zu bejahen ist ein Rechtsschutzbedürfnis, wenn es um häufig im Betrieb wiederkehrende Rechtsfragen geht (vgl. BAG 30.4.1981 AP BetrVG 1972 § 99 Nr. 12 zu der Frage, ob die Versetzung von einem Betrieb in den anderen mitbestimmungspflichtig ist; 16.7.1985 AP BetrVG 1972 § 99 Nr. 21 zu der Frage, ob die Befristung eines ArbVerh. zum Widerspruch berechtigt). Unzulässig ist dagegen ein Antrag auf Feststellung, dass die Einstellung bestimmter, inzwischen wieder entlassener AN mitbestimmungswidrig war (BAG 16.7.1985 AP BetrVG 1972 § 99 Nr. 21) oder ein Antrag des BR, den AG zu verpflichten, zu bereits vorgenommenen Einstellungen nachträgl. die Zustimmung des BR nach § 99 I einzuholen (BAG 20.2.2001 AP BetrVG 1972 § 101 Nr. 23). 7

Weiter kann der BR **bei groben Verstößen** des AG gegen das Mitbestimmungsrecht des BR aus §§ 99, 100 nach § 23 III deren **Unterlassung für die Zukunft** beantragen. Insoweit wird § 23 III nicht durch § 101 verdrängt (BAG 17.3.1987 AP BetrVG 1972 § 23 Nr. 7; *Fitting* Rn. 12). Der Unterlassungsantrag muss diejenige Handlung genau bezeichnen, deren Unterlassung dem AG aufgegeben werden soll. Ein Antrag ist unbegründet, wenn das umstr. Beteiligungsrecht nicht für alle von ihm erfassten Vorgänge bejaht oder verneint werden kann (BAG 6.12.1994 NZA 1995, 488). 8

Daneben besteht kein ggf. im Wege der einstweiligen Vfg. zu verfolgender **allg. Unterlassungsanspruch.** Die Rspr. des BAG zum allg. Unterlassungsanspruch im Bereich des § 87 (vgl. BAG 3.5.1994 NZA 1995, 40) lässt sich nicht auf die §§ 99, 100 übertragen. Anders als im Bereich der §§ 87 ff. (und auch anders als im Bereich der wirtschaftl. Mitbestimmung gem. §§ 111 ff.) hat der Gesetzgeber mit § 101 eine ausdrückl. kollektivrechtl. Sanktion für mitbestimmungswidriges Verhalten des AG angeordnet (BAG 23.6.2009 NZA 2009, 1430). Die verbleibende Rechtsschutzlücke bezieht sich im Wesentl. auf die Einstellung kurzfristiger Aushilfen, bei denen ein Verfahren nach § 101 regelm. zu spät kommt. Ungeahndet bleibt dieses Vorgehen aber nur, soweit es sich um einen Einzelfall handelt. Handelt es sich um eine st. Praxis des AG, kann der BR nach § 23 III vorgehen, da ein grober 9

Verstoß gegen die betriebsverfassungsrechtl. Pflichten des AG anzunehmen ist (s. § 87 Rn. 138). Zudem hat der Gesetzgeber etwaige Rechtsschutzlücken bewusst in Kauf genommen, wie die eingehende, aber vielfach eingeschränkte Regelung der §§ 101, 23 III zeigt (anders DKKW/*Bachner* Rn. 22 mwN; LAG K 13.8.2002 NZA-RR 2003, 249).

§ 102 Mitbestimmung bei Kündigungen

(1) [1]Der Betriebsrat ist vor jeder Kündigung zu hören. [2]Der Arbeitgeber hat ihm die Gründe für die Kündigung mitzuteilen. [3]Eine ohne Anhörung des Betriebsrats ausgesprochene Kündigung ist unwirksam.

(2) [1]Hat der Betriebsrat gegen eine ordentliche Kündigung Bedenken, so hat er diese unter Angabe der Gründe dem Arbeitgeber spätestens innerhalb einer Woche schriftlich mitzuteilen. [2]Äußert er sich innerhalb dieser Frist nicht, gilt seine Zustimmung zur Kündigung als erteilt. [3]Hat der Betriebsrat gegen eine außerordentliche Kündigung Bedenken, so hat er diese unter Angabe der Gründe dem Arbeitgeber unverzüglich, spätestens jedoch innerhalb von drei Tagen, schriftlich mitzuteilen. [4]Der Betriebsrat soll, soweit dies erforderlich erscheint, vor seiner Stellungnahme den betroffenen Arbeitnehmer hören. [5]§ 99 Abs. 1 Satz 3 gilt entsprechend.

(3) Der Betriebsrat kann innerhalb der Frist des Absatzes 2 Satz 1 der ordentlichen Kündigung widersprechen, wenn

1. der Arbeitgeber bei der Auswahl des zu kündigenden Arbeitnehmers soziale Gesichtspunkte nicht oder nicht ausreichend berücksichtigt hat,
2. die Kündigung gegen eine Richtlinie nach § 95 verstößt,
3. der zu kündigende Arbeitnehmer an einem anderen Arbeitsplatz im selben Betrieb oder in einem anderen Betrieb des Unternehmens weiterbeschäftigt werden kann,
4. die Weiterbeschäftigung des Arbeitnehmers nach zumutbaren Umschulungs- oder Fortbildungsmaßnahmen möglich ist oder
5. eine Weiterbeschäftigung des Arbeitnehmers unter geänderten Vertragsbedingungen möglich ist und der Arbeitnehmer sein Einverständnis hiermit erklärt hat.

(4) Kündigt der Arbeitgeber, obwohl der Betriebsrat nach Absatz 3 der Kündigung widersprochen hat, so hat er dem Arbeitnehmer mit der Kündigung eine Abschrift der Stellungnahme des Betriebsrats zuzuleiten.

(5) [1]Hat der Betriebsrat einer ordentlichen Kündigung frist- und ordnungsgemäß widersprochen und hat der Arbeitnehmer nach dem Kündigungsschutzgesetz Klage auf Feststellung erhoben, dass das Arbeitsverhältnis durch die Kündigung nicht aufgelöst ist, so muss der Arbeitgeber auf Verlangen des Arbeitnehmers diesen nach Ablauf der Kündigungsfrist bis zum rechtskräftigen Abschluss des Rechtsstreits bei unveränderten Arbeitsbedingungen weiterbeschäftigen. [2]Auf Antrag des Arbeitgebers kann das Gericht ihn durch einstweilige Verfügung von der Verpflichtung zur Weiterbeschäftigung nach Satz 1 entbinden, wenn

1. die Klage des Arbeitnehmers keine hinreichende Aussicht auf Erfolg bietet oder mutwillig erscheint oder
2. die Weiterbeschäftigung des Arbeitnehmers zu einer unzumutbaren wirtschaftlichen Belastung des Arbeitgebers führen würde oder
3. der Widerspruch des Betriebsrats offensichtlich unbegründet war.

(6) Arbeitgeber und Betriebsrat können vereinbaren, dass Kündigungen der Zustimmung des Betriebsrats bedürfen und dass bei Meinungsverschiedenheiten über die Berechtigung der Nichterteilung der Zustimmung die Einigungsstelle entscheidet.

(7) Die Vorschriften über die Beteiligung des Betriebsrats nach dem Kündigungsschutzgesetz bleiben unberührt.

I. Anwendungsbereich

1 **1. Kündigungstatbestand.** Gem. § 102 I 1 ist der BR **vor jeder Kündigung** zu hören. Hierunter ist jede Art der Kündigung seitens des AG zu verstehen: die **ordentl. oder außerordentl. Kündigung,** auch in der ges. Wartezeit (BAG 12.9.2013 NZA 2013, 1412) und bei Massenentlassungen nach § 17 KSchG (BAG 16.9.1993 NZA 1994, 311). Die Anwendbarkeit des KSchG spielt für die BRBeteiligung keine Rolle, ebenso wenig die Anwendbarkeit dt. Arbeitsvertragsrechts (BAG 9.11.1977 DB 1978, 451). Die Ausübung eines arbeitsvertragl. eingeräumten Teilkündigungsrechts von Nebenabreden löst kein Beteiligungsrecht aus, da die Stellung des AN in der Belegschaft nicht berührt wird (*Fitting* Rn. 5). Anders ist dies bei der **Änderungskündigung,** obwohl auch hier nicht die Auflösung des ArbVerh. bezweckt wird: Unbeschadet des Rechts des AN, das Änderungsangebot anzunehmen, ist in jedem Fall der BR zu beteiligen, da aus der Änderungskündigung die Beendigung des ArbVerh. folgen kann (BAG 30.9.1993 NZA 1994, 615). Dies gilt auch dann, wenn der AN die geänd. Arbeitsbedingungen unter

Vorbehalt annimmt (BAG 28.5.1998 NZA 1998, 1167). Beinhaltet das Änderungsangebot eine personelle Einzelmaßnahme nach § 99, muss die Anhörung sowohl den Erfordernissen des § 102 I als auch denen des § 99 I genügen, da das G beide Beteiligungsformen unterschiedl. ausgestaltet und die Entsch. des BR nicht notwendigerweise einheitl. ausfallen muss; beide Anhörungen können aber miteinander verbunden werden. Die fehlende Durchführung des Beteiligungsverfahrens bzw. der Zustimmung des BR nach § 99 ist in einem solchen Fall keine Wirksamkeitsvoraussetzung für die Änderungskündigung, sondern hindert nur die tatsächl. Durchführung der Änderungsmaßnahme (BAG 30.9.1993 NZA 1994, 615). Endet das ArbVerh. aus anderen Gründen, etwa durch Zeitablauf eines wirksam befristeten ArbVerh. (BAG 28.10.1986 NZA 1987, 530) oder durch **Aufhebungsvertrag**, ist der BR mangels einer Kündigung nicht zu beteiligen (*Fitting* Rn. 15, 17; ausf. APS/*Koch* Rn. 32 ff.). Vom Aufhebungsvertrag zu unterscheiden ist der sog. **Abwicklungsvertrag**, der nur die Modalitäten der Abwicklung des zuvor gekündigten ArbVerh. regelt; hier unterliegt die der Abwicklungsvereinbarung zugrunde liegende Kündigung dem § 102 (BAG 28.6.2005 NZA 2006, 48; aA APS/*Koch* Rn. 33 für den Fall der Einigung über den Abwicklungsvertrag vor Ausspruch der Kündigung, die dann nur noch zum Schein erfolge). Eine Anhörungspflicht besteht auch bei Kündigung durch den **Insolvenzverwalter** nach § 113 InsO. Selbst bei Aufnahme zu kündigender AN in eine Namensliste gem. § 1 V KSchG bzw. § 125 InsO bleibt die Pflicht zur Durchführung des Anhörungsverfahrens gem. § 102 bestehen (BAG 23.10.2008 BB 2009, 1758; 20.5.1999 NZA 1999, 1023 zu § 1 V KSchG). Die Anhörungspflicht entfällt auch dann nicht, wenn der AG den BR zu einem bestimmten Sachverhalt bereits angehört hat und im Hinblick auf mögl. Verfahrensfehler (vorsorgl.) eine **Wiederholungskündigung** ausspricht (BAG 31.1.1996 NZA 1996, 649; eine förml. nicht teleologische Auslegung). Nicht erneut angehört werden muss der BR, wenn eine Kündigung, zu der der BR bereits ordnungsgem. angehört wurde, nur am fehlenden Zugang beim AN scheitert und daraufhin sofort eine auf denselben Sachverhalt gestützte zweite Kündigung ausgesprochen wird; in diesem Fall liegt der zweiten Kündigung kein eigenständiger Kündigungsentschluss des AG zugrunde (BAG 11.10.1989 NZA 1990, 748).

2. Persönlicher Geltungsbereich. Die Anhörungspflicht bezieht sich auf **alle AN des Betriebs** iSd. 1a
§ 5 I, einschließl. der Heimarbeiter und Berufsausbildungsverhältnisse (BAG 12.5.2005 NZA 2005, 1358). Das gilt auch während der Wartezeit nach § 1 I KSchG (BAG 23.4.2009 NZA 2009, 959). Die Kündigung leitender Angestellter ist dem BR nach § 105 lediglich mitzuteilen. Ist der ANStatus insoweit unklar, muss sich aus der Mitteilung eindeutig ergeben, ob auch eine (vorsorgl.) Anhörung nach § 102 beabsichtigt ist (BAG 7.12.1979 DB 1980, 742). Bei einem nicht nur vorübergehend **im Ausland tätigen AN** hat der BR jdf. dann ein Beteiligungsrecht, wenn die Tätigkeit dem Inlandsbetrieb zuzuordnen ist (BAG 7.12.1989 NZA 1990, 658). Keine Anhörung ist erforderl. bei einer Kündigung vor Dienstantritt, weil es in diesem Fall an der Betriebszugehörigkeit des gekündigten AN fehlt.

II. Unterrichtung des Betriebsrats

1. Adressat der Unterrichtungspflicht. Anzuhören ist grds. der BR des Betriebs, dem der AN 2
angehört. Voraussetzung hierfür ist ein **handlungsfähiger BR**; die Anhörungspflicht besteht daher erst ab Konstituierung eines neu gewählten BR gem. § 29 (BAG 23.8.1984 NZA 1985, 566; vgl. § 29 Rn. 1 ff.). Soweit einem BR ein Übergangsmandat zusteht, ist dieser zu beteiligen (zum Übergangsmandat vgl. § 21a Rn. 7 ff.). Die Anhörungspflicht entfällt bei AN eines Betriebsteils, deren Belegschaft an der BRWahl im Hauptbetrieb nicht teilgenommen hat, obwohl es an den Voraussetzungen der Eigenständigkeit gem. § 4 fehlt (BAG 3.6.2004 NZA 2005, 175). Für betriebsratslose Betriebe ist auch nicht der GBR zur Ausübung der Rechte aus § 102 zuständig. Sind sämtl. BRMitglieder und auch die Ersatzmitglieder nicht nur kurzfristig verhindert, etwa durch einen längeren Urlaub oder Auslandstätigkeit, entfällt grds. die Anhörungspflicht; allerdings darf der AG die Zeit der **Funktionsunfähigkeit des BR** nicht missbrauchen, etwa indem er mit einer Kündigung bis zum Eintritt einer vorhersehbaren Verhinderung des BR (zB Betriebsferien) wartet (APS/*Koch* Rn. 48 ff.; aA DKKW/*Bachner* Rn. 36; *Fitting* Rn. 7). Die Erkrankung eines BRMitglieds führt aber nicht zwingend zu dessen Amtsunfähigkeit. Ist das einzige BRMitglied arbeitsunfähig erkrankt und hat der AG es gleichwohl schon in anderen Angelegenheiten beteiligt, muss er dieses auch vor dem beabsichtigten Ausspruch einer Kündigung anhören (BAG 15.11.1984 NZA 1985, 367). Solange nur ein einziges BR- oder Ersatzmitglied angehört werden kann, ist der BR funktionsfähig. Auch wenn der BR bei Verhinderung von mehr als der Hälfte seiner Mitglieder für die Dauer der Äußerungsfristen des § 102 II **beschlussunfähig** nach § 33 II ist, nimmt der RestBR entspr. § 22 die Mitbestimmungsrechte des § 102 war (BAG 18.8.1992 NJW 1983, 2836).

2. Zeitpunkt und Form der Unterrichtung. Gem. § 102 I 2 hat der AG dem BR die Gründe für die 3
Kündigung mitzuteilen. Die Mitteilung muss in jedem Fall **vor Ausspruch der Kündigung** erfolgen. „Ausspruch“ bedeutet bei der schriftl. Kündigung, dass das Kündigungsschreiben den Machtbereich des AG verlassen hat, insb. zur Post gegeben ist (BAG 13.11.1975 NJW 1976, 1766). Unschädl. ist dagegen, wenn der AG allein seinen Kündigungswillen zum Zeitpunkt der Anhörung abschließend

gebildet hat und zB das Kündigungsschreiben bereits unterschrieben hat (BAG 28.9.1978 DB 1979, 1136). Der vom AG zu wahrende **Mindestzeitraum** zwischen Unterrichtung des BR und geplantem Ausspruch der Kündigung ergibt sich mittelbar aus den Stellungnahmefristen des BR gem. § 102 II: Danach hat der BR bei der ordentl. Kündigung dem AG Bedenken gegen die geplante Kündigung innerhalb einer Woche, bei der außerordentl. Kündigung innerhalb von drei Tagen mitzuteilen (vgl. zur Fristberechnung Rn. 11). Eine **unzulässige Vorratsanhörung** liegt vor, wenn der Kündigungsentschluss des AG noch nicht hinreichend konkretisiert ist, etwa wenn der kündigungsrelevante Sachverhalt noch gar nicht feststeht oder der AG dem BR zwei alternativ in Betracht kommende Kündigungssachverhalte mitteilt (BAG 19.1.1983 DB 1983, 1153; LAG SH 28.6.1994 LAGE § 102 BetrVG 1972 Nr. 42). Erfolgt die Anhörung erhebl. vor dem geplanten Ausspruch der Kündigung, ist eine erneute Anhörung des BR nur erforderl., falls sich inzwischen der Kündigungssachverhalt geänd. hat (BAG 26.5.1977 AP BetrVG 1972 § 102 Nr. 14; *Fitting* Rn. 60). Keine erneute Anhörung ist erforderl., wenn der AG den BR zu einer Kündigung anhört und dabei mitteilt, dass dem AN vor Ausspruch der Kündigung noch der Abschluss eines Aufhebungsvertrags angeboten werden soll. Bei **Schwerbehinderten** hat der AG die Wahl, ob er den BR schon vor oder erst nach dem Verfahren vor dem Integrationsamt anhört. Bei vorheriger Anhörung braucht das Anhörungsverfahren auch dann nicht wiederholt zu werden, wenn die Zustimmung des Integrationsamtes erst nach einem jahrelangen VGVerfahren erteilt wird (BAG 23.10.2008 BB 2009, 1758; 18.5.1994 NZA 1995, 65 ff.), es sei denn, dass sich der Sachverhalt inzwischen wesentl. geänd. hat und die ursprüngl. Einschätzung nicht mehr zutreffend ist. Die seit dem 1.1.2017 zwingend erforderl. Beteiligung der **Schwerbehindertenvertretung** nach § 178 II SGB IX sollte dagegen vor der Antragstellung beim Integrationsamt zu erfolgen, weil § 178 II SGB IX eine Beteiligung vor der Entscheidung des AG verlangt (*Bayreuther* NZA 17, 90; *Schnelle* NZA 2017, 880; **aA** *Mühlmann* NZA 2017, 884). Bei **außerordentl. Kündigungen** ist zu beachten, dass die Drei-Tage-Frist für die Anhörung des BR auf die Zwei-Wochen-Frist nach § 626 II 1 BGB angerechnet wird. Eilfälle, in denen eine Anhörung des BR entbehrl. würde, werden nicht anerkannt (BAG 13.11.1975 AP BetrVG 1972 § 102 Nr. 7; 29.3.1977 AP BetrVG 1972 § 102 Nr. 11; *Fitting* Rn. 20; APS/*Koch* Rn. 131). Ist dem AG die Weiterbeschäftigung nach Kenntnis des Kündigungsgrundes unzumutbar, bleibt ihm die Möglichkeit der Suspendierung von der Arbeit, in schweren Fällen sogar ohne Vergütung (näheres zur Suspendierung § 611 BGB Rn. 829). Die Anhörung bei einer wegen Ausschlusses der ordentl. Kündigung zulässigen außerordentl. Kündigung mit Auslauffrist muss wie bei der ordentl. Kündigung erfolgen (BAG 18.1.2001 DB 2002, 100), also mit einer entspr. Bedenkzeit.

4 Eine **Form für die Unterrichtung** ist nicht zwgd. vorgeschrieben; sie kann mündl. oder schriftl. erfolgen, wobei die zumindest auch schriftl. Mitteilung aus Beweisgründen zu empfehlen ist. Schriftform ist auch dann nicht zwgd. erforderl., wenn der Kündigungssachverhalt ungewöhnl. komplex ist (BAG 6.2.1997 NZA 1997, 656). Über die erforderl. Tatsachenangaben hinaus muss der AG dem BR weder Unterlagen oder Beweismittel zur Vfg. stellen, noch Einsicht in die Personalakte des betroffenen AN gewähren (BAG 26.1.1995 NZA 1995, 672; APS/*Koch* Rn. 68; aA *Fitting* Rn. 26). Eine Zurückweisung der Unterrichtung wegen fehlender Vorlage einer Vollmachtsurkunde entspr. § 174 BGB kommt nicht in Betracht (BAG 13.12.2012 NZA 2013, 670). Die Unterrichtung hat **zu Händen des BRVorsitzenden** bzw. bei dessen Verhinderung zu Händen seines Stellvertreters zu erfolgen (§ 26 II 2). Ist das Beteiligungsrecht nach § 102 dem Betriebsausschuss (§ 27 II) oder einem weiteren Ausschuss (§ 28 I) übertragen, muss der Ausschussvorsitzende bzw. dessen Stellvertreter informiert werden (BAG 4.8.1975 DB 1975, 2184). Die Inf. eines anderen BRMitglieds genügt, wenn dieses vom BR oder BRVorsitzenden zur Entgegennahme der Mitteilung ermächtigt worden ist (BAG 27.6.1985 NZA 1986, 426) oder wenn es der BR versäumt hat, Vorkehrungen für den Fall zu treffen, dass sowohl der BRVorsitzende als auch sein Stellvertreter verhindert sind (LAG HE 23.3.1976 BB 1977, 1048). Ein **nicht empfangsberechtigtes** BRMitglied gilt als Erklärungsbote des AG. Dies hat zur Folge, dass die Mitteilungen gegenüber dem BR erst dann wirksam werden, wenn sie an ein Mitglied des genannten Personenkreises weitergeleitet werden (BAG 27.6.1985 NZA 1986, 426). Die Inf. von BR bzw. Ausschuss hat grds. während der AZ des empfangsberechtigten BRMitglieds und innerhalb der Arbeitsräume zu erfolgen (DKKW/*Bachner* Rn. 160). Nimmt allerdings ein Empfangsberechtigter die Mitteilung außerhalb der Arbeitsräume oder außerhalb seiner persönl. AZ entgegen, gilt dies als wirksame Einleitung des Anhörungsverfahrens (BAG 27.8.1982 DB 1983, 181).

5 **3. Inhalt der Unterrichtung.** Nach § 102 I 2 hat der AG dem BR die Gründe der Kündigung mitzuteilen. Die Mitteilung genügt nur dann dem Sinn und Zweck des Anhörungsverfahrens, wenn sich der BR über die Person des AN und über die Kündigungsgründe für seine Stellungn. ein eigenes Bild machen kann. Daher hat der AG insbes. die **Personalien**, die **Kündigungsabsicht** und die **Kündigungsart** (ordentl. Kündigung, außerordentl. fristlose Kündigung bzw. mit Auslauffrist) mitzuteilen (BAG 29.8.1991 NZA 1992, 416; 16.9.1993 NZA 1994, 311). Bei Ausspruch einer ordentl. Kündigung sind grds. auch **Kündigungstermin und Kündigungsfrist** als wesentl. Baustein für die Interessenabwägung anzugeben. Etwas anderes gilt, wenn der BR über die genauen Umstände für die Fristberechnung unterrichtet ist (zB. bei beabsichtigter Kündigung unter Einhaltung der tarifvertragl. vorgeschriebenen Kündigungsfrist) (*Fitting* Rn. 25). Die Anhörung ist nicht allein deswegen unwirk-

sam, wenn der AG aufgrund falscher Einschätzung die Frist falsch berechnet hat (BAG 15.12.1994 NZA 1995, 521; 29.1.1986 NZA 1987, 32). Mitzuteilen ist bei der ordentl. Kündigung auch die tatsächl. ausgeübte Tätigkeit, damit der BR Widerspruchsgründe gem. § 102 III Nr. 3 und 5 prüfen kann (ähnl. APS/*Koch* Rn. 95). Probl. ist, inwiefern **Sozialdaten** mitgeteilt werden müssen: Bei personen- und verhaltensbedingten Kündigungen ist dies regelm. der Fall, weil die Sozialdaten iRd. Interessenabwägung gem. § 1 II KSchG bzw. § 626 I BGB von Bedeutung sind (BAG 26.9.2002 NZA 2003, 991). Bei betriebsbedingten Kündigungen haben sie grds. Bedeutung für die Sozialauswahl. Für die Abwägung im Allgemeinen unverzichtbare Daten sind insb. Alter, Familienstand, Betriebszugehörigkeit und besondere soziale Umstände, zB. Schwerbehinderteneigenschaft (BAG 15.12.1994 NZA 1995, 521). IE s. Rn. 9. Hält der AG eine Sozialauswahl für entbehrl., müssen dem BR nur Lebensalter und Dauer der Betriebszugehörigkeit, nicht aber Unterhaltspflichten und Familienstand mitgeteilt werden (BAG 22.1.1998 EzA § 613a BGB Nr. 161). Dies gilt insb. im Fall der Betriebsschließung (BAG 13.5.2004 NZA 2004, 1037). Bei einer Kündigung während der Wartezeit ist nach Auff. des 6. Senats des BAG eine Mitteilung der Sozialdaten entbehrl., wenn diese bei vernünftiger Betrachtung weder aus Sicht des AN noch aus Sicht des BR für die Beurteilung der Wirksamkeit der Kündigung eine Rolle spielen (BAG 23.4.2009 NZA 2009, 959). Da der 2. Sen. (BAG 16.3.2000 NZA 2000, 1337) eine andere Auff. vertreten hat, ist aus AGSicht dringend zu empfehlen, stets die Sozialdaten mitzuteilen. Hat der AG den BR nur zu einer beabsichtigten ordentl. Kündigung angehört, kann er keine außerordentl. Kündigung aussprechen (BAG 12.8.1976 AP BetrVG 1972 § 102 Nr. 10). Erfolgte die Anhörung nur zu einer außerordentl. Kündigung, kommt eine Umdeutung in eine ordentl. Kündigung, auch wenn diese nach materiellem Kündigungsschutzrecht zulässig wäre, nicht in Betracht (BAG 16.3.1978 NJW 1979, 76). Eine Ausnahme gilt, wenn der BR für den Fall der Unwirksamkeit der außerordentl. Kündigung einer vorsorgl. ordentl. Kündigung ausdrückl. zugestimmt hat (BAG 20.9.1984 NZA 1985, 286; APS/*Koch* Rn. 99).

Hins. der Kündigungsgründe gilt für die Unterrichtungspflicht des AG der sog. **Grundsatz der subjektiven Determinierung.** Das bedeutet, dass der AG nur diejenigen Kündigungsgründe dem BR mitteilen muss, auf die er die Kündigung stützen will; es müssen dem BR also nicht alle objektiv kündigungsrechtl. erhebl. Tatsachen, sondern nur die vom AG für die Kündigung als ausschlaggebend angesehenen Umstände mitgeteilt werden (BAG 23.10.2008 BB 2009, 1758; 22.9.1994 NZA 1995, 363; zur Sozialauswahl Rn. 9), diese allerdings vollständig, also auch unter Einbeziehung der entlastenden Momente, und zwar auch dann, wenn sie (subjektiv) für den Kündigungsentschluss des AG nicht bedeutsam sind (BAG 16.7.2015 NZA 2016, 99). Ändert sich die Sachlage vor Zugang der Kündigung, muss der AG den BR darauf hinweisen, bei einer wesentl. Änderung sogar dann, wenn das Anhörungsverfahren bereits abgeschlossen war (BAG 22.9.2016 NZA 2017, 304). Diese Kündigungsgründe müssen vom AG so detailliert dargelegt werden, dass sich der BR ohne zusätzl. eigene Nachforschungen ein Bild über ihre Stichhaltigkeit machen und beurteilen kann, ob es sinnvoll ist, Bedenken zu erheben oder Widerspruch gegen die Kündigung einzulegen (BAG 21.6.2001 EzA BGB § 626 BGB Unkündbarkeit Nr. 7). Die Mitteilungspflicht des AG reicht aber nicht so weit wie seine Darlegungslast im Prozess; die Anhörung des BR muss nicht so ausgestaltet sein, dass diesem die selbständige rechtl. Überprüfung der Wirksamkeit der beabsichtigten Kündigung ermöglicht wird. Ziel der Anhörung ist es nur, den BR in die Lage zu versetzen, sachgerecht auf den AG einwirken zu können (BAG 23.10.2014 NZA 2015, 476). Soweit diesen Anforderungen Genüge getan ist, bleibt die Möglichkeit einer weiteren Erläuterung oder Konkretisierung der dem BR mitgeteilten Kündigungsgründe im Kündigungsschutzprozess erhalten (BAG 11.4.1985 NZA 1986, 674; 27.2.1997 NZA 1997, 761). Kündigungsgründe, über die der AG den BR nicht informiert hat, kann er dagegen im Kündigungsrechtsstreit nicht geltend machen (BAG 15.7.2004 NZA 2005, 523). Vgl. zum Problem des Nachschiebens von Kündigungsgründen Rn. 27. 6

Die Verpflichtung des AG zu einer genauen und **umfassenden Unterrichtung** des BR **entfällt,** wenn der AG den BR bereits vor Beginn des Anhörungsverfahrens, etwa wegen einer geplanten Betriebsänderung, erschöpfend über die Kündigungsgründe unterrichtet hatte. Der AG genügt seiner Mitteilungsverpflichtung in einem solchen Fall, wenn er im Anhörungsverfahren pauschal auf die **bereits mitgeteilten Gründe** verweist (BAG 19.5.1993 NZA 1993, 1075). Das Gleiche gilt, wenn dem BR die Gründe für die Kündigung ohnehin bekannt sind (BAG 24.11.1983 AP BetrVG 1972 § 102 Nr. 30). Hat der AG keinen durch Tatsachen begr. Kündigungsgrund und bedarf es eines solchen auch nicht (zB Kündigung während der ersten 6 Monate eines ArbVerh.), genügt der AG ausnahmsweise seiner Unterrichtungspflicht auch durch die Mitteilung eines Werturteils, wenn dieses Werturteil das Motiv der Kündigung darstellt (BAG 18.5.1994 NZA 1995, 24; 22.9.2005 NZA 2006, 429). Ebenso reicht bei einer Kündigung vor Ablauf der Wartefrist nach § 1 I KSchG die Mitteilung, der AN „genügt nach unserer allgemeinen, subjektiven Einschätzung unseren Anforderungen nicht" (LAG BE 22.1.1998 LAGE BetrVG 1972 § 102 Nr. 68). Der vollständige Verzicht auf die Angabe eines (Beweg-)Grundes für die Kündigung ist dagegen unzureichend (LAG SH 3.11.2004 NZA-RR 2005, 310). 7

Schildert der AG dem BR den **Sachverhalt bewusst unrichtig** oder irreführend – etwa durch Verschweigen wesentl. Umstände – macht dies wie eine Nichtinformation die Anhörung unwirksam (BAG 22.9.1994 NZA 1995, 363; BAG 16.7.2015 NZA 2016, 99). War der AG bei Anhörung des BR 8 über den wahren Kündigungssachverhalt im Irrtum, kann der AG ausnahmsweise den BR nach Aufklärung des Irrtums erg. zum wahren Sachverhalt anhören und den neuen Sachverhalt im Kündigungsschutzprozess nachschieben, ohne eine neue Kündigung aussprechen zu müssen (vgl. zum Nachschieben von Kündigungsgründen Rn. 27). Dafür, dass sich der AG in einem Irrtum befunden hat, trägt dieser ebenso die Darlegungs- und Beweislast wie für den Umstand, dass er den BR nicht bewusst in die Irre geführt hat (dazu BAG 22.9.1994 AP BetrVG 1972 § 102 Nr. 68; 9.3.1995 NZA 1995, 678). Den Kern des Vorwurfs nicht berührende Abweichungen sind unerhebl. (LAG SH 24.7.2001 LAGE § 1 KSchG Verhaltensbedingte Kündigung Nr. 78).

9 **Beispiele aus der Rspr.** zu einzelnen Kündigungsgründen: Bei einer **betriebsbedingten Kündigung** muss dem BR iE mitgeteilt werden, inwiefern der Arbeitsplatz des zu kündigenden AN wegfällt; Pauschalhinweise auf Auftragsmangel, Arbeitsmangel oder Rationalisierungsmaßnahmen genügen nicht. Fehlen anderweitige Beschäftigungsmöglichkeiten, genügt grds. der pauschale Hinweis darauf; hat jedoch der BR konkrete freie Arbeitsplätze genannt, muss der AG iE darlegen, warum eine Weiterbeschäftigung auf dem genannten Arbeitsplatz nicht in Betracht kommt (BAG 17.2.2000 NZA 2000, 761). Kommt es auf die soziale Auswahl unter mehreren AN an, so sind auch die hierfür maßgebl. Gesichtspunkte, insb. Lebensalter, Dauer der Betriebszugehörigkeit und Unterhaltspflichten mitzuteilen, und zwar nicht nur für den betroffenen, sondern auch für andere AN mit vergleichbarer Tätigkeit, die der AG in seine Erwägungen einbezogen hat (BAG 29.3.1984 NZA 1984, 159; 16.9.1993 AP BetrVG 1972 § 102 Nr. 62). Dabei trifft den AG keine Pflicht zur Nachforschung; vielmehr ist es eine Obliegenheit des AN, dem AG seine persönl. Daten wie Anschrift, Familienstand und Anzahl unterhaltsberechtigter Personen mitzuteilen. Der AG kann sich deshalb grds. auf die Angaben in der Steuerkarte verlassen, soweit sich nicht aus den Personalakten weitergehende Inf. ergeben (LAG SH 10.8.2004 NZA-RR 2004, 582). Die Anforderungen an die Mitteilungspflicht reduzieren sich nicht bei Massenentlassungen (BAG 16.9.1993 NZA 1994, 311). Auch bei Vorliegen eines Interessenausgleichs mit Namensliste unterliegt die Anhörung keinen erleichterten Voraussetzungen. Ist dem BR der Kündigungssachverhalt bereits aus den Verhandlungen über den Interessenausgleich bekannt, kann der AG hierauf Bezug nehmen. Die Anhörung nach § 102 kann aber auch mit den Verhandlungen über den Interessenausgleich verbunden werden (BAG 20.5.1999 NZA 1999, 1101). Hält der AG eine Sozialauswahl – etwa wegen Widerspruchs des AN gegen einen Betriebsübergang – nicht für erforderl., so müssen die sozialen Gesichtspunkte vergleichbarer AN auch nicht vorsorgl. mitgeteilt werden (BAG 24.2.2000 AP KSchG 1969 § 1 Soziale Auswahl Nr. 47). Der Wirksamkeit einer **außerordentl. Kündigung** steht die fehlerhafte Mitteilung der genauen Sozialdaten nur dann nicht entgegen, wenn es dem AG wegen der Schwere der Kündigungsvorwürfe auf die genauen Daten ersichtl. nicht ankommt und der BR die ungefähren Daten kennt und daher die Kündigungsabsicht ausreichend beurteilen kann (BAG 15.11.2001 NZA 2002, 970). Bei einer **verhaltensbedingten Kündigung** muss das kündigungsrelevante Verhalten genau bezeichnet sowie erteilte Abmahnungen und auch etwaige entlastende Umstände mitgeteilt werden, zB die Nichtbestätigung eines Diebstahlsverdachts durch einen Tatzeugen (BAG 2.11.1983 AP BetrVG 1972 § 102 Nr. 29) oder Gegenvorstellungen des AN ggü. einer Abmahnung (BAG 31.8.1989 AP LPVG SH § 77 Nr. 1). Bei der **krankheitsbedingten Kündigung** wegen häufiger Kurzerkrankungen sind dem BR Fehlzeiten, Zukunftsprognose und wirtschaftl. Belastungen für den Betrieb mitzuteilen (BAG 24.11.1983 NZA 1984, 93; 21.5.1992 NZA 1993, 497). Bei der Kündigung wegen dauernder AU entfällt die Mitteilungspflicht hins. der wirtschaftl. Beeinträchtigung (BAG 30.1.1986 NZA 1987, 555). Bei einer **Änderungskündigung** müssen dem BR der Inhalt des Änderungsangebots und die Gründe für die beabsichtigte Beendigung des ArbVerh. mitgeteilt werden (BAG 30.11.1989 NZA 1990, 529).

III. Reaktionen des Betriebsrats

10 **1. Ausdrückliche oder fingierte Zustimmung.** Der BR befindet als Organ darüber, ob er zu der beabsichtigten Kündigung Stellung nimmt und welche durch § 102 vorgesehene Reaktionsmöglichkeit er hierfür wählt. Hierüber entscheidet der BR durch **Beschluss**; insoweit gelten die Vorschr. über die ordnungsgem. Beschlussfassung gem. § 29 II, III, § 33. Insb. muss die Tagesordnung erkennen lassen, dass eine Beschlussfassung über eine beabsichtigte Kündigung erfolgen soll. Der BR hat verschiedene **Reaktionsmöglichkeiten**: Der BR kann ggü. dem AG **ausdrückl. seine Zustimmung** zu der geplanten Kündigung erklären, auch wenn das G eine solche Äußerungsmöglichkeit nicht ausdrückl. vorsieht. Hierfür bedarf es keiner besonderen Form. Die ausdrückl. erklärte Zustimmung ist unwiderrufl. (GK-BetrVG/*Raab* Rn. 95). Die Äußerungsfrist beträgt bei der ordentl. Kündigung gem. § 102 II 1 eine Woche und bei der außerordentl. Kündigung gem. § 102 II 3 drei Tage. Äußert sich der BR nicht innerhalb der Wochenfrist zu einer ordentl. Kündigung, gilt gem. § 102 II 2 seine Zustimmung als erteilt. In diesem Fall endet das Anhörungsverfahren mit Ablauf der Äußerungsfrist. Für die außerordentl. Kündigung fehlt es im G an einer Zustimmungsfiktion; diese ist nicht erforderl., da das G an einen frist- und ordnungsgem. Widerspruch gegen eine außerordentl. Kündigung keine bes. Rechtsfolgen knüpft. Zur betriebsverfassungsrechtl. Gleichstellung außerordentl. Kündigungen mit Auslauf-

frist, die nur wegen des Ausschlusses der ordentl. Kündigung zulässig sind, mit ordentl. Kündigungen s. Rn. 14.

Für die **Fristberechnung** gelten §§ 187, 188, 193 BGB. Die Frist beginnt am Tag nach Zugang der Mitteilung des AG beim BR; der Zugangstag ist nicht mitzurechnen. Will der BR zustimmen, muss seine schriftl. Zustimmung an dem Wochentag der folgenden Woche beim AG eingehen, der in seiner Bezeichnung dem Tage entspricht, an dem beim BR die vollständige Mitteilung des AG einging. Bei Eingang der AGMitteilung am Montag endet also die Drei-Tages-Frist am Donnerstag, die Wochenfrist am Montag der folgenden Woche. Fällt der letzte Tag der Frist auf einen Samstag, Sonntag oder ges. Feiertag, so endet die Frist mit Ablauf des nächsten Werktages (§ 193 BGB). Ob die **Frist am Tage des Fristablaufs** bis Mitternacht ausgeschöpft werden kann, hängt von den Verhältnissen im Betrieb ab: Grds. endet die Frist mit normalem Dienstschluss der Personalverwaltung; Fristende 24.00 Uhr gilt nur, wenn der AG entspr. Vorrichtungen (zB Nachtbriefkasten) getroffen hat (LAG HM 11.2.1992 LAGE BetrVG 1972 § 102 Nr. 33; aA DKKW/*Bachner* Rn. 194). In diesem Fall kann der AG das Verfahren dadurch (geringfügig) beschleunigen, dass er nach Dienstschluss des Tages des Fristablaufs das Kündigungsschreiben einem Kurierdienst übergibt und gleichzeitig dafür Sorge trägt, dass eine Zustellung erst so spät erfolgt, dass er sie noch verhindern kann, wenn der BR wider Erwarten doch noch zu der Kündigungsabsicht Stellung nimmt (BAG 8.4.2003 NZA 2003, 961). IÜ ist der BR aber berechtigt, die Wochen- bzw. Drei-Tages-Frist voll auszuschöpfen. Dies gilt auch in Eilfällen. Eine **Verkürzung der Frist** kommt weder einseitig durch den AG noch durch Vereinbarung zwischen AG und BR in Betracht (BAG 29.3.1977 AP BetrVG 1972 § 102 Nr. 11; aA GK-BetrVG/*Raab* Rn. 116; wie hier KR/*Etzel* Rn. 89). Eine **Fristverlängerung** kann dagegen zwischen AG und BR vereinbart werden (BAG 14.8.1986 AP NZA 1987, 601; *Fitting* Rn. 64). Automatisch tritt eine Fristverlängerung allerdings auch bei Massenkündigungen nicht ein; die Verweigerung einer Fristverlängerung durch den AG kann in diesen Fällen jedoch rechtsmissbräuchl. sein (BAG 14.8.1986 NZA 1987, 601). Ändert sich der Sachverhalt oder der Informationsstand des AG darüber während der Anhörungsfrist, muss der AG die Anhörung ergänzen (BAG 17.2.2000 NZA 2000, 761); dadurch dürfte eine neue Anhörungsfrist ausgelöst werden. Gleichfalls beginnt die Frist nach Abs. 2 neu zu laufen, wenn der AG nachträgl. Inf. beibringt, die es dem BR erst ermögl., sich qualifiziert mit der Kündigungsabsicht auseinander zu setzen (vgl. BAG 6.2.1997 NZA 1997, 656). Allein die Nachfrage des BR beim AG nach erg. Inf. führt noch nicht zu einer automatischen Verlängerung der Äußerungsfrist (LAG Hessen DB 1973, 1806). 11

2. Mitteilung von Bedenken. Innerhalb der Wochen- bzw. Drei-Tages-Frist kann der BR – wie es in § 102 II 1, 3 heißt – „Bedenken" gegen die beabsichtigte Kündigung **schriftl.** mitteilen. Zur Wahrung des Schriftlichkeitsgebots genügt die Textform i. S. d. § 126b BGB, so dass eine Email genügt (*Fitting* Rn. 64; BAG 10.3.2009 NZA 2009, 622 zu § 99 BetrVG).Die Geltendmachung von Bedenken nach Abs. 2 ist der generelle **Auffangtatbestand für alle ablehnenden Stellungnahmen** des BR. Sie ist das geeignete Mittel, wenn der BR mit einer geplanten Kündigung nicht einverstanden ist, ohne dass einer der ausdrückl. in § 102 III genannten Widerspruchsgründe eingreifen würde. Bei der außerordentl. Kündigung besteht ohnehin keine Möglichkeit eines Widerspruchs iSd. § 102 III. 12

Konkrete Rechtswirkungen kommen der Geltendmachung von Bedenken nicht zu. Der AG kann sich ihnen anschließen oder nicht; überzeugen ihn die Bedenken nicht, kann er die Kündigung aussprechen. Auch im anschließenden Kündigungsrechtsstreit entfalten die „Bedenken" keine unmittelbare Wirkung, sondern stärken allenfalls mittelbar die Rechtsstellung des AN. Die einzige unmittelbare Rechtswirkung ist, dass eine Stellungn. des BR, in der dieser Bedenken gegen die bevorstehende Kündigung äußert, als **abschl. Erkl.** des BR in Betracht kommt, so dass der AG nach ihrem Eingang auch schon vor Ablauf der Wochen- bzw. Drei-Tages-Frist die Kündigung aussprechen darf. Dies ist allerdings nur der Fall, wenn die Erkl. schriftl.gem. § 102 II 1, 3 erfolgt ist und sich aus dem Inhalt der Erkl. deutl. ergibt, dass es sich um eine abschl. Äußerung des BR handeln soll. Eine solche liegt regelm. vor, wenn der BR erklärt, er nehme die Kündigung zur Kenntnis und beabsichtige, keine Stellungn. abzugeben. Ob die bloße Mitteilung des BR, er nehme die Kündigung zur Kenntnis, reicht, hängt insb. von der Übung des BR ab (BAG 12.3.1987 NZA 1988, 137; LAG BE 12.7.1999 NZA-RR 1999, 485). Im Zweifel ist nicht von einer abschl. Erklärung auszugehen (BAG 25.5.2016 NZA 2016, 1140). Verbindet der AG die außerordentl. Kündigung vorsorgl. mit einer ordentl. Kündigung, muss er für deren Ausspruch die für die ordentl. Kündigung maßgebl. Frist abwarten. Um sicherzustellen, dass in jedem Fall die 2-Wochenfrist des § 626 Abs. 2 BGB eingehalten wird, ist es uU zu empfehlen, die Kündigungen getrennt auszusprechen (Richardi/*Thüsing* Rn. 113). 13

3. Widerspruch des Betriebsrats. a) Allgemeines. Bei einer geplanten **ordentl. Kündigung** hat der BR die Möglichkeit, innerhalb der **Wochenfrist** nach Abs. 2 S. 1 gestützt auf einen der Widerspruchsgründe gem. Abs. 3 ausdrückl. zu widersprechen. Bei der außerordentl. Kündigung besteht diese Möglichkeit grds. nicht. Eine Ausnahme ist anerkannt für die außerordentl. Kündigung mit sozialer Auslauffrist eines tarifl. oder arbeitsvertragl. ordentl. nicht mehr kündbaren AN; ansonsten würde der bes. Kündigungsschutz iRd. § 102 in sein Gegenteil umschlagen (BAG 12.1.2006 AP BGB § 626 Krankheit Nr. 13; 21.6.2001 EzA BGB § 626 Unkündbarkeit Nr. 7; 5.2.1998 NZA 1998, 771). 14

15 Wie sich aus § 102 V ergibt, muss der Widerspruch nicht nur frist- sondern auch **ordnungsgem.** erfolgen. Das bedeutet nach hM schriftl. und unter Angabe von Gründen. IRd. Begründung muss der BR auf wenigstens einen der in Abs. 3 abschließend (hM: vgl. *Fitting* Rn. 71) **aufgezählten Widerspruchsgründe** Bezug nehmen. An die Begründung sind keine zu hohen Anforderungen zu stellen, wie sich mittelbar aus Abs. 5 Nr. 3 ergibt, wonach die Entbindung von der Weiterbeschäftigungspflicht einen „offensichtlich" unbegründeten Widerspruch verlangt. Ausreichend ist eine Begründung, die es als mögl. erscheinen lässt, dass mit der gegebenen Begründung ein ges. Widerspruchstatbestand geltend gemacht wird; die bloße Wiederholung des Gesetzeswortlauts allein reicht nicht (BAG 17.6.1999 NZA 1999, 1154; LAG SH 22.11.1999 AP BetrVG 1972 § 102 Weiterbeschäftigung Nr. 12; *Fitting* Rn. 71; DKKW/*Bachner* Rn. 204). Nach Ablauf der Wochenfrist kann der BR keine neuen Widerspruchsgründe nachschieben (DKKW/*Bachner* Rn. 202).

16 Hins. der **Rechtsfolgen des Widerspruchs** ist zu unterscheiden: Ist der Widerspruch frist- und ordnungsgem. eingereicht, hindert dies den AG nicht am Ausspruch der vorgesehenen Kündigung; der betroffene AN kann allerdings unter den weiteren Voraussetzungen des § 102 V einen **Weiterbeschäftigungsanspruch** geltend machen. Ist der Widerspruch nicht nur frist- und ordnungsgem. eingelegt, sondern liegt auch der behauptete Widerspruchsgrund tatsächl. vor, ist die Kündigung, soweit der AN dem KSchG unterliegt, nach § 1 II KSchG sozial ungerechtfertigt. Es liegt dann ein absoluter Sozialwidrigkeitsgrund vor; die Rechtsstellung des AN wird insofern verstärkt, als keine gerichtl. Interessenabwägung mehr erforderl. ist (BAG 6.6.1984 AP KSchG 1969 § 1 Betriebsbedingte Kündigung Nr. 16; 13.9.1971 AP KSchG 1969 § 1 Nr. 2). Nach Abs. 4 ist ein frist- und ordnungsgem. Widerspruch dem AN zuzuleiten, doch ist dies nicht Wirksamkeitsvoraussetzung der Kündigung (LAG K 19.10.2000 LAGE BetrVG 1972 § 102 Nr. 75).

17 **b) Einzelne Widerspruchsgründe.** Bei den **Widerspruchsgründen nach Abs. 3** handelt es sich in erster Linie – aber nicht nur – um Gesichtspunkte betriebsbedingter Kündigungen mit kollektivem Einschlag, die der BR wegen seines besseren Überblicks über die betriebl. Geschehnisse leichter geltend machen kann als der einzelne AN (*Fitting* Rn. 73).

18 Nach Abs. 3 **Nr. 1** kann der BR widersprechen, wenn der AG bei der Auswahl des zu kündigenden AN **soziale Gesichtspunkte** nicht oder nicht ausreichend berücksichtigt hat. Dieser Widerspruchsgrund kommt nur bei betriebsbedingten Kündigungen in Betracht. Die Vorschr. knüpft an § 1 III KSchG an. Nach der Neufassung der Vorschr. zum 1.1.2004 hat der AG bei der Sozialauswahl nur noch die Kriterien Dauer der Betriebszugehörigkeit, Lebensalter, Unterhaltspflichten und Schwerbehinderung des AN zu berücksichtigen. Daraus folgt, dass auch der BR seinen Widerspruch nur noch auf die Nichtbeachtung bzw. nicht ausreichende Beachtung eines dieser Kriterien stützen darf. Macht der BR mit seinem Widerspruch geltend, der AG habe zu Unrecht AN nicht in die soziale Auswahl einbezogen, müssen diese AN konkret benannt oder anhand abstrakter Merkmale bestimmbar sein (BAG 9.7.2003 NZA 2003, 1191).

19 Nach Abs. 3 **Nr. 2** kann der BR widersprechen, wenn die Kündigung gegen eine **RL nach § 95** verstößt. Das setzt allerdings voraus, dass der betroffene AN bei korrekter Anwendung der RL nicht zum Kreis der zu entlassenden AN gehören würde (LAG B 9.7.2004 BeckRS 2004, 30455832). Die Bedeutung dieser Vorschr. ist dadurch erhöht, dass der Gesetzgeber durch § 1 IV KSchG AuswahlRL bei betriebsbedingten Kündigungen aufgewertet hat (näheres § 95 Rn. 15 und § 1 KSchG Rn. 351 ff.).

20 Nach **Nr. 3** besteht ein Widerspruchsrecht, wenn der zu kündigende AN **an einem anderen Arbeitsplatz** in demselben Betrieb oder in einem anderen Betrieb des Unternehmens **weiterbeschäftigt** werden kann. Dabei ist die anderweitige Beschäftigungsmöglichkeit vom BR in bestimmbarer Weise anzugeben (BAG 17.6.1999 NZA 1999, 1154; 15.3.2001 AP KSchG 1969 § 4 Nr. 46). Der Widerspruch muss sich auf einen **anderen freien Arbeitsplatz** beziehen. Es besteht keine Verpflichtung des AG, für den zu kündigenden AN einen neuen Arbeitsplatz zu schaffen oder einen besetzten Arbeitsplatz freizumachen (BAG 29.3.1990 NZA 1991, 181). Der bloße Hinweis auf irgendeine anderweitige Beschäftigungsmöglichkeit oder auf Personalmangel im Betrieb reicht ebenso wenig wie der Hinweis auf die Überbrückung der Personalengpässe im Betrieb durch die werkvertragl. Beauftragung von Subunternehmen (BAG 11.5.2000 NZA 2000, 1055). Von LeihAN besetzte Arbeitsplätze sind grds dann als frei anzusehen, wenn der AG mit ihnen nicht nur Auftragsspitzen oder einen vorübergehenden Vertretungsbedarf abdeckt (BAG 15.12.2011 NZA 2012, 1044). Auch die Möglichkeit, den AN in einem anderen Unternehmen desselben Konzerns weiterzubeschäftigen, rechtfertigt den Widerspruch grds. nicht; etwas anderes gilt ausnahmsweise dann, wenn der konzernweite Einsatz des AN ohnehin arbeitsvertragl. vorgesehen ist (vgl. zur Erweiterung des Kündigungsschutzes in diesem Fall BAG 14.10.1982, 22.5.1986, 27.11.1991 AP KSchG 1969 § 1 Konzern Nr. 1, 4, 6). Nicht zum Widerspruch berechtigt die Möglichkeit der Weiterbeschäftigung des AN auf seinem bisherigen Arbeitsplatz, etwa weil krankheitsbedingte Ausfälle des AN durch Vertretungen ausgegl. werden könnten. Ansonsten liefe der Widerspruchsgrund nach Abs. 3 darauf hinaus, dem BR die Möglichkeit einzuräumen, den betriebs- oder personenbedingten Kündigungsgrund überhaupt zu bestreiten (BAG 12.9.1985 NZA 1986, 424; Richardi/*Thüsing* Rn. 173; aA *Fitting* Rn. 90). In dem Widerspruch unter Hinweis auf die Weiterbeschäftigungsmöglichkeit liegt zugleich auch die Zustimmung zu einer ggf. erforderl. Versetzung nach § 99 (*Fitting* Rn. 84).

Nr. 4 lässt den Widerspruch des BR zu, wenn die Weiterbeschäftigung des AN nach **zumutbaren Umschulungs- oder Fortbildungsmaßnahmen** mögl. ist. Nr. 4 ergänzt Nr. 3 und bezieht sich auf betriebs- wie auch personenbedingte Kündigungen. Der AG soll dem AN Gelegenheit zur Einarbeitung in (technisch) geänd. Arbeitsbedingungen geben. Insoweit hat der BR anzugeben, auf welchen gleichwertigen freien Arbeitsplatz der AN nach Beendigung der Bildungsmaßnahme eingesetzt werden kann. Der Widerspruch ist aber unbegründet, wenn dem AG die Umschulung nicht zumutbar ist, weil sie in angemessener Zeit offenbar keinen Erfolg verspricht, der AN nicht zustimmt oder zum Zeitpunkt der Beendigung der Umschulung voraussichtl. kein freier Arbeitsplatz vorhanden sein wird (*Fitting* Rn. 91). 21

Nr. 5 gibt einen Widerspruchsgrund, wenn eine **Weiterbeschäftigung des AN unter geänd.** (auch ungünstigeren) **Vertragsbedingungen** mögl. ist und dieser sein Einverständnis hiermit erklärt hat. Anders als bei Nr. 3 oder Nr. 4 ist hier das Widerspruchsrecht des BR von dem vorherigen Einverständnis des AN mit dem vom BR vorgeschlagenen Kompromiss abhängig. Dieser kann sein Einverständnis zur Vertragsänderung nur erklären, soweit die Vertragsbedingungen nicht rechtsverbindl. durch TV oder BV festgelegt sind. Der AN kann sein Einverständnis allerdings unter der Bedingung erklären, dass die vorgeschlagene Vertragsänderung einer gerichtl. Nachprüfung auf ihre soziale Rechtfertigung standhält. Der AG ist dann zum Ausspruch einer Änderungskündigung verpflichtet, um die Weiterbeschäftigung zu geänd. Arbeitsbedingungen durchzusetzen (*Fitting* Rn. 96; GK-BetrVG/*Raab* Rn. 152). Die Möglichkeit der **Einführung von Kurzarbeit** berechtigt nicht zum Widerspruch (LAG HM 8.3.1983 BB 1983, 1349; *Fitting* Rn. 97; aA DKKW/*Bachner* Rn. 245). Ihre Einführung kann aber ggf. vom BR über § 87 I Nr. 3 erzwungen werden und damit betriebsbedingte Kündigungen überflüssig machen. 22

4. Wahrung der Arbeitnehmerinteressen. Gem. Abs. 2 S. 4 soll der BR, soweit dies erforderl. erscheint, vor seiner Stellungn. den **betroffenen AN hören**. Der BR entscheidet hierüber nach pflichtgem. Ermessen. Insb. bei Geltendmachung der Widerspruchsgründe nach Nr. 4 und 5 ist die Anhörung des AN durchweg angezeigt. Die Ordnungsmäßigkeit des Anhörungsverfahrens wird durch pflichtwidriges Übergehen des AN nicht gefährdet (BAG 2.4.1976 AP BetrVG 1972 § 102 Nr. 9); allerdings droht im Wiederholungsfall ein Verfahren gem. § 23. Unabhängig davon hat der AN einen **Informationsanspruch** aus **Abs. 4**: Hiernach ist der AG verpflichtet, der Kündigung eine Abschrift der Stellungn. des BR zuzuleiten, wenn der BR iRd. Beteiligungsverfahrens der Kündigung widersprochen hat (zu den Rechtsfolgen einer Pflichtverletzung Rn. 28). Das soll dem AN ermögl., die Aussichten eines Kündigungsschutzprozesses besser abschätzen zu können und sich ggf. im Prozess auf den Widerspruch des BR berufen zu können (BT-Drs. VI/1786, S. 52). 23

Hinsichtl. der persönl. Verhältnisse und Angelegenheiten der AN, die den BRMitgliedern iRd. Anhörungsverfahrens gem. § 102 bekannt werden, besteht Schweigepflicht (vgl. § 102 II 5 iVm. § 99 I 3). 24

IV. Folgen wirksamer, fehlender oder fehlerhafter Anhörung

1. Wirksame Anhörung. Hat der AG das Anhörungsverfahren wirksam durchgeführt, kann er nach Ablauf der Frist gem. Abs. 2 die **beabsichtigte Kündigung aussprechen,** gleichgültig ob der BR der Kündigung zugestimmt hat, Bedenken geäußert oder ausdrückl. Widerspruch gem. Abs. 3 erhoben hat. Will der AG vor Ablauf der Frist gem. Abs. 2 die Kündigung aussprechen, setzt dies das Vorliegen einer abschl. Stellungn. des BR voraus (vgl. dazu Rn. 13). Ob die vom AG dem BR mitgeteilten Gründe eine Kündigung sachl. rechtfertigen, ist eine erst im Kündigungsschutzprozess nachzuprüfende Frage der Begründetheit der Kündigung (BAG 24.3.1977 AP BetrVG 1972 § 102 Nr. 12). 25

Unbeachtlich sind **Mängel**, die **aus der Sphäre des BR** stammen; sie berühren die Ordnungsmäßigkeit der Anhörung nicht und machen die Kündigung nicht wegen fehlerhafter Anhörung unwirksam. Bei Fehlern im Beteiligungsverfahren differenziert das BAG grds. nach Verantwortungsbereichen (BAG 16.1.2003 NZA 2003, 927; 6.10.2005 NZA 2006, 990; aA DKKW/*Bachner* Rn. 256). Die Einleitung des Anhörungsverfahrens als erster Verfahrensabschnitt wird dem **Verantwortungsbereich des AG** zugerechnet; ihm obliegt die vollständige Unterrichtung des BR über die Person des zu Kündigenden und die Kündigungsgründe. Fehler in diesem Verfahrensabschnitt führen regelm. zur Unwirksamkeit der Kündigung. Darüber hinaus ist er zur Wahrung der Fristen gem. Abs. 2 verpflichtet. Im Anschluss an die Unterrichtung ist es Aufgabe des BR, sich mit der beabsichtigten Kündigung zu befassen und darüber zu entscheiden, ob und wie er Stellung nehmen will (BAG 6.10.2005 NZA 2006, 990). Ist zB der BR bei der Beschlussfassung nicht ordnungsgem. zusammengesetzt, erfolgt die Beschlussfassung im Umlaufverfahren oder wird der BR durch einen eigenmächtigen BRVorsitzenden überhaupt nicht unterrichtet, fällt dies in den Verantwortungsbereich des BR – allerdings mit Drittwirkung für den betroffenen AN, der diese Verfahrensfehler aus der Sphäre des BR im Kündigungsschutzprozess nicht mit Erfolg rügen kann. Durchbrochen wird die Sphärentheorie nach der Rspr. des BAG grds. selbst dann nicht, wenn der AG von dem Verfahrensmangel weiß oder nach den Umständen wissen muss (BAG 24.6.2004 NZA 2004, 1330; 6.10.2005 NZA 2006, 990). Etwas anderes kann 26 ausnahmsweise dann gelten, wenn in Wahrheit keine Stellungn. des BRGremiums, sondern nur eine persönl. Äußerung des BRVorsitzenden vorliegt oder der AG den Fehler des BR durch unsachgemäßes Verhalten selbst veranlasst hat (BAG 24.6.2004 NZA 2004, 1330; 6.10.2005 NZA 2006, 990; 22.11.2012 NZA 2013, 665).

27 Folge eines wirksamen Anhörungsverfahrens ist neben der Möglichkeit des Ausspruchs der Kündigung eine **Begrenzung der Kündigungsgründe** im Rahmen eines nachf. Kündigungsschutzprozesses. Denn ein **„Nachschieben" von Kündigungsgründen,** die der AG dem BR iRd. Anhörung nach § 102 nicht mitgeteilt hat, ist grds. nicht mögl. So kann zB bei einer Anhörung des BR wegen einer strafbaren Handlung im Kündigungsschutzprozess die Kündigung nicht auf den Verdacht einer Straftat wegen desselben Sachverhalts gestützt werden (BAG 23.4.2008 NZA 2008, 1081; *Fitting* Rn. 44). Eine Ausnahme gilt nur, wenn Kündigungsgründe, die zum Zeitpunkt der Kündigung bereits vorlagen, dem AG noch nicht bekannt waren. In diesem Falle darf der AG die ausgesprochene Kündigung zusätzl. auf diese Gesichtspunkte stützen, muss aber den BR erneut anhören, bevor er die Gründe im Kündigungsschutzprozess einführt; einer erneuten Kündigung bedarf es nicht (BAG 11.4.1985 NZA 1986, 674; *Fitting* Rn. 43; aA DKKW/*Bachner* Rn. 133; LAG HM 28.1.1999, 8 Sa 2195/97; gegen erneute Unterrichtungspflicht des BR in diesem Fall APS/*Koch* Rn. 174). Deshalb ist auch ein erneutes Abwarten der Wochen- bzw. Drei-Tages-Frist nach Abs. 2 vor Einführung der nachgeschobenen Gründe in den Rechtsstreit nicht erforderl. Für die Beurteilung, ob ein nachgeschobener Sachverhalt dem AG schon im Kündigungszeitpunkt bekannt war, kommt es wie bei § 626 II BGB auf den Wissensstand des Kündigungsberechtigten an (BAG 18.6.2015 NZA 2016, 287). Können Kündigungsgründe nicht wirksam nachgeschoben werden, hindert dies den AG nicht, diese Gründe im Rahmen eines Auflösungsantrags nach § 9 I 2 KSchG zu verwerten (BAG 10.10.2002 AP KSchG 1969 § 9 Nr. 45).

28 Hat der BR nach Abs. 3 der Kündigung widersprochen, muss der AG bei Ausspruch der Kündigung § 102 IV beachten: Er hat dem AN mit der Kündigung eine **Abschrift der Stellungn. des BR** zuzuleiten. Unterlässt der AG dies, wird die Wirksamkeit der Kündigung dadurch nicht angetastet; in Betracht kommen aber Schadensersatzansprüche des AN, zB wenn er von einer Klageerhebung abgesehen hätte und nun Prozess- und Rechtsanwaltskosten zu tragen hat (*Fitting* Rn. 100).

29 **2. Fehlende oder fehlerhafte Anhörung.** Kündigt der AG **ohne vorherige Anhörung** des BR, so ist die Kündigung nach dem Wortlaut des Abs. 1 S. 3 **unwirksam,** ohne dass es noch auf die materiellen Gründe für die Kündigung ankäme. Dasselbe gilt auch für die fehlerhafte Anhörung des BR, etwa wenn der AG seine Mitteilungspflichten nicht ausreichend erfüllt hat (BAG 16.9.1993 NZA 1994, 311). Zur Ausnahme bei Fehlern aus der Sphäre des BR s. Rn. 26. Eine nachträgl. Heilung von Anhörungsmängeln durch Äußerungen des BR ist nicht mögl. Selbst die nachträgl. Zustimmung des BR ändert nichts an der Unwirksamkeit der ausgesprochenen Kündigung (BAG 28.2.1974 AP BetrVG 1972 § 102 Nr. 2; 18.9.1975 AP BetrVG 1972 § 102 Nr. 6; GK-BetrVG/*Raab* Rn. 48; *Fitting* Rn. 59).

30 Dafür, dass das Anhörungsverfahren nach § 102 I eingehalten wurde, trägt im Prozess der AG die **Darlegungs- und Beweislast** (BAG 19.8.1975 AP BetrVG 1972 § 102 Nr. 5; 7.11.1975 AP BetrVG 1972 § 130 Nr. 1; GK-BetrVG/*Raab* Rn. 102). Der AN hat aber darzulegen und zu beweisen, dass überhaupt ein wirksam gewählter BR im Betrieb existiert, der hätte angehört werden können (*Fitting* Rn. 57). Im Detail schlüssige Darlegungen des AG muss der AN substantiiert bestreiten (BAG 16.3.2000 NZA 2000, 1332). Die Geltendmachung der Unwirksamkeit einer Kündigung wegen fehlender Anhörung nach § 102 ist seit dem 1.1.2004 an die Klagefrist gem. § 4 KSchG gebunden.

V. Weiterbeschäftigungsanspruch

31 **1. Voraussetzungen.** Nach **Abs. 5** steht dem AN ein **besonderer** Weiterbeschäftigungsanspruch für den Zeitraum von der Beendigung der Kündigungsfrist bis zum rkr. Abschluss des Kündigungsschutzprozesses zu. **Drei Voraussetzungen** müssen kumulativ erfüllt sein:

32 **Erstens** muss der BR **einer ordentl. Kündigung frist- und ordnungsgemäß widersprochen** haben. Nicht ausgelöst wird die Weiterbeschäftigungspflicht danach bei Ausspruch einer außerordentl. Kündigung, und zwar selbst dann nicht, wenn hilfsweise zugleich ordentl. gekündigt wird (LAG Hamm 18.5.1982 DB 1982, 1679; Richardi/*Thüsing* Rn. 217 f.; aA *Fitting* Rn. 104). Eine Ausnahme besteht nur in dem Fall, dass einem ordentl. unkündbaren AN eine befristete außerordentl. Kündigung ausgesprochen wird. In diesem Fall ist § 102 V entspr. anwendbar (BAG BAG 12.1.2006 AP BGB § 626 Krankheit Nr. 13; *Kania/Kramer* RdA 1995, 286). Im Falle einer **Änderungskündigung** besteht ein Weiterbeschäftigungsanspruch zu den alten Bedingungen nur dann, wenn der AN die Änd. ohne Vorbehalt ablehnt und Klage erhebt, da sich die Änderungskündigung insofern in eine Beendigungskündigung gewandelt hat. Kein Weiterbeschäftigungsanspruch zu den alten Bedingungen besteht dagegen, soweit sich der AN unter Vorbehalt gem. § 2 KSchG mit der Vertragsänderung einverstanden erklärt hat (LAG Nürnberg 13.3.2001 NZA-RR 2001, 366). Anders ist es jedoch, wenn mit der Änderungskündigung eine Versetzung iSd. § 99 einhergeht und die Zustimmung des BR noch nicht vorliegt. In diesem Fall ist die Wirkung der Änderungskündigung bis zur Zustimmung

des BR gem. § 99 suspendiert (BAG 30.9.1993 NZA 1994, 615), so dass der AN Weiterbeschäftigung auf seinem alten Arbeitsplatz verlangen kann, solange er noch nicht auf dem neuen Arbeitsplatz beschäftigt werden darf (*Griese* BB 1995, 458, 463). Zu Frist und Verfahren beim Widerspruch vgl. Rn. 10 ff.

Zweite Voraussetzung für das Entstehen des Weiterbeschäftigungsanspruchs ist, dass der AN nach dem KSchG **Klage auf Feststellung** erhoben hat, dass das ArbVerh. durch die Kündigung nicht aufgelöst ist. Der AN muss also dem persönl. und sachl. Geltungsbereich des KSchG unterliegen (§§ 1, 23 KSchG). Er muss weiter innerhalb der Frist des § 4 KSchG Klage erheben und diese zumindest auch auf die Sozialwidrigkeit iSd. § 1 KSchG stützen. Hat der AN innerhalb der Drei-Wochen-Frist die Kündigung zunächst nur aus anderen Gründen angegriffen und erfolgt die Rüge der Sozialwidrigkeit gem. § 6 KSchG erst später, entsteht erst ab diesem Zeitpunkt der Weiterbeschäftigungsanspruch. Wird eine verspätete Klage gem. § 5 KSchG zugelassen, entsteht der Weiterbeschäftigungsanspruch erst mit Rechtskraft des Beschlusses über die nachträgl. Zulassung der Klage (APS/*Koch* Rn. 205; GK-BetrVG/*Raab* Rn. 189 f.; aA *Fitting* Rn. 109). Der Weiterbeschäftigungsanspruch entfällt, wenn die Klage zurückgenommen wird oder vom AN ein Antrag auf Auflösung des ArbVerh. gegen Zahlung einer Abfindung gestellt wird (APS/*Koch* Rn. 205). 33

Drittens muss der AN ggü. dem AG **ausdrückl. die Weiterbeschäftigung** iSd § 102 BetrVG **verlangen,** also seinen Anspruch auf den Widerspruch des BR stützen und erklären, dass er bis zur rkr. Entsch. des Kündigungsrechtsstreites weiterbeschäftigt werden will (BAG 17.6.1999 NZA 1999, 1154; LAG München 17.12.2003 NZA-RR 2005, 312). Einer bestimmten Form hierfür bedarf es nicht (BAG 31.8.1978 BB 1979, 523). Allerdings reicht nicht allein das Verlangen des BR. In der Lit. wird überw. vertreten, dass das Weiterbeschäftigungsverlangen innerhalb der Kündigungsfrist bzw. spätestens bei Klageerhebung zu stellen ist (*Fitting* Rn. 106; APS/*Koch* Rn. 207). Das BAG räumt dagegen dem AN die Möglichkeit ein, das Weiterbeschäftigungsverlangen noch am ersten Tag nach Ablauf der Kündigungsfrist zu stellen; entscheidend sei, dass keine Beschäftigungslücke entstehe (BAG 11.5.2000 NZA 2000, 1055). Unabhängig von den Voraussetzungen des § 102 V bleibt die Möglichkeit, den vom GS des BAG im Beschl. vom 27.2.1985 (AP BGB § 611 Beschäftigungspflicht Nr. 14) entwickelten sog. allg. Weiterbeschäftigungsanspruch geltend zu machen (zu dessen Voraussetzungen vgl. § 4 KSchG Rn. 42 ff.). 34

2. Inhalt und Durchsetzung. Liegen die Voraussetzungen des § 102 V 1 vor, muss der AG den AN für die Zeit nach Ablauf der Kündigungsfrist bis zum rkr. Abschluss des Kündigungsrechtsstreits bei **unveränderten Arbeitsbedingungen weiterbeschäftigen**; in dieser Zeit besteht das ursprüngl. ArbVerh. unverändert mit dem bei Ablauf der Kündigungsfrist bestehenden Inhalt und der zu diesem Zeitpunkt gegebenen Dauer der Betriebszugehörigkeit fort, und zwar auflösend bedingt durch die rkr. Abweisung der Kündigungsschutzklage (BAG 12.9.1985 DB 1986, 752; APS/*Koch* Rn. 208). Wird der Kündigungsschutzklage rkr. stattgegeben, steht damit fest, dass das ursprüngl. ArbVerh. unbefristet fortbesteht. Der AN ist tatsächl. mit seiner bisherigen Tätigkeit weiterzubeschäftigen. Beschäftigt der AG den AN nicht, gerät er gem. § 615 BGB in Annahmeverzug. Der AG kann aber zur Freistellung des vorläufig beschäftigten AN unter Fortzahlung der Bezüge – wie in einem ungekündigten ArbVerh – aus zwingenden betriebl. oder persönl. Gründen berechtigt sein (*Fitting* Rn. 114; LAG Nürnberg 18.9.2007 BB 2008, 217). Nur soweit arbeitsvertragl. zulässig, sind **Versetzungen** auf einen gleichwertigen Arbeitsplatz mögl. (BAG 27.1.1994 DB 1994, 2401). Die bisherige Vergütung einschließl. aller Neben- und Sonderleistungen ist weiter zu gewähren, und zwar unabhängig davon, ob sich die Kündigung später als wirksam herausstellt oder nicht (BAG 10.3.1987 NZA 1987, 373). Der AN hat keinen Anspruch auf erst entstehende Leistungen, die an eine ununterbrochene Betriebszugehörigkeit anknüpfen, wie zB Gratifikationen, Jubiläumsgelder, „Unkündbarkeit" oder Ruhegeld (*Fitting* Rn. 114; KR/*Etzel* Rn. 218). Auch besteht kein Anspruch auf Lohnerhöhungen, denn der AN ist zu unv. Arbeitsbedingungen zu beschäftigen. Diese sind ggf. nachzuzahlen, wenn der Kündigungsschutzprozess gewonnen wird (teilw. aA *Fitting* Rn. 114). 35

Durchsetzen kann der AN den Weiterbeschäftigungsanspruch sowohl durch Klage als auch im Wege der **einstweiligen Vfg.** Der Darlegung eines bes. Verfügungsgrundes bedarf es nicht. Das nach § 935 ZPO erforderl. bes. Sicherungsinteresse ergibt sich schon aus der Rechtsnatur des Verfügungsanspruchs. § 102 V will verhindern, dass die Reintegration eines AN nach Obsiegen im Kündigungsschutzprozess durch die faktische Ausgliederung während des Rechtsstreits erschwert wird. Damit folgt allein aus dem Bestehen dieses Anspruchs die Aussage, dass jede Zeitspanne der Nichtbeschäftigung eine Gefährdung des Beschäftigungsanspruchs des AN bedeutet (str., wie hier LAG HH 14.9.1992 NZA 1993, 140 und 21.5.2008 BB 2008, 2636; APS/*Koch* Rn. 213; aA LAG D 25.1.1993 DB 1993, 1680; LAG BW 30.8.1993 NZA 1995, 683; LAG Nürnberg 18.9.2007 BB 2008, 217). Die Voraussetzungen für das Vorliegen des Weiterbeschäftigungsanspruchs sind vom AN darzulegen und ggf. zu beweisen bzw. glaubhaft zu machen (ArbG Hamm 18.1.1990 DB 1990, 944). Der AG kann sich nicht im Wege der Einrede auf solche Gründe berufen, die eine Entbindung von der Weiterbeschäftigungspflicht rechtfertigen könnten, da hierfür das bes. Verfahren nach § 102 V 2 vorgesehen ist (LAG SH 5.3.1996 LAGE § 102 BetrVG Beschäftigungspflicht Nr. 23; LAG HM 24.1.1994 AuR 1994, 310; LAG 36

M 10.2.1994 NZA 1994, 997), wohl aber auf Unzumutbarkeit der tatsächl. Beschäftigung (BAG 15.3.2001 AP KSchG 1969 § 4 Nr. 46). Die Vollstreckung erfolgt gem. § 888 ZPO durch Verhängung von Zwangsgeld oder Zwangshaft ggü. dem AG. Will der AN neben oder unabhängig von der tatsächl. Weiterbeschäftigung die Fortzahlung des Entgelts erreichen, darf er sich nicht auf den Weiterbeschäftigungsantrag beschränken, sondern muss Antrag auf Entgeltzahlung stellen.

37 **3. Entbindung von der Weiterbeschäftigungspflicht.** Aufgrund einer vom AG beantragten **einstweiligen Vfg. im Urteilsverfahren** kann der AG von der Verpflichtung zur Weiterbeschäftigung gem. § 102 V entbunden werden. Folge ist aber nur der Wegfall des Weiterbeschäftigungsanspruchs; das ArbVerh. besteht unverändert fort. Den Antrag kann der AG während des gesamten Kündigungsrechtsstreits stellen. Ein Rechtsschutzinteresse fehlt nicht schon dann, wenn der BR nicht ordnungsgemäß widersprochen hat und ohnehin kein Weiterbeschäftigungsanspruch besteht; im Interesse der Rechtssicherheit muss der AG eine gerichtl. Entsch. herbeiführen können (*Fitting* Rn. 121). Voraussetzung für die Entbindung von der Weiterbeschäftigungspflicht ist, dass **einer der in Abs. 5 S. 2 genannten Gründe vorliegt** und vom AG **glaubhaft gemacht** wird, ohne dass es auf weitere Voraussetzungen nach der ZPO wie die Eilbedürftigkeit ankäme:

38 Nach Abs. 5 S. 2 **Nr. 1** liegt ein Entbindungsgrund vor, wenn die **Klage des AN keine hinreichende Aussicht auf Erfolg** hat. Das ist der Fall, wenn die Klage offensichtl. oder mit erhebl. Wahrscheinlichkeit abgewiesen wird. Der AG hat die entspr. Kündigungsgründe darzulegen und glaubhaft zu machen. Haben beide Seiten hinreichende Erfolgsaussichten glaubhaft gemacht, kommt eine Befreiung von der Weiterbeschäftigungspflicht nicht in Betracht (LAG Düsseldorf/Köln 23.5.1975 EzA BetrVG § 102 Beschäftigungspflicht Nr. 4).

39 **Nr. 2** kommt in Betracht, wenn die Weiterbeschäftigung des AN zu einer unzumutbaren **wirtschaftl. Belastung** führt, also die wirtschaftl. Belastungen für den AG so schwerwiegend sind, dass sie seine Existenz gefährden (KR/*Etzel* Rn. 226; LAG HH 16.5.2001 NZA-RR 2002, 25; ausf. *Rieble* BB 2003, 844). Dies ist insb. bei der Stilllegung von Betrieben oder Betriebsabteilungen der Fall (*Fitting* Rn. 119). Tw. wird in diesem Fall aber auch Unmöglichkeit iSd. § 275 BGB angenommen, die einredeweise einem Weiterbeschäftigungsantrag entgegen gehalten werden kann, so dass es einer gerichtl. Entbindung von der Weiterbeschäftigungspflicht nicht bedarf (LAG M 8.9.2011 LAGE § 102 BetrVG 2001 Beschäftigungspflicht Nr. 5; *Willemsen/Hohenstatt* DB 1995, 215).

40 Schließl. ist der AG auch dann von der Weiterbeschäftigung zu entbinden, wenn nach **Nr. 3** der **Widerspruch des BR offensichtl. unbegründet** war. Dies ist der Fall, wenn sich die Grundlosigkeit geradezu aufdrängt (*Fitting* Rn. 120). Bsp. sind etwa die Rüge der mangelnden Sozialauswahl bei personen- oder verhaltensbedingter Kündigung (LAG D 2.9.1975 DB 1975, 1995) oder die Rüge eines Verstoßes gegen AuswahlRL, obwohl solche überhaupt nicht bestehen. Offensichtl. unbegründet ist ein Widerspruch auch dann, wenn die tatsächl. Voraussetzungen für den geltend gemachten Widerspruch offensichtl. nicht gegeben sind, was vom AG mit den eingeschränkten Beweismitteln des einstweiligen Verfügungsverfahrens glaubhaft zu machen ist. Zumindest entspr. heranzuziehen ist § 102 V 2 für den Fall, dass bereits kein ordnungsgem. Widerspruch vorliegt und deshalb überhaupt kein Weiterbeschäftigungsanspruch entstanden ist (LAG D 15.3.1978 DB 1979, 1293; *Fitting* Rn. 121; aA LAG BE 11.6.1974 DB 1974, 1629).

41 Wurde ein Antrag des AG auf Entbindung von der Weiterbeschäftigungspflicht rkr. abgewiesen, so kann er wiederholt werden, wenn er sich auf **neue Tatsachen** stützt (LAG K 19.5.1983 DB 1983, 2368), die auch während des Verfahrens nachgeschoben werden können; zB Abweisung der Kündigungsschutzklage in 1. Instanz (LAG M 16.8.1995 LAGE BetrVG § 102 Beschäftigungspflicht Nr. 22). Wird einem Antrag des AG auf Entbindung von der Weiterbeschäftigungspflicht stattgegeben, lässt dies für die Zeit bis zur Entbindungsentsch. angefallene Vergütungsansprüche unberührt (BAG 7.3.1996 AP BetrVG 1972 § 102 Weiterbeschäftigung Nr. 9). Außerhalb der engen Voraussetzungen des Abs. 5 kann der gekündigte AN einen Allgemeinen Weiterbeschäftigungsanspruch nach den vom GS des BAG aufgestellten Grundsätzen im Klagewege geltend machen (BAG 27.2.1985 NZA 1985, 702; vgl. KSchG § 4 Rn. 42 ff.).

VI. Erweiterung der Mitbestimmung

42 Gem. **§ 102 VI** können **AG und BR vereinbaren**, dass **Kündigungen der Zustimmung des BR bedürfen** und bei Meinungsverschiedenheiten über die Berechtigung der Nichterteilung der Zustimmung die Einigungsstelle entscheidet. Erforderl. ist der **Abschluss einer schriftl. BV**; eine formlose Regelungsabrede genügt nicht (BAG 14.2.1978 AP TVG § 9 Arbeitskampf Nr. 60; *Fitting* Rn. 124; zur Vereinbarung durch TV: BAG 21.6.2000 NZA 2002, 271). Erst recht stellt § 102 VI keine Ermächtigungsgrundlage für eine einzelvertragl. Erweiterung der Beteiligungsrechte des BR dar (BAG 23.4.2009 NZA 2009, 915). Abs. 6 erfasst jede Kündigung, also auch die außerordentl. (LAG D 25.8.1995 BB 1996, 1277).

43 Inhaltl. bezweckt Abs. 6 ledigl. eine **verfahrensmäßige Absicherung des individuellen Kündigungsschutzes auf der kollektiven Ebene.** Dagegen ermöglicht die Vorschr. nicht eine Erweiterung oder Beschränkung der individualrechtl. Kündigungsmöglichkeiten des AG: Abs. 6 verstärkt die Betei-

ligungsrechte des BR im Verhältnis zur bloßen Anhörung nach Abs. 1 und dem Widerspruchsrecht nach Abs. 3 durch eine zusätzl. verfahrensmäßige Hürde. Die Anerkennung eines vom materiellen Kündigungsrecht unabhängigen paritätischen Mitbestimmungsrechtes würde demggü. einen systematischen Bruch zu den Mitwirkungsrechten des BR nach Abs. 1, 3 darstellen, für die es einer eindeutigen gesetzgeberischen Entsch. bedurft hätte (GK-BetrVG/*Raab* Rn. 218; *Henssler* RdA 1991, 268, 273; aA DKKW/*Bachner* Rn. 342 ff.).

Wird eine BV über das Zustimmungserfordernis bei Kündigungen gem. Abs. 6 eingeführt, tritt 44 dieses Verfahren **anstelle des Anhörungsverfahrens gem. § 102 I.** Eine Anhörung neben diesem Verfahren ist nicht erforderl. (GK-BetrVG/*Raab* Rn. 221). Für den Fall der Verweigerung der Zustimmung durch den BR, kann die Möglichkeit der verbindl. Entsch. der Einigungsstelle vorgesehen werden. Zwingend ist dies nicht. Mögl. ist es auch, die sofortige Entsch. des ArbG über die Zustimmungsersetzung zu vereinbaren (GK-BetrVG/*Raab* Rn. 227; APS/*Koch* Rn. 183; aA *Fitting* Rn. 126). Unwirksam wäre dagegen eine BV, die zwar das Zustimmungsrecht für den BR einführt, aber überhaupt keine Überprüfung seiner Entsch. ermöglicht (GK-BetrVG/*Raab* Rn. 226; *Hanau* BB 1971, 485, 490; aA MüArbR/*Matthes* § 267 Rn. 28). Wird keine Zustimmungs-, sondern nur eine Beratungspflicht eingeführt, bedarf es einer ausdrückl. Klarstellung, dass die Verletzung dieser Pflicht die Unwirksamkeit der Kündigung zur Folge haben soll (BAG 6.2.1997 DB 1997, 2081). Ist ein Verfahren vor der Einigungsstelle vorgesehen, kann der AG seine Mitteilungen zu den Kündigungsgründen noch im Verfahren vor der Einigungsstelle vervollständigen (BAG 7.12.2000 NZA 2001, 495).

Daraus ergeben sich **folgende Entscheidungsvarianten:** Stimmt der BR einer beabsichtigten Kündi- 45 gung zu, kann der AG die Kündigung aussprechen. Verweigert der BR die Zustimmung und ist die Einschaltung der Einigungsstelle vorgesehen, kann der AG diese anrufen mit dem Antrag der Ersetzung der Zustimmung. Bei der außerordentl. Kündigung hat der AG die Frist des § 626 II BGB zu beachten. Der AG muss innerhalb der Zwei-Wochen-Frist den Antrag auf Zustimmung beim BR stellen und, falls dieser ihn ablehnt, innerhalb der Frist auch noch die Einigungsstelle anrufen (GK-BetrVG/*Raab* Rn. 223). Sowohl Einigungsstelle als auch BR steht bei der Entsch. über die Zustimmung zur Kündigung kein Ermessens-, sondern nur ein Beurteilungsspielraum zu, da sie über eine Rechtsfrage zu entscheiden haben. Einigungsstelle bzw. BR haben deshalb die Zustimmung zu erteilen, wenn die Voraussetzungen des § 1 II KSchG für die ordentl. bzw. des § 626 I BGB für die außerordentl. Kündigung erfüllt sind (GK-BetrVG/*Raab* Rn. 229; KR/*Etzel* Rn. 249, 257; *Rieble* AuR 1993, 39).

Ersetzt die Einigungsstelle die Zustimmung, kann der AG unmittelbar die Kündigung ausspre- 46 chen. Dass die Entsch. der Einigungsstelle vom BR noch vor dem ArbG angefochten werden kann, steht dem nicht entgegen, weil diese Anfechtung ohne Bindung an eine Frist mögl. ist und der BR die Kündigungsmöglichkeit des AG ansonsten beliebig hinauszögern könnte (*Löwisch/Kaiser* Rn. 94). Bei der außerordentl. Kündigung muss der AG die Kündigung unverzügl. aussprechen (vgl. § 174 Abs. 5 SGB IX), um die Ausschlussfrist des § 626 II BGB zu wahren. **Verweigert die Einigungsstelle die Zustimmung,** darf der AG die Kündigung nicht durchführen. Eine gleichwohl ausgesprochene Kündigung ist unwirksam (*Fitting* Rn. 126). Allerdings unterliegt die Entsch. der Einigungsstelle der vollen Überprüfung durch das ArbG. Der betroffene AN ist – anders als im außergerichtl. Verfahren vor der Einigungsstelle – im arbeitsgerichtl. Verfahren zur Überprüfung eines Einigungsstellenspruchs Beteiligter iSd. § 83 ArbGG. Dasselbe gilt in einem ohne vorhergehende Einschaltung der Einigungsstelle vorgesehenen gerichtl. Verfahren über die Ersetzung der Zustimmung (*Fitting* Rn. 128; APS/*Koch* Rn. 184; aA GK-BetrVG/*Raab* Rn. 230). Eine gerichtl. Entsch. über die Ersetzung der Zustimmung zur Kündigung nimmt dem AN nicht die Möglichkeit, anschließend Kündigungsschutzklage zu erheben. Allerdings ist er in diesem Verfahren mit solchen Einwendungen präkludiert, die schon Gegenstand des Beschlussverfahrens über die Zustimmungsersetzung waren (*Fitting* Rn. 129; aA GK-BetrVG/*Raab* Rn. 231).

Besteht eine BV nach Abs. 6 für ordentl. Kündigungen, **entfällt** die Möglichkeit des Widerspruchs 47 des BR gem. **Abs. 3** und damit eine Weiterbeschäftigungspflicht nach Abs. 5 (*Fitting* Rn. 125; KR/*Etzel* Rn. 248, 251; aA DKKW/*Bachner* Rn. 346). Bei einem Widerspruch des BR ist die einstweilige Weiterbeschäftigung durch das vorstehend beschriebene Verfahren gesichert.

VII. Anderweitige Beteiligungsrechte

Gem. **§ 102 VII** bleiben durch die Regelung des § 102 I bis VI die Vorschr. über die Beteiligung 48 des **BR nach dem KSchG** unberührt. Das betrifft das Recht des betroffenen AN, binnen einer Woche nach der Kündigung Einspruch beim BR einzulegen (§ 3 KSchG), ferner die bes. Beteiligungsrechte bei Massenentlassungen gem. § 17 KSchG. Der bis zum 31.12.1997 im G enthaltene Verweis auf § 8 AFG ist durch das Inkrafttreten des SGB III, in das eine § 8 AFG vergleichbare Vorschr. nicht aufgenommen wurde, erledigt. Trotz fehlender Verweisung bleibt auch die bei der Kündigung eines Schwerbehinderten durch das Integrationsamt einzuholende Stellungn. des BR unberührt (§ 170 II SGB IX).

§ 103 Außerordentliche Kündigung und Versetzung in besonderen Fällen

(1) Die außerordentliche Kündigung von Mitgliedern des Betriebsrats, der Jugend- und Auszubildendenvertretung, der Bordvertretung und des Seebetriebsrats, des Wahlvorstands sowie von Wahlbewerbern bedarf der Zustimmung des Betriebsrats.

(2) [1] Verweigert der Betriebsrat seine Zustimmung, so kann das Arbeitsgericht sie auf Antrag des Arbeitgebers ersetzen, wenn die außerordentliche Kündigung unter Berücksichtigung aller Umstände gerechtfertigt ist. [2] In dem Verfahren vor dem Arbeitsgericht ist der betroffene Arbeitnehmer Beteiligter.

(3) [1] Die Versetzung der in Absatz 1 genannten Personen, die zu einem Verlust des Amtes oder der Wählbarkeit führen würde, bedarf der Zustimmung des Betriebsrats; dies gilt nicht, wenn der betroffene Arbeitnehmer mit der Versetzung einverstanden ist. [2] Absatz 2 gilt entsprechend mit der Maßgabe, dass das Arbeitsgericht die Zustimmung zu der Versetzung ersetzen kann, wenn diese auch unter Berücksichtigung der betriebsverfassungsrechtlichen Stellung des betroffenen Arbeitnehmers aus dringenden betrieblichen Gründen notwendig ist.

1 **1. Zweck der Vorschrift.** Durch den grds. Ausschluss der ordentl. Kündigung gem. § 15 KSchG und das Zustimmungserfordernis bei der außerordentl. Kündigung gem. § 103 soll im Interesse der **Funktionsfähigkeit der Betriebsverfassungsorgane** die unbefangene Amtsausübung der gewählten Organmitglieder bzw. die unbefangene Bewerbung um derartige Ämter gesichert werden (BAG 17.9.1981 AP BetrVG 1972 § 103 Nr. 14; GK-BetrVG/*Raab* Rn. 1). Das Zustimmungserfordernis des § 103 gewährleistet zudem, dass bis zu einer gerichtl. Klärung das Organmitglied seine betriebsverfassungsrechtl. Funktionen ausüben kann. Die Vorschr. dient damit gleichzeitig dem Schutz der AN vor Ausschaltung ihrer gewählten Vertreter (GK-BetrVG/*Raab* Rn. 1). Zum Ganzen *Weber/Lohr* BB 1999, 2350.

2 **2. Anwendungsbereich. a) Geschützter Personenkreis.** Dieser ist in Abs. 1 aufgezählt. Gleichgestellt sind gem. § 29a HAG in Heimarbeit Beschäftigte, die nach § 103 geschützte betriebsverfassungsrechtl. Funktionen ausüben, sowie gem. § 179 III SGB IX Mitglieder der Schwerbehinderten- und Gesamtschwerbehindertenvertretung sowie die Wahlbewerber für diese Ämter. Damit bleibt der durch § 103 geschützte Personenkreis deutl. hinter dem in der allg. Schutznorm des § 78 genannten Personenkreis zurück. Keinen bes. Kündigungsschutz nach § 103 genießen etwa Mitglieder der Einigungsstelle, einer tarifl. Beschwerdestelle nach § 86 oderdes Wirtschaftsausschusses. Eine Kündigung **wegen der** betriebsverfassungsrechtl. Tätigkeit ist nicht nur sozialwidrig, sondern gem. § 78 iVm. § 134 BGB nichtig (vgl. BAG 22.2.1979 DB 1979, 1659; *Fitting* Rn. 8).

3 § 103 gewährt anders als § 15 KSchG **keinen nachwirkenden Kündigungsschutz;** das Zustimmungserfordernis besteht für die außerordentl. Kündigung nur während der Amtszeit der Mitglieder des BR bzw. der JAV, der Bordvertretung oder des SeeBR. Für Ersatzmitglieder gilt der bes. Kündigungsschutz für die Zeit ihrer Vertretung im BR einschließl. einer kurzfristigen eigenen Verhinderung während der Vertretungszeit (BAG 9.11.1977 AP KSchG 1969 § 15 Nr. 3).

4 Für **Mitglieder des Wahlvorstands** beginnt der Sonderkündigungsschutz mit dem Zeitpunkt ihrer Bestellung (§§ 16, 17), **für Wahlbewerber** mit dem Zeitpunkt der Aufstellung des Wahlvorschlages (§ 15 III 1 KSchG analog). Keinen Sonderkündigungsschutz genießen dagegen Bewerber für das Amt des Wahlvorstands (BAG 31.7.2014 NZA 2015, 245). Für den Beginn des Kündigungsschutzes eines Wahlbewerbers genügt bereits die Unterzeichnung eines Wahlvorschlages durch die in § 14 V vorgesehene Mindestzahl von AN (BAG 4.3.1976 AP KSchG 1969 § 15 Wahlbewerber Nr. 1; 5.12.1980 AP KSchG 1969 § 15 Nr. 9). Nach LAG K 29.3.2001 AiB 2001, 603 greift der Schutz auch ein, wenn sich mehr als 80% der AN bewerben, um den Kündigungsschutz zu bekommen. Dies wird unter dem Aspekt des Rechtsmissbrauches zu überprüfen sein. Der Schutz der Wahlvorstandsmitglieder und der nicht gewählten Wahlbewerber bei außerordentl. Kündigungen nach § 103 endet mit der Bekanntgabe des Wahlergebnisses durch den Wahlvorstand (BAG 30.5.1978 AP KSchG 1969 § 15 Nr. 4). Der Schutz der Wahlvorstandsmitglieder und Wahlbewerber besteht auch bei der erstmaligen Wahl eines BR im Betrieb. Da bei einer beabsichtigten Kündigung kein BR existiert, der zustimmen könnte, hat der AG unmittelbar die Erteilung der Zustimmung beim ArbG zu beantragen (BAG 12.8.1976 AP KSchG 1969 § 15 Nr. 2; 30.5.1978 AP KSchG 1969 § 15 Nr. 4; *Fitting* Rn. 11; KR/*Etzel* Rn. 53 ff.).

5 Bei **Anfechtung einer BRwahl** endet der Sonderkündigungsschutz gem. § 103 mit Rechtskraft eines der Anfechtung stattgebenden arbeitsgerichtl. Beschl. (LAG NI 15.5.1991 DB 1991, 2248). Dasselbe gilt bei **Ende der Amtszeit.** Eine erneute Anhörung des BR ist nicht notwendig (BAG 8.6.2000 EzA § 102 BetrVG Nr. 106). Aus AGSicht ist in diesen Fällen Vorsicht geboten, da die jetzt ohne Zustimmung des BR mögl. fristlose Kündigung in entspr. Anwendung von § 174 SGB IX unverzügl. ausgesprochen werden muss (BAG 25.1.1979 AP BetrVG 1972 § 103 Nr. 12; *Fitting* Rn. 50). Die in einer nichtigen Wahl bestimmten Organmitglieder genießen keinen bes. Kündigungsschutz (BAG 7.5.1986 AP KSchG 1969 § 15 Nr. 18).

b) Kündigung und andere Beendigungsformen. Kein Zustimmungserfordernis besteht, wenn das ArbVerh. auf anderer Weise, also etwa durch Ablauf eines befristeten ArbVerh., durch einen Aufhebungsvertrag oder durch eine ausnahmsweise zulässige ordentl. Kündigung gem. § 15 IV und V KSchG endet; auch bei tarifl. Unkündbarkeit bedarf es für die betriebsbedingte Kündigung nach § 15 IV, V KSchG nicht der Zustimmung des BR (BAG 18.9.1997 NZA 1998, 189). Andererseits besteht das Zustimmungserfordernis für jede außerordentl. Kündigung, also auch die Änderungskündigung und auch die Massenänderungskündigung (BAG 7.10.2004 NZA 2005, 156; aA bzgl. Massenänderungskündigung GK-BetrVG/*Raab* Rn. 30; *Fitting* Rn. 12). Die vom BAG (11.7.2000 AP BetrVG 1972 § 103 Nr. 44) abgelehnte analoge Anwendung von Abs. 1 auf **Versetzungen**, ist durch den seit 28.7.2001 geltenden Abs. 3 ersetzt worden. Er gilt nur für Versetzungen kraft Direktionsrechts, während Änderungskündigungen zur Versetzung nach wie vor von Abs. 1, 2 erfasst werden (KR/*Etzel* Rn. 161). Das Einverständnis des AN kann auch nachträgl. erklärt werden (Richardi/*Thüsing* Rn. 33), die Versetzung wird aber nicht rückwirkend wirksam. 6

3. Zustimmung des Betriebsrats. a) Verfahren. Will der AG eine außerordentl. Kündigung nach § 103 aussprechen, bedarf er hierzu der vorherigen Zustimmung des BR. Dies gilt auch dann, wenn der BR an sich gem. § 13 II Nr. 1–3 neu zu wählen wäre (LAG SH 21.12.2004 NZA-RR 2005, 309). Die Kündigung vor Zustimmung ist nichtig; eine Heilung durch spätere Zustimmung des BR nicht mögl. (BAG 22.8.1974, 20.3.1975, 25.3.1976 AP BetrVG 1972 § 103 Nr. 1, 2, 6; *Fitting* Rn. 24; GK-BetrVG/*Raab* Rn. 53). Eine Delegation der Entsch. über die Zustimmung auf einen Ausschuss ist zulässig, setzt aber einen ausdrückl. und eindeutigen Beschl. voraus (BAG 17.3.2005 NZA 2005, 1064). Das zu kündigende BRmitglied ist wegen **Befangenheit** von der Beratung und der Beschlussfassung über die Zustimmung ausgeschlossen; es gilt als zeitweilig verhindert iSd. § 25 I 2 und wird durch ein Ersatzmitglied vertreten (s. § 99 Rn. 40). Besteht der BR nur aus einem einzigen BRmitglied, entscheidet das Ersatzmitglied. Ist ein Ersatzmitglied nicht vorhanden oder nicht erreichbar, muss der AG gem. § 103 II analog unmittelbar die Zustimmung des ArbG einholen (BAG 14.9.1994 EzA BetrVG § 103 Nr. 36). Dasselbe gilt für die Kündigung von Wahlbewerbern und Wahlvorstandsmitgliedern in einem bisher betriebsratslosen Betrieb (BAG 30.5.1978 AP KSchG 1969 § 15 Nr. 4). Sollen mehrere BRmitglieder wegen des gleichen Vorfalls gekündigt werden, ist nach Auff. des BAG jedes Mitglied nur von der Teilnahme an der Beratung und Abstimmung über seine eigene Kündigung ausgeschlossen (BAG 25.3.1976 AP BetrVG 1972 § 103 Nr. 6). Richtigerweise ist von einem Ausschluss aller beteiligten BRmitglieder auszugehen, da ansonsten eine auch nur annähernd objektive Entsch. nicht zu erwarten ist. 7

Ist der **Beschl. über die Zustimmung fehlerhaft** zustande gekommen oder basiert er auf einer unzureichenden Unterrichtung (BAG 5.2.1981 AP LPVG NW § 72 Nr. 1), kann der AG grds. keine wirksame Kündigung aussprechen. Problematisch ist die Behandlung von Verfahrensmängeln, die durch den BR veranlasst sind. Die für § 102 weitgehend anerkannte „Sphärentheorie" wird iRd. § 103 überw. – auch vom BAG – abgelehnt (BAG 23.8.1984 AP BetrVG 1972 § 103 Nr. 17; *Fitting* Rn. 38; DKKW/*Bachner* Rn. 36; APS/*Linck* Rn. 20a; aA Richardi/*Thüsing* Rn. 54). Gleichzeitig gewährt das BAG dem AG aber dann Vertrauensschutz, wenn dieser die Tatsachen, aus denen die Unwirksamkeit des Beschlusses folgt, nicht kennt oder kennen muss (BAG 23.8.1984 AP BetrVG 1972 § 103 Nr. 17). Damit gilt iE über das Arg. des Vertrauensschutzes nichts anderes als nach der Sphärentheorie iRd. § 102. Das BAG (3.5.1999 EzA BetrVG § 33 Nr. 1) erwägt, dass die unzulässige Beteiligung des betroffenen BRmitglieds an einem ihm ungünstigen Beschl. unerhebl. sein könne. 8

Bei der Einholung der Zustimmung hat der AG zwei **Fristen** zu beachten: Einmal die Frist zum Ausspruch der außerordentl. Kündigung gem. § 626 II BGB, zum anderen die Frist für die Zustimmung des BR, die sich aus einer entspr. Anwendung von § 102 II 3 ergibt (*Fitting* Rn. 33). IE ergibt sich daraus folgendes: Erlangt der AG bzw. ein sonstiger Kündigungsberechtigter Kenntnis vom potentiellen Kündigungsgrund, beginnt der Lauf der Zwei-Wochen-Frist gem. § 626 BGB. Innerhalb dieser Frist ist der BR um Zustimmung zu ersuchen. Diesem steht eine Frist von drei Tagen zur Entscheidung über die Erteilung der Zustimmung zu. Keine entspr. Anwendung findet iRd. § 103 die Zustimmungsfiktion gem. § 102 II 2. Gibt der BR also innerhalb der Drei-Tages-Frist keine Erkl. ab, so gilt die Zustimmung als verweigert (BAG 18.8.1977 AP BetrVG 1972 § 103 Nr. 10; *Fitting* Rn. 33). Stimmt der BR innerhalb der Drei-Tages-Frist ausdrückl. der beabsichtigten außerordentl. Kündigung zu, kann der AG nunmehr die **Kündigung aussprechen.** Der Ausspruch der Kündigung hat innerhalb der durch das Zustimmungsverfahren nicht gehemmten Frist des § 626 II BGB zu erfolgen. Die Zustimmung des BR muss der Kündigungserklärung nicht beigefügt werden. Es handelt sich nicht um eine Zustimmung iSd. §§ 182 ff. BGB; das BRmitglied kann daher die Kündigung nicht nach § 182 III in Verbindung mit § 111 S. 2, 3 BGB zurückweisen (BAG 4.3.2004 NZA 2004, 717). Verweigert der BR ausdrückl. die Zustimmung oder äußert er sich innerhalb der Drei-Tages-Frist nicht, muss der AG, wenn er an seinem Kündigungsentschluss festhält, innerhalb der Zwei-Wochen-Frist des § 626 II BGB beim ArbG die **Ersetzung der Zustimmung** beantragen (BAG 18.8.1977 AP BetrVG 1972 § 103 Nr. 10). Eine nachträgl., also nach Ablauf der Drei-Tages-Frist erfolgende Zustimmung des BR bleibt mögl. (*Fitting* Rn. 36; APS/*Linck* Rn. 17). Soweit zum Zeitpunkt der Zustimmungserteilung vom AG 9 bereits ein gerichtl. Zustimmungsersetzungsverfahren eingeleitet ist, wird dieses gegenstandslos und ist einzustellen (BAG 10.12.1992 AP ArbGG 1979 § 87 Nr. 4; 23.6.1993 AP ArbGG 1979 § 83a Nr. 2). Hat der AG allerdings bereits vor der Zustimmung die Kündigung ausgesprochen, ist diese unheilbar nichtig (vgl. Rn. 7). Wird eine Kündigung wegen rechtl. Bedenken wiederholt, ist eine erneute Zustimmung erforderl. (BAG 24.10.1996 AP BetrVG 1972 § 103 Nr. 32; s. § 102 Rn. 2).

10 Ist das zu kündigende **BRmitglied schwerbehindert** iSd. SGB IX, ist zusätzl. zu dem Zustimmungsverfahren das Verfahren vor dem Integrationsamt einzuhalten. Der AG kann wählen, ob er zunächst das Verfahren nach § 103 einleitet oder erst das Verfahren vor dem Integrationsamt durchführt. Wird zweckmäßigerweise erst das Verfahren vor dem Integrationsamt durchgeführt, hat der AG nach erteilter oder fingierter Zustimmung unverzügl. das Verfahren nach § 103 einzuleiten (BAG 22.1.1987 AP BetrVG 1972 § 103 Nr. 24).

11 **b) Verweigerungsgründe.** Der BR trifft iRd. § 103 I – ebenso wie das ArbG beim Verfahren nach § 103 II – **keine Ermessensentsch.**, in die er Gesichtspunkte einfließen lassen könnte, die nichts mit dem vom AG dargelegten Kündigungsgrund zu tun haben. Der BR darf seine Zustimmung zur außerordentl. Kündigung deswegen nur mit der Begründung verweigern, die Kündigung sei unwirksam, weil entweder ein wichtiger Grund fehle oder die Kündigung aus anderen Gründen, etwa wegen Nichteinhaltung der Zwei-Wochen-Frist des § 626 II BGB, nichtig sei (BAG 25.3.1976 AP BetrVG 1972 § 103 Nr. 6; WPK/*Preis* Rn. 32). Für die Beurteilung, ob Tatsachen vorliegen, die den AG zur Kündigung aus wichtigem Grund berechtigen, ist auf die Unzumutbarkeit einer Weiterbeschäftigung bis zum **Ablauf der fiktiven Kündigungsfrist** abzustellen (BAG 11.5.2010 NZA-RR 2011, 15; BAG 19.7.2012 NZA 2013, 143). Die fiktive Kündigungsfrist ist die ordentl. Kündigungsfrist, die gelten würde, wenn das BRMitglied keinen Sonderkündigungsschutz genießen würde. Ist eine Weiterbeschäftigung bis zum Ablauf dieser fiktiven Frist zumutbar, ist die Kündigung unwirksam.

12 IÜ gilt hins. des Kündigungsgrundes im Grundsatz nichts anderes als für die außerordentl. Kündigung „normaler" AN. Allerdings ist zu berücksichtigen, dass für Amtspflichtverstöße das bes. Verfahren gem. § 23 I vorgesehen ist. Eindeutig ergibt sich daraus, dass für **reine Amtspflichtverletzungen** nur die Möglichkeit des Ausschlusses aus dem BR in Betracht kommt. Begeht das BRmitglied dagegen im Zusammenhang mit seinen Amtspflichten zugleich auch (gravierende) **Verstöße gegen seine arbeitsvertragl. Pflichten,** ist im Hinblick auf die bes. Konfliktsituation des BRmitglieds ein „strengerer Maßstab" an den Ausspruch der außerordentl. Kündigung anzulegen (BAG 16.10.1986 AP BGB § 626 Nr. 95; *Fitting* Rn. 30). Damit ist gemeint, dass zu prüfen und ggf. zu berücksichtigen ist, ob ein Funktionsträger gerade in Ausübung seines Amtes in Konflikt mit seinen arbeitsvertragl. Pflichten geraten ist (BAG 19.7.2012 NZA 2013, 143). Vorbehaltl. der Umstände des Einzelfalls kommt nach der Rspr. eine außerordentl. Kündigung in Betracht zB bei Unterschlagungen und Veruntreuungen (BAG 22.8.1974 AP BetrVG 1972 § 103 Nr. 1), der Bereitschaft, in einem Rechtsstreit gegen den AG vorsätzl. falsch auszusagen (BAG 16.10.1986 AP BGB § 626 Nr. 95) und der verunglimpfenden und aufhetzenden Wahlwerbung bei einer BRwahl (BAG 15.12.1977 AP BGB § 626 Nr. 69). Eine außerordentl. Änderungskündigung (mit sozialer Auslauffrist) hat das BAG anerkannt bei der Auflösung einer Leitungsebene in einem Unternehmen bei gleichzeitiger Rückstufung aller Mitarbeiter, von denen einer BRmitglied war (BAG 21.6.1995 AP KSchG 1969 § 15 Nr. 36). Der Gedanke der Gleichbehandlung rechtfertigt dagegen keine Änderungskündigung mit dem Ziel der Lohnreduzierung (BAG 20.1.2000 NZA 2000, 592).

13 **4. Gerichtliche Zustimmungsersetzung.** Wenn der BR die Zustimmung verweigert bzw. sich innerhalb der Drei-Tages-Frist nicht äußert, kann der AG gem. Abs. 2 beim ArbG Antrag auf gerichtl. Zustimmungsersetzung stellen. Dieser **Antrag** muss – wie dargelegt – noch innerhalb der Zwei-Wochen-Frist gem. § 626 II BGB, darf aber nicht vor Ablauf der Drei-Tages-Frist bzw. der Zustimmungsverweigerung gestellt werden (BAG 7.5.1986 AP BetrVG 1972 § 103 Nr. 18; 24.10.1996 AP BetrVG 1972 § 103 Nr. 32).

14 Das **ArbG** hat in vollem Umf. nachzuprüfen, ob die beantragte Kündigung wirksam ist oder nicht, insb. ob sie durch einen wichtigen Grund iSd. § 626 I BGB gerechtfertigt ist und ob die Ausschlussfrist des § 626 II BGB eingehalten worden ist. Nach Ablauf der Frist des § 626 II BGB bekannt werdende neue Kündigungsgründe kann der AG in das Zustimmungsverfahren einführen, wenn es sie vorher dem BR mitgeteilt und ihm Gelegenheit zur Stellungn. gegeben hat (BAG 23.4.2008 NZA 2008, 1081; 16.9.1999 AP BetrVG 1972 § 103 Nr. 38). Der betroffene AN ist gem. § 103 II 2 Beteiligter und berechtigt, gegen für ihn ungünstige Entsch. Rechtsmittel einzulegen (BAG 10.12.1992 AP ArbGG 1979 § 87 Nr. 4; 23.6.1993 AP ArbGG 1979 § 83a Nr. 2). Zum **Ausspruch der Kündigung** ist der AG grds. erst dann berechtigt, wenn eine die Zustimmung ersetzende Entsch. des ArbG rkr. wird (BAG 11.11.1976 AP BetrVG 1972 § 103 Nr. 8; 9.7.1998 AP BetrVG 1972 § 103 Nr. 36). Nur wenn sich aus den Gründen der zugestellten Entsch. ergibt, dass eine Nichtzulassungsbeschwerde offensichtl. unstatthaft ist, ließ das BAG eine frühere Kündigung zu (BAG 25.1.1975 AP BetrVG 1972 § 103 Nr. 12). Der AG ist aber nicht zu einer unsicheren Prognose über die offensichtl. Unstatthaftigkeit einer Nichtzulassungsbeschwerde gezwungen; er kann stets aus Gründen der Rechtssicherheit die Rechtskraft abwarten (klarstellend BAG 9.7.1998 AP BetrVG 1972 § 103 Nr. 36). Zudem spricht, seitdem die

Nichtzulassungsbeschwerde auch auf die grds. Bedeutung einer Rechtssache gestützt werden kann (§ 72a III Nr. 1 ArbGG), viel dafür, dass es Fälle einer offensichtl. unstatthaften Nichtzulassungsbeschwerde nicht mehr gibt (LAG NI 22.1.2010 LAGE § 103 BetrVG 2001 Nr. 9). Nach Rechtskraft muss der AG die Kündigung unverzügl. aussprechen (BAG 24.4.1975, 18.8.1977, 25.1.1979 AP BetrVG 1972 § 103 Nr. 3, 10, 12; GK-BetrVG/*Raab* Rn. 98; a. A. *Fitting* Rn. 46: innerhalb von 2 Wochen). Bis zur Rechtskraft der Entsch. kann der AG je nach den Umständen des Einzelfalles, insb. nach dem Gewicht des angeführten Kündigungsgrundes, zur Suspendierung des AN von der Arbeitspflicht (s. § 611 BGB Rn. 567) berechtigt sein, wobei grds. die Pflicht zur Vergütungsfortzahlung nicht tangiert wird, es sei denn, dass die Weiterbezahlung unzumutbar ist (BAG 11.11.1976 AP BetrVG 1972 § 103 Nr. 8). Auch bei einer individualarbeitsrechtl. zulässigen Suspendierung bleibt der AN aber grds. berechtigt, den Betrieb weiterhin aufzusuchen, um sein BRAmt auszuüben. Nur wenn das zu kündigende BRmitglied sein Zutrittsrecht rechtsmissbräuchl. ausübt, etwa den Betriebsfrieden unmittelbar und konkret gefährdet, endet trotz fortbestehender Mitgliedschaft im BR auch dieses Recht, so dass ein Ersatzmitglied nachzurücken hat (LAG M 19.3.2003 NZA-RR 2003, 641; LAG D 22.2.1977 DB 1977, 1053; WPK/*Preis* Rn. 53). In diesem Fall entfällt auch der Entgeltanspruch.

Ersetzt das ArbG rkr. die Zustimmung und spricht daraufhin der AG die außerordentl. Kündigung aus, kann der AN Kündigungsschutzklage erheben. Allerdings hat die Entsch. im BeschlV. insofern präjudizielle Wirkung für den nachf. Kündigungsrechtsstreit, als über das Vorliegen eines wichtigen Grundes zur außerordentl. Kündigung bereits rkr. entschieden wurde (BAG 10.12.1992 AP ArbGG 1979 § 87 Nr. 4; 23.6.1993 AP ArbGG 1979 § 83a Nr. 2). Anders wenn der AN Neues vorbringen kann. Bsp. sind etwa neue Tatsachen, welche die früheren Kündigungsgründe in einem anderen Licht erscheinen lassen, oder formelle Mängel beim Ausspruch der Kündigung (BAG 24.4.1975 AP BetrVG 1972 § 103 Nr. 3; 9.1.1986 AP BGB § 626 Ausschlussfrist Nr. 20; *Fitting* Rn. 47). Lehnt das ArbG rkr. die Zustimmung ab, kann die Zustimmungsersetzung in einem neuen Verfahren geboten sein, wenn das BRmitglied wegen des Tatvorwurfs zwischenzeitl. strafrechtl. rkr. verurteilt wurde (BAG 16.9.1999 AP BetrVG 1972 § 103 Nr. 38). Keine Bindungswirkung entfaltet die rkr. Zustimmungsersetzung hins. des Kündigungsgrundes für einen späteren Kündigungsschutzprozess, in dem der AN die Sozialwidrigkeit einer auf denselben Sachverhalt gestützten ordentl. Kündigung geltend macht (BAG 15.8.2002 NZA 2003, 432). 15

Die dem AN durch seine Beteiligung am Zustimmungsersetzungsverfahren gem. § 103 II entstehenden Kosten sind keine Kosten der BRTätigkeit iSd. § 40 I, da er hier keine kollektivrechtl., sondern ledigl. persönl. Interessen aus dem ArbVerh. wahrnimmt. Aus dem Benachteiligungsverbot des § 78 S. 2 folgt allerdings eine Pflicht zur Kostenerstattung, wenn nur das betroffene BRmitglied gegen eine zustimmungsersetzende Entsch. des ArbG Beschwerde einlegt und gewinnt (BAG 31.1.1990 AP BetrVG 1972 § 103 Nr. 28). 16

5. Versetzungsschutz. § 103 III erstreckt den Schutz betriebsverfassungsrechtl. Funktionsträger auf die – gegen den Willen des Betroffenen – erfolgende Versetzung in einen anderen Betrieb, weil diese zum zeitweiligen oder dauerhaften Amtsverlust führt. Ein dringender betriebl. Grund für die Versetzung iSv Satz 2 liegt vor, wenn unter Berücksichtigung der kollektiven Interessen der Belegschaft an der Kontinuität der Amtsführung und der individuellen Interessen des betroffenen AN keine Möglichkeit mehr besteht, den Mandatsträger im Betrieb sinnvoll weiter zu beschäftigen (BAG 27.7.2016 NZA 2017, 200). § 103 III ist lex specialis zu § 99. Insofern kann sich der BR zusätzl. auch auf die Widerspruchsgründe gem. § 99 II stützen (BAG 27.7.2016 NZA 2017, 200). In Analogie zu § 99 beträgt die Widerspruchsfrist für den BR eine Woche und nicht drei Tage (*Fitting* Rn. 71a). Der durch § 103 III gewährte Schutz kann durch einstweilige Vfg. durchgesetzt werden; § 101 steht dem nicht entgegen (LAG N 11.10.2010 DB 2011, 883; LAG N 31.1.2014 BeckRS 2014, 68609). 17

§ 104 Entfernung betriebsstörender Arbeitnehmer

[1] Hat ein Arbeitnehmer durch gesetzwidriges Verhalten oder durch grobe Verletzung der in § 75 Abs. 1 enthaltenen Grundsätze, insbesondere durch rassistische oder fremdenfeindliche Betätigungen, den Betriebsfrieden wiederholt ernstlich gestört, so kann der Betriebsrat vom Arbeitgeber die Entlassung oder Versetzung verlangen. [2] Gibt das Arbeitsgericht einem Antrag des Betriebsrats statt, dem Arbeitgeber aufzugeben, die Entlassung oder Versetzung durchzuführen, und führt der Arbeitgeber die Entlassung oder Versetzung einer rechtskräftigen gerichtlichen Entscheidung zuwider nicht durch, so ist auf Antrag des Betriebsrats vom Arbeitsgericht zu erkennen, dass er zur Vornahme der Entlassung oder Versetzung durch Zwangsgeld anzuhalten sei. [3] Das Höchstmaß des Zwangsgeldes beträgt für jeden Tag der Zuwiderhandlung 250 Euro.

1. Normzweck. § 104 ist eine Erg. des § 99 II 6 und des § 75 I und konkretisiert die dem BR obliegende Pflicht, den Betriebsfrieden zu wahren (KR/*Etzel* Rn. 3; APS/*Linck* Rn. 2). 1

2 **2. Voraussetzungen.** Vom **Personenkreis** erfasst sind alle AN gem. § 5 I und § 6. Ggü. der Versetzung oder Entlassung anderer Personen (wie etwa leitende Angestellte gem. § 5 III, auch wenn erst während des Verfahrens dazu geworden, LAG N 22.1.2002 DB 2002, 488) hat der BR ledigl. ein Antragsrecht gem. § 80 I Nr. 2 (*Fitting* Rn. 3; aA MüArbR/*Matthes* § 267 Rn. 9, wonach alle potentiellen Gefährder des Betriebsfriedens zum Personenkreis des § 104 gehören). Die Vorschr. findet auch in Tendenzbetrieben und ggü. Tendenzträgern Anwendung. Für **gesetzwidriges Verhalten** kommen zB Verletzungen des StGB (Beleidigung, Verleumdung, Körperverletzung und Diebstahl), von Arbeitsschutzvorschriften (KR/*Etzel* Rn. 8) von TV oder BV (Richardi/*Thüsing* Rn. 3) in Betracht. Verstöße gegen arbeitsvertragl. Pflichten als solche sind nicht gesetzeswidrig, können aber im Einzelfall andere Gesetzesvorschriften verletzen (APS/*Linck* Rn. 7; GK-BetrVG/*Raab* Rn. 5). Außerhalb des Betriebs sind Verstöße nur dann relevant, wenn sich das gesetzwidrige Verhalten **unmittelbar störend** auf den Betriebsfrieden auswirkt.

3 Grob ist ein **Verstoß gegen § 75 I,** wenn er bes. schwerwiegend ist. Dies ist zB der Fall bei bes. auffälligen Diskriminierungen wegen Abstammung, Religion, Nationalität, Herkunft, politischer oder gewerkschaftl. Betätigung oder wegen des Geschlechts (KR/*Etzel* Rn. 9). Weiterhin muss es sich um eine **ernstl. und wiederholte Störung des Betriebsfriedens handeln.** Der AN muss mind. zweimal den Betriebsfrieden gestört haben (*Fitting* Rn. 7). Zwischen diesen Handlungen braucht kein innerer Zusammenhang zu bestehen (GK-BetrVG/*Raab* Rn. 9), wohl aber ein **ursächl. Zusammenhang** zwischen Handlung und Störung des Betriebsfriedens (*Fitting* Rn. 7). Für eine ernstl. Störung reicht die bloße Gefährdung des Betriebsfriedens nicht aus. Ernstl. ist der Betriebsfrieden dann gestört, wenn eine erhebl. Beunruhigung einer beachtl. Anzahl von AN eingetreten ist (LAG K 15.10.1993 NZA 1994, 431; LAG HM 11.11.1994 BB 1995, 678). Das Verhalten des AN muss **verschuldet,** also zumindest fahrlässig sein (GK-BetrVG/*Raab* Rn. 10; *Fitting* Rn. 8). Im Falle der Schuldunfähigkeit genügt auch die objektive Herbeiführung der Störung des Betriebsfriedens.

4 **3. Verlangen des Betriebsrats.** Für sein Verlangen muss der BR einen **Beschl.** gem. § 33 fassen, den der AG nochmals zu prüfen hat. Der BR kann allein Versetzung oder Entlassung verlangen, nicht jedoch unmittelbar eine Änderungskündigung (APS/*Linck* Rn. 19). Eine Änderungskündigung kann aber erforderl. werden, wenn der BR die Versetzung verlangt und der AG diesem Verlangen nachkommen will, dies aber mangels Direktionsrecht nur durch eine Änderungskündigung mögl. ist. Das Verlangen des BR muss den Grundsätzen der **Verhältnismäßigkeit** entsprechen. Genügt also eine Versetzung der Wahrung des Betriebsfriedens, so ist diese als weniger einschneidend als eine Kündigung vorzuziehen (GK-BetrVG/*Raab* Rn. 11). Dasselbe gilt im Verhältnis von außerordentl. und ordentl. Kündigung. Der **AG** hat den Sachverhalt in eigener Verantwortung zu prüfen. Dabei schafft das Verlangen des BR keinen neuen Kündigungsgrund, sondern setzt einen solchen voraus (DKKW/*Bachner* Rn. 8). Ist das Verlangen des BR sachl. nicht berechtigt, muss der AG sich in **zumutbarer** Weise wegen seiner Fürsorgepflicht vor den betroffenen AN stellen (BAG 18.9.1975 AP BGB § 626 Druckkündigung Nr. 10; ArbG BE 16.6.1987 NZA 1987, 637; *Fitting* Rn. 10). Entspricht der AG dem Verlangen, so kann der betroffene AN Kündigungsschutzklage erheben. Bei einer Versetzung ist der **BR zu beteiligen,** falls er nicht bereits Vorschläge zum neuen Arbeitsplatz des störenden AN unterbreitet hat. Bei der Kündigung wird die erforderl. Anhörung gem. § 102 durch das Entlassungsverlangen ersetzt (BAG 15.5.1997 NZA 1997, 1106).

5 **4. Anrufung und Entscheidung des Arbeitgerichts.** Der Antrag des BR ist bei Ablehnung durch den AG im BeschlV. geltend zu machen. Eine Frist besteht dafür nicht. Als RL gelten **3 Monate** (*Fitting* Rn. 15; nach APS/*Linck* Rn. 29 sind die Umstände des Einzelfalls maßgebl.). Bei einer vorgesehenen Versetzung kann das Gericht **nicht** den neuen Arbeitsplatz genau bestimmen. Die Möglichkeit der **fristlosen Kündigung** wird regelm. in Hinsicht auf die Frist des § 626 II 1 BGB verwirkt sein.

6 **5. Zwangsgeldverfahren.** Kommt der AG der rechtskräftigen gerichtl. Entsch. nicht nach, so ist er auf Antrag des BR durch die Verhängung von Zwangsgeld (§ 888 ZPO) zur Vornahme der Entlassung oder Versetzung anzuhalten. Eine vorherige Androhung ist nicht erforderl. (GK-BetrVG/*Raab* Rn. 19). Die in S. 2 vorgesehene Regelung über die Verhängung eines Zwangsgeldes stellt ggü. § 23 III eine Sondervorschrift dar (DKKW/*Bachner* Rn. 19).

§ 105 Leitende Angestellte

Eine beabsichtigte Einstellung oder personelle Veränderung eines in § 5 Abs. 3 genannten leitenden Angestellten ist dem Betriebsrat rechtzeitig mitzuteilen.

1 **1. Normzweck.** Mit der Vorschr. wird der Zweck verfolgt, den BR über die Verteilung der Führungsaufgaben im Betrieb zu unterrichten und ihm die Möglichkeit zu geben, Bedenken gegen eine personelle Maßnahme im Bereich der leitenden Angestellten geltend zu machen (APS/*Linck* Rn. 1).

2. Voraussetzungen. Von der Norm erfasst sind alle **Personen,** die unter **§ 5 III** fallen (s. § 5 Rn. 30 ff.). Weiterhin fallen auch AN unter die Bestimmung, die zum leitenden Angestellten befördert werden, sowie leitende Angestellte, die infolge einer personellen Maßnahme aus dem Kreis des § 5 III ausscheiden (GK-BetrVG/*Raab* Rn. 3; DKKW/*Bachner* Rn. 2). **Nicht** von § 105 **erfasst** sind Personen iSd. § 5 II (s. § 5 Rn. 24 ff.). In Zweifelsfällen empfiehlt es sich, vorsorgl. das Anhörungsverfahren gem. § 102 durchzuführen, da eine Inf. gem. § 105 nicht ohne weiteres in eine Anhörung gem. § 102 umgedeutet werden kann (BAG 19.8.1975 AP BetrVG 1972 § 105 Nr. 1; 7.12.1979 AP BetrVG 1972 § 102 Nr. 21; *Fitting* Rn. 1). 2

3. Mitteilungspflicht. Personelle Veränderung ist jede Änd. der Führungsfunktion des leitenden Angestellten, seiner Stellung in der Organisation, eine Suspendierung, ein Ausscheiden im gegenseitigen Einvernehmen oder eine Kündigung auch durch den Angestellten selbst (*Fitting* Rn. 4; einschränkend GK-BetrVG/*Raab* Rn. 8; APS/*Linck* Rn. 3). Die Inf. ist dem BR oder dem gem. §§ 27, 28 zust. Ausschuss zu geben. Sind mehrere Betriebe innerhalb eines Unternehmens durch die Maßnahme betroffen, sind alle BR zu benachrichtigen (GK-BetrVG/*Raab* Rn. 5). Bestehen Gesamt- oder KBR, so sind auch diese zu benachrichtigen, wenn der leitende Angestellte mit Funktionen im Unternehmens- oder Konzernbereich eingesetzt wird (*Fitting* Rn. 8; APS/*Linck* Rn. 5). Der **AG** ist ledigl. verpflichtet, die Bedenken des BR in seine Überlegungen aufzunehmen, erörtern muss er sie nicht. Es bleibt ihm frei, seine Entsch. **unabhängig** zu treffen. **Rechtzeitig** ist die Mitteilung dann, wenn dem BR die Möglichkeit bleibt, sich zu der Maßnahme zu äußern und die AN zu unterrichten (*Fitting* Rn. 6; GK-BetrVG/*Raab* Rn. 10; aA APS/*Linck* Rn. 6, der in Anlehnung an § 99 III und § 102 II eine Unterrichtung mind. eine Woche vor der geplanten Maßnahme für erforderl. hält). 3

4. Sanktionen. Verstöße gegen § 105 sind nicht als Ordnungswidrigkeit zu ahnden, da die Aufzählung in § 121 I, bei deren Verletzung Geldbußen mögl. sind, erschöpfend ist. Allenfalls käme ein Verfahren gem. § 23 III in Betracht, dies aber sicherl. noch nicht bei einmaligem Verstoß gegen die Vorschr. (GK-BetrVG/*Raab* Rn. 15). 4

Sechster Abschnitt. Wirtschaftliche Angelegenheiten

Erster Unterabschnitt. Unterrichtung in wirtschaftlichen Angelegenheiten

§ 106 Wirtschaftsausschuss

(1) [1]**In allen Unternehmen mit in der Regel mehr als einhundert ständig beschäftigten Arbeitnehmern ist ein Wirtschaftsausschuss zu bilden.** [2]**Der Wirtschaftsausschuss hat die Aufgabe, wirtschaftliche Angelegenheiten mit dem Unternehmer zu beraten und den Betriebsrat zu unterrichten.**

(2) [1]**Der Unternehmer hat den Wirtschaftsausschuss rechtzeitig und umfassend über die wirtschaftlichen Angelegenheiten des Unternehmens unter Vorlage der erforderlichen Unterlagen zu unterrichten, soweit dadurch nicht die Betriebs- und Geschäftsgeheimnisse des Unternehmens gefährdet werden, sowie die sich daraus ergebenden Auswirkungen auf die Personalplanung darzustellen.** [2]**Zu den erforderlichen Unterlagen gehört in den Fällen des Absatzes 3 Nr. 9a insbesondere die Angabe über den potentiellen Erwerb und dessen Absichten im Hinblick auf die künftige Geschäftstätigkeit des Unternehmens sowie die sich daraus ergebenden Auswirkungen auf die Arbeitnehmer; Gleiches gilt, wenn im Vorfeld die Übernahme des Unternehmens ein Bieterverfahren durchgeführt wird.**

(3) **Zu den wirtschaftlichen Angelegenheiten im Sinne dieser Vorschrift gehören insbesondere**

1. **die wirtschaftliche und finanzielle Lage des Unternehmens;**
2. **die Produktions- und Absatzlage;**
3. **das Produktions- und Investitionsprogramm;**
4. **Rationalisierungsvorhaben;**
5. **Fabrikations- und Arbeitsmethoden, insbesondere die Einführung neuer Arbeitsmethoden;**

5a. **Fragen des betrieblichen Umweltschutzes;**

6. **die Einschränkung oder Stilllegung von Betrieben oder von Betriebsteilen;**
7. **die Verlegung von Betrieben oder Betriebsteilen;**
8. **der Zusammenschluss oder die Spaltung von Unternehmen oder Betrieben;**
9. **die Änderung der Betriebsorganisation oder des Betriebszwecks;**

9a. **die Übernahme des Unternehmens, wenn hiermit der Erwerb der Kontrolle verbunden ist, sowie**

10. **sonstige Vorgänge und Vorhaben, welche die Interessen der Arbeitnehmer des Unternehmens wesentlich berühren können.**

1 **1. Normzweck.** Der Wirtschaftsausschuss ist nicht Mitbestimmungsorgan, sondern Hilfsorgan des BR. Seine Aufgabe besteht darin, wirtschaftl. Angelegenheiten zu beraten und den BR darüber zu informieren (DKKW/*Däubler* Rn. 2). § 106 steht unabhängig neben dem Anspruch aus § 80 II (BAG 5.2.1991 AP BetrVG 1972 § 106 Nr. 10).

2 **2. Voraussetzungen. Die Errichtung** des Wirtschaftsausschusses erfordert die st. Beschäftigung von idR (vgl. § 1 Rn. 20) mehr als 100 AN im Unternehmen, also mind. 101 AN. Es gilt der betriebsverfassungsrechtl. ANBegriff (DKKW/*Däubler* Rn. 5), so dass leitende Angestellte nicht mitgezählt werden. Der Wirtschaftsausschuss wird für das gesamte Unternehmen unabhängig von der Zahl der Betriebe und BR gebildet (*Fitting* Rn. 17). Bilden mehrere Unternehmen einen Gemeinschaftsbetrieb mit zusammen mehr als 100 AN, so ist ein Wirtschaftsausschuss zu bilden, obwohl die Unternehmen rechtl. selbstständig sind (BAG 1.8.1990 AP BetrVG 1972 § 106 Nr. 8; DKKW/*Däubler* Rn. 20). Kommt nur eines der beteiligten Unternehmen über 100 AN, so ist nur bei diesem ein Wirtschaftsausschuss zu bilden (BAG 22.3.2016 NZA 2016, 969). Bei Unternehmen mit Betrieben **im Ausland** zählen ledigl. die inländischen AN (*Fitting* Rn. 19; aA DKKW/*Däubler* Rn. 28; wie hier jetzt GK-BetrVG/*Oetker* Rn. 42). Bei Unternehmen mit **Hauptsitz im Ausland** wird ein Wirtschaftsausschuss gebildet, wenn die im Inland angesiedelten Betriebe organisatorisch zusammengefasst sind und die erforderl. Anzahl von AN beschäftigen (BAG 1.10.1974 AP BetrVG 1972 § 106 Nr. 1; 31.10.1975 AP BetrVG 1972 § 106 Nr. 2; *Fitting* Rn. 20). Die Norm ist zwgd. und kann nicht entspr. auf kleinere Betriebe angewandt werden (BAG 5.2.1991 AP BetrVG 1972 § 106 Nr. 10; *Fitting* Rn. 21; GK-BetrVG/*Oetker* Rn. 44). Ausschüsse, die auf Grund freiwilliger BV in kleineren Betrieben gebildet werden, haben nicht die ges. Befugnisse des Wirtschaftsauschusses (*Fitting* Rn. 21). Daraus folgt, dass der BR in Unternehmen mit 100 und weniger AN keinen Anspruch auf Einblick in die Jahresbilanz (LAG K 8.9.1987 NZA 1988, 210) oder den Wirtschaftsprüfungsbericht zum Jahresabschluss (BAG 5.2.1991 AP BetrVG 1972 § 106 Nr. 10) hat. Der KBR kann keinen Wirtschaftsausschuss errichten (BAG 23.8.1989 AP BetrVG 1972 § 106 Nr. 7). Doch besteht die Unterrichtungspflicht unabhängig davon, ob es um Entsch. des Unternehmens selbst oder eines es beherrschenden Unternehmens geht (GK-BetrVG/*Oetker* Rn. 53).

3 **3. Allgemeine Aufgaben.** § 106 nennt die **Beratung** wirtschaftl. Angelegenheiten mit dem Unternehmer und die **Unterrichtung** des BR über das Erg. der Beratungen. Beratung ist hierbei nicht nur ein der Vorbereitung dienender Meinungsaustausch; es können vielmehr auch neue Vorschläge und Initiativen vom Wirtschaftsausschuss eingebracht werden (DKKW/*Däubler* Rn. 34). Die Unterrichtungspflicht bezieht sich auf den Verlauf und das Erg. der Beratungen und die vom AG gegebenen Inf. und ist näher in § 108 III beschrieben.

4 **4. Unterrichtungspflicht des Unternehmers. Rechtzeitig** erfolgt die Unterrichtung durch den Unternehmer (= AG), wenn sie vor der Entsch. des Unternehmers stattfindet und vor der Beratung im BR. Die Pflicht entsteht mit dem Entschl. zur Planung. Verspätet ist die Unterrichtung, wenn die Entsch. im betreffenden Unternehmensorgan bereits gefallen ist (*Fitting* Rn. 30).

5 **Umfassend** ist die Unterrichtung, wenn der Wirtschaftsausschuss alle Inf. erhält, die für eine sinnvolle Beratung erforderl. sind (*Fitting* Rn. 34). Diese Inf. müssen verständl. und glaubwürdig sein (BAG 17.3.1987 AP BetrVG 1972 § 80 Nr. 29). IRd. umfassenden Unterrichtung sind die Auswirkungen auf die **Personalplanung** darzustellen. Dabei ist die Personalplanung selbst nicht Gegenstand der Unterrichtung, sondern ledigl. deren Auswirkungen (Richardi/*Annuß* Rn. 22; GK-BetrVG/*Oetker* Rn. 63; aA DKKW/*Däubler* Rn. 58).

6 Der Unternehmer muss dem Ausschuss die **erforderl. Unterlagen zur Einsicht vorlegen,** vgl. § 108 III. Diese Vorlage erfordert ein Zurverfügungstellen rechtzeitig vor der Sitzung und bis zu deren Ende in Form von Originalen, Fotokopien oder Abschriften, da deren Auswertung und sofortige Beratung im zeitl. Rahmen einer Sitzung gar nicht mögl. ist (BAG 20.11.1984 AP BetrVG 1972 § 106 Nr. 3; *Fitting* Rn. 41; aA *Galperin/Löwisch* Rn. 29). Der Wirtschaftsausschuss kann ggf. zu einer vorbereitenden Sitzung zusammentreten (BAG 16.3.1982 AP BetrVG 1972 § 108 Nr. 3). Ohne Zustimmung des Unternehmers dürfen sich Mitglieder des Wirtschaftsausschusses aus Gründen der Vertraulichkeit keine Ablichtungen anfertigen (BAG 20.11.1984 AP BetrVG 1972 § 106 Nr. 3); dagegen sind schriftl. Aufzeichnungen und Notizen grds. zulässig (*Fitting* Rn. 40). Beschränkt wird die Unterrichtungspflicht durch das Recht des Unternehmers, die Auskunftserteilung zu verweigern, soweit **Betriebs- und Geschäftsgeheimnisse** gefährdet werden (*Fitting* Rn. 43; GK-BetrVG/*Oetker* Rn. 139ff.). Der Unternehmer muss nach pflichtgem. Prüfung der objektiv begr. Ansicht sein, dass trotz § 79 II eine Gefährdung der Betriebs- und Geschäftsgeheimnisse eintreten könnte (DKKW/*Däubler* Rn. 62). Eine solche Gefährdung kommt nur in Ausnahmefällen in Betracht, etwa wegen der bes. Bedeutung einer Tatsache für Bestand oder Entwicklung des Unternehmens oder wegen persönl. Umstände eines Mitglieds des Wirtschaftsausschusses (*Fitting* Rn. 45 mwN). Erforderl. sind die Unterlagen, die für die in Abs. 3 genannten wirtschaftl. Angelegenheiten jeweils von Bedeutung sind (DKKW/*Däubler* Rn. 52). Bsp.: Jahresabschluss (BAG 8.8.1989 AP BetrVG 1972 § 106 Nr. 6); Wirtschaftsprüfungsbericht nach § 321 HGB (BAG 8.8.1989 AP BetrVG 1972 § 106 Nr. 6); Bericht einer

Unternehmensberatungsfirma (LAG HE 1.9.1988 NZA 1989, 193); Marktanalysen (OLG KA 7.6.1985 NZA 1985, 570f.); Vertrag über die Veräußerung sämtl. Geschäftsanteile (BAG 22.1.1991 AP BetrVG 1972 § 106 Nr. 9; uU Betriebsabrechnungsbögen 17.9.1991 AP BetrVG 1972 § 106 Nr. 13).

Nach dem seit dem 19.8.2008 geltenden § 106 II 2 zählen zu den erforderl. Unterlagen bei der Unternehmensübernahme (s. genauer unten Rn. 16a) auch Angaben über die potentiellen Erwerber und dessen Absichten im Hinblick auf die künftige Geschäftstätigkeit des Unternehmens sowie die sich daraus ergebenden Auswirkungen auf die AN. Dies soll auch bei einem Bieterverfahren gelten. Diese Vorschr. ist schon sprachl. verunglückt, weil es sich bei den vom Gesetzgeber geforderten Angaben um Auskünfte, nicht aber um Unterlagen handelt. **Inhaltl.** ist das Problem der Vorschr., dass von der Zielgesellschaft, vertreten durch ihren Vorstand oder die Geschäftsführung, Inf. verlangt werden, die vielfach nicht vorhanden sein werden, gerade was die Absichten potentieller Erwerber angeht (optimistischer und differenzierend *Fitting* Rn. 90ff). Der Unternehmer kann aber nicht zu etwas Unmöglichem gezwungen werden. Die Informationspflicht beschränkt sich insofern auf das, was dem Unternehmer bekannt ist, wobei ggf. eine verständl. Aufbereitung und Präsentation der Inf. für den Wirtschaftsausschuss verlangt werden kann (Richardi/*Annuß,* Rn. 26; DKKW/*Däubler,* Rn. 48). Der **Zeitpunkt** der Unterrichtung ist erreicht, wenn die Schwelle zu konkreten Planungen überschritten ist. Bei einem Bieterverfahren ist dies erst nach positivem Abschluss der Due Dilligence und Abgabe verbindl. Angebote der Fall (*Löw* DB 2008, 758; aA *Schröder/Falter* NZA 2008, 1097). Erst dann ist die Erwerbsabsicht hinreichend konkret und man kann von einem „potentiellen Erwerber“ sprechen. Bei öffentl. Übernahmeangeboten ist eine Unterrichtung erst nach Gestattung der Veröffentlichung durch die BaFin erforderl. (*Schröder/Falter* NZA 2008, 1097; aA *Fitting* Rn. 109). Die sich an sich nach § 106 I 2 an die Informationsphase anschließende **Beratungspflicht** entfällt jdf. beim Share-Deal, da der Unternehmer nicht über die Veräußerung der Anteile entscheidet und somit eine Beratung sinnlos wäre (*Thüsing* ZIP 2008, 106; *Löw* DB 2008, 758; Richardi/*Annuß* Rn. 26e; aA *Fitting* Rn. 112). 6a

5. Wirtschaftliche Angelegenheiten. Der Katalog in Abs. 3 ist nach hM **nicht erschöpfend,** er zählt ledigl. beispielhaft die wichtigsten wirtschaftl. Angelegenheiten auf; Nr. 10 stellt unter den Bsp. eine beschränkte Generalklausel dar (*Fitting* Rn. 48; GK-BetrVG/*Oetker* Rn. 102; aA *Galperin/Löwisch* Rn. 42). Von Abs. 3 werden auch Dienstleistungsunternehmen erfasst, auch wenn in Nr. 2, 3 und 5 von „Fabrikation“ bzw. „Produktion“ gesprochen wird (*Fitting* Rn. 48). Zu den wirtschaftl. Angelegenheiten gehört nicht die laufende Geschäftsführung. Andererseits muss der Unternehmer aber auch über solche Angelegenheiten unterrichten, die er zur Durchführung auf nachgeordnete Teilebenen delegiert hat (*Fitting* Rn. 50). 7

Zur **wirtschaftl. und finanziellen Lage des Unternehmens** nach Nr. 1 gehören alle auf das Unternehmen einwirkenden Gegebenheiten, die für die unternehmerische Planung von Bedeutung sind (*Fitting* Rn. 52). **Beispiele:** Verluste, Gewinne, Risikolage, dh. die Frage, ob die Produktion in der Zukunft mit bes. kaufmännischen Risiken behaftet ist, Versorgungslage mit Energie, Roh- und Betriebsstoffen, Preisgestaltung und deren Kalkulationsgrundlage (GK-BetrVG/*Oetker* Rn. 65ff.; *Fitting* Rn. 53); steuerl. Belastung, Konjunktur, soziale Aufwendungen, Konkurrenz, wirtschaftl. Entwicklung der Branche, Wechselkurse und Exportabhängigkeit, Auftragsbestand, monatl. Erfolgsrechnung (BAG 18.9.1991 AP BetrVG 1972 § 106 Nr. 13), Lieferzeiten und Liquidität, beabsichtigte Stellung eines Insolvenzantrags (DKKW/*Däubler* Rn. 69; *Fitting* Rn. 54). 8

Nr. 2 erfasst zunächst die Darst. der **Absatzlage** der Erzeugnisse oder Dienstleistungen anhand der Verkaufs- und Umsatzstatistiken des Unternehmens und der Unterlagen der Marktforschung. Dabei kommt insb. die Abhängigkeit von einigen wenigen Großbetrieben in Betracht. Die **Produktionslage** ist die auf der Absatzlage basierende Analyse des Kapazitätsbestands bzw. der Auslastung des Betriebs, der Höhe der Lagerbestände und ggf. der Bedarf an Personal, Betriebsmitteln und Roh- oder Hilfsstoffen (*Fitting* Rn. 56). Die Produktionslage als Grdl. zur Erstellung des Produktionsprogramms stellt das Verhältnis dar zwischen der Produktionskapazität und der tatsächl. Produktion, die eventuell durch Hemmnisse wie gewerbl. Auflagen, Streik oder höhere Gewalt gemindert ist (*Fitting* Rn. 56). 9

Das **Produktionsprogramm** gem. Nr. 3 legt im Hinblick auf Produktions- und Marktkapazität fest, welche Waren oder Dienstleistungen mittel- und langfristig erzeugt werden (GK-BetrVG/*Oetker* Rn. 72). Basierend auf dem Absatzprogramm legt es die zu erbringende arbeitstechnische Leistung der Betriebe fest. Im **Investitionsprogramm** wird festgelegt, welche Investitionsprojekte oder Einzelinvestitionen durchgeführt werden sollen. 10

Rationalisierungsvorhaben iSd. Nr. 4 sind Vorhaben zur zweckmäßigeren Gestaltung der Arbeitsvorgänge bzw. zur Steigerung der Wirtschaftlichkeit durch Normung oder Typisierung der Produkte oder des Arbeitsablaufs (*Fitting* Rn. 59). Die Mitteilungspflicht des Unternehmers erstreckt sich auf solche Vorhaben, die über die bereits in den Betrieben eingeführten Methoden hinausgehen oder diese ändern (*Fitting* Rn. 60). Bei Veränderungen des Personalbedarfs ist Abs. 2 anzuwenden. Die Mitteilungspflicht über Rationalisierungsvorhaben besteht neben den Rechten des BR aus §§ 90, 92 oder bei geplanten Betriebsänderungen nach §§ 111ff. 11

Fabrikationsmethode gem. Nr. 5 ist das planmäßige Vorgehen bei der Gütererzeugung unter technischen Gesichtspunkten (GK-BetrVG/*Oetker* Rn. 76). **Arbeitsmethode** beschreibt dagegen die Er- 12 zeugung von Gütern bzw. die Ausführung von Dienstleistungen unter dem Gesichtspunkt der menschl. Arbeitskraft (GK-BetrVG/*Oetker* Rn. 77). Bedeutend sind hierbei der Umf. des Maschineneinsatzes, Einzel- oder Massenfertigung, Sorten- oder Serienfertigung. Der Wirtschaftsausschuss berät auch Methoden, die im Betrieb entwickelt werden sollen (*Fitting* Rn. 63).

13 **Die Einschränkung oder Stilllegung von Betrieben oder von Betriebsteilen** gem. Nr. 6 entspricht weitgehend § 111 Nr. 1, wobei der Wirtschaftsausschuss auch dann zu unterrichten ist, wenn es sich um kleine Betriebsteile handelt oder der Betrieb(steil) keinen BR besitzt (BAG 9.5.1995 AP BetrVG 1972 § 106 Nr. 12).

14 **Für die Verlegung von Betrieben oder Betriebsteilen** gilt dasselbe, da Nr. 7 anders als § 111 Nr. 2 keine Beschränkung auf „wesentl." Betriebsteile enthält.

15 **Der Zusammenschluss oder die Spaltung von Betrieben** gem. Nr. 8 entspricht § 111 Nr. 3, während die ebenfalls unter Nr. 8 fallende Spaltung von **Unternehmen,** zB in Besitz- und Betriebsgesellschaften, weitergeht. Die Vorschr. stammt aus dem UmwG, gilt aber auch für Spaltungen durch Einzelrechtsnachfolge.

16 Nr. 9 erfasst anders als § 111 Nr. 4 jede Änd. **der Betriebsorganisation oder des Betriebszwecks** und nicht nur grdl. Änd. IÜ wird wegen der Einzelheiten der Begriffe in Nr. 6 bis 9 auf die Kommentierung zu § 111 Nr. 1 bis 4 verwiesen (vgl. § 111 Rn. 11 ff.).

16a Nach Nr. 9a zählt zu den wirtschaftl. Angelegenheiten seit 2008 auch die **Übernahme des Unternehmens,** wenn hiermit der Erwerb der Kontrolle verbunden ist. Zur Konkretisierung des Anwendungsbereichs der Vorschr. verweist die Gesetzesbegründung auf § 29 II WpÜG, wonach eine Kontrolle des Unternehmens insb. vorliegt, wenn mind. 30% der Stimmrechte an dem Unternehmen gehalten werden (BT-Drs. 16/7438, S. 15). Die Regelung passt allerdings nur für börsennotierte Unternehmen. Insb. bei einer GmbH ist der Erwerb von 30% der Anteile sicherl. für einen Kontrollerwerb nicht ausreichend, solange nicht dem Erwerber satzungsgem. bestimmte Sonderrechte eingeräumt werden (*Löw* DB 2008, 758; *Thüsing* ZIP 2008, 106, aA *Fitting* Rn. 86). Im Anwendungsbereich der Nr. 9a gehen die Beteiligungsrechte nach § 106 in solchen Unternehmen, in denen kein Wirtschaftsausschuss besteht, auf den BR über (näheres s. § 109a Rn. 1).

17 **Sonstige für den AN bedeutsame Vorgänge und Vorhaben** iSd. Nr. 10 sind alle Vorgänge und Vorhaben, die die Interessen des AN im sozialen, karitativen, kulturellen, politischen oder wirtschaftl. Bereichs wesentl. berühren können. Nr. 10 bildet auf Grund seiner weiten Fassung eine beschränkte Generalklausel. **Bsp.:** Errichtung medizinisch-hygienischer Zentren; Werkstheater; Rechtsstreitigkeiten von grdl. Bedeutung, Auswirkungen der Steuerpolitik und andere Maßnahmen der öffentl. Hand, allgem. wirtschaftl. Lage der Branche, Verlagerung der Produktion ins Ausland, Umstrukturierung (*Fitting* Rn. 131) und Entflechtung in den neuen Bundesländern, evtl. die Einführung von „Balanced Scorecards" (*Däubler* DB 2000, 2270) und der Börsengang (*Fischer* DB 1998, 2606).

18 **6. Streitigkeiten.** Bei dem Streit um eine Auskunft ist zunächst die Einigungsstelle gem. § 109 zust. Auf der ANSeite ist der BR beteiligt und nicht der Wirtschaftsausschuss. Bei weiterer Verweigerung des Unternehmers trotz Verpflichtung durch die Einigungsstelle kann gem. § 121 eine Geldbuße verhängt werden. Ob es sich bei der Angelegenheit um eine wirtschaftl. iSd. § 106 handelt, entscheidet das ArbG im BeschlV. nach § 2a ArbGG. Dabei ist der Wirtschaftsausschuss nicht Beteiligter iSd. Vorschr. (vgl. § 107 Rn. 19).

§ 107 Bestellung und Zusammensetzung des Wirtschaftsausschusses

(1) [1]**Der Wirtschaftsausschuss besteht aus mindestens drei und höchstens sieben Mitgliedern, die dem Unternehmen angehören müssen, darunter mindestens einem Betriebsratsmitglied.** [2]**Zu Mitgliedern des Wirtschaftsausschusses können auch die in § 5 Abs. 3 genannten Angestellten bestimmt werden.** [3]**Die Mitglieder sollen die zur Erfüllung ihrer Aufgaben erforderliche fachliche und persönliche Eignung besitzen.**

(2) [1]**Die Mitglieder des Wirtschaftsausschusses werden vom Betriebsrat für die Dauer seiner Amtszeit bestimmt.** [2]**Besteht ein Gesamtbetriebsrat, so bestimmt dieser die Mitglieder des Wirtschaftsausschusses; die Amtszeit der Mitglieder endet in diesem Fall in dem Zeitpunkt, in dem die Amtszeit der Mehrheit der Mitglieder des Gesamtbetriebsrats, die an der Bestimmung mitzuwirken berechtigt waren, abgelaufen ist.** [3]**Die Mitglieder des Wirtschaftsausschusses können jederzeit abberufen werden; auf die Abberufung sind die Sätze 1 und 2 entsprechend anzuwenden.**

(3) [1]**Der Betriebsrat kann mit der Mehrheit der Stimmen seiner Mitglieder beschließen, die Aufgaben des Wirtschaftsausschusses einem Ausschuss des Betriebsrats zu übertragen.** [2]**Die Zahl der Mitglieder des Ausschusses darf die Zahl der Mitglieder des Betriebsausschusses nicht überschreiten.** [3]**Der Betriebsrat kann jedoch weitere Arbeitnehmer einschließlich der in § 5 Abs. 3 genannten leitenden Angestellten bis zur selben Zahl, wie der Ausschuss Mitglieder hat, in den Ausschuss berufen; für die Beschlussfassung gilt Satz 1.** [4]**Für die Verschwiegenheitspflicht der in Satz 3 bezeichneten weiteren Arbeitnehmer gilt § 79 entsprechend.** [5]**Für die Abänderung und den**

Widerruf der Beschlüsse nach den Sätzen 1 bis 3 sind die gleichen Stimmenmehrheiten erforderlich wie für die Beschlüsse nach den Sätzen 1 bis 3. [6] Ist in einem Unternehmen ein Gesamtbetriebsrat errichtet, so beschließt dieser über die anderweitige Wahrnehmung der Aufgaben des Wirtschaftsausschusses; die Sätze 1 bis 5 gelten entsprechend.

1. Zusammensetzung des Wirtschaftsausschusses. Die **Anzahl** der Mitglieder beträgt mind. drei und höchstens sieben. Die Anzahl ist unabhängig von der Größe des Unternehmens. Die konkrete Mitgliederzahl wird vom BR bzw. GBR festgelegt. Hierbei ist eine Abstimmung mit dem Unternehmen nicht erforderl. (Richardi/*Annuß* Rn. 2). 1

Die Mitgliederanzahl kann auch gerade sein; allein aus der Festlegung ungerader Mindest- und Höchstgrenzen kann nicht das Gegenteil geschlossen werden, zumal keine formellen Beschlüsse zu fassen sind (*Fitting* Rn. 3). Das Amt eines Vorsitzenden ist vom G nicht vorgesehen; jedoch ist es sinnvoll, wenn ein Mitglied Geschäftsführungsaufgaben übernimmt (*Fitting* Rn. 4). 2

Die Mitglieder müssen als AN im Unternehmen tätig sein. Auch **Leitende Angestellte** können gem. § 107 I 2 Mitglied des Ausschusses werden (LAG D 25.3.1975 DB 1975, 1418; *Fitting* Rn. 5). Ebenfalls kommen **AN ausl. Betriebe** des Unternehmens als Mitglieder des Wirtschaftsausschuss in Betracht (aA GK-BetrVG/*Oetker* Rn. 9). Als mitgliederuntaugl. müssen der Unternehmer selbst, sein Vertreter, sowie die in § 5 II Nr. 1 und 2 genannten Personen angesehen werden (DKKW/*Däubler* Rn. 8). Mind. ein Mitglied des Ausschusses muss zugleich einem BR des Unternehmens angehören. Besteht ein GBR, so kann dieser entscheiden, ob ein Mitglied aus seinen Reihen oder eines EinzelBR entsandt wird (Richardi/*Annuß* Rn. 7; GK-BetrVG/*Oetker* Rn. 12). 3

Die **fachl. Eignung** ist in der Fähigkeit zu sehen, die vom Unternehmer gegebenen Inf. in ihrem gesamtwirtschaftl. Zusammenhang zu verstehen, um im Wirtschaftsausschuss sinnvoll mitarbeiten zu können. Somit geht es weniger um die Beherrschung des Bilanzwesens oder bes. betriebswirtschaftl. Kenntnisse als um Erfahrungen im Betrieb, die zum Verständnis der wirtschaftl., finanziellen und technischen Gegebenheiten des Unternehmens ausreichen (*Fitting* Rn. 10). Das BAG verlangt von Mitgliedern des Wirtschaftsausschusses die Fähigkeit, den Jahresabschluss anhand der gegebenen Erläuterungen zu verstehen und gezielte Fragen zu stellen (BAG 18.7.1978 AP BetrVG 1972 § 108 Nr. 1). Damit drückt es der Sollvorschrift des Abs. 1 S. 3 den Charakter einer Mussvorschrift auf (*Fitting* Rn. 10). Die **persönl. Eignung** meint vorrangig Loyalität und Diskretion. Die genauen Voraussetzungen sind weitgehend umstr. So wird tw. Anständigkeit und Zuverlässigkeit, jedoch keine bes. Charaktereigenschaft gefordert (*Fitting* Rn. 11). Die letztendl. Entsch., wer für geeignet erachtet wird, obliegt allein dem (Gesamt-)BR. Der Vorschr. kommt nur die Bedeutung eines Hinweises zu, in das Gremium allein fachl. und persönl. geeignete Personen zu entsenden. 4

2. Bestellung, Berufung und Amtszeit der Mitglieder. In Unternehmen mit einem Betrieb bestimmt der **BR** mit einfacher Stimmenmehrheit die Mitglieder im Wirtschaftsausschuss. Besteht ein GBR, liegt die alleinige Zuständigkeit für die **Auswahl** bei diesem. Ist ein **GBR** entgegen der ges. Verpflichtung nicht errichtet, kann kein Wirtschaftsausschuss gebildet werden (*Fitting* Rn. 20; GK-BetrVG/*Oetker* Rn. 23). Sind einzelne Betriebe, die keinen BR gewählt haben, nicht im GBR vertreten, so ist dies unbeachtl. Ebenfalls steht der Bildung des Ausschusses nicht entgegen, dass nur in einem Betrieb ein BR besteht, soweit die allg. Voraussetzungen des § 106 I vorliegen. Eine gerichtl. Überprüfung der Auswahl von Mitgliedern ist außer bei offensichtl. Ungeeignetheit nicht mögl. (GK-BetrVG/*Oetker* Rn. 20). 5

Die **Amtszeit** des Wirtschaftsausschusses verhält sich **akzessorisch zu der des BR.** Sie beträgt somit im Regelfall 4 Jahre (Abs. 2 S. 1). Wird die Amtszeit des BR vorzeitig beendet, wirkt sich dies auch auf den Wirtschaftsausschuss aus. Unbeachtl. ist, wenn nach Rücktritt oder Ausscheiden einzelner BRmitglieder Ersatzmitglieder nachrücken, da der BR als solcher bestehen bleibt (DKKW/*Däubler* Rn. 22). 6

In dem Fall des § 13 II Nr. 1 endet die Amtszeit nicht bereits mit einem **erhebl. Absinken der ANZahl,** sondern erst mit Beendigung der Amtszeit des BR, der den Wirtschaftsausschuss bestellt hat, also mit Bekanntgabe des Wahlergebnisses einer gem. § 13 II vorgenommenen Neuwahl (*Fitting* Rn. 14). Wurde der Wirtschaftsausschuss von einem GBR bestellt, endet die Amtszeit seiner Mitglieder, wenn die Amtszeit der Mehrheit der Mitglieder des GBR, die **berechtigt** waren, an der Wahl mitzuwirken, abgelaufen ist (Abs. 2 S. 2, 2. Halbs.). Dabei endet die Amtszeit eines GBRmitglieds mit der Amtszeit des BR, der ihn entsandt hat (*Fitting* Rn. 19). Zu beachten ist hierbei, dass es auf die Amtszeit und nicht auf das dem Mitglied zukommende Stimmengewicht ankommt (Richardi/*Annuß* Rn. 19). 7

Vor Ablauf der Amtszeit endet die Mitgliedschaft durch Niederlegung des Amtes oder durch Abberufung. 8

Die Möglichkeit zur Beendigung des Amtes durch **Rücktritt** ergibt sich aus der Freiwilligkeit der Übernahme des Amtes in entspr. Anwendung des § 24 I Nr. 2 (GK-BetrVG/*Oetker* Rn. 34). 9

Für die **Abberufung** ist dasselbe Verfahren wie für die Wahl vorgesehen, dh. ein Mitglied kann jederzeit und ohne bes. Grund durch einfachen Mehrheitsbeschl. des bestellenden BR seines Amtes im Wirtschaftsausschuss enthoben werden. Der vom ArbG HH (11.9.1975 DB 75, 2331) vertretenen 10

Auff., dass eine Abberufung nur erfolgen könne, wenn die erforderl. persönl. und fachl. Eignung fehle, ist nicht zuzustimmen. In Anbetracht der engen Bindung des Wirtschaftsausschusses an den (Gesamt-) BR scheint es nicht sinnvoll, ein Mitglied des Wirtschaftsausschusses im Amt zu belassen, obwohl bei der Mehrheit des BR kein Vertrauen mehr zu diesem besteht (DKKW/*Däubler* Rn. 24). Scheidet ein Mitglied aus dem Unternehmen aus, verliert es die Wählbarkeitsvoraussetzungen des Abs. 1 S. 1, demzufolge endet in diesem Moment auch sein Amt im Ausschuss.

11 Im Falle des Ausscheidens eines Mitgliedes ist für den Rest der Amtszeit vom BR ein neues Mitglied zu bestellen. Daher ist es zweckmäßig, **Ersatzmitglieder** für den Fall der zeitweiligen oder dauerhaften Verhinderung eines ordentl. Mitglieds zu bestimmen (*Fitting* Rn. 16).

12 **3. Rechtsstellung der Mitglieder.** Für die Rechtsstellung der Ausschussmitglieder gelten die §§ 78 und 79 ausdrückl. Inwieweit sonstige Vorschr. über die Mitglieder des BR analog auf die Mitglieder des Wirtschaftsausschusses anwendbar sind, ist in den Einzelheiten umstr. (vgl. HSWG/*Hess* Rn. 25; GK-BetrVG/*Oetker* Rn. 38 ff.; DKKW/*Däubler* Rn. 29). Praktische Bedeutung hat dies für alle Mitglieder des Wirtschaftsausschusses, die nicht zugleich im BR tätig sind.

13 **Versäumnisse von AZ** auf Grund der Teilnahme an Beratungen des Wirtschaftsausschusses berechtigen den AG nicht zur Minderung des Arbeitsentgelts (§ 37 II/III analog). Des Weiteren sind die durch die Tätigkeit im Wirtschaftsausschuss entstandenen **Kosten** vom AG zu tragen, da diese Kosten durch die Tätigkeit des BR erforderl. werden (BAG 17.10.1990 AP BetrVG 1972 § 108 Nr. 8). Umstr. ist, ob bzw. inwieweit die Mitglieder des Wirtschaftsausschusses (soweit sie nicht Mitglieder des BR sind) analog § 37 VI an **Schulungs- und Bildungsveranstaltungen** teilnehmen können, die Kenntnisse für die Arbeit im Ausschuss vermitteln und so dessen Funktionsfähigkeit dienen. Dies befürworten das LAG HB (17.1.1984 AuR 1985, 132) sowie ein Teil der Lit. (DKKW/*Däubler* Rn. 32; Richardi/*Annuß* Rn. 28; aA jetzt GK-BetrVG/*Oetker* Rn. 39). Anders das BAG (28.4.1988 NZA 1989, 221; 11.11.1998 AP BetrVG 1972 § 37 Nr. 129), welches eine entspr. Anwendung des § 37 VI nur in bes., jedoch nicht näher umschriebenen Ausnahmesituationen gelten lässt, und ein Teil der Lit., der die Anwendung des § 37 VI nur für Mitglieder des Wirtschaftsausschusses, die auch zugleich Mitglieder des BR sind, zulässt (GK-BetrVG/*Oetker* Rn. 39).

14 Gem. der §§ 78 und 119 I Nr. 2 besteht ein Verbot, die Mitglieder des Ausschusses auf Grund ihrer Tätigkeit zu **benachteiligen oder zu begünstigen.** Die Mitglieder genießen keinen Kündigungsschutz aus § 15 KSchG (Richardi/*Annuß* Rn. 29; *Fitting* Rn. 26; GK-BetrVG/*Oetker* Rn. 43). Nach § 79 II unterliegen die Mitglieder des Wirtschaftsausschusses einer **Geheimhaltungspflicht** hins. Betriebs- und Geschäftsgeheimnissen.

15 **4. Übertragung der Aufgaben auf einen Ausschuss des Betriebsrats (Abs. 3).** Um eine **Anpassung** an die bes. Verhältnisse einzelner Unternehmen zu gewährleisten, bietet Abs. 3 die Möglichkeit, von der Bildung eines Wirtschaftsausschusses abzusehen und stattdessen die Aufgaben einem bes. Ausschuss des BR (§ 28) bzw. GBR (§ 51 I) oder dem Betriebsausschuss (§ 27) zu übertragen. Aufgrund der Tragweite dieser Entsch. bedarf es eines Beschl. mit absoluter Stimmenmehrheit (DKKW/*Däubler* Rn. 37).

16 Eine **Ersetzung des Wirtschaftsausschusses** kommt nur in Betracht, wenn ein Betriebsausschuss gebildet wurde. Dies ergibt sich mittelbar aus Abs. 3 S. 2 (Richardi/*Annuß* Rn. 36; GK-BetrVG/*Oetker* Rn. 49). Für die Zusammensetzung des gesonderten Ausschusses gilt § 28 I und II entspr. Die Zahl der Mitglieder des Ausschusses darf die des Betriebsausschusses nicht übersteigen. Der (Gesamt-) BR hat auch das Recht, bis zu dieser Zahl weitere AN oder leitende Angestellte (§ 5 III) in den Ausschuss zu berufen. Mithin beträgt die Höchstzahl der Mitglieder des Ausschusses 22. Diese Möglichkeit dient dazu, Sachkunde von AN außerhalb des BR für das Unternehmen nutzbar zu machen.

17 In kleineren Unternehmen die nicht die ANZahl von 301, welche zur Bildung eines Betriebsausschusses notwendig ist, erreichen, kann von der Möglichkeit des Abs. 3 kein Gebrauch gemacht werden. Dann kann zwar der BR die Aufgaben des Wirtschaftsausschusses nicht selber übernehmen, aber ihm steht es offen, in den Wirtschaftsausschuss nur eigene Mitglieder zu wählen, was letztl. zum selben Erg. führt (DKKW/*Däubler* Rn. 42).

18 Der berufende BR kann jederzeit die Übertragung der Aufgaben an den bes. Ausschuss widerrufen sowie die Mitgliederzahl innerhalb der vorgeschriebenen Höchstgrenzen ändern. Zu einer solchen Beschlussfassung bedarf es der absoluten Stimmenmehrheit.

19 **5. Streitigkeiten.** Alle Streitigkeiten über die Errichtung, Zusammensetzung, Amtszeit und Größe des Wirtschaftsausschusses entscheidet das ArbG im **BeschlV.** gem. § 2a ArbGG. Antragsbefugt ist jdf. der (Gesamt-)BR (§ 109). Dem Wirtschafsausschuss wird überw. eine Antragsbefugnis verweigert (BAG 7.4.1981 AP BetrVG 1972 § 118 Nr. 16; 8.3.1983 AP BetrVG 1972 § 118 Nr. 26; 8.8.1989 AP BetrVG 1972 § 106 Nr. 6; *Fitting* Rn. 38). Streitigkeiten über Lohn- und Gehaltsfortzahlung sind im Urteilsverfahren zu entscheiden. Die Behinderung und Störung des Ausschusses ist gem. § 119 I Nr. 3 strafbar. Die Verletzung von Betriebs- und Geschäftsgeheimnissen durch Mitglieder des Wirtschaftsausschusses wird nach § 120 verfolgt.

§ 108 Sitzungen

(1) Der Wirtschaftsausschuss soll monatlich einmal zusammentreten.

(2) [1]An den Sitzungen des Wirtschaftsausschusses hat der Unternehmer oder sein Vertreter teilzunehmen. [2]Er kann sachkundige Arbeitnehmer des Unternehmens einschließlich der in § 5 Abs. 3 genannten Angestellten hinzuziehen. [3]Für die Hinzuziehung und die Verschwiegenheitspflicht von Sachverständigen gilt § 80 Abs. 3 und 4 entsprechend.

(3) Die Mitglieder des Wirtschaftsausschusses sind berechtigt, in die nach § 106 Abs. 2 vorzulegenden Unterlagen Einsicht zu nehmen.

(4) Der Wirtschaftsausschuss hat über jede Sitzung dem Betriebsrat unverzüglich und vollständig zu berichten.

(5) Der Jahresabschluss ist dem Wirtschaftsausschuss unter Beteiligung des Betriebsrats zu erläutern.

(6) Hat der Betriebsrat oder der Gesamtbetriebsrat eine anderweitige Wahrnehmung der Aufgaben des Wirtschaftsausschusses beschlossen, so gelten die Absätze 1 bis 5 entsprechend.

1. Sitzungen. Die Vorschr. legt **Rechte und Pflichten** im Zusammenhang mit der Tätigkeit des Wirtschaftsausschusses fest. Abs. 1 bestimmt, dass die Sitzungen des Wirtschaftsausschusses **einmal im Monat** stattfinden **sollen:** Die Verpflichtung ist flexibel gestaltet, nach Bedarf kann der Wirtschaftsausschuss auch in längeren oder kürzeren Zeitabständen tagen, bspw. wegen mangelnden Beratungsstoffs bzw. dringender wirtschaftl. Entsch. (*Fitting* Rn. 2). In der Praxis finden mehrheitl. vier Sitzungen pro Jahr statt. 1

Ges. nicht geregelt ist die Frage, wie die Sitzungen veranlasst, vorbereitet und durchgeführt werden. 2 IdR wird der Wirtschaftsausschuss bestimmte **geschäftsleitende Aufgaben** auf einzelne Mitglieder **übertragen,** bspw. die Festlegung der Tagesordnung, die Einladung zu den Sitzungen und ggf. die Vorsitzübernahme, die jedoch bei dem nur beratenden Wirtschaftsausschuss nicht erforderl. sein soll (*Fitting* Rn. 3). Zur Ausfüllung von Lücken sind die Vorschr. über die Geschäftsführung des BR analog heranzuziehen (GK-BetrVG/*Oetker* Rn. 9 ff.), da der Wirtschaftsausschuss ein Hilfsorgan bzw. ein bes. Ausschuss des BR bzw. des GBR ist (BAG 18.11.1980 AP BetrVG 1972 § 108 Nr. 2).

Die **Sitzungstermine** sind mit dem Unternehmer, dessen Teilnahme vorgeschrieben ist, bzw. der 3 Unternehmensleitung **abzustimmen,** um diesen eine ausreichende Vorbereitung auf die Sitzung zu ermögl. (DKKW/*Däubler* Rn. 6).

Die **Tagesordnungspunkte** der Sitzungen sind weitgehend bestimmt durch die in § 106 II und III 4 genannten Gegenstände, über die der Unternehmer unaufgefordert rechtzeitig und umfassend zu berichten hat (*Fitting* Rn. 5).

Die Sitzungen sind **nicht öffentl.,** was aus der Vertraulichkeit der zu behandelnden Beratungsgegen- 5 stände und der analogen Anwendung des § 30 folgt (DKKW/*Däubler* Rn. 7) und finden regelm. während der AZ unter Fortzahlung des Arbeitsentgelts statt.

2. Teilnahme des Unternehmers und anderer Personen (Abs. 2). Der Unternehmer bzw. dessen 6 Vertreter in unternehmerischen Funktionen ist verpflichtet, an den Sitzungen des Wirtschaftsausschusses teilzunehmen, um seine **Informationspflicht** ordnungsgem. zu erfüllen. Dies bedeutet jedoch nicht, dass ohne das Hinzutreten des Unternehmers keine Wirtschaftsausschusssitzung stattfinden könnte: Zur Vorbereitung der Sitzung mit dem Unternehmer kann der Wirtschaftsausschuss auch ohne diesen zusammentreten (BAG 16.3.1982 AP BetrVG 1972 § 108 Nr. 3; GK-BetrVG/*Oetker* Rn. 16). Gleiches gilt, wenn der Unternehmer sich weigert, an den Sitzungen teilzunehmen, da er anderenfalls die Arbeit des Wirtschaftsausschusses lahm legen könnte. Ein solches Verhalten des Unternehmers kann einen groben Pflichtverstoß iSd. § 23 III darstellen (DKKW/*Däubler* Rn. 8).

Abs. 2 gestattet dem Unternehmer, weitere **sachkundige AN** einschließl. leitender Angestellter hin- 7 zuzuziehen (GK-BetrVG/*Oetker* Rn. 24). Anzahl und Auswahl stehen dabei im Ermessen des Unternehmers bzw. seines Vertreters. Zahlenmäßige Parität ist anders als bei einem Entscheidungsgremium nicht erforderl. (*Fitting* Rn. 17; DKKW/*Däubler* Rn. 20).

Auch **Sachverständige** können sowohl durch den Unternehmer als auch durch den Wirtschafts- 8 ausschuss hinzugezogen werden (Abs. 2 S. 3). Hierüber muss nach hM insb. bei externen Sachverständigen eine Vereinbarung zwischen Wirtschaftsausschuss und Unternehmer getroffen werden (vgl. § 80 III; BAG 18.7.1978 AP BetrVG 1972 § 108 Nr. 1; DKKW/*Däubler* Rn. 24; GK-BetrVG/*Oetker* Rn. 35). Die Hinzuziehung eines Sachverständigen soll die Ausnahme bleiben, da grds. die Mitglieder des Wirtschaftsausschusses selbst die fachl. Eignung besitzen müssen (HSWG/*Hess* Rn. 11). Auch für die sachl. Voraussetzungen der Zuziehung gilt § 80 III entspr.: Erforderl. ist, dass der Wirtschaftsausschuss ohne die Heranziehung der Sachverständigen seine Aufgaben nicht erfüllen könnte.

Gewerkschaftsbeauftragte dürfen ebenfalls analog § 31 hinzugezogen werden (BAG 18.11.1980 AP 9 BetrVG 1972 § 108 Nr. 2; *Fitting* Rn. 21). Ihre Teilnahme kann jeweils **nur für eine bestimmte Sitzung** des Wirtschaftsausschusses beschlossen werden, wenn die Sachkunde der Wirtschaftsausschussmitglieder nicht ausreicht; generelle Einladung zu allen künftigen Sitzungen unzulässig (BAG 8.3.1983 AP BetrVG 1972 § 108 Nr. 4). Die Rspr. bejaht zudem ein Teilnahmerecht des **Schwerbehindertenvertreters** auf Grund § 178 IV SGB IX (BAG 4.6.1987 AP SchwbG § 22 Nr. 2) sowie die Möglichkeit des AG, analog § 29 IV 2 einen **Verbandsvertreter** zuzuziehen (BAG 18.11.1980 AP BetrVG 1972 § 108 Nr. 2; DKKW/*Däubler* Rn. 19).

10 **3. Einsicht in Unterlagen (Abs. 3).** Abs. 3 gewährt in Erg. zu § 106 II den Mitgliedern des Wirtschaftsausschusses ein umfassendes Einsichtsrecht in Unterlagen, die wirtschaftl. Angelegenheiten betreffen. Je nach Umf. müssen diese schon vor der Sitzung zugängl. gemacht werden, um ausreichende Zeit zur Einsichtnahme zu gewähren. Näheres s. § 106 Rn. 6.

11 **4. Bericht an den Betriebsrat (Abs. 4).** Der Wirtschaftsausschuss hat unverzügl. nach jeder Sitzung dem zust. **BR** vollständig über die Sitzung **zu berichten** und auf die Geheimhaltungspflicht (auch bzgl. mitgeteilter Betriebs- und Geschäftsgeheimnisse) hinzuweisen. Sinn dieser Unterrichtungspflicht ist es, den BR ständig über die aktuelle wirtschaftl. Lage des Unternehmens zu informieren. Mit Zustimmung des BR ist es ausreichend, dass ledigl. ein Mitglied des Wirtschaftsausschusses unterrichtet (*Fitting* Rn. 27; aA GK-BetrVG/*Oetker* Rn. 60: keine Zustimmung erforderl.). **Nicht ausreichend** ist nach hM allein die Übergabe der **Sitzungsprotokolle** (*Fitting* Rn. 26).

12 **5. Erläuterung des Jahresabschlusses (Abs. 5).** Gem. Abs. 5 hat der Unternehmer dem Wirtschaftsausschuss unter Beteiligung des BR den Jahresabschluss zu erläutern. Dieser umfasst gem. § 242 III HGB die **Bilanz** und die **Gewinn- und Verlustrechnung** sowie den bei Kapitalgesellschaften aufzustellenden **Anhang** (§§ 264 bis 288 HGB); bei letztgenannten ist dem Wirtschaftsausschuss zusätzl. auch noch der **Lagebericht** zugängl. zu machen (§ 289 HGB; *Fitting* Rn. 29; DKKW/*Däubler* Rn. 35).

13 Da die ANSeite möglichst früh in den Willensbildungsprozess eingeschaltet werden soll, hat der Unternehmer seiner Erörterungspflicht *nach* der ges. Prüfung des Jahresabschlusses, aber *vor* seiner Feststellung nachzukommen (*Fitting* Rn. 33; DKKW/*Däubler* Rn. 38; GK-BetrVG/*Oetker* Rn. 71.; aA *Löwisch/Kaiser* Rn. 15: nach Feststellung).

14 Vorzulegen sind auch: der Prüfungsbericht des Abschlussprüfers gem. § 106 II (diese Vorschr. ist neben § 108 V anwendbar, GK-BetrVG/*Oetker* Rn. 67) sowie die Steuerbilanz, wenn sie von der Handelsbilanz abweicht (DKKW/*Däubler* Rn. 37; aA GK-BetrVG/*Oetker* Rn. 68). Der Unternehmer hat die Bedeutung der einzelnen Bilanzposten zu erklären (ggf. mit Unterstützung von sachkundigen Mitarbeitern), die Zusammenhänge darzustellen und Fragen von Mitgliedern des Wirtschaftsausschusses sachgemäß zu beantworten (BAG 18.7.1978 AP BetrVG 1972 § 108 Nr. 1). Den Wirtschaftsausschussmitgliedern ist es gestattet, sich Notizen und Aufzeichnungen zu machen (DKKW/*Däubler* Rn. 39).

15 **6. Entsprechende Anwendung für den Betriebsratsausschuss.** Gem. Abs. 6 sind die § 108 I bis V entspr. anwendbar, wenn die Aufgaben des Wirtschaftsausschusses gem. § 107 III von einem BR- bzw. GBRAusschuss wahrgenommen werden.

16 **7. Streitigkeiten.** Streitigkeiten, die die Zuständigkeit und Geschäftsführung des Wirtschaftsausschusses oder eines nach § 107 III gebildeten anderen Ausschusses, die Ordnungsmäßigkeit der Unterrichtung durch den Unternehmer oder die Frage der Hinzuziehung eines Sachverständigen betreffen, werden vom ArbG im BeschlV. entschieden (BAG 18.7.1978 AP BetrVG 1972 § 108 Nr. 1). Dasselbe gilt für Streitigkeiten über das Einsichtsrecht nach Abs. 3 und die Erläuterung des Jahresabschlusses nach Abs. 5 (*Fitting* Rn. 41). Antragsberechtigt sind jdf. Unternehmer und BR bzw. GBR; dem Wirtschaftsausschuss wird überw. eine Antrags- und Beteiligungsbefugnis abgesprochen (*Fitting* § 107 Rn. 38; GK-BetrVG/*Oetker* § 107 Rn. 63), jedoch soll der Wirtschaftsausschuss zur Vermeidung einer Rechtsschutzverweigerung im Ausnahmefall seine Ansprüche im BeschlV. geltend machen dürfen (DKKW/*Däubler* § 107 Rn. 44).

§ 109 Beilegung von Meinungsverschiedenheiten

[1] Wird eine Auskunft über wirtschaftliche Angelegenheiten des Unternehmens im Sinne des § 106 entgegen dem Verlangen des Wirtschaftsausschusses nicht, nicht rechtzeitig oder nur ungenügend erteilt und kommt hierüber zwischen Unternehmer und Betriebsrat eine Einigung nicht zustande, so entscheidet die Einigungsstelle. [2] Der Spruch der Einigungsstelle ersetzt die Einigung zwischen Arbeitgeber und Betriebsrat. [3] Die Einigungsstelle kann, wenn dies für ihre Entscheidung erforderlich ist, Sachverständige anhören; § 80 Abs. 4 gilt entsprechend. [4] Hat der Betriebsrat oder der Gesamtbetriebsrat eine anderweitige Wahrnehmung der Aufgaben des Wirtschaftsausschusses beschlossen, so gilt Satz 1 entsprechend.

1 **1. Vorbemerkung.** Gegenstand des Verfahrens nach § 109 ist die Beilegung von Meinungsverschiedenheiten zwischen Wirtschaftsausschuss und Unternehmer über dessen Auskunftspflicht nach § 106. Die Einigungsstelle als innerbetriebl. Schlichtungsstelle **entscheidet dabei über Rechtsfragen**

(*Fitting* Rn. 1). Überprüft wird die Auskunftspflicht des Unternehmers im konkreten Fall (BAG 17.9.1991 AP BetrVG 1972 § 106 Nr. 13). Die grds. Frage, ob ein bestimmter Sachverhalt eine wirtschaftl. Angelegenheit iSd. § 106 III darstellt, ist von den ArbG zu klären (BAG 27.9.1991 AP BetrVG 1972 § 106 Nr. 13). § 109 findet auch Anwendung, soweit Umf. und Zeitpunkt der Auskunftserteilung in Frage stehen, bei Streitigkeiten über die Erläuterung des Jahresabschlusses nach § 108 V, über das Einsichtsrecht in Unterlagen nach § 108 III und über die Verpflichtung des AG zur Vorlage des Wirtschaftsprüferberichts (BAG 8.8.1978 DB 1978, 1695). Im Verfahren nach § 109 ist zudem die Frage zu klären, ob Auskunft deshalb verweigert werden kann, weil sonst Betriebs- oder Geschäftsgeheimnisse gefährdet würden (LAG D 13.3.1978 DB 1978, 1695). Bei grds. Fragen wie der Pflicht zur Errichtung eines Wirtschaftsausschusses oder der Pflicht der Teilnahme des AG an dessen Sitzungen ist die Einigungsstelle sogar offensichtl. unzuständig iSd. § 98 ArbGG (LAG Hessen 1.8.2006, NZA-RR 2007, 199).

2. Zuständigkeit der Einigungsstelle. Ein Vorgehen nach § 109 setzt voraus, dass der Unternehmer 2
die Auskunft auf ein **ausdrückl. Verlangen** des Wirtschaftsausschusses oder des nach § 107 III gebildeten Ausschusses bezügl. bestimmter wirtschaftl. Fragen iSd. § 106 III verweigert oder nur unzureichend oder verspätet erteilt hat (*Fitting* Rn. 6). Unzureichend ist die Auskunftserteilung auch dann, wenn der Unternehmer die erforderl. Unterlagen iSd. § 106 nicht offengelegt hat (DKKW/*Däubler* Rn. 2).

Hat der Unternehmer nach Auff. des Wirtschaftsausschusses seine Auskunftspflicht verletzt, muss 3
dieser zunächst den BR einschalten. Hält der BR bzw. der GBR seinerseits den Auskunftsanspruch für gegeben, so tritt er mit dem Unternehmer in Verhandlungen. Erzielen beide Parteien eine Einigung, dann sind beide Seiten und auch der Wirtschaftsausschuss an sie gebunden. Scheitern die Verhandlungen, können beide Parteien die Einigungsstelle anrufen. Aufgrund der Primärzuständigkeit der Einigungsstelle ist es dem BR nicht mögl., eine Entscheidung im BeschlV. unter Umgehung des Verfahrens nach § 109 herbeizuführen (BAG 8.8.1989 AP BetrVG 1972 § 106 Nr. 6).

3. Verfahren der Einigungsstelle. Das Verfahren der Einigungsstelle **unterliegt den in § 76 nor-** 4
mierten allg. Vorschr. Bevor sie Verhandlungen mit dem Unternehmer aufnimmt, hat sie ggf. in einer Vorprüfung festzustellen, ob eine wirtschaftl. Angelegenheit iSd. § 106 III vorliegt. § 109 III gewährt der Einigungsstelle das Recht, ohne vorherige Absprache mit dem Unternehmer Sachverständige anzuhören. Diese unterliegen der Verschwiegenheitspflicht des § 79. Streitigkeiten über die Erforderlichkeit von Sachverständigen sind im BeschlV. beizulegen (*Fitting* Rn. 10). Die Einigungsstelle kann ihre Kompetenz auch an eine tarifl. Schlichtungsstelle übertragen (*Fitting* Rn. 11; GK-BetrVG/*Oetker* Rn. 1).

Der Spruch der Einigungsstelle ersetzt die Einigung zwischen Unternehmer und BR. Einigen sich 5
BR und Unternehmer oder erlässt die Einigungsstelle einen Spruch, sind beide Parteien gem. § 109 II daran gebunden.

4. Anrufung der Arbeitsgerichte. Hat die Einigungsstelle dem Auskunftsbegehren stattgegeben 6
und kommt der Unternehmer seiner Verpflichtung nicht nach, macht er sich gem. § 121 einer **Ordnungswidrigkeit** schuldig. Der BR kann die Auskunftserteilung im BeschlV. erzwingen. Gem. § 85 I ArbGG kann aus dem rkr. Beschl. die Zwangsvollstreckung betrieben werden. Das ArbG hat den Unternehmer auf Antrag gem. § 888 I ZPO durch Zwangsgeld zur Auskunftserteilung anzuhalten.

Gegen einen Spruch der Einigungsstelle können BR und Unternehmer gerichtl. Rechtsschutz in 7
Anspruch nehmen. Die Entsch. der Einigungsstelle darüber, wann, in welcher Weise und in welchem Umf. der Unternehmer den Wirtschaftsausschuss zu unterrichten hat, unterliegt im vollem Umf. der Rechtskontrolle der ArbG (BAG 11.7.2000 AP BetrVG 1972 § 109 Nr. 2; *Fitting* Rn. 12; aA noch 8.8.1989 AP BetrVG 1972 § 106 Nr. 6). Dies gilt auch für die Frage, ob eine Gefährdung von Betriebs- oder Geschäftsgeheimnissen der Auskunft entgegensteht (BAG 11.7.2000 aaO).

Kommt die Einigungsstelle nicht rechtzeitig zu einer Entsch. oder wird eine von der Einigungsstelle 8
gefällte Entsch. nicht umgesetzt, so kann in **Eilfällen** eine einstweilige Vfg. im BeschlV ergehen (DKKW/*Däubler* Rn. 16; aA ArbG Wetzlar 28.2.1989 NZA 1989, 443).

§ 109a Unternehmensübernahme

In Unternehmen, in denen kein Wirtschaftsausschuss besteht, ist im Fall des § 106 Abs. 3 Nr. 9a der Betriebsrat entsprechend § 106 Abs. 1 und 2 zu beteiligen; § 109 gilt entsprechend.

Mit der seit 2008 geltenden Regelung werden für den Fall der Unternehmensübernahme iSd. 1
§ 106 III Nr. 9a die an sich dem Wirtschaftsausschuss zustehenden Beteiligungsrechte und Sanktionen (§ 109) in Unternehmen, in denen kein Wirtschaftsausschuss besteht, auf den BR übertragen. Sollte ein GBR bestehen, ist iZw. dieser zuständig, da bei der Frage der Übernahme das Gesamtunternehmen betroffen ist. Die Vorschr. schafft eine an sich systemwidrige Ausnahme, da für alle anderen wirt-

schaftl. Angelegenheiten iSd. § 106 III anerkannt ist, dass die Rechte des Wirtschaftsausschusses in Kleinunternehmen nicht auf den BR übergehen (BAG 7.4.2004 AP BetrVG 1972 § 106 Nr. 17; Richardi/*Annuß* § 106 Rn. 16; s. auch oben § 106 Rn. 2). Unanwendbar ist die Vorschr. in Tendenzunternehmen, in denen nach § 118 I 2 kein Wirtschaftsausschuss errichtet werden muss, sowie in solchen Unternehmen, in denen BR bzw. GBR trotz Vorliegen der Größenvoraussetzungen des § 106 keinen Wirtschaftsausschuss errichtet haben (Richardi/*Annuß* Rn. 2; aA *Fitting* Rn. 5).

§ 110 Unterrichtung der Arbeitnehmer

(1) **In Unternehmen mit in der Regel mehr als 1000 ständig beschäftigten Arbeitnehmern hat der Unternehmer mindestens einmal in jedem Kalendervierteljahr nach vorheriger Abstimmung mit dem Wirtschaftsausschuss oder den in § 107 Abs. 3 genannten Stellen und dem Betriebsrat die Arbeitnehmer schriftlich über die wirtschaftliche Lage und Entwicklung des Unternehmens zu unterrichten.**

(2) [1]**In Unternehmen, die die Voraussetzungen des Absatzes 1 nicht erfüllen, aber in der Regel mehr als zwanzig wahlberechtigte ständige Arbeitnehmer beschäftigen, gilt Absatz 1 mit der Maßgabe, dass die Unterrichtung der Arbeitnehmer mündlich erfolgen kann.** [2]**Ist in diesen Unternehmen ein Wirtschaftsausschuss nicht zu errichten, so erfolgt die Unterrichtung nach vorheriger Abstimmung mit dem Betriebsrat.**

1 **1. Vorbemerkung. Zweck** der in dieser Vorschr. normierten vierteljährl. Unterrichtung der AN ist, die Inf. des einzelnen Belegschaftsmitglieds über die wirtschaftl. Situation und Entwicklung des Unternehmens zu gewährleisten. Der AN soll in die Lage versetzt werden, in der Betriebsversammlung sachgerechte Fragen zu stellen (DKKW/*Däubler* Rn. 6).

2 Unberührt von der Auskunftspflicht des § 110 bleibt die Verpflichtung des AG aus § 43 II 3, einmal im Kj. in einer Betriebsversammlung über die wirtschaftl. Lage und Entwicklung des Betriebs zu berichten (*Fitting* Rn. 1).

3 **2. Der Vierteljahresbericht in Unternehmen mit über 1000 Beschäftigten.** § 110 I schreibt für Unternehmen mit idR mehr als 1000 st. beschäftigten AN eine Unterrichtung in schriftl. Form vor. Der AG hat dafür zu sorgen, dass jedes Belegschaftsmitglied von den betreffenden Inf. **mühelos Kenntnis nehmen** kann (*Fitting* Rn. 5). In Betracht kommt insb. die Veröff. des Berichts in der Werkszeitung, dessen Vervielfältigung und Verteilung mit der Hauspost oder auf einer Betriebsversammlung sowie eine Zusendung an die Privatanschrift (DKKW/*Däubler* Rn. 9). Nicht ausreichend ist eine Bek. am Schwarzen Brett, da sich die evtl. komplizierten wirtschaftl. Zusammenhänge nicht für eine Lektüre im Vorübergehen eignen (GK-BetrVG/*Oetker* Rn. 28; DKKW/*Däubler* Rn. 9; aA *Fitting* Rn. 5). Der Unternehmer hat den Bericht in verständl. Sprache abzufassen. Sind im Unternehmen in größerem Umf. der deutschen Sprache nicht mächtige Ausländer beschäftigt, muss der Vierteljahresbericht in die entspr. Sprache übersetzt werden (Richardi/*Annuß* Rn. 7).

4 Der **Lagebericht** soll einen groben Überbl. über die wirtschaftl. Situation des Unternehmens gewähren. Dazu gehören sowohl die Veränderungen, die sich seit dem letzten Bericht ergeben haben, als auch eine Prognose für die weitere Entwicklung (*Fitting* Rn. 7). Der Bericht hat insb. Stellung zu nehmen zu geplanten und bereits getätigten Investitionen, die sich auf die Lage der AN auswirken können. Der Umf. der erforderl. Unterrichtung ist abhängig von den Umständen des Einzelfalles. Die Informationspflicht des Unternehmers erstreckt sich nicht auf Angaben, durch die Betriebs- oder Geschäftsgeheimnisse gefährdet werden könnten (DKKW/*Däubler* Rn. 7). Auch kann der Unternehmer solche Inf. zurückhalten, die die Wettbewerbs- und Finanzsituation des Unternehmens beeinträchtigen könnten (*Fitting* Rn. 7; aA DKKW/*Däubler* Rn. 7).

5 § 110 schreibt eine Unterrichtung **mind. einmal im Kalendervierteljahr** vor. Bei ausreichendem Anlass muss der AG die Belegschaft aber auch mehrmals innerhalb eines Kalendervierteljahres informieren (DKKW/*Däubler* Rn. 8).

6 Vor der Verbreitung des Vierteljahresberichtes ist der Unternehmer verpflichtet, dem BR und, sofern vorhanden, dem Wirtschaftsausschuss **Gelegenheit zur Stellungn.** zu geben. Besteht in dem Unternehmen ein GBR, so ist dieser zu beteiligen. Gem. dem Gebot der vertrauensvollen Zusammenarbeit nach § 2 I hat der Unternehmer bei der endgültigen Fassung des Berichts abw. Ansichten von BR und Wirtschaftsausschuss zu berücksichtigen. Jedoch ist der Unternehmer nicht verpflichtet, sich der Auff. des Wirtschaftsausschusses anzuschließen. Er bleibt für die Berichterstattung verantwortl. (BAG 1.3.1966 AP BetrVG 1952 § 69 Nr. 1). Ein weiter gehendes Recht des BR, inhaltlich Einfluss auf den Bericht zu nehmen oder einen Alternativbericht in Umlauf zu bringen, erkennt das BAG nicht an (BAG 14.5.2013 NZA 2013, 1223). Bedenkl. ist dies, weil so nicht gewährleistet ist, dass abweichende Auff. des BR im Bericht Ausdruck finden, aber in der Belegschaft der Eindruck entstehen kann, der Bericht werde von den ANVertretungen mitgetragen (DKKW/*Däubler* Rn. 12; *Fitting* Rn. 4).

3. Der Vierteljahresbericht in kleineren Unternehmen. § 110 II beschränkt die Unterrichtungspflicht für Unternehmen, die nicht die in Abs. 1 vorgeschriebene ANZahl aufweisen, aber idR mehr als **20 wahlberechtigte, st. AN** beschäftigen, auf eine mündl. Stellungn. Der Inhalt der Auskunftspflicht entspricht derjenigen des Abs. 1 (*Fitting* Rn. 9). Insofern gelten die Ausführungen zu Abs. 1 entspr. Falls in dem Unternehmen kein Wirtschaftsausschuss besteht, hat der Unternehmer nach § 110 II 2 ledigl. den BR zu konsultieren. Der Unternehmer kann sich bei der Berichterstattung vertreten lassen (DKKW/*Däubler* Rn. 14). Für Unternehmen mit bis zu 20 AN hat § 110 keine Gültigkeit; auch nicht für Unternehmen ohne BR. 7

4. Streitigkeiten. Meinungsverschiedenheiten zwischen BR und Wirtschaftsausschuss einerseits und dem Unternehmer andererseits über den Inhalt des Berichts, die Einbeziehung des BR oder die Pflicht zur Berichterstattung sind im arbeitsgerichtl. **BeschlV.** beizulegen (*Fitting* Rn. 10). Antragsbefugt sind der AG und der BR bzw. der GBR. Kommt der Unternehmer seiner Pflicht zur Unterrichtung der AN nicht nach oder informiert er diese falsch, unvollständig oder verspätet, so macht er sich einer Ordnungswidrigkeit gem. § 121 schuldig, die mit einer Geldbuße geahndet werden kann. Für den **einzelnen AN** besteht die Möglichkeit, seine Informationsrechte im Urteilsverfahren durchzusetzen (DKKW/*Däubler* Rn. 18). 8

Zweiter Unterabschnitt. Betriebsänderungen

§ 111 Betriebsänderungen

[1]In Unternehmen mit in der Regel mehr als zwanzig wahlberechtigten Arbeitnehmern hat der Unternehmer den Betriebsrat über geplante Betriebsänderungen, die wesentliche Nachteile für die Belegschaft oder erhebliche Teile der Belegschaft zur Folge haben können, rechtzeitig und umfassend zu unterrichten und die geplanten Betriebsänderungen mit dem Betriebsrat zu beraten. [2]Der Betriebsrat kann in Unternehmen mit mehr als 300 Arbeitnehmern zu seiner Unterstützung einen Berater hinzuziehen; § 80 Abs. 4 gilt entsprechend; im Übrigen bleibt § 80 Abs. 3 unberührt. [3]Als Betriebsänderungen im Sinne des Satzes 1 gelten

1. Einschränkung und Stilllegung des ganzen Betriebs oder von wesentlichen Betriebsteilen,
2. Verlegung des ganzen Betriebs oder von wesentlichen Betriebsteilen,
3. Zusammenschluss mit anderen Betrieben oder die Spaltung von Betrieben,
4. grundlegende Änderungen der Betriebsorganisation, des Betriebszwecks oder der Betriebsanlagen,
5. Einführung grundlegend neuer Arbeitsmethoden und Fertigungsverfahren.

I. Vorbemerkung

Die Mitbestimmung des BR bei Betriebsänderungen stellt den Kernbereich der Mitbestimmung in wirtschaftl. Angelegenheiten dar. § 111 stellt hierbei die **Grundnorm** dar; sie steckt den tatbestandl. Rahmen ab, in dem festgelegt wird, in welchen Fällen eine betriebsverfassungsrechtl. relevante Betriebsänderung vorliegt. Gleichzeitig normiert die Vorschr. die erste betriebsverfassungsrechtl. Konsequenz, näml. die Pflicht des AG, den BR rechtzeitig und umfassend über eine geplante Betriebsänderung zu unterrichten und diese mit dem BR zu beraten. Die weiteren Rechte und Pflichten, die sich aus dem Vorliegen einer Betriebsänderung ergeben, sind insb. in §§ 112, 112a und 113 geregelt. 1

Gem. § 112 I bis III haben AG und BR den Abschluss eines **Interessenausgleichs** zu versuchen. Dessen Ziel ist es, Einigkeit über das Ob, Wann, Wieviel und Wie der durchzuführenden Maßnahme zu erreichen. 2

Die sozialen Auswirkungen der Betriebsänderung sind durch einen **Sozialplan** abzumildern. Anders als der Interessenausgleich ist der Sozialplan erzwingbar. Der Spruch der Einigungsstelle ersetzt die Einigung zwischen BR und AG (§ 112 IV). § 112a regelt zwei Ausnahmen von der Erzwingbarkeit des Sozialplanes: Einmal wird als Voraussetzung für die Erzwingbarkeit des Sozialplanes bei einem reinen Personalabbau das Erreichen bestimmter Zahlengrenzen verlangt; zum anderen sollen neu gegründete Unternehmen in den ersten vier Jahren nach ihrer Gründung von (erzwingbaren) Sozialplänen verschont bleiben. § 113 schließl. gewährt dem einzelnen AN Nachteilsausgleichsansprüche, wenn der AG ohne zwgd. Grund von einem vereinbarten Interessenausgleich abweicht bzw. überhaupt keinen Interessenausgleich mit dem BR versucht hat. Ob in diesem Fall der BR im Wege der einstweiligen Vfg. die geplante Betriebsänderung stoppen kann, ist umstr. (Einzelheiten unten Rn. 27). 3

Neben den ausdrückl. Beteiligungsrechten des BR gem. §§ 111 ff. können durch eine Betriebsänderung **weitere Beteiligungsrechte** des BR bzw. sonstiger betriebsverfassungsrechtl. Gremien ausgelöst werden, welche innerhalb und außerhalb des BetrVG geregelt sind: Soweit im Unternehmen ein **Wirtschaftsausschuss** existiert, ist dieser im Regelfall vor einer Betriebsänderung zu unterrichten, da die in § 106 III genannten wirtschaftl. Angelegenheiten weitgehend mit den in § 111 aufgezählten Betriebsänderungen identisch sind. Sind sowohl Wirtschaftsausschuss als auch BR zu beteiligen, besteht 4 insoweit ein zeitlicher Vorrang des Wirtschaftsausschusses, als dieser ja den BR unterrichten soll (§ 106 I). Dies steht aber einem parallelen Beteiligungsverfahren nicht entgegen, solange die Beteiligung des Wirtschaftsausschusses vor dem Verfahren nach §§ 111 ff abgeschlossen wird (GK-BetrVG/*Oetker* § 106 Rn. 117; wohl auch Richardi/*Annuß* § 106 Rn. 24; Fitting § 106 Rn. 30). Weiter ist bei **Massenentlassungen** der BR iRd. Anzeige gem. § 17 KSchG zu beteiligen. Dabei kann die Stellungn. des BR gemäß § 17 III S. 2 KSchG in einen Interessenausgleich integriert werden (BAG 21.3.2012 BB 2012, 1535). Das **UmwG** verpflichtet den Unternehmer, die BR über die Folgen der Umwandlung für die AN und ihre Vertreter sowie die insoweit vorgesehenen Maßnahmen zu unterrichten (vgl. §§ 5 I Nr. 9, 126 I Nr. 11, 136, 176, 177, 194 I Nr. 7 UmwG), und zwar auch gem. §§ 122a ff. UmwG im Falle grenzüberschreitender Verschmelzungen (dazu *Simon/Hinrichs* NZA 2008, 391). Zu einer Überschneidung mit den Beteiligungsrechten gem. §§ 111 ff. kommt es, wenn sich infolge der Unternehmensumwandlung auch die Betriebsstrukturen ändern, etwa durch Aufspaltung oder Fusion von Betrieben (dazu Rn. 13). Schließl. sind ggf. Mitbestimmungsrechte bei sozialen Angelegenheiten und personellen Einzelmaßnahmen neben den Beteiligungsrechten gem. §§ 111 ff. zu beachten. Zur **Erweiterung der Beteiligungsrechte** des BR in wirtschaftl. Angelegenheiten durch TV s. § 87 Rn. 142.

II. Begriff der Betriebsänderung

5 **1. Allgemeine Voraussetzungen. a) Existenz eines Betriebsrats und Betriebsgröße.** Die Beteiligungsrechte gem. §§ 111 ff. gelten gem. § 111 S. 1 ab 28.7.2001 für **Unternehmen,** vorher für Betriebe (maßgebl. der Zeitpunkt der Betriebsänderung) mit idR mehr als 20 wahlberechtigten AN. Bei der Ermittlung der **regelm. Beschäftigtenzahl** des Betriebs ist auf den Zeitpunkt abzustellen, in dem die Beteiligungsrechte des BR nach den §§ 111, 112 entstehen. Maßgebl. ist nicht die zufällige tatsächl. Beschäftigtenzahl zu diesem Zeitpunkt, sondern die normale Beschäftigtenzahl des Betriebes, dh. diejenige Personalstärke, die für den Betrieb im allg. kennzeichnend ist. Insofern bedarf es eines Rückblicks auf die bisherige personelle Stärke des Betriebs und – außer im Falle der Betriebsstilllegung – auch einer Einschätzung der künftigen Entwicklung (BAG 22.2.1983 AP BetrVG 1972 § 113 Nr. 7). Dabei sind **LeihAN** nach dem am 1.4.2017 in Kraft getretenen § 14 II Satz 4 AÜG mitzuzählen. Diese Neuregelung beabsichtigt die Umsetzung der neueren Rspr. des BAG, verzichtet aber auf deren Einschränkung, wonach für die Berücksichtigung eine dreimonatige Einsatzzeit im Betrieb erforderlich war (BAG 18.10.2011 NZA 2012, 221). Aus § 14 II Satz 4 AÜG folgt allerdings nicht, dass LeihAN im Entleiherbetrieb auch zur dortigen „Belegschaft" im Sinne von Satz 1 zählen und bei der Beurteilung des Vorliegens einer Betriebseinschränkung im Sinne von Satz 3 Nr. 1 zu berücksichtigen sind (vgl. dazu unten Rn. 10).Geht der Stilllegung eines Betriebes ein Personalabbau voraus, der sich über einen längeren Zeitraum erstreckt, so richtet sich die Zahl der regelm. beschäftigten AN danach, wie sich der Personalabbau im Zeitablauf darstellt. Erweist er sich im Zeitpunkt des Stilllegungsbeschlusses rückblickend als Vorstufe der Betriebsstilllegung, die damit in der Form eines gleitenden Überganges eingeleitet wurde, so bleibt er außer Betracht; maßgebend ist die ursprüngl. Beschäftigtenzahl. Sollte die Personalverminderung dagegen eine Fortführung des Betriebs ermögl. und hat sie für eine nicht unerhebl. Zeit zu einer Stabilisierung der Belegschaft auf niedrigerem Niveau geführt, so ergibt sich die Zahl der idR Beschäftigten aus der Belegschaftsstärke dieser Zwischenstufe (BAG 9.5.1995 AP BetrVG 1972 § 111 Nr. 33). Ist die Betriebsänderung mit einem Personalabbau verbunden, so kann sich die erforderl. Würdigung nur auf die vorangehende Entwicklung beziehen. Als die zzt. eines Stilllegungsbeschlusses maßgebl. Zahl der idR Beschäftigten kann auch eine erst zwei Monate vorher erreichte Belegschaftsstärke anzusehen sein, wenn diese das Erg. längerfristiger personalwirtschaftl. Entsch. des AG ist (BAG 10.12.1996 AP BetrVG 1972 § 111 Nr. 37). In einem **gemeinsamen Betrieb** mehrerer Unternehmen kommt es allein auf die Größe der an ihm beteiligten Unternehmen an. Liegt ihre ANZahl unter dem Schwellenwert, entfällt die Mitbestimmung gem. §§ 111 ff. Hat nur eines der beteiligten Unternehmen die erforderl. Größe, besteht nur diesem ggü. das Beteiligungsrecht des BR (Richardi/*Annuß* Rn. 26; aA LAG BE 23.1.2003 NZA-RR 2003, 477; *Däubler* AuR 2001, 285). Eine entpr. Anwendung auf Gemeinschaftsbetriebe von Unternehmen mit weniger als 21 AN (für die Analogie BAG 29.9.2004 NZA 2005, 420 zu § 99; vgl. auch § 99 Rn. 1) ist im Hinblick auf den Bezug des Beteiligungsrechts zum „Unternehmer" und damit zum Vertrags-AG nicht geboten (Schaub/*Koch* § 244 Rn. 24; aA LAG D 19.8.2014 BeckRS 2014, 72926; GK-BetrVG/*Oetker* Rn. 15; differenzierend zwischen Interessenausgleich und Sozialplan *Fitting* Rn. 23). Etwaige Sozialplanansprüche richten sich grds. gegen den vertragl. AG, soweit nicht ausnahmsweise eine gesamtschuldnerische Inanspruchnahme vereinbart ist (BAG 12.11.2002 NZA 2003, 676; vgl. auch *Gaul* NZA 2003, 695).

6 Weitere zwgd. Voraussetzung für die Auslösung der Beteiligungsrechte gem. §§ 111 ff. ist grds. das **Bestehen eines BR** in dem von der Maßnahme betroffenen Betrieb. Wird der BR erst gewählt, wenn der Unternehmer schon mit der Betriebsänderung begonnen hatte, stehen dem neu gewählten BR keine Beteiligungsrechte hins. dieser Betriebsänderung mehr zu (BAG 20.4.1982 AP BetrVG 1972 § 112 Nr. 15). Dies gilt selbst dann, wenn dem Unternehmer im Zeitpunkt seines Beschl. bekannt war, dass ein BR gewählt werden soll (BAG 28.10.1992 AP BetrVG 1972 § 112 Nr. 63; *Fitting* Rn. 34; aA *Bauer* DB 1994, 217, die erst den Beginn der Durchführung einer geplanten Betriebsänderung für maßgebl.

halten; noch weitergehend ArbG Reutlingen 29.10.1998 LAGE BetrVG § 112 Nr. 100, *Kraushaar* AuR 2000, 245: Bildung des BR müsse bei dem Stilllegungsbeschluss greifbare Formen angenommen haben). Allerdings dürfte im Hinblick auf die kontroverse Diskussion dieser Frage die Einigungsstelle nicht offensichtl. unzuständig iSv. § 98 ArbGG sein (LAG SL 14.5.2003 NZA-RR 2003, 639). Führt die Betriebsänderung selbst zur Auflösung des BR, etwa bei einer Betriebsaufspaltung oder Betriebsschließung, so werden dadurch die Beteiligungsrechte des BR nicht tangiert. Trotz der an sich gegebenen Beendigung der Amtszeit bleibt ein Restmandat (BAG 16.6.1987 AP BetrVG 1972 § 111 Nr. 19; 12.1.2000 AP BetrVG 1972 § 24 Nr. 5; s. jetzt § 21b). Denkbar sind allerdings nach §§ 50 I, 58 I auch Interessenausgleiche und Sozialpläne in **betriebsratslosen Betrieben** oder sogar Unternehmen, wenn es sich ausnahmsweise um eine betriebs- bzw. unternehmensübergreifende Maßnahme handelt, die in die Zuständigkeit von Gesamt- bzw. KBR fällt (zur Zuständigkeitsabgrenzung BAG 11.12.2001 DB 2002, 1276).

b) Geplante Betriebsänderung. Nach dem Wortlaut des § 111 S. 1 muss eine „geplante" Betriebs- 7
änderung vorliegen. Maßgebl. Anknüpfungspunkt für die Mitbestimmungsrechte des BR nach §§ 111 ff. ist die Planungsentsch. des AG. Liegt nach dessen ursprüngl. Planung keine Betriebsänderung iSd § 111 vor (zB mangels relevanter Zahl betroffener AN), entstehen zunächst keine Mitbestimmungsrechte. Führt der AG später weitere Maßnahmen aufgrund eines neuen Entschl. durch, sind die Voraussetzungen einer Betriebsänderung erneut zu prüfen. Ein stufenweiser Personalabbau kann, soweit er auf einer einheitl. Unternehmerischen Planung beruht, eine Betriebsänderung iSv. Satz 3 Nr. 1 darstellen. Ein naher zeitl. Zusammenhang mehrerer „Kündigungswellen" kann ein wesentl. Indiz für eine von Anfang an einheitl. Planung sein; die Entlassungen sind dann mitbestimmungsrechtl. Zusammenzurechnen (BAG 28.3.2006 NZA 2006, 932; vgl auch Rn. 8). Das BAG hat jedoch klargestellt, dass der Begriff „geplant" nur den Zeitpunkt für das Entstehen der Mitbestimmungsrechte nach §§ 111 ff. in der Entwicklung der unternehmerischen Konzeption konkretisiert: Es soll damit sichergestellt werden, dass der BR an der bevorstehenden Betriebsänderung in einem möglichst frühen Entscheidungsstadium beteiligt wird. Die Zwangslage bei der Durchführung von Sanierungsmaßnahmen iRd. Insolvenz ändert nichts am Vorliegen einer „geplanten" Betriebsänderung (BAG 13.12.1978 NJW 1979, 774).

c) Wesentlicher Nachteil. Das Vorliegen einer beteiligungspflichten Betriebsänderung setzt nach 8
dem Wortlaut des § 111 S. 1 voraus, dass wesentl. Nachteile für zumindest erhebl. Teile der Belegschaft entstehen können. Dieses Tatbestandsmerkmal hat jedoch nach der st. Rspr. des BAG an Bedeutung verloren, soweit eine Betriebsänderung iSd. § 111 S 3 vorliegt. Die in Satz 3 Nr. 1–5 aufgeführten Tatbestände dienen der Präzisierung, in welchen Fällen typischerweise wesentl. Nachteile für die Belegschaft oder erhebl. Teile davon eintreten können. Bei Vorliegen dieser Tatbestände wird der Eintritt solcher Nachteile fingiert. Das ergibt sich aus dem Wortlaut der Vorschr.: Satz 3 definiert nicht den Begriff der „Betriebsänderung" schlechthin, sondern den der „Betriebsänderung iSd Satz 1". Ob die konkrete Betriebsänderung tatsächl. Nachteile zur Folge hat oder haben kann, ist nicht gesondert zu prüfen: Es gilt die unwiderlegl. Vermutung, dass die im Katalog genannten Fälle wesentl. Nachteile für dic Belegschaft mit sich bringen. (BAG 17.8.1982, 26.10.1982, 17.12.1985 AP BetrVG 1972 § 111 Nr. 10, 11, 15; 10.12.1996 AP BetrVG 1972 § 112 Nr. 110; 25.1.2000 EzA § 112 BetrVG 1972 Nr. 106, BAG 18.3.2008, AP Nr. 66 zu § 111 BetrVG 1927).

Der Relativsatz in § 111 S. 1 behält jedoch seine Bedeutung, soweit er bei der Auslegung der im 9
Katalog des Satzes 3 enthaltenen unbestimmten Rechtsbegriffe (zB. „wesentl." Betriebsteile in Satz 3 Nr. 1 und 2, „grundlegend" in Nr. 4 und 5) heranzuziehen ist und in Zweifelfällen als „ein Stück Gesetzesbegründung" das Anliegen des Gesetzgebers deutl. macht (BAG 17.8.1982, AP Nr. 11 zu § 111 BetrVG 1972), zB ob eine geplante Umstrukturierung ledigl. zu einer unwesentl. Einschränkung der bisherigen betriebl. Organisation führt oder zu deren grundlegender Umgestaltung iSd. Satz 3 Nr. 4. Dabei sind zum einen quantitative Kriterien hinsichtl. der Anzahl der betroffenen AN für die Bestimmung der Erheblichkeitsschwelle zu berücksichtigen (s. unten Rn. 10); zum anderen kann das Merkmal „wesentl. Nachteile" als qualitatives Kriterium bei der Bewertung der Betriebsänderung herangezogen werden. Das können solche materieller und immaterieller Art sein. Zu den Nachteilen materieller Art zählen etwa der Verlust des Arbeitsplatzes, ein geringerer Verdienst auf Grund einer Versetzung oder höhere Fahrtkosten. Nachteile immaterieller Art sind etwa Leistungsverdichtung, Qualifikationsverluste, psychische Belastung durch zusätzl. Kontrolle oder schlechteres Betriebsklima (DKKW/*Däubler* Rn. 117).

d) Belegschaft oder erhebliche Teile der Belegschaft. § 111 S. 1 verlangt weiter, dass von einer 10
geplanten Betriebsänderung „die Belegschaft oder erhebl. Teile der Belegschaft" betroffen sind. Ob ein erhebl. Teil der Belegschaft betroffen ist, richtet sich nach der Anzahl der von der Maßnahme betroffenen AN. Maßgebl. sind nach st. Rspr. des BAG die **Zahlenangaben des § 17 I KSchG** (BAG 6.12.1988 AP BetrVG 1972 § 111 Nr. 26; 7.8.1990 AP BetrVG 1972 § 111 Nr. 30). Zusätzl. verlangt das BAG, dass mind. 5% der Belegschaft von der Maßnahme betroffen sind (BAG 7.8.1990 AP BetrVG 1972 § 111 Nr. 30; 28.3.2006 NZA 2006, 932). Eine starre Frist für die Berechnung der maßgebl. ANZahl nach den Vorgaben des § 17 KSchG existiert nicht. Insb. ist der 4-Wochen-Zeitraum nach

§ 17 I KSchG nicht übertragbar (BAG 22.5.1979 AP BetrVG 1972 § 111 Nr. 3). Soweit zwischen mehreren „Wellen" von Personalabbau- und (oder) Versetzungsmaßnahmen nur ein Zeitraum von wenigen Wochen oder Monaten liegt, spricht eine tatsächl. Vermutung dafür, dass diese Maßnahmen auf einer einheitl. unternehmerischen Planung beruhen (BAG 28.3.2006 NZA 2006, 932. Der Unternehmer, der das Vorliegen einer einheitl. Betriebsänderung, welche die Zahlengrenzen des § 17 KSchG überschreitet, bestreitet, muss dann darlegen und beweisen, dass verschiedene Maßnahmen nicht Teil einer einheitl. Unternehmerentsch. sind; vgl. auch BAG 9.5.1995 AP BetrVG 1972 § 111 Nr. 33; LAG K 21.2.1997 NZA-RR 1998, 24). Nicht zu berücksichtigen sind bei den Zahlengrenzen trotz der am 1.4.2017 in Kraft getretenen ges. Regelung in § 14 II Satz 4 AÜG **LeihAN im Entleiherbetrieb.** § 14 II Satz 4 AÜG soll LeihAN in Bezug auf das Erreichen des Schwellenwertes nach Satz 1 erster Halbsatz den StammAN gleichstellen, weil es hier auf die wirtschaftliche Leistungsfähigkeit des Unternehmens ankommt und insofern kein Unterschied zwischen Leih- und StammAN besteht (vgl. BAG 18.10.2011 NZA 2012, 221). Bei der Zugehörigkeit zur Belegschaft und der Berücksichtigung bei den Zahlengrenzen des § 17 KSchG geht es aber um die Frage, ob der Abbau von LeihAN den Ausschlag geben kann für das Vorliegen einer Betriebsänderung. Dies ist zu verneinen, weil LeihAN bei einem Personalabbau im Entleiherbetrieb ja ihren VertragsAG behalten und deshalb Interessenausgleich und Sozialplan im Entleiherbetrieb ohnehin für sie regelmäßig keine Geltung entfalten. Dass der Gesetzgeber in § 14 II Satz 4 AÜG LeihAN im Rahmen des § 112a ausdrückl. nicht berücksichtigt, bestätigt die hier vertretene Auffassung (**aA** und differenzierend zwischen Interessenausgleich und Sozialplan *Linsenmaier/Kiel* RdA 2014, 135). Probl. ist die Bestimmung der Erheblichkeitsschwelle in **Betrieben mit 20 oder weniger AN.** Nicht sachgerecht erscheint es, die Zahlengrenzen des § 17 I KSchG nach unten fortzusetzen (so aber LAG N 21.9.2009 – 6 Sa 808/08), da auf diese Weise die Grenze zu personellen Einzelmaßnahmen verschwimmt. Bei reinem Personalabbau nimmt das BAG in Anlehnung an § 112a I Nr. 1 eine Betriebsänderung erst an, wenn mind. sechs AN betroffen sind (BAG 9.11.2010 NZA 2011, 466). Erforderl. ist ansonsten eine wertende Betrachtungsweise unter Berücksichtigung der wirtschaftl. oder sonstigen Bedeutung des betroffenen Betriebsteils (LAG D 9.3.2009 LAGE § 111 BetrVG 2001 Nr. 9).

11 **2. Betriebsänderungen iSd. S. 3. a) Einschränkung und Stilllegung des ganzen Betriebs oder von wesentlichen Betriebsteilen.** Unter einer **Betriebsstilllegung** ist die Aufgabe des Betriebszwecks unter gleichzeitiger Auflösung der Betriebsorganisation auf Grund eines ernstl. und endgültigen Willensentschluss des Unternehmers für unbestimmte, nicht nur vorübergehende Zeit zu verstehen (BAG 19.6.1991 AP KSchG 1969 § 1 Betriebsbedingte Kündigung Nr. 53; *Fitting* Rn. 65). Die Weiterbeschäftigung weniger AN mit Abwicklungsarbeiten steht der Annahme einer Stilllegung nicht entgegen (BAG 14.10.1982 AP KSchG 1969 § 1 Konzern Nr. 1). Demggü. liegt eine **Betriebseinschränkung** vor, wenn der Betriebszweck zwar weiterverfolgt wird, dies jedoch unter einer nicht nur vorübergehenden Herabsetzung der Betriebsleistung geschieht, etwa durch die Außerbetriebnahme von Anl. und Maschinen oder durch die Herabsetzung der Zahl der idR beschäftigten AN. Eine nur vorübergehende geringere Auslastung der Betriebsanlagen ohne nennenswerte Verminderung des Personals genügt jedoch nicht. Die Stilllegung oder Einschränkung eines Betriebsteils ist dann eine Betriebsänderung iSd. Nr. 1, wenn ein wesentl. Betriebsteil betroffen ist. Ebenso wie für den Begriff „erhebl. Teile der Belegschaft" (s. Rn. 10) ist auch für den Begriff „wesentl. Betriebsteil" auf die **Zahlengrenzen des § 17 I KSchG** und die weiteren Ausführungen unter Rn. 10 zurückzugreifen. Werden diese Zahlengrenzen (annähernd) erreicht, kann auch der bloße Personalabbau als Einschränkung des ganzen Betriebes oder von wesentl. Betriebsteilen einzustufen sein. Die in § 112a I 1 angegebenen höheren Zahlengrenzen sind für das Vorliegen einer Betriebsänderung irrelevant; sie sind nur maßgebl. für die Frage, ob beim bloßen Personalabbau ein Sozialplan über die Einigungsstelle erzwungen werden kann. Allerdings wird wie in § 112a II die Mindestzahl von 20 AN im Betrieb entfallen müssen, seitdem die Mindestgrenze von 20 AN in § 111 nicht mehr auf den Betrieb, sondern auf das Unternehmen bezogen wird. Für die Frage, ob beim Personalabbau die maßgebl. Zahlengrenzen des § 17 KSchG erreicht werden, kommt es auf den wahren Auflösungsgrund an, nicht auf die Form der Beendigung des ArbVerh. Mitzuzählen sind deshalb nicht nur AN, die durch betriebsbedingte Kündigungen ihren Arbeitsplatz verlieren, sondern auch solche, die sich **auf Veranlassung des AG** zu Aufhebungsverträgen bzw. Eigenkündigungen entschließen (BAG 23.8.1988 AP BetrVG 1972 § 113 Nr. 17; 28.10.1992 AP BetrVG § 112 Nr. 65; *Fitting* Rn. 78; DKKW/*Däubler* Rn. 77). Dasselbe gilt grds. für AN, die nur deshalb gekündigt werden müssen, weil die AN dem Übergang auf einen Teilbetriebserwerber (§ 613a BGB) widersprochen hatten und eine Beschäftigungsmöglichkeit im Restbetrieb nicht besteht (BAG 10.12.1996 NZA 1996, 787). Widerspricht eine größere Anzahl von AN einem Betriebsübergang und muss daraufhin beim Veräußerer betriebsbedingt entlassen werden, liegt ggf. eine neue Betriebsänderung iSd. § 111 Nr. 1 vor. Nicht mitzuzählen sind AN, die aus personen- oder verhaltensbedingten Gründen entlassen werden oder deren ArbVerh. infolge Fristablauf endet (LAG HE 1.2.2000 – 3 Sa 565/00–50). Keine Betriebseinschränkung liegt vor, wenn der AG ledigl. bekannt gibt, dass er in der nächsten Zeit das Personal durch **natürl. Fluktuation,** Verzicht auf Neueinstellungen und Unterlassen von Ausbildungsaktivitäten reduzieren möchte. Eine Betriebsänderung iSd. § 111

verlangt die Planung eines konkreten Zugriffs auf bestehende ArbVerh., woran es in dieser Konstellation fehlt; es handelt sich ledigl. um eine Form der Personalplanung iSd. § 92. Die Schwelle zur Betriebsänderung ist überschritten, wenn der AG der „natürl. Fluktuation" durch weitergehende Maßnahmen nachzuhelfen versucht, etwa durch das Angebot an Abteilungsleiter, ein Budget für eine Neueinstellung zu erhalten, sobald zwei bisher beschäftigte Mitarbeiter ausgeschieden sind. (Noch) keine Betriebsänderung beinhaltet auch die Unternehmerentsch., ein Nachfolgeprodukt im Ausland fertigen zu lassen (LAG BW 27.9.2004 NZA-RR 2005, 195).

Zu differenzieren ist beim **Betriebsübergang:** Wird ein **Betrieb als Ganzes** im Wege der Einzelrechtsnachfolge gem. § 613a BGB oder im Wege der Gesamtrechtsnachfolge insb. nach dem UmwG auf einen neuen Inhaber übertragen, liegt nach ganz hM keine Betriebsänderung vor (BAG 17.2.1981 AP BetrVG 1972 § 111 Nr. 9; 17.3.1987 AP BetrVG 1972 § 111 Nr. 18; Richardi/*Annuß* Rn. 124 ff.; *Fitting* Rn. 50; aA DKKW/*Däubler* Rn. 125). Dies wird tw. damit begr., dass § 613a BGB eine abschl. Sonderregelung für den ANSchutz darstelle; entscheidend ist aber, dass eine Betriebsänderung immer greifbare Änd. der betriebl. Arbeitsorganisation voraussetzt; wechselt jedoch nur der Inhaber eines Betriebes, ändert sich an der Betriebsorganisation als solcher nichts (*Fitting* Rn. 50). Zu Recht ist deshalb vom BAG anerkannt, dass § 613a BGB die Mitbestimmungsrechte gem. §§ 111 ff. dann nicht ausschließt, wenn es anlässl. eines Betriebsübergangs zu einer damit verbundenen Betriebsänderung kommt (BAG 25.1.2000 EzA § 112 BetrVG 1972 Nr. 106). Denkbar ist etwa, dass Veräußerer oder Erwerber anlässl. eines Betriebsübergangs grds. neue Arbeitsmethoden einführen wollen (Nr. 5) oder einen Personalabbau durchführen (Nr. 1). Ausreichend ist aber nach dem eindeutigen Wortlaut von § 111 S. 2 Nr. 3 auch der bloße Zusammenschluss mit einem anderen Betrieb. Das BAG stuft auch die **Veräußerung eines Betriebsteils** als solche nicht als Betriebsänderung ein (BAG 16.6.1987 AP BetrVG 1972 § 111 Nr. 19). Allerdings stellt die Betriebsteilveräußerung regelm. eine Spaltung von Betrieben dar, die gem. § 111 S. 2 Nr. 3 ausdrückl. als Betriebsänderung eingestuft wird (vgl. dazu noch Rn. 15). Entlässt ein AG alle AN und löst er damit die betriebl. Organisation auf, so kann er einen Sozialplan nicht später mit der Begründung verweigern, die Kündigungen seien unwirksam gewesen, weil in Wirklichkeit ein Betriebsübergang vorgelegen habe. Ein solches Verhalten ist rechtsmissbräuchl. (BAG 27.6.1995 AP BetrVG 1972 § 4 Nr. 7). 12

Der **Betriebsbegriff** iRd. § 111 ist der allg. Betriebsbegriff des BetrVG, wie er in §§ 1, 4 konkretisiert ist. Folgl. gilt auch ein betriebsratsfähiger Betriebsteil iSd. § 4 als selbstständiger Betrieb iSd. § 111, bei dessen Schließung unabhängig von den Zahlen des § 17 KSchG eine „Betriebsstilllegung" anzunehmen ist. Dies gilt selbst dann, wenn der Betriebsbegriff bei BRWahlen verkannt wurde, aber eine fehlerhaft erfolgte Wahl des BR nicht angefochten wurde (BAG 27.6.1995 AP BetrVG 1972 § 4 Nr. 7). 13

b) Verlegung des ganzen Betriebs oder von wesentlichen Betriebsteilen. Unter Verlegung versteht man jede **wesentl. Veränderung der örtl. Lage** des Betriebs. Nur geringfügige Veränderungen der örtl. Lage oder solche ohne wirtschaftl. Auswirkung auf die betroffenen AN scheiden aus, etwa der Umzug in einem Gebäude oder in ein Gebäude in der Nähe der alten Betriebsstätte (*Fitting* Rn. 81). Ausreichend ist nach der Rspr. etwa eine Verlegung des Betriebs vom Zentrum einer Großstadt an den Stadtrand mit 4,3 km Entfernung (BAG 17.8.1982 AP BetrVG 1972 § 111 Nr. 11) bzw. innerhalb einer Großstadt mit einem Entfernungsunterschied von 5,5 km (LAG HE 28.10.1986 AiB 1987, 292). Nr. 2 gilt von vornherein nur für ortsgebundene Betriebe oder Betriebsteile (*Fitting* Rn. 81), also zB nicht für Baustellen. Abzugrenzen ist die Betriebsverlegung von der Betriebsstilllegung. Nach Auff. des BAG stellt eine erhebl. räuml. Verlegung des Betriebs eine Betriebsstilllegung dar, wenn die alte Betriebsgemeinschaft aufgelöst wird und der Aufbau einer im Wesentl. neuen Betriebsgemeinschaft am neuen Betriebssitz erfolgt (BAG 12.2.1987 AP BGB § 613a Nr. 67). Bei einer Verlegung an einen „räuml. weit entfernten" Ort iSd. § 4 I (siehe dort Rn. 3) ist iZw. von einer Betriebsschließung auszugehen. Der Unterschied zwischen Schließung und Verlegung ist für die Anwendung der §§ 111 ff. weitgehend irrelevant, hat aber Bedeutung für die Amtszeit des BR, die Fortgeltung von BV und den Sonderkündigungsschutz von BRMitgliedern (vgl. § 15 IV KSchG). 14

c) Zusammenschluss mit anderen Betrieben oder die Spaltung von Betrieben. Der Zusammenschluss zweier Betriebe kann auf zweierlei Weise erfolgen, einmal dadurch, dass sich zwei Betriebe zu einer neuen Einheit vereinigen, zum anderen dadurch, dass ein Betrieb einen anderen aufnimmt (DKKW/*Däubler* Rn. 93; *Fitting* Rn. 84). Maßgebl. ist allein die entspr. Änd. **der Leitungsorganisation** der bisher selbstständigen Betriebe. IdR wird sich diese organisatorische Änd. innerhalb eines Unternehmens abspielen; der Betriebszusammenschluss kann allerdings auch unternehmensübergreifend erfolgen durch Bildung eines sog. Gemeinschaftsbetriebs (vgl. dazu § 1 II). Der Zusammenschluss von Betriebsteilen unterfällt dann Nr. 3, wenn die beteiligten Betriebsteile gem. § 4 als selbstständige Betriebe gelten. Nicht von Nr. 3 erfasst wird der Zusammenschluss sonstiger Betriebsteile. Insofern kann eine Betriebsänderung aber zB unter dem Gesichtspunkt von Nr. 1 und Nr. 4 vorliegen (str., wie hier GK-BetrVG/*Oetker* Rn. 145). Zum Übergangsmandat § 21a II. 15

Die **Spaltung von Betrieben** erfasst sowohl die unternehmensinterne Betriebsaufspaltung durch Änd. der Organisationsstrukturen als auch die unternehmensübergreifende Betriebsaufspaltung durch Übertragung eines Betriebsteils auf einen anderen Inhaber. Nicht erfasst ist die in §§ 133 UmwG, 16

1 II Nr. 2, 106 BetrVG geregelte Aufspaltung von Unternehmen insbes. in Besitz- und Betriebsgesellschaft. Irrelevant ist, ob sich die Übertragung des Betriebsteils im Wege der Einzelrechtsnachfolge unmittelbar gem. § 613a BGB oder im Wege der Gesamtrechtsnachfolge nach dem UmwG (Spaltung gem. §§ 123 ff. UmwG) vollzieht. Die tw. Schließung eines Betriebs ist keine Spaltung (BAG 18.3.2008 NZA 2008, 957). Da es auf die Spaltung von Betrieben und – anders als in § 106 III Nr. 8 – nicht auf die Spaltung von Unternehmen ankommt, greift § 111 Satz 3 Nr. 3 nicht ein, wenn ein Betrieb nach einer Unternehmensaufspaltung als **Gemeinschaftsbetrieb** fortgeführt wird. Ungeklärt ist, ob die Abspaltung kleiner und kleinster Betriebsteile die Beteiligungsrechte gem. §§ 111 ff. auslöst (offen gelassen von BAG 10.12.1996 AP BetrVG 1972 § 112 Nr. 110). Ein Vergleich mit den anderen Fällen der Betriebsänderung in § 111, in denen das Betroffensein „wesentlicher" Betriebsteile bzw. „grundlegender" Änd. verlangt werden, spricht dafür, auch iRd. Nr. 3 eine gewisse Bedeutung des abgespaltenen Betriebsteils zu verlangen. Einen Rückgriff auf die Zahlengrenze des § 17 KSchG hat das BAG in der Entsch. vom 10.12.1996 (AP BetrVG 1972 § 112 Nr. 110) abgelehnt. Dementspr. soll auch bei Abspaltung eines Betriebsteils mit 10 von insg. 390 AN § 111 S. 3 Nr. 3 eingreifen (BAG 18.3.2008 NZA 2008, 957). Jedenfalls bei Unterschreitung der Zahlengrenze des § 1 dürfte aber grds. eine nicht mitbestimmungspflichtige **Bagatellspaltung** anzunehmen sein (aA Richardi/*Annuß* Rn. 102a; GK-BetrVG/*Oetker* Rn. 144), wobei ggf. für Kleinbetriebe unter 20 AN unter Berücksichtigung der Auswirkungen auf den Restbetrieb eine Bewertung im Einzelfall vorzunehmen ist. Zu den berücksichtigungsfähigen Nachteilsfolgen gehören nicht eine etwaige Verringerung der Haftungsmasse bei dem Betriebserwerber sowie dessen befristete Befreiung von der Sozialplanpflicht nach § 112a II (BAG 10.12.1996 AP BetrVG 1972 § 112 Nr. 110; ebenso 5.2.1997 AP BetrVG 1972 § 112 Nr. 92, 25.1.2000 EzA § 112 BetrVG 1972 Nr. 106 zum Wegfall von Leistungen beim Erwerber). Bei einer Betriebsspaltung kann es nach § 21a zu einem Übergangsmandat des BR ggü. dem Inhaber des abgespaltenen Betriebsteils kommen. Trotzdem richten sich die Rechte aus §§ 111 bis 113 wegen der Betriebsspaltung zunächst gegen den bisherigen Betriebsinhaber (s. §§ 112, 112a Rn. 22).

17 **d) Grundlegende Änd. der Betriebsorganisation, des Betriebszwecks oder der Betriebsanlagen.** Eine grdl. Änd. **der Betriebsorganisation** liegt vor bei einer vollständigen Änd. des Betriebsaufbaus bzw. der Gliederung des Betriebes oder der Zust. (Richardi/*Annuß* Rn. 108; etwas großzügiger *Fitting* Rn. 92). Bsp. sind etwa die Verlagerung von Entscheidungsbefugnissen „nach unten" (Dezentralisierung), die Organisation nach Sparten bzw. Geschäftsbereichen (DKKW/*Däubler* Rn. 105), der Übergang zur Gruppenarbeit, die Einführung „flacher Hierarchien" zB durch Abschaffung der Ebene der Regionalleiter im Außendienst (BAG 26.10.2004 NZA 2005, 237), Verringerung der Fertigungstiefe, Outsourcing (ArbG M 22.2.2000 AiB 2000, 766; ArbG Würzburg 30.8.2000 AiB 2001, 302) und ähnl. Maßnahmen, die unter dem Schlagwort „Lean production" geführt werden (*Hunold* NZA 1993, 723; *Fitting* Rn. 92).

18 Die grdl. Änd. **des Betriebszwecks** setzt eine nachhaltige Veränderung der arbeitstechnischen und nicht nur wirtschaftl. Zwecksetzung des Betriebes voraus (BAG 17.12.1985 AP BetrVG 1972 § 111 Nr. 15). Erforderl. ist die Umstellung oder zumindest nachhaltige Erg. der bisherigen Produktion bzw. des bisherigen Gegenstandes der Betriebstätigkeit. Dies ist etwa der Fall, wenn von der Motorrad- auf die Kraftwagenproduktion übergegangen wird, nicht aber wenn ledigl. ein verbesserter Typ eines Motorrads hergestellt wird. Das BAG hat eine grdl. Änd. des Betriebszwecks verneint, wenn in einem Schlachthof dazu übergegangen wird, nur noch Schweine zu schlachten (BAG 28.4.1993 NZA 1993, 1142). Andererseits hat das Gericht eine grdl. Änd. des Betriebszwecks bejaht, wenn in einem Spielkasino neben dem herkömml. Glücksspiel an Spieltischen in einem bes. Saal mit eigenem Zugang das Spiel an Automaten angeboten wird (BAG 17.12.1985 AP BetrVG 1972 § 111 Nr. 15).

19 Die Änd. **der Betriebsanlagen** betrifft die Betriebsmittel iwS. Bsp. sind etwa die Einführung völlig neuer Maschinen, die Einführung eines EDV-Systems (LAG HH 5.2.1986 LAGE BetrVG § 23 Nr. 5), der Bau neuer Werkshallen, der Übergang zur Selbstbedienung in einem Einzelhandelsgeschäft, Schaffung von Bildschirm- oder Telearbeitsplätzen (BAG 26.10.1982 AP BetrVG 1972 § 111 Nr. 10) und Ähnliches.

20 **e) Einführung grdl. neuer Arbeitsmethoden und Fertigungsverfahren.** Die Abgrenzung von Nr. 5 zu den Tatbeständen unter Nr. 4 ist im Einzelfall schwierig. Der Unterschied ist nur ein gradueller; Nr. 5 stellt mehr als Nr. 4 auf die Art der Verwertung der menschl. Arbeitskraft ab (*Fitting* Rn. 97). Insofern kommen auch bei Nr. 5 Maßnahmen der Rationalisierung und der Einsatz neuer Technologien in Betracht, soweit es sich hierbei nicht nur um die übl. laufende Anpassung der Arbeitsmethoden und Fertigungsverfahren handelt. Die Bedeutsamkeit der Veränderung kann sich sowohl aus der Zahl der betroffenen AN als auch aus dem Gewicht der Auswirkungen auf die Beschäftigten ergeben (BAG 22.3.2016 NZA 2016, 894). Ob eine Arbeitsmethode oder ein Fertigungsverfahren „grundlegend neu" ist, richtet sich nach den Verhältnissen im einzelnen Betrieb oder in der betroffenen Betriebsabteilung, nicht dagegen nach dem technischen oder organisatorischen Standard in der Branche

(DKKW/*Däubler* Rn. 114; GK-BetrVG/*Oetker* Rn. 170). Die bloße Einführung von „Balanced Scorecards" reicht nicht aus (*Däubler* DB 2000, 2270).

21 **f) Sonstige Betriebsänderungen.** Umstr. ist, ob die Aufzählung in § 111 S. 3 abschließend ist. Der Wortlaut ist nicht eindeutig. Die wohl überw. Meinung geht davon aus, dass neben den ausdrückl. aufgezählten Fällen einer Betriebsänderung auch sonstige Betriebsänderungen denkbar sind, die ledigl. die allg. Voraussetzungen des S. 1 erfüllen (*Fitting* Rn. 44; GK-BetrVG/*Oetker* Rn. 54 ff.; DKKW/*Däubler* Rn. 45; aA Richardi/*Annuß* Rn. 41). Die wesentl. Fälle werden von S. 2 erfasst, so dass der Streit hauptsächl. theoretische Bedeutung hat.

III. Unterrichtung und Beratung

22 Liegt eine (geplante) Betriebsänderung iSd. § 111 vor, hat der Unternehmer (= AG: BAG 15.1.1991 AP BetrVG 1972 § 113 Nr. 21) den BR rechtzeitig und umfassend zu unterrichten und die geplanten Betriebsänderungen mit ihm zu beraten. Der Begriff **„rechtzeitig"** ist vom Ziel des Beteiligungsrechts her zu bestimmen. Der BR soll auf Grund der vom AG gegebenen Inf. in die Lage versetzt werden, auf das Ob und Wie der geplanten Betriebsänderung Einfluss nehmen zu können (BAG 14.9.1976 AP BetrVG 1972 § 113 Nr. 2). Daraus folgt, dass eine rechtzeitige Inf. nicht mehr vorliegt, wenn sich die Unternehmensleitung bereits auf eine konkrete Maßnahme in allen Einzelheiten festgelegt und die Zustimmung des AR, der Gesellschafterversammlung, eines Beirats oder ähnl. Gremien eingeholt hat (BAG 14.9.1976 AP BetrVG § 113 Nr. 2; LAG D 27.8.1985 NZA 1986, 371; DKKW/*Däubler* Rn. 162; GK-BetrVG/*Oetker* Rn. 199; aA Richardi/*Annuß* Rn. 147). Auf der anderen Seite braucht der BR nicht an sämtl. Vorüberlegungen der Unternehmensleitung zu partizipieren; dem Unternehmer steht es frei, von sich aus abzuklären, ob überhaupt Handlungsbedarf besteht (LAG D 27.8.1985 NZA 1986, 371). Ausreichend ist es, wenn der AG den BR informiert, nachdem sich seine allg. Vorüberlegungen zu einem konkreten Konzept verdichtet haben, ohne dass die Überlegungen über die Umsetzung der Maßnahme und ihre Details abgeschlossen sind (vgl. auch LAG BW 27.9.2004 NZA-RR 2005, 195). Folge verspäteter Unterrichtung ist die Auslösung des Bußgeldtatbestandes des § 121. Der Nachteilsausgleichsanspruch gem. § 113 III ensteht erst dann, wenn der AG mit der Umsetzung der Maßnahme beginnt (dazu § 113 Rn. 9).

23 **Umfassend** ist die Unterrichtung dann, wenn sich der BR aus den gegebenen Inf. ein vollständiges Bild von der geplanten Maßnahme und deren Auswirkungen machen kann (*Fitting* Rn. 111). Notwendig ist stets die Darlegung der wirtschaftl. und sozialen Gründe, die nach Auff. des Unternehmens für die Betriebsänderung sprechen. Auch bei reinen Personalabbaumaßnahmen reichen die in § 17 II KSchG vorgeschriebenen Inf. nicht aus (zur Abgrenzung *Wißmann* RdA 98, 225). Neben den die Betriebsänderung selbst betreffenden Inf. sind dem BR aber auch die Inf. zu erteilen, die dieser benötigt, um eigene Vorstellungen hins. des Inhalts eines abzuschließenden Sozialplans zu entwickeln (BAG 30.3.2004 NZA 2004, 931). Gem. § 80 II sind dem BR idR Unterlagen zur Vfg. zu stellen, die er auswerten kann. Hierzu zählen etwa Gutachten von Unternehmensberatungen, Wirtschaftsprüferberichte und Bilanzen. Auch hier gilt, dass der Unternehmer nur die Unterlagen zur Vfg. stellen muss, die er selbst zur Vfg. hat (s. § 80 Rn. 24). Geschäfts- und Betriebsgeheimnisse schränken die Unterrichtungspflichten nicht ein; die Verpflichtung besteht ohne Vorbehalt (*Fitting* Rn. 111; GK-BetrVG/*Oetker* Rn. 192; Richardi/*Annuß* Rn. 152). Die Informationspflicht ggü. dem BR besteht auch dann, wenn der Unternehmer den Wirtschaftsausschuss bereits unterrichtet hat (DKKW/*Däubler* Rn. 164; *Fitting* Rn. 111).

24 Neben der Unterrichtung verpflichtet § 111 den AG zur **Beratung** mit dem BR über die geplante Betriebsänderung. Ziel der Beratung sind der Versuch eines Interessenausgleichs sowie der Abschluss eines Sozialplans (vgl. dazu die Ausführungen zu §§ 112, 112a).

25 Die in S. 2 vorgesehene **Hinzuziehung eines Beraters** in Unternehmen mit regelm. (DKKW/*Däubler* Rn. 166) mehr als 300 AN erweitert die Vorschr. des § 80 III durch Wegfall der Notwendigkeit vorheriger Verständigung mit dem AG. **„Beratung"** i. S. v. S. 2 (und auch i. S. v. § 80 III) beschränkt sich nach Auffassung des BAG darauf, die fehlende Sachkunde des BR zu ersetzen, ihn also in die Lage zu versetzen, die Verhandlungen (über einen Interessenausgleich) mit dem AG sachkundig führen zu können (BAG 14.12.2016 NZA 2017, 514). Beratung erstreckt sich dagegen nicht auf die Vertretung des BR bei der Durchsetzung oder Ausübung seiner Mitbestimmungsrechte in arbeitsgerichtl. Beschlussverfahren, in Einigungsstellenverfahren oder in deren Vorfeld. Soweit also der BR Unterstützung beim Führen von Verhandlungen über Interessenausgleich und Sozialplan benötigt, kommt eine Beauftragung eines Rechtsanwalts nur unter den Voraussetzungen des § 40 in Betracht (vgl. zu den Voraussetzungen § 40 Rn. 4, 5). § 111 S. 2 liefert insofern keine Anspruchsgrundlage, beschränkt den allg. Anspruch nach § 40 aber auch nicht (BAG 14.12.2016 NZA 2017, 514).

25a Ist die Einschaltung eines Beraters erforderl., hat der AG bei entspr. **ordnungsgemäßen BRBeschluss** die Kosten nach § 40 I zu tragen, wobei die Erforderlichkeit und die Einhaltung pflichtgemäßen Ermessens der arbeitsgerichtl. Kontrolle unterliegt (BAG 9.12.2009 NZA 2010, 461; *Fitting* Rn. 124). Der Vertrag mit dem Berater kann vom BR selbst wirksam abgeschlossen werden, soweit die Beratung zur Erfüllung der Aufgaben des BR erforderl. ist und der BR deshalb einen Kostenerstattungsanspruch gegen den AG gem. § 40 hat. Liegen diese Voraussetzungen nicht vor, droht allerdings eine Haftung der vertragsschließenden BRMitglieder für Honorarforderungen des Beratungsunternehmens (BGH 25.10.2012 NZA 2012, 1312). Die nach § 40 vom AG zu tragenden Kosten der Hinzuziehung müssen im Bezug auf die Bedeutung der Angelegenheit und der Finanzlage des Betriebes, insb. in der Insolvenz, verhältnismäßig sein (*Fitting* Rn. 124). Im Gegensatz zum Wortlaut wird von der hM die Hinzuziehung mehrerer Berater für zulässig gehalten (*Fitting* Rn. 121; DKKW/*Däubler* Rn. 176; Richardi/*Annuß* Rn. 54). Da die Regelung der Beschleunigung des Verfahrens dienen soll, rechtfertigt sie keine Verzögerung des Interessenausgleichs, geschweige denn eine Verlängerung der 3-Wochen-Frist des § 122 InsO. Nach Ablauf der Frist ist das Recht auf Hinzuziehung eines Beraters hinfällig.

IV. Streitigkeiten

26 Besteht Streit über die Frage, **ob eine Betriebsänderung** iSd. § 111 vorliegt, kann der BR die gerichtl. Feststellung beantragen, dass die geplante Maßnahme eine Betriebsänderung sei, die den Unternehmer zu Verhandlungen über einen Interessenausgleich und Sozialplan verpflichte. Der gerichtl. Beschl. bindet nicht nur AG und BR, sondern entfaltet darüber hinaus auch Bindungswirkung im Verhältnis zu einzelnen AN, die einen Anspruch auf Nachteilsausgleich nach § 113 geltend machen (BAG 10.11.1987 AP BetrVG 1972 § 113 Nr. 15). Kommt der AG seiner Pflicht zur rechtzeitigen Unterrichtung und Beratung nicht nach, besteht einmal die Möglichkeit, **Antrag auf Erfüllung der Unterrichtungspflichten** zu stellen; dieser Anspruch kann auch im Wege der einstweiligen Vfg. geltend gemacht werden. Die Vollstreckung richtet sich nach § 85 ArbGG iVm. § 888 ZPO (*Fitting* Rn. 141). Bei schweren (wiederholten) Verstößen des Unternehmers gegen die Pflicht zur Unterrichtung und Beratung kommt ein Verfahren nach § 23 III in Betracht. Daneben kann eine Ordnungswidrigkeit gem. § 121 vorliegen, die mit einer Geldbuße bis zu 10 000,00 € geahndet wird (§ 121 II).

27 **Umstr.** ist, ob der BR, um seine Mitwirkungsrechte nach §§ 111 ff. zu sichern, dem AG durch einstweilige Vfg. untersagen kann, eine Betriebsänderung durchzuführen, insb. bei einer Betriebseinschränkung betriebsbedingte Kündigungen auszusprechen, bis das Interessenausgleichsverfahren abgeschlossen ist. Gegen einen solchen **Unterlassungsanspruch** spricht, dass der Gesetzgeber mit dem Nachteilsausgleich gem. § 113 III anders als bei der Mitbestimmung gem. § 87 eine ausdrückl. Sanktion für die Nichtbeachtung der Beteiligungsrechte des BR vorgesehen hat. Daneben ist kein Raum für ein eigenständiges Recht des BR zu einer präventiven Verhinderung eines vorzeitigen Abbruchs von Interessenausgleichsverhandlungen. Insofern überzeugt auch das vielfach bemühte Arg., dass § 113 nur eine individualrechtl. Sanktion beinhalte, die daneben Raum für kollektivrechtl. Sanktionen lasse, nicht. Diese Trennung passt nicht in den Regelungskomplex der §§ 111, 113. Einerseits ist näml. durchaus anerkannt, dass die „individualrechtl." Sanktion des Nachteilsausgleichs auch den Arbeitgeber dazu anhalten soll, seinen betriebsverfassungsrechtl. Verpflichtungen iRd. § 111 zu genügen, so dass § 113 auch „kollektivrechtl. Wirkung" zukommt (BAG 8.11.1988 AP BetrVG 1972 § 113 Nr. 18). Andererseits würde die Anerkennung eines vermeintl. „kollektivrechtl." Unterlassungsanspruchs jdf. bei dem beabsichtigten Ausspruch betriebsbedingter Kündigungen in erster Linie zu einer Verdoppelung der individualrechtl. Sanktionen eines vorzeitigen Abbruchs von Interessenausgleichsverhandlungen führen. Dass der Gesetzgeber in Kenntnis dieser Problematik § 113 auch iRd. Reform der Betriebsverfassung zum 28.7.2001 nicht geänd. hat, stützt die hier vertretene Auff. Und auch die RL 2002/14/EG verlangt keine abweichende Beurteilung. Die von Art. 8 II der RL geforderten „angemessenen Sanktionen" sind durch § 113 und die Ahndung als Ordnungswidrigkeit gem. § 121 gewährleistet, wobei die Richtlinienkonformität der deutschen gesetzl. Sanktionen offenbar auch der Auff. der Europ. Kom. entspricht (LAG BW 21.10.2009 20 TaBVGa 1/09; aA LAG M 22.12.2008 BB 2010, 896; LAG SH 15.12.2010 DB 2011, 714).

27a Die Meinungen der Instanzgerichte und der Lit. zum Unterlassungsanspruch sind geteilt (**dafür** LAG HM 17.2.2015 NZA-RR 2015, 247; LAG SH 15.12.2010 DB 2011, 714; LAG HE 19.1.2010 NZA-RR 2010, 187; LAG M 22.12.2008 BB 2010, 896; LAG SH 20.7.2007 NZA-RR 2008, 244; LAG NI 4.5.2007, AiB 2008, 348; LAG HM 26.2.2007 NZA-RR 2007, 469; LAG HM 28.8.2003 NZA-RR 2004, 80; LAG TH 26.9.2000 – LAGE BetrVG 1972 § 111 Nr. 17; LAG HH 26.6.1997 NZA-RR 1997, 196; LAG BE 7.9.1995 AuR 1996, 251; LAG HH 13.11.1981 DB 1982, 1522; LAG HE 21.9.1982 DB 1983, 613; LAG HE 30.8.1984 DB 1985, 178; LAG HM 23.3.1983 AuR 1984, 54; *Gruber* NZA 2011, 1011; *Forst* ZESAR 2011, 107; *Fauser/Nacken* NZA 2006, 1136; *Eisemann*, FS für Bepler, S. 131; **dagegen** LAG RP 27.8.2014 NZA-RR 2015, 197; LAG BW 21.10.2009 – 20 TaBVGa 1/09; LAG K 27.5.2009 – 2 TaBVGa 7/09; LAG N 9.3.2009 BB 2009, 1917; LAG M 24.9.2003, NZA-RR 2004, 586; LAG D 19.11.1996 NZA-RR 1997, 297; LAG D 14.11.1983 DB 1984, 511; LAG BW 28.8.1985 DB 1986, 805; LAG SH 13.1.1992 DB 1992, 1788; GK-BetrVG/*Oetker* Rn. 277; *Völksen* RdA 2010, 354; *Lipinski/Reinhardt* NZA 2009, 1184; *Bauer/Krieger* BB 2010, 53; **zweifelnd** LAG BB 19.6.2012 BeckRS 2014, 7166; Richardi/*Annuß* Rn. 168). Selbst wenn man aber grds. einen Unterlassungsanspruch bejaht, besteht jdf. bei Betriebsänderungen ohne Kündigung (§ 111 Nr. 3–5) meist kein Verfügungsgrund, da die bei einer Befriedigungsverfügung notwendige Interessenabwägung nur selten das notwendige „erhebl. überw. Interesse“ des BR ergeben wird (vgl. LAG K 30.4.2004 NZA-RR 2005, 199). Nach Auffassung des LAG BB (19.6.2014 BeckRS 2014, 71664) verlangen jdf. kleinere, noch nicht unumkehrbare Schritte zur Umsetzung einer Betriebsänderung noch nicht den Erlass einer einstweiligen Verfügung, weil hierdurch der Verhandlungsanspruch des BR noch nicht gefährdet werde. S. weiter § 23 Rn. 27; § 87 Rn. 138; § 113 Rn. 8.

Unabhängig von den umstr. kollektivrechtl. Möglichkeiten besteht – wie dargelegt – die Möglichkeit der Geltendmachung von **Nachteilsausgleichsansprüchen** durch den einzelnen AN, wenn der AG die Beteiligungsrechte des BR bei einer Betriebsänderung nicht hinreichend beachtet (vgl. dazu § 113 Rn. 1 ff.). Eine weitere individualrechtl. Sanktion ergibt sich jdf. dann, wenn die Betriebsänderung zum Ausspruch von Kündigungen führt, aus der Pflicht zur **Massenentlassungsanzeige** gem. §§ 17 f. KSchG. § 17 II KSchG verpflichtet den AG, den BR von der Absicht einer Massenentlassung vorab schriftl. zu informieren und mit diesem über die geplante Maßnahme zu beraten. Nach § 17 III 3 KSchG ist der Massenentlassungsanzeige die Stellungn. des BR beizufügen. Die Sanktion bestand nach der früheren Rspr. des BAG ledigl. darin, dass mangels ausreichender Inf. und Beratung mit dem BR Sperr- und Freifrist des § 18 I und IV KSchG nicht zu laufen beginnen und deshalb Kündigungsfristen nicht ablaufen. Die Kündigung als solche sollte aber nicht wegen Verstoß gegen § 17 II KSchG unwirksam sein (BAG 18.9.2003 NZA 2004, 375). Seit der sog. „Junk-Entscheidung“ des EuGH vom 27.1.2005 (NZA 2005, 213) ist diese Rspr. obsolet. Nach Auff. des EuGH verlangt die MassenentlassungsRL 98/59/EG zwgd., dass die Anzeige vor Ausspruch der Kündigung selbst zu erfolgen hat. Die frühere Interpretation des Begriffs „Entlassung“ als Ablauf der Kündigungsfrist sei falsch. Die Kündigung ohne ordnungsgem. Massenentlassungsanzeige ist unwirksam (zu Einzelheiten s § 17 KSchG Rn. 1 ff) . Letztl. wertet diese Rspr. die Rolle der BR auf, da zu einer wirksamen Massenentlassungsanzeige die rechtzeitige Unterrichtung des und Beratung mit dem BR gehört, wobei nach der deutschen Regelung die Unterrichtung mind. zwei Wochen vor Erstattung der Anzeige erfolgt sein muss. 28

§ 112 Interessenausgleich über die Betriebsänderung, Sozialplan

(1) [1]**Kommt zwischen Unternehmer und Betriebsrat ein Interessenausgleich über die geplante Betriebsänderung zustande, so ist dieser schriftlich niederzulegen und vom Unternehmer und Betriebsrat zu unterschreiben.** [2]**Das Gleiche gilt für eine Einigung über den Ausgleich oder die Milderung der wirtschaftlichen Nachteile, die den Arbeitnehmern infolge der geplanten Betriebsänderung entstehen (Sozialplan).** [3]**Der Sozialplan hat die Wirkung einer Betriebsvereinbarung.** [4]**§ 77 Abs. 3 ist auf den Sozialplan nicht anzuwenden.**

(2) [1]**Kommt ein Interessenausgleich über die geplante Betriebsänderung oder eine Einigung über den Sozialplan nicht zustande, so können der Unternehmer oder der Betriebsrat den Vorstand der Bundesagentur für Arbeit um Vermittlung ersuchen, der Vorstand kann die Aufgabe auf andere Bedienstete der Bundesagentur für Arbeit übertragen.** [2]**Erfolgt kein Vermittlungsersuchen oder bleibt der Vermittlungsversuch ergebnislos, so können der Unternehmer oder der Betriebsrat die Einigungsstelle anrufen.** [3]**Auf Ersuchen des Vorsitzenden der Einigungsstelle nimmt ein Mitglied des Vorstands der Bundesagentur für Arbeit oder ein vom Vorstand der Bundesagentur für Arbeit benannter Bediensteter der Bundesagentur für Arbeit an der Verhandlung teil.**

(3) [1]**Unternehmer und Betriebsrat sollen der Einigungsstelle Vorschläge zur Beilegung der Meinungsverschiedenheiten über den Interessenausgleich und den Sozialplan machen.** [2]**Die Einigungsstelle hat eine Einigung der Parteien zu versuchen.** [3]**Kommt eine Einigung zustande, so ist sie schriftlich niederzulegen und von den Parteien und vom Vorsitzenden zu unterschreiben.**

(4) [1]**Kommt eine Einigung über den Sozialplan nicht zustande, so entscheidet die Einigungsstelle über die Aufstellung eines Sozialplans.** [2]**Der Spruch der Einigungsstelle ersetzt die Einigung zwischen Arbeitgeber und Betriebsrat.**

(5) [1]**Die Einigungsstelle hat bei ihrer Entscheidung nach Absatz 4 sowohl die sozialen Belange der betroffenen Arbeitnehmer zu berücksichtigen als auch auf die wirtschaftliche Vertretbarkeit ihrer Entscheidung für das Unternehmen zu achten.** [2]**Dabei hat die Einigungsstelle sich im Rahmen billigen Ermessens insbesondere von folgenden Grundsätzen leiten zu lassen:**

1. **Sie soll beim Ausgleich oder bei der Milderung wirtschaftlicher Nachteile, insbesondere durch Einkommensminderung, Wegfall von Sonderleistungen oder Verlust von Anwartschaften auf betriebliche Altersversorgung, Umzugskosten oder erhöhte Fahrtkosten, Leistungen vorsehen, die in der Regel den Gegebenheiten des Einzelfalles Rechnung tragen.**
2. **Sie hat die Aussichten der betroffenen Arbeitnehmer auf dem Arbeitsmarkt zu berücksichtigen. Sie soll Arbeitnehmer von Leistungen ausschließen, die in einem zumutbaren Arbeitsverhältnis im selben Betrieb oder in einem anderen Betrieb des Unternehmens oder eines zum Konzern gehörenden Unternehmens weiterbeschäftigt werden können und die Weiterbeschäftigung ablehnen; die mögliche Weiterbeschäftigung an einem anderen Ort begründet für sich allein nicht die Unzumutbarkeit.**

2a. Sie soll insbesondere die im Dritten Buch des Sozialgesetzbuches vorgesehenen Förderungsmöglichkeiten zur Vermeidung von Arbeitslosigkeit berücksichtigen.

3. Sie hat bei der Bemessung des Gesamtbetrages der Sozialplanleistungen darauf zu achten, dass der Fortbestand des Unternehmens oder die nach Durchführung der Betriebsänderung verbleibenden Arbeitsplätze nicht gefährdet werden.

§ 112a Erzwingbarer Sozialplan bei Personalabbau, Neugründungen

(1) [1]Besteht eine geplante Betriebsänderung im Sinne des § 111 Satz 3 Nr. 1 allein in der Entlassung von Arbeitnehmern, so findet § 112 Abs. 4 und 5 nur Anwendung, wenn

1. in Betrieben mit in der Regel weniger als 60 Arbeitnehmern 20 vom Hundert der regelmäßig beschäftigten Arbeitnehmer, aber mindestens 6 Arbeitnehmer,

2. in Betrieben mit in der Regel mindestens 60 und weniger als 250 Arbeitnehmern 20 vom Hundert der regelmäßig beschäftigten Arbeitnehmer oder mindestens 37 Arbeitnehmer,

3. in Betrieben mit in der Regel mindestens 250 und weniger als 500 Arbeitnehmern 15 vom Hundert der regelmäßig beschäftigten Arbeitnehmer oder mindestens 60 Arbeitnehmer,

4. in Betrieben mit in der Regel mindestens 500 Arbeitnehmern 10 vom Hundert der regelmäßig beschäftigten Arbeitnehmer, aber mindestens 60 Arbeitnehmer

aus betriebsbedingten Gründen entlassen werden sollen. [2]Als Entlassung gilt auch das vom Arbeitgeber aus Gründen der Betriebsänderung veranlasste Ausscheiden von Arbeitnehmern aufgrund von Aufhebungsverträgen.

(2) [1]§ 112 Abs. 4 und 5 findet keine Anwendung auf Betriebe eines Unternehmens in den ersten vier Jahren nach seiner Gründung. [2]Dies gilt nicht für Neugründungen im Zusammenhang mit der rechtlichen Umstrukturierung von Unternehmen und Konzernen. [3]Maßgebend für den Zeitpunkt der Gründung ist die Aufnahme einer Erwerbstätigkeit, die nach § 138 der Abgabenordnung dem Finanzamt mitzuteilen ist.

I. Interessenausgleich

1 **1. Zweck und Inhalt.** Ziel der nach § 111 vorgeschriebenen Beratung zwischen Unternehmer und BR ist der Versuch, einen Interessenausgleich zu vereinbaren. Gegenstand des Interessenausgleichs ist das **Ob, Wann und Wie der geplanten Betriebsänderung** (BAG 27.10.1987 AP BetrVG 1972 § 112 Nr. 41; 17.9.1991 AP BetrVG 1972 § 112 Nr. 59). Anders als der Sozialplan soll der Interessenausgleich nicht entstandene wirtschaftl. Nachteile ausgleichen, sondern nach Möglichkeit deren Entstehung verhindern bzw. abmildern. Zwischen Interessenausgleich und Sozialplan besteht ein Ausschließlichkeitsverhältnis: All das, was **Gegenstand des Interessenausgleichs** ist, kann nicht Gegenstand des Sozialplans sein und umgekehrt (BAG 17.9.1991 AP BetrVG 1972 § 112 Nr. 59). Typische Regelungen im Interessenausgleich sind etwa Vereinbarungen über die Modalitäten der Betriebsänderung einschließl. der Termine für Entlassungen und Freistellungen bei Betriebsstillegungen, Regelungen zur Einführung von Kurzarbeit; zur (zeitweisen) Vermeidung einer geplanten Betriebsänderung, Vereinbarungen von Qualifikationsmaßnahmen der AN zum Umgang mit neuen Produktionen oder Techniken, sonstige Maßnahmen der menschengerechten Arbeitsgestaltung, die Vereinbarung von AuswahlRL für Versetzungen oder Entlassungen (vgl. *Fitting* Rn. 20; DKKW/*Däubler* Rn. 21). Problematisch ist, inwiefern auch Umschulungs- und Fortbildungsmaßnahmen, die die Versetzung von AN auf einen anderen Arbeitsplatz im Unternehmen ermögl. sollen, Gegenstand eines Interessenausgleichs sind. Das BAG bejaht dies mit der Folge, dass derartige Maßnahmen nicht in einem Sozialplan geregelt werden dürfen und deshalb nicht über die Einigungsstelle erzwungen werden können (BAG 17.9.1991 AP BetrVG 1972 § 112 Nr. 59). Entfällt aber der bisherige Arbeitsplatz infolge einer Betriebsänderung, liegt ein wirtschaftl. Nachteil durch den Verlust des bisherigen Arbeitsplatzes unzweifelhaft vor. Umschulungs- bzw. Fortbildungsmaßnahmen, die die Weiterbeschäftigung auf einem anderen freien Arbeitsplatz ermögl. sollen, dienen deshalb in Wirklichkeit der Abmilderung entstandener Nachteile und gehören somit in den Sozialplan.

2 In drei Fällen sieht der Gesetzgeber die Möglichkeit der Vereinbarung eines **Interessenausgleichs unter Namensnennung betroffener AN** mit bes. Rechtsfolgen vor: Kommt es bei einer Verschmelzung, Spaltung oder Vermögensübertragung nach dem UmwG zugleich zu einer Betriebsänderung, insb. in Form der Betriebsaufspaltung gem. § 111 Nr. 3, sieht **§ 323 II UmwG** die Möglichkeit vor, im Interessenausgleich diejenigen AN namentl. zu bezeichnen, die nach der Umwandlung einem bestimmten Betrieb oder Betriebsteil zugeordnet werden sollen. Liegt ein solcher Interessenausgleich vor, so kann die Zuordnung der AN durch das ArbG nur auf grobe Fehlerhaftigkeit überprüft werden. Der Vorschr. kommt jedoch nur geringe Bedeutung zu, da über § 324 UmwG zugleich auch § 613a BGB anwendbar ist und mit einer Zuordnung nach § 323 II UmwG nicht die ges. Regelung des § 613a BGB außer Kraft gesetzt werden kann (*Kreßel* BB 1995, 925; *Wlotzke* DB 1995, 40; *Bachner* NJW 1995, 2181). Ein Anwendungsbereich verbleibt für § 323 II UmwG deshalb nur bei den problematischen

Zuordnungsfällen iRd. § 613a BGB (Springer, Overheadfunktionen). Deren Zuordnung kann im Interessenausgleich mit der nach § 323 II UmwG eingeschränkten gerichtl. Kontrolle vorgenommen werden, da insoweit § 613a BGB keinen Lösungsmechanismus anbietet (*Kreitner* NZA 1990, 429; aA wohl *Lieb* ZfA 1995, 229).

Den zweiten Fall bildet § 1 V KSchG. Diese Vorschr. sieht vor, dass bei **namentl. Bezeichnung der** 3
zu kündigenden AN in einem Interessenausgleich deren Kündigungsschutz gravierend eingeschränkt wird: Zum einen wird die Betriebsbedingtheit der Kündigung vermutet, zum anderen kann die Sozialauswahl nur auf grobe Fehlerhaftigkeit überprüft werden. Die Regelung war wortgleich bereits von 1996 bis 1999 in Kraft und ist nun iRd. Gesetzes zu Reformen am Arbeitsmarkt wiederbelebt worden (näheres siehe § 1 KSchG Rn. 360 ff.). Drittens ist die mit § 1 V KSchG weitgehend deckungsgleiche Sonderregel des § 125 InsO für betriebsbedingte Kündigungen in der Insolvenz zu nennen (dazu § 125 InsO Rn. 1 ff.). Sowohl § 1 V KSchG als auch § 125 InsO verlangen ausdrückl. das Vorliegen einer Betriebsänderung iSd. § 111. Für **freiwillige Interessenausgleiche** ohne Vorliegen einer Betriebsänderung mit den ges. Folgen der genannten Vorschr. ist kein Raum, da der ges. Kündigungsschutz nicht betriebspartnerdispositiv ist (so aber *Schiefer* DB 1997, 2176). Dies steht auch der Annahme einer Art Beurteilungsspielraum der Betriebspartner in unklaren Grenzfällen entgegen (dafür *Thüsing* BB 2005, 213). Die Betriebspartner sind freil. nicht gehindert, freiwillige „Namenslisten" zu vereinbaren. Ob Ihnen die ges. Privilegierungen zukommen, ist dann ggf. als Vorfrage in einem Kündigungsschutzprozess verbindl. zu klären (zu Besonderheiten im Tendenzbetrieb vgl. § 118 Rn. 18).

2. Erforderlichkeit eines Interessenausgleichs. Die Verpflichtung zur Aufnahme von Verhandlun- 4
gen über einen Interessenausgleich besteht **bei jeder Betriebsänderung** iSd. § 111. Dies gilt auch dann, wenn gem. § 112a ein Sozialplan wegen Nichterreichung der in § 112a I genannten Zahlengrenzen oder in neu gegründeten Unternehmen (§ 112a II) nicht erzwingbar ist. In diesen Fällen kommt den Verhandlungen über einen Interessenausgleich sogar bes. Bedeutung zu, da infolge des Fehlens eines erzwingbaren Ausgleichs entstandener wirtschaftl. Nachteile der BR sein Augenmerk ganz auf die (tw.) Vermeidung wirtschaftl. Nachteile lenken muss. Erforderl. ist, dass über konkret geplante Maßnahmen mit dem BR verhandelt wird und schon eine Einigung über das Ob und Wie angestrebt werden kann (BAG 19.1.1999 NZA 1999, 949). Ein früherer Rahmeninteressenausgleich befreit nicht von der Notwendigkeit eines weiteren Interessenausgleichsversuchs, wenn sich später eine Betriebsänderung konkretisiert. Er dürfte aber Bindungswirkung haben, soweit sie für den Interessenausgleich überhaupt besteht (s. Rn. 9, zum Rahmensozialplan Rn. 15). Ein mit dem BR vereinbarter, zeitl. unbefristeter Sozialplan entbindet den AG nicht von seiner Pflicht, bei später von ihm geplanten Betriebsänderungen jeweils einen neuen Interessenausgleich mit dem BR zu versuchen (BAG 29.11.1983 AP BetrVG 1972 § 113 Nr. 10). In Tendenzbetrieben gem. § 118 I finden die §§ 111 bis 113 nur insoweit Anwendung, als sie den Ausgleich oder die Milderung wirtschaftl. Nachteile für die AN infolge von Betriebsänderungen regeln. Die **Pflicht zur Verhandlung über einen Interessenausgleich entfällt** also (s. § 118 Rn. 18). IÜ ist es unter Beachtung des Grundsatzes der vertrauensvollen Zusammenarbeit der Betriebspartner geboten, ausnahmsweise die Pflicht zum Versuch eines Interessenausgleichs entfallen zu lassen. Zu denken ist an solche Fälle, die bei einem Auftreten nach Abschluss eines Interessenausgleichs ein berechtigtes Abweichen von diesem nach § 113 I erlauben würden. Es muss sich um plötzl. eintretende gravierende Ereignisse handeln, die bei einer durch einen Interessenausgleichsversuch bedingten Verzögerung einer Betriebsänderung zu unwiederbringl. weitergehenden Nachteilen für das Unternehmen und die betroffenen AN führen würden (*Kania/Joppich* NZA 2005, 749).

3. Form des Interessenausgleichs. Der Interessenausgleich ist gem. § 112 I **schriftl.** niederzulegen 5
und vom Unternehmer und BR zu unterschreiben. Dies gilt auch für die im Interessenausgleich enthaltenen Regeln über Zuordnung und Kündigung von AN (s. oben Rn. 2, 3). Wird der Interessenausgleich in der Einigungsstelle abgeschlossen, muss gem. § 112 III 3 auch der Vorsitzende unterschreiben. Besteht der Interessenausgleich aus mehreren Blättern, die zB durch eine Heftklammer fest verbunden sind, genügt die Unterschrift auf einem Bl. (BAG 11.11.1986 DB 1987, 994). Fehlt es an einer festen körperl. Verbindung der einzelnen Blätter, ist die Unterschrift jeder einzelnen Seite nur dann entbehrl., wenn sich die Einheitlichkeit der Urkunde aus fortlaufenden Paginierung, fortlaufender Nummerierung der einzelnen Bestimmungen, einheitl. graphischer Gestaltung, inhaltl. Zusammenhang des Textes oder vergleichbaren Merkmale zweifelsfrei ergibt (BGH 24.9.1997 ZIP 1997, 2085 zum Mietvertrag). Die **Unterschriftsberechtigung** richtet sich auf AGSeite nach den Vertretungsbefugnissen im Unternehmen. Auf BRSeite ist gem. § 26 III 1 der BRvorsitzende und im Falle seiner Verhinderung der Stellvertreter unterschriftsbefugt. Eine Delegation des Abschlusses eines Interessenausgleichs vom BR auf einen Ausschuss ist nicht mögl. § 27 III 2 gilt insofern entspr. (DKKW/*Däubler* Rn. 19). In der Praxis werden vielfach **Interessenausgleich und Sozialplan in einer gemeinsamen Urkunde** niedergelegt. Die Rechtswirksamkeit von Interessenausgleich und Sozialplan wird dadurch nicht angetastet (*Fitting* Rn. 24). Werden Regelungen, die zum Interessenausgleich gehören, in den Sozialplan aufgenommen, liegt eine unschädl. falsa demonstratio vor. Sie führt nicht zur Unwirksamkeit der Regelung, sondern kann im Gegenteil zu gesteigerter Wirksamkeit führen, wenn sich aus der Aufnahme in den Sozialplan der Wille ergibt, ein Klagerecht für AN und/oder BR zu begründen (s.

Rn. 9). Wird umgekehrt eine Regelung, die in den Sozialplan gehört, in den Interessenausgleich aufgenommen, kann sich der Wille zu einem Klageausschluss ergeben. Dies erfordert aber bes. Anhaltspunkte. **Formmängel,** die der wirksamen Vereinbarung eines Interessenausgleichs entgegenstehen, liegen etwa vor bei einem gemeinsam vom AG und BR unterzeichneten Rundschreiben (LAG D 3.2.1977 DB 1977, 1954), bei einem bloßen Protokoll über die Verhandlung des Interessenausgleichs und bei einer gemeinsamen Unterschrift unter einer Massenentlassungsanzeige nach § 17 III KSchG (DKKW/*Däubler* Rn. 18). Die Massenentlassungsanzeige schafft nur die kündigungsrechtl. Voraussetzungen für die geplanten Entlassungen.

6 **4. Verfahren.** Das BetrVG sieht für den Interessenausgleich ein obligatorisches Verfahren ohne erzwingbare Einigung vor. Um Nachteilsausgleichsansprüche und ggf. Unterlassungsverfügungen seitens des BR (vgl. dazu § 111 Rn. 2) abzuwenden, hat der Unternehmer den **Abschluss eines Interessenausgleichs zu versuchen** (§§ 112 III 2, 113 III). Insofern trifft den Unternehmer die Initiativlast. Er ist verpflichtet, den BR gem. § 111 rechtzeitig und umfassend zu unterrichten und Beratungen mit ihm aufzunehmen. Und er ist auch verpflichtet, den richtigen Verhandlungspartner zu ermitteln. Bei Zweifeln darüber, welcher BR oder ob der GBR zuständig ist, muss der AG die in Betracht kommenden ANVertretungen zur Klärung der Zuständigkeitsfrage auffordern. Einigen sich die ANVertretungen, wer zuständig sein soll, ist durch Verhandlung mit diesen Gremien der Interessenausgleich „versucht". Einigen sich die Mitbestimmungsorgane nicht auf einen Verhandlungspartner, darf der AG mit der Vertretung verhandeln, deren Herausgreifen nachvollziehbar erscheint (BAG 24.1.1996 AP BetrVG 1972 § 50 Nr. 16). Das BAG hält verschiedene Zuständigkeiten für Interessenausgleich (GBR) und Sozialplan (BR) für mögl. (BAG 3.5.2006 DB 2006, 2410; 11.12.2001 AP BetrVG 1972 § 50 Nr. 22). Aus der Zuständigkeit des GBR für den Abschluss eines Interessenausgleichs folgt nicht ohne weiteres seine Zuständigkeit auch für den Abschluss eines Sozialplans. Vielmehr sei gesondert zu prüfen, ob der Ausgleich oder die Milderung der durch die Betriebsänderung entstehenden Nachteile zwingend unternehmenseinheitl. oder betriebsübergreifend geregelt werden muss (BAG 3.5.2006 NZA 2007, 1245). Verschiedene Zuständigkeiten für Namensliste und „normalen" Interessenausgleich dürften dagegen ausscheiden, da die Namensliste Teil eines einheitl. Interessenausgleichs ist (aA *Fischer* BB 2004, 1001).

7 Scheitern innerbetriebl. Interessenausgleichsverhandlungen, so kann nach § 112 II jede Seite den **Vorstand der BA** um Vermittlung ersuchen. Dieser braucht nicht persönl. zu erscheinen, sondern kann einen Vertreter entsenden. Verweigern darf der Vorstand seine Mitwirkung nicht. Da die Einschaltung fakultativ ist, hat ihr Unterbleiben keine Rechtsfolgen nach § 113 (*Fitting* Rn. 29).

8 Kommt es nicht zu einem Vermittlungsversuch durch den Vorstand der BA oder bleibt die Vermittlung erfolglos, muss der Unternehmer von sich aus die Einigungsstelle anrufen, wenn er Ansprüche der AN auf Nachteilsausgleich und ggf. eine einstweilige Vfg. auf Unterlassung der Betriebsänderung (vgl. § 111 Rn. 27) vermeiden will (BAG 18.12.1984 AP BetrVG 1972 § 113 Nr. 11; 16.5.2007 NZA 2007, 1296). Dies soll selbst dann gelten, wenn der BR-Vorsitzende dem AG formlos mitteilt, dass der Betriebsänderung zugestimmt werde oder dass ein Interessenausgleich überflüssig sei. Nur wenn der BR seine Tätigkeit gänzl. eingestellt habe oder wenn der BRVorsitzende trotz eines ordnungsgem. BRBeschlusses dem Verlangen des AG nach einer schriftl. Niederlegung nicht nachkomme, dürfe der AG von einer Beendigung des Interessenausgleichsversuchs ausgehen (BAG 26.10.2004 NZA 2005, 237). Ansonsten soll nur, wenn in der Einigungsstelle das **Scheitern der Verhandlungen** festgestellt wird, ein hinreichender Versuch des Interessenausgleichs vorliegen, wobei allerdings umstr. ist, wer wann das Scheitern bestimmt. Als zuständig für die Feststellung des Scheiterns wird vielfach entweder der Vorsitzende der Einigungsstelle (DKKW/*Däubler* Rn. 15) oder die Einigungsstelle als Gremium angesehen (*Fitting* Rn. 42). Sinnvoll erscheint es, wie folgt zu differenzieren: Unstr. muss vor der Einigungsstelle mit dem ernsthaften Willen zur Einigung verhandelt werden, da es ansonsten keinen Sinn macht, dieses Verfahren als Vorraussetzung für einen Interessenausgleichsversuch zu verlangen. Im Hinblick auf die verfassungsrechtl. geschützte Unternehmerfreiheit kann das Scheitern dieser Verhandlungen jedoch nicht in das alleinige Ermessen der Einigungsstelle oder ihres Vorsitzenden gestellt werden (vgl. auch *Hanau* DB 1999, 45). Das „Scheitern" ist vielmehr ein objektiver Befund. Gescheitert ist der Versuch, wenn den Parteien hinreichend Gelegenheit zur Stellungn. gegeben wurde und alle Arg. diskutiert wurden. Daraus folgt, dass das Feststellen des Scheiterns durch den Vorsitzenden oder die Einigungsstelle als Gremium nur deklaratorischen Charakter hat, aber insofern Bindungswirkung entfaltet, als eine solche Entsch. zwgd. das Einigungsstellenverfahren beendet. Es steht aber auch einer der Parteien, idR dem AG frei, das Verfahren für gescheitert zu erklären und mit der Betriebsänderung zu beginnen. Eine solche Parteierklärung entfaltet freil. keine Bindungswirkung, so dass die Frage des Scheiterns ggf. als Vorfrage in einem Rechtsstreit geklärt werden müsste (ausführl. *Kania/Joppich* NZA 2005, 749).

9 **5. Bindungswirkung.** Die Wirkung des Interessenausgleichs hängt von seiner Rechtsnatur ab, zu der sich das BetrVG nicht ausdrückl. äußert. Aus einem Umkehrschluss zu § 112 I 3 ergibt sich, dass es sich beim Interessenausgleich anders als beim Sozialplan nicht um eine BV handelt. Das bedeutet, dass der Interessenausgleich keine unmittelbare und zwgd. Wirkung für die einzelnen AN entfaltet. Es handelt sich bei ihm um eine kollektive Vereinbarung bes. Art (GK-BetrVG/*Oetker* Rn. 72; *Meyer* BB 2001, 882; MüArbR/*Matthes* § 361 Rn. 28). Aus der Einstufung als „Vereinbarung" kann jedoch nicht

der Schluss gezogen werden, dass der BR einen klagbaren Anspruch auf Einhaltung hat. Das Arg., Verträge seien einzuhalten, greift zu kurz; denn in § 113 I hat der Gesetzgeber ausdrückl. Sanktionen für den Fall der Abweichung des Unternehmers von einem vereinbarten Interessenausgleich vorgesehen (BAG 28.8.1991 AP ArbGG 1979 § 85 Nr. 2; GK-BetrVG/*Oetker* Rn. 92; aA *Siemes* ZfA 1998, 183; LAG M 30.7.1997 LAGE § 112 BetrVG Interessenausgleich Nr. 1). Im Hinblick auf die Regelung in § 113 ist der Interessenausgleich deshalb als unvollkommene Verbindlichkeit einzustufen, die auch sonst der Privatrechtsordnung nicht fremd ist. BR und AG steht es aber frei, den Interessenausgleich ausdrückl. als Regelungsabrede oder sogar BV zu vereinbaren, um dem BR einen Anspruch auf dessen Einhaltung oder sogar den AN eigene unabdingbare Rechte einzuräumen, soweit die entspr. Voraussetzungen dieser Vereinbarung gegeben sind (*Fitting* Rn. 45; *Molkenbur/Schulte* DB 1995, 270). Der Regelung des Interessenausgleichsverfahrens kann nicht der Wille des Gesetzgebers entnommen werden, die allg. gegebenen Regelungsmöglichkeiten der Betriebsparteien einzuschränken; insb. ist § 113 nicht die Wertung zu entnehmen, dass die freiwillige Vereinbarung einer weitergehenden Bindungswirkung des Interessenausgleichs unzulässig sei (so aber *Löwisch* DB 2005, 554). Ein erzwingbares Mitbestimmungsrecht besteht insofern freil. nicht. Weitergehende Bindungswirkung kommt auch ohne nähere Vereinbarung dem bes. Interessenausgleich gem. §§ 1 V KSchG, 125 InsO, 323 II UmwG zu. Dieser entfaltet insofern unmittelbare Rechtswirkung ggü. dem einzelnen betroffenen AN, als durch den eingeschränkten gerichtl. Kontrollmaßstab dessen Rechtsschutzmöglichkeiten verringert werden.

6. Sonderregeln in der Insolvenz. Die Pflicht, bei einer Betriebsänderung einen Interessenausgleich zu versuchen, bleibt auch in der Insolvenz bestehen. Dies gilt selbst dann, wenn der BR erst nach der Eröffnung des Insolvenzverfahrens gewählt wurde (BAG 18.11.2003 NZA 2004, 220). §§ 121, 122 InsO ermögl. allerdings eine erhebl. Beschleunigung des Verfahrens. Ein Vermittlungsversuch des Vorstands der BA findet nur dann statt, wenn InsV und BR gemeinsam um eine solche Vermittlung ersuchen. Ansonsten können beide Parteien sofort die Einigungsstelle anrufen. Erscheint dem InsV auch die Anrufung der Einigungsstelle zu langwierig, kann er gem. § 122 I InsO die Zustimmung des ArbG zur Betriebsänderung ohne Durchführung eines Einigungsstellenverfahrens beantragen, wenn innerhalb von drei Wochen nach Verhandlungsbeginn bzw. nach Aufforderung zur Aufnahme von Verhandlungen ein Interessenausgleich nicht zustande gekommen ist. Eine Zustimmung des ArbG kommt nicht in Frage, wenn der InsV dem BR nicht rechtzeitig und umfassend unter die Betriebsänderung informiert hat (ArbG BE 26.3.1998 AiB 1999, 239). Die Frist muss erst bei dem Anhörungstermin abgelaufen sein (ArbG Lingen 9.7.1999 ZIP 1999, 1892). Das ArbG hat die Zustimmung zu erteilen, wenn dies die wirtschaftl. Lage des Unternehmens auch unter Berücksichtigung der sozialen Belange des AN erfordert (§ 122 II InsO). IRd. § 158 II InsO ist das ArbG an die Entsch. des Insolvenzgerichts nicht gebunden. Der Beschl. des ArbG wird grds. sofort rkr., es sei denn, das ArbG lässt die Rechtsbeschwerde zum BAG zu. Ein BeschwV beim LAG gibt es nicht (§ 122 III InsO). Die entspr. Anwendung des § 72 II Nr. 2 ArbGG ist auf abw. ArbGEntsch. zu beziehen. 10

Da § 122 II allg. auf das BeschlV. verweist, gilt auch der einstweilige Rechtsschutz gem. § 85 ArbGG (so der Rechtsausschuss des BT, BT-Drs. 12/7302 S. 171; ArbG Hamburg 4.2.1997 ZIP 1997, 474; aA DKKW/*Däubler* (Anhang zu §§ 111–113) § 122 InsO Rn. 14; *Lakies,* RdA 1997, 145, 153). Während des Verfahrens nach § 122 besteht kein zusätzl. Hindernis für die Durchführung der Betriebsänderung, da es diese erleichtern soll. Zu Sonderregeln des Interessenausgleichs mit Namensliste s. §§ 125 ff. InsO. 11

II. Sozialplan

1. Zweck und Wirkung. Der Sozialplan dient gem. § 112 I 2 dem **Ausgleich bzw. der Milderung der wirtschaftl. Nachteile,** die den AN infolge einer Betriebsänderung entstehen. Immaterielle Nachteile, die AN ggf. stärker belasten können als wirtschaftl. (zB Verlust sozialer Beziehungen, Entwertung speziellen Wissens) sind nicht ausgleichspflichtig (*Fitting* Rn. 118; *Hanau* ZfA 1974, 101). Umstr. ist, ob der Sozialplan (vergangenheitsbezogen) einen Ausgleich für den Verlust des Arbeitsplatzes oder (zukunftsbezogen) eine Überbrückungshilfe bis zu einem neuen ArbVerh. bzw. dem Bezug des ges. Altersruhegeldes leisten soll. Das BAG neigte zunächst zu einer Kombination beider Zwecke (BAG GS 13.12.1978 AP BetrVG 1972 § 112 Nr. 6), betont jetzt aber auf Grund des 1985 eingefügten § 112a va. die **Überleitungs- und Vorsorgefunktion** des Sozialplans (BAG 11.8.1993 AP BetrVG 1972 § 112 Nr. 71; 9.11.1994 AP BetrVG 1972 § 112 Nr. 85; 31.7.1996 AP BetrVG 1972 § 112 Nr. 103; 11.11.2008 NZA 2009, 210; aA *Temming* RdA 2008, 347). Daraus folgt, dass für die Betriebspartner und ggf. die Einigungsstelle die rechtl. Möglichkeit besteht, AN, die unmittelbar im Anschluss an ihr Ausscheiden einen neuen Arbeitsplatz finden, von Sozialplanansprüchen auszunehmen (BAG 30.11.1994 AP BGB § 611 Ausbildungsbeihilfe Nr. 20), verminderte Leistungen für AN vorzusehen, die kurz vor Erreichen des Rentenalters stehen (BAG 26.7.1988 AP BetrVG 1972 § 112 Nr. 45) oder prinzipiell die Betriebszugehörigkeit bei der Bemessung von Sozialplanleistungen unberücksichtigt zu lassen. Andererseits behalten die Betriebszugehörigkeit und das damit verbundene höhere Lebensalter ihre Bedeutung als Prognosegrundlage für die Aussichten auf dem Arbeitsmarkt, sowie als Kriterium 12 für die Abfindung, wenn nicht alle zukünftigen Nachteile berücksichtigt werden können. Insofern ist es, auch wenn man die Überbrückungsfunktion des Sozialplans betont, nach wie vor mögl., die Betriebszugehörigkeit als Faktor für die Berechnung von Sozialplanleistungen einfließen zu lassen. Sozialplanabfindungen aber allein nach der Betriebszugehörigkeit zu bemessen und auf diese Weise eine zusätzl. Belohnung für geleistete Betriebstreue auszuwerfen, ist mit dem vom BAG angenommenen Zweck des Sozialplans nicht vereinbar. Die Möglichkeit der freiwilligen Leistung derartiger Zahlungen bleibt davon unberührt (s. § 77 Rn. 59 f.).

13 Der Sozialplan hat nicht nur die **Wirkung einer BV** (vgl. § 112 I 3), sondern er ist eine (BAG 18.12.1990 AP BetrVG 1972 § 99 Nr. 85). Er enthält gem. § 77 IV 1 unabdingbare Rechtsansprüche der AN, die diese im Urteilsverfahren einklagen können. Ein Verzicht ist nur mit Zustimmung des BR zulässig. Anders als bei sonstigen BV gilt der Tarifvorbehalt des § 77 III nicht (§ 112 I 4). Sozialpläne können daher auch abgeschlossen werden, wenn entspr. tarifl. Regelungen (Rationalisierungsschutzabkommen) für den Geltungsbereich des Sozialplans vorliegen oder übl. sind. Zwischen tarifl. Rationalisierungsschutzabkommen und Sozialplan gilt das Günstigkeitsprinzip (BAG 27.8.1975 AP BetrVG 1972 § 112 Nr. 2). Der AG ist deshalb verpflichtet, die jeweils für den betroffenen AN bessere Leistung zu erbringen, soweit im TV nicht ausdrückl. etwas anderes vereinbart ist (s. § 77 Rn. 59 f.). Mögl. ist es aber auch, in einem Sozialplan zu regeln, dass Abfindungen, die der AG auf Grund eines TV wegen einer Betriebsänderung zahlt, zur Erfüllung von Sozialplanansprüchen führen (BAG 14.11.2006 BB 2007, 218). Davon zu trennen ist die Frage, inwiefern §§ 111 ff. der **Erstreikbarkeit von tarifl. Sozialplänen** Grenzen setzen. Diese Frage ist nach Auff. des BAG zu verneinen (BAG 24.4.2007 NZA 2007, 987; zum Streitstand s. 8. Auflage §§ 112, 112a Rn. 13). Gewerkschaften können danach zum Streik um einen tarifl. Sozialplan aufrufen, wobei diese Streikforderungen weder durch die Wertungen der §§ 111 ff. BetrVG eingeschränkt werden noch einer gerichtl. Übermaßkontrolle unterliegen. Eine solche Kontrolle würde gegen die durch Art. 9 III GG gewährleistete Koalitionsbetätigungsfreiheit der Gewerkschaften verstoßen und die Funktionsfähigkeit der Tarifautonomie in Frage stellen (BAG 24.4.2007 NZA 2007, 987). Nachdem damit das BAG bereit ist, auch für das Unternehmen wirtschaftl. unvertretbare Forderungen zB nach Sonderkündigungsfristen und/oder Abfindungen hinzunehmen, ohne dass ein Streik rechtswidrig würde, ist die Streik führende Gewerkschaft jdf. iE nicht alleine darauf beschränkt, die sozialen Folgen einer Betriebsänderung abzufangen; vielmehr kann sie auch versuchen, mittelbar Einfluss auf die unternehmerische Entscheidung selbst zu gewinnen (*Bayreuther* NZA 2007, 1017). Nur bei einem Streik, welcher auf die Verhinderung einer Standortverlagerung von Deutschland in einen anderen EU-Mitgliedsstaat gerichtet ist, ist als Konsequenz der Viking-Entscheidung des EuGH (EuGH 11.11.2007 NZA 2008, 124) als zusätzl. Zulässigkeitsschranke die Niederlassungsfreiheit gem. Art. 49 AEUV zu beachten (*Krieger/Wiese* BB 2010, 568). Diese Vorgaben gelten in gleichem Maße für einen FirmenTV wie für einen firmenbezogenen VerbandsTV. Macht die Gewerkschaft von ihrem Streikrecht Gebrauch, spricht viel dafür, dass aus Gründen der Kampfmittelparität Mitbestimmungsrechte des BR gem § 112 suspendiert sind. Das bedeutet, dass der AG nicht zu einem parallelen Interessenausgleichsversuch mit dem BR verpflichtet ist und ein Spruch der Einigungsstelle über den Sozialplan erst nach Beendigung des Arbeitskampfes ergehen kann (*Lipinski/Ferme* DB 2007, 1250; *Willemsen/Stamer* NZA 2007, 413; *Gaul* RdA 2008, 13). Das bloße Anhörungsrecht gem. § 102 ist dagegen auch bei Kündigungen während eines Streiks zu wahren (aA *Gaul* RdA 2008, 22). Unzulässig sind Streiks bei Verstoß gegen die Friedenspflicht, die sich in diesem Zusammenhang aus tarifl. Rationalisierungsschutzabkommen ergeben kann (dazu *Lindemann/Dannhorn* BB 2008, 1226). Derselbe Gedanke greift auch bei Streikforderungen auf Ausgleich eines Tarifgefälles bei (Teil)betriebsübergängen (*Greiner* NZA 2008, 1274).

14 **2. Erforderlichkeit eines Sozialplans.** Grds. kann **bei jeder Betriebsänderung** iSd. § 111 ein Sozialplan verlangt werden. Dies gilt auch dann, wenn der Unternehmer einen Interessenausgleich mit dem BR weder erreicht noch versucht hat und deshalb zur Leistung von Nachteilsausgleichsansprüchen an die einzelnen AN gem. § 113 verpflichtet ist. Auch der Sozialplan sollte grds. vor der Betriebsänderung vereinbart werden. Der Unternehmer kann sich jedoch durch eine rasche Durchführung der Betriebsänderung seiner Sozialplanpflicht nicht entziehen. Der Sozialplan kann auch nach Durchführung der Betriebsänderung noch vereinbart werden. Dies gilt selbst dann, wenn etwa bei einer Betriebsschließung oder Betriebsaufspaltung die Amtszeit des BR eigentl. beendet wäre; der BR behält für den Abschluss des Sozialplans ein Restmandat (BAG 20.4.1982 AP BetrVG 1972 § 112 Nr. 15).

15 Die Sozialplanpflicht besteht bei **jeder** einzelnen Betriebsänderung. **Vorsorgl. Sozialpläne** für mögl., aber noch nicht konkret zur Umsetzung anstehende Betriebsänderungen. verbrauchen das Mitbestimmungsrecht, wenn die geahnte bzw. befürchtete Betriebsänderung eintritt und bei Abschluss des Sozialplans zumindest in groben Zügen schon Konturen angenommen hatte (BAG 26.8.1997 AP BetrVG 1972 § 112 Nr. 117; 19.1.1999 NZA 1999, 949 mit Abgrenzung zum Rahmeninteressenausgleich (Rn. 4). Mangels Vorliegens einer aktuellen Betriebsänderung können vorsorgl. Sozialpläne nicht über die Einigungsstelle erzwungen werden (BAG 22.3.2016 NZA 2016, 894). **Rahmensozialpläne** und andere Dauersozialpläne ohne Bezug zu einer konkret sich abzeichnenden Betriebsänderung verbrauchen das Mitbestimmungsrecht nicht. Wird trotz eines solchen Rahmensozialplans für eine

konkrete Betriebsänderung ein neuer speziellerer Sozialplan abgeschlossen, geht dieser dem Rahmensozialplan vor, soweit nichts anderes vereinbart ist (BAG 19.2.2008 NZA 2008, 719). Kommt es dagegen bei einer konkreten Betriebsänderung nicht zum Abschluss eines Sozialplans, aktualisiert sich ein vorhandener Rahmensozialplan (BAG 17.4.2012 NZA 2012, 1241).

Einschränkungen von der Erzwingbarkeit des Sozialplans macht der 1985 in das G eingefügte § 112a. § 112a I bezieht sich auf den Fall, dass die geplante Betriebsänderung allein in einem **Personalabbau** besteht. In diesem Fall kann der Sozialplan nur erzwungen werden, wenn die Zahl der aus betriebsbedingten Gründen entlassenen AN die in Nr. 1 bis 4 genannten Grenzen erreicht, die anders als § 111 auf den Betrieb, nicht auf das Unternehmen bezogen wird. Das „Zurückschicken" von LeihAN im Entleiherbetrieb ist für das Vorliegen eines Personalabbaus auch nach dem am 1.4.2017 in Kraft getretenen § 14 II Satz 4 AÜG nicht zu berücksichtigen. Die in § 112a I genannten Zahlen und Prozentsätze liegen über den Zahlengrenzen des § 17 KSchG, welche das BAG zur Bestimmung der Begriffe „erhebl. Teile der Belegschaft" bzw. „wesentl. Betriebsteile" iSd. § 111 heranzieht. Folge ist, dass bei einem Personalabbau, der die Zahlengrenzen des § 17 KSchG überschreitet, die Grenzen des § 112a I dagegen nicht erreicht, der Unternehmer ledigl. einen Interessenausgleich mit dem BR versuchen muss, ohne zum Abschluss eines Sozialplans über die Einigungsstelle gezwungen werden zu können. Eine Einigungsstelle ist nach § 100 ArbGG nur einzurichten, wenn die Anwendbarkeit der Bestimmungen str. ist (s. LAG N 9. 5. und 21.8.2001 AuR 2002, 37). Besteht eine Betriebsänderung nicht nur aus einem Personalabbau, sondern sind zugleich weitere ausdrückl. in § 111 S. 3 aufgeführte Tatbestände einer Betriebsänderung erfüllt, greift die Ausnahmevorschrift des § 112a I nicht ein (BAG 28.3.2006 NZA 2006, 932). Als Entlassung aus betriebsbedingten Gründen gilt gem. § 112a I 2 ausdrückl. auch das vom AG aus Gründen der Betriebsänderung veranlasste Ausscheiden von AN auf Grund von Aufhebungsverträgen. Dem ist der Fall gleichzustellen, dass der AG AN zu Eigenkündigungen veranlasst hat (BAG 4.7.1989 AP BetrVG 1972 § 111 Nr. 27). Keine Berücksichtigung beim Erreichen des Schwellenwerts finden betriebsinterne Versetzungen, die gerade nicht zum Ausscheiden aus dem Betrieb führen (LAG Nü 6.12.2004 NZA-RR 2005, 375). Zum Begriff der „Veranlassung" Rn. 20. 16

§ 112a II stellt **neu gegründete Unternehmen** in den ersten vier Jahren nach ihrer Gründung von der Verpflichtung zum Abschluss von Sozialplänen frei, um ihnen die schwierige Anfangsphase des Aufbaus zu erleichtern. Der Unternehmer soll von dem Risiko befreit werden, im Falle des Scheiterns seiner Neugründung mit Sozialplanverpflichtungen belastet zu werden (*Fitting* Rn. 107, 110). Privilegiert werden soll der „junge Unternehmer", so dass das Alter der unternehmenszugehörigen Betriebe irrelevant ist. Unternehmen, die länger als vier Jahre bestehen, können sich deshalb nicht auf die begünstigende Vorschr. berufen, wenn sie einen neuen Betrieb gründen (*Wlotzke* NZA 1984, 217; *Fitting* Rn. 108). Umgekehrt ist ein neu gegründetes Unternehmen in den ersten vier Jahren nach seiner Gründung auch dann von der Sozialplanpflicht für eine Betriebsänderung befreit, wenn diese Betriebsänderung in einem Betrieb erfolgt, den das Unternehmen übernommen hat und der selbst schon länger als vier Jahre besteht (BAG 27.3.2006 NZA 2007, 106; 13.6.1989 AP BetrVG 1972 § 112a Nr. 3; *Fitting* Rn. 109; aA DKKW/*Däubler* Rn. 75). 17

Die Privilegierung gilt nicht für **Neugründungen im Zusammenhang mit der rechtl. Umstrukturierung von Unternehmen und Konzernen** (§ 112a II 2). Sozialplanpflicht besteht deshalb etwa, wenn zwei Unternehmen einzelne Betriebe einem neugegründeten Unternehmen übertragen, das diese Betriebe mit einer auf dem Zusammenschluss beruhenden unternehmerischen Zielsetzung fortführen soll (BAG 22.2.1995 AP BetrVG 1972 § 112a Nr. 8) oder wenn der Alleingesellschafter und Geschäftsführer der Komplementär-GmbH einer KG eine neue GmbH gründet und diese von der KG einen Betrieb übernimmt (BAG 22.2.1995 AP BetrVG 1972 § 112a Nr. 7). 18

3. Erfasster Personenkreis. Vom persönl. Anwendungsbereich her werden grds. **alle AN** iSd. § 5 I vom Sozialplan erfasst, die durch die geplante Betriebsänderung Nachteile erleiden. Dies gilt auch für **Teilzeitbeschäftigte;** sie dürfen wegen des Verbots unterschiedl. Behandlung in § 4 I TzBfG von Sozialplanleistungen nicht ausgenommen werden, können aber mit Leistungen bedacht werden, die entspr. ihrer persönl. AZ im Verhältnis zur übl. AZ herabgesetzt sind (BAG 28.10.1992 NZA 1993, 515). **LeihAN** im Entleiherbetrieb werden nicht erfasst, weil sich für diese die Folgen etwaiger Nachteile durch Betriebsänderungen im Entleiherbetrieb nach ihren arbeitsvertragl. Rechten gegenüber dem Verleiher richten (im Ergebnis auch *Linsenmaier/Kiel* RdA 2014, 135). Nicht vom Sozialplan erfasst werden auch die in § 5 II aufgeführten Personen sowie **leitende Angestellte** (BAG 31.1.1979 AP BetrVG 1972 § 112 Nr. 8). Dies ergibt sich eindeutig aus § 32 II SprAuG, der ledigl. eine Beratungspflicht wegen wirtschaftl. Nachteile für leitende Angestellte durch Betriebsänderungen vorsieht. Leitende Angestellte haben auch auf Grund des Gleichbehandlungsgrundsatzes keinen Anspruch gegen den Unternehmer auf Sozialplanleistungen (BAG 16.7.1985 AP BetrVG 1972 § 112 Nr. 32). Zulässig ist es dagegen, mit leitenden Angestellten in Einzelvereinbarungen Ansprüche in Anlehnung an den Sozialplan vorzusehen. Problematisch ist der Ausschluss leitender Angestellter, wenn ein zuvor über Jahre als „normaler" AN Beschäftigter kurz vor der Betriebsänderung zum leitenden Angestellten 19 befördert wurde. In diesem Fall ist zu prüfen, ob die Beförderung rechtsmissbräuchl. gerade zum Zwecke des Ausschlusses von Sozialplanansprüchen erfolgte.

20 Da der AG seine Pflichten nicht durch Hinauszögern des Sozialplans umgehen kann, werden auch **ausgeschiedene Mitarbeiter** vom Sozialplan erfasst (LAG HM 1.3.1972 DB 1972, 632, 648). Grds. zulässig ist es, wenn die Betriebspartner bei der Zuerkennung von Ansprüchen auf eine Abfindung in einem Sozialplan unterscheiden zwischen AN, denen infolge der Betriebsänderung gekündigt worden ist und solchen, die ihr ArbVerh. (vorher) durch eine Eigenkündigung oder einen Aufhebungsvertrag beendet haben. Eine Ausnahme von diesem Grundsatz gilt dann, wenn die Eigenkündigung oder der Aufhebungsvertrag vom AG **veranlasst** worden ist. In einem solchen Fall sind gekündigte AN und AN die auf Grund einer Eigenkündigung oder eines Aufhebungsvertrages ausgeschieden sind, gleich zu behandeln (BAG 11.8.1993, 20.4.1994, 8.11.1994 AP BetrVG 1972 § 112 Nr. 71, 77, 85; 13.11.1996 AP BGB § 620 Aufhebungsvertrag Nr. 4). Eine Veranlassung idS liegt nach Auff. des BAG nur dann vor, wenn der AG den AN im Hinblick auf eine konkret geplante Betriebsänderung bestimmt, selbst zu kündigen oder einen Aufhebungsvertrag zu schließen, umso eine sonst notwendig werdende Kündigung zu vermeiden. Ein bloßer Hinweis des AG auf eine unsichere Lage des Unternehmens, auf notwendig werdende Betriebsänderungen oder der Rat, sich eine neue Stelle zu suchen, genüge nicht (BAG 19.7.1995 AP BetrVG 1972 § 112 Nr. 96). Der AG wird auf Grund dieser Rspr. in die Lage versetzt, durch eine blumige Darst. der schlechten Ertragslage des Unternehmens den AN „bange zu machen" und ihm auf diese Weise eine Eigenkündigung nahe zu legen, ohne dass von einer „Veranlassung" gesprochen werden könnte, die zu einer Einbeziehung in den Sozialplan verpflichten würde.

21 **4. Verfahren.** Das Verfahren entspricht grds. dem der Verhandlungen über den Interessenausgleich (vgl. Rn. 6). Im Unterschied zum Interessenausgleich kann aber der Sozialplan **vor der Einigungsstelle** erzwungen werden. Der Spruch der Einigungsstelle ersetzt die Einigung zwischen AG und BR (§ 112 IV 2). Die Verfahren von Interessenausgleich und Sozialplan werden in der Praxis häufig miteinander verbunden; notwendig ist dies nicht. Kommt ein Interessenausgleich nicht zustande, braucht mit dem Abschluss des Sozialplans nicht gewartet zu werden, bis der Unternehmer die Betriebsänderung tatsächl. durchgeführt hat. Die Regelungen des Sozialplans haben sich danach zu richten, wie der Unternehmer seiner erklärten Absicht nach die Betriebsänderung durchführen will. Ändert er nachträgl. seinen Entschl., beginnt das Verfahren nach §§ 111 ff. von neuem mit der Folge, dass ggf. auch ein neuer Sozialplan aufzustellen ist, der den alten ganz oder tw. ersetzen kann (*Fitting* Rn. 128).

22 Bei **Betriebsänderungen im Zusammenhang mit einem Betriebsübergang** ist fragl., wer Vertragspartner des BR ist; dabei ist zu differenzieren: Liegt die Betriebsänderung in dem Betriebsübergang selbst (Betriebsaufspaltung gem. § 111 S. 2 Nr. 3) oder beruht sie auf einem interessenausgleichspflichtigen Entschl. des Veräußerers, bleibt dieser auch nach dem Betriebsübergang zust. für die Sozialplanverhandlungen. Beruht die Betriebsänderung dagegen auf einem Entschl. des Erwerbers (zB Personalabbau nach Betriebsübergang), ist dieser Verhandlungspartner des nunmehr zust. BR (tw. aA *Bauer* DB 1994, 217, 221; *Fitting* Rn. 132; zur Betriebsspaltung § 111 Rn. 16). Bei Zweifeln kann ein Sozialplan für den Fall vereinbart werden, dass kein Betriebsübergang vorliegt (BAG 1.4.1998 AP BetrVG 1972 § 112 Nr. 123).

23 **5. Inhalt des vereinbarten Sozialplans. Rechtl. Grenzen** des zulässigen Inhalts eines zwischen BR und AG vereinbarten Sozialplans ergeben sich zunächst **aus seinem Zweck,** durch eine Betriebsänderung entstehende wirtschaftl. Nachteile der AN auszugleichen oder zu mildern. Mit diesem Zweck nicht zu vereinbaren sind solche Regelungen, die ausschließl. zu Lasten der betroffenen AN gehen. Unzulässig sind etwa Vereinbarungen über die Kürzung entstandener Lohnansprüche (*Fitting* Rn. 124), über die Aufhebung oder Kapitalisierung unverfallbarer Versorgungsanwartschaften (BAG 24.3.1981 AP BetrVG 1972 § 112 Nr. 12) oder Regelungen über eine ungünstigere Zahlungsweise von ausstehendem Lohn (LAG M 22.11.1987 LAGE BetrVG § 112 Nr. 10). Auch die Vereinb. eines „retention bonus", mit dem die engagierte Weiterarbeit bis zu einer Betriebsschließung belohnt werden soll, ist keine Sozialplanregelung. Sie kann also nicht durch die Einigungsstelle erzwungen, sondern nur freiwillig von den Betriebspartnern vereinbart werden (BAG 9.12.2014 NZA 2015, 557). Weiter darf die Zahlung einer Sozialplanabfindung nicht davon abhängig gemacht werden, dass ein ausl. AN in seine Heimat zurückkehrt (BAG 7.5.1987 AP KSchG 1969 § 9 Nr. 19) oder dass ein AN keine Kündigungsschutzklage erhebt bzw. eine bereits erhobene Klage wieder zurücknimmt (BAG 20.12.1983 AP BetrVG 1972 § 112 Nr. 17; BAG 31.5.2005 NZA 2005, 997). Zulässig ist es dagegen nach Auff. des BAG (31.5.2005 NZA 2005, 997; bestätigt durch BAG 18.5.2010 DB 2010, 2059 und BAG 9.12.2014 NZA 2015, 438) neben einem Sozialplan eine weitere freiwillige BV abzuschließen, welche die Gewährung weiterer Leistungen davon abhängig macht, dass der AN keine Kündigungsschutzklage erhebt (sog. **„Turboprämie"**). Allerdings darf durch eine solche zusätzl. BV nicht das Verbot umgangen werden, Sozialplanleistungen von einem solchen Verzicht abhängig zu machen. Wann eine Umgehung vorliegt, führt das BAG aus: einmal wenn der Sozialplan keine angemessene Abmilderung der wirtschaftl. Nachteile vorsehe, und zum anderen, wenn „an sich" für den Sozialplan zur Vfg. stehende Mittel funktionswidrig im „Bereinigungsinteresse" des AG eingesetzt würden (BAG

31.5.2005 NZA 2005, 997). Dies macht die praktische Handhabung der Entscheidung schwierig, da normalerweise für eine Betriebsänderung auf AGSeite ein einheitl. Budget zur Vfg. stehen wird. Jeder AG, der die Entsch. des BAG kennt, wird nun einen zweiten finanziellen Topf füllen und sich damit bereits in Umgehungsgefahr bringen. Zudem privilegiert das BAG mit dieser Rspr. wohlhabende Unternehmen, weil nur bei diesen die Möglichkeit bestehen dürfte, neben einem angemessenen Sozialplan Mittel für eine Turboprämie aufzubringen. Schließl. basiert das Kriterium der „angemessenen Abmilderung" auf einem „benchmarking", das es in der Praxis nicht gibt. Unproblematisch mögl. ist es, die **Fälligkeit von Ansprüchen** aus dem Sozialplan bis zum Abschluss des Kündigungsschutzverfahrens hinauszuschieben und im Sozialplan zu vereinbaren, dass eine Abfindung nach den §§ 9, 10 KSchG auf die Sozialplanabfindung anzurechnen ist (BAG 20.6.1985 AP BetrVG 1972 § 112 Nr. 33) bzw. dass eine Sozialplanabfindung bei Zahlung einer Abfindung gem. §§ 9, 10 KSchG ganz entfällt. Knüpft die Abfindung an die Differenz zwischen Entgelt und Arbeitslosengeld an, muss der AN den AGAnspruch durch Wahl der günstigsten Steuerklasse ausschöpfen (LAG ST 29.9.1995 BB 1999, 1713 LS).

IÜ ist der Sozialplan wie jede BV an zwgd. **staatl. Recht** gebunden. Bes. Bedeutung kommt hier bislang § 75 zu, der die Betriebspartner zur Behandlung der AN nach Recht und Billigkeit und insb. zur Wahrung des allg. **Gleichbehandlungsgrundsatzes** verpflichtet. Erg. gilt seit 2006 das **AGG,** das ua. in § 10 Nr. 6 eine bes. Rechtfertigung für die **altersbezogene Differenzierung** bei Sozialplanleistungen vorsieht (vgl. dazu auch § 10 AGG Rn. 15). Nach dem Wortlaut sind Differenzierungen von Sozialplanleistungen mögl., wenn die Parteien eine nach Alter oder Betriebszugehörigkeit gestaffelte Abfindungsregelung geschaffen haben, in der die wesentl. vom Alter abhängenden Chancen auf dem Arbeitsmarkt durch eine verhältnismäßig starke Betonung des Lebensalters erkennbar berücksichtigt worden sind, oder Beschäftigte von den Leistungen des Sozialplans ausgeschlossen haben, die wirtschaftl. abgesichert sind, weil sie, ggf. nach Bezug von Alg., rentenberechtigt sind. Zusätzl. ist bei der Ausgestaltung entspr. Regelungen der Verhältnismäßigkeitsgrundsatz gem. § 10 S. 2 AGG zu beachten (BAG 23.3.2010 NZA 2010, 774). Diese Vorschr. ist **nach bisheriger Rspr.** des BAG **europarechtskonform** (BAG 26.5.2009 NZA 2009, 849). Soweit sich hieran Zweifel durch die **Andersen-Entscheidung des** EuGH vom 12.10.2010 (NZA 2010, 1341 – Andersen) ergeben haben, in welcher der im dänischen staatl. Abfindungssystem vorgesehene Abfindungsausschluss rentenberechtigter AN als altersdiskriminierend eingestuft wurde, sind diese nun zumindest tw. durch den EuGH in der Rs. Odar vom 6.12.2012 (NZA 2012, 1435 nach Vorlage durch das ArbG München vom 17.2.2011 – 22 Ca 8260/10) beseitigt worden. Danach darf ein Sozialplan eine **geminderte Entlassungsabfindung** für AN vorsehen, die kurz vor dem Renteneintritt stehen, wobei die Berechnung auf Grdl. des frühestmögl. Rentenbeginns erfolgen kann. Anders als in der Rs. Andersen ist bei der Sozialplangestaltung nach deutschem Recht zum einen nur ein begrenztes Budget zwischen den betroffenen AN unter Berücksichtigung der Überbrückungsfunktion des Sozialplans (vgl. Rn. 12) gerecht zu verteilen. Zum anderen ist von Bedeutung, dass nach deutschen Rentenrecht Bezieher von Regelaltersrente trotz Rentenbezug und ohne Anrechnung voll erwerbstätig sein können. Der EuGH hat bei rentennahen Jahrgängen jdf. eine Minderung der Standardabfindung um 50% für angemessen erachtet, aber nicht als zwingende Untergrenze angeordnet (vgl. BAG 26.3.2013, NZA 2013, 921). Die Möglichkeit der Inanspruchnahme einer vorzeitigen **Altersrente wegen einer Behinderung** darf allerdings nach Auff. des EuGH keine Berücksichtigung finden, da es sich insoweit um eine nach RL 2000/78/EG verbotene, weil nicht gerechtfertigte mittelbare Diskriminierung handelt. Ob ein (gänzl.) Ausschluss von der Entlassungsabfindung gem. § 10 S. 3 Nr. 6 AGG zulässig und diese Vorschr. insoweit unionsrechtskonform ist, war zwar ausdrückl. vom EuGH offen gelassen worden (EuGH 6.12.2012 NZA 2012, 1435 – Odar). Insoweit ist aber eine europarechtskonforme Auslegung anhand der EuGHRspr mögl. und geboten (s. unten Rn. 24a). 24

Bemessungsfaktoren für Sozialplanleistungen können nach § 10 Nr. 6 AGG entgegen dem unklaren Wortlaut („oder") entspr. der bisherigen Praxis **Alter *und* Betriebszugehörigkeit** sein (BAG 26.5.2009 NZA 2009, 849; *Besgen* BB 2007, 213). Der Entstehungsgeschichte von § 10 Nr. 6 AGG ist hierzu zu entnehmen, dass die bisherige Sozialplanpraxis bestätigt werden sollte (BT-Drs. 16/1780, 36). Zum anderen gibt diese Auslegung dem Kurs der Rspr. des BAG seit Inkrafttreten der Vorschr. Rückendeckung, wenn irgend mögl. Kontinuität zu der älteren Rspr. zu § 75 BetrVG zu wahren (ebenso *Oelkers* NJW 2008, 614; krit. *Preis/Temming* NZA 2010, 185, 197). Zulässig ist es, im Sozialplan eine nach Alter und/oder Betriebszugehörigkeit **gestaffelte Abfindungsregelung** vorzusehen (BAG 26.5.2009 NZA 2009, 849). Allerdings ist unter Berücksichtigung der jüngsten EuGH-Rspr. die bisherige **Gestaltung degressiver Abfindungsregelungen** für rentennahe Jahrgänge zu überdenken: Nicht in jedem Fall kann anspruchsmindernd berücksichtigt werden, dass ältere AN demnächst Altersruhegeld beziehen können (so noch BAG 28.10.1992 EzA BetrVG § 112 Nr. 66; bestätigt durch das BAG 30.9.2008 NZA 2009, 386 und BAG 11.11.2008 NZA 2009, 210). Bedenkl. nach „Andersen" ist näml. der **unverhältnismäßige** oder gar **vollständige Ausschluss** von Sozialplanansprüchen allein unter Hinweis auf die (baldige) Möglichkeit der Inanspruchnahme von vorzeitiger Rente, weil ohne Überbrückungshilfe ggf. ein faktischer Zwang zum Ausstieg aus dem Erwerbsleben besteht und in diesem Fall uU erhebl. Frühverrentungsabschläge hingenommen werden müssen und enge Hinzuver- 24a dienstgrenzen (§ 34 II Satz 1 SGB VI) gelten (*Kania/Kania* ZESAR 2012, 62). Danach können ältere AN von Sozialplanleistungen **nur dann ganz ausgenommen** werden, wenn sie **unmittelbar** nach Beendigung des ArbVerh. oder nach dem Bezug von Alg. **Regelaltersrente erhalten** können (so der Fall von BAG 9.12.2014 NZA 2015, 365) bzw. dieser Situation wirtschaftl. gleichgestellt werden (EuGH 12.10.2010 NZA 2010, 1167 – Rosenbladt; vgl. auch EuGH 26.2.2015 NZA 2015, 473). Denn ab diesem Zeitpunkt ist idR ein vernünftiges Versorgungseinkommen gesichert und auch ein voller Hinzuverdienst mögl. Für rentennahe AN dagegen, die ledigl. eine **vorgezogene Altersrente** beziehen können, ist ein kompletter Abfindungsausschluss unverhältnismäßig. Gleiches muss gelten, wenn zwischen dem Zeitpunkt der Beendigung des Arbeitsverhältnisses und dem regulären Renteneintritt ein Zeitraum liegt, der länger ist als die maximale Bezugsdauer von Alg. Dagegen zulässig sind nach wie vor **verhältnismäßige Kürzungen** von Sozialplanleistungen für rentennahe Jahrgänge (so schon BAG 23.3.2010 NZA 2010, 774; 26.5.2009 NZA 2009, 849; bedenklich BAG 26.3.2013, NZA 2013, 921). Als anderweitige finanzielle Absicherung jetzt **nicht** mehr berücksichtigt werden darf der mögl. Bezug vorzeitiger **Altersrente wegen Schwerbehinderung.** Darin liegt nach Auffassung desEuGH eine mittelbare Diskriminierung, die die spezifischen Bedürfnisse und Belastungen Schwerbehinderter außer Acht lasse (EuGH 6.12.2012 NZA 2012, 1435 – Odar). Wird in einem Sozialplan nicht nur an den „frühest mögl. Rentenbezug", sondern explizit an die Rentenberechtigung wegen Schwerbehinderung angeknüpft, liegt sogar eine unmittelbare Diskriminierung wegen der Behinderung vor (BAG 17.11.2015 NZA 2016, 501). Fragl. ist, ob nicht gleichermaßen eine **(mittelbare) Geschlechtsdiskriminierung** anzunehmen ist, wenn bei Frauen der Jahrgänge 1940–51, die mit 60 vorzeitig rentenberechtigt sind (Anl. 20 zu § 237a SGB VI), im Gegensatz zu Männern gleicher Jahrgänge auf die Möglichkeit eines früheren Rentenbezugs abgestellt wird. Das muss m. E. verneint werden. Anders als bei Behinderten scheitert eine Rechtfertigung der Ungleichbehandlung gerade nicht an etwaigen – für eine Schwerbehinderung typischen – bes. Belastungen und Risiken. Vielmehr müssen, solange der Gesetzgeber für Männer und Frauen infolge zulässiger Übergangsregelungen zur Angleichung der Regelaltersgrenze unterschiedl. Rentenalter vorsieht, auch daran anknüpfende Sozialplanabfindungen mit Blick auf deren Überbrückungsfunktion zulässig sein (vgl. auch EuGH 9.12.2004 becklink 135026; EuGH 8.9.2011 NZA 2011, 1100). Bei der Frage der **Angemessenheit einer Kürzung** muss allerdings nach „Andersen" beachtet werden, dass die Schlechterstellung älterer AN nicht zu einem unverhältnismäßigen Zwang in die Frühverrentung führt (nicht berücksichtigt bei BAG 26.3.2013, NZA 2013, 921). Schon früher hatte das BAG entschieden, dass die Abfindung ausreichend bemessen sein muss, um die wirtschaftl. Nachteile abzumildern, die die AN in der Zeit nach Erfüllung des AlgAnspruchs bis zum Bezug der Altersrente erleiden (BAG 23.3.2010 NZA 2010, 774). Ein Ausgleich von Frühverrentungsabschlägen kann in Form einer Abfindungspauschale für jeden Monat der vorzeitigen Inanspruchnahme der Altersrente gewährt werden. IÜ ist es weiterhin zulässig, den Abfindungsfaktor bei Überschreiten bestimmter Altersschwellen im Hinblick auf iZw. schlechtere Chancen auf dem Arbeitsmarkt zu erhöhen (BAG 12.4.2011 NZA 2011, 985) oder **Höchstbetragsregelungen bzw. Kappungsgrenzen** vorzusehen (BAG 2.10.2007 DB 2008, 69; BAG 21.7.2009 NZA 2009, 1107).

25 **Mit § 75 zu vereinbaren** ist es weiter, AN von Sozialplanansprüchen auszuschließen, die auf Vermittlung des AG einen **neuen zumutbaren Arbeitsplatz** erhalten (BAG 19.6.1996 AP BetrVG 1972 § 112 Nr. 102; BAG 8.12.2009 NZA 2010, 351). Dabei kommt es weniger auf die Vermittlungstätigkeit, als auf die Qualität des neuen Arbeitsplatzes an; im Hinblick auf die durch die Wartefrist des § 1 I KSchG verursachte Unsicherheit über den Bestand des neuen ArbVerh. dürfte es etwa zulässig sein, den Ausschluss von Abfindungszahlungen aus einem Sozialplan an einen mehr als sechsmonatigen Bestand des neuen ArbVerh. zu knüpfen (so auch der Sachverhalt in BAG 8.12.2009 NZA 2010, 351). Zulässig ist weiter der Ausschluss von Abfindungszahlungen bei Weigerung, einen zumutbaren Arbeitsplatz im Betrieb, Unternehmen oder Konzern anzunehmen (BAG 28.9.1988 AP BetrVG 1972 § 112 Nr. 47; 28.2.2002 DB 2002, 1894) oder bei unbegründetem Widerspruch gegen den Übergang des ArbVerh. nach § 613a BGB (BAG 10.11.1993 AP TVG § 1 Tarifverträge: Einzelhandel Nr. 43; 5.2.1997 DB 1997, 1623; 19.2.1998 AP TVG § 4 Rationalisierungsschutz Nr. 25; 15.12.1998 DB 1999, 1402). Obwohl die Betriebspartner die grundrechtl. Wertentscheidung des Art. 6 I, II GG zu beachten haben, soll daraus keine Pflicht zur Berücksichtigung familiärer Bindungen bei Bewertung alternativer Arbeitsplätze folgen (BAG 6.11.2007 NZA 2008, 232). Nicht gleichheitswidrig ist es grds., AN von der Zahlung von Sozialplanleistungen auszuschließen, die ihr ArbVerh. durch **Aufhebungsvertrag oder Eigenkündigung** selbst gekündigt haben (BAG 20.4.1994, 9.11.1994, 30.11.1994 AP BetrVG 1972 § 112 Nr. 77, 85, 89), es sei denn, Eigenkündigung oder Aufhebungsvertrag sind vom AG „veranlasst" (dazu Rn. 20). Zulässig ist es auch, ein freiwilliges Ausscheiden von AN zu einem früheren Zeitpunkt anspruchsmindernd zu berücksichtigen (BAG 19.2.2008 NZA 2008, 719). Bei **teilzeitbeschäftigten AN** ist es gerechtfertigt, die Höhe von Sozialplanleistungen im Verhältnis der jetzigen AZ zur übl. AZ herabzusetzen (BAG 28.10.1992 AP BetrVG 1972 § 112 Nr. 67). Andererseits soll es auch zulässig sein, frühere Teilzeitphasen abfindungsmindernd zu berücksichtigen (BAG 14.8.2001 AP BetrVG 1972 § 112 Nr. 142). Dies ist mit dem Diskriminierungsverbot in § 4 TzBfG nur vereinbar, wenn die Ausrichtung an der zukünftigen bzw. vorangegangenen Entwicklung in dem jeweiligen Sozialplan konsequent eingehalten und nicht zu Lasten jetziger Teilzeitbeschäftigter modifiziert wird. Schließl.

soll es zulässig sein, bei Teilzeitbeschäftigten frühere Vollzeitphasen anspruchserhöhend zu berücksichtigen, wenn die Umstellung von Vollzeit auf Teilzeit erst in der „näheren Vergangenheit" (ca. zwei Jahre) erfolgt war (BAG 22.9.2009 BB 2010, 640). Ist das Vollzeitgehalt allerdings nur vorübergehend aufgrund einer Teilzeittätigkeit während der Elternzeit reduziert, dürfte im Hinblick auf die RL 96/34/EG iVm der Rahmenvereinbarung über den Elternurlaub vom 14.12.1995 eine Berücksichtigung des Vollzeitgehalts geboten sein (vgl. EuGH 22.10.2009 NZA 2010, 29). **Befristet beschäftigte AN**, deren Arbeitsverhältnis mit Ablauf der Befristung endet, können von Sozialplanleistungen ausgenommen werden. Daran ändert sich auch nichts durch die Entscheidung des EuGH vom 14.9.2016 (NZA 2016, 1193), weil befristet Beschäftigte in diesem Fall keinen durch die Betriebsänderung verursachten Nachteil erleiden (*Hohenstatt* NZA 2016, 1446). Zulässig ist es weiter, im Sozialplan **Stichtagsregelungen** zu vereinbaren, wenn die Wahl des Zeitpunkts sich am Zweck der Regelung orientiert und die Grenzziehung auch sonst sachl. vertretbar ist (BAG 19.2.2008 NZA 2008, 719). Umgekehrt ist es auch zulässig, den AN zusätzl. Leistungen zu versprechen, die sich nur dadurch zur Aufgabe ihrer ArbVerh. bewegen lassen (BAG 18.9.2001 AP BGB § 242 Gleichbehandlung Nr. 179). Der AG ist bei dem Angebot eines Aufhebungsvertrages grds. nicht verpflichtet, den AN von sich aus darüber aufzuklären, dass er weitere Entlassungen beabsichtigt, die uU zu einer sozialplanpflichtigen Betriebseinschränkung führen können (BAG 13.11.1996 AP BGB § 620 Aufhebungsvertrag Nr. 4).

Unbillig bzw. unvereinbar mit dem allg. Gleichbehandlungsgrundsatz ist es demggü., wenn bei 26
Stilllegung des Betriebs diejenigen AN im Sozialplan nicht berücksichtigt werden, die aus einem vorhergehenden, für die urspr. beabsichtigte Teilstilllegung aufgestellten Sozialplan wesentl. geringere Abfindungen erhalten hatten (BAG 9.12.1981 AP BetrVG 1972 § 112 Nr. 14; 11.2.1998 ZIP 1998, 802; WPK/*Preis/Bender* Rn. 53) oder wenn Ansprüche auf Abfindungen davon abhängig gemacht werden, dass der AN wegen möglicherweise vorliegenden Betriebsübergangs den vermuteten Betriebsteilerwerber erfolglos auf Feststellung eines Betriebsübergangs verklagt hat (BAG 22.7.2003 AP BetrVG 1972 § 112 Nr. 160). Gleichheitswidrig wären weiter zB die Schlechterstellung von Ausländern im Sozialplan oder die pauschale Differenzierung zwischen Arbeitern und Angestellten (DKKW/*Däubler* Rn. 49). Wird zur Bemessung von Ansprüchen auf die Dauer der Beschäftigung abgestellt, verstößt es gegen § 75, EZ nicht zu berücksichtigen (BAG 21.10.2003 NZA 2004, 559; 12.11.2002 AP BetrVG 1972 § 112 Nr. 159). Mit dem Gleichbehandlungsgrundsatz unvereinbar ist schließl. auch die Ausschüttung einer **Einheitsabfindung** an alle AN im Sozialplan (zB 5000 Euro für jeden AN); denn der Gleichbehandlungsgrundsatz verlangt nicht nur, Gleiches gleich, sondern auch Ungleiches seiner Eigenart entspr. unterschiedl. zu behandeln. Konsequenterweise ist dann auch die Berechnung von Sozialplanabfindungen allein nach der Anzahl der Jahre der Betriebszugehörigkeit unzulässig. Das BAG hat dies bislang nur für einen Sozialplan, der auf einem Spruch der Einigungsstelle beruhte, ausgesprochen, in dem als Abfindung 75% des Monatsgehalts eines AN pro Beschäftigungsjahr vorgesehen war (BAG 14.9.1994 AP BetrVG 1972 § 112 Nr. 87). Auch wenn die Betriebspartner beim vereinbarten Sozialplan nicht an die Ermessensgrundsätze des § 112 V gebunden sind, kann nichts anderes gelten, zumal neben dem Verstoß gegen den Gleichbehandlungsgrundsatz die Berücksichtigung allein der Betriebszugehörigkeit nicht mit dem vom BAG betonten Zweck des Sozialplans, eine Überbrückungshilfe für die Zukunft zu leisten, zu vereinbaren ist. Einen Verstoß gegen § 75 BetrVG stellt auch die Begünstigung von BRmitgliedern dar, allerdings können die benachteiligten ArbN bei einer derartigen Begünstigung Einzelner keine Anpassung nach oben verlangen (LAG D 13.9.2001 DB 2002, 306).

Abgesehen von diesen rechtl. Grenzen sind die Betriebspartner frei in ihrer Entsch., **welche wirt-** 27
schaftl. Nachteile sie ausgleichen oder mildern wollen (BAG 29.11.1978, 27.10.1987, 28.9.1988 AP BetrVG 1972 § 112 Nr. 7, 41, 47; 14.9.1994 NZA 1995, 440). Soweit als Folge einer Betriebsänderung Entlassungen von AN vorzunehmen sind, steht in der Praxis die Zahlung von Abfindungen im Vordergrund. Da jdf. beim vereinbarten Sozialplan Pauschalierungen in weitem Umf. mögl. sind, erfolgt die Berechnung der Abfindungen häufig auf der Grdl. von Punktesystemen. Eine gängige Formel für die Berechnung von Abfindungen lautet: Dauer der Betriebszugehörigkeit × Lebensalter × Bruttomonatsvergütung geteilt durch einen von den Betriebspartnern ausgehandelten Divisor = Abfindung. Je kleiner dieser Divisor ist, desto höher ist die einzelne Abfindung und damit das Volumen des Sozialplanes, welches sich nur als rechnerische Größe aus der Gesamtsumme der Abfindungen ergibt. Als Faustregel gilt ein halbes (letztes) Monatsgehalt pro Dienstjahr, wobei die Schwankungen nach oben und unten abhängig von Branche und wirtschaftl. Situation erhebl. sind. Um dem Zweck des Sozialplans als Überbrückungshilfe gerecht zu werden, empfiehlt es sich, nicht bei dieser Formel stehen zu bleiben. Für bes. schwer auf dem Arbeitsmarkt zu vermittelnde Personen, etwa Schwerbehinderte, sollten zusätzl. Zahlungen vorgesehen werden. Ebenso empfiehlt sich eine Berücksichtigung der unterschiedl. Unterhaltspflichten der betroffenen AN. Zur Zahlung geringerer Abfindungen für ältere AN in Rentennähe, zu Kappungsgrenzen und Zusatzbeträgen bei Erreichen bestimmter Altersschwellen s. oben Rn. 24, 24a. Zum sog. Transfersozialplan s. Rn. 37a ff.

Entgegen der Auff. des BAG (17.9.1991 AP BetrVG 1972 § 112 Nr. 59) ist es auch mögl., im 28
Sozialplan anstelle oder erg. zu Abfindungsleistungen **Umschulungs- oder Fortbildungsmaßnahmen** vorzusehen, die eine Anschlusstätigkeit innerhalb oder außerhalb des Unternehmens ermögl. bzw. erleichtern.

29 Bestehen die wirtschaftl. Nachteile einer Betriebsänderung nicht in Entlassungen, kommen als **Ausgleichsmaßnahmen** in Sozialplänen etwa in Betracht: Zahlungen von Lohnausgleich oder Auslösung bei Versetzungen, Beihilfe für Umschulungs- oder Weiterbildungsmaßnahmen, Übernahme von Bewerbungs- und Fahrtkosten, Aufrechterhaltung von Pensionsanwartschaften, Übernahme von Umzugskosten und vieles mehr.

30 Geregelt werden sollte im Sozialplan schließl. die **Fälligkeit** etwaiger Ansprüche. Fehlt es an einer ausdrückl. Regelung, sind Ansprüche mit ihrer Entstehung, dh. in dem Moment, in dem sämtl. Tatbestandsvoraussetzungen erfüllt sind, fällig (*Fitting* Rn. 193f.). Für Ansprüche auf Abfindungen ist dies regelm. der Zeitpunkt der rechtl. Beendigung des ArbVerh. Die Fälligkeit kann aber auch auf einen späteren Zeitpunkt hinausgeschoben werden. Übl. und zulässig ist es, die Fälligkeit von Ansprüchen aus dem Sozialplan bis zum Abschluss eines Kündigungsschutzverfahrens hinauszuschieben. Darüber hinaus können Ausschlussfristen für Abfindungen (und andere Leistungen) im Sozialplan vereinbart werden. Nach Auff. des BAG werden Abfindungsansprüche aus Sozialplänen auch von übl. tarifl. Ausschlussklauseln erfasst, soweit diese „Ansprüche aus dem ArbVerh." erfassen (BAG 30.11.1994 AP BetrVG § 112 Nr. 89). Ob eine tarifl. Ausschlussklausel im Einzelfall eingreift, ist im Wege der Auslegung der jeweiligen tarifl. Bestimmung zu ermitteln (*Fitting* Rn. 197; vgl. auch BAG 3.4.1990 EzA TVG § 4 Ausschlussfrist Nr. 94).

31 **6. Ermessensrichtlinien beim erzwungenen Sozialplan. a) Grundsatz.** Die Entsch. der Einigungsstelle ersetzt die Einigung zwischen Unternehmer und BR (Abs. 4). Die Einigungsstelle darf nur solche Nachteile ausgleichen, die unmittelbar durch die Betriebsänderung verursacht sind (BAG 10.12.1996 NZA 1996, 787). Die Einigungsstelle hat wie auch in den anderen Fällen des § 76 V 3 ihre Entsch. nach billigem Ermessen zu treffen. Dabei wird der Begriff des billigen Ermessens durch § 112 V konkretisiert: Die Einigungsstelle hat sowohl die sozialen Belange der betroffenen AN zu berücksichtigen als auch auf die wirtschaftl. Vertretbarkeit ihrer Entsch. für das Unternehmen zu achten und dabei die Leitlinien gem. § 112 V Nr. 1 bis 3 einzuhalten. Werden diese Leitlinien nicht eingehalten, liegt eine Ermessensüberschreitung vor, die den Sozialplan anfechtbar (s. Rn. 46) macht (BAG 14.9.1994 AP BetrVG 1972 § 112 Nr. 87 zu einer ausschließl. an der Betriebszugehörigkeit anknüpfenden Abfindungsregelung).

32 **b) Gegebenheiten des Einzelfalls.** Die in Nr. 1 angesprochenen wirtschaftl. Nachteile sind in erster Linie solche, die entstehen, obwohl die betroffenen AN weiterbeschäftigt werden können. Die Verpflichtung der Einigungsstelle, die Gegebenheiten des Einzelfalls zu beachten, gilt aber über die beispielhafte Aufzählung hinaus auch für Sozialplanleistungen, die an den Verlust des Arbeitsplatzes anknüpfen (BAG 14.9.1994 AP BetrVG 1972 § 112 Nr. 87; *Fitting* Rn. 261). Die Verpflichtung, den Gegebenheiten des Einzelfalls Rechnung zu tragen, bedeutet nicht, dass die Einigungsstelle ihr Verfahren so lange hinauszögern muss, bis die konkreten Nachteile für jeden einzelnen AN feststehen. **Pauschalierende Prognosen** und Beträge sind im Interesse einer zügigen Abwicklung der Sozialplanverhandlungen meist unvermeidbar (*Berenz* NZA 1993, 538). Insofern bestehen keine Bedenken gegen das Abstellen auf die „Grunddaten" Lebensalter, Dauer der Betriebszugehörigkeit und Unterhaltspflichten sowie die Bemessung von Abfindungen nach einem Punktesystem (*Fitting* Rn. 263). Allerdings muss bei einem solchen Vorgehen Raum bleiben für die Erfassung (typischer) Sonderfälle wie zB der Schwerbehinderteneigenschaft zugunsten oder einem unmittelbaren Anschlussarbeitsverhältnis (vgl. Nr. 2) zulasten des jeweiligen AN. Unzulässig ist es jdf., Abfindungen für alle Betroffenen in gleicher Höhe für jedes Beschäftigungsjahr ohne weitere Differenzierung, zB nach Alter und Beruf, familiären Belastungen, Schwerbehinderteneigenschaften usw. auszuwerfen (BAG 14.9.1994 AP BetrVG 1972 § 112 Nr. 87; *Fitting* Rn. 264).

33 **c) Aussichten auf dem Arbeitsmarkt.** Nach § 112 V Nr. 2 S. 1 **hat** die Einigungsstelle die Aussichten der betroffenen AN auf dem Arbeitsmarkt zu berücksichtigen. S. 1 bezieht sich auf AN, die infolge einer Betriebsänderung ihren Arbeitsplatz verlieren und – wie sich aus einem Gegenschluss zu S. 2 ergibt – keinen zumutbaren Arbeitsplatz innerhalb des Konzerns angeboten bekommen. Die Einigungsstelle kommt ihrer zwgd. ges. Verpflichtung nicht nach, wenn sie die Aussichten auf dem Arbeitsmarkt völlig außer Acht lässt und zB auch solchen AN, die außerhalb des Konzerns im Zeitpunkt des Sozialplanabschlusses ein Anschlussarbeitsverhältnis gefunden haben, die volle Abfindung zuspricht. Denn gute Aussichten auf dem Arbeitsmarkt werden insb. dadurch belegt, dass der AN bereits einen neuen Arbeitsplatz gefunden hat. IÜ ist die Einigungsstelle frei, wie sie die Aussichten auf dem Arbeitsmarkt berücksichtigt. Lässt sich noch nicht sicher beurteilen, ob ein neuer Arbeitsplatz zur Vfg. steht, kann der Sozialplan sich auch auf eine Vermutung in der einen oder anderen Richtung stützen (BAG 24.11.1993 AP BetrVG 1972 § 112 Nr. 72; 9.11.1994 AP BetrVG 1972 § 112 Nr. 85). Maßgebl. sind eben nach § 112 V die **Aussichten** auf dem Arbeitsmarkt, nicht nur die bereits feststehenden Umstände. BAG 24.11.1993 (AP BetrVG § 112 Nr. 72) spricht in diesem Zusammenhang von **typischerweise** zu erwartenden Vorteilen und Nachteilen. Stellt sich die Vermutung als falsch heraus, ist eine Korrektur des Sozialplans nicht geboten. Es besteht aber auch kein Zwang zu Vorhersagen, sondern es kann, insb. in Härteregelungen, auch auf die konkrete Dauer der Arbeitslosigkeit abgestellt werden (BAG 31.7.1996 AP BetrVG 1972 § 77 Nr. 63; auch 11.2.1998 AP BetrVG 1972 § 112 Nr. 121). Die Einigungsstelle hat die Aussichten der AN auf dem Arbeitsmarkt nicht nur zu

berücksichtigen, sondern auch zu fördern, weshalb § 112 V Nr. 2a ausdrückl. den Vorrang der Eingliederung anspricht (Rn. 37a, b). Dem entspricht, dass § 112 II die Vermittlung des Vorstands der BA nicht nur bei dem Interessenausgleich, sondern auch bei dem Sozialplan vorsieht.

Die Einigungsstelle **soll** nach S. 2 AN von Leistungen ausschließen, die in einem **zumutbaren ArbVerh.** im selben Betrieb oder in einem anderen Betrieb des Unternehmens oder eines zum Konzern gehörenden Unternehmens weiterbeschäftigt werden können und die Weiterbeschäftigung ablehnen. Die Formulierung „soll" in S. 2 ist so zu verstehen, dass die Einigungsstelle den Gesichtspunkt des zumutbaren ArbVerh. grds. berücksichtigen muss, es sei denn, dass bes. Umstände eine abw. Wertung gebieten. Die Pflicht zur Berücksichtigung kann sich zu einer Pflicht zum Ausschluss aus dem Sozialplan steigern, wenn der AN einen gleichwertigen Arbeitsplatz gefunden hat. Ein Arbeitsplatz im selben Betrieb liegt auch vor, wenn dessen Inhaber gewechselt hat. Fragl. ist, inwiefern ein anderer Arbeitsplatz im Konzern den Ausschluss von Sozialplanleistungen nach sich zieht, wenn dieser Arbeitsplatz den **Zumutbarkeitskriterien des § 140 SGB III** entspricht. Diese Frage war für die frühere Rechtslage auf der Basis der Zumutbarkeitsanordnung der BA vom 15.4.1982 (ANBA 1982, S. 523) umstr. (für Übertragbarkeit der Wertungen: *Löwisch* BB 1985, 1200, 1205; aA LAG D 23.10.1986 DB 1987, 1254; LAG HM 25.1.1990 LAGE BetrVG § 112 Nr. 15; *Fitting* Rn. 270). Grds. scheidet eine Heranziehung der Wertungen des § 140 SGB III zur Ausfüllung des Merkmals „zumutbares ArbVerh." iSd. Nr. 2 aus; § 140 SGB III stellt allein auf arbeitsmarktpolitische Gesichtspunkte ab und kann kaum auf die nach dem BetrVG entscheidende Situation des Einzelnen Rücksicht nehmen (BAG 18.4.1996 NZA 1996, 553; LAG HM 25.1.1990 LAGE BetrVG § 112 Nr. 15 zur früheren Rechtslage). Allerdings kann die **Einigungsstelle selbst beurteilen** und in ihrem Spruch festlegen, welche anderen Arbeitsplätze als „zumutbar" einzustufen sind (BAG 25.10.1983, 27.10.1987, 28.9.1988 AP BetrVG 1972 § 112 Nr. 18, 41, 47). Damit ergibt sich für die Einigungsstelle die Möglichkeit, den Begriff des zumutbaren ArbVerh. im Sozialplan ausdrückl. anhand der Kriterien des § 140 SGB III zu umschreiben. Andererseits dürfte die Einigungsstelle den ihr zustehenden Ermessensspielraum dann überschreiten, wenn sie auch solche andere Beschäftigungen für zumutbar erklärt, die nicht einmal von einem Arbeitslosen gem. § 140 SGB III angenommen werden müssten. Bsp. sind etwa ArbVerh., in denen das Arbeitsentgelt um mehr als 20% unter der bisherigen Vergütung liegt (§ 140 III SGB III) oder die (bei einer Vollzeitbeschäftigung) eine tägl. An- und Abfahrtszeit zum Arbeitsplatz von mehr als zweieinhalb Stunden verlangt (§ 140 IV SGB III). 34

Sieht die Einigungsstelle von einer eigenen Definition des „zumutbaren ArbVerh." ab, ging die Rspr. und die hM früher davon aus, dass zumutbar nur solche ArbVerh. sind, in denen **in etwa gleichwertige Arbeitsbedingungen** im Verhältnis zu dem bisherigen Arbeitsplatz gewährleistet sind. Die Gleichwertigkeit sollte einmal in finanzieller Hinsicht gegeben sein. Dies ist jdf. dann der Fall, wenn die neue Tätigkeit der Vorbildung und der Berufserfahrung des AN entspricht und keine niedrigere tarifl. Eingruppierung erfolgt (BAG 25.10.1983 AP BetrVG 1972 § 112 Nr. 18). Auch eine etwas geringere Vergütung oder der bloße Wegfall von Überstunden stehen der Zumutbarkeit nicht entgegen (BAG 28.9.1988 AP BetrVG 1972 § 112 Nr. 47; *Fitting* Rn. 271). Darüber hinaus muss auch die bisherige kündigungsschutzrechtl. Stellung des AN gewahrt bleiben. Gleichwertigkeit verlangt deshalb, dass auch die bisherige Betriebszugehörigkeit angerechnet wird und damit die Wartefrist gem. § 1 I KSchG entfällt (*Fitting* Rn. 269). Von dieser Betonung der Gleichwertigkeit ist das BAG später abgerückt. Zum einen hat das Gericht für den Fall des Betriebsübergangs (vgl. § 111 dazu Rn. 16) die Möglichkeit der Weiterarbeit beim Betriebserwerber idR für zumutbar erklärt, auch wenn dort ein ungünstiger Tarif gilt (BAG 5.2.1997 AP BetrVG 1972 § 112 Nr. 112). Zum anderen hat das BAG – allerdings bezogen auf einen tarifl. Sozialplan – auch das Angebot einer Teilzeitbeschäftigung mit 3/4 der AZ einer Vollbeschäftigten nicht für unzumutbar erklärt (BAG 18.4.1996 NZA 1997, S. 553; noch weitergehend BAG 28.2.2002 DB 02, 1894). Dies entspricht § 2 SGB III, der auch von den AN Zugeständnisse bei der Vermeidung von Arbeitslosigkeit verlangt. 35

Die mögl. **Weiterbeschäftigung an einem anderen Ort** begr. gem. § 112 V Nr. 2 S. 2 Halbs. 2 für sich allein nicht die Unzumutbarkeit. Unzumutbarkeit kann sich aber aus weiteren Umständen ergeben, zB einem hohen Lebensalter des AN, der Schwerbehinderteneigenschaft, der Pflege von Familienangehörigen, der erforderl. Umschulung von Kindern oder auch der weiten Entfernung des neuen vom alten Beschäftigungsort (*Fitting* Rn. 272; GK-BetrVG/*Oetker* Rn. 475). Ein solcher die Zumutbarkeit nehmender Umstand ist insb. eine An- bzw. Abfahrtzeit von mehr als zwei bis zweieinhalb Stunden tägl. (vgl. § 140 IV SGB III). Können nach den dargelegten Gesichtspunkten dem AN nur Arbeitsplätze angeboten werden, die nicht mehr als zumutbar einzustufen sind, sind diese Arbeitsplätze auch nicht iRd. „Generalklausel" des S. 1 zu berücksichtigen. 36

Beim **Betriebsübergang** ist zu unterscheiden. Geht ein Betrieb als Ganzes auf den Erwerber über, liegt grds. überhaupt keine sozialplanpflichtige Betriebsänderung vor (vgl. § 111 Rn. 12). Bei der Betriebsaufspaltung, die gem. § 111 Nr. 3 regelm. eine Betriebsänderung darstellt, ist grds. davon auszugehen, dass auf Grund der Regelung des § 613a BGB der Arbeitsplatz beim Erwerber gleichwertig mit dem bisherigen Arbeitsplatz und damit als zumutbar iSd. § 112 V einzustufen ist, und zwar auch, wenn dort ein ungünstigerer Tarif gilt (BAG 5.2.1997 AP BetrVG 1972 § 112 Nr. 112; 19.2.1998 AP TVG § 4 Rationalisierungsschutz Nr. 25). Gleichwohl widersprechende AN können dann von Sozialplanansprüchen ausgenommen werden (BAG 12.7.2007 DB 2009, 573). Ausnahmen sind jedoch dann anzuerkennen, 37 wenn für den Widerspruch des AN gegen den Betriebsübergang ein sachl. Grund vorliegt. Ein solcher sachl. Grund liegt etwa vor, wenn ein AN dem Übergang seines ArbVerh. von einem mittelständischen Unternehmen zu einem nicht sozialplanpflichtigen Kleinbetrieb widerspricht (LAG HM 21.6.1994 NZA 1995, 471; LAG HM 19.7.1994 DB 1994, 2242). Ist in einem Sozialplan versäumt worden, AN, die nach einem Widerspruch gegen den Betriebsübergang gekündigt werden, von Abfindungsansprüchen auszunehmen, sind sie wie sonstige gekündigte AN zu behandeln (BAG 15.12.1998 AP BetrVG 1972 § 112 Nr. 126). Jedoch gehören nicht zu den berücksichtigungspflichtigen Nachteilen eine Verringerung der Haftungsmasse bei dem Betriebserwerber sowie dessen befristete Befreiung von der Sozialplanpflicht nach § 112a II (BAG 10.12.1996 AP BetrVG 1972 § 112 Nr. 110; 25.1.2000 NZA 2000, 1069).

37a **d) Förderung zur Vermeidung von Arbeitslosigkeit (Nr. 2a).** Mit der Bestimmung wird nach der amtl. Begr. zum Ausdruck gebracht, dass der Sozialplan nicht mehr wie früher meistens als reines Abfindungsinstrument, sondern auch als Mittel für die Schaffung neuer Beschäftigungsperspektiven genutzt werden soll (sog. **Transfersozialplan**). In diesem Zusammenhang stünden der Einigungsstelle, aber auch den Betriebspartnern eine Vielzahl von Möglichkeiten zur Vfg., die von der inner- oder außerbetriebl. Qualifizierung (dazu unten Rn. 37c), der Förderung der Anschlusstätigkeit bei einem anderen AG bis hin zu Leistungen, die den Vorbereitungen einer selbstständigen Existenz des AN dienen, reichen. Maßgebl. ist seit dem 1.3.2012 § 110 SGB III. Nach dieser Vorschr. beträgt die als Zuschuss ausgestaltete Förderung 50% der Maßnahmekosten, max. aber 2500 Euro je AN.

37b Die Vorschr. erweitert die in Nr. 2 vorgeschriebene Berücksichtigung der vorhandenen Arbeitsmarktchancen zu ihrer aktiven Förderung. Dass dies „insbes." geschehen soll, hat eine doppelte Bedeutung. Zum einen betont es den Vorrang der Beschäftigungsförderung vor reinen Abfindungsregelungen, zum anderen legt es den Einigungsstellen nahe, die Beschäftigung va. mit Hilfe der aktiven Arbeitsmarktpolitik zu fördern. Ein von einer Einigungsstelle aufgestellter Sozialplan, der dies missachtet, ist ermessenswidrig und kann gem. § 76 V S. 4 von einer Seite angefochten werden, freil. nur, wenn der Spruch insoweit gegen ihren Willen ausgefallen ist. Ansonsten läge hier widersprüchl. Verhalten vor. Für die Betriebsparteien ist die Vorschr. nicht unmittelbar verbindl.

37c Neben den oben Rn. 33, 37 angesprochenen allg. Möglichkeiten ist als zentrales Gestaltungsmittel in diesem Zusammenhang die Überführung von AN im Rahmen von Transfersozialplänen in eine **Beschäftigungsgesellschaft** zu nennen. Andere Bezeichnungen hierfür sind zB „Qualifizierungsgesellschaft", „BQG" oder „Transfer- und Personalentwicklungsgesellschaft". Diese Gesellschaften können von den Unternehmen, die sozialplanpflichtige Entlassungen planen, konkret für den Einzelfall begr. werden. Daneben existiert allerdings eine Vielzahl von regional- und auch überregional arbeitenden Anbietern, welche über eine vorhandene Infrastruktur verfügen. Versucht wird regelm., AN, deren ArbVerh. gekündigt sind oder von einer Kündigung bedroht sind, zu einer einverständl. Beendigung ihrer ArbVerh. unter gleichzeitiger Begründung eines befristeten Arbeitsvertrages in der Beschäftigungsgesellschaft zu bewegen. Dieses ArbVerh. ist ein reguläres sozialversicherungspflichtiges ArbVerh. Finanziert wird es in erster Linie durch das sog. **Transferkurzarbeitergeld** gem. § 111 SGB III. Ergänzt werden die Leistungen der BA durch Zuschüsse zu Qualifizierungsmaßnahmen im Einzelfall. Die verbleibende Finanzierungslücke hat der AG durch die von ihm zur Vfg. zu stellenden Sozialplanmittel zu decken, wobei es allerdings durchaus verbreitete Praxis ist, dass auf die betroffenen AN massiver Druck zu einem Wechsel in die Beschäftigungsgesellschaft vor Ablauf ihrer regulären Kündigungsfrist ausgeübt wird. Dies führt dann zu einer entspr. Ersparnis des AG und letztl. dazu, dass die betroffenen AN ihren Arbeitsplatz in der Beschäftigungsgesellschaft zT mitfinanzieren. Gegenstand der Beschäftigung der AN in der Beschäftigungsgesellschaft ist allein deren Qualifizierung mit dem Ziel einer Vermittlung in den ersten Arbeitsmarkt. Bei der Gestaltung derartiger Transfersozialpläne ist zu beachten, dass eine **Beratung durch die Agentur für Arbeit** zwingende Voraussetzung für die Gewährung von Transferkurzarbeitergeld ist und dass die BA sich parallel zu der Beschäftigungsgesellschaft um die Vermittlung der AN aus der Beschäftigungsgesellschaft bemüht. Hinzuweisen ist schließl. darauf, dass in der Praxis Beschäftigungsgesellschaften auch verbreitet als „Personalfilter" benutzt werden, indem AN, die in die Beschäftigungsgesellschaft überführt wurden, von einer Auffanggesellschaft neue Arbeitsverträge angeboten werden. Dies soll nach Auff. des BAG keine rechtswidrige Umgehung von § 613a BGB bzw. § 1 III KSchG sein (BAG 10.12.1998 NZA 1999, 422; BAG 18.8.2005 BB 2006, 665), solange nicht ArbVerh. mit der Auffanggesellschaft verbindl. (BAG 18.8.2011 NZA 2012, 152) oder so gut wie verbindlich (BAG 25.10.2012, BB 2012, 2815) in Aussicht gestellt werden

37d Fragl. ist, inwieweit die Einigungsstelle berechtigt ist, auch **gegen den Willen des AG** einen Transfer- anstelle eines Abfindungssozialplans durchzusetzen. Ausgangspunkt ist, dass die Einigungsstelle an die Legaldefinition des Sozialplans in § 112 I 2 gebunden ist und deshalb nur solche Maßnahmen zum Gegenstand eines Sozialplans machen kann, die zur Bewältigung der Folgen einer als Faktum hingenommenen Betriebsänderung dienen und keinen gestaltenden Eingriff in die Betriebsstruktur bewirken. Innerbetriebl. Qualifizierungsmaßnahmen unter Aufrechterhaltung des ArbVerh. scheiden damit aus (Richardi/*Annuß* § 112 Rn. 163). Unzulässig dürfte es weiter sein, den AG durch Spruch der Einigungsstelle zu verpflichten, eine Beschäftigungsgesellschaft zu errichten (vgl. *Fitting* Rn. 278; zum Streitstand *Schütte* NZA 2013, 249). Mögl. ist dagegen ein Einigungsstellenspruch, der die finanzielle Beteiligung des AG an externen Beschäftigungsgesellschaften und von Dritten durchgeführten Fördermaßnahmen vorsieht (Richardi/*Annuß* § 112 Rn. 161 f.; *Gaul/Kliemt* NZA 2000, 674). Jedenfalls gibt es keine Pflicht der Einigungsstelle zur Aufstellung eines Transfersozialplans infolge einer entspr. Ermessensreduzierung auf Null.

e) **Bemessung des Gesamtbetrages.** Die Einigungsstelle ist bei ihrer Ermessungsausübung an zwei 38 äußere Grenzen gebunden: Sie darf kein größeres Gesamtvolumen des Sozialplans vorsehen als selbst für den vollen Ausgleich aller wirtschaftl. Nachteile der AN erforderl. ist, und sie muss grds. mind. Leistungen vorsehen, die noch als substantielle, spürbare Milderung der wirtschaftl. Nachteile angesehen werden können (BAG 24.8.2004 NZA 2005, 302). In diesem Rahmen hat die Einigungsstelle bei der Bemessung des Gesamtbetrages der Sozialplanleistungen darauf zu achten, dass der Fortbestand des Unternehmens oder die nach Durchführung der Betriebsänderung verbleibenden Arbeitsplätze nicht gefährdet werden. Was **wirtschaftl. vertretbar** ist, kann nicht allg. beurteilt werden (vgl. auch *Gaul* DB 2004, 1498). Die Vertretbarkeit hängt davon ab, welche Nachteile die betroffenen AN erleiden (BAG 14.9.1994 AP BetrVG 1972 § 112 Nr. 87; GK-BetrVG/*Oetker* Rn. 444). Nach der Rspr. des BAG kann die Belastung durch einen Sozialplan für das Unternehmen durchaus „einschneidend" sein (BAG 17.10.1989 AP BetrVG 1972 § 111 Nr. 29). Dass Sozialplanmittel anderen Investitionen nicht mehr zur Vfg. stehen, spiele für sich allein keine Rolle (BAG 22.5.1979 AP BetrVG 1972 § 111 Nr. 4). Allerdings muss das Unternehmen trotz des Sozialplans zu notwendigen Investitionen in der Lage bleiben (*v. Hoyningen-Huene* RdA 1986, 106). Auch ein Sozialplan, der durch die Betriebsänderung begründete Einsparungen für ein Jahr aufzehrt, soll nicht zu beanstanden sein (BAG 27.10.1987 AP BetrVG 1972 § 112 Nr. 41). Vertretbar sei in jedem Fall ein Sozialplanvolumen, das den in der Bilanz hierfür ausgewiesenen Rückstellungen entspricht, wobei die Rspr. davon ausgeht, dass entspr. „Rücklagen" gebildet werden (BAG 13.6.1989 AP BetrVG 1972 § 112a Nr. 3). Mehr als bedenkl. ist es, wenn das BAG bei einem wirtschaftl. wenig leistungsstarken Unternehmen „Belastungen bis an den Rand der Bestandsgefährdung" für zulässig hält (BAG 6.5.2003 NZA 2004, 108). Sachgerecht erscheint es, dass sich die Einigungsstelle bei „Abfindungssozialplänen" an den wenigen ges. Anhaltspunkten orientiert. Dies sind insb. §§ 1a und 10 KSchG, die den rechtl. Hintergrund für den faktischen **„Normaltarif"** für den Verlust eines Arbeitsplatzes bilden. Abweichungen von dieser „Faustformel" nach oben oder unten müssen sachl. begründbar sein, um ermessensfehlerfrei zu sein. Je schlechter es einem Unternehmen wirtschaftl. geht, desto mehr ist zusätzl. § 123 InsO in die Betrachtung einzubeziehen, um eklatante Wertungswidersprüche zwischen Sozialplänen in insolventen und insolvenznahen Unternehmen zu verhindern. Bei Zweifeln über die wirtschaftl. Vertretbarkeit können der BR oder auch die Einigungsstelle einen Sachverständigen hinzuziehen (DKKW/*Däubler* Rn. 158; *Fitting* Rn. 284). Bei einer Unternehmensspaltung nach dem UmwG in Besitz- und Betriebsgesellschaft kann sich aus § 134 UmwG eine nachwirkende Haftung für Sozialpläne ergeben. Dabei dürfte mit dem Haftungs- ein Bemessungsdurchgriff verbunden sein, so dass sich das Volumen des Sozialplans nach der gesamten Vermögenslage beider Gesellschaften richtet. Zu einer Mithaftung für Sozialpläne kann es auch in **Konzernen** kommen (ausführl. dazu *Ahrendt* RdA 2012, 340; *Schweibert* NZA 2016, 322). Im Anschluss an den BGH hat das BAG die Haftung von Obergesellschaften in qualifiziert-faktischen Konzernen in entspr. Anwendung des § 303 AktG ausgedehnt. Für Sozialpläne bes. wichtig ist die zu § 16 BetrAVG ergangene Entsch. des BAG vom 14.12.1993 (AP BetrAVG § 16 Nr. 29), nach der in solchen Fällen aus dem Haftungs- ein Bemessungsdurchgriff folgt. Dies wird auch für Sozialpläne gelten (LAG HE 17.7.2001 BB 2002, 1421; GK-BetrVG/*Oetker* Rn. 445 ff.; *Scholz* BB 2006, 1498). Ein Grund für einen Bemessungsdurchgriff kann auch die umwandlungsrechtl. Aufspaltung in Besitz- und Anlagegesellschaft sein; in diesem Fall ist jedoch der Bemessungsdurchgriff der Höhe nach auf die der Betriebsgesellschaft bei der Spaltung entzogenen Vermögensteile begrenzt (BAG 15.3.2011 NZA 2011, 1112; dazu *Röger/Tholuck* NZA 2012, 254).

7. Änderung und Kündigung. Der Sozialplan endet normalerweise mit Erreichen des verfolgten 39 Zwecks, dh. wenn die vorgesehenen Ausgleichsleistungen an die betroffenen AN gewährt worden sind. Den Betriebspartnern steht es frei, den Sozialplan für die Zukunft **einvernehml. aufzuheben** oder abzuändern, insb. durch einen neuen Sozialplan abzulösen (BAG 24.3.1981 AP BetrVG 1972 § 112 Nr. 12; 10.8.1994 AP BetrVG 1972 § 112 Nr. 86). Eine rückwirkende Abänderung mit der Folge, dass in fällige (BAG 24.3.1981 AP BetrVG 1972 § 112 Nr. 12) bzw. noch nicht fällige, aber bereits entstandene Ansprüche (BAG 10.8.1994 AP BetrVG 1972 § 112 Nr. 86) zulasten der AN eingegriffen wird, ist iRd. Grenzen des Vertrauensschutzes und der Verhältnismäßigkeit zulässig (BAG 5.10.2000 AP BetrVG 1972 § 112 Nr. 141; s. Rn. 41).

Hinsichtl. der **Möglichkeit der Kündigung** eines Sozialplanes ist zu unterscheiden: Zulässig ist es 40 stets, die ordentl. Kündigung eines Sozialplans ausdrückl. zu **vereinbaren.** Fehlt es an einer solchen Vereinbarung, kann ein Sozialplan, der nur für eine bestimmte Betriebsänderung vereinbart wurde, grds. nicht ordentl. gekündigt werden. Etwas anderes gilt, wenn der Sozialplan Dauerregelungen enthält, wobei Dauerregelungen nur solche Bestimmungen sind, nach denen ein bestimmter wirtschaftl. Nachteil durch auf bestimmte oder unbestimmte Zeit laufende Leistungen ausgegl. oder gemildert werden soll (BAG 10.8.1994 AP BetrVG 1972 § 112 Nr. 86). Ob eine **außerordentl. Kündigung** aus wichtigem Grund zulässig ist, hat das BAG in der Entsch.vom 10.8.1994 (AP BetrVG 1972 § 112 Nr. 86) ausdrückl. offengelassen. Auch hier bietet es sich an, danach zu unterscheiden, ob der betr. Sozialplan Dauerregelungen enthält oder nicht. Enthält er Dauerregelungen, ist nach allg. Grundsätzen wie bei jedem Dauerschuldverhältnis von der Möglichkeit einer außerordentl. Kündigung auszugehen (*v. Hoyningen-Huene* Anm. BAG 10.8.1994 AP BetrVG 1972 § 112 Nr. 86). Sowohl bei der ordentl. als auch nach hM bei der außerordentl. Kündigung wirken die Regelungen des Sozialplans gem. § 77 VI nach, bis sie durch eine neue Regelung ersetzt werden (BAG 10.8.1994 AP BetrVG 1972 § 112 Nr. 86; *Fitting* Rn. 217).

41 Ein Eingriff in entstandene Sozialplanansprüche kommt auch dann in Betracht, wenn die **Geschäftsgrundlage** eines Sozialplans wegfällt und eine ggf. rückwirkende Vertragsanpassung erforderl. wird. Voraussetzung für eine Anwendung der Lehre vom Wegfall der Geschäftsgrundlage (jetzt § 313 BGB) ist, dass AG und BR bei Abschluss eines Sozialplans von Vorstellungen ausgehen, die sich später als nicht zutr. erweisen, und das Festhalten an der Vereinbarung für eine Seite unzumutbar wird (*Fitting* Rn. 219). Von einem Wegfall der Geschäftsgrundlage ist etwa auszugehen, wenn beide Parteien bei Abschluss des Sozialplans von der Vorstellung ausgingen, die Treuhandanstalt werde die für die Erfüllung des Sozialplans benötigten Mittel ganz oder tw. zur Vfg. stellen (BAG 10.8.1994 AP BetrVG 1972 § 112 Nr. 86; *Däubler* NZA 1985, 541) oder wenn nach Abschluss eines Sozialplans ein Betrieb von einem Erwerber übernommen wird, der eigentl. stillgelegt werden sollte (BAG 28.8.1996 AP BetrVG 1972 § 112 Nr. 104).

42 Die bei Wegfall der Geschäftsgrundlage notwendige **Anpassung des Sozialplans** müssen die Betriebspartner vereinbaren. Die Partei, die sich auf den Wegfall beruft, hat ggü. der anderen Partei einen Anspruch auf Aufnahme von Verhandlungen. Verweigert die andere Partei die Anpassung oder kommt es nicht zu einer Einigung, kann sie die Einigungsstelle anrufen, die dann entscheidet, und zwar sowohl über die Rechtsfrage, ob die Geschäftsgrundlage weggefallen ist, als auch über die notwendig werdende Neuregelung (BAG 10.8.1994 AP BetrVG 1972 § 112 Nr. 86; *Fitting* Rn. 219).

43 **8. Sozialplan in der Arbeitgeberinsolvenz. § 123 I, II InsO** entspricht wörtl. § 2 SozPlKonkG und begrenzt das Sozialplanvolumen auf einen Gesamtbetrag von $2^1/_2$ Monatsverdiensten der von der Entlassung betroffenen AN. Zudem darf für Sozialplanforderungen nicht mehr als ein Drittel der Masse verwendet werden, die ohne einen Sozialplan für die Insolvenzgläubiger zur Vfg. stünde. Die einzelnen Forderungen sind anteilig zu kürzen, wenn das Sozialplanvolumen diese Grenze übersteigt. Grdl. neu ist dagegen die insolvenzrechtl. Einordnung der Sozialplanforderungen: Anders als nach § 4 S. 1 SozPlKonkG handelt es sich nicht nur um bevorrechtigte Konkursforderungen, sondern um Masseverbindlichkeiten (§ 123 II 1 InsO). Auf eine einseitige Sozialzusage des AG ohne Beteiligung eines BR findet § 123 InsO keine Anwendung (BAG 21.9.1999 AP SozPlKonkG § 1 Nr. 1).

44 **Sozialpläne aus den letzten drei Monaten vor dem Antrag auf Eröffnung:** § 124 InsO sieht keine Begrenzung des Sozialplanvolumens vor, sondern gibt sowohl dem InsV als auch dem BR ein Widerrufsrecht. Unterbleibt der Widerruf, so werden die Ansprüche nicht Masseschulden, sondern einfache Insolvenzforderungen gem. § 38 InsO. Ein bloßes Unterlassen des Insolvenzverwalters steht nach Auff. des BAG einem Handeln iSd. § 55 I Nr. 1 InsO nicht gleich (BAG 31.7.2002 NZA 2002, 1332; aA *Lakies* BB 1999, 206, 210; *Warrikoff* BB 1994, 2338). Gem. § 124 II InsO können AN, deren Sozialplanansprüche vom Widerruf betroffen sind, in dem Sozialplan gem. § 123 InsO berücksichtigt werden (*Warrikoff* BB 1994, 2338). Der InsV kann mit vor Verfahrenseröffnung gekündigten AN vereinbaren, dass sie die Kündigungsschutzklage gegen Abfindung zurückziehen (BAG 27.10.1998 EzA BetrVG 1972 § 112 Nr. 102). Ältere Sozialpläne bleiben und begründen Insolvenzforderungen. Vor Insolvenzeröffnung aufgestellte Sozialpläne können nur dann Masseforderungen begründen, wenn sie von einem vorläufigen InsV mit Verfügungsbefugnis abgeschlossen werden (BAG 31.7.2002 NZA 2003, 1332).

III. Streitigkeiten

45 Ist streitig, **ob** überhaupt eine interessenausgleichs- und ggf. sozialplanpflichtige Betriebsänderung vorliegt, kann dies im Wege des Beschlussverfahrens geklärt werden. Die rechtskräftige Entsch. des ArbG ist für die Einigungsstelle bindend (BAG 15.10.1979 AP BetrVG 1972 § 111 Nr. 5; 22.1.1980 AP BetrVG 1972 § 111 Nr. 7). Die Einigungsstelle hat ihr Verfahren einzustellen; ein von der Einigungsstelle bereits beschlossener Sozialplan verliert seine Wirkung (DKKW/*Däubler* Rn. 222). Keine Bindungswirkung entfaltet dagegen eine Entsch. des ArbG im Verfahren nach § 98 ArbGG über die Besetzung der Einigungsstelle, da eine Zurückweisung des Antrags nur bei „offensichtl. Unzuständigkeit" der Einigungsstelle in Betracht kommt. Zu den Rechtsmitteln des BR bei Weigerung des AG, einen Interessenausgleich mit dem BR zu versuchen, s. § 111 Rn. 26.

46 Sind AG oder BR der Ansicht, dass die Einigungsstelle bei ihrem Spruch über die Aufstellung eines Sozialplans **Rechtsfehler** begangen hat, kann – gleichfalls im Wege des Beschlussverfahrens – die Feststellung der Unwirksamkeit des Spruchs geltend gemacht werden. Wird eine Überschreitung der Ermessensgrenzen des § 112 V gerügt, kann der Antrag nur binnen zwei Wochen vom Tage der Zustellung des Spruchs an gestellt werden (§ 76 V 4). Für sonstige Rechtsfehler, etwa den Verstoß gegen die Grundsätze des § 75, gilt diese Frist nicht.

47 Der **einzelne AN** kann die ihm aus einem Sozialplan zustehenden Ansprüche im Urteilsverfahren vor den ArbG einklagen. Er kann auch gerichtl. geltend machen, dass er zu Unrecht, insb. wegen

Verstoß gegen § 75, von Sozialplanleistungen ausgenommen wurde (BAG 25.10.1983 AP BetrVG 1972 § 112 Nr. 18; 17.4.1996 NZA 1996, 1113). Liegt ein Verstoß gegen den Gleichbehandlungsgrundsatz vor und erhöht sich durch einen Anspruch des diskriminierten AN das Gesamtvolumen des Sozialplans, führt dies nach Auff. des BAG nicht zur Unwirksamkeit des Sozialplans, „solange nur einzelne AN benachteiligt worden sind und die Mehrbelastung des AG durch die Korrektur im Verhältnis zum Gesamtvolumen des Sozialplans nicht ins Gewicht fällt" (BAG 21.10.2003 NZA 2004, 559; 26.6.1990 NZA 1991, 111). Fällt die Erhöhung des Gesamtvolumens ins Gewicht, insb. weil eine Vielzahl von AN gleichheitswidrig benachteiligt wurde und Ansprüche aus § 75 herleitet, kann es dagegen zu einem Wegfall der Geschäftsgrundlage des Sozialplans führen mit der Folge, dass ein neuer Sozialplan verhandelt werden muss (*Fitting* Rn. 173). Hält sich der Sozialplan im Rahmen billigen Ermessens und verstößt er auch nicht gegen höherrangige Rechtsnormen, kann der einzelne AN nicht geltend machen, die Festlegung des Gesamtvolumens des Sozialplans durch die Betriebspartner bzw. die Einigungsstelle sei nicht angemessen (BAG 17.2.1981, 14.2.1984, 26.7.1988 AP BetrVG 1972 § 112 Nr. 11, 21, 45). Die Individualansprüche des einzelnen AN aus dem Sozialplan können nicht vom BR „eingeklagt" werden (BAG 17.10.1989 AP BetrVG 1972 § 112 Nr. 53), s. § 77 Rn. 8.

§ 113 Nachteilsausgleich

(1) Weicht der Unternehmer von einem Interessenausgleich über die geplante Betriebsänderung ohne zwingenden Grund ab, so können Arbeitnehmer, die infolge dieser Abweichung entlassen werden, beim Arbeitsgericht Klage erheben mit dem Antrag, den Arbeitgeber zur Zahlung von Abfindungen zu verurteilen; § 10 des Kündigungsschutzgesetzes gilt entsprechend.

(2) Erleiden Arbeitnehmer infolge einer Abweichung nach Absatz 1 andere wirtschaftliche Nachteile, so hat der Unternehmer diese Nachteile bis zu einem Zeitraum von zwölf Monaten auszugleichen.

(3) Die Absätze 1 und 2 gelten entsprechend, wenn der Unternehmer eine geplante Betriebsänderung nach § 111 durchführt, ohne über sie einen Interessenausgleich mit dem Betriebsrat versucht zu haben, und infolge der Maßnahme Arbeitnehmer entlassen werden oder andere wirtschaftliche Nachteile erleiden.

I. Normzweck

Die Vorschr. verfolgt in erster Linie den Zweck, den Unternehmer durch Androhung einer finanziellen **Sanktion** zur Durchführung des vorgesehenen Interessenausgleichsverfahrens bzw. zur Einhaltung eines vereinbarten Interessenausgleichs anzuhalten. Sanktioniert wird ein betriebsverfassungswidriges Verhalten des AG, unabhängig davon, ob den AG ein Verschulden trifft. Ansprüche auf Nachteilsausgleich entstehen auch dann, wenn der AG in entschuldbarer Unkenntnis seiner ges. Pflichten aus § 112 handelte (BAG 4.12.1979 AP BetrVG 1972 § 111 Nr. 6; 29.11.1983 AP BetrVG 1972 § 113 Nr. 10). Als Sanktionsmittel werden dem einzelnen AN unter den Voraussetzungen des § 113 I bis III individuelle Ausgleichsansprüche eingeräumt, die der AN im Urteilsverfahren einklagen kann. Der BR kann auf Nachteilsausgleichsansprüche nicht zulasten der betroffenen AN verzichten. Seine Erkl., *keine* rechtl. Schritte gegen den AG wegen eines unterbliebenen Interessenausgleichsverfahrens bzw. wegen einer Abweichung von einem vereinbarten Interessenausgleich unternehmen zu wollen, ist ohne Bedeutung (BAG 14.9.1976 AP BetrVG 1972 § 113 Nr. 2). Zu der Frage, ob der BR die Einhaltung des Interessenausgleichs gerichtl. durchsetzen kann §§ 112, 112a Rn. 9. 1

Wegen des Sanktionscharakters des § 113 sind Ansprüche auf Nachteilsausgleich grds. **unabhängig von eventuellen finanziellen Leistungen auf Grund eines Sozialplans** (*Fitting* Rn. 2). Umstr. ist die Frage, ob Nachteilsausgleichsansprüche auf Sozialplanleistungen anzurechnen sind. Das BAG hat die automatische **Anrechenbarkeit** des erfolgreich eingeklagten Nachteilsausgleichs auf Sozialplanansprüche bejaht (BAG 20.11.2001 NZA 2002, 992; BAG 16.5.2007 NZA 2007, 1296). Diese Rspr. basiert auf dem Gedanken, dass durch die Betriebsänderung entstehende Nachteile nicht doppelt ausgegl. werden sollen. Mit dem Sanktionscharakter des § 113 ist das freil. nur schwer zu vereinbaren; denn § 113 läuft in all den Fällen weitgehend leer, in denen Sozialplanleistungen den Nachteilsausgleichsansprüchen entsprechen bzw. diese übersteigen (DKKW/*Däubler* §§ 112, 112a Rn. 123; GK-BetrVG/*Oetker* Rn. 108). Keine zusätzl. Arg. gegen die Rspr. des BAG ergeben sich aus der MassenentlassungsRL 98/59/EG (vgl. *Leuchten/Lipinski* NZA 2003, 1361; offengelassen in BAG 16.5.2007 – 8 AZR 693/06). Zur Vermeidung der automatischen Verrechnung steht es den Betriebspartnern und auch der Einigungsstelle frei, diese im Sozialplan ausdrückl. auszuschließen. 2

Die **Pflicht zum Nachteilsausgleich** unter den Voraussetzungen des § 113 entsteht unabhängig davon, ob ein Sozialplan abgeschlossen werden muss, also auch in den Fällen des § 112a. Weicht der AG von einem Sozialplan ab bzw. weigert er sich, einen Sozialplan abzuschließen, greift § 113 nicht ein: Der Sozialplan kann über die Einigungsstelle erzwungen werden; Rechte aus dem Sozialplan müssen vom einzelnen AN eingeklagt werden (vgl. §§ 112, 112a Rn. 47). Anders als auf Sozialplan- 3 ansprüche kann ein AN auf Nachteilsausgleichsansprüche wirksam ohne Zustimmung des BR verzichten (BAG 23.9.2003 NZA 2004, 440).

II. Abweichungen vom Interessenausgleich

4 **1. Abfindungen bei Entlassungen (Abs. 1).** Voraussetzung für das Entstehen von Nachteilsausgleichsansprüchen nach Abs. 1 ist, dass der Unternehmer von einem Interessenausgleich über die geplante Betriebsänderung ohne zwgd. Grund abweicht. Eine **Abweichung** liegt etwa vor, wenn der Unternehmer eine Betriebsänderung, auf die er im Interessenausgleich verzichtet hat, doch durchführt oder sich nicht an die vereinbarten Modifikationen der Betriebsänderung hält, diese etwa nicht zeitl. hinausschiebt oder umfangmäßig beschränkt. Ohne Sanktion ist eine solche Abweichung nur dann zulässig, wenn hierfür ein zwgd. **Grund** vorliegt. Zwgd. können nur nachträgl. entstandene oder nachträgl. erkennbar gewordenen Umstände sein; es darf sich nicht um einen Grund handeln, der allein in den ursprüngl. Gründen für die Betriebsänderung liegt (BAG 17.9.1974 AP BetrVG 1972 § 113 Nr. 1). Vom Standpunkt eines verständigen Unternehmers aus darf diesem praktisch keine andere Wahl bleiben, als vom Interessenausgleich abzuweichen (*Fitting* Rn. 8). Bsp. sind etwa die Entziehung eines entscheidenden Bankkredits, plötzl. Verlust von Großaufträgen, Konkurs eines Hauptkunden oder ein schwerwiegender Rohstoff- oder Energiemangel, die zu einer sofortigen Anpassung des Betriebs an die veränderten Umstände zwingen. Beruht die Abweichung vom Interessenausgleich auf einem freien Entschl. des Unternehmers ohne nachhaltige Änd. der wirtschaftl. Rahmenbedingungen, liegt kein zwgd. Grund vor. Der AG ist für das Vorliegen des zwgd. Grundes darlegungs- und beweispflichtig (WPK/*Preis*/*Bender* Rn. 9).

5 Liegen keine zwgd. Gründe idS vor, kann der AN beim ArbG Klage auf Zahlung von Abfindungen erheben, wenn er infolge der Abweichung vom Interessenausgleich **entlassen** wird (zu den Rechtsbehelfen des BR §§ 112, 112a Rn. 9). Der Begriff „Entlassung" ist genauso zu verstehen wie iRd. Betriebsänderung durch Personalabbau. Erfasst werden danach nicht nur (betriebsbedingte) Kündigungen, sondern auch die Beendigung des ArbVerh. durch **vom AG veranlasste Aufhebungsverträge und Eigenkündigungen** (DKKW/*Däubler* Rn. 17; *Fitting* Rn. 22). Ansprüche entstehen nur dann, wenn ausgesprochene Kündigungen rechtswirksam sind. Ggü. unwirksamen Kündigungen ist der AN durch das Kündigungsschutzrecht hinreichend geschützt (BAG 31.10.1995 AP ArbGG 1979 § 72 Nr. 29; WPK/*Preis*/*Bender* Rn. 16; *Fitting* Rn. 23). Bei Zweifeln über die Rechtswirksamkeit einer Kündigung kann der AN den Nachteilsausgleichsanspruch nach Abs. 1 im Kündigungsschutzprozess hilfsweise für den Fall geltend machen, dass die Rechtswirksamkeit der Kündigung festgestellt wird. Nicht nachteilsausgleichspflichtig sind Entlassungen, die von vornherein im Interessenausgleich vorgesehen sind, insb. solche, die auf einer Namensliste iSd. § 1 V KSchG beruhen.

6 Für die **Höhe des Abfindungsanspruchs** gilt § 10 KSchG entspr. § 10 KSchG sieht nur Höchstbeträge vor. Innerhalb dieser Höchstbeträge entscheidet das ArbG nach pflichtgem. Ermessen. Dabei sind insb. Lebensalter und Betriebszugehörigkeit, die Aussichten des AN auf dem Arbeitsmarkt, aber auch der Grad der Zuwiderhandlung gegen betriebsverfassungsrechtl. Pflichten von Bedeutung (BAG 29.2.1972 AP BetrVG [1952] § 72 Nr. 9; *Fitting* Rn. 30). Wegen des Sanktionscharakters des § 113 spielt die wirtschaftl. Vertretbarkeit für das Unternehmen nur eine untergeordnete Rolle (GK-BetrVG/*Oetker* Rn. 95; DKKW/*Däubler* Rn. 20). Der AN braucht keinen bezifferten **Klageantrag** zu stellen. Es genügt der Antrag, „den Beklagten zur Zahlung einer Abfindung zu verurteilen, deren Höhe das Gericht gem. § 10 KSchG festsetzt" (BAG 22.2.1983 AP BetrVG 1972 § 113 Nr 7). Vorzutragen sind aber die für die Bemessung der Abfindung maßgebl. Umstände.

7 **2. Ausgleich sonstiger Nachteile (Abs. 2).** Abs. 2 betrifft Nachteile von AN, die infolge einer Betriebsänderung nicht entlassen werden. Derartige Nachteile sind bis zu einem Zeitraum von 12 Monaten auszugleichen. Dabei ist **grds. voller Ausgleich** zu gewähren, dessen Höhe vom ArbG gem. § 287 ZPO zu schätzen ist, wenn ein genauer Betrag nicht ermittelt werden kann (*Fitting* Rn. 34). Der in der Vorschr. genannte Zeitraum von 12 Monaten stellt die äußerste Grenze dar; entfällt der wirtschaftl. Nachteil zu einem früheren Zeitraum, ist der Ausgleichsanspruch entspr. zu verkürzen. Bsp. für Ausgleichsleistungen sind etwa Fahrtkostenersatz, Ersatz von Umzugskosten, Trennungsentschädigungen oder Lohnausgleichszahlungen.

III. Unterbliebener Versuch eines Interessenausgleichs

8 Abs. 1 und Abs. 2 gelten entspr., wenn der Unternehmer eine geplante Betriebsänderung nach § 111 durchführt, ohne über sie einen Interessenausgleich mit dem BR versucht zu haben. Nachdem die zum 1.10.1996 eingeführten Definitionen des „Versuchs" eines Interessenausgleichs in § 113 III 2 BetrVG aF zum 31.12.1999 wieder aufgeh. wurden, ist heute wieder auf die Rspr. des BAG vor dem 1.10.1996 zurückzugreifen, wonach vom AG verlangt wird, von sich aus die Einigungsstelle anzurufen und bis zu einer Feststellung des Scheiterns der Verhandlungen in der Einigungsstelle mit dem BR zu verhandeln (BAG 18.12.1984 AP BetrVG 1972 § 113 Nr. 11; aA *Löwisch*/*Kaiser* Rn. 12; näheres s. §§ 112,

112a Rn. 8). Die Problematik wird dadurch gemildert, dass die Einigungsstelle gleich nach Beginn des Interessenausgleichsversuchs gebildet werden kann (§ 76 Rn. 3).

Der Verweis auf die Abs. 1 und 2 betrifft nur die Rechtsfolgen, nicht auch die Anspruchsvoraussetzungen (BAG 17.9.1974 AP BetrVG 1972 § 113 Nr. 1; 18.12.1984 AP BetrVG 1972 § 113 Nr. 11). 9
Die **Anspruchsvoraussetzungen** richten sich allein nach Abs. 3; danach setzt der Nachteilsausgleich nur voraus, dass die Betriebsänderung für die Entlassung oder den sonstigen Nachteil der AN kausal geworden ist (WPK/*Preis/Bender* Rn. 13). Ob diese Nachteile auch entstanden wären, wenn der AG einen Interessenausgleich rechtzeitig versucht hätte, spielt keine Rolle. Ebenso sollen Ansprüche auf Nachteilsausgleich auch dann entstehen, wenn der Unternehmer nachweisen kann, dass für die geplante Betriebsänderung ein zwgd. Grund bestanden hat, welcher ein Abweichen vom Interessenausgleich iSd. Abs. 1 gerechtfertigt hätte (BAG 22.5.1979 AP BetrVG 1972 § 111 Nr. 3; vgl. auch 10.12.1996 NZA 1996, 787). Das ist bedenkl., soweit der Unternehmer das noch Mögliche getan hat. In jedem Fall sind derartige Gesichtspunkte bei der Bemessung der Höhe des Nachteilsausgleichs zu berücksichtigen. Entsteht durch eine Betriebsänderung überhaupt kein Nachteil (zB Betriebsaufspaltung), gibt es auch keinen Nachteilsausgleich (LAG D 8.7.1998 – 4 Sa 735/98). Der Anspruch entsteht, sobald der **AG mit der geplanten Betriebsänderung beginnt**. Dies ist nach Auff. des BAG erst der Fall, wenn der AG „unumkehrbare Maßnahmen" in Bezug auf die Betriebsänderung getroffen hat (BAG 30.5.2006 NZA 2006, 1122). Die widerrufl. Freistellung aller AN bei einer geplanten Betriebsschließung in der Insolvenz soll deshalb, da noch umkehrbar, kein Beginn der Betriebsänderung sein (BAG 30.5.2006 NZA 2006, 1122). Ein Beginn liegt aber spätestens mit Ausspruch betriebsbedingter Kündigungen vor (BAG 23.9.2004 NZA 2004, 440). Das BAG (30.5.2006 NZA 2006, 1122) sieht allerdings sogar in der Kündigung von Ausbildungsverhältnissen noch keinen Beginn einer Betriebs(teil)schließung, da auch ohne Auszubildende der Betriebszweck uneingeschränkt weitergeführt werden könne. Diesem Ansatz kann nicht zugestimmt werden, da Auszubildende AN iSv. § 5 I sind und damit mit deren Kündigung unumkehrbar die ersten von einer Betriebs(teil)schließung betroffenen AN iSd. Gesetzes gekündigt werden. Nicht als „Beginn" der Betriebsänderung zu werten sind dagegen reine Vorbereitungshandlungen ohne unmittelbare Auswirkungen auf Betrieb und AN, etwa die Gründung von Gesellschaften oder die Ermittlung geeigneter Betreiber von Beschäftigungsgesellschaften (ausführl. zur Abgrenzung zwischen Vorbereitungshandlung und Beginn der Betriebsänderung *Langner/Widhammer* NZA 2011, 430). Zu einem Unterlassungsanspruch des BR § 111 Rn. 27. Der Anspruch aus § 113 ist Insolvenz- und nicht Masseforderung, wenn die Stilllegung des Betriebes vor Insolvenzeröffnung begonnen wurde (BAG 22.10.2001 ZIP 2002, 1300).

Fünfter Teil. Besondere Vorschriften für einzelne Betriebsarten

Erster Abschnitt. Seeschifffahrt

§ 114 Grundsätze

(1) Auf Seeschifffahrtsunternehmen und ihre Betriebe ist dieses Gesetz anzuwenden, soweit sich aus den Vorschriften dieses Abschnitts nichts anderes ergibt.

(2) [1] Seeschifffahrtsunternehmen im Sinne dieses Gesetzes ist ein Unternehmen, das Handelsschifffahrt betreibt und seinen Sitz im Geltungsbereich dieses Gesetzes hat. [2] Ein Seeschifffahrtsunternehmen im Sinne dieses Abschnitts betreibt auch, wer als Korrespondenzreeder, Vertragsreeder, Ausrüster oder aufgrund eines ähnlichen Rechtsverhältnisses Schiffe zum Erwerb durch die Seeschifffahrt verwendet, wenn er Arbeitgeber des Kapitäns und der Besatzungsmitglieder ist oder überwiegend die Befugnisse des Arbeitgebers ausübt.

(3) Als Seebetrieb im Sinne dieses Gesetzes gilt die Gesamtheit der Schiffe eines Seeschifffahrtsunternehmens einschließlich der in Absatz 2 Satz 2 genannten Schiffe.

(4) [1] Schiffe im Sinne dieses Gesetzes sind Kauffahrteischiffe, die nach dem Flaggenrechtsgesetz die Bundesflagge führen. [2] Schiffe, die in der Regel binnen 24 Stunden nach dem Auslaufen an den Sitz eines Landbetriebs zurückkehren, gelten als Teil dieses Landbetriebs des Seeschifffahrtsunternehmens.

(5) Jugend- und Auszubildendenvertretungen werden nur für die Landbetriebe von Seeschifffahrtsunternehmen gebildet.

(6) [1] Besatzungsmitglieder im Sinne dieses Gesetzes sind die in einem Heuer- oder Berufsausbildungsverhältnis zu einem Seeschifffahrtsunternehmen stehenden im Seebetrieb beschäftigten Personen mit Ausnahme des Kapitäns. [2] Leitende Angestellte im Sinne des § 5 Abs. 3 dieses Gesetzes sind nur die Kapitäne.

§ 115 Bordvertretung

(1) [1]Auf Schiffen, die mit in der Regel mindestens fünf wahlberechtigten Besatzungsmitgliedern besetzt sind, von denen drei wählbar sind, wird eine Bordvertretung gewählt. [2]Auf die Bordvertretung finden, soweit sich aus diesem Gesetz oder aus anderen gesetzlichen Vorschriften nicht etwas anderes ergibt, die Vorschriften über die Rechte und Pflichten des Betriebsrats und die Rechtsstellung seiner Mitglieder Anwendung.

(2) Die Vorschriften über die Wahl und Zusammensetzung des Betriebsrats finden mit folgender Maßgabe Anwendung:

1. Wahlberechtigt sind alle Besatzungsmitglieder des Schiffes.

2. Wählbar sind die Besatzungsmitglieder des Schiffes, die am Wahltag das 18. Lebensjahr vollendet haben und ein Jahr Besatzungsmitglied eines Schiffes waren, das nach dem Flaggenrechtsgesetz die Bundesflagge führt. § 8 Abs. 1 Satz 3 bleibt unberührt.

3. Die Bordvertretung besteht auf Schiffen mit in der Regel

5 bis 20wahlberechtigten Besatzungsmitgliedern	**aus einer Person,**
21 bis 75wahlberechtigten Besatzungsmitgliedern	**aus drei Mitgliedern,**
über 75wahlberechtigten Besatzungsmitgliedern	**aus fünf Mitgliedern.**

4. *(weggefallen)*

5. § 13 Abs. 1 und 3 findet keine Anwendung. Die Bordvertretung ist vor Ablauf ihrer Amtszeit unter den in § 13 Abs. 2 Nr. 2 bis 5 genannten Voraussetzungen neu zu wählen.

6. Die wahlberechtigten Besatzungsmitglieder können mit der Mehrheit aller Stimmen beschließen, die Wahl der Bordvertretung binnen 24 Stunden durchzuführen.

7. Die in § 16 Abs. 1 Satz 1 genannte Frist wird auf zwei Wochen, die in § 16 Abs. 2 Satz 1 genannte Frist wird auf eine Woche verkürzt.

8. Bestellt die im Amt befindliche Bordvertretung nicht rechtzeitig einen Wahlvorstand oder besteht keine Bordvertretung, wird der Wahlvorstand in einer Bordversammlung von der Mehrheit der anwesenden Besatzungsmitglieder gewählt; § 17 Abs. 3 gilt entsprechend. Kann aus Gründen der Aufrechterhaltung des ordnungsgemäßen Schiffsbetriebs eine Bordversammlung nicht stattfinden, so kann der Kapitän auf Antrag von drei Wahlberechtigten den Wahlvorstand bestellen. Bestellt der Kapitän den Wahlvorstand nicht, so ist der Seebetriebsrat berechtigt, den Wahlvorstand zu bestellen. Die Vorschriften über die Bestellung des Wahlvorstands durch das Arbeitsgericht bleiben unberührt.

9. Die Frist für die Wahlanfechtung beginnt für Besatzungsmitglieder an Bord, wenn das Schiff nach Bekanntgabe des Wahlergebnisses erstmalig einen Hafen im Geltungsbereich dieses Gesetzes oder einen Hafen, in dem ein Seemannsamt seinen Sitz hat, anläuft. Die Wahlanfechtung kann auch zu Protokoll des Seemannsamtes erklärt werden. Wird die Wahl zur Bordvertretung angefochten, zieht das Seemannsamt die an Bord befindlichen Wahlunterlagen ein. Die Anfechtungserklärung und die eingezogenen Wahlunterlagen sind vom Seemannsamt unverzüglich an das für die Anfechtung zuständige Arbeitsgericht weiterzuleiten.

(3) Auf die Amtszeit der Bordvertretung finden die §§ 21, 22 bis 25 mit der Maßgabe Anwendung, dass

1. die Amtszeit ein Jahr beträgt,

2. die Mitgliedschaft in der Bordvertretung auch endet, wenn das Besatzungsmitglied den Dienst an Bord beendet, es sei denn, dass es den Dienst an Bord vor Ablauf der Amtszeit nach Nummer 1 wieder antritt.

(4) [1]Für die Geschäftsführung der Bordvertretung gelten die §§ 26 bis 36, § 37 Abs. 1 bis 3 sowie die §§ 39 bis 41 entsprechend. [2]§ 40 Abs. 2 ist mit der Maßgabe anzuwenden, dass die Bordvertretung in dem für ihre Tätigkeit erforderlichen Umfang auch die für die Verbindung des Schiffes zur Reederei eingerichteten Mittel zur beschleunigten Übermittlung von Nachrichten in Anspruch nehmen kann.

(5) [1]Die §§ 42 bis 46 über die Betriebsversammlung finden für die Versammlung der Besatzungsmitglieder eines Schiffes (Bordversammlung) entsprechende Anwendung. [2]Auf Verlangen der Bordvertretung hat der Kapitän der Bordversammlung einen Bericht über die Schiffsreise und die damit zusammenhängenden Angelegenheiten zu erstatten. [3]Er hat Fragen, die den Schiffsbetrieb, die Schiffsreise und die Schiffssicherheit betreffen, zu beantworten.

(6) Die §§ 47 bis 59 über den Gesamtbetriebsrat und den Konzernbetriebsrat finden für die Bordvertretung keine Anwendung.

(7) Die §§ 74 bis 105 über die Mitwirkung und Mitbestimmung der Arbeitnehmer finden auf die Bordvertretung mit folgender Maßgabe Anwendung:

1. Die Bordvertretung ist zuständig für die Behandlung derjenigen nach diesem Gesetz der Mitwirkung und Mitbestimmung des Betriebsrats unterliegenden Angelegenheiten, die den Bordbetrieb oder die Besatzungsmitglieder des Schiffes betreffen und deren Regelung dem Kapitän

aufgrund gesetzlicher Vorschriften oder der ihm von der Reederei übertragenen Befugnisse obliegt.
2. Kommt es zwischen Kapitän und Bordvertretung in einer der Mitwirkung oder Mitbestimmung der Bordvertretung unterliegenden Angelegenheit nicht zu einer Einigung, so kann die Angelegenheit von der Bordvertretung an den Seebetriebsrat abgegeben werden. Der Seebetriebsrat hat die Bordvertretung über die weitere Behandlung der Angelegenheit zu unterrichten. Bordvertretung und Kapitän dürfen die Einigungsstelle oder das Arbeitsgericht nur anrufen, wenn ein Seebetriebsrat nicht gewählt ist.
3. Bordvertretung und Kapitän können im Rahmen ihrer Zuständigkeiten Bordvereinbarungen abschließen. Die Vorschriften über Betriebsvereinbarungen gelten für Bordvereinbarungen entsprechend. Bordvereinbarungen sind unzulässig, soweit eine Angelegenheit durch eine Betriebsvereinbarung zwischen Seebetriebsrat und Arbeitgeber geregelt ist.
4. In Angelegenheiten, die der Mitbestimmung der Bordvertretung unterliegen, kann der Kapitän, auch wenn eine Einigung mit der Bordvertretung noch nicht erzielt ist, vorläufige Regelungen treffen, wenn dies zur Aufrechterhaltung des ordnungsgemäßen Schiffsbetriebs dringend erforderlich ist. Den von der Anordnung betroffenen Besatzungsmitgliedern ist die Vorläufigkeit der Regelung bekannt zu geben. Soweit die vorläufige Regelung der endgültigen Regelung nicht entspricht, hat das Schifffahrtsunternehmen Nachteile auszugleichen, die den Besatzungsmitgliedern durch die vorläufige Regelung entstanden sind.
5. Die Bordvertretung hat das Recht auf regelmäßige und umfassende Unterrichtung über den Schiffsbetrieb. Die erforderlichen Unterlagen sind der Bordvertretung vorzulegen. Zum Schiffsbetrieb gehören insbesondere die Schiffssicherheit, die Reiserouten, die voraussichtlichen Ankunfts- und Abfahrtszeiten sowie die zu befördernde Ladung.
6. Auf Verlangen der Bordvertretung hat der Kapitän ihr Einsicht in die an Bord befindlichen Schiffstagebücher zu gewähren. In den Fällen, in denen der Kapitän eine Eintragung über Angelegenheiten macht, die der Mitwirkung oder Mitbestimmung der Bordvertretung unterliegen, kann diese eine Abschrift der Eintragung verlangen und Erklärungen zum Schiffstagebuch abgeben. In den Fällen, in denen über eine der Mitwirkung oder Mitbestimmung der Bordvertretung unterliegenden Angelegenheit eine Einigung zwischen Kapitän und Bordvertretung nicht erzielt wird, kann die Bordvertretung dies zum Schiffstagebuch erklären und eine Abschrift dieser Eintragung verlangen.
7. Die Zuständigkeit der Bordvertretung im Rahmen des Arbeitsschutzes bezieht sich auch auf die Schiffssicherheit und die Zusammenarbeit mit den insoweit zuständigen Behörden und sonstigen in Betracht kommenden Stellen.

§ 116 Seebetriebsrat

(1) [1] In Seebetrieben werden Seebetriebsräte gewählt. [2] Auf die Seebetriebsräte finden, soweit sich aus diesem Gesetz oder aus anderen gesetzlichen Vorschriften nicht etwas anderes ergibt, die Vorschriften über die Rechte und Pflichten des Betriebsrats und die Rechtsstellung seiner Mitglieder Anwendung.

(2) Die Vorschriften über die Wahl, Zusammensetzung und Amtszeit des Betriebsrats finden mit folgender Maßgabe Anwendung:
1. Wahlberechtigt zum Seebetriebsrat sind alle zum Seeschifffahrtsunternehmen gehörenden Besatzungsmitglieder.
2. Für die Wählbarkeit zum Seebetriebsrat gilt § 8 mit der Maßgabe, dass
   a) in Seeschifffahrtsunternehmen, zu denen mehr als acht Schiffe gehören oder in denen in der Regel mehr als 250 Besatzungsmitglieder beschäftigt sind, nur nach § 115 Abs. 2 Nr. 2 wählbare Besatzungsmitglieder wählbar sind;
   b) in den Fällen, in denen die Voraussetzungen des Buchstabens a nicht vorliegen, nur Arbeitnehmer wählbar sind, die nach § 8 die Wählbarkeit im Landbetrieb des Seeschifffahrtsunternehmens besitzen, es sei denn, dass der Arbeitgeber mit der Wahl von Besatzungsmitgliedern einverstanden ist.
3. Der Seebetriebsrat besteht in Seebetrieben mit in der Regel
   5 bis 400 wahlberechtigten Besatzungsmitgliedern aus einer Person,
   401 bis 800 wahlberechtigten Besatzungsmitgliedern aus drei Mitgliedern,
   über 800 wahlberechtigten Besatzungsmitgliedern aus fünf Mitgliedern.
4. Ein Wahlvorschlag ist gültig, wenn er im Fall des § 14 Abs. 4 Satz 1 erster Halbsatz und Satz 2 mindestens von drei wahlberechtigten Besatzungsmitgliedern unterschrieben ist.
5. § 14a findet keine Anwendung.
6. Die in § 16 Abs. 1 Satz 1 genannte Frist wird auf drei Monate, die in § 16 Abs. 2 Satz 1 genannte Frist auf zwei Monate verlängert.

7. Zu Mitgliedern des Wahlvorstands können auch im Landbetrieb des Seeschifffahrtsunternehmens beschäftigte Arbeitnehmer bestellt werden. § 17 Abs. 2 bis 4 findet keine Anwendung. Besteht kein Seebetriebsrat, so bestellt der Gesamtbetriebsrat oder, falls ein solcher nicht besteht, der Konzernbetriebsrat den Wahlvorstand. Besteht weder ein Gesamtbetriebsrat noch ein Konzernbetriebsrat, wird der Wahlvorstand gemeinsam vom Arbeitgeber und den im Seebetrieb vertretenen Gewerkschaften bestellt; Gleiches gilt, wenn der Gesamtbetriebsrat oder der Konzernbetriebsrat die Bestellung des Wahlvorstands nach Satz 3 unterlässt. Einigen sich Arbeitgeber und Gewerkschaften nicht, so bestellt ihn das Arbeitsgericht auf Antrag des Arbeitgebers, einer im Seebetrieb vertretenen Gewerkschaft oder von mindestens drei wahlberechtigten Besatzungsmitgliedern. § 16 Abs. 2 Satz 2 und 3 gilt entsprechend.
8. Die Frist für die Wahlanfechtung nach § 19 Abs. 2 beginnt für Besatzungsmitglieder an Bord, wenn das Schiff nach Bekanntgabe des Wahlergebnisses erstmalig einen Hafen im Geltungsbereich dieses Gesetzes oder einen Hafen, in dem ein Seemannsamt seinen Sitz hat, anläuft. Nach Ablauf von drei Monaten seit Bekanntgabe des Wahlergebnisses ist eine Wahlanfechtung unzulässig. Die Wahlanfechtung kann auch zu Protokoll des Seemannsamtes erklärt werden. Die Anfechtungserklärung ist vom Seemannsamt unverzüglich an das für die Anfechtung zuständige Arbeitsgericht weiterzuleiten.
9. Die Mitgliedschaft im Seebetriebsrat endet, wenn der Seebetriebsrat aus Besatzungsmitgliedern besteht, auch, wenn das Mitglied des Seebetriebsrats nicht mehr Besatzungsmitglied ist. Die Eigenschaft als Besatzungsmitglied wird durch die Tätigkeit im Seebetriebsrat oder durch eine Beschäftigung gemäß Absatz 3 Nr. 2 nicht berührt.

(3) Die §§ 26 bis 41 über die Geschäftsführung des Betriebsrats finden auf den Seebetriebsrat mit folgender Maßgabe Anwendung:

1. In Angelegenheiten, in denen der Seebetriebsrat nach diesem Gesetz innerhalb einer bestimmten Frist Stellung zu nehmen hat, kann er, abweichend von § 33 Abs. 2, ohne Rücksicht auf die Zahl der zur Sitzung erschienenen Mitglieder einen Beschluss fassen, wenn die Mitglieder ordnungsgemäß geladen worden sind.
2. Soweit die Mitglieder des Seebetriebsrats nicht freizustellen sind, sind sie so zu beschäftigen, dass sie durch ihre Tätigkeit nicht gehindert sind, die Aufgaben des Seebetriebsrats wahrzunehmen. Der Arbeitsplatz soll den Fähigkeiten und Kenntnissen des Mitglieds des Seebetriebsrats und seiner bisherigen beruflichen Stellung entsprechen. Der Arbeitsplatz ist im Einvernehmen mit dem Seebetriebsrat zu bestimmen. Kommt eine Einigung über die Bestimmung des Arbeitsplatzes nicht zustande, so entscheidet die Einigungsstelle. Der Spruch der Einigungsstelle ersetzt die Einigung zwischen Arbeitgeber und Seebetriebsrat.
3. Den Mitgliedern des Seebetriebsrats, die Besatzungsmitglieder sind, ist die Heuer auch dann fortzuzahlen, wenn sie im Landbetrieb beschäftigt werden. Sachbezüge sind angemessen abzugelten. Ist der neue Arbeitsplatz höherwertig, so ist das diesem Arbeitsplatz entsprechende Arbeitsentgelt zu zahlen.
4. Unter Berücksichtigung der örtlichen Verhältnisse ist über die Unterkunft der in den Seebetriebsrat gewählten Besatzungsmitglieder eine Regelung zwischen dem Seebetriebsrat und dem Arbeitgeber zu treffen, wenn der Arbeitsplatz sich nicht am Wohnort befindet. Kommt eine Einigung nicht zustande, so entscheidet die Einigungsstelle. Der Spruch der Einigungsstelle ersetzt die Einigung zwischen Arbeitgeber und Seebetriebsrat.
5. Der Seebetriebsrat hat das Recht, jedes zum Seebetrieb gehörende Schiff zu betreten, dort im Rahmen seiner Aufgaben tätig zu werden sowie an den Sitzungen der Bordvertretung teilzunehmen. § 115 Abs. 7 Nr. 5 Satz 1 gilt entsprechend.
6. Liegt ein Schiff in einem Hafen innerhalb des Geltungsbereichs dieses Gesetzes, so kann der Seebetriebsrat nach Unterrichtung des Kapitäns Sprechstunden an Bord abhalten und Bordversammlungen der Besatzungsmitglieder durchführen.
7. Läuft ein Schiff innerhalb eines Kalenderjahres keinen Hafen im Geltungsbereich dieses Gesetzes an, so gelten die Nummern 5 und 6 für europäische Häfen. Die Schleusen des Nordostseekanals gelten nicht als Häfen.
8. Im Einvernehmen mit dem Arbeitgeber können Sprechstunden und Bordversammlungen, abweichend von den Nummern 6 und 7, auch in anderen Liegehäfen des Schiffes durchgeführt werden, wenn ein dringendes Bedürfnis hierfür besteht. Kommt eine Einigung nicht zustande, so entscheidet die Einigungsstelle. Der Spruch der Einigungsstelle ersetzt die Einigung zwischen Arbeitgeber und Seebetriebsrat.

(4) Die §§ 42 bis 46 über die Betriebsversammlung finden auf den Seebetrieb keine Anwendung.

(5) Für den Seebetrieb nimmt der Seebetriebsrat die in den §§ 47 bis 59 dem Betriebsrat übertragenen Aufgaben, Befugnisse und Pflichten wahr.

(6) Die §§ 74 bis 113 über die Mitwirkung und Mitbestimmung der Arbeitnehmer finden auf den Seebetriebsrat mit folgender Maßgabe Anwendung:

1. **Der Seebetriebsrat ist zuständig für die Behandlung derjenigen nach diesem Gesetz der Mitwirkung oder Mitbestimmung des Betriebsrats unterliegenden Angelegenheiten,**
   a) **die alle oder mehrere Schiffe des Seebetriebs oder die Besatzungsmitglieder aller oder mehrerer Schiffe des Seebetriebs betreffen,**
   b) **die nach § 115 Abs. 7 Nr. 2 von der Bordvertretung abgegeben worden sind oder**
   c) **für die nicht die Zuständigkeit der Bordvertretung nach § 115 Abs. 7 Nr. 1 gegeben ist.**
2. **Der Seebetriebsrat ist regelmäßig und umfassend über den Schiffsbetrieb des Seeschifffahrtsunternehmens zu unterrichten. Die erforderlichen Unterlagen sind ihm vorzulegen.**

Von einer Kommentierung der §§ 114 bis 116 wird abgesehen, weil die Besonderheiten der BR in der Seeschifffahrt im Rahmen einer Kurzkommentierung kaum dargestellt werden können und ohne die Einbindung in die komplexen Zusammenhänge des sonstigen Seearbeitsrechts ohnehin unvollständig blieben. Insoweit wird verwiesen auf die ausf. Kommentierung bei GK-BetrVG/*Franzen* und bei *Richardi/Thüsing*, jeweils zu §§ 114 bis 116. Erg. ist die 2. VO zur Durchführung des BetrVG (Wahlordnung Seeschifffahrt) heranzuziehen. 1

Zweiter Abschnitt. Luftfahrt

§ 117 Geltung für die Luftfahrt

(1) **Auf Landbetriebe von Luftfahrtunternehmen ist dieses Gesetz anzuwenden.**

(2) [1]**Für im Flugbetrieb beschäftigte Arbeitnehmer von Luftfahrtunternehmen kann durch Tarifvertrag eine Vertretung errichtet werden.** [2]**Über die Zusammenarbeit dieser Vertretung mit den nach diesem Gesetz zu errichtenden Vertretungen der Arbeitnehmer der Landbetriebe des Luftfahrtunternehmens kann der Tarifvertrag von diesem Gesetz abweichende Regelungen vorsehen.**

Nach Abs. 1 gilt das G nur für die **Landbetriebe** privatrechtl. organisierter Luftfahrtunternehmen iSd. § 20 I 1 LuftVG, zu denen auch Zweigniederlassungen ausl. Unternehmen zählen (BAG 6.4.1973 AP BetrVG 1972 § 99 Nr. 1). Die im **Flugbetrieb** beschäftigten AN sind dagegen vom Geltungsbereich des Gesetzes ausgenommen. Grund dafür sind die bes. Schwierigkeiten, die sich aus der nicht ortsgebundenen Tätigkeit im Hinblick auf die Bildung einer betriebl. Vertretung ergeben. Zu dem sog. „fliegenden Personal" zählen grds. AN, bei denen die fliegerische Tätigkeit der arbeitsvertragl. geschuldeten Gesamttätigkeit das Gepräge geben (BAG 14.10.1986 AP BetrVG 1972 § 117 Nr. 5), ua. Piloten, Co-Piloten, Flugingenieure, Navigatoren, Stewards und Stewardessen. Hinzu kommen muss aber die für den Sinn und Zweck von § 117 II prägende Ortsgebundenheit. Deshalb sind Hubschrauberpiloten eines Luftrettungsdienstes, die tägl. zu ihrem Stützpunkt zurückkehren, dem Landbetrieb zuzuordnen (BAG 20.2.2001 NZA 2001, 1089). Diese Regelung ist verfassungskonform (BAG 5.11.1985 AP BetrVG 1972 § 117 Nr. 4 **Europarechtl. Bedenken** gegen die Vereinbarkeit mit der RL 2002/14/EG hält das BAG für nicht durchgreifend (BAG 17.3.2015 NZA-RR 2015, 419 unter Berufung auf *Fitting* Rn. 6d; **aA** *Bayreuther* NZA 2010, 262). Wenn man aber eine richtlinienkonforme Auslegung der Norm für möglich hält, bedeutet dies, dass § 117 einschränkend so zu verstehen ist, dass in Luftfahrtunternehmen ohne TV nach Absatz 2 gesetzl. BR auch für den Flugbetrieb errichtet werden können (vgl. *Fitting* Rn. 6a ff.) 1

Abs. 2 S. 1 ermöglicht für die im Flugbetrieb beschäftigten AN die **Bildung einer bes. Vertretung durch TV.** Errichtung und Wahl der bes. Vertretung können in dem TV abw. vom BetrVG geregelt werden; ebenso zulässig sind vom BetrVG abw. Bestimmungen über die Beteiligungsrechte der Vertretungen (BAG 5.11.1985 AP BetrVG 1972 § 117 Nr. 4). Da es sich hier um betriebsverfassungsrechtl. Normen iSv. § 3 II TVG handelt, gelten diese TV für alle Betriebe, deren AG tarifgebunden ist. TV nach Abs. 2 S. 1 bedürfen keiner behördl. Genehmigung nach § 3 II. Es existieren mehr als 10 derartige TV; hervorzuheben ist der TV für das gesamte Bordpersonal der Deutschen Lufthansa. Der Geltungsbereich des TV kann sich auf die vom Unternehmen betriebenen Flugzeuge erstrecken, auch auf ausl. Teilstrecken; insofern liegt eine sog. „Ausstrahlung" des Betriebes vor (BAG 10.9.1985 AP BetrVG 1972 § 117 Nr. 3). 2

Neben einem TV nach Abs. 2 S. 1 kann nach Abs. 2 S. 2 auch ein **TV über die Zusammenarbeit der Vertretungen** für das fliegende Personal mit dem ges. BR der Landbetriebe abgeschlossen werden. Derartige TVe existieren etwa bei Germanwings (Eurowings) und Air Berlin (Überbl. über verschiedene TV bei GK-BetrVG/*Franzen* Rn. 22, 23). 3

Für die Frage der **Anwendung des KSchG** behandelt die Sondervorschrift des § 24 I 2 KSchG die Gesamtheit der Luftfahrzeuge als einheitl. Betrieb (BAG 28.12.1956 AP KSchG § 22 Nr. 1). 4

Dritter Abschnitt. Tendenzbetriebe und Religionsgemeinschaften

§ 118 Geltung für Tendenzbetriebe und Religionsgemeinschaften

(1) [1] Auf Unternehmen und Betriebe, die unmittelbar und überwiegend

1. politischen, koalitionspolitischen, konfessionellen, karitativen, erzieherischen, wissenschaftlichen oder künstlerischen Bestimmungen oder

2. Zwecken der Berichterstattung oder Meinungsäußerung, auf die Artikel 5 Abs. 1 Satz 2 des Grundgesetzes Anwendung findet,

dienen, finden die Vorschriften dieses Gesetzes keine Anwendung, soweit die Eigenart des Unternehmens oder des Betriebs dem entgegensteht. [2] Die §§ 106 bis 110 sind nicht, die §§ 111 bis 113 nur insoweit anzuwenden, als sie den Ausgleich oder die Milderung wirtschaftlicher Nachteile für die Arbeitnehmer infolge von Betriebsänderungen regeln.

(2) Dieses Gesetz findet keine Anwendung auf Religionsgemeinschaften und ihre karitativen und erzieherischen Einrichtungen unbeschadet deren Rechtsform.

I. Tendenzbetriebe

1 **1. Normzweck und Normcharakter.** Die Vorschr. ordnet eine nur eingeschränkte Anwendbarkeit des BetrVG auf Unternehmen und Betriebe, die die aufgeführten geistig-ideellen Zielsetzungen verfolgen, an. Grund dieser Privilegierung ist nach der nunmehr in st. Rspr. geäußerten Ansicht des BAG sowie der hL, ein ausgewogenes Verhältnis „zwischen den **Freiheitsrechten** der Tendenzträger und dem **Sozialstaatsprinzip**" zu schaffen (BAG 22.4.1975, 7.11.1975, 22.5.1979, 19.5.1981, 21.6.1989 AP BetrVG 1972 § 118 Nr. 2, 4, 13, 18, 43; Richardi/*Forst* Rn. 17 ff.; *Fitting* Rn. 2). Demnach soll die Vorschr. dem Unternehmer einen ggü. der Beteiligung des BR möglichst breiten Raum bei der Ausübung seiner speziellen Grundrechte gewährleisten. In entspr. Weise hat sich auch das BVerfG zur Funktion des § 118 I bei Pressebetrieben geäußert (BVerfG 6.11.1979 AP BetrVG 1972 § 118 Nr. 14).

2 Dem steht die von einem Teil der Lehre vertretene Auff. ggü., der Normzweck des § 118 I bestehe in der **Privilegierung nichtwirtschaftl. Unternehmen** (GK-BetrVG/*Fabricius* 6. Aufl., Rn. 78 ff.). Diese Überzeugung erweist sich jedoch bereits durch einen Blick auf die Gesetzgebungsgeschichte als unzutr., denn Idealtypus eines Tendenzbetriebes und primäres Schutzobjekt der Regelung sollten Presseunternehmen sein, die regelm. auch im wirtschaftl. Interesse betrieben werden. Zugleich reduzierte diese Auff. den Anwendungsbereich der Norm auf ein Maß, das selbst mit ihrem Charakter als Ausnahmebestimmung nicht gerechtfertigt werden könnte. Die hM geht vielmehr zutr. davon aus, dass ein **Erwerbs- oder** gar **Gewinnstreben** des Unternehmers der Anwendbarkeit des § 118 I **nicht entgegensteht** (BAG 14.11.1975 AP BetrVG 1972 § 118 Nr. 5; 27.7.1993 AP BetrVG 1972 § 118 Nr. 51; Richardi/*Forst* Rn. 42 ff.; jetzt auch GK-BetrVG/*Weber* Rn. 23). Eine Ausnahme besteht bei karitativen Zwecken (BAG 29.6.1988 AP BetrVG 1972 § 118 Nr. 37; s. dazu unten Rn. 11).

3 Dennoch weist auch die Ansicht der hM, insb. wegen der stereotypen Übernahme der Gesetzesbegründung, Schwächen auf. Es fehlt an einer klaren und genauen Einordnung der Vorschr. in die Grundrechtsdogmatik, die ihre Auslegung wesentl. erleichtern würde. So bleibt fragl., welche Schutzrichtung des Grundrechts im Vordergrund steht. Bedeutung hat dies va. für die in einer neueren Entsch. des BAG aufgeworfene Frage (BAG 31.1.1995 AP BetrVG 1972 § 118 Nr. 56) der **Abdingbarkeit des § 118.** Im Widerspruch zur früheren Rspr. betont das Gericht dort die individuale Schutzrichtung der Vorschr. sowie ihren fehlenden Grundrechtsbezug, soweit sie erzieherische und karitative Unternehmen und Betriebe betrifft (ebenso wieder BAG 5.10.2000 NZA 2001, 1325). Inwieweit dies eine Abkehr von der bisherigen Überzeugung des Grundrechtsbezugs einleiten soll, bleibt angesichts der knappen Ausführungen abzuwarten (vgl. Rn. 18). **Redaktionsstatute** mit Beteiligungsrechten eines Redaktionsrates sind im tendenzbezogenen Bereich zulässig (BAG 19.4.2001 EzA BetrVG § 118 Nr. 73).

4 Der Charakter der Norm als **Ausnahmebestimmung** ist hingegen unbestritten (BAG 31.10.1975 AP BetrVG 1972 § 118 Nr. 3 zu BT-Drs. VI/2729 S. 17; GK-BetrVG/*Weber* Rn. 36). Streit besteht ledigl. darüber, welche Auswirkungen dies auf die **Analogiefähigkeit** der Vorschr. hat (für die analoge Anwendung des § 118 I: ArbG BE 25.11.1977 AP BetrVG 1972 § 118 Nr. 9; dagegen: BAG 23.3.1999 AP BetrVG 1972 § 118 Nr. 66; *Fitting* Rn. 3; DKKW/*Wedde* Rn. 24; Richardi/*Forst* Rn. 49). Letztl. gelangen beide Meinungen einerseits durch Auslegung, andererseits durch Analogie zu identischen Ergebnissen (vgl. BAG 7.4.1981 AP BetrVG 1972 § 118 Nr. 16 und ArbG BE 25.11.1977 AP BetrVG 1972 § 118 Nr. 9). Zu bedenken ist darüber hinaus aber, dass es einen allg. Rechtsgrundsatz, Ausnahmevorschriften seien einer Analogie nicht zugängl., nicht gibt.

5 **2. Tatbestandsvoraussetzungen. a) Betrieb und Unternehmen.** Die Erwähnung beider Begriffe dient – als Reaktion auf die Kontroversen bei Geltung des § 81 BetrVG 1952 – der Klarstellung, dass ein überw. tendenzfreies Unternehmen Tendenzbetriebe und vice versa ein Tendenzunternehmen auch

überw. tendenzfreie Betriebe unterhalten kann. Die häufig anzutreffende Formulierung, Tendenzschutz bestehe nur, wenn das Unternehmen und der jeweilige Betrieb unmittelbar und überw. den in § 118 I genannten Zielsetzungen dienten, ist daher missverständl. (so aber BAG 27.7.1993 AP BetrVG 1972 § 118 Nr. 51; *Weber* NZA 1989, Beil. 3, S. 2). Im **Tendenzgemeinschaftsbetrieb,** an dem Tendenzunternehmen und andere Unternehmen beteiligt sind, ist nach den jeweiligen Beteiligungsrechten zu differenzieren. Ist Anknüpfungspunkt der Betrieb, kommt es darauf an, ob der Gemeinschaftsbetrieb unternehmensübergreifend unmittelbar und überw. den Zielsetzungen des § 118 I dient (Einzelheiten bei *Lunk* NZA 2005, 841).

b) Unmittelbarkeit des Dienens. Das Merkmal der Unmittelbarkeit dient als Neuerung ggü. der Regelung in § 81 BetrVG 1952 der Betonung des Ausnahmecharakters der Vorschr. (zu BT-Drs. VI/2729 S. 17). Die in Rspr. und Lit. weit verbreitete Umschreibung mit den Worten „der Unternehmenszweck selbst müsse auf die Tendenz ausgerichtet sein" (BAG 31.10.1975 AP BetrVG 1972 § 118 Nr. 3; *Fitting* Rn. 13) erleichtert die Anwendung der Vorschr. im Einzelfall kaum. Aus diesem Grund sollten die übrigen von der Rspr. entwickelten Auslegungshilfen herangezogen werden. Danach müssen die AN selbst die Tendenz „erarbeiten" und beeinflussen können, die **Tendenz** muss also im Unternehmen **selbst verwirklicht** werden. Es genügt nicht, wenn der Unternehmenszweck nach seiner wirtschaftl. Tätigkeit geeignet ist, das eigentl. Tendenzunternehmen zu unterstützen (BAG 31.10.1975 AP BetrVG 1972 § 118 Nr. 3). Diese Definition legt auch der oben (Rn. 1 ff.) aufgezeigte Normzweck nahe. Denn eine tendenzschutzbedingte Besserstellung ist nur gerechtfertigt, sofern Ziele angestrebt werden, die dem Schutzbereich des jeweiligen Grundrechts unterfallen. Nur Unternehmen und Betriebe, in denen die AN selbst erzieherisch, wissenschaftl., künstlerisch usw. tätig werden, können Tendenzschutz genießen (BVerfG 29.4.2003 NZA 2003, 864). Das Merkmal „unmittelbar" geht jedoch – wie das Bsp. der Lohndruckereien (s. dazu unten Rn. 16) zeigt – noch darüber hinaus, indem auch an sich grundrechtl. geschützte Bestrebungen aus dem Tendenzschutz wegen fehlender Unmittelbarkeit ausgeklammert werden. Demggü. kann der vom BAG (21.6.1989 AP BetrVG 1972 § 118 Nr. 43) am Bsp. der Forschungsabteilung eines Pharmakonzerns entwickelten weitergehenden Einschränkung nicht zugestimmt werden. Nach Ansicht des Gerichts wird den Anforderungen an die Unmittelbarkeit nicht genügt, wenn die geistig-ideellen Aufgaben ledigl. dazu dienen, einen anderen, nicht tendenzgeschützten Unternehmenszweck zu fördern. Damit setzt es sich in Widerspruch zu seiner – zutreffenden – Überzeugung, ein Erwerbs- oder Gewinnstreben schade der Tendenzfähigkeit nicht. 6

c) Überwiegendes Dienen. ISd. vorherrschenden sog. **Theorie vom quantitativ-numerischen Prinzip** muss ein quantitatives Übergewicht unmittelbar tendenzbezogener Tätigkeiten vorliegen (BAG 21.6.1989 AP BetrVG 1972 § 118 Nr. 43; *Fitting* Rn. 14; DKKW/*Wedde* Rn. 9). Der früher herrschenden sog. **Geprägetheorie** wurde damit eine Absage erteilt (vgl. dazu BAG 29.5.1970 AP BetrVG 1952 § 81 Nr. 13; dagegen *Löwisch/Kaiser* Rn. 24). Abzustellen ist weniger auf die – zu Recht – als unzuverlässig geltenden Umsatz- und Gewinnzahlen. Vielmehr ist festzustellen, in welcher Größenordnung das Unternehmen seine personellen und sonstigen Mittel zur Verwirklichung seiner tendenzgeschützten und nicht-tendenzgeschützten Ziele einsetzt. Bei personalintensiven Unternehmen liegt dabei das Hauptaugenmerk auf dem Umf. der für die geschützten Ziele eingesetzten AZ aller AN, dh. nicht nur der sog. Tendenzträger (BAG 21.6.1989 AP BetrVG 1972 § 118 Nr. 43). 7

d) Geistig-ideelle Bestimmungen. Besonderen Schutz sollen zunächst Betriebe erfahren, die **politischen Zwecken** dienen. Erfasst werden davon nicht nur parteipolitische Zielsetzungen verfolgende Unternehmen und Betriebe wie der Verwaltungsapparat politischer Parteien, sondern auch wirtschafts- und sozialpolitische Vereinigungen wie Behindertenverbände oder Wirtschaftsverbände (zu BT-Drs. VI/2729 S. 17), nicht die Erfüllung staatl. Aufgaben (BAG 21.7.1998 AP BetrVG 1972 § 118 Nr. 63; vgl. auch *Kohte* BB 1999, 1110). Von den Parteien getragene politische Stiftungen sind grds. Tendenzunternehmen (BAG 28.8.2003 NZA 2004, 501). 8

Koalitionspolitischen Bestimmungen dienen Gewerkschaften und AGVerbände, sofern in ihren Unternehmen oder Betrieben Aufgaben wahrgenommen werden, die den Koalitionen durch Art. 9 III GG zugewiesen sind. Ihr Zweck muss also auf das Gestalten von Arbeits- und Wirtschaftsbedingungen gerichtet sein (BAG 3.7.1990 AP BetrVG 1972 § 99 Nr. 81). Bildungs- und Schulungseinrichtungen erfüllen diese Voraussetzungen nur, sofern sie über die Weiterbildung der Mitglieder zur Förderung und Stärkung der gewerkschaftl. Tätigkeit dienen (zu pauschal daher *Fitting* Rn. 16). Dementspr. werden rechtl. selbstständige, wirtschaftl. Unternehmen der Koalitionen nicht erfasst. 9

Einer genauen Abgrenzung bedürfen wegen der differierenden Rechtsfolgen von § 118 I und II die **konfessionellen Bestimmungen** dienenden Unternehmen und Betriebe. Damit scheiden iRd. Abs. 1 zunächst alle Einrichtungen aus, die von Abs. 2 erfasst werden. Darüber hinaus ist wegen der staatl. Neutralitätspflicht und der in Art. 4 I GG verankerten Freiheit des religiösen und weltanschaul. Bekenntnisses eine weite Auslegung des Konfessionsbegriffs geboten. Erfasst werden daher Einrichtungen, deren Aufgaben und Ziele durch eine bestimmte religiöse oder weltanschaul. Überzeugung geprägt sind, wie zB anthroposophische Vereinigungen, Freidenkerverbände, Pfadfinder (*Müller* ArbRGeg. Bd. 19, 50 f.; *Fitting* Rn. 17; DKKW/*Wedde* Rn. 30; GK-BetrVG/*Weber* Rn. 89; einschränkend Richardi/*Forst* Rn. 58). 10

11 **Karitativen Bestimmungen** dient ein Unternehmen, wenn es sich ohne die Absicht der Gewinnerzielung und ohne eine unmittelbare ges. Verpflichtung zur Aufgabe gemacht hat, körperl., geistig oder seelisch leidenden Menschen zu helfen (BAG 7.4.1971, 29.6.1988, 8.11.1988, 22.11.1995 AP BetrVG 1972 § 118 Nr. 16, 37, 38, 58). Erforderl. ist nicht, dass die Hilfeleistung unentgeltl. erfolgt. Kostendeckende Einnahmen dürfen erzielt werden (BAG 24.5.1995 AP BetrVG 1972 § 118 Nr. 57). Unerhebl. ist, wer rechtl. oder wirtschaftl. an dem Unternehmen beteiligt ist oder einen beherrschenden Einfluss ausübt (BAG 29.6.1988 AP BetrVG 1972 § 118 Nr. 37). Von einer *unmittelbaren* ges. Verpflichtung kann jedoch selbst dann nicht ausgegangen werden, wenn die gesamten Anteile in den Händen einer ges. verpflichteten Gebietskörperschaft liegen (BAG 24.5.1995 AP BetrVG 1972 § 118 Nr. 57). Hiergegen spricht sich zu Recht *Löwisch* (FS Wlotzke 1996 S. 386 ff.), der auf die fehlende Freiwilligkeit des Unternehmens hinweist, aus. Karitative Unternehmen sind demzufolge bspw. das Deutsche Rote Kreuz (aber nicht der DRK-Blutspendedienst, da nicht unmittelbar karitativ, BAG 22.5.2012 NZA-RR 2013, 78; bestätigt durch BVerfG 30.4.2015, NZA 2015, 820), Krankenhäuser unter den oben dargelegten Voraussetzungen, Berufsförderungswerke für Behinderte, Drogenberatungsstellen, Altenheime.

12 Für die Verfolgung **erzieherischer Zielsetzungen** genügt es nicht allein, bestimmte Fertigkeiten vermitteln zu wollen. Vielmehr muss außerdem bezweckt werden, durch planmäßige und methodische Unterweisung in einer Mehrzahl allgemeinbildender oder berufsbildender Fächer die Persönlichkeit zu formen, sofern dies mit einer gewissen Nachhaltigkeit geschieht (BAG 21.6.1989, 13.1.1987, 14.4.1988, 22.5.1979 AP BetrVG 1972 § 118 Nr. 43, 33, 36, 12; 3.12.1987 NZA 1988, 507; *Oldenburg* NZA 1989, 412). Wegen der nur kurzen Einwirkungsmöglichkeit auf den zu erziehenden Menschen dienen zoologische Gärten nicht erzieherischen Bestimmungen (BAG 21.6.1989 AP BetrVG 1972 § 118 Nr. 43). Auch Erwachsene können idS noch in ihrer Persönlichkeit geformt und ihre Entwicklung zu einem Glied der menschl. Gesellschaft gefördert werden (BAG 3.7.1990 AP BetrVG 1972 § 99 Nr. 81). Erzieherische Tendenzbetriebe sind daher zB Privatschulen und Berufsbildungswerke, ggf. auch Kindertagesstätten (dazu *Stölzel* NZA 2009, 239); nicht dagegen ein Landessportverband (BAG 23.3.1999 AP BetrVG 1972 § 118 Nr. 66).

13 Zur Bestimmung des Begriffs der **Wiss.** greift die Rspr. zutr. auf die zu Art. 5 III GG entwickelte Definition zurück (BAG 21.6.1989 AP BetrVG 1972 § 118 Nr. 43; 20.10.1990 AP BetrVG 1972 § 118 Nr. 47; aA *Wendeling-Schröder* AuR 1984, 328), der zufolge alles, was nach Inhalt und Form als ernsthafter, planmäßiger Versuch zur Ermittlung der Wahrheit anzusehen ist, Wiss. ist (BVerfG 29.5.1973 E 35, 79). Diese Erfordernisse erfüllen Einrichtungen, die auf dem Gebiet der Grdl.- oder der anwendungsorientierten Forschung tätig werden, wie die Max-Planck-Gesellschaft, die Fraunhofergesellschaft, Großforschungseinrichtungen, Meinungsforschungsinstitute, Wirtschaftsforschungsinstitute und im Hinblick auf den Normzweck des § 118 I auch industrielle Forschungsbetriebe (*Fitting* Rn. 21; DKKW/*Wedde* Rn. 42). Auch ein zoologischer Garten kann wissenschaftl. Bestimmungen dienen, soweit er dazu bestimmt ist, Erkenntnisse über Tierbiologie zu gewinnen oder Methoden der Arterhaltung zu erforschen (BAG 21.6.1989 AP BetrVG 1972 § 118 Nr. 43). Umfassend *Poeche,* Mitbestimmung in wissenschaftl. Tendenzbetrieben, 1999.

14 Ebenso stellt die Rspr. zur Definition **„künstlerischer Bestimmungen"** auf den Inhalt von Art. 5 III GG ab (BAG 8.3.1983 AP BetrVG 1972 § 118 Nr. 26; 15.2.1989 AP BetrVG 1972 § 118 Nr. 39), mit der Folge, dass sowohl Betätigungen im sog. Werkbereich als auch im sog. Wirkbereich Tendenzcharakter vermitteln können. Letzterem unterfällt aber nicht die Gesellschaft für musikalische Aufführungs- und mechanische Vervielfältigungsrechte (GEMA), da sie ledigl. der wirtschaftl. Verwertung musikalischer Urheberrechte dient (BAG 8.3.1983 AP BetrVG 1972 § 118 Nr. 26). Unternehmen mit künstlerischer Zielsetzung sind daher Orchester (BAG 3.11.1982 AP KSchG 1969 § 15 Nr. 12), Theater (BAG 4.8.1981 AP BetrVG 1972 § 87 Arbeitszeit Nr. 5; 28.10.1986 AP BetrVG 1972 § 118 Nr. 32), belletristische Buchverlage (BAG 15.2.1989 AP BetrVG 1972 § 118 Nr. 39). Str. ist die Tendenzeigenschaft von Revuen und Zirkusunternehmen (vgl. *Fitting* Rn. 22) sowie Profisportvereinen (dazu *Kania* SpuRt 1994, 121, 125).

15 **Zwecke der Berichterstattung oder Meinungsäußerung nach § 118 I Nr. 2** können bspw. Zeitungs- und Zeitschriftenverlage (BAG 7.11.1975, 30.1.1979, 22.5.1979, 19.5.1981, 30.1.1990, 14.1.1992 AP BetrVG 1972 § 118 Nr. 4, 11, 13, 18, 21, 44, 49; vgl. auch Art. 5 Rn. 79 ff.); Rundfunk- und Fernsehsender, auch wenn sie nur zu 10% Wortbeiträge senden (BAG 11.2.1992 AP BetrVG 1972 § 118 Nr. 50; 27.3.1993 NZA 1994, 329); Presse- und Nachrichtenagenturen (DKKW/*Wedde* Rn. 52) verfolgen. Buchverlage können sowohl Bestimmungen nach Nr. 1 als auch Zwecken iSv. Nr. 2 dienen (BAG 14.11.1975 AP BetrVG 1972 § 118 Nr. 5; 15.2.1989 AP BetrVG 1972 § 118 Nr. 39). Das Fehlen der in Art. 5 I 2 GG aufgeführten Presse hat also nicht zur Folge, dass Presseunternehmen keinen Tendenzschutz genießen. Gleichwohl lässt sich dieser Abweichung vom Grundrechtswortlaut entnehmen, dass diese eben nur dem Anwendungsbereich des § 118 I unterfallen, sofern sie Zwecken der Berichterstattung (Weitergabe von Tatsachen) und der Meinungsäußerung (Abgabe von wertenden Stellungnahmen) dienen. Adressbuch- oder Telefonbuchverlage, die zwar durch Art. 5 GG geschützt sind, sind damit keine Tendenzunternehmen (BAG 27.8.1968 AP BetrVG 1952 § 81 Nr. 10).

Druckereien sind nach Ansicht des BAG ebenfalls im Regelfall keine Tendenzunternehmen (BAG 22.2.1966, 27.8.1968, 29.5.1970, AP BetrVG 1952 § 81 Nr. 4, 11, 13; 31.10.1975, 30.6.1981 AP BetrVG 1972 § 118 Nr. 3, 20). Die Rspr. verneint auch dann den Tendenzcharakter, wenn die Druckerei ein selbstständiges Unternehmen oder einen selbstständigen Betrieb darstellt, überw. aber eine verlagseigene Zeitung druckt (vgl. BAG 31.10.1975 AP BetrVG 1972 § 118 Nr. 3). Etwas anderes soll dann gelten, wenn das Druckunternehmen selbst Einfluss auf die Tendenzverwirklichung nehmen kann oder wenn es die wirtschaftl. Existenz des Verlagsunternehmens sichern soll, was indessen auch dann nicht der Fall ist, wenn das Druckunternehmen abhängiges Unternehmen in einem sog. Tendenzkonzern ist (BAG 30.6.1981 AP BetrVG 1972 § 118 Nr. 20). Die Diskussion der Problematik an dieser Stelle offenbart eine allg. Schwäche bei der Auslegung der Vorschr. durch Rspr. und Lehre, die Grenzen zwischen den einzelnen Tatbestandsmerkmalen zu verwischen. Denn an sich stellt sich nicht die Frage, ob Druckereien den genannten Zwecken dienen, sondern ob sie ihnen *unmittelbar* dienen. 16

3. Rechtsfolgen. a) Absoluter Ausschluss der §§ 106 bis 110. § 118 I S. 2, 1. Halbs. ordnet die Unanwendbarkeit der §§ 106 bis 110 an. Da es sich um Vorschr. handelt, die nur auf Unternehmensebene relevant werden, kommt es hier auf die Tendenzeigenschaft des Unternehmens an (BAG 22.7.2014 NZA 2014, 1417). In Tendenzunternehmen entfällt damit die Pflicht zur Errichtung eines Wirtschaftsausschusses sowie zur Unterrichtung der AN über die wirtschaftl. Lage und Entwicklung des Unternehmens gem. § 110. Dagegen findet nach Ansicht der Rspr. § 43 II S. 3 uneingeschränkt Anwendung (BAG 8.3.1977 AP BetrVG 1972 § 43 Nr. 1). Das BAG hat die Verfassungsmäßigkeit des Ausschlusses entgegen anderslautender Literaturmeinungen bestätigt (BAG 14.11.1975 AP BetrVG 1972 § 118 Nr. 5; 7.4.1981 AP BetrVG 1972 § 118 Nr. 16; aA ArbG BE 25.11.1977 AP BetrVG 1972 § 118 Nr. 9; DKKW/*Wedde* Rn. 65; *Ihlefeld* RdA 1977, 233). Das BVerfG (15.12.1999 EzA BetrVG 1972 § 118 Nr. 70, 71) bestätigt ausdrückl., dass Mitbestimmungsrechte von Verfassungs wegen ausgeschlossen sind, soweit durch sie die von der Pressefreiheit geschützte Tendenzentsch. und ihre Durchführung eingeschränkt wird. Dies muss für andere „Tendenzen" als Presse ebenso gelten. 17

b) Eingeschränkter Ausschluss der §§ 111 bis 113. § 118 I 2, 2. Halbs. erklärt die §§ 111 bis 113 nur insoweit für anwendbar, als sie den Ausgleich und die Milderung wirtschaftl. Nachteile für die AN infolge von Betriebsänderungen regeln. Mit dieser Formulierung nimmt die Vorschr. auf die Definition des Sozialplanes in § 112 I 2 Bezug, so dass in Tendenzbetrieben nach überw. Ansicht nur die ihn betr. Vorschr. anwendbar bleiben (BAG 17.8.1982 AP BetrVG 1972 § 111 Nr. 11; ArbG F 26.9.1995 BB 1996, 1063; Richardi/*Forst* Rn. 171). Der Abschluss eines Interessenausgleiches muss dagegen nicht angestrebt werden (str., aA DKKW/*Wedde* Rn. 70). Allerdings bleibt die Pflicht des AG, gem. § 17 II S. 2 KSchG mit dem BR über die Vermeidung und Einschränkung von Entlassungen sowie die Milderung ihrer Folgen zu beraten, bestehen. Der Ausschluss des Interessenausgleichs schließt an sich auch die Möglichkeit der Vereinbarung von **Namenslisten** gem. § 1 V KSchG bzw. § 125 InsO aus, doch dürften die Vorschr. anwendbar sein, wenn der Unternehmer auf den Ausschluss des Interessenausgleichs verzichtet. Dies kann allgemein oder im Einzelfall geschehen. Anderenfalls wäre der beabsichtigte Schutz des Tendenzunternehmers verfehlt (*Thüsing/Wege* BB 2005, 213; GK-BetrVG/*Weber* Rn. 150; aA Richardi/*Annuß* § 112 Rn. 22a; unklar *Fitting* Rn. 49 einerseits und § 112, 112a Rn. 53 andererseits). Für Religionsgemeinschaften iSd § 118 II, die generell nicht dem BetrVG unterliegen (vgl. unten Rn. 28), besteht diese Möglichkeit dagegen nicht (LAG NI 9.12.2009 – 17 Sa 850/09). Zu Nachteilsausgleichsansprüchen gem. § 113 III BetrVG kann es nach Auff. des BAG kommen, wenn der AG eine Betriebsänderung durchführt, ohne den BR rechtzeitig unterrichtet und Verhandlungen über einen Sozialplan ermöglicht zu haben (BAG 18.11.2003 NZA 2004, 741; 27.10.1998 AP BetrVG 1972 § 118 Nr. 65). Diese Rspr. sprengt die Grenzen der Auslegung von § 113 (ausf. *Gillen/Hörle* NZA 2003, 1225). 18

c) Relativer Ausschluss der übrigen Vorschriften. Die übrigen Vorschr. finden lt. § 118 I 1 keine Anwendung, „soweit die Eigenart des Unternehmens oder des Betriebs dem entgegensteht". 19

aa) Allgemeines. Die sog. Eigenartsklausel ermöglicht eine tendenzrelative Anwendung der betriebsverfassungsrechtl. Vorschr., indem sie die Möglichkeit offen hält, zum einen bestimmte Vorschr. uneingeschränkt bestehen zu lassen und zum anderen Regelungen auch nur tw. anzuwenden. So entspricht es übereinstimmender Auff., Anhörungs-, Beratungs- und Informationsrechte des BR als grds. tendenzunschädl. anzusehen und echte Mitbestimmungsrechte auf diese Beteiligungsrechte zu reduzieren (BAG 22.4.1975 AP BetrVG 1972 § 118 Nr. 2; 31.5.1983 AP BetrVG 1972 § 118 Nr. 27). Diesen Beteiligungsrechten wird die Wirkung abgesprochen, der Eigenart des Tendenzunternehmens bzw. -betriebes entgegenstehen zu können. Denn „entgegenstehen" erfordert nach st. Rspr. des BAG mehr als nur ein Beeinträchtigen, Berühren oder Erschweren. Entscheidend ist vielmehr, ob die Alleinentsch. des AG aus Tendenzschutzgründen notwendig ist (BAG 22.4.1975 AP BetrVG 1972 § 118 Nr. 2; 19.5.1981 AP BetrVG 1972 § 118 Nr. 18). Zur Feststellung, ob eine Vorschr. der „Eigenart" eines Betriebs oder Unternehmens entgegensteht, haben Rspr. und Lehre eine – insb. für den Bereich der personellen Mitbestimmung bedeutsame – Systematik entwickelt. Zunächst muss es sich um eine einen **Tendenzträger** betreffende Maßnahme handeln. Des Weiteren muss diese Maßnahme einen 20

Tendenzbezug aufweisen, also **aus tendenzbedingten Gründen** erfolgen (sog. Maßnahmetheorie: BAG 30.1.1979, 28.10.1986, 8.5.1990, 27.7.1993 AP BetrVG 1972 § 118 Nr. 11, 32, 46, 51; *Fitting* Rn. 30, 36). Tendenzträger ist derjenige AN, für dessen Tätigkeit die Bestimmungen und Zwecke der in § 118 I genannten Unternehmen und Betriebe prägend sind und der daher die Möglichkeit der inhaltl. Einflussnahme auf die Tendenzverwirklichung hat, wobei es unschädl. ist, wenn er im Einzelfall nach gewissen RL oder Weisungen arbeitet (BAG 28.10.1986 AP BetrVG 1972 § 118 Nr. 32). Der unterschiedl. Bezug zu den Freiheitsrechten des GG gebietet es, im karitativen Bereich ein höheres Maß an Einflussnahme auf die geschützte Tendenz zu verlangen (BAG 14.9.2010 NZA 2011, 225). Als Tendenzträger wurden bisher anerkannt: Redakteure bei Tageszeitungen (BAG 7.11.1975 AP BetrVG 1972 § 118 Nr. 4), Sportredakteure (BAG 9.12.1975 AP BetrVG 1972 § 118 Nr. 7), Redakteure eines Rundfunksenders (BAG 11.2.1992 NZA 1992, 705), ggf. auch Anzeigenredakteure (BAG 20.4.2010 EzA § 118 BetrVG 2001 Nr. 9), hauptamtl. Funktionäre in Koalitionen und politischen Parteien (BAG 6.12.1979 AP KSchG 1969 § 1 Verhaltensbedingte Kündigung Nr. 2), Lehrer und Erzieher einer privaten Ersatzschule (BAG 22.5.1979 AP BetrVG 1972 § 118 Nr. 12), Redaktionsvolontäre (BAG 19.5.1981 AP BetrVG 1972 § 118 Nr. 21), Solo- und Erster Hornist eines Orchesters (BAG 3.11.1982 AP BetrVG 1972 § 118 Nr. 25), Psychologen eines Berufsförderungswerks (BAG 8.11.1988 AP BetrVG 1972 § 118 Nr. 38), Wissenschaftler mit Forschungsaufgaben (BAG 20.11.1990 AP BetrVG 1972 § 118 Nr. 47; LAG BE 18.10.1982 BB 1983, 502; Kostümbildner eines Theaters – anders als der Leiter der Kostümabteilung (BAG 13.2.2007 NZA 2007, 1121).

21 **bb) Organisatorische Vorschriften, §§ 1 bis 73.** Die Organisation der Betriebsverfassung unterliegt im Regelfall keinen tendenzschutzbedingten Einschränkungen. Dies gilt auch für das durch § 2 II eingeräumte Zutrittsrecht der Gewerkschaften (BAG 14.2.1978 AP GG Art. 9 Nr. 26; *Fitting* Rn. 31). Ebenfalls keine Einschränkung erfährt nach umstr. Auff. des BAG die Verpflichtung des AG zur Erstattung des Jahresberichts nach § 43 II (s. Rn. 17).

22 **cc) Allg. Vorschriften der Mitwirkung und Mitbestimmung, §§ 74 bis 80 sowie §§ 81 bis 86.** Tendenzschutzbedingten Einschränkungen unterliegen hier ledigl. die durch § 75 aufgestellten Grundsätze über die Behandlung der Betriebsangehörigen, so dass zB in Betrieben politischer Parteien ein tendenzentpr. Auftreten und Verhalten verlangt werden kann. Die Tendenzeigenschaft eines Betriebs oder Unternehmens steht auch nicht dem durch § 80 II 2 gewährten Einblicksrecht des BR in die Gehaltslisten entgegen (BAG 22.5.1979 AP BetrVG 1972 § 118 Nr. 12; 30.6.1981 AP BetrVG 1972 § 80 Nr. 15; 13.2.2007 NZA 2007, 1121 zum Recht auf Einsichtnahme in die Listen von Künstlergagen). Unberührt bleiben auch die §§ 81 bis 86.

23 **dd) Soziale Angelegenheiten, §§ 87 bis 89.** Eine Einschränkung der Mitbestimmungsrechte in sozialen Angelegenheiten kommt idR nicht in Betracht, da mit ihnen meist der tendenzneutrale Arbeitsablauf im Betrieb geregelt wird (BAG 30.1.1990 AP BetrVG 1972 § 118 Nr. 44; 13.2.1990 AP BetrVG 1972 § 118 Nr. 45; *Fitting* Rn. 32). Bedeutung für die Tendenzverwirklichung kann § 87 Nr. 1 haben (BAG 28.5.2002 NZA 2003, 166 zu Ethikregeln für Redakteure). Bedeutung kann der Tendenzschutz weiter bei der Festlegung der **AZ** gem. § 87 I Nrn. 2, 3 erlangen. Dies gilt bspw. für die Entscheidung des Schulträgers einer privaten Ersatzschule über die Einrichtung von Nachmittagsunterricht (BAG 13.1.1987 AP BetrVG 1972 § 118 Nr. 33); die Bestimmung von Probenbeginn und -ende in Theaterunternehmen, soweit der BR dabei über die Gesamtdauer der Proben mitbestimmen und damit die künstlerische Qualität der Aufführung beeinflussen kann (BAG 4.8.1981 AP BetrVG 1972 § 87 Arbeitszeit Nr. 5); Beginn und Ende der tägl. AZ von Redakteuren, sofern deren Festlegung nicht nur aus technisch-organisatorischen Gründen, sondern wegen der Aktualität oder der inhaltl. Ausgestaltung der Berichterstattung erfolgt (BAG 22.5.1979, 14.1.1992, 11.2.1992 AP BetrVG 1972 § 118 Nr. 13, 49, 50). BVerfG 15.12.1999 (Rn. 17) nennt als mitbestimmungsfreie Entsch.: Erscheinungstermin, regelm. WochenAZ, Redaktionsschluss, Einführung und zeitl. Umf. von Redaktionskonferenzen, Einsatz von Redakteuren, Zeitvorgaben zur Berichterstattung über ein Großereignis, nicht dagegen regelm. Verteilung der AZ auf die Wochentage, nach BVerfG 15.12.1999 (NZA 2000, 264) auch nicht Sollandruckzeiten. Gleiches muss für die AZ von Wissenschaftlern in Forschungseinrichtungen gelten, deren AZrechtl. Sonderstatus bereits eine Anerkennung in § 14 II ArbZG gefunden hat. Soweit EDV-Systeme in die Forschung eines wissenschaftl. Tendenzbetriebes integriert werden, bestehen keine Mitbestimmungsrechte nach **§ 87 I Nr. 6,** wohl aber, wenn sie zu Überwachungszwecken eingesetzt werden (LAG M 17.9.1987 CR 1988, 562). Das Mitbestimmungsrecht gem. **§ 87 I Nr. 10** kann entfallen, sofern die Regelung Entgeltformen betrifft, die gerade die Tendenz fördern sollen, indem sie etwa die AN zu bes. Leistungen für die Tendenzverwirklichung anspornen und sie dafür honorieren sollen (BAG 31.1.1984 AP BetrVG 1972 § 87 Lohngestaltung Nr. 15; 13.2.1990 AP BetrVG 1972 § 118 Nr. 45; verkannt von BAG 17.12.1980 AP BetrVG 1972 § 87 Lohngestaltung Nr. 4, wo die Zulagen die Gewinnung und Bindung bes. qualifizierter wissenschaftl. Mitarbeiter bezweckten; ebenfalls verkannt von BAG 3.8.1982 AP BetrVG 1972 § 87 Lohngestaltung Nr. 12; *Endlich* NZA 1990, 12).

24 **ee) Personelle Angelegenheiten, §§ 92 bis 105.** Die Unterrichtungs- und Beratungsverpflichtungen des AG über die Personalplanungen gem. **§ 92** bestehen nach Auff. des BAG in einem Tendenzbetrieb

auch hins. der Tendenzträger fort (BAG 6.11.1990 AP BetrVG 1972 § 92 Nr. 3; aA unter Hinweis auf die dann vorhandenen Unstimmigkeiten mit der Regelung des § 118 I 2: *Hanau* BB 1973, 901; Richardi/*Forst* Rn. 153). Dem Verlangen des BR, gem. **§ 93** vakante Arbeitsplätze innerbetriebl. auszuschreiben, steht die Eigenart des Tendenzunternehmens idR auch dann nicht entgegen, wenn sich die Ausschreibung auf sog. Tendenzträger erstrecken soll, da dem AG auch dann die Auswahl freisteht (BAG 30.1.1979 AP BetrVG 1972 § 118 Nr. 11; *Fitting* Rn. 33; krit. bei wissenschaftl. Tendenzbetrieben, die auf den Zulauf externer Wissenschaftler angewiesen sind: *Hanau* BB 1973, 901). Dagegen entfällt das Zustimmungserfordernis nach **§ 94 I** bei in Einstellungsfragebögen eines wissenschaftl. Tendenzbetriebes enthaltenen Fragen nach einem Engagement im früheren Ministerium für Staatssicherheit (BAG 21.9.1993 AP BetrVG 1972 § 94 Nr. 4) oder bei formalisierten Fragen nach Aktienbesitz bei der Einstellung von Wirtschaftsredakteuren (BAG 28.5.2002 AP BetrVG 1972 § 87 Ordnung des Betriebes Nr. 29). Entspr. Einschränkungen müssen bei der Aufstellung von Beurteilungsgrundsätzen nach **§ 94 II** sowie von AuswahlRL iSd. **§ 95** gemacht werden (*Fitting* Rn. 33). Keiner Einschränkung unterliegen die Vorschlags- und Beratungsrechte des BR iRd. **betriebl. Berufsbildung gem. §§ 96, 97**. Anderes gilt hingegen für die Rechte aus **§ 98**, soweit es sich um die Ausbildung von Tendenzträgern handelt, denn hins. ihrer Auswahl und der Auswahl des Ausbilders trifft der AG eine tendenzrelevante Entsch. (Richardi/*Forst* Rn. 159; aA DKKW/*Wedde* Rn. 101). Bei der Entsendung von Redakteuren zu Berufsbildungsmaßnahmen besteht deshalb zwar ein Vorschlagsrecht des BR und ein Unterrichtungsanspruch, nicht aber das Mitbestimmungsrecht gem. § 98 IV (BAG 20.4.2010 EzA § 118 BetrVG 2001 Nr. 9; BAG 30.5.2006 NZA 2006, 1291).

IRd. **personellen Einzelmaßnahmen** findet der Tendenzschutz nach § 118 I sein Hauptanwendungsgebiet. Wiederum gelten hier die oben dargelegten (Rn. 20) Voraussetzungen, nach denen die Maßnahme zunächst einen sog. Tendenzträger betreffen und außerdem aus tendenzbedingten Gründen erfolgen muss. Letzteres wird bei **Einstellungen** und **Versetzungen** eines Tendenzträgers grds. vermutet (BAG 9.12.1975, 19.5.1981, 28.10.1986 AP BetrVG 1972 § 118 Nr. 7, 18, 32). Entspr. entfällt hier das Zustimmungsverweigerungsrecht des BR gem. **§ 99 II** und zwar unabhängig davon, ob der BR die Zustimmung aus tendenzbedingten oder tendenzneutralen Gründen verweigern möchte (so ausdrückl. BAG 27.7.1993 AP BetrVG 1972 § 118 Nr. 51; noch zweifelnd BAG 28.10.1986 AP BetrVG 1972 § 118 Nr. 32; aA LAG D 14.11.1990 LAGE BetrVG 1972 § 118 Nr. 15; DKKW/*Wedde* Rn. 102 ff.). Dagegen bleiben die Rechte auf Inf., Vorlage der Bewerbungsunterlagen, Beratung und Äußerung von Bedenken bestehen (BAG 9.12.1975, 19.5.1981 AP BetrVG 1972 § 118 Nr. 7, 18, 21). Bei **Eingruppierungsmaßnahmen** bestehen die Rechte des BR unvermindert fort, da es sich hierbei nicht um rechtsgestaltende, sondern um rechtsbeurteilende Maßnahmen handelt (BAG 31.5.1983 AP BetrVG 1972 § 118 Nr. 27; aA *Meusel* NZA 1987, 658). Verletzt der AG die auch im Tendenzbetrieb weiterhin bestehenden Rechte aus § 99, so trifft ihn die Rechtsfolge des **§ 101** (BAG 8.5.1990 AP BetrVG 1972 § 118 Nr. 46). 25

Ähnliches gilt für die **Beteiligung des BR nach § 102**. Wird einem Tendenzträger aus tendenzbedingten Gründen gekündigt, so entfällt nach hM das Widerspruchsrecht des BR gem. § 102 III und infolge dessen auch die Weiterbeschäftigungsverpflichtung nach § 102 V. Der BR ist indessen anzuhören, ihm sind alle Kündigungsgründe – auch die tendenzbezogenen – mitzuteilen (BVerfG 7.11.1975 AP BetrVG 1972 § 118 Nr. 4; BAG 6.11.1979 AP BetrVG 1972 § 118 Nr. 14). Der BR kann Einwendungen gegen die Kündigung aus sozialen Gesichtspunkten erheben (BAG 7.11.1975 AP BetrVG 1972 § 118 Nr. 4), wobei unklar bleibt, mit welcher Folge (DKKW/*Wedde* Rn. 109 für die Folge der Weiterbeschäftigung). Eine Stellungn. des BR zu tendenzbezogenen Kündigungsgründen ist mit § 118 unvereinbar (BVerfG 15.12.1999 NZA 2000, 264). Eine Kündigung wegen Leistungsmängeln muss nicht notwendig tendenzbedingt sein (BAG 3.11.1982 AP KSchG 1969 § 15 Nr. 12). Die Kündigung eines als Tendenzträger beschäftigten BR-Mitglieds aus tendenzbedingten Gründen bedarf nicht der Zustimmung des BR gem. § 103 I; der BR ist nur gem. § 102 anzuhören (BAG 28.8.2003 NZA 2004, 501). 26

Im **Streitfall** trifft den AG die Beweislast dafür, dass sein Betrieb ein Tendenzbetrieb ist und die Ausübung der Mitbestimmungsrechte der Eigenart des Betriebs entgegensteht (DKKW/*Wedde* Rn. 138; *Prütting*, Gegenwartsprobleme der Beweislast, 1983, S. 317 ff.). 27

II. Religionsgemeinschaften

1. Normzweck. Im Unterschied zur Regelung des § 118 I schließt § 118 II Religionsgemeinschaften und ihre karitativen und erzieherischen Einrichtungen insg. aus dem Anwendungsbereich des BetrVG aus. Damit wird nach Ansicht der Rspr. den in Art. 140 GG iVm. Art. 137 III WRV zum Ausdruck kommenden verfassungsrechtl. Geboten, den „Religionsgesellschaften" die selbstständige Regelung ihrer Angelegenheiten innerhalb der Schranken des für alle geltenden Gesetzes, entsprochen (BVerfG 11.10.1977 AP GG Art. 140 Nr. 1; BAG 9.2.1982, 14.4.1988, 24.7.1991 AP BetrVG 1972 § 118 Nr. 24, 36, 48; aA DKKW/*Wedde* Rn. 123). 28

Der Ausnahmetatbestand umfasst nicht die öffentlich-rechtl. organisierten Kirchen. Sie werden bereits durch § 130 aus dem BetrVG ausgeklammert (s. § 130 Rn. 4). § 118 II betrifft daher nur privatrechtl. organisierte Religionsgemeinschaften sowie ihre karitativen und erzieherischen Einrichtungen. 29

30 **2. Tatbestandsvoraussetzungen. a) Religionsgemeinschaft.** Dieser Begriff in § 118 II ist ebenso zu verstehen wie der Begriff der Religionsgesellschaft iSd. Art. 137 III WRV (BAG 24.7.1991 AP BetrVG 1972 § 118 Nr. 48). Damit werden von der Regelung Weltanschauungsgesellschaften nicht erfasst. Indessen stellt Art. 137 VII WRV diese den „Religionsgesellschaften" gleich. Entspr. erstreckt ein Teil der Lehre § 118 II auch auf diese Gemeinschaften (DKKW/*Wedde* Rn. 124; zu Recht aA GK-BetrVG/*Weber* Rn. 228). Über ihre Einbeziehung ist wegen des Wortlauts von § 118 II – trotz bestehender verfassungsrechtl. Bedenken hins. der Regelung des Art. 137 VII WRV – nur im Wege einer verfassungskonformen Auslegung oder einer analogen Anwendung zu entscheiden (für eine freil. nicht näher konkretisierte „weite" Auslegung: BAG 21.11.1975 AP BetrVG 1972 § 118 Nr. 6). Keine Religionsgemeinschaft ist die Scientology-Kirche (BAG 22.3.1995 AP ArbGG 1979 § 5 Nr. 21). Von § 118 II wird der gesamte Verwaltungsapparat, einschließl. der örtl. und überörtl. Dienststellen unabhängig von deren Rechtsform und Selbstständigkeit erfasst. Andere Einrichtungen können wegen der expliziten Aufzählung der karitativen und erzieherischen Einrichtungen nicht unter den Begriff der Religionsgemeinschaften subsumiert werden. In Betracht kommt nur die Anwendung des § 118 I (ebenso *Fitting* Rn. 58; vgl. aber zur abw. Rechtsentwicklung Rn. 32).

31 **b) Art der Einrichtung. Das Vorliegen karitativer und erzieherischer Einrichtungen** ist anhand der oben (Rn. 11 f.) zu § 118 I dargelegten Kriterien festzustellen (ebenso BAG 14.4.1988 AP BetrVG 1972 § 118 Nr. 36; im Widerspruch dazu BAG 24.11.1981 AP ArbGG 1979 § 72a Divergenz Nr. 10; GK-BetrVG/*Weber* Rn. 230 f.).

32 Die ausdrückl. ges. Beschränkung auf diese Arten von Einrichtungen wird durch die weitgehend uferlose verfassungsrechtl. Definition des Selbstbestimmungsrechts der Religionsgemeinschaften stark verwässert (vgl. auch Art. 4 GG Rn. 33, 55). Das BAG geht zT soweit, auch die Definition dessen, was karitativ bzw. erzieherisch ist, dem verfassungsrechtl. garantierten Selbstbestimmungsrecht zuzuordnen und damit den Kirchen selbst zu überlassen (BAG 24.11.1981 AP ArbGG 1979 § 72a Divergenz Nr. 10). Die Folge ist eine anhand des Gesetzeswortlauts und der Gesetzessystematik nicht mehr nachvollziehbare Subsumtionspraxis der Rspr., die zB ohne nähere Begründung selbst den rechtl. selbstständigen evangelischen Presseverband über die Vorschr. des § 118 II von der Anwendung des BetrVG freistellt (BAG 24.7.1991 AP BetrVG 1972 § 118 Nr. 48). Darüber hinaus wurden als Einrichtungen iSd. Vorschr. Kindergärten (BAG 9.2.1982 AP BetrVG 1972 § 118 Nr. 24), Altersheime, Schulen, Krankenhäuser (BAG 21.11.1975 AP BetrVG 1972 § 118 Nr. 6; 6.12.1977 AP BetrVG 1972 § 118 Nr. 10) und Wohnungsbaugesellschaften (BAG 23.10.2002 NZA 2004, 334) anerkannt.

33 **c) „Ihre" Einrichtungen.** Während die Rspr. früher zur Feststellung einer hinreichenden Zuordnung zu der Religionsgemeinschaft darauf abstellte, ob die Einrichtung unter Verw. und Aufsicht kirchl. Organe steht (BAG 21.11.1975 AP BetrVG 1972 § 118 Nr. 6), genügte nach späterer Auff. allein, ob die Gemeinschaft nach ihrem Selbstverständnis die Einrichtung als die ihrige begreift (BAG 6.12.1977 AP BetrVG 1972 § 118 Nr. 10; einschränkend und mit ausf. Begründung allerdings BAG 14.4.1988 AP BetrVG 1972 § 118 Nr. 36; 30.4.1997 AP BetrVG 1972 § 118 Nr. 60, wonach ein – nicht notwendig satzungsmäßig abgesicherter – ordnender und verwaltender Einfluss der Kirche erforderl. ist). Heute ist weitgehend geklärt, dass die Möglichkeit kirchl. Einflussnahme und die Bindung an den kirchl. Sendungsauftrag kumulativ vorliegen müssen (BAG 31.7.2002 NZA 2002, 1409; *Hanau/Thüsing*, Kirche & Recht 2002, 9). Danach haben die ArbG in einer zweistufigen Prüfung darüber zu befinden, ob überhaupt eine institutionelle Verbindung zwischen der Kirche und der Einrichtung besteht und ob die Kirche auf Grund dieser Verbindung über ein Mindestmaß an Einflussmöglichkeiten verfügt, um auf Dauer eine Übereinstimmung der religiösen Betätigung der Einrichtung mit ihren Vorstellungen gewährleisten zu können (BAG 5.12.2007 NZA 2008, 653).

Sechster Teil. Straf- und Bußgeldvorschriften

§ 119 Straftaten gegen Betriebsverfassungsorgane und ihre Mitglieder

(1) Mit Freiheitsstrafe bis zu einem Jahr oder mit Geldstrafe wird bestraft, wer

1. eine Wahl des Betriebsrats, der Jugend- und Auszubildendenvertretung, der Bordvertretung, des Seebetriebsrats oder der in § 3 Abs. 1 Nr. 1 bis 3 oder 5 bezeichneten Vertretungen der Arbeitnehmer behindert oder durch Zufügung oder Androhung von Nachteilen oder durch Gewährung oder Versprechen von Vorteilen beeinflusst,

2. die Tätigkeit des Betriebsrats, des Gesamtbetriebsrats, des Konzernbetriebsrats, der Jugend- und Auszubildendenvertretung, der Gesamt-Jugend- und Auszubildendenvertretung, der Konzern-Jugend- und Ausbildendenvertretung, der Bordvertretung, des Seebetriebsrats, der in § 3 Abs. 1 bezeichneten Vertretungen der Arbeitnehmer, der Einigungsstelle, der in § 76 Abs. 8 bezeichneten tariflichen Schlichtungsstelle, der in § 86 bezeichneten betrieblichen Beschwerdestelle oder des Wirtschaftsausschusses behindert oder stört, oder

3. ein Mitglied oder ein Ersatzmitglied des Betriebsrats, des Gesamtbetriebsrats, des Konzernbetriebsrats, der Jugend- und Auszubildendenvertretung, der Gesamt-Jugend- und Auszubildendenvertretung, der Konzern-Jugend- und Ausbildendenvertretung, der Bordvertretung, des Seebetriebsrats, der in § 3 Abs. 1 bezeichneten Vertretungen der Arbeitnehmer, der Einigungsstelle, der in § 76 Abs. 8 bezeichneten Schlichtungsstelle, der in § 86 bezeichneten betrieblichen Beschwerdestelle oder des Wirtschaftsausschusses um seiner Tätigkeit willen oder eine Auskunftsperson nach § 80 Absatz 2 Satz 4 um ihrer Tätigkeit willen benachteiligt oder begünstigt.

(2) Die Tat wird nur auf Antrag des Betriebsrats, des Gesamtbetriebsrats, des Konzernbetriebsrats, der Bordvertretung, des Seebetriebsrats, einer der in § 3 Abs. 1 bezeichneten Vertretungen der Arbeitnehmer, des Wahlvorstands, des Unternehmers oder einer im Betrieb vertretenen Gewerkschaft verfolgt.

1. Vorbemerkung. Die Strafvorschriften des § 119 richten sich **gegen jedermann,** somit nicht nur gegen den AG und dessen Vertreter, sondern auch gegen AN, Betriebsangehörige, die nach § 5 II nicht als AN gelten, leitende Angestellte, sowie außenstehende Dritte wie Funktionäre der AGVerbände und Gewerkschaften (*Fitting* Rn. 1). Strafbar sind alle Formen der Tatbegehung (Täterschaft, Anstiftung, Beihilfe). Eine Strafbarkeit durch Unterlassen kann nur bei einer Garantenstellung relevant sein. Eine solche kann sich für den AG aus einer ges. normierten Duldungs-, Auskunfts- und Unterstützungspflicht ergeben. Aus § 15 StGB ergibt sich, dass nur die vorsätzl. Begehung strafbar ist. Der Versuch ist mangels einer ausdrückl. Regelung, da § 119 lediglich ein Vergehen darstellt (§§ 12 II, 23 I StGB), nicht strafbar. 1

2. Die Tatbestände. a) Tatbestand Nr. 1. Schutzgut ist die **unbehinderte und unbeeinflusste Wahl** des BR oder der anderen hier abschließend genannten ANVertretungen. Es gelten die Grundsätze des § 20, die durch die Strafsanktion des § 119 I Nr. 1 verstärkt werden sollen. Verboten ist jede **Behinderung** der Wahl und aller mit ihr zusammenhängenden oder ihr dienenden Handlungen. Geschützt ist der einzelne AN in Ausübung seines aktiven und passiven Wahlrechts. Erfasst werden wahlvorbereitende Maßnahmen (Bestellung des Wahlvorstands, BayObLG 29.7.1980 AP BetrVG 1972 § 119 Nr. 1), der Wahlvorgang selbst sowie die Auszählung, Bekanntgabe der Wahlergebnisse, auch die Wahlanfechtung selbst (*Fitting* Rn. 4), aber nicht die Wahl der ANVertretung zum AR. Eine Behinderung liegt vor, wenn die Wahl durch zielgerichtetes Verhalten erschwert oder unmögl. gemacht wird. Diese Handlungsalternative erfasst den äußeren Ablauf der Wahl. Das Verbot der **Beeinflussung** schützt dagegen die innere Willensbildung der Wahlbeteiligten und dient der Integrität der BRWahl. Die Wahlberechtigten sollen frei entscheiden und dürfen keinem unzulässigen Druck ausgesetzt werden (BAG 6.12.2000 AP BetrVG 1972 § 19 Nr. 48). Unzulässig ist alles, was in sittl. anstößiger Weise durch Zufügung oder Androhung von Nachteilen oder durch Gewährung oder Versprechung von Vorteilen die Stimmabgabe und das Wahlergebnis beeinflussen kann (BAG 8.3.1957 AP BetrVG § 19 Nr. 1). Abs. 1 Nr. 1 ist ein Erfolgsdelikt, so dass eine objektive Wahlbehinderung oder -beeinflussung erforderl. ist. Eine ledigl. darauf gerichtete Tätigkeit genügt als solche nicht (GK-BetrVG/*Oetker* Rn. 24). Auch der Erfolg muss vom Vorsatz erfasst sein. IE unzulässig sind: Versagung des Wahlrechts durch Versetzung des AN aufgrund eines erzwungenen Änderungsvertrags (LG Marburg 10.5.2007 AiB 2008, 108); Zugangsverweigerung des Gewerkschaftsbeauftragten zur Betriebsversammlung (LG Siegen 13.11.1986 AiB 92, 41); Hinweis des AG, dass bei Wahl einer Gewerkschaftsliste dem Unternehmen schwerer Schaden zugefügt werde; der Austausch von Wahlunterlagen (LG Braunschweig 28.4.1999 NStZ-RR 2000, 93); die Aufforderung des AG an einzelne AN, Einspruch gegen ihre Eintragung in die Wählerliste zu erheben, da er sie für leitende Angestellte halte (LAG BW 31.5.1972 DB 1972, 1392); Versprechen zusätzl. Sitze im BR im Falle der Durchführung der Gemeinschaftswahl (BAG 8.3.1957 AP BetrVG § 19 Nr. 1). Zulässig bleibt Wahlpropaganda seitens der Gewerkschaften (BAG 2.12.1960 AP BetrVG § 19 Nr. 2). Die Zulässigkeit von Wahlpropaganda des AG ist trotz des ihn verpflichtenden Neutralitätsgebots (nach hM aus §§ 20, 75) differenziert zu beurteilen: Es liegt eine strafbare Beeinflussung der BRWahl vor, wenn der AG es einer Wahlvorschlagsliste durch die Zuwendung von Geldmitteln ermöglicht, sich bes. zu präsentieren (BGH 13.9.2010 NZA 2004, 422; dazu *Brand/Lotz* RdA 2012, 73). Eine Strafbarkeit kommt dagegen nicht in Betracht, wenn die Beeinflussung ohne die im Tatbestand genannten verbotenen Mittel erfolgt. Bloße gezielte Wahlpropaganda (zB Sammlung von Stützungsunterschriften für gewerkschaftsfreie Liste) reicht nicht, auch nicht solche, überhaupt keinen BR zu wählen (Richardi/*Annuß* Rn. 17; LAG Köln 15.10.1993 NZA 1994, 431). Ein solches Verhalten ist dann pflichtwidrig iSd. § 20; insoweit kommen die Rechtsschutz- und Sanktionsmöglichkeiten des § 23 Abs. 3 in Betracht (HWK/*Hohenstatt/Dzida* Rz. 2). Die Stimmenthaltung von AN stellt keine Behinderung der Wahl dar, da nur ein Wahlrecht und keine Wahlpflicht besteht. 2

b) Tatbestand Nr. 2. Nr. 2 schützt die **Amtsführung der** genannten **Organe** der Betriebsverfassung vor **Behinderung oder Störung** von außen. Verboten ist der zielgerichtete Eingriff in die Tätigkeit der Vertretungsorgane und ihrer Einrichtungen sowie der einzelnen Mitglieder, um deren Amts- 3 ausübung erhebl. zu erschweren oder vorübergehend oder endgültig zu verhindern. Die Behinderung muss tatsächl. eingetreten sein; insoweit handelt es sich um ein Erfolgsdelikt. Eine Strafbarkeit ist nicht bereits gegeben, wenn der AG die Mitbestimmungsrechte pflichtwidrig missachtet; erforderl. ist vielmehr, dass er hierdurch eine Behinderung oder Störung vorsätzl. herbeiführen will (HWK/*Hohenstatt/Dzida* Rz. 3). Das bloße Vorenthalten nach § 80 erforderl. Inf. oder Unterlagen ist noch nicht strafbar, soweit dies nicht gezielt eine Behinderung bezweckt, sondern auf irriger Rechtsauffassung bezgl. der eigenen Mitwirkungs- und Informationspflichten beruht. Strafbar allerdings ist die beharrl. Weigerung, überhaupt mit dem BR zusammenzuarbeiten (DKKW/*Trümner* Rn. 14). Eine Behinderung oder Störung kann ferner gesehen werden: in der Aufforderung des AG an den BR zurückzutreten verbunden mit der Androhung, dass ansonsten Zulagen gestrichen würden (BayObLG 29.7.1980 AP BetrVG 1972 § 119 Nr. 1); in der Weigerung des AG, die zur Amtsführung notwendigen Kosten zu tragen oder Mittel zur Vfg. zu stellen (DKKW/*Trümner* Rn. 14); in dem Verbot des AG, sich an den BR zu wenden (*Fitting* Rn. 7); in der betriebsöffentl. Bekanntmachung der vom BR verursachten Kosten (BAG 12.11.1997 NZA 1998, 559); in der Verhinderung und Störung von Telefongesprächen des BR (AG Passau 5.6.1985 AiB 1992, 42). Die Strafandrohung richtet sich nicht gegen die Mitglieder der Organe selbst. Für diesen Fall kann die Möglichkeit eines Ausschlussverfahrens gem. § 23 I gegeben sein (Richardi/*Annuß* Rn. 20).

4 **c) Tatbestand Nr. 3.** Geschützt wird hier die **Betätigung der einzelnen Mitglieder** der betriebsverfassungsrechtl. Organe. Diese dürfen nicht um ihrer Amtstätigkeit willen benachteiligt oder begünstigt werden. Der Nachteil oder die Begünstigung muss sich auf die persönl. Rechtsstellung beziehen und vom Vorsatz erfasst sein (OLG Düsseldorf 27.3.2008 – III-2 Ss 110/07). Begünstigung kann schon die Zusicherung einer nicht zustehenden vorteilhaften Tätigkeitsbezeichnung sein (LAG SN 27.8.2008 – 2 Sa 752/07); dasselbe gilt für Leistungen an BRMitglieder, die über das Entgeltausfallprinzip des § 37 Abs. 2 hinausgehen (LG Braunschweig 25.1.2007 – 6 KLs 48/06). In den Schutzbereich fallen auch die Ersatzmitglieder. Das begünstigte Mitglied selber steht wegen der Annahme der Begünstigung nach § 119 nicht unter Strafandrohung. In Betracht kommt jedoch eine Amtsenthebung von BRMitgliedern gem. § 23 I wegen grober Verletzung der ges. Pflichten (*Fitting* Rn. 9). Auch Abs. 1 Nr. 3 ist ein Erfolgsdelikt. Die Vor- und Nachteile müssen tatsächl. eingetreten sein.

5 **3. Strafantrag.** Gem. Abs. 2 sind die Verstöße nach § 119 Antragsdelikte. Der Antrag ist gem. § 158 II StPO schriftl. oder zu Protokoll bei einem Gericht, der Staatsanwaltschaft oder (nur schriftl.) bei einer Behörde des Polizeidienstes anzubringen. Antragsberechtigt ist auf Grund eines ordnungsgem. gefassten Beschlusses gem. § 33 der BR, alle anderen in Abs. 2 genannten ANVertretungen, der Wahlvorstand (nicht dagegen die einzelnen Organmitglieder), der Unternehmer sowie jede im Betrieb vertretene Gewerkschaft. Der Antrag unterliegt einer dreimonatigen Frist (§ 77b StGB), welche mit dem Tag beginnt, an dem der Ast. von der Handlung bzw. Unterlassung und der Identität des Täters Kenntnis erlangt hat. Mit Ablauf der Frist entfällt eine Strafverfolgung. Die Tat verjährt nach drei Jahren (§ 78 III Ziff. 5 StGB). Eine Rücknahme des Antrags ist bis zur rechtskräftigen Verurteilung mögl. (§ 77d I 1 StGB). Stellt die Staatsanwaltschaft das Ermittlungsverfahren ein, kann der Ast., sofern er auch der Verletzte ist, nach erfolgloser Beschwerde ein Klageerzwingungsverfahren gem. § 172 StPO durchführen. Nach überw. Auff. im Schrifttum steht dieses Recht auch der im Betrieb vertretenen Gewerkschaft zu (DKKW/*Trümner* Rn. 28 ff.; *Fitting* Rn. 15; einschränkend Richardi/*Annuß* Rn. 36, nach dem die Gewerkschaft nur im Fall des Nr. 1 Verletzter ist, wenn die Gewerkschaft einen eigenen Wahlvorschlag gemacht hat; ablehnend GK-BetrVG/*Oetker* Rn. 86).

6 **4. Strafmaß.** Verstöße nach § 119 werden mit Freiheitsstrafe bis zu einem Jahr oder mit Geldstrafe geahndet. Hat sich der Täter an der Tat bereichert oder zu bereichern versucht, kann gem. § 41 StGB neben einer Freiheitsstrafe zusätzlich eine Geldstrafe verhängt werden. Freiheitsstrafen werden regelm. nur verhängt, wenn die Strafdauer 6 Monate erreicht (§ 47 I StGB).

§ 120 Verletzung von Geheimnissen

(1) Wer unbefugt ein fremdes Betriebs- oder Geschäftsgeheimnis offenbart, das ihm in seiner Eigenschaft als

1. Mitglied oder Ersatzmitglied des Betriebsrats oder einer der in § 79 Abs. 2 bezeichneten Stellen,

2. Vertreter einer Gewerkschaft oder Arbeitgebervereinigung,

3. Sachverständiger, der vom Betriebsrat nach § 80 Abs. 3 hinzugezogen oder von der Einigungsstelle nach § 109 Satz 3 angehört worden ist,

3a. Berater, der vom Betriebsrat nach § 111 Satz 2 hinzugezogen worden ist,

3b. Auskunftsperson, die dem Betriebsrat nach § 80 Absatz 2 Satz 4 zur Verfügung gestellt worden ist, oder

4. Arbeitnehmer, der vom Betriebsrat nach § 107 Abs. 3 Satz 3 oder vom Wirtschaftsausschuss nach § 108 Abs. 2 Satz 2 hinzugezogen worden ist,

bekannt geworden und das vom Arbeitgeber ausdrücklich als geheimhaltungsbedürftig bezeichnet worden ist, wird mit Freiheitsstrafe bis zu einem Jahr oder mit Geldstrafe bestraft.

(2) Ebenso wird bestraft, wer unbefugt ein fremdes Geheimnis eines Arbeitnehmers, namentlich ein zu dessen persönlichen Lebensbereich gehörendes Geheimnis, offenbart, das ihm in seiner Eigenschaft als Mitglied oder Ersatzmitglied des Betriebsrats oder einer der in § 79 Abs. 2 bezeichneten Stellen bekannt geworden ist und über das nach den Vorschriften dieses Gesetzes Stillschweigen zu bewahren ist.

(3) [1] Handelt der Täter gegen Entgelt oder in der Absicht, sich oder einen anderen zu bereichern oder einen anderen zu schädigen, so ist die Strafe Freiheitsstrafe bis zu zwei Jahren oder Geldstrafe. [2] Ebenso wird bestraft, wer unbefugt ein fremdes Geheimnis, namentlich ein Betriebs- oder Geschäftsgeheimnis, zu dessen Geheimhaltung er nach den Absätzen 1 oder 2 verpflichtet ist, verwertet.

(4) Die Absätze 1 bis 3 sind auch anzuwenden, wenn der Täter das fremde Geheimnis nach dem Tode des Betroffenen unbefugt offenbart oder verwertet.

(5) [1] Die Tat wird nur auf Antrag des Verletzten verfolgt. [2] Stirbt der Verletzte, so geht das Antragsrecht nach § 77 Abs. 2 des Strafgesetzbuches auf die Angehörigen über, wenn das Geheimnis zum persönlichen Lebensbereich des Verletzten gehört; in anderen Fällen geht es auf die Erben über. [3] Offenbart der Täter das Geheimnis nach dem Tode des Betroffenen, so gilt Satz 2 sinngemäß.

1. Vorbemerkung. Schutzgut des § 120 ist ausschließl. das **Individualinteresse** an der Geheimhaltung bestimmter Tatsachen (GK-BetrVG/*Oetker* Rn. 8). Vereinzelt wird auch das Allgemeininteresse an der Funktionsfähigkeit der Institution „Betriebsrat" als unmittelbar geschütztes Rechtsgut angesehen (*Tag* BB 2001, 1578, 1580). Strafbar ist nur die vorsätzl. Begehung. Der Versuch bleibt mangels ausdrückl. Regelung straflos, da § 120 gem. seiner Strafandrohung ein Vergehen ist (§§ 23 I iVm. 12 II StGB). Dies gilt insb. für den in § 120 III 1 aufgeführten Qualifikationstatbestand. Eine Strafbarkeit kommt grds. in allen Formen der Tatbegehung (Täterschaft, Anstiftung, Beihilfe) in Frage, wobei der Mittäter die persönl. Merkmale des Abs. 1 bzw. 2 erfüllen muss. Besteht für den Teilnehmer keine Pflicht zur Geheimniswahrung, so ist seine Strafe gem. § 49 I zu mildern (§ 28 I StGB). Ein strafprozessuales Zeugnisverweigerungsrecht kommt für das BRMitglied nicht in Betracht (LG Darmstadt 3.10.1978 DB 1979, 111). Eine Analogie zu §§ 53, 54 StPO scheidet aus (*Tag* BB 2001, 1578, 1583). 1

2. Die Tatbestände. a) Offenbarung von Betriebs- oder Geschäftsgeheimnissen. Es handelt sich bei Abs. 1 um ein echtes Sonderdelikt. **Täter** können somit nur die in den Nr. 1 bis 4 abschließend aufgezählten Personen sein. Unter die in Nr. 1 genannten Mitglieder des BR fallen auch die Mitglieder des Gesamt- bzw. KBR, sowie die Mitglieder eines SeeBR, der Bordvertretung und einer gem. § 3 I Nr. 1 und 2 errichteten ANVertretung (aA DKKW/*Trümner* Rn. 6). Als Täter kommen gem. Abs. 1 Nr. 1 auch die Mitglieder der **in § 79 II genannten „Stellen"** in Betracht. Unter den funktionalen Begriff „Stelle" fallen sämtl. in § 79 II bezeichneten Gremien und Organisationen und nicht nur die Mitglieder der aufgeführten Einigungs-, tarifl. Schlichtungs- sowie der betriebl. Beschwerdestelle (Richardi/*Annuß* Rn. 9; WPK/*Preis/Bender* Rn. 13; aA auf den Wortlaut berufend DKKW/*Trümner* Rn. 5; GK-BetrVG/*Oetker* Rn. 30 f.; *Tag* BB 2001, 1578, 1581). Des Weiteren werden in Abs. 1 Nr. 4 die AN zum Täterkreis gezählt, die vom AG (aufgrund eines Redaktionsversehens spricht das Gesetz vom Wirtschaftsausschuss) nach § 108 II 2 hinzugezogen worden sind. Nicht in den Täterkreis fallen ANVertreter im AR. Sie unterfallen der Strafbestimmung des § 404 AktG (*Fitting* Rn. 4). 2

Tathandlung ist die **unbefugte Offenbarung,** dh. die ohne Zustimmung des Geheimnisträgers erfolgte Mitteilung an Dritte, die nicht einem der in § 79 genannten Betriebsverfassungsorgane angehören und denen das Geheimnis nicht bekannt gewesen ist (*Fitting* Rn. 3). Ist dem Dritten das Geheimnis bereits bekannt, liegt ledigl. ein strafloser Versuch vor (Richardi/*Annuß* Rn. 11). Bei dem offenbarten Umstand muss es sich objektiv um ein Betriebs- oder Geschäftsgeheimnis handeln, welches der AG ausdrückl. als geheimhaltungsbedürftig bezeichnet haben muss (vgl. dazu § 79 Rn. 2 ff.). Das offenbarte Geheimnis muss dem Täter im Rahmen seiner amtl. Tätigkeit bekannt geworden sein. Unbefugt stellt kein Tatbestandsmerkmal, sondern einen Rechtfertigungsgrund im strafrechtl. Sinne dar (hM; WPK/*Preis/Bender* Rn. 11, DKKW/*Trümner* Rn. 8; aA *Tag* BB 2001, 1578, 1583). Unbefugt ist die Offenbarung bzw. Verwertung nicht schon dann, wenn es an einer Einwilligung des AG fehlt. Es darf auch kein sonstiges Recht zur Offenbarung bzw. Verwertung bestehen (zB eine Unterrichtungspflicht des Wirtschaftsausschusses an den BR gem. § 108 IV; DKKW/*Trümner* Rn. 12). 3

b) Offenbarung persönlicher Geheimnisse eines Arbeitnehmers. Diese Vorschr. stellt eine Norm des **„Intimschutzes"** dar. Dieser erstreckt sich auf die Weitergabe von Geheimnissen aus dem persönl. Lebensbereich des AN. Darunter fallen solche Umstände, die geheim, somit nur einem beschränkten Personenkreis vorbehalten, sind und deren Geheimhaltung der AN möchte bzw. an der er ein berechtigtes Interesse hat wie zB Familienverhältnisse, Vorstrafen, Krankheiten, Beurteilungen, Lohnhöhe (*Fitting* Rn. 5). Für eine Strafbarkeit nach Abs. 2 bedarf es des Weiteren einer ausdrückl. Regelung im BetrVG, dass Stillschweigen zu bewahren ist. Dies sieht das G in den §§ 82 II 3; 83 I 3, 99 4

I 3, 102 II 5 iVm 99 I 3 vor. Eine der umfangr. ärztl. oder anwaltl. Schweigepflicht vergleichbare Regelung ist somit nicht gegeben. § 43 BDSG findet keine Anwendung. Er wird von § 83 BetrVG iRd. Spezialität verdrängt (GK-BetrVG/*Oetker* Rn. 74).

5 **c) Strafschärfung, Strafantrag.** Abs. 3 enthält Qualifikationen der Straftaten nach Abs. 1 und 2. Danach wird schwerer bestraft, wer gegen Entgelt, in Bereicherungs- oder Schädigungsabsicht agiert (S. 1) oder das fremde Geheimnis unbefugt verwertet (S. 2). Unter **Verwerten** ist das wirtschaftl. Ausnutzen des Geheimnisses zum Zwecke der Gewinnerzielung auf andere Weise als durch Offenbarung zu verstehen (Richardi/*Annuß* Rn. 12). Die Begehungsvariante des Verwertens stellt einen eigenen Grundtatbestand dar (Richardi/*Annuß* Rn. 12). Der Strafrahmen gleicht jedoch dem der Qualifikation des Abs. 3 S. 1.

6 Die Tat wird nur auf **Antrag** des Verletzten verfolgt, also insb. des AG oder AN (Abs. 4 S. 1). Nach dem Tod des Verletzten geht das Antragsrecht wegen Offenbarung von Betriebs- oder Geschäftsgeheimnissen auf die Erben (Abs. 5 S. 2, 2. Alt.), bei Verrat persönl. Geheimnisse auf die Angehörigen (Abs. 5 S. 2, 1. Alt.) über. Die Antragsfrist endet in diesen Fällen frühestens drei Monate nach dem Tod des Verletzten (§ 77b IV StGB).

§ 121 Bußgeldvorschriften

(1) **Ordnungswidrig handelt, wer eine der in § 90 Abs. 1, 2 Satz 1, § 92 Abs. 1 Satz 1 auch in Verbindung mit Abs. 3, § 99 Abs. 1, § 106 Abs. 2, § 108 Abs. 5, § 110 oder § 111 bezeichneten Aufklärungs- oder Auskunftspflichten nicht, wahrheitswidrig, unvollständig oder verspätet erfüllt.**

(2) **Die Ordnungswidrigkeit kann mit einer Geldbuße bis zu zehntausend Euro geahndet werden.**

1 **1. Verletzung von Aufklärungs- oder Auskunftspflichten.** Die Vorschr. dient insb. der Durchsetzung von Informationsrechten des BR in Fällen, in denen ihm kein erzwingbares Mitbestimmungsrecht zukommt und er somit auf die Unterrichtung durch den AG angewiesen ist (BAG 7.11.1975 AP BetrVG 1972 § 99 Nr. 3).

2 Die Pflichten, deren Verletzung ordnungswidrig ist, sind in § 121 **abschließend** aufgezählt. Es besteht jedoch die Möglichkeit, dass Aufklärungs- oder Unterrichtungspflichten, soweit sie in den genannten Paragraphen nicht ausdrückl. erwähnt sind, gem. § 119 I Nr. 2 geahndet werden.

3 **Ordnungswidrig** können nur der **AG** oder die von ihm **beauftragten Personen** handeln (§ 9 II OWiG), da nur sie unterrichtungspflichtig sind. Die Festsetzung einer Geldbuße kann bei jur. Personen nicht nur gegen deren Organe bzw. vertretungsberechtigte Gesellschafter, sondern auch gegen sie selbst erfolgen (§ 30 IV OWiG). Nicht ordnungswidrig handelt jedoch, wer ohne hinreichende Eigenverantwortlichkeit oder nur im Einzelfall vom AG beauftragt ist, eine bestimmte Auskunft zu erteilen, und dies nicht oder nicht ordnungsgem. tut (GK-BetrVG/*Oetker* Rn. 32; aA DKKW/*Trümner* Rn. 7, Richardi/*Annuß* Rn. 5). Eine Verhängung von Geldbußen ist nicht nur mögl. bei Nichterfüllung der Aufklärungs-, Auskunfts- oder Unterrichtungspflicht, sondern auch, wenn dies in wahrheitswidriger, unvollständiger oder verspäteter Weise geschieht. Die Art und Weise, wie der AG die geschuldete Pflicht zu erfüllen hat, ergibt sich aus dem Zweck der jeweiligen in Abs. 1 genannten Unterrichtungsrechte. Zur Wahrung des Bestimmtheitsgrundsatzes bzw. zur angemessenen Berücksichtigung des Unrechtsgehalts der Tatbestandsvarianten sollen diese teils eingeschränkt ausgelegt werden. Unvollständigkeit soll erst bei Offensichtlichkeit (Richardi/*Annuß* Rn. 7) oder nach vorheriger Rüge des Aufklärungs- bzw. Auskunftsempfängers (GK-BetrVG/*Oetker* Rn. 20) gegeben sein. Auch eine verspätete Unterrichtung soll erst vorliegen, wenn sie ihren Zweck nicht mehr erfüllen kann. Eine geringfügige Überschreitung der ges. Frist des § 100 ist regelm. noch zu tolerieren. (GK-BetrVG/*Oetker* Rn. 24; Richardi/*Annuß* Rn. 8).

4 Als ordnungswidrig kommen **bspw.** folgende Verstöße in Betracht: keine rechtzeitige Inf. des BR über Planung von Neu-, Um-, und Erweiterungsbauten von Fabrikations-, Verwaltungs- und sonstigen betriebl. Räumen, von technischen Anl., von Arbeitsverfahren und Arbeitsabläufen oder von Arbeitsplätzen (OLG D 8.4.1982 BB 1982, 1113); Nichtunterrichten des BR über die Personalplanung, insb. über den gegenwärtigen und künftigen Personalbedarf (OLG HM 7.12.1977 DB 1978, 748); unterlassene Unterrichtung des BR vor einer Einstellung, Eingruppierung oder Versetzung (OLG S 21.12.1977 DB 1978, 592); Nichtunterrichtung der AN durch den AG über die wirtschaftl. Lage und Entwicklung des Unternehmens gem. § 110 (OLG Hamm 7.12.1977 DB 1978,748); Unterlassen der rechtzeitigen und umfassenden Unterrichtung über geplante Betriebsänderungen (OLG Hamm 7.12.1977 DB 1978, 748; OLG HH 4.6.1985 BB 1986, 1014).

5 Grds. wird nur **vorsätzl. Handeln** geahndet. Die fahrlässige Verletzung von Aufsichtspflichten kann jedoch gem. § 130 OWiG zur Verhängung von Geldbußen führen (GK-BetrVG/*Oetker* Rn. 25). Das fehlende Unrechtsbewusstsein schließt die Ordnungswidrigkeit nur für den Fall aus, dass der Irrtum nicht vorwerfbar ist (§ 11 II OWiG). Dem AG wird man regelm. die Unkenntnis der ges. Aufklärungs- und Auskunftspflichten zum Vorwurf machen müssen (*Fitting* Rn. 6). Der Versuch wird nicht geahndet (§ 13 II OWiG).

2. Verfahren. Prinzipiell können Anzeigen wegen einer Ordnungswidrigkeit von jedermann getätigt werden, somit auch vom einzelnen AN. Dabei ist jedoch Vorsicht geboten, da dies nach Ansicht der Rspr. den AG unter Umständen zur fristlosen Kündigung berechtigen kann (BAG 5.2.1959 AP HGB § 70 Nr. 2; LAG HE 12.2.1987 LAGE BGB § 626 Nr. 28). Demnach ist es sinnvoll, eine Anzeige durch die im Betrieb vertretene Gewerkschaft oder den BR zu erstatten (DKKW/*Trümner* Rn. 24), in Einzelfällen auch durch einen Rechtsanwalt (LAG SH 14.4.2000 LAGE BetrVG § 40 Rn. 67). Die Verfolgung der Ordnungswidrigkeit erfolgt vAw. Die örtl. Zuständigkeit richtet sich nach § 37 OWiG. Bei Einstellung des Verfahrens ist dies dem Anzeigenden mitzuteilen. Über die Frage, ob dem Anzeigenden auch die Begründung für die Einstellung mitzuteilen ist, herrscht Uneinigkeit (zust. DKKW/*Trümner* Rn. 28; GK-BetrVG/*Oetker* Rn. 36; abl. *Fitting* Rn. 8). Die Verfolgung der Ordnungswidrigkeit verjährt in zwei Jahren nach Begehung der Tat (§ 31 II Nr. 2 OWiG). 6

3. Geldbuße. Die Höhe der zu verhängenden Geldbuße beträgt mind. fünf Euro (§ 17 I OWiG) und höchstens 10 000 Euro (§ 121 II). Bei der Feststellung der Höhe sind die Bedeutung der Ordnungswidrigkeit, die Schwere des Vorwurfs und die wirtschaftl. Verhältnisse des Täters zu berücksichtigen (§ 17 III OWiG). Erfolgt gleichzeitig die Bestrafung einer strafbaren Handlung, insb. gem. § 119 I Nr. 2, so ist von einer Geldbuße abzusehen (§ 21 OWiG). Gegen einen Bußgeldbescheid (§§ 65, 66 OWiG) kann binnen einer Woche nach Zustellung schriftl. oder zur Niederschrift der Behörde, die den Bescheid erlassen hat, Einspruch eingelegt werden. Dann entscheidet das Amtsgericht (§§ 67 ff. OWiG). 7

Siebenter Teil. Änderung von Gesetzen

§ 122 *(Änderung des bürgerlichen Gesetzbuchs) (gegenstandslos)*

§ 123 *(Änderung des Kündigungsschutzgesetzes) (gegenstandslos)*

§ 124 *(Änderung des Arbeitsgerichtsgesetzes) (gegenstandslos)*

Achter Teil. Übergangs- und Schlussvorschriften

§ 125 Erstmalige Wahl nach diesem Gesetz

(1) Die erstmaligen Betriebsratswahlen nach § 13 Abs. 1 finden im Jahre 1972 statt.

(2) [1]Die erstmaligen Wahlen der Jugend- und Auszubildendenvertretung nach § 64 Abs. 1 Satz 1 finden im Jahre 1988 statt. [2]Die Amtszeit der Jugendvertretung endet mit der Bekanntgabe des Wahlergebnisses der neu gewählten Jugend- und Auszubildendenvertretung, spätestens am 30. November 1988.

(3) Auf Wahlen des Betriebsrats, der Bordvertretung, des Seebetriebsrats und der Jugend- und Auszubildendenvertretung, die nach dem 28. Juli 2001 eingeleitet werden, finden die Erste Verordnung zur Durchführung des Betriebsverfassungsgesetzes vom 16. Januar 1972 (BGBl. I S. 49), zuletzt geändert durch die Verordnung vom 16. Januar 1995 (BGBl. I S. 43), die Zweite Verordnung zur Durchführung des Betriebsverfassungsgesetzes vom 24. Oktober 1972 (BGBl. I S. 2029), zuletzt geändert durch die Verordnung vom 28. September 1989 (BGBl. I S. 1795) und die Verordnung zur Durchführung der Betriebsratswahlen bei den Postunternehmen vom 26. Juni 1995 (BGBl. I S. 871) bis zu deren Änderung entsprechende Anwendung.

(4) Ergänzend findet für das vereinfachte Wahlverfahren nach § 14a die Erste Verordnung zur Durchführung des Betriebsverfassungsgesetzes bis zu deren Änderung mit folgenden Maßgaben entsprechende Anwendung:

1. Die Frist für die Einladung zur Wahlversammlung zur Wahl des Wahlvorstands nach § 14a Abs. 1 des Gesetzes beträgt mindestens sieben Tage. Die Einladung muss Ort, Tag und Zeit der Wahlversammlung sowie den Hinweis enthalten, dass bis zum Ende dieser Wahlversammlung Wahlvorschläge zur Wahl des Betriebsrats gemacht werden können (§ 14a Abs. 2 des Gesetzes).

2. § 3 findet wie folgt Anwendung:

a) Im Fall des § 14a Abs. 1 des Gesetzes erlässt der Wahlvorstand auf der Wahlversammlung das Wahlausschreiben. Die Einspruchsfrist nach § 3 Abs. 2 Nr. 3 verkürzt sich auf drei Tage. Die Angabe nach § 3 Abs. 2 Nr. 4 muss die Zahl der Mindestsitze des Geschlechts in der Minderheit (§ 15 Abs. 2 des Gesetzes) enthalten. Die Wahlvorschläge sind abweichend von § 3 Abs. 2 Nr. 7 bis zum Abschluss der Wahlversammlung zur Wahl des Wahlvorstands bei diesem einzureichen. Ergänzend zu § 3 Abs. 2 Nr. 10 gibt der Wahlvorstand den Ort, Tag und Zeit der nachträglichen Stimmabgabe an (§ 14a Abs. 4 des Gesetzes).

b) Im Fall des § 14a Abs. 3 des Gesetzes erlässt der Wahlvorstand unverzüglich das Wahlausschreiben mit den unter Buchstabe a genannten Maßgaben zu § 3 Abs. 2 Nr. 3, 4 und 10. Abweichend von § 3 Abs. 2 Nr. 7 sind die Wahlvorschläge spätestens eine Woche vor der Wahlversammlung zur Wahl des Betriebsrats (§ 14a Abs. 3 Satz 2 des Gesetzes) beim Wahlvorstand einzureichen.

3. Die Einspruchsfrist des § 4 Abs. 1 verkürzt sich auf drei Tage.

4. Die §§ 6 bis 8 und § 10 Abs. 2 finden entsprechende Anwendung mit der Maßgabe, dass die Wahl aufgrund von Wahlvorschlägen erfolgt. Im Fall des § 14a Abs. 1 des Gesetzes sind die Wahlvorschläge bis zum Abschluss der Wahlversammlung zur Wahl des Wahlvorstands bei diesem einzureichen; im Fall des § 14a Abs. 3 des Gesetzes sind die Wahlvorschläge spätestens eine Woche vor der Wahlversammlung zur Wahl des Betriebsrats (§ 14a Abs. 3 Satz 2 des Gesetzes) beim Wahlvorstand einzureichen.

5. § 9 findet keine Anwendung.

6. Auf das Wahlverfahren finden die §§ 21 ff. entsprechende Anwendung. Auf den Stimmzetteln sind die Bewerber in alphabetischer Reihenfolge unter Angabe von Familienname, Vorname und Art der Beschäftigung im Betrieb aufzuführen.

7. § 25 Abs. 5 bis 8 findet keine Anwendung.

8. § 26 Abs. 1 findet mit der Maßgabe Anwendung, dass der Wahlberechtigte sein Verlangen auf schriftliche Stimmabgabe spätestens drei Tage vor dem Tag der Wahlversammlung zur Wahl des Betriebsrats dem Wahlvorstand mitgeteilt haben muss.

9. § 31 findet entsprechende Anwendung mit der Maßgabe, dass die Wahl der Jugend- und Auszubildendenvertretung aufgrund von Wahlvorschlägen erfolgt.

1 Die Vorschr. des Abs. 1 hat nur noch insofern Bedeutung, als in ihr der Ausgangspunkt für die Festlegung des Jahres der regelm. BRWahlen bzw. Wahlen zur Jugend- und Auszubildendenvertretung bestimmt ist. Die Übergangsvorschriften gelten für alle Wahlen, die zwischen dem 28.7.2001 und dem Inkrafttreten der neuen Wahlordnung (§ 126) eingeleitet wurden, auch soweit sie zu letzterem Zeitpunkt noch nicht abgeschlossen waren.

§ 126 Ermächtigung zum Erlass von Wahlordnungen

Das Bundesministerium für Arbeit und Soziales wird ermächtigt, mit Zustimmung des Bundesrates Rechtsverordnungen zu erlassen zur Regelung der in den §§ 7 bis 20, 60 bis 63, 115 und 116 bezeichneten Wahlen über

1. die Vorbereitung der Wahl, insbesondere die Aufstellung der Wählerlisten und die Errechnung der Vertreterzahl;
2. die Frist für die Einsichtnahme in die Wählerlisten und die Erhebung von Einsprüchen gegen sie;
3. die Vorschlagslisten und die Frist für ihre Einreichung;
4. das Wahlausschreiben und die Fristen für seine Bekanntmachung;
5. die Stimmabgabe;
5a. die Verteilung der Sitze im Betriebsrat, in der Bordvertretung, im Seebetriebsrat sowie in der Jugend- und Auszubildendenvertretung auf die Geschlechter, auch soweit die Sitze nicht gemäß § 15 Abs. 2 und § 62 Abs. 3 besetzt werden können;
6. die Feststellung des Wahlergebnisses und die Fristen für seine Bekanntmachung;
7. die Aufbewahrung der Wahlakten.

1 Die Ermächtigung des § 126 erstreckt sich auf die nähere Regelung der Wahlen zum BR (§§ 7 bis 20), zur JAV (§§ 60 bis 63), zur Bordvertretung (§ 115) und zum SeeBR (§ 116). Für die Wahl des BR und der JAV galt die erste VO zur Durchführung des BetrVG v. 16.1.1972 (BGBl. I S. 49), zul. geänd. durch die dritte ÄnderungsVO v. 16.1.1995 (BGBl. I S. 43). Die neue WO ist am 15.12.2001 in Kraft getreten (BGBl. I S. 3494) und gilt für alle danach eingeleiteten Wahlverfahren (s. § 125 Rn. 1). Für die Wahl der Bordvertretung und des SeeBR gilt die zweite VO zur Durchführung des BetrVG v. 7.2.2002 (BGBl. I S. 594).

2 Nicht auf § 126, sondern auf § 34 PostPersRG gestützt ist die VO v. 22.2.2002 (BGBl. I S. 946), welche das Wahlverfahren bei den privatisierten Postunternehmen in spezieller Form regelt.

§ 127 Verweisungen

Soweit in anderen Vorschriften auf Vorschriften verwiesen wird oder Bezeichnungen verwendet werden, die durch dieses Gesetz aufgehoben oder geändert werden, treten an ihre Stelle die entsprechenden Vorschriften oder Bezeichnungen dieses Gesetzes.

Durch § 127 wird klargestellt, dass ges. Regelungen oder sonstige Vorschr., die auf Vorschr. des BetrVG 1952 verweisen, durch die Neufassung des Gesetzes 1972 nicht ihre Bedeutung verloren haben. Vielmehr gelten als Gegenstand der Verweisung nunmehr die entspr. Vorschr. des BetrVG. Auf die fortgeltenden Regelungen des BetrVG 1952 findet die Vorschr. keine Anwendung; insofern gilt § 129 II. 1

§ 128 Bestehende abweichende Tarifverträge

Die im Zeitpunkt des Inkrafttretens dieses Gesetzes nach § 20 Abs. 3 des Betriebsverfassungsgesetzes vom 11. Oktober 1952 geltenden Tarifverträge über die Errichtung einer anderen Vertretung der Arbeitnehmer für Betriebe, in denen wegen ihrer Eigenart der Errichtung von Betriebsräten besondere Schwierigkeiten entgegenstehen, werden durch dieses Gesetz nicht berührt.

Nach § 20 III BetrVG 1952 konnte ebenso wie heute nach § 3 I Nr. 3 in bestimmten Betrieben eine andere ANVertretung anstelle von BR vorgesehen werden. TV, die auf der Grdl. von § 20 III BetrVG 1952 abgeschlossen wurden, sollten durch die Neufassung des Gesetzes 1972 nicht tangiert werden. Heute kommt der Vorschr. keine wesentl. Bedeutung mehr zu. 1

§ 129 *(aufgehoben)*

Aufgehoben durch das DrittelbG vom 18.5.2004 (BGBl. I S. 974). 1

§ 130 Öffentlicher Dienst

Dieses Gesetz findet keine Anwendung auf Verwaltungen und Betriebe des Bundes, der Länder, der Gemeinden und sonstiger Körperschaften, Anstalten und Stiftungen des öffentlichen Rechts.

1. Normzweck. Zweck des § 130 ist die lückenlose Abgrenzung zwischen dem Anwendungsbereich der Personalvertretungsgesetze und dem BetrVG. Dem BetrVG wird im Rahmen dieser Abgrenzung keine Auffangfunktion beigemessen, auch wenn das BPersVG nicht anwendbar ist (BAG 30.7.1987 NZA 1988, 402). 1

2. Abgrenzung. Allg. hängt die Unterscheidung zwischen öffentl. Dienst und Privatwirtschaft vom **formellen rechtl. Charakter** des Betriebsinhabers als Rechtsträger ab. Auf Betriebe, deren Inhaber entweder eine natürl. oder jur. Person oder eine Gesellschaft des Privatrechts sind, findet das BetrVG Anwendung (BAG 18.4.1967 AP BetrVG 1952 § 63 Nr. 3; 7.11.1975 AP BetrVG 1972 § 130 Nr. 1). Dabei spielt es keine Rolle, ob sämtl. Geschäftsanteile oder Aktien an einer GmbH oder AG von der öffentl. Hand gehalten werden, da allein der formelle Charakter entscheidet (*Fitting* Rn. 4; Richardi/*Annuß* Rn. 3). Genauso ist der Fall zu beurteilen, wenn zwei Körperschaften öffentl. Rechts gemeinsam eine jur. Person des Privatrechts gründen (BAG 8.3.1977 AP BetrVG 1972 § 43 Nr. 1; DKKW/*Trümner* Rn. 2). Die Anwendung eines TV des öffentl. Dienst auf einen Betrieb ist für die Abgrenzung unerhebl. (BAG 3.12.1985 AP BAT § 74 Nr. 2; *Fitting* Rn. 4). 2

Nicht anwendbar ist das BetrVG dagegen bei **Eigen- und Regiebetrieben** (BAG 18.1.1989 AP AÜG § 14 Nr. 2). Als **Eigenbetrieb** bezeichnet man ein wirtschaftl. Unternehmen einer Gebietskörperschaft, das zwar Teil der Körperschaft bleibt, von der sonstigen Verw. aber deutl. abgesetzt ist. Der Eigenbetrieb hat ein abgegrenztes Sondervermögen und arbeitet nach eigenem Wirtschaftsplan unter kaufmännischer Buchführung (DKKW/*Trümner* Rn. 3). Entscheidend ist, dass der Eigenbetrieb keine Rechtsfähigkeit erlangt und damit die jeweilige Körperschaft des öffentl. Rechts AG der im Eigenbetrieb Beschäftigten bleibt (DKKW/*Trümner* Rn. 3). **Regiebetrieb** ist eine bes. Abteilung der Kommunalverwaltung ohne abgegrenztes Sondervermögen und ohne eigenen Wirtschaftsplan. Er bleibt Teil des Gemeindehaushalts und wird idR nach kameralistischen Haushaltsgrundsätzen geführt (DKKW/*Trümner* Rn. 4). Bei einer **Privatisierung** endet das Amt des Personalrats mit dem Stichtag des Übergangs. Es besteht keine allg. Regelung eines Übergangsmandats; insb. findet der § 21a keine Anwendung. Die Übergangszeit bis zur Bildung eines BR hat der Gesetzeber nur in Einzelfällen durch die Gewährung eines Übergangsmandats ges. geregelt (für die Bahn § 15 DBGrG; für die Post § 25 PostPersRG; vgl. *Fitting* Rn. 14 mit weiteren Fällen). Für die sonstigen Privatisierungsfälle wird tw. ein generelles Übergangsmandat im Wege des Analogieschlusses anerkannt. Ein solches sei bereits aufgrund der BetriebsübergangsRL 2001/23/EG europarechtl. geboten (*Fitting* Rn. 15 ff.; DKKW/*Trümner* Rn. 11 ff.). Dem wird entgegen gehalten, es handele sich um keine planwidrige Regelungslücke, da der Gesetzgeber in Kenntnis der Problematik weder im damaligen § 321 UmwG noch danach in § 21a eine ausdrückl. Regelung geschaffen habe (LAG Köln 10.3.2000 NZA-RR 2001, 423; GK-BetrVG/*Weber* Rn. 10; Richardi/*Annuß* Rn. 13). 3

4 **3. Einzelfälle. Betriebskrankenkassen** unterfallen dem BPersVG, da es auf die formelle Rechtsnatur des Betriebsinhabers ankommt und sie nach § 29 I SGB IV Körperschaften öffentl. Rechts sind (*Fitting* Rn. 4; aA *Neumann* BB 1980, 1696). Auf Fraktionen des dt. Bundestages findet das BetrVG Anwendung (ArbG BE 17.1.2003 NZA-RR 2003, 656; Richardi/*Annuß* Rn. 3). **Betriebe ausl. oder internationaler Organisationen,** die auf dem Gebiet der BRD liegen, unterfallen dem BetrVG, selbst wenn der Träger eine ausl. jur. Person öffentl. Rechts ist und keine abw. Vereinbarungen getroffen worden sind (LAG BE 31.8.1992 BB 1993, 141; DKKW/*Trümner* Rn. 17; *Fitting* Rn. 7). Das BetrVG gilt **nicht** für Betriebe der NATO-Streitkräfte (*Fitting* Rn. 8; Richardi/*Annuß* Rn. 8 ff.). Für Betriebe der **EU,** für die weder das BPersVG noch das BetrVG gilt, gilt Unionsrecht (GK-BetrVG/*Weber* Rn. 6). Eine **Klosterbrauerei,** die den Status einer Körperschaft öffentl. Rechts innehat, fällt nicht unter das BetrVG, auch wenn für diese das BPersVG wegen des kirchenrechtl. Status keine Anwendung findet (BAG 30.7.1987 AP BetrVG 1972 § 130 Nr. 3; DKKW/*Trümner* Rn. 5d). Sind an einem **gemeinschaftl. Betrieb** sowohl eine jur. Person des Privatrechts als auch eine Körperschaft des öffentl. Rechts beteiligt, findet das BetrVG Anwendung, wenn sich die Betriebsführung mangels entgegenstehender Anhaltspunkte auf der Grdl. einer privatrechtl. Vereinbarung in der Rechtsform einer BGB-Gesellschaft vollzieht (BAG 24.1.1996 AP BetrVG 1972 § 1 Gemeinsamer Betrieb Nr. 8). Die ör. Kirchen haben eigene Mitarbeitervertretungsordnungen erlassen.

§ 131 *(Berlin-Klausel) (gegenstandslos)*

§ 132 *(Inkrafttreten)*

1 Das G ist am 18.1.1972 im BGBl. (1972 I S. 13 ff.) verkündet worden und somit in seiner ursprüngl. Fassung am 19.1.1972 in Kraft getreten.

230. Bürgerliches Gesetzbuch

In der Fassung der Bekanntmachung vom 2. Januar 2002
(BGBl. I S. 42, ber. S. 2909 und BGBl. 2003 I S. 738)
Zul. geänd. durch Gesetz vom 20. Juli 2017 (BGBl. I S. 2787)
(FNA 400-2)

– Auszug –

Buch 1. Allgemeiner Teil

Abschnitt 1. Personen

Titel 1. Natürliche Personen, Verbraucher, Unternehmer

§ 13 Verbraucher

Verbraucher ist jede natürliche Person, die ein Rechtsgeschäft zu Zwecken abschließt, die überwiegend weder ihrer gewerblichen noch ihrer selbständigen beruflichen Tätigkeit zugerechnet werden können.

§ 14 Unternehmer

(1) Unternehmer ist eine natürliche oder juristische Person oder eine rechtsfähige Personengesellschaft, die bei Abschluss eines Rechtsgeschäfts in Ausübung ihrer gewerblichen oder selbständigen beruflichen Tätigkeit handelt.

(2) Eine rechtsfähige Personengesellschaft ist eine Personengesellschaft, die mit der Fähigkeit ausgestattet ist, Rechte zu erwerben und Verbindlichkeiten einzugehen.

Zu §§ 13, 14 s. § 611a Rn. 182. 1

Abschnitt 3. Rechtsgeschäfte

Titel 1. Geschäftsfähigkeit

§ 104 Geschäftsunfähigkeit

Geschäftsunfähig ist:

1. wer nicht das siebente Lebensjahr vollendet hat,

2. wer sich in einem die freie Willensbestimmung ausschließenden Zustand krankhafter Störung der Geistestätigkeit befindet, sofern nicht der Zustand seiner Natur nach ein vorübergehender ist.

§ 105 Nichtigkeit der Willenserklärung

(1) Die Willenserklärung eines Geschäftsunfähigen ist nichtig.

(2) Nichtig ist auch eine Willenserklärung, die im Zustand der Bewusstlosigkeit oder vorübergehender Störung der Geistestätigkeit abgegeben wird.

§ 105a Geschäfte des täglichen Lebens

[1] Tätigt ein volljähriger Geschäftsunfähiger ein Geschäft des täglichen Lebens, das mit geringwertigen Mitteln bewirkt werden kann, so gilt der von ihm geschlossene Vertrag in Ansehung von Leistung und, soweit vereinbart, Gegenleistung als wirksam, sobald Leistung und Gegenleistung bewirkt sind. [2] Satz 1 gilt nicht bei einer erheblichen Gefahr für die Person oder das Vermögen des Geschäftsunfähigen.

§ 106 Beschränkte Geschäftsfähigkeit Minderjähriger

Ein Minderjähriger, der das siebente Lebensjahr vollendet hat, ist nach Maßgabe der §§ 107 bis 113 in der Geschäftsfähigkeit beschränkt.

§ 107 Einwilligung des gesetzlichen Vertreters

Der Minderjährige bedarf zu einer Willenserklärung, durch die er nicht lediglich einen rechtlichen Vorteil erlangt, der Einwilligung seines gesetzlichen Vertreters.

§ 108 Vertragsschluss ohne Einwilligung

(1) Schließt der Minderjährige einen Vertrag ohne die erforderliche Einwilligung des gesetzlichen Vertreters, so hängt die Wirksamkeit des Vertrags von der Genehmigung des Vertreters ab.

(2) [1] Fordert der andere Teil den Vertreter zur Erklärung über die Genehmigung auf, so kann die Erklärung nur ihm gegenüber erfolgen; eine vor der Aufforderung dem Minderjährigen gegenüber erklärte Genehmigung oder Verweigerung der Genehmigung wird unwirksam. [2] Die Genehmigung kann nur bis zum Ablauf von zwei Wochen nach dem Empfang der Aufforderung erklärt werden; wird sie nicht erklärt, so gilt sie als verweigert.

(3) Ist der Minderjährige unbeschränkt geschäftsfähig geworden, so tritt seine Genehmigung an die Stelle der Genehmigung des Vertreters.

§ 109 Widerrufsrecht des anderen Teils

(1) [1] Bis zur Genehmigung des Vertrags ist der andere Teil zum Widerruf berechtigt. [2] Der Widerruf kann auch dem Minderjährigen gegenüber erklärt werden.

(2) Hat der andere Teil die Minderjährigkeit gekannt, so kann er nur widerrufen, wenn der Minderjährige der Wahrheit zuwider die Einwilligung des Vertreters behauptet hat; er kann auch in diesem Falle nicht widerrufen, wenn ihm das Fehlen der Einwilligung bei dem Abschluss des Vertrags bekannt war.

§ 110 Bewirken der Leistung mit eigenen Mitteln

Ein von dem Minderjährigen ohne Zustimmung des gesetzlichen Vertreters geschlossener Vertrag gilt als von Anfang an wirksam, wenn der Minderjährige die vertragsmäßige Leistung mit Mitteln bewirkt, die ihm zu diesem Zweck oder zu freier Verfügung von dem Vertreter oder mit dessen Zustimmung von einem Dritten überlassen worden sind.

§ 111 Einseitige Rechtsgeschäfte

[1] Ein einseitiges Rechtsgeschäft, das der Minderjährige ohne die erforderliche Einwilligung des gesetzlichen Vertreters vornimmt, ist unwirksam. [2] Nimmt der Minderjährige mit dieser Einwilligung ein solches Rechtsgeschäft einem anderen gegenüber vor, so ist das Rechtsgeschäft unwirksam, wenn der Minderjährige die Einwilligung nicht in schriftlicher Form vorlegt und der andere das Rechtsgeschäft aus diesem Grunde unverzüglich zurückweist. [3] Die Zurückweisung ist ausgeschlossen, wenn der Vertreter den anderen von der Einwilligung in Kenntnis gesetzt hatte.

§ 112 Selbständiger Betrieb eines Erwerbsgeschäfts

(1) [1] Ermächtigt der gesetzliche Vertreter mit Genehmigung des Familiengerichts den Minderjährigen zum selbständigen Betrieb eines Erwerbsgeschäfts, so ist der Minderjährige für solche Rechtsgeschäfte unbeschränkt geschäftsfähig, welche der Geschäftsbetrieb mit sich bringt. [2] Ausgenommen sind Rechtsgeschäfte, zu denen der Vertreter der Genehmigung des Familiengerichts bedarf.

(2) Die Ermächtigung kann von dem Vertreter nur mit Genehmigung des Familiengerichts zurückgenommen werden.

§ 113 Dienst- oder Arbeitsverhältnis

(1) [1] Ermächtigt der gesetzliche Vertreter den Minderjährigen, in Dienst oder in Arbeit zu treten, so ist der Minderjährige für solche Rechtsgeschäfte unbeschränkt geschäftsfähig, welche die Eingehung oder Aufhebung eines Dienst- oder Arbeitsverhältnisses der gestatteten Art oder die

Erfüllung der sich aus einem solchen Verhältnis ergebenden Verpflichtungen betreffen. [2]Ausgenommen sind Verträge, zu denen der Vertreter der Genehmigung des Familiengerichts bedarf.

(2) Die Ermächtigung kann von dem Vertreter zurückgenommen oder eingeschränkt werden.

(3) [1]Ist der gesetzliche Vertreter ein Vormund, so kann die Ermächtigung, wenn sie von ihm verweigert wird, auf Antrag des Minderjährigen durch das Familiengericht ersetzt werden. [2]Das Familiengericht hat die Ermächtigung zu ersetzen, wenn sie im Interesse des Mündels liegt.

(4) Die für einen einzelnen Fall erteilte Ermächtigung gilt im Zweifel als allgemeine Ermächtigung zur Eingehung von Verhältnissen derselben Art.

1. Zweck der Norm. § 113 bietet die Möglichkeit, einen Minderjährigen in begrenztem Umf. von den Beschränkungen der §§ 107 bis 111 zu befreien. Will ein Minderjähriger, der das siebente Lebensjahr vollendet hat, eine Tätigkeit gegen Entgelt aufnehmen, so kann er grds. einen Dienst- oder Arbeitsvertrag nicht selbständig schließen, da er in der Geschäftsfähigkeit beschränkt ist (§ 106). Er bedarf gem. § 107 zum Abschluss eines derartigen Vertrags der Einwilligung des ges. Vertreters, da er hierdurch nicht ledigl. einen rechtl. Vorteil erlangt. Schließt ein Jugendlicher unter 18 Jahren einen Arbeitsvertrag ohne die Zust. seines ges. Vertreters, ist der Vertrag zunächst schwebend, nach der Verweigerung der Genehmigung endgültig unwirksam (§ 108). 1

§ 113 **erweitert die Geschäftsfähigkeit** des Minderjährigen (zum geschichtl. Hintergrund Staudinger/*Knothe* Rn. 2 f.) Nach dieser Vorschr. kann der ges. Vertreter den Minderjährigen ermächtigen, in Dienst oder Arbeit zu treten. Hierdurch wird der Minderjährige für solche Rechtsgeschäfte unbeschränkt geschäftsfähig, die die Eingehung oder Aufhebung eines Dienst- oder ArbVerh. oder die Erfüllung der sich aus einem solchen Verhältnis ergebenden Verpflichtungen betreffen. Durch diese Ermächtigung erlangt der Minderjährige eine Teilgeschäftsfähigkeit („Arbeitsmündigkeit"), die ein Handeln des ges. Vertreters für den Minderjährigen in diesem Bereich ausschließt, solange die Ermächtigung besteht (zum Minderjährigenschutz bei langzeitbefristeten Arbeitsverträgen im Berufssport *Schlachter* FamRZ 2006, 155). Anders als in dem Fall eines Generalkonsenses iSv. § 107 kann der ges. Vertreter in diesem Bereich für den Minderjährigen keine Rechtsgeschäfte mehr tätigen, seine ges. Vertretungsmacht ruht (Palandt/*Ellenberger* § 112 Rn. 1). Durch die Herabsetzung des Volljährigkeitsalters hat sich die praktische Bedeutung des § 113 verringert (s. a. *Veit* FS Birk 2008 S. 877, 890 f.), stehen doch die meisten Jugendlichen bis zur Vollendung ihres 18. Lebensjahres in einem Lehr-, Anlern- oder Volontärverhältnis, die wegen ihres Ausbildungscharakters nicht unter § 113 fallen (Rn. 6). § 113 spielt aber nach wie vor bei der entgeltl. Tätigkeit von Jugendlichen zur Aufbesserung des Taschengeldes eine Rolle; zumal neuerdings nur bei ihnen der ges. Mindestlohn nicht gilt (§ 22 II MiLoG). Zur entspr. Anwendung des § 113 bei Einwilligungsvorbehalt im Fall der Betreuung (§ 1903 I 2) vgl. BAG 13.2.2008 NZA 2008, 1055. 2

2. Voraussetzungen. a) Ermächtigung. Die Ermächtigung ist eine einseitige, formfreie, an den Minderjährigen zu richtende Erkl. Tw. wird vertreten, der AG sei der richtige Erklärungsempfänger (*Feller* FamRZ 1961, 420; ArbG HB 17.3.1959 DB 1959, 863). Dagegen spricht jedoch der Wortlaut der Vorschr., wonach die Ermächtigung den Minderjährigen bereits zum Abschluss eines Arbeitsvertrags berechtigt. Richtiger Erklärungsempfänger ist deshalb der Minderjährige (BAG 19.7.1974 AP BGB § 113 Nr. 6; MüKoBGB/*Schmitt* Rn. 17). 3

Anders als bei § 112 bedarf die Ermächtigung nicht der Genehmigung des Vormundschaftsgerichts und kann deshalb auch konkludent erteilt werden (LAG M 16.10.1967 ARSt. 68, 163; ArbG Wilhelmshaven 8.5.1964 ARSt. 68, 94); „resignierendes Dulden" reicht aber nicht aus (BAG 19.7.1974 AP BGB § 113 Nr. 6). Nur der **Vormund** bedarf gem. § 1822 Nr. 7 einer vormundschaftl. Genehmigung, wenn der Mündel zu pers. Leistungen für eine längere Zeit als ein Jahr verpflichtet werden soll. Es liegt beim ges. Vertreter, den Umf. der Ermächtigung („Dienst- oder ArbVerh. der gestatteten Art") iE zu bestimmen. So kann zB die Ermächtigung auf die Eingehung eines ArbVerh. in einem bestimmten Unternehmen beschränkt sein oder ganz allg. für einen bestimmten Gewerbezweig ausgesprochen werden. Die Ermächtigung kann jederzeit eingeschränkt oder widerrufen werden, § 113 II (Rn. 12 ff.). 4

§ 113 kann nicht zu einem wirksamen Arbeits- oder Dienstverhältnis zwischen dem Minderjährigen und dem **ges. Vertreter** selbst führen. Auf diese Konstellation ist § 181 wegen der Gefahr des Interessenkonflikts zumindest analog anwendbar (MüKoBGB/*Schmitt* Rn. 12). Der BFH hat einem ArbVerh. eines Minderjährigen mit seinem ges. Vertreter ebenfalls die steuerl. **Anerkennung** mit der Begr. versagt, es fehle an ihrer zivilrechtl. Wirksamkeit (BFH 17.3.1988 NJW 1989, 319). Die Wirksamkeit eines Dienst- oder Arbeitsvertrags kann durch die Bestellung eines Ergänzungspflegers erreicht werden (§ 1909 I 1). Ob dies zu einer steuerrechtl. Anerkennung führt, ist im Hinblick auf die §§ 12 EStG, 42 AO zw. 5

b) Dienste oder Arbeit. Die Ermächtigung muss sich auf die entgeltl. Verrichtung von Diensten oder Arbeit beziehen. Erfasst sind alle Dienst- oder Arbeitsverträge, aber auch Werkverträge. Voraussetzung ist entgegen LAG BW (28.3.1963 BB 1963, 1193) nicht das Vorliegen einer wirtschaftl. Abhängigkeit oder einer **unselbständigen** Tätigkeit des Minderjährigen. Deshalb fällt auch der selb- 6 ständige **Handelsvertreter** iSv. § 84 I HGB unter § 113 (BAG 20.4.1964 AP HGB § 90a Nr. 1). Dass er auch von § 112 erfasst ist, ist unerhebl., da sich die beiden Vorschr. nicht gegenseitig ausschließen, sondern ergänzen: So regelt § 113 die von § 112 offengelassene Frage, ob der minderjährige selbständige Handelsvertreter den Unternehmer wechseln kann (BAG 20.4.1964 AP HGB § 90a Nr. 1; MüKoBGB/*Schmitt* Rn. 8 ff.). **Berufsausbildungsverträge** fallen nicht unter § 113, da bei ihnen nicht die Leistung von Diensten und Arbeit, sondern der Ausbildungszweck als solcher im Vordergrund steht (MüKoBGB/*Schmitt* Rn. 14; Staudinger/*Knothe* Rn. 7; offen gelassen von BAG 8.12.2011 NZA 2012, 495). Dies gilt auch für Volontärverhältnisse und Anlernverträge (LAG D 27.1.1955 AP HandwO § 21 Nr. 1). Auf ör. Dienstverhältnisse, zB den Dienst im Bundesgrenzschutz (BVerwG 6.11.1969 E 34, 168), den Dienst als Zeitsoldaten (OVG Münster 14.12.1961 NJW 1962, 758) oder im Bundesfreiwilligendienst (LAG SN 19.6.2013 NZA-RR 2013, 556) ist § 113 analog anwendbar.

7 **3. Rechtsfolge: Erweiterte Geschäftsfähigkeit. a) Grundsatz.** Grds. wird der Minderjährige partiell unbeschränkt geschäfts- und prozessfähig (§ 52 ZPO) für alle erfassten Geschäfte. § 113 I 1 erstreckt sich nach allgA auch auf die verkehrsübl. Ausgestaltung der Rechte und Pflichten eines ArbVerh. Tarifvertragl. vorgesehene Gestaltungsmöglichkeiten sind idR als verkehrsübl. anzusehen (BAG 8.6.1999 EzA BGB § 113 Nr. 2). Dies gilt aber nicht für **außergewöhnl., den Minderjährigen übermäßig belastende** Vereinb.: Sie sind unter Berücksichtigung des Minderjährigenschutzes nicht von der partiellen Geschäftsfähigkeit gedeckt (*Brill* BB 1975, 287; hM). Die Ermächtigung umfasst niemals Rechtsgeschäfte, zu deren Vornahme der Vertreter der Genehmigung des Vormundschaftsgerichts (§§ 1643, 1821 f.) bedarf, § 113 I 2 (hierzu näher *Veit* FS Birk 2008 S. 877, 895 f.).

8 **b) Die Teilgeschäftsfähigkeit erfasst im Einzelnen: aa) Eingehung des gestatteten Dienst- oder Arbeitsverhältnisses (§ 113 I 1 Alt. 1).** Der Minderjährige kann den Vertrag selbst schließen und ändern, Arbeitsbedingungen vereinbaren und Nebenabreden treffen. Wahlrechte bei der Durchführung der **betriebl.** AV sind verkehrsübl. (BAG 8.6.1999 NZA 2000, 34). Wettbewerbsverbote und Vertragsstrafen sind nur wirksam, wenn sie branchenübl. sind (BAG 20.4.1964 AP HGB § 90a Nr. 1 zum Handelsvertreter; LAG BE 28.3.1963 AP BGB § 113 Nr. 1; Rn. 7). Nachvertragl. Wettbewerbsverbote ggü. einem minderjährigen AN sind nach §§ 110 GewO, 74a II 2 HGB unwirksam. Die Ermächtigung zur Eingehung eines ArbVerh. umfasst nicht die Verpflichtung des Minderjährigen, nach einer Kündigung Lehrgangskosten erstatten zu müssen (ArbG Celle 10.8.1970 EzA BGB § 611 Aus- und Weiterbildungskosten Nr. 3).

9 **bb) Erfüllung des Dienst- oder Arbeitsverhältnisses (§ 113 I 1 Alt. 3).** Der Minderjährige ist ermächtigt, den Lohn mit Erfüllungswirkung anzunehmen, ein Gehaltskonto zu eröffnen und Geld in bar abzuheben, nicht aber zu Überweisungen, Scheckbegebungen zu Lasten des Kontos und sonstigen Vfg. über sein Arbeitseinkommen (ArbG HB 17.3.1959 DB 1959, 583; *Hagemeister* JuS 1992, 839, 842; *Vortmann* WM 1994, 965, 967). Lohnverzicht, Stundung und der Abschluss eines Vergleichs durch den Minderjährigen sind mögl. Darüber hinaus erfasst § 113 I 1 Alt. 3 auch **Geschäfte mit Dritten,** die die Ausführung des Dienst- oder ArbVerh. erst ermöglichen bzw. in engem Zusammenhang mit diesem stehen. Ist zur Aufnahme der gestatteten Tätigkeit ein Wohnungswechsel (vgl. LG Mannheim 30.10.1968 NJW 1969, 239) und die Verköstigung am Arbeitsort (vgl. OLG KA 28.11.1904 OLGE 12, 11 f.) nötig, so sind auch Miet- und Kaufverträge in notwendigem Rahmen von der Ermächtigung gedeckt. Gleiches gilt für die Anschaffung von Arbeitskleidung, Werkzeug und Arbeitsmaterial, soweit dies nicht branchenübl. vom AG gestellt wird. Zur Erfüllung dieser Verträge wird der Minderjährige wohl regelm. mit jdf. konkludenter Zust. seines ges. Vertreters gem. § 107 über das erhaltene Arbeitsentgelt verfügen dürfen (für diese Verfügungsbefugnis bereits aus § 113 Staudinger/*Knothe* Rn. 22; MüKoBGB/*Schmitt* Rn. 31). Die Ermächtigung umfasst den **Beitritt zu einer Gewerkschaft,** da er für die Regelungen der Arbeitsbedingungen erhebl. größere Bedeutung besitzt als das individuelle Aushandeln zwischen Minderjährigem und AG (LG Essen 18.3.1965 AP BGB § 113 Nr. 3; LG F 5.4.1967 FamRZ 1967, 680; HWK/*Thüsing* § 611 Rn. 35; *Gilles/Westphal* JuS 1981, 899; *Veit* FS Birk 2008 S. 877, 894; jetzt ganz hM), nicht aber die Aufnahme eines Darlehens bei der Gewerkschaft (LG Münster 10.10.1967 MDR 68, 146). Gem. § 36 SGB I können Minderjährige mit Vollendung des 15. Lebensjahres Anträge auf Sozialleistungen stellen und diese entgegennehmen (*Coester* FamRZ 1985, 982). Der Wechsel von einer Ortskrankenkasse in eine Ersatzkrankenkasse ist von § 113, aber nicht von § 36 SGB I gedeckt (*Woltereck* SGb 1965, 161; str.). Nach § 71 II 1 SGG, der Minderjährige in eigener Sache für prozessfähig erklärt, soweit sie durch eine materielle Rechtsvorschr. für den Gegenstand des Verf. als geschäftsfähig anerkannt sind, kann der Minderjährige sozialrechtl. Ansprüche auch gerichtl. verfolgen.

10 **cc) Aufhebung des Dienst- oder Arbeitsverhältnisses (§ 113 I 1 Alt. 2).** Der Minderjährige kann den Vertrag fristgerecht oder fristlos kündigen (ArbG Wilhelmshaven 3.5.1965 DB 1965, 1864) oder einen Aufhebungsvertrag vereinbaren. Genauso kann ihm ggü. gekündigt werden (BAG 18.2.1977 AP BGB § 130 Nr. 10). Eine minderjährige Schwangere kann jedoch nicht durch Abschluss eines Aufhebungsvertrags wirksam auf die Vorteile des Mutterschutzes verzichten, wenn ihr diese vorher nicht bekannt waren (LAG HB 15.10.1971 DB 1971, 2318 und Rn. 7).

dd) Abschluss eines neuen Dienst- oder Arbeitsvertrags. Gem. § 113 IV erstreckt sich die für einen Vertrag erteilte Ermächtigung iZw. auch auf Verträge gleicher Art. Der Minderjährige kann daher iZw. nach Beendigung des urspr. ArbVerh. ein anderes **gleichartiges ArbVerh.** eingehen. Ob Gleichartigkeit vorliegt, entscheidet die Verkehrsauffassung. Auch Tätigkeiten in verwandten Berufszweigen können gleichartig sein. Unter diesen Voraussetzungen erfasst die Ermächtigung zur Arbeit als Hausgehilfin somit nicht die Tätigkeit als Kellnerin, Bardame oder kaufmännische Ang. (KG 8.1.1906 DJZ 1906, 322; LAG Altona 27.1.1931 DRiZR 1931 Nr. 514). Ebenso wenig ist die Tätigkeit in einer Wäscherei mit der Arbeit als Bedienung vergleichbar (LAG M 16.10.1967 ARSt. 1968, 163). Die Ermächtigung einer minderjährigen Tochter zur Arbeit als Fotomodell für Werbeaufnahmen erfasst nicht die Möglichkeit, einen Vertrag zum Aufnehmen von Nacktaufnahmen abzuschließen (BGH 2.7.1974 NJW 1974, 1947, 1949). 11

4. Einschränkung und Rücknahme der Ermächtigung. Durch die Ermächtigung wird der Minderjährige nicht endgültig aus dem Schutz der elterl. bzw. vormundschaftl. Sorge entlassen: Die Ermächtigung kann gem. § 113 II – anders als bei § 112 – jederzeit auch ohne bes. Grund aufgeh. oder eingeschränkt werden. Nur im Fall des § 113 III 2 ist dies dem Vormundschaftsgericht vorbehalten, damit dessen Entsch. nicht durch den Vormund unterlaufen werden kann (Rn. 13). Einschränkung und Rücknahme sind wie die Erteilung einseitige empfangsbedürftige an den Minderjährigen zu richtende Willenserkl. (BAG 19.7.1974 AP BGB § 113 Nr. 6; MüKoBGB/*Schmitt* Rn. 36). Widerspricht der ges. Vertreter einem vom Minderjährigen beabsichtigten Rechtsgeschäft, so liegt darin konkludent die nachträgl. Einschränkung der Ermächtigung. Sie wirkt **ex nunc,** lässt also zuvor iRd. Ermächtigung getroffene Vereinb. des Minderjährigen unberührt (BAG 8.6.1999 NZA 2000, 34). 12

5. Ersetzung der Ermächtigung. Das Vormundschaftsgericht kann eine vom **Vormund** verweigerte Ermächtigung ersetzen, wenn dies im Interesse des Mündels liegt. Das Verf. richtet sich nach §§ 18, 53 55, 59 FGG. Der Ersetzungsbeschl. wird mit Zustellung an den Minderjährigen wirksam, § 16 II FGG. Hiergegen hat der Vormund das Rechtsmittel der Beschwerde, § 60 Nr. 6 FGG. Haben die **Eltern** die Ermächtigung verweigert, darf das Gericht nur unter den Voraussetzungen des § 1666 eingreifen. 13

6. Beweislast. Beweispflichtig für das Vorliegen der Ermächtigung, ihrer Rücknahme oder Einschränkung ist derjenige, der sich darauf beruft. Wer vorträgt, die Ermächtigung sei nur für einen Einzelfall erteilt, muss dies wegen der Zweifelsregelung des § 113 IV beweisen. 14

Titel 2. Willenserklärung

§ 125 Nichtigkeit wegen Formmangels

[1]Ein Rechtsgeschäft, welches der durch Gesetz vorgeschriebenen Form ermangelt, ist nichtig. [2]Der Mangel der durch Rechtsgeschäft bestimmten Form hat im Zweifel gleichfalls Nichtigkeit zur Folge.

§ 126 Schriftform

(1) Ist durch Gesetz schriftliche Form vorgeschrieben, so muss die Urkunde von dem Aussteller eigenhändig durch Namensunterschrift oder mittels notariell beglaubigten Handzeichens unterzeichnet werden.

(2) [1]Bei einem Vertrag muss die Unterzeichnung der Parteien auf derselben Urkunde erfolgen. [2]Werden über den Vertrag mehrere gleichlautende Urkunden aufgenommen, so genügt es, wenn jede Partei die für die andere Partei bestimmte Urkunde unterzeichnet.

(3) Die schriftliche Form kann durch die elektronische Form ersetzt werden, wenn sich nicht aus dem Gesetz ein anderes ergibt.

(4) Die schriftliche Form wird durch die notarielle Beurkundung ersetzt.

§ 126a Elektronische Form

(1) Soll die gesetzlich vorgeschriebene schriftliche Form durch die elektronische Form ersetzt werden, so muss der Aussteller der Erklärung dieser seinen Namen hinzufügen und das elektronische Dokument mit einer qualifizierten elektronischen Signatur nach dem Signaturgesetz versehen.

(2) Bei einem Vertrag müssen die Parteien jeweils ein gleichlautendes Dokument in der in Absatz 1 bezeichneten Weise elektronisch signieren.

§ 126b Textform

Ist durch Gesetz Textform vorgeschrieben, so muss eine lesbare Erklärung, in der die Person des Erklärenden genannt ist, auf einem dauerhaften Datenträger abgegeben werden. Ein dauerhafter Datenträger ist jedes Medium, das

1. es dem Empfänger ermöglicht, eine auf dem Datenträger befindliche, an ihn persönlich gerichtete Erklärung so aufzubewahren oder zu speichern, dass sie ihm während eines für ihren Zweck angemessenen Zeitraums zugänglich ist, und

2. geeignet ist, die Erklärung unverändert wiederzugeben.

§ 127 Vereinbarte Form

(1) Die Vorschriften des § 126, des § 126a oder des § 126b gelten im Zweifel auch für die durch Rechtsgeschäft bestimmte Form.

(2) [1]Zur Wahrung der durch Rechtsgeschäft bestimmten schriftlichen Form genügt, soweit nicht ein anderer Wille anzunehmen ist, die telekommunikative Übermittlung und bei einem Vertrag der Briefwechsel. [2]Wird eine solche Form gewählt, so kann nachträglich eine dem § 126 entsprechende Beurkundung verlangt werden.

(3) [1]Zur Wahrung der durch Rechtsgeschäft bestimmten elektronischen Form genügt, soweit nicht ein anderer Wille anzunehmen ist, auch eine andere als die in § 126a bestimmte elektronische Signatur und bei einem Vertrag der Austausch von Angebots- und Annahmeerklärung, die jeweils mit einer elektronischen Signatur versehen sind. [2]Wird eine solche Form gewählt, so kann nachträglich eine dem § 126a entsprechende elektronische Signierung oder, wenn diese einer der Parteien nicht möglich ist, eine dem § 126 entsprechende Beurkundung verlangt werden.

I. Allgemeines

1 **1. Bedeutung der Formvorschriften.** Rechtsgeschäfte bedürfen grds. keiner Form. Dieser allg. **Grds. der Formfreiheit** gilt auch im ArbR. Arbeitsrechtl. Abreden können deshalb grds. wirksam mdl., schriftl., ausdr. oder durch schlüssiges Verhalten getroffen werden. So ist auch die Einordnung einer mdl. Abrede als AGB nicht ausgeschlossen (BAG 16.5.2012 NZA 2012, 908). Es existiert jedoch für das ArbVerh. eine Vielzahl bes. Formvorschr. Neben vereinzelten ges. Formbestimmungen (vgl. § 623 für Kündigung und Auflösungsvertrag sowie § 14 IV TzBfG für die Befristung; § 74 I HGB; hierzu BAG 15.1.2014 NZA 2014, 536) enthalten TV und BV, die selbst der Schriftform bedürfen (§ 1 II TVG und § 77 II BetrVG), regelm. Bestimmungen, die die Wahrung einer bestimmten Form, idR der Schriftform, für unterschiedl. Rechtsgeschäfte vorsehen (zB für Änderungsverträge).

2 **2. Formarten.** Das BGB kennt folgende Arten der Form: Die Schriftform (§ 126, hierzu Rn. 12 ff.), die durch die elektronische Form (§ 126a, hierzu Rn. 24 ff.) grds. ersetzt werden kann (§ 126 III), die Textform (§ 126b, hierzu Rn. 30 ff.), die öffentl. Beglaubigung der Unterschrift (§ 129) und die notarielle Beurkundung (§ 128). Bei dem rechtsgeschäftl. **vereinbarten Formzwang** können die Parteien die einzuhaltende Form frei bestimmen. In der Praxis wird regelm. eine der ges. Formen gewählt. Im Bereich des ArbR greifen sowohl der Gesetzgeber als auch die Parteien zumeist auf die Schriftform (§ 126) zurück.

3 **3. Zwecke der Formvorschriften.** Im Hinblick auf den Zweck der Formvorschr. ist zu unterscheiden (vgl. BAG 28.11.2007 NZA 2008, 348): Die Schriftform (§ 126) dient im Wesentlichen der Beweiserleichterung und dem Schutz des Erklärenden vor übereilten Entsch. **(Beweis- und Warnfunktion)**. Sie schafft zudem Gewissheit darüber, was die Parteien vereinbart haben. Aber auch der endgültige Vertragsschluss wird so von noch unverbindl. Vorverh. abgehoben **(Klarstellungsfunktion)**. Darüber hinaus wird der Aussteller durch die eigenhändige Unterschrift auf der Urkunde erkennbar und identifizierbar **(Identitätsfunktion)**. Es wird gewährleistet, dass die Erkl. vom Unterzeichner herrührt **(Echtheitsfunktion)**. Der Empfänger der Urkunde kann überprüfen, ob sie vom Aussteller stammt **(Verifikationsfunktion)**. Die elektronische Form (§ 126a) muss ebenfalls diese wesentl. Formzwecke erfüllen, weil sie die Schriftform ersetzen kann (NK-BGB/*Noack/Kremer* § 126a Rn. 3). Die Textform (§ 126b) hingegen erfüllt nicht die klassischen Formzwecke (Warn-, Beweis- und Identitätsfunktion), sondern besitzt ledigl. **Dokumentations- und Informationsfunktion** (Palandt/*Ellenberger* § 126b Rn. 1). Ausnahmsweise können Formvorschr. auch den Zweck haben, eine wirksame behördl. Überwachung zu gewährleisten **(Kontrollfunktion)** oder der Normenklarheit dienen (BAG 9.7.1980 AP TVG § 1 Nr. 7).

4 **4. Anwendungsbereich.** § 125 gilt für alle Formvorschr. des Privatrechts, so auch dann, wenn Körperschaften und Anstalten des ÖffR am Privatrechtsverkehr teilnehmen. Zudem sehen auch die Länder in ihren GO regelm. die Schriftform (bspw. § 64 I 1 GO NRW), eigenhändige Unterzeichnung durch einen oder zwei Organwalter (bspw. § 64 I 2 GO NRW), die Beifügung eines Dienstsiegels

(bspw. § 62 I 2 KSVG Saarl.) und/oder der Amtsbezeichnung (bspw. Art. 38 II 2 BayGO) für Verpflichtungserkl., die nicht ledigl. die lfd. Verw. betreffen (vgl. bspw. § 64 II GO NRW), vor. Diese Bestimmungen sind nach Auff. des BGH keine Formvorschr., sondern ausschl. **Zust.- bzw. Vertretungsregeln** (BGH 15.4.1998 NJW 1998, 3058, 3060; diff. MüKoBGB/*Einsele* § 125 Rn. 31 ff.). Dem Landesgesetzgeber fehlt auch die Kompetenz zum Erlass von privatrechtl. (Form-)Vorschr., vgl. Art. 55 EGBGB, Art. 72 I, 74 I Nr. 1 GG. Halten der bzw. die Vertreter diese Vorschr. nicht ein, so ist das Geschäft nicht wegen Formmangels nach § 125 S. 1 nichtig (BGH 10.5.2001 NJW 2001, 2626), sondern bindet, falls nicht die Grds. über Anscheins- oder Duldungsvollmacht eingreifen, die Gemeinde wegen Überschreitung der Vertretungsmacht gem. §§ 177 ff. nicht (BAG 6.8.1970 AP BGB § 125 Nr. 7; BGH 10.5.2001 NJW 2001, 2626; **aA** in Bezug auf Art. 55 EGBGB BAG 29.6.1988 NZA 1989, 143; ebenso *Kliemt* S. 36). Zur Anwendbarkeit des Grds. von Treu und Glauben vgl. Rn. 49 ff.

Ein **Aufhebungsvertrag** bedarf, sofern keine ges. Regelungen bestehen (§§ 623, 2290 IV, 2351), im Grds. nicht der für das Rechtsgeschäft bestimmten Form (BAG 8.9.1976 BB 1977, 94). Dies muss letztl. jedoch im Einzelfall anhand einer Auslegung der jeweiligen Formvorschr. bestimmt werden, wobei der Schutzzweck und die Schutzwirkung maßgebl. sind (Staudinger/*Hertel* § 125 Rn. 80; vgl. BGH 30.4.1982 NJW 1982, 1639). Die vertragl. Auflösung eines ArbVerh. bedarf trotz der Möglichkeit der formfreien Begr. nach § 623 der Schriftform. Dies gilt auch für einen Abwicklungsvertrag, der dem AN die Möglichkeit einräumt, vorzeitig das Ausscheiden aus dem ArbVerh. zu erklären (BAG 17.12.2015 NZA 2016, 361). 4a

Spätere **Änd.** oder **Erg.** bedürfen demggü. grds. ders. Form wie das urspr. Rechtsgeschäft (BGH 26.10.1973 NJW 1974, 271). Dies gilt bei einseitigem Formzwang zum Schutz der einen Vertragspartei nur insoweit, als die formbedürftige Verpflichtung erweitert wird (Staudinger/*Hertel* § 125 Rn. 74; zur Erweiterung der Bürgschaftsverpflichtung: BGH 28.11.1957 NJW 1958, 217, 218; 30.1.1997 NJW-RR 1997, 684, 685). Dies gilt somit nicht bei Einschränkung einer solchen Verpflichtung (zur Einschränkung der Bürgenverpflichtung: BGH 15.5.1986 NJW 1986, 3131, 3132; 17.3.1994 NJW 1994, 1656, 1657). Auch Änd., die nachträgl. unerwartete Vertragsabwicklungsschwierigkeiten beseitigen sollen, ohne wesentl. die Vertragspflichten zu ändern, bedürfen grds. nicht der Form (BGH 5.4.2001 NJW 2001, 1932). Die Zust. des Vertragspartners zu einer Vertragsübernahme durch einen Dritten ist ebenfalls formfrei mögl. (BGH 12.3.2003 NJW 2003, 2158, 2160; 30.1.2013 NJW 2013, 1083 Rn. 25). 4b

Ein **Vorvertrag** zu einem formbedürftigen Rechtsgeschäft unterliegt grds. auch dem Formzwang (Palandt/*Ellenberger* § 125 Rn. 11). Formlos kann ein solcher jedoch bspw. wirksam sein, wenn dem Schriftformerfordernis keine Warnfunktion, sondern ledigl. eine Klarstellungs- und Beweisfunktion zukommt (BGH 7.6.1973 NJW 1973, 1839; BAG 17.12.2009 NZA 2010, 273, 276). 4c

II. Gesetzlicher Formzwang

1. Gesetzliche Formbestimmungen. a) Gesetz. G iSv. § 125 S. 1 ist **jede Rechtsnorm**; Art. 2 EGBGB (vgl. BGH 1.7.1999 NJW 2001, 600 f.). Formbestimmungen in förml. G sind auf dem Gebiet des ArbR relativ selten. Zentrale (ua.) die Schriftform anordnende G sind ua. §§ 12 I AÜG, 22 III BBiG, 77 II, 99 III, 112 I 1 BetrVG, 623 BGB, 74 I, 90a I HGB, 1 II TVG, 14 IV TzBfG. 5

b) Tarifverträge. TV sind zwar keine G im formellen Sinn, der normative Teil des TV enthält nach §§ 1 I, 4 I TVG jedoch Rechtsnormen iSv. Art. 2 EGBGB. Tarifvertragl. Formvorschr. gehören, wenn sie sich auf den Inhalt, den Abschluss oder die Beendigung von ArbVerh. beziehen, nicht zum schuldrechtl., die TVParteien betr. Teil des TV, sondern haben normative Wirkung (vgl. § 4 I TVG). Es handelt sich deshalb bei einer tarifvertragl. bestimmten konstitutiven Form um eine **ges. Form** iSv. § 125 S. 1 (BAG 12.10.1967 AP BGB § 611 Artisten Nr. 1; 6.11.1989 AP BAT § 11 Nr. 3 unter III. 1. der Gründe; 15.3.2011 AP TVöD § 26 Nr. 1). 6

Tarifvertragl. Formvorschr. unterliegen, wenn sie normativ gelten, keiner **Inhaltskontrolle** nach den §§ 305 ff. (§ 310 IV 1). Das BAG kontrolliert TV nur auf Verstöße gegen Verfassungsrecht, zwgd. GRecht, gute Sitten und tragende Grds. des ArbR, während es eine darüber hinausgehende Kontrolle ablehnt (BAG 31.3.1966 AP BGB § 611 Gratifikation Nr. 54; 30.9.1971 AP BGB § 620 Befristeter Arbeitsvertrag Nr. 36; 15.3.2011 AP TVöD § 26 Nr. 1). Nichts anderes folgt aus § 310 IV 1. 7

c) Betriebsvereinbarungen. Soweit BV Formerfordernisse enthalten, handelt es sich gem. § 77 IV 1 BetrVG um unmittelbar und zwgd. geltende Bestimmungen, die Rechtsnormcharakter iSv. Art. 2 EGBGB besitzen (vgl. BAG 18.6.2014 AP TVG § 1 Tarifverträge: Metallindustrie Nr. 232 Rn. 25). In BV angeordnete Formerfordernisse begründen daher grds. einen **ges. Formzwang** iSv. § 125 S. 1. 8

d) Allgemeine Arbeitsbedingungen. Allg. Arbeitsbedingungen können keinen ges. Formzwang begründen. Sie stehen vertragl. Formvorschr. gleich (BAG 28.10.1987 NZA 1988, 425). 9

e) Betriebliche Übung. Eine vermeintl. betriebl. Übung stellt ebenfalls keine Rechtsquelle eigener Art dar, die ein ges. Formerfordernis iSv. § 125 S. 1 begründen könnte (§ 611a Rn. 220). Die betriebl. Übung umschreibt nichts anderes als eine konkludente Vertragsbindung unter typisierten Sachverhalten. Jdf. liegt keine Rechtsquelle vor, die ein ges. Formerfordernis iSv. § 125 S. 1 begründen könnte (vgl. dazu § 611a Rn. 220 ff.). 10

11 **f) Bezugnahme auf TV.** Von Tarifungebundenen **einzelvertragl.** in Bezug genommene tarifvertragl. Formvorschr. gelten nicht als ges. Formvorschr. iSv. § 125 S. 1, da der Rechtsgrund für ihre Geltung nicht der TV, sondern die vertragl. Abrede der Arbeitsvertragsparteien ist (BAG 28.1.1981 AP TV Arb Bundespost § 19 Nr. 3; *Brox* Anm. AP BAT § 4 II Nr. 8; *Richardi* NZA 2001, 57, 58; **aA** LAG K 19.6.2001 NZA-RR 2002, 163, 164). Sie entfalten die Wirkung individualvertragl. Formerfordernisse (dazu Rn. 37 ff.; zur Inhaltskontrolle bei Global- bzw. Einzelverweisungen §§ 305 bis 310 Rn. 13 ff.).

12 **2. Gesetzliche Schriftform. a) Schriftform.** Die wichtigste im ArbVerh. durch G, TV oder BV angeordnete Form ist die Schriftform. In der Praxis findet sich die Anordnung der Schriftform für den Arbeitsvertrag, für bestimmte Arbeitsvertragsbedingungen oder das ArbVerh. betr. Erkl. Soweit die einzelne Formvorschr. keine Sonderregelung enthält, gilt § 126 grds. auch für den Bereich des ArbR, insb. den TV (BAG 9.2.1972 AP BAT § 4 Nr. 1; 1.12.2004 NZA 2006, 211, 214) und die BV.

13 Formvorschr. sind grds. auch dann zu beachten, wenn der von ihnen verfolgte Zweck bereits auf anderem Wege erreicht wurde. So sind die ges. Formvorschr. ggü. den Schutzzwecken, die zu der Normierung geführt haben, verselbständigt (BAG 16.9.2004 NJW 2005, 844). Ob allerdings generell und unabhängig vom konkreten Fall bei jedem Schriftformerfordernis die Einhaltung des § 126 einschl. der Ersetzungsmöglichkeit durch die elektronische Form (§ 126a) erforderl. ist, muss anhand des **Normzwecks der Formvorschr.** entschieden werden (s. a. *Anschütz/Kothe* JR 2001, 263 f.). Ergibt dieser, dass Schriftform oder elektronische Form nicht vonnöten sind, weil die Warn- und Beweisfunktion keine wesentl. Rolle spielen, ist die Einhaltung der **Textform** notwendig, aber auch hinreichend (*Gotthardt/Beck* NZA 2002, 876, 879; NK-BGB/*Noack/Kremer* § 126b Rn. 6; *Röger* NJW 2004, 1764). Maßgebl. ist, ob der funktionale Mehrwert der eigenhändigen Unterschrift bzw. der qualifizierten elektronischen Signatur erforderl. ist (BT-Drs. 14/4987 S. 19). Jdf. dann, wenn eine Formvorschr. auch eine Warnfunktion hat, bleibt es bei § 126 (zu § 78a II 1 BetrVG: BAG 15.12.2011 NZA-RR 2012, 413). Für erforderl. hält das BAG auch die Einhaltung des § 126 beim **EZVerlangen** nach Maßgabe des § 16 I 1 BEEG, mit der Konsequenz, dass der AN, wenn er das Verlangen nicht formgerecht stellt und die Arbeit (tw.) verweigert, die verhaltensbedingte Kündigung fürchten muss (BAG 10.5.2016 NZA 2017, 1137). Hier wendet sich der Schutz der Formvorschrift iE gegen den AN.

13a Die Anwendung von § 126 auch auf **rechtsgeschäftsähnl. Handlungen** ist umstr. Das BAG lehnt jdf. eine direkte Anwendung des § 126 bei rechtsgeschäftsähnl. Handlungen ab und lässt uU orientiert an dem Zweck der betr. Norm und der Interessenlage auch die entspr. Anwendung der **Textform (§ 126b)** genügen (BAG 19.8.2010 NZA 2010, 1412 Rn. 45 f.; vgl. 18.6.2014 AP TVG § 1 Tarifverträge: Metallindustrie Nr. 232 Rn. 25). So hat es bspw. entschieden, dass eine einfache E-Mail, eine maschinschriftl. Erkl. ohne eigenhändige Unterschrift und ein Telefax, die den Anforderungen des § 126b genügten, bei der Verweigerung einer Zust. des BR nach **§ 99 III BetrVG** ausreichend sind und damit dem normierten Schriftlichkeitserfordernis genügen (BAG 11.6.2002 NZA 2003, 226, 228; 9.12.2008 NZA 2009, 627, 629 f.; 10.3.2009 NZA 2009, 622, 625). Hier sei eine analoge Anwendung des § 126 nicht geboten. Das müsste entspr. für den Widerspruch nach **§ 102 BetrVG** gelten (**aA** ArbG F 16.3.2004 CR 2004, 708; *Gotthardt/Beck* NZA 2002, 876, 882). Eine analoge Anwendung des § 126b wird auch für die Geltendmachung iS tarifl. **Ausschlussfristen**, die durch das BAG ebenfalls als rechtsgeschäftsähnl. Handlung eingestuft wird, angenommen. Auch in diesem Fall wird keine eigenhändige Unterzeichnung der schriftl. Erkl. verlangt und eine Anwendung des § 126b als ausreichend erachtet (BAG 7.7.2010 NZA 2010, 1068, 1079 f.). Nichts anderes kann dann für eine **ges. Ausschlussfrist** gelten. So lässt das BAG bei der Geltendmachung eines Anspruchs nach **§ 15 IV 1 AGG** die Textform nach § 126b genügen, da bei dieser rechtsgeschäftsähnl. Handlung der Normzweck und die Interessenlage gegen eine analoge Anwendung des § 126 sprächen (BAG 19.8.2010 NZA 2010, 1412, 1414 f.; dem folgend: 16.2.2012 NZA 2012, 667, 669). Grds. ist indes anzunehmen, dass die §§ 125 ff. auch auf rechtsgeschäftsähnl. Handlungen Anwendung finden können. Dies belegt schon das Bezugsobjekt der elektronischen Form „Erklärung" (NK-BGB/*Noack/Kremer* § 126a Rn. 45). Bei der Erteilung von **Arbeitszeugnissen** ist die elektronische Form anstelle der Schriftform ausgeschlossen, womit die Anwendung des § 126 indirekt vorausgesetzt wird (§ 630 S. 3; § 16 I 2 BBiG; § 109 III GewO). Dennoch ist nicht auszuschließen, dass die Auslegung einer Regelung ergibt, dass „schriftl." ledigl. eine mdl. Erteilung ausschließt und damit auch die Textform nach § 126b den Anforderungen genügt. In Anwendung des Grds., sich an dem **Normzweck** zu orientieren, wird man zB für die schriftl. Mitt. der **Kündigungsgründe nach § 626 II 3** (s. a. Palandt/*Weidenkaff* § 626 Rn. 32), die Abgabe von **Wahlvorschlägen** (*Jakob* NZA 2006, 345) oder der schriftl. **Ablehnung des TZBegehrens nach § 8 V TzBfG** (*Gotthardt/Beck* NZA 2002, 876, 880; *Hanau* NZA 2001, 1168, 1171; **aA** wohl BAG 18.5.2004 NZA 2005, 108, 110, wo ausdr. ledigl. eine mdl. Ablehnung für nicht ausreichend befunden wird; MHH/*Heyn* § 8 Rn. 88; *Rolfs* RdA 2001, 132, 135) die Textform ausreichen lassen können. Der Praxis ist allerdings gerade im letzten Fall zur rechtssicheren Vermeidung der ges. Fiktion nach § 8 V 2, 3 TzBfG (TzBfG § 8 Rn. 17) die Einhaltung des § 126 anzuraten. Das zeigt auch die jüngste Entsch. des BAG, nach der für das **EZVerlangen** nach § 16 I 1 BEEG Fax oder E-Mail nicht ausreichen (BAG 10.5.2016 NZA 2016, 1137).

14 **b) Einseitige Rechtsgeschäfte, § 126 I. aa) Urkunde.** Nach § 126 muss die jeweilige formbedürftige Erkl. in einer Urkunde niedergelegt werden. Gleichgültig ist, wie diese hergestellt wird. Sie muss insb.

im Gegensatz zur Unterschrift (hierzu Rn. 17) nicht eigenhändig geschrieben, sondern kann vorgedruckt, mittels PC geschrieben, fotokopiert oder von einem Dritten gefertigt werden. Die Angabe von Ort und Zeit der Urkundenerstellung ist nicht erforderl. und auch in keiner ges. arbeitsrechtl. Formvorschr. vorgesehen. Die Urkunde muss nicht in dt. Sprache, sondern kann auch in jeder anderen lebenden oder toten Sprache errichtet werden, sofern eine Übersetzung oder anderweitige allg. Verständlichmachung mögl. ist (LAG BE 4.10.1977 AuR 1978, 281; OLG BB 29.7.1998 NJW-RR 1999, 543, 545). Die Urkunde muss das **gesamte Rechtsgeschäft**, soweit es formbedürftig ist, abbilden, wobei sich der notwendige Inhalt auch nach dem Zweck der Formvorschr. richtet. Die Verweisung auf mdl. Abreden ist nicht ausreichend. Die Urkunde kann außer der formbedürftigen Erkl. grds. auch andere Mitt. enthalten, wenn das G nichts anderes vorsieht.

Für ein formwirksames Rechtsgeschäft ist der **Grds. der Urkundeneinheit** zu beachten. Die Schrift- 15
form des § 126 verlangt keine körperl. Verbindung der einzelnen Blätter der Urkunde, wenn sich deren Einheit aus fortlaufender Paginierung, fortlaufender Nummerierung der einzelnen Bestimmungen, einheitl. graphischer Gestaltung, inhaltl. Zusammenhang des Textes oder vergleichbaren Merkmalen zweifelsfrei ergibt (BAG 7.5.1998 NZA 1998, 1110; BGH 24.9.1997 Z 136, 357, 369 f.; 29.9.2004 ZMR 2004, 901). Nehmen die Parteien Bestimmungen, die wesentl. Bestandteile der Urkunde sein sollen, nicht in der Urkunde selbst auf, sondern ergibt sich der Gesamtinhalt erst aus dem Zusammenspiel verschiedener Schriftstücke, zB Anl., müssen sie zur Wahrung der Urkundeneinheit die Zusammengehörigkeit dieser Schriftstücke in geeigneter Weise zweifelsfrei kenntl. machen (BGH 29.4.2009 NJW 2009, 2195, 2196; 9.4.2008 NJW 2008, 2181, 2182). Dies kann durch eine von Anfang an bestehende körperl. Verbindung aber auch durch eindeutige Verweisung im Vertrag, inklusive Rückverweisung, sowie Unterzeichnung der Parteien auf jedem Bl. der Anl. geschehen (BGH 30.6.1999 NJW 1999, 2591, 2592; BAG 12.5.2010 NZA 2011, 114, 115; sogar eine bloße Paraphierung der Anl. erwägend BGH 29.9.1999 NJW 2000, 354, 357, abgelehnt durch BAG 12.5.2010 NZA 2011, 114, 115). Bei einer körperl. Verbindung darf das Lösen nur durch Gewaltanwendung mögl. sein (BAG 12.5.2010 NZA 2011, 114, 115; 19.7.2012 NZA 2013, 86, 88). Eine Abweichung von dieser Rspr. bei arbeitsrechtl. **Aufhebungsverträgen** ist nicht angezeigt. Sie gilt auch für das Formerfordernis nach § 1 II TVG (BAG 24.1.2001 NZA 2001, 1149), die Unterzeichnung eines Wahlvorschlags durch eine bestimmte Anzahl wahlberechtigter AN (BAG 25.5.2005 NZA 2006, 116) und der textl. separaten Namensliste bei einem Interessenausgleich (BAG 12.5.2010 NZA 2011, 114, 115; 19.7.2012 NZA 2013, 86, 88 f.).

Für die Änd. eines formbedürftigen Geschäfts wird der Grds. der Urkundeneinheit aus praktischen 16
Erwägungen nicht gänzl. durchgehalten. Zur Wahrung der ges. Form genügt es, wenn der von den Parteien unterzeichnete **Änderungsvertrag** auf den urspr. Vertrag Bezug nimmt und klarstellt, dass es hins. nicht angesprochener Vertragsbestandteile bei dem urspr. Vereinbarten bleiben soll (BGH 14.4.1999 NJW 1999, 2517, 2519; 14.7.2004 NJW 2004, 2962, 2963). Eine Ausnahme macht die Rspr. auch bei **TV** und **BV**. Diese wahren die nach § 1 II TVG bzw. § 77 II 1 BetrVG erforderl. Schriftform durch einfache Bezugnahme auf nicht beigefügte Regelungen eines (anderen) TV, da diese gleich einem G Normcharakter haben und deshalb wie ein G ohne Wiederholung des Textes auf eine andere Rechtsvorschr. verweisen können (BAG 8.10.1959 AP BetrVG § 56 Nr. 14; 9.7.1980 AP TVG § 1 Nr. 7).

bb) Unterschrift. Die Unterschrift muss die voranstehende Erkl. decken und deshalb unterhalb des 17
Textes stehen, diesen also **räuml. abschl.** (BGH 20.11.1990 NJW 1991, 487; BAG 7.5.1998 NZA 1998, 1110). Dies ist grds. nicht gewährleistet, wenn die Unterschrift an einer anderen Stelle der Urkunde oder nur auf dem die Urkunde enthaltenen Briefumschlag platziert wird. Bei einem **Nachtrag** ist es notwendig, dass unter diesem erneut Unterschrift geleistet wird, sofern der Nachtrag nicht oberhalb der bereits geleisteten getroffen wird und die Unterschrift weiterhin von dem Willen gedeckt ist (BGH 24.1.1990 NJW-RR 90, 518; 27.6.1994 NJW 1994, 2300). Eine **Blankounterschrift** ist grds. zulässig (BGH 20.11.1990 NJW 1991, 487), kann nach dem Schutzzweck der Formvorschr. (Warnfunktion) jedoch auch unzulässig sein bzw. für die Zulässigkeit einer zusätzl. formbedürftigen Ermächtigung zum Ausfüllen des Blanketts bedürfen (BGH 29.2.1996 NJW 1996, 1467; 19.5.2005 NJW-RR 2005, 1141; zB bei Eigenkündigung des AN LAG HM 11.6.2008 EzA-SD 2008 Nr. 17, 9). Die vom G geforderte **Namensunterschrift** soll die Person des Ausstellers erkennbar machen. Dabei ist die Unterschrift im Grds. wenigstens mit dem Familiennamen zu leisten. Bei einem Kaufmann genügt bei unternehmensbezogenen Geschäften die Unterzeichnung mit der Firma (§ 17 HGB). Auf die Lesbarkeit kommt es nicht an, der Schriftzug muss aber Andeutungen von Buchstaben erkennen lassen (BGH 29.10.1987 NJW 1987, 1333; BAG 6.9.2012 DB 2013, 520, 521). Erforderl. ist ein individuelles und charakteristisches, nur schwer nachzuahmendes Erscheinungsbild eines Schriftzugs, welcher dazu bestimmt und geeignet ist, die Identität des Unterschreibenden mit gewisser Sicherheit erkennen zu lassen und welcher sich als Wiedergabe eines Namens darstellt (BGH 27.9.2005 NJW 2005, 3775; BAG 6.9.2012 DB 2013, 520, 521). Es ist nicht ausgeschlossen, dass Unterschriften einer Person auch verschieden ausfallen können (BGH 24.7.2001 NJW 2001, 2888, 2889). Eine Namensabkürzung (**Handzeichen, Paraphe**) wahrt die Schriftform ledigl. im Falle notarieller Beglaubigung; für die Abgrenzung ist das äußere Erscheinungsbild maßgebend. Der Wille des Unterzeichnenden ist nur von Bedeutung, soweit er in dem Schriftzug seinen Ausdruck gefunden hat (BAG 6.9.2012 NZA 2013, 524 Rn. 18).

18 Der Aussteller muss die Urkunde grds. **eigenhändig** durch Namensunterschrift unterzeichnen (vgl. BAG 9.9.2015 NZA 2016, 232, 234). Dabei darf die Art der Unterschrift keine Zweifel über die Ernsthaftigkeit der Erkl. verursachen (LAG N 3.8.2005 NZA-RR 2006, 13 für ein Zeugnis). Unzulässig ist die Verwendung von Stempeln, Schreibmaschine, Faksimile oder anderen technischen Hilfsmitteln, die zu einer Unterschriftskopie führen. So ist die eingescannte Unterschrift auf einem Kündigungsschreiben keine Unterschrift iSv. § 126 I (LAG K 19.6.2001 NZA-RR 2002, 163, 165). Bei dem Nutzen einer **Schreibhilfe,** muss der Schriftzug vom Willen des Erklärenden abhängig bleiben. **Empfangsbedürftige** Willenserkl. müssen in der Form zugehen, die für ihre Abgabe erforderl. ist (BGH 30.5.1962 NJW 1962, 1389; 25.3.1970 DB 1970, 875). Ein Telefax, welches zugeht, genügt daher trotz eigenhändiger Unterzeichnung des Originals nicht der Schriftform, da die dem Empfänger zugehende Erkl. ledigl. eine Kopie des beim Absender verbleibenden Originals ist (BGH 28.1.1993 NJW 1993, 1126, 1127 zur Bürgschaft; 30.7.1997 NJW 1997, 3169, 3170; LAG MV 15.3.2006 AuR 2007, 58 LS; LAG RP 21.1.2004 LAGReport 2005, 43 zur Kündigung). Die ebenfalls mögl. Textform bestätigt dies. Selbst eine qualifizierte elektronische Signatur genügt nicht, wenn sie die ges. Schriftform ausnahmsweise nicht zu ersetzen vermag (§ 126 III). Derartig formunwirksame Erkl. führen daher auch zu keiner Fristwahrung (**aA** *Schürmann* NJW 1992, 3005). Erfolgt eine (weitere) formbedürftige (§ 623) Kündigung im **Schriftsatz** eines RA, ist ein auf dem zugestellten Exemplar unterzeichneter Beglaubigungsvermerk des RA ausreichend (BGH 4.7.1986 NJW-RR 1987, 395; LAG NI 30.11.2001 NZA-RR 2002, 242, 243; KR/*Spilger* § 623 Rn. 124, 144).

19 Ein **Vertreter** kann mit dem eigenen oder dem Namen des Vollmachtgebers unterschreiben (BGH 3.3.1966 Z 45, 195). Unterzeichnet er mit eigenem Namen, so muss die Stellvertretung in der Urkunde deutl. zum Ausdruck kommen, insb. durch einen entspr. Zusatz bei der Unterschrift oder aus dem Urkundentext (BAG 25.3.2009 ZTR 2009, 441; 24.10.2013 NZA 2014, 540; zur Abgrenzung der Zusätze „i. A." und „i. V." BAG 13.12.2007 NZA 2008, 403; 4.5.2011 NZA 2011, 1178, 1181; 9.9.2015 NZA 2016, 232, 234). Bei **Arbeitszeugnissen** muss derjenige unterschreiben, der als Aussteller des Zeugnisses ausdr. genannt ist (BAG 21.9.1999 NZA 2000, 257, 258). Gleichzeitig muss der Aussteller bzw. Unterzeichner bzgl. des AN weisungsbefugt sein, was für Dritte auch erkennbar sein muss (BAG 26.6.2001 NZA 2002, 34, 34). Der Wille zum Handeln eines GbR-Gesellschafters als alleiniger Vertreter der GbR wird deutl., wenn mit einem klar gefassten Vertretungszusatz unterzeichnet wird (BAG 28.11.2007 NZA 2008, 348, 350). Das Gleiche gilt in anderen Fällen der Gesamtvertretung (LAG HE 4.3.2013 BeckRS 2013, 68877). Für die Wahrung der Schriftform kommt es nicht darauf an, dass der Unterzeichner wirkl. bevollmächtigt war (BAG 25.3.2009 ZTR 2009, 441, 443; 4.5.2011 NZA 2011, 1178, 1181).

20 **c) Zweiseitige Rechtsgeschäfte.** Für Verträge gilt **§ 126 II.** Die Unterzeichnung der Parteien muss danach grds. auf ders. Urkunde erfolgen, § 126 II 1 (BAG 28.8.2008 NZA 2009, 161; 17.12.2009 NZA 2010, 273; 9.9.2015 NZA 2016, 232, 234). Hierdurch kommt wieder der Grds. der Urkundeneinheit (Rn. 15) zum Ausdruck. Daher ist es nicht ausreichend, wenn eine Partei ein schriftl. Angebot abgibt und die andere Partei dieses Angebot in einem gesonderten Schreiben annimmt (BAG 15.11.1957 AP BGB § 125 Nr. 2; 24.10.1972 AP HGB § 74 Nr. 31; 26.7.2006 NZA 2006, 1402, 1403). Dies gilt auch dann, wenn ein schriftl. Vertragsentw. nur mÄnd. angenommen wird (BGH 18.10.2000 NJW 2001, 221, 222 f.). Die Aushändigung der gegengezeichneten Urkunde ist jedoch nicht Teil des Formerfordernisses (LAG BE 7.1.2005 LAGE TzBfG § 14 Nr. 19). Die Unterschriften müssen auch hier den gesamten Vertragsinhalt decken (Rn. 17). Nachträgl. Änd. oberhalb der Unterschriften werden aber von dieser gedeckt, wenn die früheren Unterschriften nach dem Willen der Parteien für den geänd. Inhalt ihre Gültigkeit behalten sollen (BAG 24.1.2001 NZA 2001, 1149). Eine vor der Unterschrift des Annehmenden den Vertragsinhalt ändernde Modifizierung, die von der Unterschrift des Vertragspartners nicht gedeckt ist, ist deswegen als neues Angebot zu qualifizieren und bedarf einer erneuten Unterschrift der anderen Vertragspartei (BAG 26.8.2008 NZA 2009, 161, 162). Für die Frage der Wahrung der Schriftform ist grds. ohne Belang, ob der Vertrag zuvor schon durch mdl. Einigung zustande gekommen war (BGH 14.7.2004 NJW 2004, 2962). Viel strenger ist das BAG dagegen bei § 14 IV TzBfG. Hier muss die formgerechte Befristungsabrede jdf. dann vor Vertragsbeginn vorliegen und kann nicht nachträgl. wirksam getroffen werden, wenn sie zuvor mdl. vereinbart wurde. Eine formgerechte Befristung nach Vertragsbeginn bei vorheriger mdl. Vereinb. ist nur dann mögl., wenn es nicht zu einer ledigl. schriftl. Niederlegung der vorherigen Abrede kommt, sondern diese inhaltl. von der zuvor vereinbarten abweicht (BAG 16.4.2008 NZA 2008, 1184, 1185; vgl. auch *Preis* NZA 2005, 714, 716 f.). Die Unterzeichnung des Angebots durch die eine Partei und die Annahme durch die andere wird man dann als ausreichend ansehen können, wenn das unterschriebene Angebot ohne Änd. auf demselben Bl. von dem Annehmenden unterzeichnet wird (BAG 26.7.2006 NZA 2006, 1402; BGH 14.7.2004 NJW 2004, 2962 unter ausdr. Aufgabe v. RGZ 105, 60, 62; krit. MüKoBGB/*Einsele* § 126 Rn. 19).

21 Werden über einen Vertrag **mehrere gleichlautende Urkunden** aufgenommen, lässt es § 126 II 2 ausreichen, dass jede Partei die für die andere Partei bestimmte Urkunde unterschreibt. Diese Vorschr. ist auf BV nicht anwendbar. Nach § 77 II 3 BetrVG ist die BV im Betrieb auszulegen, was voraussetzt,

dass das Original von beiden Parteien unterschrieben wurde. Nur so wird für den normunterworfenen AN eindeutig dokumentiert, dass der Inhalt der BV von den Betriebsparteien übereinstimmend verabschiedet wurde (LAG BE 6.9.1991 DB 1991, 2593). Bei BV oder DV müssen auch in Bezug genommene Regelungen schriftl. niedergelegt sein.

d) Gerichtlicher Vergleich. Durch notarielle Beurkundung wird die Schriftform ersetzt, § 126 IV. Die Schriftform wird deshalb auch durch einen gerichtl. Vergleich erfüllt, § 127a. Für den Vergleich im schriftl. Verf. nach § 278 VI ZPO wird § 127a analog angewandt (BAG 23.11.2006 NZA 2007, 466). 22

e) Beweislast. Ist für ein Rechtsgeschäft ges. eine Form vorgeschrieben, muss diejenige Partei sämtl. Voraussetzungen der jeweiligen Formvorschr. beweisen, die für sich aus dem Rechtsgeschäft Folgen herleitet (LAG M 11.11.1977 ARSt. 1978, 156; BLP/*Laumen* § 125 Rn. 1). Die Gültigkeit der Form ist also Teil des rechtsbegründenden Tatbestands, so dass es sich bei dem Formmangel auch nicht um eine rechtshindernde Einwendung handelt (MüKoBGB/*Einsele* § 125 Rn. 35). Für den Inhalt einer Urkunde gilt die **Vermutung der Richtigkeit und Vollständigkeit**, wenn der Geschäftsinhalt durch den Urkundentext bestimmt werden kann (BGH 14.10.1988 NJW 1989, 898; 5.7.2002 NJW 2002, 3164 f.). Die Vermutung gilt unabhängig davon, ob ein ges., kollektiv- oder einzelvertragl. Formerfordernis – sei es deklaratorisch oder konstitutiv – besteht (Schaub/*Linck* § 32 Rn. 58). Die Vermutung ist widerlegbar, wobei an den Beweis des vom Wortlaut abw. Verständnisses strenge Anforderungen zu stellen sind (vgl. BGH 31.5.1995 NJW 1995, 3258). 23

3. Elektronische Form. Mit der Einf. der elektronischen Form in §§ 126 III, 126a durch das G zur Anpassung der Formvorschr. des Privatrechts und anderer Vorschr. an den modernen Rechtsgeschäftsverkehr (v. 13.7.2001 BGBl. I S. 1542) mWv. 1.8.2001 wollte der Gesetzgeber Art. 9 der RL 2000/31/EG über den elektronischen Geschäftsverkehr (ABl. EG v. 17.7.2000 Nr. L 178 S. 1) umsetzen, die aber nicht für ArbVerh. gilt (BT-Drs. 14/4987 S. 14; *Richardi* NZA 2001, 57, 62 f.). Der **Anwendungsbereich** der elektronischen Form im ArbR ist vom Gesetzgeber an versch. Stellen eingeschränkt worden. Die Ersetzung der schriftl. durch die elektronische Form ist **unzulässig für Kündigung und Aufhebungsvertrag** (§ 623), die **Zeugniserteilung** (§ 109 III GewO, § 630 S. 3 BGB; § 16 I 2 BBiG) und den Nachw. der wesentl. Arbeitsvertragsbedingungen (**§ 2 I 3 NachwG; § 11 I 1 BBiG; § 11 I 1 AÜG iVm. § 2 I 3 NachwG**). Der Ausschluss gilt im SeeArbR für die Ausfertigung des Heuervertrags (§ 28 I 4 Hs. 2 SeeArbG) und die Kündigung (§ 65 II 2 SeeArbG). Ist die Ersetzung der Schriftform durch elektronische Form **nicht ausgeschlossen**, ist diese auch im ArbR grds. zulässig (§ 125 III). Dies gilt zB für die **Befristungsabrede** (§ 14 IV TzBfG, *Gotthardt/Beck* NZA 2002, 876, 878; KR/*Spilger* § 623 Rn. 97; KR/*Lipke* § 14 TzBfG Rn. 688), was jedoch nicht genutzt werden wird, weil für den Nachw. der Dauer des ArbVerh. (§ 2 I 2 Nr. 3 NachwG) die elektronische Form gerade ausgeschlossen ist (vgl. KR/*Lipke* § 14 TzBfG Rn. 710). Warum für die **Kündigung** eines Berufsausbildungsverhältnisses die elektronische Form mangels Ausschlusses zulässig sein soll (§ 22 III BBiG), nicht aber bei § 623, ist unverständl. Man wird deshalb auch iRd. § 22 III BBiG die elektronische Form ausschließen müssen. Der vom Gesetzgeber angeführte Grund, dass Dok. über die Beendigung von ArbVerh. für die Vorlage bei verschiedenen Behörden und bei Neubewerbungen benötigt werden und insoweit gegenwärtig noch die herkömml. Papiervorlage erforderl. ist (BT-Drs. 14/4987 S. 22), gilt allg. für die Kündigung als Beendigungstatbestand (*Gotthardt/Beck* NZA 2002, 876, 877). Ebenso gilt deshalb der Ausschluss der elektronischen Form trotz fehlenden Hinweises bei § 17 III 2 MuSchG für die Kündigung aber auch für die Mitt. der Kündigungsgründe (*Gotthardt/Beck* NZA 2002, 876, 877). Mit § 309 Nr. 12 werden in Formulararbeitsverträgen (§ 310 IV) Empfangsbekenntnisse durch gesondert qualifizierte elektronische Signaturen zugelassen (s. §§ 305 bis 310 Rn. 80). 24

Im **kollektiven ArbR** ist – theoretisch – der elektronische Abschluss von TV (§ 1 II TVG) mögl. (so a. *Löwisch/Kaiser* § 77 Rn. 7). Dies ist etwa bei einem eine BV ersetzenden Einigungsstellenspruch anders zu beurteilen. Nicht nur der Wortlaut des § 76 III 4 BetrVG, nach dem die Beschl. der Einigungsstelle schriftl. niederzulegen, von dem Vors. zu unterschreiben und dem AG und BR zuzuleiten sind, spricht gegen die Möglichkeit der elektronischen Form. Auch der Gesetzeszweck, Rechtsklarheit zu schaffen, ist ausschlaggebend dafür, diese auszuschließen. So beurkundet und dokumentiert die Unterschrift des Vors. den Willen der Einigungsstellenmitglieder und bestätigt für die im Betrieb beschäftigten AN mit der Auslage im Betrieb (§ 77 II 3 BetrVG), dass das unterzeichnete Schriftstück das beschlossene Regelwerk mit Normwirkung enthält, welches die Zust. von BR und AG ersetzt. Diese Unterzeichnung kann nach dem Rechtsgedanken des § 126 III nicht durch elektronische Form (§ 126a) oder Textform (§ 126b) ersetzt werden (BAG 5.10.2010 NZA 2011, 420, 422). Dies lässt sich auf die allg. BV (§ 77 II BetrVG) und den Interessenausgleich über eine gepl. Betriebsänd. oder den Sozialplan (§ 112 I BetrVG) übertragen, bei denen auch das Unterschriftserfordernis der Rechtsklarheit für die an die BV gebundenen AN dient (Staudinger/*Hertel* § 126 Rn. 166) und deren Vereinb. ebenfalls Normcharakter hat. 25

Im **Prozessrecht** soll nach § 46c ArbGG die Einreichung elektronischer Dok. ermöglicht werden, wobei aber nicht auf § 126 III, 126a verwiesen wird. Das Prozessrecht geht insoweit eigene Wege (s. hierzu § 46c ArbGG). 25a

26 Gem. § 126 III kann die elektronische Form die Schriftform ersetzen, wenn die Beteiligten ausdr. oder nach Maßgabe der bisherigen Geschäftsgepflogenheiten die Anwendung der elektronischen Form billigen (BT-Drs. 14/6897 S. 15; *Roßnagel* NJW 2001, 1817, 1825). Im Rahmen ihrer Tarifautonomie können auch die **TVParteien** für den Abschluss von Arbeitsverträgen weiterhin nur die Schriftform vorsehen und die elektronische Form ausschließen (BT-Drs. 14/4987 S. 14 f.). Schweigt eine tarifl. Formvorschr., kann die elektronische Form verwendet werden (vgl. NK-BGB/*Noack/Kremer* § 126 Rn. 50). Dies gilt aber nicht in den Fällen, in denen der Gesetzgeber die elektronische Form ausgeschlossen hat, weil die Erwägungen (BT-Drs. 14/4987 S. 22, 31) insoweit gleichermaßen für tarifl. und betriebl. Regelungen gelten, der Ausschluss der elektronischen Form in ges. Regelungen insoweit zwgd. ist.

27 Bei **einseitigen Rechtsgeschäften** muss das elektronische Dok. das gesamte formbedürftige Rechtsgeschäft abbilden. Der Grds. der Urkundeneinheit gilt auch hier (Palandt/*Ellenberger* § 126a Rn. 7). Der Aussteller der Erkl. muss dieser seinen Namen hinzufügen. Anders als bei § 126 I ist keine Unterschrift erforderl. Das Dok. muss zudem mit der **qualifizierten elektronischen Signatur** des Ausstellers signiert sein (BGH 9.11.2007 NJW 2008, 506 f.). Die genauen technischen Anforderungen ergeben sich nicht aus dem BGB, sondern aus dem am 22.5.2001 in Kraft getretenen SigG (BGBl. I S. 876; hierzu *Roßnagel* NJW 2001, 1817, 1819 ff.).

28 Für **Verträge** enthält § 126a II eine § 126 II nachgebildete Vorschr. Die Parteien müssen zumindest ein gleichlautendes Dok. elektronisch signieren (BT-Drs. 14/4987 S. 17). Mögl. ist auch eine Kombination von elektronisch und schriftl. vermitteltem Vertragsschluss (NK-BGB/*Noack/Kremer* § 126a Rn. 56).

29 Die **Beweisfunktion** der elektronischen Signatur wird über § 371a I 2 ZPO sichergestellt. Es gilt der ges. Anscheinsbeweis, dass die Erkl. von dem Signaturschlüssel-Inhaber stammt, der sich durch die Überprüfung der Signatur nach dem SigG, dh. über den Zertifizierungsdiensteanbieter, ergibt. Der Beweisgegner kann diesen Anschein durch Tatsachen entkräften, die ernstl. Zweifel daran begründen, dass die Erkl. mit dem Willen des Signaturschlüssel-Inhabers abgegeben worden ist.

30 **4. Textform.** Mit dem G zur Anpassung der Formvorschr. des Privatrechts und anderer Vorschr. an den modernen Rechtsgeschäftsverkehr hat der Gesetzgeber in § 126b die neue Textform geschaffen. Sie wird vom Gesetzgeber für Erkl. für ausreichend erachtet, bei denen die **Warn-, Beweis- und Identitätsfunktion nur geringe Bedeutung** hat, anges. des Bedürfnisses nach Dokumentation und Inf. eine mdl. Äußerung aber nicht ausreicht. § 126b ist anzuwenden, wenn dies ges. bestimmt ist, was im ArbR in **§ 613a V** für die Unterrichtung der AN über den Betriebsübergang und in **§ 108 I 1 GewO** für die Abrechnung über das Arbeitsentgelt der Fall ist. Damit ist der **Anwendungsbereich** aber nicht erschöpft. § 126b kann auch ohne ges. Verweisung anzuwenden sein, wenn dies nach dem Normzweck ausreichend ist (Rn. 13 f.). Sie kann auch vereinbart werden, soweit nicht zwgd. Recht, wie zB § 623 BGB, § 14 IV TzBfG, dem entgegensteht.

30a Die Wahrung der Textform setzt nach seiner mWv. 13.6.2014 geänd. Fassung durch das VRRLUmsG v. 20.9.2013 (BGBl. I S. 3642) Folgendes voraus: Es muss **eine lesbare Erkl.**, in der die **Person des Erklärenden genannt** ist, auf einem **dauerhaften Datenträger** abgegeben werden. Ein dauerhafter Datenträger ist jedes Medium, das es dem Empfänger ermöglicht, eine auf dem Datenträger befindl., an ihn pers. gerichtete Erkl. so aufzubewahren oder zu speichern, dass sie ihm während eines für ihren Zweck angemessenen Zeitraums zugängl. ist, und geeignet ist, die Erkl. unverändert wiederzugeben. Der geänd. Normtext soll eine terminologische Angleichung an Unionsrecht bewirken, eine sachl. Änd. soll damit nicht verbunden sein (Vgl. BT-Drs. 17/12637 S. 44). Nach wie vor ausreichend sind deshalb **Papierdok.** wie Telefax, Telegramm und Computerfax, die **ohne (Original-)Unterschrift** zugehen. Den Anforderungen genügen aber auch **Vorrichtungen zur Speicherung digitaler Daten (USB-Stick, CD-ROM, Speicherkarten, Festplatten)** und auch **E-Mails** (BT-Drs. 17/12637 S. 44). Die Neufassung des § 126b stellt jetzt klar, dass die **Person des Erklärenden** und damit die **Urheberschaft** angegeben werden muss (s. schon BGH 3.11.2011 MDR 2011, 1460). Unklar ist auch nach der Neufassung des § 126b, ob bei Erkl. einer **jur. Person** zusätzl. die Angabe erforderl. ist, welche natürl. Person die Erkl. abgegeben hat (verneinend BGH 7.7.2010 NJW 2010, 2945, 2946; bejahend BAG 23.7.2009 AP BGB § 613a Unterrichtung Nr. 12). Für die Auff. des BGH spricht, dass die erleichterte Form dem Zweck dient, den Rechtsverkehr in den Fällen zu vereinfachen, in denen eine Erkl. – etwa aus Informations- oder Dokumentationsgründen – zwar einer textl. Niederlegung bedarf, aber die Einhaltung der strengeren Schriftform wegen des Erfordernisses der eigenen Unterschrift unangemessen verkehrserschwerend ist. Der Abschluss der Erkl. ist kenntl. zu machen, was durch Nachbildung der Namensunterschrift, zB die eingescannte Unterschrift, die maschinenschriftl. Wiedergabe des Namens, einen Zusatz wie „diese Erkl. ist nicht unterschrieben" oder aber auch auf andere Weise, zB durch Datierung oder Grußformel (BGH 3.11.2011 MDR 2011, 1460), geschehen kann. Einer Unterschrift bedarf es demnach nicht (BGH 10.11.2010 NJW 2011, 295 f.; 3.11.2011 MDR 2011, 1460). Durch diesen räuml. Abschluss muss die Ernstlichkeit des Textes mit Blick auf die rechtl. Verbindlichkeit kenntl. gemacht werden (BGH 3.11.2011 MDR 2011, 1460). Schriftl. Ergänzungen unter dem räuml. Abschluss durch Namensnennung führen zur Formunwirksamkeit der Erkl., es sei denn, diese sind ledigl. von nebensächl. Bedeutung (BGH 3.11.2011 MDR 2011, 1460). Dem BAG zufolge kann die Textform in Ausnahmefällen auch ohne förml. Kenntlichmachung des Abschlusses gewahrt werden, wenn sich anhand der Gestaltung des Schriftstücks kein vernünftiger Zweifel dahingehend ergibt, dass es sich nicht ledigl. um einen Entw., sondern um eine verbindl. Erkl. handelt, wobei auch das Erklärungsverhalten maßgebl. Bedeutung erlangen soll (BAG 1.6.2011 AP BetrVG 1972 § 99 Nr 139).

Der **Zugang** erfolgt bei der Übermittlung in elektronischer Form aber nur dann, wenn der Empfänger ausdr. oder konkludent zu erkennen gegeben hat, dass er mit der telekommunikativen Übermittlung derartiger Erkl. einverstanden ist (Staudinger/*Hertel* § 126b Rn. 33). Bei tats. Kenntnis ist der Zugang zu bejahen. Eine Erkl. muss nicht nur in einer zur dauerhaften Wiedergabe geeigneten Weise abgegeben werden, sondern auch in einer solchen zugehen. Auf öffentl. zugängl. Internetseiten eingestellte Erkl., die der Textform bedürfen, gehen deswegen erst zu, wenn sie in Textform zugeschickt oder eigens gespeichert oder ausgedruckt werden (EuGH 5.7.2012 EuZW 2012, 638; BGH 29.4.2010 NJW 2010, 3566). Denn bei Texten auf Internetseiten hat es der Empfänger nicht in der Hand, dass die Erkl. für einen bestimmten Zeitraum unverändert zugängl. ist. Anders liegt der Fall bei Erkl. via E-Mail: Diese können auch zugehen, ohne dass der Empfänger die E-Mail ausgedruckt oder auf einem Medium gespeichert hat, das sich in seinem räuml. Machtbereich befindet. Die Speicherung auf einem Server des E-Mail-Dienstleisters reicht aus, so lange der Empfänger über sein E-Mail-Konto auf die Erkl. Zugriff hat und sie gespeichert bleibt. Von § 126b erfasst sind somit auch sonstige Erkl. auf Servern von Dritten, auf die der Empfänger über einen pers. Zugang zugreifen und über die er bestimmen kann (sog. **Cloud**-Dienste). 30b

5. Rechtsfolge bei Verstoß gegen gesetzliche Formerfordernisse. Die Nichteinhaltung einer ges. Formvorschr. macht das Rechtsgeschäft grds. **nichtig,** § 125 S. 1. Ist Schriftform erforderl. und die elektronische Form ausgeschlossen, genügt die Einhaltung letzterer nicht und führt ebenfalls zur Nichtigkeit, was zB für § 623 gilt. Ist die Einhaltung der Textform erforderl., begr. auch dies ein ges. Formerfordernis mit der prinzipiellen Folge des § 125 S. 1. Jedoch können ges. Formerfordernisse in **Ausnahmefällen** dahin zu verstehen sein, dass die Formwahrung nicht Wirksamkeitsvoraussetzung für das Rechtsgeschäft sein, sondern ledigl. Ordnungsfunktion haben soll (BAG 11.7.1991 NZA 1992, 449). Dies gilt bspw. für das NachwG (vgl. die Kommentierung dort). Ein weiteres Bsp. für eine nicht konstitutive ges. Formvorschr. ist § 11 BBiG (BAG 22.2.1972 EzA BBiG § 15 Nr. 1; 21.8.1997 NZA 1998, 37), wobei die Ausbildung ohne Niederschrift nicht begonnen werden darf, der Auszubildende jedoch einen vertragl. Anspruch auf die Durchführung der Ausbildung hat (BBiG § 11 Rn. 1). Bei der von § 623 BGB und § 14 IV TzBfG verlangten Schriftform handelt es sich um ein konstitutives Wirksamkeitserfordernis. Die genannten Formerfordernisse können weder durch die Arbeitsvertragsparteien noch durch BV oder TV abbedungen werden (für § 623 s. § 623 Rn. 19; *Preis/Gotthardt* NZA 2000, 348, 349; *Richardi* NZA 2001, 57, 60; KR/*Spilger* § 623 Rn. 31). Dies folgt aus dem Grds., dass ges. Formvorschr. durch die Beteiligten nicht abbedungen werden können (vgl. Staudinger/*Hertel* § 125 Rn. 99). 31

Untersteht nur eine **bestimmte Abrede** dem Formzwang, ist bei Formmangel ledigl. diese Abrede nichtig, das Rechtsgeschäft iÜ wirksam; so bspw. eine Befristungsabrede im Arbeitsvertrag (§ 14 IV TzBfG; MüKoBGB/*Einsele* § 125 Rn. 41). Anders verhält es sich, wenn das gesamte Rechtsgeschäft der Form bedarf und ledigl. ein **Teil formunwirksam** ist; iZw. ist dann nach § 139 das gesamte Rechtsgeschäft unwirksam (BGH 23.9.1977 NJW 1978, 102). Eine allg. **salvatorische Klausel**, wonach der Vertrag bei Teilunwirksamkeit iÜ wirksam bleiben soll und damit § 139 abbedungen wird, schließt eine Gesamtnichtigkeit nicht aus, führt aber zu einer Umkehrung der Vermutung des § 139 in das Gegenteil (BGH 15.3.2010 NJW 2010, 1660, 1661; 6.4.2005 NJW 2005, 2225, 2226). 31a

Eine **tarifvertragl.** vereinbarte **Formvorschr.** ist aufgrund der normativen Wirkung (§§ 1 I, 4 I TVG) ein ges. und kein vertragl. Formerfordernis. Der Verstoß löst jedoch nicht stets die Nichtigkeitsfolge des § 125 S. 1 aus. Vielmehr ist bei tarifvertragl. Formvorschr. ebenso wie bei der vereinbarten Schriftform (s. Rn. 37 ff.) stets genau zu untersuchen, ob sie konstitutive oder nur deklaratorische Wirkung haben sollen (BAG 7.7.1955 AP AOG § 32 Tarifordnung Nr. 1; 16.7.1975 AP BMT-G II § 54 Nr. 1; Schaub/*Linck* § 32 Rn. 47). Eine konstitutive Formvorschr. liegt vor, wenn die Einhaltung der Form als Wirksamkeitserfordernis gewollt ist. Ein Verstoß führt dann gem. § 125 S. 1 zur Nichtigkeit. Bei vollzogenem ArbVerh. wirkt die Geltendmachung der Formnichtigkeit aufgrund einer unbeachteten tarifvertragl. Schriftformklausel aber nur ex nunc (BAG 15.11.1957 NJW 1958, 398; vgl. zum faktischen ArbVerh. § 611a Rn. 145 ff.). Das ArbVerh. ist für die Vergangenheit wie ein fehlerfreies zu behandeln. Soll der TV ledigl. einen Anspruch auf schriftl. Festlegung der getroffenen Vereinb. begründen, ledigl. der Beweiserleichterung dienen und die Wirksamkeit der mdl. Abrede unberührt lassen, handelt es sich um eine deklaratorische Formvorschr. 32

Die jeweilige tarifvertragl. Vorschr. ist anhand der allg. Grds. auszulegen (TVG § 1 Rn. 14 ff.). Umstr. ist, ob bei einem nicht eindeutigen Ergebnis „im Zweifel" von einer deklaratorischen (so Schaub/*Linck* § 32 Rn. 47) oder einer konstitutiven Form (so LAG BE 24.6.1985 LAGE BGB § 125 Nr. 3) auszugehen ist. Man wird auf den jeweiligen Schutzzweck der Tarifnorm abzustellen haben. Eine Auslegungsregel dergestalt, dass iZw. eine nur deklaratorische Wirkung anzunehmen ist, während 33 für die Schriftform als Wirksamkeitsvoraussetzung eindeutige Umstände sprechen müssen, existiert indes nicht. Eine tarifvertragl. Formvorschr. wird ähnl. wie bei einer einzelvertragl. aufgenommenen Formabrede von den Parteien diskutiert und dann übereinstimmend in den (Tarif)Vertrag aufgenommen. Es ist deshalb, auch im Hinblick auf § 125 S. 2, davon auszugehen, dass die TVParteien iZw. eine Wirksamkeitsvoraussetzung für das formbedürftige Rechtsgeschäft vereinbaren wollten, wenn sie sich zu einer Aufnahme einer Form in den TV durchgerungen haben.

34 **Bsp. aus der Judikatur.** Deklaratorische Formvorschr.: Abschluss des Arbeitsvertrags: BAG 9.2.1972 AP BAT § 4 Nr. 1; 7.5.1986 AP BAT § 4 Nr. 12; Nebenabreden: BAG 15.3.1989 AP BGB § 620 Befristeter Arbeitsvertrag Nr. 126. Konstitutive Formvorschr.: Abschluss des Arbeitsvertrags: LAG BE 17.4.1978 AP TVG § 4 Formvorschriften Nr. 1; offen gelassen BAG 24.6.1981 AP TVG § 4 Nr. 2; 12.10.1967 AP BGB § 611 Artisten Nr. 1; Nebenabreden: BAG 26.11.1969 AP BAT § 4 II Nr. 8.

35 Auch bei **BV** ist durch Auslegung zu ermitteln, ob eine konstitutive oder deklaratorische Formvorschr. gewollt ist. Der auf einer derartigen Abrede beruhende Formzwang führt damit zu denselben Rechtsfolgen wie bei TV. Eine BV entfaltet jedoch keine normativen Wirkungen für AN, die noch nicht dem Betrieb angehören (LAG SL 2.2.1966 NJW 1966, 2136; MüArbR/*Richardi/Buchner* § 32 Rn. 40). Soweit deshalb in einer BV die Wahrung einer bestimmten Form als Wirksamkeitsvoraussetzung für den Abschluss des Arbeitsvertrags vorgeschrieben ist, hat diese Regelung keine unmittelbare Rechtswirkung auf den Abschluss des Arbeitsvertrags des neu eintretenden AN. Der formlose Abschluss des Arbeitsvertrags ist wirksam und nicht nach § 125 S. 1 nichtig.

36 **6. Aufhebung durch die Parteien.** Ges. Formerfordernisse können durch die Arbeitsvertragsparteien **nicht beseitigt** werden (Staudinger/*Hertel* § 125 Rn. 99). Nur ausnahmsweise können sie durch Aufhebungsvereinb. beseitigt werden, wenn es sich nicht um zwgd. Recht handelt. Für **kollektivvertragl. Formvorschr.** gilt auch unter dem Gesichtspunkt des Günstigkeitsprinzips dasselbe. Nach richtiger Ansicht ist das Günstigkeitsprinzip der Natur der Sache nach nicht auf tarifvertragl. Formvorschr. anwendbar, da sie günstigkeitsneutral sind (BAG 28.1.1981 AP TV Arb Bundespost § 19 Nr. 3).

III. Rechtsgeschäftlich begründeter Formzwang

37 **1. Allgemeines.** Den Arbeitsvertragsparteien steht es nach dem Grds. der Privatautonomie frei, neben den ohnehin geltenden ges. und kollektivvertragl. Formvorschr. ihrerseits für die Vornahme bestimmter Rechtsgeschäfte einzelvertragl. die Einhaltung einer bestimmten Form vorzuschreiben.

38 **2. Begründung und Rechtsfolgen.** Die Konstituierung gewillkürter Formerfordernisse bedarf selbst keiner Form. Ein Formzwang kann jedoch nicht alleine durch die Üblichkeit eines schriftl. Abschlusses bestimmter Geschäfte begr. werden (BAG 21.2.1961 AP TVG § 4 Günstigkeitsprinzip Nr. 8), wobei es bei wichtigen Verträgen eine widerlegl. Vermutung für die Schriftform geben soll (LG Köln 11.9.2013 Beck RS 2013, 16371). Die Parteien können die vereinbarte Form nach Art, **Umf.** und Rechtsfolge **beliebig ausgestalten.**

39 Im Wege der Vertragsauslegung ist zu ermitteln, ob eine konstitutive oder deklaratorische Form (vgl. hierzu bereits Rn. 32) gewollt ist. Ausschlaggebend ist, ob die Einhaltung der Form als Wirksamkeitserfordernis gewollt ist oder ob den Vertragsparteien ledigl. zu Beweiszwecken ein Anspruch auf Formwahrung eingeräumt werden soll (LAG D 29.9.1966 DB 1966, 1695). Ist nur ein deklaratorisches Formerfordernis gewollt, so lässt seine Verletzung die Wirksamkeit der formlos getroffenen Vereinb. unberührt. Es besteht dann ein Anspruch darauf, die Form nachzuholen, der durch Klage auf Mitwirkung durchgesetzt werden kann (BAG 4.6.1963 AP BGB § 127 Nr. 1). Soll die Einhaltung der Form Wirksamkeitsvoraussetzung sein, führt die Nichteinhaltung der Form zur Nichtigkeit des Rechtsgeschäfts. IZw. hat die Nichteinhaltung des rechtsgesch. begr. Formerfordernis gem. § 125 S. 2 Nichtigkeit zur Folge und wirkt damit konstitutiv. Bei rechtsgeschäftl. vereinbarten Formerfordernissen gilt für die Vertragsverh. nach § 154 S. 2, dass der Vertrag iZw. solange nicht geschlossen ist, wie die verlangte Form noch nicht eingehalten wurde (zur „Beurkundung" iSd. § 154 S. 2 gehört auch die Schriftform).

39a Ist vertragl. eine Kündigung des ArbVerh. durch **eingeschriebenen Brief** vorgesehen, wird man aufgrund des nunmehr ges. Schriftformerfordernisses nach § 623 im Zusammenhang m. der Kündigung eines ArbVerh. nicht mehr davon ausgehen können, dass die Schriftform aufgrund § 125 S. 2 iZw. konstitutive Bedeutung, die Übermittlungsform dagegen nur Beweisfunktion hat (so noch BAG 20.9.1979 AP BGB § 125 Nr. 78; NK-GA/*Mestwerdt* § 127 Rn. 4). Welche Bedeutung eine Übersendungsklausel hat, bedarf der Auslegung anhand aller Umstände des Einzelfalls. Führt die Auslegung zu keinem eindeutigen Ergebnis, hat nach § 125 S. 2 ein Formmangel die Nichtigkeit des formlos Vereinbarten zur Folge. Die Annahme, dass die Übermittlungsform ledigl. Beweisfunktion und das Schriftformerfordernis konstitutive Bedeutung hat, kann iZw. jedoch weiterhin angenommen werden, wenn kein ges. Schriftformerfordernis für die Kündigung besteht (BGH 21.1.2004 NJW 2004, 1320 – gewerbl. Mietverhältnis).

Während es den Vertragsparteien versagt ist, die Schriftform etwa gem. § 623 abzubedingen (s. Rn. 31), steht es ihnen nach dem Grds. der Privatautonomie frei, neben ohnehin geltenden ges. Formvorschr. ihrerseits für die Vornahme bestimmter Rechtsgeschäfte oder rechtsgeschäftsähnl. Handlungen die Einhaltung einer bestimmten Form vorzuschreiben, dh. auch **strengere Anforderungen** als die ges. vorgeschriebenen vorzusehen (§ 623 Rn. 19; BBAKNS/*Bader* § 623 Rn. 58 f.; KDZ/*Däubler* § 623 Rn. 55; *Preis/Gotthardt* NZA 2000, 348, 349; anders die wohl hM zu § 568 Palandt/*Weidenkaff* § 568 Rn. 3). In **Formulararbeitsverträgen** verbieten sich jedoch wegen § 309 Nr. 13 Bestimmungen, durch die Anzeigen oder Erkl., die ggü. dem Verwender oder ggü. einem Dritten abzugeben sind, an eine strengere Form als die Textform oder das Aufstellen bes. Zugangserfordernisse gebunden werden (vgl. §§ 305 bis 310 Rn. 83). **Schriftformklauseln** sind nach der Rspr. insoweit gem. § 307 unwirksam, als sie dazu dienen, insb. nach Vertragsschluss getroffene Individualvereinb. zu unterlaufen, indem sie bei der anderen Vertragspartei den falschen Eindruck erwecken, mdl. Abreden seien entgegen § 305b unwirksam (BGH 15.2.1995 NJW 1995, 1488, 1489; 10.52007 NJW 2007, 3712, 3713 mwN; BAG 20.5.2008 NZA 2008, 1233, 1237). **BV** oder **TV** können strengere Formvorschr. vorsehen. Weder durch Einzelarbeitsvertrag noch durch TV oder BV kann jedoch die elektronische Form zugelassen werden, wenn sie ges. ausgeschlossen wurde (s. a. Rn. 26). Für die Kündigung gilt darüber hinaus dem Rechtsgedanken des § 622 VI entspr., dass einseitige Kündigungserschwerungen für den AN unwirksam sind (BAG 6.9.1989 NZA 1990, 147) und damit auch jegl. Vereinb. einer strengeren Form nur für die arbeitnehmerseitige Kündigung. 40

3. Aufhebung. Die Parteien können den vereinbarten Formzwang für zweiseitige Rechtsgeschäfte jederzeit formlos aufheben (hM: BAG 4.6.1963 AP BGB § 127 Nr. 1; BGH 15.5.1991 NJW 1991, 1750; OLG CE 22.5.2009 – 14 U 45/09). Dies kann **ausdr. oder konkludent** geschehen (BAG 7.9.1982 AP TV Arb Bundespost § 3 Nr. 1; OLG CE 22.5.2009 – 14 U 45/09 – Rn. 10). Aus dem mdl. Vereinbarten muss kein ausdr. Wille erkennbar werden, das Formerfordernis aufzuheben (so aber LAG D 25.11.1980 EzA BGB § 125 Nr. 6; OLG K 29.10.1975 WM 1976, 362). Nach ganz **hM** kommt es nicht darauf an, dass die Parteien an die Formvorschr. gedacht haben (BAG 24.6.2003 NZA 2003, 1145, 1147; 25.4.2007 NZA 2007, 801, 803; **aA** MüKoBGB/*Einsele* § 125 Rn. 70). Ausreichend ist, dass die Parteien das formlos Vereinbarte übereinstimmend gewollt haben, da sie ggü. ihrer eigenen Formbestimmung souverän bleiben müssen (BAG 10.1.1989 NZA 1989, 797; BGH 26.11.1964 AP BGB § 127 Nr. 2). Bei Vereinb. einer Formvorschr. in einem Formularvertrag haben individuelle Vertragsabreden Vorrang gem. § 305b, wobei es nicht darauf ankommt, ob die Individualvereinb. ausdr. oder stillschweigend getroffen wird und ob eine Änd. der AGB beabsichtigt ist oder überhaupt bewusst vorgenommen wurde (BAG 25.4.2007 NZA 2007, 801, 803). 41

Das formlose Aufheben einer Formabrede, die einer vermeintl. betriebl. Übung entgegenstehen könnte, hält der 9. Sen. des BAG für grds. nicht wirksam, wenn der Vertrag für ihre Aufhebung ausdr. Formzwang vorsieht, sog. **qualifizierte oder doppelte Schriftformklausel** (BAG 24.6.2003 NZA 2003, 1145, 1147; 20.5.2008 NZA 2008, 1233, 1235; so auch für eine Individualabrede zwischen Kaufleuten: BGH 2.6.1976 Z 66, 378, 381 f.; 17.9.2009 MMR 2010, 336, 337; so auch für den GmbH-GFVertrag: BFH 31.7.1991 BB 1992, 51). Dem kann allenfalls unter der Voraussetzung zugestimmt werden, dass die Schriftformklausel individuell ausgehandelt worden ist. Daran wird es in aller Regel fehlen. Bei bloßer Regelung durch AGB ist die formlose Aufhebung einer doppelten Schriftformklausel mögl. (s. a. Erman/*Arnold* § 125 Rn. 26; BAG 20.5.2008 NZA 2008, 1233, 1235 f.; BGH 21.9.2005 NJW 2006, 138, 139). Die doppelte Schriftformklausel lässt die notwendige wertende Entsch. zugunsten der Stärkung der Individualabrede nicht anders ausfallen. Für vorformulierte Schriftformklauseln folgt bereits aus §§ 307, 305b der Vorrang der Individualabrede (s. §§ 305 bis 310 Rn. 25; 96). Sich auf zweiseitige Rechtsgeschäfte der Arbeitsvertragsparteien beziehende Formerfordernisse sind damit weitgehend entwertet. 41a

Wird durch Tarifungebundene eine **tarifvertragl. Formvorschr.** in Bezug genommen, so gilt diese nicht als Norm, sondern als Vertragsbestandteil. Die nachträgl. Aufhebung dieser Formklausel folgt damit grds. denselben Regeln wie die Aufhebung einer individuell vereinbarten Formklausel. Nach der Rspr. soll eine in Bezug genommene tarifvertragl. Formklausel jedoch nicht durch **betriebl. Übung** stillschweigend abbedungen werden können, wenn die Bezugnahme auf die tarifvertragl. Formvorschr. auch den Zweck hatte, eine unterschiedl. Rechtsstellung der tarifgebundenen und der nicht tarifgebundenen AN zu verhindern (BAG 27.3.1987 DB 1987, 1996, 1996 f.; LAG BW 12.9.2013 ZTR 2014, 336 Rn. 111). Betrachtet man das unter dem Begriff der betriebl. Übung firmierende Rechtsgeschäft richtigerweise als konkludente Vertragsänderung (dazu § 611a Rn. 220 ff.), ist für eine solche Regel kein Raum. Denn die Parteien sind nicht an den durch ihre urspr. Vereinb. verfolgten Zweck gebunden. Ob sie mit der konkludenten Vertragsänd. das Schriftformerfordernis entgegen ihrer früheren Abrede abbedingen wollen oder nicht, ist durch Auslegung zu ermitteln. 42

4. Vereinbarte Form. a) Allgemeines. Ist rechtsgeschäftl. Schriftform, elektronische Form oder Textform vereinbart, so können die Parteien sowohl strengere als auch schwächere Voraussetzungen an die Wahrung dieser Form als ges. für die jeweilige Formart bestimmt vorsehen. Ist eine von § 127 erfasste Form vereinbart, muss derjenige, der eine von § 127 abw. Ausgestaltung der Form behauptet, 43 dies beweisen (vgl. MüKoBGB/*Einsele* § 127 Rn. 16). Haben die Parteien die Anforderungen an die Form eines kraft G formlos gültigen Rechtsgeschäfts nicht selbst bestimmt und ist die Auslegung nicht eindeutig, greift die Auslegungsvorschr. des § 127 I ein: Es gelten für die Wahrung der vereinbarten Form die Regeln über die ges. Schriftform (§ 126), elektronische Form (§ 126a) oder Textform (§ 126b) mit den in § 127 II, III gewährten Erleichterungen entspr. In der Missachtung einer vereinbarten Formvorschr. kann die stillschweigende Aufhebung eines Formzwangs liegen (Rn. 41 ff.).

44 **b) Modifikationen bei der Schriftform.** Durch § 127 II werden, soweit keine abw. Vereinb. getroffen sind, für die rechtsgeschäftl. vereinbarte Schriftform die Anforderungen an die Einhaltung der Schriftform nach § 126 erleichtert. Zur Wahrung der Schriftform genügt danach auch die telekommunikative Übermittlung. Erfasst sind damit unter den Voraussetzungen des § 126b Telefax, Fernschreiben, Computerfax und E-Mail (BT-Drs. 14/4987 S. 20; BAG 16.12.2009 NZA 2010, 401, 403; Palandt/*Ellenberger* § 127 Rn. 2). Der Text muss so zugehen, dass er dauerhaft aufbewahrt werden kann oder der Empfänger einen Ausdruck anfertigen kann. Es wird also auf die Unterschrift, nicht aber auf eine textl. verkörperbare Erkl. verzichtet (NK-BGB/*Noack/Kremer* § 127 Rn. 20; Palandt/*Ellenberger* § 127 Rn. 2). Die mündl. Übermittlung der Erkl. zB über eine telefonische Durchsage oder Aufsprechen auf einen Anrufbeantworter oder eine Voice-Mailbox sind aber nicht ausreichend (BT-Drs. 14/4987 S. 21; NK-BGB/*Noack/Kremer* § 127 Rn. 20).

45 Für Verträge ist entgegen § 126 II ein Vertragsschluss auch durch **Briefwechsel** zulässig. Wird die Form des Briefes genutzt, wird von der hM die eigenhändige Unterschrift zur Formwahrung für notwendig erachtet (RG 5.2.1923 RGZ 106, 268; Palandt/*Ellenberger* § 127 Rn. 3; Staudinger/*Hertel* § 127 Rn. 28). Dies erscheint zw., da auch eine telekommunikative Übermittlung ohne Unterschrift formwahrend ist (krit. auch MüKoBGB/*Einsele* § 127 Rn. 11). Nach der ges. Konzeption können beide Formerleichterungen miteinander kombiniert werden, so dass bspw. durch den Austausch einer E-Mail und eines Briefes der Vertrag formgerecht zustande kommt (Palandt/*Ellenberger* § 127 Rn. 3; Staudinger/*Hertel* § 127 Rn. 28). Bei Wahl einer telekommunikativen Übermittlung wird jdf. dann auf die Unterschrift verzichtet, wenn sie üblicherweise nicht erforderl. ist (anders beim Fax, vgl. Staudinger/*Hertel* § 127 Rn. 33; **aA** Palandt/*Ellenberger* § 127 Rn. 3).

46 Wird von den Formerleichterungen Gebrauch gemacht, räumt § 127 II 2 jedem Beteiligten das Recht ein, eine dem § 126 entspr. nachträgl. Beurkundung zu verlangen. Dadurch soll der Nachteil der durch die Erleichterungen ausgelösten geringeren Beweiskraft beseitigt werden können. Die Wirksamkeit des in der erleichterten Form zustande gekommenen Rechtsgeschäfts bleibt hiervon unberührt (Erman/*Arnold* § 127 Rn. 10).

47 **c) Modifikationen bei der elektronischen Form.** Dem § 127 II sind die Erleichterungen für die Wahrung der vereinbarten elektronischen Form in § 127 III nachgebildet. Ausreichend ist auch eine andere als die in § 126a bestimmte qualifizierte elektronische Signatur und damit einfache oder fortgeschrittene elektronische Signaturen iSd. § 2 Nr. 1 und 2 SigG (BT-Drs. 14/4987 S. 21). Bei Verträgen ist es ausreichend, wenn Angebots- und Annahmeerkl. ausgetauscht werden, die jeweils mit einer elektronischen Signatur versehen sind. Entspr. § 127 II 2 kann jede Partei nachträgl. die § 126a entspr. elektronische Signierung oder, wenn dies einer der Parteien nicht mögl. ist, eine dem § 126 entspr. Beurkundung verlangen (§ 127 III 2). Erleichterungen für die vereinbarte Textform sind nicht normiert, der Verzicht auf eine Signatur kann bei der gewillkürten elektronischen Form jedoch dem Willen der Parteien entsprechen (Palandt/*Ellenberger* § 127 Rn. 5).

48 **5. Beweislast.** Nach hM trifft denjenigen die Beweislast, der die Vereinb. einer vom G nicht verlangten Form behauptet (OLG M 11.1.1984 WM 1984, 469; *Rosenberg* S. 255, 258). Die Einhaltung der ges. oder rechtsgeschäftl. vereinbarten Form muss diejenige Partei beweisen, die aus dem Rechtsgeschäft Rechtsfolgen für sich herleitet (BLP/*Laumen* § 125 Rn. 1, 14). Wer sich auf die Änd. eines Vertrags beruft, die nicht in der vereinbarten Form vollzogen worden ist, muss die Vertragsänd. und die Aufhebung des Formzwangs beweisen. Es besteht eine tats. Vermutung für den Abschluss eines Änderungsvertrags, wenn ein Vertrag über längere Zeit zu veränderten Bedingungen ohne vorherige Beachtung der Formklausel durchgeführt worden ist (BGH 2.6.1976 Z 66, 378). Ist zwischen den Parteien str., welche Rechtsfolge bei Verletzung eines unstr. verabredeten Formerfordernisses eintreten soll, ist die Partei beweisbelastet, die entgegen der Auslegungsregeln der §§ 125 S. 2, 154 II behauptet, es sei keine konstitutive Form vereinbart worden. Zum Beweiswert einer Urkunde vgl. bereits Rn. 23.

IV. Durchbrechung der Formnichtigkeit

49 **1. Treu und Glauben, § 242. a) Allgemeines.** Das BAG und der BGH nehmen in stRspr. an, dass die Nichtigkeitsfolge des § 125 durch den Grds. von Treu und Glauben (§ 242) eingeschränkt ist, die Berufung auf die Nichteinhaltung der Form also eine unzulässige Rechtsausübung darstellen kann (BGH 3.12.1958 NJW 1959, 626; 19.11.1982 NJW 1983, 563, 564; 5.11.2003 NJW 2004, 1103; BAG 16.9.2004 NZA 2005, 162; 26.7.2006 NZA 2007, 151, 152). Dieser Einwand kann jedoch nur in Ausnahmefällen erfolgreich sein, weil Sinn und Zweck der Formvorschr. sonst ausgehöhlt würden. Keinesfalls ist die Berufung einer Partei auf die Formnichtigkeit eines Rechtsgeschäfts für sich genom-

men bereits arglistig oder treuwidrig (BAG 7.7.1955 AP AOG Tarifordnung § 32 Nr. 1; 19.8.1987 EzBAT § 4 Nebenabrede Nr. 12; zu § 623: 16.9.2004 NZA 2005, 162). Selbst wenn ein Vertrag trotz Verletzung ges. Formvorschr. über einen längeren Zeitraum hinweg als wirksam behandelt wird, so verstößt die Berufung auf den Formmangel nicht bereits dann gegen § 242, wenn die Voraussetzungen der Verwirkung gegeben sind (BGH 16.7.2004 NJW 2004, 3330). Im Grds. hat jede Partei die Rechtsnachteile zu tragen, die sich aus der Formnichtigkeit eines Rechtsgeschäfts ergeben. Abweichungen von diesem Grds. sind nur zulässig, wenn es nach den Beziehungen der Parteien und den gesamten Umständen mit Treu und Glauben unvereinbar wäre, das Rechtsgeschäft am Formmangel scheitern zu lassen; das Erg. muss für die Parteien nicht nur hart, sondern schlechthin untragbar sein (BAG 17.11.1957 AP BGB § 125 Nr. 2; 27.3.1987 NZA 1987, 778).

b) Anwendungsbereich. Die Rspr. hat den Grds., dass der Formmangel ausnahmsweise gem. § 242 unbeachtl. sein kann, in Entsch. zu § 311b entwickelt. Er gilt jedoch auch im ArbR und zwar sowohl für ges., kollektiv- als auch einzelvertragl. Formvorschr. (BAG 6.8.1981 – 2 AZR 351/79 –; BGH 2.6.1976 Z 66, 378; andeutend für TV: BAG 15.3.2011 AP TVöD § 26 Nr. 1). Da die Rspr. jdf. für zweiseitige Rechtsgeschäfte in einer mdl. Abrede regelm. eine übereinstimmende stillschweigende Aufhebung der Formabrede annimmt (vgl. hierzu Rn. 41), hat der Grds. für vereinbarte Formvorschr. nur eine geringe Bedeutung. Das BAG lässt ausdr. offen, ob die für die Treuwidrigkeit der Berufung auf den Mangel der vereinbarten Schriftform bei Kündigungen aufgestellten Grds. auf Verstöße gegen § 623 übertragen werden können (BAG 16.9.2004 NJW 2005, 844, 845). Davon ist jedoch auszugehen. 50

Vorschr. in **Kommunalverfassungen**, die rechtsgeschäftl. Handeln der Gemeinde, vertreten durch ihre Organe, an bestimmte Förmlichkeiten knüpfen, sind keine Form-, sondern **Zuständigkeitsvorschr.** (Rn. 4). Deshalb sind die Grds. über die unzulässige Berufung auf Formmängel wegen Verstoßes gegen Treu und Glauben grds. auf diesen Bereich nicht anwendbar. Dennoch soll der das ganze Rechtsleben beherrschende Grds. von Treu und Glauben gem. § 242 auch bei der Nichtbeachtung einer solchen Zuständigkeitsvorschr. in vergleichbarer Weise wie bei einer eigentl. Formnichtigkeit eines Rechtsgeschäfts anzuwenden sein (BGH 15.4.1998 NJW 1998, 3058, 3060). Die frühere Rspr. diff.: Sind für eine Körperschaft unzust. Organe aufgetreten, so findet § 242 keine Anwendung, da ör. Zuständigkeitsregelungen nicht unter Berufung auf Treu und Glauben ignoriert werden können (BGH 2.3.1972 NJW 1972, 940). Nur im ArbR kann der Zuständigkeitsmangel ausnahmsweise im Interesse des ANSchutzes gem. § 242 unbeachtl. sein (BAG 28.10.1974 AP BAT §§ 22, 23 Nr. 34). Sind für die Körperschaften hingegen zust. Organe aufgetreten und fehlen ledigl. **sonstige Förmlichkeiten,** so sind die Grds. von Treu und Glauben wie bei einer Nichtigkeit des Rechtsgeschäfts nach § 125 S. 1 entspr. anwendbar. Zwar regeln die Bestimmungen nicht die Form des Rechtsgeschäfts iSv. § 125. Es liegt jedoch eine vergleichbare Interessenlage, wie sie bei der Missachtung von Formvorschr. besteht, vor (BGH 13.10.1983 NJW 1984, 607). 51

c) Grenzen für die Anwendung von § 242. Abgesehen vom Formmangel muss ein **gültiges Rechtsgeschäft** vorliegen, dessen Inhalt ausreichend bestimmt ist. § 242 ist nicht anwendbar, wenn anderweitiger Rechtsschutz erlangt werden kann, zB bei einem nichtigen Vertrag die schutzbedürftige Partei Ansprüche aus § 280 iVm. §§ 311 II, 241 II oder unerlaubter Handlung geltend machen kann. IdR reicht dieser bestehende Rechtsschutz aus, ein für die Anwendung von § 242 erforderl. schlechthin untragbares Erg. zu verhindern. 52

2. Fallgruppen. Die von der Rspr. verwendete Formel vom „schlechthin untragbaren Erg." (Rn. 49) bedarf im Interesse der Rechtssicherheit der Bildung von Fallgruppen für die Anwendung des § 242 ggü. der Berufung auf Formmängel. Es fehlt hier nicht an nützl. Bemühungen (*Reinicke* S. 41 ff.). Die hier angebotene Einteilung stellt die bes. typischen Fallgruppen dar und berücksichtigt arbeitsrechtl. Besonderheiten. Es darf jedoch nicht verkannt werden, dass es wegen der Vielfalt mögl. Fallgestaltungen unmögl. ist, ein allgemeingültiges Anwendungsschema aufzustellen und letztl. auf den Einzelfall abzustellen ist. 53

a) Kenntnis von der Formbedürftigkeit. § 242 ist nicht anwendbar, wenn **beide Parteien** den Formmangel kannten (BGH 22.6.1973 NJW 1973, 1455). Dies gilt auch dann, wenn ein Beteiligter einen formgerechten Abschluss des Vertrags nicht durchsetzt, weil er wegen der Rechtschaffenheit oder des Ansehens des die Erfüllung des Rechtsgeschäfts zusagenden Vertragspartners nicht darauf besteht, die Form zu wahren (RG 21.5.1927 Z 117, 121). Zu Recht muss von diesem Grds. eine Ausnahme gemacht werden, wenn ein Vertragspartner seine Machtstellung dazu ausgenutzt hat, die Formwahrung zu verhindern (BGH 27.10.1967 Z 48, 396 mit abl. Anm. *Reinicke* NJW 1968, 39) oder wenn beim Vertragspartner der Eindruck erweckt wird, die Zusage solle auch ohne Rücksicht auf die vorgeschriebene Form erfüllt werden (BAG 10.9.1975 AP BAT § 23a Nr. 12). 54

b) Beidseitige Unkenntnis. Bei **beidseitiger Unkenntnis** verbleibt es bei der Rechtsfolge von § 125 S. 1 (BAG 22.8.1979 AP BAT § 4 Nr. 6). Dies gilt auch dann, wenn eine Partei bei der anderen die irrige Vorstellung von der Formfreiheit veranlasst hat (BGH 10.6.1977 NJW 1977, 2072). Nach Ansicht des ArbG BE steht § 623 der Wirksamkeit einer Faxkündigung nicht entgegen, wenn beide Parteien davon ausgegangen sind, einer notwendigen Schriftform werde durch ein Fax entsprochen. Die Beru- 55 fung auf den Formmangel soll in diesem Falle rechtsmissbräuchl. sein (ArbG BE 1.3.2002 NZA-RR 2002, 522).

56 c) **Einseitige Kenntnis – Arglist.** Eine **einseitige Kenntnis** einer Vertragspartei von der Formbedürftigkeit des Rechtsgeschäfts begr. noch keine Anwendung des § 242, erst recht nicht, wenn die den Formmangel kennende Partei bei Vertragsschluss davon ausging, die andere kenne ihn auch. Hat jedoch eine Partei die andere über die Formbedürftigkeit des Rechtsgeschäfts getäuscht, um sich später ggf. zu ihrem Vorteil auf die Unwirksamkeit des Rechtsgeschäfts berufen zu können, so ist die Geltendmachung des Formmangels **arglistig** und gem. § 242 verwehrt (BAG 26.9.1957 AP HGB § 74 Nr. 2; 7.5.1986 AP BAT § 4 Nr. 12). Für einen Einwand aus § 242 genügt es demggü. nicht, wenn eine Partei den Formmangel unwissend und damit **schuldlos** verursacht hat (BGH 10.6.1977 NJW 1977, 2072). Ebenfalls liegt kein Anwendungsfall des § 242 vor, wenn zwar ein Verschulden, aber keine Arglist gegeben ist (BGH 21.3.1969 NJW 1969, 1167); es kann jedoch in diesem Fall ein Anspruch auf Geldentschädigung aus c. i. c. bestehen (BGH 29.1.1965 NJW 1965, 812). Bei Unkenntnis der anderen Partei verstößt die Geltendmachung des Formmangels jedoch gegen Treu und Glauben, wenn sich die auf den Formmangel berufende Partei hierdurch gröbl. in Widerspruch zu ihrem eigenen Verhalten setzt. Dies bejahte das BAG in einem Fall, in dem die Bundespost 16 Jahre AN eine außertarifl. Zuwendung nach Antragstellung in einem Verwaltungsverf. gezahlt hatte, ohne dass die tarifl. vorgesehene Schriftform für Nebenabreden eingehalten wurde (BAG 7.9.1982 AP TV Arb Bundespost § 3 Nr. 1).

57 d) **Existenzgefährdung.** Würde die Nichterfüllung oder Rückabwicklung eines Vertrags dazu führen, dass die wirtschaftl. Existenz einer Partei, die gutgläubig auf die Rechtswirksamkeit des Geschäfts vertraut hat, gefährdet oder vernichtet würde, tritt die Formvorschr. hinter § 242 zurück (BGH 15.11.1960 WM 1961, 179). Dieser urspr. für das Höferecht entwickelte Grds. gilt für alle Rechtsgebiete, also auch für das ArbR (BGH 19.11.1982 Z 85, 315). Das BAG hat eine Existenzgefährdung bei der Einstellung einer formwidrig vereinbarten Zahlung eines Mankogeldes (BAG 27.10.1988 BeckRS 1988, 30728340) und der Anhebung der WochenAZ von 32 auf 36 Stunden (BAG 27.3.1987 AP BGB § 242 Betriebliche Übung Nr. 29) verneint.

58 e) **Erreichung des Formzwecks.** Auch wenn im Einzelfall der Formzweck, zB Schutz vor Übereilung, nicht zum Tragen kommt, weil etwa nach der Persönlichkeit der Beteiligten eine derartige Warnung nicht erforderl. erscheint, ist die Geltendmachung der Formnichtigkeit nicht ausgeschlossen (BGH 18.12.1955 Z 16, 334; 6.2.1970 Z 53, 189; **aA** BAG 4.12.1997 NZA 1998, 420 für vertragl. Schriftform). Bei dem mit der Form verfolgten Zweck handelt es sich um das Motiv des Gesetzgebers bzw. der Parteien, die das Formerfordernis geschaffen haben. Es ist aber kein Tatbestandsmerkmal der Formvorschr. (*Reinicke* S. 73). Genauso wenig muss der Grund, wegen dessen sich eine Partei auf den Formmangel beruft, vom Formzweck her bestimmt sein. Vielmehr darf der Formmangel auch zum Anlass genommen werden, ein aus vom Formzweck unabhängigen Gründen lästiges Geschäft nicht mehr durchzuführen (BGH 9.3.1965 WM 1965, 480). Dient die Formvorschr. jedoch **ausschl. dem Schutz einer Partei** und will diese trotz des Formmangels zu dem formnichtigen Rechtsgeschäft stehen, ist die Geltendmachung der Formnichtigkeit gem. § 242 ausgeschlossen (BGH 18.11.1966 NJW 1967, 245; 5.11.1982 NJW 1983, 566).

59 f) **Fürsorgepflicht des AG.** Wäre ein Vertragspartner aufgrund einer bes. Fürsorgepflicht verpflichtet gewesen, den anderen Vertragspartner auf die Formbedürftigkeit hinzuweisen und bedeutet die Nichtigkeitsfolge eine Existenzgefährdung dieser Partei, so bejaht die Rspr. ein Zurücktreten der Nichtigkeitsfolge ggü. § 242 (BGH 16.2.1955 Z 16, 334 „Träger-Siedlervertrag"; 24.3.1972 DNotZ 1972, 526 „Behördl. Grundstücksveräußerungszusage"; 21.4.1972 NJW 1972, 1189 „öffentl. geförderter Wohnungsbau"). Umstr. ist, ob dem AG ggü. dem AN gleichfalls eine solche Fürsorgepflicht obliegt, ihn über Formerfordernisse zu belehren und auf eine formgerechte Durchführung des Rechtsgeschäfts hinzuwirken. Eine Ansicht bejaht dies mit dem pauschalen Hinweis auf die allg. Fürsorgepflicht des AG (*Beer* AuR 1964, 174; *Tophoven* Anm. AP TVG § 4 Ausschlussfristen Nr. 1). Sie übersieht jedoch, dass auf diese Weise bei fehlender Belehrung durch den AG über die Formbedürftigkeit einer formwidrigen Erkl. über den Umweg von Treu und Glauben stets zur Wirksamkeit verholfen werden könnte. Dieses Erg. stünde aber im Gegensatz zu dem Grds., dass eine Formdurchbrechung gem. § 242 im Interesse der Rechtssicherheit und um die Aushöhlung der Formvorschr. zu verhindern nur in Ausnahmefällen durchgreifen kann (vgl. BAG 16.9.2004 NJW 2005, 844 f.). Eine allg. Fürsorgepflicht, den AN über das Bestehen von Formvorschr. zu belehren, besteht deshalb nicht (RAG 18.12.1942 ARS 46, 81; BAG 1.12.2004 NZA 2006, 211, 215; *Hueck* Bd. 1 S. 41; § 623 Rn. 26). Eine Treuwidrigkeit des AG nach § 242 bei Berufung auf die Formnichtigkeit ist jedoch dann zu bejahen, wenn außergewöhnl. Umstände hinzutreten. Dies nimmt das BAG dann an, wenn das Verhalten des AG darauf abzielt, einen Auszubildenden von der form- und fristgerechten Geltendmachung des Weiterbeschäftigungsverlangens nach § 78a II 1 BetrVG abzuhalten, obwohl dem AG zumutbar wäre, die für ihn vorhersehbaren Nachteile abzuwenden (BAG 15.12.2011 NZA-RR 2012, 413, 416).

60 g) **Erfüllung des formnichtigen Rechtsgeschäfts.** Grds. führt das Erbringen von Leistungen in Erfüllung des formnichtigen Rechtsgeschäfts ohne das Hinzutreten weiterer Umstände nicht dazu, von

der Nichtigkeitsfolge des Formmangels nach Treu und Glauben absehen zu können. Eine **Heilung** tritt grds. nur in den vom G vorgesehenen Fällen ein (bspw. §§ 311b I 2, 494 II 1, 507 II 2, 518 II, 766 S. 3; § 15 IV 2 GmbHG). Diesen Vorschr. kann jedoch nicht entnommen werden, dass formungültige Rechtsgeschäfte bei Erfüllung stets geheilt werden. Das BAG nimmt jedoch bspw. an, dass eine abschl. Stellungn. des (Gesamt-)BR genügt, um einen evtl. (ob wirkl. die ges. Schriftform nach § 126 einzuhalten ist, wird offengelassen) Schriftformverstoß zu heilen, wenn die von § 17 II 1 KSchG verlangten Angaben ggü. dem BR schriftl., wenn auch nicht unterzeichnet, dokumentiert wurden. Dafür spreche der Zweck des Unterrichtungserfordernisses (BAG 20.9.2012 NZA 2013, 32, 36). IdR hindert jedoch selbst die **langjährige praktische Durchführung** einer formnichtigen Vereinb. die Parteien nicht, sich später auf die Formnichtigkeit zu berufen (BAG 9.12.1981 AP BAT § 4 Nr. 8; 9.7.1985 AP BPersVG § 75 Nr. 16; 19.8.1987 EzBAT BAT § 4 Nebenabrede Nr. 12; BGH 22.6.1973 NJW 1973, 1455; LAG D 18.9.2013 BeckRS 2013, 74190). Rückforderungsansprüche aus ungerechtfertigter Bereicherung bestehen bei Kenntnis des Leistenden von der Formnichtigkeit nicht (§ 814). Die Rspr. behandelt einen formfehlerhaften Vertrag jedoch dann nach § 242 als wirksam, wenn durch die Erfüllung Verhältnisse eingetreten sind, die nicht mehr sachgerecht rückabgewickelt werden können oder wenn jdf. ein Teil unwiederbringl. Vorteile aus dem nichtigen Rechtsgeschäft gezogen hat (BGH 30.10.1961 WM 1962, 9). Bei einem fehlerhaften Vertragsverhältnis (insb. ArbVerh.) verbleibt es im Grds. bei der Nichtigkeit des Vertrags, wobei der Vertrag ledigl. für die Vergangenheit bis zur Geltendmachung als wirksam behandelt wird (MüKoBGB/*Einsele* § 125 Rn. 45 f., 60). Treuwidrig ist das Verhalten einer Partei, die über längere Zeit aus einem nichtigen – aber als gültig behandelten – Vertrag Vorteile gezogen hat und sich nunmehr ihren Verpflichtungen unter Berufung auf den Formmangel entziehen will (BGH 14.6.1996 NJW 1996, 2503 f.; dem folgend für den arbeitsrechtl. Aufhebungsvertrag LAG K 27.8.2003 BeckRS 2003, 30463500). Es müssen Umstände hinzukommen, die das Verhalten als im hohen Maße widersprüchl. erscheinen lassen (BGH 16.7.2004 NJW 2004, 3330). Zu Recht ist dies vom BAG angenommen worden, als es dem AG nur durch eine bes. Zusage – idR bestimmter Sozialleistungen oder Zulagen – gelungen ist, den AN zum Abschluss des Arbeitsvertrags zu bewegen (BAG 7.5.1986 AP BAT § 4 Nr. 12; 15.1.1987 BeckRS 1980, 43643). Beruft sich der AG erst nach einer längeren Zeit der Erfüllung auf die Formnichtigkeit dieser Zusage, so hat er bereits von dem nur aufgrund der Zusage abgeschlossenen ArbVerh. profitiert. Dieser Vorteil könnte ihm iRd. bereicherungsrechtl. Rückabwicklung nicht mehr genommen werden.

Abschnitt 5. Verjährung

Titel 1. Gegenstand und Dauer der Verjährung

§ 194 Gegenstand der Verjährung

(1) Das Recht, von einem anderen ein Tun oder Unterlassen zu verlangen (Anspruch), unterliegt der Verjährung.

(2) Ansprüche aus einem familienrechtlichen Verhältnis unterliegen der Verjährung nicht, soweit sie auf die Herstellung des dem Verhältnis entsprechenden Zustands für die Zukunft oder auf die Einwilligung in eine genetische Untersuchung zur Klärung der leiblichen Abstammung gerichtet sind.

§ 195 Regelmäßige Verjährungsfrist

Die regelmäßige Verjährungsfrist beträgt drei Jahre.

§ 196 Verjährungsfrist bei Rechten an einem Grundstück

Ansprüche auf Übertragung des Eigentums an einem Grundstück sowie auf Begründung, Übertragung oder Aufhebung eines Rechts an einem Grundstück oder auf Änderung des Inhalts eines solchen Rechts sowie die Ansprüche auf die Gegenleistung verjähren in zehn Jahren.

§ 197 Dreißigjährige Verjährungsfrist

(1) In 30 Jahren verjähren, soweit nicht ein anderes bestimmt ist,

1. Schadensersatzansprüche, die auf der vorsätzlichen Verletzung des Lebens, des Körpers, der Gesundheit, der Freiheit oder der sexuellen Selbstbestimmung beruhen,

2. Herausgabeansprüche aus Eigentum, anderen dinglichen Rechten, den §§ 2018, 2130 und 2362 sowie die Ansprüche, die der Geltendmachung der Herausgabeansprüche dienen,

3. rechtskräftig festgestellte Ansprüche,

4. Ansprüche aus vollstreckbaren Vergleichen oder vollstreckbaren Urkunden,
5. Ansprüche, die durch die im Insolvenzverfahren erfolgte Feststellung vollstreckbar geworden sind, und
6. Ansprüche auf Erstattung der Kosten der Zwangsvollstreckung.

(2) Soweit Ansprüche nach Absatz 1 Nr. 3 bis 5 künftig fällig werdende regelmäßig wiederkehrende Leistungen zum Inhalt haben, tritt an die Stelle der Verjährungsfrist von 30 Jahren die regelmäßige Verjährungsfrist.

§ 198 Verjährung bei Rechtsnachfolge

Gelangt eine Sache, hinsichtlich derer ein dinglicher Anspruch besteht, durch Rechtsnachfolge in den Besitz eines Dritten, so kommt die während des Besitzes des Rechtsvorgängers verstrichene Verjährungszeit dem Rechtsnachfolger zugute.

§ 199 Beginn der regelmäßigen Verjährungsfrist und Verjährungshöchstfristen

(1) Die regelmäßige Verjährungsfrist beginnt, soweit nicht ein anderer Verjährungsbeginn bestimmt ist, mit dem Schluss des Jahres, in dem
1. der Anspruch entstanden ist und
2. der Gläubiger von den den Anspruch begründenden Umständen und der Person des Schuldners Kenntnis erlangt oder ohne grobe Fahrlässigkeit erlangen müsste.

(2) Schadensersatzansprüche, die auf der Verletzung des Lebens, des Körpers, der Gesundheit oder der Freiheit beruhen, verjähren ohne Rücksicht auf ihre Entstehung und die Kenntnis oder grob fahrlässige Unkenntnis in 30 Jahren von der Begehung der Handlung, der Pflichtverletzung oder dem sonstigen, den Schaden auslösenden Ereignis an.

(3) [1] Sonstige Schadensersatzansprüche verjähren
1. ohne Rücksicht auf die Kenntnis oder grob fahrlässige Unkenntnis in zehn Jahren von ihrer Entstehung an und
2. ohne Rücksicht auf ihre Entstehung und die Kenntnis oder grob fahrlässige Unkenntnis in 30 Jahren von der Begehung der Handlung, der Pflichtverletzung oder dem sonstigen, den Schaden auslösenden Ereignis an.

[2] Maßgeblich ist die früher endende Frist.

(3a) Ansprüche, die auf einem Erbfall beruhen oder deren Geltendmachung die Kenntnis einer Verfügung von Todes wegen voraussetzt, verjähren ohne Rücksicht auf die Kenntnis oder grob fahrlässige Unkenntnis in 30 Jahren von der Entstehung des Anspruchs an.

(4) Andere Ansprüche als die nach den Absätzen 2 bis 3a verjähren ohne Rücksicht auf die Kenntnis oder grob fahrlässige Unkenntnis in zehn Jahren von ihrer Entstehung an.

(5) Geht der Anspruch auf ein Unterlassen, so tritt an die Stelle der Entstehung die Zuwiderhandlung.

§ 200 Beginn anderer Verjährungsfristen

[1] Die Verjährungsfrist von Ansprüchen, die nicht der regelmäßigen Verjährungsfrist unterliegen, beginnt mit der Entstehung des Anspruchs, soweit nicht ein anderer Verjährungsbeginn bestimmt ist. [2] § 199 Abs. 5 findet entsprechende Anwendung.

§ 201 Beginn der Verjährungsfrist von festgestellten Ansprüchen

[1] Die Verjährung von Ansprüchen der in § 197 Abs. 1 Nr. 3 bis 6 bezeichneten Art beginnt mit der Rechtskraft der Entscheidung, der Errichtung des vollstreckbaren Titels oder der Feststellung im Insolvenzverfahren, nicht jedoch vor der Entstehung des Anspruchs. [2] § 199 Abs. 5 findet entsprechende Anwendung.

§ 202 Unzulässigkeit von Vereinbarungen über die Verjährung

(1) Die Verjährung kann bei Haftung wegen Vorsatzes nicht im Voraus durch Rechtsgeschäft erleichtert werden.

(2) Die Verjährung kann durch Rechtsgeschäft nicht über eine Verjährungsfrist von 30 Jahren ab dem gesetzlichen Verjährungsbeginn hinaus erschwert werden.

Titel 2. Hemmung, Ablaufhemmung und Neubeginn der Verjährung

§ 203 Hemmung der Verjährung bei Verhandlungen

[1] Schweben zwischen dem Schuldner und dem Gläubiger Verhandlungen über den Anspruch oder die den Anspruch begründenden Umstände, so ist die Verjährung gehemmt, bis der eine oder der andere Teil die Fortsetzung der Verhandlungen verweigert. [2] Die Verjährung tritt frühestens drei Monate nach dem Ende der Hemmung ein.

§ 204 Hemmung der Verjährung durch Rechtsverfolgung

(1) Die Verjährung wird gehemmt durch

1. die Erhebung der Klage auf Leistung oder auf Feststellung des Anspruchs, auf Erteilung der Vollstreckungsklausel oder auf Erlass des Vollstreckungsurteils,

2. die Zustellung des Antrags im vereinfachten Verfahren über den Unterhalt Minderjähriger,

3. die Zustellung des Mahnbescheids im Mahnverfahren oder des Europäischen Zahlungsbefehls im Europäischen Mahnverfahren nach der Verordnung (EG) Nr. 1896/2006 des Europäischen Parlaments und des Rates vom 12. Dezember 2006 zur Einführung eines Europäischen Mahnverfahrens (ABl. EU Nr. L 399 S. 1),

4. die Veranlassung der Bekanntgabe eines Antrags, mit dem der Anspruch geltend gemacht wird, bei einer

a) staatlichen oder staatlich anerkannten Streitbeilegungsstelle oder

b) anderen Streitbeilegungsstelle, wenn das Verfahren im Einvernehmen mit dem Antragsgegner betrieben wird;

die Verjährung wird schon durch den Eingang des Antrags bei der Streitbeilegungsstelle gehemmt, wenn der Antrag demnächst bekannt gegeben wird,

5. die Geltendmachung der Aufrechnung des Anspruchs im Prozess,

6. die Zustellung der Streitverkündung,

6a. die Zustellung der Anmeldung zu einem Musterverfahren für darin bezeichnete Ansprüche, soweit diesen der gleiche Lebenssachverhalt zugrunde liegt wie den Feststellungszielen des Musterverfahrens und wenn innerhalb von drei Monaten nach dem rechtskräftigen Ende des Musterverfahrens die Klage auf Leistung oder Feststellung der in der Anmeldung bezeichneten Ansprüche erhoben wird,

7. die Zustellung des Antrags auf Durchführung eines selbständigen Beweisverfahrens,

8. den Beginn eines vereinbarten Begutachtungsverfahrens,

9. die Zustellung des Antrags auf Erlass eines Arrests, einer einstweiligen Verfügung oder einer einstweiligen Anordnung, oder, wenn der Antrag nicht zugestellt wird, dessen Einreichung, wenn der Arrestbefehl, die einstweilige Verfügung oder die einstweilige Anordnung innerhalb eines Monats seit Verkündung oder Zustellung an den Gläubiger dem Schuldner zugestellt wird,

10. die Anmeldung des Anspruchs im Insolvenzverfahren oder im Schifffahrtsrechtlichen Verteilungsverfahren,

11. den Beginn des schiedsrichterlichen Verfahrens,

12. die Einreichung des Antrags bei einer Behörde, wenn die Zulässigkeit der Klage von der Vorentscheidung dieser Behörde abhängt und innerhalb von drei Monaten nach Erledigung des Gesuchs die Klage erhoben wird; dies gilt entsprechend für bei einem Gericht oder bei einer in Nummer 4 bezeichneten Streitbeilegungsstelle zu stellende Anträge, deren Zulässigkeit von der Vorentscheidung einer Behörde abhängt,

13. die Einreichung des Antrags bei dem höheren Gericht, wenn dieses das zuständige Gericht zu bestimmen hat und innerhalb von drei Monaten nach Erledigung des Gesuchs die Klage erhoben oder der Antrag, für den die Gerichtsstandsbestimmung zu erfolgen hat, gestellt wird, und

14. die Veranlassung der Bekanntgabe des erstmaligen Antrags auf Gewährung von Prozesskostenhilfe oder Verfahrenskostenhilfe; wird die Bekanntgabe demnächst nach der Einreichung des Antrags veranlasst, so tritt die Hemmung der Verjährung bereits mit der Einreichung ein.

(2) [1] Die Hemmung nach Absatz 1 endet sechs Monate nach der rechtskräftigen Entscheidung oder anderweitigen Beendigung des eingeleiteten Verfahrens. [2] Gerät das Verfahren dadurch in Stillstand, dass die Parteien es nicht betreiben, so tritt an die Stelle der Beendigung des Verfahrens die letzte Verfahrenshandlung der Parteien, des Gerichts oder der sonst mit dem Verfahren befassten Stelle. [3] Die Hemmung beginnt erneut, wenn eine der Parteien das Verfahren weiter betreibt.

(3) Auf die Frist nach Absatz 1 Nr. 6a, 9, 12 und 13 finden die §§ 206, 210 und 211 entsprechende Anwendung.

§ 205 Hemmung der Verjährung bei Leistungsverweigerungsrecht

Die Verjährung ist gehemmt, solange der Schuldner auf Grund einer Vereinbarung mit dem Gläubiger vorübergehend zur Verweigerung der Leistung berechtigt ist.

§ 206 Hemmung der Verjährung bei höherer Gewalt

Die Verjährung ist gehemmt, solange der Gläubiger innerhalb der letzten sechs Monate der Verjährungsfrist durch höhere Gewalt an der Rechtsverfolgung gehindert ist.

§ 207 Hemmung der Verjährung aus familiären und ähnlichen Gründen

(1) [1]Die Verjährung von Ansprüchen zwischen Ehegatten ist gehemmt, solange die Ehe besteht. [2]Das Gleiche gilt für Ansprüche zwischen
1. Lebenspartnern, solange die Lebenspartnerschaft besteht,
2. dem Kind und
a) seinen Eltern oder
b) dem Ehegatten oder Lebenspartner eines Elternteils
bis zur Vollendung des 21. Lebensjahres des Kindes,
3. dem Vormund und dem Mündel während der Dauer des Vormundschaftsverhältnisses,
4. dem Betreuten und dem Betreuer während der Dauer des Betreuungsverhältnisses und
5. dem Pflegling und dem Pfleger während der Dauer der Pflegschaft.

[3]Die Verjährung von Ansprüchen des Kindes gegen den Beistand ist während der Dauer der Beistandschaft gehemmt.

(2) § 208 bleibt unberührt.

§ 208 Hemmung der Verjährung bei Ansprüchen wegen Verletzung der sexuellen Selbstbestimmung

[1]Die Verjährung von Ansprüchen wegen Verletzung der sexuellen Selbstbestimmung ist bis zur Vollendung des 21. Lebensjahrs des Gläubigers gehemmt. [2]Lebt der Gläubiger von Ansprüchen wegen Verletzung der sexuellen Selbstbestimmung bei Beginn der Verjährung mit dem Schuldner in häuslicher Gemeinschaft, so ist die Verjährung auch bis zur Beendigung der häuslichen Gemeinschaft gehemmt.

§ 209 Wirkung der Hemmung

Der Zeitraum, während dessen die Verjährung gehemmt ist, wird in die Verjährungsfrist nicht eingerechnet.

§ 210 Ablaufhemmung bei nicht voll Geschäftsfähigen

(1) [1]Ist eine geschäftsunfähige oder in der Geschäftsfähigkeit beschränkte Person ohne gesetzlichen Vertreter, so tritt eine für oder gegen sie laufende Verjährung nicht vor dem Ablauf von sechs Monaten nach dem Zeitpunkt ein, in dem die Person unbeschränkt geschäftsfähig oder der Mangel der Vertretung behoben wird. [2]Ist die Verjährungsfrist kürzer als sechs Monate, so tritt der für die Verjährung bestimmte Zeitraum an die Stelle der sechs Monate.

(2) Absatz 1 findet keine Anwendung, soweit eine in der Geschäftsfähigkeit beschränkte Person prozessfähig ist.

§ 211 Ablaufhemmung in Nachlassfällen

[1]Die Verjährung eines Anspruchs, der zu einem Nachlass gehört oder sich gegen einen Nachlass richtet, tritt nicht vor dem Ablauf von sechs Monaten nach dem Zeitpunkt ein, in dem die Erbschaft von dem Erben angenommen oder das Insolvenzverfahren über den Nachlass eröffnet wird oder von dem an der Anspruch von einem oder gegen einen Vertreter geltend gemacht werden kann. [2]Ist die Verjährungsfrist kürzer als sechs Monate, so tritt der für die Verjährung bestimmte Zeitraum an die Stelle der sechs Monate.

§ 212 Neubeginn der Verjährung

(1) Die Verjährung beginnt erneut, wenn
1. der Schuldner dem Gläubiger gegenüber den Anspruch durch Abschlagszahlung, Zinszahlung, Sicherheitsleistung oder in anderer Weise anerkennt oder
2. eine gerichtliche oder behördliche Vollstreckungshandlung vorgenommen oder beantragt wird.

(2) Der erneute Beginn der Verjährung infolge einer Vollstreckungshandlung gilt als nicht eingetreten, wenn die Vollstreckungshandlung auf Antrag des Gläubigers oder wegen Mangels der gesetzlichen Voraussetzungen aufgehoben wird.

(3) Der erneute Beginn der Verjährung durch den Antrag auf Vornahme einer Vollstreckungshandlung gilt als nicht eingetreten, wenn dem Antrag nicht stattgegeben oder der Antrag vor der Vollstreckungshandlung zurückgenommen oder die erwirkte Vollstreckungshandlung nach Absatz 2 aufgehoben wird.

§ 213 Hemmung, Ablaufhemmung und erneuter Beginn der Verjährung bei anderen Ansprüchen

Die Hemmung, die Ablaufhemmung und der erneute Beginn der Verjährung gelten auch für Ansprüche, die aus demselben Grunde wahlweise neben dem Anspruch oder an seiner Stelle gegeben sind.

Titel 3. Rechtsfolgen der Verjährung

§ 214 Wirkung der Verjährung

(1) Nach Eintritt der Verjährung ist der Schuldner berechtigt, die Leistung zu verweigern.

(2) [1]Das zur Befriedigung eines verjährten Anspruchs Geleistete kann nicht zurückgefordert werden, auch wenn in Unkenntnis der Verjährung geleistet worden ist. [2]Das Gleiche gilt von einem vertragsmäßigen Anerkenntnis sowie einer Sicherheitsleistung des Schuldners.

§ 215 Aufrechnung und Zurückbehaltungsrecht nach Eintritt der Verjährung

Die Verjährung schließt die Aufrechnung und die Geltendmachung eines Zurückbehaltungsrechts nicht aus, wenn der Anspruch in dem Zeitpunkt noch nicht verjährt war, in dem erstmals aufgerechnet oder die Leistung verweigert werden konnte.

§ 216 Wirkung der Verjährung bei gesicherten Ansprüchen

(1) Die Verjährung eines Anspruchs, für den eine Hypothek, eine Schiffshypothek oder ein Pfandrecht besteht, hindert den Gläubiger nicht, seine Befriedigung aus dem belasteten Gegenstand zu suchen.

(2) [1]Ist zur Sicherung eines Anspruchs ein Recht verschafft worden, so kann die Rückübertragung nicht auf Grund der Verjährung des Anspruchs gefordert werden. [2]Ist das Eigentum vorbehalten, so kann der Rücktritt vom Vertrag auch erfolgen, wenn der gesicherte Anspruch verjährt ist.

(3) Die Absätze 1 und 2 finden keine Anwendung auf die Verjährung von Ansprüchen auf Zinsen und andere wiederkehrende Leistungen.

§ 217 Verjährung von Nebenleistungen

Mit dem Hauptanspruch verjährt der Anspruch auf die von ihm abhängenden Nebenleistungen, auch wenn die für diesen Anspruch geltende besondere Verjährung noch nicht eingetreten ist.

§ 218 Unwirksamkeit des Rücktritts

(1) [1]Der Rücktritt wegen nicht oder nicht vertragsgemäß erbrachter Leistung ist unwirksam, wenn der Anspruch auf die Leistung oder der Nacherfüllungsanspruch verjährt ist und der Schuldner sich hierauf beruft. [2]Dies gilt auch, wenn der Schuldner nach § 275 Absatz 1 bis 3, § 439 Absatz 4 oder § 635 Absatz 3 nicht zu leisten braucht und der Anspruch auf die Leistung oder der Nacherfüllungsanspruch verjährt wäre. [3]§ 216 Abs. 2 Satz 2 bleibt unberührt.

(2) § 214 Abs. 2 findet entsprechende Anwendung.

I. Verjährung

1 **1. Funktionen des Verjährungsrechts.** Das Verjährungsrecht hat mehrere Funktionen. Es dient sowohl individuellen als auch öffentl. Interessen (vgl. dazu MüKoBGB/*Grothe* vor § 194 Rn. 6 ff.; *Piekenbrock*, Befristung, Verjährung, Verschweigung und Verwirkung, S. 317 ff.). Der Gläubiger soll die faire Chance erhalten, seinen Anspruch geltend zu machen und Schuldner ebenso wie Nichtschuldner sollen vor den Nachteilen geschützt werden, die der Zeitablauf bei der Abwehr unbegründeter und der Erfüllung begr. Ansprüche mit sich bringt (Begr. des RegE, BT-Drs. 14/6040 S. 95, 96; BGH 20.4.1993 Z 122, 241, 243). Primärer Zweck ist der Schutz des Schuldners vor Beweisnot, die durch den Zeitablauf entsteht (Mot. I S. 291; Staudinger/*Peters/Jacoby* Vorbem. §§ 194–225 Rn. 5). Des Weiteren ist die Verjährung eine spezielle Ausprägung der Gedanken von Treu und Glauben, der allg. Rücksichtnahmepflicht und der Verwirkung. Der Gläubiger soll den Schuldner nicht unbefristet über die Realisierung seines Anspruches im Unklaren lassen und diesen dadurch zu unbefristeten Vorsorgemaßnahmen für die Erfüllung zwingen können. Darüber hinaus muss der Schuldner mit zunehmendem Zeitablauf den Verlust etwaiger Regressmöglichkeiten fürchten. Daneben trägt die Verjährung dem Gedanken Rechnung, dass der Schuldner bei hinreichendem Zeitablauf darauf vertrauen darf, dass der Gläubiger auf seine Forderung nicht mehr zurückgreifen wird (Begr. des RegE, BT-Drs. 14/6040 S. 96). Schließl. und wegen der Ausgestaltung als Einrede nachrangig (vgl. dazu Rn. 3) dient die Verjährung auch dem öffentl. Interesse der Gewährleistung von Rechtsfrieden und Rechtssicherheit (BGH 16.6.1972 Z 59, 72, 74). Das Verjährungsrecht kann hingegen nicht mit einer Entlastungsfunktion für die Gerichte erklärt werden (Staudinger/*Peters/Jacoby* Vorbem. §§ 194–225 Rn. 7). Dies ergibt sich bereits daraus, dass sie nicht vAw. zu berücksichtigen ist. Auch ist unsicher, ob (zu) kurze Verjährungsfristen nicht eine ambivalente Wirkung auf die Zahl der anhängig gemachten Verf. haben könnten (*Piekenbrock*, Befristung, Verjährung, Verschweigung und Verwirkung, S. 318 f.).

2 **2. Änderungen des SMG.** Durch das SMG ist es zu einer grdl. Neuordnung des Verjährungsrechts des BGB gekommen, da es nach allg. Auff. nicht mehr den Bedürfnissen des modernen Rechts- und Wirtschaftsverkehrs entsprach (grdl. schon *Peters/Zimmermann*, „Verjährungsfristen", in: Gutachten und Vorschläge zur Überarbeitung des SchuldR, hrsg. vom BMJ 1981, Bd. I, S. 77 bis 372; vgl. a. *Zimmermann/Leenen/Mansel/Ernst* JZ 2001, 684; *Heinrichs* BB 2001, 1417; *Mansel/Budziekiewicz*, Das neue Verjährungsrecht). Der Beginn der von 30 auf 3 Jahre verkürzten regelm. Verjährungsfrist knüpft neben dem obj. Kriterium der Entstehung des Anspruchs in Anlehnung an die deliktische Verjährung des § 852 I auch an eine subj. Voraussetzung an: Die Frist beginnt nur zu laufen, wenn der Gläubiger von den den Anspruch begründenden Umständen und der Person des Schuldners Kenntnis erlangt oder ohne grobe Fahrlässigkeit erlangen müsste, § 199 I Nr. 2. Die drastische Verkürzung der regelm. Verjährungsfrist findet ihre Rechtfertigung in dem Umstand, dass die nach alter Gesetzeslage als regelm. bezeichnete Frist durch zahlr., in ges. Vorschr. vorgesehene kürzere Fristen bereits vor den Änd. zur Ausnahme geworden war. Eine allzu nachteilige Auswirkung der kurzen Verjährungsfrist auf die Rechtsstellung des Gläubigers wird zudem durch die Anknüpfung ihres Beginns an das subj. Kriterium vermieden (vgl. *Heinrichs* BB 2001, 1417, 1418). Die Verjährung von bei Inkrafttreten des SMG am 1.1.2002 bereits entstandenen, aber noch nicht verjährten Ansprüchen richtet sich nach der speziellen Übergangsvorschr. des Art. 229 § 6 EGBGB; insoweit findet Art. 229 § 5 EGBGB keine Anwendung (BAG 19.1.2010 NZA 2011, 520). Gem. Art. 229 § 6 I S. 1 EGBGB gilt das neue Verjährungsrecht grds. für Ansprüche, die entweder nach dem 31.12.2001 entstehen oder am 1.1.2002 bereits bestanden aber noch nicht verjährt sind (*Gotthardt* Rn. 311).

3 **3. Allgemeines.** Verjährung ist der Zeitablauf, der dem Verpflichteten die Möglichkeit eröffnet, die Erfüllung eines Anspruchs zu verweigern, § 214 I. Sie gibt dem Schuldner eine **Einrede**, die geltend gemacht werden muss. Es steht in seinem freien Belieben, ob er von ihr Gebrauch macht. Die Ausgestaltung als Einrede soll in erster Linie die Dispositionsfreiheit des Schuldners schützen, den verjährten Anspruch gleichwohl zu erfüllen. Darin kommt die primär schuldnerschützende Funktion der Verjährung und die nur nachrangige Bedeutung von Rechtssicherheit und Rechtsfrieden zum Ausdruck (MüKoBGB/*Grothe* vor § 194 Rn. 5; vgl. auch Rn. 1). Nur ein materiell-rechtl. Anspruch kann Gegenstand der Verjährung sein (vgl. *Zimmermann* JuS 1984, 409; anders bei Ausschlussfristen vgl. Rn. 33).

4 Im Prozess darf das Gericht sie nur beachten, wenn die Voraussetzungen des Einrederechts gegeben sind und sich der Berechtigte darauf berufen hat; vAw. darf der Richter die Verjährung nicht prüfen. Der Richter darf dem anwaltl. vertretenen Schuldner, der sich erkennbar nicht auf die Verjährung berufen will, nicht raten, die Einrede der Verjährung zu erheben, ohne sich befangen zu machen (BGH 2.10.2003 NJW 2004, 164; iÜ str. vgl. Baumbach/*Hartmann* § 139 Rn. 89; diff. Staudinger/*Peters/Jacoby* § 214 Rn. 15 ff. mwN). Da es sich um einen tats. Vorgang handelt, kann sich der Schuldner nicht erstmals in der Revisionsinstanz auf die Verjährung berufen (BGH 1.3.1951 Z 1, 234). Die Verjährung lässt den Anspruch **nicht erlöschen**. Dieser bleibt – anders als bei Ausschlussfristen, vgl. Rn. 33 – trotz Fristablaufs bestehen, so dass er noch freiwillig erfüllt werden kann. Wer eine schon

verjährte Forderung erfüllt hat, kann das Geleistete nicht mehr zurückfordern, selbst wenn ihm die Verjährung nicht bekannt war, § 214 II 1. Allerdings schließt der Eintritt der Verjährung – wiederum anders als Ausschlussfristen – weder die **Aufrechnung** noch die Geltendmachung eines **Zurückbehaltungsrechts** aus. Da die Aufrechnung gem. § 389 auf den erstmaligen Eintritt der Aufrechnungslage zurückwirkt, kommt es gem. § 215 vielmehr darauf an, ob der Anspruch zu diesem Zpkt. schon verjährt war oder nicht. Auch wenn abhängige Nebenansprüche (insb. Zinsen, Nutzungen, Provisionen etc.) bzgl. Verjährungsbeginn, -dauer, -hemmung und -unterbrechung vom Hauptanspruch unabhängig sind, tritt das Ende der Verjährungsfrist gem. § 217 spätestens dann ein, wenn der Hauptanspruch verjährt. Bei Hilfsansprüchen wie dem Auskunftsanspruch gilt Entsprechendes, außer die Auskunft dient noch einem weiteren Zweck als der Verfolgung des Hauptanspruchs. Bei Rechtsnachfolge bleiben die Verjährungsfrist und ihr Lauf unberührt.

4. Verjährungsfristen. a) Regelmäßige Verjährungsfrist, § 195. Alle vertragl. und außervertragl. 5
Ansprüche sowohl des AN (etwa Vergütungsanspruch, Anspruch auf Verzugslohn, Anspruch auf Auslagenersatz, Schadensersatzansprüche) als auch des AG (Anspruch auf Lohnrückzahlung aus ungerechtfertigter Bereicherung, Schadensersatzanspruch) unterliegen – vorbehaltl. Sonderregelungen (Rn. 6) und Gestaltungsmöglichkeiten (Rn. 26) – der **kenntnisabhängigen** (vgl. Rn. 9ff.) **regelm. Verjährungsfrist von 3 Jahren.** Dies gilt grds. auch für Ansprüche aus TV oder BV. Die Verjährung von verschiedenen Schadensersatzansprüchen und sonstigen Ansprüchen unterscheidet sich somit nur durch abw. Höchstfristen (vgl. Rn. 15).

b) Andere Verjährungsfristen. Einer bes. Verjährungsfrist von 10 bzw. 30 Jahren unterliegen die in 6
§§ 196 bis 197 genannten Ansprüche. In arbeitsrechtl. Beziehungen wird die bes. Verjährungsfrist regelm. nur im Fall eines rkr. festgestellten Anspruchs (§ 197 I Nr. 3), eines Anspruchs aus vollstreckbaren Vergleichen oder vollstreckbaren Urkunden (§ 197 I Nr. 4) oder eines Anspruchs, der durch die im Insolvenzverf. erfolgte Feststellung vollstreckbar geworden ist (§ 197 I Nr. 5), relevant werden. Nach § 197 II gilt für Ansprüche nach Nr. 3 bis 5, die künftig fällig werdende regelm. wiederkehrende Leistungen zum Inhalt haben, die regelm. Verjährungsfrist von 3 Jahren. Hat der AN seinen Lohnanspruch rkr. feststellen lassen, so unterliegt dieser Anspruch – soweit das ArbVerh. auch in der Zukunft besteht – somit nicht einer Verjährungsfrist von 3 Jahren. Eine bes. Verjährungsregelung für Ansprüche aus der betriebl. AV existiert mit § 18a BetrAVG. Bei Schadensersatzansprüchen wegen Verstoßes gegen ein Wettbewerbsverbot soll in jedem Fall die dreimonatige Verjährungsfrist des § 61 II HGB Anwendung finden (BAG 26.9.2007 NZA 2007, 1436 unter Hinweis auf Art. 3 I GG). Zur Verjährung von Rückforderungsansprüchen bei überzahlten Versorgungsleistungen (BAG 15.10.2013 AP BetrAVG § 1 Unterstützungskassen Nr. 48).

5. Beginn der Verjährungsfristen. a) Beginn der regelmäßigen Verjährungsfrist. Der Beginn der 7
regelm. Verjährungsfrist von 3 Jahren (§ 199, vgl. schon Rn. 2) ist an eine **obj. und eine subj. Voraussetzung** geknüpft. Die Verjährung beginnt aber erst mit dem Schluss des Jahres, in dem kumulativ beide Voraussetzungen gegeben sind (sog. **Ultimoverjährung**). Nach dieser Regelung richtet sich der Beginn der Verjährung für vertragl. Erfüllungs- (insb. Lohnanspruch) und Schadensersatzansprüche, Schadensersatzansprüche aus unerlaubter Handlung, Ansprüche aus GoA sowie Ansprüche aus ungerechtfertigter Bereicherung (insb. Anspruch auf Lohnrückzahlung). Die Darlegungs- und Beweislast für die den Beginn und den Ablauf der Beweislast bestimmenden Umstände trägt derjenige, der sich auf die Verjährung beruft (BGH 20.10.2011 NJW 2012, 448; 24.2.2016 ZIP 2016, 722).

aa) Objektive Voraussetzung. Der Anspruch muss **entstanden** sein. Dies ist jdf. der Fall, sobald 8
dessen Befriedigung rechtl. verlangt und notfalls klageweise geltend gemacht werden kann (BGH 17.2.1971 NJW 1971, 979). Hierfür muss der Anspruch grds. fällig sein, § 271 (BGH 19.12.1990 Z 113, 188, 193; Palandt/*Ellenberger* § 199 Rn. 3); der Grds. der Schadenseinheit bleibt unangetastet (Palandt/*Ellenberger* § 199 Rn. 14). Dh. die Verjährung des Ersatzanspruchs für alle vorhersehbaren Schadensfolgen, mögen sie auch erst zu einem späteren Zpkt. in der Zukunft eintreten, beginnt einheitl., sobald bzgl. eines ersten Teilbetrags eine Leistungsklage erhoben werden kann. Somit ist der Geschädigte gehalten, den Ersatzanspruch für noch nicht bezifferbare Folgeschäden im Wege der Feststellungsklage geltend zu machen, um insoweit eine Verjährungshemmung herbeizuführen. Ist hingegen noch offen, ob ein pflichtwidriges, mit einem Risiko behaftetes Verhalten zu einem Schaden führen wird, wird die Verjährungsfrist nicht in Gang gesetzt (BGH 23.3.1987 NJW 1987, 1887, 1888). Bei **Lohnansprüchen** liegt die obj. Voraussetzung für den Beginn der Verjährung schon dann vor, wenn der Anspruch des AN auf Lohnzahlung zwar noch nicht fällig aber schon entstanden ist. Bei Lohnansprüchen ist der AN somit uU gehalten, Feststellungsklage oder, wenn der Zahlungsanspruch bereits einseitig geworden ist, eine Klage auf künftige Leistung gem. § 257 ZPO zu erheben. Der Anspruch auf Jahresumsatzprovisionen entsteht nicht schon am letzten Tag des für den Umsatz maßgebl. Jahres (BAG 10.12.1973 NJW 1974, 663).

bb) Subjektive Voraussetzung. (1) Kenntnis der anspruchsbegründenden Umstände. Der Gläu- 9
biger muss Kenntnis oder grob fahrl. Unkenntnis (vgl. dazu Rn. 11) von den anspruchsbegründenden Umständen haben; auf die rechtl. Würdigung der Umstände hingegen kommt es nicht an (BAG

13.3.2013 NZA 2013, 785, 786; BGH 17.10.1995 NJW 1996, 117 zu § 852). Eine unzutr. rechtl. Würdigung hindert somit den Verjährungsbeginn grds. nicht (vgl. *Mansel* NJW 2002, 89, 92). Soweit der AN seine geschuldete Tätigkeit ausgeübt hat, wird eine entspr. Kenntnis bezogen auf den Lohnanspruch regelm. vorliegen. Da es grds. nicht auf die rechtl. Bewertung ankommt, beginnt die Verjährung selbst dann, wenn der AN aufgrund einer komplizierten Vergütungsstruktur sein Gehalt trotz Tatsachenkenntnis nicht berechnen kann (*Gotthardt* Rn. 300). Von dem Anspruch auf gleiches Arbeitsentgelt gem. § 10 IV AÜG soll ein **LeihAN** ausreichende Kenntnis haben, wenn er weiß, dass vergleichbare StammAN des Entleihers mehr verdienen als er (BAG 24.9.2014 AP AÜG § 10 Nr. 47 Rn. 21; 17.12.2014 NZA 2015, 479). Auf eine zutr. rechtl. Würdigung kommt es nicht an. Ausnahmsweise kann nicht nur bei unübersichtl. Rechtslage (BGH 3.3.2005 NJW-RR 2005, 1148; 28.10.2014 BeckRS 2014, 21239 Rn. 33) oder geänd. höchstrichterl. Rspr., sondern auch bei gewichtigen rechtl. Zweifeln vor ihrer Klärung der Verjährungsbeginn hinaus geschoben sein (MüKoBGB/*Grothe* § 199 Rn. 29 mwN). Bei Schadensersatzansprüchen zählen zu den anspruchsbegründenden Tatsachen auch die Pflichtverletzung und die Entstehung eines Schadens. Eine genaue Kenntnis der Höhe und des Umf. des Schadens ist hingegen nicht erforderl. (*Mansel/Budzikiewicz* § 3 Rn. 105). Im Allgemeinen muss es als ausreichend erachtet werden, wenn der Geschädigte zumindest eine Feststellungsklage erheben könnte (BGH 17.2.2000 NJW 2000, 1498, 1500; BAG 24.10.2001 NZA 2002, 209; beide zu § 852), die bei verständiger Würdigung der ihm bekannten Tatsachen so viel Aussicht auf Erfolg bietet, dass sie ihm zumutbar ist (vgl. aber zur Zumutbarkeit mit Blick auf etwaige Kostenrisiken BVerfG 1.12.2010 NZA 2011, 354). Dies gilt insb. für Schadensfolgen, die erst später eintreten, aber bereits als mögl. voraussehbar sind. Zum Verjährungsbeginn bei Ansprüchen aus unerlaubter Benachteiligung als TZKraft nach § 823 II s. BAG 24.10.2001 NZA 2002, 209. Zu **Ansprüchen nach § 10 IV AÜG wegen fehlender Tariffähigkeit** der CGZP vgl. BAG 13.3.2013 NZA 2013, 785. Die Entsch. ist iE nicht unbedenkl., weil sie die AN anges. der stark einzelfallabhängigen Rspr. zur Tariffähigkeit mit unverhältnismäßigen Kostenrisiken belastet. Kenntnis oder grob fahrlässige Unkenntnis von Ansprüchen wegen fehlender Tariffähigkeit oder Tarifzust. ist erst mit der rkr. Entsch. in dieser Angelegenheit gegeben (LAG B 20.9.2011 DB 2012, 119 unter Verweis auf BAG 9.2.2005 NZA 2005, 814 ff.; **aA** BAG 13.3.2013 NZA 2013, 785, 787, das meint, der AN müsse sogar die einschlägige Instanzrspr. kennen). Zu den anspruchsbegründenden Tatsachen zählen auch die Umstände, die für oder gegen die Tariffähigkeit sprechen, welche AN und AG allenfalls tw. bekannt sind. Diese Wertung ergibt sich auch aus § 97 V ArbGG.

10 **(2) Kenntnis von der Person des Schuldners.** Weitere Voraussetzung ist, dass der Gläubiger Kenntnis von der Person hat, gegen die ihm der von der Verjährung bedrohte Anspruch zusteht. Für die Kenntnis muss der Gläubiger zumindest Name und (ladungsfähige) Anschrift des Schuldners kennen oder grob fahrlässig nicht kennen (BGH 13.12.2012 NJW 2013, 448). In arbeitsrechtl. Beziehungen wird diese Voraussetzung idR erfüllt sein.

11 **(3) Grob fahrlässige Unkenntnis.** Ggü. seinem Vorbild § 852 I ist das subj. Kenntniskriterium in § 199 I Nr. 2 um den Rechtsgedanken des § 277 erweitert (Begr. des Reg, BT-Drs. 14/6040 S. 108). Die Frist beginnt auch dann zu laufen, wenn der Gläubiger die entspr. Kenntnis grob fahrlässig nicht erlangt hat. Da keine Sorgfaltspflicht des Gläubigers zur Anspruchsverfolgung besteht, ist bei § 199 I Nr. 2 auf einen Obliegenheitsverstoß bei der Anspruchsverfolgung in eigenen Angelegenheiten abzustellen (*Mansel* NJW 2002, 89, 91; BGH 15.3.2016 WM 2016, 780 Rn. 34). Grobe Fahrlässigkeit liegt vor, wenn die im Verkehr erforderl. Sorgfalt in ungewöhnl. großem Maße verletzt worden ist, ganz nahe liegende Überlegungen nicht angestellt oder beiseitegeschoben wurden und dasjenige unbeachtet geblieben ist, was im gegebenen Fall jedem hätte einleuchten müssen (Begr. des RegE, BT-Drs. 14/6040 S. 108 unter Berufung auf BGH 28.6.1994 NJW-RR 1994, 1469, 1471).

12 **(4) Zurechnung der Kenntnis Dritter.** Bzgl. der Zurechnung der Kenntnis Dritter bietet es sich grds. an, auf die Rspr. zu § 852 zurückzugreifen (*Mansel* NJW 2002, 89, 92). Bei Geschäftsunfähigen oder beschränkt Geschäftsfähigen ist daher die Kenntnis des ges. Vertreters entscheidend (BGH 16.5.1989 VersR 1989, 914). Allerdings gelten beschränkt Geschäftsfähige, die aufgrund einer Ermächtigung nach § 113 ein ArbVerh. begr. haben, für die Erfüllung der sich ergebenden Verpflichtungen als unbeschränkt geschäftsfähig (s. § 113 Rn. 2). Daher ist bei der Verjährung von Ansprüchen aus dem Arbeitsvertrag auf ihre Kenntnis abzustellen. Um unbillige Erg. zu vermeiden, kann der ges. Vertreter die Ermächtigung in diesem Punkt einschränken und etwas Abweichendes vereinbaren, § 113 II. Für die Verjährung deliktischer Ansprüche dürfte jedoch ohnehin auf die Kenntnis des ges. Vertreters abzustellen sein. Mögl. ist die Zurechnung des Wissens sog. **Wissensvertreter** analog § 166 I. Voraussetzung ist, dass der Bedienstete, der Kenntnis hat, auch die eigenverantwortl. auszuübende Aufgabe hat, Ansprüche zu verfolgen, den zugrundeliegenden Sachverhalt zu erfassen und Ansprüche rechtzeitig geltend zu machen (BGH 25.6.1996 NJW 1996, 2510; 9.3.2000 NJW 2000, 1412). Der Wissensvertreter kann, muss aber nicht zugleich rechtsgeschäftl. Vertreter des Gläubigers sein (NK-BGB/*Mansel/Stürner* § 199 Rn. 76). Probleme können bei der **Zurechnung der Kenntnis in arbeitsteiligen Unternehmen** entstehen. Vor dem SMG hatte es die Rspr. in Bezug auf § 852 aF abgelehnt, eine Wissenszurechnung auch außerhalb der strengen Voraussetzungen der Wissensvertretung zu begrün-

den (BGH 25.6.1996 NJW 1996, 2508, 2510). Da § 199 I ausdr. auch auf die grob fahrlässige Unkenntnis abstellt, kann auch eine unzureichende Organisation des Gläubigers, wie unzureichende aktenmäßige Erfassung von verjährungsrelevanten Tatsachen und unzureichender Informationsaustausch darüber, nunmehr den Lauf der Verjährung in Gang setzen (NK-BGB/*Mansel/Stürner* § 199 Rn. 78; Palandt/*Ellenberger* § 199 Rn. 25). Die Verjährung beginnt zu dem Zpkt., in welchem der Gläubiger unter Einhaltung der im Verkehr erforderl. Sorgfalt die Kenntnis hätte erlangen können (*Mansel* NJW 2002, 89, 91; MüKoBGB/*Grothe* § 199 Rn. 31).

b) Beginn anderer Verjährungsfristen. aa) Nicht regelmäßige Verjährungsfrist. Die Verjährungsfrist von Ansprüchen, die nicht der regelm. Verjährungsfrist unterliegen, beginnt – vorbehaltl. einer anderweitigen Bestimmung wie zB der des § 201 – mit der Entstehung des Anspruchs, § 200. Der Gesetzgeber hat hier sowohl auf die subj. Voraussetzung als auch auf die sog. Ultimoverjährung verzichtet. Bei fehlender Parteiabsprache regelt § 200 auch den Beginn von Verjährungsfristen, welche die Parteien infolge der zugestandenen Dispositionsbefugnis vereinbart haben. Gerade bei der Vereinb. von kurzen Verjährungsfristen wird es aber der Interessenlage des Gläubigers entsprechen, den Beginn der Verjährungsfrist an die subj. Voraussetzung des § 199 I Nr. 1 zu knüpfen. Wegen der nunmehr zulässigen Verjährungserschwerung ist dies auch mögl. Die Parteien können auch in Anlehnung an § 199 I den Jahresschluss als maßgebl. Zpkt. für den Beginn der Verjährungsfrist vereinbaren. Somit können Erleichterung (Verkürzung der Verjährungsfrist) und Erschwerung (Knüpfung des Beginns an subj. Kriterium oder Ultimoverjährung) der Verjährung stärker kombiniert werden. 13

bb) Beginn der Verjährungsfrist von festgestellten Ansprüchen. Die Verjährung von festgestellten Ansprüchen beginnt mit Rechtskraft der Entsch., der Errichtung des vollstreckbaren Titels oder der Feststellung des Insolvenzverf., § 201 S. 1 Hs. 1, nach § 201 S. 1 Hs. 2 jedoch nicht vor Entstehung des Anspruchs. S. 1 Hs. 2 betrifft seinem Wortlaut nach den Fall, dass ein Anspruch, der bereits rkr. festgestellt worden ist, erst zeitl. später entsteht. Der tats. Anwendungsbereich des S. 1 Hs. 2 allerdings bliebe fragl., weil eine rkr. Entsch. über einen Anspruch vor seiner Entstehung ohnehin nicht mögl. ist. Unter Entstehung des Anspruchs ist daher seine Fälligkeit zu verstehen (NK-BGB/*Mansel/Stürner* § 201 Rn. 3). So macht die Einschränkung Sinn, da Klage auf zukünftige oder wiederkehrende Leistung bereits vor der Fälligkeit eines Anspruchs mögl. ist, §§ 257, 258 ZPO. 14

6. Höchstfristen. § 199 II ff. regelt Verjährungshöchstfristen. Dabei handelt es sich um eigene Verjährungsfristen, mit deren Ablauf die Verjährung eintritt, wenn bis dahin die nach § 199 I beginnenden Fristen nicht abgelaufen sind (MüKoBGB/*Grothe* § 199 Rn. 48 f.). Sie unterliegen **nicht der Ultimoverjährung** nach § 199 I, sondern laufen ab Entstehung der Ansprüche bzw. dem zugrundeliegenden Ereignis. Grds. beträgt die Verjährungshöchstfrist zehn Jahre ab Entstehung des Anspruchs unabhängig von Kenntnis oder grober Unkenntnis, § 199 IV. Für bestimmte Ansprüche bestehen aber spezielle Höchstfristen: Bei **Schadensersatzansprüchen** wegen qualifizierter Rechtsgutsverletzungen (Verletzung des Lebens, Körpers, der Gesundheit oder der Freiheit) beträgt die Verjährungshöchstfrist 30 Jahre ab Begehung der Handlung, Pflichtverletzung oder dem sonstigen, den Schaden auslösenden Ereignis, § 199 II. Sonstige Schadensersatzansprüche (zB wegen Verletzung des Eigentums) verjähren zehn Jahre nach ihrer Entstehung, § 199 III Nr. 1, jdf. aber 30 Jahre nach der Handlung, Pflichtverletzung oder dem sonstigen, den Schaden auslösenden Ereignis, § 199 III Nr. 2. Gem. S. 2 ist die kürzere Frist maßgebl. Ansprüche, die auf einem **Erbfall** beruhen oder deren Geltendmachung die Kenntnis einer Vfg. von Todes wegen voraussetzt, verjähren gem. § 199 IIIa in 30 Jahren von ihrer Entstehung an. Für Ansprüche, die nicht der regelm. Verjährungsfrist unterfallen, beträgt die max. Höchstfrist wegen § 202 II 30 Jahre (vgl. Rn. 26). Die §§ 203 ff. sind auch auf die Höchstfristen anwendbar. 15

7. Hemmung. Die §§ 203 ff. regeln die Hemmung, die Ablaufhemmung und den Neubeginn der Verjährung. Der Zeitraum, in dem die Verjährung gehemmt ist, zählt nicht zur Verjährungsfrist hinzu, § 209; die Verjährung ruht solange. Nach Wegfall der Hemmung läuft die Verjährungsfrist sofort – nicht erst mit dem Schluss des Jahres – weiter. 16

a) Verhandlungen zwischen Gläubiger und Schuldner. Unter Übernahme des Rechtsgedankens des bisherigen § 852 II (vgl. NK-BGB/*Mansel/Budzikiewicz* § 203 Rn. 4; Palandt/*Ellenberger* § 203 Rn. 1) ist § 203 als neuer Hemmungstatbestand eingefügt worden. Die Verjährung ist gehemmt, solange Schuldner und Gläubiger in Verh. über den Anspruch stehen. Zudem bleiben dem Gläubiger wegen § 203 S. 2 auch nach dem Scheitern der Verh. drei Monate Zeit, um die erforderl. Schritte einzuleiten. Anspruch ist nicht iSv. materiell-rechtl. Anspruchsgrdl., sondern weiter iS. einem aus einem Sachverhalt hergeleiteten Begehren auf Befriedigung eines Interesses zu verstehen. Daher sind bei Verh. über einen vertragl. Anspruch die Verjährungsfristen möglicherweise konkurrierend oder alternativ gegebener Ansprüche ebenfalls gem. § 203 gehemmt (Begr. des RegE, BT-Drs. 14/6040 S. 112; zust. NK-BGB/*Mansel/Budzikiewicz* § 203 Rn. 3). Der Begriff der Verh. ist weit zu verstehen. Der Gläubiger muss ledigl. klarstellen, dass er einen Anspruch geltend machen und worauf er ihn stützen will. Danach genügt jeder ernsthafte Meinungsaustausch über den Anspruch oder seine tats. Grdl., sofern diese nicht sofort und erkennbar abgelehnt werden. Ausreichend für Verh. ist jedes – auch konkludentes (NK-BGB/*Mansel/Budzikiewicz* § 203 Rn. 22) – Verhalten, dass die Annahme gestattet, 17 eine der Parteien lasse sich auf Erörterungen über die Berechtigung des Anspruches oder seines Umf. ein. Nicht erforderl. ist, dass dabei die Bereitschaft zum Vergleich oder zum Entgegenkommen signalisiert wird oder Erfolgsaussichten für die Verh. bestehen (vgl. dazu insg. BGH 14.7.2009 Z 186, 76, 80 mwN; Palandt/*Ellenberger* § 203 Rn. 2). Wird in einer gerichtl. Güteverh. ein Widerrufsvergleich über einen Anspruch, der nicht Streitgegenstand war, geschlossen, so wird die Verjährung bis zur Erkl. des Widerrufs gehemmt (BGH 4.5.2005 NJW 2005, 2004, 2006). Die Verh. müssen nicht schriftl. erfolgen. Die Hemmung endet durch die klare und eindeutige Verweigerung der Fortsetzung von Verh. Erforderl. ist ein „doppeltes Nein" (keine Verh., kein Anspruch, Palandt/*Ellenberger* § 203 Rn. 4). Schlafen die Verh. ein, so endet die Hemmung entspr. der Rspr. zum bisherigen § 852 (BGH 7.1.1986 NJW 1986, 1337, 1338) in dem Zpkt., in dem der nächste Schritt nach Treu und Glauben zu erwarten gewesen wäre (Begr. des RegE, BT-Drs. 14/6040 S. 112; NK-BGB/*Mansel/Budzikiewicz* § 203 Rn. 47 ff.). Die Darlegungs- und Beweislast für den Beginn der Verh. trägt der Gläubiger (für das Ende str. vgl. NK-BGB/*Mansel/Budzikiewicz* § 203 Rn. 59 mwN).

18 **b) Klageerhebung.** Die Zustellung der Klageschrift beim Bekl. (Klageerhebung), § 253 I ZPO, hemmt hins. des geltend gemachten Anspruchs die Verjährung, § 204 I Nr. 1. Die Hemmung tritt nur für den geltend gemachten Anspruch, also den Streitgegenstand der erhobenen Klage ein (BAG 15.9.2011 NZA 2012, 377). Deshalb hemmt die Kündigungsschutzklage nicht die Verjährung des Lohnanspruches aus §§ 615, 293 ff. (BAG 7.11.1991 NZA 1992, 1025; **aA** *Becker/Bader* BB 1981, 1709, 1710). Im Lichte der Entwicklung der Rspr. bei Ausschlussfristen (BAG 19.9.2012 NZA 2013, 156, vgl. dazu Rn. 64.; BVerfG 1.12.2010 NZA 2011, 354) ist zw., ob an diesem Grds. noch festgehalten werden kann, ohne Wertungswidersprüche zu generieren. Diesbzgl. hat das BAG entschieden, aufgrund verfassungskonformer Auslegung sei davon auszugehen, dass die vom Erfolg einer Bestandsschutzstreitigkeit abhängigen Ansprüche bereits mit der Klage in der Bestandsstreitigkeit gerichtl. geltend gemacht sind. Das LAG D (13.2.1998 MDR 1998, 784) nahm eine Hemmung der Verjährung von Vergütungsansprüchen durch höhere Gewalt gem. § 203 II aF (jetzt § 206) an, wenn eine Kündigungsschutzklage fehlerhaft abgewiesen und die Entsch. später im Wege des Restitutionsverf. aufgeh. wurde. Das BAG verneint höhere Gewalt und eine Hemmung der Verjährung (BAG 7.11.2002 NZA 2003, 963). Eine Teilklage unterbricht nur iHd. eingeklagten Betrages.

19 **aa) Klagearten.** Eine Klage, welche die Geltendmachung des Anspruchs nur vorbereitet, hemmt die Verjährung dieses Anspruchs nicht. So hemmen weder die Auskunftsklage (BAG 5.9.1995 NZA 1996, 251) noch die Klage auf Rechnungslegung (BAG 30.4.1971 AP ArbGG 1953 § 9 Nr. 15) die Verjährung der Provisionsansprüche. Der Hauptanspruch muss deshalb in einer Stufenklage geltend gemacht werden, da nur so alle Ansprüche sofort rechtshängig werden und die Verjährung gehemmt wird (BGH 17.6.1992 NJW 1992, 2563, 2564). Auch die Klage auf zukünftige Leistung und auf Feststellung hemmt. Die Hemmung erstreckt sich auch auf den hilfsweise geltend gemachten Anspruch (BGH 10.10.1977 NJW 1978, 261).

20 **bb) Die fehlerhafte Klage.** Eine Klage, die den wesentl. Formvorschr. des G nicht entspricht, wird schon nicht rechtshängig, so dass sie die Verjährung nicht hemmen kann. Die unzulässige Klage hingegen hemmt die Verjährung (Begr. des RegE, BT-Drs. 14/6040 S. 118; Palandt/*Ellenberger* § 204 Rn. 4 f.). Zur Wahrung der Frist des § 4 KSchG durch eine unzulässige Klage s. KSchG § 4 Rn. 10.

21 **cc) Rückwirkung der Zustellung.** Soll durch die Zustellung die Verjährung neu beginnen oder durch die Zustellung der Klage bzw. des MB die Verjährung nach § 204 gehemmt werden, so tritt die Wirkung, sofern die Zustellung demnächst erfolgt, bereits mit Eingang des Antrags oder der Erkl. ein, §§ 46 II, 46a ArbGG iVm. 167 ZPO. Diese Rückwirkung setzt voraus, dass die Klage oder der Mahnantrag vor Ablauf der Frist in die Verfügungsgewalt des Gerichts gelangt, dass es sich um eine Frist handelt und die Zustellung „demnächst" erfolgt. Die hierfür maßgebende angemessene Frist ist – anders als sonst – nicht vom Zpkt. des Eingangs bei Gericht, sondern erst vom letzten Tag der Verjährungsfrist an zu rechnen (BAG 13.5.1987 AP BGB § 209 Nr. 3; BGH 24.1.1983 NJW 1983, 1050). Nach der Rspr. ist die Klage bei einem Verschulden des Kl. an einer verzögerten Zustellung bei einer geringen Zeitspanne (2 bis 3 Wochen) zwischen Fristende und Zustellung noch „demnächst" erfolgt (BGH 3.9.2015 NJW 2015, 3101). Trifft den Kl. kein Verschulden an der Verzögerung, so gibt es keine absolute zeitl. Grenze für die Rückwirkung. Da die Zustellung vAw. geschieht und Verzögerungen innerhalb des gerichtl. Geschäftsbetriebs nicht von der die Zustellung veranlassenden Partei beeinflusst werden können, muss diese vor Nachteilen durch Verzögerungen innerhalb des Geschäftsbetriebs der Gerichte geschützt werden. Verzögerungen der Zustellung, die durch die Sachbearbeitung des Gerichts verursacht sind, muss sich der Kl. grds. nicht zurechnen lassen (BAG 13.11.2014 BeckRS 2015, 65310 Rn. 17); dies gilt auch bei mehrmonatigen Verzögerungen (auch bei einem Zeitraum von 19 Monaten, BAG 23.8.2012 NZA 2013, 227). In Betracht kommt aber eine Nachfrageobliegenheit des Klägers.

22 **c) Sonstige Hemmungstatbestände.** Auch die **Zustellung eines MB** hemmt die Verjährung, § 204 I Nr. 3. Dabei wird die Verjährung auch durch einen vor Ablauf der Verjährung beim unzust. ArbG eingereichten Antrag auf Erlass eines MB gehemmt, wenn auf Antrag das Verf. an das zust. ArbG

abgegeben und der von diesem erlassene MB – nach Ablauf der Verjährung – demnächst zugestellt wird (BAG 13.5.1987 AP BGB § 209 Nr. 3). Die Zustellung eines MB erfolgt nach der Rspr. unter Verweis auf § 691 II ZPO im Regelfall erst dann nicht mehr „demnächst", wenn ein nachlässiges Verhalten der Partei zu einer Verzögerung von mehr als einem Monat führt (BAG 13.11.2014 BeckRS 2015, 65310 Rn. 17). Zudem wird die Verjährung gem. § 691 II ZPO auch dann gehemmt, wenn der fristwahrende Mahnantrag zurückgewiesen wird, der Antragsteller – ggf. nach Verjährungsablauf – binnen eines Monats Klage erhebt und diese demnächst (vgl. dazu Rn. 21) zugestellt wird. Die Hemmung erfolgt zudem durch die Geltendmachung der (Eventual-)Aufrechnung (§ 204 I Nr. 5), die Zustellung der Streitverkündung (§ 204 I Nr. 6), die Zustellung einer einstweiligen Vfg. (§ 204 I Nr. 9) und durch weitere in §§ 210 ff. genannte Gründe (vgl. dazu NK-BGB/*Mansel/Budzikiewicz* § 204 Rn. 17 ff.). Auch die Veranlassung der Bekanntgabe des erstmaligen **Antrags auf PKH** hemmt die Verjährung, § 204 I Nr. 14. Der Gesetzgeber geht im Unterschied zur Rspr. zu der alten Rechtslage davon aus, dass der Antrag für die Hemmungswirkung ordnungsgemäß begr., vollständig, von den erforderl. Unterlagen begleitet und von der subj. Ansicht der Bedürftigkeit getragen sein muss. Es ist der Rspr. überlassen, Mindestanforderungen herauszubilden (Begr. des RegE, BT-Drs. 14/6040 S. 116). Da mangels Zustellung § 167 ZPO keine Anwendung findet, wirkt die Hemmung auf die Zpkt. zurück, in dem der PKHAntrag eingereicht wurde, wenn die Bekanntgabe **demnächst** nach der Einreichung erfolgt, § 204 I Nr. 14 (BGH 30.11.2006 NJW 2007, 439). Der Begriff „demnächst" entspr. demjenigen in § 167 ZPO (BGH 10.9.2015 NJW 2016, 151). Auch ein vereinbartes, vorübergehendes Leistungsverweigerungsrecht hemmt die Verjährung, § 205. Mit § 208 existiert eine spezielle Regelung für die Hemmung der Verjährung bei Ansprüchen wegen Verletzung der sexuellen Selbstbestimmung. Nach § 213 wirkt die Hemmung auch für alle Ansprüche, die aus demselben Grunde wahlweise neben diesem oder an seiner Stelle gegeben sind. Die Vorschr. erstreckt sich allerdings nur auf Ansprüche, deren Anspruchsgrund im Kern identisch ist. Ein wirtschaftl. oder funktioneller Zusammenhang ist nicht ausreichend (BAG 25.9.2013 NZA 2014, 164).

d) **Rücknahme verjährungshemmender Maßnahmen.** Auf eine dem § 212 I aF entspr. Regelung hat der Gesetzgeber verzichtet, so dass die Hemmung bei der Rücknahme verjährungshemmender Maßnahmen nicht rückwirkend entfällt. Ihre Rechtfertigung findet diese Änd. in der nunmehr deutl. geringeren Einwirkung auf den Lauf der Verjährung, der nur noch gehemmt, nicht aber mehr unterbrochen wird (Begr. des RegE, BT-Drs. 14/6040 S. 118). Auch bei der Rücknahme verjährungshemmender Maßnahmen gilt § 204 II (Rn. 24), da der Aufschub der Verjährung nach dem Willen des Gesetzgebers unabhängig von dem Ausgang des Verf. sein soll (Begr. des RegE, BT-Drs. 14/6040 S. 118). 23

e) **Dauer der Hemmung.** Nach § 204 II endet die Hemmung 6 Monate nach der rkr. Entsch. oder anderweitigen Beendigung des Verf. Somit dauert die Verjährung zum einen während des gesamten Verf. an. Zum anderen wird dem Gläubiger eine Nachfrist von 6 Monaten ab der Beendigung des Verf. gewährt, innerhalb derer er – ohne der Gefahr einer alsbaldigen Verjährung seines Anspruchs ausgesetzt zu sein – weitere Maßnahmen der Rechtsverfolgung einleiten kann. An die Stelle der Beendigung des Verf. tritt die letzte Verfahrenshandlung der Parteien, des Gerichts oder der sonst mit dem Verf. befassten Stelle, wenn das Verf. dadurch, dass es die Parteien nicht betreiben, in Stillstand gerät, § 204 II S. 2. Dies ist ua. der Fall, wenn ein neuer Verhandlungstermin auf Antrag einer Partei anberaumt werden soll, dieser jedoch erst nach über 2 Jahren gestellt wird (BAG 18.2.1972 AP BGB § 211 Nr. 1). Da die letzte Verfahrenshandlung an die Stelle der Beendigung des Verf. tritt, gilt auch in den Fällen, in denen das Verf. in Stillstand gerät, die Nachfrist von sechs Monaten. Hat das Gericht den Stillstand des Verf. herbeigeführt, so greift diese Regelung nicht ein unabhängig davon, ob die Untätigkeit des Gerichts gem. § 148 ZPO berechtigt oder unberechtigt ist (zu § 211 II aF: BAG 29.3.1990 NZA 1991, 230). Etwas anderes gilt nur dann, wenn die Untätigkeit des Gerichts auf ein Verhalten der Parteien zurückzuführen ist, bspw. das Ruhen des Verf. auf Antrag der Parteien angeordnet wird, § 251 ZPO (BGH 21.2.1983 NJW 1983, 2496; 23.4.1998 NJW 1998, 2274). In den Fällen des § 204 I 2 beginnt die Hemmung erneut, wenn eine der Parteien das Verf. weiterbetreibt, § 204 I 3. 24

8. Neubeginn der Verjährung/Ablaufhemmung. Die Verjährung beginnt aus den in § 212 genannten Gründen erneut. Ein Neubeginn der Verjährung tritt ein, wenn der Verpflichtete dem Berechtigten ggü. den Anspruch durch Abschlagszahlung, Zinszahlung, Sicherheitsleistung oder in andere Weise **anerkennt**, § 212 I Nr. 1. Ein Anerkenntnis kann durch jedes dem Gläubiger ggü. an den Tag gelegte Verhalten – auch durch Untätigkeit oder Stillschweigen – begr. werden, wenn sich aus diesem das Bewusstsein vom Bestehen des Anspruchs zumindest dem Grunde nach unzweideutig ergibt (BAG 8.6.1983 AP TVG § 4 Ausschlussfristen Nr. 78; 18.3.1997 NZA 1997, 1232; BGH 30.9.1993 NJW-RR 1994, 373). Des Weiteren führt auch die Vornahme oder Beantragung einer gerichtl. oder behördl. Vollstreckungshandlung zum Neubeginn der Verjährung, § 212 I Nr. 2. Bei nicht voll Geschäftsfähigen ohne ges. Vertreter tritt eine für oder gegen sie lfd. Verjährung nach der ges. Regel des § 210 I 1 erst sechs Monate nach dem Zpkt. ein, in dem die Person unbeschränkt geschäftsfähig oder der Mangel der Vertretung behoben wird (Ablaufhemmung). In arbeitsrechtl. Beziehungen ist jedoch zu beachten, 25 dass eine an sich in der Geschäftsfähigkeit beschränkte Person für Ansprüche aus dem ArbVerh. unbeschränkt geschäftsfähig sein kann (§ 113 I) und § 210 demnach ohnehin keine Anwendung findet.

26 **9. Verjährungserleichterung und -erschwerung. a) Individualvereinbarung.** Die Verjährung kann gem. § 202 II bis zu einer Höchstfrist von 30 Jahren **erschwert** werden. Nach § 202 I kann die Verjährung **bei Haftung wegen Vorsatzes nicht im Voraus durch Rechtsgeschäft** erleichtert **werden.** Ansonsten ist die **Erleichterung** der Verjährung durch Individualvereinb. mögl. Vorformulierte Abreden müssen sich einer Inhaltskontrolle nach Maßgabe der §§ 305 ff. stellen. In diesem Rahmen ist ein Ausschluss der Verjährung mögl. (Jauernig/*Mansel* § 202 Rn. 1; MüKoBGB/*Grothe* § 202 Rn. 1 ff.) Die Entsch. des BAG v. 19.1.2010 NZA 2011, 520 ist nicht mehr tragend. Sie erging zu der wesentl. weitergehenden Norm des § 225 aF, nach der Verjährung durch Rechtsgeschäft weder ausgeschlossen noch erschwert werden konnte. § 202 enthält dagegen nur unabdingbare Obergrenzen, lässt aber iÜ Vereinb. zu. Nach § 202 I kann die Verjährung bei **Haftung wegen Vorsatzes** nicht im Voraus durch Rechtsgeschäft erleichtert werden. Die Vorschr. ergänzt den allg. Grds. des § 276 III BGB, wonach die Haftung wegen Vorsatzes dem Schuldner nicht im Voraus erlassen werden kann (BAG 25.5.2005 NZA 2005, 3305; 20.6.2013 NZA 2013, 1265). Da § 276 III nach § 278 S. 2 für fremdes vorsätzl. Handeln, etwa von Erfüllungsgehilfen, keine Anwendung findet, werden Abreden über die Erleichterung der Verjährung insoweit prinzipiell für zulässig gehalten. § 4 IV 3 TVG und der Grds. der zwgd. Wirkung des TV stehen der Abkürzung von Verjährungsfristen für tarifl. Ansprüche durch andere als tarifvertragl. Regelungen entgegen (Wiedemann/*Wank* § 4 Rn. 688, 732). Für Ansprüche aus BV kann die Verjährungsfrist ebenfalls nur in der BV selbst oder durch TV verkürzt werden, § 77 IV 4 Hs. 2 BetrVG. Die rechtsgeschäftl. Gestaltung der Verjährung eines Anspruchs erstreckt sich – vorbehaltl. anderweitiger eindeutiger Absprachen oder Auslegung – iZw. auch auf solche Ansprüche, die mit dem Anspruch konkurrieren oder alternativ an dessen Stelle treten (Begr. des RegE, BT-Drs. 14/6040 S. 111; *Mansel/Budzikiewicz* § 6 Rn. 19; krit. HF/*Huber* 11. Kap. Rn. 28). Dass die Verjährungsvereinb. idR gleichzeitig eine Höchstfrist für die verjährungsabhängigen Nebenforderungen festlegt, ergibt sich aus dem Rechtsgedanken des § 217 (vgl. Rn. 4). Die rechtsgeschäftl. Dispositionsbefugnis über die Verjährung eines Anspruchs ist aufgrund der allg. Vertragsfreiheit nicht auf den Zpkt. vor der Entstehung des Anspruchs begrenzt. Daher können sowohl eine noch nicht lfd. als auch eine bereits lfd. Verjährungsfrist verlängert und verkürzt werden (Begr. des RegE, BT-Drs. 14/6040 S. 110).

27 **b) Formularmäßige Vereinbarungen.** Vorformulierte Vereinb. über die Verjährungsfristen unterliegen nach §§ 305 bis 310 einer Inhaltskontrolle, so dass die Zulässigkeit einer formularmäßig vereinbarten und von der regelm. abw. Verjährungsfrist am Maßstab des § 307 zu überprüfen ist.

28 Die **Abkürzung von Verjährungsfristen** ist eine allg. Problematik des Vertragsrechts, bei der prinzipielle Besonderheiten des ArbR (§ 310 IV) nicht festzustellen sind. Eine verkürzte Verjährungsfrist ist nur dann gem. § 307 zulässig, wenn die Veränderung der ges. Verjährungsregeln durch ein berechtigtes Interesse des Verwenders gerechtfertigt ist und dieses das Interesse der Gegenseite an der Geltung der ges. Regelung überwiegt (NK-BGB/*Mansel/Stürner* § 202 Rn. 55). Stets unangemessen benachteiligend sind Verkürzungen, bei denen für die Abweichung von der ges. Regelung kein Sachgrund erkennbar ist (NK-BGB/*Mansel/Stürner* § 202 Rn. 33). Die Verkürzung der Verjährungsfrist darf nicht auf eine ungerechtfertigte Beschneidung wohlerworbener Ansprüche hinauslaufen. Dabei ist die Verkürzung nicht nur unwirksam, wenn sie die Durchsetzung etwaiger Ansprüche weitgehend verhindert, sondern auch dann, wenn infolge der Verkürzung eine Behinderung des Anspruchsberechtigten bei der Prüfung der Sach- und Rechtslage eintritt (BGH 20.4.1993 NJW 1993, 2056). Insb. der AN sollte nicht dazu gezwungen sein, gegen seinen AG vorschnell rechtl. Schritte zur Durchsetzung einleiten zu müssen. Ihm muss die nötige Zeit verbleiben, das Für und Wider solcher Maßnahmen beurteilen zu können. Nach dem ges. Leitbild beträgt die Verjährungsfrist für Ansprüche des AN nunmehr nicht mehr nur zwei, sondern stets **mehr als drei**, max. fast vier **Jahre.** Vor diesem Hintergrund sollte die Verjährung regelm. nicht auf weniger als 6 Monate verkürzt werden (zur Leitbildfunktion *Mansel/Budzikiewicz* § 6 Rn. 97 ff.; Palandt/*Ellenberger* § 202 Rn. 13 ff.; vgl. für Ausschlussfristen Rn. 46). Für den Bereich des ZivilR halten *Mansel/Budzikiewicz* (§ 6 Rn. 104) eine Verkürzung auf zwei Jahre für regelm. noch angemessen (Verkürzung der Verjährungsfrist für Schadensersatzansprüche auf ein Jahr ist bei zusätzl. Intransparenz unangemessen BGH 29.4.2015 NJW 2015, 2244). Ist die Vereinb. nach § 307 unwirksam, bleibt es auch nach der neuen Rechtslage bei einem Verbot der geltungserhaltenden Reduktion auf den gerade noch zulässigen Regelungsgehalt (*Mansel/Budzikiewicz* § 6 Rn. 38 ff.). Eine unangemessene Benachteiligung iSd. § 307 kann auch im Fall einer einseitigen, erhebl. Verlängerung der Verjährungsfrist für AGAnsprüche (NK-BGB/*Mansel/Stürner* § 202 Rn. 55), uU aber nicht notwendigerweise einhergehend mit einer Verkürzung der Verjährungsfrist für AN-Ansprüche, vorliegen. Das Interesse des AG an schneller Rechtssicherheit rechtfertigt idR keine einseitige Benachteiligung des AN (vgl. dazu in Bezug auf Ausschlussfristen Rn. 47).

29 **10. Treu und Glauben.** Während die Verjährungseinrede nach der alten Rechtslage unter gewissen Voraussetzungen bei Verh. wegen Verstoßes gegen Treu und Glauben unbeachtl. war, ist dieser Fall nunmehr durch den Hemmungstatbestand § 203 ges. geregelt (Rn. 17). Daneben sind aber auch nach

der aktuellen Rechtslage Konstellationen denkbar, in denen die Verjährungseinrede gegen Treu und Glauben verstoßen kann. Die Einrede ist missbräuchl., wenn der Verpflichtete zuvor – ohne dass es zu Verh. iSv. § 203 gekommen ist – den Anschein erweckt hatte, er werde sein Gegenrecht nicht geltend machen, und wenn er dadurch, absichtl. oder unabsichtl. (BAG 24.5.1957 AP BGB § 198 Nr. 2), den Berechtigten von der rechtzeitigen Erhebung einer Klage zwecks Verjährungshemmung (nach der alten Rechtslage noch Verjährungsunterbrechung) abgehalten hat (BAG 18.3.1997 NZA 1997, 1232; 19.1.2010 NZA 2011, 520). Gleiches gilt, wenn er den Berechtigten nach obj. Maßstäben zu der Annahme veranlasst hat, es werde auch ohne Rechtsstreit eine vollständige Befriedigung seines Anspruchs zu erzielen sein; Schweigen genügt dazu nicht (BAG 7.11.2007 NZA-RR 2008, 399). Die Rspr. hat Treuwidrigkeit angenommen, wenn der Schuldner dem Gläubiger ggü. auf die Einrede der **Verjährung verzichtet** (zur Unwirksamkeit dieses Verzichts vgl. Rn. 26) hat (BGH 6.12.1990 NJW 1991, 974, 975), wenn der AG die AN nur unzureichend über die **Lohnberechnung** unterrichtet und sie deshalb die rechtzeitige Klageerhebung unterließen (BAG 24.11.1958 AP TOA § 3 Nr. 42) oder wenn der AG den AN durch die Vereinb., einen **Musterprozess** zu führen, von einer Klageerhebung abhielt (BAG 29.1.1975 AP BGB § 242 Unzulässige Rechtsausübung – Verwirkung Nr. 11).

Die Geltendmachung der Verjährungseinrede in Kenntnis des Bestehens der Verpflichtung ist für 30
sich allein noch keine unzulässige Rechtsausübung, weil die Rechtsordnung sie erlaubt. Deswegen ist es dem Schuldner nicht verwehrt, sich auf die Verjährung zu berufen, wenn der Gläubiger mit Rücksicht auf Ansehen und Stellung des Schuldners mit einer pünktl. Erfüllung seiner Ansprüche rechnen durfte (BAG 29.7.1966 AP BGB § 242 Ruhegehalt Nr. 115). Der AG muss den AN nicht auf die drohende Verjährung seiner Ansprüche aufmerksam machen (BAG 7.5.1986 AP BAT § 4 Nr. 12; vgl. für Ausschlussfristen Rn. 35).

Der Gläubiger verliert das Recht, sich auf den Einwand der unzulässigen Rechtsausübung berufen 31
zu können, wenn er nach Wegfall der den Einwand begründenden tats. Umstände den Anspruch nicht innerhalb angemessener Frist geltend macht. Die Rspr. billigt dem Gläubiger eine kurze, in der Mehrzahl der durchschnittl. Fälle eine vier Wochen nicht übersteigende Überlegungsfrist zu (BAG 24.11.1958 AP TOA § 3 Nr. 42; BGH 6.12.1990 NJW 1991, 974, 975).

II. Ausschlussfristen

1. Allgemeines. a) Bedeutung. Ausschlussfristen sind von Verjährungsfristen streng zu unterschei- 32
den (Mot. I, S. 292; BAG 11.7.1990 NZA 1991, 70, 71). Sie sind in Anwendungsbereich, Rechtswirkung (vgl. Rn. 33) und Zweck grdl. verschieden. Bei einer wirtschaftl. Betrachtungsweise der Ergebnisse sind die Unterschiede zwar gering. Ggü. der Verjährung besitzt die Ausschlussfrist aber eine stärkere, für den Betroffenen nachteiligere Wirkung (BAG 25.5.2005 NZA 2005, 1111, 1113). Ausschlussfristen dienen nach verbreiteter Auff. der Rechtssicherheit und Rechtsklarheit (BAG 30.3.1962 NJW 1962, 1460, 1461; grds. Zweifel bei *Matthiessen* S. 33 f.), der Schuldnerschutz taugt nur eingeschränkt zu ihrer Legitimation (NK-BGB/*Mansel/Stürner* Vorbem. §§ 194–218 Rn. 40; MüKoBGB/*Grothe* vor § 194 Rn. 10, **aA** BAG 25.5.2005 NZA 2005, 1111, 1113). Eine Übertragung von Wertungen des Verjährungsrechts ist wegen der strukturellen Verschiedenheit nur mögl., soweit hierfür Sachgründe bestehen (NK-BGB/*Mansel/Stürner* Vorbem §§ 194–218 Rn. 40) oder diese Wertungen nicht auf die spezifische Rechtsnatur der Verjährung als Einrede zugeschnitten sind (*Matthiessen* S. 73 f.). Unbedenkl. übertragbar sind wegen der intensiveren Wirkung der Ausschlussfrist nur solche Wertungen, die im Interesse des Gläubigers zu weitreichende Wirkungen der Verjährung unterbinden sollen (*Matthiessen* S. 73 f.). Die Problematik wird von der Rspr. des BAG nur unzureichend reflektiert. Es argumentiert, aus Gründen der Rechtsklarheit und Rechtssicherheit müsse es mögl. sein, eine zeitl. Begrenzung für die Geltendmachung eines Anspruches zu setzen. Es gehe einzig und allein darum, im Rechtsleben eine möglichst große Sicherheit im Zusammenhang mit der Erhebung des Anspruchs zu erzielen (BAG 30.3.1962 NJW 1962, 1460, 1461). Der Schuldner solle binnen einer angemessenen Frist darauf hingewiesen werden müssen, welche Ansprüche gegen ihn noch geltend gemacht werden. Ferner soll er sich darauf verlassen können, dass nach Fristablauf gegen ihn keine Ansprüche mehr erhoben werden (*Krause* RdA 2004, 36, 37 mwN). Zu Lasten des AN wirkende Ausschlussfristen sollen den AG vor der Verfolgung unzumutbarer Ansprüche bewahren. Dies sind solche, mit denen er nicht rechnet und auch nicht zu rechnen braucht (BAG 19.9.2012 NZA 2013, 101, 102). Dies gilt insb. auch nach Beendigung des ArbVerh. Derartige Fristen finden sich regelm. in TV, BV und im Arbeitsvertrag (vgl. hierzu die Untersuchungen *Busse,* Die Ausschlussfrist im Geflecht arbeitsrechtl. Gestaltungsfaktoren, 1991; *Weber,* Die Ausschlussfrist im ArbR, 1983; *Weyand,* Die tarifl. Ausschlussfristen in Arbeitsrechtsstreitigkeiten, 2. Aufl., 1995 und *Matthiessen*). Vereinzelt finden sich Ausschlussfristen auch in ges. Regelungen. Von bes. Bedeutung ist hier § 15 IV AGG (vgl. dort Rn. 15 ff.) An der rechtsbefriedenden Wirkung von Ausschlussfristen darf aufgrund der Unzahl von Rechtsstreitigkeiten, die über Ausschlussfristen geführt werden, gezweifelt werden (*Krause* RdA 2004, 36, 37).

b) Wirkung. Ausschlussfristen können sich im Gegensatz zur Verjährung nicht nur auf Ansprüche, 33
sondern auf Rechte jeder Art beziehen, insb. auch auf Gestaltungsrechte (NK-BGB/*Mansel/Stürner*

Vorbem. zu §§ 194–218 Rn. 39). Anders als bei der Verjährungsfrist führt der Ablauf der Ausschlussfrist zum **Erlöschen** eines nicht fristgemäß geltend gemachten Anspruchs (BAG 30.3.1973 AP BGB § 390 Nr. 4). Danach ist § 215 unmittelbar unanwendbar. Nach der mittlerweile wieder gefestigten Rspr. des BAG sollen Ausschlussfristen nicht den Inhalt eines Rechts, sondern ledigl. seine Geltendmachung und zeitl. Begrenzung betreffen (BAG 30.3.1962 NJW 1962, 1460, 1461; 16.1.2002 NZA 2002, 746, 747; abl. *Herschel* JZ 1961, 237). Zutr. qualifiziert handelt es sich bei vertragl. Ausschlussfristen aber um einen antizipierten aufschiebend bedingten Erlassvertrag (*Richardi* RdA 1962, 62, 63). Jede Regelung, die den Bestand eines Anspruchs von seiner Geltendmachung abhängig macht, betrifft seinen Inhalt (*Herschel* JZ 1961, 237; *Krause* RdA 2004, 36, 41; *D. Ulber* DB 2011, 1808, 1809; ebenso zwischenzeitl. BAG 26.9.1990 NZA 1991, 246, 247; 5.4.1984 NZA 1984, 257, 258). Ausschlussfristen sind vor Gericht vAw. zu beachten (BAG 27.3.1963 AP BetrVG § 59 Nr. 9). Deshalb muss der Richter prüfen, ob ein einschlägiger TV Ausschlussfristen enthält, wenn ihm die Tarifbindung der Parteien bekannt ist. Er ist aber nicht verpflichtet, von sich aus nachzuforschen, ob eine Tarifbindung besteht (BAG 15.6.1993 NZA 1994, 274). Ausschlussfristen können nur solche Ansprüche erfassen, die im Zusammenhang mit dem ArbVerh. entstehen. Nicht erfasst werden zB Erstattungsansprüche nach § 40 BetrVG, da sich diese aus dem BRAmt ergeben (BAG 30.1.1973 AP BetrVG 1972 § 40 Nr 3).

34 **c) Wirksamkeitsvoraussetzungen.** Ausschlussfristen unterliegen verfassungs- und unionsrechtl. Grenzen. Sie beeinträchtigen das durch Art. 2 I GG iVm. dem Rechtsstaatsprinzip gewährleistete Grundrecht auf effektiven Rechtsschutz (BVerfG 1.12.2010 NZA 2011, 354). Darüber hinaus können sie unter dem Blickwinkel des Unionsrechts probl. sein, weil sie geeignet sind, die Effektivität und die Durchsetzung von durch die Gemeinschaftsordnung oder aufgrund umgesetzten RLRechts gewährleisteten Rechten zu vereiteln. Vor diesem Hintergrund bedarf jede Ausschlussfrist zu ihrer Wirksamkeit einer sachl. Rechtfertigung und darf nicht dazu führen, dass eine Partei ihre Rechte nicht mehr effektiv durchsetzen kann (EuGH 24.3.2009 NVwZ 2009, 771; BAG 12.12.2012 ZTR 2013, 318). **Formularmäßig** vereinbarte arbeitsvertragl. **Ausschlussfristen** unterliegen einer Inhaltskontrolle (BAG 25.5.2005 NZA 2005, 1111; 28.9.2005 NZA 2006, 149; 12.3.2008 NZA 2008, 699; zur Inhaltskontrolle ausf. §§ 305 bis 310; zu Ausschlussfristen dort Rn. 44 ff.). Tarifvertragl. Ausschlussfristen können auch durch vertragl. Bezugnahme Gegenstand des Vertrags werden. Nach der Rspr. des BAG kann sich eine formlose Bindung auch durch konkludente Vertragsabrede oder **betriebl. Übung** ergeben (BAG 19.1.1999 NZA 1999, 879). Letzteres ist zw. und iE noch nie bejaht worden. IÜ verletzt die Annahme einer präsumtiv bloß kraft betriebl. Übung geltenden Ausschlussfrist die Nachweispflicht mit der Folge der Verpflichtung des AG zum Schadensersatz aus § 280 I (BAG 17.4.2002 NZA 2002, 1096; vgl. zu den Nachweispflichten des AG ausf. NachwG § 2 Rn. 7 ff.).

35 **Tarifvertragl. Ausschlussfristen** laufen auch (zum Fristlauf vgl. Rn. 57), wenn sie den Parteien **unbekannt** sind (BAG 18.2.1992 NZA 1992, 881) oder wenn der TV **entgegen § 8 TVG** nicht im Betrieb ausgehängt wurde (BAG 8.1.1970 AP TVG § 4 Ausschlussfristen Nr. 43; 23.1.2002 NZA 2002, 800; LAG HB 9.11.2000 DB 2001, 336; LAG SH 3.6.2002 LAGReport 2002, 325; s. aber LAG K 15.3.2001 ARSt. 2001, 186 für den Fall der Nichtaushändigung eines schriftl. Arbeitsvertrags). Selbst wenn es der AG gesetzwidrig (§ 8 TVG) versäumt hat, den TV auszulegen, kann er sich auf die Ausschlussfrist berufen (BAG 23.1.2002 NZA 2002, 800). Der AG soll aber nicht verpflichtet sein, den AN über die Geltung tarifl. Ausschlussfristen zu informieren (BAG 15.6.1972 AP BGB § 242 Auskunftspflicht Nr. 14; *Fenski* BB 1987, 2293 ff.). Das ist zw., da der Verstoß gegen § 8 TVG so folgenlos bleibt (vgl. iÜ NachwG § 2 I Nr. 10 Rn. 23). Bedenken gegen die Wirksamkeit formularmäßiger Ausschlussfristen, die unabhängig von der Kenntnis des Anspruchsinhabers zu laufen beginnen, können auch im Hinblick auf § 307 bestehen (vgl. Rn. 47). Ein Teil der Lit. spricht sich bei einem Verstoß des AG gegen § 8 TVG zumindest für einen Schadensersatzanspruch des AN aus (*Plander/Wissmann* EWiR 2001, 543; *Bunte* RdA 2009, 21; s. a. *Bepler* FS Düwell 2011 S. 307). Nach **Eröffnung des Insolvenzverf.** sind tarifl. Ausschlussfristen für zeitl. zuvor erworbene Ansprüche nicht zu beachten, da § 28 I InsO – obwohl keine Ausschlussfrist (AG Krefeld 28.11.2000 NZI 2001, 45) – insofern die speziellere Regelung ist (vgl. zu Ausschlussfristen im Konkurs BAG 12.6.2002 NJOZ 2003, 1506 sowie 18.12.1984 NZA 1985, 396 zu den alten §§ 138 ff. KO; zu Ansprüchen, die vor Insolvenzeröffnung fällig wurden BAG 22.8.2012 ZIP 2013, 86). Bei Fortführung des Betriebs durch den InsV unterfallen jedoch Forderungen, die nach der Eröffnung des Insolvenzverf. erworben werden (Masseverbindlichkeiten nach § 55 I InsO), wieder den tarifl. Ausschlussfristen (vgl. *Lakies* NZA 2001, 521, 524; zur KO vgl. LAG HM 20.3.1998 EWiR 1999, 121). Ist ein Arbeitsvertrag hins. der Geltung einer Ausschlussfrist aufgrund alternativer Regelung unklar, so soll die für den AN günstigere Frist gelten (LAG K 2.2.2001 MDR 2001, 946). Zur Geltung einer Ausschlussfrist bei Betriebsübergang vgl. BAG 12.12.2000 NZA 2001, 1082; 22.8.2012 NZA 2013, 376.

36 **2. Reichweite. a) Allgemeines.** Umstr. ist, ob unabdingbare ges. Ansprüche Ausschlussfristen unterworfen werden können (s. dazu die Ausführungen bei den einzelnen Rechtsquellen). Wegen § 3 S. 1 MiLoG erfassen Ausschlussfristen nicht den Lohnanspruch des AN iHd. ges. **Mindestlohns** gem. § 1 Abs. 1 MiLoG als Sockelbetrag (*Preis/Ulber* Ausschlussfristen S. 44; § 3 MiLoG Rn. 3).

b) Ausschlussfristen in Tarifverträgen. aa) Unabdingbare gesetzliche Ansprüche. Das BAG bejaht in stRspr., dass tarifvertragl. Ausschlussfristen diese Ansprüche erfassen (BAG 24.5.1973 AP TVG § 4 Ausschlussfristen Nr. 52; 20.4.1989 NZA 1989, 761; 21.1.2010 DB 2010, 675). Soweit hierfür eine Begr. gegeben wird, verweist die Rspr. darauf, dass die zwgd. Natur des ges. Anspruchs ledigl. bedeute, dass er nach Inhalt und Voraussetzungen nicht umgestaltet werden könne. Die zeitl. Begrenzung seiner Geltendmachung durch eine Ausschlussfrist sei jedoch nicht ausgeschlossen (BAG 30.3.1962 AP TVG § 4 Ausschlussfristen Nr. 28). Für diese Rspr. fehlt eine tragfähige Begr. (s. Rn. 26). Wegen der strukturellen Unterschiede in den Rechtswirkungen von Verjährung und Ausschlussfrist lässt sich auch § 202 I kaum zur Begr. heranziehen. In der Lit. wird deshalb gefordert, dass Ausschlussfristen in TV für Gesetzesnormen nur dann wirksam vereinbart werden können, wenn der ges. Anspruch tarifdispositiv ausgestaltet ist (Preis/*Preis* II A 150 Rn. 22; *Preis* ZIP 1989, 885, 891; Küttner/*Schmidt* Ausschlussfrist Rn. 11; *D. Ulber* DB 2011, 1808). Dies gilt insb. bei Normen mit gewerberechtl. Bezug. Für § 10 IV AÜG hat das BAG indes erneut an seiner bisherigen Rspr. festgehalten (BAG 13.3.2013 NZA 2013, 680, 684). Soweit Ausschlussfristen in TV den Anspruch auf den **Mindestlohn** gem. § 1 MiLoG erfassen, sind sie – vorbehaltl. einer gesetzeskonformen Auslegung – unabhängig von der Entgeltgruppe des betroffenen AN gem. § 3 S. 1 MiLoG unwirksam (*Preis/Ulber* Ausschlussfristen S. 45 f.; vgl. § 3 MiLoG Rn. 3). 36a

bb) Betriebsvereinbarungen. Aus dem Vorrang des TV nach §§ 77, 87 BetrVG ggü. BV und aus § 77 IV 4 BetrVG ergibt sich, dass in einem TV für Rechte aus einer BV Ausschlussfristen vereinbart werden können. So unterfallen auch Ansprüche aus einem Sozialplan nach der Rspr. des BAG tarifl. Ausschlussfristen (BAG 19.1.1999 NZA 1999, 879). 37

cc) Arbeitsvertragliche Vereinbarungen. Beruht ein Recht allein auf arbeitsvertragl. Vereinb., so soll es durch eine tarifl. Ausschlussfrist ohne weiteres erfasst werden. Dies ist unter dem Gesichtspunkt des Günstigkeitsprinzips (§ 4 III TVG) jdf. dann unzutr., soweit **einseitig** die **ANAnsprüche** der Verfallklausel unterworfen werden. Da der Ablauf einer Ausschlussfrist zudem zum Erlöschen des Anspruchs führt (Rn. 33), ist eine arbeitsvertragl. Regelung, welche die Anwendbarkeit der Verjährungsvorschr. zulässt oder ausdr. vorsieht, unter dem Gesichtspunkt der Rechtseinwirkung (Anspruch bleibt trotz Verjährung bestehen) ebenfalls günstiger. Gleiches gilt, wenn bestimmte einzelvertragl. Ansprüche von der tarifl. Ausschlussfrist ausdr. ausgenommen oder die tarifl. Verfallfrist im Arbeitsvertrag für sie verlängert wurde. Liegt eine **beiderseitige, auch die AGAnsprüche** erfassende Ausschlussfrist vor, ist es schwierig, über die Günstigkeit der individualvertragl. Vereinb. eine Aussage zu treffen. Dabei ist zu beachten, dass der Günstigkeitsvergleich nicht separat jeweils nur für die Ausschlussfrist für ANAnsprüche oder für AGAnsprüche vorzunehmen ist, sondern sich auf den ganzen Regelungskomplex der (AN- und AGseitigen) Anschlussfristen bezieht. Bedenkt man, dass die Ausschlussfrist überw. ANAnsprüche (Vergütungsanspruch, Anspruch auf Verzugslohn, Anspruch auf Auslagenersatz, Gratifikationen und Abfindungen) und weniger AGAnsprüche (etwa Rückzahlungsansprüche, Schadensersatzansprüche) betreffen wird (vgl. *Preis* ZIP 1989, 885, 890), kann auch die Beidseitigkeit für sich allein noch kein überzeugendes Arg. dafür sein, prinzipiell von der fehlenden Günstigkeit einer individualvertragl. Vereinb. auszugehen. Die individualvertragl. Verlängerung einer tarifl. Ausschlussfrist ist nach der Rspr. wegen der Zweischneidigkeit einer solchen Bestimmung – Begünstigung und Belastung des AN gleichzeitig – nicht von § 4 III TVG gedeckt und somit rechtsunwirksam (LAG HE 11.10.1979 AP TVG § 4 Ausschlussfristen Nr. 70). 38

dd) Persönlicher Geltungsbereich. Umstr. ist, ob Ausschlussfristen allein für ANAnsprüche statuiert werden können, während es für die AGAnsprüche bei den Verjährungsvorschr. des BGB bleibt, sog. **einseitige Ausschlussfristen.** Die hM (BAG 4.12.1997 NZA 1998, 431; Wiedemann/*Wank* § 4 Rn. 766; *Bauer* NZA 1987, 440; 441; anders für einzelvertragl. Fristen BAG 21.6.2011 NZA 2011, 1338) billigt einseitige Ausschlussfristen in **TV**, weil es einen beachtl. sachl. Unterschied darstellen könne, ob eine Vielzahl von AN ihre Ansprüche gegen den AG oder ob der AG einer Vielzahl von einzelnen AN ggü. kurzfristig und rechtzeitig Ansprüche geltend machen müsse. Einseitige Ausschlussfristen, auch soweit sie nur für bestimmte ANGruppen gelten, halten idR einer Rechtskontrolle anhand Art. 3 I GG stand (BAG 4.12.1997 NZA 1998, 431). Die Einseitigkeit kann sich aber in der Angemessenheitskontrolle nach § 307 niederschlagen (*Gotthardt* ZIP 2002, 277, 287; Rn. 47). In **Arbeitsverträgen** sind einseitige Ausschlussfristen zu Lasten des AN idR unwirksam (BAG 2.3.2004 NZA 2004, 852; 31.8.2005 NZA 2006, 1273; 21.6.2011 NZA 2011, 1338; *Preis/Roloff* RdA 2005, 144, 154). Beiderseitige Verfallfristen müssen von AG und AN eingehalten werden (BAG 26.4.1978 AP TVG § 4 Ausschlussfristen Nr. 64). Verfallfristen erfassen weder Ansprüche der AN bzw. der AG untereinander noch Ansprüche ggü. Dritten (BAG 19.10.1983 AP BGB § 611 Ärzte, Gehaltsansprüche Nr. 37). Sie wirken aber ggü. dem Rechtsnachfolger des Anspruchsberechtigten (BAG 24.5.1973 AP TVG § 4 Ausschlussfristen Nr. 52), nicht aber ggü. dem Gläubiger des säumigen Drittschuldners (LAG K 9.7.1991 NZA 1992, 82). 39

c) Ausschlussfristen in Betriebsvereinbarungen. Ob ges. Ansprüche von Verfallfristen in BV auch erfasst werden, wenn sie unabdingbar sind, hat das BAG bis jetzt nicht entschieden. Die Frage muss aber wie bei der gleichgelagerten Problematik, ges. unabdingbare Rechte durch tarifvertragl. Aus- 40 schlussfristen wirksam zu verkürzen, beantwortet werden (vgl. Rn. 36). **Tarifvertragl. Ansprüche** werden wegen § 4 IV 3 TVG nicht berührt. **Ansprüche aus BV** können grds. durch Ausschlussfristen in BV erfasst werden, § 77 IV 4 BetrVG. Zu beachten ist aber, dass gem. § 77 III BetrVG Ausschlussfristen nicht in BV wirksam vereinbart werden können, wenn sie schon im TV enthalten sind oder dort üblicherweise geregelt werden, falls der TV nicht insoweit eine Öffnungsklausel enthält (BAG 9.4.1991 NZA 1991, 734). Im Verhältnis **Einzelarbeitsvertrag** und BV gilt das Günstigkeitsprinzip (BAG [GS] 7.11.1989 NZA 1990, 816). Zur Erfassung einzelvertragl. Ansprüche vgl. Rn. 35.

41 **d) Ausschlussfristen im Arbeitsvertrag. aa) Gesetzliche Ansprüche.** Die einzelvertragl. Vereinb. einer Verfallklausel für abdingbare ges. Ansprüche ist iRd. Vertragsfreiheit zulässig und wirksam (Wiedemann/*Wank* § 4 Rn. 754). Das soll nach der Rspr. des BAG auch für **unabdingbare** ges. Ansprüche gelten (BAG 24.3.1988 NZA 1989, 101 unter Hinweis auf 25.7.1984 BeckRS 1984, 30711717; ebenso 13.3.2013 NZA 2013, 680, 684) und zwar unabhängig davon, ob die Klausel ausdr. im Einzelfall ausformuliert oder auf eine Verfallklausel in TV verwiesen wird. Die Verfallklausel beträfe nicht den Inhalt des Anspruchs, sondern allein seine Geltendmachung. Dieser Rspr. kann nicht gefolgt werden (vgl. Rn. 36). Im Widerspruch zu ihr steht auch eine Entsch. des 6. Sen. (5.4.1984 NZA 1984, 257), welche die Wirksamkeit einer einzelvertragl. Ausschlussfrist für ges. Urlaubsansprüche mit der Begr. verneinte, § 13 I BUrlG sehe eine Abweichung von den Vorschr. des BUrlG zuungunsten des AN nur in TV vor. Arbeitsvertragl. Ausschlussfristen sind gem. § 3 S. 1 MiLoG teilunwirksam, soweit sie den Anspruch auf den **Mindestlohn** erfassen (*Preis/Ulber* Ausschlussfristen S. 48).

42 **bb) Ansprüche aus Tarifverträgen und Betriebsvereinbarungen.** Tarifl. Ansprüche werden bei beiderseitiger Tarifbindung wegen § 4 IV 3 TVG von arbeitsvertragl. Ausschlussfristen nicht erfasst (TVG § 4 Rn. 95). Anderes gilt bei **fehlender Tarifbindung:** Die einzelvertragl. Vereinb. einer Verfallklausel für Ansprüche, die sich aus der Inbezugnahme eines TV ergeben, ist iRd. Vertragsfreiheit nach §§ 241, 311 zulässig und zwar unabhängig davon, ob auf eine tarifl. Verfallklausel verwiesen oder die Klausel im Einzelarbeitsvertrag ausdr. ausformuliert wird (BAG 24.3.1988 NZA 1989, 101). Eine Anwendbarkeit der tarifl. Ausschlussfrist setzt aber grds. die Wirksamkeit des in Bezug genommenen TV voraus (BAG 13.3.2013 NZA 2013, 680, 684; 25.9.2014 AP AÜG § 10 Nr. 47). **Ansprüche aus BV** können wegen des Verbots des § 77 IV 4 BetrVG nicht durch arbeitsvertragl. Ausschlussfristen verkürzt werden. „Tarifl." Ausschlussfristen aus unwirksamen TV werden nicht kraft Bezugnahme Bestandteil des Arbeitsvertrags, es sei denn, es wurde eine eigenständige konstitutive Vereinb. im Arbeitsvertrag geschlossen (BAG 28.1.2015 AP AÜG § 10 Nr. 51).

43 **3. Inhaltskontrolle. a) Tarifvertragliche und betriebsverfassungsrechtliche Ausschlussfristen.** Die Rspr. lehnte eine Inhaltskontrolle tarifvertragl. Bestimmungen generell ab, da aus der Parität der TVParteien eine weitgehende Richtigkeitsgewähr folge (BAG 30.9.1971 AP BGB § 620 Befristeter Arbeitsvertrag Nr. 36). Das BAG überprüfte TV deshalb nur auf Verstöße gegen Verfassungsrecht (vgl. dazu Rn. 34), zwgd. GRecht, gute Sitten und tragende Grds. des ArbR (vgl. BAG 22.9.1999 NZA 2000, 551). Offen gelassen hat das BAG bislang, ob Ausschlussfristen in TV aus seiner Sicht an europ. RL gebunden sind (BAG 18.9.2012 NZA 2013, 216, 218 f.). Als milderes Mittel ggü. der Unwirksamkeit von tarifvertragl. Ausschlussfristen greift die Rspr. vorrangig auf die verfassungskonforme Auslegung zurück (BAG 19.9.2012 NZA 2013, 101, 102). Diese Rspr. steht insoweit im Einklang mit § 310 IV 1, wonach TV – somit auch die in ihnen enthaltenen Ausschlussfristen – keiner Inhaltskontrolle am Maßstab der §§ 307 ff. unterliegen. Ebenso wenig wie für BV ist damit ausgeschlossen, die den Vorschr. zu Grunde liegenden materiellen Gerechtigkeitserwägungen bei der Rechtskontrolle zu berücksichtigen. Eine Sperrwirkung dieser Reichweite entfaltet § 310 IV 1 nicht (*Preis/D. Ulber* RdA 2013, 211). Extrem kurze Fristen konnten nach der Rspr. bislang einen Verstoß gegen das von den Gerichten zu berücksichtigende Gebot von Treu und Glauben oder das Verbot der Sittenwidrigkeit darstellen (BAG 16.11.1965 AP TVG § 4 Ausschlussfristen Nr. 30; 22.9.1999 NZA 2000, 551). Wegen § 310 IV 3 findet eine Inhaltskontrolle auch dann nicht statt, wenn ein Einzelvertrag einen TV insg. einbezieht; bei einer Teilverweisung hingegen ist eine Inhaltskontrolle vorzunehmen (*Gotthardt* Rn. 273; *Preis* FS Wiedemann 2002 S. 425; näher §§ 305 bis 310 Rn. 12 ff.). Das bedeutet, dass die Rspr. auch kürzere – als nach Maßgabe der Rn. 44 ff. in Arbeitsverträgen zulässige – Fristen, nicht beanstandet (LAG HM 20.5.2011 BeckRS 2011, 75081). Ausschlussfristen in BV unterliegen einer Inhaltskontrolle am Maßstab von § 75 I, II 1 BetrVG (BAG 12.12.2006 NZA 2007, 453, 456 f; vgl. dazu ausf. *Preis/D. Ulber* RdA 2013, 211).

44 **b) Formularmäßig vereinbarte Ausschlussfristen.** Die Vereinb. von Ausschlussfristen in (Formular-)Arbeitsverträgen ist iRd. Vertragsfreiheit zulässig (BAG 17.6.1997 NZA 1998, 258; LAG D 12.9.1980 DB 1981, 590; *Henssler* RdA 2002, 129, 137; *C. S. Hergenröder* AR-Blattei SD 350 Rn. 25; s. Rn. 41). Doch unterliegen sie einer **Inhaltskontrolle** nach §§ 305 ff. Ausschlussfristen sind im Arbeitsleben übl. und haben somit generell keinen überraschenden Charakter (BAG 19.3.2014 NZA 2014, 1076). Sie sind aber überraschend und werden gem. § 305c I nicht Vertragsbestandteil, wenn sie nicht transparent im Vertrag hervorgehoben sind, insb. an ungewöhnl. und überraschenden Stelle im Vertrag untergebracht sind, etwa unter der missverständl. Überschrift „Schlussbestimmungen" (BAG

31.8.2005 NZA 2006, 1273; näher §§ 305 bis 310 Rn. 29). Wegen der weitreichenden Folgen von Ausschlussfristen erfordert das Transparenzgebot (§ 307 I 2) regelm. einen Hinweis auf die Rechtsfolge des Verfalls der Ansprüche bei nicht fristgerechter Geltendmachung (BAG 31.8.2005 AP ArbZG § 6 Nr. 8). Unklarheiten, etwa hins. des Fristbeginns, gehen zu Lasten des AG (BAG 19.2.2014 DB 2014, 1262). Auch formularmäßig vereinbarte Ausschlussfristen sind bereits gem. § 3 S. 1 MiLoG teilunwirksam, soweit sie den **Mindestlohn**-Anspruch erfassen; insofern bedarf es grds. keiner materiellen Inhaltskontrolle gem. §§ 309, 308 und 307 Abs. 1 S. 1 (s. aber Rn. 50a).

Ausschlussfristen, die eine **gerichtl. Geltendmachung zwgd.** vorsehen, sind nicht bereits nach § 309 45
Nr. 13 unwirksam (iE BAG 25.5.2005 NZA 2005, 1111; *Preis/Roloff* RdA 2005, 144, 147; **aA** ArbG F 13.8.2003 NZA-RR 2004, 238; *Hümmerich* NZA 2003, 753, 755; *Hönn* ZfA 2003, 325, 340; *Singer* RdA 2003, 194, 201; *Annuß* BB 2002, 458, 463; *Däubler* NZA 2001, 1329, 1336; *Lakies* NZA 2004, 589; *Reinecke* BB 2005, 378, 382). Nicht die Erkl. des AN ggü. dem AG wird an eine bes. Form gebunden, sondern das Schicksal der geltend gemachten Ansprüche wird mit der gerichtl. Geltendmachung verknüpft. Selbst wenn man hierin eine Anforderung an die Erkl. des AN ggü. dem AG sehen wollte, begr. die Pflicht zur gerichtl. Geltendmachung keine bes. Formanforderungen, da Klagen grds. schriftl. zu erheben sind, vgl. § 253 I ZPO. Zwar ist die Zustellung der Klage eine bes. Zugangsvoraussetzung, § 132. Dem Verwender kommt es aber nicht darauf an, dass ihm die Klageschrift zugestellt wird, er will ledigl. eine gerichtl. Klärung über möglicherweise bestehende Ansprüche innerhalb einer bestimmten Frist herbeiführen. Bei dem Gericht handelt es sich auch nicht um einen Dritten, dem ggü. eine Erkl. abzugeben ist. Dritte sind nur solche Personen, die nicht dem Bereich des Verwenders angehören, denen ggü. der Erklärende aber seine Rechte ausüben darf oder muss. Ob Ausschlussfristen an **§ 309 Nr. 7** zu messen sind, ist umstr. (bejahend BGH 15.11.2006 NJW 2007, 674; 22.9.2015 NZG 2016, 31 Rn. 19 mwN; *Preis/Roloff* RdA 2005, 144, 147; *Matthiessen* NZA 2007, 361; verneinend BAG 25.5.2005 NZA 2005, 1111; 28.9.2005 NZA 2006, 149; mittelbar bejaht, aber dahinstehen lassend BAG 20.6.2013 NZA 2013, 1265). Ausschlussfristen dürfen die Haftung für schuldhaft herbeigeführte Schäden aus der Verletzung des Lebens, des Körpers oder der Gesundheit sowie für Ansprüche wegen grob fahrlässiger oder vorsätzl. Pflichtverletzung nicht erfassen. Das BAG ist vor der Anwendung des § 309 Nr. 7 möglicherweise wegen der gravierenden Folgen der Unwirksamkeit fast aller im ArbR verwendeten Ausschlussfristen zurückgeschreckt. Stattdessen sieht das BAG die **Haftung für Vorsatz** durch die typischen Klauseln als gar nicht erfasst an. Der AG könne seine eigene Haftung für Vorsatz nicht ausschließen. Dies ergebe sich schon aus § 276 III. Über den GWortlaut hinaus verbiete § 202 I nicht nur Vereinb. zur Verjährung von Ansprüchen wegen Vorsatzhaftung, sondern auch bei Ausschlussfristen (BAG 20.6.2013 NZA 2013, 1265). Einer tarifvertragl. Ausschlussfrist, die Schadensersatzansprüche aus vorsätzl. Handeln erfasst, steht § 202 I – jdf. bei normativ geltenden TV – nicht entgegen, da das G die Erleichterung der Haftung wegen Vorsatzes nur „durch Rechtsgeschäft" verbietet (BAG 20.6.2013 NZA 2013, 1265, 1267). Gilt der TV hingegen nur kraft arbeitsvertragl. Bezugnahme, liegt eine Vereinb. durch „Rechtsgeschäft" vor, weil auf die Bezugnahmeklausel abzustellen ist (BAG 26.9.2013 NZA-RR 2014, 177).

Im Zentrum der Inhaltskontrolle steht **§ 307 I**. Nach langer kontroverser Diskussion (vgl. nur BAG 46
13.12.2000 NZA 2001, 723; *Preis* RdA 2002, 42 ff.) hat das BAG die Prinzipien der Rspr. des BGH (BGH 9.11.1989 NJW 1990, 761, 764; 2.12.1999 NJW-RR 2000, 648, 649) übernommen und durch eine präzise Rspr. Klarheit geschaffen. Es berücksichtigt zutr., ob durch eine Ausschlussfrist ein berechtigtes Klarstellungsinteresse verfolgt oder aber das berechtigte Anliegen des Vertragspartners, vor Klageerhebung die Sach- und Rechtslage abschl. zu prüfen und nicht zu voreiliger Klageerhebung gezwungen zu sein, unvertretbar eingeschränkt wird. In Übereinstimmung mit der hM verstößt – in Ansehung des Leitbildcharakters der neuen dreijährigen Regelverjährung – eine Ausschlussfrist von **weniger als drei Monaten gegen § 307** (*Gotthardt* Rn. 275; *Henssler* RdA 2002, 129, 138; *Preis/Roloff* RdA 2005, 144, 157 f.; *Singer* RdA 2003, 194, 201; zur Frage, ob daran nach den Neuregelungen im AEntG und MiArbG festzuhalten ist: *Kortstock* NZA 2010, 311). Das BAG hat dies sowohl für die erste Stufe (BAG 31.8.2005 NZA 2006, 1273; 28.9.2005 NZA 2006, 149) als auch für die zweite Stufe der Ausschlussfrist entschieden (BAG 25.5.2005 NZA 2005, 1111; 12.3.2008 NZA 2008, 699; *Mohr* SAE 2006, 156; vgl. a. *Kraushaar* AuR 2006, 386). Zugespitzt gilt damit für eine zweistufige Ausschlussfrist eine **3 +3-Regel**. Eine zu kurz bemessene Ausschlussfrist fällt – wegen des Verbots geltungserhaltender Reduktion (s. §§ 305 bis 310 Rn. 103) – ersatzlos weg. Verstößt nur eine Stufe gegen die dreimonatige Mindestfrist, die andere aber nicht, bleibt die wirksame Frist als teilbare Klausel bestehen (BAG 28.9.2005 NZA 2006, 149; 12.3.2008 NZA 2008, 699). Dies gilt allerdings nur, wenn die verbleibende zweite Stufe für sich genommen vollziehbar ist. Dies ist nicht der Fall, wenn es wegen der Unwirksamkeit der ersten Stufe keinen Zpkt. mehr gibt, an den der Fristenlauf der zweiten Stufe anknüpfen könnte (BAG 16.5.2012 NZA 2012, 971, 973).

Neben der Länge der Ausschlussfrist kann insb. auch ihre Einseitigkeit eine unangemessene Benach- 47
teiligung beinhalten. Für tarifl. Regelungen ist str., ob einseitige Bestimmungen zulässig sind (Rn. 39). Bezogen auf sie ist jedoch zu bedenken, dass tarifl. Regelungen regelm. das Erg. gegenseitigen Nachgebens sind. Bei vorformulierten Bestimmungen, welche die Durchsetzung von AGAnsprüchen besser gewährleisten als die von ANAnsprüchen, greift diese Überlegung gerade nicht ein. Die Ungleichbe-

handlung ledigl. mit der Erwägung zu rechtfertigen, es sei ein Unterschied, ob der AG Ansprüche gegen die AN oder aber der einzelne AN Ansprüche gegen den AG geltend macht (vgl. Rn. 39), erscheint unergiebig. **Einseitige formularmäßige Ausschlussfristen** sind wegen Verstoßes gegen § 307 unwirksam (BAG 2.3.2004 NZA 2004, 852; 31.8.2005 NZA 2006, 1273; 21.6.2011 NZA 2011, 1338; *Krause* RdA 2004, 36, 47; *Preis/Roloff* RdA 2005, 144, 154). Letztl. ist auch die Wirksamkeit solcher Ausschlussfristen zu verneinen, die unabhängig von der Kenntnis des Anspruchsinhabers zu laufen beginnen (so *Henssler* RdA 2002, 129, 138). Die Entsch. über die Wirksamkeit richtet sich entscheidend nach der Reichweite des Leitbildcharakters der neuen Verjährungsvorschr., welche den Fristlauf auch an eine subj. Voraussetzung knüpfen.

48 **4. Auslegung von Ausschlussfristen. a) Erfasste Rechte.** Welche Rechte eine Ausschlussklausel erfassen soll, ist eine Frage der ggf. verfassungskonformen (BAG 19.9.2012 NZA 2013, 101, 102) Auslegung. Entscheidend kommt es auf Wortlaut und Regelungszusammenhang der Ausschlussfrist an. Typische Ausschlussfristen erfassen Ansprüche aus dem ArbVerh. (§ 37 TVöD, § 70 BAT) oder alle beiderseitigen Ansprüche aus dem ArbVerh. und solche, die mit dem ArbVerh. in Verbindung stehen (§ 15 BRTV-Bau). Dabei ist insb. zum Schutze des AN die Regelung des Anwendungsbereichs **eng auszulegen** (BAG 4.9.1991 NZA 1992, 231; 13.2.2007 NZA 2007, 825). Bei arbeitsvertragl. Ausschlussfristen ist die Unklarheitenregel des § 305c II zu beachten (§§ 305 bis 310 Rn. 31; BAG 19.3.2008 NZA 2008, 757; *Krause* RdA 2004, 36, 39). Grds. kommt es nicht auf die konkrete materiellrechtl. Anspruchsgrdl. an, sondern darauf, ob der Entstehungsbereich des Anspruchs im ArbVerh. liegt (BAG 26.2.1992 NZA 1993, 423). Entscheidend soll die enge Verknüpfung eines Lebenssachverhaltes mit dem ArbVerh. sein. Die Kasuistik zu der Frage, welche Ansprüche iE unter die Ausschlussfrist fallen, die auf Ansprüche aus dem ArbVerh. abstellt, ist nahezu unüberschaubar und kann deshalb hier nicht vollständig dargestellt werden. Auf folgende wichtige Entsch., in denen das Tatbestandsmerkmal **„Anspruch aus dem ArbVerh."** bejaht wurde, soll hier hingewiesen werden: „Anspruch auf Ersatz eines aufgrund verspäteter Lohnzahlungen entstandenen **Steuerschadens**" (BAG 20.6.2002 NZA 2003, 268); **„Ortszuschläge"** (BAG 18.11.2004 ZTR 2005, 326); „Alle Ansprüche aus dem Austauschverhältnis" (BAG 27.11.1984 NZA 1986, 259); **„Rückzahlungsansprüche** des AG" (BAG 26.4.1978 AP TVG § 4 Ausschlussfristen Nr. 64; 4.9.1991 NZA 1992, 231); „Ansprüche aus **unerlaubter Handlung**" (BAG 6.5.1969 AP TVG § 4 Ausschlussfristen Nr. 42; 26.5.1981 AP TVG § 4 Ausschlussfristen Nr. 71; 18.8.2011 ZTR 2012, 31; **aA** *Löwisch/Rieble* § 1 Rn. 1697; diff. zwischen vertragl. und deliktischen Ansprüchen BAG 15.11.2012 AP BGB § 611 Haftung des Arbeitnehmers Nr. 137; s. a. Rn. 50); „Anspruch auf Erteilung eines qualifizierten **Zeugnisses**" (BAG 23.2.1983 AP BAT § 70 Nr. 10; 4.10.2005 NZA 2006, 436); „Anspruch auf Berichtigung des qualifizierten Arbeitszeugnisses" (LAG HM 10.4.2002 LAGReport 2002, 267); „Anspruch auf **Abfindung** des AN nach § 113 III BetrVG" (BAG 20.6.1978 AP BetrVG 1972 § 113 Nr. 3); **„Sozialplanansprüche"** (BAG 19.1.1999 NZA 1999, 879; verneint 13.2.2007 NZA 2007, 825); „**Abfindungsansprüche** aus außergerichtl. Vergleich (LAG BE 27.7.1998 LAGE TVG § 4 Ausschlussfristen Nr. 48); „Anspruch auf Zahlung einer **Abfindung**" (BAG 31.1.2002 EzA TVG § 4 Ausschlussfristen Nr. 153); „Ansprüche auf **vermögenswirksame Leistungen**" (BAG 27.11.1991 NZA 1992, 800); **„Urlaubs- und Urlaubsabgeltungsansprüche"** (BAG 19.1.1999 NZA 1999, 1107; 21.2.1012 NZA 2012, 750; 8.4.2014 NZA 2014, 852) sowie entspr. **bereicherungsrechtl. Rückzahlungsansprüche** (BAG 1.10.2002 NZA 2003, 568; zum Anspruch auf Korrektur von Urlaubsabmeldungen ggü. Urlaubs- und Lohnausgleichskasse vgl. LAG SH 20.8.2002 – 5 Sa 80c/02); „Vertragl. Erstattungsansprüche" (BAG 1.12.1967 AP BGB § 670 Nr. 17; 14.6.1974 AP BGB § 670 Nr. 20); „Ansprüche auf Rückzahlung **überbezahlter Lohnbeträge**" (BAG 23.5.2001 AP BGB § 812 Nr. 25; 10.3.2005 NZA 2005, 812; ausf. a. zur Einwendung der unzulässigen Rechtsausübung); „Ansprüche auf Rückzahlung von Lohn- und **Gehaltsvorschüssen"** (BAG 18.6.1980 AP TVG § 4 Ausschlussfristen Nr. 68); „Entgeltforderungen aus § 10 I AÜG" (BAG 27.7.1983 AP AÜG § 10 Nr. 6) und aus § 10 IV AÜG (BAG 13.3.2013 NZA 2013, 680); „Ansprüche auf Rückzahlung von **Ausbildungsbeihilfen"** (BAG 12.12.1979 AP BGB § 611 Ausbildungsbeihilfe Nr. 4); „Ansprüche aus § 87c HGB" (BAG 23.3.1982 AP HGB § 87c Nr. 18); **„LFZ im Krankheitsfall"** (BAG 15.11.1973 AP TVG § 4 Ausschlussfristen Nr. 53); „**Karenzentschädigung** bei vertragl. Wettbewerbsverbot" (BAG 18.12.1984 NZA 1985, 219; 17.6.1997 NZA 1998, 258); **„Mehrarbeitsvergütung"** (BAG 26.8.1960 AP TVG § 4 Ausschlussfristen Nr. 6); „**Schadensersatzansprüche** wegen Verletzung der Fürsorgepflicht" (BAG 25.4.1972 AP BGB § 611 Öffentlicher Dienst Nr. 9); „**Freistellungsansprüche** gegen den AG wegen Verletzung arbeitsvertragl. Pflichten" (BAG 25.6.2009 NZA-RR 2010, 224); „Vertragsstrafe" (BAG 7.11.1969 AP BGB § 340 Nr. 1); „**Freizeitausgleich** eines PRMitglieds" (BAG 26.2.1992 NZA 1993, 423); Ablieferung von **Nebentätigkeitsvergütungen** (LAG BE 7.10.1998 ZTR 1999, 169); „Schadensersatzanspruch von Ang. der Dt. Reichsbahn wegen entgangener Leistungen der BA" (BAG 17.7.2003 AP BGB § 611 Haftung des Arbeitgebers Nr. 27); „Schadensersatzanspruch nach § 717 II ZPO" (BAG 18.12.2008 NZA-RR 2009, 314). Auch ist es mögl., zu formulieren, dass tarifl. Ansprüche innerhalb einer bestimmten Ausschlussfrist geltend gemacht werden müssen. In diesem Fall fallen darunter auch ges. oder vertragl. Ansprüche, die in ihrem Bestand von einem tarifl. ausgestalteten Anspruch abhängig sind oder in einem rechtl. Zusammenhang mit einem tarifl. Anspruch stehen (BAG

1.10.2002 NZA 2003, 567 zugleich zur Erfassung eines Anspruchs auf Rückzahlung wegen Überbezahlung von Urlaubsgeld).

49 Eine Klausel, die sich auf alle Ansprüche bezieht, die mit dem ArbVerh. **im Zusammenhang bzw. in Verbindung stehen**, erfasst trotz ihres weiten Ansatzes **keine** Ansprüche aus selbständigen neben dem ArbVerh. geschlossenen bürgerl.-rechtl. Verträgen, wie zB Forderungen aus Miet- oder Kaufverträgen (BAG 20.1.1982 AP TVG § 4 Ausschlussfristen Nr. 72). Nach der Rspr. spricht jedoch die Günstigkeit einer getroffenen Vereinb. für einen bes. engen Zusammenhang mit dem ArbVerh., so dass Ansprüche eines AG auf Rückzahlung eines Darlehens sehr wohl der genannten Klausel unterfallen können (BAG 20.2.2001 AP BGB § 611 Arbeitnehmerdarlehen Nr. 5; **aA** bei Formulierung „Ansprüche aus dem ArbVerh." LAG K 27.4.2001 AuR 2001, 319; für Zinsforderungen aus AGDarlehen BAG 23.2.1999 NZA 1999, 1212; zu Recht auf die jeweilige Ausgestaltung des Darlehens abstellend: BAG 21.1.2010 AP BGB § 611 Arbeitgeberdarlehen Nr. 3). Erfasst sind jedoch mögl. Wiedereinstellungsansprüche (BAG 1.12.2004 NZA 2005, 1080). Oftmals werden strafbare Handlungen und unerlaubte Handlungen ausdr. vom Geltungsbereich der Ausschlussfrist ausgenommen (BAG 21.4.2016 AP BGB § 611 Haftung des Arbeitnehmers Nr. 142). Unter eine Klausel, die alle beiderseitigen Ansprüche aus dem ArbVerh. erfasst, fallen auch deliktische Ansprüche (LAG SH 13.3.2001 BeckRS 2001, 31010457). Der Verstoß gegen ein arbeitsrechtl. SchutzG kann über § 823 II dazu führen, dass für die Geltendmachung eines arbeitsvertragl. Anspruchs die Ausschlussfrist nicht gilt (vgl. BAG 12.6.1996 NZA 1997, 191; 25.4.2001 NZA 2002, 1211).

50 **b) Nicht erfasste Rechte.** Regelm. nicht erfasst von Ausschlussfristen sind das **Statusverhältnis** der AN prägende und andere bes. wichtige Ansprüche, die tw. aus dem Persönlichkeitsrecht herrühren. Hierzu gehören der Anspruch auf Beseitigung oder Rücknahme einer **Abmahnung** (BAG 14.12.1994 NZA 1995, 676); **Schulungskosten** eines BRMitglieds (BAG 30.1.1973 AP BetrVG 1972 § 40 Nr. 3); **Stammrechte** aus der betriebl. AV (BAG 27.2.1990 NZA 1990, 627); einzelne **Ruhegeldraten** (BAG 3.4.1990 EzA TVG § 4 Ausschlussfristen Nr. 94; anders 19.7.1983 AP BetrAVG § 1 Zusatzversorgungskasse Nr. 1); der Anspruch auf eine Ruhegeldzusage (BAG 24.5.1974 AP BGB § 242 Ruhegehalt-VBL Nr. 5); **Unterstützungsleistungen** für Angehörige bei Tod des AN (LAG HE 13.1.1995 NZA-RR 1996, 60 ff.); **Vorruhestandsleistungen** im Baugewerbe (BAG 5.9.1995 NZA 1996, 610); **schöpferische Sonderleistungen** des AN (BAG 21.6.1979 AP ArbNErfG § 9 Nr. 4); Ansprüche auf **Herausgabe des Eigentums** (BAG 15.7.1987 NZA 1988, 53); **Sozialplanansprüche** mit Vorsorgecharakter (BAG 3.4.1990 EzA TVG § 4 Ausschlussfristen Nr. 94; 13.2.2007 NZA 2007, 825); **Urlaubsansprüche** BAG 18.11.2003 NZA 2004, 651), anders bei einmaligen Leistungen (BAG 19.1.1999 NZA 1999, 879); Ansprüche wegen Eingriffs in **Persönlichkeitsrechte** (BAG 15.7.1987 NZA 1988, 53; diff. 16.5.2007 NZA 2007, 1154 bei Ansprüchen wegen **Mobbing** ist zu beachten, dass die Haftung wegen Vorsatzes nicht im Voraus erlassen werden kann (BAG 20.6.2013 NZA 2013, 1265); Ansprüche auf **vertragsgemäße Beschäftigung** (BAG 15.5.1991 NZA 1991, 979); **Abfindungsansprüche** aus gerichtl. Vergleich (BAG 13.1.1982 AP KSchG 1969 § 9 Nr. 7); Schadensersatzansprüche wegen **Versorgungsschäden** (BAG 13.12.1988 NZA 1989, 690), Entgeltansprüche nach §§ 611a, 612 II bei Vereinb. einer **sittenwidrigen Vergütung** (LAG HM 18.3.2009 – 6 Sa 1372/08 – AuR 2009, 133; *Bepler* FS *Richardi* 2007 S. 189, 203) und Ansprüche der Hinterbliebenen eines AN auf tarifl. **Sterbegeld** (BAG 4.4.2001 AP TVG § 4 Ausschlussfristen Nr. 156).

50a **c) Besonderheiten beim Mindestlohn.** Ausschlussfristen sind **gem. § 3 S. 1 MiLoG teilunwirksam,** soweit sie den Anspruch auf den Mindestlohn erfassen. Einer materiellen Inhaltskontrolle bedarf es somit grds. nicht. Allerdings können vertragl. **Ausschlussfristen** in Arbeitsverträgen gem. § 307 I 2 **intransparent** sein, wenn der AN nicht erkennen kann, dass Ansprüche auf den Mindestlohn nicht erfasst sind (zum Transparenzgebot §§ 305 bis 310 Rn. 44). Rechtsfolge eines solchen Verstoßes gegen das Transparenzgebot ist die Unwirksamkeit der gesamten Ausschlussfrist, § 307 I 1 iVm. 2 (so jetzt zum Mindestlohn in der Pflegebranche BAG 24.8.2016 NZA 2016, 1539) was weitreichende Folgen hätte. Das BAG versucht diese Unwirksamkeitsfolge in anderen Fällen zu vermeiden, in denen wegen eines GVerstoßes Ausschlussfristen insg. unwirksam sein könnten. Es sei regelm. davon auszugehen, so das BAG, dass die Vertragspartner nichts regeln wollten, was ges. verboten sei. Vertragsklauseln, die nur in außergewöhnl., von den Vertragspartnern bei Vertragsabschluss nicht für regelungsbedürftig gehaltenen Fällen gegen das G verstoßen, seien wirksam (BAG 20.6.2013 NJW 2013, 3741 Rn. 21). Gegen die Übertragbarkeit dieser Rspr. spricht, dass der Anspruch auf Mindestlohn als Sockelanspruch in jedem ArbVerh. relevant ist. Gleichwohl muss es damit nicht zu einer Gesamtunwirksamkeit der Ausschlussfrist kommen. Vielmehr bietet § 3 S. 1 MiLoG die Möglichkeit zu einer eigenständigen, den Interessen der Parteien gerecht werdenden Lösung. § 3 S. 1 MiLoG ordnet die Unwirksamkeit den Mindestlohn unterschreitender Vereinb. nicht insg., sondern nur „insoweit" an. Hieran ließe sich dogmatisch tragfähig die ausnahmsweise Zulässigkeit einer geltungserhaltenden Reduktion anknüpfen (s. a. *Lembke* NZA 2015, 70, 73; *Reinhard/Kettering* ArbRB 2014, 302, 303). Das BAG vertritt insoweit eine strengere Position. Es sieht einen Verstoß gegen das Transparenzgebot und verwirft die Verfallklausel auch für Ansürüche, die nicht das Mindestentgelt betreffen. Der Anspruch auf Mindestentgelt muss von einer arbeitsvertragl. Verfallklausel klar und deutlich ausgenommen werden (BAG

24.8.2016 1539 Rn. 28 ff.). Der Vertragspraxis ist jdf. anzuraten, Ansprüche aus dem MiLoG für Vertragsschlüsse nach dem 1.1.2015 auszuklammern (vgl. Preis/*Preis* II A 150 Rn. 53 und III B; *Preis/Lukes* ArbRB 2015, 153; ausf. *Preis/Ulber* Ausschlussfristen S. 49 ff.).

51 **5. Zeitlicher Geltungsbereich.** Die Wirkung einer Ausschlussfrist beginnt bei TV mit der **Tarifunterworfenheit** des ArbVerh., bei vertragl. Grdl. mit Vertragsschluss. Bestand die Tarifgebundenheit bereits beim Abschluss des Arbeitsvertrags, so beginnt die Ausschlussfrist, sobald die tarifl. festgelegten Voraussetzungen hierfür eingetreten sind, regelm. also mit Fälligkeit des Anspruchs (Rn. 52). Tritt die Tarifbindung erst nach Fälligkeit des Anspruchs ein, so will das BAG von diesem Zpkt. an ledigl. eine „angemessene Nachfrist" setzen (BAG 24.4.1958 AP JugSchG Nds. § 16 Nr. 1). Richtigerweise muss den Arbeitsvertragsparteien ab Eintritt der Tarifgebundenheit die volle Ausschlussfrist zustehen (ebenso Wiedemann/*Wank* § 4 Rn. 777). Ausschlussklauseln können aber auch durch ausdr. Verlegung des Wirkungsbeginns vor den Zpkt. des Abschlusses des TV rückwirkend in Kraft gesetzt werden. Der in der Zukunft liegende Teil der Frist muss jedoch genügend Zeit zur Geltendmachung der Forderung lassen (BAG 14.7.1965 AP TVG § 1 Tarifverträge: BAVAV Nr. 5). Sieht der TV vor, dass Ansprüche dann nicht wegen Versäumung der Ausschlussfrist erlöschen, wenn den AN der TV nicht ausgehändigt wurde, läuft die Ausschlussfrist regelm. erst mit Erfüllung dieser Voraussetzung (BAG 11.11.1998 NZA 1999, 605).

52 **6. Fristbeginn.** Die Verfallklausel verlangt vom Gläubiger die fristgemäße Geltendmachung. Häufigster Fall des Fristbeginns ist die **Fälligkeit** des Anspruchs (zum Fristbeginn bei Provisionsansprüchen vgl. LAG BW 4.2.2002 BeckRS 2002, 30794935). Die Fälligkeit tritt grds. auch dann ein, wenn ein AN erst nach ihrem Ablauf infolge einer Entsch. des BVerfG Kenntnis von dem Bestehen seines Anspruchs erlangt. Hat der AG zuvor einen vertretbaren Rechtsstandpunkt eingenommen, ist es nicht treuwidrig, wenn er sich in dieser Situation auf den Ablauf der Ausschlussfrist beruft (BAG 13.12.2007 NZA 2008, 478). Gleichwohl können bes. Umstände dazu führen, dass Entstehens- und Fälligkeitszpkt. eines Anspruchs nicht übereinstimmen. Solche liegen vor, wenn es dem Gläubiger praktisch unmögl. ist, den Anspruch mit seinem Entstehen geltend zu machen (BAG 13.12.2007 NZA 2008, 478, 480). Dies ist insb. dann der Fall, wenn die Tatsachen, die zur Beurteilung des Bestehens des Anspruchs notwendig sind, nicht in der Sphäre des Anspruchsinhabers liegen und er auch nicht schuldhaft unterlassen hat, sich von ihnen Kenntnis zu verschaffen. Bei Geltendmachung vor Fälligkeit des Anspruchs soll bei einer zweistufigen Ausschlussfrist die Frist für die gerichtl. Geltendmachung nicht vor Fälligkeit beginnen (BAG 26.9.2001 NZA 2002, 1218). Soweit ein AN seinen ANStatus rückwirkend geltend macht, werden Ansprüche des AG erst fällig iSd. tarifvertragl. Ausschlussfrist, wenn – im Fall einer gerichtl. Klärung – rkr. entschieden ist, dass tats. ein ArbVerh. bestand (BAG 14.3.2001 NZA 2002, 155). Probl. ist zudem, dass es im ArbVerh. eine Anzahl von Ansprüchen „aus dem ArbVerh." gibt, deren Grund und deren Höhe der AN im Zpkt. der Fälligkeit nicht kennen kann. Den bes. Härten, denen der Gläubiger insb. durch das Zusammenspiel einer kurzen Verfallfrist (bei zweistufigen Ausschlussfristen mit einer kurzen zweistufigen Ausschlussfrist) mit dem Beginn der Ausschlussfrist ausgesetzt sein kann, begegnet das BAG mit einer **eigenen Definition der Fälligkeit** iS (tarifl.) Ausschlussfristen (BAG 26.5.1981 AP TVG § 4 Ausschlussfristen Nr. 71; 16.5.1984 NZA 1985, 124): Für Ansprüche soll die Frist mit dem Zpkt. zu laufen beginnen, in dem der Berechtigte den Anspruch rechtl. und tats. geltend machen kann. Danach muss der Anspruch zunächst fällig sein. Setzt der Anspruch mehrere einzelne Handlungen voraus, die eine zusammengesetzte Verletzungshandlung ergeben (Ansprüche wegen „Mobbing", s. § 611a Rn. 624), beginnt die Ausschlussfrist regelm. erst mit der **zeitl. letzten Mobbing-Handlung** (BAG 16.5.2007 NZA 2007, 1154). Ferner muss der Anspruchsberechtigte – anders als bei der Verjährung – obj. in der Lage sein, die Anspruchshöhe zu beziffern (BAG 17.10.1974 AP TVG § 4 Ausschlussfristen Nr. 55; 25.5.2005 NZA 2005, 1111). Entspr. dem Zweck der Ausschlussfristen, Rechtssicherheit und -klarheit zu schaffen, muss der Beginn der Ausschlussfrist nach einem allg. und obj. Maßstab ermittelt werden (BAG 23.8.1990 NZA 1991, 69). Auf die Beendigung des Arbeitsvertrags allein als fristauslösendes Ereignis kann wegen Verstoßes gegen § 307 II Nr. 1, I 1 nicht abgestellt werden. Der Grundgedanke des § 199 I Nr. 2 verlangt, dass der AN von den den Anspruch begründenden Umständen Kenntnis erlangt oder ohne grobe Fahrlässigkeit hätte erlangen müssen (BAG 1.3.2006 NZA 2006, 783). In dem Bemühen, dem Zusammenspiel von Fristbeginn (Fälligkeit) und kurzen tarifl. Ausschlussfristen die Härte zu nehmen und deshalb im Einzelfall einen neuen Fälligkeitszpkt. zu konstruieren, hat sich eine systematisch schwer nachvollziehbare Rspr. entwickelt (krit. hierzu *Preis* ZIP 1989, 885, 896; *Kiefer* NZA 1988, 785, 787). So **läuft** trotz der Fälligkeit des Anspruchs eine hieran anknüpfende **Ausschlussfrist nicht**, wenn der AG verpflichtet ist, eine **Abrechnung** zu erteilen, damit der AN seinen Anspruch geltend machen kann, wozu der AG im Hinblick auf das Arbeitsentgelt grds. nach § 108 GewO verpflichtet ist. Die Frist beginnt vielmehr mit Rechnungslegung zu laufen (BAG 6.11.1985 NZA 1986, 429). Verfällt der Anspruch auf Rechnungslegung, beginnt mit Erlöschen dieses Anspruchs die Frist für den abzurechnenden Anspruch zu laufen (BAG 27.11.1987 NZA 1986, 259). Die Ausschlussfrist für einen gegen den AG gerichteten Freistellungsanspruch von der Außenhaftung ggü. einem Dritten beginnt erst, wenn der AN von dem Dritten mit Erfolg in Anspruch genommen worden ist (BAG 18.1.1966 AP BGB § 611 Haftung des Arbeitnehmers Nr. 37). Mit Beendigung des ArbVerh. wird der Anspruch auf Nachteilsausgleich nach § 113 BetrVG fällig, auch wenn über die

Wirksamkeit der Kündigung noch vor dem ArbG gestritten wird (BAG 3.8.1982 AP BetrVG 1972 § 113 Nr. 5). Der AG darf bei Ansprüchen aus unerlaubter Handlung wegen nicht leicht aufzuklärenden komplexen Tatbeständen das Ende des Strafverf. abwarten, bevor die Fälligkeit eintritt (BAG 26.5.1981 AP TVG § 4 Ausschlussfristen Nr. 71). Ansprüche aus **AZKonten** sind frühestens zum Ablauf des Verteilzeitraums fällig, so dass eine Ausschlussfrist auch erst zu diesem Zpkt. zu laufen beginnt (LAG NI 29.4.2005 NZA-RR 2005, 589; zu Urlaubs-Ausgleichsansprüchen bei AZKonten vgl. BAG 5.9.2002 NZA 2003, 726, 727). Die Ausschlussfrist für einen **Rückgriffsanspruch** des AG gegen den AN wegen eines vom AN verursachten Schadens beginnt nicht mit Schadensentstehung, sondern mit Inanspruchnahme des AG durch den geschädigten Dritten zu laufen (BAG 16.3.1966 AP TVG § 4 Ausschlussfristen Nr. 32). Für Ansprüche auf **Rückzahlung zu viel gezahlten Entgelts** beginnt die Verfallfrist im Regelfall im Zpkt. der Überzahlung; auf die Kenntnis des AG von seinem Rückzahlungsanspruch kommt es nicht an. Zu einem späteren Zpkt. beginnt die Ausschlussfrist nur dann, wenn der AG die Überzahlung nicht kennen kann (BAG 27.3.1996 NZA 1997, 45). Nach Ansicht des BAG soll in den Fällen, in denen ein Rechtsverhältnis rückwirkend als ArbVerh. eingestuft wird, die Verfallfrist für den Anspruch des AG auf Rückzahlung überbezahlter Beträge erst beginnen, wenn feststeht, dass das Vertragsverhältnis kein freier Dienstvertrag, sondern ein ArbVerh. war. Bis dahin sei es dem AG unbenommen, seinen abw. Rechtsstandpunkt zu vertreten (BAG 29.5.2002 NZA 2002, 1328). Wird rückwirkend die Tarifunfähigkeit einer ANVereinigung festgestellt, sollen Ausschlussfristen nicht erst mit der rkr. Entsch. über die Tarifunfähigkeit zu laufen beginnen (BAG 13.3.2013 NZA 2013, 785, 787, vgl. Rn. 9). Die Ausschlussfrist für einen Schadensersatzanspruch beginnt zu laufen, wenn der Geschädigte bei Beachtung der gebotenen Sorgfalt Kenntnis von Schadensfall und -höhe haben kann (BAG 16.5.1984 NZA 1985, 124). Für einen **Vertragsstrafeanspruch** wegen Nichterfüllung beginnt die Ausschlussfrist zu laufen, wenn der AG vom AN Erfüllung verlangt. Denn bis zu diesem Zpkt. steht dem AG das von der Ausschlussfrist nicht erfasste Wahlrecht zwischen Erfüllung und Vertragsstrafe zu (BAG 7.1.1969 AP BGB § 340 Nr. 1). Zum Versorgungsverschaffungsanspruch vgl. BAG 9.10.2012 AP BetrAVG § 1 Auslegung Nr. 36.

Hat es der Gläubiger in der Hand, den Anspruch fällig zu stellen, beginnt die Verfallfrist erst mit der 53
Fälligstellung zu laufen. Durch die einseitige Erkl., er zahle **„unter Vorbehalt"**, kann der AG den Beginn der Ausschlussfrist für die Geltendmachung von Ansprüchen auf Rückzahlung von gezahltem Arbeitsentgelt nicht hinausschieben. In dieser Erkl. des AG und der widerspruchslosen Entgegennahme des Arbeitsentgelts durch den AN liegt auch keine Vereinb. des Inhalts, dass der Beginn der Ausschlussfrist hinausgeschoben werden soll (BAG 27.3.1996 NZA 1997, 45).

Ändert der Anspruch seinen Inhalt, wie zB bei einem Übergang von einem Freistellungs- in einen 54
Zahlungsanspruch, beeinflusst diese **Inhaltsänd.** den Lauf der Ausschlussfrist nicht; es beginnt insb. keine neue Frist zu laufen (BAG 16.3.1995 NZA 1995, 1213).

Denkbar ist, dass die Parteien den Fristbeginn an die **Entstehung** oder die **Ablehnung** eines 55
Anspruchs oder die **Beendigung** des ArbVerh. knüpfen. In AGB muss die Anknüpfung eindeutig sein, ansonsten liegt ein Verstoß gegen § 307 I 2 vor (BAG 19.2.2014 NZA 2014, 1097). Soweit in TV von der Entstehung des Anspruchs die Rede ist, wird oft seine Fälligkeit gemeint sein (BAG 9.8.1990 NZA 1991, 226). Soll eine Verfallfrist mit der Beendigung des ArbVerh. zu laufen beginnen, ist damit iZw. die rechtl., nicht die tats. Beendigung gemeint. Derartige Verfallfristen laufen deshalb erst ab Rechtskraft des Urt., das einen Rechtsstreit über die Beendigung des ArbVerh. abschließt (BAG 3.12.1970 AP TVG § 4 Ausschlussfristen Nr. 45). Knüpft eine Ausschlussfrist an das Ausscheiden aus dem ArbVerh. an, beginnt sie im Fall des § 613a mit dem Zpkt. des Betriebsübergangs zu laufen (BAG 10.8.1994 NZA 1995, 742).

Der **Fristlauf der zweiten Stufe** einer zweistufigen Ausschlussfrist (vgl. Rn. 63) setzt regelm. voraus, 56
dass der Schuldner auf die Anspruchserhebung in der ersten Stufe abl. oder nicht fristgerecht reagiert. Genügt für die Geltendmachung in der ersten Stufe eine Kündigungsschutzklage (Rn. 62), ist der Klageabweisungsantrag bereits eine Ablehnung derjenigen Ansprüche, die vom Ausgang des Verf. abhängen (BAG 13.9.1984 NZA 1985, 249). Nur wenn die Ausschlussfrist eine ausdr. Ablehnung fordert, ist eine gesonderte Erkl. erforderl. (BAG 4.5.1977 AP TVG § 4 Ausschlussfristen Nr. 60). Es bedarf genauer Auslegung. Sieht die Klausel für die Auslösung der zweiten Stufe eine schriftl. Ablehnung des Anspruchs vor, genügt eine nur konkludente Ablehnung durch den AG (zB in Form des Klageabweisungsantrags im Kündigungsschutzprozess) (so BAG 20.3.1986 EzA BGB § 615 Nr. 48; 26.4.2006 NZA 2006, 845 unter Aufgabe von 11.12.2001 EzA TVG § 4 Ausschlussfristen Nr. 145). Für Ansprüche, die während des Kündigungsschutzprozesses fällig werden und von dessen Ausgang abhängen, ist es mögl., in einem TV zu bestimmen, dass die Frist zur gerichtl. Geltendmachung erst mit der rkr. Entsch. im Kündigungsschutzprozess beginnt (BAG 24.8.1999 NZA 2000, 818; 8.8.2000 NZA 2000, 1236; ausf. Rn. 64). Nicht erfasst von dieser Regelung ist der Fall, dass ein AN wegen einer seitens des AG behaupteten Eigenkündigung des AN Feststellungsklage auf Fortbestand des AV erhebt (BAG 24.8.1999 NZA 2000, 818; 8.8.2000 NZA 2000, 1236).

7. Fristlauf. Die Ausschlussfrist läuft (vgl. Rn. 35), wenn nichts anderes bestimmt ist, nur einmal 57
und nur die genau bestimmte Zeit. Die Vorschr. über Hemmung und Neubeginn finden keine entspr.

Anwendung; dies muss insb. auch für § 203 gelten (dazu *Gotthardt* Rn. 304; **aA** *Fromm* ZTR 2003, 70). Ist die Ausschlussfrist einmal gewahrt, ist eine weitere Geltendmachung nicht erforderl. (BAG 9.8.1990 NZA 1991, 226). Dies gilt auch bei einer durch Anerkenntnis des Schuldners gewahrten Ausschlussfrist (BAG 20.10.1982 AP TVG § 4 Ausschlussfristen Nr. 76; **aA** 29.5.1985 AP TVG § 4 Ausschlussfristen Nr. 92 zur erteilten Lohnabrechnung). Die unverschuldete Unkenntnis von Anspruch oder Ausschlussfrist ändert nichts am Rechtsverlust (BAG 28.2.1979 AP BAT § 70 Nr. 6). Genauso wenig beeinflusst die unverschuldete Fristversäumung den Lauf der Verfallfrist. Eine Grenze für den Lauf der Ausschlussfrist sah das BAG in höherer Gewalt und wendete den § 203 II aF entspr. an (BAG 8.3.1976 AP ZPO § 496 Nr. 4). Die Berücksichtigung höherer Gewalt muss als allgemeingültiges Rechtsprinzip nach wie vor auch im Rahmen tarifl. Ausschlussklauseln Berücksichtigung finden. Widerspricht der AN bei einem Betriebsübergang dem Übergang des ArbVerh., so läuft die Ausschlussfrist gegenüber dem bisherigen AG erst mit dem Zugang des Widerspruchs (BAG 16.4.2013 NZA 2013, 850).

58 **8. Fristgerechte Geltendmachung. a) Allgemeines.** Die Geltendmachung ist eine **einseitige rechtsgeschäftsähnl. Handlung,** auf die die Vorschr. über Willenserkl. Anwendung finden können (BAG 11.12.2003 AP BMT-G II § 63 Nr. 1). Das BAG hat allerdings klargestellt, dass § 174 auf die Geltendmachung von Ansprüchen zur Wahrung einer tarifl. Ausschlussfrist keine entspr. Anwendung findet (BAG 14.8.2002 NZA 2002, 1344). Da die Geltendmachung dem Schuldner zugehen muss, genügt eine Anzeige bei der Polizei nicht (BAG 10.1.1974 AP TVG § 4 Ausschlussfristen Nr. 54). Bei Abschluss des Arbeitsvertrags durch einen Vertreter ohne Vertretungsmacht genügt die Geltendmachung ggü. dem vermeintl. AG (BAG 10.1.2007 NZA 2007, 679). Der BR ist nach bislang nicht ausdr. aufgegebener Rspr. des BAG (vgl. aber BAG 14.8.2002 NZA 2002, 1344) zur Vertretung des AN befugt (BAG 7.12.1962 AP HausarbTagsG NRW § 1 Nr. 1; offen gelassen in BAG 5.4.1995 NZA 1995, 1068). Die Geltendmachung muss grds. nach Fälligkeit erfolgen, es sei denn, die Ausschlussfrist stellt auf das Entstehen des Anspruchs ab (BAG 11.12.2003 AP BMT-G II § 63 Nr. 1). Vor Fälligkeit kann eine ordnungsgemäße Geltendmachung jdf. dann nicht erfolgen, wenn die Tarifnorm vorgibt, dass Ansprüche nach Fälligkeit geltend gemacht werden müssen, um ein Verfallen zu unterbinden (BAG 24.10.1990 NZA 1991, 378; 17.5.2001 NZA 2002, 910; 10.7.2003 ZTR 2003, 625 zum Anspruch auf Entlohnung geleisteter Nachtschichten). Ausnahmsweise kann ein Anspruch auch schon vor Fälligkeit geltend gemacht werden, jdf. in der ersten Stufe (BAG 28.4.2004 NZA 2005, 599, 16.1.2013 NZA 2013, 975; 3.7.2013 APTVG § 4 Ausschlussfristen Nr. 205; entgegen 17.5.2001 NZA 2002, 910, offen gelassen durch 10.7.2003 ZTR 2003, 625; vgl. Rn. 62). Dies setzt allerdings voraus, dass die Anspruchsvoraussetzungen bereits erfüllt sind, ihr Eintreten als sicher gelten kann oder es sich um Ansprüche aus einem ständig gleichbleibenden Grundtatbestand handelt (BAG 18.9.2012 NZA 2013, 216; 3.7.2013 AP TVG § 4 Ausschlussfristen Nr. 205). Dies gilt nicht für die Geltendmachung von Urlaubsabgeltungsansprüchen, wenn die Urlaubsabgeltung lange vor der Beendigung des ArbVerh. beansprucht wird und die Beendigung oder der Zpkt. der Beendigung des ArbVerh. nicht sicher ist (BAG 18.9.2012 NZA 2013, 216).

59 **Geltendmachung** bedeutet, die andere Seite zur Erfüllung eines bestimmten Anspruchs aufzufordern. Der Schuldner muss erkennen können, um welche Forderung es sich handelt (BAG 30.5.1972 AP TVG § 4 Ausschlussfristen Nr. 50). Deshalb muss jede Forderung grds. nach **Grund und Höhe** sowie den Zeitraum, für den sie verfolgt wird, deutl. gemacht werden (BAG 22.4.2004 AP BAT-O §§ 22, 23 Nr. 28). Dies gilt jedoch hins. der Höhe nicht, wenn die Ausschlussfrist eine Geltendmachung „dem Grunde nach" ausreichen lässt (BAG 13.3.2013 NZA 2013, 680, 685). Fehlt eine solche Regelung, kann dies zur Unwirksamkeit der Ausschlussfrist führen, wenn sie dem AN die Geltendmachung seiner Ansprüche unmögl. macht. Dies ist der Fall, wenn sie eine Bezifferung verlangt, die dem AN bis zum Ablauf der Ausschlussfrist regelm. nicht mögl. ist (BAG 13.3.2013 NZA 2013, 680, 685). Macht ein AN einen Anspruch auf Vergütung nach einer bestimmten Vergütungsgruppe innerhalb einer tarifl. Ausschlussfrist ggü. seinem AG geltend und verlangt er nicht zugleich hilfsweise Vergütung nach einer anderen, niedrigeren Vergütungsgruppe, wahrt er die tarifl. Ausschlussfrist für den Anspruch auf Vergütung nach der niedrigeren Vergütungsgruppe nicht (BAG 3.8.2005 NZA 2006, 64). Zur Angabe des Grundes gehört keine rechtl. Begr. Der Gläubiger muss die Höhe zumindest ungefähr beziffern (BAG 17.10.1974 AP TVG § 4 Ausschlussfristen Nr. 55). Ist nur der Anspruchsgrund strittig, ist die Angabe der ungefähren Höhe ausnahmsweise nicht erforderl. (BAG 7.9.1982 AP BAT § 44 Nr. 7). Verlangt der Gläubiger erhebl. zu wenig, soll dies die Geltendmachung insg. unwirksam machen, da der Schuldner wissen müsse, in welcher Höhe eine Forderung auf ihn zukomme (BAG 8.2.1972 AP TVG § 4 Ausschlussfristen Nr. 49). Das ist nicht nachvollziehbar, da sich mit dem Ausschluss des fälschlicherweise nicht geltend gemachten Betrages Gläubigerverlangen und Anspruch decken, so dass zumindest dieser nicht verfallen darf. Der Gläubiger muss ferner unmissverständl. zum Ausdruck bringen, dass er die Erfüllung des Anspruchs verlangt. Als ausreichend wurde es angesehen, dass der Gläubiger beim Empfang der Lohnabrechnung bemängelt, ein bestimmter Lohnbestandteil fehle (BAG 20.2.2001 AP BGB § 611 Arbeitnehmerdarlehen Nr. 5). Nicht ausreichend ist es hingegen, wenn der AN den AG auffordert, „seinen Standpunkt zu überdenken" (BAG 5.4.1995 NZA 1995, 1068) oder der AN ledigl. mitteilt, sich die Geltendmachung „vorzubehalten" (LAG K 24.7.1984 EzA TVG § 4

Ausschlussfristen Nr. 59). Die Rückforderung überzahlter Bezüge unter Hinweis auf eine fehlerhafte Eingruppierung wahrt nicht die Ausschlussfrist des § 70 BAT-O für künftige Überbezahlungen (BAG 17.5.2001 NZA 2002, 910). Die Berücksichtigung von Gehaltsforderungen im Rahmen eines Vergleichs ist eine Geltendmachung iSd. ersten Stufe, aber nicht zwgd. iSd. zweiten Stufe, wenn die Ansprüche nicht Streitgegenstand des Verf. sind und sie damit auch noch nicht anhängig oder rechtshängig werden (LAG BE 10.10.2003 LAGReport 2004, 27, 28 f.).

Gleichartige Ansprüche müssen für jeden Sachverhalt erneut geltend gemacht werden (BAG 26.10.1994 NZA 1995, 858). Die Geltendmachung ggü. dem urspr. Schuldner wirkt nach einem **Betriebsübergang** auch ggü. dem neuen Betriebsinhaber (BAG 21.3.1991 NZA 1991, 726). Gleiches gilt für einen Schuldbeitritt (BAG 11.11.1971 AP TVG § 4 Ausschlussfristen Nr. 47). Hat der Schuldner den Anspruch anerkannt oder ihn durch Abrechnung unstr. gestellt, kann dieser nicht mehr verfallen (BAG 29.5.1985 AP TVG § 4 Ausschlussfristen Nr. 92). Dies gilt auch dann, wenn der AG die Forderung später bestreitet (BAG 21.4.1993 NZA 1993, 1091). 60

b) Mehrstufige Ausschlussfristen. Ausschlussklauseln können formlose, schriftl. oder gerichtl. Geltendmachung vorsehen (einstufige Ausschlussfrist). Bei den sog. zweistufigen Ausschlussfristen muss der Anspruch nach erfolgloser formloser oder schriftl. Geltendmachung innerhalb einer bestimmten Frist gerichtl. geltend gemacht werden. Wenn eine Ausschlussfrist ausdr. gerichtl. Geltendmachung vorschreibt und damit auf den Sprachgebrauch des Verjährungsrechts Bezug nimmt, ist grds. Raum für eine entspr. Anwendung der ges. Vorschr. (BAG 16.1.2003 NZA 2004, 344). 61

aa) Erste Stufe. Die **Schriftform** wird durch eine Klage gewahrt. Insb. reicht im Kündigungsfalle für die schriftl. Geltendmachung das Erheben der **Kündigungsschutzklage** auch für die Ansprüche aus, die vom erfolgreichen Ausgang des Kündigungsschutzprozesses abhängen, wie zB Lohnansprüche (BAG 7.11.1991 NZA 1992, 521; 26.4.2006 NZA 2006, 1750; stRspr.). Der Klageabweisungsantrag des AG reicht allerdings idR nicht für die Wahrung der Ausschlussfrist für denkbare Rückforderungsansprüche aus. Für Rückforderungsansprüche, die vom Ausgang des Kündigungsrechtsstreits abhängen, beginnt die Ausschlussfrist erst mit Rechtskraft des Urt. im Kündigungsschutzprozess (BAG 19.1.1999 NZA 1999, 1040). Für die Wahrung der Schriftform ist es unerhebl., ob die Klage als Prozesshandlung unzulässig erhoben, später zurückgenommen oder durch die Parteien nicht weiterbetrieben wird (vgl. BAG 7.11.1991 NZA 1992, 521 zu der Anwendbarkeit der §§ 211, 212 aF). Eine allg. **Statusklage** wahrt die Verfallfrist für Zahlungsansprüche aus diesem ArbVerh. nicht (BAG 25.10.1989 AP ArbGG 1979 § 72a Grundsatz Nr. 39; **aA** LAG D 25.5.2011 ArbRAktuell 2011, 597). Ersetzt die Klage die schriftl. Geltendmachung, so muss die Klage rechtzeitig zugestellt sein; § 167 ZPO findet nach der Rspr. auf **ges. Ausschlussfristen** (hier § 15 IV AGG), die die rechtzeitige Klageerhebung voraussetzen, Anwendung (BAG 22.5.2014 NZA 2014, 924 Rn. 20; vgl. auch Rn. 65). Anders entscheidet der 4. Sen. (BAG 16.3.2016 NZA 2016, 1154) für die Wahrung einer **einfachen tarifl. Ausschlussfrist**, die schriftl. ggü. dem Anspruchsgegner geltend gemacht werden muss. Für diese Fälle findet § 167 ZPO keine Anwendung. Es reicht zur Fristwahrung damit nicht aus, dass das Anspruchsschreiben vor Ablauf der Frist bei Gericht eingegangen ist und dem Anspruchsgegner ggf. später zugestellt wird. Entscheidend ist der Zugang beim Anspruchsgegner selbst. Die **verfrühte Geltendmachung** wahrt – anders als in der zweiten Stufe (Rn. 63) – die Ausschlussfrist (s. Rn. 58), was wegen des oft schwierig festzulegenden Beginns der Ausschlussfrist sinnvoll ist (BAG 22.2.1978 AP TVG § 4 Ausschlussfristen Nr. 63; 26.9.2001 NZA 2002, 1218). Die Frist für die gerichtl. Geltendmachung (2. Stufe) beginnt aber nicht vor der Fälligkeit (BAG 13.2.2003 NZA 2003, 1295). Insb. kann der AG nicht vor Fälligkeit die Leistung ablehnen und dadurch die 2. Stufe der Ausschlussfrist auslösen, weil dadurch die dem AN zustehende Überlegungsfrist verkürzt würde (BAG 26.9.2001 NZA 2002, 1218; LAG SH 23.3.2004 NZA-RR 2004, 571). Ein Anspruch wird auch dann schriftl. geltend gemacht, wenn der Gläubiger dem Schuldner ein **Telefax** sendet (BAG 11.10.2000 NZA 2001, 231; 14.8.2002 NZA 2003, 158; LAG HM LAGE TVG § 4 Ausschlussfristen Nr. 43; *Gotthardt/Beck* NZA 2002, 876, 883; *Riesenkampff* NJW 2004, 3296; s. a. §§ 125 bis 127 Rn. 13). In der Konsequenz wird man sogar auch das Versenden einer einfachen E-Mail für ausreichend erachten müssen, da diese ebenfalls die Voraussetzungen der **Textform** iSd. § 126b erfüllt (vgl. §§ 125 bis 127 Rn. 13b; BAG 7.7.2010 NZA 2010, 1068, 1079 f.; *Gotthardt/Beck* NZA 2002, 876, 883). 62

bb) Zweite Stufe. Verlangt eine zweistufige tarifl. Ausschlussklausel eine fristgebundene Klageerhebung, so beginnt die Frist für die Klageerhebung nach dem Sinn der Tarifnorm regelm. mit dem Bestreiten des Anspruchs (BAG 16.3.1995 NZA 1995, 1213). Nach bisheriger Rspr. erfüllte nur eine **zulässige Klage** die Anforderungen an eine gerichtl. Geltendmachung in der zweiten Stufe (BAG 29.6.1989 NZA 1989, 897). Es ist fragl., ob die strengen Anforderungen des BAG im Lichte der Entsch. des BVerfG v. 22.10.2004 (NJW 2005, 814) gehalten werden können, sofern sie „übertriebene Anforderungen an das formelle Recht" zum Erhalt des Anspruchs stellen. Ausreichend muss sein, dass „unmissverständl." Klage erhoben worden ist. Das BAG lässt eine Nachbesserung einer rechtzeitigen, aber unzulässigen Leistungsklage nach Ablauf der Ausschlussfrist für die Wahrung der Verfallfrist zu, wenn die für die Höhe des Anspruchs geltend gemachten Tatsachen so mitgeteilt sind, dass die Errechnung des Betrages jederzeit mögl. ist (BAG 30.3.1989 EzA TVG § 4 Ausschlussfristen Nr. 79). 63

64 Nach der Rspr. des BAG muss der betroffene Anspruch Streitgegenstand der Klage sein. Deshalb reicht die **zulässige Feststellungsklage** aus, wenn sie geeignet ist, den gesamten von den Parteien unterschiedl. beurteilten Streitstoff zu klären (BAG 29.6.1989 NZA 1989, 897). Eine **Statusklage**, die auf Feststellung des Bestehens eines ArbVerh. ab einem bestimmten Zpkt. gerichtet ist, genügt hins. eines davon abhängigen Zahlungsanspruchs zur Wahrung der zweiten Stufe einer tarifl. Ausschlussfrist (LAG D 25.5.2011 AuR 2011, 597). Die anderslautende Rspr. des BAG hat dieses iE für alle Ausschlussfristen aufgegeben (Rn. 65). Nach der früheren Rspr. des BAG (BAG 16.1.2002 NZA 2002, 746) konnten Zahlungsansprüche nur durch Leistungsklage gerichtl. geltend gemacht werden. Eine Feststellungsklage, die nur Vorfragen kläre, reichte nicht. Die Kündigungsschutzklage oder eine allg. auf den Fortbestand des AV gerichtete Feststellungsklage sollte jedoch nicht für die gerichtl. Geltendmachung von Zahlungsansprüchen gelten, welche vom Erg. des Kündigungsschutzprozesses abhängen (BAG 8.8.2000 NZA 2000, 1236; 26.4.2006 NZA 2006, 845; damals stRspr.). Die an die Ablehnung gekoppelte Frist für die gerichtl. Geltendmachung dieser Ansprüche beginne mit dem **Klagabweisungsantrag** des AG im Kündigungsschutzprozess zu laufen (BAG 13.9.1984 NZA 1985, 249; vgl. aber Rn. 56). Diese BAG-Rspr. führte zu dem unökonomischen Erg., dass der AN trotz rechtshängigen Kündigungsschutzprozesses den Lohnanspruch als Anspruch „aus dem ArbVerh" (durch Leistungsklage nach § 259 ZPO oder Feststellungsklage nach § 256 ZPO für einen ungewissen Zeitraum) gerichtl. geltend machen musste, obwohl noch gar nicht feststand, ob das ArbVerh. aufgrund einer wirksamen Kündigung überhaupt noch besteht. Das BAG setzte sich zudem auch inhaltl. in einen Widerspruch: Es ließ die Kündigungsschutzklage zur Wahrung solcher Ausschlussfristen ausreichen, die die schriftl. Geltendmachung der vom Erfolg der Kündigungsschutzklage abhängenden Ansprüche vorsehen, weil auf das Gesamtziel des Kündigungsschutzbegehrens zu achten sei. Nach dieser Rspr. beschränkte sich dieses Ziel – jdf. im Regelfall – nicht auf die Erhaltung des Arbeitsplatzes, sondern ist auch auf die Sicherung der Ansprüche gerichtet, die durch den Verlust des Arbeitsplatzes möglicherweise verloren gehen (BAG 16.6.1976 AP TVG § 4 Nr. 56; vgl. Rn. 62). Eine interessen- und zweckgerechte Auslegung führt hingegen zu dem Erg., dass das Erfordernis gerichtl. Geltendmachung eines Anspruchs, der vom Ausgang des Kündigungsschutzprozesses abhängt, auch durch die Erhebung einer Kündigungsschutzklage gewahrt werden kann (ausf. *Preis* ZIP 1989, 885, 897; *Zöllner* Anm. AP TVG § 4 Ausschlussfristen Nr. 31; unter Betonung des § 203 *Fromm* ZTR 2003, 70, 72, 73). Im Lichte verfassungsrechtl. Anforderungen erscheint die Rspr. als übertriebener Formalismus. Nach einem Kammerbeschl. des BVerfG (1.12.2010 NZA 2011, 354; hierzu *Nägele/Gertler* NZA 2011, 442; *Brecht-Heitzmann* DB 2011, 1523; *Werner/Labrow* AiB 2011, 649) darf der Zugang zu den Gerichten den Prozessparteien nicht in unzumutbarer, sachl. nicht zu rechtfertigender Weise erschwert werden (BVerfG 29.10.1975 E 40, 272; 17.3.1988 E 78, 88; 2.3.1993 E 88, 118). Das Kostenrisiko darf zu dem mit dem Verf. angestrebten Erfolg nicht außer Verhältnis stehen, so dass die Inanspruchnahme von Gerichten nicht mehr sinnvoll erscheint. Eine Obliegenheit zur Klageerhebung vor dem rkr. abgeschlossenen Vorprozess – der sich zumeist in einer Kündigungsschutzklage begründen wird – darf einem AN somit nicht auferlegt werden, wenn ihm dadurch ein unzumutbares Kostenrisiko entsteht. Dies ergibt sich aus dem Grundrecht auf Gewährleistung effektiven Rechtsschutzes gem. Art. 2 I iVm. Art. 20 III GG (BVerfG 1.12.2010 NZA 2011, 354). Hieraus ist zu folgern, dass die **zweite Stufe einer Ausschlussfrist, die die Erhebung einer Leistungsklage bereits vor rkr. Abschluss des Kündigungsschutzprozesses verlangt**, jdf. dann, wenn diese sich streitwerterhöhend ggü. der Kündigungsschutzklage auswirkt, **unzulässig** ist. Vor diesem Hintergrund hat das BAG seine abw. Rspr. sukzessive aufgegeben (vgl. dazu Rn. 64a sowie für tarifvertragl. Ausschlussfristen BAG 19.9.2012 NZA 2013, 101, 102; 19.11.2014 NZA-RR 2015, 255; ausweitend auf Jubiläumsgelder LAG D 20.5.2011 ArbR-Aktuell 2011, 597.

64a Das BAG hatte unter dem Eindruck der in Rn. 64 dargestellten Erwägungen bereits vor der Entsch. des BVerfG (1.12.2010 NZA 2011, 354) seine Rspr. weitgehend geänd. Der 1. Sen. des BAG hatte eine Regelung in einer BV, die vom AN bereits während eines lfd. Kündigungsschutzprozesses die gerichtl. Geltendmachung von **Annahmeverzugsansprüchen** verlangt, als unangemessen und unwirksam erklärt (BAG 12.12.2006 NZA 2007, 453). Dies ist iRd. §§ 305 ff. auf Arbeitsverträge zu übertragen. Der 5. Sen. hatte (BAG 19.3.2008 NZA 2008, 757; bestätigt in BAG 19.5.2010 NZA 2010, 939) entschieden, dass bei einer Klausel in AGB, wonach von der Gegenseite abgelehnte Ansprüche binnen einer Frist von drei Monaten einzuklagen sind, um deren Verfall zu verhindern, die **Erhebung der Kündigungsschutzklage genügt**, um das Erlöschen der vom Ausgang des Kündigungsrechtsstreits abhängigen Annahmeverzugsansprüche des AN zu verhindern. Letztere Rspr. vermeidet die weitreichende Unwirksamkeitsfolge (vgl. HWK/*Gotthardt* Anh. zu §§ 305–310 Rn. 8), da sie zu einer verständigen Auslegung übergeht. Diese Auslegung hat sich nunmehr wohl für alle Ausschlussfristen durchgesetzt, die „alle Ansprüche, die sich aus dem ArbVerh. ergeben" einbeziehen. Auch für **tarifvertragl. Ausschlussfristen** hat der 5. Sen. unter Aufgabe seiner vorherigen Rspr. entschieden, dass die Erhebung der Kündigungsschutzklage genügt, um das Erlöschen der vom Ausgang des Kündigungsrechtsstreits abhängigen Annahmeverzugsansprüche des AN zu verhindern (BAG 19.9.2012 NZA 2013, 101, 102; 24.9.2014 NZA 2015, 35). Diese **verfassungskonforme Auslegung** des TV vermeidet die weiterreichende Unwirksamkeitsfolge und führt damit die Rspr. des 5. Sen. (BAG

19.3.2008 NZA 2008, 757; 19.5.2010 NZA 2010, 939; zust. *von Medem* NZA 2013, 345) fort. In dieser stellt der 5. Sen. zu Recht darauf ab, dass die Formulierung, wonach Ansprüche einzuklagen sind, von einem nicht rechtskundigen AN nicht so verstanden werde, dass nur die Erhebung einer bezifferten Leistungsklage diesem Erfordernis genügt. Er dürfe sie vielmehr so verstehen, dass jede prozessuale Auseinandersetzung über den Anspruch seine Obliegenheit erfüllt (BAG 19.3.2008 NZA 2008, 757; hierzu *Matthiessen* NZA 2008, 1165). Um den AN nicht zu überflüssigen Lohnklagen zu veranlassen, sehen einige TV schon seit längerer Zeit vor, dass die Ausschlussfrist erst mit Rechtskraft des Urt. beginnt, das den Kündigungsschutzprozess beendet (vgl. § 14 Nr. 2 S. 3 BRTV-Bau; vgl. auch Rn. 56). Stellt die tarifl. Regelung allein auf den Kündigungsschutzprozess ab, so muss jedoch eine Kündigungsschutzklage erhoben worden sein; eine allg. Feststellungsklage, in der aus anderen Gründen über das Bestehen oder Nichtbestehen eines AV gestritten wird, soll nicht ausreichen (BAG 8.8.2000 NZA 2000, 1236; vgl. a. 25.10.1989 AP ArbGG 1979 § 72a Grundsatz Nr. 39). Diese Auff. könnte durch ein neueres Urt. (BAG 26.9.2013 NZA 2014, 443) überholt sein, da dort für die Wahrung der Frist des § 4 KSchG zunächst auch die allg. Feststellungsklage für ausreichend erachtet wird. Können Ansprüche erst nach dem Kündigungsschutzprozess, von dessen Ausgang sie abhängig sind, geltend gemacht werden, ist eine verfrühte Leistungsaufforderung unwirksam (BAG 22.10.1980 NJW, 1981, 1751). Die **unbezifferte Leistungsklage** reicht aus, wenn das Prozessrecht das zulässt, wie zB für Ansprüche aus § 113 BetrVG oder §§ 9, 10 KSchG (BAG 29.11.1983 AP BetrVG 1972 § 113 Nr. 10; 29.6.1989 NZA 1989, 897). Bei ungewisser Höhe künftig eintretender Schäden kommt vor dem Eintritt dieser Schäden ein Verfall des Schadensersatzanspruchs aufgrund einer Ausschlussfrist nicht in Betracht; auf den Zpkt. der Rechtsgutsverletzung kommt es insofern nicht an (BAG 14.12.2006 NZA 2007, 262).

Ob zur Fristwahrung die **Einreichung der Klage beim Gericht** ausreicht, wenn die Zustellung demnächst erfolgt (§ 167 ZPO), ist im Lichte der BGH-Rspr. (17.7.2008 NJW 2009, 765; 25.6.2014 NJW 2014, 2568) umstr. (vgl. *Nägele/Gertler* NZA 2010, 1377; *Gehlhaar* NZA-RR 2011, 169). Das BAG hat sich überzeugend der Auff. des BGH angeschlossen (vgl. BAG 16.3.2016 NZA 2016, 1154 und die Anwendbarkeit des § 167 ZPO in den Fällen bejaht, in denen durch die Zustellung einer Klage eine Frist gewahrt werden soll, die auch durch außergerichtl. Geltendmachung eingehalten werden kann (bejaht bei rechtzeitigem Stellen eines Antrags auf PKH von LAG NI 25.3.1999 LAGE TVG § 4 Ausschlussfristen Nr. 50; bei Ansprüchen aus einem TV Mindestlohn ArbG Hamburg 26.2.2014 BeckRS 2014, 68365; zu Recht verneint bei Antrag auf Erlass eines MB nach Ablauf der Ausschlussfrist BAG 18.11.2004 NZA 2005, 516). Anders ist es bei vertragl. oder tarifl. Ausschlussfristen, die durch bloße schriftl. Geltendmachung gewahrt werden können. In diesem Fall findet § 167 ZPO keine Anwendung, so dass der rechtzeitige Zugang beim Anspruchsgegner maßgebl. ist (BAG 16.3.2016 NZA 2016, 1154). Eine Wiedereinsetzung in den vorigen Stand (§§ 233 ff. ZPO) scheidet aus, da die Ausschlussfrist weder eine Notfrist noch eine Rechtsmittelbegründungsfrist ist und diesen Fristen als vorprozessuale Frist auch nicht verwandt ist (BAG 18.11.2004 NZA 2005, 516). 65

Fragl. ist, wie es um die Wahrung der Frist bestellt ist, wenn die **Klage zurückgenommen** wird. Im Verjährungsrecht führt die Rücknahme der Klage nicht mehr dazu, dass die Hemmung der Verjährung rückwirkend entfällt (Rn. 23). Im Hinblick auf die insoweit identische Interessenlage bei Verjährung und Ausschlussfristen ist auch in Bezug auf Ausschlussfristen davon auszugehen, dass die Fristwahrung, die durch die Klageerhebung eingetreten ist, nicht mehr durch die Klagerücknahme rückwirkend entfällt. Während bei der Verjährung nach der Klagerücknahme die Nachfrist von sechs Monaten gilt, bietet es sich bei Ausschlussfristen an, dem Gläubiger eine der Dauer der Ausschlussfrist entspr. Nachfrist zuzusprechen, innerhalb derer der Anspruch noch geltend gemacht werden kann (vgl. *Grunsky* FS Kissel 1994 S. 281, 291 zur Anwendbarkeit des § 212 II aF). Diese, sich für eine Gleichbehandlung von Verjährung und Ausschlussfristen aussprechende Auff. dürfte allerdings im Widerspruch zu der bisherigen Rspr. des BAG stehen, nach der § 212 II aF bislang auf Ausschlussfristen keine Anwendung fand (BAG 11.7.1990 NZA 1991, 70; beachte auch die Klagerücknahmefiktion des § 54 V 4 ArbGG). 66

9. Aufrechnung. Schuldner wie Gläubiger können während der Ausschlussfrist aufrechnen. Ist der Anspruch verfallen, besteht diese Möglichkeit nicht mehr (BAG 30.3.1973 AP BGB § 390 Nr. 4). In der Aufrechnung des Schuldners **gegen einen verfallenen Anspruch** kann ein Verzicht auf die eigene Forderung liegen. Die Aufrechnung bedarf nicht der Form, die für die Geltendmachung des Anspruchs erforderl. ist, da ein Aufrechnen nicht mit der übl. Geltendmachung des Anspruchs gleichzusetzen ist (BAG 1.2.2006 ZTR 2006, 319; **aA** LAG D 6.1.1971 DB 1971, 1015). Bei unwirksamer Aufrechnung kann die Aufrechnung des Gläubigers als wirksame Geltendmachung die Verfallfrist wahren. Die Aufrechnung des Gläubigers kann ein Anerkenntnis sein. 67

10. Treu und Glauben. Mit dem Einwand der unzulässigen Rechtsausübung (§ 242) kann der Ablauf der Ausschlussfrist überwunden werden. Als **Rechtsfolge** der unzulässigen Rechtsausübung gilt die Ausschlussfrist entspr. dem Rechtsgedanken des § 162 I als endgültig gewahrt (BAG 4.9.1985 NZA 1986, 225). Die Berufung des AG auf eine Ausschlussfrist verstößt gegen das Gebot von Treu 68 und Glauben, wenn er durch positives Tun oder durch pflichtwidriges Unterlassen dem AN die Geltendmachung des Anspruchs erschwert oder unmögl. gemacht hat oder den AN von der Einhaltung der Frist abgehalten oder es pflichtwidrig unterlassen hat, dem Gläubiger die Umstände mitzuteilen, die ihn zur Einhaltung der Ausschlussfrist veranlasst hätten (BAG 22.1.1997 NZA 1997, 445; 5.6.2003 NZA 2004, 400; 18.11.2004 NZA 2005, 516; 13.10.2010 NZA 2011, 219). Gleiches gilt, wenn der AG an obj. Maßstäben gemessen den Eindruck erweckt hat, der AN könne darauf vertrauen, dass der Anspruch auch ohne Wahrung einer tarifl. Ausschlussfrist erfüllt werde (BAG 8.8.2000 NZA 2000, 1236; 10.10.2002 NZA 2003, 329; 25.1.2006 NZA 2007, 472; 18.8.2011 ZTR 2012, 31). Dies ist nicht der Fall, wenn er dem AN eine mdl. **unzutr. Auskunft** über das Bestehen seines Anspruchs gegeben hat, da der AN nicht an der Geltendmachung seines Anspruchs in irgendeiner Art gehindert wurde, sondern es ihm vielmehr freistand, seine vermeintl. Ansprüche schriftl. geltend zu machen (BAG 22.1.1997 NZA 1997, 445). Der AG ist nicht verpflichtet, den AN auf tarifl. Änd. hinzuweisen. (BAG 15.12.2016 NZA 2017, 528 Rn. 17). Auch der alleinige Verstoß gegen die aus § 2 II 1 NachwG folgende Verpflichtung begr. nicht den Einwand eines rechtsmissbräuchl. Verhaltens (§ 242) des AG (BAG 29.5.2002 NZA 2002, 1360; 17.4.2002 NZA 2002, 1096; **aA** LAG SH 8.2.2000 LAGE NachwG § 2 Nr. 8). Zu erwägen ist, ob es im Einzelfall treuwidrig sein kann, wenn sich ein AG auf den Ablauf einer Ausschlussfrist beruft, ohne Verhandlungstage hinzuzurechnen (vgl. aber Rn. 57). Treuwidrig verhält sich der AG, der den AN während des Kündigungsschutzprozesses vorsorgl. zur Auskunft über anderweitigen Verdienst auffordert, um nach Beendigung des ArbVerh. geschuldete Karenzentschädigungen abrechnen zu können, aber nach Obsiegen des Kündigungsschutzprozesses den Ablauf der Ausschlussfrist rügt (BAG 18.12.1984 NZA 1985, 219). Ebenso kann sich bei einem Betriebsübergang der Betriebserwerber nicht auf den Ablauf einer Ausschlussfrist berufen, wenn weder der Betriebsveräußerer noch der Betriebserwerber der Unterrichtungspflicht nach § 613a V nachgekommen sind und ein innerer Zusammenhang zwischen dieser Pflichtverletzung und der Fristversäumung besteht (BAG 22.8.2012 NZA 2013, 376). Nach einer Entsch. des LAG BE (26.11.1990 DB 1991, 1286) kommt ein Eingreifen der Verfallfristen nicht in Betracht, wenn der Anspruch unstr. ist und der AN in eine erhebl. Notlage geraten würde, wenn man den Anspruch zurückweisen würde. Gleichfalls treuwidrig soll es sein, wenn der AG seine AN offensichtl. böswillig unter Tarif entlohnt und sich ggü. der Nachforderung auf die Ausschlussfrist beruft (BAG 26.8.1960 AP TVG § 4 Ausschlussfristen Nr. 6; **aA** Wiedemann/*Wank* § 4 Rn. 789, 791).

69 Der AN handelt treuwidrig, wenn er nach einer **strafbaren Handlung** Ansprüche des AG verschweigt (BAG 6.5.1969 AP TVG § 4 Ausschlussfristen Nr. 42). Wurde ein AN in erhebl. Umf. erkennbar überbezahlt und hat er es pflichtwidrig unterlassen, den AG auf die Überbezahlung aufmerksam zu machen bzw. ihm die Umstände mitzuteilen, welche es ihm ermöglicht hätten, den Rückzahlungsanspruch rechtzeitig geltend zu machen, verstößt er gegen das Gebot von Treu und Glauben, wenn er sich auf die Ausschlussfrist beruft (BAG 6.9.2006 ArbGG 1979 § 11 Prozessvertreter Nr. 20; LAG SH 5.9.2007 BeckRS 2007, 48075; LAG RP 2.8.2011 BeckRS 2011, 76106). Der Einwand des Rechtsmissbrauchs **greift befristet** aber nur solange, wie der AG vom AN von der Einhaltung der Anschlussfrist abgehalten wird (BAG 10.3.2005 NZA 2005, 812). Der AG muss – wenn er anderweitig von dem Zahlungsanspruch Kenntnis erhält – den Anspruch alsdann innerhalb einer kurzen, nach Treu und Glauben zu bemessenden Frist geltend machen (BAG 13.10.2010 NZA 2011, 219). Auch verstößt es idR gegen Treu und Glauben, wenn sich ein AN darauf beruft, der Gläubiger habe bei der Geltendmachung einer Schadensersatzforderung die gültige ein- oder zweistufige Ausschlussfrist nicht gewahrt, falls der AN die Forderung zuvor deklaratorisch anerkannt hat. Dies gilt auch dann, wenn er das deklaratorische Schuldanerkenntnis später anficht (BAG 10.10.2002 NZA 2003, 329).

Buch 2. Recht der Schuldverhältnisse

Abschnitt 2. Gestaltung rechtsgeschäftlicher Schuldverhältnisse durch Allgemeine Geschäftsbedingungen

§ 305 Einbeziehung Allgemeiner Geschäftsbedingungen in den Vertrag

(1) [1] Allgemeine Geschäftsbedingungen sind alle für eine Vielzahl von Verträgen vorformulierten Vertragsbedingungen, die eine Vertragspartei (Verwender) der anderen Vertragspartei bei Abschluss eines Vertrags stellt. [2] Gleichgültig ist, ob die Bestimmungen einen äußerlich gesonderten Bestandteil des Vertrags bilden oder in die Vertragsurkunde selbst aufgenommen werden, welchen Umfang sie haben, in welcher Schriftart sie verfasst sind und welche Form der Vertrag hat. [3] Allgemeine Geschäftsbedingungen liegen nicht vor, soweit die Vertragsbedingungen zwischen den Vertragsparteien im Einzelnen ausgehandelt sind.

(2) Allgemeine Geschäftsbedingungen werden nur dann Bestandteil eines Vertrags, wenn der Verwender bei Vertragsschluss

1. die andere Vertragspartei ausdrücklich oder, wenn ein ausdrücklicher Hinweis wegen der Art des Vertragsschlusses nur unter unverhältnismäßigen Schwierigkeiten möglich ist, durch deutlich sichtbaren Aushang am Orte des Vertragsschlusses auf sie hinweist und
2. der anderen Vertragspartei die Möglichkeit verschafft, in zumutbarer Weise, die auch eine für den Verwender erkennbare körperliche Behinderung der anderen Vertragspartei angemessen berücksichtigt, von ihrem Inhalt Kenntnis zu nehmen,

und wenn die andere Vertragspartei mit ihrer Geltung einverstanden ist.

(3) Die Vertragsparteien können für eine bestimmte Art von Rechtsgeschäften die Geltung bestimmter Allgemeiner Geschäftsbedingungen unter Beachtung der in Absatz 2 bezeichneten Erfordernisse im Voraus vereinbaren.

§ 305a Einbeziehung in besonderen Fällen *(nicht abgedruckt)*

§ 305b Vorrang der Individualabrede

Individuelle Vertragsabreden haben Vorrang vor Allgemeinen Geschäftsbedingungen.

§ 305c Überraschende und mehrdeutige Klauseln

(1) Bestimmungen in Allgemeinen Geschäftsbedingungen, die nach den Umständen, insbesondere nach dem äußeren Erscheinungsbild des Vertrags, so ungewöhnlich sind, dass der Vertragspartner des Verwenders mit ihnen nicht zu rechnen braucht, werden nicht Vertragsbestandteil.

(2) Zweifel bei der Auslegung Allgemeiner Geschäftsbedingungen gehen zu Lasten des Verwenders.

§ 306 Rechtsfolgen bei Nichteinbeziehung und Unwirksamkeit

(1) Sind Allgemeine Geschäftsbedingungen ganz oder teilweise nicht Vertragsbestandteil geworden oder unwirksam, so bleibt der Vertrag im Übrigen wirksam.

(2) Soweit die Bestimmungen nicht Vertragsbestandteil geworden oder unwirksam sind, richtet sich der Inhalt des Vertrags nach den gesetzlichen Vorschriften.

(3) Der Vertrag ist unwirksam, wenn das Festhalten an ihm auch unter Berücksichtigung der nach Absatz 2 vorgesehenen Änderung eine unzumutbare Härte für eine Vertragspartei darstellen würde.

§ 306a Umgehungsverbot

Die Vorschriften dieses Abschnitts finden auch Anwendung, wenn sie durch anderweitige Gestaltungen umgangen werden.

§ 307 Inhaltskontrolle

(1) [1]Bestimmungen in Allgemeinen Geschäftsbedingungen sind unwirksam, wenn sie den Vertragspartner des Verwenders entgegen den Geboten von Treu und Glauben unangemessen benachteiligen. [2]Eine unangemessene Benachteiligung kann sich auch daraus ergeben, dass die Bestimmung nicht klar und verständlich ist.

(2) Eine unangemessene Benachteiligung ist im Zweifel anzunehmen, wenn eine Bestimmung

1. mit wesentlichen Grundgedanken der gesetzlichen Regelung, von der abgewichen wird, nicht zu vereinbaren ist oder
2. wesentliche Rechte oder Pflichten, die sich aus der Natur des Vertrags ergeben, so einschränkt, dass die Erreichung des Vertragszwecks gefährdet ist.

(3) [1]Die Absätze 1 und 2 sowie die §§ 308 und 309 gelten nur für Bestimmungen in Allgemeinen Geschäftsbedingungen, durch die von Rechtsvorschriften abweichende oder diese ergänzende Regelungen vereinbart werden. [2]Andere Bestimmungen können nach Absatz 1 Satz 2 in Verbindung mit Absatz 1 Satz 1 unwirksam sein.

§ 308 Klauselverbote mit Wertungsmöglichkeit

In Allgemeinen Geschäftsbedingungen ist insbesondere unwirksam

1. (Annahme- und Leistungsfrist)
eine Bestimmung, durch die sich der Verwender unangemessen lange oder nicht hinreichend bestimmte Fristen für die Annahme oder Ablehnung eines Angebots oder die Erbringung einer Leistung vorbehält; ausgenommen hiervon ist der Vorbehalt, erst nach Ablauf der Widerrufsfrist nach § 355 Absatz 1 und 2 zu leisten;

1a. (Zahlungsfrist)
eine Bestimmung, durch die sich der Verwender eine unangemessen lange Zeit für die Erfüllung einer Entgeltforderung des Vertragspartners vorbehält; ist der Verwender kein Verbraucher, ist im Zweifel anzunehmen, dass eine Zeit von mehr als 30 Tagen nach Empfang der Gegenleistung oder, wenn dem Schuldner nach Empfang der Gegenleistung eine Rechnung oder gleichwertige Zahlungsaufstellung zugeht, von mehr als 30 Tagen nach Zugang dieser Rechnung oder Zahlungsaufstellung unangemessen lang ist;

1b. (Überprüfungs- und Abnahmefrist)
eine Bestimmung, durch die sich der Verwender vorbehält, eine Entgeltforderung des Vertragspartners erst nach unangemessen langer Zeit für die Überprüfung oder Abnahme der Gegenleistung zu erfüllen; ist der Verwender kein Verbraucher, ist im Zweifel anzunehmen, dass eine Zeit von mehr als 15 Tagen nach Empfang der Gegenleistung unangemessen lang ist;

2., 3 *(nicht abgedruckt)*

4. (Änderungsvorbehalt)
die Vereinbarung eines Rechts des Verwenders, die versprochene Leistung zu ändern oder von ihr abzuweichen, wenn nicht die Vereinbarung der Änderung oder Abweichung unter Berücksichtigung der Interessen des Verwenders für den anderen Vertragsteil zumutbar ist;

5. (Fingierte Erklärungen)
eine Bestimmung, wonach eine Erklärung des Vertragspartners des Verwenders bei Vornahme oder Unterlassung einer bestimmten Handlung als von ihm abgegeben oder nicht abgegeben gilt, es sei denn, dass
a) dem Vertragspartner eine angemessene Frist zur Abgabe einer ausdrücklichen Erklärung eingeräumt ist und
b) der Verwender sich verpflichtet, den Vertragspartner bei Beginn der Frist auf die vorgesehene Bedeutung seines Verhaltens besonders hinzuweisen;

6. (Fiktion des Zugangs)
eine Bestimmung, die vorsieht, dass eine Erklärung des Verwenders von besonderer Bedeutung dem anderen Vertragsteil als zugegangen gilt;

7. (Abwicklung von Verträgen)
eine Bestimmung, nach der der Verwender für den Fall, dass eine Vertragspartei vom Vertrag zurücktritt oder den Vertrag kündigt,
a) eine unangemessen hohe Vergütung für die Nutzung oder den Gebrauch einer Sache oder eines Rechts oder für erbrachte Leistungen oder
b) einen unangemessen hohen Ersatz von Aufwendungen verlangen kann;

8. *(nicht abgedruckt)*

§ 309 Klauselverbote ohne Wertungsmöglichkeit

Auch soweit eine Abweichung von den gesetzlichen Vorschriften zulässig ist, ist in Allgemeinen Geschäftsbedingungen unwirksam

1. *(nicht abgedruckt)*

2. (Leistungsverweigerungsrechte)
eine Bestimmung, durch die
a) das Leistungsverweigerungsrecht, das dem Vertragspartner des Verwenders nach § 320 zusteht, ausgeschlossen oder eingeschränkt wird oder
b) ein dem Vertragspartner des Verwenders zustehendes Zurückbehaltungsrecht, soweit es auf demselben Vertragsverhältnis beruht, ausgeschlossen oder eingeschränkt, insbesondere von der Anerkennung von Mängeln durch den Verwender abhängig gemacht wird;

3. (Aufrechnungsverbot)
eine Bestimmung, durch die dem Vertragspartner des Verwenders die Befugnis genommen wird, mit einer unbestrittenen oder rechtskräftig festgestellten Forderung aufzurechnen;

4. (Mahnung, Fristsetzung)
eine Bestimmung, durch die der Verwender von der gesetzlichen Obliegenheit freigestellt wird, den anderen Vertragsteil zu mahnen oder ihm eine Frist für die Leistung oder Nacherfüllung zu setzen;

5. (Pauschalierung von Schadensersatzansprüchen)
die Vereinbarung eines pauschalierten Anspruchs des Verwenders auf Schadensersatz oder Ersatz einer Wertminderung, wenn
   a) die Pauschale den in den geregelten Fällen nach dem gewöhnlichen Lauf der Dinge zu erwartenden Schaden oder die gewöhnlich eintretende Wertminderung übersteigt oder
   b) dem anderen Vertragsteil nicht ausdrücklich der Nachweis gestattet wird, ein Schaden oder eine Wertminderung sei überhaupt nicht entstanden oder wesentlich niedriger als die Pauschale;
6. (Vertragsstrafe)
eine Bestimmung, durch die dem Verwender für den Fall der Nichtabnahme oder verspäteten Abnahme der Leistung, des Zahlungsverzugs oder für den Fall, dass der andere Vertragsteil sich vom Vertrag löst, Zahlung einer Vertragsstrafe versprochen wird;
7. (Haftungsausschluss bei Verletzung von Leben, Körper, Gesundheit und bei grobem Verschulden)
   a) (Verletzung von Leben, Körper, Gesundheit)
   ein Ausschluss oder eine Begrenzung der Haftung für Schäden aus der Verletzung des Lebens, des Körpers oder der Gesundheit, die auf einer fahrlässigen Pflichtverletzung des Verwenders oder einer vorsätzlichen oder fahrlässigen Pflichtverletzung eines gesetzlichen Vertreters oder Erfüllungsgehilfen des Verwenders beruhen;
   b) (Grobes Verschulden)
   ein Ausschluss oder eine Begrenzung der Haftung für sonstige Schäden, die auf einer grob fahrlässigen Pflichtverletzung des Verwenders oder auf einer vorsätzlichen oder grob fahrlässigen Pflichtverletzung eines gesetzlichen Vertreters oder Erfüllungsgehilfen des Verwenders beruhen;

...

8. (Sonstige Haftungsausschlüsse bei Pflichtverletzung)
   a) (Ausschluss des Rechts, sich vom Vertrag zu lösen)
   eine Bestimmung, die bei einer vom Verwender zu vertretenden, nicht in einem Mangel der Kaufsache oder des Werkes bestehenden Pflichtverletzung das Recht des anderen Vertragsteils, sich vom Vertrag zu lösen, ausschließt oder einschränkt; ...
9. (Laufzeit bei Dauerschuldverhältnissen)
bei einem Vertragsverhältnis, das die regelmäßige Lieferung von Waren oder die regelmäßige Erbringung von Dienst- oder Werkleistungen durch den Verwender zum Gegenstand hat,
   a) eine den anderen Vertragsteil länger als zwei Jahre bindende Laufzeit des Vertrags,
   b) eine den anderen Vertragsteil bindende stillschweigende Verlängerung des Vertragsverhältnisses um jeweils mehr als ein Jahr oder
   c) zu Lasten des anderen Vertragsteils eine längere Kündigungsfrist als drei Monate vor Ablauf der zunächst vorgesehenen oder stillschweigend verlängerten Vertragsdauer;

dies gilt nicht für Verträge über die Lieferung als zusammengehörig verkaufter Sachen sowie für Versicherungsverträge;
10. (Wechsel des Vertragspartners)
eine Bestimmung, wonach bei Kauf-, Darlehens-, Dienst- oder Werkverträgen ein Dritter anstelle des Verwenders in die sich aus dem Vertrag ergebenden Rechte und Pflichten eintritt oder eintreten kann, es sei denn, in der Bestimmung wird
   a) der Dritte namentlich bezeichnet oder
   b) dem anderen Vertragsteil das Recht eingeräumt, sich vom Vertrag zu lösen;
11. (Haftung des Abschlussvertreters)
eine Bestimmung, durch die der Verwender einem Vertreter, der den Vertrag für den anderen Vertragsteil abschließt,
   a) ohne hierauf gerichtete ausdrückliche und gesonderte Erklärung eine eigene Haftung oder Einstandspflicht oder
   b) im Falle vollmachtsloser Vertretung eine über § 179 hinausgehende Haftung

auferlegt;
12. (Beweislast)
eine Bestimmung, durch die der Verwender die Beweislast zum Nachteil des anderen Vertragsteils ändert, insbesondere indem er
   a) diesem die Beweislast für Umstände auferlegt, die im Verantwortungsbereich des Verwenders liegen, oder
   b) den anderen Vertragsteil bestimmte Tatsachen bestätigen lässt;

Buchstabe b gilt nicht für Empfangsbekenntnisse, die gesondert unterschrieben oder mit einer gesonderten qualifizierten elektronischen Signatur versehen sind;

13. (Form von Anzeigen und Erklärungen)
eine Bestimmung, durch die Anzeigen oder Erklärungen, die dem Verwender oder einem Dritten gegenüber abzugeben sind, gebunden werden
a) an eine strengere Form als die schriftliche Form in einem Vertrag, für den durch Gesetz notarielle Beurkundung vorgeschrieben ist oder
b) an eine strengere Form als die Textform in anderen als den in Buchstabe a genannten Verträgen oder
c) an besondere Zugangserfordernisse;
14. *(nicht abgedruckt)*

§ 310 Anwendungsbereich

(1) [1] § 305 Absatz 2 und 3, § 308 Nummer 1, 2 bis 8 und § 309 finden keine Anwendung auf Allgemeine Geschäftsbedingungen, die gegenüber einem Unternehmer, einer juristischen Person des öffentlichen Rechts oder einem öffentlich-rechtlichen Sondervermögen verwendet werden. [2] § 307 Abs. 1 und 2 findet in den Fällen des Satzes 1 auch insoweit Anwendung, als dies zur Unwirksamkeit von in § 308 Nummer 1, 2 bis 8 und § 309 genannten Vertragsbestimmungen führt; auf die im Handelsverkehr geltenden Gewohnheiten und Gebräuche ist angemessen Rücksicht zu nehmen. [3] In den Fällen des Satzes 1 findet § 307 Absatz 1 und 2 sowie § 308 Nummer 1a und 1b auf Verträge, in die die Vergabe- und Vertragsordnung für Bauleistungen Teil B (VOB/B) in der jeweils zum Zeitpunkt des Vertragsschlusses geltenden Fassung ohne inhaltliche Abweichungen insgesamt einbezogen ist, in Bezug auf eine Inhaltskontrolle einzelner Bestimmungen keine Anwendung.

(2) [1] Die §§ 308 und 309 finden keine Anwendung auf Verträge der Elektrizitäts-, Gas-, Fernwärme- und Wasserversorgungsunternehmen über die Versorgung von Sonderabnehmern mit elektrischer Energie, Gas, Fernwärme und Wasser aus dem Versorgungsnetz, soweit die Versorgungsbedingungen nicht zum Nachteil der Abnehmer von Verordnungen über Allgemeine Bedingungen für die Versorgung von Tarifkunden mit elektrischer Energie, Gas, Fernwärme und Wasser abweichen. [2] Satz 1 gilt entsprechend für Verträge über die Entsorgung von Abwasser.

(3) Bei Verträgen zwischen einem Unternehmer und einem Verbraucher (Verbraucherverträge) finden die Vorschriften dieses Abschnitts mit folgenden Maßgaben Anwendung:
1. Allgemeine Geschäftsbedingungen gelten als vom Unternehmer gestellt, es sei denn, dass sie durch den Verbraucher in den Vertrag eingeführt wurden;
2. § 305c Abs. 2 und die §§ 306 und 307 bis 309 dieses Gesetzes sowie Artikel 46b des Einführungsgesetzes zum Bürgerlichen Gesetzbuche finden auf vorformulierte Vertragsbedingungen auch dann Anwendung, wenn diese nur zur einmaligen Verwendung bestimmt sind und soweit der Verbraucher auf Grund der Vorformulierung auf ihren Inhalt keinen Einfluss nehmen konnte;
3. bei der Beurteilung der unangemessenen Benachteiligung nach § 307 Abs. 1 und 2 sind auch die den Vertragsschluss begleitenden Umstände zu berücksichtigen.

(4) [1] Dieser Abschnitt findet keine Anwendung bei Verträgen auf dem Gebiet des Erb-, Familien- und Gesellschaftsrechts sowie auf Tarifverträge, Betriebs- und Dienstvereinbarungen. [2] Bei der Anwendung auf Arbeitsverträge sind die im Arbeitsrecht geltenden Besonderheiten angemessen zu berücksichtigen; § 305 Abs. 2 und 3 ist nicht anzuwenden. [3] Tarifverträge, Betriebs- und Dienstvereinbarungen stehen Rechtsvorschriften im Sinne von § 307 Abs. 3 gleich.

Übersicht

A. Das Recht der Allgemeinen Geschäftsbedingungen im Arbeitsrecht

I. Intention des Gesetzgebers

Das AGBG ist durch das SMG mit den §§ 305 ff. in das BGB integriert worden. Doch auch vor dem 1.1.2002 fand – trotz der Bereichsausnahme des § 23 I AGBG – im ArbR eine Inhaltskontrolle statt (hierzu CKK/*Krause* Einf. Rn. 14 ff. Die **Rspr. des BAG** verhielt sich insofern uneinheitl. (BAG 27.5.1992 EzA BGB § 339 Nr. 8; 24.11.1993 NZA 1994, 759; 27.2.2002 AP TVG § 4 Ausschlussfristen Nr. 162). IRd. „arbeitsrechtl. Inhaltskontrolle", deren Rechtsgrdl. es letztl. in § 242 sah, zog es gleichwohl Grundgedanken der AGB-Kontrolle heran (BAG 16.3.1994 NZA 1994, 937). 1

Diese **Rechtsunsicherheit** wollte der Gesetzgeber durch die Streichung der Bereichsausnahme im ArbR beenden. Sachl. geht er davon aus, dass die Gerichte einseitig vom AG festgesetzte Arbeitsbedingungen kontrollieren müssen, weil der AN auf einen Arbeitsplatz angewiesen ist (s. den Vergleich zur Verhandlungssituation im allg. Geschäftsverkehr bei Staudinger/*Krause* Anh. zu § 310 Rn. 70 ff.). Das Schutzniveau der Inhaltskontrolle im ArbR soll nicht hinter demjenigen des allg. ZivilR zurückbleiben (BT-Drs. 14/6857 S. 53 f.; BT-Drs. 14/7052 S. 189; zum Ganzen: *Dauner-Lieb/Henssler/Preis* (Hrsg.), Inhaltskontrolle im ArbR, 2005, mit Beiträgen von *Wolf*, *Nobbe* und *Preis*). Die Grds. zur Vertragskontrolle hatten sich jedoch in der Rspr. von BGH und BAG auseinanderentwickelt (vgl. den Vergleich der Rspr. bei *Preis* AuR 1994, 139 ff.). Mit der Anwendung der §§ 305 ff. wie dem gesamten SMG findet ein Stück Reintegration des Arbeitsvertragsrechts in das BGB statt (vgl. die Bestandsaufnahme bei *Coester* FS Löwisch 2007 S. 57). 2

II. Abgrenzung zu anderen Kontrollinstrumenten

1. Verbotsgesetze; Spezialgesetze; Sittenwidrigkeit; Kollektivverträge. Die Kontrolle von Arbeitsverträgen an Hand von §§ 305 ff. ist nicht das einzige Instrument der Vertragsinhaltskontrolle (ausf. CKK/*Krause* Vor § 307 Rn. 1 ff.). Die zunächst bei der Vertragsgestaltung zwgd. zu beachtenden Grenzen sind das zweiseitig und einseitig zwgd. wie das tarifdispositive GRecht (§ 611a Rn. 332, 382). Denkbar sind auch spezialges. Regelungen der Inhaltskontrolle. So enthalten die Vorschr. über die nachvertragl. Wettbewerbsverbote in §§ 74 ff. HGB im Kern spezielle Klauselverbote mit Wertungs- 3 möglichkeit, die eine zusätzl. Inhaltskontrolle entbehrl. machen (vgl. LAG RP 3.8.2012 NZA-RR 2012, 15). Solche Vorschr. gehen im Rahmen ihres Geltungsbereichs den allg. Normen der §§ 305 ff. vor. Ergänzend kann jedoch auf die allg. Normen (zB § 305c) zurückgegriffen werden. IRd. § 74a HGB ist es vertretbar, aus der Formulierung „insoweit" auch die (ausnahmsweise) Zulässigkeit der geltungserhaltenden Reduktion (Rn. 103) zu folgern (LAG HM 14.4.2003 NZA-RR 2003, 513, 515; hierzu *Diller* NZA 2005, 250). Die zwgd. Schranken der Sittenwidrigkeit (§ 138; s. § 611a Rn. 336; 382) und des Maßregelungsverbotes (§ 612a) sind zu beachten. Die Anwendung der §§ 305 ff. auf das Arbeitsvertragsrecht führt jedoch dazu, die unterschiedl. Kontrollansätze in der Rspr. des BAG zu überprüfen. Insb. § 138 ist auf seinen funktionsgerechten Kern zurückzuführen. § 138 ist insb. der richtige Kontrollansatz, um Entgeltabreden in ihrer Höhe zu überprüfen (hierzu § 612 Rn. 3 ff.), die iRd. §§ 307 ff. nur einer Transparenzkontrolle, nicht aber einer Angemessenheitskontrolle zugängl. sind. In der Praxis sind wesentl. Schranken der arbeitsvertragl. Vereinb. die konkret geltenden TV oder BV (§ 4 I TVG, § 77 IV 1 BetrVG).

4 **2. Verbot der Gesetzesumgehung.** Hervorragende Bedeutung hatte in der früheren Rspr. des BAG der Gesichtspunkt der funktionswidrigen Vertragsgestaltung durch obj. Gesetzesumgehung. Er ist in der Vergangenheit zT als Ersatz für die fehlende ges. Ermächtigung zur Inhaltskontrolle **extensiv angewendet** worden. Daran hält das BAG zu Recht nicht mehr fest und wendet nunmehr die §§ 305 ff. an (zu **Widerrufsvorbehalten** und **Änderungsvorbehalten** noch BAG 13.5.1987 NZA 1988, 95; 7.8.2002 EzA BGB § 315 Nr. 51; jetzt aber 12.1.2005 NZA 2005, 465; 7.12.2005 NZA 2006, 423; *Preis/Lindemann* NZA 2006, 632; zur **Befristung von Einzelarbeitsbedingungen** BAG 27.7.2005 NZA 2006, 40; *Preis/Bender* NZA-RR 2005, 337). Es bedarf deshalb stets der Differenzierung zwischen Fällen echter Gesetzesumgehungen, die sowohl in Individualverträgen als auch in TV unzulässig sind, und den Fällen der bloßen Inhalts- bzw. Angemessenheitskontrolle einseitig gestellter Vertragsbedingungen (ausf. *Preis* Vertragsgestaltung S. 163 ff.).

5 **3. Billigkeitskontrolle.** Die Billigkeitskontrolle nach Maßgabe des § 315 ist strikt zu unterscheiden von der Inhalts- als Rechtskontrolle. Der früheren Rspr., die die Begriffe Billigkeits- und Inhaltskontrolle zT synonym verwandte (BAG 30.1.1970 AP BGB § 242 Ruhegehalt Nr. 142; 21.11.2001 NZA 2002, 551), ist durch die §§ 305 ff. die Grdl. entzogen (BAG 25.5.2005 NZA 2005, 1111). Danach findet eine Billigkeitskontrolle iS einer allg., nicht auf die Besonderheiten des Falles bezogenen Angemessenheitsprüfung nach § 242 nicht statt. Die §§ 305 ff. stellen eine abschl. Konkretisierung des Gebots von Treu und Glauben hins. einer allg., allein den Inhalt einer Regelung überprüfenden Angemessenheitskontrolle dar.

6 Ein legitimes Anwendungsfeld der Billigkeits- bzw. Ausübungskontrolle ist der Bereich **einseitiger Leistungsbestimmungsrechte** (hierzu § 611a Rn. 384 ff.). Einseitige Leistungsbestimmungsrechte werden jedoch nicht nur auf ihre Billigkeit kontrolliert. Vielmehr ist zuvor zu prüfen, ob überhaupt ein wirksames vertragl. Leistungsbestimmungsrecht besteht. Dies richtet sich bei vorformulierten Verträgen nach §§ 305 ff. Das BAG wendet die Inhaltskontrolle jetzt vorrangig an; neben die Inhaltkontrolle tritt die Ausübungskontrolle im Einzelfall gem. § 315 (BAG 12.1.2005 NZA 2005, 465; vgl. auch BGH 26.11.1984 Z 93, 29).

III. Die Systematik des § 310 IV

7 § 310 IV hat das Recht der AGB nicht im gesamten ArbR zur Anwendung gebracht. Auf TV, BV und DV finden die §§ 305 ff. gem. § 310 IV 1 keine Anwendung. Für Arbeitsverträge ist die **Bereichsausnahme** aufgeh., wobei aber die Besonderheiten des ArbR angemessen zu berücksichtigen sind, § 310 IV 2 (hierzu Rn. 11). Die Einbeziehung kollektiver Regelwerke ist in § 310 IV 3 speziell geregelt. Daraus folgt ein diff. Prüfungsmaßstab.

8 **1. Kontrolle kollektiver Regelungen. a) Tarifverträge.** Für TV wird damit nur die ohnehin bestehende Rechtslage bestätigt. TV werden von gleichberechtigten Partnern ausgehandelt, genießen die Institutsgarantie des Art. 9 III GG und sind – wie auch BV und DV – ohnehin nicht „gestellt" iSd. § 305 I 1 (Staudinger/*Krause* Anh. zu § 310 Rn. 87, 99). Bei gleichstarken Tarifpartnern ist davon auszugehen, dass bei einer Gesamtbetrachtung die tarifl. Regelungen ausgewogen sind und auch die ANInteressen berücksichtigen. Damit korrespondiert eine ggü. den Arbeitsvertragsparteien weitere Vertragsgestaltungsfreiheit. TV sind deshalb nur daraufhin zu untersuchen, ob sie gegen die Verf., höherrangiges Recht oder gegen die guten Sitten verstoßen (BAG 6.9.1995 AP BGB § 611 Nr. 22). Nichts anderes folgt aus § 310 IV 1. Dies soll demggü. nicht für ArbeitsvertragsRL im kirchl. Bereich (AVR) gelten (LAG K 8.5.2006 NZA-RR 2006, 570; *I. Schmidt* NZA 2004, 1002, 1008 mwN).

9 **b) Betriebs- und Dienstvereinbarungen.** § 310 IV 1 stellt BV und DV, was die Anwendung der §§ 305 ff. betrifft, mit TV gleich. Der Gesetzgeber geht davon aus, dass in diesem gewissermaßen „normsetzenden" Bereich nicht durch eine AGB-Kontrolle eingegriffen werden darf (BT-Drs. 14/6857 S. 54). Aus § 310 IV 1 ergibt sich deshalb eindeutig, dass eine Inhaltskontrolle iS einer Angemessenheitskontrolle gem. §§ 307 ff. nicht stattzufinden hat. Entgegen der früheren Rspr. (BAG 1.12.1992

NZA 1993, 613) wird man deshalb BV keiner **allg. Billigkeitskontrolle** unterziehen können (BAG 1.2.2006 NZA 2006, 563; HWK/*Gotthardt/Roloff* § 310 BGB Rn. 23; v. Westphalen/*Thüsing* Arbeitsverträge Rn. 33). Diese Rspr. sah sich bereits vorher in der Lit. starker Kritik ausgesetzt, die anges. der dogmatischen Unklarheiten eine Rückführung auf eine Rechtskontrolle befürwortete (*Fitting* § 77 Rn. 233; Richardi/*Richardi* § 77 Rn. 117 ff.). Diese Ansicht wurde durch § 310 IV 1 bestätigt (**aA** *Däubler* NZA 2001, 1329, 1334). Einer Rechtskontrolle dagegen steht auch § 310 IV nicht entgegen. IE dürften die Abweichungen vom vorherigen Recht aber überschaubar bleiben, weil die Rspr. auch vorher oft über eine **Rechtskontrolle** nicht hinausgegangen ist. Insb. die Grds. über die Ablösung von BV über die betriebl. AV bezeichnete das BAG selbst als Rechtskontrolle (BAG 21.1.1992 NZA 1992, 659) und auch die Beachtung des § 75 BetrVG ist Rechtskontrolle (Richardi/*Richardi* § 77 Rn. 122). Für **DV** gilt Entsprechendes. So können etwa AN nicht durch BV verpflichtet werden, Kosten für das Kantinenessen zu tragen, unabhängig davon, ob sie diese Leistung in Anspruch nehmen (BAG 11.7.2000 NZA 2001, 462). Im Kern unternimmt das BAG über § 75 BetrVG eine Rechts- und Inhaltskontrolle der BV zum Schutz der Individualsphäre der AN. Daran ändert sich auch durch § 310 IV 1 nichts (s. BAG 1.2.2006 NZA 2006, 563; 18.7.2006 NZA 2007, 462). Probl. erschiene, wenn das BAG an BV geringere Transparenzerfordernisse stellen würde (unklar BAG 1.2.2006 NZA 2006, 563 zu einem Widerrufsvorbehalt in einer BV, in der kein Widerrufsgrund geregelt wurde). Von § 310 IV nicht erfasst sind Vereinb. zwischen AG und SprAu (WLP/*Stoffels* ArbR Rn. 10).

2. Kontrolle einzelvertraglicher Regelungen. a) Grundsatz. Für die Kontrolle von Einzelarbeits- 10 verträgen gelten jetzt die §§ 305 ff. Auf arbeitnehmerähnl. Personen fanden schon die Schutzvorschr. des AGBG unmittelbare Anwendung (OLG D 11.6.1999 OLGR D 1999, 468; LAG HM 15.5.1998 NZA-RR 1999, 405; *Preis/Stoffels* ZHR 160, 1996, 442, 454 f.), so dass die zwischen Arbeitsverträgen und Dienst- und Werkverträgen arbeitnehmerähnl. Personen bestehende Diskrepanz in den Maßstäben der Inhaltskontrolle beseitigt sind. Sie besteht nur noch insoweit, als für arbeitnehmerähnl. Personen auch die § 305 II, III gelten und „Besonderheiten des ArbR" (§ 310 IV) nach dem G keine Rolle spielen können. Der Unterschied dürfte allerdings nicht allzu groß sein. Der AG als Verwender kann sich nicht zu seinen Gunsten auf die Inhaltskontrolle berufen (BAG 27.10.2005 NZA 2006, 257, 258; 28.6.2006 NZA 2006, 1157; 28.3.2007 NZA 2007, 687; 22.9.2016 NZA 2016, 1461 Rn. 20).

b) Besonderheiten des Arbeitsrechts. Die Anwendung der §§ 305 ff. erfolgt unter angemessener 11 Berücksichtigung der im ArbR geltenden Besonderheiten (§ 310 IV 2). Es sollen nicht Gewohnheiten oder Gebräuche im Arbeitsleben ggü. den zwgd. §§ 307 ff. durchgesetzt, sondern die dem ArbVerh. als Rechtsverhältnis innewohnenden Besonderheiten berücksichtigt werden (*Gotthardt* ZIP 2002, 307; *Lakies* Rn. 200; *Hönn* ZfA 2003, 325; *Hromadka* NJW 2002, 2523, 2528; *Thüsing* NZA 2002, 591; **aA** DKS/*Henssler* S. 615, 636 f.; *Joost* FS Ulmer 2003 S. 1199, 1203, die auch die tats., nicht nur die rechtl. Besonderheiten berücksichtigen möchten). Das BAG hat hingegen pauschal und im Widerspruch zu anderen Urteilspassagen auch die Berücksichtigung tats. Besonderheiten betont (BAG 25.5.2005 NZA 2005, 1111; 1.3.2006 NZA 2006, 746, 749; grds. zust. WLP/*Stoffels* ArbR Rn. 18; CKK/*Kreft* § 310 Rn. 56). Das ist abzulehnen (ebenso *Thüsing* NZA 2002, 592). Dass tats. Auswirkungen im AGB-Recht zu berücksichtigen sind, ist evident. Es kann aber nicht eine an sich anwendbare Norm mit dem Hinweis auf schlichte Usancen im Arbeitsleben beiseitegeschoben werden. Festzuhalten ist, dass **alle rechtl. Besonderheiten** des Dienst- und Arbeitsvertragsrechts Berücksichtigung finden (zB § 888 III ZPO; BAG 4.3.2004 NZA 2004, 727). Eine rechtl. Besonderheit sind noch keine bisher „übl." Formularbestimmungen oder verbreitete Usancen. Nur sofern sich tats. Besonderheiten auch normativ widerspiegeln, können sie als rechtl. Besonderheit anerkannt werden (vgl. Staudinger/*Krause* Anh. zu § 310 Rn. 148). Sogar im kaufmännischen Geschäftsverkehr unterscheiden sich trotz der Sonderregelung des § 310 I die Grds. zur Inhaltskontrolle in der Praxis der BGH-Rspr. nur wenig. Zu bedenken ist, dass die Einbeziehung des Arbeitsvertragsrechts nach dem Wortlaut des § 310 IV sogar über § 310 I hinausgeht. Die meisten Grds. des AGB-Rechts enthalten allg. vertragsrechtl. Fairnessgebote, die im ArbR, wie in allen anderen Schuldverhältnissen auch, Geltung beanspruchen. Insb. bei den Klauselverboten ohne Wertungsmöglichkeit (BT-Drs. 14/6857 S. 54) ist zu beachten, dass sie im ArbVerh. nicht immer passen. Bsp. ist das Klauselverbot der Vertragsstrafe (vgl. BAG 4.3.2004 NZA 2004, 727; dazu Rn. 97). So ist § 15 III TzBfG im Hinblick auf § 309 Nr. 8 lit. a) eine rechtl. Besonderheit. § 310 IV 2 soll auch eine Rücksichtnahme auf die **Besonderheiten des kirchl. ArbR** ermöglichen (BT-Drs. 14/7052 S. 189; s. § 611a Rn. 126 f.). Bestehen arbeitsrechtl. Besonderheiten, schließen diese die Inhaltskontrolle nicht von vornherein aus. Vielmehr sind sie **„angemessen zu berücksichtigen"**. Daher ist die iRd. Inhaltskontrolle vorgefundene Interessenlage der Vertragspartner im allg. ZivilR mit derjenigen im ArbR zu vergleichen. Anhand dieses Interessenvergleichs ist hins. jeder einzelnen Norm der §§ 307 ff. bzw. jedes richterrechtl. Grds. zu prüfen, ob eine Abweichung im ArbR gerechtfertigt ist. Besteht kein wesentl. Unterschied zwischen der zivilrechtl. und der arbeitsrechtl. Interessenlage, müssen die Gerichte die §§ 305 ff. (uneingeschränkt) anwenden (vgl. hierzu *Preis* NZA/Sonderbeil. 16/2003; *Lindemann* § 12 III; *Hönn* ZfA 2003, 325, 356; ähnl. *Stoffels* Rn. 182).

c) Inhaltskontrolle einbezogener kollektiver Regelungen. Einzelarbeitsverträge nehmen oft ganze 12 oder auch tw. kollektive Regelungen in Bezug und machen sie damit zum Gegenstand des individuellen

Arbeitsvertrags. Dies gilt insb. für TV. Dem hat der Gesetzgeber über die Verweisung in § 310 IV 3 Rechnung getragen. Auch insoweit gilt ein **diff. Kontrollmaßstab.** Die Besonderheiten gelten aber nur für die TV selbst; die Bezugnahmeklauseln unterliegen einer vollen Inhaltskontrolle (s. hierzu insb. Rn. 26, 30, 32, 80a). Auch Vertragsbedingungen, die vor ihrer Verwendung kollektivrechtl. ausgehandelt worden sind, sind grds. als AGB der vollen Inhaltskontrolle unterworfen (BAG 9.2.2011 NZA-RR 2012, 232). Darin liegt kein Verstoß gegen Art. 9 III GG (**aA** wohl Staudinger/*Krause* Anh. zu § 310 Rn. 92 f.), da der weniger strenge Kontrollmaßstab für den TV gerade aus der Tarifautonomie folgt und nicht gleichzeitig einen Eingriff darstellt. Bei Bezugnahmen ist zwischen Global-, Einzel- und Teilverweisung zu unterscheiden (vgl. hierzu ausf. *Preis* FS Wiedemann 2002 S. 425, 429 ff.; für eine Differenzierung a. DKS/*Henssler* S. 615, 639).

13 **aa) Globalverweisungen.** Die Globalverweisung nimmt einen **gesamten TV** in Bezug. Aufgrund der Gleichstellung von TV mit Rechtsvorschr. iSv. § 307 III ergibt sich, dass die §§ 307 I, II, 308, 309 nicht anzuwenden sind (LAG BE 10.10.2003 BeckRS 2003, 30453759). Die einbezogene kollektive Regelung soll keiner Inhaltskontrolle unterliegen (BT-Drs. 14/6857 S. 54; BAG 9.2.2011 NZA-RR 2012, 232). Die Inhaltskontrolle ist nur für von Rechtsvorschr., dh. auch von TV, abw. Regelungen eröffnet (§ 307 III 1). Für eine Inhaltskontrolle besteht dann kein Raum, wenn einzelvertragl. ein TV insg. in den Vertrag einbezogen wurde (vgl. BAG 23.9.2004 NZA 2005, 475; 25.4.2007 NZA 2007, 875; 18.9.2012 NZA 2013, 216; *Oetker* FS Wiedemann 2002 S. 383, 398 ff.). Das gilt auch für HausTV (BAG 26.4.2006 NZA 2006, 845). Dem einbezogenen TV wohnt die gleiche Richtigkeitsgewähr inne wie dem normativ geltenden TV. Diese endet auch nicht mit der Kündigung, Beendigung oder Nachwirkung des TV (BAG 18.9.2012 NZA 2013, 216; **aA** *Thüsing/Lambrich* NZA 2012, 1361, 1363).

14 Allerdings sind selbst Globalverweisungen nicht uneingeschränkt kontrollfrei. Der TV muss selbst und unmittelbar Regelungen treffen; es genügt nicht, wenn er dem Vertragspartner verschiedene Möglichkeiten der Vertragsgestaltung an die Hand gibt (BAG 27.7.2005 NZA 2006, 40, 46). Eine Inhaltskontrolle ist nur dann entbehrl., wenn auf den jeweils **einschlägigen TV** verwiesen wird (so wohl a. LAG BE 10.10.2003 BeckRS 2003, 30453759: Verweisung auf den „einschlägigen" RTV). Ausreichend ist jede Bezugnahme auf einen TV, der abgesehen von der Frage der Tarifbindung potenziell anwendbar wäre. Aus dem Zweck der §§ 310 IV 3, 307 III, dass Kontrollfreiheit nur dann bestehen soll, wenn die tarifl. Regelung ihre Angemessenheit in sich trägt, folgt aber, dass dies bei der Einbeziehung branchenfremder TV nicht mehr gilt. Ein **fremder TV** legt ganz andere ökonomische und betriebl. Bedingungen zugrunde als **in der Branche** gelten, in der die Verweisung vorgenommen wird, weshalb bei Bezugnahmen auf fremde TV die Angemessenheit der Regelungen nicht mehr vermutet werden kann (HWK/*Gotthardt/Roloff* § 307 Rn. 14; DKS/*Henssler* S. 615, 639; *Richardi* NZA 2002, 1057, 1062; *Thüsing/Lambrich* NZA 2002, 1361, 1362, wonach Gleiches für die Bezugnahme auf einen abgelaufenen TV gelten soll; s. a. *Müller* RdA 1990, 321, 323; *Stein* Tarifvertragsrecht 1997 Rn. 241; zu § 305c I s. Rn. 30). Je näher aber der fremde TV der Branche steht (zB TV einer anderen Region ders. Branche) kann von einer Angemessenheit der Gesamtregelung ausgegangen werden. So kann allerdings die Bezugnahme auf beamtenrechtl. Bestimmungen, die Mehrarbeitsvergütung ausschließen, unangemessen benachteiligen (BAG 24.11.1993 NZA 1994, 759), weil ArbVerh. und Beamtenstatus sich in dieser Hinsicht deutl. unterscheiden.

15 Wie sich aus § 307 III 2 und der Begr. zu § 310 IV (BT-Drs. 14/6857 S. 54) ergibt, unterliegt aber auch der einzelvertragl. vollständig einbezogene TV der **Transparenzkontrolle** (Rn. 44; wie hier *Lakies* Rn. 240 ff.; **aA** BAG 28.6.2007 NZA 2007, 1049; zur Inhaltskontrolle dynamischer Verweisungen in AGB vgl. *Oetker* JZ 2002, 337 ff.; dynamische Bezugnahmeklauseln auf TV sollen allerdings nicht das Transparenzgebot verletzen, *Oetker* FS Wiedemann 2002 S. 383, 396 ff.). Die frühere Rspr. des BAG bei einer dynamischen Bezugnahme in einem vorformulierten Vertrag (Gleichstellungsabrede; BAG 26.9.2001 NZA 2002, 634; *Gaul* ZfA 2003, 75, 92; abl. *Lambrich* BB 2002, 1267; *Annuß* AuR 2002, 361 ff.) wurde den Maßstäben der Unklarheitenregel (§ 305c II) und des Transparenzgebots (§ 307 I 2) nicht gerecht (zu Recht aufgegeben durch BAG 14.12.2005 NZA 2006, 607; 18.4.2007 NZA 2007, 965; vgl. Rn. 32; § 611a Rn. 230; *Clemenz* NZA 2007, 769; *Preis/Greiner* NZA 2007, 1073; *Gaul/Naumann* DB 2007, 2594; *Bauer/Günther* NZA 2008, 6).

16 **bb) Einzelverweisungen.** Im Gegensatz zur Globalverweisung wird bei der Einzelverweisung nicht das gesamte von gleichstarken Parteien ausgehandelte Vertragswerk in Bezug genommen, sondern nur einzelne Passagen desselben. In solchen Fällen besteht die Gefahr der einseitigen Benachteiligung des AN, denn in aller Regel wird der AG ledigl. auf für ihn vorteilhafte Regelungen verweisen. Aus diesem Grund kann der in Bezug genommenen Tarifregelung nicht die Angemessenheits- und Richtigkeitsgewähr zukommen wie bei Globalverweisungen (BAG 6.5.2009 NZA-RR 2009, 593; *Däubler* NZA 2001, 1329, 1335; *Thüsing* AGB-Kontrolle Rn. 189; *Diehn* NZA 2004, 129, 130). Eine privilegierte Beurteilung von Tarifregelungen, die auf einer inhaltl. Ausgewogenheit und Kompensation von Nachteilen durch Vorteile in einem TV aufbaut, entbehrt bei Einzelverweisungen jeder Grdl. Nur durch eine **volle Inhaltskontrolle** ist gewährleistet, dass eine einseitige Benachteiligung des AN vermieden wird.

17 **cc) Teilverweisungen.** Die Teilverweisung steht zwischen Global- und Einzelverweisung. Es werden bestimmte **Regelungskomplexe** des TV in Bezug genommen. Nach der Begr. zu § 310 soll eine

Inhaltskontrolle insoweit nicht stattfinden, als auf den TV oder einen anderen Kollektivvertrag **als Ganzes** verwiesen wird (BT-Drs. 14/6857 S. 54). Weil die Gefahr besteht, dass der AG nur auf solche Regelungskomplexe verweist, die für ihn vorteilhaft erscheinen, wird zT das Erfordernis einer Inhaltskontrolle auch insoweit bejaht (*Däubler* NZA 2001, 1329, 1335; *Reinecke* NZA-Beil. 3/2000, 23, 29; *Thüsing* AGB-Kontrolle Rn. 189, der darauf hinweist, dass auch bei einer Verweisung auf einzelne Teile des TV eine Abweichung vom TV vorliegt, die die Inhaltskontrolle erforderl. macht), andererseits die Angemessenheitsvermutung des TV aber auch auf geschlossene Regelungskomplexe erstreckt (*D. Gaul* ZTR 1991, 188, 190; Wiedemann/*Oetker* § 3 Rn. 343).

An zahlr. Stellen ermöglicht das G allerdings Teilverweisungen auf Tarifnormkomplexe, zB § 622 IV 2, § 13 I 2 BUrlG, § 7 III ArbZG, § 4 IV 2 EFZG. Doch sagt die Zulässigkeit einer Verweisung noch nichts über die Angemessenheit der Tarifregelung und die Erforderlichkeit einer Inhaltskontrolle aus. Die besseren Gründe sprechen dafür, nur den insg. einbezogenen TV zu privilegieren, nicht aber Teilkomplexe. Dies entspräche nicht nur der Rspr. des BGH zu vergleichbaren Fragestellungen (BGH 22.1.2004 NJW 2004, 1597). Rein praktisch ist auch die Abgrenzung zusammengehöriger Teilkomplexe in einem TV schwierig. Ferner geschieht den Vertragsgestaltern durch die volle Kontrolle kein Unrecht. Ist näml. der einbezogene Teilkomplex eines TV in sich ausgewogen, hält er der Inhaltskontrolle stand (s. BAG 6.5.2009 NZA-RR 2009, 593). Aus dem Regelungszusammenhang sowie aus der in diesen Vorschr. vorgesehenen Beschränkung der Verweisungsmöglichkeit kann zumeist ersehen werden, in welchen Konstellationen der Gesetzgeber von der Angemessenheit der tarifl. Regelung ausgeht. So wird dem AG Gelegenheit gegeben, in bestimmten Fällen durch Verweisung auf TV Arbeitsbedingungen zu vereinbaren, die von der ges. Regelung zu Lasten des AN abweichen. Das zeigt, dass der Gesetzgeber **tarifl. Regelungskomplexe** unter bestimmten Umständen für so ausgewogen hält, dass der Schutz des AN auch bei einer Abweichung des TV von den ges. Vorschr. ausreichend gewährleistet ist. Doch gilt dies von vornherein nur, wenn auf den einschlägigen TV verwiesen wird (§ 622 IV 2; § 4 IV 2 EFZG), also auf den TV, der gelten würde, wenn beide Vertragsparteien tarifgebunden wären. Darüber hinaus muss stets der gesamte Regelungskomplex in Bezug genommen werden (§ 622 Rn. 37, EFZG § 4 Rn. 28). 18

Diese Grds. erscheinen auch für **ges. nicht geregelte Teilverweisungen** angemessen. Eine generelle Richtigkeitsvermutung ist bei Teilverweisungen nicht anzunehmen (vgl. a. PdSR/*Henssler* § 310 Rn. 33; *Lakies* Rn. 245 ff.; *Thüsing/Lambrich* NZA 2002, 1361, 1363; weitergehend *Diehn* NZA 2004, 129, 131). Diese Wertung belegt die Rspr. des BGH zur Inhaltskontrolle bei der Einbeziehung der VOB/B in den Vertrag. Die VOB/B war danach nur dann einer Inhaltskontrolle nach dem AGBG entzogen, wenn sie als Ganzes vereinbart worden ist (BGH 22.1.2004 NJW 2004, 1597). So macht zB eine Ausschlussfrist allein keinen Regelungskomplex aus. Wird auf einzelne Passagen der tarifl. Regelung verwiesen, ist die tarifl. Regelung auf ihre Angemessenheit hin zu untersuchen. Innerhalb eines Regelungskomplexes muss zumindest die Möglichkeit bestehen, Ausgewogenheit durch kompensatorische Effekte herzustellen. Unabhängig davon ist eine Transparenzkontrolle vorzunehmen (Rn. 40). 19

dd) Öffnungsklauseln. Wenn die Globalverweisung auf Kollektivvereinb. keinen Bedenken unterliegt, stellt sich die Frage, ob der Arbeitsvertrag „kollektivvertragsoffen" gestaltet werden kann. Eine sog. Öffnungsklausel, wonach BV oder (Haus-)TV den Regelungen des Arbeitsvertrags auch dann vorgehen, wenn die einzelvertragl. Regelung günstiger ist, verstößt nicht gegen das Transparenzgebot (*Preis* NZA 2010, 361, 365 f.; **aA** LAG K 22.4.2008 – 9 Sa 1445/07 – BeckRS 2009, 50576). Die Öffnung der Arbeitsvertragsinhalte für spätere Kollektivvereinb. ist nicht zu beanstanden. Nach stRspr. des BAG kann der Arbeitsvertrag betriebsvereinbarungsoffen gestaltet werden (BAG 12.8.1982 AP BetrVG 1972 § 77 Nr. 4; 24.9.2003 NZA 2004, 149; 5.3.2013 NZA 2013, 916 Rn. 60; s. zur Gesamtzusage § 611a Rn. 218). Dahinter steht der Gedanke, dass das ArbVerh. – iRd. allg. ges. Grenzen – stets angemessen durch Kollektivverträge gestaltet werden kann. Deshalb spricht auch prinzipiell erst recht nichts dagegen, den Arbeitsvertrag für nachf. TV zu öffnen (ausf. Preis/*Preis* II O 10). Allerdings müssen Öffnungsklauseln für TV und BV sowohl den Grds. der AGB-Kontrolle entsprechen, insb. also bestimmt und transparent formuliert sein (hierzu *Preis* NZA 2010, 361, 365 ff.; DBD/*Däubler* § 305c Rn. 56; *Däubler* RdA 2004, 304, 306; *Rieble/Schul* RdA 2006, 339, 340; *Thüsing* Rn. 332). Ergeben sich Zweifel an der Auslegung der Klausel, weil zB nicht ersichtl. ist, welche tarifvertragl. Bestimmungen den arbeitsvertragl. Regelungen vorgehen sollen, gehen diese Zweifel gem. § 305c II zu Lasten des AG als Verwender. Zudem können intransparente Klauseln unangemessen benachteiligend und damit gem. § 307 I 2 unwirksam sein. Ist die Öffnungsklausel hinreichend klar formuliert, führt diese auch nicht zu dem – probl. – Effekt einer „voraussetzungslosen" Jeweiligkeitsklausel (hierzu Rn. 27) bzw. eines unbestimmten Änderungsvorbehalts. Die „Richtigkeitsgewähr" wird durch die Notwendigkeit einer Vereinb. zwischen Tarif- bzw. Betriebsparteien gewährleistet. Die Fairness der gefundenen Regelungen wird durch eine Rechtskontrolle, im Falle der BV unter den strengeren Maßstäben des § 75 BetrVG gewahrt (*Preis* NZA 2010, 361, 365 ff.). Abzulehnen sind Vertragsgestaltungen, die dem AG ein Bestimmungsrecht vorbehalten (Preis/*Preis* II O 10 Rn. 15; **aA** *Hromadka/Schmitt-Rolfes,* Der unbefristete Arbeitsvertrag, 2006, S. 131). 19a

19b In Ansehung der erkennbaren Transparenzproblematik überrascht eine Entsch. des 1. Sen. des BAG (5.3.2013 NZA 2013, 916), wonach eine konkludente Vereinb. der **Betriebsvereinbarungsoffenheit** regelm. anzunehmen sei, wenn der Vertragsgegenstand in AGB enthalten ist und einen „kollektiven Bezug" hat. Unklar ist, was damit gemeint ist. Diese Rspr. ist mit Entsch. des 1. Sen. selbst und anderer Sen. (vgl. etwa 10. Sen. BAG 16.11.2011 NZA 2012, 349; zust. Schaub/*Koch* § 110 Rn. 34) zur Möglichkeit der kollektiven Ablösbarkeit von Vertragsbedingungen nicht vereinbar. Die Entsch. unterliegt deshalb zu Recht aus unterschiedl. Richtung Kritik und bedarf der Überprüfung (*Preis/Ulber* NZA 2014, 6; *Waltermann* SAE 2013, 94; *Hromadka* NZA 2013, 1061; krit. aber iE zust. *Säcker* BB 2013, 2677; *Gruber/Stumpf* BB 2014, 1205, 1209 f.; *Linsenmaier* RdA 2014, 336; *Meinel/Kiehn* NZA 2014, 509). In einer jüngeren Entsch. formuliert das BAG in den klassischen Bahnen, wonach ein solcher Vorbehalt dann anzunehmen ist, „wenn für die AN erkennbar ist, dass die Leistung einer kollektiven, möglicherweise auch verschlechternden Veränderung zugängl. sein soll." Hiervon sei auszugehen, „wenn eine vertragl. Einheitsregelung in Abstimmung mit der jeweils zust. ANVertretung zustande gekommen ist oder wenn Änd. in der Vergangenheit unter Beteiligung des BR vorgenommen worden sind" (BAG 17.2.2015 AP BetrVG 1972 § 77 Betriebsvereinbarung Nr. 65).

IV. Übergangsrecht

20 Die §§ 305 ff. sind am 1.1.2002 in Kraft getreten. Art. 229 § 5 EGBGB enthält jedoch eine Übergangsvorschr. mit einer Sonderregelung für Dauerschuldverhältnisse in S. 2. Seit dem 1.1.2003 findet auch auf die Altverträge das BGB in der jeweils geltenden Fassung Anwendung (verfehlt daher BAG 21.7.2005 NZA 2006, 542). Allerdings wird die uneingeschränkte Anwendung des AGB-Rechts auf Altverträge zur **Unwirksamkeit einiger Klauseln**, zB von intransparenten Widerrufs- und Freiwilligkeitsvorbehalten, führen. Hier muss Art. 229 § 5 EGBGB verfassungskonform ausgelegt werden. Jdf. in den Fällen, in denen die formalen Anforderungen an eine Klauselformulierung auf eine echte Rückwirkung hinauslaufen, ist eine geltungserhaltende Reduktion der Altklauseln vorzunehmen (vgl. *Lindemann* § 14 III.; *Rolfs* FS Schwerdtner 2003 S. 151, 166; *Wisskirchen/Stühm* DB 2003, 2225). Im Falle der geänd. Rspr. zu Widerrufsvorbehalten hat das BAG ein äquivalentes Resultat mit dem Mittel der erg. Vertragsauslegung erzielt (BAG 12.1.2005 NZA 2005, 465; 20.4.2011 NZA 2011, 796). IÜ sind jedoch unwirksame Klauseln entgegen der früheren Praxis der Rspr. nicht mehr geltungserhaltend zu reduzieren (hierzu Rn. 103).

21 Die Arbeitsvertragsparteien konnten iS einer Rechtswahlklausel auch bei Altverträgen schon vor dem 1.1.2003 die Anwendung neuen Rechts vereinbaren (NK-BGB/*Budzikiewicz* EGBGB Art. 229 § 5 Rn. 10). Für Neuverträge konnte die Anwendung des Rechts der AGB auf Arbeitsverträge jedoch auch in der Übergangsfrist nicht mehr ausgeschlossen werden (*Gotthardt* Rn. 352).

B. Allgemeine Geschäftsbedingungen als Kontrollgegenstand

22 Die §§ 305 ff. finden auch im ArbR nur auf AGB Anwendung. Dies sind Vertragsbedingungen, die für eine **Vielzahl von Verträgen** (mind. drei: BAG 25.5.2005 NZA 2005, 1111) vorformuliert sind, und die eine Vertragspartei, der Verwender, der anderen Vertragspartei bei Abschluss eines Arbeitsvertrags oder dessen Änd. **stellt** (§ 305 I). Die Verwendung von vorformulierten Arbeitsverträgen durch den AG ist der Regelfall (ausf. *Preis* Vertragsgestaltung S. 58). Aus dem äußeren Erscheinungsbild und dem Inhalt typisierter Bedingungen kann sich ein vom Verwender zu widerlegender Anschein für das Vorliegen von AGB ergeben (BAG 1.3.2006 NZA 2006, 746; 24.9.2014 NJW 2014, 3471 Rn. 19). Für eine Vielzahl von Verträgen vorformulierte Bedingungen liegen bereits dann vor, wenn eine Partei von einem anderen vorformulierte Vertragsbedingungen benutzt, selbst wenn die Partei eine mehrfache Verwendung nicht plant (BGH 16.11.1990 NJW 1991, 843). Es reicht deshalb, wenn der AG einmalig ein Vertragsmuster, zB seines AGVerbands, verwendet (Schaub/*Linck* § 35 Rn. 10). Der AG muss die Vertragsbedingungen **stellen,** muss konkret die Einbeziehung in den Arbeitsvertrag verlangen (Palandt/*Grüneberg* § 305 Rn. 10; zu Aktienoptionsplänen BAG 28.5.2008 NZA 2008, 1748). Ein Stellen liegt nicht vor, wenn der Verwender seinerseits vom anderen Vertragsteil mit einem Formulierungsvorschlag konfrontiert wird. Dazu muss der Vertragspartner, in der Auswahl der in Betracht kommenden Vertragstexte frei sein und insb. Gelegenheit erhalten, alternativ eigene Textvorschläge mit der effektiven Möglichkeit ihrer Durchsetzung in die Verhandlungen einzubringen (BGH 20.1.2016 NJW 2016, 1230). Dafür reicht nicht, wenn dem anderen Vertragsteil AGB mit der Bitte übersandt werden, Anm. oder Änderungswünsche mitzuteilen. Das gilt auch, wenn der AG dem AN mehrere Klauseln zur Wahl stellt (HWK/*Gotthardt/Roloff* § 305 Rn. 5). Nicht entscheidend ist, in welcher Form die gestellte Vertragsbedingung nach außen hin erscheint. Handschriftl. Zusätze sind nur dann AGB, wenn sie für eine Vielzahl von Verträgen genutzt werden sollen (LAG B 2.6.2016 – 10 Sa 285/16 – BeckRS 2016, 72999); in Verbraucherverträgen unterliegen sie § 310 III. AGB liegen auch vor, wenn ein im PC gespeichertes Formular verwendet wird, das einen individuellen Anschein erweckt. Ein Freiwilligkeits- oder Widerrufsvorbehalt auf einer Gehaltsabrechnung oder in einem

Schreiben, mit der eine Sonderzahlung gewährt wird, ist ebenso kontrollfähig (BAG 18.3.2009 NZA 2009, 535) wie die Bedingungen einer betriebl. Übung oder mdl. Vereinb., wenn sie gleichsam „im Kopf des AG gespeichert" sind (BAG 16.5.2012 NZA 2012, 908; BAG 27.8.2008 NZA 2009, 49; HWK/*Gotthardt/Roloff* § 305 Rn. 5; *Ulrici* BB 2005, 1902; *Maties* DB 2005, 2689, 2692; *Ricken* DB 2006, 1374). Auch die Bedingungen einer Gesamtzusage unterliegen der Inhaltskontrolle (WLP/*Stoffels* ArbR Rn. 40).

Weil der AN aber auch **Verbraucher** iSv. § 13 ist (BT-Drs. 14/7052 S. 190; § 611a Rn. 182) findet auf Arbeitsverträge § 310 III Anwendung (BAG 25.5.2005 NZA 2005, 1111; 31.8.2005 NZA 2006, 1273; 18.3.2008 NZA 2008, 1004). Das Merkmal des Stellens ist deshalb nur dann zu verneinen, wenn der AN die AGB in den Vertrag eingeführt hat (§ 310 III Nr. 1; s. Rn. 22), wofür den AG die Beweislast trifft (UBH/*Ulmer/Schäfer* § 310 Rn. 75). Darüber hinaus finden die §§ 305c II, 306, 307, 308, 309, dh. auch die Vorschr. über die Inhaltskontrolle, selbst dann Anwendung, wenn die vorformulierten Vertragsbedingungen nur zur einmaligen Verwendung bestimmt sind und soweit der Verbraucher aufgrund der Vorformulierung auf ihren Inhalt keinen Einfluss hatte, § 310 III Nr. 2. Der AN muss dafür darlegen und ggf. beweisen, dass er nicht die Möglichkeit der Einflussnahme hatte (BAG 25.5.2005 NZA 2005, 1111; Palandt/*Grüneberg* § 310 Rn. 17). Es gelten dabei die Grds. der abgestuften Darlegungslast (BAG 19.5.2010 NZA 2010, 939). Damit unterliegt idR jeder arbeitgeberseitige, auch nur für den Einzelfall vorformulierte Vertrag der Inhaltskontrolle. Wegen der Bereichsausnahme für Arbeitsverträge in ErwGr. 10 RL 93/13/EG finden jedoch die in § 310 III Nr. 2 nicht genannten §§ 305 II, 305b, 305c I jdf. nicht im Wege einer ansonsten befürworteten (Palandt/*Grüneberg* § 310 Rn. 18) richtlinienkonformen Auslegung Anwendung (HWK/*Gotthardt/Roloff*/ § 310 Rn. 7; Staudinger/*Krause* Anh. zu § 310 Rn. 155, die aber den Vorrang der Individualabrede bzw. die Nichteinbeziehung überraschender Klauseln als allg. Grds. anwenden wollen). Nach § 310 III Nr. 3 sind neben der typisierten Betrachtung des §§ 307 bis 309 auch die konkret-individuellen Umstände des Vertragsschlusses zu berücksichtigen. Dies kann Bedenken gegen eine Klausel verstärken, aber auch abschwächen (s. Rn. 42). 23

Echte Individualabreden unterliegen dagegen nicht der Anwendung des Rechts der AGB. Besteht für den AN die Möglichkeit, die Arbeitsbedingungen iE auszuhandeln, ist im Grds. davon auszugehen, dass er seine Interessen selbst angemessen vertreten kann. Die Parteien sind insoweit **bis zur Grenze der Sittenwidrigkeit** (§ 138) frei, ihre Regelungen selbst zu wählen. Nach § 242 kann aber die Befugnis, sich auf rechtswirksam vereinbarte Rechtspositionen zu berufen, iS einer **Ausübungskontrolle** (zB Rechtsmissbrauch) begrenzt sein. Eine richterl. Kontrolle ist darüber hinaus nur erforderl. bei strukturellen Störungen der Vertragsparität (Ausnutzung der wirtschaftl. Überlegenheit des AG) in Fällen, in denen der Inhalt des Vertrags eine Seite ungewöhnl. belastet und als Interessenausgleich offensichtl. ungeeignet ist. Das betrifft in erster Linie die Hauptpflichten des Vertrags und erfordert grds. eine Gesamtschau der vertragl. Regelungen (BAG 25.5.2005 NZA 2005, 1111). AGB liegen nicht vor, soweit die Vertragsbedingungen zwischen den Vertragsparteien iE ausgehandelt sind (§ 305 I 3). Das Einflussnehmen iSd. § 310 III Nr. 2 entspricht dem Merkmal des Aushandelns nach § 305 I 3. **„Aushandeln"** bedeutet mehr als verhandeln. Es genügt nicht, dass der Vertragsinhalt ledigl. erörtert wird und den Vorstellungen des Vertragspartners entspricht. Der AG muss den gesetzesfremden Kern der Klausel **deutl. und ernsthaft zur Disposition des AN** gestellt und diesem die Möglichkeit eingeräumt haben, den Inhalt der fragl. Klauseln beeinflussen zu können (BAG 27.7.2005 NZA 2006, 40; 19.5.2010 NZA 2010, 939; 11.12.2013 NZA 2014, 433 Rn. 13; BGH 3.11.1999 NJW 2000, 1110, 1111 f.). Ein „Schlagabtausch" ohne jegl. Nachgeben stellt kein Aushandeln dar (LAG SH 23.5.2007 NZA-RR 2007, 514); ebenso wenig ein bloßes Vorlesen des Vertrags (LAG HM 13.12.2012 BeckRS 2013, 68224). Daraus folgt, dass bei tats. ausgehandelten Einzelabreden auch im ArbR, die allerdings in der Praxis zu vernachlässigende Ausnahmen darstellen (*Junker* FS Buchner 2009 S. 369, 372), keine Inhaltskontrolle nach den Maßstäben der §§ 307 ff. vorzunehmen ist (BAG 25.5.2005 NZA 2005, 1111; HWK/*Gotthardt/Roloff* § 305 Rn. 9). Diese Grundwertung darf auch nicht durch die Anwendung anderer Rechtsinstitute (Rn. 4 ff.) umgangen werden (vgl. *Thüsing* BB 2002, 2666, 2667). Eine Aushandlungsklausel, wonach die Bedingungen iE ausgehandelt seien, ist unwirksam (§ 309 Nr. 12 lit. b) und kein ausreichendes Indiz für ein tats. erfolgtes Aushandeln (WLP/*Stoffels* ArbR Rn. 37). Ein Aushandeln kann auch vorliegen, wenn Angebotsalternativen mit unterschiedl. Konditionen zur Wahl gestellt werden (BGH 6.12.2002 NJW 2003, 1313). Die Bereitschaft zum Aushandeln schlägt sich idR in Änd. des vorformulierten Textes nieder (BAG 19.5.2010 NZA 2010, 939). Die Beweislast dafür, dass es sich um ausgehandelte Vertragsbedingungen handelt, liegt beim AG als Verwender (BGH 3.4.1998 NJW 1998, 2600 f.; LAG D 18.5.1995 NZA-RR 1996, 363). Auf das Bestreiten des AN, er habe keine Einflussmöglichkeit gehabt, muss der AG darlegen, wie er die konkrete Klausel zur Disposition gestellt hat, und die Umstände benennen, aus denen darauf geschlossen werden kann, der AN habe die Klausel freiwillig akzeptiert (BAG 19.5.2010 NZA 2010, 939). 24

Die **Individualabrede hat Vorrang** vor AGB (§ 305b), was anges. des Günstigkeitsprinzips insb. für das Verhältnis von Einzelarbeitsvertrag zu allg. Arbeitsbedingungen Bedeutung hat. Eine ausdrkl. Abrede im Arbeitsvertrag (zB verlängerte Kündigungsfrist) geht einer (schlechteren) Regelung in einem in Bezug genommenen TV vor (BAG 23.3.2017 NZA 2017, 773). Dies gilt iE trotz § 310 III Nr. 2 auch 25 bei vorformulierten Arbeitsverträgen zur einmaligen Verwendung (BAG 24.8.2016 NZA 2017, 58 Rn. 35). Auch eine konkludente Abrede kann eine vorrangige Individualabrede sein (BGH 6.2.1996 NJW-RR 1996, 67). Auch die betriebl. Übung ist nach richtiger Ansicht (s. § 611a Rn. 220) eine konkludente Vertragsabrede, die individueller und spezieller sein kann (BAG 13.5.2015 NZA 2015, 992). Allein, dass die betriebl. Übung kollektiver Natur sein soll, begründet noch nicht, dass in ihr (auch) eine vorrangige individuellere Abrede liegen kann (anders wohl HWK/*Gotthardt/Roloff* § 305b Rn. 1). Aus § 305b folgt, dass eine Schriftformklausel sich gegen eine individuelle mdl. Aufhebung der Schriftform nicht durchsetzen kann. Formularmäßige Klauseln können die höherrangige individuelle Abrede nicht außer Kraft setzen (BAG 25.4.2007 NZA 2007, 801; BGH 20.10.1994 NJW-RR 1995, 179; *Fenn* FS Söllner 2000 S. 333, 359; **aA** BGH 24.10.1979 NJW 1980, 234). Dies gilt auch für sog. qualifizierte Schriftformklauseln, welche die Aufhebung der Schriftform selbst der Form unterwerfen (HWK/*Gotthardt/Roloff* § 305b Rn. 3; Palandt/*Grüneberg* § 305b Rn. 5; *Roloff* NZA 2004, 1191; BAG 20.5.2008 NZA 2008, 1233; grds. ebenso mit Ausnahme für die betriebl. Übung 24.6.2003 NZA 2003, 1145; 20.5.2008 NZA 2008, 1233; krit. *Hromadka* DB 2004, 1261; *Lakies AR-Blattei* SD 35 Rn. 66a; vgl. zur Unangemessenheit solcher Klauseln nach § 307 Rn. 96).

C. Einbeziehungskontrolle

26 Auf den Vertragsschluss zwischen den Arbeitsvertragsparteien finden § 305 II, III keine Anwendung, § 310 IV 2 Hs. 2. Eine **analoge Anwendung scheidet aus** (BAG 19.3.2014 NZA 2014, 1076 Rn. 55). Die Einbeziehung von AGB richtet sich **nach allg. Grds.**, so dass auch eine stillschweigende Einbeziehung mögl. bleibt (HWK/*Gotthardt/Roloff* § 305 Rn. 11). Anders als im allg. ZivilR muss der AG zur Wirksamkeit der AGB also weder erkennbar auf diese hinweisen noch dem AN eine zumutbare Kenntnisnahmemöglichkeit verschaffen. Der Gesetzgeber hielt insoweit die Nachweispflicht nach § 2 NachwG für ausreichend (BT-Drs. 14/6857 S. 54; zu Recht krit. unter Hinweis auf den unterschiedl. Regelungsgehalt Staudinger/*Krause* Anh. zu § 310 Rn. 153; *Joost* FS Ulmer 2003 S. 1199, 1200 ff.; *Richardi* NZA 2002, 1057, 1059). Danach muss der AG spätestens einen Monat nach Beginn des ArbVerh. dem AN einen schriftl. Nachw. der wesentl. Arbeitsbedingungen aushändigen (vgl. NachwG § 2 Rn. 7 ff.). Dies gilt auch für die einzelvertragl. **Einbeziehung von TV** (s. BAG 2.3.1988 NZA 1988, 623; sehr großzügig 4.8.1999 RdA 2000, 178; 30.8.2000 NZA 2001, 510). Die konkludente Einbeziehung von TV und AGB in Einzelarbeitsverträge bleibt mögl. (zB BAG 19.1.1999 NZA 1999, 879; LAG BW 17.6.2005 BeckRS 2005, 3080446; LAG RP 31.1.2012 BeckRS 2012, 67640), wobei das BAG in früherer probl. Rspr. davon ausgegangen ist, dass es dem AN obliegt, sich von deren Inhalt Kenntnis zu verschaffen (BAG 6.7.1972 AuR 1972, 381; vgl. 19.1.1999 NZA 1999, 879; 30.8.2000 NZA 2001, 510; krit. *Preis/Lindemann* Anm. EuGH 8.2.2001 NJW 2001, 955 sowie NachwG § 2 Rn. 23 ff.). Unerhebl. ist deshalb, ob der AN die Möglichkeit hat, in zumutbarer Weise vom Inhalt der AGB Kenntnis zu nehmen. Allein der Umstand, dass ein Arbeitsvertrag in dt. Sprache verfasst ist, führt bei der Verwendung ggü. einem **sprachunkundigen** AN weder zu einer Nichteinbeziehung einzelner Vertragsklauseln noch zu einem Überrumpelungseffekt iSd. § 305 I (BAG 19.3.2014 NZA 2014, 1076).

27 Aus der Nichtanwendung der §§ 305 II, III auf Arbeitsverträge könnte gefolgert werden, dass **Jeweiligkeitsklauseln**, die auf ein Klauselwerk in der jeweiligen Fassung verweisen, zulässig seien. Jedoch begegnen derartige Klauseln durchgreifenden Bedenken nach § 307 (BGH 17.3.1999 NJW 1999, 1865), denn sie können wie intransparente Änderungsvorbehalte wirken (WLP/*Stoffels* ArbR Rn. 45; DBD/*Deinert* § 305 Rn. 45; Preis/*Preis* II J 10 Rn. 4 f.; *Lakies* Rn. 130). Solche Jeweiligkeitsklauseln statuieren ein uneingeschränktes einseitiges Änderungsrecht des Verwenders, setzen also das rechtsgeschäftl. Konsensprinzip außer Kraft. Jeweiligkeitsklauseln sind sowohl aus Gründen des **Überraschungsschutzes** (§ 305c I), des Transparenzgebotes (§ 307 I 2) sowie der Angemessenheitskontrolle (§§ 308 Nr. 4, 307) probl. Zu Recht hat der 10. Sen. des BAG betont, dass die Jeweiligkeitsklauseln den strengen Anforderungen der Änderungsvorbehalte unterliegen (zust. *Preis* NZA 2010, 361). Der AG kann folgl. nicht durch eine Jeweiligkeitsklausel, die auf eine von ihm erstellte Arbeitsordnung verweist, alle Bedingungen des ArbVerh. zur Disposition stellen. So kann er nicht schlicht eine Klausel in der Arbeitsordnung zu einer Sonderzahlung ändern, die in anderer Weise zum Zpkt. des Vertragsschlusses galt (BAG 11.2.2009 NZA 2009, 428). Eine unangemessene Benachteiligung liegt aber nicht vor, wenn in einem Arbeitsvertrag dynamisch auf die jeweiligen AZBestimmungen für Beamte verwiesen wird, wenn es sich insoweit um eine hinreichend transparente Hauptabrede (§§ 307 III, 307 I 2) handelt (BAG 14.3.2007 NZA 2008, 45). Eine solche Hauptabrede durch Verweisungsklausel, etwa die Regelung der AV durch Verweis auf die jeweiligen Vorschr. des Beamtenversorgungsrechts, unterliegt nur der Transparenzkontrolle (BAG 30.11.2010 NZA-RR 2011, 255; 14.12.2010 NZA 2011, 576). Eine großzügigere Betrachtung gilt ferner für Bezugnahmen auf Tarifwerke (hierzu BAG 24.9.2008 NZA 2009, 154; 19.5.2009 NZA 2010, 176; 9.6.2010 AP TVG § 1 Bezugnahme auf Tarifvertrag Nr. 80; vgl. Rn. 32 und 80a). Im Bereich der betriebl. AV hat das BAG eine pauschale Jeweiligkeitsklausel mit der Begr. „gerettet“, dass „davon auszugehen sei, dass sich der AG mit einer arbeitsvertragl. Jeweiligkeits-

klausel nur die Änd. vorbehalten will, die den von der Rspr. entwickelten Grds. zum Besitzstandsschutz entsprechen" (BAG 18.9.2012 NZA 2013, 210, 214). Dieser Sonderweg ist zw.

Die – im ArbR nicht durchzuführende – Einbeziehungskontrolle nach § 305 II, III ist jedoch Voraussetzung für die wirksame Einbeziehung der AGB in den Vertrag, während hingegen der Nachw. der wesentl. Vertragsbedingungen nach dem **NachwG** nach ganz überw. Ansicht keine Wirksamkeitsvoraussetzung bzgl. der nachzuweisenden Vertragsbedingung ist (BAG 21.8.1997 NZA 1998, 37; *Müller-Glöge* RdA-Beil. 5/2001, 46, 49; *Thüsing/Lambrich* NZA 2002, 1361, 1367; zu den entspr. Vorgaben der RL 91/533/EWG EuGH 8.2.2001 NZA 2001, 381; **aA** *Zwanziger* DB 1996, 2027 f.; hins. Überstundenvereinb. wohl a. *Buschmann* AuR 2001, 109, 110). Allein durch den Hinweis des Gesetzgebers auf § 2 NachwG in der Begr. zu § 310 IV wird die Beachtung des NachwG nicht zum Wirksamkeitserfordernis für den Arbeitsvertrag oder einbezogene Regelwerke (s. NachwG § 2 Rn. 1; *Gotthardt* Rn. 248). Wie auch im Geschäftsverkehr (§ 310 I) genügt also zur wirksamen Einbeziehung von AGB jede, auch stillschweigende Willensübereinkunft (ebenso BAG 29.8.2012 NZA 2013, 148). 28

D. Überraschende Klauseln

Das **Verbot überraschender Klauseln** (§ 305c I) war bereits früher im ArbR anerkannt (BAG 13.12.2000 NZA 2001, 723 f.). In dogmatischer Hinsicht sind Überraschungsschutz und Inhaltskontrolle zu trennen (nicht sauber getrennt in BAG 13.7.2005 BeckRS 2005, 43135). Die Klausel muss obj. ungewöhnl. sein und der andere Teil darf mit der Klausel nicht rechnen. Überraschenden Charakter hat eine Regelung dann, wenn sie von den Erwartungen des Vertragspartners deutl. abweicht und dieser mit ihr nach den Umständen vernünftigerweise nicht zu rechnen braucht. Den überraschenden Klauseln muss ein „Überrumpelungs- oder Übertölpelungseffekt" innewohnen. Dabei sind alle Umstände zu berücksichtigen, insb. das äußere Erscheinungsbild des Vertrags. Nach Sicht des BAG ist das Überraschungsmoment desto eher zu bejahen, je belastender die Bestimmung ist. Im Einzelfall muss der Verwender auf eine solche Klausel bes. hinweisen oder sie drucktechnisch hervorheben (BAG 14.8.2007 NZA 2008, 170; 28.5.2009 NZA 2009, 1337). Dabei sind der Grad der Abweichung vom dispositiven GRecht und die für den Geschäftskreis übl. Gestaltung einerseits, der Gang und Inhalt der Vertragsverh. sowie der äußere Zuschnitt des Vertrags andererseits einzubeziehen (BAG 23.2.2005 NZA 2005, 1193; 31.8.2005 NZA 2006, 1273; 8.8.2007 NZA 2008, 1208, 133; Überbl. über einzelne Klauseln bei CKK/*Hoefs* § 305c Rn. 18 ff.). Ein wichtiger Anwendungsfall für das Verbot überraschender Klauseln sind **Ausgleichsquittungen** (BAG 23.2.2005 NZA 2005, 1193; 25.9.2014 NZA 2015, 350 Rn. 15 ff., wo eine mit „Arbeitspapiere" überschriebene Ausgleichsquittung einen Klageverzicht enthielt). Das BAG hat darüber hinaus versteckte, drucktechnisch nicht bes. hervorgehobene vertragl. **Ausschlussfristen** als Überraschungsklauseln gewertet (BAG 29.11.1995 NZA 1996, 702; 31.8.2005 NZA 2006, 1273). Dem ist insoweit zuzustimmen, als sich das Überraschungsmoment auch aus dem äußeren Erscheinungsbild des Vertrags ergeben kann (sog. formale Überraschung; zust. deshalb MüKoBGB/*Basedow* § 305c Rn. 17; *Gotthardt* Rn. 256; *Lingemann* NZA 2002, 181, 186). Wichtige und mit schwerwiegenden Nachteilen versehene Klauseln müssen drucktechnisch oder durch Überschrift klar herausgehoben werden und dürfen nicht versteckt werden (für eine versteckte Abrede zur Aufhebung das ArbVerh. BAG 15.2.2007 NZA 2007, 614; überraschende Gestaltung einer Befristungsabrede 16.4.2008 NZA 2008, 876; Regelung einer **rückwirkenden Vertragsänd.** unter der Überschrift „Vertragsdauer und Kündigung" ist überraschend und unangemessen benachteiligend, BAG 19.2.2014 NZA 2014, 808). Abgesehen davon sind Ausschlussfristen nicht generell überraschend, vielmehr im Arbeitsleben übl. (BAG 25.5.2005 NZA 2005, 1111). Dies gilt auch für die vertragl. Verlängerung der vom AN zu beachtenden **Kündigungsfristen** (BAG 28.5.2009 NZA 2009, 1337). **Vertragsstrafenabreden** (Rn. 97) können ebenfalls als überraschende Klauseln unwirksam sein, insb. wenn sie nicht durch eine eigene Überschrift oder drucktechnische Hervorhebung ohne Weiteres erkennbar sind (LAG SH 2.2.2005 BB 2005, 896; ArbG HB 30.1.2003 LAGE BGB 2002 § 309 Nr. 3). Gleiches gilt, wenn neben einer drucktechnisch hervorgehobenen Befristung im nachf. Text ohne solche Hervorhebung eine weitere **Befristung** vorgesehen ist (BAG 16.4.2008 NZA 2008, 876; weitergehend LAG RP 1.12.2011 ArbR 2012, 128: widersprechende Befristungen in einem Vertrag sind intransparent und unangemessen). **Widerrufs- und Anrechnungsvorbehalte** hingegen sind wegen ihrer weiten Verbreitung idR nicht obj. überraschend (vgl. *Schnitker/Grau* BB 2002, 2120, 2122). Zu beachten ist jedoch auch hier, dass diese Klauseln aufgrund der optischen Gestaltung des Vertrags für den AN eindeutig erkennbar sein müssen. Nicht überraschend ist die Vereinb. einer **Altersgrenze in einer Versorgungszusage** (BAG 6.8.2003 NZA 2004, 96, 98). Der Entfall einer bislang geschuldeten **Sondervergütung** in einem Änderungsvertrag kann überraschend sein, wenn die Überschrift des Vertrags auf diese Änd. nicht hinweist und sie drucktechnisch nicht hervorgehoben ist; dabei kommt auch den Umständen des Vertragsschlusses (Zeitdruck) Bedeutung zu (BAG 9.5.2007 BeckRS 2007, 48594). 29

Auch auf **Bezugnahmeklauseln** ist § 305c I anzuwenden (BAG 14.12.2005 NZA 2006, 607; s. § 611a Rn. 230). Erforderl. ist aber nach dem NachwG ein zumindest qualifizierter Hinweis auf die tarif- 30 vertragl. Bestimmung (str., s. NachwG § 2 Rn. 24 ff.). Wird einzelvertragl. auf einen **branchen- oder ortsfremden TV** verwiesen, wird man diese Verweisungsklausel regelm. als überraschend ansehen müssen (DBD/*Däubler* § 305c Rn. 22; *Gotthardt* Rn. 258; Staudinger/*Krause* Anh. zu § 310 Rn. 163; *Seibert* NZA 1985, 730, 732; *Thüsing* AGB-Kontrolle Rn. 194 f., wonach bei dynamischen Bezugnahmeklauseln auch bei jeder Änd. des TV zu fragen sei, ob darin eine unzulässige Überraschungsklausel liegt; diff. *Diehn* NZA 2004, 129, 133, der die Klauseln des TV auf ihre nachteilige Wirkung untersuchen möchte; nach *Deinert* ZTR 2005, 461, 477 greift der Überraschungsschutz für Änd., mit denen der AN nicht rechnen musste). Anders ist dies nur, wenn dessen Einbeziehung im Einzelfall übl. ist, so dass der AN mit einer derartigen Verweisung rechnen musste (vgl. BGH 21.6.2001 NJW-RR 2002, 485), wobei dann die Inhaltskontrolle eröffnet ist (Rn. 12 ff.). Eine vorhersehbare Änd. hat das BAG bei einer Anhebung der durchschnittl. AZ von 38,5 auf 40 Stunden bejaht (BAG 22.7.2010 NZA 2011, 634).

E. Auslegungsgrundsätze, Unklarheitenregel

31 Auslegung geht der Inhaltskontrolle voraus. Im Wege einer **obj. Auslegung** ist der Kontrollgegenstand zu präzisieren. Sie kann durch das BAG als Revisionsgericht erfolgen (BAG 1.2.2006 NZA 2006, 682; 31.8.2005 NZA 2006, 1273). Klauseln sind daher so auszulegen, wie sie von einem verständigen und redl. Vertragspartner unter Abwägung der Interessen der normalerweise beteiligten Verkehrskreise verstanden werden. Dabei sind die Verständnismöglichkeiten des durchschnittl. Vertragspartners zugrunde zu legen, dh. des typischerweise bei Arbeitsverträgen zu erwartenden nicht rechtskundigen AN (BAG 24.10.2007 NZA 2008, 40; 19.3.2008 NZA 2008, 757; BAG 23.3.2017 NZA 2017, 773: „nichtjuristische Laiensphäre"). § 310 III Nr. 3 findet keine Anwendung (BAG 8.12.2015 NZA-RR 2016, 374). Ansatzpunkt für die nicht am Willen der jeweiligen Vertragspartner zu orientierende Auslegung ist in erster Linie der Vertragswortlaut (BAG 14.9.2011 NZA 2012, 81). Soweit auch der mit dem Vertrag verfolgte Zweck einzubeziehen ist, kann das nur in Bezug auf typische und von redl. Geschäftspartnern verfolgte Ziele gelten. Vertragsklauseln, die nur in außergewöhnl., von den Vertragspartnern bei Abschluss des Arbeitsvertrags nicht für regelungsbedürftig gehaltenen Fällen gegen das G verstoßen, sind daher wirksam. Sie werden vom BAG dahingehend ausgelegt, dass diese Ausnahmefälle von solchen Klauseln nicht erfasst sein sollen (BAG 20.6.2013 NZA 2013, 1265, 1266; dazu *Preis/Ulber* Ausschlussfristen S. 49 ff.). Diese Rspr. ist mit Blick auf das Transparenzgebot nach § 307 I 2 und das Verbot der geltungserhaltenden Reduktion (dazu Rn. 104) nicht unprobl. (LAG HM 9.9.2014 BeckRS 2014, 74386; zum Verhältnis von Auslegung und Inhaltskontrolle § 611a Rn. 372).

31a Die Auslegung erfolgt mit der Maßgabe, dass bei einem **mehrdeutigen Erg.** die Inhaltskontrolle zunächst auf der Grdl. einer kundenfeindl. ausgelegten Klausel durchzuführen ist (sog. gespaltene Lösung, vgl. WLP/*Stoffels* ArbR Rn. 62). Erst wenn die Klausel dann nach den §§ 307 bis 309 gleichwohl Bestand hat, ist im Individualprozess die kundenfreundlichste Interpretation maßgebend (*Preis/Roloff* RdA 2005, 144, 149 mwN; UBH/*Fuchs/Bieder* Anh. § 310 Rn. 22). Führt die obj. Auslegung zu keinem eindeutigen, sondern einem mehrdeutigen Erg., greift die Unklarheitenregel (§ 305c II) mit der Folge der arbeitnehmerfreundlichsten Auslegung (BAG 19.3.2008 NZA 2008, 757). Widersprechen sich hingegen mehrere Klauseln inhaltl., ist § 305c II unanwendbar und es greift das Transparenzgebot des § 307 I 2 (BAG 20.1.2010 NZA 2010, 445, 446). In der Rspr. sind die Übergänge zwischen Auslegung und Inhaltskontrolle fließend. Im Wege einer Auslegung verhindert das BAG damit die Unwirksamkeit einer Klausel und verkehrt die Inhaltskontrolle zur Auslegungskontrolle (exemplarisch BAG 20.6.2013 NZA 2013, 1265 Rn. 21; krit. a. UBH/*Fuchs/Bieder* Anh. § 310 Rn. 22): So sieht das BAG bei dem Begriff der Fälligkeit in Ausschlussfristen von einer obj. Auslegung ab, sofern die Fälligkeit von der Möglichkeit der annähernden Bezifferung abhängen soll (BAG 25.5.2005 NZA 2005, 1111, 1114; 28.9.2005 NZA 2006, 149; 27.10.2005 NZA 2006, 257, 258). Eine obj. Auslegung führte jedoch dazu, dass auf die obj. Fälligkeit eines Anspruchs abzustellen ist (*Preis/Roloff* RdA 2005, 144, 149). Auch die Möglichkeit annähernder Bezifferung ist unerhebl., da der Begriff der Fälligkeit in § 271 definiert ist. Ist nach der Ausschlussklausel für den Fristbeginn entscheidend, wann der Anspruch abgelehnt wird, kommt es allein auf den Zugang der Ablehnungserkl. an. Die Fälligkeit kann nicht im Wege der Auslegung erg. herangezogen werden (**aA** BAG 18.11.2004 NZA 2005, 516). Nach obj. Auslegung beginnt die Ausschlussfrist zu laufen, auch wenn der Anspruch noch nicht fällig ist. Die Inhaltskontrolle der obj. ausgelegten Klausel müsste dann ergeben, dass die Klausel unangemessen benachteiligend ist. Denn der Vertragspartner wäre zu einer wegen der fehlenden Fälligkeit des Anspruchs erfolglosen Klage gezwungen, um die Ausschlussfrist zu wahren.

32 Die Unklarheitenregel des § 305c II hat die **Funktion,** bei obj. mehrdeutigen Klauseln eine Auslegungshilfe zu geben, und in diesem Fall die Interessen des Verwenders hinter denjenigen der anderen Partei zurücktreten zu lassen. Sinn der Norm ist, dass es Sache derjenigen Partei ist, welche die Vertragsgestaltungsfreiheit für sich in Anspruch nimmt, sich klar und unmissverständl. auszudrücken. Unklarheiten gehen zu ihren Lasten (UBH/*Ulmer/Schäfer* § 305c Rn. 61). Die ArbG wendeten die in

§ 305c II kodifizierte Unklarheitenregel früher schon an (vgl. Nachw. 6. Aufl.); das BAG auch. Die Unklarheitenregel setzt voraus, dass die obj. Auslegung einer Vertragsklausel mind. zwei Ergebnisse als vertretbar erscheinen lässt und keines den klaren Vorzug verdient. Insoweit müssen obj. „erhebl. Zweifel" an der „richtigen" Auslegung bestehen. Entfernte Auslegungsvar. genügen nicht (BAG 19.1.2011 NZA 2011, 631). Bes. Bedeutung gewinnt die Regel bei **Bezugnahmeklauseln.** Ist die Tragweite der Verweisung auf Tarifnormen zw., geht das nach § 305c II zu Lasten des AG (BAG 9.11.2005 NZA 2006, 202). Das schließt nach Ansicht des BAG – ohne bes. Klarstellung – auch die Interpretation von Bezugnahmeklauseln als Gleichstellungsabreden aus (BAG 14.12.2005 NZA 2006, 607; 18.4.2007 NZA 2007, 965). Bei uneingeschränkter Bezugnahme auf ein Tarifwerk werden auch ledigl. nachwirkende TV in Bezug genommen (BAG 5.6.2007 NZA 2007, 1369; vgl. a. 20.9.2006 NZA 2007, 164). Der Verweis auf „die einschlägigen tarifl. Regelungen" im Kontext eines Teilkomplexes (hier: Urlaub) ist nicht unklar (BAG 17.1.2006 NZA 2006, 923), ebenso genügt der Verweis auf die beim Verwender geltenden „Bestimmungen" zu einer Regelungsfrage jdf. dann, wenn der Arbeitsvertrag selbst die Arbeitsbedingungen konkretisiert (BAG 14.8.2007 AP BGB § 611 Ausbildungsverhältnis Nr. 41). Einer Übertragung der Unklarheitenregel auf individuell ausgehandelte Arbeitsvertragsbedingungen ist mit § 305c II eine Absage erteilt. Insoweit gelten die herkömml. Grds. der Vertragsauslegung gem. §§ 133, 154, 155, 157. Ist die Bezugnahmeklausel an sich eindeutig, führen vom Verwender veranlasste „unklare" Begleitumstände nicht zu § 305c II (BAG 26.9.2007 NZA 2008, 179: Übersendung einer nicht mehr aktuellen TV-Fassung bei kleiner dynamischer Bezugnahme). Nach BAG 24.9.2008 (NZA 2009, 154; ebenso 9.6.2010 BeckRS 2010, 73885) ist für die Unklarheitenregel bei Globalbezugnahmen auf TV kein Raum, weil sich nicht abstrakt und unabhängig von der jeweiligen Fallkonstellation beantworten lasse, was für den AN günstiger ist. Statische und dynamische Bezugnahmeklauseln könnten – je nach verhandeltem Kompromiss – günstig oder ungünstig wirken. In aller Regel ist die dynamische Bezugnahme für den AN günstiger, weil die Vergütungserhöhung durch spätere TV die Regel und eine Vergütungsabsenkung die Ausnahme darstellt (BAG 9.11.2005 NZA 2006, 202; 13.2.2013 NZA 2013, 1024; 10.7.2013 BeckRS 2013, 72096). Zwar überzeugt diese Sichtweise nicht in jedem Fall, doch kann man die Frage der Günstigkeit nicht je nach der Art des str. Anspruchs und des Zpkt. der Geltendmachung unterschiedl. beantworten und damit von Fall zu Fall zu unterschiedl. Auslegungsergebnissen hins. ein und ders. vertragl. Bezugnahmeregelung kommen (BAG 24.9.2008 NZA 2009, 154; **aA** DBD/*Däubler* § 305c Rn. 43). Mit der stRspr. des BAG ist die pauschale Bezugnahme im Arbeitsvertrag auf tarifl. Vergütungsbestimmungen ohne Nennung fester Beträge und ohne Angabe einer konkret nach Datum festgelegten Fassung des in Bezug genommenen TV regelm. dynamisch zu verstehen (BAG 21.8.2013 NZA 2014, 271), es sei denn, eindeutige Hinweise sprechen für eine statische Bezugnahme (BAG 12.12.2012 ZTR 2013, 558 Rn. 25).

F. Die Inhaltskontrolle

Kernstück des Rechts der AGB ist die Inhaltskontrolle der §§ 307 ff. Wegen § 310 IV findet eine Inhaltskontrolle auch im Kernbereich des ArbR, näml. bei vorformulierten Einzelarbeitsverträgen statt (noch offen gelassen von BAG 29.11.1995 NZA 1996, 702). 33

I. Schranken der Inhaltskontrolle

§ 307 III markiert die Schranken der Inhaltskontrolle. §§ 307 I, II, 308, 309 gelten danach nur für Bestimmungen in AGB, die von Rechtsvorschr. abweichen oder diese ergänzenden Regelungen enthalten. Rechtsvorschr. sind nicht nur die Gesetzesbestimmungen selbst, sondern auch die dem Gerechtigkeitsgebot entspr. allg. anerkannten Rechtsgrds., dh. alle ungeschriebenen Rechtsgrds., die Regeln des Richterrechts und die aufgrund ergänzenden Auslegung nach den §§ 157, 242 und aus der Natur des jeweiligen Schuldverhältnisses zu entnehmenden Rechte und Pflichten (BAG 18.1.2012 NZA 2012, 561 Rn. 20; 16.1.2013 NJW 2013, 1020 Rn. 27). Kontrollfähig sind Klauseln, die die sich aus der Natur des Vertrags ergebenden wesentl. Rechte und Pflichten zum Nachteil des Vertragspartners einschränken. In vollem Umfang kontrollfähig sind Klauseln, die das Hauptleistungsversprechen modifizieren, einschränken oder aushöhlen. Abweichungen von der sich aus rechtl. Vorgaben ergebenden Vertragstypik unterliegen einer uneingeschränkten Inhaltskontrolle (zutr. BAG 21.2.2017 NZA 2017, 723). Der Begriff der Rechtsvorschr. ist damit weit auszulegen (ebenso BGH 10.12.1992 NJW 1993, 721). Sog. deklaratorische Klauseln, die ledigl. den GWortlaut wiederholen, aber auch **Leistungsbeschreibungen und Entgeltregelungen** unterliegen deshalb nicht der Inhaltskontrolle (BGH 12.3.1987 BeckRS 1987, 31078112; 24.9.1998 NJW 1999, 864; s. a. BT-Drs. 14/7052 S. 188). Viel verständl. als die Norm des BGB ist Art. 4 Abs. 2 RL 93/13/EWG formuliert: „*Die Beurteilung der Missbräuchlichkeit der Klauseln betrifft weder den Hauptgegenstand des Vertrags noch die Angemessenheit zwischen dem Preis bzw. dem Entgelt für die Dienstleistungen bzw. den Gütern, die die Gegenleistung darstellen, sofern diese Klauseln klar und verständl. abgefasst sind.*" AGB, die einen ges. vorgegebenen Rahmen ausfüllen (sog. **normausfüllende Klauseln**) oder von der ges. Ermächtigung zur Abweichung Ge- 34 brauch machen, unterliegen grds. der Inhaltskontrolle (BAG 12.2.2015 NZA 2015, 740 f.; Zur Ausfüllung einer ges. Probezeitregelung BAG 9.6.2016 NZA 2016 1406). Dies gilt auch dann, wenn die Norm ausdr. als Erlaubnisnorm ausgestaltet ist (MüKoBGB/*Basedow* § 307 Rn. 10, 11; Staudinger/*Krause* Anh. zu § 310 Rn. 179; **aA** für Erlaubnisnormen: Palandt/*Grüneberg* § 307 Rn. 53 f.), denn die AGB ergänzen eine ges. Regelung. Diese Wertung findet in § 309 Hs. 1 ihre Entsprechung: Auch soweit eine Abweichung von den ges. Vorschr. zulässig ist, sind bestimmte Klauseln unwirksam. Zahlr. Rechtsnormen zeigen eine äußere Grenze der Dispositionsmöglichkeit auf (Bsp. § 276 III, § 624, § 15 IV TzBfG). Verstünde man diese als Erlaubnisnormen, wäre etwa die Kontrolle einer AGB ausgeschlossen, die iSd. § 267 III die Haftung für grobe Fahrlässigkeit ausschließt oder iSd. § 624 formularmäßig den AN durch Ausschluss beiderseitiger Kündigungsmöglichkeit für fünf Jahre bindet. Auch das BAG hat dies in seiner Rspr. zu den Ausschlussfristen implizit klargestellt (BAG 25.5.2005 NZA 2005, 1111): § 202 regelt Umf. und Grenzen der Dispositivität des Verjährungsrechts, schließt aber die Kontrolle formularmäßiger Abbedingung nicht aus.

35 Die **deklaratorischen Klauseln** unterliegen deshalb keiner Inhaltskontrolle, weil an die Stelle der unwirksamen Klausel ohnehin die ges. Regelung träte. Berechtigt zB eine Klausel den AG, dem AN im Betrieb andere gleichwertige Arbeit zuzuweisen, die seinen Kenntnissen und Fähigkeiten entspricht, unterliegt sie keiner Inhaltskontrolle, da sie den Inhalt des § 106 GewO nahezu wörtl. wiedergibt (s. a. BAG 11.4.2006 NZA 2007, 1149). Gilt ein TV normativ, bildet auch er eine Rechtsvorschr., deren Wiederholung die Inhaltskontrolle ausschließt. Die Klarstellung in § 310 IV 3 ist damit im Kern nur relevant für einzelvertragl. einbezogene Kollektivnormen (Rn. 12 ff.).

36 Nach § 307 III soll eine Inhaltskontrolle dort unterbleiben, wo der Wettbewerb seine Domäne hat, also bei Preisen und anderen Hauptleistungen. Hauptabreden unterliegen der Inhaltskontrolle, wenn sie von Rechtsvorschr. abweichen (BAG 25.9.2014 NZA 2015, 350 Rn. 20). Nicht kontrollfähig sind **Leistungsbeschreibungen** und **Preisabreden** (näher *Preis* FS Richardi 2007 S. 339, 345; *Tschöpe* DB 2002, 1830 ff.). Im ArbVerh. sind dies va. die AZ, die Arbeitsleistung und das Arbeitsentgelt (BAG 17.10.2012 NZA 2013, 266), also Abreden über den unmittelbaren Gegenstand der Hauptleistung und des dafür zu zahlenden Entgelts, sowie Klauseln, die das Entgelt für eine zusätzl. angebotene Sonderleistung festlegen, wenn hierfür keine rechtl. Regelungen bestehen. Die Leistungsbeschreibungen müssen Art, Umf. und Güte der geschuldeten Leistung festlegen. Es ist nicht Aufgabe des Richters, über §§ 305 ff. einen „gerechten Preis" zu finden, sondern nur zu prüfen, ob die betr. Klausel den Vertragspartner einseitig unangemessen benachteiligt (BAG 31.8.2005 NZA 2006, 1273). Das Missverhältnis zwischen Leistung und Gegenleistung wird nur nach Maßgabe des § 138 kontrolliert (BAG 17.10.2012 NZA 2013, 266). Auch die Vereinb., wie viele Überstunden durch das Monatsgehalt abgegolten sind, ist eine Preisabrede, die nur auf Transparenz und Sittenwidrigkeit (§ 138) kontrolliert werden kann (BAG 16.5.2012 NZA 2012, 908). Pauschallohn- und Abgeltungsabreden, zB für Nachtarbeitszuschläge, regeln die Gegenleistung des AG für die vom AN erbrachte Arbeitsleistung. Unbeschadet ges. Sonderregelungen (zB § 6 V 5 ArbZG) ist nur die Transparenz der Regelung (§ 307 III 2) und die Ausübung des Direktionsrechts kontrollfähig (BAG 31.8.2005 NZA 2006, 1273; s. Rn. 91 f.). Ebenso ist die Höhe einer Zielvereinbarungsvergütung kontrollfrei (*Heiden* DB 2006, 2401).

37 Kontrollfrei sollen solche Vereinb. bleiben, die die **marktorientierte, privatautonome Entsch.** des Vertragspartners wesentl. beeinflussen (*Stoffels* Rn. 423; *ders.* JZ 2001, 843, 848; Staudinger/*Coester* § 307 Rn. 324; UBH/*Fuchs* § 307 Rn. 14, 18). Das **Transparenzgebot** soll Markttransparenz gewährleisten und damit gerade die Bedingungen für ungestörte Ausübung der Vertragsfreiheit im Kernbereich schaffen (BAG 15.12.2016 NZA-RR 2017, 305 Rn. 26: Abschlusstransparenz). Es will Hauptabreden, über die sich die Vertragsparteien stets Gedanken machen müssen, der Kontrolle entziehen, aber auch nur dann, wenn diese transparent gestaltet sind. Leistung und Gegenleistung sind regelm., aber auch nur dann der materiellen Inhaltskontrolle entzogen, wenn diese transparent ausgewiesen sind. Die Abgrenzung der kontrollfreien von den kontrollbedürftigen Klauseln kann zweckgerecht nur mit Hilfe der Grundintention des AGB-Rechts erfolgen, eben das „Kleingedruckte" der vorformulierten Vertragsbedingungen zu kontrollieren, das der Kunde in seiner Tragweite nicht zur Kenntnis nimmt und damit nicht in seine Abschlussentsch. einbezieht (*Preis* NZA Beil. 3/2006, 115, 118). Für den AN ist entscheidend, ob er die konkret geschuldete Arbeit in einem bestimmten zeitl. Umf. und zu dem angebotenen Entgelt leisten will. Eine bewusste Abschlussentsch. liegt idR auch vor, wenn die **Hauptabrede** des Vertrags geänd., etwa die AZ oder das Entgelt herabgesetzt, oder gar das ArbVerh. aufgeh. wird. Deshalb unterliegt die Beendigungsvereinb. im Aufhebungsvertrag keiner Inhaltskontrolle; sie bildet ein selbständiges Rechtsgeschäft, bei dem die Hauptleistung die Beendigung des ArbVerh. und ggf. die gezahlte Abfindung ist (BAG 27.11.2003 NZA 2004, 597, 604; 25.4.2013 NZA 2013, 1206 Rn. 19). Vorformulierte **Klageverzichte in Aufhebungsverträgen** sind indes kontrollfähige Nebenabreden und ohne kompensatorische Gegenleistung oder, wenn eine widerrechtl. Drohung mit einer Kündigung vorliegt, unangemessen benachteiligend (BAG 12.3.2015 NZA 2015, 676). Der 2. Sen. des BAG hat es offengelassen, ob der Verzicht auf eine Kündigungsschutzklage eine Haupt- oder eine Nebenabrede in einer „Ausgleichsquittung" (vgl. Rn. 77 f.) ist (BAG 25.9.2014 NZA 2015, 350), weil in jedem Fall eine von Rechtsvorschriften, näml. § 4 S. 1 KSchG, abw. Regelung vorliegt. Das BAG verlangt überdies in solchen Fällen eine „angemessene" Kompensation. Die Verpflichtung, dem AN

ein Zeugnis mit einer best. überdurchschnittl. Leistungs- und Führungsbeurteilung zu erteilen, stellt nach Auff. des BAG keine angemessene Kompensation dar (BAG 24.9.2015 NZA 2016, 351).

Abschluss, Änd. und Aufhebung eines Arbeitsvertrags sind als solche kontrollfrei (BAG 17.10.2012 NZA 2013, 266). Das bedeutet aber nicht, dass der Inhalt des abgeschlossenen, geänd. oder aufgeh. Vertrags kontrollfrei bleibt. Das ist bei der Kontrolle des Formulararbeitsvertrags ebenso selbstverständl. wie für den häufig vorkommenden Fall des standardisierten Aufhebungsvertrags. Nur die Hauptabrede, die Aufhebung des Vertrags, ist kontrollfrei. Vereinbaren AG und AN, anstatt 40 Stunden nur noch 20 Stunden zu arbeiten, ist diese Abrede kontrollfrei. Auch Sonderleistungen können die Parteien kontrollfrei vereinbaren, etwa über das BUrlG hinausgehenden Urlaub. Der **Umf. der geschuldeten AZDauer** ist als „Leistungsbeschreibung" eindeutig kontrollfrei (BAG 14.3.2007 NZA 2008, 45; 18.4.2012 NZA 2012, 796). Dagegen sind vorformulierte Vertragsbedingungen, die die Leistungsbeschreibung modifizieren, kontrollfähig (zB Klauseln, die die Verpflichtung zur Leistung von Mehrarbeit sowie Kurzarbeit vorsehen). Die **Tätigkeitsbeschreibung** des AN ist eine kontrollfreie Leistungsbeschreibung. In welcher Funktion der AN eingestellt wird, ist klare Hauptabrede, die in die bewusste Abschlussentsch. des AN einfließt. Auch der vereinbarte **Ort einer Tätigkeit** gehört zur kontrollfreien Hauptabrede (BAG 19.1.2011 NZA 2011, 631). Die Festlegung von Art und Ort der Tätigkeit ist nicht zu verwechseln mit Klauseln zum **Weisungsrecht**. Solche Direktionsrechtsklauseln sind dann deklaratorisch und inhaltskontrollfrei, wenn sie ledigl. den Inhalt des allg. Weisungsrechts (§ 106 GewO) wiedergeben (BAG 25.8.2010 NZA 2010, 1355). Kontrollfähig werden die Klauseln jedoch, wenn sie über den ges. Inhalt des Direktionsrechts hinausgehen (s. *Preis* NZA Beil. 3/2006, 115, 119 f.). Stets vorzunehmen ist allerdings eine Transparenzkontrolle nach § 307 I 2 (vgl. § 307 III 2). 38

Entgeltvereinb, die Hauptabreden sind, unterliegen dann der Inhaltskontrolle, wenn eine ges. **Vergütungsregelung** besteht, wie zB die GOÄ (BGH 9.7.1981 NJW 1981, 2351; 17.9.1998 NJW 1998, 3567, 3569). Freil. ist zu beachten, dass diese Urt. entscheidend auf AGB-typische Besonderheiten unklarer, dem Verwender unangemessene Ermessensspielräume einräumender Klauseln, die Leistungsbestimmungsrechte beinhalten, abstellen (vgl. BGH 19.2.1998 NJW-RR 1998, 1391). Aufgrund der Gleichstellung von TV mit Rechtsvorschr. iSv. § 307 III wird zT vertreten, dass auch die **Höhe des Arbeitsentgelts** in Formulararbeitsverträgen inhaltl. zu kontrollieren sei. Maßstab sei das tarifl. Lohnniveau, dessen Unterschreitung um mehr als 20% unangemessen sei (DBD/*Däubler* § 307 Rn. 272 ff., 288; offen gelassen *Reinecke* DB 2002, 583, 585). Die Verweisung in § 310 IV 3 macht **TV** aber **nicht zum Kontrollmaßstab** für die Inhaltskontrolle des § 307 I, II (*Annuß* BB 2002, 458, 460; MüKoBGB/*Basedow* § 310 Rn. 103; HWK/*Gotthardt/Roloff* § 307 Rn. 7, 11; *Gotthardt* ZIP 2002, 277, 281; *Henssler* RdA 2002, 131, 136; *Hromadka* NJW 2002, 2523, 2527; Staudinger/*Krause* Anh. zu § 310 Rn. 182; *Lieb* FS Ulmer 2003 S. 1231, 1242 f.; *Lingemann* NZA 2002, 181, 188 f.; *Richardi* NZA 2002, 1057, 1061; *Stoffels* Rn. 180; *Thüsing* BB 2002, 2666, 2667; **aA** *Joost* FS Ulmer 2003 S. 1199, 1206 [aber krit.]; *Lakies* NZA-RR 2002, 337, 344). Dies folgt schon aus der verfassungsrechtl. garantierten Koalitionsfreiheit des Art. 9 III GG (vgl. *Lingemann* NZA 2002, 181, 189), aber auch aus einer teleologischen Auslegung des § 310 IV 3. Der Gesetzgeber wollte ledigl. sicherstellen, dass TV bei einzelvertragl. Bezugnahme keiner Inhaltskontrolle unterliegen (BT-Drs. 14/6857 S. 54), nicht aber umgekehrt TV, BV und DV selbst zum Maßstab der Inhaltskontrolle machen. Dies zeigt sich auch daran, dass die Verweisung in § 310 IV 3 sich nur auf § 307 III bezieht, nicht aber auf § 307 I 1, II, der die Inhaltskontrolle regelt (*Gotthardt* Rn. 269). Zudem bestünde ein Widerspruch zum Entschl. des Gesetzgebers, gerade auch wegen der Entsch. des BAG v. 13.12.2000 (NZA 2001, 723), die eine einzelvertragl. Ausschlussfrist von einem Monat mit Verweis auf die Kürze tarifl. Ausschlussfristen rechtfertigte, die Bereichsausnahme für Arbeitsverträge zu streichen (BT-Drs. 14/6857 S. 54). Dies zeigt deutl., dass für vorformulierte Einzelarbeitsverträge nicht TV der Kontrollmaßstab sein können, was dann folgerichtig nicht nur für Ausschlussfristen, sondern auch für die Höhe des Entgelts gilt. Etwas anderes folgt auch nicht aus § 612 II, weil dies keine ges. Regelung mit normativer RLFunktion ist. Sie setzt das Fehlen einer Vergütung voraus und scheidet deshalb als Maßstab der Inhaltskontrolle aus, wenn eine Vereinb. über das Arbeitsentgelt vorliegt (für § 632 II BGH 19.11.1991 NJW 1992, 688, 689). 39

Die Rspr. geht davon aus, dass sog. **Preisnebenabreden** kontrollfähig sind, die sich zwar mittelbar auf den Preis auswirken, an deren Stelle aber bei Unwirksamkeit eine dispositive ges. Regelung treten kann (BGH 30.11.1993 NJW 1994, 318; 18.4.2002 NJW 2002, 2386; Palandt/*Grüneberg* § 307 Rn. 47). Kontrollfähig sind die Leistung begleitende Klauseln, wie die **Ausgleichsquittung** (insoweit verfehlt *Thüsing* BB 2005, 1563 s. zu Verzichtsklauseln Rn. 100), Nebenabreden zur Preisabrede und die Hauptleistungsabreden einschränkende, verändernde oder ausgestaltende Klauseln, zB die **Befristung einzelner Arbeitsbedingungen** (BAG 27.7.2005 NZA 2006, 40, 45). Kontrollfähig sind weiter zB Klauseln über Verzugszinsen (BGH 31.1.1985 NJW 1986, 376 f.) oder Kürzungsklauseln bei Provisionen (BAG 20.2.2008 NZA 2008, 1124). Wichtig für das ArbR ist insb., dass kontrollfähig auch die einseitigen Leistungsbestimmungsrechte im Bereich der Hauptleistungspflichten sind (BAG 12.1.2005 NZA 2005, 465; hierzu *Bergwitz* AuR 2005, 217; *Preis/Lindemann* AuR 2005, 229; *Diekmann/Bieder* DB 2005, 722; *Gaul/Neumann* ArbRB 2005, 146; ausf. *Lindemann* §§ 13 ff.). Dazu gehören auch 40

Mehrarbeitsklauseln, insb. in Kombination mit Pauschalierungsabreden (Preis/*Preis* II M 20 Rn. 12 f.; offen lassend BAG 1.9.2010 NZA 2011, 575). Der Vertragspartner des Verwenders soll gerade vor der unangemessenen Verkürzung oder Modifikation der vollwertigen Leistung, die er nach Gegenstand und Zweck des Vertrags erwarten darf, geschützt werden, was sich auch aus § 307 II Nr. 2 ergibt (BGH 24.3.1999 NJW 1999, 2280).

II. Die Angemessenheitskontrolle nach den §§ 307–309

41 **1. Besondere Klauselverbote.** § 309 enthält Klauselverbote **ohne Wertungsmöglichkeit,** § 308 Klauselverbote **mit Wertungsmöglichkeit.** Sie gehen der allg. Inhaltskontrolle nach § 307 vor. Gerade in Bezug auf die bes. Klauselverbote stellt sich die Frage, ob sie anges. der Besonderheiten des ArbR uneingeschränkt Anwendung finden können (s. Rn. 11). Das BAG hat bislang noch keine Vertragsklausel unmittelbar an einem **bes. Klauselverbot (§ 309)** scheitern lassen (zu § 308 Nr. 1 bei unangemessen langer, 25 Jahre dauernder Leistungsfrist einer Gratifikation LAG BW 26.9.2014 BeckRS 2014, 73393; zu § 309 Nr. 13 s. Rn. 83). In dem ungewöhnl. Fall, dass der AN verpflichtet ist, pauschalierten Aufwendungsersatz des AG auszugleichen, hat das BAG die Klausel über § 307 I 1 für unwirksam erklärt, wenn dem AN nicht in entspr. Anwendung des § 309 Nr. 5 lit. b die Möglichkeit eingeräumt wurde, den Nachw. eines fehlenden oder wesentl. geringeren Anspruchs zu führen (BAG 27.7.2010 NZA 2010, 1237). Bei den Klauselverboten mit Wertungsmöglichkeit haben hingegen § 308 Nr. 3 (Unangemessenheit eines Rücktrittsvorbehalt in einem Vorvertrag, BAG 27.7.2005 NZA 2006, 539), § 308 Nr. 5 (Unzulässigkeit einer sog. negativen betriebl. Übung, BAG 25.11.2009 NZA 2010, 283) und § 308 Nr. 4 (Unzulässigkeit eines Widerrufsvorbehalts, BAG 12.1.2005 NZA 2005, 465) Bedeutung erlangt. Für § 308 Nr. 4 ist zu beachten, dass er nur Leistungen des Verwenders erfasst, nicht hingegen versprochene Leistungen seines Vertragspartners (BAG 13.6.2007 NZA 2007, 974). Die bes. Klauselverbote sind iE bei den Klauseltypen behandelt (Rn. 51 ff.).

42 **2. Leitlinien der Angemessenheitskontrolle nach § 307.** Typisierte Vertragsklauseln müssen nicht nur bei der Auslegung, sondern auch iRd. Inhaltskontrolle **typisierenden und generalisierenden Wertungen** unterzogen werden. Die Auslegung geht der Inhaltskontrolle vor. Soweit das BAG früher im Wege der Auslegung eine kaschierte Inhaltskontrolle unangemessener Klauseln vorgenommen hatte (krit. hierzu § 611a Rn. 372 ff.), wurde dieser probl. Rspr. durch die §§ 305 ff. endgültig die Grdl. entzogen. Hat eine Vertragsklausel einen unangemessen benachteiligenden Inhalt, ist es für die Wirksamkeit der Klausel grds. nicht ausschlaggebend, ob sich der benachteiligende Inhalt auch im konkreten Einzelfall tats. auswirkt. Entscheidend ist, welche Rechte nach dem konkreten Inhalt der Klausel geltend gemacht werden können und welche Folgen sich daraus bei genereller Betrachtung ergeben (BGH 6.2.1985 NJW 1985, 3013, 3015; 23.6.1988 NJW 1988, 2536). Aufgrund der Einordnung von AN als Verbraucher ist dieser generalisierende Prüfungsmaßstab nach § 310 III Nr. 3 aber durch **konkrete individuelle Umstände des Vertragsschlusses** zu ergänzen (BAG 31.8.2005 NZA 2006, 1273). Es kommt also an auf die pers. Eigenschaften, die Geschäftserfahrung und Verhandlungsstärke, die Beurteilungsfähigkeit, das Angewiesensein auf die Leistung (UBH/*Fuchs* § 307 Rn. 407), auf intellektuelle Stärken und Schwächen (*Bunte* DB 1996, 1389, 1390) sowie auf die konkrete Situation des Vertragsschlusses, dh. ob der Verwender seinen Vertragspartner überrascht, überrumpelt oder den wahren Vertragsinhalt verschleiert (*Bunte* DB 1996, 1389, 1390; UBH/*Fuchs* § 307 Rn. 408). Die Regelung des § 310 III Nr. 3 beseitigt also nicht den generell-abstrakten Prüfungsmaßstab, sondern ergänzt ihn ledigl. (*Gotthardt* Rn. 297; vgl. zum AGBG BT-Drs. 13/2713 S. 7 f.; *Brandner* MDR 1997, 312, 314; Staudinger/*Schlosser* § 310 Rn. 70; **aA** *Schmidt-Salzer* JZ 1995, 223; gegen eine Anwendung von § 310 III im ArbR *Annuß* BB 2002, 458, 461; *Bauer/Kock* DB 2002, 42, 43). Nicht mögl. ist also, dass die Umstände des Vertragsschlusses allein die Unwirksamkeit der Klausel begründen können, erforderl. ist vielmehr, dass inhaltl. Kriterien Bedenken gegen die Klausel erwecken, ohne jedoch schon die Unwirksamkeit zu begründen. Erst auf einer zweiten Ebene können die Umstände des Vertragsschlusses den Ausschlag für eine Bewertung als unangemessene Benachteiligung geben. § 310 III Nr. 3 kann daher ambivalent wirken: Inhaltl. bedenkl., aber noch nicht unangemessene Klauseln können wegen der Art und Weise des Zustandekommens des Vertrags als unwirksam aber eben auch als wirksam betrachtet werden (OLG F 17.11.2000 NJW-RR 2001, 780; MüKoBGB/*Basedow* § 310 Rn. 76; *Börner* JZ 1997, 595, 600; *Brandner* MDR 1997, 312, 314; *Bunte* DB 1996, 1389, 1390; *Eckert* ZIP 1995, 1460, 1462; *Heinrichs* NJW 1996, 2190, 2194; Staudinger/*Schlosser* § 310 Rn. 70; UBH/*Fuchs* § 307 Rn. 410; *Reichold* SAE 2007, 233, 236 f.; vgl. a. *Hromadka* FS Dieterich 1999 S. 251, 258: zu berücksichtigen sei die „Marktmacht" des AN; **aA** *Coester-Waltjen* Jura 1997, 272, 274; *Michalski* DB 1999, 677, 679; in diese Richtung a. *Damm* JZ 1994, 171, 174 zur RL, wonach die Umstände des Vertragsschlusses nur zugunsten des AN zu berücksichtigen seien). Damit stellt § 310 III Nr. 3 auch im ArbR ein flexibles Reaktionsinstrument dar, um insb. Vertragsgestaltungen mit erfahrenen Spitzenkräften und ltd. Ang. mit der gebotenen Zurückhaltung zu kontrollieren.

43 **a) Gesetzliche Beispiele unangemessener Benachteiligung.** Typische Erscheinungen unangemessener Benachteiligung des Vertragspartners sind in § 307 II kodifiziert. Danach ist eine unangemessene

Benachteiligung iZw. anzunehmen, wenn eine Bestimmung mit wesentl. Grundgedanken der ges. Regelung, von der abgewichen wird, nicht zu vereinbaren ist. Dahinter steht die Idee des Leitbildes des dispositiven Rechts. Die Anwendung im ArbR ist deshalb schwierig, weil es zum großen Teil zwgd. ist oder aus Richterrecht besteht. Relativiert wird dies jedoch dadurch, dass die Zivilrspr. auch die von ihr entwickelten Rechtsgrds. als ges. Leitbild anerkennt (BGH 10.12.1992 Z 121, 14, 18), was auf das ArbR übertragen werden kann (*Wolf* RdA 1988, 270, 274). Eine unangemessene Benachteiligung liegt iZw. auch dann vor, wenn wesentl. Rechte oder Pflichten, die sich aus der Natur des Vertrags ergeben (sog. Kardinalpflichten), so eingeschränkt werden, dass die **Erreichung des Vertragszwecks gefährdet** ist (zu bejahen bei Abbedingung der Beschäftigungspflicht, vgl. § 611a Rn. 568; zu Freiwilligkeitsvorbehalten bei der Gegenleistung BAG 25.4.2007 NZA 2007, 853). Bei Verzichtserkl. und Ausschlussfristen hat das BAG darauf hingewiesen, dass ein Verstoß gegen § 307 II Nr. 2 darin liegen kann, dass die Klauseln zum Erlöschen der vertragl. Hauptleistungspflicht führen können (BAG 28.9.2005 NZA 2006, 149).

Mit § 307 I 2 ist das **Transparenzgebot,** wie vom EuGH (10.5.2001 NJW 2001, 2244) verlangt, ausdr. normiert. Die Transparenzkontrolle greift auch bei normwiederholenden Klauseln und Preisabreden (§ 307 III S. 2) sowie bei Bezugnahmen auf TV und BV (§ 310 IV 3; **aA** gegen den GWortlaut BAG 28.6.2007 NZA 2007, 1049). Eine unangemessene Benachteiligung kann sich auch daraus ergeben, dass eine Vertragsbestimmung nicht klar und verständl. ist. Das Transparenzgebot ist Bestandteil der Angemessenheitskontrolle. Bsp. seiner Anwendung ist die Rspr. zu auflösenden Bedingungen, die – sofern keine generellen Wirksamkeitsbedenken bestehen – hinreichend bestimmt ausgestaltet sein müssen (BAG 27.10.1988 NZA 1989, 643; zu Vertragsstrafen vgl. Rn. 98; zu Kaufverträgen mit AN BAG 26.5.1993 NZA 1993, 1029; *Koller* SAE 1994, 48 ff.; zu Rückzahlungsklauseln BAG 18.3.2008 NZA 2008, 1004). Übersteigerte Anforderungen dürfen jedoch nicht gestellt werden (BAG 31.8.2005 NZA 2006, 1273). Auslegungsbedürftigkeit bedeutet nicht zugleich Intransparenz (BGH 17.12.1999 NJW 1999, 942). Doch muss die Klausel die Angemessenheit und Zumutbarkeit erkennen lassen und die tatbestandl. Voraussetzungen und Rechtsfolgen so genau beschreiben, dass für den AG keine ungerechtfertigten Beurteilungsspielräume entstehen (BAG 31.8.2005 NZA 2006, 1273). Das Transparenzgebot soll dem AN ermöglichen, bestehende Rechte durchzusetzen (Staudinger/*Krause* Anh. zu § 310 Rn. 242; zur Intransparenz einer Kürzungsklausel für vertragl. Mehrurlaub BAG 15.10.2013 NZA-RR 2014, 234). Eine Klausel muss iRd. rechtl. und tats. Zumutbaren die Rechte und Pflichten des Vertragspartners des Klauselverwenders so klar und präzise wie mögl. umschreiben. Sie verletzt das Bestimmtheitsgebot, wenn sie vermeidbare Unklarheiten und Spielräume enthält (BAG 24.10.2007 NZA 2008, 40; 1.9.2010 NZA 2011, 575; 14.9.2011 NZA 2012, 81). Die Verwendung englischer Begriffe (hier: „*payroll*") oder einer dt.-englischen Kunstsprache (hier „*Krankheitspolicy*") steht in einem int. IT-Unternehmen der Transparenz der Regelung nicht entgegen (BAG 20.8.2014 NZA 2014, 1333). Das Transparenzgebot begr. **keine allg. Rechtsbelehrungspflicht** des Verwenders, dh. regelm. des AG (*Gotthardt* Rn. 302; s. BGH 5.11.1998 NJW 1999, 276). Es erfordert insb. nicht, den GText in den Vertragstext aufzunehmen oder eine ges. Regelung mit eigenen Worten darzustellen oder zu erläutern (BAG 28.5.2009 NZA 2009, 1337). Allerdings gilt die Transparenzkontrolle auch für vorformulierte einzelvertragl. Vergütungsregeln. Das BAG akzentuiert entspr. Rechtsgedanken bei Änderungsvorbehalten (Rn. 52) und sog. Freiwilligkeitsvorbehalten (Rn. 68). Dies gilt auch bei Global- und Teilverweisungen auf TV, die nicht bereits normativ gelten (BT-Drs. 14/6857 S. 54; *Gotthardt* Rn. 304), wobei das Transparenzgebot nur selten verletzt sein wird (BT-Drs. 14/6040 S. 154). Probl. unter dem Gesichtspunkt des Transparenzgebots sind jedoch dynamische Verweisungen auf TV, weil dadurch die Gefahr besteht, dass der AN bei Vertragsschluss zukünftige Änd. des Vertragsinhalts nicht absehen kann (ausf. *Lakies* AR-Blattei SD 35 Rn. 92 ff.; *Oetker* JZ 2002, 337, 339 ff., wonach die Zulässigkeit solcher Verweisungen daraus folge, dass der Gesetzgeber selbst diese Art der Regelungstechnik für zulässig halte und verwende; **aA** offenbar v. Westphalen/*Thüsing* Arbeitsverträge Rn. 92). 44

b) Allgemeiner Maßstab; Kriterienkatalog. Nach § 307 I 1 sind AGB unwirksam, wenn sie den Vertragspartner entgegen Treu und Glauben unangemessen benachteiligen. Das ist der Fall, wenn der Verwender durch einseitige Vertragsgestaltung missbräuchl. eigene Interessen auf Kosten seines Vertragspartners durchzusetzen versucht, ohne von vornherein auch dessen Belange hinreichend zu berücksichtigen und ihm einen angemessenen Ausgleich zu gewähren. Die Feststellung einer unangemessenen Benachteiligung setzt eine wechselseitige Berücksichtigung und Bewertung rechtl. anzuerkennender Interessen der Vertragspartner voraus. Dabei sind auch grundrechtl. geschützte Rechtspositionen zu beachten. Zur Beurteilung der Unangemessenheit ist ein genereller, typisierender, vom Einzelfall losgelöster Maßstab anzulegen. IRd. Inhaltskontrolle sind dabei Art und Gegenstand, bes. Zweck und bes. Eigenart des jeweiligen Geschäfts zu berücksichtigen. Zu prüfen ist, ob der Klauselinhalt bei der in Rede stehenden Art des Rechtsgeschäfts generell unter Berücksichtigung der typischen Interessen der beteiligten Verkehrskreise den Vertragspartner unangemessen benachteiligt (BAG 14.9.2011 NZA 2012, 81). Die Konkretisierung dieser Leitlinien bedarf einer normativen Struktur und insb. normativer Leitbilder, an denen sich die Inhaltskontrolle orientieren kann (s. a. CKK/*Krause* Einf. Rn. 69 ff.). Generalisierend kann auf folgende Kriterien abgestellt werden: 45

46 **aa) Art des Arbeitsvertrags, Stellung des Arbeitnehmers.** Werden AGB für verschiedene Arten von Geschäften oder ggü. verschiedenen Verkehrskreisen verwendet, deren Interessen, Verhältnisse und Schutzbedürfnisse unterschiedl. gelagert sind, kann die Abwägung zu gruppentypisch unterschiedl. Ergebnissen führen (BAG 27.7.2005 NZA 2006, 40). Die Art des Arbeitsvertrags, der Status des AN, der konkret vereinbarte Inhalt, die Vergütungsform und der zeitl. Umf. der geschuldeten Tätigkeiten sowie die Dauer der Vertragsbeziehung sind für die jeweilige Wirksamkeit der Vertragsklauseln mithin relevant. Allerdings kann nicht generell von einer geringeren Kontrollbedürftigkeit von TZVerträgen ausgegangen werden, weil auch diese die Existenzgrdl. des AN bilden können. Bei der Inhaltskontrolle vorformulierter Vertragsbedingungen im Bereich der **Führungskräfte** ist auf die bei diesen AN typischen Besonderheiten Rücksicht zu nehmen. Dies kann etwa bei der Kontrolle von Überstundenpauschalierungen relevant werden. Ebenso können typisierte Kontrollmaßstäbe bei Rückzahlungs- und Stichtagsklauseln für Sonderzahlungen nicht auf die bes. Ausübungsbedingungen von Aktienoptionsplänen (hierzu § 611a Rn. 505a), die einem ltd. Ang. gestellt wurden, übertragen werden (BAG 28.5.2008 NZA 2008, 1748).

47 **bb) Erscheinungsbild des Gesamtvertrags.** Der gesamte Vertragsinhalt ist zu betrachten und nicht nur die isolierte Vertragsklausel. Summierende und kompensierende Effekte sind zu berücksichtigen (BAG 4.3.2004 NZA 2004, 727). Eine Kompensation kann aber nur durch konnexe, in Wechselbeziehung stehende Klauseln erfolgen (BGH 29.11.2002 NJW 2003, 888; Bsp.: Mankoabrede, deren Zulässigkeit von einem kompensatorischen finanziellen Ausgleich abhängig ist; vgl. Rn. 88; Rückzahlungsklauseln für Ausbildungskosten, wo die Bindung umso eher zuzumuten ist, je größer der mit der Ausbildung verbundene berufl. Vorteil ist: BAG 18.8.1976 AP BGB NJW 1977, 973).

48 **cc) Verfassungsrechtliche Wertungen.** Verfassungsrechtl. Wertungen sind nach der Lehre von der Schutzgebotsfunktion der Grundrechte iRd. Angemessenheitskontrolle zu berücksichtigen (BAG 16.3.1994 NZA 1994, 937; 6.11.1996 NZA 1997, 778; s. GG Art. 2 Rn. 30 ff., 71; GG Einl. Rn. 33 ff.; zur Beschränkung der Tätigkeit eines Versicherungsvertreters BAG 15.12.1999 NZA 2000, 534; zu Bekleidungsvorschr. *Brose/Greiner/Preis* NZA 2011, 369). Eine Klausel, die den AN verpflichtet, seine Steuererkl. durch einen vom AG beauftragten Steuerberater erstellen zu lassen, greift in das durch Art. 2 I GG iVm. Art. 1 I GG verankerte Recht auf informationelle Selbstbestimmung ein (BAG 23.8.2012 NZA 2013, 268).

49 **dd) Risikoverteilung.** Der Aspekt gerechter Risikoverteilung spielt bei der Inhaltskontrolle eine hervorragende Rolle. Prinzipiell hat der AG das Betriebs- und Wirtschaftsrisiko zu tragen, das er nicht ohne Weiteres auf den AN abwälzen darf (BAG 12.1.2005 NZA 2005, 465). Dies ist schon iRd. § 138 anerkannt (vgl. § 611a Rn. 340). So weicht die Vereinb. von Abrufarbeit von wesentl. Grundgedanken der in § 615 geregelten Verteilung des Wirtschaftsrisikos ab (BAG 7.12.2005 NZA 2006, 423, 427). Vertragsgestaltungen, die das **Beschäftigungsrisiko** auf den AN verlagern, sind regelm. unzulässig (BAG 13.8.1980 NJW 1981, 781; zum Fall auflösender Bedingungen BAG 9.7.1981 NJW 1982, 788). Das gilt insb., wenn die Arbeitspflicht oder ihr Ruhen insg. nach Grund und Höhe einseitig in der Hand des AG liegt (BAG 9.7.2008 NZA 2008, 1407). Das BAG hat jedoch eine klare, nicht überraschende und transparente Regelung, die das **Ruhen des ArbVerh.** einer Reinigungskraft in einer Behindertenschule während der Schulferien vorsieht (mit der Konsequenz wegfallender EFZAnsprüche), gebilligt (BAG 10.1.2007 NZA 2007, 384; anders im Falle intransparenter Klauseln BAG 26.10.2016 NZA 2017, 504 Rn. 25). Dies ist bedenkl., wenn der AN unbefristet gebunden ist und das Ruhen des ArbVerh. über längere Zeiträume zum Wegfall der Sozialversicherungspflicht führt. Das kann zu einer unangemessenen Vertragsgestaltung führen (abl. auch *Lakies* Rn. 553; in der Sache hat das BAG seine frühere Rspr. durch BAG 26.10.2016 NZA 2017, 504 aufgegeben). Es verstößt gegen das Leitbild eines Dienstvertrags, die Vergütung davon abhängig zu machen, dass der AG die Dienste des AN gewinnbringend verwerten kann (BGH 9.5.1996 NJW-RR 1996, 1009, 1010).

50 **ee) Kündigungserschwerungen.** Ein wesentl. Aspekt der Angemessenheitskontrolle vertragl. Bindungsklauseln ist die einseitige Kündigungserschwerung. Die Vertrags- und Kündigungsfreiheit des AN soll nicht unzumutbar beschränkt werden. Auf das Kriterium der Kündigungserschwerung hat das BAG insb. bei Rückzahlungsklauseln aller Art (Gratifikationen, Umzugskosten und Ausbildungskosten, hierzu § 611a Rn. 431 ff., 436 ff., 547 ff.; Vertragsstrafen, hierzu §§ 339 bis 345 Rn. 10) sowie bei AGDarlehen und Personalrabatten abgestellt (hierzu näher *Preis* Vertragsgestaltung S. 555 ff.). Auch eine am erzielten Umsatz orientierte Erfolgsbeteiligung, die Provisionscharakter hat, darf nicht davon abhängig gemacht werden, dass das ArbVerh. eine bestimmte Zeit bestanden hat (BAG 20.8.1996 NZA 1996, 1151; 8.9.1998 NZA 1999, 420). Generell probl. sind Vertragsgestaltungen, die mit dem Verbot ungleicher Kündigungsfristen (§ 622 VI) in Konflikt geraten. Das Verbot einseitiger Kündigungserschwerung entspricht stRspr. (BAG 9.3.1972 AP BGB § 622 Nr. 12). Die Verpflichtung des AN, eine Abfindung zu zahlen, wenn er das ArbVerh. kündigt, wurde ebenso als unzulässige Kündigungsbeschränkung gewertet (BAG 6.9.1989 NZA 1990, 147) wie die Erstattung von Ablösekosten bzw. die Übernahmepflicht für ein dienstl. genutztes Leasing-Fahrzeug (LAG D 18.5.1995 NZA-RR 1996, 363). Probl. ist, den AN bei sittenwidrig niedriger Vergütung für die Dauer eines Jahres an den Vertrag zu binden (abzul. daher BGH 10.4.1990 NJW-RR 1990, 1075).

3. Einzelne Vertragsklauseln. a) Änderungsvorbehalte (Anrechnungs-, Freiwilligkeits-, Widerrufsvorbehalte, Befristung einzelner Arbeitsbedingungen; Direktionsrechtserweiterung). Einseitige Leistungsbestimmungsrechte sind im ArbR, zB in Form von Versetzungsklauseln bei der Tätigkeit, Änderungsvorbehalten bei der AZ sowie bei Widerrufs- und Anrechnungsvorbehalten beim Entgelt weit verbreitet (hierzu *Bayreuther* ZIP 2007, 2009; *Schrader/Müller* RdA 2007, 145; *Hromadka/Schmitt-Rolfes* NJW 2007, 1777; *Hohenstatt/Schramm* NZA 2007, 238; *Reiserer* NZA 2007, 1249). Früher hatte das BAG Änderungsvorbehalte als Umgehung des § 2 KSchG angesehen, wenn in den Kernbereich des ArbVerh. eingegriffen wurde (BAG 7.10.1982 BeckRS 9998, 151334; zul. 7.8.2002 BeckRS 2002, 41446). Mittlerweile überprüft das BAG Änderungsvorbehalte allein nach den Maßstäben der §§ 305 ff. (BAG 12.1.2005 NZA 2005, 465; 7.12.2005 NZA 2006, 423, 426, hierzu *Preis/Lindemann* NZA 2006, 632; ebenso LAG B 16.10.2014 BeckRS 2015, 65167 (verfehlt BAG 24.9.2014 NZA 2014, 1328, wo die Prüfung des § 307 I 1 unterbleibt). Das BAG unterscheidet in Übereinstimmung mit der Rspr. des BGH (BGH 26.11.1984 Z 93, 29, 34) zwischen der **Angemessenheitskontrolle** der Klausel, die das Leistungsbestimmungsrecht einräumt, und der **Ausübungskontrolle** in Bezug auf die darauf beruhende Leistungsbestimmung im konkreten Einzelfall. Besonderheiten des ArbR stehen dem nicht entgegen (BAG 12.1.2005 NZA 2005, 465); auch der BGH wendet die Angemessenheitskontrolle auf Dauerschuldverhältnisse an (BGH 16.1.1985 BeckRS 9998, 101039; 3.11.1999 NJW 2000, 1110; 17.2.2004 NJW 2004, 1588). Der BGH akzeptiert vorformulierte Leistungsbestimmungsrechte nur, soweit sie bei unsicherer Entwicklung des Schuldverhältnisses als Instrument der Anpassung notwendig sind und den Anlass, aus dem das Bestimmungsrecht entsteht, sowie die RL und Grenzen seiner Ausübung so konkret wie mögl. angeben (BGH 19.10.1999 NJW 2000, 651, 652). Das BAG erkennt sowohl ein **Interesse des AG** an, flexible Zusatzleistungen der wirtschaftl. Entwicklung anpassen zu können, als auch ein berechtigtes Interesse des AN am Vertragsinhaltsschutz. Die erforderl. Abwägung muss die Art und die Höhe des Vergütungsbestandteils, der widerrufen wird sowie die Höhe der verbleibenden Vergütung berücksichtigen. Eingriffe in den Kernbereich von Leistung und Gegenleistung sind unzumutbar (BAG 12.1.2005 NZA 2005, 465). Die Inhaltskontrolle erfolgt – bei Vorliegen der Voraussetzungen – anhand § 308 Nr. 4 iVm. § 307 oder unmittelbar anhand § 307 (BAG 7.12.2005 NZA 2006, 423, 426; 1.3.2006 NZA 2006, 746). § 308 Nr. 4 betrifft nur Klauseln, in denen sich der AG das Recht vorbehält, die versprochene Leistung, also das Entgelt, zu ändern. Nicht unter § 308 Nr. 4 fallen Leistungsbestimmungsrechte, die dem Verwender ledigl. ermöglichen, seine Leistung erstmalig festzulegen (BAG 29.8.2012 NZA 2013, 148 Rn. 32 mwN). Deshalb ist die Zusage von Sonderzahlungen, deren Höhe gem. § 315 durch den AG nach billigem Ermessen bestimmt werden kann, zulässig, wenn es nicht um das im unmittelbaren Gegenseitigkeitsverhältnis stehende Entgelt, sondern nur um Zusatzleistungen geht (BAG 16.1.2013 NJW 2013, 1020 Rn. 21). Der Vorbehalt des AG, Gehaltserhöhungen vorzunehmen, fällt nicht in den Schutzbereich des § 308 Nr. 4 (BAG 9.11.2005 BeckRS 2006, 40979). Die Kontrollmaßstäbe differieren im Wesentlichen nicht. 51

Grdl. Bedeutung hat das Transparenzgebot (§ 307 I 2). **Änderungsvorbehalte müssen hinreichend transparent sein** (BAG 12.1.2005 NZA 2005, 465; 1.3.2006 NZA 2006, 746; s. a. 23.10.2002 NZA 2003, 557; 8.12.2010 NZA 2011, 628, wonach die bloße Bezeichnung einer Leistung als „freiwillig" nicht genügt, um die Leistung wieder einzustellen.). Formularmäßige einseitige Leistungsänderungsrechte des Verwenders sind nach der Rspr. des BGH grds. nur wirksam, wenn die Klausel schwerwiegende Änderungsgründe nennt und in ihren Voraussetzungen und Folgen erkennbar die Interessen des Vertragspartners angemessen berücksichtigt (BGH 25.5.1988 WM 1988, 1344; 12.1.1994 NJW 1994, 1060). Die beliebige Veränderung von Vertragsrechten, ohne an einschränkende Änderungsgründe gebunden zu sein oder einen angemessenen Ausgleich zu gewähren, stellt eine unangemessene Benachteiligung dar, weil es das wesentlichste, aus dem Vertrag folgende Recht des AN – näml. seine Verdienstmöglichkeiten – so einschränkt, dass die Erreichung des von ihm erstrebten Vertragszwecks gefährdet wird (§ 307 II Nr. 2; BGH 12.1.1994 NJW 1994, 1060). Eine Klausel, mit der sich der AG den jederzeitigen unbeschränkten Widerruf übertarifl. Lohnbestandteile und anderer Leistungen vorbehält, verstößt gegen § 307 I 2 und § 308 Nr. 4 (BAG 12.1.2005 NZA 2005, 465). Die Klauseln müssen also so formuliert sein, dass der AN bei Vertragsschluss erkennen kann, welche Leistungen von der jeweiligen Klausel erfasst sind und unter welchen Voraussetzungen der Widerruf ausgeübt werden können soll. Andererseits dürfen auch **keine unzumutbaren Anforderungen** an die Konkretisierung des Klauseltextes gestellt werden (BGH 16.1.1985 NJW 1985, 853; WLP/*Stoffels* ArbR Rn. 137). Dort aber, wo eine Konkretisierung der Änderungsgründe mögl. ist, ist sie idR. auch in der Klausel vorzunehmen. Jdf. genügt nicht, und dies wird durch den BGH ausdr. hervorgehoben, eine Bezugnahme auf den – ohnehin einschlägigen – § 315. Das BAG verlangt zu Recht als Mindestvoraussetzung die Benennung der Art der Änderungs- bzw. Widerrufsgründe (zB wirtschaftl. Gründe oder im Verhalten des AN; BAG 12.1.2005 NZA 2005, 465; a. *Bauer/Chwalisz* ZfA 2007, 339, 344 f.; die Formulierung „wirtschaftl. Situation des Unternehmens" für intransparent hält LAG K 7.5.2015 BeckRS 2016, 65188). 52

Die Inhaltskontrolle erfolgt im Kern auf der Basis des § 307, und zwar ausschl., wenn die **Arbeitspflicht** geänd. werden soll. § 308 Nr. 4 iVm. § 307 ist anwendbar, wenn ausschl. das **Arbeitsentgelt** betroffen ist (BAG 12.1.2005 NZA 2005, 465; zu dieser Entsch. *Hanau* ZIP 2005, 1661; *Willemsen/* 53

Grau NZA 2005, 1137; *Reinecke* NZA 2005, 953; *Schimmelpfennig* NZA 2005, 603). § 308 Nr. 4 verdeutlicht, dass der Vertragspartner durch Leistungsänderungsvorbehalte vor der Aushöhlung des gegebenen Leistungsversprechens geschützt werden soll. Die Abgrenzung zur Generalklausel, die „unangemessene Benachteiligungen" verbietet, ist nur schwer zu vollziehen und praktisch unnötig (*Gotthardt* ZIP 2002, 277, 285). Der BGH kontrolliert – in Übereinstimmung mit dem BAG – einseitige Leistungsbestimmungsrechte deshalb auch auf der Basis der Generalklausel, soweit die Spezialregelung des § 308 Nr. 4 nicht eindeutig einschlägig ist (vgl. etwa BGH 19.10.1999 NJW 2000, 651; 17.2.2004 NJW 2004, 1588).

54 Das BAG betont zu Recht, dass für die Inhaltskontrolle die Art der flexibilisierten Vertragsbedingung bzw. des Vergütungsbestandteils von wesentl. Bedeutung ist. Sachgerecht erscheint es, zum einen nach der **Art der flexibilisierten Leistung** – synallagmatische oder nicht synallagmatische Leistung – und zum anderen nach der **Einflussmöglichkeit des AN** auf Eintritt und Umf. der Änd. zu diff. (vgl. *Lindemann* § 13 VI. 3.). Bei Leistungen, die im Gegenseitigkeitsverhältnis stehen, ist ein konkreter Widerrufsgrund zu verlangen, der am Maßstab der §§ 1, 2 KSchG gemessen wird, ohne, dass das KSchG angewendet wird oder der Umgehungsgedanke wiederkehrt (zutr. BAG 11.10.2006 NZA 2007, 87). Kann der AN hingegen zumindest mitbeeinflussen, ob und in welchem Umf. Änd. eintreten, gelten diese strengen Voraussetzungen nicht, da hier die Gefahr der einseitigen Verlagerung wirtschaftl. Risiken nicht im Vordergrund steht (vgl. *Lindemann* § 13 IV.3.a)). Bei nicht synallagmatischen Leistungen sind geringere Anforderungen an die Klausel zu stellen. Ausreichend sind willkürfreie und nachvollziehbare Gründe für mögl. Änd. (*Reichold* RdA 2002, 321, 331; *Thüsing* AGB-Kontrolle Rn. 275). So ist eine Fahrtkostenpauschale eher widerrufl. als ein regelm. leistungsbezogener Entgeltbestandteil (ebenso BAG 11.10.2006 NZA 2007, 87; zum Widerruf einer Dienstwagennutzung bei Freistellung des AN BAG 21.3.2012 NZA 2012, 616). Diese Grds. der abgestuften Prüfung gelten für Widerrufsvorbehalte und die Befristung von Einzelarbeitsbedingungen. Der Kontrollmaßstab ist auch im Hinblick auf Freiwilligkeitsvorbehalte in Formulararbeitsverträgen zu harmonisieren. IE:

55 **aa) Direktionsrecht (Inhalt, Ort und zeitliche Lage der Arbeit).** Klauseln, die die Tätigkeit des AN beschreiben, sind kontrollfreie Hauptabreden (Rn. 38; BAG 25.8.2010 NZA 2010, 1355). Direktionsrechtsklauseln sind dann als deklaratorische Klauseln inhaltskontrollfrei, wenn sie ledigl. den Inhalt des allg. Weisungsrechts (§ 106 GewO) wiedergeben (§ 307 III). Wird der Inhalt des § 106 GewO (was häufig der Fall ist) nicht klar und verständl. wiedergegeben, greift zugunsten des AN § 305c II. In bes. Fällen kann die Klausel auch als deklaratorische Klausel wegen des Verstoßes gegen das Transparenzgebot nach § 307 III 2 iVm. § 307 I 2 unwirksam sein (zum Ganzen *Preis/Genenger* NZA 2008, 969). Änderungsgründe muss die Klausel nicht enthalten, wenn sie nicht über den Inhalt des § 106 GewO hinausgeht. Im Hinblick auf § 106 GewO ist es nicht notwendig, Ankündigungsfristen oder den zulässigen Entfernungsradius in Vertragsklauseln aufzunehmen. Der Schutz des AN erfolgt insoweit nur über die Billigkeitskontrolle nach § 106 S. 1 GewO (BAG 13.4.2010 NJW-Spezial 2010, 658). **Direktionsrechtserweiternde Klauseln** unterliegen aber den gleichen Voraussetzungen wie Änderungsvorbehalte (Rn. 51 ff.). Bsp.: Berechtigt eine Klausel im Arbeitsvertrag den AG, dem AN im Betrieb andere gleichwertige Arbeit zuzuweisen, die seinen Kenntnissen und Fähigkeiten entspricht, unterliegt die Klausel wegen § 307 III 1 keiner Inhaltskontrolle, da sie den Inhalt des § 106 GewO nahezu wörtl. wiedergibt. Grds. wirksam ist ein vertragl. Änderungsvorbehalt, der nicht die Dauer, sondern ledigl. die Lage der AZ betrifft (ausf. Preis/*Preis* II A 90 Rn. 46 ff.). Gegen die Wirksamkeit einer Vertragsvereinb., die den AG dazu berechtigt, dem AN eine **andere gleichwertige Tätigkeit** zuzuweisen, bestehen keine Bedenken (BAG 9.5.2006 NZA 2007, 145; 11.4.2006 NZA 2007, 1149). Unsicherheit besteht, welche Anforderungen an die Transparenz der Direktionsrechtsklauseln gestellt werden. Das BAG (11.4.2006 NZA 2007, 1149) hat die Formulierung „Der AG behält sich unter Wahrung der Interessen des AN die Zuweisung eines anderen Arbeitsgebietes vor" als im Kern mit § 106 GewO übereinstimmend nicht beanstandet. In BAG 9.5.2006 (NZA 2007, 145) wurde dagegen die Formulierung „Falls erforderl., kann der AG nach Abstimmung der beiderseitigen Interessen Art und Ort der Tätigkeit des/der Ang. ändern" als zu weitgehend beanstandet, weil mit ihr auch die Zuweisung einer geringerwertigen Tätigkeit gemeint sein könnte. Der 9. Sen. (BAG 13.3.2007 NZA-RR 2008, 504) betont dagegen, dass an die Transparenz einer Direktionsrechtsklausel nicht zu hohe Anforderungen zu stellen sind. Der Vorbehalt, einen AN „entspr. seinen Leistungen und Fähigkeiten mit einer anderen im Interesse des Unternehmens liegenden Tätigkeit zu betrauen und auch an einem anderen Ort zu beschäftigen", sei unbedenkl. (aA LAG Köln 9.1.2007 NZA-RR 2007, 343). Richtig ist, dass der Schlüssel zunächst in der engen oder weiten Tätigkeitsbeschreibung liegt. Eine enge Tätigkeitsbeschreibung kann vertragl. wieder erweitert werden. Solange diese Erweiterung sich nur auf gleichwertige Tätigkeiten erstreckt, ist das unprobl. (BAG 11.4.2006 NZA 2007, 1149). Da der AG berechtigt ist, nach § 106 GewO den Ort der Tätigkeit und die Lage der AZ zu bestimmen, sind auch Klauseln, die diese Befugnis ausgestalten, unprobl. (s. a. *Salamon/Fuhlrott* NZA 2011, 942). Dennoch ist zu empfehlen, die Direktionsrechtsklauseln präzise zu fassen und klarzustellen, dass die Ausübung nur unter Wahrung der Interessen des AN („billiges Ermessen") erfolgt (*Dzida/Schramm* BB 2007, 1221).

Kontrollfähig und -bedürftig werden die Klauseln jedoch, wenn sie über den ges. Inhalt des Direktionsrechts hinausgehen (*Preis* NZA-Beil. 3/2006, 115, 119 f.; *Dzida/Schramm* BB 2007, 1221). Die Zuweisung geringerwertiger Tätigkeit kann nur iRd. Transparenz- und Angemessenheitserfordernisse zulässig sein, die für alle Änderungsvorbehalte gelten (DBD/*Bonin* § 307 Rn. 189). Da das Direktionsrecht nicht die Befugnis zur Versetzung des AN auf einen Arbeitsplatz mit einer geringerwertigen Tätigkeit umfasst, und zwar auch dann nicht, wenn die bisher gezahlte Vergütung fortgezahlt wird (BAG 30.8.1995 NZA 1996, 440; 24.4.1996 NZA 1997, 104), kommt es gerade in dieser Hinsicht häufig zu einer **vertragl. Erweiterung des Direktionsrechts.** Die Klausel ist ohne nachvollziehbare, transparente Änderungsgründe und einer Vergütungsgarantie idR unwirksam, da der AN ein gewichtiges Interesse daran hat, die höherwertige Tätigkeit zu behalten (s. a. BAG 9.5.2006 NZA 2007, 145; LAG SN 25.10.2011 – 7 Sa 248/10 –; *Dzida/Schramm* BB 2007, 1221, 1224 f.; DBD/*Bonin* § 307 Rn. 183 ff.). Eine einzelvertragl. Klausel, durch die der AG dem AN eine geringerwertige Tätigkeit mit einer verminderten Vergütung zuweisen kann, ist wegen des damit verbundenen Eingriffs in den Kernbereich der Entgeltzahlungspflicht und des Austauschverhältnisses nur unter den og. strengen Voraussetzungen (Rn. 51 ff.) zulässig. Eine unangemessene Benachteiligung wird regelm. vorliegen, wenn sich der AG vorbehält, ohne Ausspruch einer Änderungskündigung einseitig die vertragl. vereinbarte Tätigkeit unter Einbeziehung geringerwertiger Tätigkeiten zu Lasten des AN zu ändern (BAG 25.8.2010 NZA 2010, 1355; LAG SH 5.5.2015 BeckRS 2015, 71942; zust. UBH/*Fuchs/Bieder* Anh. § 310 Rn. 62). Selbst wenn in Anlehnung an BAG 7.12.2005 (NZA 2006, 423) bei einer Gehaltsabsenkung die Grenze von 20% nicht überschritten wird, dürften entspr. Klauseln idR unangemessen sein, da geringerwertige Tätigkeit und geringere Vergütung doppelt belastend wirken (im Grds. ähnl. *Dzida/Schramm* BB 2007, 1221, 1225). Dass tarifvertragl. Klauseln von der Rspr. sogar weitergehend für zulässig gehalten werden (BAG 22.5.1985 NZA 1986, 166; 22.5.1985 NZA 1986, 169; 14.1.2009 NZA 2009, 984; unbeanstandet gelassen auch in BAG 26.9.2012 EzA GewO § 106 Nr. 13), ist in der dem TV innewohnenden Richtigkeitsvermutung begr. 55a

bb) Veränderung von Dauer, Lage und Art der Arbeit. Hat sich der AG die Änd. von Arbeitsbedingungen im Vertrag vorbehalten, gilt: Die Dauer der AZ hat idR Auswirkungen auf die Höhe der Vergütung und bezieht sich damit auf eine synallagmatische Leistung. Deshalb hat das BAG früher Klauseln, durch die sich der AG ermächtigt, die AZ festzulegen, wegen Eingriffs in das Austauschverhältnis als unwirksam angesehen (BAG 12.12.1984 NZA 1985, 321). Diese Rspr. hat das BAG zu Recht aufgegeben (BAG 7.12.2005 NZA 2006, 423; LAG B 12.5.2009 BeckRS 2011, 67110; dazu *Stamm* RdA 2006, 288; *Arnold* FS Löwisch 2007 S. 1; *Hohenstatt/Schramm* NZA 2007, 238; *Reiserer* NZA 2007, 1249, 1253; *Feuerborn* SAE 2007, 59; *Bauer/Chwalisz* ZfA 2007, 339, 352 ff.; *Weth/Weber* FS Birk 2008 S. 993). Verfehlt ist es, die Problematik unbestimmter AZAbreden auf den Aspekt der Transparenzkontrolle zu beschränken (so aber BAG 21.6.2011 NZA 2011, 1274; ebenso *Uffmann* RdA 2012, 113, 120, mit der Folgerung, es dürfe im Wege der erg. Vertragsauslegung dann auch kein angemessenes Erg. erzielt werden, anders *Preis* RdA 2012, 101). In Übereinstimmung mit der Rspr. zu Widerrufsvorbehalten konstatiert das BAG ein **berechtigtes Interesse des AG an einer gewissen Flexibilität** der Arbeitsbedingungen. Kurzfristige Auftragsschwankungen erforderten flexible AZSysteme. Ausgeschlossen ist aber, dass die Arbeitspflicht oder ihr Ruhen insg. nach Grund und Höhe einseitig in der Hand des AG liegt (BAG 9.7.2008 NZA 2008, 1407). Im ArbVerh. müsse der AG die Möglichkeit haben, auf unterschiedl. Arbeitsanfall rasch und angemessen zu reagieren. Bei der Prüfung der Angemessenheit einer Vereinb. über Arbeit auf Abruf gehe es allein um den Umf. der im unmittelbaren Gegenseitigkeitsverhältnis stehenden Arbeitspflicht. Das schließt aus Sicht des 5. Sen. einen über 25% hinausgehenden Anteil abrufbarer Arbeitsleistung aus (krit. *Pleßner* RdA 2007, 249, 250 f.). Die vom AG abrufbare über die vereinbarte MindestAZ hinausgehende Arbeitsleistung des AN dürfe nicht mehr als 25% der vereinbarten wöchentl. MindestAZ betragen. Bei einer Vereinb. über die Verringerung der vereinbarten AZ betrage demzufolge das Volumen 20% der AZ. Mit dieser Rspr. berücksichtigt das BAG angemessen die beiderseitigen berechtigten Interessen. Bei einer SockelAZ von 30 Wochenstunden kann der AG über eine vereinbarte Arbeit auf Abruf die regelm. AZ in der Woche auf bis zu 37,5 Stunden heraufsetzen. Soweit die Voraussetzungen für die Anordnung von **Überstunden** vorliegen, kann er die AZ noch weiter erhöhen. Freil. stellt sich hier die berechtigte Frage, ob nicht eine Vertragsgestaltung, die eine TZ-Beschäftigung etwa iHv. 20 Stunden vorsieht, dauerhaft aber durch Überstunden bis zur Vollzeit „auffüllt", nicht nach der 25%-Regel eine unangemessene Benachteiligung darstellt, die nach den Maßstäben des BAG (7.12.2005 NZA 2006, 423) zu behandeln ist (LAG HM 1.10.2014 – 3 Sa 706/14). Die Höchstgrenze von 25% der vereinbarten wöchentl. MindestAZ führt aber auch zu einem **Schutz der AN** vor Vereinb., die nur eine geringe MindestAZ und einen hohen variablen AZAnteil vorsehen und so die Planungssicherheit des AN in unangemessener Weise beeinträchtigen. Je geringer die vereinbarte wöchentl. MindestAZ ist, desto geringer ist rechnerisch die einseitig vom AG abrufbare Arbeitsleistung des AN. Ist zB eine MindestAZ von 15 Wochenstunden vereinbart, beträgt die zusätzl. abrufbare Arbeitsleistung nur 3,75 Stunden. Will der AG ein relativ hohes Maß an Flexibilität, darf er mit dem AN keine allzu niedrige MindestAZ vereinbaren (BAG 7.12.2005 NZA 2006, 423; zust. LAG B 16.10.2014 BeckRS 56

2015, 65167). Der 9. Sen. des BAG hat diese ausgewogene Grenzziehung aufgeweicht: Demnach soll der AG einseitig über eine Aufstockung um 75% der MindestAZ disponieren dürfen, wenn dieser Flexibilität eine Arbeitsplatzsicherung zugunsten der AN gegenübersteht (BAG 14.8.2007 NZA 2008, 1194). Diese Vertragsgestaltung benachteilige den AN nicht unangemessen. Es handele sich um eine „tats. Besonderheit des Arbeitslebens". Krit. ist dagegen einzuwenden, dass damit keine handhabbare Grenze mehr existiert. Der AG kann die synallagmatischen Leistungen extrem flexibilisieren, indem er mit Arbeitsplatzabbau droht und gleichzeitig einen Sonderkündigungsschutz einräumt. Der Abrufarbeit ist immanent, dass sie „aus bedarfsbedingten Gründen" erfolgt. Der AG muss den Abrufgrund nicht weiter konkretisieren. Ist die variable AZ zu umfangr. oder zu unbestimmt bemessen, stellt sich die schwierige Frage, wie die durch die unwirksame Vereinb. gerissene Lücke zu schließen ist (hierzu Rn. 103 ff.). Das BAG (7.12.2005 NZA 2006, 423) wendet hier die Grds. der erg. Vertragsauslegung an (ebenso LAG K 3.8.2010 LAGE ArbZG § 4 Nr. 2; LAG D 17.4.2012 NZA-RR 2012, 563; LAG D 29.7.2015 BeckRS 2015, 71935; unterlassen in BAG 24.9.2014 NZA 2014, 1328). Je nach Vertragsgestaltung kommt auch in Betracht, den unwirksamen Teil der Vereinb. zu streichen. Ist eine „regelm. durchschnittl. AZ von 173 Stunden" vereinbart, kann durch Streichung des Wortes „durchschnittl." eine feste MindestAZ die Folge sein, wenn dies den Parteiinteressen entspricht (LAG B 15.4.2010 BeckRS 2010, 73661; LAG K 25.1.2010 LAGE TzBfG § 9 Nr. 3). Wenn ein VollzeitArbVerh. gewollt ist, kommt die Streichung des Wortes „Durchschnitt" und die erg. Vertragsauslegung zum selben Erg. (LAG K 7.2.2011 BeckRS 2011, 70364). Wenn eine unklare AZBestimmung offen lässt, ob ein VollzeitArbVerh gewollt ist, kann an ihre Stelle eine tarifvertragl. MindestAZ für Vollzeitbeschäftigte treten (BAG 21.6.2011 NZA 2011, 1274; krit. im konkreten Fall *Preis* RdA 2012, 101; nachf. s. BAG 19.6.2012 AP BGB § 307 Nr. 66). IZw. ist ein VollzeitArbVerh. vereinbart, insb. wenn jegl. Eingrenzung der AZ fehlt (verfehlt BAG 24.9.2014 NZA 2014, 1328). Der dogmatische Streit, ob die Rechtsfolge unbestimmter AZAbreden darin besteht, einzelne Worte zu streichen oder den Vertrag erg. auszulegen, sollte nicht überbewertet werden. Stets sollte der Richter die Lücke für beide Seiten interessengerecht füllen. In beiden Fällen sind dabei die richtigen Obersätze für die Voraussetzungen einer erg. Vertragsauslegung wesentl. (hierzu *Preis* RdA 2012, 101, 107; *Uffmann* RdA 2012, 113, 119 ff.). Die erg. Vertragsauslegung darf schließl. bei Vergütungspflichten nicht dazu führen, dass dem AG das Risiko der unbestimmten AZAbrede genommen wird. Wenn im Arbeitsvertrag ein AZVolumen von mtl. 260 Stunden und hierfür ein festes Grundgehalt vereinbart ist, besteht kein Anlass, dem AG ein „Minderungsrecht" einzuräumen, wenn die hohe Stundenzahl nicht mehr erreicht wird (BAG 17.10.2012 AP BGB § 611 Arbeitszeit Nr. 40). Ggf. muss der AG dann eine Änderungskündigung aussprechen.

57 **cc) Widerrufsvorbehalte.** Beim Widerrufsvorbehalt sagt der AG eine Leistung zunächst unbefristet zu, räumt sich aber die Möglichkeit ein, durch Ausübung des Widerrufsrechts die Weitergewährung der Leistung zu beenden. Der Widerruf muss ausdr. vereinbart sein, er ergibt sich nicht aus der zusätzl. Leistung als solcher (BAG 16.7.1976 AP BGB § 611 Lohnzuschläge Nr. 7; 14.6.1995 NZA 1995, 1194). Ansonsten hilft nur die einvernehml. Vertragsänd. (§ 241 I; hierzu § 611a Rn. 375) oder die Änderungskündigung (§ 2 KSchG). Er gilt nicht rückwirkend (BAG 27.7.1972 AP BGB § 611 Gratifikation Nr. 75; LAG D 30.11.1973 BB 1974, 231). Der Widerrufsvorbehalt muss nicht zwgd. an eine Ankündigungs- oder Auslauffrist gekoppelt sein (BAG 21.3.2012 NZA 2012, 616). Zulässig – und empfehlenswert – ist es aber, für den Fall der Unwirksamkeit des Widerrufs hilfsweise eine Änderungskündigung auszusprechen (vgl. BAG 21.4.1993 NZA 1994, 476).

58 Auch Widerrufsvorbehalte unterliegen einer **zweistufigen Prüfung**. Entspr. Klauseln können gegen §§ 134, 138, 307 ff. verstoßen. Dabei ist zwischen ausgehandelten und gestellten Abreden zu unterscheiden. Erstere können nur nach § 138 kontrolliert werden; bei gestellten Vorbehaltsklauseln (Regelfall) ist zu prüfen, ob die Klausel gegen § 308 Nr. 4 verstößt (BAG 12.1.2005 NZA 2005, 465; 11.10.2006 NZA 2007, 87) bzw. zu einer „unangemessenen Benachteiligung" führt (§ 307). Unter diesem Gesichtspunkt können einige Wertungen der früheren Rspr. weitergeführt werden. Denn eine „unangemessene Benachteiligung" durch einen Widerrufsvorbehalt liegt demnach vor, wenn durch den Widerrufsvorbehalt der Kernbestand des ArbVerh. betroffen ist. Das ist der Fall, wenn wesentl. Elemente des Arbeitsvertrags einer einseitigen Änd. – ohne Einflussmöglichkeit des AN – unterliegen sollen, durch die das Gleichgewicht zwischen Leistung und Gegenleistung grdl. gestört würde (BAG 7.10.1982 AP BGB § 620 Teilkündigung Nr. 5). Grds. hat sich der Widerruf daher auf die für die Charakterisierung des ArbVerh. nicht wesentl. Zusatzbestimmungen zu beschränken. Der **Kernbestand des ArbVerh.**, zu dem insb. die Vergütungspflicht des AG und die Arbeitspflicht des AN gehören, darf nach der Rspr. nicht angetastet werden (BAG 31.1.1985 EzBAT BAT § 8 Direktionsrecht Nr. 3). Wird einem Mitarbeiter ein Dienstwagen auch zur privaten Nutzung zur Vfg. gestellt, stellt dies einen geldwerten Vorteil und Teil des geschuldeten Arbeitsentgelts dar. Eine jederzeitige grundlose Widerrufsmöglichkeit der privaten Nutzung des Fahrzeugs greift in die Hauptleistungspflicht des AG ein und stellt eine unangemessene Benachteiligung nach § 308 Nr. 4 dar (BAG 19.12.2006 NZA 2007, 809). Zulässig ist aber ein Widerrufsvorbehalt bei einem Dienstwagen, der im Falle der Freistellung des AN greift (BAG 21.3.2012 NZA 2012, 616; s. Rn. 13 ff.). Der voraussetzungs-

lose Widerruf einer vereinbarten alternierenden Telearbeit verstößt nach LAG D (10.9.2014 BeckRS 2014, 73155; hierzu Preis/*Preis* II T 20 Rn. 69 ff.) gegen § 307.

Das BAG hat bislang eine unzulässige Beeinträchtigung des Kernbereichs nur selten angenommen (krit. KDZ/*Kittner* § 2 KSchG Rn. 29; *Henssler* SAE 1988, 164; *Krause* Anm. EzA KSchG § 2 Nr. 20; *Leuchten* NZA 1994, 721, 725). Eine Verletzung wurde verneint bei einer Leistungszulage iHv. 20% des tarifl. Bruttogehalts (BAG 7.1.1971 AP BGB § 315 Nr. 12), bei der Einziehung eines Verkaufsbezirks, der zum Wegfall einer Provision gleichfalls iHv. 20% des Gesamtverdienstes führte (BAG 7.10.1982 AP BGB § 620 Teilkündigung Nr. 5; ähnl. 7.8.2002 EzA BGB § 315 Nr. 51), einer widerrufl. Leistungszulage von 19 bis 31% des Tariflohns (BAG 13.5.1987 NZA 1988, 95) sowie beim Widerrufsvorbehalt hins. einer Provision bzw. Zulage von 15% des Gesamteinkommens (BAG 21.4.1993 NZA 1994, 476; 15.11.1995 NZA 1996, 603). Sog. „Entwicklungsklauseln" in Chefarztverträgen sollen nicht den Kernbereich antasten, auch wenn die Einnahmen im dienstl. Bereich auf 75% und die Gesamteinnahmen mit Nebentätigkeiten auf 60–65% der bisherigen Einnahmen sinken (BAG 28.5.1997 NZA 1997, 1160; 13.3.2003 NZA 2004, 735; zu Recht krit. ggü. bisheriger Vertragsgestaltung *Reinecke* NJW 2005, 2283). Aus anderen Ausführungen des Gerichts lässt sich darüber hinaus schließen, dass es Widerrufsvorbehalte in Bezug auf zusätzl. **übertarifl. Leistungen** grds. für zulässig hält (BAG 7.1.1971 AP BGB § 315 Nr. 12; 21.4.1993 NZA 1994, 476; 15.11.1995 NZA 1996, 603). Diese großzügige Rspr. führt das BAG iRd. §§ 307 ff. fort und hält das vereinbarte Widerrufsrecht dann für zumutbar und wirksam, wenn dem AN die tarifl. oder mind. die übl. Vergütung verbleibt und der Schutz ggü. Änderungskündigungen nicht umgangen wird. Das setze voraus, dass der im **Gegenseitigkeitsverhältnis stehende widerrufl. Teil** des Gesamtverdienstes **unter 25%** liegt und der Tariflohn nicht unterschritten wird (BAG 12.1.2005 NZA 2005, 465; krit. *Preis/Lindemann* AuR 2005, 229; BAG 7.12.2005 NZA 2006, 423; *Bayreuther* ZIP 2007, 2009). Sind zusätzl. Zahlungen des AG widerrufl., die nicht eine unmittelbare Gegenleistung für die Arbeitsleistung, sondern Ersatz für Aufwendungen darstellen, die der AN grds. selbst tragen muss, erhöht sich der widerrufl. Teil auf bis zu 30% des Gesamtverdienstes (BAG 11.10.2006 NZA 2007, 87). 59

Das **Transparenzgebot** des § 307 I 2 fordert, dass zumindest klar wird, auf welche (übertarifl.) Leistung sich der Widerruf bezieht und unter welchen Voraussetzungen der AG ihn ausüben darf. Das setzt die Angabe eines Widerrufsgrundes voraus (BAG 12.1.2005 NZA 2005, 465; 11.10.2006 NZA 2007, 87; Zum Widerrufsgrund „wirtschaftl. Notlage" BAG 24.1.2017 NZA 2017, 777; Küttner/*Kania* Änderungsvorbehalte Rn. 6). Die Klausel muss also möglichst konkret die Voraussetzungen festlegen, unter denen ein einseitiges Bestimmungsrecht entsteht und unter denen es auszuüben ist (BGH 21.12.1983 Z 89, 206, 211; 26.11.1984 Z 93, 29, 47; *Stoffels* Rn. 1148; *Singer* RdA 2003, 194, 203). 60

Allerdings können Flexibilisierungen dann zugelassen werden, wenn der AN zB angemessenen **Einfluss** auf Eintritt und Umf. der Änd. hat oder wenn Änd. aus Gründen mögl. sein sollen, die auch eine (betriebsbedingte) Kündigung rechtfertigen würden (*Lindemann* § 13 IV.; vgl. a. Rn. 54). Nach richtiger Auff. können also formularmäßige Widerrufsvorbehalte, die sich unmittelbar auf synallagmatische Pflichten oder bereits erdiente Rechte beziehen und bei denen der AN keinen Einfluss auf den Eintritt der Änd. hat (vgl. *Lindemann* § 13 IV.3.; *Singer* RdA 2006, 362, 373), nur Bestand haben, wenn die Vertragsklausel selbst einen **konkreten Widerrufsgrund** nennt, der vor dem Hintergrund der Wertung des § 2 KSchG bestehen kann. Neben der wirtschaftl. Lage des Betriebs kommen als Widerrufsgründe bzw. -zwecke zB der Wegfall eines bes. Erschwernisses sowie Gründe im Leistungsbereich in Betracht. Fällt der Zweck einer Zulage weg, kann diese widerrufen werden. So bestehen gegen den Widerruf einer Wechselschichtzulage keine Bedenken, wenn der betr. AN nicht mehr in Wechselschicht arbeitet. Ein Widerrufsvorbehalt zur Nutzung eines Dienstwagens mit Privatnutzung für den Fall der (wirksamen) Freistellung des AN von der Arbeitspflicht ist wirksam; freil. ist die Ausübung unbillig, wenn ihm nicht gleichzeitig der Nutzungsausfall erstattet wird (BAG 21.3.2012 NZA 2012, 616). Hat der AN hingegen Einfluss auf Eintritt und Umf. der Änd. sowie bei nicht im Gegenseitigkeitsverhältnis stehenden Leistungen, wie zB Beihilfen zu Familienereignissen, sind willkürfreie und konkrete Gründe, die keiner strengen Sachprüfung unterliegen, erforderl. und ausreichend (s. iE *Preis* FS Kissel 1994 S. 879, 908 ff.; zu einer Treueprämie iHv. 3% der Gesamtvergütung BAG 15.8.2000 BeckRS 2000, 30986833). Als Widerrufsgründe kommen va. wirtschaftl. Entwicklungen in Betracht. So kann der Widerruf einer übertarifl. Leistung oder einer Sonderzahlung wegen der wirtschaftl. schlechten Lage eines Betriebs erfolgen BAG 24.1.2017 NZA 2017, 777; eine unternehmenseinheitl. Betrachtung ist nicht erforderl. (LAG HM 19.4.1999 NZA-RR 1999, 569; offen gelassen in BAG 15.8.2000 BeckRS 2000, 30986833). 61

Stets bedarf es auf der **zweiten Stufe** der Prüfung der **konkreten Ausübung** des Widerrufsrechts. Auch wenn die Klausel selbst angemessen ist, muss die Ausübung des vorbehaltenen Widerrufs im Einzelfall billigem Ermessen iSd. § 315 entsprechen (vgl. BAG 12.1.2005 NZA 2005, 465). Die Widerrufsausübung kann gegen den Gleichbehandlungsgrds. verstoßen. Können durch den Widerruf betriebsbedingte Kündigungen vermieden werden, dann gebietet und rechtfertigt das Ultima-Ratio-Prinzip den Widerruf als das mildere Mittel im Vergleich zur Beendigung des ArbVerh. (BAG 20.2.1986 NZA 1986, 822; unklar 15.11.1995 NZA 1996, 603). IRd. Prüfung der Voraussetzungen der 62

Widerrufsklausel wird auch geprüft, ob die geltend gemachten wirtschaftl. Gründe wirkl. vorliegen (BAG 15.8.2000 BeckRS 2000, 30986833; vgl. a. LAG K 16.10.2006 NZA-RR 2007, 120).

63 **dd) Teilkündigungsklauseln.** Ein vertragl. vorgesehenes Teilkündigungsrecht wird von der Rspr. zwar zugelassen, aber in einen Widerrufsvorbehalt umgedeutet (BAG 25.2.1988 NZA 1988, 769; 14.11.1990 NZA 1991, 377; *Hueck* RdA 1968, 201, 205). Diese **Umdeutung**, um einen Billigkeitsschutz über § 315 zu erreichen, ist unnötig, wenn eine Teilkündigung nur unter den allg. Voraussetzungen transparenter Änderungsvorbehalte zulässig ist. Die Umdeutung in einen Widerrufsvorbehalt erscheint auch deshalb nicht sachgerecht, weil die an sachl. Gründe und Kündigungsfristen gebundene Teilkündigung schonender ist als der regelm. fristlos (Rn. 57) wirkende Widerruf (zum Aspekt der Kündigungsfristen *Wolf* Anm. AP BGB § 620 Teilkündigung Nr. 5; *Monjau* DB 1959, 707, 708; *Hromadka* RdA 1992, 234, 243 sowie DB 1995, 1609 f., der die vorbehaltene Teilkündigung daher auch als Widerrufsvorbehalt mit Ankündigungsfrist bezeichnet).

64 **ee) Anrechnungsvorbehalte.** Vielfach zahlt der AG über den Tariflohn hinaus sog. **übertarifl. Zulagen.** Mit einer Anrechnungsklausel behält er sich, eine spätere Tariflohnerhöhung auf übertarifl. Leistungen anzurechnen, um nicht den neuen Tariflohn „plus" Zulage in bisheriger Höhe zahlen zu müssen. Eine solche Tariflohnerhöhung liegt nach der Rspr. nicht nur bei einer prozentualen, sondern auch bei einer rückwirkenden Erhöhung um einen Pauschalbetrag vor (BAG 25.6.2002 NZA 2002, 1216; 16.4.2002 NZA 2003, 224; aber 14.8.2001 NZA 2002, 342, wonach Einmalzahlungen nicht stets anrechnungsfähige Tariflohnerhöhungen sind).

65 Zwar findet nach der Rspr. eine solche Anrechnung im Regelfall auch ohne Vorbehalt statt, doch erleichtert ein Anrechnungsvorbehalt zum einen die Auslegung in Zweifelsfällen, zum anderen ermöglicht er die Anrechnung auch dann, wenn die Zulage ausnahmsweise tarifbeständig ist (BAG 23.3.1993 NZA 1993, 806). Eine Anrechnungsklausel ist nach der Rspr. des Weiteren nur bei den **selbständigen Lohnbestandteilen** wie Leistungs-, Erschwernis- oder Familienzulagen erforderl., aber nach verbreiteter Ansicht in der Lit. auch bei den sonstigen Zulagen aus psychologischen Gründen zu empfehlen (s. § 611a Rn. 420 zu Tariflohnerhöhungen). Es erscheint daher ratsam, in Arbeitsverträgen die Anrechnung ausdr. zu vereinbaren („Die übertarifl. Zulage kann ganz oder tw. auf eine Erhöhung des Tariflohns angerechnet werden."; vgl. *Reiserer* NZA 2007, 1249, 1251). Wo ein solcher ausdr. Vorbehalt im Formularvertrag enthalten ist, kann dies unter dem Gesichtspunkt des Transparenzgebotes (§ 307 I 2) nicht beanstandet werden (BAG 1.3.2006 NZA 2006, 746). Der AN erkennt an dieser Vertragsgestaltung, dass seine übertarifl. Lohnbestandteile nur so lange effektiv wirken, bis eine Tariflohnerhöhung erfolgt. Der Anrechnungsgrund ist konkret und transparent (s. iE *Preis* FS Kissel 1994 S. 879 ff.). Deshalb verstoßen Anrechnungsklauseln idR nicht gegen § 308 Nr. 4. Bei **Anrechnungsvorbehalten** genügt der von der Rspr. früher akzeptierte Hinweis „übertarifl." (BAG 8.12.1982 EzA TVG § 4 Tariflohnerhöhung Nr. 6; 11.8.1992 EzA BetrVG 1972 § 87 Betriebliche Lohngestaltung Nr. 32) dem Transparenzgebot nicht, weil sich dem nicht mit der notwendigen Bestimmtheit entnehmen lässt, dass eine jederzeitige Anrechenbarkeit gewollt ist (s. a. WLP/*Stoffels* ArbR Rn. 86). Das BAG hat aber auch im Anwendungsbereich der §§ 305 ff. an seiner großzügigen Linie festgehalten (BAG 27.8.2008 NZA 2009, 49). Der Fall wies freil. die Besonderheit auf, dass die übertarifl. Zahlung nicht vertragl. vereinbart war, sondern der AG sie während eines lfd. Tarifkonflikts drei Monate lang zahlte und den zu erwartenden Tarifabschluss vorwegnahm. Das wird man anders entscheiden müssen, wenn eine sog. übertarifl. Zulage in Vertragsbedingungen festgeschrieben ist. Hier folgt aus dem Wort „übertarifl." noch kein transparenter Anrechnungsvorbehalt. Ebenso wenig wie aus dem Wort „freiwillig" kann ein AN allein aus dem Wort „übertarifl." bei obj. Betrachtung erkennen, dass die gewährte Vergünstigung durch welchen Vorbehalt auch immer entzogen werden kann. Eine andere Sicht des BAG wäre mit den entwickelten Linien des Transparenzgebots in vergleichbaren Fallgestaltungen nicht zu vereinbaren (ebenso *Lakies* Rn. 529). Auch kann bei formularmäßiger Vereinb. ein Anrechnungsvorbehalt in Zweifelsfragen nicht zu Lasten des AN ausgelegt werden (§ 305c II). So beschränkt eine Vereinb., nach der übertarifl. Zulagen auf „kommende" Lohnerhöhungen anrechenbar sind, das Anrechnungsrecht des AG auf den Zeitraum bis zur erstmögl. Umsetzung der Erhöhung (BAG 17.9.2003 NZA 2004, 437).

66 Im Falle der Anrechnung ist der AG an den Gleichbehandlungsgrds. gebunden (ArbG Wiesbaden 6.7.1995 NZA-RR 1996, 223). Auch kann die Anrechnung gegen allg. Grds. verstoßen (zB § 612a) und im Einzelfall billigem Ermessen widersprechen (LAG HE 28.1.1998 BeckRS 1998, 30872694). Im Regelfall entspricht die Anrechnung allg. übertarifl. Zulagen **billigem Ermessen**, weil das Arbeitsentgelt nominal unverändert bleibt. Die Absenkung der Zulage ist dadurch gerechtfertigt, dass die Tariferhöhung den vorher mit der Zulage verfolgten Zweck erfüllt, das für den AN verfügbare Einkommen ohne Bindung an bes. Voraussetzungen zu erhöhen (BAG 28.5.1998 AP BetrVG 1972 § 87 Lohngestaltung Nr. 98). Wird die Zulage hingegen aus einem anderen Grund gewährt – etwa zum Ausgleich bes. Erschwernisse – scheidet eine Anrechnung wegen einer Tariflohnerhöhung aus (LAG K 25.1.2001 NZA-RR 2001, 487).

67 **Anrechnungsklauseln in TV,** nach denen bisherige übertarifl. Leistungen durch eine Tariflohnerhöhung abgebaut werden (sog. negative Effektivklauseln), unabhängig davon ob sie einzelvertragl.

auch nach einer Tariflohnerhöhung weiterzuzahlen sind, sind dagegen unzulässig (BAG 26.4.1961 AP TVG § 4 Effektivklausel Nr. 5; 18.8.1971 AP TVG § 4 Effektivklausel Nr. 8).

ff) Freiwilligkeitsvorbehalte. Freiwilligkeitsvorbehalte, die nach herkömml. Auff. dazu dienten, die Entstehung eines Anspruchs auf die Leistung zu verhindern (BAG 6.12.1995 NZA 1996, 1027), haben ihren Ursprung im Gratifikationsrecht und sollten eine **betriebl. Übung.** verhindern. Ein tiefgreifender dogmatischer Wandel, der mit der Einfügung der §§ 305 ff. in das BGB verbunden ist, macht die frühere Rspr. des BAG unbrauchbar. Diese Rspr. erkannte – auch intransparente – Freiwilligkeitsvorbehalte weitgehend an (vgl. etwa BAG 6.12.1995 NZA 1996, 1027; 5.6.1996 NZA 1996, 1028; 12.1.2000 NZA 2000, 944 unter Aufgabe von BAG 26.6.1975 AP BGB § 611 Gratifikation Nr. 86). 68

Zunächst hat der 5. Sen. Freiwilligkeitsvorbehalten bei lfd. Leistungen die Anerkennung versagt und so Widersprüche zu seiner Rspr. zu Widerrufsvorbehalten vermieden (BAG 12.1.2005 NZA 2005, 465). Wird eine mtl. zu zahlende Leistungszulage unter Ausschluss jeden Rechtsanspruchs, also „freiwillig", gewährt, benachteiligt dies den AN unangemessen (BAG 25.4.2007 NZA 2007, 853, *Bayreuther* ZIP 2007, 2009, 2011 f.; *Lingemann/Gotham* DB 2007, 1754; *Wiedemann* FS Buchner 2009 S. 942, 949; krit. *Bieder* NZA 2007, 1135; *Junker* FS Buchner 2009 S. 369, 382). Die verbreiteten Klauseln „freiwillig und unter dem Vorbehalt jederzeitigen Widerrufs" sind **intransparent** und können auch eine betriebl. Übung nicht verhindern (BAG 8.12.2010 NZA 2011, 628). Ob die Klausel als Widerrufsvorbehalt aufrechterhalten bleiben kann, entscheidet sich daran, ob der (unwirksame) Freiwilligkeitsvorbehalt aus einer teilbaren Klausel gestrichen werden kann. Das ist idR zu verneinen (Rn. 103). Räumt der Arbeitsvertrag dem AN klar einen Anspruch auf Teilnahme an einem Bonussystem ein, bestimmt eine andere Vertragsklausel aber, dass die Bonuszahlung jeweils „freiwillig" erfolge und keinen Rechtsanspruch für die Zukunft begründe, ist der Vorbehalt intransparent und unwirksam (BAG 24.10.2007 NZA 2008, 40; 30.7.2008 NZA 2008, 1173; 20.2.2013 NZA 2013, 1015; 3.8.2016 NZA 2016, 1334 Rn. 19 f.). Die hierdurch intendierte Aushöhlung des Leistungsversprechens ist im Lichte des § 307 II Nr. 2 zugleich materiell unangemessen benachteiligend. 69

Das BAG stellt entscheidend darauf ab, **ob eine rechtsgeschäftl. Zusage einer Leistung vorliegt.** Ist dies der Fall, kassiert das BAG einen dazu im Widerspruch stehenden Freiwilligkeitsvorbehalt als widersprüchl., unklar und damit intransparent (BAG 30.7.2008 NZA 2008, 1173; 20.2.2013 NZA 2013, 1015). Das gilt auch für den Standardfall der sog. „Weihnachtsgratifikation": Sagt der AG dem AN schriftl. oder mdl. eine Gratifikation zu, kann er die Leistung nicht gleichzeitig durch formularmäßige Klausel unter Freiwilligkeitsvorbehalt stellen (BAG 30.7.2008 NZA 2008, 1173). Die Trennung zwischen lfd. Entgelt und Sonderzahlungen lässt sich nicht sinnvoll aufrechterhalten (die Frage noch offen lassend BAG 24.10.2007 NZA 2008, 40). Aussagen, wie „Freiwilligkeitsvorbehalte unterliegen keiner AGB-Kontrolle", sind daher unzutr. (so aber *Thüsing/Leder* BB 2005, 1563, 1567; s. a. *Hanau/Hromadka* NZA 2005, 73, 75; zweifelnd *Maties* DB 2005, 2689, 2695). Auch die Aussage des 10. Sen. (BAG 30.7.2008 NZA 2008, 1173 [LS]), der einen Freiwilligkeitsvorbehalt für nicht unangemessen benachteiligend hält, auch wenn er sich auf Vergütungen für die Arbeitsleistung bezieht, ist missverständl. Denn die Aussage bezieht sich nur auf Sonderzahlungen ohne vertragl. Zusage und zur Verhinderung einer betriebl. Übung (hierzu *Preis* NZA 2009, 281). Durch Freiwilligkeitsvorbehalte können nicht die Kontrollgrds. bei Leistungsbestimmungsrechten umgangen werden (arg. § 306a). Der Unterschied zwischen einem Widerrufs- und einem Freiwilligkeitsvorbehalt beruht eben nur auf einer „hauchdünnen rechtskonstruktiven Differenzierung" (so *Strick* NZA 2005, 723, 725). Der AG kann nicht seine Gegenleistung formularmäßig „freiwillig und unter Ausschluss des Rechtsanspruches" gewähren. Würde der AG seine vollständige Gegenleistung als „freiwillig" deklarieren, so dass der AN am Ende „Arbeit ohne Lohn" zu leisten hätte, wäre eine solche Vereinb. ohne Zweifel schon sittenwidrig (§ 138). Doch selbst wenn die Gestaltung nicht so weit geht, könnte der Verwender das Wesen des Arbeitsvertrags durch freiwillige Leistungen aushöhlen (BAG 25.4.2007 NZA 2007, 853, 855). Hieran zeigt sich erneut die Richtigkeit der Auff., dass Klauseln stets der Inhaltskontrolle unterfallen, die das Hauptleistungsversprechen bis zur Vertragszweckgefährdung einschränken. Insoweit beeinflusst § 307 II Nr. 2 die Auslegung des § 307 III 1 (näher *Preis* NZA Beil. 3/2006, 115, 121). In Zusammenschau der Rspr. des 5. und 10. Sen. gilt: Konkrete **vertragl. Zusagen** von lfd. oder einmaligen Sonderzahlungen und damit kombinierte vorformulierte **Freiwilligkeitsvorbehalte schließen sich aus.** Die Freiwilligkeitsvorbehalte sind wegen Verstoßes gegen das Transparenzgebot (§ 307 I 2) und/oder wegen unangemessener Benachteiligung (§ 307 I 1) des AN rechtsunwirksam (zust. UBH/*Fuchs/Bieder* Anh. § 310 Rn. 22; **aA** *Stoffels* NZA 2009, 861, 871). Sie fallen ersatzlos weg. Allerdings vermeidet das BAG diese Rechtsfolge tw., indem es durch Auslegung zum Erg. kommt, das Wort „freiwillig" bringe ledigl. zum Ausdruck, dass der AG nicht bereits durch andere Rechtsgrdl. zur Zahlung der zugesagten Leistung verpflichtet sei (BAG 3.9.2014 AP TVG § 1 Tarifverträge: Metallindustrie Nr. 234 Rn. 30; 3.9.2014 AP TVG § 1 Tarifverträge: Metallindustrie Nr. 235). 70

Zeitweise hatte der Freiwilligkeitsvorbehalt damit nur noch Bedeutung, um eine betriebl. Übung zu verhindern (*Bayreuther* BB 2009, 102; *Preis* NZA 2009, 281). Ansprüche aus dem überkommenen Institut der betriebl. Übung sind jedoch als rechtsgeschäftl. Verpflichtung einzuordnen (hierzu § 611a Rn. 220). Auch Bedingungen einer betriebl. Übung sind AGB (Rn. 22). Ferner ist auch bei Freiwil- 71 ligkeitsvorbehalten zur Verhinderung der betriebl. Übung auf Eindeutigkeit und das **Transparenzgebot** des § 307 I 2 zu achten. Eine in sich widersprüchl. Klausel, die einerseits Leistungen regelt, auf die ein Rechtsanspruch besteht, und andererseits einen Freiwilligkeitsvorbehalt enthält, ist unklar und iSd. § 305c II zugunsten des AN auszulegen. Ein solch unklarer Vorbehalt kann die mehrfache rechtsgeschäftl. Betätigung des AG durch wiederholte Zahlungen nicht entwerten (Rn. 20). In seiner Leitentsch. (BAG 14.9.2011 NZA 2012, 81) hat das Gericht für einen Fall der klassischen betriebl. Übung klargestellt: Ein vertragl. Freiwilligkeitsvorbehalt, der alle zukünftigen Leistungen unabhängig von ihrer Art und ihrem Entstehungsgrund erfasst, benachteiligt den AN regelm. **unangemessen** und ist deshalb unwirksam. Dabei stellt das BAG zunächst klar, dass der entspr. Anspruch nach langjähriger Gewährung Bestandteil der arbeitsvertragl. Regelungen geworden sei. Da bei der Leistung selbst kein ausdr. Freiwilligkeitsvorbehalt erklärt worden sei, habe der Kl. nicht davon ausgehen müssen, dass die Leistung ledigl. „für das konkrete Jahr und ohne Rechtsbindungswillen für die Zukunft" erfolgte. Daraus folgt, dass weiterhin „freiwillige" Leistungen ohne Bindung für die Zukunft mögl. sind, wenn der AG niemals die in Rede stehende Leistung zugesagt hat und bei der tats. Zahlung deutl. macht, dass aus der Zahlung für die Zukunft kein Anspruch entsteht (BAG 18.3.2009 NZA 2009, 535). Jedoch ist ein pauschaler Vorbehalt im Arbeitsvertrag nicht geeignet, die vorangehende oder nachf. rechtsgeschäftl. Bindung des AG zu verhindern (BAG 14.9.2011 NZA 2012, 81; iE schon BAG 8.12.2010 NZA 2011, 628; noch anders BAG 21.1.2009 NZA 2009, 310). Weder eine ausdr. noch eine konkludente Vertragszusage (respektive betriebl. Übung) kann durch pauschale Vorbehalte verhindert werden. Nur wenn bei jeder Zahlung der Vorbehalt erklärt und damit der rechtsgeschäftl. Bindungswille eindeutig ausgeschlossen wird, entsteht ein Rechtsanspruch nur auf die geleistete Zahlung, aber nicht für die Zukunft (zur dogmatischen Begr. ausf. *Preis/Sagan* NZA 2012, 697).

71a Auch noch so geschickt vorformulierte Vorbehalte, die den rechtsgeschäftl. Gehalt im Vorhinein deuten wollen (Bsp.: „Auch die tats. wiederholte Gewährung begr. keine rechtsgeschäftl. Bindung und damit keinen Rechtsanspruch für die Zukunft") können den Kern der benachteiligenden Klausel nicht lindern, näml. den **Vorrang der Individualabreden** (§ 305b), die Rspr. zu Schriftformklauseln oder zu formularmäßigen Beweislastverlagerung (hierzu Rn. 80) zu durchbrechen. Stets will der AG sein späteres tats. Verhalten zu seinen Gunsten formularmäßig deuten und Verpflichtungen für die Zukunft ausschließen. § 309 Nr. 12 enthält ein allg. Verbot, die Beweisposition des Vertragspartners zu verschlechtern (vgl. BGH 28.1.1987 NJW 1987, 1634 zu einer vorformulierten Aushandelnsbestätigung). So wie sich ein Vertragspartner nicht im Voraus bestätigen lassen kann, dass eine Abrede „ausgehandelt" ist, kann er sich auch nicht bestätigen lassen, dass ein späteres Erklärungsverhalten keinesfalls als rechtsgeschäftl. Bindung zu verstehen ist. Im Lichte dieser Entwicklung ist damit für die Praxis von Folgendem auszugehen (dazu *Preis/Sagan* NZA 2012, 697):

72 (1) **Einmalzahlung mit Freiwilligkeitshinweis:** Erbringt der AG eine Leistung, die bislang keine vertragl. Grdl. hat, verbunden mit der Erkl., dass sie einmalig sei und keine Ansprüche des AN in der Zukunft begründe, erschöpft sich die rechtsgeschäftl. Bindung in der jeweiligen Einzelleistung, so dass deren Erbringung mit dem Ausschluss künftiger Ansprüche zeitl. zusammenfällt. Dieser Fall ist von arbeitsvertragl. Freiwilligkeitsvorbehalten, die darauf zielen, eine versprochene künftige Leistung jederzeit grundlos einstellen zu können, zu unterscheiden (dazu *Preis/Sagan* NZA 2012, 697). Dieser Fallgruppe entspricht der Rspr., wonach der AG – außer bei lfd. Arbeitsentgelt (BAG 25.4.2007 NZA 2007, 853) – einen Rechtsanspruch des AN grds. ausschließen und sich eine Entsch. vorbehalten kann, ob und in welcher Höhe er zukünftig Sonderzahlungen gewährt. Bei dieser Fallgruppe handelt es sich um eine Hauptleistungsabrede, die nur auf Transparenz hin kontrollierbar ist und vielfach zugleich eine Individualabrede darstellt (BAG 14.9.2011 NZA 2012, 81).

72a (2) **Pauschalvorbehalte im Arbeitsvertrag:** Entspr. Vorbehalte im Arbeitsvertrag (Bsp.: „Die Gewährung von Sonderleistungen (zB Weihnachts- und Urlaubsgeld, 13. Gehalt etc.) durch den AG erfolgt freiwillig und mit der Maßgabe, dass auch mit einer wiederholten Zahlung kein Rechtsanspruch für die Zukunft begr. wird.") sind kontrollfähige AGB und nach Maßgabe der unter Rn. 71 wiedergegebenen Grds. unwirksam (**aA** WLP/*Stoffels* ArbR Rn. 143 ff.). Ein Pauschalvorbehalt, der alle zukünftigen Leistungen unabhängig von ihrer Art und ihrem Entstehungsgrund erfassen soll, bezieht unzulässigerweise lfd. Leistungen ein und verstößt sowohl gegen den in § 305b bestimmten Vorrang der Individualabrede als auch gegen den allg. Rechtsgrds., dass vertragl. Regelungen einzuhalten sind (BAG 14.9.2011 NZA 2012, 81; s. a. LAG HM 20.10.2011 LAGE BGB 2002 § 307 Nr. 27). Der Ausschluss jeden Rechtsanspruchs steht im Widerspruch zum Prinzip der Vertragsbindung und löst die synallagmatische Verknüpfung der Leistungen beider Vertragsparteien. Die Möglichkeit, eine nach Zeitabschnitten bemessene Vergütung grundlos und noch dazu ohne jegl. Erkl. einzustellen, beeinträchtigt die Interessen des AN grdl. Dies gilt auch dann, wenn es sich bei den unter einem Vorbehalt stehenden Leistungen nicht um die eigentl. Grundvergütung, sondern um eine zusätzl. Abgeltung der Arbeitsleistung in Form einer Zulage oder sonstiger lfd. Leistungen handelt (BAG 14.9.2011 NZA 2012, 81).

72b (3) **Konkrete Freiwilligkeitsvorbehalte**: Diese klassische Gestaltung kombinierte eine konkrete Leistungszusage mit einem Freiwilligkeitsvorbehalt. Diese Vertragsgestaltung erkennt die Rspr. ebenfalls aus materiellen Erwägungen und Transparenzgründen nicht an (BAG 25.4.2007 NZA 2007, 853;

24.10.2007 NZA 2008, 40; 30.7.2008 NZA 2008, 1173). So kann eine Leistungsprämie, die erbrachte Arbeitsleistung honoriert (zB Erfolg der Niederlassung), nicht gleichzeitig mit einem Freiwilligkeitsvorbehalt versehen sein (LAG K 17.9.2012 BeckRS 2013, 66854). ZT wird versucht, diese Klauselgestaltung zu perpetuieren, in dem man den Anspruch zur „Kann-Leistung" herabstuft (*Lingemann* in *Bauer* Anwaltsformularbuch 4. Aufl. 2011 S. 492). Dieser kautelarjur. Trick verstößt schon gegen § 306a, da die abgeschwächte Zusage inhaltl. auf dasselbe Erg hinausläuft wie die älteren bedingten Zusagen. Der Unterschied besteht ledigl. in der Formulierung. Hierzu der 10. Sen. des BAG: „Zwar ist der AG grds. frei in der Entsch., ob er vertragl. nicht vorgesehene Leistungen erbringen will oder nicht (…). Dieser Gesichtspunkt rechtfertigt es jedoch nicht, als AG einerseits die verhaltenssteuernde Wirkung eines bedingten vertragl. Versprechens für die Zukunft in Anspruch zu nehmen, andererseits aber die Entsch. über den Eintritt der Bedingung vom eigenen Willen abhängig zu machen und sie sich gewissermaßen bis zur letzten Stunde vorzubehalten" (BAG 18.1.2012 NZA 2012, 561 Rn. 26).

Bsp.: Die Formulierung „Als freiwillige Leistung – ohne jeden Rechtsanspruch – wird in Abhän- 73
gigkeit von der Geschäftslage und der pers. Leistung im November festgelegt, ob und in welcher Höhe ein Weihnachtsgeld gezahlt wird. Auch bei wiederholter Zahlung besteht hierauf kein Rechtsanspruch", ist nicht geeignet, einen bezifferten Rechtsanspruch für AN zu begründen, deren ArbVerh. im November nicht mehr besteht (BAG 10.12.2008 NZA 2009, 322; vgl. a. Preis/*Preis* II V 70 Rn. 69; *Lembke* NJW 2010, 257, 263). Der AG kann weiterhin – ohne dass die Leistung vertragl. fixiert ist – anlassbezogen (gutes Geschäftsjahr, hohe Absatzzahlen, guter Börsenkurs) Leistungen an die Belegschaft oder Teile davon gewähren. Er sollte sie bei der Gewährung transparent als „Leistungen, auf zukünftig die kein Rechtsanspruch besteht", deklarieren. Damit schließt er eine Bindung für das Folgejahr aus. In diesem Fall sind Leistungen nicht für die Zukunft „versprochen" iSd. § 308 Nr. 4. Die Höhe der Leistung ist dabei unerhebl. (BAG 18.3.2009 NZA 2009, 535; **aA** LAG HE 4.5.2009 BeckRS 2011, 71574). Schließl. muss der AG stets damit rechnen, dass angebl. „vertragslose" Bonuszahlungen als konkludente Zusagen gewertet werden (BAG 21.4.2010 NZA 2010, 808 17.4.2013 AP BGB § 611 Tantieme Nr. 5). Selbst wenn die Höhe des Bonus variabel ist, schließt das eine rechtsgeschäftl. Bindung nicht aus, wenn Bonuszahlungen zum übl. Vergütungssystem zwischen den Parteien gehören. Im Streitfall erfolgt die Bestimmung gem. § 315 III 2 durch Urt. Eine Klausel, nach der eine nach der Dauer der Betriebszugehörigkeit gestaffelte Weihnachtsgratifikation mit einem bestimmten Prozentsatz „der vom AG jeweils pro Jahr festgelegten Höhe" zusammen mit dem Novembergehalt ausgezahlt wird, stellt keinen Freiwilligkeitsvorhalt dar, sondern begr. ein einseitiges Leistungsbestimmungsrecht des AG, das der Inhaltskontrolle standhält und nur nach § 315 einer Ausübungskontrolle unterliegt (BAG 16.1.2013 NJW 2013, 1020; die Entsch. als Alt. zum Freiwilligkeitsvorbehalt begrüßend *Lingemann/Pfister/Otte* NZA 2015, 65; abl. *Stoffels* RdA 2015, 276; zur Leistungsbestimmung im Rahmen eines Bonuspools BAG 12.10.2011 NZA 2012, 450).

Von den Freiwilligkeitsvorbehalten strikt zu unterscheiden sind Fälle, in denen der AG eine **Zusage** 73a
erteilt und die **Höhe** einer Sonderzahlung seinem **Bestimmungsrecht** unterwirft. Dies ist – außerhalb der engeren Gegenleistung – selbst dann zulässig, wenn das Leistungsbestimmungsrecht nicht konkretisiert wird. Dies entspricht nicht nur der ges. Konzeption des § 315. Überdies erhält der AN auf diese Weise einen klagbaren Anspruch; die Leistungsbestimmung durch den AG unterliegt gerichtl. Überprüfung (BAG 16.1.2013 NJW 2013, 1020).

gg) Befristung einzelner Arbeitsbedingungen. Wie alle anderen Flexibilisierungsinstrumente ist 74
auch die Befristung (einschl. auflösender Bedingungen nach § 158 II; BAG 16.5.2012 ZTR 2012, 513) bei allen wesentl. Vertragsbestandteilen (Übertragung von Tätigkeiten, AZRegelungen, Entgelten und Sozialleistungen) denkbar. Das BAG erkennt die Möglichkeit der Befristung einzelner Arbeitsbedingungen und auch der befristeten Gewährung außertarifl. Vergütungsbestandteile im Grds. an (BAG 21.4.1993 NZA 1994, 476; 23.1.2002 NZA 2003, 104; vgl. zur befristeten Erhöhung der AZ 8.8.2007 NZA 2008, 229; 18.6.2008 AP TzBfG § 14 Nr. 52; zur befristeten Reduzierung der AZ eines unbefristet Beschäftigten BAG 10.12.2014 NZA 2015, 811). Hins. der befristeten Übertragung einer höherwertigen Tätigkeit hat das Gericht ausgeführt, dass für die Befristung einzelner Arbeitsbedingungen die gleichen Grds. gelten wie für die Befristung des gesamten ArbVerh., also ein **sachl. Grund erforderl.** sei (BAG 13.6.1986 NZA 1987, 241; *Sievers* NZA 2002, 1182, 1184). Das TzBfG findet auf die Befristung einzelner Arbeitsbedingungen unmittelbar keine Anwendung (BAG 3.9.2003 NZA 2004, 255; 18.1.2006 NZA 2007, 351; 7.10.2015 NZA 2016, 441). So bedarf die befristete Erhöhung der AZ nicht der Schriftform nach § 14 IV TzBfG. Die Klagefrist des § 17 TzBfG gilt ebenfalls nicht (BAG 4.6.2003 NZA 2003, 1424). Nach früherer Rspr. des BAG war ein sachl. Grund für die Befristung nur zu verlangen, wenn ein Eingriff in den Kernbereich des ArbVerh. vorliegt (BAG 21.4.1993 NZA 1994, 476). Die Umgehungsrspr. ist nunmehr obsolet, denn auch die Befristung einzelner Arbeitsbedingungen in gestellten Vertragsbedingungen unterliegt einer Inhaltskontrolle nach §§ 307 ff. (BAG 27.7.2005 NZA 2006, 40, 46; 8.8.2007 NZA 2008, 229; *Preis/Bender* NZA-RR 2005, 337). Trotz des unterschiedl. Prüfungsmaßstabs sind bei der Prüfung Gründe, die die Befristung

eines Arbeitsvertrags insg. nach § 14 I TzBfG rechtfertigen könnten, nicht ohne Bedeutung (BAG 7.10.2015 NZA 2016, 441 Rn. 42). Eine unangemessene Benachteiligung ist freil. jdf. zu verneinen, wenn sogar ein Sachgrund für die Befristung des ArbVerh. insg. vorgelegen hätte (zur vorübergehenden Erhöhung der AZ: BAG 8.8.2007 NZA 2008, 229; 2.9.2009 NZA 2009, 1253; 15.12.2011 NZA 2012, 674; zur Notwendigkeit der Aufrechterhaltung des Orchesterbetriebs bis zur dauerhaften Stellenbesetzung BAG 7.10.2015 NZA 2016, 441 Rn. 49; zur Erprobung LAG BW 11.2.2015 – 21 Sa 68/15 –; zur Vertretung: LAG K 9.10.2014 BeckRS 2014, 73977; s. a. *Schramm/Naber* NZA 2009, 1318 zu überlanger Probezeit BAG 24.2.2016 NZA 2016, 814). Andererseits liegt eine unangemessene Benachteiligung vor, wenn der Sachgrund fehlt, zB ein prognosefester vorübergehender Mehrbedarf nicht vorliegt (LAG SH 10.4.2013 LAGE BGB 2002 § 307 Nr. 33b; 23.5.2013 LAGE BGB 2002 § 307 Nr. 35). Die im Befristungsrecht (vgl. TzBfG § 14 Rn. 9, 36a) angewandte Figur des Verbots des institutionellen Rechtsmissbrauchs kann auch bei der Kontrolle der Befristung einzelner Arbeitsbedingungen angewandt werden (offen lassend BAG 7.10.2015 NZA 2016, 441 Rn. 52; 23.3.2016 NZA 2016, 881 vorgehend LAG BW 17.6.2013 LAGE BGB § 307 Nr. 36b; s. a. LAG SH 23.5.2013 LAGE BGB 2002 § 307 Nr. 35).

75 Zunächst ist zu unterscheiden, ob **bereits im gestellten Arbeitsvertrag** selbst Befristungen enthalten sind oder ob eine befristete Arbeitsbedingung im bestehenden bestandsgeschützten ArbVerh. ausgehandelt wird. Ausgehandelte befristete Einzelarbeitsbedingungen unterliegen keiner Inhaltskontrolle (§ 305 I 3). IÜ befindet sich bei Änderungsbefristungen **im bestehenden ArbVerh.** der AN in einer stärkeren Position als derjenige, der einen Arbeitsplatz erst bekommen möchte, und kann nachteilige Befristungsabreden ablehnen. Soweit der Anwendungsbereich der Inhaltskontrolle eröffnet ist (§§ 310, 305), scheitert die Inhaltskontrolle nicht schon an § 307 III (**aA** *Thüsing/Leder* BB 2005, 1563, 1567). Die Befristung ist eine **kontrollfähige Nebenabrede**. Gegenstand der Inhaltskontrolle ist die Befristungsabrede (BAG 7.10.2015 NZA 2016, 441 Rn. 38), nicht der Umf. oder die Art der Vertragsbedingung, die befristet wird. Freil. kann sich eine unangemessene Benachteiligung gerade auch aus der Bedeutung der Vertragsbedingung ergeben, die befristet wird. Die Befristung einzelner Arbeitsbedingungen unterliegt – wie Widerrufsvorbehalte – dem Transparenzgebot (§ 307 I 2). Der tragende Grund für die Befristung muss benannt werden (**aA** BAG 2.9.2009 NZA 2009, 1253; *Willemsen/Grau* NZA 2005, 1137, 1142; *Willemsen/Jansen* RdA 2010, 1; ebenso Transparenz fordernd Schaub/*Koch* § 38 Rn. 82). Die gegenteilige Rspr. ist abzulehnen, wobei sich die divergierenden Auff. wechselseitig Wertungswidersprüche vorwerfen. Gem. § 307 I 2 ist jdf. das Transparenzgebot zu beachten, welches das BAG allein in dem Umstand der Befristung als eingehalten betrachtet. Das greift zu kurz, weil die Rechtsunsicherheit der intransparenten Kettenbefristung nicht geringer ist als bei Widerrufsvorbehalten. Die Rspr. zieht demggü. die Wertungen des TzBfG heran, dies aber uneinheitl. Auf Schriftform (§ 14 IV TzBfG) oder Klagefrist (§ 17 TzBfG) greift das BAG nicht zurück, bei der Kontrolle der Klauseln beachtet es dagegen die Wertungen des § 14 TzBfG (Kontrolle nur der letzten Befristung, keine Notwendigkeit eines transparent vereinbarten Befristungsgrundes, Heranziehung der Rspr. zu Befristungsgründen; zul. etwa BAG 7.10.2015 NZA 2016, 441). Auch nach hier vertretener Ansicht sind keine unzumutbaren Anforderungen an die Transparenz zu stellen. Doch muss der Kern des Befristungsgrundes („wirtschaftl. Gründe", „Erprobung") benannt werden. Dabei sind die Transparenzerfordernisse bei einer befristeten Arbeitsbedingung eher noch höher als beim Widerrufsvorbehalt, weil hier die Ausübungskontrolle wegfällt und die Befristungsabrede im Abschlusszpkt. gerechtfertigt sein muss. Die erstmalige gestellte befristete Übertragung einer höherwertigen Arbeitsbedingung ist zwar kontrollfähig, aber regelm. nicht unangemessen benachteiligend (strenger UBH/*Fuchs/Bieder* Anh. § 310 Rn. 62). Ist die Befristung der Einzelarbeitsbedingung obj. sachl. gerechtfertigt, liegt keine unangemessene Benachteiligung vor. Eine übertarifl. Funktionszulage, die unter der auflösenden Bedingung einer tarifl. Neuregelung steht, ist nicht unangemessen benachteiligend (BAG 16.5.2012 ZTR 2012, 513). Auch für den Umf. der AZ gilt, dass das unbefristete ArbVerh. dem AN ein dauerhaftes Auskommen sichern und zu einer längerfristigen Lebensplanung beitragen soll (BAG 23.3.2016 NZA 2016, 881 Rn. 52). Für diese Planung des AN ist regelm. auch die Höhe des von ihm erzielten Einkommens maßgebend (BAG 27.7.2005 NZA 2006, 40, 46). Diese Aspekte sind hier wie bei anderen Änderungsvorbehalten (Rn. 55) zu berücksichtigen. Hier wie dort gilt, dass der AG sein Wirtschaftsrisiko nicht auf den AN verlagern darf. Eine unangemessene Benachteiligung liegt vor, wenn durch mehrfache Befristung von Einzelarbeitsbedingungen das Wirtschafts- und Beschäftigungsrisiko bzw. das Bestandsschutzrisiko auf den AN verlagert wird (vgl. *Preis/Bender* NZA-RR 2005, 337; zur befristeten Erhöhung der AZ aus temporären Haushaltsmitteln LAG D 20.2.2007 LAGE BGB 2002 § 307 Nr. 12; LAG K 5.2.2009 BeckRS 2009, 68398). Liegt die Erhöhung über 25%, fordert die Rspr. die Darlegung besonderer berechtigter Belange des AG (BAG 23.3.2016 NZA 2016, 881 Rn. 54). Ist die Befristung der Arbeitsbedingung ausnahmsweise wegen unangemessener Benachteiligung unwirksam, bleibt der Vertrag iÜ wirksam (§ 306 I) mit der Folge, dass die Vertragsbedingung auf unbestimmte Zeit gilt (BAG 13.6.1986 NZA 1987, 241). Hat der AN bei zu langer befristeter Übertragung der höherwertigen Tätigkeit einen Anspruch auf Abschluss eines Änderungsvertrags, muss der AN eine Leistungsklage auf Abgabe einer Willenserklärung geltend machen (BAG 24.2.2016 NZA 2016, 814 Rn. 62).

Die neuere Rspr. hat die früher beklagten erhebl. **Wertungswidersprüche** bei Änderungsvorbehalten (hierzu *Preis* Vertragsgestaltung § 15; *Preis/Lindemann* NZA 2006, 632) nur zT beseitigt. Innerhalb des klaren dogmatischen Ansatzes sind Feinjustierungen mögl. Insb. können – je nach Gestaltungsmittel – die Transparenzerfordernisse differieren. So ist bei Abrufarbeit der Bedarf des AG – anders als bei Widerrufsvorbehalten – aus der Sache heraus klar. Einer genauen Angabe des Ausübungsgrundes bedarf es hier ebenso wenig wie bei Anrechnungsvorbehalten. Die 25%-Schwelle gilt bei Eingriffen in das Austauschverhältnis. Sie kann aber nicht auf Hauptabreden wie Zielvereinb. oder jährl. Bonusprogramme übertragen werden. Bei der befristeten AZErhöhung, Ausübung höherwertiger Tätigkeit uam. liegt die Benachteiligung nicht in der Gewährung des Vorteils, sondern ggf. in der Befristungsabrede (überzeugend HWK/*Gotthardt/Roloff* Anh. zu §§ 305 bis 310 Rn. 34). Bei der Befristung einer AZErhöhung, die auf einem sachl. Vertretungsgrund fußt, ergibt die 25%-Schwelle daher keinen Sinn (BAG 18.6.2008 AP TzBfG § 14 Nr. 52). Die Befristung einer AZErhöhung von einiger Relevanz müsste als Befristung eines hierüber gesondert geschlossenen Vertrags § 14 I TzBfG standhalten (BAG 15.11.2011 NZA 2012, 674; 23.3.2016 NZA 2016, 881). Andererseits kann die 25%-Schwelle sehr wohl relevant sein, wenn etwa Vergütungsbestandteile befristet werden. Hier wirkt die Befristungsabrede funktional wie ein Freiwilligkeits- und Widerrufsvorbehalt. Gesonderter Betrachtung bedürfen Bonusregelungen in Zielvereinb., die jährl. durch Vereinb. festgelegt werden (Rn. 504). Hier zeigt sich, dass transparente Vertragsgestaltung ein größeres Spektrum hat als die bloße Fokussierung auf die Frage eines Befristungsgrundes. 76

b) Ausgleichsquittungen; Ausgleichsklauseln. Ausgleichsquittungen bzw. -klauseln (vgl. § 611a Rn. 402) finden sich vielfach bei der Beendigung des ArbVerh., wo sie Streit um bestehende oder zukünftige Ansprüche verhindern und klare Verhältnisse schaffen sollen (zum alten Recht BAG 28.7.2004 NZA 2004, 1097). Nach der Rspr. sind **Klageverzichtsvereinb.**, die in unmittelbarem zeitl. und sachl. Zusammenhang mit dem Ausspruch einer Kündigung getroffen werden, „Auflösungsverträge" iSd. § 623 und bedürfen der Schriftform (BAG 19.4.2007 NZA 2007, 1227; hierzu § 623 Rn. 8; *Bauer/Günther* NJW 2008, 1617). Sind diese Voraussetzungen gewahrt bzw. besteht kein „unmittelbarer" Zusammenhang mit der Kündigung, wird in der Rspr. die Ausgleichsquittung zunächst unter Heranziehung des Verbots überraschender Klauseln (§ 305c I) begrenzt (BAG 23.2.2005 NZA 2005, 1193; 25.9.2014 NZA 2015, 350 Rn. 16f.; LAG BE 18.1.1993 LAGE AGBG § 3 Nr. 1; *Preis/Bleser/Rauf* DB 2006, 2812). Zu beachten ist ferner die Unklarheitenregel (§ 305c II). Ist danach die Ausgleichsquittung weder überraschend noch unklar, finden die Grds. der Inhaltskontrolle Anwendung (§ 307). Eine Klageverzichtsklausel ist – auch als Hauptabrede – gem. § 307 III 1 kontrollfähig, da sie von der ges. Klagefrist gem. §§ 4 S. 1 iVm. 13 I 1 KSchG abweicht (BAG 6.9.2007 NZA 2008, 219 Rn. 30ff.; 25.9.2014 NZA 2015, 350 Rn. 20f.; 12.3.2015 NZA 2015, 676). 77

Vielfach dürften Ausgleichsquittungen schon am Transparenzgebot scheitern (§ 307 I 2). Schon vom Wortlaut der Bezeichnung „Ausgleichsquittung" ist vielfach fragl., ob damit überhaupt eine rechtsgeschäftl. Erkl. verbunden sein soll (BAG 23.10.2013 NZA 2014, 200 Rn. 16). Ferner stellt eine **formularmäßige Verzichtsvereinb. ohne kompensatorische Gegenleistung idR eine unangemessene Benachteiligung** dar (BAG 6.9.2007 NZA 2008, 219, 220; 25.9.2014 NZA 2015, 350 Rn. 24; 12.3.2015 NZA 2015, 676 Rn. 27ff.; vgl. *Reinecke* DB 2002, 583, 586). Wird zB der Klageverzicht durch eine kompensatorische Gegenleistung „abgekauft", dann kann diese Vereinb. – gleichgültig welche Höhe die Gegenleistung hat – eine Hauptabrede sein, die gem. § 307 III 1 nur auf Transparenz (§ 307 I 2) kontrollierbar ist (näher *Preis/Bleser/Rauf* DB 2006, 2812, 2816: *Bauer/Günther* NJW 2008, 1617; s. aber BAG 25.9.2014 NZA 2015, 350 Rn. 20f.). Als Teil eines Aufhebungsvertrags sind Ausgleichsklauseln aber nicht Haupt-, sondern kontrollfähige Nebenabreden. Erfassen sie einseitig nur Ansprüche des AN, ohne eine entspr. Gegenleistung zu gewähren, sind sie unangemessen benachteiligend (BAG 21.6.2011 NZA 2011, 1338). Dieses Resultat ergibt sich auch in Ansehung der Rspr. zur unangemessenen Benachteiligung durch einseitige vertragl. Ausschlussfristen (BAG 2.3.2004 NZA 2004, 852), zumal der sofortige Anspruchsverlust ohne Kompensation noch tiefer in berechtigte Gläubigerpositionen eingreift als der erst nach einer Fristversäumnis eintretende Anspruchsuntergang. Die einseitig den AN treffende Erschwerung der Durchsetzung von Ansprüchen und der für den AN vorgesehene völlige Anspruchsverlust widersprechen einer ausgewogenen Vertragsgestaltung (BAG 31.8.2005 NZA 2006, 1273). Die Grds. des Urt. des BAG zu Schuldanerkenntnissen und Verzichtserkl. sind anwendbar (BAG 15.3.2005 NZA 2005, 682). Daher sollten echte Ausgleichsquittungen in vorformulierten Verträgen nicht verwendet werden. Sofern im Kontext der Beendigung eines ArbVerh. durch vorformulierte Vertragsabrede auf bestimmte Rechte verzichtet werden soll, etwa im Rahmen eines sog. Abwicklungsvertrags, sollten nur eindeutig begrenzte und möglichst durch Vorteile (zB eine Abfindung; LAG HM 9.10.2003 LAGReport 2004, 11, 14) kompensierte Verzichtserkl. verwendet werden (LAG SH 24.9.2003 NZA-RR 2004, 74, 75; zu Verzichtsklauseln noch Rn. 100). 77a

c) Ausschlussfristen. Hierzu §§ 194 bis 218 Rn. 32ff. 78

d) Aufrechnungsverbote. Das Verbot einer Bestimmung, mit welcher dem Vertragspartner die Befugnis genommen wird, mit einer unbestrittenen oder rkr. festgestellten Forderung aufzurechnen 79

(§ 309 Nr. 3), gilt auch im ArbR. Praktisch bedeutsam kann dies zB bei zum **Inkasso** berechtigten Vertretern werden.

80 e) **Beweislastvereinbarungen** in Arbeitsverträgen sind am Klauselverbot des § 309 Nr. 12 zu messen; arbeitsrechtl. Besonderheiten stehen dem nicht entgegen (*Gotthardt* Rn. 286; s. BAG 16.3.1994 NZA 1994, 937; WLP/*Stoffels* ArbR Rn. 108). § 309 Nr. 12 a steht etwa Klauseln entgegen, nach denen wegen einer Vertragsverletzung Schadensersatz an den AN nur zu leisten ist, wenn der AN ein Verschulden des AG nachweist (s. BGH 23.2.1984 NJW 1985, 3016). Von größerer praktischer Bedeutung sind die in § 309 Nr. 12 b genannten **Tatsachenbestätigungen**, weil mit der Bestätigung von Tatsachen durch den AN ggü. dem AG als Klauselverwender eine faktische Verschiebung der Beweislast eintritt. § 309 Nr. 12 verbietet außerdem alle sonstigen Änd. der Beweislast, nicht nur die Umkehr ders., sondern auch die Änd. der Beweisanforderungen (s. BGH 20.4.1989 NJW-RR 1989, 817). Die Aushändigung einer Wettbewerbsabrede (§§ 110 iVm. 74 I HGB) wird sich der AG deshalb nicht mehr im Formulararbeitsvertrag bestätigen lassen dürfen (**aA** *Thüsing* AGB-Kontrolle Rn. 174, sofern die Bestätigung der Aushändigung durch deutl. drucktechnische oder räuml. Abhebung vom übrigen Vertragstext vorgenommen wird). Zulässig ist die Empfangsbestätigung aber nach § 309 Nr. 12b, wenn sie gesondert unterschrieben oder mit einer gesonderten elektronischen Signatur versehen ist, was nicht notwendig ein eigenständiges Formular erfordert. Betrachtet man § 619a als dispositive Norm (so *Gotthardt* Rn. 200; **aA** wohl *Däubler* NZA 2001, 1329, 1332), scheitert die Verlagerung der Beweislast für das Vertretenmüssen bei der Haftung des AN auf diesen an § 309 Nr. 12. Zu Mankoabreden Rn. 88 ff. **Vollständigkeitsklauseln** sind in Formulararbeitsverträgen nicht grds. zu beanstanden, weil es nicht um eine verbotene Beweislaständ. geht, sondern die Klausel ohnehin nur die Vermutung der Richtigkeit und Vollständigkeit des schriftl. Vertrags wiederholt (s. BGH 19.6.1985 NJW 1985, 2329; Palandt/*Grüneberg* § 305b Rn. 5, § 309 Rn. 108; ausf. Preis/*Preis* II V 60).

80a f) **Bezugnahmeklauseln** (hierzu allg. § 611a Rn. 230) sind in Arbeitsverträgen weit verbreitet. Die Einbeziehung ist unprobl. (Rn. 26). Bezugnahmeklauseln auf allg. Arbeitsbedingungen, BV und TV unterliegen der Einbeziehungs- und Inhaltskontrolle nach Maßgabe der §§ 305 ff. BGB (näher *Preis* NZA 2010, 361; *Zwanziger* FS Düwell 2011 S. 105). Sie sind wegen ihrer Üblichkeit in aller Regel nicht überraschend, es sei denn, das Bezugnahmeobjekt ist ungewöhnl. (Rn. 30). Von der Kontrolle der Bezugnahmeklausel ist die Kontrolle des Bezugnahmeobjekts zu unterscheiden (hierzu Rn. 12 ff.). Die Bezugnahmeklausel unterliegt der Unklarheitenregel (Rn. 32). Hins. der Inhaltskontrolle stellt sich die Frage der Transparenzkontrolle und der Möglichkeit unangemessener Benachteiligung. Eine Verletzung des Transparenzgebots liegt idR nicht vor, da die Verweisung auf andere Rechtsnormen nicht ungewöhnl. ist (BAG 24.9.2008 NZA 2009, 154; vgl. a. BGH 21.6.1990 NJW 1990, 3197; zu einer dynamischen Bezugnahme auf VersorgungsRL einer Unterstützungskasse BAG 16.2.2010 NZA 2011, 42). Eine Verweisung auf Vorschr. eines anderen Regelungswerkes führt für sich genommen nicht zur Intransparenz; ebenso wenig die erschwerte Möglichkeit, die betr. Regelung zu verstehen. Erst wenn die Gefahr besteht, dass der AN wegen unklar gefasster AGB seine Rechte nicht wahrnimmt, liegt eine unangemessene Benachteiligung vor (BAG 14.3.2007 NZA 2008, 45). Auf allg. Arbeitsbedingungen bezogene **Jeweiligkeitsklauseln** (hierzu a. Rn. 27) sind unwirksam, weil sie dem AG ein voraussetzungsloses Eingriffsrecht in die Vertragsbedingungen geben (BAG 11.2.2009 NZA 2009, 428). Insoweit unterscheiden sich Bezugnahmeklauseln auf TV, weil Verweisungen auf einen anderen TV dem AG keine Möglichkeit zum einseitigen Eingriff geben. Insoweit liegt auch kein Änderungsvorbehalt iS des § 308 Nr. 4 vor (BAG 21.11.2012 NZA 2013, 512, 515). Ein solcher ist gegeben, wenn der AG sich die Befugnis vorbehalten hat, den einbezogenen TV auszuwechseln (LAG NI 21.9.2012 – 6 Sa 111/12). Hins. der Inhaltskontrolle ist auf die Möglichkeiten abzustellen, die die Klausel dem AG bietet (BAG 22.7.2010 NZA 2011, 634). Eine dynamische Verweisung auf das jeweils gültige Tarifrecht ist weder überraschend noch intransparent. Ein AN muss damit rechnen, dass im Arbeitsvertrag auf die für den AG geltenden oder die betriebl. und fachl. einschlägigen TV verwiesen wird (BAG 21.11.2012 NZA 2013, 512). Dabei ist die ges. Wertung zu berücksichtigen, dass Bezugnahmen auf TV im tarifdispositiven GRecht als allg. zulässiges Instrument zur Regelung der Arbeitsbedingungen vorausgesetzt werden (vgl. § 622 IV 2 BGB, § 13 I 2 BUrlG, § 7 III ArbZG, § 4 IV 2 EFZG, § 14 II 4 TzBfG, § 9 Nr. 2 AÜG). Auch nach § 2 I 2 Nr. 10 NachwG genügt der bloße allg. Hinweis auf TV. Die dynamische Ausgestaltung, die die Dynamik des ArbVerh. abbildet, führt nicht zur Intransparenz, weil die im jeweiligen Anwendungszpkt. geltenden Regelungen bestimmbar sind (BAG 3.4.2007 NZA-RR 2008, 504; 15.4.2008 NZA-RR 2008, 586). (Dynamische) Bezugnahmeklauseln dienen den Interessen beider Parteien eines Dauerschuldverhältnisses. Die im Zpkt. der jeweiligen Anwendung geltenden in Bezug genommenen Regelungen müssen bestimmbar sein; das genügt dem BAG zur Wahrung des Transparenzgebotes (BAG 21.11.2012 NZA 2013, 512, 514 mwN; zur unklaren Bezugnahme auf zwei eigenständige TV ohne klare Kollisionsregel: LAG HM 3.6.2015 BeckRS 2015, 72607 Rev. 7 AZR 627/15). Auch mehrstufige Verweisungen erkennt das BAG an (BAG 21.11.2012 NZA 2013, 512, 514 f.). Auf TV bezogene Jeweiligkeitsklauseln sind idR interessengerecht. Global einbezogene einschlägige TV unterliegen keiner Inhaltskontrolle. Sie sind zumeist zugleich nach § 307 III 1 kontrollfreie Hauptabrede, soweit sie Leistung und Gegenleistung festlegen (AZ und Entgelt; BAG 21.11.2012 NZA 2013,

512, 515). Die Richtigkeitsgewähr der TV stellt überdies sicher, dass nicht „voraussetzungslos" in die Rechte der AN eingegriffen wird. Das Gleiche gilt für ArbeitsvertragsRL, die auf dem Dritten Weg zustande gekommen sind (BAG 22.7.2010 NZA 2011, 634). Dynamische Bezugnahmen auf TV wirken überdies idR günstig für die AN. Der Regelungsgehalt der Bezugnahmeklausel beschränkt sich auf die Verweisung als solche. Der Inhalt des ArbVerh. wird durch die Regelungen des einbezogenen TV bestimmt. Eine Abweichung von Rechtsvorschr. kann sich daher ledigl. aus den in Bezug genommenen Regelungen, nicht jedoch aus der Verweisungsklausel selbst ergeben (BAG 10.12.2008 NZA-RR 2010, 7, 11). Tarifnormen, die schlechterdings nicht vorhersehbar und zugleich ungewöhnl. belastend sind, können nicht kraft dynamischer Verweisungsklausel inkorporiert werden (WLP/*Stoffels* ArbR Rn. 119).

g) Darlehen. Darlehensverträge, die vom AG vorformuliert sind, unterliegen der Inhaltskontrolle nach §§ 307 ff. Dies gilt sowohl für ANDarlehen als auch für AGDarlehen (hierzu näher § 611a Rn. 426 f.; WLP/*Stoffels* ArbR Rn. 27). Auf sie finden prinzipiell auch die allg. Vorschr. des reformierten Darlehensrechts des BGB Anwendung. Die Verbraucherschutzregelungen sind anzuwenden, weil der AN insoweit unstr. als Verbraucher angesehen werden kann (§ 611a Rn. 426). 81

h) Entgeltrisiko; Kostenbeteiligung des AN. In der Norm des § 615 kommt eine **elementare Gerechtigkeitsvorstellung** zum Ausdruck (Staudinger/*Richardi/Fischinger* § 615 Rn. 11). Ein Abweichen von dieser Vorschr. zum Nachteil des AN in Formulararbeitsverträgen kann deshalb eine unangemessene Benachteiligung sein (hierzu BAG 7.12.2005 NZA 2006, 423, 427). In § 615 S. 3 ist jetzt auch ausdr. das Betriebsrisiko erfasst. Eine Verlagerung desselben entgegen § 615 S. 3 auf den AN stellt deshalb regelm. eine unangemessene Benachteiligung dar. Es ist jedoch zu prüfen, ob dem AN für die Belastung mit dem Betriebsrisiko ein angemessener Ausgleich gewährt wird (vgl. BAG 10.10.1990 NZA 1991, 264). Unangemessen benachteiligend sowohl wegen Unvereinbarkeit mit § 615 als auch unter Transparenzgesichtspunkten ist daher eine Klausel, die den Beschäftigungs- und Vergütungsanspruch in den Wintermonaten davon abhängig macht, dass eine „den Baustoffe- und Zementhandel nicht beeinträchtigende Witterungs- und Auftragslage" vorliegt (zutr. BAG 9.7.2008 NZA 2008, 1407). Tarifvertragl. Klauseln, die das Betriebsrisiko auf die AN überwälzen, sind von der Inhaltskontrolle nach § 307 nicht betroffen, sofern der TV normativ gilt oder sofern die Klauseln durch Global- oder Teilverweisung in den Arbeitsvertrag einbezogen werden. Es verstößt gegen § 307 I, II Nr. 1, § 616 in Formulararbeitsverträgen vollständig ohne sachl. Rechtfertigungsgrund, zB bes. Verhältnisse des Betriebs, abzubedingen (s. MüArbR/*Boewer* § 80 Rn. 9; Staudinger/*Oetker* § 616 Rn. 144; offen lassend BAG 20.6.1979 AP BGB § 616 Nr. 49). 82

Der AG darf das Entgeltrisiko auch nicht auf den AN verlagern, indem er sich eine Kostenbeteiligung für Tatbestände versprechen lässt, die typischerweise in seine Sphäre fallen. So kann der AG den AN iRd. § 106 GewO anweisen, eine bestimmte Arbeitskleidung zu tragen (*Brose/Greiner/Preis* NZA 2011, 369). Für bestimmte Kleidung (Schutzkleidung oder Dienstkleidung) kann uU ein Anspruch auf Kostentragung durch den AG bestehen (ggf. § 618, 670; hierzu Schaub/*Koch* § 82 Rn. 13 ff.). Die Verlagerung dieser Kostentragungspflicht kann eine unangemessene Benachteiligung darstellen. Auch wenn iÜ ein Anspruch auf Finanzierung der Arbeitskleidung nicht besteht, kann eine Vereinb., die den AN verpflichtet, eine mtl. Kostenbeteiligung für die vom AG gestellte **Arbeits-/Berufskleidung** zu tragen, unwirksam sein (BAG 17.2.2009 NZA 2010, 99, insoweit offen gelassen, da der Sen. bereits die Umgehung der Pfändungsfreigrenzen, §§ 850 ff. ZPO, beanstandet hat). 82a

i) Form von Anzeigen und Erklärungen. § 309 Nr. 13 verbot schon bisher Bestimmungen in AGB, durch die Anzeigen oder Erkl., ggü. dem Verwender an eine strengere Form als die Schriftform oder an bes. Zugangserfordernisse gebunden werden. Mit Wirkung v. 1.10.2016 (BGBl. I 2016, 233) ist gem. § 309 Nr. 13 in AGB eine **strengere Form als die Textform unwirksam**. So konnte schon bisher in AGB für die **Kündigung** über § 623 hinausgehend keine strengere Form oder ein bes. Zugangserfordernis aufgestellt werden. Bes. Bedeutung hat die Neuregelung des § 309 Nr. 13 für **vertragl. Ausschlussfristen** die typischerweise schriftl. Geltendmachung verlangen. Diese Klauseln sind unwirksam, weil § 309 Nr. 13 höchstens Textform erlaubt. Es empfiehlt sich, die Vertragsklauseln entspr. anzupassen. Für Normen in TV gilt dies wegen § 310 IV nicht; ebenso nicht bei Globalbezugnahmen auf TV (*Lingemann/Otte* NZA 2016, 519). Verlangt eine Ausschlussfrist die gerichtl. Geltendmachung zur Fristwahrung, so ist dies mit § 309 Nr. 13 vereinbar (s. §§ 194 bis 218 Rn. 45). 83

j) Haftungsausschlüsse. § 309 Nr. 7 betrifft den Haftungsausschluss für Pflichtverletzungen des Verwenders, mithin regelm. des AG. Wegen der Haftungsfreistellung in § 104 SGB VII liegt der praktische Anwendungsbereich bei der Haftung des AG für **Sachen des AN.** Insoweit verbietet § 309 Nr. 7b, die Haftung für grob fahrlässige Pflichtverletzungen des Verwenders auszuschließen. Auch die Haftung für Verkehrssicherheit kann der AG nicht durch vertragl. Einheitsregelung ausschließen (BAG 28.9.1989 NZA 1990, 345). Der Ausschluss der Haftung für einfache Fahrlässigkeit ist an § 307 zu messen (Staudinger/*Coester-Waltjen* § 309 Nr. 7 Rn. 10; *Thüsing* AGB-Kontrolle Rn. 312). 84

Für die **Haftung des AN** hat das BAG die Grds. der privilegierten ANHaftung entwickelt (§ 619a Rn. 9 ff.). Das BAG betrachtet diese als „einseitig zwgd. ANSchutzrecht", von dem weder einzel- noch kollektivvertragl. zu Lasten des AN abgewichen werden könne (BAG 22.11.1973 AP BGB § 626 85

Nr. 67; 13.2.1974 AP BGB § 611 Haftung des Arbeitnehmers Nr. 77; 29.1.1985 NZA 1986, 23). Eine Abweichung von diesen Grds. zu Ungunsten des AN durch haftungsverschärfende Klauseln wäre dann kaum mögl. Man wird jedoch die Haftungsprivilegierung als anerkannte Rechtsfortbildung des dispositiven Haftungsrechts verstehen müssen (*Preis* FS 50 Jahre BAG 2004 S. 123, 148 ff.; ebenso *Gotthardt* Rn. 195; *Stoffels* Rn. 1168; s. a. BT-Drs. 14/6857 S. 48, wo die Haftungsprivilegierung – zu weitgehend – als rein vertragl. Haftungsbeschränkung iSv. § 276 I angesehen wird). Jede **Haftungsverschärfung** birgt die Gefahr einer unangemessenen Benachteiligung des AN gem. § 307. Eine solche ist zB zu bejahen, wenn die Haftung des AN auf den ganzen Schaden unabhängig vom Grad seines Verschuldens erstreckt wird. Erforderl. ist aber eine diff. Betrachtung des gesamten Vertrags im Einzelfall. Eine Abweichung von den Grds. der ANHaftung kann des Weiteren durch einen angemessenen **wirtschaftl. Ausgleich** für den AN kompensiert werden. Dies wird auf der Grdl. der Rspr. des BAG nur dann bejaht, wenn die jeweilige Haftungsregelung das generelle Schutzniveau des innerbetriebl. Schadensausgleichs nicht unterschreitet und im wirtschaftl. Erg. keine Verschärfung der beschränkten ANHaftung eintritt (*Krause* Anm. AP BGB § 611 Mankohaftung Nr. 3; *Deinert* RdA 2000, 33). Für unwirksam erklärt hat das BAG die Vereinb. zur **Überwälzung eines Selbstbehalts** pro Schadensfall für Kfz. Der AG habe grds. dafür einzustehen, dass ein Kfz., das der AN dienstl. zu nutzen habe, mit einer ausreichenden Kfz-Haftpflicht, die die ges. Mindestdeckungssumme abdeckt, versichert ist. Ihm sei es verwehrt, sich ggü. dem AN iRd. ges. Haftpflichtvers. auf einen Selbstbehalt zu berufen. Wirtschaftl. Risiken, die der AG zum Zweck der eigenen Kostenersparnis eingehe, könnten nicht auf die AN überwälzt werden (BAG 13.12.2012 NZA 2013, 622 Rn. 21; Einzelheiten OSK/*Otto* § 11 Rn. 17 ff., 31 f.).

86 **k) Konzernversetzungsklauseln.** Das Klauselverbot des **§ 309 Nr. 10** findet auf sog. „Konzernversetzungsklauseln", die auf eine dauerhafte Versetzung abzielen, dh. auf einen Wechsel des AG, wegen arbeitsrechtl. Besonderheiten (zB § 613 S. 2, § 613a) keine Anwendung (HWK/*Gotthardt/Roloff* § 309 Rn. 13; **aA** PdSR/*Henssler* § 310 Rn. 19). Ob in einem solchen Fall die antizipierte Zust. des AN zum AGWechsel ausreicht (*Windbichler* S. 97 Fn. 160 unter Bezug auf § 11 Nr. 13 AGBG) oder aber die Versetzung der aktuellen Zust. des AN bedarf (*v. Hoyningen-Huene/Boemke*, Die Versetzung, S. 218), ist str. Allein die namentl. Nennung des eintretenden AG als ausreichend für einen Vertragswechsel zu erachten (§ 309 Nr. 10a), geriete in Widerspruch zum zwgd. Kündigungsrecht bzgl. des Vertrags zum ersten AG. Die zweite Alt. des § 309 Nr. 10b, näml. die Einräumung eines Lösungsrechts vom Vertrag, passt nicht zum Bestandsschutzbedürfnis des AN (vgl. a. § 613a Widerspruchsrecht, BAG 21.3.1996 BB 1996, 1502 f.; ausf. *Gotthardt* Rn. 285). Eine Konzernversetzungsklausel mit AGWechsel ist anhand von §§ 305c I, 307 zu prüfen (vgl. zu Konzernversetzungsklauseln ausf. Preis/*Preis* II D 30 Rn. 244 ff.; offen gelassen in BAG 13.4.2010 AP BGB § 307 Nr. 45). Die Abordnung im Konzern mit einem Rückkehrrecht zu den bisherigen Bedingungen ist nicht unangemessen benachteiligend (LAG HH 21.5.2008 BeckRS 2008, 56425; *Hromadka* NZA 2012, 233, 238).

87 **l) Mahnung und Fristsetzung.** § 309 Nr. 4 verbietet Klauseln, durch die der Verwender von der ges. Obliegenheit freigestellt wird, den anderen Vertragsteil zu mahnen. Für Entgeltforderungen des AN ist die praktische Bedeutung gering, weil Verzug mit der Entgeltforderung idR ohnehin ohne Mahnung eintritt (§ 286 II Nr. 2). IÜ kann aber auch im Arbeitsvertrag nicht auf das ges. Erfordernis einer Mahnung verzichtet werden.

88 **m) Mankoabreden.** Auf der Grdl. der Rspr. des BAG, das seine Grds. zur privilegierten ANHaftung für „einseitig zwgd. ANSchutzrecht" hält (§ 619a Rn. 11 ff.), sind Mankoabreden grds. probl., weil sie die allg. Haftungsgrds. zu Lasten des AN verschieben. Danach ist zw., ob es überhaupt noch wirksame Mankoabreden geben kann, die von den Grds. der ANHaftung abweichen. Allerdings bezieht sich das BAG formal zugleich auf seine frühere Rspr., wonach Mankoabreden bei Zahlung eines bes. Mankogeldes zugelassen werden können. Ein etwas weiterer Spielraum der Vertragsgestaltung ergibt sich, wenn man die Grds. der ANHaftung richtigerweise als dispositiv versteht (Rn. 85). Dann unterliegen Mankoabreden der Inhaltskontrolle nach § 307 (*Schwirtzek* NZA 2005, 437).

89 Das BAG verlangt allerdings strenger, „dass eine Haftung aufgrund bes. vertragl. Abrede die Summe der gezahlten Mankogelder nicht übersteigen" darf (BAG 17.9.1998 NZA 1999, 1049; 2.12.1999 NZA 2000, 715). Mit dieser einschränkenden Voraussetzung erreicht das BAG iE, dass der AN nicht weitergehend für Fehlbestände haftet, als er als Ausgleich über die Mankoabrede ohnehin erlangt hat. Damit sichert das BAG zugleich seinen Ansatz, dass die Haftungsprivilegierung einseitig zwgd. Schutzrecht ist. Derartige Vertragsgestaltungen halten einer Angemessenheitskontrolle auch stand, wenn man die Grds. über die ANHaftung als dispositiv versteht (*Gotthardt* Rn. 319). Die Normierung einer **verschuldensunabhängigen Haftung** ist dann jedoch nicht so eng begrenzt, sondern kann durch einen wirtschaftl. Ausgleich in Form eines Mankogeldes kompensiert werden, wobei es ausreichend ist, dass dieses sich an einem durchschnittl. Fehlbetrag orientiert (Staudinger/*Richardi/Fischinger* § 619a BGB Rn. 97; MüArbR/*Blomeyer* § 59 Rn. 77). Es ist also nicht erforderl., dass in jedem Falle die Summe der gezahlten Mankogelder durch den Umf. der vertragl. vereinbarten Haftung nicht überschritten wird.

Mitunter unterwerfen Mankovereinb. den AN bes. Beweislastanforderungen. Im Mittelpunkt steht dann zumeist die Verschuldensfrage. Die gebräuchl. Klauseln sehen durchweg vor, dass der AN sich zu entlasten habe. Das BAG hielt solche **Beweislastvereinb.** prinzipiell für zulässig, wenn sie eine sinnvolle, den Eigenarten des Betriebes und der Beschäftigung angepasste Beweislastverteilung enthalten (BAG 13.2.1974 AP BGB § 611 Haftung des Arbeitnehmers Nr. 77; 29.1.1985 NZA 1986, 23; s. aber 17.9.1998 NZA 1999, 1049, das die Verknüpfung der Beweislastverteilung mit den nach Ansicht des BAG zwgd. Grds. der ANHaftung betont). Eine Änd. der Beweislast, die zu Ungunsten des AN von § 619a abweicht, verstößt jedoch gegen § 309 Nr. 12 (so in Anlehnung an § 11 Nr. 15 AGBG *Preis* AuR 1994, 139, 151; *Stoffels* AR-Blattei SD 870.2 Rn. 136; *Boemke* SAE 2000, 13; *Deinert* RdA 2000, 22, 35; **aA** HWK/*Krause* § 619a Rn. 53; über § 310 IV 2 einschränkend *Schwirtzek* NZA 2005, 437, 442). Die diff. Betrachtungsweise in Bezug auf materiell-rechtl. Haftungsverschärfungen und Beweislastverteilungen ist nicht unstimmig, sondern in Bezug auf die Rechtsklarheit bei den Beweislastvereinb. vorzugswürdig (*Deinert* RdA 2000, 22, 35). 90

n) Mehrarbeits- und Überstundenvergütung. Vorformulierte Nebenabreden über den Ausschluss oder die Gewährung von Überstundenvergütungen (arbeitszeitmodifizierende Nebenabreden) unterliegen der Inhaltskontrolle (ausf. *Klocke* RdA 2014, 223). Nur wenn eindeutig festgelegt ist, wieviel Stunden bzw. Überstunden mit einem best. Gehalt vergütet werden, liegt eine – nur auf Transparenz und Sittenwidrigkeit kontrollierbare – Hauptabrede vor (BAG 16.5.2012 NZA 2012, 908). Der Kontrolle einer Abrede, die die Befugnis zur Anordnung von Überstunden **kombiniert** mit einer Pauschalabgeltung vorsieht, ist nicht Kontrolle von Hauptleistungspflichten. Es handelt sich um eine **kontrollfähige Preisnebenabrede** (LAG HM 11.7.2007 AE 2007, 312; *Hümmerich/Rech* NZA 1999, 1132). Auch wenn eine Pauschallohnabrede als solche nicht kontrollfähige Hauptleistungsabrede ist, ist eine isolierte Abgeltungsklausel, wonach etwa Über- und Mehrstunden durch das gezahlte Bruttogehalt abgegolten sein sollen, eine kontrollfähige Nebenabrede (offen BAG 28.9.2005 NZA 2006, 149; 1.9.2010 NZA 2011, 575). Für die Kontrollfähigkeit spricht, dass sie keine Preisabrede ist, sondern dem Verwender die Möglichkeit eröffnet, angeordnete und geleistete (Mehr-)Arbeit nicht zu bezahlen. Sie bestimmt damit die Vergütung der Arbeitsleistung nur mittelbar, denn die Anzahl der Überstunden ist im Vertrag nicht geregelt. Jede einseitige Dispositionsmöglichkeit des AG, sei es durch Überstundenanordnung, Widerrufsvorbehalt, Teilkündigungsklauseln oder Befristungsabreden, die sich auf das Austauschverhältnis auswirkt, ist eine kontrollbedürftige und -fähige Nebenabrede. IÜ findet jdf. das Transparenzgebot gem. § 307 III 2 iVm. § 307 I 2 auch auf Vereinb. über die Hauptleistungspflichten Anwendung (BAG 31.8.2005 NZA 2006, 1273; 1.9.2010 NZA 2011, 575). Das BAG hat schon früher verlangt, dass sich aus der getroffenen Abrede eindeutig ergeben müsse, dass eine vereinbarte Vergütung Äquivalent für die gesamte Arbeitsleistung, dh. auch für die Mehrarbeit ist (BAG 26.1.1956 AP AZO § 15 Nr. 1; 16.11.1961 AP BGB § 611 Mehrarbeitsvergütung Nr. 5). 91

Früher hat die Rspr. **Pauschalierungsabreden** ausschl. an § 138 gemessen (BAG 26.1.1956 AP AZO § 15 Nr. 1; LAG SH 15.11.2002 LAGReport 2003, 93; ArbG BE 31.10.1988 DB 1988, 1423). Es genügte ein Hinweis des AG an den AN, dass Mehr- bzw. Überarbeit nicht gesondert vergütet werde, auch wenn iE nicht klar war, welcher Gehaltsteil Abgeltung für die Mehrarbeit ist (BAG 26.1.1956 AP AZO § 15 Nr. 1). Daran kann gem. Rn. 91 nicht festgehalten werden. Eine **krasse Beeinträchtigung des Äquivalenzverhältnisses** und damit eine unangemessene Benachteiligung liegt vor, wenn vorformuliert die Verpflichtung zur Ableistung von Mehr- und Überarbeit mit einer Pauschalabgeltung verbunden wird. Ohne Begrenzung der Anordnung von Mehr- bzw. Überarbeit wird dem AG damit das Recht zum einseitigen, zT erhebl. Einbruch in das Synallagma eröffnet (LAG K 20.12.2001 AuR 2002, 193; LAG SH 22.9.2004 LAGReport 2005, 33; LAG HM 18.3.2009 LAGE BGB § 307 Nr. 18; iE bestätigt durch BAG 8.12.2010 NZA 2011, 628; zur Pauschalierung bei Rufbereitschaft LAG D 6.5.2010 MedR 2010, 882). Die Begrenzung durch § 3 ArbZG reicht nicht aus; sie muss sich aus der Vertragsgestaltung selbst ergeben. Entsch. ist, dass der AN erkennen kann, wieviel Arbeitsleistung er für wieviel Entgelt erbringen muss (vgl. zu AZAbreden BAG 18.4.2012 NZA 2012, 796). Ferner verstößt es gegen das Transparenzgebot, wenn der AN nicht erkennen kann, in welcher Höhe ein Anspruch auf Mehrarbeitsvergütung besteht bzw. sich der Umf. der ohne zusätzl. Vergütung zu leistenden Überstunden nicht hinreichend deutl. aus dem Arbeitsvertrag ergibt. (BAG 1.9.2010 NZA 2011, 575; 17.8.2011 NZA 2011, 1335; 22.2.2012 NZA 2012, 861; zur pauschalen Abgeltung von Reisezeiten eines Lkw-Fahrers BAG 20.4.2011 NZA 2011, 917). Die pauschale Klausel „erforderl. Überstunden sind mit dem Monatsgehalt abgegolten", ist als intransparente Klausel unwirksam. Anders ist dies dann, soweit nur geringfügige (bis ca. 10%; weitergehend *Salamon/Hoppe/Rogge* BB 2014, 1720: 25%) Überschreitungen der regelm. AZ mit dem vereinbarten Gehalt abgegolten sind. Der Umf. der Leistungspflicht muss so bestimmt oder zumindest durch die konkrete Begrenzung der Anordnungsbefugnis hins. des Umf. der zu leistenden Überstunden so bestimmbar sein, dass der AN bereits bei Vertragsschluss erkennen kann, was ggf. „auf ihn zukommt" und welche Leistung er für die vereinbarte Vergütung max. erbringen muss (BAG 1.9.2010 NZA 2011, 575; 18.11.2015 NZA 2016, 487). Der Vergütungsanspruch richtet sich dann nach § 612 I (vgl. § 612 Rn. 18). IdR ist die erforderl. – obj. – Vergütungserwartung gegeben (BAG 22.2.2012 NZA 2012, 861). Allerdings ist gerade bei 92

Diensten höherer Art ein allg. Rechtsgrds., dass jede Mehrarbeit über die vereinbarte AZ hinaus zu vergüten ist, nicht anzuerkennen (zu einem RA BAG 17.8.2011 NZA 2011, 1335). Sehr weitreichend geht das BAG von einer fehlenden Vergütungserwartung aus, wenn der AN als „Besserverdienender" die Beitragsbemessungsgrenze in der ges. Rentenvers. überschreitet (BAG 22.2.2012 NZA 2012, 861). Ist erkennbar, welcher Teil einer Pauschale Mehr- bzw. Überarbeit abgelten soll, ist auch eine formularmäßige Vertragsgestaltung dann nicht zu beanstanden, wenn die Pauschalabgeltung in angemessenem Verhältnis zu den tats. geleisteten Überstunden steht (ArbG Regensburg 7.3.1990 EzA AZO § 15 Nr. 13, Nettogehalt von 4 DM für Erzieherin pro Stunde).

93 **o) Rückzahlungsklauseln, überzahltes Arbeitsentgelt.** Vertragsklauseln, die eine uneingeschränkte Rückzahlungspflicht bei Lohnüberzahlungen vorsahen, wurden überw. für zulässig gehalten (BAG 8.2.1964 AP BGB § 611 Lohnrückzahlung Nr. 2; BGH 21.1.1998 NJW-RR 1998, 1425 für Versorgungssatzung). Allerdings ist anerkannt, dass den AG eine Nebenpflicht zu **richtiger Lohnberechnung** trifft (BAG 8.2.1964 BGB § 611 Lohnrückzahlung Nr. 2). Auch wenn § 818 III dispositiv ist, dürfte die vollständige Verlagerung des Risikos der Überzahlung von Entgelt auf den AN einer Freizeichnung der Haftung auch für grobe Fahrlässigkeit des AG gleichkommen. Dem steht aber § 309 Nr. 7 entgegen. Auch das BAG hat die globale Freizeichnung des AG für von ihm verursachte oder zu verantwortende Betriebsrisiken in allg. Arbeitsbedingungen für unzulässig erachtet (BAG 28.9.1989 EzA BGB § 611 Parkplatz Nr. 1). Maßgebl. ist eine Gesamtbewertung. Eine globale Verlagerung des Risikos überzahlten Entgelts auf den AN in Formulararbeitsverträgen wird man wegen der vollständigen Abkehr vom Leitbild des § 818 III als unangemessene Benachteiligung des AN ansehen müssen (ausf. *Bieder* DB 2006, 1281; offen BAG 13.10.2010 NZA 2011, 219). Anders ist dies bei begrenzten Rückzahlungsklauseln für Fälle der groben Fahrlässigkeit des AN bzw. eingeschränkt auf leichte Fahrlässigkeit des AG (ausf. Preis/*Preis* II A 80 Rn. 10 ff.).

94 **p) Rückzahlungsklauseln, Ausbildungs- und Fortbildungskosten.** Grdl. der Angemessenheitskontrolle solcher Klauseln (ausf. § 611a Rn. 436 ff.) in vorformulierten Arbeitsverträgen ist § 307 (BAG 11.4.2006 NZA 2006, 1042; 19.1.2011 NZA 2012, 85; *Gotthardt* Rn. 324; *I. Schmidt* NZA 2004, 1002; *Lakies* Rn. 791 ff.; *Krebs* SAE 2004, 66). Leitlinien der Angemessenheitskontrolle können die von der Rspr. aufgestellten schematischen Grenzen der zulässigen Bindungsdauer (§ 611a Rn. 441) sein (LAG K 1.2.2001 NZA-RR 2001, 461, 463 f.). Im Unterschied zur früheren Rspr. des BAG unterliegen ausgehandelte Individualvereinb. nicht mehr der Inhaltskontrolle, wohl aber, wenn sie vom AG zur einmaligen Verwendung vorformuliert worden sind (§ 310 III Nr. 2; BAG 18.3.2008 NZA 2008, 1004). Überprüfungsbedürftig ist die Rspr. des BAG zur Aufrechterhaltung unzulässiger Rückzahlungsklauseln innerhalb der von der Rspr. entwickelten zulässigen Grenzen (hierzu § 611a Rn. 436; *Thüsing* AGB-Kontrolle Rn. 352). Die Vertragskorrektur ging so weit, dass bei Ausbildungskosten die Staffelung des Rückzahlungsbetrages der abgekürzten Frist angepasst, also neu verteilt wurde (BAG 11.4.1984 NZA 1984, 288; zur Anwesenheitsprämie BAG 15.2.1990 NZA 1990, 601; dem folgend *Hager* SAE 1996, 365; offen lassend *Reinecke* NZA-Beil. 3/2000, 23, 28). Dies kollidiert mit dem Verbot geltungserhaltender Reduktion im AGB-Recht (Rn. 103; BAG 11.4.2006 NZA 2006, 1042). Ist eine zu lange Bindungsdauer vereinbart, führt dies grds. zur Unwirksamkeit der Rückzahlungsklausel insg.; ein Rückzahlungsanspruch besteht nicht. Eine „geltungserhaltende Reduktion" auf die zulässige Bindungsdauer findet nicht statt (BAG 14.1.2009 NZA 2009, 666). Wenn man das bisherige Richterrecht zu Rückzahlungsklauseln als gesetzesvertretendes dispositives Recht versteht, dann führt nur eine Bindungsdauer oder Staffelung, die von „wesentl. Grundgedanken der ges. (hier: gesetzesvertretendes Richterrecht) Regelung" abweicht, zu einer Verwerfung der Klausel (DBD/*Deinert* § 307 Rn. 106). Das führt zu einer gewissen Flexibilität der Beurteilung auf Tatbestandsseite. Eine geltungserhaltende Reduktion ist dann überflüssig (anders BAG 14.1.2009 NZA 2009, 666, wonach „die Besonderheiten des ArbR und -lebens" eine erg. Vertragsauslegung ausnahmsweise dann forderten, wenn es für den AG obj. schwierig war, die zulässige Bindungsdauer zu bestimmen und sich dieses Prognoserisiko für den AG verwirklicht. Dies wurde verneint, wenn der AG statt einer möglicherweise zulässigen Bindung von zwei Jahren eine unzulässige von fünf Jahren vereinbart hatte).

95 **q) Salvatorische Klauseln.** In individuell ausgehandelten Arbeitsverträgen sind salvatorische Klauseln zulässig (Staudinger/*Schlosser* § 306 Rn. 18; einschränkend UBH/*Schmidt* § 306 Rn. 41). Anders ist dies in Formulararbeitsverträgen (BAG 25.5.2005 NZA 2005, 1111; 22.3.2017 NZA 2017, 845 Rn. 31). Klauseln, die Teilnichtigkeit in Abweichung von § 139 anordnen, sind zwar zulässig, aber überflüssig, weil dies ohnehin § 306 I entspricht und § 139 im ArbR überdies nur ausnahmsweise zur Gesamtunwirksamkeit führt (§ 611a Rn. 342 ff.). Unzulässig sind aber auch in Formulararbeitsverträgen folgende Klauseln: **Ersetzungsklauseln**, die bei Unwirksamkeit das Eingreifen dispositiven Rechts verhindern sollen (*Bunte* NJW 1982, 2298, 2299; UBH/*Schmidt* § 306 Rn. 40; Palandt/*Grüneberg* § 306 Rn. 7). Dies gilt selbst für Klauseln, die eine konkrete Ersatzregelung benennen (BGH 29.11.1989 Z 109, 240, 248; Palandt/*Grüneberg* § 306 Rn. 15; UBH/*Schmidt* § 306 Rn. 40; **aA** Staudinger/*Schlosser* § 306 Rn. 17), für **Reduktionsklauseln**, die eine unwirksame Regelung auf ein angemessenes Maß zurückführen sollen (BGH 24.9.1985 Z 96, 18, 25 f.; 17.5.1982 Z 84, 109, 116) sowie für

gesetzesverweisende Klauseln (zB „soweit nicht zwgd. ges. Vorschriften entgegenstehen", BGH 16.11.1982 Z 86, 135, 137 f.; 22.9.2015 NZG 2016, 31 Rn. 19 mwN). Allen Klauseln ist gemeinsam, dass sie das Verbot der geltungserhaltenden Reduktion (§ 306 II), das auch im ArbR gilt (Rn. 103), unterlaufen und dem AG als Klauselverwender das Risiko der Unwirksamkeit seiner Bestimmungen abnehmen. Gerade weil Formulararbeitsverträge nicht abstrakt kontrolliert werden können (§ 15 UKlaG; s. Rn. 104), begr. erst das Risiko der Totalunwirksamkeit der Klausel für den AG den Anreiz, angemessene Klauseln zu formulieren und zu verwenden (ausf. Preis/*Preis* II S. 10).

r) Schriftformklauseln. Nach der Rspr. des BGH sind Schriftformklauseln (hierzu bereits Rn. 25 96 sowie §§ 125 bis 127 Rn. 41 und § 611a Rn. 224) nicht generell wegen unangemessener Benachteiligung unwirksam, ihre Wirksamkeit hängt von der Ausgestaltung und dem Anwendungsbereich der jeweiligen Klausel ab (BGH 15.2.1995 NJW 1995, 1488). Klauselgestaltungen, die dem Verwender die Gelegenheit eröffnen, begr. Ansprüche unter Hinweis auf eine in der Sache nicht – stets – zutr. Darst. der Rechtslage in seinen AGB abzuwehren, benachteiligen den Vertragspartner entgegen den Geboten von Treu und Glauben unangemessen und sind nach § 307 I unwirksam (BGH 15.2.1995 NJW 1995, 1488; BAG 20.5.2008 NZA 2008, 1233; *Hromadka* DB 2004, 1261; *Roloff* NZA 2004, 1191; DBD/*Däubler* § 305b Rn. 12; **aA** *Bieder* SAE 2007, 379 mit dem Hinweis, dass die Klauseln auch den AN vor unliebsamen Änd. schützen). So sind Schriftformklauseln, die individuelle Zusagen des Verwenders oder von einem Vertreter mit umfassender Vertretungsmacht generell ausschließen oder von der schriftl. Bestätigung abhängig machen, unwirksam (BGH 9.7.1991 NJW 1991, 2559). Das Gleiche gilt für Klauseln, die Vertragsänd. durch den Verwender oder vertretungsberechtigte Personen nach Vertragsschluss der Schriftform unterwerfen (BGH 9.7.1991 NJW 1991, 2559). Qualifizierte Schriftformklauseln sind damit regelm. nach § 307 I unwirksam, sofern sie nicht die Vertretungsmacht für den Verwender handelnder Repräsentanten wirksam beschränken (Palandt/*Grüneberg* § 307 Rn. 147; UBH/*Fuchs*/*Bieder* Anh. § 310 Rn. 100). Auch sog. **doppelte Schriftformklauseln** sind unangemessen benachteiligend, weil sie den Vorrang der Individualabrede (§ 305b) ausschalten sollen (BAG 20.5.2008 NZA 2008, 1233; LAG SH 23.5.2013 LAGE BGB 2002 § 307 Nr. 35; LAG HM 13.5.2016 BeckRS 2016, 73176). IE haben Schriftformklauseln nach dieser Rspr. nur einen ganz eingeschränkten Anwendungsbereich bei betriebl. Übungen, dort aber nur, wenn die Klauseln auf diesen Fall reduziert sind, was in der Praxis so gut wie nie der Fall war (näher *Preis* NZA 2009, 281, 286; *Bloching*/*Ortolf* NJW 2009, 3393; *Lingemann*/*Gotham* NJW 2009, 268; *Leder*/*Scheuermann* NZA 2008, 1222; *Schramm*/*Kröpelin* DB 2008, 2362). Der AG selbst bleibt an die Schriftformklausel gebunden; er kann sich auf die Unwirksamkeit nicht berufen (LAG HM 2.7.2013 LAGE BGB 2002 § 307 Nr. 38, nachgehend BAG 23.9.2015 NZA 2016, 295).

s) Vertragsstrafen und Schadenspauschalierungen. Vertragsstrafen insb. für den Fall, dass der AN 97 sich unberechtigt vom Vertrag löst, finden sich in einer Vielzahl von Arbeitsverträgen (vgl. §§ 339 bis 345 Rn. 6 ff.). Das bes. Klauselverbot des **§ 309 Nr. 6** findet im ArbR **grds. keine Anwendung** (BAG 4.3.2004 NZA 2004, 727), denn der Anwendung stehen Besonderheiten des ArbR (§ 310 IV 2) entgegen, insb. § 888 III ZPO (BAG 4.3.2004 NZA 2004, 727; einschränkend ArbG Marburg 16.8.2005 BeckRS 2005, 42970, was ein berechtigtes Interesse des AG verlangt, damit Besonderheiten des ArbR bejaht werden können).

Abreden über Vertragsstrafen sind aber einer **Inhaltskontrolle** nach § 307 zu unterziehen (BAG 98 4.3.2004 NZA 2004, 727; 28.5.2009 NZA 2009, 1337; insb. zum Transparenzgebot 14.8.2007 NZA 2008, 170). Die Angemessenheit der Vertragsstrafenklausel wird man nur dann bejahen können, wenn ein berechtigtes Interesse des AG daran besteht, die in der Klausel genau benannten Verhaltensweisen des AN zu sanktionieren (krit. *Bauer*/*Krieger* SAE 2006, 11). Die Höhe der Vertragsstrafe darf zudem nicht unverhältnismäßig sein (s. BGH 21.3.1990 DB 1990, 1323). Einzelheiten vgl. §§ 339 bis 345 Rn. 6 ff.

Schadenspauschalierungen sind von der Vertragsstrafe abzugrenzen. Während die Schadenspau- 99 schale allein den Schadensbeweis ersparen soll, hat die Vertragsstrafe zwei Funktionen: Sie soll zum einen die Erfüllung der Hauptleistungspflicht sichern und zum anderen den Schadensbeweis entbehrl. machen. Maßgebl. für die Abgrenzung ist deshalb, ob auch „Druck" zur Erfüllung der Verbindlichkeit ausgeübt werden soll (BGH 6.11.1967 Z 49, 84, 89; Palandt/*Grüneberg* § 276 Rn. 26). **§ 309 Nr. 5** enthält inhaltl. Vorgaben für die Pauschalierung von Schadensersatzansprüchen, die auch im ArbR anzuwenden sind (*Gotthardt* Rn. 281; PdSR/*Henssler* Rn. 14; WLP/*Stoffels* ArbR Rn. 186). Die Pauschale darf den nach dem gewöhnl. Lauf der Dinge zu erwartenden Schaden nicht übersteigen (§ 309 Nr. 5 a). Zudem ist die Schadenspauschalierungsabrede unwirksam, wenn dem anderen Vertragsteil nicht ausdr. der Nachw. gestattet wird, dass kein Schaden entstanden ist oder nur ein erhebl. niedrigerer als die Pauschale (§ 309 Nr. 5 b).

t) Verzichtsklauseln. Formularmäßige Verzichtserkl. unterliegen einer Angemessenheitskontrolle 100 nach § 307 und zwar unabhängig davon, ob der AN auf zwgd. oder einfache Rechte verzichtet (BAG 15.3.2005 NZA 2005, 682; 6.9.2007 NZA 2008, 219; vgl. a. BGH 21.5.2003 NZA 2003, 920: Eine Verzichtsklausel, die bewirkt, dass eine vom AG finanzierte AV auf den Ausgleichsanspruch des Handelsvertreters angerechnet wird, ist nicht unangemessen benachteiligend.). Ein isolierter Verzicht auf eine Hauptleistung ist gem. § 307 III nur auf Transparenz (§ 307 I 2) kontrollierbar (*Preis/Bleser/Rauf* DB 2006, 2812, 2816; ebenso LAG B 5.6.2007 LAGE BGB 2002 § 307 Nr. 13 anders BAG 24.2.2016 NZA 2016, 762: Volle Inhaltskontrolle; angemessen bei Wunsch des AN). Die Verzichtsklausel in vorformulierten Vertragswerken (also keine „isolierte“ Verzichtserkl.) wirkt noch benachteiligender als die einseitige Ausschlussfrist (die *Thüsing/Leder* BB 2005, 1563, 1564 indes zu Recht für kontrollfähig halten), weil die Hauptleistung sofort nicht mehr geltend gemacht werden kann. Pauschale Verzichtserkl., deren Reichweite nicht erkennbar ist, sind intransparent. Wie in der Rspr. zu Ausschlussfristen ist beim Verzicht auf **Vergütungsansprüche** zu bedenken, dass diese **ein wesentl. Recht des AN** im ArbVerh. darstellen. Zu den von § 307 II Nr. 2 geschützten Rechten gehört auch ihre Verwirklichung. Bleibt die Leistung des AN ohne Gegenleistung, ist der Vertragszweck gefährdet (BAG 28.9.2005 NZA 2006, 149). Dabei indiziert allein der unentgeltl. Verzicht ohne kompensatorische Gegenleistung bereits die unangemessene Benachteiligung. Gegen Verzichtsvereinb. bestehen aber grds. dann keine Bedenken, wenn sie mit einer Abfindung verbunden sind. Ferner unterliegen individuelle Aufhebungsvereinb. mit Verzichtserkl. keiner Inhaltskontrolle nach §§ 307 ff. (vgl. Rn. 76).

101 **u) Zugangsfiktionen.** Für die formularmäßige Vereinb. von Zugangsfiktionen enthält § 308 Nr. 6 ein bes. Klauselverbot, das auch im ArbR anzuwenden ist (*Fenn* FS Söllner 2000 S. 360; *Reinecke* NZA-Beil. 3/2000, 23, 27; WLP/*Stoffels* ArbR Rn. 219; *Gotthardt* Rn. 294; *Mauer* DB 2002, 1442, 1445; *Richardi* NZA 2002, 1057, 1064). Klauseln, wonach allg. Willenserkl. des AG unabhängig vom tats. Zugang als zugegangen gelten, sind unwirksam. **§ 308 Nr. 6** verbietet solche Klauseln für Erkl. von bes. Bedeutung, was **weit zu verstehen** ist und alle Erkl. erfasst, die für den Vertragspartner mit nachteiligen Rechtsfolgen verbunden sind, zB Mahnungen, Kündigungen, Fristsetzungen etc. (s. UBH/*Schmidt* § 308 Nr. 6 Rn. 7). IÜ kommt eine geltungserhaltende Reduktion nicht in Betracht (Rn. 103). Eine formularmäßig vereinbarte Klausel, die einen Aushang am schwarzen Brett als konstitutive Zugangsfiktion vorschreibt, hält der Inhaltskontrolle nicht stand. Dies gilt unabhängig davon, ob man sie mit der Wertung des § 308 Nr. 6 als unvereinbar ansieht (LG Koblenz 20.3.1987 DNotZ 1988, 496, 497 f.) oder dessen Wertung im Rahmen von § 307 beachtet (OLG SL 22.12.1987 NJW 1988, 3210 f.; LG M I 23.10.1991 NJW-RR 1992, 244; MüKoBGB/*Wurmnest* § 308 Nr. 6 Rn. 4).

102 **v) Zurückbehaltungsrechte.** § 309 Nr. 2 verbietet weitgehend den Ausschluss oder die Einschränkung der Leistungsverweigerungsrechte nach den §§ 320, 273. Diese finden trotz der regelm. Vorleistungspflicht des AN auch im ArbR Anwendung (MüArbR/*Blomeyer* § 49 Rn. 50 ff.). Arbeitsrechtl. Besonderheiten stehen einer Anwendung des § 309 Nr. 2 nicht prinzipiell entgegen. In den Vorschr. kommt ein **Redlichkeitsgedanke** (UBH/*Hensen* § 309 Nr. 2 Rn. 1) zum Ausdruck, der auch im ArbR gilt. Jdf. die vollständige formularmäßige Abbedingung des Zurückbehaltungsrechts des AN wegen rückständigen Arbeitsentgelts ist deshalb unzulässig (*Gotthardt* Rn. 274; DKS/*Henssler* S. 615, 643). IÜ ist zu berücksichtigen, dass § 309 Nr. 2 nur den Standard des dispositiven Rechts sichern soll, so dass die Frage der Wirksamkeit der Klausel dahinstehen kann, wenn ein Leistungsverweigerungsrecht nach Treu und Glauben im konkreten Fall (hierzu LAG D 19.5.1999 BeckRS 1999, 31014095) nicht besteht (MüKoBGB/*Wurmnest* § 309 Nr. 2 Rn. 9). Darüber kann dann auch der Tatsache Rechnung getragen werden, dass die Arbeitsleistung nicht nachholbar ist. Unberührt bleibt auch der Ausschluss der Zurückbehaltungsrechte im Einzelfall kraft G (ausf. Preis/*Preis* II Z 20 Rn. 23 ff.).

III. Rechtsfolgen unwirksamer Vertragsbestimmungen

103 § 306 I weicht von der Auslegungsregel des § 139 ab und bestimmt, dass bei **Teilnichtigkeit** grds. der Vertrag iÜ aufrechterhalten bleibt. Dieser Grds. gilt im ArbR ohnehin allg. (vgl. § 611a Rn. 342). Soweit die Klausel nicht teilbar ist, tritt an ihre Stelle das G (§ 306 II). Auch bei einer Vielzahl unwirksamer Klauseln tritt keine Gesamtunwirksamkeit ein; die engen Voraussetzungen des § 306 III sind nur selten gegeben (*Linck* FS Bauer 2010 S. 645, 652). Die Teilbarkeit der Klausel ist mittels einer Streichung des unwirksamen Teils mit einem „blauen Stift“ zu ermitteln (**Blue-Pencil-Test**; BAG 21.4.2005 NZA 2005, 1053; 19.12.2006 NZA 2007, 809; 12.3.2008 NZA 2008, 699; 21.4.2016 NZA 2016, 1409 Rn. 43; krit. *Thüsing* AGB-Kontrolle Rn. 118 ff.; DBD/*Bonin* § 306 Rn. 12a; Staudinger/*Krause* Anh. zu § 310 Rn. 255). Enthält eine Klausel mehrere sachl. Regelungen, ist der unzulässige Teil sprachl. eindeutig abtrennbar und die verbleibende Regelung weiterhin verständl., bleibt sie bestehen (BAG 18.5.2011 NZA 2011, 1289; 27.1.2016 NZA 2016, 679). Sprachl. Unteilbarkeit spricht für inhaltl. Unteilbarkeit. Hingegen ist sprachl. Teilbarkeit ledigl. ein Indiz für inhaltl. Teilbarkeit, die größeres Gewicht hat (vgl. Staudinger/*Krause* Anh. zu § 310 Rn. 255). Der Schritt zur Umgehung des Verbots der geltungserhaltenden Reduktion ist mit diesem Verf. nicht weit. In der Tat muss geprüft werden, ob der Klauselteil üblicherweise selbständig vorkommt oder ob die Klausel künstl. aufgespaltet wird. Ferner darf der Sinngehalt und der Zweck der Klausel durch die Streichung nicht völlig verändert werden (Grenzfall in Kombination mit erg. Vertragsauslegung BAG 21.2.2017 NZA 2017, 723). Schließl. kann in Fällen, in denen die Intransparenz gerade aus der Kombination mehrerer Klauseln besteht, die Streichung nicht erfolgen und damit die Klausel „transparent“ gemacht werden. Hier

würde die Schwelle zur geltungserhaltenden Reduktion überschritten (BAG 14.9.2011 NZA 2012, 81; s. a. LAG HM 11.11.2011 BeckRS 2012, 65705).

Eine unzulässige **Vertragsstrafenregelung** wegen schuldhaft vertragswidrigen Verhaltens des AN kann unter Aufrechterhaltung der Klausel iÜ gestrichen werden, wenn daneben an den Nichtantritt des ArbVerh. oder die Lösung des ArbVerh. unter Vertragsbruch angeknüpft wird (**aA** DBD/*Bonin* § 306 Rn. 12a). Eine unzulässige **Ausschlussfrist** ist hingegen insg. unwirksam. Denn es gibt keine Ausschlussklausel ohne Frist (BAG 25.5.2005 NZA 2005, 1111, 1114; vgl. zu einer unteilbaren Rückzahlungsklausel 23.1.2007 NZA 2007, 748). Die Grenzen der Teilbarkeit hat das BAG bei einer Ausschlussfrist, die für „alle Ansprüche aus dem ArbVerh." galt, überschritten, wenn es Ansprüche aus vorsätzl. Vertragsverletzungen und unerlaubter Handlung sowie für die Fälle des § 309 Nr. 7 „herausinterpretiert". In der Sache erfolgte eine abzulehnende geltungserhaltende Reduktion (s. a. *Matthiesen* NZA 2007, 361, 366; HWK/*Gotthardt/Roloff* Anh. zu §§ 305 bis 310 Rn. 12). Zweistufige Ausschlussfristen können hingegen geteilt werden (BAG 12.3.2008 NZA 2008, 699; *Preis/Roloff* RdA 2005, 144, 158), jdf. wenn nur die zweite Stufe der Ausschlussfrist unwirksam ist (BAG 23.10.2013 NZA 2014, 313 Rn. 20). Wenn die erste Stufe unwirksam ist, ist denknotwendig auch die zweite Stufe mit unwirksam, weil sie keinen Anknüpfungszeitpunkt hat (BAG 16.5.2012 NZA 2012, 971). Ebenso ist die Klausel „freiwillig, jederzeit widerrufl. und anrechenbare Zulage" als teilbar angesehen worden (BAG 1.3.2006 NZA 2006, 746; s. a. BAG 18.1.2012 NZA 2012, 499, wo bei einer Tantieme die zulässige Anspruchsvoraussetzung der Dividendenzahlung nicht wegen einer im gleichen Vertragswerk enthaltenen unzulässigen Stichtagsklausel verworfen wurde). Aus einer **Versetzungsklausel** kann die überschießende Konzernklausel gestrichen werden (BAG 13.4.2010 AP BGB § 307 Nr. 45). Sehr weitgehend ist es, aus einer Regelung einer **Bonuszahlung** das Wort „ungekündigt" zu streichen, so dass ledigl. der Bestand eines ArbVerh. Voraussetzung für einen Anspruch ist (BAG 6.5.2009 NZA 2009, 783). Eine solche Streichung verändert die Anspruchsgrdl. und ist unzulässig. Der 10. Sen. hat die anderslautende Rspr. deshalb zu Recht aufgegeben (BAG 13.11.2013 NZA 2014, 368 Rn. 27). Die Streichung darf nur den klar identifizierbaren unangemessenen Teil erfassen und den Sinn der Klausel nicht verändern (wohl noch gewahrt in BAG 9.2.2011 NZA 2012, 232). 103a

IÜ gilt auch im ArbR das **Verbot geltungserhaltender Reduktion** unangemessener Klauseln (BAG 4.3.2004 NZA 2004, 727; 12.1.2005 NZA 2005, 465, 468; 25.5.2005 NZA 2005, 1111, 1114). Wer den Spielraum der Vertragsfreiheit durch AGB nutzt, muss das volle Risiko der Klauselunwirksamkeit tragen. Eine geltungserhaltende Reduktion bestimmter Vertragsabreden ist mögl., wenn Normen eine Aufrechterhaltung unwirksamer Abreden ausdr. zulassen (zB für § 622 VI iVm. § 89 II 2 HGB und § 74a I 2 HGB). Im **Ausnahmefall ist eine erg. Vertragsauslegung** nach §§ 133, 157 als Anwendung dispositiven Rechts nach § 306 II mögl. (*Linck* FS Bauer 2010 S. 645, 655 ff.; Schaub/*Linck* § 35 Rn. 67 f.). Die Anforderungen sind freil. hoch. Die Anwendung der ges. Vorschr. darf keine angemessene, den Interessen der Parteien Rechnung tragende Lösung bieten. Eine erg. Vertragsauslegung erfordert, dass der Regelungsplan der Vertragspartner infolge der Lücke einer Vervollständigung bedarf (BGH 3.11.1999 NJW 2000, 1110, 1114) und ein ersatzloser Wegfall der unwirksamen Klausel keine sachgerechte Lösung darstellt (BAG 28.11.2007 NZA 2008, 293; Staudinger/*Krause* Anh. zu § 310 Rn. 270 stellt zusätzl. auf die Schutzwürdigkeit des AG ab). Eine erg. Vertragsauslegung scheidet aus, wenn Anhaltspunkte dafür fehlen, was redl. Vertragspartner statt der unwirksamen Klausel vereinbart hätten. Insb. bei benachteiligenden Klauseln, bei denen jeder Anhaltspunkt fehlt, auch der AN könnte ein Interesse an der Regelung des Komplexes haben, scheidet sie aus, weil diese dann im Interesse des vorformulierenden AG faktisch zu einer geltungserhaltenden Reduktion führte (s BAG 11.2.2009 NZA 2009, 428). Der Vorschlag von *Schlewing* (RdA 2011, 92; s. a. *Uffmann* RdA 2011, 154; Staudinger/*Krause* Anh. zu § 310 Rn. 275, 267), sich stärker der erg. Vertragsauslegung zuzuwenden, verkennt, dass es dieses Instruments nur in ganz seltenen Fällen bedarf. Vertretbar wurden die engen Voraussetzungen bei der Unwirksamkeit einer Vereinb. zur Abrufarbeit bejaht. Eine ges. Regelung der AZ, die nach § 306 II an die Stelle der vertragl. Regelung treten könnte, besteht näml. nicht. Einen Rückgriff auf § 12 I 3 TzBfG schloss das BAG aus, da die Fiktion einer wöchentl. AZDauer von zehn Stunden nicht interessengerecht sei, weil die Parteien im konkreten Fall offenkundig eine deutl. längere MindestAZ (mind. 30 Stunden) gewollt hätten (BAG 7.12.2005 NZA 2006, 423, 428). Dies. Grds. will das BAG in „Altfällen" wegen eines ansonsten zu konstatierenden unverhältnismäßigen Eingriffs in die Privatautonomie auch bei Unwirksamkeit eines Widerrufsvorbehalts wegen mangelnder Transparenz anwenden (BAG 11.10.2006 NZA 2007, 87; 20.4.2011 NZA 2011, 796 Rn. 14; vgl. aber BAG 11.4.2006 NZA 2006, 1042; zur Abgrenzung von erg. Vertragsauslegung und geltungserhaltender Reduktion *Ohlendorf/Salamon* RdA 2006, 281; *Schlewing* RdA 2011, 92). 104

IV. Verfahren

Eine **Verbandsklage** von Verbraucherverbänden gem. § 1 UKlaG, aber auch von Gewerkschaften, gegen einzelne AG, die unwirksame AGB verwenden, ist nicht mögl., weil das UKlaG gem. § 15 UKlaG auf das ArbR keine Anwendung findet. 105

Abschnitt 3. Schuldverhältnisse aus Verträgen

Titel 4. Draufgabe, Vertragsstrafe

§ 339 Verwirkung der Vertragsstrafe

[1]Verspricht der Schuldner dem Gläubiger für den Fall, dass er seine Verbindlichkeit nicht oder nicht in gehöriger Weise erfüllt, die Zahlung einer Geldsumme als Strafe, so ist die Strafe verwirkt, wenn er in Verzug kommt. [2]Besteht die geschuldete Leistung in einem Unterlassen, so tritt die Verwirkung mit der Zuwiderhandlung ein.

§ 340 Strafversprechen für Nichterfüllung

(1) [1]Hat der Schuldner die Strafe für den Fall versprochen, dass er seine Verbindlichkeit nicht erfüllt, so kann der Gläubiger die verwirkte Strafe statt der Erfüllung verlangen. [2]Erklärt der Gläubiger dem Schuldner, dass er die Strafe verlange, so ist der Anspruch auf Erfüllung ausgeschlossen.

(2) [1]Steht dem Gläubiger ein Anspruch auf Schadensersatz wegen Nichterfüllung zu, so kann er die verwirkte Strafe als Mindestbetrag des Schadens verlangen. [2]Die Geltendmachung eines weiteren Schadens ist nicht ausgeschlossen.

§ 341 Strafversprechen für nicht gehörige Erfüllung

(1) Hat der Schuldner die Strafe für den Fall versprochen, dass er seine Verbindlichkeit nicht in gehöriger Weise, insbesondere nicht zu der bestimmten Zeit, erfüllt, so kann der Gläubiger die verwirkte Strafe neben der Erfüllung verlangen.

(2) Steht dem Gläubiger ein Anspruch auf Schadensersatz wegen der nicht gehörigen Erfüllung zu, so findet die Vorschrift des § 340 Abs. 2 Anwendung.

(3) Nimmt der Gläubiger die Erfüllung an, so kann er die Strafe nur verlangen, wenn er sich das Recht dazu bei der Annahme vorbehält.

§ 342 Andere als Geldstrafe

Wird als Strafe eine andere Leistung als die Zahlung einer Geldsumme versprochen, so finden die Vorschriften der §§ 339 bis 341 Anwendung; der Anspruch auf Schadensersatz ist ausgeschlossen, wenn der Gläubiger die Strafe verlangt.

§ 343 Herabsetzung der Strafe

(1) [1]Ist eine verwirkte Strafe unverhältnismäßig hoch, so kann sie auf Antrag des Schuldners durch Urteil auf den angemessenen Betrag herabgesetzt werden. [2]Bei der Beurteilung der Angemessenheit ist jedes berechtigte Interesse des Gläubigers, nicht bloß das Vermögensinteresse, in Betracht zu ziehen. [3]Nach der Entrichtung der Strafe ist die Herabsetzung ausgeschlossen.

(2) Das Gleiche gilt auch außer in den Fällen der §§ 339, 342, wenn jemand eine Strafe für den Fall verspricht, dass er eine Handlung vornimmt oder unterlässt.

§ 344 Unwirksames Strafversprechen

Erklärt das Gesetz das Versprechen einer Leistung für unwirksam, so ist auch die für den Fall der Nichterfüllung des Versprechens getroffene Vereinbarung einer Strafe unwirksam, selbst wenn die Parteien die Unwirksamkeit des Versprechens gekannt haben.

§ 345 Beweislast

Bestreitet der Schuldner die Verwirkung der Strafe, weil er seine Verbindlichkeit erfüllt habe, so hat er die Erfüllung zu beweisen, sofern nicht die geschuldete Leistung in einem Unterlassen besteht.

I. Normzweck

1. Unselbständiges Strafversprechen. Die Vertragsstrafe ist eine meist in Geld bestehende Leistung, die der Schuldner für den Fall der Nichterfüllung oder nicht gehörigen Erfüllung einer Verbindlichkeit verspricht. Das Strafversprechen ist eine **vertragl. Abrede,** keine einseitige Erkl. Das Leistungsversprechen steht unter der aufschiebenden Bedingung der Nichterfüllung oder nicht gehörigen Erfüllung der dem Schuldner obliegenden Verbindlichkeit. Die ges. Regelung der Vertragsstrafe in den §§ 339 ff. ist auf das unselbständige Strafversprechen zugeschnitten. „Unselbständigkeit" bezeichnet das Abhängigkeitsverhältnis der Vertragsstrafe zur Hauptverbindlichkeit (Akzessorietät). 1

Der Zweck einer Strafabrede besteht in erster Linie darin, den Schuldner zur ordnungsgemäßen Vertragserfüllung anzuhalten **(Erfüllungssicherungsfunktion).** Die zu sichernde Erfüllung liegt bei einem Vorvertrag im Abschluss des Hauptvertrags (LAG HM 29.7.2003 NZA 2004, 210). Kommt es dennoch zu einer vom Schuldner zu vertretenden Störung der Leistungsbeziehung, sichert das unselbständige Strafversprechen dem Gläubiger den Ausgleich seines Schadens (BGH 23.6.1988 Z 105, 24). Arbeitsrechtl. kommen Strafversprechen va. im IndividualArbR vor, während sie im Betriebsverfassungsrecht unzulässig sind. So ist eine Vereinb. zwischen AG und BR, wonach der AG im Falle der Verletzung von MBR an einen Dritten eine Vertragsstrafe zu zahlen hat, unwirksam (BAG 19.1.2010 NZA 2010, 592). 1a

2. Selbständiges Strafversprechen. Während die unselbständige Vertragsstrafe an die Nicht- oder nicht gehörige Erfüllung anknüpft, wird das selbständige Strafversprechen für den Fall vereinbart, dass jemand eine Handlung vornimmt oder unterlässt, zu deren Vornahme oder Unterlassung er **rechtl. nicht verpflichtet** ist. Im ArbR werden selbständige Strafversprechen ua. vereinbart anlässl. von Vorverh. für den Fall des Nichtabschlusses eines Arbeitsvertrags oder im Rahmen unbefristeter ArbVerh., wenn sie vor Ablauf einer bestimmten Zeit gekündigt werden (vgl. BAG 6.9.1989 AP BGB § 622 Nr. 27). Wird für den Fall der Kündigung des ArbVerh. die Rückzahlung einer Gratifikation, einer Kaution oder einer ähnl. Leistung vereinbart, wird hierin ein selbständiges Strafversprechen liegen (*Böttcher* ZfA 1970, 19 ff.; **aA** BAG 31.5.1960 AP BGB § 611 Gratifikation Nr. 15; 11.3.1971 AP BGB § 622 Nr. 9). Mit der selbständigen Vertragsstrafe befasst sich nur eine einzige Vorschr. des BGB, näml. § 343 II. Sie erstreckt das richterl. **Ermäßigungsrecht** ausdr. auch auf unverhältnismäßig hohe, nicht akzessorische Vertragsstrafen. Darüber hinaus ist man sich einig, dass § 344 entspr. anwendbar ist und die Verwirkung der Strafe iZw. Verschulden voraussetzt. 2

3. Verwandte Tatbestände. a) Verfallklausel. Der Unterschied zwischen Vertragsstrafeversprechen und Verfallklausel **(Verwirkungsabrede)** ist rechtstechnischer Art. Während sich der Schuldner mit der Eingehung eines Vertragsstrafeversprechens verpflichtet, bei Nichterfüllung oder nicht gehöriger Erfüllung seiner Verbindlichkeit eine zur Hauptleistung hinzutretende, meist in Geld bestehende Leistung zu erbringen, sieht die Verwirkungsabrede für diesen Fall den Eintritt eines Rechtsverlustes vor. Die wirtschaftl. Belastung wird idR gleich sein. Die wirtschaftl. und funktionelle Verwandtschaft von Straf- und Verwirkungsabreden spricht dafür, die teils ges. normierten, teils von der Rspr. und Wiss. erarbeiteten Wirksamkeitsvoraussetzungen der Vertragsstrafe auch auf Verwirkungsklauseln zu erstrecken (so BAG 18.11.1960 AP TVG § 4 Vertragsstrafe Nr. 1; DBD/*Däubler* § 309 Nr. 6 Rn. 16). Weitere Grenzen ergeben sich aus den Lohnsicherungsvorschr. (insb. §§ 850 ff. ZPO) sowie aus der zum 1.1.2003 aufgeh. Sondervorschr. des § 134 I GewO für gewerbl. AN (vgl. Preis/*Stoffels* II V 30 Rn. 94). Keine Strafe iSd. §§ 339 ff. ist die Versagung einer Belohnung. Wird in einem Prozessvergleich vereinbart, dass bei Leistung bis zu einem bestimmten Termin ein geringerer Betrag zu zahlen ist, fällt diese Absprache nicht unter § 339 (BGH 19.12.1979 AP BGB § 779 Nr. 5; 8.7.1981 NJW 1981, 2686). 3

b) Schadenspauschalierung. Die vertragl. Schadenspauschalierung ist ein eigenständiges, „der Vertragsstrafe ähnl. Rechtsinstitut" (BAG 14.12.1966 AP BGB § 138 Nr. 26; BGH 8.10.1969 NJW 1970, 29). Für die Abgrenzung kommt es auf den mit der Vereinb. verfolgten Zweck an. Soll sie in erster Linie die Erfüllung des Hauptanspruches sichern und auf den Vertragsgegner einen möglichst wirkungsvollen Druck ausüben, liegt der Sache nach eine Vertragsstrafe vor. Um eine Schadenspauschalierung handelt es sich dagegen, wenn sie der **vereinfachten Durchsetzung** eines Schadensersatzanspruches dienen soll (BAG 16.5.1984 – 7 AZR 162/81 – BeckRS 1984, 04595). Die Pauschalierung stellt den Versuch einer antizipierten Schadensschätzung dar (BAG 14.12.1966 AP BGB § 138 Nr. 26). Das **Klauselverbot des § 309 Nr. 5** findet auf Arbeitsverträge Anwendung, denn die Besonderheiten des ArbR erfordern keine abw. Regelung (WLP/*Stoffels* ArbR Rn. 186; *Gotthardt* Rn. 281; *Niemann* RdA 2013, 92, 93). Deshalb darf in AGB die vereinbarte Pauschale den in den geregelten Fällen nach dem gewöhnl. Lauf der Dinge zu erwartenden Schaden oder die gewöhnl. eintretende Wertminderung nicht übersteigen. Darüber hinaus darf dem AN nicht der Nachw. versagt werden, ein Schaden oder eine Wertminderung sei überhaupt nicht entstanden oder wesentl. niedriger als die Pauschale. Der Begriff der AGB ist in § 305 I definiert und auch erfüllt, wenn die vorformulierten Vertragsbedingungen in die 4

Vertragsurkunde selbst aufgenommen sind. Für Berufsausbildungsverhältnisse verbietet § 12 II Nr. 4 BBiG vertragl. Schadenspauschalierungen.

5 c) **Betriebsbuße.** Von der Vertragsstrafe sind Betriebsbußen zu unterscheiden (vgl. *Löwisch/Würtenberg* JuS 1970, 261 ff.; *Leinemann* AuR 1970, 134). Die Betriebsbußenordnung als durch BV (vgl. § 87 I Nr. 1 BetrVG) herbeigeführte Regelung hat (nur) **Straf- und Sühnecharakter** und soll als Disziplinarmaßnahme die kollektive Ordnung und Sicherheit aufrechterhalten (BAG 5.12.1975 AP BetrVG 1972 § 87 Betriebsbuße Nr. 1; 5.2.1986 AP BGB § 339 Nr. 12). Die Verhängung von Betriebsbußen setzt eine einzelvertragl. Unterwerfung des AN unter die Betriebsbußenordnung voraus (*Walker* FS Kissel 1994 S. 1205, 1210 ff.). Die hM lässt aber allein die BV als Ermächtigungsgrdl. ausreichen (BAG 14.12.1966 AP BetrVG § 59 Nr. 27; 12.9.1967 AP BetrVG § 56 Betriebsbuße Nr. 1; 17.10.1989 AP BetrVG 1972 § 87 Betriebsbuße Nr. 12; *Herschel* Betriebsbußen, 1967 S. 28; vgl. aber BAG 11.7.2000 NZA 2001, 462 zur Kostentragung für nicht in Anspruch genommene Kantinenessen), obgleich die heutige Gesetzeslage keine entspr. Delegation an die Betriebspartner kennt (vgl. zur historischen Entwicklung: *Walker* FS Kissel 1994 S. 1205, 1208 f.). In jedem Fall müssen die mit Buße bedrohten Handlungen als Tatbestände bestimmt gefasst sein und das Verf. der Bußenverhängung rechtsstaatl. Anforderungen genügen (BAG 12.9.1967 AP BetrVG § 56 Betriebsbuße Nr. 1). Der BR hat bei Anwendung der Betriebsbußenordnung im Einzelfall mitzubestimmen (vgl. § 87 I Nr. 1 BetrVG; BAG 17.10.1989 AP BetrVG 1972 § 87 Betriebsbuße Nr. 12). Dies kann auch durch Beteiligung an einem paritätisch besetzten Spruchgremium geschehen. Demggü. bezieht sich die Vertragsstrafe auf schuldrechtl. Ansprüche aus dem ArbVerh. und berücksichtigt damit allein das individuelle Interesse des AG als Gläubiger der Arbeitsleistungen (BAG 5.2.1986 AP BGB § 339 Nr. 12). Ihre Vereinb. und Einforderung unterliegen nicht der betriebl. Mitbestimmung (BAG 5.2.1986 AP BGB § 339 Nr. 12).

II. Vertragsstrafen in Arbeitsverträgen

6 **1. Grundsatz.** Vertragsstrafevereinb. finden sich **in nahezu jedem vierten Arbeitsvertrag** (hierzu Preis/*Stoffels* II V 30 Rn. 1). In der Praxis belasten sie durchweg einseitig den AN. Eine Vertragsstrafe wird va. für den Fall des Vertragsbruchs, der Veranlassung einer außerordentl. Kündigung oder des Verstoßes gegen ein Wettbewerbsverbot vereinbart. Bisweilen werden auch Verstöße gegen die Verschwiegenheitspflicht oder ein Nebentätigkeitsverbot sanktioniert.

7 Vertragl. Strafversprechen laufen Gefahr, den Versprechenden über Gebühr zu belasten. Im ArbR erhöht sich die Gefahr einer unangemessenen Benachteiligung noch dadurch, dass Strafklauseln dem AN in aller Regel bei Vertragsschluss als Bestandteil eines **Formulararbeitsvertrags** präsentiert werden. Dies konnte dazu führen, dass sich AG überhöhte Strafsummen ausbedingten oder die Voraussetzungen für die Verwirkung der Strafe sehr niedrig ansetzten. Seit dem Inkrafttreten der Schuldrechtsmodernisierung unterliegen die vom AG gestellten AGB der Kontrolle anhand § 307, was zur Unwirksamkeit der Vertragsstrafe führen kann (BAG 4.3.2004 NZA 2004, 727; vgl. näher Rn. 14).

8 Die grds. Zulässigkeit von Vertragsstrafevereinb. zu Lasten des AN besteht fort. Das nach dem Wortlaut der Norm für Neuverträge zum 1.1.2002 und für Altverträge zum 1.1.2003 (vgl. § 5 EGBGB) in Kraft getretene **Klauselverbot ohne Wertungsmöglichkeit des § 309 Nr. 6** lässt die Wirksamkeit der in Arbeitsverträgen vereinbarten Vertragsstrafeversprechen unberührt (für die Ahndung von Wettbewerbsverstößen ua. nicht in der Lösung vom Vertrag liegenden Pflichtverletzungen des AN [vgl. Rn. 18 ff.] gilt das Klauselverbot bereits nach seinem Wortlaut nicht, vgl. BAG 14.8.2007 NZA 2008, 170; *Stoffels* Rn. 912). Dies erfordern die Besonderheiten des ArbR iSv. § 310 IV 2 (BAG 4.3.2004 NZA 2004, 727 mwN; 25.9.2008 NZA 2009, 370; 28.5.2009 NZA 2009, 1337; 23.1.2014 NZA 2014, 777; 17.3.2016 NZA 2016, 945 Rn. 11; WLP/*Stoffels* ArbR Rn. 203; krit. *Oetker* AcP 212 (2012), 202, 243; **aA** DBD/*Däubler* § 309 Nr. 6 Rn. 6 f.). Insb. gegen die Folgen eines Vertragsbruchs des AN kann sich der AG nicht hinreichend schützen. Ein Verbot von Vertragsstrafen im ArbR würde der Interessenlage nicht gerecht (BAG 19.8.2010 AP BGB § 307 Nr. 49). Die Praxis hat hier gezeigt, dass dem berechtigten Sicherungsbedürfnis des AG in vielen Fällen nur durch Vereinb. einer Vertragsstrafe entsprochen werden kann. Dies wird durch die bes. ges. Regelungen in § 75c HGB und (bis 31.12.2002) § 134 I GewO sowie dem aus § 12 II Nr. 2 BBiG (vgl. dazu Rn. 11) zu ziehenden Umkehrschluss bestätigt. Durch das spezifische Verbot von Vertragsstrafeabreden in Berufsausbildungsverträgen verdeutlicht der Gesetzgeber die ansonsten auch im ArbR gegebene Zulässigkeit solcher Vereinb.

9 Ebenso wenig widerspricht die Vereinb. von Vertragsstrafen im ArbVerh. **§ 888 III ZPO,** der die Vollstreckung zur Erwirkung einer Dienstleistung aus einem Dienstverhältnis für unzulässig erklärt (BAG 23.5.1984 AP BGB § 339 Nr. 9). Die Vertragsstrafe hat näml. eine Doppelfunktion, sie will nicht nur den AN zur ordnungsgemäßen Erfüllung der vertragl. vereinbarten Leistung anspornen und so die Erfüllungswahrscheinlichkeit erhöhen, sondern zugleich eine vertragl. Schadenspauschalierung begründen, die den Nachw. eines Schadens und dessen Höhe im Einzelfall entbehrl. werden lässt (BGH 23.6.1988 Z 105, 24, 27; LAG BE 19.5.1980 AP BGB § 339 Nr. 8; abl. LAG D 8.1.2003 NZA 2003,

382, 383). Heute entnimmt die Rspr. § 888 III ZPO **eine im ArbR geltende Besonderheit** iSv. § 310 IV 2 (vgl. BAG 21.4.2005 NZA 2005, 1053), die die Zulässigkeit von Vertragsstrafevereinb. mitbegründet.

2. Wirksamkeit. a) Vereinbarung in AGB. Vertragsstraferegelungen in Arbeitsverträgen müssen, um überhaupt Vertragsbestandteil zu werden, vom Konsens der vertragsschließenden Parteien umfasst sein. Daran fehlt es, wenn die Strafklausel in einem Formularvertrag an versteckter Stelle unter einer nichts sagenden Überschrift untergebracht ist (§ 305c) oder eine in den AGB vorgesehene Ankreuzoption nicht ausgeübt ist (BGH 20.6.2013 NJW 2013, 2583). Die Klausel ist dann nicht wirksam **in den Arbeitsvertrag einbezogen.** Anders wenn der gesamte Vertragstext ohne Hervorhebungen geschrieben und die Klausel nicht in eine andere Thematik eingeordnet ist (BAG 25.9.2008 NZA 2009, 370; LAG SH 2.2.2005 NZA-RR 2005, 351; **aA** *Niemann* RdA 2013, 92, 94). 10

In AGB enthaltene Abreden über Vertragsstrafen unterliegen der **Inhaltskontrolle gem. § 307,** dh. sie sind unwirksam, wenn sie den AN entgegen den Geboten von Treu und Glauben unangemessen benachteiligen. Diese Benachteiligung kann sich auch daraus ergeben, dass die Bestimmung nicht klar und verständl. ist (§ 307 I 2; BAG 14.8.2007 NZA 2008, 170). Doch ist bei der Beurteilung, ob eine Regelung dem Transparenzgebot genügt, nicht auf den flüchtigen Betrachter, sondern auf den aufmerksamen und sorgfältigen Teilnehmer am Wirtschaftsverkehr abzustellen (BAG 18.12.2008 NZA-RR 2009, 519). Da die Kontrolle von AGB ledigl. einen Ausgleich für die einseitige Inanspruchnahme der Vertragsfreiheit durch den Klauselverwender schaffen soll, sie aber nicht dem Schutz des Klauselverwenders vor den von ihm selbst vorformulierten Vertragsbedingungen dient, kann sich der Verwender auf die Unwirksamkeit seiner AGB nicht berufen. Dh. die §§ 305 ff. wirken nicht zum Schutz des Klauselverwenders (BAG 22.9.2016 NZA 2016, 1461 Rn. 20). Das Verschuldenserfordernis (§ 339) kann in AGB nicht wirksam abbedungen werden (vgl. Rn. 28; *Reichenbach* NZA 2003, 309, 313). Das BAG (18.12.2008 NZA-RR 2009, 519; 19.8.2010 AP BGB § 307 Nr. 49) rechnet wegen der notwendigen richtlinienkonformen Auslegung des nationalen G (vgl. RL 93/13/EWG über missbräuchl. Klauseln in Verbraucherverträgen) zu den nach § 307 I berücksichtigungsfähigen Umständen die pers. Eigenschaften des individuellen Vertragspartners, die sich auf seine Verhandlungsstärke auswirken, die Besonderheiten der konkreten Vertragsabschlusssituation – wie Überrumpelung oder Belehrung – sowie untypische Sonderinteressen des Vertragspartners. Insg. muss ein **berechtigtes Interesse des AG an der Ahndung eines bestimmten Verhaltens** des AN bestehen (BAG 21.4.2005 NZA 2005, 1053; WLP/*Stoffels* ArbR Rn. 204; *Krause* FS Reuter 2010 S. 627, 636 f.). Um dieses bejahen zu können, werden regelm. zwei Voraussetzungen erfüllt sein müssen. Zum einen muss wegen der fragl. Pflichtverletzung des AN ein nicht unerhebl. Schaden dem AG drohen, zum anderen muss der Nachw. dieses Schadens für den AG mit unverhältnismäßigem Aufwand verbunden sein (*Stoffels* Rn. 914). Zur Vereinbarkeit mit § 309 Nr. 6 vgl. Rn. 8. Maßgebl. Zpkt. für die Beurteilung einer Vertragsstrafenabrede ist der ihrer Vereinb. (BAG 23.9.2010 NZA 2011, 89; *Wensing/Niemann* NJW 2007, 401, 403; *Winter* BB 2010, 2757, 2761). Umfasst die Strafabrede mehrere Tatbestände, von denen einzelne gem. §§ 305 ff. unwirksam sind, berührt dies die Wirksamkeit der übrigen nicht (sog. „Blue-Pencil-Test"; vgl. BAG 21.4.2005 NZA 2005, 1053; 25.9.2008 NZA 2009, 370; *Hauck* NZA 2006, 816, 818 f.; *Linck* FS Bauer 2010 S. 645, 651; *Lingemann/Gottschalk* DStR 2011, 774, 775; iE wohl abl. *Thüsing* BB 2006, 661, 664). 10a

b) § 12 II Nr. 2 BBiG. Eine ausdr. Verbotsnorm enthält § 12 II Nr. 2 BBiG. Nach dieser Vorschr. sind im Rahmen eines Berufsausbildungsverhältnisses Vereinb. über vom Auszubildenden zu zahlende Vertragsstrafen nichtig. Die Vorschr. bezweckt, den **Schutz des Auszubildenden** zu stärken und ihn vom Ausbildungsbetrieb in pers. und finanzieller Hinsicht so unabhängig wie mögl. zu stellen. Insb. soll verhindert werden, dass der Auszubildende unter dem Druck finanzieller Belastungen an einem Ausbildungsverhältnis festgehalten wird, das er nicht weiter fortführen möchte. Die Schutzvorschr. des § 12 BBiG wird gem. § 26 BBiG auf solche Personen erweitert, die erstmals Kenntnisse, Fähigkeiten oder Erfahrungen in einer der Berufsausbildung angenäherten Form erwerben wollen. Zu diesem Personenkreis zählen insb. Anlernlinge, Volontäre und Praktikanten (BAG 20.2.1975 AP BGB § 611 Ausbildungsbeihilfe Nr. 2). § 12 II Nr. 2 BBiG schließt allein solche Vertragsstrafen aus, die sich unmittelbar auf das Berufsausbildungsverhältnis beziehen. In einem Anschlussarbeitsvertrag, der gem. § 12 I 2 BBiG wirksam innerhalb der letzten sechs Monate des Ausbildungsverhältnisses geschlossen werden kann, darf mithin eine Vertragsstrafe für den Fall des Nichtantritts der Arbeit vereinbart werden (BAG 23.6.1982 AP BBiG § 5 Nr. 4). 11

c) Bestimmtheitsgrundsatz. In einer Strafabrede muss die die Strafe **auslösende Pflichtverletzung so klar bezeichnet** sein, dass sich der Versprechende in seinem Verhalten darauf einstellen kann (BAG 14.12.1988 – 5 AZR 10/88 – BeckRS 1988, 30729281; 21.4.2005 NZA 2005, 1053; 25.9.2008 NZA 2009, 370; 28.5.2009 NZA 2009, 1337; WLP/*Stoffels* ArbR Rn. 207). Deshalb genügt allein die „Veranlassung" einer außerordentl. AG-Kündigung durch den AN nicht (ArbG Trier 6.5.2010 – 3 Ca 986/09 – BeckRS 2010, 71812), anders aber, wenn die Klausel auf die fristlose Entlassung „wegen schuldhaft vertragswidrigen Verhaltens" des AN abstellt (LAG K 8.11.2010 AuA 2011, 304; **aA** BAG 21.4.2005 NZA 2005, 1053). Darüber hinaus muss die zu leistende **Strafe bestimmt bezeichnet** sein (BAG 12

14.8.2007 NZA 2008, 170), dies gilt auch für Dauertatbestände, Wiederholungstaten und Taten im Fortsetzungszusammenhang (vgl. zu den erhebl. Problemen einer bestimmten Formulierung *Diller* NZA 2008, 574; *Haas/Fuhlrott* [NZA-RR 2010, 1, 6] sprechen sich für die Zulässigkeit eines Strafrahmens mit vertragl. Verweis auf § 315 und § 343 aus). Für individuell ausgehandelte Klauseln wird es als ausreichend erachtet, dass der Verwirkungstatbestand bestimmbar ist, also im Wege der Auslegung ermittelt werden kann (BAG 5.2.1986 AP BGB § 339 Nr. 12).

12a In AGB enthaltene Klauseln werden vom BAG **bemerkenswert streng** beurteilt (hierzu BAG 23.1.2014 NZA 2014, 777; *Hauck* NZA 2006, 816, 818; *Krause* FS Reuter 2010 S. 627, 632 f.; abl. *Stoffels* ZFA 2009, 861, 884; *Coester* FS Löwisch 2007 S. 57, 68). Ungenügend bestimmt soll die Formulierung sein „schuldhaft vertragswidriges Verhalten des AN, das den AG zu fristlosen Kündigung veranlasst" (vgl. BAG 21.4.2005 NZA 2005, 1053; **aA** LAG K 8.11.2010 AuA 2011, 304; abl. *Hanau* FS Konzen 2006 S. 249, 254; *Stoffels* ZFA 2009, 861, 884), doch sind die „Nichteinhaltung der maßgebl. Kündigungsfrist" (BAG 28.5.2009 NZA 2009, 1337) und die „vertragswidrige Lösung vom ArbVerh." als hinreichend bestimmt angesehen worden (BAG 18.12.2008 NZA-RR 2009, 519), ohne dass es eines Hinweises auf das notwendige Verschulden des AN bedurfte (BAG 18.12.2008 NZA-RR 2009, 519 Rn. 46). Mangelnde Bestimmtheit steht der wirksamen Vereinb. eines Tatbestands „low performance" entgegen (**aA** *Tschöpe* BB 2006, 213, 221). Vielmehr ist die notwendige Bestimmtheit der Klausel durch Listung entspr. Bsp. zu gewährleisten (BAG 18.8.2005 NZA 2006, 34). Globale Strafversprechen, die auf die Absicherung aller (nicht näher bezeichneter) arbeitsvertragl. Pflichten zielen, sind wegen Verstoßes gegen das Bestimmtheitsgebot unwirksam (BAG 21.4.2005 NZA 2005, 1053). Sollen arbeitsvertragl. Nebenpflichten sanktioniert werden, bedarf es einer konkreten Benennung der zu sichernden Pflicht (BAG 4.9.1964 AP BGB § 339 Nr. 3). Aus der Strafhöhe kann sich ergeben, dass bloße Vorbereitungshandlungen nicht erfasst sein sollen (OLG HM 26.10.1992 NJW-RR 1993, 1383). Ohnehin werden einseitige Vertragsstrafeabreden von der Rspr. iZw. eng ausgelegt (BAG 20.4.1989 EzAÜG BGB § 611 Leiharbeitsverhältnis Nr. 7). Damit dem Transparenzgebot des § 307 I 2 genügt werden kann, wird die Klausel eng ausgelegt, zB unter einer „vorzeitigen Vertragsbeendigung" allein die rechtl. Beendigung des ArbVerh., nicht aber die Einstellung der Arbeitsleistung verstanden (BAG 23.1.2014 NZA 2014, 777).

13 **d) Keine Sicherung unwirksamer Abreden, insb. keine unzulässige Kündigungserschwerung.** Ein Vertragsstrafeversprechen ist nach § 134 nichtig, wenn damit eine **unwirksame Hauptverbindlichkeit gesichert** werden soll (BAG 25.9.2008 NZA 2009, 370; *Niemann* RdA 2013, 92). Unzulässig ist insb. eine Strafvereinb., die das Kündigungsrecht des AN einseitig beeinträchtigt. § 622 VI verbietet zwar nur, für den AN eine längere Kündigungsfrist als für die Kündigung durch den AG zu vereinbaren. Doch hat die vor dem Inkrafttreten des SMG ergangene Rspr. diese Vorschr. zu einem allg. Verbot ungleicher Kündigungsbedingungen ausgeweitet (vgl. § 622 Rn. 44). Längere, für beide Vertragsparteien gleiche Kündigungsfristen können durch Strafversprechen gesichert werden (BAG 27.5.1992 EzA BGB § 339 Nr. 8). Die fristgerechte Kündigung des AN darf nicht mit einer Vertragsstrafe sanktioniert werden, auch nicht in der Form eines selbständigen Strafversprechens (BAG 9.3.1972 AP BGB § 622 Nr. 12; 6.9.1989 AP BGB § 622 Nr. 27). Jedoch kann das Recht zur ordentl. Kündigung für die Zeit bis zum Dienstantritt ausgeschlossen werden (vgl. § 620 Rn. 69), so dass für den Fall des Nichtantritts des ArbVerh. eine Vertragsstrafe wirksam vereinbart werden kann (BAG 17.7.1985 – 5 AZR 104/84 – BeckRS 1985, 30714317; 13.6.1990 – 5 AZR 304/89 – BeckRS 1990, 30734422), wenn die ordentl. Kündigung für beide Vertragsparteien ausgeschlossen ist. Das Recht zur außerordentl. Kündigung nach § 626 darf in keinem Fall durch eine Vertragsstrafe beeinträchtigt werden (BGH 3.7.2000 NZA 2000, 945; zur probl. Transparenz auch wirksame Kündigungen erfassender Klauseln BAG 17.3.2016 NZA 2016, 945 Rn. 14).

14 **e) Angemessene Höhe der Vertragsstrafe.** Aus der im Einzelfall unverhältnismäßigen Höhe einer individuell vereinbarten Vertragsstrafe folgt nicht die Nichtigkeit der gesamten Abrede (LAG BW 14.5.1963 AP BGB § 339 Nr. 2; LAG BE 19.5.1980 AP BGB § 339 Nr. 8), doch unterliegt eine in AGB getroffene Vertragsstrafenabrede der Kontrolle anhand § 307, die zur Unwirksamkeit grob unangemessener Klauseln führt (BAG 25.9.2008 NZA 2009, 370; WLP/*Stoffels* ArbR Rn. 208; vgl. BAG 18.8.2005 NZA 2006, 34; zu den berücksichtigungsfähigen Interessen BGH 13.11.2013 NJW 2014, 2180), weil die Rspr. eine teleologische Reduktion der Abrede auf das zulässige Maß ablehnt (BAG 4.3.2004 NZA 2004, 727; 14.8.2007 NZA 2008, 170; 18.12.2008 NZA-RR 2009, 519; BGH 23.1.2003 Z 153, 311 mwN seiner stRspr.).

14a Vertragsstrafeversprechen benachteiligen den AN nicht generell unangemessen, denn die Vertragsstrafe kann der Sicherung berechtigter Bedürfnisse des AG dienen (BAG 25.9.2008 NZA 2009, 370; *Hauck* NZA 2006, 816, 818). Typischerweise für den AG entstehende Schäden bzw. Nachteile sind zu berücksichtigen (BAG 19.8.2010 AP BGB § 307 Nr. 49). Notwendigerweise eintretende Vorteile oder Entlastungen (zB entfallende Vergütungspflicht) sind zu saldieren (BAG 25.9.2008 NZA 2009, 370). Grds. sind **Vertragsstrafen in Höhe einer Bruttomonatsvergütung** zu billigen (BAG 25.9.2008 NZA 2009, 370; 19.8.2010 AP BGB § 307 Nr. 49; WLP/*Stoffels* ArbR Rn. 208), doch kann diese Höhe nicht akzeptiert werden, solange der AN sich mit einer kurzen Kündigungsfrist vom

Vertrag lösen kann (BAG 4.3.2004 NZA 2004, 727; 28.5.2009 NZA 2009, 1337; 23.9.2010 NZA 2011, 89; 17.3.2016 NZA 2016, 945 Rn. 23). Eine Vertragsstrafe, die höher ist als die Arbeitsvergütung, die für die Zeit zwischen einer vorzeitigen tats. Beendigung und dem rechtl. zulässigen Beendigungszeitpunkt zu zahlen wäre, ist nur ausnahmsweise angemessen iSv. § 307 I 1, zB wenn das Sanktionsinteresse des AG aufgrund bes. Umstände das übl. eindeutig übersteigt (BAG 18.12.2008 NZA-RR 2009, 519; 19.8.2010 AP BGB § 307 Nr. 49; 23.9.2010 NZA 2011, 89; *Günther/Nolde* NZA 2012, 62, 66).

Ist die Vertragsstrafe **während der Probezeit** wegen der verkürzten Kündigungsfrist unangemessen hoch und deshalb die AGB-Abrede nach § 307 I unwirksam, bleibt diese Rechtsfolge auch im weiteren Verlauf des ArbVerh. erhalten, wenn der AN eine längere Kündigungsfrist einzuhalten hat (BAG 23.9.2010 NZA 2011, 89). Allerdings ist es nicht ausgeschlossen, dass das Sanktionsinteresse des AG von Anbeginn des ArbVerh. an so groß ist, dass eine Vertragsstrafe in Höhe eines Bruttomonatseinkommens oder eines noch höheren Betrags vereinbart werden kann (BAG 4.3.2004 NZA 2004, 727; 25.9.2008 NZA 2009, 370; 23.9.2010 NZA 2011, 89; zB Einstellung eines Spezialisten für eine Tätigkeit, deren Erfüllung sich Vertragspartner des AG durch eine Konventionalstrafe gesichert haben). Insb. bei Wettbewerbsverstößen des AN kann eine die übl. Grenze von einer Bruttomonatsvergütung übersteigende Vertragsstrafe vereinbart werden (WLP/*Stoffels* ArbR Rn. 209; *Günther/Nolde* NZA 2012, 62, 68), doch darf keine unangemessene Summierung vorgesehen werden (LAG K 13.7.2006 – 6 Sa 367/06 – BeckRS 2006, 45091). 14b

Sind Voraussetzungen einer **erg. Vertragsauslegung** erfüllt, kann das Gericht auf diesem Wege die den objektivierten Interessen beider Seiten entspr. Vertragsstrafenklausel bestimmen (grds. abl. BAG 25.9.2008 NZA 2009, 370; 18.12.2008 NZA-RR 2009, 519; 23.9.2010 NZA 2011, 89; vgl. aber BAG 12.1.2005 NZA 2005, 465; *Brors* DB 2004, 1778, 1781; *Bayreuther* NZA 2004, 953, 956). Ist die Höhe der vereinbarten Vertragsstrafe iSv. § 307 angemessen, kann die konkret verwirkte Vertragsstrafe nach § 343 wegen Unverhältnismäßigkeit herabgesetzt werden (vgl. Rn. 30; BAG 25.9.2008 NZA 2009, 370; *Wensing/Niemann* NJW 2007, 401, 402 ff.). 14c

III. Typische Anwendungsfälle

1. Arbeitsvertragsbruch. a) Auslegung. Für den Fall des Vertragsbruchs oder der Veranlassung einer fristlosen Kündigung wegen schuldhaft vertragswidrigen Verhaltens kann sich jede Seite durch die **Vereinb. einer Vertragsstrafe** absichern (BAG 23.5.1984 AP BGB § 339 Nr. 9). Dabei ist unter Vertragsbruch die vom Schuldner einseitig und ohne Willen des Gläubigers herbeigeführte faktische Vertragsauflösung zu verstehen, also auf ANSeite der Fall der Nichtaufnahme der Arbeit oder die rechtswidrige vorzeitige Beendigung des Vertragsverhältnisses (BAG 18.9.1991 AP BGB § 339 Nr. 14; *Stoffels* Vertragsbruch S. 33 f.). Vertragsstrafen zur Sanktion vorzeitiger tats. Beendigung des ArbVerh. durch den AN ohne Einhaltung der Kündigungsfrist bzw. des Kündigungstermins, also das Nichterbringen der bis zum rechtl. Vertragsende geschuldeten Arbeitsleistung, sind der typische Anwendungsfall der Vertragsstrafenregelung des BGB im ArbR und (auch in AGB des AG) grds. zulässig (BAG 25.9.2008 NZA 2009, 370). Die Klausel "Nichteinhaltung der Kündigungsfrist" erfasst auch die (unwirksame) außerordentl. Kündigung ohne wichtigen Grund des AN (LAG K 17.11.2015 – 12 Sa 707/15 – BeckRS 2016, 66110 Rn. 59). 15

Die **notwendige Transparenz** (vgl. § 307 I 2) der in AGB des AG enthaltenen Regelung wird gewahrt, wenn es im Arbeitsvertrag heißt, „löst der AN das ArbVerh. ohne Einhaltung der maßgebl. Kündigungsfrist unberechtigt auf" (BAG 28.5.2009 NZA 2009, 1337). Zur Gewährleistung der notwendigen Transparenz muss in der Klausel neben dem Begriff der Vertragsstrafe das Verschuldenserfordernis nicht bes. erwähnt werden (BAG 19.8.2010 AP BGB § 307 Nr. 49). Die vom AN schuldhaft veranlasste Beendigung des ArbVerh. durch Kündigung seitens des AG ist kein Fall des Vertragsbruchs (BAG 18.9.1991 AP BGB § 339 Nr. 14). Zur unzureichenden Bestimmtheit dieser Klausel BAG 21.4.2005 NZA 2005, 1053 und Rn. 12. Der im Vergleich zum Vertragsbruch umfassendere Tatbestand einer **„rechtswidrigen Beendigung"** setzt ein Verhalten voraus, das auf eine vorzeitige und rechtswidrige Beendigung der Rechtsbeziehung abzielt (BAG 9.6.1993 – 5 AZR 470/92 – BeckRS 1993, 30745261). 15a

b) Wirksamkeit. Im Falle eines arbeitnehmerseitigen Vertragsbruchs wird der betroffene AG erfahrungsgemäß einen nicht unerhebl. Schaden erleiden können, den er aber aufgrund zahlr. Schwierigkeiten (insb. Beweis) nicht oder nicht in voller Höhe durchzusetzen vermag. Auch von den sonstigen ihm zu Gebote stehenden Rechtsbehelfen kann sich der AG nicht viel versprechen (*Lohr* MDR 2000, 429, 430). Deshalb ist ein **berechtigtes Interesse des AG** an der Vereinb. einer Vertragsstrafe anzuerkennen (BAG 23.5.1984 AP BGB § 339 Nr. 9; 5.2.1986 AP BGB § 339 Nr. 12; *Bonanni/Niklas* ArbRB 2008, 249, 252). 16

Hins. der Höhe der Strafsumme muss gewährleistet sein, dass die Vertragsstrafe eine fühlbare Bestrafung ermöglicht (BAG 1.10.1963 AP HGB § 67 Nr. 2; LAG BE 19.5.1980 AP BGB § 339 Nr. 8), zumal beim AN die geleistete Vertragsstrafe zum steuerl. Werbungskostenabzug zugelassen ist (BFH 22.6.2006 NJW 2006, 3231). Andererseits ist zu beachten, dass der Wert der nicht erbrachten Arbeits- 17 leistung im Wesentlichen durch den Wegfall der Vergütungspflicht ausgeglichen wird. Den **Betrag von einem Monatsgehalt** wird man wegen der ges. Kündigungsfrist von vier Wochen (§ 622 I) als generelle Höchstgrenze ansehen können (BAG 4.3.2004 NZA 2004, 727; *Hauck* NZA 2006, 816, 818). Die Vertragsstrafe muss proportional zur Länge der Kündigungsfrist sein (LAG K 17.11.2015 – 12 Sa 707/15 – BeckRS 2016, 66110 Rn. 83).

18 **2. Nachvertragliches Wettbewerbsverbot. a) Auslegung.** Wird, wie durchweg übl. (*Bauer/Diller* Rn. 921), ein nachvertragl. Wettbewerbsverbot durch Vertragsstrafe gesichert, bedarf es der Auslegung, ob die Strafe für jeden einzelnen Fall der Zuwiderhandlung während der Karenzzeit, für Zuwiderhandlungen während bestimmter Zeiträume oder nur für einen Dauerverstoß geschuldet sein soll (*Stoffels* ZFA 2009, 861, 885). Die Auslegung der Klausel kann ergeben, dass mehrere Verstöße als ein einziger Verstoß anzusehen sind, weil sie zu einer natürl. Handlung zusammengefasst werden können (BGH 17.7.2008 NJW 2009, 1882). Ist **die Vertragsstrafe für jeden Fall** der Zuwiderhandlung vereinbart, kann bei einem Dauerverstoß die Auslegung ergeben, dass sie nur für jeden Monat der Zuwiderhandlung geschuldet ist (*Bauer/Diller* Rn. 957). Eine lückenhafte Klausel ist ggf. im Wege erg. Vertragsauslegung zu einer sinnvollen Regelung zu führen (BAG 26.9.1963 AP HGB § 75 Nr. 1). Eine entspr. Klausel in AGB des AG wird wegen Intransparenz unwirksam sein (vgl. BAG 14.8.2007 NZA 2008, 170; abl. *Stoffels* ZFA 2009, 861, 885).

19 **b) Wirksamkeit.** Wie sich aus § 75c HGB ergibt, sind Vertragsstrafeabreden zur Sicherung von Wettbewerbsverboten grds. wirksam (BAG 21.5.1971 AP BGB § 339 Nr. 5; 25.9.1980 AP BGB § 339 Nr. 7; 25.10.1994 – 9 AZR 265/93 – BeckRS 2009, 56449). § 309 Nr. 6 findet keine Anwendung (BAG 18.8.2005 NZA 2006, 34; *Bauer/Diller* Rn. 925). Die Verwirkung der Vertragsstrafe setzt die **Verbindlichkeit des Wettbewerbsverbots** voraus (*Bauer/Diller* Rn. 933). Der AN wird bei Wettbewerbsverstößen vor unangemessenen Benachteiligungen dadurch geschützt, dass der AG mit dem Verlangen der Vertragsstrafe den Anspruch auf Einhaltung der Wettbewerbsabrede für die Zeit verliert, auf die sich die verwirkte Strafe bezieht (§ 75c I HGB, § 340 I 2; BAG 13.9.1969 AP BGB § 611 Konkurrenzklausel Nr. 24; 26.11.1971 AP BGB § 611 Konkurrenzklausel Nr. 26). Für die verbleibende Zeit bleibt allerdings der Erfüllungsanspruch weiter bestehen (BAG 29.1.1981 – 3 AZR 235/78 –; *Bauer/Diller* Rn. 966).

20 Wettbewerbsverstöße sind geeignet, für den AG erhebl. Schäden hervorzurufen (vgl. zu den Kosten eines Detektivs, der zur Aufdeckung einer unerlaubten Konkurrenztätigkeit eingeschaltet worden ist, BAG 28.10.2010 NZA-RR 2011, 231; 26.9.2013 NZA 2014, 301). Deshalb kann das Strafversprechen im Einzelfall deutl. über ein Bruttomonatsverdienst hinausgehen (enger BAG 18.8.2005 NZA 2006, 34; *Han,* Zulässigkeit der Vertragsstrafe in vorformulierten Arbeitsverträgen, 2008 S. 195). Die mögl. Höhe der Vertragsstrafe ist ges. nicht geregelt, insb. ist kein angemessenes Verhältnis zwischen **Vertragsstrafe und Karenzentschädigung** gefordert (BAG 21.5.1971 AP BGB § 339 Nr. 5). Auch gibt es keinen Rechtssatz, dass eine Vertragsstrafe die Höhe des für die Kündigungsfrist zu zahlenden Gehalts nicht übersteigen dürfe (BAG 25.10.1994 – 9 AZR 265/93 – BeckRS 2009, 56449). Es ist auf die Umstände des Einzelfalles abzustellen (BAG 21.5.1971 AP BGB § 339 Nr. 5; 25.10.1994 – 9 AZR 265/93 – BeckRS 2009, 56449) und eine überhöhte Vertragsstrafe gem. § 343 auf ein vertretbares Maß zurückzuführen (BAG 30.4.1971 AP BGB § 340 Nr. 2). Findet § 307 Anwendung, kann aus der Höhe der versprochenen Vertragsstrafe die Unangemessenheit folgen (BAG 18.8.2005 NZA 2006, 34; *Bauer/Diller* Rn. 938). Die Angemessenheit der vom AN versprochenen Vertragsstrafe ist für den Zpkt. des Vertragsschlusses zu beurteilen (**aA** *Diller* NZA 2005, 250, 254).

21 **3. Verschwiegenheitspflicht.** Auf AGSeite besteht zumeist ein erhebl. Interesse an der Geheimhaltung wichtiger Betriebsinterna (zB Produktionsverf., künftige Entwicklungsvorhaben, Kundenlisten etc.), die dem AN im Laufe seiner Arbeit bekannt geworden sind. Ein entspr. Verschwiegenheitsgebot ergibt sich für den AN während der Laufzeit des Arbeitsvertrags als Nebenpflicht aus dem Vertrag. Für den **nachvertragl. Zeitraum** bedarf es hingegen einer ausdr. Absprache (KHb/*Künzl* 2.1 Rn. 141 ff.; MüKoBGB/*Müller-Glöge* § 611 Rn. 1219 jeweils mwN). Bei der Missachtung solcher Geheimhaltungspflichten entstehen Schäden, deren Höhe der AG selten zuverlässig beziffern kann. Hier kann durch eine Vertragsstrafeabrede geholfen werden (*Krause* FS Reuter 2010 S. 627, 637).

22 **4. Schlechtleistung.** Vertragsstrafeklauseln, die auch Schlechtleistungen (mangelhafte Arbeitsqualität oder -quantität) umfassen, sind unwirksam, wenn sie den von der Rspr. entwickelten, **zwgd. Haftungsbeschränkungen widersprechen** (KHb/*Künzl* 2.1 Rn. 202; *Weber* AuA 1999, 551, 553). Bei Berufssportlern kann an die Verletzung eines (zumeist vom zust. Sportverband verhängten) Dopingverbots (zur Zulässigkeit von Dopingkontrollen im ArbVerh. *Klose* FS Bepler 2012 S. 267) die Verwirkung einer Vertragsstrafe geknüpft werden (*Reimann*, Doping im ArbVerh., 2009 S. 207).

23 **5. Nebentätigkeitsverbot; Mitteilungspflichten.** Ein berechtigtes Interesse des AG an der Sicherung eines Nebentätigkeitsverbots bzw. entspr. Anzeigepflichten lässt sich kaum begründen. Ganz allg.

ist die Absicherung von Nebenpflichten, die eher dem Ordnungsbereich zuzuweisen sind, probl. (*Söllner* AuR 1981, 97, 104; *Lakies* AR-Blattei SD 35 Rn. 571; *Thüsing/Bodenstedt* AuR 2004, 369). Jdf. lösen **geringfügige Verletzungen** von Nebenpflichten wegen § 242 keine Vertragsstrafe aus (BAG 24.6.1987 – 8 AZR 641/85 – BeckRS 1987, 30722069). Gleichfalls krit. sind Vertragsstrafeversprechen zu beurteilen, die die Pflicht, eine Arbeitsverhinderung unverzügl. anzuzeigen, sanktionieren (ArbG BE 21.1.2004 AuR 2004, 394 [Zulässigkeit im Profifußball]; Preis/*Stoffels* II V 30 Rn. 76).

6. Arbeitspflicht. Das unentschuldigte **Fernbleiben von der Arbeit** (Blaumachen) kann durch Vertragsstrafe geahndet werden, denn wie beim Arbeitsvertragsbruch besteht ein berechtigtes Interesse des AG an der Sanktionierung dieser Pflichtverletzung (*Engel,* Konventionalstrafen im Arbeitsvertrag, 1990 S. 232; Preis/*Stoffels* II V 30 Rn. 52). Entspr. kann die Unpünktlichkeit mit einer Vertragsstrafe geahndet werden. Die Nichterbringung der Arbeitsleistung ist kein Fall der Nichtbeachtung der ges. Kündigungsfrist (BAG 22.10.2009 AP BGB § 133 Nr. 57). 24

7. Sicherung von Ausbildungskosten. Das BAG hat die für **Rückzahlungsklauseln** entwickelten Zulässigkeitskriterien wegen der Funktionsidentität beider Rechtsinstitute auf solche Vertragsstrafeversprechen übertragen, die ersichtl. dem Zweck dienen, dem AG die Amortisation seiner aufgewendeten Aus- oder Fortbildungskosten zu sichern (BAG 27.7.1977 AP BGB § 611 Entwicklungshelfer Nr. 2). 25

IV. Vertragsstraferegelungen in Kollektivverträgen

Die Regelung von Vertragsstrafen **in TV** wird als zulässig angesehen (*Groß,* Vertragsstrafen des AN, 2004 S. 67 ff.). Va. sind Vorschr. denkbar, die Strafabreden ausschließen oder beschränken. Die Betriebsparteien können nicht wirksam den AG verpflichten, für den Fall der Verletzung eines MBR an den BR eine Vertragsstrafe zu zahlen (BAG 29.9.2004 NZA 2005, 123). Hingegen sollen Vertragsstrafen zu Lasten der AN **in BV** begr. und geregelt werden können (BAG 18.8.1987 AP BetrVG 1972 § 77 Nr. 23; 9.4.1991 AP BetrVG 1972 § 77 Tarifvorbehalt Nr. 1; 6.8.1991 AP BetrVG 1972 § 77 Nr. 52; *Fitting* § 77 Rn. 66; **aA** *Richardi/Richardi* § 77 Rn. 113). Das BAG ordnet Vereinb. über Vertragsstrafen nicht den die Struktur des ArbVerh. prägenden materiellen Arbeitsbedingungen zu (BAG 6.8.1991 AP BetrVG 1972 § 77 Nr. 52). Die Betriebspartner seien befugt, in einer BV alle Fragen zu regeln, die auch Inhalt des Arbeitsvertrags sein könnten, soweit nicht der Vorbehalt einer tarifl. Regelung nach § 77 III BetrVG eingreife. 26

Ob die Regelungskompetenz der Betriebspartner auch BV umfasst, die **ausschl. Bestimmungen zu Lasten der AN** enthalten, hat das BAG offen gelassen (BAG 6.8.1991 AP BetrVG 1972 § 77 Nr. 52; diff. *Groß,* Vertragsstrafen des AN, 2004 S. 66). Jdf. bedarf es der sorgfältigen Prüfung, ob überhaupt die von der BV vorausgesetzte und durch die Vertragsstrafe gesicherte Pflicht wirksam begr. worden ist (zB Pflicht zur Teilnahme am Betriebsausflug, Verhinderung einer Pfändung der Arbeitsvergütung). Eine Grenze markiert darüber hinaus § 4 III TVG. Gegen das dort normierte Günstigkeitsprinzip verstoßen Vertragsstraferegelungen, wenn der einschlägige TV ihre Vereinb. verbietet bzw. in bestimmter Weise vorgibt (LAG D 13.10.1971 DB 1971, 1017; vgl. auch BAG 23.5.1984 AP BGB § 339 Nr. 9 zum Verhältnis TV zu einem arbeitsvertragl. Strafversprechen). Auch dürfen die Betriebspartner die BV nicht zweckwidrig einsetzen. So widerspricht es der Ordnungs- und Schutzfunktion der BV, wenn diese bestimmt, dass einzelvertragl. Strafversprechen der BV auch dann vorgehen, wenn sie für den AN ungünstiger sind. BV sollen den AN Mindestarbeitsbedingungen gewährleisten, die durch einzelvertragl. Abreden nicht zu Lasten der AN verändert werden können. Eine solche Umkehrung des **Günstigkeitsprinzips** würde zu unterschiedl. ausgestalteten Vertragsstraferegelungen im selben Betrieb führen und damit auch gegen den Grds. der gleichmäßigen Behandlung aller AN durch die Betriebspartner verstoßen (§ 75 I BetrVG; BAG 6.8.1991 AP BetrVG 1972 § 77 Nr. 52). 27

V. Verwirkung der Strafe

Die Strafe ist verwirkt, sobald der Schuldner mit der Erfüllung seiner vertragl. Verpflichtung in Verzug gerät oder der ihm obliegenden Unterlassungspflicht zuwiderhandelt (§ 339). Verzug setzt Vertretenmüssen des Schuldners voraus (§ 286 IV). Das **Verschuldenserfordernis** gilt auch für den Fall, dass die gesicherte Hauptverbindlichkeit in einem Unterlassen besteht (BGH 29.6.1972 AP BGB § 339 Nr. 6). Vom Verschuldenserfordernis kann zumindest in AGB nicht abgesehen werden (§ 307; Preis/*Stoffels* II V 30 Rn. 84; *Hauck* NZA 2006, 816, 818). Ob dies der Fall ist, bedarf der Auslegung der AGB und ergibt sich nicht allein aus dem diesbzgl. Schweigen der Vertragsklausel (BAG 18.12.2008 NZA-RR 2009, 519; 19.8.2010 AP BGB § 307 Nr. 49; BGH 3.4.1998 NJW 1998, 607, 608; LAG K 17.11.2015 – 12 Sa 707/15 – BeckRS 2016, 66110 Rn. 66). Der Verschuldensmaßstab ergibt sich bei Fehlen einer Vereinb. der Parteien aus § 276 I, dh. es genügt auch einfache Fahrlässigkeit (MüKoBGB/*Gottwald* § 339 Rn. 34; **aA** KHb/*Künzl* 2.1 Rn. 225). Ist die Vertragsstrafe für den Fall des Vertragsbruchs versprochen, führt diese Vereinb. dazu, dass Vorsatz vorausgesetzt wird (LAG BE 6.12.1966 28

AP BGB § 339 Nr. 4; MüKoBGB/*Gottwald* § 339 Rn. 34; *Lohr* MDR 2000, 429, 434; *Niemann* RdA 2013, 92, 95). Eine für den Fall der Nichterfüllung versprochene Vertragsstrafe ist nicht bereits dann verwirkt, wenn der Schuldner sie nicht gehörig erfüllt (BAG 14.6.1975 AP BGB § 340 Nr. 3; großzügiger BAG 19.8.2010 AP BGB § 307 Nr. 49 kein Antritt der Arbeit bei mangelnder Ernsthaftigkeit des tats. Arbeitsangebots). Das Versprechen einer Vertragsstrafe bezieht sich grds. nicht auf Handlungen, die der Schuldner vor dem Zustandekommen der Vereinb. begangen hat (BGH 18.5.2006 NJW-RR 2006, 1477).

29 Rechtsfolge der Verwirkung ist die Entstehung des Strafanspruchs. **Inhalt und Höhe der Strafe** richten sich nach der getroffenen Abrede. Durch (ggf. erg.) Vertragsauslegung ist auch zu bestimmen, in welchem Umf. bei mehrfachen Verstößen gegen eine strafbewehrte Unterlassungspflicht Vertragsstrafen verwirkt sind (BGH 25.1.2001 NJW 2001, 2622). UU können mehrere Verstöße zu einer rechtl. Einheit (Fortsetzungszusammenhang) zusammen zu fassen sein. Die Festsetzung der Vertragsstrafe kann dem Gläubiger (§ 315; BGH 12.7.1984 NJW 1985, 191), einem Dritten (§ 317), einem Schiedsgericht, nicht aber dem staatl. Gericht übertragen werden (BAG 25.9.1980 AP BGB § 339 Nr. 7). In diesen Fällen hat die Herabsetzung gem. §§ 315 III, 319 den Vorrang vor der nach § 343 (BGH 30.9.1993 NJW 1994, 45). Die Erfüllung des Tatbestandes löst als **Bedingung** den Vertragsstrafeanspruch aus. Im Falle eines Strafversprechens für Nichterfüllung (§ 340) wird dieser erst erfüllbar, wenn der Gläubiger dem Schuldner erklärt, dass er die Strafe verlange (BAG 7.11.1969 AP BGB § 340 Nr. 1).

VI. Herabsetzung der Strafe (§ 343)

30 Eine **im Einzelfall unverhältnismäßig hohe Vertragsstrafe** kann gem. § 343 auf einen angemessenen Betrag herabgesetzt werden (*Krause* FS Reuter 2010 S. 627, 641). Damit können unbillige Härten für den AN vermieden werden (BAG 23.5.1984 AP BGB § 339 Nr. 9). Die Anwendung dieser Bestimmung setzt die Wirksamkeit des Vertragsstrafeversprechens voraus (BAG 4.3.2004 NZA 2004, 727; 25.9.2008 NZA 2009, 370; 18.12.2008 NZA-RR 2009, 519; vgl. Rn. 14), die nach den Verhältnissen im Zpkt. der Vereinb. beurteilt wird (vgl. Rn. 10a). Dies kann auch eine in AGB geregelte Vertragsstrafe sein (WLP/*Stoffels* ArbR Rn. 210; *Wensing/Niemann* NJW 2007, 401, 404; *Winter* BB 2010, 2757, 2761; *Niemann* RdA 2013, 92, 100; *Bauer/Diller* Rn. 938: diff. *Haas/Fuhlrott* NZA-RR 2010, 1, 6 [für Strafrahmen]; **aA** *Günther,* AGB-Kontrolle von Arbeitsverträgen, 2007 S. 287; BAG 19.8.2010 AP BGB § 307 Nr. 49 unterlässt ohne ersichtl. Grund eine Prüfung von § 343).

30a Durch § 343 wird dem Richter die Möglichkeit gegeben, aufgrund einer individuellen Billigkeitskontrolle **rechtsgestaltend** tätig zu werden (*Wensing/Niemann* NJW 2007, 401, 402 f.) und dabei die tats. Umstände im Zpkt. des Strafverlangens (vgl. Rn. 31) wirksam werden zu lassen. § 343 gilt auch für andere nicht in der Zahlung einer Geldsumme bestehenden Strafen (§ 342). § 343 ist ebenso auf das selbständige Strafversprechen anwendbar. § 343 ist zwgd. Recht (BGH 13.2.1952 Z 5, 133; 22.5.1968 NJW 1968, 1625); zum Verhältnis zu § 242 vgl. BGH 17.7.2008 NJW 2009, 1882.

31 Bei der Entsch., ob eine ausbedungene Strafe **„unverhältnismäßig hoch"** ist und welcher Betrag als „angemessen" anzusehen ist, ist jedes berechtigte Interesse der Parteien und nicht bloß das Vermögensinteresse des Gläubigers zu berücksichtigen (BAG 26.9.1963 AP HGB § 74a Nr. 1; 30.11.1994 AP TVG § 4 Nr. 16). In die Abwägung sind insb. die Schwere und die Dauer der Vertragsverletzung, der Verschuldensgrad sowie die wirtschaftl. Lage und die Einkommensverhältnisse des Schuldners einzubeziehen (MüKoBGB/*Gottwald* § 343 Rn. 18). Das **Fehlen eines Schadens** rechtfertigt allein eine Herabsetzung nicht, doch kann dieser Gesichtspunkt iRd. Abwägung durchaus von mittelbarer Bedeutung sein (BAG 30.11.1994 AP TVG § 4 Nr. 16; LAG BE 19.5.1980 AP BGB § 339 Nr. 8; 24.6.1991 LAGE BGB § 339 Nr. 8). Wichtig ist die Feststellung, welchen Schaden die sanktionierte Vertragsverletzung hätte herbeiführen können, wenngleich der mögl. Schaden nicht als Obergrenze angesehen wird (BAG 30.11.1994 AP TVG § 4 Nr. 16). Den Tatsacheninstanzen kommt ein Beurteilungsspielraum zu (BAG 6.10.1993 – 5 AZR 636/92 – BeckRS 1993, 30746380). Maßgebender Zpkt. ist die Geltendmachung des Strafanspruchs, denn es handelt sich um eine Kontrolle der Rechtsausübung (*Wensing/Niemann* NJW 2007, 401, 403; **aA** MüKoBGB/*Gottwald* § 343 Rn. 19 letzte mdl. Verh.). § 343 findet auch Anwendung, wenn die Vertragsstrafe in einem TV oder einer BV geregelt ist (vgl. zum Fall einer VO BGH 29.1.1957 Z 23, 175).

32 Die Herabsetzung der Strafe ist erst nach Verwirkung der Strafe mögl., eine vorherige Feststellungsklage ist unzulässig. Ist eine verwirkte Geldstrafe unverhältnismäßig hoch, so kann sie vor ihrer Entrichtung auf **Antrag oder Einrede** des Schuldners herabgesetzt werden. Der Antrag braucht nicht ausdr. gestellt zu werden; ausreichend ist jeder Vortrag, aus dem sich ergibt, dass eine Herabsetzung der Vertragsstrafe begehrt wird. Nach der Entrichtung der Strafe ist eine Herabsetzung ausgeschlossen (§ 343 I 3). Ist sie tw. entrichtet, schließt dies iÜ eine Herabsetzung nicht aus (MüKoBGB/*Gottwald* § 343 Rn. 16).

VII. Abtretung, Erfüllungsort

Der Strafanspruch kann wegen seiner Akzessorietät vor der Verwirkung der Strafe nicht selbständig abgetreten werden. Er hat den gleichen Erfüllungsort wie der Hauptanspruch. Als **akzessorische Verbindlichkeit** geht der Strafanspruch mit der Hauptforderung über, wenn diese abgetreten wird oder von einem Betriebs- oder Unternehmensnachfolger übernommen wird (BGH 25.4.1996 NJW 1996, 2866). 33

VIII. Rechtsfolgen

Wird der Anspruch auf die Vertragsstrafe geltend gemacht, ist die Erfüllung der gesicherten Hauptverbindlichkeit ausgeschlossen (§ 340 I 2). Damit entfällt für den Gläubiger auch die Möglichkeit, nach § 61 ArbGG vorzugehen. Das gilt nicht, wenn die Vertragsstrafe für den Fall nicht gehöriger Erfüllung vereinbart worden ist (§ 341 I). Hier können **Strafe und Erfüllung nebeneinander** verlangt werden, wenn sich der Gläubiger bei der Annahme der (weiteren) Erfüllung das Recht dazu vorbehalten hat (§ 341 III). Gem. §§ 340 II, 341 II kann die **Vertragsstrafe als Mindestschaden** beansprucht werden. Der Gläubiger ist also der Pflicht enthoben, den Eintritt und die Höhe des Schadens nachweisen zu müssen. Weiteren Schaden kann der Gläubiger ersetzt verlangen. Die Vertragsstrafe ist auf den Schadensersatzanspruch anzurechnen (BAG 23.5.1984 AP BGB § 339 Nr. 9), soweit Interessenidentität beider Ansprüche besteht (BGH 8.5.2008 NJW 2008, 2849). Die Kumulation von Vertragsstrafe und Schadensersatz kann nicht wirksam vereinbart werden. 34

IX. Darlegungs- und Beweislast

Der Schuldner trägt für die Erfüllung die Beweislast. § 345 bestätigt den **allg. Grds.**, dass bei Verpflichtungen zu einem Tun der Schuldner die Erfüllung auch dann zu beweisen hat, wenn der Gläubiger aus der Nichterfüllung Rechte herleitet (BGH 24.3.1982 Z 83, 26). Das gilt sowohl für die Tatsache der Leistung als auch dafür, dass die Leistung vertragsgemäß war. Eine Umkehr der Beweislast tritt ein, wenn der Gläubiger die Leistung als Erfüllung angenommen hat (§ 363). Bei der Verpflichtung zu einem Unterlassen hat dagegen der Gläubiger die Zuwiderhandlung zu beweisen. Bei Beratungs- und Aufklärungspflichten trägt der Gläubiger die Beweislast, wenn str. ist, ob er vom Schuldner richtig und vollständig informiert worden ist (BGH 16.10.1984 NJW 1985, 264). Gleiches gilt, wenn der Gläubiger behauptet, das Aufklärungsgespräch habe überhaupt nicht stattgefunden (BGH 4.6.1996 NJW 1996, 2571). **Fehlendes Verschulden** hat gleichfalls der Schuldner darzulegen und zu beweisen (BGH 3.7.2003 NJW-RR 2003, 1278; 17.7.2008 NJW 2009, 1882). Des Weiteren trägt der Schuldner die Darlegungs- und Beweislast für die Tatsachen, aus denen sich die **Unverhältnismäßigkeit** der Strafe ergeben soll (LAG D 7.9.1967 DB 1968, 90, 91; LAG BE 19.5.1980 AP BGB § 339 Nr. 8). 35

§ 355 Widerrufsrecht bei Verbraucherverträgen

(1) [1]Wird einem Verbraucher durch Gesetz ein Widerrufsrecht nach dieser Vorschrift eingeräumt, so sind der Verbraucher und der Unternehmer an ihre auf den Abschluss des Vertrags gerichteten Willenserklärungen nicht mehr gebunden, wenn der Verbraucher seine Willenserklärung fristgerecht widerrufen hat. [2]Der Widerruf erfolgt durch Erklärung gegenüber dem Unternehmer. [3]Aus der Erklärung muss der Entschluss des Verbrauchers zum Widerruf des Vertrags eindeutig hervorgehen. [4]Der Widerruf muss keine Begründung enthalten. [5]Zur Fristwahrung genügt die rechtzeitige Absendung des Widerrufs.

(2) [1]Die Widerrufsfrist beträgt 14 Tage. [2]Sie beginnt mit Vertragsschluss, soweit nichts anderes bestimmt ist.

(3) [1]Im Falle des Widerrufs sind die empfangenen Leistungen unverzüglich zurückzugewähren. [2]Bestimmt das Gesetz eine Höchstfrist für die Rückgewähr, so beginnt diese für den Unternehmer mit dem Zugang und für den Verbraucher mit der Abgabe der Widerrufserklärung. [3]Ein Verbraucher wahrt diese Frist durch die rechtzeitige Absendung der Waren. [4]Der Unternehmer trägt bei Widerruf die Gefahr der Rücksendung der Waren.

Abschnitt 8. Einzelne Schuldverhältnisse

Titel 8. Dienstvertrag und ähnliche Verträge

§ 611 Vertragstypische Pflichten beim Dienstvertrag

(1) Durch den Dienstvertrag wird derjenige, welcher Dienste zusagt, zur Leistung der versprochenen Dienste, der andere Teil zur Gewährung der vereinbarten Vergütung verpflichtet.

(2) Gegenstand des Dienstvertrags können Dienste jeder Art sein.

1 **1. Kodifikation der vertragstypischen Pflichten.** § 611, der den Typus des **freien Dienstvertrags** unverändert seit dem 1.1.1900 regelt, war seit Inkrafttreten des BGB auch die Grdl. des Arbeitsvertrags. Mehr als 117 Jahre nach Inkrafttreten des BGB hat es der Gesetzgeber vermocht, in Abschn. 8 Titel 8 für die **abhängige Dienstleistung in § 611a** einen eigenständigen Vertragstyp vorzusehen, s. G v. 21.2.2017 (BGBl. I 2017 S. 258). Im Titel 8 sind nunmehr der freie Dienstvertrag und als spezielle Dienstverträge, der Arbeitsvertrag und der Behandlungsvertrag, geregelt. Der **Arbeitsvertrag** ist nunmehr ein **typisierter und kodifizierter Anwendungsfall des Dienstvertrags nach § 611.** Das im Zuge der Verabschiedung des BGB gegebene Versprechen des Reichstages, eine einheitl. Kodifikation des Arbeitsvertragsrechts „baldthunlichst" vorzunehmen, ist zwar damit bis heute nicht erfüllt. Doch ist man der einheitl. Kodifikation ein Stück nähergekommen. Entw., die Ausgangspunkt einer Kodifikation sein könnten, liegen vor, vgl. die Entw. eines Arbeitsgesetzbuches (Allg. Arbeitsvertragsrecht, Arbeitsgesetzbuchkommission, Bonn 1977); Diskussionsentw. des Arbeitskreises Dt. Rechtseinheit im ArbR (Gutachten D zum 59. Dt. Juristentag). Die sowohl vom der Freistaat SN (BR-Drs. 293/95) als auch dem Land BB (BR-Drs. 671/96) in den BR eingebrachten GE sind nicht weiterverfolgt worden. Wie schon zu Ende des 19. Jh. (Motive II, 455) steht auch der heutige Gesetzgeber noch auf dem Standpunkt, mit zerstückelten, unsystematischen Regelungen das Arbeitsvertragsrecht hinreichend zu erfassen (krit. hierzu *Preis* FS Wißmann 2005, S. 45). Zul. hat sich dies bei der Änd. der §§ 105 ff. GewO und der Einf. des AGG gezeigt. Erneut ist im Jahre 2007 ein Diskussionsentw. eines ArbeitsvertragsG (DE ArbVG 2007) von *Henssler* und *Preis* (NZA-Beil. 23/2006, 21/2007) vorgelegt worden (dazu *Greiner* JbArbR 2008, 97).

2 **2. Freie Dienstverträge.** Das Dienstvertragsrecht unterfällt in zwei Grundtypen: Der freie, unabhängige Dienstvertrag und der Arbeitsvertrag des abhängige Dienste leistenden AN. Gegenstand der folgenden Kommentierung ist nur der abhängige Arbeitsvertrag. Die Herausforderung liegt in der Abgrenzung des abhängigen Arbeitsvertrags zum freien Dienstvertrag und anderen selbständigen Vertragstypen über Leistungserbringung, insb. dem Werkvertrag (§ 631). Arbeitsvertrag und Dienstvertrag sind gemeinsam im Sechsten Titel „Dienstvertrag" geregelt. Dienstverträge, die **kein ArbVerh.** sind, werden als „freie Dienstverträge" oder auch „freie Mitarbeiterverträge" bezeichnet. Mit dem Adjektiv „frei" wird zutr. der Gegensatz zwischen unabhängiger Dienstleistung und abhängiger Arbeitsleistung akzentuiert.

3 **3. Vertragsfreiheit.** Den Vertragsparteien steht es nach dem **Grds. der Vertragsfreiheit** frei, ein ArbVerh. zu begründen, auch wenn der Abschluss eines freien Dienstvertrags mögl. wäre (zutr. BAG 18.3.2014 – 9 AZR 740/13 – BeckRS 2014, 70030 Rn. 21). Umgekehrt gilt dies nicht: Ist der Dienstverpflichtete entgegen der gewählten Bezeichnung als freier Dienstnehmer (oder Werkunternehmer) in Wahrheit AN, liegt ein Arbeitsvertrag vor und findet das gesamte ArbR Anwendung. Das ArbVerh. wandelt sich nicht schon allein deshalb in ein freies Mitarbeiterverhältnis um, weil der AG sein Weisungsrecht längere Zeit nicht ausübt (BAG 12.9.1996 NZA 1997, 194; hierzu näher § 611a Rn. 21). Es bedarf einer ausdr. Vereinb. und idR der Aufhebung der zuvor geschlossenen Arbeitsverträge (BAG 13.5.1992 ZIP 1992, 1496). Grenzen der Vertragsfreiheit bestehen bei sog. freien Dienstverträgen über die Kontrollnormen der §§ 134, 138 und 305 ff. Diese Normen gewährleisten zwar Schutz vor unangemessener Benachteiligung, begründen aber keinen sozialen Schutz nach Maßgabe eines ArbVerh.

4 **4. Freie Dienste jeder Art.** Gegenstand von Arbeitsverträgen und **freien Dienstverträgen können Dienste jeder Art** sein. Aus der Art der Dienste folgt noch kein taugl. Abgrenzungskriterium (ZLH/*Hergenröder* § 4 III 3). Freie Dienstverträge liegen vor, wenn die Dienste in **wirtschaftl. und sozialer Selbständigkeit und Unabhängigkeit** geleistet werden. Das trifft insb. zu, wenn der Dienstverpflichtete selbst **unternehmerisch mit Risiken und Chancen am Markt tätig** ist oder einen klassischen freien Beruf ausübt. Das BSG judiziert richtig, dass eine selbstständige Tätigkeit im Wege des Dienst- oder Werkvertrags vornehml. durch das eigene Unternehmerrisiko, das Vorhandensein einer eigenen Betriebsstätte, die Verfügungsmöglichkeit über die eigene Arbeitskraft und die im Wesentlichen frei gestaltete Tätigkeit und AZ gekennzeichnet ist (BSG 18.11.2015 SozR 4–2400 § 7 Nr. 25, Rn. 16).

Das Spektrum der Dienstverträge ist weit. Im Vordergrund stehen insb. Dienstleistungen der **freien Berufe** (Ärzte, Anwälte, Steuerberater, Wirtschaftsprüfer; zu sog. Honorarärzten, die in Krankenhäusern als Selbständige Tätigkeiten ausüben, die sonst von angestellten Ärzten wahrgenommen werden: *Uffmann* ZfA 2012, 1 ff.; *Hanau* MedR 2015, 77). Weitere Bsp. für freie Dienstverträge sind der Unterrichtsvertrag, Fitnesscenterverträge, Personalberaterverträge und die Partnerschaftsvermittlung. Die Rechtsprobleme der freien Dienstverträge (hierzu MüKoBGB/*Müller-Glöge* Rn. 77 ff.; *Anders/Gehle*, Das Dienstvertragsrecht im BGB, 1999 Rn. 1 bis 790) sind nur insoweit Gegenstand der vorliegenden Kommentierung als es um die Abgrenzung zu Arbeitsverträgen geht. 5

5. Freie Berufe und abhängige Beschäftigung. Probl. ist insb. die Vertragssituation, in der der freie Dienstnehmer **nur für einen Dienstgeber** tätig ist. Nahezu jede Dienstleistung kann in abhängiger Stellung erbracht werden. Das gilt auch für die freien Berufe. So steht der **Chefarzt** idR zum Krankenhaus nicht in einem freien Dienstverhältnis, sondern trotz fachl. Weisungsfreiheit in einem ArbVerh. (§ 611a Rn. 65 ff.; ebenso für ärztl. Direktoren; BAG 22.11.2016 NZA 2017, 581). Anders wiederum ist dies bei einem **ärztl. Gutachter**, der frei darüber entscheidet, wann er Patienten untersucht und der in der Gestaltung seiner Tätigkeit, auch hins. der medizinischen Aufgaben, frei ist (BAG 21.7.2015 NZA-RR 2016, 344). Die Tätigkeit eines **RA** kann auf unterschiedl. vertragl. Basis beruhen. Als Partner einer Anwaltssozietät richtet sich die Rechtsbeziehung zwischen den Sozien nach dem Gesellschaftsvertrag und den maßgebenden Normen der §§ 705 ff. (zum PartGG v. 25.7.1994 BGBl. I S. 1744; *Seibert* DB 1994, 2381). Er ist auch dann keine arbeitnehmerähnl. Person iSd. § 5 I 2 ArbGG, wenn er von der Sozietät wirtschaftl. abhängig ist (BAG 15.4.1993 NZA 1993, 789; weitere Nachw. § 611a Rn. 86 und 87). UU kann jedoch der als freier Mitarbeiter beschäftigte Anwalt als AN zu qualifizieren sein, wenn ein ihn beschäftigender Anwalt oder eine Anwaltssozietät Weisungen hins. der auszuübenden anwaltl. Tätigkeit nach Zeit, Umf. und Ort vorzunehmen berechtigt ist (hierzu noch § 611a Rn. 62). Gegen eine Weisungsgebundenheit spricht nicht eine Selbständigkeit bei fachbezogenen Entsch. (vgl. für den Fall eines in einer Anwaltskanzlei beschäftigten Betriebswirts OLG K 15.9.1993 NJW-RR 1993, 1526). Wichtigstes Kriterium für die Abgrenzung ist, ob der in einem Anwaltsbüro tätige RA seine gesamte Arbeitskraft zur Vfg. zu stellen hat, selbst keine Mandate haben darf, ein vertragl. fixiertes Arbeitsgebiet hat und auf die Zuweisung und den Entzug von Mandaten keinen Einfluss nehmen kann, weder am Gewinn noch am Verlust der Anwaltspraxis beteiligt ist sowie pers. und fachl. Weisungen unterworfen ist (LAG BW 14.3.1985 NZA 1985, 739; LAG BE 16.12.1986 NZA 1987, 488; LAG HM 20.7.1989 NZA 1990, 228; LAG HE 16.3.1990 LAGE BGB § 611 Arbeitnehmerbegriff Nr. 16; BSG 30.11.1978 AP BGB § 611 Abhängigkeit Nr. 31). 6

Nach bislang herrschender Ansicht im ArbR sind Vorstandsmitglieder einer Kapitalgesellschaft oder GF einer GmbH freie Dienstnehmer. Diese Auff. wird im Sozialrecht und dem Unionsrecht so nicht geteilt (vgl. § 611a Rn. 89 und 90). Vielmehr erkennt man in den Organen einer Gesellschaft Spuren der Abhängigkeit und eines Unterordnungsverhältnisses (vgl. § 611a Rn. 89). 7

§ 611a Arbeitsvertrag

(1) [1]**Durch den Arbeitsvertrag wird der Arbeitnehmer im Dienste eines anderen zur Leistung weisungsgebundener, fremdbestimmter Arbeit in persönlicher Abhängigkeit verpflichtet.** [2]**Das Weisungsrecht kann Inhalt, Durchführung, Zeit und Ort der Tätigkeit betreffen. Weisungsgebunden ist, wer nicht im Wesentlichen frei seine Tätigkeit gestalten und seine Arbeitszeit bestimmen kann.** [3]**Der Grad der persönlichen Abhängigkeit hängt dabei auch von der Eigenart der jeweiligen Tätigkeit ab.** [4]**Für die Feststellung, ob ein Arbeitsvertrag vorliegt, ist eine Gesamtbetrachtung aller Umstände vorzunehmen.** [5]**Zeigt die tatsächliche Durchführung des Vertragsverhältnisses, dass es sich um ein Arbeitsverhältnis handelt, kommt es auf die Bezeichnung im Vertrag nicht an.**

(2) **Der Arbeitgeber ist zur Zahlung der vereinbarten Vergütung verpflichtet.**

Übersicht

A. Grundlagen

I. Wesen des Arbeitsvertrags

§ 611a, der am 1.4.2017 in Kraft getreten ist (G v. 28.2.2017 BGBl. I S. 258; zur Entstehungsgeschichte *Wank* AuR 2017, 140), regelt in seinen Abs. 1 und 2 die vertragstypischen Pflichten eines Arbeitsvertrags: Der AN ist zur Leistung von weisungsgebundener Arbeit und der AG zur Leistung der versprochenen Vergütung verpflichtet. Mit dieser Regelung hat der Gesetzgeber unmissverständl. klargestellt, dass der Arbeitsvertrag zur Familie der **typischen Schuldverhältnisse** des BGB gehört (s. Ausschussbericht BT-Drs. 18/10064, 17). Die ges. Definition enthält damit auch die Charakteristika eines gegenseitigen Vertrags. Der Arbeitsvertrag ist ein **Austauschvertrag**, dessen Hauptleistungspflichten im Synallagma stehen (hierzu *Söllner* AcP 167, 1967, 132, 137 ff.). Der Arbeitsvertrag ist als Unterfall des Dienstvertrags ein **schuldrechtl. Vertrag**, auf den die Regelungen des ersten Buches des BGB, also des allg. Teils (§§ 1 bis 240) grds. Anwendung finden. Auch die Rechtsregeln des zweiten Buches des BGB, also das Recht der Schuldverhältnisse, hat in zahlr. Fragen des Arbeitsvertragsrechts große Bedeutung. Zwar werden die Regeln des allg. SchuldR (§§ 241 bis 432) vielfach durch Sonderregelungen des ArbR verdrängt. Das SMG hat an zahlr. Stellen den Arbeitsvertrag und arbeitsrechtl. Fragestellungen ausdr. in das BGB einbezogen (zB § 275 III, 310 IV, 615 S. 3, 619a), so dass die Funktionsfähigkeit des BGB für das Arbeitsvertragsrecht deutl. gesteigert worden ist. Freil. wollte der Gesetzgeber die bisher anerkannten Grds. des Leistungsstörungsrechts im Arbeitsvertragsrecht nicht ändern (BT-Drs. 14/6857 S. 48). 1

Herausragende Bedeutung werden die abgrenzenden Begriffsmerkmale erlangen, die den Arbeitsvertrag ggü. allen anderen Vertragstypen qualifizieren, die Dienst- oder Arbeitsleistungen zum Gegenstand haben. Auch der Arbeitsvertrag fußt auf den Prinzipien des Privatrechts und der Privatautonomie. Typischerweise ist die Privatautonomie allerdings immer dann gestört, wenn bes. Abhängigkeits- oder Unterordnungsverhältnisse bestehen. So erweist sich schon im Ansatz die Definition der Begriffsmerkmale des Arbeitsvertrags in § 611a I als **übergreifende Schutznorm** zu Gunsten abhängig Beschäftigter. Rechtsfolge der Anwendung des § 611a ist, dass das gesamte arbeitsrechtl. Schutzrecht mit seinen vielfältigen Spezialnormen, das an den Arbeitsvertrag bzw. den Begriff des AN anknüpft, auf das Rechtsverhältnis Anwendung finden. Diese Spezialnormen sind überw. zwgd. Recht. Damit unterscheidet sich das ArbR nicht prinzipiell von anderen Vertragstypen, die zunehmend durch zwgd. Recht geprägt sind (insb. das Mietrecht). Auch der starke Einfluss des Unionsrechts auf das nationale Recht ist keine Besonderheit des ArbR. 2

3 § 611a und der damit implizit geregelte ANBegriff („*Durch den Arbeitsvertrag wird der AN*") ist der **Schlüssel für die Anwendung des ArbR**. Zweck des Rechtsbegriffs ist, den abhängigen Arbeitsvertrag von dem unabhängigen (freien) Dienstvertrag abzugrenzen. Hinter der Begriffsabgrenzung steht daher die Globalmaxime der Schutzbedürftigkeit des AN (hierzu *Lieb/Jacobs* § 1 I 2; *Mikosch* FS Löwisch 2007 S. 189, 192 ff.), die aber als solche – hier wie in anderen Zusammenhängen – nicht geeignet ist, nachvollziehbare Abgrenzungskriterien zu liefern. Es wird deshalb darauf ankommen, die nunmehr durch den Gesetzgeber geregelten Voraussetzungen dogmatisch zu konkretisieren.

II. Anwendbare Rechtsnormen auf Arbeitsverträge

4 Zunächst einmal findet das **gesamte arbeitsrechtl. Schutzrecht** Anwendung, wenn die ges. Voraussetzungen des Arbeitsvertrags vorliegen. Im vorliegenden Kommentar sind die wichtigsten Normen des ArbR kommentiert. Anwendbar bleiben auch die §§ 611 ff. auf das Arbeitsvertragsrecht, soweit sie nicht ohnehin bereits explizit an den ANBegriff (so in §§ 613a, 615 S. 3, 619a, 620 III, 622, 623) anknüpfen, sondern auch auf das freie Dienstverhältnis Anwendung finden. Da der Arbeitsvertrag systematisch immer noch ein Unterfall des Dienstvertrags ist, kann auf die allgemeinen Normen des Dienstvertragsrechts auch bei arbeitsvertragl. Fragestellungen zurückgegriffen werden, soweit keine Spezialnormen vorliegen. Das betrifft etwa die wesentl. Bestimmungen der §§ 612, 613, 614, 615 S. 1 und 2, 616 bis 619, 624–629.

5 Ferner sind die **Regelungen des allg. SchuldR** hins. des Leistungsstörungsrechts grds. anwendbar, wenn sie auch bestimmte Modifikationen erfahren (hierzu Rn. 689 ff.). Dass das konditionelle Synallagma zum Schutze des AN Durchbrechungen erfährt (§§ 615, 616, EFZ im Krankheitsfall) berührt diese dogmatische Einordnung nicht.

6 Für die Abgrenzung der typischen Rechtspflichten sind auch im Arbeitsvertragsrecht allg. **schuldrechtl. Grds.** zu beachten. § 241 II ist Ausdruck der allg. Rücksichtnahmepflicht, die für alle Schuldverhältnisse gilt (Rn. 707 ff.). Diese Betrachtung vermeidet insb. eine Überspannung gemeinschaftsbezogener Rechtspflichten zu Lasten des AG wie des AN. Bei dieser Einstufung des ArbVerh. als Austauschverhältnis wird nicht negiert, dass die dem **Dauerschuldverhältnis** zugrunde liegende Pflichtenstruktur weitergehende Nebenpflichten begründen kann als der einmalige Austausch von Leistungen. Die **Nebenpflichten** können umso stärker sein, je intensiver die Leistung des anderen in Anspruch genommen wird. Auf dieser dogmatischen Grdl. ist es mögl., die personale Struktur des ArbVerh. zu berücksichtigen (ausf. *Wiese* ZfA 1996, 439 ff.), ohne das ArbVerh. aus dem herkömml. Vertragsdenken auszuklammern. Die Arbeitsleistung beansprucht den AN als Person vielfach in wesentl. größerem und intensiverem Umf., als dies bei Gegenleistungen anderer Schuldverträge der Fall ist. Überdies ist der AN vielfach in einen Betrieb eingegliedert, so dass er die Arbeitsleistung nur in Kooperation mit Arbeitskollegen erbringen kann. Die Einordnung des Arbeitsvertrags in das Privatrechtssystem negiert nicht die vielfach bestehende reale Ungleichheit der Vertragsparteien. Das klassische bürgerl. Vertragsmodell funktioniert nur, wenn Selbstbestimmung des Einzelnen und damit eine rechtsgeschäftl. Entscheidungsfreiheit gesichert ist. Das ArbR ist geprägt von einer Vielzahl zwgd., ANschützender, die Ungleichgewichtigkeit kompensierender Regelungen. Dass der privatrechtl. einzuordnende Arbeitsvertrag durch zahlr. ör. Schutzvorschr. überlagert wird, spricht nicht gegen diese Einordnung. Das Arbeitsvertragsrecht unterscheidet sich von zahlr. Vertragstypen des allg. ZivilR auch nicht durch das Bedürfnis einer Inhaltskontrolle zu Gunsten des schwächeren Vertragspartners, insb. bei vorformulierter Vertragsgestaltung. Dies hat der Gesetzgeber ausdr. durch die Einbeziehung des Arbeitsvertragsrechts in die Vorschr. zur Inhaltskontrolle verdeutlicht (vgl. die Kommentierung zu §§ 305 bis 310).

7 Von der Qualifizierung der geschuldeten Dienstleistung als unselbständige Arbeitsleistung, die von AN erbracht wird, hängt das Eingreifen des Rechtsregimes des ArbR ab. Die begriffl. Abgrenzung hat daher hervorragende praktische Bedeutung. Dies gilt schon für die richtige **Wahl des Rechtsweges.** Die ArbG sind nur für bürgerl. Rechtsstreitigkeiten zwischen AN (zu denen nach § 5 ArbGG auch die ANähnl. Personen gehören) und AG zust., die ordentl. Gerichte dagegen für Rechtsstreite aus freien Dienstverträgen (näher ArbGG § 2 Rn. 21 ff., ArbGG § 5 Rn. 2 ff.). Wird ein Vertrag fehlerhaft nicht als Arbeitsvertrag eingeordnet, begr. die gerichtl. Feststellung eines ArbVerh. keinen Grund zur (außerordentl.) Kündigung des Vertrags (BAG 3.10.1975 AP BGB § 611 Abhängigkeit Nr. 17; *Wank* Arbeitnehmer S. 112 ff.; MüArbR/*Richardi* § 17 Rn. 7; **aA** *Lieb* RdA 1975, 49, 52; zu den Folgen fehlerhafter Einordnung vgl. Rn. 50 ff.).

B. Geltungsbereich des Arbeitsrechts

I. Definition des Arbeitsvertrags (Arbeitnehmerbegriff)

8 **1. Begriff, Normzweck.** Ges. Ausgangspunkt für die Anwendbarkeit arbeitsrechtl. Regelungen ist § 611a, der den Arbeitsvertrag und damit zugleich den Begriff des AN legaldefiniert. Anhand der Tatbestandsmerkmale des G ist der **„weisungsgebundene, fremdbestimmt in pers. Abhängigkeit**

Leistende" zu bestimmen. Der **Normzweck** ergibt sich aus dem Normtext. Das G will all jene Dienstnehmer dem Schutz des ArbR unterstellen, die in ihrer Dienstausübung fremdbestimmt und insoweit abhängig sind, aber nur die eigene Arbeitskraft haben, um Eigenvorsorge für sich und ihre Unterhaltsberechtigten – unabhängig von staatl. Transferleistungen – zu leisten. Die **Schutzzwecke** des ArbR und des komplementären SozVersR lassen sich wie folgt umreißen: Schutz des **strukturell unterlegenen Vertragspartners, Bestandsschutz** der wirtschaftl. Grdl., **Sozialschutz** im Falle von Krankheit, Behinderung und Pflegebedürftigkeit, Begrenzung gesundheitsgefährdender Tätigkeiten, Erholung zur Wiederherstellung der Arbeitsfähigkeit, Teilhabe (MBR). Der in § 611a kodifizierte Vertragstyp des Arbeitsvertrags ist einerseits geeignet, die **traditionellen Strukturen** ANseitigen Leistungserbringung zu erfassen, andererseits steht er auch einer **Fortentwicklung** der Kernkriterien durch Besinnung auf den **Schutzzweck der Norm** keineswegs entgegen. Geschützt werden soll derjenige, der unter **Einsatz eigener Arbeitskraft** seinen Lebensunterhalt bestreitet, diese Arbeitskraft allerdings **fremdnützig**, nach **Weisung** des Vertragspartners zum Einsatz bringt. Insofern erweist sich die Terminologie in der Rspr. des EuGH (Rn. 18 ff.) durchaus als zukunftsweisend. Fremdnützigkeit geht idR. einher mit Fremdbestimmung. So ist die Tätigkeit in einer fremdbestimmten Organisation bei Fehlen einer eigener Organisation (mit eigenen Beschäftigten) Ausdruck der pers. Abhängigkeit (s. BSG 24.3.2016 – B12 Kr 20/14 R – BeckRS 2016, 71461 Rn. 23). Der Gesetzgeber geht davon aus, dass der nicht fremdbestimmt Arbeitende weder des arbeitsrechtl. noch des sozialrechtl. Schutzes bedarf. Auch wenn dieses rechtspolitisch zunehmend umstr. ist (s. zu ANähnl. Personen und Heimarbeit Rn. 80 ff.) und jdf. eine weitergehende Integration selbstständig Tätiger in den sozialrechtl. Schutz Stück für Stück vorangetrieben wird (zB § 2 SGB VI), liefert die Definition des Arbeitsvertrags die **sozialpolitische Grundentsch.**, dem fremdnützig und fremdbestimmt, regelm. seine gesamte Arbeitskraft ausliefernden Beschäftigten arbeitsrechtl. Schutz zu gewähren. Die anspruchsvolle Schlüsselfrage fokussiert der Gesetzgeber mit dem Begriff der **Fremdbestimmung**. Der Text des G. ist dabei aufnahmefähig für neue Entwicklungen, die mit der Veränderung der Arbeitswelt einhergehen. Es wäre verfehlt, an den Erscheinungsformen einer überkommenen (primär an industriellen ArbVerh. orientierten) Arbeitswelt festzuhalten, und sich ggü. neuen Formen der Abhängigkeiten blind zu zeigen.

Der Gesetzgeber hat es sich leicht zu machen versucht und bei seiner Definition auf die Kasusitik 9
der dt. Arbeitsrspr. rekurriert (vgl. RegE BT-Drs. 18/9232, S. 31 f.). Mit Einfügung der Norm verfolgte der Gesetzgeber zunächst keinen systematischen Ansatz. Vielmehr sollen durch die klarere Typenabgrenzung *„missbräuchl. Gestaltungen des Fremdpersonaleinsatzes durch vermeintl. selbstständige Tätigkeiten verhindert und die Rechtssicherheit der Verträge erhöht werden"*. Wie dies durch die bloße Bezugnahme auf die bisherige Rspr. des BAG gelingen sollte, erschien schon im Ansatz zw. Zu begrüßen ist daher, dass der Gesetzgeber in der 2. und 3. Lesung die Norm systematisch durch Definition des Vertragstyps deutl. verbessert hat (Ausschussbericht BT-Drs. 18/10064, S. 17). In der Rechtsanwendung wird man zu beachten haben, dass die Definitionsmerkmale nunmehr einerseits **normativen Charakter** haben, andererseits aber auch fordern, die Schlüsselmerkmale Weisungsbindung, Fremdbestimmung und pers. Abhängigkeit normativ zu konkretisieren. Dieser Aufgabe werden sich Rspr. und Wissenschaft stellen. Dies wird auch beinhalten, die sich auseinander entwickelnden Definitionen im Arbeits-, Sozial-, Steuer- und Unionsrecht zu harmonisieren. Frühere Streitigkeiten, welches Merkmal das dominierende sei, sind durch die ges. Definition obsolet (anders *Wank* AuR 2017, 140 ff.). Abzulehnen sind wegen Missachtung der gesetzgeberischen Entsch. Auff., die § 611a als „überflüssig" unangewendet lassen wollen (so *Richardi* NZA 2017, 36, 39) oder eine eigene Definition an dessen Stelle gesetzt wissen wollen (so *Wank* AuR 2017, 140 ff.).

Das G definiert den Vertragstyp Arbeitsvertrag als Verpflichtung zur Dienstleistung für einen 10
Vertragspartner zu **„weisungsgebundener, fremdbestimmter Arbeit in pers. Abhängigkeit" (S. 1)**. Man könnte diese Definition als Tautologie missverstehen. Denn überw. wurde als Kernmerkmal der Begriff der pers. Abhängigkeit verstanden. Nach bisheriger Sichtweise füllten das Maß der Weisungsbindung, die Eingliederung und ggf. die Fremdbestimmung den Begriff der Abhängigkeit. Man wird nach wie vor die pers. Weisungsbindung als das typusbildende Merkmal des Arbeitsvertrags zur Abgrenzung von anderen Vertragstypen verstehen müssen. Aus dem Weisungsrecht folgt idR die Fremdbestimmung. Aber das **weitergehende Merkmal der Fremdbestimmung** kann darüber hinaus im Einzelfall entscheidende Bedeutung haben, wenn dem Beschäftigten im Kontext des Vertragsverhältnisses keine unternehmerische Eigenbestimmung mögl. ist. Das Merkmal der Fremdbestimmung kann ferner gerade bei solchen Vertragsverhältnissen eine wichtige Rolle spielen, bei denen die Weisungsbindung hins. Inhalt, Ort und zeitl. Lage in einer digitalisierten Arbeitswelt als Abgrenzungskriterium verblasst (s Rn. 13). Nach jetziger Definition folgt die pers. Abhängigkeit eben **entweder** aus der **Weisungsbindung oder** der **Fremdbestimmung** (ähnl. *Wank* AuR 2017, 140, 144 f., der aber an dem Begriff der Eingliederung festhalten will). Der Begriff der pers. Abhängigkeit (näher Rn. 32) hat Bedeutung als Gegenbegriff für die Abgrenzung zur Kategorie der lediglich. wirtschaftl. Abhängigkeit. Freil. ist der pers. Abhängige regelm. auch wirtschaftl. abhängig. IdS verstanden kann das Merkmal der wirtschaftl. Abhängigkeit niemals die vorhandene Weisungsbindung und Fremdbestimmung als Kriterium verdrängen. **Wer weisungsgebunden oder fremdbestimmt leistet, ist abhängig beschäftigter**

AN. Wer aber weder pers. noch wirtschaftl. abhängig Dienste leistet, ist entweder freier Dienstnehmer (§ 611) oder Werkvertragsunternehmer (§ 631; hierzu Rn. 98).

11 **S. 2** der ges. Definition des Arbeitsvertrags hängt in der Luft. Er ist weder eine Legaldefinition des **Weisungsrechts** noch Rechtsnorm mit einer konkreten Rechtsfolge. Er beschränkt sich auf eine unvollständige Definition des Weisungsrechts *„Das Weisungsrecht kann Inhalt, Durchführung, Zeit und Ort der Tätigkeit betreffen"*, dessen normativer Gehalt sich nicht erschließt. Der Inhalt des Weisungsrechts ist dagegen sehr viel präziser in § 106 GewO geregelt (s. die Kommentierung dort und näher Rn. 33 ff.). An dieser Stelle wird schmerzl. die fehlende Kodifikation des Arbeitsvertragsrechts sichtbar. Das gilt gleichermaßen für den **S. 3** der Definition, in der der überkommene Rechtssatz des § 84 I 2 HGB (der nicht aufgehoben worden ist) exemplarisch definiert, dass *„weisungsgebunden ist, wer nicht im Wesentlichen frei seine Tätigkeit gestalten und seine AZ bestimmen kann."* Mit der Übernahme dieser Definition wird der unumstrittene **Kern der Weisungsbindung** und damit des Arbeitsvertrags definiert, obwohl diese Definition anges. der sich dynamisch entwickelnden Arbeitswelt nicht mehr das Maß aller Dinge sein kann. In Grenzfällen hilft diese Definition nicht. Eine Blankettermächtigung für die richterl. Gestaltung enthält **S. 4**, wonach die Frage, ob ein Vertragspartner abhängig Beschäftigter und damit AN ist, auch von der Eigenart der jeweiligen Tätigkeit abhängt. Der Gesetzgeber will durch die Norm Besonderheiten oder **Eigenarten einer Tätigkeit** berücksichtigt wissen, „die sich etwa in Branchen und Bereichen ergeben, die Spezifika auf Grund grundrechtl. geschützter Werte aufweisen (wie zB auf Grund der Rundfunk-, Presse- oder Kunstfreiheit)". Die Formulierung des G sagt freil. nicht mehr aus, als dass alle Einzelfallumstände zu berücksichtigen sind. Es besteht die Gefahr, dass eine solche Formulierung durch die Rspr. beliebig genutzt wird. Soweit die „Eigenart der jeweiligen Tätigkeit" durch das BAG gewürdigt wird (BAG 13.11.1991 NZA 1992, 1125), hat dieses, die typologische Methode (hierzu Rn. 53) ledigl. anders bezeichnende Merkmal, nachvollziehbare Erkenntnisse nicht zutage fördern können (s. Staudinger/*Richardi/Fischinger* § 611 Rn. 55; *Wank* AuR 2017, 140, 149). Positiv ist dagegen zu würdigen, dass diese ges. Vorgabe erlaubt, aktuelle und heute noch nicht bekannte pers. Abhängigkeiten im Kontext einer digitalen Arbeitswelt zu berücksichtigen (Rn. 13).

12 **S. 5** verpflichtet den Rechtsanwender für die Feststellung, ob ein Arbeitsvertrag vorliegt, eine **Gesamtbetrachtung** aller Umstände vorzunehmen (näher Rn. 46). Das verlangt zum einen die vollständige Berücksichtigung aller abgrenzungsrelevanten Tatsachen. Andererseits ist aber auch der **materielle Zweck der Definition** des Arbeitsvertrags in den Blick zu nehmen, die das Ziel hat, dem zur abhängigen Arbeit Verpflichteten das Schutzkorsett des ArbR zur Vfg. zu stellen. **S. 6** schließl. verlangt, wie es der Rspr. des BAG entsprach, dass nicht das idR vorformulierte Vertragswerk des jeweiligen AG entscheidend für die Einordnung des Rechtsverhältnisses ist, sondern dessen **tats. Durchführung** des Vertragsverhältnisses. Die Bezeichnung des Vertrags ist unerhebl. Letztl. bestätigt der Gesetzgeber damit die Position, dass es einer **Inhaltskontrolle des gestellten Vertrags** bedarf. Denn die Abbedingung des Arbeitsvertragsrechts durch andere zivilrechtl. Vertragsmuster führt idR zu einer unangemessenen Benachteiligung des den Rechtsregeln kraft Vorformulierung unterworfenen Beschäftigten.

13 **2. Flexible Begriffsbildung in einer differenzierten Arbeitswelt.** Der Gesetzgeber stand vor der großen Schwierigkeit, mit der Begriffsbildung eine diversifizierte Arbeitswelt erfassen zu müssen (hierzu auch *Reinecke* NZA-RR 2016, 393, 396 umfassende Analyse von *Dietrich/Patzina/Wank*, Scheinselbständigkeit in Deutschland, 2017). Auf der Suche nach Kriterien hat er zwar auf bekannte, aber hinreichend abstrakte Begriffe zurückgegriffen. Die traditionelle Begrifflichkeit passt eher auf das **klassische, weisungsgebundene ArbVerh. in Industrie und traditionellen Bereichen der Dienstleistungen** (insb. Verkauf). Der Normalfall lässt sich zwanglos unter die Tatbestandsmerkmale des Abs. 1 subsumieren. Die Tatbestandsmerkmale sind aber auch hinreichend flexibel, um neue Erscheinungsformen der Arbeitswelt einzufangen. So ist das **digitale ArbVerh.** davon geprägt, dass der AN von jedem Platz der Welt mittels Laptop und Smartphone arbeiten kann. Eine Bindung hins. des Ortes und der zeitl. Lage der Leistungserbringung findet nicht statt. Die Inhalte der Arbeitsleistung sind oftmals ergebnisorientiert. Auch eine fachl. Steuerung entfällt oftmals. Um auch diese immer typischer werdenden Erscheinungsformen von Arbeitsleistungen zu erfassen, hat der Gesetzgeber deutl. Hinweise gegeben. So kann das erste Tatbestandsmerkmal des Abs. 1 auch wie folgt gelesen werden: Ein Arbeitsvertrag liegt vor, wenn der Verpflichtete weisungsgebunden oder in anderer Weise fremdbestimmt und damit pers. abhängig ist. Und dass sogar auf das Erfordernis der Weisungsbindung verzichtet werden kann, verdeutlicht Abs. 1 S. 2, wenn es dort heißt, dass das Weisungsrecht Inhalt, Durchführung, Zeit und Ort der Tätigkeit betreffen **„kann"**, aber eben nicht „muss" (ebenso *Wank* AuR 2017, 140, 153). Ferner ist zu beachten, dass zwar in der modernen Arbeitswelt vielfach auf Weisungen verzichtet wird; entsch. ist aber, dass der AG Weisungen zu erteilen berechtigt ist. Regelm. wird ein AG nicht vollends auf das Weisungrecht verzichten wollen (s. *Günther/Böglmüller* NZA 2017, 546, 547). Es genügt überdies auch eine andere Form der **Fremdbestimmung**, um die pers. Abhängigkeit zu begründen. Bestehen bis ins Einzelne gehende Vorgaben der Arbeitsgestaltung in zeitl. und örtl. Hinsicht, begründet dies Fremdbestimmung, ohne dass es noch gesonderter Weisungen bedarf. Auch der Roboter, der

je nach Produktionsablauf Arbeitsaufträge bzw. Weisungen erteilt, begründet Fremdbestimmung, die dem AG zurechenbar ist. Schließl. verpflichtet S. 4, die **Eigenart** des jeweiligen ArbVerh. zu berücksichtigen. Das sind nicht nur die traditionell hervorgehobenen, verfassungsrechtl. bes. determinierten ArbVerh. (Kirchen, Medien), sondern auch die diversifizierten Möglichkeiten, Arbeitsleistungen zu erbringen. Der Gesetzgeber ermöglicht damit geradezu, die Voraussetzungen zu schärfen bzw. anzupassen, wenn es etwa um Sonderformen des ArbVerh. geht. Bsp.: ArbVerh. mit Berufssportlern sind in ihrer Fremdbestimmung kaum zu vergleichen mit solchen des flexiblen Informatikers, der unabhängig von Ort und zeitl. Lage, fachl. weisungsfrei und ergebnisorientiert nur für einen Dienstgeber Programmierungs- oder Wartungsarbeiten durchführt (BAG 14.6.2016 NZA 2016, 1453).

3. Gemeinsamer Begriffskern mit anderen Rechtsgebieten. Der Einheit der Rechtsordnung zu- 14
trägl. ist die Feststellung, dass der Vertragstyp der abhängigen Beschäftigung rechtsgebietsübergreifend in einem Kern von einem gemeinsamen Grundbegriff getragen wird. Dieser Grundbegriff ist der Begriff der weisungsabhängigen Beschäftigung in Form einer personenbezogenen, nicht einer objektbezogenen Weisung (wie beim Werkvertrag). Der Gesetzgeber greift auf die von *Alfred Hueck* entwickelte Begriffsbestimmung zurück, wonach AN ist, **„wer auf Grund eines privatrechtl. Vertrags zur Arbeit im Dienste eines anderen verpflichtet ist"** (*Hueck/Nipperdey* I § 9 II; vgl. a. BAG 15.3.1978 AP BGB § 611 Abhängigkeit Nr. 26). Erforderl. und auch genügend für die Annahme eines ArbVerh. ist, dass der Betreffende überhaupt, wenn auch nur in einem geringen Umf., zur Erbringung von **weisungsgebundener Arbeit** vertragl. verpflichtet, also ein Verfügungsrecht des AG über einen Teil seiner Arbeitskraft gegeben ist (BAG 14.2.1974 AP BGB § 611 Abhängigkeit Nr. 12; anders bei ehrenamtl. Tätigkeit BAG 29.8.2012 NZA 2012, 1433; LAG SH 23.11.2016 – 3 Sa 214/16 – BeckRS 2016, 11373.

Eben die Verpflichtung zu weisungsgebundener Arbeit ist die Grdl. der Definition sowohl im 15
SozVersR (BSG 24.3.2016 – B 12 KR 20/14 R – BeckRS 2016, 7146) als auch im **Steuerrecht** (§ 1 LStDV; BFH 13.12.2016 DB 2017, 698 Rn. 25) und im Recht der EU (EuGH 10.9.2014 – C-270/13 – EuZW 2014, 94 Rn. 28). Der BGH wertet in Strafsachen zu § 266a StGB die sozialversicherungsrechtl. Definition als auf der arbeitsrechtl. aufbauend (BGH 27.9.2011 NJW 2012, 471; 4.9.2013 NStZ 2014, 321). Abweichungen ergeben sich erst, soweit auf der Basis der jeweiligen Rechtsgebiete **spezifische Kriterien** eine abw. Betonung erfordern. Signifikant ist dies im Recht der EU bezogen auf die ANFreizügigkeit. Hier kann es selbstredend spezifische Merkmale geben, die nach der Zwecksetzung des Rechtsgebiets auf die Ausübung eines Freizügigkeitsrechts in der EU zielen. Das sind völlig andere Fragestellungen, als wenn es etwa wie im nationalen Steuerrecht um die bloße Abgrenzung der Einkommensarten geht. Als bes. heikel erweisen sich die Diskrepanzen allerdings zwischen **arbeitsrechtl. und sozialrechtl. Jurisdiktion**. Denn in beiden Rechtsgebieten geht es um die Definition der sozialen Schutzbedürftigkeit des Beschäftigten. Hier erweist es sich als erhebl. Problem, sollten sich Rechtsgrds. und Rechtspraxis weiter auseinander entwickeln. Dieser Entwicklung ist iSd. **Einheit der Rechtsordnung** entgegenzuwirken. Hier kann sich die Definition des abhängigen BeschVerh. in § 611a durchaus als hilfreich erweisen. Dies hängt freil. von der Bereitschaft ab, dass sich die Rspr. auch den neuen Formen abhängiger Beschäftigung adäquat zuwendet. Vor diesem Hintergrund nicht hilfreich war es, dass der Gesetzgeber Kriterien in § 611a festlegt, daneben allerdings ähnl. Normen unberührt lässt. ISd. Einheit der Rechtsordnung lässt sich aber durch die Rspr. ein weitgehender Gleichlauf zwischen arbeits- und sozialrechtl. Rspr. herstellen. Was in § 7 I SGB IV nebulös definiert wird als „Anhaltspunkte" für eine nichtselbständige Beschäftigung (*„Beschäftigung ist die nichtselbständige Arbeit, insb. in einem ArbVerh. Anhaltspunkte für eine Beschäftigung sind eine Tätigkeit nach Weisungen und eine Eingliederung in die Arbeitsorganisation des Weisungsgebers."*) könnte ohne weiteres mit den ges. Kriterien des Arbeitsvertrags („Weisungsbindung und Fremdbestimmung") harmonisiert werden.

4. Entwicklung des Arbeitnehmerbegriffs in angrenzenden Rechtsgebieten. a) Arbeitnehmer- 16
begriff im Sozialversicherungs- und Steuerrecht. Im SozVers- und SteuerR bestehen – in Ansehung der Zwecksetzung des jew. Rechtsgebiets – Unterschiede. Im SteuerR ist die Abgrenzung zwischen Einkünften aus selbständiger und nichtselbständiger Arbeit erhebl. (§ 19 EStG). § 1 LStDV konstituiert einen eigenständigen ANBegriff, der aber mit dem Kernbegriff kompatibel ist (Rn. 14). Freil. bezeichnet der BFH den ANBegriff als offenen Typusbegriff, der nur durch eine größere und unbestimmte Zahl von Merkmalen beschrieben werden könne (BFH 20.11.2008 DStR 2009, 263; 13.12.2016 DB 2017, 698 Rn. 25). Es sei daher zulässig, die Übertragbarkeit der in der Rspr. entwickelten und ihrerseits typisierten Grds. von typischen Merkmalen der beiden Personengruppen abhängig zu machen. Diese Rspr. ist probl., entlaibt sie sich doch jeder normativen Rechtsfindung (zur Kritik der typologischen Methode Rn. 53). Es bleibt daher zu wünschen, dass auch der BFH sich künftig an der ges. Definition in § 611a orientiert.

Ganz nah an dem Begriff des AN ist der Begriff des Beschäftigten im SozVersR angesiedelt. Nach 17
der Legaldefinition des § 7 I SGB IV ist Beschäftigung **„die nichtselbständige Arbeit, insb. in einem ArbVerh."** Dies zeigt, dass der Begriff nicht deckungsgleich mit dem arbeitsrechtl. Begriff ist, wenn auch das ArbVerh. der Hauptanwendungsfall des sozialversicherungsrechtl. BeschVerh. ist. Dennoch wird seitens der Arbeitsgerichtsbarkeit und der Sozialgerichtsbarkeit betont, dass der Beschäftigten-

und ANBegriff nicht identisch seien (BSG 27.7.2011 SozR 4–2400 § 28e Nr. 4; SGB IV § 7 Rn. 2). Obwohl in § 7 I SGB IV eine ges. Regelung enthalten ist, wird vertreten, dass der Beschäftigtenbegriff eine „Rechtsfigur des Typus" sei, die nicht definiert, sondern beschrieben werde (dazu *Schnapp* NZS 2014, 41,43; wortgleich *Larenz*, Methodenlehre der Rechtswissenschaft, 6. Aufl. 1991, S. 221). Dies entspricht so nicht mehr der Rspr. des BSG (näher zur Kritik der typologischen Betrachtung Rn. 53). Das BSG spricht von einer „wertenden Zuordnung des Rechtsverhältnisses zum Typus der Beschäftigung oder selbstständigen Tätigkeit". Diese „Zuordnung einer Tätigkeit nach deren Gesamtbild zum rechtl. Typus der Beschäftigung bzw. der selbstständigen Tätigkeit setzt dabei voraus, dass alle nach Lage des Einzelfalls als Indizien in Betracht kommenden Umstände festgestellt, in ihrer Tragweite zutr. erkannt und gewichtet, in die Gesamtschau mit diesem Gewicht eingestellt und nachvollziehbar, dh. den G der Logik entspr. und widerspruchsfrei gegeneinander abgewogen werden (BSG 24.3.2016 – B 12 KR 20/14 R – SozR 4–2400 § 7 Nr. 29, Rn. 13, 14)." Es geht damit – mit anderen Worten – um die richtige Zuordnung zum Vertragsrechtsverhältnis der selbständigen (Dienst- und Werkverträge) oder unselbständigen Beschäftigung (Arbeitsverträge). Dh. noch nicht, dass die Rechtsfindung einer bloßen Typologie folgt. Vielmehr befleißigt sich auch das BSG einer normativen Konkretisierung, die in folgenden Obersätzen ihren Ausdruck findet: „Beurteilungsmaßstab für das Vorliegen einer (abhängigen) Beschäftigung ist § 7 I SGB IV in seiner bis heute unverändert geltenden Fassung. Danach ist Beschäftigung die nichtselbstständige Arbeit, insb. in einem ArbVerh. (§ 7 I 1 SGB IV). **Nach der stRspr. des BSG** setzt eine Beschäftigung voraus, dass der AN vom AG pers. abhängig ist. Bei einer Beschäftigung in einem fremden Betrieb ist dies der Fall, wenn der Beschäftigte in den Betrieb eingegliedert ist und dabei einem Zeit, Dauer, Ort und Art der Ausführung umfassenden Weisungsrecht des AG unterliegt." Dieser Obersatz entspricht bereits der jetzt geltenden arbeitsrechtl. Definition des Arbeitsvertrags in § 611a. Das BSG hat aber schon seit langem in seine Definition aufgenommen, dass die Weisungsrechte – je nach Eigenart und Qualität der jeweiligen Tätigkeit – eingeschränkt sein können. Mit der Formulierung „Diese Weisungsgebundenheit kann – vornehml. bei Diensten höherer Art – eingeschränkt und zur „funktionsgerecht dienenden Teilhabe am Arbeitsprozess" verfeinert sein" hat das BSG freil. bereits dem Umstand geringer werdender Weisungsbindung in bes. Fällen Rechnung getragen. In der weiteren Formulierung „Demggü. ist eine selbstständige Tätigkeit vornehml. durch das eigene Unternehmerrisiko, das Vorhandensein einer eigenen Betriebsstätte, die Verfügungsmöglichkeit über die eigene Arbeitskraft und die im Wesentlichen frei gestaltete Tätigkeit und AZ gekennzeichnet", umschreibt das BSG die Erscheinungsform selbständiger Beschäftigung als Gegenbegriff (BSG 18.11.2015 SozR 4–2400 § 7 Nr. 25 Rn. 16), die insb. im freien Dienstvertrag Ausdruck findet (hierzu § 611 Rn. 4). „Ob jemand beschäftigt oder selbstständig tätig ist, richtet sich ausgehend von den genannten Umständen nach dem Gesamtbild der Arbeitsleistung und hängt davon ab, welche Merkmale überwiegen" (BSG 18.11.2015 SozR 4–2400 § 7 Nr. 25 Rn. 16). Diese Obersätze bewegen sich ganz nah an der Linie des § 611a. Signifikante Unterschiede entstehen im Kern bei der Frage, welches Weisungsrecht in welcher Intensität für die Annahme einer unselbständigen Beschäftigung erforderl. ist (zu GmbH-GF und Vorstandsmitgliedern vgl. die Nachw. unter SGB IV § 7 Rn. 20, 23). Hier steht das BSG der Auff. des EuGH (sogleich Rn. 19) sehr nahe. Fragl. ist, ob hier eine Angleichung des ArbR mögl. ist.

18 **b) Arbeitnehmerbegriff im europäischen Arbeitsrecht.** Die nur tw. unionsrechtl. Erfassung von arbeitsrechtl. Regelungsbereichen mit jeweils unterschiedl. Zielsetzungen bewirkt die Zersplitterung in **mehrere ANBegriffe** (grdl. *Ziegler*, ANBegriffe im Europ. ArbR, 2011; zur Diskussion um eine Vereinheitlichung *Schlachter* ZESAR 2011, 156, 162). Der EuGH verfolgt indes eine gewisse **Vereinheitlichungstendez hins. des Begriffs aus Art. 45 AEUV.** Der Begriff der ANFreizügigkeit (AEUV Art. 45 Rn. 7) soll immer dann zum Zug kommen, wenn der Unionsrechtsakt selber keinen Verweis oder eigenständige Begriffsbestimmung aufweist (EuGH 14.10.2010 – C-428/09 – NZA 2004, 201 Rn. 27; 7.4.2011 – C-519/09 – BeckRS 2013, 87054 Rn. 22). Der ANBegriff des Art. 45 AEUV ist einheitl. für alle Normbereiche, die mit der Gewährleistung der ANFreizügigkeit einhergehen und ist insoweit „der" ANBegriff des Unionsrechts (AEUV Art. 45 Rn. 7; *Preis/Sagan* ZGR 2013, 26, 47). **Das autonome Verständnis differiert tw. erhebl. vom nationalen Verständnis** (allg. *Temming* SR 2016, 159, 162 ff.). Eine „enge" Auslegung widerspricht dem Erfordernis effektiver Anwendbarkeit/Integration des Binnenmarktes, sodass die Schwelle zur ANEigenschaft gering ist: Ein privater Vertrag ist nicht erforderl. (Hanau/Steinmeyer/*Wank*, Handbuch EAS, § 14 Rn. 16), was insb. zur Erfassung von Beamten führt.

19 Bei dem Merkmal der Weisungsbindung orientiert sich der EuGH zwar an pers. Abhängigkeit (*Franzen* in Streinz EUV/AEUV Art. 45 AEUV Rn. 18), die inhaltl. aber weiter gefasst ist. Eine stringente Handhabung dieses Kriteriums lässt sich nicht ausmachen (vgl. auch *Rebhan* EuZA 2012, 3, 31 ff.). Wurde im Ausgangspunkt die organisatorische Unterordnung iSv. Tätigkeitsanforderungen und -umfang (EuGH 3.7.1986 – C-66/85 – BeckEuRS 1986, 126836 Rn. 18) und Freiheit von Wahl, Zeit, Ort und Inhalt der Arbeit (EuGH 13.1.2004 – C-256/01 – NZA 2004, 201 Rn. 27) hervorgehoben, so lässt der EuGH für **Leitungsorgane** alternativ auch **(faktische) Weisungsbindung – resultierend aus jederzeitiger Abberufbarkeit** – ausreichen (EuGH 11.11.2010 – C-232/09 – NZA 2011, 143, 1. LS;

EuGH 9.7.2015 – C-229/14 – NZA 2015, 861 – Balkaya). Nach Auff. des EuGH genügt ein irgendwie geartetes **Unterordnungsverhältnis.** Dieser Aspekt wird durch den EuGH dann als Leitmaxime genutzt, wenn es iwS um die Anwendung von Richtlinien geht, die einen Sozialschutz beinhalten. Hier scheint der Begriff des Unterordnungsverhältnisses ein Synonym für die im dt. Recht verwendeten Begriffe der Fremdbestimmung und der pers. Abhängigkeit zu sein. Das Vorliegen eines Unterordnungsverhältnisses ist nach der Rspr. des EuGH in jedem Einzelfall anhand aller Gesichtspunkte und aller Umstände, die die Beziehungen zwischen den Beteiligten kennzeichnen, zu prüfen (EuGH 9.7.2015 – C-229/14 – NZA 2015, 861 Rn. 37 – Balkaya; abgelehnt beim Gesellschafter-GF: EuGH 18.10.2007 – C-355/06 – DStR 2007, 1958 Rn. 31 – van der Steen).

Der fragmentarische Charakter des europ. ArbR führt dazu, dass der unionsrechtl. ANBegriff nationales Recht nur dort beeinflusst, wo unionsrechtl. Vorgaben für die Regelungsmaterie existieren. **Der autonome ANBegriff gilt für:** Das Entgeltgleichheitsgebot (AEUV Art. 157 Rn. 5), die AZRL 2003/88/EG (ArbZG § 2 Rn. 3 und BUrlG § 1 Rn. 6d), die GleichbehandlungsRL (AGG § 6 Rn. 1), die MutterschutzRL 92/85/EG (MuSchG § 1 Rn. 1) und – nach abzulehnender Ansicht des EuGH (EuGH 9.7.2015 – C-229/14 – NZA 2015, 861 – Balkaya) – für die MERL 98/59/EG (KSchG § 17 Rn. 6 f.; zu den Arg. PS/*Naber/Sittard* § 10 Rn. 14–18; die Position des EuGH teilend dagegen EUArbR/*Spelge* RL 98/59/EG Art. 1 Rn. 45; EnzEUR/*Weber* § 9 Rn. 35). Mit der Frage nach autonomer Begriffsbestimmung ist keine definitive Aussage über den Begriffsinhalt verbunden. Auch der ANBegriff der ArbeitsschutzrahmenRL 89/391/ EWG in Art. 3 lit. a) ist ein autonomer Begriff (ArbSchG § 1 Rn. 3), der im Begriffsinhalt allerdings zu Art. 45 AEUV divergiert (EUArbR/*Klindt/ Schucht* RL 89/391/EWG Art. 1–19 Rn. 37). Die Rechtsakte mit **Verweis** auf den mitgliedstaatl. Begriff sind in der Überzahl (Übersicht bei PS/*Sagan* § 1 Rn. 109). Der EuGH hat allerdings **auch unionsrechtl. Einschränkungen von Verweisen** etabliert. Zu § 2 Nr. 1 der RV über befristete ArbVerh. gem. RL 1999/70/EG (TzBfG § 3 Rn. 2) geht der EuGH davon aus, dass wesensgleiche Tätigkeiten nicht vom Anwendungsbereich der RV ausgenommen werden können (EuGH 15.3.2012 – C-157/11 – BeckEuRS 2012, 678051 Rn. 50 – Sibilio). Auf die Art des BeschVerh. kommt es für die „Wesensgleichheit" nach dem EuGH jdf nicht an, wenn in stRspr. auch Beamte von der RL erfasst sein sollen (EuGH 13.9.2007 – C-307/05 – NZA 2007, 1223 Rn. 27; 22.10.2010 – C-444/09 – EAS Teil C RL 1999/70/EG § 4 Nr. 4). Es geht damit zwar weiterhin um einen mitgliedstaatl. Begriff, der jedoch in erhebl. Maße unionsrechtl. Einschränkungen unterliegt (PS/*Brose* § 9 Rn. 22: „semiunionsautonom"). Dies ist mit dem Wortlaut des § 2 Nr. 1 RV und der bezweckten Teilharmonisierung der RV nicht vereinbar (EUArbR/*Krebber* Anh. RL 1990/70/EG § 2 Rn. 9–11). Eine identische Problematik ergibt sich für die RV über TZ gem. RL 97/81/EG, die in § 2 Nr. 1 RV die Parallelregelung enthält (TzBfG § 2 Rn. 4; EuGH 1.3.2012 – C-393/10 – NZA 2012, 323 Rn. 34, 42; dazu *Uffmann* EuZA 2012, 518). Für die RV über Elternurlaub gem. RL 2010/18/EU ist eine parallele Entwicklung für § 1 Nr. 2 RV zu erwarten, wenn der Gerichtshof unter paralleler Arg eine Beamtin in den Anwendungsbereich einbezieht (BEEG § 15 Rn. 3; EuGH 16.9.2010 – C-149/10 – EAS Teil C RL 96/34/EG § 2 Nr. 2 Rn. 27 ff.). Ohne vollends stringente Anknüpfung an diese Grds. operiert der EuGH bei der LARL 2008/104/EG. Zwar erfährt der in Art. 2 I lit. a) LARL geregelte Verweis zwecks effektiver Anwendbarkeit abermals die genannte Definitionsbegrenzung. Abw. zu sonstigen Bereichen prekärer Beschäftigung soll die Qualifizierung als AN aber iE davon abhängen, ob die betreffende Person vom Mitgliedstaat wie ein AN geschützt wird (EuGH 17.11.2016 – C-216/15 – NZA 2017, 41 Rn. 33 – Betriebsrat Ruhrlandklinik). So bewirkt der ANBegriff zirkulär die Einbeziehung bereits Geschützter, anstatt der formalen Vorenthaltung des ANStatus entgegenzuwirken. Eine Verallgemeinerung für Verweise ist ohne Regelung (vgl. zB Art. 2 II lit. a) – c) RL 2008/94/EG) in der jeweiligen RL abzulehnen, zumal die Arg. auf der effektiven Anwendbarkeit von Diskriminierungsverboten basiert, die nicht Gegenstand jeder RL mit Verweisungstechnik ist. **Keine Geltung** beansprucht der autonome ANBegriff für die NachweisRL 91/533/EWG (NachwG § 1 Rn. 1; **aA** EUArbR/*Kolbe* RL 91/533/ EWG Art. 1 Rn. 2). Gleiches gilt dann für JugendarbeitsschutzRL 94/33/EG (JArbSchG § 1 Rn. 8; **aA** EUArbR/*Kolbe* RL 94/33/EG Art. 2 Rn. 3). 20

5. Prinzipien der Vertragskontrolle. a) Vertrag als Ausgangspunkt. Der geschlossene Vertrag über die zu erbringenden Dienste ist Ausgangspunkt der Prüfung. Der Arbeitsvertrag zwischen AG und AN bedarf als schuldrechtl. Vertrag zu seinem Zustandekommen idR eines **Vertragsschlusses** (zu einigen Ausnahmen Rn. 316 ff.). Ein Vertrag kann durch **übereinstimmendes schlüssiges Verhalten** (Realofferte und deren konkludente Annahme) zustande kommen (BAG 17.4.2013 NZA 2013, 903 Rn. 13; 9.4.2014 NZA-RR 2014, 522 Rn. 26; 17.1.2017 NZA 2017, 527), wenn die Parteien zB über einen Zeitraum von mehreren Jahren einvernehml. Dienstleistung und Vergütung ausgetauscht haben. Der Streit um die sog. **Vertragstheorie** (zB *Hueck/Nipperdey* I § 21 IV) und die sog. **Eingliederungstheorie** (*Nikisch* I § 19 II) ist als rechtshistorische Kontroverse obsolet. Das Merkmal der Eingliederung spielt jedoch bei der Definition der ANÜberlassung eine Rolle (Rn. 22). Dort ist das Merkmal richtig verordnet, weil zwischen LeihAN und Entleiher gerade kein Vertrag besteht und deshalb die Eingliederung das kennzeichnende Merkmal ist. Wenn die Vertragsparteien **ausdr. ein ArbVerh.** vereinbart haben, ist der zur Dienstleistung Verpflichtete kraft privatautonomer Entsch. als AN mit 21 allen Rechten und Pflichten anzusehen. Es erfolgt in diesem Fall keine obj., korrigierende Prüfung, ob das Vertragsverhältnis nicht auch als freier Dienstvertrag hätte ausgestaltet werden können (BAG 13.3.1987 NZA 1987, 629; 21.4.2005 AP KSchG 1969 § 1 Betriebsbedingte Kündigung Nr. 134; 18.3.2014 AP TzBfG § 4 Nr. 25; s. a. LAG TH 6.2.1998 NZA-RR 1998, 296; abw. LAG BW 28.1.2010 – 3 Sa 47/09 – BeckRS 2010, 67429). Durch bloße Nichtausübung von Weisungsrechten oder sonstigen Wegfall der pers. Abhängigkeit des AN wandelt sich das ArbVerh. noch nicht in ein freies Mitarbeiter- oder Dienstverhältnis um (BAG 12.9.1996 NZA 1997, 194). Die **Umwandlung des vereinbarten ArbVerh. in ein freies Dienstverhältnis** bedarf einer klaren und unmissverständl. Vereinb. Denkbar ist, dass zwischen den gleichen Parteien mehrere Vertragsverhältnisse bestehen, so dass neben dem ArbVerh. durchaus auch – von der Arbeitsleistung getrennt – ein Werkvertrag oder uU auch ein freier Dienstvertrag geschlossen werden kann (Bsp.: Wiss. Ang. fertigt außerhalb seiner geschuldeten Arbeitsleistung ein Gutachten für den AG; s. a. LAG K 7.10.1998 ARSt. 1999, 111: angestellter Rundfunksprecher übernimmt in freier Mitarbeit Autorenleistungen). Die Aufspaltung in verschiedene Rechtsverhältnisse darf allerdings nicht zur Umgehung arbeitsrechtl. Schutzvorschr. führen (vgl. *Rumpenhorst* NZA 1993, 1067 ff.). Sofern sich ein Auftragnehmer in einer Rahmenvereinb. noch nicht zur Erbringung von Diensten verpflichtet, kann darin noch kein Dienst- oder ArbVerh. liegen. Erst mit dem jeweiligen Einsatz kommt ggf. ein befristeter Arbeitsvertrag zustande, der an den Anforderungen des TzBfG zu messen ist (BAG 31.7.2002 AP TzBfG § 12 Nr. 1; 15.2.2012 NZA 2012, 733; 16.5.2012 NZA 2012, 974; BSG 30.10.2013 – B 12 KR 17/11 R – BeckRS 2014, 66942; 18.11.2015 – B 12 KR 16/13 R – BeckRS 2016, 66641; *Lindemann* BB 2003, 527; vgl. a. Rn. 176). Deshalb sind Rahmenverträge auch keine Gesetzesumgehung. Insb. können die Parteien nicht gezwungen werden, statt einer Rahmenvereinb. mit jeweils befristeten ArbVerh. ein AbrufArbVerh. iS des § 12 TzBfG zu begründen.

22 **b) Inhaltskontrolle; richtige Vertragstypenzuordnung.** Mit der Definition des Arbeitsvertrags und des ANÜberlassungsvertrags (§ 1 AÜG) sind nunmehr die wesentl. Vertragsformen der Dienstleistung ges. zwgd. abgegrenzt. Der **Dienstvertrag** (§ 611) ist der richtige Vertragstyp für (freie) Dienste, in denen der Dienstnehmer nicht weisungsgebunden oder fremdbestimmt ist. Prototypen hierfür sind die freien Berufe (Rechtsanwälte, Ärzte). Denkbar sind zwar Übervorteilungen durch vorformulierte Vertragsbedingungen, die je nach Konstellation auf Dienstgeber- und Dienstnehmerseite verwendet werden können. Allein dies reicht aber nicht aus für die Begr. eines ArbVerh. Der **Werkvertrag** unterscheidet sich vom Dienstvertrag dadurch, dass geschuldete Leistung nicht die Dienste selbst, sondern der Erfolg der Dienstleistung ist (§ 631). Auch hier kann es Benachteiligungen durch vorformulierte Verträge geben, die durch die Vorschriften zur AGB-Kontrolle kompensiert werden. Ein merkwürdiger Zwitter zwischen Dienst- und Werkvertrag sowie Arbeitsvertrag sind die ANähnl. Personen (Rn. 80 ff.). Diese sind nach **§ 12a TVG** definiert als Personen, die wirtschaftl. abhängig und vergleichbar einem AN sozial schutzbedürftig sind (**ANähnl. Personen**), wenn sie auf Grund von Dienst- oder Werkverträgen für andere Personen tätig sind, die geschuldeten Leistungen pers. und im Wesentlichen ohne Mitarbeit von AN erbringen und überw. für eine Person tätig sind. Auch hier erfolgt der Schutz vor Benachteiligungen primär durch AGB-Recht. Vereinzelt finden auch ANSchutzvorschriften kraft gesl. Anordnung Anwendung (näher Rn. 83). Schließl. ist der **Arbeitsvertrag** ein Dienstvertrag, der durch Arbeitsleistung in Weisungsbindung und/oder Fremdbestimmung und daraus resultierender pers. Abhängigkeit geprägt ist. Schlussendl. wird bei der **ANüberlassung** ein AN (LeihAN) zu weisungsgebundener Arbeit für seinen AG (Verleiher) im Betrieb eines Dritten (Entleihers) überlassen (§ 1 I AÜG). Vertragsrechtl. wird bei dieser Konstruktion ledigl. vom AG auf den Entleiher das Weisungsrecht übertragen. Die Konstruktion ist allerdings missbrauchsanfällig und hat zu einer komplexen Schutzgesetzgebung geführt (vgl. Kommentierung zum AÜG). Damit sind die Vertragstypen, die die Erbringung von Diensten betreffen, ges. schlüssig abgegrenzt (zum unentgeltl. **Auftrag** nach §§ 662 ff. vgl. Rn. 101 f.). Den Regelungen des einschlägigen Vertragstyps kann nicht durch eine **Falschbezeichnung** ausgewichen werden. Eine **Typenvermischung** durch vorformulierten Vertrag (zB Anwendung von Gewährleistungsregeln des Werkvertragsrechts auf den Arbeitsvertrag) bzw. durch Abbedingung einzelner oder mehrerer dispositiver Normen, unterliegt der **Inhaltskontrolle.**

23 Dennoch missverständl. ist die verbreitete Aussage, die Klassifizierung des ArbVerh. sei als Anwendungsfall eines **Rechtsformzwangs** anzusehen (LAG BE 16.8.1983 AP BGB § 611 Abhängigkeit Nr. 44; *Fenn* FS Bosch S. 171 ff.; klarstellend und richtig diff. *Jahnke* ZHR 1982, Bd. 146, S. 595 ff.; *Stoffels* NZA 2000, 690 ff.) ebenso wie die Auff., der ANBegriff sei ein Statusbegriff (krit. hierzu Staudinger/*Richardi/Fischinger* § 611 Rn. 58; ArbRBGB/*Schliemann* Rn. 161 ff.). Richtig ist daran nur, dass für eine Wahl der Vertragstypen, insb. zwischen freiem und abhängigem Dienstvertrag, nur ein schmaler Raum besteht (MüArbR/*Richardi* § 16 Rn. 51 f.; ArbRBGB/*Schliemann* Rn. 164). Dabei geht es richtigerweise um zwei Fragen: (1) die richtige Einordnung des Vertragstyps nach dem wahren Inhalt des Vertrags unabhängig von dessen Bezeichnung und (2) um die Frage nach **Umf. und Grenzen der Privatautonomie bei der Rechtswahl** zwischen freiem Dienstvertrag und (abhängigem) Arbeitsvertrag. Erreicht werden soll durch eine objektivierte Überprüfung einerseits die Anwendung der für den jeweiligen Vertragstyp charakteristischen (auch dispositiven) Rechtsregeln, andererseits soll die

Umgehung zwgd. arbeitsrechtl. Normen vermieden werden, wobei unerhebl. ist, ob die Abbedingung bewusst oder unbewusst erfolgt (BAG 15.3.1978 AP BGB § 611 Abhängigkeit Nr. 26).

Dieser Ansatzpunkt geht weitgehend von einer zwgd., nicht vertragsdispositiven Einordnung aus. Jedoch ist zu unterscheiden: Sind nach der tats. Vertragsdurchführung (Abs. 1 S. 6) die Tatbestandsvoraussetzungen des § 611a erfüllt, sind weder durch Vertrag noch durch Kollektivvertrag die Folgen der Vertragstypenzuordnung disponibel (vgl. bereits zum. ges. Begriff der ANähnl. Person BAG 2.10.1990 NZA 1991, 239). Davon ist jedoch die grds. Möglichkeit der Vertragstypenwahl zu unterscheiden. Die richtige Zuordnung des Vertragstyps ebenso wie die (damit einhergehende) Abbedingung eines bestimmten Rechtsregimes ist dogmatisch als Anwendungsfall einer **Inhaltskontrolle** zu begreifen (s. bereits Voraufl. zu § 611 Rn. 46; *Reinecke* NZA-RR 2016, 393, 399). Die Rspr. hat dies durchaus punktuell erkannt. So entschied das BAG am 14.2.1974 (BAGE 25, 505), dass die Vertragswahl ein „Missbrauch der Vertragsfreiheit sei, wenn sie nicht durch einen sachl. Grund gerechtfertigt ist, sondern nur der Umgehung des Sozialschutzes, insb. des Kündigungsschutzes dient". Am 15.2.2012 (NZA 2012, 733) betonte das BAG, dass dies erst recht gelte, „wenn derartige Verträge nicht ausgehandelt, sondern von der einen Partei vorformuliert werden." Und schließl.: „Zwgd. ges. Regelungen für ArbVerh. können nicht dadurch abbedungen werden, dass Parteien ihrem ArbVerh. eine andere Bezeichnung geben" (BAG 25.9.2013 NZA 2013, 1348). Diese Rspr. zeigt, dass das BAG den entsch. Aspekt stets erkannt hat, der jetzt in Ansehung der ges. Leitlinie noch deutl. hervortritt. Das zeigt sich auch daran, dass – jdf. innerhalb der Typengruppe „Dienstverträge" – bei frei ausgehandelten, nicht paritätsgestörten Vertragsschlüssen der freie Parteiwille Vorrang hat. 24

Allerdings ist auch hier zu diff. Eine **fehlerhafte Vertragstypenzuordnung** ist stets durch die Rspr. zu korrigieren. Schon das BGB selbst sieht eine bestimmte Vertragstypenzuordnung mit bestimmten Rechtsregeln vor. So kann ein Vertrag, der die konstitutiven Elemente eines Werkvertrags besitzt, nicht durch schlichte Bezeichnung zum freien Dienstvertrag werden. Die anwendbaren Rechtsregeln werden nach dem vereinbarten Vertragstyp obj. zugeordnet. Die Vertragsparteien haben es in der Hand, die beiderseitigen Rechte und Pflichten so festzulegen, dass ihr Rechtsverhältnis der einen oder anderen Rechtsform entspricht (zutr. *Jahnke* ZHR 1982, Bd. 146, S. 595 ff.). Die fehlerhafte Bezeichnung ist im Kern ein Anwendungsfall der „falsa demonstratio non nocet"-Regel (vgl. a. MüArbR/*Richardi* § 17 Rn. 2; abl. *Stoffels* NZA 2000, 690, 693). Wie die von den Vertragsparteien getroffenen Abreden rechtl. zu qualifizieren sind, entzieht sich deren Belieben. Die Zuordnung erfolgt nach obj.-rechtl. Kriterien (BAG 15.12.1999 NZA 2000, 534). 25

Geben die Parteien dem geschlossenen Vertrag eine andere Rechtsform, haben aber in der Sache alle Voraussetzungen für die Annahme eines anderen Vertragsverhältnisses erfüllt (Bsp.: Ein als „Werkvertrag" oder „freier Mitarbeitervertrag" bezeichneter Vertrag erfüllt alle Voraussetzungen eines ArbVerh.), handelt es sich um den Fall einer **Rechtsformverfehlung.** Die einverständl. konkrete Ausgestaltung des Vertrags als unselbständige, pers. Abhängigkeit begründende Arbeitsleistung führt zur Anwendung des ArbR, selbst wenn die Parteien es nicht wollen (zutr. *Jahnke* ZHR 1982, Bd. 146, S. 595, 620). 26

Ebenso können die Vertragsparteien **nicht die sich zwgd. ergebenden Rechtsfolgen** aus dem jeweiligen Vertragstyp abbedingen (ArbRBGB/*Schliemann* Rn. 165). Dies gilt innerhalb wie außerhalb des ArbR. Dies zeigt sich etwa an der Behandlung gemischter Vertragstypen, wo obj. zwischen dienst- und werkvertragl. Element unterschieden wird (zum zahnärztl. Behandlungsvertrag BGH 9.12.1974 NJW 1975, 305). Sofern es um die Auflösung eines gemischten Vertragsverhältnisses geht, ist der Vertragstypus zugrunde zu legen, der wirtschaftl. überwiegt (BAG 6.2.1969 AP BGB § 611 Gemischter Vertrag Nr. 1). In zahlr. Anwendungsfällen hat sich die Zivilrspr. nicht von der Bezeichnung des Vertragstyps durch die Parteien leiten lassen, sondern die **obj. Rechtsnatur des Vertrags** für ausschlaggebend erklärt und die diesem zugeordneten Rechtsregeln angewandt (RG 11.7.1924 Z 108, 369, 371; BGH 8.11.1979 AP AÜG § 10 Nr. 2). 27

Die **Rechtsformwahl** ist umso eingeschränkter, je mehr der jeweilige Vertragstyp von zwgd. Rechtsregeln geprägt ist. Deshalb ist es auch unzulässig, in einem Arbeitsvertrag die Kündigungsregelungen freier Dienstverträge oder des Auftragsrechts zugrunde zu legen. Anleihen aus anderen Vertragstypen sind dort mögl., wo der jeweilige Vertragstyp keine zwgd. Rechtsregeln enthält. So wäre es zweifellos zulässig, in freien Dienstverträgen oder Werkverträgen (ggf. mit ANähnl. Personen) arbeitsrechtl. Rechtsregeln zu vereinbaren (*Jahnke* ZHR 1982, Bd. 146, S. 595, 621). Umgekehrt gilt dies jedoch nur eingeschränkt. Regeln aus dem Auftrags- oder Werkvertragsrecht können nur dann auf Arbeitsverträge angewandt werden, wenn diese Regeln mit den zwgd. Rechtsregeln des ArbR vereinbar sind (*Jahnke* ZHR 1982, Bd. 146, S. 595, 620 f.; s. BGH 29.11.1959 NJW 1960, 431 zum freien Dienstvertrag). Probl. ist der Fall, wo das ArbR einschlägige Rechtsregeln nicht kennt. So wäre die Vereinb. der Gewährleistungsregeln des Werkvertragsrechts kaum mit dem Vertragstyp „Arbeitsvertrag" vereinbar. Allerdings handelt es sich hierbei richtigerweise nicht um eine Frage der Vertragstypenzuordnung, sondern um eine Frage der Inhaltskontrolle des Vertrags, wenn dem AN risikoverlagernde Gewährleistungsregeln bei fehlender Selbständigkeit auferlegt werden. Die Inhaltskontrolle ist bei dispositivem Vertragsrecht eine Erscheinungsform zwgd. Rechts, die eine schrankenlose Vermischung der vertragstypenbezogenen Regeln ausschließt. 28

29 Wenn es darum geht, die fremdbestimmte, unselbständige, von der selbstbestimmten, selbständigen Arbeit abzugrenzen, ist dies nur aus dem Normzweck der arbeitsrechtl. Schutzvorschr. insg. mögl. (Rn. 8). § 611a und der darin definierte **ANBegriff ist Bestandteil des ANSchutzrechts**. Nur vermittelt durch die Existenz ANschützender Normen ist der „ANBegriff" erklärbar und definierbar. Die fehlende freie Wahlmöglichkeit zwischen freiem Dienstvertrag und Arbeitsvertrag ist der Existenz des zwgd. ArbR immanent. Arbeitsvertrag und Dienstvertrag sind deshalb begriffl. scharf voneinander abzugrenzen (*Jahnke* ZHR 1982, Bd. 146, S. 595, 615). Eine funktionale Äquivalenz oder völlige Wahlfreiheit besteht nicht. Ist auf dieser Basis die Qualifizierung eines Rechtsverhältnisses nicht eindeutig als ArbVerh. mögl. und sprechen nach den obj. Gegebenheiten sowohl für die eine wie die andere Vertragsform Gründe bzw. liegt eine Vertragstypenvermischung vor, kann zunächst der **Wille der Vertragsparteien** den Ausschlag geben, ob die eine oder andere Vertragsform gewollt war (BAG 8.6.1967 AP BGB § 611 Abhängigkeit Nr. 6; 12.4.1974 AP BGB § 611 Abhängigkeit Nr. 11; LAG HM 22.6.1989 NZA 1990, 193; abl. zu der typologischen „Sowohl-als-auch-Rspr." vgl. Rn. 53). Eine derartige Wahlfreiheit ist jedoch nur gerechtfertigt, wenn der Vertragswille frei gebildet worden ist (*Wank* Arbeitnehmer S. 104 ff., 107; LAG K 7.4.1994 NZA 1994, 1090). Lässt der Auftraggeber (Dienstberechtigte) nicht die Wahl, auch als AN tätig zu werden, kann die oktroyierte Vertragsform nach der Rspr. ein Missbrauch der Vertragsfreiheit darstellen, wenn sie nicht durch einen sachl. Grund gerechtfertigt ist (BAG 14.2.1974 AP BGB § 611 Abhängigkeit Nr. 12; MüArbR/*Richardi* § 17 Rn. 4). Es erfolgt in Zweifelsfällen mithin eine **Inhaltskontrolle hins. der Wahl des Vertragstyps**. Diese Vertragsinhaltskontrolle bei gestellten Vertragsbedingungen richtet sich nach § 307 II Nr. 2 (vgl. Rn. 46 sowie §§ 305 bis 310 Rn. 32 ff.).

30 Das ArbR kompensiert ein durch den Gesetzgeber vermutetes Ungleichgewicht zwischen AG und AN. Dieser Kompensationsgedanke kann nicht dadurch umgangen werden, dass die Definition der Schutzbedürftigkeit zum Nachteil des Unterlegenen von den Vertragsparteien selbst festgelegt wird (zust. *Stoffels* NZA 2000, 690, 694 mwN). § 611a regelt das Leitbild des Arbeitsvertrags, dessen Abbedingung durch vorformulierten Vertrag (auch) regelm. zu einer unangemessenen Benachteiligung des Vertragspartners führt. Eine **Definitionsmacht im Grenzbereich** zwischen freier und abhängiger Dienstleistung ist allerdings anzunehmen, wenn eine gestörte Vertragsparität nicht anzunehmen ist (s. a. BAG 9.6.2010 NZA 2010, 877). Hieraus folgt, dass die Vertragsparteien an der Einordnung des Vertragstyps als ArbVerh. stets festzuhalten sind, auch wenn sie obj. einen anderen Vertragstyp mit dienstvertragl. Zuschnitt hätten wählen können (LAG N 21.12.2007 NZA-RR 2008, 271). Innerhalb des Vertragstyps sind die Parteien aber wiederum an bestimmte vertragsimmanente Rechtsregeln gebunden. Denkbar ist, dass sich ein zunächst als abhängiger Arbeitsvertrag darstellendes Vertragsverhältnis im Laufe der Zeit zum freien Dienstvertrag entwickelt. Gegen die ausdr. Vereinb. eines Arbeitsvertrags ist eine konkludente Umwandlung in ein freies Mitarbeiterverhältnis nicht mögl.; denkbar ist in diesem Fall aber eine Änderungsvereinb., die vom beiderseitigen Vertragswillen erkennbar getragen sein muss (BAG 13.5.1992 ZIP 1992, 1496; 12.9.1996 NZA 1997, 194; so bereits *Jahnke* ZHR 1982, Bd. 146, S. 595, 622).

31 Die in stRspr. vom BAG praktizierte obj. Prüfung der Vertragsdurchführung (Rn. 43 ff.) ist Bestandteil einer **Vertragsinhaltskontrolle**. Dies wird insb. daran deutl., dass eine derartige Vertragskontrolle erfolgt, wenn die **Verträge nicht ausgehandelt**, sondern von der einen Partei vorformuliert worden sind (ausdr. BAG 12.9.1996 NZA 1997, 600). Vielfach liegt schon eine unklare Vertragsgestaltung vor, infolgedessen über § 305c II eine Zuordnung zum ArbR gegeben sein kann (s. a. *Löwisch* FS Hromadka 2008 S. 229). Eine Klauselgestaltung, die versucht, durch vorformulierte Vertragsbedingungen – entgegen der tats. Vertragsdurchführung die Vertragsart zu bestimmen, kann eine unangemessene Benachteiligung darstellen, sofern hierdurch „wesentl. Rechte oder Pflichten, die sich aus der Natur des Vertrags ergeben, so eingeschränkt werden, dass die Erreichung des Vertragszwecks gefährdet ist" (§ 307 II Nr. 2; vgl. hierzu §§ 305 bis 310 Rn. 53 ff.). Andererseits unterliegen ausgehandelte Individualabreden nach § 305 I 3 keiner Inhaltskontrolle. Diese nach dem SMG deutl. hervortretende dogmatische Grdl. der Vertragskontrolle ist auch bisher schon in Ansätzen zu erkennen gewesen. So wurde im Schrifttum darauf abgestellt, ob der Mitarbeiter in den „freien" Dienstvertrag gedrängt worden ist (ArbRBGB/*Schliemann* Rn. 164; *Wank* Arbeitnehmer S. 104 ff.). Wenn der frühere AN auf eigene Initiative eine Fortsetzung des Vertragsverhältnisses auf freier Mitarbeiterbasis verlangt, findet eine Inhaltskontrolle nicht statt (so im Falle des Programmierers, der auf eigenen Wunsch freier Dienstnehmer ohne jegl. Weisungsunterworfenheit wurde (BAG 14.6.2016 NZA 2016, 1453). Solche, vom AN in den Vertrag eingeführte Vertragsbedingungen sind schon nicht vom AG „gestellt" (vgl. § 310 III Nr. 1) und bedürfen schon deshalb keiner Inhaltskontrolle (nur iE ebenso BAG 11.12.1996 NZA 1997, 817). Umgekehrt begründen nachteilige Klauseln in Verträgen über selbständige Dienstleistungen für sich genommen noch kein ArbVerh. Entsch. ist primär auch hier die Abgrenzung des Vertragstypus. Der Hinweis des BAG, dass ein Schutz der schwächeren Vertragspartei bei selbständigen und ANähnl. Vertragsverhältnissen über die Kontrolle nach dem AGB-Recht stattfindet (BAG 30.9.1998 NZA 1999, 374; 15.12.1999 NZA 2000, 534; s. a. *Rieble* ZfA 1998, 327, 341; *Reinecke* FS Dieterich 1999 S. 463, 469; vgl. hier Rn. 113), ist zutr. Das SMG hat aber durch § 310 IV klargestellt, dass – nach der Einbeziehung des ArbR in die AGB-Kontrolle – sich die Inhaltskontrolle von Arbeits-

verträgen, ANähnl. Dienst- oder Werkverträgen sowie freien Dienstverträgen in den dogmatischen Grdl. nicht mehr unterscheidet. Insofern ist die Erkenntnis nachzuvollziehen, dass auch die Vertragstypenzuordnung über §§ 307 I 2, 307 II Nr. 2 bei vorformulierter Vertragsgestaltung kontrolliert werden kann. Zu Recht entschied das BAG, dass Abweichungen von der sich aus rechtl. Vorgaben ergebenden Vertragstypik einer uneingeschränkten Inhaltskontrolle unterliegen (zutr. BAG 21.2.2017 NJW 2017, 1628). Die Vertragstypenzuordnung, die einer Rechtswahlklausel gleichkommt, ist keine kontrollfreie Hauptabrede iSd. § 307 III 2 (aA *Uffmann* ZfA 2012, 1, 32). Der hier vertretene Kontrollansatz führt im Wesentlichen nicht – wie hier gezeigt – zu abw. Resultaten. Er hat jedoch den Vorteil einer klareren ges. Grdl., betont die Einbeziehung des ArbR in das allg. Vertragsrecht und lässt der Vertragsfreiheit dort Raum, wo sie auch im ArbR gegeben werden kann, näml. im Bereich echter ausgehandelter Individualabreden (vgl. näher §§ 305 bis 310 Rn. 36 f.).

6. Die gesetzlichen Merkmale des Arbeitsvertrags im Einzelnen. a) Persönliche Abhängigkeit (Abs. 1 S. 1). Das G übernimmt das durch Rspr. und Lehre entwickelte Merkmal der pers. Abhängigkeit, das den Arbeitsvertrag vom Dienstvertrag scheiden soll. Mit der Rspr. ist danach die pers. Abhängigkeit – und mit ihr die ANEigenschaft – anzunehmen, wenn statt der freien Tätigkeitsbestimmung die Einbindung in eine **fremde Arbeitsorganisation** vorliegt, die sich regelm. (nicht notwendig) im **Weisungsrecht des AG** bzgl. Inhalt, Durchführung, zeitl. Lage und Ort der Tätigkeit zeigt (BAG 30.11.1994 NZA 1995, 622). Nach dem G kann die pers. Abhängigkeit **alternativ** aus der Weisungsbindung oder der Fremdbestimmung folgen (ähnl. *Wank* AuR 2017,140, 143). Die Weisungsbindung ist dabei das engere, den Vertragstyp im Kern kennzeichnende Kriterium, das durch die S. 2 bis 4 eine weitergehende Ausgestaltung erfährt. Die Fremdbestimmung ist dagegen das Kriterium, das vom Normaltyp des Arbeitsvertrags abw. Vertragsgestaltungen erfasst. Denn der Gesetzgeber erkennt durchaus, dass Weisungsrechte den Vertragstyp Arbeitsvertrag prägen „können" (vgl. S. 2), aber nicht müssen. Fehlt es an jeder Weisungsgebundenheit, liegt idR kein ArbVerh. vor (BSG 21.4.1993 NJW 1994, 341). Die pers. Abhängigkeit ist ein **rechtstechnischer Begriff**, denn er hat ggü. der Weisungsbindung und der Fremdbestimmung keinen eigenständigen materiellen Inhalt. Er ist eine Reminiszenz an den lange Zeit tradierten Begriff des personenrechtl. Gemeinschaftsverhältnisses, der überkommen und insofern verfehlt ist, als der AG keine Rechte an der Person des AN hat (zutr. *Richardi* NZA 2017, 36, 39; MüKoBGB/*Müller-Glöge* § 611 Rn. 162). **Pers.** ist ledigl. die **Arbeitsleistung** zu erbringen, was sich aus § 613 S. 1 ergibt. Eine darüber hinausgehende pers. Abhängigkeit gibt es nicht, zumal nicht in einem entpersonalisierten ArbVerh. Der AN ist abhängig, weil er auf den Arbeitsplatz angewiesen ist. Sinn könnte das Merkmal allenfalls dahingehend haben, als der AN von der Person des Einstellungs- und Entlassungsbefugten abhängig ist, ob ein ArbVerh. begründet wird oder ob ihm die Lebensgrdl. durch Kündigung oder Auslaufen der Befristung wieder genommen wird. Vor diesem Hintergrund wird auch verständl., dass in der Rspr. des EuGH die jederzeitige Entlassungsbefugnis geradezu ein Paradigma für Unterordnung und Fremdbestimmung ist (Rn. 42). 32

b) Weisungsbindung (Abs. 1 S. 1, 2 bis 4). Die herausragende Bedeutung der Weisungsbindung für den Vertragstyp Arbeitsvertrag wird dadurch ges. untermauert, als diesem Kernbegriff mehrere Regelungen gewidmet werden. Schon in der Rspr. wurde akzentuiert, dass sich die Eingliederung insb. in dem Weisungsrecht des AG zeige (BAG 30.11.1994 NZA 1995, 622; hierzu krit. *Wank* AuR 2017, 140, 144 f.). In **S. 1** wird das Weisungsrecht als erstes Kriterium genannt. In **S. 2** erfolgt die – freil. unvollständige – Beschreibung des Weisungsrechts; hier hätte ein Hinweis auf § 106 GewO genügt (vgl. den Vorschlag von *Preis/Wieg* AuR 2016, 313). **S. 3** definiert den Kern der die Abhängigkeit prägenden Weisungsbindung. **S. 4** lockert diese Definitionen wiederum auf, als das G verpflichtet, stets die Eigenart der jeweiligen Tätigkeit zu berücksichtigen. Zu unterscheiden ist zwischen der Weisungsgebundenheit hins. des Arbeitsortes, der AZ, des Inhalts und der Durchführung der zu leistenden Arbeit. § 106 GewO erkennt noch das Verhalten des AN als Gegenstand des Weisungsrechts an. Keinesfalls müssen alle Kriterien erfüllt sein, um das Bestehen eines Arbeitsvertrags feststellen zu können. Je nach Eigenart der Tätigkeit kann ein dominanter Weisungsbereich schon für die Annahme einer pers. Abhängigkeit ausreichen. Verfehlt ist die Annahme, dass die **bindende Vertragsgestaltung** mit einer Festlegung der weisungsrelevanten Bereiche im Vertrag gegen die Annahme eines ArbVerh. sprechen soll (so aber BAG 30.10.1991 NZA 1992, 407). Durch geschickte, das Weisungsrecht bis ins Einzelne vertragl. konkretisierende Vertragsgestaltung kann schwerl. dem ArbR ausgewichen werden (s. beispielhaft in BAG 25.9.2013 NZA 2013, 1348). Vielmehr kann eine derartige Vertragsgestaltung gerade umgekehrt die Schutzbedürftigkeit begründen (zutr. *Schliemann* RdA 1997, 322, 327). Wenn der Inhalt der Tätigkeit genau durch Vertragsbestimmungen vorgeschrieben ist, spricht dies für die ANEigenschaft (BAG 30.9.1998 NZA 1999, 374). 33

aa) Fehlende Selbstbestimmung über Inhalt und Zeit. Nach **S. 3** ist stets weisungsgebunden, wer nicht im Wesentlichen frei seine Tätigkeit gestalten und seine AZ bestimmen kann. Dieser Kerngedanke folgte auch nach bisheriger Rspr. aus dem Umkehrschluss aus § 84 I 2 HGB (der nicht aufgehoben wurde). Dieser legislatorische Notnagel bildet mithin auch nach neuem Recht die definitorische Basis. Zeitl. weisungsgebunden ist der Dienstleistende dann, wenn der Dienstberechtigte Dauer und zeitl. Lage der zu erbringenden Leistung iRd arbeits- und tarifvertragl. Vereinb. bestimmen kann. 34

Die nach dem Vertragsinhalt wie auch nach der praktischen Durchführung des Vertragsverhältnisses verlangte st. Dienstbereitschaft sind die **Einordnung in Organisations-, Dienst- und Produktionspläne** sowie die Unterordnung und die Arbeitskontrolle durch den AG sind starke Indizien für die ANEigenschaft (BAG 19.11.1997 NZA 1998, 364).

35 Wenn keine Möglichkeit besteht, nach eigenem Gutdünken Termine wahrzunehmen, spricht dies für eine abhängige Beschäftigung (BAG 6.5.1998 NZA 1999, 205). Entsch. ist dabei **nicht**, ob eine **Weisungsausübung im Einzelfall** erfolgt. Die zeitl. Weisungsbindung kann auch bereits vertragl. fixiert sein (missverständl. deshalb BAG 13.11.1991 NZA 1992, 1125). Ein ArbVerh. kann idR angenommen werden, wenn der Verpflichtete eine zweck- und zeitbestimmte Arbeitsleistung mit im Voraus nicht abgegrenzten Einzelleistungen zugesagt hat. Wesentl. ist die rechtsgeschäftl. Zusage (zur Rahmenvereinb., die noch keine Pflicht zur Arbeitsleistung begr. BAG 31.7.2002 AP TzBfG § 12 Nr. 1). Zeitl. Weisungsbindung ist auch bei **TZBeschäftigten**, bei denen die Lage der AZ vertragl. konkretisiert ist, erst recht aber bei Abrufverhältnissen zu bejahen. Entsch. ist, ob der Dienstleistende bei Begr. des Dienstverhältnisses oder während dessen Laufes die zeitl. Lage frei bestimmen kann. Dieses Merkmal ist für die Qualifizierung des Vertragsverhältnisses wesentl. (BAG 9.9.1981 AP BGB § 611 Abhängigkeit Nr. 38). Starkes Indiz für die ANEigenschaft ist die Aufführung in **Dienstplänen** (BAG 16.3.1994 NZA 1994, 1132; 16.2.1994 NZA 1995, 21; 8.11.2006 NZA 2007, 321). Unerhebl. ist, ob sich der AN darin selbst eintragen kann, wenn der AG vertragl. zur einseitigen Zuweisung befugt ist (BAG 12.6.1996 NZA 1997, 191). Das Versprechen, eine Leistung zu einem bestimmten Zpkt. zu erbringen oder zu einem bestimmten Zpkt. fertigzustellen, macht den Leistenden im arbeitsrechtl. Sinne nicht weisungsabhängig (zur Abgrenzung zwischen selbständigen und unselbständigen Musikern BAG 22.8.2001 NZA 2003, 662). Wird ledigl. der Wochentag und damit ein 24 Stunden umfassender Zeitkorridor vertragl. für eine Leistung vorgeschrieben (hier: Anbringen von Werbeplakaten), besteht – nach zw. Rspr. des BAG – keine die Abhängigkeit begründende zeitl. Weisungsbindung (BAG 13.3.2008 NZA 2008, 878; noch weitergehend LAG K 29.8.2011 LAGE BGB 2002 § 611 Arbeitnehmerbegriff Nr. 7: „Service-Fahrerin" an 365 Tagen ist keine AN, weil sie andere Personen einsetzen kann).

36 Der **Abruf** pers. Dienstleistungen, also die **Weisungsbindung hins. der zeitl. Lage der AZ**, führt wegen seiner starken Autonomiebeschränkung stets zur Annahme eines ArbVerh. Die stark in den Lebensbereich des AN eingreifende, kurzfristige Verfügbarkeit erfüllt bereits die Voraussetzung des S. 3. Die Regelungen in § 12 TzBfG mildern die Abhängigkeit ledigl. Allerdings ist die zeitl. Weisungsgebundenheit vielfach durch **AZRahmen oder Gleitzeitregelungen** gelockert. Jedoch kann auch bei **Flexibilisierung der AZ** eine sehr weitgehende Bindung in zeitl. Hinsicht vorliegen, weil der AG gerade das Interesse an einer Leistungserbringung zu einer bestimmten Zeit hat. Bes. eng ist die Weisungsbindung bei allen Formen der **Arbeitsbereitschaft, Rufbereitschaft und des Bereitschaftsdienstes** (hierzu Rn. 669 ff.), ebenso wie bei der **Arbeit auf Abruf** (hierzu § 12 TzBfG), wo sich der AN in mehr oder weniger starkem Umf. stets zur Arbeitsleistung bereithalten muss (BAG 20.10.1993 AfP 1994, 72; 12.6.1996 NZA 1997, 191; LAG K 28.6.1989 LAGE BGB § 611 Arbeitnehmerbegriff Nr. 10; LAG D 5.12.1988 LAGE BGB § 611 Arbeitnehmerbegriff Nr. 8). Die Verweigerung zulässig angeordneter Abrufarbeit stellt eine Vertragsverletzung dar. Bei einem freien Dienstvertrag kann demggü. der Dienstberechtigte in aller Regel nicht den genauen Zpkt. der Dienste kraft Weisung bestimmen. Die Vorgabe von Zielgrößen führt noch nicht zwgd. zu einer zeitl. Weisungsbindung (BAG 26.5.1999 NZA 1999, 983). Denkbar ist dies jedoch bei Mindestsollvorgaben, deren Nichterreichen zur Vergütungsminderung und zur Steuerung der Dauer der AZ führen (vgl. BAG 15.12.1999 NZA 2000, 534).

37 Der Weisungsumf. kann unterschiedl. ausgeprägt sein: So können bspw. **Außendienstmitarbeiter** bei der Wahl ihres Einsatzortes relativ frei sein, allerdings wird auch ihnen idR ein bestimmtes räuml. abgegrenztes Gebiet (Kreis oder Stadt, Bundesland, bestimmter Postleitzahlbereich) zugewiesen. Die Wahl der AZ kann im Rahmen von Gleitzeitregelungen individuell gestaltet sein, gerade TZBeschäftigte können hier einen erhebl. Freiraum haben. Auch AN, die zB zu Hause Arbeiten am Bildschirm verrichten (**Heim-/Telearbeiter**), genießen uU erhebl. Freiheiten (s. Rn. 84 f.). Zahlr. Tätigkeiten (Ärzte, Künstler, hochqualifizierte Berufe) sind in fachl. Hinsicht weitgehend weisungsfrei. Dennoch hat die Rspr. auch bei Fehlen einzelner Merkmale die ANEigenschaft durchaus bejaht. Entscheidend sind die Gesamtumstände und die Eigenart der jeweiligen Tätigkeit. Das Bestehen eines ArbVerh. kann auch aus der **Art oder Organisation der Tätigkeit** und der darin angelegten Fremdbestimmung sein (BAG 30.11.1994 NZA 1995, 622).

38 **bb) Örtliche Weisungsgebundenheit.** Wer für einen Auftraggeber an **verschiedenen Orten** arbeiten muss, die er nicht selbst bestimmen kann, ist regelm. AN. Auch wenn der Leistende verpflichtet ist, die Dienste an einem bestimmten Ort zu erbringen, den er **nicht selbst bestimmen kann**, liegt idR ein ArbVerh. vor (BAG 13.1.1983 AP BGB § 611 Abhängigkeit Nr. 42). Dabei ist die örtl. Weisungsgebundenheit nicht mit der Eingliederung in den Hauptbetrieb des Unternehmens zu verwechseln. Auch im Außenbereich tätige Mitarbeiter (Monteure, Außendienstmitarbeiter; Kundenberater) können hins. des Arbeitsortes engen Bindungen unterliegen (BAG 6.5.1998 NZA 1999, 205). Bei bestimmten Tätigkeiten (Außendienstmitarbeiter, Journalisten, Telearbeit) entfällt uU die örtl. Weisungsbindung.

Für die Qualifizierung dieser BeschVerh. tritt die zeitl. und fachl. Weisungsgebundenheit sowie die Fremdbestimmung in den Vordergrund.

cc) Fachliche Weisungsbindung. Die fachl. Weisungsbindung ist zwar ein typisches Merkmal weisungsgebundener Tätigkeit. Insb. kann der AG im Rahmen seines Direktionsrechts die Art der Tätigkeit bestimmen und auch fachl. Weisungen erteilen (§ 106 GewO Rn. 11 ff.). In der Realität des Arbeitslebens arbeiten jedoch viele hochqualifizierte Mitarbeiter fachl. weitgehend selbständig (hierzu iE Rn. 65). Dennoch ist auch bei den **hochqualifizierten Tätigkeiten** nur von einer Lockerung der fachl. Weisungsgebundenheit auszugehen. Die rechtl. Möglichkeit der Weisung besteht vielfach; die rein faktische Unmöglichkeit und das Vertrauen auf die fachgerechte Leistungserbringung durch den AN lassen die Weisungsgebundenheit nicht entfallen (*Hromadka* NZA 1997, 569, 576). Werden jedoch fachl. Weisungen erteilt, ist dies ein gewichtiger Anhaltspunkt für die Annahme eines ArbVerh. (BAG 9.3.1971 AP BGB § 611 Abhängigkeit Nr. 21). **Personenbezogene Weisungen**, die Arbeitsleistung in **einer bestimmten Art und Weise durchzuführen**, sind charakteristisch für die abhängige Beschäftigung. Hiervon zu unterscheiden sind die werkbezogenen Weisungen des Bestellers eines Werkvertrags. Arbeitsvertragstypisch sind arbeitsbegleitende Weisungen bezogen auf einzelne Tätigkeit. Bei **Führungspersonal** und **Diensten höherer Art** lässt die größere Selbständigkeit in fachl. Hinsicht die pers. Abhängigkeit nicht entfallen. 39

dd) Grad der persönlichen Abhängigkeit (S. 4). IRd. Einzelfallprüfung ist bei der Entsch. über das Vorliegen der pers. Abhängigkeit auch die Eigenart des jeweiligen Vertragsverhältnisses zu beachten. **Je stärker die Weisungsbindung, umso eher ist ein ArbVerh. anzunehmen.** Der Grad des Weisungsrechts ist der zentrale Gesichtspunkt bei der Feststellung der pers. Abhängigkeit (BAG 30.11.1994 NZA 1995, 622). Das Weisungsrecht hins. Umf., Inhalt und organisatorischer Einbindung der Arbeitsleistung charakterisiert das ArbVerh. im Unterschied zu freien Dienstverhältnissen, weil der AN nur fremdbestimmt zur Leistungserbringung in der Lage ist. Werden in einem Betrieb Weisungen hins. **Ordnung und Verhalten im Betrieb** (§ 106 GewO) erteilt, spricht dies nicht nur für Weisungsabhängigkeit, sondern auch für eine Tätigkeit in einer fremdbestimmten Arbeitsorganisation. Weisungen dieser Art werden typischerweise AN und LeihAN erteilt. 40

c) Fremdbestimmung (Abs. 1 S. 1). Die Neuregelung in § 611a hat das Kriterium der Fremdbestimmung zu einem **eigenständigen Tatbestandsmerkmal** erhoben. In aller Regel ergibt sich eine Fremdbestimmung nicht ohne ein Mindestmaß an Weisungsbindung. Die Fremdbestimmung zeigt sich tats. etwa in der **„Eingliederung"** in eine fremde Arbeitsorganisation. Insofern lebt das Merkmal als Erscheinungsform der Fremdbestimmung fort. Es ist aber nicht mit der Eingliederung identisch (so *Wank* AuR 2017, 140, 143). Auch die **Angewiesenheit auf die Organisation des AG** kann für eine fremdbestimmte Tätigkeit sprechen (BAG 13.8.1980 AP BGB § 611 Abhängigkeit Nr. 37; 9.9.1981 AP BGB § 611 Abhängigkeit Nr. 38). Aus Art und Organisation der Tätigkeit kann das Bestehen eines ArbVerh. gefolgert werden (BAG 30.11.1994 NZA 1995, 622). Das Vorhandensein einer eigenen Betriebsstätte und eigener Arbeitsmittel sprechen indiziell hingegen gegen ein ArbVerh. Organisatorische Weisungsgebundenheit liegt vor, wenn der AG Anweisungen hins. der Leistung in einer bestimmten **Abt.** und in **Zusammenarbeit** mit bestimmten Mitarbeitern erteilen kann. Dies ist auch und insb. bei der Anordnung von Gruppenarbeit der Fall (Rn. 168). Ein Grenzfall sind die sog. Honorarärzte, die zeitweilig wie angestellte Ärzte in den betriebl. Ablauf integriert werden (*Uffmann* ZfA 2012, 1, 9; *Hanau* MedR 2015, 77). 41

Das Merkmal der Fremdbestimmung gewinnt in einer diversifizierten Arbeitswelt als **Schlüsselbegriff** Bedeutung zur sachgerechten Erfassung neuer Abhängigkeiten. Es bedarf der Konkretisierung. Es muss sich um eine zurechenbare Fremdbestimmung durch den Vertragspartner, also den AG handeln. Der in der Rspr. des EuGH (Rn. 19) verwendete Begriff des **Unterordnungsverhältnisses** steht dem Merkmal der Fremdbestimmung nahe. Er ist ein Synonym für den im dt. Recht verwendeten Begriff der Fremdbestimmung. Unterordnung und Fremdbestimmung treten durch das Angewiesensein auf die Beschäftigung in einem Dauerschuldverhältnis ein. Das Vorliegen eines Unterordnungsverhältnisses ist nach der Rspr. des **EuGH** in jedem Einzelfall anhand aller Gesichtspunkte und aller Umstände, die die Beziehungen zwischen den Beteiligten kennzeichnen, zu prüfen (EuGH 9.7.2015 – C-229/14 – NZA 2015, 861 Rn. 37 ff. – Balkaya; hierzu *Temming* IPRax 2016, 509, 512). Auch Mitglieder eines Leitungsorgans einer Kapitalgesellschaft können in einem Unterordnungsverhältnis stehen. Der EuGH nennt als Prüfungskriterien: die Bedingungen, unter denen Person bestellt wurde, die Art der ihm übertragenen Aufgaben, der Rahmen, in dem diese Aufgaben ausgeführt werden, der Umfang der Befugnisse des Mitglieds und die Kontrolle, der es innerhalb der Gesellschaft unterliegt, sowie die Umstände, unter denen es abberufen werden kann. Insofern kann auch die **jederzeitige Entlassungsbefugnis** der Hebel sein, um durch Weisung Fremdbestimmung durchzusetzen. Die Fremdbestimmung kann zudem mittelbar erfolgen, etwa wenn im mittelbaren ArbVerh. der Mittelsmann Weisungen durch seinen AG unterliegt, die bis zu der Weisung reichen kann, den AN zu entlassen (näher Rn. 172 ff.). Die so ausgeübte Fremdbestimmung kann vertragl. oder durch faktische Machtausübung erreicht werden. Zu denken ist an die nicht nur im Vertragskonzern oder faktischen Konzern ausgeübte **Organisationsmacht eines Dritten.** Wenn ein vertragsfremder Dritter die Bezie- 42 hung zwischen zwei Vertragsparteien beherrscht, etwa die Konzernmutter als Dritte den als unmittelbaren Vertragspartner handelnden AG, kann ein Fall mittelbarer Fremdbestimmung vorliegen, die auf das Vertragsverhältnis durchschlägt (ausf. hierzu *Temming*, Der vertragsbeherrschende Dritte, 2015).

43 **d) Tatsächliche Vertragsdurchführung (S. 6).** Bereits nach herrschender Rspr. und nunmehr kraft ges. Anordnung ist für die rechtl. Einordnung einer Vertragsbeziehung die darin getroffene **Bezeichnung nicht entscheidend.** Es wäre mit dem Grundgedanken des ArbR als ANSchutzrecht nicht zu vereinbaren, wenn es der typischerweise wirtschaftl. stärkere AG in der Hand hätte, durch eine von ihm durchgesetzte Formulierung im Vertrag die Zuordnung der betr. Person zum ArbR zu steuern. Abzustellen ist somit iZw. auf die praktische Durchführung des Vertrags (BAG 22.3.1995 NZA 1995, 823; 19.11.1997 NZA 1998, 364).

44 Dabei kommt es nicht darauf an, wie die Parteien das Vertragsverhältnis bezeichnen, sondern danach, wie die Rechtsbeziehung nach ihrem **Geschäftsinhalt** obj. einzuordnen ist. Denn durch Parteivereinb. kann die Bewertung einer Rechtsbeziehung als ArbVerh. nicht abbedungen und der Geltungsbereich des ANSchutzrechts nicht eingeschränkt werden. Der wirkl. Geschäftsinhalt ist den ausdr. getroffenen Vereinb. und der praktischen Durchführung des Vertrags zu entnehmen. Wird der Vertrag abw. von den ausdr. Vereinb. vollzogen, ist die tats. Durchführung maßgebend. Denn die praktische Handhabung lässt Schlüsse darauf zu, von welchen Rechten und Pflichten die Parteien in Wirklichkeit ausgegangen sind (BAG 22.3.1995 NZA 1995, 823; 12.9.1996 NZA 1997, 600; 11.8.2015 NZA-RR 2016, 288; 24.8.2016 NZA 2017, 244 Rn. 16). Aber nicht nur das: Es tritt in aller Regel eine konkludente Bindung ein.

45 Zur Beurteilung der tats. Vertragsdurchführung können auch **weitere Indizien der Vertragsgestaltung** und der praktischen Durchführung des ArbVerh. herangezogen werden. So ist wesentl., ob der Beschäftigte seine gesamte Arbeitskraft zur Vfg. zu stellen hat und weitere Nebentätigkeiten ausgeschlossen sind. Ferner können die Form der Vergütung (Einzelhonorar oder Monatsentgelt), die Abführung von Steuern und Sozialversicherungsbeiträgen, die Gewährung von Urlaub, die Zurverfügungstellung von Arbeitsgeräten, die Führung von Personalunterlagen, die Anforderung der Lohnsteuerkarte usw.) Indizien für das Vorliegen eines ArbVerh. darstellen (BAG 8.6.1967 AP BGB § 611 Abhängigkeit Nr. 6). Allerdings sind diese Hilfstatsachen nicht wesentl. und können ledigl. zu Gunsten des Mitarbeiters herangezogen werden (BAG 26.5.1999 NZA 1999, 983; restriktiv 21.7.2015 NZA-RR 2016, 344 Rn. 29). Allein aus dem Umstand, dass ein AG (zu Unrecht) Folgerungen aus dem von ihm eingenommenen Rechtsstandpunkt zieht, und auf Vorlage von Attesten, Gewährung von Urlaub, Abführung von Steuer und Sozialvers. verzichtet, kann nicht bereits auf ein freies Mitarbeiterverhältnis geschlossen werden (BAG 9.3.1977 AP BGB § 611 Abhängigkeit Nr. 22; s Rn. 47).

46 **e) Gesamtbetrachtung (S. 5).** Für die Feststellung, ob ein Arbeitsvertrag vorliegt, ist eine Gesamtbetrachtung aller Umstände vorzunehmen. Das ist einerseits eine Selbstverständlichkeit; ergänzend ist aber hinzuzufügen, dass es nur rechtl. erhebl. Umstände (zu unerhebl. Kriterien Rn. 47) sein dürfen, die teleologisch zur Abgrenzung beitragen. Kriterien, die die pers. Abhängigkeit begründen, müssen überwiegen bzw. das Vertragsverhältnis prägen. In der Gesamtbetrachtung ist auch die Erheblichkeitsschwelle zu prüfen, die in der Norm angelegt ist. Es ist zu entscheiden, ob der Beschäftigte „im Wesentlichen" frei seine Tätigkeit gestalten und seine AZ bestimmen kann. Der Grad der Abhängigkeit bzw. Weisungsbindung ist unter Berücksichtigung der Eigenart der jeweiligen Tätigkeit zu bewerten.

47 **7. Unerhebliche Kriterien.** Berücksichtigungsfähig sind nur solche **Kriterien, die die Vertragstypenzuordnung ermöglichen.** Aus diesem Grunde ist mit dem BAG (seit 28.2.1962 AP BGB § 611 Abhängigkeit Nr. 1) anzunehmen, dass die wirtschaftl. Abhängigkeit kein ausschlaggebendes Kriterium sein kann, weil es keinen bestimmten Vertragstyp qualifiziert. Wirtschaftl. Abhängigkeit kann in nahezu allen Vertragsgestaltungen des Privatrechts gegeben sein. Dies wird auch daran deutl., dass § 12a TVG für sog. ANähnl. Personen die wirtschaftl. Abhängigkeit voraussetzt, die Tätigkeit dort aber auch auf der Basis eines Werkvertrags erbracht werden kann. Auch der Begriff der sozialen Schutzbedürftigkeit ist nicht vertragstypenbezogen, so dass aus ihm kein plausibles Abgrenzungskriterium hergeleitet werden kann (s MüArbR/*Richardi* § 16 Rn. 19). Die (Nicht-)Abführung von Sozialversicherungsbeiträgen und Lohnsteuer ist ebenfalls eine nicht vertragstypenbezogene Äußerlichkeit. Das zeigt sich an der Heimarbeit, die als „Beschäftigte" der ges. Sozialversicherung (§§ 8, 12 II SGB IV) und der Lohnsteuerpflicht unterliegen.

48 **Bloße Äußerlichkeiten** (Auftreten mit eigenem Logo, eigenem Namen, auf eigene Rechnung) sind für die Qualifizierung eines konkreten Vertragstyps **unerhebl.** Allein der Umstand, dass ähnl. Tätigkeiten in einem Unternehmen von AN erbracht werden, qualifiziert noch nicht das konkrete Vertragsverhältnis (BAG 3.10.1975 AP BGB § 611 Abhängigkeit Nr. 17). So kann ein Unternehmen seine Aufträge mit AN und zugleich mit Subunternehmern erfüllen. Auf die vordergründig gleiche Tätigkeit abzustellen, wäre verfehlt. Kontrollrechte des Auftraggebers sind nicht arbeitsvertragstypisch (s etwa §§ 384, 418 HGB).

49 Ob für den AN nach der vertragl. Ausgestaltung noch **Chancen für die unternehmerische Verwertung seiner Arbeitskraft** bestehen, ist ein Topos, der die Auslastung eines Auftragnehmers durch einen Auftraggeber beschreibt und regelm. auf eine wirtschaftl. Abhängigkeit schließen lässt. Aber auch

dieses Kriterium lässt nicht auf einen bestimmten Vertragstyp schließen. Ungünstige Vertragsbedingungen und starke Vertragsbindung zeigen wirtschaftl., aber noch nicht pers. Abhängigkeit (BAG 30.9.1998 AP BGB § 611 Abhängigkeit Nr. 103). Verfehlt ist allerdings der Umkehrschluss, dass allein die übertragenen Aufgaben, die einen Einzelnen überlasten, schon gegen ein ArbVerh. sprechen (so aber BAG 16.7.1997 AP BGB § 611 Zeitungsausträger Nr. 4). Entsch. ist auch hier, ob der Auftragnehmer weisungsgebunden und fremdbestimmt arbeitet. Dass das Volumen so groß ist, dass ihm vertragl. gestattet ist, eigene Mitarbeiter einzusetzen, bedeutet einen Verzicht auf Leistung in Person (§ 613 S. 1), begründet aber noch nicht den Umkehrschluss, dass im Ausgangspunkt kein ArbVerh. vorliegt, dafür spricht auch die denkbare Konstruktion des mittelbaren ArbVerh.

8. Folgen fehlerhafter Vertragstypenzuordnung. Erhebl. Konsequenzen hat die fehlerhafte Einord- 50
nung eines in Wahrheit bestehenden ArbVerh. als freies Mitarbeiterverhältnis (ausf. *Lampe* RdA 2002, 18 ff.). Sozialversicherungsrechtl. liegt in diesem Fall trotz fehlerhafter Bezeichnung ein BeschVerh. iSd. § 7 I SGB IV vor. Rechtsfolge ist die **rückwirkende Entstehung der Sozialversicherungspflicht**, wobei die Beitragspflicht regelm. allein den AG trifft, der Schuldner des Gesamtsozialversicherungsbeitrages ist (§ 28e SGB IV). Das Recht des AG, den ANAnteil der Sozialversicherungsbeiträge vom AN zurückzufordern, ist durch § 28g SGB IV eingeschränkt (Plagemann/*Plagemann* § 7 Rn. 21 ff.).

In **arbeitsrechtl. Hinsicht** hat die Verkennung des ANStatus zur Folge, dass der zu Unrecht als 51
NichtAN Behandelte rückwirkend wie ein AN zu behandeln ist (zum Vergütungsanspruch vgl. § 612 Rn. 7; zum Feststellungsinteresse gem. § 256 ZPO BAG 17.4.2002 EzA ZPO § 256 Nr. 63). Die Rechtsformverfehlung gestattet dem AG nicht, sich einseitig vom ArbVerh. zu lösen (BAG 3.10.1975 AP BGB § 611 Abhängigkeit Nr. 17; *Fenn* FS Bosch 1976 S. 171, 182 f.; **aA** *Lieb* RdA 1975, 49, 42). Ebenso wenig besteht ein Anfechtungsrecht nach § 119 I, da es sich um einen unbeachtl. Rechtsfolgenirrtum handelt (MüArbR/*Richardi* § 17 Rn. 7). Hins. der einzelnen Ansprüche sind bes. Verjährungs- und Ausschlussfristen zu beachten (vgl. hierzu Kommentierung der §§ 194 bis 218). Typischerweise wird ein freier Dienstnehmer oder eine sonst unzutr. als selbständig bezeichnete Person hins. der Vergütung sowie anderer Sozialleistungen unterschiedl. behandelt. Der in Wahrheit als AN zu Behandelnde kann infolge der Bejahung eines ArbVerh. **Ansprüche auf Gleichbehandlung** hins. Entgelt und Sonderleistungen geltend machen (vgl. Rn. 572 ff.).

Bei beiderseitigem Rechtsirrtum der Parteien über die Einordnung des als freien Mitarbeitervertrags 52
geschlossenen ArbVerh. soll sich die Anpassung des Vertrags nach den Grds. über den Wegfall der Geschäftsgrdl. § 313 richten (BAG 9.7.1976 AP BGB § 242 Geschäftsgrundlage Nr. 7; HWK/*Thüsing* Vor § 611 Rn. 25; *Lampe* RdA 2002, 18, 22). So kann eine Anpassung für die Zukunft erfolgen; allerdings werden die Grds. zum Wegfall der Geschäftsgrdl. durch § 626, wonach auch ausnahmsweise das Recht zur fristlosen Änderungskündigung besteht, regelm. verdrängt. Die prinzipielle Anwendbarkeit ist daher zumindest zw. (abl. LAG BE 8.6.1993 NZA 1994, 512). Fragl. ist, ob im Hinblick auf eintretende Sozialversicherungspflicht der AG für die Zukunft die Vergütung nach den Grds. für den **Wegfall der Geschäftsgrdl. (§ 313)** herabsetzen kann. Das BAG hat diese Möglichkeit ebenfalls nicht prinzipiell verneint, allerdings im Hinblick auf die zwgd. abschl. Regelungen des SozR eine Anpassung des Vertrags und einen Erstattungsanspruch des AG verneint (BAG 14.1.1988 NZA 1988, 803; bestätigt durch BVerfG 18.4.1989 – 1 BvR 1295/88). Ein als „freier Mitarbeiter" eingestellter AN hat nach rkr. Abschluss einer Statusklage nur Anspruch auf die tarifl. Vergütung und nicht des bisher gezahlten Honorars (LAG K 17.10.1996 ARSt. 1997, 94). Dies gilt aber nur dann, wenn der AG üblicherweise Selbständige und AN in unterschiedl. Form (Stundenpauschale bzw. Tarifgehalt) vergütet. Die für ein Dienstverhältnis getroffene Vergütungsabrede ist nicht allein deshalb unwirksam, weil das Rechtsverhältnis in Wahrheit ein ArbVerh. ist (BAG 12.12.2001 NZA 2002, 1338). Ein AG kann jedoch die Rückzahlung überzahlter Honorare verlangen, wenn der ANStatus eines vermeintl. freien Mitarbeiters rückwirkend festgestellt wird, da ein Rechtsgrund für die Honorarzahlungen nicht bestand, wenn bei dem AG unterschiedl. Vergütungsordnungen für freie Mitarbeiter und für AN galten. Allerdings umfasst der Bereicherungsanspruch nicht sämtl. Honorarzahlungen, sondern nur die Differenz zwischen beiden Vergütungen (BAG 21.1.1998 NZA 1998, 594; 29.5.2002 NZA 2002, 1328; zum Lauf einer etwaigen Ausschlussfrist s §§ 194 bis 218 Rn. 45). UU kann diesem § 814 entgegenstehen (vgl. BAG 29.5.2002 NZA 2002, 1328; 9.2.2005 NZA 2005, 814, jeweils verneint). Das BAG erkennt nun an, dass durch die Behandlung des Rechtsverhältnisses als freie Mitarbeit beim Dienstverpflichteten ein Vertrauenstatbestand geschaffen wird. Erhebt er dann Statusklage, muss er im Klagantrag erklären, für welche Zeit er von einem ArbVerh. ausgeht. Diese Beschränkung des Klagantrags ist nicht rechtsmissbräuchl. Nur insoweit kommt eine Rückabwicklung in Betracht. IÜ setzt sich der Vertrauensschutz durch; damit geht allerdings auch ein Verzicht auf eine weitergehende Geltendmachung der ANEigenschaft einher (BAG 8.11.2006 NZA 2007, 321).

II. Abweichende dogmatische Konzepte

1. Typologische Methode. Vor dem Hintergrund der schwierigen, nicht zweifelsfreien Einstufung 53
auf der Basis des Merkmals der pers. Abhängigkeit verneinte das BAG die Möglichkeit, abstrakte, für

alle ArbVerh. geltende Kriterien aufzustellen und hielt es für unvermeidl., die unselbständige von der selbständigen Arbeit typologisch abzugrenzen (BAG 23.4.1980 AP BGB § 611 Abhängigkeit Nr. 34; durchaus krit. BAG 23.1.1986 NZA 1986, 484). Diese typologische Methode hat das BVerfG mit dem Hinweis auf die Schwierigkeit der Abgrenzung und der Unbestimmtheit des § 7 SGB IV gebilligt (BVerfG 20.5.1996 NZA 1996, 1063). Diese Auff. ist spätestens mit Inkrafttreten des § 611a überholt. Denn der Arbeitsvertrag und damit der ANbegriff sind präskriptiv durch den Gesetzgeber konkretisiert worden. Wie probl. die Auff. des BAG ist, zeigt sich an der in jüngeren Entsch. auftauchenden pauschalen Aussage, dass für den Fall, dass die vertragl. vereinbarte Tätigkeit typologisch **sowohl in einem ArbVerh. als auch selbständig** erbracht werden, die Entsch. der Vertragspartner für einen bestimmten Vertragstypus in der Gesamtabwägung zu berücksichtigen ist (BAG 9.10.2010 NZA 2010, 877; 11.8.2015 NZA-RR 2016, 288 Rn. 22). Eine derartige Aussage konterkariert das Schutzkonzept (abl. a. *Reinecke* NZA-RR 2016, 393, 399; *Reinfelder* RdA 2016, 87, 88). Denn jede Tätigkeit kann selbständig oder unselbständig erbracht werden. Es zeigt sich, dass bei der typologischen Methode selbst klar handhabbare normative Kriterien zu irrelevanten Topoi mutieren (zutr. MüArbR/*Richardi* § 16 Rn. 45 „Muster ohne Wert"; zur Kritik a. *Wank* Arbeitnehmer S. 23 ff.; *Rüthers* RdA 1985, 129, 131; *Rüthers/Fischer/Birk*, Rechtstheorie 8. Aufl. 2015, Rn. 930 ff.). Nachvollziehbare allgemeingültige Kriterien liefert sie nicht. Probl. ist, dass das BVerfG in seiner Entsch. (BVerfG 20.5.1996 NZA 1996, 1063) die typologische Methode übernimmt („Rechtsfigur des Typus; die versicherten Personen werden nicht im Detail definiert, sondern ausgehend vom Normalfall in der Form eines Typus beschrieben"), ohne ihre Herkunft zu belegen (s *Larenz*, Methodenlehre der Rechtswissenschaft, 6. Aufl. 1991, S. 221: *„Der Typus wird nicht definiert, sondern beschrieben"*). Mag dies bei fehlender ges. Regulierung noch verfassungskonform sein, wendet sich die Beurteilung, wenn eine ges. Regelung durch eigenständige Typologien unterlaufen wird. Kennzeichnend für den Typusbegriff ist die fehlende Definierbarkeit, die Rechtsunsicherheit und die richterl. Rechtsfortbildung. Dies ist im Lichte des § 611a nicht nur nicht mehr nötig, sondern als Rechtsfindungsmethode strukturell verfassungswidrig, wenn eine klare Wertung durch das G vorliegt. Die Fortsetzung der typologischen Methode – sofern mit ihr nicht nur die Anwendung der S. 5 und 6 (Gesamtbetrachtung aller Umstände. tats. Vertragsdurchführung) gemeint ist (so wohl *Deinert* RdA 2017, 65, 68 f., 71) – ist abzulehnen (ebenso *Richardi* NZA 2017, 36, 38; *Wank* AuR 2017, 140, 144). Bei der systematischen Einordnung zivilrechtl. Verträge in Vertragstypen handelt es sich nicht um die typologische Methode. Kennzeichnend ist, dass bei der typologischen Methoden aus der Wirklichkeit auf das Recht geschlossen wird, der Unterschied von Sein und Sollen aufgelöst und beliebige Anpassungen der Auslegungsergebnisse an veränderte tats. Erscheinungen mögl. sind (*Rüthers/Fischer/Birk* Rechtstheorie 8. Aufl. 2015 Rn. 933).

54 **2. Unternehmerrisiko.** Bedeutung erlangt hat in der Rspr. zur Bestimmung der ANEigenschaft das Kriterium des „Unternehmerrisikos" (*Wank* Arbeitnehmer S. 122 ff.). Dabei wird richtig herausgearbeitet, dass der selbständige Unternehmer typischerweise als Wettbewerber am Markt auftritt (während der AN idR nur seine Arbeitskraft einem AG zur Vfg. stellt und nicht am Markt operiert), mit eigenem oder aufgenommenem Kapital eine eigene Betriebsstätte bzw. Organisation aufbaut, die er idR mit mehreren Mitarbeitern betreibt. Dem **Risiko, keine Aufträge zu erhalten** und **kein Einkommen zu erzielen**, steht die unternehmerische Chance erfolgsabhängiger Gewinne ggü. Der AN hingegen erhält von seinem AG Lohn auch dann, wenn der AG für ihn keine Arbeit hat; allerdings muss der AN bei länger andauerndem Auftragsmangel damit rechnen, dass der AG das ArbVerh. beendet. *Wank* stellt folgende Merkmale als typische ANMerkmale heraus: auf Dauer angelegte Tätigkeit, für nur einen Auftraggeber, in einer Person, ohne Mitarbeiter, im Wesentlichen ohne eigenes Kapital und im Wesentlichen ohne eigene Organisation. Unternehmer sei daher nur derjenige, der freiwillig ein Unternehmerrisiko übernehme, AN dagegen derjenige, der es nicht oder unfreiwillig auf sich nehme (*Wank* Arbeitnehmer S. 122, 127 ff.). Auch hier handelt es sich um typologische Begriffsbildung, die nicht unplausibel ist, aber dem normativen Ansatz, jetzt niedergelegt in 611a, widerspricht. In mehreren Gesetzentwürfen ist auf die Kriterien der freiwilligen Übernahme des Unternehmerrisikos abgestellt worden (vgl. GE der Länder BB und SN zum Arbeitsvertragsrecht BR-Drs. 293/95 und 671/96; GE der SPD zur Bekämpfung der Scheinselbständigkeit BR-Drs. 793/96; hierzu *Kretschmer* RdA 1997, 327). Einige Instanzgerichte haben sich dieser Sicht angeschlossen (LAG NI 7.9.1990 LAGE BGB § 611 Arbeitnehmerbegriff Nr. 24; LAG K 30.6.1995 LAGE BGB § 611 Arbeitnehmerbegriff Nr. 29; ArbG N 31.7.1996 EzA BGB § 611 Arbeitnehmerbegriff Nr. 57). Allerdings vermochte diese neue Lehre als allein ausschlaggebender Ansatz nicht zu überzeugen (abl. LAG NI 23.1.1995 LAGE ArbGG 1979 § 48 Nr. 10; LAG D 4.9.1996 LAGE BGB § 611 Arbeitnehmerbegriff Nr. 33; *Buchner* NZA 1998, 1144, 146; *Hromadka* NZA 1997, 569, 576; *Rommé* ZfA 1997, 251 ff.; *Griebeling* RdA 1988, 208, 214; *ders.* NZA 1998, 1137, 1142 ff.; *Reinecke* ZIP 1998, 581; *Rieble* ZfA 1998, 327, 334 ff.). Mit Inkrafttreten des § 611a ist die Lehre obsolet. Sie vermag die vertragstypenbezogenen, traditionellen Kriterien ledigl. zu ergänzen. Die von *Wank* entwickelten Kriterien stellen jedoch nicht auf den – jetzt eindeutig geregelten – Vertragstyp ab, sondern entwickeln einen Typusbegriff, der außerhalb des Vertrags steht, ähnl. der Kategorie des „Verbrauchers" und des „selbständig Erwerbstätigen" (hierzu ausf. *Preis* ZHR 158, 1994, S. 567 ff.), der isoliert, ohne Vertragsbezug keine plausiblen Kriterien liefert.

Die Erkenntnisse von *Wank* können allerdings in Grenzfällen die vertragstypenbezogenen Kriterien unterstützen.

III. Kasuistik und Einzelfälle. 1. Berufe in Produktions- und Baubetrieben. Bei Leistung von Arbeit in Produktionsbetrieben ist in aller Regel vom Vorliegen eines ArbVerh. auszugehen. Der Industriearbeiter stellt den traditionellen Normalfall des AN dar, auf dessen Basis der Begriff des AN entwickelt wurde (MüArbR/*Richardi* § 17 Rn. 15). Organisatorische Eingliederung, zeitl., örtl. und idR auch fachl. Weisungsbindung liegen hier vor. Die Einstufung dieser Tätigkeitsgruppen machen in aller Regel keine Schwierigkeiten. Beschäftigte in Baubetrieben sind idR zeitl., örtl., fachl. und organisatorisch weisungsgebunden und damit AN. Dies gilt auch für **Bauleiter** (BAG 21.3.1984 – 5 AZR 462/82 – BeckRS 1984, 04545), die das einzelne Bauvorhaben nach den Planungen des Bauunternehmens umzusetzen haben, in Detailanweisungen gebunden sind, Bauberichte zu fertigen und die Bauarbeiten stetig und regelm. zu überwachen haben. 55

2. Berufe im Dienstleistungsbereich. Berufsbilder im Dienstleistungsbereich haben dagegen ein äußerst breites Spektrum. Sie können von der vollständigen organisatorischen und zeitl. Einbindung der AN in einen Betrieb reichen (zB kaufmännischer Ang. in Vers. und Banken), aber auch zeitl. organisatorisch weitgehend weisungsfrei sein. Bei dieser Mitarbeitergruppe ergibt es daher wenig Sinn, einzelne Berufsbilder zu diskutieren. Maßgebend ist auf Art und Ausmaß der Vertragsbindung abzustellen. Ein wesentl. Gesichtspunkt ist ferner, ob der Dienstleistende berechtigt ist, die **Übernahme von Aufträgen abzulehnen** (vgl. *Bezani* NZA 1997, 856, 861). Ferner hängt es von der Art und Weise der Leistungserbringung ab, ob und inwieweit eine zeitl. und organisatorische Weisungsbindung besteht. 56

Einzelfälle: Eine **Artistengruppe**, die eine bestimmte Aufführung („Todesrad") schuldet, leistet nicht auf der Basis eines Arbeitsvertrags, wenn die Betriebsmittel in deren Eigentum stehen, sie sich der Hilfe Dritter bedienen kann, die Vorführung von der Gruppe entwickelt wurde und diese seitens des Auftraggebers keine inhaltl. Weisungen erhält (BAG 11.8.2015 NZA-RR 2016, 288). **Gebäudereiniger** und **Reinigungskräfte** sind in aller Regel AN des Reinigungsunternehmens. Das gilt schon deshalb, weil ihnen idR der Ort der zu reinigenden Räume vorgegeben ist, sie in der zeitl. Lage der Leistung nicht frei sind und die Reinigungsmittel vom Auftraggeber gestellt werden. Gästebetreuer **(Hostessen)**, die regelm. zur Betreuung auswärtiger Gäste herangezogen werden, können je nach Vertragsgestaltung in einem freien Mitarbeiterverhältnis oder in einem ArbVerh. stehen (BAG 29.11.1995 RzK I 4a Nr. 74; LAG D 3.12.1996 ARSt. 1997, 141; ebenso für Prostituierte: LAG HE 12.8.1997 NZA 1998, 221). **Kundenberater**, die Kunden ihres Dienstherrn in der Bedienung von Geräten gem. den terminl. Wünschen und in den Räumlichkeiten dieser Kunden nach inhaltl. Vorgaben des Dienstherrn zu unterweisen haben, sind regelm. AN (BAG 6.5.1998 NZA 1999, 205). Ein sog. **Pharmaberater** ist AN, wenn er in dem ihm zugewiesenen Reisegebiet pro Arbeitstag durchschnittl. zehn Arztbesuche auszuführen hat, Einzelnachw. über die geführten Gespräche darzulegen und zweimal wöchentl. Besuchsberichte vorzulegen sind (LAG HM 13.10.1989 LAGE BGB § 611 Arbeitnehmerbegriff Nr. 14). Die willkürl. Differenzierung zwischen Ang. und „freien" Pharmaberatern bei im Wesentlichen gleicher Tätigkeitserfüllung spricht für eine einheitl. arbeitsrechtl. Einordnung aller Mitarbeiter (LAG HM 5.10.1989 LAGE BGB § 611 Arbeitnehmerbegriff Nr. 13). Anders kann die Situation schon zu beurteilen sein, wenn der Pharmaberater selbständig entscheiden kann, welche Ärzte er wann in einem vorgegebenen Gebiet aufsucht (ArbG M 29.5.1990 EzA BGB § 611 Arbeitnehmerbegriff Nr. 33). **Physiotherapeuten** sind, sofern sie in einer Praxis oder in Krankenhäusern beschäftigt werden, in aller Regel fremdbestimmt tätig. Unerhebl. ist, dass „eigene" Patienten über die Praxis abgerechnet werden, solange die zu beurteilende Tätigkeit im Wesentlichen fremdbestimmt organisiert ist (zutr. BSG 24.3.2016 – B 12 KR 20/14 R – BeckRS 2016, 71461). **Piloten** sind in aller Regel AN (BAG 16.3.1994 NZA 1994, 1132). Ein **Rettungssanitäter,** der sich bei Bedarf selbstbestimmt tageweise um Dienste „bewirbt", die von den vollzeitbeschäftigten AN frei gelassen wurden, soll kein TZAN sein (BAG 16.5.2012 NZA 2012, 974; ähnl. zu **Veranstaltungsbetreuern:** BAG 15.2.2012 NZA 2012, 733). Die zugrundeliegenden Rahmenvereinb. sind sorgfältig von AbrufArbV abzugrenzen. **Sekretariatsarbeiten** werden typischerweise im ArbVerh. erbracht (BAG 11.12.1996 NZA 1997, 818). **Tankwarte** sind idR AN, weil sie zeitl. und örtl. weisungsgebunden sind. Keine freie Mitarbeit liegt vor, wenn ein als Werkstudent beschäftigter Tankwart über zehn Jahre auf TZBasis beschäftigt wird, er sich selbst in einem vom AG ausgehängten Schichtplan eintragen kann, die Vertragsgestaltung dem AG aber das Recht zur einseitigen Schichteinteilung gibt (BAG 12.6.1996 NZA 1997, 191). Bei **Taxifahrern** hängt die ANEigenschaft von der Eingliederung in den Betrieb sowie dem Grad der Weisungsgebundenheit ab. Probl. ist, dass auch als freie Mitarbeiter beschäftigte Taxifahrer idR in gleicher Weise wie fest angestellte Fahrer beschäftigt werden. Das BAG hat bei einer nur aushilfsweisen Eingliederung in den Betrieb den Status als freier Mitarbeiter bejaht (BAG 15.4.1986 NZA 1986, 688). Entsch. ist, ob der AG innerhalb eines bestimmten zeitl. Rahmens über die Arbeitsleistung des Taxifahrers verfügen darf (BAG 29.6.1991 AP BetrVG 1972 § 9 Nr. 2). Die zeitl. Vorgabe oder die Verpflichtung, bestimmte Termine für die Erledigung der übertragenen Aufgabe einzuhalten, führen noch nicht zur Begr. eines ArbVerh. Können Taxifahrer sich jederzeit bei der Zentrale „abmelden" und das Taxi zurückgeben, 57 sind sie nicht zur Einhaltung von Mindest- und Höchstzeiten, Präsenz- oder Bereitschaftszeiten verpflichtet und ergibt sich der Ort der auszuführenden Tätigkeit erst aus dem jeweiligen Fahrauftrag, können ferner die Aushilfsfahrer Fahraufträge ablehnen, spricht dies gegen die Annahme eines ArbVerh. (BAG 29.6.1991 AP BetrVG 1972 § 9 Nr. 2). **Zeitungszusteller** können je nach Organisation der übernommenen Tätigkeit AN oder Selbständige sein (BAG 16.7.1997 NZA 1998, 368). Bei zeitl. fester Bindung sind sie AN (LAG D 5.3.1996 LAGE BGB § 611 Arbeitnehmerbegriff Nr. 30; LAG HM 8.9.1977 EzA BGB § 611 Arbeitnehmerbegriff Nr. 12; LAG BW 25.2.1991 LAGE BGB § 611 Arbeitnehmerbegriff Nr. 19). Zur AN-Eigenschaft einer Korrekturleserin: LAG RP 12.3.2015 – 3 Sa 413/14. Zur ANEigenschaft von **Pflegekräften** ambulanter Pflegedienste LG HH 11.1.1995 RsDE Nr. 34, 116; studentischer Hilfspfleger im Krankenhaus BAG 13.2.1985 – 7 AZR 345/82 –; **Pförtner** in sog. KurzzeitArbVerh. LAG K 27.8.1992 LAGE BGB § 620 Nr. 28; **Codierungserfasser** LAG D 5.12.1988 LAGE BGB § 611 Arbeitnehmerbegriff Nr. 8.

58 Uneinheitl. ist die Beurteilung in **erzieherischen und beratenden Dienstleistungen.** Bei studentischer Mitarbeit in Jugendfreizeitstätten und Jugendheimen hat das BAG trotz vorgegebener Öffnungszeiten den ANStatus abgelehnt, wenn der **Jugendbetreuer** über Art und zeitl. Lage seiner Tätigkeit mitbestimmen kann (BAG 9.5.1984 AP BGB § 611 Abhängigkeit Nr. 45). Die Beachtung eines allg. Konzepts für die Jugendarbeit und die örtl. Bindung an die Freizeitstätte begründe keine für ein ArbVerh. notwendige Abhängigkeit (in der Tendenz anders LAG HE 6.11.1979 AuR 1980, 182). Nach Auff. des BAG sagt die langjährige Beschäftigungsdauer nichts darüber aus, ob es sich in diesen Fällen um ein ArbVerh. oder um ein freies Dienstverhältnis handelt (BAG 9.5.1984 – 5 AZR 325/82 – BeckRS 2009, 55085; 20.10.1993 ZTR 1994, 255). Auch **Ehe-, Erziehungs- und Familienberater** sind trotz freierer AZGestaltung im Hinblick auf das Weisungsrecht des öffentl. AG regelm. AN (zur Familienhelferin nach § 31 SGB VIII: BAG 6.5.1998 NZA 1998, 873; ArbG Freiburg 14.10.1992 ARSt. 1993, 75; anders bei freier Zeiteinteilung: **Sprach- und Spieltherapeutin** LAG HE 26.9.1991 ZTR 1992, 123; Psychologe in Behindertenbetreuung BAG 9.9.1981 AP BGB § 611 Abhängigkeit Nr. 38; Leiterin einer **Außenwohngruppe** BAG 25.5.2005 AP BGB § 611 Abhängigkeit Nr. 117).

59 **3. Ortsungebundene Tätigkeiten (Außendienst, Telearbeit). Außendienstmitarbeiter** (Journalisten, Telearbeiter, Vertreter), die den Ort ihrer Leistungserbringung möglicherweise ganz eigenständig festlegen dürfen, können zwar nicht im Hinblick auf den Ort der Leistungserbringung, jedoch auf Grund anderweitiger Weisungsgebundenheit (fachl., zeitl., organisatorisch) als AN einzustufen sein. Bei ortsungebundenen Tätigkeiten ist das Weisungsrecht insb. in zeitl. sowie (nicht notwendig) in örtl. Hinsicht gelockert. Es lässt sich jedoch keine generelle Klassifizierung dieser Tätigkeiten vornehmen, weil auch solche Mitarbeiter fachl. und örtl. Weisungen unterliegen. Die Erbringung kann auch zeitl. gebunden sein (Reporter wird zur Berichterstattung über ein bestimmtes Ereignis eingeteilt). Ferner kann je nach Ausgestaltung eine starke organisatorische Verbundenheit und Angewiesenheit auf die Organisation des AG gegeben sein. Auch die starke Einbindung in das Kundenbetreuungskonzept durch Dienstpläne spricht für die ANEigenschaft (BAG 6.5.1998 NZA 1999, 205; weitere **Einzelfälle:** LAG BW 26.10.1990 VersR 1991, 1156; LAG K 20.1.1995 MDR 1995, 934). Wer dem Auftraggeber jedoch keine Rechenschaft schuldet, in der Zeitplanung frei ist und auch anderweitigen Beschäftigungen nachgehen kann, ist freier Mitarbeiter (LAG D 6.3.1991 LAGE BGB § 611 Arbeitnehmerbegriff Nr. 18; zu sog. Partnerverträgen BAG 9.5.1996 NZA 1996, 1145). **Telefonische Beratung** vom heimischen Arbeitsplatz mit zeitl. Vorgaben findet regelm. auf der Basis eines Arbeitsvertrags statt. Das ist anders bei einer Tätigkeit als **telefonische Gesprächspartnerin,** die völlig frei darin ist, ob und wann sie ihre (sexuelle) Dienstleistung erbringt (BSG 30.10.2013 – B 12 KR 17/11 R – BeckRS 2014, 66942). Keine AN sind sog **Crowdworker**, die sich auf im Internet ausgeschriebene Auftragsarbeiten bewerben. Sie sind zumeist eine Spielart des Solo-Unternehmers (*Wank* EuZA 2016, 143, 168; *Däubler/Klebe* NZA 2015, 1032, 1035). Crowdwork ist im Regelfall auch weder als sozialversicherungspflichtige Beschäftigung iSv. § 7 I SGB IV noch als Heimarbeit iSv. § 12 II SGB IV einzuordnen (*Brose* NZS 2017, 7).

60 Verschiedene Organisationsformen der **Telearbeit** sind dadurch charakterisiert, dass die physische Anwesenheit des Telearbeiters im zentralen Betrieb fehlt. Gleichwohl reicht es für die Annahme des Merkmals der Fremdbestimmung aus, wenn der Telearbeiter für seine Tätigkeit auf die Arbeitsmittel und Organisation des AG bzw. auf die Zusammenarbeit mit den betriebl. Mitarbeitern angewiesen ist (*Wedde* Rn. 177 ff.; *Wank* Telearbeit Rn. 314; MMR-HdB/*Preis* Teil 22.2 Rn. 31 f.). Auch wird regelm. ein Unterordnungsverhältnis bestehen, wenn der AG Weisungen hins. Zeit und Inhalt erteilen kann. Bei Online-Telearbeit geschieht weisungsabhängige und fremdbestimmte Tätigkeit im virtuellen Betrieb. Bei der Sonderform der **alternierenden Telearbeit** ist regelm. eine Weisungsbindung und organisatorische Fremdbestimmung zu bejahen (MMR-HdB/*Preis* Teil 22.2 Rn. 31 f.). Bzgl. der **örtl. Weisungsbindung** ist der stetig oder überw. Telearbeit Ausübende dem AußenAN durchaus vergleichbar. Bei einer Tätigkeit zu Hause kann sich diese auch aus der dortigen Installation der notwendigen Arbeitsgeräte ergeben (*Wank* Telearbeit Rn. 314; *Wedde* Rn. 178). **Zeitl. Weisungsgebundenheit** liegt nicht nur bei einer vorgeschriebenen festen AZ, sondern auch dann vor, wenn bei Online-Telearbeit die Möglichkeit der Datenübermittlung zum Zentralrechner nur in begrenzten Zeiträumen

mögl. ist. Die **fachl. Weisungsgebundenheit** resultiert aus der Vorgabe von Arbeitsinhalten und der dabei zu verwendenden Software durch den AG (ausf. zum ANStatus *Wank* NZA 1999, 225 ff.; ferner *Boemke* BB 2000, 147; *Peter* DB 1998, 573 f.; zur Vertragsgestaltung *Kramer* DB 2000, 1329).

4. Freie Berufe. Gegenstand der Dienstleistung eines freien Berufes (Anwalt, Arzt, Architekt, Steuerberater) ist idR ein Dienstvertrag (BAG 3.6.1998 NZA 1998, 1165). Hiervon zu unterscheiden ist das Vertragsverhältnis der Freiberufler selbst innerhalb einer Organisation von Freiberuflern. Hier ist zu prüfen, ob die Mitarbeit auf einer gesellschaftsrechtl. Basis, einem Dienstvertrag oder auf einem Arbeitsvertrag beruht. 61

Ein **RA**, der in einer Anwaltssozietät auf der Grdl. eines Gesellschaftsvertrags (§ 705) tätig ist, ist idR weder AN noch ANähnl. Person, selbst wenn er von der Sozietät wirtschaftl. abhängig ist (BAG 15.4.1993 NZA 1993, 789). Die tats. Zurverfügungstellung der gesamten Arbeitskraft iRd. Sozietät ist für die Einordnung des Vertragsverhältnisses unerhebl. Anwälte können jedoch auch als AN von einer Anwaltskanzlei beschäftigt werden (§ 46 BRAO). Für das Bestehen eines ArbVerh. spricht, wenn der RA an feste Dienstzeiten gebunden bzw. jederzeit abrufbar ist, Mandate zugewiesen erhält sowie verpflichtet ist, nur für eine Kanzlei zu arbeiten. Darüber hinaus spricht für das Vorliegen eines ArbVerh., wenn er nicht am Gewinn und Verlust der Kanzlei beteiligt ist, sondern ein festes Entgelt erhält (LAG D 23.7.2002 NZA-RR 2002, 567; LAG TH 28.3.1996 LAGE BGB § 611 Arbeitnehmerbegriff Nr. 31; 6.2.1998 NZA-RR 1998, 296; LAG HM 20.7.1989 NZA 1990, 228; LAG BE 16.12.1986 NZA 1987, 488; LAG BW 14.3.1985 BB 1985, 1534; LAG HE 16.3.1990 BB 1990, 2492). Unerhebl. für die Einstufung ist, dass der RA inhaltl. nach § 1 BRAO keinen Weisungen unterliegt. 62

Der Mitarbeiter eines **Steuerberaters**, der Vorbereitungsarbeiten für Steuererkl. und Jahresabschlüsse an selbstgewählten Tagen zu Hause und außerhalb der Kanzlei erledigt, ist regelm. als freier Mitarbeiter tätig (LAG BE 29.5.1989 LAGE BGB § 611 Arbeitnehmerbegriff Nr. 9; LAG K 23.3.1988 LAGE BGB § 611 Arbeitnehmerbegriff Nr. 7). Das Gleiche gilt für einen nur gelegentl. in einer Anwaltskanzlei tätigen **Dolmetscher** (LAG BE 11.4.1988 LAGE BGB § 611 Arbeitnehmerbegriff Nr. 6). 63

Gleiche Grds. können bei Ärzten angelegt werden. Probl. sind hier die Mischformen zwischen selbständiger und unselbständiger Tätigkeit. Plastisch ist das Bsp. des **Honorararztes**, der zeitweilig wie ein angestellter Arzt in den betriebl. Ablauf integriert wird. Hier ist das entscheidende Abgrenzungskriterium, ob der Arzt in der zeitl. Leistungserbringung frei ist und die Übernahme von Behandlungsaufträgen ablehnen kann (ausf. *Uffmann* ZfA 2012, 1 ff.; *Hanau* MedR 2015, 77; s. a. LAG HM 6.9.2007 – 8 Sa 802/07 – BeckRS 2008, 50300; 7.2.2011 LAGE ArbGG 1979 § 5 Nr. 15; LAG TH 29.4.2010 – 1 Ta 29/10 – BeckRS 2011, 65472; LAG RP 3.5.2010 – 11 Ta 163/09 – BeckRS 2010, 70230; LAG HE 14.1.2013 – 16 Sa 1213/12 – BeckRS 2013, 67368). Unprobl. sind die Fälle, in denen ein sog. Honorararzt zugleich niedergelassener Arzt ist, der Aufgaben Krankenhaus ledigl. als Nebentätigkeit erbringt. Unselbständig wird die Tätigkeit als Honorararzt, wenn er ledigl. in einem Krankenhaus, und damit organisatorisch und zeitl. fremdbestimmt tätig ist. 64

5. Fachlich weisungsfreie Tätigkeiten (Chefärzte, Wissenschaftler, Künstler). Der ANEigenschaft steht bei fachl. bes. qualifizierten Tätigkeiten nicht entgegen, dass der AG vielfach gar nicht in der Lage ist, Anweisungen hins. der Art der zu leistenden Arbeit zu erteilen. Es genügt die prinzipielle vertragsrechtl. Befugnis. So steht bspw. ein **Chefarzt**, der auf Grund der mangelnden Sachkenntnis des Krankenhausträgers und der Standesethik keine fachbezogenen Weisungen empfangen kann, dennoch in einem abhängigen BeschVerh. (BAG 27.7.1961 AP BGB § 611 BGB Ärzte, Gehaltsansprüche Nr. 24; ausf. *Peris,* Die Rechtsbeziehung zwischen angestelltem Chefarzt und Krankenhausträger, 2002, S. 59 ff.). Hier tritt die organisatorische Einbindung in das Krankenhaus in den Vordergrund: die Pflicht zur Behandlung sämtl. Krankenhauspatienten, die Bindung an Dienststunden sowie die Festlegung von Erholungsurlaub. Der Chefarzt ist insoweit in keiner wesentl. anderen Lage als etwa ein vertragl. mit Forschungsaufgaben beauftragter **Wissenschaftler** (BAG 8.2.1962 AP BGB § 611 Erfinder Nr. 1). Zur Rechtsstellung des **Betriebsarztes,** der als freier Mitarbeiter nach Maßgaben des ASiG beschäftigt wird: LAG M 2.8.1984 NJW 1985, 696; **Gutachter des MdK**: BAG 21.7.2015 – 9 AZR 484/14 – NZA-RR 2016, 344; **Vertragsarzt** eines Gesundheitsamtes LAG NI 9.6.1989 ZTR 1990, 161; vgl. a. LAG HB 21.6.1967 AP PersVG Bremen § 65 Nr. 2; ANEigenschaft abgelehnt bei Arzt, der nebenberufl. **Bereitschaftsdienst** leistet (LAG HM 7.2.2011 LAGE ArbGG 1979 § 5 Nr. 15; LAG RP 28.6.2011 – 11 Ta 123/11 – BeckRS 2011, 77066); zum arbeitsrechtl. Status einer **Hebamme**: LAG D 3.9.2009 ZTR 2010, 158 (LS). 65

Orchestermusiker, die st. zu Orchesterdiensten herangezogen werden, sind AN (BAG 3.10.1975 AP BGB § 611 Abhängigkeit Nr. 16; 7.5.1980 AP BGB § 611 Abhängigkeit Nr. 36). Bei zur Aushilfe engagierten Orchestermusikern kommt es darauf an, ob der Musiker trotz des Engagements seine AZ im Wesentlichen frei gestalten kann oder einem umfassenden Weisungsrecht der Orchesterleitung unterliegt; soweit ein Musiker nur für einzelne Aufführungen engagiert wird, kann eine bloße Rahmenvereinb. vorliegen, mit der keine Verpflichtung zur Arbeitsleistung begr. wird (BAG 22.8.2001 NZA 2003, 662; 9.10.2002 NZA 2003, 688; LAG HM 8.12.2016 – 11 Sa 866/16 – Rev. 9 AZR 117/17). Kein ArbVerh. liegt vor bei einem frei agierenden **Theaterintendanten** (BAG 16.8.1977 AP BGB § 611 Abhängigkeit Nr. 23) oder punktuell auftretenden **Künstlern** (BAG 6.12.1974 AP BGB § 611 Abhän- 66 gigkeit Nr. 14); s. a. int. tätiger Opernsänger (BAG 7.2.2007 – 5 AZR 270/06 – NZA 2007, 1072 [LS]); für mehrere Chöre arbeitende **Chorleiter** (ArbG Hanau 2.1.1997 ARSt. 1997, 141); für Organisator und **Dirigenten** eines Kurorchesters (BAG 20.1.2010 AP BGB § 611 Abhängigkeit Nr. 119); für zwei Konzerte verpflichteter Gastmoderator für Kinderkonzert (LAG BE 16.7.2001 - 6 Ta 1178/01 – BeckRS 2001, 30792349).

67 **6. Dozenten, Lehrer, Volkshochschuldozenten.** Die hier abgelehnte (Rn. 53) typologische Methode praktiziert das BAG insb. bei der Prüfung der ANEigenschaft von Lehrpersonal. Danach soll gelten: An **allgemeinbildenden Schulen** Unterrichtende sind in aller Regel AN, auch wenn sie ihren Unterricht nebenberufl. erteilen (BAG 9.7.2003 NZA-RR 2004, 9, 11; 20.1.2010 AP BGB § 611 Abhängigkeit Nr. 120). Demggü. können **Volkshochschuldozenten**, die außerhalb schulischer Lehrgänge unterrichten, auch als freie Mitarbeiter beschäftigt werden, und zwar selbst dann, wenn es sich bei ihrem Unterricht um aufeinander abgestimmte Kurse mit vorher festgelegtem Programm handelt. Gleiches gilt für **Lehrkräfte an Musikschulen.** Volkshochschuldozenten, die außerhalb schulischer Lehrgänge unterrichten, und Musikschullehrer sind nur dann AN, wenn die Parteien dies vereinbart haben oder im Einzelfall festzustellende Umstände vorliegen, aus denen sich ergibt, dass der für das Bestehen eines ArbVerh. erforderl. Grad der pers. Abhängigkeit gegeben ist, insb. die einseitige Einteilung in Stundenpläne (BAG 24.6.1992 NZA 1993, 174; 12.9.1996 NZA 1997, 600; 29.5.2002 NZA 2002, 1232; 17.1.2006 EzA BUrlG § 2 Nr. 6; LAG NI 28.1.2003 NZA 2004, 550; LAG B 12.10.2016 – 17 Sa 1049/16 – Rev. 9 AZR 851/16). Für die Annahme der ANEigenschaft ist erforderl., dass die Volkshochschullehrer wie eine Lehrkraft an allgemeinbildenden Schulen in den Schulbetrieb eingegliedert sind (BAG 29.5.2002 NZA 2002, 1232). Nach der typologischen Betrachtung des BAG stehen auch Lehrkräfte in schulischen Kursen des **zweiten Bildungsweges** den Lehrern an allgemeinbildenden Schulen gleich, so dass sie in aller Regel als AN zu betrachten sind (BAG 12.9.1996 NZA 1997, 600). Entscheidend ist nach Auff. des BAG, wie intensiv die Lehrkraft in den Unterrichtsbetrieb eingebunden ist und in welchem Umf. sie den Unterrichtsinhalt, die Art und Weise seiner Erteilung, ihre AZ und die sonstigen Umstände der Dienstleistung gestalten kann (BAG 30.10.1991 NZA 1992, 407).

68 Die gesamte Rspr. ist **abzulehnen** und kann nach Inkrafttreten des § 611a nicht mehr Leitmaxime sein. Deren Fortführung wäre schlicht gesetzeswidrig, weil nicht unter die Voraussetzungen der Norm subsumiert wird. Dass das BAG die **typologische Unterscheidung** damit rechtfertigte, dass der stärkeren Einbindung von Schülern in ein Schul- oder Ausbildungssystem auch eine stärkere pers. Abhängigkeit der Lehrkräfte vom Unterrichtsträger entspreche, zeigt den gesetzesfernen Kern dieser Rspr. Die Klassifizierung des Vertragsverhältnisses kann nicht von dem Gegenstand des Unterrichts abhängig gemacht werden. Zu folgen ist der Auff. des 7. Senats, der zu Recht darauf abstellt, dass die Bindung an schulrechtl. Vorschr. und Lehrpläne unerhebl. ist, sondern entscheidend ist, ob und inwieweit die Lehrkraft in zeitl. Hinsicht dem Weisungsrecht des Schulträgers unterliegt (BAG 30.10.1991 NZA 1992, 407; 13.11.1991 NZA 1992, 1125; vgl. a. LAG NI 9.2.2001 LAGE BGB § 611 Arbeitnehmerbegriff Nr. 42). Nicht überzeugen kann allerdings die Auff. des 7. Senats, dass die Qualifizierung des ArbVerh. wesentl. davon abhängt, ob der Stundenplan bei Vertragsschluss schon feststand bzw. Gegenstand der Vereinb. war. Dies hat das merkwürdige Resultat, dass eine strikte vertragl. Bindung hins. der AZ gegen die Annahme eines ArbVerh. spricht, was nicht mit den Kernkriterien des ANBegriffs vereinbar ist.

69 **Einzelfälle: Dozent in Berufsakademie** (LAG BW 4.7.1996 BB 1997, 683); **Dozent an einem Weiterbildungsinstitut** (BAG 11.4.1997 NZA 1998, 499; 19.11.1997 NZA 1998, 595); **Dozent in einem privaten Lehrinstitut** (LAG HE 11.7.1996 ZTR 1996, 518); Zusatzunterricht an **Ergänzungsschule** (BAG 9.3.2005 NZA-RR 2005, 560): **Lehrkraft in einer Justizvollzugsanstalt** (BAG 15.2.2012 NZA 2012, 731).

70 **7. Medienmitarbeiter.** Im Hinblick auf die durch Art. 5 GG (vgl. GG Art. 5 Rn. 78) geforderte Flexibilität in der Berichterstattung ist der Status von Medienmitarbeitern sehr umstr. Zu berücksichtigen ist, dass die auch verfassungsrechtl. erforderl. Flexibilität nicht unbedingt mit dem jeweiligen Vertragstyp gewährleistet werden muss, sondern auch über die Erleichterung der Befristung von Arbeitsverträgen erreicht werden kann (BVerfG 18.2.2000 NZA 2000, 653, 656; BAG 9.6.1993 NZA 1994, 169; 26.7.2006 NZA 2007, 147; hierzu TzBfG § 14 Rn. 45 ff.). Im Medienbereich war und ist es weithin übl., die für die Programmgestaltung verantwortl. Mitarbeiter nicht als AN, sondern als „freie" Mitarbeiter zu beschäftigen, die ihre Dienstleistungen ohne ein festes, dauerndes BeschVerh. erbringen mit der Folge, dass die arbeitsrechtl. Schutzvorschr. nicht gelten. Das BAG hatte zunächst erkannt, dass die auf diese Weise Beschäftigten tats. AN seien (BAG 22.6.1977 AP BGB § 611 Abhängigkeit Nr. 22). Gegen diese Entsch. hatten die Rundfunkanstalten jedoch mit Erfolg Verfassungsbeschwerde eingelegt. Das BVerfG meinte, dass die Rundfunkanstalten wegen der anzubietenden Programmvielfalt auf einen großen Mitarbeiterkreis angewiesen seien, dessen Angehörige folgl. nur für die Dauer zu beschäftigen seien, in der sie benötigt werden (BVerfG 13.1.1982 AP GG Art. 5 Abs. 1 Rundfunkfreiheit Nr. 1; hierzu näher GG Art. 5 Rn. 102 ff.).

71 Das BAG hat im Anschluss an diese Entsch. des BVerfG den Erfordernissen der Programmvielfalt in größerem Maße Rechnung getragen (BAG 13.1.1983 AP BGB § 611 Abhängigkeit Nr. 42; 30.11.1994

NZA 1995, 622). Es lässt jetzt freie Mitarbeiterverträge unter bestimmten Voraussetzungen zu, betont aber zugleich, dass ein, ggf. befristetes, ArbVerh. anzunehmen ist, wenn der Sender vom Mitarbeiter **st. Dienstbereitschaft** erwartet und ihm Arbeiten in nicht unerhebl. Umf. zugewiesen werden (BAG 9.6.1993 NZA 1994, 169). Typisierend unterscheidet das BAG zwischen programmgestaltenden und nicht programmgestaltenden Mitarbeitern. Auf diese Typisierung kommt es jedoch für die Frage der ANEigenschaft nicht entscheidend an (*Bezani* NZA 1997, 856, 860f.). Sie ist nach Inkrafttreten des § 611a aufzugeben. Die Flexibilität bei programmgestaltender Mitarbeit kann durch die insoweit verfassungsrechtl. gebotene Möglichkeit einer Befristung des ArbVerh. gewährleistet werden (BVerfG 18.2.2000 NZA 2000, 653, 656; näher TzBfG § 14 Rn. 45ff.).

Bei der Arbeit der **programmgestaltenden Mitarbeiter** wird unterschieden zwischen einem vorbereitenden Teil, einem journalistisch-schöpferischen oder künstlerischen Teil und dem technischen Teil der Ausführung. Je größer die gestalterische Freiheit ist, desto mehr wird die Gesamttätigkeit von der journalistisch-schöpferischen Tätigkeit geprägt. Ein ArbVerh. kann vorliegen, wenn der Mitarbeiter zwar an dem Programm gestalterisch mitwirkt, dabei jedoch weitgehenden inhaltl. Weisungen unterliegt, ihm also nur ein geringes Maß an Gestaltungsfreiheit, Eigeninitiative und Selbständigkeit verbleibt. Ein ArbVerh. kann auch dann zu bejahen sein, wenn der Sender innerhalb eines bestimmten zeitl. Rahmens über die Arbeitsleistung verfügen kann. Das ist dann der Fall, wenn st. Dienstbereitschaft erwartet wird oder wenn der Mitarbeiter in nicht unerhebl. Umf. auch ohne entspr. Vereinb. herangezogen wird, ihm also die Arbeiten letztl. „zugewiesen" werden (BAG 22.4.1998 NZA 1998, 1275; 19.1.2000 NZA 2000, 1102; 20.5.2009 NZA-RR 2010, 172). Ein starkes Indiz ist es danach, wenn ein Mitarbeiter in **Dienstplänen** aufgeführt wird, ohne dass die einzelnen Einsätze im Voraus abgesprochen werden (BAG 30.11.1994 AP NZA 1995, 622; 8.11.2006 NZA 2007, 321). Die tats. Vertragsdurchführung ist entscheidend (BAG 20.7.1994 NZA 2001, 551). Dabei ist eine Gesamtbetrachtung vorzunehmen. Allein der Umstand, dass eine Aufnahme in Dienstpläne erfolgt, führt noch nicht zur ANEigenschaft (BAG 20.9.2000 NZA 2001, 551). Programmgestaltende Rundfunk- und Fernsehmitarbeiter sind auch nicht schon allein deswegen AN, weil sie vom Apparat und Team des Senders abhängig sind (BAG 30.11.1994 NZA 1995, 622; 19.1.2000 NZA 2000, 1102). 72

Einzelfälle programmgestaltender Mitarbeit: In Sendebetrieb eingegliederte **Fernsehreporterin** (BAG 21.9.1977 AP BGB § 611 Abhängigkeit Nr. 27); bei fehlender Eingliederung verneinend (BAG 27.2.1991 EzA BGB § 611 Arbeitnehmerbegriff Nr. 43); **Filmkritiker** mit eigener Sendung (BAG 19.1.2000 NZA 2000, 1102); **Fotoreporter** (BAG 16.6.1998 NZA 1998, 839; LAG RP 16.5.2001 – 10 Sa 6/01 – BeckRS 200130467041); **Hörfunk-Korrespondent** (BAG 7.5.1980 AP BGB § 611 Abhängigkeit Nr. 35); **Regieassistenten** (LAG BE 23.8.1982 EzA BGB § 611 Arbeitnehmerbegriff Nr. 23); **Regisseur** (BAG 13.1.1983 AP BGB § 611 Abhängigkeit Nr. 43); **Redakteur/Reporter** (BAG 20.9.2000 NZA 2001, 551); **Sportreporter** (BAG 22.4.1998 NZA 1998, 1275; 14.3.2007 NZA-RR 2007, 424; LAG K 30.1.1997 NZA-RR 1997, 283). 73

Nicht programmgestaltende, aber rundfunk- und fernsehtypische **Mitarbeit** soll dagegen idR nur in einem ArbVerh. durchgeführt werden können, dies gilt etwa für routinemäßige Tätigkeiten als **Sprecher, Aufnahmeleiter** und **Übersetzer** (BAG 16.2.1994 NZA 1995, 21; 30.11.1994 NZA 1995, 622; LAG K 21.6.1989 LAGE BGB § 611 Arbeitnehmerbegriff Nr. 10), und zwar auch bei TZBeschäftigung (BAG 11.3.1998 NZA 1998, 705). Diese typisierende Betrachtung wird aber nicht durchgehalten. Vielmehr ist auch bei anderen Mitarbeitern im Medienbereich nach allg. Kriterien zu entscheiden, ob freie Mitarbeit oder abhängige Arbeitsleistung vorliegt. Dies gilt etwa für die Tätigkeit der Lektoren. Hier kommt es ganz auf die Vertragsgestaltung an (im konkreten Fall verneinend BAG 27.3.1991 NZA 1991, 933). Die gleiche Einschätzung gilt im Bereich der journalistischen Tätigkeit, auch der sog. Fotoreporter. Bei einem pauschal bezahlten **Bildberichterstatter**, der einer Zeitungsredaktion mtl. eine bestimmte Anzahl von Bildern zu liefern hat, hat das BAG die ANEigenschaft abgelehnt, wenn er in der Übernahme der Fototermine frei ist (BAG 29.1.1992 AP BetrVG 1972 § 5 Nr. 47; ebenso 3.5.1989 BB 1990, 779; anders bei Einbindung in den tägl. Redaktionsbetrieb 16.6.1998 NZA 1998, 839). Weitere Einzelfälle: **Bühnenbildner** (BAG 3.10.1975 AP BGB § 611 Abhängigkeit Nr. 17); **Cutter** (BAG 17.4.2013 NZA 2013, 903); **Gebührenbeauftragter** (BAG 17.5.1978 AP BGB § 611 Abhängigkeit Nr. 28; 2.10.1990 NZA 1991, 239; 26.5.1999 BGB § 611 Abhängigkeit Nr. 104); **Kameraassistent** (BAG 22.4.1998 NZA 1998, 1277 und NZA 1999, 82); **Musikarchivar** (BAG 8.11.2006 NZA 2007, 321); **Musikbearbeiter** mit freier AZEinteilung (BAG 21.9.1977 AP BGB § 611 Abhängigkeit Nr. 27). **Orchesteraushilfe** (BAG 22.8.2001 NZA 2003, 662). **Studentische Hilfskraft** (LAG RP 27.5.2011 LAGE BGB 2002 § 611 Arbeitnehmerbegriff Nr. 6). 74

8. Sportler. Berufssportler sind AN, wenn sie ihre Leistungen in einem pers. Abhängigkeitsverhältnis erbringen, das über die durch die Vereinsmitgliedschaft begr. Weisungsgebundenheit hinausgeht (BAG 17.1.1979 AP BGB § 611 Berufssport Nr. 2; 10.5.1990 NZA 1991, 308; OLG S 17.11.1977 AuR 1978, 125). **Vertragsamateure** iSv. § 15 der Spielordnung des DFB sind dann AN, wenn sie auf Grund der jeweiligen Vertragsgestaltung und -abwicklung ihre Leistung für den Verein in einer für ein ArbVerh. typischen pers. Abhängigkeit erbringen, die ebenfalls über die bereits durch die Vereinsmitgliedschaft begr. Weisungsgebundenheit hinausgeht (BAG 10.5.1990 NZA 1991, 308; LAG HM 30.8.1989 BB 1989, 75

2331). Zum ANStatus einer **Tennisspielerin:** ArbG Bielefeld 12.7.1989 NZA 1989, 966; verneint bei **nebenberufl. Übungsleiter eines Amateurvereins** (LAG D 26.3.1992 LAGE BGB § 611 Arbeitnehmerbegriff Nr. 25). Ein Eishockeyspieler, der ledigl. eine Pauschale zur Abdeckung der Fahrtkosten erhält, ist weder AN noch arbeitnehmerähnl. Person (LAG N 27.1.1995 NZA-RR 1996, 1).

76 **9. Handelsvertreter; Versicherungsvermittler; Kommissionär.** Die Abgrenzung des selbständigen vom unselbständigen Handelsvertreter erfolgt nunmehr ebenfalls nach dem Leitbild des § 611a, der die Kriterien des § 84 I 2 und II HGB aufgenommen hat. Trotz der Spezialregelung erfolgt die Abgrenzung nach den allg. Grds., insb. unter Zugrundelegung des Gesamtbildes der Vertragsgestaltung (BAG 21.2.1990 AP BGB § 611 Abhängigkeit Nr. 57; 20.8.2003 NZA 2004, 39; OLG D 5.12.1997 NZA-RR 1998, 145). Weitgehende Weisungsfreiheit hins. Arbeitsumf., Arbeitsgestaltung sowie fehlende örtl. und zeitl. Weisungsgebundenheit sprechen für die **Selbständigkeit des Handelsvertreters** (BAG 21.1.1966 AP HGB § 92 Nr. 2; 15.12.1999 NZA 2000, 534). Weitere Kriterien zur Annahme weitgehender organisatorischer Weisungsfreiheit sind das Bestehen eines eigenen Unternehmens, insb. eigener Geschäftsräume und Buchführung (OLG M 8.8.1957 NJW 1957, 1767), dem Auftreten unter eigener Firma und der Einsatz eigenen Personals (BAG 24.4.1980 AP HGB § 84 Nr. 1) sowie die Möglichkeit, mehrere Unternehmen zu vertreten (OLG CE 27.2.1958 BB 1958, 246). Eine nicht vorhandene Betriebsorganisation spricht aber nicht schon gegen die Selbständigkeit (BAG 15.12.1999 NZA 2000, 447). Die Freiheit der Gestaltung der Tätigkeit wird nicht dadurch beeinträchtigt, dass Handelsvertretern typischerweise ein bestimmter Bezirk zu Betreuung zugewiesen wird (BAG 26.5.1999 NZA 1999, 983; 15.12.1999 NZA 2000, 447). Auch die Teilnahme an einem Ausbildungsprogramm sowie das Fehlen einer eigenen Organisation lassen nicht zwgd. auf die ANEigenschaft schließen (BAG 9.6.2010 NZA 2010, 877). Mit der Selbständigkeit des Handelsvertreters ist es durchaus vereinbar, dass er einem fachl. Weisungsrecht unterliegt. Kraft G (§ 675 I iVm. § 665) hat der Vertreter allg. Weisungen in Bezug auf den Inhalt seiner Tätigkeit zu befolgen. Dabei darf in der Versicherungswirtschaft wegen der außerordentl. Vielgestaltigkeit und Schwierigkeit des Versicherungsrechts und der sehr hohen finanziellen Risiken der Rahmen für zulässige Weisungen nicht zu eng gezogen werden (BAG 20.9.2000 NZA 2001, 210). Ebenso ist es mit dem Selbständigenstatus vereinbar, wenn diese Weisungsrechte im Vertrag konkretisiert werden (BAG 15.12.1999 NZA 2000, 481). Der Kommissionär ist grds. kein AN. Ein ArbVerh. liegt nur vor, wenn Vereinb. dahingehend bestehen, dass der betr. Kommissionär nicht mehr im Wesentlichen frei seine Tätigkeit gestalten und seine AZ bestimmen kann (BAG 4.12.2002 NZA 2003, 1112).

77 Umgekehrt kann der Umstand allein, dass ein Handels- oder Versicherungsvertreter **nur für ein Unternehmen tätig** werden darf, nicht zwgd. zur Begr. der ANEigenschaft führen. Dies folgt bereits aus der Regelung des § 92a HGB, der implizit davon ausgeht, dass Einfirmenvertreter durchaus auch selbständig tätig sein können. Entscheidend sind die Voraussetzungen des § 84 I HGB. Andererseits ist die Annahme eines ArbVerh. durch die Vorschr. der §§ 84, 92a HGB nicht gesperrt. Einige Gerichte für Arbeitssachen (LAG N 25.2.1988 ZIP 1998, 617; LAG NI 7.9.1990 LAGE BGB § 611 Arbeitnehmerbegriff Nr. 24; ArbG N 31.7.1996 NZA 1997, 37; **aA** LAG D 6.3.1991 LAGE BGB § 611 Arbeitnehmerbegriff Nr. 18) haben jedoch trotz fehlender fachl., zeitl. und organisatorischer Weisungseinbindung die ANEigenschaft von Versicherungsvertretern bejaht, weil das Versicherungsunternehmen die Vertreter ausgebildet hat, ihnen in der Vertragsgestaltung ledigl. unternehmerische Risiken, jedoch keine unternehmerische Freiheit eingeräumt hat, sowie die Vertreter nicht in der Lage waren, unter Einsatz eigenen Kapitals eine eigene Organisation mit eigenen Mitarbeitern, mithin ein eigenes Unternehmen, das am Markt operiert, aufzubauen. Das BAG stellt entscheidend darauf ab, ob die zeitl. und gestalterische Freiheit im Wesentlichen unberührt geblieben ist und hat den ANStatus der Versicherungsvermittler weitgehend verneint (BAG 15.12.1999 NZA 2000, 534; 15.12.1999 NZA 2000, 481; 15.12.1999 NZA 2000, 447; ausf. *Hanau/Strick* DB-Beil. 14/1998). Nach diesen Grundsatzentsch. gilt ferner: Frei in der AZGestaltung ist der Handelsvertreter, wenn er weder hins. Lage noch Umf. gebunden ist und ein konkretes Mindestsoll (zB durch Bonusregelungen) nicht vorgeschrieben ist. Geringe Anwesenheitszeiten (zB 4 Std. in der Woche) sind unerhebl. Fachl. Weisungen jeder Art sprechen für ein ArbVerh. Ob die Tätigkeit im Haupt- oder Nebenberuf erfolgt, ist unerhebl. Frei in der Gestaltung ist der Handelsvertreter, wenn ihm nicht vorgegeben ist, wo und wie er die Arbeit zu verrichten hat, insb. kein bestimmter Arbeitsort. Die Zuweisung eines Bezirks oder Kundenkreises ist mit dem Status des Selbständigen ebenso vereinbar (§ 87 II HGB) wie die Geheimhaltungspflicht (§ 90 HGB) und das Wettbewerbsverbot (§ 90a HGB). Die Berichtspflicht ist statusneutral (§ 86 II HGB), soweit sie nicht zu einer umfassenden Kontrolle des Handelsvertreters ausgebaut wird. Das Wettbewerbsverbot gilt auch für selbständige Handelsvertreter und kann daher nicht die ANEigenschaft des Einfirmenvertreters begründen. Ein umfassendes Verbot aller Nebentätigkeiten ist freil. mit dem Selbständigenstatus nicht vereinbar. IÜ gilt, dass vertragl. Pflichten, die nicht die geschuldete Tätigkeit, sondern sonstiges Verhalten betreffen, zur Statusabgrenzung ungeeignet sind. Unzulässigen Klauseln ist im Arbeits- wie im Dienstvertragsrecht ggf. durch eine Inhaltskontrolle nach §§ 305 ff. zu begegnen. Schließen sich mehrere selbständige Versicherungsvertreter zur gemeinsamen Berufsausübung in einer Agentur zusammen, begr. die in dem Gesellschaftsvertrag vereinbarte wechselseitige Verpflichtung der

Partner zur Einbringung ihrer vollen Arbeitskraft regelm. keine entspr. Verpflichtung im Verhältnis zu dem Versicherungsunternehmen, die zur Begr. der ANEigenschaft führen könnte (BAG 20.9.2000 NZA 2001, 210).

10. Soloselbständige und neue Formen der Selbständigkeit. Die bes. Problematik der sog. „neuen Selbständigkeit" entspringt den seit den 1980er Jahren zu beobachtenden Entwicklungen im Erwerbsleben. Personen, die früher ihre Arbeitsleistung im Rahmen eines Arbeitsvertrags erbracht haben, in die Selbständigkeit zu entlassen (Verkaufsfahrer mit einem eigenen Fahrzeug als „selbständige Unternehmer", die nur an ein Unternehmen gebunden sind: LAG D 28.8.1995 BB 1995, 2275; sog. „Propagandistinnen" in Kaufhäusern LAG K 30.6.1995 LAGE BGB § 611 Arbeitnehmerbegriff Nr. 29; hierzu BAG 23.4.1997 NZA 1997, 1246; LSG BE 14.8.1995 AP BGB § 611 Abhängigkeit Nr. 83; Restaurantbedienung in Kaufhäusern LAG HE 16.1.1990 AuR 1991, 187; Regaleinrichter LAG HE 11.7.1989 AiB 1990, 187). 78

Probleme bereitet die Einstufung der sog. **„Ein-Mann-Unternehmen"**. Ein Kleintransportunternehmer, der verpflichtet ist, Transportaufträge zu übernehmen, und berechtigt ist, während max. 20 Tagen innerhalb eines Jahres die Aufträge abzulehnen und iÜ zeitl. exakt hins. der einzuhaltenden Zeitoptionen gebunden ist, kann AN (BAG 19.11.1997 NZA 1998, 364; LAG D 4.9.1996 LAGE BGB § 611 Arbeitnehmerbegriff Nr. 33), zumindest aber ANähnl. Person nach § 12a TVG sein (LAG D 28.8.1995 BB 1995, 2275). Für die Weisungsgebundenheit und die ANEigenschaft spricht ferner, wenn der Frachtführer nur für einen Vertragspartner zu fahren verpflichtet ist und auch als Repräsentant dieses Auftraggebers auftritt (LSG BE 27.10.1993 NZA 1995, 139; zum Franchise-Vertrag vgl. Rn. 29). Ein Frachtführer, der zwar nur für einen Auftraggeber fährt, ist nicht AN, wenn weder Dauer noch Beginn und Ende der tägl. AZ vorgeschrieben sind und er die – nicht nur theoretische – Möglichkeit hat, auch Transporte für eigene Kunden auf eigene Rechnung durchzuführen. Ob er diese Möglichkeit tats. nutzt, ist nicht entscheidend (BAG 30.9.1998 NZA 1999, 374; vgl. a. LAG K 29.5.2006 AR-Blattei ES 120 Nr. 22). Einzelfälle: **Subunternehmer** (ArbG D 20.5.1988 AiB 1989, 128); **Frachtführer** (BAG 19.11.1997 NZA 1998, 364; 30.9.1998 NZA 1999, 374; LAG D 4.9.1996 LAGE BGB § 611 Arbeitnehmerbegriff Nr. 33; LAG HE 5.3.2010 – 10 Ta 10/10 – BeckRS 2010, 68185); **Kurierdienst** (BAG 27.6.2001 NZA 2002, 742); **Sargträger** (LAG D 9.9.1997 DB 1998, 207); **Fleischzerleger** (ArbG Passau 13.3.1998 BB 1998, 1266). 79

IV. Arbeitnehmerähnliche Personen und Heimarbeit

1. Begriff. Von den AN abzugrenzen sind die sog. ANähnl. Personen (hierzu *Neuvians,* Die ANähnl. Person, 2002; *Schubert,* Der Schutz arbeitnehmerähnl. Personen, 2004). Das sind, wenn man die **Legaldefinition des § 12a I TVG** ein wenig verkürzt, Personen, die (1) wirtschaftl. abhängig und (2) einem AN vergleichbar sozial schutzbedürftig sind, weil sie (3) auf Grund eines Dienst- oder Werkvertrags überw. für eine Person tätig sind, (4) die geschuldete Leistung pers. und (5) im Wesentlichen ohne Mitarbeit von AN erbringen (BAG 15.4.1993 NZA 1993, 789). Eine ANähnl. Person kann für mehrere Auftraggeber tätig sein; für sie ist jedoch kennzeichnend, dass die Beschäftigung für einen der Auftraggeber wesentl. ist und die daraus fließende Vergütung die entscheidende Existenzgrdl. darstellt (BAG 11.4.1997 AP NZA 1998, 499). Einschränkend schlagen *Willemsen/Müntefering* (NZA 2008, 193, 195) vor, dass den Auftraggeber eine bes. Verantwortung für die wirtschaftl. Abhängigkeit des Auftragnehmers treffen muss, dass sie ihm also zugerechnet werden kann. 80

ANähnl. Personen sind wegen einer fehlenden Eingliederung in eine betriebl. Organisation und im Wesentlichen freier Zeitbestimmung **nicht pers. abhängig wie AN**; an die Stelle der pers. Abhängigkeit und Weisungsgebundenheit tritt das Merkmal der **wirtschaftl. Unselbständigkeit** (BAG 15.11.2005 NZA 2007, 1320). Freil. sind die Übergänge von der wirtschaftl. zur pers. Abhängigkeit iS eines Unterordnungsverhältnisses fließend. Wirtschaftl. Abhängigkeit ist regelm. gegeben, wenn der Beschäftigte auf die Verwertung seiner Arbeitskraft und die Einkünfte aus der Tätigkeit für den Vertragspartner zur Sicherung seiner Existenzgrdl. angewiesen ist (BAG 21.2.2007 NZA 2007, 699). Eine ANähnl. Person kann für mehrere Auftraggeber tätig sein, wenn die Beschäftigung für einen von ihnen überwiegt und die daraus fließende Vergütung die entscheidende Existenzgrdl. darstellt (BAG 21.12.2010 NZA 2011, 309; zum Begriff der „Einkünfte": BAG 21.6.2011 EzA TVG § 4 Rundfunk Nr. 29). Dieser wirtschaftl. Abhängigkeit steht nicht entgegen, dass der Betroffene einen mtl. Gründungszuschuss nach § 93 SGB III erhalten kann (BAG 21.12.2010 NZA 2011, 309). Darüber hinaus muss der so wirtschaftl. Abhängige auch seiner gesamten sozialen Stellung nach einem AN vergleichbar und sozial schutzbedürftig sein. Wann dies der Fall ist, kann unter Berücksichtigung der Verkehrsanschauung nur den gesamten Umständen des Einzelfalles entnommen werden (BAG 15.4.1993 NZA 1993, 789). Die Voraussetzungen liegen nicht vor, wenn ein Dienstnehmer über den Umf. und den Ablauf seines Arbeitseinsatzes selbst entscheidet sowie über erhebl. Einkommenschancen und anderweitige Einnahmen verfügt, die seine Existenz sichern (BAG 2.10.1990 NZA 1991, 239; OLG K 13.8.1993 NJW-RR 1994, 192). 81

Primäre Rechtsfolge der Einordnung als ANähnl. Person ist die **Zust. der ArbG** (§ 5 I 2 ArbGG, vgl. ArbGG § 5 Rn. 5). Sie sind zust. für Rechtsstreitigkeiten aus Dienst- oder Werkverträgen mit 82

ANähnl. Personen (BAG 17.10.1990 NZA 1991, 402). Tw. werden arbeitsschutzrechtl. Normen ausdr. auch auf ANähnl. Personen erstreckt (§ 2 S. 2 BUrlG, § 5 I 2 ArbGG, § 221 SGB IX; § 2 II Nr. 3 ArbSchG; § 6 I Nr. 3 AGG). ZT finden BildungsurlaubsG der Länder auf sie Anwendung (§ 2 AWbG NW). Abw. Definitionen enthalten diese Normen nicht. TV können den zwgd. **Begriff der ANÄhnlichkeit** nicht abw. regeln (BAG 13.3.1978 AP BGB § 611 Abhängigkeit Nr. 26).

83 Wichtigste Rechtsfolge der Annahme einer ANähnl. Person ist die **grds. Nichtanwendbarkeit des ArbR** (vgl. BAG 8.5.2007 AP BGB § 611 Arbeitnehmerähnlichkeit Nr. 15). Ein wesentl. Vertragsschutz wird durch die Inhaltskontrolle nach Maßgabe der §§ 305 ff. gewährleistet (vgl. §§ 305 bis 310 Rn. 10). Außerdem findet der Diskriminierungsschutz des AGG (§ 6 I Nr. 3 AGG) Anwendung. IÜ wird eine vorsichtige **Analogie zu einzelnen arbeitsrechtl. Vorschr.** bejaht (Schaub/*Vogelsang* § 10 Rn. 7; KR/*Rost*, Arbeitnehmerähnl. Personen, Rn. 46 ff.). Nicht anwendbar auf arbeitnehmerähnl. Personen sind insb. das KSchG (KSchG § 1 Rn. 27) sowie die Sonderkündigungsschutzbestimmungen. TV sehen zT nach 20jähriger Beschäftigung eine Beschränkung der Kündigung aus wichtigem Grund vor (vgl. BAG 20.9.2016 AP BGB § 611 Rundfunk Nr. 48). Die Fristen des § 621 sind zu wahren, bei befristeten Verträgen nach BAG (7.1.1971 AP BGB § 611 Abhängigkeit Nr. 8) gilt eine zweiwöchige Ankündigungsfrist. Auch § 613a findet keine Anwendung (§ 613a Rn. 67). Das BAG hat die analoge Anwendung auf HeimArbVerh. abgelehnt (BAG 3.7.1980 AP BGB § 613a Nr. 23). Auch die Grds. zur privilegierten ANHaftung sollen nicht anwendbar sein (§ 619a Rn. 19; für eine Ausweitung der analogiefähigen Grds. *Hromadka* NZA 1997, 569, 579). IÜ richten sich die anwendbaren Rechtsvorschr. nach dem jeweils vereinbarten Vertragstyp (Dienstvertrag §§ 611 ff., Werkvertrag §§ 631 ff. oder Werklieferungsvertrag § 651). Im Zuge der Diskussion um sog. Scheinselbständigkeit und die Schutzfunktion der Grundrechte wird ein Bestandsschutz aus § 242 gefordert (*Pfarr* FS Kehrmann 1997 S. 75, 92; *Appel/Frantzioch* AuR 1998, 93, 97; *Oetker* FS LAG RP 1999 S. 311 ff.).

84 **2. Heimarbeit und Einfirmenvertreter.** Bei den ANähnl. Personen handelt es sich im Wesentlichen um zwei Personengruppen: **Heimarbeiter** und **Einfirmen-Handelsvertreter**. Die Einordnung dieser Rechtsverhältnisse erfolgt ebenfalls nach dem tats. Vertragsinhalt (BAG 3.4.1990 NZA 1991, 267). Für das Vertragsverhältnis eines **Einfirmen-Handelsvertreters**, der nur für einen Unternehmer tätig wird, können nach § 92a HGB Mindestarbeitsbedingungen festgesetzt werden. In einem solchen Fall fallen die Streitigkeiten der Handelsvertreter gem. § 5 III ArbGG auch unter die Gerichtsbarkeit der Gerichte für Arbeitssachen. § 12a TVG findet nach dessen Abs. 4 keine Anwendung.

85 **Heimarbeiter** ist (§ 2 I 1 HAG), wer in selbstgewählter Arbeitsstätte allein oder mit seinen Familienangehörigen im Auftrag von Gewerbetreibenden oder Zwischenmeistern erwerbsmäßig arbeitet, jedoch die Verwertung der Arbeitsergebnisse dem unmittelbar oder – bei Einschaltung von Zwischenmeistern – mittelbar auftraggebenden Gewerbetreibenden überlässt. Ein **HeimArbVerh.** ist durch Merkmale des ArbR wie auch des Werkvertragsrechts gekennzeichnet (BAG 24.3.1998 NZA 1998, 1001). Es trifft zu, dass sich das HeimArbVerh. **nur graduell von einem ArbVerh. unterscheidet**. Hier wird es einer aufmerksamen Prüfung unterliegen, wie abhängig der präsumtive Heimarbeiter ist. Die Fragestellung wird eine Herausforderung in einer **digitalen Arbeitswelt**. „Echte" Heimarbeiter iSd. § 2 I 1 HAG können ihren Arbeitsplatz sowie **Zpkt. und Zeitdauer ihrer Tätigkeit frei bestimmen**, dürfen Hilfspersonen hinzuziehen und Werkzeuge und Geräte sowie ihre Arbeitsmethode selbständig wählen (BAG 19.6.1957 BAGE 4, 262). Sie gestalten damit ihre Tätigkeit im Wesentlichen frei. Ein Heimarbeiter schuldet – anders als ein AN – nicht eine bestimmte Dienstleistung als solche, sondern ein bestimmtes **Arbeitsergebnis**. Auch wenn Heimarbeiter vielfach in die arbeitsrechtl. SchutzG einbezogen sind, sind sie keine AN, sondern wegen fehlender Weisungsabhängigkeit Selbständige (BAG 24.8.2016 NZA 2017, 244 Rn. 15). Die jüngeren Entsch. zeigen, dass die Nichteinbeziehung von Heimarbeitern in den vollen Schutz des ArbR immer fragwürdiger wird. Aber: Je mehr die Tätigkeit durch den „Auftraggeber" gepl. und organisiert und der „Heimarbeiter" in einen arbeitsteiligen Prozess eingegliedert bzw. fremdbestimmt wird und eine eigenverantwortl. Organisation der Erstellung des vereinbarten „Arbeitsergebnisses" faktisch ausschließt, liegt ein ArbVerh. nahe. Sonderregelungen enthält insb. das HAG. Wegen der Nähe zum ArbVerh. finden zahlr. **Schutzvorschriften für AN** Anwendung. § 11 EFZG: Feiertagslohnzahlung; § 2 Abs 1 BEEG: EZ und Elterngeld; § 1 Nr. 6 MuSchG: Mutterschutz; § 10 EFZG: Zuschlag zum Entgelt im Krankheitsfalle; § 210 SGB IX: Anwendung des SGB IX; § 12 BUrlG: Anspruch auf ein Urlaubsentgelt; § 7 ArbPlSchG: Einberufung zum Wehrdienst. Heimarbeiter haben einerseits Anspruch auf Kug. nach § 103 SGB III, andererseits sind aber die allg. Kündigungsschutzvorschr. auf diesen Personenkreis ebenso nicht anwendbar (KSchG § 1 Rn. 69; LAG HM 15.6.1989 LAGE KSchG § 23 Nr. 6) wie § 613a (BAG 24.3.1998 NZA 1998, 1001). Der bes.Kündigungsschutz und der Diskriminierungsschutz sind jedoch oftmals anwendbar (vgl. § 1 II Nr. 6 MuSchG, § 7 PflegeZG, § 4 FPfZG, §§ 18, 20 BEEG, § 7 ArbPlSchG, § 6 AGG).

86 **3. Einzelfälle arbeitnehmerähnlicher Personen.** Einzelkasuistik gibt es insb. zur Frage der Rechtswegzuständigkeit nach § 5 I 2 ArbGG. Das ArbGG definiert den Begriff nicht, sondern setzt ihn als bekannt voraus. Einzelfälle, in denen Vorliegen einer ANÄhnlichkeit bejaht wurde: **Buchhalter** in Steuerberaterkanzlei (OLG D 1.2.2011 – 24 W 90/10 – BeckRS 2011, 22092); **Callcenteragentin** (LAG BE 6.5.2003 LAGE ArbGG 1979 § 2 Nr. 42); **Dozent am Weiterbildungsinstitut** (BAG 11.4.1997

NZA 1998, 499); **Dozent in einem privaten Lehrinstitut** (LAG HE 11.7.1996 ZTR 1996, 518); **Frachtführer** (LAG K 29.5.2006 AR-Blattei ES 120 Nr. 22; LAG D 28.8.1995 BB 1995, 2275); **Franchisenehmer** (BAG 16.7.1997 NZA 1997, 1126; BGH 4.11.1998 NZA 1999, 53; BSG 4.11.2009 NJW 2010, 2539); **freie Mitarbeiter von Rundfunk- und Fernsehanstalten** (BAG 17.10.1990 NZA 1991, 402); **GF einer GmbH** (BAG 10.7.1980 AP ArbGG 1979 § 5 Nr. 1); **GF einer Betriebskrankenkasse** (BAG 25.7.1996 NZA 1997, 63); **Nachtwache** (BAG 15.11.2005 NZA 2007, 1320); **RA** (Scheinsozius; LAG HE) (LAG HE 1.6.1995 NZA-RR 1996, 64; OLG M 24.11.1998 NZA-RR 1999, 604); **Redakteur** (BAG 23.9.1992 NZA 1993, 1008); als **Repetitor** tätiger Jurist (LAG HM 22.8.1989 AP ArbGG 1979 § 5 Nr. 7); **Rundfunkgebührenbeauftragter** (bejaht bei geringem Einkommen: BAG 30.8.2000 NZA 2000, 1359; verneint bei hohem Einkommen: BAG 2.10.1990 NZA 1991, 239); **selbständiger Erfinder** (BAG 13.9.1956 AP ArbGG 1953 § 5 Nr. 2); **Servicebeauftragter für Fotokopiergeräte** (BAG 28.9.1995 RzK I 10a Nr. 19); **Au-Pair** (ArbG Hanau 8.2.1996 DB 1996, 2446); **Testfahrerin im Motorradwerk** (BAG 17.6.1999 NZA 1999, 1175); **Theaterintendant** (BAG 17.12.1968 AP ArbGG 1953 § 5 Nr. 17); **Volkshochschuldozent** (BAG 17.1.2006 EzA BUrlG § 2 Nr. 6). **Einzelfälle Heimarbeit: Konfektionär/Etikettierer** (BAG 24.8.2016 NZA 2017, 244); **Programmierer** (BAG 21.7.2015 NZA 2016, 1453).

Den Status einer ANähnl. Person hat das BAG grds. **abgelehnt** bei Tätigkeiten auf gesellschafts- 87 und vereinsrechtl. Basis. Ein **RA**, der Partner einer Anwaltssozietät ist, ist keine ANähnl. Person, auch wenn er von der Sozietät wirtschaftl. abhängig ist (BAG 15.4.1993 NZA 1993, 789; LAG K 3.2.2011 NZA-RR 2011, 211). **Rote-Kreuz-Schwestern** betrachtet das BAG ebenfalls nicht als ANähnl. Personen (BAG 6.7.1995 NZA 1996, 33). Ferner wurde ANÄhnlichkeit verneint: **Nebenberufl. tätiger Theaterintendant** (BAG 16.8.1977 AP BGB § 611 Abhängigkeit Nr. 23); **einmalig tätiger Künstler** (BAG 6.12.1974 AP BGB § 611 Abhängigkeit Nr. 14); selbständiger **Frachtführer** (BGH 21.10.1998 AP ArbGG § 5 Nr. 30).

V. Gesellschafter und Organmitglieder juristischer Personen

Auch bei Organmitgliedern jur. Personen soll es an der pers. Abhängigkeit fehlen, zumal sie die jur. 88 Person unmittelbar als AG repräsentieren. Dies gilt auch für den GmbH-GF, der als FremdGF oder MinderheitsgesellschafterGF tätig wird. Die ANEigenschaft von GmbH-GF wird idR abgelehnt (BAG 26.5.1999 NZA 1999, 987; LAG BE 30.6.1997 NZA-RR 1997, 424; ausf. *Diller,* Gesellschafter und Gesellschaftsorgane als AN, 1994 S. 65 ff., 129 ff.; *Boemke* ZfA 1998, 209 f.; *Fleck* FS Hilger/Stumpf 1983 S. 197; *Henssler* RdA 1992, 289; *Hueck* ZfA 1985, 25 und FS Hilger/Stumpf 1983 S. 365; *Kamanabrou* DB 2002, 146 ff.; *Reiserer* NZA 1996, 469; *Staab* RdA 1995, 60; *Reinfelder* RdA 2016, 87; s. LAG BW 12.2.2010 ZInsO 2010, 726 zum Direktor einer Komplementär-Limited; zum Verhinderungsvertreter in einer Sparkasse s. *Meier* NZA 2009, 702). Sie werden regelm. auf der Basis eines freien Dienstvertrags tätig (BGH 10.5.2010 NZA 2010, 889). **Organstellung** (zB §§ 35, 46 Nr. 5 GmbHG) und **Anstellungsvertrag** sind nach dt. Recht zu unterscheiden mit der Folge, dass beide Rechtsverhältnisse uU unterschiedl. Schicksale erleiden können. Nach der stRspr. des BGH führt das Erlöschen der Bestellung zum GF (zB durch Abberufung nach § 38 iVm. § 46 Nr. 7 GmbHG) nicht von selbst zur Auflösung des Anstellungsverhältnisses (zur Begr. eines Dienstverhältnisses neben der Bestellung zum GF: *Bauer/Gragert* ZIP 1997, 2177 ff.). Deshalb ist es mögl., dass ein bestimmter Sachverhalt für die Gesellschaft einen wichtigen Grund für den Widerruf der Bestellung, aber zunächst nicht für die Kündigung des Anstellungsvertrags bildet. Bei einer solchen Sachlage kann der aus seiner Organstellung Abberufene gehalten sein, sich mit dem Angebot einer angemessenen anderen Beschäftigung zufrieden zu geben, wenn er eine sofortige Kündigung auch des Anstellungsvertrags vermeiden will (BGH 9.2.1978 AP GmbHG § 38 Nr. 1; hierzu *Bauer/Gragert* ZIP 1997, 2177, 2182 f.). Die ArbG sind für Rechtsstreitigkeiten der Organmitglieder wegen § 5 I 3 ArbGG generell unzust., selbst wenn das Rechtsverhältnis materiell ein ArbVerh. ist (BAG 15.3.2011 NZA 2011, 874; 26.10.2012 GmbHR 2013, 253; 4.2.2013 NZA 2013, 397; ArbGG § 5 Rn. 6 ff.; allerdings bejaht das BAG in den sog. „sic-non-Fällen", also dann, wenn der Kl. ein ArbVerh. behauptet und die streitentsch. Norm sich nach arbeitsrechtl. Vorschr. richtet, den Rechtsweg zu den ArbG, vgl. BAG 26.10.2012 NZA 2013, 54; 15.11.2013 GmbHR 2014, 137; 22.10.2014 NZA 2015, 60). Doch kann vereinbart werden, dass Streitigkeiten zwischen diesen Personen und den Gesellschaften, für die sie tätig sind, vor die ArbG gebracht werden (§ 2 IV ArbGG).

Obwohl auch der **GmbH-GF** in einem freien Dienst- und nicht in einem ArbVerh. stehen sollen, ist 89 bei ihm doch zu berücksichtigen, dass er gem. § 37 GmbHG ggü. den Gesellschaftern weisungsgebunden ist. Daraus resultiert eine gewisse **soziale Schutzbedürftigkeit,** der der BGH durch die entspr. Anwendung bestimmter auf abhängige BeschVerh. zugeschnittener Normen Rechnung trägt (vgl. zB zur entspr. Anwendung der Kündigungsfristen des § 622 BAG 27.6.1985 NZA 1986, 794; BGH 29.1.1981 AP BGB § 622 Nr. 14; LAG K 18.11.1998 NZA-RR 1999, 300; *Reiserer* DB 1994, 1822, 1824). Der EuGH begnügt sich nicht mit der partiellen Kompensation, sondern fokussiert statt der formalen Verortung die Intensität des Weisungsrechts. Die insb. vom BGH praktizierte strenge Trennung von Organ- und Anstellungsverhältnis nimmt der EuGH, anknüpfend an die Rechtsgrundneutralität des unionsrechtl. ANBegriffs, nicht vor. Auch deshalb genügt diese Weisungsbefugnis iVm. der jederzeitigen Entlassungsbefugnis, um die ANEigenschaft des GmbH-GF im Unionsrecht zu bejahen (EuGH 11.11.2010 NZA 2011, 143, 1. LS; 9.7.2015 NZA 2015, 861 – Balkaya; verneint für den Fall eines AlleinGF BAG 17.1.2017 NZA 2017, 803 Rn. 224 ff.). Nicht gefordert ist damit allerdings die Anwendbarkeit des KSchG im Bestellungsverhältnis, die zudem mit der Organisationsfreiheit der Gesellschaft unverträgl. wäre. Auch nach dt. Recht kann Rechtsgrdl. für die GFTätigkeit ein Arbeitsvertrag sein (BAG 25.10.2007 NZA 2008, 168). Gem. § 14 I Nr. 1 ist das KSchG grds. auf Organmitglieder nicht anwendbar. Im Anstellungsvertrag eines GmbH-GF kann jedoch die Anwendung der materiellen Regeln des arbeitsrechtl. Kündigungsschutzes vereinbart werden. Die Vertragsfreiheit ist nur zwgd. insofern begrenzt, als die Funktionstüchtigkeit der Gesellschaft auf der Organebene gewährleistet sein muss. Die Abberufungsfreiheit aus der Organstellung darf nicht berührt sein (§ 38 I GmbHG). Diese Grenze wird durch die entspr. Anwendung des KSchG auf den Dienstvertrag nicht überschritten (BGH 10.5.2010 NZA 2010, 889).

90 **Wechselt** jemand von seiner bisherigen Stellung als AN in die des **GF** über, endet nach der Rspr. des BAG (BAG 8.6.2000 NZA 2000, 1013; 24.11.2005 NZA 2006, 728; 14.6.2006 NZA 2006, 1154) iZw. das bisherige ArbVerh., es ruht nicht ledigl. (so noch BAG 9.5.1985 NZA 1986, 792). Eine andere Auslegung kommt nur in Ausnahmefällen in Betracht, für die deutl. Anhaltspunkte vorliegen müssen (BAG 14.6.2006 NZA 2006, 1154). Wird der AN eines Vereins zum Vorstandsmitglied bestellt und im Hinblick darauf ein Dienstvertrag mit höheren Bezügen abgeschlossen, so wird **iZw. das bisherige ArbVerh. aufgeh.** (BAG 28.9.1995 NZA 1996, 143). An dieser Rspr. hält das BAG auch im Lichte des § 623 fest (vgl. § 623 Rn. 12). Es sieht das Schriftformerfordernis des § 623 allein durch Abschluss des schriftl. GFDienstvertrags als gewahrt an (BAG 19.7.2007 NZA 2007, 1095), da der Wille, das zuvor begr. ArbVerh. zu beenden, darin hinreichend deutl. zum Ausdruck komme. Der von § 623 bezweckte Übereilungsschutz steht dem nicht entgegen (**aA** *Bauer* GmbHR 2000, 767, 769; *Fischer* NJW 2003, 2417, 2418). Dem entspricht es, dass die formlose Bestellung zum GF den Arbeitsvertrag bestehen lässt (BAG 23.8.2011 DB 2011, 2386; 15.3.2011 NZA 2011, 874). Der Verlust der Organstellung durch Abberufung führt nicht zwangsläufig zur Begr. eines ArbVerh. (BAG 18.12.1996 EzA ArbGG 1979 § 2 Nr. 35; s. a. 25.6.1997 NZA 1997, 1363; für das Vorstandsmitglied einer Sparkasse: BGH 10.1.2000 NZA 2000, 376). Wird allerdings ein zum Zpkt. der Klageerhebung vor dem ArbG noch bestellter GF vor einer rkr. Entsch. über die Rechtswegzust. abberufen, begründet dies in arbeitsrechtl. Streitigkeiten die Zust. der ArbG. Gleiches gilt, wenn der GF bis zu diesem Zpkt. wirksam sein Amt niederlegt. Damit entfällt die Fiktionswirkung des § 5 I 3 ArbGG (BAG 3.12.2014 NZA 2015, 180). Entsch. ist damit nicht mehr der Zpkt. der Klageerhebung (BAG 22.10.2014 NZA 2015, 62 unter Aufgabe von BAG 15.11.2013 GmbHR 2014, 137; *Stagat* NZA 2015, 193; krit. *Graef/Teilemann* GmbHR 2015, 225; anders *Pröpper* GmbHR 2013, 255; neutral *Vielmeier* NZA 2016, 1241). Vorrang haben aber ausdr. Vereinb. über das Schicksal des urspr. Anstellungsvertrags im Zusammenhang mit der GFBestellung (vgl. BAG 18.12.1996 NZA 1997, 509; 24.11.2005 NZA 2006, 728). Anders dagegen, wenn ein AN zum GF einer konzernabhängigen Gesellschaft bestellt wird (BAG 20.10.1995 NZA 1996, 200; 25.10.2007 NZA 2008, 168). Hier beruht die Organstellung in einer jur. Person auf einem Vertrag mit einem Dritten. Dieser Vertrag kann auch ein Arbeitsvertrag sein (*Henssler* RdA 1992, 289, 300). Das Anstellungsverhältnis ist nur dann ausnahmsweise als ArbVerh. zu qualifizieren, wenn über die gesellschaftsrechtl. Weisungsverhältnisse hinaus die Gesellschaft typische arbeitsrechtl., dh. arbeitsbegleitende und die konkrete Leistungserbringung steuernde, Weisungen erteilen kann (BAG 26.5.1999 NZA 1999, 987; LAG K 24.1.2017 – 7 Ta 221/16 – BeckRS 2017, 108067; *Schrader/Schubert* DB 2005, 1457, 1459; großzügiger *Wank/Maties* NZA 2007, 353, 354; LAG D 12.1.2011 – 12 Sa 1411/10 – BeckRS 2011, 69009). Für den Anwendungsbereich der RL 92/85/EWG (MutterschutzRL) hat der EuGH (11.11.2010 NZA 2011, 143) entschieden, dass die ANEigenschaft eines Mitglieds der Unternehmensleitung einer Kapitalgesellschaft zu bejahen ist, wenn es dieser ggü. Leistungen erbringt und in sie eingegliedert ist, seine Tätigkeit für eine bestimmte Zeit nach der Weisung oder unter der Aufsicht eines anderen Organs dieser Gesellschaft ausübt und als Gegenleistung für die Tätigkeit ein Entgelt erhält (zu mögl. Weiterungen dieser Rspr. *Preis/Sagan* ZGR 13, 226; *Oberthür* NZA 2011, 253). Von der vertragstypenbezogenen Abgrenzung der Weisungsverhältnisse weicht iÜ auch die Rspr. des BSG (21.2.1990 SozR 32940 § 3 AVG Nr. 1) bei Vorstandsmitgliedern und GmbH-GF ab (hierzu SGB IV § 7 Rn. 21 ff.; abl. *Preis* NZA 2000, 914, 917 ff.). Wendet sich ein ausgeschiedenes Vorstandsmitglied einer AG gegen die Kündigung seines für die Dauer der Vorstandstätigkeit ruhenden ArbVerh., hat er die Kündigungsschutzklage gem. § 112 AktG gegen die AG, vertreten durch den AR zu richten, wenn die Kündigungsgründe in unmittelbarem Zusammenhang mit seiner Tätigkeit als Mitglied des Vertretungsorgans stehen (BAG 4.7.2001 NZA 2002, 401; zu Kündigung und Abberufung von Vorstandsmitgliedern *Grumann/Gillmann* DB 2003, 770).

VI. Abgrenzung zu dem Arbeitsvertrag nahestehenden Vertragstypen

91 **1. Gesellschaftsverträge.** Dienstleistungen können auch auf gesellschaftsvertragl. Basis geschuldet werden. Insb. Personengesellschafter einer GbR, OHG oder KG können zur **pers. Dienstleistung auf**

Grund des Gesellschaftsvertrags verpflichtet sein (§ 706 III). Der Gesellschaftsvertrag kann auch die Grdl. für Dienstleistungen sein, die die Gesellschafter im Rahmen ihrer Pflicht zur Förderung des Gesellschaftszwecks erbringen müssen. Grds. ist daher davon auszugehen, dass Personengesellschafter ohne gesonderte Vereinb. keine Dienstnehmer oder AN der Gesellschaft sind. Auch Gesellschafter einer GmbH können Dienstleistungen auf der Basis des Gesellschaftsvertrags erbringen. Daneben sind arbeitsrechtl. Beziehungen denkbar, jedoch bedarf es hierfür einer gesonderten Vereinb.

Ein Alleingesellschafter und alleiniger GF ist nicht AN der Gesellschaft und kann deshalb auch nicht 92 als LeihAN zur Arbeitsleistung überlassen werden (BAG 17.1.2017 NZA 2017, 836). Das gilt insb. für die pers. haftenden Gesellschafter einer offenen Handels- oder Kommanditgesellschaft. Das BAG hält aber den Abschluss eines Arbeitsvertrags zwischen Gesellschaft und Gesellschafter für zulässig. Die **Gesellschafterstellung,** dh. die Inhaberschaft an Gesellschaftsanteilen, schließt nicht aus, als AN in die Dienste der jur. Person zu treten, was allerdings nicht nur als Scheingeschäft iSd. § 117 erfolgen darf (BAG 9.1.1990 AP GmbHG § 35 Nr. 6). Dies gilt allerdings dann nicht, wenn ein Gesellschafter als Kapitaleigner einen so großen Einfluss auf die Führung der Gesellschaft hat, dass er über seine Gesellschafterstellung letztl. auch die Leitungsmacht hat. In diesem Fall unterliegt er nicht dem Weisungsrecht des GF (BAG 17.9.2014 NZA 2014, 1293). Ob ein solcher Einfluss besteht, richtet sich in erster Linie nach den Stimmrechtsverhältnissen. Dementspr. kann regelm. ein Gesellschafter, dem mehr als 50% der Stimmrechte zustehen, nicht zugleich AN dieser Gesellschaft sein (BAG 17.9.2014 NZA 2014, 1293 Rn. 22). Er kann auf Grund seiner gesellschaftsrechtl. Stellung keinem Weisungsrecht, etwa des GF, unterliegen. Werden in einem selbstverwalteten, alternativen Betrieb alle Mitarbeiter Gesellschafter einer GmbH und alle zu deren GF bestellt, so liegt kein ArbVerh. vor (BAG 10.4.1991 NZA 1991, 856). Der Anstellungsvertrag eines GF kann konkludent in ein ArbVerh. umgewandelt werden, wenn der GF zB als Niederlassungsleiter weisungsgebunden tätig wird (BAG 13.2.2003 NZA 2003, 552).

Fehlt es an einer ausdr. Vereinb., ist auf Grund einer Gesamtbetrachtung der **tats. Ausgestaltung** 93 **der Rechtsverhältnisse** zu prüfen, ob der mitarbeitende Gesellschafter insb. unter Berücksichtigung des Merkmals der pers. Abhängigkeit neben seiner gesellschaftsrechtl. Stellung auch AN ist. So ist ein mitarbeitender Gesellschafter, der mind. über eine Sperrminorität verfügt, kein AN der Gesellschaft (BAG 28.11.1990 NZA 1991, 392; 6.5.1998 NZA 1998, 939). Wer an Gewinn und stillen Reserven beteiligt ist, gesellschaftsrechtl. Bestandsschutz genießt sowie Mitsprache- und Informationsrechte hat, genießt ohne gesonderte Vereinb. nicht zugleich die Stellung des AN, sondern ist Gesellschafter (hierzu *Loritz,* Die Mitarbeit Unternehmensbeteiligter, 1984 S. 405). Andererseits reicht allein der Umstand, dass das Entgelt ganz oder tw. aus einer Erfolgs- oder Gewinnbeteiligung („Tantieme") besteht, noch nicht aus, statt eines Dienst- oder Arbeitsvertrags eine gesellschaftsrechtl. Verbindung anzunehmen (BAG 12.2.1959 AP HGB § 74 Nr. 1).

Die gesellschaftsrechtl. Rechtsstellung schließt es nicht aus, dass die Gesellschafter einer GmbH mit 94 der Gesellschaft **ausdr. Arbeitsverträge** abschließt (BAG 9.1.1990 NZA 1990, 525). Auch Kommanditisten einer KG können auf Grund eines Arbeitsvertrags für die Gesellschaft tätig werden. Wird neben dieser gesellschaftsrechtl. Dienstleistungspflicht noch ein Arbeitsvertrag geschlossen, erlischt hierdurch nicht die aus dem Gesellschaftsverhältnis folgende Dienstverpflichtung und Dienstberechtigung (BAG 11.5.1978 AP HGB § 161 Nr. 2). Wird der **Kommanditist** jedoch ohne gesonderte Vereinb. tätig, kann nicht ohne Weiteres davon ausgegangen werden, dass neben der gesellschaftsrechtl. Stellung ein Dienst- oder ArbVerh. besteht. Gegenleistung ist iZw. nur seine Gewinnbeteiligung (LAG K 12.8.1994 LAGE BGB § 611 Gewinnbeteiligung Nr. 1; **aA** LAG BE 26.3.2003 LAGE ArbGG 1979 § 2 Nr. 41). Auch der Kommanditist kann auf der Basis des Gesellschaftsvertrags für die KG arbeiten. Er steht jedoch dann nicht (zusätzl.) in einem ArbVerh. zu der Gesellschaft, wenn es sich um eine Familiengesellschaft handelt und vereinbarte Gewinnvorabentnahmen nicht vom Umf. der Dienstleistung abhängig sind (BAG 8.1.1970 AP ZPO § 528 Nr. 14). Die in einem Gesellschaftsvertrag neben der kapitalmäßigen Beteiligung festgelegten Dienstleistungen haben ihren Grund primär im Gesellschaftsverhältnis. Sie sind als Gesellschafterbeiträge iSv. §§ 161, 105 III HGB, § 706 III anzusehen.

Einzelfälle: **Mitglieder einer Produktionsgenossenschaft** der früheren DDR waren keine AN (BAG 95 13.6.1996 NZA 1997, 542). Auf sog. **partiarische ArbVerh.** findet grds. ArbR Anwendung; Analogien zu gesellschaftsrechtl. Vorschr. sind idR abzulehnen (hierzu *Baier* MDR 1985, 890).

2. Werkverträge (§ 631). Gegenstand des Werkvertrags ist nach § 631 I die Herstellung eines 96 Werkes. Geschuldet ist damit ein **bestimmtes Arbeitsergebnis** bzw. ein Arbeitserfolg. Der selbständige Werkunternehmer organisiert die für die Erreichung des geschuldeten Erfolgs notwendigen Handlungen verantwortl. selbst. Im Unterschied hierzu wird in Dienst- und Arbeitsverträgen nur die Tätigkeit als solche geschuldet (BAG 25.9.2013 NZA 2013, 1348; BGH 16.7.2002 NJW 2002, 3323). Bedeutend ist die Abgrenzung im Hinblick darauf, dass im Unterschied zum Werkvertragsrecht im Dienstvertragsrecht Regelungen über die Gewährleistung fehlen (hierzu Rn. 683 ff.).

Durch eine **fehlerhafte Bezeichnung** können die Parteien einen Dienst- oder Arbeitsvertrag nicht 97 zu einem Werkvertrag machen. Entscheidend ist der geschuldete Vertragsinhalt bzw. der wirkl. Geschäftsinhalt (BAG 25.9.2013 NZA 2013, 1348). Einem pers. abhängig beschäftigten AN kann nicht durch Auferlegung einer Erfolgsgarantie der arbeitsrechtl. Schutz entzogen werden. Die bloße wirtschaftl. Abhängigkeit schließt allerdings die Vereinb. eines Werkvertrags nicht aus. Der Werkvertragsunternehmer kann jedoch als ANähnl. Person (§ 12a TVG, vgl. Rn. 110ff.) zu behandeln sein.

98 Probl. ist die Abgrenzung insb. hins. des Weisungsrechts. Auch der Werkbesteller kann nach § 645 I 1 Anweisungen für die Erstellung des Werkes erteilen. Dieses **werkvertragl. Weisungsrecht** ist im Einzelfall von Weisungen arbeitsvertragl. Art abzugrenzen. Ist die Weisung gegenständl. ausschl. auf die zu erbringende Werkleistung beschränkt, spricht dies nicht gegen das Vorliegen eines Werkvertrags. Werden jedoch arbeitsvertragl. Weisungen gegeben, also erst der Gegenstand der Werkleistung bestimmt oder auch pers. bindende Weisungen erteilt, die den Einsatz und die Arbeit unmittelbar und bindend organisieren, spricht dies für das tats. Vorliegen eines ArbVerh. oder ggf. einer ANÜberlassung (BAG 30.1.1991 AP AÜG § 10 Nr. 8; 6.8.2003 NZA 2004, 1182). Ein Werkvertrag liegt nur vor, wenn Weisungsstruktur und Risikoverteilung eindeutig werkvertragl. ausgestaltet werden (*Greiner* NZA 2013, 697; *ders.* AcP 211, 221). Anschaul. wird dies an der Entsch. des BAG 25.9.2013 NZA 2013, 1348: Der AG versuchte ArbR dadurch zu umgehen, indem er im Kern Bestandteile einer Dienstanweisung als „Werk" ansehen wollte. Zu Recht weist das BAG darauf hin, dass es in solchen und ähnl. Fällen an einem vertragl. festgelegten abgrenzbaren, dem Auftragnehmer als eigene Leistung zurechenbaren und abnahmefähigen Werk fehlt. Der Arbeitseinsatz müsse dann erst durch begleitende Weisungen bestimmt werden. Indiz für ein ArbVerh. ist, dass sich die zu erbringenden Leistungen nach dem jeweiligen Bedarf des Auftraggebers richten. Wesentl. ist die Weisungsstruktur und das Maß der Fremdbestimung durch organisatorische Einbindung (BAG 25.9.2013 NZA 2013, 1348 Rn. 17).

99 Die Ähnlichkeit der Leistungserbringung im Rahmen von Arbeits- und Werkverträgen legitimiert uU die **wechselseitige analoge Anwendung** grdl. Vorschr. So wurde der Rechtsgedanke des § 645 tw. zur Begr. der Betriebsrisikolehre herangezogen, die jetzt in § 615 S. 3 für das ArbR Anerkennung gefunden hat. Umgekehrt wird die Schutzpflicht aus § 618 auf Werkverträge analog angewendet, wenn der Besteller des Werkes Räume, Vorrichtungen und Gerätschaften bereitzustellen hat. So hat ein Bauunternehmer neben dem ör. Arbeitsschutz und den UVV die Baustelle so einzurichten und zu unterhalten, dass für Subunternehmer und deren Bedienstete keine Gesundheitsgefahren entstehen können (OLG D 21.10.1994 NJW-RR 1995, 403).

100 Werden Tätigkeiten durch AN eines Werkunternehmers im Betrieb des Bestellers erbracht, kann zw. sein, ob die AN im Wege eines **drittbezogenen Personaleinsatzes** für ihren AG, der auf Grund eines Dienst- oder Werkvertrags zur Erreichung eines wirtschaftl. Erfolgs sich seiner AN als Erfüllungsgehilfen bedient, tätig werden, oder ob ein Fall der **ANÜberlassung** vorliegt. Letzteres ist der Fall, wenn der AG dem Dritten ledigl. geeignete Arbeitskräfte überlässt, die der Dritte jedoch nach eigenen betriebl. Erfordernissen in seinem Betrieb nach seinen Weisungen einsetzt (BAG 30.1.1991 AP AÜG § 10 Nr. 8; Einzelheiten AÜG Einl. Rn. 16ff.). Es unterfällt jedoch nicht jeder drittbezogene Arbeitseinsatz dem AÜG. Über die rechtl. Einordnung des jeweiligen Vertrags entscheidet der Geschäftsinhalt und nicht die von den Parteien gewünschte Rechtsfolge. Widersprechen sich ausdr. Vereinb. und die praktische Durchführung des Vertrags, so ist für die Einordnung letztere maßgebend (BAG 18.1.2012 ZTR 2012, 404). Auch für die Frage, ob nach § 266a StGB strafbares Vorenthalten von Sozialversicherungsbeiträgen vorliegt, sind diese Grds. anwendbar (BAG 27.9.2011 NJW 2012, 471).

101 **3. Auftrag (§ 662).** Dienstleistungen jeder Art können auch Gegenstand eines Auftrags nach § 662 sein. Der Auftrag ist jedoch **unentgeltl.**, während der Arbeitsvertrag ein auf Entgeltzahlung gerichteter Austauschvertrag ist (Abs. 2). Fragl. ist, ob das Kriterium der Entgeltlichkeit ein hinreichendes Abgrenzungsmerkmal ggü. Dienstverträgen ist. Richtigerweise ist dies im Hinblick auf § 612 I zu bejahen, weil bei Dienst- und Arbeitsverträgen eine Vergütung als stillschweigend vereinbart gilt, wenn die Leistung nach den Umständen nur gegen eine Vergütung zu erwarten ist. Ein unentgeltl. selbständiger Dienstvertrag erfüllt das dispositive Leitbild des Auftrags (zur unentgeltl. Übernahme einer ehrenamtl. Tätigkeit in der Telefonseelsorge BAG 29.8.2012 NZA 2012, 1433). Die Entgeltlichkeit ist für den Arbeitsvertrag konstitutives Merkmal. Dies kann nicht mit dem Hinweis bezweifelt werden, dass ein AN bei Ausschluss des Vergütungsanspruchs schutzlos gestellt würde. Ist nach den obj. Umständen eine Dienstleistung nur gegen Vergütung zu erwarten, bewirkt § 612 I eine zwgd. Vergütungs- und Vertragsbegründungsfiktion (vgl. hier § 612 Rn. 1). Die aus § 612 I folgende materielle Betrachtung geht dem ausdr. Ausschluss eines Vergütungsanspruches zwgd. vor. Dies zeigt sich bei der missbräuchl. Beschäftigung als sog. „Gastarzt" (hierzu *Hammerschlag* ZTR 1988, 243) zum Zwecke der Weiterbildung bzw. Erfüllung der Voraussetzungen für die Facharztzulassung. Die in diesem Rahmen erbrachten Dienstleistungen sind nach der Verkehrssitte nur gegen Vergütung zu erwarten.

102 Die Abgrenzung nach dem Merkmal der Entgeltlichkeit wird nicht dadurch unbrauchbar, weil es wenige Vertragsverhältnisse über unentgeltl. Dienstleistungen gibt, auf die arbeits- und dienstvertragl. Regelungen tw. anwendbar sind (zB Volontär- und Praktikantenverhältnisse; hierzu MüKoBGB/*Müller-Glöge* § 611 Rn. 34; Schaub/*Vogelsang* § 15 Rn. 7ff.). Sie bedürfen jedoch einer bes. Rechtfertigung. Zu Ausbildungsverhältnissen vgl. BBiG § 26 Rn. 1ff. Zur Rechtsstellung behinderter Menschen in Werkstätten für Behinderte vgl. §§ 219ff. SGB IX.

103 **4. Geschäftsbesorgungsverträge.** Die Nähe des Auftragsrechts zum Dienstvertragsrecht zeigt sich an § 675 I, der verdeutlicht, dass das Merkmal der Entgeltlichkeit ein wichtiges, wenn auch nicht

hinreichendes Kriterium für die Abgrenzung ist. Geschäftsbesorgungsverträge können nach § 675 I ledigl. Dienstverträge oder Werkverträge sein. Ggü. dem Arbeits- bzw. Dienstvertrag wird zur Abgrenzung ggü. § 675 I das Merkmal relevant, ob die **Arbeitsleistung „eine Geschäftsbesorgung zum Gegenstand hat"**. Der umfassende rechtsdogmatische Streit um die Geschäftsbesorgungsformel (ausf. Staudinger/*Martinek* § 675 Rn. A 11 ff.) hat iE keine praktische Relevanz. Kern der Regelung des § 675 I ist die Erkl. der Anwendbarkeit der §§ 663, 665 bis 670, 672 bis 674. Im ArbR geht man ohne Rücksicht auf den zum Dienst- und Werkvertragsrecht geführten Meinungsstreit weitgehend von einer **analogen Anwendung der in § 675 I erwähnten Auftragsregelungen** aus, soweit diese für arbeitsrechtl. Sachverhalte Bedeutung haben (MüKoBGB/*Müller-Glöge* § 611 Rn. 33; *Reichold* NZA 1994, 488 ff.).

Einzelfragen: Die **Auskunfts- und Rechenschaftspflicht** des Beauftragten nach § 666 kann analog herangezogen werden (LAG BE 15.6.1992 NZA 1993, 27; LAG D 31.7.1962 BB 1962, 1285). Ebenso trifft den AN in analoger Anwendung des § 667 die **Pflicht zur Herausgabe** des zur Ausführung und durch das ArbVerh. Erlangten (BAG 16.6.1976 AP BGB § 611 Treuepflicht Nr. 8; 14.12.2011 NZA 2012, 501). Die Herausgabepflicht gilt für alle Vorteile, die dem AN auf Grund eines inneren Zusammenhangs mit dem geführten Geschäft verbunden sind („Bonusmeilen für Vielflieger", BAG 11.4.2006 NZA 2006, 1089; *Kock* DB 2007, 462). Hierzu gehört auch der Anspruch auf **Herausgabe von Schmiergeldern** (BAG 14.7.1961 NJW 1961, 2036; LAG SN 19.9.1995 – 5 Sa 322/95 – BeckRS 1995, 30863247). Wird der AN verpflichtet, bes. Aufwendungen in Ausführung seines Arbeitsvertrags zu leisten, kann er entspr. § 669 einen **Vorschuss** verlangen (LAG HE 21.3.1986 LAGE BGB § 626 Nr. 25). Hervorragende Bedeutung hat die analoge Heranziehung des § 670, wonach der AG Aufwendungen des AN zu ersetzen hat (zur Anschaffung von **Sicherheitsschuhen:** BAG 21.8.1985 NZA 1986, 324; heimisches Arbeitszimmer: BAG 12.4.2011 NZA 2012, 97; **Reisekosten:** ArbG Wetzlar 21.1.1993 BB 1993, 1592; hierzu Rn. 558 ff.). Aus einer analogen Anwendung des § 670 kann der Bewerber auch die Erstattung von **Vorstellungskosten** verlangen, wenn er zur Vorstellung aufgefordert worden ist (hierzu Rn. 244 ff.). Darüber hinaus wird aus § 670 ein Erstattungsanspruch für Sachschäden hergeleitet, die der AN ohne Verschulden des AG bei Ausführung der übertragenen Dienste erleidet (hierzu Rn. 553 ff.). 104

5. Miete, Pacht. Miete und Pacht sind als gegenseitige entgeltl. Verträge gerichtet auf die Überlassung bzw. Nutzung des Miet- und Pachtgegenstandes und damit von der pers. Leistungserbringung klar zu unterscheiden. Probl. kann jedoch die Abgrenzung bei Pachtverträgen sein. Ist der Pächter nach dem Pachtvertrag und der tats. Gestaltung in der **Nutzung des überlassenen Gegenstandes unabhängig**, liegt ein Pachtvertrag vor. Behält sich aber der Verpächter weitgehende Weisungsrechte für die Tätigkeit des Pächters mit dem überlassenen Gegenstand vor, kann uU nach dem tats. Geschäftsinhalt ein Arbeitsvertrag vorliegen (zur Verpachtung einer Kantine BAG 13.8.1980 AP BGB § 611 Abhängigkeit Nr. 37; zur Verpachtung eines Taxis LAG HM 16.5.1975 ARSt. 1976, 142). Ein Arbeitsvertrag ist nur anzunehmen, wenn die Voraussetzungen des ANBegriffs, insb. die pers. Abhängigkeit des Pächters, gegeben ist (verneint für einen Tankstellenverwalter von LAG HE 3.12.1975 BB 1976, 1178; BSG 11.8.1966 AP BGB § 611 Abhängigkeit Nr. 5). 105

6. Dienstverschaffungsverträge. Gegenstand eines Dienstverschaffungsvertrags ist nicht die pers. Dienstleistung, sondern die Verpflichtung, der anderen Partei **Dienste einer oder mehrerer Personen zu verschaffen.** Dienstverschaffungsverträge können sowohl auf Verschaffung von Diensten im Rahmen eines freien Dienstvertrags als auch im Rahmen eines Arbeitsvertrags gerichtet sein. Im Bereich des ArbR ist die Abgrenzung zwischen bloßer Arbeitsvermittlung und dem Anwendungsbereich des AÜG relevant. ANÜberlassungsverträge sind Dienstverschaffungsverträge, die im Rahmen wirtschaftl. Tätigkeit dem AÜG unterfallen (hierzu AÜG Einl. Rn. 16). Für die nicht wirtschaftl. ANÜberlassung, soweit es diese in relevanter Weise noch gibt, gilt das AÜG nicht. Für sie sind die allg. Grds. über Dienstverschaffungsverträge einschlägig. Ein Dienstverschaffungsvertrag liegt jedoch nicht automatisch dann vor, wenn die eingesetzten AN weitgehend in die Arbeitsorganisation eingegliedert sind (BGH 2.2.2006 WM 2006, 871). 106

Der Unternehmer, der auf Grund eines Dienstverschaffungsvertrags Arbeitskräfte zur Vfg. stellt, haftet nicht für die ordnungsgemäße Leistungserbringung, allerdings für die **Eignung der Arbeitskräfte** für die vorgesehene Arbeits- bzw. Dienstleistung (BGH 9.3.1971 AP BGB § 611 Leiharbeitsverhältnis Nr. 1). Es kommt jedoch eine Haftung nach § 831 für Fehler der Bediensteten in Betracht. Diese Haftung entfällt, wenn die Abhängigkeit vom bisherigen Geschäftsherrn während der Tätigkeit in einem anderen Unternehmen aufgeh. ist. Das ist zu bejahen, wenn die AN vollständig aus dem Unternehmen herausgelöst sind, davon kann jedoch nicht ausgegangen werden, wenn der Dienstverschaffer sein Personal jederzeit zurückziehen und anders verwenden kann (BGH 22.5.1968 VersR 1968, 779; 26.1.1995 NJW-RR 1995, 659). 107

Als Dienstverschaffungsverträge können auch **Schwesterngestellungsverträge** (hierzu Rn. 142 ff.; MüKoBGB/*Müller-Glöge* § 611 Rn. 38; LAG HM 9.9.1971 DB 1972, 295; **aA** BAG 4.7.1979 AP BGB § 611 Rotes Kreuz Nr. 10) und Verträge mit einer **Eigengruppe** (Rn. 170; LAG HE 18.6.1952 BB 1952, 691) angesehen werden. 108

109 Vom **Arbeitsvertrag** und von der **ANÜberlassung** sind Dienstverschaffungsverträge abzugrenzen, bei denen der AG einem Dritten Maschinen mit Bedienungspersonal derart zur Vfg. stellt, dass der Dritte den Einsatz der Maschinen oder Geräte mit dem dazugehörigen Personal nach eigenen betriebl. Erfordernissen selbst bestimmt und organisiert. Derartige gemischte Verträge werden auch von den Vorschr. des AÜG jdf. dann nicht erfasst, wenn nicht die Überlassung von AN, sondern die Gebrauchsüberlassung des Gerätes oder der Maschine den Inhalt des Vertrags prägt. So ist in der Rspr. anerkannt, dass etwa die Vermietung von Baumaschinen (zB Baggern und Planierraupen) unter Gestellung des Bedienungspersonals begriffl. keine ANÜberlassung iSv. § 1 AÜG ist (hierzu AÜG § 1 Rn. 38). Denn Sinn und Zweck eines solchen gemischten Miet- und Dienstverschaffungsvertrags ist nicht primär, dem Dritten Personal zur Vfg. zu stellen, das er nach seinem Belieben in seinem Betrieb und damit auch an Geräten oder Maschinen, über die er ohnehin verfügt, einsetzen kann, sondern dem Dritten durch die Personalüberlassung überhaupt erst den Einsatz der Geräte oder Maschinen zu ermögl., die ihm iRd. gemischten Vertrags zum Gebrauch überlassen werden (BAG 17.2.1993 NZA 1993, 1125).

110 **7. Franchising.** Franchising bezeichnet die **Gesamtheit von Rechten** an gewerbl. oder geistigem Eigentum wie Warenzeichen, Handelsnamen, Ladenschilder, Gebrauchsmuster, Geschmacksmuster, UrhR, Know-how oder Patenten, die zum Zweck des Weiterverkaufs von Waren oder der Erbringung von Dienstleistungen an Endverbraucher genutzt werden (vgl. VO (EWG) 4087/88 v. 30.11.1988 ABl. EG 395 S. 46). Auch zwischen Franchisegeber und Franchisenehmer wird ein **Dauerschuldverhältnis** begr., das dem Franchisenehmer die Erlaubnis einräumt, die genannten Rechte zum Zwecke der Vermarktung von Waren und Dienstleistungen zu nutzen. Der Franchisegeber erhält dafür ein Entgelt. Der Franchisenehmer verpflichtet sich, seine Leistung nach bestimmten Anweisungen des Franchisegebers anzubieten. Rechtsnatur und Inhalt der Franchising-Verträge sind den Vertragshändlerverträgen angenähert. Die Absatztätigkeit erfolgt bei beiden im eigenen Namen und auf eigene Rechnung, jedoch ist der Franchisenehmer stärker in das Vertriebs- und Absatzsystem des Franchisegebers eingegliedert.

111 Die Abgrenzung zwischen Franchising und ArbVerh. ist probl. (hierzu *Bauder* NJW 1989, 78; *Horn/Henssler* ZIP 1998, 589; *Nolting,* Die individualarbeitsrechtl. und betriebsverfassungsrechtl. Beurteilung von Franchisesystemen, 1994; *Weltrich* DB 1988, 806; *Wank* DB 1992, 90 f.). Der Franchisenehmer kann jdf. **nicht stets als Selbständiger** eingeordnet werden (so aber *Weltrich* DB 1988, 806). Weder aus der Bezeichnung noch aus dem „Wesen“ des Franchise-Vertrags lässt sich schließen, dass der Franchisenehmer kein AN ist (BAG 16.7.1997 NZA 1997, 1126; BGH 4.11.1998 NZA 1999, 53; **aA** OLG SH 27.8.1986 NJW-RR 1987, 220; OLG D 30.1.1998 ZIP 1998, 624). Die jeweilige Vertragskonstruktion ist iE zu prüfen (OLG SL 11.4.2011 – 5 W 71/11 – BeckRS 2011, 08611). Zu unterscheiden sind koordinativ und subordinativ strukturierte Franchise-Verträge. Beim Subordinations-Franchising verpflichtet sich der Franchisenehmer zur Absatzförderung nach RL und Anweisungen des Franchisegebers. Diese im weitesten Sinne fremdbestimmte Tätigkeit ist von der Abhängigkeit als AN zu unterscheiden. Dem Franchise-Vertrag sind intensive Weisungs- und Bindungsrechte des Franchisegebers ggü. dem Franchisenehmer immanent (vgl. BGH 5.10.1981 NJW 1982, 1817; 3.10.1984 NJW 1985, 1894; *Franzen* FS 50 Jahre BAG 2004 S. 31 ff.). Probl. ist ledigl. der Fall, dass der Franchisenehmer allein ohne eigene Mitarbeiter tätig ist. Ist ein Franchisenehmer (hier „Backshops“) vertragl. berechtigt, seine Leistungen durch Dritte erbringen zu lassen und ist er nach den tats. Umständen auch nicht in der Lage, seine vertragl. Leistungspflichten alleine ohne Hilfskräfte zu erfüllen, liegt regelm. kein ArbVerh. vor (LAG D 27.8.2010 LAGE BGB 2002 § 611 Arbeitnehmerbegriff Nr. 5). Die Kontrolle von Abhängigkeiten und unangemessenen Vertragsgestaltungen (ausf. *Ekkenga* AG 1989, 301) ist nicht in erster Linie durch die Konstruktion eines ArbVerh., sondern durch die Inhaltskontrolle des Franchise-Vertrags zu gewährleisten (hierzu a. BAG 30.9.1998 NZA 1999, 374; OLG D 11.6.1999 OLGR D 1999, 468; ebenso *Franzen* FS 50 Jahre BAG 2004 S. 31, 47; s. BGH 20.3.2003 NJW-RR 2003, 1056). Nach der Rspr. ist auf den Grad der Weisungsbindung und die pers. Abhängigkeit des Franchisenehmers abzustellen. Letztere wird verneint, wenn der Franchisenehmer seine Chancen auf dem Markt selbständig und im Wesentlichen weisungsfrei suchen kann (BAG 16.7.1997 NZA 1997, 1126). Wenn der Franchisevertrag die ausschl. Erwerbsquelle ist, kann dies für eine wirtschaftl. Abhängigkeit sprechen, die den Status einer ANähnl. Person begr. (BGH 4.11.1998 NZA 1999, 53; ArbG D 17.10.2000 NZA-RR 2001, 183).

112 Wesentl. ist, ob der sog. Franchisenehmer de facto **ledigl. als Verkäufer des Franchisegebers** fungiert und damit in einem ArbVerh. steht (BGH 4.11.1998 NZA 1999, 53). Für das Vorliegen eines ArbVerh. spricht, wenn dem Franchisenehmer bestimmte AZ vorgegeben werden, ohne dass dies zwgd. für die Ausführung des Geschäfts erforderl. wäre, der Franchisenehmer nur unwesentl. auf die Höhe des Umsatzes und die Gestaltung seiner Tätigkeit Einfluss nehmen kann sowie dem Franchisegeber umfangr. Kontrollrechte eingeräumt werden (LAG D 20.10.1987 LAGE BetrVG 1972 § 5 Nr. 16; s. LSG BE 27.10.1993 NZA 1995, 139 ff.). Dagegen spricht für eine selbständige Tätigkeit, dass dem Franchisenehmer über den eigentl. Vertragszweck des Franchising hinaus keine weiteren Weisungen erteilt werden, insb. hins. Verkaufszeiten, sondern sich die Vertragspflichten auf den Kern des Franchising beschränken. Darüber hinaus spricht für die Selbständigkeit, dass der Franchisenehmer seinen Betrieb weitgehend selbst organisiert, über Anzahl und Personen, die er zur Erbringung der Dienst-

leistung einsetzt, frei entscheiden kann (BGH 27.1.2000 NZA 2000, 390; BAG 21.2.1990 AP BGB § 611 Abhängigkeit Nr. 57; vgl. zuvor schon 24.4.1980 AP BGB § 84 Nr. 1). Abrechnungen, Art und Umf. der Werbung, Mitbestimmung über das Sortiment sprechen ebenfalls gegen ein ArbVerh. Der erfolglos operierende Franchisenehmer wird jedoch nicht allein wegen seiner Erfolglosigkeit zum AN (LAG RP 12.7.1996 LAGE BGB § 611 Arbeitnehmerbegriff Nr. 32).

8. „Ein-Euro-Job". Die Beschäftigung mit Mehraufwandsentschädigung gem. § 16d VII SGB II 113
(sog. „Ein-Euro-Job") ist kein ArbVerh. (BAG 8.11.2006 NZA 2007, 53; 26.9.2007 NZA 2007, 1422; 20.2.2008 NZA-RR 2008, 401; *Zwanziger* AuR 2005, 8). Es handelt sich um ein rein ör. Rechtsverhältnis, das von sozialrechtl. Normen geprägt wird (BAG 8.11.2006 NZA 2007, 53; **aA** ArbG BE 25.8.2005 NZA 2005, 1309; *Bieback* NZS 2005, 338: privatrechtl. BeschVerh. eigener Art mit Einordnung des Hilfebedürftigen als „ANähnl. Person"). Schon § 16d VII 2 Hs. 1 SGB II stellt klar, dass kein ArbVerh. begr. wird. Ein vertragl. Verhandlungs- und Gestaltungsspielraum besteht seitens des Hilfebedürftigen nicht. Dies soll selbst dann gelten, wenn zw. ist, ob das Kriterium der „Zusätzlichkeit" iSd. § 16d II SGB II erfüllt ist (BAG 26.9.2007 NZA 2007, 1422). Es liegt jedoch bei der Beschäftigung von Ein-Euro-Jobbern eine mitbestimmungspflichtige Einstellung iSd. § 99 I BetrVG vor (BAG 2.10.2007 NZA 2008, 244). Ein ArbVerh. kann nur angenommen werden, wenn der ausdr. Vertragsschluss bewiesen werden kann (BAG 19.3.2008 NZA 2008, 760).

9. Wiedereingliederungsverhältnis. § 74 SGB V kennt bei arbeitsunfähigen Versicherten die stufen- 114
weise Wiederaufnahme ihrer Tätigkeit, wenn sie nach ärztl. Feststellung ihre bisherige Tätigkeit tw. verrichten können. Nach Auff. des BAG stellt das zwischen dem AG und dem AN zum Zweck der Wiedereingliederung begr. Rechtsverhältnis kein ArbVerh., sondern ein **Rechtsverhältnis eigener Art** dar, weil es nicht auf eine Arbeitsleistung im übl. Sinne gerichtet ist, sondern als Maßnahme der Rehabilitation dem AN ermögl. soll, die Arbeitsfähigkeit wieder herzustellen. Deshalb stehe dem AN ohne ausdr. Zusage weder aus dem Wiedereingliederungsvertrag noch aus dem G ein Vergütungsanspruch zu (BAG 29.1.1992 NZA 1992, 643; in Anlehnung an *v. Hoyningen-Huene* NZA 1992, 49; vgl. a. BAG 19.4.1994 NZA 1995, 123; 28.7.1999 NZA 1999, 1295). Das Wiedereingliederungsverhältnis begr. keine arbeitsvertragl. Pflichten zur Arbeitsleistung, sondern es wird ledigl. die Gelegenheit gegeben, sich bei quantitativ verringerter Tätigkeit zu erproben (*Gitter* ZfA 1995, 123 ff.; **aA** *Glaubitz* BB 1992, 402). Auch sonstige Nebenansprüche aus einem ArbVerh., zB Aufwendungsersatz, bestehen ohne bes. Abrede nicht. Allerdings kann es konkludente Zusagen, zB auf Fahrtkostenerstattung, geben (BAG 28.7.1999 NZA 1999, 1295). Die Parteien können einverständl. vorübergehend einen Arbeitsvertrag mit verkürzter AZ oder verändertem Vertragsgegenstand schließen. Bei einer entspr. Abrede können daher Ansprüche aus dem ArbVerh. bejaht werden (ausf. *Gitter* ZfA 1995, 125, 135 ff.). Die hM zur Behandlung des Wiedereingliederungsverhältnisses überzeugt nicht durchweg. Aus § 74 SGB V, der ledigl. die Ausstellung einer ärztl. Bescheinigung regelt, lässt sich eine so weitgehende Freistellung von arbeitgeberseitigen Pflichten nicht herleiten. Ein privilegiertes Wiedereingliederungsverhältnis folgt nun aus § 164 IV 1 Nr. 1 SGB IX für schwerbehinderte AN. Diese können die Beschäftigung zur stufenweisen Wiedereingliederung verlangen, ohne dass das im Rahmen von § 74 SGB V anerkannte „Freiwilligkeitsprinzip" eingreift (BAG 13.6.2006 NZA 2007, 91). Die Beschäftigung zur **„Wiedereingewöhnung"** schließt nach § 5 II Nr. 4 BetrVG die ANEigenschaft aus (BAG 25.10.1989 AP BetrVG 1972 § 5 Nr. 40).

VII. Abgrenzung der verschiedenen Arbeitnehmergruppen

1. Arbeiter – Angestellte. Für die Abgrenzung zwischen Arbeitern und Ang. stellt die Verkehrs- 115
anschauung auf die Natur der ausgeübten Tätigkeit ab. Urspr. wurde als **Angestelltentätigkeit die überw. geistige Tätigkeit** angesehen und dem Begriff des **Arbeiters die überw. körperl. Tätigkeit** zugeordnet (hierzu *Wank,* Arbeiter und Ang., 1992). Diese Unterscheidung hat mit fortschreitender Entwicklung der Technik und der Produktionssysteme an Berechtigung verloren. An den klassischen Arbeiter werden immer höhere geistige Anforderungen gestellt, so dass die Unterscheidung zwischen vorwiegend körperl. und vorwiegend geistiger Tätigkeit kein vernünftiges Abgrenzungskriterium mehr liefert. Maßgebend ist damit letztl. die Verkehrsanschauung. Die Abgrenzung hat jetzt nicht einmal mehr Bedeutung im BetrVerfRecht und MBR, nachdem durch das BetrVG das Gruppenprinzip aufgeh. worden ist. Zur Restexistenz des Begriffspaares: *Kortstock* NZA 2017, 357. Mit dem „G zur Organisationsreform der ges. Rentenvers." v. 9.12.2004 (RVOrgG, BGBl. I S. 3242), in Kraft seit dem 1.1.2005, ist auch noch im Bereich der Träger der Rentenvers. die traditionelle Unterscheidung von Arbeitern und Ang. entfallen (s. § 127 SGB VI). Sie hat nur noch Bedeutung im ArbR des öffentl. Dienstes (Personalvertretungsrecht) und in wenigen diff. TV (Schaub/*Vogelsang* § 12 Rn. 4). Im IndividualArbR spielt die Unterscheidung fast keine Rolle mehr. Zur Rspr. iRd. Gleichbehandlungsgrds. Rn. 602 ff.

2. Leitende Angestellte. Der Begriff des ltd. Ang. wird in div. arbeitsrechtl. G mit nicht deckungs- 116
gleichem Inhalt verwendet. Einen einheitl. Begriff des ltd. Ang. gibt es nicht. Als AN ist der ltd. Ang. prinzipiell in den Schutzbereich des ArbR einbezogen. Die rechtl. Stellung des ltd. Ang. wird durch

den Umstand bestimmt, dass er zwar selbst in einem **abhängigen BeschVerh.** zu seinem AG steht, seine Aufgaben aber ganz oder überw. in der Wahrnehmung typischer AGFunktionen wie Personalplanung, Einstellung und Entlassung von AN, Entwicklung von Arbeitsabläufen etc. bestehen.

117 Deutl. wird die Sonderstellung insb. im KollektivArbR. Der ltd. Ang. ist weitgehend vom Geltungsbereich des BetrVG ausgenommen (§ 5 III BetrVG vgl. dort); seine Repräsentation obliegt den sog. **SprAu** (vgl. die Kommentierung zum SprAuG), die jedoch erhebl. geringere Kompetenzen haben als die BR. Nach § 32 II SprAuG ist im Falle einer Betriebsänd. iSv. § 111 BetrVG nur über den Ausgleich von Nachteilen zu beraten, es besteht aber kein erzwingbarer Anspruch auf Abschluss eines Sozialplanes. Das **ArbZG** findet auf den ltd. Ang. nach § 18 I Nr. 1 ArbZG keine Anwendung. Sein **Kündigungsschutz** ist schwächer ausgestaltet (§ 14 KSchG) und auch im MitbestG finden sich Sonderregelungen (§ 15 II MitbestG).

118 Im **IndividualArbR** von bes. Bedeutung ist, dass der erste Abschn. des KSchG gem. § 14 II KSchG auf „GF, Betriebsleiter uä. ltd. Ang., soweit diese zur selbständigen Einstellung und Entlassung von AN berechtigt sind", nur eingeschränkt Anwendung findet. Fragl. ist, ob der ltd. Ang. über die positiv angeordneten Einschränkungen hinaus eines geringeren arbeitsrechtl. Schutzes bedarf. Zu bejahen ist jdf. eine gesteigerte Leistungstreue- und Rücksichtnahmepflicht (*Kaiser* AR-Blattei SD 70.2 Rn. 216 ff.; Schaub/*Vogelsang* § 13 Rn. 9; LAG N 5.9.1990 LAGE BGB § 626 Nr. 51). Nach bisheriger Auff. finden die Grds. der privilegierten ANHaftung auch auf ltd. Ang. Anwendung (vgl. § 619a Rn. 19). Dies wird bezweifelt, weil Sinn und Zweck der allg. Haftungsprivilegierung bei betriebl. Tätigkeit nach der neueren Rspr. des BAG auf ltd. Ang. nicht mehr zutreffen, da diese selbst Arbeitsorganisation und Betriebsrisiko steuerten (*Kaiser* AR-Blattei SD 70.2 Rn. 230).

119 **3. Außertarifliche Angestellte; Führungskräfte.** Außertarifl. Ang. (AT-Ang.; hierzu *Blanke* (Hrsg.), HdB Außertarifl. Ang., 3. Aufl. 2003; *Franke,* Der außertarifl. Ang., 1991) zeichnen sich dadurch aus, dass sie kraft ihrer Tätigkeitsmerkmale oder ihrer Bezahlung nicht mehr unter den pers. Geltungsbereich des einschlägigen TV fallen (BAG 18.9.1973 AP BetrVG 1972 § 80 Nr. 3; 28.5.1974 AP BetrVG 1972 § 80 Nr. 6). Wesentl. ist insb. die Abgrenzung zu den ltd. Ang. iSd. § 5 III BetrVG. AT-Ang. unterfallen dem BetrVerfRecht. IÜ kann bei der Inhaltskontrolle von Arbeitsvertragsbedingungen auf die Rechtsstellung des AT-Ang. Rücksicht genommen werden.

120 Die betriebsübl. oder tarifl. AZ findet auf AT-Ang. nur Anwendung, wenn dies ausdr. vereinbart ist (BAG 9.12.1987 NZA 1988, 289; zur Anwendung des Gleichbehandlungsgrds. vgl. Rn. 600 ff.; zum MBR nach § 87 I Nr. 10 bei Festlegung der Vergütungsgrds. vgl. BetrVG § 87 Rn. 96 ff.). Probl. ist die Vereinb. von **Pauschalabgeltung** hins. der **Mehrarbeitsvergütung** bei AT-Ang., wenn durch diese Vertragsgestaltung iE der „AT-Ang." unter die höchste Tariflohngruppe sinkt (hierzu §§ 305 bis 310 Rn. 91 f.; *Franke,* Der außertarifl. Ang., 1991 S. 99 ff.).

VIII. Arbeitsrechtliche Sonderregelungen für bestimmte Arbeitnehmergruppen

121 Die berufsständische Gliederung nach ANGruppen bestimmter Branchen ergibt in Ansehung des Gleichbehandlungsgrds. wenig Sinn. Berufsständische Sonderregelungen werden an Bedeutung verlieren. Im konkreten Anwendungsbereich gehen die SpezialG (GewO, HGB) den allg. Regelungen der §§ 611 ff. vor; jedoch sind die in den SpezialG geregelten punktuellen arbeitsrechtl. Bestimmungen vielfach verallgemeinerungsfähig und finden daher allg. auf ArbVerh. Anwendung. Zunehmend werden Sonderbestimmungen abgebaut.

122 **1. Gewerbliche Arbeitnehmer.** Durch die Neufassung der GewO ist auch der Begriff der gewerbl. AN entfallen. Die §§ 105 ff. GewO gelten jetzt für alle AN (§ 6 II GewO). Die restliche Bedeutung beschreibt *Kortstock* (NZA 2017, 357).

123 **2. Kaufmännische Angestellte.** Unter kaufmännischen Ang. versteht man die den §§ 59 ff. HGB unterfallenden Regelungen über „Handlungsgehilfen" (vgl. hierzu §§ 59 ff. HGB; ausf. *v. Hoyningen-Huene,* Die kaufmännischen Hilfspersonen, 1996). Bes. Bedeutung für das gesamte ArbR haben die im HGB enthaltenen Regelungen über nachvertragl. Wettbewerbsverbote und die Grundregelungen über Provisionen.

124 **3. Arbeitnehmer des öffentlichen Dienstes.** Die AN des öffentl. Dienstes (zum Begriff § 130 BetrVG) sind AN im klassischen Sinn (ausf. *B. Müller,* ArbR im öffentl. Dienst, 7. Aufl. 2009; *Pfohl,* ArbR des öffentl. Dienstes, 2002) deren Rechtsverhältnisse durch **TV** geregelt werden (§ 191 BBG). Bund, Länder und Kommunen haben sich auf eine Modernisierung des Tarifrechts verständigt, die im TVöD bzw. TVL niedergelegt ist. Im Bereich der öffentl. Hand steht die Verw., Körperschaft oder Anstalt dem Unternehmen gleich. Der Begriff des Betriebes wird regelm. durch den Begriff Dienststelle ersetzt.

125 Die TV für den öffentl. Dienst enthalten zahlr. Sonderregelungen, die dem Umstand Rechnung tragen, dass diese Personen mit Beamten zusammenarbeiten, vielfach die gleichen Funktionen erfüllen und ihre Arbeit für einen dem Haushaltsrecht unterliegenden Dienstherrn erbringen. Die Besonderheiten dieses Bereiches drücken sich zB darin aus, dass für den öffentl. Dienst nicht das BetrVG, sondern ein bes. Personalvertretungsrecht des Bundes und der Länder gilt.

4. Kirchliche Mitarbeiter. Große Bedeutung hat die Beschäftigung von AN im kirchl. Dienst. Sie sind zu unterscheiden von den Kirchenbeamten und den kraft mitgliedschaftsrechtl. Verpflichtung dienstleistenden Personen (hierzu Rn. 141 ff.). Soweit sich die Kirchen wie jedermann der **Privatautonomie** zur Begr. von ArbVerh. bedienen, findet auf diese das staatl. ArbR Anwendung. Das ist schlichte Folge der Rechtswahl (BVerfG 4.6.1985 NJW 1986, 367; BAG 17.4.1996 NZA 1997, 55). Die Rechte und Pflichten kirchl. AN folgen aus den arbeitsvertragl. Vereinb. Hins. in Bezug genommener **Loyalitätsobliegenheiten** besteht jedoch anges. des verfassungsrechtl. garantierten Selbstbestimmungsrechts der Kirchen eine weitergehende Bindung im Bereich der privaten Lebensgestaltung als bei anderen AN. Um die genaue Austarierung des zulässigen Maßes der Bindung konkurrierten bis dato die Rspr. des BVerfG, des EGMR und des BAG (vgl. BVerfG 4.6.1985 NJW 1986, 367; 22.10.2014 NZA 2014, 1387; EGMR 23.9.2010 NZA 2011, 279; 23.10.2010 NZA 2011, 277; 12.6.2014 NZA 2015, 533; BAG 8.9.2011 NZA 2012, 443; krit. zum BVerfG *Rixen* JZ 2015, 202). Nach Vorlage des BAG (BAG 28.7.2016 NZA 2017, 388) wird nun der EuGH Stellung beziehen, inwieweit Differenzierungen aufgrund der Religion von kirchl. Autonomieräumen gedeckt sind. 126

Im Bereich der Kirchen werden idR keine TV geschlossen (ausf. GG Art. 4 Rn. 49 ff.). Es bestehen Arbeitsvertrags- oder Anstellungsordnungen und **ArbeitsvertragsRL**. Auch wenn diese in bes. Kommissionen verhandelt werden, stellen sie **keine TV** dar (BAG 17.4.1996 NZA 1997, 55; 20.3.2002 NZA 2002, 1402). Auch der „BAT-KF", der im Bereich der Ev. Kirche gilt, ist kein TV im Rechtssinne (BAG 6.11.1996 NZA 1997, 778; LAG HM 17.10.2000 LAGE BGB § 613a Nr. 80). Diese RL folgen dem allg. Vertragsrecht, dh. sie müssen durch Vereinb. Bestandteil des ArbVerh. werden (BAG 14.6.1995 NZA-RR 1996, 70; 26.7.1995 NZA-RR 1996, 218; 24.2.2011 AP BGB § 611 Kirchendienst Nr. 57; 16.2.2012 ZTR 2012, 346: „Bezugnahmeklauseln auf die Bestimmungen des kirchl. ArbR sind grds. dahin auszulegen, dass sie dem kirchl. ArbR im privatrechtl. ArbVerh. umfassend Geltung verschaffen."). Eine arbeitsvertragl. Bezugnahme auf kirchl. AVR kann nicht als Gleichstellungsabrede ausgelegt werden. Der Austritt des AGs aus dem Diakonischen Werk steht einer dynamischen Anwendbarkeit der AVR regelm. nicht entgegen (LAG MP 15.12.2016 – 5 Sa 153/15 Rev. 6 AZR 38/17). AVR unterliegen der Inhaltskontrolle nach §§ 305 ff., bei der gem. § 310 IV die Besonderheiten des kirchl. ArbR zu berücksichtigen sind (BAG 17.11.2005 NZA 2006, 872; 22.7.2010 NZA 2011, 634; zur Unwirksamkeit einer Regelung des BAT-KF wegen Verstoßes gegen das ges. Leitbild des § 2 ArbZG: BAG 15.7.2009 EzA ArbZG § 6 Nr. 7). Der 6. Sen. des BAG (22.7.2010 NZA 2011, 634; hierzu *Richardi* RdA 2011, 119; *Thüsing* BB 2011, 190) hat die kirchl. ArbeitsvertragsRL in Fragen der **Inhaltskontrolle** den TV gleichgestellt. Diese Gleichstellung halten Rspr. und Gesetzgebung freil. nicht konsequent durch. Der Gesetzgeber respektiert nur tw. die auf einem „Dritten Weg" durch unabhängige und paritätische Kommissionen entstandenen Regelwerke wie TV (vgl. § 7 IV ArbZG). Diese **Uneinheitlichkeit** vollzieht das BAG im Befristungsrecht bzgl. § 14 II 3, § 22 I TzBfG ebenfalls nach, soweit es dort die Gleichstellung mit TV verweigert (BAG 25.3.2009 NZA 2009, 1417). Bzgl. der Inhaltskontrolle stellt sich die Rechtslage dagegen „elastischer" dar. Anlässl. der Interpretation einer Bezugnahmeklausel (hierzu Rn. 230; §§ 305 bis 310 Rn. 80) entschied das BAG (22.7.2010 NZA 2011, 634), dass das **Verf. des Dritten Weges** mit paritätischer Besetzung der Arbeitsrechtl. Kom. und Weisungsungebundenheit ihrer Mitglieder bei der Inhaltskontrolle von dynamisch in Bezug genommenen kirchl. Arbeitsvertragsregelungen als eine „im ArbR geltende Besonderheit" (§ 310 IV 2) zu berücksichtigen sei. Die AG könnten nicht einseitig ihre Interessen durchsetzen. Damit wird der Gefahr der unangemessenen Benachteiligung der AN hinreichend Rechnung getragen (**aA** *Deinert* ZTR 2005, 467). Auf dem Dritten Weg ordnungsgemäß zustandegekommene Arbeitsvertragsregelungen seien deshalb unabhängig davon, ob sie tarifvertragl. Regelungen des öffentl. Dienstes ganz oder mit im Wesentlichen gleichen Inhalten übernehmen, wie TV nur daraufhin zu überprüfen, ob sie gegen die Verf., gegen anderes höherrangiges zwgd. Recht oder die guten Sitten verstoßen. Zu Recht beschränkt das BAG diese Privilegierungen auf die ausschl. auf dem Dritten Weg zustande gekommenen RL, und nimmt Fälle eines kirchenrechtl. vorgesehenen Letztentscheidungsrecht der Synode oder des Bischofs aus, weil damit einseitig von der Dienstgeberseite vorgegebene Regelungen erfasst wären. Ein inhaltl. einseitiges Vertragsänderungsrecht durch die Dienstgeberseite gehe zu weit (BAG 22.7.2010 NZA 2011, 634; unter Bezugnahme auf BAG 11.2.2009 NZA 2009, 428; zust. *v. Hoyningen-Huene/van Enden* Anm. zu AP BGB § 611 Kirchendienst Nr. 55; *Richardi* RdA 2011, 119; abl. *Thüsing* BB 2011, 190). 127

5. Dienstordnungs-Angestellte. Dienstordnungs-Ang. sind traditionell die **Beschäftigten der Sozialvers.** und ihrer Verbände, die selbst keine Beamten ernennen können. Dienstordnungs-Ang. werden nach § 354 RVO durch privatrechtl. Anstellungsvertrag eingestellt (zur Abberufung: BAG 9.2.2006 NZA 2006, 1046; *v. Hoyningen-Huene/Boemke* NZA 1994, 481). Das Dienstordnungsrecht ist weitgehend dem Beamtenrecht angegl. Die mit Genehmigung der Aufsichtsbehörde als ör. Satzung erlassene Dienstordnung (§§ 350 ff. RVO) wirkt auf das Privatvertragsverhältnis maßgebend ein. Die Bedeutung der Dienstordnungs-Ang. wird sinken, nachdem § 358 RVO für die Krankenkasse neue Vertragsabschlüsse auf dieser Basis ausschließt. Für die Verbände gilt die Möglichkeit nach § 414b RVO jedoch fort. Im Bereich der UVTräger sind Dienstordnungsverhältnisse auch nach der ges. Neuordnung noch mögl., allerdings im Unterschied zum früheren Recht nur fakultativ (vgl. § 144 SGB VII). 128

129 **6. Schiffsbesatzungen.** Das ArbR der Schiffsbesatzungen unterliegt, soweit überhaupt dt. Recht Anwendung findet, einem weitgehend kodifizierten Sonderrecht. Es ist durch das SeeArbG v. 20.4.2013 vollständig neu kodifiziert worden und hat das SeemannsG v. 26.7.1957 mWv. 1.8.2013 abgelöst. Die Neuregelung war zur Umsetzung des SeearbeitsÜbk. der IAO und zur Umsetzung der RL 2009/13/EG v. 16.2.2009 zur Durchführung der Vereinb. zwischen dem Verband der Reeder in der Europ. Gemeinschaft (ECSA) und der Europ. Transportarbeiter-Föderation (ETF) über das SeearbeitsÜbk. 2006 und zur Änd. der RL 1999/63/EG erforderl. Das G gilt für alle an Bord Tätigen, auch für den Kapitän und für diejenigen Beschäftigten, die nicht beim Reeder, sondern bei einem anderen AG beschäftigt sind. Das SeeArbG trifft für nahezu alle Bereiche des ArbVerh. Sonderregelungen (insb. IndividualArbR und Arbeitsschutzrecht). Viele Vorschr. entsprechen dabei dem bisherigen SeemannsG. Basis der Beschäftigung ist der sog. Heuervertrag (§§ 38 ff. SeeArbG).

130 **7. Land- und Forstwirtschaft.** Für die AN in der Land- und Forstwirtschaft gelten die allg. arbeitsrechtl. Vorschr. Zu beachten sind jedoch einzelne Sonderregelungen für den Bereich der Land- und Forstwirtschaft (§§ 7 II Nr. 2, 10 I Nr. 12 ArbZG; §§ 8 III, 14 II Nr. 3, 17 II Nr. 2 JArbSchG).

131 **8. Künstler.** Künstlerische Leistungen können im Rahmen eines Dienstvertrags oder eines Arbeitsvertrags erbracht werden. Auf das ArbVerh., das mit einem Künstler eingegangen wird, finden die Bestimmungen der §§ 611a ff. Anwendung. Bei Bühnenkünstlern ist im Regelfall vom Vorliegen eines ArbVerh. auszugehen (LAG BE 29.12.1989 AP BGB § 611 Abhängigkeit Nr. 50). Im Bereich der Bühnenkünstler besteht eine bes. Tarifstruktur und -kultur (hierzu *Vogel* AR-Blattei SD 1030.2). In den jeweiligen TV sind zahlr. Sondervorschr. über Inhalt und Beendigung enthalten. Gleiches gilt für die Berufsgruppen der Musiker und der Artisten (hierzu *Vogel* AR-Blattei SD 1030.5).

IX. Beschäftigungsverhältnisse außerhalb des Geltungsbereichs des Arbeitsrechts

132 **1. Öffentlich-rechtliche Dienstverhältnisse.** Beamte, Richter und Soldaten sind keine AN (zu abw. Erg. im Anwendungsbereich des unionsrechtl. ANBegriffs Rn. 18 f.). Sie werden auf Grund durch VA (§ 35 VwVfG) begr. **ör. Dienstverhältnisse** tätig, die jeweils durch SonderG (BBG, BRRG, und die BeamtenG der Länder; DRiG, SoldG, ZDG) geregelt sind. Auch die Kirchen haben auf Grund ihres Status als Körperschaften des ÖffR die Möglichkeit, Dienstverhältnisse nach ör. Grds. zu ordnen. Auch wer Bundesfreiwilligendienst leistet steht in keinem ArbVerh. Nach § 15a ZDG kann allerdings ein ArbVerh. zum Träger des Krankenhauses oder der gleichgestellten Einrichtung bestehen.

133 Von ihnen zu unterscheiden sind die AN (Arbeiter und Ang.) im öffentl. Dienst, auf die das Arbeitsvertragsrecht Anwendung findet (Rn. 120). Daneben bestehen bes. ör. Dienstverhältnisse insb. im Hochschulbereich, die als solche keine ArbVerh. begründen. **Lehrbeauftragte**, die mit einer bestimmten Lehrverpflichtung im Semester beauftragt werden, stehen in einem ör. Dienstverhältnis bes. Art, wenn der Lehrauftrag durch eine einseitige Maßnahme der Hochschule erteilt wird (BAG 18.7.2007 NZA 2008, 848; LAG BW 15.12.2010 – 13 Sa 78/10 – BeckRS 2011, 67999; ausf. *Reinecke* ZTR 1996, 337 ff.; zu **Privatdozenten** BAG 27.6.1984 NZA 1985, 250; **Verwalter einer Professorenstelle** BAG 30.11.1984 NZA 1985, 250; 25.2.2004 NZA 2004, 751; **Vertretungsprofessoren** BAG 13.7.2005 ZTR 2006, 46). Das BAG hat diese Wahlfreiheit der Rechtsform selbst für wiss. Mitarbeiter akzeptiert, obwohl nach dem Hochschulrecht NRW nur die Alt. Beamten- oder ArbVerh. besteht. Die Begr. eines ör. Dienstverhältnisses sui generis sei nicht offensichtl. rechtswidrig und ohne Anfechtung des zugrundeliegenden VA aufgrund der Tatbestandswirkung zu akzeptieren (BAG 14.9.2011 EzA BGB 2002 § 611 Arbeitnehmerbegriff Nr. 19). Bedenkl. ist, dass mit dieser Konstruktion der öffentl. Dienst im Hochschulbereich die Bindungen des ArbR beiseiteschieben kann. Dies gilt selbst dann, wenn fehlerhaft ein ör. Dienstverhältnis begr. wurde. Zust. sind für den Rechtsschutz die VG, die aber kein ArbR anwenden (vgl OVG NW 7.12.2005 – 6 A 3508/03). Das BVerfG hat die dagegen erhobene Verfassungsbeschwerde eines Vertretungsprofessors nicht zur Entsch. angenommen (4.4.2005 – 1 BvR 2237/05). Das schließt aber nicht aus, dass im Einzelfall die Hochschule mit dem Lehrbeauftragten ausdr. ein (TZ-)ArbVerh. abschließt, auf das dann auch die allg. Grds. (etwa Gleichbehandlungsgrds., § 4 I TzBfG) Anwendung finden (BAG 1.11.1995 NZA 1996, 813).

134 Die ANEigenschaft fehlt den genannten Personen aber nur innerhalb des ör. Dienstverhältnisses. Sie können – soweit ihre Pflichten aus dem Hauptamt dies erlauben – daneben wie jeder andere auch auf privatrechtl. Basis eine **Nebentätigkeit als AN** (hierzu Rn. 155, 704) ausüben (BAG 13.3.1987 NZA 1987, 629). Ein von seinem öffentl. Dienstherrn unter Fortzahlung des Gehalts „zur Dienstleistung" bei einer privaten Einrichtung beurlaubter Beamter begr. regelm. neben dem Beamtenverhältnis ein ArbVerh. mit der privaten Einrichtung (BAG 27.6.2001 NZA 2002, 83). Dabei kann AG sogar der Dienstherr aus dem Beamtenverhältnis sein. In der Rspr. ist anerkannt, dass die Vereinb. eines zivilrechtl. ausgestalteten BeschVerh. mit einem Beamten jdf. dann rechtswirksam ist, wenn es sich um eine verhältnismäßig geringfügige Nebenbeschäftigung handelt, die nicht zu den Obliegenheiten seines Dienstzweiges gehört, wenn die übernommene Arbeitspflicht den Beamten nicht über Gebühr in Anspruch nimmt, so dass er seinem Amt gerecht werden kann (BAG 27.7.1994 NZA 1995, 901). Mit der Ernennung zum Beamten erlischt ein privatrechtl. ArbVerh. zum Dienstherrn (vgl. § 12 III BBG).

Bei Rücknahme der Ernennung (§ 14 BBG) lebt das frühere ArbVerh. nicht wieder auf (BAG 24.4.1997 NZA 1997, 1045). Ein nichtiges Beamtenverhältnis kann nicht gem. § 140 in ein ArbVerh. umgedeutet werden (BAG 13.7.2005 ZTR 2006, 48).

2. Entwicklungshelfer. Ein Rechtsverhältnis eigener Art wird zwischen dem Träger des Entwick- 135
lungsdienstes und dem Entwicklungshelfer nach dem EhfG begr., allerdings kann das Rechtsverhältnis zwischen dem Entwicklungshelfer und dem ausl. Projektträger ein ArbVerh. sein (BAG 27.4.1977 AP BGB § 611 Entwicklungshelfer Nr. 1; Einzelheiten bei *Echterhölter* AR-Blattei SD 660). Nach § 2 I Nr. 7 ArbGG sind allerdings die ArbG für bürgerl. Rechtsstreitigkeiten der Entwicklungshelfer zust.

3. Strafgefangene. Strafgefangene, Sicherungsverwahrte und andere Personen, die in geschlossene 136
Anstalten eingewiesen sind, sind als solche keine AN (BAG 3.10.1978 AP BetrVG 1972 § 5 Nr. 18). Arbeit innerhalb der Haftanstalt wird ihnen gem. § 37 StVollzG zugewiesen. Auch wenn sie außerhalb der Anstalt in einem privaten Betrieb beschäftigt werden, wird die von ihnen zwangsweise geforderte bzw. ihnen auf Verlangen zugeteilte Arbeit nicht auf Grund eines Arbeitsvertrags geleistet. Allerdings können sie mit einem Dritten iRd. in § 39 StVollzG eröffneten Möglichkeit ein ArbVerh. begründen (LAG BW 15.9.1988 NZA 1989, 886). Sozialversicherungsrechtl. stehen sie allerdings abhängig Beschäftigten zT gleich (§ 2 II 2 SGB VII; zur Anwendbarkeit §§ 104 ff. SGB VII BGH 9.11.1982 LM RVO § 636 Nr. 22).

4. Familienrechtliche Arbeitsleistung. Bei Dienstleistungen von Familienangehörigen ist zu diff., 137
ob diese auf der Basis eines privatrechtl. Arbeitsvertrags oder auf **familienrechtl. Grdl.** tätig werden (hierzu Küttner/*Röller* Familiäre Mitarbeit Rn. 6 ff.; *Depping* BB 1991, 1981; *Menken* DB 1993, 161; *Hergenröder* AR-Blattei SD 615.1). Erschöpft sich die Tätigkeit in der übl. Mitarbeit auf familienrechtl. Basis, sind Rechtsgrund für die Dienstleistung von Ehepartnern, Lebenspartnern oder Kindern die familienrechtl. Vorschr. der §§ 1353, 1619. Für Ehegatten besteht – anders als für Kinder (§ 1619) – seit dem 1. EheRG keine ausdr. ges. Verpflichtung zur Mitarbeit im Geschäft des Ehepartners. Jedoch kann diese auf der Pflicht zur Unterhaltsleistung nach § 1360 oder der Beistandspflicht innerhalb der ehel. Lebensgemeinschaft (§ 1353) beruhen. Probl. ist, wenn die Dienstleistung über das übl. Maß hinausgeht. Zur Frage des **Vergütungsanspruchs** in diesen Fällen vgl. § 612 Rn. 13, 21 ff.

Ob die Tätigkeit im Unternehmen eines Ehegatten, Lebenspartners oder nichtehel. Lebensgefährten 138
ein abhängiges BeschVerh. darstellt **(EhegattenArbVerh.)** oder nicht, richtet sich nach den allg. Grds. (*Schulz* NZA 2010, 75). Der Annahme eines BeschVerh. steht dabei nicht entgegen, dass die Abhängigkeit unter Ehegatten – wie iÜ auch unter nichtehel. Lebensgefährten – im Allg. weniger stark ausgeprägt ist und deshalb das Weisungsrecht möglicherweise mit bestimmten Einschränkungen ausgeübt wird (LAG BW 24.6.1975 AuR 1976, 187). Die Grenze zwischen einem abhängigen BeschVerh. mit Entgeltzahlung und einer nicht (sozial-)versicherungspflichtigen Beschäftigung auf Grund eines Gesellschaftsverhältnisses oder der familienhaften Zusammengehörigkeit ist nicht immer leicht zu ziehen und kann nur nach Lage der jeweiligen Umstände entschieden werden. Hierbei sind insb. die Eingliederung des Ehegatten bzw. nichtehel. Lebensgefährten in den Betrieb, die vertragl. Regelung auch der Höhe der Geld- und Sachbezüge und ihr Verhältnis zu Umf. und Art der im Betrieb verrichteten Tätigkeit sowie zu der Bezahlung vergleichbarer fremder Arbeitskräfte und die steuerl. Behandlung wesentl. (BSG 21.4.1993 NJW 1994, 341; 23.6.1994 AP BGB § 611 Ehegatten-Arbeitsverhältnis Nr. 4; 12.9.1996 SGb 1996, 539).

Ernstl. vereinbarte, tats. erfüllte und angemessen abgegoltene EhegattenArbVerh. sind auch einkom- 139
mensteuerrechtl. anzuerkennen. Die **steuerl. Anerkennung** darf nicht ledigl. daran scheitern, dass das Gehalt auf ein gemeinsames Konto der Ehegatten überwiesen wird (BVerfG 7.11.1995 NJW 1996, 833). Der schriftl. Arbeitsvertrag hat auch beim EhegattenArbVerh. die Vermutung der Richtigkeit und Vollständigkeit für sich. Für die Behauptung, es handele sich um ein Scheingeschäft iSd. § 117 I trägt die Partei die Beweislast, die sich darauf beruft (BAG 9.2.1995 NZA 1996, 249).

Die Scheidung der Ehe begr. idR keinen **Kündigungsgrund** für das EhegattenArbVerh. (BAG 140
9.2.1995 NZA 1996, 249; **aA** LAG K 26.1.1994 LAGE KSchG § 1 Personenbedingte Kündigung Nr. 11).

5. Mitglieder religiöser oder gemeinnütziger Gemeinschaften. Ordensmitglieder der kath. Kirche 141
oder Diakonissen in ev. Einrichtungen werden auf Grund ihrer mitgliedschaftl. Bindung in einer religiösen Gemeinschaft beschäftigt. Auf sie findet ArbR grds. keine Anwendung (BAG 7.2.1990 NJW 1990, 2082). Sie sind keine AN im Rechtssinne (abw. *Wank/Maties* NZA 2007, 353, 355 ff.). Auch bei Personen, die Dienstleistungen auf Grund ihrer Mitgliedschaft in einem **Verein** erbringen, handelt es sich **nicht um AN**. Zwar stellt der Beitritt zu einem Verein unzw. ein privatrechtl. Rechtsgeschäft dar, dieses allein aber begr. ledigl. mitgliedschaftl. Rechte und Pflichten. Die Pflicht zur Arbeitsleistung kann ledigl. auf der Satzung des Vereins oder dem Beschl. eines zust. Organs beruhen (Bsp.: Handwerkl. Arbeiten am Vereinsheim, Instandhaltung des Vereinsgeländes, Verkauf von Speisen oder Ausschank von Getränken bei Veranstaltungen).

Bei Vereinen, bei denen die Leistung von Diensten nicht ledigl. eine bes. Form der Beitragsentrich- 142
tung, sondern ein ganz **wesentl. Element der mitgliedschaftl. Stellung** ist, bereitet die Abgrenzung

Schwierigkeiten (BAG 26.9.2002 NZA 2002, 1412 zu hauptamtl. Mitgliedern der Scientology; ausf. zu Rotkreuzschwestern *Mestwerdt* NZA 2014, 281; *Weber*, Ist die Rotkreuzschwester Arbeitnehmerin ihrer Schwesternschaft, 2008). Auch in diesen Fällen ist bei der Prüfung der ANEigenschaft Ausgangspunkt, dass als Rechtsgrdl. für die Leistung von Diensten in pers. Abhängigkeit auch die Mitgliedschaft in einem Verein in Betracht kommt, da der Mitgliedsbeitrag in der Leistung von Diensten bestehen kann (BAG 26.9.2002 NZA 2002, 1412). Die mit ihrem Beitritt zu einer Schwesternschaft übernommene Pflicht der Rotkreuzschwester, in der karitativen Krankenpflege tätig zu werden, gründet allein auf ihre Zugehörigkeit zu der Schwesternschaft. Die Rechtsgrdl. der geschuldeten Dienste begründet die Rotkreuzschwester nach Auff. der Rspr. privatautonom, weshalb Rotekreuzschwestern bisher weder als AN der Schwesternschaft noch als ANähnl. Personen iSv. § 5 I ArbGG qualifiziert werden (BAG 6.7.1995 NZA 1996, 33; BAG 18.3.2015 NZA 2015, 1144 Rn. 12; **aA** LAG SH 5.4.1993 LAGE ArbGG 1979 § 5 Nr. 2). Dies gilt auch, wenn sie in einem von einem Dritten betriebenen Krankenhaus tätig sind (BAG 20.2.1986 AP BetrVG 1972 § 5 Rotes Kreuz Nr. 2). Dabei wird verkannt, dass auch die Rotkreuzschwester keinen eigenen Einfluss auf die Vertragsgestaltung hat. Die Bedingungen sind einseitig gestellt. Für das AÜG hat das BAG nun allerdings – im Anschluss an den EuGH (Rn. 20) – die Gestellung von Rotkreuzschwestern im Wege richtlinienkonformer Auslegung als ANüberlassung qualifiziert (BAG 21.2.2017 BB 2017, 1081 Rn. 30, 60). Der EuGH verlange die ANeigenschaft nach nationalem Recht nicht, sondern ledigl. einen diesem vergleichbaren Schutzstandard (Rn. 20), den die Mitgliederordnung gewährleiste. Damit schafft das BAG eine zweite Kategorie der „Beschäftigtenüberlassung", die ebenfalls dem AÜG unterliegt, sich jedoch nicht im nationalen ANBegriff erschöpft. Das sich nun ergebende Problemfeld einer dauerhaften Überlassung will der Gesetzgeber mit einer Änd. des DRKG entschärfen (krit. *Preis/Morgenbrodt* EuZA 2017, 418). Fasst man das Vorliegen einer abhängigen Beschäftigung nach § 7 I SGB IV als Aspekt des Schutzstandards auf (BAG 21.2.2017 NZA 2017, 662 Rn. 46), so wird zudem eine Schnittmenge zwischen Sozialversicherungs- und AN-Schutz offengelegt.

143 Eine ANEigenschaft bejaht das BAG nur, wenn die Begr. vereinsrechtl. Arbeitspflichten zur Umgehung zwgd. arbeitsrechtl. Schutzbestimmungen führen (BAG 26.9.2002 NZA 2002, 1412; vgl. LAG HE 11.11.1991 BB 1992, 2291, s. Rn. 143). Eine **Umgehung** arbeitsrechtl. Schutzbestimmungen liegt vor, wenn dem zur Leistung abhängiger Arbeit verpflichteten Vereinsmitglied **keine Mitgliedschaftsrechte** zustehen, die ihm eine Einflussnahme ermöglichen. Eine Umgehung kann ferner vorliegen, wenn der Verein seinen in erhebl. Umf. zur Arbeit in pers. Abhängigkeit verpflichteten Mitgliedern weder einen Anspruch auf angemessene Vergütung noch einen Anspruch auf Versorgung einräumt. Für die Gestellung von Rotkreuzschwestern soll eine Umgehung gerade dann vorliegen, wenn das dem AN entspr. Schutzniveau nicht erreicht wird (BAG 21.2.2017 NZA 2017, 662 Rn. 49). Mit dem geltenden ANBegriff lässt sich eine solche Differenzierung nicht erklären. IE kommt es darauf nicht an, weil das AÜG in dem einen wie dem anderen Fall zur Anwendung kommt. Weiter kann hier der Vereinszweck eine Rolle spielen. Bei Vereinen mit wirtschaftl. Zwecksetzung kommt die Begr. einer vereinsrechtl. Verpflichtung zur Leistung von Arbeit in pers. Abhängigkeit wohl in aller Regel nicht in Betracht (**aA** BAG 26.9.2002 NZA 2002, 1412: Einer Entsch., ob Religionsgemeinschaft oder wirtschaftl. Verein vorliegt, bedürfe es nicht). Werden arbeitsrechtl. Schutzbestimmungen obj. umgangen, so ist das Rechtsverhältnis, auf Grund dessen die Verpflichtung besteht, jdf. als ArbVerh. zu qualifizieren (BAG 22.3.1995 NZA 1995, 823 – Scientology-Kirche –; **aA** BAG 26.9.2002 NZA 2002, 1412).

X. Arten des Arbeitsverhältnisses

144 **1. Das Vollzeitarbeitsverhältnis auf unbestimmte Zeit („Normalarbeitsverhältnis").** Das für unbestimmte Zeit vereinbarte ArbVerh. (§ 620 II) ohne bes. Zweckbindung, mit fester AZ auf „Vollzeitbasis" war traditionell der Regelfall des Arbeitsvertrags (zur Gefährdung des sog. „NormalArbVerh.": *Däubler* AuR 1988, 302; *Zachert* AuR 1988, 129). Obwohl zunehmend befristete und zeitl. Flexibilisierungen in den Vordergrund treten, betrachtet das Europarecht das unbefristete ArbVerh. als Regelfall (vgl. RL 99/70/EG; s. a. EuGH 4.7.2006 NZA 2006, 909 – Adeneler; dem folgend BAG 18.10.2006 NZA 2007, 332).

145 **2. Fehlerhaftes (faktisches) Arbeitsverhältnis.** Von einem fehlerhaften (auch faktischen) ArbVerh. spricht man, wenn ein AN ohne wirksame Vertragsgrdl. Arbeit geleistet hat. Der Begriff faktisches ArbVerh. ist missverständl., weil es in jedem Falle (auch bei fehlerhaften ArbVerh.) eines, wenn auch gestörten, Vertragsschlusses bedarf (so BAG 30.4.1997 NZA 1998, 199; 16.2.2000 NZA 2000, 385; 26.9.2007 NZA 2007, 1422), dh. der Vertrag nicht ledigl. durch die Arbeitsleistung zustande kommt (*Walker* JA 1985, 138, 148). Grdl. des fehlerhaften ArbVerh. ist also ein geschlossener und **in Vollzug gesetzter Arbeitsvertrag**, der von Anfang an wegen Rechtsverstoß (§§ 134, 138) nichtig oder rückwirkend wegen Anfechtung (§ 142 I) vernichtet worden ist (BAG 14.1.1987 EzA BGB § 611 Faktisches ArbVerh. Nr. 1). Anwendbar sind die Grds. auch bei einem nach § 26 BBiG, § 134 nichtigen, vorgeschobenen „Anlernverhältnis" (BAG 27.7.2010 AP BBiG § 4 Nr. 3). Wegen der Schwierigkeit der Rückabwicklung bejahen Rspr. und hL nach der Lehre vom fehlerhaften ArbVerh. **quasi-vertragl.**

Ansprüche, dh. für die Vergangenheit bzw. die Dauer der tats. Beschäftigung ist es wie ein fehlerfrei zustande gekommenes ArbVerh. zu behandeln (BAG 5.12.1957 AP BGB § 123 Nr. 2; 7.6.1972 AP BGB § 611 Faktisches Arbeitsverhältnis Nr. 18; *Herschel* AuR 1983, 225; *Walker* JA 1985, 138, 147 f.; **aA** *Beuthien* RdA 1969, 161 ff.). IE bedeutet die Lehre vom fehlerhaften ArbVerh. eine teleologische Reduktion der Nichtigkeitsfolgen, die nicht ex tunc (rückwirkend), sondern in aller Regel ex nunc (ab Geltendmachung der Nichtigkeit) greifen (näher zur Anfechtung Rn. 345 ff.).

Anwendbar sind die Grds. prinzipiell **bei allen Nichtigkeitsgründen** (ausf. *Boemke* AR-Blattei SD 146 220.5 Rn. 113 ff.; zB Geschäftsunfähigkeit des AN; Formmangel; ges. Verbot iSd. § 134 vgl. Rn. 334; Nichtvorliegen ör. Erlaubnisse, zB Arbeitserlaubnisse BAG 26.11.1971 AP AFG § 19 Nr. 1; LAG BE 24.1.1974 DB 1974, 1440; LAG HM 29.3.1972 DB 1972, 1171; diff. *Eckert* AR-Blattei SD 1620 Rn. 55 ff.; *McHardy* RdA 1994, 93, 98). Bei bewusstem Verstoß beider Vertragsparteien gegen StrafG (BAG 25.4.1963 AP BGB § 611 Faktisches Arbeitsverhältnis Nr. 2) und krasser Sittenwidrigkeit (§ 138) des Arbeitsvertragsinhalts (BAG 1.4.1976 AP BGB § 138 Nr. 34) hat die Rspr. die Anwendung der Grds. über das fehlerhafte ArbVerh. verneint; ebenso bei einseitigem bewussten Verstoß des AN gegen ein dem Schutz von Leben und Gesundheit dienendes ges. Verbot (Arzt ohne Approbation, BAG 3.11.2004 NZA 2005, 1409; noch stärker einschränkend *Joussen* NZA 2006, 963, 966; abgelehnt bei bloßer Täuschung über ein Hochschuldiplom LAG B 24.8.2011 LAGE BGB 2002 § 812 Nr. 2). Bejaht wurde es jedoch bei Mitarbeitern, die „Telefonsex" anbieten (BSG 10.8.2000 NJW 2001, 1965). Ebenfalls keine Anwendung finden die Grds. bei rechtsgrundloser Fortsetzung des ArbVerh. trotz wirksamer Beendigung (zu § 59 BAT BAG 30.4.1997 NZA 1998, 199).

Für die Dauer des vollzogenen fehlerhaften Vertragsverhältnisses bestehen die gleichen **Rechte und** 147 **Pflichten wie im wirksam begr. ArbVerh.** (BAG 15.1.1986 NZA 1986, 561). Der AN hat Anspruch auf das vereinbarte ggf. nach § 612 II zu bemessende Entgelt (BAG 27.7.2010 AP BBiG § 4 Nr. 3). Der AG hat alle ANSchutzG einzuhalten, insb. bestehen auch Ansprüche nach dem EFZG und BUrlG (BAG 15.1.1986 NZA 1986, 561). Es besteht allerdings keine Pflicht zu weiterer Arbeitsleistung. Das ArbVerh. kann **sofort beendet werden**, und zwar durch einseitige Erkl. Kündigung ist nicht erforderl. Der allg. Kündigungsschutz oder Sonderkündigungsschutz greifen nicht ein, ebenso wenig bedarf es einer BRAnhörung nach § 102 BetrVG noch einer Schriftform nach § 623.

Bei einem gekündigten ArbVerh. kann der AG den AN während des Laufs des Kündigungsschutz- 148 prozesses zur Vermeidung von Rechtsnachteilen (zB § 615) weiterbeschäftigen. Bei der freiwilligen, nicht allein der Abwendung der ZV aus einem vorl. vollstreckbaren Urt. dienenden Weiterbeschäftigung des AN im Rahmen eines sog. **ProzessArbVerh.** muss der AG beachten, dass die Zweckbefristung des ArbVerh. der Formpflicht des § 14 IV TzBfG unterliegt (BAG 22.10.2003 NZA 2004, 1275; LAG N 25.6.2004 LAGReport 2004, 341; **aA** LAG HM 31.10.2003 LAGReport 2004, 253; *Ricken* NZA 2005, 323, 329 ff.; vgl. TzBfG § 14 Rn. 99). Ob § 14 IV auch bei einer Weiterbeschäftigung zur Abwendung der ZV greift, ist offen (s. BAG 8.4.2014 ArbR 2014, 414). Nach der früheren Rspr. des BAG (15.1.1986 NZA 1986, 561) soll diese Weiterbeschäftigung nach den Grds. über das faktische ArbVerh. behandelt werden. Das kann allenfalls für die erzwungene Weiterbeschäftigung zur Abwendung der ZV angenommen werden (*Ricken* NZA 2005, 323, 329 ff.). Die freiwillige befristete Weiterbeschäftigung zur Abwendung der mit dem Annahmeverzug verbundenen Risiken ist dagegen ein reguläres ArbVerh. Die gerichtl. erzwungene Weiterbeschäftigung nach den Grds. des vorl. **Weiterbeschäftigungsanspruchs während des Kündigungsschutzprozesses** (hierzu KSchG § 4 Rn. 94) wird nach den Grds. des Bereicherungsrechts abgewickelt (BAG 10.3.1987 NZA 1987, 373, 12.2.1992 NZA 1993, 177; dazu *Hanau/Rolfs* JZ 1993, 321). Da der AG die bereits erbrachte Arbeitsleistung nicht zurückgewähren kann, hat er nach § 812 II den Wert zu ersetzen, der sich nach Auff. des BAG nach der übl. Vergütung richtet. Das muss nicht unbedingt der Tariflohn sein (s. § 612 Rn. 38 ff.). Der AG muss aber darlegen und beweisen, dass der AN während der erzwungenen Weiterbeschäftigung eine niedriger zu bewertende Arbeitsleistung erbracht hat. Ist hiernach der zustehende Lohn geringer als der gezahlte, kommt möglicherweise der Einwand des Wegfalls der Bereicherung in Betracht, § 818 III. Wurde der AN während der erzwungenen Weiterbeschäftigung freigestellt und zahlt der AG entspr. § 615 Annahmeverzugslohn, soll die Rückforderung nach Bereicherungsrecht ausgeschlossen sein (BAG 7.3.1996 NZA 1996, 930).

Vergleichbare Grds. über die Rückabwicklung gelten, wenn der AN rechtsgrundlos (ohne Erfüllung 149 der Voraussetzungen des § 625) nach Beendigung des ArbVerh. ohne Wissen des AG die Arbeit fortsetzt. Auch hier erfolgt die Rückabwicklung nach bereicherungsrechtl. Grds. Urlaubsgeld, Krankenbezüge und Sonderzahlungen können (ggf. ant.) zurückgefordert werden (BAG 30.4.1997 NZA 1998, 199).

3. Teilzeit- und Nebenarbeitsverhältnisse, Doppelarbeitsverhältnisse. a) Begriff. Eine zeitl. Be- 150 grenzung hins. der zu erbringenden Arbeit erfolgt durch TZArbeit (vgl. hierzu ausf. die Kommentierung zum TzBfG). Von einem DoppelArbVerh. spricht man, wenn ein AN in zwei ArbVerh. bei verschiedenen AG steht. Mind. eines der ArbVerh. ist stets ein TZArbVerh., weil zwei VollzeitArbVerh. mit den zwgd. Bestimmungen des AZRechts (§ 3 ArbZG) unvereinbar sind. Verstöße gegen die ges. HöchstAZ führen grds. zur Nichtigkeit des zweiten ArbVerh. (LAG N 19.9.1995 LAGE BGB

§ 611 Doppelarbeitsverhältnis Nr. 1; vgl. hier Rn. 331; zu den Grenzen der Vereinb. vgl. Rn. 725; Einzelheiten *Hunold* AR-Blattei SD 1190).

151 **b) Geringfügig Beschäftigte.** Der Begriff der geringfügigen Beschäftigung ist sozialrechtl. Natur (vgl. hierzu die Kommentierung zu § 8 SGB IV). Sie unterfallen arbeitsrechtl. dem TzBfG. Insb. ist auf sie auch das Diskriminierungsverbot des § 4 TzBfG anzuwenden.

152 Nimmt der AN, der bereits geringfügig beschäftigt und daher versicherungsfrei ist, eine weitere geringfügige Beschäftigung auf, ist er verpflichtet, dies seinem AG mitzuteilen (BAG 18.11.1988 NZA 1989, 389; vgl. hierzu BAG 27.4.1995 NZA 1995, 935). Der AG ist auch berechtigt, den geringfügig beschäftigten AN nach einer weiteren Beschäftigung, die die Versicherungspflicht begr., zu fragen. Täuscht der AN den AG, können vertragl. oder deliktische (unter den Voraussetzungen des § 826) Schadensersatzansprüche gegeben sein (BSG 23.2.1988 SozR 2100 § 8 SGB IV Nr. 5). Eine Vereinb., nach der ein geringfügig Beschäftigter AGAnteile zur Sozialvers. zu erstatten hat, wenn eine weitere geringfügige Beschäftigung nicht angezeigt wird, ist nach §§ 28g und 28o SGB IV nichtig (LAG K 28.1.1994 LAGE SGB IV § 28g Nr. 3).

153 **c) Job-Sharing.** Unter Job-Sharing oder auch Arbeitsplatzteilung versteht man die Besetzung eines Arbeitsplatzes mit zwei oder mehreren AN, wobei die AN gemeinsam die Verantwortung für die Arbeitspflicht übernehmen (Einzelheiten vgl. Kommentierung zu § 13 TzBfG).

154 **d) Altersteilzeit.** Sondervorschr. gelten für den Fall der ATZ. Arbeitsrechtl. ist die ATZ wie die allg. TZBeschäftigung zu behandeln (vgl. die Erl. zum ATG).

155 **e) Nebentätigkeit.** Eine ges. Definition der Nebentätigkeit besteht nicht. Von ihrem Vorliegen ist auszugehen, wenn eine entgeltl. Tätigkeit neben einem ArbVerh. ausgeübt wird, das den AN überw. in Anspruch nimmt (BAG 14.1.1982 AP BGB § 620 Befristeter Arbeitsvertrag Nr. 65). Der AN stellt dem AG nicht seine ganze Arbeitskraft zur Vfg., sondern nur eine gewisse Zeitspanne. Zur Zulässigkeit der vertragl. Beschränkung der Nebentätigkeit vgl. Rn. 704 ff. Die Parteien eines NebenArbVerh. haben grds. dies. Rechte und Pflichten wie in einem ArbVerh. Allerdings ist die Intensität der Nebenleistungs- und Schutzpflichten regelm. geringer.

156 **4. Probearbeitsverhältnis.** Sinn und Zweck des ProbeArbVerh. (ausf. *Preis/Kliemt/Ulrich,* Aushilfs- und ProbeArbVerh., 2. Aufl. 2003) ist es, dem AG wie dem AN die Möglichkeit zu geben, sich ein Bild über die Arbeitsstelle und den Vertragspartner zu machen. Eine Probezeit besteht grds. nur dann, wenn dies ges. vorgesehen oder bes. vereinbart ist, sei es im TV, in einer freiwilligen BV oder im Arbeitsvertrag. Für Berufsausbildungsverhältnisse sieht § 20 BBiG eine ges. Probezeit von mind. einem Monat zwgd. vor. Weitere Regelungen über das Probe ArbVerh. enthalten § 173 III SGB IX sowie § 622 III, der eine ausdr. ges. Regelung der Kündigungsfrist während einer vereinbarten Probezeit trifft.

157 Das ProbeArbVerh. kann zum einen nach § 14 I Nr. 5 TzBfG als **befristetes ArbVerh.** ausgestaltet sein, das nach Ablauf der Probezeit automatisch endet, falls nicht ein neuer Arbeitsvertrag abgeschlossen wird (hierzu näher TzBfG § 14 Rn. 82 ff.). Zum anderen kann das ProbeArbVerh. als **vorgeschaltete Probezeit** im Rahmen eines unbefristeten ArbVerh. vereinbart werden. Bei einer solchen Vertragsgestaltung ist zwar eine Kündigungserkl. erforderl., wenn nach Ablauf der Probezeit kein DauerArbVerh. entstehen soll; die Kündigung ist aber iZw. zu keiner Zeit ausgeschlossen. Hier wird allein angestrebt, die Vertragsbeendigung zu erleichtern.

158 Der **Abschluss des ProbeArbVerh.** richtet sich nach den allg. Regeln der §§ 145 f. Ob und mit welchem Inhalt eine Probezeit gewollt ist, ist im Wege der Auslegung der getroffenen Vereinb. (§§ 133, 157) zu ermitteln. Das ProbeArbVerh. steht im Grds. dem normalen ArbVerh. hins. Rechten und Pflichten gleich.

159 Vom ProbeArbVerh. zu unterscheiden ist das sog. **„Einfühlungsverhältnis"** ohne Vergütungsanspruch und ohne Arbeitspflicht des potentiellen AN (LAG HM 24.5.1989 LAGE BGB § 611 Probearbeitsverhältnis Nr. 2; LAG HB 25.7.2002 LAGReport 2002, 357). Um der Gefahr der Umgehung des ArbR zu begegnen, dürfen derartige „Schnupperkurse" nur für kurze Zeit, idR nicht länger als eine Woche andauern (*Bertzbach* FA 2002, 341; *Barth* BB 2009, 2646, 2467). Ein Einfühlungsverhältnis liegt nur dann vor, wenn der AN tats. ledigl. dem Haus-, nicht aber dem Direktionsrecht des AG unterliegt (LAG SH 17.3.2005 AuA 2005, 431).

160 **5. Aushilfsarbeitsverhältnis.** Ein AushilfsArbVerh. setzt voraus, dass der AN von vornherein zu dem Zweck eingestellt wird, einen vorübergehenden Bedarf an Arbeitskräften abzudecken, der nicht durch den normalen Betriebsablauf, sondern durch den Ausfall von Arbeitskräften oder einen zeitl. begrenzten zusätzl. Arbeitsanfall begr. wird. Allein eine entspr. Bezeichnung des ArbVerh. durch die Vertragsparteien (sog. Aushilfsklausel) reicht für die Annahme eines AushilfsArbVerh. nicht aus. Zusätzl. muss der Tatbestand des vorübergehenden Bedarfs auch obj. gegeben sein **(Aushilfszweck).** Fehlt es an einer dieser beiden Voraussetzungen, so liegt kein AushilfsArbVerh. vor, sondern ein den allg. Regeln unterliegendes ArbVerh. (BAG 22.5.1986 NZA 1987, 60).

161 AushilfsArbVerh. können **befristet oder unbefristet** abgeschlossen werden, wobei auch Mischformen vorkommen. Die Ausgestaltung richtet sich nach dem TzBfG; der Befristungsgrund richtet sich nach § 14 I Nr. 1 TzBfG (vgl. TzBfG § 14 Rn. 36 ff.). AushilfsArbVerh. können auch in der Form der

TZBeschäftigung geschlossen werden. Die Befristung des Aushilfsvertrags bedarf der Schriftform nach § 623. Für AushilfsArbVerh. besteht gem. § 622 V Nr. 1 eine bedeutsame Ausnahme: Hiernach kann einzelvertragl. eine kürzere als die in § 622 I genannte Grundkündigungsfrist vereinbart werden (hierzu § 622 Rn. 34 ff.).

Für das AushilfsArbVerh. bestehen hins. des allg. **Kündigungsschutzes** keine Besonderheiten. Auch 162 Aushilfskräfte können sich auf den allg. Kündigungsschutz des KSchG berufen, sofern dessen ges. Voraussetzungen in personeller, betriebl. und zeitl. Hinsicht vorliegen. Ebenfalls findet das MuSchG, das SGB IX, das EFZG und das BUrlG auf Aushilfskräfte Anwendung. Aushilfskräfte werden aber bspw. häufig die sechsmonatige Wartefrist des § 4 I BUrlG nicht erfüllen. Aus diesem Grunde erwerben sie hier meist nur einen Teilurlaubsanspruch nach § 5 I lit. b BUrlG. Aushilfskräfte sind zudem wie dauernd beschäftigte AN gem. § 7 BetrVG bei BRWahlen **wahlberechtigt** und nach sechsmonatiger Betriebszugehörigkeit zum BR wählbar nach § 8 I BetrVG. Allerdings sind nur vorübergehend beschäftigte AN bei der Feststellung der BRPflicht nach § 1 BetrVG nicht zu berücksichtigen (hierzu BetrVG § 1 Rn. 20).

6. Leiharbeitsverhältnis. Vgl. hierzu die Kommentierung zum AÜG. 163

7. Gruppenarbeitsverhältnis. Das GruppenArbVerh. ist eine Sonderform des ArbVerh. mit einer 164 Drittbeziehung. Zu unterscheiden ist zwischen der sog. **Betriebsgruppe,** in der mehrere AN durch den AG zur Erreichung eines spezifischen Arbeitserfolges zusammengefasst werden (zB Montagekolonnen), und der **Eigengruppe,** in der die Gruppenbildung von den AN ausgeht, um dem AG gemeinsam eine Arbeitsleistung anzubieten (zB Musikkapelle, Hausmeisterehepaar). Neuerdings erlangt die Gruppenarbeit weitergehende praktische Bedeutung unter dem Gesichtspunkt der Kosteneinsparung und Produktivitätssteigerung. Das BetrVerf-ReformG hat in § 28a und § 87 I Nr. 13 BetrVG neue Mitbestimmungsregelungen für diese Form der Arbeitsleistung geschaffen (vgl. die Kommentierung dort sowie *Preis/Elert* NZA 2001, 371; *Federlin* NZA Sonderheft 2001, 24 ff.).

Bei den **Betriebsgruppen** bestehen zwischen den AN der Gruppe grds. keine vertragl. Beziehungen 165 (*Elert,* Gruppenarbeit, Individual- und kollektivarbeitsrechtl. Fragen moderner Arbeitsformen, 2001 S. 76 ff.); ledigl. die dem AG geschuldete Arbeitsleistung wird in einer Gruppe erbracht. Der AG schließt AN mit jeweils eigenständigen Arbeitsverträgen zu einer Gruppe zusammen, die als ganze einen bestimmten Arbeitserfolg gemeinsam verwirkl. soll. Derartige Betriebsgruppen werden vielfach als Akkordgruppen tätig (BAG 23.2.1961 AP BGB § 611 Akkordkolonne Nr. 2). Der AG organisiert die Betriebsgruppe grds. im Rahmen seines Weisungsrechts (*Rüthers* ZfA 1977, 1, 9 ff.).

Das einzelne Gruppenmitglied ist dem AG **haftungsrechtl.** verantwortl. Das BAG wies allerdings 166 bei Gruppenarbeit in analoger Anwendung des § 282 aF dem AN die **Beweislast** dafür zu, dass bei vertragswidriger Schlechtleistung der Gruppe er einen vom AG dargelegten und bewiesenen Schaden nicht (auch) zu verantworten hat (BAG 24.4.1974 AP BGB § 611 Akkordkolonne Nr. 4). Diese Beweislastumkehr ist probl. und nur zu rechtfertigen, wenn die Gruppenmitglieder eine gemeinsame Verantwortung für die Erbringung des Arbeitsergebnisses übernommen haben (vgl. a. *Kniffka* BB 1976, 274 ff.; *Rüthers* ZfA 1977, 1, 18 ff.; *Elert* Gruppenarbeit 2001 S. 236 ff.). Gegen die Auff. des BAG spricht jetzt auch § 619a. Eine vorformulierte Beweislastverlagerung auf den AN scheitert an § 309 Nr. 12. Dabei haften die Gruppenmitglieder regelm. nur ant. für den durch ihre individuelle Schlechtleistung verursachten Schadensanteil. Gesamtschuldnerische Haftung kommt in aller Regel nicht in Betracht (Schaub/*Koch* § 181 Rn. 11; *Rüthers* ZfA 1977, 1, 25 ff.; BAG 18.5.1983 AP TVG § 1 Tarifverträge: Bau Nr. 51; LAG HB 12.11.1969 DB 1970, 1696; LAG ST 26.2.2004 – 6 Sa 471/03 BeckRS 2005, 40079).

Vielfach hängt die **Entlohnung** von dem Erg. der Betriebsgruppe ab (etwa in Form eines Gruppen- 167 akkordes). Dessen Einf. ist nicht einseitig durch den AG ohne Vertragsänd. mögl. Das MBR nach § 87 I Nr. 10, 11 BetrVG ist zu beachten. Hängt die Entlohnung einer Betriebsgruppenarbeit von dem Gruppenergebnis ab, muss der AG bei der Besetzung freiwerdender Stellen hins. der Qualifikation Rücksicht darauf nehmen, damit die Gruppenakkordleistung gehalten werden kann. Bei der Zuweisung unterdurchschnittl. AN können **Schadensersatzansprüche der Gruppe** bzw. der Gruppenmitglieder aus § 280 I entstehen (Küttner/*Kreitner* Gruppenarbeitsverhältnis Rn. 12.

Probl. ist, ob der AG im Rahmens seines **Direktionsrechts** einem AN die Mitarbeit in einer 168 Betriebsgruppe einseitig zuweisen kann. Im Hinblick auf die spezifische Leistungspflicht sowie bes. Haftungsrisiken kann die Arbeit in einer Betriebsgruppe grds. nicht kraft Weisungsrecht angeordnet werden (Staudinger/*Richardi/Fischinger* § 611 Rn. 171; **aA** Schaub/*Koch* § 181 Rn. 3). Vielmehr ist in aller Regel eine Vertragsänd. oder Änderungskündigung erforderl. (*Rüthers* ZfA 1977, 1, 7; *Elert* Gruppenarbeit 2001 S. 125 ff. mwN). Dies ist insb. dann richtig, wenn mit der Gruppenarbeit eine bes. Entlohnungsform verbunden ist.

Bei einer sog. **Eigengruppe** bieten AN schon vor der Arbeitsaufnahme dem AG eine Arbeitsleistung 169 als Gruppe an (anzutreffen ist diese Fallgestaltung bei Musikkapellen, Bauarbeiterkolonnen, Hausmeisterehepaaren usw.). Auf die personelle Zusammensetzung der Eigengruppe hat der AG keinen Einfluss, weil sein Vertragsverhältnis idR nur zur Gruppe besteht. Es sind allerdings **verschiedene Gestaltungsformen** mögl.

170 Die Eigengruppe kann selbst als Vertragspartner auftreten. Steht nur sie in vertragl. Beziehungen zum Auftraggeber, bestehen unmittelbare vertragl. Ansprüche gegen die einzelnen Gruppenmitglieder nicht. Allerdings kann sich eine **gesellschaftsrechtl. Haftung** aus §§ 714, 427, 421 ergeben, wenn die Eigengruppe als GbR die Arbeit angeboten hat. Der Vertrag zwischen Auftraggeber und der Gruppe kann als Werkvertrag, Dienstvertrag oder sog. Dienstverschaffungsvertrag (Rn. 25) ausgestaltet sein (*Rüthers* ZfA 1977, 1, 36 ff.). Im letzteren Fall kann auch ein mittelbares ArbVerh. zwischen dem Auftraggeber und den einzelnen Gruppenmitgliedern begr. werden (zum mittelbaren ArbVerh. Rn. 172); ggf. liegt aber auch ein LeihArbVerh. vor. Schließt die Eigengruppe im eigenen Namen mit dem AG einen Vertrag, ohne dass die einzelnen Gruppenmitglieder Vertragspartner werden, so kommt die Eigengruppe schon dann in Verzug, wenn nur eines ihrer Mitglieder die Arbeitsleistung nicht rechtzeitig erbringt.

171 Denkbar ist auch, dass die **Gruppenmitglieder Vertragspartner** sind und selbst Arbeitsverträge mit dem Auftraggeber abschl. Schließt die Eigengruppe nicht im eigenen Namen, sondern im Namen aller Gruppenmitglieder Arbeitsverträge ab, dann liegen unmittelbare ArbVerh. zwischen den Gruppenmitgliedern und dem Auftraggeber vor. In diesem Fall ist die Rechtslage mit der Situation der Betriebsgruppe vergleichbar (*Rüthers* ZfA 1977, 40 f.; Rn. 165). Schließl. können sowohl Eigengruppe als auch Gruppenmitglieder Vertragsbeziehungen zum Auftraggeber eingehen. Schlechtleistungen und Verzug einzelner Gruppenmitglieder sind jedoch regelm. der Gesamtgruppe zuzurechnen. Der Vergütungsanspruch ist zumeist als Gesamtentlohnung ausgestaltet und steht der Gruppe und nicht den einzelnen Mitgliedern zu. Bei Leistungsstörungen ist **gesamtschuldnerische Haftung** anzunehmen, wenn die Gruppenmitglieder die Verpflichtung übernommen haben für die Erfüllung einzustehen oder ein Vertragsbruch auf gemeinsamem Entschl. beruht (BAG 30.5.1972 AP TVG § 4 Ausschlussfrist Nr. 50). **Kündigungen** können schließl. grds. nur von und ggü. der gesamten Gruppe ausgesprochen werden (BAG 21.10.1971 AP BGB § 611 Gruppenarbeitsverhältnis Nr. 1). Der Kündigungsgrund ggü. allen Gruppenmitgliedern kann in der Schlechtleistung oder dem Verhalten nur eines einzelnen Gruppenmitgliedes liegen (BAG 9.2.1960 AP BGB § 626 Nr. 39; 21.10.1971 AP BGB § 611 Gruppenarbeitsverhältnis Nr. 1).

172 **8. Mittelbares Arbeitsverhältnis.** Unter einem mittelbaren ArbVerh. versteht man ein ArbVerh. zwischen einem AG und einer **Mittelsperson, die zum Zweck der Erfüllung ihrer Arbeitspflichten wiederum ein ArbVerh. mit einem AN begr.** (*Röhsler* AR-Blattei SD 220.3 Rn. 1; abw. *Däubler* FS Buchner 2009 S. 163, 169). Darin liegt eine Ausnahme von § 613, wonach der zur Dienstleistung Verpflichtete die Dienste iZw. in Person zu erbringen hat. Die praktische Bedeutung dieser Konstellation ist nicht groß. Bsp. sind der in einem ArbVerh. zu einem Rundfunksender stehende Orchesterleiter, der unmittelbarer AG einzelner Musiker ist (BAG 22.7.1982 EzAÜG BGB § 611 Leiharbeitsverhältnis Nr. 5) oder ein Wissenschaftler, der im Rahmen eines Forschungsprojektes im eigenen Namen einen Arbeitsvertrag mit einem wiss. Mitarbeiter schließt (BAG 29.6.1988 NZA 1989, 342). Voraussetzung für die Annahme eines mittelbaren ArbVerh. ist aber, dass neben dem unmittelbaren Arbeitsvertrag eine Vertragsbindung des Mittelsmannes besteht. Wenn der Mittelsmann ledigl. Mittler des Direktionsrechts des mittelbaren AG ist, kann ein Fall der ANÜberlassung vorliegen (*Küttner/Röller* Mittelbares ArbVerh. Rn. 2/3). IÜ prüft die Rspr., ob die Konstruktion des mittelbaren ArbVerh. (zB AG weist Hausmeister an, im eigenen Namen und auf fremde Rechnung Arbeitsverträge mit Reinigungskräften zu schließen) nicht zur Umgehung zwgd. Gesetzes- und Tarifrechts führt (BAG 20.7.1982 AP BGB § 611 Mittelbares Arbeitsverhältnis Nr. 5). Die Privatisierung öffentl. Dienstleistungen und Vergabe von Drittmitteln an jur. Personen des Privatrechts führt nicht zu einem mittelbaren ArbVerh. des Drittmittelgebers (BAG 11.4.2000 EzS 19/39).

173 Die Mittelsperson unterliegt den Weisungen des AG auch in Bezug auf den AN. Durch das in sich abgestufte Verhältnis von AG, Mittelsperson (die selbst AG und AN in einer Person ist) und dem AN ergibt sich gleichzeitig ein Weisungsrecht des AG ggü. dem AN, ohne dass die Mittelsperson davon betroffen wäre (vgl. LAG HH 27.2.2008 LAGE BGB 2002 § 611 Arbeitnehmerbegriff Nr. 3). Ebenso resultieren aus dieser Konstellation bestimmte Schutz- und Rücksichtspflichten des AG. Der mittelbare AG haftet aus dem mittelbaren ArbVerh. für Ansprüche gegen den Mittelsmann nur subsidiär, wenn sich Ansprüche gegen diesen unmittelbaren AG nicht durchsetzen lassen oder wenn sich die Begr. eines mittelbaren ArbVerh. als Rechtsmissbrauch darstellt (BAG 21.2.1990 AP BGB § 611 Abhängigkeit Nr. 57). Den mittelbaren AG treffen auch Schutz- und Rücksichtnahmepflichten (**vertragsähnl. Schutzverhältnis**; hierzu *Konzen* ZfA 1982, 285 ff.). Primärer Adressat für die arbeitsrechtl. SchutzG ist jedoch der Mittelsmann. Er hat als VertragsAG die Kündigung auszusprechen und ist ebenso Adressat einer Kündigung (BAG 9.4.1957 AP BGB § 611 Mittelbares Arbeitsverhältnis Nr. 2).

174 Probl. ist die **Beendigung des ArbVerh.**, wenn die Vertragsbeziehung zwischen Mittelsmann und dessen AG endet. Hier kann nicht davon ausgegangen werden, dass damit zugleich das ArbVerh. zwischen Mittelsmann und AN endet. Hierdurch würde der Kündigungsschutz unzulässig umgangen. Grds. kann eine Kündigung nur innerhalb des jeweiligen Vertragsverhältnisses ausgesprochen werden. Fragl. ist, ob der mittelbare AG selbst unmittelbar dem AN kündigen kann. Das ist jdf. dann der Fall, wenn der unmittelbare AG dem mittelbaren AG gem. § 185 I die Kündigungsbefugnis eingeräumt hat.

Ansprüche gegen den mittelbaren AG können erst geltend gemacht werden, wenn der AN gegen den unmittelbaren AG bereits obsiegt hat, dieser sich aber den Verpflichtungen entzieht oder zu ihrer Erfüllung nicht in der Lage ist (BAG 22.7.1982 EzAÜG BGB § 611 Leiharbeitsverhältnis Nr. 5). Besteht bei missbräuchl. Wahl eines mittelbaren ArbVerh. (zB bei illegaler ANÜberlassung) ein Vertragsverhältnis zum mittelbaren AG, kann eine Kündigungsschutzklage sowohl gegen den unmittelbaren als auch gegen den mittelbaren AG gerichtet werden (BAG 8.12.1988 EzAÜG Nr. 309). 175

9. Befristetes Arbeitsverhältnis. Zu befristeten ArbVerh. vgl. die Erl. zum TzBfG. 176

10. Aus- und Fortbildungsverhältnisse; Werkstudenten; Praktikanten; Volontäre. Auszubildende sind grds. AN (vgl. die Kommentierung zu § 10 II BBiG). Davon ist die Frage zu unterscheiden, ob und inwieweit das Ausbildungsverhältnis im Kontext einzelner G auch als ArbVerh. anzusehen ist (s. a. zu § 3 III EFZG BAG 20.8.2003 NZA 2004, 205; s. zu § 14 II TzBfG BAG 19.10.2005 NZA 2006, 154; s. zu § 613a BAG 13.7.2006 NZA 2006, 1406). Fragl. ist, wie andere Rechtsverhältnisse mit Ausbildungsinhalten zu werten sind. **Anlernverhältnisse** können als normale ArbVerh. vereinbart werden. Nur wenn kein ArbVerh. vereinbart ist (§ 26 BBiG) gelten die §§ 10 bis 25 BBiG, wenn Personen eingestellt werden, um Kenntnisse, Fertigkeiten oder Erfahrungen zu erwerben, ohne dass es sich um eine Berufsausbildung iSd. BBiG handelt (hierzu BBiG § 26 Rn. 1 ff.). Zur Abgrenzung eines „Lehrlingsverhältnisses“ von einem Ausbildungsverhältnis iSd. BBiG und einem ArbVerh. BAG 17.7.2007 NZA 2008, 416. 177

Sofern kein „echtes“ Volontärverhältnis oder Anlernverhältnis iSd. § 26 BBiG vorliegt, können Volontäre, Praktikanten und Anlernlinge AN oder freie Dienstnehmer nach den allg. Grds. über die Klassifizierung des ArbVerh. sein (hierzu Rn. 34 ff.). Die Abgrenzung erfolgt danach, ob der Ausbildungs- und Lernzweck tats. im Vordergrund steht. Besteht eine umfassende Leistungspflicht mit den typischen Elementen eines ArbVerh., liegt ein „Scheinpraktikum“ und damit ein „echtes“ ArbVerh. vor (LAG B 20.5.2016 – 6 Sa 1787/15 – BeckRS 2016, 72890). Abgrenzungskriterien sind: Dauer und Art der Tätigkeit, Verantwortung für das Arbeitsergebnis, Leistung von Mehrarbeit, Einsatz zu Vertretungszwecken, Weisungsrechte ggü. anderen Praktikanten, Verlängerung des Praktikantenvertrags, dauerhafte Besetzung einer Praktikantenstelle (zutr. *Orlowski* RdA 2009, 38, 42). **Werkstudenten** sind in aller Regel AN, ggf. im Rahmen eines AushilfsArbVerh. (Rn. 160). Gleiche Grds. gelten für sog. Anlernverhältnisse (BAG 12.6.1996 NZA 1997, 191). Als idR TZBeschäftigte haben sie Anspruch auf Gleichbehandlung nach Maßgabe des § 4 TzBfG. Zur Befristung des ArbVerh. mit Werkstudenten vgl. TzBfG § 14 Rn. 54). 178

Der Rechtsstatus der **Volontäre und Praktikanten** ist weitgehend ungeklärt (instruktiv *Maties* RdA 2007, 135; praktischer Überbl. bei *Krimphove* BB 2014, 564). Hinzuweisen ist auf das am 1.1.2015 in Kraft getretene MiLoG (G v. 11.8.2014 BGBl. I S. 1348), in dessen § 22 eine tw. Klärung des Status erfolgt (hierzu § 22 MiLoG Rn. 6 ff.). Überw. werden sie als AN mit bes. Rechten und Pflichten, insb. auch mit einem verminderten Vergütungsanspruch angesehen (ausf. *Lakies* AR-Blattei SD 1740). Nach §§ 26 iVm. 17 BBiG hat der Praktikant einen Anspruch auf angemessene Vergütung. Von „echten“ AN unterscheiden sie sich durch den im Vordergrund stehenden Ausbildungszweck, von Auszubildenden dadurch, dass sie in keinem anerkannten Lehrberuf stehen (Schaub/*Vogelsang* § 15 Rn. 9). Steht der Ausbildungszweck nicht im Vordergrund, sind sie AN mit der Folge, dass die Zahlung einer Ausbildungsvergütung sittenwidrig ist und gem. § 612 ein Anspruch auf Vergütung des höherwertigen Dienstes besteht (BAG 10.2.2015 AP BGB 2002 § 612 Nr. 15; LAG BW 8.2.2008 NZA 2008, 768; LAG ST 18.5.2009 BeckRS 2009, 74180; LAG B 24.6.2011 BeckRS 2011, 75323; ArbG HH 16.10.2012 BeckRS 2012, 75843: Diplom-Psychologin). Vergütungspflicht besteht nach §§ 26, 17 BBiG. Jedoch können die zur Feststellung einer übl. Vergütung nach § 612 II maßgebl. Sätze eines MindestentgeltTV für AN nicht auf § 17 BBiG übertragen werden (vgl. BAG 29.4.2015 NZA 2015, 1384 Rn. 30). Nach Maßgabe des § 22 MiLoG sind Praktika zum Mindestlohn zu vergüten (hierzu § 22 MiLoG Rn. 6 ff.). Keine Vergütungspflicht besteht jedoch für Praktikanten, die im Rahmen ihrer universitären Ausbildung bestimmte betriebl. Praktika abzulegen haben (*Lakies* AR-Blattei SD 1740; zur Kündbarkeit solcher Verträge *Hirdina* NZA 2008, 916; zum Praktikantenvertrag *Scherer* NZA 1986, 285). 179

11. Arbeitsverhältnis in Werkstätten für behinderte Menschen. Die Rechtsstellung der Beschäftigten in einer WfB (§ 219 SGB IX) ist auch nach der neuen Regelung in § 221 SGB IX nur tw. geklärt. Nach dieser Vorschr. gelten im Arbeitsbereich anerkannter Werkstätten Beschäftigte, sofern diese nicht nach allg. Grds. (Rn. 34 ff.) als AN zu betrachten sind, als ANähnl. Personen, soweit sich aus dem zugrunde liegenden Sozialleistungsverhältnis nichts anderes ergibt. Ein ArbVerh. liegt erst dann vor, wenn der Hauptzweck der Beschäftigung das Erbringen wirtschaftl. verwertbarer Leistungen ist und nicht der Zweck des § 219 I Nr. 1 SGB IX (Ermöglichung einer angemessenen Beschäftigung) im Vordergrund steht (LAG BW 26.1.2009 BeckRS 2009, 73764). Der Begriff des ANähnl. Rechtsverhältnisses scheint der Gesetzgeber in einem untechnischen Sinne zu gebrauchen. § 221 II SGB IX enthält darüber hinaus Vorschr. über das zu zahlende Entgelt, das sich aus einem Grundbetrag in Höhe eines Ausbildungsgeldes, das sich nach den Bestimmungen der BA richtet, und einem Steigerungsbetrag 180 zusammensetzt, soweit das Arbeitsergebnis die Zahlung zulässt (Einzelheiten *Pünnel* AuR 1996, 483 f.). Das MiLoG ist nicht anwendbar (LAG SH 11.1.2016 NZA 2016, 291). § 221 SGB IX verpflichtet die Werkstätten, aus ihrem Arbeitsergebnis an die im Arbeitsbereich beschäftigten Behinderten ein Arbeitsentgelt zu zahlen. Danach sind die Werkstätten nicht berechtigt, schon den Grundbetrag in erster Linie nach der individuellen Leistungsfähigkeit der Behinderten zu staffeln (BAG 3.3.1999 NZA 1999, 825). Die Kündigungsmöglichkeiten der Werkstatt sind nach § 220 II SGB IX erhebl. eingeschränkt. Es besteht eine Beschäftigungspflicht, solange die Voraussetzungen für die Aufnahme des Behinderten in die Werkstatt gegeben sind. Aufnahmevoraussetzungen nach § 220 I SGB IX sind die „Werkstattfähigkeit" und gem. § 220 I SGB IX die Kostenübernahme durch den Sozialleistungsträger. Nur der Wegfall dieser Voraussetzungen kann eine idR ordentl. Kündigung legitimieren. Die Kündigung unterliegt der qualifizierten Schriftform (§ 221 VII SGB IX), dh. Erkl. und Gründe müssen der Form des § 125 S. 1 genügen, andernfalls ist sie nichtig (BAG 17.3.2015 NZA 2015, 1071). Vertragl. Erweiterungen des Kündigungsrechts sind ausgeschlossen (LAG RP 16.1.2008 – 8 Sa 506/07 – BeckRS 2008, 53086).

C. Grundbegriffe des Arbeitsrechts

I. Parteien des Arbeitsvertrags

181 **1. Arbeitnehmer; Verbraucherbegriff.** AN ist der durch ein ArbVerh. zur Leistung von Arbeit Verpflichtete (Einzelheiten Rn. 34 ff.). Weiterhin kennzeichnend für das ArbVerh. ist die pers. abhängige Dienstleistung. Aus diesem Grunde können nur **natürl. Personen** AN sein. Eine jur. Person kann niemals AN sein; sie kann allerdings selbständige Dienstverträge oder Dienstverschaffungsverträge abschl. (zu einzelnen ANGruppen vgl. Rn. 76 ff.).

182 Der AN ist nach zutr. Rspr. des BAG als **Verbraucher iSv. § 13** anzusehen (BAG 25.5.2005 NZA 2005, 1111; 31.8.2005 NZA 2006, 1273; ausf. *Preis* NZA-Sonderbeil. 16/2003; zum Streitstand vgl. 7. Aufl. § 611 Rn. 208). Denn Verbraucher ist eine natürl. Person, die ein Rechtsgeschäft zu Zwecken abschließt, die überw. weder ihrer gewerbl., noch ihrer selbständigen berufl. Tätigkeit zugerechnet werden können. Der AN ist der Prototyp des „Unselbständigen". Die **Entstehungsgeschichte** spricht für die Einordnung des AN als Verbraucher (vgl. BT-Drs. 14/6040 S. 243). Unterstützt wird diese Sicht durch § 15 UKlaG, der die Möglichkeit der Unterlassungsklagen bei Verstößen gegen §§ 307–309 und verbraucherschutzwidrigen Praktiken im ArbR ausschließt. Dieser Ausschluss ist nur damit zu erklären, dass der Gesetzgeber implizit davon ausgegangen ist, dass der AN Verbraucher ist (vgl. BT-Drs. 14/7052 S. 190). Bei den Vorschr. zur Inhaltskontrolle formulieren die Mat., dass das Schutzniveau im ArbR nicht hinter dem des ZivilR zurückbleiben solle (BT-Drs. 14/6857 S. 17). Die „Besonderheiten des ArbR" berücksichtigt der Gesetzgeber im jeweiligen Sachzusammenhang (vgl. § 310 IV 2). Die sachgerechte Abgrenzung ist nicht auf der Statusebene vorzunehmen, sondern bei den konkret in Rede stehenden Normen. Nur dort, wo kraft ges. Anordnung (zB § 15 UKlaG, § 491 I Nr. 4) oder aus systematisch-teleologischen Gründen anderes folgt, ist von der Anwendung der Verbraucherschutzregeln im ArbR abzusehen. Vertragstypenübergreifendes Verbraucherschutzrecht findet auch im ArbR Anwendung. Das bedeutet, dass der geringere ges. Zinssatz nach § 288 I auch im ArbR gilt, da der AN iSd. § 288 II Verbraucher ist (offen lassend BAG 23.2.2005 NZA 2005, 594). § 310 III ist ebenso eine vertragstypenunabhängige Grundregel (hierzu §§ 305 bis 310 Rn. 33). Dagegen ist das sog. Haustürwiderrufsrecht ein vertragstypenbezogenes und situationsbezogenes Verbraucherrecht. Deshalb fanden schon in der früheren Fassung die Vorschr. ausweisl. des Untertitels, der nur für „bes. Vertriebsformen" gilt, keine Anwendung (BAG 27.11.2003 NZA 2004, 597). Daran hat sich durch die Neufassung der Verbraucherschutzregelungen durch das VRRLUmsG v. 20.9.2013 (BGBl. I S. 3642) nichts geändert. Der neue § 312b unterscheidet jetzt klarer zwischen Vertragsschlüssen innerhalb und außerhalb der Geschäftsräume des Unternehmers. Die Begriffspaare AG – AN und **Unternehmer – Verbraucher** sind nicht miteinander zu vermischen (so aber *Löwisch* NZA 2001, 765, 766; dagegen zutr. *Boemke* BB 2002, 96, 97). Die Begriffspaare sind funktional zu trennen. Nicht jeder AG ist zugleich Unternehmer, zB, wenn der AG für private Zwecke einen AN (Gärtner) einstellt, ist er AG, aber nicht Unternehmer.

183 **2. Arbeitgeber. a) Allgemeines.** AG ist zunächst derjenige, der die Leistung von Arbeit von einem AN kraft Arbeitsvertrag verlangen kann und zugleich Schuldner des Vergütungsanspruches ist (BAG 9.9.1982 AP BGB § 611 Hausmeister Nr. 1; 27.9.2012 NJW 2013, 1692; guter Überbl. bei *Löw* MDR 2008, 1251). Der AGBegriff wird wie der ANBegriff vom Gesetzgeber stillschweigend vorausgesetzt. Der Begriff des AG wird **mittelbar** über den ANBegriff definiert (**„AG ist, wer mind. einen AN beschäftigt"**; BAG 21.1.1999 NZA 1999, 539). Der AGBegriff wird auch nicht durch weitere materielle Erfordernisse eingeschränkt. So setzt die AGStellung kein Eigentum an Betriebsmitteln voraus, ebenso nicht das Vorhandensein einer Betriebsstätte (ZLH/*Hergenröder* § 4 V 1; MüArbR/*Richardi* § 21 Rn. 1). Auch eine natürl. Person, die als AN beschäftigt wird, kann gleichzeitig AG sein. Nur wenn der AG in Ausübung seiner gewerbl. oder selbständigen Berufstätigkeit handelt, ist er zugleich **Unternehmer** iSd. § 14 und damit Adressat des Verbraucherschutzrechts. Der Begriff des AG wird in

zahllosen G verwendet, nicht nur im Vertragsrecht (vgl. §§ 612a, 613a, 622), sondern auch im KollektivArbR (BetrVG, MitbestimmungsG), im SozVersR und im StrafR (§ 266a StGB). § 12 III SGB IV enthält eine Fiktion des AGBegriffs für den Fall der Heimarbeit.

AG kann **jede natürl. und jur. Person** sein. Die rechtl. Organisationsform ist für den AGBegriff irrelevant. Wird ein Betrieb als GbR iSd. § 705 betrieben, so waren die einzelnen Gesellschafter bisher als AG anzusehen (BAG 16.10.1974 AP BGB § 705 Nr. 1; zur Haftung eines Handwerksmeisters, der sich im Rahmen einer GbR als „Konzessionsträger zur Vfg. stellt: BAG 2.2.1994 NZA 1994, 749). Der BGH (29.1.2001 NZA 2001, 408) hat inzwischen die Rechtsfähigkeit der (Außen-)GbR anerkannt. Das BAG hat sich dem angeschlossen (BAG 1.12.2004 NZA 2005, 318). Im Rahmen ihrer Rechtsfähigkeit ist die (Außen-)GbR zugleich im Zivilprozess aktiv und passiv parteifähig. Die nach außen bestehende Rechtssubjektivität hat zur Konsequenz, dass ein Wechsel im Mitgliederbestand keinen Einfluss auf den Fortbestand der mit der Gesellschaft bestehenden Rechtsverhältnisse mehr hat (BGH 29.1.2001 NZA 2001, 408; BAG 24.6.2008 NZA 2008, 1289). Die GbR ist bei Anerkennung dieser Rechtsfortbildung im ArbR als AG anzusehen (BAG 1.12.2004 NZA 2005, 318; *Diller* NZA 2003, 401). Dennoch kann der Gesellschafter einer GbR nicht zugleich deren AN sein (LAG HE 7.8.2001 BB 2002, 207). 184

Die AGStellung kann sich auch **kraft ges. Fiktion** ergeben, zB bei unzulässiger ANÜberlassung (§ 10 I iVm. § 9 Nr. 1 AÜG; BAG 23.11.1988 NZA 1989, 812; nicht bei vermuteter ANÜberlassung nach § 1 II AÜG, vgl. BAG 28.6.2000 NZA 2000, 1160). Tritt der Wille eines Vertreters, für seinen AG zu handeln, beim Vertragsschluss nicht hervor, kann er selbst als Vertragspartner, also als AG, in Anspruch genommen werden (§ 164 II). Im Falle des § 613a findet ein ges. AGWechsel statt. 185

b) Prozessrechtliche Bedeutung. Im Prozessrecht gilt kein vom materiellen Recht abw. AGBegriff. Der AGBegriff hat jedoch im Prozessrecht bes. Bedeutung. Insb. bei fristgebundenen Klagen (zB §§ 4, 7 KSchG) muss der AN innerhalb der ges. Frist die richtige Partei verklagen, weil nur dann die Klagefrist eingehalten ist. Beim **mittelbaren ArbVerh.** (hierzu Rn. 172) ist AG der Mittelsmann (BAG 9.4.1957 AP BGB § 611 Mittelbares Arbeitsverhältnis Nr. 2; 21.2.1990 AP BGB § 611 Abhängigkeit Nr. 57). Bei einer Partnerschaft Angehöriger freier Berufe finden nach § 1 IV PartGG die Vorschr. über die GbR Anwendung, jedoch konnten schon bisher nach § 7 II PartGG iVm. § 124 HGB die Partner unter dem Namen der Partnerschaft verklagt werden (§ 2 PartGG). Bei einer **GmbH & Co. KG** kann zw. sein, ob die KG, die GmbH oder der GF selbst AG ist. IdR handelt der GF der GmbH für die GmbH & Co. KG. Hat diese einem AN gekündigt, ist die Klage gegen diese zu richten. Eine Klage ledigl. gegen die GmbH als pers. haftende Gesellschafterin reicht nicht aus (LAG BE 18.1.1982 LAGE KSchG § 4 nF Nr. 5). Eine GmbH ebenso wie eine GmbH & Co. KG verlieren ihre Parteifähigkeit auch dann nicht, wenn sie im Handelsregister gelöscht und kein verteilbares Vermögen mehr vorhanden ist (BAG 9.7.1981 AP ZPO § 50 Nr. 4). Nach aA tritt jedoch der Verlust der Rechts- und Parteifähigkeit ein, wenn neben der Löschung auch völlige Vermögenslosigkeit der Gesellschaft vorliegt (LAG HE 28.6.1993 NZA 1994, 384). Eine **OHG oder KG** ist unter ihrer Firma zu verklagen (§§ 124 I, 161 II HGB). Der AN kann jedoch als Gesellschaftsgläubiger zugleich auch gegen die Gesellschafter vorgehen, die pers. und unbeschränkt haften (§ 128 S. 1; § 161 II HGB). Auch der pers. haftende Gesellschafter einer Personengesellschaft ist daher AG iSd. § 2 I Nr. 3 ArbGG (BAG 1.3.1993 NZA 1993, 617). 186

AG ist **nicht der Kommanditist** einer KG. Auch die Einstandspflicht nach § 171 HGB begr. keine arbeitgeberähnl. Stellung. Die ArbG sind für Klagen aus diesem Rechtsgrund nicht zust. (BAG 23.6.1992 NZA 1993, 862). Besonderheiten gelten hins. der **Ausfallhaftung im qualifiziert faktischen Konzern.** Hier kann der alleinige Kommanditist und alleinige Gesellschafter einer Komplementär-GmbH einer Kommanditgesellschaft von den AN nach den Grds. der Ausfallhaftung in Anspruch genommen werden (BAG 1.8.1995 NZA 1996, 311). Dem Kommanditisten wird hierdurch wie einem AG die pers. Haftung auferlegt, wenn er die Konzernleitungsmacht ohne Rücksicht auf die abhängige Gesellschaft ausgeübt hat und die zugefügten Nachteile sich nicht kompensieren ließen (hierzu näher *Oetker* AuR 1996, 326; *Bitter* BB 1996, 2153). Probl. erscheint die Zust. der ArbG auch für diese Fallgruppe, die grds. bei einer Einstandspflicht von Kommanditisten verneint wird (vgl. BAG 23.6.1992 NZA 1993, 862; für die Haftung im qualifiziert faktischen Konzern ausdr. auch ArbG BE 13.4.1995 NZA-RR 1996, 109). 187

In Fällen der sog. **Durchgriffshaftung** (zB auf die Gesellschafter einer GmbH) wird dem Gesellschafter die Berufung auf die rechtl. Selbständigkeit der GmbH als AG abgeschnitten. Der Gesellschafter wird hierdurch aber noch nicht AG iSd. § 2 I Nr. 3 ArbGG. Jedoch wendet das BAG in diesen Fällen zur Begr. der Zust. der Arbeitsgerichtsbarkeit die Regelung zur **Rechtsnachfolge (§ 3 ArbGG) analog** an. Entscheidend sei nicht die durch den Arbeitsvertrag oder seine Vor- und Nachwirkungen begr. Rechtsstellung als AG. Rechtsnachfolge sei im weitesten Sinne zu verstehen und erfasse daher auch Sachverhalte, in denen ein Dritter auf Grund seiner gesellschaftsrechtl. Stellung als Inhaber des AG in Anspruch genommen werde (BAG 11.11.1986 NJW 1987, 2606; 13.6.1997 NZA 1997, 1128; LAG HE 16.10.2001 AR-Blattei ES 160.5.2 Nr. 94). 188

Im Insolvenzfalle des AG werden dessen Rechte und Pflichten vom **InsV** nach §§ 22, 27 InsO mit seiner vorl. Bestellung, jdf. aber mit Eröffnung des Verf. wahrgenommen. Der InsV nimmt auch die 189 sozialversicherungsrechtl. Pflichten eines AG, insb. ggü. der Sozialvers. wahr. Für Klagen der AN gegen den InsV auf Einhaltung der AGPflichten sind die ArbG zust. (zur Arbeitsbescheinigung nach § 312 SGB III LAG HB 16.6.1995 LAGE AFG § 141h Nr. 2).

190 Probl. ist die AGStellung bei einem Vertragsschluss mit einer **noch nicht im Handelsregister eingetragenen GmbH.** Nach § 11 I GmbHG besteht die GmbH als solche vor der Eintragung nicht. Die Art und Weise des Vertragsschlusses ist nicht nur für die Frage entscheidend, wer als AG des AN anzusehen ist, sondern auch für die Haftung und die Bestimmung des Klagegegners. Der Vertrag kann ausdr. oder konkludent im Namen der Gründungsgesellschaft abgeschlossen werden. Denkbar ist aber auch, dass der Vertrag aufschiebend bedingt mit der Eintragung der GmbH abgeschlossen wird. Der Vertrag kann schließl. namens der Gründungsgesellschaft und zugleich im Namen der künftigen GmbH geschlossen werden mit der Folge, dass die GmbH mit ihrer Entstehung an die Stelle der Gründungsgesellschaft tritt (BAG 7.6.1973 AP GmbHG § 11 Nr. 2). Sofern sich aus den Umständen bei den Vertragsverh. nichts anderes ergibt, ist der Abschluss eines Arbeitsvertrags mit der Gründungsgesellschaft anzunehmen, wenn diese bereits werbend im Geschäftsverkehr tätig geworden ist, der AN seine Beschäftigung schon vor Eintragung der GmbH aufnehmen soll und ihm nicht bekannt ist, dass die Eintragung noch nicht erfolgt ist (BAG 7.6.1973 AP GmbHG § 11 Nr. 2). Die Vor-GmbH ist entspr. § 50 II ZPO passiv parteifähig und kann daher bereits als AG verklagt werden (BAG 8.11.1962 AP GmbHG § 11 Nr. 1). Die **pers. Haftung der Handelnden nach § 11 II GmbHG** entfällt mit der Eintragung in das Handelsregister (BAG 7.6.1973 AP GmbHG § 11 Nr. 2; BGH 9.3.1981 NJW 1981, 1373). UU können die Gesellschafter einer GmbH in Gründung als AG angesehen werden, wenn sie die Arbeitskraft eines AN ohne Hinweis auf die noch nicht existente Gesellschaft in Anspruch nehmen (LAG HB 18.11.1980 – 4 Sa 92/79; Küttner/*Röller* Arbeitgeber Rn. 12). Fehlt jedoch die Zust. oder Ermächtigung nur eines Gesellschafters einer Vor-GmbH zu einem von einem Gesellschafter mit einem Dritten abgeschlossenen Arbeitsvertrag, so tritt eine Haftung der späteren GmbH nicht ein und es bleibt bei der pers. Haftung des Handelnden (LAG HM 28.10.1982 – 10 Sa 726/82).

191 **c) Einheitliches Arbeitsverhältnis mehrerer Arbeitgeber.** Auf AGSeite können bei einem einheitl. ArbVerh. auch mehrere natürl. und jur. Personen beteiligt sein. Nach Auff. des BAG ist für die Annahme eines einheitl. ArbVerh. nicht Voraussetzung, dass die AG in einem bes. gesellschaftsrechtl. Rechtsverhältnis stehen, einen gemeinsamen Betrieb führen oder den Arbeitsvertrag gemeinsam abschließen. Ausreichend sei ein allg. rechtl. Zusammenhang zwischen einzelnen AG, der es verbietet, die Beziehungen rechtl. getrennt zu behandeln (BAG 27.3.1981 AP BGB § 611 Arbeitgebergruppe Nr. 1; krit. *Schwerdtner* ZIP 1982, 900; *Schulin* SAE 1983, 294). Ehegatten sind gemeinsame AG einer Haushaltshilfe in ihrem gemeinsamen Haushalt (LAG HM 7.10.2002 NZA-RR 2004, 125, 126). Die Annahme eines einheitl. ArbVerh. hat zur Konsequenz, dass mehrere AG hins. Beschäftigungs- und Vergütungspflicht als **Gesamtschuldner** haften. Im Regelfall kann das einheitl. ArbVerh. nur von und ggü. allen auf einer Vertragsseite Beteiligten gekündigt werden. Ob ein dergestalt einheitl. ArbVerh. anzunehmen ist, ist durch Auslegung des Vertrags zu ermitteln. Eine Mehrheit von AG kann ein AN innerhalb eines Konzerns insb. dann haben, wenn bei Entsendung ein ArbVerh. ruht und ein weiteres Vertragsverhältnis mit der aufnehmenden Gesellschaft begr. wird. Allein durch die Bildung eines Gemeinschaftsbetriebs in Form einer GbR werden nicht alle Unternehmen AG aller in diesem Betrieb beschäftigten AN (BAG 5.3.1987 NZA 1988, 32; LAG D 3.7.1998 ARSt. 1998, 262).

192 **d) Aufspaltung der Arbeitgeberfunktion.** AGFunktionen muss der Vertragspartner nicht notwendig selbst wahrnehmen. Dies wird bes. deutl. bei jur. Personen und Minderjährigen. Hier wird von den ges. Organen bzw. den ges. Vertretern die AGFunktion wahrgenommen (MüArbR/*Richardi* § 21 Rn. 10). Eine Aufspaltung der AGFunktion (hierzu *Konzen* ZfA 1982, 259; *Ramm* ZfA 1973, 263; *Wendeling-Schröder* FS Gnade 1992 S. 367) tritt immer dann ein, wenn der AG nicht selbst beschäftigt, sondern beschäftigen lässt. Die Delegation von AGFunktionen sind bei Sonderformen des ArbVerh. anzutreffen (zu mittelbaren ArbVerh. und GruppenArbVerh. vgl. Rn. 164, 172; zum KonzernArbVerh. vgl. Rn. 197; zur Leiharbeit AÜG; zu Arbeitsgemeinschaften im Baugewerbe § 9 BRTV). Das **GesamthafenArbVerh.** nach Maßgabe des GesamthafenbetriebsG v. 3.8.1950 (BGBl. I S. 532) stellt einen ges. Fall der Aufspaltung der AGFunktion zwischen dem Gesamthafenbetrieb als „bes. AG zur Schaffung stetiger ArbVerh. für Hafenarbeiter" und den einzelnen Hafenbetrieben dar. Das G begr. keine Monopolstellung in Bezug auf die Vergabe von Hafenarbeiten (BAG 6.12.1995 NZA 1996, 721).

II. Betrieb, Betriebsteil, Teilbetrieb, Betriebszugehörigkeit

193 Eine für alle arbeitsrechtl. G gleichermaßen anzuwendende ges. Definition des Betriebsbegriffs gibt es nicht (*Joost*, Betrieb und Unternehmen als Grundbegriffe im ArbR, 1988; zum Begriff des **Tendenzbetriebes** vgl. § 118 BetrVG). Viele bedeutende arbeitsrechtl. Regelungen knüpfen an den Begriff eines Betriebes an. Das KSchG ist im Ausgangspunkt betriebsbezogen (vgl. § 1 II KSchG). Der Betrieb ist Ausgangspunkt und Wirkungsstätte des BR (§ 1 BetrVG). Schließl. spielt der Begriff des Betriebes auch im TVRecht bzgl. der Frage der Wirkung von TV eine Rolle (vgl. etwa § 3 II TVG). Auch wenn bisweilen darauf abgestellt wird, dass etwa der Betriebsbegriff des KSchG und des BetrVG der gleiche

sei, ist stets zu beachten, dass der teleologische Zusammenhang eine abw. Definition erfordern kann. So kann etwa die Definition der Betriebsteile und Nebenbetriebe in § 4 BetrVG nicht ohne weiteres auf das KSchG übertragen werden (BAG 21.6.1995 AP BetrVG 1972 § 1 Nr. 16). Insb. im Bereich des § 613a hat der Betriebsbegriff eine eigenständige Funktion (vgl. § 613a Rn. 5 ff.).

Die klassische Definition des Betriebs ist **organisatorische Einheit**, innerhalb derer der Unterneh- 194
mer allein oder zusammen mit seinen Mitarbeitern bestimmte arbeitstechnische Zwecke mit Hilfe sächl. oder immaterieller Mittel fortgesetzt verfolgt (BAG 18.1.1990 NZA 1990, 977). Diese Definition ist weder für die Abgrenzung im BetrVerfRecht hinreichend noch im IndividualArbR als teleologischer Bezugspunkt anwendbar. Im IndividualArbR wird mit dem Begriff „Betrieb" regelm. der Rechtsträger gekennzeichnet. Das ist aber regelm. der AG bzw. das Unternehmen. Mehrere Unternehmen können einen gemeinsamen Betrieb führen. Die Existenz sog. **Gemeinschaftsbetriebe** (Einzelheiten vgl. BetrVG § 4 Rn. 7; KSchG § 23 Rn. 5) erkennt das G in § 1 I 2 BetrVG und § 322 UmwG ausdr. an.

Zahlr. arbeitsrechtl. Vergünstigungen knüpfen an die **Dauer der Betriebszugehörigkeit** an (zB 195
§ 622; ausf. *Natzel,* Die Betriebszugehörigkeit im ArbR, 2000). Dieser Begriff ist zumeist in einem untechnischen Sinne zu verstehen. Er ist idR iSv. Unternehmenszugehörigkeit bzw. rechtl. Bestand eines ArbVerh. zu interpretieren. Eine Unternehmenszugehörigkeit ohne Betriebszugehörigkeit ist regelm. nicht denkbar (MüArbR/*Richardi* § 22 Rn. 58; **aA** *Boemke* AR-Blattei SD 540 Rn. 10). Die Betriebszugehörigkeit ist insb. für die Erreichung von Schwellenwerten im Kündigungsschutzrecht und im BetrVerfRecht wesentl. Tatbestandsvoraussetzung (vgl. § 23 I 2 KSchG, § 1 BetrVG).

III. Unternehmen

Der Begriff des Unternehmens ist arbeitsrechtl. weniger bedeutsam als der des Betriebes. Sein 196
Schwerpunkt liegt vielmehr im Handels- und Wirtschaftsrecht. Der Begriff des Unternehmens kann definiert werden als die **organisatorische Einheit,** die **aus einem oder mehreren Betrieben** bestehen kann und die durch einen gemeinsamen wirtschaftl. oder ideellen Zweck verbunden ist (BAG 23.9.1980 AP BetrVG 1972 § 47 Nr. 4). Der Begriff des Unternehmens setzt (im Unterschied zum Betrieb) idR einen einheitl. Rechtsträger voraus (BAG 11.12.1987 AP BetrVG 1972 § 47 Nr. 7). Mehrere Unternehmen können sich aber zur Führung eines Gemeinschaftsbetriebes verbinden. AG der in dem Gemeinschaftsbetrieb beschäftigten AN sind idR die Einzelunternehmen; in Ausnahmefällen kann jedoch auch die zur Betriebsführung gebildete Gesellschaft AG sein.

IV. Konzern

Das ArbR kennt keinen selbständigen Konzernbegriff, sondern übernimmt den in § 18 AktG 197
definierten **gesellschaftsrechtl. Begriff des Konzerns** (hierzu AktG § 18 Rn. 1 ff.; ausf. BAG 11.2.2015 AP BetrVG 1972 § 54 Nr. 18). Danach liegt ein (sog. Unterordnungs-)Konzern vor, wenn von mehreren verbundenen Unternehmen eines herrschend ist und eines oder mehrere abhängig sind, die unter der einheitl. Leitung des herrschenden Unternehmens zusammengefasst sind. Es ist zu berücksichtigen, dass in der Rspr. des BGH die Existenz eines Konzerns uU auch ohne Vorliegen eines Beherrschungs- oder Gewinnabführungsvertrags angenommen wird (BGH 20.2.1989 Z 107, 7; 23.9.1991 NJW 1991, 3142; 29.3.1993 AP AktG § 303 Nr. 2).

Die Zugehörigkeit des Unternehmens zu einem Konzern hat im **IndividualArbR** nur in wenigen 198
Fällen Bedeutung. Die Rechte und Pflichten aus dem ArbVerh. werden durch die Konzernbindung des AG idR nicht berührt. Umstr. ist die Reichweite eines **konzernweiten Kündigungsschutzes** (vgl. BAG 27.11.1991 NZA 1992, 644; 20.1.1994 NZA 1994, 653; 21.1.1999 NZA 1999, 539; 23.3.2006 NZA 2007, 30; hierzu *Gallner* FS Düwell 2011 S. 208). Im Geltungsbereich des KSchG hat das BAG einen „Berechnungsdurchgriff" im Konzern abgelehnt (BAG 12.11.1998 NZA 1999, 590). Die Möglichkeit zu **Abordnung** und **Versetzung** im Konzern bestimmt sich in erster Linie nach dem Inhalt des Arbeitsvertrags. Regelm. wird der AN nur für ein bestimmtes Konzernunternehmen eingestellt. Ein Vertragsschluss mit dem Konzern als solchem kommt nicht in Betracht, da dieser keine eigene Rechtspersönlichkeit hat (*Hessler* S. 38, 40 f.; *Konzen* RdA 1984, 65, 68). Bei der vorübergehenden Beschäftigung (Abordnung, Entsendung, Konzernleihe) in einem anderen Konzernunternehmen bleibt die arbeitsvertragl. Beziehung zum einstellenden Konzernunternehmern bestehen (zur konzerninternen ANÜberlassung vgl. AÜG § 1 Rn. 79). Sie ist nur zulässig, wenn der AN für den gesamten Bereich des Konzerns eingestellt ist bzw. sich im Arbeitsvertrag ein entspr. Vorbehalt findet oder die Parteien (konkludent) eine entspr. Vereinb. treffen. Die Abordnung auf der Basis eines vertragl. eingeräumten Bestimmungsrechts unterliegt der Billigkeitskontrolle nach § 315 I (*Maschmann* RdA 1996, 24 ff.). Zu empfehlen ist die Einräumung eines Rückkehrrechts zum Stammunternehmen zu den bisherigen Bedingungen (LAG HH 21.5.2008 – 5 Sa 82/07 – BeckRS 2008, 56425). Soll der AN dauerhaft in einem anderen Konzernunternehmen beschäftigt („versetzt") werden, kommt es zu einem konzerninternen AGWechsel, der nur durch Auflösung des bisherigen Arbeitsvertrags (durch Kündigung oder Aufhebungsvereinb.) und Begr. eines neuen Vertragsverhältnisses oder im Wege eines dreiseitigen Übernahmevertrags erreicht werden kann. Der konzerninterne AGWechsel kann durch eine bloße „Kon-

zernversetzungsklausel" nicht erreicht werden (näher *Maschmann* RdA 1996, 24, 35 ff.; *Windbichler* S. 95 f.; §§ 305 bis 310 Rn. 86). Die konzerndimensionale Ausgestaltung des Arbeitsvertrags hat aber durchaus kündigungsrechtl. Konsequenzen: Der AN kann sich auf eine ggf. bestehende Weiterbeschäftigungsmöglichkeit in konzernangehörigen Unternehmen berufen (BAG 27.11.1991 NZA 1992, 644; 23.3.2006 NZA 2007, 30). Bei einer Abordnung zu einem Konzernunternehmen mit Rückkehrvereinb. kann ein vertragl. Verzicht auf die betriebsbedingte Kündigung aus bestimmten Gründen vorliegen (BAG 28.11.1962 EzA KSchG § 1 Nr. 12).

199 Regelm. gibt es keinen **konzerndimensionalen Gleichbehandlungsanspruch,** da die im Konzern zusammengeschlossenen Unternehmen ihre Eigenständigkeit behalten (BAG 20.8.1986 AP TVG § 1 Tarifverträge: Seniorität Nr. 6, hierzu näher Rn. 588). Etwas anderes kann nur dann gelten, wenn die Konzernspitze für die Gewährung von AGLeistungen eine Verteilungskompetenz in Anspruch nimmt und konzernrechtl. entspr. Weisungen erteilt.

D. Rechtsquellen des Arbeitsrechts

I. Arbeitsvölkerrecht

200 In zahlr. völkerrechtl. Verträgen werden arbeitsrechtl. Fragen behandelt (umf. *Schubert* Arbeitsvölkerrecht 2017). Hier kommen ua. in Betracht die ESC v. 18.10.1961, die EMRK von 1950 (in Deutschland in Kraft getreten am 3.9.1953 BGBl. II 1954, S. 14) und der **Int. Pakt über wirtschaftl., soziale und kulturelle Rechte** von 1966, der 1976 in der Bundesrepublik in Kraft getreten ist (G v. 23.11.1973 BGBl. II S. 1570). Während die beiden zul. genannten Abk. als unmittelbar geltendes Bundesrecht wirken, ist die Rechtsnatur der Sozialcharta umstr. Nach richtiger Auff. stellt die Sozialcharta kein unmittelbar geltendes Recht dar (*Konzen* JZ 1986, 157). Allerdings hat sich die Bundesrepublik zur Durchführung der Sozialcharta verpflichtet, so dass überw. zu Recht vertreten wird, dass die Sozialcharta Bedeutung bei der Auslegung von G, der Lückenfüllung und ggf. auch für die Rechtsfortbildung haben kann (HWK/*Thüsing* Vor § 611 Rn. 133; vgl. BAG 10.12.2002 NZA 2003, 734; offen lassend BVerfG 20.10.1981 E 58, 233, 257 f.).

201 Zu nennen sind des Weiteren Übk. der **IAO/ILO.** Diese Organisation will allg. gerechte und menschenwürdige Arbeitsbedingungen schaffen und durch Ausgleich des sozialen Gefälles dem Weltfrieden dienen (Präambel der Verf., zul. geänd. am 27.6.1972, Bek. v. 21.11.1975, BGBl. II 2206). Die Übk., die von den Mitgliedstaaten zu ratifizieren und in nationales Recht umzusetzen sind, binden die Unterzeichnerstaaten völkerrechtl.; der einzelne AN kann aber aus ihnen unmittelbar regelm. keine Rechte herleiten (BAG 25.3.1998 NZA 1998, 1072). Sind die Übk. in nationales Recht umgesetzt, so ist dies innerstaatl. einfaches GRecht. Stimmt die nationale Regelung mit dem Übk. nicht überein, so kann das ein völkerrechtl. Vertragsverstoß sein, innerstaatl. bleibt die Regelung jedoch wirksam. Da diese Abk. nur Mindeststandards festlegen und eine möglichst große Zahl von Staaten ihnen beitreten soll, kann das Schutzniveau nicht allzu hoch sein; die dt. ArbRGesetzgebung erfüllt regelm. die Anforderungen. Überdies wird in Europa die Bedeutung der IAO-Übk. durch die Rechtsetzung der EU abnehmen.

II. Europäisches Unionsrecht

202 Das ArbR bildet im Recht der EU keinen eigenständigen Regelungsgegenstand, sondern ist Bestandteil der Bestimmungen über die Sozialpolitik. Der Einfluss des Unionsrechts auf das nationale ArbR steigt jedoch (s. Vorb. zum AEUV). Die Rechtsetzung der EU betrifft zunehmend Bereiche des allg. Arbeitsvertragsrechts, insb. aber des sozialen und technischen Arbeitsschutzes. Die EU wird jedoch nach dem Grds. der begrenzten Einzelermächtigung gem. Art. 5 I 1, II EUV (Lissabon) nur innerhalb der Grenzen der ihr im EUV und AEUV gesetzten Ziele tätig. Im AEUV selbst befinden sich nur wenige materielle arbeitsrechtl. Regelungen, so zB die Bestimmungen über die Freizügigkeit der AN (Art. 45 ff. AEUV) oder den Grds. gleichen Entgelts für Männer und Frauen (Art. 157 AEUV). Diese Vorschr. entfalten unmittelbare Wirkung. Sie stehen über dem nationalen Bundesrecht. Hinzu kommt, dass der EuGH im breiter werdenden Geltungsbereich des Unionsrechts selbst Grundrechtsschutz gewährt. Dabei ist nicht auszuschließen, dass das BVerfG und der EuGH zu divergierenden Einschätzungen (zB in der Frage der Altersgrenzen) kommen. Nach der Rspr. des BVerfG gibt es keine feste Rangfolge zwischen dem Vorlageverf. nach Art. 100 I GG und dem Vorabentscheidungsverf. nach Art. 267 (BVerfG 11.7.2006 NZA 2007, 42). Damit hat das vorlegende Gericht in Fällen, in denen es sowohl Zweifel hins. der Vereinbarkeit der Norm mit europ. Recht als auch mit dem GG hat, ein Wahlrecht zwischen diesen Verf. Kommt der EuGH dem BVerfG in einer bestimmten Frage zuvor und erklärt eine nationale Norm für unanwendbar (EuGH 22.11.2005 NZA 2005, 1345; BAG 26.4.2006 NZA 2006, 1162 jeweils zu § 14 III TzBfG aF; EuGH 19.1.2010 NZA 2010, 85 zu § 622 II 2), ist eine Richtervorlage nach Art. 100 I GG nicht mehr zulässig, da das für unanwendbar erklärte G nicht mehr entscheidungserhebl. ist.

III. Verfassungsrecht

Das GG steht auch im ArbR unter den nationalen Rechtsquellen an erster Stelle und geht allen anderen innerstaatl. Rechtsquellen vor. Die Bedeutung des GG, insb. die Einwirkung der Grundrechte auf das ArbR, ist bes. stark. Anges. der fehlenden Konkretisierung in einem kodifizierten Arbeitsvertragsrecht wird die Schutzgebotsfunktion der Grundrechte in vielen Einzelfragen bei der Anwendung arbeitsrechtl. Generalklauseln aktiv (vgl. die Erl. zum GG). 203

IV. Arbeitsrechtliche Gesetze

1. Übersicht. Das ArbR gehört nach Art. 74 I Nr. 12 GG einschl. der Betriebsverf., des Arbeitsschutzes und der Arbeitsvermittlung zu den Gegenständen der konkurrierenden Gesetzgebung des Bundes. Deshalb ist die Bedeutung der LandesG auf dem Gebiet des ArbR gering. ZT gibt es noch LandesG über das Schlichtungswesen (Nipperdey I Nr. 521 bis 524). Eine – umstr. – Domäne sind die LandesG über Sonderurlaub für Mitarbeiter in der Jugendhilfe und die ANWeiterbildungsG der Länder (abgedr. in Nipperdey Nr. 135 bis 149a). Zur verfassungsrechtl. Problematik vgl. BVerfG 11.2.1992 AP SonderUrlG HE § 1 Nr. 1; 15.7.1997 AP SonderUrlG HE § 1 Nr. 2. 204

Beim GRecht ist zu unterscheiden zwischen Normen zwgd. Rechts und solchen, die dispositiv sind. Charakteristisch für das ArbR ist, dass die dispositiven Regelungen im Vergleich zahlenmäßig deutl. seltener sind, was darauf zurückzuführen ist, dass der Gesetzgeber anges. des typischerweise bestehenden Machtungleichgewichts zwischen AG und AN Schutzvorschr. zugunsten der AN schuf, die ihrer Funktion nach zwgd. sein müssen. 205

2. Einseitig und zweiseitig zwingendes Gesetzesrecht. Ob Normen zwgd. sind, ergibt sich tw. auf Grund ausdr. Anordnung, zB in § 619, § 62 IV HGB, § 13 I 3 BUrlG. Bei nicht ausdr. Anordnung kann sich die zwgd. Wirkung aus dem Schutzgedanken der Norm ergeben. Zahlr. arbeitsrechtl. Schutzvorschr. enthalten Verbotsnormen iSv. § 134. Hier sind zB zu nennen die Beschäftigungsverbote in §§ 4–6, 16 MuSchG. Zwgd. Schutzvorschr. finden sich des Weiteren im JArbSchG, im BUrlG und im ArbZG. Vgl. zu den Rechtsfolgen Rn. 334 f. 206

3. Tarifdispositives Gesetzesrecht. Etwas anderes gilt für Normen, die durch TV abbedungen werden können. Als Bsp. sind zu nennen: EFZ (§ 4 IV EFZG); Kündigungsfristen (§ 622 IV); TZArbR (§§ 12 III, 13 IV TzBfG); Befristungsrecht (§ 14 II 2 TzBfG); Urlaubsrecht (§ 13 BUrlG); betriebl. AV (§ 17 III BetrAVG); AZSchutz (§ 7 ArbZG, § 21a JArbSchG); ANÜberlassung (§ 1 Ib und § 8 II bis IV AÜG); ArbR für Seeleute (§§ 49, 54 SeeArbG); Zuständigkeitsregelungen im ArbGProzess (§ 48 II und § 101 I und II ArbGG). Dahinter steht die Vorstellung, dass zwar der einzelne AN des Schutzes bedarf, TV aber zwischen in etwa gleich starken Partnern ausgehandelt werden. Zu beachten ist, dass die Geltung zuungunsten der AN abw. Regelungen in TV auch zwischen nichttarifgebundenen Parteien vereinbart werden kann. Insoweit stehen auch zwgd. Regelungen zur Disposition. Zu nennen sind hier § 622 IV 2, § 13 I 2 BUrlG, § 17 III 2 BetrAVG; §§ 12 III 2, 13 IV 2, 14 IV 2 TzBfG. 207

4. Dispositives Gesetzesrecht. Neben den tarifdispositiven Normen, die nur durch TV abbedungen werden dürfen, bestehen dispositive Normen, die der Vertragsgestaltung der Parteien unterliegen, zB §§ 612, 613, 614, 615. Diese können grds. auch durch Arbeitsvertrag oder BV abw. ausgestaltet werden. 208

V. Rechtsverordnungen

Als arbeitsrechtl. Rechtsquelle unterhalb der Ebene des GRechts, dh. der G im formellen Sinne, sind die RechtsVO zu nennen, die nur auf Grund einer den Anforderungen des Art. 80 GG genügenden Ermächtigungsnorm erlassen werden dürfen. Diese haben von ihrer Verbreitung her nicht die Bedeutung wie das GRecht und sind im Laufe der Rechtsentwicklung als arbeitsrechtl. Gestaltungsform eher zurückgedrängt worden. In RechtsVO sind zB die Durchführung des TVG sowie des BetrVG sowie Wahlordnungen des KollektivArbR geregelt. Wichtige Materien der RechtsVO betreffen den Bereich des Arbeitsschutzes (hierzu §§ 18, 19 ArbSchG). Zum Rechtscharakter der AVE von TV (vgl. § 5 TVG). 209

VI. Satzungsrecht

Eine bes. Stellung zwischen ArbR und SozR nehmen die UVV ein. Es handelt sich dabei nicht um RechtsVO, sondern um autonomes Satzungsrecht der Berufsgenossenschaften, dh. der Träger der ges. UV. Diese UVV enthalten Verhaltensmaßregeln für AG und AN und binden die in der ges. UV Versicherten – also die AN – und ihre AG (vgl. dazu § 15 SGB VII). Gegenstand der Vorschr. sind die Einrichtungen, Anordnungen und Maßnahmen, die von den Unternehmern zur Verhütung von Arbeitsunfällen zu treffen sind und das Verhalten, das die Versicherten zur Verhütung von Arbeitsunfällen zu beachten haben. Die Durchführung wird von Aufsichtspersonen überwacht. 210

VII. Tarifverträge

211 TV enthalten Rechtsnormen, die den Inhalt, den Abschluss und die Beendigung von ArbVerh. sowie betriebl. und betriebsverfassungsrechtl. Fragen regeln (§ 1 I TVG). Sie setzen Mindestarbeitsbedingungen zu Gunsten der tarifgebundenen AN und wirken zwgd. und unmittelbar (§ 4 TVG). TV haben erhebl. Bedeutung für die Gestaltung des Arbeitsvertragsinhalts. Sie werden typischerweise auch auf nicht tarifgebundene AN durch Bezugnahme (Rn. 230) angewendet. Vgl. die Erl. zum TVG.

VIII. Betriebs- und Dienstvereinbarungen

212 BV wirken nach § 77 BetrVG unmittelbar und zwgd. auf die ArbVerh. in ihrem Geltungsbereich ein (vgl. näher hierzu BetrVG § 77 Rn. 1 ff.).

IX. Arbeitsvertrag

213 IRd. von Recht und G sowie insb. Kollektivverträgen gesetzten Grenzen wird der Inhalt des ArbVerh. wesentl. durch den Arbeitsvertrag gestaltet. Begr. und inhaltl. Ausgestaltung erfolgen nach dem Prinzip der Privatautonomie (vgl. § 105 GewO), das jedoch mannigfache Einschränkungen erfährt. Im ArbR sind **verschiedene Erscheinungsformen arbeitsvertragl. Abreden** anzutreffen. Diese sind in die allg. Privatrechtsdogmatik einzuordnen.

214 Nach dem Grds. der Privatautonomie können Arbeitsverträge auch während ihres Laufs geänd. werden (§ 311 I). Eine bes. Bedeutung hat die konkludente **Vertragsänd.** Vom AG angebotene Verbesserungen der Vertragsbedingungen werden zumeist iSd. § 151 ohne ausdr. Annahmeerkl. Vertragsbestandteil (hierzu Rn. 375).

215 **1. Ausgehandelte Einzelarbeitsverträge.** Der Begriff des Einzelarbeitsvertrags wird im ArbR vielfach als Gegenbegriff zu den arbeitsrechtl. Kollektivverträgen (TV, BV) verwandt. Mit dem Begriff des Einzelarbeitsvertrags ist jedoch noch keine qualitative Einstufung zur Art und Weise des Zustandekommens verbunden. Einzelarbeitsverträge sind auch Formulararbeitsverträge bzw. Einheitsregelungen, die einer bes. Inhaltskontrolle nach Maßgabe der §§ 305 ff. bedürfen (vgl. §§ 305 bis 310 Rn. 9 ff.). Insoweit muss künftig kraft ges. Regelung zwischen dem **vorformulierten** (der Inhaltskontrolle nach §§ 305 ff. unterliegenden) **und dem individuell ausgehandelten Einzelarbeitsvertrag diff.** werden, der nach § 305 I 3 nicht der Inhaltskontrolle nach dem Recht der AGB unterliegt (vgl. §§ 305 bis 310 Rn. 22 ff.). Insb. bei der Vereinb. von Vertragsbedingungen, die ausdr. vom AN gewünscht sind, besteht kein über die allg. Grds. hinausgehendes Bedürfnis zur Inhaltskontrolle (vgl. schon zur Befristung auf Wunsch des AN: BAG 22.3.1973 AP BGB § 620 Befristeter Arbeitsvertrag Nr. 38; zur Vertragstypenwahl Rn. 60).

216 **2. Formularverträge, vertragliche Einheitsregelungen, allgemeine Arbeitsbedingungen.** Die typische Form der arbeitsvertragl. Abrede ist der arbeitgeberseitig vorformulierte (Formular-)Vertrag. Neben dem vorformulierten Grundvertrag werden darüber hinaus zahlr. Einheitsregelungen oder allg. Arbeitsbedingungen durch Verweisung in den Arbeitsvertrag einbezogen. Diese Vertragsformen unterfallen dem Begriff der **AGB** und der Inhaltskontrolle nach §§ 305 ff. Auch wenn Arbeitsbedingungen nur zu einem geringen Teil individuell ausgehandelt werden, rechtfertigt dies nicht die Schmälerung des **Prinzips der Vertragsbindung** (§ 311 I). Das Prinzip „pacta sunt servanda“ gilt auch im ArbR. Vertragsparteien, die die grundrechtl. geschützte Vertragsfreiheit (hierzu GG Art. 2 Rn. 27 ff.) gleichermaßen durch einen Akt freiheitl. Selbstbestimmung vollzogen haben, trifft die gleiche Verantwortung, das Gewollte zu erfüllen.

217 In der Rspr. findet sich ferner die **Differenzierung zwischen typischen und atypischen Verträgen.** Sog. „nicht-typische Vertragsklauseln“ (= individuell vereinbarte Klauseln) sind revisionsgerichtl. nur daraufhin nachzuprüfen, ob das Berufungsgericht gegen die ges. Auslegungsregeln der §§ 133, 157, gegen DenkG oder allg. Erfahrungssätze verstoßen hat (BAG 17.2.1966 AP BGB § 133 Nr. 30; 28.1.1987 AP BAT 1975 §§ 22, 23 Nr. 130). Der sog. „typische Arbeitsvertrag“ unterliegt nach stRspr. dagegen der vollen Nachprüfung durch das Revisionsgericht, weil darin Vertragsbedingungen enthalten sind, die in gleicher Weise für eine Vielzahl von ArbVerh. bestimmt sind (BAG 3.12.1985 NZA 1986, 337; 13.8.1986 AP BGB § 242 Gleichbehandlung Nr. 77). Dabei ist unerhebl., ob ein Formulartext oder ein jeweils aus einem Textverarbeitungssystem abgerufener einheitl. Vertrag vorliegt (BAG 27.1.1997 NZA 1997, 1009, 1011).

218 **3. Gesamtzusage.** Eine Gesamtzusage ist die an alle AN oder einen nach abstrakten Merkmalen bestimmten Teil von ihnen in allg. Form gerichtete ausdr. Erkl. des AG, zusätzl. Leistungen (zB Ruhegeld) erbringen zu wollen (BAG 18.3.2003 NZA 2004, 1099; 20.8.2014 NZA 2014, 1333). Danach kommt durch die Gesamtzusage eine „Mehrheit gleichlautender Individualverträge“ zustande (*Kolbe* ZfA 2011, 95, 98). Gesamtzusagen beziehen sich nur auf die den **AN begünstigende Regelungen.** Nach hA wird in der Gesamtzusage ein Vertragsangebot an jeden einzelnen AN gesehen (zu einer Gesamtzusage per Internet: BAG 22.1.2003 NZA 2003, 576). Ob eine Gesamtzusage vorliegt und

welchen Inhalt sie hat, richtet sich nach den für Willenserkl. geltenden Regeln (§§ 133, 157). Gesamtzusagen sind als „typisierte Willenserkl." nach obj., vom Einzelfall unabhängigen Kriterien auszulegen; maßgebl. ist der obj. Erklärungsinhalt aus der Sicht des Empfängers (BAG 12.10.2007 NZA 2008, 1012; 22.12.2009 NZA-RR 2010, 541). Der AG kann sich von dem Angebot, das er im firmeneigenen Internet bekannt gegeben hat, nicht durch bloße Herausnahme des Angebots aus dem *Netz* lösen (LAG D 11.9.2003 AuR 2004, 35 [LS]). Der einzelne AN muss typischerweise in der Lage sein, von dem Angebot Kenntnis zu nehmen. Auf die konkrete Kenntnis eines einzelnen AN kommt es für das Wirksamwerden der Gesamtzusage nicht an (BAG 15.2.2005 NZA 2005, 1117; 28.6.2006 NZA 2006, 1174; 17.11.2009 NZA-RR 2010, 293). Die AN können ein solches Angebot annehmen, ohne dass es einer ausdr. **Annahmeerkl.** bedarf (§ 151; BAG 13.3.1975 AP BGB § 242 Ruhegehalt Nr. 167; 28.6.2006 NZA 2006, 1174; 23.9.2009 AP BGB § 157 Nr. 36). Ungeachtet der dogmatischen Begr. werden nach Auff. des BAG Gesamtzusagen Bestandteil des Arbeitsvertrags (BAG 12.10.1995 AP BetrVG 1972 § 99 Versetzung Nr. 8). Eine Gesamtzusage ist typischerweise nicht auf die im Zpkt. ihrer erstmaligen Erkl. beschäftigten AN beschränkt. Sie wird regelm. **auch ggü. nachträgl. in den Betrieb eintretenden AN** abgegeben und diesen bekannt (BAG 20.8.2014 NZA 2014, 1333). Auch sie können deshalb das in ihr liegende Vertragsangebot gem. § 151 annehmen. Gem. § 151 S. 2 bestimmt sich der Zpkt., in welchem der Antrag erlischt, nach dem aus dem Antrag oder den Umständen zu entnehmenden Willen des Antragenden. Bei einer auf Dauer angelegten Leistung spricht das für die Fortgeltung des Antrags bis zu einer gegenteiligen Erkl. (BAG 23.9.2009 AP BGB § 157 Nr. 36). Von der Zusage kann sich der AG nur durch Änderungskündigung lösen, sofern die Zusage keinen Änderungs- oder Widerrufsvorbehalt enthält (BAG 14.6.1995 NZA 1995, 1194). Die Bedingungen einer Gesamtzusage unterliegen einer Inhaltskontrolle nach §§ 305 ff. (BAG 20.8.2014 NZA 2014, 1333). Steht eine Gesamtzusage unter Widerrufsvorbehalt, kann auch der Widerruf durch Gesamtzusage erfolgen (BAG 24.1.2006 NZA 2006, 1431). In eine voraussetzungslose Gesamtzusage, die durch Aushang („Schwarzes Brett") bekannt gegeben wird, kann ohne Klarstellung kein Freiwilligkeits- oder Widerrufsvorbehalt hineingelesen werden (BAG 21.1.2003 EzA BGB 2002 § 611 Gratifikation, Prämie Nr. 5). Änderungsvereinb. sind mögl.; verschlechternde Änderungsangebote des AG werden aber nicht ohne ausdr. Annahmeerkl. des AN wirksam. § 151 greift in diesem Falle nicht (LAG BE 9.3.2001 NZA-RR 2001, 491). Die Gesamtzusage bezieht sich in der Praxis typischerweise auf für den AN günstige Sozial- oder Geldleistungen; Bedeutung hat sie insb. im Ruhegeldrecht (vgl. etwa BAG 28.7.1998 NZA 1999, 444), bei Sondervergütungen (Rn. 527 ff.), Personalrabatten und Deputaten (BAG 10.4.1984 AP BGB § 242 Gleichbehandlung Nr. 64; 14.6.1995 NZA 1995, 1194). Als Versorgungsversprechen wird die Gesamtzusage regelm. dynamisch erteilt (BAG 13.1.2015 NZA 2015, 1192). Eine begünstigende Gesamtzusage kann **regelm. nicht durch eine spätere Kollektivvereinb. verschlechtert** werden (BAG 4.4.2001 NZA 2002, 408). Die Rspr. ist aber bei der Annahme von Vorbehalten recht großzügig. Vertragl. begr. Ansprüche einer Gesamtzusage können zwar durch eine nachf. BV nur abgelöst werden, wenn der AG sich bei der Zusage eine Abänderung durch BV vorbehalten hat. Ein derartiger Änderungsvorbehalt könne sich jedoch, ohne ausdr. formuliert zu sein, aus den Gesamtumständen ergeben, zB aus dem Hinweis, dass die Leistung auf mit dem BR abgestimmten RL beruhe. Dies lege bei dem Erklärungsempfänger die Folgerung nahe, dass die vom AG zu erbringenden Leistungen in Abstimmung mit dem BR umgestaltet werden können (BAG 15.2.2011 NZA-RR 2011, 541; s. a. BAG 16.11.2011 NZA 2012, 349). Ersetzen die Betriebsparteien die Gesamtzusage in solchen Fällen durch eine inhaltsgleiche BV, erlöscht die Gesamtzusage endgültig. Diese Rspr. entspricht der früheren Linie des BAG; sie ist aber im Lichte der Transparenzanforderungen der §§ 305 ff. probl. (s. §§ 305 bis 310 Rn. 19a).

Das MBR des BR nach § 87 I Nr. 8 und 10 BetrVG ist von wesentl. Bedeutung und hat in der Praxis 219
zur weitgehenden Verdrängung der Gesamtzusage durch BV oder Regelungsabrede geführt (zur Möglichkeit der Ablösung einer Gesamtzusage durch BV vgl. BetrVG § 77 Rn. 70 ff.). Im Einzelfall kann eine unwirksame BV in eine Gesamtzusage umgedeutet werden (BAG 23.8.1989 NZA 1990, 69; 30.5.2006 NZA 2006, 1170; 23.2.2016 NZA 2016, 642). Neben einer geschlossenen BV entsteht aber regelm. kein selbständiger Anspruch aus einer Gesamtzusage (LAG K 12.6.1998 NZA-RR 1999, 30).

4. Betriebliche Übung; konkludente Vertragsbindung. Das Institut der betriebl. Übung scheint 220
gewohnheitsrechtl. anerkannt (*Gamillscheg* FS Hilger/Stumpf 1983 S. 227 ff.; *Backhaus* AuR 1983, 65; *Hromadka* NZA 1984, 241; *Pauly* MDR 1997, 213; *Seiter,* Die Betriebsübung, 1967; *Singer* ZfA 1993, 487; *Walker* JuS 207, 1; *Henssler* FS 50 Jahre BAG 2004 S. 683, 691: „eigenständiges arbeitsrechtl. Rechtsinstitut"; *Hanau* ZfA 2003, 753: „zw. Rechtsquelle"; hierzu *Bepler* RdA 2005, 323 und RdA 2004, 226, 237: „im Ganzen geglückte Rechtsfortbildung"). Dies ist deshalb abzulehnen, weil Streit über die dogmatische Grdl. besteht (s. zul. *Hromadka* NZA 2011, 65; *Mikosch* FS Düwell 2011 S. 115; *Picker*, Die betriebl. Übung, 2011, S. 21 ff.; *Wank* NZA-Beil. 3/2011, 126) und unklar ist, ob es dieses angebl. Instituts zur Bewältigung der auftretenden Fragestellungen überhaupt bedarf. Das ist nach hier vertretener Auff. nicht der Fall (vgl. ausf. *Preis/Genenger* JbArbR 2010, 93 ff.; in diese Richtung auch *Mikosch* FS Düwell 2011 S. 115). Begriffl. wird unter einer betriebl. Übung die regelm. (gleichförmige) Wiederholung bestimmter Verhaltensweisen des AG verstanden, aus der AN einen konkreten Ver-

pflichtungswillen des AG ableiten können, ihnen solle eine Leistung oder Vergünstigung auf Dauer gewährt werden. Nur in § 1b I 4 BetrAVG wurde sie bislang einmalig positivrechtl. erwähnt (hierzu BAG 12.12.2006 AP BGB § 242 Betriebliche Übung Nr. 77). Die Verselbständigung des „Instituts" der betriebl. Übung hat zu einer ausufernden Anwendung auf theoretisch **alle Arbeitsvertragsinhalte** geführt. Die zahlr. Inkonsistenzen und Zweifelsfragen der Rspr. können nur beseitigt werden, wenn sich die Rspr. – was sie iE zumeist auch tut – klar auf die Vertragstheorie stützt. Dann geht es im Kern um Fragestellungen der Rechtsgeschäftslehre. Die betriebl. Übung ist dann iE ein Anwendungsfall **konkludenter Vertragsbindung** (hierzu *Preis* NZA 2009, 281, 288, in diese Richtung jetzt auch BAG 21.4.2010 NZA 2010, 808; hierzu *Salamon* NZA 2010, 1272; „Verhalten mit Erklärungswert", vgl. BAG 14.9.2011 NZA 2012, 81; 13.5.2015 NZA 2015, 992 Rn. 11). Die Rspr. des BAG, insb. des 10. Senats, drängt allerdings die Verselbständigung der betriebl. Übung zurück. Sie unterscheidet zwischen einer betriebl. Übung, der stets ein kollektives Moment gemein sein muss, und konkludenten (idR begünstigenden) Vertragsänderungen. Die betriebl. Übung ist als kollektive Erscheinung nur ein Unterfall der konkludenten Vertragsbindung. Entscheidend ist, ob dem AGVerhalten Angebotsqualität zukommt. Weiterführend ist der Hinweis, dass der Begriff der betriebl. Übung nicht mehr ist als ein Sammelbegriff für Auslegungsregeln sowie Abstufungen der Darlegungs- und Beweislast (*Mikosch* FS Düwell 2011 S. 115, 130). Ein AG, der eine Leistung auch nur ein einziges Mal gewährt, gibt eine rechtsgeschäftl. relevante Erkl. ab (hierzu *Preis/Sagan* NZA 2012, 697). Leistet er mehrfach, muss er das mit dem Leistungsverhalten verbundene Vertrauen entkräften (*Mikosch* FS Düwell 2011 S. 115, 130). Das ist schon deshalb gerechtfertigt, weil Sonderleistungen idR nach Maßgabe der § 2 S. 1 und 2 Nr. 6, § 3 NachwG nachweispflichtig sind, was zu einer Erleichterung der Beweisführungslast führt (NachwG Einf. Rn. 16 ff., 23). Die einseitig gestellten Leistungsbedingungen unterfallen einer Kontrolle nach Maßgabe der §§ 305 ff.

220a Schon nach früher Rspr. musste der AG „ein Verhalten an den Tag gelegt [haben], das sein Einverständnis mit einer solchen Rechtsbildung erkennen oder wenigstens vermuten lässt" (BAG 28.2.1956 AP BGB § 242 Betriebliche Übung Nr. 1). Die stereotypen Formeln des BAG zur **Definition der betriebl. Übung** zeigen die Deckungsgleichheit mit den Voraussetzungen einer konkludenten Vertragsänd. Sie lautet (statt vieler BAG 20.5.2008 NZA 2008, 1233, s. a. BAG 14.9.2011 NZA 2012, 81): „Unter einer betriebl. Übung ist die regelm. Wiederholung bestimmter Verhaltensweisen des AG zu verstehen, aus denen die AN schließen können, ihnen solle eine Leistung oder eine Vergünstigung auf Dauer eingeräumt werden. Dieses als Vertragsangebot zu wertende Verhalten des AG wird von den AN durch widerspruchslose Inanspruchnahme der Leistung angenommen. Der Zugang der Annahmeerkl. ist gem. § 151 S. 1 BGB entbehrl. Durch die betriebl. Übung erwachsen vertragl. Ansprüche auf die übl. gewordenen Leistungen. Eine betriebl. Übung ist für jeden Gegenstand vorstellbar, der arbeitsvertragl. in einer so allg. Form geregelt werden kann. Entscheidend für die Entstehung eines Anspruchs ist jedoch nicht der Verpflichtungswille, sondern wie der Erklärungsempfänger die Erkl. oder das Verhalten des AG nach Treu und Glauben unter Berücksichtigung aller Begleitumstände (§§ 133, 157 BGB) verstehen musste und durfte." Nur für den Sonderfall der Sonderzahlungen hat die Rspr. diese Formel quasi rechtssatzförmig konkretisiert: „Für jährl. an die gesamte Belegschaft gezahlte Gratifikationen besteht die Regel, dass eine dreimalige vorbehaltlose Gewährung zur Verbindlichkeit erstarkt" (BAG 1.4.2009 AP BGB § 242 Betriebliche Übung Nr. 84; 5.8.2009 NZA 2009, 1105). Auf der Basis dieser sog. **Vertragstheorie** (BAG 14.8.1996 NZA 1996, 1323; 21.1.1997 NZA 1997, 1009; abl. *Singer* ZfA 1993, 487 ff.) wird dann auch ein Anspruch für die Folgejahre begr. Diese Schematisierung ist wenig weiterführend, zumal es eine allgemeinverbindl. Regel, ab welcher Anzahl von Leistungen der AN erwarten darf, dass auch er die Leistung erhält, sobald er die Voraussetzungen erfüllt, nicht gibt (BAG 28.6.2006 NZA 2006, 1174). Der „Klassiker" der betriebl. Übung, die dreimalige vorbehaltlose Sonderzahlung lässt sich indes zutr. mit der konkludenten Vertragsbindung erklären. Das BAG stellt zu Recht auf die vorherrschende Rechtsgeschäftslehre ab, wonach auch ohne Erklärungsbewusstsein eine Willenserkl. abgegeben wird, wenn der Empfänger sie nach Treu und Glauben als solche verstehen durfte und der Erklärende dies hätte erkennen und vermeiden können (BAG 31.10.1984 NZA 1985, 531; BGH 7.6.1984 Z 91, 324; ausf. *Waltermann* RdA 2006, 257, 260 f.). Das Verhalten des AG ist dabei losgelöst von den Umständen des Einzelfalles nach obj. Kriterien auszulegen (BAG 31.7.2007 NZA 2008, 1320). Die sog. betriebl. Übung unterscheidet sich damit nicht von der Auslegung „normaler" Willenserkl. nach der Rechtsgeschäftslehre. Die Vertragstheorie wird insoweit durch Elemente der **Theorie der Vertrauenshaftung** (grdl. *Canaris,* Die Vertrauenshaftung im dt. Privatrecht, 1971 S. 387 ff.) ergänzt.

220b Außerhalb der mind. dreimalig gewährten Sonderzahlungen stellt sich die Annahme einer konkludenten Bindung schwieriger dar. Zum zweiten „Klassiker", den **Einmalzahlungen** (Jubiläums- und Treuegeldern), meint das BAG: „Bei anderen Sozialleistungen und damit auch bei Jubiläumszuwendungen ist auf Art, Dauer und Intensität der Leistungen abzustellen. Welcher Zeitraum des Bestehens der Übung notwendig ist, um auf eine berechtigte Erwartung der Fortsetzung der Übung bei den AN und mithin auf den Willen zur zukünftigen Leistung beim AG schließen zu können, hängt von der Häufigkeit der erbrachten Leistungen ab. Dabei kommt es auf die Zahl der Anwendungsfälle im Verhältnis zur Belegschaftsstärke an. Ferner sind in die Bewertung der Relation von Anzahl der Wiederholungen und Dauer der Übung auch Art und Inhalt der Leistung einzubeziehen. Bei für den AN weniger wichtigen Leistungen sind an die Zahl der Wiederholungen höhere Anforderungen zu stellen als bei bedeutsameren Leistungsinhalten" (BAG 28.7.2004 NZA 2004, 1152; 28.6.2006 NZA 2006, 1174; 28.5.2008 NZA 2008, 941). Auf der Basis der zu bevorzugenden rechtsgeschäftl. Lösung lassen sich – wie die einzelfallorientierte Rspr. zeigt – idR keine Vertragsansprüche auf Einmalzahlungen wie Jubiläumsgelder etc. begründen (s. BAG 17.11.2015 NZA 2016, 308), wenn der AN noch kein einziges Mal in den Genuss der Leistungen gekommen ist, also kein Verhalten des AG vorliegt, dass er als Bindungserkl. auch ihm ggü. auffassen konnte (vgl. *Preis/Genenger* JbArbR 2010, 93, 114; vgl. auch *Waltermann* RdA 2006, 257, 262 ff.). Denkbar sind dann allenfalls Ansprüche auf Gleichbehandlung (wie im Fall BAG 17.11.2009 NZA-RR 2010, 293 nahegelegen hätte, vgl. dort Rn. 26: „Entspricht es der bisherigen Praxis des AG, ausscheidenden AN eine bes. Zahlung zukommen zu lassen, wird aus Gleichbehandlungsgründen ein zurechenbarer obj. Bindungswille des AG deutl., wenn die bekannt werdenden Einzelleistungen auf einem generalisierenden Prinzip beruhen", wortgleich schon BAG 27.5.2001 EzA BGB § 242 Betriebliche Übung Nr. 44; die Vermischung findet auch statt in LAG M 11.8.2011 – 2 Sa 736/10). Kurzum: Entweder liegen die Voraussetzungen einer konkludenten Vertragsbindung vor oder Ansprüche folgen aus dem Gleichbehandlungsgrds. Ansprüche vom „Hörensagen" sind nicht anzuerkennen (*Schneider* NZA 2015, 590; *dies.* DB 2011, 2718 gegen BAG 17.11.2009 NZA-RR 2010, 293; s. a. krit. Schaub/*Koch* § 110 Rn. 21; vgl. ferner zum Jubiläumsgeld: BAG 17.11.2015 NZA 2016, 308).

Bei rechtsgeschäftl. Betrachtung ist auch die Frage obsolet, ob eine betriebl. Übung auch bei 220c
Sonderzahlungen an **Betriebsrentner** entstehen kann (bejahend BAG 29.4.2003 BAGReport 2004, 17, 18; 20.1.2004 NZA 2005, 655; 12.12.2006 AP BGB § 242 Betriebliche Übung Nr. 77; 19.2.2008 NZA-RR 2008, 597; 16.2.2010 NZA 2011, 104; 23.8.2011 NZA 2012, 37; offen gelassen in 16.4.1997 NZA 1998, 423). Entscheidend ist, ob entweder eine konkludente Vertragsbindung zu bejahen ist oder Ansprüche aus dem Gleichbehandlungsgrds. (Rn. 572) bestehen. Es ist vielfach bei genauer Analyse der Sachverhalte festzustellen, dass die Anwendung des Gleichbehandlungsgrds. ebenso zum Anspruch des AN geführt hätte, mithin es des Rückgriffs auf das nicht existente „Institut" der betriebl. Übung nicht bedurfte (vgl. *Preis/Genenger* JbArbR 2010, 93, 103).

Zu Recht hat das BAG entschieden, dass eine **Einschränkung des Direktionsrechts** des AG (§ 106 220d
GewO), regelm. nicht in Betracht kommt. AN können allein daraus, dass der AG eine geltende Regelung oder bisherige Praxis auch jahrelang unverändert gelassen habe, nicht schließen, der AG werde diese auch künftig unverändert beibehalten und auf die Ausübung seines Direktionsrechts verzichten (BAG 11.10.1995 NZA 1996, 718; 21.1.1997 NZA 1997, 1009; 25.2.1997 ZTR 1997, 574; 7.12.2000 NZA 2001, 780; 26.7.2001 EzBAT BAT § 8 Direktionsrecht Nr. 50; 13.6.2007 NZA 2007, 1016; 15.9.2009 NJW 2010, 394; *Mikosch* FS Düwell 2011 S. 115, 129).

Zusf. ist festzuhalten: Der Begriff der betriebl. Übung sollte als Rechtsbegriff aufgegeben werden. 220e
Die relevanten Fragen sind über rechtsgeschäftl. Prinzipien oder den Gleichbehandlungsgrds. lösbar. Die betriebl. Übung geht in der Vertragstheorie auf. Das in dem Verhalten des AG liegende Angebot ist eine gestellte Vertragsbedingung, die den Prinzipien der §§ 305 ff. BGB unterfällt. Wird nach den Gesamtumständen die Qualität einer zukunftsbindenden Willenserkl. nicht erreicht, dann kann auch eine allg. Übung im Betrieb (Bsp.: Jubiläumsgeld) nicht zu individuellen Vertragsansprüchen der AN führen. Etwas anderes gilt in dem Sonderfall der betriebl. AV (§ 1b BetrAVG), wo kraft ges. Entsch. auch Ansprüche aus betriebl. Übung und Gleichbehandlung vollwertigen Versorgungsverpflichtungen gleichgestellt werden (BAG 16.2.2010 NZA 2011, 104; 15.5.2012 NZA 2012, 1279). Die Klarheit der rechtsgeschäftl. Lösung legitimieren ebenso wenig eine „kollektive Lösung" wie eine „flexible Handhabung des Instituts der betriebl. Übung" auf „einer gleitenden Skala von Rechtspositionen aus längerfristigen arbeitnehmer-begünstigenden betriebl. aber auch individuellen Verhalten des AG" (so *Bepler* RdA 2005, 323, 327; sympathisierend *Singer* FS Canaris 2007 S. 1467, 1472). Systembrüche (wie kollektive Ablösbarkeit oder Nichtanwendung der §§ 305 ff., um das angebl. Institut zu erhalten), sollten vermieden werden. Rechtsgeschäftl. begr. Ansprüche aus betriebl. Übung können nicht – wegen ihres angebl. kollektiven Charakters – als betriebsvereinbarungsoffen interpretiert werden (dies jedoch befürwortend *Bepler* RdA 2005, 323, 328; zu Recht abl. BAG 5.8.2009 NZA 2009, 1105; 16.11.2011 NZA 2012, 349; *Waltermann*, RdA 2006, 257, 264). Aus dem Begriff der betriebl. Übung lassen sich keine rechtl. Folgerungen ziehen. Ist ein Anspruch rechtsgeschäftl. begr., wird er weder durch eine „kollektive Dimension" relativiert noch unterliegt er hins. sonstiger Instrumente einer abw. Beurteilung (Änderungsvereinb., Änderungskündigungen, Schriftformklauseln und Freiwilligkeitsvorbehalte; hierzu *Preis/Genenger* JbArbR 2010, 93 ff.; s. a. BAG 16.2.2010 NZA 2011, 104; abw. *Picker*, Die betriebl. Übung, 2011, S. 391 ff.). Für die AG des ÖffR und des Privatrechts gelten gleiche Maßstäbe bei der Annahme rechtsgeschäftl. Bindungen. Einmalzahlungen ohne vertragl. Verpflichtung können einen Vertragsanspruch eines AN regelm. nicht begründen. Das gilt erst recht (und nicht nur bei Einmalzahlungen), wenn der Anspruchsteller selbst noch niemals eine Leistung pers. erhalten hat.

Schon bislang wurde prinzipiell die **Subsidiarität der betriebl. Übung** anerkannt, dh. sie durfte als 221
letztes Mittel anders nicht begründbarer Ansprüche nur angewendet werden, wenn der Rückgriff auf andere Anspruchsgrdl. scheiterte (BAG 27.6.1985 NZA 1986, 401; 24.11.2004 NZA 2005, 349; 20.6.2007 NZA 2007, 1293; 28.5.2008 NZA 2008, 941). Auch die Prüfung der Gesamtzusage (Rn. 218) ist vor-

rangig (*Mikosch* FS Düwell 2011 S. 115, 122). Oft hat die Rspr. das Institut jedoch genutzt, um den Rückgriff auf vorrangige, aber schwieriger zu begründende Anspruchsgrdl., insb. solche aus rechtsgeschäftl. Vereinb., zu vermeiden (hierzu *Preis/Genenger* JbArbR 2010, 93, 98 ff.). Klargestellt hat das BAG aber, dass Ansprüche aus betriebl. Übung ausscheiden, wenn die Leistungen (hier: Zahlung eines Bonus) in der Vergangenheit auf ausdr. vertragl. Grdl. erfolgte (BAG 12.10.2011 NZA 2012, 450). Eine betriebl. Übung kann auch nicht entstehen, wenn der AG sich irrtüml. auf Basis einer Norm oder Abrede für verpflichtet hält und der AN die Grdl. des **Irrtums** kannte (hier: Fehlannahme eines Feiertages BAG 17.3.2010 AP TVG § 1 Tarifverträge: Brotindustrie Nr. 9). Es kommt aber nicht auf das subj. Vorhandensein von Fehlvorstellungen aus Sicht des AG an, sondern auf die Sicht der AN, etwa weil die Zahlung vermeintl. zur Erfüllung tarifl. bzw. aus der BV folgender Ansprüche erfolgte (BAG 29.8.2012 NZA 2013, 40). Bei irrtüml. rechtsgrundloser Leistung kann ein Anspruch aus betriebl. Übung allenfalls dann entstehen, wenn für den AN aufgrund bes. Anhaltspunkte erkennbar ist, dass der AG trotz fehlender Rechtspflicht weiterhin zur Leistung bereit ist (Schaub/*Koch* § 110 Rn. 16).

222 Die praktische Handhabung des Instituts der betriebl. Übung in der Rspr. bis zum Jahre 2010 ebenso wie die Fortentwicklung der Vertragspraxis lassen iE nur noch selten eine vertragl. Bindung des AG entstehen (s. *Hennige* NZA 1999, 281, 288). In zahlr. Fällen verneint das BAG einen obj. erkennbaren Bindungswillen des AG. IE: Auf der Basis der Vertragstheorie kann der AG durch **ausdr. oder konkludente Willenserkl.** (BAG 4.9.1985 NZA 1986, 521) eine **Bindung für die Zukunft ausschließen.** Ein Anspruch entsteht demnach nicht, wenn der AG die Leistung jedes Mal nur unter Vorbehalt, sei es durch Aushang, RdSchr. oder Erkl. ggü. jedem einzelnen AN, gewährt hat. Damit macht er hinreichend deutl., dass er jedes Jahr neu über die zusätzl. Leistung entscheiden will. Eine zukünftige Bindung kann der AG durch einen unmissverständl. erklärten Vorbehalt ausschließen, wobei der Vorbehalt keiner bestimmten Form bedarf (BAG 6.9.1994 NZA 1995, 418; zu AGB-rechtl. Problemen §§ 305 bis 310 Rn. 68 ff.; Hinweis bei der Zahlung in Gehaltsabrechnung „freiwillig und unverbindl." genügt LAG K 6.6.2013 – 7 Sa 121/13 – BeckRS 2013, 74027). Die Rspr. war bei der Annahme eines vertrauenszerstörenden Vorbehalts großzügig. Schon wenn der AG eine freiwillige Leistung (Weihnachtsgeld) jährl. in unterschiedl. Höhe „nach Gutdünken" gewährte, wurde dies als Vorbehalt gewertet, diese Leistung nur für das jeweilige Jahr zu zahlen (so noch BAG 28.2.1996 NZA 1996, 758; s. zul. noch LAG HM 18.1.2013 – 15 Sa 876/12 – BeckRS 2013, 68407; jetzt zu Recht aufgegeben durch BAG 13.5.2015 NZA 2015, 992 Rn. 19). Auch der Vorbehalt der jährl. Prüfung einer Gehaltsanpassung steht dem Entstehen einer betriebl. Übung entgegen (LAG D 9.7.1997 LAGE BGB § 242 Betriebliche Übung Nr. 21). Die Erkl., dass eine (freiwillige) Arbeitsbefreiung (Rosenmontag, Brauchtumstage, Heiligabend) „auch in diesem Jahr" bzw. für das „lfd. Jahr" gewährt wird, soll ein Vertrauen auf Weitergewährung zerstören (BAG 12.1.1994 NZA 1994, 694; 6.9.1994 NZA 1995, 418; ebenso für den Fall, dass die Handhabung jeweils auf Vereinb. mit dem BR beruht LAG K 12.2.2003 – 7 TaBV 80/02 – BeckRS 2003, 30798010). Ein Vertrauen soll schon dann nicht entstehen, wenn die jährl. Leistung erkennbar als nicht ins Gewicht fallende Annehmlichkeit („eine kleine Freude": Sonderzahlung oder Sachgeschenk im Werte von seinerzeit DM 100,–) ausgestaltet ist (BAG 16.4.1997 NZA 1998, 423) oder sich das Verhalten des AG auf ein bloßes Dulden (zB privater Internetnutzung am Arbeitsplatz) beschränkt (*Waltermann* NZA 2007, 529, 530 f.). Krit. ggü. dieser Rspr. ist einzuwenden, dass sie Transparenzerfordernissen kaum gerecht wird. Die jüngere Rspr., die pauschalen Freiwilligkeitsvorbehalten in Arbeitsverträgen zur Verhinderung konkludenter Vertragsbindungen eine Absage erteilt (BAG 8.12.2010 NZA 2011, 628; 14.9.2011 NZA 2012, 81), lässt strengere Maßstäbe erwarten. IdR nur dann, wenn bei den Leistungen/Zahlungen ein ausdr. Freiwilligkeitsvorbehalt erklärt bzw. auf den vertragl. formulierten Vorbehalt Bezug genommen wird, muss der AN annehmen, die Sonderzahlung erfolge ledigl. für das konkrete Jahr und ohne Rechtsbindungswillen für die Zukunft (*Preis/Sagan* NZA 2012, 697). Entscheidend ist, ob der AN aus der Sicht des Empfängerhorizontes davon ausgehen kann, der AG wolle sich für die Zukunft verpflichten. Es ist Sache der klagenden AN, darzulegen, dass das Verhalten des AG aus Sicht des Empfängers ausreichende Anhaltspunkte dafür bot, der AG wolle Zahlungen erbringen, ohne hierzu bereits aus anderen Gründen verpflichtet zu sein (BAG 29.8.2012 NZA 2013, 40).

223 Der **öffentl. AG** kann nach Auff. der Rspr. bei Fehlen einer förml. Rechtsgrdl. stets freiwillig gewährte Freistellungen wieder einstellen (BAG 14.9.1994 NZA 1995, 419). Diese rechtsgeschäftl. Privilegierung öffentl. AG ist abzulehnen (*Bieder* RdA 2013, 274; anders *Mikosch* FS Düwell 2011 S. 115, 129). **Ansprüche auf Gehaltserhöhung** können mangels Vertrauenstatbestandes regelm. nicht aus betriebl. Übung folgen (BAG 4.9.1985 NZA 1986, 521; 16.1.2002 NZA 2002, 632; 23.3.2011 AP BetrVG 1972 § 77 Nr. 101; 19.10.2011 NZA-RR 2012, 344). Dies gelte auch dann, wenn der AG auf Grund BV zu jährl. Gehaltsüberprüfung verpflichtet ist (BAG 16.9.1998 NZA 1999, 203). Insb. bei nicht tarifgebundenen AG kann eine betriebl. Übung der Erhöhung der Löhne und Gehälter nur angenommen werden, wenn es deutl. Anhaltspunkte dafür gibt, dass der AG auf Dauer die von den TVParteien ausgehandelten Tariflohnerhöhungen übernehmen will (BAG 20.6.2001 NZA 2002, 352; 16.1.2002 NZA 2002, 632; 13.3.2002 NZA 2002, 1232; 19.10.2011 NZA-RR 2012, 344; zu Recht bejaht von LAG RP 20.9.2013 LAGE 5242 BGB 2002 Betriebliche Übung Nr. 7a anders BAG 24.2.2016 – 4 AZR 992/13 – BeckRS 2016, 68728).

5. Bezugnahme auf Kollektivvertrag. Im Arbeitsvertrag wird regelm. auf TV Bezug genommen 230
(ausf. *Giesen* NZA 2006, 625). Eine derartige Verweisung ist überflüssig, wenn die Vertragspartner tarifgebunden sind. Die Verweisung erlangt jedoch **konstitutive Bedeutung bei fehlender Tarifbindung** (BAG 23.9.2009 NZA 2010, 513). Es ist stets von einer konstitutiven Wirkung der Verweisung auf einen TV auszugehen (BAG 22.4.2009 NZA 2010, 41, 44). Verweisungsklauseln wollen erreichen, dass für alle AN unabhängig von der Gewerkschaftszugehörigkeit gleiche Arbeitsbedingungen gelten (BAG 21.1.1997 NZA 1997, 1009). Das BAG ging bislang schon bei einer dynamischen Bezugnahme auf die einschlägigen TV in einem vom tarifgebundenen AG vorformulierten Vertrag von einer Gleichstellungsabrede aus mit der zw. Konsequenz, dass die Bezugnahme bei Verbandsaustritt des AG nicht mehr dynamisch wirkt (BAG 26.9.2001 NZA 2002, 634; 19.3.2003 NZA 2003, 1207; *Gaul* ZfA 2003, 75, 92; abl. *Lambrich* BB 2002, 1267; *Thüsing/Lambrich* RdA 2002, 193; *Annuß* AuR 2002, 361 ff.; *Bayreuther* DB 2002, 1008; *Thüsing* NZA 2003, 1184). Das BAG hatte seine Auff. mit dem Zweck der Bezugnahme, der Interessenlage (zB Vermeidung von Anreizen zum Gewerkschaftsbeitritt) und der sozialtypischen Ausgangslage bei Vertragsschluss (zB Kenntnis oder Unkenntnis des Bestehens oder Nichtbestehens der Verbandszugehörigkeit der jeweils anderen Vertragspartei) begr. (BAG 21.8.2002 NZA 2003, 390 in Ausweitung der Grds. bei Verweisung auf räuml. andere TV). Diese Rspr. wurde den neuen Maßstäben der Unklarheitenregel (§ 305c II) und des Transparenzgebots (§ 307 I 2) nicht gerecht (**aA** noch BAG 19.3.2003 NZA 2003, 1207 mit der apodiktischen Begr., dass die für das Eingreifen der Unklarheitenregel erforderl. Zweifel an der Auslegung einer Bezugnahme auf die einschlägigen Tarifregelungen entspr. der Interessenlage und unter Berücksichtigung der „soziotypischen Ausgangslage" bei Vertragsschluss nicht als berechtigt anerkannt werden könnten). Mit seinem Urt. v. 14.12.2005 hat der 4. Sen. nunmehr die Kehrtwende vollzogen (bestätigt durch BAG 18.4.2007 NZA 2007, 965). Zwar hält er für vor dem 1.1.2002 geschlossene Arbeitsverträge an der bisherigen Auff. fest (BAG 18.4.2007 NZA 2007, 965). Das gilt aber nur, wenn der AG seinerzeit an die VerweisungsTV gem. § 3 TVG gebunden war (BAG 22.1.2008 NZA 2009, 323). Er wendet jedoch die Auslegungsregel nicht mehr auf arbeitsvertragl. Bezugnahmeklauseln an, die nach dem In-Kraft-Treten des SMG ab dem 1.1.2002 vereinbart worden sind (BAG 14.12.2005 NZA 2006, 607; 18.4.2007 NZA 2007, 965; vgl. dazu *Giesen* NZA 2006, 607; *Klebeck* NZA 2006, 15; *Reinecke* BB 2006, 2637; *Franzen* FS SOKA Bau 2008 S. 57; zu Recht für eine Erstreckung des Vertrauensschutzes bis zum 14.12.2005 *Simon/Kock/Halbsguth* BB 2006, 2354; zu Konsequenzen für die Vertragsgestaltung *Preis/Greiner* NZA 2007, 1073; *Bauer/Günther* NZA 2008, 6; *Jacobs* FS Birk 2008 S. 243; *E. M. Willemsen*, Die arbeitsvertragl. Bezugnahme auf den TV bei Tarifwechsel, Diss. Hamburg 2009 S. 426 ff.; *Jordan/Bissels* NZA 2010, 71). Bei Arbeitsverträgen, die vor dem 1.1.2002 abgeschlossen worden sind („Altverträge"), kommt es bei einer Vertragsänd. nach dem 1.1.2002 für die Beurteilung, ob es sich hins. der Auslegung dieser Klausel um einen Neu- oder Altvertrag handelt, darauf an, ob die Klausel zum Gegenstand der rechtsgeschäftl. Willensbildung der Vertragsparteien gemacht worden ist (BAG 18.11.2009 NZA 2010, 170). Daraus folgt für Neuverträge, dass der Gleichstellungszweck explizit Eingang in die Bezugnahmeklausel finden muss, um Wirkung zu entfalten. Die Normen werden schuldrechtl. Inhalt des Vertrags, gelten also entgegen § 4 I TVG nicht unmittelbar und zwgd. zwischen den Parteien. Die Entsch. des EuGH (9.3.2006 NZA 2006, 376 – Werhof) hat – trotz seiner missverständl. Ausführungen zur negativen Koalitionsfreiheit – auf die allein nach nationalem Recht zu lösende Frage der Auslegung von Willenserkl. keine Auswirkungen (klarstellend BAG 23.9.2009 NZA 2010, 513, 515 f.; *Thüsing* NZA 2006, 473; *Buschmann* AuR 2006, 204). In § 622 IV findet sich eine normierte Möglichkeit der Bezugnahme. Zu bedenken ist, dass die vertragl. Bezugnahme auf TV zu einer stärkeren Bindung führt als die Tarifbindung nach dem TVG (hierzu Preis/*Preis* II V 60; *Tschöpe* MDR 1996, 1089). Zur Auslegung einer kleinen dynamischen Bezugnahmeklausel im Falle des Betriebsübergangs vgl. BAG 29.8.2007 NZA 2008, 364; 23.9.2009 NZA 2010, 513; *Hanau* NZA 2005, 489, 491). Enthält ein Arbeitsvertrag eine kleine dynamische Bezugnahmeklausel auf einen nicht mehr geltenden TV, ist im Wege erg. Vertragsauslegung zu ermitteln, welche ersetzenden TV Anwendung finden (BAG 29.6.2011 NZA-RR 2012, 192 und 29.6.2011 AP TVG § 1 Tarifverträge: Arzt Nr. 1).

Bei einer **einzelvertragl. Gesamt- oder Globalbezugnahme** unterliegt der einzelvertragl. einbezoge- 231
ne TV der gleichen Richtigkeitsgewähr wie die TVNorm selbst. Einer Inhalts- bzw. Billigkeitskontrolle bedarf es nicht (BAG 6.9.1995 NZA 1996, 314; 6.11.1996 NZA 1997, 778; *Schliemann* ZTR 2000, 198, 200). Dies hat der Gesetzgeber jetzt durch § 310 III bestätigt. Freil. bedarf es einer diff. Behandlung bei Einzel- oder Teilverweisungen auf Tarifnormen (hierzu §§ 305 bis 310 Rn. 8 f.).

In der Praxis wird auch auf **BV** verwiesen. Der Verweis ist an sich überflüssig, weil BV im Betrieb 232
ohnehin „unmittelbar und zwgd." gelten (§ 77 IV BetrVG). Dies spricht für einen bloß informatorischen, deklaratorischen Verweis, zumal die Bezugnahme keinem Vereinheitlichungszweck wie bei TV dient (vgl. BAG 21.1.1997 NZA 1997, 1009). Der Hinweis auf BV führt jedoch nach Auff. des BAG zu einer „BVOffenheit" des Arbeitsvertrags (BAG 16.9.1986 NZA 1987, 168; 3.11.1987 NZA 1988, 509; 20.11.1987 NZA 1988, 617; s. a. 15.2.2011 AP BetrAVG § 1 Auslegung Nr. 20; zurückhaltend 5.8.2009 NZA 2009, 1105; 16.11.2011 NZA 2012, 349). Ob sich diese Auff. im Lichte der Unklarheitenregel noch halten lässt, ist fragl. (DBD/*Däubler* § 305c Rn. 56).

X. Weisungsrecht des Arbeitgebers

233 Das auf dem Arbeitsvertrag beruhende Weisungsrecht gehört zum **wesentl. Inhalt eines jeden ArbVerh.** Die vertragl. Leistungspflicht wird durch Anweisungen des AG in Ausübung seines Direktions- oder Weisungsrechts konkretisiert. Das Direktions- und Weisungsrecht hat zum 1.1.2003 in § 106 GewO eine eigene Rechtsquelle (vgl. dortige Kommentierung Rn. 1 ff.). Unbeschadet dessen ergibt sich das Direktionsrechts aus dem Arbeitsvertrag selbst.

XI. Richterrecht

234 Das **Richterrecht ist keine Rechtsquelle** im eigentl. Sinn, es hat aber faktische Bindungswirkung. Anges. der zahlr. unbestimmten Rechtsbegriffe und der fehlenden Kodifikation wichtiger Teile des ArbR (Arbeitskampfrecht, Arbeitsvertragsrecht) hat die Arbeitsgerichtsbarkeit zT eigene Rechtsregeln und Rechtsinstitute entwickelt. Zu nennen ist das insg. auf richterrechtl. Regeln beruhende Arbeitskampfrecht (hierzu GG Art. 9 Rn. 78 ff.) sowie die Betriebsrisikolehre (§ 615 Rn. 120 ff.) und die privilegierte ANHaftung (§ 619a Rn. 9 ff.). Ob und inwieweit diese richterrechtl. Grds. **abdingbar** sind, ist **umstr.** Die Grds. der Betriebsrisikolehre sind einzelvertrags- und tarifvertragsdispositiv (vgl. § 615 Rn. 130). Zur Frage der Beschäftigungspflicht vgl. Rn. 566 ff. Zur ANHaftung (vgl. § 619a Rn. 11).

235 Ein spezifisches Konstrukt des ArbR ist das sog. **tarifdispositive Richterrecht**, das die Rspr. mit der fehlenden Ungleichgewichtslage bei Tarifvereinb. begr. Die Konstruktion des tarifdispositiven Richterrechts kann richtigerweise damit erklärt werden, dass zahlr. Anwendungsfälle des tarifdispositiven Richterrechts Fragen der Inhaltskontrolle arbeitsvertragl. Bedingungen sind. Anges. der Gleichgewichtslage bei TVParteien ist eine bes. Angemessenheitskontrolle verzichtbar. Tarifdispositives Richterrecht hat die Rspr. hins. der Grds. für Rückzahlungsklauseln bei Gratifikationen (BAG 31.3.1966 AP BGB § 611 Gratifikation Nr. 54; 23.2.1967 AP BGB § 611 Gratifikation Nr. 57) sowie bei Ausbildungskosten (BAG 6.9.1995 NZA 1996, 437) anerkannt. Das tarifdispositive Richterrecht ist bei befristeten Arbeitsverträgen nach der Kodifikation wegen § 22 I TzBfG obsolet (zur Problematik umfassend *Vossen,* Tarifdispositives Richterrecht, 1974; *Käppler,* Voraussetzungen und Grenzen tarifdispositiven Richterrechts, 1977; *Lieb* RdA 1972, 129 ff.).

XII. Verhältnis der Rechtsquellen zueinander

236 Anges. der Vielzahl der Rechtsquellen, die auf das ArbVerh. einwirken, ist die Klärung der Rangfolge und des Verhältnisses der Rechtsquellen im ArbR von hervorragender Bedeutung. Der **Arbeitsvertrag ist die primäre Rechtsquelle** für Begr. und Inhalt des ArbVerh., wird aber durch andere Rechtsquellen überlagert. Bei Kollision mehrerer Rechtsquellen sind folgende Konfliktlösungsprinzipien zu beherzigen: **Rangprinzip, Günstigkeitsprinzip, Spezialitätsprinzip** und **Ordnungsprinzip**. Das Rangprinzip und das Günstigkeitsprinzip regeln das Verhältnis verschiedenrangiger Rechtsquellen zueinander, während sich das Spezialitäts- und Ordnungsprinzip auf das Verhältnis gleichrangiger Rechtsquellen bezieht. Bestehen **mehrere gleichrangige Rechtsquellen**, ist zunächst die einschlägige Rechtsquelle nach dem Ordnungsprinzip oder dem Spezialitätsprinzip zu ermitteln. Erst danach kommt das Rangprinzip zur Anwendung. Das Günstigkeitsprinzip ist als Kollisionsregel auf der Ebene gleichrangiger Rechtsquellen ungeeignet.

237 Nach dem **Rangprinzip** geht die ranghöhere der rangniederen Regelung vor. Überdies muss die niederrangige Rechtsvorschr. mit der höherrangigen Rechtsquelle vereinbar sein. So bricht Verfassungsrecht das einfache GRecht und RechtsVO. Verfassungsrecht und GRecht geht seinerseits Kollektivvereinb. und arbeitsvertragl. Regelungen vor. Das Rangprinzip wird durchbrochen, wenn die ranghöheren Rechtsquellen Ausnahmen in rangniederen Rechtsquellen gestatten. Hier handelt es sich um die Fälle des dispositiven GRechts oder tarifvertragl. **Öffnungsklauseln** (vgl. § 4 III TVG). Die Wirkungskraft des Rangprinzips hängt also von der Frage ab, ob die jeweilige Norm zwgd. oder dispositiv gestaltet ist. Ein dispositives G kann durch Einzelvertrag, aber auch durch Kollektivvertrag abbedungen werden. Bestimmte G erlauben eine Abweichung ledigl. durch TV (zum tarifdispositiven GRecht vgl. Rn. 207).

238 Die rangniedere Rechtsquelle geht allerdings der höherrangigen Rechtsquelle dann vor, wenn sie für den AN günstigere Regelungen enthält und das ranghöhere Recht nicht (ausnahmsweise) zweiseitig zwgd. ist. Das **Günstigkeitsprinzip** stellt damit eine Durchbrechung des Rangprinzips dar. Ges. geregelt ist es in § 4 III TVG. Es greift auch für vertragl. Vereinb., die vor Abschluss eines TV getroffen wurden (LAG HH 20.12.1994 LAGE TVG § 4 Günstigkeitsprinzip Nr. 4). Es wird allerdings auch ohne ausdr. Regelung im BetrVerfRecht anerkannt (vgl. BetrVG § 77 Rn. 3, 70 ff.). Allerdings bildet § 77 III BetrVG eine zwgd. Schranke, wonach Inhalt einer BV nicht Gegenstände sein dürfen, die durch TV geregelt sind oder üblicherweise geregelt werden. Die Vorschr. dient dem Schutz der Tarifautonomie (hierzu BetrVG § 77 Rn. 44 ff.). Abw. von dem individuellen Günstigkeitsprinzip hat der GS des BAG (16.9.1986 NZA 1987, 168) entschieden, dass Ansprüche der AN auf Sozialleistungen, die

in einer vertragl. Einheitsregelung, einer Gesamtzusage oder einer betriebl. Übung geregelt sind, nur durch einen sog. kollektiven Günstigkeitsvergleich vor einer ablösenden BV geschützt sind (hierzu BetrVG § 77 Rn. 70 ff.). Diese Grds. sind nicht auf TV übertragbar (LAG HH 20.12.1994 LAGE TVG § 4 Günstigkeitsprinzip Nr. 4).

Auf gleicher Normebene verdrängt die jüngere die ältere Rechtsnorm mit dem gleichen Gegenstand (**Zeitkollisionsregel**). Das **Ordnungsprinzip** verdrängt die alte Regelung auch dann, wenn die neue Regelung ungünstiger ist (lex posterior derogat legi priori). So können die TVParteien innerhalb rechtl. Grenzen eine Tarifnorm sowohl zu Gunsten als auch zum Nachteil der betroffenen AN ändern (BAG 24.8.1993 NZA 1994, 807; 16.5.1995 NZA 1995, 1166). Bestehen auf einer Rechtsquellenstufe Regelungen zum gleichen Gegenstand, geht die speziellere der allg. Regelung vor. Die zeitl. Reihenfolge ist unerhebl. So geht der FirmenTV als speziellere Regelung dem VerbandsTV vor. Sind sowohl in allg. Arbeitsvertragsbedingungen als auch in den Arbeitsverträgen mit den einzelnen Mitarbeitern Regelungen zu einem Sachbereich getroffen, geht die Regelung in den Einzelarbeitsverträgen als speziellere Regelung vor. 239

E. Begründung des Arbeitsverhältnisses

I. Vertragsanbahnung

1. Allgemeines. Für die Vertragsanbahnung gelten die allg. Grds. des SchuldR. Hier ist insb. auf die Kodifikation des vorvertragl. Schuldverhältnisses hinzuweisen (§ 311 II und III). Steht der AN noch in einem Vertragsverhältnis, so kann er gem. § 629 angemessene Freizeit zur Stellensuche beanspruchen, sobald das Vertragsverhältnis gekündigt ist (§ 629 Rn. 1 ff.). 240

a) Stellenausschreibungen. Nach § 93 BetrVG kann der BR die Ausschreibung von Arbeitsplätzen vor ihrer Besetzung innerhalb des Betriebs verlangen (Einzelheiten BetrVG § 93 Rn. 3 ff.). Eine Sonderregelung für TZArbeitsplätze enthält § 7 TzBfG (vgl. dort). Die Stellenausschreibung darf nicht gegen §§ 1, 7, 11 AGG verstoßen (vgl. zur Ausschreibung einer Stelle für „Berufsanfänger" *Wichert/Zange* DB 2007, 970). 241

b) Personalfragebögen. Zur Abwendung von Eingriffen in das **Persönlichkeitsrecht** des AN (GG Art. 2 Rn. 79 ff.) unterliegen Einf. und Änd. von Personalfragebögen gem. § 94 I BetrVG der erzwingbaren Mitbestimmung des BR (Einzelheiten BetrVG § 94 Rn. 2 ff.). Wird vom AG im Fragebogen eine Frage gestellt, die nicht die Zust. des BR gefunden hat, wird das Recht des AG zur Anfechtung nach § 123 I allein wegen der mögl. Verletzung des MBR nicht eingeschränkt (BAG 2.12.1999 DB 2000, 1418). Die Beschaffung der Inf. über den Bewerber mittels eines Fragebogens war schon bisher **Datenerhebung iSd. BDSG** (näher zum Begriff § 3 III BDSG) und unterliegt den Schranken nach §§ 28, 32 BDSG (hierzu BDSG § 28 Rn. 4 ff.; § 32 Rn. 7 ff.; ab 12.5.2018 § 26 BDSG nF). 242

Die Fragebögen bleiben Eigentum des AG. Ein allg. arbeitsrechtl. Grds., der die **Vernichtung** der Fragebögen nach einem erfolglosen Bewerbungsverf. gebietet, existiert nicht. Unter Beachtung des Persönlichkeitsrechts hat der abgelehnte Bewerber aber außerhalb des Anwendungsbereichs der Bestimmungen des BDSG einen Anspruch auf Vernichtung des Fragebogens aus § 1004 analog (BAG 6.6.1984 NZA 1984, 321). Die dauerhafte Aufbewahrung anderer Daten als solcher, die zur Identifizierung der Person wie Name, Anschrift und Geburtsdatum erforderl. sind, stellt einen rechtswidrigen Eingriff in das Persönlichkeitsrecht des Bewerbers dar. Dieses umfasst das Recht, zu entscheiden, ob pers., die Intimsphäre betr. Daten vom AG aufbewahrt werden dürfen. Dem kann nur ein berechtigtes Interesse des AG entgegenstehen, so zB, wenn die Wiederholung der Bewerbung in absehbarer Zeit vereinbart wird oder der AG mit Rechtsstreitigkeiten über die Ablehnung des Bewerbers rechnen muss. 243

c) Vorstellungskosten. Nach einem Vorstellungsgespräch hat der Bewerber Anspruch auf Erstattung der **Vorstellungskosten,** wenn er vom AG zur Vorstellung aufgefordert worden ist (hierzu § 629 Rn. 13 ff.). 244

Stellt sich der Bewerber unaufgefordert vor oder wird er von der AA zugewiesen, besteht kein Anspruch aus §§ 670, 677, 683, da der Bewerber ausschl. im eigenen Interesse handelt (*Müller* ZTR 1990, 237, 240; diff. *Brune* AR-Blattei SD 1770 Rn. 8 ff.). 245

Der AG muss dem Bewerber alle **Aufwendungen** ersetzen, die dieser den Umständen nach für erforderl. halten durfte (hierzu § 629 Rn. 14). Dazu zählen vorwiegend Fahrtkosten und Mehrkosten für Verpflegung und Übernachtung. 246, 247

Kommt der vereinbarte Vorstellungstermin aus Verschulden des AG nicht zustande, hat dieser dem Bewerber dennoch die entstandenen Kosten zu ersetzen (ArbG Solingen 12.5.1980 ARSt. 1981, 29). Schließl. sind die Vorstellungskosten unabhängig von der späteren Begr. eines ArbVerh. zu erstatten. Deshalb kann der Erstattungsbetrag vom AG auch nicht zurückverlangt werden, wenn der Bewerber die Stelle vertragswidrig nicht antritt (*Becker-Schaffner* BlStSozArbR 1985, 161, 163). 248

249 Dem Arbeitssuchenden kann die BA nach § 45 SGB III einen **Zuschuss** zu den Bewerbungskosten leisten. Die Vorstellungskostenerstattung ist als Aufwandsentschädigung unpfändbar nach § 850a Nr. 3 ZPO.

250 **2. Vorverhandlungen, Anbahnungsverhältnis, Vorvertrag. a) Vorverhandlungen.** Dem Vertragsschluss können **Vorverh.** vorausgehen. Diese sind noch nicht bindend (§ 154). Die Vorverh. können zur Ermittlung des Vertragsinhalts, wenn der Vertragstext hierzu nicht ausreicht, im Wege der Auslegung (§§ 133, 157) herangezogen werden (BAG 27.1.1988 NZA 1988, 392).

251 **b) Anbahnungsverhältnis.** Während der Vorverh. entsteht nach § 311 I Nr. 1 bereits ein vorvertragl. Schuldverhältnis mit den Pflichten des § 241 II, woraus insb. Rücksichtnahmepflichten resultieren, deren Verletzung Schadensersatzansprüche aus § 280 begründen können (Rn. 260). Im Anbahnungsverhältnis sind die arbeitsvertragl. Schutzpflichten und Haftungsgrds. bereits anwendbar (BAG 24.1.1974 AP BGB § 611 Haftung des Arbeitnehmers Nr. 74; *Gotthardt* Rn. 150 ff.).

252 **c) Vorvertrag.** Ein **Vorvertrag** dagegen ist ein schuldrechtl. Vertrag, der die Parteien zum Abschluss eines Hauptvertrags mit schuldrechtl. bindendem Inhalt verpflichtet. Die Zulässigkeit des Vorvertrags ergibt sich aus dem Grds. der Vertragsfreiheit. Wichtiges Kriterium ist, dass die übereinstimmenden Willenserkl. noch ausstehen (*Zöllner* FS Floretta 1983 S. 455, 456). Die Wirksamkeit eines Vorvertrags setzt voraus, dass die Essentialia des Hauptvertrags inhaltl. bestimmt oder gem. §§ 157, 315 ff. bestimmbar sind (*Zöllner* FS Floretta 1983 S. 461 f.; LAG ST 24.8.1999 NZA-RR 2000, 410). Ein Vorvertrag liegt nicht vor, wenn der Arbeitsplatz allg. bestimmt ist und die genaue Art der Tätigkeit noch durch den AG geregelt werden soll. Hier handelt es sich um die Wahrnehmung der Weisungsbefugnis durch den AG, deren Vorbehalt dem Abschluss eines Hauptvertrags nicht entgegensteht (*Zöllner* FS Floretta 1983 S. 458).

253 **Einstellungszusagen** können bereits eine hauptvertragl. und nicht nur eine vorvertragl. Offerte darstellen. Gerade im ArbR sind die einzelnen Vertragsbestimmungen zwischen den Parteien oft nicht individuell aushandelbar, sondern durch G, TV oder BV vorgegeben. Wenn dies der Fall ist und Einzelheiten keiner weiteren Festlegung bedürfen, ist von einer hauptvertragl. Offerte auszugehen. Ein Vorvertrag kommt dagegen ua. bei Berufsgruppen in Betracht, in denen die Parteien schon längere Zeit vor der Tätigkeitsaufnahme gebunden sein wollen, den Vertrag jedoch erst zu einem späteren Zpkt. schließen, wie zB bei Künstlern, Wissenschaftlern und ltd. Ang. Hier sind individuelle Abreden in größerem Umf. übl. (*Zöllner* FS Floretta 1983 S. 457, 460). Ein Vorvertrag mit festem Bindungswillen wird auch dann geschlossen, wenn es nur noch darum geht, tats. oder rechtl. Hindernisse für die Einstellung zu überwinden (Gesundheitsuntersuchung, Beteiligung des BR, vgl. LAG HM 29.7.2003 NZA 2004, 210).

254 Vertragsverh., die zu einem endgültigen Abschluss führen sollen, sehen idR erst dann eine rechtsgeschäftl. Bindung vor, wenn der in Aussicht genommene Vertrag nach Einigung über alle Einzelheiten abschlussreif ist. Die Annahme eines Vorvertrags ist daher nur dann gerechtfertigt, wenn bes. Umstände darauf schließen lassen, dass die Parteien sich – ausnahmsweise – schon binden wollten, bevor sie alle Vertragspunkte abschl. geregelt haben (BGH 26.3.1980 NJW 1980, 1577, 1578). Dies kann der Fall sein, wenn dem Abschluss des Hauptvertrags Hindernisse rechtl. oder tats. Art entgegenstehen, die Parteien eine Bindung aber schon vorab begründen wollen, um sich auf diese Weise die spätere Zweckerreichung zu sichern. Dabei kann der Vorvertrag nicht nur die Pflicht zum Abschluss des Hauptvertrags beinhalten, sondern auch die Mitwirkung an der Überbrückung derartiger Hindernisse, wie bspw. die Einholung behördl. Zust. (BAG 21.3.1974 AP BGB § 611 Bühnenengagementsvertrag Nr. 14).

255 Durch Vorvertrag können sich ggf. einklagbare Verpflichtungen zur Abgabe eines Angebotes auf Abschluss eines Arbeitsvertrags bzw. zur Annahme eines entspr. Angebotes ergeben. Freil. muss diese Verpflichtung hinreichend konkretisiert und durch Auslegung müssen die wesentl. Inhalte des späteren Arbeitsvertrags feststellbar sein (BGH 26.3.1980 NJW 1980, 1577, 1578). Die **Verurteilung** zum Vertragsabschluss ist somit mögl., allerdings ist gem. § 888 II ZPO der Anspruch des AG auf Arbeitsleistung nicht vollstreckbar (*Zöllner* FS Floretta 1983 S. 455, 465). Aus dem Vorvertrag kann des Weiteren ein **Schadensersatzanspruch** geltend gemacht werden, wenn die Verpflichtung zum Abschluss des Hauptvertrags während der Laufzeit des Vorvertrags schuldhaft nicht erfüllt wird.

256 Ein Vorvertrag ist bzgl. **einzelner Vertragsbedingungen** mögl., die später ergänzt oder geänd. werden sollen. Der AN kann sich verpflichten, zu einem späteren Zpkt. ein Wettbewerbsverbot zu vereinbaren. Ein solcher Vorvertrag darf jedoch nicht dazu dienen, die Verpflichtung des AG zur Zahlung einer Karenzentschädigung zu umgehen, zB wenn ein Wettbewerbsverbot auch noch nach der Kündigung des Arbeitsvertrags vereinbart sein soll (BAG 18.4.1969 AP GewO § 133 f Nr. 22). Vorverträge können somit aus den allg. Gründen, wie etwa Verstoß gegen ein ges. Verbot nach § 134, nichtig sein.

257 Der Vorvertrag ist trotz einer für den Hauptvertrag vorgesehenen Schriftform formlos wirksam, wenn der Schriftform keine Warnfunktion, sondern ledigl. eine Klarstellungs- oder Beweisfunktion zukommen soll (BGH 7.6.1973 Z 61, 48; *Zöllner* FS Floretta 1983 S. 455, 459). Nach Ansicht *Zöllners*

ist eine Zust. des BR nach § 99 BetrVG zum Vorvertrag noch nicht erforderl. (*Zöllner* FS Floretta 1983 S. 461).

Abzugrenzen ist der Vorvertrag von der **Festofferte** und dem **Optionsvertrag** (*Zöllner* FS Floretta 1983 S. 455, 456). Bei der Festofferte handelt es sich um ein bindendes Angebot, in dem dem zukünftigen Vertragspartner eine längere als die ges. Annahmefrist eingeräumt wird. Hier liegt noch kein Vertrag vor. Beim Optionsvertrag handelt es sich ebenfalls um ein bindendes Angebot, in dem festgelegt ist, unter welchen Voraussetzungen der andere Teil das Angebot annehmen kann. Mögl. ist hier auch der Abschluss des Hauptvertrags unter der aufschiebenden Bedingung der Ausübung des Optionsrechts. 258

Der Vorvertrag kann durch **Anfechtung** und die Ausübung eines vereinbarten **Rücktrittsrechts** aufgelöst werden. Ebenso kann unter den Voraussetzungen der §§ 323, 324, 326 V ein ges. Rücktrittsrecht ausgeübt werden. Eine Kündigung kommt nicht in Betracht, da es sich bei einem Vorvertrag nicht um ein Dauerschuldverhältnis handelt, sondern um eine einmalige Leistungspflicht, gerichtet auf den Abschluss eines Hauptvertrags (LAG HM 29.10.1985 BB 1986, 667, 668). Jedoch steht dem Abschluss eines Hauptvertrags der **Einwand der Unzumutbarkeit** entgegen, wenn ein Grund zur fristlosen Kündigung des Hauptvertrags vorliegt. Die Rückabwicklung des Vorvertrags ist ebenfalls nach den Grds. des Wegfalls der Geschäftsgrdl. (§ 313) mögl. (Zöllner FS Floretta 1983 S. 455, 463 f.). 259

3. Vorvertragliche Pflichten. a) Culpa in contrahendo (§ 311 II und III). Gem. § 311 II entsteht ein Schuldverhältnis mit den in § 241 II umrissenen Pflichten in den jetzt ges. ausdr. geregelten Fallgruppen der Aufnahme von Vertragsverh., der Anbahnung eines Vertrags und bei ähnl. geschäftl. Kontakten. Für den Inhalt der vorvertragl. Pflichten wird auf § 241 II verwiesen, womit keine inhaltl. Konkretisierung verbunden ist. An die bisherigen Grds. zur Schadensersatzpflicht bei der vorsätzl. oder fahrlässigen Verletzung vorvertragl. Pflichten kann angeknüpft werden (BAG 10.11.1955 AP BGB § 276 Verschulden bei Vertragsabschluß Nr. 1; 15.5.1974 AP BGB § 276 Verschulden bei Vertragsabschluß Nr. 9). Als vorvertragl. Pflichten kommen neben der Pflicht, bestehende Rechtsgüter des Verhandlungspartners vor Schäden zu bewahren, Aufklärungs-, Mitwirkungs-, Obhuts-, und Rücksichtnahmepflichten in Betracht. Die beiderseitigen Rücksichtspflichten gebieten den Vertragspartnern, schon vor Abschluss des Arbeitsvertrags ungefragt auf Umstände hinzuweisen, die für den anderen Teil von wesentl. Bedeutung sind. Ein Verschulden bei Vertragsschluss kann nach der Rspr. des BAG noch **nach Abschluss des Arbeitsvertrags** zu Schadensersatz verpflichten, zB dann, wenn das ArbVerh. aus Gründen vorzeitig endet oder seinen Sinn verliert, die der AG dem AN vor Abschluss des Vertrags schuldhaft verschwiegen hat (BAG 2.12.1976 AP BGB § 276 Verschulden bei Vertragsabschluß Nr. 10). 260

aa) Pflichten des anwerbenden Arbeitgebers. Dem AG obliegen vorvertragl. **Aufklärungspflichten.** Hierher gehört die Pflicht, den AN über solche Umstände aufzuklären, die zu einer vorzeitigen Beendigung des ArbVerh. führen können (BAG 2.12.1976 AP BGB § 276 Verschulden bei Vertragsabschluß Nr. 10), oder über bes. gefährl. Eigenschaften des Vertragsgegenstandes, die sich nicht aus der Sachlage von selbst ergeben. Der anwerbende AG muss dem Bewerber Mitt. über solche Umstände machen, die für seine Entsch. maßgebl. sein können, wie gepl. Betriebsübergänge oder örtl. Versetzungen. Auch die Höhe des zu erzielenden Einkommens, wenn dies provisionsabhängig ist, ist von den Aufklärungspflichten umfasst. 261

Schadensersatzpflichtig macht sich ein AG, der bei den Verh. über den Abschluss eines Arbeitsvertrags in dem Bewerber die nicht gerechtfertigte Annahme erweckt, es werde bestimmt zu dem Abschluss des Arbeitsvertrags kommen, und ihm dabei bedeutet, er könne seine bisherige Stellung ohne großes Risiko kündigen (BAG 7.6.1963 AP BGB § 276 Verschulden bei Vertragsabschluß Nr. 1; 15.5.1974 AP BGB § 276 Verschulden bei Vertragsabschluß Nr. 9; *Hümmerich* NZA 2002, 1305 ff.). Das Recht, Vertragsverh. aus sachl. Gründen abzubrechen, steht dem AG daneben jederzeit zu. Abgesehen von den Fällen des zurechenbar veranlassten Vertrauens auf den Vertragsschluss begr. der **Abbruch der Vertragsverh.** grds. keine Schadensersatzpflicht, und zwar auch dann nicht, wenn der andere Teil in Erwartung des Vertrags bereits Aufwendungen gemacht hat (BGH 14.7.1967 NJW 1967, 2199; 18.10.1974 NJW 1975, 43; Palandt/*Grüneberg* § 311 Rn. 30; MüArbR/*Richardi/Buchner* § 31 Rn. 2). Eine Haftung kommt nicht in Betracht, wenn der AN äußert, er lege Wert auf eine Dauerstelle, dann aber einen Arbeitsvertrag mit Probezeit und freier Kündigungsmöglichkeit akzeptiert (LAG N 25.7.1994 LAGE BGB § 276 Verschulden bei Vertragsabschluß Nr. 2). 262

Wenn der AG Anlass zu Zweifeln hat, ob er in nächster Zeit in der Lage sein wird, Löhne und Gehälter auszuzahlen, muss er vor Abschluss neuer Arbeitsverträge darauf hinweisen, soweit er nicht seine **Zahlungsschwierigkeiten** als bekannt voraussetzen kann (BAG 24.9.1974 AP GmbHG § 13 Nr. 1; LAG HM 14.1.2005 AuA 2005, 305; LAG RP 9.10.2012 – 3 Sa 247/12 – BeckRS 2012, 75813). Die pünktl. Gehaltszahlung ist eine der wichtigsten Voraussetzungen des Vertragsabschlusses für den AN, zumal er zur Vorleistung verpflichtet ist. Allein das Bestehen einer schlechten wirtschaftl. Lage, die dem neu eingestellten AN zudem bekannt ist, in der aber noch keine konkrete Planung besteht, einen Arbeitsplatz zu streichen, kann indes noch keine Auskunftspflicht des AG über einen theoretischen Stellenabbau begründen (BAG 14.7.2005 NZA 2005, 1298). Ferner braucht der AG den 263 künftigen AN bei den Einstellungsverh. nicht über solche Umstände zu unterrichten, die sich aus der Sachlage von selbst ergeben. Dies gilt insb. auch hins. der an ihn zu stellenden Anforderungen, soweit sich diese iRd. Übl. halten (BAG 12.12.1957 AP BGB § 276 Verschulden bei Vertragsabschluß Nr. 2).

264 Auch über Umstände, die dem wirksamen Vertragsabschluss entgegenstehen, wie die fehlende Zust. des BR nach § 99 BetrVG zur Einstellung, muss der AG den Bewerber aufklären. Denn wird die Zust. nicht nach § 99 IV BetrVG ersetzt, muss der AG von der Einstellung absehen. Darauf muss sich der Bewerber einrichten können. Die Aufklärungspflicht ist für diesen Fall in § 100 I 2 BetrVG auch ges. vorgesehen. Es besteht eine allg. Pflicht, den Abschluss eines Arbeitsvertrags nicht zu verhindern, zB durch die Nichteinholung von Zust. Es besteht jedoch grds. keine Pflicht, ein **Zustimmungsersetzungsverf.** gegen den BR durchzuführen (BAG 22.9.2005 NZA 2006, 486).

265 Der AG hat des Weiteren dafür zu sorgen, dass Stellenbewerber in seinen Räumlichkeiten keinen Schaden an Person oder mitgeführten Sachen erleiden (Verkehrssicherungspflichten). Weiterhin schuldet der AG die **sorgfältige Aufbewahrung und pflegl. Behandlung der Bewerbungsunterlagen.** Über ihm bekannt gewordene Geheimnisse hat er Stillschweigen zu bewahren. Die Verletzung dieser Pflichten führt ebenfalls zu einem Anspruch aus §§ 280 I, 311 II Nr. 2, 241 II (zur cic. ArbG Passau 6.5.1991 BB 1991, 1125 [LS]). Keine Sorgfaltspflichten bestehen bzgl. unverlangt zugesandter Unterlagen.

266 **bb) Pflichten des Bewerbers.** Vorvertragl. Pflichten sind auch vom Bewerber zu beachten. Hierher gehören neben der Pflicht zur wahrheitsgemäßen Beantwortung von zulässigen Fragen durch den AG (Rn. 361) die Offenbarungspflichten über Eigenschaften, die eine Erbringung der angestrebten Tätigkeit unmögl. machen (BAG 25.3.1976 AP BGB § 123 Nr. 19; 1.8.1985 NZA 1986, 635). So muss er zB seinen Gesundheitszustand offenbaren, wenn er infolge einer schon vorliegenden Krankheit außerstande ist, seine Arbeit aufzunehmen (BAG 7.2.1964 AP BGB § 276 Verschulden bei Vertragsabschluß Nr. 6). Die gleiche Pflicht obliegt ihm bei unmittelbar bevorstehenden Heilverf., wenn es um die Einstellung für ein zweckgebundenes, befristetes ArbVerh. geht (LAG BE 18.4.1978 BB 1979, 1145).

267 **cc) Rechtsfolgen.** Rechtsfolge der Verletzung einer Pflicht aus dem vorvertragl. Schuldverhältnis ist ein Schadensersatzanspruch nach Maßgabe des § 280 I. Eine detaillierte Regelung der Rechtsfolgen hat der Gesetzgeber iRd. Kodifikation der cic. in § 311 II und III unterlassen. Danach kann der Geschädigte verlangen, so gestellt zu werden, wie er ohne das schuldhafte Verhalten des anderen Teils stände. Das bedeutet nicht notwendig eine Begrenzung auf den **Ersatz des Vertrauensschadens** bzw. des negativen Interesses. Freil. folgt aus der verletzten Pflicht zumeist, dass der Ersatzanspruch auf den Vertrauensschaden begrenzt ist (BAG 10.11.1955 AP BGB § 276 Verschulden bei Vertragsabschluß Nr. 1; *Gotthardt* Rn. 156). Durch die Vertragsanbahnung entsteht ein Schuldverhältnis ohne primäre Leistungspflicht. Bei einer Verletzung ist der Bewerber deshalb so zu stellen, wie er gestanden hätte, wenn das schädigende Ereignis nicht eingetreten wäre. Das negative Interesse ist jedoch nicht durch das Erfüllungsinteresse begrenzt, es kann dieses vielmehr erreichen oder übersteigen. Das negative Interesse ist nicht notwendigerweise niedriger als das positive, bei Ansprüchen aus dem vorvertragl. Schuldverhältnis ist das Erfüllungsinteresse nicht die obere Grenze des Ersatzanspruchs (BGH 9.10.1989 NJW-RR 1990, 229, 230; BAG 15.5.1974 AP BGB § 276 Verschulden bei Vertragsabschluß Nr. 9; Palandt/*Grüneberg* § 311 Rn. 55). Dieser Grds. findet auch im ArbR Anwendung (*Wiedemann* FS Herschel 1982 S. 463, 475). Die Schadenshöhe bei enttäuschtem Vertrauen auf Zustandekommen eines Vertrags bestimmt sich nach dem Verdienst des gekündigten und nicht des angestrebten Arbeitsplatzes (BAG 15.5.1974 AP BGB § 276 Verschulden bei Vertragsabschluß Nr. 9; MüArbR/*Richardi* § 45 Rn. 23). Dagegen wird eingewandt, dass derjenige, der Einkommen im Hinblick auf einen jederzeit kündbaren Vertrag aufgibt, keinen Vertrauensschutz verdient. Eine falsche Auskunft sei zwar für den Schaden mitursächl., es liege aber alleine im Risikobereich des Betroffenen, wenn er eine Situation falsch einschätzt und daraufhin auf Grund seines eigenen Fehlverhaltens die alte Einnahmequelle aufgibt (*Wiedemann* FS Herschel 1982 S. 477). Der Bewerber ist jedoch so zu stellen, als wäre die Auskunft nicht oder richtig erteilt worden. Dann wäre die Kündigung des alten Arbeitsplatzes unterblieben und Einnahmen in der bisherigen Höhe des Gehalts erfolgt.

268 Bei **Abbruch von Vertragsverh.** kann der Bewerber grds. nicht verlangen, so gestellt zu werden, als wäre das ArbVerh. zustande gekommen (MüArbR/*Richardi/Buchner* § 31 Rn. 5). Als Rechtsfolge des § 280 ist in diesen Fällen nur unter bestimmten Umständen der Zwang zum Abschluss eines Vertrags in Betracht zu ziehen. Sagt der AG beim Abschluss eines befristeten Vertrags zu, den Bewerber bei Vorliegen bestimmter Voraussetzungen in ein unbefristetes Vertragsverhältnis zu übernehmen, und unterlässt er dies später trotzdem, so ergibt sich der Abschlusszwang aus der insoweit erfolgten Selbstbindung des AG. Der Schaden gem. § 249 besteht gerade in dem Nichtabschluss des Vertrags (BAG 16.3.1989 NZA 1989, 719).

269 **b) Diskriminierungsverbote.** Vorvertragl. Pflichten können für AG aus europarechtl. (zB Art. 39 ff. EGV), verfassungsrechtl. (zB Art. 33 II GG) und einfachrechtl. zwgd. Vorschr. (zB AGG, § 164 II SGB IX) entstehen. Ein AG darf wegen der **Gewerkschaftszugehörigkeit** nicht den Abschluss eines Arbeitsvertrags verweigern (GG Art. 9 Rn. 30). Art. 9 III 2 GG ordnet die unmittelbare Wirkung der

Koalitionsfreiheit an. Die Norm kann als SchutzG angesehen werden, so dass ein Schadensersatzanspruch aus § 823 II in Betracht kommt (MüArbR/*Buchner* § 30 Rn. 216).

IÜ bedarf die durch Diskriminierungsverbote entstehende zivilrechtl. Pflichtenstruktur der diff. 270 Betrachtung. Aus ihrer Verletzung folgt regelm. kein Einstellungs-, sondern allenfalls ein Schadensersatzanspruch (vgl. § 15 AGG). In Betracht kommt subsidiär ein Anspruch aus § 823 I wegen Verletzung des allg. Persönlichkeitsrechts oder ein solcher aus § 826 wegen sittenwidriger Schädigung. Das AGG geht allg. zivilrechtl. Sanktionen vor.

4. Informationsrechte des Arbeitgebers. a) Allgemeines. Vor Abschluss des Arbeitsvertrags ist der 271 AG grds. berechtigt, Inf. über die für ihn maßgebl. Umstände auch durch Fragen an den Bewerber einzuholen. Aus der Vertrags- und Abschlussfreiheit folgt das Recht des AG auf Informationsfreiheit. Den Frage- und Informationsrechten des AG werden allerdings Grenzen durch die Persönlichkeitsrechte des AN (vgl. schon BAG 5.12.1957 AP BGB § 123 Nr. 2; 5.10.1995 NZA 1996, 371; MüArbR/*Buchner* § 30 Rn. 241 ff.; näher GG Art. 2 Rn. 96 ff.) sowie andere Schutzgüter gesetzt. Schließl. sind gem. § 32 BDSG (ab 12.5.2018 § 26 BDSG nF) die Schranken des Datenschutzes zu beachten, die keine wesentl. strengeren Anforderungen stellt als die allg. arbeitsrechtl. Grds. (s. BDSG § 32 Rn. 6 ff.). Zulässigerweise dürfen nur Fragen gestellt werden, an deren wahrheitsgemäßer Beantwortung der AG ein **berechtigtes, billigenswertes und schutzwürdiges Interesse** hat, auf Grund dessen die Belange des Bewerbers zurücktreten müssen (BAG 7.6.1984 NZA 1985, 57; 5.10.1995 NZA 1996, 371; *Buchner* NZA 1991, 577, 578; *Hohenstatt/Stamer/Hinrichs* NZA 2006, 1065; *Kaehler* ZfA 2006, 519). Ein solches Interesse ist regelm. nur anzunehmen, wenn die Beantwortung der Frage für den angestrebten Arbeitsplatz und die zu verrichtende Tätigkeit selbst von Bedeutung ist (BAG 5.12.1957 AP BGB § 123 Nr. 2; 7.7.2011 NZA 2012, 34; *Wank* Anm. EzA BGB § 123 Nr. 23; *Wohlgemuth* AuR 1992, 46, 47). Je weniger die Frage mit dem angestrebten Arbeitsplatz in Zusammenhang steht und je mehr sie die Person selbst ausforscht, desto eher wird sie als unzulässig eingestuft werden müssen. Dies folgte bislang schon aus einer Abwägung der betroffenen Grundrechte (BAG 7.6.1984 NZA 1985, 57). Um im Falle unzulässiger Fragen eine Chance auf Einstellung zu erhalten, wird dem Bewerber ein „Recht zur Lüge" eingeräumt (näher Rn. 286).

b) Fragen mit Bezug zum AGG. Von zentraler praktischer Bedeutung sind die Diskriminierungs- 272 verbote des AGG. An einer diskriminierenden Frage kann kein „berechtigtes Interesse" des AG bestehen. Auf verbotene Differenzierungsmerkmale des § 1 AGG bezogene Fragen sind selbst unmittelbare oder mittelbare Benachteiligungen iSv. § 7 AGG, nicht ledigl. Indiz für eine diskriminierende Auswahlentsch. (SSV/*Schleusener* § 3 Rn. 23 ff.; *Nollert-Borasio/Perreng* AGG 4. Aufl. 2015 § 2 Rn. 11; MüKoBGB/*Kramer* § 123 Rn. 20; **aA** *Bauer* § 2 Rn. 23; *Wisskirchen/Bissels* NZA 2007, 169, 170 f.; *Wisskirchen* DB 2006, 1491, 1494: Das AGG lasse das Fragerecht unberührt, denn eine Diskriminierung komme erst bei der Einstellungsentsch. in Betracht; unklar DB/*Däubler* § 7 Rn. 19, 39; die Frage nach der Behinderung soll als solche nach BAG 16.2.2012 NZA 2012, 555 nicht diskriminierend sein). Die Gegenauff. unterschreitet den bereits zu § 611a aF entwickelten Schutzstandard und ist daher mit den RLVorgaben nicht vereinbar. Die Frage ist eine Benachteiligung, sofern sie nicht nach §§ 8 bis 10 AGG gerechtfertigt ist. Das AGG beinhaltet damit eine spezialges. Ausgestaltung des grundrechtl. Persönlichkeitsschutzes. Das richterrechtl. entwickelte „Recht zur Lüge" tritt in diesem Fall neben die Rechtsfolgen des AGG (*Wisskirchen/Bissels* NZA 2007, 169, 170; *Preis/Bender* NZA 2005, 1322; diff. für die Frage nach dem Alter *Hanau* ZIP 2007, 2381, 2384).

Fragen, die sich auf ein definiertes, obj. nachvollziehbares Anforderungs- und Tätigkeitsprofil der 273 Stelle beziehen, sind unbedenkl., auch wenn sie mittelbar auf ein verbotenes Differenzierungsmerkmal des § 1 AGG bezogen sind (näher *Bauer* § 2 Rn. 25). **Zulässig** sind Fragen nach **Ausbildung, Qualifikationen** und **berufl. Werdegang** einschl. Ausbildungs- und Weiterbildungszeiten, die ohnehin regelm. durch die vom AN vorgelegten Zeugnisse dokumentiert sein werden (BAG 12.2.1970 AP BGB § 123 Nr. 17). Bei einer entspr. Frage ist der Bewerber verpflichtet, die früheren AG und die Dauer der jeweiligen Beschäftigung wahrheitsgemäß anzugeben (LAG HM 8.2.1995 LAGE BGB § 123 Nr. 21), denn dadurch kann die Eignung für die vorgesehene Tätigkeit ermittelt werden. Hierher gehört auch die Inf. über längere Arbeitsfreistellungen bei einem früheren AG (LAG HE 29.10.1980 AR-Blattei ES 640 Nr. 10). Der Bewerber darf auch dann die Dauer früherer ArbVerh. nicht falsch angeben, wenn er damit eine Entziehungstherapie verheimlichen und seine Wiedereingliederung in das Arbeitsleben erleichtern will (LAG K 13.11.1995 NZA-RR 1996, 403). Unprobl. ist es, den Bewerber nach **Vorbeschäftigungszeiten bei demselben AG** zu fragen, wenn der Abschluss eines sachgrundlos befristeten ArbVerh. (§ 14 II TzBfG) intendiert ist. Ebenfalls zulässig ist die Frage nach **Sprachkenntnissen des Bewerbers**, soweit sie für die Tätigkeit des AN von Belang sind (s. zur Kündigung BAG 28.1.2010 NZA 2010, 625). Die Frage nach dem Vorliegen einer **Arbeits- und Aufenthaltserlaubnis** ist trotz der Nähe zu den Merkmalen „ethnische Herkunft" und „Rasse" unbedenkl., weil sie Voraussetzung für die legale Beschäftigung des AN ist (ebenso *Wisskirchen/Bissels* NZA 2007, 169, 171). Umstr. ist, ob die Frage nach dem **zukünftigen Wehr- oder Ersatzdienst** zulässig ist (dagegen *Boemke* RdA 2008, 129; HWK/*Thüsing* § 123 BGB Rn. 27; dafür *Schrader* DB 2006, 2571, 2573; die Thematik hat sich mit der Aussetzung der Wehrpflicht erledigt). Diese betrifft die Verfügbarkeit des Bewerbers für einen längeren Zeitraum und berührt erhebl. betriebl. Interessen des AG. Auch soweit die vorgenannten Fragen Bezug zu einem durch § 1 AGG ausgeschlossenen Differenzierungsmerkmal aufweisen (Alter, ethnische Herkunft, Rasse, Geschlecht), sind sie unmittelbar auf die Erbringung der Arbeitsleistung bezogen, daher von einem legitimen Interesse des AG getragen und gerechtfertigt (§ 3 II AGG). Die Frage, ob **in der Vergangenheit Wehr- oder Zivildienst** geleistet wurde, zielt demggü. auf eine mittelbare Benachteiligung männl. Bewerber ab, für die eine Rechtfertigung durch ein legitimes Interesse des AG nicht ersichtl. ist (SSV/*Schleusener* § 3 Rn. 28; abl. mit Blick auf die Gewissensfreiheit des Bewerbers auch MüArbR/*Buchner* § 30 Rn. 242).

274 Ein berechtigtes Interesse des AG ist im Grds. zu verneinen bei Fragen, denen **unmittelbar diskriminierender** Charakter zukommt. Der durch § 8 I AGG definierte Rechtfertigungsmaßstab, dass es sich um eine „wesentl. und entscheidende berufl. Anforderung“ handeln muss, ist sehr streng und daher nur in wenigen Fällen erfüllt. Die Frage nach einer bestehenden **Schwangerschaft** ist wegen § 3 I 2 AGG als unmittelbare Benachteiligung wegen des Geschlechts zu charakterisieren. Sie ist selbst dann ausgeschlossen, wenn ein befristetes ArbVerh. begr. werden soll und feststeht, dass die Bewerberin während eines wesentl. Teils der Vertragszeit nicht arbeiten kann (EuGH 4.10.2001 EAS 76/207/EWG Art. 5 Nr. 16; LAG K 11.10.2012 NZA-RR 2013, 232; **aA** *Pallasch* NZA 2007, 306, 307 f.; *ders.* NZA-RR 2013, 232, der im konkreten Fall LAG K jedoch zustimmt; *Herrmann* SAE 2003, 125; das gilt selbst bei Rückkehr aus EZ/ErzUrl. bei erneuter Schwangerschaft, EuGH 27.2.2003 NZA 2003, 373; vgl. a. BAG 6.2.2003 NZA 2003, 848). Die Frage nach der **sexuellen Identität** (dazu AGG § 1 Rn. 13 f.) oder einer eingetragenen Lebenspartnerschaft nach dem LPartG (vgl. EuGH 1.4.2008 NJW 2008, 1649 Rn. 72) ist unmittelbar benachteiligend gem. §§ 3 I 1, 1 AGG. Auch an der Frage nach dem **Lebensalter** kann in aller Regel kein legitimes Interesse bestehen. Gleiches gilt für die Frage nach **Religionszugehörigkeit und Weltanschauung.** Diese ist insb. in Fällen des § 9 AGG (vgl. AGG § 9 Rn. 1 ff.) gerechtfertigt. Der Begriff der „Weltanschauung“ ist nur einschlägig, sofern eine Lehre das Weltganze und die Stellung des Menschen in der Welt zu erklären versucht (ebenso *Nollert-Borasio/Perreng* AGG 3. Aufl. 2010 § 1 Rn. 18; *Zimmer/Volk* FA 2006, 259). Nicht als Frage der Weltanschauung ist daher die Frage nach der Gewerkschaftszugehörigkeit zu charakterisieren (so aber *Wisskirchen/Bissels* NZA 2007, 169, 172, dazu Rn. 278). Probl. ist, ob die Frage nach der Mitgliedschaft bei **„Scientology“** ebenfalls verboten ist. Daran kann man zweifeln, weil aus Sicht des BAG der Charakter als Religions- und Weltanschauungsgemeinschaft zu verneinen ist (BAG 22.3.1995 NZA 1995, 823). In der Lit. wird bis zu einer gerichtl. Klärung zum Verzicht auf die Frage geraten (*Bauer* § 2 Rn. 23, zweifelnd *Bezani/Richter,* AGG im ArbR, Rn. 368).

274a Die Frage nach **Behinderung oder Schwerbehinderung** ist, wenn diese für die Ausübung der vorgesehenen Tätigkeit ohne Bedeutung ist, in der Phase der Vertragsanbahnung und in den ersten sechs Monaten des ArbVerh. (wegen § 173 I Nr. 1 SGB IX, vgl. a. Rn. 736) grds. **unzulässig** (§ 3 I 1, 1 AGG, § 164 SGB IX; zu § 164 SGB IX ebenso LAG HM 19.10.2006 – 15 Sa 740/06 –; offen gelassen in BAG 7.7.2011 NZA 2012, 34 und 16.2.2012 NZA 2012, 555; HN/*Griebeling* SGB IX § 85 Rn. 28; LPK-SGB IX/*Düwell* § 85 Rn. 16 f.; *Rolfs/Paschke* BB 2002, 1260, 1261; HWK/*Thüsing* § 123 Rn. 25 f.; *Thüsing/Lambrich* BB 2002, 1146, 1149; *Messingschlager* NZA 2003, 301; **aA** *Schaub* NZA 2003, 299; diff. mit Blick auf § 5 AGG *Joussen* NZA 2007, 174; *Husemann* RdA 2014, 16; vgl. a. SGB IX § 164 Rn. 1). Sie kann allerdings gerechtfertigt sein, wenn die Behinderung die vertragsgemäße Arbeitsleistung dauerhaft unmögl. macht und ihr Nichtvorliegen daher eine „wesentl. und entscheidende berufl. Anforderung“ darstellt (§ 8 I AGG).

274b Probl. ist die Abgrenzung zu **Krankheiten.** Die Frage nach Krankheiten unterfällt grds. nicht dem AGG, sondern ist an den allg. Anforderungen zu messen (s. Rn. 282). Die Frage nach bestimmten Erkrankungen kann im Einzelfall eine Erkundigung nach einer Behinderung darstellen und eine Ungleichbehandlung iSd. AGG indizieren (BAG 17.12.2009 NZA 2010, 383). Der EuGH (11.7.2006 Slg. 2006, I-6467 – Navas) meint, damit eine gesundheitl. Einschränkung unter den Begriff Behinderung falle, müsse „wahrscheinl. sein, dass sie von langer Dauer ist“. Damit gelingt keine hinreichende Abgrenzung: Auch lang andauernde Erkrankungen sind denkbar, ohne dass eine Behinderung vorliegt. Nach hier vertretener Ansicht ist darauf abzustellen, ob die gesundheitl. Beeinträchtigung prognostisch behebbar ist oder nicht. Nur im Fall einer dauerhaften, unheilbaren Beeinträchtigung ist eine Behinderung zu bejahen (*Preis/Wolf* Anm. *EzA* EG-Vertrag 1999 RL 2000/78 Nr. 1).

274c Das BAG hat indes entschieden, dass eine Behinderung iSd. § 1 AGG unter Berücksichtigung des maßgebl. supranationalen Rechts vorliegt, wenn die körperl. Funktion, geistige Fähigkeit oder seelische Gesundheit eines Menschen **langfristig eingeschränkt ist und** dadurch – in Wechselwirkung mit verschiedenen sozialen Kontextfaktoren *(Barrieren)* – **seine Teilhabe an der Gesellschaft,** wozu auch die Teilhabe am Berufsleben gehört, substantiell beeinträchtigt sein kann. Auf einen bestimmten Grad der Behinderung komme es nicht an (BAG 19.12.2013 NZA 2014, 372; zur erweiterten Rspr. des EuGH 11.4.2013 NZA 2013, 553; hierzu *Heuschmid* AuR 2013, 411). Das BAG nimmt eine Meistbegünstigung vor: Der Behindertenbegriff des AGG sei maßgebl., soweit das nationale Recht von einem weiteren Behindertenbegriff als das supranationale Recht ausgehe. Soweit das nationale Recht hinter dem supranationalen Recht zurückbleibe, sei dagegen der Behindertenbegriff des Unionsrechts zugrunde zu legen (BAG 19.12.2013 NZA 2014, 372 Rn. 63, 65). Die „Entgrenzung“ des Behindertenbegriffs will das BAG dadurch einschränken, dass die Beeinträchtigung der gesellschaftl. Teilhabe und das Vorliegen einer Benachteiligung wegen dieser nicht pauschal, sondern für die betroffenen Gruppen behinderter Menschen konkret geprüft wird (BAG 19.12.2013 NZA 2014, 372 Rn. 68). Der AG müsse bei einem Behinderten, der an einer ansteckenden Krankheit leide, die ihm zumutbaren Vorkehrungen treffen, um einerseits dem Behinderten eine *(leidensgerechte)* Tätigkeit zu ermöglichen, andererseits aber Ansteckungsgefahren für Kollegen oder Dritte mit der erforderl. Sicherheit verhindern zu können. Daraus folgt, dass insb. eine **AIDS-Erkrankung** eine Behinderung darstellt. Darüber hinaus stellt nach BAG auch die Frage nach einer **HIV-Infektion** eine Benachteiligung wegen Behinderung (§§ 3 I, 1 AGG) dar. Erweiternd interpretiert das BAG, dass jdf. so lange, wie das „gegenwärtig auf eine solche Infektion zurückzuführende soziale Vermeidungsverhalten sowie die darauf beruhenden Stigmatisierungen andauern", von einer Behinderung auszugehen sei. Da in Fällen der AIDS-Erkrankung eine unabsehbare AU droht, ist die Frage danach idR durch § 8 I AGG gerechtfertigt (iE ebenso *Heilmann* BB 1989, 1413, 1414; *Richardi* NZA 1988, 73, 74). Bei der HIV-Infektion kommt es darauf an, ob der AG durch angemessene Vorkehrungen, dh. durch wirksame und praktikable, den AG nicht unverhältnismäßig belastende Maßnahmen, den Einsatz des AN ermöglichen kann. Nur wenn das nicht der Fall ist, ist die Frage nach der HIV-Infektion berechtigt und sogar eine Kündigung nicht zu beanstanden (BAG 19.12.2013 NZA 2014, 372 Rn. 90).

Eine **Alkohol- und Drogensucht** ist regelm. therapierbar; sie ist daher keine Behinderung iSd. § 1 **274d** AGG (abw. *Wisskirchen/Bissels* NZA 2007, 169, 171). Sollte im Einzelfall die Sucht so gravierend sein, dass eine Heilung ausscheidet, es sich also bereits um eine Behinderung handelt, wird idR auch die Erfüllung der Arbeitspflicht beeinträchtigt, so dass die Benachteiligung nach § 8 I AGG gerechtfertigt ist.

Adipositas (Übergewicht) kann nach der Rspr. des EuGH (18.12.2014 NZA 2015, 33; hierzu *Lingscheid* NZA 2015, 147) ebenfalls eine Behinderung darstellen, jdf. wenn es sich um eine solche 3. Grades handelt (schwere, extreme oder morbide Adipositas). Er wendet vergleichbare Kriterien wie bei der HIV-Entsch. des BAG an: Die RL 2000/78/EG sei dahin auszulegen, dass „Adipositas eines AN eine ‚Behinderung' iSd. RL darstellt, wenn sie eine Einschränkung mit sich bringt, die ua. auf physische, geistige oder psychische Beeinträchtigungen von Dauer zurückzuführen ist, die ihn in Wechselwirkung mit verschiedenen Barrieren an der vollen und wirksamen Teilhabe am Berufsleben, gleichberechtigt mit den anderen AN, hindern können." Wichtigster Fall ist die eingeschränkte Mobilität oder Folgekrankheiten. Freil. dürfte ein übergewichtiger AN nur selten in der Ausübung seines Berufes gehindert sein. **274e**

Auch in Fällen einer **mittelbaren Diskriminierung** scheidet ein „berechtigtes Interesse" des AG idR **275** aus. Die (milderen) Anforderungen an die Rechtfertigung einer mittelbaren Diskriminierung (§ 3 II AGG: sachl. Rechtfertigung durch ein rechtmäßiges Ziel; Angemessenheit und Erforderlichkeit der Mittel) werden im Rahmen eines Einstellungsverf. bei folgenden Fragen regelm. nicht erfüllt: Die Frage nach dem **Familienstand** kann eine mittelbare Benachteiligung wegen der sexuellen Identität darstellen (§ 3 II, 1 I AGG). Die Frage nach der **Familienplanung** stellt eine mittelbare Benachteiligung wegen der sexuellen Identität oder des Geschlechts dar. Die Bitte, der Bewerbung ein **Lichtbild** beizufügen, kann als mittelbare Benachteiligung wegen des Alters, einer sichtbaren Behinderung oder der ethnischen Herkunft interpretiert werden (tw. **aA** *Bauer* § 2 Rn. 23). Auf die Frage nach der **Staatsangehörigkeit** sollte verzichtet werden, weil sie eine mittelbare Benachteiligung wegen Rasse oder ethnischer Herkunft darstellen kann. Ein berechtigtes Interesse besteht insofern ledigl., soweit die Frage erforderl. ist, um die Notwendigkeit des Vorliegens einer Arbeits- und Aufenthaltserlaubnis (dazu Rn. 273) zu klären. Daher sollte die Frage darauf beschränkt werden, ob der AN Staatsangehöriger eines Mitgliedstaats der EU ist oder nicht. Die Frage nach **zeitl. Flexibilität, Versetzungsbereitschaft** und **Bereitschaft zum Schichtdienst** ist demggü. idR nach § 3 II AGG gerechtfertigt und stellt keine mittelbare Benachteiligung wegen des Geschlechts dar (*Wisskirchen/Bissels* NZA 2007, 169, 171).

Offenbart der Bewerber im Einstellungsverf. ungefragt Tatsachen, die sich auf ein Merkmal des § 1 **276** AGG beziehen (**„Outing"**), sollte darauf hingewiesen werden, dass dieses Merkmal für die Einstellungsentsch. keine Rolle spielt und auf eine diesbzgl. Notiz verzichtet werden (*Bauer* § 2 Rn. 25; **aA** *Bezani/Richter,* AGG im ArbR, Rn. 365). Besteht ein Bedürfnis, etwa Lebensalter oder Familienstand wegen der Einordnung des AN in eine betriebl. AV zu erfragen, sollte dies **nach Begr. des ArbVerh.** und nach Möglichkeit durch eine aus der Personalabt. ausgelagerte Stelle erfolgen (*Bauer* § 2 Rn. 25).

c) Fragen ohne Bezug zum AGG. Außerhalb der verbotenen Differenzierungsmerkmale des § 1 **277** AGG bleibt es bei der allg. Formel, dass der AG ein **berechtigtes, billigenswertes und schutzwürdiges Interesse** an der Frage vorweisen muss, auf Grund dessen die Belange des Bewerbers zurücktreten müssen (Rn. 271). Es kommt insoweit auf eine einzelfallbezogene Interessenabwägung an.

Die Frage nach der **Gewerkschaftszugehörigkeit** ist wegen der in Art. 9 III GG verfassungsrechtl. **278** garantierten Koalitionsfreiheit unzulässig (BAG 28.3.2000 NZA 2000, 1294; s. a. BAG 18.11.2014 NZA 2015, 306). Ebenfalls darf die Einstellung nicht vom Austritt aus der Gewerkschaft abhängig gemacht werden. Gegen einen derartigen rechtswidrigen Eingriff in die Koalitionsfreiheit kann sich auch die betroffene Gewerkschaft durch eine Unterlassungsklage schützen (BAG 2.6.1987 NZA 1988, 64; ArbG

Gelsenkirchen 9.3.2016 – 3 GA 3/16 – BeckRS 2016, 67555). Gleichfalls unzulässig ist vor Abschluss des Arbeitsvertrags die Frage nach der Mitgliedschaft in politischen Parteien (*Wohlgemuth* AuR 1992, 46, 47). Etwas anderes kann für bestimmte Tendenzbetriebe (zB Verlage, Parteien) gelten. Im öffentl. Dienst ist die Frage nach der Mitgliedschaft in einer verfassungsfeindl. Partei zulässig (OVG NW 26.9.1983 BB 1984, 1490).

279 Begrenzt zulässig – soweit im Einzelfall ein berechtigtes Interesse besteht – ist die Frage nach dem **bisherigen Gehalt**. Zur geschützten Individualsphäre sind auch die Einkommensverhältnisse des AN zu rechnen. Unzulässig ist die Frage, wenn das bisherige Gehalt nicht aufschlussreich bzgl. der Qualifikation für den zu besetzenden Arbeitsplatz ist. Eine andere Beurteilung ergibt sich, wenn der Bewerber von sich aus das bisherige Einkommen zur Mindestbedingung erhebt oder wenn es Rückschlüsse auf seine Eignung zulässt. Dies kann der Fall sein, wenn die bisherige und die angestrebte Position zumindest vergleichbare Kenntnisse und Fähigkeiten erfordern, oder wenn der Bewerber zuvor eine leistungsabhängige Vergütung erhalten hat, deren Höhe für seine Einsatzbereitschaft kennzeichnend ist (BAG 19.5.1983 AP BGB § 123 Nr. 25). Abgesehen von diesen Ausnahmen wird die Zulässigkeit der Frage abgelehnt, weil sich die Verhandlungsposition des Bewerbers durch die Kenntnis des AG verschlechtere (*Moritz* NZA 1987, 329, 333). Gehaltsverh. sind Gegenstand des Vorstellungsgesprächs, in denen jede Partei auf ihren Vorteil bedacht ist. Bemühungen des AG, eine ihm vorteilhafte Position zu erringen, braucht der Bewerber nicht durch eine wahre Angabe über sein früheres Gehalt zu unterstützen (LAG BW 23.12.1980 AR-Blattei ES 640 Nr. 11).

280 Nach **Nebentätigkeiten** darf gefragt werden, soweit sie geeignet sind, die Vertragserfüllung zu beeinträchtigen. Die Frage nach **Wettbewerbsverboten** ist zulässig, wenn die Wettbewerbsverbote Auswirkungen auf das einzugehende ArbVerh. haben (MüArbR/*Buchner* § 30 Rn. 317; *Ehrich* DB 2000, 421, 422). Die Frage nach **Lohnpfändungen oder Lohnabtretungen** ist nur bei Bewerbern für bes. Vertrauenspositionen zulässig (*Zeller* BB 1987, 1522, 1523). IÜ darf nicht danach gefragt werden (ArbG BE 16.7.1986 BB 1986, 1853; **aA** *Moritz* NZA 1987, 329, 333). Als Ausnahme soll in Betracht kommen, dass wegen bes. betriebl. Umstände, zB in einem Kleinbetrieb, die Bearbeitung von Lohnpfändungen einen nicht zumutbaren Aufwand erfordert (BAG 4.11.1981 AP KSchG 1969 § 1 Verhaltensbedingte Kündigung Nr. 4; *C. S. Hergenröder* AR-Blattei SD 60 Rn. 26). Da die Bearbeitung derartiger Fälle jedoch stets aus dem schematischen Ablauf herausfällt und bes. Umstände verursacht, ist eine Ungleichbehandlung aus diesen Gründen nicht zu vertreten. Das Interesse des AN an der Erlangung eines Arbeitsplatzes trotz der Lohnpfändung oder -abtretung ist hier vorrangig.

281 **Vorstrafen** dürfen verschwiegen werden, wenn sie gem. § 51 BZRG nicht (mehr) in ein polizeil. Führungszeugnis aufzunehmen sind (BAG 20.3.2014 NZA 2014, 1131: das gilt generell, auch für Bewerber im Justizvollzug). Nach stRspr. darf iÜ bei privatrechtl. ArbVerh. nach Vorstrafen des Bewerbers nicht einschränkungslos gefragt werden, schon um die Resozialisierung des Vorbestraften nicht unnötig zu erschweren und den sich redl. um einen Arbeitsplatz Bemühenden nicht in unnötige Gewissenskonflikte zu bringen. Es darf aber nach Vorstrafen gefragt werden, wenn und soweit die Art des zu besetzenden Arbeitsplatzes dies erfordert (BAG 20.5.1999 NZA 1999, 975; 20.3.2014 NZA 2014, 1131 Rn. 29). Bsp.: Vorstrafe eines Bankkassierers auf vermögensrechtl. Gebiet, verkehrsrechtl. Vorstrafen eines Kraftfahrers, Sittlichkeitsdelikte eines Erziehers. Die Strafe muss demnach einschlägig sein (BAG 5.12.1957 AP BGB § 123 Nr. 2; 15.1.1970 AP KSchG 1969 § 1 Verhaltensbedingte Kündigung Nr. 7; LAG D 24.6.1988 AuR 1989, 185). Nach außerdienstl. begangenen Straftaten kann bei einem mit hoheitl. Aufgaben betrauten AN stets gefragt werden, da die Straftat zu einem Eignungsmangel führen kann, selbst wenn es an einem unmittelbaren Bezug zum ArbVerh. fehlt (BAG 20.6.2013 NZA 2013, 1345). Unter dieser Voraussetzung darf auch nach einschlägigen **lfd. Ermittlungsverf.** gefragt werden. Dies verstößt nicht gegen die Unschuldsvermutung nach Art. 6 II EMRK (BAG 20.5.1999 NZA 1999, 975; *Ehrich* DB 2000, 421, 423; **aA** ArbG Münster 20.11.1992 NZA 1993, 421). Die – **unspezifizierte – Frage nach abgeschlossenen Ermittlungsverf.** ist indes regelm. unzulässig (BAG 15.11.2012 NZA 2013, 429). Wird die Frage zu weit auf alle Vorstrafen, Strafanzeigen oder Ermittlungsverf. erstreckt, muss der Bewerber darauf nicht wahrheitsgemäß antworten (BAG 6.9.2012 NJW 2013, 1115). Arbeitsrechtl. relevant kann zudem sein, ob die Verfügbarkeit des Bewerbers durch das Verf. eingeschränkt ist, wenn mit umfangr. Ermittlungen oder gar Untersuchungshaft zu rechnen ist (*Raab* RdA 1995, 36, 42) oder die Verurteilung zu einer Freiheitsstrafe zu erwarten ist. Hier ist das Einstellungs- und Beschäftigungsrisiko so groß, dass dem AG ein Fragerecht zugebilligt werden muss (*Linnenkohl* AuR 1983, 129; zur Sicherheitsüberprüfung eines Bewerbers *Buchner* NZA 1991, 577).

282 Strenge Maßstäbe sind bei Fragen nach **Krankheiten** (zur Abgrenzung von Behinderungen s. Rn. 274) anzulegen, da sie einen nicht unerhebl. Eingriff in die Intimsphäre des Bewerbers darstellen. Die Frage ist zulässig, wenn die Krankheit die Eignung des Bewerbers für die angestrebte Tätigkeit auf Dauer oder in periodisch wiederkehrenden Abständen erhebl. beeinträchtigt oder aufhebt (BAG 7.6.1984 NZA 1985, 57). Die tätigkeitsneutrale Frage nach dem Gesundheitszustand ist dagegen unzulässig, *Bayreuther* NZA 2010, 679. Des Weiteren ist die Frage zulässig bei ansteckenden Krankheiten, die Kollegen oder Kunden gefährden könnten. Fragen darf der AG auch, ob zum Zpkt. des Dienstantritts bzw. in absehbarer Zeit mit einer AU, zB durch eine gepl. oder bereits bewilligte **Operation oder Kur** oder durch eine zzt. bestehende Erkrankung zu rechnen ist (BAG 7.6.1984 NZA

1985, 57; ArbG Stade 3.9.1971 BB 1971, 1235; *C. S. Hergenröder* AR-Blattei SD 60 Rn. 31). In einer Entsch. des BAG v. 27.3.1991 (NZA 1991, 895) konnte das Bestehen einer Mitteilungspflicht bzgl. einer bereits im Zpkt. des Vorstellungsgesprächs beantragten Kur offen bleiben, da ein Schadensersatzanspruch eingeklagt war, der AG aber einen Schaden, der über die ges. Pflicht zur LFZ hinausging, nicht darlegen konnte. Nach einer bestehenden **Alkoholkrankheit** oder **Drogenabhängigkeit** darf den genannten Grds. entspr. gefragt werden (*Bengelsdorf* NJW-RR 2004, 113, 118). Die Frage nach einer **genetischen Veranlagung** wird grds. für unzulässig gehalten (*Wiese* RdA 1988, 217, 218). Grds. unzulässig ist die Frage, ob der AN **Raucher oder Nichtraucher** ist (vgl. BVerwG 13.9.1984 NJW 1985, 876 f.; MüArbR/*Buchner* § 41 Rn. 97).

Zur **HIV-Infektion** s. Rn. 274. 283

d) Besonderheiten des Fragerechts im öffentl. Dienst. Für die AN in der unmittelbaren und mittelbaren Bundesverw. normiert **§ 7 II BGleiG** einen **Katalog unzulässiger Fragen**. Danach darf in Vorstellungs- oder Auswahlgesprächen nicht nach dem Familienstand, einer bestehenden oder gepl. Schwangerschaft sowie der Sicherstellung der Betreuung von Kindern, behinderten oder pflegebedürftigen Angehörigen neben der Berufstätigkeit gefragt werden (hierzu *Scheuring* ZTR 2002, 314, 317). 284

Zu Fragen nach einer früheren Tätigkeit im Dienste des **MfS** vgl. Voraufl. 285

e) Rechtsfolgen. Das Schweigen des Bewerbers auf eine unzulässige Frage erregt den Verdacht, der Bewerber habe etwas zu verbergen, und kann den erfolgreichen Vertragsabschluss gefährden. Deshalb hat der Bewerber nicht nur die Möglichkeit zu **schweigen**, sondern er darf sogar die **Unwahrheit sagen** (vgl. GG Art. 2 Rn. 95 f.; MüArbR/*Buchner* § 30 Rn. 365; *Däubler* CR 1994, 101, 104; *Wohlgemuth* AuR 1992, 46, 49; dagegen *Moritz* NZA 1987, 329, 336; dies gilt a. im Anwendungsbereich des AGG, vgl. *Wisskirchen/Bissels* NZA 2007, 169, 170; *Preis/Bender* NZA 2005, 1322). Die Rspr. löst den Konflikt iRd. Rechtsfolgen bei Falschbeantwortung einer Frage. War sie zulässigerweise gestellt, kann der AG den Vertrag wegen arglistiger Täuschung nach § 123 anfechten. Hatte der AG jedoch kein Recht, die betr. Inf. zu erfragen, sind die Voraussetzungen für eine Täuschungsanfechtung nicht gegeben. Das Merkmal der Arglist ist zu verneinen (BAG 5.12.1957 AP BGB § 123 Nr. 2; 5.10.1995 NZA 1996, 371; MüArbR/*Richardi/Buchner* § 34 Rn. 27). Entspr. gilt für die nach § 7 II BGleiG unzulässigen Fragen (*Scheuring* ZTR 2002, 314, 317). Die fehlende Zust. des BR zu einem Personalfragebogen gibt dem Bewerber demggü. nicht das Recht, zulässige Fragen falsch zu beantworten (BAG 2.12.1999 DB 2000, 1418). 286

Daneben treten bei Benachteiligungen iSd. AGG die dort normierten, speziellen Rechtsfolgen (s. AGG § 15 Rn. 1 ff.), insb. Ansprüche auf **Schadensersatz** und **Entschädigung** nach § 15 AGG. Wird der Bewerber trotz einer benachteiligenden Frage eingestellt, scheidet ein materieller Schaden aus. Es bleibt in diesem Fall ledigl. Raum für einen immateriellen Schaden. Die in der diskriminierenden Frage liegende Persönlichkeitsrechtsverletzung wird aber durch eine spätere Einstellung zumindest tw. kompensiert, was bei der Höhe der Entschädigung entscheidend zu berücksichtigen ist. Praktisch relevant werden die Rechtsfolgen des § 15 AGG daher insb. bei abgelehnten Bewerbern. Neben § 15 AGG ist ein Schadensersatzanspruch des Bewerbers wegen Verletzung des Persönlichkeitsrechts aus § 823 I, Art. 1, 2 GG (s. § 619a Rn. 71) oder nach den Grds. der cic. (§§ 311 II, 280 I) denkbar (*Wiedemann* FS Herschel 1982 S. 463). 287

f) Offenbarungspflichten. Nur ausnahmsweise besteht eine Offenbarungspflicht des Bewerbers, wenn er erkennt, dass er auf Grund fehlender Qualifikationen oder Fähigkeiten für die Arbeit völlig ungeeignet ist, die verschwiegenen Umstände ihm die Erfüllung der arbeitsvertragl. **Leistungspflicht unmögl.** machen oder sonst ausschlaggebende Bedeutung für den Arbeitsplatz haben. Dann kann der AG nach Treu und Glauben eine freiwillige Auskunft erwarten (BAG 21.2.1991 NZA 1991, 719; *Moritz* NZA 1987, 329, 331; MüArbR/*Buchner* § 30 Rn. 356). Offenbarungspflichten scheiden aus, wenn schon eine Frage des AG nach demselben Gegenstand unzulässig wäre. Wegen dieses Zusammenhangs sind im Folgenden nur die Fälle behandelt, in denen zumindest ein Fragerecht des AG anerkannt wird. 288

Eine Offenbarungspflicht des Bewerbers besteht, wenn zum Zpkt. des Dienstantritts bzw. in absehbarer Zeit mit einer AU durch eine zzt. bestehende **Erkrankung** zu rechnen ist (BAG 7.2.1964 AP BGB § 276 Verschulden bei Vertragsabschluß Nr. 6). Ungefragt muss der sich als Kraftfahrer bewerbende AN eine **Alkoholabhängigkeit** offenbaren. Die abstrakte Gefahr des Führens von Kfz. unter Alkoholgenuss und der damit verbundenen Risiken reicht aus, um die Eignung des Bewerbers für den Arbeitsplatz zu verneinen (ArbG Kiel 21.1.1982 BB 1982, 804; *Gola* BB 1987, 538, 539). Im Falle eines zweckgebundenen, befristeten ArbVerh. muss der Bewerber nach einer Entsch. des LAG BE (18.4.1978 BB 1979, 1145) ein unmittelbar bevorstehendes Heilverf. von sich aus mitteilen. Unterliegt der Bewerber einem **Wettbewerbsverbot**, muss er dies offenbaren, da die Möglichkeit besteht, dass er die Tätigkeit nicht aufnimmt oder abbricht, wenn sein alter AG gegen ihn vorgeht (*Ehrich* HwB AR 865 Rn. 17). Seine Verfügbarkeit ist direkt betroffen. Eine Offenbarungspflicht bzgl. der **Vorstrafen** kann bei bes. Vertrauenspositionen bestehen, in denen es erkennbar auf die Integrität des Stelleninhabers ankommt. IÜ muss der Bewerber den AG aufklären, wenn er demnächst eine **Freiheitsstrafe** anzutreten hat (LAG HE 7.8.1986 LAGE BGB § 123 Nr. 8; *Conze* Anm. AP BGB § 123 Nr. 32). Der 289 längere Ausfall und die absehbare Nichterfüllung des Arbeitsvertrags durch den Bewerber stellen eine erhebl. wirtschaftl. Belastung für den AG dar. Auf die Einschlägigkeit des der Strafe zugrunde liegenden Delikts kommt es dabei nicht an.

290 Seine **Schwerbehinderteneigenschaft oder Gleichstellung** nach SGB IX muss der Bewerber nur dann ungefragt offenbaren, wenn er die angestrebte Tätigkeit wegen der Art seiner Behinderung gar nicht ausüben kann oder die beschränkte Leistungsfähigkeit für den Arbeitsplatz sonst von ausschlaggebender Bedeutung ist (BAG 25.3.1976 AP BGB § 123 Nr. 19; 1.8.1985 NZA 1986, 635; LAG D 6.3.1991 NZA 1991, 674). Eine Offenbarungspflicht bzgl. der **Schwangerschaft** besteht nicht. Ein Bewerber für den öffentl. Dienst muss nicht ungefragt seine **Mitgliedschaft in einer politischen Partei** angeben. Er kann regelm. davon ausgehen, dass er seine Dienstpflichten ordnungsgemäß erbringen kann (LAG RP 6.7.1984 NJW 1985, 510). Zur Offenbarungspflicht eines ehem. MfS-Mitarbeiters: LAG MV 27.11.1995 NZA-RR 1996, 401.

291 **g) Auskunft durch Dritte.** Wegen der erhebl. Schwächen von Zeugnissen ist ein neuer AG vielfach daran interessiert, weitergehende Inf. über den Stellenbewerber zu erlangen. Außer der Einschaltung eines Branchenauskunftsdienstes oder einer Auskunftei kommt der **bisherige AG** als Informationsquelle in Betracht. Das Auskunftserteilungsrecht besteht nicht schrankenlos (näher GewO § 109 Rn. 116 ff.). Es findet seine **Grenze im Fragerecht** des neuen AG beim Einstellungsgespräch (Rn. 271 ff.). Der Persönlichkeitsschutz des Bewerbers darf nicht durch Nachfragen beim alten AG unterlaufen werden. Verletzt der AG die ihm danach obliegenden Pflichten in zu vertretender Weise, steht dem AN ein **Schadensersatzanspruch** aus § 280 I wegen Verletzung der nachvertragl. Nebenpflichten (LAG BE 8.5.1989 NZA 1989, 965), uU auch aus §§ 823, 826 zu (LAG NI 29.5.2007 LAGE § 280 BGB 2002 Nr. 4). Darüber hinaus kann der AN sowohl aus dem Gesichtspunkt der Naturalrestitution (§ 249) als auch entspr. § 1004 verlangen, dass unrichtige Auskünfte berichtigt werden. Zu **Internetrecherchen** s. *Oberwetter* BB 2008, 1562; *Forst* NZA 2010, 427.

292 **5. Untersuchung und Begutachtung des Arbeitnehmers. a) Einstellungsuntersuchung.** Mit Hilfe der Einstellungsuntersuchung soll festgestellt werden, ob der Bewerber physisch den Anforderungen des Arbeitsplatzes gewachsen ist. Die Leistungsfähigkeit muss mit der Leistungsanforderung vereinbar sein (*Zeller* BB 1987, 2439). Die Einstellungsuntersuchung kann jedoch in das Persönlichkeitsrecht des Bewerbers eingreifen (näher GG Art. 2 Rn. 92 ff.).

293 Die Untersuchung und deren Umf. muss wie das Fragerecht – auch im Hinblick auf die Rechtfertigung nach §§ 8 bis 10 AGG – im **berechtigten Interesse** des AG liegen (BAG 23.2.1967 AP BAT § 7 Nr. 1). Im Bereich der Einstellungsuntersuchung sind die Grds. zur Frage nach einer Krankheit oder Körperbehinderung heranzuziehen. Die Untersuchung muss sich auf die gegenwärtige Eignung des Bewerbers für den zu besetzenden Arbeitsplatz beziehen (*Däubler* CR 1994, 101, 104; *Wiese* RdA 1988, 217, 219). Der Bezug besteht jdf., wenn die Untersuchung ergeben soll, ob die Krankheit die Eignung des Bewerbers für die angestrebte Tätigkeit auf Dauer oder in periodisch wiederkehrenden Abständen erhebl. beeinträchtigt oder aufhebt (BAG 7.6.1984 NZA 1985, 57). Mit gegenwärtiger Eignung ist die Eignung im Zpkt. der Einstellung oder die absehbare Zeit danach gemeint. Ob der gesundheitl. Zustand den Anforderungen des Arbeitsplatzes genügt, unterliegt iÜ der Beurteilung des Arztes (*Keller* NZA 1988, 561, 562). Dies wird an dem Umstand deutl., dass er dem AG nur Auskunft über die allg. Tauglichkeit, nicht aber über einzelne Untersuchungsergebnisse geben darf (Rn. 296).

294 Der Bewerber ist nicht verpflichtet, die Untersuchung durchführen zu lassen (ArbG Stuttgart 21.1.1983 BB 83, 1162; *Zeller* BB 1987, 2439, 2442). Die Untersuchung kann nur auf freiwilliger Basis durchgeführt werden (zur Untersuchungspflicht im bestehenden ArbVerh. BAG 6.11.1997 NZA 1998, 326). Mit der Verweigerung der Einwilligung riskiert der Bewerber freil. seine sofortige Ablehnung.

295 Ausnahmen von dem Freiwilligkeitsgrds. bestehen in den **ges. angeordneten Untersuchungen** nach §§ 32 ff. JArbSchG. Zum Schutz der Allgemeinheit ist für Personen, die im Lebensmittelbereich beschäftigt sind, die Vorlage eines Gesundheitszeugnisses vorgeschrieben, wenn Anhaltspunkte für eine ein Beschäftigungsverbot begründende Erkrankung vorliegen (§ 43 I IfSG). Dem Schutze der AN dienen des Weiteren die Untersuchungsanordnungen im SeeArbG (§ 81: Seediensttauglichkeitszeugnis), in der Röntgen- (§§ 37 ff.) und StrahlenschutzVO (§§ 60 ff.), der GefahrstoffVO (§ 28), der VO über die Beschäftigung von Frauen auf Fahrzeugen und den UVV der Berufsgenossenschaften (ArbMedVV, hierzu *Kleinebrink* DB 2014, 776). Auch diese Untersuchungen sind freiwillig, doch wird die Verweigerung unausweichl. die Nichteinstellung zur Folge haben, da die fehlende Untersuchung ein **Beschäftigungsverbot** nach sich ziehen kann (*Heilmann* AuA 1995, 157, 159). Die Einstellungsuntersuchung kann auch tarifvertragl. geregelt sein.

296 Mit der Einstellungsuntersuchung wird regelm. ein nach § 2 ASiG berufener **Werksarzt** beauftragt. Fehlt dieser, können auch Vertrauens-, Amts- oder frei praktizierende Ärzte beauftragt werden (*Heilmann* AuA 1995, 157). Die Kosten der vom AG geforderten Einstellungsuntersuchung sind dem AN nach § 670 zu erstatten (ArbG Frankfurt [Oder] 9.11.2011 – 6 Ca 874/11 – BeckRS 2012, 00784). Der Arzt hat die ärztl. Schweigepflicht (§ 203 I StGB, § 8 I ASiG) zu beachten, auch wenn er im Interesse des AG die Untersuchung vornimmt. Die Weitergabe des Untersuchungsergebnisses darf somit nur mit **Einwilligung des Bewerbers** erfolgen (§ 26 II BDSG nF).

Die Vorschr. des BDSG sind zu beachten. Im ArbVerh. fällt nach § 32 II BDSG (ab 12.5.2018 § 26 VII BDSG nF) jedes Erheben, Verarbeiten oder Nutzen personenbezogener Daten in den Anwendungsbereich des BDSG (hierzu BDSG § 32 Rn. 2 ff.: BDSG § 26 nF Rn. 4). 297

Ein MBR des BR, etwa nach § 87 I Nr. 7 BetrVG oder § 9 ASiG, besteht nicht (*Zeller* BB 1987, 2439, 2443). Die Einstellungsuntersuchung dient in erster Linie dem Interesse des AG und der Personalauslese, steht also nicht im Zusammenhang mit arbeitsschutzrechtl. Vorschr. 298

Der AN kann schon vor Durchführung der Einstellungsuntersuchung unter der **auflösenden Bedingung** nach § 158 II (TzBfG § 21 Rn. 1 ff.) eingestellt werden, dass das Erg. der Untersuchung die gesundheitl. Eignung für den Arbeitsplatz ergibt (*Zeller* BB 1987, 2439, 2441). 299

b) Genomanalysen. Die Genomanalyse umfasst Untersuchungsmethoden, die Rückschlüsse auf die Strukturen und Funktionen der Gene zulassen (*Diekgräf* BB 1991, 1854). Die Gefahr eines Verstoßes gegen das Persönlichkeitsrecht ist sehr hoch, da durch die Auswertung der unveränderl. genetischen Daten die untersuchte Person klassifiziert wird. Die Untersuchungen sollen Erbanlagen für Krankheiten oder genetisch bedingte Empfindlichkeiten ggü. Umwelteinflüssen aufdecken (*Simon* MDR 1991, 5, 6). Dadurch könnte der AG Einstellungen vermeiden, die vielleicht in Zukunft die Gefahr von wirtschaftl. Belastungen durch Krankheitskosten mit sich bringen. Für den Bewerber könnten Arbeitsmarktchancen ausgeschlossen sein, obwohl die Krankheit gar nicht oder erst spät zum Ausbruch kommen kann. 300

Zusammenhänge bestehen mit dem **Arbeitsschutzrecht.** Der AG ist verpflichtet, Arbeitsplatz und Arbeitsbedingungen so zu gestalten, dass Gesundheitsgefährdungen und Gesundheitsschäden des AN ausgeschlossen sind. Durch die Erkenntnis über erbbedingte Risiken wäre es ihm jedoch bei der Einstellung mögl., bes. gefährdete Bewerber von vornherein auszuschließen, anstatt geeignete Arbeitsschutzmaßnahmen zu ergreifen (*Diekgräf* BB 1991, 1854, 1857; *Simon* MDR 1991, 5, 13). 301

Überw. wurde die **Unzulässigkeit** der Genomanalyse auch ohne ges. Regelung angenommen (*Däubler* CR 1994, 101, 105; *Diekgräf* BB 1991, 1854, 1859; *Fitting* § 94 Rn. 26; HWK/*Thüsing* § 123 Rn. 22). Die Problematik hat jetzt im GenDG (§§ 19 bis 21) eine spezialges. Regelung erfahren (hierzu 310 GenDG §§ 19 bis 21; *Genenger* NJW 2010, 113; *Fischinger* NZA 2010, 65). 302

c) Testverfahren. Für Testverf. zur Bewerberauswahl (zB graphologische Gutachten, Assessment-Center, psychologische Eignungstests, Stress-Interview) benötigt der AG ein **berechtigtes, billigenswertes und schutzwürdiges Interesse** an der Durchführung, insb. im Hinblick auf den zu besetzenden Arbeitsplatz. Wie bei der Einstellungsuntersuchung muss der Bewerber in den Test einwilligen. Die Tests dürfen nicht zu einer völligen Durchleuchtung der Persönlichkeit führen (*Fitting* § 94 Rn. 26). Schadensersatz- (§ 823) und Geldentschädigungsansprüche (vgl. § 619a Rn. 71) kommen wegen der Verletzung des Persönlichkeitsrechts in Betracht. Zum MBR vgl. BetrVG § 92 Rn. 2. 303

aa) Lebenslauf. Die Anforderung eines handgeschriebenen Lebenslaufs ist im Bewerbungsverf. zur Vervollständigung des Persönlichkeitsbildes vielfach übl. Soll er zur Einholung eines **graphologischen Gutachtens** (zur Leistungsfähigkeit *Michel/Wiese* NZA 1986, 505, 507) dienen, bedarf es einer Einwilligung des Betroffenen wegen der Gefährdung des durch Art. 1 I und Art. 2 I GG geschützten Persönlichkeitsrechts. Die Einholung eines graphologischen Gutachtens ohne Einwilligung des Betroffenen ist unzulässig und verpflichtet nach § 823; Art. 1, 2 GG (s. § 619a Rn. 71) ggf. zum Schadensersatz (BAG 16.9.1982 AP BGB § 123 Nr. 24; LAG BW 26.1.1972 NJW 1976, 310, 311; *Michel/Wiese* NZA 1986, 505, 506). Wird das Gutachten ohne Einwilligung erstellt, kann der Bewerber aus §§ 823, 1004 die Vernichtung verlangen (*Bepler* NJW 1976, 1872, 1874; *Oetker* BlStSozArbR 1985, 81, 85). 304

Umstr. ist, ob schon in der einfachen Übersendung eines handgeschriebenen Lebenslaufs eine **konkludente Einwilligung** in ein graphologisches Gutachten zu sehen ist (dafür ArbG M 14.4.1975 NJW 1975, 1908; *Heilmann* AuA 1995, 157, 158; dagegen *Brox* Anm. AP BGB § 123 Nr. 24; *Bürger* Anm. AR-Blattei D Einstellung Nr. 8; *Michel/Wiese* NZA 1986, 505). Ist bei der Anforderung des Lebenslaufs dem Bewerber der Hinweis auf die Anfertigung eines graphologischen Gutachtens gegeben worden, so ist in der Übersendung eine konkludente Einwilligung zu erblicken (*Oetker* BlStSozArbR 1985, 65, 70). Eine konkludente Einwilligung durch die Einsendung ist auch bei ltd. Ang. und Führungspositionen anzunehmen (*Brox* Anm. AP BGB § 123 Nr. 24; *Bürger* AR-Blattei D Einstellung Nr. 8; **aA** *Michel/Wiese* NZA 1986, 505, 506). Das bloße Vorhandensein handschriftl. Unterlagen in der Personalakte lässt nicht den Schluss auf die Einwilligung in ein graphologisches Gutachten zu (LAG BW 26.1.1972 NJW 1976, 310, 311). Wie bei allen Informationserhebungsrechten darf sich das graphologische Gutachten nur auf Bereiche beziehen, die mit der auszufüllenden Position in Zusammenhang stehen (ArbG M 14.4.1975 NJW 1975, 1908). Es sind die Grds. zum Fragerecht des AG heranzuziehen. Je hervorgehobener die Position ist, die besetzt werden soll, desto eher ist auch die Ausforschung von Persönlichkeitsmerkmalen zulässig (*Brox* Anm. AP BGB § 123 Nr. 24). Lässt der Bewerber den angeforderten handschriftl. Lebenslauf **von einem Dritten** schreiben, obwohl er erkennt, dass der Lebenslauf zur Erstellung eines graphologischen Gutachtens dienen soll, begeht er damit eine arglistige Täuschung iSv. § 123 (BAG 16.9.1982 AP BGB § 123 Nr. 24). 305

Das erstellte Gutachten ist vertraul. zu behandeln. Nach § 83 I BetrVG hat der eingestellte AN das Recht, seine Personalakte und damit auch das graphologische Gutachten einzusehen (*Michel/Wiese* 306

NZA 1986, 505, 506). Kommt es nicht zu einer Einstellung, ist das Gutachten wie auch ein Fragebogen (Rn. 243) analog § 1004 zu vernichten. Ein berechtigtes Interesse des AG an der Aufbewahrung, etwa wegen einer gepl. späteren Einstellung oder Beförderung, ist kaum zu begründen, da das graphologische Gutachten nur eine Momentaufnahme darstellt. Für die Aufbewahrung muss deshalb eine sich darauf erstreckende Einwilligung vorliegen (*Oetker* BlStSozArbR 1985, 65, 71, 84).

307 Dem MBR des BR unterliegt die Entsch. des AG über die **generelle** Anfertigung graphologischer Gutachten zur Personalauslese nach § 94 II BetrVG (*Oetker* BlStSozArbR 1985, 81). Sind dem BR im Zustimmungsverf. zur Einstellung nach § 99 BetrVG die Bewerbungsunterlagen vorzulegen, reicht es aus, wenn ihm das Erg. des Gutachtens zugängl. gemacht wird. Eine Vorlagepflicht ist nur anzunehmen, wenn im Betrieb eine AuswahlRL bzgl. graphologischer Gutachten iSd. §§ 95, 99 II Nr. 2 BetrVG existiert (*Oetker* BlStSozArbR 1985 S. 83).

308 **bb) Assessment-Center.** Unter einem Assessment-Center ist ein systematisches Verf. zur qualifizierten Festlegung von Verhaltensleistungen und Verhaltensdefiziten, das von mehreren Beobachtern gleichzeitig für mehrere Teilnehmer in Bezug auf vorher definierte Anforderungen angewandt wird, zu verstehen (*Schönfeld/Gennen* NZA 1989, 543). Die Einwilligung der Probanden zur Durchführung des Assessment-Center ist Voraussetzung dafür. Der BR hat ein MBR nach §§ 94, 95 BetrVG (*Schönfeld/Gennen* NZA 1989, 543, 544 f.). Schon die Aufnahme in das Assessment-Center-Verf. führt nach Auff. des BAG zur „Einstellung" gem. § 99 BetrVG und zur Mitbestimmungspflicht (BAG 20.4.1993 NZA 1993, 1096).

309 **cc) Psychologische Tests.** Neben der Voraussetzung der Einwilligung und der Arbeitsplatzbezogenheit (hierzu BAG 13.2.1964 AP GG Art. 1 Nr. 1) sind psychologische Tests nur zulässig, wenn sie von diplomierten Psychologen durchgeführt werden. Der Bewerber muss über die Funktionsweise und den Zweck des Tests aufgeklärt sein. Weiter wird gefordert, dass andere Erkenntnisquellen dem AG verschlossen sind (*Grunewald* NZA 1996, 15). Der durchführende Psychologe unterliegt der Schweigepflicht nach § 203 StGB in Bezug auf Tatsachen, uU auch pers. Meinungen des Bewerbers (*Scholz* NJW 1981, 1987, 1988). Es ist ebenso wie bei der Einstellungsuntersuchung dem AG nur das Gesamtergebnis der Eignung oder Nichteignung mitzuteilen (*Däubler* CR 1994, 101, 105). Reine IQ-Tests sind unzulässig, weil ihnen idR der Bezug zum konkreten Arbeitsplatz fehlt (*Heilmann* AuA 1995, 157, 158) und sie einen übermäßigen Eingriff in die Persönlichkeitssphäre darstellen (*Däubler* CR 1994, 101, 105).

310 Bei **Stressinterviews** soll herausgefunden werden, wie der Bewerber auf emotionale und intellektuelle Belastungen reagiert. Sie setzen sich zusammen aus einer Folge unangenehmer, unerwarteter und unsicher machender Fragen (*Schmid* DB 1980, 2442, 2443). Sie können zur vollständigen Persönlichkeitsdurchleuchtung führen und verletzen das Persönlichkeitsrecht. Sie sind deshalb unzulässig (*Däubler* CR 1994, 101, 105).

II. Begründung des Arbeitsverhältnisses

311 **1. Abschluss des Arbeitsvertrags. a) Vertragsschluss.** Der Arbeitsvertrag ist ein gegenseitiger Vertrag, auf den die Regeln des Allg. Teils des BGB und des allg. SchuldR prinzipiell Anwendung finden. Der Arbeitsvertrag wird nach dem Grds. der Vertragsfreiheit begr. (klarstellend § 105 GewO). Nach dem Prinzip der **Abschlussfreiheit** ist der AG frei in der Entsch., ob und mit wem er ein Vertragsverhältnis eingeht. Er ist nicht an den arbeitsrechtl. Gleichbehandlungsgrds. gebunden (zur Verlängerung eines befristeten Arbeitsvertrags BAG 13.8.2008 NZA 2008, 27), sondern hat nur die Diskriminierungsverbote zu beachten. Für eine Nichteinstellung schuldet er keine Rechtfertigung (*Buchner* NZA 1991, 577, 579). Für den Abschluss des ArbVerh. gelten grds. die Regeln der allg. **Rechtsgeschäftslehre.** So sind Stellenangebote in der Presse idR kein Vertragsangebot, sondern eine bloße Aufforderung zur Abgabe von Angeboten (invitatio ad offerendum), weil sich der inserierende AG nicht ggü. jedem Interessenten, der zum Abschluss bereit ist, binden will (ArbG HB 1.6.1971 DB 1972, 540; LAG HE 23.4.1993 EzBAT §§ 22, 23 BAT B 4 VergGr I a Nr. 3). Erforderl. ist eine Einigung über die essentialia negotii. Zum **notwendigen Mindestinhalt (essentialia negotii)** gehören nach § 611a I Art und Beginn der Arbeitsleistung. Mehr ist nicht erforderl., sofern Einigkeit besteht, dass die Arbeitsleistung vergütet werden soll (BAG 15.10.2013 NZA-RR 2014, 119). Umf. und Dauer bestimmen sich nach den übl. Umständen, ggf. der betriebsübl. AZ (Rn. 653; BAG 15.5.2013 AP BGB § 611 Arbeitszeit Nr. 42). IZw. wird ein VollzeitArbVerh. begründet (BAG 8.10.2008 AP BGB § 615 Nr. 125; abw. 24.9.2014 NZA 2014, 1328). In Ermangelung anderer Anknüpfungspunkte für die Bestimmung der regelm. vertragl. AZ auf das gelebte Rechtsverhältnis als Ausdruck des wirkl. Parteiwillens abgestellt werden (BAG 2.11.2016 NZA 2017, 187 Rn. 11). Ein Vertrag kann durch übereinstimmendes **schlüssiges Verhalten** (Realofferte und deren konkludente Annahme) zustande kommen, wenn über einen längeren Zeitraum einvernehml. Leistungen ausgetauscht werden. Weisen die Erkl. der Parteien nur darauf hin, eine ör. Funktion mit Aufwandsentschädigung zu übertragen, ist der obj. Geschäftsinhalt nicht auf ein ArbVerh. gerichtet (zB Ernennung eines studentischen Prorektors; BAG 9.4.2014 NZA-RR 2014, 522 Rn. 26). Ist die Höhe der Vergütung nicht bestimmt, ist gem. § 612 II die übl. Vergütung

als vereinbart anzusehen. Wird keine ausdr. Vereinb. über die AZ getroffen, wird iZw. ein Vollzeit-ArbVerh. begr. (BAG 21.6.2011 NZA 2011, 1274). Hins. der Anwendung des § 154 I 1 (offener Einigungsmangel) bestehen im ArbR keine Besonderheiten. Ist ausdr. eine Einigung über die Höhe der Vergütung nicht erfolgt, kommt kein Vertrag zustande. § 612 II, der eine Einigung voraussetzt, kann nicht zur Anwendung kommen (LAG BE 1.6.1990 LAGE BGB § 154 Nr. 1). In Ausnahmefällen kann auch der Vertragsabschluss an § 154 II scheitern, wenn die Parteien eine Beurkundung des Vertrags oder Schriftform (§§ 126, 127) vereinbart haben. Dass § 154 II auch im Falle der Vereinb. einer konstitutiven Schriftform gilt, ist allg. Auff. (BAG 19.9.1985 – 2 AZR 539/84 – BeckRS 1985, 30714804; LAG HM 7.6.1984 ARSt. 1985, 189; Palandt/*Ellenberger* § 154 Rn. 4). Der Abschluss eines Arbeitsvertrags scheitert nicht daran, dass ein der dt. Sprache nicht mächtiger AN diesen unterschreibt. Das Nichtverstehen des unterschriebenen Vertragstextes fällt in die Risikosphäre des Unterzeichners (BAG 19.3.2014 NZA 2014, 1076; BGH 15.4.1997 NJW 1997, 3230).

Gegen die Wirksamkeit arbeitsvertragl. Abreden ist der Einwand eines bloßen **Scheingeschäftes** 312
§ 117 I mögl. hierzu *Benecke* RdA 2016, 65). Ein Scheingeschäft nach § 117 I liegt vor, wenn die Beteiligten ein Ziel durch den bloßen Schein eines wirksamen Rechtsgeschäftes erreichen, aber die mit dem betr. Rechtsgeschäft verbundenen Rechtswirkungen nicht eintreten lassen wollen (vgl. LAG HM 24.10.2006 NZA-RR 2007, 64: Ausbildungsvertrag als Scheingeschäft). Wird etwa in einem schriftl. Arbeitsvertrag nur deshalb eine in Wahrheit nicht zu erbringende AZ angegeben, um auf diese Weise eine übertarifl. Vergütung zu verschleiern, so ist der AN nur verpflichtet, die wirkl. gewollte tats. vereinbarte AZ zu leisten (BAG 28.9.1982 AP BGB § 117 Nr. 1). Wer sich auf die Nichtigkeit eines geschlossenen Arbeitsvertrags beruft, trägt für den Scheincharakter des Geschäfts die Beweislast (BAG 9.2.1995 NZA 1996, 249). Zur Frage des EhegattenArbVerh. vgl. Rn. 133 ff. Bei Arbeitsverträgen, die mit einem Strohmann abgeschlossen werden, liegt idR ein Scheingeschäft vor. Gem. § 117 II richten sich die Rechtsfolgen nach dem verdeckten ArbVerh. (BAG 22.9.1992 NZA 1993, 837).

b) **Geschäftsfähigkeit.** Das Zustandekommen des Arbeitsvertrags setzt zwei gültige Willenserkl. 313
voraus. Daran kann es fehlen, wenn eine Vertragspartei geschäftsunfähig (§§ 104 f.) oder beschränkt geschäftsfähig (§§ 106 ff.) ist. Speziell für die Begr. von ArbVerh. enthält schon das BGB zwei wichtige **Erweiterungen** der Geschäftsfähigkeit: § 112 erweitert für den minderjährigen AG dessen beschränkte Geschäftsfähigkeit auf eine unbeschränkte Geschäftsfähigkeit für solche Rechtsgeschäfte, welche der Geschäftsbetrieb mit sich bringt, wenn er durch den ges. Vertreter mit Genehmigung des Vormundschaftsgerichts zum selbständigen Betrieb eines Erwerbsgeschäfts ermächtigt worden ist. Zu derartigen Rechtsgeschäften gehört auch der Abschluss von Arbeitsverträgen. Jedoch bedarf es im Falle der Eingehung von ArbVerh. für längere Zeit als ein Jahr dennoch einer Genehmigung des Vormundschaftsgerichts für jedes vorgenommene Rechtsgeschäft (§ 112 I 2, § 1822 Nr. 7). Zu Gunsten des minderjährigen AN greift § 113 (vgl. die Kommentierung zu § 113).

c) **Formerfordernisse.** Der Arbeitsvertrag bedarf zu seiner Wirksamkeit grds. keiner Form. Er muss 314
also insb. nicht schriftl. abgeschlossen werden. Mdl. oder konkludentes Zustandekommen eines ArbVerh. ist mögl. Dennoch finden sich einzelne ges. Formvorschr. (§ 11 BBiG für den Ausbildungsvertrag, § 11 AÜG für den Leiharbeitsvertrag) und mannigfaltige Schriftformerfordernisse für den Abschluss des Arbeitsvertrags in TV und BV (zum **NachwG** vgl. dort).

d) **Vertretung beim Abschluss des Arbeitsvertrags.** Bei der Abgabe von Willenserkl. können sich 315
sowohl AG als auch AN nach Maßgabe der §§ 164 ff. vertreten lassen. Typischerweise treten Probleme der Vertretungsmacht und Bevollmächtigung auf Seiten des AG auf. Arbeitsrechtl. gelten jedoch ggü. den allg. zivilrechtl. Grds. keine Besonderheiten (vgl. BAG 21.12.1972 AP SeemannsG § 24 Nr. 1; 29.6.1988 NZA 1989, 468). Soll ein Arbeitsvertrag für einen Vertretenen abgeschlossen werden, so muss der Wille, in fremdem Namen zu handeln, dem AG erkennbar geworden sein (LAG Tübingen 26.5.1967 DB 1967, 1462; zur Anscheinsvollmacht: LAG Tübingen 20.10.1960 DB 1961, 132). Zur **Duldungs- und Anscheinsvollmacht** vgl. BAG 11.9.1984 – 3 AZR 33/82 – BeckRS 1984, 04452; 20.7.1994 NZA 1995, 161; zur Haftung des AN bei Vollmachtsüberschreitung LAG HE 15.5.1996 ARSt. 1997, 14. Schließt ein nicht vertretungsberechtigter Mitarbeiter des AG mit einem AN einen Vertrag, ist der AN nach § 177 I zum Widerruf berechtigt, wenn er den Mangel der Vertretungsmacht bei Abschluss des Vertrags nicht kennt (§ 178 S. 1). Der Widerruf muss erkennen lassen, dass der Vertrag wegen des Vertretungsmangels nicht gelten soll. Stützt der AN den Widerruf nicht auf diesen Mangel, kann der Vertrag durch Genehmigung nach § 184 wirksam zustande kommen (BAG 31.1.1996 NZA 1996, 756). Zur **Haftung des Vertreters ohne Vertretungsmacht** bei Abschluss von Anstellungsverträgen: BAG 12.7.2006 NZA 2006, 1156; BGH 9.10.1989 NJW 1990, 387.

2. Sonderformen der Begründung eines Arbeitsverhältnisses. Kraft ges. Anordnung können Arb- 316
Verh. uU durch einseitige Erkl. kraft G bzw. ges. Fiktion begr. werden. Dies gilt zunächst für die **Übernahme eines Jugendvertreters** nach § 78a II BetrVG (vgl. dort). Im Falle eines Betriebsübergangs tritt nach § 613a der Betriebsübernehmer kraft G in das bestehende ArbVerh. ein, wenn nicht der AN von seinem Widerspruchsrecht Gebrauch macht (vgl. näher § 613a Rn. 96 ff.). Bei Tod des AG geht das ArbVerh. im Wege der **Universalsukzession** nach § 1922 I auf dessen Erben über. Im Falle

des Todes des AN gilt dies freil. nicht: Die Arbeitsleistung hat der AN in Person zu erbringen. Der Anspruch auf die Arbeitsleistung ist iZw. nicht übertragbar, also höchstpers. Natur (§ 613). Mit dem Tode des AN erlischt daher der Arbeitsvertrag. Hat im Bereich der **ANÜberlassung** ein Verleiher nicht die nach § 1 AÜG erforderl. Erlaubnis und ist der Vertrag deshalb nach § 9 Nr. 1 AÜG unwirksam, so gilt ein ArbVerh. zwischen Entleiher und LeihAN zu dem zwischen dem Entleiher und dem Verleiher für den Beginn der Tätigkeit vorgesehenen Zpkt. als zustande gekommen (§ 10 I 1 AÜG; hierzu AÜG § 10 Rn. 3 ff.).

317 **3. Gesetzliche Abschlussgebote.** Echte Kontrahierungszwänge gibt es ebenso wie im allg. Privatrecht im ArbR kaum. Eine Ausnahme ist etwa die Übernahmepflicht eines Jugendvertreters (§ 78a II BetrVG). Kontrahierungszwänge stoßen überdies auf verfassungsrechtl. Grenzen (Art. 2 I, 12 I GG; hierzu GG Art. 12 Rn. 31). Es gibt jedoch zahlr. Regelungen, die die Abschlussfreiheit tangieren. Zum Schutze bestimmter ANGruppen kann kraft G oder TV der Abschluss mit einem bestimmten Kreis von AN geboten sein. Die Nichtbegr. eines entspr. ArbVerh. kann Sanktionen zur Folge haben.

318 Ges. Abschlussgebote bestehen insb. zu Gunsten schutzbedürftiger Personengruppen, wobei allerdings idR keine Verpflichtung besteht, das ArbVerh. mit einem bestimmten Stellenbewerber zu begründen. § 154 SGB IX verpflichtet die AG, in bestimmtem Umf. **Schwerbehinderte** zu beschäftigen. Es handelt sich hierbei um eine ör. Verpflichtung, die einem einzelnen Schwerbehinderten jedoch keinen Einstellungsanspruch verschafft. Nur mittelbar wird die Verletzung des Abschlussgebots über Ausgleichsabgaben und Bußgelder sanktioniert (§§ 160, 238 I Nr. 1 SGB IX). Das AGG verbietet bei der Begr. des ArbVerh. eine **diskriminierende Benachteiligung**, begr. jedoch keinen Einstellungsanspruch des diskriminierten Bewerbers, wie § 15 VI AGG ausdr. klarstellt. Entspr. führt auch die Diskriminierung wegen der Schwerbehinderung bei einer Stellenbesetzung nicht zu einem Einstellungsanspruch (§ 164 II 2 SGB IX).

319 Einen Einstellungsanspruch für AN im öffentl. Dienst kann **Art. 33 II GG** begründen, wenn jede andere Entsch. ermessensfehlerhaft und damit rechtswidrig ist. Grds. kann ein Bewerber nur verlangen, dass die Behörde seine Einstellungsbewerbung nach Eignung, Befähigung und fachl. Leistung prüft und insb. nicht nach den in Art. 3 III GG missbilligten Merkmalen diff. (BAG 5.8.1982 AP GG Art. 33 Abs. 2 Nr. 18; 28.5.2002 NZA 2003, 324). Vor der Auswahlentsch. muss ein Anforderungsprofil für die zu besetzende Stelle daher so festgelegt werden, dass die Auswahlentsch. nach den Kriterien des Art. 33 II GG überprüft werden kann (BAG 26.1.2006 NZA 2006, 1180; 21.1.2003 AP GG Art. 33 Abs. 2 Nr. 59). Wird eine Stelle gleichermaßen für Beamte und für Ang. ausgeschrieben, dürfen ohne sachl. Grund keine Anforderungen gestellt werden, die nur von Beamten, nicht aber von Ang. erfüllt werden können (BAG 18.9.2001 NZA 2002, 271). Eine derartige Handhabung verstieße gegen das Prinzip der „Bestenauslese". Art. 33 II GG enthält kein Vorzugsrecht für eine bestimmte Gruppe von Bediensteten. Vor diesem Hintergrund ist es auch sachwidrig, Beförderungsstellen allein aus haushaltsrechtl. Gründen bevorzugt mit Beamten zu besetzen (BAG 5.11.2002 NZA 2003, 798). Es besteht aber kein Anspruch auf Gleichbehandlung im Unrecht, wenn der ArbG unter Verstoß gegen Art. 33 II GG Einstellungen vorgenommen hat (BAG 19.2.2003 NZA 2003, 1271). Nach Beendigung des Auswahlverf. und verbindl. Stellenbesetzung können dem unterlegenen Bewerber Schadensersatzansprüche aus § 280 I sowie § 823 II iVm. Art. 33 II GG zustehen. Diese setzen voraus, dass der öffentl. AG bei fehlerfreier Auswahl nach den Grds. des Art. 33 II GG dem unterlegenen Bewerber das Amt hätte übertragen müssen (BAG 19.2.2008 NZA 2008, 1016). Ein Einstellungsanspruch nach Art. 33 II GG setzt das Vorhandensein einer besetzungsfähigen, haushaltsrechtl. abgesicherten Planstelle voraus. Das SED-UnrechtsbereinigungsG gewährt keinen Einstellungsanspruch ggü. öffentl. oder privaten AG bei einem verfolgungsbedingten Verlust des Arbeitsplatzes (BAG 9.11.1994 NZA 1995, 781).

320 Einen ges. Wiedereinstellungsanspruch enthalten die Vorschr. des **§ 174 VI SGB IX** sowie § 2 V ArbPlSchG.

321 **4. Tarifliche und betriebsverfassungsrechtliche Abschlussgebote.** Ebenso wie in G können auch in TV und BV Abschlussgebote geregelt sein. In der Hauptsache sind hier zu nennen Verpflichtungen des AG, bestimmte ANGruppen zu beschäftigen, zB ältere AN. IdR wird aber auch mit solchen Abschlussgeboten kein Anspruch einer einzelnen Person begr. Im Anschluss an Arbeitskämpfe werden häufig in TV sog. Wiedereinstellungsklauseln vereinbart, wonach AN, deren ArbVerh. im Rahmen eines Arbeitskampfes geendet hat, wieder einzustellen sind. Aus derartigen Klauseln kann ein unmittelbarer Einstellungsanspruch folgen, ihre praktische Bedeutung ist indessen gering, weil die Aussperrung des AG in aller Regel das ArbVerh. nur für die Dauer des Arbeitskampfes suspendiert, aber nicht beendet (suspendierende, nicht lösende Aussperrung; hierzu GG Art. 9 Rn. 246 ff.). Manche TV enthalten auch Wiedereinstellungsklauseln für den Fall der Beendigung des ArbVerh. bei länger dauernden Betriebsstörungen (vgl. BAG 16.6.1987 NZA 1987, 858). Tarifl. Wiedereinstellungsansprüche (zB § 59 V BAT) werden auch für den Fall der festgestellten Wiederherstellung der Berufs- bzw. Erwerbsfähigkeit begr. (vgl. BAG 24.1.1996 NZA 1996, 823). Ob ein Wiedereinstellungsanspruch tats. besteht, hängt von den sehr unterschiedl. ausgestalteten Tatbestandsvoraussetzungen der Tarifnormen ab (vgl. BAG 14.11.2001 NZA 2002, 392). Ist die Stelle bereits mit einem anderen Bewerber besetzt, kommen grds. nur noch Schadensersatzansprüche in Betracht. Zum Wiedereinstellungsanspruch in

einer BV nach freiwillig gewährter EZ LAG HM 4.5.1998 BuW 1998, 838. Aus Sicht des BAG kann bei Auslagerungen im Konzern durch BV eine Wiedereinstellung bei der Muttergesellschaft für den Fall zugesagt werden, dass der Beschäftigungsbedarf bei einer Konzerntochter aus betriebl. Gründen entfällt (BAG 19.10.2005 NZA 2006, 393, krit. *Diehn* BB 2006, 1794).

5. Vertragliche (Wieder-)Einstellungsansprüche. Einstellungsansprüche können sich auch aus einer entspr. vertragl. Verpflichtung ergeben: Durch **Vorvertrag** können sich ggf. einklagbare Verpflichtungen zur Abgabe eines Angebotes auf Abschluss eines Arbeitsvertrags bzw. zur Annahme eines entspr. Angebotes ergeben. Freil. muss diese Verpflichtung hinreichend konkretisiert und durch Auslegung müssen die wesentl. Inhalte des späteren Arbeitsvertrags feststellbar sein. Vertragsverh., die zu einem endgültigen Abschluss führen sollen, sehen idR erst dann eine rechtsgeschäftl. Bindung vor, wenn der in Aussicht genommene Vertrag nach Einigung über alle Einzelheiten abschlussreif ist. Die Annahme eines Vorvertrags ist daher nur dann gerechtfertigt, wenn bes. Umstände darauf schließen lassen, dass die Parteien sich – ausnahmsweise – schon binden wollten, bevor sie alle Vertragspunkte abschl. geregelt haben (BGH 26.3.1980 NJW 1980, 1577, 1578; Einzelheiten Rn. 252 ff.). 322

(Wieder-)Einstellungspflichten können sich aus einer ausdr. Rückkehrzusage (BAG 15.10.2013 NZA-RR 2014, 119) des AG, aus Kollektivverträgen (zu einer BV im Kontext eines Betriebsübergangs BAG 14.3.2012 AP BetrVG 1972 § 77 Betriebsvereinbarung Nr. 60; 24.4.2013 AP BetrVG 1972 § 77 Betriebsvereinbarung Nr. 63) oder auch aus einer **nachwirkenden Pflicht** nach Treu und Glauben (§ 242) bei einem zunächst wirksam gekündigten ArbVerh. ergeben. Hauptfall ist hier, dass ein urspr. gegebener Kündigungsgrund nachträgl. obj. wegfällt. Dies ändert nichts an der urspr. Wirksamkeit der Kündigung, da es insoweit ledigl. auf die Prognose im Zpkt. des Zugangs der Kündigungserkl. ankommt (näher KSchG § 1 Rn. 115). Erweist sich diese Prognose später, grds. aber nur bis zum Ablauf der Kündigungsfrist (BAG 6.8.1997 NZA 1998, 254), als unrichtig, kommt ein Wiedereinstellungsanspruch des gekündigten AN in Betracht (s. APS/*Dörner* Rn. 74; *v. Hoyningen-Huene/Linck* Rn. 230 ff.; KR/*Griebeling* § 1 KSchG 1 Rn. 729; *Oetker* ZIP 2000, 643; *Zwanziger* BB 1997, 42; verneinend ZLH/*Zöllner* § 16 II 2c). Voraussetzung für einen Wiedereinstellungsanspruch ist, dass überhaupt Kündigungsschutz besteht (LAG HM 26.8.2003 RzK I 15 Nr. 32). Der Wiedereinstellungsanspruch ist gerichtet auf **Neubegr. des ArbVerh.** (BAG 28.6.2000 NZA 2000, 1097; SPV/*Preis* Rn. 1026 ff.). Es handelt sich um einen eigenen Streitgegenstand. Der Antrag muss auf Abgabe einer entspr. Willenserkl. des AG gerichtet sein (Annahme des Angebots des AN auf Abschluss eines Arbeitsvertrags zu den bisherigen Bedingungen, zweckmäßigerweise unter Bezugnahme auf den bisherigen Arbeitsvertrag; s. genauer zur Antragstellung BAG 13.6.2012 AP BGB § 307 Nr. 65 einerseits und 13.6.2012 – 7 AZR 519/10 – BeckRS 2012, 75181 andererseits). Die Vollstreckung der Annahmeerkl. richtet sich nach § 894 ZPO. Da diese nur für die Zukunft wirkt, stehen dem AN ggf. Schadensersatzansprüche für die Vergangenheit zu (*Boewer* NZA 1999, 1177, 1182; abw. *Oetker* ZIP 2000, 643, 653). 323

Insb. im Fall der **betriebsbedingten Kündigung** hat der AN Anspruch auf Wiedereinstellung, wenn sich die Prognose des betriebsbedingten Kündigungsgrundes **noch während des Laufs der Kündigungsfrist** als unzutr. erweist, zB weil der AG seine Unternehmerentsch. zur Betriebsstilllegung revidiert (BAG 27.2.1997 NZA 1997, 757; vgl. a. 28.6.2000 NZA 2000, 1097; 6.8.1997 NZA 1998, 254; *Wank* SAE 1986, 151, 153; *Kort* SAE 2001, 125; *v. Hoyningen-Huene/Linck* Rn. 233; *Preis* Prinzipien S. 349 ff.; *ders.* Anm. LAGE BGB § 611 Einstellungsanspruch Nr. 1; zur Realisierung eines solchen Anspruchs vgl. APS/*Kiel* KSchG § 1 Rn. 817; *Strathmann* DB 2003, 2438). Grdl. des Wiedereinstellungsanspruchs in diesen Fällen ist, dass der AG die für die Kündigung maßgebenden Fakten durch seine Unternehmerentsch. selbst gesetzt hat und diese autonom wieder beseitigt, so wenn er sich entgegen seiner früheren Absicht entschließt, den Betrieb doch ganz oder tw. fortzuführen (vgl. *Meinel/Bauer* NZA 1999, 575). Das BAG lässt offen, ob ausnahmsweise auch Änd. nach Ablauf der Kündigungsfrist einen Wiedereinstellungsanspruch begründen, wenn der AG seine Unternehmerentsch. erst nach diesem Zpkt. ändert (BAG 4.12.1997 NZA 1998, 701; vgl. aber 28.6.2000 NZA 2000, 1097; 28.10.2004 NZA 2005, 405). Voraussetzung ist, dass der AG noch keine Dispositionen getroffen hat und ihm die unveränderte Fortsetzung des ArbVerh. zumutbar ist. Führt der AG den Betrieb mit einer verkleinerten Belegschaft weiter, hat die Wiedereinstellung gekündigter AN unter Beachtung sozialer Gesichtspunkte zu erfolgen (BAG 4.12.1997 NZA 1998, 701), die nicht mit denen des § 1 III 1 KSchG identisch sein sollen (BAG 28.6.2000 NZA 2000, 1097). Kommt es nach Ausspruch der Kündigung zu einem Betriebsübergang, kommt ein Vertragsfortsetzungsanspruch gegen den Erwerber in Betracht (BAG 13.11.1997 NZA 1998, 251; näher § 613a Rn. 163). 324

Grds. abzulehnen ist ein Wiedereinstellungsanspruch im Bereich der **personenbedingten Kündigung**, da der Kündigungsgrund hier aus der Sphäre des AN stammt (gleichwohl bejahend *Oberhofer* RdA 2006, 92; *Nägele* BB 1998, 1686). Hins. der krankheitsbedingten Kündigung hat das BAG eine endgültige Entsch. bislang offen gelassen (s. BAG 7.11.2002 NZA 2003, 816; 27.6.2001 NZA 2001, 1135; danach soll bei einer krankheitsbedingten Kündigung ein Wiedereinstellungsanspruch „allenfalls" in Betracht kommen, wenn eine negative Gesundheitsprognose nicht nur erschüttert wird, sondern wenn nach dem Vorbringen des AN von einer positiven Prognose auszugehen ist; s. a. *Lepke* 325

Rn. 633 ff.). Auch aus Sicht der Rspr. besteht hier jdf. kein Wiedereinstellungsanspruch, wenn die Gesundheitsbesserung erst nach dem Kündigungstermin eintritt (BAG 27.6.2001 NZA 2001, 1135) oder die neu eingetretenen Umstände auf einem neuen Kausalverlauf beruhen (BAG 7.11.2002 NZA 2003, 816). Anzuerkennen ist ein Wiedereinstellungsanspruch bei der **Verdachtskündigung,** wenn sich später die Unschuld des AN herausstellt) oder Umstände bekannt werden, die den bestehenden Verdacht beseitigen (BAG 14.12.1956 AP BGB § 611 Fürsorgepflicht Nr. 3; 4.6.1964 AP BGB § 626 Verdacht strafbarer Handlung Nr. 13). Hier ist ein strenger Maßstab anzulegen: Die bloße Einstellung des Ermittlungsverf. nach § 170 II 1 StPO begr. keinen Wiedereinstellungsanspruch (BAG 20.8.1997 NZA 1997, 1340). Selbst der Freispruch im Strafverf. reicht nicht aus, wenn der Verdacht einer an sich nicht strafbaren Vorbereitungshandlung bestehen bleibt (LAG BW 29.3.2006 BeckRS 2009, 54521).

326 Ein Anspruch des AN auf Wiedereinstellung besteht nach Ablauf eines wirksam **befristeten ArbVerh.** grds. auch dann nicht, wenn sich entgegen der urspr. Prognose auf Grund neuer Umstände eine Möglichkeit zur Weiterbeschäftigung ergibt (BAG 20.2.2002 NZA 2002, 896; *Dörner* ZTR 2001, 485, 491; *ders.* Rn. 967). Die Rspr. zum Wiedereinstellungsanspruch nach betriebsbedingter Kündigung ist auf befristete Arbeitsverträge nicht übertragbar. Ansprüche auf Begr. eines unbefristeten ArbVerh. können sich jedoch durch **vertrauenserzeugende Zusagen des AG** ergeben, wenn etwa einem befristet eingestellten AN für den Fall seiner Bewährung die unbefristete Fortsetzung des ArbVerh. in Aussicht gestellt worden ist. Ein AG kann verpflichtet sein, einen an sich wirksam befristeten Arbeitsvertrag auf unbestimmte Zeit fortzusetzen, wenn er bei einem AN die Erwartung geweckt und bestätigt hat, er werde ihn bei Eignung und Bewährung unbefristet weiterbeschäftigen und wenn der AG sich mit einer Ablehnung in Widerspruch zu seinem früheren Verhalten und dem von ihn geschaffenen Vertrauenstatbestand setzt (BAG 16.3.1989 NZA 1989, 719; 26.4.1995 DB 1995, 2374 f.). Auch die wiederholte Befristung des Arbeitsvertrags mit einem SaisonAN kann sachl. gerechtfertigt sein (BAG 29.1.1987 NZA 1987, 627). Mit der Anzahl der geschlossenen befristeten Arbeitsverträge steigen die Anforderungen an die Prognose. Aus dem Gesichtspunkt des Vertrauensschutzes kann ein **Anspruch auf Wiedereinstellung** entstehen, wenn Jahr für Jahr alle AN in der Saison wieder eingestellt werden, die dies verlangen, der AG den Beginn der Saison ohne Vorbehalt am Schwarzen Brett bekanntgibt und sogar AN neu einstellt (BAG 29.1.1987 NZA 1987, 627). Als dogmatische Grdl. erwägt das BAG das Rechtsinstitut der betriebl. Übung (BAG 26.4.2006 NZA 2007, 55).

327 Der AN hat aber nicht ohne weiteres einen Anspruch auf Wiederbegr. des ArbVerh., wenn er an einem Fortbildungs- oder Umschulungslehrgang teilnimmt und zu diesem Zweck das ArbVerh. beendet worden ist. UU kann jedoch der Gleichbehandlungsgrds. eine Einstellungspflicht begründen, wenn die Fortbildungs- und Umschulungsmaßnahme auf Veranlassung des AG durchgeführt wurde und der AG bislang ausnahmslos alle AN nach Absolvierung des Lehrgangs wieder eingestellt hat (BAG 10.11.1977 AP BGB § 611 Einstellungsanspruch Nr. 1).

328 TV und BV können zugunsten von AN, die ihren Arbeitsplatz verloren haben, einen Anspruch auf Wiedereinstellung normieren (BAG 14.3.2012 AP BetrVG 1972 § 77 Betriebsvereinbarung Nr. 60; 24.4.2013 AP BetrVG 1972 § 77 Betriebsvereinbarung Nr. 63). Dabei ist auch die rückwirkende Begr. eines ArbVerh. mögl. (BAG 9.2.2011 NZA-RR 2012, 232; 13.3.2013 NZA 2013, 804). Solche **Wiedereinstellungsklauseln** kommen in TV va. im Zusammenhang mit betriebsbedingten Kündigungen, Befristungen und Betriebsübergängen vor und normieren die Pflicht des AG iS eines Abschlussgebotes, bei Neueinstellungen zuerst auf AN zurückzugreifen, welchen innerhalb eines bestimmten zurückliegenden Zeitraums gekündigt worden war oder deren Arbeitsvertrag infolge Zeitablauf wegen Befristung geendet hatte. Denkbar ist auch ein Wiedereinstellungsanspruch nach Wiederherstellung der Berufsfähigkeit nach § 59 BAT (BAG 24.1.1996 NZA 1996, 823). Darüber hinaus kann eine Wiedereinstellungsklausel den ges. Wiedereinstellungsanspruch konkretisieren. Demggü. spielen Wiedereinstellungsklauseln nach Arbeitskämpfen wegen der nur suspendierenden Wirkung rechtmäßiger Streiks heute regelm. keine große Rolle mehr.

329 **6. Abschluss- und Beschäftigungsverbote. a) Gesetzliche Verbote.** Beschäftigungsverbote bestehen insb. für Kinder und Jugendliche (§§ 2, 5, 7 JArbSchG). Aus dem Zweck dieser Beschäftigungsverbote folgt, dass gegenteilige Arbeitsverträge nichtig sind (§ 134). In aller Regel führen jedoch sonstige Beschäftigungsverbote (zB für werdende Mütter) nicht zu einer Nichtigkeit des Arbeitsvertrags. Dies gilt zum Schutze des AN, so dass insb. trotz Beschäftigungsverbot Vergütungsansprüche bestehen bleiben, wenn eine Arbeitsleistung entgegen dem Beschäftigungsverbot tats. erbracht wurde. Die bestehenden Beschäftigungsverbote können auch nicht dazu herangezogen werden, das ArbVerh. einer Schwangeren zu kündigen, anzufechten oder für unwirksam zu erklären. Der EuGH sieht hierin eine unzulässige Diskriminierung wegen des Geschlechts (EuGH 5.5.1994 NZA 1994, 609). Zu arbeitsmedizinischen Beschäftigungsverboten: *Kohte* FS Düwell 2011 S. 152 ff.; zu Ansprüchen aus § 615 in diesen Fällen BAG 15.6.2004 NZA 2005, 462).

330 **b) Kollektivvertragliche Verbote.** Auch in Kollektivverträgen können Abschlussverbote begr. werden. In der Sache handelt es sich um Abschlussverbote bei den sog. Besetzungsregeln in der Druckindustrie, wo die Besetzung eines Arbeitsplatzes von einer bestimmten Ausbildung abhängig gemacht

wird. Das BAG sieht in derartigen Besetzungsregelungen keinen Verstoß gegen Art. 12 GG (BAG 26.4.1990 NZA 1990, 850). Auch durch betriebsverfassungsrechtl. Regelungen, insb. AuswahlRL (§§ 95, 99 II Nr. 1 BetrVG), können uU Abschlussverbote begr. werden (**aA** HWK/*Thüsing* Rn. 57).

c) Vertragliche Grenzen. Durch Arbeitsvertrag können Abschlussverbote wirksam nicht begr. werden. Prinzipiell bleibt das Recht des AN, ein weiteres ArbVerh. einzugehen, unberührt. Allerdings kann ein weiterer Arbeitsvertrag bei ganz erhebl. Überschreitung der ges. zulässigen AZ (§§ 3 ff. ArbZG) nichtig sein (Rn. 724 ff.). Die Vereinb. von Wettbewerbsverboten lässt die Möglichkeit unberührt, dass der AN schuldvertragswidrig doch ein weiteres ArbVerh. begr. Das Wettbewerbsverbot berührt die Wirksamkeit des dennoch abgeschlossenen zweiten Vertrags nicht. 331

III. Mängel des Arbeitsverhältnisses

Der Arbeitsvertrag kann wie jedes andere Rechtsgeschäft nichtig bzw. anfechtbar sein. Nichtige und anfechtbare Rechtsgeschäfte können nach Maßgabe der **§§ 141, 144** bestätigt werden. Die Berufung auf die Nichtigkeit bzw. das Anfechtungsrecht kann danach ausgeschlossen sein (LAG N 4.7.1994 DB 1994, 2453; BAG 21.2.1991 NZA 1991, 719). Zu beachten sind hins. der Rechtsfolgen die Besonderheiten bei fehlerhaften ArbVerh. (Rn. 145 ff.). 332

1. Nichtigkeitsgründe. Arbeitsverträge können aus allg. Gründen (§§ 105 ff., 116 S. 2, 117 I, 118, 138, 177 ff., 306 aF) nichtig sein. Größere Bedeutung haben jedoch uU arbeitsrechtl. Beschäftigungsverbote iVm. § 134 (zB §§ 2, 5, 7 JArbSchG; §§ 4–6. 16 MuSchG) und tarifl. oder betriebsverfassungsrechtl. Normen (§ 4 I TVG, § 77 IV BetrVG; hierzu BAG 10.2.1999 NZA 1999, 657). Der Verstoß gegen steuer- und sozialrechtl. Meldepflichten führt idR nicht zur Nichtigkeit des Arbeitsvertrags (LAG BE 15.10.1990 LAGE BGB § 134 Nr. 4; vgl. aber OLG KA 6.4.1993 AP SGB IV § 104 Nr. 1). 333

a) Verstoß gegen gesetzliche Verbote. Der Arbeitsvertrag kann insg. oder tw. gegen ein ges. Verbot iSd. § 134 verstoßen. Der unmittelbare Anwendungsbereich des § 134 ist im ArbR groß. Zahlr. arbeitsrechtl. SchutzG enthalten Verbotsnormen, insb. Beschäftigungsverbote iSd. § 134 (vgl. Rn. 206, 329). In Verbotsnormen spiegelt sich der in großen Teilen zwgd. Charakter des Arbeitsschutzrechts wider. Die Rspr. hat den Verbotscharakter arbeitsrechtl. Grds. ausgeweitet durch den Gesichtspunkt der **Gesetzesumgehung** und durch die Annahme, dass Grundrechtsartikel VerbotsG beinhalten, was nur bei Verfolgung der Lehre der unmittelbaren Drittwirkung der Grundrechte (hierzu GG Einl. Rn. 17 ff.) dogmatisch mögl. ist (vgl. etwa noch BAG 18.11.1988 NZA 1989, 389; 6.9.1990 NZA 1991, 266). Zur Nichtigkeit einer „Schwarzlohnabrede“ BAG 26.2.2003 NZA 2004, 313; 24.3.2004 EzA BGB 2002 § 134 Nr. 2 (hierzu Rn. 342); LAG BE 26.11.2002 LAGReport 2003, 97. Zur Nichtigkeit des Arbeitsvertrags wegen fehlender Approbation oder Erlaubnis als Arzt (§ 134 iVm. §§ 2, 10 Bundesärzteordnung, §§ 1, 2, 5 HeilpraktikerG) BAG 3.11.2004 NZA 2005, 1409. Soll das Anstellungsverhältnis eines AG-Vorstands nach der Beendigung der Organstellung über die zwgd. Höchstfristen des § 84 I AktG hinaus zu unveränderten Bedingungen als ArbVerh. fortgeführt werden, kommt ein Arbeitsvertrag gem. § 134 wegen obj. Gesetzesumgehung nicht zustande (BAG 26.8.2009 NZA 2009, 1205). 334

Eine immer wichtiger werdende allg. Verbotsnorm des ArbR beinhaltet § 612a (vgl. dort). Eine in der Praxis und Rechtsdogmatik wesentl. größere Bedeutung hat die Inhalts- bzw. Billigkeitskontrolle, die die Rspr. über den Kerngehalt der §§ 134, 138 hinaus ausgeübt hat. Die Inhaltskontrolle von Arbeitsverträgen richtet sich jetzt gem. § 310 IV nach dem Recht der AGB (hierzu §§ 305 bis 310 Rn. 7 ff.). 335

b) Verstoß gegen die guten Sitten. § 138 versagt Rechtsgeschäften die Wirksamkeit, die den Grundprinzipien unserer Rechts- und Sittenordnung widersprechen. Die Norm markiert ein unumgängl. rechtsethisches Minimum (BAG 24.3.1963 AP GG Art. 12 Nr. 29). IRd. Konkretisierung des § 138 sind die ArbG auch gehalten, die Gewährleistung der Privatautonomie der strukturell schwächeren Vertragspartei zu beachten (BAG 19.10.1993 NJW 1994, 36; näher GG Art. 2 Rn. 27 ff.). Das Verbot der Sittenwidrigkeit nach § 138 gilt für alle Rechtsgeschäfte. Ihre Grenzen sind weit gezogen, um der Vertragsfreiheit möglichst weiten Raum zu lassen (vgl. zur Abgrenzung von dem Instrument der Inhaltskontrolle §§ 305 bis 310 Rn. 3). 336

Ein klassischer Anwendungsbereich des § 138 liegt bei der Prüfung von Leistung und Gegenleistung. § 138 ist das Einzige legitime Instrument, um die Relation von Leistung und Entgelt zu prüfen (zur Problematik des **Lohnwuchers** vgl. § 612 Rn. 3 ff.). Dogmatik und Anwendungsfälle des § 138 sind im ArbR nicht gesichert. Die Dogmatik des allg. ZivilR entwickelt sich zunehmend dahin, den Sittenverstoß zu objektivieren und maßgebl. darauf abzustellen, ob das Rechtsgeschäft selbst einen obj. sittenwidrigen Inhalt hat. Subj. Merkmale (Beweggründe, Geschäftszweck) können hinzutreten, sind aber nicht mehr Voraussetzung für die Annahme einer Sittenwidrigkeit, wenn der Inhalt des Rechtsgeschäfts mit grdl. Wertungen der Rechts- oder Sittenordnung unvereinbar ist. Unerhebl. ist insb., ob die Vertragspartner das Bewusstsein der Sittenwidrigkeit hatten (BGH 8.5.1985 Z 94, 268, 272; Palandt/*Ellenberger* § 138 Rn. 7). Dessen ungeachtet kann sich die Sittenwidrigkeit aus dem Gesamtcharakter eines Rechtsgeschäfts ergeben. In dieser Fallgruppe bedarf es einer umfassenden Würdigung 337 von Inhalt, Beweggrund und Zweck des Rechtsgeschäfts. Der schrittweise Wandel zu einer obj. Betrachtung der Sittenwidrigkeit ist auch in arbeitsrechtl. Fallgestaltungen nachvollziehbar (vgl. zum Maßstab der Sittenwidrigkeit BAG 26.4.2006 NZA 2006, 1354).

338 In der früheren Rspr. hielt das BAG noch ein Verhalten der begünstigten Partei des Vertrags für notwendig, das auf verwerfl. Gesinnung beruht (BAG 10.9.1959 AP BGB § 138 Nr. 1). Sog. Zölibatsklauseln hat das BAG im Jahre 1957 nicht als sittenwidrig verworfen, weil der bloße Verstoß gegen grdl. Wertungen der Rechts- und Sittenordnung nicht ausreiche, sondern zudem ein pers. Verhalten der Vertragsschließenden für erforderl. gehalten wurde, das ihnen sittl. vorgeworfen werden könne (BAG 10.5.1957 AP GG Art. 6 I Ehe und Familie Nr. 1). Mit seiner Lehre von der unmittelbaren Drittwirkung hat das BAG jedoch entspr. Klauseln wegen ihres obj. sittenwidrigen Inhalts verworfen. Zutreffenderweise wird man diese Fallgruppe unter § 138 I bzw. § 612a subsumieren müssen (vgl. § 612a Rn. 2). In neuer Rspr. wird diese Drittwirkungslehre nicht mehr vertreten (vgl. GG Einl. Rn. 17 ff.). Vielmehr wird der Verweis in § 138 I auf die guten Sitten zuvörderst am Maßstab der Wertvorstellungen konkretisiert, die in den Grundrechten ihren Ausdruck gefunden haben (BAG 20.11.1996 AP BGB § 611 Berufssport Nr. 12). Insoweit können die Berufswahl beschränkende Vertragsbindungen im Lichte des Art. 12 GG (hierzu GG Art. 12 Rn. 32 f.) sittenwidrig sein.

339 Auch im klassischen Anwendungsbereich, dem Missverhältnis von Leistung und Gegenleistung (zum sog. Wucherlohn vgl. § 612 Rn. 3 ff.), ist eine Objektivierung mögl. und anzustreben. In der Rspr. des BGH sind die Anforderungen an die subj. Komponente in diesem Bereich zunehmend verringert worden (BGH 24.3.1988 Z 104, 102 ff.; 13.3.1990 Z 110, 336 ff.). Bei obj. Missverhältnis zwischen Leistung und Gegenleistung sind die **subj. Voraussetzungen des § 138 I zu vermuten**. Es bleibt Sache des AG darzulegen, dass der AN sich nicht nur wegen seiner schwächeren Lage, Rechtsunkundigkeit oder Geschäftsungewandtheit auf den obj. übermäßig belastenden Vertrag eingelassen hat.

340 In jüngeren Entsch. des BAG wird ein Wandel zum obj. Sittenwidrigkeitsmaßstab deutl. Nach BAG 10.10.1990 NZA 1991, 264 verstößt eine arbeitsvertragl. Vergütungsregelung gegen die guten Sitten, wenn der AN mit dem **Betriebs- und Wirtschaftsrisiko des AG** belastet wird. Dies ist insb. dann anzunehmen, wenn die Vergütungsabrede eine Verlustbeteiligung des AN vorsieht. Entscheidend sei, dass der AG aus der schwächeren Lage des AN übermäßige Vorteile ziehen wolle. Eine in subj. Hinsicht verwerfl. Gesinnung wird hier nicht gefordert, sondern nur die Kenntnis der Umstände, aus denen sich die Sittenwidrigkeit ergibt. Das BAG hat auch bei Wuchergeschäften eine Ausnutzung der wirtschaftl. oder intellektuellen Überlegenheit in Anlehnung an die Rspr. des BGH angenommen, wenn der obj. sittenwidrig Handelnde sich böswillig oder leichtfertig der Erkenntnis verschließt, dass sich der andere nur unter dem Zwang der Verhältnisse auf den ungünstigen Vertrag einlässt. Ein grobes Missverhältnis der beiderseitigen Leistung könne den Schluss auf eine verwerfl. Gesinnung und dementspr. die Anwendung des § 138 I rechtfertigen (BAG 11.9.1984 AP BGB § 138 Nr. 37).

341 **Einzelfälle:** Die Möglichkeit der Sittenwidrigkeit einer Provisionsvereinb. wurde bejaht, wenn durch die Vorschusszahlungen eine unzulässige Bindung des AN herbeigeführt wird und die Provisionsabrede so getroffen ist, dass der AN die geforderten Umsätze überhaupt nicht erbringen kann (BAG 20.6.1989 NZA 1989, 843; s. a. BAG 16.2.2012 DB 2012, 1877; sittenwidrige Provisionsentlohnung: LAG HM 27.9.2012 BeckRS 2013, 66852); zur Möglichkeit der Sittenwidrigkeit einer vertragl. Pauschalierung der Mehrarbeitsvergütung, wenn der Vergleich mit der übl. Vergütung ein erhebl. Missverhältnis ergibt: ArbG BE 31.10.1988 EzA AZO § 13 Nr. 12; zur Sittenwidrigkeit einer mit Betrugsabsicht geschlossenen Vereinb. zur Täuschung des Finanzamts: BGH 23.1.1992 NJW-RR 1992, 948; Rückdatierung zur Täuschung der Arbeitsverw.: ArbG Wetzlar 24.8.1993 ARSt. 1994, 26; LAG HE 11.3.1998 LAGE BGB § 138 Nr. 13; zur Problematik der Sittenwidrigkeit von Aufhebungsverträgen: BAG 30.9.1993 NZA 1994, 209; zu Verstößen gegen § 138 im Kündigungsrecht vgl. KSchG § 13 Rn. 21; zur Sittenwidrigkeit eines außergerichtl. Vergleichs bzw. Schuldanerkenntnis über Schadensersatz: BAG 11.9.1984 AP BGB § 138 Nr. 37; 22.10.1998 NZA 1999, 417; 22.7.2010 NJW 2011, 630; LAG TH 10.9.1998 NZA-RR 1999, 399; OLG D 26.2.1999 NZA-RR 1999, 397; zur Nichtigkeit eines Arbeitsvertrags über Vorführung des Geschlechtsverkehrs auf einer Bühne: BAG 1.4.1976 AP BGB § 138 Nr. 34. Keine Sittenwidrigkeit des Arbeitsvertrags ist gegeben, wenn der GF seine Geliebte einstellt (LAG N 4.7.1994 LAGE BGB § 138 Nr. 8); zur Sittenwidrigkeit von Wettbewerbsbeschränkungen vgl. BAG 9.9.1968 AP BGB § 611 Konkurrenzklausel Nr. 22. Zur Sittenwidrigkeit eines Kauf- und Darlehnsvertrags in Abhängigkeit vom Abschluss eines Arbeitsvertrags: LAG HH 26.11.1992 LAGE BGB § 138 Nr. 7; zur Sittenwidrigkeit einer Hinterbliebenenklausel, wonach die Betriebsrente nicht an die Ehefrau, sondern an eine Lebensgefährtin gezahlt wird: BAG 16.8.1983 AP BetrAVG § 1 Hinterbliebenenversorgung Nr. 2; LAG BE 17.2.1997 NZA-RR 1997, 371; LAG HM 16.10.1989 LAGE BGB § 138 Nr. 4; vgl. BGH 9.5.1996 NJW-RR 1996, 1009, 1010; Probezeit ohne Vergütung: LAG K 18.3.1998 LAGE BGB § 138 Nr. 10; sittenwidrige Verschwiegenheitsvereinb. über alle betriebl. Tatsachen: LAG HM 5.10.1988 DB 1989, 783; Sittenwidrigkeit der Abhängigkeit des Lohnes von der Zahlungswilligkeit der Gäste bei Serviererinnen: LAG HM 3.10.1979 DB 1980, 597; Transferentschädigung im Profisport: BAG 20.11.1996 AP BGB § 611 Berufssport Nr. 12); unvergütete Tätig-

keit im Umf. von 40 Wochenstunden als Rettungsassistent BAG 18.3.2014 AP TzBfG § 4 Nr. 25). Zur Ausübung der Prostitution können rechtswirksame ArbVerh. begr. werden (§ 1 ProstG).

c) **Rechtsfolgen der Nichtigkeit.** IdR wird der Arbeitsvertrag nicht als Ganzes, sondern nur in Teilen gegen ges. Verbote bzw. § 138 verstoßen. Nach § 139 ist bei **Teilnichtigkeit** eines Rechtsgeschäfts das ganze Rechtsgeschäft nichtig, wenn nicht anzunehmen ist, dass es auch ohne den nichtigen Teil vorgenommen sein würde. Diese Grundregel des BGB ist nicht nur in der allg. Zivilrechtsdogmatik, sondern speziell auch im Arbeitsvertragsrecht weitgehend umgekehrt worden. Nach stRspr. (zB BAG 4.10.1978 AP BGB § 611 Anwesenheitsprämie Nr. 11; 9.9.1981 AP GG Art. 3 Nr. 117) und Lehre (ZLH/*Zöllner* § 12 II 1c) ist § 139 unanwendbar, wenn ein Verstoß gegen ANschützende Vorschr. vorliegt. Für das ArbVerh. ist die bloße Teilnichtigkeit bei Fortbestand des Arbeitsvertrags der Regelfall. Unabhängig vom Parteiwillen wird die Grundregel des § 139 entweder unter Anwendung des § 242 begrenzt oder mit Hinweis auf den Zweck der jeweiligen Verbotsnorm für nicht anwendbar erklärt (hierzu Soergel/*Hefermehl* § 139 Rn. 44 ff., 49 ff.). Hauptanwendungsfall der Abweichung von der Regelung des § 139 ist der Zweck der Verbotsnorm, die im ArbR generell der ANSchutz ist. Aber auch darüber hinaus gebietet der Schutzzweck der Norm nur selten die Gesamtnichtigkeit des Arbeitsvertrags. Dies zeigt sich bei der „Schwarzlohnabrede“. Die Abrede, die Arbeitsvergütung ohne Berücksichtigung von Steuern und Sozialversicherungsbeiträgen („schwarz“) auszuzahlen, führt regelm. weder zur Nichtigkeit des Arbeitsvertrags noch zur Nichtigkeit der Schwarzgeldabrede, weil die insb. aus strafrechtl. Normen (zB §§ 266a, 263 StGB) folgenden Pflichten nicht die Gesamtnichtigkeit gebieten, sondern ledigl. die Nichtigkeit der Abrede, Steuern und Sozialversicherungsbeiträge nicht abzuführen. Nicht der gesamte Arbeitsvertrag ist mit dem Makel der Verbotsnormen behaftet. Eine Erstreckung der Nichtigkeitsfolge auf das vertragl. Grundverhältnis würde dem Schutzzweck entgegenstehen, weil ohne Erfüllungsanspruch des AN weder Sozialversicherungsbeiträge noch Steuern anfallen. Dadurch würde nur einseitig der AN belastet (BAG 26.2.2003 NZA 2004, 313; Gesamtnichtigkeit jedoch, wenn kein Arbeitsvertrag vorliegt BAG 24.3.2004 EzA BGB 2002 § 134 Nr. 2). Etwas anderes gilt nur, wenn die Steuer- und Abgabenhinterziehung Hauptzweck des Vertrags ist. 342

Durchgängiges Prinzip ist daher bei den meisten Erscheinungen gesetzeswidriger, sittenwidriger oder angemessener Vertragsbestimmungen die **Aufrechterhaltung des Vertrags** iÜ. Nur in Ausnahmefällen wurde bei Verstößen gegen zumeist ör. Schutznormen, die sich gegen den Vertrag insg. richten, eine **Totalnichtigkeit** angenommen (Einstellung einer Schwangeren für Arbeiten, die nach dem MuSchG verboten sind: BAG 8.9.1988 NZA 1989, 178; Überschreitung der arbeitszeitrechtl. Grenzen: BAG 4.12.1959 AP BGB § 611 Doppelarbeitsverhältnis Nr. 2; LAG N 29.8.1995 AP BGB § 134 Nr. 9) oder bei extremen Verstößen gegen § 138 (BAG 18.7.1980 AP BGB § 138 Nr. 35). Besteht bei Nichtigkeit des Arbeitsvertrags kein faktisches ArbVerh., richtet sich die Rückabwicklung der Leistungen nach §§ 812 ff. In einem Fall der Leistungserbringung durch einen „falschen Arzt“ (Verstoß gegen Verbot der Ausübung der Heilkunde durch einen Nichtarzt) hat das BAG einen Rückforderungsausschluss nach § 817 S. 2 angenommen (BAG 3.11.2004 NZA 2005, 1409). Sofern Teile des Vertrags gegen § 138 verstoßen (Bsp.: Hungerlohn, Mankoabreden, Wettbewerbsverbote) bleibt das Vertragsverhältnis in aller Regel iÜ unberührt. Die nichtigen Vertragsbestandteile entfallen ersatzlos; im Falle des Lohnwuchers wird die Vergütung nach § 612 II bestimmt (hierzu § 612 Rn. 35 ff.). 343

Hauptproblematik des Arbeitsvertragsrechts ist nicht die Frage der Restgültigkeit des Vertrags, sondern die Problematik der Art und Weise der Aufrechterhaltung des Vertrags iÜ bzw. die **Lückenfüllung**. Die harte Folge der Unwirksamkeit gesetzeswidriger Bestimmungen ist insb. in den Fällen des Verstoßes gegen VerbotsG (§ 134), der Sittenwidrigkeit (§ 138) und der Verstöße gegen Vorschr. zur Gleichberechtigung (Art. 157 AEUV, AGG) anzutreffen. Die Teilnichtigkeit gleichheitswidriger Regelungen führt nach Auff. des BAG dazu, dass dem Gleichheitsverstoß jdf. für die Vergangenheit nur dadurch abgeholfen werden kann, dass die zu Unrecht ausgeschlossenen AN ebenfalls in das Entlohnungssystem einbezogen werden (BAG 28.7.1992 NZA 1993, 215). Die Anwendung dispositiven Rechts zur Lückenfüllung einer durch Nichtigkeit entstandenen Vertragslücke ist dogmatisch unprobl., jedoch wegen der fehlenden Kodifikation eines dispositiven Leitbilds des Arbeitsvertragsrechts praktisch selten. Die Rspr. hilft bisweilen durch die Anwendung allg. arbeitsrechtl. Grds. oder durch erg. Vertragsauslegung. Zur Problematik der geltungserhaltenden Reduktion unangemessener Vertragsbedingungen §§ 305 bis 310 Rn. 103 f. 344

2. Anfechtung. Die Willenserkl. zum Abschluss eines Arbeitsvertrags kann wie jedes Rechtsgeschäft wegen Irrtums gem. § 119 (BAG 28.3.1974 AP BGB § 119 Nr. 3), falscher Übermittlung der Willenserkl. (§ 120), Drohung oder arglistiger Täuschung nach § 123 (BAG 5.10.1995 NZA 1996, 371; 6.12.2001 NZA 2002, 731) angefochten werden. Mögl. ist es auch, nur einzelne Vertragsbestandteile anzufechten. Erklärt eine Seite eine „fristlose Kündigung“, so kann hierin auch eine Anfechtung zu erblicken sein, wenn aus den Gesamtumständen ersichtl. ist, dass die Auflösung des ArbVerh. aus Gründen der Täuschung oder Drohung gewollt ist. Für das Verhältnis von **Anfechtung und außerordentl. Kündigung** gilt, dass sie nebeneinander ausgesprochen werden können, wenn der Anfechtungsgrund seine Bedeutung für das ArbVerh. noch nicht verloren hat und im Zpkt. der Anfechtungs- 345 erkl. so stark nachwirkt, dass die weitere Fortsetzung des ArbVerh. unzumutbar ist (BAG 21.2.1991 NZA 1991, 719). Zur **Umdeutung** einer Kündigung in eine Anfechtungserkl. § 620 Rn. 63. Ein „Nachschieben" von Anfechtungsgründen nach einer auf bestimmte Gründe gestützten Anfechtungserkl. ist nach BAG 7.11.2007 (NZA 2008, 530) nur sehr eingeschränkt mögl.

346 **Kündigungsverbote** des bes. Kündigungsschutzes (zB § 17 MuSchG, § 18 BEEG, §§ 168ff. SGB IX) stehen der Anfechtung **nicht entgegen** (*C. S. Hergenröder* AR-Blattei SD 60 Rn. 71; *Wolf/Gangel* AuR 1982, 271, 278). Bei Kündigung und Anfechtung handelt es sich um verschiedene Gestaltungsrechte. Die Kündigungsverbote oder -einschränkungen sollen nur das rechtsfehlerfrei zustande gekommene ArbVerh. schützen. Anders als bei einer Kündigung ist der BR vor einer Anfechtung **nicht nach § 102 BetrVG** anzuhören. Da der BR keine Einstellung erzwingen kann, ist der AG auch frei in der Entsch. über die Geltung des Vertragsschlusses (BAG 11.11.1993 NZA 1994, 407; *C. S. Hergenröder* AR-Blattei SD 60 Rn. 68f.; *Fitting* § 102 Rn. 15; *Picker* ZfA 1981, 1, 43; **aA** *Hönn* ZfA 1987, 61, 89; *Wolf/Gangel* AuR 1982, 271, 276, die den Zweck der Anhörung auch bei einer Anfechtung für gegeben erachten).

347 Erfährt der AG geraume Zeit nach dem Vertragsabschluss von seinem Irrtum oder einer Täuschung durch den AN, kann eine Anfechtung trotz Vorliegen ihrer tatbestandl. Voraussetzungen ausgeschlossen sein, wenn der Anfechtungsgrund keine Auswirkungen auf das ArbVerh. (mehr) hat bzw. seine Bedeutung hierfür verloren hat. Das Recht zur Anfechtung kann nach dem Grds. von Treu und Glauben (§ 242) **verwirkt** sein, wenn das ArbVerh. bereits jahrelang beanstandungsfrei durchgeführt wurde (BAG 11.11.1993 NZA 1994, 407; 28.5.1998 NZA 1998, 1052; MüArbR/*Richardi/Buchner* § 34 Rn. 31f.).

348 Die **Darlegungs- und Beweislast** für die zur Anfechtung berechtigenden Umstände trägt der Anfechtende, idR also der AG (LAG BE 19.11.1984 LAGE BGB § 123 Nr. 5). Bei der Anfechtung eines Aufhebungsvertrags trägt sie dagegen der AN (BAG 12.8.1999 NZA 2000, 27).

349 **a) Erklärungs-, Inhalts- und Eigenschaftsirrtum (§ 119).** Anfechtungsberechtigt ist nach § 119 derjenige, der sich bei Abgabe einer Willenserkl. in einem Irrtum befunden hat. Für die Anfechtung nach § 119 I wegen Erklärungsirrtums, bei dem der Erklärende eine Erkl. dieses Inhalts gar nicht abgeben wollte, oder Inhaltsirrtums, bei dem der Erklärende über die rechtl. Bedeutung seiner Erkl. irrte (*C. S. Hergenröder* AR-Blattei SD 60 Rn. 5f.; MüArbR/*Richardi/Buchner* § 34 Rn. 22), gelten die allg. Grds. Besonderheiten gelten im ArbR für den Fall des Irrtums über **verkehrswesentl. Eigenschaften** des AN (BAG 26.7.1989 NZA 1990, 141). Anders als bei der Anfechtung nach § 123 kommt es hier nicht darauf an, ob der Bewerber den AG vorsätzl. über das Vorliegen einer Tatsache getäuscht hat. Es reicht aus, wenn sich der AG über eine konkrete verkehrswesentl. Eigenschaft des Bewerbers im Irrtum befindet. Eine Fehlbeurteilung der allg. Fähigkeiten des AN kann allerdings nicht als Irrtum in Betracht kommen.

350 **aa) Verkehrswesentliche Eigenschaften.** Verkehrswesentl. Eigenschaften einer Person bestehen neben ihren körperl. Merkmalen auch in ihren tats. oder rechtl. Verhältnissen und Beziehungen zur Umwelt, soweit sie nach der Verkehrsanschauung für die Wertschätzung und die zu leistende Arbeit von Bedeutung und nicht nur vorübergehender Natur sind. Sie müssen sich auf die Eignung der Person für die Arbeit auswirken (BAG 21.2.1991 NZA 1991, 719; MüArbR/*Richardi/Buchner* § 34 Rn. 22). Wenn die Frage nach der betr. Eigenschaft unzulässig ist, kann idR davon ausgegangen werden, dass ein Irrtum über die betr. Eigenschaft nicht zu einer Anfechtung nach § 119 II berechtigt (zu den Fragerechten im Einstellungsgespräch Rn. 271ff.). Dies gilt jdf. dann, wenn nicht zusätzl. Umstände hinzutreten (zB völlige Ungeeignetheit des Bewerbers für den angestrebten Arbeitsplatz auf Grund der betr. Eigenschaft). Die **Leistungsfähigkeit** an sich und deren Fehlen stellt keine zur Anfechtung berechtigende verkehrswesentl. Eigenschaft dar. In diesem Fall macht sich der AG ledigl. fehlerhafte Vorstellungen über die Fähigkeiten des AN, er befindet sich nicht im Irrtum oder in Unkenntnis bzgl. einer konkreten Eigenschaft (vgl. *C. S. Hergenröder* AR-Blattei SD 60 Rn. 7).

351 Der **Gesundheitszustand** gehört zu den verkehrswesentl. Eigenschaften, sobald dem AN deswegen nicht nur vorübergehend die Fähigkeit fehlt, die vertragl. übernommene Arbeit zu verrichten (BAG 28.3.1974 AP BGB § 119 Nr. 3). Der Grad der Leistungsfähigkeit eines AN oder eine vorübergehende Leistungsminderung sind zwar regelm. noch keine verkehrswesentl. Eigenschaften. Anders verhält es sich jedoch, wenn die obj. Tauglichkeit des AN durch seinen Gesundheitszustand erhebl. herabgesetzt wird. Wenn der AN wegen eines nicht nur kurzfristig auftretenden Leidens für die übernommene Arbeit nicht oder nicht ausreichend geeignet ist, kann ihm eine verkehrswesentl. Eigenschaft fehlen. Das gilt insb. auch dann, wenn der AN durch ein Anfallsleiden (zB Epilepsie) in seiner für eine bestimmte Arbeitsaufgabe notwendigen durchschnittl. Leistungsfähigkeit st. erhebl. beeinträchtigt ist (BAG 28.3.1974 AP BGB § 119 Nr. 3). Auch die **Schwerbehinderteneigenschaft** kann demzufolge nur dann eine verkehrswesentl. Eigenschaft der Person darstellen, wenn sie dazu führt, dass der Bewerber für die angestrebte Tätigkeit nicht geeignet ist, also auch ohne Befragung eine Offenbarungspflicht bestünde.

352 Die **Schwangerschaft** ist keine Eigenschaft, weil es sich bei ihr nur um einen vorübergehenden Zustand handelt (BAG 22.9.1961 AP BGB § 123 Nr. 15; 8.9.1988 NZA 1989, 178). Darüber hinaus

wird aus dem MuSchG ein Ausschluss der Anfechtung gefolgert (MüArbR/*Richardi/Buchner* § 34 Rn. 23). Die in der Rspr. des BAG anerkannte Ausnahme für den Fall, dass die AN nur befristet eingestellt wird und die Schwangerschaft der Vertragsdurchführung für einen im Verhältnis erhebl. Zeitraum entgegensteht, etwa durch ein **Beschäftigungsverbot** (BAG 6.10.1962 AP MuSchG § 9 Nr. 24; 8.9.1988 NZA 1989, 178), ist nicht mit der Rspr. des EuGH vereinbar (EuGH 4.10.2001 EAS 76/207/EWG Art. 5 Nr. 16; LAG K 11.10.2012 NZA-RR 2013, 232).

Das BAG hat auch in der weibl. Identität eine für den Vertrag als Arzthelferin verkehrswesentl. Eigenschaft gesehen (zum Fall eines transsexuellen Arzthelfers: BAG 21.2.1991 NZA 1991, 719; *C. S. Hergenröder* AR-Blattei SD 60 Rn. 37; zur Problematik EuGH 30.4.1996 EAS RL 76/207/EWG Art. 5 Nr. 10). Es ist fragl., ob diese Rspr. im Lichte des AGG, das die Diskriminierung wegen sexueller Identität verbietet, gehalten werden kann. 353

Die **Vertrauenswürdigkeit** kann nur in bes. Vertrauenspositionen eine verkehrswesentl. Eigenschaft begründen (BAG 12.2.1970 AP BGB § 123 Nr. 17; ArbG F 4.3.2003 – 5 Ca 8810/02). Die Vertrauenswürdigkeit kann durch eine **Vorstrafe** erschüttert sein. Sie muss einschlägig sein und zur Annahme der Nichteignung des Bewerbers für den Arbeitsplatz führen. Irrelevant ist sie gem. §§ 51, 53 BZRG, wenn sie aus dem Strafregister getilgt ist (MüArbR/*Richardi/Buchner* § 34 Rn. 23). Zumindest bei Angehörigen des öffentl. Dienstes soll der **MfS-Mitarbeiterstatus** eine verkehrswesentl. Eigenschaft darstellen (*Heidsiek* BB 1994, 2495, 2496). Richtigerweise muss vor der Anfechtung jedoch eine Abwägung der Umstände vorgenommen werden. 354

bb) Kausalität. Ein Anfechtungsrecht steht dem AG nur zu, wenn er bei Kenntnis der tats. Sachlage und bei verständiger Würdigung den Arbeitsvertrag nicht oder nicht mit dem vereinbarten Inhalt abgeschlossen hätte (*C. S. Hergenröder* AR-Blattei SD 60 Rn. 8; MüArbR/*Richardi/Buchner* § 34 Rn. 22). 355

cc) Anfechtungsfrist. Auf die Anfechtung nach § 119 wendet das BAG die Ausschlussfrist des § 626 II entspr. an mit der Folge, dass eine Anfechtung wegen Inhalts-, Erklärungs- oder Eigenschaftsirrtums nur dann **unverzügl.** iSv. § 121 I und somit ohne schuldhaftes Zögern erfolgt ist, wenn zwischen der Kenntniserlangung und dem Zugang der Anfechtungserkl. höchstens **zwei Wochen** liegen (BAG 14.12.1979 AP BGB § 119 Nr. 4; 21.2.1991 NZA 1991, 719; HWK/*Thüsing* § 119 Rn. 14; *Wolf/Gangel* AuR 1982, 271, 274; **aA** *Herschel* AuR 1980, 255, 256; *Picker* ZfA 1981, 1, 108 ff.). 356

Die Notwendigkeit einer der Frist des § 626 II angepassten Erklärungsfrist auch bei der Anfechtung ergibt sich zum einen aus der mögl. wahlweisen Anwendung von Anfechtung und außerordentl. Kündigung. Der Anfechtungsgrund kann im Zpkt. der Anfechtungserkl. noch so stark nachwirken, dass deswegen auch die Fortsetzung des ArbVerh. unzumutbar wäre, was Voraussetzung für die außerordentl. Kündigung ist. Die Zuerkennung eines Wahlrechts gebietet es, auf beide Gestaltungsrechte die gleichen Grds. anzuwenden. Ansonsten besteht die Gefahr der Umgehung der Ausschlussfrist des § 626 II. Nach aA handelt es sich um wesensverschiedene Gestaltungsrechte und besteht kein Grund, die Bedingungen der außerordentl. Kündigung auf die Anfechtung zu übertragen (*Küchenhoff* Anm. AP BGB § 119 Nr. 3; MüArbR/*Richardi/Buchner* § 34 Rn. 20, 34; *Picker* ZfA 1981, 1, 24, 26). Die Kündigung diene dazu, ein rechtsfehlerfrei zustande gekommenes ArbVerh. zu beseitigen, weil sich dessen Umstände geänd. haben, die Anfechtung dagegen zur Befreiung von einem fehlerhaft zustande gekommenen ArbVerh. Somit hätten beide Rechte unterschiedl. Ordnungsfunktionen. Dagegen spricht, dass eine Begrenzung der Erklärungsfrist dem Bedürfnis nach Rechtsklarheit und Rechtssicherheit Rechnung trägt. Hinzuweisen ist darauf, dass das BAG jüngst in anderem Zusammenhang die Unterschiede zwischen Anfechtung und Kündigung sowie eine eingeschränkte Rechtsfortbildungskompetenz betont hat (BAG 3.12.1998 NZA 1999, 584). 357

Nach Ablauf der Frist können weitere Anfechtungsgründe nicht nachgeschoben werden, wenn eine selbständige Anfechtung mit diesen Gründen verspätet wäre (BAG 21.1.1981 AP BGB § 119 Nr. 5; LAG BE 19.11.1984 LAGE BGB § 123 Nr. 5). 358

b) Drohungs- und Täuschungsanfechtung (§ 123). aa) Täuschung. Eine Täuschung besteht in der Erregung oder Aufrechterhaltung eines Irrtums bzgl. obj. nachprüfbarer Umstände, durch die der Erklärungsgegner zur Abgabe einer Willenserkl. veranlasst wird (BAG 5.10.1995 NZA 1996, 371; LAG K 13.11.1995 NZA-RR 1996, 403; ausf. MüKoBGB/*Armbrüster* § 123 Rn. 13 ff.). Die Täuschung muss sich auf obj. Umstände beziehen (BAG 21.2.1991 NZA 1991, 719). Der Bewerber muss positive Kenntnis von der Unwahrheit bzw. vom Vorliegen einer offenbarungspflichtigen Tatsache haben. Die Täuschung kann auch durch **Vorspiegelung oder Entstellung** von Tatsachen erfolgen. Dieser Fall liegt vor, wenn ein handgeschriebener Lebenslauf von einem Dritten gefertigt wird, um bei einem angekündigten graphologischen Gutachten bessere Wertungen zu erzielen (BAG 16.9.1982 AP BGB § 123 Nr. 24). Auch die Fälschung von Zeugnissen erfüllt den Tatbestand. Das **Verschweigen von Tatsachen** stellt nur eine Täuschung dar, wenn der Anfechtungsgegner zur Aufklärung verpflichtet war, insofern also eine Offenbarungspflicht bestand (BAG 8.9.1988 NZA 1989, 178; *C. S. Hergenröder* AR-Blattei SD 60 Rn. 15; MüKoBGB/*Armbrüster* § 123 Rn. 30). 359

bb) Vorsatz. Der Anfechtungsgegner wusste oder musste erkennen, dass die von ihm vorgespiegelte oder verschwiegene Tatsache den Geschäftswillen des AG mitbeeinflusst, also für die Entsch. zur Begr. 360

des ArbVerh. wesentl. sein kann. Ihm musste erkennbar sein, dass der AG den Arbeitsvertrag bei Kenntnis der wahren Sachlage nicht oder zumindest nicht mit den gleichen Konditionen abgeschlossen hätte. Dabei muss er zumindest bedingt vorsätzl. gehandelt haben. Fahrlässigkeit reicht zur Begr. der Arglist nicht aus (MüArbR/*Richardi/Buchner* § 34 Rn. 26; MüKoBGB/*Armbrüster* § 123 Rn. 16). Es ist erforderl., dass der Bewerber die Frage bewusst falsch beantwortet oder die nicht offenbarte Tatsache bewusst verschwiegen hat (LAG K 13.11.1995 NZA-RR 1996, 403).

361 **cc) Rechtswidrigkeit.** Nicht jede Erregung eines Irrtums führt zum Recht der Anfechtung wegen arglistiger Täuschung. Ungeschriebenes Tatbestandsmerkmal der Täuschung nach § 123 I ist wie bei der Drohung deren Rechtswidrigkeit (BAG 21.2.1991 NZA 1991, 719; 5.10.1995 NZA 1996, 371). § 123 soll die freie Willensentschließung vor Eingriffen anderer schützen. Der Schutzzweck ist nicht berührt, wenn eine rechtswidrige Handlung des die Anfechtung Erklärenden selbst zur Täuschung geführt hat. Das BGB geht davon aus, dass die arglistige Täuschung stets rechtswidrig ist. Den Fall rechtmäßiger Täuschung – va. im ArbVerh. – sieht das G nicht. Diese Lücke des G kann durch teleologische Reduktion geschlossen werden. Die Norm des § 123 ist insofern zu weit gefasst, als sie die Fälle einer an sich arglistigen, aber rechtl. erlaubten Täuschung mit umfasst (BAG 21.2.1991 NZA 1991, 719; MüArbR/*Richardi/Buchner* § 34 Rn. 27). Somit stellt im Bereich der Fragerechte nur eine **falsche Antwort** auf eine zulässigerweise gestellte Frage eine arglistige Täuschung dar (BAG 19.5.1983 AP BGB § 123 Nr. 25). Entscheidend ist also, ob der AG zu der konkreten, falsch beantworteten Frage überhaupt berechtigt war. Daneben führt das Verschweigen einer Tatsache nur zum Anfechtungsrecht des AG, wenn der Bewerber nach Treu und Glauben mit Rücksicht auf die Verkehrssitte auch ohne bes. Befragung zur Offenbarung der Tatsache verpflichtet war.

362 **dd) Kausalität.** Die Täuschung muss für die Begr. des ArbVerh. ursächl. geworden sein. Das ist der Fall, wenn der Getäuschte die Willenserkl. anderenfalls nicht oder mit einem anderen Inhalt abgegeben hätte. Es reicht aus, wenn die Täuschung zumindest mitursächl. und für den Entschl. des Getäuschten von Bedeutung war (BAG 11.11.1993 NZA 1994, 407; MüKoBGB/*Armbrüster* § 123 Rn. 23).

363 **ee) Anfechtungsfrist.** Die Ausschlussfrist des § 626 II ist bei der Drohungs- und Täuschungsanfechtung im Gegensatz zu der Irrtumsanfechtung nicht entspr. anzuwenden. Die Fristbestimmung in § 124 I enthält bereits eine genaue Zeitgrenze, so dass für eine entspr. Anwendung von § 626 II kein Raum bleibt (BAG 19.5.1983 AP BGB § 123 Nr. 25). Bei der gravierenden Willensbeeinflussung durch die Merkmale des § 123 ist zudem die Jahresfrist auch im ArbR der angemessene Zeitraum (*Schulte* HwB AR 100 Rn. 11). Somit kann die Anfechtung wegen arglistiger Täuschung oder Drohung **innerhalb eines Jahres** ab Entdeckung der Täuschung oder Beendigung der Zwangslage erklärt werden. Die Frist beginnt in dem Zpkt., in dem der Anfechtungsberechtigte von der Täuschung positive Kenntnis erhalten hat. Bloßes Kennenmüssen oder die Vermutung der Täuschung reicht nicht aus (BAG 16.9.1982 AP BGB § 123 Nr. 24). Eine Einschränkung des Anfechtungsrechts kann sich nur aus Treu und Glauben nach dem Grds. der Verwirkung ergeben, wenn der Anfechtungsgrund obj. für die Durchführung des ArbVerh. keine Bedeutung mehr hat (Rn. 347).

364 **c) Anfechtungserklärung.** Die Anfechtung wird durch formlose – § 623 ist nicht anzuwenden – Willenserkl. gem. § 143 ggü. dem anderen Teil erklärt. Sie ist unwiderrufl. und bedingungsfeindl. (MüKoBGB/*Busche* § 143 Rn. 5).

365 **d) Rechtsfolge.** Nach der wirksamen Anfechtung eines Vertrags ist dieser gem. § 142 von Anfang an als nichtig anzusehen. Bei der Anfechtung nach § 119 hat der Anfechtende dem Anfechtungsgegner gem. § 122 den Schaden zu ersetzen, den dieser dadurch erleidet, dass er auf die Gültigkeit des Rechtsgeschäfts vertraut hat. Der Schadensersatzanspruch umfasst das negative Interesse, den Vertrauensschaden (BGH 14.3.1969 AP BGB § 122 Nr. 1; MüKoBGB/*Armbrüster* § 122 Rn. 17). Der Anfechtende hat im Falle der Anfechtung nach § 123 wegen arglistiger Täuschung Schadensersatzansprüche aus cic. (§§ 280 I, 311 II) und aus unerlaubter Handlung gem. §§ 823 II, 826 (*Schulte* HwB AR 100 Rn. 54; MüKoBGB/*Armbrüster* § 123 Rn. 90).

366 Bereits ausgetauschte Leistungen werden nach den Grds. des Bereicherungsrechts (§§ 812 ff.) rückgewährt. Erbrachte Arbeitsleistungen können jedoch schwerl. rückabgewickelt werden (BAG 16.9.1982 AP BGB § 123 Nr. 24). Bei den Rechtsfolgen der Anfechtung muss deshalb danach unterschieden werden, ob das ArbVerh. bereits in **Vollzug oder Funktion** gesetzt war, insb. ein Leistungsaustausch stattgefunden hat. In Funktion gesetzt ist ein Arbeitsvertrag dann, wenn der AN beim AG erschienen ist, seinen Arbeitsplatz zugewiesen bekommen und die Arbeit aufgenommen hat (BAG 3.12.1988 NZA 1999, 584 unter Aufgabe von 18.4.1968 AP HGB § 63 Nr. 32; *C. S. Hergenröder* AR-Blattei SD 60 Rn. 77; MüArbR/*Richardi/Buchner* § 34 Rn. 39). Wenn der Vertrag noch nicht in Funktion gesetzt worden ist, bleibt es bei der Regel des § 142 I, so dass eine Anfechtung die Willenserkl. mit rückwirkender Kraft (ex tunc) vernichtet.

367 Demggü. wirkt die Anfechtung bei **bereits vollzogenen ArbVerh.** nur für die Zukunft: Wegen der Rückabwicklungsschwierigkeiten hat sich die Auff. durchgesetzt, dass eine Anfechtung nur die kündigungsähnl. Wirkung der Auflösung des ArbVerh. für die Zukunft hat und entgegen § 142 I **ex nunc** wirkt, wenn ein Leistungsaustausch bereits stattgefunden hat (BAG 29.8.1984 NZA 1985, 58;

C. S. Hergenröder AR-Blattei SD 60 Rn. 77; MüArbR/*Richardi/Buchner* § 34 Rn. 39; *Picker* ZfA 1981, 53). Für die Vergangenheit ist das ArbVerh. wie ein fehlerfrei zustande gekommenes zu behandeln (sog. fehlerhaftes ArbVerh. Rn. 145 ff.). Eine Rückforderung des Lohns scheidet nach erbrachter Arbeit aus, selbst wenn dem AN die Qualifikation für die Tätigkeit fehlt, er die Tätigkeit aber leistungsgerecht erbringt (fehlender Führerschein: LAG N 28.8.2003 ArbRB 2003, 355). Hervorzuheben ist, dass es sich bei der ex-nunc-Wirkung um eine Ausnahme vom ges. aufgestellten Grds. in § 142 I handelt, die nur wegen der Rückabwicklungsschwierigkeiten gerechtfertigt ist. Würde auch bei einem noch nicht vollzogenen ArbVerh. die Anfechtung nur eine ex-nunc-Wirkung haben, entstünde dem in diesem Fall Täuschenden ein unbilliger und nicht zu rechtfertigender Vorteil (BAG 16.9.1982 AP BGB § 123 Nr. 24).

Abw. gilt, wenn ein aufgenommenes ArbVerh. später wieder **außer Funktion gesetzt** wird und der 368 AN ab diesem Zpkt. keine Arbeitsleistung mehr erbringt. In diesem Fall wirkt die Anfechtung auf den Zpkt. zurück, in dem das ArbVerh. außer Funktion gesetzt worden ist (grdl. BAG 3.12.1998 NZA 1999, 584). In Betracht kommt, dass der AG bereits vor der Anfechtung eine Kündigung ausgesprochen hat und seitdem vom AN ohne Anspruch auf Gehaltszahlungen auch keine Leistungen mehr erbracht wurden, die beschriebenen Rückabwicklungsschwierigkeiten somit nicht auftreten. Dieses gilt zumindest dann, wenn das Anfechtungsrecht auf einer arglistigen Täuschung iSv. § 123 beruht. Gesichtspunkte eines evtl. bestehenden Vertrauensschutzes greifen dann nicht (BAG 29.8.1984 NZA 1985, 58). Die Rückwirkung auf den Zpkt. einer Außerfunktionssetzung ist bislang für die Irrtumsanfechtung offengeblieben. Die Beschränkung auf die Fälle der Täuschungsanfechtung kann nur mit der geringeren Schutzwürdigkeit des täuschenden Anfechtungsgegners begr. werden (*Walker* JA 1985, 164, 165).

Nach früherer Rspr. des BAG verhielt es sich anders, wenn der AN schon vor der Anfechtung krank 369 geworden ist und auf Grund der unabhängig vom Willen beider Vertragsparteien bestehenden AU keine Leistungen mehr erbringt. Auch hier sollte die Anfechtung ex-nunc wirken (BAG 20.2.1986 NZA 1986, 739). Für die Vergangenheit seien beide auf die Leistungen aus einem bestehenden ArbVerh. zur Sicherung der Existenzgrdl. angewiesen (*Brox* Anm. AP BGB § 123 Nr. 24). Von dieser Rspr. ist das BAG jetzt abgewichen (BAG 3.12.1998 NZA 1999, 584; zust. *Gotthardt* Rn. 125). Die Anfechtung wirkt in diesen Fällen entspr. § 142 I ex tunc. Rückabwicklungsschwierigkeiten seien ab dem Zpkt. der AU nicht zu besorgen. Weder war eine Arbeitsleistung dem Vermögen des AG unwiderrufl. zugewachsen (so *Picker* ZfA 1981, 1 f., 53) noch wird idR nach der Anfechtung Vergütung gezahlt. Der AN könne nicht darauf vertrauen, dass das ArbVerh. auch für die Zeit, in der es nicht mehr praktiziert worden ist, bis zur Anfechtungserkl. des AG als rechtsbeständig behandelt wird. Würde man der Anfechtung auch in einem solchen Falle nur Wirkung für die Zukunft beilegen, so würde man dem Täuschenden damit zu einem nicht gerechtfertigten Vorteil verhelfen (krit. *Strick* NZA 2000, 695 ff.).

e) Klagefrist. Die Klagefrist des § 4 KSchG ist für die Anfechtung unbeachtl. (*C. S. Hergenröder* 370 AR-Blattei SD 60 Rn. 93; *Picker* ZfA 81, 1, 104 ff.; *Wolf/Gangel* AuR 1982, 271, 277). Das BAG hat diese Frage für die AN, die nach sechsmonatigem Bestehen ihres ArbVerh. unter das KSchG fallen, offengelassen (BAG 14.12.1979 AP BGB § 119 Nr. 4). Eine Anwendung des § 4 KSchG ist nicht zu befürworten, weil es keinen allg. Grds. gibt, die Beendigung eines ArbVerh. innerhalb von drei Wochen anzugreifen. Eine Klage auf Feststellung des Bestehens des ArbVerh. kann jedoch nach gewissem Zeitablauf wegen Verwirkung unzulässig sein. Insofern ist eine Interessenabwägung erforderl.

IV. Vertragsgestaltung; Inhaltskontrolle

1. Gegenstand arbeitsrechtlicher Vertragsgestaltung. Der Arbeitsvertrag kann iRd. § 611a inhaltl. 371 grds. nach den Prinzipien der Privatautonomie (§ 241 I, 311 I) gestaltet werden. Der Vertragsgestaltung im ArbR werden jedoch durch zahlr. zwgd. G und Kollektivverträge Grenzen gesetzt. Im Bereich der Arbeitsvertragsgestaltung überwiegt der standardisierte Vertrag (hierzu Rn. 216 f.; ausf. zur Vertragspraxis: Preis/*Preis* I B). Die Standardisierung der Vertragsgestaltung mit der fehlenden Möglichkeit für den AN, einzelne Vertragsbedingungen auszuhandeln, ist der Grund der Inhaltskontrolle nach Maßgabe der §§ 305 ff. Das Standardisierungsinteresse bei der Vertragsgestaltung findet insb. in Bezugnahme- und Verweisungsklauseln auf allg. Arbeitsvertragsbedingungen, aber auch auf TV, ihren Ausdruck.

2. Vertragsauslegung und Vertragsergänzung. Die Grds. der §§ 133, 157 zur Auslegung von 372 Arbeitsverträgen gelten auch im Arbeitsvertragsrecht. Prinzipielle Abweichungen zum allg. Privatrecht sind nicht gerechtfertigt. Bes. Behandlung bedarf die Auslegung vorformulierter Vertragsbedingungen (hierzu §§ 305 bis 310 Rn. 31). Bedenken begegnet die Rspr. des BAG, soweit sie über die Generalklauseln der §§ 133, 157 eine kaschierte Inhaltskontrolle praktiziert (hierzu *Preis* Vertragsgestaltung S. 153 ff.). Vermittelt über die §§ 133, 157 fließt in die Auslegung bisweilen die obj. Wertordnung des GG ein, was zu einer grundrechtsgesteuerten Kontrolle der Vertragspraxis über das Instrument der

Auslegung führt. Anzutreffen war die Entscheidungspraxis insb. bei der restriktiven oder korrigierenden „Auslegung" von Nebentätigkeitsverboten in Arbeitsverträgen (hierzu BAG 18.11.1988 NZA 1989, 389 6.9.1990 NZA 1991, 221). Auch das Instrument der **erg. Vertragsauslegung** wird zur Vertragskorrektur genutzt. Der 9. Sen. hält eine „ergänzende Vertragsauslegung (für) geboten, wenn die Vereinb. ohne die Erg. gegen § 622 VI verstößt" (BAG 20.8.1996 NZA 1996, 1151). Der 4. Sen. legte arbeitsvertragl. Verweisungsklauseln, die „einen konkret benannten TV in der jeweils geltenden Fassung in Bezug nehmen", bei Verbandswechsel des AG idR dahin „korrigierend" aus, dass die Verweisung auf den jeweils für den Betrieb geltenden TV erfolgt (BAG 4.9.1996 NZA 1997, 271, stark relativiert durch 30.8.2000 NZA 2001, 510; 16.10.2002 NZA 2003, 390, abgelöst mit der Aufgabe des Grds. der Tarifeinheit 7.7.2010 NZA 2010, 1068).

373 Diese Rspr. ist abzulehnen. Auslegung und Inhaltskontrolle sind methodisch streng voneinander zu unterscheiden. Jede erg. Vertragsauslegung setzt eine **regelungsbedürftige Lücke** voraus (BGH 12.7.1989 ZIP 1989, 1196). Sie kommt in Betracht, wenn zu einer bestimmten regelungsbedürftigen Frage eine Vereinb. der Parteien nicht vorliegt oder wenn sich später durch Umstände, die bei Vertragsschluss noch nicht erkennbar waren, auf Grund der weiteren Entwicklung der Rechtsbeziehungen der Vertragspartner eine Vertragslücke öffnet (richtig BAG 22.1.1997 NZA 1997, 711; 26.6.1996 NZA 1997, 200). Eine Lücke kann durch die Feststellung der Unwirksamkeit einer Regelung entstehen. Eine erg. Vertragsauslegung ist bei der vorrangig vorzunehmen Vertrags- oder Inhaltskontrolle jedoch nur zulässig, wenn die Unwirksamkeit der beanstandeten Klausel eine Lücke offenbart, die die beteiligten Interessen beider Vertragsparteien unangemessen geregelt erscheinen lässt. Die Rspr. einiger Senate des BAG führt zu Eingriffen in die Vertragsgestaltung und zu unzulässiger Vertragskorrektur. Ohne Feststellung einer Vertragslücke ist das Auslegungsprinzip der gesetzes- oder verfassungskonformen Auslegung verfehlt. Dem Vertragsverwender zu unterstellen, er wolle bei der Vertragsgestaltung iZw. die Grundrechte des anderen wahren, ist schlichte Fiktion. In Wahrheit praktiziert das BAG eine geltungserhaltende Reduktion verfassungsrechtl. probl. Klauseln (hierzu §§ 305 bis 310 Rn. 103, ausf. zur Abgrenzung *Ohlendorf/Salamon* RdA 2006, 281).

374 Ist eine Vertragslücke vorhanden und ein Bedürfnis für eine Vertragserg. zu bejahen, muss die Lücke unter Berücksichtigung des **hypothetischen Parteiwillens** geschlossen werden. Dabei ist darauf abzustellen, was die Parteien bei einer angemessenen Abwägung ihrer Interessen nach Treu und Glauben als redl. Vertragsparteien vereinbart hätten, wenn sie den nicht geregelten Fall bedacht hätten (BAG 9.2.1984 NZA 1984, 266; 26.6.1996 NZA 1997, 200). Bei standardisierter Vertragsgestaltung im Verwenderinteresse versagt das Instrument regelm. Gleichwohl bejaht das BAG eine erg. Vertragsauslegung bei vor Inkrafttreten der Schuldrechtsreform geschlossenen Arbeitsverträgen, wenn durch verschärfte formelle Anforderungen eine Klausel unwirksam wird (BAG 11.10.2006 NZA 2007, 87 zu Widerrufsvorbehalten; zur Abgrenzung BAG 28.11.2007 NZA 2008, 293).

375 **3. Änderungs- und Fortsetzungsverträge.** Eine Vertragspartei, die einschränkende Vertragsbedingungen in das ArbVerh. einführen will, kann nach der Verkehrssitte nicht schon das bloße Schweigen des Empfängers als Annahme werten (ausf. *Däubler* FS *Richardi* 2007 S. 205). Nur unter bes. Umständen kann Schweigen als Zust. zu verstehen sein, wenn der Erklärende nach Treu und Glauben annehmen durfte, der andere Vertragsteil würde der angebotenen Vertragsänd. widersprechen, wenn er ihr nicht zustimmen wolle (BAG 30.7.1985 NZA 1986, 474; 14.8.1996 NZA 1996, 1323). Nach der Verkehrssitte wird in Anwendung des § 151 allg. eine ausdr. Annahmeerkl. des AN bei einseitigen begünstigenden Zusagen des AG nicht erwartet. Dies gilt für die Zusage von Gehaltserhöhungen, freiwilligen Leistungen und sonstigen Sonderleistungen (BAG 27.1.1988 ZTR 1988, 307; 24.1.1996 NZA 1996, 948; 21.4.2010 NZA 2010, 808; 13.5.2015 NZA 2015, 992). Ambivalent ist die dauerhafte Beschäftigung eines TZBeschäftigten im Umf. eines Vollzeitbeschäftigten (LAG HM 4.5.2006 NZA-RR 2006, 456). Anders sind **Änderungsangebote** von Seiten des AG zu werten, wenn diese zum Nachteil des AN sind (hierzu *Hennige* NZA 1999, 281, 283). Trägt der AG einseitig verschlechternde Vertragsbedingungen an den AN heran, so kann die bloße stillschweigende Fortsetzung der bisherigen Tätigkeit nicht als Annahme des Änderungsangebotes angesehen werden (BAG 30.7.1985 NZA 1986, 474; 18.9.2001 NZA 2002, 268, 269). Das gilt insb. im Zusammenhang mit Änderungskündigungen (LAG HM 30.1.1997 NZA-RR 1997, 419). Eine Zust. des AN kann nur dann angenommen werden, wenn sich die Vertragsänd. unmittelbar im ArbVerh. auswirkt und der AN deshalb umgehend feststellen kann, welchen Einfluss die Änd. auf seine Rechte und Pflichten hat. Eine stillschweigende Annahmeerkl. kann daher idR nicht angenommen werden, solange die Folgen der Änd. nicht hervortreten (BAG 24.11.2004 EzA BGB 2002 § 242 Betriebliche Übung Nr. 5; 2.5.1976 AP BGB § 305 Nr. 4). Die Rspr. lässt es jedoch ausreichen, wenn bei einem Bündel von Vertragsänd. sich nur Teile der Änd. unmittelbar auswirken (BAG 1.8.2001 NZA 2003, 924; krit. *Franzen* RdA 2002, 235 ff.). Bei einem Änderungsangebot, das – wie die konstitutive Vereinb. von Tarifrecht – ein ganzes Bündel von Vertragsänd. zum Inhalt hat, ist jedoch nicht erforderl., dass alle diese Änd. sich unmittelbar auswirken, sondern dies nur tw. der Fall ist. Andernfalls wären komplexe Vertragsänd. – insb. die konstitutive Vereinb. von Tarifrecht, dessen Regelungen sich typischerweise nicht alle unmittelbar im ArbVerh. auswirken (zB hins. Urlaub, Weihnachtsgeld, Jubiläumsgeld) – im Wege

konkludenter Vereinb. ausgeschlossen (BAG 1.8.2001 NZA 2003, 924). Auf die bloße Mitt. des Schuldners, er werde den Anspruch nicht erfüllen, muss der Gläubiger nicht reagieren. Soll ein ArbVerh. in ein freies Mitarbeiterverhältnis umgewandelt werden, muss das unzweideutig vereinbart werden. Eine Veränderung der Bezeichnung des ArbVerh. reicht nicht aus (BAG 12.9.1996 NZA 1997, 194). Zur Anfechtung einer Änderungsvereinb. wegen Drohung nach § 123 I: LAG NI 19.8.2011 BeckRS 2011, 78513).

4. Flexibilisierung von Vertragsbedingungen. ArbVerh., die oft jahrzehntelang andauern, dürfen 376 nicht versteinern. Es muss grds. mögl. sein, sie an veränderte Rahmenbedingungen anzupassen, sie also flexibel zu halten. Die Veränderungen können die Art der Arbeit, die AZ und das Entgelt betreffen (zur Problematik *Hromadka* (Hrsg.), Änd. von Arbeitsbedingungen, 1990; *ders.* RdA 1992, 234; *ders.* FS *Richardi* 2007 S. 257; *Isenhardt* FS *Hanau* 1999 S. 221 ff.; *Kania* DB 1998, 2418; *Leuchten* NZA 1994, 721; *Reiserer* DB 1997, 426; *Sievers* NZA 2002, 1182 ff.; *Weber/Ehrich* BB 1996, 1822; *Zöllner* NZA 1997, 121; *Wank* NZA-Beil. 2/2012, 41).

a) Änderung ohne vertragliche Vorbehalte. Ohne entspr. Vorbehalte im Arbeitsvertrag kann sich 377 der AG von den getroffenen Vereinb. nur sehr schwer einseitig lösen. Hier bleibt ihm daher nur die Möglichkeit, mit seinem AN eine einvernehml. Änd. herbeizuführen (Änderungsvertrag, § 305), oder aber, wenn ihm dies nicht gelingt, eine **Änderungskündigung** (§ 2 KSchG) auszusprechen. Letztere ist allerdings nur unter strengen Voraussetzungen mögl. und daher häufig nicht praktikabel (hierzu § 2 KSchG). Die Teilkündigung, also die Kündigung nur einzelner Vertragsbedingungen, ohne das ArbVerh. insg. in Frage zu stellen, ist nach hM unzulässig, da sie zu einer unzulässigen einseitigen Veränderung des Verhältnisses von Leistung und Gegenleistung führen würde (BAG 25.2.1988 NZA 1988, 769; 14.11.1990 NZA 1991, 377; krit. dazu SPV/*Preis* Rn. 255 ff.).

Außerdem können vertragl. zugesagte Entgeltbestandteile **durch BV nachteilig** geänd. werden. 378 Zwar ist auf Grund des Günstigkeitsprinzips grds. die arbeitsvertragl. Vereinb. vorrangig, doch macht das BAG davon eine Ausnahme bei sog. Einheitsregelungen und Gesamtzusagen: Zulässig sind danach BV, die sich zwar für den einzelnen AN nachteilig auswirken (sog. individueller Günstigkeitsvergleich), die aber für die Belegschaft „insg. gesehen" nicht ungünstiger sind (sog. kollektiver Günstigkeitsvergleich, BAG 16.9.1986 NZA 1987, 168; 7.11.1989 NZA 1990, 816; sehr str. vgl. *Richardi* NZA 1990, 331). Der wirtschaftl. Wert der AGLeistung wird also insg. nicht verringert, sondern nur umstrukturiert.

Schließl. können auch die Grds. über den **Wegfall der Geschäftsgrdl.** (§ 313) zur Änd. von Arbeits- 379 bedingungen führen. Deren Bedeutung ist jedoch im ArbR gering, da der AG sich zur Vertragsanpassung an geänd. Umstände grds. der Änderungskündigung bedienen muss (BAG 29.1.1981 AP KSchG 1969 § 15 Nr. 10; 6.3.1986 NZA 1987, 102). Sie kommt ledigl. dort in Betracht, wo eine Kündigung überhaupt nicht mögl. ist, zB bei der Anpassung betriebl. Ruhegelder an geänd. Verhältnisse. Die Berufung auf den Wegfall der Geschäftsgrdl. ist grds. kein selbständiger Grund für die Beendigung oder Änd. eines ArbVerh. Die Notwendigkeit, einen Arbeitsvertrag an veränderte Verhältnisse anzupassen, kann zwar Anlass für eine Änderungskündigung sein, ersetzt diese aber nicht (BAG 29.1.1981 AP KSchG 1969 § 15 Nr. 10; 6.3.1986 NZA 1987, 102). Zur Anpassung eines Vertrags wegen GÄnd. s. BAG 25.2.1988 NZA 1988, 769; 10.12.1992 NZA 1993, 552.

b) Änderungsvorbehalte im Vertrag. Verbreitet in Arbeitsverträgen sind Änderungsvorbehalte 380 vielfältiger Art. Sie unterliegen nach früherer Rspr. einer Rechtskontrolle unter dem Gesichtspunkt der **Umgehung des Kündigungsschutzes** (BAG 12.12.1984 NZA 1985, 321). Bei dieser Vertragsgestaltung handelt es sich in aller Regel um arbeitgeberseitig gestellte Vertragsbedingungen, die jetzt nach Maßgabe der §§ 305 ff. einer Inhaltskontrolle unterliegen. Die bisherige Rspr. kann insoweit nur modifiziert fortgeführt werden. Einer Inhaltskontrolle unterliegen jedoch nicht individuell ausgehandelte und vom AN in den Vertrag eingebrachte Änderungsvorbehalte (vgl. §§ 305 bis 310 Rn. 55). Dieser Fall dürfte jedoch nur selten vorliegen. Zur Inhaltskontrolle der Änderungsvorbehalte vgl. §§ 305 bis 310 Rn. 51 ff.).

5. Schranken der Vertragsgestaltungsfreiheit. Das BVerfG verpflichtet Gesetzgeber und hilfsweise 381 die Gerichte, im Privatrecht Vorkehrungen zum **Schutz der Berufsfreiheit** (GG Art. 12 Rn. 30 f.) gegen vertragl. Beschränkungen zu schaffen, wenn es an einem annähernden Kräftegleichgewicht der Beteiligten fehlt (BVerfG 7.2.1990 NZA 1990, 389; 19.10.1993 NJW 1994, 36). Die obj. notwendigen Schutzmechanismen sind im ArbR durch zwgd. G, TV und BV nur tw. vorhanden. In zentralen Fragen der Arbeitsvertragsgestaltung (Rechtsformwahl, Ausweitung der Leistungsbestimmungsrechte, Befristungsabreden, Versorgungszusagen, Rückzahlungsklauseln uam.) war bis zum 31.12.2002 die Rspr. aufgerufen, den AN vor unangemessen benachteiligenden, insb. zwgd. ArbR unzulässig umgehenden Vertragsgestaltungen zu schützen (BAG 15.2.1990 NZA 1990, 601; *Reinecke* NZA-Beil. 3/2000, 23 ff.). Durch die §§ 305 ff. hat der Gesetzgeber diesem verfassungsrechtl. Schutzauftrag auch im ArbR Rechnung getragen.

a) Verbotsgesetze; Sittenwidrigkeit; Kollektivverträge. Die zunächst bei der Vertragsgestaltung 382 zwgd. zu beachtenden Grenzen sind das zweiseitig und einseitig zwgd. GRecht, ebenso wie das tarifdispositive GRecht (Rn. 334). Die zwgd. Schranken der Sittenwidrigkeit (§ 138; s. Rn. 336 ff.), des AGG (§ 7 II) und des Maßregelungsverbotes (§ 612a; s. dort) sind zu beachten. Zum Verbot der Gesetzesumgehung und zur Bewertung der hierzu ergangenen Rspr. vgl. §§ 305 bis 310 Rn. 4 ff. In der Praxis sind wesentl. Schranken der arbeitsvertragl. Vereinb. die konkret geltenden TV oder BV (§ 4 I TVG, § 77 IV 1 BetrVG).

383 **b) Kontrolle unangemessen benachteiligender Vertragsbedingungen.** Die Kontrolle unangemessen benachteiligender Vertragsbedingungen erfolgt gem. § 310 IV nach Maßgabe der §§ 305 bis 310 (vgl. die Kommentierung dort).

384 **c) Billigkeitskontrolle bei einseitiger Leistungsbestimmung.** Die Billigkeitskontrolle nach Maßgabe des § 315 ist strikt zu unterscheiden von der Inhaltskontrolle nach §§ 305 ff. Die frühere Rspr., die die Begriffe Billigkeits- und Inhaltskontrolle zT synonym verwandte (BAG 30.1.1970 AP BGB § 242 Ruhegehalt Nr. 142), ist durch die Einbeziehung des ArbR in die Vorschr. zur Inhaltskontrolle obsolet. Zu beachten ist, dass bei einseitigen Leistungsbestimmungsrechten der **Inhaltskontrolle** nach §§ 307 ff. der Vorrang zukommt (hierzu §§ 305 bis 310 Rn. 53). Nur wenn durch (ggf. vorformulierten) Vertrag oder TV ein wirksam eingeräumtes einseitiges Bestimmungsrecht vorliegt, kann zusätzl. eine Kontrolle nach Maßgabe des § 315 erfolgen (ausf. *Hromadka* DB 1995, 1609 ff. mwN; vgl. a. BAG 12.12.2007 NZA 2008, 409 zu Zielvereinb.). Einseitige Leistungsbestimmungsrechte fallen dann nicht unter § 308 Nr. 4, wenn sie darauf beschränkt sind, dem Verwender die erstmalige Festlegung seiner Leistung zu ermöglichen (BAG 29.8.2012 NZA 2013, 148 Rn. 32 mwN). Darüber hinaus verstoßen Regelungen, wonach die Auszahlung eines Bonus voraussetzt, dass der AG ein ausreichendes Bonusvolumen zur Vfg. stellt und dessen Entsch. vorbehalten bleibt, weder gegen § 305c noch gegen § 307 (BAG 29.8.2012 NZA 2013, 148 Rn. 32 mwN; 15.5.2013 AP BGB § 315 Nr. 111). Auch ges. Regelungen enthalten bisweilen Bestimmungsrechte des AG, bei deren Ausübung § 315 zu beachten ist (zu § 16 III 1 BEEG vgl. BAG 18.10.2011 NZA 2012, 262). Die Wahrung billigen Ermessens setzt voraus, dass die wesentl. Umstände des Falles abgewogen und die beiderseitigen Interessen angemessen berücksichtigt werden (BAG 24.4.1996 NZA 1996, 1088). Der AN kann auch eine unbillige Bestimmung akzeptieren, ohne dazu verpflichtet zu sein (ausf. zur (Un-)Verbindlichkeit unbilliger AGWeisungen *Boemke* NZA 2013, 6).

385 Überlassen die Vertragsparteien die Leistungsbestimmung einem Dritten, zB einer von BR und AG paritätisch besetzten Kom., hat dieser die Leistungsbestimmung nach billigem Ermessen vorzunehmen. Die Bestimmung ist den Parteien ggü. unverbindl., wenn sie **offenbar unbillig** ist (§ 319 I 1). Das ist der Fall, wenn sie in grober Weise gegen Treu und Glauben verstößt und sich dies bei unbefangener sachkundiger Prüfung sofort aufdrängt (BAG 17.4.1996 NZA 1997, 55; 22.1.1997 NZA 1997, 837; zum Verstoß gegen Verfahrensvorschriften BAG 18.5.2016 NZA 2016, 1089). Die Vertragspartei, die sich auf die grobe Unbilligkeit beruft, ist für die tats. Umstände darlegungs- und beweispflichtig. Leistungen, die nach billigem Ermessen zu bestimmen sind, werden bei gerichtl. Bestimmung erst aufgrund eines rkr. Gestaltungsurt. nach § 315 III fällig (BAG 10.12.2013 AP BetrAVG § 16 Nr. 92).

386 Durch TV können dem AG Bestimmungsklauseln **(tarifl. Bestimmungsklauseln)** eingeräumt werden (BAG 31.7.2014 AP TV-L § 16 Nr. 9 Rn. 12). Die Rspr. unterzieht diese tarifl. Bestimmungsklauseln keiner weiteren Inhaltskontrolle. Bei der Ausübung des Bestimmungsrechts muss der AG jedoch idR billiges Ermessen wahren (BAG 31.7.2014 AP TV-L § 16 Nr. 9 Rn. 18 ff.). Die Ermessensentsch. ist grds. in vollem Umf. nachprüfbar. Es ist ein obj. Maßstab anzulegen (BAG 28.11.1984 AP TVG § 4 Bestimmungsrecht Nr. 2; 3.12.2002 NZA-RR 2003, 613). Das gilt aber nicht, wenn der TV ausdr. den jederzeitigen auch grundlosen Widerruf vorsieht (zum Widerruf einer Fahrvereinb. BAG 30.8.2000 AP TVG § 1 Tarifverträge: Metallindustrie Nr. 172). Zur Einstellung einer Funktionszulage: BAG 19.1.1995 NZA 1996, 391. Zulage zum Ausgleich höherer Lebenshaltungskosten: BAG 31.7.2014 AP TV-L § 16 Nr. 9.

387 Bes. Bedeutung hat die einseitige Leistungsbestimmung bei der **Festsetzung und Herabsetzung von Entgeltbestandteilen.** Eine einseitige Leistungsbestimmung gem. § 315 zur Festsetzung der Höhe des Entgelts für geleistete Dienste kann der AG nicht frei widerrufen (BAG 8.5.2003 AP BGB § 315 Nr. 82; 10.7.2003 ZTR 2004, 84). Ändern sich allerdings die rechtl. oder tats. Voraussetzungen, kann eine Änd. der Leistungsbestimmung oder Neubestimmung der Leistung aus Gründen der Billigkeit gestattet oder sogar geboten sein. Unbeschadet zwgd. ges. oder tarifl. Normen unterliegt die **einseitige Entgeltfestsetzung** der Kontrolle nach billigem Ermessen (BAG 19.3.2014 NZA 2014, 595). Dazu gehört auch die Wahrung des Gleichbehandlungsgrds. (LAG K 25.5.2012 – 10 Sa 48/11 – BeckRS 2012, 73147). Billiges Ermessen wird gewahrt, wenn die wesentl. Umstände des Falls abgewogen und die beiderseitigen Interessen angemessen berücksichtigt werden. Maßgebl. ist der Zpkt., in dem der AG die Ermessensentsch. zu treffen hat. Die richterl. Ersatzleistungsbestimmung nach § 315 III 2 ist auf Grdl. des Vortrags der Parteien zu treffen. Eine Darlegungs- und Beweislast im prozessualen Sinn besteht nicht; jedoch ist jede Partei iS einer Obliegenheit gehalten, die für ihre Position sprechenden Umstände vorzutragen. Erbringt der AG keinen oder keinen hinreichenden Vortrag dazu, warum eine bestimmte Leistungsfestsetzung billigem Ermessen entsprechen soll, ist die ges. Folge nach § 315 III die Unverbindlichkeit der vom Bestimmungsberechtigten getroffenen Leistungsbestimmung (BAG 3.8.2016

NZA 2016, 1334). Ob die Entsch. der Billigkeit entspricht, unterliegt der vollen gerichtl. Kontrolle, § 315 III S. 2, die vorrangig den Tatsachengerichten vorbehalten ist (BAG 29.8.2012 NZA 2013, 148 mwN). Behält sich der AG in einer Klausel die Festsetzung des Bonusvolumens vor, dann kann bei außergewöhnl., außervertragl., wirtschaftl. Gründen (Verlust in Milliardenhöhe einer Bank) der Bonus niedriger ausfallen bzw. ganz wegfallen (vgl. die Entsch. zu „Bankerboni": BAG 29.8.2012 NZA 2013, 148; 20.3.2013 NZA 2013, 970; 15.5.2013 AP BGB § 315 Nr. 111; LAG BW 14.1.2013 NZA-RR 2013, 118; LAG M 3.3.2016 BeckRS 2016, 68578 Rev. 10 AZR 285/16). Im Normalfall, in dem der AG auf der Basis seiner Ertragslage sowie der Leistung des AN entscheidet, darf auch bei Verlusten des AG die Leistungskomponente der Bonuszahlung nicht vollständig ausgeklammert werden. Die nach Zielvereinb. erreichten Leistungen müssen noch angemessen honoriert werden (BAG 19.3.2014 NZA 2014, 595; weiterführend BAG 3.8.2016 NZA 2016, 1334; hierzu *Lingemann/Otte* NJW 2014, 2400).

Auch bei **konkludenter Zusage** eines in der Höhe **variablen Bonus** hat der AG die Höhe gem. § 315 I bis III nach billigem Ermessen zu bestimmen; andernfalls wird die Bestimmung gem. § 315 III 2 durch Urt. getroffen (BAG 21.4.2010 NZA 2010, 808; 17.4.2013 AP BGB § 611 Tantieme Nr. 5; 13.5.2015 NZA 2015, 992 zu Bonuspools: BAG 18.1.2012 NZA 2012, 499; zur Problematik der Vergütungserlasse im öffentl. Dienst: BAG 13.2.1985 AP BAT §§ 22, 23 Lehrer Nr. 12, 13; 11.2.1987 AP BAT 1975 §§ 22, 23 Nr. 131; EingruppierungsRL BAG 28.3.1990 AP BAT §§ 22, 23 Nr. 26; Festsetzung einer Überstundenpauschale: BAG 10.7.2003 ZTR 2004, 84; Beihilfeleistungen: BAG 8.5.2003 AP BGB § 315 Nr. 82), ebenso die Einhaltung eines angemessenen Gehaltsabstands bei frei vereinbarten Gehältern zu unteren Gehaltsklassen (BAG 18.6.1977 AP TVG § 1 Tarifverträge: Presse Nr. 12). Zu erwähnen als **Anwendungsbsp.** sind ferner Ausschüttung von Prämien (BAG 9.6.1965 AP BGB § 315 Nr. 10), Anrechnung von Beschäftigungszeiten (BAG 21.9.1995 NZA 1996, 1054), **Sondervergütungen** (BAG 21.12.1970 AP BGB § 305 Billigkeitskontrolle Nr. 1; 21.4.2010 NZA 2010, 808; Festlegung einer **Weihnachtsgratifikation** mit einem arbeitgeberseitig zu bestimmenden Prozentsatz BAG 16.1.2013 NJW 2013, 1020), Kinderzuschläge (BAG 28.9.1977 AP TVG § 1 Tarifverträge: Rundfunk Nr. 4), Gewinnbeteiligungen (BAG 28.11.1989 NZA 1990, 559). Fehlende Abreden über notwendige Vergütungspauschalen können über §§ 315, 316 gerichtl. ersetzt werden (BAG 20.9.1989 NZA 1990, 488). Die Wahlmöglichkeit des AG zwischen Überstundenvergütung und Freizeitausgleich unterliegt ebenfalls einer Billigkeitskontrolle (BAG 16.2.1989 NZA 1989, 938; 17.1.1995 NZA 1995, 1000). Ermessensleistungen und Härtefallregelungen in Ruhegeldordnungen (BAG 25.4.1995 NZA 1996, 427); selbst bei der Überlassung von Kundenadressen an einen Abonnementwerber kann der AG fehlerhaft handeln, wenn plötzl. deutl. weniger Adressen zur Vfg. gestellt werden, anderweitige Tätigkeiten untersagt sind und sich der Verdienst des AN um 20% mindert (BAG 7.8.2002 EzA BGB § 315 Nr. 51). 387a

Zahlr. Nebenpflichten (Nebentätigkeitsverbote, Annahme von Geschenken) hängen von **Zustimmungsvorbehalten** ab, die stets nach billigem Ermessen ausgeübt werden müssen (BAG 17.4.1984 AP BAT § 10 Nr. 1). Über die Gewährung von Sonderurlaub hat der AG nach billigem Ermessen zu entscheiden (BAG 12.1.1989 NZA 1989, 848). Zum Abschluss eines (Alters-)TZVertrags LAG K 6.10.1999 ZTR 2000, 125. Widerrufs- und Änderungsvorbehalte unterliegen ebenfalls der Kontrolle nach § 315 (hierzu §§ 305 bis 310 Rn. 51 ff.). 388

F. Pflichten des Arbeitgebers

I. Hauptpflichten des Arbeitgebers

1. Vergütungspflicht (§ 611a II). a) Allgemeines, Begriff des Arbeitsentgelts. Nach § 611a II ist der AG verpflichtet, dem AN die vereinbarte Vergütung zu zahlen. Die Entgeltpflicht ist Hauptleistungspflicht und steht daher im **Gegenseitigkeitsverhältnis** zur Arbeitspflicht. Die Höhe der Vergütung kann als zwgd. ges. **Untergrenze** nach Maßgabe des MiLoG (vgl. die Kommentierung dort) der Kontrolle unterliegen. Schließl. bilden normativ-geltende TV oder allgemeinverbindl. TV (§ 5 TVG, AEntG) branchenbezogenen Untergrenzen. Soweit diese Schranken nicht greifen, unterliegt die Vereinb. der **Entgelthöhe freier Vereinb.** Wird keine Vergütungsabrede getroffen, ist aber die Dienst- und Arbeitsleistung den Umständen nach nur gegen eine Vergütung zu erwarten, gilt eine Vergütung als stillschweigend vereinbart (§ 612 I), deren Höhe sich nach § 612 II bemisst (§ 612 Rn. 1). Entgeltabreden unterliegen im Anwendungsbereich der §§ 305 ff. den **Auslegungsgrds. des AGB-Rechts.** Insb. unterliegen auch Hauptabreden der Transparenzkontrolle, aber nicht der materiellen Inhaltskontrolle nach Maßgabe des § 307 III 2 iVm. § 307 I 2. Schließl. ist die Unklarheitenregel zu beachten (§§ 305 bis 310 Rn. 31 ff.). Anwendungsfelder sind insb. unklare Formulierungen bei Verweisungen auf tarifl. Entgeltgruppen. In aller Regel ist die **dynamische Bezugnahme für den AN günstiger**, weil die Vergütungserhöhung durch spätere TV die Regel und eine Vergütungsabsenkung die Ausnahme darstellt (BAG 9.11.2005 NZA 2006, 202; 13.2.2013 NZA 2013, 1024; 10.7.2013 AP BGB § 305c Nr. 16). Entgeltvereinb. haben prinzipiell **konstitutiven Charakter**. Das bedeutet, dass bei einer Entgeltabrede, die auf eine best. tarifl. Entgeltgruppe („Der Beschäftigte wird in Entgeltgruppe 12 389 eingruppiert.") verweist, kraft Parteiautonomie die Vergütung aus dieser Entgeltgruppe inkl. dynamischer Anpassung vereinbart ist. Der AG kann daher nicht die Eingruppierung einseitig „korrigieren." Soll der Nennung einer Tarifgruppe keine rechtsgeschäftl. begründende Wirkung zukommen, sondern es sich nur um eine deklaratorische Angabe in Form einer sog. Wissenserkl. handeln, muss dies im Arbeitsvertrag deutl. zum Ausdruck gebracht worden sein (BAG 21.8.2013 NZA 2014, 561).

389a Herkömmlicherweise bezeichnet man die Vergütung bei Arbeitern als Lohn, bei Ang. als Gehalt. Davon abw. ist aber auch der Begriff Lohn als Oberbegriff für die verschiedenen Entgeltleistungen des AG gebräuchl. (s. jetzt auch die Begrifflichkeit des MiLoG). Zur Fälligkeit und Konsequenzen bei Nichtleistung der Vergütung vgl. § 614. **Geldleistungen Dritter**, auch innerhalb eines Konzerns, werden nur dann von dem AG geschuldet, wenn aus den Umständen ein eigener Verpflichtungswille des VertragsAG zu schließen ist (zu Aktienoptionen BAG 12.2.2003 NZA 2003, 487; 16.1.2008 NZA 2008, 836; hierzu *Lembke* NJW 2010, 257 ff.). Sonderregelungen zur Begrenzung der variablen Vergütungen sind in der **InstitutsvergütungsVO** für den Bereich der Banken und Finanzinstitute zu beachten (hierzu *Zürn/Böhm* BB 2014, 1269).

390 **b) Prinzipien der Entgeltfindung und -berechnung. aa) Zeitlohn.** Beim Zeitlohn wird das Entgelt nach Zeitabschnitten berechnet, wobei es allerdings auch hier grds. auf die in dieser Zeit tats. geleistete Arbeit ankommt. Man unterscheidet regelm. zwischen Stunden- oder Wochenlohn für Arbeiter und dem Monatsgehalt für Ang. Bei tage- oder stundenweise unentschuldigtem Fehlen kann das Entgelt zeitant. gekürzt werden, sofern die Leistung nicht nachholbar ist (BAG 17.3.1988 NZA 1989, 261). Das Arbeitsergebnis, also die Qualität und Quantität der Arbeitsleistung, sind für die Zeitvergütung unerhebl., so dass der AG auch bei einer Schlechtleistung des AN die vereinbarte Vergütung zu zahlen hat (hierzu Rn. 703; zur Möglichkeit der Aufrechnung mit einem Schadensersatzanspruch iRd Pfändungsfreigrenzen vgl. Rn. 704).

391 **bb) Leistungslohn, Akkordlohn.** Im Gegensatz zum Zeitlohn wird beim sog. Leistungslohn die Lohnhöhe durch das Arbeitsergebnis, also die Qualität oder Menge der geleisteten Arbeit, unmittelbar beeinflusst. Die bekannteste Form des Leistungslohns ist der Akkordlohn. Zweck dieser Lohnform ist es, den AN entspr. der geleisteten Arbeitsmenge zu entlohnen (ausf. *Schwab* AR-Blattei SD 40; *ders.* NZA-RR 2009, 1 ff., 57 ff.). Hins. dieser Arbeitsmenge unterscheidet man weiter je nach der Art der zu leistenden Arbeit zwischen dem Stückakkord (Anzahl der gefertigten Stücke), Gewichtsakkord (Gewicht des beförderten Materials), Maßakkord (es wird auf Maßeinheiten abgestellt, zB Länge eines bearbeiteten Gegenstandes), dem Flächenakkord (Größe einer zu bearbeitenden, zB zu verputzenden Fläche) und dem Pauschalakkord (Arbeitsaufgabe besteht aus mehreren unterschiedl. Einzelaufgaben). Zu unterscheiden ist weiter zwischen dem **Einzelakkord** und dem **Gruppenakkord**. Während bei ersterem der Akkordlohn für jeden einzelnen AN nach dessen Leistungsergebnis errechnet wird, richtet sich beim Gruppenakkord die Entlohnung nach dem Leistungsergebnis einer Arbeitsgruppe, welches dann unter den einzelnen Gruppenmitgliedern aufgeteilt wird (vgl. BAG 26.4.1961 AP BGB § 611 Akkordlohn Nr. 14).

392 Beim **Geldakkord** wird ein bestimmter Geldbetrag pro Leistungseinheit gewährt. Der Lohnanspruch des AN ergibt sich durch Multiplikation der erbrachten Leistungseinheiten mit dem dafür angesetzten Geldbetrag. Der Nachteil dieser historisch älteren Akkordform besteht darin, dass der für die Lohnbemessung maßgebl. Gesichtspunkt, näml. die benötigte Zeit für die Erbringung einer Leistungseinheit (sog. Zeitvorgabe), nicht offen ausgewiesen wird (ebenso Staudinger/*Richardi/Fischinger* Rn. 1417). Dagegen wird beim **Zeitakkord** für eine bestimmte Arbeitsleistung eine festgelegte Zeit als Berechnungsfaktor vorgegeben (sog. Vorgabezeit). Unter der Vorgabezeit versteht man die in Minuten ausgedrückte Zeit, die für die Erbringung einer Leistungseinheit bei Normalleistung erforderl. ist. Der Akkordsatz beim Zeitakkord wird daher berechnet nach der Formel: Zahl der erbrachten **Leistungseinheiten × Vorgabezeit × Geldfaktor**. Bei diesem **Geldfaktor** handelt es sich um den pro Minute zu verdienenden Geldbetrag. Er ist der sechzigste Teil des Akkordrichtsatzes. Unter letzterem versteht man den Stundenverdienst bei Normalleistung. Dabei war es bislang übl., den tarifl. oder sonst übl. Stundenlohn um einen prozentualen Zuschlag **(Akkordzuschlag)** zu erhöhen. Dieser Zuschlag, der auf der Überlegung beruht, dass derjenige, der im anstrengenderen Akkord arbeitet, auch bei normaler Leistung mehr verdienen soll als der nach Zeit bezahlte AN, ist in neuerer Zeit lohnpolitisch umstr. Gegen ihn wird va. eingewendet, dass anges. der fortgeschrittenen Mechanisierung auch viele Stundenlohnarbeiter zur Einhaltung eines bestimmten Arbeitstempos angehalten werden, so dass die Besserstellung der Akkordarbeiter nicht mehr gerechtfertigt sei. Neue TV unterscheiden daher vielfach nicht mehr zwischen Zeitlohn und Akkordrichtsatz. Die Festsetzung der **Vorgabezeit** hat daher wesentl. Bedeutung für die Richtigkeit der Akkordentlohnung. Sie kann zum einen nach dem bisherigen Erfahrungswissen geschätzt werden (sog. Faust- oder Meisterakkord); in der betriebl. Praxis wird sie heute mit arbeitswiss. Methoden ermittelt. Alle Methoden beruhen auf der Beobachtung des Arbeitsablaufs zur Feststellung des Zeitbedarfs (zu den Einzelheiten MüArbR/*Krause* § 57 Rn. 19 ff.; Schaub/*Vogelsang* § 63 Rn. 22 ff.). Der Vorteil des Zeitakkords liegt darin, dass bei Lohnerhöhungen jeweils nur der Geldfaktor geänd. werden muss. Die Festlegung der Akkordfaktoren (Zeit- und Geldfaktor) unterliegt dem MBR des BR nach § 87 I Nr. 11 BetrVG.

Da beim Akkord der AN seinen Verdienst durch Steigerung des Arbeitstempos erhöhen kann, damit aber gleichzeitig das Risiko einer gesundheitl. Überforderung einhergeht, ist im Interesse des AN-Schutzes für bestimmte ANGruppen die Einf. einer **Akkordvergütung unzulässig,** zB für Schwangere (§ 11 VI MuSchG), Jugendliche (§ 23 JArbSchG) und Fahrpersonal (§ 3 FahrpersonalG). 393

Der AN trägt das **Risiko der – quantitativen – Minderleistung.** Daher enthalten zahlr. TV für Akkordarbeiter eine Mindestlohngarantie (Verdienstsicherungsklausel). Damit wird erreicht, dass ein AN auch beim Zurückbleiben seiner Leistung hinter der Normalleistung den Mindestlohn erreicht, der dem Stundenlohn entspricht. Akkordarbeit eröffnet damit die Möglichkeit, mehr zu verdienen als im Zeitlohn, bedeutet aber bei unternormaler Leistung kein Verdienstrisiko (BAG 28.6.1961 AP BGB § 611 Akkordlohn Nr. 15). Hat der AG die Minderleistung zu vertreten, weil er zB Arbeitsgerät nicht bereitstellt, behält der AN nach § 615 S. 1 den vollen Vergütungsanspruch). Das Risiko **qualitativer Minderleistung** trägt beim Akkordlohn wie auch beim Zeitlohn der AG, es sei denn, es wurde tarif- oder einzelvertragl. vereinbart, dass eine Bezahlung nur für fachl. einwandfreie Arbeiten erfolgt (BAG 15.3.1960 AP BGB § 611 Akkordlohn Nr. 13). Der AG kann ohne vertragl. Vereinb. nicht ohne weiteres zwischen Akkordlohn und Zeitlohn allein auf der Basis des Direktionsrechts wechseln (ArbG Regensburg 17.12.1990 EzA BGB § 611 Akkord Nr. 6). Hierfür bedarf es vielmehr eines Änderungsvorbehalts, einer Änderungsvereinb. oder -kündigung. 394

cc) Prämienlohn. Prämienlohn ist eine weitere Form der Leistungsentlohnung. Auch hier wird eine Leistung des AN gemessen und zu einer Bezugsleistung ins Verhältnis gesetzt (BAG 13.9.1983 AP BetrVG 1972 § 87 Prämie Nr. 3). Er wird in der Praxis **zumeist als Zulage** zum Zeitlohn gezahlt, um dem AN einen Anreiz zu einem bestimmten Leistungserfolg zu geben. Zu den wichtigsten Prämienlohnsystemen von *Halsey, Rowan, Taylor* und *Gantt* s. MüArbR/*Krause* § 57 Rn. 32 ff.; Schaub/*Vogelsang* § 63 Rn. 54. Der Prämienlohn kann durch TV, BV oder Einzelarbeitsvertrag zur Anwendung kommen. Entspr. den Möglichkeiten beim Akkord gibt es Geld- oder Zeitprämien sowie Gruppen- oder Einzelprämien. Außerdem bedarf es auch hier der Festlegung einer Normalleistung, an der die Leistung des AN zu messen ist. Diese kann ausgehandelt, statistisch ermittelt oder arbeitswiss. ermittelt werden. Kein echter Prämienlohn ist die sog. Pünktlichkeits- oder **Anwesenheitsprämie,** denn mit ihr soll nicht die Arbeitsleistung selbst belohnt, sondern Fehlzeiten reduziert werden (s. § 4a EFZG). Zum MBR des BR nach § 87 I Nr. 10 und 11 BetrVG vgl. BetrVG § 87 Rn. 96 ff. Da der Prämienlohn wie der Akkordlohn gesundheitl. Gefahren für die AN aufweist, ist er gleichfalls für Schwangere (§ 11 VI 1 MuSchG), Jugendliche (§ 23 I Nr. 1 JArbSchG) sowie Fahrpersonal (§ 3 FahrpersonalG) verboten. 395

dd) Gedinge. Hierbei handelt es sich um die typische Leistungsentlohnung im **Bergbau.** Rechtsgrdl. für den Gedingevertrag sind heute die einschlägigen MTV für den Bergbau (zB Anl. 6 des MTV für die Arbeiter des rheinisch-westfälischen Steinkohlebergbaus v. 14.11.1989 m. späteren Änd.). Der Gedingevertrag wird zwischen Vertretern der Gedingebelegschaft und dem Vertreter des Unternehmens geschlossen. Er ähnelt dem ausgehandelten Akkord (MüKoBGB/*Müller-Glöge* § 611 Rn. 740). Zur Beilegung von Gedinge-, Akkord- und Prämienlohnstreitigkeiten schaffen die Tarifpartner üblicherweise ein **bes Schlichtungsverf.** Das ArbG kann erst nach Abschluss des Gedingeschlichtungsverf. angerufen werden (zu den Einzelheiten Schaub/*Vogelsang* § 67 Rn. 57 ff.; Einzelfallentsch. BAG 25.2.2010 NZA 2010, 1256 [LS]). 396

c) Ort, Art und Weise der Lohnzahlung. Erfüllungsort ist regelm. der Betriebssitz des AG (näher Rn. 650; LAG BE 19.5.1960 AP BGB § 269 Nr. 3). Der AN hat grds. die Vergütung im Betrieb abzuholen (**Holschuld**). Für die Auszahlung der Heuer an Seeleute gilt § 38 SeeArbG. **Empfangsberechtigt** ist der AN oder ein von ihm Bevollmächtigter. Ein Minderjähriger wird zwar Eigentümer des Arbeitsentgelts, da der Eigentumserwerb ledigl. rechtl. vorteilhaft ist (§ 107), doch muss die Leistung an den ges. Vertreter erfolgen, da wegen des Erlöschens der Lohnforderung der Empfang nicht nur vorteilhaft ist und somit keine Erfüllungswirkung eintritt. Anderes gilt, wenn der ges. Vertreter nach § 113 eine Ermächtigung zum Eingehen des ArbVerh. erteilt hat (hierzu § 113 Rn. 3 ff.). Verlangt er in diesem Fall die Zahlung an sich, ist darin der Widerruf der Ermächtigung zu sehen (§ 113 II). Die Lohnzahlung erfolgt mangels anderweitiger Vereinb. in Kollektiv- oder Einzelverträgen **nach der Leistung der Dienste** (§ 614), wobei für einzelne ANGruppen auch Sonderregelungen bestehen (s. iE § 614 Rn. 7 ff.). 397

Grds. kann der AG den Lohn bar auszahlen. In der Praxis hat sich aber die **bargeldlose Lohnzahlung** per Überweisung durchgesetzt. Erfolgt die Zahlung durch Scheck, so befreit nicht schon dessen Hingabe, sondern erst die Einlösung den AG von der Schuld. Bei der bargeldlosen Zahlung bleibt es bei dem ges. Regelfall, dass der Schuldner iZw. das Geld auf seine Kosten und auf seine Gefahr dem Gläubiger an dessen Wohnsitz zu übermitteln hat. Es handelt sich um eine **Schickschuld** unklar BAG 15.12.1976 AP BAT § 36 Nr. 1). Erfüllung tritt ein, wenn die Überweisung dem Konto des AN gutgeschrieben ist. Der AG trägt das Risiko des Fehlgehens der Überweisung. Die **Kontoführungsgebühren** sind mangels anderweitiger Vereinb. vom AN zu tragen und zwar auch dann, wenn sie erst nach Abschluss eines TV über bargeldlose Entgeltzahlung eingeführt werden, da nach § 270 dem AG nur die Kosten der Überweisung zur Last fallen (BAG 15.12.1976 AP BAT § 36 Nr. 1). Der Spruch 398 einer Einigungsstelle, der diese Kontoführungsgebühren dem AG auferlegt, ist verfassungsrechtl. nicht zu beanstanden (BVerfG 18.10.1987 AP BetrVG 1972 § 87 Auszahlung Nr. 7). Auch die Pauschalierung dieser Gebühren ist zulässig (BAG 8.3.1977 AP BetrVG 1972 § 87 Auszahlung Nr. 1; 5.3.1991 NZA 1991, 611).

399 Dem **MBR** des BR nach § 87 I Nr. 4 BetrVG unterliegt die Einf. bargeldloser Zahlung, aber auch als „Annexregelung" die Frage der Kostentragung bei dieser Art der Lohnzahlung (BAG 10.8.1993 NZA 1994, 326). Deshalb kann der BR seine Zust. davon abhängig machen, dass der AG die Kontoführungskosten übernimmt und der AN so seinen Lohn ungeschmälert erhält (BAG 31.8.1982 AP BetrVG 1972 § 87 Auszahlung Nr. 2). Außerdem kann durch BV geregelt werden, ob der Zeitaufwand zum Bankbesuch zwecks Abhebung des Lohns (sog. Kontostunde) AZ ist (BAG 20.12.1988 NZA 1989, 564). Zu beachten ist, dass eine tarifl. Regelung gem. § 87 I BetrVG eine Sperrwirkung für die Betriebspartner entfaltet, selbst wenn eine ausdr. Regelung über die Tragung der Kontoführungsgebühren fehlt (BAG 31.8.1982 AP BetrVG 1972 § 87 Auszahlung Nr. 2).

400 **aa) Lohnbelege.** Nach § 108 I 1 GewO ist der AG verpflichtet, dem AN bei Zahlung des Arbeitsentgelts eine Abrechnung in Textform (§ 126b; s. §§ 125 bis 127 Rn. 30) mit den Angaben des § 108 I 2, 3 GewO zu Abrechnungszeitraum und Zusammensetzung des Arbeitsentgelts zu erteilen. Für Heimarbeiter besteht nach § 9 HAG ein Anspruch auf Aushändigung von Entgeltbüchern. Nach § 82 II BetrVG kann jeder AN verlangen, dass ihm die Berechnung und Zusammensetzung seines Arbeitsentgelts erläutert wird.

401 **bb) Quittung.** Der AN ist gem. § 368 S. 1 bei Empfang der Lohnzahlung zur Erteilung einer Quittung, dh. eines schriftl. Empfangsbekenntnisses verpflichtet. Hierbei handelt es sich ledigl. um ein Beweismittel.

402 **cc) Ausgleichsquittungen; Ausgleichsklauseln.** Von der Quittung zu unterscheiden ist die Erteilung einer Ausgleichsquittung, also einer Bestätigung der Arbeitsvertragsparteien, dass ihnen weitere Ansprüche gegeneinander nicht zustehen. Ausgleichsquittungen finden sich vielfach bei der Beendigung des ArbVerh., wo sie Streit um bestehende oder zukünftige Ansprüche verhindern und klare Verhältnisse schaffen sollen. Sie stellen je nach Wortlaut bei gegenseitigem Nachgeben einen Vergleich (§ 779), wenn die Parteien vom Bestand einer Forderung ausgehen, einen Erlassvertrag (§ 397), oder aber ein negatives Schuldanerkenntnis (§ 397 II) dar, und zwar ein deklaratorisches, wenn die Parteien davon ausgehen, dass keine Ansprüche mehr bestehen, oder ein konstitutives, wenn sie alle bekannten und unbekannten Ansprüche zum Erlöschen bringen wollen (BAG 14.5.2013 NZA 2013, 1098 Rn. 11). Ein deklaratorisches negatives Schuldanerkenntnis ist anzunehmen, wenn die Parteien nur die von ihnen angenommene Rechtslage eindeutig dokumentieren und damit fixieren wollen (BAG 25.9.2013 AP BGB § 397 Nr. 7). Es führt nicht zum Erlöschen von Ansprüchen und hindert den Gläubiger nicht an einer weiteren Geltendmachung. Die **Rechtsnatur** ist durch Auslegung zu ermitteln (ausf zur Abgrenzung BAG 7.11.2007 NZA 2008, 355). Maßgebl. ist das Verständnis eines redl. Erklärungsempfängers. Allerdings kann ein Verzicht auf tarifl. Ansprüche (§ 4 IV 1 TVG) oder Ansprüche aus einer BV (§ 77 IV 2 BetrVG) nicht erfolgen.

403 Auch der **Umf.** der Ausgleichsquittung ist **durch Auslegung** zu ermitteln. Sie bezieht sich iZw. nicht auf Ruhegeldansprüche und Anwartschaften (BAG 9.11.1973 AP BGB § 242 Ruhegehalt Nr. 163; 27.2.1990 NZA 1990, 689), Zeugnisansprüche (BAG 16.9.1974 AP BGB § 630 Nr. 9; LAG K 17.6.1994 LAGE BGB § 630 Nr. 22; LAG D 23.5.1995 NZA-RR 1996, 42 zum Zeugnisberichtigungsanspruch); Rechte aus einem vertragl. Wettbewerbsverbot (BAG 22.10.1981 AP HGB § 74 Nr. 39) oder sachenrechtl. Ansprüche (LAG HM 15.1.1980 DB 1980, 643; Küttner/*Schmidt* Ausgleichsquittung Rn. 8; s.a. LAG BE 5.6.1996 NZA-RR 1997, 124 zur Aufgabe und Übertragung von Eigentumsrechten an einem Dienstwagen).

404 Ausgleichsklauseln in Ausgleichsquittungen sind **iZw. eng auszulegen** (BAG 3.5.1979 AP KSchG 1969 § 4 Nr. 6; 7.11.2007 NZA 2008, 355; **aA** Küttner/*Schmidt* Ausgleichsquittung Rn. 5; anders bei Aufhebungsverträgen, Abwicklungsvereinb. und gerichtl. Vergleichen, weil die Parteien hier idR das ArbVerh. abschl. bereinigen und alle Ansprüche erledigen wollen, vgl. Rn. 406). Da ein Verzicht auf Rechte nach der Lebenserfahrung im Allg. nicht zu vermuten ist, muss sich nach dem Wortlaut der Erkl. und den Begleitumständen klar ergeben, dass und in welchem Umf. der AN ihm bekannte oder mögl. Ansprüche aufgibt (BAG 20.8.1980 AP LohnFG § 9 Nr. 3; 7.11.2007 NZA 2008, 355; LAG BB 16.12.1992 AuA 1994, 54: erfasst sind nicht Abfindungsansprüche, die noch entstehen können; ebenso für Versorgungsansprüche und -anwartschaften LAG HM 24.11.1998 LAGE BetrAVG § 1 Nr. 19). Aus der Formulierung, dass dem AN aus dem beendeten ArbVerh. keine Ansprüche mehr zustehen, ergibt sich nur, dass der AN den Empfang seiner Arbeitspapiere quittiert und allenfalls die Richtigkeit der Lohnabrechnung anerkannt hat. Ein weitergehender Verzicht kann in einer solchen weit gefassten Klausel nicht gesehen werden (BAG 20.8.1980 AP LohnFG § 9 Nr. 3; ArbG Kaiserslautern 29.1.1992 ARSt. 1992, 168, 169). Von daher empfiehlt es sich, die von der Ausgleichsklausel erfassten **Ansprüche genau zu bezeichnen** und die Klausel selbst von anderen Erkl. bei Beendigung des ArbVerh. drucktechnisch oder räuml. (gesondertes Bl.) zu trennen (s. LAG K 22.11.1996 NZA-RR 1997, 123, wonach

eine handschriftl. Erkl. auf einem Quittungsblock, dass „keine weiteren Ansprüche“ mehr bestünden, auch Überstundenvergütung aus dem beendeten ArbVerh. erfasst).

Die Ausgleichsquittung ist in aller Regel als formularmäßige Verzichtserkl. ausgestaltet. Als solche unterliegt sie der **Inhaltskontrolle** nach §§ 305 ff. Sie ist bei einer Kombination von „Quittung“ und Verzichtserkl. idR überraschend, intransparent und unangemessen benachteiligend (hierzu §§ 305 bis 310 Rn. 29, 77; *Böhm* NZA 2008, 919; *Preis/Bleser/Rauf* DB 2006, 2812). Von ihrer Verwendung ist dementspr. dringend abzuraten. 405

Davon zu unterscheiden sind **Ausgleichsklauseln in gerichtl. Vergleichen, Aufhebungsverträgen und Abwicklungsverträgen**. Den Parteien ist in diesen Fällen – im Unterschied zur vielfach untergeschobenen Ausgleichsquittung – klar, dass das ArbVerh. abschl. bereinigt und alle Ansprüche erledigt werden sollen (BAG 10.5.1978 AP ZPO § 794 Nr. 25; 28.5.2008 NZA 2008, 1748; 24.2.2016 NZA 2016, 762). Als Teil eines vorformulierten Aufhebungsvertrags sind Ausgleichsklauseln aber nicht Haupt-, sondern kontrollfähige Nebenabrede (BAG 21.6.2011 NZA 2011, 1338: einseitige Ausgleichsklauseln sind unwirksam). Eine Ausgleichsklausel indes, wonach „alle beiderseitigen Ansprüche aus dem ArbVerh. abgegolten“ sind, ist grds. nicht zu beanstanden. Sie erfasst grds. auch ein Wettbewerbsverbot und die damit verbundene Karenzentschädigung (BAG 22.10.2008 NZA 2009, 139; 19.11.2008 NZA 2009, 318; weitere Fälle: Urlaubsabgeltung vgl. BAG 14.3.2006 NZA 2006, 1008; Ansprüche aus Aktienoptionsplänen vgl. BAG 28.5.2008 NZA 2008, 1748; Schadensersatzansprüche wegen „Mobbing“ LAG BE 26.8.2005 NZA-RR 2006, 67). Andererseits werden von Ausgleichsklauseln regelm. solche Forderungen nicht erfasst, die obj. außerhalb des von den Parteien Vorgestellten liegen und bei Vergleichsabschluss subj. unvorstellbar waren (BAG 11.10.2006 NZA 2008, 72). Herausgabeansprüche werden durch sie nicht erfasst (BAG 14.12.2011 NZA 2012, 501). Umstr. ist, ob von den typischen Ausgleichsklauseln auch Sonderzahlungen umfasst sind, was mE zu bejahen ist (so a. LAG B 12.11.2010 NZA-RR 2011, 64; **aA** LAG B 19.1.2011 LAGE BGB 2002 § 397 Nr. 3). Rückzahlungsansprüche aus einem neben dem ArbVerh. rechtl. selbständigen Darlehensvertrag werden nicht erfasst (BAG 19.1.2011 NJW 2011, 2381; diff. BAG 19.3.2009 NZA 2009, 896). 406

Eine **Anfechtung der Ausgleichsquittung** wegen Inhaltsirrtums nach § 119 ist mögl., wenn der AN geglaubt hat, nur eine einfache Quittung zu unterschreiben, nicht dagegen, wenn er die Ausgleichsquittung ungelesen unterschreibt (BAG 27.8.1970 AP BGB § 133 Nr. 33; LAG HE 1.4.2003 BeckRS 2003, 31154463). Eine zur Anfechtung nach § 123 berechtigende arglistige Täuschung kommt in Betracht, wenn dem AN vorgespiegelt wird, es handele sich nur um eine einfache Quittung. Eine widerrechtl. Drohung liegt vor, wenn der AG die Herausgabe von Arbeitspapieren oder Restlohn von der Unterzeichnung abhängig macht. Darüber hinaus kann in TV der Widerruf einer Ausgleichsklausel vorgesehen sein, für den dann die dort normierten Voraussetzungen und nicht Anfechtungsgründe erfüllt sein müssen. Nach Bereicherungsrecht (§ 812 II) kann das eine Ausgleichsquittung darstellende konstitutive negative Schuldanerkenntnis zurückgefordert werden, wenn der Anerkennende vom Nichtbestehen der tats. noch existierenden Forderung ausgegangen ist. Das gilt nicht, wenn der Bestand der Forderung strittig war (vgl. Staudinger/*Richardi/Fischinger* Rn. 1682 f.; HzA/*Künzl* Gruppe 1/5 Rn. 1577). 407

d) Vergütungsrückzahlung/Lohnüberzahlung. Nach § 814 Alt. 1 kann das zum Zweck der Erfüllung einer Verbindlichkeit Geleistete nicht zurückgefordert werden, wenn der Leistende gewusst hat, dass er zur Leistung nicht verpflichtet war. Die Rückforderung ist also nur ausgeschlossen, wenn der Leistende positiv gewusst hat, dass er nicht zur Leistung verpflichtet ist. Eine Zurechnung des Wissens aller Beschäftigten eines AG findet (etwa analog § 166) nicht statt (BAG 13.10.2010 NZA 2011, 219). Zahlt der AG versehentl. (wegen § 814) zu viel Vergütung, so hat er einen Anspruch auf Rückzahlung nach § 812 I 1 Alt 1. Der AN kann sich aber evtl. auf den Wegfall der Bereicherung (§ 818 III) berufen, solange kein Fall des § 818 IV oder § 819 I gegeben ist. Entreicherung ist anzunehmen, wenn er die rechtsgrundlose Leistung ersatzlos für (Luxus-)Ausgaben verwendet hat, die er sonst nicht gemacht hätte (BAG 18.1.1995 NZA 1996, 27), nicht dagegen, wenn er anderweitige Aufwendungen erspart (BAG 18.9.1986 NZA 1987, 380) oder bestehende Schulden getilgt hat. Der AN als Bereicherungsschuldner hat darzulegen und ggf. zu beweisen, dass er nicht mehr bereichert ist. Dabei können ihm allerdings die Erleichterungen des **Beweises des ersten Anscheins** zugute kommen (BAG 12.1.1994 NZA 1994, 658; 18.1.1995 NZA 1996, 27; LAG HM 3.12.1999 NZA-RR 2000, 181), zumal ein konkreter Nachw. im Regelfall nicht geführt werden kann. Der Anscheinsbeweis führt aber nicht zur Umkehr der Beweislast, sondern nur zur Erleichterung der Beweisführung. 408

Diese Erleichterung der Darlegungs- und Beweislast kommt aber nur dann in Betracht, wenn erfahrungsgemäß und typischerweise anzunehmen ist, dass die Zuvielzahlung für den lfd. Lebensunterhalt, insb. für konsumtive Ausgaben verbraucht wurde. Dies setzt einmal voraus, dass es sich um Überzahlungen in relativ geringer Höhe handelt. Je höher die Überzahlung im Verhältnis zum Realeinkommen ist, umso weniger lässt sich annehmen, die zusätzl. Mittel seien für den Lebensunterhalt verbraucht worden (BAG 23.5.2001 AP BGB § 812 Nr. 25). Ob eine **Überzahlung geringfügig** ist, kann nach den RL beurteilt werden, die im öffentl. Dienst gelten. Insoweit ist in Verwaltungsvorschr. bestimmt, dass von einem Wegfall der Bereicherung auszugehen ist, wenn die Zuvielzahlung bei 409 einmaligen Leistungen 10% des zustehenden Betrages, höchstens € 153,39, bei wiederkehrenden Leistungen 10% aller für den Zeitraum zustehenden Bezüge, höchstens mtl. € 153,39 nicht übersteigt (zB BMI, Allg. Verwaltungsvorschr. zum BBesG v. 27.4.1998, GMBl. S. 311 für Beamte bzw. RdSchr. des BMI v. 23.10.1962 idF des RdSchr. v. 4.7.1980, GMBl. S. 412 für Arbeiter und Ang. des Bundes).

410 Außerdem muss die Lebenssituation des AN, insb. seine wirtschaftl. Lage, so sein, dass die Verwendung der Überzahlung für die lfd. Lebensführung naheliegt. Das ist regelm. dann der Fall, wenn **AN mit geringem oder mittlerem Einkommen** nicht über nennenswerte weitere Einkünfte verfügen, so dass sie die Nettobezüge aus ihrem ArbVerh. verwenden, um den lfd. Lebensunterhalt für sich und evtl. ihren Familienhaushalt zu bestreiten. Bei Besserverdienenden kann dagegen idR nicht davon ausgegangen werden, dass höhere Einkünfte auch ausgegeben werden (BAG 12.1.1994 NZA 1994, 658). Sind daher – etwa vom Bereicherungsgläubiger substantiiert behauptet – noch weitere nennenswerte Einkünfte vorhanden, ist es Sache des Bereicherungsschuldners, darzustellen, welche anderen Einkünfte vorhanden sind und inwieweit noch der Schluss auf einen typischen Ablauf, den Verbrauch zum Lebensunterhalt, mögl. ist. Der AN genügt seiner Darlegungs- und Beweislast nicht, wenn er zu den nach Art oder dem Grund nach plausibel behaupteten anderweitigen Einkünften nicht substantiiert Stellung nimmt (BAG 18.1.1995 NZA 1996, 27).

411 Bei einer **irrtüml. Eingruppierung** in eine zu hohe Vergütungsgruppe kann der insoweit zu viel gezahlte Lohn erst nach dem Wirksamwerden einer Änderungskündigung geltend gemacht werden (BAG 15.3.1991 NZA 1992, 120).

412 Ist im Arbeits- oder Kollektivvertrag ausdr. die **Rückzahlung** überzahlter Beträge **vereinbart**, kann sich der AN grds. nicht auf den Wegfall der Bereicherung berufen (BAG 20.6.1989 NZA 1989, 843; ebenso für eine Versorgungssatzung BGH 21.1.1998 NJW-RR 1998, 1425). In diesem Fall verstößt das Verlangen auf Rückzahlung nur dann gegen Treu und Glauben, wenn die Richtigkeit der Lohnberechnung zugesagt wurde oder eine Nachprüfung unmögl. gemacht wurde (BAG 8.2.1964 AP BGB § 611 Lohnrückzahlung Nr. 2). Die einseitige Erkl. des AN auf einem vom AG vorgelegten Formular, er wisse, dass er alle Bezüge zurückzahlen müsse, die er infolge unterlassener, verspäteter oder fehlerhafter Meldung zu viel erhalten habe, enthält jedoch keine Vereinb. über den Ausschluss des Entreicherungseinwands (BAG 18.9.1986 NZA 1987, 380). Vorformulierte Vereinb. unterliegen einer Inhaltskontrolle nach §§ 305 ff. (näher Preis/*Preis* II A 80 Rn. 13 ff.). In der Sache bedeuten Rückzahlungsklauseln eine Freizeichnung des AG von der Pflicht zu richtiger Lohnberechnung. Die Abweichung vom dispositiven Leitbild des § 818 III kann zur Unwirksamkeit der Rückzahlungsklauseln führen, jdf. wenn sie einer Freizeichnung für grobe Fahrlässigkeit des AG gleichkommt.

413 Der AN kann mit einem **Schadensersatzanspruch** aufrechnen, wenn er auf Grund der fehlerhaften Lohnauszahlung Ausgaben tätigt, die er bei Kenntnis von der Überzahlung nicht getätigt hätte. Denn die richtige Berechnung der Vergütung ist Teil der Nebenpflichten des AG. Nach der Rspr. setzt ein solcher Schadensersatzanspruch zumindest grobe Fahrlässigkeit des AG voraus (BAG 8.2.1964 AP BGB § 611 Lohnrückzahlung Nr. 2; LAG HE 29.3.1956 AP BGB § 611 Lohnrückzahlung Nr. 1; **aA** Küttner/*Griese* Entgeltrückzahlung Rn. 3 f.). Schadensersatzansprüche wegen fahrlässiger Verletzung der Fürsorgepflicht bei der Lohnberechnung können zudem vertragl. ausgeschlossen werden (BAG 27.3.1958 AP BGB § 670 Nr. 1, 2, 4, 5; 24.10.1958 AP BGB § 670 Nr. 7; HzA/*Künzl* Gruppe 1/5 Rn. 1548).

414 Müssen unverdient gebliebene **Vorschüsse** zurückgezahlt werden, so ergibt sich die Rückzahlungsverpflichtung aus der Vorschussvereinb. Insoweit besteht die Verpflichtung zur Rückzahlung ohne Rücksicht auf eine evtl. Bereicherung (BAG 28.6.1965 AP BGB § 614 Gehaltsvorschuß Nr. 3; 25.2.1993 NZA 1994, 705). Der Anspruch verjährt in der regelm. dreijährigen Verjährungsfrist nach § 195.

415 Neben dem Rückzahlungsanspruch aus ungerechtfertigter Bereicherung oder Vertrag kann dem AG noch ein **Schadensersatzanspruch** aus unerlaubter Handlung bzw. 280 I, 241 II iHd. Überzahlung zustehen, wenn der AN seine Auskunfts- und Informationspflicht verletzt. Dies ist zB dann gegeben, wenn er Änd. in den für die Gewährung von Sozialzulagen maßgebl. Verhältnissen oder im Fall des Annahmeverzugs anderweitigen Verdienst (vgl. § 615 S. 2) nicht mitteilt, oder wenn ein Ruhegeldberechtigter den AG nicht über anderweitige anrechnungsfähige Versorgungsbezüge informiert (dazu BAG 27.3.1990 NZA 1990, 776). § 818 III gilt für diesen Anspruch weder unmittelbar noch mittelbar. Es gilt die **Verjährungsfrist** von 3 Jahren (BAG 27.3.1990 NZA 1990, 776). Durch bloßen Zeitablauf tritt keine Verwirkung des Rückzahlungsanspruchs ein (BAG 25.4.2001 NZA 2001, 966).

416 Umstr. ist, ob der AN den zu viel erhaltenen Nettobetrag (dafür *Groß* ZIP 1987, 5; Küttner/*Griese* Entgeltrückzahlung Rn. 12) oder den **Bruttobetrag,** also einschl. Steuer und Sozialabgaben (dafür LAG K 17.11.1995 NZA-RR 1996, 161; *Matthes* DB 1973, 331; Palandt/*Weidenkaff* Rn. 89 zu Gratifikationen; MüArbR/*Krause* § 65 Rn. 2; MüKoBGB/*Müller-Glöge* § 611 Rn. 866; ebenso für tarifl., nicht bereicherungsrechtl. Rückzahlungsanspruch BAG 5.4.2000 NZA 2000, 1008), zurückzahlen muss. Nach der Praxis der Finanzverw. (Einheitl. Ländererl. DB 1986, 725) ist der Bruttobetrag zu erstatten und die Rückabwicklung iÜ zwischen AN und Finanzamt vorzunehmen.

417 Der Rückzahlungsanspruch wird nach § 271 I bereits im Zpkt. der Überzahlung **fällig,** wenn die maßgebl. Umstände bekannt waren oder hätten bekannt sein müssen und die Vergütung gleichwohl fehlerhaft berechnet wird. Auf die Kenntnis des AG von seinem Rückzahlungsanspruch kommt es regelm. nicht an (BAG 1.6.1995 NZA 1996, 135; 14.9.1994 NZA 1995, 897). Anderes gilt, wenn der AG die Überzahlung nicht erkennen kann, weil der Berechnungsfehler in die Sphäre des AN fällt. Der Rückzahlungsanspruch wird dann erst mit Kenntniserlangung des AG hins. der anspruchsbegründenden Tatsachen fällig (BAG 10.3.2005 NZA 2005, 812). Dem Ablauf einer tarifl. Ausschlussfrist kann der AG mit dem Einwand der unzulässigen Rechtsausübung (§ 242) begegnen, wenn der AN es pflichtwidrig unterlassen hat, ihm Umstände mitzuteilen, die ihn zur Einhaltung der Ausschlussfrist veranlasst hätten. Dies liegt regelm. vor, wenn der AN erkennt, dass seinem AG bei der Überweisung ein Irrtum unterlaufen ist, der zu einer erhebl. Überzahlung geführt hat, und er die Überzahlung nicht anzeigt. Zwar trifft den AN keine allg. Pflicht, die durch den AG erstellte Vergütungsabrechnung zu überprüfen (BAG 29.4.1982 – 5 AZR 1229/79; 19.6.1985 BeckRS 1985, 30713971), doch liegt eine pflichtwidrige Unterlassung vor, wenn der AN eine ggü. sonst ungewöhnl. hohe Zahlung erhalten hat und dies nicht zum Anlass nimmt, sich über den Grund zu vergewissern bzw. bei Nichtaufklärung dem AG durch Mitt. Gelegenheit zur Prüfung und Richtigstellung gibt (BAG 1.6.1995 NZA 1996, 135; **aA** LAG D 11.6.1997 BB 1997, 2273).

e) Ein- und Umgruppierung. Vgl. die Kommentierung zu ArbGG § 46 Rn. 30 ff. 418

f) Wirkungen von Tariflohnerhöhungen. Da die Lohn- und GehaltsTV nur Mindestlöhne und 419 -gehälter festsetzen, können in einzelvertragl. Abreden übertarifl. Entgelte vereinbart werden. Welche Folgen eintreten, wenn der Tariflohn erhöht wird, der bereits zuvor gewährte übertarifl. Lohn aber noch immer günstiger ist, bestimmt sich in erster Linie nach den Regelungen im Arbeitsvertrag. Dort kann zum einen vorgesehen sein, dass sich der vereinbarte Lohn um den Betrag der Tariflohnerhöhung erhöht („Weitergabe der Tariflohnerhöhung"). Zum anderen kann vereinbart sein, dass die Tariflohnerhöhung den übertarifl. Lohn unberührt lässt, dieser sich also nicht erhöht. Es erhöht sich ledigl. der tarifl. abgesicherte Anteil am ansonsten gleich bleibenden Lohn. Der übertarifl. Lohnbestandteil verringert sich damit bei Tariflohnerhöhungen automatisch um deren Betrag (BAG 8.12.1982 AP TVG § 4 Übertarifl. Lohn u. Tariflohnerhöhung Nr. 15; sog. **„Aufsaugung"**).

Enthält der Arbeitsvertrag hierzu keine ausdr. Regelung, ist der Wille der Parteien durch **Auslegung** 420 zu ermitteln. Im Regelfall geht die Rspr. dabei von einer Anrechnungsbefugnis aus, auch wenn dies nicht ausdr. durch eine entspr. Vertragsklausel klargestellt worden ist (BAG 16.6.1993 EzA TVG § 4 Tariflohnerhöhung Nr. 29; 18.5.2011 NZA 2011, 1289). Dies gelte insb., wenn die Vertragsparteien den Monatslohn in einer Summe vereinbaren (BAG 22.9.1992 NZA 1993, 668). Allerdings kann eine vertragl. Regelung die Anrechnung auch zeitl. beschränken, zB auf den nächstmögl. Zpkt. der Anrechnung (BAG 17.9.2003 NZA 2004, 437). Diese Rspr. ist für individuelle Entgeltabreden vertretbar, kann aber für **formularmäßige Gestaltungen** nicht überzeugen. Die Rspr. genügt weder der Unklarheitenregel des § 305c II noch dem Transparenzgebot des § 307 I 2 (hierzu §§ 305 bis 310 Rn. 65). Die Tariflohnerhöhung bewirkt ledigl., dass bis zur Höhe des Tariflohns der Lohnanspruch unabdingbar ist (§ 4 I, III TVG) und sich insoweit der übertarifl. Lohnbestandteil verringert. Dies ist die Konsequenz des Grds., dass tarifl. Normen nicht unmittelbar in arbeitsvertragl. Vereinb. eingreifen, sondern nur dann das ArbVerh. zwgd. gestalten, wenn die vertragl. Vereinb. für den AN ungünstiger ist (vgl. § 4 III TVG; BAG 4.3.1982 AP BGB § 242 Gleichbehandlung Nr. 47; ausf. *Ramrath* DB 1990, 2593 ff.; *Hoß* NZA 1997, 1129).

Eine solche Anrechnung ist in jedem Falle ausgeschlossen, wenn dem AN auf Grund einer vertragl. 421 Abrede die Zulage als **selbständiger Lohnbestandteil** neben dem jeweiligen Tariflohn „anrechnungsfest" zustehen soll (stRspr., BAG 8.12.1982 AP TVG § 4 Übertarifl. Lohn u. Tariflohnerhöhung Nr. 15). Allein in der tats. Zahlung einer übertarifl. Zulage kann noch keine derartige vertragl. Abrede erblickt werden (BAG 7.2.1995 NZA 1995, 894). Sie kann sich allerdings durch Vertragsauslegung ergeben, va., wenn die Zulage für einen vom Tariflohn nicht erfassten Zweck zB als Erschwernis-, Leistungs-, Funktions-, Familienzulage oder aus einem anderen eigenständigen Grunde gewährt wird (BAG 7.2.1995 NZA 1995, 894; 23.3.1993 NZA 1993, 806 zu einer Wechselschichtzulage; verneint bei Funktionszulagen des BAT: LAG NI 14.2.2011 – 9 Sa 968/10), dh. wenn sie dem AN als selbständiger Entgeltbestandteil neben dem jeweiligen Tarifentgelt zugesagt ist (BAG 7.2.1996 NZA 1996, 832; 23.10.1996 EzA BetrVG 1972 § 87 Betriebliche Lohngestaltung Nr. 58). Das soll noch nicht der Fall sein, wenn der Arbeitsvertrag ledigl. eine Aufschlüsselung nach Entgelt und freiwilliger übertarifl. Zulage enthält (BAG 3.9.2014 AP BGB § 242 Gleichbehandlung Nr. 219). Darlegungs- und beweispflichtig dafür, dass ein solcher bes. Zweck vorliegt, ist der AN (*Schneider* DB 1993, 2530; *Schirge* AiB 1993, 377, 378). In diesem Fall bedarf der AG zur Anrechnung eines Anrechnungsvorbehalts (BAG 23.1.1980 AP TVG § 4 Übertarifl. Lohn u. Tariflohnerhöhung Nr. 12; 23.3.1993 NZA 1993, 806).

Ein solcher (stillschweigender oder ausdr.) Anrechnungsvorbehalt, der sich generell auf Tariflohn- 422 erhöhungen bezieht, erfasst aber iZw. nicht die Steigerung des Arbeitsentgelts, die sich bei einer **AZVerkürzung** mit vollem oder tw. Lohnausgleich ergibt (BAG 7.2.1996 NZA 1996, 832 zu einem tarifl. Monatslohn, bei dem sich die Gehaltserhöhung indirekt aus der Verkürzung der AZ ergibt; **aA** BAG 3.6.1987 NZA 1987, 848 zur Entlohnung auf Stundenbasis, wo ein Lohnausgleich bei AZVerkürzung nur durch eine prozentuale Erhöhung erfolgen kann; zum Stundenlohn jetzt wie oben zum

Monatslohn BAG 23.10.1996 EzA BetrVG 1972 § 87 Betriebliche Lohngestaltung Nr. 58). Bei einem Arbeitsentgelt, das als Monatslohn oder -gehalt geschuldet wird, ist unter Tariflohnerhöhung nur die Erhöhung des mtl. Entgeltbetrages zu verstehen, nicht die als unselbständige Folge einer AZVerkürzung mit Lohnausgleich eintretende Erhöhung (BAG 19.9.1995 NZA 1996, 484; 3.6.1998 NZA 1999, 208; 15.3.2000 NZA 2001, 105). Krit. kann hiergegen eingewandt werden, dass diese Rspr. zu einer ungerechtfertigten Differenzierung zwischen Stunden- und Monatsentlohnung und damit typischerweise zwischen Arbeitern und Ang. führt (*Hoß* NZA 1997, 1129, 1130 ff.).

423 Auch wenn der AG jahrelang eine Tariflohnerhöhung weitergegeben hat, ist er nicht gehindert, eine Anrechnung vorzunehmen. Eine **betriebl. Übung** entsteht selbst bei jahrelanger vorbehaltloser Nichtanrechnung nicht (LAG K 15.11.1990 LAGE TVG § 4 Tariflohnerhöhung Nr. 9; *Mikosch* FS Düwell 2011 S. 115, 127; **aA** *Schirge* AiB 1993, 377, 379, wonach die Zulage nach dreimaliger aufeinander folgender Nichtanrechnung anrechnungsfest sei; ebenso MüArbR/*Krause* § 54 Rn. 48; einschränkend BAG 19.7.1978 AP TVG § 4 Übertarifl. Lohn und Tariflohnerhöhung Nr. 10; LAG HM 14.12.1989 LAGE TVG § 4 Tariflohnerhöhung Nr. 8: jdf. nicht bei entspr. Vorbehalten). TV werden im Allg. nur unter Berücksichtigung der wirtschaftl. Verhältnisse der betr. Branche, nicht aber der eines einzelnen Unternehmens innerhalb der jeweiligen Branche abgeschlossen. Von daher ist es für den Unternehmer regelm. nicht überschaubar, ob er bei künftigen Tariflohnerhöhungen wirtschaftl. in der Lage und willens ist, eine bisher gewährte übertarifl. Zulage weiterzuzahlen. Deshalb entspricht es auch nicht der Üblichkeit im Arbeitsleben, dass der AG übertarifl. Lohnbestandteile grds. zum jeweiligen Tariflohn und ohne Rücksicht auf dessen Höhe zahlt. Ein AN kann somit ohne entspr. Vereinb. auch nicht auf die Weitergewährung einer übertarifl. Zulage zum jeweiligen Tariflohn vertrauen.

424 Es bedarf zur **Verhinderung eines entspr. Vertrauenstatbestandes** auch keines Vorbehaltes, da ein solcher auf Grund der wirtschaftl. Gegebenheiten, insb. der Unsicherheit der wirtschaftl. und tarifpolitischen Prognosen, in der Natur der Sache liege. Die Rspr. zur vorbehaltlosen Gewährung einer Weihnachtsgratifikation ist daher auf die vorbehaltlose Zahlung einer übertarifl. Zulage nicht übertragbar (BAG 8.12.1982 AP TVG § 4 Übertarifl. Lohn u. Tariflohnerhöhung Nr. 15; 31.10.1995 NZA 1996, 613).

425 TVParteien können die Anrechnung nicht verhindern. **Effektivgarantieklauseln** („Die Tariflohnerhöhung wird effektiv gewährt" oder „Die Tariflohnerhöhung tritt zu dem bisher gezahlten Lohn hinzu"), die bewirken, dass die bisher gezahlten übertarifl. Zulagen zu Tariflöhnen werden, sind unwirksam (BAG 13.6.1958 AP TVG § 4 Effektivklausel Nr. 2, 14.2.1968 AP TVG § 4 Effektivklausel Nr. 7). Die Rspr. lehnt auch die **begrenzte Effektivklausel** ab, nach der die bisherigen übertarifl. Lohnbestandteile auf den neuen Tariflohn aufgestockt werden (BAG 14.2.1968 AP TVG § 4 Effektivklausel Nr. 7; 16.9.1987 NZA 1988, 29). Die Unwirksamkeit solcher Tarifnormen wird insb. daraus geschlossen, dass sie einzelvertragl. vereinbarte Lohnbestandteile der Vfg. der Arbeitsvertragsparteien entziehen und somit unzulässigerweise in deren Vertragsbeziehungen eingreifen (BAG 21.7.1993 NZA 1994, 181). Demggü. können die Betriebsparteien durch BV regeln, ob und inwieweit Tariferhöhungen auf übertarifl. Zulagen angerechnet werden (BAG 30.5.2006 NZA 2006, 1170).

426 **g) Darlehen, Vorschüsse.** Die Darlehensgewährung im ArbVerh. ist von der Entgeltzahlung ieS abzugrenzen. Ein AGDarlehen liegt vor, wenn der AG mit Rücksicht auf das ArbVerh. einem AN Kapital zur vorübergehenden Nutzung, typischerweise zu günstigeren Bedingungen als auf dem Kapitalmarkt, überlässt. Das AGDarlehen ist zunächst abzugrenzen vom Vorschuss (vgl. § 614 Rn. 19 ff.). Die Vergabe von AGDarlehen ist eine Frage der **betriebl. Lohngestaltung** und unterliegt der Mitbestimmung nach § 87 I Nr. 10 BetrVG (*K. Gamillscheg* AR-Blattei SD 570 Rn. 19 ff.). Vertragsrechtl. ist relevant, dass vorformulierte Darlehensbedingungen eine Inhaltskontrolle nach Maßgabe der §§ 305 ff. unterliegen (so a. HWK/*Thüsing* Rn. 154; WLP/*Stoffels* Anh. zu § 310 Rn. 30 ff.). Dies entsprach schon bisheriger Rspr. im Geltungsbereich des AGBG (BAG 26.5.1993 NZA 1993, 1029). Der AN ist auch in dem Darlehensverhältnis regelm. Verbraucher iSd. § 13 (BAG 12.12.2013 NJW 2014, 2138). Die Vorschr. über den Verbraucherdarlehensvertrag (§§ 491 ff.) finden keine Anwendung, wenn ein AG mit seinem AN Kreditverträge zu Zinsen abschließt, die unter den marktübl. Sätzen liegen (§ 491 II 1 Nr. 4). Probl. ist das Schicksal von AGDarlehen bei Beendigung des Vertragsverhältnisses. Ein AGDarlehen geht im Falle des § 613a auf den Betriebserwerber über, wenn das Darlehen zu den Rechten und Pflichten aus dem ArbVerh. gehört. Dies ist dann der Fall, wenn der AG dem AN ein Darlehen als Lohn- oder Gehaltsvorschuss gegeben hat. Der eigenständige Darlehensvertrag wird durch den Betriebsübergang jedoch nicht berührt (BAG 21.1.1999 BeckRS 1999, 30368263). Ohne bes. Vereinb. gehen das AGDarlehen und das ArbVerh. getrennte Wege. Für eine erg. Vertragsauslegung oder für eine Anpassung des AGDarlehens nach den Grds. des Wegfalls der Geschäftsgrdl. (§ 313) ist regelm. kein Raum (*K. Gamillscheg* AR-Blattei SD 570 Rn. 52 ff.). Kündigungs-, Fälligkeits- und Zinsanpassungsklauseln, die das Schicksal des Darlehensvertrags an den Bestand des ArbVerh. koppeln, unterliegen einer Inhaltskontrolle unter ähnl. Aspekten wie Rückzahlungsklauseln bei Gratifikationen (*K. Gamillscheg* AR-Blattei SD 570 Rn. 64 ff.). Kündigungs- oder Fälligkeitsklauseln, welche die weitere Gewährung eines AGDarlehens an den Fortbestand des zugrunde liegenden ArbVerh. knüpfen, entsprechen einem anerkannten Bedürfnis der Praxis und sind grds. zulässig. Sie sind indes unangemessen benachteiligend, wenn sie zu weit gefasst sind und Fallgestaltungen erfassen, in denen kein schützenswertes Interesse des AG als Darlehensgeber besteht. Eine geltungserhaltende Reduktion findet auch in diesen Fällen nicht statt (BAG 12.12.2013 NJW 2014, 2138). Das BAG sieht kein schützenswertes Interesse des AG an einer vorzeitigen Abwicklung des Darlehensvertrags im Falle einer vom AG veranlassten Eigenkündigung des AN (BAG 12.12.2013 NJW 2014, 2138). Für zulässig wird eine Gesamtfälligkeitsregelung gehalten, die für den Fall einer vom AN verursachten und verschuldeten außerordentl. AGKündigung getroffen wird, während an eine betriebsbedingte Kündigung oder eine außerordentl. ANKündigung, für die der AG einen wichtigen Grund gesetzt hat, nicht angeknüpft werden dürfe (Küttner/*Griese* Arbeitgeberdarlehen Rn. 8 f.; krit. Preis/*Stoffels* II D 10 Rn. 16). Eine Vertragsbedingung, nach der bei Beendigung des ArbVerh. ein konkret vereinbarter höherer Zinssatz zur Anwendung kommt, hält der Inhaltskontrolle stand (BAG 23.2.1999 NZA 1999, 1212). Freil. ist auf eine transparente Regelung zu achten. Ferner muss die Zinserhöhung maßvoll sein und darf sich nicht als „Strafzins" auswirken (WLP/*Stoffels* Anh. zu § 310 Rn. 30 ff.).

Bei **ANDarlehen** überlässt der AN mit Rücksicht auf das ArbVerh. seinem AG Kapital zur vorübergehenden Nutzung. ANDarlehen werden insb. bei wirtschaftl. Schwierigkeiten des AG gewährt. Arbeitgeberseitig vorformulierte Vertragsbedingungen für ANDarlehen unterliegen einer unmittelbaren Inhaltskontrolle nach §§ 305 ff. (zum früheren AGBG BAG 23.9.1992 NZA 1993, 936). Der gewährte Zins stellt keinen Arbeitslohn dar. Selbst wenn eine höhere Verzinsung als marktübl. gewährt wird, handelt es sich um eine Leistung im Hinblick auf das Darlehen und nicht auf die erbrachte Arbeitsleistung. Denkbar ist allerdings eine unzulässige Lohnverwendungsabrede im Zusammenhang mit der Hingabe des ANDarlehens. Das ist der Fall, wenn der AN auf die Auszahlung bestimmter, bereits vereinbarter Vergütungsbestandteile verzichtet und die entspr. Beträge dem AG als Darlehen zur Vfg. stellt. Zulässig ist es allerdings, dass der AG eine freiwillige zusätzl. Leistung verspricht und dieses Leistungsversprechen daran koppelt, dass der AN den Betrag dem AG als Darlehen zur Vfg. stellt (BAG 23.9.1992 NZA 1993, 936). Das Schicksal des ANDarlehens bei Beendigung des ArbVerh. richtet sich nach der vertragl. Vereinb. Das BAG hat in einer Klausel, die für ein mit 4% verzinstes ANDarlehen eine Laufzeit von 15 Jahren unabhängig von der Beendigung des ArbVerh. vorsieht, keine unangemessene Benachteiligung des AN iSv. § 9 I AGBG (jetzt § 307 I 1) gesehen (BAG 23.9.1992 NZA 1993, 936). 427

h) Umzugskosten. Grds. hat der AN gegen den AG keinen Kostenerstattungsanspruch, wenn er zur Arbeitsaufnahme oder im lfd. ArbVerh. in die Nähe des Betriebes umzieht. Eine solche Kostenübernahmeverpflichtung kann sich jedoch aus **Vereinb.** im Einzelvertrag, BV oder TV ergeben. Im öffentl. Dienst finden regelm. für die Erstattung von Umzugskosten die Bestimmungen für Beamte entspr. Anwendung (vgl. § 23 IV TvL). Auch sonst ist es in der betriebl. Praxis übl., dass der AG sich an den Kosten eines durch das ArbVerh. veranlassten Umzugs beteiligt, indem er dem AN diese Aufwendungen in voller Höhe erstattet, eine Umzugspauschale oder doch zumindest eine Umzugskostenbeihilfe gewährt. 428

Wenn der AN aber aus dienstl. Gründen **versetzt** wird, hat er unter dem Gesichtspunkt des Aufwendungsersatzes (§ 670) einen Anspruch auf Erstattung der entstandenen Umzugskosten, sofern der Umzug aus betriebl. Gründen notwendig ist und der AN die dafür getätigten Aufwendungen für erforderl. halten durfte (BAG 21.3.1973 AP BAT § 44 Nr. 4). Eine solche betriebl. Notwendigkeit liegt insb. dann vor, wenn ein tägl. Pendeln dem AN nicht mehr zumutbar ist. Daraus folgt zugleich, dass eine Kostenerstattung nicht in Betracht kommt, wenn der neue Arbeitsplatz nur unerhebl. weiter entfernt ist als der alte. Außerdem fehlt die betriebl. Notwendigkeit bei einer Versetzung auf Wunsch des AN (BAG 18.3.1992 NZA 1992, 987). Sie ist aber gegeben, wenn der AN auf Grund einer **Betriebsverlagerung** umziehen muss (Küttner/*Griese* Umzugskosten Rn. 6; Schaub/*Koch* § 82 Rn. 13). Bei einer Versetzung in entferntes Ausland ist eine Zusage der Umzugskostenerstattung iZw. dahin auszulegen, dass sie auch die Kosten des Rückumzugs erfasst (BAG 26.7.1995 NZA 1996, 30; *Gotthardt* MDR 2001, 961, 968 f.). 429

Die **Höhe** der Umzugskostenvergütung richtet sich danach, was der AN den Umständen nach für erforderl. halten durfte. Vertragl. Vereinb. der Parteien haben insoweit Vorrang. 430

Nach der Rspr. des BAG sind Vereinb. unter dem Gesichtspunkt der Vertragsfreiheit rechtl. nicht zu beanstanden, die den AN zur **Rückgewähr** erstatteter Umzugskosten mit einer dreijährigen Bindung verpflichten, falls er vorzeitig ausscheidet (BAG 24.2.1975 AP GG Art. 12 Nr. 50; Preis/*Stoffels* II U 10 Rn. 18). Fünfjährige Bindungsfristen sind dagegen nicht anerkannt worden (LAG D 3.12.1971 DB 1972, 1587). UU beträgt die Höchstgrenze sogar nur zwei Jahre, etwa wenn der AG ein überw. Interesse daran hat, größere Teile der Belegschaft durch Zahlung einer Pauschale zu veranlassen, in ein anderes, weiter entferntes Werk, das an einem für den AN ungünstigeren Standort liegt, überzuwechseln (LAG D 3.12.1971 EzA GG Art. 12 Nr. 6). Eine solche Rückzahlungsvereinb. ergibt sich nicht von selbst, sie muss ausdr. vereinbart sein. Übernimmt der AG über die Umzugskosten hinaus weitere mit dem Ortswechsel verbundene Mehraufwendungen (zB Maklerkosten, Kautionen oder Mietzinszahlungen für das alte Mietverhältnis), so müssen auch diese ausdr. in der Rückzahlungs- 431 klausel aufgeführt werden. Die Höhe des Rückzahlungsbetrags darf keinesfalls über den tats. erstatteten Kosten liegen, da andernfalls die Rückzahlungsvereinb. Züge einer wegen § 622 VI unzulässigen Vertragsstrafe annehmen würde. Erfolgt ein Umzug aus dienstl. Gründen, so ist eine Rückzahlungsklausel nichtig (BAG 21.3.1973 AP BAT § 44 Nr. 4).

432 Anders als im Fall der Rückzahlung von Aus- oder Fortbildungskosten (dazu Rn. 436 ff.) sieht die Rspr. in der **Staffelung** des Rückforderungsbetrages keine Wirksamkeitsvoraussetzung (BAG 24.2.1975 AP GG Art. 12 Nr. 50; LAG SH 15.12.1972 AP BGB § 611 Umzugskosten Nr. 1). Dies gelte jdf. dann, wenn der Erstattungsbetrag einem Monatseinkommen entspreche und der Stellen- und Wohnungswechsel auch den Interessen des AN diene, was regelm. der Fall sein dürfte. Liegt aber der Rückzahlungsbetrag deutl. über einem Monatseinkommen oder ist aus anderen Gründen ein größeres Bindungsinteresse des AG feststellbar, so wäre wohl auch nach der Rspr. eine Staffelungsregelung unverzichtbar (*Säcker* SAE 1976, 74; *Blomeyer* Anm. AP GG Art. 12 Nr. 50). Ob sich diese Grds. mit der Rspr. zur Rückzahlung aufgewendeter Aus- und Fortbildungskosten, bei denen immer eine Staffelung verlangt wird, vereinbaren lassen, erscheint fragl., da der verwendete Amortisationsgedanke gerade auf eine zeitabhängige Minderung zielt.

433 Als **Auslöser für eine Rückzahlungspflicht** kann insb. eine Kündigung des AN, ein auf dessen Wunsch geschlossener Aufhebungsvertrag und eine arbeitgeberseitige verhaltens- oder personenbedingte Kündigung vereinbart werden. Sie gilt aber nicht für eine betriebsbedingte Kündigung (LAG D 1.4.1975 EzA BGB § 157 Nr. 1; Küttner/*Griese* Umzugskosten Rn. 9) sowie eine ANseitige Kündigung aus wichtigem, vom AG zu vertretenden Grund. Bei einer ausdr. Einbeziehung einer auf Krankheit des AN gestützten Kündigung wird man sie aber für zulässig erachten müssen.

434 Genügt im Einzelfall eine Rückzahlungsklausel nicht diesen Anforderungen, so haben die Gerichte früher die Rückzahlungsklausel auf das noch **zulässige Maß** zurückgeführt (LAG SH 15.12.1972 AP BGB § 611 Umzugskosten; Nr. 1; LAG D 3.12.1971 DB 1972, 97). Diese Rspr. dürfte in Ansehung der Entwicklung der Rspr. zum Verbot der geltungserhaltenden Reduktion (§§ 305 bis 310 Rn. 94) überholt sein.

435 Die vorgehend aufgezeigten Regeln finden auch dann Anwendung, wenn andere rechtl. Gestaltungsformen, insb. **nichtrückzahlbare Darlehen**, verwendet werden. Danach ist der AN zur Rückzahlung nur verpflichtet, wenn er vor der vereinbarten Zeit ausscheidet; ansonsten gilt die Darlehensschuld als erlassen. Auf die rechtl. Beurteilung haben die Bezeichnung und die Konstruktion der Zahlungsverpflichtungen keinen Einfluss (LAG D 3.12.1971 DB 1972, 1587; LAG D 23.12.1971 DB 1972, 979; *Luhmann/Zach* Sonderzuwendungen 1979 S. 152; *Blomeyer* Anm. AP GG Art. 12 Nr. 50).

436 **i) Ausbildungs- und Fortbildungskosten.** Sind im Rahmen eines ArbVerh. Aus- oder Fortbildungskosten entstanden, so sind nach stRspr. des BAG einzelvertragl. Vereinb. über die **Rückzahlung dieser Kosten** im Fall einer vorzeitigen Beendigung des ArbVerh. grds. zulässig (BAG 19.1.2011 NZA 2012, 85; hierzu ausf. *Hanau/Stoffels*, Beteiligung von AN an den Kosten der berufl. Fortbildung, 1992; Preis/*Stoffels* II A 120; *Meier/Schulz* NZA 1996, 742; DBD/*Deinert* § 307 Rn. 101 ff.). Der AG kann die Kosten einer berufl. Aus- oder Fortbildung, die die Arbeitsmarktchancen des AN deutl. erhöhen, in wirtschaftl. angemessener Weise auf den AN abwälzen. Das gilt nicht, wenn die Aus- oder Fortbildungskosten der Sache nach eine Investition im personalpolitischen Interesse des Unternehmens sind, etwa um die vom AN erworbenen Kenntnisse für seinen Geschäftsbetrieb nutzbar zu machen (BAG 18.11.2008 NZA 2009, 435). Solche Rückzahlungsklauseln bedürfen einer ausdr. – idR formfreien – Vereinb., die jedoch nicht unter Druck während der Ausbildung erzwungen werden dürfen. Der AG muss vielmehr den AN zu Beginn der Ausbildung auf alle Folgen, die sich aus einer solchen Vereinb. ergeben, klar und unmissverständl. hinweisen (BAG 19.3.1980 AP BGB § 611 Ausbildungsbeihilfe Nr. 5; 21.11.2002 EzA BGB 2002 § 611 Ausbildungsbeihilfe Nr. 2), was für formularmäßige Vereinb. jetzt bereits aus dem Transparenzgebot des § 307 I 2 folgt (hierzu BAG 18.3.2008 NZA 2008, 1004). Dem wird nicht genügt, wenn die entstehenden Kosten iRd. Möglichen und Zumutbaren in der Rückzahlungsvereinb. nicht hinreichend dem Grund und der Höhe nach konkretisiert werden (BAG 21.8.2012 NZA 2012, 1428). Das BAG hat die Voraussetzungen präzisiert: Es dürfen für den AG keine ungerechtfertigten Beurteilungsspielräume entstehen. Eine Rückzahlungsklausel muss zumindest Art und Berechnungsgrdl. der ggf. zu erstattenden Kosten angeben. Erforderl. ist die genaue und abschl. Bezeichnung der einzelnen Positionen (zB Lehrgangsgebühren, Fahrt-, Unterbringungs- und Verpflegungskosten), aus denen sich die Gesamtforderung zusammensetzt (BAG 6.8.2013 NZA 2013, 1361). Falls eine solche Rückzahlungsvereinb. den Fall einer vorzeitigen oder erfolglosen Beendigung der Ausbildung nicht erfasst, kann sich dies aus einer erg. Vertragsauslegung ergeben (BAG 12.12.1979 AP BGB § 611 Ausbildungsbeihilfe Nr. 4), wobei aber bei formularmäßiger Gestaltung die Unklarheitenregel des § 305c II zu beachten ist.

437 Ausnahmsweise können derartige Zahlungsverpflichtungen nach bisheriger Rspr. wegen Verstoßes gegen Treu und Glauben (§ 242) unter dem Gesichtspunkt einer übermäßigen Beeinträchtigung des Grundrechts des AN, seinen Arbeitsplatz frei zu wählen (Art. 12 I 1 GG), **unwirksam** sein. Richtiger Kontrollansatz für vorformulierte Vertragsbedingungen ist jetzt § 307 (BAG 11.4.2006 NZA 2006, 1042; 28.3.2007 NZA 2007, 687; HWK/*Gotthardt/Roloff* Anh. zu §§ 305–310 Rn. 44; *I. Schmidt* NZA

2004, 1002; *Düwell/Ebeling* DB 2008, 406; §§ 305 bis 310 Rn. 94). Die Rückzahlungspflicht muss bei verständiger Betrachtung einem billigenswerten Interesse des AG entsprechen; insoweit kann auf die vor In-Kraft-Treten des SMG von der Rspr. entwickelten Kriterien zurückgegriffen werden (LAG K 16.3.2006 NZA-RR 2006, 404). Hierzu gehört anges. der von ihm erbrachten Finanzierung der Ausbildung dessen Erwartung, dass der AN ihm die erworbenen Kenntnisse und Fähigkeiten jdf. für eine gewisse Zeit zur Vfg. stellt. Der AN muss mit der Aus- oder Fortbildungsmaßnahme eine angemessene Gegenleistung für die Rückzahlungsverpflichtung erhalten haben. Insg. muss dem AN die Erstattungspflicht zuzumuten sein. Die für ihn tragbaren Bindungen sind auf Grund einer **Güter- und Interessenabwägung** nach Maßgabe des Verhältnismäßigkeitsgrds. unter Heranziehung aller Umstände des Einzelfalls zu ermitteln (BAG 16.3.1994 NZA 1994, 937; 21.11.2001 NZA 2002, 551). Beim selbständigen Handelsvertretervertrag erfolgte die Inhaltskontrolle schon bislang nach § 307 mit vergleichbaren Maßstäben (BAG 24.10.2002 NZA 2003, 668 zu § 9 AGBG).

Die Interessenabwägung hat sich insb. daran zu orientieren, ob und wieweit der AN durch die Aus- 438
oder Fortbildung einen **geldwerten Vorteil** erlangt (BAG 6.9.1995 NZA 1996, 314; 19.2.2004 AP BGB § 611 Ausbildungsbeihilfe Nr. 33; anders aber bei tarifvertragl. Rückzahlungsklauseln, vgl. Rn. 442). Eine Kostenbeteiligung ist ihm umso eher zuzumuten, je größer für ihn der mit der Aus- oder Fortbildung verbundene berufl. Vorteil ist. Bei berufl. Aus- oder Fortbildungsmaßnahmen kann der die Bindung rechtfertigende geldwerte Vorteil sowohl darin liegen, dass der AN die Voraussetzungen einer höheren Tarifgruppe erfüllt, als auch darin, dass sich die erworbenen Kenntnisse für andere ArbVerh. nutzbar machen lassen. Die Vereinb. von Rückzahlungsklauseln kommt daher va. dann in Betracht, wenn der AN die erworbenen Kenntnisse und Fähigkeiten auch außerhalb des Betriebs des AG verwerten oder zum berufl. Aufstieg nutzen kann (BAG 30.11.1994 NZA 1995, 727; 21.11.2001 NZA 2002, 551).

Unwirksam sind Rückzahlungsvereinb. dagegen, wenn die Aus- oder Fortbildung ausschl. für den 439
Betrieb von Nutzen ist oder es sich ledigl. um die Auffrischung oder Anpassung vorhandener Kenntnisse an vom AG veranlasste oder zu vertretende neuere betriebl. Gegebenheiten geht (BAG 16.3.1994 NZA 1994, 937; 30.11.1994 NZA 1995, 727). Ebenso sind bei AN in einem **Berufsausbildungsverhältnis** und gleichgestellten Ausbildungsgängen Abmachungen über die Rückzahlung der Ausbildungskosten unwirksam, da der Ausbildende diese Kosten zu tragen hat (§§ 12 II Nr. 1, 25 BBiG). Dies gilt auch hins. der Kosten für Unterkunft und Verpflegung des Auszubildenden, wenn sich die gesamte praktische Ausbildung außerhalb des Ausbildungsbetriebs vollzieht (BAG 21.9.1995 NZA 1996, 205) und hins. der Kosten von Bildungsmaßnahmen, die der AG zwgd. zu tragen hat (BRSchulung, Bildungsurlaub) und derjenigen, die bei der Einweisung des AN in seinen Arbeitsplatz nach § 81 BetrVG entstehen. Ungeklärt ist bislang, wer die Kosten von Umschulungsmaßnahmen zur Abwehr einer Kündigung (§ 1 II 3 KSchG) zu tragen hat. Wäre es der AG (dafür Küttner/*Poeche* Rückzahlungsklausel Rn. 4), so ergäbe sich auch daraus die Unwirksamkeit einer Rückzahlungsklausel (BAG 16.3.1994 NZA 1994, 937). Schließl. bestehen auch Bedenken, mit dem **Nichtbestehen einer Prüfung** Rückzahlungsverpflichtungen zu verbinden, da der AG sich insoweit vor der Finanzierung der Ausbildung über die Fähigkeiten des AN Kenntnis verschaffen kann (Küttner/*Poeche* Rückzahlungsklausel Rn. 15) bzw. der AG dem AN nicht per Rückzahlungsabrede unter finanziellem Druck Ausbildungserfolge abfordern soll (ArbG Celle 8.8.1978 ARSt. 1979, 3). Bei einer **dualen Ausbildung** (Studium an Hochschule mit Praxisphasen) ist eine Vereinb., nach der die Absolventen auch dann verpflichtet sind, die Studiengebühren zu erstatten, wenn ihnen der AG keinen Arbeitsvertrag anbietet, unangemessen benachteiligend (BAG 18.11.2008 NZA 2009, 435). Das BAG hat für den Fall der **ANseitigen Kündigung vor Abschluss der Ausbildung** eine Rückzahlungsvereinb. gebilligt, wenn der AG dem AN darin eine angemessene Überlegungsfrist einräumt, innerhalb derer der AN sich ohne Kostenrisiko entscheiden kann, ob er die Ausbildung fortsetzen oder aufgeben will (BAG 20.2.1975 AP BGB § 611 Ausbildungsbeihilfe Nr. 2). Bei Nichtbestehen der Abschlussprüfung wird man ebenso entscheiden müssen, wenn der AN seine intellektuellen Möglichkeiten schuldhaft ungenutzt lässt. Eine Rückzahlungsverpflichtung ist dagegen unzulässig, wenn die Erfolglosigkeit ihre Ursache in der intellektuellen Überforderung des AN findet (*Meier/Schulz* NZA 1996, 742, 747).

Verstößt die Vereinb. gegen die in Rn. 436 bis 439 wiedergegebenen Grds., ist bei vorformulierter 440
Vereinb. die Abrede wegen unangemessener Benachteiligung gem. § 307 unwirksam. Eine geltungserhaltende Reduktion kommt nicht in Betracht (BAG 6.8.2013 NZA 2013, 1361). Unterscheidet die Vereinb. nicht danach, ob der Grund für die Beendigung des ArbVerh. der Sphäre des AG oder der des AN entstammt, und greift danach auch ein, wenn die Kündigung des AN durch den AG (mit-) veranlasst wurde, wird ein AN unangemessen benachteiligt (BAG 11.4.2006 NZA 2006, 1042; 23.1.2007 NZA 2007, 748; 28.5.2013 NZA 2013, 1419; 18.3.2014 NZA 2014, 957; BGH 17.9.2009 NZA 2010, 37).

Auch Fortbildungs- und Bindungsdauer müssen in angemessenem Verhältnis stehen. Von der **Dauer** 441
der Fortbildung hängt wegen Vergütungsfortzahlung oder Gewährung von Unterhaltszuschuss nicht nur maßgebl. die Höhe der AGAufwendungen ab. Entscheidend ist vielmehr, dass sie zudem ein starkes Indiz für den Wert der erworbenen Qualifikation ist (BAG 16.3.1994 NZA 1994, 937; 6.9.1995 NZA 1996, 314). Dazu gilt iE: Bei einer Lehrgangsdauer von bis zu 1 Monat ohne Verpflichtung zur

Arbeitsleistung darf höchstens eine sechsmonatige Bindung (BAG 5.12.2002 NZA 2003, 559; 15.9.2009 NZA 2010, 550), bei einer Lehrgangsdauer von bis zu 2 Monaten eine einjährige Bindung (BAG 15.12.1993 NZA 1994, 835; LAG HE 8.12.1994 DB 1995, 1617), bei Lehrgangsdauer von 3 bis 4 Monaten eine zweijährige Bindungsfrist (BAG 6.9.1995 NZA 1996, 314; **aA** LAG K 7.9.1992 BB 1993, 222) und bei einer Lehrgangsdauer von 6 Monaten bis zu einem Jahr ohne Arbeitsverpflichtung im Regelfall keine längere Bindung als 3 Jahre (BAG 23.2.1983 AP BGB § 611 Ausbildungsbeihilfe Nr. 6; 11.4.1984 NZA 1984, 288; 23.4.1986 NZA 1986, 741; 15.12.1993 NZA 1994, 835) vereinbart werden. Bei einer mehr als zweijährigen Dauer der Fortbildungsmaßnahme ohne Arbeitsleistung wird eine Bindungsdauer von fünf Jahren für zulässig gehalten (BAG 19.6.1974 AP BGB § 611 Ausbildungsbeihilfe Nr. 1; 12.12.1979 AP BGB § 611 Ausbildungsbeihilfe Nr. 4; vgl. a. die Zusammenfassung der bisherigen Rspr. in BAG 6.9.1995 NZA 1996, 437; 14.1.2009 NZA 2009, 666). Diese Grds. gelten aber nur für den Regelfall, so dass zB im Einzelfall auch bei kürzerer Dauer der Fortbildung eine längere Bindung gerechtfertigt ist, wenn der AG erhebl. Mittel aufwendet und die Fortbildung dem AN bes. Vorteile bringt (sowie umgekehrt bei geringem Aufwand und geringen Vorteilen; BAG 15.12.1993 NZA 1994, 835; 6.9.1995 NZA 1996, 437). Wollte oder konnte der AG die durch die Fortbildung erlangte weitere Qualifikation des AN nicht nutzen, kann der Bleibedruck, den die Dauer der Rückzahlungsverpflichtung auf den AN ausübt, nicht gegen ein Interesse des AG an einer möglichst weitgehenden Nutzung der erworbenen Qualifikation des AN abgewogen werden. In diesem Fall wurde eine Bindung von drei Jahren als nicht gerechtfertigt angesehen (BAG 18.3.2014 NZA 2014, 957). Hohe Aufwendungen des AG allein reichen nicht. Wegen der zeitl. und gegenständl. Begrenzung von sog. Musterberechtigungen zum Führen eines Flugzeugs ist zB trotz der erhebl. Aufwendungen des AG idR nur eine Bindungsdauer von einem Jahr zulässig (BAG 16.3.1994 NZA 1994, 937).

442 **Tarifvertragl. Rückzahlungsklauseln** unterliegen nicht in diesem Umf. der gerichtl. Inhaltskontrolle, da wegen der Gleichberechtigung der Partner eine materielle Richtigkeitsgewähr besteht und die Parteien eine weitgehende Gestaltungsfreiheit haben (BAG 6.9.1995 NZA 1996, 314: Bindungsdauer wurde nicht von der jeweiligen Dauer und Umf. der Fortbildung abhängig gemacht, sondern betrug starr drei Jahre), was § 310 IV 1 bestätigt (§§ 305 bis 310 Rn. 94). Von daher ist bei einer tarifl. Rückzahlungsklausel auch nicht zu prüfen, inwieweit dem AN durch die erfolgreiche Bildungsmaßnahme im Einzelfall ein geldwerter Vorteil erwachsen ist. Eine Rückzahlungspflicht besteht vielmehr bereits dann, wenn die maßgebl. tarifvertragl. Bestimmung ihrerseits einer Rechtmäßigkeitsprüfung standhält und ihre Voraussetzungen vorliegen. Erfolgt eine Fort- oder Weiterbildung „iRd. Personalbedarfs des AG", so müssen beim AG innerhalb des Bindungszeitraums wahrscheinl. Stellen zu besetzen sein, die mit einer Höhergruppierung verbunden sind und für die eine durch die Weiterbildung erlangte Qualifikation vorausgesetzt wird. Es reicht nicht aus, dass der AG ledigl. eine allg. Qualifizierung seines Fachpersonals erreichen will (BAG 6.11.1996 NZA 1997, 663).

443 Auch dort, wo nach dem Vorstehenden eine Rückzahlungsklausel wirksam vereinbart werden kann, muss sich die Rückzahlungspflicht für jedes Jahr der Betriebszugehörigkeit während der Bindungsdauer **zeitant. mindern.** Die Vereinb. der sachgerechten mtl. Staffelung ist rechtl. allerdings nicht gefordert (BAG 23.4.1986 NZA 1986, 741, **aA** LAG RP 3.3.2015 BeckRS 2015, 70516, aufgehoben durch BAG 10.5.2016 BeckRS 2016, 73355).

444 Rechtsfolge einer **unzulässig langen Bindungsfrist** ist nach bislang stRspr. ihre arbeitsgerichtl. Rückführung auf das (noch) zulässige Maß, also eine geltungserhaltende Reduktion (BAG 6.9.1995 NZA 1996, 314; 5.12.2002 NZA 2003, 559). Dabei sei die mtl. Abstufung der Rückzahlungsleistung beizubehalten (BAG 16.3.1994 NZA 1994, 937; 6.9.1995 NZA 1996, 314). Entgegen dieser Rspr. ist das Verbot geltungserhaltender Reduktion (§§ 305 bis 310 Rn. 94) auch bzgl. der Bindungsdauer anzuwenden (BAG 14.1.2009 NZA 2009, 666). Der AG kann bei unwirksamer Vertragsgestaltung nicht etwa die Fortbildungskosten über §§ 812 ff. beanspruchen (BAG 21.8.2012 NZA 2012, 1428). Denn die in Rn. 441 wiedergegebene rechtsfortbildende Rspr. des BAG ist rechtssatzförmig und klar. Der 6. Sen. des BAG erkennt indes selbst, dass die Bemessung der Bindungsfrist nach der Dauer der jeweiligen Bildungsmaßnahme nicht auf rechnerischen Gesetzmäßigkeiten beruhe, sondern auf richterrechtl. entwickelten Regelwerten, die einzelfallbezogenen Abweichungen zugängl. sind (BAG 5.12.2002 NZA 2003, 559; 21.7.2005 NZA 2006, 542). Die einzelfallbezogene Feinsteuerung sollte damit nicht mehr auf der Rechtsfolgenseite (geltungserhaltende Reduktion), sondern auf der Tatbestandsseite ansetzen. Wenn man das bisherige Richterrecht zur Bindungsdauer als gesetzesvertretendes dispositives Recht versteht, dann führt eben nur eine Bindungsdauer oder Staffelung, die von „wesentl. Grundgedanken der ges. (hier: gesetzesvertretendes Richterrecht) Regelung (§ 307 I)" abweicht, zu einer Verwerfung der Klausel.

445 **Auslöser der Rückzahlungspflicht** des AN darf nur ein Ereignis sein, das in die (Verantwortungs- und Risiko-)Sphäre des AN und nicht des AG fällt. Die vorzeitige Lösung des ArbVerh. muss dem Bereich des AN zuzurechnen sein, der die Beendigung des ArbVerh. beeinflussen kann und es in der Hand hat, der Erstattungspflicht durch eigene Betriebstreue zu entgehen (BGH 17.9.2009 NZA 2010, 37, 39). Es steht der ANseitigen Kündigung ein Aufhebungsvertrag gleich, wenn dieser allein auf Wunsch des AN und unter Berücksichtigung seiner Interessen erfolgt (BAG 5.7.2000 NZA 2001, 394). Allerdings besteht kein Rückzahlungsanspruch des AG, wenn der Kündigungsgrund ausschl. in der

cc) Zurückbehaltungsrechte. Bes. bedeutsam ist das Zurückbehaltungsrecht des AN mit seiner Arbeitsleistung, wenn der AG seinerseits die **Hauptleistungspflicht** der Vergütung nicht erfüllt. Umstr. ist, ob sich das Zurückbehaltungsrecht aus § 320 oder § 273 ergibt (hierzu Preis/*Preis* II Z 20 Rn. 8). Richtig ist die Anwendung des § 273, weil der AN nach § 614 idR vorleistungspflichtig ist (vgl. BAG 9.5.1996 NZA 1996, 1085; **aA** Schaub/*Linck* § 50 Rn. 3). Dies gilt aber nur für einen Vergütungszeitraum; der AN muss nicht Leistungen auf Kredit erbringen (MüKoBGB/*Müller-Glöge* § 611 Rn. 9). Damit die Wirkung des § 394 nicht umgangen wird, ist bei Geldansprüchen im gleichen Umf. wie die Aufrechnung auch die Geltendmachung eines Zurückbehaltungsrechts (§ 273) ausgeschlossen (BAG 16.10.1967 AP BGB § 394 Nr. 11). Ist der Anspruch des AG dagegen nicht auf Geld, sondern zB auf Herausgabe von Werkzeugen oder die Räumung einer Werkswohnung gerichtet, können die Aufrechnungsbeschränkungen nicht entspr. angewendet werden (vgl. Staudinger/*Richardi/Fischinger* Rn. 1621). Die Geltendmachung des Zurückbehaltungsrechts kann in diesem Fall aber gegen Treu und Glauben verstoßen, wenn die Gegenforderung im Verhältnis zur Restlohnforderung nur gering ist (Schaub/*Linck* § 50 Rn. 7; Soergel/*Kraft* § 611 Rn. 249). Ein Lohnrückstand von 1,5 Monatsverdiensten ist nicht geringfügig (BAG 25.10.2007 NZA-RR 2008, 367; ArbG Hannover 11.12.1996 EzA BGB § 273 Nr. 6). Ein Zurückbehaltungsrecht an Arbeitspapieren besteht nach allg. Auff. nicht (Schaub/*Linck* § 149 Rn. 3). Ein formularmäßiger Ausschluss des Zurückbehaltungsrechts ist nach § 309 Nr. 2 unwirksam (§§ 305 bis 310 Rn. 102). 458

dd) Pfändungsschutz. Um dem AN in jedem Fall den Betrag zu belassen, der sein Existenzminimum und das seiner Familie sichert, schränken die §§ 850 ff. ZPO die Vollstreckung wegen Geldforderungen in Lohnforderungen ein. Danach sind bestimmte Beträge absolut unpfändbar (§ 850a ZPO), die Bezüge iÜ entweder nur bedingt, dh. nur unter der Voraussetzung pfändbar, dass die Vollstreckung in das sonstige bewegl. Vermögen nicht zu einer vollständigen Befriedigung des Gläubigers führen würde (§ 850b ZPO), oder relativ, dh. nur in bestimmten Höchstbeträgen **(„Pfändungsgrenzen")** unter Berücksichtigung der Unterhaltspflichten des AN pfändbar (§ 850c ZPO). Der Pfändungsschutz für Arbeitseinkommen kann nicht durch eine Vereinb. umgangen werden, in der dem AG die Befugnis eingeräumt wird, eine mtl. Beteiligung des AN an der Reinigung und Pflege der Berufskleidung mit dem mtl. Nettoentgelt ohne Rücksicht auf Pfändungsfreigrenzen zu „verrechnen" (BAG 17.2.2009 NZA 2010, 99). 459

ee) Abtretung und Abtretungsverbote. Der Vergütungsanspruch des AN kann grds. nach § 398 abgetreten werden. Eine über die Grenzen der Pfändbarkeit (§§ 850a bis i ZPO) vorgenommene Abtretung ist jedoch nach § 400 unwirksam (BAG 21.11.2000 NZA 2001, 654). Eine entgegenstehende Vereinb. ist nichtig. Der AG, der dennoch das gesamte Gehalt an den Zessionar überweist, muss den unpfändbaren Teil erneut an den AN zahlen. Gegen den Abtretungsempfänger hat er einen Bereicherungsanspruch gem. § 812 I 1 Alt. 1. 460

Das Abtretungsverbot erfasst auch andere Maßnahmen, soweit diese gegen den Schutzzweck des § 400 verstoßen. Unzulässig sind daher Inkassozession, unwiderrufl. Einziehungsermächtigung (BGH 10.12.1951 Z 4, 153) und Vereinb. über die Verw. unpfändbaren Einkommens. Erteilt ein AN bei einer Gehaltsabtretung zugunsten seines Darlehensgläubigers seinem AG den Auftrag, die lfd. Darlehensraten von seinem Gehalt zu überweisen, so erstreckt sich dieser Auftrag nicht auf den unpfändbaren Gehaltsteil (BAG 23.11.1988 NJW 1989, 1501). 461

Die Abtretung kann außerdem durch **Vereinb.** der Arbeitsvertragsparteien nach § 399, aber auch durch BV (BAG 20.12.1957 AP BGB § 399 Nr. 1; 5.9.1960 AP BGB § 399 Nr. 4; LAG HM 5.10.1989 LAGE BGB § 399 Nr. 2) oder TV (LAG HE 2.3.1971 DB 1972, 243) **ausgeschlossen** werden (anders dagegen für Lohnabtretungsverbote durch DV mit dem PR BAG 26.1.1983 AP LPVG RP§ 75 Nr. 1). Ob die bisherige Rspr. gehalten werden kann, dass ein in einer BV enthaltenes Abtretungsverbot zulässig ist (BAG 5.9.1960 AP BGB § 399 Nr. 4), erscheint zw., weil sich die Frage stellt, ob die Betriebsparteien für diese Frage eine Regelungsbefugnis haben (vgl. BAG 18.7.2006 NZA 2007, 462). Abtretungsverbote in AGB sind aber nicht generell unangemessen benachteiligend (vgl. Preis/*Preis* II A 10 Rn. 8; WLP/*Stoffels* Anh. zu § 310 Rn. 79; **aA** *Lakies* AR-Blattei SD 35 Rn. 222). Es gilt außerdem ggü. zeitl. vorangehenden Vorausabtretungen (LAG D 16.10.1975 DB 1976, 440). Ein stillschweigender Ausschluss der Abtretung von Lohnforderungen ist hingegen auch bei ArbVerh. in Großunternehmen nicht zu vermuten (BGH 20.12.1956 AP BGB § 398 Nr. 1). Die Mehrbelastung bei der Lohnabrechnung begr. alleine noch nicht den Einwand der unzulässigen Rechtsausübung ggü. dem Abtretungsempfänger (BGH 20.12.1956 AP BGB § 398 Nr. 1). Das Abtretungsverbot ist aber unwirksam, wenn der AG grundlos keinen Lohn zahlt und ein Dritter dem AN gegen Gehaltsabtretung die zur Existenz notwendigen Mittel vorgeschossen hat (BAG 2.6.1966 AP BGB § 399 Nr. 8; Staudinger/*Richardi/Fischinger* Rn. 1610). Gleiches gilt, wenn die Arbeitsvergütung über den Pfändungsschutz hinaus an einen Vermieter abgetreten worden ist, soweit in dem pfändungsgeschützten Teil der Vergütung Anteile für die Vermietung enthalten sind (LG Hagen 22.7.1988 NJW-RR 1988, 1232). Das Abtretungsverbot ist nicht anzuwenden, wenn der geschützte Zedent den pfändungsfreien Betrag vom Zessionar bereits vorher erhalten hat (BAG 10.6.1980 AP GG Art. 9 Nr. 66 zur Lohnabtretung an Gewerkschaften, die Streikunterstützung gewährt hat). Dies gilt auch im Verhältnis zwischen AG und 462

AN, ist aber nicht auf den Fall der Wohnraumüberlassung durch den AG anwendbar (BAG 21.11.2000 NZA 2001, 654). Stimmt der AG einer abredewidrig getroffenen Vfg. über die Forderung nachträgl. zu, so liegt darin die vertragl. Aufhebung des Abtretungsverbots oder der Verzicht auf die Einrede des § 399, die nicht zurückwirkt und daher eine zwischenzeitl. Pfändung wirksam lässt (vgl. BGH 1.2.1978 NJW 1978, 813).

463 Eine Vorausabtretung ist grds. zulässig, wenn sie den **Grds. der Bestimmtheit** und das Verbot der Übersicherung beachtet (BGH 22.6.1989 NJW 1989, 2383). Der Inhaltskontrolle nach § 307 I halten solche Klauseln nur stand, wenn sie Zweck und Umf. der Abtretung sowie die Voraussetzungen der Verwertungsbefugnis eindeutig bezeichnen. Unzulässig ist daher eine Klausel, die nicht zweifelsfrei erkennen lässt, ob die Vorausabtretung nur die Ansprüche aus dem Kreditvertrag oder auch solche aus anderen Rechtsgründen sichern soll (BGH 22.6.1989 NJW 1989, 2383 zur Klausel „zur Sicherung der Ansprüche der Bank"). Zu unbestimmt ist auch die Abtretung zur Sicherung der Ansprüche, da insoweit nicht klar wird, ob die Verwertungsbefugnis vom Zahlungsverzug abhängt (BAG 22.6.1989 NJW 1989, 2383). Hinzu kommt eine mögl. übermäßige Sicherung, wenn die Vorausabtretung die gesamte pfändbare Arbeitsvergütung ohne zeitl. und betragsmäßige Begrenzung erfasst. Als Lösung sieht der BGH eine betragsmäßige Begrenzung der Zession und im Hinblick auf die fortschreitende Tilgung eine geeignete Freigabeklausel (s. zum ganzen BGH 22.6.1989 NJW 1989, 2383; 27.4.1995 NJW 1995, 2289).

464 Die Vorausabtretung ist unwirksam, wenn sie an eine Gesellschaft erfolgt, die geschäftsmäßig Rechtsberatung und Einziehung fremder Forderungen betreibt, ohne im Besitz der erforderl. Erlaubnis zu sein (BAG 24.3.1993 NZA 1993, 792). Ist die Abtretung wirksam, muss der AG den abgetretenen Teil der Vergütung an den Zessionar zahlen, wobei er sich gem. § 410 eine Abtretungsurkunde aushändigen lassen kann. Dabei ist umstr., ob eine Fotokopie ausreicht (dafür BAG 27.6.1968 AP BGB § 398 Nr. 3; LAG HE 11.9.1987 DB 1988, 612; **aA** Schaub/*Linck* § 73 Rn. 7; MüKoBGB/*Roth/Kieninger* § 410 Rn. 5; Küttner/*Griese* Entgeltabtretung Rn. 11; zweifelnd Palandt/*Grüneberg* § 410 Rn. 2). Der AG kann dem neuen Gläubiger außerdem gem. § 404 alle **Einwendungen** entgegensetzen, die er ggü. dem Lohnanspruch des AN gehabt hätte.

465 Die Mehrarbeit, die durch die Bearbeitung von Lohnabtretungen entsteht, begr. keinen Erstattungsanspruch und berechtigt nicht zur Kündigung (Küttner/*Griese* Entgeltabtretung Rn. 12; vgl. BAG 4.11.1981 AP KSchG 1969 § 1 Verhaltensbedingte Kündigung Nr. 4 zur Lohnpfändung). Der AG hat schließl. die Möglichkeit, nach § 399 ein Abtretungsverbot zu vereinbaren.

466 **ff) Verzug mit der Vergütungszahlung.** Kommt ein Schuldner in Zahlungsverzug (§ 286), schuldet er dem Gläubiger gem. § 288 V 1 neben („außerdem") Verzugszinsen (§ 288 I) und Verzugsschaden (§§ 280 I, II, 286) eine **Verzugspauschale** iHv. 40 Euro. § 288 V 3 normiert, dass die Pauschale auf einen Verzugsschaden, der durch externe Beitreibungskosten (BeckOGK/*Dornis* § 288 Rn. 76 f.) entsteht, anzurechnen ist. Fragl. ist, ob diese Regelungen auf das ArbVerh. anwendbar sind. Gem. § 12a I ArbGG besteht im ersten Rechtszug „kein Anspruch der obsiegenden Partei auf Entschädigung wegen Zeitversäumnis". Ein Verzugsschaden kann damit regelm. nicht geltend gemacht werden (BAG 27.10.2005 NZA 2006, 259). Ob diese spezialges. Wertung sich ggü. der Einfügung der Abs. 5 und 6 in § 288 durch das G v. 22.7.2014 (BGBl. I S. 1218) zur Bekämpfung von Zahlungsverzug im Geschäftsverkehr durchsetzt, ist fragl. Überw. wird die Anwendbarkeit bejaht LAG Köln 22.1.2016 BeckRS 2016, 74899; LAG BW 13.10.2016 BeckRS 2016, 73949; MüKoBGB/*Müller-Glöge* § 611 Rn. 843; *Lembke* FA 2014, 357, 358; *ders.* NZA 2016, 1501; abl. *Diller* ArbR 2017, 47; *Ulrici* jurisPR-ArbR 16/2017 Anm. 5).

466a Durch das gleiche G wurde § 308 um eine Ziff. 1a bereichert, die § 308 Nr. 1 konkretisiert (BeckOK/*Jacobs* § 38 Rn. 3). Nach § 308 Nr. 1a ist eine Formularklausel unwirksam, in der sich der AG („Verwender") die Erfüllung einer **Entgeltforderung** des AN für eine **unangemessen lange Zeit vorbehält**. § 308 Nr. 1a betrifft (insb.) die Entgeltzahlungsfrist (§ 614 S. 1) des AG. Weil der AG kein Verbraucher ist, ist iZw. anzunehmen, dass eine Zeit von mehr als 30 Tagen nach Empfang der geschuldeten Arbeitsleistung unangemessen lang ist. Der AG kann sich in einer AGB iZw. mithin nicht vorbehalten, den Arbeitslohn nach dem Ende des Kalendermonats zu zahlen, in dem der AN seine Dienste geleistet hat (*Lembke* FA 2014, 357, 358).

466b Welche Lohnbestandteile neben dem Grundgehalt des AN unter den Begriff „Entgeltforderung" fallen, ist ungeklärt. Wegen § 310 IV 2 soll sich § 38 Nr. 1a nicht auf Sachbezüge, jährl. Boni, Tantiemen und Gratifikationen mit Mischcharakter beziehen (*Lembke* FA 2014, 357, 359). § 38 Nr. 1a konfligiert überdies mit § 2 I MiLoG. Gem. § 2 I 1 MiLoG ist der Mindestlohn zum vereinbarten Zpkt. (Nr. 1), spätestens am letzten Bankarbeitstag des Monats, der auf den Monat folgt, in dem die Arbeitsleistung erbracht wurde (Nr. 2), fällig. § 2 I 1 MiLoG ermöglicht damit eine über § 308 Nr. 1a hinausgehende Vertragsgestaltung. Obgleich die GBegr. § 30 Nr. 1a als „Sonderregelung" (BT-Drs. 18/1309, S. 20) bezeichnet, ist § 2 I MiLoG für den mindestlohnrelevanten Bestandteil des Arbeitsentgelts lex specialis (*Stoffels* Rn. 768a Fn. 36; *Lembke* FA 2014, 357, 359). Das muss eine Formularabrede transparent machen, § 307 I 2. Vereinb. über das Wertguthaben eines AZKontos (vgl. §§ 7 Abs. 1a, b, 7a SGB IV) werden von § 308 Nr. 1a nicht erfasst, vgl. § 310 IV 2 (HWK/*Gotthardt* § 308 Rn. 291).

gg) Lohnverwendungsabreden. Lohnverwendungsabreden sind Vereinb., durch die der AN sich dem AG ggü. verpflichtet, die Arbeitsvergütung ganz oder tw. zu bestimmten Zwecken oder zugunsten bestimmter Personen zu verwenden. Sie unterliegen Schranken nach § 107 GewO (vgl. hierzu die Kommentierung dort; zur Frage der unzulässigen Lohnverwendungsabrede in einem SanierungsTV *H. P. Müller* DB 2000, 770). 467

k) Lohnverzicht; Erlassvertrag. Der Lohnverzicht stellt rechtl. einen Erlassvertrag (§ 397) dar. Für bestimmte Vergütungsansprüche ist ein Verzicht ges. ausgeschlossen, wie zB EFZ im Krankheitsfall (§ 12 EFZG) oder Urlaubsentgelt (§ 13 I BUrlG). Sofern keine zwgd. ges. Vorschr. bestehen, kann der formularmäßige Verzicht wegen unangemessener Benachteiligung nach §§ 307 ff. unwirksam sein (vgl. §§ 305 bis 310 Rn. 100). Erlassverträge können uU sittenwidrig sein (LAG RP 16.12.1987 LAGE BGB § 138 Nr. 2; LAG BE 17.2.1997 NZA-RR 1997, 371). Für Heimarbeiter wird Entgeltschutz nach Maßgabe der §§ 23 ff. HAG gewährleistet. Auf **tarifl. Rechte** kann nur in einem von den TVParteien gebilligten Vergleich verzichtet werden (§ 4 IV 1 TVG), und bei Lohnansprüchen aus einer BV ist die Zust. des BR erforderl. (§ 77 IV 2 BetrVG). Allerdings kann ein Kind auf Teile seiner tarifl. Ausbildungsvergütung verzichten, um so die Anspruchsvoraussetzungen für das Kindergeld zu erfüllen, da hierin eine abw. – günstigere – Vereinb. iSd. § 4 III Hs. 2 TVG liegt (BSG 28.2.1990 NZA 1990, 995; vgl. a. SG Reutlingen 4.10.1990 HV-INFO 1991, 783 zum Bezug von Waisenrente). An die Annahme eines **stillschweigenden Verzichts** auf individualrechtl. Ansprüche sind strenge Anforderungen im Hinblick auf einen eindeutigen Verzichtswillen zu stellen (BAG 18.12.1984 AP BetrVG 1972 § 118 Nr. 4; Palandt/*Grüneberg* § 397 Rn. 6). Lohnverzichte aus Anlass eines Betriebsübergangs sind nur zulässig, wenn dafür bei Anlegung eines strengen Maßstabs sachl. Gründe vorliegen (BAG 27.4.1988 NZA 1988, 655). Ein Verzicht auf die unpfändbare Arbeitsvergütung ist wegen des Rechtsgedankens der §§ 394, 400 unwirksam (Schaub/*Linck* § 73 Rn. 3). Ein im Voraus erklärter Gehaltsverzicht kann nach § 138 sittenwidrig sein (LAG BE 17.2.1997 NZA-RR 1997, 371). Aus der Treuepflicht folgt bei wirtschaftl. Schwierigkeiten des AG keine Pflicht zum Gehaltsverzicht (LAG HM 9.2.1996 NZA-RR 1997, 17). 468

l) Lohnverwirkungsabrede. Die Lohnverwirkungsabrede ist von der Verwirkung des Lohnanspruchs durch illoyale verspätete Geltendmachung (s. Rn. 471) zu unterscheiden. Es handelt sich hierbei um eine Vereinb., dass für den Fall des vertragswidrigen Verhaltens des AN der Anspruch auf die Vergütung entfällt. Eine solche Vertragsklausel ist eine dem Rechtsinstitut der **Vertragsstrafe** gleichstehende Abrede, die tarifrechtl. zulässig ist und weder eine Verwirkung iSd. § 4 IV 2 TVG noch einen unzulässigen Verzicht iSd. § 4 IV 1 TVG darstellt (BAG 18.11.1960 AP TVG § 4 Vertragsstrafe Nr. 1). 469

m) Verjährung, Ausschlussfristen, Verwirkung, Verzicht. aa) Verjährung, Ausschlussfristen. Vgl. hierzu die Kommentierung zu §§ 194 bis 218. 470

bb) Verwirkung. Vergütungsansprüche des AN können grds. bereits vor Ablauf der Verjährungsfrist verwirkt sein. Nach stRspr. des BAG ist ein Recht verwirkt, wenn der Gläubiger es längere Zeit nicht ausgeübt hat **(Zeitmoment)**, der Schuldner darauf vertraut hat, er werde nicht mehr in Anspruch genommen werden, und diesem die Erfüllung unter Berücksichtigung aller Umstände nach Treu und Glauben auch nicht mehr zuzumuten ist (sog. **Umstandsmoment**; BAG 25.4.2001 NZA 2001, 966; LAG NI 26.6.2006 ZTR 2006, 661). Zum Zeitablauf müssen daher bes. Umstände sowohl im Verhalten des Berechtigten, als auch des Verpflichteten hinzukommen. Hins. der zeitl. Voraussetzungen gilt der Grds., dass umso seltener Raum für eine Verwirkung sein wird, je kürzer die Verjährungsfrist ist. Von daher werden Vergütungsansprüche, die bereits nach 3 Jahren verjähren, nur selten verwirken (so BGH 6.12.1988 NJW-RR 1989, 818; LAG HE 15.2.1995 BB 1995, 2325; vgl. aber LAG K 31.5.1996 BeckRS 1996, 30761665; 5.2.1999 MDR 1999, 1005: grds. ist ein Zeitraum von mehr als einem halben Jahr seit Beendigung des ArbVerh. geeignet, das Zeitmoment zu erfüllen). Während des Ablaufs tarifl. Verfallfristen verwirken Ansprüche grds. nicht (vgl. Schaub/*Linck* § 72 Rn. 25). Die Verwirkung wird **vAw.** geprüft, der Schuldner muss sich nicht auf sie berufen. 471

Ausgeschlossen ist die Verwirkung tarifl. Rechte **(§ 4 IV 2 TVG)**, durch BV eingeräumter Rechte (§ 77 IV 3 BetrVG) sowie für Ansprüche aus bindenden Festsetzungen nach dem HAG (§ 19 III 4 HAG). Dies gilt aber nur für die Verwirkung kraft Zeitablaufs, nicht für den Einwand der Arglist oder den der unzulässigen Rechtsausübung wegen widersprüchl. Verhaltens (BAG 9.8.1990 NZA 1991, 226; Schaub/*Linck* § 72 Rn. 26; Küttner/*Schmidt* Verwirkung Rn. 4). 472

Umstr. ist, ob die Verwirkung für **übertarifl. Ansprüche**, für die Dauer der Nachwirkung und im Fall der einzelvertragl. Bezugnahme auf den gesamten TV ebenfalls ausgeschlossen ist (dafür Küttner/*Schmidt* Verwirkung Rn. 4; dagegen Schaub/*Linck* § 72 Rn. 27). 473

2. Art und Formen der Vergütung. a) Brutto- und Nettolohnvereinbarungen. Vereinbartes Entgelt ist in aller Regel der **Bruttolohn** (Küttner/*Griese* Bruttolohnvereinb. Rn. 2). Der Zusatz „brutto" verdeutlicht, dass der AN nach § 38 II EStG Schuldner der durch Abzug vom Arbeitslohn erhobenen Einkommensteuer (Lohnsteuer) ist und im Innenverhältnis zum AG gem. § 28g SGB IV den ihn treffenden Teil des Gesamtsozialversicherungsbeitrags zu tragen hat (BAG 21.12.2016 NZA 474

2017, 449). Dass die vereinbarte Vergütung ausnahmsweise bereits den Nettolohn, also das um die Abzüge verminderte Entgelt, darstellen soll, hat der AN zu beweisen (BAG 19.12.1963 AP BGB § 670 Nr. 15; 18.1.1974 AP BGB § 670 Nr. 19). Dies gilt trotz § 40a EStG auch bei einer geringfügigen Beschäftigung (LAG SH 20.4.2006 BeckRS 2006, 42381).

475 Haben die Parteien **ausdr. oder konkludent** (LAG K 1.8.1997 AuR 1998, 334) eine Nettolohnvereinb. getroffen, so übernimmt der AG sämtl. Steuern und Sozialversicherungsbeiträge (BAG 8.9.1998 NZA 1999, 769; 26.8.2009 AP BGB § 157 Nr. 37 zur freiwilligen Kranken- und Pflegevers.). Eine „Schwarzgeldabrede" gilt – sozialversicherungsrechtl. – als Nettolohnabrede (vgl. § 14 II 2 SGB IV; BAG 26.2.2003 NZA 2004, 313). In einem solchen Fall ist nur die Schwarzgeldabrede und nicht der Arbeitsvertrag insg. nichtig. Behandeln die Parteien ein reguläres ArbVerh. nach außen als geringfügige Beschäftigung iSd. § 8 I Nr. 1 SGB IV, um Steuern und Sozialversicherungsbeiträge zu hinterziehen, kann aus diesem Verhalten arbeitsrechtl. nicht auf den Abschluss einer Nettolohnvereinb. geschlossen werden (BAG 17.3.2010 NZA 2010, 881; 21.9.2011 NZA 2012, 145). Ändern sich die Grdl. der Lohnsteuerberechnung (Änd. der Steuerklasse, Wegfall von Freibeträgen, GÄnd.) so wirkt sich dies auf die Höhe des dem AN zustehenden Nettolohns nicht aus. Dieser wird als feste Größe geschuldet (Küttner/*Griese* Nettolohnvereinb. Rn. 6; Schaub/*Linck* § 71 Rn. 7; **aA** BAG 6.7.1970 AP BGB § 611 Nettolohn Nr. 1), so dass sich Entlastungen zugunsten des AG auswirken, dieser andererseits aber auch Mehrbelastungen zu tragen hat. Einer ihn belastenden Änd. der Besteuerungsgrdl. (zB Verzicht auf Wiedereintrag eines Freibetrages oder Wechsel der Lohnsteuerklasse) kann der AG ggf. den Einwand des Rechtsmissbrauchs entgegenhalten; die Wahl der Lohnsteuerklassenkombination IV/IV ist regelm. nicht missbräuchl. (BAG 13.6.2006 NZA 2007, 275; vgl. a. Küttner/*Griese* Nettolohnvereinb. Rn. 7; Schaub/*Linck* § 71 Rn. 7; HzA/*Künzl* Gruppe 1/5 Rn. 1586: keine Minderung, jedoch Schadensersatzanspruch des AG).

476 Bei einem vereinbarten Bruttoentgelt ist die **Lohnzahlungsklage** grds. auf den Bruttobetrag zu richten und das Urt. hat ebenfalls auf diesen Betrag zu lauten (BAG 29.8.1984 NZA 1985, 58; BGH 21.4.1966 AP BGB § 611 Nr. 13). Die arbeitsrechtl. Vergütungspflicht beinhaltet nicht nur die Nettoauszahlung, sondern umfasst auch die Leistungen, die nicht in einer unmittelbaren Auszahlung an den AN bestehen (vgl. BAG [GS] 7.3.2001 NZA 2001, 1195). Hat der AG bereits Teilzahlungen erbracht, kann der Klageantrag auf den Bruttobetrag abzgl. des erhaltenen Nettobetrags lauten (Küttner/*Griese* Bruttolohnvereinb. Rn. 12; Schaub/*Linck* § 71 Rn. 9). Auch bei einer vereinbarten Nettovergütung kann Bruttoklage erhoben werden, wahlweise Nettolohnklage (HzA/*Künzl* Gruppe 1/5 Rn. 1589, 1591). Die Drittschuldnerklage ist netto zu beziffern (MüArbR/*Krause* § 63 Rn. 26). Auch die **ZV** ist auf den Bruttobetrag gerichtet (BAG 29.8.1984 NZA 1985, 58; BGH 21.4.1966 AP BGB § 611 Nr. 13) und der AN für die richtige Abführung der Lohnabzüge verantwortl. Die ZV ist jedoch einzustellen (§ 775 Nr. 5 ZPO), wenn der AG durch Quittungen nachweist, dass die ör. Lohnabzüge abgeführt sind (BAG 14.1.1964 AP BGB § 611 Dienstordnungs-Angestellte Nr. 20; BGH 21.4.1966 AP BGB § 611 Nr. 13).

477 Auch die **Zinsen** von fünf Prozentpunkten über dem Basiszinssatz des § 247 (§ 288 I; ebenfalls für § 288 I gegen § 288 II BAG 23.2.2005 NZA 2005, 694) können vom Bruttobetrag verlangt werden (BAG [GS] 7.3.2001 NZA 2001, 1195).

478 Mit dem **Abzug von Steuern und Sozialversicherungsbeiträgen** erfüllt der AG seine Zahlungspflicht ggü. dem AN (BAG GS 7.3.2001 NZA 2001, 3570 mwN). Die Abführung begr. einen bes. Erfüllungseinwand, den der AG dem Vergütungsanspruch des AN entgegenhalten kann. Es bedarf keiner Aufrechnung (BAG 30.4.2008 NZA 2008, 108). Den AG trifft das Recht und die Pflicht, nicht an den AN auszuzahlen. Erfüllt wird durch die Abführung nach § 41a EStG, wobei der AG in einer Art treuhänderischer Stellung für den Steuerfiskus tätig wird, der die einzubehaltende Lohnsteuer beim Finanzamt anzumelden und abzuführen hat (§ 41a I 1 EStG). Die ArbG sind nicht befugt, die Berechtigung der Abzüge für Steuer- und Sozialversicherungsbeiträge zu überprüfen. Konsequenz ist, dass der AN die nach seiner Auff. unberechtigt einbehaltenen und abgeführten Beträge nicht erfolgreich mit einer Vergütungsklage geltend machen kann. Er ist vielmehr auf die steuer- und sozialrechtl. Rechtsbehelfe beschränkt, es sei denn, für den AG wäre auf Grund der für ihn zum Zpkt. des Abzugs bekannten Umstände eindeutig erkennbar gewesen, dass eine Verpflichtung zum Abzug nicht bestand. Allerdings haftet der AG gem. § 280 dem AN auf Schadensersatz, wenn er bei der Einbehaltung und Abführung der Lohnsteuern und Sozialversicherungsbeiträge schuldhaft Nebenpflichten verletzt (BAG 30.4.2008 NZA 2008, 108). Bei unklarer Rechtslage ist regelm. eine Anrufungsauskunft beim zust. Finanzamt einzuholen (§ 42e EStG). Führt der AG **zu wenig Lohnsteuer** an das Finanzamt ab, so hat er ggü. dem betroffenen AN einen Anspruch auf Freistellung von drohenden Steuernachforderungen, bzw. bei eigener Nachentrichtung einen Erstattungsanspruch aus dem zwischen ihnen bestehenden Gesamtschuldverhältnis (§ 42d EStG; BAG 16.6.2004 NZA 2004, 1274). Im Innenverhältnis trägt der AN als Steuerschuldner die Steuerlast voll (BAG 19.1.1979 AP BGB § 670 Nr. 21). Es ist zulässig, eine – grds. vom AG zu zahlende – pauschalierte Lohnsteuer auf den AN abzuwälzen (BAG 1.2.2006 NZA 2006, 682).

479 Der AG hat außerdem die Pflicht, die **Sozialversicherungsbeiträge** abzuführen und ist insoweit berechtigt, den ANAnteil von dessen Bruttolohn einzubehalten (vgl. LAG K 6.2.1991 LAGE SGB IV

§ 28g Nr. 2). Durch die Verletzung dieser Pflicht macht er sich ggü. dem AN schadensersatzpflichtig. Der AG hat den Beitrag zugunsten des AN an die Einzugsstelle zu zahlen (§ 28h SGB IV). Der AN hat die Möglichkeit, die Rückerstattung erhöhter Sozialversicherungsbeiträge gem. § 26 SGB IV zu fordern und die Höhe der Beiträge von den Sozialgerichten überprüfen zu lassen. Unterbleibt der Abzug, so darf der Beitrag nur bei den nächsten drei Gehaltszahlungen (dazu LAG K 6.2.1991 LAGE SGB IV § 28g Nr. 2) einbehalten werden, danach nur dann, wenn der Abzug ohne Verschulden des AG unterblieben ist (§ 28g S. 3 SGB IV).

b) Zulagen. Ansprüche auf Zulagen können aus allen Rechtsquellen des ArbR folgen; typischerweise 480 sind sie aber Gegenstand von TV und Einzelarbeitsverträgen. Der Kern zahlr. Rechtsstreitigkeiten ist die Auslegung der jeweiligen Regelung. Zahlt ein AG – in Verkennung der tarifl. Vorschr. – rechtsgrundlos eine Zulage, kann er die Zahlung grds. einstellen bzw. zurückfordern (Rn. 408). Ist die Zahlung der tarifl. Zulage jedoch vertragl. vereinbart, so kann der Anspruch grds. nur durch Änderungskündigung oder Aufhebungsvereinb. beseitigt werden (BAG 11.11.1993 NZA 1994, 407). Das gilt auch bei Ansprüchen auf Zulagen auch aus betriebl. Übung (Rn. 220; BAG 3.8.1982 AP BGB § 242 Betriebliche Übung Nr. 12). Bei TZBeschäftigten sind die Grds. des § 4 I TzBfG zu beachten. Es ist zwischen Zulagen entspr. dem Umf. der geleisteten Arbeit einerseits und Erschwerniszulagen für die mit der Tätigkeit unabhängig von der GesamtAZ verbundenen Belastungen andererseits zu unterscheiden.

aa) Erschwerniszulagen. Sie werden für Arbeiten unter bes. erschwerenden oder gesundheitsgefähr- 481 denden Umständen gezahlt (Schmutzzulage, Hitze- oder Kältezulage, Lärmzulage, Zulagen für weite Entfernung zum Arbeitsplatz). Von letzteren ist die Aufwandsentschädigung/Auslösung (dazu Rn. 513) zu unterscheiden, die keine Arbeitsvergütung, sondern Ersatz für Mehraufwand darstellt (BAG 23.12.1960 AP AZO § 12 Nr. 6; 18.9.1991 NZA 1992, 936). Rechtsgrdl. ist auch hier der Kollektiv- oder Einzelarbeitsvertrag. Die Zulagen können – bei entspr. transparentem Vorbehalt – widerrufen werden, wenn der Grund der Gewährung (Erschwernis) für den AN wegfällt (BAG 30.8.1972 AP BGB § 611 Lohnzuschläge Nr. 6 zum Widerruf bei neuer leistungsgerechter tarifl. Lohnregelung). Eine Anrechnung bei Tariflohnerhöhungen ist nur mögl., wenn ein entspr. Vorbehalt ausdr. vereinbart ist, da die Erschwerniszulage ansonsten tarifbeständig ist (BAG 23.3.1993 NZA 1993, 806).

bb) Nachtschicht- und Wechselschichtzulagen. Typischerweise werden bei Nachtschicht und 482 Wechselschicht tarifl. Zulagen gewährt. Sie stellen einen Ausgleich für die erschwerten Arbeitsbedingungen dar. Erfolgt eine vertragsrechtl. (kraft Direktionsrecht) zulässige Versetzung von der Nachtschicht in die Tagschicht oder aus der Wechselschicht heraus, entfällt auch die für diese Leistung gewährte Zulage (LAG HM 30.6.1994 LAGE BGB § 611 Direktionsrecht Nr. 17). Der Anspruch erlischt aber nicht, wenn der AN in der Früh- oder Spätschicht wegen Urlaub oder Krankheit keine Arbeitsleistung erbringt (BAG 9.12.1998 NZA 1999, 998). Zur Gewährung an TZBeschäftigte vgl. Rn. 480. Bei Nachtschichtarbeit hat der AG dem AN in angemessenem Umf. bezahlte freie Tage oder einen Zuschlag zu gewähren. Der AG muss dabei die Grds. billigen Ermessens (§ 315) wahren (BAG 24.2.1999 NZA 1999, 995).

cc) Leistungszulagen. In Anerkennung einer bes. Leistung oder Leistungsfähigkeit des AN kann 483 eine höhere Entlohnung durch Einstufung in eine höhere Vergütungsgruppe oder die Zahlung einer Zulage zum bisherigen Entgelt erfolgen. Bei Tariflohnerhöhungen sind Leistungszulagen grds. neben dem erhöhten Tariflohn weiterzuzahlen, also anrechnungsfest, da sie einen selbständigen Lohnbestandteil neben dem jeweiligen Tariflohn darstellen (stRspr. BAG 7.2.1995 AP NZA 1995, 894; zur Anrechnung s. Rn. 419). Der **Widerruf** einer vorbehaltlos gewährten Leistungszulage ist unzulässig und bei Nachlassen der Leistung auch nicht unter Berufung auf den Wegfall der Geschäftsgrdl. (§ 313) mögl. (BAG 16.7.1967 AP BGB § 611 Lohnzuschläge Nr. 7). Trotz eines entspr. transparenten Vorbehaltes mit Angabe eines Sachgrundes (zB Leistungsminderung) kann der Widerruf nicht frei und jederzeit, sondern nur unter Beachtung billigen Ermessens (§ 315 I) erfolgen (BAG 13.5.1987 NZA 1988, 95; s. §§ 305 bis 310 Rn. 57 ff.). Ein sachl. Grund ist nicht gegeben, wenn der AN krankheitsbedingte Fehlzeiten hat, aber während der Arbeitsfähigkeit überdurchschnittl. Leistungen erbringt (BAG 1.3.1990 NZA 1990, 693) oder wenn der Widerruf wegen eines 3 Jahre zurückliegenden geringfügigen Versehens erklärt wird (BAG 13.5.1987 NZA 1988, 95).

dd) Sozialzulagen. Hierbei handelt es sich um Zulagen, die an die bes. soziale Situation des AN 484 anknüpfen. Darunter fallen insb. Verheirateten-, Kinder-, Alters- und Ortszulagen. Diese Zulagen sind in TV, BV oder Einzelarbeitsvertrag geregelt (zur Entstehung einer betriebl. Übung BAG 14.8.1985 BeckRS 1985, 30714553). Mögen sie auch freiwillig gewährt werden, stellen sie dennoch einen Teil der Vergütung dar, sind also Gegenleistung für die erbrachte Arbeitsleistung (BAG 24.11.1971 AP TVG § 1 Tarifverträge: Versicherungsgewerbe Nr. 3). Eine tarifl. Sozialzulage kann iZw. auch neben einem übertarifl. Gehalt gefordert werden. Für die Vereinb., dass die Sozialzulage dadurch mit abgegolten sein soll, trägt der AG die Beweislast (BAG 19.12.1958 AP TVG § 4 Sozialzulagen Nr. 1). Von bes. Bedeutung in Zusammenhang mit Sozialzulagen ist der arbeitsrechtl. Gleichbehandlungsgrds. (s. dazu Rn. 572 ff.). So verstößt es gegen Art. 3 II GG, wenn nur der männl. AN eine Ehefrauenzulage erhält

(BAG 13.11.1985 NZA 1986, 321); außerdem, wenn die Gewährung einer Haushaltszulage an eine verheiratete AN an eine Antragspflicht geknüpft wird, die für einen verheirateten AN nicht besteht. Damit vereinbar ist aber, bei Doppelverdienern eine Haushaltszulage nur demjenigen zu gewähren, der die Familie überw. unterhält (BAG 20.4.1977 AP GG Art. 3 Nr. 111; zur Verhinderung des Doppelbezugs von familienbezogenen Bestandteilen a. BAG 1.3.1990 NZA 1990, 693). Es ist zulässig, tarifl. einen Kinderzuschlag festzuschreiben, dessen Höhe aber dem gerichtl. überprüfbaren billigen Ermessen (§ 315 I) des AG zu überlassen ist (BAG 28.9.1977 AP TVG § 1 Tarifverträge: Rundfunk Nr. 4). Von den Kinderzuschlägen ist das als ör. Sozialleistung ausgestaltete Kindergeld zu unterscheiden.

485 **ee) Nachtarbeits-, Sonn- und Feiertagszuschläge.** Nachtarbeit ist nach § 2 III, IV ArbZG die Arbeit von mind. zwei Stunden in der Zeit von 23 bis 6 Uhr, wobei in TV vielfach die Zeit zwischen 20 bzw. 22 und 6 Uhr gemeint ist. Nach § 6 V ArbZG muss der AG dem AN für die Nachtarbeit eine angemessene Zahl bezahlter freier Tage oder einen angemessenen Zuschlag auf das ihm hierfür zustehende Bruttoeinkommen zahlen, wenn keine tarifvertragl. Ausgleichsregelungen bestehen (hierzu BAG 24.2.1999 NZA 1999, 995). In erster Linie kommt es also auf die tarifvertragl. Regelung an. Der Ausschluss TZBeschäftigter von der Zulage verstößt gegen § 4 I TzBfG (BAG 15.12.1998 NZA 1999, 882 zu § 2 I BeschFG). Zur Angemessenheit des Ausgleichs kann auf die Üblichkeit in der Branche bzw. in vergleichbaren Branchen zurückgegriffen werden. Es werden für Nachtarbeit Zuschläge von 10–40% (durchschnittl. 25%) gezahlt (*Anzinger/Koberski* § 6 Rn. 80). Die durchschnittl. gezahlten 25% stellen auch ohne das Vorliegen bes. Umstände einen angemessen Ausgleich für Nachtarbeit dar (vgl. BAG 9.12.2015 NZA 2016, 426) S. iÜ die Erl. zu ArbZG § 6 Rn. 14.

486 **c) Überstundenvergütung (oder Mehrarbeitsvergütung). aa) Grundsatz.** Für die Vergütung von Über- oder Mehrarbeit bestehen keine bes. ges. Regelungen. Das ArbZG ist ein reines ANSchutzG bzgl. der Länge/Dauer der AZ und enthält keine Vergütungsregelungen (anders noch § 15 der früheren AZO). **Überarbeit** liegt vor, wenn die regelm. betriebl. AZ überschritten wird. Überstunden können sich ergeben, wenn der AG anordnet, dass im Anschluss an die regelm. AZ die Arbeit fortzusetzen ist (BAG 26.11.1992 NZA 1993, 659) oder vorgeschriebene Pausen nicht gewährt werden (BAG 27.2.1992 AP AZO Kr § 3 Nr. 5). Auch wenn die im TV verlangte schriftl. Anordnung der Überstunden unterblieben ist, besteht ein Anspruch auf Vergütung (BAG 15.10.1992 NZA 1993, 1088; LAG HE 29.10.1992 DB 1994, 382). Von **Mehrarbeit** spricht man, wenn die ges. AZ überschritten wird. Nach anderer Diktion ist Überarbeit der Oberbegriff für Überstunden und Mehrarbeit. Inwieweit Mehrarbeit überhaupt zulässig ist, ergibt sich aus den AZ-Schutzbestimmungen, insb. dem ArbZG. Hins. der hier interessierenden Vergütung ist zu unterscheiden zwischen der für diese Zeiten anfallenden Grundvergütung und evtl. Vergütungszuschlägen.

487 Sieht die tarifl. Regelung vor, dass Überstunden grds. durch Arbeitsbefreiungen auszugleichen sind, wird damit dem AG die Möglichkeit eingeräumt, zwischen Vergütung und Freizeitausgleich zu wählen. Es besteht weder ein Anspruch des AN allein auf Vergütung noch allein auf Freizeitausgleich. Hat der AG keine Arbeitsbefreiung gewährt, ist Vergütung für die Überstunden zu zahlen (BAG 20.7.1989 ZTR 1990, 155, 156; 4.5.1994 NZA 1994, 1035). Die Parteien des Arbeitsvertrags können abw. von dieser tarifl. Bestimmung vereinbaren, dass dem AN selbst der **Ausgleich von Überstunden durch Freizeit** obliegt. Eine solche Vereinb. ist nur dann zu beanstanden, wenn der AG eine finanzielle Abgeltung auch für die Fälle ausschließt, in denen der Freizeitausgleich aus in seiner Sphäre liegenden Gründen nicht mögl. ist oder wenn das zugewiesene Arbeitsvolumen in der vertragl. vorgesehenen Zeit nicht zu bewältigen ist und gleichwohl ein finanzieller Ausgleich ausgeschlossen ist. Kommt der AN einer solchen Verpflichtung nicht nach, ist der Anspruch auf Überstundenvergütung ausgeschlossen (BAG 4.5.1994 NZA 1994, 1035). Ist ein arbeitsvertragl. begr. Anspruch auf Überstundenvergütung entstanden, kann der AG diesen nicht durch Freistellung des AN erfüllen, wenn keine Ersetzungsbefugnis vereinbart ist (BAG 18.9.2001 NZA 2002, 268 ff.).

488 Auch ohne vertragl. Regelung gilt eine **Grundvergütung** für die Überstunden (übl. Stundenverdienst; Anteil des Monatslohns) gem. § 612 I als stillschweigend vereinbart, da der AN eine quantitative Mehrleistung erbringt (BAG 17.3.1982 AP BGB § 612 Nr. 33). Dies gilt jdf. in einem „NormalArbVerh." mit arbeitszeitbezogener Vergütung (BAG 22.2.2012 NZA 2012, 861; verneint bei – auch – arbeitszeitunabhängiger Vergütung BAG 21.9.2011 NZA 2012, 145). Die bloße Kenntnis des AG von den Überstunden reicht jedoch nicht aus; der AN muss zumindest eine konkludente Vereinb. über die Mehrleistung nachweisen (zur **Darlegungslast** Rn. 663 ff.). Es existiert jedoch kein allg. Rechtsgrds., dass jede MehrAZ oder jede dienstl. Anwesenheit über die vereinbarte oder betriebsübl. AZ zu vergüten ist. Gem. § 612 I gilt eine Vergütung nur dann als stillschweigend vereinbart, wenn die Umstände der Dienstleistungen im Einzelfall für eine Erwartung zusätzl. Vergütung sprechen (BAG 3.9.1997 AP BGB § 611 Dienstreise Nr. 1). Diese Erwartung wird zumeist gegeben sein (näher § 612 Rn. 21). Etwas anderes gilt bei „Diensten höherer Art", wie sie **ltd. Ang., RA** und Chefärzte leisten. Ihre Mehrarbeit ist grds. mit der vereinbarten Vergütung abgegolten (BAG 17.11.1966 AP BGB § 611 Leitende Angestellte Nr. 1; 17.3.1982 AP BGB § 612 Nr. 33; 17.8.2011 NZA 2011, 1335; verneint auch bei „Besserverdienenden" oberhalb der BBG BAG 22.2.2012 NZA 2012, 861). Erhält der AN zusätzl.

zur arbeitszeitbezogenen Vergütung Provisionen, ist eine obj. Vergütungserwartung für Überstunden idR zu verneinen (BAG 27.6.2012 NZA 2012, 1147). Ebenfalls keine Vergütungserwartung besteht, wenn es dem AN obliegt, Überstunden durch Freizeit selbst auszugleichen (BAG 4.5.1994 NZA 1994, 1035; LAG K 7.9.1989 NZA 1990, 349 f.; ebenso 20.5.1992 NZA 1993, 24 für den Fall der Beendigung des ArbVerh.). Es ist aber auch mögl., dass für die Überarbeit eine geringere als die sonst übl. Vergütung (BAG 3.10.1969 AP AZO § 15 Nr. 12) oder ein Ausgleich durch bezahlte Freizeit („Überstunden abfeiern") vereinbart wird (Schaub/*Linck* § 69 Rn. 10). Jedoch darf der Mindestlohn nach § 1 II MiLoG nicht unterschritten werden.

Ohne bes. kollektiv- oder einzelvertragl. Rechtsgrdl. ist der AG nicht zur Zahlung eines **Zuschlags** 489
für Überstunden oder Mehrarbeit verpflichtet (anders der frühere 15 II AZO: 25%). Insoweit braucht auch der Ausgleich von Überstunden durch Freizeitgewährung keinen Zuschlag zu enthalten.

Bei einer – nur auf Transparenz hin kontrollierbaren – Hauptabrede zur Vergütung von Über- 490
stunden, zB dass mit einem nicht tarifl. vorgegebenen Gehalt eine bestimmte Anzahl von Überstunden mit abgegolten sein soll (BAG 16.5.2012 NZA 2012, 908), findet eine Kontrolle der Vergütungshöhe nur iRd. § 138 statt. Jedoch kann eine sittengemäße Vergütung für die in der NormalAZ geleistete Arbeit nicht dadurch zur sittenwidrigen werden, dass der AG dem AN in Verkennung der Rechtslage Vergütung von Mehrarbeit vorenthält. Vielmehr ist dann ein Anspruch auf Vergütung der Mehrarbeit die von der Rechtsordnung vorgesehene Rechtsfolge. Eine unwirksame Abrede zur pauschalen Abgeltung von Überstunden bleibt dann iRd. § 138 außer Betracht (vgl. BAG 18.11.2015 NZA 2016, 487). Eine vereinbarte Überstundenpauschale kann widerrufl. ausgestaltet werden (LAG K 3.11.1998 MDR 1999, 877). Zur Inhaltskontrolle von Pauschalabgeltungsklauseln §§ 305 bis 310 Rn. 91 f.

bb) Überstundenzuschläge für Teilzeitbeschäftigte. TZBeschäftigte haben keinen Anspruch auf 491
Überstundenzuschläge bei bloßer Überschreitung der individuell vereinbarten AZ, solange die regelm. werktägl. AZ eines vollzeitbeschäftigten AN nicht überschritten wird (hierzu TzBfG § 4 Rn. 30 f.).

cc) Darlegungs- und Beweislast. Der AN, der im Prozess von seinem AG die Bezahlung von 492
Überstunden fordert, muss, zumal wenn zwischen der Geltendmachung und der behaupteten Leistung ein längerer Zeitraum liegt, beim Bestreiten der Überstunden iE darlegen, an welchen Tagen und zu welchen Tageszeiten er über die übl. AZ hinaus tätig geworden ist bzw. sich auf Weisung des AG zur Arbeit bereitgehalten hat (BAG 23.9.2015 BeckRS 2016, 65018 Rn. 25; 21.12.2016 NZA-RR 2017, 233). Er muss ferner eindeutig vortragen, ob die Überstunden vom AG angeordnet oder zur Erledigung der ihm obliegenden Arbeit notwendig oder vom AG gebilligt oder geduldet worden sind (BAG 17.4.2002 NZA 2002, 1340; 25.5.2005 NZA 2005, 1432; 16.5.2012 NZA 2012, 939). Auf diesen Vortrag hin muss der AG substantiiert erwidern (BAG 16.5.2012 NZA 2012, 939). Die Duldung durch den unmittelbaren Vorgesetzten reicht aus (LAG B 23.12.2011 LAGE BGB 2002 § 611 Überarbeit Nr. 3). Bei einem AZKonto genügt, dass der AN die Vereinb. des AZKontos und das Guthaben zum vereinbarten Auszahlungszpkt. darlegt (BAG 13.3.2002 NZA 2002, 1112). Will der AG den sich aus dem AZKonto zu Gunsten des AN ergebenden Saldo erhebl. bestreiten, obliegt es ihm ausgehend von einer gestuften Darlegungslast, iE darzulegen, auf Grund welcher Umstände der ausgewiesene Saldo unzutr. sei oder sich bis zur vereinbarten Schließung des AZKontos reduziert habe. Erst dann hat der AN vorzutragen, wann er Arbeit verrichtet oder einer der Tatbestände vorgelegen habe, der eine Vergütungspflicht ohne Arbeit regelt. Trägt der AG hingegen nichts vor oder lässt er sich nicht substanziiert ein, gilt der im AZKonto vorbehaltlos ausgewiesene Saldo als zugestanden (BAG 23.9.2015 NZA 2016, 295 Rn. 23). Zum regelm. fehlenden Beweiswert von Tachoscheiben (Fahrtenschreiberdiagramme) für den Nachw. von Mehrarbeit bei Berufskraftfahrern LAG SH 31.5.2005 NZA-RR 2005, 458; zum Anspruch des AN (LKW-Fahrer) auf Kopien von Tachoscheiben zur Vorbereitung einer Klage auf Überstundenvergütung LAG NI 10.5.2005 NZA-RR 2005, 461; zum Beweiswert vom AN selbst gefertigter AZAufstellungen BAG 23.9.2015 NZA 2016, 295 Rn. 40. Überstunden werden nicht nur in der Weise angeordnet, dass ihre Zahl und Lage im Voraus festgelegt werden, sondern häufig allg., dass ein bestimmter Arbeitsauftrag innerhalb einer bestimmten Zeit ohne Rücksicht auf Dienststunden durchgeführt werden muss („offene Überstundenanordnung", BAG 28.11.1973 AP BAT § 17 Nr. 2). Es kann auch genügen, dass der AG dem AN eine Arbeit zuweist, die in der regelm. AZ nicht erledigt werden kann oder wenn der AG die vom AN geleistete Überstundenarbeit kennt und mit ihr einverstanden ist oder ihre Leistung duldet (BAG 20.7.1989 ZTR 1990, 155; 4.5.1994 NZA 1994, 1035).

d) Provision. Mit einer Provision wird der AN prozentual am Wert von Geschäften beteiligt, die auf 493
seine Tätigkeit zurückzuführen sind (zB Abschlussprovision, Vermittlungsprovision). Häufig wird die Provision zusätzl. zu einer festen Grundvergütung (Fixum) gezahlt. Die Provision ist die typische Vergütung des Handelsvertreters und in §§ 87 bis 87c HGB geregelt. Diese Vorschr. finden Anwendung, wenn sie mit Handlungsgehilfen vereinbart sind, § 65 HGB (s. die dortige Kommentierung).

e) Tantieme; Erfolgsbeteiligung; Gewinnbeteiligung; Zielvereinbarungen; Aktienoptionen. Die 494
Tantieme ist eine Gewinnbeteiligung als zusätzl. Vergütung, die prozentual nach dem Jahresgewinn des Unternehmens berechnet wird. Die Tantieme gehört zu den Vergütungsbestandteilen, die in das Austauschverhältnis „Arbeit gegen Lohn" einbezogen sind. Sie ist Arbeitsentgelt und keine Gratifika-

tion (BAG 8.9.1998 NZA 1999, 824; **aA** für stichtagsbezogene Erg.- oder Umsatzbeteiligung LAG NI 5.7.2002 LAGReport 2003, 65; zur Abgrenzung von Erfolgsbeteiligungen im Rahmen eines Carried-Interest-Modells BAG 3.5.2006 NZA-RR 2006, 582; dazu *Hohenstatt/Stamer* BB 2006, 2413). In der Praxis ist sie bes. bei Vorstands- und ARMitgliedern von Kapitalgesellschaften (vgl. §§ 87, 113 III AktG) sowie bei den ltd. Ang. zu finden. Hat eine Gewerkschaft die Kandidatur eines ihrer Mitglieder zum AR einer AG eingeleitet und unterstützt, kann sie durch Satzung die Verpflichtung regeln, die aus der Wahrnehmung des Mandats bezogenen Tantiemen an eine gewerkschaftsnahe Organisation abzuführen (BAG 21.5.2015 NZA 2015, 1319). Mit Tantiemen wird ein Anreiz gegeben, zu einem guten wirtschaftl. Erg. des Unternehmens beizutragen, auch wenn die Höhe der Tantieme – im Gegensatz zur Provision – nicht unmittelbar von einzelnen Geschäften des Berechtigten abhängt. Entscheidend ist nicht die Begriffswahl (zB auch Dividende, Erfolgsbeteiligung), sondern der vereinbarte rechtsgeschäftl. Inhalt (BAG 12.2.2003 NZA 2003, 800).

495 Davon zu unterscheiden ist die an die Gesamtheit oder einen großen Teil der Belegschaft ohne Rücksicht auf Gewinn oder Verlust des Unternehmens gezahlte **Jahresabschlussvergütung** (Abschlussgratifikation), die zur Anerkennung für geleistete Dienste oder für erwiesene und weitere Betriebstreue gezahlt wird (s. dazu Rn. 527 ff.), außerdem die **Ergebnisbeteiligung**, durch die eine stärkere Verbundenheit der AN mit dem Unternehmen erzielt werden soll (HWK/*Thüsing* Rn. 118; MüArbR/*Krause* § 58 Rn. 43; Schaub/*Vogelsang* § 76 Rn. 1). Die Gewinnbeteiligung kann auch in der Weise erfolgen, dass dem AN eine Beteiligung an dem Unternehmen zugestanden wird (BAG 28.11.1989 NZA 1990, 559; MüArbR/*Krause* § 58 Rn. 43; MüKoBGB/*Müller-Glöge* § 611 Rn. 758).

496 Tantiemen gehören zu der Kategorie der arbeitsleistungsbezogenen Sondervergütungen (hierzu Rn. 534 ff.). Die Bedingungen unterliegen – sofern sie nicht individuell ausgehandelt sind – der Inhaltskontrolle nach §§ 307 ff. Dabei ist eine Klausel nicht unangemessen benachteiligend, wenn die Zahlung einer Abschlussvergütung an AT-Mitarbeiter von der Zahlung einer Dividende an die Aktionäre abhängig gemacht wird (BAG 18.1.2012 NZA 2012, 499). Ist über ihre **Höhe** keine Vereinb. getroffen worden, so ist die für gleichartige Fälle übl. Tantieme zu zahlen (§ 612 II). Ihre Bestimmung kann dem AG nach billigem Ermessen gem. § 315 überlassen bleiben (BAG 22.12.1970 AP BGB § 305 Billigkeitskontrolle Nr. 2; LAG N 23.7.2002 NZA-RR 2003, 411).

497 Die Berechnung der Tantieme erfolgt nach dem jährl. Reingewinn des Unternehmens (LAG D 29.1.1957 DB 1957, 288) oder eines Unternehmensteils (Abt., Filiale). Für dessen Feststellung ist die Handelsbilanz, nicht die Steuerbilanz maßgebl. (BAG 7.7.1960 AP BGB § 242 Auskunftspflicht Nr. 2; 13.4.1978 AP BGB § 611 Tantieme Nr. 1; zur Berücksichtigung stiller Reserven LAG BW 20.1.1970 DB 1970, 934). Ist eine **Mindesttantieme** festgelegt, so ist diese auch dann zu zahlen, wenn kein Gewinn erwirtschaftet wurde (LAG BE 7.10.1975 DB 1976, 636; vgl. LG Hannover 3.1.1983 ZIP 1983, 448).

498 Ist der Umsatz Berechnungsgrdl. (**Umsatzbeteiligung**, -tantieme, -bonus), so handelt es sich um eine Zwischenform zwischen Tantieme und Provision (MüArbR/*Krause* § 58 Rn. 44; Schaub/*Vogelsang* § 76 Rn. 3), die nach Ansicht des BAG Provisionscharakter hat (BAG 12.1.1973 AP HGB § 87a Nr. 4). Eine zusätzl. zum Gehalt gewährte prozentuale Umsatzbeteiligung ist keine widerrufbare Sonderleistung, sondern Teil des Entgelts für die vertragl. geschuldete Arbeitsleistung (BAG 8.9.1998 NZA 1999, 420).

499 Für die **Berechnung der Tantieme** kann vertragl. vereinbart werden, dass sich der Gewinnanteil nach dem Jahresüberschuss richtet, vermindert um den Verlustvortrag aus dem Vorjahr und um die Beträge, die nach G oder Satzung aus dem Jahresüberschuss als Gewinnrücklagen einzustellen sind; das entspricht der vormaligen Regelung des § 86 II AktG (MüKoBGB/*Müller-Glöge* § 611 Rn. 762; HWK/*Thüsing* Rn. 120). Für die im Betrieb mitarbeitenden Gesellschafter können die Gesellschaftergehälter nicht vom Gewinn abgesetzt werden (BAG 4.6.1969 AP BGB § 611 Lohnanspruch Nr. 4; LAG K 12.8.1994 LAGE BGB § 611 Gewinnbeteiligung Nr. 1). Bei willkürl. oder böswilliger Bilanzierung kann der AN nicht auf Berichtigung, jedoch auf Auszahlung der ihm bei ordnungsgemäßer Bilanzierung zustehenden Beträge klagen (RAG 29.3.1939 ARS 37, 44; LAG HE 10.3.1992 BeckRS 1992, 30894939). Ohne bes. Vereinb. können auch Verluste aus den Vorjahren nicht auf den Gewinn angerechnet werden (MüKoBGB/*Müller-Glöge* § 611 Rn. 763; **aA** LAG D 13.10.1960 DB 1960, 1367). Verluste, die erst nach der Bilanzierung entstanden sind, müssen unberücksichtigt bleiben; angemessene Rücklagen können aber gewinnmindernd ausgewiesen werden (BAG 3.6.1958 AP HGB § 59 Nr. 9).

500 Durch die Beteiligung am Unternehmensgewinn erlangt der AN allerdings nicht das Recht, auf AGEntsch. **Einfluss zu nehmen** oder die Unternehmensleitung wegen mangelnder Geschäftsführung zur Rechenschaft zu ziehen. Nur in Missbrauchsfällen, wenn Handlungen bewusst zum Nachteil des AN geschehen, sind diese ihm ggü. unwirksam (BAG 13.4.1978 AP BGB § 611 Tantieme Nr. 1). Dafür trägt der Tantiemeberechtigte die Beweislast (HzA/*Künzl* Gruppe 1/5 Rn. 1297).

501 Der tantiemeberechtigte AN hat nach §§ 157, 242 gegen den AG einen **Anspruch auf Auskunft** und Rechnungslegung (BAG 13.1.1960 AP BGB § 242 Auskunftspflicht Nr. 1; 7.7.1960 AP BGB § 242 Auskunftspflicht Nr. 2). Die Vorlage einzelner Belege zu den Bilanzposten kann grds. nicht verlangt werden. Keine Auskunftspflicht besteht zudem über die Berechnung der Gewinne iE. Ist dem AG die

Vorlage der Bilanz nicht zumutbar, hat er sie einem unparteiischen Wirtschaftsprüfer oder Buchsachverständigen vorzulegen. Er trägt dann allerdings die Kosten (BAG 7.7.1960 AP BGB § 242 Auskunftspflicht Nr. 2; ArbG Bochum 30.7.1970 DB 1971, 729; weitergehend LAG HB 29.10.1971 DB 1971, 2265: AG hat stets ein Wahlrecht).

Die Gewinnbeteiligung wird **fällig,** sobald die Bilanz festgestellt ist oder bei ordnungsgemäßem Geschäftsgang hätte festgestellt werden können (BAG 3.6.1958 AP HGB § 59 Nr. 9; LAG BE 7.10.1975 DB 1976, 636). Bei Ausscheiden im Laufe des Geschäftsjahres bedarf es ohne entspr. Vereinb. nicht der Aufstellung einer Zwischenbilanz. Entscheidend ist vielmehr die Jahresbilanz, wobei sich der Gewinnanteil entspr. der Beschäftigungszeit mindert (BAG 3.6.1958 AP HGB § 59 Nr. 9; hierzu § 614 Rn. 10). Die Fälligkeit der Tantieme oder Umsatzbeteiligung im Folgejahr regelt nur die Leistungszeit, die entspr. Vereinb. führt nicht zum Untergang des Anspruchs, wenn das ArbVerh. im Folgejahr nicht mehr besteht (BAG 8.9.1998 NZA 1999, 420). 502

Da die Tantieme verdienten Lohn und nicht etwa eine Gratifikation darstellt, ist der Ausschluss von Mitarbeitern **im Fall des Ausscheidens** oder der Eigenkündigung sittenwidrig bzw. eine unzulässige Kündigungserschwerung (BAG 12.1.1973 AP HGB § 87a Nr. 4; 27.4.1982 AP BGB § 620 Probearbeitsverhältnis Nr. 16; HzA/*Künzl* Gruppe 1/5 Rn. 1301; Schaub/*Vogelsang* § 76 Rn. 7), jdf. bei betriebsbedingter Kündigung (BAG 13.9.1974 AP BGB § 611 Gratifikation Nr. 84; HWK/*Thüsing* Rn. 124; Schaub/*Vogelsang* § 76 Rn. 7; anders für Klauseln im TV BAG 4.9.1985 NZA 1986, 225). Da die Tantieme zu den Vergütungselementen gehört, die in das Austauschverhältnis einbezogen sind und damit eine Entlohnung der Arbeitsleistung darstellt, ist sie bei **dauernder AU** während eines Geschäftsjahres nicht zu zahlen, da die Tantieme eine Arbeitsleistung voraussetzt (BAG 8.9.1998 NZA 1999, 824). 503

Zielvereinb. sind Abreden zwischen AG und AN über die Erreichung von Leistungszielen in einem bestimmten Zeitraum. Sie sind typischerweise mit variablen monetären Leistungsanreizen verbunden. Mit deren Ausgestaltung sind komplexe Fragestellungen verbunden, die aber mit den allg. Grds. lösbar sind (ausf. *Deich,* Arbeitsvertragl. Gestaltung von Zielvereinb., 2006; *Heiden,* Entgeltrelevante Zielvereinb. aus arbeitsrechtl. Sicht, 2007; *C. S. Hergenröder* AR-Blattei SD 1855; Preis/*Greiner* II Z 5; *Riesenhuber/Steinau-Steinrück* NZA 2005, 785; *Lischka* BB 2007, 552; *Annuß* NZA 2007, 290; *Horcher* BB 2007, 2065; *Reiserer* NZA 2008, 609). Soweit in einer Zielvereinb. die Voraussetzungen für die Zahlung einer zusätzl. Vergütung abschl. festgelegt sind, kann sich der AG von der Zahlungspflicht nicht mehr einseitig befreien (BAG 29.8.2012 NZA 2013, 148). Als leistungsorientierte Vergütungselemente dürfen sie nicht unter **Freiwilligkeitsvorbehalt** gestellt werden (*Deich* Arbeitsvertragl. Gestaltung von Zielvereinb., 2006 Rn. 207 ff.; **aA** für künftige Bezugszeiträume *Lindemann/Simon* BB 2002, 1807, 1809 ff.). Leistungsbezogene Zielvereinb. und Freiwilligkeitsvorbehalte schließen sich gegenseitig aus (BAG 24.10.2007 NZA 2008, 40; 19.3.2014 NZA 2014, 595 Rn. 52). Die Höhe der Zielvereinb. unterliegt als **kontrollfreie Hauptabrede** keiner Inhaltskontrolle gem. § 307 III und kann nur gem. § 138 kontrolliert werden (*Annuß* NZA 2007, 290, 291). Soweit Widerrufsvorbehalte (hierzu §§ 305 bis 310 Rn. 51 ff., 57 ff.) überhaupt mit dem Charakter einer Zielvereinb. vereinbar sind, dürfen diese sich auf nicht mehr als 25% der Gesamtvergütung beziehen (*Reiserer* NZA 2008, 609). Eine Malusklausel, die dazu führt, dass ein AN abw. von dem ges. Leitbild der §§ 611a I, 615 S. 3 eine Gewährleistung für den wirtschaftl. Erfolg in der Form übernimmt, dass er bei fehlender Zielerreichung ein Zwölftel seines Jahreseinkommens an den AG zahlen muss, ist gem. §§ 307 I 1, 307 II 1 unwirksam (LAG HM 25.11.2010 BeckRS 2011, 68560). Empfehlenswert ist eine Zielvereinb., keine bloße Zielvorgabe, die ledigl. auf dem Direktionsrecht des AG fußt (s. LAG K 15.12.2014 BeckRS 2015, 67353). Das BAG würdigt den Grds., dass eine einmal getroffene Zielvereinb. für beide Vertragsparteien bindend ist und nicht einseitig durch den AG geänd. werden darf. Die Bindung erfasst die Ziele selbst und die Berechnungsfaktoren. Die verbleibenden Spielräume müssen nach **billigem Ermessen** gefüllt werden (BAG 11.12.2013 ZIP 2014, 1093). Entscheidet der AG auf der Basis seiner Ertragslage sowie der Leistung des AN, darf auch bei Verlusten des AG die Leistungskomponente bei der Entsch. über die Bonuszahlung nicht vollständig ausgeklammert werden. Die nach Zielvereinb. erreichten Leistungen müssen noch angemessen honoriert werden (BAG 19.3.2014 NZA 2014, 595). Wird der AG durch eine vertragl. Rahmenvereinb. zur einseitigen Vorgabe von Zielen verpflichtet und kommt er dem nicht innerhalb einer vorgegebenen Zeit nach dem Kalender nach, macht er sich schadensersatzpflichtig (BAG 12.12.2007 NZA 2008, 409; 10.12.2008 NZA 2009, 256; 12.5.2010 NZA 2010, 1009). Ist zw., ob den AG eine solche Initiativpflicht trifft bzw. ob eine Zielvorgabe oder Zielvereinb. gewollt ist, bedarf die Rahmenvereinb. der Auslegung. Hat der AG das Nichtzustandekommen einer Zielvereinb. zu vertreten, macht er sich ggü. dem AN schadensersatzpflichtig (§§ 280 I, 283 S. 1, 252). Die Festlegung von Zielen wird mit Ablauf der Zielperiode unmögl. (§ 275 I). Der AG ist verpflichtet, dem AN wegen entgangener Vergütung Schadensersatz zu leisten. Ein Mitverschulden des AN ist dabei zu berücksichtigen. Die Gründe für das Nichtzustandekommen der Zielvereinb. sind iE zu prüfen; der AG ist nicht zum **Schadensersatz** verpflichtet, wenn er das Scheitern nicht zu vertreten hat. Der AG kann sich aber seiner Verpflichtung zur Zahlung einer Zielvereinbarungsprämie nicht schon dadurch entziehen, dass er in der Verh. Ziele aufstellt, die der AN nicht erreichen kann (BAG 10.12.2008 NZA 2009, 256). Hingegen erfolgt grds. keine nachträgl. richterl. Leistungsbestim- 504 mung (BAG 12.12.2007 NZA 2008, 409). Soweit einseitige Bestimmungsrechte des AG bestehen, erfolgt eine Kontrolle nach billigem Ermessen (§ 315; BAG 12.12.2007 NZA 2008, 409; *Bauer/Diller/Göpfert* BB 2002, 882, 884). Je „weicher" die Ziele formuliert sind, desto weitergehend unterliegt die Frage, ob die Ziele erreicht sind, der gerichtl. Billigkeitskontrolle. Der aus einer Zielvereinb. erlangbare Bonus ist eine **arbeitsleistungsbezogene Sonderzahlung** mit reinem Entgeltcharakter (hierzu Rn. 543), die deshalb auch pro rata temporis zu zahlen ist, wenn der AN im Kj. ausscheidet (BAG 12.12.2007 NZA 2008, 409). Das Fehlen einer konkreten Zielvereinb. oder Zielvorgabe führt nicht dazu, dass der Anspruch nicht besteht. Bei unterbliebenen Zielvorgaben kann die Konkretisierung durch Urt. nach § 315 III 2 erfolgen (BAG 12.12.2007 NZA 2008, 409). Bei unterbliebener Zielvereinb. entsteht ggf. ein Schadensersatzanspruch (vgl. LAG RP 15.12.2015 BeckRS 2016, 66012). Dabei wendet das BAG die Darlegungs- und Beweiserleichterung der §§ 287 I ZPO, 252 S. 2 an (hierzu *Gaul/Rauf* DB 2008, 869). Hat der AG jedoch über die Höhe eines variablen Vergütungsbestandteils abschl. nach billigem Ermessen (§ 315) unter Beachtung bestimmter Faktoren zu entscheiden und bestimmt sich die individuelle Leistung des AN nach dem Erreichen vereinbarter Ziele, so umfasst die Darlegungs- und Beweislast des AG auch den Grad der Zielerreichung. Der Umf. der Darlegungspflicht bestimmt sich nach dem Maß des Bestreitens durch den AN (BAG 14.11.2012 NZA 2013, 1150).

505 Die Zielvereinb. unterliegt als vorformulierte Vereinb. der **Inhaltskontrolle** nach §§ 305 ff. (*Brors* RdA 2004, 273; *Däubler* ZIP 2004, 2209; *Thüsing* AGB-Kontrolle Rn. 459 ff.). Unklare Zielvereinb. gehen zu Lasten des AG (§ 305c II; BAG 24.10.2007 NZA 2008, 40; 12.12.2007 NZA 2008, 409). Zielvereinb. sind auf Entsch. nach billigem Ermessen gerichtet. Sie beinhalten eine Zusage dem Grunde nach idR ohne festgelegte Höhe. Das ist im Grds. nicht zu beanstanden (vgl. Rn. 384; §§ 305–310 BGB Rn. 73a). Diese Vertragsgestaltung ist nicht zu verwechseln mit Freiwilligkeitsvorbehalten. Das Bestimmungsrecht darf aber nicht so weit gefasst sein, dass sich der AG ein Bestimmungsrecht über die Gegenleistung vorbehält (BAG 14.11.2012 NZA 2013, 1150). Deshalb muss die Zielvereinb. auch Transparenzanforderungen genügen und die Voraussetzungen der Zielerreichung möglichst genau festlegen (LAG HM 30.8.2011 BeckRS 2011, 78965; ArbG D 18.9.2003 DB 2004, 81). Eine **Stichtagsregelung,** die unabhängig von der Höhe der Bonuszahlung den AN bis zum 30.9. des Folgejahres bindet, verstößt gegen § 307 (BAG 24.10.2007 NZA 2008, 40). Überhaupt ist eine Fälligkeits- oder Kündigungsklausel – auch in einer BV – unwirksam, die eine Zielvereinbarungsvergütung für eine bestimmte Periode davon abhängig macht, dass der AN noch zu einem danach liegenden Auszahlungszpkt. in einem ungekündigten ArbVerh. steht (BAG 12.4.2011 NZA 2011, 989; 14.11.2012 NZA 2013, 1150 Rn. 41). Die Bindung an das Bestehen des ArbVerh. im Geschäftsjahr ist jedoch zulässig (BAG 6.5.2009 NZA 2009, 783). IdR. kann erst nach Ablauf der Zielperiode festgestellt werden, ob und in welcher Höhe dem AN der für den Fall der Zielerreichung zugesagte Bonus zusteht. Vielfach dürfte jedoch, insb. bei der konkreten Festlegung der Ziele, eine ausgehandelte Individualabrede (§ 305 I 3) vorliegen. Sie kann auch – zum Leistungsanreiz – als befristete Zusatzbedingung ausgestaltet sein. Zur **Beweislast** für die Zielerreichung: *Behrens/Rinsdorf* NZA 2003, 364; LAG HH 9.2.2005 NZA-RR 2005, 496; zu Rückwirkungen der Zielvereinb. auf Kündigung wegen Schlechtleistung: LAG K 23.5.2002 LAGReport 2003, 75; *Berwanger* BB 2003, 1499, 1504; zum Schicksal einer Zielvereinb. bei Beendigung des ArbVerh. *Behrens/Rinsdorf* NZA 2006, 830. Soweit Zielvereinb. einseitige Leistungsbestimmungsrechte des AG (hierzu §§ 305 bis 310 Rn. 51 ff.) beinhalten, insb. im Falle einseitiger Zielvorgaben, erfolgt eine richterl. Billigkeitskontrolle gem. § 315 III (BAG 12.12.2007 NZA 2008, 409; 19.3.2014 NZA 2014, 595).

505a **Aktienoptionen** haben trotz ihrer im Vergleich zu anderen Sondervergütungen spekulativen Natur Entgeltcharakter (BAG 28.5.2008 NZA 2008, 1066). AN können bei gleicher oder gleichwertiger Arbeit Ansprüche aus dem allg. Gleichbehandlungsgrds. geltend machen (BAG 21.10.2009 NZA-RR 2010, 289). Auch bei guten Leistungen und einem für das Unternehmen erfolgreichen Geschäftsjahr kann der AN mit der Werthaltigkeit der Bezugsrechte nicht zuverlässig rechnen (zu den Einzelheiten Küttner/*Röller* Aktienoptionen Rn. 5 ff.). Arbeitsrechtl. ist relevant, dass ein schutzwürdiges Vertrauen auf den Fortbestand dieses Vermögenswertes nur sehr eingeschränkt entstehen kann. Dies hat Konsequenzen für die Inhaltskontrolle von Stichtagsklauseln. Eine Koppelung der Ausübung der Bezugsrechte an das Bestehen eines ungekündigten ArbVerh. ist dem AN eher zuzumuten als bei Sonderleistungen ohne oder mit geringerem spekulativen Charakter (BAG 28.5.2008 NZA 2008, 1066). Gegen die Übertragung der allg. Grds. (hierzu Rn. 527 ff.) spricht auch die Wertung des § 193 II Nr. 4 AktG. Danach besteht eine Wartezeit für die erstmalige Ausübung einer Aktienoption von mind. vier Jahren, um eine langfristige Anreizwirkung zu erreichen (hierzu *Hüffer* § 193 Rn. 9 mwN). Wenn hiernach Wartezeiten von weit über zwei Jahren aus Gründen des Aktionärsschutzes wirksam sind, kann ein solcher Zeitraum nicht gleichzeitig aus Gründen des ANSchutzes unzulässig sein (*Pulz* BB 2004, 1107, 1108). Insofern weicht eine mehrjährige Bindung des bezugsberechtigten AN bei einer aktienkursorientierten Vergütung nicht von wesentl. Grundgedanken der ges. Regelung iSv. § 307 II Nr. 1 ab. Ebenso hält – im Hinblick auf den spekulativen Charakter – das BAG auch den ersatzlosen Verfall aller Bezugsrechte bei einer Beendigung des ArbVerh. vor Ablauf der Wartezeit für zulässig (BAG 28.5.2008 NZA 2008, 1066; vgl. a. *Mechlem/Melms* BB 2000, 1614, 1615; *Lembke* BB 2001, 1469, 1473 f.). Ein unangemessene Benachteiligung liege nicht vor, wenn ein ausgeschiedener AN von einem erst nach der Beendigung des ArbVerh. steigenden Aktienkurs nicht profitiert. Dies soll auch für den Fall der betriebsbedingten Kündigung des AG gelten, da dem AN kein Verdienst, sondern nur eine Verdienstchance entzogen werde (*Baeck/Diller* DB 1998, 1405, 1408; *Lingemann/Diller/Mengel* NZA 2000, 1191, 1196; *Mechlem/Melms* DB 2000, 1614, 1615; *Lembke* BB 2001, 1469, 1474; Küttner/*Röller* Aktienoptionen Rn. 11).

f) Heuer. Unter Heuer (§ 37 SeeArbG) ist die Arbeitsvergütung von Seeleuten auf Kauffahrtschiffen, die nach dem FlaggenrechtsG v. 8.2.1951 (BGBl. I S. 79) die Bundesflagge führen (§ 1 SeeArbG), zu verstehen. Basis der Vergütungsregelungen ist der Heuervertrag (§ 38 SeeArbG), durch den das Heuerverhältnis begr. wird. In dem Heuervertrag sind nach § 28 II Nr. 6 SeeArbG die Zusammensetzung und die Höhe der Heuer einschl. der Zuschläge, Zulagen, Prämien und Sonderzahlungen oder die für die Berechnung der Heuer zugrunde zu legende Formel sowie die Fälligkeit der Heuer aufzunehmen. Das Besatzungsmitglied hat schon vor Beginn des Heuerverhältnisses Anspruch auf Zahlung der Heuer für die Dauer der notwendigen Anreise zum vereinbarten Ort des Dienstantritts (§ 37 II SeeArbG) sowie auf Ersatz der notwendigen Fahrt- und Gepäckbeförderungskosten und auf ein angemessenes Tage- und Übernachtungsgeld (§ 31 SeeArbG). Gem. § 38 SeeArbG bemisst sich die Heuer nach Kalendermonaten. Bei Berechnung der Heuer für einzelne Tage wird der Kalendermonat zu 30 Tagen gerechnet. Die Heuer ist gem. § 38 II SeeArbG mit Ablauf eines jeden Kalendermonats oder bei Beendigung des Heuerverhältnisses fällig. Stehen variable Bestandteile der Heuer bei Ablauf des Kalendermonats noch nicht fest, werden sie mit Ablauf des Kalendermonats fällig, in dessen Verlauf sie erstmals der Höhe nach feststehen oder billigerweise festgestellt werden können. Stehen Anteile an Fracht, Gewinn oder Erlös bei Ablauf des Kalendermonats noch nicht fest, kann das Besatzungsmitglied eine Abschlagszahlung in ungefährer Höhe des bis dahin verdienten Anteils der Heuer verlangen. Die Heuer ist grds. in Euro zu berechnen und auszuzahlen (§ 39 SeeArbG). Der Reeder hat dem Besatzungsmitglied bei Fälligkeit eine Abrechnung in Textform (§ 126b) zu erteilen und ihm unverzügl. auszuhändigen (§ 40 I SeeArbG). § 51 SeeArbG enthält Vergütungsregelungen für Mehr- und Nachtarbeit sowie Sonn- und Feiertagsarbeit. 506

g) Bedienungsgelder. Das Bedienungsgeld kann als prozentualer Aufschlag auf die Preise erhoben werden. Ob zum Warenwert, von dem das Bedienungsgeld zu berechnen ist, auch die Mehrwertsteuer gehört, bestimmt sich mangels näherer Vereinb. nach der Verkehrssitte (BAG 7.10.1971 AP BGB § 611 Kellner Nr. 6). Der AN erhebt das Geld für den AG; mit der Übergabe an den AN wird der AG Eigentümer (§§ 929, 868). Er hat jedoch seinerseits einen Lohnanspruch gegen den Wirt, der iHd. Bedienungsgeldes besteht. Wenn der AN das von ihm eingenommene Bedienungsgeld unmittelbar mit diesem Lohnanspruch verrechnet, so liegt Erfüllung durch Aufrechnung vor. Auch wenn dem AN ein tarifl. **Garantie(mindest)lohn** zusteht, findet eine solche Verrechnung statt, wobei der AG notfalls den zur Erreichung dieses Garantielohns erforderl. Fehlbetrag leisten muss. 507

Sind mehrere AN beschäftigt, sind zwei Verteilungssysteme zu unterscheiden: Beim **Serviersystem** (oder Revierkellnersystem) steht jedem AN das bei ihm aufkommende Bedienungsgeld zu. Dagegen wird beim **Tronc-System** das gesamte eingenommene Bedienungsgeld in eine gemeinsame Kasse gegeben und dann nach einem im Voraus festgelegten Schlüssel auf die einzelnen AN verteilt. Letzteres ist va. im Spielbankenbereich anzutreffen, in dem es den Beschäftigten verboten ist, Trinkgelder anzunehmen (vgl. § 15 I SpielbankG NW). Gegen die Vorschr. bestehen keine Bedenken (zur Frage der Gleichbehandlung BAG 6.11.2002 NZA 2003, 400). Der AG ist berechtigt, aus dem Tronc die AG-Anteile zur Sozialvers. zu begleichen (BAG 11.3.1998 NZA 1999, 387; vgl. a. 15.7.2009 NZA 2009, 1112 [LS]). Hier fließen alle Trinkgelder in den sog. Tronc, aus dem die AN ausschl. bezahlt werden. Der AG ist hier dem einzelnen AN zur Rechnungslegung verpflichtet (*Kossens* HwB AR 1720 Rn. 15). 508

Die Höhe der fortzuzahlenden Vergütung während des **Urlaubs** sowie im Krankheitsfall richtet sich nicht nach dem garantierten Mindestlohn, sondern nach dem tats. Verdienst. Dabei darf das Geld nicht dem Tronc entnommen werden, weil der AG sonst die wirtschaftl. Belastung auf die am Tronc beteiligten AN abwälzen würde (LAG BE 13.10.1964 AuR 1965, 283; *Salje* DB 1989, 324; **aA** Küttner/*Griese* Trinkgeld Rn. 4; *Kossens* HwB AR 1720 Rn. 22). 509

Da das Bedienungsgeld mit der Einziehung in das Eigentum des Wirts übergeht, können dessen Gläubiger seinen Herausgabeanspruch gegen das Bedienungspersonal **pfänden** und sich überweisen lassen. Der AN kann dann nicht aufrechnen, so dass sein Lohnanspruch weiterhin besteht. Die Gläubiger des Kellners können dessen Lohnanspruch gegen den Wirt pfänden und sich überweisen lassen. Dieser darf die Aufrechnung nicht weiter zulassen, da er sonst nach § 836 I ZPO haftet (RAG 26.6.1942 ARS 45, 191; BAG 22.5.1965 AP BGB § 611 Kellner Nr. 4; ArbG Göttingen 22.7.1957 AP BGB § 611 Kellner Nr. 1). Er muss vielmehr den gepfändeten Teil einbehalten bzw. vom Kellner einfordern und an den Gläubiger abführen (Staudinger/*Richardi/Fischinger* Rn. 1438). 510

Erhält das Bedienungspersonal vom Gast neben dem Rechnungsbetrag freiwillig einen zusätzl. Betrag, ein sog. **Trinkgeld** (ausf. hierzu *Birk* FS Säcker 2011 S. 189), so steht ihm dieses unmittelbar zu (LAG RP 9.12.2010 DB 2011, 881). Der AG ist verpflichtet, von Dritten erkennbar mit der Zweck- 511 bestimmung des Trinkgelds erlangte Geldbeträge an die begünstigten AN weiterzuleiten. Ist den AN die genaue Höhe der Trinkgeldeinnahmen unbekannt, ist der AG zur Auskunft verpflichtet (ArbG Gelsenkirchen 21.1.2014 BeckRS 2014, 66992). § 107 III 2 GewO definiert Trinkgeld als Geldbetrag, den ein Dritter ohne rechtl. Verpflichtung dem AN zusätzl. zu einer dem AG geschuldeten Leistung zahlt. Während im Dienstleistungsgewerbe (zB Hotels, Gaststätten, Taxi, Friseur) Trinkgelder übl. sind, ist deren Annahme bei Behörden oder dem TÜV pflichtwidrig. Besteht ein Anspruch auf die tarifl. Vergütung, so bleibt das Trinkgeld als freiwillige Zuwendung insoweit unberücksichtigt (Schaub/*Linck* § 68 Rn. 20; Küttner/*Griese* Trinkgeld Rn. 2). Trinkgelder gehören arbeitsrechtl. nicht zum Arbeitsverdienst, weil auf sie regelm. mangels entspr. Vereinb. kein Anspruch gegen den AG besteht, sondern sie als pers. Zuwendung aus einer bestimmten Motivationslage von Dritten erbracht werden. Sie gehören daher für Zeiten des Urlaubs, der AU und der BRTätigkeit nicht zum vom AG fortzuzahlenden Arbeitsentgelt (BAG 28.6.1995 NZA 1996, 252). Andererseits sollen bei der Höhe der Abfindung nach § 10 KSchG zum Monatsverdienst eines Kellners die erzielten Trinkgelder hinzuzurechnen sein (LAG D 18.2.1981 – 12 Sa 1534/80). Befindet sich in einer Gaststätte an der Kasse ein nicht näher gekennzeichnetes Sparschwein, in das die Gäste Geld werfen können, so soll der AG im Verhältnis zu den AN des Betriebs allein berechtigt sein, über die Verwendung des eingeworfenen Geldes zu entscheiden (ArbG D 15.6.1989 AiB 1990, 86). Dem kann so nicht gefolgt werden. Der AG ist verpflichtet, von Dritten erkennbar mit der Zweckbestimmung Trinkgeld erlangte Geldbeträge **an die begünstigten AN** weiterzuleiten. Eine sog. **Abschöpfungsklausel,** die den AN zur Herausgabe der Trinkgelder verpflichtet, benachteiligt die begünstigten AN **unangemessen** (§ 307, näher Preis/*Preis* II G 25 Rn. 19 ff.; **aA** *Dommermuth-Alhäuser/Heup* NZA 2015, 406 für den Fall einer wirkungsgleichen Anrechnungsklausel).

512 Die Möglichkeit, Trinkgelder zu erhalten, ist grds. **nicht als Naturalvergütung** anzusehen. Wird Trinkgeld ausnahmsweise vom AG als Naturalbezug geschuldet, wird die Lohnzahlungspflicht des AG (tw.) durch die Pflicht ersetzt, Einnahmen aus Trinkgeldern zu ermöglichen. Die Zahlung eines regelm. Arbeitsentgelts bzw. des allg. ges. Mindestlohns (§ 1 MiLoG) kann wegen des Trinkgeldes jedoch nicht ausgeschlossen werden (§ 107 III 1 GewO). Die vollständige Anrechnung ist danach nicht mögl. (vgl. ArbG K 27.1.2012 – 19 Ca 9160/10 – AuR 2012, 179 [LS]). Dies setzt zumindest eine – konkludente – Vereinb. der Arbeitsvertragsparteien voraus, die sich ua. daraus ergeben kann, wenn ein so geringes Festgehalt vereinbart wird, dass der AN ein für derartige Arbeitsleistung übl. Entgelt erst unter Einrechnung der erwarteten Trinkgelder erreichen kann (BAG 28.6.1995 NZA 1996, 252). Das ist auch im Kontext des Mindestlohnes zu beachten (vgl. MiLoG § 1 Rn. 7). Da das Trinkgeld dann vertragl. Vergütungsbestandteil ist, ist der AN ggü. dem AG zur **Auskunft** über die Höhe der erhaltenen Trinkgelder verpflichtet (Küttner/*Griese* Trinkgeld Rn. 5). Der Anspruch auf das Trinkgeld kann beim Wirt nicht gepfändet werden (vgl. RAG 8.10.1932 ARS 16, 116). Zu ihrer Beschlagnahme bedarf es notfalls der sog. Taschenpfändung (*Gräfl* HwB AR 1210 Rn. 70).

513 **h) Wegezeiten.** Für den Begriff der Wegezeit zeigt sich in der Praxis ein uneinheitl. Sprachgebrauch.

(1) Wegezeit ist zunächst die Zeit für die An- und Abfahrt des AN zum Betrieb des AG. Diese Fahrten sind keine Arbeitsleistung und daher nicht vergütungspflichtig. Entspr. aufgewendete Zeit gehört nicht zur AZ (BAG 8.12.1960 AP BGB § 611 Wegezeit Nr. 1; 21.12.2006 NZA 2008, 136).

513a (2) Wegezeit ist auch die Dauer der Hin- und Rückfahrt zu/von einem auswärtigen Arbeitsort im Rahmen einer Dienstreise (zur vergütungs- und arbeitszeitrechtl. Behandlung von Dienstreisen s. Rn. 516a).

514 (3) Wegezeit ist außerdem die auf dem **Weg von der Arbeitsstelle zum Arbeitsplatz** verbrachte Zeit (BAG 18.1.1990 NZA 1990, 890). Arbeitsstelle ist die Gesamtheit der Räumlichkeiten derjenigen Organisationseinheit innerhalb der Dienststelle/des Betriebes, der der Ang. angehört und in der sich sein Arbeitsplatz befindet. Typische Bsp. für den so eingegrenzten Begriff der Arbeitsstelle ist das Dezernat, die Abt., die Werkstatt oder im Krankenhausbereich die Station. Arbeitsplatz einer Krankenschwester ist daher nicht die Station (**aA** noch BAG 18.1.1990 NZA 1990, 890), sondern das Krankenbett, das Schwesternzimmer oder die Teeküche (BAG 28.7.1994 NZA 1995, 437). Ist daher die Pflegekraft eines Krankenhauses nur in einer bestimmten Station eingesetzt und hat sie ihre Dienstkleidung auf dieser Station an- bzw. auszuziehen, so ist für diese Pflegekraft die Wegezeit zwischen dem Eingang des Krankenhauses und der Station keine AZ iSd. § 15 VII BAT (LAG HM 11.11.1993 ZTR 1994, 157 [LS]). Liegt aber die Umkleideeinrichtung im Untergeschoss der Klinik, so kann nur die Zeit angerechnet werden, die der AN für den Umweg (vom Erdgeschoss zum Umkleideraum und zurück) benötigt. Die Strecke vom Erdgeschoss zur Station (Arbeitsstelle) muss unabhängig vom Aufsuchen des Umkleideraums zurückgelegt werden, und kann daher keine vergütungspflichtige AZ darstellen (*Dobberahn* Anm. AP BAT § 15 Nr. 32; MüArbR/*Anzinger* § 298 Rn. 20).

515 Umstr. ist, ob und inwieweit die **Zeit des Waschens und Umkleidens** zur AZ zählt (ausf. jetzt *Franzen* NZA 2016, 136 ff.; *Andritzky/Schneedorf* NZA 2016, 1379). ISd. ArbZG, also des ör. Arbeitsschutzes, stellt die Zeit für das Umkleiden und Waschen vor und nach der Arbeit keine AZ dar (BAG 25.4.1962 AP BGB § 611 Mehrarbeitsvergütung Nr. 6 zur früheren AZO). Vertragsrechtl. kommt es darauf an, ob und inwieweit sie – wie zB bei einem Model – zum Inhalt der geschuldeten Arbeits-

leistung gehört. Umkleiden und Waschen ist Arbeit, wenn sie der Befriedigung eines fremden Bedürfnisses dient (BAG 11.10.2000 NZA 2001, 458). Das ist nicht der Fall, wenn zugleich ein „eigenes Bedürfnis" befriedigt wird. Ist Dienstkleidung notwendig im Betrieb anzulegen, hat dort nach Beendigung der Tätigkeit zu verbleiben hat und darf der AN arbeitsschutzrechtl. ohne sie die Arbeit gar nicht aufnehmen, dient das Umkleiden vorwiegend dem fremden Bedürfnis des AG (BAG 26.10.2016 NZA 2017, 323; 13.12.2016 NZA 2017, 459 Rn. 23).

Die **Rspr.** ist je nach den Umständen **uneinheitl.:** So gehört bei einem Koch das An- und Ablegen seiner Berufskleidung nicht zu seiner vergütungspflichtigen AZ (BAG 22.3.1995 NZA 1996, 107); gleiches gilt mangels anderweitiger normativer Bestimmungen für die Umkleidezeit beim Flugpersonal (LAG BE 16.6.1986 LAGE BetrVG 1972 § 76 Nr. 24). Dagegen gehört die Zeit für das An- und Ablegen von Sicherheitsbekleidung zur vergütungspflichtigen AZ (BAG 13.12.2016 NZA 2017, 459; aA hins. des Verstoßes gegen § 3 III ArbSchG *Gaul/Hofelich* NZA 2016, 149, 151 f.); ebenso bei Müllwerkern die aus hygienischen Gründen erforderl. Umkleidung und Körperreinigung (ebenso bei Arbeitern in der Lebensmittelbranche, die Arbeitskleidung anlegen müssen (BAG 26.10.2016 NZA 2017, 323). Das Tragen der Berufs- und Bereichskleidung im OP-Bereich dient primär hygienischen Zwecken und damit betriebl. Belangen (BAG 19.9.2012 NZA-RR 2013, 63). Da die Arbeit in diesem Falle mit dem Umkleiden beginnt, zählen auch die innerbetriebl. Wege zur AZ, die dadurch veranlasst sind, dass der AG das Umkleiden nicht am Arbeitsplatz ermöglicht, sondern dafür eine vom Arbeitsplatz getrennte Umkleidestelle einrichtet, die der AN zwgd. benutzen muss (BAG 28.7.1994 NZA 1995, 437). In welchem zeitl. Umf. Umkleide- und innerbetriebl. Wegezeiten zur AZ zu rechnen sind, ergibt sich mangels anderweitiger Regelung aus den allg. Grds. der Leistungspflicht des AN. Ob aber diese „Arbeit" bei Fehlen bes. Abreden zu vergüten ist, richtet sich nach § 612 I, wonach erforderl. ist, dass diese Arbeit den Umständen nach „nur gegen eine Vergütung zu erwarten war" (hierzu § 612 Rn. 11). Dies ist in Ansehung der bestehenden vertragl. und kollektivvertragl. Vergütungsregeln zu beurteilen (zu TV BAG 11.10.2000 NZA 2001, 458; zu BV BAG 22.3.1995 NZA 1996, 107; 18.5.2011 EzA BGB 2002 § 611 Mehrarbeit Nr. 4; 12.12.2012 NZA 2013, 1158). Umkleidezeiten können zudem nach § 87 I Nr. 2 BetrVG zur verteilungspflichtigen AZ gehören (vgl. BAG 17.11.2015 NZA 2016, 247). 516

i) **Reisezeit.** Zeit, die der AN für eine Dienstreise aufwendet, ist Reisezeit. Eine Dienstreise besteht aus drei Phasen: (1) Hin- und Rückfahrt zum/vom auswärtigen Dienstort (2) Wahrnehmung des auswärtigen Dienstgeschäfts (3) Aufenthalt am auswärtigen Dienstort vor und nach Erledigung des Dienstgeschäfts (BAG 11.7.2006 NZA 2007, 155). Streng zu unterscheiden ist zwischen vergütungsrechtl., arbeitszeitrechtl. und mitbestimmungsrechtl. Dimension von Reisezeit (BAG 23.7.1996 AP BetrVG § 87 Ordnung des Betriebes Nr. 26). 516a

Reisetätigkeiten während der regulären AZ sind zu vergüten, soweit kollektiv- oder individualvertragl. nichts Abweichendes vereinbart ist. Sucht der AN während der AZ weisungs- oder vereinbarungsmäßig einen auswärtigen Dienstort auf, kann er dafür Vergütung beanspruchen (BAG 29.8.1991 NZA 1992, 67; 22.4.2009 NZA-RR 2010, 231; 12.12.2012 NZA 2013, 1158). Ob der AN darüber hinaus arbeitsbezogen tätig wird, ist nicht maßgebl. Der AG hat auch die von ihm veranlasste Untätigkeit, während derer der AN anwesend sein muss und nicht frei über die Nutzung seiner Zeit bestimmen kann, zu vergüten (BAG 20.4.2011 NZA 2011, 917, 919 [als Beifahrer auf einem LKW verbrachte Zeiten]). Reist der AN direkt von seinem Wohnort an den auswärtigen Dienstort und zurück, kann er für die Wegezeiten zwischen seinem Wohnort und dem Betrieb des AG keine Vergütung verlangen (vgl. BAG 8.12.1960 AP BGB § 611 Wegezeit Nr. 19; Rn. 513). Eine Ausnahme gilt für Außendienstmitarbeiter ohne festen Arbeitsort. Ihre Fahrtzeiten vom eigenen Wohn- zum Standort des ersten und letzten Kunden sind vergütungspflichtige AZ (ebenso Küttner/*Griese* Dienstreise Rn. 5, jedoch mit unzutr. Verweisung auf EuGH 10.9.2015 NZA 2015, 1177. Diese Entsch. betrifft allein die arbeitszeitrechtl. Dimension von Reisezeit, s. Rn. 516c). Zu kollektivvertragl. Abweichungsmöglichkeit s. BAG 11.7.2006 NZA 2007, 155; 12.12.2012 NZA 2013, 1158 zu § 44 II TVöD; *Els* BB 1986, 2193. 516b

Formularmäßige Abweichungen vom Grds., dass Reisetätigkeiten während der AZ vergütungspflichtig sind, sind an §§ 305 ff. zu messen. **Unangemessen benachteiligend** iSd. § 307 I, II ist eine Vertragsklausel, wonach Reisezeiten während der übl. AZ keine vergütungspflichtige AZ sind (vgl. *Heins/Leder* NZA 2007, 249; s. §§ 305 bis 310 Rn. 92). 516c

Für angewiesene Reisetätigkeiten **außerhalb der regulären AZ**, die nicht zur geschuldeten Hauptleistung gehören, gilt § 612 (s. a. § 612 Rn. 18). Sie sind, sofern nicht nach den Umständen vom Gehalt abgedeckt, als Mehrleistung zu vergüten (LAG N 8.2.2011 BeckRS 2012, 73118; iE bestätigt durch BAG 27.6.2012 NZA 2012, 1147; vgl. auch BAG 3.9.1997 AP BGB § 611 Dienstreise Nr. 1, dort abgelehnt für einen höheren Ang. bei zwei Reisestunden zusätzl. zur tägl. AZ; zum Ganzen *Loritz* NZA 1997, 1188, 1193 f.). Will der AG Reisezeiten pauschaliert abgelten, muss er neben § 1 MiLoG insb. das Transparenzgebot nach § 307 I 2 beachten. Die Klausel, wonach Reisezeiten mit der Bruttomonatsvergütung abgegolten sind, ist intransparent, wenn sich aus dem Arbeitsvertrag nicht ergibt, welche „Reisetätigkeit" von ihr in welchem Umf. erfasst werden soll (BAG 20.4.2011 NZA 2011, 917; §§ 305 bis 310 Rn. 92). 516d

516e Für die **arbeitszeitrechtl. Einordnung von Reisezeit** ist die Unterscheidung von Reisetätigkeit während und außerhalb der regulären AZ nicht intendiert. AZRecht ist zwgd. ör. Arbeitsschutzrecht (BT-Drs. 12/5888, S. 19). Maßgebl. ist nicht § 2 I 1 ArbZG, sondern der unionsrechtl. AZBegriff nach Art. 2 Nr. 1 der RL 2003/88/EG (EuGH 9.9.2003 NZA 2003, 1019; 25.11.2010 NZA 2011, 53). AZ im arbeitsschutzrechtl. Sinn ist jede Zeitspanne, während der der AN arbeitet, dem AG zur Vfg. steht und seine Tätigkeit ausübt oder seine Aufgaben wahrnimmt (EuGH 10.9.2015 NZA 2015, 1177; zu den Bereitschaftsformen ArbZG § 2 Rn. 20 ff.). Gegenbegriff zur AZ im arbeitsschutzrechtl. Sinn ist die „Ruhezeit" (EuGH 9.9.2003 NZA 2003, 1019). Ob AZ oder Ruhezeit vorliegt, ist anhand obj. Merkmale unter Berücksichtigung des Regelungszusammenhangs und insb. des gesundheitsschützenden Zwecks der RL 2003/88/EG zu bestimmen (vgl. EuGH 1.12.2005 NZA 2006, 89; zu den Zwecken der RL ausf. PS/*Ulber D.* § 6 Rn. 11 ff.; 97 ff.). Der EuGH rekurriert auf den Gesundheitsbegriff aus der Satzung der WHO, wonach Gesundheit ein Zustand des vollständigen körperl., geistigen und sozialen Wohlbefindens ist (vgl. EuGH 9.9.2003 NZA 2003, 1019).

516f Nach diesen Grds. liegt unzweifelhaft AZ im arbeitsschutzrechtl. Sinn vor, wenn der AN **auf der/durch die Dienstreise ieS arbeitsbezogen tätig wird** (verfehlt BAG 11.7.2006 NZA 2007, 155; hierzu Rn. 516g). Deshalb sind Zeiten, in denen der AN ein Dienstgeschäft am auswärtigen Dienstort erfüllt, arbeitszeitrechtl. relevant. Gleiches gilt, wenn der AN auf den Wegen der Dienstreise, dh. Hin- und Rückfahrt zum/vom auswärtigen Dienstort **Akten oder E-Mails etc. bearbeitet** (vgl. hierzu BAG 22.2.1978 AP BAT § 17 Nr. 3; *Anzinger/Koberski* § 2 Rn. 21). Auch **Einsatzzeiten eines Außendienstmitarbeiters**, eingeschlossen die erste Fahrt zum Kunden und vom letzten Kunden zurück (EuGH 10.9.2015 NZA 2015, 1177; s. auch Rn. 516b) sowie Zeiten, in denen ein **Berufskraftfahrer** das ihm zugewiesene Fahrzeug steuert (*Heins/Leder* NZA 2007, 249, 250), sind AZ im arbeitsschutzrechtl. Sinn. Für letzteren Fall sind freil. § 21a ArbZG (s. die Kommentierung dort) und die einschlägigen gemeinschaftsrechtl. Vorschriften zum Straßentransport zu beachten (vgl. PS/*Ulber D.* § 6 Rn. 71 ff.).

516g Probl. sind Zeiten der **Dienstreise, während derer der AN nicht arbeitsbezogen ieS tätig wird**. Nach einer älteren Entsch. des BayOLG sind Wegezeiten für die Beförderung von AN in betriebseigenen KFZ von der Betriebsstätte zu einer auswärtigen Arbeitsstätte und zurück AZ im arbeitsschutzrechtl. Sinn (BayOLG 23.3.1992 NZA 1992, 811). Dem ist zuzustimmen. Das Führen eines Kfz. im Straßenverkehr ist mit nicht unerhebl. physischen und psychischen Belastungen für Fahrer und Beifahrer verbunden. Entspr. Fahrzeiten werden von den gesundheitsschützenden Normen des ArbZG erfasst (so auch *Baeck/Deutsch* § 2 Rn. 76). Irrelevant ist, ob der AN auf eigenen Wunsch mit einem (eigenen) KFZ reist (**aA** Hunold NZA 2006, 38, 40; *Baeck/Deutsch* § 2 Rn. 76). Der arbeitszeitrechtl. Gesundheitsschutz ist nicht disponibel.

516h Letzteres verkennt mitunter auch das BAG. Nach Ansicht des 9. Sen. sind die Dauer der Hin- und Rückfahrt einer Dienstreise keine AZ iSd. § 2 I ArbZG, wenn der AG nur vorgibt, für die Reise ein öffentl. Verkehrsmittel zu nutzen, und der AN die Wegezeiträume beliebig ausfüllen kann (BAG 11.7.2006 NZA 2007, 155; zust. etwa *Neumann/Biebl* § 2 Rn. 15; Schaub/*Vogelsang* § 156 Rn. 18). Soweit der Sen. zur Begr. ausführt, der AN werde nicht in einer den Mindestschutz des ArbZG auslösenden Weise beansprucht, weil er in einem öffentl. Verkehrsmittel ua. „nach Belieben arbeiten" könne, übersieht er den zwgd. Charakter des AZRechts. Die Entsch. vermag auch iÜ nicht zu überzeugen. Kann der AN seinen Aufenthaltsort außerhalb der betriebl. Arbeitsstätte nicht frei wählen und/oder wird sein Freizeitverhalten von Umständen, die der AG geschaffen hat, nicht unerhebl. gesteuert, ist nach der – maßgebl. – Rspr. des EuGH arbeitszeitrechtl. Schutz indiziert (EuGH 4.3.2011 BeckEuRS 2011, 570072). Gibt der AG vor, für die Dienstreise ein öffentl. Verkehrsmittel zu nutzen, kann der AN zwar seinen endgültigen Aufenthaltsort außerhalb der betriebl. Arbeitsstätte auswählen. Der AG begrenzt aber kraft seines Weisungsrechts die mögl. Aufenthaltsorte. Die örtl. Gegebenheiten eines öffentl. Verkehrsmittels schränken zudem die Entfaltungsmöglichkeiten des reisenden AN ein. Der AN wird sich regelm. nicht beliebig weit in seine individuelle Sozialsphäre zurückziehen können. Das gilt auch, wenn er nicht damit rechnen muss, ieS arbeitsbezogen beansprucht zu werden. Das Reisen mit einem öffentl. Verkehrsmittel kann physische und psychische Belastungen mit sich bringen, die der AN allein zu tragen hat, weil ihn der AG zur Nutzung eines öffentl. Verkehrsmittels anweist. Folgerichtig ist der Schutz des ArbZG generell auch auf Reisezeiten zu erstrecken, die der AN in einem öffentl. Verkehrsmittel verbringt.

517 **j) Auslösung.** Die Auslösung ist ein **pauschalierter Aufwendungsersatz**, der Fahrt-, Übernachtungs- und Verpflegungskosten, insb. im Montagebereich abdecken soll. Von G wegen existiert hierfür nur der Aufwendungsersatzanspruch nach § 670, der einen Anspruch auf Ersatz der konkret angefallenen und nachgewiesenen Einzelaufwendungen gibt. Die Pauschalierung dieser Aufwendungen in Form von Auslösungssätzen bedarf einer bes. Rechtsgrdl.; sie findet sich häufig in TV (vgl. BRTV-Bau; BundesmontageTV und der TV Auslösung und Fahrtkosten). Soweit die Erstattung durch TV abschl. geregelt ist, wird § 670 verdrängt (BAG 4.12.1974 AP TVG § 1 Tarifverträge: Bau Nr. 20; 29.7.1992 NZA 1993, 851; 14.2.1996 NZA 1996, 883). Zur Auslegung der TV über die Auslösung gibt es eine Vielzahl von BAG-Entsch. (vgl. AP TVG § 1 Auslösung). Die Ansprüche auf Auslösung und sonstige soziale Zulagen sind nach § 850a Nr. 3 ZPO unpfändbar, soweit sie den Rahmen des Übl. nicht übersteigen.

k) Naturalvergütung, Truckverbot; Personalrabatt. Zur Naturalvergütung und dem sog. Truckverbot vgl. § 107 GewO. In **Berufsausbildungsverhältnissen** dürfen Sachbezüge nur insoweit auf die Gesamtvergütung angerechnet werden, als sie nicht mehr als 75% der Bruttovergütung ausmachen (§ 17 II BBiG). Ist Gegenstand der Naturalvergütung die Gewährung von Kost und Logis (**Aufnahme in die häusl. Gemeinschaft**), so gelten für den AG bes. Fürsorgepflichten (§§ 617, 618 II, § 62 II HGB), bei deren Nichterfüllung er schadensersatzpflichtig werden kann (§ 618 III, § 62 III HGB). Naturalbezug kann auch die Verschaffung von Verdienstmöglichkeiten sein. Hierzu zählt aber nicht das Trinkgeld (vgl. Rn. 512; **aA** MüKoBGB/*Müller-Glöge* § 611 Rn. 709). Kann der AN für Zeiten, in denen die **Vergütung fortzuzahlen** ist, die Naturalbezüge nicht entgegennehmen oder ist ihm die Entgegennahme nicht zumutbar, so sind sie mit dem Betrag abzugelten, den der AN aufwenden muss, um sie auf dem freien Markt zu beschaffen (BAG 22.9.1960 AP BGB § 616 Nr. 27; LAG SH 2.9.1983 EzB BBiG § 10 II Nr. 1; MüKoBGB/*Müller-Glöge* § 611 Rn. 710; gilt nicht für Trinkgelder BAG 28.6.1995 NZA 1996, 252; Schaub/*Linck* § 68 Rn. 21; HzA/*Künzl* Gruppe 1/5 Rn. 1306). S. insoweit auch die Sonderregel für Auszubildende in § 19 II BBiG. 518

Auch **Personalrabatte** sind eine Form des Arbeitsentgelts, auch wenn hiermit die Arbeitsleistung nicht unmittelbar vergütet wird (MüArbR/*Krause* § 60 Rn. 12; MüKoBGB/*Müller-Glöge* § 611 Rn. 708; Schaub/*Linck* § 68 Rn. 16; **aA** LAG HB 28.7.1987 NZA 1987, 815). Steuerrechtl. werden sie als Arbeitsentgelt eingestuft (BFH 2.10.1968 DB 1969, 70). 519

Die in AGB über den Verkauf von Autos an Werksangehörige enthaltene Klausel, die den AN zur Nachzahlung des ihm eingeräumten Preisnachlasses (**„Werksangehörigenrabatt"**) verpflichtet, wenn das ArbVerh. vorzeitig endet, ist wegen Verstoßes gegen das Transparenzgebot (§ 307 I 2) unwirksam, wenn die Höhe des Preisnachlasses im Vertrag nicht angegeben wird (BAG 26.5.1993 NZA 1993, 1029). Auch ansonsten wird man solche Klauseln in Verträgen über Jahreswagen einer Inhaltskontrolle nach § 307 unterziehen müssen, da sie – ähnl. wie Rückzahlungsklauseln – eine Kündigungserschwerung enthalten (ähnl. Schaub/*Linck* § 68 Rn. 19; LAG HB 28.7.1987 NZA 1987, 815; MüArbR/*Krause* § 60 Rn. 13, der aber mangels der Regelmäßigkeit des Jahreswagenkaufs die zu Gratifikationen entwickelte Staffelung ablehnt und eine Bindungsdauer von 9 oder 12 Monaten für zulässig erachtet). 520

Hat ein AN ein Kfz. von seinem AG zu Vorzugsbedingungen für Werksangehörige erworben, so besteht auch für Rechtsstreitigkeiten über **Gewährleistungsansprüche** aus diesem Kaufvertrag die ausschl. Zust. der Gerichte für Arbeitssachen (OLG BS 10.2.1993 NJW-RR 1994, 64). 521

l) Dienstwagen mit Privatnutzung. Die Überlassung eines Firmenwagens ist dann Naturalbezug und damit Arbeitslohn, wenn der AN den Wagen auch **für private Zwecke** nutzen kann (BAG 23.6.1994 NZA 1994, 1128; 14.12.2010 NJW 2011, 1469). Sie ist daher auch bei der Pfändung zu berücksichtigen. Außerdem ist sie geldwerter Vorteil und Sachbezug und damit steuer- und abgabenpflichtiger Teil des geschuldeten Arbeitsentgelts. Als Teil der **Arbeitsvergütung** stellt die Gebrauchsüberlassung regelm. eine zusätzl. Gegenleistung für die geschuldete Arbeitsleistung dar (BAG 19.12.2006 NZA 2007, 809; 21.3.2012 NZA 2012, 616 Rn. 15 mwN). Deshalb hat der AN auch einen Hauptleistungsanspruch auf ein Kfz das auch zumutbar privat nutzbar ist (verneint für einen Leichenwagen; LAG K 19.11.2009 – 7 Sa 879/09 – BeckRS 2010, 73541). Von daher ist auch die Ausübung eines vorbehaltenen Widerrufs mit transparentem Widerrufsgrund nur nach billigem Ermessen (BAG 17.9.1998 AuR 1999, 111 [LS]; *Nägele* NZA 1997, 1196, 1200) und bei Wahrung der allg. Anforderungen an die Ausgestaltung eines Widerrufsvorbehalts zulässig (BAG 19.12.2006 NZA 2007, 809; 13.4.2010 NZA-RR 2010, 457; krit. zu den Anforderungen *Hunold* NZA 2010, 1276; *Gaul/Kaul* BB 2011, 181). Eine Widerrufsklausel ist nach § 308 Nr. 4 nicht zu beanstanden, wenn der **Widerrufsvorbehalt** mit einem transparenten Widerrufsgrund versehen ist, zB im Falle einer (wirksamen) Freistellung des AN von der Arbeitspflicht (BAG 21.3.2012 NZA 2012, 616). Allerdings muss auch die Ausübung billigem Ermessen entsprechen, woran es fehlt, wenn der AN keinen finanziellen Ausgleich für die entfallene Privatnutzung erhält (aA Schaub/*Linck* § 68 Rn. 12). Weiterhin ist der Naturalbezug im Rahmen nachvertragl. Wettbewerbsverbote bei der Berechnung der Karenzentschädigung zu berücksichtigen (BAG 8.11.1994 NZA 1995, 631; Schaub/*Vogelsang* § 55 Rn. 79; *Dombrowski/Zettelmeyer* NZA 1995, 155). Ob die private Nutzung eines Dienstfahrzeugs bei der Ruhegeldberechnung zu berücksichtigen ist, richtet sich nach der Versorgungsordnung und ist zu verneinen, wenn diese den Begriff des ruhegeldfähigen Einkommens eng fasst, um die Bemessungsgrdl. von Zufälligkeiten und Einflussnahmen des AN freizuhalten (BAG 14.8.1990 NZA 1991, 104). 522

Der zu Privatfahrten überlassene Dienstwagen ist dem AN auch dann zu überlassen, wenn er aus pers. Gründen (Arbeitsverhinderung, Krankheit) an der Arbeitsleistung verhindert ist (*Nägele,* Der Dienstwagen, S. 139). Das gilt bei einem unwiderrufl. überlassenen Dienstwagen auch während der Mutterschutzfristen (BAG 11.10.2000 NZA 2001, 445; LAG K 12.3.2015 – 7 Sa 973/14 – BeckRS 2015, 72933) oder in der Freistellungsphase der ATZ (LAG RP 12.3.2015 NZA-RR 2015, 291). Die Überlassung ist aber nur so lange geschuldet, wie der AG überhaupt Arbeitsentgelt leisten muss, und sei es – wie im Fall von Krankheit – ohne Erhalt einer Gegenleistung (BAG 14.12.2010 NJW 2011, 1469). Im Einzelfall kann sich die Verpflichtung des AN ergeben, den Wagen während der Arbeitsverhinderung an den AG zurückzugeben, wenn er zur Dienstverrichtung einer Ersatzkraft gebraucht wird (Mü- 523

KoBGB/*Müller-Glöge* § 611 Rn. 705; MüArbR/*Krause* § 60 Rn. 7). In diesem Fall hat der AN Anspruch auf Wertersatz (MüKoBGB/*Müller-Glöge* § 611 Rn. 705). Mit dem Ende des EFZZeitraums kann der AG dem AN den Dienstwagen entschädigungslos entziehen, sofern sich aus den arbeitsvertragl. Vereinb. nichts Abweichendes ergibt (LAG K 29.11.1995 NZA 1996, 986; 22.6.2001 NZA-RR 2001, 523; *Meier* NZA 1997, 298). Bei Beendigung des ArbVerh. ist der Dienstwagen zurückzugeben. Unwirksam ist eine Vertragsklausel, die den AN verpflichtet, einen ihm zur Privatnutzung überlassenen Dienstwagen zurückzugeben und dennoch für die restl. Laufzeit des Leasingvertrags die anfallenden Raten in einem Einmalbetrag zu zahlen (BAG 9.9.2003 NZA 2004, 484). Hat der AN die Kündigung mit der Kündigungsschutzklage angefochten, so folgt die Rückgabe des Dienstwagens den Regeln des Weiterbeschäftigungsanspruchs (vgl. dazu BAG 27.2.1985 NZA 1985, 702). Der Dienstwagen ist also – nach Ablauf der Kündigungsfrist – zunächst zurückzugeben. Spricht das ArbG dem AN einen Weiterbeschäftigungsanspruch zu, hat er wiederum Anspruch auf den Dienstwagen. Stellt sich später heraus, dass der AG sich mit der Überlassung des Dienstwagens in Verzug befand, so schuldet er Wertersatz nach § 615 (BAG 23.6.1994 NZA 1994, 1128; MüKoBGB/*Müller-Glöge* § 611 Rn. 706).

524 Die zT früher vertretene Auff., wonach eine Vereinb., dass das Dienstfahrzeug **entschädigungslos** an den AG herauszugeben ist, wenn der AN von der Erbringung der Arbeitsleistung freigestellt ist (*Pauly* AuA 1995, 381, 384; *Nägele* BB 1994, 2277, 2278; von BAG 23.6.1994 NJW 1995, 348 offengelassen; für die Vereinb. einer Austauschmöglichkeit gegen ein anderes Kfz. *Meier* NZA 1997, 298, 299; Einzelfall des Prozessvergleichs BAG 5.9.2002 NZA 2003, 973), kann mit den vorst. Grds. nicht wirksam vereinbart werden. Die gegenteilige Entsch. des BAG (17.9.1998 AuR 1999, 111 [LS]), kann unter Geltung des AGB-Rechts nicht aufrechterhalten werden (vgl. BAG 19.12.2006 NZA 2007, 809; 13.4.2010 NZA-RR 2010, 457). In der Entsch. des BAG 21.3.2012 NZA 2012, 616 wird zwar großzügig eine Vertragsklausel für wirksam erachtet, wonach bei Freistellung des AN die Überlassung des PKW widerrufen werden kann. Sofern allerdings der PKW zur Privatnutzung überlassen ist, muss der AG nach iE zutr. Ansicht bei der Ausübung des Widerrufs das Nutzungsinteresse des AN berücksichtigen und ausgleichen. Entzieht der AG dem AN den PKW ohne Wahrung der Kündigungs- bzw. einer Auslauffrist, ist eine Nutzungsausfallentschädigung auf der Grdl. der steuerl. Bewertung der privaten Nutzungsmöglichkeit mit mtl. 1% des Listenpreises des PKW im Zpkt. der Erstzulassung anerkannt.

525 Hat der AG dem AN nach §§ 280 I, 283, 251 **Schadensersatz** wegen unterbliebener Bereitstellung eines PKW auch zur privaten Nutzung zu leisten und nutzt der AN seinen gleichwertigen privaten Pkw, kann er nur die hierfür aufgewendeten Kosten ersetzt verlangen. Der erlittene Schaden muss konkret dargelegt werden (BAG 16.11.1995 NZA 1996, 415). Bei der unberechtigten Entziehung eines auch zur privaten Nutzung überlassenen Firmenwagens kann der AN mind. den Betrag verlangen, den er benötigt, um auf dem freien Markt ein gleichwertiges Fahrzeug unterhalten zu können. Er ist nicht auf die Erstattung des steuerl. Vorteils beschränkt. Zur Ermittlung dieses Betrags kann mit Einschränkungen auf die alljährl. vom ADAC veröffentlichten Kostentabellen zurückgegriffen werden, da sich aus ihnen ergibt, welche Kosten dem AN durch die Überlassung des Firmenfahrzeugs erspart bleiben, aber nur, soweit in diesen nicht Kosten enthalten sind, die der AG nicht zu tragen hat (BAG 16.11.1995 NZA 1996, 415; LAG RP 23.3.1990 BB 1990, 1202; LAG K 4.3.1994 BB 1994, 1719; *Gruss* BB 1994, 71; *Pauly* AuA 1995, 381, 382 f.; **aA** bei auch dienstl. Gebrauch LAG HM 10.4.1991 BB 1991, 1496; *Marschner* AR-Blattei SD 1380 Rn. 23; MüArbR/*Krause* § 60 Rn. 9; Küttner/*Griese* Dienstwagen Rn. 12 f., da diese Tabellen nur auf eine ausschl. private Nutzung abstellen und daher auf einen geringeren Nutzungswert nach der lohnsteuerrechtl. Vorteilsermittlung abzustellen sei).

526 Eine abstrakt nach der Tabelle von *Sanden/Danner/Küppersbusch* ermittelte **Nutzungsausfallentschädigung** steht ihm nicht zu (BAG 16.11.1995 NZA 1996, 415; 27.5.1999 NZA 1999, 1038; MüArbR/*Krause* § 60 Rn. 10; **aA** *Pauly* AuA 1995, 381, 383 aber zeitl. begrenzt bis zur Güteverh.). Bei den zur privaten Nutzung überlassenen Dienst-Pkw ist indes nicht jede abstrakte Schadensberechnung abgeschnitten. Dabei entspricht es st. Übung, die steuer- und sozialversicherungsrechtl. maßgebl. Bewertungsfaktoren heranzuziehen, wenn eine Naturalvergütung wegen Zeitablaufs nicht mehr geleistet werden kann und deshalb dem AN Geldersatz zu leisten ist (vgl. § 615 Rn. 78). Nach Auff. des BAG ist zu berücksichtigen, dass der Gesetzgeber durch die Einfügung von § 6 I Nr. 4 EStG eine ges. Grdl. für die steuerl. Bewertung der privaten Nutzung eines Kfz. mit Wirkung ab dem Veranlagungsjahr 1996 geschaffen und damit die früheren Regelungen (vgl. Abschn. 31 VII LohnsteuerRL) bestätigt hat. Deshalb liege es im Rahmen richterl. Ermessens, den Wert der privaten Nutzung eines Kfz. für jeden Kalendermonat mit 1% des inländischen Listenpreises im Zpkt. der Erstzulassung zzgl. der Kosten für Sonderausstattungen einschl. Umsatzsteuer anzusetzen (BAG 27.5.1999 NZA 1999, 1038; 21.3.2012 NZA 2012, 616; krit. hierzu *Meier* NZA 1999, 1083; zust. Küttner/*Griese* Dienstwagen Rn. 13). Nach § 8 II 4 EStG steht dem AN auch eine konkrete Berechnung nach der sog. „Fahrtenbuchmethode" offen (vgl. BFH 3.9.2015 NJW 2015, 3743). Der Anspruch besteht auch dann, wenn der AN das Fahrzeug auf die unberechtigte Rückforderung ohne weiteres zurückgegeben hat; den AN trifft insoweit kein Mitverschulden (BAG 23.6.1994 NZA 1994, 1128; *Pauly* AuA 1995, 381, 384; krit. insoweit die Anm. von *Nägele* BB 1994, 2277, 2278).

m) Sondervergütungen. aa) Begriff. Unter den Begriff der Sondervergütungen (Sonderzahlungen, Sonderzuwendungen) sind alle Leistungen des AG zu fassen, die nicht regelm. mit dem Arbeitsentgelt ausgezahlt werden, sondern aus bestimmten Anlässen oder zu bestimmten Terminen gewährt werden (*Lipke/Dreher* HzA Gruppe 3). Der Gesetzgeber verwendet in § 4a EFZG den Begriff der Sondervergütung, ohne ihn zu präzisieren. Dagegen definiert § 23a I 1 SGB IV den Begriff des „einmalig gezahlten Arbeitsentgelts" mit Zuwendungen, die dem Arbeitsentgelt zuzurechnen sind und nicht für die Arbeit in einem einzelnen Entgeltabrechnungszeitraum gezahlt werden. Vorbild dieser Regelungen waren Vorschläge in den E-ArbVG SN und BB (§ 50). In diesen Entwürfen sind Sondervergütungen präziser als Leistungen definiert, „die der AG zusätzl. zum lfd. Entgelt erbringt und die nicht in jedem Abrechnungszeitraum fällig werden". Unter diese Definition lassen sich alle traditionell unter verschiedene Begriffe gefassten Sondervergütungen fassen (Gratifikation, 13. Monatsgehalt, Jahresabschlussvergütung, Sondervergütung, Weihnachtsgeld, Urlaubsgeld, Jubiläumszuwendungen). **„Weihnachtsvergütungen"** sind nach § 850a Nr. 4 ZPO unpfändbar bis zum Betrag der Hälfte des mtl. Arbeitseinkommens, höchstens aber bis zum Betrag von 500,00 Euro (BAG 18.5.2016 NZA 2016, 840). Sondervergütungen aller Art haben prinzipiell **Entgeltcharakter**; sie sind – auch bei freiwilliger Gewährung – nicht als Schenkung des AG zu qualifizieren (BAG 18.1.1978 AP BGB § 611 Gratifikation Nr. 92; 23.10.2002 NZA 2003, 557; *Freitag* NZA 2002, 294). Schenkungen iSd. §§ 516 ff. werden nur bei pers. unentgeltl. Zuwendungen im Einzelfall anzunehmen sein (pers. Geschenk des AG zu pers. Anlässen). Auch schadensrechtl. stellen sie Entgelt für geleistete Arbeit dar (BGH 7.5.1996 NZA 1996, 972). In dogmatischer Hinsicht lässt sich eine Unterscheidung zwischen lfd. Arbeitsentgelt und Sonderzahlung nicht treffen (insoweit zutr. BAG 30.7.2008 NZA 2008, 1173, 1178; *Lembke* NJW 2010, 257, 262). 527

bb) Auslegung. Welche Rechtsqualität die Sondervergütung im Einzelfall hat, ist durch Auslegung zu ermitteln. Bei der Auslegung kommt es nicht auf den von den Parteien gewählten Begriff, sondern auf die in der Vereinb. festgelegten Anspruchsvoraussetzungen an. Es ist in erster Linie dem **Inhalt der Zusage** zu entnehmen, unter welchen Voraussetzungen ein Anspruch entsteht, gekürzt werden kann oder ein Anspruch ausgeschlossen ist (BAG 16.3.1994 NZA 1994, 747; 17.4.1996 NZA 1997, 55; 12.10.2010 NZA 2011, 695). Die Zusage der Zahlung von Gratifikationen und die Verweisung auf RL des AG kann aus Sicht verständiger Vertragspartner nur so verstanden werden, dass der AN einen vertragl. Anspruch auf Gratifikationen und sonstige Leistungen hat, wie sie in dem Unternehmen jeweils gezahlt werden (BAG 18.4.2012 NZA 2012, 791). Auf den Zweck einer Sondervergütung kann nur abgestellt werden, wenn sich dieser hinreichend klar aus der Vereinb. selbst ergibt. Sofern nicht ausnahmsweise eine ausgehandelte Individualabrede vorliegt, sind die Auslegungsgrds. des AGB-Rechts einschl. der Unklarheitenregel (hierzu §§ 305 bis 310 Rn. 31 ff.) zu beachten. Die Bezeichnung eines 13. Gehalts als „freiwillige Leistung" ist nicht geeignet, einen Anspruch auszuschließen (BAG 17.4.2013 NZA 2013, 787; LAG HH 11.6.2015 LAGE BGB 2002 § 611 Grafikation Nr. 27 Rev. 10 AZR 368/15). Die **bisherige Rspr.** unterschied insoweit zwischen Jahressonderzahlungen mit reinem Entgeltcharakter, zur Belohnung vergangener oder künftiger Betriebstreue sowie mit „Mischcharakter" (hierzu Rn. 534 ff.). Diese Rspr. ist nach der Entsch. des BAG v 18.1.2012 NZA 2012, 561 **aufzugeben** (ausf. zum Wandel der Dogmatik *Preis* SR 2012, 101; bestätigt durch BAG 13.11.2013 NZA 2014, 368; *Preis/Lukes* Anm. zu AP BGB § 611 Gratifikation Nr. 303; *Ceruti* DB 2014, 2167). Nach diesen Entsch. kann eine **Sonderzahlung mit Mischcharakter**, die jdf. auch Vergütung für bereits erbrachte Arbeitsleistung darstellt, nicht vom ungekündigten Bestand des ArbVerh. zu einem Zpkt. außerhalb des Bezugszeitraums der Sonderzahlung abhängig gemacht werden. Regelm. kann eine **arbeitsleistungsbezogene Sonderzahlung** nicht einmal vom Bestand des ArbVerh. am 31.12. des betr. Jahres abhängig gemacht werden, sondern ist **pro rata temporis** im Ausscheidensfalle im Kj. zu gewähren (BAG 13.11.2013 NZA 2014, 368). Auch wenn sich diese Entsch. auf die Kontrolle von Stichtagsklauseln beschränkt, deren benachteiligende Wirkung im Entzug der Vergütung für erbrachte Arbeitsleistung liegt, hat diese Fortentwicklung auch Bedeutung für andere Klauselgestaltungen. Die schwer nachvollziehbare Zweckbetrachtung der früheren Rspr. basiert auf einer rechtsfortbildenden Theoriebildung, die im Lichte der seit dem 1.1.2002 anwendbaren §§ 305 ff. nicht mehr gerechtfertigt erscheint. Der 10. Sen. hat diese Skepsis ggü. dieser Differenzierung jetzt geteilt und schon 2009 ausgeführt, von den früher vielfach verwendeten Formulierungen „Sonderleistung mit Mischcharakter" oder „Arbeitsentgelt ieS" oder „Arbeitsentgelt iwS" in seiner jüngeren Rspr. bewusst abgesehen zu haben, da der AG idR jede Sondervergütung im Hinblick auf das ArbVerh. und die Verpflichtung des AN zur Leistung der versprochenen Dienste erbringt (BAG 1.4.2009 AP BGB § 242 Betriebliche Übung Nr. 84). 528

Für **tarifl. Sonderzahlungen** gilt das Kontrollregime der §§ 305 ff. nicht; hier kann es abw. Grds. zur Kontrolle div. Klausel geben, weil die Rspr. den TVParteien wegen Art. 9 III GG einen größeren Gestaltungsspielraum einräumt (BAG 25.9.2013 NZA 2014, 52; 13.11.2013 NZA 2014, 368 Rn. 35). Allerdings hatte das BAG die Zweckbetrachtung längst so modifiziert, dass sich bei TV die Zwecke klar aus der gewählten Formulierung ergeben müssen (vgl. BAG 5.8.1992 NZA 1993, 130; 16.3.1994 NZA 1994, 747 unter Aufgabe der früheren Rspr.; 25.9.2013 NZA 2014, 52). Für **vertragl. Sonderzahlungen** gilt nunmehr Ähnliches: Viele Regelungen über Sonderzahlungen sind unklar formuliert, zB 528a indem sie widersprüchl. Zwecke vermengen. Sie unterfallen nunmehr dem Regime der AGB-rechtl. Auslegung, das bedeutet, **obj. Auslegung** nach den Verständnismöglichkeiten des durchschnittl. Vertragspartners und Anwendung der Unklarheitenregel (§ 305c II, vgl iE §§ 305 bis 310 Rn. 31 ff.). Darüber hinaus unterliegen Hauptabreden, wie sie Vergütungsabreden darstellen, der Transparenzkontrolle (§ 307 I 2 iVm. § 307 III 2). Klauseln, die die Sonderzahlungszusage ausschließen oder relativieren, unterliegen als **Nebenabreden** zusätzl. der Angemessenheitskontrolle nach Maßgabe der §§ 307 ff. IZw. liegt eine arbeitsleistungsbezogene Sondervergütung vor, die zeitant. erdient ist und nicht mehr durch eine zusätzl. Stichtagsklausel sachwidrig entzogen werden kann (jetzt a. BAG 18.1.2012 NZA 2012, 561; s. Rn. 534a). IE richtig hat das BAG daher bereits erkannt, dass ein vertragl. zugesagtes Weihnachtsgeld, das keinerlei einschränkende Voraussetzungen enthält, ausschl. als Gegenleistung für die Arbeitsleistung geschuldetes Arbeitsentgelt ist (BAG 21.5.2003 EzA BGB 2002 § 611 Gratifikation, Prämie Nr. 8). Sonderzahlungen sind iZw. als Arbeitsentgelt ieS zu verstehen (LAG D 27.6.1996 NZA-RR 1996, 441 f.). Wird aber eindeutig ein Weihnachtsgeld als freiwillige Leistung ohne jeden Rechtsanspruch bezeichnet, dessen Gewährung und Höhe erst im November festgelegt wird, ist ein ratierl. Anspruch ausgeschlossen, wenn der AN zu diesem Zpkt. nicht mehr in einem ArbVerh. steht (BAG 10.12.2008 NZA 2009, 322).

529 **cc) Anspruchsgrundlagen; freiwillige Leistung.** Ges. Verpflichtungen zur Leistung von Jahresvergütungen bestehen nicht. Es bedarf einer bes. Rechtsgrdl., die typischerweise in Regelungen von TV, freiwilligen BV (§ 88 BetrVG) sowie arbeitsvertragl. Einzelabreden, Einheitsregelungen oder Gesamtzusagen enthalten sein können (hierzu Rn. 314 ff.). Ferner können Ansprüche auf Sondervergütungen aus betriebl. Übung (Rn. 220) oder Gleichbehandlungsgrds. (Rn. 572 ff.) entstehen.

530 Ein unbedingter Anspruch auf die Jahressonderzahlung bestand nach bisheriger Rspr. nicht, wenn sich der AG im Arbeitsvertrag die Gewährung der Sonderzuwendung als freiwillige Leistung vorbehalten hat (so BAG 10.5.1995 NZA 1995, 1096; *Freitag* NZA 2002, 294, 295) oder im Arbeitsvertrag ausdr. hervorgehoben ist, dass ein Recht bzw. ein Anspruch auf die Sonderzuwendung überhaupt nicht besteht (so BAG 28.2.1996 NZA 1996, 758). Diese Rspr. ist im Kern obsolet. Denn die Zusage einer freiwilligen Leistung mit einem gleichzeitigen Freiwilligkeitsvorbehalt zu versehen, ist widersprüchl., intransparent und idR unangemessen benachteiligend gem. § 307 (s. näher §§ 305 bis 310 Rn. 68 ff.; BAG 30.7.2008 NZA 2008, 1173; 20.2.2013 NZA 2013, 1015;13.11.2013 NZA 2014, 368 Rn. 39; *Preis/Lukes* Anm. zu AP BGB § 611 Gratifikation Nr. 303).

531 Sagt der AG eine Sonderleistung (Gratifikation, Personalrabatt etc.) **ohne Vorbehalt** zu, kann er diese nicht mit der Begr. widerrufen, die Leistung liege in seinem Ermessen (BAG 14.6.1995 NZA 1995, 1034).

532 Die gesamte Rspr. des BAG zu Sonderzahlungen ist – zu Recht – im Umbruch (ausf. *Preis* SR 2012, 101; *Reinecke* BB 2014, 437). So muss sich der AG an seinen Ankündigungen festhalten lassen. Intransparenzen gehen zu seinen Lasten. Wird in allg. Arbeitsbedingungen unter dem Freiwilligkeitsvorbehalt eine Gratifikation für AN in Aussicht gestellt, deren „ArbVerh. während des ganzen Jahres bestanden hat und im Auszahlungszpkt. nicht gekündigt ist", so ist der AG – im Gegensatz zu früherer Rspr. – gehindert, künftig den Personenkreis auch anders zu bestimmen und etwa AN, deren ArbVerh. ruht, von der Leistung auszunehmen. Auch erscheint es nicht gerechtfertigt, dass der AG bei freiwilligen Leistungen AN, die im Laufe des Bezugsjahres ausgeschieden sind, auch dann von der Leistung ausnimmt, wenn er den im Laufe des Bezugsjahres neu eingetretenen AN die Leistung ant gewährt (BAG 8.3.1995 NZA 1996, 418). Entscheidend ist, wie ein obj. Durchschnittsbetrachter die vertragl. Festlegungen des AG verstehen durfte. Seit der Entsch. des BAG 30.7.2008 NZA 2008, 1173 ist es nicht mehr legitimierbar, grob widersprüchl. Verhalten des AG mit dem Freiwilligkeitsvorbehalt zu rechtfertigen.

533 Auch ohne ausdr. vertragl. Zusage kann ein Anspruch des AN auf Zahlung einer Sondervergütung entstehen. Große Bedeutung hat zunächst der **Gleichbehandlungsgrds.** (Rn. 535). Zu beachten sind ferner konkludente Vertragsabreden, etwa über Bonuszahlungen, die sich aus der jährl. Zahlung iVm. dem tats. Verhalten des AG ergeben können (BAG 21.4.2010 NZA 2010, 808; 13.5.2015 NZA 2015, 992, zust. *Lukes* Anm. zu AP BGB § 611 Gratifikation Nr. 304). Traditionell ist dies schließl. auf Grund **betriebl. Übung** der Fall, wenn der AG dreimal in Folge (stRspr. BAG 4.5.1999 NZA 1999, 1162; 8.12.2010 NZA 2011, 628) vorbehaltlos eine Jahressonderzahlung erbringt. Selbst zur Verhinderung der betriebl. Übung ist nach der neueren Rspr. der pauschale Freiwilligkeitsvorbehalt nicht mehr geeignet (vgl. BAG 14.9.2011 NZA 2012, 81; näher §§ 305 bis 310 Rn. 68 ff.; sowie Rn. 222).

534 **dd) Anspruchsvoraussetzungen, Zwecke der Sondervergütungen.** Die Entstehung des Anspruchs kann nach freier Vereinb. von verschiedenen Voraussetzungen abhängen, ua. auch von Warte- und Betriebszugehörigkeitszeiten (BAG 8.12.1993 AP TVG Tarifverträge: Einzelhandel § 1 Nr. 40). Eine Sondervergütung mit sog. „reinem Entgeltcharakter" belohnt **ausschl.** die **tats. erbrachte Arbeitsleistung** im Bezugsjahr, dh. sie wird, wie die lfd. Arbeitsvergütung, in den jeweiligen Abrechnungsmonaten verdient, jedoch aufgespart und erst am vereinbarten Fälligkeitstag ausbezahlt (BAG 19.4.1995 NZA 1996, 133; 11.10.1995 NZA 1996, 432). Sie hängt somit ausschl. von der im Bezugsjahr erbrachten tats. Arbeitsleistung ab. Eine Sondervergütung, kann aber auch derart ausgestaltet sein, dass

mit ihr ausschl. **vergangene und/oder künftige Betriebstreue** bzw. Betriebszugehörigkeit belohnt wird (Gratifikation ieS). Vergangene Betriebstreue (= ununterbrochene Betriebszugehörigkeit in der Vergangenheit) wird ausgegl., wenn es für den Anspruch auf die Sonderzahlung ausschl. auf die Dauer der rechtl. Zugehörigkeit des AN zum Betrieb seines AG ankommt (BAG 18.1.1978 AP BGB § 611 Gratifikation Nr. 92). Sichergestellt wird die Belohnung vergangener Betriebstreue dadurch, dass der AN an einem bestimmten **Stichtag** (üblicherweise 30.11. eines Kj.) noch im ArbVerh. zum AG steht (BAG 13.6.1991 EzA BGB § 611 Gratifikation, Prämie Nr. 86; zum **Jubiläumsgeld** BAG 9.4.2014 NZA 2014, 1038). Die Belohnung künftiger Betriebstreue wird dadurch sichergestellt, dass für die Entstehung des Sonderzahlungsanspruchs der rechtl. Fortbestand des ArbVerh. über einen Stichtag (üblicherweise 30.11.) hinaus bis zum Ende eines dem AN noch zumutbaren Bindungszeitraums maßgebend ist (BAG 25.4.1991 NZA 1991, 765). Eine derartige zukunftsbezogene Stichtagsregelung ist va. dann gegeben, wenn bestimmt ist, dass das ArbVerh. an dem Stichtag (30.11.) ungekündigt fortbesteht. Sondervergütungen, mit denen ausschl. Betriebstreue, nicht aber zusätzl. Arbeitsleistung honoriert werden soll, sind selten.

Zweifel werfen die **Sondervergütungen mit sog. „Mischcharakter"** auf, die sowohl die im Bezugs- **534a** jahr erbrachte Arbeitsleistung als auch die in der Vergangenheit und/oder Zukunft erwiesene Betriebstreue bzw. Betriebszugehörigkeit belohnen wollen. Solche Sondervergütungen sind zwar noch in TV festzustellen (vgl. etwa BAG 12.5.2010 AP BAT §§ 22, 23 Zuwendungs-TV Nr. 33). Das BAG hat aber von einer eigenständigen Kategorie „Sonderleistung mit Mischcharakter" in der jüngeren Rspr. bewusst abgesehen, und zwar mit dem Hinweis, dass ein AG **in aller Regel jede Sondervergütung zur Honorierung der Arbeitsleistung** erbringe (BAG 1.4.2009 AP BGB § 242 Betriebliche Übung Nr. 84 Rn. 19). In der Tat hat die Sondervergütung mit Mischcharakter in der Rspr. der letzten 20 Jahre fast nur bei Sonderzahlungen in TV eine Rolle gespielt. In Arbeitsverträgen hat diese Rspr. problematischerweise dazu geführt, Klauseln zu legitimieren, die den Anspruch auf eine Sondervergütung vom Bestehen eines ungekündigten ArbVerh. am Stichtag auch für den Fall des Ausspruches einer betriebsbedingten Kündigung abhängig machen. Eine Vertragsgestaltung, die versucht, Unvereinbares zu „vermischen", birgt jedoch das Risiko unangemessener Benachteiligung des AN. Die Konstruktion der Sondervergütungen mit Mischcharakter führt iE dazu, durch Wartezeit-, Stichtags-, Bindungs- und Kündigungsklauseln dem AN selbst erdiente Lohnanteile nachträgl. zu entziehen (*Lipke/Dreher* HzA Gruppe 3 Rn. 21 ff.). Diese Rspr. hat das BAG jetzt zu Recht aufgegeben (BAG 18.1.2012 NZA 2012, 561). Ausgangspunkt für eine erneuerte Sicht ist die Rspr. zu Bonuszahlungen. Ist der Bonus – etwa in einem Geschäftsjahr – „verdient", ist die zusätzl. Koppelung an das Bestehen eines **„ungekündigten" ArbVerh.** zum Auszahlungszpkt. eine unangemessene Benachteiligung (BAG 24.10.2007 NZA 2008, 40; 3.8.2016 NZA 2016, 1334 Rn. 22). Die hieraus zu ziehenden Grds. hat das BAG dann zu Recht verallgemeinert. Es stellt eine widersprüchl., intransparente und unangemessen benachteiligende Vertragsgestaltung dar, eine an Leistungsvoraussetzungen gebundene Sondervergütung zu versprechen und die Auszahlung zusätzl. an das Kriterium der Betriebstreue zu koppeln. So kann eine im Geschäfts- oder Kj. erdiente Sondervergütung weder davon abhängig gemacht werden, ob das bis zum Schluss des Jahres bestehende ArbVerh. „gekündigt" ist (vgl. die Zweifel bei BAG 28.3.2007 NZA 2007, 687; 24.10.2007 NZA 2008, 40; 6.5.2009 NZA 2009, 783) noch davon, ob das ArbVerh. zu einem bestimmten Auszahlungszpkt. noch besteht. (Übereinstimmend zu entspr. Regelungen in BV und Arbeitsvertrag BAG 12.4.2011 NZA 2011, 989; 7.6.2011 NZA 2011, 1234; 18.1.2012 NZA 2012, 561). Eine (auch) durch Arbeitsleistung erdiente Sonderzahlung kann mithin nicht mehr an Bindungs- oder Stichtagsklauseln im lfd. Kj. sowie erst recht im Folgejahr gekoppelt werden (BAG 13.11.2013 NZA 2014, 368; *Preis/Lukes* Anm. zu AP BGB § 611 Gratifikation Nr. 303). **Zulässig** sind entspr. Klauseln nur, wenn sie **ausschl. die Betriebstreue** honorieren. Dann sind Bindungs- und Rückzahlungsklauseln entspr. der richterrechtl. entwickelten Staffelung zulässig (Rn. 547).

In der Rspr. des BAG war zwar schon bisher anerkannt, dass mit Sonderzahlungen verbundene **534b** einzelvertragl. Stichtags- und Rückzahlungsklauseln einen AN nicht in unzulässiger Weise in seiner durch Art. 12 GG garantierten Berufsfreiheit behindern dürfen und insoweit einer Inhaltskontrolle gem. § 307 unterliegen (BAG 24.10.2007 NZA 2008, 40). Allerdings war es dem AG nicht schlechthin versagt, Sonderzahlungen mit Bindungsklauseln zu versehen (BAG 28.3.2007 NZA 2007, 687). Vielmehr ließ das BAG auch die Vermischung der Zwecke „Gegenleistung und Betriebstreue" zu, und zwar bei Rückzahlungs-, Bestands- und Stichtagsklauseln. Von dieser Rspr. hat das BAG jetzt Abstand genommen. Stichtagsklauseln stehen danach im Widerspruch zum Grundgedanken des § 611a, indem sie dem AN bereits erarbeiteten Lohn entziehen. Nach richtiger Auff. des BAG verkürzen sie außerdem in nicht zu rechtfertigender Weise die nach Art. 12 I GG geschützte Berufsfreiheit des AN, weil sie die Ausübung seines Kündigungsrechts unzulässig erschweren. Ein berechtigtes Interesse des AG, dem AN Lohn für geleistete Arbeit ggf. vorenthalten zu können, sei nicht ersichtl. (BAG 12.4.2011 NZA 2011, 989; 7.6.2011 NZA 2011, 1234; 18.1.2012 NZA 2012, 561; 13.11.2013 NZA 2014, 368). Der 10. Sen. hat damit die **jahrzehntelang praktizierte Rspr. zu „Sonderzahlungen mit Mischcharakter"**, wonach Bestandsklauseln/Stichtagsklauseln bereits dann zulässig waren, wenn sie sowohl der Vergütung bereits erbrachter Arbeitsleistung als auch der Honorierung von Betriebstreue dienen (BAG 28.3.2007 NZA 2007, 687), **aufgegeben** (BAG 18.1.2012 NZA 2012, 561). Diese Rspr. hat –

neben den dogmatischen Erwägungen – ihren Auslöser in erhebl. ausgeweiteten Sonderzahlungen. Hohe Sonderzahlungen hätten – so das BAG – in aller Regel ihren wahren Grund in der bereits erbrachten Leistung des AN. Dem AG könne nicht gestattet werden, ein nahezu inhaltsleeres Leistungsversprechen zu geben. Das laufe auf die nur scheinbare Gewährung eines Rechtsanspruchs hinaus (beachtenswert ist insoweit die Wertungseinheit dieser Rspr. zur Absage an Freiwilligkeitsvorbehalte (vgl. §§ 305 bis 310 Rn. 68 ff.; *Preis/Sagan* NZA 2012, 101). Der AG könne „nicht einerseits die verhaltenssteuernde Wirkung eines bedingten vertragl. Versprechens für die Zukunft in Anspruch nehmen, andererseits aber die Entsch. über den Eintritt der Bedingung vom eigenen Willen abhängig [zu] machen und sie sich gewissermaßen bis zur letzten Stunde vor[zu]behalten" (BAG 18.1.2012 NZA 2012, 561 Rn. 26).

534c IE verlangt die Rspr. eine ganz **klare Trennung der Zwecke**: Dem AG ist es nicht verwehrt, die Betriebstreue des AN zu honorieren und einen finanziellen Anreiz für das Verbleiben im ArbVerh. zu schaffen. Er hat die Möglichkeit, durch die Vereinb. von Sonderzahlungen, die ausschl. der Honorierung von Betriebstreue dienen, dem AN deutl. zu machen, welchen Wert für ihn das Verbleiben im ArbVerh. darstellt (BAG 18.1.2012 NZA 2012, 620). Der AN seinerseits kann dann darüber entscheiden, ob er die Verdienstchancen bei einem Arbeitsplatzwechsel vorzieht oder die **Treueprämie** in Anspruch nehmen will. Kombiniert der AG die Zwecke („Die Sonderzahlung mit Mischcharakter"), richtet sich deren rechtl. Einordnung nach den Prinzipien einer Vergütung für die erbrachte Arbeitsleistung. Zusätzl. Klauseln, die dem AN das erdiente Entgelt entziehen wollen, sind unwirksam. Ob der AG erbrachte Arbeitsleistung zusätzl. vergüten oder sonstige Zwecke verfolgen will, ist durch **Auslegung** der vertragl. Bestimmungen zu ermitteln. Macht die Sonderzuwendung einen **wesentl. Anteil der Gesamtvergütung** des AN aus, handelt es sich regelm. um Arbeitsentgelt, das als Gegenleistung zur erbrachten Arbeitsleistung geschuldet wird. Doch gilt nach der Rspr. generell bei Fehlen spezifischer Anspruchsvoraussetzungen, dass die Sonderzahlung als Gegenleistung für die Arbeitsleistung geschuldet wird (BAG 21.5.2003 EzA BGB 2002 § 611 Gratifikation, Prämie Nr. 8; 18.1.2012 NZA 2012, 620). Damit zieht das BAG eine klare Grenze: Will der AG **andere Zwecke** verfolgen, muss sich dies deutl. aus der zugrunde liegenden Vereinb. ergeben. Gratifikationscharakter können zudem nur Sonderzuwendungen haben, die sich im übl. Rahmen reiner Treue- und Weihnachtsgratifikationen bewegen und keinen wesentl. Anteil an der Gesamtvergütung des AN ausmachen (BAG 18.1.2012 NZA 2012, 620).

534d **Bsp. für arbeitsleistungsbezogene Sondervergütungen**: Soll eine (auch) erdiente Sondervergütung im Falle einer Kündigung des ArbVerh. vollständig entfallen, benachteiligt dies den AN aus den genannten Gründen unangemessen. Auch eine **Anwesenheitsprämie** oder ein **Prämie für unfallfreies Fahren** ist im Bezugszeitraum bei Erfüllung der Voraussetzungen erdient und kann nicht allein wegen des Umstands, dass das ArbVerh. zum Auszahlungszpkt. gekündigt ist, wieder entzogen werden (krit. *Lipke/Dreher* HzA Gruppe 3 Rn. 24). Das **Urlaubsgeld** kann „auch" erdient sein, ebenso wie eine Ausgestaltung als Treueprämie mögl. ist. Hier hilft der Rekurs auf einen nebulösen Erholungszweck (so aber BAG 22.7.2014 NZA 2014, 1136) ebenso wenig weiter wie der Terminus „Weihnachtsgeld" (zu Recht krit. *Lukes* Anm EzA BGB 2002 § 611 Gratifikation, Prämie Nr. 40). Sonderzuwendungen, die vom Erreichen pers. Ziele abhängen, dienen einer Leistungssteigerung des AN. Auch erfolgsabhängige Vergütungen werden als unmittelbare Gegenleistung für die entspr. der Zielvereinb. erbrachte Arbeitsleistung geschuldet (BAG 7.6.2011 NZA 2011, 1234; 18.1.2012 NZA 2012, 561). „Boni", die nur an den Unternehmenserfolg anknüpfen, werden regelm. als zusätzl. Vergütung für eine im Geschäftsjahr erbrachte Arbeitsleistung des AN gezahlt (BAG 12.4.2011 NZA 2011, 989). Diese sind erdient, wenn das ArbVerh. im Geschäftsjahr bestanden hat (BAG 6.5.2009 NZA 2009, 783; wohl auch 13.11.2013 NZA 2014, 368; *Heins/Leder* NZA 2014, 520). Schließl. vergüten regelm. auch nicht erfolgsabhängige Sonderzuwendungen wie ein 13. Monatsgehalt im Bezugszeitraum erbrachte Arbeitsleistungen zusätzl. (BAG 18.1.2012 NZA 2012, 620). Die insolvenzrechtl. Einordnung leistungsbezogener Sonderzahlungen fügt sich dem ein: Arbeitsleistungsbezogene Sonderzuwendungen sind dem Zeitraum zuzuordnen, für den sie als Gegenleistung geschuldet sind. Soweit mit ihnen Arbeitsleistungen vergütet werden, die nach der Eröffnung des Insolvenzverf. erbracht wurden, handelt es sich um Masseforderungen. Soweit durch sie vor Verfahrenseröffnung erbrachte Arbeitsleistungen honoriert werden, liegen Insolvenzforderungen vor (BAG 13.11.2013 NZA 2014, 368 Rn. 33).

534e **Bsp. für Sonderzuwendungen zur Honorierung der Betriebstreue**: Der AG kann mit einer Sonderzuwendung auch andere Zwecke als die Vergütung von Arbeitsleistung verfolgen. Treueprämien oder „Halteprämien" können ausschl. die künftige Betriebstreue honorieren (BAG 14.11.2012 NZA 2013, 327 „Retention-Bonus"). Die Honorierung künftiger Betriebstreue wird durch Stichtags-, Bindungs- und Rückzahlungsklauseln sichergestellt. Die Zahlung der Sonderzuwendung wird in diesen Fällen vom (ungekündigten) Bestand des ArbVerh. am Auszahlungstag abhängig gemacht. Klauseln, die eine Sonderzuwendung idS allein an das Bestehen eines ungekündigten ArbVerh. knüpfen, können nach stRspr. auch dann zulässig sein, wenn der Grund für die Beendigung des ArbVerh. nicht in der Sphäre des AN liegt, sondern auf einer betriebsbedingten Kündigung des AG beruht (BAG 18.1.2012 NZA 2012, 620 mwN). So sehr dieser Differenzierung gefolgt werden kann, erscheint jedoch die Fortführung der Rspr. bzgl. betriebsbedingter Kündigungen verfehlt. Ist der Zweck einer Klausel die

Honorierung der Betriebstreue, dann ist der Ausschluss der Sonderzahlung selbstredend dann gerechtfertigt, wenn der AN selbst aus freien Stücken kündigt oder ihm berechtigt verhaltens- oder personenbedingt gekündigt wird. Wenn hingegen der AN durch betriebsbedingte oder arbeitgeberseitig veranlasste Beendigung das ArbVerh. verliert, ist die Konsequenz der Klausel stets grob unfair, weil der AN selbst betriebstreu geblieben ist. Der Kritik einiger LAG ist deshalb zuzustimmen (LAG HM 5.2.2009 LAGE BGB § 611 Gratifikation Nr. 14; LAG D 19.7.2011 NZA-RR 2011, 630; MüArbR/*Krause* § 59 Rn. 23; *Preis* SR 2012, 101). Doch wird man für die Praxis die anderslautende Rspr. des BAG zu beachten haben. Freil. will das BAG im Einzelfall iRd. Ausübungskontrolle unter Anwendung des Grundgedankens des § 162 II eine Missbrauchskontrolle durchführen (BAG 18.1.2012 NZA 2012, 620).

Wird eine Sonderzahlung – ohne vertragl. Zusage – erst im Folgejahr zur „Belohnung" der Leistungen im Vorjahr deklariert, handelt es sich bei der Ausklammerung gekündigter ArbVerh. um eine Frage der Gleichbehandlung. Die Herausnahme gekündigter ArbVerh. ist sachwidrig und willkürl., soweit die AN im gesamten Geschäftsjahr zum Erfolg beigetragen haben und dies der Zweck der Sonderzahlung ist. Insoweit ist die anderslautende Rspr. (BAG 19.11.1992 NZA 1993, 363) abzulehnen. 534f

ee) Gleichbehandlungsgrundsatz. S. zunächst allg. Rn. 572 ff.; zum Arbeitsentgelt Rn. 600 ff. Auch wenn der AG bei Sonderzahlungen in seiner Entsch. frei ist, ob und ggf. unter welchen Voraussetzungen er seinen AN eine zusätzl. Leistung gewährt, ist er an den arbeitsrechtl. Grds. der Gleichbehandlung gebunden (BAG 28.3.2007 NZA 2007, 687). Gewährt der AG Sonderzahlungen aufgrund einer abstrakten Regelung nach einem erkennbar generalisierenden Prinzip und legt er gem. dem mit der **Leistung verfolgten Zweck die Anspruchsvoraussetzungen für die Leistung fest**, darf er einzelne AN von der Leistung nur ausnehmen, wenn dies sachl. Kriterien entspricht. Die Zweckbestimmung einer Sonderzahlung ergibt sich vorrangig aus den tats. und rechtl. Voraussetzungen, von deren Vorliegen und Erfüllung die Leistung abhängig gemacht wird. Ist die unterschiedl. Behandlung nach dem Zweck der Leistung nicht gerechtfertigt, kann der benachteiligte AN verlangen, nach Maßgabe der begünstigten AN behandelt zu werden. Zu Recht orientiert sich das BAG dabei an den Festlegungen des AG (BAG 28.3.2007 NZA 2007, 687). Hier findet zwischenzeitl. eine Überschneidung mit der strengeren Überprüfung sog. Freiwilligkeitsvorbehalte statt. Freiwilligkeitsvorbehalte und präzise Zwecksetzungen schließen sich schon wegen Widersprüchlichkeit aus (s. hierzu §§ 305 bis 310 Rn. 68 ff.). Oftmals lässt das BAG die Frage der Wirksamkeit des Freiwilligkeitsvorbehalts dahingestellt und spricht Ansprüche aus dem Gleichbehandlungsgrds. zu (BAG 10.12.2008 NZA 2009, 258). Fragestellungen, die im Kern die Prüfung der Voraussetzungen der Sonderzahlung beinhalten, werden unter den Obersätzen des Gleichbehandlungsgrds. geprüft (etwa zum Ausschluss der Zahlung bei ruhenden oder befristeten ArbVerh. BAG 28.3.2007 NZA 2007, 687). **Einzelfälle:** Wird eine Sondervergütung unabhängig von der **Qualität der Tätigkeit** gezahlt, ist eine Differenzierung nach Ausbildungsabschlüssen unzulässig (BAG 6.10.1993 NZA 1994, 465; zur Differenzierung nach Leistungsverhalten LAG HM 5.11.1997 NZA-RR 1998, 293). Insoweit ist auch eine Differenzierung zwischen wiss. und studentischen Hilfskräften im Hochschulbereich unzulässig (BAG 6.10.1993 NZA 1994, 257). Diff. der AG – trotz Festlegung allg. Anspruchsvoraussetzungen – danach, ob AN einer Vertragsänd. zugestimmt haben (zB Erhöhung der AZ), ist dies idR unzulässig (BAG 1.4.2009 NZA 2009, 1409; 5.8.2009 NZA 2009, 1135; Abgrenzung hierzu BAG 15.7.2009 NZA 2009, 1202; krit. *Grau/Sittard* NZA 2009, 1396, 1398 ff.). Schwer nachvollziehbar erscheint die Annahme des BAG, ein AG dürfe AN deshalb von einer Sondervergütung ausnehmen, weil diese Gelegenheit hätten, von Kunden Trinkgelder zu erlangen (so für Zeitungszusteller BAG 19.4.1995 NZA 1995, 985; krit. *Zumbansen/Sung-Kee Kim* BB 1999, 2454). Bildet er Gruppen von begünstigten und benachteiligten AN, muss auch die Gruppenbildung sachl. Kriterien entsprechen (BAG 14.2.2007 NZA 2007, 558). Befristet beschäftigte AN dürfen nicht ggü. unbefristet beschäftigten AN ohne Sachgrund benachteiligt werden (§ 4 II TzBfG). Es ist deshalb unzulässig, die Sonderzahlung (ant.) für AN, die im Laufe des Jahres durch betriebsbedingte Kündigung ausscheiden, vorzusehen, nicht aber für befristete Beschäftigte (anders noch BAG 6.10.1993 NZA 1994, 465). Eine Differenzierung zwischen streikenden und nicht streikenden AN ist bei der Streikbruchprämie mögl. (BAG 13.7.1993 NZA 1993, 1135). Die Herausnahme von AN in EZ von einer Jubiläumszuwendung, die im Zahlungszpkt. keine Arbeitsleistung erbringen, ist nicht gleichheitswidrig (LAG D 14.2.1995 NZA-RR 1996, 3). Auch eine Differenzierung von AT- und tarifl. bezahlten AN beim 13. Monatsgehalt verstößt idR nicht gegen den allg. Gleichbehandlungsgrds. (LAG N 30.11.2015 BeckRS 2016, 66465 BAG 21.9.2016 NZA 2016, 1352). Soll die Sonderzahlung hauptsächl. Motivationscharakter haben, kann der AG bei Gewährung einer freiwilligen Leistung AN, die im Lauf des Bezugsjahres ausgeschieden sind, auch dann von der Leistung ausnehmen, wenn er den im Lauf des Bezugsjahres neu eingetretenen AN die Leistung ant. gewährt (BAG 14.2.2007 NZA 2007, 558). 535

Eine Differenzierung zwischen **Arbeitern und Ang.** (hierzu Rn. 104) ist prinzipiell nicht mögl. (vgl. zum Rechtsprechungswandel BAG 25.1.1984 NZA 1984, 327; ferner 19.11.1992 NZA 1993, 405; *Bepler* NZA-Sonderbeil. 18/2004, 3, 4 f.). Die unterschiedl. Behandlung im Bereich der betriebl. AV 536 ist seit dem 30.6.1993 unzulässig (BAG 10.12.2002 NZA 2004, 321; 16.2.2010 NZA 2010, 701). Nur dann, wenn mit der Anknüpfung an den Statusunterschied gleichzeitig an einen Lebenssachverhalt angeknüpft wird, der geeignet ist, gemessen am Differenzierungsgrund die in der anknüpfenden Regelung vorgesehenen unterschiedl. Rechtsfolgen zu tragen, kann die Differenzierung gerechtfertigt sein. Eine Differenzierung ist mithin nur mögl., wenn ein nachvollziehbares Interesse besteht, Ang. durch höhere Sondervergütungen (mit Rückzahlungsvorbehalten) an den Betrieb zu binden (BAG 25.1.1984 NZA 1984, 326; bejaht bei übertarifl. Jahressonderzahlung im Gastronomiebereich BAG 19.3.2003 NZA 2003, 724; verneint bei Weihnachtsgeld BAG 12.10.2005 NZA 2005, 1418). Nur dieser spezifische Zweck kann Differenzierungen rechtfertigen (zu Recht verneint bei Sicherheitszulage BAG 17.12.1992 NZA 1993, 691; beim Urlaubsgeld BAG 8.8.2000 BeckRS 2000, 30987017). Es kann ferner eine höhere Sondervergütung gewährt werden, wenn hierdurch bezweckt wird, eine Benachteiligung bei der Zahlung übertarifl. Zulagen auszugleichen (BAG 30.3.1994 NZA 1994, 786) oder einen von bestimmten AN erbrachten Sanierungsbeitrag zu kompensieren (vgl. BAG 26.9.2007 NZA 2007, 1424). Ob dies für eine ausdr. als „Weihnachtsgeld" qualifizierte Sondervergütung gelten kann, wie das BAG früher angenommen hat, ist zw. Wenn es darum geht, den erhöhten finanziellen Bedarf zur Weihnachtszeit auszugleichen, ist eine Differenzierung zwischen ANGruppen idR sachwidrig (BAG 25.1.1984 NZA 1984, 326; 12.10.2005 NZA 2005, 1418). IÜ muss die Sonderzahlung so ausgestaltet werden, dass sie den mit der Differenzierung verfolgten Zweck auch tats. erreicht (BAG 26.9.2007 NZA 2007, 1424). Begründet der AG die Begünstigung der Ang. mit der Absicht, diese stärker an sich zu binden, hat er zugeschnitten auf sein Unternehmen/Betrieb darzulegen, aus welchen Gründen eine stärkere Bindung der Ang. einem obj., wirkl. Bedürfnis entspricht (BAG 12.10.2005 NZA 2005, 1418). Eine Differenzierung zwischen Arbeitern und Ang. ist auch nicht deshalb mögl., weil Arbeiter einen erhöhten Krankenstand aufweisen (**aA** BAG 19.4.1995 NZA 1996, 133; 6.12.1995 NZA 1996, 531; HWK/*Thüsing* Rn. 219). Eine sachgerechte Gruppenabgrenzung ist hier nicht erkennbar (HzA/*Künzl* Gruppe 1/5 Rn. 1772). Es genügt, für alle AN gleichmäßig die Kürzungsmöglichkeiten bei Fehltagen anzuwenden. Das BVerfG hat die Entsch. des BAG v. 19.4.1995 als verfassungswidrig aufgeh., freil. dabei auf den nicht überzeugenden Aspekt abgestellt, dass ein Verstoß gegen Art. 3 I GG vorliegt, solange nicht ausgeschlossen ist, dass der hohe Krankenstand der gewerbl. AN auf arbeitgeberseitig zu verantwortenden gesundheitsschädl. Arbeitsbedingungen beruht (BVerfG 1.9.1997 NZA 1997, 1339).

537 **ff) Höhe der Sondervergütung.** Die Höhe der Sondervergütung richtet sich nach der getroffenen Vereinb. Besteht der Anspruch nur dem Grunde nach, ist aber der Höhe nach unbestimmt, unterliegt die Leistungsbestimmung des AG billigem Ermessen (§ 315; hierzu Rn. 384 ff.), die ggf. durch das Gericht vorzunehmen ist (§ 315 III 2; BAG 21.4.2010 NZA 2010, 808; 16.1.2013 NJW 2013, 1020). Kürzungen der Sondervergütungen richten sich nach den in Rn. 541 ff. wiedergegebenen Grds. Bei TZBeschäftigten werden Sondervergütungen prinzipiell ant. gewährt (§ 4 I 2 TzBfG), sofern sie an die Arbeitsleistung gekoppelt sind. Das kann bei Sondervergütungen mit sozialer Komponente, die unabhängig von der AZ an alle AN gezahlt werden, anders sein. Jubiläumszuwendungen sind – bei Fehlen einschränkender Abreden – auch an TZBeschäftigte in voller Höhe zu zahlen (BAG 22.5.1996 NZA 1996, 938). Bei Umwandlung eines Vollzeit- in ein TZArbVerh. bemisst sich die Höhe nach dem für die Bemessung maßgebl. Stichtag (BAG 31.10.1975 AP BGB § 611 Gratifikation Nr. 87).

538 **gg) Vorzeitiges Ausscheiden des Arbeitnehmers.** Eine Sondervergütung mit reinem Entgeltcharakter entfällt bei vorzeitigem Ausscheiden des AN nicht insg., weil der (Fort-)Bestand des ArbVerh. keine Anspruchsvoraussetzung ist; sie ist ant. (pro rata temporis) der Dauer des ArbVerh. im Bezugsjahr zu gewähren. Aus dem Umstand, dass die Sondervergütung in diesem Fall ant. verdient und nur für einen am Jahresende liegenden Fälligkeitstermin aufgespart wird, folgt bei ihr ein der Dauer des ArbVerh. im Austrittsjahr entspr. Leistungsanspruch gem. § 611a II (BAG 13.6.1991 EzA BGB § 611 Gratifikation, Prämie Nr. 86; 7.11.1991 EzA BGB § 611 Gratifikation, Prämie Nr. 87). Etwas anderes gilt, wenn Voraussetzung für die Sondervergütung das Bestehen des ArbVerh. im Geschäftsjahr ist (BAG 6.5.2009 NZA 2009, 783). Das wird etwa bei Sonderzahlungen der Fall sein, die an Unternehmenserfolge anknüpfen (BAG 13.11.2013 NZA 2014, 368).

539 Bei einer – nur bei eindeutigen Vertragsregelungen gegebenen (Rn. 534c) – Sondervergütung, mit der **allein Betriebstreue** (= Betriebszugehörigkeit) belohnt werden soll, scheidet ein Anspruch wegen Fehlens der Anspruchsvoraussetzungen aus, wenn am maßgebl. Stichtag kein ArbVerh. besteht bzw. dieses (wirksam) gekündigt ist (BAG 7.11.1991 EzA BGB § 611 Gratifikation, Prämie Nr. 87; zur Frage, ob die unter Überschreitung der Mindestfristen ausgesprochene vorfristige Kündigung zu einer treuwidrigen Vereitelung des Anspruchs führt BAG 4.5.1999 NZA 1999, 1053. Das gilt nach umstr. Rspr. auch bei (wirksamer) betriebsbedingter Kündigung (BAG 19.11.1992 NZA 1993, 353; 14.11.2001 NZA 2002, 337; 18.1.2012 NZA 2012, 620; zur Kritik Rn. 534e). Allerdings muss der Fall des Aufhebungsvertrags ausdr. geregelt sein, da dieser der „Kündigung" nicht gleichsteht (BAG 7.10.1992 NZA 1993, 948).

540 Die **frühere Rspr.** zu „Sondervergütungen mit Mischcharakter", die **nicht fortzuführen** ist (Rn. 534a ff.), gewährte dem AN entspr. seiner erbrachten Arbeitsleistung nur dann einen ant. An-

spruch, wenn eine ausdr. Vereinb. vorliegt. Diese Rspr. bedarf der Überprüfung, weil sie nicht nur mit § 305c II kollidiert (nur iE haltbar BAG 26.10.1994 NZA 1995, 307), sondern weil nach neuester Rspr. genau umgekehrt zu entscheiden ist: Prinzipiell erfolgen Sondervergütungen zur Vergütung der Arbeitsleistung. Abw. Zwecke, etwa ausschl. Vergütung der Betriebstreue, bedürfen einer klaren Vereinb. Wenn „auch" Arbeitsleistung vergütet werden soll, richtet sich die Handhabung solcher Sondervergütungen mit Mischcharakter nach den Prinzipien, die für arbeitsleistungsbezogene Vergütungen gelten.

hh) Ausschluss und Kürzung bei Fehlzeiten. Bei Sondervergütungen mit reinem Entgeltcharakter 541 entsteht schon kein Anspruch, wenn der AN keine Arbeitsleistung erbracht hat und auch keine Fehlzeiten mit zwgd. EFZ (zB im Krankheitsfall nach § 3 I 1 EFZG) anfallen (BAG 19.4.1995 NZA 1995, 1098; 21.3.2001 NZA 2001, 785). Das ist zB der Fall, wenn eine AN sich im gesamten Kj. in EZ befindet, da während dieses Zeitraums das ArbVerh. ruht und kein Entgelt(fortzahlungs)anspruch besteht. Dies verstößt nicht gegen das Verbot der Geschlechtsdiskriminierung (BAG 28.9.1994 AP NZA 1995, 176). Sog. „arbeitsleistungsbezogene" Sonderzahlungen mit reinem Entgeltcharakter sind allerdings auch dann zu erbringen, wenn dem AN auf Grund ges., tarifl. oder sonstiger Regelungen das Entgelt auch ohne tats. Arbeitsleistung fortzuzahlen ist, wie zB im Falle des Urlaubs, der unverschuldeten krankheitsbedingten AU oder des Mutterschutzes (BAG 10.5.1995 NZA 1995, 1096; 24.2.1999 NZA 1999, 772; s. a. EuGH 21.10.1999 NZA 1999, 1325). Wird die Sondervergütung dagegen ausschl. für die erwiesene oder künftige Betriebstreue (Betriebszugehörigkeit) gewährt, entfällt der Anspruch auch dann nicht, wenn der AN im gesamten Bezugsjahr keinerlei Arbeitsleistung erbringt, weil ausschl. der Bestand des ArbVerh., nicht aber die Arbeitsleistung honoriert wird. Bei Sondervergütungen mit **„Mischcharakter"** gilt, dass nur bei ausdr. Regelung sich Zeiten ohne tats. Arbeitsleistung anspruchsausschließend auf die Sonderzahlung auswirken können (BAG 5.8.1992 NZA 1993, 130; 9.8.1995 NZA 1996, 154). Diese Var. der Rspr. ist – da sie zugunsten des AN wirkt – mit § 305c II vereinbar. Denn hier führt die unklare Vertragsgestaltung des AG dazu, dass der AN – zu seinen Gunsten – davon ausgehen kann, dass keine Kürzung erfolgt, wenn er nur die Bedingungen zur Betriebstreue wahrt.

Bei der Frage, ob eine Sondervergütung bei Fehlzeiten des AN gekürzt werden kann, kommt es 542 primär darauf an, ob nach der gegebenen Zusage eine ausdr. Kürzungsvereinb. besteht. Bei **fehlender Kürzungsabrede** kann wegen Fehlzeiten nur bei Sondervergütungen mit reinem Entgeltcharakter gekürzt werden, da mit dem Fehlen einer Arbeitsleistung auch (ant.) der ledigl. in der Fälligkeit aufgeschobene Anspruch entfällt. Es gilt der Grds. „ohne Arbeit kein Lohn". Trotz fehlender Arbeitsleistung ist eine derartige Sonderzahlung dennoch für Zeiten zu gewähren, für die der Gesetzgeber zwgd. EFZ vorsieht, zB im Falle des Erholungsurlaubs und der unverschuldeten krankheitsbedingten AU (BAG 19.4.1995 NZA 1995, 1098; 10.5.1995 NZA 1995, 1096). Entlohnt die Sondervergütung ledigl. die Betriebstreue, kommt es für den Anspruch nicht auf die Arbeitsleistung an, so dass die Zahlung ohne ausdr. Kürzungsvereinb. nicht gemindert werden kann. Eine nur an die ANEigenschaft anknüpfende Regelung über Urlaubsgeld kann auch bei AU oder Inanspruchnahme von EZ nicht gekürzt werden (BAG 6.9.1994 NZA 1995, 232; 19.1.1999 NZA 1999, 832 und NZA 1999, 1223). Gleiches gilt für Sondervergütungen mit „Mischcharakter", mit denen nicht ausschl. erbrachte Arbeitsleistung honoriert werden soll (hierzu Rn. 541). Es ist Aufgabe des AG, durch die Formulierung klarer Anspruchs- und Ausschlusstatbestände Rechtssicherheit zu schaffen. Sonst greift bei unklarer Vertragsgestaltung die Unklarheitenregel des § 305c II. Enthält die Zusage jedoch die Einschränkung, dass die Sondervergütung entfällt, wenn „aus sonstigen Gründen" im Kj. nicht gearbeitet wurde, erfasst dies auch den Fall der „Null-Stunden-Kurzarbeit" (BAG 19.4.1995 NZA 1995, 997). Diese Rspr. kann auch im Lichte des AGB-Rechts Bestand haben, weil sie iZw. eine klare Kürzungsregel iSd. pro-rata-temporis-Grds. verlangt.

Eine **ausdr. Kürzungsabrede** hat für Sondervergütungen mit reinem Entgeltcharakter, die mangels 543 abw. Vereinb. der Regelfall ist, nach der gegenwärtigen Rspr. (Rn. 542) ledigl. klarstellende Funktion. Eine weitergehende Kürzungsabrede, die auch Fehlzeiten mit zwgd. EFZ erfasst, ist nach § 134 nichtig. Krankheitsbedingte (auch schwangerschaftsbedingte) Fehlzeiten, für die kein Anspruch auf Entgelt besteht, können grds. anspruchsmindernd berücksichtigt werden (BAG 27.7.1994 NZA 1995, 233). Darüber hinaus dürfen sich Kürzungsabreden für Zeiten der AU nur in dem Rahmen des § 4a EFZG bewegen. Hiernach darf die Kürzung nach § 4a S. 2 EFZG für jeden Tag der AU infolge Krankheit des Arbeitsentgelts, das im Jahresdurchschnitt auf einen Arbeitstag entfällt, nicht überschreiten. Nach BAG 15.2.1990 NZA 1990, 601 ist eine Kürzung wegen Fehlzeiten bei Kleinstsondervergütungen unzulässig. Es ist fragl., ob diese Rspr. anges. des Schweigens des Gesetzgebers in der Neuregelung des § 4a EFZG fortgilt (hierzu EFZG § 4a Rn. 2 ff.). IÜ sind Kürzungsabreden weitgehend zulässig. Ihr Umf. hängt von dem jeweiligen Inhalt der Vereinb. ab. IE:

Benennt eine Kürzungsvereinb. konkret die **Zeiten ohne tats. Arbeitsleistung,** um die die Sonder- 544 zahlung gekürzt werden soll, zB EZ, AUZeiten, darf die Sondervergütung um nicht ausdr. genannte Fehlzeiten nicht gekürzt werden (BAG 22.2.1995 NZA 1995, 951). Auch dies entspr. den Grds. transparenter Vertragsgestaltung. Kann die Sondervergütung für Zeiten des Ruhens des ArbVerh. gekürzt werden, fallen grds. alle vertragl. oder ges. Ruhenstatbestände unter die Kürzungsregel, zB Fehlzeiten wegen EZ und wegen eines rechtmäßigen Arbeitskampfes (hierzu BAG 20.12.1995 NZA 1996, 491), nicht aber krankheitsbedingte Fehlzeiten (BAG 23.8.1990 NZA 1991, 69; 11.10.1995 NZA 1996, 542). Die AU führt noch nicht zu einem Ruhen des ArbVerh. (LAG K 14.8.1998 MDR 1999, 166). Soweit die Kürzungsvereinb. auf Zeiten beschränkt ist, in denen das ArbVerh. „kraft G" ruht, fallen hierunter entgegen einer früheren Rspr. des BAG (7.12.1989 NZA 1990, 494) auch Zeiten der EZ (BAG 10.2.1993 NZA 1993, 801; 12.1.2000 NZA 2000, 944). Das gilt aber nicht, wenn während der EZ das ArbVerh. als geringfügige Beschäftigung weitergeführt wird (BAG 24.2.1999 NZA 1999, 830). Die Kürzungsbefugnis kann sich auch aus einer Regelung über die Berechnung der Jahressonderzahlung ergeben, wenn etwa auf den tats. Verdienst im Bezugszeitraum (zB Kj.) abgestellt wird. Dadurch wird (mittelbar) abschl. geregelt, wie sich Fehlzeiten ohne EFZ auf die Jahressonderzahlung auswirken (BAG 5.8.1992 AP BGB § 611 Gratifikation Nr. 144).

545 Die Kürzungsvereinb. kann sich auch auf Fehlzeiten, für die der AN einen **ges. EFZAnspruch** hat, beziehen (BAG 12.7.1995 NZA 1995, 1165). Das galt für krankheitsbedingte Fehlzeiten mit einem Anspruch auf EFZ nach § 3 I 1 EFZG schon vor Inkrafttreten des § 4a EFZG (BAG 15.2.1990 NZA 1990, 601; 26.10.1994 NZA 1995, 266). Entgegen einer früheren Rspr. des BAG (zB 12.5.1993 NZA 1993, 1002) soll eine Jahressonderzahlung mit Mischcharakter künftig auch für die Zeit der Beschäftigungsverbote während der Mutterschutzfristen nach den § 3 MuSchG auf Grund entspr. Vereinb. gekürzt werden können (BAG 12.7.1995 NZA 1995, 1165; anders, wenn TV nur Kürzung für Zeiten ohne Gehaltsfortzahlung vorsieht 24.2.1999 NZA 1999, 772). Diese Rspr. des BAG dürfte mit der Rspr. des EuGH nicht vereinbar sein (EuGH 21.10.1999 NZA 1999, 1325), da es mit Art. 157 AEUV unvereinbar ist, Mutterschutzzeiten als Ausschluss- oder Kürzungstatbestand zu berücksichtigen. Die Kürzung wegen EZ kann eine mittelbare Frauendiskriminierung darstellen, wobei eine solche nach EuGH nicht vorliegt, wenn die Gewährung der Gratifikation davon abhängt, dass sich der AN im „aktiven" BeschVerh. befindet (EuGH 21.10.1999 NZA 1999, 1325; hierzu BAG 12.1.2000 NZA 2000, 944). Eine proportionale Kürzung der Sondervergütungszahlung pro Fehltag ist unbedenkl. Überproportionale Kürzungsregelungen unterliegen jdf. in Arbeitsverträgen und BV einer richterl. Inhaltskontrolle. Die Kürzungsrate muss dem Grds. der Verhältnismäßigkeit genügen; es darf also die Sonderzuwendung nicht bereits bei einem Fehltag vollständig entfallen (BAG 15.2.1990 NZA 1990, 601).

546 **ii) Anrechnungs- und Widerrufsvorbehalte.** Sondervergütungen können unter Anrechnungs- und Widerrufsvorbehalt stehen (hierzu §§ 305 bis 310 Rn. 51 ff.).

547 **jj) Rückzahlungsklauseln; Stichtagsklauseln.** Sondervergütungen, die **ausschl. die Betriebstreue** honorieren wollen (Rn. 534c ff.), können unter bestimmten Voraussetzungen mit einem Rückzahlungsvorbehalt versehen werden. Das setzt allerdings eine **ausdr.** und **eindeutige Vereinb.** voraus (BAG 14.6.1995 NZA 1995, 1034), was für formularmäßige Vereinb. bereits § 307 I 2 belegt. Eine **Rückzahlungsklausel** ist unwirksam, wenn sie weder die Voraussetzungen für die Rückzahlungspflicht noch einen eindeutig bestimmten Zeitraum für die Bindung des AN festlegt. Eine Rückzahlungsklausel für den Fall der Kündigung erstreckt sich nicht auch auf den Fall einer Aufhebungsvereinb. (LAG HM 12.2.1999 NZA-RR 1999, 514). Die rückwirkende Bewilligung einer Erwerbsminderungsrente löst keine Rückzahlungspflicht aus (LAG RP 20.8.2012 NZA-RR 2012, 622). Die Vereinb. einer Rückzahlungsklausel kann auch durch Bezugnahme auf die Bestimmungen einer Betriebsordnung geschehen (LAG N 26.5.1992 LAGE BGB § 611 Gratifikation Nr. 12). Eine erg. Auslegung dahingehend, dass die Rückforderung iRd. von der Rspr. entwickelten Grenzen erfolgen könne, kommt nicht in Betracht. Dies verstieße bei formularmäßiger Vereinb. gegen das Verbot geltungserhaltender Reduktion aus § 306 II (§§ 305 bis 310 Rn. 103). In Abgrenzung zu sog. Stichtagsklauseln betreffen Rückzahlungsklauseln den Fall, dass das ArbVerh. vor Ablauf eines außerhalb des Bezugszeitraumes liegenden Stichtages endet (zB Vereinb. der Rückzahlung der Sondervergütung, wenn das ArbVerh. vor Ablauf des 31. 3. des Folgejahres endet). **Stichtagsregelungen** in Formulararbeitsverträgen unterliegen ebenfalls einer Inhaltskontrolle nach § 307. Eine Stichtagsregelung, die unabhängig von der Höhe der Bonuszahlung den AN bis zum 30. 9. des Folgejahres bindet, ist unangemessen benachteiligend (BAG 24.10.2007 NZA 2008, 40, 42). Nach einer verbreiteten Instanzrspr. (LAG D 19.7.2011 NZA-RR 2011, 630; LAG HM 16.9.2010 LAGE BGB 2002 § 611 Gratifikation Nr. 18; LAG N 1.7.2016 BeckRS 2016, 73002) sind Rückzahlungsklauseln unangemessen benachteiligend, wenn der die Rückforderung auslösende Grund nicht im Verantwortungsbereich des AN liegt (anders für sog. Stichtagsklauseln aber BAG 18.1.2012 NZA 2012, 620; s. Rn. 534e).

548 Eine **Rückzahlungspflicht** ist bei **Sondervergütungen mit reinem Entgeltcharakter** (Rn. 534b ff.) ausgeschlossen, weil der AN bereits diese ausschl. von der Arbeitsleistung abhängige Sonderzuwendung durch seine bereits erbrachte Arbeitsleistung verdient hat und durch den Entzug eines bereits verdienten Lohnanteils bestraft würde (s. schon BAG 13.9.1974 AP BGB § 611 Gratifikation Nr. 84; 12.4.2011 NZA 2011, 989; 7.6.2011 NZA 2011, 1234; 18.1.2012 NZA 2012, 561). Allerdings darf der Anspruch auf eine Sonderzahlung von dem Bestand des ArbVerh. im gesamten Geschäftsjahr abhängig gemacht werden (BAG 6.5.2009 NZA 2009, 783).

549 Rückzahlungsklauseln werden von der Rspr. überdies nur anerkannt, wenn der AN durch sie nicht in unzulässiger Weise in seiner durch Art. 12 I GG garantierten Berufsausübung behindert wird.

Entspr. Vereinb. in Formulararbeitsverträgen unterliegen nach § 307 einer Inhaltskontrolle. Für **einzelvertragl. vereinbarte Rückzahlungsklauseln** hat das BAG (grdl. 10.5.1962 AP BGB § 611 Gratifikation Nr. 22; 9.6.1993 NZA 1993, 935) in richterl. Rechtsfortbildung Grenzwerte entwickelt. Diese Grenzwerte gelten nach der bisherigen Rspr. auch für Rückzahlungsklauseln in BV (BAG 16.11.1967 AP BGB § 611 Gratifikation Nr. 63), nicht dagegen in **TV** (BAG 31.3.1966 AP BGB § 611 Gratifikation Nr. 54; 23.2.1967 AP BGB § 611 Gratifikation Nr. 57). IE:

Bei Sonderzuwendungen bis zu einem Betrag von EUR 100,00 (DM 200,00) brutto (BAG 17.3.1982 AP BGB § 611 Gratifikation Nr. 110; 21.5.2003 NZA 2003, 1032, 1033; 25.4.2007 NZA 2007, 875) ist eine Rückzahlungsklausel schlechthin unwirksam. Erhält der AN einen Betrag, der EUR 100,00 übersteigt, aber einen Bruttomonatsverdienst nicht erreicht, ist ihm regelm. zuzumuten, eine Rückzahlungsklausel einzuhalten, die bis zum 31.3. des Folgejahres reicht. Der AN kann mithin am 31.3. ausscheiden; eine darüber hinausgehende Bindung ist unwirksam. Erhält der AN eine Sonderzuwendung **in Höhe eines vollen Monatsbezuges**, ist eine Bindung über den 31.3. des Folgejahres mögl. Hat der AN bis dahin nur eine Kündigungsmöglichkeit, ist ihm zuzumuten, diese auszulassen, dh. den Betrieb erst nach dem 31.3. zu verlassen (BAG 28.4.2004 NZA 2004, 924). Umstr. ist, ob eine Kündigung zum 31.3. unschädl. ist (vgl. einerseits LAG D 25.3.1997 NZA-RR 1997, 457, andererseits LAG D 28.1.1998 LAGE BGB § 611 Gratifikation Nr. 40). Jedoch ist eine Bindung über den 30.6. hinaus unzulässig. Erhält der AN eine Sonderzahlung, die einen **Monatsbezug übersteigt**, jedoch ein zweifaches Monatsgehalt nicht erreicht, kann er durch eine Rückzahlungsklausel nicht über den 30.6. des folgenden Jahres hinaus gebunden werden, wenn er bis dahin mehrere Kündigungsmöglichkeiten hatte. Eine über den 30.6. hinausgehende Bindung ist nur dann mögl., wenn die Sonderzahlung ein Monatsgehalt erhebl. übersteigt und eine eindrucksvolle und beachtl. Zuwendung darstellt (BAG 12.12.1962 AP BGB § 611 Gratifikation Nr. 25). 550

n) Anwesenheitsprämien. Vgl. hierzu die Kommentierung zu § 4a EFZG sowie § 612a Rn. 18 ff. 551

o) Vermögenswirksame Leistungen. Der AG kann zur Erbringung zusätzl. vermögenswirksamer Leistungen durch Arbeitsvertrag, TV, BV oder Festsetzungen nach § 19 HAG verpflichtet sein (vgl. § 10 des 5. VermBG; ausf. hierzu Schaub/*Linck* § 80). Bei tarifwidriger irrtüml. Zahlung zusätzl. vermögenswirksamer Leistungen kann der AG die Zahlung wieder einstellen. Ein Anspruch aus betriebl. Übung entsteht idR nicht (LAG HM 6.9.1991 LAGE BGB § 242 Betriebliche Übung Nr. 11). 552

3. Aufwendungsersatz. a) Allgemeines. Der AN kann Aufwendungsersatz gegen den AG geltend machen, sobald dieser eigenes Vermögen im Interesse des AG eingesetzt hat und die erbrachten Aufwendungen nicht durch das Arbeitsentgelt abgegolten sind. Der Anspruch ist in analoger Anwendung der §§ 675, 670 allg. anerkannt (BAG 1.2.1963 AP BGB § 670 Nr. 10; 14.2.1996 NZA 1996, 883; Küttner/*Griese* Aufwendungsersatz Rn. 1; *Franzen* ZTR 1996, 305; *Reichold* NZA 1994, 488). Die Analogie ist gerechtfertigt, weil es sich insoweit um eine unentgeltl. Geschäftsbesorgung des AN handelt, auch wenn Gegenstand des ArbVerh. keine Geschäftsbesorgung ieS ist. 553

Der Aufwendungsersatz ist **kein Entgelt** für die erbrachte Arbeitsleistung (BAG 15.7.1992 NZA 1993, 661; 27.7.1994 NZA 1995, 799). Er steht nicht im Gegenseitigkeitsverhältnis. § 4 I a EFZG zählt den Aufwendungsersatzanspruch nicht zum fortzuzahlenden Arbeitsentgelt. Nach § 850a Nr. 3 ZPO fällt der Ersatzanspruch jedoch idR unter die unpfändbaren Bezüge (zur Erstreckung auf Verjährung und Ausschlussfristen vgl. §§ 194 bis 218 Rn. 41). Aufwendungen sind freiwillige Vermögensopfer, die der AN als Folge einer AGWeisung erleidet oder die er nach den Umständen im Rahmen seiner arbeitsvertragl. Pflichten für erforderl. halten durfte. Als Aufwendungen gelten auch die unfreiwilligen Vermögensschäden des AN im Zusammenhang mit der Erbringung der Arbeitsleistung (sog. Eigenschäden, hierzu § 619a Rn. 76). 554

Der AN kann Aufwendungen vom AG ersetzt verlangen, wenn (1) er die Aufwendungen in Bezug auf die Arbeitsausführung gemacht hat, (2) als Folge einer AGWeisung oder wenn er sie nach verständigem Ermessen **subj. für notwendig halten** durfte und (3) er keine bes. Abgeltung für sie vom AG erhält (BAG 1.2.1963 AP BGB § 670 Nr. 10). Bei Mitverschulden kann der Anspruch in analoger Anwendung des § 254 gemindert werden. 555

Vertragl. Vereinb. über Aufwendungsersatz sind grds. vorrangig (zum Anspruch auf Erstattung der Aufwendungen für eine Praxiseinrichtung LAG K 18.3.2004 MDR 2005, 281); das gilt nur dann nicht, wenn zwgd. Vorschr. (zB §§ 618, 619, UVV; Vorsorgeuntersuchungen nach ArbMedVV) den AG zum vollen Aufwendungsersatz verpflichten (BAG 14.2.1996 NZA 1996, 883). Tarifvertragl. Regelungen sind übl. und zu beachten (zB § 7 BRTV-Bau; §§ 42, 44 BAT). Aufwendungsersatz kann pauschaliert werden (BAG 14.2.1996 NZA 1996, 883), wobei eine gesonderte Ausweisung in der Lohnabrechnung erforderl. ist, weil der Aufwendungsersatz nicht steuer- und sozialabgabenpflichtig ist. 556

Welche Aufwendungen von einer Pauschale umfasst sind, muss im Einzelfall durch **Auslegung** ermittelt werden. Mit der Vereinb. eines Kilometergeldes sind grds. auch die Kosten für eine Haftpflichtvers. abgegolten. So kann ein AN, der nach einem Verkehrsunfall seinen Schadensfreiheitsrabatt tw. einbüßt, diesen sog. Rückstufungsschaden nicht ersetzt verlangen (BAG 30.4.1992 NZA 1993, 262). Ob eine Pauschale auch dann zu zahlen ist, wenn der AN keine Arbeitsleistung erbringt, hängt von der 557

Auslegung der vertragl. Vereinb. und iZw. davon ab, ob die Aufwendungen dem AN auch während der Freistellung entstehen.

558 **b) Einzelfragen. aa) Fahrt- und Reisekosten.** Die Anfahrt zum Arbeitsplatz ist nach allg. Grds. dem pers. Lebensbereich des AN zuzuordnen und nicht über § 670 ersatzfähig (Erman/*Edenfeld* § 611 Rn. 410). Kann der AN die übertragene Arbeit nicht ohne auswärtige Übernachtung ausführen, hat der AG die Reise- und Übernachtungskosten zu ersetzen (BAG 14.2.1996 NZA 1996, 883; LAG D 22.5.1987 NZA 1987, 679); ein LeihAN, der seine Arbeitsleistung an wechselnden Orten erbringen muss, hat Anspruch auf Erstattung der Fahrkosten; deren Abbedingung stellt eine unangemessene Benachteiligung iSd. § 307 I dar (LAG D 30.7.2009 LAGE AÜG § 9 Nr. 7; LAG HM 30.6.2011 LAGE TVG § 4 Ausschlussfrist Nr. 58; LAG HM 30.1.2016 BeckRS 2016, 67439). Die Vergünstigung durch eine arbeitnehmerseitig beschaffte „Bahncard" mindern den Anspruch grds. nicht (BAG 7.2.1995 NZA 1995, 842). Ersatzfähige Aufwendungen können jedoch der Mehraufwand wegen auswärtiger Beschäftigung sein. Vielfach bestehen bes. vertragl. oder tarifvertragl. Regelungen. Im Bereich des öffentl. Dienstes bestehen ReisekostenG (zum treuwidrigen Druck auf Lehrer, auf Reisekosten bei Klassenfahrten zu verzichten BAG 16.10.2012 NZA 2013, 42). IdR bestehen Bestimmungen über Reisespesen, Auswärtszulagen, Trennungsgeld (zur sog. Auslösung Rn. 517). Auch Umzugskosten aus dienstl. Gründen kann der AN uU ersetzt verlangen (Rn. 428). Zum Ersatz von **Vorstellungskosten** Rn. 244.

559 **bb) Arbeitsmittel.** Ohne bes. Vereinb. kommt ein Anspruch auf Aufwendungsersatz für Arbeitsmittel nicht in Betracht (**a**A ArbG F 18.6.1998 ARSt. 1998, 194). Der AG stellt grds. die Arbeitsmittel zur Vfg. Allerdings kann der AN einen Ersatzanspruch für die Inanspruchnahme eines häusl. Arbeitszimmers haben, wenn dies in Erfüllung der Arbeitspflicht genutzt wird (BAG 14.10.2003 NZA 2004, 604). Die st. Nutzung des häusl. Arbeitszimmers (insb. bei Telearbeit) ist idR nicht mit der Vergütung abgegolten. Ein AN (hier Lehrer), dem freigestellt ist, ob er im Betrieb oder zu Hause arbeitet, kann nicht die Kosten für ein häusl. Arbeitszimmer ersetzt verlangen (BAG 12.4.2011 NZA 2012, 97). Allerdings sind ihm notwendige Arbeitsmittel, insb. Schulbücher, zur Vfg. zu stellen bzw. die Kosten für die Beschaffung zu erstatten (BAG 12.3.2013 NZA 2013, 1086). Vom AN mitgebrachte Arbeitsmittel können uU nach den Grds. zum Aufwendungsersatz für Eigenschäden ersetzt werden (vgl. § 619a Rn. 76).

560 **cc) Arbeitskleidung.** Unabhängig von der ges. Verpflichtung des AG zur Überlassung von Schutzkleidung (hierzu § 618 Rn. 6 ff.) besteht prinzipiell kein Aufwendungsersatzanspruch für Arbeitskleidung (BAG 13.7.2010 AP TVöD § 2 Nr. 1; Küttner/*Kreitner* Arbeitskleidung Rn. 9). Ist der AG nach §§ 618, 619 verpflichtet, Schutzkleidung zur Vfg. zu stellen, so hat der AN einen Erstattungsanspruch aus § 670 in dem Umf., den er für die Selbstbeschaffung der Kleidung erforderl. halten durfte (BAG 19.5.1998 NZA 1999, 38; zu § 21 II AVR-Caritas: 13.2.2003 NZA 2003, 1196). Die Festlegung von Höchsterstattungsgrenzen ist mögl. Die Kosten der Reinigung von aus hygienischen Gründen vorgeschriebener Arbeitskleidung, auch soweit sie dem AN übereignet worden ist, hat der AG zu tragen (zum lebensmittelverarbeitenden Betrieb BAG 14.6.2016 NZA-RR 2016, 565). Entgegenstehende Vereinb. sind gem. § 619 unwirksam (LAG D 26.4.2001 NZA-RR 2001, 409). Eine Regelung in einem Arbeitsvertrag, die pauschalierte Kosten für Reinigung und Wiederbeschaffung arbeitgeberseitig gestellter Dienstkleidung erhebt, unterliegt der Inhaltskontrolle und kann – je nach Ausgestaltung – unangemessen benachteiligend sein. Ferner kann durch entspr. Regelungen nicht der Pfändungsschutz für Arbeitseinkommen umgangen werden (BAG 17.2.2009 NZA 2010, 99).

561 **dd) Vorschuss.** Soweit ein Anspruch auf Aufwendungsersatz besteht, kann der AN nach Maßgabe der §§ 675, 669 hierfür auch einen Vorschuss verlangen (vgl. Rn. 23); zum Gehaltsvorschuss § 614 Rn. 19 ff.

562 **c) Nicht ersatzfähige Aufwendungen.** Aufwendungen, die durch das Arbeitsentgelt abgegolten sind und auch sonst nicht durch den AG veranlasst bzw. durch die Arbeitsleistung gefordert sind, rechnen grds. zu den **Kosten der pers. Lebensführung.** Aufwendungen, die der AN primär im eigenen Interesse tätigt, sind grds. auch dann nicht ersatzfähig, wenn sie Voraussetzung der Berufsausübung sind (vgl. BAG 16.10.2007 NJW 2008, 1612). Geldstrafen und Bußgelder sind grds. nicht ersatzfähig (ArbG D 22.12.2009 BeckRS 2010, 65732). Kraftfahrer müssen sich vor Fahrtantritt über Sicherheit und Zulassung des Fahrzeuges selbst überzeugen. Unzulässig ist es, die Erstattung mögl. Bußgelder vor Begehung der Straftat vertragl. zu vereinbaren (MüArbR/*Reichold* § 85 Rn. 42; *Holly/Friedhofen* NZA 1992, 145, 149 ff.). Ein AN, der seine Berufspflichten verletzt, darf die daraus entstehenden Kosten der Strafverfolgung nicht mehr für erforderl. halten und kann deren Ersatz folgl. nicht verlangen (zu unwahren negativen Behauptungen eines Journalisten: BAG 14.11.1991 NZA 1992, 691). Bei einem unverschuldeten schweren Verkehrsunfall realisiert sich jedoch das unternehmerische Risiko der Teilnahme am Straßenverkehr. Bei Einl. staatsanwaltschaftl. Ermittlungen gegen den Berufskraftfahrer hat dieser einen Anspruch gegen den AG auf Erstattung der erforderl. Kosten der Verteidigung (BAG 16.3.1995 NZA 1995, 836).

4. Beschäftigungspflicht. a) Allgemeines. Abw. zum Kauf- und Werkvertragsrecht kennt das Dienstvertragsrecht nach dem GWortlaut keine Pflicht des Gläubigers (AG), die angebotenen Dienste auch anzunehmen, dh. den AN vertragsgemäß zu beschäftigen. Das BAG leitet eine allg. Beschäftigungspflicht im bestehenden ArbVerh. letztl. aus dem **Persönlichkeitsrecht des AN** ab (BAG 10.11.1955 AP BGB § 611 Beschäftigungspflicht Nr. 2; 9.4.2014 NZA 2014, 719; dagegen *Weber/Weber* RdA 2007, 344, 346 f.). Diesen Grds. hat der GS des BAG, auch bezogen auf die Weiterbeschäftigung im gekündigten ArbVerh., bestätigt (BAG 27.2.1985 NZA 1985, 702). Hiernach ist der Beschäftigungsanspruch aus §§ 611a, 613 iVm. § 242 abzuleiten. Der Anspruch beruht nach Auff. des BAG unmittelbar auf der sich aus § 242 unter Berücksichtigung der verfassungsrechtl. Wertentsch. der Art. 1 und 2 GG über den Persönlichkeitsschutz für den AG ergebenden arbeitsvertragl. Förderungspflicht der Beschäftigungsinteressen des AN. Der Beschäftigungsanspruch muss jedoch dann zurücktreten, wenn überw. schutzwerte Interessen des AG entgegenstehen (BAG 9.4.2014 NZA 2014, 719; 16.4.2014 NZA 2014, 1082). Dies können nach der Rspr. des GS iE sein: Wegfall der Vertrauensgrdl., fehlende Einsatzmöglichkeit, Gefahr des Geheimnisverrats, unzumutbare wirtschaftl. Belastung sowie alle Gründe, die eine fristlose Kündigung rechtfertigen würden. 563

Der Anspruch auf vertragsgemäße Beschäftigung kann als **rechtsfortbildende Konkretisierung der Hauptpflichten des AG** eingeordnet werden. Zumindest ist sie aber als eine wesentl. Nebenpflicht des AG aus dem Arbeitsvertrag anzusehen, die eng mit den Hauptleistungspflichten zusammenhängt (im Regelfall Nebenpflicht: MüArbR/*Reichold* § 84 Rn. 1). Auch die generelle Annahme einer Hauptpflicht ließe sich begründen, weil die Beschäftigungspflicht die Kehrseite der Arbeitspflicht ist. Schon *Wiedemann* (Das ArbVerh. als Austausch- und Gemeinschaftsverhältnis, 1966, S. 62) hat auf die Parallelen zu den Abnahmepflichten nach §§ 433 II und 640 I hingewiesen (hierzu *Leßmann* RdA 1988, 149, 151). Bei unwirksamer Versetzung auf einen geringer bewerteten Arbeitsplatz wird der Beschäftigungsanspruch des AN verletzt. Bei offensichtl. Unwirksamkeit kann der Beschäftigungsanspruch in der bisherigen Position im Wege der einstweiligen Vfg. geltend gemacht werden (LAG SN 8.3.1996 NZA-RR 1997, 4). Zur prozessualen Durchsetzung des Anspruchs s. BAG 13.6.2012 NZA-RR 2013, 188. Zur Antragsformulierung *Korinth* ArbRB 2014, 93. Der Beschäftigungsanspruch kann stets nur für die Zukunft verlangt werden (LAG BW 11.9.2013 LAGE BGB § 611 Beschäftigungspflicht Nr. 11). 564

Der Beschäftigungsanspruch des AN hat verschiedene ges. und richterrechtl. Ausprägungen erfahren. Zum allg. Weiterbeschäftigungsanspruch **während des Kündigungsschutzprozesses** KSchG § 4 Rn. 94 ff.; zum betriebsverfassungsrechtl. Weiterbeschäftigungsanspruch vgl. § 102 V BetrVG. In bes. ArbVerh., näml. mit Auszubildenden (§ 25 iVm. § 14 II BBiG) und Schwerbehinderten (§ 164 IV 1 Nr. 1 SGB IX) besteht eine ges. Beschäftigungspflicht (vgl. LAG NI 1.7.2003 BeckRS 2003, 17075). Zu prozessualen Fragen vgl. KSchG § 4 Rn. 94. Aus dem Beschäftigungsanspruch lässt sich ein Anspruch auf Unterlassung der Änd. eines Arbeitsbereichs nicht herleiten (LAG D 28.2.1995 LAGE BGB § 1004 Nr. 3). Zw. ist, ob der Beschäftigungsanspruch scheitert, wenn der AG die bisherige Stelle des AN streicht. Zu prüfen ist in diesen Fällen, ob eine missbrauchsfreie Organisationsentsch. vorlag (LAG M 18.8.2011 – 2 Sa 62/10). Zu denkbaren Schadensersatzansprüchen aus § 823 I wegen Verletzung des Persönlichkeitsrechts LAG BW 17.6.2011 BeckRS 2011, 77577. 565

b) Durchbrechung der Beschäftigungspflicht. Aus arbeitsvertragl. Sicht ist insb. probl., ob die Beschäftigungspflicht durch einseitige Erkl. des AG durchbrochen werden kann. Ferner sind Umf. und Grenzen der Dispositivität des Beschäftigungsanspruchs zw. Grds. ist der aus dem Persönlichkeitsrecht abgeleitete Beschäftigungsanspruch nach Auff. des BAG nicht zweiseitig zwgd. Der Anspruch auf Beschäftigung kann keinem AN aufgezwungen werden. Als **dispositiver Anspruch** hängt er prinzipiell davon ab, ob der AN Beschäftigung verlangt (BAG GS 27.2.1985 NZA 1985, 702). 566

aa) Einseitige Suspendierung ohne vertragliche Vereinbarung. Die einseitige Suspendierung des AN ohne vertragl. Vereinb. ist anges. des Rechtscharakters der Beschäftigungspflicht grds. nicht mögl. (BAG 21.9.1993 NZA 1994, 267; LAG SN 12.6.2003 BeckRS 2009, 68149; LAG K 18.2.2011 BeckRS 2011, 72403). Allenfalls unter den **Voraussetzungen des § 626** kann als – vorübergehendes – milderes Mittel zur Vermeidung einer sofortigen außerordentl. Kündigung (ausf. *Preis* Prinzipien S. 462 f. mwN; ebenso LAG K 20.3.2001 LAGE BGB § 611 Beschäftigungspflicht Nr. 44) oder im gekündigten ArbVerh. bei Vorliegen eines wichtigen Kündigungsgrundes (Konkurrenztätigkeit, hierzu LAG HM 3.11.1993 LAGE BGB § 611 Beschäftigungspflicht Nr. 36) suspendiert werden. Die außerordentl. Kündigung wegen Loyalitätsverstoßes ist aber nicht deshalb unwirksam, weil für den AG die Möglichkeit der Freistellung unter Fortzahlung der Bezüge bis zum Ablauf einer ordentl. Kündigungsfrist besteht (BAG 11.3.1999 NZA 1999, 587). Selbst im Falle berechtigter einseitiger Suspendierung behält der AN in aller Regel den **Vergütungsanspruch**. Mit der Freistellung bringt der AG regelm. zum Ausdruck, dass er die Vergütungsansprüche auch ohne Arbeitsleistung erfüllt. Eine rechtswidrige Freistellung hat ledigl. zur Folge, dass der AN weiterhin einen Beschäftigungsanspruch hat (BAG 16.7.2013 AP BUrlG § 7 Nr. 65). Das BAG lässt dem AG nur die Wahl zwischen der vollen Lohnzahlung und der Kündigung (BAG 10.11.1955 AP BGB § 611 Beschäftigungspflicht Nr. 2; 4.6.1964 AP BGB § 626 Verdacht strafbarer Handlung Nr. 13). Durch die einseitige Freistellung des AN von 567 der Arbeitspflicht tritt Annahmeverzug nach § 615 ein (BAG 23.9.2009 NZA 2010, 781). Das gilt nicht, wenn durch die Freistellung Urlaubsansprüche erfüllt werden sollen. Dies muss der AG hinreichend klarstellen und den Urlaubszeitraum konkret festlegen. Lässt die Erkl. den Zeitraum nicht erkennen, wird der Urlaubsanspruch nicht erfüllt. Die Differenzierung ist erforderl., weil bei der Freistellung zu anderen Zwecken § 615 greift (BAG 14.5.2013 AP BUrlG § 7 Nr. 66). Erfolgt die Freistellung nicht zur Erfüllung von Urlaubsansprüchen, kann bei Freistellung zu anderen Zwecken auch ohne gesonderte Vereinb. die Anrechnung auf den Zwischenverdienst (§ 615 S. 2) erfolgen (BAG 19.3.2002 EzA BGB § 615 Nr. 108; LAG SH 22.12.2011 LAGE § 615 BGB 2002 Nr. 15). Bei berechtigter Suspendierung wegen bes. schutzwürdiger Interessen des AG besteht ebenfalls im Grds. der Vergütungsanspruch des AN fort. In seltenen Ausnahmefällen, in denen das vertragswidrige Verhalten des AN so schwerwiegend ist, dass dem AG die Annahme der Arbeitsleistung schlechthin unzumutbar ist, handelt es sich nicht mehr um ein ordnungsgemäßes Angebot. Der AG gerät dann nicht in Annahmeverzug. Der Vergütungsanspruch entfällt (BAG 26.4.1956 AP MuSchG § 9 Nr. 5; 29.10.1987 NZA 1988, 465).

568 **bb) Freistellung mit vertraglicher Vereinbarung.** Eine Suspendierung der Arbeitspflicht kraft individueller Vereinb. ist anges. der Dispositivität des Beschäftigungsanspruchs grds. zulässig (LAG K 20.8.1998 RzK I 2a Nr. 20; LAG SN 12.6.2003 BeckRS 2009, 68149; Einzelheiten bei *Meyer* NZA 2012, 1249). Denkbar ist auch eine konkludente Vereinb. (LAG BW 11.9.2013 LAGE BGB § 611 Beschäftigungspflicht Nr. 11). Fragl. ist, ob in einem vorformulierten Arbeitsvertrag eine Abweichung von dem Beschäftigungsanspruch im Voraus vereinbart werden kann (ausf. Preis/*Preis* II F 10; *Thüsing* AGB-Kontrolle Rn. 299 ff.; *Bauer* NZA 2007, 409; *Ohlendorf/Salomon* NZA 2008, 857; generell bejahend LAG HH 10.6.1994 LAGE BGB § 611 Beschäftigungspflicht Nr. 37; *Kappenhagen* FA 2007, 167; **aA** LAG HE 14.3.2011 NZA-RR 2011, 419; LAG HH 24.7.2013 BeckRS 2013, 73628; ArbG BE 25.2.2005 BeckRS 2009, 68151/9; zweifelnd LAG MV 5.4.2016 BeckRS 2016, 73360). Die zT anzutreffende Arg., wonach die prinzipielle Dispositivität des Beschäftigungsanspruchs auch die Zulässigkeit des Vorausverzichts umfasst, kann nicht überzeugen, weil das Recht des AN, seinen Beschäftigungsanspruch in einer konkreten Situation geltend zu machen, durch einen formularmäßigen Vorausverzicht unangemessen eingeschränkt wird (§ 307 I). Dies gilt insb. für Vertragsklauseln, die kein gewichtiges AGInteresse zur Rechtfertigung voraussetzen (zust. Küttner/*Kreitner,* Freistellung von der Arbeit, Rn. 16 f.; WLP/*Stoffels* Anh. zu § 310 Rn. 152; LAG M 7.5.2003 LAGE BGB 2002 § 307 Nr. 2). Die Grds. des GS zum ausnahmsweisen Fortfall der Beschäftigungspflicht sind auch im Falle vorformulierter Vertragsgestaltung zu beachten. In jedem Fall bleibt die konkrete Ausübung des eingeräumten Suspendierungsrechts nach Maßgabe des § 315 überprüfbar (LAG M 7.5.2003 LAGE BGB 2002 § 307 Nr. 2). Diese strengen Grds. gelten jdf. **im ungekündigten ArbVerh.** Eine Klausel, die die jederzeitige Freistellung mit Folgen für die Vergütung vorsieht, ist unangemessen benachteiligend (zu entspr. Klauseln im Profifußball ArbG Paderborn 25.2.2011 SpuRt 2011, 168).

569 Bei **gekündigten ArbVerh.** stellt sich die Rechtslage anders dar, weil auch der GS anerkennt, dass sich die Interessenlage beim gekündigten ArbVerh. ändert. Nur unter der Voraussetzung der offensichtl. Unwirksamkeit der Kündigung bzw. nach Obsiegen in erster Instanz gesteht er einen vorl. Weiterbeschäftigungsanspruch zu (BAG [GS] 27.2.1985 NZA 1985, 702). Jedoch kann die Vertragsgestaltung nicht die zwgd. Voraussetzungen des GS für einen vorl. Weiterbeschäftigungsanspruch unterlaufen. Der vom BAG bejahte allg. Weiterbeschäftigungsanspruch ist insoweit Teil des Kündigungsschutzes. Bei offensichtl. unwirksamer Kündigung oder Obsiegen des AN in der ersten Instanz ist davon auszugehen, dass sich die Grds. der Rspr. ggü. einer allg. Freistellungsklausel in einem vorformulierten Arbeitsvertrag durchsetzen (*Ruhl/Kassebohm* NZA 1995, 497; Preis/*Preis* II F 10 Rn. 8 ff.).

570 Überw. wird vertreten, dass bei gekündigtem ArbVerh. grds. ein berechtigtes Interesse des AG zur sofortigen Freistellung des AN bis zum Ablauf der Kündigungsfrist besteht (LAG M 7.5.2003 LAGE BGB 2002 § 307 Nr. 2; ArbG D 3.6.1993 NZA 1994, 559; wohl a. *Buchner,* Die Beschäftigungspflicht, 1989 S. 23; *Leßmann* RdA 1988, 149, 151). Dabei wird verkannt, dass während des Laufs der Kündigungsfrist das reguläre ArbVerh. und damit auch noch der allg. Beschäftigungsanspruch besteht (LAG M 19.8.1992 LAGE BGB § 611 Beschäftigungspflicht Nr. 32; ArbG Leipzig 8.8.1996 BB 1997, 366 ArbG F 19.11.2003 NZA-RR 2004, 409). Es kann daher nicht davon ausgegangen werden, dass sofort nach Ausspruch der Kündigung ein Beschäftigungsanspruch und ein Beschäftigungsinteresse des AN entfällt (vgl. *U. Fischer* NZA 2004, 233, 235; diff. Küttner/*Kreitner,* Freistellung von der Arbeit, Rn. 18 f.). Die Beschäftigungspflicht ist eine aus Grundrechten abgeleitete Kardinalpflicht des AG, die gem. § 307 II Nr. 1 und 2 nicht durch Formularvertrag abbedungen werden kann. Entspr. Vertragsklauseln sind deshalb unwirksam (ebenso LAG HE 14.3.2011 NZA-RR 2011, 419; **aA** bei Mitarbeitern in herausgehobener Stellung, zB Chefarzt: LAG HM 13.2.2015 NZA-RR 2015, 460). Offen kann mithin nur noch sein, welche transparenten Gründe für die Freistellung vereinbart werden müssen (diff. zwischen gekündigtem und ungekündigtem ArbVerh. *Kramer* DB 2008, 2538, 2541).

571 Auch bei wirksamer Freistellung müssen die Bezüge regelm. fortgezahlt werden. Das gilt bei widerrufl. und unwiderrufl. Freistellung, da der AG gem. § 615 in Annahmeverzug gerät. Freil. setzt die EFZ während der Freistellungsphase voraus, dass der AN die ges., tarifvertragl. oder arbeitsver-

tragl. Voraussetzungen eines Entgeltanspruchs ohne Arbeitsleistung erfüllt. Die Aufhebung der Arbeitspflicht bedeutet jedoch einen Verzicht auf das Angebot der Arbeitsleistung. Liegt eine vertragl. vereinbarte Freistellung vor, scheidet eine Anwendung von § 615 aus. Da mangels Arbeitspflicht des AN dem AG die Gläubigerstellung fehlt, kann Annahmeverzug nach §§ 293 ff. nicht begr. werden. Eine Anrechnung von Zwischenverdienst kommt dann nur in Betracht, wenn dies ausdr. vertragl. vorbehalten wurde (BAG 19.3.2002 EzA BGB § 615 Nr. 108; LAG SH 22.12.2011 LAGE BGB 2002 § 615 Nr. 15). Die Rspr. wertet Freistellungsvereinb. als Erlassvertrag nach § 397 (vgl. auch LAG B 24.8.2012 ZIP 2013, 44), der auch durch die konkludente Annahme der Erkl. des AG im Kündigungsschreiben zustande kommen kann: „Sie werden ab sofort unter Fortzahlung der vertragsgemäßen Vergütung und unter Anrechnung bestehender Urlaubsansprüche bis zum Ablauf der Kündigungsfrist von der Erbringung der Arbeitsleistung unwiderrufl. freigestellt“. Demggü. meint das BAG, dass es – bei der Vereinb. einer bloßen Freistellung von der Arbeitspflicht – für die Annahme, dass die Vergütung unabhängig von der Arbeitsfähigkeit fortgezahlt würde, einer ausdr. Vereinb. bedarf (BAG 29.9.2004 NZA 2005, 104; 23.1.2008 NZA 2008, 595). Gerechtfertigt ist, im Wege der vertragl. Vereinb. die Freistellung auf den Resturlaub anzurechnen. Fehlt eine entspr. Klausel, kann uU nach Beendigung des ArbVerh. Anspruch auf Urlaubsabgeltung (§ 7 IV BUrlG) bestehen. Die Anrechnung der Freistellung auf den Urlaub kann grds. nur erfolgen, wenn die Freistellung unwiderrufl. erfolgt und die Anrechnung ausdr. erklärt worden ist (BAG 14.3.2006 NZA 2006, 1008; *Kramer* DB 2008, 2538; *Nägele* NZA 2008, 1039, 1040; *Bauer/Günther* DStR 2008, 2422). Im Zeitraum der Freistellung mit Vergütungsfortzahlung kann der AN grds. eine anderweitige Beschäftigung aufnehmen. Eine Anrechnungspflicht des anderweitigen Verdienstes bzw. eine analoge Anwendung des § 615 S. 2 scheidet bei ausdr. Vergütungsregelung aus, wenn keine dementspr. Regelung getroffen worden ist (BAG 30.9.1982 BeckRS 2008, 56100; LAG HM 11.10.1996 NZA-RR 1997, 287 mwN; 27.2.1991 LAGE BGB § 615 Nr. 26; LAG K 21.8.1991 NZA 1992, 123; **aA** BAG 6.2.1964 AP BGB § 615 Nr. 24; LAG SH 20.2.1997 NZA-RR 1997, 286; LAG HE 28.10.1992 LAGE BGB § 615 Nr. 42). Anders ist die Rechtslage bei unberechtigter Suspendierung, die Annahmeverzug begr. Hier findet § 615 S. 2 unmittelbar Anwendung. Vgl. § 615 Rn. 87 ff. Auch bei unwiderrufl. Freistellung besteht das BeschVerh. iSd. SozVersR fort, wenn die Vergütung weitergezahlt wird (BSG 24.9.2008 B 71 2009, 424 und NJW 2009, 1772; *Schlegel* NZS 2005, 972).

II. Gleichbehandlung

572 **1. Grundlagen.** Der Grds. der Gleichbehandlung gehört zu den **Grundprinzipien des dt. ArbR** (zu verfassungsrechtl. Grdl. vgl. GG Art. 3 Rn. 1 ff.). Die Pflicht zur Gleichbehandlung der AN kann sich für den AG aus dem allg. und bes. Gleichbehandlungsgrds. und dem speziellen Differenzierungsverbot der Verf. (GG Art. 3 Rn. 5 ff.) oder aus einfachges. Regelungen wie § 4 I TzBfG (TzBfG § 4 Rn. 2 ff.) für die Gleichbehandlung TZBeschäftigter, § 4 II TzBfG für die Gleichbehandlung befristet beschäftigter AN ergeben. Das AGG (§ 2 III) lässt den allg. Gleichbehandlungssatz unberührt. Zu beachten ist ferner der in Art. 157 AEUV positiv ges. normierte Grds. der Entgeltgleichbehandlung für Frauen und Männer bei gleicher und gleichwertiger Arbeit, dem auch zwischen Privaten unmittelbare Geltung zukommt (EuGH 8.4.1976 EAS EG-Vertrag Art. 119 Nr. 2 Rn. 7 ff.; AEUV Art. 157 Rn. 2). Art. 45 AEUV, der ebenfalls Individualrechte begründen kann (EuGH 14.7.1976 EAS EG-Vertrag Art. 6 Nr. 3 [LS]; *Schaub* NZA 1981, 73), verbietet ferner jede auf die Staatsangehörigkeit zurückzuführende unterschiedl. Behandlung der AN der Mitgliedstaaten in Bezug auf Beschäftigung, Entlohnung und sonstige Arbeitsbedingungen. Der ges. nicht normierte, dem Privatrecht zuzuordnende arbeitsrechtl. Gleichbehandlungsgrds. ist im Verhältnis zu den spezialges. Regelungen subsidiär.

573 Schuldrechtl. Vereinb. zwischen Tarifparteien sind, da kein Verhandlungsungleichgewicht besteht, nicht an den Gleichbehandlungsgrds. (s. Rn. 574) gebunden (BAG 21.5.2014 NZA 2015, 115). Allerdings sind von ihnen gesetzte **TVNormen**, die zwgd. für die Tarifgebundenen wirken, insoweit mittelbar an Art. 3 I GG gebunden (BAG 27.5.2004 NZA 2004, 1399). Bei ihrer Normsetzung müssen die TVParteien den allg. Gleichheitssatz des Art. 3 I GG (wenn auch unter Berücksichtigung des Art. 9 III GG) sowie die Diskriminierungsverbote des Art 3 II und III GG beachten. Das gilt auch bei der Festlegung des pers. Geltungsbereichs eines TV; hierzu näher diff. GG Art. 3 Rn. 26 ff.); auch für **BV** kann nichts anderes gelten. Hins. einzelarbeitsvertragl. Regelungen ist der AG mangels unmittelbarer Drittwirkung der Grundrechte über die spezialges. Gleichbehandlungsregelungen und subsidiär den arbeitsrechtl. Gleichbehandlungsgrds. gebunden (GG Art. 3 Rn. 29; Küttner/*Kania* Gleichbehandlung Rn. 3). Ein Gleichbehandlungsanspruch kann nicht schon daran scheitern, dass die Rechtsverhältnisse in unterschiedl. TV geregelt werden (EuGH 27.10.1993 NZA 1994, 797; BAG 17.10.1995 NZA 1996, 656).

574 **2. Inhalt des arbeitsrechtlichen Gleichbehandlungsgrundsatzes. a) Allgemeines.** Auch der arbeitsrechtl. Gleichbehandlungsgrds. wurzelt in dem überpositiven Ideal der Gerechtigkeit, dass Gleiches gleich und Ungleiches seiner Eigenart nach ungleich zu behandeln ist (s. a. BAG 3.9.2015 NZA 2015, 222). Der Grds. gehört nach der Rspr. des BVerfG dem vorstaatl. überpositiven Recht an

(BVerfG 5.4.1952 E 1, 208, 233). Über seine Herleitung besteht keine einhellige Auff. (vgl. MüArbR/*Richardi* § 9 Rn. 9 f.). Er wird aus verschiedenen allg. Prinzipien wie dem allg. Gleichheitssatz des Art. 3 I GG, aus der Treue- und Fürsorgepflicht des AG, aus dem Grds. von Treu und Glauben (§ 242) oder aus dem allg. Rechtsgedanken der Gleichbehandlung abgeleitet (*Raab* FS Kreutz 2010 S. 317). Die Rspr. erkennt den Grds. seit der Entsch. des RAG aus dem Jahre 1938 zum Ruhegeldanspruch ohne individualvertragl. Grdl. (RAG 19.1.1938 ARS 33, 172 ff.) in stRspr. an. Seinen einfachges. Niederschlag hat der arbeitsrechtl. Gleichbehandlungsgrds. in § 75 I 1 BetrVG, § 67 I 1 BPersVG gefunden. Im Recht der betriebl. AV ist er eine selbständige Anspruchsgrdl. nach § 1b I 4 BetrAVG (BAG 25.4.1995 NZA 1996, 84; BetrAVG § 1b Rn. 36 ff.). Vor diesem Hintergrund kann von einer gewohnheitsrechtl. Anerkennung des Grds. ausgegangen werden (MüKoBGB/*Müller-Glöge* § 611 Rn. 1122; *Boemke* NZA 1993, 532, 535). Freil. ist die dogmatische Struktur des Prinzips damit noch nicht geklärt. Der 4. Sen. hat jüngst grdl. Aspekte in die Diskussion gebracht. Im Kern fußt danach der Gleichbehandlungsgrds. auf der Erkenntnis, dass zwischen AG und AN ein stukturelles Ungleichgewicht herrsche. Bestehe ein solches nicht, bestehe etwa faktisch oder rechtl. ein Verhandlungsgleichgewicht, komme der Gleichbehandlungsgrds. nicht zur Anwendung (BAG 21.5.2014 NZA 2015, 115; weiterführend *Creutzfeldt* JbArbR 52 [2015] S. 1; zu Stichtagsregelungen BAG 15.4.2015 NZA 2015, 1388). Weil und soweit der AG einseitig Regeln aufstellen und auch ggü. Einzelnen durchsetzen könne, bedürfe es auch einer Vertragskontrolle auf sachl. Rechtfertigung, um unangemessene Benachteiligung zu vermeiden. Es geht um die Kompensation gestörter Privatautonomie.

574a Ein Anspruch auf **Gleichbehandlung im Unrecht oder Rechtsirrtum** besteht nicht (BAG 23.8.1980 AP BetrVG 1972 § 77 Nr. 2; 26.11.1998 NZA 1999, 1108), es sei denn, der AG erbringt die Leistung in der Kenntnis seiner mangelnden Verpflichtung zur Leistung (MüKoBGB/*Müller-Glöge* § 611 Rn. 1141). Im bloßen Normenvollzug diff. TV liegt keine willkürl. Ungleichbehandlung iSd. arbeitsrechtl. Gleichbehandlungsgrds. (BAG 26.4.2005 NZA 2005, 1633; 15.4.2008 NZA 2008, 888; 22.12.2009 NZA 2010, 522; 21.11.2013 NZA-RR 2014, 263). Dies gilt auch, wenn der AG irrtüml. vermeintl. Normen vollzieht (BAG 7.6.2011 NZA 2011, 1426; 15.6.2011 AP TVG § 1 Tarifverträge: Arzt Nr. 50) und wenn unterschiedl. tarifl. Normen auf der Basis einer vertragl. Bezugnahme auf den TV angewendet werden. Es bedarf eines „gestaltenden Verhaltens" des AG. Dieses liegt weder vor, wenn der AG kollektivrechtl. Normen anwendet, noch wenn der AN eine Änd. des Arbeitsvertrags ablehnt, die mit einer Lohnerhöhung verbunden ist (BAG 14.12.2011 NZA 2012, 618). Wie der bloße Normenvollzug enthält auch die bloße Vertragserfüllung keine verteilende Entsch. des AG. Eine solche trifft der AG erst dann, wenn er freiwillig, dh. ohne rechtl. Verpflichtung über die Vertragserfüllung hinaus Leistungen gewährt (BAG 21.9.2011 NZA 2012, 31).

575 Der Gleichbehandlungsgrds. ist seiner Struktur nach Anspruchsgrdl., aber auch Rechtsausübungsschranke. Er kann auf alle Arten von Maßnahmen und Entsch. des AG erstreckt werden (zum Direktionsrecht LAG K 22.6.1994 LAGE BGB § 611 Direktionsrecht Nr. 19). Entscheidend ist, ob diese einen kollektiven Charakter haben (ZLH/*Zöllner* § 17 III 2). Er verbietet die willkürl. Schlechterstellung einzelner AN innerhalb einer Gruppe und eine **sachfremde Gruppenbildung**. Der Grds. der Vertragsfreiheit genießt Vorrang, wenn und soweit Vertragsbedingungen mit den einzelnen AN frei ausgehandelt sind (BAG 19.8.1992 NZA 1993, 171; 13.2.2002 NZA 2003, 215; 17.12.2009 NZA 2010, 273, 277 zum Schluss eines Aufhebungsvertrags). Nicht ausreichend ist jedoch, dass sich die AN bei Vertragsschluss vorformulierten Vorgaben beugen. Individuell vereinbarte Regelungen sind daher nicht am arbeitsrechtl. Gleichbehandlungsgrds. zu messen. Der Grds. geht eher in Richtung eines Benachteiligungsverbots als eines Gleichbehandlungsgebots (*Hunold* DB 1991, 1670). Daher wird auch die Besserstellung einzelner durch ihn nicht versagt (BAG 25.5.2004 BetrAVG § 1b Nr. 5; 29.9.2004 NZA 2005, 183; Schaub/*Linck* § 112 Rn. 4; HWK/*Thüsing* Rn. 188; MüKoBGB/*Müller-Glöge* § 611 Rn. 1122, 1125, 1128). Ob eine individuelle Vereinb. vorliegt, ist iZw. mittels eines Vergleichs nach den Verhältniszahlen der jeweils begünstigten und benachteiligten AN vorzunehmen (BAG 19.8.1992 NZA 1993, 171).

576 Der Gleichbehandlungsgrds. ist anwendbar, wenn der AG die Leistungen nach einem bestimmten erkennbaren und generalisierenden Prinzip gewährt und dazu bestimmte Voraussetzungen oder einen bestimmten Zweck festlegt (BAG 12.6.1996 NZA 1997, 191; 21.3.2002 EzA BGB § 242 Gleichbehandlung Nr. 88). Insoweit kann auch die Anordnung von Mehrarbeit dem Gleichbehandlungsgrds. unterfallen (LAG HE 12.9.2001 NZA-RR 2002, 348) sowie die Anrechnung von Vorbeschäftigungszeiten (LAG HM 19.8.2002 NZA-RR 2003, 525, 526). Der nicht tarifgebundene AG darf auch nicht willkürl. zwischen der Anwendung und Nichtanwendung tarifl. Regelungen diff. (BAG 25.4.1995 NZA 1996, 84).

577 Nach Auff. des BAG kann der einzelne AN auf die Wahrung des Gleichbehandlungsgrds. verzichten. Das Einverständnis könne darin liegen, dass der AN eine ihm vom AG angetragene Vertragsänd. ablehnt, die alle übrigen vergleichbaren AN annehmen (BAG 4.5.1962 AP BGB § 242 Gleichbehandlung Nr. 32; HWK/*Thüsing* Rn. 188; MüArbR/*Richardi* § 9 Rn. 47 ff.; dagegen MüKoBGB/*Müller-Glöge* § 611 Rn. 1122). Das ist zutr., weil die individuelle Regelung dem Gleichbehandlungsgrds. vorgeht (Rn. 575). Unstr. ist der **Verzicht** unwirksam, wenn der AN dabei unzulässigem Druck ausgesetzt war. Auch darf die Abbedingung nicht gegen allg. arbeitsrechtl. Normen und

Grds. wie bspw. den Grds. der Koalitionsfreiheit, das Benachteiligungsverbot von BRMitgliedern oder den Grds. der Gleichbehandlung von Frauen und Männern verstoßen (MüArbR/*Richardi* § 9 Rn. 48).

b) Voraussetzungen. aa) Bestehende Rechtsbeziehung. Der arbeitsrechtl. Gleichbehandlungsgrds. setzt voraus, dass zwischen AG und dem AN, der sich auf den Gleichbehandlungsanspruch stützt, eine feste Rechtsbeziehung besteht, mithin regelm. ein bestehendes ArbVerh. Darüber hinaus greift er vor Aufnahme und nach Beendigung des ArbVerh. nicht (**a**A LAG BE 19.3.2003 BeckRS 2003, 16970 für den Fall einer Abfindungszahlung an gekündigte AN), eine Ausnahme gilt nur für das Ruhestandsverhältnis (HWK/*Thüsing* Rn. 192; *Palme* BlStSozArbR 1983, 257). 578

bb) Gruppenbildung; kollektiver Bezug. Für die Anwendbarkeit des arbeitsrechtl. Gleichbehandlungsgrds. ist es weiter erforderl., dass eine Gruppenbildung vergleichbarer AN mögl. ist. Vergleichbar sind zunächst AN mit vergleichbaren Tätigkeiten. Entscheidend ist die überw. auszuübende Tätigkeit, nicht einzelne Arbeitsvorgänge (BAG 23.8.1995 NZA 1996, 579). Bewertungsmaßstab ist die Verkehrsanschauung. Bewertungen in TV können herangezogen werden (BAG 20.11.1996 NZA 1997, 724). An der Vergleichbarkeit fehlt es, wenn die Tätigkeit wegen Führungs- und Leitungsaufgaben, auf Grund der Qualifikation oder wegen bes. Anforderungen tarifvertragl. anders bewertet sind (BAG 19.8.1992 NZA 1993, 171). AN mit nicht vergleichbaren Tätigkeiten können gleichzubehandeln sein, wenn der AG eine weitergehende allg. Regel aufgestellt hat (BAG 12.1.1994 NZA 1994, 993). Da eine vollkommene Gleichheit zwischen mehreren AN nur selten vorliegen wird, genügt eine im Wesentlichen übereinstimmende Lage (Schaub/*Linck* § 112 Rn. 3). Welche Aspekte für eine Gruppenbildung tragend sind und auf welches **zahlenmäßige Verhältnis** abzustellen ist, ist bislang noch weitestgehend ungeklärt. Gesichert ist nur, dass der arbeitsrechtl. Gleichbehandlungsgrds. nicht erst dann greift, wenn 50% der AN an einer günstigeren Regelung teilnehmen (Küttner/*Kania* Gleichbehandlung Rn. 12). Ist die Anzahl der begünstigten AN im Verhältnis zur Gesamtzahl der betroffenen AN sehr gering (im Streitfall weniger als 5%), kann ein nicht begünstigter AN aus dem Gleichbehandlungsgrds. keinen Anspruch herleiten (BAG 13.2.2002 NZA 2003, 215; offenbar anders 8.8.2000 BeckRS 2000, 30987017: unerhebl. ist selbst ein Zahlenverhältnis von 4:180; hierzu *Bepler* NZA-Sonderbeil. 18/2004, 3, 6 f.). 579

Der Gleichbehandlungsgrds. ist anwendbar, wenn ein AG Leistungen nach einem **bestimmten, erkennbaren und generalisierenden Prinzip** gewährt, oder wenn er bestimmte Voraussetzungen oder einen bestimmten Zweck festlegt (stRspr. BAG 23.8.1995 NZA 1996, 829). Das gilt auch, wenn der AG nach einem generalisierenden Prinzip Leistungen gewährt, auf welche für die begünstigte Gruppe auf Grund langjähriger betriebl. Übung Rechtsansprüche erwachsen sind (BAG 30.3.1994 NZA 1994, 786). Ferner ist er auch auf ArbVerh. anwendbar, auf welche der AG – vielfach zwecks Umgehung – ohne nach einem erkennbaren oder generalisierenden Prinzip vorzugehen, mehrere oder undurchsichtige Vergütungssysteme anwendet und dabei nicht nur einzelne AN besserstellt. Andernfalls wäre der AG im Vorteil, der keine allg. Grds. aufstellt und nach Gutdünken verfährt (BAG 19.8.1992 NZA 1993, 171). 580

Bedeutung hat der arbeitsrechtl. Gleichbehandlungsgrds. insb. bei **arbeitsvertragl. Einheitsregelungen** als auch bei einseitiger Leistungsbestimmung (Direktionsrecht) des AG (Küttner/*Kania* Gleichbehandlung Rn. 4; diff. MüArbR/*Richardi* § 9 Rn. 15 ff.). Letzteres betrifft insb. allg. Arbeitsvorschr. wie die Ein- und Durchführung von Torkontrollen (LAG K 3.11.1983 – 10 TaBV 19/83), Zeiterfassungssystemen (LAG BE 9.1.1984 DB 1984, 2098), Rauchverboten (LAG HE 6.7.1989 LAGE BGB § 611 Direktionsrecht Nr. 5) oder die Heranziehung von AN zu Mehr-, Über-, Nacht- oder Feiertagsarbeit (LAG K 22.6.1994 LAGE BGB § 611 Direktionsrecht Nr. 19; LAG HE 12.9.2001 NZA-RR 2002, 348) sowie ihre Versetzung auf einen anderen Arbeitsplatz (BAG 12.7.1957 AP BGB § 242 Gleichbehandlung Nr. 5). 581

Im **Kündigungsrecht** hat der Gleichbehandlungsgrds. nur eine beschränkte Bedeutung (hierzu KSchG § 1 Rn. 174; TzBfG § 4 Rn. 52). 582

cc) Räumlicher Geltungsbereich. Der arbeitsrechtl. Gleichbehandlungsgrds. galt nach bisher hM grds. für AN desselben Betriebes bzw. ders. Dienststelle (BAG 17.12.1992 NZA 1993, 691). Die bisher herrschende Auff. von der Betriebsbezogenheit des Grds. ist auf die Annahme eines bes. Gemeinschaftsbezugs im Betrieb zurückzuführen (MüArbR/*Richardi* § 9 Rn. 12). Für sie wird auch angeführt, dass die Gleichbehandlung im Betrieb durch § 75 BetrVG einen explizite Regelung erfahren hat (*Tschöpe* DB 1994, 40, 41). Ausnahmen wurden nur zugelassen, wenn der AG eine überbetriebl. Regel aufstellt und anwendet (BAG 17.12.1992 NZA 1993, 691; 12.1.1994 NZA 1994, 993). Dann kann sich ein AN auf die Verletzung des Gleichbehandlungsgrds. auch berufen, wenn in seinem Betrieb eine unterschiedl. Behandlung zweier ANGruppen deshalb nicht festzustellen ist, weil AN der begünstigten Gruppe dort nicht arbeiten (BAG 17.12.1992 NZA 1993, 691). Die Ungleichbehandlung von Betrieben mit und ohne BR ist zulässig, selbst wenn ein bestehender GesamtBR für die jeweilige Leistung nach § 50 I BetrVG mitbestimmungsrechtl. zust. wäre. Scheitert eine überbetriebl. Regelung in einem Unternehmen mit einem betriebsratslosen Betrieb und einem Betrieb, für welchen ein BR existiert, an der Zust. des BR, so ist eine Ungleichbehandlung zulässig, weil der AG sonst zu einem Verstoß gegen 583 die mitbestimmungsrechtl. Kompetenzen des BR aus dem BetrVG genötigt würde (BAG 25.4.1995 NZA 1995, 1063).

584 Nach der inzwischen hM soll der Gleichbehandlungsgrds. dagegen grds. auf das gesamte **Unternehmen** ausgedehnt werden (ZLH/*Zöllner* § 18 III 1; HWK/*Thüsing* Rn. 199; MüArbR/*Richardi* § 9 Rn. 12; MüKoBGB/*Müller-Glöge* § 611 Rn. 1133; ArbRBGB/*Schliemann* Rn. 126; *v. Hoyningen-Huene* Anm. AP TVG § 1 Tarifverträge: Seniorität Nr. 6; *Fastrich* Anm. AP BGB § 242 Gleichbehandlung Nr. 105; Küttner/*Kania* Gleichbehandlung Rn. 7; *Konzen* RdA 1984, 65, 87). Begründet wird dies zum einen mit der keineswegs immer eindeutigen Abgrenzung zwischen Betriebsteil und selbständigem Betrieb. Dem Hinweis auf § 75 I 1 BetrVG wird entgegengehalten, dass dadurch nicht die individualrechtl. Pflicht des AG zur Gleichbehandlung auf den Betrieb begrenzt werde (MüArbR/*Richardi* § 9 Rn. 12). Soweit man das Vorliegen einer Gemeinschaft der AN untereinander fordere, lässt sich schließl. auch bei der Unternehmensbelegschaft von einer Gemeinschaft sprechen (ZLH/*Zöllner* § 18 III 1).

585 Das BAG ist dieser Auff. gefolgt (BAG 17.11.1998 NZA 1999, 606; 3.12.2008 NZA 2009, 367; 8.11.2006 AP BGB § 611 Lehrer, Dozenten Nr. 177 stellt im Schulbereich auf den „Geschäftsbereich des zust. Ministers" ab).

586 Der unternehmens(=arbeitgeber)bezogenen Betrachtung des Gleichbehandlungsgrds. ist zu folgen. Dabei ist zu beachten, dass die unterschiedl. Betriebszugehörigkeit iRd. **sachl. Rechtfertigung** ggf. als Differenzierungsgrund berücksichtigt werden kann. Insoweit wird es vielfach sachl., den Willkürvorwurf ausschließende Gründe für eine unterschiedl. Behandlung einzelner Betriebe (nicht einzelner Betriebsabt.) geben (BAG 17.11.1998 NZA 1999, 606). Es ist nicht sachgerecht, dass durch schlichte Betriebsaufspaltungen die Geltung des Gleichbehandlungsgrds. umgangen werden kann (MüArbR/*Richardi* § 9 Rn. 12). Adressat des Gleichbehandlungsgrds. ist der AG; auf dessen konkrete Ausübung der Leitungsmacht kommt es an. Diesen Ansatz verfolgte das BAG schon mit seiner Rspr., in der es den Gleichbehandlungsgrds. auf Fälle ausdehnte, in denen der AG eine überbetriebl. Regel aufstellt (BAG 17.12.1992 NZA 1993, 691).

587 Nur die Herstellung eines unternehmensübergreifenden AGBezuges ermöglicht sachgerechte, nicht willkürl. Differenzierungen. Eine sachl. gerechtfertigte Differenzierung liegt vor, wenn der AG einen Betrieb nach § 613a übernimmt und einen einheitl. Betrieb schafft, aber jeder der beiden ANGruppen eine Weihnachtsgratifikation nach dem im früheren Betrieb praktizierten Ordnung gewährt. Eine Differenzierung nach dem bisherigen Besitzstand ist nicht sachwidrig (BAG 25.8.1976 AP BGB § 242 Gleichbehandlung Nr. 41; 31.8.2005 NZA 2006, 265; krit. *Rieble* SAE 2003, 11). Das gilt insb. beim Betriebsübergang. So können AN, deren ArbVerh. durch einen Betriebs- oder Betriebsteilübergang auf den AG übergeht, von einer Versorgungsordnung ausgenommen werden, auch wenn dies bei nach dem Stichtag neu eintretenden AN nicht der Fall ist (BAG 19.1.2010 NZA-RR 2010, 356). Für eine arbeitgeberbezogene Geltung des Gleichbehandlungsgrds. spricht ferner, dass **auch im Kündigungsrecht** die Unternehmensaufspaltung innerhalb eines Betriebes für sich genommen kein sachgerechtes Differenzierungskriterium darstellt, obwohl das KSchG grds. betriebsbezogen ausgestaltet ist. Damit wird die Umgehung des Kündigungsschutzes durch Aufspaltung einer Betriebseinheit in mehrere Unternehmen verhindert. Ferner wird die Konzerndimensionalität des Kündigungsschutzes als Ausfluss einer konkretisierten Fürsorge- und Gleichbehandlungspflicht ausnahmsweise anerkannt (BAG 13.6.1985 NZA 1986, 600; 27.11.1991 NZA 1992, 644).

588 Eine unternehmensübergreifende, **konzernweite Ausdehnung** des Gleichbehandlungsgrds. wird überw. abgelehnt (BAG 20.8.1986 AP TVG § 1 Tarifverträge: Seniorität Nr. 6; *Windbichler* S. 420 ff.; *Rüthers/Bakker* ZfA 1990, 284 ff.; MüArbR/*Richardi* § 23 Rn. 27; *Tschöpe* DB 1994, 40; **aA** *Däubler* ArbR II S. 667; *Henssler* S. 107 ff.; *Martens* FS 25 Jahre BAG S. 367, 386 ff.; *Konzen* RdA 1984, 65, 87: wenn die Konzernspitze diese Leistungen aus Konzernvermögen gewährt). Das BAG stellt darauf ab, dass die in einem Konzern zusammengeschlossenen Firmen ihre rechtl. Selbständigkeit behalten, auch wirtschaftl. mehr oder weniger selbständig bleiben und damit in einem Konzern mehrere unterschiedl. AG vorhanden sind. Außerdem sind in einem Konzern nicht selten Unternehmen gänzl. unterschiedl. Fachsparten zusammengeschlossen, bei denen verschiedene Arbeitsbedingungen bestehen und demgemäß auch TV ganz unterschiedl. Art gelten können (BAG 20.8.1986 AP TVG § 1 Tarifverträge: Seniorität Nr. 6). Mit dem in die gleiche Richtung zielenden Hinweis auf die rechtl. und wirtschaftl. Selbständigkeit der in einem gemeinsamen Betrieb zusammenwirkenden Unternehmen hat das BAG weiter auch die Geltung des Gleichbehandlungsgrds. in einem von zwei verschiedenen Unternehmen gemeinsam geführten Betrieb verneint (BAG 19.11.1992 NZA 1993, 405). Konzernbezogen wirkt der Gleichbehandlungsgrds. nach richtiger Ansicht **nur ausnahmsweise**, wenn die Konzernspitze für sich eine Verteilungskompetenz in Anspruch nimmt und entspr. Weisungen erteilt, die konzerndimensional wirken (vgl. BAG 20.8.1986 AP TVG § 1 Tarifverträge: Seniorität Nr. 6; *Göhle-Sander* HwB AR Nr. 930 Rn. 13; HWK/*Thüsing* Rn. 200; MüArbR/*Richardi* § 23 Rn. 28).

589 **dd) Ungleichbehandlung ohne sachlichen Grund.** Der arbeitsrechtl. Gleichbehandlungsanspruch will einer Ungleichbehandlung in der Sache entgegenwirken. Daher sind Gegenstand der Prüfung einzelne Ansprüche oder Rechte eines AN (BAG 25.4.1995 NZA 1996, 84). Der Gleichbehand-

lungsgrds. ist verletzt, wenn der AG einzelne AN oder Gruppen von AN **ohne sachl. Grund** von allg. begünstigenden Regelungen des ArbVerh. ausnimmt und schlechter stellt als andere AN in vergleichbarer Lage (stRspr. BAG 6.12.1995 NZA 1996, 531; 27.10.1998 NZA 1999, 700). Auch wenn der AG bestimmte ANGruppen nicht erst bildet, sondern schon „vorfindet", ist deren unterschiedl. Behandlung am Gleichbehandlungsanspruch zu messen (BAG 26.9.2007 NZA 2007, 1424). Er ist nicht erst beim Vollzug, sondern schon beim Aufstellen entspr. Regeln vom AG zu beachten (BAG 11.9.1974 AP BGB § 242 Gleichbehandlung Nr. 39). Ob ein sachl. Grund vorliegt, ist im Einzelfall zu bestimmen. Sind die Differenzierungsgründe nicht hinreichend bestimmt und transparent, sondern berühmt sich der AG eines Ermessenspielraums, liegt ein Verstoß gegen den Gleichbehandlungsgrds. nahe (BAG 19.8.2008 NZA 2009, 197).

Die Ungleichbehandlung verschiedener ANGruppen ist immer dann mit dem arbeitsrechtl. Gleich- 590
behandlungsgrds. vereinbar, wenn die Unterscheidung nach dem Zweck der Leistung gerechtfertigt ist (BAG 19.4.1995 NZA 1995, 985; 28.5.1996 NZA 1997, 101; 12.10.2011 NZA 2012, 680). Es darf ein Teil der AN nicht sachwidrig oder willkürl. von den Vergünstigungen ausgeschlossen werden (BAG 12.1.2000 NZA 2000, 944; 24.10.2006 AP BGB § 611 Gratifikation Nr. 263). Wird durch die höhere Zahlung pauschal ein Ausgleich für nicht angeordnete Mehrarbeit gewährt, begr. dies einen sachl. Grund für unterschiedl. hohe freiwillige Sonderzahlungen (BAG 13.4.2011 NZA 2011, 1047). Eine Verletzung des Gleichbehandlungsgrds. entfällt nicht schon deshalb, weil die ohne sachl. Grund begünstigte Gruppe kleiner ist als die benachteiligte Gruppe (BAG 30.3.1994 NZA 1994, 786).

Generell ungeeignet als **sachl. Differenzierungsgrund** sind die in Art. 3 GG, § 1 AGG, § 75 591
BetrVG, § 67 BPersVG genannten Merkmale (Geschlecht, Behinderung, Alter, Abstammung, Rasse, Sprache, Heimat und Herkunft, Glauben, religiöse wie politische Anschauung, Weltanschauung, gewerkschaftl. Betätigung sowie sexuelle Identität). Der Status als Studierender und die in der Versicherungsfreiheit liegende sozialrechtl. Begünstigung sind ferner keine sachl. Gründe für eine Schlechterstellung studentischer AN bei der Gestaltung allg. Arbeitsbedingungen (BAG 28.3.1996 NZA 1996, 1280). Die im SozVersR und SteuerR getroffenen Unterscheidungen verfolgen ör. Zwecke und sind dort, wo es auf die arbeitsrechtl. Bedeutung und Zielsetzung ankommt, nicht beachtl., da es sich um unterschiedl., nicht zu vergleichende Rechtsgebiete handelt (BAG 7.3.1995 NZA 1996, 48).

Zur Gleichbehandlung bei Differenzierungen in **Sozialplänen** vgl. BetrVG § 112 Rn. 23 ff.; BAG 592
17.4.1996 NZA 1996, 1113; 12.4.2011 NZA 2011, 985; 12.4.2011 NZA 2011, 1302. Zum Anspruch auf Gleichbehandlung bei Abfindungszahlungen bei Betriebsschließungen oder -änd. BAG 25.11.1993 NZA 1994, 788; 27.10.1998 NZA 1999, 719; in einem Aufhebungsvertrag verneint LAG BE 18.1.1999 NZA-RR 1999, 179.

3. Einzelfragen. a) Arbeitsentgelt. Der Hauptanwendungsbereich des Gleichbehandlungsgrds. liegt 593
auf dem Gebiet der Sondervergütungen (hierzu bereits Rn. 535), Ruhegelder (hierzu BetrAVG § 1 Rn. 45; BetrAVG Vorbem. Rn. 43 ff.) sowie Zulagen aller Art (BAG 5.3.1980 AP BGB § 242 Gleichbehandlung Nr. 44; *Hunold* DB 1991, 1670) und der Teilnahme an Aktienoptionsplänen (BAG 21.10.2009 NZA-RR 2010, 289). Die Rspr. musste sich in der jüngeren Vergangenheit insb. mit der Ungleichbehandlung TZBeschäftigter im Vergütungsbereich auseinandersetzen (hierzu § 4 I TzBfG).

Dem Gleichbehandlungsgrds. kann nicht etwa dadurch ausgewichen werden, dass die Sonderleistung 594
jeweils mit dem Hinweis ausbezahlt wird, dass es sich um eine freiwillige Leistung des AG handele, auf die kein Rechtsanspruch für die Zukunft bestehe. Ein solcher **Freiwilligkeitsvorbehalt** schließt eine Bindung des AG an den Gleichbehandlungsgrds. im Jahr der Zahlung nicht aus (BAG 6.12.1995 NZA 1996, 1027). Freil. sind bei freiwilligen Leistungen Stichtagsregelungen, die ab einem bestimmten Zpkt. die Einstellung der Leistung verfügen, idR nicht zu beanstanden (BAG 15.11.2011 NZA 2012, 218).

Im Bereich der Arbeitsvergütung ist der arbeitsrechtl. Gleichbehandlungsgrds. wegen des **Vorrangs** 595
der Vertragsfreiheit nur beschränkt anwendbar (BAG 9.11.1972 AP BGB § 242 Gleichbehandlung Nr. 36; 23.8.1995 NZA 1996, 829; s. Rn. 575). Im Bereich der Arbeitsvergütung ist er dennoch anwendbar, wenn Arbeitsentgelte durch eine betriebl. Einheitsregelung generell angehoben werden und der AG die Leistungen nach einem bestimmten erkennbaren und generalisierenden Prinzip gewährt, indem er bestimmte Voraussetzungen oder Zwecke festlegt (BAG 14.12.2011 NZA 2012, 680; 21.9.2011 NZA 2012, 31). Allerdings ist bei freiwilligen Lohnerhöhungen oder dem Verzicht des AG auf eine mögl. Anrechnung übertarifl. Lohnbestandteile auf eine Tariflohnerhöhung zu prüfen, ob der AG nicht doch eine allg., gruppen- oder betriebseinheitl. Regelung festlegt, nach deren Maßgabe er verfährt. Die Regelung kann so ausgestaltet sein, dass nur ein Teilbetrag auf einer abstrakten Regelung beruht. Der Grds. der Gleichbehandlung verpflichtet den AG nicht, eine umfassende lückenlose, allg. Regelung für Gehaltserhöhungen aufzustellen (BAG 15.11.1994 NZA 1995, 939). Steht eine freiwillige Lohnerhöhung in Rede, die wegen des Anstiegs der Preise und Gehälter in den Erhöhungsbeiträgen eine lineare Komponente enthält (Inflationsausgleich), so ist der arbeitsrechtl. Gleichbehandlungsgrds. jedoch selbst dann zu beachten, wenn die Lohnerhöhung individuelle Leistungsgesichtspunkte berücksichtigt (BAG 9.11.1972 AP BGB § 242 Gleichbehandlung Nr. 36). Es spricht eine tats. Vermutung dafür, dass der AG den Grundbetrag einer Lohnerhöhung zum Zwecke des Kaufkraftausgleichs gewährt, wenn er diese über mehrere Jahre im ungefähren Jahresrhythmus für die überw. Zahl seiner

AN auszahlt (BAG 11.9.1985 NZA 1987, 156). Werden die Arbeitsentgelte aller AN durch eine vertragl. Einheitsregel rückwirkend erhöht, so dürfen AN, die im Rückwirkungszeitraum in dem Betrieb gearbeitet haben, nicht nur deshalb von der Leistung ausgenommen werden, weil sie im Erhöhungszpkt. nicht mehr dort arbeiteten oder erkrankt waren (BAG 4.2.1976 AP BGB § 242 Gleichbehandlung Nr. 40). TVParteien steht dieses Recht jedoch zu (BAG 10.3.1982 AP BGB § 242 Gleichbehandlung Nr. 47).

596 Sachwidrig ist es, einen Lehrer bei gleicher Tätigkeit beim sog. **Bewährungsaufstieg** nur deshalb schlechter zu stellen, weil er (im Unterschied zu anderen) die Voraussetzungen für die Übernahme in das Beamtenverhältnis nicht erfüllt (BAG 24.4.1991 NZA 1991, 896). Sachl. gerechtfertigt kann aber eine freiwillige Leistung aus Anlass einer Umstrukturierungsmaßnahme als Motivationsanreiz sein; dabei dürfen vergleichbare AN mit höherer Vergütung in einem unwirtschaftl. und stillzulegenden Betriebsteil ausgeschlossen werden (BAG 10.3.1998 NZA 1998, 1297). Nicht sachwidrig ist es, die Höhe der Vergütung an die Zahl der unterstellten Mitarbeiter zu koppeln (BAG 7.11.2001 NZA 2002, 860).

597 Der AG darf zwischen tarifgebundenen und **nicht tarifgebundenen AN** bei der Höhe der Vergütung diff. (BAG 20.7.1960 AP TVG § 4 Nr. 7; **aA** *Wiedemann* RdA 1969, 321, 323 ff.). Bedenkl. ist aber die pauschale Arg., bei Werkstudenten könne die geringere gewerkschaftl. Bindung die Differenzierung rechtfertigen (so BAG 30.8.2000 NZA 2001, 613). Ein nicht tarifgebundener AG darf sich darauf beschränken, nur mit AN in bestimmten Funktionen eine Vergütung in Anlehnung an einen TV zu vereinbaren (BAG 19.8.1992 NZA 1993, 171; 20.11.1996 NZA 1997, 724). Er darf aber nicht willkürl. diff. (BAG 25.4.1995 NZA 1996, 84). Der AN kann sich grds. nicht auf den Vergleich tarifgebundener und nicht tarifgebundener Vergütungssysteme berufen (BAG 30.9.1998 NZA 1999, 490).

598 Das BAG erkennt als sachgerechte Gründe für eine Gruppenbildung bei **Sonderzahlungen** an: die **Bindung bestimmter ANGruppen** an den Betrieb (BAG 25.8.1982 AP BGB § 242 Gleichbehandlung Nr. 53; 20.11.1996 NZA 1997, 312); die bes. Belastung einer Gruppe (BAG 5.3.1980 AP BGB § 242 Gleichbehandlung Nr. 43 zum Arbeiten „unter einer erhebl. Stresssituation"; 25.1.1984 NZA 1984, 326) und den Ausgleich von Nachteilen im Entgeltbereich (BAG 30.3.1994 NZA 1994, 786). Auch eine Differenzierung nach Aufgaben und Anforderungen der unterschiedl. behandelten ANGruppen kommt in Betracht (BAG 5.3.1980 AP BGB § 242 Gleichbehandlung Nr. 43). Zul. ist es, wenn ein AG nur Führungskräften bestimmter Hierarchieebenen Aktienoptionen gewährt. Die Gruppe der Bezugsberechtigten muss sich jedoch klar von der Gruppe der Nichtberechtigten abgrenzen lassen (BAG 21.10.2009 NZA-RR 2010, 289). Bei der **Zulagengewährung** ist Differenzierungsgrund allein der Zweck der Zulage. Die Gewährung einer Zulage kann auf einen Teil der AN beschränkt werden, bei dem der Verlust eines sozialen Besitzstandes kompensiert werden soll (BAG 2.8.2006 EzA BetrVG 2001 § 75 Nr. 3). Arbeitskräftemangel kann Zulagen rechtfertigen, um AN zu gewinnen oder zu halten (BAG 27.5.2015 AP BGB § 242 Gleichbehandlung Nr. 221). Diese sog. Arbeitsmarktzulagen müssen bei neu eingestellten Kräften nicht fortgeführt werden, wenn der Arbeitskräftemangel nicht mehr besteht (BAG 21.3.2001 NZA 2001, 782). Ein sachl. Grund liegt nicht allein in dem Umstand, dass die Mitarbeiter unterschiedl. Tarifgebieten (hier BAT-West und BAT-Ost) zugeordnet sind (BAG 23.4.1997 NZA 1997, 1177; Die Frage ist in vielfältigen Schattierungen umstr. Zur **Ost/West-Differenzierung** abl. bei Weihnachtsgratifikationen LAG ST 9.11.2001 – 2 Sa 18/01; bei Gehältern LAG BE 16.8.2001 NJW 2001, 668). Der 6. Sen. des BAG hat die Differenzierung bei übertarifl. Leistungen jedoch gerechtfertigt, wenn für die entspr. Arbeitsplätze in den östl. Bundesländern Mitarbeiter aus den westl. Bundesländern ohne zusätzl. finanziellen Anreiz nicht zu gewinnen oder zu halten waren (BAG 27.9.2001 ZTR 2002, 291). Demggü. meint der 1. Sen., dass diese Begr. in dieser Allgemeinheit die praktizierte Gehaltsdifferenzierung sachl. nicht mehr rechtfertigen könne. Der urspr. Wohnsitz eines AN auch unter Berücksichtigung der bes. Situation der Wiedervereinigung sei so lange nach dem Beitritt kein zwgd. Beleg mehr für eine bes., unter marktwirtschaftl. und rechtsstaatl. Bedingungen erlangte berufl. Qualifikation, die eine Differenzierung rechtfertige (BAG 15.5.2001 AP BGB § 242 Gleichbehandlung Nr. 176). Dies schließt eine konkrete Differenzierung aus Gründen des Besitzstandes und des Arbeitsmarktes nicht aus.

599 Öffentl. AG dürfen nach der fachl. Befähigung diff. (zB Lehrkräfte mit und ohne Lehramtsbefähigung BAG 23.2.1994 NZA 1994, 1136; 30.9.1998 NZA 1999, 490). Zulässig ist es, dass § 3d BAT ABM-Kräfte von den Vergütungsregelungen des BAT ausnimmt. Auch aus dem arbeitsrechtl. Gleichbehandlungsgrds. ergibt sich für ABM-Kräfte kein Anspruch auf den Tariflohn. Der AG darf zwischen der Gruppe der „NormalAN" und ABM-Kräften diff., weil diese ArbVerh. von dem arbeitsförderungsrechtl. Zweck der Arbeitsbeschaffung geprägt sind (BAG 18.6.1997 NZA 1997, 1171).

600 **b) Gleichbehandlung einzelner Beschäftigtengruppen.** Grds. nicht vergleichbar sind AN mit Handelsvertretern (BAG 28.1.1971 AP BGB § 242 Gleichbehandlung Nr. 35), mit Heimarbeitern (BAG 19.6.1957 AP BGB § 242 Nr. 12) oder mit Organen jur. Personen. Auch sind Ang. im öffentl. Dienst schon ob des unterschiedl. rechtl. Status nicht mit Beamten vergleichbar (BAG 17.12.1992 NZA 1993, 691; 3.4.2003 NZA 2003, 1286). Die Gleichbehandlung von stud. und wiss. Hilfskräften an

Hochschulen ist geboten (BAG 6.10.1993 NZA 1994, 257). Bei Übernahme von Belegschaften dürfen diese Beschäftigten iS einer Besitzstandswahrung besser als die Stammbelegschaft behandelt werden (BAG 29.8.2001 NZA 2002, 863).

Befristet und unbefristet beschäftigte AN dürfen nur bei Vorliegen sachl. Gründe hins. der materiellen Arbeitsbedingungen ungleich behandelt werden (ausdr. § 4 II TzBfG). Lehrkräfte in ATZ dürfen von Stundenermäßigungen für ältere Lehrkräfte nicht ausgenommen werden (BAG 21.1.2003 AP BGB § 611 Lehrer, Dozenten Nr. 157; 13.6.2006 NZA-RR 2007, 41). Auch zwischen **Außendienst- und Innendienstmitarbeitern** darf hins. der AV nicht allein deshalb diff. werden, weil Außendienstmitarbeiter ein höheres Entgelt erhalten (BAG 20.7.1993 NZA 1994, 125; krit. *Lieb* ZfA 1996, 319 ff.). Die Differenzierung zwischen ltd. Mitarbeitern und Außendienstmitarbeitern, die der AG an das Unternehmen binden will, und einfachen Innendienstmitarbeitern ist indes mögl. (BAG 17.2.1998 NZA 1998, 762). Sehr großzügig hat das BAG die Differenzierung in der Zusatzversorgung, die eine Privatschule gewährt, nach den Refinanzierungsmöglichkeiten durch PrivatschulfinanzierungsG anerkannt (BAG 19.6.2001 NZA 2002, 557; bestätigt bezogen auf das Weihnachtsgeld BAG 21.5.2003 NZA 2003, 1274). 601

Die Unterscheidung zwischen **Ang. und Arbeitern** nach ihrem Status ist sachl. nicht zu begründen (BVerfG 16.11.1982 AP BGB § 622 Nr. 16; BAG 21.3.1991 NZA 1991, 797; *Simon/Hinderlich* NZA 1987, 623 ff.; *Hanau/Kania,* Ungleichbehandlung von Arbeitern und Ang. in den TV des öffentl. Dienstes, 1994 S. 27; hierzu a. Rn. 104, 536). Die Differenzierung kann nur ausnahmsweise mit bes. Augenmerk auf den Zweck der Leistung sachl. gerechtfertigt sein (*Simon/Hinderlich* NZA 1987, 623 ff.; *Bepler* NZA-Sonderbeil. 18/2004, 3, 4 f.). Gleiches gilt, wenn AG innerhalb der ANGruppen diff. (BAG 27.10.1998 NZA 1999, 700). Das BAG hat für Ang. und Arbeiter unterschiedl. tarifl. Ausschlussfristen mit Rücksicht auf den Gestaltungsspielraum der Tarifparteien aus Art. 9 III GG gebilligt (BAG 4.12.1997 NZA 1998, 431), nicht aber eine Differenzierung bei der betriebl. AV (BAG 10.12.2002 NZA 2004, 321; anders jetzt aber BAG 10.11.2015 NZA-RR 2016, 204; rechtfertigender Grund seien die „gruppenspezifisch unterschiedl. ausgestalteten Vergütungssysteme"). 602

Ein zulässiger Differenzierungsgrund liegt nicht schon darin, dass die Ang. eine Leistung auf Grund einzelvertragl. Grdl., die gewerbl. AN diese Leistung auf Grund einer BV erhalten (BAG 19.4.1995 NZA 1996, 133). Für TV ist danach zu unterscheiden, ob die unterschiedl. Leistungen auf TV beruhen, die verschiedene Tarifpartner ausgehandelt haben (dann ist dies zulässig: BAG 12.12.1990 ZTR 1991, 159) oder ob sie durch dies. TVParteien vereinbart wurden (dann unzulässig: BAG 23.1.1992 NZA 1992, 742 und 17.12.1992 NZA 1993, 708). Auch dienststellenbezogene, **nicht tätigkeitsbezogene Besonderheiten** des Arbeitsplatzes treffen Arbeiter und Ang. gleichermaßen und sind nicht für eine Differenzierung geeignet (BAG 17.12.1992 NZA 1993, 691). 603

Zur Gewährung von **Weihnachtsgratifikationen** in unterschiedl. Höhe an Ang. und Arbeiter s. Rn. 536. Nachdem das BVerfG unterschiedl. ges. **Kündigungsfristen für Arbeiter und Ang.** (BVerfG 16.11.1982 AP BGB § 622 Nr. 16; 30.5.1990 AP BGB § 622 Nr. 28) wegen eines Verstoßes gegen Art. 3 I GG für verfassungswidrig erklärt hat, hat das BAG in mehreren Entsch. über die Verfassungsgemäßheit von Kündigungsfristen in TV ebenso das Fehlen sachl. Gründe für eine Differenzierung festgestellt (s. § 622 Rn. 30 ff.). Eine Differenzierung zwischen ANGruppen mit vergleichbarem Tätigkeitsprofil kann sachl. damit gerechtfertigt werden, dass nur auf Grund der Zahlung einer Zulage zum Arbeitsentgelt **Arbeitskräfte für die Tätigkeit zu gewinnen** und zu halten sind (s. § 622 Rn. 31). 604

4. Darlegungs- und Beweislast. Die Darlegungs- und Beweislast ist zwischen AG und AN sachgerecht abzustufen. Grds. liegt sie beim AN. Steht eine Differenzierung nach Gruppen von AN fest, hat der AG die Gründe für die Differenzierung offenzulegen und so substantiiert darzutun, dass die Beurteilung mögl. ist, ob die Unterscheidung sachl. Kriterien entspricht. Sind die Unterscheidungsmerkmale nicht ohne weiteres erkennbar und legt der AG seine Differenzierungsgesichtspunkte nicht dar oder ist die unterschiedl. Behandlung nach dem Zweck der Leistung nicht gerechtfertigt, kann die benachteiligte Gruppe verlangen, nach Maßgabe der begünstigten Gruppe behandelt zu werden (BAG 14.3.2007 NZA 2007, 862; 3.12.2008 NZA 2009, 367; 17.3.2010 NZA 2010, 696; 21.8.2012 – 3 AZR 81/10 – BeckRS 2012, 75178). Die Obliegenheit zur Offenlegung führt aber nicht zu einer materiell-rechtl. oder prozessualen Präklusion zu Lasten des AG (BAG 23.2.2011 NZA 2011, 693). Diese Grds. gelten auch dann, wenn der AG eine Gruppenbildung zwischen Betrieben vornimmt. Entlohnt ein AG AN mit ähnl. Tätigkeiten nach unterschiedl. Vergütungssystemen, so hat der AG darzulegen, wie groß der begünstigte Kreis ist, wie er sich zusammensetzt und abgegrenzt ist und warum der AN nicht dazugehört (BAG 19.8.1992 NZA 1993, 171; 29.9.2004 NZA 2005, 183). Nachgeschobener Vortrag zur sachl. Rechtfertigung kann nur eingeschränkt berücksichtigt werden. Die dem AN nicht erkennbaren Unterscheidungsmerkmale, deren Auswahl der AG nicht offengelegt hat, können nur dann berücksichtigt werden, wenn bes. Umstände erkennen lassen, dass sie nicht nur vorgeschoben sind (BAG 27.10.1998 NZA 1999, 700 unter Hinweis auf BVerfG 16.11.1993 NZA 1994, 745; in diese Richtung a. *Bepler* NZA-Sonderbeil. 18/2004, 3, 5 f.; offen lassend BAG 21.5.2003 NZA 2003, 1274, 1276; 19.3.2003 NZA 2003, 724, 726). 605

5. Rechtsfolgen. Die Rechtsfolgen des Gleichbehandlungsgrds. sind je nach Maßnahme unterschiedl. 606
Dem AN nachteilige Rechtshandlungen (Kündigung, einseitige Leistungsbestimmungen jeder Art,

Widerruf), die unter Verstoß gegen den Gleichbehandlungsgrds. ergehen, sind unwirksam (ZLH/*Zöllner* § 17 V 1). Rechtsgeschäfte, die andere AN gleichheitswidrig begünstigen, sind grds. wirksam. Der Verstoß gegen den arbeitsrechtl. Gleichbehandlungsgrds. hat jedoch zur Folge, dass die übergangenen AN verlangen können, nach Maßgabe der allg. Regelung behandelt zu werden (BAG 11.9.1985 NZA 1987, 156; 24.4.1991 NZA 1991, 896). Sie können also die **Leistung verlangen,** von der sie ohne sachl. Grund ausgeschlossen worden sind, also diejenige, welche die begünstigten AN erhalten haben (BAG 11.9.1974 AP BGB § 242 Gleichbehandlung Nr. 39; 10.3.1982 AP BGB § 242 Gleichbehandlung Nr. 47; 9.6.1982 AP BGB § 242 Gleichbehandlung Nr. 51; 30.11.1982 AP BGB § 242 Gleichbehandlung Nr. 54; zur Problematik der Überkompensation und des erforderl. Gesamtvergleichs BAG 3.9.2014 NZA 2015, 222). Da dieser Leistungsanspruch nach hM ein Erfüllungs- und kein Schadensersatzanspruch ist, kommt es auf ein Verschulden des AG nicht an (BAG 28.7.1992 NZA 1993, 215; 23.4.1997 NZA 1997, 1177; LAG HM 13.7.1999 NZA-RR 1999, 541; **aA** MüArbR/*Richardi* § 9 Rn. 49).

607 IdR wird man dem zu Unrecht ungleich Behandelten **für die Vergangenheit** dies. Leistung zuerkennen müssen, wie sie den übrigen Personen der Vergleichsgruppe gewährt worden ist, weil eine andere Möglichkeit zur Gleichbehandlung – etwa durch Rückforderung der den anderen Personen gewährten Leistung – weitgehend rechtl. wegen des Bestandsschutzes, jdf. aber faktisch nicht in Betracht kommt (BAG 13.11.1985 NZA 1986, 321). Das BAG billigt dem AG allerdings in Ausnahmefällen eine **Anpassungsfrist** zu, wenn es die Unzulässigkeit einer bestimmten Gruppenbildung feststellt, die zuvor in Rspr. und Lehre str. war (BAG 25.1.1984 NZA 1984, 327; MüArbR/*Richardi* § 9 Rn. 52). Ist einem AG auf Grund der Versorgungsbestimmungen eine Nachvers. des gleichzustellenden AN in der betriebl. AV nicht mögl., so hat sie ihm die entspr. Versorgung auf anderem Wege, notfalls durch Selbsteintritt, zu verschaffen (BAG 25.4.1995 NZA 1996, 84).

608 Für eine gegen den allg. Gleichheitssatz (Art. 3 I GG) verstoßende Tarifregelung kommt es darauf an, ob sie insg. nichtig oder teilnichtig ist. Diese Entsch. ist über eine erg. Auslegung der tarifl. Normen zu treffen, wobei der hypothetische Regelungswille der TVParteien zu berücksichtigen ist (BAG 28.5.1996 NZA 1997, 101). Eine gleichheitswidrige Tarifregelung ist dann nicht insg. nichtig, wenn auf Grund des Regelungsgegenstandes unter Berücksichtigung der Belastung aus einer „Anpassung nach oben" davon auszugehen ist, dass die TVParteien die Regelung selbst dann getroffen hätten, wenn sie die Gleichheitswidrigkeit der von ihnen vorgenommenen Gruppenbildung gekannt hätten (BAG 7.3.1995 NZA 1996, 48). IÜ ist es den Gerichten für Arbeitssachen im Falle einer insg. nichtigen Regelung nur erlaubt, die **Regelungslücke** anstelle der TVParteien zu schließen, wenn nur eine einzige Regelung mögl. ist, die dem Gleichheitssatz entspricht. Hat ein AG in Kenntnis eines mögl. Gleichheitsverstoßes eine Leistung erbracht, ohne sich eine Rückforderungsoption offenzuhalten, so dass er Rückforderungsansprüche nicht durchsetzen kann, kann die Gleichbehandlung der benachteiligten ANGruppe nur dadurch gewährleistet werden, dass ihr ebenfalls ein Anspruch auf die Leistung zugesprochen wird (BAG 28.5.1996 NZA 1997, 101).

609 **Für die Zukunft** kann der Benachteiligte dagegen nicht die Gleichstellung verlangen. Hier muss es dem AG (bzw. den TVParteien) im Rahmen ihrer Gestaltungsmöglichkeiten freigestellt bleiben, auf welchem Niveau sie eine Gleichbehandlung erreichen wollen (BAG 13.11.1985 NZA 1986, 321; 28.5.1996 NZA 1997, 101). Die Wahrung des Gleichbehandlungsgrds. stellt allerdings keinen betriebsbedingten Grund zur Rechtfertigung einer Änderungskündigung dar (BAG 28.4.1982 AP KSchG 1969 § 2 Nr. 3; 1.7.1999 NZA 1999, 1336).

III. Nebenpflichten des Arbeitgebers

610 **1. Grundlagen. a) Übersicht und Rechtsquellen der Nebenpflichten.** Es ist Pflicht jedes Vertragspartners, auf die Rechte und Rechtsgüter des anderen Teils Rücksicht zu nehmen (§ 241 II). So treffen den AG ebenso zahlr. Nebenpflichten im bestehenden ArbVerh., die Schadensersatzansprüche des AN nach § 280 I 1 begründen können. Nebenpflichten des AG können sich aus G, Kollektivverträgen, ausdr. einzelvertragl. Vereinb. oder aus dem allg. Grds. von Treu und Glauben (§ 242) und dessen bereichsspezifischen Konkretisierungen ergeben. In § 241 II ist klargestellt, dass auch die sog. Schutzpflichten, dort als Rücksichtnahmepflichten bezeichnet, Inhalt des Schuldverhältnisses sein können. Aus dieser Norm ergibt sich keine Ausweitung der Nebenpflichten (*Gotthardt* Rn. 29 f.).

611 Ges. Nebenpflichten für den AG erzeugen nahezu alle arbeitsrechtl. G, insb. SchutzG zugunsten des AN. Hierzu gehören Kernmaterien des dt. ArbR wie das BUrlG, EFZG, BEEG, aber auch das Datenschutzrecht (BDSG) und die BildungsurlaubsG der Länder. Neuere Materien sind das NachwG und das AGG. Bes. wichtig ist der gesamte Bereich des **technischen und sozialen Arbeitsschutzes** (ArbSchG, ASiG, ArbZG, LadSchlG, BDSG, MuSchG, JArbSchG, SGB IX). ZT sind auch individualrechtl. Nebenpflichten im BetrVerfRecht zu finden (vgl. etwa §§ 81 bis 84 BetrVG). Alle diese G werden gesondert kommentiert.

612 Klassische Ausprägung ges. **Schutzpflichten** sind § 618 sowie § 62 I HGB, die in ihrem eigenständigen Gehalt und praktischen Gewicht durch das ArbSchG Einbußen hinnehmen müssen (s. § 618 Rn. 2 ff.; § 62 I HGB). Zahlr. ör. Schutzbestimmungen nebst RechtsVO oder EG-RL auf dem Gebiet

des Gesundheitsschutzes und der Arbeitssicherheit konkretisieren Schutz- und Fürsorgepflichten im ArbVerh. Die Normen können unterschiedl. privatrechtl. Rechtsfolgen zeitigen (Zurückbehaltungsrechte, Anzeigerechte, Schadensersatzansprüche, Kündigungsgründe). Das Ausmaß der Pflichten kann nur im Einzelfall unter Prüfung der jeweiligen Normen bestimmt werden.

Die öffentl. Arbeitsschutzvorschr. begründen zugleich entspr. unabdingbare Vertragspflichten. Ihre Einhaltung ist damit zugleich arbeitsvertragl. geschuldet (sog. **Doppelnatur der Arbeitsschutzregeln**, BAG 10.3.1976 AP BGB § 618 Nr. 17; Erman/*Belling* § 618 Rn. 4; MüArbR/*Reichold* § 85 Rn. 5; § 618 Rn. 4). Die meisten G und VO des ör. Arbeitsschutzes sind SchutzG iSd. § 823 II bestehen (Rn. 618). Dagegen sind die UVV der Berufsgenossenschaften als SchutzG nicht anerkannt worden, weil sie nicht die Allgemeinheit schützen, sondern nur die Unternehmer und die Versicherten (BGH 2.6.1969 VersR 1969, 827). 613

Darüber hinaus können Kollektiv- und Einzelarbeitsverträge eine **Vielzahl selbständiger und unselbständiger Nebenpflichten** begründen, zB Zahlung von Umzugs- und Ausbildungskosten (Rn. 428, 436), AGDarlehen (Rn. 426), Zurverfügungstellung von Wohnraum, einschl. Werkdienst- und Werkmietwohnungen (vgl. §§ 576 bis 576b). Bes. Behandlung bedürfen hier nur die sich aus allg. Erwägungen ergebenden Nebenpflichten, insb. **Schutz- und Vertragsförderungspflichten**. Die Beschäftigungspflicht und die Pflicht zur Gleichbehandlung sind als hauptleistungsnahe Pflichten gesondert behandelt (Rn. 563 und 572). UU kann auch eine Nebenpflicht zur Freistellung von der Beschäftigung zur Gewährung von Sonderurlaub (Rn. 693). Die Nebenpflichten erschöpfen sich nicht im bestehenden ArbVerh. Vielmehr sind ausgeprägte **vorvertragl.** (Rn. 260 ff.) und **nachvertragl.** Nebenpflichten (Rn. 749 ff.) festzustellen. 614

b) Sog. Fürsorgepflicht des Arbeitgebers. Die traditionell starke Betonung von Treue- und Fürsorgepflichten, die auf die Lehre vom personenrechtl. Gemeinschaftsverhältnis zurückgeht (hierzu Rn. 5 ff.), verleitet zu der Fehlannahme, als sei die Fürsorgepflicht eine bes. Nebenleistungspflicht, die über die Struktur allg. Nebenpflichten im Austauschverhältnis hinausgehe. Dies ist ebenso wie in Bezug auf die sog. Treuepflichten des AN unrichtig (vgl. Rn. 707 ff.). Dies zeigt auch § 241 II (*Gotthardt* Rn. 29). Jedem Vertragsverhältnis sind aus §§ 241 II, 242 herzuleitende Nebenpflichten immanent. Zahlr. Nebenleistungspflichten des AG hängen unmittelbar mit der Hauptleistungspflicht zusammen (Lohnberechnung, Abführung von Sozialversicherungsbeiträgen; BAG 29.3.2001 NZA 2003, 105). Diese Nebenleistungspflichten gehören zu den allg. Vertragsförderpflichten. Davon zu unterscheiden sind zahlr. Schutzpflichten, die überw. im ArbR durch spezialges. Regelungen konkretisiert sind. Schutzpflichten zur Wahrung von Rechtsgütern des AN (Leben, Gesundheit, Persönlichkeitsrecht, Eigentum), die im Zusammenhang mit dem Arbeitsvertrag unter Beeinflussung durch den AG bestehen, sind ebenfalls dem allg. SchuldR nicht fremd, wie aus § 241 II (Schutzpflichten als **Rücksichtnahmepflichten**) hervorgeht (MüKoBGB/*Müller-Glöge* § 611 Rn. 986). 615

Der Rekurs auf eine allg. Fürsorgepflicht des AG ist daher unnötig. Soweit bes. Vorschr. AG-Nebenpflichten konkretisieren, ist ein Rückgriff auf den allg. Rechtsgedanken der Fürsorgepflicht regelm. ausgeschlossen (BAG 27.7.1995 NZA 1996, 708). Die Pflicht zur Wahrung der Interessen des AN ist gleichbedeutend mit dem überkommenen Begriff der Fürsorgepflicht (s. BAG 24.9.2009 NZA 2010, 337 Rn. 14). Über den anerkannten Grundbestand von Nebenleistungspflichten und Schutzpflichten, einschl. der die Vertragspflicht fördernden Aufklärungs-, Auskunfts- und Unterrichtungspflichten (hierzu Rn. 633 ff.) sind weitergehende Nebenpflichten unter dem Stichw. der arbeitsrechtl. Fürsorgepflichten nicht anzuerkennen. 616

c) Sanktionen. Die Sanktionen für die Verletzung arbeitgeberseitiger Nebenpflichten richten sich nach allg. Grds. (vgl. allg. zur AGHaftung § 619a Rn. 48 ff.). Zunächst kommt bei Verstößen gegen Nebenleistungspflichten (Auskunfts-, Rechenschafts- und Aufklärungspflichten) sowie auch bei Schutzpflichtverletzungen ein **Erfüllungs-** und ggf. **Unterlassungsanspruch** in Betracht, der selbständig einklagbar ist. Daneben kommt ein **Zurückbehaltungsrecht** nach § 273 I mit der Arbeitsleistung in Betracht, sofern es sich um eine erhebl. Pflichtverletzung handelt (Rn. 709). Aus den Gesichtspunkten der Pflichtverletzung (§ 280 I) und der Deliktshaftung (§§ 823 ff.) kann der AN Schadensersatz nach Maßgabe der allg. Vorschr. fordern (Einzelheiten zu Voraussetzungen, Inhalt und Umf. der Haftung § 619a Rn. 52 ff.). Im Anwendungsbereich des AGG existieren daneben spezialges. Rechtsfolgen (insb. §§ 13 bis 15 AGG). Bei extremen Fällen arbeitgeberseitiger Nebenpflichtverletzungen kann dem AN uU ein Recht zur fristlosen Kündigung aus wichtigem Grund nach § 626 I zustehen (vgl. § 626 Rn. 158 ff.). 617

2. Allgemeine Schutzpflichten. a) Leben und Gesundheit des Arbeitnehmers, öffentlich-rechtliche Schutzpflichten. Soweit die Schutzpflichten auf den Schutz von Leben und Gesundheit des AN zielen, sind sie weitgehend ges. konkretisiert (zur Haftung des AG bei Gesundheitsschäden nach Anweisung, mit asbesthaltigem Material ohne Schutzmaßnahmen zu arbeiten: BAG 28.4.2011 NZA-RR 2012, 290). Bedeutsam sind va. die Regelungen des ArbSchG und ASiG, **§ 618 I** und die entspr. Regelungen in § 62 HGB, § 12 HAG, §§ 99 ff. 80 SeeArbG und § 28 JArbSchG (§ 618 Rn. 6 ff.). Diese Bestimmungen wird man allerdings nicht zugleich als SchutzG iSv. § 823 II anerkennen können (hM: RAG 27.11.1935 ARS 26, 13; 19.4.1939 ARS 36, 34; HWK/*Thüsing* Rn. 254; MüKoBGB/*Henssler* 618

§ 618 Rn. 106; **aA** RAG 12.10.1935 ARS 25, 115, 116). Denn gerade die Vorschr. des § 618 III, nach der die Vorschr. der §§ 842 bis 846 entspr. anzuwenden sind, zeigt, dass der Gesetzgeber nicht davon ausgegangen sein kann, dass eine Verletzung der Fürsorgevorschr. gleichzeitig eine unerlaubte Handlung iSv. § 823 II darstellt; anderenfalls hätte es einer ausdr. Verweisung auf die §§ 842 bis 846 nicht bedurft (hierzu TzBfG § 4 Rn. 6).

619 **b) Schutz der Persönlichkeit; Schutz vor sexueller Belästigung.** Der Schutz des Persönlichkeitsrechts des AN obliegt dem AG als Nebenpflicht. Die Schutzgebotsfunktion der Grundrechte entfaltet hier im bes. Maße ihre Wirkung im ArbR (ausf. Art. 2 GG Rn. 80 ff.). Die Wahrung der Privatsphäre, der Beschäftigungsanspruch des AN (Rn. 563 ff.), das Verbot der Geschlechtsdiskriminierung, der Datenschutz sowie die Begrenzung von Offenbarungspflichten und Fragerechten (Rn. 271 ff.) sind Ausprägungen des Persönlichkeitsschutzes im ArbVerh. Eine bes. Konkretisierung hat der Schutz vor Diskriminierung und Belästigung im AGG erfahren (vgl. § 12 AGG).

620 Als sonstiges Recht iSv. § 823 I ist seit langem das sog. **allg. Persönlichkeitsrecht** anerkannt (seit BGH 25.5.1954 Z 13, 334; stRspr., umfangr. Nachw. bei Palandt/*Sprau* § 823 Rn. 83 ff.). Daneben ist der Persönlichkeitsschutz aber auch Gegenstand der vertragl. Schutzpflichten des AG (*Wiese* ZfA 1971, 279 f.; MüArbR/*Reichold* § 86 Rn. 1). Der AN hat Anspruch auf Achtung seiner Menschenwürde und auf Entfaltung seiner individuellen Persönlichkeit.

621 Eine Verletzung dieses weitgefassten Rahmenrechts ist stets durch eine umfassende Güter- und Interessenabwägung unter bes. Berücksichtigung des Grds. der Verhältnismäßigkeit zu ermitteln (BAG 15.7.1987 NZA 1988, 53; *Wiese* ZfA 1971, 283). Dabei sind in die Abwägung insb. die Intensität der Beeinträchtigung (Dauer und Schwere), die betroffene Sphäre (Individual-, Privat- oder Intimsphäre) sowie auf Seiten des AG die den Eingriff motivierenden betriebl. Interessen einzustellen.

622 Zur Unterlassung bzw. Schadensersatz verpflichtende Persönlichkeitsrechtsverletzungen zT mit der Folge eines Anspruchs auf Geldentschädigung (Art. 1, 2 GG; s. § 619a Rn. 71) im (sich anbahnenden) ArbVerh. sind bejaht worden: bei **geschlechtsbedingter Diskriminierung** im Einstellungsverf. (BAG 14.3.1989 NZA 1990, 21 und NZA 1990, 24), allerdings vor dem Hintergrund des defizitären § 611a aF; bei Einholung eines **graphologischen Gutachtens** ohne Einwilligung des AN (LAG BW 26.1.1972 NJW 1976, 310); bei **sexueller Belästigung** durch den AG (*Däubler* ArbR II 12.5.3.); bei verbalen Ehrkränkungen (BAG 18.2.1999 NZA 1999, 645; 8.2.1984 NZA 1984, 225; *Wiese* ZfA 1971, 297 ff.); Diskriminierung wegen **Übergewichts** (ArbG Marburg 13.2.1998 NZA-RR 1999, 124; abgelehnt durch ArbG Darmstadt 12.6.2014 LAGE AGG § 15 Nr. 20); Zugänglichmachung der **Personalakte** an Dritte ohne Wissen des Betroffenen (BAG 18.12.1984 NZA 1985, 811; 15.7.1987 NZA 1988, 53); der AG muss ausreichende Maßnahmen zum Schutz **sensibler Gesundheitsdaten** des AN vor unbefugter Einsichtnahme, zB durch Aufbewahrung in einem verschlossenen Umschlag treffen (BAG 12.9.2006 NZA 2007, 269); bei st. lückenloser **Überwachung** durch verdeckte Kameras (BAG 7.10.1987 NZA 1988, 92); bei Observation durch **Detektiv** mit heiml. Videoaufnahmen (BAG 19.2.2015 NZA 2015, 994); bei unzulässigerweise erfolgter **Aufnahme ehrenrühriger Vorwürfe** in die Personalakte (MüArbR/*Reichold* § 86 Rn. 27); bei **Verstößen gegen das BDSG**; heiml. Mithören von Telefongesprächen (BAG 29.10.1997 NZA 1998, 307).

623 Zunehmende Bedeutung erlangt in der Rspr. das Phänomen des sog. **Mobbing.** Auch dieser Bereich ist jetzt durch das AGG erfasst (vgl. § 3 III AGG). Hierbei handelt es sich weder um einen Rechtsbegriff noch um eine Anspruchsgrdl. Aus dem Persönlichkeitsrecht folgt ein allg. Schikaneverbot als Nebenpflicht (BAG 16.5.2007 NZA 2007, 1154; LAG RP 16.8.2001 ZIP 2001, 2298; LAG TH 10.4.2001 NZA-RR 2001, 347; 15.2.2001 NZA-RR 2001, 577; LAG SH 19.3.2002 NZA-RR 2002, 457; LAG BW 5.3.2001 AP BGB § 611 Mobbing Nr. 2; LAG BE 1.11.2002 NZA-RR 2003, 232; 6.3.2003 LAGE GG Art. 2 Persönlichkeitsrecht Nr. 8; LAG HB 17.10.2002 NZA-RR 2003, 234; hierzu *Rieble/Klump* ZIP 2002, 369 ff.; *Ruberg* AuR 2002, 201 ff.; *Wickler* DB 2002, 477 ff.; *Grunewald* NZA 1993, 1071; *Wolmerath,* Mobbing im Betrieb, 2001; *Kollmer* AR-Blattei SD 1215; *Kerst-Würkner* AuR 2001, 251; *Benecke* NZA-RR 2003, 225; *dies.* RdA 2008, 357). Nicht jede Konfliktsituation im Betrieb führt zu Persönlichkeitsrechtsverletzungen (vgl. nur BAG 13.12.2001 DB 2002, 1508; LAG BE 7.11.2002 BeckRS 200230454268). Übl. Konfliktsituationen im Betrieb sind nicht geeignet, den Tatbestand einer unerlaubten Handlung zu erfüllen (BAG 22.10.2015 NZA 2016, 417; LAG RP 20.9.2012 BeckRS 2013, 65152; 7.9.2012 NZA-RR 2013, 192; OLG M 28.6.2012 BeckRS 2012, 14562). Auch Überschreitungen des Direktionsrechts des AG oder der Ausspruch einer Kündigung (BAG 24.4.2008 NZA 2009, 38) als solche stellen noch kein „Mobbing" dar (LAG N 2.7.2002 NZA-RR 2003, 121). Solche liegen nur bei fortgesetzten aufeinander aufbauenden und ineinander greifenden Anfeindungen, Schikanen oder Diskriminierungen vor, die in ihrer Gesamtheit das allg. Persönlichkeitsrecht, die Ehre oder die Gesundheit des AN verletzen (so a. BAG 25.10.2007 NZA 2008, 223; 28.10.2010 NZA-RR 2011, 378). Das ist insb. der Fall, wenn unerwünschte Verhaltensweisen bezwecken oder bewirken, dass die Würde des AN verletzt und ein durch Einschüchterungen, Anfeindungen, Erniedrigungen, Entwürdigungen oder Beleidigungen gekennzeichnetes Umfeld geschaffen wird (entspr. § 3 III AGG). In diesen Fällen kommen Schadensersatzansprüche gem. §§ 280, 823 I, 823 II, 826 und Schmerzensgeld gem. § 253 II in Betracht. Für Handlungen von Vorgesetzten und Weisungsbefugten haftet der

AG nach § 278, wenn ein innerer sachl. Zusammenhang zwischen der dem Vorgesetzten zugewiesenen Aufgabe und der schuldhaften Mobbinghandlung besteht (LAG NI 9.11.2009 BeckRS 2010, 68027). Zudem ergibt sich ein Anspruch des AN auf Beseitigung der fortwährenden Beeinträchtigungen für die Fälle des § 1 AGG aus § 12 III AGG, ansonsten aus § 242. Doch folgt aus diesen kein Anspruch auf eine bestimmte Maßnahme, sondern nur darauf, dass der AG die zur Beseitigung der Störung erforderl. Maßnahmen ergreift. So kann der AN vom AG regelm. nicht die Kündigung des Störers oder einen seiner Leistungsfähigkeit und Stellung entspr. Arbeitsplatz außerhalb des Einflussbereiches des Störers verlangen (BAG 25.10.2007 NZA 2008, 223). Macht der AN Schadensersatzansprüche geltend, muss sich der AG das Verschulden des Schädigers nach allg. zivilrechtl. Grds. zurechnen lassen (BAG 25.10.2007 NZA 2008, 223). Schließl. ist nach allg. Grds. zu prüfen, ob die Pflichtverletzungen adäquat kausal für den eingetretenen Schaden gewesen sind (abgelehnt für den Fall des Selbstmordes nach ungerechtfertigter Kündigung BAG 24.4.2008 NZA 2009, 38; dort a. zur **Darlegungslast**: AN muss die einzelnen Handlungen oder Maßnahmen, aus denen er die Pflichtverletzungen herleitet, konkret unter Angabe deren zeitl. Lage zu bezeichnen). Zum **Zurückbehaltungsrecht** des AN bei Mobbinghandlungen vgl. BAG 23.1.2007 NZA 2007, 1166; 13.3.2008 AP KSchG 1969 § 1 Nr. 87. **Verjährungs- und Ausschlussfristen:** Wegen § 202 I wird die Haftung wegen Vorsatzes von einer ggü. der ges. Verjährungsfrist abgekürzten Ausschlussfrist nicht erfasst (BAG 20.6.2013 NZA 2013, 1265).

Verneint wurde eine Persönlichkeitsrechtsverletzung: bei Einsichtnahme in die Personalakten eines 624
AN einer Sparkasse durch Mitarbeiter der Sparkassenrevision zur Überprüfung der Personalausgaben eines AG (BAG 4.4.1990 NZA 1990, 933); bei übl. **Konflikten am Arbeitsplatz** unterhalb des sog. „Mobbing" (Rn. 623; BAG 22.10.2015 NZA 2016, 417); bei psychologischer Eignungsuntersuchung bei begr. Anlass (BAG 13.2.1964 AP GG Art. 1 Nr. 1); Weiterleitung eines ausgefüllten Fragebogens an das Bundesamt für Verfassungsschutz zur Sicherheitsprüfung (BAG 17.5.1983 AP BPersVG § 75 Nr. 11); Duzen durch Kollegen (LAG HM 29.7.1998 NZA-RR 1998, 481; hierzu *Roellecke* NJW 1999, 999).

c) Datenschutz und Personalakten. Zum Datenschutzrecht vgl. die Kommentierung zum BDSG. 625
Belange des Datenschutzes und des Persönlichkeitsrechts des AN werden auch durch die **Personalaktenführung** berührt. Spezielle Vorschr. enthalten die §§ 82, 83 BetrVG sowie § 26 SprAuG. Nach § 34 BDSG nF (ab 12.5.2018) kann der AN Auskunft über die in Dateien zu seiner Person gespeicherten Daten verlangen. Der AG hat über den Inhalt der Personalakten Stillschweigen zu bewahren. Dritten darf er nur auf Grund einer ges. Bestimmung oder mit Einwilligung des AN Einsicht gewähren (BAG 4.4.1990 NZA 1990, 933). Eine Verpflichtung, die Personalakten des AN nach Beendigung des ArbVerh. vollständig aufzubewahren, besteht nicht. Allerdings sind bes. Aufbewahrungsvorschr. hins. einzelner Vorgänge zu beachten (zu Lohnkonten § 41 I 9 EStG, zu kaufmännischen Aufbewahrungsfristen § 257 HGB). Als praktisch relevante Nebenpflicht trifft den AG, unberechtigt zu den Personalakten genommene Schriftstücke aus diesen zu entfernen. Diese Fallkonstellation wird insb. bei rechtswidrigen Abmahnungen relevant.

d) Schutz des Arbeitnehmervermögens. aa) Obhuts- und Verwahrungspflichten. Anerkannt sind 626
Schutzpflichten des AG für Vermögensgegenstände des AN (Schaub/*Ahrendt* § 106 Rn. 23 ff.; BAG 5.3.1959 AP BGB § 611 Fürsorgepflicht Nr. 26). Diese verpflichten den AG, diejenigen Maßnahmen zu ergreifen, die ihm nach den konkreten Verhältnissen zumutbar sind und die dem AN bei eigenem Zutun in die Lage versetzen, sein eingebrachtes Eigentum entspr. der betriebl. Situation möglichst vor Verlust oder Beschädigung zu bewahren (BAG 1.7.1965 AP BGB § 611 Fürsorgepflicht Nr. 75). Kommt es in schuldhafter Vernachlässigung dieser Pflichten zu einer Schädigung arbeitnehmereigener Sachen, so hat der AG hierfür sowohl auf vertragl. als auch auf deliktischer Grdl. aufzukommen.

Stellt der AG einen **Parkplatz** zur Vfg., so hat er demgemäß das Gelände in einen verkehrssicheren 627
Zustand zu versetzen und zu erhalten (BAG 10.11.1960 AP BGB § 611 Fürsorgepflicht Nr. 58; 25.5.2000 NZA 2000, 1052; zum Umf. der zu ergreifenden Sicherungsmaßnahmen Preis/*Stoffels* II H 30 Rn. 31 mwN; zum Schutz vor Industrieimmissionen *Neuhausen* NZA 1991, 372). Zu Schutzmaßnahmen (Umfriedung, Parkwächter) des Parkplatzes vor Diebstahl ist der AG nur verpflichtet, wenn durch die Umgebung oder die Nachbarschaft des Parkplatzes eine bes. Gefährdung mit Schädigungen vorhersehbar ist (BAG 25.5.2000 NZA 2000, 1052; LAG HE 11.4.2003 NZA-RR 2004, 69, 70: keine Haftung für in der Nachtschicht gestohlenes Motorrad ohne Präzedenzfall). Die Haftung für Verkehrssicherheit kann der AG nicht durch vertragl. Einheitsregelung ausschließen (BAG 28.9.1989 NZA 1990, 345). Der Haftungsausschluss für Vorsatz ist nach § 276 III und für grobe Fahrlässigkeit nach § 309 Nr. 7 ausgeschlossen. Auch die Haftung für einfache Fahrlässigkeit kann nicht ohne weiteres in AGB ausgeschlossen werden.

bb) Sonstige Vermögensinteressen des Arbeitnehmers. Die Schutz- und Rücksichtnahmepflicht 628
des AG gilt auch für die Vermögensinteressen der AN (BAG 13.11.2014 NZA 2015, 166). Aus ihr können sich Hinweis- und Informationspflichten des AG ergeben (vgl. ua. BAG 15.4.2014 AP BetrAVG § 1 Auslegung Nr. 47 Rn. 43), deren Verletzung einen Schadensersatzanspruch des AN nach § 280 I 1 auslösen kann (vgl. BAG 24.9.2009 NZA 2010, 337). Ob die Verletzung sonstiger Vermögens-

interessen des AN zum Schadensersatz verpflichtet, ist im Einzelfall durch Konkretisierung der arbeitsvertragl. Nebenpflichten am Maßstab des § 242 und des § 241 II auf Grund von Schutzzwecküberlegungen zu ermitteln. Im Einzelfall muss der AG den AN durch Hinweispflichten vor Schäden bewahren (bejaht bei Aushändigung eines Generalschlüssels LAG HE 15.1.1998 LAGE BGB § 249 Nr. 12).

629 So verpflichtet bspw. die schuldhafte nicht **ordnungsgemäße Zahlung von Sozialversicherungsbeiträgen** den AG zum Ausgleich des entstandenen Schadens, der zB in der Nichterfüllung der Wartezeit oder in einer Schmälerung der Rente bestehen kann. Nach heute hM (BAG 14.7.1960 AP BGB § 823 Schutzgesetz Nr. 1; 5.2.1976 AP BGB § 249 Vorteilsausgleichung Nr. 4; anders noch das RG und RAG) sind näml. die sozialversicherungsrechtl. Anmelde- und Beitragsvorschr. sowie § 266a StGB (hierzu *Kania/Peters-Lange* ZTR 1996, 534) als SchutzG iSv. § 823 II anzusehen, verfolgen sie neben verwaltungsmäßigen Zielen ihrem Gesamtinhalt nach auch den Schutz des einzelnen Versicherten. Gleichzeitig löst die ör. Verpflichtung des AG eine entspr. arbeitsvertragl. Nebenpflicht ggü. dem AN aus, deren Verletzung damit stets auch einen vertragl. Schadensersatzanspruch begr. (BGH 15.10.1996 NJW 1997, 130; 15.10.1996 NJW 1997, 133; 16.5.2000 NJW 2000, 2993; ausf. *Marschner* AR-Blattei SD 860.4). Bei einem freiwillig in der ges. Rentenvers. versicherten Beschäftigten (§§ 7, 232 SGB VI) ist der AG ohne bes. vertragl. Vereinb. nicht auf der Basis der Fürsorgepflicht gehalten, sich an den **Rentenversicherungsbeiträgen** zu beteiligen (LAG K 19.1.1996 NZA-RR 1996, 447). Im Krankenversicherungsrecht besteht nach § 257 SGB V dagegen eine ausdr. Zuschusspflicht.

630 Ferner ist eine Anmelde- und Beratungspflicht hins. des **Beitritts zu Zusatzversorgungskassen** zu bejahen (LAG RP 12.10.1990 LAGE BGB § 611 Fürsorgepflicht Nr. 21; LAG HM 2.12.1986 LAGE BGB § 611 Fürsorgepflicht Nr. 13; 13.7.1999 NZA-RR 1999, 658).

631 Darüber hinaus trifft den AG die Pflicht zu richtiger **Lohnberechnung** (§ 108 GewO; näher Rn. 413) sowie zur rechtzeitigen Herausgabe der ausgefüllten Lohnsteuerkarte (BAG 20.2.1997 NZA 1997, 880). Ferner ist eine Nebenpflicht zur korrekten Führung des AZKontos zu bejahen, wenn dieses den Vergütungsanspruch verbindl. bestimmt (BAG 10.11.2010 NJW 2011, 1163). Bei fehlerhafter Lohnsteuerbescheinigung, die zu einer erhöhten Steuerveranlagung des AN führt, kann der AG schadensersatzpflichtig sein (BFH 20.9.1996 NZA-RR 1997, 121). Zu den Pflichten des AG als Drittschuldner im Falle der Lohnpfändung vgl. § 840 ZPO. Den AG trifft keine Belehrungspflicht über die Möglichkeiten des Vollstreckungsschutzes nach § 850i ZPO (BAG 13.11.1991 NZA 1992, 384). Grds. trifft den AG keine Pflicht ggü. dem AN, die auf Grund einer Lohnpfändung einbehaltenen Beträge auch tats. abzuführen (LAG HM 15.6.1988 LAGE BGB § 611 Fürsorgepflicht Nr. 15).

632 Es ist allerdings keine allg. Pflicht des AG anzuerkennen, den AN vor **Vermögensnachteilen** zu bewahren. So obliegt dem AG keine Pflicht zur allg. Rechtsberatung des AN (BAG 26.8.1993 NZA 1994, 281). Wenn allerdings ein AN auf ein Handeln des AG angewiesen ist, um Sozialleistungsansprüche zu erlangen, kann ein Unterlassen Schadensersatzansprüche des AN begründen (BAG 19.3.1992 NZA 1992, 1031). So kann eine Verpflichtung des AG bejaht werden, bei der Wahrung oder Entstehung von Ansprüchen seiner AN mitzuwirken, die diese ggü. Dritten erwerben können. Dabei kommen insb. ör., aber auch private Versicherungsträger in Betracht (BAG 24.9.2009 NZA 2010, 337).

633 **e) Aufklärungs-, Auskunfts- und Unterrichtungspflichten.** Den AG treffen zahlr. Auskunfts-, Aufklärungs- und Unterrichtungspflichten über Tatsachen, die der AN zur Wahrnehmung der Arbeitsaufgaben oder seiner Rechte aus dem ArbVerh. benötigt (ausf. *Boemke* AR-Blattei SD 320 Rn. 59ff.). Den AN dürfen keine falschen und unvollständigen Auskünfte erteilt werden (BAG 13.11.2014 NZA 2015, 166 Rn. 22; 15.12.2016 NZA 2017, 528 Rn. 23). Ferner kann der AG verpflichtet sein, von sich aus im Einzelfall zur Vermeidung von Rechtsnachteilen geeignete Hinweise zu geben (BAG 15.4.2014 BeckRS 2014, 70024 Rn. 44). Hinweis- und Aufklärungspflichten beruhen auf den bes. Umständen des Einzelfalls und sind das Erg. einer umfassenden Interessenabwägung (BAG 14.1.2009 AP BetrAVG § 1 Auskunft Nr. 7). Grds. hat aber jede Partei für die Wahrnehmung ihrer Interessen selbst zu sorgen (BAG 13.11.2014 NZA 2015, 166 Rn. 22; 15.12.2016 NZA 2017, 528 Rn. 23). ZT sind spezielle Auskunftspflichten ges. geregelt (vgl. § 4 Nr. 7, §§ 12, 14 ArbSchG). Auch im vorvertragl. Raum sind Auskunfts- und Aufklärungspflichten anzunehmen (hierzu Rn. 261 ff.). Den AG trifft ebenso wie den AN nach § 242 ein **Auskunftsanspruch,** soweit der AN über Bestehen und Umf. seiner Rechte im Ungewissen ist, während der AG unschwer Auskunft erteilen kann (BAG 18.1.1996 NZA 1997, 41; zu Kosten der Fahrzeughaltung bei Dienstwagen: BAG 19.4.2005 NZA 2005, 983; zu bes. Gesundheitsgefahren: BAG 14.12.2006 NZA 2007, 262; zum Auskunftsanspruch des **LeihAN:** BAG 11.4.1984 NZA 1984, 161). Auch aus dem Vertrag selbst kann sich ein Auskunftsanspruch ergeben, um den Bestand eines Leistungsanspruchs zu klären, sofern der AN die Wahrscheinlichkeit seines Anspruchs dargelegt hat (BAG 21.10.1970 AP BGB § 242 Auskunftspflicht Nr. 13; 21.11.2000 NZA 2001, 1093 für den Fall der Umsatzbeteiligung).

634 Bes. umstr. ist, ob und inwieweit den AG bes. Aufklärungs- und Belehrungspflichten **bei Abschluss eines Aufhebungsvertrags** treffen (s. § 620 Rn. 12). Grds. muss sich der AN vor Abschluss eines Aufhebungsvertrags selbst über die rechtl. Folgen dieses Schrittes Klarheit verschaffen. Das gilt erst recht bei Eigenkündigungen. Das BAG betont, dass die vertragl. Schutz- und Fürsorgepflichten nicht

überspannt werden dürfen. Vor Ausspruch einer **Verdachtskündigung** (§ 626 Rn. 173 ff.) bejaht die Rspr. eine Aufklärungspflicht des AG. Verdachtsmomente hat der AG vor Ausspruch einer Kündigung regelm. durch Befragung des AN aufzuklären (BAG 21.3.1996 NZA 1996, 1030).

Den AG trifft **keine Auskunfts- und Beratungspflicht** hins. des Krankenversicherungsschutzes bei 635 Auslandseinsätzen des AN (LAG HE 4.9.1995 NZA 1996, 482), über die Höhe anderer Sozialleistungen (LAG MV 22.11.1993 LAGE BGB § 242 Auskunftspflicht Nr. 6) oder steuerl. Nachteile (BAG 13.11.2014 NZA 2015, 166 Rn. 24); etwa bei Einstellung für eine Auslandstätigkeit (BAG 22.1.2009 NZA 2009, 608; allg. zur Fürsorgepflicht bei Auslandseinsätzen *Edenfeld* NZA 2009, 938). Zu bejahen ist sie allerdings bezogen auf die Möglichkeit des Beitritts zu einer Zusatzversorgungseinrichtung (LAG RP 12.10.1990 LAGE BGB § 611 Fürsorgepflicht Nr. 22). Zum Auskunftsanspruch über Rechnungslegung bei ANErfindung: BGH 17.5.1994 NJW 1995, 386. Eine Auskunftspflicht über gepl. Betriebseinschränkungen besteht nicht. Das G normiert entspr. Pflichten nur ggü. dem BR, Wirtschaftsausschuss und ggf. der AA (§§ 92 I, 111 BetrVG, § 17 KSchG; vgl. BAG 13.11.1996 NZA 1997, 390; LAG K 17.6.1993 LAGE BetrVG 1972 § 112 Nr. 24). Eine Aufklärungspflicht darüber, dass sich der AN frühzeitig arbeitssuchend melden muss (§ 2 II SGB III), besteht nicht (BAG 29.9.2005 NZA 2005, 1406; dazu *Gitter* SAE 2006, 190). Je komplexer die Zusammenhänge und umso leichter der AG Sachaufklärung leisten kann, umso eher ist eine Aufklärungspflicht zu bejahen (zur Anl. vermögenswirksamer Leistungen als außerbetriebl. stille Beteiligung BGH 24.5.1993 NJW 1993, 2107); zum Bestehen eines Direktanspruchs gegen eine vom AG abgeschlossene UV (BAG 26.7.2007 NZA 2007, 1419); zur Aufklärungspflicht einer Urlaubskasse, die als gemeinsame Einrichtungen der TVParteien betrieben wird, bei komplexen Tarifwerken: BAG 20.8.1996 NZA 1997, 211.

f) Sonstige Nebenpflichten. Über die vorst. skizzierten Nebenpflichten hinaus sind nur zurück- 636 haltend weitergehende Nebenleistungspflichten unter dem Stichw. der arbeitsrechtl. Fürsorgepflicht anzuerkennen. Der AG darf dem AN **nicht grundlos Nachteile zufügen** oder ihn der Gefahr eines Schadens aussetzen. Der AN kann sich aber im Kündigungsschutzprozess nicht auf die Fürsorgepflicht berufen, wenn er zuvor selbst Treu und Glauben zuwider gehandelt hat. Nach BAG (9.3.1995 NZA 1995, 777) soll der AG jedoch grds. gehalten sein, einen straffällig gewordenen AN bei der Erlangung des Freigängerstatus zu unterstützen. Dies ist sehr weitgehend, kann aber noch bejaht werden, weil es bei dieser Frage darum geht, Störungen des von der Straftat nicht beeinträchtigten ArbVerh. zu vermeiden.

Aus der allg. Interessenwahrungspflicht lässt sich keine Legitimation dafür herleiten, den (kranken) 637 AN durch eine Kündigung vor einer Selbstschädigung bewahrt (zweifelnd BAG 12.7.1995 NZA 1995, 1100; abl. LAG K 21.12.1995 LAGE KSchG § 1 Krankheit Nr. 24). Umgekehrt sind die Grds. zur krankheitsbedingten Kündigung Ausprägung der Schutzpflichten des AG. Krankheitsbedingtem Leistungsabfall muss der AG vor einer Kündigung durch andere Maßnahmen (menschengerechtere Gestaltung des Arbeitsplatzes, Umorganisation) begegnen. Zur Vermeidung einer Kündigung muss er den AN sogar auf einem **leidensgerechteren Arbeitsplatz** weiterbeschäftigten, wenn dies iRd. Direktionsrechts mögl. ist (BAG 29.1.1997 NZA 1997, 709; 17.2.1998 NZA 1999, 33). Kann der AN die vertragl. geschuldete Leistung wegen AU dauerhaft nicht mehr erbringen, kann der AG aufgrund der Fürsorgepflicht iVm. tarifl. Einkommensschutzvorschr. verpflichtet sein, dem AN auf dessen Initiative hin einen vertragsfremden und beiden Parteien zumutbaren freien Arbeitsplatz anzubieten (BAG 13.8.2009 NZA-RR 2010, 420).

Aus der Fürsorgepflicht kann der AN nicht herleiten, dass der AG **behördl. oder gerichtl. Verf.** zu 638 seinen Gunsten durchführen muss (zum Zustimmungsersetzungsverf. bei Verweigerung der Zust. des BR BAG 29.1.1997 NZA 1997, 709; bei rechtswidriger Zustimmungsverweigerung bejahend *Gottwald* BB 1997, 2427; zu Widerspruch und Klage gegen KugFestsetzung BAG 19.3.1992 NZA 1992, 1031).

G. Pflichten des Arbeitnehmers

I. Hauptpflichten des Arbeitnehmers – Arbeitsleistung

1. Grundlagen. Die Verpflichtung zur Arbeitsleistung ergibt sich aus dem geschlossenen Arbeits- 639 vertrag iVm. § 611aa I. Die Pflicht zur Arbeitsleistung steht als Hauptpflicht im Gegenseitigkeitsverhältnis zur Entgeltzahlungspflicht des AG. § 320 ist für den Arbeitsvertrag anwendbar. Konkretisiert wird die Verpflichtung zur Arbeitsleistung durch zahlr. Rechtsquellen (vgl. Rn. 200 ff.), keinesfalls allein durch den Arbeitsvertrag. Insb. können die Kollektivverträge (TV, BV) sowie allg., vom AG vorformulierte Arbeitsbedingungen Einzelheiten regeln. Auf vertragl. Ebene können sich insb. durch das Institut der betriebl. Übung (Rn. 220) und das arbeitgeberseitige Direktionsrecht Konkretisierungen ergeben.

a) Persönliche Verpflichtung (§ 613). Der AN hat die ihm obliegende Arbeitsleistung iZw. in 640 Person zu erbringen. Dies bestimmt allg. für alle Arten von Dienstverträgen § 613 S. 1 (vgl. die Kommentierung dort). § 275 III greift diese pers. Leistungspflicht iRd. SMG ausdr. auf (näher Rn. 685).

641 **b) Gegenstand der Leistungsverpflichtung.** In Abgrenzung zum Werkvertrag schuldet der AN keinen bestimmten Erfolg, sondern ledigl. die vertragl. vorgesehene **Tätigkeit.** Nicht der Erfolg, sondern die Zeit ist das wesentl. Maß für die Arbeitsleistung. Die zeitl. Fixierung der Arbeitspflicht ist kennzeichnend für das ArbVerh. (BAG 17.3.1988 NZA 1989, 261). Dem AG steht die Arbeitskraft nicht unbegrenzt, sondern nur iRd. vereinbarten Zeitrahmens zur Vfg. Deshalb wird die Leistungspflicht in aller Regel nach Zeiteinheiten bemessen. Hieran ändert sich auch durch das Interesse des AG am Erfolg der geschuldeten Tätigkeit nichts. Auch bei Leistungslohnsystemen ist die AZ die entscheidende Maßeinheit der arbeitnehmerseitig geschuldeten Leistung. So ist bei Akkordarbeit Lage und Dauer der festgelegten AZ für den Umf. der Arbeitspflicht des AN maßgebl. Ledigl. die Höhe der Vergütung richtet sich nach dem in der geschuldeten Zeit erzielten Arbeitsergebnis.

642 Umstr. ist, ob die **geschuldete Leistung** in der bloßen Zurverfügungstellung der Arbeitskraft oder in der Arbeit selbst besteht. Gegen die erstgenannte Auff. (*v. Stebut* RdA 1985, 66, 70) spricht der Wortlaut des § 611a (MüArbR/*Reichold* § 36 Rn. 3). Praktische Auswirkung kann diese Auff. im Leistungsstörungsrecht haben. Stellt bereits die Zurverfügungstellung der Arbeitskraft die Erfüllung dar, folgte der Entgeltanspruch bereits aus § 611a. Dies ist allerdings nicht sachgerecht, weil dann bei Annahmeverzug des AG eine Anrechnungsmöglichkeit nach § 615 S. 2 ausschiede.

643 **c) Leistungsmaßstab.** Da der AN die Arbeitsleistung nach § 613 in Person zu erbringen hat, kann von ihm grds. auch nur die Leistung erwartet werden, die er bei angemessener Anspannung seiner geistigen und körperl. Kräfte auf Dauer ohne Gefährdung seiner Gesundheit zu leisten imstande ist **(subj. Leistungsbegriff)**. Die Leistung des AN richtet sich mithin nach seinem **individuellen Leistungsvermögen** und nicht nach dem obj. Maßstab des § 243 I (BAG 17.3.1988 NZA 1989, 261; 11.12.2003 NZA 2004, 784; 17.1.2008 DB 2008, 1274; *Gotthardt* Rn. 22). Der Annahme eines obj. Leistungsmaßstabs iSd. § 243 I, der sich an einer Normalleistung orientieren müsste, steht das Fehlen ges. Gewährleistungsregeln im Dienstvertragsrecht entgegen. Der subj. Leistungsbegriff führt zu einer **dynamischen Leistungspflicht:** Wer überdurchschnittl. leisten kann, ist auch zu überdurchschnittl. Leistungen verpflichtet. Wer umgekehrt nur unterdurchschnittl. leistungsfähig ist, genügt mit einer unterdurchschnittl. Leistung seiner Arbeitspflicht. Jdf. muss der AN die Arbeit unter Anspannung seiner Fähigkeiten sorgfältig verrichten.

644 Die neuere Rspr. tendiert insofern zu einer gewissen Verobjektivierung, als sie vertragl. Vereinb. über die zu erbringende Leistung ermöglicht (BAG 17.1.2008 DB 2008, 1274) bzw. auf die Erwartungshaltung der Vertragsparteien abstellt (BAG 3.6.2004 NZA 2004, 1380 unter B III 3; dazu *Friemel/Walk* NJW 2005, 3669, 3671).

645 Der subj. Leistungsbegriff hat insb. für die Frage Bedeutung, ob und inwieweit Schadensersatzansprüche wegen schlechter und zu langsamer Arbeit bestehen können (zum Leistungsstörungsrecht Rn. 673 ff.). Die Unterbrechung der Arbeitstätigkeit, um privaten Tätigkeiten nachzugehen, stellt eine Verletzung der Arbeitspflicht dar. Ein im Prämienlohnverf. arbeitender AN verletzt durch eine mindere Leistung seine individuelle Arbeitspflicht, wenn er seine Arbeitskraft bewusst zurückhält und nicht unter angemessener Anspannung seiner Kräfte und Fertigkeiten arbeitet (BAG 20.3.1969 AP GewO § 123 Nr. 27). Schadensersatzpflichtig macht sich der AN uU auch, wenn er der Arbeitsleistung, zu der er sich verpflichtet hat, nicht gewachsen ist (Rn. 700 ff.). Der subj. Leistungsbegriff zeichnet den AN mithin nicht von der vertragl. Verpflichtung zur Erbringung der geschuldeten Leistung frei.

646 Verletzt der AN obj. gebotene Leistungsstandards, kann dies **kündigungsrechtl. Konsequenzen** haben (BAG 11.12.2003 NZA 2004, 784; vgl. ausf. *Greiner* RdA 2007, 22). Obj. Schlechtleistungen kann durch Abmahnung und Kündigung begegnet werden (hierzu KSchG § 1 Rn. 153 ff., 396). Auch im Recht der krankheitsbedingten Kündigung legt die Rspr. vermehrt einen obj. Standard an das gebotene Maß der Leistungserbringung. Dies zeigt sich etwa an der Kündigungsmöglichkeit wegen krankheitsbedingter Leistungsminderung. Hier hat das BAG die Kündigung einer schwerbehinderten, langjährig beschäftigten AN bejaht, die nach obj. Feststellung nur noch zwei Drittel der Normalleistung zu erbringen in der Lage war (BAG 26.9.1991 NZA 1992, 1073).

647 Der Leistungsmaßstab für die Erbringung der Hauptleistungspflicht darf nicht verwechselt werden mit dem **Haftungs- oder Sorgfaltsmaßstab** im ArbVerh. Der AN haftet bei Pflichtverletzungen immer dann, wenn ihn ein Verschulden trifft. Prinzipiell haftet auch der AN für Fahrlässigkeit iSd. § 276. Fahrlässigkeit bedeutet auch im ArbVerh. die Außerachtlassung der obj. im Verkehr erforderl. Sorgfalt. Allerdings werden, weil der AG das Betriebsrisiko trägt, Haftungserleichterungen für AN für geboten erachtet (§ 619a Rn. 61 ff.).

648 **2. Art der zu leistenden Arbeit.** Der konkrete Inhalt der Verpflichtung zur Arbeitsleistung ergibt sich aus den Einzelheiten des Arbeitsvertrags. Dies gilt hins. Ort und Zeit der zu leistenden Arbeit. Auch für die Konkretisierung der Art der vom AN zu verrichtenden Arbeitsleistung ist zunächst der Inhalt des Arbeitsvertrags ausschlaggebend. § 2 I 2 Nr. 5 NachwG verlangt, die vom AN zu leistende Tätigkeit im Arbeitsvertrag schriftl. kurz zu charakterisieren oder zu beschreiben. Sie kann sehr konkret, aber auch sehr allg. gehalten sein. Die entspr. arbeitsvertragl. Formulierung ist von erhebl. Relevanz, weil von ihr der Umf. des Direktionsrechts abhängig ist (*Hromadka* DB 1995, 2601, 2602;

ausf. Preis/*Preis* II D 30 Rn. 32 ff.). Wird die Tätigkeit bei der Einstellung fachl. umschrieben (zB Buchhalter, kaufmännischer Ang. usw.), können dem AN sämtl. Arbeiten zugewiesen werden, die diesem Berufsbild entsprechen (LAG HM 13.12.1990 LAGE BGB § 611 Direktionsrecht Nr. 7). Für einen Filmschauspieler stellt der Kern der vereinbarten Rolle zusammen mit seinem Rollenprofil die Grenze des Direktionsrechts dar (BAG 13.6.2007 NZA 2007, 974).

In aller Regel ist es zweckmäßig, die **Tätigkeitsbeschreibung** nicht zu eng zu fassen. Ist eine konkret zugewiesene Tätigkeit nicht mehr von der vereinbarten Tätigkeitsbeschreibung gedeckt, kann der AG eine Änd. des Arbeitsvertrags nur durch Vereinb. oder Änderungskündigung herbeiführen (hierzu § 2 KSchG Rn. 14 ff.). Auch bei weit gefassten Tätigkeitsbeschreibungen kann sich die Einsatzpflicht des AN im Einzelfall auf bestimmte Tätigkeiten konkretisieren, wenn eine dahingehende (konkludente) Vertragsänd. erfolgt ist. Dies ist aber nur bei Vorhandensein bes. Umstände anzunehmen (BAG 11.6.1958 AP BGB § 611 Direktionsrecht Nr. 2). Zur Ausübung des Direktionsrechts iRd. vertragl. Tätigkeitsbeschreibung vgl. GewO § 106 Rn. 11. **649**

3. Erfüllungsort. Der Erfüllungsort, dh. der Ort der Arbeitsleistung, ergibt sich idR aus dem Arbeitsvertrag. Die Bestimmung des Erfüllungsortes ist nach § 29 I ZPO auch für die örtl. Zust. des Gerichts bedeutsam (BAG 19.3.1996 NZA 1997, 334). Fehlt eine ausdr. Regelung, ist im Wege der Auslegung unter Berücksichtigung der näheren Umstände (§ 269 I) zu ermitteln, für welchen Arbeitsort der AN eingestellt wurde. Demgemäß bestimmt sich der Erfüllungsort nach den Umständen, insb. nach der Natur des ArbVerh. Erfüllungsort für die Leistungen von AG und AN ist, wenn der AN dort st. beschäftigt wird, am jeweiligen Betriebssitz und damit am Arbeitsort des AN (BAG 3.12.1985 NZA 1986, 366; LAG BE 19.5.1960 AP BGB § 269 Nr. 3). Sowohl im TV als auch im Einzelarbeitsvertrag können jedoch abw. Regelungen getroffen werden. Bei AußendienstAN mit Reisetätigkeit kann die Bestimmung des Erfüllungsortes probl. sein (hierzu *Müller* BB 2002, 1094 ff.). In Betracht kommt der Wohnsitz des AN als auch der Betriebssitz des AG. Wenn der AN die Arbeiten für einen größeren Bezirk von seinem Wohnsitz aus als Reisetätigkeit ausübt, ist der Wohnsitz nach § 269 I Erfüllungsort für die Arbeitsleistung (BAG 12.6.1986 NJW-RR 1988, 482; ebenso ArbG Hanau 20.7.1995 NZA-RR 1996, 67; ArbG Bayreuth 11.8.1993 NZA 1993, 1055; ArbG Hagen 28.4.1998 EzA ZPO § 29 Nr. 1; abl. ArbG Regensburg 22.2.1989 BB 1989, 634; ArbG Leipzig 14.2.2002 BB 2002, 683). Daraus kann aber nicht abgeleitet werden, dass der Gerichtsstand von AußendienstAN generell deren Wohnsitz ist. Vielmehr bleibt der Bezug zum Betriebsort des AG generell bestehen, wenn die allein am Wohnsitz vorzunehmenden Verpflichtungen als Nebenpflichten nicht wesentl. ins Gewicht fallen (ArbG Augsburg 18.9.1995 NZA-RR 1996, 185; ArbG Bamberg 28.11.1994 NZA 1995, 864). Bei st. wechselnden Arbeitsstellen ist idR nach Auslegung des Vertrags davon auszugehen, dass Erfüllungsort der Sitz des AG ist, an dem die Personalverw. vorgenommen wird (ArbG Pforzheim 10.8.1993 NZA 1994, 384). Mangels eindeutiger Vereinb. ist im Einzelfall festzustellen, dass gemeinsamer Erfüllungsort für die beiderseitigen Leistungsverpflichtungen der **Schwerpunkt des Vertragsverhältnisses** ist. **650**

Der Einsatz des AN kann daher auch ohne gesonderte Regelung auf einen bestimmten Arbeitsort beschränkt sein, etwa wenn der AN für einen bestimmten Betrieb für eine bestimmte Aufgabe eingestellt worden ist. Lässt sich jedoch dem Arbeitsvertrag eine Konkretisierung nicht entnehmen, insb. nicht die Auslegung, dass der AN nur für eine bestimmte Arbeitsstelle eingestellt worden ist, ergibt sich aus dem **Direktionsrecht des AG** die Befugnis, den AN an unterschiedl. Orten einzusetzen (BAG 19.1.2011 NZA 2011, 631; **aA** LAG BW 10.12.2010 LAGE BGB 2002 § 611 Direktionsrecht Nr. 2; dazu ausf. GewO § 106 Rn. 16). **651**

4. Arbeitszeit. In welchem zeitl. Umf. der AN die Arbeitsleistung zu erbringen hat, wird in erster Linie durch den Arbeitsvertrag – vorbehaltl. einschränkender ges. oder tarifl. Regelungen – bestimmt. So unterliegt es der freien Entsch. der Vertragsparteien, ob sie ein VollzeitArbVerh. oder ein TZArbVerh. begründen. Die Grenzen des ör. AZRechts (vgl. ArbZG) und insb. anwendbare TV, die typischerweise AZFragen regeln, sind zu beachten. Grenzen des Direktionsrechts bei variabler AZ folgen insb. aus § 12 TzBfG (vgl. dort). **652**

Wird keine konkrete AZ vereinbart und liegen auch keine konkretisierenden betriebl. oder tarifl. Regelungen vor, gilt als zu leistende AZ die **übl. AZ im Betrieb** oder in der Betriebsabt. (LAG BW 28.10.1991 LAGE BetrVG 1972 § 77 Nr. 16). Das gilt auch für Führungskräfte (BAG 15.5.2013 AP BGB § 611 Arbeitszeit Nr. 42). Wird der AN in Vollzeit beschäftigt, darf der durchschnittl. AN dies so verstehen, dass die regelm. Dauer der AZ – unter Zugrundelegung einer 5-Tage-Woche und den in § 3 S. 1 ArbZG vorgesehenen 8 Stunden Arbeit täglich – 40 Wochen-Stunden nicht übersteigt (BAG 25.3.2015 NZA 2015, 1002 Rn. 14). Bei Fehlen einer eindeutigen AZVereinb. und schwankendem tats. Arbeitsumf. wird iZw. ein VollzeitArbVerh. begr. (BAG 5.10.2008 EzA BGB 2002 § 615 Nr. 27). Allein durch einseitige Anordnung des AG kann eine betriebsübliche AZ nicht rechtsverbindlich begründet werden (BAG 25.3.2015 NZA 2015, 1002 Rn. 15). Vereinbaren die Arbeitsvertragsparteien bei Abschluss des Arbeitsvertrags die zu diesem Zpkt. im Betrieb geltende Regelung über Beginn und Ende der tägl. AZ und die Verteilung der AZ auf die einzelnen Wochentage, liegt darin keine individuelle AZVereinb., die ggü. einer späteren Veränderung der betriebl. AZ durch BV Bestand hat. Der AN, der aus pers. Gründen an einer bestimmten, von der betriebsübl. AZ unabhängigen Lage der **653**

AZ Interesse hat, muss diese Unabhängigkeit mit dem AG auch dann vereinbaren, wenn die zZ des Abschlusses des Arbeitsvertrags geltende betriebl. AZ seinen Interessen entspricht (BAG 23.6.1992 NZA 1993, 89).

654 AZ ist regelm. die Zeit vom Beginn bis zum Ende der Arbeit ohne die Ruhepausen. Während des **Umkleidens** erbringt der AN regelm. die von ihm geschuldete Arbeitsleistung nicht (vgl. Rn. 515). Ob und inwieweit die Zeit des Umkleidens im Betrieb zur vergütungspflichtigen AZ zu rechnen ist, kann nur nach den Verhältnissen des Einzelfalls beurteilt werden (BAG 22.3.1995 NZA 1996, 107; 19.9.2012 AP BGB § 611 Arbeitszeit Nr. 39; 19.3.2014 NZA 2014, 787; hierzu *Wiese* SAE 1996, 371 ff.; *Franzen* NZA 2016, 136 ff.).

655 Ob und inwieweit **Wegezeiten** zur AZ gehören, bedarf im Einzelfall der Auslegung (Rn. 514). Sehr diff. nach der Art der geschuldeten Leistung zu betrachten ist, welche Zeiten bei sog. Dienstreisen als AZ zu vergüten sind (hierzu BAG 14.12.2010 NZA 2011, 76; *Loritz* NZA 1997, 1188, 1193 ff.; Rn. 513 f.; § 612 Rn. 18).

656 Das Direktionsrecht des AG (ausf. GewO § 106 Rn. 19) erstreckt sich in aller Regel auf die **Lage der AZ** (Beginn und Ende der AZ, Lage der Pausen, Einf. von Gleitzeit). Sie kann jedoch auch durch den Arbeitsvertrag genau festgelegt sein (LAG BE 26.7.1993 LAGE BGB § 611 Direktionsrecht Nr. 16).

657 **a) Kurzarbeit.** Unter Kurzarbeit versteht man das vorübergehende tw. Ruhen von Arbeits- und Entgeltzahlungspflicht. Ebenso wie Überstunden kann der AG Kurzarbeit nicht einseitig anordnen. Regelm. enthalten Arbeitsverträge keine sog. „Kurzarbeitsklauseln“ (zur Inhaltskontrolle von Kurzarbeitsklauseln LAG B 7.10.2010 NZA-RR 2011, 65; *Müller/Deeg* ArbR 2010, 209). Insb. in betriebsratslosen Betrieben besteht daher für den AG keine Möglichkeit, ohne Zust. der AN Kurzarbeit anzuordnen. Allerdings kann bei widerspruchsloser Hinnahme einer arbeitgeberseitig angeordneten und von der AA genehmigten Kurzarbeit eine konkludente Vertragsänd. vorliegen (LAG D 14.10.1994 DB 1995, 682; zur Einf. von Kurzarbeit durch Änderungskündigung: *Bauer/Günther* BB 2009, 662, 665 ff.).

658 Der AG kann Kurzarbeit mit entspr. Lohnminderung nur auf Grund einer Vereinb. kollektiv- oder einzelvertragl. Charakters, nicht aber auf Grund seines Direktionsrechts einführen. Andernfalls bedarf es zur AZVerkürzung einer Änderungskündigung (BAG 14.2.1991 NZA 1991, 607; LAG RP 7.10.1996 NZA-RR 1997, 331). Bestimmungen, die dem AG das Recht einräumen, einseitig Kurzarbeit einzuführen, verstoßen gegen tarifl. unabdingbares Kündigungsschutzrecht und sind deshalb unwirksam (BAG 18.10.1994 NZA 1995, 1064 im Anschluss an 27.1.1994 NZA 1995, 134). Ordnet der AG rechtswidrig Kurzarbeit an, so führt dies nicht zur Verkürzung der AZ. Der AG sieht sich dann dem vollen Lohnanspruch nach § 615 ausgesetzt. Überdies können die AN ihren Beschäftigungsanspruch geltend machen.

659 Ist in einem TV bestimmt, dass der AG nach Abschluss einer BV Kurzarbeit einführen darf, so liegt noch keine hinreichende Rechtsgrdl.für einen AG in einem betriebsratlosen Betrieb vor (LAG D 10.9.1992 LAGE BGB § 615 Kurzarbeit Nr. 1). Die Einf. von Kurzarbeit kann nicht Regelungsgegenstand einer DV sein, so dass der AG im öffentl. Dienst sich nicht auf eine solche Rechtsgrdl. berufen kann (BAG 18.10.1994 NZA 1995, 1064). Die Bestimmung „Die Einf. von Kurzarbeit ist zulässig“ in § 15 V BAT-O v. 10.12.1990 war unwirksam, da sie zwgd. Vorschr. des Kündigungsrechts umgeht (BAG 27.1.1994 NZA 1995, 134). Auch wenn sich die Ermächtigungsgrdl. in einem TV befindet, bleibt dem BR ein MBR nach § 87 I Nr. 3 BetrVG (BAG 25.11.1981 AP TV AL II § 9 Nr. 3).

660 Hins. des **Ob und Wie der Verkürzung** der AZ ist das MBR des BR nach § 87 I Nr. 3 BetrVG zu beachten.

661 Eine formlose **Regelungsabrede** zwischen BR und AG über die Einf. von Kurzarbeit wahrt das MBR des BR nach § 87 I Nr. 3 BetrVG, führt aber nicht zu einer entspr. Änd. der Arbeitsverträge der hiervon betroffenen AN. Hierzu bedarf es einer vertragl. Vereinb. oder einer Änderungskündigung (BAG 14.2.1991 NZA 1991, 607). Eine Änd. der Arbeitsverträge hins. der AZ und der Lohnzahlungspflicht für die Dauer der Kurzarbeitsperiode kann ohne Rücksicht auf den Willen der AN also nur durch eine förml. BV nach § 77 II BetrVG herbeigeführt werden (vgl. BAG 14.2.1991 NZA 1991, 607). Die zulässige Einf. von Kurzarbeit beschränkt die Arbeitspflicht des AN und die Vergütungspflicht des AG, so dass dieser nicht in **Annahmeverzug** gerät.

662 Liegt eine wirksame BV vor, ist die Einf. der Kurzarbeit unabhängig davon rechtmäßig, ob die AA die **Bewilligung des Kug.** widerruft (BAG 11.7.1990 NZA 1991, 67). Der AN hat nur einen Lohnanspruch iHd. Kug. (Schaub/*Linck* § 47 Rn. 10). In dieser Höhe trägt der AG das Wirtschaftsrisiko und damit auch das Risiko, dass die AA keinen Zuschuss bewilligt (BAG 11.7.1990 NZA 1991, 67). Unterlässt der AG, die Kurzarbeit bei der AA gem. § 99 SGB III schriftl. anzuzeigen, wird die Kurzarbeit nicht unzulässig. Die Anzeige ist nur eine Voraussetzung für den Bezug des Kug. Ein Verstoß führt nicht zum Annahmeverzug, mögl. ist aber eine Schadensersatzpflicht (Schaub/*Linck* § 47 Rn. 13).

663 **b) Überstunden.** Von Überstunden oder Überarbeit spricht man, wenn die vertragl. vereinbarte AZ überschritten wird, die durch Kollektivvertrag (TV oder BV) oder Arbeitsvertrag festgelegt ist (BAG 25.7.1996 EzA BGB § 611 Mehrarbeit Nr. 6). **Ohne ausdr. Regelung** ist der AN grds. nicht ver-

pflichtet, Überstunden zu leisten (ausnahmsweise jedoch bei Not- und Katastrophenfällen: ArbG Leipzig 4.2.2003 DB 2003, 1279; vgl. GewO § 106 Rn. 4). Umgekehrt entsteht aus der fortdauernden Anordnung von Überstunden noch kein Anspruch auf ein bestimmtes Mindestmaß an Überstunden. Es bedarf hierfür einer rechtsgeschäftl. Abrede (BAG 22.4.2009 NZA 2010, 120). UU kann sich aus dem Gleichbehandlungsgrds. ein Anspruch auf Mehrarbeit ergeben (LAG HE 12.9.2001 NZA-RR 2002, 348). Fehlt es an einer entspr. Verpflichtung des AN, kann sich nur ausnahmsweise aus § 242 eine Verpflichtung zur Überarbeit ergeben. § 14 ArbZG gibt keinen Anspruch des AG auf Leistung von Überstunden. Die Regelung von Überstunden und der entspr. Vergütung ist eine Domäne des Tarifrechts und unterliegt der Mitbestimmung des BR nach § 87 I Nr. 3 und 10 BetrVG. TV können dem AG das Recht vorbehalten, die regelm. AZ einseitig zu verlängern oder auch wieder auf die tarifl. AZ zurückzuführen. Bei der Ausübung des Bestimmungsrechts muss der AG aber die Grds. billigen Ermessens wahren (BAG 28.11.1984 AP TVG § 4 Bestimmungsrecht Nr. 2). Dazu gehört auch, gewisse Ankündigungsfristen zu wahren (für Analogie zu § 12 II TzBfG ArbG F 26.11.1998 NZA-RR 1999, 357 zu § 4 II BeschFG).

In **betriebsratslosen Betrieben** hat der AG ohne ausdr. vertragl. Grdl. idR keine Möglichkeit, Überstunden anzuordnen. Aus diesem Grunde hat ein entspr. vertragl. Vorbehalt konstitutive Bedeutung. 664

Von der Pflicht zur Leistung der Überstunden ist die Frage der **Überstundenvergütung** zu unterscheiden (hierzu Rn. 486 ff.). Der AN, der im Prozess von seinem AG die Bezahlung von Überstunden fordert, muss, zumal wenn zwischen der Geltendmachung und der behaupteten Leistung ein längerer Zeitraum liegt, beim Bestreiten der Überstunden iE darlegen, an welchen Tagen und zu welchen Tageszeiten er über die übl. AZ hinaus tätig geworden ist. Der AN trägt die Darlegungs- und Beweislast (BAG 16.5.2012 NZA 2012, 939). Er muss ferner eindeutig vortragen, ob die Überstunden vom AG angeordnet oder zur Erledigung der ihm obliegenden Arbeit notwendig oder vom AG gebilligt oder geduldet worden sind (BAG 25.11.1993 NZA 1994, 837). Steht fest, dass Überstunden auf Anordnung des AG geleistet worden sind, kann der AN aber der Darlegungslast nicht in jeder Hinsicht genügen, darf das Gericht den Mindestumfang geleisteter Überstunden gem. § 287 ZPO schätzen (BAG 25.3.2015 NZA 2015, 1002 Rn. 19). 665

Betr. die **Darlegungslast** unterscheidet das BAG nach (1) Anordnung, (2) Billigung, (3) Duldung und (4) Erforderlichkeit der Überstunden zur Erledigung der geschuldeten Arbeit. Zum Nachw. der **ausdr. Anordnung** muss der AN vortragen, „wer wann auf welche Weise wie viele Überstunden angeordnet hat" (BAG 10.4.2013 NZA 2013, 1100). Eine **konkludente Anordnung** von Überstunden liegt vor, wenn dem AN Arbeit in einem Umf. zugewiesen wird, die unter Ausschöpfung der pers. Leistungsfähigkeit des AN nur durch die Leistung von Überstunden zu bewältigen ist. Dazu muss der AN darlegen, dass eine bestimmte angewiesene Arbeit innerhalb der NormalAZ nicht zu leisten war. Die bloße Anwesenheit des AN begr. keine Vermutung dafür, Überstunden seien erforderl. gewesen (BAG 10.4.2013 NZA 2013, 1100 Rn. 17; **aA** LAG B 23.12.2012 LAGE BGB 2002 § 611 Überarbeit Nr. 3). Bei Vereinb. einer mtl. AZ muss der AN zudem darlegen, dass ggf. einzelne Überstunden nicht innerhalb einer flexibel gehandhabten MonatsAZ ausgeglichen werden konnten (BAG 10.4.2013 NZA 2013, 1100 Rn. 18). Durch eine **„Billigung"** der Überstunden genehmigt der AG diese nachträgl. Die Billigung kann konkludent erfolgen, etwa durch Abzeichnung eines Stundenzettels. Die bloße **Duldung** von Überstunden bedeutet, dass der AG die Überstundenleistung erkennt, diese hinnimmt und nicht unterbindet. In diesen Fällen muss der AN darlegen, „von welchen wann geleisteten Überstunden der AG auf welche Weise wann Kenntnis erlangt haben soll und dass es im Anschluss daran zu einer weiteren Überstundenleistung gekommen ist" (BAG 10.4.2013 NZA 2013, 1100 Rn. 18). 666

In aller Regel müssen Überstunden vergütet werden. Es besteht aber kein Rechtsgrds., dass Überstunden stets zu vergüten sind; vielmehr kann auch **Freizeitausgleich** vereinbart werden (BAG 4.5.1994 NZA 1994, 1035; 17.1.1995 NZA 1995, 1000; 23.1.2001 NZA 2001, 597). Ist aber die Vergütung der Überstunden vereinbart, kann der AG nicht einseitig Freizeitausgleich anordnen, wenn keine entspr. Ersetzungsbefugnis besteht (BAG 18.9.2001 NZA 2002, 268). Zur Vergütungspflicht bei Überstunden näher Rn. 486 ff., § 612 Rn. 16 ff. und zur Wirksamkeit von Pauschalierungsabreden §§ 305 bis 310 Rn. 91. 667

c) Anspruch des Arbeitnehmers auf Reduktion der Arbeitszeit. Ein Anspruch des AN auf Reduzierung seiner AZ folgt aus § 8 TzBfG, iRd. EZ aus § 15 VII BEEG, iRd. PZ aus §§ 2 I, 3 I PflegeZG, iRd. FPZ aus § 2 I 1 FPfZG sowie im Falle einer Schwerbehinderung aus § 164 V SGB IX (vgl. jeweils die Kommentierungen dort). Ggü. diesen zwgd. G haben entspr. tarifl. Vorschr. kaum noch praktische Bedeutung, es sei denn, diese sind im Einzelfall günstiger als die ges. Regelungen. 668

d) Arbeitsbereitschaft. Die Arbeitsbereitschaft steht der regelm. geleisteten AZ gleich. Sie ist AZ iSd. ArbZG und wird vom BAG definiert als eine Arbeitsleistung, die während der regelm. AZ keine volle, die gesamte Aufmerksamkeit beanspruchende Tätigkeit voraussetzt (BAG 30.1.1996 NZA 1996, 1164; vgl. EuGH 5.10.2004 NZA 2004, 1145; ausf. ArbZG § 2 Rn. 39 ff.). Zum Verhältnis Arbeitsbereitschaft – Überstundenvergütung vgl. BAG 19.2.2004 ZTR 2004, 417. 669

670 **e) Bereitschaftsdienst.** Bereitschaftsdienst leistet ein AN nach der Rspr. des BAG, wenn er sich außerhalb seiner regelm. AZ an einer vom AG bestimmten Stelle innerhalb oder außerhalb des Betriebes aufzuhalten hat, um bei Bedarf die volle Arbeitstätigkeit unverzügl. auszuüben (BAG 10.6.1959 AP AZO § 7 Nr. 5). Bereitschaftsdienst ist keine Ruhezeit. Dieser Befund gilt im Lichte europarechtl. Vorgaben bereits seit der Simap-Entsch. des EuGH v. 3.10.2000 (NZA 2000, 1227; s. a. EuGH 9.9.2003 NZA 2003, 1019, 1022), wobei str. ist, ob eine richtlinienkonforme Auslegung des ArbZG mögl. ist (abl. BAG 18.2.2003 NZA 2003, 742, 747; **aA** *Rapatinski* RdA 2003, 328, 334 f.; dazu ArbZG § 2 Rn. 23 ff. und § 5 Rn. 3). Spätestens seit dem 1.1.2004 kann der Bereitschaftsdienst nicht mehr der Ruhezeit zugerechnet werden (zu bereits vorher bestehenden TV vgl. BAG 24.1.2006 NZA 2006, 862). Der Gesetzgeber hat die Ausnahme für den Bereitschaftsdienst in § 5 III, § 7 II Nr. 1 ArbZG gestrichen. Der AN ist zur Leistung von Bereitschaftsdienst nur auf Grund bes. vertragl. oder tarifl. Vereinb. verpflichtet. Bereitschaftsdienststunden sind – sofern sie nachts erbracht werden – auch Nachtarbeitsstunden (BAG 23.2.2011 NZA 2011, 1176). Werden Zeiten des Bereitschaftsdienstes vertragl. bei der Berechnung der Nachtarbeitsstunden ausgeschlossen, liegt hierin eine unangemessene Benachteiligung gem. § 307 I 1, II Nr. 1 (LAG B 29.6.2011 BeckRS 2012, 65674). Die Anordnung des Bereitschaftsdienstes im Einzelfall unterliegt der Kontrolle nach billigem Ermessen (BAG 25.10.1989 NZA 1990, 561). Ein Anspruch auf Bereitschaftsdienst besteht regelm. nicht, kann sich aber ausnahmsweise als Anspruch aus betriebl. Übung ergeben (BAG 13.11.1986 NZA 1987, 635). Einer Billigkeitskontrolle bedarf es nicht, wenn TV oder Arbeitsvertrag die Voraussetzungen zur Ausübung des Bereitschaftsdienstes exakt festlegen (BAG 12.2.1992 NZA 1992, 661). Zur Vergütung des unter Verstoß gegen die AZRL geleisteten Bereitschaftsdienstes vgl. BAG 5.6.2003 NZA 2004, 165, 168 (öffentl. AG); 28.1.2004 NZA 2004, 656 (privater AG). Zur Vergütung von Pflegebereitschaftsdiensten nach Maßgabe des § 2 PflegeArbbV BAG 19.11.2014 AP BGB § 611 Nr. 24.

671 **f) Rufbereitschaft.** Rufbereitschaft verpflichtet den AN, außerhalb seiner regelm. AZ auf Abruf die Arbeit aufzunehmen (hierzu ArbZG § 2 Rn. 30 ff.; zur arbeitszeitrechtl. Einordnung ArbZG § 5 Rn. 3). Ein Anspruch des AN auf Teilnahme am Rufbereitschaftsdienst oder Beibehaltung einer vom AG eingeführten Rufbereitschaft besteht nicht (BAG 17.3.1988 AP BAT § 15 Nr. 11; zur Verpflichtung TZBeschäftigter, an Rufbereitschaft teilzunehmen: BAG 13.2.1992 AP BAT § 15 Nr. 22; zur sog. Stundengarantie bei Rufbereitschaft: BAG 28.7.1994 NZA 1995, 999). Der BR hat ein MBR nach § 87 I Nr. 2 BetrVG (BAG 21.12.1982 AP BetrVG 1972 § 87 Arbeitszeit Nr. 16). Eine Anordnung von Bereitschaftsdienst und Überstunden liegt vor, wenn der AG diese Tätigkeiten kennt und duldet. Es besteht wahlweise idR ein Anspruch auf Bereitschaftsdienstvergütung oder Freizeitausgleich (BAG 24.10.1990 NZA 1991, 163; 12.12.1990 NZA 1991, 306). Besteht keine bes. Regelung für die Entlohnung des Bereitschaftsdienstes, ist bei rechtswirksamer Anordnung eine angemessene Entlohnung nach § 612 geschuldet (BAG 28.4.1971 AP BGB § 611 Arbeitsbereitschaft Nr. 2).

672 Neben der Billigkeitskontrolle bei Anordnung des Bereitschaftsdienstes unterliegen tarifvertragl. Bestimmungsrechte wegen § 310 IV ledigl. einer Rechtskontrolle. Vorformulierte vertragl. Bestimmungsrechte unterliegen dagegen einer Rechtskontrolle und zusätzl. einer Inhaltskontrolle nach § 307. Eine Regelung, die zwischen dem Ende des werktägl. Bereitschaftsdienstes und der nachf. allg. TagesAZ keine ununterbrochene Ruhezeit von sechs Stunden zur Vfg. stellt, ist nach Auff. des BAG eine unzumutbare Überspannung der menschl. Leistungsfähigkeit, die gegen die Menschenwürde Art. 1 I GG verstößt (BAG 24.2.1982 AP BAT § 17 Nr. 7; vgl. a. 26.11.1980 AP BAT § 17 Nr. 6).

673 **5. Leistungsstörungen.** Das Recht der Leistungsstörungen ist im ArbR von Sonderregelungen ggü. den Grds. des allg. SchuldR geprägt. Nach dem SMG finden die neuen Prinzipien des Leistungsstörungsrechts im ArbR Anwendung (ausf. *Gotthardt* Rn. 35 ff.). Das neue Recht der Leistungsstörungen trennt strikt zwischen der Befreiung von der Primärleistungspflicht (§ 275) und der Haftung wegen Pflichtverletzung (§§ 280 ff.; hierzu im Überbl. § 619a Rn. 48 ff.). § 275 knüpft wie bisher an den Tatbestand der **Unmöglichkeit,** diff. aber zwischen einer als vAw. zu beachtenden Einwendung ausgestalteten Leistungsbefreiung kraft G (I) und einem als Einrede ausgestalteten Leistungsverweigerungsrecht (II und III).

674 Gem. § 275 I ist der Anspruch auf die Leistung ausgeschlossen, soweit diese für den Schuldner oder für jedermann unmögl. ist. Auf das Vertretenmüssen kommt es insoweit nicht (mehr) an. Erfasst sind die obj. und subj. Unmöglichkeit und – in Abweichung von der bisherigen Rechtslage – die anfängl. und nachträgl. Unmöglichkeit bzw. das Unvermögen. § 275 I erfasst wie bisher die Teilunmöglichkeit. Da die Arbeitsleistung iZw. pers. zu erbringen ist (§ 613 S. 1), führt die subj. Unmöglichkeit zu obj. Unmöglichkeit, weil nicht darauf abgestellt werden kann, ob ein anderer AN die Leistung erbringen könnte (*Gotthardt* Rn. 89). Die Einrede des § 275 II erfasst die sog. faktische oder auch praktische Unmöglichkeit, wenn die Behebung des Leistungshindernisses zwar theoretisch mögl. wäre, aber kein vernünftiger Gläubiger sie ernsthaft erwarten würde. Darunter fallen aber nicht die Fälle der sog. „wirtschaftl." oder „sittl." Unmöglichkeit sowie der bloßen Leistungserschwerung (BT-Drs. 14/6040 S. 129; *Canaris* JZ 2001, 499, 501). Neu ist ein bes. Leistungsverweigerungsrecht für den Fall der **pers. Unzumutbarkeit** in § 275 III. Die Norm betrifft nur solche Leistungen, die der Schuldner pers. zu

erbringen hat, weshalb ihr insb. für das ArbVerh. Bedeutung zukommt (ausf. *Gotthardt* Rn. 39, 97 ff.). In den Fällen des § 275 I bis III erlischt der Anspruch auf die Gegenleistung kraft G (§ 326 I 1). Anders als § 323 I aF ist dies jedoch nicht auf die von keinem Teile zu vertretende Unmöglichkeit beschränkt. Der Anspruch auf die Gegenleistung entfällt aber dann nicht, wenn der Gläubiger den Leistungsausschluss bedingenden Umstand allein oder weit überw. zu vertreten hat oder dieser zu einem Zpkt. eintritt, zu welchem sich der Gläubiger im Annahmeverzug befindet (§ 326 II 1). Für das ArbR gelten darüber hinaus zahlr. Ausnahmen von dem sich aus § 326 I ergebenden Grds. „ohne Arbeit kein Lohn".

a) Nichterfüllung. aa) Abgrenzung von Unmöglichkeit und Verzug; Fixschuldcharakter der 675
Arbeitsleistung. Der im allg. SchuldR bestehende Grds., dass Unmöglichkeit und Verzug sich gegenseitig ausschließen, ist im ArbR probl. Kennzeichnend für die Abgrenzung ist, dass beim Verzug die Leistung nachholbar sein muss. Wegen des idR festen Zeitbezugs der Leistung ist die Nachholbarkeit bei der Arbeitsleistung regelm. nicht anzunehmen. Die hM weist der Arbeitsleistung einen absoluten Fixschuldcharakter zu (Staudinger/*Richardi/Fischinger* Rn. 1064; *Söllner* AcP 167 (1967), 132, 139). Konsequenz dieser Auff. ist, dass bei Nichtleistung sofort Unmöglichkeit eintritt. Nachholbarkeit und damit Verzug sind ausgeschlossen. Folgen hat diese Auff. insb. für den Anwendungsbereich des § 615 (vgl. § 615 Rn. 4 ff.).

Der Einordnung der Arbeitsleistung als Fixschuld ist für den Regelfall beizupflichten. Regelm. kann 676
die Arbeitsleistung nicht nachgeholt werden, weil der AN an den folgenden Tagen im Rahmen seines Dauerschuldverhältnisses bereits die nächste Teilleistung schuldet (vgl. BAG 19.8.2015 NZA 2015, 1460, 1461 Rn. 23). § 311a I ändert an der Einordnung der Arbeitspflicht als Fixschuld nichts. § 311a I ermöglicht zwar eine rückwirkende Begr. des ArbVerh., nicht aber seine nachträgl. Durchführbarkeit (BAG 9.2.2011 NZA-RR 2012, 232; 27.1.2016 NZA 2016, 691 Rn. 15 ff.). Eine Nachleistung durch Überstunden kann zumindest bei längerer Zeit der Nichtleistung auch auf Grund der AZBestimmungen rechtl. unmögl. sein (*v. Stebut* RdA 1985, 66, 67). Eine Nachleistung liegt idR nicht im Interesse des AN. Auch der AG kann das Interesse an der Arbeitsleistung verlieren, wenn die AZ etwa auf die Laufzeit von Maschinen und eine bestimmte Betriebsorganisation angewiesen ist. Die Arbeitsleistung ist so stark von der Zeit bestimmt, dass das Nachleisten ein Eingriff in einen anderen Teil der Arbeitskraft des AN bedeuten würde. Das zeigt sich insb. bei TZKräften, die ihre AZ selbst bestimmen wollen oder mehrere TZArbVerh. eingegangen sind.

Eine generelle Einordnung der Arbeitsleistung als absolute Fixschuld wird indes den heutigen 677
Erfordernissen nicht mehr gerecht. Rspr. (BAG 17.3.1988 NZA 1989, 261) und Teile der Lit. (Schaub/*Linck* § 49; diff. MüArbR/*Reichold* § 39 Rn. 8 ff.) nehmen deshalb zu Recht – entgegen der Begr. zum SMG (BT-Drs. 14/6040 S. 129; hierzu *Gotthardt* Rn. 90) – nur eine relative Fixschuld iSd. § 323 II Nr. 2 an. Auch § 615 S. 1 setzt eine Nachleistungsmöglichkeit voraus. Ob die Arbeitsleistung nachholbar ist, bemisst sich nach der konkreten Vereinb. und Situation im ArbVerh. Als Bsp. seien die **GleitAZ** oder die Einrichtung von **AZKonten** genannt (HWK/*Thüsing* Rn. 390; *Picker* FS Kissel 1994 S. 813, 822). Auch TZKräfte können ein berechtigtes Interesse an der Nachholbarkeit der Arbeitsleistung haben, wenn sonst der Lohnanspruch entfiele. Entscheidend ist die jeweilige vertragl. Vereinb. IZw. tritt aber mit der Leistungsverzögerung Unmöglichkeit ein; die Regelungen des Schuldnerverzugs sind nicht anwendbar. Die Bedeutung der allg. Bestimmungen über den Schuldnerverzug ist im ArbR damit gering. Für den Gläubigerverzug iSd. § 615 gilt Abweichendes (vgl. § 615 Rn. 5 ff.).

bb) Unmöglichkeit der Arbeitsleistung. Nach § 275 I wird der AN bei Unmöglichkeit von seiner 678
Leistungspflicht frei, unabhängig von der Frage des Vertretenmüssens. Es besteht kein Beschäftigungsanspruch (Rn. 563; BAG 9.4.2014 NZA 2014, 719). Die Beschäftigungspflicht richtet sich nach Maßgabe der Konkretisierung qua Direktionsrecht (GewO § 106 Rn. 8). Rechtsfolge ist nach § 326 I grds. der Wegfall des Vergütungsanspruches. Ob der AG trotz Nichtleistung der Arbeit die Vergütung zahlen muss, bestimmt sich nach § 326 II oder sonst. ges. Sonderregelungen, die das konditionelle Synallagma zu Gunsten des AN durchbrechen oder lockern. Gem. § 326 II 1 Alt. 1 ist der AG trotz Nichtleistung der Arbeit seitens des AN zur Vergütung verpflichtet, wenn er für den die Unmöglichkeit der Arbeitsleistung begründenden Umstand allein oder weit überw. jdf. verantwortl. ist. Nach Auff. des BAG wird § 326 II 1 Alt. 1 nicht durch § 615 verdrängt. Das Schicksal des Vergütungsanspruchs richte sich nach § 615, wenn Unmöglichkeit eintritt, während sich der AG mit der Annahme der Arbeitsleistung in Verzug befindet. IÜ sei § 326 II maßgebl. (BAG 23.9.2015 NZA 2016, 293 Rn. 20 ff.). Verantwortlichkeit nach § 326 II meint Vertretenmüssen iSd. §§ 276, 278, also mind. fahrlässiges Handeln (BAG 19.8.2015 NZA 2015, 1460 Rn. 29). Dafür, dass im Falle der rückwirkenden Begr. eines ArbVerh. die bisher fehlende arbeitsvertragl. Bindung zur Unmöglichkeit der Arbeitsleistung in der Vergangenheit führt, ist der AG regelm. nicht verantwortl. iSd. § 326 II 1 Alt. 1, wenn ihm der AN den Abschluss des rückwirkend zu begründenden ArbVerh. nicht anträgt, sondern von ihm nur die Abgabe eines Vertragsangebots verlangt (BAG 27.1.2016 NZA 2016, 691 Rn. 26).

Hat der AN die Nichtleistung in den Fällen des § 275 I bis III **zu vertreten**, weil er vertragswidrig 679
und ohne ges. Befreiungsgrund (§ 616, EFZG, BUrlG, MuSchG, BEEG), zB durch Nichtaufnahme oder Fernbleiben von der Arbeit („Blaumachen", eigenmächtige Pausen, vorzeitiger Feierabend, un-

zulässige Beendigung des ArbVerh., eigenmächtiger Urlaubsantritt oder Teilnahme an einem rechtswidrigen Streik) seine Arbeitspflicht verletzt, kommen Schadensersatzansprüche nach §§ 280 I, III, 283; 311a II in Betracht (*Gotthardt* Rn. 52 ff.). Als weitere allg. Rechtsfolge einer Pflichtverletzung ergibt sich bei einem gegenseitigen Vertrag für den AG ein Rücktrittsrecht (§ 326 V), grds. nach erfolgloser Fristsetzung, wenn der AN seine fällige Leistung nicht bzw. nicht fristgemäß erbringt (§ 323 I). Für das ArbVerh. als Dauerschuldverhältnis wird dieses Rücktrittsrecht aber durch ein Kündigungsrecht ersetzt (*Gotthardt* Rn. 43, 37).

680 Ist die eingetretene **Unmöglichkeit weder von AG noch vom AN zu vertreten**, greift grds. die Rechtsfolge des § 326 I 1, so dass auch der AG von seiner Leistungspflicht befreit wird („ohne Arbeit kein Lohn"). Durch die Zuweisung des Betriebsrisikos (§ 615 S. 3) an den AG (hierzu § 615 Rn. 3 ff.) bleibt jedoch im ArbR wenig Raum für zufallsbedingte Unmöglichkeit. Wichtigster Fall ist das Wegerisiko, das der AN zu tragen hat, obwohl es ihm nicht zuzurechnen ist (hierzu § 616 Rn. 5). IÜ bestehen aus Gründen der Sicherung der Existenzgrdl. des AN zahlr. Durchbrechungen des Prinzips des § 326 I (zB § 616, EFZG, BUrlG, § 18 MuSchG). Gemeinsam ist diesen Ausnahmen, dass das dort geregelte Leistungshindernis monokausal für den Arbeitsausfall sein muss. Liegen zwei Leistungshindernisse vor, von denen nur eine die Fortzahlung des Entgelts begründen würde, verliert der AN seinen Vergütungsanspruch (Bsp. zum MuSchG: BAG 5.7.1995 NZA 1996, 137).

681 **b) Leistungsverzögerung.** Ist dem AN nach dem Arbeitsvertrag die Nachleistung ausnahmsweise mögl., bestimmen sich die Rechtsfolgen der vom AN zu vertretenen Leistungsverzögerung nach §§ 280 I, II, 286 (Verzugsschaden) und nach §§ 280 I, III, 281 (Schadensersatz statt der Leistung wegen nicht erbrachter Leistung; Einzelheiten bei *Gotthardt* Rn. 69 ff., 182 ff.). Für die Bestimmung des Verzögerungsschadens kann auf die Rspr. zu § 286 aF zurückgriffen werden. Zur Frage des Verzugszinssatzes nach § 288 vgl. Rn. 477.

682 **c) Schlechtleistung.** Unter Schlechtleistung (ausf. *Brune* AR-Blattei SD 1420; *Maschmann* NZA-Beil. 1/2006, 13 ff.) sind alle Verletzungen arbeitsvertragl. Pflichten zu verstehen, die weder Verzug noch Unmöglichkeit noch Unzumutbarkeit der Arbeitsleistung zur Folge haben oder zu einer darüber hinausgehenden Schädigung des AG führen (*Kraft* NZA 1989, 777, 780). Schlechtleistung in einem weiteren Sinne ist auch bei der Verletzung von Nebenpflichten gegeben, insb. bei der Verletzung von Integritätsinteressen des AG (§ 241 II). Das SMG regelt die Schlechtleistung und die Verletzung nicht leistungsbezogener Nebenpflichten als eigenständige Unterfälle des Leistungsstörungstatbestandes der Pflichtverletzung (*Gotthardt* Rn. 191). Zur Frage, ob und inwieweit AN im Falle der Schlechtleistung als Gesamtschuldner haften vgl. LAG BE 30.10.1989 NZA 1990, 106. Die Schlechtleistung ieS, näml. die Schlechterfüllung der Hauptleistungspflicht, ist auf Grund der pers. Leistungspflicht und des subj. Leistungsmaßstabs nur schwer zu bestimmen (vgl. BAG 11.12.2003 NZA 2004, 784).

683 Das Dienstleistungsrecht kennt **keine Gewährleistungsregeln**, weil ein Erfolg nicht geschuldet wird. Das gilt auch bei Mitarbeitern im Verkauf (LAG D 19.12.1990 LAGE BGB § 611 Abmahnung Nr. 24). Hierdurch soll aber nicht die Schlechtleistung sanktionsfrei gestellt werden (*Motzer* S. 177; *Hanau* AcP 189 (1989), 182, 184). Allerdings besteht keine obj. Gewährleistungspflicht des AN, die eine verschuldensunabhängige Haftung zur Folge hätte. Der AG kann kraft seines Direktionsrechts die Beseitigung der Mängel verlangen, aber nur iRd. normalen Tätigkeit und damit letztl. auf eigene Kosten. Ein Schadensersatzanspruch nach § 280 I ist verschuldensabhängig. Das Arbeitsentgelt bleibt in seiner Höhe bei Schlechtleistung grds. unberührt, es sei denn, es besteht ein aufrechenbarer Schadensersatzanspruch aus § 280 I. Eine Minderung des Arbeitsentgelts wegen Schlechtleistung ist ausgeschlossen (BAG 6.6.1972 AP BGB § 611 Haftung des Arbeitnehmers Nr. 71; 18.7.2007 NZA 2007, 1015), was nach dem Willen des Gesetzgebers jetzt in § 326 I 2 zum Ausdruck kommt (dazu *Gotthardt* Rn. 190). Bei schuldhafter Schlechtleistung kann der AG mit einem Schadensersatzanspruch gegen den Vergütungsanspruch nach §§ 387 ff. aufrechnen (BAG 18.7.2007 NZA 2007, 1015). Liegt jedoch ein Fall der Nichtleistung vor, entfällt der Lohnanspruch.

684 Die Abgrenzung zw. Schlechtleistung und Nichtleistung ist in qualitativer und quantitativer Hinsicht probl. (ausf. *Gast* Schlechtleistung 2015 S. 94 ff.). Wegen § 326 I 2 können nicht mehr sämtl. Fälle der Schlechtleistung unter die Regeln der Unmöglichkeit mit der Folge der Lohnminderung gefasst werden (*Gotthardt* Rn. 190; anders noch *Beuthien* ZfA 1972, 73, 74; *Motzer* S. 137 f.). Zudem würde mit der Wertung als Nichterfüllung dem AN ein Risiko aufgebürdet, das er durch den Verzicht auf die Gewährleistungsregeln gerade nicht tragen sollte (zutr. *Lieb/Jacobs* § 2 III 1d). Ein Schadensersatzanspruch kann daher nur bei verschuldeter Schlechtleistung bestehen (BAG 17.7.1970 AP MuSchG 1968 § 11 Nr. 3). In der Praxis ist die Abgrenzung zw. Bummelei, Langsamarbeit und eigenmächtigen Pausen, die schon als Nichtleistung gewertet werden könnte, schwierig (hierzu *Lieb/Jacobs* § 2 III 2). In den Fällen der Schlechtleistung und bei der Verletzung von nicht leistungsbezogenen Nebenpflichten kommt eine Haftung nach § 280 I in Betracht (s. § 619a Rn. 8 f.) Bei der Verletzung von Nebenpflichten bei betriebl. veranlasster Tätigkeit sind die Grds. der privilegierten ANHaftung zu beachten (§ 619a Rn. 9 ff.).

685 **d) Unzumutbarkeit der Arbeitsleistung (§ 275 III).** § 275 III berechtigt den AN, die Arbeitsleistung zu verweigern, wenn sie ihm unter Abwägung des der Leistung entgegenstehenden Hindernisses

und dem Leistungsinteresse des AG nicht zugemutet werden kann (ausf. *Greiner*, Ideelle Unzumutbarkeit, 2004). Mit § 275 III ist jetzt bei pers. Leistungspflicht und damit auch für AN ein **allg. Leistungsverweigerungsrecht** bei Unzumutbarkeit der Arbeitsleistung kodifiziert, wenn es auch in bestimmten Fallkonstellationen (zB BAG 22.12.1982 AP BGB § 123 Nr. 23) bereits bislang angenommen wurde (s. zur bisherigen Grdl. *Henssler* AcP 190 (1990), 538, 541 ff.). Da es sich um eine Einrede handelt, bleibt dem AN die Wahl, ob er die Arbeitsleistung erbringt oder sich auf Unzumutbarkeit beruft. Die Einrede kann auch rückwirkend erhoben werden; sie wirkt dann auf den Zpkt. zurück, in dem das Leistungshindernis entstanden ist (näher *Gotthardt/Greiner* DB 2002, 2106, 2110). Erforderl. ist ein der Arbeitsleistung entgegenstehendes Hindernis, wobei anders als bei § 616 keine Eingrenzung auf in der Person des AN liegende Gründe vorgenommen ist (*Gotthardt* Rn. 99). Die Gleichbehandlung von § 275 III mit § 275 I hat zur Folge, dass Unzumutbarkeit in ihrer Intensität dem Unvermögen (= Unmöglichkeit) gleichstehen muss (deutl. BT-Drs. 14/6040 S. 130). Die Abgrenzung der beiden Abs. ist nicht einfach. Umstr. ist, ob sich die Leistungsbefreiung des AN im Falle der AU wegen **Krankheit** nach § 275 I (*Berkowsky* AuA 2002, 11 f.; *Canaris* JZ 2001, 499, 501 Fn. 33; *Däubler* NZA 2001, 1329, 1332; Palandt/*Grüneberg* § 275 Rn. 30; s. bisher BAG 8.9.1998 NZA 1999, 824 f.) oder nach § 275 III richtet (PdSR/*Dedek* § 275 Rn. 32; dezidiert *Huber/Faust* Schuldrechtsmodernisierung 2002 Rn. 2/13 Fn. 11; *Löwisch* NZA 2001, 465 f.; BT-Drs. 14/6857 S. 47). Man wird diff. müssen (*Gotthardt* Rn. 100; HWK/*Thüsing* Rn. 393; ebenso *Lindemann* AuR 2002, 81, 82; *Henssler/Muthers* ZGS 2002, 219, 223). Ist dem AN die Erbringung der Arbeitsleistung obj. nicht mögl., entfällt die Arbeitspflicht nach § 275 I. AU nimmt das BAG aber auch an, wenn der AN die Arbeit nur unter der Gefahr aufnehmen oder fortsetzen könnte, in absehbarer Zeit seinen Gesundheitszustand zu verschlimmern. Da der AN hier potentiell zur Arbeitsleistung imstande ist, liegt kein Fall des § 275 I, sondern des § 275 III vor (vgl. BAG 1.6.1983 AP LohnFG § 1 Nr. 54, Unzumutbarkeit, krankheitsbedingte Behinderungen auf sich zu nehmen).

Wie sich auch aus der GBegr. zu § 275 III ergibt, erfasst die Norm vornehml. Fälle von Pflichtenkol- 686
lisionen. Unzumutbarkeit liegt nur vor, wenn für den AN die Leistungserbringung in hohem Maße belastend ist, etwa, wenn er durch die Leistungserbringung Gefahr läuft, in bedeutsamen Rechtsgütern verletzt zu werden (BAG 22.10.2015 NZA 2016, 417). Unzumutbarkeit ist zB gegeben, wenn die Erbringung der Arbeitsleistung nur uU mögl. ist, die für den AN eine **erhebl. Gefahr für Leben oder Gesundheit** begründen, es sei denn, der AN ist vertragl. verpflichtet (Sprengstoffexperte), diese Rechtsgüter zur Vertragserfüllung zu gefährden. Die Rspr. hat bislang ein Zurückbehaltungsrecht aus § 273 anerkannt, wenn der AG seine Pflichten aus § 618 nicht erfüllt (dazu Rn. 617; § 618 Rn. 25 ff.). § 275 III geht darüber hinaus, weil auch aus dem allg. Lebensrisiko resultierende Gefahren erfasst sind. Ausreichend ist ein ernsthafter, obj. begr. Verdacht der Gefährdung, nicht aber die rein subj. Annahme einer Gefahr durch den AN (*Gotthardt* Rn. 110). Als weitere Fälle nennt BT-Drs. 14/6040 S. 130 **familiäre und sonstige pers. Gründe** wie während der AZ notwendige Arztbesuche, die Versorgung schwerwiegend kranker Angehöriger, die Ladung zu Behörden oder Gerichtsterminen (BAG 13.12.2001 NZA 2002, 1105), mithin in Bezug auf die EFZ typische Fälle des § 616. Für Ang. des öffentl. Dienstes ist § 29 TVL/TVöD zu beachten, der neben § 275 III anwendbar ist (*Greiner* NZA 2007, 490, 492). **Zur Betreuung des eigenen Kindes** s. bisher BAG 21.5.1992 NZA 1993, 115 und jetzt LAG HM 27.8.2007 AuR 2008, 117 [LS]; *Brose* NZA 2011, 719; *Gotthardt* Rn. 112, *Greiner* NZA 2007, 490. Vgl. auch die – freil. subsidiäre – Regelung in § 45 III, V SGB V (zur Abgrenzung von § 275 III und § 45 III, V SGB V *Treichel* NZA 2016, 459). Auch bei der Einberufung eines AN zum ausl. Wehrdienst kann Unzumutbarkeit gegeben sein und zwar sowohl bei dem abgekürzten zweimonatigen Wehrdienst in der Türkei (BAG 22.12.1982 AP BGB § 123 Nr. 23; 7.9.1983 AP KSchG 1969 § 1 Verhaltensbedingte Kündigung Nr. 7) als auch bei zwölfmonatiger Dauer des ausl. Wehrdienstes (*Gotthardt* Rn. 114; *Henssler* AcP 190 (1990), 538, 559 ff.; **aA** bisher BAG 20.5.1988 NZA 1989, 464). Über die Aufrechterhaltung des ArbVerh. entscheidet das Kündigungsrecht. Nicht jedes den AN belastende Verhalten des AG, wie ein angebl. **„Mobbing"** (s. Rn. 623), stellt einen Eingriff in die Persönlichkeitsrechte des AN dar, die eine Unzumutbarkeit oder eine Verletzung der Rücksichtnahmepflicht begründen (BAG 22.10.2015 NZA 2016, 417).

Die Rspr. hat ein Leistungsverweigerungsrecht angenommen, wenn der AN Arbeitsleistungen zu 687
erbringen hat, die er mit seinem Glauben oder Gewissen nicht vereinbaren kann (Herstellung kriegsverherrlichender Schriften, BAG 20.12.1984 NZA 1986, 21; zur Medikamentenentwicklung, die die Führbarkeit eines Atomkriegs beeinflussen können: BAG 24.5.1989 NZA 1990, 144; 10.10.2002 NZA 2003, 483; hierzu näher GG Art. 4 Rn. 22 und 58 ff.; Orchestermusiker, der sich der Mitwirkung an blasphemischer Inszenierung verweigert LAG D 7.8.1992 LAGE BGB § 611 Direktionsrecht Nr. 13). Die **Arbeitsverweigerung aus Gewissensgründen** ist ebenfalls von § 275 III erfasst (*Gotthardt* Rn. 115, *Scholl* BB 2012, 53; HWK/*Thüsing* Rn. 397; PdSR/*Dedek* § 275 Rn. 31; *Fischer* DB 2001, 1923, 1926; *Henssler* RdA 2002, 129, 131; *Medicus* in *Haas ua.*, Das neue SchuldR, 2002 Kap. 3 Rn. 47; *Olzen/Wank*, Die Schuldrechtsreform, Rn. 135; **aA** BAG 24.2.2011 NZA 2011, 3319 (§ 106 GewO); *Greiner*, Ideelle Unzumutbarkeit, 2004, S. 135 ff. mwN). Vertretbar ist es ferner, bei Einzelweisungen des AG, die den AN in seiner Gewissensfreiheit verletzen, schon die Unverbindlichkeit der Weisung wegen Unbilligkeit (§ 106 S. 1 GewO) anzunehmen (so *Kamanabrou* GS Zachert 2010 S. 401 f.; so

jetzt a. BAG 24.2.2011 NZA 2011, 3319; insoweit abl. *Scholl* BB 2012, 53). Weil es für die Leistungsbefreiung nach § 275 III auf ein Verschulden nicht ankommt, hat die Vorhersehbarkeit eines Gewissenskonflikts bei Vertragsschluss nur Indizwirkung für das Vorliegen eines solchen, schließt aber den Einredetatbestand des § 275 III nicht von vornherein aus. Allerdings kommt eine Haftung des AN nach § 311a II in Betracht (vgl. *Gotthardt* Rn. 116). Auch nach § 275 III bedarf es bei ideellen Leistungshindernissen zur Begr. des Leistungsverweigerungsrechts einer Rechtsgüterabwägung unter Beachtung verfassungsrechtl. Wertungen (ausf. *Henssler* AcP 190 (1990), 538, 547 ff.; zu Gebetspausen eines muslimischen AN LAG HM 18.1.2002 NZA 2002, 675; zur Verweigerung von Sonntagsarbeit LAG HM 8.11.2007 BeckRS 2008, 50009; *Hunold* DB 2011, 1580; *Preis* KuR 2011, 33). Die Interessenabwägung wird dabei durch den Rang der betroffenen Rechtsgüter vorgeprägt; so kommt bei Betroffenheit vorbehaltloser Verfassungsgüter (zB Gewissensfreiheit, Menschenwürde) nur eine Abwägung mit anderen Verfassungsgütern in Betracht (näher GG Einl. Rn. 70 ff.).

688 **Rechtsfolge der Leistungsverweigerung** aus § 275 III ebenso wie der berechtigten Nichtbefolgung einer Weisung (§ 106 GewO) ist der Wegfall des Vergütungsanspruchs (§ 326 I). Eine EFZ kommt zwar nach § 616 in Betracht, ist aber bei Leistungsverweigerung aus Gewissensgründen zu verneinen (vgl. Staudinger/*Oetker* § 616 Rn. 49; HWK/*Thüsing* Rn. 403; *Henssler* RdA 2002, 129, 131 f.; **aA** *Greiner,* Ideelle Unzumutbarkeit, 2004, S. 150 ff. mwN; *Kamanabrou* GS Zachert 2010 S. 400, 410 f.). Ist ein anderer Arbeitseinsatz nicht mögl., gerät der AG nicht in Annahmeverzug (BAG 24.5.1989 NZA 1990, 144). Hat der AN das Leistungshindernis zu vertreten, kommen Schadensersatzansprüche nach §§ 280 I, III, 283; 311a in Betracht. Beruft sich der AN zu Unrecht auf § 275 III, trägt er das Risiko einer verhaltensbedingten Kündigung wegen beharrl. Arbeitsverweigerung (vgl. BAG 29.11.1983 NZA 1984, 34; 22.10.2015 NZA 2016, 417; s. a. Rn. 709). Beruft sich der AN zu Recht auf § 275 III, so ist zB bei unverschuldetem Gewissenskonflikt eine personenbedingte Kündigung mögl. (BAG 24.5.1989 NZA 1990, 144; 24.2.2011 NZA 2011, 3319).

689 **e) Leistungsverweigerungs- und Zurückbehaltungsrecht.** Erfüllt der AN seine Arbeitspflicht nicht, kommt für den **AG** primär ein Zurückbehaltungsrecht an dem geschuldeten Arbeitsentgelt in Betracht (§ 320 I 1). Ist der für die Arbeitsleistung vorgesehene Zeitabschnitt jedoch verstrichen, tritt regelm. Unmöglichkeit der Arbeitspflicht ein (Rn. 673 ff.). Umstr. ist, ob der AG mit der Zurückbehaltung des Lohnanspruches, der sich auf einen früheren Zeitabschnitt bezieht, Druck zur Wiederaufnahme der Arbeit ausüben kann. Dies ist regelm., auch im Hinblick auf § 320 II zu verneinen (*C. S. Hergenröder* AR-Blattei SD 1880 Rn. 43). Wegen qualitativ und quantitativ mangelhafter Arbeitsleistung kommt ein Zurückbehaltungsrecht nicht in Betracht; dies könnte nur in den Grenzfällen bejaht werden, wo die passive Resistenz einer Nichtleistung von Arbeit gleichkommt (hierzu Rn. 684; *C. S. Hergenröder* AR-Blattei SD 1880 Rn. 46 f.). Ein Zurückbehaltungsrecht kommt aber in Betracht, wenn der AN wegen Nichterfüllung seiner Arbeitspflicht gem. §§ 280 I, III, 283 auf Schadensersatz haftet oder wegen eines Verstoßes gegen ein vertragl. Wettbewerbsverbot entschädigungspflichtig ist (BAG 5.8.1968 AP HGB § 74 Nr. 24). IÜ besteht für den AG bei der schuldhaften, zu Schadensersatzansprüchen führenden Verletzung wesentl. Nebenpflichten ein Zurückbehaltungsrecht aus § 273.

690 Größere Bedeutung haben die Zurückbehaltungsrechte des AN. Bei berechtigter Leistungsverweigerung gerät der AG in Annahmeverzug mit der Folge der Pflicht zur Vergütung (§ 615). Verhaltensbedingte Kündigungen bei berechtigter Leistungsverweigerung sind ausgeschlossen (§ 626 Rn. 109, KSchG § 1 Rn. 379). Nimmt der AN jedoch zu Unrecht die Voraussetzungen eines Zurückbehaltungsrechtes an, kann die Verweigerung der Arbeitsleistung einen verhaltensbedingten Grund zur ordentl. oder außerordentl. Kündigung darstellen. Grds. trägt der AN das Irrtumsrisiko. Sorgfältig ist allerdings zu prüfen, ob sich der AN unverschuldet in einem Rechtsirrtum befunden hat. Ein Zurückbehaltungsrecht kann bestehen, wenn der AG seine Pflicht zu vertragsgemäßer Beschäftigung verletzt (LAG BE 12.3.1999 ZTR 1999, 326; LAG HE 13.9.1984 NZA 1985, 431). Ein Zurückbehaltungsrecht des AN mit der Arbeitsleistung besteht insb. auch dann, wenn der AG **erhebl. Nebenpflichten** nicht nachkommt, insb. ör. ANSchutzvorschr. missachtet (BAG 8.5.1996 NZA 1997, 86; hierzu § 618 Rn. 30 ff.). Ein bes. Fall ist in § 14 AGG geregelt. Ein Leistungsverweigerungsrecht besteht überdies, wenn der AG bei einseitigen Anordnungen MBR des BR verletzt hat (ausf. *C. S. Hergenröder* AR-Blattei SD 1880 Rn. 113 ff.). Allerdings ist nach dem Inhalt der jeweiligen MBR zu diff. Ob und inwieweit der AN wegen anderer Ansprüche (Schadensersatzansprüche) berechtigt ist, die Arbeitsleistung zu verweigern, hängt von der Beurteilung des Einzelfalles ab. Wegen behaupteter und umstr. Schadensersatzansprüche kommt ein Leistungsverweigerungsrecht jdf. dann nicht in Betracht, wenn es sich um einen verhältnismäßig geringfügigen Betrag handelt (ArbG Passau 17.3.1989 BB 1989, 1197; ArbG Hannover 11.12.1996 EzA BGB § 273 Nr. 6). Zur Frage, ob die kollektive Ausübung eines Zurückbehaltungsrechts eine Arbeitskampfmaßnahme darstellt GG Art. 9 Rn. 280 ff. Vom AN kann verlangt werden, dass er **vor Ausübung des Leistungsverweigerungsrechts** die Absicht hierzu unter Angabe des Grundes dem AG mitteilt, damit dieser ggf. den Anspruch des AN erfüllt (LAG HE 13.9.1984 NZA 1985, 431; *Söllner* ZfA 1973, 1, 17). Überdies unterliegt die Ausübung des Zurückbehaltungsrechts dem Grds. von Treu und Glauben, § 242 (MüKoBGB/*Müller-Glöge* § 611 Rn. 11).

6. Ruhen der Arbeitspflicht; Sonderurlaub. Ein Ruhen der Arbeitspflicht mit und ohne EFZPflicht kann sich aus G, Kollektivvertrag oder einzelvertragl. Vereinb. ergeben (ausf. *Dikomey,* Das ruhende ArbVerh., 1990). Ges. Anwendungsfälle des Ruhens des ArbVerh. sind zB Art. 48 I GG, §§ 15, 16 BEEG. Nach dem Grds. der Vertragsfreiheit ist die im Einzelfall getroffene vorübergehende oder dauernde Befreiung von der Arbeitspflicht unprobl. (BAG 9.8.1995 NZA 1996, 154; zur Inhaltskontrolle einer Ruhensvereinb. BAG 10.1.2007 NZA 2007, 384). Das Ruhen kann auch konkludent vereinbart werden. Die Individualvereinb. aus einem bestehenden ArbVerh. heraus ist in den Grenzen des § 138 zu respektieren. 691

Der AG ist zur Gewährung von **Sonderurlaub** ohne entspr. vertragl. oder tarifvertragl. Regelung grds. nicht verpflichtet. Das gilt auch für den umgekehrten Fall der vorzeitigen Beendigung des gewährten Sonderurlaubs. Regelm. räumen entspr. Vorschr. dem AN keinen Rechtsanspruch ein, der AG muss jedoch nach billigem Ermessen entscheiden (§ 315; BAG 29.11.1995 NZA 1996, 533). Eine Pflicht zur Einwilligung in die vorzeitige Beendigung des Sonderurlaubs besteht als arbeitsrechtl. Nebenpflicht dann, wenn dem AG die Beschäftigung des AN mögl. und zumutbar ist, und wenn der Grund für die Bewilligung des Sonderurlaubs weggefallen ist oder schwerwiegende negative Veränderungen in den wirtschaftl. Verhältnissen des AN eingetreten sind (BAG 6.9.1994 NZA 1995, 953). Der vorzeitigen Beendigung des Sonderurlaubs wird der AG idR zustimmen müssen, wenn im Falle der Schwangerschaft nunmehr der Übergang zur EZ verlangt wird (BAG 16.7.1997 NZA 1998, 104). Ein Anspruch auf Arbeitsfreistellung folgt uU aus sozialrechtl. Bestimmungen, insb. § 45 III 1 SGB V bei Erkrankung eines Kindes und aus TV (§ 50 BAT: zum Anspruch auf Beurlaubung wegen Übernahme des Oberbürgermeisteramtes BAG 8.5.2001 NZA 2002, 160). Bei rechtswidriger Verweigerung des Freistellungsanspruchs kann der AN der Arbeit eigenmächtig fernbleiben. Eine wegen Ausübung dieses Rechts ausgesprochene Kündigung verstößt gegen § 612a (LAG K 13.10.1993 NZA 1995, 128). 692

Nur in **Ausnahmefällen** konnte sich ein Befreiungsanspruch aus der Fürsorgepflicht des AG ergeben (zum Anspruch auf Arbeitsbefreiung zur mehrwöchigen Ausbildung an einem Heimdialysegerät zur Pflege eines nahen Angehörigen BAG 20.7.1977 AP BGB § 616 Nr. 47; 7.9.1983 AP KSchG 1969 § 1 Verhaltensbedingte Kündigung Nr. 7; bei schwerwiegender Pflichtenkollision LAG HE 3.10.1985 NZA 1986, 717; Teilnahme als Delegierter an Gewerkschaftstag LAG K 11.1.1990 LAGE BGB § 611 Fürsorgepflicht Nr. 20). Dies sind jetzt Fälle des § 275 III. 693

Soweit das „Ruhen des ArbVerh." vereinbart worden ist, bedeutet dies im Regelfall die **Suspendierung der gegenseitigen Hauptleistungspflichten**. Die entspr. Regelungen bedürfen jedoch der Auslegung im Einzelfall, weil der AN bei fehlender ausdr. Regelung idR nicht auf den sich aus dem Arbeitsvertrag ergebenden Vergütungsanspruch verzichten will. Die Dauer der Freistellung, die zweckbefristet oder unbefristet sein kann, richtet sich grds. nach der Freistellungsvereinb. Ob und inwieweit der AN im ungekündigten oder gekündigten ArbVerh. durch einseitige Erkl. des AG freigestellt werden kann (Suspendierung), ist probl. Durch die einseitige Freistellung wird der Beschäftigungsanspruch des AN berührt (Rn. 567). 694

7. Durchsetzung der Arbeitspflicht. Der AG kann den AN auf Erfüllung der Arbeitspflicht verklagen. Trotz § 888 III ZPO, der die Vollstreckbarkeit nicht vertretbarer Dienstleistungen ausschließt, entfällt das Rechtsschutzbedürfnis nicht (BAG 2.12.1965 AP BGB § 620 Befristeter Arbeitsvertrag Nr. 27). Auf Antrag kann der AN zur Zahlung einer Entschädigung nach § 61 II ArbGG verurteilt werden (hierzu Rn. 694; zur Vollstreckung näher § 61 II ArbGG). 695

8. Sanktionen bei Verletzung der Arbeitspflicht. Die Rechtsfolgen der Nichtleistung beruhen entweder auf ges. Anordnung oder auf einer bes. vertragl. Abrede (zB Vertragsstrafe). 696

a) Entgeltminderung. Erbringt der AN die geschuldete Arbeitsleistung nicht, so führt dies im Verschuldensfalle regelm. zum Verlust des Anspruchs auf das ihm sonst für diese Zeit zustehende Arbeitsentgelt (§§ 326 I 1 Hs. 2, 441 III). Ist die ausgefallene Arbeit ausnahmsweise nachholbar, steht dem AG insoweit ein Leistungsverweigerungsrecht in Form der Einrede des nichterfüllten Vertrags (§ 320) zu. Die Pfändungsfreigrenzen (§§ 850a ff. ZPO) finden auf diese Fälle keine Anwendung. Besteht der Vergütungsanspruch wegen § 326 I 1 Hs. 2, 441 III nicht, so muss der AN die Vergütung jetzt nach Rücktrittsrecht zurück erstatten (§ 326 IV) und kann sich nicht auf den Wegfall der Bereicherung berufen (dazu *Gotthardt* Rn. 145 f.; *Henssler* RdA 2002, 129, 132). 697

Wird der AN während der Zeit seiner vertragsbrüchigen Abwesenheit arbeitsunfähig krank, so steht ihm kein Anspruch auf EFZ zu, da dann die **krankheitsbedingte AU** nicht die ausschl. Ursache der Arbeitsverhinderung darstellt (hierzu EFZG § 3 Rn. 41). Erklärt ein AN eindeutig und endgültig, seine vertragl. Leistung nicht mehr zu erbringen, so kann er sich nicht darauf berufen, dass er wegen eines später eingetretenen pers. Hinderungsgrundes nicht mehr arbeiten konnte (so LAG K 21.12.1982 EzA LFZG § 1 Nr. 64; ebenso LAG SL 18.12.1963 DB 1964, 115; zur Beweislastverteilung BAG 20.3.1985 NZA 1986, 193). 698

Während der AG den auf die Zeit der vertragswidrigen Nichtarbeit entfallenden Teil des Arbeitsentgelts zurückhalten kann, sind die bis zur Arbeitseinstellung vertragsgemäß erbrachten Arbeitsleis- 699 tungen grds. entspr. zu vergüten. Eine Beschränkung des Teilvergütungsanspruchs kann sich im Falle des Arbeitsvertragsbruchs allerdings aus § 628 I 2 Alt. 2 ergeben (hierzu § 628 Rn. 18 ff.).

700 **b) Schadensersatz.** Für eine Schadensersatzhaftung des nichtleistenden AN kommen verschiedene Rechtsgrdl. in Betracht. Im Allg. ergibt sie sich aus dem Gesichtspunkt der zu vertretenden Unmöglichkeit gem. §§ 280 I, III, 283 (vgl. *Gotthardt* Rn. 171; *Heinze* NZA 1994, 245; *Kraft* NZA 1989, 779; s. Rn. 679). Ist die ausgefallene Arbeit ausnahmsweise nachholbar, kann der Verspätungsschaden gem. §§ 280 I, II, 286 oder aber Schadensersatz statt der Leistung gem. §§ 280 I, III, 281 I 1 1. Alt geltend gemacht werden (s. Rn. 680).

701 Günstiger ist für den AG demggü. die Vorgehensweise nach § 61 II ArbGG. Dem AG ist es demnach gestattet, den Klageantrag auf Erfüllung der primären Arbeitspflicht mit einem Antrag auf **Festsetzung einer Entschädigung** zu verbinden (BAG 2.12.1965 AP BGB § 620 Befristeter Arbeitsvertrag Nr. 27; 23.5.1984 NZA 1984, 255; *Lüke* FS E. Wolf. S. 467 ff.; GMP/*Germelmann* § 61 Rn. 27; *Kraft* NZA 1989, 778). Im Verf. des vorl. Rechtsschutzes kann allerdings eine Entschädigungsanordnung nach nunmehr ganz hA nicht ergehen. Denn der Vortrag des AG dürfte kaum je den Anforderungen an den Verfügungsgrund genügen, müsste der AG doch glaubhaft machen, dass er sich in einer akuten Notlage iS einer dringenden Angewiesenheit auf die sofortige Zahlung der Entschädigung (nicht auf die Leistung der Arbeit!) befindet (LAG BW 9.4.1963 AP ZPO § 940 Nr. 5; LAG HE 19.10.1989 NZA 1990, 614; *Kraft* NZA 1989, 778; **aA** *Marienhagen* BB 1961, 757 und mit Modifizierungen a. *Adomeit/Dobat* ArbGeb 1967, 15 ff.). Bei der auf Antrag festzusetzenden „Entschädigung" handelt es sich um den nach materiellem Recht auf Grund des Vertragsbruchs zu leistenden Schadensersatz (GMP/*Germelmann* § 61 Rn. 28; *Lüke* FS E. Wolf S. 467). Daraus folgt, dass sie den durch den Vertragsbruch verursachten Schaden des AG nicht übersteigen darf und sich an der voraussichtl. Höhe des Schadens zu orientieren hat (*Kraft* NZA 1989, 778; MüArbR/*Reichold* § 38 Rn. 11; *Dütz* Rn. 185).

702 Sagt sich der AN noch **vor Dienstantritt** definitiv vom Vertrag los, ist dies bislang als Fall der pVV behandelt worden (*Hanau* JuS 1975, 506; *Wiedemann* Anm. AP TVG § 4 Günstigkeitsprinzip Nr. 15). Im Rücktrittsrecht ist die Erfüllungsverweigerung vor Fälligkeit jetzt ausdr. (§ 323 IV) geregelt. Für die Schadensersatzpflicht hat der Gesetzgeber eine entspr. Regelung übersehen, so dass der AG in entspr. Anwendung des § 323 IV bei ernsthafter und endgültiger Erfüllungsverweigerung vor Fälligkeit Schadensersatz statt der Leistung nach §§ 280 I, III, 281 verlangen kann (AwK/*Dauner-Lieb* § 281 Rn. 21; *Gotthardt* Rn. 207).

703 Nimmt der AG das Ausbleiben der geschuldeten Dienste seinerseits zum Anlass, das ArbVerh. zu beenden und erleidet er infolge dieser vorzeitigen Auflösung Vermögenseinbußen, so ist als Anspruchsgrdl. für eine gegen den AN gerichtete Schadensersatzforderung stets die Sondervorschr. des § 628 II – eine Parallelvorschr. für Berufsausbildungsverhältnisse findet sich in § 23 I 1 BBiG – in Betracht zu ziehen (hierzu § 628 Rn. 41 ff.).

704 In allen Fällen richtet sich das Maß des Schadensersatzes nach § 249. Die **Schadensersatzpflicht** richtet sich auf alle Aufwendungen des Geschädigten, soweit sie nach den Umständen des Falles als notwendig anzusehen sind. Dazu gehört auch die Abwehr drohender Nachteile, wenn sich insofern konkrete Verdachtsmomente ergeben. Insoweit hat der AN dem AG auch die **Detektivkosten** zu ersetzen, wenn der AG anlässl. eines konkreten Tatverdachts gegen den AN einem Detektiv die Überwachung des AN überträgt und dieser einer vorsätzl. Vertragspflichtverletzung überführt wird (BAG 17.9.1998 NZA 1998, 1334; 28.5.2009 NZA 2009, 1300; 28.10.2010 DB 2011, 305; 26.9.2013 NZA 2014, 301). Zu beachten ist, dass die Einstandspflicht des AN in zeitl. Hinsicht von vornherein mit Rücksicht auf die Möglichkeit einer regulären Beendigung des ArbVerh. eingeschränkt ist (BAG 14.9.1984 NZA 1985, 25; MüKoBGB/*Henssler* § 628 Rn. 81 f.; *Hanau* S. 159 f.; *Stoffels* S. 134 ff.). Die Einzelheiten der Schadensberechnung sind umstr. und der Nachw. der entstandenen Schäden ist nur sehr schwierig zu erbringen (zum Umf. der Schadensersatzpflicht § 628 Rn. 22 ff.).

705 **c) Vertragsstrafe.** Die zu vertretende Nichtleistung der geschuldeten Dienste – vorübergehend oder endgültig – kann mit einer Vertragsstrafe sanktioniert werden (BAG 18.9.1991 NZA 1992, 215; ausf. §§ 339 bis 345 Rn. 27).

706 **d) Kündigung.** Die Weigerung des AN, die vertragl. geschuldete Leistung zu erbringen, ist nach grds. erforderl. Abmahnung geeignet, eine verhaltensbedingte ordentl. Kündigung und in gravierenden Fällen auch eine außerordentl. Kündigung zu rechtfertigen. Der Arbeitsvertragsbruch erlaubt sogar regelm. eine außerordentl. fristlose Kündigung ohne vorherige Abmahnung (vgl. *Stoffels* S. 102 ff.). Zu den Einzelfällen wie Unpünktlichkeiten, eigenmächtiger Urlaubsantritt etc. vgl. Rn. 679 ff. und die Kommentierungen zu § 626 und § 1 KSchG.

II. Nebenpflichten des Arbeitnehmers

707 **1. Allgemeines.** Jedem Schuldverhältnis sind aus § 242 herzuleitende Pflichten der Vertragspartner der **Rücksichtnahme, des Schutzes und der Förderung des Vertragszwecks** immanent. Dies wird durch § 241 II unterstrichen (BAG 2.11.2016 NZA 2017, 183 Rn. 26). Zu Unrecht hat man in der Vergangenheit als Ausprägung des verabschiedeten personenrechtl. Gemeinschaftsverhältnisses (Rn. 7)

für den Fall, dass die Anzeige nicht wider besseren Wissens oder leichtfertig erhoben wurde (LAG HM 21.7.2011 BeckRS 2011, 78049).

Berechtigte Geschäfts- oder Betriebsgeheimnisse müssen **prinzipiell auch über die Beendigung des ArbVerh.** hinaus gewahrt werden. Das gilt aber nur insoweit, wie der AN durch die Wahrung solcher Verschwiegenheitspflichten nicht in seiner Berufsausübung unzumutbar beschränkt wird. Einen weitergehenden Geheimnisschutz kann der AG nur über die Vereinb. eines nachvertragl. Wettbewerbsverbotes erreichen (BAG 15.12.1987 NZA 1988, 502). Mit dem Ende des ArbVerh. endet gleichzeitig die Pflicht des AN zur Wettbewerbsenthaltung (BAG 19.5.1998 NZA 1999, 200; *Mautz/Löblich* MDR 2000, 67). 718

Rechtsfolgen der Verschwiegenheitspflichtverletzung: Eine Strafvorschr. findet sich in § 17 UWG. Primär folgt aus der Verschwiegenheitspflicht eine Unterlassungsverpflichtung (BGH 13.12.2007 NZA-RR 2008, 421), die aber anges. der idR bereits eingetretenen Pflichtverletzung nur eine untergeordnete Rolle spielt. Geheimnisverletzungen können die ordentl. oder außerordentl. verhaltensbedingte Kündigung rechtfertigen. Schadensersatzverpflichtungen können aus Vertrag, Delikt (§ 823 II iVm. § 17 I UWG) oder § 1 UWG folgen. Denkbar sind auch Schadensersatzansprüche aus § 14 UWG und ggf. § 824. Zur Darlegungslast für das Vorliegen eines Betriebsgeheimnisses vgl. BGH 13.12.2007 NZA-RR 2008, 421. 719

b) Wettbewerbsverbot. Im G findet sich eine ausdr. Regelung über die Verpflichtung zur Unterlassung von Wettbewerb nur in § 60 HGB für die Handlungsgehilfen. Eine derartige Pflicht beruht auf dem Gedanken, dass der AN während des ArbVerh. die Interessen seines AG fördern und unterstützen muss. Damit ist es unvereinbar, wenn er ihm Konkurrenz machen würde. Der in § 60 HGB kodifizierte Grundgedanke ist ohne bes. vertragl. Abrede auf alle Arten von ArbVerh. übertragbar. Während des rechtl. Bestehens eines ArbVerh. ist dem AN grds. jede Konkurrenztätigkeit zum Nachteil seines AG untersagt. Freil. bedarf es bei der Konkretisierung des Wettbewerbsverbots stets der Berücksichtigung der Berufsfreiheit des AN. Vor diesem Hintergrund bestehen Bedenken, das Wettbewerbsverbot auch bei einfachen Tätigkeiten anzuwenden, wenn diese allenfalls zu einer untergeordneten wirtschaftl. Unterstützung des Konkurrenzunternehmens führen können, und iÜ schutzwürdige Interessen des AG nicht berührt werden (Bsp.: Zeitungszusteller). Die Reichweite des Wettbewerbsverbots sollte auf unmittelbare Konkurrenztätigkeiten beschränkt werden, also bloße Hilfstätigkeiten ohne Wettbewerbsbezug nicht erfassen (so BAG 24.3.2010 NZA 2010, 693). § 60 HGB konkretisiert ledigl. den allg. Rechtsgedanken, der bereits in der Treuepflicht des AN seine Grdl. hat. Deshalb schließt der Arbeitsvertrag für die Dauer seines Bestehens über den pers. und sachl. Anwendungsbereich des § 60 HGB hinaus ein Wettbewerbsverbot ein (BAG 26.9.2007 NZA 2007, 1436 unter Hinweis auf Art. 3 I GG). Dies gilt auch im Ausbildungsverhältnis (BAG 20.9.2006 NZA 2007, 977). Auf die Kommentierung zu §§ 60, 61 HGB wird verwiesen. 720

§ 61 HGB normiert Rechtsfolgen, die an den **Verstoß** gegen das nach § 60 HGB bestehende Wettbewerbsverbot geknüpft sind. Das G nennt den Schadensersatzanspruch des AG sowie alternativ hierzu das sog. Eintrittsrecht in die getätigten Konkurrenzgeschäfte. Bei Sittenwidrigkeit können im Einzelfall auch § 826 oder § 1 UWG greifen. Weitere Rechtsfolgen sind primär der Anspruch auf Unterlassung der Konkurrenztätigkeit, der überdies im Wege der einstweiligen Vfg. durchgesetzt werden kann. Nicht mögl. ist allerdings, auf eine Verletzung der Unterlassungspflicht mit der Kürzung oder gar Verweigerung der Entgeltleistung aus dem ArbVerh. zu reagieren. Allerdings kann der AG bei schwerwiegender Verletzung des Wettbewerbsverbots nach stRspr. mit Aussicht auf Erfolg eine außerordentl. Kündigung nach § 626 I aussprechen (BAG 25.4.1991 NZA 1992, 212). 721

c) Verbot der Annahme von Schmiergeldern. Schmiergeldannahme wie aktive Bestechung im geschäftl. Verkehr und im Amtsverkehr (§§ 299, 331 ff. StGB) sind Straftaten. Schmiergeldvereinb. verstoßen gegen § 138; folgl. hat der AN keinen Anspruch aus einer solchen Abrede (Küttner/*Kania* Schmiergeld Rn. 3). Ein solches Verhalten begr. regelm. die ordentl. bzw. außerordentl. verhaltensbedingte Kündigung (BAG 15.11.1995 NZA 1996, 419; 21.6.2001 EzA § 626 BGB Unkündbarkeit Nr. 7). Es beschwört die Gefahr herauf, dass der AN nicht im Interesse seines AG, sondern im Interesse dessen handelt, der ihm den Vorteil zukommen lässt. Manipulationen zu Lasten des AG sollen vermieden werden (LAG HE 28.11.1996 NZA-RR 1997, 373, 374). Dass ein solches Verhalten gegen die Treuepflicht des AN verstößt, ist offenkundig. Dem AN ist es deshalb untersagt, Geld oder geldwerte Leistungen zu fordern, sich versprechen zu lassen oder anzunehmen, wenn der Geber hierfür eine geschäftl. Bevorzugung erwartet oder auch nur eine Tätigkeit belohnt (MüArbR/*Reichold* § 48 Rn. 49). Der AN muss dann nicht tats. auf Grund des Schmiergeldes rechtswidrig handeln; es reicht, dass er das Schmiergeld annimmt. 722

Der AN hat erlangte Schmiergelder an den AG nach den Regeln der unerlaubten **Eigengeschäftsführung** gem. § 687 II **herauszugeben** (BAG 15.4.1970 AP BGB § 687 Nr. 4; LAG K 1.9.1998 NZA 1999, 597; LAG HE 25.1.2008 ZInsO 2008, 1094; zur kurzfristigen Vollstreckung im Wege des Arrests *Straube* DB 2008, 1744; ausf. zu weiteren Rechtsfolgen MüArbR/*Reichold* § 49 Rn. 55 ff.; zur Rechtslage im öffentl. Dienst ausf. *Reinecke* ZTR 2007, 414). In jedem Falle kann die Annahme von Schmiergeldern oder die sonstige Vorteilsnahme auch dann kündigungsrechtl. Kon- 723 sequenzen nach sich ziehen, wenn dem AG kein materieller Schaden entstanden ist (BAG 21.6.2001 ZTR 2002, 45; LAG HH 26.9.1990 LAGE BGB § 626 Nr. 58; LAG RP 16.1.2009 BeckRS 2009, 56479 Annahme einer VIP-Eintrittskarte zu einem Fußballspiel; *Steinkühler/Kunze* RdA 2009, 367, 368). Die von den Besuchern einer Spielbank zugewendeten Gelder sind dem sog. „Tronc" (vgl. § 15 SpielbankGNW) zuzuführen (LAG K 21.3.1996 NZA-RR 1997, 163; LAG HE 28.11.1996 NZA-RR 1997, 373).

724 **d) Nebentätigkeit.** Ohne bes. ges., tarifl. oder einzelvertragl. Beschränkung ist die Ausübung einer Nebentätigkeit, sei sie entgeltl. oder unentgeltl., selbständig oder unselbständig, **grds. zulässig**. Der AN kann sich auf seine Grundrechte Art. 12 I bzw. Art. 2 I GG berufen (BAG 18.1.1996 NZA 1997, 41). Die Übernahme von Ehrenämtern und Nebenämtern im gesellschaftl. oder kommunalpolitischen Raum ist nicht von der Zust. des AG abhängig.

725 Der AG kann nur dann die Unterlassung einer Nebentätigkeit verlangen, wenn er ein **berechtigtes Interesse** darlegen kann. Dies setzt in aller Regel voraus, dass die Arbeitsleistung des AN durch die Nebentätigkeit beeinträchtigt werden kann (BAG 6.9.1990 NZA 1991, 221; 18.1.1996 NZA 1997, 41; MüArbR/*Reichold* § 49 Rn. 51). Eine solche Nebentätigkeit verletzt die Arbeitspflicht (BAG 7.9.1995 NZA 1996, 637). Das gilt auch für Ehrenämter. Ein AN, der während seiner AZ für private Zwecke arbeitet, verletzt seine Arbeitspflicht (ArbG Passau 16.1.1992 BB 1992, 567). Darüber hinausgehend erkennt das BAG ein berechtigtes Interesse in der Zielsetzung des AG und der Wahrnehmung in der Öffentlichkeit (BAG 28.2.2002 AP AVR Caritasverband § 5 Nr. 1). Das ist sehr weitgehend und nur in Ausnahmefällen berechtigt. Im öffentl. Dienst legt das BAG strenge Maßstäbe an (BAG 28.2.2002 EzA BGB § 611 Nebentätigkeit Nr. 5; Einzelheiten bei *Braun* ZTR 2004, 69).

726 Arbeitsmarktpolitische Gesichtspunkte begründen kein berechtigtes Interesse (LAG HM 28.9.1995 NZA 1996, 723). Auch allg. sozialpolitische Gründe reichen nicht aus (LAG D 14.2.1995 NZA 1995, 966). Aus der sozialrechtl. Regelung des § 8 II SGB IV über die Zusammenrechnung mehrerer geringfügiger Beschäftigungen folgt kein schutzwürdiges Interesse des AG, den AN an ausschl. einer geringfügigen Beschäftigung festzuhalten. Im Gegenteil geht die Norm gerade davon aus, dass mehrere Beschäftigungen nebeneinander mögl. und zulässig sind (BAG 6.9.1990 NZA 1991, 221).

727 Unzulässig ist die Nebentätigkeit, wenn **erhebl. Beeinträchtigungen der Arbeitskraft** mit ihr einhergehen oder Wettbewerbsinteressen des AG entgegenstehen (BAG 21.9.1999 NZA 2000, 723; im Überbl. *Hunold* NZA-RR 2002, 505). Ferner kann die Nebentätigkeit gegen ges. Bestimmungen verstoßen. So ist ein Verbot von Nebentätigkeiten als Kraftfahrer zu billigen, wenn nur dadurch die Überschreitung der Lenkzeiten verhindert werden kann (BAG 26.6.2001 NZA 2002, 98). § 8 BUrlG ist zu beachten, wonach während des Urlaubs der AN keine dem Urlaubszweck widersprechende Erwerbstätigkeit leisten darf. Vorschr. des AZRechts dürfen nicht verletzt werden (*Hunold* NZA 1995, 558; LAG RP 30.1.1997 NZA-RR 1997, 324). Sofern der AN ein NebenArbVerh. (DoppelArbVerh.) vereinbart, das zeitl. mit dem HauptArbVerh. kollidiert, kann er bei Unvereinbarkeit zum Schadensersatz verpflichtet sein (BAG 26.3.1965 AP BGB § 306 Nr. 1; 14.12.1967 AP AZO § 1 Nr. 2; *Gotthardt* Rn. 96). Ferner sind die Schranken des AZRechts zu beachten. Wird bei einem Doppel ArbVerh. im zweiten ArbVerh. unter Berücksichtigung der im ersten ArbVerh. vereinbarten AZ die ges. zulässige HöchstAZ um 10 Stunden wöchentl. überschritten, so ist das zweite ArbVerh. in vollem Umf. nichtig, wobei die Nichtigkeit jedoch nur für die Vergangenheit geltend gemacht werden kann (BAG 19.6.1959 AP BGB § 611 Doppelarbeitsverhältnis Nr. 1). Nach § 139 kann das zweite ArbVerh. im Umf. der ges. zulässigen AZ aufrechterhalten werden, wenn dies dem mutmaßl. Parteiwillen entspricht (BAG 14.12.1967 AP HAG § 19 Nr. 3; LAG N 19.9.1995 NZA 1996, 882).

728 Das Recht, eine Nebenbeschäftigung aufzunehmen, kann vertragl., tarifl. oder kraft BV beschränkt werden. In den beiden letzten Fällen ist eine Rechtskontrolle vorzunehmen (§ 310 IV). Vorformulierte vertragl. Beschränkungen unterliegen einer **Rechtskontrolle und einer Inhaltskontrolle (§ 307)** unter Berücksichtigung der grundrechtl. Wertung des Art. 12 GG. Eine Vertragsklausel, die dem AN jede vom AG nicht genehmigte Nebentätigkeit verbietet, ist unwirksam (BAG 6.9.1990 NZA 1991, 221). Ein partielles Nebentätigkeitsverbot für Busfahrer für andere Tätigkeiten, die mit dem Lenken von Kfz zusammenhängen, ist nicht zu beanstanden (BAG 26.6.2001 NZA 2002, 98). Ist die vertragl. Einschränkung der Nebentätigkeit von einem berechtigten Interesse getragen, kann der Verstoß gegen die Nebenpflicht eine Abmahnung rechtfertigen (BAG 30.5.1996 NZA 1997, 145). Auch wenn der AN einen verfassungsrechtl. garantierten Anspruch auf Ausübung einer Nebentätigkeit hat, muss er eine bevorstehende Nebentätigkeit anzeigen, wenn die Interessen des AG bedroht sind (BAG 18.1.1996 NZA 1997, 41). Eine Anzeigepflicht besteht bei Beeinträchtigung berechtigter Interessen auch ohne bes. vertragl. Vereinb. (BAG 18.11.1988 NZA 1989, 389; **aA** *Kempen/Kreuder* AuR 1994, 214, 216). Der AG hat aber keinen generellen Anspruch darauf, alle Nebentätigkeiten des AN zu erfahren bzw. jede Nebentätigkeit unter dem Vorbehalt seiner Genehmigung zu stellen. Allerdings begeht der AN eine Vertragspflichtverletzung, wenn er gar nicht erst um die Erlaubnis nachsucht (BAG 11.12.2001 NZA 2002, 965; hierzu *Kappes/Aabadi* DB 2003, 938). Der AN hat aber einen Anspruch auf Zust., wenn die Aufnahme der Nebentätigkeit betriebl. Interessen nicht beeinträchtigt (BAG 21.9.1999 NZA 2000, 723; 13.3.2003 NZA 2003, 976 – im Falle dauerhafter Beurlaubung). Die Abführungspflichten

von Nebentätigkeitsvergütungen im öffentl. Dienst verstoßen nach Auff. des BAG weder gegen Art 3 I noch gegen Art. 12 I GG (BAG 25.7.1996 NZA 1997, 320; LAG BE 7.10.1998 ZTR 1999, 169).

Die Geltendmachung eines **Unterlassungsanspruches** ist mögl., kommt aber bei schlichten Nebentätigkeiten ohne Konkurrenz in der Praxis kaum vor. Die in der Praxis allein durchgreifende Sanktion der Verletzung eines Nebentätigkeitsverbots (ohne dass eine Konkurrenztätigkeit vorliegt) liegt in der Abmahnung bzw. Kündigung des AN. Eine Kündigung ist nur dann gerechtfertigt, wenn die vertragl. geschuldeten Leistungen durch die Nebentätigkeit beeinträchtigt werden (BAG 26.8.1976 AP BGB § 626 Nr. 68). Der AG der Hauptbeschäftigung kann je nach den Umständen auch eine fristlose Kündigung ohne vorherige Abmahnung aussprechen, wenn der AN trotz einer ärztl. attestierten AU der Nebenbeschäftigung nachgeht (BAG 26.8.1993 NZA 1994, 63). Die fortgesetzte und vorsätzl. Ausübung offensichtl. nicht genehmigungsfähiger Nebentätigkeit im öffentl. Dienst rechtfertigt regelm. die fristlose Kündigung (BAG 18.9.2008 NZA-RR 2009, 393). Die Verletzung der Anzeigepflicht kann Schadensersatzansprüche zugunsten des AG auslösen (BAG 18.11.1988 NZA 1989, 389). 729

e) **Außerdienstliches Verhalten.** Außerdienstl. Bindungen sind nur sehr zurückhaltend anzuerkennen. Entscheidend ist auf die Vertragsstruktur des ArbVerh. abzustellen. So lässt sich grds. dem Arbeitsvertrag keine Pflicht des AN entnehmen, seine **private Lebensführung** an den Interessen des Unternehmers bzw. des AG auszurichten. Der AN wird durch den Arbeitsvertrag nicht etwa dazu verpflichtet, „ein ordentl. Leben zu führen und sich dabei seine Arbeitsfähigkeit und Leistungskraft zu erhalten" (BAG 23.6.1994 NZA 1994, 1080). Die Gestaltung des privaten Lebensbereichs steht außerhalb der Einflusssphäre des AG und wird durch arbeitsvertragl. Pflichten nur insoweit eingeschränkt, als sich das private Verhalten auf den betriebl. Bereich auswirkt und dort zu Störungen führt. Der AG ist durch den Arbeitsvertrag nicht zum Sittenwächter über die in seinem Betrieb tätigen AN berufen (BAG 23.6.1994 NZA 1994, 1080). Er hat auch grds. kein Recht, wahrheitsgemäße Antworten über die Privatsphäre (zB Spielbankbesuche) zu erlangen (LAG HM 14.1.1998 LAGE BGB § 626 Nr. 119). Für nicht hoheitl. tätige AN des öffentl. Dienstes gelten nach § 41 S. 1 TVöD-BT-V keine weitergehenden vertragl. Nebenpflichten als für AN der Privatwirtschaft (BAG 28.10.2010 NZA 2011, 112). Das gilt auch bei Straftaten in der außerdienstl. Sphäre, jdf. dann, wenn der AN nicht mit hoheitl. Aufgaben betraut ist (BAG 10.9.2009 NZA 2010, 220). Stellt der AN indes einen – abwegigen – Zusammenhang mit seinen außerdienstl. Straftaten und den Arbeitsbedingungen her, kann durch dieses Verhalten die auch außerdienstl. zu beachtende Rücksichtnahmepflicht verletzt sein (BAG 28.10.2010 NZA 2011, 112). Diesen Ansatz hat das BAG jetzt erweitert. Mit einer außerdienstl. begangenen Straftat könne der AN auch gegen die Rücksichtnahmepflicht nach § 241 II verstoßen, wenn die Straftat einen Bezug zu seinen arbeitsvertragl. Verpflichtungen oder zu seiner Tätigkeit hat (BAG 20.6.2013 NZA 2013, 1345 Rn. 26). Bsp.: Polizist betreibt Drogenhandel; Erzieher begeht außerdienstl. Sittlichkeitsdelikte). Hier ist es gut vertretbar, (auch) die Verletzung berechtigter Interessen des AG anzunehmen. Kündigungen können alternativ als verhaltens- oder personenbedingte Kündigung gerechtfertigt sein. 730

Dies lässt es von vornherein ausgeschlossen erscheinen, den AN in der Privatsphäre des AN zu binden. Auch wenn Kündigungen wegen Heirat, außerehel. Schwangerschaft oder liederl. Lebenswandel der Rechtsgeschichte angehören, sind jedoch auch heute noch Bestandteile privater Lebensführung Gegenstand arbeitsrechtl. Betrachtung (Bsp.: hohe Verschuldung des AN, pers. Sexualverhalten). Die Beschränkung der pers. Freiheit des AN darf nicht über das hinausgehen, was der Zweck des ArbVerh. unter Beachtung der Persönlichkeit des AN unvermeidbar erforderl. macht (*Wiese* ZfA 1971, 273, 299). So kann etwa eine allg. arbeitsvertragl. Pflicht zu gesundheits- bzw. genesungsförderndem Verhalten nicht bejaht werden (*Schäfer* NZA 1992, 529, 530; Alkoholiker kann zum Besuch einer Selbsthilfegruppe nicht verpflichtet werden LAG D 25.2.1997 BB 1997, 1799; *Künzl* NZA 1998, 122 ff.). Anders entscheidet die Rspr. während der AU. Hier darf jdf. der Heilungsprozess nicht durch genesungswidriges Verhalten verzögert werden (BAG 13.11.1979 AP KSchG 1969 § 1 Krankheit Nr. 5; LAG HM 28.5.1998 MDR 1999, 555). 731

In Ansehung des Persönlichkeitsrechts des AN können auch **Vertragsklauseln**, die dem AN Pflichten im außerdienstl. Bereich auferlegen, nicht uneingeschränkt anerkannt werden. Eine Grenze ist jdf. dort zu ziehen, wo der AG auf das Freizeitverhalten seiner Mitarbeiter Einfluss nehmen will (zB Untersagung gefährl. Sportarten). Begrenzungen in der privaten Lebensführung sind nur insofern gerechtfertigt, als sie unmittelbar mit der zu erbringenden Arbeitsleistung zusammenhängen. So können bei Flugkapitänen oder anderen Personenbeförderern Beschränkungen ihrer Freizeitgestaltung auferlegt werden, soweit diese zu einem bestimmten Zpkt. in bes. Weise leistungsbereit sein müssen und nicht durch Alkoholkonsum o. ä. zur Erbringung der Arbeitsleistung außerstande sein dürfen (BAG 23.9.1986 NZA 1987, 250). Hier handelt es sich um eine leistungsnahe Konkretisierung ohnehin bestehender Nebenpflichten des AN (hierzu Preis/*Preis* II A 160 Rn. 15 ff.). Die Auferlegung von Vertragspflichten, „alles zu tun, um seine Leistungsfähigkeit zu erhalten", scheitern schon an dem notwendigen Bestimmtheits- und Transparenzgebot (§ 307 I 2). Die Konstituierung derartiger Globalpflichten greift überdies zu weit und pauschal in die Privatsphäre des AN ein. Regelungen, die den AN in der Ausübung von Freizeitaktivitäten binden wollen, sind regelm. wegen unzulässigen Eingriffs in Art. 2 I GG unwirksam. 732

733 In **Tendenzbetrieben**, insb. im Bereich der Kirchen sind Pflichten zur Interessenwahrung auch im außerdienstl. Bereich eher anzuerkennen. So hat das BVerfG entschieden, dass Kirchen als AG selbst bestimmen dürfen, in welchem Umf. sie von ihren AN die Beachtung der kirchl. Glaubens- und Sittenlehre erwarten (BVerfG 4.6.1985 NJW 1986, 367).

734 Auch im nicht tendenzgebundenen ArbVerh. gilt ein **Mindestmaß an Loyalitätsobliegenheiten** des AN ggü. dem AG. Eine selbstverständl. Pflicht stellt es dar, den Ruf des Unternehmens nicht zu schädigen. Eine solche Vertragspflicht ist auch unter Beachtung des Grundrechts auf Meinungsäußerungsfreiheit (Art. 5 I GG) anzuerkennen. Die Schwierigkeit besteht ledigl. darin, im Einzelfall unter Abwägung der Grundrechte des AN zu ermitteln, inwieweit von ihm die Rücksichtnahme auf die Unternehmensinteressen erwartet werden kann.

735 **f) Handlungspflichten, Schutzpflichten.** Als bes. Nebenpflicht obliegen dem AN uU auch Handlungs- und Schutzpflichten, wenn es darum geht, eingetretene oder drohende Schäden abzuwenden.

736 **aa) Anzeige-, Aufklärungs- und Auskunftspflichten.** Aus § 242 folgt ein Auskunftsanspruch, wenn der AG in entschuldbarer Weise über Bestehen und Umf. seines Rechts im Ungewissen ist, während der AN unschwer Auskunft erteilen kann (BAG 18.1.1996 NZA 1997, 41; ausf. *Boemke* AR-Blattei SD 320 Rn. 17 ff.). Das gilt zunächst im Hinblick auf die zu erbringende Arbeitsleistung, bzgl. derer er regelm. unaufgefordert und rechtzeitig über Umstände zu informieren hat, die einer Erfüllung der Arbeitspflicht entgegenstehen (BAG 26.3.2015 NZA 2015, 1180). Gibt der AN über den Stand der zu erledigenden Aufgaben falsche Auskünfte, verletzt er seine vertragl. Nebenpflichten (LAG MV 15.9.2011 NZA-RR 2012, 246). Das gilt zB für den Fall, dass der AN eine von ihm bemerkte, lfd. offenkundige Lohnüberzahlung dem AG nicht anzeigt (BAG 28.8.2008 NZA 2009, 193). Der AN ist auch nach seiner Einstellung verpflichtet, Fragen zu seiner Aus- und Vorbildung zu beantworten (BAG 7.9.1995 NZA 1996, 637). Verweigert der AN über längere Zeit hinweg Angaben zu erhebl. Nebentätigkeiten, sind die berechtigten Interessen des AG an ordnungsgemäßer Vertragserfüllung bedroht. Ein Auskunftsanspruch ist begr. Schließl. bejaht das BAG (16.2.2012 NZA 2012, 555) eine Nebenpflicht des schwerbehinderten AN, über seinen Behindertenstatus im Vorfeld von Kündigungen eine zutr. Auskunft zu erteilen; eine solche Frage führt nicht bereits zu einer unzulässigen Diskriminierung iSd. § 3 I 1 AGG noch stehen dieser Frage datenschutzrechtl. Belange entgegen. Dies gilt jdf., wenn der AN nach sechsmonatiger Beschäftigung den bes. Kündigungsschutz nach §§ 168 ff. SGB IX erlangt hat.

737 Auskunftspflichten bestehen insb. zur Sicherung von **Konkurrenzabreden** (BAG 27.9.1988 NZA 1989, 467) sowie zur Höhe anderweitigen Verdienstes im Falle des Annahmeverzugs (§ 615, § 11 KSchG, vgl. BAG 29.7.1993 NZA 1994, 116). Zum Antritt einer **Untersuchungshaft** und deren voraussichtl. Dauer (BAG 26.3.2015 NZA 2015, 1180).

738 **bb) Wahrung der betrieblichen Ordnung.** Als allg. Nebenpflicht obliegt dem AN, die betriebl. Ordnung zu wahren. Hierzu zählt insb. die aus §§ 1, 7 I, 12 III AGG folgende Pflicht, andere AN nicht zu diskriminieren und belästigen (§ 3 AGG). Richtigerweise sind hier zwei Fallgruppen zu unterscheiden: Zum einen folgt die Verpflichtung unmittelbar aus der Arbeitspflicht, soweit das Ordnungsverhalten zur Erbringung der geschuldeten Arbeitsleistung notwendig ist. Probl. ist hingegen die unter dem Stichw. Betriebsordnung diskutierte allg. Rücksichts- bzw. Schutzpflicht als allg. Nebenpflicht (hierzu MüArbR/*Reichold* § 49 Rn. 14 ff.). Zu berücksichtigen ist bei allen Fragen der Regelung des Verhaltens und der Ordnung im Betrieb das MBR nach § 87 I Nr. 1 BetrVG.

739 Typischerweise werden unter dem Stichw. der Wahrung der betriebl. Ordnung Fallgruppen diskutiert, die zu Grundrechtskollisionen zwischen AG und AN sowie innerhalb der ANSchaft führen. Zu nennen ist hier die Frage der Alkohol- und Rauchverbote im Betrieb (hierzu GG Art. 2 Rn. 121 f.). Ferner kann die Frage relevant werden, ob und inwieweit der AN die pers. Kontrolle zu dulden hat (hierzu GG Art. 2 Rn. 97 ff.).

740 Bes. umstr. ist die Frage, ob und inwieweit der AN unternehmensschädl. Meinungsäußerungen zu unterlassen hat bzw. welche Konsequenzen, ggf. kündigungsrechtl. Art, hieran zu knüpfen sind (ausf. GG Art. 5 Rn. 28 ff.; zu einer Romanveröff. eines AN mit dem Titel: „Wer die Hölle fürchtet, kennt das Büro nicht“; ArbG Herford 18.2.2011 BeckRS 2011, 69487).

741 **cc) Anzeigepflicht.** Zur Sicherung der Leistungserbringung sowie zur Schadensabwendung sind verschiedene Anzeige- und Nachweispflichten des AN anzuerkennen. ZT sind diese ges. konkretisiert. Die wichtigste Anzeige- und Nachweispflicht ist in § 5 EFZG im Falle der AU geregelt (vgl. die dortige Kommentierung; zur Anzeigepflicht des AN im Falle der Untersuchungshaft: BAG 26.3.2015 NZA 2015, 1180).

742 **Fehler an Maschinen oder Material** müssen dem AG angezeigt werden. Außerdem ist er verpflichtet, generell dem AG ggü. richtige Angaben zu machen, soweit es um dienstl. Belange aller Art geht. Im Einzelfall ist probl., ob und inwieweit der AN Überwachungs- und Anzeigepflichten hat, insb. inwieweit er Verfehlungen anderer AN anzuzeigen hat (LAG HM 29.7.1994 BB 1994, 2352; LAG MV 8.7.2016 BeckRS 2016, 73741). Eine Verpflichtung besteht nur dann, wenn Personenschaden oder schwerer Sachschaden entstanden oder zu befürchten ist. Das BAG hat die Anzeigepflicht bei AN ausgedehnt, zu deren arbeitsvertragl. Pflichten auch die Beaufsichtigung anderer AN gehört (BAG 18.6.1970 AP BGB § 611 Haftung des Arbeitnehmers Nr. 57; generelle Anzeigepflicht beja-

hend LAG BE 9.1.1989 BB 1989, 630). Im konkreten Fall hat das BAG eine Anzeigepflicht über eine beleidigende Äußerung verneint, selbst wenn sie kreditschädigend ist (BAG 30.11.1972 AP BGB § 626 Nr. 66).

Darüber hinaus sind in Arbeitsverträgen, Betriebsordnungen und zT auch TV unterschiedl. Anzeigepflichten des AN geregelt. Soweit diese Anzeigepflichten im ArbVerh. in unmittelbarem Zusammenhang stehen, sind diese weitgehend unprobl. (Anzeige von Unfällen auf Betriebsgelände, Anzeige über die Veränderung in den pers. Verhältnissen, Wohnungswechsel). Bei der Anzeigepflicht über pers. Verhältnisse sind die allg. Grenzen des Fragerechts zu beachten. 743

dd) Pflicht zur Schadensabwendung. Im Rahmen seiner Möglichkeiten und seinem Arbeitsbereich hat der AN auch Schäden vom AG abzuwenden (zur Haftung des AN bei Verletzung von Einreisebestimmungen BAG 16.2.1995 NZA 1995, 565; zur Nutzung einer verwechslungsfähigen Domain-Adresse durch AN BAG 9.9.2015 NZA 2016, 435). Hieraus folgt auch die Pflicht des AN, in Notfällen über den Rahmen der arbeitsvertragl. Hauptpflicht hinaus tätig zu werden. Die Haftung ist nach den Grds. der privilegierten ANHaftung zu mildern (BAG 16.2.1995 NZA 1995, 565; Einzelheiten § 619a Rn. 9 ff.). 744

Aus der Schadensabwendungspflicht ergibt sich uU, dass der AN sowohl Überstunden als auch **andere als die vereinbarte Arbeit** zu leisten hat, wenn sonst der Betrieb einen nicht unerhebl. Schaden erleiden würde. Diese Nebenpflicht wird durch den Grds. der Zumutbarkeit begrenzt. 745

Soweit der AN kraft G oder TV verpflichtet ist, sich zur Erbringung der geschuldeten Arbeitsleistung einer **Gesundheitsuntersuchung** zu unterziehen (zB arbeitsmedizinische Vorsorgeuntersuchung gem. § 18 II Nr. 4 ArbSchG iVm. der ArbMedVV, hierzu *Kleinebrink* DB 2014, 776); § 32 I JArbSchG, für Beschäftigte im Lebensmittelgewerbe § 43 I IfSG und für die Beförderung von Fahrgästen zB § 48 IV Nr. 3 FeV, zu § 7 II BAT BAG 7.11.2002 NZA 2003, 719, 721; zu § 3 V TV-L LAG B 24.8.2012 BeckRS 2012, 75192), obliegt diese Pflicht zur Untersuchung dem AN auch als vertragl. Nebenpflicht, deren beharrl. Verletzung uU zur Kündigung führen kann (LAG D 31.5.1996 NZA-RR 1997, 88). Entspr. Pflichten können auch in UVV und sonstigen Arbeitsschutzbestimmungen enthalten sein. Darüber hinausgehend ist eine allg. Pflicht zur Gesundheitsuntersuchung als vertragl. Nebenpflicht nicht anzuerkennen (s. BAG 16.9.1997 NZA 1998, 651). Demggü. vertritt das BAG die Auff., bei Vorliegen eines berechtigten Interesses des AG müsse der AN eine ärztl. Untersuchung seines Gesundheitszustandes dulden (BAG 6.11.1997 NZA 1998, 326; 27.9.2012 AP KSchG 1969 § 1 Verhaltensbedingte Kündigung Nr. 68). Ein AN, der die notwendige ärztl. Begutachtung über Gebühr erschwert oder unmögl. macht, verstößt gegen seine Treuepflicht und kann ggf. gekündigt werden (ausf. *Notz,* Zulässigkeit und Grenzen ärztl. Untersuchungen von AN, S. 58 ff.). Ein derartiger Rechtssatz geht zu weit und verletzt das allg. Persönlichkeitsrecht des AN (GG Art. 2 Rn. 93). Dies hat das BAG in einer anderen Entsch. erkannt (BAG 12.8.1999 NZA 1999, 1209). Keineswegs kann der AG verlangen, dass der Arzt ohne jede Einschränkung alle Untersuchungen vornehmen darf, die AG oder Arzt für sachdienl. halten. Das Interesse des AG an der geforderten Untersuchung ist vielmehr abzuwägen gegen das Interesse des AN an der Wahrung seiner Intimsphäre und körperl. Unversehrtheit (ausf. *Preis/Greiner* SAE 2004, 12 ff.). Es muss zunächst nach der Art des Eingriffs und dem Eingriffsziel diff. werden, im Kern bedarf es einer Verhältnismäßigkeitsprüfung. Zur Duldung einer Blutentnahme ist der AN regelm. nicht verpflichtet (BAG 12.8.1999 NZA 1999, 1209). Auch muss der AN dem Ansinnen des AG, sich von einem Psychiater untersuchen zu lassen, grds. keine Folge leisten (ArbG F 29.4.2003 – 4 Ca 7442/02). Die Rspr. kollidiert überdies mit der Rspr. des selben Senats zur krankheitsbedingten Kündigung, wo eine außerprozessuale Auskunftspflicht des AN über seinen Gesundheitszustand ausdr. abgelehnt wird (KSchG § 1 Rn. 121 ff.). Diese Kollision ist durch das BAG nicht aufgelöst (vgl. BAG 12.4.2002 NZA 2002, 1081). Vorformulierte vertragl. Vereinb. über die Pflicht zur Gesundheitsuntersuchung unterliegen der Inhaltskontrolle (§ 307; ausf. Preis/*Preis* II G 30). Jdf. hat der AG nur ein berechtigtes Interesse, gesundheitl. Eignung konkret bezogen auf die ausgeübte Tätigkeit feststellen zu lassen. Mangels spezialges. Regelung kann der AG die Gesundheitsuntersuchung ohne Einwilligung des AN aus datenschutzrechtl. Gründen schwer durchsetzen (vgl. Preis/*Preis* II G 30 Rn. 4 ff.). Im Einzelfall bedarf es einer Abwägung nach Maßgabe der Vorschriften des BDSG (zur Frage, ob das BEM iSd. § 167 SGB IX geeignete Grdl. für die Datenerhebung ist s. hier § 28 Rn. 6 sowie BAG 7.2.2012 NZA 2012, 744). 746

Die Schadensabwendungspflicht geht nicht so weit, dass der AN verpflichtet wäre, im Falle der Verschlechterung der finanziellen Lage des Betriebs auf Gehaltsbestandteile zu **verzichten** (LAG HM 9.2.1996 NZA-RR 1997, 17; **aA** BAG 18.12.1964 AP BGB § 611 Gratifikation Nr. 51). Eine derartige Pflicht wäre eine unzulässige Überdehnung der Treuepflicht. Auch kann aus § 242 keine Pflicht zur **Stundung** von Lohnansprüchen folgen, selbst wenn andere Mitarbeiter auf Gehaltsbestandteile verzichtet haben. Der AG hat für seine finanzielle Leistungsfähigkeit einzustehen (*Gotthardt* Rn. 119, 47); diese Grdl. des Privatrechts kann nicht durch einen diffusen Treuegedanken überspielt werden (LAG M 6.5.1997 LAGE BGB § 242 Lohnstundung Nr. 1). 747

3. Sanktionen. Typische Sanktionen bei Nebenpflichtverletzungen sind Abmahnungen, ggf. ordentl. oder fristlose Kündigung sowie ggf. Schadensersatz (hierzu Rn. 695 ff.) und Vertragsstrafen. 748

H. Nachwirkungen des Arbeitsverhältnisses

I. Allgemeines

749 Für den Fall der Beendigung des ArbVerh. können die Vertragsparteien bes. fortwirkende Pflichten begründen. Die wichtigsten Fallgruppen sind **Ruhegeldzusagen** (hierzu die Kommentierung zum BetrAVG) und **nachvertragl. Wettbewerbsverbote** (vgl. hierzu die Kommentierung zu §§ 74 ff. HGB). Darüber hinaus sind nachwirkende Nebenpflichten anzutreffen, die AG und AN kraft ausdr. ges. Anordnung oder aus allg. Grds. (insb. § 242) treffen können. Zur ausnahmsweisen Nachwirkung von Verschwiegenheitspflichten (vgl. Rn. 718).

750 Eine Haftung wegen Verletzung nachwirkender Pflichten des Arbeitsvertrags kommt nur dann in Betracht, wenn zwischen AG und AN ein ArbVerh. bestanden hat. Dieser Umstand bringt es mit sich, dass in vielen Fällen, die unter Nachwirkungen des Arbeitsvertrags behandelt werden, in Wahrheit Haupt- und Nebenpflichten aus dem Arbeitsvertrag vorliegen; die Eigenart dieser Fälle besteht ledigl. darin, dass die Erfüllung der Pflichten im Allg. von vornherein erst mit oder nach Beendigung des ArbVerh. in Betracht kommt.

751 Die ua. für die dem ausgeschiedenen AN ggü. obliegende Pflicht des AG, Dritten **Auskunft** über Leistung und Verhalten des AN zu geben, bemühte Figur der „nachwirkenden Fürsorgepflicht“ dürfte entbehrl. sein (zur „nachwirkenden Fürsorgepflicht“ vgl. BAG 25.10.1975 AP BGB § 630 Nr. 1; 5.8.1976 AP BGB § 630 Nr. 10; BGH 13.7.1956 AP BGB § 611 Fürsorgepflicht Nr. 2; 14.12.1956 AP BGB § 611 Fürsorgepflicht Nr. 3; MüArbR/*Richardi/Buchner* § 31 Rn. 26). Die Auskunftspflicht aktualisiert sich zwar erst nach Beendigung des ArbVerh., ist aber als notwendige Erg. der Zeugnispflicht bereits im Arbeitsvertrag angelegt. Bei schuldhafter Nicht-, Spät- oder Schlechterfüllung der Zeugnis- oder Auskunftspflicht kann der AN Ersatz des hierdurch entstandenen Schadens verlangen. Eine Vermutung, dass eine Bewerbung nur deshalb erfolglos geblieben ist, weil der frühere AG seine Zeugnis- oder Auskunftspflicht verletzt hat, besteht allerdings nicht. Es obliegt daher dem AN, darzutun und ggf. zu beweisen, dass ein anderer AG bereit war, ihn einzustellen und nur wegen des nicht, verspätet oder unrichtig erteilten Zeugnisses bzw. der Auskunft hiervon Abstand genommen habe (BAG 25.10.1967 AP HGB § 73 Nr. 6; relativierend unter Hinweis auf die Beweiserleichterungen der §§ 252 S. 2 und 287 ZPO allerdings BAG 26.2.1976 AP BGB § 252 Nr. 3; 24.3.1977 AP BGB § 630 Nr. 12).

II. Nachwirkende Nebenpflichten

752 **1. Pflichten des Arbeitgebers.** Aus § 109 GewO folgt die auch nach Beendigung des ArbVerh. fortwirkende Pflicht des AG zur Zeugniserteilung. Darüber hinaus trifft den AG die Pflicht, auf Verlangen des ausgeschiedenen AN Dritten Auskünfte zu erteilen (näher GewO § 109 Rn. 59 ff.). Der AN hat auch nach Beendigung des ArbVerh. Anspruch auf Einsicht in seine vom ehem. AG weiter aufbewahrte Personalakte; dieser nachvertragl. Anspruch ist nicht an die Darlegung eines konkreten berechtigten Interesses gebunden (BAG 16.11.2010 NZA 2011, 453). **Arbeitspapiere** hat der AG ggf. sorgfältig auszustellen und herauszugeben (Küttner/*Poeche* Arbeitspapiere Rn. 6 ff.). Hierzu gehören (mit Ausnahme von Bewerbung und Lebenslauf) alle dem AG überlassenen Arbeitspapiere, insb. die Lohnsteuerkarte (§§ 39b I 3, 41b EStG; ferner hat er ggf. die Arbeitsbescheinigung zur Vorlage bei der AA (§ 312 SGB III; hierzu Küttner/*Poeche* Arbeitsbescheinigung Rn. 6 ff.), noch ausstehende Belege über Meldungen zur Sozialvers. (Bescheinigung, § 25 I 2 DEUV, bzw. Durchschriften der Meldevordrucke, § 28 II 1 DEUV) und die Urlaubsbescheinigung auszustellen (§ 6 II BUrlG). Der Herausgabeanspruch ist mit Beendigung des ArbVerh. fällig (BAG 27.2.1987 NZA 1987, 628). Erfüllungsort ist der Beschäftigungsbetrieb (§ 269). Es handelt sich in aller Regel um Holschulden, bei denen es auch bleibt, wenn der AN aus von ihm zu vertretenden Gründen die Papiere nicht abgeholt hat. Im Einzelfall kann der AG nach § 242 gehalten sein, die Papiere nachzusenden (BAG 8.3.1995 NZA 1995, 671). Ein Zurückbehaltungsrecht steht dem AG nicht zu (MüKoBGB/*Müller-Glöge* § 611 Rn. 1216). Mangels Gegenseitigkeit der Ansprüche ist hier regelm. § 273 zu verneinen (BAG 20.12.1958 AP BGB § 611 Urlaubskarten Nr. 2; ArbG Solingen 21.4.1980 AuR 1981, 187). Stehen die Arbeitspapiere im Eigentum des AN (Urkunden, Zeugnisse), besteht ein Herausgabeanspruch aus § 985. Nach § 2 I Nr. 3e ArbGG kann der AN auf Herausgabe und Ausfüllung der Arbeitspapiere klagen. Die Vollstreckung erfolgt nach § 893 ZPO, das Ausfüllen als unvertretbare Handlung nach § 888 ZPO (LAG HE 25.6.1980 DB 1981, 534). Die Nichtherausgabe begr. Schadensersatzansprüche, die allerdings bei Vorgehen nach § 61 II ArbGG mit abgegolten sind (BAG 20.2.1997 NZA 1997, 880). Die falsche Angabe des Kündigungsgrundes in einer Arbeitsbescheinigung kann den AG zum Schadensersatz verpflichten, wenn deshalb für den AN eine Sperrfrist verhängt wird (LAG NI 28.3.2003 NZA-RR 2004, 46).

753 Bei erkennbarer Rechtsunkenntnis über die sozialversicherungsrechtl. Folgen einer **einvernehml. Aufhebung** des ArbVerh. kann den AG eine Aufklärungspflicht treffen, deren Verletzung zum

Schadensersatz verpflichtet (BAG 10.3.1988 NZA 1988, 837). Auch kann eine nachvertragl. Pflicht des AG bejaht werden, für ausgeschiedene AN Ansprüche aus einer weitergeführten UV ggü. der Versicherungsgesellschaft geltend zu machen (LAG HB 27.8.1998 E BGB § 611 Fürsorgepflicht Nr. 25).

2. Pflichten des Arbeitnehmers. Der AN ist verpflichtet, nach Beendigung des ArbVerh. wie ein Beauftragter (§ 667) dem AG alles, was er zur Ausführung der ihm übertragenen Arbeit erhalten und was er aus dem ArbVerh. erlangt hat, herauszugeben (BAG 14.12.2011 NZA 2012, 501). Dazu gehören insb. die ihm **überlassenen Arbeitsmittel** (zB Werkzeuge, Geschäftsunterlagen, Schriftstücke und Zeichnungen; Computer, Arbeitskleidung, Werksausweis, Schlüssel, ausschl. dienstl. genutzter PKW usw.). Das Gleiche gilt für Arbeitsergebnisse und Geschäftsunterlagen, insb. Kundenkarteien, aber auch selbst angelegte Akten, sonstige Unterlagen und Dateien – mit Ausnahme von privaten Aufzeichnungen. Aus dem ArbVerh. erlangt ist jeder Vorteil, den der AN aufgrund eines inneren Zusammenhangs mit dem ArbVerh. erhalten hat (BAG 14.12.2011 NZA 2012, 501). Hins. der Arbeitsmittel ist der AN ledigl. Besitzdiener (§ 855). Der AN hat auf Weisung des AG, ohne dass es einer ausdr. Abrede bedurfte, firmeneigene Gegenstände jederzeit herauszugeben (LAG BE 26.5.1986 DB 1987, 542; Schaub/*Linck* § 150). Der Herausgabeanspruch kann analog auf § 667 gestützt werden. Bei Verweigerung der Herausgabe liegt verbotene Eigenmacht vor (§ 858). Ein Zurückbehaltungsrecht nach § 273 wegen anderer Ansprüche aus dem ArbVerh. besteht idR nicht (BAG 14.12.2011 NZA 2012, 501). Der Herausgabeanspruch des AG gegen den AN kann sich auch aus §§ 861, 862 und ggf. aus § 985 ergeben. Abw. Vereinb. sind mögl. So kann dem AN uU auch über die Dauer des ArbVerh. hinaus ein Besitzrecht zustehen (OLG D 12.12.1986 NJW 1986, 2513; *Nägele* NZA 1997, 1196, 1200). 754

Bei der Herausgabe von Arbeitsergebnissen und Geschäftsunterlagen folgt die Herausgabepflicht aus den gleichen Anspruchsgrdl. Die Anwendung des § 950 (Eigentumserwerb durch Verarbeitung) ist denkbar; allerdings ist hA, dass das Eigentum unmittelbar dem AG zufällt. Der AG ist idR Hersteller des Produkts (Palandt/*Bassenge* § 950 Rn. 7). 755

Kommt der AN seiner Rückgabepflicht nicht nach und bestehen Zweifel über das Ausmaß der in seinem Besitz befindl. Arbeitsmittel und Geschäftsunterlagen, hat der AG einen klagbaren Anspruch auf Auskunftserteilung und auf Abgabe einer die Richtigkeit der Auskunft betr. eidesstattl. Vers. (Schaub/*Linck* § 150 Rn. 2; ArbG Marburg 5.2.1969 DB 1969, 2041). Wegen verspäteter Rückgabe von Arbeitsmitteln und Geschäftsunterlagen kommen darüber hinaus Ansprüche auf Schadensersatz und Nutzungsentschädigung in Betracht (LAG BE 26.5.1986 DB 1987, 542; zur Sonderproblematik der Herausgabe von Dienstwagen vgl. Rn. 659). Erfüllungsort für die Rückgabeverpflichtung ist die Betriebsstätte des AG. Der AN trägt die Transportgefahr (LAG RP 8.5.1996 NZA-RR 1997, 163). 756

Zur nachwirkenden Verschwiegenheitspflicht vgl. Rn. 718. 757

§ 611b *(aufgehoben)*

§ 612 Vergütung

(1) **Eine Vergütung gilt als stillschweigend vereinbart, wenn die Dienstleistung den Umständen nach nur gegen eine Vergütung zu erwarten ist.**

(2) **Ist die Höhe der Vergütung nicht bestimmt, so ist bei dem Bestehen einer Taxe die taxmäßige Vergütung, in Ermangelung einer Taxe die übliche Vergütung als vereinbart anzusehen.**

1. Fiktion der Vergütungsvereinbarung (Abs. 1). a) Normzweck. Beim Fehlen einer Vergütungsvereinb. würde es wegen der fehlenden Einigung über einen wesentl. Vertragspunkt (Dissens §§ 154, 155) nicht zum Vertragsabschluss kommen. Dies verhindert § 612 I, indem eine Vergütungsregelung fingiert wird, wenn eine Dienst- bzw. Arbeitsleistung vereinbart ist und den Umständen nach eine solche Leistung nur gegen eine Vergütung zu erwarten ist (BAG 15.3.1960 AP BGB § 612 Nr. 13; 10.2.2015 AP BGB § 612 Nr. 77; ebenso MüKoBGB/*Müller-Glöge* Rn. 1; Staudinger/*Richardi/Fischinger* Rn. 6; ArbRBGB/*Schliemann* Rn. 4; vgl. a. Soergel/*Raab* Rn. 15; abw. HWK/*Thüsing* Rn. 4, nach dem sich die Fiktionswirkung auf die Rechtsgeschäftlichkeit der in Wirklichkeit nicht rechtsgeschäftl. begr., sondern qua G eintretenden Anordnung der Entgeltlichkeit bezieht). § 612 II füllt diesen Vergütungsanspruch inhaltl. aus und schließt auch ansonsten Lücken im Arbeitsvertrag, soweit zwar die Vergütung als solche, nicht aber deren Höhe festgelegt ist (zu Abs. 2 s. Rn. 35 ff.). Anhand § 612 ist auch festzustellen, ob eine grds. vergütungspflichtige Dienstleistung von einer für die Hauptleistung vereinbarten Vergütung bereits mitumfasst ist (BAG 11.10.2000 NZA 2001, 458). Nach aA hat die Vorschr. den Zweck, entgeltl. und unentgeltl. Dienstleitungen voneinander abzugrenzen und dabei iZw. den Ausschlag zugunsten der Entgeltlichkeit zu geben (*Canaris* BB 1967, 165; *Lieb/Jacobs* § 3 I 3; Palandt/*Weidenkaff* Rn. 1). Freil. schließt § 612 nicht aus, unentgeltl. Dienstleistungen zu vereinbaren (vgl. die Abgrenzung zum Auftrag § 611a Rn. 101 f.). Die Vereinb. eines ArbVerh. führt jedoch stets zu einer Vergütungspflicht. 1

2 **b) Anwendungsbereich. aa) Allgemeines.** Nach seinem Wortlaut greift § 612 I nur ein, wenn keine Vergütung – auch nicht stillschweigend – vereinbart ist, insoweit also eine entspr. Abrede fehlt. Dies greift zu kurz. § 612 I ist vielmehr auch dann anzuwenden, wenn **über die vertragl. geschuldete Tätigkeit hinaus Sonderleistungen** erbracht werden, die durch die vereinbarte Vergütung nicht abgegolten sind, und weder einzelvertragl. noch tarifvertragl. geregelt ist, wie diese Dienste zu vergüten sind (hier Rn. 16 ff.; vgl. BAG 29.1.2003 NZA 2003, 1168; 20.1.2010 AP BGB § 611 Lehrer, Dozenten Nr. 187). Auch bei der Begr. eines Praktikums, sei es unentgeltl., nach §§ 26, 17 BBiG oder nach § 22 MiLoG vergütungspflichtig, kann (zusätzl.) ein Anspruch auf Vergütung für Dienstleistungen entstehen, der von dem Praktikumsverhältnis nicht gedeckt ist (BAG 10.2.2015 AP BGB § 612 Nr. 77). Die Bestimmung ist ferner dann anwendbar, wenn der Vertrag nach § 138 II – wegen **Lohnwuchers** – nichtig ist (BAG 10.3.1960 AP BGB § 138 Nr. 2; LAG HB 3.12.1992 AiB 1993, 834) oder nur die **Vergütungsvereinb. unwirksam** ist (BAG 24.11.1993 NZA 1994, 759; 28.9.1994 NZA 1995, 958; 20.4.2011 NZA 2011, 1173; HWK/*Thüsing* Rn. 10; MüKoBGB/*Müller-Glöge* Rn. 7; *Löw* MDR 2004, 734; nach aA ist bei Nichtigkeit der Vergütungsregelung auf Grund der synallagmatischen Verknüpfung auch die Abrede über die Arbeitspflicht und somit der gesamte Vertrag nichtig: *v. Hoyningen-Huene* Anm. AP BGB § 612 Nr. 29; *Beuthien* RdA 1969, 161, 166; noch anders Staudinger/*Richardi/Fischinger* Rn. 18: kein § 612 I, da keine Vergütungsvereinb. fehle). Darüber hinaus wird § 612 I auch dann angewandt, wenn jemand Leistungen in Erwartung einer bes. Vergütung zunächst unentgeltl. erbringt und später diese **Erwartung enttäuscht** wird (s. Rn. 21 ff.) oder über die vertragl. geschuldete Tätigkeit hinaus Sonderleistungen erbracht werden, die durch die vereinbarte Vergütung nicht abgegolten sind und weder einzelvertragl. noch tarifl. geregelt ist, wie diese Dienste zu vergüten sind (s. Rn. 16 ff.). Demggü. soll § 612 nicht anwendbar sein, wenn eine Vergütungsvereinb. allein gegen ör. Arbeitsschutzvorschr. verstößt, da dies ihre zivilrechtl. Wirksamkeit nicht berühre (BAG 21.4.2005 BeckRS 2005, 30354824).

3 **bb) Sittenwidriger Lohnwucher.** Wann im Einzelfall von einem **sittenwidrigen Lohnwucher** auszugehen ist, kann schwer generell festgestellt werden (ausf. *Henssler/Sittard* RdA 2007, 159; *Böggemann* NZA 2011, 493). Lohnwucher liegt vor, wenn Leistung und Gegenleistung in einem auffälligen Missverhältnis zueinanderstehen und weitere sittenwidrige Umstände (verwerfl. Gesinnung, Ausbeutung der Zwangslage und Unerfahrenheit) hinzutreten (BAG 16.5.2012 NZA 2012, 974; 19.8.2015 AP BGB § 138 Nr. 71). Die Sittenwidrigkeit einer Entgeltvereinb. ist nicht allein nach der vereinbarten Entgelthöhe zu beurteilen; zu berücksichtigen sind auch Wertungen des GG und einfachges. Regelungen. So ist etwa bei der Prüfung der Sittenwidrigkeit der Vergütung angestellter Lehrkräfte anerkannter privater Ersatzschulen die verfassungsrechtl. Wertung des Art 7 IV GG zu berücksichtigen (BAG 26.4.2006 NZA 2006, 1354; 19.8.2015 AP BGB § 138 Nr. 71). Abzustellen ist für die Überprüfung der Vergütungsabrede jdf. nicht auf den Zpkt. des Vertragsschlusses, sondern auf den streitgegenständl. Zeitraum (BAG 23.5.2001 NZA 2004, 971).

3a Entscheidender **Orientierungsmaßstab** für die Prüfung, ob ein auffälliges Missverhältnis vorliegt, sind regelm. die **Tarifentgelte** des jeweiligen Wirtschaftszweigs, und zwar ohne tarifl. Zusatzleistungen (BAG 17.10.2012 NZA 2013, 266; *Reinecke* NZA-Sonderbeil. 3/2000, 23, 32; LAG HB 17.6.2008 LAGE BGB 2002 § 138 Nr. 1; **aA** *Tschöpe* DB 2002, 1830, 1831). Wenn die verkehrsübl. Vergütung geringer ist, ist auf das allg. Entgeltniveau im **Wirtschaftsgebiet** abzustellen (BAG 23.5.2001 NZA 2004, 971; 24.3.2004 NZA 2004, 971). In Bereichen, in denen keine einschlägigen TV existieren, sind verwandte TV als Vergleichsmaßstab heranzuziehen (LAG HE 16.12.2011 – 10 Sa 1345/09). Fehlt ein branchenübl. Tariflohn muss der AN zumindest Anhaltspunkte dafür vortragen, dass das allg. Lohnniveau für die von ihm ausgeübte Tätigkeit im Wirtschaftsgebiet mind. ein Drittel höher war als sein Gehalt im streitgegenständl. Zeitraum (LAG SH 31.8.2010 LAGE BGB 2002 § 138 Nr. 5; LAG B 4.3.2016 BeckRS 2016, 69936). Bei RA ist das Vergleichsentgelt die übl. Vergütung in vergleichbaren Anstellungsverhältnissen am Beschäftigungsort oder an einem Ort vergleichbarer wirtschaftl. Prägung des OLG-Bezirks (BAG 17.12.2014 ZIP 2015, 992). Ein RA muss diff. Vergleichsentgelte nach Region, Kanzleigröße, Einzelkanzlei und Sozietät sowie nach Berufserfahrung, AZ und Qualifikation (zB Examensnoten, Zusatzqualifikationen) vortragen, die den Rückschluss auf seine Verhältnisse und die im OLG-Bezirk übl. Vergütung erlauben. Von der Üblichkeit einer Tarifvergütung kann ausgegangen werden, wenn mehr als 50% der AG tarifgebunden sind oder wenn die organisierten AG mehr als 50% der AN eines Wirtschaftsgebiets beschäftigen (BAG 16.5.2012 NZA 2012, 974; 18.11.2015 NZA 2016, 494).

3b Ob der Wert der Arbeitsleistung in einem auffälligen Missverhältnis zur versprochenen Vergütung steht, prüft das BAG im Rahmen einer **Gesamtbetrachtung** (BAG 22.4.2009 NZA 2009, 837) der vom AN geschuldeten Arbeitsleistung und des vom AG zu zahlenden Entgelts. Entscheidend ist der Vergleich zwischen dem obj. Wert der Arbeitsleistung und der „faktischen" Höhe der Vergütung (BAG 17.10.2012 NZA 2013, 266). Das BAG hat entschieden, dass der Erhalt von 70% der übl. Vergütung nicht geeignet sei, ein **auffälliges Missverhältnis** zu begründen (BAG 23.5.2001 NZA 2004, 971). Offengelassen hat das BAG, ob entspr. der Auff. des BGH (BGH 22.4.1997 NJW 1997, 2689; hierzu *Nägele* BB 1997, 2162 zu § 291 StGB) bei 63% – das BAG spricht von $^2/_3$ – des Tariflohns von einem auffälligen Missverhältnis auszugehen ist. Der Richtwert von 2/3 des übl. Lohns sollte im Regelfall zugrunde gelegt werden (BAG 22.4.2009 NZA 2009, 837; 18.4.2012 NZA 2012, 978; 17.12.2014 ZIP 2015, 992; 19.8.2015 AP BGB § 138 Nr. 71; ebenso *Reinecke* NZA-Sonderbeil. 3/2000, 23, 32; *Böggemann* NZA 2011, 493; krit. *Joussen* SAE 2010, 95). Als generelle Aussage lässt sich sicher festhalten, dass bei der Hälfte des Tariflohns ein bes. grobes Missverhältnis und eine Sittenwidrigkeit zu bejahen ist. Ist der Wert der Leistung mind. doppelt so hoch wie der Wert der Gegenleistung besteht eine **tats. Vermutung der verwerfl. Gesinnung** des AG und für die Sittenwidrigkeit der Vergütungsabrede (BAG 16.5.2012 NZA 2012, 974; 27.6.2012 AP BGB § 138 Nr. 67). Maßgebl. ist ein Vergleich zwischen dem vereinbarten und dem übl. Bruttolohn; die steuer- und sozialversicherungsrechtl. Behandlung des Entgelts bleibt außer Betracht (LAG HB 28.8.2008 LAGE BGB 2002 § 138 Nr. 2; LAG HM 18.3.2009 AuR 2009, 133). Die Vereinb., nach der eine Vergütungspflicht für eine 14-tägige Probezeit nur für den Fall des Abschlusses eines endgültigen Arbeitsvertrags entstehen soll, ist sittenwidrig (LAG K 18.3.1998 LAGE BGB § 138 Nr. 10).). Unter Berücksichtigung der Gesamtumstände hat das BAG auch eine 75% bzw. 80% unterschreitende Vergütung von Lehrkräften an Privatschulen für sittenwidrig erklärt (BAG 26.4.2006 NZA 2006, 1354; 19.8.2015 AP BGB § 138 Nr. 71). Bei angestellten RA hält das BAG an der 2/3-Grenze fest (17.12.2014 ZIP 2015, 992; s. a. BGH 30.11.2009 NZA 2010, 595; **aA** *Filges* NZA 2011, 234).

Diese Rspr. wird neben dem MiLoG ihre Bedeutung behalten (MiLoG § 1 Rn. 1; BAG 18.11.2015 NZA 2016, 494; *Däubler* NJW 2014, 1924, 1927; *Forst/Degen* DB 2015, 863). Rein tats. wird der Bereich der Niedriglöhne durch das MiLoG (s. dort) erfasst werden. Die Bsp. zur Sittenwidrigkeit von Niedrigstlöhnen werden dann nur noch historische Bedeutung haben (hierzu Voraufl. Rn. 3c). **3c**

Zur **Darlegungs- und Beweislast**: Besteht eine **tats. Vermutung** der verwerfl. Gesinnung, was bei einem bes. groben Missverhältnis zwischen Leistung und Gegenleistung der Fall ist, kann der AG diese nur durch den Vortrag bes. Umstände erschüttern (BGH 10.2.2012 NJW 2012, 1570; BAG 16.5.2012 NZA 2012, 974; 18.11.2015 NZA 2016, 494). Besteht keine tats. Vermutung, ist der AN beweispflichtig. Es bedarf dann zusätzl. Umstände, aus denen geschlossen werden kann, der AG habe die Not oder einen anderen den AN hemmenden Umstand in verwerfl. Weise zu seinem Vorteil ausgenutzt. Er muss Tatsachen vortragen, aus denen geschlossen werden kann, die in den Erhebungen zT diff. nach Region, Kanzleigröße, Einzelkanzlei und Sozietät sowie nach Berufserfahrung, AZ und Qualifikation (zB Examensnoten, Zusatzqualifikationen) der angestellten RA angegebenen Werte ließen sich auf seine Verhältnisse übertragen und ermöglichten einen Rückschluss auf die im OLG-Bezirk übl. Vergütung. **3d**

Bei Nichtigkeit der Entgeltabrede wegen **Lohnwuchers** ist daher der übl. und nicht etwa ledigl. der niedrigste zulässige Lohn zu gewähren (ebenso ArbRBGB/*Schliemann* Rn. 23; LAG HB 3.12.1992 AiB 1993, 834; LAG D 23.8.1977 DB 1978, 218; **aA** *Sack* RdA 1975, 171, 178). **4**

Ist dagegen der **gesamte Vertrag** mangels Geschäftsfähigkeit des Dienstberechtigten bzw. -verpflichteten oder wegen Gesetz- oder Sittenwidrigkeit der zu leistenden Dienste unwirksam, finden die Regeln über faktische ArbVerh. bzw. Bereicherungsrecht Anwendung (Staudinger/*Richardi/Fischinger* Rn. 13). **5**

Entgegen früherer Rspr. (BAG 14.6.1972 AP BAT §§ 22, 23 Nr. 54; 18.3.1982 AP BPersVG § 75 Nr. 7) bedarf es dagegen keines Rückgriffs auf § 612, wenn einem AN unter **Verletzung von Mitbestimmungsvorschr.** (§ 75 BPersVG, § 99 BetrVG) eine höherwertige Tätigkeit übertragen worden ist. Die vertragl. (Vergütungs-)Vereinb. wird durch die fehlende Mitbestimmung näml. nicht berührt und bleibt wirksam (BAG 16.1.1991 NZA 1991, 490); vgl. für eine Vergütungsvereinb., die wegen Verletzung des MBR nach § 87 I Nr. 10 BetrVG unwirksam ist, BAG 11.6.2002 NZA 2003, 570. **6**

Ist ein **Dienst-, Werk- oder sonstiger Vertrag**, der die Erbringung von Dienstleistungen zum Gegenstand hat, nach der Rspr. entgegen der getroffenen Vereinb. **als Arbeitsvertrag** einzuordnen (s. dazu § 611a Rn. 92 ff.), hat der die Dienstleistung Erbringende nach § 612 Anspruch auf Vergütung nach dem sachl. einschlägigen TV (BAG 27.7.2010 BB 2011, 572). Ob dabei stets auch die in TV geregelten Ausschlussfristen zu wahren sind, ist zw. Jdf. in den Fällen, in denen MindestlohnTV anwendbar sind, zählen regelm. auch die tarifl. Ausschlussfristen als „Teil des übl. Entgelts" und sind deshalb zu beachten (BAG 27.7.2010 BB 2011, 572; 20.4.2011 NZA 2011, 1173). Lässt sich aus Tarifrecht, EingruppierungsRL oder sonstigen Umständen eine übl. Vergütung nicht bestimmen, kommt ein Anspruch auf angemessene Vergütung nach den §§ 316, 315 in Betracht (näher Rn. 38; BAG 21.11.2001 NZA 2002, 624). Dies gilt insb., wenn die vereinbarte Vergütung anges. der fehlenden sozialen Absicherung in einem auffälligen Missverhältnis zur Arbeitsleistung steht (ArbG D 20.5.1988 AiB 1989, 128), die getroffene Vergütungsvereinb. eine nach § 138 I unzulässige Verlustbeteiligung des AN vorsieht (BAG 21.3.1984 BeckRS 1984, 04545) oder die vertragl. Vergütungsabrede wegen der abw. tats. ausgeübten Tätigkeit nicht herangezogen werden kann (BAG 13.3.1991 BeckRS 1991, 30736898). Wird festgestellt, dass der (freie) Mitarbeiter in Wahrheit AN ist, richtet sich die übl. Vergütung nicht nach den (höheren) Honorarbezügen, sondern nach der für ArbVerh. übl. Vergütung (BAG 21.1.1998 NZA 1998, 594; 21.11.2001 NZA 2002, 624; *v. Steinau-Steinrück* SAE 1999, 318 ff.). In diesem Fall können Rückforderungsansprüche entstehen (s. § 611a Rn. 408 ff. und §§ 194 bis 218 Rn. 52). **7**

8 Die Vorschr. gilt auch, wenn hins. der Tätigkeit wegen einer **Tariflücke** keine Eingruppierung erfolgen kann (ArbG Regensburg 6.2.1991 EzA TVG § 4 Einzelhandel Nr. 17).

9 Für **Auszubildende** gilt die Regelung des § 17 BBiG, wonach ein Anspruch auf eine angemessene Vergütung besteht. Erfüllt der AG eine Ausbildungsverpflichtung nicht, kann in dieser Zeit jedoch nicht der Lohn einer „normalen" Arbeitskraft verlangt werden (LAG K 25.1.1989 AR-Blattei ES 400 Nr. 64). Nach Ablegung der Prüfung handelt es sich bei der Weiterbeschäftigung eines Auszubildenden um ein ArbVerh., so dass die Vereinb. einer Ausbildungsvergütung insoweit nichtig ist und stattdessen die übl. Vergütung nach § 612 II zu bezahlen ist (LAG HB 8.7.1980 – 4 Sa 264/78 – und – 291/78). Bei einem nach § 26 BBiG nichtigen Anlernvertrag erfolgt die Vergütung für entspr. Hilfskräfte nach ggf. anwendbaren TV in der niedrigsten Vergütungsgruppe (BAG 27.7.2010 BB 2011, 572).

10 Dagegen findet § 612 I bei **erzwungener Weiterbeschäftigung** während eines Rechtsstreits über die Wirksamkeit der Auflösung des ArbVerh. keine Anwendung. Es besteht nur ein Vergütungsanspruch des AN aus ungerechtfertigter Bereicherung (BAG 10.3.1987 NZA 1987, 373; HWK/*Thüsing* Rn. 15; MüKoBGB/*Müller-Glöge* Rn. 11; **aA** *v. Hoyningen-Huene* Anm. AP BGB § 611 Weiterbeschäftigung Nr. 1).

11 **c) Vergütungserwartung.** Wann eine „Dienstleistung den Umständen nach nur gegen eine Vergütung zu erwarten ist", entscheidet sich nach der **obj. Gesamtlage** des Einzelfalls. Hierzu gehören insb. die Verkehrssitte, Art, Umf. und Dauer der Dienstleistungen, die Berufs- und Erwerbsverhältnisse des Dienstleistenden sowie die Beziehungen der Beteiligten zueinander, nicht aber deren pers. Meinung (BAG 12.5.1975 DB 1975, 1982; 11.10.2000 NZA 2001, 458 zu der verneinten Vergütungserwartung und -pflicht bei „Rüsttätigkeiten" wie Waschen und Umkleiden; OLG F 10.6.1992 GmbHR 1993, 358). Auch der Bestand einer BV zum streitgegenständl. Komplex kann eine Vergütungserwartung auf die in der BV vorgesehenen Fälle beschränken (zum betriebl. Vorschlagswesen BAG 19.5.2015 NZA 2015, 1468 Rn. 28). Dabei kommt es nicht darauf an, ob der Dienstberechtigte selbst gewusst hat, dass die Dienstleistung den Umständen nach nur gegen Vergütung zu erwarten war (BAG 15.3.1960 AP BGB § 612 Nr. 13). Von daher berechtigt sein Irrtum über die Vergütungspflicht auch nicht zur Anfechtung (MüKoBGB/*Müller-Glöge* Rn. 5; Staudinger/*Richardi/Fischinger* Rn. 17).

12 Soweit die Arbeitsleistung in den Rahmen des vom Dienstleistenden ausgeübten **Hauptberufs** gehört, wird idR Entgeltlichkeit zu bejahen sein (Palandt/*Weidenkaff* Rn. 4; MüKoBGB/*Müller-Glöge* Rn. 6).

13 Ist der Dienstleistende zur **familienrechtl. Mitarbeit** verpflichtet, so werden die Dienste grds. unentgeltl. erbracht. Dies schließt aber nicht aus, dass daneben dienstrechtl. Beziehungen, zB aus Vergütungserwartung (s. Rn. 21 ff.), bestehen. Über die ges. geregelten Fälle (§§ 1356, 1619) hinaus besteht keine Verpflichtung, zB zwischen Onkel und Neffen, Verlobten usw. Umgekehrt bedeutet das Fehlen der ges. Mitarbeitspflicht aber nicht ohne weiteres, dass eine Vergütungserwartung besteht (OLG N 24.11.1959 FamRZ 1960, 119). Bei Dienstleistungen für Verwandte, Freunde und im eheähnl. Verhältnis ist ein Indiz für die Unentgeltlichkeit, wenn die Vergütung erst später, insb. nach Zerwürfnissen, verlangt wird (ArbG Passau 30.11.1989 DB 1990, 844; Palandt/*Weidenkaff* Rn. 4; zum Eheversprechen vgl. Rn. 32).

14 Auch in **Gefälligkeitsverhältnissen** kann nicht von einer Entgeltlichkeit ausgegangen werden. Solche liegen vor, wenn sich die Parteien überhaupt nicht der Rechtsordnung unterstellen wollen oder sie sich zwar grds. Rechtsregeln unterwerfen und die Gefälligkeit sich ledigl. auf die Unentgeltlichkeit bezieht. Ist dagegen die Gefälligkeit nur das Motiv der Arbeitsleistung, die nicht unentgeltl. erfolgen soll (zB ehem. AN hilft aus), so ist regelm. von einer Vergütungspflicht auszugehen (vgl. MüKoBGB/*Müller-Glöge* Rn. 9; Staudinger/*Richardi/Fischinger* Rn. 23).

15 Beim **Gesellschafter-GF** einer GmbH besteht nicht die generelle Erwartung, dass er nur gegen Entgelt für diese tätig wird und deshalb bei Fehlen eines Anstellungsvertrags die übl. Vergütung nach § 612 I fordern kann (vgl. LG Essen 6.9.2000 DB 2000, 2421). Anders als ein FremdGF kann er näml. sowohl gegen eine angemessene als auch gegen eine deutl. niedrigere Vergütung oder gar unentgeltl. tätig sein (OLG F 10.6.1992 GmbHR 1993, 358, 359). Mögl. ist es auch, dass die zusätzl. Wahrnehmung einer GFTätigkeit durch die Vergütungsabrede des „urspr." Angestelltenvertrags mitabgedeckt ist (LG Essen 6.9.2000 DB 2000, 2421).

16 **d) Mehrleistung.** § 612 ist zum einen bei qualitativen Mehrleistungen anzuwenden, also wenn der AN über den Arbeitsvertrag hinaus zu höherwertigen Tätigkeiten herangezogen wird (*Roth/Olbrisch* DB 1999, 2110) für die eine Vergütungsregelung fehlt (BAG 7.7.1993 BeckRS 1993, 30810993; 10.2.2015 AP BGB § 612 Nr. 77; zu höherwertigen Dienstleistungen von Praktikanten; 25.3.2015 AP BGB § 612 Nr. 78 – zur mehrjährigen Referatsvertretung im öffentl. Dienst; 23.9.2015 BeckRS 2016, 65018 zur zweijährigen kommissarischen Leitung eines Amtes). Allerdings ist er nach den Grds. von Treu und Glauben verpflichtet, für eine begrenzte Zeit – als Urlaubs- oder Krankheitsvertreter, zur Probe oder zur vorübergehenden Besetzung einer vakanten Position – eine **höherwertige Tätigkeit** ohne zusätzl. Vergütung zu verrichten (BAG 4.10.1972 AP BAT § 24 Nr. 2: bis zu 2 Monaten; 11.11.1977 AP BGB § 612 Nr. 30; 16.2.1978 AP BGB § 612 Nr. 31).

Außerdem sind **Sonderleistungen** des AN, die durch die vertragl. Vergütung nicht mit abgegolten sind, bes. zu honorieren (BAG 21.3.2002 AP TVG § 1 Tarifverträge: Musiker Nr. 17 zur Auslegung der Verpflichtung, Trompete zu spielen; 27.6.2002 AP TVG § 1 Tarifverträge: Musiker Nr. 18 in Bezug auf die Reisezeit eines Orchestermusikers; BühnenObSchG F 6.12.1962 AP BGB § 612 Leistungsschutz Nr. 1 zur Sondervergütung eines Bühnenkünstlers bei Fernsehübertragung der Theatervorstellung; 18.2.1954 AP BGB § 611 Bühnenengagementsvertrag Nr. 2; zur Frage der Höhe eines solchen Sonderhonorars BAG 8.3.1989 NZA 1989, 859; Sondervergütung verneint für Fotografien eines Redakteurs BAG 29.1.2003 NZA 2003, 1168; 5.6.2003 BeckRS 2003, 30370448). Dies gilt zB auch, wenn eine für einfache Schreib- und Hilfsarbeiten eingestellte AN einen wesentl. schöpferischen Beitrag bei der Erstellung eines Buchmanuskriptes erbracht hat (BAG 11.11.1977 AP BGB § 612 Nr. 30). 17

Zum anderen ist § 612 I entspr. anzuwenden, wenn eine in bestimmter Höhe gewährte Arbeitsvergütung nicht den vollen Gegenwert für die erbrachte Dienstleistung darstellt, der AN also über die vertragl. geschuldete Leistung hinaus quantitative Mehrleistungen in Form von **Überstunden** erbringt (BAG 17.3.1982 AP BGB § 612 Nr. 33; 27.6.2002 AP TVG § 1 Tarifverträge: Musiker Nr. 18; 1.9.2010 NZA 2011, 575). Es existiert jedoch kein allg. Rechtsgrds., dass jede MehrAZ oder jede dienstl. Anwesenheit über die vereinbarte oder betriebsübl. AZ hinaus zu vergüten ist (vgl. für den Fall eines Chefarztes LAG M 28.2.2001 – 7 Sa 451/00 –; eines Gymnasiallehrers BAG 20.1.2010 AP BGB § 611 Lehrer, Dozenten Nr. 187; eines Personalleiters LAG HM 6.1.2012 BeckRS 2012, 66747; Büroleiter eines Versicherungsmaklers mit Provisionsanspruch BAG 21.9.2011 NZA 2012, 145; vgl. ferner § 611a Rn. 486 ff.). Gem. § 612 I gilt eine Vergütung nur dann als stillschweigend vereinbart, wenn die Umstände der Dienstleistungen im Einzelfall für eine Erwartung zusätzl. Vergütung sprechen. Die **Vergütungserwartung** ist deshalb stets anhand eines obj. Maßstabs unter Berücksichtigung der Verkehrssitte, der Art, des Umf. und der Dauer der Dienstleistung sowie der Stellung der Beteiligten zueinander festzustellen (BAG 21.9.2011 NZA 2012, 145). Die Erwartung wird zumeist gegeben sein, wenn kein „herausgehobenes Entgelt" bezogen wird (BAG 22.2.2012 NZA 2012, 861 – „niedriger als die BBG in der Rentenvers."). Sie fehlt idR, wenn arbeitszeitbezogen und arbeitszeitunabhängig vergütete Arbeitsleistungen (zB Provisionen) zeitl. verschränkt sind (BAG 21.9.2011 NZA 2012, 145; 27.6.2012 NZA 2012, 1147). Auch fehlt sie, wenn es dem AN oblag, Überstunden durch Freizeit selbst auszugleichen (BAG 4.5.1994 NZA 1994, 1035; LAG K 7.9.1989 NZA 1990, 349 f.; 20.5.1992 NZA 1993, 24 für den Fall der Beendigung des ArbVerh.). Sie ist abzulehnen bei **ltd. Ang. und Chefärzten für Mehrarbeit** im Rahmen ihres Aufgabenkreises, da diese grds. mit der vereinbarten Vergütung abgegolten ist (BAG 17.11.1966 AP BGB § 611 Leitende Angestellte Nr. 1; 17.3.1982 AP BGB § 612 Nr. 33). Auch bei **angestellten RA** mit „herausgehobener" Vergütung kann eine Vergütungserwartung nicht bejaht werden (BAG 17.8.2011 NZA 2011, 1335; hierzu *Müller-Bonanni* NJW 2012, 554; *Schramm/Kuhnke* NZA 2012, 127). Diff. zu betrachten sind sog. **Dienstreisen** (§ 611a Rn. 513, 513a). Angeordnete Dienstreisen sind grds. als AZ zusätzl. zu vergüten, es sei denn, sie gehören zur geschuldeten Hauptleistung oder für die mit ihr verbundene Mehrleistung ist nach den Umständen keine Vergütung zu erwarten (BAG 3.9.1997 AP BGB § 611 Dienstreise Nr. 1; LAG N 8.2.2011 BeckRS 2012, 73118; iE bestätigt durch BAG 27.6.2012 NZA 2012, 1147; *Loritz* NZA 1997, 1188, 1193 f.). Will der AG Reisezeiten pauschaliert abgelten, ist auf eine angemessene und transparente Vertragsgestaltung zu achten (vgl. §§ 305 bis 310 Rn. 92; BAG 20.4.2011 NZA 2011, 917). In jedem Fall muss für jede geleistete Überstunde der Mindestlohn nach § 1 MiLoG erreicht werden (vgl. *Bepler* FS Wank 2014 S. 41, 52; **aA** BAG 25.5.2016 NZA 2016, 132 wonach die Summe der mtl. geleisteten Arbeitsstunden über die Erfüllung als MiLo-Anspruchs entscheidet; ebenso MiLoG §§ 1 Rn. 3). 18

Schafft ein AN in der AZ und unter Einsatz von Betriebsmitteln **urheberrechtl. geschützte Werke** (zB Computerprogramme), so ergibt sich – auch wenn er arbeitsvertragl. dazu nicht verpflichtet ist – aus den Umständen grds. keine Vergütungsvereinb. (BAG 12.3.1997 NZA 1997, 765). Der AN muss den AG vielmehr auf Entgeltansprüche urheberrechtl. Art hinweisen, soweit er sie geltend machen will (BAG 13.9.1983 AP UrhG § 43 Nr. 2; § 69b I UrhG). Dagegen ist § 612 I entspr. anwendbar, wenn ein AN urheberrechtl. geschützte Darst., die er *vor* seinem ArbVerh. geschaffen hat, seinem AG überlässt. In diesem Fall ist auch ohne ausdr. Honorarvereinb. die Einräumung eines Nutzungsrechts nach den Umständen nur gegen eine Vergütung zu erwarten (BGH 10.5.1984 NJW 1986, 1045). 19

Der GF einer GmbH hat bei übernommenen **Erfindungen** einen Vergütungsanspruch gegen die Gesellschaft aus § 612 II, da das ArbnErfG auf ihn als nicht sozial abhängigen AN keine Anwendung findet (BGH 22.10.1964 GRUR 1965, 302, 304). Gleiches gilt für den von einer KG angestellten GF ihrer Komplementär-GmbH, jdf. dann, wenn er auf Grund seines Dienstvertrags AG Funktionen ausübt (BGH 24.10.1989 NJW-RR 1990, 349 f.). Ein Anspruch auf Vergütung nach § 612 kann auch bestehen, wenn der GF seinen Anteil an einer Erfindergemeinschaft iSd. §§ 741 ff. auf die Gesellschaft überträgt und die Beteiligten keine abw. Regelung getroffen haben (BGH 17.10.2000 NZA-RR 2001, 209). 20

e) Fehlgeschlagene Vergütungserwartung/zweckverfehlende Arbeitsleistungen. Die Vorschr. wird von der hM entspr. angewendet, wenn jemand (1) in der dem anderen Teil erkennbaren Erwartung der Übergabe eines Vermögens oder Vermögensbestandteils (Erbeinsetzung, Hofübergabe, Be- 21 triebsübertragung etc.) Dienste erbringt, (2) für diese Dienste keine oder nur eine deutl. unterwertige Vergütung erfolgt ist und schließl. (3) ein unmittelbarer Zusammenhang zwischen der unterwertigen bzw. fehlenden Bezahlung und der og. Erwartung besteht (BAG 14.7.1966 AP BGB § 612 Nr. 24; LAG K 20.4.1990 LAGE BGB § 612 Nr. 4; Rn. 24 ff.) und später die in Aussicht gestellte Vermögenszuwendung unterbleibt und auch nicht durchgesetzt werden kann. § 612 hat den Sinn, demjenigen, der Leistungen, die normalerweise vergütenswert sind, in Erwartung einer bes. Vergütung zunächst unentgeltl. erbringt, zu einem vertragl. Entgeltanspruch zu verhelfen (BAG 15.3.1960 AP BGB § 612 Nr. 13; 24.6.1965 AP BGB § 612 Nr. 23; *Bydlinski* FS Wilburg 1975 S. 45 ff. und Anm. AP BGB § 612 Nr. 23; *Diederichsen* Anm. AP BGB § 612 Nr. 24; *Herschel* Anm. AP BGB § 612 Nr. 26; *Hueck* Anm. AP BGB § 612 Nr. 13, 15 und 20; *Nikisch* I S. 327; Soergel/*Kraft* Rn. 9; MüKoBGB/*Müller-Glöge* Rn. 13; iE auch Schaub/*Vogelsang* § 67 Rn. 20: Ersetzung einer fehlgeschlagenen Vergütungsvereinb.). Ein RA, der in der Hoffnung Überstunden leistet, seine Aufnahme als Partner zu befördern, handelt „auf eigenes Risiko", wenn die Aufnahme in die Partnerschaft nicht als sicher oder auch nur wahrscheinl. hingestellt wurde (BAG 17.8.2011 NZA 2011, 1335).

22 Demggü. betont ein Teil des Schrifttums, dass § 612 I nur eine versäumte Entgeltvereinb. fingiere und nicht etwa eine Vertragsfiktion enthalte. Die zB wegen § 2302 vorliegende Nichtigkeit des Arbeitsvertrags könne nicht mit § 612 I geheilt werden, da dies gegen § 2302 verstoße. Außerdem passe § 612 I nur für Fälle, in denen keinerlei Lohnabrede gegeben sei und nicht für solche, in denen schon nach den Vorstellungen der Parteien an der Entgeltlichkeit kein Zweifel bestehen könne. Da es um die Problematik der Abwicklung eines fehlgeschlagenen Rechtsgeschäfts gehe, sei grds. die **Anwendung der §§ 812 ff.** (Bereicherungsanspruch nach § 812 I 2 2. Alt.) geboten; dies führt insb. zu der Möglichkeit, dass sich der Dienstberechtigte auf den Wegfall der Bereicherung beruft, § 818 III (*Canaris* BB 1967, 165, jedoch mit Verweis auf ein faktisches ArbVerh.; *Fenn* FamRZ 1968, 291, 296; *Beuthien* RdA 1969, 161, 165 f.; HWK/*Thüsing* Rn. 14; Staudinger/*Richardi/Fischinger* Rn. 8 ff.).

23 Dem kann nicht gefolgt werden. Das G bringt gerade durch § 612 zum Ausdruck, dass die Unvollständigkeit des Vertrags hins. des Lohns jdf. für die Vergangenheit dessen Gültigkeit nicht beeinträchtigt. Der Empfänger hat die Dienste bewusst in Anspruch genommen und musste mit einer Vergütungspflicht rechnen. Es stand also von vornherein fest, dass ein Entgelt gezahlt werden sollte, von dem ledigl. Art und Höhe in Wegfall gekommen sind. Die fehlerhafte Vergütungsvereinb. kann sich zudem rechtl. nicht stärker auswirken als die fehlende. Der durch § 2302 gewährleistete Schutz der Testierfreiheit wird ebenfalls nicht angetastet, da die getroffene Vereinb. der Erbeinsetzung nicht aufrechterhalten, sondern durch den Anspruch nach § 612 ersetzt wird.

24 Eine für § 612 ausreichende **Vergütungserwartung** ist bereits dann anzunehmen, wenn der AN in einer dem Dienstberechtigten erkennbaren Erwartung späterer Vergütung tätig wird und dieser die Dienste gleichwohl entgegennimmt (BAG 14.7.1966 AP BGB § 612 Nr. 24). Eine sichere Aussicht späterer Vergütung ist nicht Voraussetzung (BAG 24.6.1965 AP BGB § 612 Nr. 23). Auf der anderen Seite sind einseitige Erwartungen bzw. Hoffnungen des Dienstleistenden rechtl. ohne Bedeutung (BAG 19.2.1970 AP BGB § 612 Nr. 26). Auch unter allg. sittl. und moralischen Gesichtspunkten übl. „Leistungen" – wie Kaffeeklatsch, Einladungen zu Festen, Telefonate oder kurze Gespräche – werden nach § 612 II nicht vergütet (LAG RP 6.8.2015 MDR 2015, 1429).

25 Für die Feststellung, ob eine deutl. **unterwertige Bezahlung** erfolgt ist, reicht der Vergleich zwischen der gezahlten und der nach § 612 II übl. (tarifl.) Vergütung nicht aus; hierfür sind vielmehr alle Umstände des Einzelfalles, insb. auch die wirtschaftl. Lage des Dienstberechtigten, zu berücksichtigen (BAG 24.6.1965 AP BGB § 612 Nr. 23; 14.7.1966 AP BGB § 612 Nr. 24).

26 Am **unmittelbaren Zusammenhang** fehlt es zB, wenn weder davon ausgegangen werden kann, dass der Dienstleistende ansonsten nichts mehr getan hätte, noch, dass er sich sonst jede Handreichung hätte bezahlen lassen (LAG K 20.4.1990 LAGE BGB § 612 Nr. 4).

27 Der AN hat **kein Wahlrecht** zwischen der Übertragung des versprochenen Vermögensgutes und der übl. Vergütung (BAG 20.9.1978 AP BGB § 612 Nr. 32; ArbG Passau 7.4.1989 ARSt. 1989, 127). Wer selbst den Eintritt des erwarteten Erfolgs ohne zureichenden sachl. Grund verhindert, kann sich nach Treu und Glauben nicht auf das Ausbleiben der Vergütung berufen und Geldlohn fordern. Ein solcher sachl. Grund liegt erst bei wesentl. Abweichen des späteren Angebots von der gegebenen Zusage vor (BAG 20.9.1978 AP BGB § 612 Nr. 32 zur Ablehnung der Hofübernahme).

28 Der Vergütungsanspruch infolge fehlgeschlagener Vergütungserwartung gilt bis zum Ende der Vergütungserwartung, also bis zu deren Fehlgehen, als gestundet. Maßgebl. für den Beginn der dreijährigen **Verjährungsfrist** nach §§ 195, 199 ist der Wegfall der Stundungsvoraussetzungen, also jener Zpkt., in dem der Dienstleistende erfährt, dass seine Vergütungserwartung scheitert (vgl. BAG 5.8.1963 AP BGB § 612 Nr. 20; 28.9.1977 AP BGB § 612 Nr. 29).

29 Diese Grds. über die fehlende Vergütungserwartung sind auch anzuwenden, wenn die Dienstleistungen **zT gegen Barvergütung** und zT in Erwartung einer – späteren fehlgeschlagenen – Vermögenszuwendung erfolgt sind. Auch für den nicht durch die Barvergütung abgedeckten Teil der Dienste wird dann eine Vergütung in der übl. Höhe geschuldet. Zur Ermittlung der Gesamtvergütung ist die Gesamtheit der vom AN geleisteten Dienste in die Wertung gem. § 612 II einzubeziehen (BAG 24.6.1965 AP BGB § 612 Nr. 23).

f) Einzelfälle. aa) Erbeinsetzung. Die Absprache, dass der Dienstleistende für seine Arbeit durch letztwillige Zuwendung entlohnt werde, ist gem. § 2302 nichtig, doch gilt nach § 612 I eine Vergütung als vereinbart, deren Höhe sich nach § 612 II bestimmt (BAG 24.9.1960 AP BGB § 612 Nr. 15; 30.9.1971 AP BGB § 612 Nr. 27, dort aber Nichtigkeit nach § 2271 II, da bereits anderweitig ein – bindendes – gemeinschaftl. Testament vorlag; BAG 14.1.1981 BeckRS 1981, 30707548; zur „Zusage" einer Erbeinsetzung a. 24.6.1965 AP BGB § 612 Nr. 23; zur Erwartung eines Vermächtnisses 18.1.1964 AP BGB § 612 Nr. 22). Allerdings führt nicht jede Mitarbeit volljähriger Kinder im Haushalt oder Betrieb der Eltern zu einem Anspruch aus fehlgegangener Vergütungserwartung, wenn die Hoffnung, von Todes wegen besser bedacht zu werden als die übrigen Kinder, enttäuscht wird. Insb. wenn der Haushalt bzw. Betrieb nicht den Zuschnitt hat, dass angenommen werden kann, durch die Mitarbeit des Kindes wäre eine fremde Arbeitskraft ersetzt worden, spricht eine Vermutung dafür, dass nur eine in der familienrechtl. Beziehung verwurzelte **„familienhafte Mitarbeit"** vorliegt (LAG K 22.12.1987 – 4 Sa 1165/87 –; 24.4.1990 LAGE BGB § 612 Nr. 4). 30

Die – nach § 2302 ohnehin unwirksame – Zusage, geleistete Dienste durch testamentarische Erbeinsetzung zu entgelten, hindert den Erblasser nicht, zu Lebzeiten über sein Vermögen zu verfügen (BAG 30.8.1973 AP BGB § 612 Nr. 28) oder die Zusage jederzeit zu **widerrufen** (BAG 28.9.1977 AP BGB § 612 Nr. 29). 31

bb) Eheversprechen. Grds. kann ein ArbVerh. auch neben einer eheähnl. Gemeinschaft bestehen (BAG 24.9.1960 AP BGB § 612 Nr. 15). Allerdings sind Dienstleistungen sowohl in einer Ehe als auch einer nichtehel. Lebensgemeinschaft idR unentgeltl. Als Indiz hierfür wird gewertet, dass eine Vergütung erst nach einem Zerwürfnis verlangt wird (ArbG Passau 30.11.1989 DB 1990, 844; Palandt/*Weidenkaff* Rn. 4). Das Eheversprechen eines noch verheirateten Partners begr. ledigl. ungewisse Aussichten und keine rechtl. schutzwürdigen Erwartungen (LAG RP 22.1.1982 DB 1982, 2719). Die in Erwartung der Eheschließung mitarbeitende Verlobte hat keinen Vergütungsanspruch, wenn die gepl. Eheschließung scheitert (LAG RP 18.11.1998 MDR 1999, 617; MüKoBGB/*Müller-Glöge* Rn. 15). Aber auch sonst stellt die Ehe als solche keinen bes. Vermögensvorteil dar, der zu einer Vergütungserwartung berechtigt (LAG HE 15.11.1979 – 12/10 Sa 289/79). Anders zu beurteilen ist dagegen, wenn die Verlobte unentgeltl. im Betrieb ihres künftigen Schwiegervaters, den die Eheleute nach der Heirat übernehmen sollen, arbeitet. Hier gilt eine Vergütung nach § 612 I als vereinbart, wenn die Eheschließung nicht zustande kommt (BAG 15.3.1960 AP BGB § 612 Nr. 13), denn mit dieser war die Betriebsübernahme als Vermögenswert verbunden. 32

cc) Unverbindlich in Aussicht gestellte Gegenleistung. Hierzu gehört schließl. der Fall der zukünftigen Vermögenszuwendung unter Lebenden, etwa durch Betriebsübertragung: Der Sohn arbeitet in der Steuerpraxis des Vaters, die er übernehmen soll. Da er sich mit diesem überwirft, wird die Praxis an einen Dritten veräußert (BAG 14.7.1966 AP BGB § 612 Nr. 24). 33

g) Beweislast. Der Dienstleistende hat die Umstände darzulegen und zu beweisen, die eine Leistung nur gegen Entgelt erwarten lassen, der Dienstberechtigte die ausdr. oder stillschweigende Vereinb. der Unentgeltlichkeit (BGH 12.5.1975 DB 1975, 1982; OLG F 10.6.1992 GmbHR 1993, 358). In den Fällen der fehlgegangenen Vergütungserwartung hat der Dienstleistende die volle Beweislast hins. der von ihm behaupteten Entgeltregelung, eingeschlossen den Beweis dafür, dass zugunsten einer späteren Vermögensübertragung eine sofortige Vergütung unterblieben ist (BAG 19.2.1970 AP BGB § 612 Nr. 26). 34

2. Höhe der Vergütung (Abs. 2). a) Anwendungsbereich. § 612 II setzt voraus, dass eine Vergütung ausdr. oder stillschweigend vereinbart ist oder nach § 612 I als vereinbart gilt, jedoch deren Höhe nicht bestimmt ist. Die Vorschr. gilt für alle Arten der Vergütung, also sowohl für das Arbeitsentgelt im eigentl. Sinn als auch für Sonderleistungen wie Gratifikationen, Gewinnanteile, Provisionen und Leistungen der betriebl. AV (MüKoBGB/*Müller-Glöge* Rn. 26; Staudinger/*Richardi/Fischinger* Rn. 45). Neben der Vereinb. einer bestimmten Lohnhöhe findet § 612 II nur Anwendung, soweit durch diese Vergütungsabrede bestimmte Leistungen nicht abgegolten werden und die Vergütung nicht den vollen Gegenwert für die verlangte Arbeitsleistung darstellt (BAG 17.11.1966 AP BGB § 611 Leitende Angestellte Nr. 1; 22.3.1989 BeckRS 2009, 69153). 35

b) Taxen. Taxen sind nach Bundes- oder Landesrecht festgelegte Vergütungssätze, insb. das RVG, die GebO für Ärzte und Zahnärzte sowie die HOAI. Für ArbVerh. bestehen solche Taxen nicht (BAG 24.2.2011 AP BGB § 611 Kirchendienst Nr. 57; MüArbR/*Krause* § 54 Rn. 92; Schaub/*Vogelsang* § 67 Rn. 66; abw. *Sagan* BB 2011, 574), hier ist zur Lückenfüllung die übl. Vergütung heranzuziehen. 36

c) Übliche Vergütung. Übl. ist die in gleichen oder ähnl. Gewerben oder Berufen am gleichen Ort für vergleichbare Tätigkeiten unter Berücksichtigung der pers. Verhältnisse des Berechtigten (Lebensalter, Familienstand, Kinderzahl) gezahlte Vergütung. Dabei ist auf die Umstände des **Einzelfalls** abzustellen (BGH 24.10.1989 NJW-RR 1990, 349; OLG HM 18.12.1992 NJW-RR 1993, 693: keine übl. Vergütung für einen angestellten Zahnarzt). Auch die Dauer der Tätigkeit des AN für den AG, dh. sein Dienstalter und damit seine gewonnene Erfahrung, sind zu berücksichtigen (LAG D 8.11.1977 LAGE BGB § 612 Nr. 1; ArbG Regensburg 6.2.1991 EzA TVG § 4 Einzelhandel Nr. 17). Eine 37 verbotswidrig niedrige Vergütung kann nur faktisch übl. sein, vermag aber nicht die übl. Vergütung iSd. § 612 II zu bestimmen (BAG 19.8.2015 AP BGB § 138 Nr. 71).

38 Für AN ist im Regelfall die **tarifl. Vergütung** die übl. Dies ist zum einen für den öffentl. Dienst entschieden worden, im Hinblick auf die dort herrschende Übung, allg. nach Tarif zu vergüten (BAG 27.10.1960 AP BGB § 611 Ärzte, Gehaltsansprüche Nr. 21; 21.1.1998 NZA 1998, 594; stRspr.). Doch gilt dies auch außerhalb des öffentl. Dienstes (BAG 26.5.1993 NZA 1993, 1049; 28.9.1994 NZA 1995, 958; MüKoBGB/*Müller-Glöge* Rn. 30; MüArbR/*Krause* § 54 Rn. 92; Schaub/*Vogelsang* § 67 Rn. 67; Palandt/*Weidenkaff* Rn. 8; krit. ArbRBGB/*Schliemann* Rn. 36; HWK/*Thüsing* Rn. 41; Staudinger/*Richardi/Fischinger* Rn. 58, wonach dafür bes. Anhaltspunkte gegeben sein müssen, etwa dass der AG auch bei nicht organisierten AN stets den tarifl. Maßstab anlege; *Rick* AuR 1960, 369). Soweit ein räuml. und fachl. einschlägiger TV, dem die Vergütungshöhe direkt entnommen werden könnte, nicht existiert, kann die übl. Vergütung in Anlehnung an die statistisch ermittelten Durchschnittslöhne, orientiert an Anforderungsprofilen, bestimmt werden (LAG HB 3.12.1992 AiB 1993, 834). Kann danach eine übl. Vergütung weder anhand von RL noch auf Grund anderweitiger Umstände festgestellt werden, kommt ein Anspruch nur noch gem. den §§ 316, 315 in Betracht (Rn. 41).

39 Wird jedoch herkömmlicherweise ein **übertarifl. Entgelt** gezahlt, so bestimmt sich die übl. Vergütung hiernach (BAG 26.5.1993 NZA 1993, 1049; 28.9.1994 NZA 1995, 958; LAG K 5.11.1993 – 13 (10) Sa 210/92). Gleiches gilt, wenn sich Hinweise dafür finden, dass die übl. Vergütung geringer anzusetzen ist (BAG 14.6.1994 NZA 1995, 178; Schaub/*Vogelsang* § 67 Rn. 67; ArbRBGB/*Schliemann* Rn. 36). Irrelevant ist dagegen für § 612 II ein Mindestlohn, dieser bezeichnet ledigl. das Minimum der Vergütung, berücksichtigt aber nicht die übl. Vergütung dieser Arbeit (BAG 18.11.2015 NJW 2016, 2359 zu § 4 III TVgG-NRW).

40 Zur ortsübl. Vergütung iSv. § 612 II gehören auch die tarifvertragl. **Sonderzuwendungen** wie Weihnachtsgeld (BAG 6.12.1990 NZA 1991, 350; 3.3.1993 BeckRS 1993, 30919307), Urlaubsgeld (BAG 15.11.1990 NZA 1991, 346) und vermögenswirksame Leistungen (BAG 22.4.1992 BeckRS 1992, 30915206). Bei letzteren besteht allerdings kein Anspruch des AN auf Zahlung an sich selbst, sondern nur an ein von ihm bestimmtes Unternehmen oder Institut iSv. § 3 II Fünftes VermBG (BAG 3.3.1993 BeckRS 1993, 30919307). Hierzu zählen außerdem der Ortszuschlag (BAG 12.12.1990 BeckRS 1990, 30916781), sowie die im Betrieb gewährten Zuschläge (Palandt/*Weidenkaff* Rn. 9). Bei qualitativer Mehrarbeit in Form einer vorübergehenden höherwertigen Vertretungstätigkeit ist die Vergütung, die der Vertretene üblicherweise beim in Anspruch genommenen AG erhält, zu Grunde zu legen (BAG 25.3.2015 AP BGB § 612 Nr. 78; 23.9.2015 AP BGB § 612 Nr. 79)

41 Da § 612 II seinem eindeutigen Wortlaut nach nur für die Höhe der Vergütung gilt, finden **tarifl. Ausschlussklauseln** nur Anwendung, wenn sie ausdr. vereinbart wurden (BAG 26.9.1990 NZA 1991, 247; stRspr.; **aA** MüArbR/*Krause* § 54 Rn. 92). Zu unterscheiden ist der Fall, dass sich wegen Verstoßes gegen § 2 BeschFG aF (jetzt § 4 I TzBfG) die Höhe des Anspruchs nach § 612 II bestimmt und ein TV auf das ArbVerh. – unabhängig von der Reichweite des § 612 II – ohnehin Anwendung findet (vgl. BAG 25.4.2001 EzA BeschFG § 2 Nr. 64).

42 **d) Leistungsbestimmungsrecht.** Lässt sich aus Tarifrecht, EingruppierungsRL oder sonstigen Umständen eine übl. Vergütung nicht bestimmen oder existiert eine solche nicht (s. BAG 22.2.2012 ZTR 2012, 389), richtet sich die Anspruchshöhe nach §§ 315, 316 (BAG 21.11.2001 NZA 2002, 624). Dies gilt auch, wenn die übl. Vergütung einen Spielraum belässt oder bei Sonderzahlungen die jeweilige Höhe durch den AG bestimmt wird (BAG 21.4.2010 NZA 2010, 808). In diesen Fällen ist nach § 316 iZw. der AN als Gläubiger der Gegenleistung zur Festlegung der Vergütung ermächtigt (**aA** MüKoBGB/*Würdinger* § 316 Rn. 6: der AG; so wohl auch BAG 21.4.2010 NZA 2010, 808). Das Leistungsbestimmungsrecht ist nach billigem Ermessen (§ 315 I) auszuüben; bei Unbilligkeit erfolgt die Bestimmung gem. § 315 III durch Urt. (BAG 21.4.2010 NZA 2010, 808, nachgehend LAG BW 1.12.2010 BeckRS 2011, 68908 zu Sonderzahlungen; BGH 24.10.1989 NJW-RR 1990, 349, 350 zur Erfindervergütung eines GmbH-GF; BAG 21.11.1991 NZA 1992, 545 zur Vergütung des Bereitschaftsdienstes; LAG HB 27.9.1974 AP BGB § 138 Nr. 33; LAG ST 3.3.2015 BeckRS 2015, 69930; Schaub/*Vogelsang* § 67 Rn. 65; Soergel/*Raab* Rn. 40; zur Gehaltsanpassung bei frei vereinbarten Gehältern BAG 18.6.1997 NZA 1997, 1352; s. 20.9.1989 NZA 1990, 488 betr. die Beförderung von Arbeitskollegen zu einer Baustelle; dazu krit. MüArbR/*Krause* § 54 Rn. 93, da nach dem TV gerade eine einzelvertragl. Vereinb. zu treffen war). Leistungen, die nach billigem Ermessen zu bestimmen sind, werden bei gerichtl. Bestimmung erst aufgrund eines rkr. Gestaltungsurt. nach § 315 III fällig (BAG 10.12.2013 BetrAV 2014, 201).

43 Ergibt sich aber aus der Auslegung der Vereinb., dass entgegen der Zweifelsregel des § 316 ein Bestimmungsrecht nicht als gewollt anzusehen ist, so muss die verbleibende Lücke durch Auslegung – notfalls **erg. Vertragsauslegung** gem. § 157 – geschlossen werden. Bei gegenseitigen Verträgen ist wegen des Gedankens der Gleichwertigkeit von Leistung und Gegenleistung ein einseitiges Bestimmungsrecht häufig als nicht gewollt anzusehen (BGH 21.3.1961 AP BGB § 612 Nr. 19 zur Vergütung eines freien Mitarbeiters; 13.3.1985 NJW 1985, 1895, 1896 zum Maklervertrag; wohl a. BAG 8.3.1989

teiligung sein wie der **Vollzug einer kollektivrechtl. Regelung** oder einer vertragl. Vereinb. (BAG 21.9.2011 NZA 2012, 31; 14.12.2011 NZA 2012, 618).

dd) Kausalitätserfordernis. Die Prüfung der Unmittelbarkeitsbeziehung zwischen Benachteiligung und Rechtsausübung erfolgt analog § 613a IV 1 (BAG 2.4.1987 NZA 1988, 18; KR/*Treber* Rn. 17). Danach muss die Rechtsausübung zB für die Kündigung nicht nur in irgendeiner Weise auch ursächl. und nicht nur deren äußerer Anlass, sondern der für die Kündigung **tragende Beweggrund**, dh. das wesentl. Motiv gewesen sein (BAG 22.5.2003 NZA 2004, 399; 14.3.2007 NZA 2007, 862; 22.10.2015 NZA 2016, 417). Ist darüber hinaus die Kündigung nicht nur wesentl., sondern ausschl. durch die zulässige Rechtsausübung des AN bestimmt gewesen, ist es unerhebl., ob die Kündigung auf einen anderen Sachverhalt hätte gestützt werden können, weil sich der andere Grund nicht kausal ausgewirkt hat und deshalb kein bestimmendes Motiv für die Kündigung war (BAG 25.11.1993 NZA 1994, 837; 16.9.2004 AP BetrVG 1972 § 102 Nr. 142). 11

Str. ist, ob die **Berücksichtigung von LFZKosten** zur Rechtfertigung einer krankheitsbedingten Kündigung dem Maßregelungsverbot unterfällt. Nach BAG fehlt es hierbei an der Kausalität, weil der AG mit einer auf die Belastung mit unzumutbaren LFZKosten gestützten Kündigung den AN nicht wegen zulässiger Ausübung seiner Rechte benachteilige. Denn der Kündigungsentschl. werde nicht aus der Belastung, sondern aus der Erkrankung des AN hergeleitet (BAG 16.2.1989 NZA 1989, 923). Dass der Kündigungsentschl. auf der Krankheit – und nicht den LFZKosten – beruht, ändert indes nichts daran, dass letztl. die Maßnahme der Kündigung gerade wegen der mit der Krankheit verbundenen Kosten und eben nicht der Krankheit alleine erfolgt. Die LFZ ist das Recht, dessen sich der AN im Fall der Krankheit bedient, auch wenn er dies nicht geltend machen muss. Zuzugeben ist dem BAG, dass eine sozial gerechtfertigte Kündigung iSd. § 1 II KSchG nicht zugleich eine Maßregelung iSd. § 612a sein kann. Daraus folgt, dass die LFZKosten sowohl für § 1 II KSchG als auch für § 612a nicht das wesentl. Motiv sein dürfen, sondern eine eindeutige Negativprognose und erhebl. Störungen des Betriebsablaufs. 12

3. Einzelne Anwendungsbereiche. a) Kündigungen. Hauptanwendungsfall der arbeitgeberseitigen Maßnahme, die gegen § 612a verstoßen kann, ist die Kündigung (BAG 2.4.1987 NZA 1988, 18; 22.5.2003 NZA 2004, 399). In diesem Bereich besteht eine reiche Kasuistik zur zulässigen Rechtsausübung. So gewährt § 45 III 1 SGB V dem AN bei Erkrankung eines Kindes nicht nur einen Anspruch auf Freistellung von der Arbeit, sondern bei rechtswidriger Verweigerung durch den AG auch das Recht, der Arbeit „eigenmächtig" fernzubleiben. Erfolgt die arbeitgeberseitige Kündigung wegen Ausübung dieses Rechts, ist diese auf Grund § 612a nichtig (LAG K 10.11.1993 NZA 1995, 128). Dasselbe gilt, wenn der AG kündigt, weil der AN einen schriftl. Arbeitsvertrag verlangt. Zwar besteht kein Anspruch auf Schriftform (vgl. aber zur Nachweispflicht das NachwG), doch ist der Wunsch nach einem schriftl. Arbeitsvertrag verständl. und vernünftig und deshalb die Verweigerung durch den AG treuwidrig nach § 242 (ArbG D 9.9.1992 BB 1992, 2365). Ebenfalls gegen § 612a verstößt die Kündigung nach Verlangen auf Entfernung einer Abmahnung (ArbG HH 23.7.1990 DB 1991, 103), die Revanchekündigung als Reaktion auf eine vorausgegangene ANKündigung (LAG N 7.10.1988 LAGE BGB § 612a Nr. 2), die Kündigung als Reaktion auf Vollstreckung aus einem Urt. (LAG D 13.12.1988 LAGE BGB § 612a Nr. 3), die Kündigung wegen Nichteinwilligung in eine Änd. der Arbeitsbedingungen (LAG HM 18.12.1987 DB 1988, 917), zB wegen Verweigerung der Annahme eines mindestlohnwidrigen Änderungsangebots (LAG SN 24.6.2015 BeckRS 2015, 71674), die Kündigung als unmittelbare Reaktion auf eine Krankmeldung (ArbG Trier 8.12.2011 BeckRS 2012, 67137) oder wenn der AG einem AN nur deshalb kündigt, um den Eintritt des Vorruhestandes zu verhindern (BAG 2.4.1987 NZA 1988, 18; LAG B 17.10.2012 BeckRS 2012, 76080). Auch die auf die Ablehnung eines Änderungsangebotes gestützte Kündigung kann eine Maßregelung sein, wenn die Ausgestaltung des Änderungsangebots selbst sich als unerlaubte Maßregelung darstellt, sich also gewissermaßen als „Racheakt" für eine zulässige Rechtsausübung durch den AN darstellt (BAG 22.5.2003 NZA 2004, 399). Gewerkschaftl. Engagement im Betrieb rechtfertigt keine Kündigung, denn Art. 9 III GG gewährt die Freiheit des Zusammenschlusses der Koalition und die Freiheit der gemeinsamen Verfolgung dieses Zwecks (LAG HM 18.12.1987 LAGE BGB § 612a Nr. 1). Wird ein AN wegen Erkrankung gekündigt, verstößt dies nicht gegen § 612a (LAG B 7.10.2010 BeckRS 2011, 69133). 13

b) Sozialauswahl nach Widerspruch gegen Betriebsübergang. Widerspricht der AN beim Betriebsübergang dem nach § 613a I angeordneten Übergang seines ArbVerh., macht er von einem durch die Rspr. geschaffenen und inzwischen in § 613a VI enthaltenen Recht iSd. § 612a Gebrauch (stRspr. seit BAG 2.10.1974 AP BGB § 613a Nr. 1). Folge des Widerspruchs ist der Verbleib des ArbVerh. beim Veräußerer; dagegen ist der bisherige Arbeitsplatz des widersprechenden AN beim Veräußerer durch den Betriebsübergang idR weggefallen. Dieser Arbeitsplatzwegfall rechtfertigt für den Veräußerer eine betriebsbedingte Kündigung gem. § 1 II KSchG. Nach neuerer Rspr. des BAG wird der Widerspruch nicht mehr nachteilig iRd. Sozialauswahl berücksichtigt, so dass eine Kollision mit § 612a entfällt (vgl. § 613a Rn. 108). 14

11 Das BAG hat sich dieser Rspr. angeschlossen (BAG 22.5.1997 NZA 1997, 1050; 13.11.1997 NZA 1998, 249; 24.4.1997 NZA 1998, 251). Seit einer Klarstellung des EuGH (11.3.1997 NZA 1997, 433 – Ayse Süzen –; missverständl. noch 14.4.1994 NZA 1994, 545 – Christel Schmidt) zu Fremdvergaben betriebl. Leistungen steht fest, dass eine wirtschaftl. Einheit nicht als bloße Tätigkeit verstanden werden darf. Die **Identität** der Einheit ergibt sich **auch** aus den anderen Merkmalen wie ihrem Personal, ihren Führungskräften, ihrer Arbeitsorganisation, ihren Betriebsmethoden und ggf. den ihr zur Vfg. stehenden Betriebsmitteln (BAG 11.12.1997 NZA 1998, 532; 17.4.2003 AP BGB § 613a Nr. 253). In Branchen, in denen es im Wesentlichen auf die menschl. Arbeitskraft ankommt, kann eine Gesamtheit von AN, die durch eine gemeinsame Tätigkeit dauerhaft verbunden ist, eine wirtschaftl. Einheit darstellen. Die Wahrung ihrer Identität ist anzunehmen, wenn der neue Betriebsinhaber nicht nur die betr. Tätigkeit weiterführt, sondern auch einen nach Zahl und Sachkunde wesentl. Teil des Personals übernimmt, das sein Vorgänger gezielt bei dieser Tätigkeit eingesetzt hatte. Hingegen stellt die bloße Fortführung der Tätigkeit durch einen Auftragnehmer (Funktionsnachfolge) keinen Betriebsübergang dar. Auf der Basis dieser Grds. erfolgt die Prüfung der **Einzelkriterien (7-Punkte-Katalog)**, in die sich manche Fragestellung der früheren Rspr. einfügen lässt.

12 **a) Art des Unternehmens.** Nach den Kriterien des EuGH ist es mögl., dass eine wirtschaftl. Einheit auch ohne wesentl. materielle oder immaterielle Betriebsmittel existieren und übergehen kann (vgl. EuGH 7.3.1996 NZA 1996, 413; krit. *Franzen* Anm. EAS RL 77/187/EWG Art. 1 Nr. 9; *ders.* DZWIR 1996, 397, 398). Vor diesem Hintergrund ist für die Gewichtung der jeweiligen Kriterien wesentl., welcher Art das bisher betriebene Unternehmen ist (ähnl. HWK/*Willemsen* Rn. 100). Ob und inwieweit sächl. und immaterielle Betriebsmittel im Einzelfall übergehen müssen, um den Tatbestand des § 613a zu erfüllen, hängt wesentl. von der Art des Unternehmens ab; entscheidend ist , wo der „Kern des zur Wertschöpfung erforderl. Funktionszusammenhangs" liegt (BAG 6.4.2006 NZA 2006, 723; 15.2.2007 NZA 2007, 793; 13.12.2007 NZA 2008, 1021), wogegen keine durchgreifenden unionsrechtl. Bedenken bestehen (PS/*Grau/Hartmann* § 11 Rn. 52). Im **produzierenden Gewerbe** kommt es zwar noch immer überw. auf die sächl. Mittel, wie zB Gebäude, Maschinen, Produktionsanlagen, Werkzeuge, Rohstoffe, Halb- und Fertigfabrikate, Fahrzeuge und Transportgeräte, an, doch gewinnen auch die immateriellen Mittel wie „Know-how", Fertigungslizenzen, Patente oder in jüngster Zeit spezielle Computerprogramme (BAG 14.7.1994 NZA 1995, 27) zunehmend an Bedeutung.

13 Für **Handels- und Dienstleistungsbetriebe**, deren Betriebsvermögen hauptsächl. aus Rechtsbeziehungen besteht, sind in erster Linie die immateriellen Betriebsmittel von Bedeutung, das „Know-how" und der „Goodwill", also die Einf. des Unternehmens auf dem Markt (BAG 29.9.1988 NZA 1989, 799; 27.10.2005 NZA 2006, 668; krit. *Willemsen* ZIP 1986, 477, 482; *Loritz* RdA 1987, 65, 70), Warenzeichen (BAG 28.4.1988 NZA 1989, 265) und – anders als bei Produktionsbetrieben – auch Geschäftsräume und Geschäftslage, sofern diese Bestandteile des Betriebes es ermöglichen, den bisherigen Kundenkreis zu halten und auf den neuen Betriebsinhaber überzuleiten (so bei Einzelhandelsgeschäften, vgl. BAG 30.10.1986 NZA 1987, 382; *Birk* Anm. EzA BGB § 613a Nr. 43). Im **Dienstleistungssektor** stehen dagegen ohnehin die immateriellen Mittel im Vordergrund, etwa die entspr. Dienstleistungsverträge, Konzessionen, Kundenlisten, Geschäftspapiere uä. Bei sog. **Callcentern** stehen die Kommunikation sowie die Kenntnisse der Kundenbetreuer im Vordergrund, während den sächl. Betriebsmitteln (zB Telefonanlage) nur eine untergeordnete Rolle für die Identität der wirtschaftl. Einheit zukommt (BAG 25.6.2009 NZA 2009, 1412). Bei Großhandelsbetrieben sind neben den Geschäftsräumen insb. die Lieferbeziehungen zum Einzelhandel und ggf. die gewerbl. Schutzrechte maßgebl. (BAG 28.4.1988 NZA 1989, 265). Im **Einzelhandel** ist abzustellen auf die Erhaltung des Kundenkreises, regelm. durch Übernahme des Ladenlokals mit Beibehaltung der Verkaufsorganisation und Fortführung des annähernd gleichen Warenangebots. Unschädl. ist, wenn ein neues Ladenlokal in unmittelbarer Nähe bezogen wird und so der Kundenkreis erhalten bleibt (BAG 2.12.1999 NZA 2000, 369). Bei wesentl. Änd. der Betriebsform (Warenhaus, Fachgeschäft, Supermarkt) oder des Sortiments reichen allein die Nutzungsrechte für die Betriebsräume nicht aus (BAG 30.10.1986 NZA 1987, 382; 26.2.1987 NZA 1987, 589; KR/*Treber* Rn. 34; MüKoBGB/*Müller-Glöge* Rn. 28). Bei der Übernahme eines **Warenlagers** wird der Kern des zur Wertschöpfung erforderl. Funktionszusammenhangs idR nicht allein durch die sächl. Betriebsmittel gebildet, sondern ebenso durch die Art der Lagerhaltung und der Lagerordnung. Diese können für einen Lagerbetrieb identitätsprägend sein (BAG 13.12.2007 NZA 2008, 1021). Für das „Handling" auf einem Großflughafen spielen materielle Betriebsmittel eine nicht nur untergeordnete Rolle, sondern sind für die Aufgabendurchführung unabdingbar; ihre Übernahme kann einen Betriebsübergang auslösen (BAG 16.5.2007 NZA 2007, 1296). Im Fall eines **Rettungsdienstes** hat das BAG (25.8.2016 NZA-RR 2017, 123 Rn. 34) anerkannt, dass sowohl sächl. Betriebsmittel als auch das ausgebildete Personal die Identität eines Betriebs prägen können (insoweit zust. *Willemsen* NZA 2017, 953, 956).

14 Nicht entscheidend ist, ob das **Unternehmen mit wirtschaftl. oder ideeller Zielsetzung** betrieben wird; einer Gewinnerzielungsabsicht bedarf es nicht (KR/*Treber* Rn. 20). So kann auch ein Unternehmen in der Rechtsform einer Stiftung oder eines Vereins, das nur auf der Basis von Subventionen gemeinnützig unentgeltl. Dienstleistungen zur Vfg. stellt, unter § 613a fallen (EuGH 19.5.1992 EAS

RL 77/187/EWG Art. 1 Nr. 7). Ist das Substrat des Unternehmens mit der höchstpers. Amtsstellung des Inhabers identisch (zB Notariat), geht mit der Entlassung des Inhabers die organisatorische Einheit unter. Wird durch eine amtl. Stelle ein neuer Inhaber bestellt, tritt kein Betriebsübergang ein (BAG 26.8.1999 NZA 2000, 371; anders zum Gesellschafterwechsel eines als GbR geführten Notariats LAG M 8.7.2014 ZIP 2014, 2255; abl. hierzu *Pfrogner/Serr* BB 2015, 501 mwN).

§ 613a findet Anwendung, wenn die **öffentl. Hand** einen privaten Betrieb übernimmt oder ein Betriebsinhaberwechsel zwischen ör. Körperschaften stattfindet (vgl. EuGH 6.9.2011 NZA 2011, 1077; BAG 4.3.1993 NZA 1994, 260; 25.9.2003 NZA 2004, 316). Das gilt für alle öffentl. Unternehmen, die eine wirtschaftl. Tätigkeit ausüben, nicht aber für die Umstrukturierung von Behörden oder die Übertragung von Verwaltungsaufgaben (Art. 1 I lit. c RL 2001/23/EG; grdl. EuGH 15.10.1996 NZA 1996, 1279 Rn. 14; BAG 26.3.2015 NZA 2015 Rn. 22). Entsch. ist, ob die jeweilige Einheit einen wirtschaftl. Zweck verfolgt oder hoheitl. Befugnisse – dh. Sonderrechte, Hoheitsprivilegien oder Zwangsbefugnisse hinreichend qualifiziert – ausübt (EuGH 6.9.2011 NZA 2011, 1077 Rn. 43 f.; BAG 20.3.2014 NZA 2014, 1095 Rn. 17; 22.5.2014 NZA 2014, 1335 Rn. 34). Eine Tätigkeit im öffentl. Interesse kann einen wirtschaftl. Zweck verfolgen (EuGH 26.9.2000 NZA 2000, 1327 Rn. 40), etwa die Reinigung staatl. Schulen, weil sie potenziell von privaten Unternehmen übernommen werden kann (EuGH 6.9.2011 NZA 2011, 1077; *Sagan* EuZA 2012, 247, 250; *Steffan* NZA 2012, 473, 474; krit. *Forst* Anm. AP Richtlinie 2001/23/EG Nr. 9). Nicht der Anwendung von § 613a entzogen sind ferner eine kommunale Anstalt des ÖffR, die Arbeitsvermittlung betreibt (BAG 22.5.2014 NZA 2014, 1335), sowie ein kommunaler Kindergarten (BAG 20.3.2014 NZA 2014, 1095; zur Neuvergabe eines Auftrags im ÖPNV *Bayreuther* NZA 2014, 1171). Ob § 613a über die RL 2001/23/EG hinausgeht und auch die Verwaltungstätigkeit des öffentl. Dienstes als Betrieb erfasst, hat das BAG dahinstehen lassen. Eine „Wahrung der Identität" der Verw. sei bei Fortführung der Aufgaben innerhalb einer gänzl. andersartigen Arbeitsorganisation der übernehmenden Verw. nicht denkbar (BAG 26.6.1997 NZA 1997, 1228). 15

Weitere **Bsp.:** Die Übertragung einer Berechtigung zum Vertrieb von Kfz sowie wesentl. Führungspersonals kann danach auch ohne Übertragung materieller oder immaterieller Aktiva ein Betriebsübergang sein, selbst wenn die Tätigkeit unter anderer Geschäftsbezeichnung, räuml. verlagert in andere Geschäftsräume und mit anderen Hilfsmitteln vorgenommen wird (EuGH 7.3.1996 NZA 1996, 413). Dem entspricht die Rspr. des BAG, wonach bei Großhändlern, Handelsvertretern und Vertragshändlern die Übernahme der Kunden- bzw. Interessentenkartei sowie die Rechtsbeziehungen zu Dritten wesentl. ist (BAG 21.1.1988 NZA 1988, 838; 28.4.1988 NZA 1989, 265; vgl. *Moll* RdA 1999, 233, 239). Der EuGH setzt allerdings voraus, dass der Übergang eine auf Dauer angelegte wirtschaftl. Einheit betrifft, deren Tätigkeit nicht auf die Ausführung nur eines bestimmten Vorhabens beschränkt ist (EuGH 11.3.1997 NZA 1997, 433). Die Zurverfügungstellung von Material und AN für eine bestimmte Aufgabe durch ein anderes Unternehmen ist noch kein Betriebsübergang (EuGH 19.9.1995 NZA 1995, 1031). Bei der Übergabe einer militärisch genutzten Liegenschaft ausl. Streitkräfte an die Bundeswehr, die den Übungsbetrieb fortsetzt, fehlt die erforderl. Identität der wirtschaftl. Einheit, da der Erwerber die übernommene Einrichtung in die eigene Organisationsstruktur eingliedert (BAG 25.9.2003 NZA 2004, 316). Das Gleiche gilt, wenn die Bahn in ihren Zügen die Bistros wieder selbst betreibt und in die eigene Organisationsstruktur eingliedert (BAG 6.4.2006 NZA 2006, 1039) oder Aufgaben und Betriebsmittel der Treuhandanstalt in die Organisationsstruktur einer anderen Behörde übergehen (BAG 24.8.2006 NZA 2007, 1287). Generell fehlt es an der Wahrung der Identität, wenn eine Aufgabe künftig im Rahmen einer wesentl. anderen, deutl. größeren Organisationsstruktur durchgeführt wird, deren Aufgabenumf. deutl. erweitert ist (BAG 14.8.2007 NZA 2007, 1431; 22.1.2009 NZA 2009, 905; 17.12.2009 NZA 2010, 499; vgl. a. Rn. 7). Die Übernahme der Buchhaltung und der Personalverwaltungsaufgaben eines Tochterunternehmens durch die Konzernmutter ist kein Betriebsübergang, wenn damit keine Übernahme von Betriebsmitteln oder Personal verbunden ist (BAG 14.8.2007 NZA 2007, 1428). 16

b) Übergang oder Nichtübergang der materiellen Aktiva. Der zentrale Unterschied zwischen der langjährigen nationalen Sicht und der Rspr. des EuGH liegt in dem Erfordernis der Übertragung sächl. oder immaterieller Betriebsmittel. Freil. kommt deren Übertragung weiterhin eine Schlüsselfunktion zu (*Hergenröder AR-Blattei* SD 500.1 Rn. 168; *Schiefer* NZA 1998, 1095, 1097). Während das BAG deren Übertragung früher für notwendig erachtete und damit auf die organisatorische Einheit abstellte, bildet dies für den EuGH lediglich ein letztl. entbehrl. Indiz. Bei den Anforderungen an die „Wahrung der wirtschaftl. Identität" stellt der Gerichtshof nicht auf bestimmte, unabdingbare Kriterien ab, sondern bewertet eine Vielzahl von Umständen, die für oder gegen einen Betriebsübergang sprechen können. Nach Auff. des EuGH (14.4.1994 NZA 1994, 545) ist die Übertragung von Aktiva zwar ein wesentl. **Indiz für den Betriebsübergang.** Umgekehrt ist im Fall der Nichtübertragung von Vermögensgegenständen ein Betriebsübergang jedoch nicht ausgeschlossen (EuGH 11.3.1997 NZA 1997, 433; 2.12.1999 NZA 2000, 587). Vielmehr muss dann im Rahmen einer Gesamtbewertung entschieden werden, ob tats. ein Unternehmensübergang vorliegt. Von der Berücksichtigung nur eines Umstandes kann die Entsch. über einen Betriebsübergang ohnehin nicht mehr abhängen. 17

wonnen werden. Ins Gewicht fiel zudem, dass die Unterbrechungsdauer länger währte als jede ges. Kündigungsfrist (vgl. § 622 II 1). Ähnl. gilt im Dienstleistungsbereich. Auch hier spielt die Kundenorientierung eine wesentl. Rolle für die Beibehaltung der wirtschaftl. Einheit. IdR ist bei einem Restaurantbetrieb eine sechsmonatige Betriebsruhe als wirtschaftl. erhebl. zu bewerten. Jdf. in Großstädten können Gäste problemlos auf andere Lokale ausweichen. Nach einer sechsmonatigen Schließung müssen diese neu gewonnen werden, was einer Übernahme des Kundenstammes entgegensteht (BAG 11.9.1997 NZA 1998, 31). Demgemäß spricht auch die Veränderung des Konzepts eines Restaurants gegen eine Bewahrung der wirtschaftl. Identität (vgl. Rn. 33). Konsequenterweise kann aber nur eine längere Unterbrechungsdauer ausreichen, wenn den Kunden eine andere Orientierung nicht mögl. ist (Kneipe in einem Dorf) und die Kundenorientierung nach Wiedereröffnung unverändert bleibt. Bei einer Kindertagesstätte kann die Schließung für drei Monate schon ausreichen, wenn im Hinblick auf die Schließung die Kunden (Kinder) schon anderweitig versorgt wurden (LAG K 2.10.1997 NZA-RR 1998, 290).

37 **3. Auftrags- und Funktionsnachfolge/Outsourcing.** Umstr. sind die Fälle der Funktionsnachfolge. Zu unterscheiden sind die Fälle der Auftragsnachfolge, der Auftragsübernahme, der erstmaligen Fremdvergabe einer arbeitstechnischen Aufgabe und die Auftragsrücknahme (*Hergenröder* AR-Blattei SD 500.1 Rn. 200; ausf. *Waas* ZfA 2001, 377 ff.). Nach traditioneller Sicht kann in diesen Fällen ohne Übertragung materieller oder immaterieller Aktiva kein Betriebsübergang vorliegen. Ein Unterschied zu dieser traditionellen Sicht kann aus der Ansicht des EuGH folgen, dass die Funktionsnachfolge dann zum Betriebsübergang wird, wenn der neue Auftragnehmer einen wesentl. Teil des bisherigen Personals übernimmt. Wesentl. ist, ob Arbeitsorganisation und Betriebsmethoden übernommen werden (hierzu Rn. 28; BAG 11.12.1997 NZA 1998, 534). Doch kann weder aus dem EuGH-Urt. v. 11.3.1997 (NZA 1997, 433 – Ayse Süzen) noch v. 14.4.1994 (NZA 1994, 545 – Christel Schmidt) gefolgert werden, dass jede Funktionsnachfolge als Betriebsübergang anzusehen ist (so jedoch zum Urt. v. 14.4.1994 *Röder/Baeck* NZA 1994, 544; *Buchner* DB 1994, 1420; dagegen skeptisch bereits *Willemsen* DB 1995, 925; *Hanau* ZIP 1994, 1038; *ders.* ZIP 1994, 1568; KR/*Treber* Rn. 43). Weder hat der EuGH die Funktionsnachfolge explizit als Betriebsübergang gewertet noch steht dies zu befürchten, weil er den nationalen Gerichten stets eine Gesamtwürdigung abverlangt. Explizit herausgestellt hat der EuGH, dass der bloße Verlust eines Auftrags an einen Mitbewerber für sich genommen keinen Übergang iSd. RL darstellt (vgl. auch BAG 14.8.2007 NZA 2007, 1431; 27.9.2007 NZA 2008, 1130). Es ist stets auf die Identitätswahrung der wirtschaftl. Einheit abzustellen. Der Überlassung sächl. oder immaterieller Betriebsmittel kommt im Regelfall wesentl. Bedeutung zu. Dabei stellt der EuGH heraus, dass als wirtschaftl. Einheit nicht die bloße Tätigkeit verstanden werden dürfe (EuGH 20.1.2011 NZA 2011, 148). Denn das zuvor beauftragte Dienstleistungsunternehmen verliere zwar einen Kunden, bestehe aber in vollem Umf. weiter, ohne dass einer seiner Betriebe oder Betriebsabt. auf den neuen Auftraggeber übertragen worden wäre. Das klassische Outsourcing, die bloße Fremdvergabe einer bisher im eigenen Unternehmen – auch in einem Betriebsteil – durchgeführten Aufgabe, ist jdf. dann kein Betriebsübergang, wenn der neue Auftragnehmer weder Arbeitsmittel noch Personal übernimmt (BAG 22.1.1998 NZA 1998, 536; 14.8.2007 NZA 2007, 1431; 28.5.2009 NZA 2009, 1267; HWK/*Willemsen* Rn. 174; *Schiefer* NZA 1998, 1095, 1100 ff.). An diesen Grds. hat das Klarenberg-Urt. des EuGH nichts geänd. (s. Rn. 7; BAG 17.12.2009 NZA 2010, 499; HWK/*Willemsen* Rn. 128d).

38 **4. Zusammenfassung/Ausblick.** Während die EuGH-Entsch. v. 14.4.1994 (NZA 1994, 545) weitgehend auf Kritik gestoßen ist (Nachw. bei KR/*Treber* Rn. 16 sowie *Oetker* EAS B 7200 Rn. 11 ff.; zust. dagegen *Zwanziger* DB 1994, 2623), wurde die EuGH-Entsch. v. 11.3.1997 (NZA 1997, 433) im Schrifttum zT bereits als Abkehr von der erstgenannten Entsch. begrüßt (*Buchner* NZA 1997, 408 und *Heinze* DB 1997, 677). Dies erscheint vorschnell (ebenso *Lorenz* ZIP 1997, 532; *Buschmann* AuR 1997, 215; *Trittin* DB 1997, 1333). Zwar hat der Gerichtshof den Begriff der wirtschaftl. Einheit als organisierte Gesamtheit von Personen und Sachen definiert, doch lässt er es letztl. genügen, dass diese Einheit nur aus den AN besteht. Seiner Arg. nach kann näml. in bestimmten Branchen, in denen es im Wesentlichen auf die menschl. Arbeitskraft ankommt, allein eine Gesamtheit von AN, die durch eine gemeinsame Tätigkeit dauerhaft verbunden sind, eine wirtschaftl. Einheit darstellen. Damit hat der EuGH im Urt. v. 11.3.1997 (NZA 1997, 433) seine Rspr. v. 14.4.1994 (NZA 1994, 545) unter zwei Gesichtspunkten bestätigt. Erstens bedarf es im Zweifelsfall letztl. keiner Übertragung von Betriebsmitteln, zweitens ist die **Übernahme der Belegschaft** ein wesentl. Indiz für den Betriebsübergang. Ferner ergibt sich aus der Rspr. des EuGH insofern ein Wandel, als die tats. Fortführung des Betriebes maßgebl. ist; die bloße Möglichkeit zur Betriebsfortführung genügt nicht (vgl. Rn. 50 f.).

39 Die neuen Kriterien führen zwar vielfach zu einer teleologisch begr. Annahme eines Betriebsübergangs. So lassen sich – trotz komplexer Zusammenhänge – iE doch recht klare Positiv- und Negativfälle der Anwendung des § 613a umreißen (bes. instruktiv WHSS/*Willemsen* G Rn. 117 ff.). Dennoch unterliegt die neue Sicht in Grenzfällen der Kritik. Mit dem **Verzicht auf die Übertragung von Betriebsmitteln** erreicht der EuGH zwar das Ziel, zum Schutz der AN möglichst alle Betriebe durch die RL zu erfassen. Für diese Fälle hat eine Erweiterung des Tatbestandes des § 613a stattgefunden (*Moll* RdA 1999, 233, 237). Doch bleibt die Frage der Abgrenzung, welche Vorgänge in den Anwen-

dungsbereich der RL und damit unter § 613a fallen, weiter unklar (KR/*Treiber* Rn. 17, 23). In der neueren Rspr. ist die Unterscheidung zwischen betriebsmittelarmen und betriebsmittelreichen Tätigkeiten angelegt. Bei betriebsmittelarmen Tätigkeiten kann es durch das Kriterium „Übernahme der Belegschaft" zu dem befremdl. Resultat kommen, dass es der neue Unternehmer oftmals in der Hand hat, einen Betriebsübergang herbeizuführen oder nicht (BAG 15.12.2011 NZA-RR 2013, 179, 185; *Hanau* ZIP 1994, 1039; *Lorenz* ZIP 1997, 533; *Hergenröder* AR-Blattei SD 500.1 Rn. 220; *Steffan* Anm. EAS RL 77/187/EWG Art. 1 Nr. 13; *Schlachter* FS Däubler 1999 S. 180, 186; dagegen *Moll* RdA 1999, 233, 237). So wird in der Beratungspraxis auch empfohlen, möglichst wenig Personal zu übernehmen (WHSS/*Willemsen* G Rn. 134). Dem **Schutzzweck der RL** entspricht diese Möglichkeit sicherl. nicht. Freil. relativiert sich diese Kritik, wenn man in der praktischen Konstellation bedenkt, dass die Belegschaftsübernahme nur in den Fällen entscheidungsrelevant wird, wo keine anderen Kriterien auf den Betriebsübergang schließen lassen. Wenn der neue Auftragnehmer dann nicht einmal die wesentl. Belegschaft übernimmt, fehlt ein plausibler Ansatzpunkt für die Rechtfertigung der weitgehenden Rechtsfolgen des § 613a. So ist es auch gut vertretbar, dass es in solchen Situationen nicht nur der neue Unternehmer, sondern auch der relevante Anteil der Beschäftigten „in der Hand" hat, den Betriebsübergang herbeizuführen oder nicht (BAG 15.12.2011 NZA-RR 2013, 179, 185; krit. *Schipp* NZA 2013, 238, 240 f.).

Im Hinblick auf den Schutzzweck der RL können sich die Kriterien der **tats. Betriebsfortführung** 40 bzw. die Ähnlichkeit der Tätigkeit vor und nach der Übernahme probl. auswirken. Hier liegt es entscheidend in der Konzeption des Erwerbers, ob tats. ein Betriebsübergang eintritt. Durch geschickte Erwerberkonzepte können hier die Rechtsfolgen des § 613a abgewendet werden. Vor dem Hintergrund des Schutzzwecks des § 613a ist dies nur dort gerechtfertigt, wo die alte Belegschaft tats. nicht in der Lage ist, die neuen Konzepte umzusetzen. Außerdem bleibt die Frage, welche zeitl. Komponente für die Übernahme der Belegschaft in Betracht kommt. Wenn es nach der Sichtweise des EuGH entscheidend darauf ankommt, dass die wirtschaftl. Einheit ihre Identität bewahrt, muss dies auch dann gelten, wenn die Einheit allein aus den AN besteht. Offen bleibt, ob auch Übernahmen, die nach Ablauf der Kündigungsfrist erfolgen, einen Betriebsübergang auslösen können, obwohl streng genommen die Identität der so verstandenen Einheit mit der Entlassung der AN zerfällt (dazu *Steffan* Anm. EAS RL 77/187/EWG Art. 1 Nr. 13). Die bisherige Rspr. des EuGH zur Identitätsbewahrung während einer Unterbrechung der Unternehmenstätigkeit führt hier nicht weiter, weil dort die Identität der wirtschaftl. Einheit gerade nicht aus den AN bestand (vgl. EuGH 17.12.1987, 15.6.1988 EAS RL 77/187/EWG Art. 1 Nr. 3 und 5).

Das Erfordernis des **Übergangs materieller oder immaterieller Betriebsmittel** hat den Vorteil, dass 41 es in der Vielzahl der Fälle – auch im Dienstleistungssektor – ein brauchbares Abgrenzungskriterium bietet. Diese Betriebsmittel können auch in den AN „verkörpert" sein, aber nur, wenn ohne deren Spezialkenntnisse eine Fortführung des Betriebs nicht oder nur unter erhebl. Erschwerungen mögl. ist (ArbRBGB/*Ascheid* Rn. 34; Soergel/*Raab* Rn. 47; **aA** BAG 11.12.1997 NZA 1998, 534).

II. Übergang auf einen anderen Inhaber

Ein Betriebsübergang setzt voraus, dass an die Stelle des bisherigen Betriebsinhabers ein anderer tritt 42 (Rn. 43 ff.), der den Betrieb im eigenen Namen tats. (Rn. 50 f.) fortführt (BAG 6.2.1985 NZA 1985, 735; KR/*Treber* Rn. 52).

1. Betriebsinhaber. Als ehem. oder neuer Inhaber kommt eine natürl. Person oder eine Personengesellschaft (OHG, KG) ebenso in Betracht wie eine jur. Person des privaten oder öffentl. (BAG 25.5.2000 NZA 2000, 1115, 1117) Rechts. Maßgebl. ist ein **Wechsel der Rechtspersönlichkeit des Betriebsinhabers.** § 613a findet deshalb auch auf einen Übergang zwischen zwei Gesellschaften desselben Konzerns Anwendung (EuGH 6.3.2014 NZA 2014, 423 Rn. 48). Bleibt das Rechtssubjekt identisch, fehlt es an einem Betriebsübergang. Bedeutung hat dies va. für gesellschaftsrechtl. Vorgänge. Ein Gesellschafterwechsel berührt die Identität der Gesellschaft als Rechtssubjekt nicht, so dass kein Betriebsübergang vorliegt (BAG 14.8.2007 NZA 2007, 1428; 23.3.2017 – 8 AZR 91/15 –). Das gilt selbst dann, wenn alle Gesellschafter ausscheiden und ihre Gesellschaftsanteile auf einen oder mehrere Erwerber übertragen (BAG 3.5.1983 AP HGB § 128 Nr. 4). Auch eine analoge Anwendung des § 613a scheidet in diesen Fällen aus (KR/*Treber* Rn. 55). Deshalb kann die Nachhaftung ausscheidender Gesellschafter nicht entspr. § 613a II beschränkt werden (BAG 21.7.1977 AP HGB § 128 Nr. 1; MüKoBGB/*Müller-Glöge* Rn. 55). Es bleibt insoweit bei § 160 HGB (vgl. BGH 22.9.1999 AP HGB § 160 Nr. 1 alle Dauerschuldverhältnisse ohne Differenzierung; **aA** LAG HB 24.1.2001 BeckRS 2001, 16865 § 613a lex specialis). Ebenso verbietet sich eine analoge Anwendung des § 613a IV, wenn der neu eintretende Gesellschafter „wegen des Gesellschafterwechsels" kündigt (BAG 12.7.1990 NZA 1991, 63; KR/*Treber* Rn. 55). Weil die **GbR** nach der Entsch. des BGH v. 29.1.2001 (NJW 2001, 1056) als AG anzuerkennen ist und sich das BAG im Urt. v. 1.12.2004 (NZA 2005, 318) dem BGH angeschlossen hat (§ 611a Rn. 184), wird man diese Grds. wohl auf den Gesellschafterwechsel in der GbR übertragen müssen (ebenso MüKoBGB/*Müller-Glöge* Rn. 55). Der BGH sieht als praktischen 43 es sich um Arbeiter, Ang. oder Auszubildende handelt, auch die ltd. Ang. fallen darunter (BAG 22.2.1978 AP BGB § 613a Nr. 11; 19.1.1988 NZA 1988, 501; 13.7.2006 NZA 2006, 1406; KR/*Treber* Rn. 9). Auf den Erwerber gehen auch die in der Freistellungsphase der ATZ ruhenden ArbVerh. über (BAG 31.1.2008 NZA 2008, 705; LAG D 22.10.2003 ZIP 2004, 272f.; MüKoBGB/*Müller-Glöge* Rn. 83; **aA** *Hanau* RdA 2003, 230, 231). Auch sonstige ruhende ArbVerh. gehen auf den Erwerber über, der AN muss aber den Fortbestand des ArbVerh. nach Kenntniserlangung vom Betriebsübergang geltend machen (BAG 18.12.2003 NZA 2004, 791). Ein ArbVerh. zu einer Gesellschaft kann auch dann bestehen, wenn der AN an ihr wirtschaftl. beteiligt ist (BAG 31.5.1990 ZTR 1991, 33; ArbRBGB/*Ascheid* Rn. 9). Ist der Inhaber des ArbVerh. dagegen gleichzeitig Organmitglied der Gesellschaft, greift § 613a nicht ein, da das Vertrauen der das Organmitglied bestellenden Personen dem Übergang des gesamten Dienstverhältnisses auf den Erwerber entgegensteht (*Seiter* Betriebsinhaberwechsel S. 56). Der Anstellungsvertrag eines GmbH-GF geht daher nicht auf einen Betriebserwerber über. Auch eine analoge Anwendung des § 613a kommt nicht in Betracht. Freil. kann rechtsgeschäftl. neben der Organstellung ein ArbVerh. begr. worden sein, das gem. § 613a übergehen kann (BAG 13.2.2003 NZA 2003, 552). Unerhebl. ist ferner, ob es sich um ein TZ- oder VollzeitArbVerh. handelt oder ob das ArbVerh. unbefristet oder befristet besteht, was jetzt auch aus Art. 2 II a, b RL 2001/23/EG folgt. Liegt unechte **ANÜberlassung** vor, geht das ArbVerh. über, wenn der Verleiher seinen Betrieb veräußert (EuGH 13.9.2007 NZA 2007, 1151; s. a. Art. 2 II c RL 2001/23/EG). Erforderl. ist dabei die Übernahme der Verwaltungsstruktur des Verleihers (APS/*Steffan* Rn. 22a). Anderes gilt, wenn zum Entleiher ein fingiertes ArbVerh. nach § 10 AÜG besteht, dann setzt der Übergang die Veräußerung des Entleiherbetriebs voraus (ArbRBGB/*Ascheid* Rn. 9; zum Eintritt der Fiktion nach einem Betriebsübergang *Greiner* RdA 2014, 262, 269ff.). Werden einem Betrieb dauerhaft konzernintern AN überlassen, kann die Übernahme dieses Betriebs nach europ. Recht zum Übergang der mit dem Verleiher abgeschlossenen Arbeitsverträge auf den Erwerber führen (EuGH 21.10.2010 NZA 2010, 1225; zust. *Kühn* NJW 2011, 1408; *Forst* RdA 2011, 228; krit. *Bauer/v. Medem* NZA 2011, 20; *Willemsen* NJW 2011, 1546, 1548 mit Zurechnung der Veräußerung zum Verleiher; abl. Staudinger/*Annuß* Rn. 29). Das gilt jedoch nicht jenseits einer dauerhaften Überlassung innerhalb eines Konzerns (*Greiner* NZA 2014, 284, 288; EnzEUR/*Krause* § 7 Rn. 64; *Sagan* ZESAR 2011, 412, 421; **aA** *Elking*, Der „Nichtvertragl. AG", Diss. 2014 S. 199ff.; diff. PS/*Grau/Hartmann* § 11 Rn. 65f.) und selbst insoweit führt ein Betriebsübergang nur zum Austausch des Entleihers (*Greiner* NZA 2014, 284, 289 mwN; offen gelassen in BAG 15.5.2013 NZA 2013, 1214 Rn. 37). Auf Verträge freier Mitarbeiter und ANähnl. Personen wird § 613a nicht angewendet. Auf **HeimArbVerh.** findet § 613a keine, auch keine analoge Anwendung (BAG 3.7.1980 AP BGB § 613a Nr. 23; 24.3.1998 NZA 1998, 1001; Staudinger/*Annuß* Rn. 31; **aA** KR/*Treber* Rn. 10).

68 Ein **bestehendes** ArbVerh. liegt auch dann noch vor, wenn es an Mängeln leidet und deshalb kein wirksamer oder ein anfechtbarer Arbeitsvertrag zugrundeliegt (ArbRBGB/*Ascheid* Rn. 10). Ist das ArbVerh. bereits gekündigt, besteht es jdf. noch bis zum Ablauf der Kündigungsfrist und geht vorher auf den Erwerber über (BAG 22.2.1978 AP BGB § 613a Nr. 11).

69 Ist das ArbVerh. beendet, greift § 613a nicht ein. Bloß ruhende ArbVerh. (etwa bei Auslandsentsendung) gehen über (BAG 14.7.2005 NZA 2005, 1411). **Ruhestandsverhältnisse** werden daher nicht erfasst, so dass der Erwerber Versorgungsansprüche von AN, die bereits vor dem Betriebsübergang in den Ruhestand getreten sind, nicht erfüllen muss (BAG 11.11.1986 NZA 1987, 559; ArbRBGB/*Ascheid* Rn. 13; MüKoBGB/*Müller-Glöge* Rn. 84). Dasselbe gilt für Versorgungsanwartschaften von bereits vor dem Betriebsübergang ausgeschiedenen AN. Eine Umgehung von § 4 BetrAVG liegt vor, wenn in einem Betriebsübernahmevertrag vereinbart wird, dass der Betriebserwerber bereits fälligen Versorgungsschulden beitritt und danach die Betriebsrentner veranlassen muss, den Betriebsveräußerer von der Haftung freizustellen. Die vorgesehenen Erlassverträge zwischen Betriebsrentnern und dem Betriebsveräußerer sind nur dann wirksam, wenn der PSV zustimmt (BAG 17.3.1987 NZA 1988, 21). Übernimmt der Erwerber anlässl. des Betriebsübergangs zugleich eine Unterstützungskasse, muss die Unterstützungskasse die Ansprüche der bereits ausgeschiedenen AN erfüllen. Der Betriebsveräußerer bleibt verpflichtet, dafür zu sorgen, dass die Unterstützungskasse ihre Leistungen erbringen kann (BAG 28.2.1989 NZA 1989, 681). Wird er insolvent, tritt der PSV nach § 7 BetrAVG für die Ruhegelder und unverfallbaren Versorgungsanwartschaften ein (MüKoBGB/*Müller-Glöge* Rn. 85).

70 **Provisionsansprüche** der bei Betriebsübergang ausgeschiedenen AN braucht der Erwerber auch dann nicht zu erfüllen, wenn das provisionspflichtige Geschäft erst vom Erwerber ausgeführt wird (BAG 11.11.1986 NZA 1987, 597).

71 **3. Zuordnung der Arbeitnehmer.** Veräußert ein Unternehmen nur einen von mehreren Betrieben oder ein Betriebsinhaber ledigl. einen Betriebsteil, kann im Einzelfall str. werden, welche ArbVerh. auf den Erwerber übergehen (hierzu *Gentges* RdA 1996, 265ff.; *Müller/Thüsing* ZIP 1997, 1876f.). Dasselbe gilt, wenn von mehreren Betrieben einer oder Teile von einem Betrieb stillgelegt und andere übertragen werden. Probleme stellen sich in diesen Fällen, wenn AN in verschiedenen Betrieben bzw. Betriebsteilen oder in einer zentralen Unternehmensorganisation tätig waren.

Maßgebl. für die Zuordnung sind die Umstände im Zpkt. des Betriebsübergangs. Inhaltl. richtet sich die Zuordnung in erster Linie nach dem Willen der Arbeitsvertragsparteien (BAG 17.10.2013 NZA-RR 175 Rn. 24). Vereinb. zwischen dem Veräußerer und dem Erwerber zulasten des AN sind unbeachtl. (BAG 21.6.2012 NZA-RR 2013, 6 Rn. 81; ausf. *Kreitner* FS Küttner 2007 S. 399). Fehlt es an einer – ausdr. oder konkludenten – Abrede zwischen dem AG und dem AN, erfolgt die Zuordnung grds. – ausdr. oder konkludent – durch den AG aufgrund seines Direktionsrechts (BAG 21.2.2013 NZA 2013, 617 Rn. 35; einschr. *Elking* NZA 2014, 295). Widerspricht ein AN dem Übergang seines ArbVerh., fällt dieses weder automatisch in einen vom Veräußerer weitergeführten Bereich zurück noch ergibt sich aus § 1 II 2 Nr. 1 lit. b) KSchG ein Anspruch auf Zuordnung zu einem fortgeführten Betrieb oder Betriebsteil (BAG 21.2.2013 NZA 2013, 617 Rn. 41, 49). Fehlt es auch an einer einseitigen Entsch. des AG über die Zuordnung, erfolgt sie nach obj. Kriterien. Notwendig ist, dass der AN in den übergegangenen Betrieb(steil) tats. eingegliedert war (BAG 11.9.1997 NZA 1998, 31; 13.2.2003 NZA 2003, 1111; 24.8.2006 NZA 2007, 1320; 21.6.2012 NZA-RR 2013, 6). Es reicht nicht aus, wenn er ledigl. (auch) für den Betriebsteil Tätigkeiten verrichtet hat, ohne diesem anzugehören (BAG 8.8.2002 EzA BGB § 613a Nr. 209; 13.12.2012 NZA 2013, 669; 24.1.2013 DB 2013, 1556 Rn. 88; Staudinger/*Annuß* Rn. 143). Entscheidend ist, in welchem Betriebsteil der AN überw., dh. im Schwerpunkt, tätig war (BAG 17.10.2013 NZA-RR 2014, 175 Rn. 28). Regelm. führt die obj. Betrachtung zu einer klaren Zuordnung. Bleibt die Zuordnung in Ausnahmefällen unklar, steht den betroffenen AN in Anlehnung an ihr Widerspruchsrecht (dazu Rn. 84 ff.) ein Wahlrecht zu, ob sie dem verbleibenden oder dem übernommenen Betrieb(steil) zugeordnet werden wollen (LAG TH 14.11.2011 BeckRS 2016, 66425; *v. Hoyningen-Huene/Windbichler* RdA 1977, 334; *Müller/Thüsing* ZIP 1997, 1869, 1873; *Gentges* RdA 1996, 265, 274; **aA** *Kreitner* NZA 1990, 431; *ders.* FS Küttner 2007 S. 399; *Gaul* S. 365 ff.; MüArbR/*Wank* § 102 Rn. 131; für eine Aufspaltung obj. nicht zuzuordnender ArbVerh. *Elking/Aszmons* BB 2014, 373, 374). Die ArbVerh. der AN, die in zentralen Unternehmensbereichen tätig waren, gehen nur dann über, wenn deren Tätigkeit ausschl. oder wesentl. dem übergehenden Betrieb oder Betriebsteil zugute kam. Die Verbindung zwischen der Tätigkeit und dem betr. Betrieb oder Betriebsteil muss so eng sein, dass infolge des Betriebs(teil)übergangs die Beschäftigungsmöglichkeit im verbleibenden zentralen Unternehmensbereich des Veräußerers entfällt. Anderenfalls verbleiben die AN im Veräußererunternehmen (für eine Zuordnungsentsch. des AG *Lieb* ZfA 1994, 240 f.; Staudinger/*Annuß* Rn. 145; iE wohl a. *Müller/Thüsing* ZIP 1997, 1869, 1876 f.). Grds. geht aber der Leiter einer Zentralabt., die für den gesamten Betrieb bzw. das Unternehmen zust. ist, nicht mit Übergang eines – wenn auch wesentl. – Betriebsteils über (BAG 13.11.1997 NZA 1998, 249). Betriebsteile, wie bspw. die „kaufmännische Verw." gehen nur dann auf den Betriebserwerber über, wenn ihre sächl. oder immateriellen Betriebsmittel übertragen worden sind oder der nach Zahl und Sachkunde wesentl. Teil des dort beschäftigten Personals übertragen worden ist (BAG 24.8.2006 NZA 2007, 1320). Auch die Restbelegschaft eines – nach Betriebsteilübergang nicht mehr lebensfähigen Betriebsrestes – geht nicht mit über (*Müller-Glöge* NZA 1999, 449, 453; *Annuß* BB 1998, 1582, 1586; *Hergenröder* AR-Blattei SD 500.1 Rn. 376). AN eines stillgelegten Betriebsteils werden nicht automatisch dem Gesamtbetrieb zugeordnet, hierzu bedarf es einer Zuordnungsentsch. des AG (BAG 25.9.2003 NZA 2004, 1406). 72

4. Eintritt in die Rechte und Pflichten. a) Rechtsstellung des Arbeitnehmers. Durch den ges. angeordneten Vertragspartnerwechsel wird der neue Betriebsinhaber Schuldner aller Verbindlichkeiten aus dem ArbVerh., auch soweit sie vor dem Übergang entstanden sind (ausf. *Gaul* S. 419 ff.; WHSS/*Willemsen* G Rn. 188 ff.). Er muss dies. Löhne und Gehälter zahlen, die der ehem. Betriebsinhaber gezahlt hat. Der Erwerber tritt auch in die bestehende betriebl. Vergütungsordnung ein und ist an diese bis zu einer Änd. unter Wahrung des MBR des BR nach § 87 I BetrVG gebunden (BAG 8.12.2009 NZA 2010, 404; vgl. auch *Müller-Bonanni/Mehrens* NZA 2012, 1194). Sind diese niedriger als die Entgelte der AN des Betriebsübernehmers, besteht kein Anspruch auf Ausgleichung nach dem Gleichbehandlungsgrds. (BAG 31.8.2005 NZA 2006, 265). Auch rückständige Lohnansprüche hat er auf Grund des Schuldnerwechsels zu begleichen (BAG 18.8.1976 AP BGB § 613a Nr. 4). Zu den Verbindlichkeiten aus dem ArbVerh. gehören auch alle **sonstigen Leistungen**, die der bisherige Betriebsinhaber gewährt hat, wie etwa Gratifikationen und andere Sonderleistungen (zB Anwesenheitsprämien), ein **AGDarlehen** aber nur, wenn der AG dem AN ein Darlehen als Lohn- oder Gehaltsvorschuss gegeben hat (ausf. *B. Fuchs*, Betriebl. Sozialleistungen beim Betriebsübergang, 2000). **Personalrabatte** oder Ansprüche auf **Personaleinkäufe** gehen als Vergütungsbestandteile, auch bei Betriebsteilübergängen, grds. auf den Erwerber über. Bei Personalrabatten erkennt das BAG jedoch idR einen vertragl. Vorbehalt, dass der AG die preisgeminderten Waren selbst herstellt, so dass iE der Übergang vielfach zu verneinen ist (BAG 7.9.2004 NZA 2005, 1223). Diese Rspr. hat das BAG auf Flugvergünstigungen im Konzern übertragen, die unter dem immanenten Vorbehalt standen, dass im Konzern Flüge überhaupt noch stattfinden (BAG 13.12.2006 NZA 2007, 325). Haben die Arbeitsvertragsparteien jedoch neben dem Arbeitsvertrag einen vom ArbVerh. unabhängigen, eigenständigen Darlehensvertrag geschlossen, wird dieser durch den Betriebsübergang nicht berührt (BAG 21.1.1999 BeckRS 1999, 30368263; Staudinger/*Annuß* Rn. 164; diff. WHSS/*Willemsen* G Rn. 192; *Moll* FS 73

50 Jahre BAG 2004 S. 59, 63). Hat der ehem. Inhaber ein Zwischenzeugnis erteilt, ist auch der Erwerber regelm. an den Inhalt des Zwischenzeugnisses gebunden, wenn er ein Endzeugnis erteilt (BAG 16.10.2007 NZA 2008, 298; zur Bindung bei Zeugniserteilung s. GewO § 109 Rn. 7). Bereits beim Veräußerer erdiente **Versorgungsanwartschaften** der AN gehören ebenfalls zu den übergehenden Rechten (stRspr.; BAG 24.3.1977 AP BGB § 613a Nr. 6; 29.11.1988 NZA 1988, 425). Dabei macht es keinen Unterschied, ob es sich um verfallbare oder unverfallbare Anwartschaften handelt (BAG 12.5.1992 NZA 1992, 1080; Staudinger/*Annuß* Rn. 169). Wird die betriebl. AV beim Veräußerer von einer Unterstützungskasse durchgeführt, diese aber nicht auf den Erwerber übertragen, übernimmt der Erwerber ebenfalls die Versorgungslasten nach § 613a. Im Gegensatz zum Veräußerer kann der Erwerber seine versorgungsberechtigten AN nicht an die Unterstützungskasse verweisen, die vor dem Betriebsinhaberwechsel für die Erfüllung der Versorgungsansprüche zust. war (BAG 15.3.1979 NJW 1979, 2533). Eine andere Frage ist, ob sich die in Anspruch genommene Unterstützungskasse auf die für den Veräußerer geltende Haftungsbeschränkung (dazu Rn. 133 ff.) nach § 613a II berufen kann. Das BAG (15.3.1979 NJW 1979, 2533) hat dies unter Hinweis auf die wirtschaftl. Einheit zwischen Trägerunternehmen und Unterstützungskasse bejaht. Dem wird mit gutem Grund entgegengehalten, dass diese wirtschaftl. Sichtweise die rechtl. Selbständigkeit der Unterstützungskassen zu wenig berücksichtige. Soweit diese in Form eines eV betrieben werde, ändere der Betriebsübergang an der Mitgliedschaft der AN nichts, so dass es für einen Anspruchsverlust der AN keinen Grund gebe (*Schaub* NZA 1987, 3). Übergehen können grds. auch Ansprüche aus einem **Aktienoptionsplan** (BAG 12.2.2003 NZA 2003, 487; *Gaul* § 13 Rn. 42; *Tappert* NZA 2002, 1188; *Lembke* BB 2001, 1469; *Nehls/Sudmeyer* ZIP 2002, 201; **aA** *Bauer/Göpfert/von Steinau-Steinrück* ZIP 2001, 1129; *Moll* FS 50 Jahre BAG 2004 S. 59, 62). Schließt der AN eine Vereinb. über die Gewährung von Aktienoptionen nicht mit seinem AG, sondern mit einem anderen Konzernunternehmen ab, so können Ansprüche aus dieser Vereinb. grds. nur ggü. dem vertragsschließenden Konzernunternehmen geltend gemacht werden und werden nicht Bestandteil des ArbVerh. mit einer Tochtergesellschaft (BAG 12.2.2003 NZA 2003, 487; LAG D 3.3.1998 NZA 1999, 981; LAG HE 19.11.2001 LAGE BGB § 611 Mitarbeiterbeteiligung Nr. 2; *Buhr/Radtke* BB 2001, 1882; *Lingemann/Diller/Mengel* NZA 2000, 1191, 1198; *Gaul* § 13 Rn. 51; *Schnitker/Grau* BB 2002, 2499; *Nehls/Sudmeyer* ZIP 2002, 204; *v. Steinau-Steinrück* NZA 2003, 473; **aA** *Lipinski/Melms* BB 2003, 150, 153 f.). Eine für den Fall des Betriebsübergangs vereinbarte Verfallklausel dürfte unwirksam sein (so *Tappert* NZA 2002, 1192, 1193; dagegen: *Bauer/Göpfert/von Steinau-Steinrück* ZIP 2001, 1132; diff.: *Willemsen/Müller-Bonanni* ZIP 2003, 1177, 1182 ff.; *Mechlem/Melms* DB 2000, 1614, 1616). Zur Frage, ob ggf. übergehende Ansprüche aus einem Aktienoptionsplan nach den Regeln erg. Vertragsauslegung oder nach § 313 wegen Störung der Geschäftsgrdl. anzupassen sind, weil dem Erwerber die im Regelfall mit einem Aktienoptionsplan verbundene Kapitalerhöhung und Ausgabe neuer Aktien nach § 275 I rechtl. unmögl. ist s. *Gaul* § 13 Rn. 43 ff.; *Schnitker/Grau* BB 2002, 2497, 2500; *Willemsen/Müller-Bonanni* ZIP 2003, 1177, 1182 f. Zur Weitergeltung arbeitsvertragl. Bezugnahmen auf TV vgl. Rn. 127.

74 Bestand bereits vor dem Betriebsübergang auf Grund einer **betriebl. Übung** (hierzu § 611a Rn. 220 ff.; LAG MV 14.12.2011 BeckRS 2012, 66774) oder einer **Gesamtzusage** (BAG 4.6.2008 NZA 2008, 1360) eine Bindungswirkung, gilt diese auch für den neuen Betriebsinhaber (BAG 3.11.2004 BeckRS 2004, 30345778). Ist die betriebl. Übung zum Zpkt. des Betriebsübergangs noch nicht bindend geworden, muss der jetzige Betriebsinhaber den von seinem Vorgänger gesetzten Vertrauenstatbestand gegen sich gelten lassen. Allerdings kann er für die Zukunft die Betriebsübung unter Beachtung des arbeitsrechtl. Gleichbehandlungsgrds. abbrechen und dadurch den Eintritt der Bindung verhindern (MüKoBGB/*Müller-Glöge* Rn. 95).

75 Werden die übernommenen AN durch die Übernahme ihrer bisherigen Ansprüche günstiger gestellt als die bereits beim Erwerber vorhandene Belegschaft, bleibt die Besserstellung grds. erhalten. Keinesfalls kann der Erwerber unter Hinweis auf den arbeitsrechtl. **Gleichbehandlungsgrds.** (hierzu § 611 Rn. 587) eine Anpassung an die Verhältnisse in seinem bereits bestehenden Betrieb einseitig anordnen. Will er eine Gleichstellung erreichen, muss er entweder eine vertragl. Vereinb. herbeiführen oder eine Änderungskündigung aussprechen (BAG 6.12.1978 AP AngestelltenkündigungsG § 2 Nr. 7), was auch die RL 2001/23/EG zulässt (EuGH 14.9.2000 NZA 2000, 1279). Andererseits können die AN des Stammbetriebs keine Anpassung an die Rechtsstellung der übernommenen AN verlangen. Bestehen im Stammbetrieb des Erwerbers bessere Bedingungen als in dem übernommenen Betrieb oder Betriebsteil, verlangt der Gleichbehandlungsgrds. nicht zwgd. eine Anpassung zugunsten der übernommenen AN (BAG 29.8.2001 NZA 2002, 863; 31.8.2005 NZA 2006, 265). Nimmt der Erwerber eine Verbesserung der Arbeitsbedingungen der schlechter gestellten ANGruppe vor, kann darin ein sachl. Differenzierungsgrund liegen (BAG 14.3.2007 NZA 2007, 862). Dies gilt jdf. dann, wenn die übernommene Betriebsorganisation ihre Selbständigkeit bewahrt. Allerdings kann die unterschiedl. Behandlung im Laufe der Zeit ihren sachl. Grund verlieren und zu einem Anpassungsanspruch der schlechter gestellten AN führen (HWK/*Willemsen/Müller-Bonanni* Rn. 246; *Seiter* Betriebsinhaberwechsel S. 83 f.; **aA** BAG 31.8.2005 NZA 2006, 265). Wird die übernommene Betriebsorganisation dagegen vollständig aufgelöst und werden die übernommenen AN unterschiedslos in den Stammbetrieb integriert, kann dies einen Gleichstellungsanspruch begründen (**aA** HWK/

II. Unterrichtung und Widerspruchsrecht der Arbeitnehmer

1. Normzweck. Mit § 613a V setzt der Gesetzgeber Art. 7 VI RL 2001/23/EG um, geht aber deutl. über die europ. Vorgaben hinaus, die eine Inf. der einzelnen AN über den Betriebsübergang nur verlangen, wenn es unabhängig vom Willen der AN keine ANVertreter gibt, dh. nur in nicht betriebsratsfähigen Betrieben (s. a. den Änderungsantrag in BT-Drs. 14/8144; zu den Folgen der überschießenden Umsetzung der RL *Hoffmann* S. 31 ff.). Aufgrund der Folgen eines Betriebsübergangs hält der Gesetzgeber die Unterrichtung aller AN für geboten und verknüpft mit diesem Informationsanspruch das Widerspruchsrecht des AN (§ 613a VI; ausf. *Grau,* Unterrichtung und Widerspruchsrecht der AN bei Betriebsübergang gem. § 613a V und VI BGB, 2005; *C. Meyer,* Die Unterrichtung der AN vor Betriebsübergang, 2007). Auf der Grdl. der erteilten Inf. soll der AN über die Ausübung oder Nichtausübung des Widerspruchsrechts entscheiden können (BT-Drs. 14/7760 S. 19); dem AN muss eine **ausreichende Wissensgrdl. für die Entsch.** verschafft werden (BAG 13.7.2006 NZA 2006, 1268; 21.8.2008 NZA-RR 2009, 62; 23.7.2009 NZA 2010, 89, 91); dieser Zweck ist Leitlinie für die Konkretisierung des notwendigen Inhalts der Unterrichtung (Staudinger/*Annuß* Rn. 266; diff. *Hoffmann* S. 39 ff., 44 f.). Dem AN soll die Möglichkeit eröffnet werden, sich zu erkundigen und ggf. beraten zu lassen und dann auf dieser Grdl. über einen Widerspruch zu entscheiden (BAG 10.11.2011 AP BGB § 613a Unterrichtung Nr. 15; hierzu *Gaul/Krause* RdA 2013, 39, 41). Wie der gesamte § 613a gelten §§ 613a V, VI unabhängig von der Betriebsgröße und unabhängig vom Bestehen eines BR (*Grobys* BB 2002, 726). Da § 613a bei einem Übergang von ArbVerh. kraft G keine Anwendung findet (Rn. 62), greift in diesen Fällen nicht das Widerspruchsrecht nach § 613a VI. Kommt es dabei jedoch zu einem Wechsel der AN von einem öffentl. zu einem privaten AG oder handelt es sich um einen Zwischenschritt zu einer beabsichtigten Privatisierung, muss der Gesetzgeber das Grundrecht der AN auf freie Wahl des Arbeitsplatzes schützen und ihnen die Möglichkeit einräumen, den Fortbestand ihrer bisherigen arbeitsvertragl. Bindung geltend zu machen (BVerfG 25.1.2011 NZA 2011, 400; hierzu *Meyer* RdA 2013, 58, 60; anders noch BAG 2.3.2006 NZA 2006, 848; 18.12.2008 ZTR 2009, 534; krit. *Willemsen* NJW 2007, 2065, 2074 f.; s. a. BAG 26.9.2013 AP SGB II § 6c Nr. 1 zur Verfassungswidrigkeit von § 6c I 1 SGB II, der in Jobcentern eingesetzte AN der BA auf Kommunen überleitet; anders zur bloßen Umwandlung im Fall der Postreform BAG 16.7.2015 NZA 2016, 250 Rn. 23 ff.). 84

2. Unterrichtung der Arbeitnehmer. a) Inhalt der Unterrichtung. § 613a V Nr. 1 bis 4 benennt – übereinstimmend mit Art. 7 VI RL 2001/23/EG – den notwendigen Inhalt der Unterrichtung. Die hohen Anforderungen wurden insb. durch zwei Urt. des BAG v. 13.7.2006 (NZA 2006, 1268 und NZA 2006, 1273; dazu krit. *Willemsen* NJW 2007, 2067 ff.; vgl. a. *Hohenstatt/Grau* NZA 2007, 13; *Grau* RdA 2007, 367; *C. Meyer* DB 2007, 858; *Reinhard* NZA 2009, 63) konkretisiert. Der Inhalt der zu gebenden Inf. bestimmt sich demnach generell nach dem **subj. Kenntnisstand** des Veräußerers und Erwerbers zum Zpkt. der Unterrichtung (BAG 13.7.2006 NZA 2006, 1268, 1270; *Grobys* BB 2002, 726, 728; *Meyer* BB 2003, 1010, 1012). Die Inf. müssen **zutr.**, vollständig und präzise sein (*Hohenstatt/Grau* NZA 2007, 13, 14). Die Hinweise auf die Rechtsfolgen dürfen keinen jur. Fehler enthalten (BAG 13.7.2006 NZA 2006, 1268). Es genügt nicht, dass die Belehrung über die rechtl. Folgen nur „im Kern" richtig ist und ledigl. eine „ausreichende" Unterrichtung erfolgen muss (BAG 20.3.2008 NZA 2008, 1354; 24.7.2008 – 8 AZR 73/07 – BeckRS 2009, 58465). Kraft G eintretende Rechtsfolgen müssen als solche bezeichnet werden und dürfen nicht als freiwillige Selbstverpflichtung deklariert werden (BAG 13.7.2006 NZA 2006, 1268, 1272). Das BAG prüft in vollem Umf., ob die Unterrichtung ordnungsgemäß erfolgt ist (BAG 13.7.2006 NZA 2006, 1268, 1270; **aA** *Grobys* BB 2002, 726, 729, vgl. a. WHSS/*Willemsen* C Rn. 377 f.). Ob die Unterrichtung bewusst oder unbewusst falsch erfolgt, ist demnach unerhebl. Eine Unterrichtung über komplexe Rechtsfragen ist jedoch nicht fehlerhaft, wenn der AG bei angemessener Prüfung der Rechtslage, ggf. nach Einholung von Rechtsrat über die höchstrichterl. Rspr., ggü. dem AN rechtl. vertretbare Positionen kundtut (BAG 13.7.2006 NZA 2006, 1273; 14.12.2006 NZA 2007, 682). Die Änd. einer im Zpkt. der Unterrichtung bestehenden Planung löst grds. keinen Anspruch auf erg. Unterrichtung aus (BAG 13.7.2006 NZA 2006, 1268; zur Abgrenzung von einer völlig neuen Maßnahme BAG 25.10.2007 NZA 2008, 357). 85

Die Unterrichtung kann in einem Standardschreiben erfolgen; sie muss jedoch etwaige Besonderheiten des ArbVerh. erfassen (BAG 13.7.2006 NZA 2006, 1268, 1271). Denkbar ist, dass unterschiedl. Schreiben für ANGruppen hins. der kollektivvertragl. Situation gefertigt werden müssen. Diese Problematik kann sich in Betrieben stellen, in denen Tarifpluralität herrscht. Hins. der Standardisierung beschreitet das BAG einen Mittelweg: Unzureichend ist einerseits eine bloße Wiedergabe des Gesetzestextes von § 613a. Die Auswirkungen des Betriebsübergangs müssen andererseits auch nicht konkret bezogen auf jedes einzelne ArbVerh. benannt werden. Der Veräußerer oder Erwerber kann vielmehr die Folgen kollektiv für die AN oder für ANGruppen beschreiben (*Jaeger* ZIP 2004, 433, 440; *Bauer/von Steinau-Steinrück* ZIP 2002, 457, 462; *Willemsen/Lembke* NJW 2002, 1159, 1163). Dabei müssen relevante Besonderheiten des jeweiligen ArbVerh. erfasst werden (BAG 13.7.2006 NZA 2006, 1268, 1271; HWK/*Willemsen/Müller-Bonanni* Rn. 320). Die Unterrichtung muss in einer klaren, für jur. Laien verständl. Sprache erfolgen. 86

86a Diese strengen Anforderungen relativiert das BAG über die Darlegungslast (zum Folgenden BAG 10.11.2011 AP BGB § 613a Unterrichtung Nr. 15; *Lingemann* NZA 2012, 546): Genüge die Unterrichtung zunächst formal den ges. Anforderungen, insb. denen des § 613a V, und sei diese nicht offensichtl. fehlerhaft, sei es Sache des AN, einen behaupteten Mangel näher darzulegen. Hierzu sei er im Rahmen einer abgestuften Darlegungslast nach § 138 III ZPO verpflichtet. Dem bisherigen AG und/oder dem neuen Inhaber – je nachdem, wer die Unterrichtung vorgenommen hat – obliegt dann die Darlegungs- und Beweislast für die ordnungsgemäße Erfüllung der Unterrichtungspflicht, indem mit entspr. Darlegungen und Beweisangeboten die Einwände des AN entkräftet werden. Ohne spezifischen Vortrag des AN beanstandet das BAG nur noch die „offensichtl. unzureichende Unterrichtung" (vgl. *Gaul/Krause* RdA 2013, 39, 41). Vom AG könne „keine umfassende Rechtsberatung im Einzelfall verlangt werden". Auch der Gesetzgeber gehe davon aus, dass der AN sich nach der Unterrichtung eingehender informieren bzw. beraten lassen könne (vgl. BT-Drs. 14/7760 S. 19). Es obliege dem AN, die Angaben mittels Subsumtion und ggf. auch durch weitere Erkundigungen für sein pers. ArbVerh. umzusetzen. Damit bleibt es zwar im Grds. bei den strengen Anforderungen, doch wird das Prozessrisiko gerechter verteilt.

87 **Zpkt. des Übergangs (Nr. 1)** ist der Zpkt., zu dem der neue Inhaber die arbeitsorganisatorische Organisations- und Leitungsmacht übernimmt (Rn. 66). Die Nennung des gepl. Übergangszpkt. reicht. Als **Grund für den Übergang (Nr. 2)** muss zunächst die rechtsgeschäftl. Grdl. für den Betriebsübergang (zB Kauf, Pacht, Umwandlung) mitgeteilt werden. Die wirtschaftl. Ursachen und unternehmerischen Motive für den Betriebsübergang sind grds. nicht Gegenstand der Unterrichtungspflicht (*Gaul/Otto* DB 2002, 634, 635; *Kania/Joppich* FS Küttner 2006 S. 383, 387 f.; vgl. aber APS/*Steffan* Rn. 208; Staudinger/*Annuß* Rn. 272; *Willemsen/Lemke* NJW 2002, 1159, 1162). Soweit sich die unternehmerischen Gründe für den Betriebsübergang im Falle seines Widerspruchs auf den Arbeitsplatz auswirken können, müssen sie demggü. Gegenstand der Unterrichtung sein (BAG 13.7.2006 NZA 2006, 1268, 1271; 23.7.2009 NZA 2010, 89, 92; näher dazu *Hohenstatt/Grau* NZA 2006, 13, 15). Der AN muss insb. darüber unterrichtet werden, ob dem Betriebsübergang aus wirtschaftl. Gründen ein Entschl. zur vollständigen Betriebsschließung beim Veräußerer zugrunde liegt, so dass nach Ausübung des Widerspruchsrechts kein Arbeitsplatz mehr vorhanden wäre (BAG 13.7.2006 NZA 2006, 1268, 1271; APS/*Steffan* Rn. 208). Es genügt eine „schlagwortartige", skizzierende Darlegung der unternehmerischen Erwägungen (BAG 13.7.2006 NZA 2006, 1268, 1271; 13.7.2006 NZA 2006, 1273, 1275; *Hoffmann* S. 200 ff.).

88 Die Unterrichtung über **rechtl., wirtschaftl. und soziale Folgen des Betriebsübergangs (Nr. 3)** beinhaltet zunächst die Inf. über die **Person des Erwerbers**. Dieser muss mit Firmenbezeichnung, Firmensitz (zum Zwecke der Einsicht in das Handelsregister) und Anschrift benannt werden. Bei Gesellschaften gehört, sofern eine vollständige ges. Vertretung nicht angegeben wird oder angegeben werden kann, die Nennung einer identifizierbaren natürl. Person mit Personalkompetenz als Ansprechpartner des Betriebserwerbers dazu (BAG 23.7.2009 NZA 2010, 89, 91). Der Erwerber muss mithin konkret identifizierbar sein (BAG 13.7.2006 NZA 2006, 1268, 1271). Es genügt auch nicht der Hinweis, ein Übergang finde auf eine „neue" bzw. „zu gründende" GmbH statt (BAG 21.8.2008 NZA-RR 2009, 62). Demgemäß gehört bei einer Ausgliederung eines Geschäftsbereichs zur notwendigen Inf. auch der Hinweis darauf, dass es sich um eine völlig selbständige Neugründung einer OHG (mit beschränktem Haftungskapital) handelt (LAG D 29.4.2008 NZA-RR 2008, 625). Die AN müssen sich innerhalb der Widerspruchsfrist nach § 613a VI 1 ein Bild vom Erwerber machen können. Deswegen muss über die Firma und den Sitz einer erwerbenden Gesellschaft im Zpkt. der Unterrichtung informiert werden, wenn beides vor dem Übergang geänd. werden soll; ein Hinweis auf eine künftige Firma und einen mögl. künftigen Sitz genügt nicht (BAG 14.11.2013 NZA 2014, 610). Freil. kann – unter den Voraussetzungen des § 613a V – die Unterrichtung über die Identität des Erwerbers nachgeholt werden (*Gaul/Niklas* DB 2009, 452) mit der Folge, dass die Frist für den Widerspruch mit dem erneuten Schreiben neu beginnt (LAG BW 4.4.2011 BeckRS 2011, 74248). Bei Konzernverflechtungen ist klarzustellen, wie der übergehende Betrieb(steil) im erwerbenden Konzern positioniert wird, weil es sich um eine relevante Inf. für die Entsch. über das Widerspruchsrecht handelt (BAG 23.7.2009 NZA 2010, 89, 92). Dass als Erwerber eine im Zpkt. des Erwerbs noch nicht ins Handelsregister eingetragene GmbH genannt wird, ist unschädl., wenn die Eintragung bis zur Unterrichtung erfolgt ist (LAG BB 20.7.2007 NZA-RR 2007, 626). Der **Gegenstand des Betriebsübergangs**, also welcher Betrieb oder Betriebsteil übergeht, muss präzise beschrieben werden (BAG 13.7.2006 NZA 2006, 1268, 1271).

88a Zu den **rechtl. Folgen** eines Betriebsübergangs, über die zu unterrichten ist, gehören die Gesamtschuldnerschaft des Veräußerers und des Erwerbers sowie deren ant. **Haftung** nach § 613a II, die richtig und verständl. dargestellt werden müssen (BAG 14.12.2006 NZA 2007, 682; 21.8.2008 NZA-RR 2009, 62; 22.1.2009 NZA 2009, 547; 23.7.2009 NZA 2010, 89; 26.5.2011 AP BGB § 613a Nr. 407: „Nur die vollständige Darst. des Haftungssystems versetzt die AN in die Lage, ggf. näheren Rechtsrat einzuholen, wer in welchem Umf. für welche Ansprüche haftet"; verbal großzügiger: Inf. in einer „nicht offensichtl. fehlerhaften Weise" BAG 10.11.2011 AP BGB § 613a Unterrichtung Nr. 15 Rn. 34; *Gaul/Niklas* DB 2009, 452, 453; krit. *Meyer* SAE 2010, 173, 175), die **Weitergeltung** oder Änd. der bisherigen Pflichten aus dem ArbVerh., das **Kündigungsverbot** nach § 613a IV sowie das **Widerspruchsrecht** nach § 613a VI. Erfasst sind zunächst die sich unmittelbar aus dem Übergang ergebenden

Rechtsfolgen, wie zB der Eintritt des Erwerbers in die ArbVerh. und die Fortgeltung von tarifl. oder betriebl. Regelungen (BAG 13.7.2006 NZA 2006, 1268; zur Unterrichtung über eine Fortgeltung von BV *Mohnke/Betz* BB 2008, 498). Insb. ist über die Ablösung von TV und BV durch beim Erwerber geltende Kollektivverträge zu unterrichten (BAG 24.7.2008 BeckRS 2009, 58465). Eine detaillierte Bezeichnung der betroffenen TV und BV ist nicht erforderl.; die Rspr. verlangt aber einen Hinweis darauf, ob die Normen kollektivrechtl. oder individualrechtl. fortwirken (BAG 23.7.2009 NZA 2010, 89; 10.11.2011 AP BGB § 613a Unterrichtung Nr. 15 Rn. 27, 31). Daran wird nicht festgehalten werden können (iE *Sagan* ZIP 2011, 1641; **aA** HMB/*Grau* Teil 15 Rn. 64), nachdem das BAG den Unterschied zwischen kollektiv- und individualvertragl. Fortgeltung eingeebnet hat und von einer Transformation der Kollektivnormen in das ArbVerh. ausgeht, bei der die Kollektivnormen ihren „kollektivrechtl. Charakter" behalten (s. Rn. 111). Bei Leistungen aus einem TV zum Rationalisierungsschutz soll die Information zum TV nicht genügen, sondern darüber hinaus eine Unterrichtung darüber erforderl. sein, ob die Voraussetzungen des TV beim Erwerber erfüllt sein können (BAG 26.3.2015 NZA 2015, 866 Rn. 27 ff.; **aA** *Gaul* RdA 2015, 206, 208 f.). Der Angabe, eine KonzernBV werde als EinzelBV fortgelten, kann eine vertretbare Rechtsansicht zugrunde liegen (BAG 10.11.2011 AP BGB § 613a Unterrichtung Nr. 15 Rn. 44). IÜ obliegt es dem AN, nähere Erkundigungen einzuholen (BAG 13.7.2006 NZA 2006, 1268). Zu unterrichten ist hingegen über den Fortfall der Dynamik einer arbeitsvertragl. Bezugnahmeklausel (*Latzel* RdA 2014, 110, 117; *Willemsen/Grau* NJW 2014, 12, 16; s. Rn. 127a). Erforderl. ist ferner eine Inf. über die einjährige Sperrfrist nach § 613a I 2 (HBD/*Hauck* Rn. 194). Kommt es infolge des Betriebsübergangs zu einer Änd. wesentl. Arbeitsbedingungen iSd. §§ 2, 3 S. 1 NachwG, ist dies in die Unterrichtung einzubeziehen (BAG 13.7.2006 NZA 2006, 1268; näher *Schnitker/Grau* BB 2005, 2238, 2240). Auch über das Recht zum Widerspruch ist zu informieren (BAG 20.3.2008 NZA 2008, 1354; Staudinger/*Annuß* Rn. 279; einschr. HWK/*Willemsen/Müller-Bonanni* Rn. 332). Nach der Rspr. muss erläutert werden, wie der Widerspruch nach § 613a VI auszuüben ist; hinzuweisen ist also auf Schriftform, Frist sowie darauf, dass neuer wie alter AG mögl. Adressaten sind (BAG 20.3.2008 NZA 2008, 1354; 24.7.2008 BeckRS 2009, 58465). Die Unterrichtungspflicht erstreckt sich ferner auf **mittelbare Rechtsfolgen** des Betriebsübergangs, die insb. bei einer Ausübung des Widerspruchsrechts eintreten und im Zpkt. der Unterrichtung das Stadium konkreter Planungen erreicht haben (BAG 10.11.2011 AP BGB § 613a Unterrichtung Nr. 15 Rn. 50; APS/*Steffan* Rn. 213; *Willemsen/Lembke* NJW 2002, 1159, 1163), so dass bereits ein unternehmerisches Konzept besteht bzw. Verh. mit dem BR gepl. sind (BAG 13.7.2006 NZA 2006, 1273, 1276). Sofern Kündigungen im Raum stehen, ist über die kündigungsrechtl. Situation zu informieren (BAG 13.7.2006 NZA 2006, 1268, 1272; 24.7.2008 BeckRS 2009, 58465; vgl. a. BT-Drs. 14/7760 S. 19). Ebenso muss auf bestehende Planungen für den Fall hingewiesen werden, dass eine größere Zahl von AN dem Übergang widerspricht. Das schließt den Hinweis auf Abfindungsansprüche aus einem noch abzuschließenden Sozialplan ein, weil dies für die Ausübung des Widerspruchsrechts entscheidend sein kann (BAG 13.7.2006 NZA 2006, 1273, 1276). Nimmt der AG falsche Rechtsinformationen (zB über Freistellung, Weiterbeschäftigungspflicht oder Annahmeverzug) in das Unterrichtungsschreiben auf, die den AN in der Wahrnehmung seiner Rechte beeinflussen können, ist die Inf. nicht ordnungsgemäß (BAG 24.7.2008 BeckRS 2009, 58465).

Die Unterrichtungspflicht erfasst auch die **wirtschaftl. und sozialen Folgen** des Übergangs (hierzu 88b krit. *Reinhard* NZA 2009, 63, 66). Ein allg. Bonitätsrisiko oder allg. Prognosen zur wirtschaftl. Entwicklung des Betriebs des Erwerbers sind keine notwendigen Inf (vgl. BAG 15.12.2016 NZA 2017, 783 Rn. 54). Relevant sind aus dem Betriebsübergang folgende unmittelbare kausale Konsequenzen für das ArbVerh. nach dem Betriebsübergang, mögen sie auch nur mittelbar auf diesen zurückzuführen sein (*Reinhard* NZA 2009, 63, 68). Mangelnde Eigenkapitalausstattung des Erwerbers sowie fehlende Liquidität kann zu Widerruf von Lohnbestandteilen, Änderungskündigungen und schließl. Beendigungskündigungen führen. Zu unterrichten ist daher zB über das Schicksal eines beim Veräußerer bestehenden BR, das Nichtbestehen eines BR beim Erwerber, die Änd. der betriebsverfassungsrechtl. Struktur, gepl. Änd. von Arbeitsbedingungen sowie ein lfd. oder bereits konkret absehbares Insolvenzverf. beim Erwerber (BAG 31.1.2008 NZA 2008, 642; 15.12.2017 NZA 2017, 783 Rn. 54; *Schiefer/Worzalla* NJW 2009, 558, 562; *Worzalla* NZA 2002, 353, 355; **aA** *Grobys* BB 2002, 726, 728; zur Problematik im UmwG WHSS/*Willemsen* C Rn. 363 ff.; vgl. ferner *Kania/Joppich* FS Küttner 2006 S. 383). Auch insofern gilt, dass sich die Unterrichtung sowohl auf unmittelbare als auch mittelbare Folgen des Betriebsübergangs beziehen muss (vgl. BAG 24.5.2005 NZA 2005, 1302). Das BAG bejaht eine Unterrichtungspflicht auch über den Umstand, dass der Betriebserwerber nicht das Betriebsgrundstück übernimmt (BAG 31.1.2008 NZA 2008, 642; abl. *Dzida* NZA 2009, 641, 644). Der AN ist darüber zu informieren, wenn es im Zusammenhang mit dem Betriebsübergang zu einer nicht unerhebl. Verringerung der Haftungsmasse kommt, die zur Befriedigung seiner Ansprüche zur Vfg. steht (BAG 31.1.2008 NZA 2008, 642). Der Nichtübergang wesentl. Sachwerte, zu denen auch Patente zählen können (LAG M 1.7.2008 BeckRS 2009, 63348), ist daher informationspflichtig. Die Unterrichtung über die Zahlung eines „negativen Kaufpreises" kann erforderl. sein, wenn sich daraus wirtschaftl. Folgen ableiten lassen (LAG M 1.7.2008 BeckRS 2009, 63348). In der Linie dieser Rspr. liegt die Annahme einer Unterrichtungspflicht auch für den Fall, dass der Betriebserwerber ein neugegründetes Unternehmen ist, das dem Sozialplanprivileg nach § 112a II BetrVG unterliegt. Auch wenn im Zpkt. des Betriebsübergangs keine Betriebsänd. gepl. oder in Aussicht genommen ist, tritt doch die rechtl. Veränderung des Wegfalls der Sozialplanpflicht als unmittelbare wirtschaftl. Folge des Betriebsübergangs ein und berührt unmittelbar die Rechtspositionen der übergehenden ArbVerh. (so BAG 14.11.2013 NZA 2014, 610; **aA** *Sagan* Anm. AP BGB § 613a Nr. 449; *Elking/Aszmons* BB 2014, 2041, 2045). Dem BAG zufolge soll die fehlende Unterrichtung über § 112a II BetrVG nach Ablauf der vierjährigen Frist „Kraft Gesetzes geheilt" sein (BAG 15.12.2016 NZA 2017, 783 Rn. 39); damit weicht das BAG der Erfüllung des Unterrichtungsanspruchs und dessen Verwirkung aus. Der AN hat aus § 613a V keinen Anspruch auf Auskunft über Rechte, die vom Betriebsübergang unabhängig sind, etwa eine Betriebsrentenanwartschaft (BAG 22.5.2007 NZA 2007, 1285). Wird über die Verpflichtung nach § 613a V Nr. 3 hinausgehend über die wirtschaftl. Lage des Erwerbers unterrichtet, müssen auch diese Inf. zutr. sein (LAG K 4.6.2007 AuR 2007, 403 [LS]).

89 Zu unterrichten ist auch über die hins. der AN **in Aussicht genommenen Maßnahmen (Nr. 4).** Dies sind zB Weiterbildungsmaßnahmen im Zusammenhang mit gepl. Produktionsumstellungen und andere Maßnahmen, die die berufl. Entwicklung der AN betreffen (BT-Drs. 14/7760 S. 19), aber auch der Abschluss eines Interessenausgleichs oder eines Sozialplans einschl. der darin vorgesehenen Maßnahmen (BAG 13.7.2006 NZA 2006, 1273; *Gaul/Otto* DB 2002, 634, 635). Zwar müssen die Maßnahmen nicht durchgeführt, sondern nur in Aussicht genommen sein, erreicht sein muss aber das Stadium konkreter Planung (BAG 13.7.2006 NZA 2006, 1273; *Willemsen/Lembke* NJW 2002, 1159, 1163). Werden keine Maßnahmen gepl., ist eine Unterrichtung insofern nicht erforderl.

90 **b) Informationsberechtigte und -verpflichtete.** Informationsberechtigt sind die vom Übergang betroffenen AN. Dies sind die AN, deren ArbVerh. dem übergehenden Betrieb oder Betriebsteil zuzuordnen ist (*Worzalla* NZA 2002, 353). Die Zuordnung hat sich auch insoweit abw. von der Rspr. maßgebl. nach obj. Kriterien zu richten (hierzu Rn. 71 f.). Jdf. im Anwendungsbereich des Art. 7 VI RL 2001/23/EG, dh. wenn in dem übergehenden Betrieb(steil) unabhängig vom Willen der AN keine Vertretung der AN besteht, ist in richtlinienkonformer Auslegung des § 613a V weitergehend eine Unterrichtung auch in einem Restbetrieb des Veräußerers verbleibender AN sowie der AN in einem aufnehmenden Betrieb des Erwerbers erforderl. (*Riesenhuber* RdA 2004, 340, 349 f.; *Hoffmann* S. 58 ff.; grds. auch EnzEUR/*Krause* § 7 Rn. 109). Zur Unterrichtung verpflichtet sind der bisherige AG oder der neue Betriebsinhaber. Die Unterrichtungspflicht trifft beide gleichermaßen. Sie sollen sich darüber verständigen, in welcher Weise sie diese Pflicht erfüllen (BT-Drs. 14/7760 S. 19). Bisheriger AG und neuer Betriebsinhaber sind einander wechselseitig verpflichtet, Auskunft über die maßgebl. Umstände zu erteilen, die zur ordnungsgemäßen Erfüllung der Informationspflicht erforderl. sind (*Willemsen/Lembke* NJW 2002, 1159, 1162; *Meyer* NZA 2012, 1185, 1186). Die Erfüllung der Informationspflicht durch den einen wirkt auch zu Gunsten des anderen (vgl. *Rupp* NZA 2007, 301 f.: Gesamtschuld). Aus dem Gesamtschuldcharakter folgt, dass sich neuer und alter AG wechselseitig auf die Kenntnis des anderen vom Verhalten des AN berufen können (BAG 2.4.2009 NZA 2009, 1149). Eine vollständige Inf. ist deshalb auch dann gegeben, wenn sich diese erst aus dem Zusammenspiel der Angaben von bisherigem AG und neuem Betriebsinhaber ergibt (*Bauer/von Steinau-Steinrück* ZIP 2002, 457, 463). Freil. können widersprüchl. Unterrichtungen Unklarheiten erzeugen, die – wie in einem einzigen Schreiben auch – die Inf. insg. nicht mehr als ordnungsgemäß erscheinen lassen (s. zur Problematik *Rupp* NZA 2007, 301; zu Problemen mangelnder Kooperationsbereitschaft von Veräußerer und Erwerber *Mückl* RdA 2008, 343; zu Problemen einer fehlenden direkten Rechtsbeziehung *Meyer* NZA 2012, 1185).

91 **c) Form und maßgeblicher Zeitpunkt.** Die Unterrichtung der AN hat in **Textform** (§ 126b) zu erfolgen (iE hierzu §§ 125 bis 127 Rn. 32 ff.). Die Textform ist ausreichend, weil die Informations- und Dokumentationsfunktion der Unterrichtung im Vordergrund steht, nicht aber die Beweis- oder Warnfunktion (BT-Drs. 14/7760 S. 19; anders Stellungn. BR BT-Drs. 14/7760 S. 22; dagegen BReg. BT-Drs. 14/7797). Die Unterrichtung kann insb. durch E-Mail erfolgen, nicht aber durch mdl. Mitt. auf einer Betriebsversammlung. Das Risiko des Zugangs trägt jedoch der AG bzw. Erwerber. Da davon der Beginn der Widerspruchsfrist abhängt, kann es sich empfehlen, eine schriftl. Empfangsbestätigung vorzusehen (*Gaul/Otto* DB 2002, 634, 635). Wird die Textform nicht gewahrt, wird die ges. Unterrichtungspflicht nicht erfüllt.

92 Nach § 613a V hat die Unterrichtung der AN **vor dem Übergang** zu erfolgen. Die Unterrichtungspflicht erlischt jedoch nicht mit dem Zpkt. des Übergangs, sondern besteht darüber hinaus. Erfolgt die Unterrichtung erst nach Vollzug des Betriebsübergangs, beginnt die Widerspruchsfrist erst mit Zugang der Unterrichtung (BT-Drs. 14/7760 S. 20; *Willemsen/Lembke* NJW 2002, 1159, 1163; wohl **aA** *Bauer/von Steinau-Steinrück* ZIP 2002, 457, 459). AG bzw. Erwerber müssen nach ihrem Kenntnisstand zum Zpkt. des Zugangs der Unterrichtung informieren (BAG 23.7.2009 NZA 2010, 89, 91). Anges. der Komplexität der Unterrichtungspflicht empfiehlt sich ggf. die Nachholung einer ordnungsgemäßen Unterrichtung bzw. die Erg. des Unterrichtungsschreibens (eine nachträgl. Unterrichtungspflicht bei Änd. tats. Umstände verneinend: *Göpfert/Winzer* ZIP 2008, 761). Wird die Unterrichtung vervollständigt, ist sie in der ges. vorgeschriebenen Form durchzuführen und im Falle einer Vervollständigung aus Gründen der Rechtsklarheit auch als solche zu bezeichnen, damit die AN vom nunmehrigen

Beginn der Widerspruchsfrist Kenntnis erlangen (BAG 23.7.2009 NZA 2010, 89, 92). Ab ordnungsgemäßer Unterrichtung beginnt dann die Monatsfrist des § 613a VI zu laufen (*Gaul/Niklas* DB 2009, 452, 457). Die nachgeholte Inf. muss ebenfalls in Textform erfolgen und einen (erneuten) Hinweis auf die Widerspruchsmöglichkeit beinhalten. Der AN kann dann innerhalb eines Monats nach Zugang der korrigierten Inf. widersprechen.

d) Folgen unterbliebener oder unvollständiger Information. Folge der fehlenden Unterrichtung der AN ist, dass die Widerspruchsfrist des § 613a VI nicht läuft (BAG 13.7.2006 NZA 2006, 1268, 1270). Sie führt nicht zur Unwirksamkeit einer Kündigung (BAG 24.5.2005 NZA 2005, 1302). Dies gilt jedoch nicht nur dann, wenn die AN überhaupt nicht informiert wurden, sondern ebenso, wenn die Unterrichtung der AN nicht vollständig oder nicht ordnungsgemäß ist (BT-Drs. 14/7760 S. 19; *Gaul/Otto* DB 2002, 634, 638 f.; *Willemsen/Lembke* NJW 2002, 1159, 1164; aA *Pöpper* DB 2003, 2011, 2012). Eine zeitl. Grenze für die Ausübung des Widerspruchsrechts besteht nicht. Die Ausübung des Rechts kann ledigl. verwirkt werden (hierzu *Olbertz/Ungnad* DB 2004, 213, 214 ff.). 93

Da es sich bei der Unterrichtungspflicht um eine **echte Rechtspflicht** und nicht ledigl. um eine Obliegenheit handelt (BAG 13.7.2006 NZA 2006, 1406; 20.3.2008 NZA 2008, 1297; *Willemsen/Lembke* NJW 2002, 1159, 1161; *Gaul/Otto* DB 2002, 634, 639 ff.; aA *Bauer/von Steinau-Steinrück* ZIP 2002, 457, 463; *Grobys* BB 2002, 726, 727), können aus deren Verletzung Schadensersatzansprüche folgen. Schadensersatzansprüche können sich gegen den bisherigen AG aus § 280 I, gegen den neuen Inhaber aus vorvertragl. Schuldverhältnis (§§ 280 I, 311 II) ergeben (dazu ausf. *Gaul/Otto* DB 2002, 634, 639). Bei Verletzung der Unterrichtungspflicht wird Verschulden nach § 280 I 2 vermutet. Der AN ist so zu stellen, wie er gestanden hätte, wenn er richtig und vollständig informiert worden wäre. Dafür trägt der AN die Darlegungs- und Beweislast. Die fehlerhafte Unterrichtung muss kausal für den eingetretenen Schaden sein (abgelehnt bei Sozialplanansprüchen, die im Falle des Widerspruchs nicht entstanden wären (BAG 31.1.2008 NZA 2008, 642; hierzu *Lunk* RdA 2009, 48). Dies ist nicht der Fall, wenn der AN durch Ausübung seines noch bestehenden Widerspruchsrechts den Schaden hätte vermeiden können (BAG 20.3.2008 NZA 2008, 1297). Übt der AN sein Widerspruchsrecht nicht aus, kann er nicht mit einer Schadensersatzklage vom Veräußerer verlangen, im Wege der Naturalrestitution wirtschaftl. so gestellt zu werden, als hätte er widersprochen (BAG 11.11.2010 AP BGB § 613a Widerspruch Nr. 22). Diese Rspr. verkennt, dass es keine Obliegenheit zur Erhebung eines Widerspruchs gibt. Letztl. führt diese Rspr. zu einem regelm. Scheitern des Schadensersatzanspruches. Denn auch dann, wenn das Widerspruchsrecht verwirkt ist (etwa durch Disposition über den Bestand des ArbVerh.; vgl. BAG 9.12.2010 AP BGB § 613a Nr. 393), versagt die Rspr. einen Anspruch. So stellt sich die Frage, ob es überhaupt relevante Fälle gibt, in denen der Unterrichtungsfehler zum Schadensersatz führt. Denkbar sind Vertrauensschäden wegen einer Fehlinf. (vgl. *Sagan* ZIP 2011, 1641). Dafür müsste aber eine Kausalitätsprüfung stattfinden, die regelm. negativ ausgehen dürfte. Praktisch bleibt dann doch nur das Widerspruchsrecht, bei dem die Rspr. eben gerade auf den Kausalitätsnachweis bislang verzichtet. 94

e) Darlegungs- und Beweislast. Veräußerer und Erwerber sind für die ordnungsgemäße Unterrichtung grds. darlegungs- und beweispflichtig. Es finden jedoch die Grds. der abgestuften Darlegungs- und Beweislast Anwendung (§ 138 II ZPO; vgl. BAG 13.7.2006 NZA 2006, 1268, 1270): Ist die Unterrichtung demnach nicht offensichtl. inhaltl. fehlerhaft und entspricht sie formal den Anforderungen des § 613a V, muss der AN einen Mangel darlegen. Derartige Einwände des AN müssen Veräußerer und Erwerber dann durch Darlegungen und Beweisantritt entkräften (BAG 13.7.2006 NZA 2006, 1268, 1271; 21.8.2008 NZA-RR 2009, 62). 95

3. Widerspruchsrecht der Arbeitnehmer. a) Rechtsgrund und Rechtsnatur. Das vom BAG in stRspr. vertretene (BAG 2.10.1974 AP BGB § 613a Nr. 1; 22.4.1993 NZA 1994, 360) Widerspruchsrecht des AN gegen den Übergang seines ArbVerh. wurde in § 613a VI kodifiziert. Der Gesetzgeber (BT-Drs. 14/7760 S. 20) ging dabei davon aus, dass es mit der Würde des Menschen, dem Recht auf freie Entfaltung der Persönlichkeit und dem Recht auf freie Arbeitsplatzwahl (Art. 1, 2, 12 GG) unvereinbar sei, den AN zu verpflichten, für einen AG zu arbeiten, den er nicht frei gewählt hat (zweifelnd zur verfassungsrechtl. Begr. BVerfG 25.1.2011 NZA 2011, 400; BAG 25.1.2001 NZA 2001, 840, 842; aufgeschlossener BAG 13.7.2006 NZA 2006, 1406). § 613a VI ist unionsrechtl. anerkannt, aber nicht geboten (vgl. EuGH 16.12.1992 NZA 1993, 169; 24.1.2002 NZA 2002, 265; PS/*Grau/Hartmann* § 11 Rn. 100; EnzEUR/*Krause* § 7 Rn. 69 ff.). Kein Widerspruchsrecht nach § 613a VI besteht, wenn der bisherige Betriebsinhaber erlischt und der neue AG durch gesellschaftsrechtl. Gesamtrechtsnachfolge in die ArbVerh. eintritt; ein dennoch ausgeübter Widerspruch hindert den Übergang des ArbVerh. grds. nicht (BAG 21.2.2008 NZA 2008, 815; s. Rn. 183). 96

Dem Widerspruchsrecht kommt die **Rechtsqualität eines Gestaltungsrechts** zu mit der Folge, dass das ArbVerh. nicht auf den neuen Betriebsinhaber übergeht, sondern zum bisherigen Betriebsinhaber erhalten bleibt. Das Widerspruchsrecht wird als empfangsbedürftige Willenserkl. angesehen und ist als Gestaltungsrecht bedingungsfeindl. Daraus folgt die Unzulässigkeit des Vorbehalts, der Widerspruch solle dann nicht gelten, wenn der Veräußerer eine betriebsbedingte Kündigung in Betracht zieht (*Seiter* Betriebsinhaberwechsel S. 74). Der Widerspruch kann als ausgeübtes Gestaltungsrecht weder ausdr. 97

noch konkludent durch den AN zurückgenommen werden (BAG 30.10.2003 NZA 2004, 481; LAG SH 30.10.2002 AuA 2003, 48). Es kann nur durch Einigung zwischen AN, bisherigem AG und Betriebsnachfolger zurückgenommen werden (BAG 30.10.2003 NZA 2004, 481; LAG HM 10.6.2002 NZA-RR 2003, 185). Eine Anfechtung gem. §§ 119 ff. ist mögl. (BAG 15.2.2007 AP BGB § 613a Widerspruch Nr. 2). Übt der AN das Widerspruchsrecht auf Grund bewusst unrichtiger Unterrichtung aus, kann er seine Erkl. gem. § 123 I anfechten (BAG 15.11.2011 NJW 2012, 1677; *Willemsen/Lembke* NJW 2002, 1159, 1164; allg. zur Beseitigung eines Widerspruchs nach einer Verletzung der Informationspflicht *Haas/Salamon/Hoppe* NZA 2011, 128).

98 **b) Form, Inhalt und Adressat des Widerspruchs.** Für die Erkl. des Widerspruchs sieht § 613a VI Schriftlichkeit vor, womit die **ges. Schriftform des § 126 I** gemeint ist (iE dazu §§ 125 bis 127 Rn. 13 ff.), welche durch die elektronische Form (§ 126a, hierzu §§ 125 bis 127 Rn. 26 ff.) ersetzt werden kann. Durch die eigenhändige Unterschrift soll dem AN die Bedeutung des Widerspruchs bewusst gemacht werden und die Beweisführung darüber, ob ein AN dem Übergang tats. Widersprochen hat, für den bisherigen AG und den Erwerber erleichtert werden. Der Schutz durch das Schriftformgebot schließt aber konkludent erklärte Widersprüche durch Schreiben oder gerichtl. Geltendmachung von Ansprüchen nicht aus. Aus dem (Anwalts-)Schreiben muss nur der Wille des AN erkennbar werden, den Übergang des ArbVerh. auf den Betriebserwerber zu verhindern (BAG 13.7.2006 NZA 2006, 1406; **aA** *Franzen* RdA 2002, 258, 263). Die bloße Verweigerung der Arbeit bei dem neuen Betriebsinhaber reicht aber wegen des Schriftformerfordernisses nicht. Beachtet der AN die Anforderungen des § 126 nicht, widerspricht er zB innerhalb der Widerspruchsfrist nur mdl. oder per Telefax, ist dieser Widerspruch unwirksam und kann nach Ablauf der Widerspruchsfrist nicht nachgeholt werden. Es besteht dann ein ArbVerh. zum neuen Inhaber, das der AN nur nach allg. Grds. lösen kann. Schweigen des AN ist kein Widerspruch (s. bisher BAG 2.10.1974 AP BGB § 613a Nr. 1 idR Einverständnis). Bei Auslegung einer Widerspruchserkl. findet die „Andeutungstheorie" Anwendung (BAG 13.7.2006 NZA 2006, 1406; 15.2.2007 NZA 2007, 793).

99 Inhaltl. muss die Erkl. das Wort „Widerspruch" nicht enthalten, es muss ledigl. aus obj. Empfängersicht erkennbar sein, dass der AN nicht will, dass sein ArbVerh. übergeht (*Willemsen/Lembke* NJW 2002, 353, 356). Mehrdeutige schriftl. Erkl. des AN sind nach §§ 133, 157 auszulegen. Eine **Begr.** ist nach der Rspr. nicht erforderl. (BAG 19.3.1998 NZA 1998, 750; 15.2.2007 AP BGB § 613a Widerspruch Nr. 2; 19.2.2009 NZA 2009, 1095). Es bedarf keiner Darlegung durch den widersprechenden AN, dass er im Falle einer ordnungsgemäßen Unterrichtung innerhalb der Monatsfrist nach § 613a VI widersprochen hätte (BAG 24.7.2008 BeckRS 2009, 58465). Auch verlangt das G keine Kausalität zwischen der fehlerhaften Inf. und dem nicht ausgeübten Widerspruchsrecht (BAG 14.12.2006 NZA 2007, 682; *Gaul/Niklas* DB 2009, 452, 454). Adressat des Widerspruchs kann sowohl der Betriebsveräußerer als auch der Betriebserwerber sein (§ 613a VI 2; s. a. BAG 22.4.1993 NZA 1994, 360). Bisheriger AG und Erwerber sind einander wechselseitig verpflichtet, sich über eingehende Widersprüche zu informieren. Folgen **mehrere Betriebsübergänge** aufeinander, soll der Widerspruch sich nur gegen den letzten Übergang des ArbVerh. richten dürfen (BAG 24.4.2014 NZA 2014, 1074; 19.11.2015 NZA 2016, 647 Rn. 14 ff.; zust. APS/*Steffan* Rn. 221; *ders.* NZA 2015, 608; abl. *Greiner/Hennecken* EWiR 2014, 663). Dem ist nicht zu folgen. Entgegen der Ansicht des BAG lässt sich der „bisherige" AG nicht absolut, sondern nur in Ansehung des konkreten Widerspruchs bestimmen. Bisheriger AG ist, zu wem das ArbVerh. vor dem Übergang bestand, dem widersprochen wird. Zu ihm besteht schon nach einem einzelnen Betriebsübergang kein gestaltungsfähiges Rechtsverhältnis, weswegen ein solches nicht mit dem BAG bei mehrfachen Betriebsübergängen Voraussetzung des Widerspruchsrechts sein kann. Auch nach mehreren Übergängen besteht das ArbVerh. identisch fort und wird nicht gestaltungsunfähig. Zudem erlaubt das BAG den Widerspruch sogar nach Beendigung des ArbVerh. und verlangt auch dort kein gestaltungsfähiges Rechtsverhältnis (Rn. 100). Sachwidrig zwingt das BAG den AN – bei unzureichenden Unterrichtungen – dazu, in umgekehrter zeitl. Reihenfolge jedem einzelnen Übergang seines ArbVerh. zu widersprechen (BAG 19.11.2015 NZA 2016, 647 Rn. 21 ff.; iE *Elking* BB 2015, 384; *Scharff* BB 2015, 640). Selbst dies schränkt die Rspr. aufgrund einer § 613a VI „immanenten Befriedungsfunktion" ein (BAG 19.11.2015 NZA 2016, 647 Rn. 28 ff.). Ein weiterer Betriebsübergang soll – offenbar auch bei fehlerhafter Unterrichtung – das Recht zum Widerspruch gegen einen vorangehenden Übergang beseitigen, und zwar selbst dann, wenn auch die Unterrichtung über den vorangehenden Übergang gesetzwidrig war; ausreichend sei, dass bei diesem über den (gepl.) Zpkt. und den Gegenstand des Übergangs sowie über den Betriebserwerber unterrichtet worden war (BAG 19.11.2015 NZA 2016, 647 Rn. 32). Die Berufung auf die zwgd. Wirkung des § 613a I (BAG 19.11.2015 NZA 2016, 647 Rn. 24 f.) übersieht, dass § 613a VI dem AN das zwgd. Recht gibt, diese Wirkung durch einseitige Gestaltungserkl. abzuwenden. Widersprüchl. ist es, wenn die Rspr. für die Verwirkung des Widerspruchsrechts eine Disposition des AN über den Bestand des ArbVerh. verlangt (Rn. 101b), einen arbeitgeberseitig ohne Zutun des AN veranlassten weiteren Betriebsübergang aber genügen lässt, um den Unterrichtungsinhalt auf ein Minimum abzusenken; dabei bleibt sie noch hinter der „richterrechtl." Unterrichtung zurück, die vor dem Erlass von § 613a V eine Angaben zur Tarifsituation verlangte (vgl. BAG 22.4.1993 NZA 1994, 357, 358). Nach richtiger Ansicht können

mehrere Übergänge nicht zu weniger Unterrichtung führen. Der rückwirkende (Rn. 105) Widerspruch gegen den ersten Übergang entzieht allen nachf. Übergängen die Grdl.

c) **Widerspruchsfrist.** § 613a VI sieht eine Frist von **einem Monat** für den Widerspruch vor. Ohne sachl. einleuchtende Begr. (BT-Drs. 14/8128 S. 6) ist die Frist im Gesetzgebungsverf. von drei Wochen (vgl. BT-Drs. 14/7760 S. 20 mit zutr. Anlehnung an die Frist im Kündigungsschutzrecht; ebenfalls BAG 22.4.1993 NZA 1994, 357) auf einen Monat verlängert worden. Die Frist beginnt mit dem Zugang der Unterrichtung nach § 613a V beim betroffenen AN und berechnet sich gem. §§ 187 I, 188 II. Der Fristbeginn bestimmt sich nur nach dem Unterrichtungszpkt. und ist unabhängig vom Betriebsübergang, so dass bisheriger AG und Erwerber die Möglichkeit haben, durch frühzeitige Unterrichtung bereits vor dem Übergang die Widerspruchsfrist auszulösen und sich so Klarheit über den Verbleib der einzelnen AN zu schaffen (*Gaul/Otto* DB 2002, 634, 637; **aA** bisher wohl BAG 19.3.1998 NZA 1998, 750). Erfolgt die Unterrichtung erst nach dem Übergang, läuft die Frist erst mit deren Zugang, unabhängig vom Zpkt. des Übergangs (BT-Drs. 14/7760 S. 20; vgl. bisher BAG 30.10.1986 NZA 1987, 524; 22.4.1993 NZA 1994, 360). Nur eine formgerechte (Rn. 87) und vollständige Inf. vermag den Lauf der Widerspruchsfrist in Gang zu setzen (Rn. 89). Zur Fristwahrung muss der schriftl. Widerspruch des AN dem bisherigen AG oder Erwerber innerhalb der Monatsfrist gem. § 130 zugehen, wobei die Darlegungs- und Beweislast hierfür den AN trifft (*Worzalla* NZA 2002, 353, 357). Eine **absolute Höchstfrist** zur Ausübung des Widerspruchs ab dem Zpkt. des Betriebsübergangs ist nicht vorgesehen. Entspr. Vorschläge (BR-Drs. 831/1/01 S. 2 drei Monate; BT-Drs. 14/8128 S. 4 sechs Monate) sind im Gesetzgebungsverf. abgelehnt worden, womit das Widerspruchsrecht bei fehlender, formwidriger oder unvollständiger Unterrichtung unbefristet besteht. Anges. der ausdr. Entsch. gegen eine absolute Höchstfrist kann nicht – etwa in entspr. Anwendung von § 5 III 2 KSchG – von einer Höchstfrist von sechs Monaten ausgegangen werden (BAG 2.4.2009 AP BGB § 613a Widerspruch Nr. 9; *Worzalla* NZA 2002, 353, 357; ähnl. *Gaul/Otto* DB 2002, 634, 637). Der Widerspruch kann sogar noch nach Beendigung des ArbVerh. ausgeübt werden (BAG 20.3.2008 NZA 2008, 1354; **aA** LAG B 20.7.2007 NZA-RR 2007, 626; *Hoffmann* S. 352 ff.; *Rieble* NZA 2004, 1, 6 f.; *Willemsen* FS Küttner 2006 S. 417, 432; *ders.* NJW 2007, 2065, 2073; zu den Rechtsfolgen *Neufeld/Bayer* NZA 2008, 1157). 100

Das Widerspruchsrecht unterliegt den allg. Grenzen der **Verwirkung** (*Willemsen/Lembke* NJW 2002, 1159, 1160; *Grobys* BB 2002, 726, 730; *O. Kittner* NJW 2012, 1180). Das setzt eine illoyal verspätete Geltendmachung durch den AN voraus, das ein Vertrauen des AG auf die Nichtausübung des Widerspruchsrechts rechtfertigt (*Reinhard* NZA 2009, 63, 64). Hierzu bedarf es einer Gesamtbetrachtung, bei der das Umstands- und das Zeitmoment zu berücksichtigen und in Relation zu setzen sind. Es ist zu fragen, ob der Verpflichtete auf Grund des Zeitablaufs, in dem der Berechtigte sein Recht nicht ausgeübt hat, und den Umständen des Einzelfalles, zu denen auch die Nichtkenntnis des Berechtigten von den für die Geltendmachung seines Rechts bedeutsamen Tatsachen gehören kann, darauf vertrauen durfte, der Berechtigte werde sein Recht nicht mehr geltend machen (BAG 2.4.2009 AP BGB § 613a Nr. 9). Der alte und der neue AG können sich in diesem Rahmen auf die Kenntnis des jeweils anderen von einem bestimmten Verhalten des AN berufen (BAG 23.7.2009 NZA 2010, 393; krit. *Reinecke* DB 2012, 50, 52). Das ist zw., weil Veräußerer und Erwerber keine Interessengemeinschaft bilden und die Dispositionen zwischen Erwerber und AN keinen Vertrauenstatbestand beim Veräußerer auslösen können. Das BAG bejaht iÜ eine Verwirkung nur unter strengen Voraussetzungen und betont dabei die Bedeutung des Umstandsmoments (BAG 13.7.2006 NZA 2006, 1406; 15.2.2007 NZA 2007, 793; vgl. a. LAG D 19.9.2007 LAGE BGB 2002 § 613a Nr. 16; ausf. *Löwisch/Göpfert/Siegrist* DB 2007, 2538; *Gaul/Niklas* DB 2009, 452, 455; *Willemsen* NJW 2007, 2065, 2073), das vorliegt, wenn der Veräußerer aufgrund des Verhaltens des AN annehmen darf, dieser akzeptiere den Übergang des ArbVerh. und werde das Widerspruchsrecht nicht mehr ausüben (BAG 23.7.2009 NZA 2010, 393, 395). Dabei hängt die Schutzwürdigkeit des AG von der Schwere seines Unterrichtungsfehlers ab. Das Gebot zweckgerechter und verhältnismäßiger Interpretation von Tatbestand und Rechtsfolge erfordert deswegen eine Korrelation zwischen dem Gewicht des arbeitgeberseitigen Verstoßes gegen § 613a V und dem vom AN geschaffenen Vertrauenstatbestand. Je geringer daher die Verletzung der Unterrichtungspflicht wiegt, desto niedriger sind im Einzelfall die Anforderungen an das vertrauensbegründende Verhalten des AN, das zur Verwirkung seines Widerspruchsrechts führt (*Sagan* ZIP 2011, 1641, 1649; *Grau* RdA 2005, 367, 369; *Hoffmann* S. 414; *Olbertz/Ungnad* BB 2004, 213, 215; LAG K 8.12.2016 BeckRS 2016, 118450 [Rev. 8 AZR 99/17]). Umgekehrt gilt aber auch: Je schwerwiegender und nachhaltiger der Unterrichtungsfehler ist, umso seltener ist eine Verwirkung anzunehmen. Zentrales Abwägungskriterien sind damit insb. die Schwere des Unterrichtungsfehlers sowie das Gewicht des Informationsinteresses des AN im Zpkt. der Unterrichtung. Bei einer vorsätzl. Täuschung ist eine Verwirkung daher in aller Regel ausgeschlossen. Die Rspr. ist idS fallweise fortzuentwickeln. Das BAG erkennt an, dass das Widerspruchsrecht den AN nach der RL 2001/23/EG nicht ad infinitum, wohl aber so lange erhalten bleiben muss, wie es für eine effektive und verhältnismäßige Sanktionierung des Unterrichtungsfehlers geboten ist (BAG 15.3.2012 NZA 2012, 1097 Rn. 29; *Sagan* ZIP 2011, 1641, 1647 f.). 101

102 Das **Umstandsmoment** setzt nach der Rspr. bes. Verhaltensweisen des AN voraus (BAG 23.7.2009 NZA 2010, 393, 395). Es kann nicht allein aus der widerspruchslosen Weiterarbeit bzw. Vertragsfortführung mit dem Betriebserwerber hergeleitet werden (BAG 21.3.2008 NZA 2008, 1354; 21.8.2008 NZA-RR 2009, 62; 23.7.2009 NZA 2010, 89, 94; *Lingemann/Weingarth* DB 2014, 2710, 2714; einschr. NK-GA/*Breinlinger* Rn. 176 „regelm."; diff. *Steffan* NZA 2016, 608, 611; **aA** LAG M 25.11.2015 DB 2016, 1764 [LS]; *Dzida* NZA 2009, 641, 645; anders nach der Stellung eines Insolvenzantrags BAG 27.11.2008 NZA 2009, 552; 24.7.2008 NZA-RR 2009, 294). Dies gilt ebenso bei Fortführung eines BRAmts (BAG 15.3.2012 NZA 2012, 1097 Rn. 35). Etwas anderes kann gelten, wenn der AN auf die Mitt. des neuen AG über dessen Absicht zur Betriebsstilllegung untätig bleibt (BAG 22.6.2011 DB 2011, 2385). Schutzwürdiges Vertrauen wird nicht dadurch gebildet, dass der AN auf Fristsetzungen der Gegenseite nicht reagiert (BAG 24.7.2008 EzA BGB 2002 § 613a Nr. 94) oder er sich per E-Mail von seinen Kollegen beim Veräußerer verabschiedet, um beim Betriebsübernehmer weiterzuarbeiten (BAG 24.7.2008 AP BGB § 613a Nr. 352). Das Umstandsmoment wird auch nicht dadurch verwirklicht, dass sich der AN gegen eine Kündigung des Betriebserwerbers nach Betriebsübergang mit einer Kündigungsschutzklage wehrt (BAG 2.4.2009 AP BGB § 613a Widerspruch Nr. 9). Macht allerdings der RA des AN gegen den Betriebsübernehmer Ansprüche geltend, kann daraus das Umstandsmoment gefolgert werden (BAG 24.7.2008 NZA 2008, 1294). Der bisherige AG kann regelm. in die Nichtausübung des Widerspruchsrechts vertrauen, wenn der **AN über den Bestand seines ArbVerh. disponiert**; das gilt etwa dann, wenn der AN selbst kündigt (NK-GA/*Breinlinger* Rn. 176), mit dem Betriebserwerber einen Aufhebungsvertrag schließt (BAG 23.7.2009 NZA 2010, 393; 12.11.2009 NZA 2010, 761; abl. *Reinecke* DB 2012, 50, 52; hierauf kann sich der AG nicht berufen, wenn er den AN treuwidrig zur Vertragsaufhebung veranlasst hat, BAG 20.5.2010 AP BGB § 613a Widerspruch Nr. 23), nach Abschluss eines solchen Vertrags mit einem anderen AG einen Arbeitsvertrag abschließt (BAG 27.11.2008 NZA 2009, 552; 2.4.2009 NZA 2009, 1149; 11.11.2010 AP BGB § 613a Nr. 390) oder eine vom Betriebserwerber nach dem Betriebsübergang erklärte Kündigung hinnimmt (BAG 24.7.2008 NZA-RR 2010, 74; 9.12.2010 AP BGB § 613a Nr. 395; LAG D 30.4.2008 LAGE BGB 2002 § 613a Nr. 21; zur Rücknahme der Kündigungsschutzklage gegen den Erwerber LAG D 29.10.2008 LAGE BGB 2002 § 613a Nr. 24; abw. *Löwisch* BB 2009, 326). Eine solche Disposition liegt ebenfalls vor, wenn der AN im Wege eines dreiseitigen Vertrags die Aufhebung des alten ArbVerh. und Begr. eines neuen ArbVerh. mit einem Dritten vereinbart und zudem von der Betriebserwerberin eine Abfindung erhält (BAG 18.3.2010 AP BGB § 613a Unterrichtung Nr. 14), auch, wenn sie nicht als solche bezeichnet wird (BAG 17.10.2013 NZA 2014, 774), nicht aber, wenn er nur vorsorgl. eine Abfindung für den Fall vereinbart, dass sein ArbVerh. beim Erwerber verblieben ist (LAG SN 16.5.2014 – 3 Sa 9/14). Ein Aufhebungsvertrag, der nach Ausübung des Widerspruchsrechts mit dem Betriebserwerber geschlossen wurde, geht hingegen ins Leere (BAG 2.4.2009 AP BGB § 613a Widerspruch Nr. 8). Kündigt der Erwerber, wird der Eintritt des Umstandsmoments nur verhindert, wenn der AN Kündigungsschutzklage erhebt oder binnen der dreiwöchigen Frist des § 4 S. 1 KSchG die Unwirksamkeit der Kündigung in sonstiger Weise ggü. dem Erwerber oder dem Veräußerer, insb. durch Erkl. des Widerspruchs, geltend macht (BAG 9.12.2010 AP BGB § 613a Nr. 395). Auch wenn das ArbVerh. im Wege eines Widerrufsvergleichs endet, liegt eine Disposition vor, wenn AN den Widerruf nicht erklärt, sondern nur der kündigende Erwerber (BAG 24.2.2011 AP BGB § 613a Nr. 398). Eine das Umstandsmoment begründende Disposition über das ArbVerh. kann auch in dem Einverständnis des AN mit einer Beförderung beim Erwerber unter Heraufsetzung des vertragl. Entgelts liegen (**aA** LAG M 23.7.2009 BeckRS 2009, 72471). Besteht das ArbVerh. zum Erwerber über mehrere Jahre, genügt die rechtsgeschäftl. Bestätigung einer Höhergruppierung (LAG SH 5.12.2013 BeckRS 2014, 65810) oder die Vereinb. eines über § 1 KSchG hinausgehenden Kündigungsschutzes (LAG HM 8.10.2013 BeckRS 2014, 66491). Die Rspr. verlangt hingegen Vereinb. oder Verhaltensweisen, die zur Beendigung des ArbVerh. führen, weswegen vertragl. Änd. der Art oder des Umf. der Arbeitsleistung oder der Entgelthöhe nicht genügen sollen (BAG 11.11.2010 AP BGB § 613a Nr. 390). Das ArbVerh. muss vielmehr auf eine neue Grdl. gestellt werden (vgl. NK-GA/*Breinlinger* Rn. 176). Nicht hinreichend ist die bloß redaktionelle Anpassung einer Versorgungszusage, wohl aber die Teilnahme an einem „kollektiv" betriebenen Rechtsstreit über tarifl. Lohnerhöhungen (BAG 15.3.2012 NZA 2012, 1097 Rn. 36 und 38). Auch das Einverständnis mit einer Freistellung durch den vorl. InsV genügt nicht (BAG 9.12.2010 AP BGB § 613a Nr. 393). Hat sich ein an der Erstellung des Informationsschreibens maßgebl. beteiligter AN hierbei weisungswidrig verhalten, kann er sich nicht auf die Verletzung der Unterrichtungspflicht berufen (BAG 20.5.2010 NZA 2010, 1295).

103 Das **Zeitmoment** allein kann nicht zur Verwirkung führen, so dass ggf. auch über ein Jahr nach Betriebsübergang ein Widerspruch mögl. ist (LAG M 19.9.2008 BeckRS 2009, 63350). Bei fehlerhafter Darst. der Ansprüche aus betriebl. AV kann ggf. sogar nach mehreren Jahren noch ein Widerspruch in Betracht kommen (*Gaul/Niklas* DB 2009, 452, 455). Umgekehrt kann bei entspr. Umstandsmoment eine Frist von ca. fünf Monaten nach Ablauf der hypothetischen Widerspruchsfrist genügen (BAG 17.10.2013 NZA 2014, 774). Das Zeitmoment beginnt mit der Entstehung des Widerspruchsrechts (vgl. *Hoffmann* S. 385 f.) und setzt keine ordnungsgemäße Unterrichtung des AN nach § 613a V voraus

(BAG 27.11.2008 NZA 2009, 552). Vielmehr gibt der AG nach der Rspr. mit der Unterrichtung zu erkennen, dass er die Widerspruchsfrist in Gang setzen wolle und nach Fristablauf keine Widersprüche mehr erwarte; dies gelte auch, wenn die Unterrichtung nicht ordnungsgemäß war (BAG 20.3.2008 NZA 2008, 1354; abl. *Sagan* ZIP 2011, 1641). Ob allein die Inanspruchnahme des Betriebserwerbers und/oder ggf. die erfolgte Änd. des Arbeitsvertrags mit dem Betriebserwerber zu einer Verwirkung des Widerspruchsrechts führen kann (so *Gaul/Niklas* DB 2009, 452, 456), hängt davon ab, ob hieraus der Veräußerer – in Ansehung der unzureichenden Inf. – tats. schutzwürdiges Vertrauen ziehen darf. Es bedarf stets der Betrachtung der Umstände des Einzelfalls (BAG 27.11.2008 NZA 2009, 552; zur Nichterhebung einer Kündigungsschutzklage gegen den Erwerber BAG 24.7.2008 AP BGB § 613a Nr. 347). Hat einer der beiden Adressaten eines Widerspruchs nach § 613a VI Kenntnis von den Umständen, die zur Verwirkung des Rechts auf Widerspruch führen, so kann sich auch der andere mögl. Adressat darauf berufen (BAG 27.11.2008 NZA 2009, 552). Ein verwirktes Widerspruchsrecht kann weder durch einen nachträgl. Vorbehalt wieder aufleben (BAG 12.11.2009 NJW 2010, 761) noch kann die Verwirkung durch einen Schadensersatzanspruch kompensiert werden (BAG 2.4.2009 AP BGB § 613a Widerspruch Nr. 6; 12.11.2009 NZA 2010, 761).

d) Dispositivität. Der AN kann in Ansehung eines konkreten bevorstehenden Übergangs bewusst 104 auf das Widerspruchsrecht **verzichten** (BAG 19.3.1998 NZA 1998, 750; 15.2.2007 NZA 2007, 793 Rn. 45; ferner *Hauck* NZA-Beil. 2009, 18, 22; *Gaul/Otto* DB 2002, 634, 638; *Worzalla* NZA 2002, 353, 357; MüKoBGB/*Müller-Glöge* Rn. 12; zweifelnd *Grobys* BB 2002, 726, 730; ausf. *Heimann*, Der Verzicht des AN auf das Widerspruchsrecht nach § 613a VI, 2015, S. 59 ff.). Das Widerspruchsrecht dient dem Interesse des AN auf freie Arbeitsplatzwahl (Rn. 96). In der konkreten Übergangssituation kann der AN auch auf die ihm zustehende Inf. verzichten, was sich daran zeigt, dass es ihm frei steht, unabhängig von ihr mit bisherigem AG und Erwerber eine einvernehml. Überleitungsvereinb. abzuschließen (**aA** LAG SL 12.8.2009 BeckRS 2011, 65207). § 613a soll den AN vor ungerechtfertigten Nachteilen bewahren, nicht aber seine Vertragsfreiheit einschränken (vgl. Rn. 83). Der Verzicht des AN hängt nicht von einer ordnungsgemäßen Unterrichtung ab, weil dem AN andernfalls eine bestimmte Entscheidungsgrdl. diktiert würde (*Bauer/von Steinau-Steinrück* ZIP 2002, 457, 464; **aA** *Hauck* NZA-Beil. 2009, 18, 22; diff. Staudinger/*Annuß* Rn. 327). Zur Wahrung der Warn- und Beweisfunktion der Schriftform aus § 613a VI muss der Verzicht schriftl. erklärt werden (*Franzen* RdA 2002, 258, 268; *Gaul/Otto* DB 2002, 634, 638; **aA** *Pils* BB 2014, 185, 188 f.). Die Grenzen der Abdingbarkeit ergeben sich aus §§ 305 ff. (MüKoBGB/*Müller-Glöge* Rn. 12; **aA** *Pils* BB 2014, 185, 190 f. mwN). Die **Länge der Widerspruchsfrist** kann durch den AG nicht einseitig verkürzt werden. Eine Verlängerung der Widerspruchsfrist ist jdf. mit Zust. des AN, des bisherigen AG und des Erwerbers zulässig (*Gaul/Otto* DB 2002, 634, 637). Die Zust. der AN zum Übergang kann auch nicht durch kollektivvertragl. Regelung ersetzt oder erzwungen werden (BAG 2.10.1973 AP BGB § 613a Nr. 1). Zum Übergangsrecht s. Rn. 104 der 16. Aufl.

e) Rechtsfolgen des Widerspruchs, Rechtsstellung zum Veräußerer. Aufgrund eines ordnungs- 105 gemäßen und fristgerechten Widerspruchs des AN bleibt das ArbVerh. des AN zum bisherigen AG bestehen. Das Rechtsverhältnis des AN zum Erwerber richtet sich nach den Grds. des faktischen ArbVerh. und ggf. wird das dort bis zum Widerspruch erzielte Entgelt nach § 615 S. 2 auf den Anspruch des AN gegen den Veräußerer angerechnet (LAG K 11.6.2004 LAGE BGB 2002 § 613a Nr. 5; LAG B 20.11.2013 BeckRS 2014, 68419). Nimmt der Veräußerer die nach dem Widerspruch angebotene Arbeitsleistung des AN nicht an, gerät er in Annahmeverzug nach § 615 S. 1. Eines Angebots bedarf es nicht, wenn der Veräußerer vor dem Betriebsübergang erklärt hat, dass er den AN nicht weiterbeschäftigen kann (BAG 20.5.2010 NZA 2010, 1295; **aA** APS/*Steffan* Rn. 224a). Ist es dem AN zumutbar, zunächst beim Erwerber zu arbeiten, und tut er dies nicht, muss er sich den Wert des nicht erworbenen Arbeitsentgelts nach § 615 S. 2 anrechnen lassen (BAG 19.3.1998 NZA 1998, 750). Kann der Veräußerer den widersprechenden AN nicht vertragsgemäß beschäftigen, kommt ein erweitertes Direktionsrecht allenfalls in engen Grenzen in Betracht (LAG ST 14.11.2007 BeckRS 2009, 68511; fragl. ist, ob der widersprechende AN auch die Zuordnung zu einem anderen – ebenfalls übergehenden – Betrieb verlangen kann, s. hierzu Rn. 72). Der Widerspruch, der zB in Folge fehlender Inf. erst längere Zeit nach Betriebsübergang erklärt wurde, wirkt auf den Zpkt. des Übergangs zurück (BAG 13.7.2006 NZA 2006, 1406; *Gaul/Otto* DB 2002, 634, 638; *Worzalla* NZA 2002, 353, 358; **aA** *Rieble* NZA 2004, 1; diff. nach Schutzzwecken *Willemsen* NJW 2007, 2065, 2072 f.; zu Ansprüchen des AN zwischen Betriebsübergang und Ausübung des Widerspruchs LAG K 5.10.2007 NZA-RR 2008, 5; 11.6.2004 LAGE BGB 2002 § 613a Nr. 5). Eine tarifl. Ausschlussfrist für die gerichtl. Geltendmachung von Ansprüchen ggü. dem Veräußerer läuft grds. erst ab dem Zugang des Widerspruchs (BAG 16.4.2013 NZA 2013, 850). Hat der Erwerber nach dem Betriebsübergang und vor der wirksamen Ausübung des rückwirkenden Widerspruchs dem AN gekündigt, wird diese Kündigung dem Veräußerer zugerechnet, wenn dieser die Kündigung (auch konkludent) genehmigt (LAG K 5.10.2007 NZA-RR 2008, 5; näher *Löwisch* BB 2009, 326).

Macht der AN von seinem Widerspruchsrecht Gebrauch, bleibt zwar das ArbVerh. mit dem ehem. 106 Betriebsinhaber aufrechterhalten, der Arbeitsplatz bleibt hingegen beim neuen Betriebsinhaber. Erklärt der ehem. Betriebsinhaber infolge dieses Arbeitskräfteüberhangs eine **betriebsbedingte Kündigung**, scheitert diese nicht an § 613a IV 1. Zwar ist der Betriebsübergang für die Kündigung mitursächl., da andernfalls der Arbeitsplatz nicht entfallen wäre. Wesentl. Ursache für die Kündigung ist aber die Weigerung des AN, beim neuen Betriebsinhaber zu arbeiten. Für die Kündigung gilt § 1 II KSchG ohne Einschränkungen. Insb. darf eine anderweitige Beschäftigungsmöglichkeit im Betrieb oder Unternehmen des Veräußerers nicht vorhanden sein (BAG 25.4.2002 NZA 2003, 605). Der AG muss dem AN die Weiterbeschäftigung auf dem zumutbaren freien Arbeitsplatz – ggf. auch zu veränderten Bedingungen – anbieten, wenn er mit dem Widerspruch des AN rechnen muss (BAG 15.8.2002 NZA 2003, 430). Mit dem Widerspruch endet die Zugehörigkeit des AN zum Betrieb des Erwerbers. Widersprechen nur einzelne AN, ist ein im Betrieb des Erwerbers bestehender BR nicht nach § 102 BetrVG zur Kündigung anzuhören. Ihm steht weder ein Rest- noch ein Übergangsmandat nach §§ 21a, 21b BetrVG zu (BAG 8.5.2014 NZA 2015, 889; grds. 24.9.2015 NZA 2016, 366 Rn. 66; *Niklas* DB 2015, 685, 686; s. a. *Hidalgo/Kobler* NZA 2014, 290; abw. LAG RP 18.4.2005 NZA-RR 2005, 529: § 21b BetrVG analog bei Vielzahl von Widersprüchen; dagegen *Fuhlrott/Oltmanns* BB 2015, 1013, 1015).

107 Ist bei dem ehem. Betriebs(teil)inhaber kein anderer Arbeitsplatz frei, liegen die Voraussetzungen einer betriebsbedingten Kündigung grds. vor. Fragl. ist dann, ob diese zwangsläufig denjenigen AN trifft, der dem Übergang seines ArbVerh. widersprochen hat, oder ob der ehem. Betriebsinhaber gem. § 1 III KSchG eine **Sozialauswahl unter Beteiligung des widersprechenden AN** durchführen muss. Eine Sozialauswahl scheidet aus, wenn der gesamte Betrieb übertragen wurde. Dies gilt auch, wenn der ehem. Betriebsinhaber noch über andere Betriebe verfügt, denn die Sozialauswahl ist – anders als die anderweitige Beschäftigungsmöglichkeit – betriebsbezogen. Mögl. ist eine Sozialauswahl jedoch, wenn nur ein Betriebsteil übertragen wurde, also beim ehem. Betriebsinhaber noch ein Restbetrieb besteht (zum Gemeinschaftsbetrieb *Löwisch* FS Bepler 2012 S. 403, 408 f.), und zwar auch dann, wenn der Restbetrieb stillgelegt wird (BAG 28.10.2004 NZA 2005, 285). Stehen dem AN anerkennenswerte Gründe für einen Widerspruch nicht zur Vfg. und sind ihm vergleichbare AN beim Veräußerer wegen des Betriebsteilübergangs nicht mehr vorhanden, indiziert das Unterbleiben einer Sozialauswahl nicht die ungenügende Berücksichtigung sozialer Gesichtspunkte (BAG 24.2.2000 NZA 2000, 764).

108 Inwieweit der widersprechende AN verlangen kann, in die Sozialauswahl einbezogen zu werden, ist str. Nach überw. Meinung verwehrt ein völlig grundloser Widerspruch ein späteres Berufen auf die Sozialauswahl. Dagegen soll ein wohlbegr. Widerspruch der Einbeziehung nicht entgegenstehen. Die dazwischen liegenden Fälle sollen je nach Gewicht in die umfassende Schutzwürdigkeitsbetrachtung mit einfließen (*Moll* NJW 1993, 2017; *Bauer* DB 1983, 714 f.; *Neef* NZA 1994, 101 f.; *Oetker* DZWIR 1993, 143). In seiner alten Rspr. hat sich das BAG diesen diff. Ansichten angeschlossen und festgestellt, dass **obj. vertretbare Gründe für den Widerspruch** Berücksichtigung finden müssen (BAG 7.4.1993 NZA 1993, 795; 18.3.1999 NZA 1999, 870; krit. *Preis/Steffan* Anm. EzA KSchG § 1 Soziale Auswahl Nr. 30; *Lunk/Möller* NZA 2004, 10, 13; s. a. *Schlachter* NZA 1995, 707). Nach neuer Rspr. des BAG können sich AN, die einem Übergang widersprochen haben, auch auf eine mangelhafte Sozialauswahl berufen. In Anbetracht der abschl. Verengung des § 1 III KSchG zum 1.1.2004 auf die vier im G genannten Sozialauswahlkriterien hält das BAG die dem Widerspruch zugrundeliegenden Beweggründe des AN nun für unbeachtl. (BAG 31.5.2007 NZA 2008, 33; dazu *Eylert/Spinner* BB 2008, 50). Wortlaut und Regelungsziel der Neufassung stünden einer Berücksichtigung entgegen. Wie die Gründe und Motive für die Wirksamkeit des Widerspruchs irrelevant seien, seien sie auch iRd. Sozialauswahl ohne Bedeutung; andernfalls werde das Widerspruchsrecht entwertet. Die Konsequenz eines „Verdrängungswettbewerbs" zwischen AN nehme der Gesetzgeber offenbar in Kauf (dezidiert dagegen *Quecke* ZIP 2007, 1846). Grds. können die Beweggründe für den Widerspruch auch nicht über § 1 III 2 KSchG Berücksichtigung finden. Anderes gilt nur, wenn zB der Widerspruch einer größeren Anzahl von AN gegen einen Betriebsteilübergang tiefgreifende Umorganisationen notwendig macht, die zu schweren betriebl. Ablaufstörungen führen können (BAG 31.5.2007 NZA 2008, 33). Dieser Neuorientierung der Rspr. ist zuzustimmen; freil. ist korrespondierend eine erweiterte Rechtsmissbrauchskontrolle des Widerspruchs geboten. Zur Sperrzeit (§ 159 I 2 Nr. 1 SGB III) als mögl. sozialrechtl. Konsequenz eines Widerspruchs vgl. *Klumpp* NZA 2009, 354; *Engesser Means/Klebeck* NZA 2008, 143.

109 Widerspricht der AN dem Übergang seines ArbVerh. nur deshalb, um an Abfindungsregelungen des Veräußerers zu partizipieren, entfällt der Abfindungsanspruch nach den Grds. von Treu und Glauben (*Hanau* FS Gaul 1992 S. 292; ähnl. BAG 24.11.1993 NZA 1994, 564). Einen Abfindungsanspruch einer AN hat das BAG verneint, die dem Übergang ihres ArbVerh. deswegen widersprochen hatte, weil für sie zu einem kurz nach dem vorgesehenen Betriebsübergang liegenden Zpkt. bereits ein neues ArbVerh. in Aussicht stand (BAG 10.11.1993 NZA 1994, 892). Ansprüche auf Sozialplanleistungen kann der AN in diesen Fällen nach § 112 V 2 Nr. 2 BetrVG verwirken (LAG SN 30.4.1996 AuA 1997, 204). Nimmt der Sozialplan selbst von seinem Geltungsbereich solche Mitarbeiter aus, die einen angebotenen zumutbaren Arbeitsplatz ablehnen, so gilt dies auch für den Fall, dass AN dem (zumutbaren) Übergang ihres ArbVerh. widersprechen (BAG 5.2.1997 NZA 1998, 158). Die Weiterarbeit beim Betriebserwerber ist nach BAG nicht deshalb unzumutbar, weil der Betriebserwerber wirtschaftl. schwach oder

gem. § 112a II BetrVG in den ersten vier Jahren nach seiner Gründung von der Sozialplanpflicht ausgenommen ist (BAG 5.2.1997 NZA 1998, 158).

f) Kollektive Ausübung des Widerspruchsrechts; Rechtsmissbrauch. Die Ausübung des Widerspruchsrechts darf nicht rechtsmissbräuchl. erfolgen. Rechtsmissbrauch liegt aber nicht schon dann vor, wenn es dem AN nicht ausschl. darum geht, den Wechsel des AG zu verhindern, sondern mit dem Betriebserwerber über den Abschluss eines Arbeitsvertrags zu günstigeren Bedingungen zu verhandeln (BAG 19.2.2009 NZA 2009, 1095). Widersprechen mehrere AN, die auf Grund ihrer Qualifikation für einen ordnungsgemäßen Betriebsablauf notwendig sind, kann der Betriebsübergang verhindert werden. Trotz dieser Gefahr ist die kollektive Ausübung des Widerspruchsrechts nicht von vornherein als unzulässig zu erachten (BAG 30.9.2004 NZA 2005, 43, 47). Wenn der einzelne AN ein aus dem Persönlichkeitsschutz begr. Widerspruchsrecht gegen die Rechtsfolgen des § 613a besitzt, können sich auch mehrere AN als Summe von Individuen dieses Recht als kollektives Druckmittel nutzbar machen. Zulässige Rechtsgrenze bildet auch bei der kollektiven Ausübung ein evtl. Missbrauch (BAG 30.9.2004 NZA 2005, 43, 47 f.; ebenso *Gaul* ZfA 1990, 91). Das kann der Fall sein, wenn der Widerspruch zur Erreichung unzulässiger Zwecke eingesetzt wird, kein schutzwürdiges Eigeninteresse zugrunde liegt oder allein einem anderen Schaden zugefügt werden soll. Wird aber – auch bei kollektiver Ausübung – die Sicherung der arbeitsvertragl. Rechte und die Beibehaltung des bisherigen AG verfolgt, ist ein Rechtsmissbrauch ausgeschlossen (BAG 23.7.2009 NZA 2010, 89, 94). Das Widerspruchsrecht entfaltet auch dann seine Wirkung, wenn dafür kein sachl. Grund vorliegt (**aA** APS/*Steffan* Rn. 232). § 613a VI setzt einen solchen Grund auch bei kollektiver Ausübung nicht voraus (BAG 30.9.2004 NZA 2005, 43, 47). Ein Rechtsmissbrauch kann aber vorliegen, wenn die AN zielgerichtet beabsichtigen, durch ihren Widerspruch einen Betriebsübergang zum Schaden des Veräußerers zu verhindern oder diesem ein sonstiger anderer Zweck als die Sicherung der arbeitsvertragl. Rechte und die Beibehaltung des bisherigen AG zugrunde liegt (BAG 30.9.2004 NZA 2005, 43, 47). Ist der Grund des kollektiven Widerspruchs die fehlende Bonität oder Seriosität des Erwerbers, ist nicht erkennbar, aus welchem Rechtsgrund der Widerspruch vieler AN rechtsmissbräuchl. sein sollte. Besteht der Betrieb infolge massenhafter Widersprüche beim Veräußerer fort, bleibt das Mandat eines dort gebildeten BR unberührt (**aA** *Hidalgo/Kobler* NZA 2014, 290, 292). Die von einem bevorstehenden Betriebsübergang erfassten AN zu einem kollektiven Widerspruch zu veranlassen, ist kein taugl. Sanierungsmodell (*Mückl/Götte* ZIP 2017, 357, 360 ff.; **aA** *Willmer/Fuchs/Berner* NZI 2015, 263). 110

Fasst man die Entwicklung zu § 613a V und VI zusammen, so scheinen die weitgehende Informationspflicht und die zT großzügigen Verwirkungstatbestände in Kombination mit der regelm. Versagung von Schadensersatzansprüchen nicht recht zueinander zu passen. Ein Fehler der Rspr. des BAG liegt darin, nicht nach einem Wertungszusammenhang zwischen einer unzureichenden Unterrichtung und einem nachf. Widerspruch zu fragen. Dabei ist zw., ob wirkl. alle Fehler unbefristet fortwirken. Insb. dürfte der richtige Betriebserwerber oder die kollektivrechtl. Situation dem AN im Lauf der Tätigkeit irgendwann bekannt werden. Andererseits scheint die Versagung von Schadensersatz und die Verwirkung des Widerspruchsrechts im Falle der „Disposition“ über den Bestand des ArbVerh. dann zw., wenn die gravierenden Informationsfehler (etwa absehbare Insolvenz des Erwerbers wie im Falle BenQ) den AN in eine ausweglose Situation manövrieren, die ihn zur Disposition beim (insolventen) Erwerber veranlasst. Eine gegenläufige Tendenz zeigt sich beim mehrfachen Betriebsübergang. Hier will die Rspr. nun nahezu jeden Unterrichtungsfehler sanieren (Rn. 100). Beim ersten Übergang schadet noch der versehentl. Zahlendreher im Handelsregister, nach dem zweiten wohl nicht mal mehr die bewusste Lüge über die beabsichtigte Betriebsstilllegung. Die Wertungen laufen aus dem Ruder. Statt Zuflucht im Ausnahmefall zu suchen, sind die Grds. für den Regelfall krit. zu hinterfragen (für eine Vorabentsch. des EuGH zu Art. 7 VI RL 2001/23/EG: *Gaul* RdA 2015, 206, 209; *Sagan* ZIP 2011, 1641, 1645; *Hoffmann* S. 34 ff.). 111

III. Fortgeltung von Tarifvertrag und Betriebsvereinbarung (§ 613a I 2 bis 4)

1. Fortgeltung kollektivrechtlicher Normen. a) Kollektivrechtliche Sukzession. § 613a I 2 bis 4 regeln das Schicksal der kollektivrechtl. Regelungen aus TV und BV. Die Norm gilt daher nicht, wenn der Veräußerer nicht tarifgebunden ist und ein TV oder einzelne Bestimmungen daraus allein durch Individualvereinb. Eingang in den Arbeitsvertrag des übernommenen AN gefunden haben. An diese ist der neue Betriebsinhaber allein nach § 613a I 1 gebunden (Rn. 127). Nach § 613a I 2 werden die Normen eines beim ehem. Betriebsinhaber angewendeten TV sowie dort bestehender BV Inhalt des ArbVerh. zwischen dem AN und dem neuen Betriebsinhaber. Voraussetzung ist, dass der TV im Zpkt. des Betriebsübergangs in Kraft getreten war, weil er zuvor nicht zu den Rechten und Pflichten aus dem bestehenden ArbVerh. gehörte (BAG 16.5.2012 NZA 2012, 923; **aA** *Siegfanz-Strauß* S. 171 ff): übergangsfähige anwartschaftsähnl. Rechtsposition). Besteht im Zpkt. des Betriebsübergangs keine beiderseitige Tarifbindung, weil der AN erst danach der Gewerkschaft beitritt, gehört der tarifvertragl. Regelungsbestand nicht zu den Rechten und Pflichten aus dem im Zpkt. eines Betriebsübergangs bestehenden ArbVerh. (BAG 16.5.2012 NZA 2012, 923). Nach früherer Rspr. und tradierter Lehre 112 verlieren die Normen ihre kollektivrechtl. Geltung und werden Inhalt des **Arbeitsvertrags** (BAG 18.11.2003 NZA 2004, 803; *Meyer* ZfA 2015, 385, 390 ff.; JKOS/*Oetker* § 6 Rn. 157 f.). Dann würden indes individual- und kollektivrechtl. Arbeitsbedingungen auf der Ebene des Arbeitsvertrags kollidieren. Es ließe sich nicht begründen, warum bei dieser Kollision auf der Ebene des Arbeitsvertrags das Günstigkeitsprinzip gelten und keine AGB-Kontrolle der zuvor kollektivvertragl. Arbeitsbedingungen erfolgen sollte. Bei einem zweiten Übergang müsste auf das vormalige Kollektivrecht § 613a I 1 Anwendung finden und die Sperrfrist des § 613a I 2 entfallen (zusf. *Sagan* RdA 2011, 163, 165). Inzwischen hat das BAG diese Ansicht aufgegeben (BAG 22.4.2009 NZA 2010, 41). Danach werden die Kollektivnormen zwar in das ArbVerh. zwischen AN und Erwerber **transformiert**, behalten jedoch ihren **kollektivrechtl. Charakter** (BAG 22.4.2009 NZA 2010, 41; 26.8.2009 NZA 2010, 173; 23.9.2010 NZA 2010, 513; Schaub/*Ahrendt* § 119 Rn. 5; MüKoBGB/*Müller-Glöge* Rn. 131; wohl auch NK-GA/*Breinlinger* Rn. 100; abl. *Löwisch/Rieble* § 3 Rn. 369 ff.; *Meyer* NZA-RR 2013, 225, 227). Zu Recht weist das BAG darauf hin, dass § 613a I 2 die Fortgeltung von Kollektivnormen im ArbVerh., nicht aber im Arbeitsvertrag anordnet und ihren rechtl. Charakter beim Erweber daher nicht eindeutig festlegt (BAG 22.4.2009 NZA 2010, 41; Staudinger/*Annuß* Rn. 198). Die Rspr. lässt diesen Charakter jedoch unklar und erfindet mit den angebl. transformierten Normen mit kollektivrechtl. Charakter systemwidrig eine dritte Kategorie arbeitsrechtl. Regelungen (ebenfalls abl. *Franzen* Anm. AP BGB § 613a Nr. 443; JKOS/*Oetker* § 6 Rn. 157). Kollektivnormen können auch nach § 613a I 2 keine „Zwitterstellung" zwischen Arbeits- und Kollektivvertrag haben (**aA** *Höpfner* S. 431; widersprüchl. HaKo/*Mestwerdt/Wemheuer* Rn. 91). Nach zutr. Ansicht ordnet § 613a I 2 keine Transformation kollektiven Rechts, sondern die Rechtsnachfolge des Erwerbers in die kollektivrechtl. Bindungen des Veräußerers an (sog. **Sukzessionsmodell**; *Sagan* RdA 2011, 163, 167; *Deinert/Walser*, Tarifvertragl. Bindung der AG, 2015, S. 143; Braun/Wisskirchen/*Thees* KonzernArbR 2015 S. 1, 20; vgl. a. *Rinck* RdA 2010, 216, 220; *Zöllner* DB 1995, 1401, 1402 f.; HMB/*Grau* Teil 15 Rn. 49; unentschieden HWK/*Willemsen/Müller-Bonanni* Rn. 250 [„*sui generis*"]; iE ähnl. Staudinger/*Annuß* Rn. 198 ; *Reinecke*, Die Sicherung der Tarifgeltung beim Betriebsübergang, Diss. Mannheim 2016 S. 32 ff.). Parallel zu § 613a I 1, der den Übergang individualvertragl. Vereinb. vorsieht, kommt es nach § 613a I 2 zum Übergang kollektiver Regelungen. Die Vorschr. ordnet keinen Rechtsquellenwechsel an, sondern leitet die kollektivrechtl. Bindungen des Veräußerers auf das ArbVerh. zwischen dem neuen Inhaber und dem AN über. Nichts anderes folgt daraus, dass schon § 613a I 1 den Übergang des ArbVerh., nicht des Arbeitsvertrags vorsieht (**aA** JKOS/*Oetker* § 6 Rn. 57). § 613a I 2 bis 4 regelt den Übergang von Kollektivvereinb. spezieller und abschl., weswegen § 613a I 1 nur für den Arbeitsvertrag gilt. Die Kollektivnormen gelten gem. § 613a I 2 nur für die nach § 613a I 1 übernommenen ArbVerh. und ausschl. „statisch" in ihrer im Zpkt. des Übergangs geltenden Fassung fort. Das entspricht dem Willen des Gesetzgebers, der einen ges. Bestandsschutz für die kollektiven Rechte der vom Betriebsübergang betroffenen AN schaffen wollte (BT-Drs. 8/3317 S. 11 **aA** Wiedemann/*Oetker* § 3 Rn. 230), und Art. 3 III RL 2001/23/EG, der die Fortgeltung der vor dem Übergang geltenden kollektivvertragl. Arbeitsbedingungen vorschreibt (EuGH 4.6.2002 NZA 2002, 729; 6.9.2011 NZA 2011, 1077; vgl. BAG 23.9.2009 NZA 2010, 513; diff. PS/*Grau/Hartmann* § 11 Rn. 112 f.). Nach dem Betriebsübergang vorgenommene Änd. gem. § 613a I 2 fortgeltender TV wirken sich beim Erwerber nicht aus, sondern führen gem. § 613a I 4 grds. nur zum Wegfall der Sperrfrist für arbeitsvertragl. Abweichungen (BAG 3.7.2013 NZA-RR 2014, 80; s. a. Rn. 121 und *Franzen* Anm. AP BGB § 613a Nr. 443). Eine in der Kollektivnorm bereits angelegte Dynamik bleibt jedoch auch nach dem Übergang erhalten (BAG 14.11.2007 NZA 2008, 420). Der Erwerber übernimmt den Betrieb(steil) letztl. sowohl in individual- als auch in kollektivrechtl. Sicht so, wie er im Zpkt. des Übergangs steht und liegt (*Sagan* RdA 2011, 163, 170).

113 **b) Anwendungsbereich.** Nach Rspr. und hM stellt § 613a I 2 eine bloße **Auffangnorm** dar, die nicht anzuwenden sei, wenn sich die kollektivrechtl. Fortgeltung von TV und BV nach dem Betriebsübergang aus einem anderen Rechtsgrund ergebe (BAG 26.8.2009 NZA 2010, 238; *Bepler* RdA 2009, 65, 67; MüKoBGB/*Müller-Glöge* Rn. 129; zur Sicherung der kollektiven Fortgeltung durch Vertragsgestaltung *Müller-Bonanni/Mehrens* NZA 2012, 195). Daran kann nach dem Sukzessionsmodell (Rn. 112) nicht festgehalten werden, wenn man § 613a I 2 als Anordnung einer kollektivrechtl. Fortgeltung versteht; nach diesem Verständnis geht die Vorschr. als lex specialis anderen Rechtsgrdl. vor (*Sagan* RdA 2011, 163, 170 ff.; **aA** *Bauer/v. Medem* DB 2010, 2560; *Völksen* NZA 2013, 1182, 1183). Dafür spricht auch, dass der Gesetzgeber die Fortgeltung von TV und BV bei einem Betriebsübergang allg. regeln und anderen G keinen Vorrang vor § 613a I 2 einräumen wollte (s. BT-Drs. 8/3317 S. 7; **aA** Staudinger/*Annuß* Rn. 199). Die Norm ist unterschiedslos auf alle TV und BV bei jedem Betriebs- oder Betriebsteilübergang anzuwenden. Kommt es anschließend zu einem weiteren Betriebs(teil)übergang, gehen TV und BV nicht nach § 613a I 1, sondern nach § 613a I 2 auf den Erwerber über (*Bepler* RdA 2009, 65, 70; APS/*Steffan* Rn. 127; **aA** Wiedemann/*Oetker* § 3 Rn. 242; offen gelassen von BAG 20.4.1994 NZA 1994, 1140). Der zweite Betriebsübergang löst keine neue Sperrfrist nach § 613a I 2 aus (Staudinger/*Annuß* Rn. 214; HWK/*Willemsen/Müller-Bonanni* Rn. 276; *Siegfanz-Strauß* S. 116 ff.; **aA** *Sagan* RdA 2011, 163, 171; s. a. Rn. 119).

Nach § 613a I 2 tritt der neue Betriebsinhaber nicht in eine Mitgliedschaft des Veräußerers in einem AGVerband, wohl aber in dessen Bindung an die von diesem Verband geschlossenen **VerbandsTV** ein, wie sie im Zpkt. der Übernahme bestehen. Diese Bindung gilt nur ggü. solchen übernommenen AN, die in diesem Zpkt. ihrerseits nach §§ 3, 5 TVG tarifgebunden sind und zwar auch dann, wenn das jeweilige ArbVerh. im Zuge des Betriebsübergangs aus dem fachl. Geltungsbereich des TV oder der Zust. der bisherigen TVParteien herausfällt (s. BAG 5.10.1993 NZA 1994, 848; 26.8.2009 NZA 2010, 238; *Hanau/Vossen* FS Hilger/Stumpf 1983 S. 288). Die Tarifbindung nach § 613a I 2 erstreckt sich auch auf TV, die im Zpkt. des Betriebsübergangs zwar wirksam sind, aber nach dem tarifrechtl. Spezialitätsgrds. verdrängt werden; ihre Anwendbarkeit lebt nach dem Ende des spezielleren TV, der sie vorübergehend verdrängt hat, beim Erwerber auf (BAG 22.4.2009 NZA 2010, 41; HMB/*Grau* Teil 15 Rn. 49; *Sieg/Maschmann* Unternehmensumstrukturierung 2. Aufl. 2010 Rn. 295; **aA** *Höpfner* S. 442 mit unzutr. Qualifikation der Verdrängung als Wirksamkeitshindernis in Form einer rechtsgeschäftl. Bedingung). Dies gilt innerhalb der einjährigen Veränderungssperre auch dann, wenn die Nachwirkung der spezielleren Regelungen nicht ausgeschlossen ist (*Siegfanz-Strauß* S. 330 f.). Sollte § 4a TVG verfassungskonform sein (hierzu nur *Greiner* NZA 2015, 769, 771 f.; *Preis* jM 2015, 369, 373 f.), erstreckt sich § 613a I 2 auch auf einen nach dieser Vorschrift im Betrieb des Veräußerers unanwendbaren TV, der beim Erwerber anwendbar werden kann (*Hohenstatt/Schuster* ZIP 2016, 5, 8 f.; *Müller-Bonanni* RdA 2016, 270, 274 f.). Der Betriebserwerber kann sich nicht auf die aus dem VerbandsTV resultierende Friedenspflicht berufen, die Mitgliedern des tarifschließenden AGVerbands vorbehalten ist. Etwas anderes gilt, wenn er selbst Mitglied dieses Verbands ist, so dass er über § 613a I 2 hinausgehend auch nach § 3 TVG tarifgebunden ist. In diesem Fall kommt es zu einer doppelten Tarifbindung kraft Betriebsübernahme und Verbandsmitgliedschaft (*Sagan* RdA 2011, 163, 170; **aA** BAG 20.6.2001 NZA 2002, 517; 21.4.2010 ZTR 2010, 636). Das gilt ebenso, wenn der anwendbare betr. TV nach § 5 TVG für allgemeinverbindl. erklärt oder durch RechtsVO nach § 8 AEntG erstreckt wurde. 113a

Nach stRspr. rückt der Erwerber nicht nach materiellem Tarifrecht in die Stellung des Veräußerers als Partei eines **FirmenTV** ein; in Ermangelung einer vorrangigen Tarifbindung nach dem TVG soll deswegen § 613a I 2 anzuwenden sein (BAG 20.6.2001 NZA 2002, 517; 29.8.2001 NZA 2002, 513; **aA** DHSW/*Karthaus/Richter* Rn. 117; *Moll* NJW 1993, 2016, 2020). Auch nach dem Betriebsübergang bleibe aber der Veräußerer TVPartei und daher zum Ausspruch sowie zur Entgegennahme von Kündigungen des TV berechtigt (BAG 26.8.2009 NZA 2010, 238; JKOS/*Oetker* § 6 Rn. 163; **aA** *Bauer/v. Medem* DB 2010, 2560, 2563; *Willemsen/Grau* NJW 2014, 12, 17 unter Rekurs auf EuGH 18.7.2013 NZA 2013, 835). Nach dem hier vertretenen Sukzessionsmodell ist der Erwerber nach § 613a I 2 an den normativen Teil des FirmenTV gebunden (Rn. 112). Diese Bindung ist nicht ausgeschlossen, wenn der übernommene Betrieb durch Änd. des Betriebszwecks aus dem Zuständigkeitsbereich der tarifschließenden Gewerkschaft fällt. Um die sachwidrige Aufspaltung des normativen und schuldrechtl. Teils des FirmenTV zu vermeiden, ist es folgerichtig, den Erwerber nach § 613a I 2 auch in die schuldrechtl. Stellung des Veräußerers als Partei des FirmenTV nachfolgen zu lassen (*Sagan* RdA 2011, 163, 170 f.; iE HMB/*Grau* Teil 15 Rn. 72; *Willemsen/Grau* NJW 2014, 12, 17; tendenziell a. *Meyer* DB 2010, 1404, 1405 f.; den Übergang des Kündigungsrechts eines FirmenTV unter Zuordnung zum normativen Teil bejahen *Hanau/Strauß* FS Bepler 2012 S. 199, 203 f.; **aA** JKOS/*Oetker* § 6 Rn. 167). Den einzelnen AN steht bei einer Fortgeltung nach § 613a I 2 jdf. kein Kündigungsrecht zu (BAG 26.8.2009 NZA 2010, 238). 113b

Für die kollektivrechtl. Bindung des Betriebserwerbers an eine **BV** ist nach der Rspr. und hM entscheidend, dass die Betriebsidentität im Wesentlichen bei dem neuen Inhaber erhalten bleibt (BAG 5.2.1991 NZA 1991, 639; 27.7.1994 NZA 1995, 222; *Hergenröder* AR-Blattei SD 500.1 Rn. 844 ff.). In diesem Fall bestehe der BR auch nach dem Betriebsinhaberwechsel fort. So wie der neue Betriebsinhaber in die zwischen dem ehem. Betriebsinhaber und den übernommenen AN bestehenden ArbVerh. eintrete, trete er auch in die zwischen dem ehem. Betriebsinhaber und dem BR vereinbarten BV ein. Das BAG hat unter Hinweis auf das Übergangsmandat des BR aus § 21a BetrVG sogar eine Fortgeltung von **EinzelBV** für den Fall angenommen, dass ledigl. ein Betriebsteil übertragen, beim neuen Inhaber aber als eigenständiger Betrieb fortgeführt wird (BAG 18.9.2002 NZA 2003, 670; krit. HWK/*Willemsen/Müller-Bonanni* Rn. 256; *Rieble/Gutzeit* NZA 2003, 233; *Preis/Richter* ZIP 2004, 925). Versteht man § 613a I 2 hingegen als Anordnung einer kollektivrechtl. Rechtsnachfolge (Rn. 112), gelten BV stets normativ für die übernommenen AN in ihrer im Zpkt. des Betriebsübergangs geltenden Fassung beim Erwerber fort (Düwell/*Lorenz* BetrVG, 4. Aufl. 2014, § 77 Rn. 105 f.). Ein Rückgriff auf das materielle BetrVerfRecht ist zur Aufrechterhaltung der normativen Wirkung der BV nicht notwendig. Eine nach § 613a I 2 fortgeltende BV erstreckt sich nicht auf AN, die nach dem Übergang in den Betrieb neu eintreten (unstr.; BAG 5.5.2015 NZA 2015, 1331 Rn. 55; JKOS/*Oetker* § 6 Rn. 161; APS/*Steffan* Rn. 115a). Der Erwerber kann mit dem zust. BR eine BV abschließen, nach der alle gem. § 613a I 2 fortgeltenden BV auch für neu eintretende AN gelten. Ebenso kann vereinbart werden, dass die fortgeltenden BV über die einjährige Sperrfrist hinaus zwgd. gelten sollen. Ein Neuabschluss aller BV ist nicht erforderl. (**aA** *Fuhrmann*, Die Teilkündigung der BV beim Betriebsübergang, 2013, S. 163). 114

Ob **GesamtBV** und **KonzernBV** kollektivrechtl. fortgelten, wenn nicht alle Betriebe eines Unternehmens bzw. alle Unternehmen eines Konzerns übernommen werden, ist umstr. (s. APS/*Steffan* 115

Rn. 115 mwN zum Streitstand). Vom Standpunkt der Rspr. aus spricht gegen eine solche kollektivrechtl. Fortgeltung, dass auch die einfache BV nicht normativ weitergelten soll, wenn die Betriebsidentität beim Übergang nicht gewahrt bleibt. Entspr. müsste gelten, wenn die Unternehmensidentität bzw. Konzernidentität bei der Übernahme untergeht. Anders als beim fortbestehenden BR steht in diesen Fällen der urspr. Vertragspartner nicht mehr zur Vfg. (*Preis/Steffan* FS Kraft 1998 S. 477, 479; *Preis/Richter* ZIP 2004, 925; *Schaub* FS Wiese 1998 S. 535, 542; WHSS/*Hohenstatt* E Rn. 18; *Hergenröder* Anm. AP BetrVG 1972 § 77 Betriebsvereinbarung Nr. 7). Dieser Ansicht hat sich das BAG nicht angeschlossen. Nach seiner Auff. sollen GesamtBV in den übertragenen Teilen des Unternehmens als Rechtsnormen und damit kollektiv-rechtl. fortgelten, wenn auch nur einer oder mehrere Betriebe unter Wahrung ihrer Betriebsidentität übergehen. Dies gelte jdf. dann, wenn das andere Unternehmen bis dahin keinen Betrieb geführt hat. Soweit nur ein Betrieb übernommen werde, bleibe die GesamtBV als EinzelBV bestehen (BAG 18.9.2002 NZA 2003, 670; 8.7.2015 NZA 2016, 310 Rn. 19; 27.1.2016 NZA-RR 2016, 366 Rn. 14; *Salamon* RdA 2007, 103; *Kreft* FS Wißmann 2005 S. 347; dagegen *Jacobs* FS Konzen 2006, S. 345; zur Übertragbarkeit dieser Rspr. auf KonzernBV *Gussen* FS Leinemann 2006 S. 207; *Meyer* BB-Special 2005, 5). Zu Unrecht beruft sich die Rspr. auf – ungeschriebene – „Strukturprinzipien der Betriebsverf." und meint, § 613a I verhalte sich nicht dazu, ob BV ihren normativen Charakter behielten (BAG 5.5.2015 NZA 2015, 1331 Rn. 46, 48). Das lässt sich nicht mit der Rspr. vereinbaren, nach der gem. § 613a I 2 fortgeltende Kollektivvereinb. ihren kollektivrechtl. Charakter behalten (s. Rn. 111). Zur Art und Weise der Fortgeltung unterscheidet § 613a I 2 nicht zwischen TV und BV. Auch ließe sich § 613a I 3 jdf. nicht auf die Kollision einer zur EinzelBV denominierten Regelung mit einer beim Erwerber geltenden Gesamt- oder KonzernBV anwenden (s. aber BAG 5.5.2015 NZA 2015, 1331 Rn. 51). Nach dem hier vertretenen Sukzessionsmodell (Rn. 112) ist der Streit um die Fortgeltung von GesamtBV und KonzernBV indes hinfällig. Sie gelten danach in jedem Fall als solche nach § 613a I 2 normativ für die übernommenen AN beim Erwerber fort (*Sagan* RdA 2011, 163, 172). Bei kollidierenden Gesamt- oder KonzernBV werden die BV des übergehenden Betriebs nach § 613a I 3 verdrängt (vgl. BAG 27.6.1985 NZA 1986, 401; s. zu den Ablösungsmöglichkeiten bei Gesamt- und KonzernBV *Meyer* DB 2000, 1174). Für Sprechervereinb. und DV nach dem Personalvertretungsrecht gelten die gleichen Grds. (abw. zur Fortgeltung von DV bei der Privatisierung ör. Träger *Gussen/Dauck* Die Weitergeltung von TV bei Betriebsübergang und Umwandlung, 1997, Rn. 89; *Gaul* ZTR 1995, 387).

116 Ausgehend von der Rspr. des BAG bleiben für die individualrechtl. Fortgeltung von **Rechten und Pflichten aus einer BV** nur noch die folgenden drei Fälle übrig: (1) Es wird ein Betrieb oder Betriebsteil übernommen, der mit einem anderen Betrieb des Übernehmers vereinigt wird. (2) Der übernommene Betrieb unterfällt nicht mehr dem BetrVG (zB wegen § 118 II BetrVG). (3) Es findet ein Rechtsformwechsel der ANVertretung statt (zB Betrieb geht von ör. auf privatrechtl. Träger über). Dabei bleibt offen, ob eine Gesamt- oder KonzernBV nach einem Betriebs(teil)übergang kollektivrechtl. oder individualrechtl. fortgilt, wenn beim erwerbenden Unternehmen bereits ein oder mehrere Betriebe samt Einzel-, Gesamt- oder KonzernBV existieren (für eine kollektiv-rechtl. Fortgeltung *Hergenröder* Anm. AP BetrVG 1972 § 77 Betriebsvereinbarung Nr. 7; ebenso, wenn a. m. krit. Grundtendenz HWK/*Willemsen/Müller-Bonanni* Rn. 256; krit. a. *Preis/Richter* ZIP 2004, 925).

117 **2. Reichweite der Fortgeltung. a) Art der Kollektivvereinbarung.** Die Fortgeltung von TV erfordert, dass Betriebsveräußerer und AN tarifgebunden waren, da nur dann die Rechte und Pflichten des TV die ArbVerh. regeln konnten (vgl. BAG 16.10.2002 NZA 2003, 390). Unter den Begriff der BV fallen sowohl Gesamt- als auch KonzernBV (vgl. MüKoBGB/*Müller-Glöge* Rn. 151, 155). Nur die **zum Zpkt. des Betriebsübergangs gültigen Normen** eines TV oder einer BV gelten fort. An der Weiterentwicklung der Rechte und Pflichten der bisherigen Kollektivvereinb. nimmt der übernommene AN nicht teil (BAG 13.11.1985 NZA 1986, 422), ebenso wenig an tarifl. Regelungen, die rückwirkend auf den Zpkt. vor Betriebsübergang in Kraft gesetzt werden (BAG 13.9.1994 NZA 1995, 740). Dasselbe gilt, wenn der Veräußerer nach dem Betriebsübergang einen TV mit Rückwirkung abschließt (LAG BB 10.3.1992 DB 1992, 1145). Ebenso gelten die Normen eines TV nicht fort, der vor dem Betriebsübergang abgeschlossen wurde, aber erst nach dem Übergang in Kraft tritt (BAG 16.5.2012 NZA 2012, 923; **aA** *Siegfanz-Strauß* S. 171 ff.). Anders ist dies zu bewerten, wenn erst nach dem Betriebsübergang bspw. ein StufenTV ledigl. Rechtsfolgen auslöst (BAG 19.9.2007 NZA 2008, 241 zum sog. StufenTV; krit. WHSS/*Hohenstatt* Rn. E 127). Das trifft zu, weil der gesamte Bestand der Tarifnormen von § 613a I 2 erfasst wird (BAG 14.11.2007 NZA 2008, 421). Geltung beanspruchen die Normen auch dann noch, wenn sie ledigl. gem. §§ 4 V TVG, 77 VI BetrVG nachwirken (BAG 27.11.1991 NZA 1992, 800; 1.8.2001 NZA 2002, 41, EuGH 11.9.2014 NZA 2014, 1092 Rn. 26). Allerdings verlieren sie ihre zwgd. Wirkung, so dass sie vor Ablauf eines Jahres zu Lasten der AN einzelvertragl. abgeändert werden können (zu den Anforderungen Rn. 121 f.). Kollidiert eine nach § 613a I 2 fortgeltende Tarifnorm mit einer Individualvereinb., einschl. Bezugnahmen auf andere TV, gilt das Günstigkeitsprinzip des § 4 III TVG. Die fortgeltenden Tarifnormen haben keine größere Wirkungstiefe als der zuvor unmittelbar wirkende TV und können für den AN günstigere Individualabreden nicht verdrängen (BAG 22.4.2009 NZA 2010, 41). Für den Verzicht des AN auf Rechte aus

einem fortgeltenden TV gilt § 4 IV 1 TVG (BAG 12.2.2014 NZA 2014, 613). Ist eine Nachwirkung ausgeschlossen, fallen die nach § 613a I 2 fortgeltenden Normen – ggf. auch vor Ablauf der einjährigen Veränderungssperre (Rn. 119) – mit dem Ende des Kollektivvertrags ersatzlos weg (BAG 22.4.2009 NZA 2010, 41 zu TV; einschränkend HMB/*Grau* Teil 15 Rn. 65). Der Erwerber kann eine fortgeltende BV ggü. dem jeweils bei ihm zust. BR kündigen und zwar auch dann, wenn es sich um eine BV über freiwillige Sozialleistungen handelt (abw. unter der Prämisse einer Transformation der BV: *Bauer/v. Steinau-Steinrück* NZA 2000, 505, 508; *B. Gaul* FS Bauer 2010 S. 339, 343). Fehlt es an einem BR, ist die Kündigung nach allg. Grds. ggü. allen AN zu erklären (s. BAG 18.9.2002 NZA 2003, 670; *Fitting* § 77 Rn. 175; WPK/*Preis* § 77 Rn. 39).

b) Inhalt der Kollektivvereinbarung. Bei einem VerbandsTV bezieht sich die kollektivrechtl. Fortgeltung nur auf den **normativen Teil**, nicht aber auf den schuldrechtl. Teil, der ledigl. das Verhältnis zwischen Gewerkschaft und AGVerband regelt. Von dem normativen Teil des VerbandsTV werden wiederum nur diejenigen Rechtsnormen erfasst, die die Rechte und Pflichten des im Zpkt. des Übergangs bestehenden ArbVerh. regeln (zweifelnd an der Vereinbarkeit mit Art. 3 III RL 2001/23/EG: *Seiter* Betriebsinhaberwechsel S. 93; **aA** Staudiner/*Annuß* Rn. 210 f.). Das sind in erster Linie die sog. Inhaltsnormen, die den Inhalt und die Beendigung des ArbVerh. regeln. Abschlussnormen und Tarifnormen über betriebsverfassungsrechtl. Fragen gelten nicht fort (diff. für Abschlussnormen MüKoBGB/*Müller-Glöge* Rn. 135; **aA** KDZ/*Bachner* § 97 Rn. 21). Die Weitergeltung von Betriebsnormen kommt nur dann in Betracht, wenn sie zugleich den Inhalt der ArbVerh. gestalten und ihnen damit die Wirkung von Inhaltsnormen zukommt (MüKoBGB/*Müller-Glöge* Rn. 135; *Hanau/Vossen* FS Hilger/Stumpf 1983 S. 290 f.). Tarifnormen über gemeinsame Einrichtungen werden nicht von § 613a I 2 erfasst (vgl. MüKoBGB/*Müller-Glöge* Rn. 135). Allenfalls kann den Betriebsübernehmer die Pflicht treffen, alles Erforderl. zu tun, um die AN in den Genuss der Leistungen kommen zu lassen (*Hanau/Vossen* FS Hilger/Stumpf 1993 S. 291; **aA** MüKoBGB/*Müller-Glöge* Rn. 135). Anders verhält es sich bei FirmenTV und BV, bei denen der Veräußerer selbst Vertragspartei ist. Insoweit tritt der Erwerber nach § 613a I 2 nicht nur in den normativen Teil der Vereinb., sondern auch in die schuldrechtl. Stellung des Veräußerers ein, wie sie im Zpkt. des Betriebsübergangs besteht (**aA** zum FirmenTV BAG 26.8.2009 NZA 2010, 238; s. Rn. 113b). Das gilt jedoch nicht für die sog. Regelungsabrede zwischen AG und BR (vgl. DKKW/*Berg* § 77 Rn. 79 ff.), da sie nicht kraft G auf die ArbVerh. einwirkt und keinen normativen Teil aufweist, der von § 613a I 2 erfasst wird. Zu ihrer Realisierung bedarf es noch der individualrechtl. Gestaltungsmittel des AG. Hingegen führt das Erg. einer durchgeführten Regelungsabrede zu einer einzelvertragl. Ausgestaltung des ArbVerh. mit der Folge, dass die daraus entstandenen Rechte und Pflichten den Betriebserwerber nach § 613a I 1 treffen (ArbRBGB/*Ascheid* Rn. 103). 118

3. Änderung fortgeltender Kollektivnormen. a) Individualvertragliche Ablösung gem. Abs. 1 S. 2 und 4. Da § 613a I 2 Änd. der kollektivrechtl. fortgeltenden Rechte und Pflichten – unter Beachtung der Sperrfrist – zulässt und § 613a I 3 eine Sonderregel für ablösende Kollektivvereinb. trifft, folgt aus einer Zusammenschau der beiden Bestimmungen, dass § 613a I 2 ledigl. die Ablösung fortgeltenden Kollektivrechts durch Individualabrede regelt (*Sagan* RdA 2011, 163, 167). Sie statuiert keine Befugnis der Arbeitsvertragsparteien über (transformiertes) Kollektivrecht zu disponieren, sondern erlaubt die Änd. kollektivrechtl. Arbeitsbedingungen im Wege individualvertragl. Ablösung (**aA** JKOS/*Oetker* § 6 Rn. 158). Die sich daraus ergebende Bindung entspricht in der Sache einer auf die max. Dauer eines Jahres beschränkten Nachbindung gem. § 3 III TVG (BAG 22.4.2009 NZA 2010, 41; 26.8.2009 NZA 2010, 173). Die fortgeltenden Kollektivnormen dürfen demgemäß **vor Ablauf eines Jahres** nach dem Betriebsübergang nicht durch individualvertragl. Vereinb. zum Nachteil des AN abgelöst werden. Dies gilt jedoch nur, solange und soweit den kollektivvertragl. Regelungen zwgd. Charakter zukommt. Rechtsnormen eines TV oder einer BV mit dispositivem Charakter können daher jederzeit durch einzelvertragl. Vereinb. – auch zum Nachteil des AN – abgelöst werden. Will der AG hingegen zwgd. Regelungen vor Ablauf der Jahresfrist durch eine arbeitsvertragl. Abrede ersetzen, ist dies nur unter den Voraussetzungen des § 613a I 4 mögl. (Rn. 121 f.). Liegen diese Voraussetzungen nicht vor, sind nachteilige Individualabreden vor Ablauf der Jahresfrist grds. nach § 134 unwirksam (*Moll* RdA 1996, 279). Innerhalb der Sperrfrist bleiben Individualabreden, die erst für die Zeit nach Ablauf der Frist gelten sollen, nach den für die vorzeitige Ablösung eines nachwirkenden TV gem. § 4 V TVG geltenden Grds. zulässig (s. TVG § 4 Rn. 64). Demggü. ist eine ablösende Individualvereinb. zum Vorteil der AN ist indes jederzeit, auch innerhalb der Jahresfrist, mögl. (BAG 22.4.2009 NZA 2010, 41, 44). 119

Nach Ablauf der Jahresfrist entfällt die zwgd. Wirkung der nach § 613a I 2 fortgeltenden Kollektivnormen. Sie können dann auch einzelvertragl. zu Lasten der AN geänd. werden. Der AG kann entweder mit Zust. des AN einen Änderungsvertrag schließen oder gegen den Willen des AN eine Änderungskündigung aussprechen. Eine Änderungskündigung ist jedoch nur unter allg. Voraussetzungen zulässig (vgl. KSchG § 2 Rn. 1 ff.). Insb. rechtfertigt die Wahrung des Gleichbehandlungsgrds. keine betriebsbedingte Änderungskündigung (vgl. BAG 28.4.1982 AP KSchG 1969 § 2 Nr. 3), so dass 120

(Massen-)Änderungskündigungen zur Vereinheitlichung der Arbeitsbedingungen regelm. ausscheiden werden (MüKoBGB/*Müller-Glöge* Rn. 136; *Kania* DB 1994, 531).

121 Von dem Änderungsverbot des § 613a I 2 bestimmt § 613a I 4 **zwei Ausnahmen.** Die Erste betrifft den Fall, dass die Normen eines TV oder einer BV die zwgd. **Wirkung innerhalb der Jahresfrist verlieren** und nach § 4 V TVG oder § 77 VI BetrVG nur noch nachwirken. Das ist insb. der Fall, wenn ein FirmenTV oder eine BV bereits vor dem Betriebsübergang vom Veräußerer gekündigt wurde, nach dem Betriebsübergang vom Erwerber gekündigt wird oder durch Fristablauf endet. Mit einer individualvertragl. Fortgeltung (s. Rn. 112) von TV und BV ist das nicht vereinbar, weil sich das Ende des Kollektivvertrags nicht auf die Änd. des Arbeitsvertrags auswirken kann (insoweit zutr. *Höpfner* S. 434 f.). Nach zutr. Ansicht ist stets maßgebl., ob die nach § 613a I 2 fortgeltende Kollektivvereinb. beim Erwerber ihre zwgd. Wirkung verliert und nicht, ob sie diese beim Veräußerer verliert oder dort bei unterstellter Betriebsfortführung verloren hätte (*Bauer/v. Medem* DB 2010, 2560, 2564; *Sagan* RdA 2011, 163, 167; **aA** BAG 22.4.2009 NZA 2010, 41; *Rinck* RdA 2010, 216, 225). Die Fortgeltung von Kollektivverträgen beim Erwerber hängt nach § 613a I 2 bis 4 nicht davon ab, wie sich die kollektivrechtl. Situation beim Veräußerer nach dem Übergang fortentwickelt. Das Ende eines Kollektivvertrags in einem beim Veräußerer verbliebenen Betrieb(steil) erfüllt § 613a I 4 Alt. 1 nicht. Die Rechte und Pflichten bereits im Zpkt. des Betriebsübergangs nachwirkender Kollektivvereinb. können vor Ablauf der Jahresfrist arbeitsvertragl. geänd. werden (Rn. 119). Die mögl. Änd. erfolgt auch hier durch Änderungsvertrag, auch im Wege der Änderungskündigung (ArbRBGB/*Ascheid* Rn. 114). Zu den Anforderungen Rn. 120.

122 Die zweite Ausnahme lässt eine Änd. vor Ende der Jahresfrist zu, wenn der **neue Betriebsinhaber und die übernommenen AN** die **Anwendung eines anderen TV**, der für sie nicht schon auf Grund beiderseitiger Tarifgebundenheit gilt, individualvertragl. vereinbaren. Diese Regelung ermöglicht es dem Betriebserwerber, mit den übernommenen AN die Anwendung des TV zu vereinbaren, der bereits zwischen ihm und seinen schon vorhandenen AN kraft Tarifgebundenheit nach § 3 I TVG oder auf Grund einzelvertragl. Abrede gilt. Entgegen dem missverständl. Wortlaut besteht diese Möglichkeit auch dann, wenn nur eine Vertragspartei nicht tarifgebunden ist (s. MüKoBGB/*Müller-Glöge* Rn. 138). Vereinbart werden kann jedoch nur der andere TV insg., weil nur die Geltung des tarifvertragl. Gesamtwerks eine gewisse Richtigkeitsgewähr bietet (HWK/*Willemsen/Müller-Bonanni* Rn. 283; Staudinger/*Annuß* Rn. 235). Der AN ist zum Abschluss einer derartigen Vereinb. nicht verpflichtet. Bei der Frage, ob eine dahingehende Änderungskündigung mögl. ist, kommt es auf den GZweck an, nach dem die Vorschr. zur Vereinheitlichung der Arbeitsbedingungen beitragen soll. Da der Gesetzgeber für den Fall der Vereinb. eines anderen TV die zwgd. Wirkung der kollektivrechtl. fortgeltenden Regelungen aufhebt, ist eine Änderungskündigung dann sozial gerechtfertigt, wenn die Unterwerfung unter den anderen TV bei Abwägung der Interessen der übernommenen AN und des Betriebsnachfolgers angemessen und billigenswert ist (*Hergenröder* AR-Blattei SD 500.1 Rn. 910; MüKoBGB/*Müller-Glöge* Rn. 138). Allein die Berufung auf die ansonsten bessere Stellung der übernommenen AN reicht dafür nicht aus (*Kania* DB 1994, 531). Nicht mögl. ist es, den einschlägigen TV durch BV in Bezug zu nehmen, weil hierdurch die Sperrwirkung des § 77 III BetrVG unterlaufen würde (s. MüKoBGB/*Müller-Glöge* Rn. 138; *Kania* DB 1995, 626).

123 **b) Kollektivvertragliche Ablösung gem. Abs. 1 S. 3.** Nach § 613a I 3 ist die Fortgeltung eines TV oder einer BV ausgeschlossen, wenn die Rechte und Pflichten bei dem Betriebserwerber durch Rechtsnormen eines anderen TV oder einer anderen BV geregelt werden, womit nach LAG HM 17.10.2000 LAGE BGB § 613a Nr. 80 kirchl. ArbeitsvertragsRL nicht gemeint sind. Der Norm liegt die Wertung zugrunde, dass es der Sicherung eines kollektivrechtl. begr. Mindeststandards beim Betriebsübergang nicht bedarf, wenn ein für das ArbVerh. aufgrund kongruenter Tarifbindung des Erwerbers und des AN legitimierter Mindeststandard vorhanden ist (BAG 13.3.2012 NZA 2012, 990). Dieser kann für den AN auch ungünstigere Arbeitsbedingungen vorsehen als bisher; das Günstigkeitsprinzip gilt bei der Ablösung nicht (BAG 11.5.2005 NZA 2005, 1362; 22.4.2009 NZA 2010, 41; s. aber Rn. 125). Diese Rechtsfolge ist nur erklärbar, wenn auch die betr. Normen nach § 613a I 2 kollektivrechtl. fortgelten und gerade nicht einzelvertragl. Natur sind (Rn. 112; Staudinger/*Annuß* Rn. 197). Die Jahresfrist des § 613a I 2 gilt nicht (unhaltbar EuGH 6.4.2017 NZA 2017, 585 Rn. 28). Die Ablösung setzt voraus, dass der übernommene AN bereits vor dem Betriebsübergang tarifgebunden war, weil ansonsten seine Rechte und Pflichten nicht aus einem TV folgen (*Kania* DB 1994, 530; **aA** *Zöllner* DB 1995, 1403; *Moll* RdA 1996, 280). Dies reicht jedoch für die Anwendung von § 613a I 3 nicht aus. Vielmehr ist erforderl., dass **beide** Parteien, also sowohl die übernommenen AN als auch der Betriebserwerber, entweder kraft Mitgliedschaft in den tarifschließenden Parteien oder kraft staatl. Anordnung (vgl. BAG 7.7.2010 NZA-RR 2011, 30) gem. § 5 TVG oder § 8 AEntG nach dem Betriebsübergang **an den beim Erwerber geltenden TV** gebunden sind (BAG 19.3.1986 NZA 1986, 687; 30.8.2000 NZA 2001, 510; 9.4.2008 EzA TVG § 4 Gaststättengewerbe Nr. 3; Soergel/*Raab* Rn. 125; *Preis/Steffan* FS Kraft 1998 S. 477, 485; *Kraft* FS Zöllner 1998 S. 831, 838; HWK/*Willemsen/Müller-Bonanni* Rn. 268; Staudinger/*Annuß* Rn. 228 f.; **aA** noch BAG 26.9.1979 AP BGB § 613a Nr. 17; *Moll* NJW 1993, 2020; *ders.* RdA 1996, 275, 280; *Hromadka* DB 1996, 1872, 1875 f.; *Heinze* DB 1998, 1861; *Henssler* FS Schaub 1998 S. 311,

319). Nicht ausreichend ist die einseitige Tarifbindung des Erwerbers, selbst wenn auf ANSeite sowohl im Veräußerer- als auch Erwerberbetrieb eine DGB-Gewerkschaft zust. ist (BAG 21.2.2001 NZA 2001, 1318 entgegen *Hanau/Kania* FS Schaub 1998 S. 239, 256; *Kania* DB 1996, 1921, 1923; dem folgend die Vorinstanz LAG K 30.9.1999 NZA-RR 2000, 179 ff.). Eine beiderseitige Tarifbindung kann bei Verschmelzung einzelner Gewerkschaften eintreten (Fall ver.di, vgl. BAG 11.5.2005 NZA 2005, 1362). Die bloße Tarifbindung des Erwerbers genügt nicht, weil dies den durch § 613a I 2 gewährleisteten Inhaltsschutz für den AN unzulässig beeinträchtigt (Soergel/*Raab* Rn. 125; *Preis/Steffan* FS Kraft 1998 S. 477, 486). Weiterhin muss die neue Regelung denselben Gegenstand betreffen oder es muss ihr zu entnehmen sein, dass sie die fortgeltenden Tarifregelungen insg. ablösen soll (BAG 20.4.1994 NZA 1994, 1140; 22.1.2003 NZA 2003, 879).

Um nach dem Betriebsübergang eine beiderseitige Bindung an den ErwerberTV zu erreichen, muss **124** der übernommene AN regelm. die **Gewerkschaft wechseln.** Dazu kann er wegen seiner durch Art. 9 III GG geschützten Koalitionsfreiheit nicht gezwungen werden (*Kania* DB 1994, 530). Verweigert er den Übertritt in die beim Betriebserwerber zust. Gewerkschaft, bleibt es für ihn bei dem inhaltl. Bestandsschutz nach § 613a I 2 (*Kania* DB 1994, 530; MüArbR/*Wank* § 102 Rn. 168; MüKoBGB/*Müller-Glöge* Rn. 140; *Preis/Steffan* FS Kraft 1998 S. 477, 486). Der Schutz aus Art. 9 III GG geht der Intention des Gesetzgebers vor, der durch § 613a I 3 einer einheitl. Behandlung der AN im Betrieb des Erwerbers den Vorrang vor dem Bestandsschutz nach § 613a I 2 einräumen wollte. Neben dem Gewerkschaftsübertritt kann die Geltung des anderen TV auch durch eine Vereinb. nach § 613a I 4 Alt. 2 erreicht werden (MüKoBGB/*Müller-Glöge* Rn. 140). Da eine Änderungskündigung regelm. ausscheidet, hat es der AN weitgehend in der Hand, eine Vereinheitlichung der Arbeitsbedingungen zu verhindern. Eine dadurch entstehende **Tarifpluralität** im Betrieb des Erwerbers ließ sich schon bislang nicht durch den überholten Grds. der Tarifeinheit lösen (s. BAG 7.7.2010 NZA 2010, 1068), weil § 613a I 2 bis 4 eine abschl. Sonderregelung darstellt (APS/*Steffan* Rn. 137; HWK/*Willemsen/Müller-Bonanni* Rn. 268; MüKoBGB/*Müller-Glöge* Rn. 140; *Hergenröder* AR-Blattei SD 500.1 Rn. 897; diff. *Kania* DB 1996, 1923 und *Hanau* ArbRGeg Bd. 34 (1996), S. 29). Sie verdrängt nun auch § 4a TVG – im Fall seiner Verfassungskonformität (s. Rn. 113a) – als *lex specialis.* Ein nach § 613a I 2 fortgeltender TV wird nicht nach § 4a II TVG verdrängt, der sich nach seinem Wortlaut ohnehin nicht auf Tarifbindungen nach § 613a I 2 erstreckt (vgl. *Gräf* NZA 2016, 327, 330 ff.; *Hohenstatt/Schuster* ZIP 2016, 5, 9 f.; iE HWK/*Willemsen/Müller-Bonanni* Rn. 250: keine Kollision).

Für das Eingreifen des anderen TV oder der anderen BV ist es unerhebl., ob sie schon zum Zpkt. des **125** Betriebsübergangs für den bereits vorhandenen Betrieb des Erwerbers gelten, auf Grund des Betriebsübergangs oder erst später abgeschlossen werden oder durch Verbandsbeitritt des Betriebserwerbers Geltung erreichen (BAG 20.4.1994 NZA 1994, 1140; 11.5.2005 NZA 2005, 136; hierzu *Moll* RdA 2007, 47). Der Vorrang der neuen Kollektivverträge erstreckt sich jedoch nur auf diejenigen Rechte und Pflichten, die auch in den Kollektivverträgen geregelt waren, die für die übernommenen AN vor dem Betriebsübergang galten. Ob ders. Regelungsgegenstand betroffen ist, ist durch Auslegung zu ermitteln (BAG 22.1.2003 NZA 2003, 879; 23.1.2008 AP TVG § 1 Bezugnahme auf Tarifvertrag Nr. 63). Auch eine Ablösung der kollektivrechtl. fortgeltenden Regelungen durch eine bewusste Nichtregelung der Parteien des ablösenden TV ist mögl. Schweigen die Kollektivverträge zu bestimmten Punkten, liegt keine Regelung vor. Soweit sich die Regelungsbereiche nicht decken, bleibt es bei der Fortgeltung nach § 613a I 2. Bei identischer Regelungsmaterie gelten die neuen Kollektivverträge auch dann, wenn sie schlechtere Arbeitsbedingungen vorsehen (BAG 20.4.1994 NZA 1994, 1140; 22.4.2009 NZA 2010, 41). Die Vereinbarkcit dieser Rechtslage mit dem Unionsrecht ist zw. Der EuGH hat in der Rs. **Scattolon** (6.9.2011 NZA 2011, 1077 Rn. 74 ff.) entschieden, dass zwar der beim Veräußerer geltende Kollektivvertrag durch den bei einem Erwerber geltenden Kollektivvertrag abgelöst werden könne (s. Art. 3 III RL 2001/23/EG). Die Inanspruchnahme dieser Möglichkeit, die für die übergegangenen AN nach dem beim Veräußerer geltenden TV vorgesehenen Arbeitsbedingungen mit sofortiger Wirkung durch die zu ersetzen, die nach dem beim Erwerber geltenden TV vorgesehen sind, dürfe aber nicht zum Ziel oder zur Folge haben, dass diesen AN „insg. schlechtere Arbeitsbedingungen" als die vor dem Übergang geltenden auferlegt werden. Die RL solle verhindern, dass sich die Lage der betroffenen AN allein aufgrund des Übergangs verschlechtert (EuGH 6.4.2017 NZA 2017, 585 Rn. 18). Das Scattolon-Urt. wirft Fragen auf (**aA** *Junker* EuZA 2016, 428, 439 f.). Gilt nunmehr – trotz des im europ. und nationalen prinzipiell mögl. Ablösungsprinzips – bei kongruenten Kollektivvereinb. ein allg. Verschlechterungsverbot, das in einem kollektiven Günstigkeitsvergleich bzw. Gesamtvergleich mündet und bei dem es darum geht, dass „in etwa" das bisherige Arbeitsentgelt erhalten bleibt (*Sagan* EuZA 2012, 247, 251 ff.; *Steffan* NZA 2012, 473, 476 f.; wohl a. *Mückl* ZIP 2012, 2373, 2375; zw. EnzEUR/*Krause* § 7 Rn. 82; abl. PS/*Grau/Hartmann* § 11 Rn. 124; *Nießen/Geis* Konzern 2013, 465, 467 f.; *Sittard/Flockenhaus* NZA 2013, 652; *Winter* RdA 2013, 36, 38 f.; EUArbR/*Winter* RL 2001/23/EG Rn. 67; offen gelassen von BAG 12.9.2013 NZA-RR 2014, 154 Rn. 45 ff.)? Beanstandet der EuGH nur die „sofortige" Verschlechterung? Schwebt ihm die Einhaltung einer einjährigen Sperrfrist in allen Fällen vor (vgl. EuGH 6.4.2017 NZA 2017, 585 Rn. 28)? Die Rspr. des EuGH hat in diesem Punkt fast ausschl. berechtigte Kritik erfahren (*Sagan* EuZA 2012, 247, 253 ff.; *Steffan* NZA 2012, 473; *Sittard/Flockenhaus* NZA 2013, 652; *Forst* Anm. AP Richtlinie 2001/23/EG Nr. 9). Sie löst sich vom Wortlaut des Art. 3 III RL 2001/23/EG; darüber hinaus vermischt sie die Rechtslage bezogen auf die Gewährleistung von individualrechtl. Rechten und Pflichten einerseits und der Ablösbarkeit von Kollektivverträgen andererseits. Es spricht alles dafür, dass durch eine erneute Vorlage in einem geeigneten Fall dem EuGH Gelegenheit gegeben wird, die Grundfrage der prinzipiellen Ablösbarkeit mit nachf. verschlechterten Arbeitsbedingungen zu klären (so auch *Willemsen* RdA 2012, 291, 303; APS/*Steffan* Rn. 139b). Dabei sollte insb. die Frage beantwortet werden, ob das Verschlechterungsverbot auch gilt, wenn die Ablösung durch TVParteien erfolgt ist, die im Lichte des Art. 28 GRC dazu grundrechtl. legitimiert sind.

125a In bereits bestehende Anwartschaften kann auch das neue Kollektivrecht grds. nicht eingreifen. Bereits unverfallbare Versorgungsanwartschaften bleiben in ihrem bis zum Betriebsübergang erarbeiteten Umf. erhalten, unabhängig davon, ob das aufnehmende Unternehmen überhaupt keine oder eine schlechtere AV hat (BAG 24.7.2001 NZA 2002, 495; *Hanau/Vossen* FS Hilger/Stumpf 1983 S. 278). IÜ richtet sich der Schutz im Zpkt. des Übergangs bereits erdienter Anwartschaften nach den betriebsrentenrechtl. Grds. für die kollektivrechtl. Änd. einer Versorgungszusage (hierzu BRO/*Rolfs* Anh. § 1 Rn. 615 ff.; abw. LAG D 25.2.2014 BeckRS 2014, 69057). Stellt ein ablösender TV für die Berechnung der Vergütung auf die Beschäftigungsdauer ab, müssen Beschäftigungszeiten beim Veräußerer jdf. dann nicht berücksichtigt werden, wenn sich das Entgelt ohnehin nicht vermindert (BAG 12.9.2013 NZA-RR 2014, 154).

126 Die Geltung des neuen TV kann nicht dadurch ausgeschlossen oder beschränkt werden, dass die Betriebspartner des Veräußerers dies im Wege einer BV festlegen (BAG 1.4.1987 NZA 1987, 593). Auch die **Ablösung eines TV durch eine BV** (sog. „Überkreuzablösung") ist grds. unzulässig, weil die nach § 613a I 2 kollektivrechtl. fortgeltenden Normen ihre Rechtsnatur beibehalten (Rn. 112). Nach der Gegenansicht gelten auch tarifvertragl. Regelungen ledigl. individualrechtl. fort, so dass eine beim Betriebsnachfolger geltende BV eine tarifl. Regelung, die beim Veräußerer bestanden hat, verdrängen könne, wenn sie den gleichen Regelungsgegenstand betrifft (MüKoBGB/*Müller-Glöge* Rn. 143; *Kania* DB 1995, 626; wie hier Staudinger/*Annuß* Rn. 221). Dies gilt aus Sicht des BAG jdf. außerhalb des Bereichs zwgd. Mitbestimmung nicht (BAG 6.11.2007 NZA 2008, 542). Auch wenn die tarifl. Regelung ledigl. teilmitbestimmte Materien betrifft, bspw. die betriebl. AV, schließt der Schutzzweck des § 613a die Überkreuzablösung aus (BAG 6.11.2007 NZA 2008, 542; 13.11.2007 NZA 2008, 600; 21.4.2010 ZTR 2010, 636; **aA** *Moll/Krahforst* Anm. AP BGB § 613a Nr. 387). Gegen die Überkreuzablösung spricht, dass die Betriebsparteien aus Anlass eines Betriebsübergangs in die Lage versetzt würden, tarifl. Arbeitsbedingungen zu verschlechtern. Außerhalb eines Betriebsübergangs verstieße dies gegen § 4 III TVG (BAG 6.11.2007 NZA 2008, 542). Dies gilt entspr. für den Fortfall des Vorrangs beim Veräußerer geltender TV nach § 77 III 1 Var. 1 BetrVG, der nicht dadurch kompensiert werden kann, dass beim Erwerber tarifübl. Arbeitsbedingungen nach § 77 III Var. 2 BetrVG nicht Gegenstand fortgeltender BV sein können (offenbar **aA** *Franzen* Anm. AP BGB § 613a Nr. 443). Auch wird Art. 3 III RL 2001/23/EG verletzt, wenn der Erwerber aufgrund des Betriebsübergangs eine Möglichkeit zum Eingriff in die tarifl. Rechte der AN zustünde, über die der Veräußerer nicht verfügte (BAG 21.4.2010 ZTR 2010, 636; EUArbR/*Winter* RL 2001/23/EG Art. 3 Rn. 63; **aA** PS/*Grau/Hartmann* § 11 Rn. 121; ferner *Moll/Krahforst* Anm. AP BGB § 613a Nr. 387; *Müller-Bonanni/Mehrens* NZA 2012, 1194, 1198).

127 Grdl. anders gestaltet sich die Situation, wenn – was in der Praxis übl. ist – **Bezugnahmeklauseln** auf TV vereinbart wurden (zu den AGB-rechtl. Fragen s. §§ 305 bis 310 Rn. 32, 80a). Bei Außenseitern kommt die unmittelbare Anwendung von § 613a I 3 nicht in Betracht, wenn die Geltung eines TV einzelvertragl. vereinbart war. Da es an der Rechtsnormqualität der Regelungen fehlt, ist vielmehr § 613a I 1 einschlägig. Dadurch kann es zu einer unterschiedl. Stellung auch zwischen den übernommenen AN kommen, wenn für die organisierten AN der neue TV nach § 613a I 3 gilt und dieser ungünstigere Bedingungen enthält. Freil. überlagert die Bezugnahmeklausel auch die normative Regelung, wenn die in Bezug genommenen TV günstiger sind. Die individualrechtl. geltenden Regelungen setzen sich nach dem Günstigkeitsprinzip (§ 4 III TVG) ggü. den normativ geltenden TV durch. Entscheidend wird die Ausgestaltung der Bezugnahmeklausel. Das BAG hat in der Entsch. v. 30.8.2000 (NZA 2001, 510) zu Recht betont, dass mit einer Verweisungsklausel nicht zwgd. die Rechtsfolge eines Tarifwechsels verbunden sei, wenn der AG durch Änd. des Betriebszwecks in Folge des Betriebsübergangs in den fachl. oder betriebl. Geltungsbereich eines anderen Tarifwerks überwechselt (zu statischen und dynamischen Bezugnahmeklauseln vgl. APS/*Steffan* Rn. 139 ff.; *Hanau/Kania* FS Schaub 1998 S. 239 ff.; *Meyer* NZA 2003, 1126).

127a Das BAG verweist darauf, dass die **Rechtsfolge eines Tarifwechsels** ausdr. vereinbart werden könne. Die Vertragsparteien bestimmten mit ihrer vertragl. Abrede den Umf. der Inbezugnahme; sie hätten die Möglichkeit, den Typus der Tarifwechselklausel zu wählen, wenn sie – etwa für den Fall einer durch einen Verbandswechsel geänd. Tarifbindung des AG – die Gleichstellung des AN auf der Grdl. des dann einschlägigen TV sicherstellen wollten. Schlicht unterstellt werden könne der Wille zum Tarifwechsel nicht (BAG 29.8.2007 NZA 2008, 364; 22.10.2008 NZA 2009, 151; 17.11.2010 NZA 2011, 356; s. *Laskawy/Malek* AuR 2008, 183). Maßgebl. muss die Auslegung der Verweisungsklausel sein (anders wohl noch BAG 4.9.1996 NZA 1997, 271). Erfolgte die Inbezugnahme pauschal auf den jeweils gültigen TV, kann die Vertragsauslegung dazu führen, dass nach dem Betriebsinhaberwechsel der neue

TV Anwendung findet, weil die einzelvertragl. Bezugnahme auf einen TV nur das widerspiegeln soll, was auch tarifrechtl. verbindl. ist (offen gelassen bei BAG 30.8.2000 NZA 2001, 510). Das BAG geht jetzt zu Recht davon aus, dass bei der arbeitsvertragl. Bezugnahme auf einen bestimmten namentl. genannten TV diese Klausel nur bei Vorliegen weiterer Umstände, die belegen, dass die Arbeitsvertragsparteien den Arbeitsvertrag anderen, nicht benannten TV unterstellen wollen, falls der AG in den Geltungsbereich anderer TV wechselt, als **Tarifwechselklausel** zu verstehen ist. Dies gelte insb., weil die Arbeitsvertragsparteien diese Rechtsfolge auch ausdr. vereinbaren können (BAG 30.8.2000 NZA 2001, 510; 25.10.2000 NZA 2002, 100; 22.10.2008 NZA 2009, 151; 17.11.2010 NZA 2011, 356). In der neueren Rspr. geht das BAG aber schon dann von einer sog. „Tarifwechselklausel" aus, wenn ganz pauschal auf den „jeweils gültigen TV" verwiesen wird (BAG 16.10.2002 NZA 2003, 390; hierzu *Jordan/Bissels* NZA 2010, 71 in Auseinandersetzung mit den Vorschlägen von *Preis/Greiner* NZA 2007, 1073). Als Tarifwechselklausel wurde ebenfalls folgende typische Klausel anerkannt: „Auf das ArbVerh. finden die für den Betrieb oder Betriebsteil, in dem der AN beschäftigt ist, betriebl./fachl. jeweils einschlägigen TV in ihrer jeweils gültigen Fassung Anwendung." (BAG 21.11.2012 NZA 2013, 512). Führt die Vertragsauslegung dazu, dass es nach dem Übergang bei der Bezugnahme auf den VeräußererTV bleibt, gelten dessen Regelungen individualrechtl. nach § 613a I 1 fort (BAG 29.8.2007 NZA 2008, 364; 22.10.2008 NZA 2009, 151; 17.11.2010 NZA 2011, 356; **aA** noch unter Hinweis darauf, dass die mit der Bezugnahme gewollte Gleichstellung nicht erreicht wird: BAG 4.8.1999 NZA 2000, 154; abl. *Gaul* BB 2000, 1086). Das gilt auch bei dynamischen Bezugnahmen auf die kollektiven Regelungen des Dritten Weges im kirchl. ArbR (LAG SN 1.10.2015 BeckRS 2016, 69113; LAG HM 23.7.2015 BeckRS 2016, 65137; *v. Tilling* ZTR 2017, 11; **aA** LAG SN 26.2.2016 BeckRS 2016, 69113 [Rev. 6 AZR 291/16]).

Die Bindung eines nicht tarifgebundenen Erwerbers an die zwischen Veräußerer und AN arbeits- 127b
vertragl. vereinbarte Dynamik einer Verweisungsklausel, begegnet **keinen verfassungsrechtl. oder unionsrechtl. Bedenken** aus dem Gesichtspunkt der negativen Koalitionsfreiheit (BAG 23.9.2009 NZA 2010, 513). Nachdem das BAG in dieser Entsch. ggü. dem Urt. des EuGH in der Rs. Werhof (EuGH 9.3.2006 NZA 2006, 376; hierzu *Sutschet* RdA 2013, 28) für Beruhigung gesorgt hat, schafft die jüngere **Rspr. des EuGH** erneut Unsicherheit. Sie lässt offen, ob **Bezugnahmeklauseln** als Teil des Arbeitsvertrags nach **Art. 3 I RL 2001/23/EG** (zutr. BAG 17.6.2015 NZA 2016, 373 Rn. 26; EnzEUR/*Krause* § 7 Rn. 77; *Klein* NZA 2016, 410, 411 f.; *Latzel* RdA 2014, 110; *Forst* EuZW 2014, 822) **oder wie Kollektivverträge nach Art. 3 III RL 2001/23/EG** (EuGH 11.9.2014 NZA 2014, 1092 Rn. 24; s. a. LAG BB 22.10.2014 BeckRS 2015, 65168; LAG HE 24.6.2014 BeckRS 2014, 72009 [Rev. 4 AZR 512/14]) fortgelten (unklar EuGH 18.7.2013 NZA 2013, 835 Rn. 33 ff.; 27.4.2017 NZA 2017, 571 Rn. 20 f.). Diese Einordnung hängt nicht davon ab, welche rechtl. Wirkungen einem TV nach nat. Recht zukommen (*Franzen* EuZA 2014, 285, 307; *Hartmann* EuZA 2015, 203, 209, 211 f.; *Sagan* ZESAR 2016, 116, 118 mwN; **aA** LAG HE 25.3.2014 BeckRS 2014, 72026 [Rev. 4 AZR 413/14]; iE LAG HE 24.3.2015 NZA-RR 2015, 286 [Rev. 4 AZR 202/15]; s. a. EUArbR/*Winter* RL 2001/23/EG Art. 3 Rn. 33; EnzEUR/*Krause* § 7 Rn. 88). Die RL soll allerdings so weit wie mögl. gewährleisten, dass der Arbeitsvertrag mit dem Erwerber „in unveränderter Form" fortgesetzt wird (EuGH 6.4.2017 NZA 2017, 585 Rn. 18). Eine dynamische Bezugnahmeklausel soll grds. inhaltsgleich auf den Erwerber übergehen (EuGH 27.4.2017 NZA 2017, 571 Rn. 21). Unzulässig sei dessen dynamische Bindung aber, wenn er sich nicht an den Verhandl. über die betr. Kollektivverträge beteiligen kann (EuGH 18.7.2013 NZA 2013, 835 Rn. 34; s. a. EuGH 27.4.2017 NZA 2017, 571 Rn. 23). Unklar ist, welche Beteiligungsmöglichkeiten ausreichen (näher PS/*Grau/Hartmann* § 11 Rn. 134; zur Möglichkeit zum Koalitionsbeitritt: EnzEUR/*Krause* § 7 Rn. 86; abl. *Lobinger* NZA 2013, 945, 947; zur Beteiligung in einer Tarifkommission: *Willemsen/Grau* NJW 2014, 12, 15 f.). Zur Begr. führt der EuGH an, die RL 2001/23/EG solle einen **„gerechten Ausgleich"** zwischen den Interessen der AN und des Erwerbers gewährleisten und der Erwerber müsse deswegen in der Lage sein, die für die Fortsetzung seiner Tätigkeit erforderl. Anpassung vorzunehmen (EuGH 18.7.2013 NZA 2013, 835 Rn. 25; 6.4.2017 NZA 2017, 585 Rn. 19; 27.4.2017 NZA 2017, 571 Rn. 22; zu Recht abl. *Hartmann* EuZA 2015, 203, 210; *Eylert/Schinz* RdA 2017, 140, 144). Zudem verlange die negative Vertragsfreiheit des Erwerbers, die Art. 16 GRC gewährleiste, dass der Erwerber sich an den Verh. über die TV beteiligen kann, an die er gebunden ist. Da der Wesensgehalt dieses Grundrechts beeinträchtigt sein könne, sei es den Mitgliedstaaten trotz Art. 8 RL 2001/23/EG nicht gestattet, die Dynamik von Bezugnahmeklauseln zugunsten der AN stets aufrecht zu erhalten (EuGH 18.7.2013 NZA 2013, 835 Rn. 35 f.; zust. *Latzel* RdA 2014, 110; *Naber/Krois* ZESAR 2014, 121; diff. *Willemsen/Grau* NJW 2014, 12; EnzEUR/*Krause* § 7 Rn. 88; beschwichtigend EUArbR/*Winter* RL 2001/23/EG Art. 3 Rn. 37; abl. *Wißmann* AEUV Vorbem. Rn. 5; *Heuschmid* AuR 2013, 500; *Jacobs/Frieling* EuZW 2013, 737). Dabei hat der EuGH nicht berücksichtigt, dass die Mitgliedstaaten, wenn sie über die RL 2001/23/EG hinausgehen, kein Unionsrecht durchführen und die EU-Grundrechte deswegen nach Art. 51 I 1 GRC nicht anwendbar sind (*Wißmann* RdA 2015, 301, 303; *Sagan* ZESAR 2016, 116, 121; s. a. *Willemsen/Grau* NJW 2014, 12, 14; anders *Naber/Krois* ZESAR 2014, 121, 123). Unberücksichtigt ließ der EuGH anfängl. auch die im nationalen Recht bestehenden Möglichkeiten zur Änd. der dynamischen Bindung (dagegen schon GA *Cruz Villalón* 19.2.2013 BeckRS 2013, 80324 Rn. 55). Nunmehr soll die **dynamische Bindung des**

Erwerbers aber auch dann zulässig sein, wenn nach nationalem Recht sowohl **einvernehml. als auch einseitige Möglichkeiten zur Anpassung** der zum Zpkt. des Übergangs bestehenden Arbeitsbedingungen bestehen (EuGH 27.4.2017 NZA 2017, 517 Rn. 24 ff.).

127c Im dt. Recht kann der Erwerber neben einer einvernehml. Änd. des Arbeitsvertrags insb. mit der **Änderungskündigung** interessengerechte Arbeitsbedingungen herstellen. Einen diesbzgl. Hinweis im Vorlagebeschl. des BAG (17.6.2015 NZA 2016, 373) hat der EuGH (27.4.2017 NZA 2017, 517 Rn. 24 ff.) aufgegriffen, für die inhaltl. Voraussetzungen einer Anpassung aber keine unionsrechtl. Vorgaben aufgestellt. ISd. Unionsrechts ist die dt. Änderungskündigung ein ausreichendes Instrument mit dem Erwerber unabhängig von einer etwaigen Befugnis zur Teilnahme an Tarifverh. auch gegen den Willen des AN seine Interessen einseitig durchsetzen kann (BAG 17.6.2015 NZA 2016, 373 Rn. 15; *Hanau* AuR 2016, 159, 162; *Eylert/Schinz* RdA 2017, 140, 144; krit. *Sagan* ZESAR 2016, 116, 120; s. a. *Wiedemann* BB 2016, 1400, 1401). Gegen die dynamische Fortgeltung von Bezugnahmeklauseln beim Erwerber bestehen deswegen iE **keine unionsrechtl. Bedenken** mehr. § 2 KSchG ist nicht unionsrechtskonform auszulegen (so noch *Forst* DB 2013, 1847; *Kempter* BB 2014, 1785, 1788; ähnl. *Jacobs/Frieling* EuZW 2013, 737, 739 f.; *Mückl* ZIP 2014, 207, 212; abl. *Latzel* RdA 2014, 110, 115; *Willemsen/Grau* NJW 2014, 12, 15). Auch bedarf es keiner richtlinienkonformen Auslegung des § 613a I (anders zuvor *Lobinger* NZA 2013, 945, 947; *Mückl* ZIP 2014, 207, 211; ähnl. *Naber/Krois* ZESAR 2014, 121, 125) oder gar einer Rückkehr zur alten Gleichstellungsrspr. (dafür noch *Spielberger* AuA 2015, 90, 92).

127d Im Verhältnis zwischen einem in Bezug genommenen TV und einem nach dem Übergang einschlägigen allgemeinverbindl. TV gilt das Günstigkeitsprinzip (§ 4 III TVG). Das gilt nicht nur ggü. Tarifnormen, an die der Erwerber und der AN durch Mitgliedschaft gebunden sind, sondern auch ggü. Tarifnormen, die gem. § 613a I 2 fortgelten (BAG 22.4.2009 NZA 2010, 41). Es handelt sich unter ausdr. Aufgabe der früheren Rspr. um keinen Fall der Tarifkonkurrenz (BAG 29.8.2007 NZA 2008, 364; 22.10.2008 NZA 2009, 151). Mit der Rspr. des BAG (30.8.2000 NZA 2001, 510; 25.10.2000 NZA 2002, 100) ist es dogmatisch nur schwer vereinbar, eine dynamische Verweisung in einem FirmenTV, der nach § 613a I 2 fortgilt, dahingehend zu verstehen, dass diese nur einen statischen Bestandsschutz bewirkt; dh. die tarifl. Regelung mit dem Stand zZ des Betriebsübergangs zum Inhalt des ArbVerh. wird. Veränderten sich die in der tarifl. Regelung in Bezug genommenen anderen Regelungen, so werde diese Weiterentwicklung nicht Bestandteil des ArbVerh. (so aber BAG 20.6.2001 NZA 2002, 517; 29.8.2001 NZA 2002, 513; 21.8.2002 NZA 2003, 442; zur RsprÄnd. bzgl. Gleichstellungsabreden vgl. § 611 Rn. 230 und BAG 14.12.2005 NZA 2006, 607; 18.4.2007 NZA 2007, 965). Unerwünschte Erg. im Falle eines Betriebsübergangs lassen sich nur durch transparente Vertragsgestaltung vermeiden (*Preis/Greiner* NZA 2007, 1073; *Gaul/Naumann* DB 2007, 2594; *Bauer/Günther* NZA 2008, 6; *Jacobs* FS Birk 2008 S. 243; hierzu krit. *Jordan/Bissels* NZA 2010, 71). Für die organisierten AN folgt die kollektivrechtl. Fortgeltung aus § 613a I 2 (Rn. 112). Sie können die Anwendung von § 613a I 3 und eine damit verbundene Schlechterstellung dadurch verhindern, dass sie nicht zu der beim Erwerber tarifzust. Gewerkschaft übertreten (*Kania* DB 1994, 532).

IV. Weitere betriebsverfassungsrechtliche Fragen

128 **1. Kontinuität des Betriebsrats.** Einer der Normzwecke des § 613a besteht darin, die Kontinuität des BR zu gewährleisten (Rn. 2). Dafür ist erforderl., dass der Betrieb auch nach der Übertragung in seiner organisatorischen Einheit fortbesteht (BAG 5.2.1991 NZA 1991, 639). § 613a I regelt allerdings nicht die betriebsverfassungsrechtl. Pflichten, sondern nur die Folgen eines Betriebsübergangs für die einzelnen ArbVerh.; da der neue Betriebsinhaber materiell-rechtl. in die betriebsverfassungsrechtl. Stellung des bisherigen Betriebsinhabers eintritt, haftet er grds. für noch nicht erfüllte Freistellungsansprüche des BR, einschl. der Kostentragungspflicht nach § 40 I BetrVG (BAG 9.12.2009 NZA 2010, 461; 20.8.2014 ZTR 2015, 53). Ist im Verhältnis zwischen BR und Betriebsveräußerer eine Verpflichtung des AG ggü. dem BR rkr. festgestellt worden, wirkt dies bei Erhaltung der Betriebsidentität auch ggü. dem Erwerber (BAG 5.2.1991 NZA 1991, 639). Wird dagegen nur ein Betriebsteil übertragen und vom Erwerber als selbst. Betrieb fortgeführt, endete bislang die Zust. des BR des Veräußererbetriebs für den übertragenen Teil und die in ihm beschäftigten AN. Im verbleibenden Veräußererbetrieb kann wegen Unterschreiten der erforderl. Gesamtzahl der BRMitglieder eine Neuwahl nach § 13 II Nr. 2 BetrVG erforderl. werden. Das Mandat des BR endete bislang ebenfalls, wenn ein Betrieb oder Betriebsteil nach der Übertragung mit einem bereits vorhandenen Betrieb des Erwerbers verschmolzen wird und deshalb die Organisationseinheit nicht mehr fortbesteht. Ggf. kommt eine Neuwahl des BR des aufnehmenden Betriebs nach § 13 II Nr. 1 BetrVG in Betracht (*Hergenröder* AR-Blattei SD 500.1 Rn. 996).

129 Das BetrVG 1972 nahm diese Schutzlücke, näml. dass die AN in Folge der Änd. der Organisationsstruktur, zB durch Zusammenlegung oder Spaltung von Betrieben, ihren bisherigen kollektiven Schutz bis zur Bekanntgabe des Wahlergebnisses des neuen BR verloren, hin. Nachdem das BAG ein Übergangsmandat des ehemals zust. BR für die Übergangszeit bis zur Wahl eines neuen BR im nunmehr selbständigen Betriebsteil abgelehnt hatte (BAG 23.11.1988 NZA 1989, 433), schloss es diese Schutzlücke durch Anerkennung eines allg. Übergangsmandates in Analogie zu den spezialges. (zB § 312

UmwG aF, § 13 SpTrUG) normierten Übergangsmandaten (BAG 31.5.2000 NZA 2000, 1350). Art. 6 I UAbs. 4 RL 2001/23/EG erforderte bis zum 17.7.2001 die Schaffung eines **Übergangsmandats** auch für rechtsgeschäftl. Betriebsübergänge, wenn die übernommene Einheit ihre – unionsrechtl. zu verstehende – Selbständigkeit verliert (s. hierzu EuGH 29.7.2010 NZA 2010, 1014). § 21a BetrVG regelt deshalb jetzt auch in den Fällen des rechtsgeschäftl. Betriebs(teil)übergangs nach § 613a (*Fitting* § 21a Rn. 12) ein Übergangsmandat des BR des Veräußererbetriebes, das allerdings dann ausgeschlossen ist, wenn eine Eingliederung in einen Betrieb erfolgt, der bereits über einen BR verfügt. Erforderl. ist zudem, dass die nach Spaltung oder Zusammenfassung entstandene Einheit betriebsratsfähig ist. Ist dies nicht der Fall, kommt nur ein **Restmandat** nach § 21b BetrVG in Betracht (*Fitting* § 21a Rn. 13). Geht ein Betrieb durch Spaltung oder Zusammenlegung unter, so bleibt dessen BR nach § 21b BetrVG für ein Restmandat im Amt. Ausf. zu Übergangs- und Restmandat s. die Kommentierung zu §§ 21a, b BetrVG.

Geht der Betrieb in der organisatorischen Einheit über, hat der Übergang keine Auswirkungen auf die Rechtsstellung des einzelnen BRMitglieds. Es behält mit dem Übergang seines ArbVerh. die betriebsverfassungsrechtl. Rechte und damit den bes. Kündigungsschutz nach §§ 15 KSchG, 103 BetrVG. Ist dagegen das BRMitglied im Fall eines Betriebsteilübergangs in dem übergehenden Teil beschäftigt, erlischt mit dem Übergang des ArbVerh. die Mitgliedschaft im alten BR nach § 24 Nr. 3 BetrVG. Diese Norm ist jedoch für den Fall telelogisch zu reduzieren, dass der BR ein Rest- oder Übergangsmandat hat. Dann erlischt die Mitgliedschaft im BR nicht durch die Beendigung bzw. den Übergang des ArbVerh. (Richardi/*Richardi/Thüsing* § 24 Rn. 13). Der nachwirkende Kündigungsschutz des § 15 KSchG bleibt dem Mitglied auch beim Betriebserwerber erhalten. Widerspricht das BRMitglied dem Übergang seines ArbVerh., behält es die Mitgliedschaft im BR des Veräußererbetriebs ohnehin. 130

2. Betriebsänderung. Der Übergang eines Betriebs oder Betriebsteils ist für sich allein keine Betriebsänd. und löst deshalb nicht die Mitwirkungspflichten nach §§ 111, 112 BetrVG aus (hM vgl. BAG [GS] 4.12.1979 AP BetrVG 1972 § 111 Nr. 6; 17.3.1987 NZA 1987, 523; *Fitting* § 111 Rn. 50; HWK/*Willemsen/Müller-Bonanni* Rn. 290; *Moll* RdA 2003, 129 ff.; **aA** LAG BW 11.10.1978 DB 1979, 114; DKK/*Däubler* § 111 Rn. 125). Der Betriebsübergang kann jedoch dann Anlass für eine beteiligungspflichtige Betriebsänd. sein, wenn mit dem Übergang weitere Maßnahmen des Erwerbers oder des Veräußerers verbunden sind, die für sich den Tatbestand des § 111 BetrVG erfüllen (BAG [GS] 4.12.1979 AP BetrVG 1972 § 111 Nr. 6). So stellt der Zusammenschluss mit anderen Betrieben oder die Betriebsspaltung eine Betriebsänd. nach § 111 3 Nr. 3 BetrVG dar (BAG 10.12.1996 NZA 1997, 898). Auch hat das BAG bereits frühzeitig bejaht, dass allein ein Personalabbau zu einer Betriebsänd. iSd. § 111 S. 3 Nr. 1 BetrVG führen kann (BAG 22.5.1979 AP BetrVG 1972 § 111 Nr. 3; 22.5.1979 AP BetrVG 1972 § 111 Nr. 4). Dies kommt insb. dann in Betracht, wenn bereits der Veräußerer auf Grund eines Sanierungskonzepts des vorgesehenen Erwerbers Kündigungen ausspricht oder der Erwerber nach erfolgtem Betriebsübergang einen Personalabbau durchführt. In beiden Fällen tritt die Sozialplanpflicht ein, wenn die Grenzen des § 112a I BetrVG erreicht werden. Widersprechen AN dem Übergang ihres ArbVerh. auf den Betriebsteilerwerber und muss ihnen danach gekündigt werden, weil im Restbetrieb keine Beschäftigungsmöglichkeit mehr besteht, sind sie bei der Ermittlung der Zahl der Entlassungen nach § 112a I BetrVG mitzuzählen (BAG 10.12.1996 NZA 1997, 787). Bei Missachtung der Mitwirkungsrechte des BR aus § 112 BetrVG können Ausgleichsansprüche der AN nach § 113 BetrVG entstehen. Diese Ansprüche stehen auch AN zu, denen nach einem Widerspruch betriebsbedingt gekündigt werden muss (BAG 10.12.1996 NZA 1997, 787; zu Sozialplanansprüchen bei Widerspruch s. Rn. 109). Für die Ausnahme von der Sozialplanpflicht nach § 112a II 1 BetrVG kommt es auf das Alter des Unternehmens und nicht des Betriebs an; dies gilt auch dann, wenn ein Betrieb auf ein neu gegründetes Unternehmen im Wege des Betriebsübergangs übertragen wird (BAG 27.6.2006 NZA 2007, 106). 131

3. Unterrichtungspflichten. Soll ein Betrieb oder Betriebsteil veräußert werden, hat der bisherige Betriebsinhaber einen bestehenden Wirtschaftsausschuss rechtzeitig und umfassend über die gepl. Betriebsübertragung zu unterrichten (§ 106 II BetrVG), denn der damit verbundene AGWechsel erfüllt den Tatbestand des § 106 III Nr. 10 BetrVG (BAG 22.1.1991 NZA 1991, 649). Art. 7 I 2 RL 2001/23/EG präzisiert dies dahingehend, dass die Inf. „rechtzeitig vor dem Vollzug des Übergangs" zu übermitteln sind (dazu *Colneric* FS Steindorff 1990 S. 1133 ff.). Das ist spätestens der Fall, wenn faktische Beeinträchtigungen der Lage der AN absehbar sind (*Oetker* NZA 1998, 1193, 1194). Sinnvoll ist die in § 106 II BetrVG geforderte Beratung der wirtschaftl. Angelegenheiten nur dann, wenn der Wirtschaftsausschuss Gelegenheit hat, auf die Planungen des Unternehmens Einfluss zu nehmen. Dementspr. soll die Verpflichtung, den Wirtschaftsausschuss rechtzeitig und umfassend zu unterrichten, sicherstellen, dass der Wirtschaftsausschuss und der von ihm unterrichtete BR Einfluss auf die Gesamtplanung nehmen können, weil diese sich idR auf die Personalplanung auswirkt (BAG 22.1.1991 NZA 1991, 649). Der Unternehmer muss also vor der gepl. Veräußerung des Betriebs oder Teilen davon den Wirtschaftsausschuss so frühzeitig informieren, dass dieser und der BR durch ihre Stellungn. und eigene Vorschläge noch Einfluss auf die Gesamtplanung wie auch auf die einzelnen Vorhaben 132 nehmen können (BAG 22.1.1991 NZA 1991, 649). Unabhängig vom Bestehen eines Wirtschaftsausschusses hat der Veräußerer seinen BR nach §§ 2 I, 74 I BetrVG und ggf. auch gem. § 92 BetrVG zu informieren. Dies. Pflichten treffen den potenziellen Erwerber, wenn dort bereits ein Betrieb mit Wirtschaftsausschuss oder BR besteht, und zwar wegen der damit verbundenen betriebsverfassungsrechtl. Auswirkungen (zB Bildung eines GesamtBR, Betriebseingliederung). Neben Wirtschaftsausschuss und BR ist auch der SprAu gem. § 32 I SprAuG zu informieren. Zur Unterrichtung der einzelnen AN Rn. 84 ff.

V. Weiterhaftung des Betriebsveräußerers (Abs. 2)

133 **1. Sinn und Zweck der Regelung.** Die durch § 613a I 1 angeordnete Rechtsnachfolge führt dazu, dass der bisherige Betriebsinhaber nur für die noch nicht erfüllten Ansprüche derjenigen AN haftet, deren ArbVerh. bereits vor dem Betriebsübergang beendet war. Nicht erfasst wird dagegen die Haftung von Ansprüchen derjenigen AN, deren ArbVerh. auf den neuen Betriebsinhaber übergegangen ist. Allein nach der Regelung des § 613a I 1 besteht für die übernommenen AN die Gefahr, dass bereits entstandene Ansprüche vom neuen Betriebsinhaber nicht erfüllt werden können, weil dieser nicht über dies. finanzielle Leistungsfähigkeit verfügt wie der bisherige Inhaber. Den bisherigen Betriebsinhaber für diesen Fall sofort aus jegl. Haftung zu entlassen, wäre nicht sachgerecht, weil der Erlös, den er für den Betrieb erzielt hat, auch auf der Wertsteigerung beruht, die der Betrieb durch die Arbeitskraft der AN erzielt hat (HWK/*Willemsen/Müller-Bonanni* Rn. 296). Andererseits ist es dem bisherigen Betriebsinhaber nicht zuzumuten, unbegrenzt weiterzuhaften. Aus diesen Gründen bestimmt § 613a II eine **abgestufte Haftungsregelung** für den bisherigen Betriebsinhaber.

134 **2. Haftung des Betriebserwerbers.** Mit dem Zpkt. des Betriebsübergangs tritt der Erwerber nach § 613a I in die Rechte und Pflichten aus dem ArbVerh. mit dem bisherigen Betriebsinhaber ein. Mit dem Übergang der gesamten Rechts- und Pflichtenstellung des bisherigen AG haftet der Betriebsübernehmer auch für diejenigen Ansprüche der übernommenen AN, die vor der Betriebsübernahme entstanden und fällig geworden sind (vgl. iE Rn. 73 ff.).

135 **3. Haftung des Betriebsveräußerers. a) Beendete Arbeitsverhältnisse.** Nicht unter § 613a II fällt die Haftung des bisherigen Betriebsinhabers für die zum Zpkt. des Betriebsübergangs bereits beendeten ArbVerh. Diese sind nicht auf den Erwerber übergegangen, so dass der Betriebsveräußerer allein für die daraus begr. Ansprüche haftet. Dazu gehören etwa rückständige Lohnforderungen, Provisionen, Nebenleistungen, Sozialleistungen, Ruhegelder der bereits im Ruhestand lebenden AN sowie unverfallbare Versorgungsanwartschaften ausgeschiedener AN (vgl. iE Rn. 69). Dasselbe gilt für die Ansprüche der AN aus einem Sozialplan, sofern sie vor dem Betriebsübergang auf Grund einer Betriebsänd. ausgeschieden sind (*Hanau/Vossen* FS Hilger/Stumpf 1983 S. 286; MüKoBGB/*Müller-Glöge* Rn. 160).

136 **b) Übergegangene Arbeitsverhältnisse.** Sofern die ArbVerh. nicht vor dem Betriebsübergang beendet waren, sondern darüber hinaus fortbestehen, haftet der ehem. Betriebsinhaber nach § 613a II 1 als **Gesamtschuldner** (§§ 421 ff.) neben dem neuen Inhaber für die Erfüllung solcher Ansprüche, die vor dem Betriebsübergang entstanden sind und vor Ablauf von einem Jahr nach diesem Zpkt. fällig werden. Entgegen dem unklaren Wortlaut der Bestimmung gilt dies auch für Ansprüche, die bereits vor dem Betriebsübergang fällig geworden sind (MüKoBGB/*Müller-Glöge* Rn. 164). Die volle gesamtschuldnerische Haftung des ehem. Betriebsinhabers gilt nur für Forderungen, die vor dem Betriebsübergang entstanden sind und fällig waren. Sind sie zu diesem Zpkt. zwar entstanden, aber erst nach dem Betriebsübergang fällig geworden, haftet er nur anteilmäßig entspr. dem im Übergangszpkt. abgelaufenen Bemessungszeitraum (BAG 22.6.1978 AP BGB § 613a Nr. 12). Damit wird erreicht, dass der Betriebsveräußerer nicht für Forderungen der AN einstehen muss, für die er keine Gegenleistung erhalten hat (MüKoBGB/*Müller-Glöge* Rn. 165). So haftet er etwa bei Jahressonderzahlungen nur ant. für den Teil des Jahres, der noch seiner Stellung als Betriebsinhaber entspricht. Der neue Betriebsinhaber haftet dagegen für den vollen Zeitraum. Für den Urlaubsanspruch ist beachtl., dass er sich grds. auf Freizeitgewährung unter Fortzahlung des Arbeitsentgelts richtet. Wird der Urlaub nach dem Betriebsübergang angetreten, kann er in dieser Form nur durch den Betriebserwerber erfüllt werden (LAG HE 30.3.1998 NZA-RR 1998, 532). Der bisherige AG muss den Urlaub nach § 7 IV BUrlG auch dann nicht abgelten, wenn er wirksam betriebsbedingt gekündigt hatte (BAG 2.12.1999 NZA 2000, 480). Eine Mithaftung des Veräußerers kommt nur bzgl. eines zeitanteiligen Urlaubsabgeltungsanspruchs in Betracht. Ggf. kann der Erwerber vom Veräußerer wegen der noch nicht erfüllten Urlaubsansprüche Geldausgleich verlangen (BGH 25.3.1999 NZA 1999, 817). Der Umstand, dass der Veräußerer nach § 275 I von einer Verpflichtung frei wird, die er nicht mehr erbringen kann, wird durch die Sonderregelung des § 613a II ausgeräumt. Dies lässt sich auch mit der Regelung zur Gesamtschuld vereinbaren, weil § 421 nur voraussetzt, dass beide Schuldner zu der gleichen Leistung rechtl. verpflichtet sind, nicht aber, dass jeder die geschuldete Leistung auch tats. erbringen kann (BGH 4.7.1985 NZA 1985, 737). Der Anspruch nach § 7 IV BUrlG wird erst mit der Beendigung des ArbVerh. beim Betriebserwerber fällig (OLG F 17.2.1983 AP BGB § 613a Nr. 33), so dass der

bisherige Inhaber nicht für den vollen Jahresurlaub haftet, wohl aber ant. (**aA** MüKoBGB/*Müller-Glöge* Rn. 166: keine a. nur ant. Haftung).

§ 613a II regelt nur die Haftung im Außenverhältnis zwischen dem früheren Betriebsinhaber und den übernommenen AN. Die Haftung im **Innenverhältnis** zwischen dem bisherigen und dem jetzigen Betriebsinhaber richtet sich in erster Linie nach der im Übernahmevertrag getroffenen Vereinb. Diese kann sich auch durch eine erg. Vertragsauslegung ergeben. Lässt sich keine Regelung ermitteln, gilt § 426 I 1, wonach die Gesamtschuldner im Verhältnis zueinander zu gleichen Teilen haften, soweit nicht ein anderes bestimmt ist. Eine anderweitige Bestimmung kann sich sowohl aus Vertrag als auch aus der Natur der Sache ergeben (Palandt/*Grüneberg* § 426 Rn. 9). Insb. bei der Begleichung rückständiger Arbeitsvergütungen aus der Zeit vor dem Betriebsübergang ist der bisherige Betriebsinhaber dem Erwerber deshalb intern zum vollen Ausgleich verpflichtet (HWK/*Willemsen/Müller-Bonanni* Rn. 299; **aA** *Seiter* Betriebsinhaberwechsel S. 105). Hat der neue Betriebsinhaber einen Urlaubsabgeltungsanspruch erfüllt, ist ihm der bisherige Betriebsinhaber zum zeitanteiligen Ausgleich für die bei ihm verbrachte Beschäftigungszeit des AN verpflichtet. Dasselbe gilt, wenn der neue Betriebsinhaber den Urlaubsanspruch in Form bezahlter Freizeit erfüllt hat; sein übergegangener Anspruch gegen den bisherigen Betriebsinhaber geht nunmehr auf Geld (BGH 4.7.1985 NZA 1985, 737; **aA** OLG F 17.2.1983 AP BGB § 613a Nr. 33). Die Tatsache, dass die Freistellung von der Arbeit keine Geldleistung darstellt und deshalb der Ausgleichsanspruch einen anderen Inhalt hat als der gegen den ausgleichspflichtigen Schuldner bestehende Anspruch des Gläubigers, steht der internen Ausgleichspflicht auch sonst nicht entgegen (vgl. BGH 1.2.1965 Z 43, 234; krit. dazu ArbRBGB/*Ascheid* Rn. 119; *Leinemann/Lipke* DB 1988, 1221). 137

Keine Haftung trifft den ehem. Betriebsinhaber für solche Ansprüche, die erst nach dem Betriebsübergang entstanden und fällig geworden sind, denn in diesem Zeitraum war er nie Schuldner des AN. Danach haftet der Betriebsveräußerer nicht nach § 613a für Ansprüche aus Sozialplänen, die erst auf Grund vom Betriebserwerber durchgeführter Rationalisierungsmaßnahmen abgeschlossen werden (MüKoBGB/*Müller-Glöge* Rn. 168). Werden innerhalb eines Konzerns Betriebe abgespalten und rechtl. verselbständigt, die später eine Betriebsänd. durchführen, kann für die daraus folgenden Sozialplanansprüche auch eine Haftung der Konzernobergesellschaft nach den Grds. des sog. qualifiziert faktischen Konzerns in Betracht kommen (vgl. BAG 15.1.1991 NZA 1991, 681). Die Haftung erlischt nach einem Jahr seit Betriebsübergang für danach fällige Ansprüche, auch wenn sie bereits vor dem Betriebsübergang entstanden sind. 138

4. Abweichende Vereinbarungen. Aus dem zwgd. Charakter von § 613a (vgl. Rn. 82 ff.) folgt, dass die Haftung des bisherigen Betriebsinhabers nach § 613a II nicht zu Lasten der AN durch Vereinb. mit dem neuen Betriebsinhaber abbedungen werden kann. Mögl. ist dagegen eine Haftungserweiterung des bisherigen oder neuen Betriebsinhabers zugunsten der AN (MüKoBGB/*Müller-Glöge* Rn. 169). Dem AN selbst steht es frei, auf die Haftung des Betriebsveräußerers tw. oder vollständig durch Vereinb. vor oder nach dem Betriebsübergang zu verzichten (*Seiter* Betriebsinhaberwechsel S. 105). Allerdings bleibt die Ausgleichspflicht des bisherigen ggü. dem neuen Betriebsinhaber nach § 426 I 1, II durch diese Vereinb. unberührt. 139

VI. Haftungsausschluss (Abs. 3)

Nach § 613a III tritt keine gesamtschuldnerische Haftung ein, wenn eine **jur. Person durch Umwandlung erlischt**. Dies erklärt sich daraus, dass mit dem Erlöschen der jur. Person der alte AG nicht mehr existiert und deshalb kein Haftungsträger mehr besteht. Die Haftungsmasse befindet sich vollständig bei dem durch Umwandlung entstandenen neuen AG. Deshalb ist § 613a III praktisch überflüssig (HWK/*Willemsen/Müller-Bonanni* Rn. 301). 140

VII. Verhältnis zu anderen Haftungsgrundlagen

1. Konkurrenzverhältnis. Unabhängig von der Haftung nach § 613a I können für den Betriebserwerber weitere Haftungsgründe in Betracht kommen. Zu nennen sind insb. Fälle des ges. Schuldbeitritts nach den §§ 25, 28 HGB und – für Betriebsübergänge vor dem 1.1.1999 (s. dazu Rn. 144) – § 419 aF sowie des vertragl. Schuldbeitritts bzw. der Vertragsübernahme. Für den ehem. Betriebsinhaber, der seinen Betrieb in eine KG einbringt, ist ebenfalls § 28 HGB von Bedeutung. Liegen die Voraussetzungen dieser allg. zivil- oder handelsrechtl. Haftungsgrdl. vor, kommen sie neben § 613a I, II zur Anwendung. Praktisch bedeutsam können sie für den Betriebserwerber werden, wenn eine Haftung nach § 613a I ausscheidet, etwa bei Ruhestandsverhältnissen (*Seiter* Betriebsinhaberwechsel S. 107). Der ehem. Betriebsinhaber und jetzige „Neu-Kommanditist" haftet nach § 28 HGB, wenn Versorgungsansprüche der von der KG übernommenen AN nach der Jahresfrist des § 613a II 1 fällig werden (BAG 23.1.1990 NZA 1990, 685). 141

2. Haftungsgründe und Unterschiede zu § 613a. Der haftungsbegründende Tatbestand des § 25 HGB setzt den Erwerb eines Handelsgeschäfts unter Lebenden und die Fortführung der bisherigen 142

Firma mit oder ohne Beifügung eines das Nachfolgeverhältnis andeutenden Zusatzes voraus. Als Folge haftet der Erwerber für alle im Betrieb des Geschäfts begr. Verbindlichkeiten des früheren Inhabers. Hierzu gehören auch die Ansprüche der AN auf Lohnrückstände aus der Zeit vor der Firmenfortführung sowie die Versorgungsansprüche der zu dieser Zeit schon im Ruhestand lebenden Pensionäre (BAG 24.3.1977 AP BGB § 613a Nr. 6). Zusätzl. zu **§ 25 HGB** gehen auch bei der Firmenübernahme die ArbVerh. nach § 613a auf den Erwerber über. Nach § 25 HGB bleibt der bisherige Inhaber Vertragspartner, der Erwerber haftet ledigl. zusätzl. Für den bisherigen Inhaber gilt jedoch nach § 26 HGB eine Nachhaftungsbegrenzung für die Dauer von fünf Jahren. Nach § 613a I 1 wird der Erwerber Vertragspartner, wobei es auf die Fortführung der Firma nicht ankommt; der bisherige Inhaber haftet dagegen nur nach § 613a II. Ein weiterer Unterschied liegt in der zwgd. Wirkung des § 613a, während die Haftung ggü. einem Dritten nach § 25 II HGB abbedungen werden kann, sofern dies im Handelsregister eingetragen und bekanntgemacht oder von dem Erwerber oder dem Veräußerer dem Dritten mitgeteilt worden ist.

143 Nach **§ 28 HGB** erlischt die Verpflichtung eines AG (oder dessen Erben) für die von ihm begr. Versorgungsschuld ggü. einem AN nicht dadurch, dass der AG sein Unternehmen in eine KG einbringt. Vielmehr haftet der frühere Einzelunternehmer für die in seinem Betrieb begr. Verbindlichkeiten nach § 28 I 1 HGB. Diese Haftung wird nicht durch § 613a II 1 eingeschränkt, weil § 28 HGB vorgeht. Die KG haftet zusätzl. nach § 28 I 1 HGB für die im Betrieb des Geschäfts entstandenen Verbindlichkeiten. Der bisherige Geschäftsinhaber und die Gesellschaft werden Gesamtschuldner (BAG 23.1.1990 AP NZA 1990, 685). Die damit einhergehende Dauerhaftung des bisherigen Betriebsinhabers und späteren Neu-Kommanditisten (vgl. die Kritik bei *Reichold* Anm. AP BetrAVG § 7 Nr. 56) ist mit dem NachhaftungsbeschränkungsG v. 18.3.1994 (BGBl. I S. 560) begrenzt worden. Durch Einfügung des § 28 III HGB gilt nun die fünfjährige Haftungsbegrenzung des § 26 HGB auch für den früheren Geschäftsinhaber, der als Kommanditist in eine KG eintritt. Seine Haftung als Kommanditist (vgl. § 171 HGB) bleibt davon unberührt.

144 Nur für Betriebsübergänge vor dem 1.1.1999 kommt neben § 613a eine Haftung nach **§ 419 aF** in Betracht, wenn der übernommene Betrieb nahezu das gesamte Vermögen des Veräußerers ausmacht. § 419 aF ist gem. Art. 33 Nr. 16 EGInsO mit Ablauf des 31.12.1998 außer Kraft getreten, bleibt jedoch für Vermögensübernahmen aus der Zeit vor dem 1.1.1999 weiterhin anwendbar (Palandt/*Grüneberg* § 419).

145 Sofern die Voraussetzungen des § 613a vorliegen, kommt einer vertragl. Schuldübernahme nach **§§ 414 ff.** oder einem Schuldbeitritt (Vertrag nach § 311 I) bzgl. der Ansprüche der übernommenen AN nur deklaratorische Bedeutung zu. Anderes kann gelten für die Versorgungsansprüche oder -anwartschaften der bei Betriebsübergang bereits ausgeschiedenen AN. Hier haftet der Erwerber nicht nach § 613a I, so dass es einer Schuldübernahme oder eines Schuldbeitritts bedarf. Während der Veräußerer bei der Schuldübernahme frei wird, tritt der Erwerber bei einem Schuldbeitritt neben dem Veräußerer in das Schuldverhältnis ein; beide werden Gesamtschuldner iSd. §§ 421 ff. (Palandt/*Grüneberg* vor § 414 Rn. 1 f.). Einen Schuldbeitritt kann der Betriebserwerber sowohl mit den ausgeschiedenen AN als auch mit dem Veräußerer oder dem BR des übernommenen Betriebs vereinbaren (BAG 24.3.1977 AP BGB § 613a Nr. 6). In den letzten beiden Fällen kann der Annahme eines Vertrags zugunsten Dritter die Auslegungsregel des § 329 entgegenstehen (Palandt/*Grüneberg* vor § 414 Rn. 2).

VIII. Betriebsübergang in der Insolvenz

146 **1. Eingeschränkte Geltung des § 613a.** Veräußert der InsV den Betrieb, geht dieser durch Rechtsgeschäft auf den Erwerber über. Dennoch war lange str., ob auch die Betriebsveräußerung im Konkurs von § 613a erfasst wird (zum Streitstand KR/*Pfeiffer* 5. Aufl. Rn. 50). Der EuGH hat für die RL 77/187/EWG entschieden, dass deren Anwendung auf Veräußerungen durch den Konkursverwalter nicht geboten ist. Allerdings steht es den Mitgliedstaaten frei, unabhängig vom Unionsrecht die Grds. der RL auf einen solchen Übergang anzuwenden (EuGH 7.2.1985 EAS RL 77/187/ EWG Art. 1 Nr. 1). Dies steht im Einklang mit der Rspr. des BAG, das bei der Anwendung von § 613a auf den Normzweck abstellt. Die Billigung der Anwendung des § 613a in der Insolvenz durch den Gesetzgeber ist § 128 II InsO zu entnehmen (LAG HM 4.4.2000 DZWIR 2000, 240, 242 f.; KR/*Treber* Rn. 94). Danach ist § 613a in der Insolvenz uneingeschränkt anwendbar, soweit es um den Schutz der Arbeitsplätze und die Kontinuität des BR geht (vgl. BAG 25.10.2007 DB 2008, 989; zum Kündigungsrecht des InsV Rn. 151). Nicht anwendbar ist die Bestimmung jedoch insoweit, wie sie die Haftung des Betriebserwerbers für bereits entstandene Ansprüche vorsieht. Hier gehen die Verteilungsgrds. des Insolvenzverf. vor (stRspr. seit BAG 17.1.1980 AP BGB § 613a Nr. 18; 20.6.2002 NZA 2003, 318, 19.12.2006 AP ATG § 3 Nr. 19). Das im Wege der teleologischen Reduktion gefundene Erg. rechtfertigt sich aus dem Grds. der gleichmäßigen Befriedigung aller Gläubiger. Erhalten die übernommenen AN einen neuen Schuldner für bereits entstandene Ansprüche, sind sie im Vergleich zu anderen Gläubigern und auch ggü. den ausgeschiedenen AN bevorrechtigt. Diesen Vorteil hätten die übrigen Gläubiger insoweit zu finanzieren, als der Betriebserwerber den Kaufpreis für den Betrieb wegen der zu übernehmenden Haftung entspr. mindern könnte (BAG 4.7.1989 NZA 1990, 188; MüKoBGB/*Müller-Glöge* Rn. 177).

Diese Rspr. hat das BAG unter der Geltung des Art. 5 RL 2001/23/EG aufrechterhalten (BAG 30.10.2008 NZA 2009, 432; 14.11.2012 – 5 AZR 778/11 – BeckRS 2013, 67325; vgl. a. *Franzen* RdA 1999, 361, 368 f.). Die Haftungsbeschränkung gilt auch für die Ansprüche des BR nach § 40 I BetrVG (BAG 9.12.2009 NZA 2010, 461). Die Haftung des Betriebserwerbers ist aber nicht beschränkt, wenn er den Betrieb vor Eröffnung des Insolvenzverf. übernommen hat (BAG 20.6.2002 NZA 2003, 318).

Entsteht ein Anspruch auf eine tarifl. Sonderzahlung erst nach der Betriebsübernahme und kann daher nicht im Insolvenzverf. geltend gemacht werden, schuldet der Betriebserwerber die volle tarifl. Sonderzahlung, wenn er den Betrieb aus der Insolvenzmasse erworben hat und das Insolvenzverf. im Laufe des Bezugszeitraums eröffnet worden ist (BAG 11.10.1995 NZA 1996. 432). 147

2. Betriebliche Altersversorgung. Für den wichtigen Bereich der betriebl. AV ergibt sich aus der teleologischen Reduktion des § 613a folgendes: Zwar tritt der Betriebserwerber in die Versorgungsanwartschaften der begünstigten AN ein, im Versorgungsfall schuldet er jedoch nur die seit der Insolvenzeröffnung erdiente Versorgungsleistung (BAG 29.5.2005 NZA-RR 2006, 373; 22.12.2009 NZA 2010, 568). Das gilt unabhängig davon, ob es sich um eine bei Insolvenzeröffnung noch verfallbare oder bereits unverfallbare Anwartschaft handelt (BAG 29.10.1985 AP BetrAVG § 1 Betriebsveräußerung Nr. 4; Staudinger/*Annuß* Rn. 169). Bedeutung hat diese Unterscheidung deshalb nicht für die Haftung des Betriebserwerbers, sondern nur für den ges. Insolvenzschutz nach dem BetrAVG. Für die beim Veräußerer bis zur Eröffnung des Insolvenzverf. erdienten unverfallbaren Anwartschaften haftet der PSV nach § 7 II BetrAVG zeitanteilig (BAG 11.2.1992 NZA 1993, 20; 16.2.1993 NZA 1993, 643; näher BetrAVG § 7 Rn. 43 ff.). 148

Die mit der Eröffnung des Insolvenzverf. eintretende **Haftungsbeschränkung des Erwerbers** bleibt auch dann bestehen, wenn das Insolvenzverf. später mangels einer die Kosten des Verf. deckenden Masse nach § 207 InsO eingestellt wird (BAG 11.2.1992 NZA 1993, 20). Dagegen haftet der Betriebserwerber unbeschränkt, wenn bereits die Eröffnung des Insolvenzverf. mangels Masse abgelehnt wurde (BAG 20.11.1984 NZA 1985, 393; anders noch 3.7.1980 AP BGB § 613a Nr. 22). Zwar ist beiden Fällen gemeinsam, dass außerhalb des Insolvenzverf. der Grds. der gleichmäßigen Gläubigerbefriedigung nicht greift, doch ist ausschlaggebend, dass die mit der Eröffnung des Insolvenzverf. eintretenden Rechtsfolgen nicht rückgängig gemacht werden können (BAG 11.2.1992 NZA 1993, 20). 149

3. Zeitpunkt der Haftungserleichterung. Die Haftungserleichterung des Betriebserwerbers tritt nur dann ein, wenn der Betriebsübergang nach der Eröffnung des Insolvenzverf. lag. Bis zu diesem Zpkt. haftet er unbeschränkt. Waren alle für den Betriebsübergang erforderl. Rechtsgeschäfte bereits vor der Insolvenzeröffnung abschl. verhandelt, kann das ein Indiz dafür sein, dass der Erwerber bereits zu diesem Zpkt. in der Lage war, die betriebl. Leitungs- und Organisationsmacht anstelle des Betriebsveräußerers auszuüben (BAG 26.3.1996 NZA 1997, 94). Zur Feststellung dieses Zpkt. muss zunächst der Betriebserwerber den Inhalt und den Zpkt. für den nach der Insolvenzeröffnung liegenden Betriebsübergang darlegen und im Streitfall beweisen. Danach muss derjenige, der sich auf die unbeschränkte Haftung des Erwerbers beruft, Tatsachen vortragen, aus denen sich ergibt, dass der Erwerber bereits vor dem behaupteten Zpkt. die rechtl. Möglichkeit hatte, die betriebl. Leitungsmacht auszuüben. Allein der Hinweis auf die im Wesentlichen abgeschlossenen Vertragsverh. reicht dafür nicht (BAG 26.3.1996 NZA 1997, 94). 150

4. Kündigungsrecht. Materiell-rechtl. hat die Insolvenz des AG keinen Einfluss auf den kündigungsrechtl. Bestandsschutz der AN nach § 613a. Das Kündigungsverbot nach § 613a IV 1 gilt auch nach Eröffnung des Insolvenzverf.; insb. rechtfertigt die Insolvenz an sich keine betriebsbedingte Kündigung nach § 1 II KSchG und kommt damit nicht als „anderer Grund" iSd. § 613a IV 2 in Betracht (BAG 16.9.1982 AP KO § 22 Nr. 4). Kündigt der frühere AG und übernimmt ein Erwerber den Betrieb im Insolvenzverf., haben die AN – anders als außerhalb des Insolvenzverf. – keinen Fortsetzungsanspruch gegen den Erwerber (BAG 10.12.1998 NZA 1999, 422). Dies verstößt nicht gegen die RL 2001/23/EG, da die RL im Insolvenzverf. nicht zwgd. gilt. Sonst mögl. Erleichterungen hins. der Kündigungsfristen, der gerichtl. Überprüfbarkeit sowie der Darlegungs- und Beweislast folgen indes für Kündigungen durch den InsV und ggf. den Betriebserwerber aus den §§ 113, 120 bis 122 sowie 125 bis 128 InsO (vgl. näher die Kommentierung zu § 113 InsO). Nach LAG HE (8.2.2001 – 11 Sa 925/99 – BeckRS 2001, 30819337) soll bei in der Insolvenz vollzogenem Betriebsübergang kein Wiedereinstellungsanspruch (dazu Rn. 159 ff.) bestehen. 151

Für Betriebsübergänge in der Insolvenz gilt seit dem 1.1.2004 die Klagefrist des § 4 S. 1 KSchG, vgl. §§ 13 III, 23 I KSchG. Bedarf die Kündigung der Zust. einer Behörde, läuft die Frist erst ab der Bekanntgabe der Behördenentsch. an den AN, § 4 S. 4 KSchG. Hat der AN die Klagefrist versäumt, kommt eine nachträgl. Zulassung der Klage nach § 5 KSchG in Betracht. 152

IX. Kündigungsverbot wegen des Betriebsübergangs (§ 613a IV 1)

1. Sinn und Zweck der Regelung. Der Schutzzweck des § 613a liefe leer, wenn die ArbVerh. zwar von dem ehem. auf den neuen Betriebsinhaber übergingen, der AN jedoch **wegen** des Betriebsüber- 153 gangs mit einer Kündigung rechnen müsste. Deshalb erklärt § 613a IV 1 die Kündigung des ArbVerh. eines AN durch den bisherigen AG oder durch den neuen Inhaber wegen des Übergangs eines Betriebs oder eines Betriebsteils für unwirksam. Die Regelung wurde mWv. 21.8.1980 eingefügt und setzt Art. 4 I 1 RL 2001/23/EG um, der sich ebenfalls nur gegen eine Kündigung wegen des Übergangs, nicht aber aus anderen Gründen richtet (PS/*Grau/Hartmann* § 11 Rn. 141). Sie stellt ein **eigenständiges Kündigungsverbot** iSv. §§ 13 III KSchG, 134 dar und findet deshalb auch Anwendung, wenn das ArbVerh. noch nicht länger als sechs Monate bestanden hat (§ 1 I KSchG) oder die Betriebsgröße des § 23 I KSchG nicht erreicht ist. Unter § 613a IV 1 fallen sowohl ordentl. als auch außerordentl. Beendigungs- oder Änderungskündigungen sowie Aufhebungsverträge, die zur Vermeidung von Kündigungen wegen des Betriebsübergangs geschlossen werden. Unwirksam sind auch Kündigungen, die der InsV iRd. Insolvenzverf. „wegen" eines Betriebsübergangs ausspricht (BAG 26.5.1983 AP BGB § 613a Nr. 34; 20.9.2006 NZA 2007, 387), weil die Rspr. des BAG Einschränkungen des § 613a in diesem Fall nur bzgl. der Haftung des Erwerbers, nicht jedoch bzgl. des Bestandsschutzes der AN zulässt. Gerade bei notwendigen Personalreduzierungen zur Sanierung notleidender Unternehmen erfüllt § 613a IV 1 den Zweck, dass nicht die sozial schwächsten AN ohne Beachtung von § 1 III KSchG ihren Arbeitsplatz verlieren. Das Kündigungsverbot gilt auch für den Erwerber eines vom InsV veräußerten Betriebs (ArbRBGB/*Ascheid* Rn. 131). Zu kündigungsrechtl. Besonderheiten in der Insolvenz s. Rn. 151 ff.

154 **2. Abgrenzung zur Kündigungsmöglichkeit nach § 613a IV 2.** Während § 613a IV 1 ein Kündigungsverbot wegen Betriebsübergang anordnet, stellt § 613a IV 2 gleichzeitig klar, dass eine Kündigung **aus anderen Gründen** mögl. bleibt. Die Regelung lehnt sich an Art. 4 I 2 RL 2001/23/EG an, der Kündigungen aus wirtschaftl., technischen oder organisatorischen Gründen zulässt. Wegen dieses Konkurrenzverhältnisses fragt sich, wann eine Kündigung wegen Betriebsübergang vorliegt. § 613a IV hat ggü. § 613a I eine Komplementärfunktion. Die Norm soll verhindern dass der in § 613a I angeordnete Bestandsschutz durch eine Kündigung unterlaufen wird.

155 Nach der Rspr. des BAG ist das Kündigungsverbot des § 613a IV nicht einschlägig, wenn es – neben dem Betriebsübergang – einen sachl. Grund gibt, der „aus sich heraus" die Kündigung zu rechtfertigen vermag, so dass der Betriebsübergang **nur äußerer Anlass, nicht aber der tragende Grund** für die Kündigung gewesen ist (BAG 16.5.2002 NZA 2003, 93; 20.9.2006 NZA 2007, 387; vgl. zum Kausalitätserfordernis *Lipinski* NZA 2002, 75, 77 f.). Dadurch wird bestätigt, dass bei der Konkurrenz mehrerer Kündigungssachverhalte jeder für sich die Kündigung tragen kann (*Ascheid* NZA 1991, 878). Genießt der AN den Schutz des KSchG, sind die Vorschr. der §§ 1 II KSchG, 613a IV 1 jeweils für sich zu prüfen. § 613a I schützt nicht vor Risiken, die sich jederzeit unabhängig vom Betriebsübergang aktualisieren können (BAG 18.7.1996 NZA 1997, 148; *Willemsen* ZIP 1983, 413). Deshalb ist eine Kündigung nicht schon dann rechtsunwirksam, wenn der Betriebsübergang für die Kündigung ursächl. ist, sondern nur, aber auch immer dann, wenn der Beweggrund für die Kündigung, das Motiv der Kündigung also, wesentl. durch den Betriebsinhaberwechsel bedingt war (BAG 27.9.1984 NZA 1985, 493; *Seiter* Betriebsinhaberwechsel S. 112; *Willemsen* ZIP 1983, 413). Maßgebl. für das Vorliegen einer Kündigung wegen Betriebsübergangs ist nicht die Bezeichnung des Kündigungsgrundes durch den AG, sondern ob tats. ein Betriebsübergang der tragende Grund für die Kündigung gewesen ist (BAG 28.4.1988 NZA 1989, 265).

156 Für eine Kündigung aus anderen Gründen iSv. § 613a IV 2 kommen in erster Linie betriebsbedingte Gründe nach § 1 II KSchG in Betracht. Auf dieses eigentl. Konkurrenzverhältnis stellt auch Art. 4 I 2 RL 2001/23/EG mit seinem Bezug auf wirtschaftl., technische oder organisatorische Gründe ab. Dies schließt es jedoch nicht aus, dass auch Kündigungen aus personen- oder verhaltensbedingten Gründen im Zusammenhang mit einem Betriebsübergang erfolgen und der Abgrenzung zu § 613a IV 1 bedürfen. Die Erfordernisse des anderen Grundes ergeben sich hier ebenfalls regelm. aus § 1 II KSchG. Ist die Kündigung danach sozial gerechtfertigt, spielt es keine Rolle, dass sie in zeitl. Zusammenhang mit einem Betriebsübergang ausgesprochen wurde. Unterliegt der gekündigte AN nicht dem Schutz des KSchG, genügt jeder nachvollziehbare, nicht willkürl. erscheinende, sachl. Grund, der den Verdacht einer bloßen Umgehung von § 613a IV 1 auszuschließen vermag (*Willemsen* ZIP 1983, 414).

157 **3. Umgehungen des Kündigungsverbots.** Das Kündigungsverbot des § 613a kann durch andere Beendigungstatbestände umgangen werden. **Befristungen** und **auflösende Bedingungen** sind nach § 134 unwirksam, wenn sie darauf abzielen, den Schutz des § 613a zu umgehen (BAG 15.2.1995 NZA 1995, 987). Dasselbe gilt, wenn der Betriebsveräußerer dem AN kündigt und der Betriebserwerber diesen nach dem Betriebsübergang sofort neu einstellt (BAG 20.7.1982 AP BGB § 613a Nr. 31; aA MüKoBGB/*Müller-Glöge* Rn. 203), auch wenn der neue Arbeitsvertrag mit dem Betriebserwerber den AN insg. nicht schlechter stellt (EuGH 10.2.1988 EAS RL 77/187/EWG Art. 1 Nr. 4). Ein sachl. Grund für eine Befristung kann nicht allein in dem gepl. Betriebsübergang liegen. Rechtl. nicht ausgeschlossen ist allerdings, wie die Fassung des § 613a IV 2 zeigt, dass andere mit der Veräußerung zusammentreffende Umstände als der Wechsel des AG einen sachl. Befristungsgrund darstellen können (BAG 2.12.1998 NZA 1999, 926).

158 Unwirksam sind ferner **Eigenkündigungen** oder **Aufhebungsverträge,** zu denen die AN unter Hinweis auf eine Einstellungsgarantie beim potenziellen Erwerber – regelm. zu schlechteren Arbeits-

bedingungen – veranlasst wurden (BAG 28.4.1987 NZA 1988, 198 – sog. Lemgoer Modell; vgl. auch BAG 25.10.2007 NZA-RR 2008, 367; *Hergenröder* AR-Blattei SD 500.1 Rn. 748 f.). Steht zwischen den Parteien eines Aufhebungsvertrags fest, dass der AN beim Betriebserwerber weiterbeschäftigt werden soll, ist der Aufhebungsvertrag wegen obj. Umgehung der zwgd. Rechtsfolgen des § 613a nach § 134 nichtig; gleiches gilt für den mit dem Erwerber abgeschlossenen Arbeitsvertrag (BAG 25.10.2007 NZA-RR 2008, 367). Hierbei ist unerhebl., ob die Parteien die Rechtsfolgen des § 613a kannten. Sieht der Aufhebungsvertrag einen Abfindungsanspruch vor, kann sich der Betriebsveräußerer zur Abwehr dieses Anspruchs auf die Nichtigkeit des Aufhebungsvertrags berufen (BAG 11.7.1995 NZA 1996, 207). Die Ausübung des Widerspruchsrechts durch die AN (dazu Rn. 84 ff.) kann unwirksam sein, wenn die AN dazu nur veranlasst werden, um anschließend das ArbVerh. mit dem Veräußerer zu beenden und mit dem Erwerber einen neuen Arbeitsvertrag zu ungünstigeren Bedingungen abzuschließen (*Ende* NZA 1994, 495). Wirksame Änderungskündigungen des Veräußerers sind mögl., sofern sie nicht wegen des Betriebsübergangs erfolgen, denn dann fallen sie unter § 613a IV 1 (vgl. MüKoBGB/*Müller-Glöge* Rn. 189).

Nach dem **Grds. der Vertragsfreiheit** zu respektieren sind einvernehml. Aufhebungsverträge vor **159**
oder nach Betriebsübergang, wenn keine Umgehungsabsicht zu befürchten ist (BAG 29.10.1975 AP BGB § 613a Nr. 2). Mit Recht erfolgt der Hinweis, dass „peinlichst auf die Respektierung der uneingeschränkten Entscheidungsfreiheit des AN zu achten ist" (WHSS/*Willemsen* G Rn. 197). Das BAG folgert aus dem Widerspruchsrecht nach § 613a VI, wodurch der AN den Eintritt der Rechtsfolgen des § 613a verhindern könne, dass das G keinen Schutz vor einvernehml. Beendigung des ArbVerh. ohne sachl. Grund gewähre. Sei ein Aufhebungsvertrag mit einem Betriebsveräußerer auf das **endgültige Ausscheiden** des AN gerichtet, sei dieser trotz eines anschließenden Betriebsübergangs wirksam (BAG 18.8.2011 NZA 2012, 152; 27.9.2012 NZA 2013, 961 Rn. 32). Probl. ist der Aufhebungsvertrag jedoch, wenn er Voraussetzung dafür ist, bei einem anderen AG oder einer Beschäftigungsgesellschaft weiterbeschäftigt zu werden, weil sonst die Kündigung droht. Probl. ist dies insb., wenn die Betriebstätigkeit des AG – jdf. tw. ggf. von anderen Übernehmern – fortgesetzt wird. Bes. probl. sind sog. dreiseitige Verträge zwischen AG, AN und Beschäftigungsgesellschaft. Das BAG hat nochmals bestätigt, dass ein Aufhebungsvertrag wegen obj. Gesetzesumgehung nichtig ist, wenn er ledigl. die **Beseitigung der Kontinuität des ArbVerh. bei gleichzeitigem Erhalt des Arbeitsplatzes** bezweckt (BAG 28.4.1987 NZA 1988, 198; 10.12.1998 NZA 1999, 422), was der Fall ist, wenn zugleich ein neues ArbVerh. zum Betriebsübernehmer vereinbart oder zumindest verbindl. in Aussicht gestellt wird (BAG 18.8.2005 NZA 2006, 145; 18.8.2011 NZA 2012, 152; krit. *Willemsen* NZA 2013, 242 zur Nichtigkeit eines Aufhebungsvertrags wegen Gesetzesumgehung bei Betriebsübernahme durch eine eigens gegründete Service-GmbH, die mit den bisherigen Reinigungs- und Küchenkräften des Veräußerers gewerbl. ANÜberlassung betreibt s. BAG 21.5.2008 NZA 2009, 144; vgl. a. Rn. 28a). Das gelte auch im Falle einer **veranlassten Eigenkündigung** (BAG 27.9.2012 NZA 2013, 961 Rn. 36). Das BAG hat die Nichtigkeit der in einem dreiseitigen Vertrag unter Beteiligung einer Beschäftigungs- und Qualifizierungsgesellschaft vereinbarten Aufhebung des ArbVerh. verneint, wenn die Vereinb. auf das endgültige Ausscheiden des AN aus dem Betrieb gerichtet war (BAG 10.12.1998 NZA 1999, 422; 25.10.2012 – 8 AZR 572/11 – BeckRS 2013, 65736; vgl. zu diesem Modell *Krieger/Fischinger* NJW 2007, 2289). Dies ist zw., weil im entschiedenen Fall die Betriebsfortführung bereits gepl. war (krit. APS/*Steffan* Rn. 195 f.; abl. LAG HB 26.8.2004 DB 2005, 287). Das BAG hat seine Auff. bestätigt, auch wenn mit der Vertragsgestaltung eine Verschlechterung der Arbeitsbedingungen verbunden ist. Einen sachl. Grund sieht es im Abschluss des dreiseitigen Vertrags mit einer Beschäftigungsgesellschaft zur Vermeidung der Insolvenz (BAG 18.8.2005 NZA 2006, 145). Eine Umgehung des § 613a IV 1 sei allenfalls anzunehmen, wenn die Übernahme in die Beschäftigungsgesellschaft nur zum Schein vorgeschoben oder offensichtl. eine Umgehung der Sozialauswahl bezweckt sei (BAG 23.11.2006 NZA 2007, 866). Eine Umgehung liegt jedoch vor, wenn der Aufhebungsvertrag die Beseitigung der Kontinuität des ArbVerh. bei gleichzeitigem Erhalt des Arbeitsplatzes bezweckt, weil zugleich ein neues ArbVerh. vereinbart oder zumindest verbindl. in Aussicht gestellt wurde (BAG 25.10.2012 – 8 AZR 572/11 – BeckRS 2013, 65736: hier nahtloser Anschluss eines befristeten ArbVerh. an das Ende des Aufhebungsvertrags; ein „verbindl. Inaussichtstellen" betrachtet als nicht ausreichend, solange daraus keine individuellen, durchsetzbaren Ansprüche der AN erwachsen: *Willemsen* NZA 2013, 242, 245). Das ist auch bei einer nur eintägigen Beschäftigung in einer Beschäftigungs- und Qualifizierungsgesellschaft der Fall (BAG 18.8.2011 NZA 2012, 152). Eine Umgehung kann auch dann vorliegen, wenn der AN zeitgleich mit der Aufhebung des ArbVerh. zum Veräußerer einen Arbeitsvertrag mit der Beschäftigungs- und Qualifizierungsgesellschaft abschließt und dem Erwerber auf dessen Veranlassung ein ArbVerh. anbietet, das am gleichen Tag beginnen soll, wie die Tätigkeit bei der Beschäftigungs- und Qualifizierungsgesellschaft (LAG K 7.3.2012 – 9 Sa 1310/11 – BeckRS 2012, 71553). Wenn es aber an dem gleichzeitigen Abschluss oder dem Inaussichtstellen eines neuen ArbVerh. fehlt, weil die Betriebsübernahme unklar ist, liegt keine Umgehung vor. Der gleichwohl geschlossene Aufhebungsvertrag ist dann für den AN ein – iRd. Vertragsfreiheit zulässiges – „Risikogeschäft" (BAG 10.12.1998 NZA 1999, 422; 25.10.2012 – 8 AZR 572/11 – BeckRS 2013, 65736).

160 **4. Stilllegungsabsicht und anschließende Betriebsübernahme.** Abgrenzungsfragen zwischen § 613a IV 1 und 2 treten insb. dann auf, wenn Kündigungen wegen der Stilllegung eines Betriebs ausgesprochen werden, es dann später jedoch noch zu einer Veräußerung des Betriebs kommt (instruktiv BAG 10.10.1996 NZA 1997, 251; vgl. ferner 24.8.2006 NZA 2007, 1287). Nach der ges. Konzeption schließen sich Betriebsübertragung und Stilllegung des Betriebs aus (Rn. 56).

161 **a) Kündigungsrechtliche Grundsätze.** Bei zunächst beabsichtigten Stilllegungen und späterem Betriebsübergang ist auf den **Zpkt. des Ausspruchs der Kündigungen** abzustellen. Danach liegt eine Kündigung „wegen" Betriebsübergangs vor, wenn ein Betriebsübergang zwar bis zum Ablauf der Kündigungsfrist noch nicht vollzogen worden ist, dieser aber bereits bei Ausspruch der Kündigungen vom AG gepl. war, schon greifbare Formen der Verwirklichung angenommen hatte und wenn die Kündigung nur ausgesprochen worden ist, um den gepl. Betriebsübergang vorzubereiten oder zu ermöglichen (BAG 19.5.1988 NZA 1989, 461). War dagegen bei Ausspruch der Kündigungen auf Grund einer vernünftigen betriebswirtschaftl. Betrachtung davon auszugehen, die Stilllegung sei unumgängl., sind die Kündigungen nicht nach § 613a IV 1 unwirksam, wenn es dann doch noch zu einer Betriebsveräußerung kommt (ähnl. BAG 10.10.1996 NZA 1997, 251; 27.2.1997 NZA 1997, 757). Auch eine Umgehung von § 613a I liegt in diesem Fall nicht vor. Da für die Wirksamkeit der Kündigung deren Zugang maßgebl. ist, muss der AG zu diesem Zpkt. endgültig entschlossen sein, die Betriebs- und Produktionsgemeinschaft aufzulösen (BAG 10.10.1996 NZA 1997, 251).

162 Grds. lässt sich damit für die Frage beabsichtigter Stilllegungen zu dem Konkurrenzverhältnis zwischen § 613a IV 1 und 2 Folgendes feststellen: War der ehem. Betriebsinhaber bei Zugang der Kündigungen ernstl. und endgültig entschlossen, den Betrieb stillzulegen, werden die Kündigungen nicht dadurch unwirksam, dass es dann doch noch zu einem Betriebsübergang kommt (BAG 19.6.1991 NZA 1991, 891). Lag dagegen zu diesem Zpkt. die Betriebsveräußerung ebenso im Bereich des Mögl. wie die Betriebsstilllegung, sind die Kündigungen „wegen" des Betriebsübergangs erfolgt und deshalb nach § 613a IV 1 unwirksam (BAG 27.9.1984 NZA 1985, 493; *Hillebrecht* NZA-Beil. 4/1989, 18).

163 **b) Vertragsfortsetzungs- und Wiedereinstellungsanspruch.** Probl. ist, wenn sich die tats. Umstände nach Ausspruch der Kündigung ändern. Gegen den kündigenden AG kann sich ein Anspruch auf Vertragsfortsetzung allenfalls dann ergeben, wenn sich die Prognosegrdl. über die notwendige Betriebsstilllegung bereits **vor Ablauf der Kündigungsfrist** als falsch erwiesen hat, weil es doch noch zu einem Betriebsübergang kommt (zutr. BAG 27.2.1997 NZA 1997, 757). Nach diesem Zpkt. ist der Rechtssicherheit und der notwendigen Dispositionsfreiheit des kündigenden AG jdf. der Vorrang einzuräumen (offengelassen von BAG 4.12.1997 NZA 1998, 701; dagegen zB BAG 27.6.2001 NZA 2001, 1135). Nach den obj. Voraussetzungen des § 613a kann sich jedoch auch der Tatbestand des Betriebsübergangs ohne Mitwirkung des kündigenden AG (früheren Betriebsinhabers) ergeben. Wenn zB wegen Auftragsverlustes der ehem. Auftragnehmer mangels anderweitiger Beschäftigungsmöglichkeit betriebsbedingt kündigt und der neue Auftragnehmer ohne Mitwirkung des früheren Auftragnehmers die Hauptbelegschaft übernimmt, liegt ein Betriebsübergang vor. In diesen Fällen kann sich ein Vertragsfortsetzungsanspruch schon aus Gründen der gerechten Risikoverteilung nicht gegen den kündigenden AG, sondern nur gegen den Betriebsübernehmer richten (LAG HM 4.4.2000 DZWIR 2000, 240, 247). Nach BAG 13.11.1997 (NZA 1998, 251) haben die gekündigten AN in diesem Fall einen Anspruch gegen den neuen Auftragnehmer, zu unveränderten Arbeitsbedingungen unter Wahrung ihres Besitzstandes eingestellt zu werden. Das BAG folgert dies aus einer richtlinienkonformen Handhabung. Überzeugender ist die Begr. einer teleologischen Extension (*Langenbucher* ZfA 1999, 299, 306 ff.).

164 Der Vertragsfortsetzungsanspruch gegen den kündigenden AG vor Ablauf der Kündigungsfrist setzt jedoch nach BAG voraus, dass der AG mit Rücksicht auf die Wirksamkeit der Kündigung noch keine Disposition getroffen hat und ihm die unveränderte Fortsetzung des ArbVerh. zumutbar ist. Unzumutbar kann die Wiedereinstellung sein, wenn sich nach endgültiger Stilllegungsabsicht und Ausspruch der Kündigungen ein potenzieller Erwerber findet, dessen Unternehmenskonzept eine geringere Personalstärke als beim derzeitigen (Noch-)Betriebsinhaber vorsieht (BAG 27.2.1997 NZA 1997, 757). In diesem Fall kann sich der Wiedereinstellungsanspruch auf einen Teil der ehem. Belegschaft reduzieren, wobei der AG bei Auswahl der wiedereinzustellenden AN nach der Rspr. des BAG soziale Gesichtspunkte zu berücksichtigen hat (BAG 4.12.1997 NZA 1998, 701; 28.6.2000 NZA 2000, 1097 stellt nach §§ 242, 315 auf die Gesamtumstände ab, zu denen aber auch soziale Gesichtspunkte gehören). Ein geänd. Anforderungsprofil kann einem Wiedereinstellungsanspruch entgegenstehen (BAG 4.5.2006 NZA 2006, 1096). Der AN hat die Darlegungs- und Beweislast für die anspruchsbegründenden Tatsachen des Wiedereinstellungsanspruchs, zu denen auch das Vorliegen eines Betriebs- bzw. Betriebsteilübergangs gehört (BAG 15.12.2011 NZA-RR 2013, 179).

165 Ein **Vertragsfortsetzungsanspruch bzw. Einstellungsanspruch gegen den Betriebsübernehmer** kommt in Betracht, wenn sich die Prognose des früheren Betriebs(teil)inhabers als falsch erweist, obwohl er selbst auf die weitere Entwicklung keinen Einfluss hat. Dies gilt etwa in den Fällen der Auftragsneuvergabe, in denen der frühere Betriebs(teil)inhaber in Folge des Auftragsverlustes den bisher mit dem Auftrag beschäftigten AN kündigt und der neue Auftragnehmer durch Übernahme

eines wesentl. Belegschaftsteils einen Betriebsübergang herbeiführt. Wenn etwa der Betriebsübergang erst am Tage nach Ablauf der Kündigungsfrist eintritt, die Weiterbeschäftigungsmöglichkeit jedoch schon während des Laufes der Kündigungsfrist entstanden und die urspr. bei Ausspruch der Kündigung anzustellende Prognose dadurch während des Laufes der Kündigungsfrist unzutr. geworden war, besteht ein Fortsetzungsanspruch (BAG 25.10.2007 NZA 2008, 357; 21.8.2008 NZA 2009, 29). Der gekündigte AN hat in diesen Fällen einen Anspruch gegen den Betriebsübernehmer, ihn zu unveränderten Bedingungen unter Wahrung des Besitzstandes einzustellen (BAG 13.11.1997 NZA 1998, 251; *Preis/Steffan* DB 1998, 309; *Hergenröder* AR-Blattei SD 500.1 Rn. 342, 773 ff.; abw. LAG D 18.2.2009 NZA-RR 2009, 414 „relative" Unwirksamkeit der Kündigung ggü. dem Erwerber; dagegen LAG D 10.6.2011 ZInsO 2011, 2138). Dieser Anspruch kann nicht nur während der Kündigungsfrist, sondern auch nach Beendigung des ArbVerh. geltend gemacht werden (*Müller-Glöge* NZA 1999, 449, 455). Das gilt allerdings nicht bei insolvenzbedingten Kündigungen (BAG 13.5.2004 AP BGB § 613a Nr. 264; 28.10.2004 NZA 2005, 405). Grds. kann eine nur unerhebl. Unterbrechung der Betriebstätigkeit einen Betriebsübergang auch noch nach Ablauf der Kündigungsfristen auslösen. Zum anderen muss dem gekündigten AN der Tatbestand der Übernahme gar nicht bekannt sein. Hat der AN keine Kenntnis, ist ungeklärt, wie lange der Anspruch überhaupt geltend gemacht werden kann. Mangels Kenntnis scheidet eine analoge Anwendung von § 4 KSchG ab dem Zpkt. des Betriebsübergangs jdf. aus (hierzu *Preis/Steffan* DB 1998, 311). Hat der AN Kenntnis von der Betriebsübernahme, muss er jedoch das Wiedereinstellungs- bzw. Fortsetzungsverlangen unverzügl. geltend machen. Hierfür gilt – entspr. § 613a VI – eine Frist von einem Monat (BAG 25.10.2007 NZA 2008, 357; 21.8.2008 NZA 2009, 29; 27.1.2011 NZA 2011, 1162).

Ein unzulässiger **Umgehungsversuch** des § 613a seitens des Erwerbers kann darin gesehen werden, 166
dass dieser zuerst Übernahmeverh. abbricht, sich dann aber nach der Stilllegungsabsicht des Betriebsinhabers und daraufhin erfolgter Kündigungen zur Übernahme des Betriebs bereit erklärt. In diesem Fall muss er sich uU nach dem Rechtsprinzip des § 162 so behandeln lassen, als läge der Tatbestand des § 613a vor.

5. Sanierende Betriebsübernahmen. Abgrenzungsfragen treten auch dann auf, wenn notleidende 167
Unternehmen zu Sanierungsmaßnahmen in engem zeitl. Zusammenhang mit Betriebsübernahmen Personalreduzierungen vornehmen. Zunächst ist § 613a IV 1 dann nicht tangiert, wenn im Rahmen notwendiger Sanierungen Kündigungen ausgesprochen werden, eine konkrete Übernahmemöglichkeit jedoch noch nicht besteht. Solange noch keine Verh. mit einem potenziellen Erwerber aufgenommen sind, ist der Betriebsübergang für die Kündigungen nicht ursächl. geworden. Zwar besagt der Wortlaut des § 613a IV 1 nicht zwgd., der Betriebsübergang müsse im nahen zeitl. Zusammenhang mit dem Ausspruch der Kündigung stattfinden (BAG 19.5.1988 NZA 1989, 461); deshalb ist es auch nicht erforderl., dass der Betriebsübergang bereits vor Ablauf der Kündigungsfrist vollzogen ist. Stets bedarf es aber bereits zum Zpkt. der Kündigung einer konkreten Planung, die schon greifbare Formen der Verwirklichung angenommen haben muss. Zudem muss die Kündigung nur deshalb ausgesprochen worden sein, um den gepl. Betriebsübergang vorzubereiten und zu ermöglichen (BAG 19.5.1988 NZA 1989, 461). Liegen diese Voraussetzungen nicht vor, greift § 613a IV 1 nicht ein. Die als notwendig erachtete Verminderung der Belegschaft hat jedoch bei Anwendbarkeit des KSchG die Erfordernisse der sozialen Rechtfertigung nach § 1 KSchG zu beachten.

Deutl. wird der Konflikt zwischen Bestandsschutz und Sanierungsinteresse, wenn bereits Verh. 168
zwischen Veräußerer und Erwerber aufgenommen worden sind und eine Reduzierung der Belegschaft in enger zeitl. Nähe zum Betriebsübergang erfolgen soll. Hierbei ist beachtl., dass eine Kündigung dann nicht gegen § 613a IV 1 verstößt, wenn sie jeder Betriebsinhaber – unabhängig von der Veräußerung – aus notwendigen betriebsbedingten Gründen so hätte durchführen müssen (BAG 20.9.2006 NZA 2007, 387; LAG MV 9.1.2013 NZA-RR 2013, 238; *Hanau* FS Gaul 1992 S. 290). In diesem Fall liegt, unabhängig von einer späteren Betriebsübernahme, ein **eigenes betriebl. Erfordernis** des derzeitigen Betriebsinhabers vor, das die Kündigung unter der Voraussetzung des § 1 II KSchG rechtfertigen kann. Dem Betriebsinhaber steht es frei, auch wenn er seinen Betrieb veräußern will, zuvor sein eigenes Sanierungskonzept zu verwirklichen. Dies gilt jdf. dann, wenn es auf selbst gewonnenen wirtschaftl. Erkenntnissen beruht und nicht auf den Vorgaben des potenziellen Erwerbers (BAG 18.7.1996 NZA 1997, 148; Soergel/*Raab* Rn. 188).

Sieht das Unternehmenskonzept des potenziellen Erwerbers eine geringere Anzahl von Mitarbeitern 169
vor, als derzeit in dem betr. Unternehmen beschäftigt ist, stellt sich dagegen die Frage, ob der Betriebsveräußerer bereits zu Kündigungen berechtigt ist, deren Rechtfertigung sich daraus ergibt, dass der potenzielle Erwerber zugleich mit der Betriebsübernahme aus dringenden betriebl. Erfordernissen iSd. § 1 II 1 KSchG die Belegschaft verringern will. Die Möglichkeit einer solchen **Veräußererkündigung auf Grund eines Erwerberkonzepts** wird zu Recht überw. anerkannt (BAG 26.5.1983 AP BGB § 613a Nr. 34; 20.3.2003 NZA 2003, 1027; *Vossen* BB 1984, 1557, 1560; *Willemsen* ZIP 1983, 411, 416; MüKoBGB/*Müller-Glöge* Rn. 193; KR/*Treber* Rn. 127; *Gaul/Bonanni/Naumann* DB 2003, 1902; aA LAG K 17.6.2003 ZIP 2003, 2042, 2043). Für die Richtigkeit dieser Auff. spricht, dass es nicht Sinn und Zweck der Regelungen des § 613a I, IV 1 sein kann, den Erwerber auch bei einer auf Grund betriebswirt-

schaftl. Gesichtspunkte voraussehbar fehlenden Beschäftigungsmöglichkeit zu verpflichten, das ArbVerh. mit einem AN noch einmal künstl. zu verlängern, bis er selbst die Kündigung aussprechen kann (BAG 26.5.1983 AP BGB § 613a Nr. 34; *Vossen* BB 1984, 1557, 1560). Es bedarf jedoch eines Konzepts oder Sanierungsplans. Allein die Forderung des Erwerbers, die Belegschaft vor dem Betriebsübergang zu verkleinern, genügt nicht (BAG 20.9.2006 NZA 2007, 387; APS/*Steffan* Rn. 190).

170 Die Kündigungsmöglichkeit des Veräußerers hängt auch nicht davon ab, dass er selbst das Erwerberkonzept bei Fortführung des Betriebs hätte durchführen können (BAG 20.3.2003 NZA 2003, 1027 bei Betriebsübergang in der Insolvenz; *Hanau* ZIP 1984, 141, 142; *Vossen* BB 1984, 1557, 1560; *Loritz* RdA 1987, 65, 83; MüKoBGB/*Müller-Glöge* Rn. 193; MüArbR/*Wank* § 103 Rn. 46; **aA** noch BAG 26.5.1983 AP BGB § 613a Nr. 34; *Willemsen* ZIP 1983, 411, 416; *Hillebrecht* NZA-Beil. 4/1989, 14 f.). Die Möglichkeit, dass der Veräußerer sich das Erwerberkonzept zu eigen machen könnte, besteht allenfalls theoretisch. Praktisch hingegen ist der Inhaber notleidender Unternehmen dazu regelm. nicht in der Lage. Zu notwendigen Rationalisierungsmaßnahmen, zB der Anschaffung moderner, leistungsfähiger Anl., fehlen ihm regelm. die finanziellen Mittel. Zudem kann der potenzielle Erwerber über Kundenkontakte und damit Absatzmöglichkeiten verfügen, die dem Veräußerer verschlossen sind. Das Wesen der Sanierungsfälle liegt gerade darin, dass der Betrieb aus sich heraus nicht mehr sanierungsfähig ist (*Hanau* ZIP 1984, 143). Zur Stilllegung des Unternehmens besteht nur noch die Alt. der Umstrukturierung durch die finanziellen und/oder organisatorischen Möglichkeiten des Erwerbers (*Vossen* BB 1984, 1560). In dieser Situation verstößt eine vorgezogene Kündigung des Veräußerers auf Grund des Erwerberkonzeptes nicht gegen den Schutzgedanken des § 613a I, IV, der den Erwerber bei der Betriebsübernahme an einer freien Auslese der Belegschaft hindern will (so jetzt auch – jdf. in der Insolvenz – BAG 20.3.2003 NZA 2003, 1027; **aA** noch 26.5.1983 AP BGB § 613a Nr. 34). Letztl. erreicht die Schutzfunktion des § 613a I die betroffenen AN nicht, da der Bestandsschutz in beiden Fällen nur vorübergehend eingreift. Scheitert die Übernahme des Betriebs an der Forderung, zugleich sämtl. ArbVerh. zu übernehmen, wird der Veräußerer auf Grund der dann erfolgenden Stilllegung betriebsbedingte Kündigungen aussprechen. Die ANSchutzvorschr. des § 613a verkehrt sich in ihr Gegenteil. Statt eine begrenzte Anzahl von Arbeitsplätzen zu sichern, kommt es zum Verlust aller Arbeitsplätze (*Vossen* BB 1984, 1559). Kommt es zu einem Betriebsübergang auf der Basis eines Erwerberkonzeptes, stellt sich die Frage eines Fortsetzungsanspruchs der nicht übernommenen AN. Im Insolvenzfall hat das BAG einen solchen verneint (BAG 10.12.1998 NZA 1999, 422). Außerhalb des Insolvenzverf. befürwortet *Meyer* (BB 2000, 1032, 1035 f.) eine Auswahlbefugnis des Erwerbers nach § 315. Andere lehnen bei sanierenden Betriebsübernahmen einen Fortsetzungsanspruch gegen den Erwerber ab (*Hanau* ZIP 1998, 1817, 1820; *Hergenröder* AR-Blattei SD 500.1 Rn. 474).

171 Zur Abwehr von **Umgehungsmöglichkeiten** bedarf es bei der vorgezogenen Veräußererkündigung allerdings einer rechtl. Absicherung des Betriebsübergangs, die gewährleistet, dass das betriebswirtschaftl. Konzept des Erwerbers tats. verwirklicht wird. Dies kann in Form eines rechtsverbindl. Sanierungsplans oder eines Vorvertrags geschehen, der den Betriebsübergang selbst und die Anzahl der zu übernehmenden AN fixiert (KR/*Griebeling/Rachor* § 1 KSchG Rn. 577; *Willemsen* ZIP 1983, 416). Dadurch wird der Voraussetzung Rechnung getragen, wonach die Umstrukturierung bei Ausspruch der Kündigung greifbare Formen angenommen haben muss (BAG 26.5.1983 AP BGB § 613a Nr. 34; *Loritz* RdA 1987, 84). Zugleich lässt sich durch Abschluss eines Vorvertrags weitgehend ausschließen, dass der gegenwärtige Betriebsinhaber auf die bloße Drohung des potenziellen Erwerbers hin kündigt, dieser werde den Betrieb sonst nicht übernehmen. In diesem Fall würde der Schutzzweck des § 613a IV 1 unterlaufen, der sowohl Veräußerer wie auch Erwerber davon abhalten soll, sich allein auf Grund des Betriebsübergangs bestimmter AN einfach zu entledigen (*Willemsen* ZIP 1983, 414 f.).

172 Werden betriebsbedingte Kündigungen vor dem Übergang eines Betriebs durch den Veräußerer auf Grund einer eigenen unternehmerischen Entsch. erklärt, bezieht sich die gem. § 1 III KSchG durchzuführende **Sozialauswahl** auf den gesamten Betrieb des Veräußerers. Das gilt ebenso, wenn nur ein Betriebsteil übertragen werden soll (BAG 28.10.2004 NZA 2005, 285; NK-BGB/*Franzen* Rn. 72; **aA** *Moll/Steinbach* MDR 1997, 711 f.; diff. *Schmädicke* NZA 2014, 515, 517 f.). Keine Besonderheiten gelten für eine vom Erwerber durchzuführende Sozialauswahl, unabhängig davon, ob er den übernommenen Betrieb(steil) als eigenständigen Betrieb fortführt oder in einen bestehenden Betrieb eingliedert (vgl. *Willemsen/Sagan* ZIP 2010, 1205, 1208). Kündigt der Veräußerer zur vorweggenommenen Verwirklichung eines Erwerberkonzepts (dazu Rn. 169), richtet sich die Sozialauswahl nach den Verhältnissen beim Erwerber; bei einer Eingliederung erfolgt sie unternehmensübergreifend unter Einbeziehung allein der übergehenden AN des Veräußerers und der AN des Erwerbers (MüArbR/Wank § 103 Rn. 46 f.; WHSS/Willemsen H 116; **aA** *Lipinski* NZA 2002, 75, 79; *Vossen* BB 1984, 1557, 1560; diff. APS/Steffan Rn. 194), nicht aber der beim Veräußerer verbleibenden AN (*Schmädicke* NZA 2014, 515, 519). Entscheidend ist, wo der AN bei Ablauf der Kündigungsfrist beschäftigt ist (Annuß/Stamer NZA 2003, 1247, 1249).

173 **6. Gerichtliche Geltendmachung.** Die Unwirksamkeit der Kündigung nach § 613a IV 1 ist gem. § 4 S. 1 KSchG innerhalb von drei Wochen nach Zugang der Kündigung beim ArbG geltend zu machen, §§ 13 III, 23 I KSchG.

X. Prozessuales

1. Passivlegitimation. Ist einem AN vor dem Betriebsübergang durch den bisherigen AG gekündigt worden, so ist der bisherige AG für die Frage der **Sozialwidrigkeit** der Kündigung (§ 4 KSchG) passiv legitimiert (BAG 18.3.1999 NZA 1999, 706; näher *Vossen* FS Leinemann 2006 S. 273). Gleichgültig ist, ob das ArbVerh. vor oder nach dem Betriebsübergang endet oder ob der Betrieb vor oder nach der Rechtshängigkeit der Klage auf den Erwerber übergegangen ist. Die Frage, ob das ArbVerh. ungekündigt auf den Erwerber übergeht, soll nur in einem Rechtsstreit zwischen dem AN und dem bisherigen AG geklärt werden können (BAG 26.5.1983 AP BGB § 613a Nr. 34; 27.9.1984 NZA 1985, 493; LAG MV 20.9.2011 LAGE BGB 2002 § 613a Nr. 33; krit. ArbRBGB/*Ascheid* Rn. 148; Bedenken bei LAG K 10.2.2012 ZIP 2012, 1778). Anders ist es dann, wenn der AN die Feststellung begehrt, dass das ArbVerh. durch eine betriebsbedingte Kündigung des ehem. Betriebsinhabers nicht aufgelöst worden ist und darüber hinaus die Feststellung, dass das ArbVerh. auf den neuen Betriebsinhaber übergegangen ist. In diesem Fall kann er Betriebsveräußerer und -erwerber in demselben Rechtsstreit als AG verklagen; beide sind dann Streitgenossen. Haben sie verschiedene allg. Gerichtsstände, ist das zust. Gericht nach § 36 I Nr. 3 ZPO zu bestimmen (BAG 25.4.1996 NZA 1996, 1062). 174

Probl. ist die Passivlegitimation, wenn der Tatbestand des Betriebsübergangs unklar ist. Geht aus dem Klageantrag gegen eine Kündigung hervor, dass das ArbVerh. schon vor Ausspruch der Kündigung auf einen Betriebserwerber übergegangen ist, kann die Klage gegen den Veräußerer mangels Passivlegitimation als unbegr. abgewiesen werden (BAG 15.12.2005 NZA 2006, 597; LAG K 18.3.1994 NZA 1994, 815; *Müller-Glöge* NZA 1999, 449, 456). Der Streitgegenstand einer Kündigungsschutzklage umfasst nicht nur die bloße Wirksamkeit der angegriffenen Kündigung, sondern als Vorfrage, ob überhaupt ein durch die Kündigung auflösbares ArbVerh. bestanden hat. Somit kann die Klageabweisung durchaus auch damit begr. werden, es habe kein ArbVerh. (mehr) bestanden (BAG 18.3.1999 NZA 1999, 706; 18.4.2002 NZA 2002, 1207; LAG K 26.3.1998 NZA-RR 1998, 398). Klagt ein AN gegen die Kündigung durch den Betriebserwerber und behauptet den Tatbestand des Betriebsübergangs, dem er aber widersprochen habe nach § 613a VI, macht er seine Klage unschlüssig, weil bei diesem Vortrag ein ArbVerh. zum Erwerber nicht bestehen kann (LAG N 5.10.2011 – 2 Sa 765/10 – BeckRS 2011, 78103). Stützt der AN seine Kündigungsschutzklage daneben auch auf andere Unwirksamkeitsgründe, kann er sich das Vorbringen des Bekl., ein Betriebsübergang habe nicht stattgefunden, damit hilfsweise zu Eigen machen, so dass seine Klage Erfolg haben kann (BAG 15.12.2005 NZA 2006, 597). Kann der AN nicht erkennen, ob ein Betriebsübergang stattgefunden hat, ist ihm der Weg der subj. Klagehäufung durch Kündigungsschutzklage gegen den bisherigen AG und Feststellungsklage gegen den potenziellen Betriebserwerber eröffnet. Eine bedingte subj. Klagehäufung ist allerdings unzulässig (BAG 11.12.1997 NZA 1998, 534; *Müller-Glöge* NZA 1999, 449, 456). Unerquickl. ist, dass der klagende AN mind. eine Klage verliert (hierzu KDZ/*Zwanziger* Rn. 148). Ist ein Betriebsübergang nicht eingetreten, unterliegt er in beiden Fällen (hierzu *Preis/Steffan* DB 1998, 309, 313). Vorgeschlagen wird, der AN solle ggü. dem Veräußerer die Feststellung beantragen, dass im Zpkt. seiner Kündigung kein ArbVerh. bestanden hat, und hilfsweise Kündigungsschutzklage erheben; ggü. dem (potentiellen) Erwerber könne ggf. die Feststellung beantragt werden, dass zu ihm ein ungekündigtes ArbVerh. bestehe (HaKo/*Mestwerdt/Wemheuer* Rn. 212). Die Rspr. präferiert demggü. wohl eine gegen beide AG als notwendige Streitgenossen (§ 62 ZPO) zu richtende „Betriebsübergangs-Feststellungsklage", mit der der AN die Feststellung beantragt, „dass das ArbVerh. vor Zugang der Kündigung von der Beklagten zu 1. auf die Beklagte zu 2. übergegangen ist" (BAG 24.9.2015 NZA 2016, 366 Rn. 22). Da der Übergang des ArbVerh. ipso iure eintritt, genügt ggü. dem Erwerber eine bloße Feststellungsklage, mit der weiteren Konsequenz, dass für die Zwischenzeit uU Ansprüche aus § 615 entstehen. In den Fällen des Fortsetzungsanspruchs (Rn. 165) muss hingegen Klage auf Abgabe einer Willenserkl. (§ 894 ZPO) zum Abschluss eines entspr. Arbeitsvertrags erhoben werden. Bis zur Rechtskraft treten dann mangels ArbVerh. keine Verzugslohnansprüche ein, evtl. aber Schadensersatzansprüche (vgl. *Preis/Steffan* DB 1998, 309, 313; *Müller-Glöge* NZA 1999, 449, 456; *Boewer* NZA 1999, 1177, 1182; *Edenfeld* AuA 1998, 161, 165). 175

Ein AG, der eine Kündigung vor dem Betriebsübergang ausgesprochen hat, bleibt trotz Verlusts der AGStellung befugt, einen **Auflösungsantrag** zu stellen, wenn der Auflösungszpkt. zeitl. vor dem Betriebsübergang liegt (BAG 24.5.2005 NZA 2005, 1178). Hat der AN gegen den AG, der ihm gekündigt hat, eine Kündigungsschutzklage erhoben und wird nach deren Rechtshängigkeit der Betrieb veräußert, kann der AN einen bisher nicht gestellten Auflösungsantrag mit Erfolg nur in einem Prozess gegen den ihm bekannten Betriebserwerber stellen (BAG 20.3.1997 NZA 1997, 937). Zwar richtet sich der Auflösungsantrag des AN nach § 9 I KSchG grds. gegen den AG, der die Kündigung ausgesprochen hat, doch ist nach § 9 II KSchG für die Auflösung des ArbVerh. der Zpkt. festzusetzen, an dem es bei sozial gerechtfertigter Kündigung geendet hätte. Eine gerichtl. Auflösung kommt nur in Betracht, wenn das ArbVerh. zu dem Auflösungszpkt. noch Bestand hatte, weil anderenfalls durch das Urt. nichts mehr gestaltet werden kann. Deshalb ist ein Antrag auf Auflösung nicht mehr mögl., wenn das ArbVerh. zu diesem Zpkt. bereits aus anderen Gründen beendet war. Einen anderen Beendigungs- 176 grund stellt auch der Betriebsübergang dar, weil das ArbVerh. zum Betriebsveräußerer zu diesem Zpkt. erlischt (Rn. 66). Wird der Auflösungsantrag zeitl. nach dem Betriebsübergang gestellt, ist der Betriebsveräußerer hierfür nicht mehr passiv legitimiert. Er kann aber einen Beendigungsvergleich schließen. Dieser wirkt zumindest dann ggü. dem Betriebserwerber, wenn er mit dem Vergleich einverstanden ist bzw. ihn genehmigt (BAG 24.8.2006 NZA 2007, 328).

177 **2. Beweislast.** IRd. § 613a gelten die allg. Grds. der Darlegungs- und Beweislast. Dh. jede Partei muss die Voraussetzungen der ihr günstigen Norm darlegen und im Streitfall beweisen. Hierbei kann dem AN eine Erleichterung durch die Berufung auf Indizien oder nach dem Beweis des ersten Anscheins zugute kommen, wenn die Beweistatsachen in der Sphäre des AG liegen (ArbRBGB/*Ascheid* Rn. 145). Macht der AN Ansprüche gegen den angebl. Betriebserwerber geltend, muss er darlegen und beweisen, dass ein Betrieb oder Betriebsteil auf Grund eines Rechtsgeschäfts auf diesen übergegangen ist. Legt er hierbei dar, dass der in Anspruch genommene Betriebserwerber die wesentl. Betriebsmittel nach Einstellung des Geschäftsbetriebes des bisherigen Inhabers verwendet, um einen gleichartigen Geschäftsbetrieb zu führen, so spricht der Beweis des ersten Anscheins dafür, dass dies auf Grund eines Rechtsgeschäfts iSd. § 613a geschieht (BAG 15.5.1985 NZA 1985, 736). Zur abgestuften Darlegungs- und Beweislast bei Mängeln eines Unterrichtungsschreibens vgl. Rn. 95.

178 Wehrt sich der AN gegen eine Kündigung, die mit einem Betriebsübergang in Zusammenhang steht, ist zu unterscheiden: Macht er nur den Unwirksamkeitsgrund des § 613a IV 1 geltend, muss er darlegen und beweisen, dass ihm **wegen** eines rechtsgeschäftl. Betriebsübergangs gekündigt worden ist, der Betriebsübergang also der Beweggrund, das Motiv der Kündigung war (BAG 5.12.1985 NZA 1986, 522). Der AN muss auch vortragen, dass die tats. Voraussetzungen eines Betriebsübergangs erfüllt sind (BAG 22.6.2011 NZA-RR 2012, 119 Rn. 32). Beruft er sich hingegen auch darauf, der Betrieb oder Betriebsteil sei entgegen den Angaben des bisherigen AG nicht stillgelegt, sondern auf einen neuen Inhaber übertragen worden, wehrt er sich (auch) gegen die soziale Rechtfertigung einer Kündigung aus betriebsbedingten Gründen. Im Kündigungsschutzverf. nach § 1 II 1 KSchG hat der AG die Tatsachen zu beweisen, die die Kündigung bedingen, und es ist seine Aufgabe, vorzutragen und nachzuweisen, dass die Kündigung sozial gerechtfertigt ist. Fehlt es daran, ist der Kündigungsschutzklage stattzugeben, ohne dass es der Feststellung bedarf, der tragende Beweggrund für die Kündigung sei ein Betriebsübergang (BAG 5.12.1985 NZA 1986, 522; 9.2.1994 NZA 1994, 686). Wird der Betrieb alsbald wiedereröffnet oder kommt es noch innerhalb der Kündigungsfrist zu einem Betriebsübergang, spricht eine tats. Vermutung gegen eine ernsthafte und endgültige Stilllegungsabsicht (BAG 27.9.1984 NZA 1985, 493; 3.7.1986 NZA 1987, 123). Es ist dann Sache desjenigen, der als neuer AG in Anspruch genommen wird, diese Vermutung durch Darlegung von Tatsachen zu widerlegen, die für eine Stilllegung sprechen (BAG 3.7.1986 NZA 1987, 123).

179 Erfolgt eine Kündigung im Zusammenhang mit einem Betriebsübergang in einem Fall, in dem der AG mangels Kündigungsschutz des AN keine Begr. für die Kündigung angeben muss, folgt aus § 613a IV jedoch, dass er eine „nachvollziehbare" Begr. haben muss, um den Verdacht einer Kündigung wegen Betriebsübergangs auszuschließen (LAG K 3.3.1997 LAGE BGB § 613a Nr. 59). Kann der AN aus dem zeitl. und funktionellen Zusammenhang im Einzelfall Tatsachen nachweisen, die die Kausalität mit genügender Wahrscheinlichkeit darstellen, so ist eine tats. Vermutung für eine Kündigung wegen des Betriebsübergangs zu bejahen, die der AG entkräften muss (für Anscheinsbeweis *Kreitner* S. 84 ff.). Die Vermutung kann jedoch durch eine „nachvollziehbare" Begr. widerlegt werden (vgl. BAG 5.12.1985 NZA 1986, 522).

180 **3. Rechtskraft.** Grds. bindet ein Urt. nur die im Rubrum genannten Parteien, so dass der AN im Streitfall nach dem Betriebsübergang erneut einen Rechtsstreit über die materielle Richtigkeit eines Anspruchs führen müsste. Da dies im Widerspruch zur Regelung des § 613a I 1 stünde, nimmt die hM eine Rechtskrafterstreckung auf den Betriebserwerber an (BAG 5.2.1991 NZA 1991, 639; 18.5.2010 NZA 2010, 1198; MüKoBGB/*Müller-Glöge* Rn. 214). Der Eintritt in die Rechte und Pflichten umfasst auch das Eintreten in die zwischen früherem AG und AN bindend festgestellte Rechtslage (ArbRBGB/*Ascheid* Rn. 148). Deshalb muss der Erwerber die rkr. getroffene Feststellung, dass eine Kündigung durch den früheren Betriebsinhaber unwirksam war und das ArbVerh. nicht aufgelöst hat, gegen sich gelten lassen, wenn er auf Zahlung von Arbeitsentgelt nach §§ 611, 615 S. 1 in Anspruch genommen wird. Auch eine Titelumschreibung vom früheren AG auf den Erwerber gem. §§ 325, 727, 731 ZPO kommt in Betracht (LAG HE 30.10.2012 – 13 Sa 928/12 – BeckRS 2013, 65743). Gem. § 325 ZPO wirkt ein rkr. Urt. für und gegen die Parteien und die Personen, die nach Eintritt der Rechtshängigkeit Rechtsnachfolger der Parteien geworden sind. Demgemäß kommt eine Titelumschreibung aber dann nicht in Betracht, wenn der Betriebsübergang vor der Rechtshängigkeit der Kündigungsschutzklage eingetreten ist (BAG 18.2.1999 NZA 1999, 648; 18.3.1999 NZA 1999, 706). § 325 ZPO ergänzt § 265 ZPO, der das Recht regelt, die in Streit befangene Sache nach Eintritt der Rechtshängigkeit zu veräußern, und bestimmt, dass die Rechtsnachfolge auf den Prozess gegen den Rechtsvorgänger keinen Einfluss hat. Die Betriebsnachfolge ist jedoch keine Rechtsnachfolge iSd. §§ 265, 325 ZPO (ArbRBGB/*Ascheid* Rn. 152). Macht der AN Ansprüche gegen den Erwerber geltend, für die es auf den Fortbestand des ArbVerh. ankommt, ist die Betriebsveräußerung nicht die Veräußerung der in

Streit befangenen Sache iSd. §§ 265, 325 ZPO (ebenso ArbRBGB/*Ascheid* Rn. 151). Das BAG hat allerdings für den Sonderfall, dass der bisherige AG den geltend gemachten Anspruch nicht mehr erfüllen konnte, § 265 II ZPO entspr. angewendet (BAG 15.12.1976 AP ZPO § 325 Nr. 1).

XI. Betriebsübergang und Gesamtrechtsnachfolge

Dass § 613a nicht auf Fälle des rechtsgeschäftl. Betriebsübergangs beschränkt ist, sondern auch bei der Gesamtrechtsnachfolge Anwendung findet (zB kraft G oder Erbfolge, vgl. Rn. 58, 62), folgt ua. aus dem UmwG 1994. Nach dessen Konzeption vollzieht sich in den Fällen der Verschmelzung oder Spaltung von Unternehmen sowie der Vermögensübertragung der Betriebsübergang kraft G; dh. der Rechtsnachfolger tritt uno actu an die Stelle des Rechtsvorgängers, ohne dass es einzelner Übertragungsakte bedarf. Im Gegensatz dazu erfolgt der Betriebsübergang im Wege der Einzelrechtsnachfolge durch einzelne Übertragungsakte. Die Gesamtrechtsnachfolge in das Vermögen oder die Vermögensteile des übertragenden Rechtsträgers tritt mit der Eintragung in das Handelsregister ein (§§ 20, 131, 176f. UmwG). Trotz der Anordnung der Gesamtrechtsnachfolge bestimmt § 324 UmwG, dass § 613a I, IV–VI bei einer Verschmelzung, Spaltung oder Vermögensübertragung unberührt bleibt. Daraus folgt, dass sich der Übergang von ArbVerh. auch bei gesellschaftsrechtl. Umwandlungen nach § 613a richtet; gleiches gilt für Fälle der gesellschaftsrechtl. Umstrukturierung durch Anwachsung (Akkreszenz; vgl. dazu *Schnitker/Grau* ZIP 2008, 394, 397). Einzelheiten vgl. die Kommentierung zu § 324 UmwG. 181

§ 614 Fälligkeit der Vergütung

[1]Die Vergütung ist nach der Leistung der Dienste zu entrichten. [2]Ist die Vergütung nach Zeitabschnitten bemessen, so ist sie nach dem Ablauf der einzelnen Zeitabschnitte zu entrichten.

1. Normzweck und Inhalt. a) Vorleistungspflicht des Arbeitnehmers. § 614 regelt abw. von § 271 die Fälligkeit des Anspruchs auf die Arbeitsvergütung, die grds. erst nach Leistung der Dienste eintritt. Aus der Vorschr. folgt die Vorleistungspflicht des AN. Hierin liegt keine Stundung der Vergütungsverpflichtung; eine solche ist aber bei entspr. Vereinb. zulässig. Anspruchsgrdl. für die Entrichtung des Lohns ist nicht § 614, sondern § 611 I. Nach dem Rechtsgedanken des § 614 sind auch Betriebsrenten erst nach Ablauf der einzelnen Zeitabschnitte fällig (BAG 31.7.2007 NZA 2008, 320 [LS]). Nach § 2 I 2 MiLoG bleibt § 614 unberührt. 1

b) Abdingbarkeit. § 614 ist abdingbar und vielfach abbedungen, so dass die praktische Bedeutung der Vorschr. gering ist (zu § 614 S. 2 vgl. BAG 15.1.2002 EzA BGB § 614 Nr. 1). Der Auszahlungstermin ist bei AN überw. durch Kollektivvereinb. (TV, BV) festgelegt. Gem. § 87 I Nr. 4 BetrVG hat der BR, soweit eine tarifvertragl. Regelung fehlt, bei Zeit, Ort und Art der Entgeltzahlung mitzubestimmen (vgl. § 75 III Nr. 2 BPersVG). Dieses erzwingbare MBR bezieht sich aber nur auf die Bestimmung der Lohnzahlungsabschnitte und die Festlegung der Uhrzeit, berechtigt dagegen nicht zur Beseitigung der Vorleistungspflicht des AN gegen den Willen des AG (Richardi/*Richardi* § 87 Rn. 415). 2

Abw. kann sich auch aus Vertrag, betriebl. Übung, der Verkehrssitte sowie aus der Art der Vergütung (zB Unterkunft und Verpflegung; Gewährung zu Beginn des ArbVerh.) ergeben. Darüber hinaus bestehen für bestimmte Berufsgruppen und Vergütungsformen ges. **Sonderregelungen** (§§ 64, 65 HGB, § 18 BBiG; s. Rn. 7ff.). 3

c) „Ohne Arbeit kein Lohn". Tw. wird dieser Grds. aus § 614 abgeleitet (BAG 21.3.1958 AP BGB § 614 Nr. 1; MüKoBGB/*Müller-Glöge* Rn. 1: nicht Grdl., aber Ausdruck dieses Grds.). Da es sich hierbei aber um eine reine Fälligkeitsregel handelt, ist es dogmatisch zutr., diesen unbestr. Rechtssatz aus dem Gegenseitigkeitsverhältnis von Arbeitsleistung und Entgelt zu folgern (HWK/*Krause* Rn. 1; Staudinger/*Richardi/Fischinger* Rn. 1). Unabhängig davon gibt es von diesem Prinzip zahlr. **Ausnahmen,** in denen der AN die Vergütung auch ohne Arbeitsleistung erhält: vom AG zu vertretende Unmöglichkeit der Arbeitsleistung (§ 326 II), Annahmeverzug des AG (§ 615), vorübergehende Dienstverhinderung des AN (§ 616), EFZ im Krankheitsfall (EFZG), bezahlter Erholungsurlaub (§ 1 BUrlG). 4

d) Satz 2. § 614 S. 1 passt nur für die Vergütung einmaliger Leistungen, so dass für lfd. Arbeitsverträge va. S. 2 in Betracht kommt. Üblicherweise wird die Arbeitsvergütung nach Monaten berechnet. Ist sie nach Tagen oder Stunden bemessen, so erfolgt die Zahlung – entgegen dem Wortlaut des § 614 S. 2 – nach der Verkehrssitte erst am Wochenschluss (Staudinger/*Richardi/Fischinger* Rn. 13). Mögl. ist es, – in einer BV – zu bestimmen, dass ein über die regelm. tarifl. WochenAZ hinausgehendes Zeitguthaben erst aE eines einjährigen Verteilungszeitraums vergütet wird (BAG 15.1.2002 EzA BGB § 614 Nr. 1 zugleich zur Mitbestimmungspflichtigkeit). 5

6 e) **Beendigung.** Die Beendigung des ArbVerh. rückt die spätere Fälligkeit der Vergütung zeitl. nicht nach vorne (BAG 12.10.1972 AP BGB § 611 Gratifikation Nr. 77; 8.11.1978 AP BGB § 611 Gratifikation Nr. 100).

7 **2. Sonderregeln im Arbeitsrecht zu § 614.**

8 a) **Handlungsgehilfen (§ 59 HGB).** Ihnen ist das Gehalt am Schluss jeden Monats zu zahlen; wenn dies ein Sonnabend, Sonn- oder Feiertag ist, am nächsten Werktag (§ 193). Eine Vereinb., nach der die Gehaltszahlung später erfolgen soll, ist nichtig (§ 64 HGB). Dieses Verbot gilt aber nur für die festen, lfd. Bezüge des Handlungsgehilfen, nicht für sonstige Einkünfte wie Gratifikationen oder Gewinnbeteiligungen (Staudinger/*Richardi/Fischinger* Rn. 44; MüKoBGB/*Müller-Glöge* Rn. 4). Kürzere Zahlungszeiträume sowie Gehaltszahlung im Voraus können vereinbart werden. Außerdem ist die Stundung des Gehalts nach dessen Fälligkeit zulässig (LAG Mannheim 28.4.1949 AP 1951 Nr. 165).

9 Der Anspruch auf Provision wird am letzten Tag des Monats fällig, in dem nach § 87c I HGB über ihn abzurechnen ist (§§ 65, 87a IV HGB). Der Unternehmer hat über die Provision mtl. abzurechnen; der Abrechnungszeitraum kann nach §§ 65, 87c I 1 HGB auf höchstens drei Monate erstreckt werden). Für die Übertragbarkeit auf das MiLoG, vgl. MiLoG § 1 Rn. 10.

10 Der Anspruch auf **Gewinnbeteiligung** (oder Tantieme) wird fällig, sobald die Bilanz festgestellt ist oder bei ordnungsgemäßem Geschäftsgang hätte festgestellt werden können (BAG 3.6.1958 AP HGB § 59 Nr. 9; LAG BW 31.3.1969 DB 1969, 1023; LAG BE 7.10.1975 DB 1976, 636). Bei Ausscheiden im Laufe des Geschäftsjahres bedarf es ohne entspr. Vereinb. nicht der Aufstellung einer Zwischenbilanz. Abrechnungsgrdl. ist vielmehr die Jahresbilanz, wobei sich der Gewinnanteil entspr. der Beschäftigungszeit mindert (BAG 3.6.1958 AP HGB § 59 Nr. 9).

11 b) **Ausbildungsvergütung.** Für den lfd. Kalendermonat ist sie spätestens am letzten Arbeitstag des Monats zu zahlen (§ 18 II BBiG).

12 c) **Seeleute.** Für die Heuer der Seeleute gelten die Sonderregeln der §§ 37 bis 40 SeeArbG.

13 d) **Arbeitnehmer auf Binnenschiffen.** Ihnen ist der Lohn aE jeder zweiten Woche zu zahlen, wenn über die Lohnzahlung nichts anderes vereinbart ist (§ 24 BinSchG).

14 e) **Urlaubsentgelt.** Dieses ist vor Antritt des Urlaubs auszuzahlen (§ 11 II BUrlG).

15 **3. Einzelfragen. a) Schuldnerverzug.** Bei der Bemessung der Vergütung nach Zeitabschnitten handelt sich um eine kalendermäßig bestimmte Leistungszeit. Der AG kommt daher auch ohne Mahnung des AN in Verzug, wenn er aE des Zeitabschnitts nicht leistet (§ 286 II Nr. 1). Somit beginnt der Verzug am Folgetag. Der AG kann auch in Verzug geraten, wenn er infolge Kündigung nicht mehr leistet, wenn er bei Anwendung der erforderl. Sorgfalt erkennen kann, dass die Kündigung unwirksam ist (BAG 14.5.1999 NZA-RR 1999, 511). Zur Auswirkung des § 614 S. 2 auf den Verzug vgl. BAG 15.5.2001 AP BGB § 242 Gleichbehandlung Nr. 176.

16 b) **Kündigungsrecht.** Mehrfach säumige Gehaltszahlungen oder Verzug mit einem erhebl. Betrag stellen – nach Abmahnung – einen wichtigen Grund zur außerordentl. Kündigung dar, auch wenn der AG schuldlos in Rückstand geraten ist (vgl. § 626 Rn. 166).

17 c) **Zurückbehaltungsrecht.** Soweit der AN vorleistungspflichtig ist, kann er wegen der noch nicht erhaltenen Vergütung seine Arbeitsleistung nicht nach § 320 I verweigern (vgl. § 611 Rn. 689). Ist die Vergütung nach Zeitabschnitten bemessen, steht ihm auch bei Lohnrückständen aus einem früheren Zeitraum die **Einrede des § 320 I** nicht zu, es fehlt insoweit am Gegenseitigkeitsverhältnis. Denn für die lfd. Arbeitsleistung ist der Vergütungsanspruch erst nachträgl. fällig. Der Dienstverpflichtete hat jedoch ein Zurückbehaltungsrecht nach § 273, sobald er einen fälligen, noch nicht (vollständig) erfüllten Lohnanspruch hat (BAG 20.12.1963 AP GG Art. 9 Arbeitskampf Nr. 32). Es darf sich aber weder um einen verhältnismäßig geringfügigen Anspruch (arg. § 320 II), noch um eine nur kurzfristige Zahlungsverzögerung handeln (BAG 25.10.1984 NZA 1985, 355; 9.5.1996 NZA 1996, 1085).

18 d) **Abschwächung der „Vorleistungsgefahr".** Die Gefahr, dass der AN nach Erbringung der ihm durch § 614 auferlegten Vorleistung die nun fällige Vergütung nicht erhält, wird gemildert durch die Suspendierung der Vorleistungspflicht bei Vermögensverschlechterung des AG (§ 321), Gewährung von Insolvenzgeld nach §§ 108 ff. SGB III sowie durch Vereinb. von Vorschuss- oder Abschlagszahlungen (Rn. 19 ff.).

19 **4. Vorschuss- und Abschlagszahlungen. a) Vorschüsse.** Vorschüsse sind Vorauszahlungen des AG auf noch nicht verdienten Lohn (BAG 11.2.1987 NZA 1987, 485; LAG HM 22.2.2001 LAGE BGB § 611 Arbeitszeitkonto Nr. 1). Der AN erhält Geld für eine Forderung, die entweder noch nicht oder nur aufschiebend bedingt entstanden oder zwar entstanden, aber noch nicht fällig ist (BAG 21.1.2015 – NJW 2015, 2364 Rn. 21). Ein negatives Guthaben auf einem AZKonto stellt einen Lohnvorschuss des AG dar (BAG 13.12.2000 NZA 2002, 390). Grds. besteht auf eine solche Zahlung der Arbeitsvergütung vor Fälligkeit kein Anspruch, sofern sich nicht aus TV oder BV etwas anderes ergibt. In dringenden Fällen (anderweitig nicht behebbare finanzielle Notlage, schwere Erkrankung, Entbindung, Todesfall) kann jedoch ein Rechtsanspruch aus der Fürsorgepflicht des AG als Nebenpflicht iSv. § 241 II folgen

(*Herschel* BB 1954, 98). Ein ges. geregeltes Vorschussrecht besteht für die auf Provisionsbasis angestellten Handlungsgehilfen (§ 65 iVm. § 87a I 2 HGB), welches nicht zu ihren Ungunsten abbedungen werden kann (BAG 16.2.1962 AP HGB § 87a Nr. 1).

Ein Vorschuss setzt voraus, dass sich beide Vertragsparteien darüber **einig sind,** dass es sich um eine vorschussweise Zahlung handelt, die bei Fälligkeit der Forderung verrechnet wird (BAG 31.3.1960 AP BGB § 394 Nr. 5; LAG HM 22.2.2001 LAGE BGB § 611 Arbeitszeitkonto Nr. 1). Aus der Einigung über die Vorschusszahlung folgt regelm. zugleich die Verpflichtung zur Rückzahlung, wenn und soweit die bevorschusste Forderung nicht entsteht (BAG 15.3.2000 NZA 2000, 1004). Anspruchsgrdl. für die Rückforderung ist die Vorschussvereinb. selbst, nicht § 812 (BAG 21.1.2015 NJW 2015, 2364 Rn. 21). Die Vertragsbedingungen unterliegen einer intensiven **Transparenzkontrolle** nach Maßgabe des § 307 III 2 iVm. I 2 (BAG 21.1.2015 NJW 2015, 2364). Bestimmt ein TV, dass bestimmte Bezüge „bis auf Weiteres vorschussweise" gezahlt werden, so bedeutet dies, dass der AG zwar verpflichtet ist, diese Bezüge zu zahlen, dass er sie aber nur als Vorschuss zu gewähren braucht. Eine solche Tarifklausel hat nicht zur Folge, dass auf Grund des TV geleistete Zahlungen ohne Weiteres als Vorschuss zu beurteilen wären, also auch dann, wenn der AG bei der Auszahlung nichts dgl. erklärt hat (BAG 11.7.1961 AP BGB § 614 Gehaltsvorschuß Nr. 2; 25.2.1993 NZA 1994, 705). Ansonsten würde man dem AN die Einrede des Wegfalls der Bereicherung (§ 818 III) nehmen, obwohl die bloße Existenz der Tarifklausel ihn nicht bösgläubig iSv. § 819 macht. Das bloße Bestehen einer solchen Vorschussklausel berechtigt den AG daher nicht, überzahlte Beträge als Vorschüsse zu verrechnen. 20

Als vorweggenommene Lohntilgung kann der Vorschuss bei der nächsten Lohnabrechnung **ohne Aufrechnungserkl.** (§§ 387, 388) in Abzug gebracht werden und zwar auch von der unpfändbaren Arbeitsvergütung, da die für die Aufrechnung geltenden Einschränkungen (§ 394) unanwendbar sind (BAG 13.12.2000 NZA 2002, 390). Dem AN muss aber stets ein Betrag zur Deckung des notwendigen Lebensbedarfs iSd. § 850d ZPO verbleiben (Schaub/*Linck* § 70 Rn. 14; *Denck* BB 1979, 482; offen lassend BAG 11.2.1987 NZA 1987, 485; verneinend LAG HE 4.9.1995 NZA 1996, 482). Verlangt der AG die Rückzahlung geleisteter Bruttoarbeitsvergütung, schließt dies auch die ANAnteile zur Sozialvers. ein, da der AN insoweit eine Leistung erlangt hat (BAG 21.1.2015 NJW 2015, 2364). 21

b) Abschlagszahlungen. Diese sind Zahlungen auf bereits verdientes, aber noch nicht abgerechnetes Arbeitsentgelt (BAG 11.2.1987 NZA 1987, 485). Sie werden vielfach bei schwankenden Bezügen, insb. bei Leistungslohn, bei denen die Vergütung nicht zeitgerecht berechnet werden kann, geleistet. Im Unterschied zum Vorschuss können Abschlagszahlungen nach Fälligkeit der Vergütung, idR nach Ablauf des Kalendermonats, verlangt werden (HWK/*Krause* Rn. 22). Sie werden ebenfalls bei der Lohnzahlung in Abzug gebracht, ohne dass es einer Aufrechnung bedarf (Rn. 19). 22

c) Abgrenzung vom Darlehen. Vorschüsse und Abschlagszahlungen sind vom Darlehen nicht nach der gewählten Bezeichnung, sondern nach obj. Merkmalen zu unterscheiden (*Jesse/Schellen,* AGDarlehen und Vorschuss, 1990). Eine Darlehenshingabe ist idR dann anzunehmen, wenn der gewährte Betrag die Gehaltshöhe wesentl. übersteigt und zu einem Zweck gegeben wird, der mit den normalen Bezügen nicht oder nicht sofort erreicht werden kann und zu dessen Befriedigung auch sonst üblicherweise Kredite in Anspruch genommen werden. Dagegen handelt es sich um einen Gehaltsvorschuss, wenn die demnächst fällige Gehaltszahlung für kurze Zeit vorverlegt wird, damit der AN bis dahin seinen normalen Lebensunterhalt bestreiten kann (LAG D 14.7.1955 AP BGB § 614 Gehaltsvorschuß Nr. 1; LAG HB 21.12.1960 DB 1961, 243; ArbG F 25.7.1968 DB 1968, 1544). Für das AGDarlehen ist charakteristisch, dass es losgelöst von dem zu erwartenden Arbeitsentgelt gezahlt wird und von einer Kreditvereinb. getragen wird (Einzelheiten zum AGDarlehen § 611 Rn. 426 f.). 23

d) Rechtslage bei einer Lohnpfändung. Bei nachf. Lohnpfändung ist zur Ermittlung des pfändbaren Lohnteils vom gesamten Arbeitseinkommen auszugehen, dh. ohne Rücksicht auf schon geleistete Vorschuss- oder Abschlagszahlungen (BAG 9.2.1956 AP BGB § 394 Nr. 1; 11.2.1987 NZA 1987, 485; HWK/*Krause* Rn. 27; MüKoBGB/*Müller-Glöge* Rn. 19; StJ/*Brehm* § 850e ZPO Rn. 14; *Denck* BB 1979, 482). Die bereits geleisteten Zahlungen werden dann zunächst auf den sich ergebenden pfändungsfreien Betrag angerechnet, wobei dem Schuldner aber der notwendige Lebensbedarf nach § 850d ZPO verbleiben muss (HWK/*Krause* Rn. 26; *Denck* BB 1979, 481; MüKoZPO/*Smid* § 850e Rn. 7; insoweit vom BAG 11.2.1987 NZA 1987, 485 offengelassen; abw. MüKoBGB/*Müller-Glöge* Rn. 19). Nur soweit die Vorauszahlung den unpfändbaren Betrag übersteigt, erfolgt eine Anrechnung auch ggü. dem pfändenden Gläubiger. Entspr. gilt bei einem Zusammentreffen von **Abtretung** und Vorschuss. Nach aA wird der pfändbare Lohnanteil nur vom verbliebenen Einkommen berechnet; dem Schuldner verbleibt der gesamte unpfändbare Teil, während die geleisteten Zahlungen vom pfändbaren Lohnanteil einbehalten werden (ArbG Hannover 22.3.1967 BB 1967, 586; *Larenz* Anm. AP BGB § 614 Gehaltsvorschuß Nr. 1; Zöller/*Stöber* § 850e ZPO Rn. 2; *Bischoff* BB 1952, 436). Die Vorgehensweise der hL entspricht dem Schutzzweck der §§ 850 ff. ZPO; der Schuldner, dessen Lebensunterhalt im Vergütungsmonat bereits durch eine Abschlagszahlung oder einen Vorschuss abgesichert ist, kann nicht beanspruchen, am Monatsende noch zusätzl. den unpfändbaren Lohnanteil ausgezahlt zu bekommen (StJ/*Brehm* § 850e ZPO Rn. 15; MüKoZPO/*Smid* § 850e Rn. 7; Küttner/*Griese* Vorschuss Rn. 6). 24

25 **Nach** Eingang einer **Lohnpfändung** sowie nach Kenntnis von einer Abtretung darf der AG weitere Vorschüsse und Abschläge an den AN zahlen. IHd. pfändbaren Teils der Vergütung geht der Vergütungsanspruch jedoch auf den Pfändungs- bzw. Abtretungsgläubiger über, so dass dieser höhere Zahlungen nicht gegen sich gelten lassen braucht. Vorschüsse und Abschlagszahlungen können nur mit dem unpfändbaren Lohnteil verrechnet werden (Zöller/*Stöber* § 850e ZPO Rn. 2, 2a; StJ/*Brehm* § 850e ZPO Rn. 17).

26 **e) Rückzahlung.** Wer Geld als Vorschuss nimmt, verpflichtet sich damit, den Vorschuss dem Vorschussgeber zurückzuzahlen, wenn und soweit die bevorschusste Forderung gegen diesen nicht oder nicht zeitgerecht entsteht (BAG 20.6.1989 NZA 1989, 843). Gleiches gilt auch für eine Abschlagszahlung, wenn sich bei der Lohnabrechnung herausstellt, dass der ausgezahlte Betrag den verdienten Lohn übersteigt. Der Rückgewähranspruch des AG beruht auf der getroffenen Vorschussvereinb. und nicht auf Bereicherungsrecht, so dass die Entreicherungsvorschr. des § 818 III nicht anwendbar ist (BAG 25.2.1993 NZA 1994, 705). Der Rückzahlungsanspruch **verjährt** in drei Jahren (§ 195). Er unterliegt auch etwaigen Ausschlussfristen aus TV, BV oder Arbeitsvertrag.

27 Gerade im Fall der Akkordentlohnung kann sich aber ergeben, dass überzahlte Vorschüsse und Abschlagszahlungen durch monatelange Handhabung zur **Garantievergütung** werden (ArbG Bochum 12.11.1969 DB 1970, 1326 f.; Staudinger/*Richardi/Fischinger* Rn. 35).

28 Erfolgt eine Überzahlung nur, um beim Ausscheiden des AN einen Rückforderungsanspruch entstehen zu lassen, der diesen am Arbeitsplatzwechsel hindert, so ist dies eine unter dem Blickwinkel des Art. 12 GG unzulässige **Kündigungserschwerung.** Es handelt sich dann näml. um ein erhöhtes Arbeitsentgelt, das unter der auflösenden Bedingung gewährt wird, dass der AN nicht oder nicht vor einem vom AG für angemessen gehaltenen Zpkt. ausscheidet (ArbG Bochum 1.4.1970 DB 1970, 1545 f.). Dies kann den AN zur Leistungsverweigerung berechtigen.

29 **f) Darlegungs- und Beweislast.** Will der AG einem Vergütungsanspruch entgegenhalten, dieser sei durch Vorschüsse (tw.) erfüllt, so muss er die Vorschusszahlung beweisen, da es sich um den Einwand vorweggenommener Erfüllung handelt (LAG M 28.9.1989 DB 1990, 1292). Ist hingegen str., ob der Vorschuss durch Vergütungsansprüche verdient ist, streiten die Parteien also über die Höhe des Vergütungsanspruchs, so trägt dafür der AN die Darlegungs- und Beweislast (BAG 28.6.1965 AP BGB § 614 Gehaltsvorschuß Nr. 3; LAG BE 14.4.1975 ARSt. 1976, 8).

§ 615 Vergütung bei Annahmeverzug und bei Betriebsrisiko

[1]Kommt der Dienstberechtigte mit der Annahme der Dienste in Verzug, so kann der Verpflichtete für die infolge des Verzugs nicht geleisteten Dienste die vereinbarte Vergütung verlangen, ohne zur Nachleistung verpflichtet zu sein. [2]Er muss sich jedoch den Wert desjenigen anrechnen lassen, was er infolge des Unterbleibens der Dienstleistung erspart oder durch anderweitige Verwendung seiner Dienste erwirbt oder zu erwerben böswillig unterlässt. [3]Die Sätze 1 und 2 gelten entsprechend in den Fällen, in denen der Arbeitgeber das Risiko des Arbeitsausfalls trägt.

Übersicht

I. Allgemeines

1. Normzweck. Die Vorschr. gehört zum Bereich der Leistungsstörungen. Sie erweitert die Rechtsfolgen des Annahmeverzugs des AG iSv. §§ 293 ff. zugunsten des AN. § 615 enthält eine Ausnahme des Grds. „Ohne Arbeit kein Lohn" (§ 326 I) und verbessert damit iE die Rechtsstellung des AN. Da ein AN seine Arbeitskraft idR kurzfristig nicht anderweitig verwerten kann, ist er darauf angewiesen, dass er die Vergütung zur Sicherung seines Lebensunterhalts auch bei Annahmeverzug des AG erhält (Palandt/*Weidenkaff* Rn. 1). Die Norm entbindet den AN von der Nachholung der Dienste, auch wenn diese grds. nachholbar wären (BAG 24.2.2016 BeckRS 2016, 68473). Nachgeleistete Arbeit ist eine andere als die urspr. geschuldete (*Picker* JZ 1985, 641, 699; Staudinger/*Richardi/Fischinger* Rn. 1). 1

§ 615 S. 1 enthält keine eigene Anspruchsgrdl., sondern hält den Lohnanspruch aus dem Arbeitsvertrag aufrecht (BAG 24.9.2014 NZA 2015, 35; 27.1.2016 BeckRS 2016, 67747; *Nierwetberg* BB 1982, 995; Palandt/*Weidenkaff* Rn. 3; Staudinger/*Richardi/Fischinger* Rn. 9; **aA** *Staab,* Rechtsfragen zum Annahmeverzug des AG, Diss. 1992, S. 16). Der Anspruch des AN auf die Vergütung ist also der urspr. Erfüllungsanspruch und kein Schadensersatzanspruch. Ein Verschulden seitens des AG ist nicht erforderl. § 254 kann nicht angewendet werden (vgl. BAG 7.11.2002 AP BGB § 615 Nr. 98). 2

2. Die Vorschrift im System der Leistungsstörungen. a) Grundsätzliches. § 615 normiert ledigl. die Rechtsfolgen des Annahmeverzugs des AG, die Voraussetzungen ergeben sich aus den §§ 293 ff. Die Verweisung auf diese Normen wird von Rspr. und Lit. als unglückl. empfunden, da sie für den einmaligen Austausch von Leistungen konzipiert sind (BAG 19.4.1990 NZA 1991, 228 im Anschluss an *Konzen* gemeinsame Anm. AP BGB § 615 Nr. 34 und 35; *Wiedemann/Wonneberger* Anm. AP BGB § 615 Nr. 45; **aA** *Ramrath* SAE 1992, 56, 57)). Die Besonderheiten des Arbeitsvertrags als Dauerschuldverhältnis sind bei den Voraussetzungen nicht hinreichend berücksichtigt. Andererseits ist die Verweisung so klar und eindeutig, dass man nicht von einer Lücke ausgehen kann, die durch analoge Anwendung anderer Normen zu schließen ist (*Löwisch* Anm. EzA BGB § 615 Nr. 66; aA *Köhler,* Unmöglichkeit und Geschäftsgrdl., 1971, S. 56). 3

b) Abgrenzung zur Unmöglichkeit. Bes. umstr. ist das Verhältnis zwischen Annahmeverzug (§ 615) und Unmöglichkeit (§ 326). Im Grds. kann Annahmeverzug nur hins. einer verzögerten, aber nachholbaren Leistung entstehen. Bei Sachleistungsschulden schließen sich deshalb Annahmeverzug und Unmöglichkeit aus. Da die Arbeitsleistung nach überw. Ansicht Fixschuldcharakter aufweist (vgl. BAG 13.2.2002 NZA 2002, 683; Staudinger/***Richardi/Fischinger*** Rn. 32; Schaub/*Linck* § 95 Rn. 2; **aA** *von Stebut* RdA 1985, 66, 68; *Stoppelkamp* S. 30; krit. auch *Nierwetberg* BB 1982, 995, 998), kann sie als solche nicht nachgeholt werden. Ob und wie § 615 BGB auf das ArbVerh. anwendbar ist (verneinend wegen des Kriteriums der Nachholbarkeit der Arbeitsleistung *Beuthien* RdA 1972, 20, 21; Palandt/*Grüneberg* § 293 Rn. 3 ff.) wird in Rspr. und Lit. kontrovers diskutiert. 4

Nach aktueller **Rspr.** stehen sich § 615 und § 326 nicht entgegen, sondern ergänzen sich (BAG 23.9.2015 NZA 2016, 293 Rn. 25 ff.; **aA** noch BAG 18.8.1961 AP BGB § 615 Nr. 20: Annahmeverzug und Unmöglichkeit schließen sich aus). Werde dem AN die geschuldete Arbeitsleistung – etwa aufgrund des Fixschuld-Charakters durch Zeitablauf – unmöglich, sei § 615 maßgeblich, wenn sich der AG bei Eintritt der Unmöglichkeit in Annahmeverzug (iSd. §§ 293 ff.) befinde. Fehle es hieran (zB bei Unvermögen des AN iSd. § 297, s. Rn. 43 ff.), könne der Vergütungsanspruch uU nach § 326 II aufrechterhalten werden, falls dessen Voraussetzungen, insb. die Verantwortlichkeit des AG, gegeben seien (BAG 23.9.2015 NZA 2016, 293 Rn. 26). Bei Betriebsstörungen, die weder AG noch AN zu vertreten haben, sah die Rspr. eine Lücke im G, die sie durch die Entwicklung der Betriebsrisikolehre zu schließen versucht hat (BAG 8.2.1957 AP BGB § 615 Betriebsrisiko Nr. 2). Diese Lücke ist jetzt durch § 615 S. 3 geschlossen (s. Rn. 120 ff.). 5

In der **Lit.** gibt es weitere Ansätze zur Lösung des scheinbaren Widerspruchs. Tw. stellt man allein auf die Möglichkeit des AN zur Arbeitsleistung ab (*Neumann-Duesberg* JuS 1970, 68, 69). Zur Lösung wurde zT die Anwendung der §§ 323 ff. aF vorgeschagen (*Beuthien* RdA 1972, 20, 22). Nach aA soll 6 zwischen „Abbruch“ und „Unterbrechung“ zu diff. sein; dh. es soll darauf ankommen, ob die Leistungsstörung auf Seiten des Gläubigers dauerhaft oder vorübergehend sei (*Rückert* ZfA 1983, 1, 15 ff.). *Bletz* (JR 1985, 228, 230) verneint Unmöglichkeit durch Zeitablauf, da die Leistungspflicht bereits auf Grund des § 615 S. 1 erlische. Diese Auff. vermögen nicht zu überzeugen.

7 Nach richtiger Auff. umfasst der Annahmeverzug iSv. § 615 auch die Fälle der **„Annahmeunmöglichkeit“**, die sowohl die Annahmeunwilligkeit als auch die Annahmeunfähigkeit des AG einschließt (MüArbR/*Boewer* § 69 Rn. 1). Für diese Auff. streitet sowohl der neueingefügte § 615 S. 3 (ebenso MüKoBGB/*Henssler* Rn. 8; *Luke* NZA 2004, 244, 246) als auch die Entstehungsgeschichte der Vorschr. (*Picker* JZ 1979, 285, 292; **aA** *Rückert* ZfA 1983, 1, 10). Der Gesetzgeber ist von dem regelm. Fixschuldcharakter der Dienstleistungspflicht ausgegangen (Motive II S. 461, 462; Soergel/*Wiedemann* vor § 293 Rn. 14; Staudinger/*Richardi/Fischinger* Rn. 32). Der Ausschluss der Nachleistungspflicht in § 615 S. 1 beinhaltet nicht zwgd., dass die Nachholbarkeit eine Voraussetzung des Annahmeverzugs iSv. § 615 ist (Staudinger/*Richardi/Fischinger* Rn. 36). Die Lehre der Annahmeunmöglichkeit führt zu einer anschaul. Auflösung des scheinbaren Widerspruchs, dass der Fixschuldcharakter der Arbeitsleistung die Voraussetzungen des Annahmeverzugs und die Anwendung des § 615 ausschließt (*Ramrath* SAE 1992, 56, 57). Anders als die frühere Rspr. vermeidet sie die Annahme einer Gesetzeslücke und macht die Betriebsrisikolehre überflüssig (s. Rn. 128). Der Annahmeverzug wird schon dort nicht durch die Unmöglichkeit der Leistung ausgeschlossen, wo diese „in Folge“ des Annahmeverzugs entstanden ist (*Zöllner* Anm. AP BGB § 615 Nr. 20). Zwar regelt § 615 wegen des Fixschuldcharakters der Arbeitsleistung auch die Fälle der Annahmeunmöglichkeit, trifft aber keine Regelungen zu den Rechtsfolgen, wenn die Gegenleistung ihrerseits Fixschuldcharakter hat und unmögl. geworden ist. Insoweit bleibt es bei den allg. Regelungen gem. §§ 275 ff. (BAG 15.9.2011 NZA 2012, 377).

8 **3. Abdingbarkeit.** § 615 ist dispositiv (BAG 5.9.2002 NZA 2003, 973; 10.1.2007 NZA 2007, 384; MüKoBGB/*Henssler* Rn. 10; diff. MüArbR/*Boewer* § 69 Rn. 6 ff.). Dies ergibt sich aus § 619, der § 615 nicht nennt (Staudinger/*Richardi/Fischinger* Rn. 10). Die Bestimmung des § 615 S. 1 kann sowohl durch individualrechtl. als auch kollektivrechtl. Vereinb. ausgeschlossen werden (Erman/*Belling* Rn. 3). Die Vereinb. müssen aber eindeutig und klar sein (BAG 22.4.2009 NZA 2009, 913; Staudinger/*Richardi/Fischinger* Rn. 13). Die Klausel „Lohn wird nur für geleistete Arbeit bezahlt“ schließt idR nur den Vergütungsanspruch gem. § 616 aus (BAG 9.3.1983 AP BGB § 615 Betriebsrisiko Nr. 31; Staudinger/*Richardi/Fischinger* Rn. 13). Die Abbedingung darf zudem nicht unbillig sein. Die Dispositivität findet ihre Grenzen dort, wo der AG generell das ihn treffende Arbeitsentgeltrisiko auf den AN verlagern will (Staudinger/*Richardi/Fischinger* Rn. 11). Anges. des hohen Gerechtigkeitsgehalts der Vorschr. bestehen Bedenken gegen die Zulässigkeit einer formularmäßigen Abbedingung des § 615 (vgl. BAG 7.12.2005 NZA 2006, 423, 427). Entspr. Klauseln unterliegen der Inhaltskontrolle nach §§ 305 ff. (§§ 305 bis 310 Rn. 82). Die Rspr. (BAG 30.6.1976 AP BUrlG § 3 Betriebsferien Nr. 3; 13.8.1980 AP BUrlG § 1 Unbezahlter Urlaub Nr. 1) fordert daher eine Interessenabwägung. Insb. darf eine abw. Regelung nicht den Kündigungsschutz unterlaufen, indem sie von vornherein bestimmt, dass den AG auch bei unwirksamer fristloser Kündigung keine Zahlungspflicht trifft (MüArbR/*Boewer* § 69 Rn. 6; Staudinger/*Richardi/Fischinger* Rn. 15). Durch eine Ausgleichsklausel in einem gerichtl. Vergleich zur Beendigung eines Streits über offene Lohnansprüche wird § 615 S. 1 grds. ausgeschlossen. Der Zweck einer solchen Ausgleichsklausel, das str. Rechtsverhältnis abschl. zu regeln, wird nur erreicht, wenn hiervon nicht zu erfassende Ansprüche ausdr. bezeichnet werden (BAG 10.5.1978 AP ZPO § 794 Nr. 25). Die Abdingbarkeit iRd. Vereinb. eines flexiblen AZModells mit Plus- und Minusstunden ist zw. (diff. *Hanau/Hoff* NZA 2015, 1169, 1170 f.). Gem. § 11 IV 2 AÜG ist § 615 S. 1 im Rahmen von **LeihArbVerh.** nicht abdingbar.

II. Voraussetzungen des Annahmeverzugs

9 **1. Anwendungsbereich.** § 615 setzt zunächst ein **erfüllbares ArbVerh.** voraus. § 615 S. 1 und 2 sind auf alle Arbeits- und Dienstverträge, S. 3 nur auf Arbeitsverträge anwendbar. Unerheblich ist, ob es sich um ein Vollzeit- oder TZArbVerh. handelt; auch geringfügig und kurzfristig Beschäftigte iSv. § 8 SGB IV werden erfasst (Ermann/*Belling* Rn. 2; MüArbR/*Boewer* § 69 Rn. 10). Die Anwendung auf ein **HeimArbVerh.** ist zw., jdf. aber im Anwendungsbereich der §§ 29 VII, VIII HAG (vgl. BAG 13.9.1983 NZA 1984, 42) und, soweit ihm ein Werk- oder Werklieferungsvertrag zugrunde liegt, ausgeschlossen. Bei **Berufsausbildungsverhältnissen** ist § 615 wegen der Verweisung in § 10 II BBiG grds. anwendbar. Probl. ist allein das Verhältnis von § 19 I Nr. 2a BBiG zu § 615 bei Betriebsrisikofällen (s. Rn. 129).

10 Das ArbVerh. muss **erfüllbar** sein., dh. der AN muss zur Arbeitsleistung verpflichtet und der AG zur Annahme berechtigt sein (BAG 12.9.1985 NZA 1986, 424). Unerheblich ist, ob ein Dienstantritt erfolgt ist (MüKo/*Henssler* § 615 Rn. 9). Bei Vollzug eines **nichtigen Arbeitsvertrags** entsteht ein fehlerhaftes ArbVerh., das bis zur Geltendmachung der Unwirksamkeit grds. wie ein erfüllbares ArbVerh. zu behandeln und daher iSv. § 615 ausreichend ist (BAG 29.8.1984 NZA 1985, 58; Staudinger/*Richardi/Fischinger* Rn. 47). Erwächst in Rechtskraft nur die Verpflichtung des AG, den AN weiter-

zubeschäftigen, besteht kein erfüllbares ArbVerh. iSv. § 615 (BAG 12.9.1985 NZA 1986, 424). Erf. ist ein tats. erfüllbares ArbVerh., das bei **rückwirkender Begr.** des ArbVerh. nicht vorliegt (BAG 19.8.2015 NZA 2015, 1460; 27.1.2016 NZA 2016, 691). Es ist allerdings ein Schadensersatzanspruch wegen Verletzung der Beschäftigungspflicht mögl. (sehr großzügig nimmt BAG 19.8.2015 NZA 2015, 1460 einen entschuldbaren Rechtsirrtum an). Entspr. muss für den allg. **Weiterbeschäftigungsanspruch** (BAG [GS] 27.2.1985 NZA 1985, 702) gelten, soweit kein entspr. Anspruch des AG auf Arbeitsleistung wegen einvernehml. Weiterbeschäftigung gegeben ist (vgl. Schaub/*Linck* § 95 Rn. 20). Das der Kündigungsschutzklage rkr. stattgebende Urt. stellt nur den Fortbestand des ArbVerh. fest, so dass es keine Auswirkungen auf den Anspruch wegen Annahmeverzugs hat (BAG 17.7.2012 NZA 2012, 1432 Rn. 16). Gleiches gilt für die rkr. Ablehnung eines Weiterbeschäftigungsantrags (LAG N 18.12.1996 AiB 1997, 552). Bei einer Weiterbeschäftigung gem. § 102 V 1 BetrVG besteht ein erfüllbares BeschVerh., da das ArbVerh. kraft G und somit auch die beiden Hauptpflichten auflösend bedingt fortbestehen (BAG 12.9.1985 NZA 1986, 424). Bei der einvernehml. „Rücknahme" einer Kündigung vereinbaren die Parteien, das ArbVerh. als fortbestehend zu behandeln. § 615 ist daher anwendbar (BAG 17.4.1986 NZA 1987, 17).

Im Falle des **Betriebsübergangs** muss der neue Betriebsinhaber den ggü. dem alten eingetretenen 11
Annahmeverzug gegen sich gelten lassen (BAG 21.3.1991 NZA 1991, 726; 22.10.2009 NZA-RR 2010, 660; *Stahlhacke* AuR 1992, 8, 13). Liegen die Voraussetzungen des § 613a nicht vor, fehlt dem Anspruch aus § 615 die vertragsrechtl. Grdl. gegen den vermeintl. Übernehmer (vgl. etwa BAG 16.7.1998 NZA 1998, 1233). Der Übernehmer ist nicht nur Nachfolger in den Rechten und Pflichten des Veräußerers, er muss sich nach § 613a auch Gegebenheiten zurechnen lassen, die als Tatbestandsmerkmale für spätere Rechtsfolgen von Bedeutung sind, wie etwa das Angebot des AN ggü. dem früheren Inhaber (zum Widerspruch s. Rn. 29). Dies gilt auch, wenn ein Erwerber den Betrieb von einem InsV übernimmt, und dieser zuvor die Annahme der Arbeitsleistung verweigert hat (BAG 4.12.1986 NZA 1987, 460).

Klärungsbedürftig ist das Verhältnis von § 615 zu **flexiblen AZModellen**. Sofern der AN berechtigt 12
ist, die konkrete Lage der AZ festzulegen (zB Gleitzeit, VertrauensAZ), kann Annahmeverzug im Umf. des kompletten vereinbarten AZDeputats eintreten (HWK/*Krause* Rn. 13). Dass eine Fixierung der AZ erst bei tats., beim Annahmeverzug aber unterbliebener Arbeitsaufnahme eintrete (*Boemke/Föhr*, Arbeitsformen der Zukunft, Rn. 120; *Reichold* NZA 1998, 393, 398; *Schüren* AuR 1996, 381, 385), führt zu einer unzul. Verlagerung des Wirtschaftsrisikos auf den AN (HWK/*Krause* Rn. 13). Liegt bei AZKonten die Vorgabe der AZVerteilung beim AG, kommt er in Annahmeverzug, wenn er diese nicht vornimmt (BAG 26.1.2011 NZA 2011, 640). Hat das AZKonto einen festgelegten Ausgleichszeitraum, kann Annahmeverzug in zeitl. Hinsicht erst für am Ende des entspr. Zeitraums übrigbleibende Minusstunden eintreten (*Hanau/Hoff* NZA 2015, 1169, 1171).

Bei einer **Suspendierung**, dh. wenn die Rechte und Pflichten im ArbVerh. ruhen, ohne dass dieses 13
beendet ist, besteht kein Raum für Annahmeverzug, soweit Arbeits- und Vergütungspflicht ruhen (§ 611 Rn. 563). Hat der AG den AN rechtswirksam von seiner Arbeitspflicht freigestellt, kommen Ansprüche aus Annahmeverzug nicht in Betracht (BAG 19.3.2002 NZA 2002, 1055 zur Freistellungsvereinb. unter Anrechnung von Urlaub). Arbeitskampfmaßnahmen, etwa Streik oder Aussperrung, haben suspendierende Wirkung (BAG [GS] 21.4.1971 AP GG Art. 9 Arbeitskampf Nr. 43). Bei einer Freistellung bis zum Ablauf der Kündigungsfrist ist eine Anrechnung nach § 615 S. 2 in Betracht zu ziehen (vgl. LAG SH 20.2.1997 LAGE BGB § 615 Nr. 52). Die Frage ist umstr. (einerseits LAG TH 21.11.2000 LAGE BGB § 615 Nr. 62; **aA** LAG HM 27.2.1991 DB 1991, 1577; LAG K 21.8.1991 NZA 1992, 123; 29.8.2000 BeckRS 2000, 31014388; LAG BE 27.10.2000 BeckRS 2000, 30787742). Anders ist es bei Beurlaubung unter Fortzahlung der Vergütung. Dort findet § 615 Anwendung (BAG 6.2.1964 NJW 1964, 1243).

Die zulässige Einf. von **Kurzarbeit** beschränkt die Arbeitspflicht des AN und die Vergütungspflicht 14
des AG, so dass dieser nicht in Annahmeverzug gerät (zum Angebot des AN bei unzulässiger Einf. s. Rn. 36). Kurzarbeit kann allerdings nicht allein auf Grund des Direktionsrechts des AG iSv. § 106 GewO bzw. § 315 angeordnet werden. Der AG benötigt eine bes. Rechtsgrdl., die sich sowohl in individualrechtl. als auch in kollektivrechtl. Vereinb. befinden kann (BAG 18.10.1994 NZA 1995, 1064; vgl. zu den Voraussetzungen § 611 Rn. 657 ff.).

Liegt eine wirksame BV vor, ist die Einf. der Kurzarbeit rechtmäßig, unabhängig davon, ob die AA 15
die **Bewilligung des Kug** widerruft (BAG 11.7.1990 NZA 1991, 67; MüArbR/*Boewer* § 69 Rn. 24). Der AN hat nur einen Lohnanspruch iHd. Kug. In dieser Höhe trägt der AG das Wirtschaftsrisiko und damit auch das Risiko, dass die AA keinen Zuschuss bewilligt (BAG 11.7.1990 NZA 1991, 67). Unterlässt der AG, die Kurzarbeit bei der AA gem. §§ 95, 99 SGB III schriftl. anzuzeigen, wird die Kurzarbeit nicht unzulässig. Die Anzeige ist nur eine Voraussetzung für den Bezug des Kug. Ein Verstoß führt nicht zum Annahmeverzug, mögl. ist aber eine Schadensersatzpflicht (Schaub/*Linck* § 47 Rn. 13).

2. Angebot der Arbeitsleistung. a) Systematik der §§ 293 bis 304. Es besteht grds. keine Pflicht des 16
Gläubigers, eine Leistung anzunehmen. Der Annahmeverzug ist eine Obliegenheitsverletzung, die kein

Verschulden des Gläubigers voraussetzt und zu keiner Schadensersatzverpflichtung führt (MüKoBGB/*Ernst* § 293 Rn. 1). Die Voraussetzungen des Annahmeverzugs sind in den §§ 293 bis 299 festgelegt. § 293 bestimmt die beiden Grundvoraussetzungen, Angebot und Nichtannahme. Deren Voraussetzungen sind in den §§ 294 bis 297 bzw. in den §§ 298, 299 festgelegt. Die §§ 300 bis 304 bestimmen die allg. Rechtsfolgen des Annahmeverzugs. Bis auf § 304 spielen sie für das ArbVerh. keine praktische Rolle, da sie auf den einmaligen Austausch von Sachleistungen zugeschnitten sind. Das Erfordernis des Angebots in den §§ 293 ff. hat zwei **Funktionen:** die Leistungsbereitschaft des Schuldners klarzustellen und den Zpkt. des Annahmeverzugs eindeutig festzulegen (BAG 9.8.1984 NZA 1985, 119).

17 **b) Tatsächliches Angebot.** In § 294 ist der Grds. aufgestellt, dass ein tats. Angebot der vertragl. vereinbarten Leistung erforderl. ist. Dieser Grds. gilt nach der Rspr. jdf. im **ungekündigten ArbVerh.** (zul. BAG 18.11.2015 NZA 2016, 494 Rn. 50). Das tats. Angebot ist ein **Realakt** (Soergel/*Wiedemann* § 294 Rn. 2) und erfordert, dass sich der AN am Arbeitsplatz einfindet (LAG K 12.4.2002 NZA-RR 2003, 128; vgl. zum tats. Angebot **bei streitigem vertragl. AZUmf.** BAG 25.4.2007 NZA 2007, 801; 16.4.2014 NZA 2014, 1262: bei regelm. Überschreiten der vertragl. AZ richtet sich der Umf. des Annahmeverzugs nach der tats. praktizierten AZ). Die Vorschr. über die Willenserkl. sind nicht anwendbar, insb. nicht die über den Zugang gem. § 130 (Staudinger/*Feldmann* § 294 Rn. 14). Ein Leistungsangebot ist aber gem. § 297 unbeachtl., soweit der AN zur Arbeitsleistung nicht bereit oder nicht imstande ist (BAG 18.8.1961 AP BGB § 615 Nr. 20; s. Rn. 47). Relevant ist hier nur die rechtl. Unmöglichkeit, da das tats. Angebot das Leistungsvermögen grds. belegt (BAG 10.5.1973 AP BGB § 615 Nr. 27).

18 Die gängige Formel für ein **ordnungsgemäßes Angebot** lautet: der AN muss dem AG seine Arbeitskraft in eigener Person (§ 613 S. 1), zur rechten Zeit, am rechten Ort und in der rechten Weise anbieten (BAG [GS] 26.4.1956 AP MuSchG § 9 Nr. 5; 29.10.1992 EzA BGB § 615 Nr. 77; Staudinger/*Richardi/Fischinger* Rn. 52). Erforderl. ist das Angebot von Arbeitsleistung, dh. die Tätigkeit iR. eines Wiedereingliederungsverh. aufnehmen zu wollen, genügt dafür idR. nicht (BAG 24.9.2014 NZA 2014, 1407). Die geschuldete Arbeitsleistung bestimmt sich weiterhin nach der zulässigen Ausübung des Weisungsrechts des AG iSv. § 315 (BAG 27.4.1960 AP BGB § 615 Nr. 10; 19.5.2010 NZA 2010, 1119; Staudinger/*Richardi/Fischinger* Rn. 50). Dies kann die Befolgung von gebotenen Bekleidungsvorgaben umfassen (BAG 24.9.2014 NZA 2014, 1407: Tragen eines Kopftuchs in einer ev. Einrichtung).

19 Nicht **„zur rechten Zeit"** bietet der AN seine Arbeitskraft an, wenn das Angebot am Tage eines Betriebsausflugs erfolgt. Gleiches soll bei einer Uhrzeit gelten, zu der noch niemand anwesend ist, der die Arbeitskraft annehmen könnte. Das soll selbst dann gelten, wenn mit dem AN keine bestimmten AZ vereinbart sind (LAG K 12.4.2002 NZA-RR 2003, 128). Verspätet sich der AN, dann liegt kein ordnungsgemäßes Angebot vor, wenn die Arbeitsleistung für den AG nicht mehr nützl. ist, zB wenn beim Bau der Beton inzwischen erhärtet ist (Staudinger/*Richardi/Fischinger* Rn. 52).

20 Grds. ist der Betrieb der Erfüllungsort. Der AN muss sich daher zu Dienstbeginn am Arbeitsplatz einfinden. Er trägt das **Wegerisiko** (s. Rn. 133). Dies gilt idR auch, wenn der AG zum Erreichen des Arbeitsplatzes einen Werkbus stellt, wenn sich dadurch der Erfüllungsort nicht ändert (BAG 8.12.1982 AP BGB § 616 Nr. 58). Versperrt Streikpersonal während eines **Arbeitskampfes** den Zugang zum Betrieb, liegt kein Angebot vor, wenn sich Arbeitswillige bei der Gewerkschaft melden (LAG HB 19.5.1980 BB 1980, 1472). Entspr. gilt, wenn der AG eine Liste für arbeitswillige AN auslegt. Die Eintragung in die Liste wird nicht als Angebot iSv. § 294 angesehen (LAG HM 1.3.1995 LAGE BGB § 615 Nr. 47). Der **LeihAN** schuldet seine Leistung dem Verleiher und hat sie daher diesem anzubieten. Sein Angebot an den Entleiher ist hierfür aber ausreichend (MüArbR/*Boewer* § 69 Rn. 14). Zu beachten ist § 11 V AÜG, nach dem der AN in einem von einem Arbeitskampf betroffenen Betrieb nicht tätig werden muss. Dann muss er seine Dienste dem Verleiher anbieten.

21 Kein ordnungsgemäßes Angebot liegt vor, wenn der AN dies unter unzumutbaren Umständen unterbreitet. Das Angebot des AN wird durch den **Grds. von Treu und Glauben** bestimmt. Ein Leistungsangebot, das gegen diesen Grds. verstößt, ist demnach nicht ordnungsgemäß und kann den AG nicht in Annahmeverzug bringen (BAG [GS] 26.4.1956 AP MuSchG § 9 Nr. 5). Um die Regelungen des Kündigungsschutzes nicht zu unterlaufen, kann kein Verhalten genügen, das nur eine fristlose Entlassung rechtfertigt. Dies ist insb. dann von Bedeutung, wenn eine Kündigung nicht wegen Fehlens eines wichtigen Grunds, sondern aus sonstigen Gründen unwirksam ist, etwa auf Grund von Versäumnissen bei einem behördl. oder betriebl. Mitwirkungsverf. Es muss ein ungewöhnl. schwerer rechtswidriger Verstoß des AN gegen allg. Verhaltenspflichten vorliegen. Die Rspr. nimmt dies an, wenn bei Annahme der angebotenen Dienste Leib, Leben, Freiheit, Gesundheit, Ehre, andere Persönlichkeitsrechte oder Eigentum des AG, seinen Angehörigen oder anderer Betriebsangehöriger unmittelbar so gefährdet werden, dass die Abwehr der Gefährdung den Interessen des AN an der Erhaltung seiner Vergütung vorgeht (BAG [GS] 26.4.1956 AP MuSchG § 9 Nr. 5; 29.10.1987 NZA 1988, 465). Tw. wird dies auch unter dem Gesichtspunkt der Unzumutbarkeit der Annahme problematisiert (s. Rn. 62).

22 Ein ordnungsgemäßes Angebot ist zB nicht erbracht bei einem Totschlagsversuch (BAG [GS] 26.4.1956 AP MuSchG § 9 Nr. 5), wenn eine Mutter nur unter der Bedingung zur Arbeit kommen will, ihr Kind mitzunehmen und dort zu stillen (BAG 3.7.1985 NZA 1986, 131), bei Alkoholisierung (LAG

SH 28.11.1988 NZA 1989, 472) oder in einem bes. Fall von Untreue und Urkundenfälschung bei einer Kassiererin (LAG HM 15.1.1987 LAGE BGB § 615 Nr. 9).

c) Wörtliches Angebot. Nach § 295 S. 1 genügt ein wörtl. Angebot, wenn der AG vorher erklärt hat, er werde die Leistung nicht annehmen bzw. er sei nicht verpflichtet, den AN in einem die tats. Heranziehung übersteigendem Umf. zu beschäftigen (Alt. 1; vgl. BAG 21.10.2015 BeckRS 2016, 66999 Rn. 19) oder eine erforderl. Mitwirkungshandlung des AG unterbleibt (Alt. 2). Gem. § 295 S. 2 steht dem wörtl. Angebot die Aufforderung an den AG, die Mitwirkungshandlung vorzunehmen, gleich. 23

aa) Grundsätzliches. Das wörtl. Angebot ist eine **geschäftsähnl. Handlung** (BAG 21.3.1985 NZA 1985, 778; Soergel/*Wiedemann* § 295 Rn. 2). Wie bei der Mahnung sind die Vorschr. über Willenserkl. entspr. anwendbar. Das wörtl. Angebot muss daher dem AG iSv. § 130 zugehen (BAG 21.3.1985 NZA 1985, 778; Staudinger/*Richardi/Fischinger* Rn. 58). **Inhalt** des wörtl. Angebots muss die volle (*Kraft* Anm. EzA BGB § 615 Nr. 55), konkret geschuldete Arbeitsleistung sein („am rechten Ort, zur rechten Zeit und in der rechten Art und Weise", vgl. BAG 24.9.2014 NZA 2014, 1407 Rn. 37). Der AN muss bei der Abgabe des Angebotes leistungsbereit sein. 24

Strittig ist, ob das Angebot ein einmaliger fortwirkender Vorgang ist (*Zöllner* Anm. AP BGB § 615 Nr. 20; *Blomeyer* Anm. AP BGB § 615 Nr. 31). Die Rspr. setzt bei Dauerschuldverhältnissen für das Fortbestehen des Annahmeverzugs auch das **Fortbestehen des Angebots** voraus (BAG 18.8.1961 AP BGB § 615 Nr. 20). Zwar muss der AN das Angebot nach Begr. des Annahmeverzugs nicht st. wiederholen, die Wirkung des Angebotes entfällt aber, wenn die Leistung unmögl. wird (BAG 18.8.1961 AP BGB § 615 Nr. 20). Dem entgegen wird vertreten, es reiche aus, dass Arbeitsfähigkeit und Angebot einmal zusammentreffen (*Löwisch* Anm. EzA BGB § 615 Nr. 66). Auswirkungen hat dieser Streit va. bei der Frage, ob nach Erkrankung des AN eine Anzeige der Arbeitsfähigkeit nach § 296 entbehrl. ist (s. Rn. 51 ff.). Tritt ein Erwerber iSd. § 613a I 1 ab Übergang des ArbVerh. ebenfalls in dem vom Veräußerer begr. Annahmeverzug ein, ist es nicht die Sache des AN, seine Arbeitskraft anzubieten, um sich nicht dem Einwand der Verwirkung auszusetzen (LAG BE 11.10.2002 NZA-RR 2003, 409). 25

bb) Die Ablehnungserklärung des Arbeitgebers. Die vorausgehende Ablehnungserkl. des AG ist ebenfalls eine geschäftsähnl. Handlung (Soergel/*Wiedemann* § 295 Rn. 14). Sie kann daher auch konkludent erfolgen (Staudinger/*Richardi/Fischinger* Rn. 59), insb. durch Kündigung (BAG 12.7.2006 NZA 2006, 1094), der Berufung auf sonstige Beendigungstatbestände (etwa Befristung, s. BAG 19.9.2012 NZA 2013, 101) oder der rechtswidrigen Einf. von Feierschichten oder Kurzarbeit (BAG 18.11.2015 NZA 2016, 565 Rn. 19; Staudinger/*Feldmann* § 295 Rn. 6). Nach dem ausdr. GWortlaut muss das wörtl. Angebot des Schuldners nach der Ablehnung durch den Gläubiger erklärt werden. Ein vor der Erkl. des AG erklärtes wörtl. Angebot kann den Annahmeverzug nicht begründen (*Blomeyer* Anm. AP BGB § 615 Nr. 31). 26

cc) Kündigung als Ablehnungserklärung. Wichtigster Fall der Ablehnungserkl. des AG ist die Kündigung. Nach Rspr. (BAG 10.7.1969 AP BGB § 615 Kurzarbeit Nr. 2) und Lit. (Staudinger/*Richardi/Fischinger* Rn. 61) erscheint es sinnlos und nur eine reine Formsache, dem kündigenden AG ein von vornherein zur Ablehnung verurteiltes Angebot machen zu müssen. Nach einer unwirksamen AGKündigung bedarf es zur Begr. des Annahmeverzugs eines Angebots des AN nicht (BAG 22.2.2012 NZA 2012, 858 Rn. 14). Die Voraussetzungen eines Angebots im gekündigten ArbVerh. sind str. 27

Die frühere Rspr. des BAG sah in jegl. Form des Protests gegen die Kündigung ein ausreichendes Angebot, insb. in der Erhebung der Kündigungsschutzklage (BAG 26.8.1971 AP BGB § 615 Nr. 26) oder in der bisherigen Arbeitsleistung (BAG 8.3.1961 AP BGB § 615 Betriebsrisiko Nr. 13). Eine Folge dieser Rspr. ist allerdings, dass das Angebot erst mit Zugang der Kündigungsschutzklage den Annahmeverzug bei einer fristlosen Kündigung begr. Bis zum Zugang kann ein Zeitraum entstehen, in dem der AN seinen Lohnanspruch verliert. Va. dies führte zur **Kritik an der Rspr.** (*Eisemann* ArbRGeg. 19, 33, 34). Zudem sei es lebensfremd anzunehmen, der AG erwarte nach einer Kündigung ein Angebot (s. BAG 9.8.1984 NZA 1985, 119; *Blomeyer* Anm. AP BGB § 615 Nr. 26). Das BAG gab daher seine Rspr. auf. 28

Als Reaktion auf die Kritik wendet das BAG nach unwirksamer AGKündigung § 296 an (BAG 9.8.1984 NZA 1985, 119; 19.1.1999 NZA 1999, 925; vgl. Rn. 39 f.), nach dem bei Unterlassung einer **kalendarisch bestimmten Mitwirkungshandlung** durch den AG kein Angebot erforderl. ist (BAG 13.7.2005 NZA 2005, 1348; 11.1.2006 NZA 2006, 314). Eine solche Mitwirkungshandlung sieht die Rspr. darin, dem AN einen funktionsfähigen Arbeitsplatz zur Vfg. zu stellen und ihm Arbeit zuzuweisen. Diese Mitwirkungshandlung ist eine kontinuierl., mit dem Kalender synchronlaufende Daueraufgabe und lässt die Feststellungsfunktion des Angebots entfallen (*Konzen* Anm. AP BGB § 615 Nr. 34 und 35). 29

Die **Lit.** stimmt überw. (*Konzen* Anm. AP BGB § 615 Nr. 34 und 35; MüArbR/*Boewer* § 69 Rn. 7) zumindest mit dem Erg. der Rspr. überein, verneint zT aber die Erforderlichkeit eines weiteren Angebots wegen Verstoßes des AG gegen die Leistungstreuepflicht (*Waas* NZA 1994, 151, 153) oder auf Grund einer teleologischen Reduktion des § 295 (*Blomeyer* Anm. AP BGB § 615 Nr. 26). ZT wird auch in der str. Führung des Kündigungsschutzprozesses eine Erkl. des AG gesehen, er habe kein Interesse an einer Anzeige (LAG HH 15.12.1992 LAGE BGB § 615 Nr. 33). Eine beachtl. **Gegen-** 30

ansicht lehnt die Anwendung des § 296 insg. ab, da die bloße Annahme keine Mitwirkungshandlung und der AG nicht vorleistungspflichtig sei (*Kraft* Anm. EzA BGB § 615 Nr. 43; *Schäfer* JuS 1988, 265, 266; Staudinger/*Feldmann* § 296 Rn. 4 f.; *Stahlhacke* AuR 1992, 8, 9; HWK/*Krause* Rn. 39; in diese Richtung a. MüKoBGB/*Henssler* Rn. 25). Für die Rspr. des BAG spricht zumindest, dass sie eine gewisse Rechtssicherheit gewährleistet (MüArbR/*Boewer* § 69 Rn. 15).

31 Im **ungekündigten ArbVerh.** verlangt das BAG aber nach wie vor regelm. ein **tats. Angebot** (BAG 29.10.1992 EzA BGB § 615 Nr. 77; 27.8.2008 NZA 2008, 1410; ebenso nach str. Zustandekommen eines Aufhebungsvertrags BAG 7.12.2005 NZA 2006, 435; **aA** bei flexibler AZGestaltung durch AG LAG K 4.3.2010 – 6 Sa 117/10 – NJOZ 2010, 1464).

32 Der Kündigung gleichgestellt sind alle weiteren Fälle, in denen der AG in sonstiger Weise erkennen lässt, dass er seiner Mitwirkungspflicht nicht nachkommt und von einer Beendigung des ArbVerh. ausgeht, etwa bei einem Streit über die Wirksamkeit einer **Befristung** (LAG K 13.5.1993 LAGE BGB § 615 Nr. 35; **aA** *Stahlhacke* AuR 1992, 8, 10). Das BAG hat § 296 früher auch bei der unwirksamen Anordnung von **Kurzarbeit** angewandt (BAG 27.1.1994 NZA 1995, 134). Streiten die Arbeitsvertragsparteien über die Beendigung des ArbVerh. ist nach aktueller Rspr. grds. zumindest ein wörtl. Angebot erforderl. (BAG 18.11.2015 NZA 2016, 565 Rn. 19).

33 Zu beachten ist, dass der BGH (20.1.1988 EzA BGB § 615 Nr. 55; 12.7.2006 NZA 2006, 1094) für den Bereich des **selbständigen Dienstverhältnisses** ein Angebot fordert (ebenso BAG 19.5.2010 NZA 2010, 939). Dort, wo der AN seine Tätigkeit frei bestimmen kann, fehlt es an einer kalendermäßig bestimmten Mitwirkungshandlung des AG. Diese Erwägungen sind auf ähnl. ArbVerh. übertragbar (MüArbR/*Boewer* § 69 Rn. 16).

34 **dd) Mitwirkungshandlung iSv. § 295.** Eine Mitwirkungshandlung iSv. § 295 liegt vor, wenn die urspr. geschuldete Leistung hierdurch noch konkretisiert oder mögl. gemacht wird. Dies gilt nicht, wenn die geschuldete Leistung hierdurch verändert würde. Der AG ist daher nicht verpflichtet, eine nicht geschuldete Arbeit zuzuweisen (BAG 10.7.1991 EzA BGB § 615 Nr. 69). Holt der AG seine Mitwirkungshandlung nach, muss der AN ein tats. Angebot iSv. § 294 machen. Bei geringen Verstößen des AG gegen eine Mitwirkungspflicht, die die Arbeitsleistung weiterhin zumutbar erscheinen lassen, muss der AN aber seine Arbeit tats. anbieten. Macht der AG von einem vermeintl. Recht Gebrauch, die AZDauer zu bestimmen, kommt § 296 nicht zur Anwendung. Der AN muss in diesem Fall seine Arbeitskraft anbieten (BAG 25.4.2007 NZA 2007, 801, 803; 18.11.2009 ZTR 2010, 139; für die unzulässige Anordnung von Kurzarbeit s. BAG 18.11.2015 NZA 2016, 565). Grds. ist der Begriff der Mitwirkungshandlung iSd. §§ 295, 296 zwar gleich (*Stahlhacke* AuR 1992, 8). Diese Ungleichbehandlung kann nur mit der durch die Kündigung eingetretenen Zäsur begr. werden, da die vom AG vorzunehmende Mitwirkungshandlung unabhängig von der Kündigung ist.

35 **Bsp.** für dem AG obliegende Mitwirkungshandlungen sind das Bereitstellen der Arbeitsräume, Rohstoffe, Energie, Werkzeuge und sonstigen Arbeitsgeräte sowie die Erfüllung der ANSchutzbestimmungen und der Fürsorgepflicht (BAG 7.6.1973 AP BGB § 615 Nr. 28). Ferner gehört hierzu die tarifrechtl. Benachrichtigungspflicht, dass eine Schlechtwetterperiode beendet ist und die Arbeit wieder aufgenommen wird (LAG D 20.12.1968 BB 1969, 1479). Widerspricht ein AN einem **Betriebsübergang** nach § 613a VI, soll der bisherige AG iSd. § 295 S. 1 Alt. 2 verpflichtet sein, ihm einen neuen Arbeitsplatz zuzuweisen (BAG 20.5.2010 NZA 2010, 1295 Rn. 37). Der Widerspruch stelle ggü. dem bisherigen AG ein wörtl. Angebot dar, das mit dessen Zugang Annahmeverzug begr. (BAG 20.5.2010 NZA 2010, 1295 Rn. 37; 26.3.2015 NZA 2015, 866 Rn. 51; HWK/*Krause* Rn. 36). Die Anordnung von Ruhepausen kann eine Ablehnungserkl. darstellen, die ein wörtl. Angebot des AN erforderlich macht (vgl. BAG 25.2.2015 NZA 2015, 494; zu dem dann ggf. fehlenden Leistungsvermögen des AN iSd. § 297 s. Rn. 48).

36 **ee) Unzumutbarkeit des Angebots.** Die Rspr. verzichtete ausnahmsweise bisher schon – ohne Rückgriff auf § 296 – auf ein wörtl. Angebot oder eine entspr. Aufforderung zur Nachholung der Mitwirkungshandlung, wenn die Form der Kündigung dem AN einen Widerspruch unzumutbar machte oder der AG die Weiterbeschäftigung ernsthaft und endgültig verweigerte, etwa bei einem Hausverbot (BAG 9.8.1984 NZA 1985, 119; 20.3.1986 EzA BGB § 615 Nr. 48; *Söllner* Anm. AP BGB § 615 Kurzarbeit Nr. 2). Es muss offenkundig sein, dass der AG auf seiner Weigerung, die Leistung anzunehmen, beharrt (BAG 16.4.2013 NZA 2013, 849). Der Klageabweisungsantrag des AG oder Verweis vom Betriebsgelände reichen allerdings nicht aus (BAG 20.3.1986 EzA BGB § 615 Nr. 48). Im Falle des Betriebsübergangs kann das Angebot bei nicht ordnungsgemäßer Unterrichtung (§ 613a V) gem. § 162 entbehrl. sein, wenn die unterbliebene oder fehlerhafte Unterrichtung zur verspäteten Ausübung des Widerspruchs und zum Unterlassen eines Angebots führt (BAG 13.7.2006 NZA 2006, 1406). Teilt der AG im Unterrichtungsschreiben mit, dass der AN im Fall des Widerspruchs wegen Wegfalls seines Arbeitsplatzes aufgrund des Betriebsübergangs mit seiner Kündigung rechnen müsse, soll er sich bei Widerspruch ohne weiteres ab Betriebsübergang in Annahmeverzug befinden (so zw. LAG M 19.8.2010 LAGE BGB 2002 § 613a Nr. 31).

37 Einer weiteren Inverzugsetzung bedarf es nach Ansicht des BAG auch nicht im ungekündigten ArbVerh. bei Fällen des Betriebsrisikos (BAG 7.12.1962 AP BGB § 615 Betriebsrisiko Nr. 14; s.

Rn. 120 ff.), etwa bei der Einf. einer Feierschicht wegen Absatzmangels (BAG 8.3.1961 AP BGB § 615 Betriebsrisiko Nr. 13), bei Nichtarbeit wegen Inventuraufnahme (BAG 7.12.1962 AP BGB § 615 Betriebsrisiko Nr. 14) oder wegen ungünstiger Witterung (BAG 14.3.1962 AP BGB § 615 Nr. 21). Nach seiner Betriebsrisikolehre war § 615 auch nur entspr. anzuwenden. Die direkte Anwendbarkeit des § 615 in Fällen des Betriebsrisikos ergibt sich nunmehr aus dessen S. 3.

Bei Verstoß gegen ANSchutzbestimmungen steht dem AN ein **Leistungsverweigerungsrecht nach** 38 **§ 298** zu (Staudinger/*Richardi/Fischinger* Rn. 69). Bei der Verletzung der Fürsorgepflicht verlangt das BAG die Geltendmachung eines Leistungsverweigerungsrechts unter Hinweis auf die verletzte Fürsorgepflicht (BAG 7.6.1973 AP BGB § 615 Nr. 28).

d) Entbehrlichkeit des wörtlichen Angebots nach § 296. Die Bestimmung des § 296 knüpft an 39 § 295 S. 1 Hs. 2 an. Falls für die Mitwirkungshandlung eine Zeit nach dem Kalender bestimmt ist, bedarf es überhaupt keines Angebots. Der Rechtsgedanke der Regelung entspricht dem in § 286 II beim Schuldnerverzug.

Diese Norm hat va. nach der Wende der Rspr. des BAG zum Annahmeverzug zwischenzeitl. im 40 **gekündigten ArbVerh.** an Bedeutung gewonnen (s. Rn. 29). Danach besteht die kalendarisch bestimmte Handlung des AG in dem Bereitstellen eines funktionsfähigen Arbeitsplatzes und der Zuweisung von Arbeit. Das BAG sieht diese Mitwirkungshandlung in einem zeitl. Stadium vor der Vorleistungspflicht des AN und vor einer konkreten Arbeitszuweisung durch den AG. Die Mitwirkungshandlung besteht darin, dem AN überhaupt die Arbeitsmöglichkeit zu eröffnen und den Arbeitsablauf fortlaufend zu planen und zu konkretisieren (BAG 21.1.1992 AP BGB § 615 Nr. 53; 19.1.1999 NZA 1999, 925). Dies gilt sowohl im Falle der fristlosen (BAG 9.8.1984 NZA 1985, 119) als auch der ordentl. Kündigung (BAG 21.3.1985 NZA 1985, 778), dann für die Zeit nach Fristablauf. Dementspr. hat der AN während des Laufs der Kündigungsfrist wie bisher seine Arbeit anzubieten. Zur Problematik im Falle befristeter wie auch unbefristeter AU, insb. bei Erkrankung s. Rn. 51 ff.

Im **ungekündigten ArbVerh.** ist § 296 nach geänd. Rspr. grds. unanwendbar (BAG 15.5.2013 NZA 41 2013, 1076 Rn. 22; 25.2.2015 NZA 2015, 442; 25.2.2015 NZA 2015, 494; **aA** noch BAG 21.3.1996 BeckRS 1996, 30924653). Nur ausnahmsweise kann das Angebot entbehrl. sein, wenn offenkundig ist, dass der AG auf seiner Weigerung, die geschuldete Leistung anzunehmen, beharrt (BAG 16.4.2013 NZA 2013, 849). Dies kann insb. bei einseitiger Freistellung des AN von der Arbeit angenommen werden (BAG 15.5.2013 NZA 2013, 1076 Rn. 25; unzulässige Dienstenthebung LAG HM 20.5.1988 DB 1988, 1501). § 296 S. 1 kann auch auf Fälle anwendbar sein, bei denen der AN durch den AG gehindert wird, sich rechtzeitig am Arbeitsplatz einzufinden; etwa, wenn der AG sich verpflichtet, den Montagearbeiter abzuholen und dieses dann unterlässt (HWK/*Krause* Rn. 43; *Schaub* ZIP 1981, 347, 349). Eine erforderl. Mitwirkungshandlung iSd. § 296 S. 1 kann ausnahmsweise darin liegen, dem AN die Möglichkeit einzuräumen, sich in einen Schichtplan einzutragen (BAG 12.6.1996 NZA 1997, 191, 194; HWK/*Krause* Rn. 43). Gleiches gilt, wenn der AG die Wiederaufnahme der Beschäftigung nach einer krankheitsbedingten AU unzulässigerweise von der Vorlage eines ärztl. Gutachtens abhängig macht (LAG SH 6.9.2007 – 4 Sa 204/07 – BeckRS 2007, 48199). Obliegt dem AG die Arbeitseinteilung, tritt mit Ablauf des Kj. Annahmeverzug nach § 296 S. 1 ein, wenn die durchschnittl. WochenAZ von 40 Stunden (§ 3 ArbZG) nicht mehr erreicht werden kann (BAG 8.10.2008 EzA BGB 2002 § 615 Nr. 27). Bei flexibler AZGestaltung ist das Angebot entbehrl., wenn der für die AZZuweisung verantwortliche AG den AN nicht im Umf. der vertragl. geschuldeten AZ abruft (vgl. BAG 26.1.2011 NZA 2011, 640 Rn. 19). Macht der AG von einem vermeintl. Recht zur flexiblen AZGestaltung Gebrauch, ist § 296 S. 1 nicht anwendbar (BAG 25.4.2007 NZA 2007, 801).

Bei der unrechtmäßigen **Anordnung von Kurzarbeit** kam nach der alten Rspr. § 296 ebenso zur 42 Anwendung wie bei einer unwirksamen Kündigung (BAG 27.1.1994 NZA 1995, 134). Das Gleiche gelte bei einer unwirksamen **Befristung** oder einer wirksamen Kündigung, deren Kündigungsfrist zu kurz bemessen ist (BAG 9.4.1987 AuR 1988, 156, 158) oder für den Fall, dass eine AN erst nach Ablauf der Kündigungsfrist ihre Schwangerschaft bemerkt. Auch hier müsse sie wegen der Unwirksamkeit der Kündigung gem. § 17 MuSchG ihre Arbeit nicht anbieten (LAG HM 14.3.1995 LAGE BGB § 615 Nr. 43). Zu Recht wird dagegen eingewendet, dass in solchen Fällen die Leistungsbereitschaft des AN zu verneinen ist, solange er sich nicht gegen die Kündigung oder Befristung wehrt. Streiten die Arbeitsvertragsparteien über die Beendigung des ArbVerh. ist nach der geänd. Rspr. jdf. ein wörtl. Angebot des AN erforderlich (BAG 18.11.2015 NZA 2016, 565 Rn. 19). Gehen beide Parteien davon aus, dass das ArbVerh. beendet sei, und nimmt der AN an, er schulde dem AG keine Arbeitsleistung mehr, besteht zudem kein Leistungswille (LAG K 18.1.1984 LAGE BGB § 615 Nr. 4; 28.2.1984 EzA BGB § 615 Nr. 42; *Stahlhacke* AuR 1992, 8, 10).

e) Leistungsvermögen des Arbeitnehmers. aa) Grundsätzliches. Nach § 297 ist der Annahmever- 43 zug des AG ausgeschlossen, wenn der AN nicht leistungswillig und leistungsfähig ist. Die Nichtaufnahme einer vom AG angebotenen Beschäftigung kann dessen Annahmeverzug vollständig entfallen lassen (BAG 17.8.2011 NZA-RR 2012, 342). Tw. wird vertreten, dass **§ 297** nur die vorübergehende Unmöglichkeit regelt und im ArbR nicht in Betracht kommt, da die Arbeitsleistung wegen des Fixschuldcharakters endgültig unmögl. wird (*Ramrath* SAE 1992, 56, 63). Entfällt das Leistungsvermögen, wird die Arbeitsleistung unmögl.; Annahmeverzug scheidet dann aus (BAG 18.8.1961 AP BGB § 615 Nr. 20). Der AN wird nach § 275 von seiner Arbeitspflicht frei, der Vergütungsanspruch erlischt nach § 326 I 1. Bei einem obj. dauernd arbeitsunfähigen AN scheidet Annahmeverzug aus. Die Leistungsfähigkeit ist eine vom Leistungsangebot (bzw. dessen Entbehrlichkeit) unabhängige Voraussetzung und muss für den gesamten Annahmverzugszeitraum vorliegen (BAG 25.5.2015 NZA 2015, 1053 Rn. 15). § 297 ist nur gegeben, wenn der AN die geschuldete Tätigkeit ausnahmslos nicht mehr verrichten kann. Es kann sich dabei um rechtl., gesundheitl. oder andere Gründe handeln (vgl. BAG 23.9.2015 NZA 2016, 293 Rn. 15). Ein AN, der die geschuldete Beschäftigung nur zu einer bestimmten Tages- oder Nachtzeit nicht ausüben kann, ist nicht arbeitsunfähig. Vielmehr ist der AG gehalten, sein Direktionsrecht nach billigem Ermessen auszuüben. Konkretisiert er die geschuldete Tätigkeit im gebotenen Rahmen nicht, kommt der AG bei entspr. Angebot der Arbeitsleistung – in Annahmeverzug (BAG 9.4.2014 NZA 2014, 719 Rn. 37; iE zust. *Hromadka* RdA 2015, 59). Das Unvermögen kann zB auf einem Beschäftigungsverbot oder einer fehlenden Erlaubnis beruhen (fehlende bergrechtl. Unbedenklichkeitsbescheinigung BAG 15.6.2004 NZA 2005, 462; Entzug einer Ermächtigung nach dem SicherheitsüberprüfungsG [SÜG] BAG 27.5.2015 NZA 2015, 1053; Entzug einer Einsatzgenehmigung wegen verweigertem Drogentest BAG 23.9.2015 NZA 2016, 293; fehlende Flugtauglichkeitsbescheinigung LAG RP 31.8.2006 BeckRS 2006, 44669). Das Verbot muss aber eindeutig sein (BAG 18.3.2009 NZA 2009, 611; 21.10.2015 NZA 2016, 688). Nicht ausreichend ist, dass das Beschäftigungsverbot nur zwischen Auftraggeber und AG gilt (BAG 21.10.2015 NZA 2016, 688 Rn. 33). Nimmt der AG nach einer Kündigung die angebotene Arbeitsleistung während der Kündigungsfrist nicht an, kommt Annahmeverzug nur in Betracht, wenn der AN hins. der vertragl. geschuldeten Dienste leistungsfähig ist (BAG 23.9.2015 NZA 2016, 293 Rn. 19). Das fehlende Leistungsvermögen wird nicht allein durch den Willen des AN ersetzt, trotz obj. Leistungsunfähigkeit einen Arbeitsversuch zu unternehmen (BAG 29.10.1998 NZA 1999, 377). Die bloße **Einschränkung der Leistungsfähigkeit schließt Annahmeverzug nicht aus,** wenn der AG dem AN vertragsgemäße – zB leidensgerechte – Arbeiten zuweisen kann (BAG 24.9.2003 NZA 2003, 1332; 8.11.2006 NZA 2007, 287; 27.8.2008 NZA 2008, 1410; 19.5.2010 NZA 2010, 1119). Das Gleiche gilt bei bloßer ärztl. Empfehlung zum Arbeitsplatzwechsel, ohne dass AU vorliegt (BAG 17.2.1998 NZA 1999, 33). Entgeltansprüche können sich bei dauernder AU nur auf Grund bes. Rechtsgrdl., zB bei Krankheit nach § 3 EFZG, ergeben. Soweit die Arbeitsleistung erst „in Folge" des Annahmeverzugs unmögl. geworden ist (*Zöllner* Anm. AP BGB § 615 Nr. 20) und in den Fällen der Annahmeunmöglichkeit, also bei Annahmeunfähigkeit des AG (s. Rn. 7), gilt dies nicht.

44 Das Leistungsvermögen muss sich nur auf die **geschuldete Arbeit** beziehen. Eine für den allg. Arbeitsmarkt bestehende Arbeitsfähigkeit des AN schließt nicht die Möglichkeit aus, hins. der vertragl. geschuldeten Tätigkeit arbeitsunfähig zu sein (BAG 24.9.2014 NZA 2015, 35). In welchem zeitl. Umf. der AG in Annahmeverzug geraten kann, richtet sich grds. nach der arbeitsvertragl. vereinb. AZ. Diese bestimmt den zeitl. Umf., in welchem der AN berechtigt ist, Arbeitsleistung zu erbringen und der AG verpflichtet ist, die Arbeitsleistung anzunehmen (BAG 25.2.2015 NZA 2015, 494). Weist der AG außerhalb der Vereinb. liegende Arbeiten zu, ist die Leistungsbereitschaft des AN insofern unbeachtl. (MüArbR/*Boewer* § 69 Rn. 19). Ausnahmen, wie zB bei § 14 ArbZG, sind nach Treu und Glauben (§ 242) zu beurteilen (MüArbR/*Boewer* § 69 Rn. 19).

44a Ist der AN zu der geschuldeten Arbeitsleistung nicht mehr fähig, so eröffnet sich das Problem, ob der AG verpflichtet ist, ihm eine andere, dem AN mögl. Arbeit zuzuweisen. Ob allein aus dem Gesichtspunkt der Fürsorgepflicht der AG verpflichtet werden kann, den AN – ggf. vorübergehend – mit anderen als den vertragsgemäßen Arbeiten zu beschäftigen, ist zw. (vgl. BAG 27.8.2008 NZA 2008, 1410). Das BAG hielt dies etwa für den Fall des Führerscheinentzugs bei einem Kfz-Fahrer für mögl. (BAG 18.12.1986 NZA 1987, 377; zum Fall eines Hausverbots LAG HE 26.4.2000 NZA-RR 2000, 633). Im Kündigungsrecht besteht das ultima-ratio-Prinzip, dh. der AG hat zunächst eine Änderungskündigung auszusprechen, soweit ein Bedarf im Betrieb besteht. Daraus ergibt sich aber auch, dass sich der Vertragsinhalt nicht automatisch ändert. Dies stünde mit der vertragl. Gestaltungsfreiheit nicht in Einklang (*Boecken* Anm. EzA BGB § 615 Nr. 69). Annahmeverzug scheidet bei Annahmeunfähigkeit daher aus, aber der AG kann sich schadensersatzpflichtig machen (BAG 27.8.2008 NZA 2008, 1410; 27.5.2015 NZA 2015, 1553; HWK/*Krause* Rn. 49; MüArbR/*Boewer* § 69 Rn. 19; *Kraft* Anm. EzA BGB § 615 Nr. 53). Die Gegenmeinung (*Stahlhacke* AuR 1992, 8, 15) sieht keinen rechtl. Unterschied zu den Fällen, in denen eine Versetzungs- oder Umsetzungsklausel vereinbart ist. Hier ist der AG zu einer anderen Beschäftigung verpflichtet und kommt in Annahmeverzug. Allerdings kann die Zust. des BR erforderl. sein. Bei einem Schwerbehinderten ist auch ein Anspruch auf Vertragsänd. denkbar, jdf. besteht aber nicht ohne weiteres ein Anspruch auf LFZ (*Rieble* Anm. LAGE BGB § 615 Nr. 23). Das BAG hat dies so entschieden, wenn einem Schwerbehinderten die Arbeit aus Gesundheitsgründen unmögl. wird (BAG 10.7.1991 NZA 1992, 27; **aA** LAG K 28.5.1990 LAGE BGB § 615 Nr. 23). Schadensersatz entsteht aber nur in der Höhe des Lohns zu geänd. Arbeitsbedingungen (MüArbR/*Boewer* § 69 Rn. 19).

45 Die Einsatzfähigkeit eines AN kann durch eine von ihm getroffene **Gewissensentsch.** eingeschränkt sein. Beruft sich der AN darauf, die zugewiesene Arbeit sei mit seinem Gewissen nicht zu vereinbaren,

liegt Unzumutbarkeit der Leistungserbringung iSv. § 275 III vor. Ist ein anderweitiger Einsatz nicht mögl., dann ist der AN iSv. § 297 außerstande, die geschuldete Arbeitsleistung zu erbringen (BAG 24.5.1989 NZA 1990, 144; Staudinger/*Feldmann* § 297 Rn. 8; abw. *Kamanabrou* GS Zachert 2010 S. 400, 404 ff.).

bb) Leistungswille. Die in § 297 nicht ausdr. genannte Voraussetzung der Leistungswilligkeit ergibt sich daraus, dass ein leistungsunwilliger AN sich selbst außer Stand setzt, die Arbeitsleistung zu bewirken (BAG 24.9.2003 NZA 2003, 1387; 19.5.2004 NZA 2004, 1064). AN, die streiken, sind ex definitione nicht leistungswillig, und erhalten keine Vergütung (BAG 17.7.2012 NZA 2012, 1432). Der ernsthafte **Leistungswille** muss jedes Angebot begleiten. Bei einem Dauerschuldverhältnis muss er sich darauf beziehen, die Leistung in dem zeitl. geschuldeten Umf. zu erbringen (BAG 18.12.1974 AP BGB § 615 Nr. 30). Der vor Ausspruch einer Kündigung leistungsunwillige AN muss seinen wiedergefassten Leistungswillen ggü. dem AG kundtun und idR durch ein tats. Angebot untermauern. Ein „Lippenbekenntnis“ reicht nicht (BAG 22.2.2012 NZA 2012, 858). Ein ernsthafter Leistungswille wird nicht durch Zweifel des AN an seiner Arbeitsfähigkeit ausgeschlossen (BAG 10.5.1973 AP BGB § 615 Nr. 27). Diese Problematik kann sich stellen, wenn der AN einen Rentenantrag wegen Berufs- oder Erwerbsunfähigkeit stellt. 46

Die Leistungsbereitschaft ist auch nicht dadurch ausgeschlossen, dass der AN keine Kündigungsschutzklage erhebt. Hierzu ist er nicht verpflichtet. Fehlender Leistungswille besteht auch nicht wegen des Antrags auf Auflösung des ArbVerh. und Zahlung einer Abfindung gem. § 9 KSchG, da das Schicksal dieses Antrags ungewiss ist (BAG 18.1.1963 AP BGB § 615 Nr. 22; *Stahlhacke* AuR 1992, 8, 13). Entspr. gilt, falls der AN nicht einen mögl. Weiterbeschäftigungsanspruch geltend macht (s. Rn. 67 f.). Die Leistungsbereitschaft ist nicht bereits dann zu verneinen, wenn der AN nach einer fristlosen Kündigung wegen behaupteter völliger Unfähigkeit in seiner Klageschrift die Weiterarbeit im Betrieb als unmögl. und unzumutbar bezeichnet (LAG N 20.10.1992 NZA 1994, 270). Ein Auslandsaufenthalt lässt den Leistungswillen nicht entfallen (LAG HM 18.10.1985 LAGE BGB § 615 Nr. 6; *Stahlhacke* AuR 1992, 8, 13). Er ist aber nicht gegeben, wenn der AN das ArbVerh. für beendet hält und annimmt, er schulde dem AG keine Arbeitsleistung mehr (LAG K 28.2.1984 EzA BGB § 615 Nr. 42). Der AN muss kenntl. machen, dass seine Leistungsbereitschaft über den Ablauf der Kündigungsfrist hinaus besteht (LAG D 17.7.1997 LAGE BGB § 615 Nr. 51). Der fehlende Leistungswille kann auch dadurch zum Ausdruck kommen, dass der AN vor Ausspruch der Kündigung einen Arbeitsvertrag mit einem anderen AG abschließt und dort Arbeitsleistungen erbringt (BAG 19.5.2004 NZA 2004, 1064) oder im Vorprozess geltend macht, das ArbVerh. sei zerrüttet und könne unter gar keinen Umständen fortgesetzt werden (BAG 24.9.2003 NZA 2003, 1387; hierzu *Tschöpe* DB 2003, 434). Ein Rückschluss auf den fehlenden Leistungswillen bei Nichtaufnahme einer angebotenen Arbeit ist zulässig, wenn der AN ein Angebot des AG ablehnt, das trotz Aufrechterhaltung der Kündigung auf eine Weiterbeschäftigung zu unveränderten Bedingungen gerichtet und dessen Annahme auch sonst zumutbar ist (BAG 17.8.2011 NZA-RR 2012, 342). Der Leistungsbereitschaft steht ferner entgegen, wenn der AN die Forderung nach einem Verzicht auf die Wirkung der vom AG ausgesprochenen Kündigung zur Bedingung für die Arbeitsaufnahme macht; dies gilt auch dann, wenn der AG nach Kündigungsausspruch nur eine (den Annahmeverzug grds. nicht beendende, s. Rn. 67 f.) sog. Prozessbeschäftigung anbietet (BAG 13.7.2005 NZA 2005, 1348; zu Recht krit. *Meyer* NZA-RR 2012, 337). Meldet sich ein AN nach rkr. Erfolg im Kündigungsschutzprozess und Ablauf der Frist des § 12 KSchG auch nach Arbeitsaufforderung des AG nicht, ist von einem fehlenden Leistungswillen auszugehen (BAG 16.5.2012 NZA 2012, 971). Der AG hat den fehlenden Leistungswillen als „innere Tatsache“ zu beweisen. Wenn der AG insoweit Indizien vorträgt, muss der AN diese Indizwirkung erschüttern (BAG 5.11.2003 AP BGB § 615 Nr. 106; LAG D 4.9.2012 – 16 Sa 664/12 – BeckRS 2012, 76168). Fehlender Leistungswille schließt Annahmeverzug hingegen nicht aus, falls der AN sich auf ein Leistungsverweigerungsrecht beruft oder der AG zuvor auf die Arbeitsleistung verzichtet hat. Zu weit geht es, den Leistungswillen abzulehnen, wenn der AN einer wegen Unbilligkeit unverbindl. Weisung nicht folgt (so aber BAG 22.2.2012 NZA 2012, 858 Rn. 24; zur Kritik vgl. GewO § 106 Rn. 7a). Schließl. bleibt Annahmeverzug mit der Möglichkeit der Anrechnung nach S. 2 bestehen in den Fällen, in denen entweder das böswillige Unterlassen eines Zwischenerwerbs bei einem anderen AG oder als Selbständiger in Rede steht oder die Beschäftigungsmöglichkeit bei dem AG besteht, der eine zwar nicht vertragsgemäße, jedoch gleichwohl zumutbare Beschäftigung angeboten hat (s. Rn. 98; vgl. BAG 17.8.2011 NZA-RR 2012, 342; krit. *Meyer* NZA-RR 2012, 337). 47

cc) Arbeitsunfähigkeit. Die Arbeitsfähigkeit entfällt zB aus gesundheitl. Gründen (BAG 10.7.1991 NZA 1992, 27), bei zu hoher Alkoholisierung eines Maschinenführers (LAG SH 28.11.1988 LAGE BGB § 615 Nr. 17), Entzug des Führerscheins eines Auslieferungsfahrers (BAG 18.12.1986 NZA 1987, 377), einem ges. Beschäftigungsverbot, wie beim Fehlen einer erforderl. Arbeitserlaubnis gem. § 284 SGB III (BAG 16.12.1976 AP AFG § 19 Nr. 4) oder der Approbation (BAG 6.3.1974 AP BGB § 615 Nr. 29) oder innerhalb der Schutzfristen nach § 3 MuSchG oder bei Entzug der missio canonica bei kirchl. Lehrkraft (BAG 25.5.1988 AP GG Art. 140 Nr. 36) oder der fehlenden Genehmigung nach § 2 I 1 GesBergV (LAG D 17.7.2003 LAG Report 2004, 5) oder während ges. Ruhepausen nach § 4 48

ArbZG (BAG 25.2.2015 NZA 2015, 494). Im Umf. der ges. Mindestpausen ist der AN schon aus Rechtsgründen nicht leistungsfähig, weil § 4 S. 1 ArbZG den AG verpflichtet – bußgeld- und strafbewehrt (§§ 22 I Nr. 2, 23 ArbZG) – die Arbeit mind. in dem vorgeschriebenen Umf. zu unterbrechen. Der AG wird von der Verpflichtung entbunden, die Arbeitsleistung anzunehmen und der AN außerstande gesetzt, seine Arbeitsleistung zu bewirken (BAG 25.2.2015 NZA 2015, 442 Rn. 39). Deshalb ist der AN während der Pausen nicht leistungsfähig; unterbricht der AG die AZ darüber hinaus, bedarf es, um Annahmeverzug zu begründen, eines Angebots der Arbeitsleistung durch den AN (BAG 25.2.2015 NZA 2015, 442; 25.2.2015 NZA 2015, 494). Verbleibt ein Bereich erlaubter geschuldeter Tätigkeiten, besteht keine rechtl. AU. Durch die Zuerkennung einer Erwerbsunfähigkeitsrente wird Annahmeverzug nicht ausgeschlossen, wenn der AN die zul. erbrachte Tätigkeit weiter ausüben könnte (LAG HM 23.10.1987 LAGE BGB § 615 Nr. 14). Annahmeverzug ist aber ausgeschlossen, wenn der AN nach ärztl. Empfehlung die bisherige Tätigkeit nicht mehr ausüben soll, insb. bei bescheinigter AU (BAG 29.10.1998 NZA 1999, 377; LAG HM 22.8.1995 NZA-RR 1996, 281 ff.). Auch tw. AU schließt idR Annahmeverzug aus (ArbG Stuttgart 10.4.1996 NZA-RR 1996, 362). Ist dem AG jedoch mögl. und zumutbar, dem krankheitsbedingt nur eingeschränkt leistungsfähigen AN leidensgerechte Arbeiten zuzuweisen, so steht – nach bisheriger Rspr. – die eingeschränkte Leistungsfähigkeit dem Annahmeverzug nicht entgegen (BAG 24.9.2003 NZA 2003, 1387; 13.8.2009 NZA-RR 2010, 420). Diese Rspr. hält das BAG nur eingeschränkt aufrecht. Durch das Angebot einer anderen als vom AG zugewiesenen Arbeitsleistung könne der AG nicht in Annahmeverzug geraten. Der AG müsse aber sein Direktionsrecht ggf. neu ausüben (vgl. § 106 GewO Rn. 8). Wenn der AG allerdings schuldhaft seine Rücksichtnahmepflicht verletzt, weil er dem AN durch Nichtausübung seines Direktionsrechts die Zuweisung eines leidensgerechten Arbeitsplatzes verweigert, steht dem AN aus § 280 I ein Anspruch auf Schadensersatz zu (BAG 19.5.2010 NZA 2010, 1119). Ist die Benutzung des Dienstwagens unabdingbare Voraussetzung zur Erfüllung der Arbeitspflicht, kann der AN bei Entzug der Fahrerlaubnis die Unmöglichkeit nicht damit abwenden, indem er sich von einem Dritten fahren lässt (LAG K 19.5.1993 LAGE BGB § 615 Nr. 37). Zweifel des AG an der Arbeitsfähigkeit schließen den Annahmeverzug nicht aus, auch wenn sie entschuldbar sind oder vom AN geteilt werden (BAG 10.5.1973 AP BGB § 615 Nr. 27). Der AG darf das Angebot des AN nicht mit der Begr. zurückweisen, dieser müsse erst eine „Arbeitsfähigkeitsbescheinigung" vorlegen (LAG D 17.7.2003 NZA-RR 2004, 65). Die AU muss kausal für die Nichtleistung der Arbeit sein. Die Unmöglichkeit der Arbeitsleistung darf nicht darauf beruhen, dass der AG die Arbeitsleistung nicht annehmen kann, etwa weil der Arbeitsplatz weggefallen ist (LAG NI 8.10.2003 BeckRS 2003, 31030546).

49 Der AN muss sich während des Annahmeverzugs nicht st. abrufbereit halten (BAG 18.8.1961 AP BGB § 615 Nr. 20). Ein längerer Auslandsaufenthalt beendet einen bestehenden Annahmeverzug nicht unbedingt (BAG 11.7.1985 NZA 1987, 57). Gleiches gilt für die Aufnahme eines Studiums (MüArbR/*Boewer* § 69 Rn. 20). Der Aufbau einer wirtschaftl. Existenz unterbricht den Annahmeverzug nicht, falls es dem AN mögl. ist, seine Tätigkeiten wieder aufzugeben (BAG 18.1.1963 AP BGB § 615 Nr. 22; MüArbR/*Boewer* § 69 Rn. 20). Kein Annahmeverzug besteht während des Vollzugs einer Freiheitsstrafe (BAG 18.8.1961 AP BGB § 615 Nr. 20). Ein bereits begr. Annahmeverzug wird allerdings nicht ausgeschlossen, wenn der AN die Strafe auch im Wochenendvollzug hätte ableisten können, dies aber wegen der Annahmeverweigerung des AG unterlassen hat (BAG 18.8.1961 AP BGB § 615 Nr. 20). Das Leistungsunvermögen beruht hier auf dem Annahmeverzug, was gem. § 615 S. 1 2. Hs. ausreichend ist („infolge").

50 Eine **neue Beschäftigung** schließt die Leistungsbereitschaft des AN und damit den Annahmeverzug nicht aus (BAG 16.5.2012 NZA 2012, 971 Rn. 19; 20.6.2013 NZA 2014, 139 Rn. 43). Der AN ist vielmehr gem. § 615 S. 2 gehalten, sich eine neue Arbeit zu suchen (Staudinger/*Richardi/Fischinger* Rn. 89). Bis zum Ablauf der Kündigungsfrist im neuen ArbVerh. bleibt der AG in Annahmeverzug, da dieses Leistungshindernis auf dem Annahmeverzug beruht (*Schnorr v. Carolsfeld* Anm. AP BGB § 615 Nr. 28). Leistungsunvermögen schließt den Annahmeverzug dann nicht aus, wenn der AG dieses herbeigeführt hat. Die Berufung auf Unvermögen des AN ist dann iSv. § 162 rechtsmissbräuchl. (Staudinger/*Feldmann* § 297 Rn. 17).

51 **dd) Anzeige der Arbeitsfähigkeit nach Erkrankung.** Während einer Erkrankung ist der AN leistungsunfähig. Annahmeverzug ist daher ausgeschlossen. Bei Erkrankung des AN im gekündigten ArbVerh. ist es str., ob der AN seine wiedergewonnene Arbeitsfähigkeit anzeigen und seine Arbeitsleistung anbieten muss. Das BAG bejahte dies früher und sah darin keine unbillige Pflicht des AN, da dieser sowieso nach den Vorschr. der LFZ dazu verpflichtet sei (BAG 27.1.1975 AP BGB § 615 Nr. 31).

52 Die **Rspr.**, die ein Angebot des AN im (unwirksam) gekündigten ArbVerh. gem. § 296 für nicht erforderl. hält, hat zunächst bei befristeter AU (BAG 19.4.1990 NZA 1991, 228) auf eine Anzeige des Leistungsvermögens verzichtet. Eine solche Anzeige gehöre nicht zu den positiven Voraussetzungen des Annahmeverzugs und zudem werde der AG gem. § 296 ohnehin über die Leistungsfähigkeit des Schuldners im Unklaren gelassen. Zweifel seien also gesetzesimmanent. Später hat das BAG seine Rspr. auf die Fälle der mehrfach befristeten (BAG 24.10.1991 NZA 1992, 403) und auch unbefristeten AU

ausgedehnt (BAG 24.11.1994 NZA 1995, 263; LAG BW 11.12.1990 LAGE BGB § 615 Nr. 28). Dies gilt allerdings nicht für das ungekündigte ArbVerh. (BAG 29.10.1992 EzA BGB § 615 Nr. 77; s. Rn. 31). Die Rspr. sieht in der Kündigung eine Zäsur, die den AN von den ihm sonst obliegenden Anzeige- und Nachweispflichten, etwa auch nach § 5 EFZG, befreit (BAG 24.11.1994 NZA 1995, 263).

In der **Lit.** findet diese Rspr. zumindest iE Zust. (*Bauer/Hahn* NZA 1991, 216, 218; *Konzen* Anm. AP BGB § 615 Nr. 34 und 35; *Ramrath* SAE 1992, 56 ff.), aber auch Ablehnung (*Stahlhacke* AuR 1992, 8, 12; diff. HWK/*Krause* Rn. 59). Es wird eingewendet, dass das BAG der Kündigung eine Bedeutung bei § 296 zukommen lässt, die sie nach der Konzeption der §§ 293 ff. nicht hat (*Ramrath* Anm. AP BGB § 615 Nr. 60). Der AG sei nicht vorleistungspflichtig und zudem sei die Warnfunktion der Anzeige bei Erkrankung auf unbestimmte Zeit unverzichtbar (*Misera* SAE 1995, 189 ff.). Ferner wird eingewendet, dass bei unbefristeter AU die Mitwirkungsobliegenheit des AG nicht mehr kalendarisch bestimmt oder bestimmbar ist (LAG HH 15.12.1992 LAGE BGB § 615 Nr. 33; MüKoBGB/*Henssler* Rn. 31; *Eisemann* ArbRGeg. 19, 33, 47; *Ramrath* Anm. AP BGB § 615 Nr. 60; ähnl. HWK/*Krause* Rn. 59). 53

Der BAG-Rspr. ist insoweit zuzustimmen, als bei konsequenter Anwendung des § 296 allein die Leistungsfähigkeit entscheidend und eine Anzeige nicht erforderl. ist. Der AG muss daher nach einer (unwirksamen) Kündigung den AN von sich aus **zur Wiederaufnahme der Arbeit auffordern,** wenn er nicht in Annahmeverzug geraten möchte. Die Rspr. hat auch bisher schon auf die Mitt. der Leistungsfähigkeit verzichtet, wenn der AG eindeutig die Weiterbeschäftigung ablehnt und eine nochmalige Mitt. nur noch Förmelei wäre (BAG 9.8.1984 NZA 1985, 119; s. Rn. 34). 54

3. Nichtannahme der Arbeitsleistung. a) Begriff. Unter Nichtannahme ist jedes Verhalten zu verstehen, das den Erfüllungseintritt verhindert (MüArbR/*Boewer* § 69 Rn. 23; Soergel/*Wiedemann* § 293 Rn. 8). Es ist weder ein abl. Realakt noch eine geschäftsähnl. Handlung erforderl. Es reicht vielmehr die „nackte Tatsache der Nichtannahme aus“ (Motive II S. 68, 69), soweit nicht die Ausnahme der vorübergehenden Annahmehinderung gem. § 299 einschlägig ist. Im ArbR ist dies aber nur nach einem Arbeitskampf von praktischer Relevanz (MüKoBGB/*Henssler* Rn. 43). 55

Unerhebl. ist, ob den AG ein Verschulden trifft. Ein **Irrtum** des AG über die tats. oder rechtl. Lage ist daher unbedeutend (BAG 10.5.1973 AP BGB § 615 Nr. 27; LAG D 8.4.1993 LAGE BGB § 615 Nr. 39). Die Annahme, der AN sei krankheitsbedingt arbeitsunfähig, ist unbeachtl., auch wenn dieser selbst Zweifel an seiner Arbeitsfähigkeit hat (BAG 10.5.1973 AP BGB § 615 Nr. 27). 56

Annahme liegt nach der Rspr. (BAG 14.11.1985 NZA 1986, 637; Staudinger/*Feldmann* § 293 Rn. 14) nur dann vor, wenn der AG die Leistung als Erfüllung aus dem bestehenden ArbVerh. annimmt. Dies führt dahin, dass der AG nach einer Kündigung, deren Wirksamkeit str. ist, nur bei gleichzeitiger Rücknahme der Kündigung die Arbeitsleistung wirksam annehmen kann (BAG 14.11.1985 NZA 1986, 637; s. Rn. 67; zT abl. *Kraft* Anm. EzA BGB § 615 Nr. 53; s. Rn. 68). 57

b) Einzelfälle. Nichtannahme liegt insb. bei allen **rechtswidrigen Ablehnungserkl.** vor, etwa bei einer rechtswidrigen Aussperrung oder rechtswidriger Kurzarbeit. Liegt bei AZKonten die Vorgabe der AZVerteilung beim AG, kommt er in Annahmeverzug, wenn er diese nicht vornimmt (BAG 26.1.2011 NZA 2011, 640). Entspr. gilt bei einer unwirksamen Verlegung der AZ, etwa bei Stilllegung des Betriebs zwischen Weihnachten und Neujahr und entspr. Vorholarbeit in der Zeit zuvor (BAG 3.3.1964 AP BGB § 324 Nr. 1, das aber den Lohnanspruch wegen Verschuldens aus § 324 befürwortet). Wird ein arbeitsbereiter, aber nicht urlaubsberechtigter AN in den Betriebsferien zurückgewiesen, kann der AG in Annahmeverzug geraten (BAG 30.6.1976 AP BUrlG § 7 Betriebsferien Nr. 3). Gleiches gilt, wenn es dem AN während einer Betriebsfeier nicht mögl. ist, seine Arbeitsleistung zu erbringen. Ordnet der AG ohne Zust. des BR vorzeitig die Rückkehr von Wechselschicht zu NormalAZ an, hat er die bei Wechselschicht fälligen Zeitzuschläge idR wegen Annahmeverzugs fortzuzahlen (BAG 18.9.2002 AP BGB § 615 Nr. 99). Die fehlende Zust. des BR nach § 99 I BetrVG zu einer Einstellung bewirkt nach der Rspr. (BAG 2.7.1980 AP GG Art. 33 II Nr. 9) nur ein Beschäftigungsverbot und keine schwebende Unwirksamkeit. Der AG gerät bei Nichtannahme aus diesem Grund in Annahmeverzug (MüArbR/*Boewer* § 69 Rn. 12). Die Nichtannahme unerlaubter Arbeit ist immer mögl., ohne dass der AG in Annahmeverzug kommt (Soergel/*Wiedemann* § 293 Rn. 10). 58

Nichtannahme liegt vor bei einer **unwirksamen Änderungskündigung**, unabhängig davon, ob der AN das Änderungsangebot unter Vorbehalt akzeptiert hat. Dies folgt aus § 8 KSchG, der eine rückwirkende Unwirksamkeit der Änderungskündigung festlegt. In der Zuweisung nicht geschuldeter Arbeit besteht keine Annahme (BAG 10.4.1963 AP BGB § 615 Nr. 23). Zu beachten ist in diesem Zusammenhang, dass bei Feststellung der Unwirksamkeit einer Beendigungskündigung wegen Missachtung des ultima-ratio-Prinzips nicht gleichzeitig die Änd. der Arbeitsbedingungen festgestellt wird (BAG 27.1.1994 NZA 1994, 840). 59

Bei einer einseitigen (unwirksamen) **Arbeitsfreistellung** liegen die Voraussetzungen des § 615 ebenfalls vor (BAG 6.9.2006 NZA 2007, 36; hierzu *Nägele* NZA 2008, 1039), wenn der AN iSd. § 297 leistungsfähig ist (BAG 23.1.2008 NZA 2008, 595). Ebenso ist dies der Fall, wenn der AG die vertragl. geschuldete Arbeit nicht abruft (BAG 8.10.2008 EzA BGB 2002 § 615 Nr. 27; 26.1.2011 NZA 2011, 60

640). Der AG verzichtet mit der Aufhebung der Arbeitspflicht bei fortbestehendem ArbVerh. auf die Erbringung und das Angebot der Arbeitsleistung mit der Folge, dass er auch ohne tats. oder wörtl. Angebot der Arbeitsleistung in Annahmeverzug gerät (BAG 15.5.2013 NZA 2013, 1076 Rn. 25; 26.6.2013 AP BGB § 615 Nr. 132;) Eine solche Erkl. beinhaltet keine Urlaubsgewährung (zur Freistellung unter Anrechnung bestehender Urlaubsansprüche vgl. BAG 6.9.2006 NZA 2007, 36). Zur Begr. des Annahmeverzugs bedarf es bei der unwiderrufl. Freistellung in der Kündigungserkl. keines wörtl. Angebots (§ 295 S. 1) der Arbeitsleistung durch den AN, da der AG erkennen lässt, unter keinen Umständen zur Weiterbeschäftigung des AN bereit zu sein. Eine Erkl. des AG zur Erfüllung des Anspruchs auf Urlaubsgewährung muss eindeutig und bestimmt sein (BAG 25.1.1994 NZA 1994, 652). Die Auslegung der Freistellungserkl. des AG kann ergeben, dass dem AN für die gesamte Dauer der Kündigungsfrist Urlaub erteilt werden sollte (BAG 14.3.2006 NZA 2006, 1008). Das setzt die unwiderrufl. Freistellung voraus. Legt der AG in seiner Freistellungserkl. die genaue zeitl. Lage des Urlaubs nicht fest, ist idR anzunehmen, dass dem AN die Festlegung der zeitl. Lage der Urlaubstage innerhalb des vorbehaltlos gewährten Freistellungszeitraums überlassen will (BAG 6.9.2006 NZA 2007, 36). Eine Anrechnung eines etwaigen Zwischenverdienstes des AN ist hins. des Urlaubsentgelts ausgeschlossen. Eine Arbeitsfreistellung gilt idR nicht für unbegrenzte Zeit. Insb. wird ein AG bei einer Arbeitsfreistellung nicht an eine AU wegen Erkrankung denken, da für diese Zeit keine Freistellung nötig wäre. Da der AN im Falle der Erkrankung nur einen Anspruch auf LFZ für sechs Wochen hat (§ 3 I EFZG), kann der Verzicht des AG keine weitergehende Bedeutung haben (LAG K 10.10.1990 LAGE BGB § 615 Nr. 25).

61 Nicht ausreichend ist die Annahme der Arbeitsleistung, wenn der AG nicht bereit ist, selbst seinen Verpflichtungen nachzukommen (§ 298). Dies gilt zB bei Vorschüssen auf Auslagen, Fahrtkosten, rückständigen Lohnzahlungen. Der AN hat ein **Leistungsverweigerungsrecht**, das er aber geltend machen muss.

62 **c) Unzumutbarkeit der Annahme.** Annahmeverzug ist nach der Rspr. nur dann gegeben, wenn der AG die Annahme der angebotenen Leistung ungerechtfertigt verweigert. Ein vom Recht anerkannter Grund ist ein nicht ordnungsgemäßes Angebot oder ein Angebot, das unter solchen Umständen erfolgt, dass der AG nach Treu und Glauben die Arbeitsleistung nicht anzunehmen braucht (BAG [GS] 26.4.1956 AP MuSchG § 9 Nr. 5). Die vorherrschende Meinung interpretiert das vorst. Urt. so, dass der AG berechtigt ist, die Arbeitsleistung abzulehnen, wenn ihm die Beschäftigung unzumutbar ist (BAG 29.10.1987 NZA 1988, 465; MüArbR/*Boewer* § 69 Rn. 26; BAG 16.4.2014 NZA 2014, 1082 für den Fall eines ungewöhnl. schweren Verstoßes gegen Verhaltenspflichten, hier: mehrjährige Untreue eines Buchhalters). Rechtsdogmatisch richtiger und mit dem Kündigungsschutz konform gehend ist es, bei unzumutbaren Verhaltensweisen des AN bereits ein ordentl. Angebot abzulehnen (*Hueck* Anm. AP MuSchG § 9 Nr. 5; *Konzen/Weber* Anm. AP BGB § 615 Nr. 42). Das gilt zumindest für solche Gründe, die erst nach dem Verhalten, das zur Kündigung führte, aufgetreten sind. Die unterschiedl. Einordnung hat Auswirkungen auf die Beweislast. Für ein ordnungsgemäßes Angebot ist der AN beweispflichtig, für die Unzumutbarkeit der Annahme hingegen der AG.

63 Unzumutbarkeit ist nur anzunehmen, wenn der Grund schwerer wiegt als der für die fristlose Kündigung, da ansonsten die sonstigen Unwirksamkeitsgründe iSv. § 13 III KSchG weitgehend sanktionslos blieben (BAG 29.10.1987 NZA 1988, 465). Bejaht wurde die Unzumutbarkeit etwa bei einem Totschlagsversuch einer Schwangeren gegen den AG oder beim dringenden Verdacht des sexuellen Missbrauchs von Kleinkindern in einer Kindertagesstätte durch einen Erzieher (LAG BE 27.11.1995 NZA-RR 1996, 283, 285). Es reicht nicht jedes Verschulden des AN aus, auch nicht die falsche Bestrahlung von Patienten durch einen Chefarzt (LAG HM 18.7.1991 LAGE BGB § 615 Nr. 29) oder schwerer Diebstahl durch einen Betriebsleiter (BAG 29.10.1987 NZA 1988, 465). Bei einem weniger schwerwiegenden Grund kann aber eine Kündigung unter Beachtung der einschlägigen Verfahrensvoraussetzungen oder eine Suspendierung der Beschäftigungspflicht bei LFZ in Betracht kommen (LAG HM 18.7.1991 LAGE BGB § 615 Nr. 29; *Konzen/Weber* Anm. AP BGB § 615 Nr. 42).

64 Entgegen LAG HM (8.9.1995 NZA-RR 1996, 281, 282; das Gericht hält auch eine Gleichstellung mit einer rechtl. Unmöglichkeit für mögl.) ist die Annahme der angebotenen Arbeitsleistung selbst dann nicht unzumutbar, wenn in einem ärztl. Attest ein Wechsel des Arbeitsplatzes als dringend erforderl. angesehen wird, zB wegen bes. Empfindlichkeit gegen Staub, Dampf uä. Anderes soll sich auch nicht aus **Gründen der Fürsorgepflicht** oder wegen mögl. Haftungsrisiken ergeben. Vielmehr leite sich aus der Fürsorgepflicht des AG die Pflicht ab, Arbeitsräume so einzurichten und zu unterhalten, dass der AN gegen arbeitsbedingte Gefahren für Leben und Gesundheit geschützt ist. Etwas anderes soll nur gelten, wenn das ärztl. Attest AU bescheinigt (BAG 17.2.1998 NZA 1999, 33).

65 **4. Beendigung des Annahmeverzugs. a) Grundsätzliches.** Die Beendigung des Annahmeverzugs ist nicht ges. geregelt. Beim ArbVerh. als Dauerschuldverhältnis ist genau genommen auch kein Ende des Annahmeverzugs mögl., vielmehr fallen nur die Voraussetzungen für den Annahmeverzug weiterer Arbeitsleistungen fort (Staudinger/*Richardi/Fischinger* Rn. 127). Soweit bereits Rechtsfolgen eingetreten sind, bleiben diese bestehen (Staudinger/*Feldmann* § 293 Rn. 34).

Der AG muss das beseitigen, was den Annahmeverzug begr. hat, insb. muss er das Versäumte nachholen (*Peter* DB 1982, 488, 490). Der Annahmeverzug wird daher **ex nunc beendet**, wenn das ArbVerh. endet oder der AG die Leistungen des AN als Erfüllung annimmt bzw. die Mitwirkungshandlungen vornimmt (BAG 14.11.1985 NZA 1986, 637). Nach dem BAG beendet auch die nachträgl. Unmöglichkeit der Arbeitsleistung den Annahmeverzug (BAG 18.8.1961 AP BGB § 615 Nr. 20). Ein Ende tritt daher mit den Voraussetzungen des Leistungsunvermögens iSv. § 297 ein. Bei witterungsbedingter Schließung eines Betriebes kann der AN idR eine Wetterbesserung selbst feststellen, ohne dass es einer Aufforderung des AG zur Beendigung des Annahmeverzugs bedarf. 66

b) Annahme der Arbeitsleistung. Annahme liegt nach der Rspr. nur dann vor, wenn der AG die Leistung **als Erfüllung** aus dem bestehenden ArbVerh. annimmt (BAG 14.11.1985 NZA 1986, 637; 7.11.2002 AP BGB § 615 Nr. 98; 24.9.2003 NZA 2004, 90). Nimmt der AG weniger Arbeitsleistung an, als der AN schuldet, kommt er tw. in Annahmeverzug (BAG 7.11.2002 NZA 2003, 1139). Ist die Wirksamkeit einer Kündigung str., muss der AG bei der Annahme unmissverständl. klarstellen, dass er zu Unrecht gekündigt habe (BAG 14.11.1985 NZA 1986, 637; 19.9.2012 NZA 2013, 101). Die faktische oder bedingte Entgegennahme reicht nicht aus. Es ist erforderl., dass die Rechtsgrdl. feststeht, auf Grund derer die Leistung erbracht und angenommen wird. Zur Beendigung des Annahmeverzugs reicht daher nicht aus, dass der AG für die Dauer des Kündigungsschutzprozesses ein bloß faktisches oder befristetes bzw. ein durch die Feststellung der Wirksamkeit der Kündigung auflösend bedingtes ArbVerh. anbietet (BAG 14.11.1985 NZA 1986, 637; 24.9.2003 NZA 2004, 90). Gleiches gilt, wenn der AG nur eine Weiterbeschäftigung nach § 102 V BetrVG oder auf Grund des allg. Weiterbeschäftigungsanspruchs anbietet (BAG 14.11.1985 NZA 1986, 637). Auch hier wird deutl., dass die Arbeitsleistung nicht zur Erfüllung des urspr. Vertrags angenommen wird (**aA** *Opolony* DB 1998, 1714). 67

Diese Rspr. findet beachtl. Kritik (HWK/*Krause* Rn. 70; MüKoBGB/*Henssler* Rn. 41; *Gaul* Anm. EzA BGB § 615 Nr. 46; *Löwisch* DB 1986, 2433 ff.; *Schäfer* JuS 1988, 265, 267). Die Annahme könne unter der auflösenden Bedingung rkr. Abweisung der Kündigungsschutzklage und mithin des Fortbestands des gekündigten ArbVerh. erfolgen (HWK/*Krause* Rn. 70). Zur Erfüllung sei nur eine entspr. Zweckbestimmung des Schuldners erforderl. (*Waas* NZA 1994, 151, 157). Konsequenz dieser Rspr. sei zudem, dass der AG bei einer Weiterbeschäftigung zu bisherigen Bedingungen seine fristlose Kündigung in Frage stellt (*Stahlhacke* AuR 1992, 8, 14). Beschäftigt der AG den gekündigten AN trotz ungewissen Prozessausgangs, so besteht grds. die Gefahr, dadurch den Ausgang des Kündigungsschutzprozesses faktisch zu präjudizieren (BAG [GS] 27.2.1985 NZA 1985, 702). Hiergegen könnte eingewendet werden, dass nur bei einer unwirksamen Kündigung dieses Problem erscheint und der AG die Folgen einer unwirksamen Kündigung selbst verschuldet hat und der ungewisse Ausgang des Kündigungsschutzprozesses zum übl. Gläubigerrisiko gehöre. Der Rspr. kann iE gefolgt werden, denn die Annahme kann nicht losgelöst vom ArbVerh. gesehen werden. Das finanzielle Risiko des AG wird zudem durch eine entspr. Anwendung des § 615 S. 2 ausgegl. (insoweit zust. Soergel/*Wiedemann* § 293 Rn. 15). Die Ablehnung einer Weiterbeschäftigung zu den bisherigen Bedingungen wird idR als böswillig anzusehen sein. 68

c) Beendigung des Arbeitsverhältnisses. Die Voraussetzungen des Annahmeverzugs fallen mit Beendigung des ArbVerh. weg, etwa bei Vertragsaufhebung auf Grund einer Vereinb. oder eines Vergleichs. Gleiches gilt bei **Auflösung durch Urt.** iSv. § 9 KSchG (BAG 24.6.2015 NZA 2016, 108 Rn. 32). Das Gericht hat gem. § 9 II KSchG den Zpkt. der Auflösung festzusetzen. Damit werden dem AN rückwirkend bis zu diesem Zpkt. seine Ansprüche aus § 615 S. 1 abgeschnitten, ohne dass die Abfindungshöhe den Verlust immer kompensiert. Die Bestimmung ist mit dem GG vereinbar (BVerfG 29.1.1990 NZA 1990, 535; BAG 16.5.1984 NZA 1985, 60; MüArbR/*Boewer* § 69 Rn. 33). Der Annahmeverzug wird nicht durch Betriebsübergang beendet. Der neue AG muss sich nicht nur rechtl. Beziehungen, sondern auch tats. Begebenheiten zurechnen lassen (BAG 21.3.1991 NZA 1991, 726; s. Rn. 11). 69

Das ArbVerh. wird bei einer an sich sozial nicht gerechtfertigten Kündigung durch die **rückwirkende Heilung** gem. § 7 KSchG beendet, wenn der AN die Kündigungsschutzklage verspätet erhebt. Die Fiktionswirkung des § 7 KSchG tritt aber nicht bei nachträgl. Zulassung der Klage gem. § 5 KSchG ein. Annahmeverzug scheidet daher bei erfolgreicher, zugelassener Klage nicht aus (BAG 24.11.1994 NZA 1995, 263). 70

Das ArbVerh. wird beendet, wenn eine unwirksame außerordentl. Kündigung gem. § 140 in eine wirksame ordentl. Kündigung umgedeutet werden kann. Mit der gerichtl. Feststellung der Unwirksamkeit einer Kündigung endet der Annahmeverzug nicht automatisch. Der AG muss ferner seine Annahmebereitschaft erklären und den AN zur Fortsetzung des ArbVerh. auffordern (BAG 21.3.1985 NZA 1985, 778; MüArbR/*Boewer* § 69 Rn. 29). Wird die Unwirksamkeit der Kündigung in einem gerichtl. Vergleich festgestellt, und lehnt der AG die Annahme der Arbeit nicht mehr ab, wird der Annahmeverzug mit Ablauf der Widerrufsfrist beendet (LAG RP 3.11.1992 LAGE BGB § 615 Nr. 35). Ein solcher gerichtl. Vergleich führt erst dann zur Beendigung des Annahmeverzugs, wenn der AG die ihm obliegende Mitwirkungshandlung vornimmt (LAG BB 26.9.1996 LAGE BGB § 615 Nr. 50). 71

72 Nicht erforderl. ist, dass der AG ausdr. die Nachzahlung des Lohns anbietet. Der AN kann aber bis zur Zahlung der rückständigen Vergütung ein Zurückbehaltungsrecht iSv. § 273 geltend machen, so dass der AG bis zur Zahlung nach § 298 im Annahmeverzug bleibt (BAG 21.5.1981 AP BGB § 615 Nr. 32). Ein **Leistungsverweigerungsrecht** kann sich auch bei Verletzung der Fürsorgepflicht ergeben (BAG 7.6.1973 AP BGB § 615 Nr. 28). Der AN muss sich auf das Leistungsverweigerungsrecht berufen, ansonsten bleibt es unbeachtl. (BAG 7.6.1973 AP BGB § 615 Nr. 28).

73 Macht der AN von seinem **Sonderkündigungsrecht** gem. § 12 S. 1 KSchG Gebrauch, hat er nach § 11 S. 3 KSchG nur einen Vergütungsanspruch bis zum Zpkt. des Eintritts in das neue ArbVerh. Andererseits kann der AN sein altes ArbVerh. fortsetzen wollen. Dann muss er zunächst dem neuen AG kündigen. Bis zur Beendigung dieses ArbVerh. behält der AN seinen Vergütungsanspruch aus § 615 S. 1, denn das Leistungsunvermögen beruht auf der Nichtannahme des AG.

74 Entbindet das Gericht den AG von seiner Weiterbeschäftigungspflicht nach § 102 V 2 BetrVG, bleiben die Rechtsbeziehungen gem. §§ 611, 615 unberührt. Der Annahmeverzug endet daher nicht automatisch, wenn die Kündigung unwirksam ist (LAG RP 11.1.1980 BB 1980, 415; MüArbR/*Boewer* § 69 Rn. 31). Andererseits besteht das ArbVerh. gem. § 102 V BetrVG auch bei einer wirksamen Kündigung kraft G bedingt weiter. Bei § 102 V BetrVG handelt es sich um eine Gestaltungsklage. Die Änd. wirkt ex nunc und lässt den Annahmeverzug für die Zeit vor der Entbindungsentsch. nicht rückwirkend entfallen (BAG 7.3.1996 NZA 1996, 930).

III. Rechtsfolgen des Annahmeverzugs

75 **1. Der Vergütungsanspruch.** Nach § 615 S. 1 hat der AN Anspruch auf die Vergütung, ohne zur Nachleistung verpflichtet zu sein. Es handelt sich um den urspr. Erfüllungsanspruch (BAG 5.9.2002 NZA 2003, 973). Da der Anspruch nicht auf Schadensersatz gerichtet ist, findet § 254 keine Anwendung. Der Annahmeverzugslohn unterliegt dem Steuer- und SozVersRecht sowie den Pfändungsvorschr. der §§ 850 ff. ZPO wie jeder Vergütungsanspruch (MüArbR/*Boewer* § 69 Rn. 34). Durch Annahmeverzug entgangene „Erwerbschancen" (zB Privatliquidationsrechte eines Arztes) sind keine Vergütung iSd. S. 1. Die durch (unwirksame) Kündigung unmögl. gewordenen Erwerbschancen können jedoch zu Schadensersatzansprüchen nach §§ 280 I, 283 führen (BAG 15.9.2011 NZA 2012, 377).

76 **a) Höhe des Anspruchs.** Der Anspruch geht auf die **Bruttovergütung** (LAG HM 16.6.1988 DB 1988, 2316). Für die Höhe des Vergütungsanspruchs gilt das **Lohnausfallprinzip** (MüKoBGB/*Henssler* Rn. 51; Staudinger/*Richardi/Fischinger* Rn. 135). Die Rechtslage ist mit der bei der EFZ im Krankheitsfalle vergleichbar (BAG 23.6.1994 NZA 1995, 468). Der AN ist grds. so zu vergüten, als ob er gearbeitet hätte. Der Anspruch umfasst daher das Bruttogehalt einschl. Provisionen, Gratifikationen, Umsatzprämien, Tantiemen (HWK/*Krause* Rn. 81; für Weihnachtsgratifikationen s. BAG 18.1.1963 AP BGB § 615 Nr. 22) sowie Gefahren- und Erschwerniszulagen. Vgl. zum Anspruch auf EFZ bei flexibler AZ BAG 13.2.2002 NZA 2002, 683.

77 Wird die Arbeit im **Zeitlohn** vergütet, ist der regelm. Verdienst zu zahlen, einschl. zwischenzeitl. Lohnerhöhungen. Bei **leistungsabhängiger Vergütung** umfasst der Anspruch den Verdienst, den der AN erzielt hätte. Dieser hypothetische Lohn ist gem. § 287 II ZPO zu schätzen, da leistungsabhängiger Verdienst Schwankungen unterliegt (BAG 29.9.1971 AP FeiertagslohnzahlungsG § 1 Nr. 28; MüArbR/*Boewer* § 69 Rn. 35). Dazu kann der Durchschnittsverdienst des AN der letzten Monate berücksichtigen werden (BAG 18.9.2001 NZA 2002, 268; Schaub/*Linck* § 95 Rn. 65). Allerdings ist dies nur ein Hilfsmittel im Ermessensspielraum des Gerichts innerhalb von § 287 II ZPO. Der Regelverdienst darf nicht das Lohnausfallprinzip ersetzen (*Schlüter* Anm. AP FeiertagslohnzahlungsG § 1 Nr. 28). Es kann auch auf einen vergleichbaren AN abgestellt werden (MüKoBGB/*Henssler* Rn. 56).

78 Zu zahlen sind alle **Leistungen mit Entgeltcharakter** (MüArbR/*Boewer* § 69 Rn. 36; *Schaub* ZIP 1981, 347, 350). Die Möglichkeit der privaten Nutzung eines Dienstwagens ist daher nach dem Nutzwert abzugelten (offengelassen in BAG 5.9.2002 NZA 2003, 973: Anspruch des AN auf vorenthaltene Nutzung aus § 615 oder schadensrechtl. Normen; s. hier noch § 611 Rn. 661 f.). Zu vergüten ist auch der Wert von Sachbezügen. Es kann auf amtl. Sachbezugswerte Bezug genommen werden (MüArbR/*Boewer* § 69 Rn. 36). Nicht erfasst werden solche Leistungen, die davon abhängig sind, dass der AN tats. arbeitet oder dass ihm tats. Aufwendungen entstehen (*Schaub* ZIP 1981, 347, 350). Hier sind insb. Schmutzzulagen, Fahrkosten, Essenszuschüsse, Aufwendungs- und Spesenersatz oder von Dritten gezahlte Trinkgelder (BAG 19.3.2008 NZA 2008, 757; LAG HH 13.2.2008 BeckRS 2008, 56424) zu nennen. Eine Einsatzzulage, die ganz wesentl. zur Abgeltung der Mehraufwendungen für Wohnung und Verpflegung für Auslandsmitarbeiter dient, fällt nicht unter § 615 S. 1 (BAG 30.5.2001 EzA BGB § 615 Nr. 104).

79 Ist ein wörtl. Angebot gem. § 295 erforderl., kommt es bei verspätetem Zugang zu Lohnausfällen. Entstehen dem AN wegen der Nachzahlung finanzielle Nachteile, etwa eine erhöhte Abgabenpflicht, erhöht sich der Lohnanspruch nicht nach § 615, aber es kann ein Schadensersatzanspruch wegen Schuldnerverzugs nach §§ 280 I, II, 286 in Betracht kommen.

b) Zahlung des Annahmeverzugslohns. Die **Fälligkeit** des Annahmeverzugslohns bestimmt sich nach dem Zpkt., in dem der Lohn bei ordnungsgemäßer Abwicklung fällig geworden wäre (BAG 7.11.1991 NZA 1992, 1025; 24.6.2015 NZA 2015, 1256 Rn. 12). Das gilt auch im Falle eines Betriebsübergangs (BAG 13.2.2003 NZA 2003, 1295). Der Fälligkeitszpkt. ist maßgebend für den Beginn der Verjährung und zudem für tarifl. oder individualrechtl. Ausschlussfristen. 80

Um die Verjährung durch Klage iSv. § 204 zu hemmen, ist die Erhebung einer Zahlungsklage erforderl. Eine Kündigungsschutzklage ist insofern wirkungslos (BAG 24.6.2015 NZA 2015, 1256; s. §§ 194 bis 218 Rn. 18). Eine Kündigungsschutzklage kann ausreichend sein, soweit eine tarifl., sog. **einstufige Ausschlussfrist** nur eine formlose oder schriftl. Geltendmachung verlangt (§§ 194 bis 218 Rn. 62). Das schriftl. Verlangen der Weiterbeschäftigung eines Mitglieds der Jugend- und Auszubildendenvertretung reicht für die Geltendmachung des Vergütungsanspruchs wegen Annahmeverzugs aus (BAG 19.8.2015 NZA 2015, 1465). Bei den sog. **zweistufigen Ausschlussfristen** hat der AN seinen Lohnanspruch nach erfolgloser schriftl. Geltendmachung innerhalb einer Frist gerichtl. geltend zu machen (§§ 194 bis 218 Rn. 63 ff.). Nach neuester Rspr. verlangt das in einer einzelvertragl. Ausschlussfrist in der zweiten Stufe enthaltene Erfordernis des Einklagens von Annahmeverzugsansprüchen, die von einem Kündigungsschutzprozess abhängen, ledigl. die Erhebung der Kündigungsschutzklage selbst. Der AN könne – wie bei der schriftl. Geltendmachung – davon ausgehen, dass die Erhebung einer Kündigungsschutzklage eine Geltendmachung von hiervon abhängigen Ansprüchen auf Annahmeverzugsvergütung beinhaltet, da die Kündigungsschutzklage zugleich und gerade auch auf die Sicherung der Ansprüche gerichtet ist, die durch den Verlust der Arbeitsplatzes möglicherweise verlorengehen (BAG 19.3.2008 NZA 2008, 757). 81

c) Verzicht auf den Annahmeverzugslohn. Die Möglichkeit der Abbedingung des § 615 S. 1 zeigt, dass grds. auch der nachträgl. Verzicht zulässig sein muss, obwohl kollektivrechtl. Ansprüche gem. §§ 4 TVG, 77 BetrVG unverzichtbar sind. Gleiches gilt für die rückwirkende Aufhebung des ArbVerh. für die Zeit des Annahmeverzugs. Die Ansprüche des AN gehen aber auf einen ör. Leistungsträger so über, wie sie zum Zpkt. der cessio legis bestehen (s. Rn. 94). Der Leistungsträger wird also von einer vereinbarten rückwirkenden Änd. nicht betroffen (BAG 17.4.1986 NZA 1987, 17). 82

2. Die Anrechnung. a) Grundsätzliches. Nach § 615 S. 2 muss der AN sich auf den Annahmeverzugslohn anrechnen lassen, was er infolge des Unterbleibens der Arbeit erspart oder durch anderweitige Verwendung seiner Arbeitskraft erwirbt, sog. Zwischenverdienst, oder zu erwerben böswillig unterlässt. Zweck der Vorschr. ist, dass der AN aus dem Annahmeverzug keinen Vorteil zieht. Er soll nicht mehr erhalten, als er bei ordnungsgemäßer Abwicklung des ArbVerh. erhalten hätte (BAG 6.9.1990 NZA 1991, 221). Die Regelung enthält den gleichen Rechtsgedanken wie die § 326 II 2, § 74c HGB, § 11 KSchG und stimmt mit diesen im Wesentlichen überein (BAG 6.2.1964 AP BGB § 615 Nr. 24). Neuerdings wendet das BAG die Vorschr. auf **Urlaubsansprüche analog** an (in der Situation des DoppelArbVerh. BAG 21.2.2012 NZA 2012, 793). Die Anrechnung ist weder eine Aufrechnung noch ein anderes Rechtsgeschäft. Der Anspruch auf den Annahmeverzugslohn wird vielmehr **automatisch gekürzt** (Palandt/*Weidenkaff* Rn. 18). Pfändungsgrenzen iSv. §§ 850 ff. ZPO bleiben dabei unberücksichtigt (MüArbR/*Boewer* § 69 Rn. 45). Dem AG kann ein Anspruch nach **Bereicherungsrecht** gem. § 812 I 1 zustehen, falls er erst nach Zahlung des Annahmeverzugslohns von einem anzurechnenden Zwischenverdienst erfährt (BAG 29.7.1993 NZA 1994, 116; MüArbR/*Boewer* § 69 Rn. 47). 83

b) Verhältnis zu § 11 KSchG. § 11 KSchG ist **lex specialis** ggü. § 615 S. 2 (*Schaub* ZIP 1981, 347). Die Sonderregelung verdrängt § 615 S. 2, soweit das KSchG zur Anwendung kommt (BAG 6.9.1990 NZA 1991, 221), dh. wenn es um das Arbeitsentgelt geht, das der AG dem AN für die Zeit nach dem Ausspruch der Kündigung schuldet. Grund und Höhe des Annahmeverzugslohns bestimmen sich aber nach § 615 S. 1 (Staudinger/*Richardi/Fischinger* Rn. 17). Trotz des nicht identischen Wortlauts sind die Vorschr. inhaltl. weitgehend deckungsgleich (BAG 24.9.2003 NZA 2004, 90; 11.10.2006 NZA 2007, 1392). Wird das ArbVerh. durch Prozessvergleich beendet, findet § 11 KSchG mangels Entsch. des Gerichts über dessen Fortbestand keine Anwendung (BAG 24.2.2016 BeckRS 2016, 68473 Rn. 13). 84

Im Gegensatz zu § 615 S. 2 sind ersparte Aufwendungen (insb. Fahrtkosten) nach § 11 KSchG nicht anzurechnen. Der Gesetzgeber hat auf diese Anrechnung im KSchG bewusst verzichtet. Die Ungleichbehandlung von AN in Kleinbetrieben (§ 23 I 2 bis 4 KSchG) und im Anwendungsbereich des KSchG beschäftigter AN hält LAG N (9.3.2010 DB 2010, 1070) für **verfassungswidrig** (Art. 3 I GG) und hat § 615 S. 2 dem BVerfG zur Normenkontrolle (Art. 100 I GG) vorgelegt (iE ebenso MüKoBGB/*Henssler* Rn. 65). Die Vorlage hat das BVerfG als unzulässig verworfen (BVerfG 24.6.2010 NZA 2010, 1004). Die Anrechnung ör. Leistungen ist ausdr. in § 11 Nr. 3 KSchG normiert. Diese Regelung hat aber heute wegen des ges. Forderungsübergangs nach § 115 SGB X keine bes. Bedeutung mehr (MüArbR/*Boewer* § 69 Rn. 41). Diese Anrechnung findet deswegen auch in § 615 S. 2 Anwendung. Im Unterschied zu § 615 S. 2 ist § 11 KSchG nicht dispositiv, soweit dies für den AN nachteilig wäre (MüArbR/*Boewer* § 78 Rn. 57). 85

86 c) **Abdingbarkeit.** Die Vorschr. des § 615 S. 2 ist abdingbar (BAG 6.2.1964 AP BGB § 615 Nr. 24), auch zum Nachteil des AN. Die Abbedingung muss aber zweifelsfrei vereinbart sein (BAG 6.2.1964 AP BGB § 615 Nr. 24; LAG SH 20.2.1997 LAGE BGB § 615 Nr. 52). Sie kann sich auch auf einzelne Bereiche des Verdienstes beschränken. Der formularmäßige Verzicht unterliegt einer Inhaltskontrolle nach § 307 (§§ 305 bis 310 Rn. 82).

87 In der einvernehml. und unwiderrufl. **Freistellung** in einem Vergleich kann ein Erlassvertrag iSv. § 397 vereinbart sein (LAG BB 17.3.1998 NZA 1999, 269; LAG HM 27.2.1991 LAGE BGB § 615 Nr. 26). Sowohl bei einem Erlassvertrag als auch bei einer einvernehml. Suspendierung liegen die Voraussetzungen für den Annahmeverzug nicht vor, da der AG keinen Anspruch auf die Arbeitsleistung hat. Es fehlt ein erfüllbares ArbVerh. Die Möglichkeit einer Anrechnung muss sich dann aus der Vereinb. oder durch erg. Auslegung ergeben (*Bauer/Baeck* NZA 1989, 784, 785; erg. Auslegung abgelehnt von LAG HM 11.10.1996 LAGE BGB § 615 Nr. 49).

88 Zu beachten ist aber, dass der AG den AN idR nicht besser als bei einem Annahmeverzug iSv. § 615 stellen will (*Bauer/Baeck* NZA 1989, 784, 785). Wird in einem Aufhebungsvertrag festgelegt, dass der AN bis zum Ablauf des Arbeitsvertrags bei Fortzahlung von der Arbeitsleistung freigestellt wird und er vorzeitig kündigen kann, so ist wegen der Kündigungsmöglichkeit der neue Verdienst anzurechnen (LAG HE 2.12.1993 LAGE BGB § 615 Nr. 42). Ohne eine solche Kündigungsmöglichkeit verzichtet der AG idR auf die Arbeitsleistung des AN und auf eine Anrechnung des neuen Verdienstes (LAG K 24.8.1991 NZA 1992, 123, 124). Bei einer einseitigen Freistellung gerät der AG aber in Annahmeverzug, falls nicht ein ordnungsgemäßes Angebot oder die Zumutbarkeit der Annahme zu verneinen ist (*Bauer/Baeck* NZA 1989, 784, 787; *Winderlich* BB 1991, 271, 272, die aber bei einem Wegfall der Beschäftigungspflicht einen Entgeltanspruch direkt aus § 611 bejaht).

89 d) **Anrechnungsumfang. aa) Ersparnisse.** Zu den Ersparnissen, die auf dem Annahmeverzug beruhen, gehören etwa entfallene Fahrkosten oder solche Kosten, die wegen nicht erforderl. Anschaffung von Berufskleidung entfallen. Wird eine Haushälterin während des Annahmeverzugs nicht mehr beschäftigt, fehlt der erforderl. Zusammenhang (LAG D 25.10.1955 BB 1956, 305). Zu beachten ist, dass im Anwendungsbereich des § 11 KSchG Ersparnisse nicht angerechnet werden.

90 **bb) Zwischenverdienst.** Anrechnungspflichtig ist nur ein Verdienst, für dessen Erzielung das Freiwerden der Arbeitskraft **kausal** war (BAG 6.9.1990 NZA 1991, 221). Der AN muss sich nur dasjenige anrechnen lassen, was in der AZ erworben wurde, in der er bei seinem AG zur Arbeitsleistung verpflichtet war (BAG 24.2.2016 BeckRS 2016, 68473 Rn. 16). Dabei ist auch der Zwischenverdienst aus einer höherwertigen als der eigentl. Beschäftigung voll anzurechnen (LAG D 1.9.2005 DB 2005, 2825). Der AN soll keinen Nachteil erleiden. Er ist so zu stellen, als ob das ArbVerh. normal weitergeführt worden wäre. Der AN kann daher auch Aufwendungen abziehen, die zur Erzielung des Zwischenverdiensts erforderl. waren. Der Anrechnungsumf. ist durch eine Vergleichsberechnung festzustellen, in die zugunsten des AN alle Ansprüche einzustellen sind, die der AN gegen den AG während des Annahmeverzugs erworben hat. Ein zwischenzeitl. Erlöschen wegen nicht rechtzeitiger Geltendmachung ist unerhebl. (BAG 24.8.1999 NZA 2000, 818). Nach Auff. des BAG soll die Gesamtberechnung aus Gründen der Billigkeit sicherstellen, dass der AN aus der anderweitigen Verwendung seiner Dienste keinen Gewinn auf Kosten des AG machen kann (krit. hierzu Rn. 92).

91 Ein Nebenverdienst bleibt unberücksichtigt, soweit er auch bei Erfüllung der Vertragspflichten mögl. gewesen wäre (BAG 6.9.1990 NZA 1991, 221), dies gilt insb. für TZBeschäftigte. Entspr. ist beim Entgelt für Überstunden zu beachten, die der AN auf seinem bisherigen Arbeitsplatz nicht hätte leisten müssen (*Schaub* ZIP 1981, 347, 350). Anrechnungsfähig sind nur Verdienste, die auf der Arbeitskraft beruhen, nicht Einkünfte aus Kapital (MüArbR/*Boewer* § 69 Rn. 44). Etwas anderes gilt dann, wenn die Vermögensverw. die gesamte Arbeitskraft in Anspruch nimmt (BAG 27.3.1974 AP BGB § 242 Auskunftspflicht Nr. 15). Wirft eine Tätigkeit während des Annahmeverzugs erst später einen Ertrag ab, kommt eine anteilmäßige Anrechnung in Betracht, zB auch bei einer zeitintensiven Vorbereitung auf die neue Arbeit (OLG D 30.12.1971 DB 1972, 181). Gleiches gilt bei aufschiebend bedingt entstandenen Provisionsansprüchen (LAG D 5.3.1970 DB 1970, 1277).

92 Angerechnet wird das anderweitige Bruttoeinkommen. Nach der Rspr. und der hL sind die Verdienste des **gesamten Zeitraums** anzurechnen, nicht jeweils für einzelne Zeitabschnitte (stRspr., BAG 24.2.2016 BeckRS 2016, 68473 Rn. 15; Staudinger/*Richardi/Fischinger* Rn. 160; **aA** LAG D 1.9.2005 DB 2005, 2825). Der AN solle keinen Vorteil aus dem Annahmeverzug ziehen, und das G sehe keine Anrechnung von Zeitabschnitten vor. Nach § 615 S. 2 seien die Verdienste anzurechnen, die der AN infolge des Annahmeverzugs erwirbt. Zum Zwecke der dafür erforderl. Vergleichsberechnung (Gesamtberechnung) sei zunächst die Vergütung für die infolge des Verzugs nicht geleisteten Dienste zu ermitteln. Dem sei das gegenüberzustellen, was der AN in der betr. Zeit anderweitig verdient hat (BAG 16.5.2012 NZA 2012, 971; 24.2.2016 NZA 2016, 687). Relevant ist diese Position, wenn der anderweitige Verdienst in einzelnen Zeitabschnitten den Annahmeverzugslohn übersteigt, in anderen Zeitabschnitten aber niedriger oder nicht vorhanden ist. Richtigerweise ist aber die Anrechnung nach **einzelnen Zeitabschnitten** vorzunehmen (LAG D 1.9.2005 DB 2005, 2825; *Boecken* NJW 1995, 3218, 3222; *Gravenhorst* Anm. EzA BGB § 615 Nr. 79; *Nübold* RdA 2004, 31, 32). Die Anrechnung nach

Zeitabschnitten erfolgt auch innerhalb des § 74c HGB. Die Verjährung erfolgt ebenfalls nach einzelnen Zeitabschnitten. In § 615 S. 2 ist ausdr. kein Anrechnungsprinzip festgelegt. Der AN erlangt aber für jeden Zeitabschnitt einen selbständigen Lohnanspruch, keinen Gesamtanspruch. Die Anrechnung erfolgt ebenfalls nur für die kausal im jeweiligen Zeitabschnitt freigewordene Arbeitskraft des AN. Der sich vertragswidrig verhaltende AG darf auch keinen Vorteil daraus ziehen, dass der AN seine Arbeitskraft zeitweise besser verkauft. Gleiches gilt in den Fällen, in denen der AN in jedem Zeitabschnitt des Verzugs einen höheren Verdienst hat (*Boecken* NJW 1995, 3218, 3222).

Wird der Annahmeverzug gem. § 12 S. 4 KSchG auf die Zeit bis zum Eintritt in ein neues ArbVerh. 93
beschränkt, so ist auch eine Anrechnung auf diesen Zeitraum begrenzt (BAG 19.7.1978 AP BGB § 242 Auskunftspflicht Nr. 16; MüArbR/*Boewer* § 69 Rn. 45). Der Zeitraum der Lohnzahlungspflicht und der Anrechnung sind zwangsläufig gleich (**aA** BAG 16.6.2004 NZA 2004, 1155 zur Anrechnung von Einkünften aus der Zeit nach Beendigung des ArbVerh., soweit sie auf Leistungen während des Annahmeverzugs des AG beruhen).

Zu berücksichtigen sind auch **ör. Leistungen**, wie dies auch ausdr. in § 11 Nr. 3 KSchG normiert ist. 94
Eine eigentl. Anrechnung findet aber nicht statt, da der Anspruch auf den Annahmeverzugslohn auf den Leistungsträger gem. § 115 SGB X übergegangen ist (Staudinger/*Richardi/Fischinger* Rn. 159). Wichtigster Fall ist die Gewährung von Alg. Nach § 157 I SGB III ruht der Anspruch auf Alg. für die Zeit, in der der Arbeitslose Arbeitsentgelt erhält oder zu beanspruchen hat. Der Anspruch des AN nach §§ 611, 615 geht deswegen iHd. Alg. auf die BA über. Der AG kann seine Einwendungen auch gegen den Leistungsträger geltend machen, soweit sie gem. § 115 SGB X iVm. den §§ 404, 412 übergegangen sind. § 157 I SGB III knüpft an das bestehende Rechtsverhältnis zwischen AN und AG an. Der Leistungsträger ist daher an die Privatautonomie und an deren Folgen gebunden, soweit sie als Einwendungen zum Zpkt. des Übergangs bestehen (BAG 17.4.1986 NZA 1987, 17). Der AN muss sich neben dem Nettobetrag des bezogenen Alg. (BAG 24.9.2003 NZA 2003, 1332) nicht auch die durch die BA als ANAnteil abgeführten Beiträge zur Kranken-, Pflege- und Rentenvers. anrechnen lassen (so aber LAG N 24.6.2003 ZTR 2004, 46 [LS]; **aA** BAG 4.12.2002 NZA 2004, 64 [LS]; 19.3.2008 NZA 2008, 757; 19.5.2010 NZA 2010, 939 [andernfalls dürften keine Verzugszinsen zugesprochen werden; s. a. Rn. 105]; LAG HM 18.6.1998 BeckRS 1998, 30461095; zur parallelen Anrechnung von Alg. und böswillig unterlassenem Erwerb nach § 11 S. 1 Nr. 2 KSchG vgl. BAG 11.1.2006 NZA 2006, 313). Das BAG hat es abgelehnt, nach § 11 Nr. 3 KSchG die Berufsunfähigkeitsrente anzurechnen, weil sie keine Leistung infolge Arbeitslosigkeit ist (BAG 24.9.2003 NZA 2003, 1332). Außerhalb des § 11 Nr. 3 KSchG sind aber auch andere ör. Leistungen anzurechnen, etwa vorgezogenes Altersruhegeld oder Erwerbsunfähigkeitsrente (LAG K 24.11.1995 NZA-RR 1996, 286; zur Anrechnung eines Gründungszuschusses BAG 29.4.2015 NZA 2015, 938).

cc) Böswillig unterlassener Zwischenverdienst. Angerechnet wird auch, was der AN böswillig zu 95
erwerben unterlässt. Der AN handelt böswillig, wenn er in Kenntnis der obj. Umstände, dh. Arbeitsmöglichkeit, Zumutbarkeit der Arbeit und Nachteilsfolge für den AG, vorsätzl. untätig bleibt oder die Arbeitsaufnahme verhindert (BAG 18.6.1965 AP BGB § 615 Böswilligkeit Nr. 2). Geht es um eine Arbeitsmöglichkeit beim bisherigen AG, kann der AN regelm. abwarten, ob ihm eine zumutbare Arbeit angeboten wird, er muss weder eine Klage auf Weiterbeschäftigung erheben noch Vollstreckungsversuche nach einem erfolgreichen Weiterbeschäftigungsantrag unternehmen (BAG 11.1.2006 NZA 2006, 314). Nicht erforderl. ist eine Schädigungsabsicht des AN (BAG 10.4.1963 AP BGB § 615 Nr. 23; 16.5.2002 NZA 2001, 26, 27; **aA** *Staab*, Rechtsfragen zum Annahmeverzug des AG, Diss. 1992 S. 48 wegen Art. 12 GG). Andererseits reicht auch nicht eine Form der Fahrlässigkeit aus (BAG 18.10.1958 AP BGB § 615 Böswilligkeit Nr. 1).

Von großer Bedeutung und ausdr. in § 11 Nr. 2 KSchG normiert ist das Kriterium der **Zumutbarkeit** (hierzu *Schirge* DB 2000, 1278). Die Frage der Zumutbarkeit ist unter Berücksichtigung aller Umstände nach Treu und Glauben zu beurteilen (BAG 14.11.1985 NZA 1986, 637; 11.1.2006 NZA 2006, 314); dabei kommt es entscheidend auf die Perspektive des AN an (BAG 11.10.2006 NZA 2007, 1392). Zu beachten ist einerseits die Berufsfreiheit des AN nach Art. 12 GG (BAG 17.11.2011 NZA 2012, 260). Andererseits gebietet die Treuepflicht dem AN, keinen Gewinn zu ziehen und Nachteile für den AG möglichst gering zu halten (BAG 18.6.1965 AP BGB § 615 Böswilligkeit Nr. 2). Maßstäbe, die in § 140 SGB III festgelegt sind, gelten nicht verbindl. (BAG 16.6.2004 NZA 2004, 1155). Irrt der AN bei der Beurteilung der Zumutbarkeit, dann geht dies zu seinen Lasten (*Herschel* Anm. AP BGB § 615 Nr. 23). 96

Kriterien für die Zumutbarkeit sind Vergütungsform, AZ, Anfall von Überstunden, Art und Umf. 97
von Sozialleistungen, Gefährlichkeit der Arbeit und Ort der Tätigkeit (MüArbR/*Boewer* § 69 Rn. 48; *Ricken* NZA 2005, 323, 326). Erhebl. Unterschiede zum bisherigen Arbeitsplatz diesbzgl. können die Unzumutbarkeit begründen. Der AN muss eine deutl. Verschlechterung der Arbeitsbedingungen nicht hinnehmen, wenn er berechtigte Aussichten hat, in absehbarer Zeit eine für ihn günstigere Arbeit zu finden (BAG 11.10.2006 NZA 2007, 1392). Andererseits ist es nicht erforderl., dass am Ort der neuen Arbeitsstelle eine Wohnung vorhanden ist (LAG HE 5.9.1956 AP BGB § 615 Nr. 2). Fällt der Arbeitsplatz des AN weg, ist eine Weiterbeschäftigung beim bisherigen AG an einem anderen Arbeitsort auch

bei einer längeren Fahrzeit von ca. 2 Std. je Hin- und Rückfahrt bei sonst unveränderten Arbeitsbedingungen noch zumutbar (LAG K 21.6.2005 NZA-RR 2006, 14).

98 Die **Weiterbeschäftigung beim bisherigen AG** ist nicht generell unzumutbar (BAG 24.9.2003 NZA 2004, 90; 11.10.2006 NZA 2007, 1392; *Schirge* DB 2000, 1278; *Mühl* Anm. AP BGB § 615 Nr. 32; **aA** *Berkowsky* DB 1981, 1569, 1570; *Peter* DB 1982, 488, 494). Dies gilt jdf. bei dem Angebot einer Weiterbeschäftigung zu den bisherigen Bedingungen (BAG 14.11.1985 NZA 1986, 637). Maßgebend sind die Umstände des Einzelfalls. Die Unzumutbarkeit kann ihren Grund in der Person des AG, der Art der Arbeit und den sonstigen Arbeitsbedingungen haben. Auch vertragsrechtl. Umstände sind zu berücksichtigen (BAG 17.11.2011 NZA 2012, 260). Das Angebot vertragswidriger Weiterbeschäftigung kann aber genügen (BAG 7.2.2007 NZA 2007, 561; hierzu *Hoff* SAE 2008, 201). Denn das Angebot vertragsgerechter Arbeit zwecks Erfüllung des bestehenden ArbVerh. würde schon den Annahmeverzug beenden (BAG 24.9.2003 NZA 2004, 90). § 615 begr. nur die Obliegenheit zum Erwerb von Zwischenverdienst. Der AN handelt böswillig, dem ein Vorwurf daraus gemacht werden kann, dass er während des Annahmeverzugs trotz Kenntnis aller obj. Umstände vorsätzl. untätig bleibt oder die Aufnahme der Arbeit bewusst verhindert (BAG 17.11.2011 NZA 2012, 260). Bietet der AG dem AN nur eine dauerhafte Änd. des Arbeitsvertrags an, muss sich der AN grds. nicht darauf einlassen; denn eine Annahme des Angebots würde seine Arbeitsbedingungen endgültig verschlechtern und den anhängigen Kündigungsrechtsstreit erledigen. Der Vertragsinhaltsschutz wäre nicht mehr gewährleistet (BAG 11.1.2006 NZA 2006, 314). Anderes soll bei einer Änderungskündigung gelten: Nimmt der AN die Änd. nicht unter Vorbehalt an und ergreift er keine Initiative, um bei seinem AG zu den angebotenen geänd. Bedingungen während des Änderungsschutzprozesses beschäftigt zu werden, kommt es zur Anrechnung (BAG 11.1.2006 NZA 2006, 313; 26.9.2007 NZA 2008, 1063; LAG K 21.6.2005 NZA-RR 2006, 14; zu Recht krit. *Schulze* NZA 2006, 1145). Zumutbarkeitsbedenken ergeben sich nicht aus den Unsicherheiten, die mit einer bloßen **Prozessbeschäftigung** zur Abwendung der ZV während eines Kündigungsschutzverf. verbundenen sind; die fehlende Vertragsgrdl. und eine etwaige Rückabwicklung nach Bereicherungsgrds. bei wirksamer Kündigung machen die Beschäftigung nicht unzumutbar (BAG 24.9.2003 NZA 2004, 90; 13.7.2005 NZA 2005, 1348; LAG NI 30.9.2003 LAGReport 2004, 65, 66; *Tschöpe* DB 2003, 434, 436; krit. *Meyer* NZA-RR 2012, 337). Zum ProzessArbVerh. s. § 611 Rn. 148.

99 Bei der Frage der Zumutbarkeit ist in erster Linie die Art der Kündigung, ihre Begr. und das Verhalten des AG im Kündigungsschutzprozess zu berücksichtigen (BAG 14.11.1985 NZA 1986, 637). Dabei gelten nach der Rspr. des BAG folgende **Grds.:** Bei einer betriebs- oder personenbedingten Kündigung ist die vorl. Weiterbeschäftigung idR zumutbar; Gegenteiliges gilt für verhaltensbedingte, insb. außerordentl. Kündigungen, wobei Art und Schwere der Vorwürfe zu beachten sind (BAG 7.11.2002 AP BGB § 615 Nr. 98; 24.9.2003 NZA 2004, 90). Eine Weiterbeschäftigung ist für den AN auch bei einer verhaltensbedingten Kündigung zumutbar, wenn der zur Kündigung berechtigende Umstand unstr. ist oder der AN ein seinem Antrag auf vorl. Weiterbeschäftigung im Kündigungsschutzprozess entspr. Angebot des AG ablehnt (BAG 24.9.2003 NZA 2004, 90 unter Hinweis auf die ges. Wertung des § 102 V 1 BetrVG; LAG K 14.12.1995 LAGE BGB § 615 Nr. 45; *Reufels/Schmülling* ArbRB 2004, 88, 90; *Tschöpe* DB 2003, 434, 436; weitergehend LAG K 14.12.1995 NZA-RR 1996, 361; LAG M 9.5.2001 NZA-RR 2001, 414). Bei einer Änderungskündigung zur Entgeltflexibilisierung kann es dem AN zumutbar sein, zu den veränderten Arbeitsbedingungen weiterzuarbeiten (BAG 16.6.2004 NZA 2004, 1155; LAG K 21.6.2005 NZA-RR 2006, 14). Entscheidend ist grds. eine Interessenabwägung im Einzelfall. Der Vorwurf der Böswilligkeit ist ausgeschlossen, sofern der AN befürchtet, der Einsatz auf einem anderen Arbeitsplatz werde im Zusammenhang mit der nachdrückl. Aufrechterhaltung bestimmter Vorwürfe durch den AG betriebsöffentl. als kompromittierend angesehen (BAG 7.11.2002 AP BGB § 615 Nr. 98). Bei der freiwilligen Weiterbeschäftigung muss der AG beachten, dass die Befristung des ArbVerh. der Formpflicht des § 14 IV TzBfG unterliegt (BAG 22.10.2003 NZA 2004, 1275).

100 Ein der **Sicherung vertragl. Rechte** dienendes Verhalten ist nicht böswillig iSv. § 615 S. 2 (BAG 3.12.1980 AP BGB § 615 Böswilligkeit Nr. 4; Palandt/*Weidenkaff* Rn. 20). Ein AN muss kein DauerArbVerh. aufnehmen, das ihm die Rückkehr an den bisherigen Arbeitsplatz erschwert (BAG 18.6.1965 AP BGB § 615 Böswilligkeit Nr. 2) oder sein BRAmt kostet (LAG HE 17.1.1980 BB 1980, 1050, 1051; ArbG M 6.7.2010 AiB 2010, 689). Der AN kann auch eine unter Überschreitung der Grenzen des Direktionsrechts zugewiesene Tätigkeit zurückweisen (BAG 3.12.1980 AP BGB § 615 Böswilligkeit Nr. 4; LAG NI 8.10.2003 BeckRS 2003, 31030546). Das gilt auch insoweit, als der AN ansonsten nicht sein Leistungsverweigerungsrecht nach § 298 wegen des rückständigen Lohns geltend machen könnte (BAG 21.5.1981 AP BGB § 615 Nr. 32). Die Ablehnung eines Angebots des Betriebserwerbers iSv. § 613a ist nach Widerspruch des AN nicht erforderl., um die Rechte gegen den Betriebsveräußerer zu sichern (LAG N 16.6.1987 LAGE BGB § 615 Nr. 13; **aA** *Meier* AiB 1988, 216). Allerdings ist ein böswilliges Unterlassen nicht schon deswegen ausgeschlossen, weil das Widerspruchsrecht zulässigerweise ausgeübt wurde (BAG 19.3.1998 NZA 1998, 750). Böswilliges Unterlassen liegt vor, wenn der AN ein zumutbares Angebot eines anderen AG vorbehaltlos nur deshalb ablehnt, weil er einen Betriebsübergang für möglich hält (BAG 22.3.2017 – 5 AZR 337/16 –). Nicht

böswillig soll sich ein AN verhalten, der den ohne Beteiligung des BR ausgesprochenen Versetzungen nicht Folge leistet (BAG 7.11.2002 AP BGB § 615 Nr. 98). Nicht zumutbar ist das Angebot eines AGWechsels kombiniert mit einer Qualifizierungs- und Rückzahungsvereinb. (LAG SH 28.10.2014 BeckRS 2015, 65409).

Böswilligkeit scheidet grds. aus, wenn sich der AN bei der **AA** gemeldet hat, denn dann hat diese ihm eine Tätigkeit zu vermitteln (MüKoBGB/*Henssler* Rn. 75). Ob sich der AN bei der AA arbeitslos zu melden hat, um ein böswilliges Unterlassen auszuschließen, ist aber umstr. (dafür MüKoBGB/*Henssler* Rn. 75; *Schaub* ZIP 1981, 347, 351; Schaub/*Linck* § 95 Rn. 113). Das BAG verneint eine Pflicht, sich arbeitslos zu melden im Hinblick auf Art. 12 GG, insb. bei der Aufnahme einer selbständigen Tätigkeit (BAG 2.6.1987 NZA 1988, 130). § 615 S. 2 begr. keine Obliegenheit des AN, die Vermittlung der BA in Anspruch zu nehmen (BAG 16.5.2000 NZA 2001, 26; LAG BE 3.9.2003 MDR 2004, 401; *v. Steinau-Steinrück/Reiter* NJW-Spezial 2016, 114; **aA** *Bayreuther* NZA 2003, 1365 unter Hinweis auf die Meldepflicht nach § 38 SGB III, der auch für den Fall gerichtl. Geltendmachung des Fortbestands des ArbVerh. eine Meldepflicht begr., dagegen zutr. *Ricken* NZA 2005, 323, 327 unter Verweis auf den Zweck der Meldepflicht). Zur Notwendigkeit, Leistungen der BA in Anspruch zu nehmen und zugleich zur einstweiligen Vfg. auf Zahlung von Arbeitsentgelt nach Ablauf der Kündigungsfrist LAG K 26.6.2002 ZTR 2002, 447. 101

Der AN muss keine Stelle annehmen, die von einem Wettbewerbsverbot erfasst wird. Scheitert eine Neueinstellung wegen der geäußerten Absicht, in den alten Betrieb zurückzukehren, ist keine Böswilligkeit gegeben (BAG 18.10.1958 AP BGB § 615 Böswilligkeit Nr. 1). Bes. Anstrengungen hat der AN nicht zu vollbringen. Verweigert ein neuer AG die Arbeitsaufnahme bereits vor Vertragsbeginn, muss der AN nicht sein altes ArbVerh. aufrechterhalten (BAG 2.11.1973 AP BGB § 615 Böswilligkeit Nr. 3). Direkte Streikarbeit muss grds. nicht übernommen werden (BAG 25.7.1957 AP BGB § 615 Betriebsrisiko Nr. 3). Ein vorübergehender Auslandsaufenthalt ist nicht böswillig, solange für die Zeit kein zumutbares Arbeitsangebot vorlag (BAG 11.7.1985 NZA 1987, 57). Es ist nicht grds. böswillig, ein Erfolg versprechendes Studium aufzunehmen (BAG 13.2.1996 NZA 1996, 1039). Auch bei einem ordnungsgemäßen Widerspruch des BR nach § 102 III BetrVG muss der AN nicht seine Weiterbeschäftigung gem. § 102 V BetrVG verlangen oder zwangsweise durchsetzen. Diese Norm ist ledigl. eine „Kann"-Bestimmung zugunsten des AN und keine ihn treffende Obliegenheit. Der AN muss auch nicht ein für ihn günstiges Urt. im Kündigungsschutzprozess vollstrecken bzw. die Vollstreckung androhen (BAG 22.2.2000 NZA 2000, 817). 102

Böswilligkeit kann gegeben sein, wenn der AN keine ör. Leistungen beantragt, soweit nicht der Verzugslohn anzurechnen ist (*Schirge* DB 2000, 1279). Böswilligkeit ist ebenfalls anzunehmen, wenn er eine Einstellung böswillig vereitelt. Einem Kartenkontrolleur ist es zumutbar, während der Sanierung des Theaters Reinigungsarbeiten durchzuführen (BAG 30.4.1992 AuR 1992, 181). Böswilligkeit liegt aber nicht vor, wenn sich der AN einer angebotenen Kurzarbeitsregelung verweigert (LAG RP 7.10.1996 NZA-RR 1997, 331). 103

3. Weitere Ansprüche. Neben der in § 615 S. 1 festgelegten Rechtsfolge kann der AN auch seine Rechte aus den allg. Rechtsfolgen des Annahmeverzugs geltend machen. Da diese Vorschr. aber auf einen einmaligen Austausch von Leistungen zugeschnitten sind, kommt für den AN praktisch nur § 304 in Betracht. Danach kann er die **Mehraufwendungen** eines erfolglosen Angebotes verlangen (**aA** HWK/*Krause* Rn. 103). 104

Dem AN kann wegen des rückständigen Lohns ein **Zinsanspruch** gem. den §§ 280 II, 286, 288, 291 zustehen. Richtigerweise ist der Zins vom Bruttobetrag zu errechnen (§ 611 Rn. 477). Der AG hat die Nichtzahlung von Lohn jdf. dann zu vertreten und daher zu verzinsen, wenn er bei Anwendung der erforderl. Sorgfalt hätte erkennen können, dass die Kündigung unwirksam war. Anderes gilt nur, wenn sich der AG in einem entschuldbaren Rechtsirrtum befand, was voraussetzt, dass die Rechtslage obj. zw. ist und er sie sorgfältig geprüft hat (BAG 13.6.2002 NZA 2003, 44). IHd. erhaltenen Alg. kann der AN vom AG keine Zinsen auf den Annahmeverzugslohn verlangen (BAG 13.6.2002 NZA 2003, 44). 105

Nach der Entsch. des BAG vom 24.6.2015 (NZA 2016, 108; noch aA BAG 12.9.1985 NZA 1986, 424 für den Fall der Nichtbefolgung eines rkr. Beschäftigungstitels) wird der Schutzzweck des von der Rspr. entwickelten Beschäftigungsanspruchs des AN und damit korrespondierend der Beschäftigungspflicht des AG durch das Persönlichkeitsrecht des AN bestimmt. Deshalb gehört bei Nichtbefolgung der Beschäftigungspflicht der entgangene Verdienst nicht zum ersatzfähigen Schaden. 106

4. Die klageweise Durchsetzung des Annahmeverzugslohns. a) Darlegungs- und Beweislast. aa) Grundsätzliches. Der AN hat die Voraussetzungen des Annahmeverzugs darzulegen und zu beweisen (Staudinger/*Richardi/Fischinger* Rn. 78; vgl. BAG 18.4.2012 NZA 2012, 998 Rn. 14). Dazu gehören das Bestehen eines erfüllbaren ArbVerh., das Angebot der Arbeitsleistung und die Nichtannahme des AG. Er ist auch darlegungs- und beweispflichtig für die Höhe des Annahmeverzugslohns. Wenn der AN vor Beginn des Annahmeverzugs regelm. Überstunden geleistet hat, besteht insoweit eine tats. Vermutung für den Anfall während des Annahmeverzugs (vgl. BAG 18.9.2001 NZA 2002, 268, 270 f.). Beruft sich der AG darauf, dass sich der leistungsabhängige Verdienst von dem der letzten drei Monate unterschieden hätte, so trägt er die Darlegungs- und Beweispflicht. Der AN hat hingegen 107 die Voraussetzungen eines Leistungsverweigerungsrechts gem. § 298 darzulegen und zu beweisen. Bei einer Abbedingung des § 615 trägt immer die Partei die Darlegungs- und Beweislast, die sich auf eine vom G abw. Regelung beruft (BAG 6.2.1984 AP BGB § 615 Nr. 24).

108 Das Angebot des AN muss von dem ernstl. Willen begleitet sein, die Arbeitsleistung in dem geschuldeten zeitl. Umf. zu erbringen. Bei einem tats. Angebot wird die **Leistungsbereitschaft** indiziert (BAG 10.5.1973 AP BGB § 615 Nr. 27), nicht so bei einem wörtl. Angebot iSv. § 295. Es spricht keine tats. Vermutung für die zukünftige Leistungsbereitschaft des AN, schon gar nicht für den Rest seiner LebensAZ. Der ernsthafte Leistungswille lässt sich grds. nur für Zeiträume feststellen, die vor der letzten mdl. Verh. über Ansprüche aus § 615 liegen (BAG 18.12.1974 AP BGB § 615 Nr. 30). Nach aA dauert das Angebot des AN fort und indiziert zugleich den Leistungswillen (*Staab,* Rechtsfragen zum Annahmeverzug des AG, Diss. 1992 S. 219). Zur Möglichkeit des AG, die Ausübung des Zurückbehaltungsrechts des AN iSv. §§ 298, 273 durch Hinterlegung des Annahmeverzugslohns abzuwenden, s. *Tscherwinka* BB 1995, 618 ff.

109 Der AG ist darlegungs- und beweispflichtig für ein Leistungsunvermögen des AN iSv. § 297 (BAG 2.8.1968 AP BGB § 297 Nr. 1; 19.4.1990 NZA 1991, 228; 5.11.2003 AP BGB § 615 Nr. 106; 24.9.2014 NZA 2014, 1407). Einen Anscheinsbeweis gibt es für ein Leistungsunvermögen grds. nicht (LAG D 8.4.1993 LAGE BGB § 615 Nr. 39). Der AG darf das Unvermögen nicht ins Blaue hinein behaupten, trägt er aber ausreichende Indizien vor, welche die AU des AN ergeben können, muss sich der AN substantiiert einlassen und ggf. seine Ärzte von der Schweigepflicht entbinden (BAG 5.11.2003 AP BGB § 615 Nr. 106). Ergeben sich bereits aus dem Sachvortrag des AN Indizien, die für eine fehlende Leistungsfähigkeit sprechen, muss der AN die selbst geschaffene Indizwirkung ausräumen und substantiiert seine Arbeitsfähigkeit darlegen, damit die Klage nicht als unschlüssig abgewiesen wird (Berufung auf Prozess- und Geschäftsunfähigkeit BAG 15.5.2013 NZA 2013, 1076; ärztl. Wiedereingliederungsplan 24.9.2014 NZA 2014, 1407). Die gleichen Grds. gelten für die Leistungsunwilligkeit des AN (BAG 22.2.2012 NZA 2012, 858 Rn. 16 f.). Allein die Begr. eines neuen ArbVerh. ist kein Indiz für die Leistungsunwilligkeit des AN hins. des gekündigten ArbVerh. (BAG 16.5.2012 NZA 2012, 971). Auch hins. der Voraussetzungen für eine Abbedingung des § 615 S. 1 und eine Anrechnung gem. § 615 S. 2 obliegt dem AG die Darlegungs- und Beweispflicht (BAG 29.7.1993 NZA 1994, 116; zu § 615 S. 2: 19.3.2002 NZA 2002, 1055 [LS]). Erteilt der AN die verlangte Auskunft nicht, kann der AG die Fortzahlung des Arbeitsentgelts verweigern; die Klage ist dann als zzt. unbegr. abzuweisen (BAG 19.3.2002 NZA 2002, 1055).

110 **bb) Auskunftsanspruch.** Der anderweitige Verdienst vollzieht sich regelm. allein in der Sphäre des AN. Dem AG sind die näheren Umstände sowie die Höhe des Verdiensts in aller Regel nicht bekannt. Dem AG wird daher ein Auskunftsanspruch zugebilligt entspr. der Regelung in § 74c II HGB, wobei str. ist, ob es sich hierbei um einen selbständig einklagbaren Anspruch handelt. Das BAG bejaht dies, zumindest soweit es erforderl. ist, damit der AG einen Rückzahlungsanspruch iHd. nicht angerechneten Zwischenverdiensts gem. § 812 durchsetzen kann (BAG 24.8.1999 NZA 2000, 818; 19.3.2002 NZA 2002, 1055 [LS]).

111 Der AG muss aber Anhaltspunkte für einen anderweitigen Erwerb darlegen (BAG 19.7.1978 AP BGB § 242 Auskunftspflicht Nr. 16). Zudem hat er Indizien vorzutragen, die für das Vorliegen des Kausalzusammenhangs zwischen Zwischenverdienst und Freiwerden von der bisherigen Arbeitsleistung sprechen (BAG 6.9.1990 NZA 1991, 221). Andernfalls würde es sich um einen Ausforschungsbeweis handeln (MüArbR/*Boewer* § 69 Rn. 46; weitergehend eine Offenbarungspflicht des AN bejahend *Klein* NZA 1998, 1208). Der AN hat sich dann entspr. seiner Pflicht gem. § 138 II ZPO dazu zu erklären. Er hat regelm. nur über die Höhe seines Verdienstes Auskunft zu erteilen (BAG 19.7.1978 AP BGB § 242 Auskunftspflicht Nr. 16). Inhalt und Umf. der Auskunftspflicht richten sich nach den Grds. von Treu und Glauben (BAG 29.7.1993 NZA 1994, 116). Der AG kann aber bis zur Auskunftserteilung die Zahlung des Annahmeverzugslohns verweigern (BAG 19.7.1978 AP BGB § 242 Auskunftspflicht Nr. 16; 24.8.1999 NZA 2000, 818; MüArbR/*Boewer* § 69 Rn. 47).

112 Bei Zweifeln muss der AN seine **Angaben belegen,** zB durch geeignete Verdienstbescheinigungen und Steuerbescheide (BAG 14.8.1974 AP KSchG 1969 § 13 Nr. 3; MüArbR/*Boewer* § 69 Rn. 46). Str. ist dies nur bei Einkünften aus selbständiger Tätigkeit. Die Rspr. und die hM lassen auch hier die Vorlage des Einkommensteuerbescheides genügen; ein Anspruch auf zusätzl. Einsicht in die Gewinn- und Verlustrechnung wird abgelehnt (BAG 25.2.1975 AP HGB § 74c Nr. 6; MüArbR/*Boewer* § 69 Rn. 46). Mit dem Hinweis auf zahlr. Möglichkeiten der Minderung der Einkünfte im SteuerR wird dies zT als nicht ausreichend angesehen (*Danne* SAE 1994, 237, 239). Die Beiziehung der Steuerunterlagen des AN ist aber unzulässig, soweit dieser das Finanzamt nicht vom Steuergeheimnis entbunden hat (BAG 14.8.1974 AP KSchG 1969 § 13 Nr. 3). Das Gericht kann die Weigerung des AN, die Finanzbehörden vom Steuergeheimnis zu entbinden, bei der Würdigung des Sachverhalts berücksichtigen (BAG 14.8.1974 AP KSchG 1969 § 13 Nr. 3).

113 Um die Ziele des Auskunftsanspruchs durchsetzen zu können, ist dem AG auch ein Anspruch auf eidesstattl. Vers. analog § 260 II zuzubilligen (BAG 29.7.1993 NZA 1994, 116). Der Auskunftsanspruch kann nicht weitergehen als der dahinterstehende Leistungsanspruch. Ist eine Anrechnung

dem Grunde nach ausgeschlossen, besteht auch kein Auskunftsanspruch (LAG BW 21.6.1994 LAGE BGB § 615 Nr. 41).

b) Klageantrag. Der Anspruch des AN ist von vornherein um die anzurechnenden Verdienste gem. § 615 S. 2 gekürzt geltend zu machen. Bes. Aufmerksamkeit bedarf die **Bestimmtheit des Klageantrags** iSv. § 253 II Nr. 2 ZPO (zu den Erfordernissen bei einer Drittschuldnerklage vgl. BAG 7.7.2015 NZA 2015, 1533). Die Höhe des Anspruchs muss genau angegeben werden. Ein Antrag auf Zahlung des Bruttolohns „abzgl. erhaltenen Alg." ist zu unbestimmt und damit unzulässig (BAG 15.11.1978 AP BGB § 613a Nr. 14; MüArbR/*Boewer* § 69 Rn. 52), der Abzugsbetrag ist zu beziffern. 114

Kommt der AN seiner Auskunftspflicht hins. seiner iSv. § 615 S. 2 anzurechnenden Verdienste nicht nach, ist seine uneingeschränkte Zahlungsklage als zzt. unbegr. abzuweisen (BAG 29.7.1993 NZA 1994, 116). Dies gilt allerdings nur, soweit von einer **Nichterfüllung des Auskunftsanspruchs** auszugehen ist. Bei unvollständigen Angaben in einzelnen Punkten besteht eine Verpflichtung zur Ableistung einer eidesstattl. Vers. (BAG 29.7.1993 NZA 1994, 116). Eine Verurteilung zu einer Zug-um-Zug-Leistung scheidet jdf. aus, da Zahlungs- und Auskunftspflicht nicht im Verhältnis von Leistung und Gegenleistung stehen (BAG 19.7.1978 AP BGB § 242 Auskunftspflicht Nr. 16). Der AG kann seinen Anspruch auf Auskunft und Rückzahlung des nicht angerechneten anderweitigen Verdienstes gem. § 812 I 1 im Wege einer Stufenklage iSv. § 254 ZPO geltend machen (MüArbR/*Boewer* § 69 Rn. 54). 115

Eine Zahlungsklage des AN ist auch während einer bereits anhängigen Kündigungsschutzklage mögl. Eine Verbindung solcher Verf. zu einer obj. **Klagehäufung** gem. § 260 ZPO ist zulässig (GMP/*Germelmann* § 46 ArbGG Rn. 88). Die Verbindung mehrerer Ansprüche wegen Annahmeverzugs im Wege obj. Klagehäufung ist zulässig, wenn der AN vorträgt, wie sich die Gesamtsumme ziffernmäßig auf die verschiedenen Ansprüche verteilt (BAG 24.9.2014 NZA 2015, 35). Die **Aussetzung** einer selbständigen Zahlungsklage nach § 148 ZPO ist mögl., soweit der Annahmeverzugslohn vom Bestand des ArbVerh. abhängig ist oder in einem Parallelverf. die Rev. zugelassen worden ist (BAG 11.1.2006 NZA 2006, 314; MüKoBGB/*Henssler* Rn. 127). Die Aussetzung erfolgt nach pflichtgemäßem Ermessen des Gerichts, das nicht wegen des Beschleunigungsgrds. iSv. § 9 I 1 ArbGG beschränkt ist (LAG K 14.12.1992 LAGE ZPO § 148 Nr. 26; SPV/*Vossen* Rn. 1779; *Winderlich* BB 1992, 2071, 2072). Eine Verfahrensverbindung kann der Aussetzung vorzuziehen sein (LAG HE 20.10.1995 BeckRS 1995, 30867445; LAG HM 20.10.1983 LAGE ZPO § 148 Nr. 13). 116

Die Erhebung einer Kündigungsschutzklage hemmt nicht die **Verjährung** des Lohnanspruchs (ausf. BAG 24.6.2015 NZA 2015, 1256 Rn. 16 ff.; vgl. §§ 194 bis 218 Rn. 18). Wird in einem Kündigungsschutzprozess rkr. festgestellt, dass das ArbVerh. nicht beendet ist, kann der AG im Lohnzahlungsprozess sich nicht darauf berufen, dass die fristlose Kündigung in eine wirksame ordentl. Kündigung umzudeuten ist (BAG 18.6.1965 AP BGB § 615 Böswilligkeit Nr. 2; *Schaub* ZIP 1981, 347, 350). 117

Streitgegenstand der Klage auf Vergütung wegen Annahmeverzugs ist der jeweils mit ihr geltend gemachte, von § 615 S. 1 aufrechterhaltene Vergütungsbestandteil für den Zeitraum, den der Kl. durch seinen Klageantrag bestimmt (BAG 24.6.2015 NZA 2016, 108 Rn. 27). Der **Streitwert** bei Klagehäufung von Kündigungsschutzklage und Zahlungsklage ist nach der Rspr. des BAG nach dem höheren Wert zu richten (BAG 16.1.1968 AP ArbGG 1953 § 12 Nr. 17; GMP/*Germelmann* § 12 ArbGG Rn. 106). Trotz ihrer prozessualen Selbständigkeit seien beide Ansprüche wirtschaftl. identisch. Es wird auch vertreten, die Streitwerte zu addieren, da nichts anderes gelten könne als bei getrennten Verf. (LAG BW 6.11.1985 DB 1986, 388). 118

Eine **einstweilige Vfg.** gem. § 940 ZPO iHd. Existenzminimums ist in bes. gelagerten Fällen mögl., falls der AN zum Bestreiten seines Lebensunterhalts dringend auf seinen Lohnanspruch angewiesen ist und die Klage Erfolg verspricht (LAG HH 6.5.1986 DB 1986, 1629; MüArbR/*Boewer* § 69 Rn. 53). 119

IV. Die Betriebsrisikolehre

1. Begriff. Es ist zwischen Betriebs- und Wirtschaftsrisiko zu unterscheiden. Beim **Betriebsrisiko,** das seit dem SMG von § 615 S. 3 erfasst wird, geht es um die Frage, ob der AG Lohn zu zahlen hat, wenn er ohne eigenes Verschulden die Belegschaft aus betriebstechnischen Gründen nicht beschäftigen kann (BAG 22.12.1980 AP GG Art. 9 Arbeitskampf Nr. 70). Betriebsrisiko ist das Risiko des AG, seinen Betrieb nicht betreiben zu können (BAG 23.9.2015 NZA 2016, 293 Rn. 22), etwa bei Naturkatastrophen, Brandschäden oder witterungsbedingtem Arbeitsausfall (BAG 9.7.2008 NZA 2008, 1407). Wenn die Fortsetzung des Betriebs wegen Auftrags- oder Absatzmangels wirtschaftl. sinnlos wird, spricht man vom **Wirtschaftsrisiko** (BAG 22.12.1980 AP GG Art. 9 Arbeitskampf Nr. 70). Betriebstechnisch bleibt die Arbeitsleistung hier mögl. 120

Das Wirtschaftsrisiko hat der AG zu tragen (BAG 22.12.1980 AP GG Art. 9 Arbeitskampf Nr. 70). Insofern unterscheidet sich der Arbeitsvertrag nicht von anderen Austauschverträgen. Es handelt sich allein um die Frage, ob der Gläubiger noch eine Verwendungsmöglichkeit der Leistung hat. Das Verwendungsrisiko gehört aber nicht zum Bereich der Leistungsstörungen (Staudinger/*Richardi/Fischinger* Rn. 197). Der AG gerät bei Nichtbeschäftigung aus diesem Grund in Annahmeverzug und hat den Lohn nach § 615 S. 1 zu zahlen. 121

122 Im Gegensatz hierzu liegt in den Betriebsrisikofällen des § 615 S. 3 eine Leistungsstörung vor. Die Arbeitsleistung wird aus betriebstechnischen Gründen unmögl., die weder AN noch AG nach zivilrechtl. Grds. zu vertreten haben. Die Rspr. meinte, die Fälle der Annahmeunfähigkeit des AG seien nicht vom G geregelt (s. Rn. 5). Zur Schließung der anscheinenden Gesetzeslücke hat sie die Betriebsrisikolehre entwickelt. Mit der Einfügung des S. 3 in § 615 durch das SMG wollte der Gesetzgeber an diese Rspr. anknüpfen und wie bisher in bestimmten Fällen abw. von §§ 275, 326 I, 615 S. 1 und 2 dem AG das Risiko des Arbeitsausfalls auferlegen (BT-Drs. 14/7052 S. 204). Rechtsfolge gem. § 615 S. 3 iVm. § 615 S. 1, 2 ist, dass der AN unter Anrechnung des Ersparten Anspruch auf Zahlung der vereinbarten Vergütung hat, ohne zur Nachleistung verpflichtet zu sein. Der Anspruch setzt nicht voraus, dass der AN die Arbeitsleistung anbietet, § 615 S. 1 gilt ledigl. entspr. (BAG 7.12.1962 AP BGB § 615 Betriebsrisiko Nr. 14; **aA** HWK/*Krause* Rn. 121, der eine Rechtsgrundverweisung annimmt).

123 **2. Die Entwicklung der Betriebsrisikolehre.** Das RG ging davon aus, dass die Frage des Betriebsrisikos nicht mit den Grds. des BGB zu regeln sei (RG 6.2.1923 Z 106, 272 ff.). Ausgehend von dieser Annahme entwickelte das RAG die sog. **Sphärentheorie** (20.6.1928 ARS 3, 116 ff.). Aus der Verbundenheit der AN untereinander ergebe sich, dass die Gefahr solcher Ereignisse, die auf dem Verhalten der ANSchaft beruhen, von den AN getragen werden müsse. Hierdurch wurden Arbeitskämpfe auch den nicht unmittelbar beteiligten AN zugerechnet. Ereignisse, die nicht die Führung, sondern den Bestand des Betriebs beeinträchtigen, bes. auch äußere Umstände, wie etwa Naturereignisse, fallen ebenfalls in den Gefahrenkreis der AN. Zur Rechtssphäre der AG gehören solche Ereignisse, die nicht den Bestand des Betriebs, sondern seine Führung betreffen, insb. die rechtzeitige Beschaffung der Betriebsstoffe oder Störungen, die des Öfteren im Betrieb vorzukommen pflegen. Eine Ausnahme gelte für existenzgefährdende Umstände, die auch von der ANSchaft zu vertreten seien.

124 Die frühere Rspr. des BAG befand das G ebenfalls für lückenhaft und knüpfte damit an die Rspr. des RG und des RAG an (BAG 8.2.1957 AP BGB § 615 Betriebsrisiko Nr. 2). In der neueren Rspr. des BAG (22.12.1980 AP GG Art. 9 Arbeitskampf Nr. 70) werden diese Grds. modifiziert. Das BAG lehnt die Sphärentheorie zu Recht ab. Die Vorstellung der Solidarität aller AN läuft auf eine Fiktion hinaus und ist kein geeignetes Zurechnungsprinzip. Es unterscheidet nun das bes. Risiko, das legitime Arbeitskämpfe darstellen, das sog. **Arbeitskampfrisiko,** vom allg. Betriebs- und Wirtschaftsrisiko. Das Arbeitskampfrisiko habe der AG nicht uneingeschränkt zu tragen, zumindest wenn die Störung nicht auf unternehmerischer Fehldisposition beruhe. Zur Begr. führt die Rspr. nun den Grds. der Kampfparität zwischen den Tarifparteien an, der sich auch auf das Recht der Leistungsstörungen auswirke. Vom Arbeitskampfrisiko werden auch Fälle des Wirtschaftsrisikos erfasst, soweit sie mittelbare Folgen von Arbeitskämpfen sind, dh. der AG hat ein Lohnverweigerungsrecht, wenn in solchen Fällen die Fortführung des Betriebs wirtschaftl. sinnlos wird.

125 IE war dieser Rspr. zuzustimmen, auch wenn man keine Lücke im G annahm und schon bisher die Fälle der Annahmeunfähigkeit (also des Betriebsrisikos) über § 615 löste. Diesen Lösungsansatz hat der Gesetzgeber jetzt durch § 615 S. 3 bestätigt. Mit dem Risiko des Arbeitsausfalls sind – wie auch die amtl. Überschrift zeigt – die Fälle des Betriebsrisikos gemeint (LAG D 5.6.2003 LAGE BGB 2002 § 615 Nr. 1; *Gotthardt* Rn. 135) und wird dem AG die LFZ auferlegt (so a. die inzwischen hL, wenn auch mit unterschiedl. Ansätzen; s. Aufzählung bei *Picker* FS Kissel 1994 S. 813, 815 Fn. 9). Das Arbeitskampfrisiko wird von der Lit. ebenfalls grds. gesondert beurteilt. Begr. und Grenzen sind jedoch umstr. Diese Streitfrage wird durch § 615 S. 3 nicht entschieden (*Luke* NZA 2004, 244, 246). Der Wegfall des Lohnanspruchs bzw. ein Lohnverweigerungsrecht wird zumeist durch eine Reduktion des § 615 erreicht, die entweder mit kollektiv- oder individualrechtl. Gesichtspunkten begr. wird (vgl. zum Arbeitskampfrisiko: GG Art. 9 Rn. 135 ff.; Staudinger/*Richardi/Fischinger* Rn. 215 ff.; *Lieb* NZA 1990, 289 ff.).

126 Abzulehnen ist die Rspr., soweit sie eine **Ausnahme bei Existenzgefährdung des Betriebs** macht. Diese Auff. ist sachl. und rechtl. nicht zu rechtfertigen (HWK/*Krause* Rn. 120; MüArbR/*Boewer* § 69 Rn. 59; Staudinger/*Richardi/Fischinger* Rn. 231; **aA** MüKoBGB/*Henssler* Rn. 98). Daran hat sich auch durch § 615 S. 3 nichts geänd. Bes. deutl. wird dies, wenn zur Lösung des Betriebsrisikos konsequent § 615 angewendet wird. Der Gesichtspunkt der Betriebsverbundenheit des AN ist ebenso wenig ein geeignetes Zurechnungsprinzip wie der Solidaritätsaspekt beim Arbeitskampfrisiko. Solange die AN nicht am Gewinn des Unternehmens beteiligt werden, gibt es keinen Grund, eine Betriebsverbundenheit anzunehmen und ihnen das Risiko der Existenzgefährdung aufzubürden.

127 Praktische Relevanz hat dieser Streit aber kaum. Die Rspr. hat den Ausnahmetatbestand stark eingeschränkt. So ist nicht nur die Gefährdung des Betriebs, sondern des gesamten Unternehmens erforderl. (BAG 28.9.1972 AP BGB § 615 Betriebsrisiko Nr. 28). Eine Gefährdung des Fortbestandes des Betriebs ist deswegen auch nicht bei der völligen Zerstörung einer Produktionsstätte durch einen Brand anzunehmen (BAG 28.9.1972 AP BGB § 615 Betriebsrisiko Nr. 28). Auch die Notwendigkeit, die zur Lohnzahlung erforderl. Mittel aus der Substanz des Betriebsvermögens ziehen zu müssen, reicht alleine nicht aus (BAG 28.9.1972 AP BGB § 615 Betriebsrisiko Nr. 28).

3. Anwendungsbereich. Die Grds. der Betriebsrisikolehre gelten für alle ArbVerh. Für **Berufsausbildungsverhältnisse** ist in § 19 I Nr. 2a BBiG festgelegt, dass die Vergütung für die Dauer von sechs Wochen zu zahlen ist, wenn sich der Auszubildende bereithält, die Ausbildung aber entfällt. Hiervon werden auch Betriebsrisikofälle erfasst. 128

4. Abdingbarkeit. Die Grds. der Betriebsrisikolehre sind ebenso wie § 615 insg. dispositiv. Sie können von kollektiv- oder einzelvertragl. Regelungen verdrängt werden (BAG 4.7.1958 AP BGB § 615 Betriebsrisiko Nr. 5; 25.1.2012 AP TVG § 1 Tarifverträge: Bau Nr. 337). Eine entspr. Vereinb. muss aber hinreichend deutl. und klar sein (BAG 9.3.1983 AP BGB § 615 Betriebsrisiko Nr. 31). Bedenken hins. der Zulässigkeit formularmäßiger Abbedingung bestehen ebenso wie bei § 615 (s. Rn. 8). Ist in einem TV festgelegt, dass der AG den Lohn fortzuzahlen hat, soweit er den Arbeitsausfall zu vertreten hat, so fallen idR darunter sämtl. Fälle, die er nach den Grds. der Betriebsrisikolehre zu vertreten hat (BAG 9.3.1983 AP BGB § 615 Betriebsrisiko Nr. 31). 129

5. Rechtsprechungsübersicht. Bekannte Ereignisse, die vom Betriebsrisiko regelm. erfasst werden, sind Unterbrechungen der Strom- oder Gasversorgung, Mangel an Rohstoffen, Brand einer Fabrik, Bruch einer Maschine, Überschwemmung oder übermäßiger Frost (BAG 25.7.1957 AP BGB § 615 Nr. 3). Bereits konkrete Entsch. liegen vor bei Betriebsstörungen infolge eines Kurzschlusses in der betriebseigenen Trafostation, auch wenn dieser durch eine Störung in der Schwerpunktstation des Elektrizitätswerks hervorgerufen wurde (BAG 30.1.1991 NZA 1991, 519), eines Schadens an einem Hauptmotor (RAG 15.2.1930 ARS 8, 260) oder eines Maschinenschadens, auch wenn dieser durch einen AN verursacht wurde (RAG 30.4.1932 ARS 15, 350). Gleiches gilt bei Betriebsstoff- oder Rohstoffmangel (RAG 23.2.1932 ARS 14, 363), bei einer Betriebsstockung wegen eines Brandes in einem bes. feuergefährdeten Betrieb (BAG 28.9.1972 AP BGB § 615 Betriebsrisiko Nr. 28) oder bei der völligen Zerstörung eines Betriebs durch einen Brand (LAG HM 23.5.1986 DB 1986, 1928). Fällt die Arbeitsleistung wegen Inventuraufnahme aus, unterfällt dies ebenso dem Betriebsrisiko (BAG 7.12.1962 AP BGB § 615 Betriebsrisiko Nr. 14). **Nicht** zum Betriebsrisiko iSv. § 615 S. 3 gehört der fehlende Auftrag für einen Schülertransport während der Ferienzeit (BAG 18.11.2015 NZA 2016, 494 Rn. 52). Ebenso wenig ist das Hausverbot, das ein Kunde einem AN erteilt, ein Fall, in dem der AG das Risiko des Arbeitsausfalls nach § 615 S. 3 zu tragen hat (BAG 28.9.2016 NZA 2017, 124). 130

Zum Betriebsrisiko gehören neben betriebstechnischen Störungen auch solche, die auf einem Versagen der sachl. oder pers. Mittel des Betriebs beruhen. Erfasst werden zudem Störungen, bei denen von außen auf typische Betriebsmittel (zB Maschinen, Fabrikgebäude, Heizungsanlagen) eingewirkt wird und die sich für den AG als ein Fall höherer Gewalt darstellen, etwa bei Naturkatastrophen (etwa Erdbeben, Überschwemmungen, Brände), Unglücksfälle sowie extreme Witterungsverhältnisse (BAG 9.3.1983 AP BGB § 615 Betriebsrisiko Nr. 31; 18.5.1999 NZA 1999, 1166). Hierzu zählt eine Betriebsstörung bei Heizungsausfall wegen Paraffinierung des Heizöls bei einem plötzl. Kälteeinbruch (BAG 9.3.1983 AP BGB § 615 Betriebsrisiko Nr. 31). 131

Muss der Betrieb aus rechtl. Gründen vorübergehend eingestellt werden, wie etwa bei behördl. Maßnahmen, so trägt der AG auch hier das Betriebsrisiko (bankaufsichtsrechtl. Maßnahmen LSG HE 20.8.2010 ZIP 2010, 2019; vgl. a. Staudinger/*Richardi/Fischinger* Rn. 240;). Dies gilt insb., wenn das Verbot durch die bes. Art des Betriebs bedingt wird und einzukalkulieren ist (Sicherheitsmaßnahmen am Flughafen BAG 21.10.2015 BeckRS 2016, 66999; Musikkapelle BAG 30.5.1963 AP BGB § 615 Betriebsrisiko Nr. 15). Ein **Betriebsverbot** wegen Smogalarms gehört zum Betriebsrisiko, denn es beruht auf der Eigenart des Betriebs (*Richardi* NJW 1987, 1231, 1235; *Dossow* BB 1988, 2455, 2459; **aA** *Ehmann* NJW 1987, 401, 410). Nicht unter das Betriebsrisiko fällt der Beschl. des Sportausschusses einer Stadt, die Sportplätze in der Zeit v. 24.12. bis zum 1.1. des Folgejahres zu schließen, mit der Konsequenz, dass die Arbeitsleistung der dort beschäftigten Platzwarte unmögl. wird (LAG D 5.6.2003 LAGE BGB 2002 § 615 Nr. 1). 132

Vom Betriebsrisiko zu unterscheiden ist das **Wegerisiko**. Der AN trägt das Risiko, dass er zum Betrieb als Erfüllungsort gelangt. Ergeht wegen Smogalarms ein Fahrverbot und kann der AN seine Arbeit nicht im Betrieb anbieten, so gehört dies zu seinem Wegerisiko (*Dossow* BB 1988, 2455; *Ehmann* NJW 1987, 401, 403). Entspr. gilt bei allg. Verkehrssperren, den Verkehrsfluss behindernde Demonstrationen, Ausfall öffentl. Verkehrsmittel und Naturereignissen wie Glatteis (BAG 8.12.1982 AP BGB § 616 Nr. 58) oder Schneeverwehungen (BAG 8.9.1982 NJW 1983, 1078). Der Entgeltanspruch bleibt aber nach § 615 S. 3 erhalten, wenn der Betrieb ohnehin wegen einer Verwirklichung des Betriebsrisikos stillsteht (**aA** MüKoBGB/*Henssler* Rn. 34). 133

Eine bes. Gruppe bilden Betriebe, deren **AN in Fremdbetrieben arbeiten**. Bei Personal-Leasing-Unternehmen besteht die Besonderheit, dass die vertragl. Pflicht des AN im Kern darin besteht, seine Arbeitskraft zur Vfg. zu stellen und er keine zweckbestimmte Arbeit zu leisten hat. In solchen Betrieben kann es nach Ansicht des BAG (1.2.1973 AP BGB § 615 Betriebsrisiko Nr. 29) überhaupt keine Betriebsstörungen geben. Ob der Unternehmer die Arbeitskraft nutzen kann, gehört von vornherein zu seinem Wirtschaftsrisiko. Ähnl. gilt bei Montagearbeiten, die ebenfalls überw. in fremden 134

Betrieben durchgeführt werden. Wird bei einem Streik nur ein einzelner Auftrag abgebrochen, trifft den AG das Lohnrisiko (BAG 7.11.1975 AP BGB § 615 Betriebsrisiko Nr. 30).

135 Nicht vom Betriebs-, sondern vom **Wirtschaftsrisiko** werden Feierschichten wegen Absatzmangels erfasst (BAG 8.3.1961 AP BGB § 615 Betriebsrisiko Nr. 13). Dieses Risiko ist vom AG zu tragen. Entspr. gilt bei Auftragsmangel. Wird wegen Einstellung eines Schlachtbetriebes die dortige Unterhaltung des Fleischhygieneamtes sinnlos, gehört dies zum Wirtschaftsrisiko des AG, auch wenn die Einstellung nicht in dessen Einflussbereich fällt (BAG 23.6.1994 NZA 1995, 468). Ebenfalls nicht von den Grds. der Betriebsrisikolehre werden Fälle erfasst, in denen der AG die Unmöglichkeit der Arbeitsleistung zu vertreten hat. Bei unberechtigter Verlegung der AZ und bewusster Stilllegung des Betriebs zwischen Weihnachten und Neujahr befürwortet das BAG einen Lohnanspruch aus § 326 II (BAG 3.3.1964 AP BGB § 324 Nr. 1). Entspr. gilt, wenn der AG die Unmöglichkeit wegen eines Brandes in seinem Lokal zu vertreten hat (BAG 17.12.1968 AP BGB § 324 Nr. 2).

136 **6. Beendigung des Arbeitsverhältnisses bei Betriebsstörungen.** Der Wegfall der Beschäftigungsmöglichkeit auf Grund von Betriebsstörungen führt nicht zur Beendigung des ArbVerh. Bei Dauerschuldverhältnissen kann auch der Gedanke des Wegfalls der Geschäftsgrdl. nur zu einem Kündigungsrecht führen (MüArbR/*Boewer* § 69 Rn. 61). Bei einer Betriebsstörung kommt ledigl. eine ordentl. Kündigung unter Beachtung der Kündigungsschutzvorschr. in Betracht. Die Möglichkeit einer außerordentl. Kündigung ist ausgeschlossen. Sie würde letztl. zu einer Verlagerung des Betriebsrisikos zu Lasten des AN führen (BAG 28.9.1972 AP BGB § 615 Betriebsrisiko Nr. 28). Es bleibt aber die Möglichkeit der Anrechnung nach § 615 S. 2, wenn der AN seine Arbeitskraft anderweitig verwertet (MüArbR/*Boewer* § 69 Rn. 61; die Rspr. müsste allerdings § 615 S. 2 entspr. anwenden).

137 **7. Mitbestimmung des Betriebsrats.** Die Frage, ob dem BR ein MBR nach § 87 I Nr. 2 u. 3 BetrVG zukommt, stellt sich va. bei arbeitskampfbedingten Betriebsstörungen (s. BAG 22.12.1980 AP GG Art. 9 Arbeitskampf Nr. 70). Wird die betriebsübl. AZ in Betriebsrisikofällen geänd., ist ein MBR hins. der Modalitäten zu bejahen (*Jahnke* ZfA 1984, 69, 86). Die fehlende Mitbestimmung des BR bei der Durchführung einer Betriebsstilllegung wegen Absatzschwierigkeiten führt zum Annahmeverzug (LAG BE 6.8.1985 DB 1986, 808).

§ 616 Vorübergehende Verhinderung

[1]Der zur Dienstleistung Verpflichtete wird des Anspruchs auf die Vergütung nicht dadurch verlustig, dass er für eine verhältnismäßig nicht erhebliche Zeit durch einen in seiner Person liegenden Grund ohne sein Verschulden an der Dienstleistung verhindert wird. [2]Er muss sich jedoch den Betrag anrechnen lassen, welcher ihm für die Zeit der Verhinderung aus einer auf Grund gesetzlicher Verpflichtung bestehenden Kranken- oder Unfallversicherung zukommt.

I. Normgeschichte und Normzweck

1 Die Vorschr. hat in ihrer gegenwärtigen Form wieder ihre urspr. Fassung von 1896 zurückerhalten. Die zwischenzeitl. Ergänzungen in den Abs. 2 und 3 aus den Jahren von 1930 bis 1975 sind durch Art. 56 PflegeVG v. 26.5.1994 (BGBl. I S. 1014, 1068) aufgeh. Die darin enthalten Vorschr. über die Vergütungsfortzahlung im Krankheitsfall finden sich nunmehr ausschl. im EFZG. Der verbliebene Abs. regelt die Vergütungsfortzahlung für Dienst- und AN für die Fälle der **Arbeitsverhinderung ohne Krankheit**, in denen ein Leistungsverweigerungsrecht nach § 275 III geltend gemacht werden konnte (dazu § 611 Rn. 685; *Haase* GmbHR 2005, 1260, 1264 ff. mwN). Die Vorschr. hat zum EFZRecht aber insofern Bezug, als sie bei Arztbesuchen während der AZ (Rn. 7) und bei der Pflege von erkrankten Angehörigen (Rn. 8) zur Anwendung kommen kann.

II. Anspruchsvoraussetzungen

2 **1. Personenkreis.** Anders als nach den Regeln über die EFZ im Krankheitsfall behalten nicht nur AN iSd. ArbR (§ 611 Rn. 34 ff.) ausschl. der Auszubildenden (für sie gilt § 19 I Nr. 2 b BBiG) den Anspruch auf Vergütung nach § 616 , sondern **alle Dienstnehmer** iSd. §§ 611 ff., also zB auch freie Mitarbeiter und arbeitnehmerähnl. Personen (Staudinger/*Oetker* Rn. 31 bis 45; *Schmitt* Rn. 5).

3 **2. Verhinderung aus persönlichen Gründen.** § 616 erfasst nicht nur die Fälle der **tats. Unmöglichkeit,** die geschuldete Dienstleistung zu erbringen, sondern auch Tatbestände der Unzumutbarkeit der Erfüllung der Pflichten aus dem Dienstverhältnis (so jetzt ausdr. § 275 III BGB [dazu *Henssler* RdA 2002, 129]; zum alten Recht BAG 8.9.1982 AP BGB § 616 Nr. 59 mwN). Nicht jede der vorgenannten Verhinderungen zur Erfüllung der Dienstpflichten begr. einen Anspruch nach § 616. Noch über die Verhinderung hinaus müssen die **Hinderungsgründe gerade in der Person des Betroffenen** bestehen. Gemeint ist die pers. Sphäre, nicht pers. Eigenschaften (Staudinger/*Oetker* Rn. 54). Bestehen dagegen obj. Leistungshindernisse, die also zur selben Zeit für mehrere AN gleichzeitig bestehen, so kommt § 616 nicht zur Anwendung (RGRK/*Matthes* Rn. 12; *Treber* Rn. 7). Darunter sind zB Hindernisse auf

dem Weg zur Arbeit wie Schneeverwehungen (BAG 8.9.1982 AP BGB § 616 Nr. 59;), Glatteis (BAG 8.12.1982 AP BGB § 616 Nr. 58), Hochwasser und allg. Verkehrsstörungen auf Grund einer Aschewolke nach einem Vulkanausbruch (*Ehmann* NJW 1987, 401; diff. *Vogelsang* Rn. 881; zum Hochwasser *Hantel* NJ 2002, 577; zur Aschewolke *A. Buchner/Schumacher* DB 2010, 1124 und *Forst* BB 2010, 1213) oder eines Smogalarms zu verstehen. Auch ges. Verpflichtungen, Fortbildungsveranstaltungen zu besuchen, um dem ausgeübten Beruf weiter nachgehen zu können, begründen keinen Anspruch aus § 616 S. 1 (LAG M 1.4.1999 EzBAT TV Fleischbeschaupersonal Nr. 13; diff. *Treber* Rn. 23).

a) Allgemeine Tatbestände. Ledigl. subj., dh. pers. Leistungshindernisse können den ges. Tatbestand erfüllen. Das können bes. **familiäre Ereignisse** sein, bei denen es als unverzichtbar gilt, anwesend zu sein (MüKoBGB/*Henssler* Rn. 36), wie zB 4

- die eigene Hochzeit (BAG 27.4.1983 AP BGB § 616 Nr. 61; 17.10.1985 AP BAT § 18 Nr. 1),
- die Eintragung einer Lebenspartnerschaft nach dem LPartG (*Linck* BB 2008, 2738, 2741),
- die Hochzeit der Kinder und die Wiederverheiratung eines Elternteils (Staudinger/*Oetker* Rn. 66),
- die goldene Hochzeit der Eltern (BAG 25.10.1973 AP BGB § 616 Nr. 43),
- die Niederkunft der Ehefrau und der in häusl. Gemeinschaft lebenden Partnerin, sofern § 616 nicht durch eine ungünstigere Regelung (dazu Rn. 13) abbedungen ist (BAG 25.2.1987 AP BAT § 52 Nr. 3; 18.1.2001 NZA 2002, 47; vgl. dazu a. BVerfG 8.1.1998 AP GG Art. 6 Abs. 1 Ehe und Familie Nr. 26; fragl. ist, ob sich bei tarifl. Regelung die engere Zwecksetzung verselbständigt und der Urlaubstag „irgendwann" genommen werden kann, vgl. LAG K 28.4.2011 – 6 Sa 91/11 –),
- religiöse Feste wie Erstkommunion und Konfirmation,
- Begräbnisse im engen Familienkreis (Eltern, Kinder und Geschwister) oder von im Haushalt lebenden Angehörigen (MüKoBGB/*Henssler* Rn. 39; Staudinger/*Oetker* Rn. 65; *Treber* Rn. 10),

aber auch **pers. Unglücksfälle** wie Einbruch, Brand, unverschuldete Verkehrsunfälle und zu Unrecht erlittene Untersuchungshaft (offen gelassen BAG 16.3.1967 AP HGB § 63 Nr. 31; wie hier HWK/*Krause* Rn. 33 und Staudinger/*Oetker* Rn. 70). Der Anspruch nach § 616 besteht auch iRd. Freistellungen nach § 629 (s. BGB § 629 Rn. 11 bis 15).

b) Kollision der Arbeitspflicht mit anderen, insbesondere ehrenamtlich übernommenen Pflichten. Dienstnehmer übernehmen vielfach Pflichten im ehrenamtl. Bereich zB als **ehrenamtl. Richter** (MüKoBGB/*Henssler* Rn. 41) und in der **Selbstverw. der Sozialvers.** In diesen Fällen liegt eine pers. Verhinderung iSd. § 616 vor (BAG 8.12.1982 AP BGB § 616 Nr. 58 mwN), sofern die Tätigkeit notwendigerweise in die AZ des AN fällt und nicht zB Gleitzeit in Anspruch genommen werden muss (BAG 22.1.2009 NZA 2009, 735). Dagegen besteht kein Anspruch iRd. Kandidatur für ein öffentl. Amt (MüKoBGB/*Henssler* Rn. 42; Staudinger/*Oetker* Rn. 71; *Treber* Rn. 21) und bei dessen Ausübung (zur Tarifregelung für einen Ratsherren in NI BAG 20.6.1995 AP BGB § 616 Nr. 94). Dasselbe gilt bei der Wahrnehmung von Aufgaben in **privaten Vereinen,** wozu auch eine Tätigkeit für die gewerkschaftl. Berufsorganisation zählt (Staudinger/*Oetker* Rn. 72; *Vogelsang* Rn. 885; MüKoBGB/*Henssler* Rn. 43), sofern nicht ein TV etwas anderes bestimmt (BAG 11.9.1985 AP TVG § 1 Tarifverträge: Banken Nr. 7 und 11.9.1985 AP BGB § 616 Nr. 67). Tätigkeiten für eine **Feuerwehr** oder im **Katastrophenschutz** sind regelm. landesges. geregelt. Entweder besteht ein Anspruch auf Ersatz des Entgeltausfalls ggü. dem den Einsatz Anordnenden nach Landesrecht oder ein Anspruch nach § 616 bzw. tarifl. Vorschr. (BAG 13.2.1996 AP BGB § 611 Feuerwehr Nr. 1). In diesem Fall kann der AG in unterschiedl. Weise und Höhe Ersatz seiner Leistungen verlangen (RGRK/*Matthes* Rn. 37 bis 42). 5

c) Vorladungen. Termine bei Behörden und Gerichten begründen pers. Leistungshindernisse, auch wenn sie den Anspruchsberechtigten selbst betreffen (BAG 4.9.1985 AP BMT-G II § 29 Nr. 1; 13.12.2001 NZA 2002, 1105). Ein Ausschluss kann in diesen Fällen allerdings wegen eines Verschuldens in Betracht kommen (Rn. 11). 6

d) Krankheit und Arztbesuche. Krankheit des Verpflichteten ist ein pers. Hinderungsgrund und stellte **früher** den **Hauptanwendungsfall** der Norm dar. Mit der Verabschiedung des EFZG als SpezialG für die krankheitsbedingte AU der AN kommt die Krankheit als pers. Hinderungsgrund nur noch bei Dienstnehmern in Betracht, die keine AN sind, zB die freien Mitarbeiter (hM; **aA** *Kießling/Jünemann* DB 2005, 1684, 1685, die die Vorschr. nur auf AN angewendet wissen wollen). Bei ihnen gewinnt das Tatbestandsmerkmal der „verhältnismäßig nicht erhebl. Zeit" (Rn. 10) Bedeutung (Staudinger/*Oetker* Rn. 55; *Haase* GmbHR 2005, 1260, 1266 ff.). Bei **Arztbesuchen** des Dienstverpflichteten ist zu unterscheiden. Ist ein Berechtigter während eines Arztbesuches bereits arbeitsunfähig krank, so hat er als AN einen Anspruch auf EFZ nur nach dem EFZG (HWK/*Krause* Rn. 21.). Dienstnehmer haben grds. einen Anspruch nach § 616, sofern die zeitl. Voraussetzung der Norm (Rn. 10) gegeben ist (Staudinger/*Oetker* Rn. 56), was bei kurzfristigen Dienstverpflichtungen und Krankheit (die Zeit des Arztbesuches wird der Krankheit hinzugerechnet) ausscheidet. Sind AN oder Dienstnehmer nicht krank, so liegt ein pers. Verhinderungsgrund **nur dann** vor, wenn der Arztbesuch **medizinisch notwendig** zum jeweiligen Zpkt. war (BAG 29.2.1984 AP BGB § 616 Nr. 64). Das ist stets bei akuten Beschwerden der Fall. Ist keine unmittelbare ärztl. Versorgung angezeigt, kann ein Anspruch dennoch bestehen, wenn der Arztgang in der AZ erforderl. ist. Das ist zB der Fall bei ärztl. zwgd. festgelegten Besuchsterminen (*Brill* NZA 1984, 281, 282) wie zum Röntgen oder zur Blutabnahme im nüchternen 7

Zustand (BAG 27.6.1990 AP BGB § 616 Nr. 89), aber auch bereits dann, wenn der vom Dienstnehmer ausgesuchte Arzt seines Vertrauens Sprechstunden **nur in der AZ** hat (BAG 29.2.1984 AP TVG § 1 Tarifverträge: Metallindustrie Nr. 22). Hat der Arzt Sprechstunden, die auch außerhalb der AZ liegen, muss der Berechtigte um einen Termin in dieser Zeit nachsuchen (*Brill* NZA 1984, 281, 282). In diesem Fall führt die kommentarlos hingenommene Terminierung des Besuchs in der AZ nicht zu einem Anspruch aus § 616 (RGRK/*Matthes* Rn. 27). Kommt der Arzt allerdings dem Wunsch nicht nach, besteht ein vergütungspflichtiges Hindernis; der Berechtigte muss nicht etwa mehrfach den Arzt bedrängen oder gar den Arzt wechseln (MüKoBGB/*Henssler* Rn. 22; HWK/*Krause* Rn. 21; Staudinger/*Oetker* Rn. 56).

8 e) **Pflege naher Angehöriger.** Unvorhergesehene Erkrankungen naher Angehöriger, die häusl. Pflege durch einen Dienstnehmer erfordern, gelten als pers. Leistungshindernisse, bei deren Eintritt der Vergütungsanspruch nicht untergeht (BAG 20.6.1979 AP BGB § 616 Nr. 49 bis 51). Das galt regelm. für **Kinder bis zur Altersgrenze des § 45 I SGB V** (SGB V § 45 Rn. 3), aber auch bei Kindern höheren Alters und bei anderen nahen Angehörigen (angedeutet in BAG 20.7.1977 AP BGB § 616 Nr. 47; wie hier MüKoBGB/*Henssler* Rn. 30; *Schmitt* Rn. 11; Staudinger/*Oetker* Rn. 58 f.) der häusl. Gemeinschaft, sofern nur eine anderweitige Versorgung für einen nicht zu langen Zeitraum (dazu Rn. 10) nicht angebracht (das ist bei älteren Kindern häufig zw.) oder realisierbar war (LAG D 20.3.2007 ZTR 2007, 496, allerdings ohne Beachtung der urlaubsrechtl. Erfüllungshandlung des AG).

9 Mit dem am 1.7.2008 in Kraft getretenen PflegeZG v. 28.5.2008 (BGBl. I S. 896), dessen Regelungen nur die Befreiung von der Arbeitspflicht bei kurzzeitiger Arbeitsverhinderung und bei Inanspruchnahme von PZ bis zu sechs Monaten regelt, wird erstmals ausdr. und positiv festgelegt, dass unter den ges. Voraussetzungen ein Arbeitsverhinderungstatbestand gegeben ist, der einen Vergütungsanspruch nach § 616 zur Folge haben kann. Nach § 2 III PflegeZG ist der AG zur EFZ nur nach „anderen ges. Vorschr.", zu denen § 616 gehört, verpflichtet. Das PflegeZG selbst regelt keine Vergütungsansprüche (BR-Drs. 718/2/07; allgM). Nach der Neufassung durch G v. 23.12.2014 (BGBl. I S. 2462) haben die Beschäftigten subsidiär einen Anspruch auf Zahlung von Pflegeunterstützungsgeld nach § 44a III SGB XI, der für „entgangenes Arbeitsentgelt" gezahlt wird. Danach besteht ein Anspruch nicht, soweit und solange ein Fortzahlungsanspruch ggü dem AG besteht. Der engere Anspruch aus **§ 616 geht mithin** vor, wobei unerfreul. ist, dass der Gesetzgeber die Reichweite dieses Anspruchs wiederum nicht klargestellt hat. Der große Kreis der Angehörigen nach Maßgabe des § 7 III PflegeZG ist auf § 616 nicht übertragbar. Die Regelung eines **Freistellungsanspruchs für zehn Tage** gibt aber immerhin einen Anhaltspunkt, dass der Gesetzgeber diese Kurzzeitverhinderung als „nicht erhebl. Zeit" einordnet (ähnl. *Joussen* NZA 2009, 69,71; krit. HWK/*Krause* Rn. 41; *Linck* BB 2008, 2738, 2741). Insg. herrscht in der Praxis bei dieser Frage große Rechtsunsicherheit, die der Gesetzgeber auch in seiner letzten Reform nicht beseitigt hat, sondern offenbar pragmatisch darauf spekuliert, dass der subsidiäre (ganz hM, vgl. Begr. des RegE BT-Drs. 18/3124, S. 47; *Sasse* DB 2015, 310, 313, auch ggü. Kranken- oder Verletztengeld, § 45 V) sozialrechtl. Anspruch aus § 44a III SGB XI, § 45 II 3 bis 5 SGB V iHd. Krankengeldes praktisch zum primären Anspruch wird (vgl. *Müller* BB 2014, 3125, 3132). In der Lit. wird darauf verwiesen, dass § 616 abbedungen werden kann (*Schiefer* PuR 2015, 233) und so der Anspruch aus § 44a SGB XI die praktisch einzige Anspruchsnorm wird. In der Praxis sollten die Pflegekassen sich dazu verstehen, das Pflegeunterstützungsgeld vorzuleisten und ggf. nach § 115 SGB X den im Wege der cessio legis übergegangen Anspruch ggf. gegen den AG geltend zu machen.

10 **3. Nicht erhebliche Zeit.** Weitere tatbestandl. Voraussetzung für den Erhalt **des Vergütungsanspruchs,** nicht nur für seine Begrenzung (BAG [GS] 18.12.1959 AP BGB § 616 Nr. 22), ist die Verhinderung für einen unerhebl. Zeitraum. Dauert die Verhinderung länger an, so entfällt ein Anspruch vollständig (MüKoBGB/*Henssler* Rn. 61; DFL/*Kamanabrou* Rn. 19; HWK/*Krause* Rn. 37; Staudinger/*Oetker* Rn. 96; krit. dazu *Greiner* NZA 2007, 490, 492). Daran hat sich für den Bereich Arbeitsverhinderung wegen Pflege im Grds. durch das PflegeZG (Rn. 8a) nichts geänd. Nur die akut aufgetretene Pflegesituation führt zu einer Arbeitsverhinderung und zum Anspruch auf Vergütungsfortzahlung, nicht jedoch die Inanspruchnahme der langfristigen PZ. Etwas anderes kann beim Zusammentreffen von Inanspruchnahme der Rechte nach § 2 PflegeZG und nach § 3 PflegeZG gelten, zB wenn sich der Berechtigte in der Zeit der akuten Fürsorge dafür entscheidet, nach Ablauf von 10 Tagen (unbezahlte) PZ nach § 3 PflegeZG in Anspruch zu nehmen (ähnl. HWK/*Krause* Rn. 42).

10a Die Konkretisierung des unbestimmten Rechtsbegriffs „nicht erhebl. Zeit" wird nach dem Verhältnis von Dauer des Arbeits- oder Dienstverhältnisses zur Dauer der Verhinderungszeit vorgenommen (BAG [GS] 17.12.1959 AP BGB § 616 Nr. 21). Dem kann nur eingeschränkt zugestimmt werden. Das Verhältnis ist nur ein Gesichtspunkt bei der Ausfüllung des unbestimmten Rechtsbegriffs; es kann für Dienstnehmer, die keine AN sind, etwa bei Krankheit eine entscheidende Rolle spielen (Rn. 7). Auch erlaubt der unbestimmte Rechtsbegriff grds. keine Festlegung auf eine feste Anzahl von Tagen; deshalb sind die Umstände des Einzelfalls nach den Verhältnissen im Bereich des Dienstnehmers maßgebl. zu berücksichtigen (ähnl. MüKoBGB/*Henssler* Rn. 32 und Rn. 59 ff., der den Begriff ereignisbezogen ausfüllen will). Bei Erkrankung von Dienstverpflichteten dürfte sich eher der Zeitraum des EFZG von 6 Wochen als Maßstab anbieten (str.; vgl. die Darst. des Streitstands bei HWK/*Krause* Rn. 40 f. und bei

Haase GmbHR 2005, 1260, 1266 f.). Bei der Pflege von Kleinkindern gelten keine abw. Regeln. Denn sie sind (bes.) nahe Angehörige, deren pflegerische Versorgung sichergestellt werden muss (vgl. Staudinger/*Oetker* Rn. 104; *Treber* Rn. 30; *Vogelsang* Rn. 897; *Kießling/Jünemann* DB 2005, 1684, 1687; *Greiner* NZA 2007, 490). Zur Regelung im öffentl. Dienst vgl. § 29 TVöD (dazu krit. *Greiner* NZA 2007, 490, 492).

4. Verschulden. Es gelten **dies. Grds.** wie bei der EFZ im **Krankheitsfall** (stRspr.; zB BAG 19.10.1983 AP BGB § 616 Nr. 62; vgl. EFZG § 3 Rn. 23 bis 32). 11

III. Anrechnung nach Satz 2

Die Bestimmung des § 616 S. 2 hat für die **Verhinderungsfälle ohne Krankheit keine Bedeutung,** weil insoweit keine Versicherungsleistungen anfallen (DFL/*Kamanabrou* Rn. 26; HWK/*Krause* Rn. 47). Auch die Leistungen der Krankenkassen bei Erkrankung eines Kindes nach § 45 SGB V sind dem Anspruch auf Arbeitsentgelt nach § 616 S. 1 subsidiär und daher nicht anzurechnen. Vielmehr kann die vorleistende Krankenkasse die Zahlung des Entgelts vom AG aus übergegangenem Recht (§ 115 SGB X) an sich verlangen. 12

IV. Abdingbarkeit

Die Bestimmungen des § 616 sind abdingbar, wie aus § 619 zu schließen ist. Abw. Regelungen können nicht nur von **TVParteien** (BAG 20.6.1995 AP BGB § 616 Nr. 94; 5.8.2014 NZA-RR 2014, 627), sondern auch von den **Arbeitsvertragsparteien** beschlossen werden (BAG 25.4.1960 AP BGB § 616 Nr. 23; 7.2.2007 AP BGB § 611 Abhängigkeit Nr. 118). Die Abweichung kann **zugunsten, aber auch zu Ungunsten** der AN erfolgen (für Auszubildende vgl. § 19 BBiG Rn. 5). Daran hat sich durch das PflegeZG nichts geänd. Es lässt die bisherige Rechtslage zu den Rechtsgrdl. für die Vergütungsfortzahlung unberührt mit der schwer zu vermittelnden Folge, dass AN nach dem PflegeZG einen Freistellungsanspruch, aber keinen Vergütungsanspruch haben müssen (*Joussen* NZA 2009, 69, 71; *Glatzel* NJW 2009, 1377). **Umf.** (es müssen nicht alle Fälle der pers. Verhinderung betroffen sein) und **Inhalt** der vom G abw. Normen oder Vereinb. werden im Streitfall nach den Regeln der Tarif- oder Vertragsauslegung durch die Gerichte ermittelt. Dabei geht das BAG regelm. davon aus, dass die ges. Grundregel ausgeschlossen ist und iE damit AN schlechter stehen, wenn die TVParteien abschl. bestimmte Fälle geregelt haben (BAG 17.10.1985 AP BAT § 18 Nr. 1; zu § 29 TV-L ArbG Potsdam 28.2.2012 – 3 Ca 2539/11). Dann wird ebenso ein Ausschluss der ges. Bestimmung angenommen wie bei einer Norm mit dem Inhalt, dass ein Lohnanspruch grds. nur für geleistete Arbeit besteht (BAG 25.8.1982 AP BGB § 616 Nr. 55; 8.12.1982 AP BGB § 616 Nr. 58 mwN). TV können aber auch nur den bestehenden ges. Anspruch konkretisieren und keinen Willen zu einer abschl. Regelung gehabt haben (BAG 29.2.1984 AP TVG § 1 Tarifverträge: Metallindustrie Nr. 22; 27.6.1990 AP BGB § 616 Nr. 89). Bei AGB ist eine Inhaltskontrolle nach den §§ 305 ff. vorzunehmen (vgl. §§ 305 bis 310 Rn. 82). 13

§ 617 Pflicht zur Krankenfürsorge

(1) [1] **Ist bei einem dauernden Dienstverhältnis, welches die Erwerbstätigkeit des Verpflichteten vollständig oder hauptsächlich in Anspruch nimmt, der Verpflichtete in die häusliche Gemeinschaft aufgenommen, so hat der Dienstberechtigte ihm im Falle der Erkrankung die erforderliche Verpflegung und ärztliche Behandlung bis zur Dauer von sechs Wochen, jedoch nicht über die Beendigung des Dienstverhältnisses hinaus, zu gewähren, sofern nicht die Erkrankung von dem Verpflichteten vorsätzlich oder durch grobe Fahrlässigkeit herbeigeführt worden ist.** [2] **Die Verpflegung und ärztliche Behandlung kann durch Aufnahme des Verpflichteten in eine Krankenanstalt gewährt werden.** [3] **Die Kosten können auf die für die Zeit der Erkrankung geschuldete Vergütung angerechnet werden.** [4] **Wird das Dienstverhältnis wegen der Erkrankung von dem Dienstberechtigten nach § 626 gekündigt, so bleibt die dadurch herbeigeführte Beendigung des Dienstverhältnisses außer Betracht.**

(2) **Die Verpflichtung des Dienstberechtigten tritt nicht ein, wenn für die Verpflegung und ärztliche Behandlung durch eine Versicherung oder durch eine Einrichtung der öffentlichen Krankenpflege Vorsorge getroffen ist.**

1. Normgeschichte. Die Bestimmung über die **Krankenfürsorge** (als Teil der allg. Fürsorgepflicht) aller Dienstverpflichteten, nicht nur der AN, hat **erg. Funktionen** für nicht versicherte Dienstnehmer, wie die **Subsidiaritätsklausel** des Abs. 2 ausweist (Auffangfunktion: *Treber* Rn. 1). Ihr Anwendungsbereich ist wegen der umfassenden Absicherung nicht nur der AN, sondern auch der anderen Dienstverpflichteten im modernen Staat gering (Staudinger/*Oetker* Rn. 4). Die Vorschr. enthält zwgd., nur zugunsten der Dienstnehmer abänderbares Recht. Das gilt auch für **TV** (§ 619 Rn. 1). Der Anspruch 1 aus § 617 I ist kein Anspruch, der den ggf. bestehenden Anspruch auf Fortzahlung der Vergütung während einer Krankheit, zB bei AN nach dem EFZG, ersetzt. Er tritt vielmehr **neben** den **Vergütungsanspruch**. Er ist wegen der Bindung an die Person des Dienstnehmers nicht abtretbar, nicht pfändbar und nicht verpfändbar (Staudinger/*Oetker* Rn. 7 f.; MüKoBGB/*Henssler* Rn. 1).

2 **2. Anspruchsvoraussetzungen.** Krankenfürsorge können nur diejenigen verlangen, die zu einer Person auf Grund eines Dienstvertrags iSd. § 611 in einem Dienstverhältnis stehen. Die Vorschr. gilt deshalb nicht nur für AN, sondern für **alle Dienstverpflichteten** (allgM). Wegen der weiteren tatbestandl. Voraussetzungen wie die Aufnahme in die häusl. Gemeinschaft kommen aber regelm. nur AN als Berechtigte in Betracht (*Schmitt* Rn. 6), für die die Bestimmung wegen der anderweitigen Absicherung wieder wenig Bedeutung hat. Die Voraussetzung ist nicht nur bei einem unbefristeten ArbVerh. gegeben, das die Arbeitskraft des AN vollständig und hauptsächl. in Anspruch nimmt, sondern auch bei einem befristeten Dienstvertrag (Staudinger/*Oetker* Rn. 19; MüKoBGB/*Henssler* Rn. 5). Die abw. Meinungen, eine zeitl. Mindestdauer von sechs Monaten sei erforderl. (*Treber* Rn. 5; *Schmitt* Rn. 8 f.) findet im G keine Grdl. (Staudinger/*Oetker* Rn. 19). Die auf Grund des Dienstvertrags zu erbringende Erwerbstätigkeit nimmt den Verpflichteten dann **vollständig oder hauptsächl.** in Anspruch, wenn er wenigstens mehr als die Hälfte (milder HWK/*Krause* Rn. 6) der in Dienst- und ArbVerh. übl. wöchentl. Zeiten zur Erfüllung seiner Aufgaben aufwendet. Denn das Tatbestandsmerkmal ist allein zeitl. zu bestimmen (*Schmitt* Rn. 10; Staudinger/*Oetker* Rn. 22), nicht nach Intensität des Dienstes und der Höhe der Gegenleistung. Ein Dienstverpflichteter ist nicht nur dann in die **häusl. Gemeinschaft** aufgenommen, wenn er im Hause des Dienstgebers wohnt und dort wenigstens tw. verpflegt wird, sondern auch bei Unterbringung in einer von diesem zur Vfg. gestellten Unterkunft mit dortiger Verpflegung (BAG 8.6.1955 AP BGB § 618 Nr. 1; MüKoBGB/*Henssler* Rn. 7; *Schmitt* Rn. 12; **aA** Staudinger/*Oetker* Rn. 28). Unter Erkrankung ist dasselbe wie im **Recht der EFZ** unter dem Begriff Krankheit zu verstehen (vgl. EFZG § 3 Rn. 5 bis 8). Beim **Verschulden** sind dies. Maßstäbe wie bei § 3 EFZG anzulegen (*Schmitt* Rn. 13 f.); vgl. § 3 Rn. 26 bis 32.

3 **3. Inhalt des Anspruchs.** Der Dienstgeber schuldet dem Dienstnehmer die erforderl. **Verpflegung** und die **ärztl. Behandlung** in seinem Haushalt. Die Schuld kann aber auch durch Veranlassung der Aufnahme in einem Krankenhaus erfüllt werden. Unter Verpflegung ist nicht nur die Nahrung zu verstehen, sondern auch die Versorgung mit Arznei- und Heilmitteln einschl. der notwendigen Hilfsmittel (allgM.). Dieses extensive Verständnis rechtfertigt sich teleologisch, der Dienstgeber soll die fehlenden Leistungen der Krankenkasse ausgleichen (Staudinger/*Oetker* Rn. 44 ff.). Der Dienstgeber schuldet dem Dienstnehmer die ärztl. Versorgung in Form von Untersuchung und Behandlung durch einen approbierten Facharzt für Allgemeinmedizin und/oder einer anderen Sparte. Das **Auswahlrecht** steht dem Dienstgeber zu, wobei aber das begr. fehlende Vertrauen des zu Behandelnden zu einem bestimmten Arzt dazu führt, dass der Anspruch nicht erfüllt wird, wenn der Dienstverpflichtete die Entgegennahme der Leistung ablehnt (Staudinger/*Oetker* Rn. 46 f.; *Schmitt* Rn. 20). Der Schuldner wird von seiner Leistungspflicht frei, wenn er die Aufnahme in einem Krankenhaus veranlasst, § 617 I 2. Lehnt der Gläubiger die Aufnahme ab, obwohl die Krankenhausbehandlung geeignet ist, seine Erkrankung zu beseitigen, so erlischt sein Anspruch nach § 617 jdf. für die Dauer der Weigerung (hM mit tw. Abw. Begr., vgl. Staudinger/*Oetker* Rn. 48 bis 53 einerseits und *Schmitt* Rn. 21 andererseits).

4 Der Anspruch nach § 617 besteht **max.** für die Dauer von 6 Wochen, § 617 I 1, nicht jedoch über die Beendigung des Dienstverhältnisses hinaus, sofern nicht eine außerordentl. Kündigung das Rechtsverhältnis beendet hat, § 617 I 4. Für die Berechnung des Zeitraums vgl. EFZG § 3 Rn. 34. Wird das Dienstverhältnis wegen der Erkrankung vor Ablauf der Höchstdauer durch **außerordentl. Kündigung** beendet, so bleibt der Anspruch für die Dauer von sechs Wochen erhalten. Eine **Angleichung** an die weitergehende Bestimmung des § 8 EFZG verbietet sich nicht nur wegen des klaren Wortlauts des G (*Treber* Rn. 12). Sie ist auch nicht geboten, weil eine wirksame, das Dienstverhältnis aus Anlass der Erkrankung beendende außerordentl. Kündigung jdf. im ArbVerh. nicht mögl. ist. Die Gleichstellung des Dienstnehmers mit dem AN ist aus Gleichheitsgründen nicht erforderl. (zum Gesamtkomplex: Staudinger/*Oetker* Rn. 60; *Schmitt* Rn. 29 f.).

5 Der Dienstgeber hat die Kosten der in Form von Sachleistungen zu erbringenden Krankenfürsorge zu tragen (Staudinger/*Oetker* Rn. 62). IE steht dem Berechtigten aber **keine kostenlose Krankenfürsorge** zu. Die zusätzl. vom Dienstgeber aufgewendeten Kosten kann dieser näml. mit dem Anspruch des Erkrankten auf Fortzahlung der Vergütung verrechnen, § 617 I 3. Die Kosten, die auch bei Erfüllung der Dienstpflicht entstanden wären, wie die für Kost und Logis, sind nicht verrechenbar (Staudinger/*Oetker* Rn. 68; *Schmitt* Rn. 31).

6 **4. Anderweitige Vorsorge.** Der Anspruch des Dienstnehmers ist ausgeschlossen, wenn er Leistungen aus der ges. oder einer privaten Krankenkasse erhält oder anderweitige Vorsorge getroffen ist, § 617 II. Dann entfallen regelm. die Leistungen auf ärztl. Betreuung, nicht aber unbedingt auf Verpflegung (ausf. Staudinger/*Oetker* Rn. 36 bis 42). Bei einer häusl. Behandlung fallen diese weiter an.

§ 618 Pflicht zu Schutzmaßnahmen

(1) Der Dienstberechtigte hat Räume, Vorrichtungen oder Gerätschaften, die er zur Verrichtung der Dienste zu beschaffen hat, so einzurichten und zu unterhalten und Dienstleistungen, die unter seiner Anordnung oder seiner Leitung vorzunehmen sind, so zu regeln, dass der Verpflichtete gegen Gefahr für Leben und Gesundheit soweit geschützt ist, als die Natur der Dienstleistung es gestattet.

(2) Ist der Verpflichtete in die häusliche Gemeinschaft aufgenommen, so hat der Dienstberechtigte in Ansehung des Wohn- und Schlafraums, der Verpflegung sowie der Arbeits- und Erholungszeit diejenigen Einrichtungen und Anordnungen zu treffen, welche mit Rücksicht auf die Gesundheit, die Sittlichkeit und die Religion des Verpflichteten erforderlich sind.

(3) Erfüllt der Dienstberechtigte die ihm in Ansehung des Lebens und der Gesundheit des Verpflichteten obliegenden Verpflichtungen nicht, so finden auf seine Verpflichtung zum Schadensersatz die für unerlaubte Handlungen geltenden Vorschriften der §§ 842 bis 846 entsprechende Anwendung.

1. Anwendungsbereich. § 618 ist auf **Dienst- und ArbVerh.** anzuwenden. Die Anwendbarkeit der Vorschr. setzt nicht voraus, dass es sich um ein dauerndes Dienst- oder ArbVerh. handelt. Von § 618 erfasst werden auch die ArbVerh. der im **öffentl. Dienst** beschäftigten Arbeiter und Angestellten. Die Vorschr. gilt dagegen **nicht für Beamtenverhältnisse** (BVerwG 13.9.1984 NJW 1985, 877). § 618 I wird durch zahlreiche Spezialregelungen verdrängt, wie zB § 62 HGB, § 114 SeeArbG, § 12 HAG. 1

2. Standort des § 618 im Rechtssystem. § 618 ist eine **Teilausprägung** der allg. **Fürsorgepflicht** des Dienstberechtigten ggü. seinen Bediensteten (BAG 10.3.1976 AP BGB § 618 Nr. 17). 2

Im Hinblick auf ArbVerh. handelt es sich bei § 618 um eine Vorschr. des privatrechtl. Arbeitsrechts, die eng mit dem ör. Arbeitsschutzrecht verknüpft ist. Zum **ör. Arbeitsschutzrecht** gehören alle Rechtsvorschriften, die Pflichten ggü. dem Staat oder dem zuständigen ges. Unfallversicherungsträger (Berufsgenossenschaft) begründen, damit die Sicherheit und der Gesundheitsschutz der AN bei der Arbeit gewährleistet sind (*Wlotzke* FS Raisch 1995 S. 327, 328). Dagegen zielt das privatrechtl. Arbeitsschutzrecht darauf ab, den Schutz der AN vor den Gefahren des Arbeitslebens durch die Begründung arbeitsvertragl. Rechte und Pflichten zu gewährleisten. Im Unterschied zum ör. Arbeitsschutz, der von den Aufsichtsbehörden überwacht und erforderlichenfalls durch behördl. Zwangsmaßnahmen durchgesetzt wird, muss der AN die Erfüllung privatrechtl. Arbeitsschutzpflichten selbst durchsetzen (näher zur Systematik des Arbeitsschutzrechts Staudinger/*Oetker* Rn. 21 ff.; *Wank/Börgmann* S. 10 ff.; MüArbR/*Kohte* § 288 Rn. 1 ff.). 3

Es ist allg. anerkannt, dass die ör. Arbeitsschutznormen zugleich auch entspr. unabdingbare Vertragspflichten des AG ggü. seinen AN erzeugen können (sog. **Doppelwirkung** des ör. Arbeitsschutzrechts; s. BAG 10.3.1976 AP BGB § 618 Nr. 17; HK-ArbSchR-*Nebe* Rn. 7 ff.). Die ör. Arbeitsschutzvorschriften **konkretisieren** den vom AG nach § 618 I einzuhaltenden Standard, dh. sie legen für AN einen **Mindeststandard** fest. Eine Verpflichtung des AG, über den ör. Arbeitsschutz hinausgehende Maßnahmen zu ergreifen, kann sich ausnahmsweise bei bes. schutzbedürftigen AN ergeben (BAG 17.2.1998 AP BGB § 618 Nr. 26). Zu weitergehenden Schutzmaßnahmen kann der AG auch auf Grund einzelvertragl. Vereinbarung oder auf Grund eines TV oder einer Betriebsvereinbarung verpflichtet sein (HK-ArbSchR-*Nebe* Rn. 10). – Zu allen in § 618 angegebenen Verpflichtungen bestehen inzwischen ör. Arbeitsschutzvorschriften. Ör. kann allein auf diese Normen zurückgegriffen werden, regelm. iVm. dem ArbSchG; also zB betr. Räume auf § 3 ArbSchG iVm. der ArbStättV. Privatrechtl. ergibt sich die Verpflichtung des AG aus § 618, konkretisiert durch die einschlägigen ör. Arbeitsschutzvorschriften. Diese Vorschr. beziehen sich allerdings nur auf AG, so dass bei Dienstberechtigten allein § 618 anzuwenden ist. 4

Den AG verpflichtende Wirkung können nach allg. Auff. allerdings nur solche ör. Arbeitsschutznormen entfalten, die geeignet sind, den **Gegenstand einer arbeitsvertragl. Vereinbarung** zu bilden (BAG 10.3.1976 AP BGB § 618 Nr. 17; *Wlotzke* FS Hilger/Stumpf 1983 S. 723, 739 ff.). Von der Transformationswirkung ausgeschlossen sind demnach ör. Arbeitsschutznormen, die organisatorischer oder ordnungsrechtl. Natur sind, wie zB Aufzeichnungspflichten oder Aushangpflichten (MüKoBGB/*Henssler* Rn. 9; *Wlotzke* FS Hilger/Stumpf 1983 S. 723, 742). Arbeitsschutzrechtl. Solidarnormen – das sind solche Arbeitsschutznormen, deren Schutzadressat die Belegschaft oder eine bestimmte Gruppe von ihr sind –, können im Zusammenhang mit § 618 ebenfalls vertragl. Pflichten des AG ggü. dem AN begründen. Voraussetzung ist jedoch, dass sie ihrem Zweck nach dem Einzelnen einen Erfüllungsanspruch gewähren (zum Schutzzweck BAG 12.8.2008 NZA 2009, 102). 5

3. Inhalt der Schutzpflichten des Abs. 1. a) Räume, Vorrichtungen und Gerätschaften als Schutzgegenstand. § 618 I verpflichtet den Dienstberechtigten, Räume, Vorrichtungen und Gerätschaften so einzurichten und zu unterhalten, dass der Verpflichtete gegen Gefahren für Leben und Gesundheit soweit geschützt ist, als die Natur der Dienstleistung es gestattet. 6

7 **aa) Räume.** Der Begriff Raum iSd. § 618 I ist weit auszulegen. Er umfasst über die reine Arbeitsstätte hinaus alle Örtlichkeiten, an denen der Dienstverpflichtete nach dem Vertrag und etwaiger Leistungsbestimmungen durch den Dienstberechtigten seine Dienstleistung erbringt oder die er im Zusammenhang mit der Erfüllung seiner Verpflichtung mit dem Dienstberechtigten aufsucht; er deckt sich damit im Wesentl. mit dem Begriff der Arbeitsstätte iSv. § 2 ArbStättV (MüKoBGB/*Henssler* Rn. 33; Staudinger/*Oetker* Rn. 119). Zu den Räumen gehören ua. Arbeitsräume in Gebäuden einschließl. Ausbildungsstätten, Arbeitsplätze auf dem Betriebsgelände im Freien, Baustellen, Pausen-, Bereitschafts-, Liegeräume und Räume für körperl. Ausgleichsübungen, Umkleide-, Wasch- und Toilettenräume sowie Sanitätsräume. Die Schutzpflicht des § 618 I gilt nicht für solche Räume, deren Betreten dem AN untersagt ist oder in denen er nichts zu suchen hat (Soergel/*Kraft* Rn. 12).

8 Die Pflichten des Dienstberechtigten im Hinblick auf die Einrichtung und Unterhaltung der Räume werden im Anwendungsbereich der ArbStättV va. durch die Vorschr. der §§ 3–6 ArbStättV konkretisiert (s. a. *Raif/Böttcher* AuR 2009, 289). § 2 ArbStättV definiert **Arbeitsstätten,** Arbeitsplätze und Arbeitsräume; Telearbeit wird nicht erfasst. Die zentrale Vorschr. ist § 3 betr. Einrichten und Betreiben von Arbeitsstätten, ergänzt durch § 4 betr. bes. Anforderungen an das Betreiben von Arbeitsstätten. Vorschr. über Sanitärräume und Pausenräume usw. finden sich in § 6. § 3 II geht auf die bes. Belange von Menschen mit Behinderung ein. Der Anhang bezügl. Anforderungen an Arbeitsstätten nach § 3 I normiert in 11 Unterpunkten in Ziff. 1 allg. Anforderungen, in Ziff. 2 Maßnahmen zum Schutz vor bes. Gefahren, in Ziff. 3 Anforderungen an Arbeitsbedingungen, in Ziff. 4 Anforderungen an Sanitärräume u. a. und endet in Ziff. 5 mit erg. Anforderungen an bes. Arbeitsstätten.

9 Konkretisiert werden die Schutzpflichten des AG nicht nur durch ges. Arbeitsschutzvorschriften, sondern auch durch zahlreiche von den Berufsgenossenschaften erlassene **Unfallverhütungsvorschriften,** die ebenfalls Regelungen über die Einrichtung und Unterhaltung von Arbeitsstätten enthalten, wie zB die von den gewerbl. Berufsgenossenschaften erlassene BGV B 3 „Lärm" in der Neufassung von 1997.

10 **bb) Vorrichtungen und Gerätschaften.** Die Schutzpflichten des Dienstberechtigten aus § 618 I erstrecken sich auch auf Vorrichtungen und Gerätschaften. Wie der Begriff Räume sind auch die Begriffe Gerätschaften und Vorrichtungen weit auszulegen. Zu den Vorrichtungen und Gerätschaften iSd. § 618 I zählen alle Gegenstände, mit denen der Dienstberechtigte bei der Erbringung der betreffenden Dienstleistung in Berührung kommt (MüKoBGB/*Henssler* Rn. 38). Von den Begriffen Vorrichtungen und Gerätschaften werden somit nicht nur Maschinen und Werkzeuge erfasst, sondern auch bspw. die eingesetzten Gefahrstoffe, Schutzausrüstungen (zum Erstattungsanspruch aus § 670 BGB BAG 19.5.1998 AP BGB § 670 Nr. 31 = NZA 1999, 38; zum zwgd. Recht LAG NI 11.6.2002 LAGE § 618 BGB Nr. 11), Beförderungsmittel sowie Hilfsmittel, wie Leitern und Hebe- und Fördereinrichtungen (Staudinger/*Oetker* Rn. 120 ff., 156 ff.). Einschlägiges G im Hinblick auf die Sicherheit von Produkten ist das **Produktsicherheitsgesetz (ProdSG,** v. 8.11.2011, BGBl. I, 2178). Es bezieht sich auf Produkte, die einer oder mehreren Rechtsverordnungen nach § 8 ProdSG unterliegen.

11 Die Sicherheitsanforderungen nach dem G müssen erfüllt werden, sobald ein Produkt auf dem Markt bereitgestellt wird, § 3 ProdSG. Zusätzl. Anforderungen treffen Hersteller (§ 6 I–IV ProdSG) und Händler (§ 6 V ProdSG). Auch wenn AG nicht Adressaten des G sind, ist das ProdSG für die Konkretisierung der Schutzpflichten des AG aus § 618 I in Bezug auf Vorrichtungen und Gerätschaften insoweit von Bedeutung, als der AG seinen Schutzpflichten aus § 618 I genügt, wenn die von ihm eingesetzten Arbeitsmittel den Bestimmungen des G entsprechen. Da das ProdSG aber nicht den AG zum Adressaten bestimmt hat, kann aus den § 618 I nicht die Verpflichtung entnommen werden, nur Arbeitsmittel zu verwenden, die dem G entsprechen. Konkretisiert werden die Pflichten des AG außer durch **Berufsgenossenschaftliche Vorschr. für Sicherheit und Gesundheit bei der Arbeit (BGV),** die die Berufsgenossenschaften im Hinblick auf die Sicherheit von technischen Arbeitsmitteln erlassen haben, durch die **§§ 3 ff. BetrSichV.** Der AG muss neuangeschaffte Arbeitsmittel darauf untersuchen, ob sie den einschlägigen UVV entsprechen. Er genügt seiner Schutzpflicht aus § 618 I jedoch nicht allein dadurch, dass er die Arbeitsmittel vor ihrem Einsatz auf ihre sicherheitstechnische Unbedenklichkeit überprüft, er muss sie vielmehr auch in der Folgezeit regelm. kontrollieren und ggf die erforderl. Maßnahmen ergreifen, damit von den Arbeitsmitteln keine Gefahren für Leben oder Gesundheit der AN ausgehen.

12 **b) Regelung der Dienstleistungen.** Zu den Schutzpflichten des § 618 I gehört auch, dass der Dienstberechtigte die unter seiner Anordnung oder seiner Leitung vorzunehmenden Dienstleistungen so regelt, dass der Dienstverpflichtete vor Gefahren für Leben und Gesundheit geschützt ist. Anders als für die Einrichtung und Unterhaltung von Räumen und Vorrichtungen oder Gerätschaften, gibt es hins. der Regelungen der Arbeitsleistungen nur wenige ör. Arbeitsschutzvorschriften, die die Pflichten des AG konkretisieren. Soweit in Gesetzen (zB ArbSchG, ASiG) oder BGV solche Pflichten enthalten sind, handelt es sich überw. um **Ordnungs- und Organisationsvorschriften,** die der Transformation des ör. Arbeitsschutzes in das privatrechtl. Arbeitsrecht entzogen sind (MüKoBGB/*Henssler* Rn. 49; zur Transformationswirkung s. o. Rn. 4 f.). Die wichtigsten ör. Arbeitsschutzvorschriften, die die Regelungsverpflichtung des AG konkretisieren, haben die Unterweisung der AN zum Gegenstand. So

verpflichtet § 12 I 1 ArbSchG den AG, die AN über Sicherheit und Gesundheitsschutz bei der Arbeit während ihrer Arbeitszeit ausreichend und angemessen zu unterweisen. Damit AN eine Gesundheitsgefährdung erkennen und entspr. den vorgesehenen Maßnahmen auch handeln können, verlangt § 12 I 2, dass die Unterweisung auf die individuelle Arbeitssituation des Beschäftigten zugeschnittene Inf., Erläuterungen und Anweisungen enthalten muss. **Spezielle Unterweisungspflichten** sind einmal im ArbSchG selbst, und zwar in den §§ 8 und 9, enthalten. Auch die auf der Grdl. der Verordnungsermächtigung des § 19 ArbSchG erlassene PSA-Benutzungsverordnung (PSA-BV) sowie die Lastenhandhabungsverordnung (LastHandhabV) sehen spezielle Unterweisungspflichten vor (§ 3 PSA-BV, § 4 LastHandhabV). Darüber hinaus waren auch schon vor Inkrafttreten des ArbSchG in zahlreichen Rechtsvorschriften spezielle Unterweisungen vorgeschrieben, die durch die allg. Unterweisungspflicht des § 12 ArbSchG nicht berührt werden (vgl. zB § 20 II DruckluftV; § 14 I, II GefStoffV; § 29 JArbSchG; § 24 II Nr. 5 SprengG; § 38 StrlSchVO 2001).

Neben der Unterweisungspflicht gehört zu den Regelungspflichten des AG aus § 618 insb. auch, 13
einer gesundheitsschädigenden **Überanstrengung des AN** entgegenzuwirken (zum Ganzen *von Trotha,* Stress am Arbeitsplatz, 2009). Dies gilt auch dann, wenn es sich bei dem AN um einen hochbezahlten leitenden Angestellten handelt (BAG 13.3.1967 AP BGB § 618 Nr. 15). Der AG darf sich bei der Zuteilung der Arbeit an der Leistungsfähigkeit eines durchschnittl. Menschen orientieren (Soergel/*Kraft* Rn. 17). Etwas anderes gilt dann, wenn dem AG Umstände bekannt sind, die die Leistungsfähigkeit des AN mindern, wie zB erhöhte Anfälligkeit gegen bestimmte Krankheiten. In diesem Fall muss der AG die verminderte Leistungsfähigkeit bei der Zuweisung der Arbeit berücksichtigen (Soergel/*Kraft* Rn. 17). Zu den Regelungspflichten des AG aus § 618 I gehört es auch, den AN davor zu schützen, dass er durch Erkrankungen anderer AN in seiner Gesundheit gefährdet wird. Schließl. können gesundheitl. Gründe den AG zu einer Versetzung berechtigen (BAG 17.2.1998 AP BGB § 618 Nr. 27) oder verpflichten, s. § 6 IV ArbZG betr. NachtAN.

4. Grenzen der Schutzpflicht des Abs. 1. Der dem AG nach § 618 I obliegende **Gefahrenschutz** ist 14
nicht absolut, sondern besteht nach der ausdrückl. Einschränkung des § 618 I nur soweit, „wie es die Natur des Betriebs gestattet". Diese Beschränkung wird durch die Vorschr. des ör. Arbeitsschutzes konkretisiert. Spezialvorschriften des technischen Arbeitsschutzes können bes. Anforderungen enthalten. Soweit keine Sondervorschriften einschlägig sind, ist für die Beurteilung, was dem AG an Schutzmaßnahmen zumutbar ist, auf § 4 ArbSchG abzustellen. Danach hat der AG die Arbeit so zu gestalten, dass eine Gefährdung für Leben und Gesundheit möglichst vermieden und die verbleibende Gefährdung möglichst gering gehalten wird (§ 4 Nr. 1 ArbSchG). § 4 Nr. 3 verpflichtet den AG ferner, bei den Arbeitsschutzmaßnahmen den Stand von Technik, Arbeitsmedizin und Hygiene sowie sonstige gesicherte arbeitswissenschaftl. Erkenntnisse zu berücksichtigen. Nach der Amtl. Begr. des RegE zum ArbSchG (BT-Drs. 13/3540 S. 16) darf der AG somit ein **akzeptables Risiko** hinnehmen. Welches Risiko noch hinnehmbar ist, ergibt sich aus einem Abwägungsprozess. Je schwerer ein mögl. Schaden für den AN sein kann, desto stärker müssen infolgedessen die Schutzmaßnahmen sein, die der AG treffen muss, um seinen Eintritt zu verhindern (s. *von Trotha,* Stress am Arbeitsplatz, 2009, S. 187 ff.; *Wank* Arbeitsschutz § 3 Rn. 4, § 4 Rn. 2 f.; zur Bedeutung der unternehmerischen Tätigkeit s. u. Rn. 18).

5. Sonderproblem Nichtraucherschutz am Arbeitsplatz. Es war lange Zeit zweifelhaft, ob und 15
inwieweit der AG nach § 618 I auch verpflichtet ist, AN vor Tabakrauch an ihrem Arbeitsplatz zu schützen (zum Ganzen *Thelen* Nichtraucherschutz am Arbeitsplatz 2016).

§ 5 ArbStättV ist nicht einschränkend dahingehend zu verstehen, dass er nur bei Gesundheitsgefah- 16
ren und nicht auch vor Belästigung durch Passivrauchen schützt mit der Folge, dass im Einzelfall festgestellt werden müsste, ob für einen bestimmten AN eine Gefahr besteht. Vielmehr liegt der Vorschr. die Erkenntnis zugrunde, dass Passivrauchen an sich gesundheitsgefährdend ist, so dass nunmehr der **AG** im Einzelfall eine **fehlende Gefahr nachweisen muss** (BAG 10.5.2016 NZA 2016, 1134; *B. Buchner* BB 2002, 2383; *Lorenz* DB 2003, 722). Soweit die ArbStättV nicht anwendbar ist, verbleibt es bei § 618 (zum Ganzen *B. Buchner* BB 2002, 2382; *Düwell* AiB 2002, 400; *Wellenhofer-Klein* RdA 2003, 155).

Dem AG steht ein **Auswahlermessen** dabei zu, wie er den erforderl. ANSchutz durchführen will 17
(BVerwG 13.9.1984 NJW 1985, 877; *B. Buchner* BB 2002, 2384). Neben lüftungstechnischen und organisatorischen Maßnahmen, wie zB die Trennung der Arbeitsplätze von Rauchern und Nichtrauchern, kommt auch der Erlass eines Rauchverbotes am Arbeitsplatz in Betracht. Einen Anspruch auf die Zuweisung eines anderen, rauchfreien Arbeitsplatzes hat der AN ausnahmsweise nur dann, wenn andere geeignete Abhilfemaßnahmen nicht in Betracht kommen oder nicht ausreichen (LAG HM 20.7.1988 LAGE BGB § 618 Nr. 3; LAG M 2.3.1990 LAGE BGB § 618 Nr. 4 und 5; *Löwisch* DB Beil. 1/1979, 1, 15; Staudinger/*Oetker* Rn. 179). Allerdings gehen neuere Erkenntnisse dahin, dass ein Auswahlermessen des AG kaum noch besteht (*B. Buchner* Anm. BAG AP BGB § 618 Nr. 30). Die unternehmerische Entscheidungsfreiheit wird iÜ durch gesetzl. Verbote, wie die Nichtraucherschutzgesetze der Länder, beschränkt (hierzu BAG AP BGB § 618 Nr. 30; BVerfG 30.7.2008 NJW 2008, 2409). Ist es danach verboten, in Gaststätten zu rauchen, so kann ein dort beschäftigter AN verlangen,

auf einem tabakrauchfreien Arbeitsplatz beschäftigt zu werden (BAG 19.5.2009 AP BGB § 618 Nr. 30 = NZA 2009, 775). Ansonsten ist eine Beschäftigung von AN in Raucherräumen grds. zulässig; allerdings muss der AG die Tätigkeit in diesen Räumen vorrangig AN übertragen, die selbst rauchen oder die zugestimmt haben (*Kühn* BB 2010, 120). Zum Teil wird gefordert, die Pflicht zur Vornahme angemessener Vorkehrungen aus Art. 5 RL 2000/78/EG in § 618 I BGB zu transformieren (Nachw. bei *Fuest* DB 2009, 2153, 2156).

18 Die Anforderungen an den AG sind eingeschränkt bei **Räumen mit Publikumsverkehr, § 5 Abs. 2 ArbStättV,** BAG 10.5.2016 NZA 2016, 1134 (*Kock* NZA 2017, 198). Leitgedanke ist, dass der AG dem Publikum das Rauchen nicht untersagen kann, wie insbes. in Gastwirtschaften, Spielbanken oder Bars. § 618 I rechtfertigt keinen Eingriff in die unternehmerische Tätigkeit, soweit sie den einschlägigen gewerberechtl., berufsregelnden, gesundheitspolizeil. und sonstigen Bestimmungen entspricht. Ein Rauchverbot in Verkehrsflugzeugen zum Schutz der Flugbegleiter hätte zur Folge, dass die Fluggesellschaft keine „Raucherplätze" mehr anbieten könnte und sich das Rauchverbot damit auf die unternehmerische Betätigung auswirken würde (BAG 9.5.1996 AP BGB § 618 Nr. 2 = NZA 1996, 927; zust. *Leßmann* AuR 1995, 244 (zur Vorinstanz); *Molkentin* NZA 1997, 852; *Streckel* Anm. BAG 8.5.1996 EzA BGB § 618 Nr. 14; *Wellenhofer-Klein* RdA 2003, 157f.; krit. *Möllers* JZ 1996, 151f.). Soweit es um Rauchverbote auch für solche Räume geht, hat der Bund von einer gesetzl. Regelung Abstand genommen und sie den Ländern überlassen (s. zu den Kompetenzen des Bundes *Siekmann* NJW 2006, 3382).

19 Betriebl. Rauchverbote können auch durch **Betriebsvereinbarungen** normiert werden (BAG 19.1.1999 AP BetrVG 1972 § 87 Ordnung des Betriebes Nr. 28 = RdA 1999, 491 = NZA 1999, 546; *Kock* NJW 2017, 198, 201; *Künzl* BB 1999, 2187). Ermächtigungsgrundlage ist § 87 I Nr. 7 BetrVG (Gesundheitsschutz); anders BAG aaO: § 87 I Nr. 1 BetrVG (Ordnungsverhalten). Die Regelungskompetenz der Betriebsparteien erstreckt sich allerdings nicht auf die private Lebensführung der Raucher oder die Vergütungspflicht von Raucherpausen (LAG Kiel 21.6.2007 – 4 TaBV 12/07 nv.). In Betracht kommt nur die Berücksichtigung betriebl. Interessen (zB rauchfreie Zonen bei Chip-Herstellung) oder der Gesundheitsschutz von Nichtrauchern. Stellt man mit dem BAG auf § 87 I Nr. 1 BetrVG ab, ist die Regelungsmacht der Betriebsparteien weiter, da sie auch bloße Belästigungen der Nichtraucher umfasst (*Kock* NJW 2017, 198, 201). In jedem Fall müssen das Persönlichkeitsrecht der Raucher (§ 75 II BetrVG) und das der Nichtraucher gegeneinander abgewogen werden (*Ahrens* NZA 1999, 688). Hierbei ist das Verhältnismäßigkeitsprinzip zu beachten (s. *Heilmann* Anm. AiB 1999, 406; *Wellenhofer-Klein* RdA 2003, 160f.). Gerichten steht nur eine Rechtskontrolle der Betriebsvereinbarungen zu (*Wank* FS Kraft 1998 S. 665, 678f. sowie jetzt a. § 310 IV BGB). Eine betriebl. Übung der Anrechnung als bezahlte ArbZ ist bei Raucherpausen ohne Ausstempelung idR zu verneinen (LAG N 5.8.2015 BB 2015, 2622).

20 Unabhängig von der arbeitsrechtl. Regelung in § 5 ArbStättV ergibt sich ein Nichtraucherschutz nach dem **Bundesnichtraucherschutzgesetz** für Einrichtungen des Bundes, Verkehrsmittel des öffentl. Personenverkehrs und für Personenbahnhöfe der öffentl. Eisenbahnen. Alle Bundesländer haben in entsprechenden Gesetzen Rauchverbote für öffentl. Gebäude sowie Raucherregelungen für die Gastronomie erlassen (s. a. Grünbuch „Für ein rauchfreies Europa" (KOM (2007) 27 endg.). Der Europ. Rat hat am 30.11.2009 eine Empfehlung über rauchfreie Umgebungen angenommen (dazu *Pauly* EuZW 2010, 42).

21 **6. Erweiterter Pflichtenkreis nach Abs. 2.** § 618 II erweitert die in Abs. 1 enthaltene Verpflichtung des AG, indem er sie auf die **Wohn- und Schlafräume** der AN ausdehnt, wenn der AG sie in seine **häusl. Gemeinschaft** aufgenommen hat. Der Begriff der häusl. Gemeinschaft ist nach herrschender Auff. weiter als der des § 617 I. Die häusl. Gemeinschaft setzt nach herrschender Auff. kein enges Zusammenleben des AN mit dem AG voraus; entscheidend ist vielmehr, dass eine vom AG geschaffene Gemeinschaft mit anderen AN besteht (Soergel/*Kraft* Rn. 19).

22 § 618 II verpflichtet den AG ferner zur Fürsorge hins. der **Verpflegung** sowie der Arbeits- und Erholungszeit. Ör. Arbeitschutzvorschriften, die die Fürsorgepflicht hins. der Verpflegung konkretisieren, gibt es nur wenige (zB § 97f. SeeArbG). Auf jeden Fall muss die Kost gesundheitl. einwandfrei sein. Was die Erholungszeit betrifft, muss der AG die ör. Vorschr. über den Arbeitszeitsschutz, va. das ArbZG, einhalten.

23 **7. Rechtsfolgen der Schutzpflichtverletzung. a) Erfüllungsanspruch.** Kommt der AG seinen Pflichten aus § 618 nicht oder nicht ordnungsgemäß nach, so hat der AN einen einklagbaren Erfüllungsanspruch auf Herstellung eines arbeitsschutzkonformen Zustandes (BAG 10.3.1976 AP BGB § 618 Nr. 17; *Kock* NJW 2017, 198, 199). Der Erfüllungsanspruch des AN ist allerdings von geringer praktischer Bedeutung, da die klageweise Durchsetzung des Anspruchs idR ohnehin zu spät kommen dürfte und dem AN mit dem Zurückbehaltungsrecht (dazu nachf. Rn. 25) oder der Anzeige bei der zuständigen Aufsichtsbehörde (vgl. § 17 ArbSchG) wirksamere Instrumente zur Durchsetzung seines Anspruchs zur Vfg. stehen (Soergel/*Kraft* Rn. 21; Staudinger/*Oetker* Rn. 249f.). Der AG ist auch dann zur Erfüllung verpflichtet, wenn er den AN trotz ausnahmsweise fehlender Beschäftigungspflicht (MüKoBGB/*Henssler* Rn. 86) gleichwohl tatsächl. beschäftigt (Staudinger/*Oetker* Rn. 253 (zumindest

fehlerhaftes Arbeitsverhältnis); *Wlotzke* FS Hilger/Stumpf 1983 S. 723, 745). Eine Einschränkung des Erfüllungsanspruchs ergibt sich ferner aus der Mitbestimmung des BR gem. § 87 I Nr. 7 BetrVG. Muss der AG zur Herstellung des arbeitsschutzkonformen Zustandes Maßnahmen treffen, die der Mitbestimmung des BR unterliegen, so kann der betroffene AN grds. nur verlangen, dass der AG von seinem **Initiativrecht** Gebrauch macht, um mit dem BR die erforderl. Einigung zu erzielen (*Löwisch* DB Beil. Nr. 1/79, 1, 13; *Wlotzke* FS Hilger/Stumpf 1983 S. 723, 746), sofern es nicht ohnehin nur um die Umsetzung einer Regelung geht (MüKoBGB/*Henssler* Rn. 88). Im Falle einer konkreten Gefahr für Leben oder Gesundheit des erfüllungsberechtigten AN ist der AG allerdings gehalten, unverzügl. die erforderl. Maßnahmen zu treffen (*Fitting* § 87 Rn. 289; MüKoBGB/*Henssler* Rn. 88; *Wlotzke* FS Hilger/Stumpf 1983 S. 723, 746).

Soweit eine über § 618 I oder II BGB in das Privatrecht transformierte ör. Arbeitsschutznorm vom AG keine konkrete Maßnahme verlangt, sondern nur das **Schutzziel** festlegt, steht es dem AG, von der Mitbestimmung des BR gem. § 87 I Nr. 7 BetrVG abgesehen, frei, welche Maßnahmen er zur Erreichung des Zieles ergreift. 24

b) Leistungsverweigerungsrecht. aa) Zurückbehaltungsrecht nach § 273 I. Erfüllt der AG die ihm aus § 618 I oder II obliegenden Schutzpflichten nicht, so steht dem betroffenen AN nach heute ganz vorherrschender Auff. ein Zurückbehaltungsrecht gem. § 273 I zu (BAG 8.5.1996 AP BGB § 618 Nr. 23; MüKoBGB/*Henssler* Rn. 91; Staudinger/*Oetker* Rn. 257 ff.; *von Trotha*, Stress am Arbeitsplatz, 2009, S. 266 ff.; *Wank/Börgmann* S. 50; zu § 273 als Anspruchsgrundlage *Dehmel* Das Leistungsverweigerungsrecht des Arbeitnehmers an seiner Arbeitsleistung, 2009, S. 151 ff., 167 f.). Dieses Leistungsverweigerungsrecht ist von den in § 21 IV 2 GefStoffV, § 9 III 1 ArbSchG enthaltenen Rechten des AN zur Arbeitseinstellung abzugrenzen (dazu und zum Leistungsverweigerungsrecht bei der Beschäftigung von AN in gefahrstoffbelasteten Räumen s. nachf. Rn. 28). Anders als bei der Berufung auf § 275 III entfällt wegen §§ 611, 615 der Vergütungsanspruch nicht nach § 326 I 1 (s. Rn. 27). 25

Das Recht des AN, die Leistung gem. § 273 I zu verweigern, wenn der AG die ihm aus § 618 I oder II obliegenden Arbeitsschutzpflichten nicht erfüllt, besteht nur in den **Grenzen des Erfüllungsanspruchs,** auf den es sich gründet (*Löwisch* DB Beil. Nr. 1/79, 1, 13; *Wlotzke* FS Hilger/Stumpf 1983 S. 723, 748). Hat der AN nur einen Anspruch auf eine fehlerfreie Ermessensentscheidung, so ist der AN nur solange berechtigt, die Arbeitsleistung zu verweigern, bis der AG initiativ geworden ist (*Löwisch* DB Beil. Nr. 1/79, 1, 13; *Wlotzke* FS Hilger/Stumpf 1983 S. 723, 748). Anders als § 21 VI 2 GefStoffV setzt das Zurückbehaltungsrecht des AN aus §§ 273 I, 618 keine „unmittelbare Gefahr für Leben oder Gesundheit" voraus. § 273 I zielt näml. darauf ab, den AG zur Einhaltung seiner vertragl. Schutzpflichten zu veranlassen. Wie für den Erfüllungsanspruch, kann es somit auf die „Unmittelbarkeit" nicht ankommen (*Wlotzke* Anm. BAG 8.5.1996 AP BGB § 618 Nr. 23). Eingeschränkt wird das Zurückbehaltungsrecht nach § 273 I iVm. § 618 durch den Grunds. von Treu und Glauben (§ 242). Dieser verbietet es dem AN, das Zurückbehaltungsrecht auszuüben, wenn es sich um nur geringfügige oder kurzfristige Verstöße des AG gegen Arbeitsschutzpflichten handelt, die keinen nachhaltigen Schaden bewirken können. Aus dem Schutzzweck der vertragl. Arbeitsschutzpflichten folgt, dass das Zurückbehaltungsrecht des AN nicht durch Sicherheitsleistung des AG nach § 273 III abgewendet werden kann. 26

Macht der AN von seinem Zurückbehaltungsrecht nach § 273 I iVm. § 618 Gebrauch und beruft er sich dem AG ggü. auf sein Zurückbehaltungsrecht, so gerät der AG nach ganz herrschender Auff. in **Annahmeverzug** (§ 615), mit der Folge, dass der AN seinen Vergütungsanspruch behält (BAG 7.6.1973 AP BGB § 615 Nr. 28)). Neben § 273 I scheidet die Einrede des nichterfüllten Vertrages gem. **§ 320 BGB** als Grdl. eines Leistungsverweigerungsrechts aus. Die sich aus § 618 ergebenden Schutzpflichten des AG sind vertragl. Nebenpflichten, denen keine synallagmatische Gegenpflicht des AN entspricht. 27

bb) Recht zur Arbeitseinstellung gem. § 21 VI 2 aF GefStoffV und § 9 III 1 ArbSchG. Während das Leistungsverweigerungsrecht nach § 273 iVm. § 618 bezweckt, den AG zur Erfüllung seiner arbeitsvertragl. Schutzpflichten zu veranlassen, zielte die inzwischen aufgehobene Vorschr. des § 21 VI 2 GefStoffV darauf ab, dem AN bei Vorliegen der Voraussetzungen unabhängig davon, ob dem AG ein Verstoß gegen seine Arbeitsschutzpflichten zur Last fällt, das Recht zur Arbeitseinstellung wegen Unzumutbarkeit der Leistung zu gewähren (*N. Fabricius* S. 155 f.; Staudinger/*Oetker* Rn. 269 f.; *Wlotzke* Anm. BAG 8.5.1996 AP BGB § 618 Nr. 23). Um die Unzumutbarkeit der Arbeitsleistung geht es auch bei dem Entfernungsrecht des AN aus § 9 III 1 ArbSchG. Sowohl für die Fälle des früheren § 2 VI 2 GefStoffV als auch für die Fälle, in denen sich die Gefährdung des AN darauf beschränkt, dass er in gefahrstoffbelasteten Räumen arbeitet (dazu BAG 8.5.1996 AP BGB § 618 Nr. 23; 19.2.1997 BB 1997, 1364), kann sich ein Zurückbehaltungsrecht aus §§ 273 I, 618 I ergeben. 28

c) Schadensersatzanspruch. Verletzt der AG die ihm aus § 618 obliegenden vertragl. Arbeitsschutzpflichten und wird dadurch Gesundheit oder Leben des AN verletzt, so hat er aus § 280 I einen Anspruch auf Ersatz des Personenschadens. Der Anspr. besteht jedoch nur, wenn das Verhalten des AG schuldhaft, dh. vorsätzl. oder fahrlässig (§ 276), gewesen ist (*von Trotha*, Stress am Arbeitsplatz, 2009, S. 200 ff.) Nicht jeder beim AG beschäftigte AN ist aber zugleich Erfüllungsgehilfe bei der 29

Einhaltung der dem AG aus § 618 obliegenden Arbeitsschutzpflichten. Voraussetzung für die Eigenschaft als Erfüllungsgehilfe ist vielmehr, dass die **Hilfsperson,** deren sich der AG zur Erfüllung seiner vertragl. Arbeitsschutzpflichten bedient, nach ihrer Stellung im Betrieb oder kraft bes. Anweisung **für** den **Gefahrenschutz** nach § 618 **verantwortl. ist.**

30 Die **praktische Bedeutung** des Haftungsanspruchs des AN auf Ersatz des Personenschadens ist allerdings **begrenzt** (s. aber HK-ArbSchR-*Nebe* Rn. 59). Handelt es sich näml., wie im Regelfall, bei dem Schaden, den der AN durch die Verletzung von Arbeitsschutzpflichten durch den AG erlitten hat, um einen Arbeitsunfall oder eine Berufskrankheit (Versicherungsfall), tritt nach § 104 SGB VII keine Haftung des AG ggü. dem AN für den Personenschaden ein. Stattdessen hat der AN einen Anspruch gegen die zuständige Berufsgenossenschaft. Eine Haftung des AG tritt ausnahmsweise jedoch dann ein, wenn der AG den Versicherungsfall vorsätzl. oder auf einem nach § 8 II Nr. 1 bis 4 SGB VII versicherten Weg herbeigeführt hat (zum Ganzen § 619a Rn. 6 ff.). Sofern der Haftungsausschluss nach § 104 SGB VII ausnahmsweise nicht greift, wird der Umf. der Haftung des AG für den eingetretenen Personenschaden durch § 618 III erweitert. **§ 618 III** verweist auf die §§ 842 bis 846, also den Ersatz der Nachteile für Erwerb und Fortkommen sowie auf die Hinterbliebenenansprüche bei Tötung eines Menschen. Es handelt sich um eine **Rechtsfolgenverweisung,** durch die der Charakter des Anspruchs als vertragl. unberührt bleibt (Soergel/*Kraft* Rn. 23). Nach § 253 II iVm § 618 kann der AN wegen einer Verletzung seines Körpers oder seiner Gesundheit auch Ersatz des immateriellen Schadens verlangen.

31 Dem Schutzzweck des § 618 I und II entspr., braucht der AN, der durch die Schutzpflichtverletzung des AG einen Personenschaden erlitten hat, nur zu **beweisen,** dass ein ordnungswidriger Zustand vorgelegen hat, der geeignet war, den eingetretenen Schaden herbeizuführen; es ist dann Sache des AG zu beweisen, dass ihn kein Verschulden trifft (BAG 27.2.1970 AP BGB § 618 Nr. 16; BGH 6.4.1995 NJW 1995, 2629).

§ 619 Unabdingbarkeit der Fürsorgepflichten

Die dem Dienstberechtigten nach den §§ 617, 618 obliegenden Verpflichtungen können nicht im Voraus durch Vertrag aufgehoben oder beschränkt werden.

1 Der dem AN nach §§ 617, 618 zustehende Schutz soll dem AN während des ArbVerh. erhalten bleiben. § 619 erklärt die dem AG obliegenden Fürsorgepflichten daher für **zwingend.** Sie können im Voraus weder einzelvertragl. noch durch TV oder Betriebsvereinbarung wirksam abbedungen werden. Vereinbarungen, die gegen § 619 verstoßen, sind nach § 134 nichtig.

2 § 619 erklärt nur solche Vereinbarungen für unzulässig, die die dem AG nach §§ 617, 618 obliegenden Pflichten **„im Voraus"** aufheben oder beschränken. Gemeint sind damit sowohl Vereinbarungen, die vor als auch solche, die nach der Beendigung des ArbVerh. abgeschlossen werden (Soergel/*Kraft* Rn. 3). Ist dem AN auf Grund einer Schutzpflichtverletzung des AG bereits ein Schaden entstanden, so steht weder der Wortlaut noch der Zweck des § 619 der **Zulässigkeit** eines **Erlassvertrages** oder eines **Vergleichs** hins. der Schadensersatzforderung entgegen.

§ 619a Beweislast bei Haftung des Arbeitnehmers

Abweichend von § 280 Abs. 1 hat der Arbeitnehmer dem Arbeitgeber Ersatz für den aus der Verletzung einer Pflicht aus dem Arbeitsverhältnis entstehenden Schaden nur zu leisten, wenn er die Pflichtverletzung zu vertreten hat.

I. Normzweck und Anwendungsbereich

1 Das SMG enthält weiterhin keine ausdr. Sonderregelung für die Haftung im ArbVerh., insb. nicht für den Bereich der ANHaftung. Zwar war schon bei der Schaffung des BGB gefordert worden, „baldthunlichst" eine spezialges. Regelung des Arbeitsvertragsrechts einschl. der schadensersatzrechtl. Fragen zu schaffen (RT-Sten. Ber., 9. Legislaturperiode, IV. Session 1895/97, 5. Band, S. 3846), doch ist der Gesetzgeber dieser Forderung trotz mehrfacher Befassung des Dt. Juristentages mit diesem Thema (45. DJT 1964 [Gutachter: *Gamillscheg*], 56. DJT 1986 [Gutachter: *Otto* und *Seewald*]; partiell a. schon 35. DJT 1928 [Gutachter: *Sinzheimer*]) bis zum heutigen Tage nicht nachgekommen. § 619a schließt diese Regelungslücke nicht. § 619a wurde auf der Basis des Beschl. des Rechtsausschusses (BT-Drs. 14/7052 S. 64, 204) eingefügt. Die Norm ist allerdings veranlasst durch die Grundentsch. des Gesetzgebers, das BGB auch für Fragen der Haftung des ArbVerh. als prinzipiell verbindl. Grdl. anzuerkennen. Dieser gesetzgeberische Wille zeigt sich auch an § 275 III und § 310 IV. Allg. **Anspruchsgrdl. für Pflichtverletzungen** ist § 280 I 1. Der Haftungsmaßstab richtet sich weiterhin nach § 276. Hierzu enthält § 619a keine Aussage. Das BGB bleibt deshalb, trotz der partikularen Sonderregelung des § 619a, in dem Komplex der ANHaftung (Rn. 8 ff.) und auch der AGHaftung (Rn. 48 ff.) unvollkommen.

Normzweck und Funktion des § 619a ist es, die aus der GSystematik des § 280 I 2 folgende Beweislastumkehr, nach der der Schuldner seine fehlende Verantwortlichkeit für die Pflichtverletzung zu beweisen hat, für den Bereich der ANHaftung nicht durchgreifen zu lassen. Der Rechtsausschuss war der Ansicht, dass § 619a als Sonderregelung für die Beweislast geboten sei, um die bisherige Rspr. des BAG zur Beweislast aufrecht zu erhalten (BAG 17.9.1998 NZA 1999, 141; OSK/*Otto* § 1 Rn. 3). Das BAG war bisher nur für den Bereich der privilegierten ANHaftung von den allg. Beweislastregeln der §§ 282, 285 aF abgewichen. Daran sollte durch das SMG nichts geänd. werden. Ebenso wollte der Gesetzgeber die Grds. über die **Haftung des AN** (Rn. 8 ff.) **nicht ändern** (BT-Drs. 14/7052 S. 204; OSK/*Otto* § 2 Rn. 14). Der AN haftet – wie § 619a klarstellt – folgl. wegen Pflichtverletzung nur, wenn er diese zu vertreten hat. Der AG muss nicht nur die Pflichtverletzung, sondern auch das Vertretenmüssen des AN beweisen (BAG 21.5.2015 NZA 2015, 1517). 2

Keine Anwendung findet § 619a auf Pflichtverletzungen des AG. Hier bleibt es bei der Umkehr der Beweislast nach § 280 I 2. § 619a gilt nach seinem Wortlaut nur für ArbVerh. Eine **Analogie** ist jedoch in solchen Fällen geboten, in denen die Grds. der beschränkten ANHaftung über das ArbVerh. hinaus ausgedehnt werden (zum begrenzten Anwendungsbereich der privilegierten ANHaftung vgl. Rn. 19). Allg. folgt aus der Gesetzgebungsgeschichte, dass die dem AN günstige Beweislastverteilung überall dort gelten soll, wo die Rspr. die Grds. der privilegierten ANHaftung angewandt hat. Insofern erstreckt sich § 619a auch auf Ansprüche aus Verschulden bei Vertragsschluss (§ 311a II iVm. § 280 I; *Gotthardt* Rn. 157; Staudinger/*Richardi/Fischinger* Rn. 12; einschränkend dagegen für Ansprüche aus § 311a II selbst *dies.* Rn. 14). Dgl. führt § 619a, der nur eine Abweichung zu § 280 I regelt, bei konkurrierenden deliktischen Ansprüche, die neben die Haftung aus § 280 I treten, zu keiner Diskrepanz, weil insoweit dem AG ohnehin die Beweislast obliegt (*Gotthardt* Rn. 198). 3

Einer **teleologischen Restriktion** des § 619a bedarf es überall dort, wo die spezifische Funktion zur Sicherung der privilegierten ANHaftung nicht gegeben ist. Dies gilt insb. bei deliktischen Ansprüchen, die den AN nicht ggü. dem AG, sondern ggü. Dritten zum Schadensersatz verpflichten (Staudinger/*Richardi/Fischinger* Rn. 13). Ferner ist eine teleologische Reduktion bei allen Pflichtverletzungen des AN zu diskutieren, die nicht durch eine betriebl. Tätigkeit verursacht worden sind (Staudinger/*Richardi/Fischinger* Rn. 14; *Gotthardt* Rn. 157, 175, 187; *Dedek* ZGS 2002, 320, 323; s. HWK/*Krause* Rn. 44, die § 619a bei Unmöglichkeit und Verzug nicht anwenden wollen; **aA** wohl BAG 18.7.2006 NZA 2007, 462; Palandt/*Weidenkaff* Rn. 3). Insofern ist es auch nicht gerechtfertigt, bei Vertragsbruch des AN § 619a anzuwenden (*Gotthardt* Rn. 174). 4

§ 619a regelt nicht den Rechtsgrund der ANHaftung. Anspruchsgrdl. ist bei vertragl. Ansprüchen trotz des insoweit unklaren GWortlaut § 280 I 1, da § 619a nur von der Beweislastregel des § 280 I 2 abweichen will. § 619a gilt ferner auch in den Fällen, in denen der Ersatzanspruch des AG auf Dritte übergegangen ist (zB § 67 VVG). Analog § 404 kann der AN dem Zessionar die Beweislastregel des § 619a entgegen halten (Staudinger/*Richardi/Fischinger* Rn. 27). 5

II. Haftung im Arbeitsverhältnis

Die wechselseitige Haftung der Vertragsparteien für Schäden, die dem anderen Teil anlässl. der Erfüllung des Vertragsverhältnisses erwachsen, erfährt im ArbR im Vergleich zum sonstigen SchuldR erhebl. Modifikationen. Sie finden ihre Begr. in der Verantwortung des AG für die mit der Organisation seines Betriebes verbundenen Risiken und den im ArbR bes. intensiv ausgeprägten wechselseitigen **Schutzpflichten** und ihren Ausdruck einerseits in einer weitgehenden Beschränkung der **Haftung des AN** für bei betriebl. Tätigkeit verursachte Schäden, andererseits in einer tw. verschuldensunabhängigen **Haftung des AG**, Ersatz auch für unfreiwillige Aufwendungen des AN zu leisten (OSK/*Otto* § 3 Rn. 2 ff.). 6

1. Haftung des Arbeitnehmers. Zu unterscheiden ist zwischen den Rechtsfolgen, die den AN bei einer **Nichtleistung** (§ 611a Rn. 675 ff.; OSK/*Otto* § 6 Rn. 3 ff.), und solchen, die ihn bei einer **Schlechtleistung** (§ 611a Rn. 682 ff.; OSK/*Otto* § 6 Rn. 24 ff.) treffen können. Während bei der schuldhaften Nichtleistung eine Vergütungspflicht des AG – soweit nicht Sonderregelungen eingreifen – nach §§ 275, 326 I 1 ausgeschlossen ist (*Gotthardt* Rn. 124 ff.; 172 f.), bleibt sie bei einer Schlechtleistung jdf. beim Zeitlohn in voller Höhe bestehen, weil das Dienstvertragsrecht der §§ 611 ff., anders als das Kauf- oder Werkvertragsrecht, keine Möglichkeit der Minderung vorsieht (BAG 17.7.1970 AP MuSchG 1968 § 11 Nr. 3; *Hanau* AcP 189 (1989), 182, 184). An dieser Rechtslage hat sich durch das SMG nichts geänd. Aus § 326 I folgt, dass die tw. Unmöglichkeit nicht den Fall der Schlechtleistung erfasst. Ein allg. Minderungsrecht ist nicht normiert und lässt sich auch aus § 326 I 1 nicht herleiten. Es bleibt deshalb bei der Rechtslage, dass bei Schlechtleistung keine Lohnminderung in Betracht kommt (BAG 18.7.2007 AP BGB § 611 Minderleistung Nr. 1). Selbst wenn der AN über seine Qualifikationen getäuscht hat, und ein Anspruch dem Grunde nach aus § 823 II iVm. § 263 StGB besteht, kann der AG die Vergütung hieraus nur dann tw. zurückverlangen, wenn der AG auch einen Schaden nachweisen kann (BAG 6.6.1972 AP BGB § 611 Haftung des Arbeitnehmers Nr. 71). Der AG ist jedoch berechtigt, wegen der durch die Schlechtleistung begangenen Vertragsverletzung einen ihm etwa entstandenen 7

Schaden geltend zu machen und gegen den Anspruch des AN auf Arbeitsvergütung bis zur Pfändungsfreigrenze (§§ 850a ff. ZPO) aufzurechnen (BAG 17.7.1970 AP MuSchG 1968 § 11 Nr. 3).

8 Die Schlechterfüllung einer Hauptpflicht und die Verletzung einer Nebenpflicht durch den AN stellt eine **Pflichtverletzung** dar, die ihn nach § 280 I zum Schadensersatz verpflichtet (OSK/*Otto* § 6 Rn. 38 ff.). Daneben (bzw. im Verhältnis zu Dritten an diese Stelle) treten die Regeln über die Einstandspflicht bei der Beeinträchtigung absolut geschützter Rechtsgüter durch unerlaubte Handlungen (§§ 823 ff.) und der Verwirklichung von Tatbeständen der Gefährdungshaftung, namentl. §§ 7, 18 StVG (vgl. BAG 12.5.1960 AP BGB § 611 Haftung des Arbeitnehmers Nr. 16; 30.8.1966 AP BGB § 282 Nr. 5). Der AG hat die schuldhafte Pflichtverletzung nach § 619a zu beweisen (BAG 22.5.1997 NZA 1997, 1279). Ein **Mitverschulden** des AG (zB fehlerhafte Anweisung, Organisationsmängel, Überforderung des AN) ist unabhängig von den unter Rn. 11 ff. wiedergegebenen Grds. nach § 254 vAw. zu berücksichtigen (BAG 21.5.2015 NZA 2015, 1517). Das Mitverschulden hat der schädigende AN zu beweisen (BAG 21.5.2015 NZA 2015, 1517).

9 **a) Grundsätze der privilegierten Haftung des Arbeitnehmers gegenüber dem Arbeitgeber. aa) Dogmatische Begründung.** Schon früh erkannte jedoch die Rspr., dass das in §§ 249 ff. seinen Ausdruck findende **Prinzip der Totalreparation** (vgl. Motive Bd. 2, S. 17 f.), wonach der Schadensverursacher selbst bei leichtester Fahrlässigkeit auf den vollen Schaden haftet, im ArbR unbillig ist, weil dem AN häufig Arbeitsmaterial von großem Wert zur Vfg. gestellt wird, dessen Beschädigung zu hohen Schadensersatzforderungen führen kann, die aus dem gewöhnl. Arbeitslohn nicht begl. werden können (grdl. ArbG Plauen 4.11.1936 ARS 29, 62, daran anschließend RAG 12.6.1937 ARS 30, 3, 5; OSK/*Otto* § 1 Rn. 7, § 3). Das BAG hat nach dem Krieg diese Rspr. aufgegriffen und danach diff., ob eine Arbeit „gefahr-(oder schadens-)geneigt" war (BAG 25.9.1957 AP RVO §§ 898, 899 Nr. 4). Nur wenn die Tätigkeit, bei deren Ausübung der Schaden entstanden war, typischerweise mit der Gefahr eines solchen Schadens behaftet war, sollte eine Haftungserleichterung zugunsten des AN eingreifen. Dagegen haftete der AN für Schäden, die bei Ausübung einer nicht gefahrgeneigten Arbeit eingetreten waren, auch für leichte Fahrlässigkeit in vollem Umf. Diese Differenzierung stieß – nicht zul. wegen der Konturlosigkeit des Begriffs „gefahrgeneigte Arbeit", der im G keine Grdl. findet – zunehmend auf Kritik (*Gamillscheg/Hanau* S. 121 f.; *Gick* JuS 1980, 393, 401; *Mayer-Maly* FS Hilger/Stumpf 1983 S. 467 ff.; *Naendrup* JuS 1984, 336, 339), die den 8. Sen. des BAG dazu veranlasste, dem GS die Frage vorzulegen, ob an der Rspr. zur gefahrgeneigten Arbeit festzuhalten sei (BAG 12.10.1989 NZA 1990, 95; 12.6.1992 NZA 1993, 547).

10 Mit Zust. des BGH (BGH 21.9.1993 NJW 1994, 856) hat das BAG das Erfordernis der „gefahrgeneigten Arbeit" als Voraussetzung für die Beschränkung der ANHaftung mit Beschl. v. 27.9.1994 (NZA 1994, 1083) fallengelassen. Die Haftungserleichterung kommt dem AN nunmehr in allen Fällen zugute, in denen er bei einer **betriebl. Tätigkeit** einen Schaden verursacht hat (OSK/*Schwarze* § 8). Das BAG stützt sich dabei auf eine **analoge Anwendung des § 254** (zust. *Waltermann* RdA 2005, 98; krit. OSK/*Krause* § 5 Rn. 10 ff.). In direkter Anwendung ermöglicht § 254 zwar ledigl. eine haftungsmildernde Berücksichtigung echten Mitverschuldens, doch wird diese Vorschr. über ihren Wortlaut hinaus auch dann angewandt, wenn den Geschädigten zwar kein Verschulden trifft, er aber für den entstandenen Schaden aufgrund einer von ihm zu vertretenden Sach- oder Betriebsgefahr mitverantwortl. ist, wenn er also bei der Entstehung des Schadens in zurechenbarer Weise mitgewirkt hat. Dabei ist anerkannt, dass sich eine nach Abwägung der Umstände im Einzelfall abgestimmte Schadensteilung zwischen der vollen Haftung des Schädigers und seiner vollen Entlastung bewegen kann (BGH 2.6.1969 Z 52, 166, 168; 29.10.1974 Z 63, 189, 194). Dementspr. muss sich der AG analog § 254 die Betriebsgefahr seines Unternehmens zurechnen lassen: Kraft seiner Organisationsmacht kann er den arbeitstechnischen Zweck des Betriebes eigenverantwortl. bestimmen, die Betriebsorganisation nach seinen Plänen und Bedürfnissen gestalten und auf die Tätigkeit des AN einwirken. Mit der Eingliederung in die Betriebsorganisation und den faktischen Gegebenheiten des Arbeitsprozesses wird die Berufsausübung des AN gesteuert, der den vorgegebenen Arbeitsbedingungen idR weder tats. noch rechtl. ausweichen kann. Aufgrund seines sich auf Art, Ort und Zeit der Arbeitsleistung erstreckenden Weisungsrechts prägt der AG und die von ihm gesetzte Organisation des Betriebes das Haftungsrisiko für den AN (BAG 27.9.1994 NZA 1994, 1083; ähnl. *Gamillscheg/Hanau* S. 54; ausf. zum Betriebsrisiko als Begründungsansatz für die privilegierte Haftung des AN *Fischinger*, Haftungsbeschränkung im BürgerlR [2015], S. 517 ff). Das SMG wollte zwar an den materiellen Grds. der ANHaftung nichts ändern, (BT-Drs. 14/6857 S. 48; BT-Drs. 14/7052 S. 204): Die GBegr. stellt aber die bisherige Rspr. in ihrer dogmatischen Grdl. in Frage und meint, der geänd. § 276 I 1 sichere die Rspr. insoweit besser ab, weil sich danach eine strengere oder mildere Haftung „aus dem Inhalt des Schuldverhältnisses" ergeben könne (BT-Drs. 14/6857 S. 48; *Däubler* NZA 2001, 1329, 1331; dagegen HWK/*Krause* Rn. 18; *Gotthardt* Rn. 195; *Henssler* RdA 2002, 129, 133; bei über den Betriebsrisikogedanken hinausgehenden Haftungsbeschränkungen für § 242 *Fischinger*, Haftungsbeschränkung im BürgerlR [2015], S. 589 f.). Da die Rspr. des BAG gesetzesvertretendes Richterrecht ist, könnte insoweit auch eine mildere Haftung iSd. § 276 „bestimmt" sein (so AwK/*Dauner-Lieb* § 276 Rn. 28). Welcher Tatbestandsalternative man auch folgt, dürfte die Rspr. des BAG aus § 276 I 1 jdf. eine Bestätigung ziehen. Freil. bieten

sowohl § 254 als auch § 276 keine vollends überzeugende dogmatische Fundierung der Rspr., die nur durch eine Sonderkodifikation geleistet werden könnte.

bb) Abdingbarkeit der Haftungsgrundsätze. Das BAG hält seine Rspr. zur privilegierten ANHaftung für „einseitig zwgd. ANSchutzrecht", von dem weder einzel- noch kollektivvertragl. zu Lasten des AN abgewichen werden könne (BAG 17.9.1998 NZA 1999, 141; 5.2.2004 NZA 2004, 649; OSK/*Otto* § 2 Rn. 15; abw. für öffentl. Dienst OSK/*Otto* § 2 Rn. 16). Es ist fragl., ob an dieser Einschätzung festgehalten werden kann (Rn. 94). Zwar wollte der Gesetzgeber des SMG nichts an den prinzipiellen Grds. der ANHaftung ändern. Andererseits sind diese Grds., sei es über die analoge Anwendung des § 254 oder die direkte Anwendung des § 276 I in das allg. System des BGB integriert worden. Diese Vorschr. sind dispositiv. Weder im G noch in der GBegr. finden sich Ansätze für die Annahme, dass die im ArbR gewährte Haftungsprivilegierung als zwgd. anzusehen ist. Die ANHaftung ist eine jetzt durch das SMG anerkannte Fortbildung des dispositiven privatrechtl. Haftungsrechts (HWK/*Gotthardt/Roloff* Anh. §§ 305–310 Rn. 2; Preis/*Stoffels* II H 20; *Deinert* RdA 2000, 33; vgl. *Krause* NZA 2003, 577, 585; *Schwirtzek* NZA 2005, 437; **aA** MüKoBGB/*Henssler* Rn. 13; *Waltermann* RdA 2005, 98, 108). Aus § 619a folgt nichts Abweichendes, da er keine Aussage zum Haftungsmaßstab und zur Haftungshöhe enthält. Zudem ist § 619a selbst dispositiv (*Gotthardt* Rn. 286; *Henssler* RdA 2002, 129, 133; HWK/*Gotthardt/Roloff* Anh. §§ 305–310 Rn. 2; **aA** wohl *Däubler* NZA 2001, 1329, 1332; unklar Palandt/*Weidenkaff* § 619a Rn. 2, 5). Der notwendige ANSchutz wird bei formularmäßigen Abweichungen durch die Vorschr. zur Inhaltskontrolle gewährleistet (ausf. §§ 305 bis 310 Rn. 85). 11

cc) Betriebliche Tätigkeit. Voraussetzung der analogen Anwendung von § 254 ist, dass der vom AN verursachte Schaden bei einer betriebl. Tätigkeit (OSK/*Schwarze* § 8) eingetreten ist. Der AG soll nicht mit dem allg. Lebensrisikos des AN belastet werden (BAG 18.4.2002 NZA 2003, 37). Ein ledigl. räuml. und zeitl. Zusammenhang mit der Arbeit genügt nicht. Dieser Begriff ist der ges. Regelung des § 105 I SGB VII entlehnt, wie das BAG durch den Hinweis auf seine Rspr. zu dieser Norm (vgl. BAG 27.9.1994 NZA 1994, 1083) deutl. gemacht hat (zu Gemeinsamkeiten und Unterschieden von ANHaftung und den Haftungsregeln des SGB VII s. *Brose* RdA 2011, 205). Betriebl. ist eine Tätigkeit, die dem AN, der einen Schaden verursacht, entweder ausdr. von dem Betrieb und für den Betrieb übertragen ist oder die er im Interesse des Betriebes ausführt, die in nahem Zusammenhang mit dem Betrieb und seinem betriebl. Wirkungskreis steht und idS **betriebsbezogen** ist (BAG 9.8.1966 AP RVO § 637 Nr. 1; 6.11.1974 AP RVO § 636 Nr. 8; 28.10.2010 NZA 2011, 345; BGH 2.3.1971 AP RVO § 637 Nr. 6). Die Tätigkeit ist betriebl. veranlasst, wenn bei obj. Betrachtungsweise aus der Sicht des Schädigers im Betriebsinteresse zu handeln war, sein Verhalten unter Berücksichtigung der Verkehrsüblichkeit nicht untypisch war und keinen Exzess darstellte (iE BAG 22.4.2004 NZA 2005, 163). Der betriebl. Charakter der Tätigkeit geht nicht dadurch verloren, dass der AN seine Pflichten grob fahrlässig oder vorsätzl. verletzt (BAG 18.4.2002 NZA 2003, 37; abl. *Sandmann* SAE 2003, 163; zust. OSK/*Schwarze* § 8 Rn. 5). Dazu gehört in aller Regel jedoch nicht die Fahrt zum Arbeitsplatz oder von dort nach Hause (LAG K 24.6.1994 LAGE BGB § 611 Arbeitnehmerhaftung Nr. 18). Ebenso wenig fällt hierunter die zu privaten Zwecken überlassene Nutzung eines Firmen-PKW LAG K 15.9.1998 MDR 1999, 684), die eigenmächtige „Spaßfahrt" mit einem Gabelstapler (BAG 18.4.2002 NZA 2003, 37) oder das Werfen eines Wurfgeschosses gegen einen Arbeitskollegen (BAG 19.3.2015 NZA 2015, 1057). Zu weiteren Abgrenzungsfragen s. SGB VII § 105 Rn. 3 und *Rolfs* DZWIR 1995, 208 f. 12

dd) Schadensteilung nach dem Grad des Verschuldens. (1) Grundsatz. Die konkrete Verteilung des Schadens zwischen AN und AG ist anhand einer **Abwägung** zu ermitteln, für die das maßgebl. Kriterium der **Grad des Verschuldens** (§ 276) ist, das dem AN zur Last fällt (zum Bezugspunkt des Verschuldens OSK/*Schwarze* § 9 Rn. 3 ff.). Bei Vorsatz hat der AN den Schaden stets, bei grober Fahrlässigkeit idR allein zu tragen (BAG 15.11.2012 AP BGB § 611 Haftung des Arbeitnehmers Nr. 137; immer für Alleinhaftung des AN Staudinger/*Richardi/Fischinger* Rn. 80). Bei leichter Fahrlässigkeit (culpa levissima) trägt den Schaden in voller Höhe der AG. Bei mittlerer Fahrlässigkeit ist der Schaden unter Berücksichtigung aller Umstände quotal zu verteilen (BAG 24.11.1987 NZA 1988, 579; 16.2.1995 NZA 1995, 565). 13

(2) Vorsatz. Vorsatz ist erst dann anzunehmen, wenn der AN nicht nur die Pflichtverletzung, sondern auch den Schaden in seiner konkreten Höhe zumindest als mögl. voraussieht und ihn für den Fall seines Eintritts billigend in Kauf nimmt (dolus eventualis; vgl. BGH 18.11.1952 Z 7, 311, 313; 19.3.1992 Z 117, 363, 368). Das BAG (9.11.1967 AP VVG § 67 Nr. 1; 18.6.1970 AP BGB § 611 Haftung des Arbeitnehmers Nr. 57) hat es für die volle Haftung des AN bei Vorsatz nicht genügen lassen, dass er sich bewusst über Weisungen hinweggesetzt hat und hieraus Schäden erwachsen sind. Hält der AN den Schadenseintritt für mögl., vertraut aber darauf, der Schaden werde nicht eintreten, liegt nur grobe Fahrlässigkeit vor. Daraus folgt generell, dass sich das Verschulden des AN abw. von den allg. Grds. des Schadensrechts auch auf den Schaden beziehen muss (BAG 18.4.2002 NZA 2003, 37; krit. *Otto* FS 50 Jahre BAG 2004 S. 97, 100 ff.; abl. HWK/*Krause* Rn. 28). Vorsatz ist nur zu bejahen, wenn der AN den Schaden in seiner konkreten Höhe zumindest als mögl. voraussieht und ihn für den Fall des Eintritts billigend in Kauf nimmt. 14

15 **(3) Grobe Fahrlässigkeit.** Grobe Fahrlässigkeit fällt dem AN zur Last, wenn er die im Verkehr erforderl. Sorgfalt nach den gesamten Umständen in einem ungewöhnl. hohen Grad verletzt und dasjenige unbeachtet gelassen hat, was im gegebenen Fall jedem hätte einleuchten müssen (BAG 23.3.1983 AP BGB § 611 Haftung des Arbeitnehmers Nr. 82). Dafür genügt nicht der bloß obj. bes. schwerwiegende Pflichtverstoß; den AN muss auch subj. der Vorwurf treffen, in nicht entschuldbarer Weise gegen die an ihn im gegebenen Fall zu stellenden Anforderungen verstoßen zu haben (BAG 12.11.1998 NZA 1999, 263; 4.5.2006 NZA 2006, 1428; zu Einzelfällen im Straßenverkehr HzA/*Künzl* Gruppe 1/5 Rn. 1184 f.). Grob fahrlässig ist das unverschlossene Liegenlassen der Brieftasche durch einen Kellner (BAG 15.11.2001 EzA BGB § 611 Arbeitnehmerhaftung Nr. 68). Im Urt. v. 25.9.1997 (NZA 1998, 310) hat das BAG erstmals eine „gröbste Fahrlässigkeit" kreiert (krit. OSK/*Schwarze* § 9 Rn. 16), bei der der AN – nicht anders als bei Vorsatz – uneingeschränkt haften soll. Doch hält das BAG auch in diesen Fällen eine Haftungserleichterung nicht für ausgeschlossen (BAG 28.10.2010 NZA 2011, 345). Eine solche gröbste (oder bes. grobe) Fahrlässigkeit hat es bei der gleich mehrfachen oder auch subj. unentschuldbaren Verletzung von Sicherheitsvorschr. angenommen, die tödl. Gefahren entgegenwirken sollen (BAG 25.9.1997 NZA 1998, 310; zur Abgrenzung bei einer Sachbeschädigung 28.10.2010 NZA 2011, 345).

16 **(4) Mittlere Fahrlässigkeit.** Mittlere Fahrlässigkeit ist anzunehmen, wenn der AN die im Verkehr erforderl. Sorgfalt außer Acht gelassen hat, der rechtl. missbilligte Erfolg bei Anwendung der gebotenen Sorgfalt voraussehbar und vermeidbar gewesen wäre (§ 276 II). In dieser praktisch wichtigsten Fallgruppe ist der Schaden zu teilen. Ob und ggf. in welchem Umf. der AN an den Schadensfolgen zu beteiligen ist, richtet sich insb. in Ansehung von Schadensanlass und Schadensfolgen nach Billigkeits- und Zumutbarkeitsgesichtspunkten. Zu den Umständen, denen je nach Lage des Einzelfalles ein unterschiedl. Gewicht beizumessen ist und die im Hinblick auf die Vielfalt mögl. Schadensursachen auch nicht abschl. bezeichnet werden können, gehören ferner die Höhe des Schadens, ein vom AG einkalkuliertes oder durch Vers. deckbares Risiko, die Stellung des AN im Betrieb und die Höhe des Arbeitsentgelts, in dem möglicherweise eine Risikoprämie enthalten ist (BAG 24.11.1987 NZA 1988, 584; 16.2.1995 NZA 1995, 565; krit. OSK/*Schwarze* § 9 Rn. 27 ff.). In den Fällen der Beschädigung eines **betriebseigenen Kraftfahrzeugs** durch den AN ist in die Abwägung auch einzustellen, ob der AG für das Fahrzeug eine Vollkaskovers. abgeschlossen hat. Zwar ist er dem AN ggü. zum Abschluss einer solchen Vers. nicht verpflichtet (BGH 10.1.1955 AP BGB § 611 Haftung des Arbeitnehmers Nr. 1), der Nichtabschluss kann aber bei der Abwägung zu Lasten des AG mit der Folge ins Gewicht fallen, dass der AN nur iHd. Selbstbeteiligung haftet, die beim Abschluss einer Kaskovers. zu vereinbaren gewesen wäre (BAG 24.11.1987 NZA 1988, 584; LAG K 11.11.2002 BB 2003, 856: Bei geringem Schaden keine Abweichung von hälftiger Schadensteilung). UU können ferner der bisherige Verlauf des ArbVerh. sowie die pers. Verhältnisse des AN wie Dauer seiner Betriebszugehörigkeit, sein Lebensalter, seine Familienverhältnisse und sein bisheriges Verhalten, zu berücksichtigen sein (insoweit **aA** LAG K 20.2.1991 LAGE BGB § 611 Gefahrgeneigte Arbeit Nr. 9; Staudinger/*Richardi/Fischinger* Rn. 84). Schließl. ist in diesem Rahmen auch die **Gefahrgeneigtheit der Arbeit** von Bedeutung (BAG 16.2.1995 NZA 1995, 565), nicht aber schlechthin die wirtschaftl. Leistungsfähigkeit des AN (BGH 10.1.1955 AP BGB § 611 Haftung des Arbeitnehmers Nr. 1).

17 **(5) Leichteste Fahrlässigkeit.** Von leichtester Fahrlässigkeit (culpa levissima), die die Haftung des AN entfallen lässt, kann dagegen in den Fällen des „typischen Abirrens" der Arbeitsleistung ausgegangen werden namentl. bei einfachem „Sich-Vergreifen", „Sich-Versprechen" oder „Sich-Vertun" (MüArbR/*Reichold* § 51 Rn. 41, iE zust. aber krit. bzgl. bes. Fahrlässigkeitsstufe OSK/*Schwarze* § 9 Rn. 34 f.).

18 **(6) Ausnahme: Haftungsbeschränkung bei grober Fahrlässigkeit.** Während der BGH (11.3.1996 NJW 1996, 1532) sich strikt an diese Dreiteilung hält und eine Beschränkung der ANHaftung bei grober Fahrlässigkeit ablehnt (so a. BAG 24.11.1987 NZA 1988, 579; anders noch 23.3.1983 AP BGB § 611 Haftung des Arbeitnehmers Nr. 82; 21.10.1983 AP BGB § 611 Haftung des Arbeitnehmers Nr. 84), hat das BAG bereits angedeutet, dass es weitere Haftungsbeschränkungen selbst bei grober Fahrlässigkeit nicht ausschließt, insb., wenn der Verdienst des AN in einem deutl. Missverhältnis zum Schadensrisiko der Tätigkeit steht (BAG 12.10.1989 NZA 1990, 97; 12.11.1998 NZA 1999, 263). So hat das BAG bislang in keinem Fall nicht vorsätzl. oder gröbst fahrlässiger (BAG 25.9.1997 NZA 1998, 310) Schadensverursachung einem nicht versicherten AN eine Schadensquote auferlegt, die in absoluten Zahlen ein Jahreseinkommen übersteigt (vgl. BAG 23.1.1997 NZA 1998, 140; vgl. die Übersicht bei *Hübsch* NZA-RR 1999, 393; zul. BAG 28.10.2010 NZA 2011, 345; 12 Monatsgehälter bei Minijob; bei Kfz-Unfall LAG SH 14.9.2011 BeckRS 2011, 78465: 4 Monatsgehälter; LAG M 27.7.2011 BeckRS 2013, 67136: 3 Monatsgehälter). Ob und inwieweit eine Schadensquotelung gerechtfertigt erscheint, ist in Ansehung der Pflichtverletzung und der Schadenshöhe zu beurteilen (BAG 15.11.2001 EzA BGB § 611 Arbeitnehmerhaftung Nr. 68). Sorgfältig zu prüfen ist, ob für die schädigende Handlung überhaupt eine betriebl. Veranlassung bestand (BAG 18.4.2002 NZA 2003, 37). In der Instanzrspr. wird zT bereits faktisch eine summenmäßige Beschränkung der Haftung praktiziert, die bei mittlerer Fahrlässigkeit auf bis zu einem, bei grober Fahrlässigkeit auf bis zu drei

Monatsentgelte beschränkt sein soll (LAG N 18.4.1990 LAGE BGB § 611 Arbeitnehmerhaftung Nr. 14; 20.3.1996 NZA-RR 1997, 3, 4; LAG K 17.6.1993 LAGE BGB § 611 Gefahrgeneigte Arbeit Nr. 10; zu dieser Entwicklung *Hanau/Rolfs* NJW 1994, 1439, 1441 f.; wesentl. zurückhaltender LAG RP 2.11.1995 NZA-RR 1996, 443 f.). Eine derart weitgehende Rechtsfortbildung wird vom BAG de lege lata jedoch nicht für mögl. gehalten, weil es insoweit sowohl an einer allg. Rechtsüberzeugung als auch an gesetzgeberischen Vorbildern fehle. Eine summenmäßige Haftungsbeschränkung sei allein dem Gesetzgeber vorbehalten (BAG 12.10.1989 NZA 1990, 97; 23.1.1997 NZA 1998, 140, 141; 15.11.2012 BGB § 611 Haftung des Arbeitnehmers Nr. 137). Jdf. bei bes. grober (gröbster) Fahrlässigkeit kommt eine Haftungsbeschränkung nicht in Betracht (BAG 25.9.1997 NZA 1998, 310; anders 28.10.2010 NZA 2011, 345).

ee) Anwendungsbereich. In der Rspr. noch nicht abschl. geklärt ist der pers. Anwendungsbereich 19
der beschränkten ANHaftung (dazu *Peifer* ZfA 1996, 69, 76 ff.). Neben den Stammbeschäftigten erfasst sie jdf. auch die Auszubildenden (BAG 7.7.1970 AP BGB § 611 Haftung des Arbeitnehmers Nr. 59; 18.4.2002 NZA 2003, 37; LAG RP 13.12.1989 LAGE BGB § 611 Gefahrgeneigte Arbeit Nr. 8) und die AN in einem **LeihArbVerh.**, soweit es um Schadensersatzansprüche des entleihenden AG geht (BGH 22.5.1978 VersR 1978, 819; OSK/*Otto* § 7 Rn. 4). Zumindest die Grds. der gefahrgeneigten Arbeit sind vom BGH dagegen nicht auf den GF einer Innungskrankenkasse angewandt worden, weil er als **ltd. Ang.** seine GFTätigkeit weitgehend eigenverantwortl. gestalten könne (BGH 14.2.1985 VersR 1985, 693, 695 f.; OSK/*Otto* § 7 Rn. 1), ebenso wenig auf den Justitiar eines Unternehmens, weil er gerade zu dem Zweck eingestellt worden sei, das den geschäftl. Unternehmungen anhaftende rechtl. Risiko auszuschalten oder doch zu mindern (BGH 7.10.1969 AP BGB § 611 Haftung des Arbeitnehmers Nr. 51), und auch nicht auf den Leiter der Kreditabt. einer Bank (BGH 25.2.1969 VersR 1969, 474, 477). Das BAG hat offengelassen, ob es dieser restriktiven Rspr. folgen will und einem ltd. Ang. jdf. dann, wenn er den Schaden nicht bei einer für seine Position charakteristischen Tätigkeit verursacht hat, die Haftungsprivilegierung zugestanden (BAG 11.11.1976 AP BGB § 611 Haftung des Arbeitnehmers Nr. 80). So kann sich ein Vorgesetzter, der iRd. ihm vom AG übertragenen Weisungsbefugnis seine ihm als Erfüllungsgehilfen des AG mit übertragenen arbeitsvertragl. Schutzpflichten ggü. unterstellten AN verletzt, nicht auf die Grds. der Haftungsprivilegierung berufen (BAG 25.10.2007 NZA 2008, 223; hierzu *Bieder* DB 2008, 638). Mittlerweile scheint sich der BGH dem BAG anzuschließen und seine die Haftungsprivilegierung für ltd. Ang. gänzl. verneinende Rspr. aufzugeben, jdf. soweit nicht GF betroffen sind (BGH 25.6.2001 Z 148, 167, 172). Schon die probl. Abgrenzung sog. ltd. Ang. spricht ohnehin dafür, sie in die Haftungsprivilegierung einzubeziehen (OSK/*Otto* § 7 Rn. 1; MüKo-BGB/*Henssler* Rn. 17; *Waltermann* NZA 2005, 98, 100; grds. für eine Einbeziehung ltd. Ang., aber unter Modifikation der Grds. der privilegierten ANHaftung *Fischinger*, Haftungsbeschränkung im BürgerlR[2015], S. 569 ff). Für die Anwendung der Grds. auf einen Kreditprokuristen einer Bank: LAG NI 7.7.2003 NZA-RR 2004, 142. **Freie Mitarbeiter** und **arbeitnehmerähnl. Personen**, die nur wirtschaftl., nicht aber pers. abhängig sind, können sich auf das Haftungsprivileg nicht stützen (BGH 7.10.1969 AP BGB § 611 Haftung des Arbeitnehmers Nr. 51; LAG BE 29.10.1990 LAGE BGB § 611 Arbeitnehmerhaftung Nr. 15; 11.4.2003 AR-Blattei ES 160.10.2 (1979) Nr. 70; Staudinger/*Richardi/Fischinger* Rn. 69 **aA** für ANähnl. BSG 24.6.2003 ZfS 2003, 278, unter Hinweis auf § 2 II 1 SGB VII; im Falle der Eingliederung LAG HE 2.4.2013 BB 2013, 1726; OSK/*Otto* § 7 Rn. 7; MüArbR/*Reichold* § 51 Rn. 64 mwN). GmbH-GF können sich nur ausnahmsweise, wenn sie als AN einzuordnen sind, auf die beschränkte ANHaftung berufen (Staudinger/*Richardi/Fischinger* Rn. 71).

Die Grds. über die Beschränkung der ANHaftung kommen auch dann zur Anwendung, wenn der 20
AN Deckungsschutz durch eine Vers. beanspruchen kann (BAG 25.9.1997 NZA 1998, 310; OSK/*Otto* § 11 Rn. 7 ff.). Etwas anderes gilt nur, wenn es sich um eine **Pflichtvers.** handelt, weil die Deckungspflicht des Pflichtversicherers den AN, soweit er Versicherungsschutz genießt, vor der pers. Belastung mit unzumutbaren Verbindlichkeiten bewahrt (BGH 8.12.1971 AP BGB § 611 Haftung des Arbeitnehmers Nr. 68; *Peifer* ZfA 1996, 69, 77). Dies gilt freil. nur, solange der Pflichtversicherer auch im Innenverhältnis zum versicherten AN nicht zum Rückgriff berechtigt ist. Ist dagegen die Leistungsfreiheit des Versicherers wegen einer Obliegenheitsverletzung des Versicherungsnehmers oder sonstigen Mitversicherten begrenzt, finden im Verhältnis der Arbeitsvertragsparteien zueinander wieder die Regeln über den innerbetriebl. Schadensausgleich Anwendung mit der Folge, dass der AG den AN iHd. von ihm zu tragenden Haftungsquote von Regressansprüchen freizustellen hat (BAG 23.6.1988 NZA 1989, 181). Dies gilt insb. für die Kfz-Haftpflichtvers., bei der der Versicherer wegen bestimmter Obliegenheitsverletzungen vor Eintritt des Versicherungsfalls ggü. dem Versicherungsnehmer und den sonstigen mitversicherten Personen iHv. € 5113,–, bei Obliegenheitsverletzungen nach Eintritt des Versicherungsfalls regelm. iHv. € 1278,– leistungsfrei ist (§§ 5 f. KfzPflVV). Eine nur **freiwillig** abgeschlossene Berufshaftpflichtvers. ändert dagegen an den Regeln des innerbetriebl. Schadensausgleichs nichts (BAG 25.9.1997 NZA 1998, 310; 28.10.2010 NZA 2011, 345; *Waltermann* RdA 2005, 98, 108; **aA** *Otto* FS 50 Jahre BAG 2004 S. 97, 112 ff. insb. zu den für ltd. Ang. abgeschlossenen D&O-Vers.).

ff) Darlegungs- und Beweislast. Die obj. Voraussetzungen der Pflichtverletzung hat der AG nach 21
§ 619a bzw. bei deliktischen Ansprüchen nach allg. Grds. darzulegen und im Bestreitensfall zu

beweisen (OSK/*Otto* § 6 Rn. 52). Er trägt auch die Beweislast für das Maß des Verschuldens des AN (BAG 22.2.1972 AP BGB § 611 Haftung des Arbeitnehmers Nr. 70). Dies gilt insb. auch für den Vorwurf grober Fahrlässigkeit (BAG 13.3.1968 AP BGB § 611 Haftung des Arbeitnehmers Nr. 42; LAG HM 13.5.1991 LAGE BGB § 611 Arbeitnehmerhaftung Nr. 16). Demggü. obliegt es dem AN, der sich auf die Grds. der beschränkten ANHaftung beruft, darzutun, dass deren Voraussetzungen vorliegen, er den Schaden also bei einer betriebl. Tätigkeit verursacht hat (BAG 18.4.2002 NZA 2003, 37). Ebenso soll dem AN die Darlegungs- und Beweislast obliegen, wenn er sich darauf beruft, er habe nur eine Anweisung seines Vorgesetzten vollzogen (LAG M 22.5.2006 AuA 2006, 615).

22 **b) Haftung gegenüber Arbeitskollegen.** Verletzt ein AN bei einer betriebl. Tätigkeit Rechtsgüter eines Kollegen, ist danach zu diff., ob er diesem einen Personen- oder einen Sachschaden zugefügt hat. Die Haftung für **Personenschäden** erfährt durch §§ 105 ff. SGB VII eine abschl. ges. Sonderregelung: Nach § 105 I 1 SGB VII sind Personen, die durch eine betriebl. Tätigkeit einen Arbeitsunfall von in der ges. UV Versicherten desselben Betriebes verursachen, diesen sowie deren Angehörigen und Hinterbliebenen nach anderen ges. Vorschr. zum Ersatz des Personenschadens nur verpflichtet, wenn sie den Arbeitsunfall vorsätzl. oder auf einem Weg zur oder von der Arbeit herbeigeführt haben. Die Haftung für durch betriebl. Tätigkeiten verursachte Personenschäden ist daher in aller Regel ausgeschlossen (Einzelheiten SGB VII § 105 Rn. 1 ff.). Für einem Kollegen zugefügte **Sachschäden** haftet der AN so, wie er auch anderen außerhalb des ArbVerh. stehenden Dritten ggü. einstandspflichtig ist (Rn. 23 ff.).

23 **c) Haftung gegenüber Dritten.** Außerhalb des ArbVerh. stehenden Personen ggü. haftet der AN unbeschränkt (BGH 19.9.1989 NZA 1990, 100; 21.12.1993 NJW 1994, 852). Der BGH lehnt es ab, dem AN im Außenverhältnis zu dem geschädigten Dritten die Haftungserleichterungen zu Gute kommen zu lassen. Zum einen näml. beruhe die Rspr. zur eingeschränkten Haftung des AN ggü. dem AG auf spezifisch arbeitsvertragl. Erwägungen, die sich nicht auf das Außenverhältnis zu einem Dritten übertragen ließen, wobei es ohne ausschlaggebende Bedeutung sei, ob man die Begr. für die Haftungsbeschränkung gem. der früheren Rspr. des BAG in erster Linie in den „das ArbVerh. beherrschenden Treue- und Fürsorgepflichtgedanken" sehe, mit denen es sich nicht vertrage, dass der AG den AN mit Schäden und Ersatzansprüchen belaste, die sich aus der bes. Gefahr und Eigenart der ihm übertragenen Arbeit ergebe, oder ob man gem. der neueren Rspr. des BAG in analoger Anwendung des § 254 dem AG das Betriebs- und Organisationsrisiko seines Unternehmens als verschuldensunabhängigen haftungsrechtl. Zurechnungsfaktor anlaste und dieses Risiko gegen die schuldhafte Schadensverursachung durch den AN abwäge (BGH 21.12.1993 NJW 1994, 852). Außerdem entspreche es allg. schuldrechtl. Grds., dass der Schuldner (AN) ggü. dem Gläubiger (Dritten) mit Einwendungen aus einem Rechtsverhältnis zu einem Dritten (AG) nicht gehört werde (BGH 19.9.1989 NZA 1990, 100), so dass die Betriebs- und Organisationsgefahr analog § 254 nur dem AG unmittelbar, nicht aber einem Außenstehenden entgegengesetzt werden könne (BGH 21.12.1993 NJW 1994, 852; **aA** LAG BW 4.11.1986 LAGE BGB § 611 Arbeitnehmerhaftung Nr. 8).

24 Diese unbeschränkte Außenhaftung bejaht der BGH selbst dann, wenn der AN **arbeitgeberfremde Betriebsmittel** schuldhaft beschädigt hat. Zwar fehle es nicht an Versuchen, die Außenhaftung des AN wenigstens in diesem Bereich zu begrenzen (vgl. *Baumann* BB 1990, 1833; *Denck* BB 1989, 1192; *ders.* JZ 1990, 175; *Gamillscheg/Hanau* S. 96 f.), Wortlaut und Systematik der §§ 823 ff. gäben jedoch für eine Differenzierung je nach Art und Funktion einer beschädigten Sache wie auch nach Art und Grad des Verschuldens nichts her. Über das Fehlen einer arbeitsvertragl. Verbundenheit, die die primäre Rechtfertigung der Rspr. zur beschränkten ANHaftung darstellt, lässt sich nach Auff. des BGH im Verhältnis zu einem vom AG verschiedenen Eigentümer auch bei den arbeitgeberfremden Betriebsmitteln nicht hinwegkommen (BGH 19.9.1989 NZA 1990, 100; krit. *Hanau* FS Steffen 1995 S. 177, 181 ff.).

25 Denkbar ist iRd. **erg. Vertragsauslegung** die dem AG ggü. bestehende Haftungsbeschränkung auf den geschädigten Dritten zu beschränken. Dies hat das LAG D (25.9.1996 NZA-RR 1997, 241) bejaht, wenn der AN mit Wissen des AG mit dem PKW eines Arbeitskollegen Dienstfahrten erledigt, weil das Fahrzeug des AG funktionsuntüchtig ist (krit. *Hübsch* BB 1998, 690).

26 Anerkannt ist aber, dass dem AN in jedem Falle im Innenverhältnis zu seinem AG – abw. von § 840 II – ein **Freistellungsanspruch** zusteht, der den AG verpflichtet, den AN insoweit von der Schadensersatzforderung freizustellen, wie der Schaden zwischen den Arbeitsvertragsparteien verteilt würde, wenn der Geschädigte nicht ein Dritter, sondern der AG selbst wäre (BAG 25.9.1957 AP RVO §§ 898, 899 Nr. 4; vgl. 23.6.1988 NZA 1989, 181; 11.8.1988 NZA 1989, 54). Der Freistellungsanspruch des AN wird fällig, wenn feststeht, dass er von dem Geschädigten mit Erfolg in Anspruch genommen werden kann, dh. wenn der schädigende AN eine für ihn ungünstige Gerichtsentsch. nicht mehr eigenständig verhindern oder abändern lassen kann (BAG 25.6.2009 NZA-RR 2010, 224). Der Freistellungsanspruch, den der AN abtreten oder der Dritte pfänden kann (BGH 24.11.1975 Z 66, 1, 4 unter Aufgabe von 27.2.1964 Z 41, 203, 205 f.), wandelt sich in einen Zahlungsanspruch um, wenn und soweit der AN dem Dritten ggü. bereits mehr geleistet hat, als er im Verhältnis zum AG zu zahlen verpflichtet ist. Seine Begr. findet der Zahlungsanspruch in der aus § 670 resultierenden Pflicht des

AG, den AN von Belastungen freizustellen, die aus einer Inanspruchnahme Dritter resultieren, wenn der AN im Innenverhältnis diese Belastungen nicht zu tragen braucht; der Freistellungsanspruch ergibt sich aus § 670 iVm. § 257 S. 1 (HWK/*Krause* Rn. 62; **aA** BAG 23.6.1988 NZA 1989, 181: Fürsorgepflicht; OSK/*Schwarze* § 16 Rn. 25). Durch die unbeschränkte Außenhaftung und die beschränkte Freistellungsmöglichkeit im Innenverhältnis wird dem AN va. das Insolvenzrisiko des AG aufgebürdet.

Eine Haftungsbeschränkung im **Verhältnis AG und geschädigter Dritter** entfaltet jedoch Schutzwirkung zugunsten der AN mit der Folge, dass der geschädigte Dritte den AN nicht in Anspruch nehmen kann, soweit die Haftungsbeschränkung reicht (BGH 21.12.1993 NJW 1994, 852; MüArbR/*Reichold* § 52 Rn. 6; MüKoBGB/*Henssler* Rn. 27). Sonst näml. könnte der Dritte ungeachtet der Beschränkungen gegen den AN vorgehen, sich dessen Freistellungsanspruch pfänden und überweisen lassen mit der schlussendl. Folge, dass die mit dem AG vertragl. vereinbarte Haftungsbegrenzung zunichte gemacht würde. 27

d) Mankohaftung. aa) Begriff der Mankohaftung. Unter einem Manko versteht man im ArbR üblicherweise einen Schaden, den ein AG dadurch erleidet, dass ein seinem AN anvertrauter Warenbestand eine Fehlmenge aufweist oder sich in einer von seinem AN geführten Kasse ein Fehlbetrag ergibt (MüArbR/*Reichold* § 51 Rn. 69; OSK/*Krause* § 13 Rn. 2 ff.). Kein Anwendungsfall der Mankohaftung ist nach Ansicht des LAG HE (4.11.1987 DB 1988, 2652) die Frage der Haftung für den Verlust eines dem AN berufstypisch anvertrauten Schlüsselbundes. 28

bb) Allgemeine Mankohaftung. (1) Haftungsgrundlagen und -voraussetzungen. Für die Haftung nach dem allg. Vertragsrecht kommt es nach der – allerdings zunehmend angefochtenen – Rspr. auf die Position des AN im Hinblick auf die ihm anvertrauten Sachen an (BAG 29.1.1985 NZA 1986, 23; 17.9.1998 NZA 1999, 141; im Wesentlichen ebenso HzA/*Künzl* Gruppe 1/5 Rn. 1248 f.; Schaub/*Linck* § 59 Rn. 61). Nach der Rspr. des BAG kann eine Haftung nach den Grds. der Verwahrung (§ 688) und des Auftragsrechts (§§ 675, 663, 665 bis 670, 672 bis 674) in Betracht kommen, wenn der AG „eine Tatsachenlage geschaffen hat, nach der er nicht mehr Besitzer der Sache ist" (BAG 17.9.1998 NZA 1999, 141; 2.12.1999 NZA 2000, 715; OSK/*Krause* § 13 Rn. 6 ff.). Das wird idR nicht der Fall sein, weil der AN nicht Besitzer der ihm zur Aufgabenerfüllung überlassenen Gegenstände ist, sondern nur Besitzdiener. Das BAG meint, dass zum Innehaben des unmittelbaren Besitzes gehöre, dass der AN alleinigen Zugang zur Sache habe und diese selbständig verwalte (BAG 17.9.1998 NZA 1999, 141). Auch diese einschränkende Betrachtung ist ungeeignet, weil das Merkmal der Selbständigkeit in diesem Kontext nicht weiterführt, weil ein AN ex definitione immer unselbständig verwaltet (vgl. a. OSK/*Krause* § 13 Rn. 12; *Boemke* SAE 2000, 7; *Deinert* RdA 2000, 22, 23 ff.). Das BAG will durch das zweiteilige Haftungskonzept erreichen, auf den Herausgabeanspruch (zB aus § 667) die Unmöglichkeitsregeln (§ 280 I) mit der Beweislastumkehr des § 282 aF (jetzt § 280 I 2) anzuwenden (vgl. BAG 29.1.1985 NZA 1986, 23). Ob in diesem Fall die Grds. der privilegierten ANHaftung nicht zur Anwendung kommen sollen, ist unklar. Freil. müssen im ArbVerh. die Grds. der privilegierten ANHaftung unabhängig von der Anspruchsgrdl. gelten. 29

Das **zweiteilige Haftungskonzept** des BAG ist abzulehnen (OSK/*Krause* § 13 Rn. 12 mwN; *Preis/Kellermann* SAE 1998, 133, 135; *Boemke* SAE 2000, 8; *Deinert* RdA 2000, 22, 23 ff.; *Krause* RdA 2013, 129 ff.; Staudinger/*Richardi/Fischinger* Rn. 18 jeweils mwN; dem BAG folgend MüArbR/*Blomeyer* § 59 Rn. 83). Die Haftungsregeln anderer Vertragstypen könnten nur angewandt werden, wenn es sich bei dem zugrunde liegenden Vertragsverhältnis um ein gemischtes Rechtsverhältnis handelt. Das ist aber idR nicht der Fall. Der AN schuldet weder die Herausgabe als selbständige Vertragspflicht, noch ist er ein selbständiger Verwahrer. Er hat versprochene Dienste zu leisten. Das Abhandenkommen von Sachen oder die Erzeugung von Fehlbeständen ist eine Schlechtleistung des AN, für die er nach § 280 I haftet. Das setzt in Anwendung des § 619a nachgewiesenes Verschulden des AN voraus. Dass der Gesetzgeber des SMG gerade auch die Mankohaftung der ANHaftung ieS zuordnen wollte, zeigt seine Bezugnahme auf die entspr. Rspr. (BT-Drs. 14/7052 S. 204). Unter bestimmten Voraussetzungen kommen Erleichterungen der Beweisführung für den AG nach dem Prinzip der abgestuften Darlegungs- und Beweislast in Betracht (ausf. OSK/*Krause* § 13 Rn. 17 ff.; *Boemke* SAE 2000, 11 ff.). 30

Eine Haftung des AN kann sich darüber hinaus va. aus **unerlaubter Handlung** ergeben (MüArbR/*Reichold* § 51 Rn. 71; zu den Anspruchsgrdl. bei Mankohaftung *Jung* S. 51–73). Der AG trägt hier die volle Beweislast für alle Anspruchsvoraussetzungen (BAG 11.11.1969 AP BGB § 611 Haftung des Arbeitnehmers Nr. 49; 13.2.1974 AP BGB § 611 Haftung des Arbeitnehmers Nr. 77). Praktische Bedeutung hat diese Haftungsgrdl. mithin allenfalls dann, wenn die schadensstiftende Verrichtung nicht vom Arbeitsvertrag erfasst wird oder vertragl. Erstattungsansprüche aufgrund einer tarifl. Ausschlussklausel nicht mehr geltend gemacht werden können (HzA/*Künzl* Gruppe 1/5 Rn. 1257). 31

(2) Haftungsbeschränkungen. Nach früherer Rspr. des BAG zur „gefahrgeneigten Arbeit" fanden **Grds. der privilegierten ANHaftung** keine Anwendung, da ein zur selbständigen Wahrnehmung bestellter AN zur gesteigerten Sorgfalt verpflichtet sei (BAG 13.2.1974 AP BGB § 611 Haftung des Arbeitnehmers Nr. 77; ZLH/*Zöllner* § 19 II 4; anders MüArbR/*Reichold* § 51 Rn. 71; *Stoffels* AR-Blattei SD 870.2. Rn. 69 ff.; *Reinecke* ZfA 1976, 219). Nach der Abkehr vom Merkmal der Gefahr- 32 neigung steht nunmehr fest, dass die Fälle der Mankohaftung tatbestandsmäßig vom innerbetriebl. Schadensausgleich erfasst werden. Ausdr. geht jetzt auch das BAG von der Anwendung der Grds. der privilegierten ANHaftung aus (BAG 22.5.1997 NZA 1997, 1279; 17.9.1998 NZA 1999, 141). Künftig hat mithin das Hauptaugenmerk der Verschuldensbeurteilung zu gelten. Bei einer quotalen Schadensteilung ist iRd. Abwägung auch die Gewährung eines bes. Mankogeldes als Risikoausgleich zu berücksichtigen. Vollen Schadensersatz erhält der AG nur dann, wenn er dem AN Vorsatz oder zumindest grobe Fahrlässigkeit nachweisen kann. Kann der AG nur vortragen, der AN könne die Sache nicht herausgeben, lässt dies allein nicht auf eine vorsätzl. Schädigung schließen; vielmehr muss der AG nachweisen, dass der AN die Sache vernichtet oder sich zugeeignet hat (BAG 22.5.1997 NZA 1997, 1279). Auch hins. des Nachw. des haftungsbegründenden Verschuldens gilt eine abgestufte Darlegungslast (BAG 17.9.1998 NZA 1999, 141).

33 In jedem Mankohaftungsfall ist zu prüfen, ob dem AG ein **mitwirkendes Verschulden** am Eintritt des Mankos zur Last fällt (§ 254). Der Anwendungsbereich des § 254 ist bei der Mankohaftung recht weit; die von der Rspr. gestellten Anforderungen an den AG sind außerordentl. streng. Als Anknüpfungspunkte für ein mitwirkendes Verschulden kommen im Wesentlichen Fehler in der Organisation des Betriebs in Betracht (zB mangelnde Vorkehrungen gegen Zugriffe Dritter oder anderer AN; Zuweisung unfähiger oder unzuverlässiger Hilfskräfte; erhebl. Überlastung des AN; ungenügende Kontrolle und zu seltene Inventuren; ausf. hierzu *Stoffels* AR-Blattei SD 870.2 Rn. 80 ff.). Bei vorsätzl. strafbarer Handlung oder absichtl. Schädigung kann sich der AN allerdings nach Treu und Glauben nicht mehr auf ein Mitverschulden berufen (BAG 27.2.1970 AP BGB § 611 Haftung des Arbeitnehmers Nr. 54; 26.1.1971 AP BGB § 611 Haftung des Arbeitnehmers Nr. 64).

34 **(3) Art und Umfang des Schadensersatzes.** Im Falle eines Kassenmankos hat der AN den durch die Pflichtverletzung entstandenen Schaden (§ 280 I 1) zu ersetzen, ist also zum Ersatz des fehlenden Geldbetrages verpflichtet. Bei einem Warenmanko ist in jedem Falle zumindest der Wiederbeschaffungswert zu ersetzen. Dabei kommt dem AN zugute, dass der AG die entspr. Ersatzware häufig einfacher und billiger wird besorgen können. Über den bloßen Wiederbeschaffungswert hinaus haftet der AN jedoch auch für den nicht erzielten Verkaufserlös, da er gem. § 252 S. 1 auch den entgangenen Gewinn zu ersetzen hat (*Woltereck* S. 79 f.; MüArbR/*Reichold* § 51 Rn. 78). Hat der AG jedoch messbare Eigenaufwendungen etwa dadurch erspart, dass die Ware schon im Lager abhanden gekommen ist und deshalb Frachtkosten uä. nicht aufzuwenden waren, so sind diese in Abzug zu bringen (*Woltereck* S. 80; MüArbR/*Reichold* § 51 Rn. 78). Rabattsätze, die dem AN für die Warenentnahme zum eigenen Verbrauch eingeräumt werden, können nicht in Abzug gebracht werden (*Bulla* DB 1952, 82; MüArbR/*Reichold* § 51 Rn. 78). Ebenso wenig kann ein Manko mit Überschüssen anderer Bestandsaufnahmen verrechnet werden, es sei denn im Wege der Vorteilsausgleichung, wenn sie mit dem Manko in ursächl. Zusammenhang stehen (*Woltereck* S. 79 mwN und MüArbR/*Reichold* § 51 Rn. 78).

35 **cc) Besondere Mankoabreden. (1) Inhalt und Auslegung.** Die Mankohaftung des AN wird in der betriebl. Praxis – mitunter auch in TV – oftmals zum Gegenstand bes. vertragl. Absprachen gemacht (OSK/*Krause* § 13 Rn. 38). Mit dem Abschluss solcher Mankovereinb. will der AG regelm. die Nachteile beseitigen, die ihm die allg. Mankohaftung, insb. in beweisrechtl. Hinsicht, bringt. Häufig werden derartige Haftungsregelungen mit der Zusage eines bes. Mankogeldes verknüpft. Der genaue Inhalt einer Mankoabrede ist ggf. im Wege der Auslegung (§§ 133, 157) zu klären. Eine Erstreckung der Haftung auch auf unverschuldete Mankoschäden wird man mangels ausdr. und klarer Vereinb. im Regelfall nicht annehmen können (BAG 12.8.1959 AP BGB § 305 Nr. 1; 27.2.1970 AP BGB § 611 Haftung des Arbeitnehmers Nr. 54). Anders kann zu entscheiden sein, wenn der AN ein angemessenes Mankogeld erhält (BAG 9.4.1957 AP BGB § 611 Haftung des Arbeitnehmers Nr. 4; OSK/*Krause* § 13 Rn. 41 ff.). Die inhaltl. Bandbreite der in der betriebl. Praxis anzutreffenden Mankovereinb. ist groß (iE Preis/*Stoffels* II M 10). Bei der Prüfung der Zulässigkeit sind die Besonderheiten des Einzelfalles zu berücksichtigen. Vgl. zu einzelnen Klauselarten Rn. 39 (OSK/*Krause* § 13 Rn. 54).

36 **(2) Allg. Grenzen der Zulässigkeit.** Nach bisheriger Rspr. sind Mankovereinb. zulässig, die eine sinnvolle, den Eigenarten des Betriebes und der Beschäftigung angepasste Beweislastverteilung zu Ungunsten des AN enthalten oder eine vom Verschulden des AN unabhängige Haftung für solche Fehlbeträge festlegen, die ausschl. in seinem Arbeits- und Kontrollbereich entstanden sind (BAG 22.11.1973 AP BGB § 626 Nr. 67; 29.1.1985 NZA 1986, 23; *Woltereck* S. 64; MüArbR/*Reichold* § 51 Rn. 74; Staudinger/*Richardi/Fischinger* Rn. 112). Nach jüngerer Rspr. sind Mankoabreden grds. probl., weil sie die allg. Haftungsgrds. zu Lasten des AN verschieben. Das BAG hält seine Rspr. zur privilegierten ANHaftung für „einseitig zwgd. ANSchutzrecht“, von dem weder einzel- noch kollektivvertragl. zu Lasten des AN abgewichen werden könne (BAG 17.9.1998 NZA 1997, 1279; 2.12.1999 NZA 1999, 141; *Krause* RdA 2013, 129, 138). Dies trifft jedoch nicht zu. Die Haftungsgrds. sind prinzipiell dispositiv (Rn. 11). Der Schutz des AN erfolgt über die allg. Prinzipien der Vertragskontrolle nach § 138 und §§ 305 ff. (Preis/*Stoffels* II M 10 Rn. 9; *Gotthardt* Rn. 319; *Schwirtzek* NZA 2005, 437). Das BAG hat auch nicht seine frühere Rspr. in Frage gestellt, wonach Mankoabreden bei Zahlung eines bes. Mankogeldes zugelassen werden können (hierzu Preis/*Stoffels* II M 10 Rn. 11 ff.). Vorsatztaten können von der Mankoabrede ausgenommen werden. In diesen Fällen bleibt es bei der

vollen Haftung des AN. Eine Mankoabrede ist von vornherein unzulässig, wenn sie für Bereiche getroffen wird, auf die neben den AN noch andere Personen Zugriff haben oder wenn keine angemessene Ausgleichzahlung geleistet wird (BAG 17.9.1998 NZA 1997, 1279; Rn. 40).

Mankovereinb. jenseits dieser Grenze, va. solche, die dem AN ein bes., über die allg. Mankohaftung hinausgehendes Risiko auferlegen, ohne dies durch entspr. wirtschaftl. Vorteile auszugleichen, sind wegen unangemessener Benachteiligung des AN nach **§ 307** (vgl. §§ 305 bis 310 Rn. 89; nach früherer Rspr. des BAG gegen § 242) bzw. uU wegen Verstoßes gegen die guten Sitten (§ 138) nichtig. Für sittenwidrig und nichtig (§ 138) wird zB eine Vertragsgestaltung gehalten, die offensichtl. auf eine Benachteiligung Dritter hinausläuft. 37

Eine Mankovereinb. darf auch nicht zu einer **Tarifunterschreitung** (§ 4 III TVG) führen. Mit dem Tariflohn werden ledigl. die übl. Arbeitsleistungen und Haftungsrisiken abgegolten. Beinhaltet das Tarifgehalt keine bes. Risikovergütung und erhält der AN auch nicht aufgrund des Einzelvertrags eine angemessen erhöhte Vergütung, so liegt eine unzulässige Tarifunterschreitung vor, soweit der AG durch die Klausel zusätzl. Ansprüche erlangt hat, mit denen er im Mankofall gegen das Tarifgehalt aufrechnen und es so mindern kann (LAG HE 15.6.1955 BB 1955, 961). 38

(3) Zulässigkeit einzelner Regelungen. Isolierte Mankogeldzusagen. Das Mankogeld soll dem AN von vornherein einen Ausgleich für evtl. in der Zukunft auftretende Fehlbeträge bzw. -bestände bieten. Es handelt sich um eine „Sozialleistung zur Verminderung des Haftungsrisikos" (BAG 27.10.1988 BeckRS 1988, 30728340). Ob aus der bloßen Mankogeldgewährung auf eine stillschweigende Garantieübernahme durch den AN geschlossen werden kann (so *Bulla* DB 1952, 81 f.; *Woltereck* S. 72), ist zw. Mehr spricht dafür, die Zahlung eines Mankogeldes bei der Anwendung der Haftungsgrds. des innerbetriebl. Schadensausgleichs iS einer größeren Haftungsbeteiligung des AN zur Geltung zu bringen (*Stoffels* AR-Blattei SD 870.2 Rn. 115). 39

Verschuldensunabhängige Einstandspflicht. Eine Garantieübernahme wird für zulässig gehalten, wenn dem erhöhten Risiko ein angemessener wirtschaftl. Ausgleich, etwa durch eine erhöhte Vergütung (Mankogeld), gegenübersteht (BAG 17.4.1956 AP BGB § 626 Nr. 8; 27.2.1970 AP BGB § 611 Haftung des Arbeitnehmers Nr. 54). Die Angemessenheit wird bejaht, wenn das zusätzl. Entgelt mind. den Durchschnitt der erfahrungsgemäß zu erwartenden Fehlbeträge bzw. -bestände erreicht (Staudinger/*Richardi/Fischinger* Rn. 112; MüArbR/*Reichold* § 51 Rn. 75). Nach jüngster Rspr. verlangt das BAG strenger, „dass eine Haftung aufgrund bes. vertragl. Abrede die Summe der gezahlten Mankogelder nicht übersteigen" darf (BAG 17.9.1998 NZA 1997, 1279; 2.12.1999 NZA 1999, 141). Mit dieser einschränkenden Voraussetzung erreicht das BAG iE, dass der AN nicht weitergehend für Fehlbestände haftet, als er als Ausgleich über die Mankoabrede ohnehin erlangt hat (näher Preis/*Stoffels* II M 10 Rn. 12). Für die Beweislastverteilung gilt: Der AG hat zunächst den behaupteten Fehlbetrag oder -bestand substantiiert darzulegen und zu beweisen (BAG 6.6.1984 NZA 1985, 183). Weiterhin obliegt ihm die Beweislast für die haftungsbegründende Kausalität, dh. für die Verursachung des Mankos durch den AN. Letzteres schließt regelm. den zu beweisenden Vortrag ein, dass der AN, in dessen Bereich das Manko aufgetreten ist, während dieser Zeit die Kasse oder den Warenbestand allein beherrschte. 40

Beweislastvereinbarungen. Mitunter unterwerfen Mankovereinb. den AN bes. Beweislastanforderungen. Im Mittelpunkt steht dann zumeist die Verschuldensfrage. Die gebräuchl. Klauseln sehen durchweg vor, dass der AN sich zu entlasten habe. Das BAG hält solche Abreden prinzipiell für zulässig, wenn sie eine sinnvolle, den Eigenarten des Betriebes und der Beschäftigung angepasste Beweislastverteilung enthalten (BAG 13.2.1974 AP BGB § 611 Haftung des Arbeitnehmers Nr. 77; 29.1.1985 NZA 1986, 23; für grds. Zulässigkeit auch MüArbR/*Reichold* § 51 Rn. 81. Skeptisch für beweislaständernde Vereinb. schon *Baumgärtel* FS Pleyer S. 263: „mit § 242 schwerl. vereinbar" und „Zumindest müsste ... angemessener Risikoausgleich gewährt werden"; abl. OSK/*Krause* § 13 Rn. 58). Nach neuer Rechtslage verstößt die Beweislastveränderung in vorformulierten Arbeitsverträgen in Abweichung von § 619a gegen § 309 Nr. 12 (hierzu §§ 305 bis 310 Rn. 90; OSK/*Krause* § 13 Rn. 60; Staudinger/*Richardi/Fischinger* Rn. 115). 41

Haftung mehrerer AN. Eine andere in der Praxis in verschiedenen Variationen anzutreffende Haftungskonzeption sieht eine Verteilung des Mankoschadens auf alle in Betracht kommenden AN entweder zu gleichen Teilen oder nach der Höhe ihrer Gehälter vor (OSK/*Krause* § 13 Rn. 88). Ist dabei eine Exkulpation einzelner AN ausgeschlossen, so handelt es sich regelm. um eine Verschärfung ggü. der allg. Mankohaftung, auch wenn für den AN ein gewisser Vorteil darin liegen mag, dass er nun auch für von ihm allein verschuldete Schäden nur in Höhe seines Anteils Ersatz zu leisten braucht. Daher ist auch hier ein dem erhöhten Risiko entspr. Ausgleich in Form einer zusätzl. Geldleistung unentbehrl. Ferner muss nach der Rspr. des BAG sichergestellt sein, dass der AN zumutbare Kontrollbefugnisse hat, die er auch tats. ausüben kann. Es muss ihm iRd. Erfüllung seiner Arbeitspflicht mögl. sein, die Arbeitskollegen, für die er haften soll, wirksam zu überwachen und dazu anzuhalten, die erforderl. Sorgfalt walten zu lassen. Das schließt es namentl. aus, die Haftung auf Arbeitskollegen zu erstrecken, die einer anderen Schicht angehören (BAG 22.11.1973 AP BGB § 626 Nr. 67; 13.2.1974 AP BGB § 611 Haftung des Arbeitnehmers Nr. 77 zur Mithaftung für nachgeordnete Mitarbeiter). 42

43 **Mankospannen.** Wenn ein Manko auf natürl. Schwund der Ware beruht, entfällt eine Haftung des AN zumeist schon deshalb, weil es an seiner Ursächlichkeit fehlt (hierzu *Deinert* RdA 2000, 22, 35 f.). Zumindest hat er den Verlust nicht zu vertreten. Ein solcher Warenschwund muss bei der Abrechnung daher auch ohne bes. Vereinb. stets zugunsten des AN berücksichtigt werden. In der Praxis – insb. im Lebensmitteleinzelhandel – werden deshalb häufig Schwundsätze, sog. Mankospannen, vereinbart, um die Höhe des natürl. Schwundes zweifelsfrei und für beide Seiten verbindl. festzulegen. Der AN braucht dann ein Manko, das sich iRd. vereinbarten Mankospanne hält, nicht zu ersetzen, und zwar auch dann, wenn es im Einzelfall einmal nicht auf natürl. Schwund beruht. Geht das Manko allerdings über den angesetzten Schwundsatz hinaus, gelten die allg. Grds. (Rn. 40).

44 **Abreden zum Haftungsumfang.** Nicht unzulässig ist es, den Verkaufspreis in pauschaler Form iRd. Mankoabrede in Ansatz zu bringen (LAG D 14.5.1974 DB 1974, 2115). Dem AN steht jedoch auch dann der Nachw. offen, dass der in Rechnung gestellte Verkaufspreis aus bestimmten Gründen in concreto nicht hätte erzielt werden können oder aufgrund des ausreichenden Warenbestandes auf andere Stücke zugegriffen werden konnte (Rechtsgedanke des § 309 Nr. 5).

45 **Kautionsvereinbarungen.** Vereinb. über die Gestellung einer Kaution seitens des AN werden idR getroffen, um dem AG die Durchsetzung mögl. künftiger Schadensersatzforderungen aus Mankohaftung zu erleichtern. Unter Berücksichtigung dieses primär verfolgten Sicherungszwecks der Kautionsgestellung kann nicht ohne weiteres davon ausgegangen werden, dass hierdurch zugleich auch die Höhe der Ersatzleistung begrenzt werden soll (LAG HB 1.2.1956 BB 1957, 1037). Wohl aber wird man den AG aufgrund der Kautionsgestellung für verpflichtet halten, im Falle eines zu ersetzenden Mankoschadens zunächst auf die Kaution zurückzugreifen. Erst nach Ausschöpfung dieser Möglichkeit darf er die Aufrechnung ggü. pfändbaren Gehaltsteilen erklären (*Bulla* DB 1952, 82).

46 **(4) Rechtsfolgen bei Überschreitung der Zulässigkeitsgrenzen.** Die Überschreitung der skizzierten Zulässigkeitsgrenzen hat jdf. für die im Vordergrund stehenden vorformulierten Mankoabreden in Arbeitsverträgen die Nichtigkeit der gesamten Klausel zur Folge. Eine geltungserhaltende Reduktion ist ebenso wie jede sonstige auf tw. Aufrechterhaltung gerichtete dogmatische Konstruktion abzulehnen (§§ 305 bis 310 Rn. 103). Richtigerweise hat sich das BAG bereits dagegen ausgesprochen, einer nichtigen Mankoklausel im Wege der Teilnichtigkeit oder der Umdeutung eine auf die Höhe des Mankogeldes beschränkte Haftungsbegr. abzugewinnen (BAG 3.8.1971 AP BGB § 611 Haftung des Arbeitnehmers Nr. 67). Die Nichtigkeit einer Mankovereinb. hat allerdings nicht zur Folge, dass der AN nunmehr von jeder Haftung frei wäre. Seine Ersatzpflicht bestimmt sich in diesem Falle vielmehr nach den verhältnismäßig milderen Grds. der allg. Mankohaftung (vgl. Rn. 6 ff.).

47 **2. Haftung des Arbeitgebers. a) Überblick.** Die Haftung des AG ggü. seinen AN reicht zeitl. von der Begr. des ArbVerh. (**Verschulden bei Vertragsanbahnung,** hierzu § 611a Rn. 260 ff.) bis zur Beendigung (§ 628 II), mitunter auch noch nachwirkend (zB Haftung wegen unrichtiger Auskünfte; hierzu § 611a Rn. 633 ff.). Auch die sich im lfd. ArbVerh. ereignenden Haftungsfälle sind sehr unterschiedl. Natur (zB Beschädigung vom AN mitgeführter Gegenstände oder Nichtgewährung von Urlaub, aber auch Vermögensnachteile des AN infolge nicht ordnungsgemäßer Zahlung von Sozialversicherungsbeiträgen).

48 **b) Verschuldensabhängige Haftung des Arbeitgebers. aa) Haftungsgrundlagen. (1) Pflichtverletzung. Mit § 280 I ist durch das SMG** ein einheitl. Haftungstatbestand für die Verletzung der aus dem Schuldverhältnis folgenden Pflichten geschaffen worden. Der Tatbestand der Pflichtverletzung erfasst die bisherigen Leistungsstörungen der Unmöglichkeit, des Verzugs, der Schlechterfüllung, als auch der Verletzung vertragl. Nebenpflichten und von Schutz- und Obhutspflichten, mithin auch der pVV. Die Differenzierung zwischen den verschiedenen Leistungsstörungen ist aber nicht vollständig aufgeh. Ein Anspruch auf Schadensersatz wegen der Verzögerung der Leistung besteht nur dann, wenn der Schuldner sich in Verzug befindet (§ 280 II). Der „Schadensersatz statt der Leistung" (bislang Schadensersatz wegen Nichterfüllung) wird nur unter zusätzl. Voraussetzungen gewährt (§ 280 III), näml., wenn die Leistung verzögert oder nicht wie geschuldet erbracht wird (§ 281), eine Pflicht gem. § 241 II verletzt wird (§ 282) oder der Anspruch auf die Leistung ausgeschlossen ist (§ 283). Diese Normen enthalten für die genannten Fälle zusätzl. Voraussetzungen, sind aber nicht selbst Anspruchsgrdl., sondern bauen auf § 280 I auf. § 284 gibt dem Gläubiger das Recht, anstelle des Schadensersatzanspruchs statt der Leistung den Ersatz vergebl. Aufwendungen zu verlangen.

49 Der bisher von der Rspr. bejahte Schadensersatzanspruch des AN bei schuldhafter Nichterfüllung des **allg. Weiterbeschäftigungsanspruchs** (BAG 12.9.1985 NZA 1986, 424) folgt nunmehr aus §§ 280 I, III, 283, da die Leistung aus einem vom AG zu vertretenden Umstand unmögl. geworden ist. Schäden, die durch die verspätete Lohnzahlung entstehen, können als Verzugsschaden geltend gemacht werden. Das gilt jedoch nicht für solche Steuerschäden, die darauf beruhen, dass der AN nicht beschäftigt worden ist (zum Steuerbefreiungstatbestand des § 3b EStG: BAG 19.10.2000 NZA 1993, 262).

50 Bei der Nichterfüllung eines **Einstellungsanspruchs** geht die Rspr. wohl zunächst von Verzug aus, wobei aber für die Vergangenheit durch Zeitablauf Unmöglichkeit eintritt (zB BAG 14.10.1997 NZA 1998, 775, 155; 28.6.2000 NZA 2002, 1097; *Boewer* NZA 1999, 1177, 1181). Unter Zugrundelegung

dieser Prämisse kann sich wie bislang ein Schadensersatzanspruch wegen Nichterfüllung gem. §§ 286 I, 280 I, 283, 287 ergeben (vgl. BAG 13.8.2009 NZA-RR 2010, 420, s. § 611a Rn. 637).

Schadensersatz wegen Verzuges, zB wegen **schuldhaft verspäteter Erfüllung der** Hauptleistungspflicht des AG, näml. der **Vergütungspflicht** (hierzu BAG 17.2.1994 NZA 1994, 693), kann der AN unter den Voraussetzungen der §§ 280 II, 286 verlangen. Die Vergütungspflicht kann auch eine Naturalvergütung, wie zB die Zurverfügungstellung eines Dienstwagens auch zur privaten Nutzung, umfassen. Kommt der AG dieser Leistungspflicht schuldhaft nicht nach, so kann der AN Ersatz seines Nichterfüllungsschadens nach §§ 280 I, III, 283 verlangen (zur früheren Rechtslage BAG 23.6.1994 NJW 1995, 348; 14.12.1995 NZA 1996, 417). 51

Nach den gleichen Grds. richtet sich die schuldhafte Nichterfüllung des Urlaubsanspruchs (zur früheren Rechtslage BAG 1.12.1983 AP BUrlG § 7 Abgeltung Nr. 15; 5.9.1985 NZA 1986, 394). Bei rechtzeitiger Geltendmachung des Urlaubsanspruchs und der Versäumung der Erteilung desselben bis zum Ablauf der Befristung des Anspruchs besteht ein **Ersatzurlaubsanspruch** als Schadensersatzanspruch auf der Grdl. von §§ 286 I, 280 I, 283, 287 S. 2. §§ 280 I, 283 kommen in Betracht, wenn der AN den Urlaubsanspruch bis zum Ablauf der Befristung in Folge von AU nicht nehmen konnte und der AG dies zu vertreten hatte (*Gotthardt* Rn. 180). 52

Pflichtverletzungen des AG im Rahmen eines bestehenden ArbVerh., die weder Unmöglichkeit noch Verzug herbeiführen, führen zu einer Schadensersatzpflicht nach § 280 I (früher pVV). Hauptanwendungsfall ist die Verletzung der dem AG zum Schutze seiner AN obliegenden **vertragl. Nebenpflichten** (§ 241 II). Anges. der Vielfalt der in Frage kommenden Nebenpflichten des AG handelt es sich um den praktisch wichtigsten Haftungsfall (MüArbR/*Reichold* § 83 Rn. 16). 53

Auch unter dem Gesichtspunkt des Verschuldens bei Vertragsschluss kann den AG eine Haftung nach §§ 280 I, 311a II, 241 II treffen. Den AG treffen zB **Aufklärungs- und Mitteilungspflichten** hins. derjenigen Umstände, die für den Vertragsschluss erkennbar von bes. Bedeutung sind (*Wiedemann* FS Herschel S. 463, 464; Einzelheiten § 611a Rn. 260 ff.). Führt der AG die Verh. nicht selbst, sondern bedient er sich eines Verhandlungsgehilfen, so haftet er in entspr. Anwendung von § 278 auch für dessen Verschulden. Dabei kommt es nicht darauf an, ob der Verhandlungsgehilfe Abschlussvollmacht hatte (BAG 7.6.1963 AP BGB § 276 Verschulden bei Vertragsabschluss Nr. 4; 15.5.1974 AP BGB § 387 Nr. 2). 54

(2) Haftung auf deliktischer Grundlage. Neben vertragl. Haftungsansprüchen können im Einzelfall solche aus Delikt treten. Auch die Haftung nach den §§ 823 ff. ist verschuldensabhängig, wobei im Falle des § 831 das Verschulden vermutet wird. 55

Umstr. ist, ob ein **Recht am Arbeitsplatz** als sonstiges Recht iSd. § 823 I anzuerkennen ist (dafür *Hueck* II/2, S. 995 ff.; *Hanau/Adomeit* Rn. 103 ff.; nach BAG 30.9.1970 AP BAT § 70 Nr. 2 „spricht zumindest einiges" für dieses Recht; offengelassen mit abl. Tendenz BAG 4.6.1998 NZA 1998, 1113; dagegen *Nikisch* II S. 127 f.; ZLH/*Zöllner* § 14 I; *Migsch,* Die absolut geschützte Rechtsstellung des AN, 1972; LG F 26.10.1999 NZA-RR 2000, 185; OLG KO 23.1.2003 NZA 2003, 438; ausf. *Ebert,* Das „Recht am Arbeitsplatz", 1990). Richtiger Ansicht nach kann ein so weitgehender Schutz des Arbeitsplatzes weder einfachrechtl. aus dem KSchG abgeleitet noch aus der Verf. herausgelesen werden. Abgesehen davon dürfte der deliktische Schutz auch kaum über die vertragsrechtl. Ansprüche des AN hinausgehen, so dass auch ein praktisches Bedürfnis für diese Überhöhung der relativen Rechtsbeziehung nicht erkennbar ist. Denn selbst die Befürworter eines absolut geschützten Rechts am Arbeitsplatz gehen nicht so weit, dem AN, der infolge schuldhafter Misswirtschaft seinen Arbeitsplatz verliert, einen Schadensersatzanspruch – und sei es auch nur zur Erhöhung der Insolvenzquote – zuzubilligen (vgl. *Hanau/Adomeit* Rn. 103 ff.). 56

Eine Haftung aus unerlaubter Handlung kommt ferner in Betracht bei Verletzung eines „den Schutz eines anderen bezweckenden G" iSd. § 823 II. SchutzG sind solche Rechtsnormen, die ein bestimmtes Verhalten gebieten oder verbieten, um hierdurch gerade den einzelnen oder einzelne Personenkreise gegen die Verletzung ihrer Lebensgüter zu schützen (ausf. TzBfG § 4 Rn. 6; zur Einordnung der G und VO des ör. Arbeitsschutzes und der **UVV** der Berufsgenossenschaften vgl. § 611a Rn. 613; zu § 266a StGB (Vorenthaltung von Sozialversicherungsbeiträgen BGH 16.5.2000 NJW 2000, 2993; zu den Bestimmungen der §§ 618 BGB, 62 HGB vgl. § 611a Rn. 612). § 17 II MuSchG stellt kein SchutzG zugunsten der Schwangeren dar (s. BAG 19.8.1982 AP MuSchG § 9 Nr. 10). 57

AN, auch höhere Ang., sind wegen ihrer Weisungsabhängigkeit typischerweise zugleich **Verrichtungsgehilfen** des AG (zum LeihAN OLG M 25.10.1983 DB 1984, 982; BAG 5.5.1988 NZA 1989, 340; Palandt/*Sprau* § 831 Rn. 6). Für sie hat der AG daher gem. § 831 einzustehen; er haftet demnach für eigenes vermutetes Verschulden, wenn der von ihm zu einer Verrichtung bestellte Gehilfe bei Ausführung der Verrichtung einem anderen AN widerrechtl. einen Schaden zufügt. An den Exkulpationsnachweis stellt die Rspr. hohe Anforderungen. 58

bb) Haftungsvoraussetzungen. (1) Haftungsgrund. Haftungsbegründende Voraussetzung einer Ersatzpflicht des AG nach § 280 I ist eine **Pflichtverletzung.** Neben der Verletzung der Leistungstreuepflicht und verschiedenen Aufklärungs- und Auskunftspflichten kommt insb. die Verletzung vertragl. Schutz- und Sicherungspflichten in Betracht (hierzu § 611a Rn. 618 ff.). Die Schutz- und Sicherungs- 59 pflichten überschneiden sich mit den sog. Verkehrssicherungspflichten, deren Missachtung im Falle einer deliktischen Haftung wegen Unterlassens oder mittelbarer Eingriffe zum haftungsbegründenden Tatbestand zählt. Die Schutzpflichten des AG richten sich in Inhalt, Umf. und Grenzen nach dem jeweiligen Schutzgut (MüArbR/*Reichold* § 83 Rn. 9).

60 **(2) Zurechnung.** Die Schadensersatzhaftung des AG setzt weiterhin voraus, dass durch das Verhalten des AG, das in einem Tun oder Unterlassen liegen kann, ein vertragl. oder deliktisch geschütztes Recht oder Rechtsgut des AN verletzt worden ist (haftungsbegründende Kausalität) und hierdurch wiederum ein Schaden entstanden ist (haftungsausfüllende Kausalität). Dabei geht es um einen Akt wertender Zurechnung, der auf einem Ursachenzusammenhang iS einer condicio sine qua non aufbaut (sog. Äquivalenztheorie) und durch weitere Zurechnungskriterien (Ausscheidung inadäquater Kausalverläufe, Schutzzweck der Norm etc.) ergänzt und begrenzt wird.

61 **(3) Verschulden.** Der AG haftet bei Vertragsverletzung (§ 280 I) ebenso wie bei unerlaubter Handlung (§§ 823 ff.) nur, wenn ihn ein Verschulden trifft. Soweit im Einzelfall nichts anderes bestimmt ist, hat der AG gem. § 276 I 1 Vorsatz und Fahrlässigkeit zu vertreten. **Vorsatz** ist das Wissen und Wollen des rechtswidrigen Erfolges. **Fahrlässig** handelt hingegen, wer die im Verkehr erforderl. Sorgfalt außer Acht lässt (§ 276 II). Es gilt ein auf die allg. Verkehrsbedürfnisse ausgerichteter objektivierter oder typisierter Sorgfaltsmaßstab (BAG 17.2.1994 NZA 1994, 693 für Haftung des AG: „obj. Sorgfaltspflicht"). Bestrebungen, den Fahrlässigkeitsbegriff durch subj. Elemente anzureichern, sind im Hinblick auf die Haftung des AG – anders als auf dem Gebiete der ANHaftung – bislang nicht erkennbar geworden. „Betriebsübl. Schlendrian" ist kein Maßstab für die zu beobachtende Sorgfalt, denn der Gesetzgeber hat nicht auf die „verkehrsübl.", sondern auf die „im Verkehr erforderl." Sorgfalt abgestellt. Allerdings können gewisse fehlerhafte Methoden, die in einem Betrieb aufgekommen sind, den Grad des Verschuldens geringer erscheinen lassen (BGH 28.5.1968 DB 1968, 1455). Der AG hat das Verschulden von Erfüllungsgehilfen in gleichem Umf. wie eigenes Verschulden zu vertreten (§ 278). Erfüllungsgehilfen sind die Personen, deren sich der AG zur Erfüllung seiner Pflichten bedient. Die Tätigkeit des Erfüllungsgehilfen muss im Bereich des vom AG geschuldeten Gesamtverhaltens liegen. Maßgebend ist der konkrete Pflichtenkreis, wie er durch Art und Umf. des ArbVerh. festgelegt ist (BAG 25.5.2000 NZA 2000, 1052).

62 Der AG hat eine Vertragsverletzung (Nichtleistung der höheren Vergütung) nicht zu vertreten, wenn er sich in einem entschuldbaren Rechtsirrtum befand. Das ist der Fall, wenn er sich für seine Rechtsauff. auf eine höchstrichterl. Entsch. berufen kann (BAG 12.11.1992 NZA 1993, 500). Zum fehlenden Verschulden bei nicht erkennbarer Geistesstörung des Vertragspartners BAG 17.2.1994 NZA 1994, 693.

63 **(4) Haftung für gesetzliche Vertreter und Erfüllungsgehilfen.** Für vertragl. begr. Schadensersatzansprüche sieht § 278 eine Zurechnung des Verschuldens des ges. Vertreters des Schuldners und solcher Personen vor, deren er sich zur Erfüllung seiner Verbindlichkeiten bedient. Ges. Vertreter iSd. § 278 sind alle Personen, die aufgrund ges. Vorschr. mit Wirkung für andere handeln können, zB auch der InsV. Nicht zu den ges. Vertretern gehören hingegen die verfassungsmäßig berufenen Vertreter jur. Personen (zB GF einer GmbH). Ihr (Organ-)Verschulden gilt sowohl bei unerlaubten Handlungen als auch im Rahmen einer vertragl. Haftung nach §§ 31, 89 als eigenes Verschulden der jur. Person (Palandt/*Grüneberg* § 278 Rn. 6).

64 **Erfüllungsgehilfe** ist, wer mit dem Willen des Schuldners in dessen Pflichtenkreis als Hilfsperson tätig wird. Dabei ist es gleichgültig, ob der Schuldner überhaupt in der Lage ist, seinem Gehilfen für dessen Tätigkeit nähere Anweisungen zu erteilen; § 278 kommt also auch dann zum Zuge, wenn die Hilfsperson selbständig ist und nicht den Anweisungen des Schuldners unterliegt (BGH 8.2.1974 Z 62, 119, 124; 17.12.1992 NJW 1993, 1704, 1705). Dieser Punkt hat im ArbR bes. Bedeutung zB bei ltd. Ang., die ihre Tätigkeit aufgrund ihrer bes. Sachkunde frei von Weisungen des Unternehmers ausführen (zB der ltd. Arzt eines Krankenhauses). Auch sie können Erfüllungsgehilfen sein. Erfüllungsgehilfe ist allerdings nur diejenige Hilfsperson, deren sich der Schuldner gerade zur Erfüllung seiner Verbindlichkeit ggü. dem Anspruchsteller bedient. Folgl. kann der AG nicht für jede, durch fahrlässige Ausführung einer Arbeit seitens seiner AN verursachte Schädigung eines Arbeitskollegen zum Schadensersatz herangezogen werden, sondern nur für solche, die gerade bei der Erfüllung dem geschädigten AN ggü. obliegenden arbeitgeberseitigen Nebenpflichten, insb. für die Schutz- und Sicherungspflichten, entstanden ist. Eine Zurechnung nach § 278 wird demgemäß von der Rspr. jdf. dann bejaht, wenn die Schädigung des Arbeitskollegen durch die Hilfsperson im Zusammenhang mit der ihr übertragenen Vorgesetztenstellung erfolgt (RG 19.9.1921 Z 102, 372, 374; 13.2.1923 Z 106, 293, 294; BAG 17.12.1968 AP BGB § 324 Nr. 2; 17.12.1968 AP ZPO § 519 Nr. 21: Brand durch schuldhaftes Verhalten des vom AG beauftragten Kontroll- und Aufsichtspersonals; LAG HE 12.3.1990 DB 1991, 552: Schädigung eines AN durch betrügerische Verhaltensweisen des vorgesetzten Büroleiters). Auch eine Zurechnung des Versagens einer Hilfsperson, der der AG eine bestimmte Schutzaufgabe übertragen hatte (zB Nachtwächter, Pförtner), dürfte geboten sein (Soergel/*Kraft* § 618 Rn. 26; MüArbR/*Reichold* § 85 Rn. 20). Zur Zurechnung von Beratungsfehlern durch Mitarbeiter bzgl. der Versorgung bei

Abschluss eines Aufhebungsvertrags (LAG N 16.5.2001 BeckRS 2001, 30791157). Für Fehldiagnose eines Betriebsarztes s. LG Paderborn 15.5.2001 MDR 2001, 1304.

Ist der schädigende AN nicht in Erfüllung einer Vertragspflicht des AG ggü. dem Geschädigten tätig 65 geworden, so kommt eine Haftung des AG nur unter dem Gesichtspunkt der unerlaubten Handlung gem. § 831 (Haftung für **Verrichtungsgehilfen**) in Betracht; hier gilt der Grds. der Verschuldenshaftung mit Exkulpationsmöglichkeit des Geschäftsherrn.

cc) Beweislast. Auch im Arbeitsvertragsrecht gilt § 280 I 2, wonach – entspr. §§ 282, 285 aF – allg. 66 gilt, dass der Gläubiger die Darlegungs- und Beweislast für die Pflichtverletzung trägt, der Schuldner dafür, dass er diese nicht zu vertreten hat, weshalb die Unterscheidung zwischen Pflichtverletzung und Vertretenmüssen praktisch wichtig ist. Für die pVV ging die Rspr. allerdings bisher von einer Beweislastverteilung nach Gefahr- und Verantwortungsbereichen aus. Daran kann nicht festgehalten werden, doch wird man aus dem Gesichtspunkt des Verantwortungsbereichs weiterhin Beweiserleichterungen ableiten können. Dies gilt für die Haftung des AG. Nur für die **Haftung des AN** gilt § 280 I 2 gem. § 619a nicht, weshalb nur der AG auch das Vertretenmüssen des AN beweisen muss. Beruft sich der AG auf einen unverschuldeten Rechtsirrtum, so ist es seine Sache, die Umstände darzulegen und zu beweisen, die sein Verschulden ausschließen sollen (BAG 28.7.1972 AP BGB § 282 Nr. 7). Im Falle des § 618 kommt die Rspr. dem geschädigten AN noch weiter entgegen, indem sie ihm ledigl. die Beweislast für das Vorliegen eines ordnungswidrigen Zustandes auferlegt, der geeignet war, den eingetretenen Schaden herbeizuführen. Es obliegt dann dem AG, sich zu entlasten (BAG 8.6.1955 AP BGB § 618 Nr. 1; 27.2.1970 AP BGB § 618 Nr. 16; MüArbR/*Reichold* § 85 Rn. 21). Die Darlegungs- und Beweislast für eine **vorvertragl. Pflichtverletzung** obliegt nach allg. Regeln dem anspruchstellenden AN (BAG 2.12.1976 AP BGB § 276 Verschulden bei Vertragsabschluß Nr. 10). Soweit der Schadensersatzanspruch auf **unerlaubte Handlung** gestützt wird, trägt der AN nach allg. Regeln die Darlegungs- und Beweislast für die Rechtsgutverletzung und den eingetretenen Schaden, wobei ihm allerdings im Einzelfall eine Beweiserleichterung nach den Regeln des prima-facie-Beweises zu Hilfe kommen kann (BAG 13.10.1970 AP BGB § 823 Nr. 6).

dd) Mitverschulden. Die Haftung des AG kann gem. § 254 gemindert sein oder gänzl. fortfallen, 67 wenn der AN für den Schaden mitverantwortl. ist. Ein Mitverschulden kann etwa bei der vorsätzl. Missachtung von UVV oder sicherheitsrelevanten Weisungen des AG vorliegen (MüArbR/*Reichold* § 85 Rn. 21. Weitere Bsp. aus der Rspr.: BAG 27.2.1970 AP BGB § 618 Nr. 16: Obliegenheit eines überlasteten AN, von sich aus auf Entlastung und die Gewährung von Urlaub zu drängen; BGH 9.6.1970 NJW 1970, 1546: erkennbar gefährl. Eingriff in ein ungesichertes Transportband). Ein Mitverschulden des AN kann gem. § 254 II auch daraus resultieren, dass er es unterlassen hat, „den Schuldner auf die Gefahr eines ungewöhnl. hohen Schadens aufmerksam zu machen, die der Schuldner weder kannte noch kennen musste" oder „den Schaden abzuwenden oder zu mindern" (LAG HE 1.3.1984 DB 1984, 2200: Pflicht des AN zum Hinweis auf Gefahr eines ungewöhnl. hohen Schadens bei verspäteter Herausgabe von Arbeitspapieren; zur Schadensminderungspflicht BAG 23.6.1994 NZA 1994, 1128). Ein mitwirkendes Verschulden des AN ist **vAw. zu beachten,** sofern entspr. Tatsachen vorgetragen sind (BAG 18.12.1970 AP BGB § 611 Haftung des Arbeitnehmers Nr. 63). Die Beweislast für das Mitverschulden des geschädigten AN trägt nach allg. Grds. der ersatzpflichtige AG (BAG 27.2.1970 AP BGB § 618 Nr. 16).

ee) Vereinbarter Haftungsausschluss. Die Schutzpflichten des AG für Leben und Gesundheit des 68 AN und damit auch die Einstandspflicht im Falle ihrer Verletzung können gem. § 619 nicht im Voraus abbedungen werden. Dasselbe wird gem. § 138 I für die auf die Wahrung des Persönlichkeitsrechts bezogene Schutzpflicht des AG zu gelten haben (MüArbR/*Reichold* § 85 Rn. 8). Nicht grds. unzulässig ist hingegen ein Haftungsausschluss für Schäden an Vermögensgütern des AN. Voraussetzung ist jedoch stets eine vertragl. Übereinkunft zwischen den Arbeitsvertragsparteien, an der es fehlt, wenn der AG die **Haftungsfreizeichnung** einfach durch Aushang am schwarzen Brett bekannt gibt. Außerdem darf sich der Haftungsausschluss nicht auf vorsätzl. Pflichtverletzungen erstrecken (§ 276 III). IÜ müssen Haftungsfreizeichnungen einer Inhaltskontrolle nach §§ 305 ff. standhalten (vgl. §§ 305 bis 310 Rn. 84 f.). Auch eine BV darf sich nicht in einer Haftungsfreizeichnung erschöpfen (vgl. BAG 5.3.1959 AP BGB § 611 Nr. 26).

ff) Inhalt und Umfang der Haftung. (1) Haftung nach den allgemeinen Vorschriften (§§ 249 ff.). 69 Inhalt und Umf. der Haftung bestimmen sich grds. nach den allg. Vorschr. der §§ 249 ff. Nach § 249 S. 1 hat derjenige, der zum Schadensersatz verpflichtet ist, den Zustand herzustellen, der bestehen würde, wenn der zum Ersatz verpflichtende Umstand nicht eingetreten wäre. Dieser Vorrang der Naturalrestitution hat in mehreren Fällen der AGHaftung durchaus praktische Bedeutung erlangt. So hat das BAG bspw. einen AG, der einen besetzten Arbeitsplatz durch eine Umstrukturierung in Wegfall geraten ließ und sich damit die Erfüllung seiner Beschäftigungspflicht schuldhaft unmögl. machte, für verpflichtet gehalten, den AN auf einem anderen gleichwertigen Arbeitsplatz weiterzubeschäftigen (BAG 13.6.1990 EzA BGB § 611 Beschäftigungspflicht Nr. 44). Auch die Rspr. zur Schadensersatzpflicht bei schuldhafter Nichtgewährung und hierdurch bewirkten Verfall des Erholungsurlaubs beruft sich explizit auf den Grds. der Naturalrestitution, wenn sie dem AN einen Ersatzurlaubsanspruch gleichen Umf. zuerkennt (BAG 7.11.1985 NZA 1986, 392; 30.7.1986 NZA 1986, 835; BUrlG § 7 Rn. 61). Soweit die Herstellung nicht mögl. oder zur Entschädigung des Gläubigers nicht genügend ist, hat der Ersatzpflichtige den Gläubiger gem. § 251 I in Geld zu entschädigen. Zu ersetzen ist die Differenz, um die der jetzige tats. Wert des Vermögens geringer ist als der Wert, den das Vermögen ohne das die Ersatzpflicht begründende Ereignis gehabt haben würde (sog. **Differenzhypothese,** BAG 5.3.1985 NZA 1985, 504; Palandt/*Grüneberg* vor § 249 Rn. 8 mwN).

70 Wegen des Schadens, der Nichtvermögensschaden ist, kann der Geschädigte im Falle der Verletzung des Körpers, der Gesundheit, der Freiheit oder der sexuellen Selbstbestimmung eine billige Entschädigung in Geld verlangen. Dieser bislang in § 847 nur für die Deliktshaftung normierte **Schmerzensgeldanspruch** (hierzu *Kern* NZA 2000, 124ff.) findet seit dem 1.8.2002 seine allg. Grdl. in § 253 II (zur Neuregelung *Ady* ZGS 2002, 237ff.; *Wagner* NJW 2002, 2049). Dies hat zur Folge, dass das Schmerzensgeld bei Verletzung der genannten Rechtsgüter auch auf der Grdl. der Vertragshaftung (zB § 280 I), aber auch bei Gefährdungshaftung (zB § 7 StVG) verlangt werden kann. Eine Bagatellgrenze, wie sie noch im RegE (BT-Drs. 14/7752 S. 6, 25) vorgesehen war, findet sich in § 253 II nicht mehr. Der Ausschuss hielt sie für entbehrl. Die bisher von der Rspr. im Bereich der Deliktshaftung angenommene Bagatellgrenze soll jedoch über den Begriff der „billigen" Entschädigung auch für die Gefährdungs- und Vertragshaftung gelten (BT-Drs. 14/8780 S. 21).

71 Darüber hinaus kann der AN auch in Fällen gravierender **Persönlichkeitsrechtsverletzungen** die Zahlung einer Geldentschädigung verlangen. Dies gilt, obwohl das allg. Persönlichkeitsrecht in § 253 II nicht genannt und § 847 aufgeh. ist. Der Gesetzgeber weist daraufhin, dass die Rspr. (BVerfG 8.3.2000 NJW 2000, 2187; BGH 15.11.1994 Z 128, 1, 15) diesen Anspruch aus dem aus Art. 1, 2 GG folgenden Schutzauftrag hergeleitet habe und deshalb von den §§ 253, 847 unabhängig sei (BT-Drs. 14/7752 S. 25). Es kann deshalb auf die bisherige Rspr. zurückgegriffen werden, wonach folgende einschränkende Voraussetzungen gelten (vgl. BGH 26.1.1971 NJW 1971, 698): (1) Die Schwere des Eingriffs in das Persönlichkeitsrecht muss nach Grad des Verschuldens, Art und Schwere der Beeinträchtigung, Anlass und Beweggrund des Handelnden Genugtuung durch eine Geldentschädigung erfordern (hierzu OLG F 26.8.1999 NJW-RR 2000, 976), und (2) die Verletzung lässt sich nicht in anderer Weise, insb. durch Unterlassung, Gegendarst. oder Widerruf, befriedigend ausgleichen.

72 Der Umstand, dass die Persönlichkeitsrechtsverletzung zugleich eine Vertragsverletzung darstellt, stand einem Anspruch auf eine Geldentschädigung schon bisher nicht entgegen (BAG 21.2.1979 AP BGB § 847 Nr. 13; 18.12.1984 NZA 1985, 811; 18.2.1999 NZA 1999, 645; anders noch 25.4.1972 AP BGB § 611 Fürsorgepflicht Nr. 80; *Wichmann* AuR 1975, 106; *Wiese* DB 1975, 2309; MüArbR/*Reichold* § 86 Rn. 29). Umgekehrt ist vielmehr die Frage zu stellen, ob nicht in Ansehung des § 253 II jetzt generell auch im Bereich der Vertragshaftung (so *Däubler* JuS 2002, 625, 627; offen *Wagner* NJW 2002, 2049, 2056f.) und nicht mehr nur im Bereich der deliktischen Haftung (darauf eingrenzend der von der BReg. BT-Drs. 14/7752 S. 55 abgelehnte Vorschlag des BR BT-Drs. 14/7752 S. 49f.) eine Geldentschädigung wegen Verletzung des allg. Persönlichkeitsrechts in Betracht kommt.

73 **(2) Haftung nach den besonderen Vorschriften (§§ 842 bis 846).** Bei Verletzung des AN an Körper, Gesundheit oder Leben durch eine unerlaubte Handlung des AG, aber auch bei Verletzung der auf diese Rechtsgüter bezogenen Schutzpflichten (§ 618 III), treten neben die allg. Vorschr. die §§ 842 bis 846.

74 **§ 842** erstreckt den Haftungsumf. auf solche Nachteile des verletzten AN, die für den Erwerb oder das Fortkommen des Verletzten entstehen (zB Differenz zwischen vorherigen und unfallbedingt verminderten Einnahmen nach Arbeitsplatzwechsel). Ferner ist dem AN eine Geldrente zu zahlen, wenn in Folge einer Verletzung des Körpers oder der Gesundheit seine Erwerbsfähigkeit aufgeh. oder gemindert ist oder eine Vermehrung seiner Bedürfnisse eintritt (§ 843).

75 Die **§§ 844, 845** dehnen die Ersatzpflicht abw. von dem Grds., dass nur der in seinem Rechtsgut selbst Verletzte ersatzberechtigt ist, auf Schäden bestimmter Dritter aus. So muss der AG im Falle der Tötung des AN die Beerdigungskosten demjenigen erstatten, welchem die Verpflichtung obliegt, diese Kosten zu tragen (§ 844 I), sowie Unterhalt an den zahlen, dem das Recht auf Unterhalt in Folge der Tötung entzogen wurde, soweit der Getötete während der mutmaßl. Dauer seines Lebens zur Gewährung von Unterhalt verpflichtet gewesen sein würde (§ 844 II). Bei Verletzung des Körpers oder der Gesundheit sowie bei Tötung hat der AG einem Dritten für die entgehenden Dienste durch Geldrente Ersatz zu leisten, wenn der Verletzte kraft G einem Dritten zur Gewährung von Diensten in dessen Hauswesen oder Gewerbe verpflichtet war (§ 845). Zu denken ist hier an die Dienstleistungspflicht der Kinder im elterl. Geschäft nach § 1619. Kommt dagegen der Schadensersatzanspruch des – unmittelbar verletzten – AN von vornherein nicht zum Entstehen, so wird auch ein Anspruch des Dritten gegen den AG ausgeschlossen. Das ist der Fall bei einem vertragl. Ausschluss der Haftung des AG. Das wird aber auch bei einem Ausschluss der Haftung des AG kraft G zu gelten haben, wie er zB in § 104 SGB VII für die Haftung des AG bei Arbeitsunfällen normiert ist (BAG 28.5.1989 NJW 1989, 2838; Palandt/*Sprau* § 844 Rn. 1b). In der Entstehungsphase wirkt sich auch ein Mitverschulden des Verletzten auf die Ersatzansprüche der in §§ 844, 845 genannten Anspruchsberechtigten aus (§ 846).

c) Verschuldensunabhängige Haftung des Arbeitgebers. Weder von den bislang erörterten verschuldensabhängigen Ersatzansprüchen, noch von den auf nur bestimmte, bes. Gefahrenquellen beschränkten Tatbeständen der Gefährdungshaftung (zB § 7 StVG; zur Gefährdungshaftung des AG näher *Stoffels* AR-Blattei SD 860.1 Rn. 128 ff.) werden diejenigen Schäden erfasst, die der AN im Zusammenhang mit seiner Arbeit ohne schuldhafte Einwirkung seines AG an eigenen Vermögenswerten erleidet. Während inzwischen im Grds. weitgehend Einigkeit darüber herrscht, dass der AG auch für solche **arbeitsbedingten Eigenschäden des AN** aufkommen muss (zul. BAG 22.6.2011 NZA 2012, 91), sind die dogmatische Herleitung sowie die Voraussetzungen und Grenzen eines solchen Anspruchs immer noch umstr. 76

aa) Rechtsgrundlage einer verschuldensunabhängigen Ersatzpflicht. Die Rspr. stützt die verschuldensunabhängige Einstandspflicht des AG seit der grdl. Entsch. des GS des BAG im sog. „Ameisensäure-Fall" auf eine Analogie zu § 670. Die Brücke zu § 670 wird dabei über § 675 geschlagen und der Aufwendungsbegriff auf erlittene Schäden ausgedehnt (BAG 10.11.1961 AP BGB § 611 Gefährdungshaftung des Arbeitgebers Nr. 2; 14.12.1995 NZA 1996, 417). 77

Die Aufwendungsersatzlösung des BAG ist im **Schrifttum** auf Kritik gestoßen. Verschiedene alternative Begründungsansätze sind entwickelt worden. So bemüht sich bspw. *Koch* (Der Eigenschaden des AN, 1982, S. 75 ff.) um eine Lösung über § 612 (Vergütungspflicht für Gefahrtragung des AN), während andere den Aufopferungsgedanken fruchtbar machen wollen (*Küchenhoff* FS Nottarp S. 163; *Becker-Schaffner* VersR 1970, 100 ff.). Die wohl hL betrachtet die Haftung des AG für Eigenschäden des AN als Ausdruck einer gebotenen Verteilung des Betriebsrisikos (*Canaris* RdA 1966, 41; *Larenz* SAE 1962, 198). 78

Das Verdienst der Risikohaftungstheorie ist es, auf die parallel gelagerte Interessenkonstellation bei der privilegierten ANHaftung hingewiesen zu haben. Die innere Berechtigung der Haftungseinschränkung im Falle der ANHaftung und der Zuerkennung eines Ersatzanspruchs bei arbeitsbedingt erlittenen Eigenschäden des AN ergibt sich letztl. aus Risikozurechnungserwägungen. Gleichwohl kann ein bes. Rechtsinstitut der Risikohaftung abgehoben vom Boden der lex lata nicht anerkannt werden. Dies, zumal in § 670 immerhin ein positivrechtl. Anknüpfungspunkt vorhanden ist, unter dessen Oberdach auch Risikozurechnungserwägungen ihren Platz finden können. Von daher sprechen die besseren Gründe für eine **Beibehaltung der aufwendungsersatzrechtl. Anspruchsbegr.** der Rspr., freil. ergänzt um Risikozurechnungserwägungen, wie sie die im Schrifttum verbreitete Risikohaftungstheorie anstellt (*v. Hoyningen-Huene* Anm. SAE 1982 51 ff.; MüArbR/*Reichold* § 85 Rn. 27; *Stoffels* AR-Blattei SD 860.1 Rn. 150 ff.; *Müller-Glöge* FS Dieterich 1999 S. 387). 79

bb) Anspruchsvoraussetzungen. Während der GS (BAG 10.11.1961 AP BGB § 611 Gefährdungshaftung des Arbeitgebers Nr. 2) noch den Eintritt eines außergewöhnl. Schadens in Vollzug einer gefährl. Arbeit verlangte, genügt es nach heutiger Rspr., dass ein arbeitsbedingter Eigenschaden dem Betätigungsbereich des AG zuzurechnen ist und der AN ihn nicht selbst tragen muss, weil er dafür eine bes. Vergütung erhält. IE gilt Folgendes: 80

(1) Eigenschaden bei Ausführung einer betrieblicher Tätigkeit. Der AN muss eine Einbuße an seinen Vermögensgütern, Sachschaden oder sonstigen Vermögensschaden, „bei Ausführung einer betriebl. Tätigkeit erlitten haben" („ungenau" OSK/*Schwarze* § 27 Rn. 9). Diese Abgrenzungsformel findet sich erstmals in dem Urt. des BAG v. 16.3.1995 (NZA 1995, 836). Es geht dabei darum, solche Eigenschäden von der Erstattungspflicht auszunehmen, die in keinem qualifizierten Zusammenhang mit dem ArbVerh. stehen, mithin in der Verfolgung privater Interessen des AN entstehen. Damit wird auch der Anschluss an die Grds. der privilegierten ANHaftung hergestellt. Denn dort bedient sich die Rspr. schon seit geraumer Zeit – früher noch neben dem Kriterium der Gefahrgeneigtheit – dieser Abgrenzungsformel (BAG 21.10.1983 AP BGB § 611 Haftung des Arbeitnehmers Nr. 84). 81

(2) Zurechnung zum Betätigungsbereich des Arbeitgebers. Der Zusammenhang des erlittenen Schadens mit der Erbringung der geschuldeten Dienste allein genügt noch nicht, um dem AG eine Ersatzpflicht aufzuerlegen. Hierzu bedarf es darüber hinaus eines Aktes wertender Zurechnung. Die Rspr. verlangt insoweit, dass der Schaden nicht dem Lebensbereich des AN, sondern dem Betätigungsbereich des AG zuzurechnen ist (BAG 10.11.1961 AP BGB § 611 Gefährdungshaftung des Arbeitgebers Nr. 2; 28.10.2010 NZA 2011, 406; 22.6.2011 NZA 2012, 91). 82

(3) Einzelfälle. Dem Lebensbereich des AN sind solche Schäden zuzurechnen, bei denen sich ledigl. das allg. Lebensrisiko des AN realisiert hat (OSK/*Schwarze* § 27 Rn. 14). Hierzu gehört bspw. die **übl. Abnutzung der Kleidung** des AN (BAG 8.5.1980 AP BGB § 611 Gefährdungshaftung des Arbeitgebers Nr. 6; OSK/*Schwarze* § 27, Rn. 24). Auch das allg. **Diebstahlsrisiko während einer Dienstreise** hat grds. der AN zu tragen (so BAG 8.5.1980 AR-Blattei D Haftung des AG Nr. 54 für Diebstahl von Kleidungsstücken und einer privaten Fotoausrüstung aus dem abgestellten Kfz.). 83

Anders ist zu entscheiden, wenn sich ein bes. **tätigkeitsspezifisches Risiko** verwirklicht, zB die Brille eines Pflegers in einer psychiatrischen Klinik durch einen Patienten zerstört wird oder – entgegen der insoweit überholten Entsch. des GS – entweichende Säure die Kleidung des AN beschädigt (BAG 20.4.1989 NZA 1990, 27 konnte die Zurechnung des Brillenschadens offen lassen, während die Vor- 84 instanz diesen Schaden dem Betätigungsbereich des AG zuordnete; anders dagegen LAG HE 20.9.1978 AR-Blattei D Haftung des AG Nr. 50 für die Beschädigung der Brille einer angestellten Turnlehrerin bei Erteilung des Turnunterrichts; OSK/*Schwarze* § 27 Rn. 26).

85 Das Risiko eines **Verkehrsunfallschadens** wird dem AG stets auferlegt, wenn er den AN vertragl. zur Benutzung seines Privatwagens verpflichtet oder aber seine Benutzung verlangt oder gebilligt hat (BAG 16.11.1978 AP BGB § 611 Gefährdungshaftung des Arbeitgebers Nr. 5; 17.7.1997 NZA 1997, 1346; 23.11.2006 NZA 2007, 870). Es gelten bei vom AN selbst verursachten Schäden die Grds. der privilegierten ANHaftung (BAG 17.7.1997 NZA 1997, 1346). IÜ kommt es darauf an, ob der AG ohne den Einsatz des Kraftfahrzeugs des AN ein eigenes Fahrzeug einsetzen und das damit verbundene Unfallrisiko tragen müsste (BAG 8.5.1980 AP BGB § 611 Gefährdungshaftung des Arbeitgebers Nr. 6; 7.9.1995 NZA 1996, 32; 14.12.1995 NZA 1996, 417; 22.6.2011 NZA 2012, 91). Die Ersatzpflicht umfasst dann auch regelm. den Nutzungsausfallschaden (BAG 7.9.1995 NZA 1996, 32). Nach LAG NI 2.9.2004 NZA-RR 2005, 64 muss der AG muss grds. nur den tats. entstandenen Schaden ersetzen.

86 Das Risiko eines Berufskraftfahrers, auf einer Dienstfahrt unverschuldet in einen Verkehrsunfall verwickelt zu werden, zählt zum Betätigungsbereich des AG, da ein Verkehrsunfall nicht zu den übl. Begleiterscheinungen der Berufsausübung gehört (BAG 16.3.1995 NZA 1995, 836). Dies hat das BAG entspr. für einen Arzt in Rufbereitschaft entschieden (BAG 22.6.2011 NZA 2012, 91). Ferner hat ein AN Anspruch auf Ersatz eines Schadens, der seinem vereinbarungsgemäß auch für Dienstfahrten genutzten Privatwagen auf einem ihm vom AG zugewiesenen **Parkplatz** von einem Dritten zugefügt wird (LAG D 12.8.1994 MDR 1995, 476; **aA** LAG TH 25.4.2006 LAGE BGB 2002 § 670 Nr. 1). Der AG haftet auch für einen Schaden, der dem AN an seinem eigenen, mit Kenntnis und Willen des AG genutzten Privatfahrzeug durch Verschulden eines unbekannten Dritten verursacht wird (LAG RP 22.8.1994 NZA 1995, 842).

87 Das Strafbarkeitsrisiko im Zusammenhang mit Verkehrsunfällen hat hingegen der AN selbst zu tragen. Denn nur der AN hat es in der Hand, **Geldstrafen und Bußgelder** wegen nicht verkehrsgerechten Verhaltens zu verhindern (BAG 11.8.1988 NZA 1989, 54; dort a. nähere Ausführungen zu einer Ausnahme beim Verfallenlassen einer Kaution in der ehem. DDR; Bestätigung dieser Rspr. in BAG 16.3.1995 AP NZA 1995, 836; ebenso LAG HM 20.12.1991 LAGE BGB § 670 Nr. 9; LAG K 11.3.1993 LAGE BGB § 670 Nr. 11). Zum Aufwendungsersatz können auch Kosten der Verteidigung gehören (BAG 16.3.1995 NZA 1995, 836). Zusagen des AG über die Erstattung von etwaigen Geldbußen für Verkehrsverstöße oder Lenkzeitüberschreitungen im Güterfernverkehr sind sittenwidrig und nach § 138 unwirksam. Ein AG, der durch entspr. Anordnungen bewusst in Kauf nimmt, dass es zum Verstoß gegen Vorschr. über Lenkzeiten kommt, handelt sittenwidrig und ist nach § 826 ggü. dem AN zum Schadensersatz verpflichtet. Zu dem zu ersetzenden Schaden gehört die Erstattung von Geldbußen nur ausnahmsweise, wenn es dem AN nicht zumutbar war, sich der gesetzeswidrigen Anweisung zu widersetzen (BAG 25.1.2001 NZA 2001, 653). Die Unzumutbarkeit kann aber regelm. nicht angenommen werden (vgl. § 611a Rn. 716).

88 **(4) Keine adäquate Risikoabgeltung.** Sachschäden, mit denen nach Art und Natur des Betriebs oder der Arbeit zu rechnen ist, insb. – Schäden, die notwendig oder regelm. – entstehen, sind arbeitsadäquat und im ArbVerh. keine Aufwendungen iSd. § 670. Nur bei außergewöhnl. Sachschäden, mit denen der AN nach der Art des Betriebs oder der Arbeit nicht ohne weiteres zu rechnen hat, liegt eine Aufwendung nach § 670 vor (BAG 22.6.2011 NZA 2012, 91). Eine Ersatzpflicht des AG besteht überdies nicht, wenn der AN den Schaden selbst tragen muss, weil er dafür eine **bes. Vergütung** erhält (BAG 10.11.1961 AP BGB § 611 Gefährdungshaftung des Arbeitgebers Nr. 2; 30.4.1992 NZA 1993, 262). Dabei ist stets sorgfältig zu ermitteln, welchen Zweck die Sondervergütung verfolgt und ob der eingetretene Schaden von ihr abgedeckt sein soll.

89 Vielfach werden bspw. in TV bes. Zulagen, wie etwa **Gefahrenzulagen, Schmutzzulagen**, Zulagen für bes. Arbeiten, für Fleisch- oder Fischtransporte etc. vereinbart (OSK/*Schwarze* § 27 Rn. 38). Damit steht im allg. fest, dass bei diesen Arbeiten entstehende Sachschäden des AN adäquat und von ihm selbst zu tragen sind (BAG 10.11.1961 AP BGB § 611 Gefährdungshaftung des Arbeitgebers Nr. 2). Für eine tarifvertragl. gewährte sog. **Psychiatriezulage** iHv. mtl. 80 DM hat das BAG entschieden, dass es sich bei ihr um eine Erschwerniszulage handele, mit der die bes. Belastungen des Pflegepersonals bei der st. Pflege geisteskranker Patienten, nicht aber die hierbei eintretenden Sachschäden abgegolten werden sollen (BAG 20.4.1989 NZA 1990, 27; OSK/*Schwarze* § 27 Rn. 37).

90 Eine bloße Wegstreckenentschädigung pro gefahrenen Kilometer wird ebenfalls nicht als ausreichende Abgeltung des Unfallrisikos bei dem Einsatz privater Fahrzeuge im dienstl. Bereich anerkannt. Auch das steuerl. anerkannte **Kilometergeld** versetzt den AN wirtschaftl. nicht in die Lage, eine Kaskovers. zwecks Risikoabdeckung abzuschließen. Es stellt daher keine angemessene Risikoabgeltung dar (LAG HE 13.11.1983 LAGE BGB § 670 Nr. 5; *Mayer-Maly* NZA-Beil. 3/1991, 15; OSK/*Schwarze* § 27 Rn. 36). Deckt der AG hingegen durch eine von ihm abgeschlossene Dienstrahmenvers. etwaige Unfallschäden an den Fahrzeugen seiner AN ab und gewährt darüber hinaus eine Kilometerpauschale, so ist damit auch ein etwaiger Verlust des Schadensfreiheitsrabatts in der Haftpflichtvers.

des AN abgegolten (so zutr. BAG 30.4.1992 NZA 1993, 262; krit. *Mayer-Maly* Anm. AR-Blattei ES 860 Nr. 66).

(5) Kein überwiegendes Verschulden des Arbeitnehmers. In entspr. Anwendung des § 254 ist bei der Verpflichtung des AG zum Aufwendungsersatz ein Verschulden des AN zu berücksichtigen (BAG 27.1.2000 NZA 2000, 727; 23.11.2006 NZA 2007, 870). Dabei sind die Grds. der beschränkten ANHaftung zu beachten (BAG 17.7.1997 NZA 1997, 1346). Dies bedeutet, dass der AG bei geringer Schuld (leichtester Fahrlässigkeit) des AN grds. vollen Ersatz leisten muss (BAG 23.11.2006 NZA 2007, 870), bei normaler Schuld des AN der Schaden ant. unter Berücksichtigung der Gesamtumstände des Einzelfalles nach Billigkeitsgrds. und Zumutbarkeitsgesichtspunkten verteilt werden muss und bei grob fahrlässiger Schadensmitverursachung der Ersatzanspruch des AN ganz entfällt (BAG 20.4.1989 NZA, 1990, 27; krit. *Schwarze* Anm. AR-Blattei ES 860 Nr. 68; *ders.* RdA 2013, 140). 91

Ist somit für einen unbeschränkten Ersatzanspruch Voraussetzung, dass der AN den Schaden nicht grob fahrlässig herbeigeführt hat, so trifft ihn auch die Darlegungs- und Beweislast für die Umstände, die eine grob fahrlässige Schadensverursachung ausschließen (BAG 11.8.1988 NZA 1989, 54; 28.10.2010 NZA 2011, 406; *Frieges* NZA 1995, 403; MüArbR/*Reichold* § 85 Rn. 32; **aA** *Müller-Glöge* FS Dieterich 1999 S. 387, 400). Aus diesem Grunde hat das BAG die Klage eines Journalisten gegen seinen Auftraggeber abgewiesen, mit der dieser Freistellung von den Kosten eines Zivilverf. verlangte, das ein von seinem Bericht Betroffener gegen ihn angestrengt hatte. Die grobe Fahrlässigkeit sah das BAG in der Aufstellung einer ehrenrührigen Behauptung ohne entspr. Absicherung und unter Verletzung der Pflicht zur sorgfältigen Recherche (BAG 14.11.1991 NZA 1992, 691). Das LAG BW 8.12.2000 BeckRS 2000, 30863996 bejaht grobe Fahrlässigkeit bei in Ungarn aus Wagen der gehobenen Mittelklasse gestohlenen Reisegepäcks des AN, das dieser sichtbar im über Nacht auf einem Firmenparkplatz abgestellten Wagen liegen gelassen hatte. 92

Eine analog § 254 BGB zu berücksichtigende Obliegenheit des AN, sich gegen Risiken, die ihm kraft betriebl. Veranlassung drohen, auf eigene Kosten zu versichern, besteht dagegen nicht (so BAG 16.3.1995 NZA 1995, 836 für den Abschluss einer Rechtsschutzvers. bei einem Berufskraftfahrer). 93

cc) Haftungsvereinbarungen. Die schwierige Frage nach der Disponibilität der verschuldensunabhängigen Haftungsgrds. hat die Rspr. offen gelassen (BAG 27.1.2000 NZA 2000, 727). Das BAG meint, das ANHaftungsrecht sei einseitig zwgd. ANSchutzrecht, davon könne weder einzel- noch kollektivvertragl. zu Lasten der AN abgewichen werden (vgl. Rn. 11). Die Auff. des BAG ist abzulehnen (vgl. Rn. 11). In vorformulierten Verträgen ist der AN vor unangemessenen Benachteiligungen nach § 307 zu schützen. Auszugehen ist von der Erkenntnis, dass sich die verschuldensunabhängige Einstandspflicht analog § 670 ebenso wie die Grds. der privilegierten ANHaftung als Erg. einer Risikozurechnung darstellt. Für die Einschränkungen der ANHaftung entspricht es allg. Ansicht, dass die Gewichte nicht einseitig zu Lasten des AN verschoben werden können (*Söllner* AuR 1981, 104; *Schwerdtner* FS Hilger/Stumpf 1983 S. 644; Preis/*Stoffels* II H 20 Rn. 20 f.). Für die letztl. auf demselben Gedanken beruhende AGHaftung wird nichts anderes gelten können. Unzulässig wäre daher eine Freizeichnung von der verschuldensunabhängigen Einstandspflicht, sei es durch eine Haftungsbegrenzungsklausel (Haftung nur bei Verschulden), sei es durch eine allg. Haftungsausschlussklausel (keine Haftung bei Sachschäden). Zulassungswürdig sind dagegen Pauschalabgeltungen, die den AN jdf. nicht schlechter stellen (wie hier iE *Mayer-Maly* NZA-Beil. 3/1991, 16). 94

§ 620 Beendigung des Dienstverhältnisses

(1) **Das Dienstverhältnis endigt mit dem Ablauf der Zeit, für die es eingegangen ist.**

(2) **Ist die Dauer des Dienstverhältnisses weder bestimmt noch aus der Beschaffenheit oder dem Zwecke der Dienste zu entnehmen, so kann jeder Teil das Dienstverhältnis nach Maßgabe der §§ 621 bis 623 kündigen.**

(3) **Für Arbeitsverträge, die auf bestimmte Zeit abgeschlossen werden, gilt das Teilzeit- und Befristungsgesetz.**

I. Normzweck

§ 620 I bestätigt den allg. Rechtsgrds., dass ein Dauerschuldverhältnis mit dem Ablauf der Zeit endet, für die es eingegangen ist. Dienstverträge können grds. befristet oder unbefristet geschlossen werden. Eine **Obergrenze der vertragl. Bindung** folgt aus § 624 bzw. § 15 IV TzBfG. Weitere Schranken können sich aus der Inhaltskontrolle nach §§ 305 ff. ergeben. 1

Die zum 1.1.2002 in Kraft getretenen amtl. Überschriften verdeutlichen den umfassenden Anwendungsbereich von § 620. Diese Norm gilt für Dienst- und Arbeitsverträge (vgl. nur BAG [GS] 12.10.1960 AP BGB § 620 Befristeter Arbeitsvertrag Nr. 16), wie sich bestätigend aus der mit dem Inkrafttreten des TzBfG wirksam gewordenen Änd. des Wortlautes ergibt. **Unbefristete Dienstverträge** können gem. § 620 II gekündigt werden; die Kündigung befristeter und auflösend bedingter Verträge muss vereinbart sein. Die Kündigungsfristen ergeben sich, soweit nicht zulässigerweise andere 2

Kündigungsfristen vereinbart sind, aus § 621 bzw. § 622. Während der in Abs. 2 in Bezug genommene § 621 die Kündigung von „Dienstverhältnissen" regelt, betrifft § 622 die Kündigung von „ArbVerh.". Der die Kündigungsfreiheit im ArbR einschränkende **Kündigungsschutz** bleibt in § 620 unerwähnt (zur individuellen Vereinb. des KSchG in freien Dienstverträgen vgl. BGH 10.5.2010 NZA 2010, 889; *Thiessen* ZIP 2011, 1029). Aus § 623 folgt das Formerfordernis allein für die Kündigung von ArbVerh.

3 Die Befristung von Arbeitsverträgen ist seit dem 1.1.2001 im **TzBfG** geregelt, worauf Abs. 3 hinweist. Dabei ergibt sich aus dem TzBfG selbst, dass es nicht nur die Zeitbefristung, sondern auch die Zweckbefristung und die auflösende Bedingung eigenständig regelt. Daneben bestehen weitere spezialges. Regelungen der Befristung von Arbeitsverträgen (zB §§ 1 ff. WZVG; vgl. die Erl. zu § 23 TzBfG).

4 Bei **freien Dienstverträgen** sind Zeit- und Zweckbefristungen weitgehend zulässig, sofern sich nur Beschaffenheit und Zweck der Dienstleistung für beide Teile erkennbar aus dem Vertragsinhalt ergeben. Auf Zeitarbeitsverträge mit **arbeitnehmerähnl. Personen** findet das TzBfG keine Anwendung (MüKoBGB/*Hesse* Rn. 7). Diese Verträge können (ohne Sachgrund) nach § 620 befristet werden (BAG 15.11.2005 AP BGB § 611 Arbeitnehmerähnlichkeit Nr. 12; APS/*Backhaus* Rn. 2). Doch ist hier uU eine (zweiwöchige) Ankündigungsfrist zu wahren, wenn ein freier Mitarbeiter wirtschaftl. allein von einem Auftraggeber abhängig ist, der ihm jahrelang st. Einzelaufträge erteilt hat (BAG 8.6.1967 AP BGB § 611 Abhängigkeit Nr. 6; 7.1.1971 AP BGB § 611 Abhängigkeit Nr. 8). Für Heimarbeiter ist § 29 HAG zu beachten.

II. Aufhebungsvertrag

5 **1. Grundsatz.** Im Wege der vertragl. Vereinb. kann ein Arbeits- oder Dienstverhältnis zu jedem Zpkt. ohne Rücksicht auf Kündigungsschutzbestimmungen und Kündigungsfristen beendet werden (vgl. zu den Fragen des IPR *Knöfel* ZfA 2006, 397). § 623 bezeichnet diesen Vertrag als Auflösungsvertrag. Diesem Auflösungstatbestand kommt eine große praktische Bedeutung zu. Das modernisierte SchuldR findet auf die seit dem 1.1.2002 abgeschlossenen Aufhebungsvereinb. Anwendung (BAG 27.11.2003 NZA 2004, 597). Anders als bei der **nachträgl. Befristung** eines zunächst unbefristeten ArbVerh. ist der Aufhebungsvertrag primär auf die Beendigung und nicht die (befristete) Fortsetzung des ArbVerh. gerichtet (näher zur Abgrenzung § 623 Rn. 8 und TzBfG § 14 Rn. 15).

5a IdR hat der AN **keinen Anspruch auf Abschluss** eines Aufhebungsvertrags, insb. wird sich ein solcher Anspruch kaum aus dem Gleichbehandlungsgrds. herleiten lassen (BAG 25.2.2010 NZA 2010, 561). Aus § 82 II 2 BetrVG kann sich aber ein Anspruch des AN ergeben, zu einem Personalgespräch über den Abschluss eines Aufhebungsvertrags ein BRMitglied hinzuziehen zu dürfen (BAG 16.11.2004 NZA 2005, 416).

5b Übl. ist es, dass sich die Arbeitsvertragsparteien bei Abschluss eines Aufhebungsvertrags bestätigen, keine Ansprüche aus diesem Rechtsverhältnis mehr zu haben **(wechselseitiger Verzicht)**. Eine solche Klausel kann abhängig von den tats. Voraussetzungen die Bedeutung eines Erlassvertrags (§ 397) oder eines deklaratorischen negativen Schuldanerkenntnisses haben. Es ist aber auch die Annahme eines **konstitutiven negativen Schuldanerkenntnisses** denkbar (BAG 24.2.2016 NZA 2016, 762 Rn. 28), insb. wenn der Aufhebungsvertrag Bestandteil eines Vergleichs ist (zum gerichtl. Vergleich BAG 27.5.2015 NZA 2015, 1125 Rn. 21). Ein Erlassvertrag ist anzunehmen, wenn die Parteien vom Bestehen einer bestimmten Schuld ausgehen, diese aber übereinstimmend als nicht mehr zu erfüllen betrachten. Ein konstitutives negatives Schuldanerkenntnis liegt dann vor, wenn der durch Auslegung festgestellte Wille der Parteien darauf gerichtet ist, alle oder eine bestimmte Gruppe von bekannten oder unbekannten Ansprüchen zum Erlöschen zu bringen (BAG 7.11.2007 NZA 2008, 355). Wollen die Parteien sämtl. Ansprüche des AN aus dem ArbVerh. und aus dessen Beendigung „gleich nach welchem Rechtsgrund sie entstanden sein mögen" und damit auch ihnen nicht bekannte Ansprüche zum Erlöschen bringen, vereinbaren sie ein konstitutives negatives Schuldanerkenntnis (BAG 31.7.2002 NZA 2003, 100; 28.7.2004 NZA 2004, 1097; 23.2.2005 NZA 2005, 1193; 24.2.2016 NZA 2016, 762 Rn. 28). Kommt die **Feststellung des Verzichtswillens des Erklärenden** in Betracht, sind hieran hohe Anforderungen zu stellen. IZw. liegt kein Erlass vor. Selbst bei eindeutig erscheinender Erkl. des Gläubigers darf ein Verzicht nicht angenommen werden, ohne dass bei der Feststellung zum erklärten Vertragswillen sämtl. Begleitumstände berücksichtigt worden sind. Steht fest, dass eine Forderung entstanden ist, wird dies im Allgemeinen die Annahme ausschließen, der Gläubiger habe sein Recht einfach wieder aufgegeben (BAG 7.11.2007 NZA 2008, 355; BGH 15.1.2002 NJW 2002, 1044). Vielfach wird ledigl. ein **deklaratorisches negatives Schuldanerkenntnis** vorliegen, mit dem die Parteien nur die von ihnen angenommene Rechtslage eindeutig dokumentieren und fixieren wollen (BAG 19.11.2003 NZA 2004, 554; 23.2.2005 NZA 2005, 1193; 7.11.2007 NZA 2008, 355). Die rechtl. Konsequenzen eines deklaratorischen negativen Schuldanerkenntnisses sind für den AN weniger gravierend, denn ein solches Anerkenntnis hindert ihn nicht, die Unrichtigkeit seiner Erkl. zu beweisen, indem er seinen materiellen Anspruch beweist (BAG 25.9.2013 AP BGB § 397 Nr. 7 Rn. 25). Ist der Aufhebungsvertrag, wie zumeist, ein Verbrauchervertrag oder durch vom AG gestellte AGB bestimmt, ist die Verzichtsklausel als Nebenabrede nach § 307 I 1 kontrollfähig (BAG 24.2.2016 NZA 2016, 762

Rn. 38). Eine unangemessene Benachteiligung des AN wird danach nur vorliegen, wenn der AG als Verwender durch die Verzichtsklausel eigene Interessen auf Kosten des AN durchzusetzen sucht, ohne von vornherein auch dessen Belange zu berücksichtigen und ihm einen angemessenen Ausgleich zu gewähren. Diese Feststellung liegt beim beiderseitigen Forderungsverzicht va. dann nahe, wenn der AG keine offene Forderungen gegen den AN mehr hat. Stehen dem AG aber noch mögl. Ansprüche zu und kommt der Aufhebungsvertrag auf Wunsch des AN zustande, kann das konstitutive negative Schuldanerkenntnis der Vertragskontrolle standhalten (BAG 24.2.2016 NZA 2016, 762 Rn. 44).

Die in einer Aufhebungsvereinb. enthaltene Ausgleichsklausel „mit diesem Vertrag sind sämtl. aus 5c dem bestehenden ArbVerh. und seiner Beendigung abzuleitenden wechselseitigen Ansprüche geregelt und abgegolten" erfasst die **Zins- und Rückzahlungsansprüche** des AG gegen den AN aus einem unabhängig vom weiteren Bestand und der Entwicklung des ArbVerh. gewährten AGDarlehen grds. nicht (BAG 19.1.2011 NJW 2011, 2381). Vgl. zur Anwendung des AGB-Rechts §§ 305 bis 310 Rn. 77; *Preis/Bleser/Rauf* DB 2006, 2812, 2818.

Wird die Auflösung des ArbVerh. in einem Vergleich vereinbart, soll dies nach Sinn und Zweck die 5d endgültige Abwicklung erleichtern. Daraus schließt die Rspr. auf eine grds. weite Auslegung des Vergleichs (BAG 28.7.2004 NZA 2004, 1097). Deshalb erfasst eine in einem Vergleich niedergelegte allg. Ausgleichsklausel idR auch Ansprüche, an welche die Parteien nicht aktuell gedacht haben. In bes. Maße gilt dies, wenn die Auflösung des ArbVerh. in einem **Prozessvergleich** vereinbart wird (BAG 31.7.2002 NZA 2003, 100; 27.5.2015 NZA 2015, 1125 Rn. 21). Unberührt bleiben aber auch hier Ansprüche, die obj. außerhalb des von den Parteien Vorgestellten liegen und bei Vergleichsabschluss subj. unvorstellbar waren (BAG 17.4.1970 AP BGB § 133 Nr. 32; 11.10.2006 AP EntgeltFG § 5 Nr. 9). Die zumindest tw. Unwirksamkeit kann aus § 4 IV 4 TVG, § 77 IV 4 BetrVG, § 12 EFZG oder § 13 I 3 BUrlG folgen.

Die Arbeitsvertragsparteien können ihr ArbVerh. im **Zusammenhang mit einem Betriebsübergang** 6 wirksam durch Aufhebungsvertrag auflösen, wenn die Vereinb. auf das endgültige Ausscheiden des AN aus dem Betrieb gerichtet ist (BAG 18.8.2005 NZA 2006, 145; 23.11.2006 NZA 2007, 866), also das ArbVerh. nicht mit dem Erwerber fortgesetzt werden soll (BAG 11.12.1997 NZA 1999, 262). Doch ist der Aufhebungsvertrag wegen Umgehung der Rechtsfolgen des § 613a unwirksam, wenn zugleich ein neues ArbVerh. zum Betriebsübernehmer vereinbart oder zumindest verbindl. in Aussicht gestellt wird (BAG 18.8.2005 NZA 2006, 145). Wirksam ist ein Aufhebungsvertrag, wenn die damit verbundenen Verschlechterungen der Arbeitsbedingungen sachl. berechtigt sind. Dies kann insb. beim Abschluss eines dreiseitigen Vertrags unter Einschaltung einer Beschäftigungs- und Qualifizierungsgesellschaft zur Vermeidung einer Insolvenz der Fall sein (BAG 18.8.2005 NZA 2006, 145).

Vereinbaren die Arbeitsvertragsparteien, dass eine Kündigung vom AN hingenommen wird, und 7 werden in einem sog. **Abwicklungsvertrag** weitere Modalitäten der Vertragsauflösung geregelt, ist die daraufhin ausgesprochene Kündigung kein Scheingeschäft iSv. § 117, denn nur durch sie und nicht den Abwicklungsvertrag soll die Beendigung des ArbVerh. herbeigeführt werden (BAG 28.6.2005 NZA 2006, 48). Der Abwicklungsvertrag kann aber der **Umgehung sozialrechtl. Vorschr.** dienen (vgl. zur Sperrzeitproblematik SGB III § 159 Rn. 8, 34). Wird er zu diesem Zweck rückdatiert, ist er nicht allein aufgrund dieses Umstands wegen Sittenwidrigkeit (§ 138) nichtig. Er wird nur in sozialrechtl. Hinsicht nach dem Zpkt. des tats. Abschlusses behandelt. Die in einem Aufhebungsvertrag für den Fall, dass der AG der BA nach § 147a SGB III aF Leistungen zu erstatten hat, vereinbarte Rückzahlung eines Überbrückungsgeldes ist wirksam (vgl. BAG 25.1.2000 AP AFG § 128 Nr. 3).

Anlässl. des Aufstiegs eines **AN zum Organ seiner AG** kann – abw. vom Regeltatbestand, der 8 vermutet wird (vgl. nur BAG 5.6.2008 NZA 2008, 1002) – der Fortbestand des ArbVerh. ausdr. vereinbart werden. IdR wird dies mit einer Ruhensvereinb. verbunden sein. Im Regelfall werden AN und AG keinen entspr. Willen haben und die Aufhebung ihres ArbVerh. unmissverständl. im Anstellungsvertrag niederlegen. Fehlt eine ausdr. Absprache, spricht eine Vermutung für die konkludente Auflösung des ArbVerh. (BAG 25.4.2002 NZA 2003, 272; 14.6.2006 NZA 2006, 1154; 19.7.2007 NZA 2007, 1095; 5.6.2008 NZA 2008, 1002; 3.2.2009 NZA 2009, 669; 15.3.2011 NZA 2011, 874; näher *Müller-Glöge* FS Hromadka 2008 S. 255, 261 ff.; abl. *Jooß* RdA 2008, 285, 289). Das ArbVerh. bleibt dann auch nicht als ruhendes bestehen (BAG 24.11.2005 NZA 2006, 366; 14.6.2006 NZA 2006, 1154; 19.7.2007 NZA 2007, 1095; 5.6.2008 NZA 2008, 1002). Die nach § 623 notwendige Form des Rechtsgeschäfts wird gewahrt, wenn die mittels Auslegung ermittelte Regelung in dem formgerechten Urkundentext zumindest andeutungsweise ihren Niederschlag gefunden hat (vgl. § 623 Rn. 5a). Wird kein Dienstvertrag geschlossen, bleibt der Arbeitsvertrag Grdl. der Tätigkeit als Organ (BAG 26.10.2012 NZA 2013, 54; 4.2.2013 NZA 2013, 397).

Sollte der bei Abschluss des Dienstvertrags für die jur. Person Handelnde weder ges. noch **rechts-** 8a **geschäftl. Vollmacht** zum Abschluss eines arbeitsrechtl. Aufhebungsvertrags besitzen (vgl. zur Tendenz, die Vertretung jur. Personen ggü. ihren Organen und ihren AN gleich zu beurteilen *Bauer/ Arnold* DB 2008, 350, 354), wird dieser Vertrag erst mit der Genehmigung durch eine arbeitsrechtl. vertretungsberechtigte Person wirksam (§ 177). Spätestens in der Berufung auf die Beendigung des ArbVerh. durch Abschluss des Dienstvertrags, wird die Genehmigung zu sehen sein. Das Widerrufsrecht des früheren AN nach § 178 wird durchweg nicht zum Tragen kommen, weil ein werdendes

Organ der AG über die Kenntnis der wirksamen Vertretung einer solchen jur. Person verfügen wird. IÜ kann der Widerruf nur bis zum Zpkt. der Genehmigung des Vertrags erklärt werden. Ist die AG in der Form einer GmbH & Co KG organisiert, bei der die GmbH die einzige Komplementärin ist, wird zumeist das ArbVerh. zwischen dem AN und der KG bestanden haben, während der Dienstvertrag des GF zwischen diesem und der Komplementär-GmbH geschlossen wird. In einer solchen Konstellation wird das durch Auslegung zu ermittelnde Erg. nicht vom Regelfall abweichen. Die für die GmbH handelnde Person hebt zugleich handelnd für die KG den Arbeitsvertrag auf, denn für eine abw. Interessenlage werden regelm. keine Anhaltspunkte sprechen (vgl. LAG NI 26.6.2006 – 5 Sa 2100/05 – BeckRS 2006, 44052; bestätigt durch BAG 19.7.2007 NJW-Spezial 2007, 484; speziell zum arbeitsrechtl. Handeln der Organe der Komplementärin für die KG: BAG 20.8.2003 NZA 2003, 1108; *Moll* RdA 2002, 226, 228; andererseits werden die Komplementäre der KG im Verhältnis zu deren AN als AG behandelt – vgl. BAG 28.2.2006 NZA 2006, 453). Die zivilgerichtl. Rspr. lehnt eine Förmelei ab und bewertet vorrangig die realen Entscheidungsmöglichkeiten der für die Gesellschaft handelnden Person, so dass der Vertreter der Alleingesellschafterin einer GmbH, der zugleich MitGF dieser Gesellschaft ist, idR auch ohne Beifügung eines förml. Beschl. eine Kündigung oder Abberufung wirksam aussprechen kann (BGH 27.3.1995 NJW 1995, 1750; 8.1.2007 NZA 2007, 1174; 20.10.2008 NJW 2009, 293).

8b Mit dem späteren **Verlust der Organstellung** wandelt sich das zugrundeliegende Dienstverhältnis nicht ohne Hinzutreten bes. Umstände in ein ArbVerh. (BAG 5.6.2008 NZA 2008, 1002; OLG SH 15.2.2010 NZA-RR 2010, 321), ebenso wenig entsteht ein neues ArbVerh. (BAG 25.6.1997 AP ArbGG 1979 § 5 Nr. 36). Liegt keine eindeutige vertragl. Neugestaltung der Vertragsbeziehungen vor, bildet weiterhin der Dienstvertrag die Grdl. der vertragl. Beziehungen des abberufenen Organmitglieds (BAG 5.6.2008 NZA 2008, 1002).

9 **2. Form des Aufhebungsvertrags.** Grds. bestand bis 30.4.2000 Formfreiheit, Abweichendes konnte sich aus TV oder Arbeitsvertrag ergeben. Eine für die Kündigung bestimmte Schriftform galt nicht für den Aufhebungsvertrag (BAG 14.6.2006 NZA 2006, 1154). Seinerzeit konnte ein stillschweigender Aufhebungsvertrag bei Vorliegen bes. Anhaltspunkte für einen entspr. Vertragswillen bejaht werden (BAG 16.3.2000 – 2 AZR 196/99 – BeckRS 2000, 30783764). Die heutige Rechtslage wird durch § 623 bestimmt.

10 **3. Wirkungen.** Ein Aufhebungsvertrag löst das ArbVerh. **zu dem vereinbarten Termin** auf. Die Beendigung kann mit sofortiger Wirkung oder zu einem zukünftigen Zpkt. vorgesehen werden. Eine rückwirkende Vereinb. wird nur dann zugelassen, wenn das ArbVerh. bereits außer Vollzug gesetzt war (BAG 10.12.1998 AP BGB § 613a Nr. 185; 21.9.1999 AP BUrlG § 7 Abgeltung Nr. 77; 17.12.2009 NZA 2010, 273; MüKoBGB/*Hesse* Vor § 620 Rn. 38). Zur rückwirkenden Vertragsänd. vgl. BAG 27.4.2004 NZA 2004, 1225; 15.9.2009 NZA 2010, 32. Ähnl. der eingeschränkten Rückwirkung der Anfechtung gem. §§ 142, 119 ff. darf in solchen Fällen, die Aufhebung zu dem Zpkt. der tats. Einstellung des Dauerschuldverhältnisses geregelt werden (vgl. BAG 16.9.1982 AP BGB § 123 Nr. 24; 29.8.1984 AP BGB § 123 Nr. 27; 12.5.2011 NZA-RR 2012, 43).

10a Sieht der Aufhebungsvertrag die Beendigung des ArbVerh. für einen zukünftigen Zpkt. vor, kann er noch durch Ausspruch einer zeitl. nachf. außerordentl. Kündigung gegenstandslos werden (BAG 29.1.1997 AP BGB § 626 Nr. 131). Wird in dem Aufhebungsvertrag dem AN vom AG die Zahlung einer **Entschädigung für den Verlust des Arbeitsplatzes** zugesagt, ist durch Auslegung zu ermitteln, wann diese Leistung fällig sein soll. Wird der Vertrag vor dem vereinbarten Ende des ArbVerh. geschlossen, wird die Auslegung zumeist ergeben, dass die Fälligkeit der Abfindung bei Beendigung des ArbVerh. eintreten soll (BAG 15.7.2004 NZA 2005, 292). Haben die Parteien nicht ausdr. vereinbart, dass die Abfindung nur gezahlt werden solle, wenn der AN den vereinbarten Beendigungszeitpunkt erlebe, ist iZw. anzunehmen, dass bei einer Beendigung des ArbVerh. wegen Todes die Zahlung den Erben geschuldet ist (BAG 22.5.2003 AP ZPO § 767 Nr. 8). Der vertragl. begr. Abfindungsanspruch unterliegt der regelm. Verjährungsfrist von drei Jahren (vgl. BAG 15.6.2004 NZA 2005, 295).

10b Endet das ArbVerh. aufgrund eines vom AG veranlassten Aufhebungsvertrags, liegt eine **Entlassung iSv. § 113 III BetrVG** vor. Ein Aufhebungsvertrag ist idS vom AG veranlasst, wenn er beim AN bezogen auf eine konkret gepl. Betriebsänd. die obj. berechtigte Annahme hervorgerufen hat, mit der eigenen Initiative zur Beendigung des ArbVerh. einer betriebsbedingten Kündigung des AG zuvorzukommen (BAG 23.9.2003 NZA 2004, 440; 13.2.2007 NZA 2007, 825). Vgl. zu den steuerrechtl. Folgen der in einem Aufhebungsvertrag geregelten AGZuwendungen (zB Übernahme der RAKosten) *Kern/Wege* NZA 2008, 564.

11 **4. Anfechtung.** Die auf Abschluss des Aufhebungsvertrags gerichteten Willenserkl. sind nach den allg. Bestimmungen der §§ 119 ff. anfechtbar. Die Anfechtungserkl. ist eine formfreie empfangsbedürftige Willenserkl. Ihre Gestaltungswirkungen treten grds. mit Zugang der Erkl. beim Anfechtungsgegner ein. Sie ist unwiderrufl. und kann nach ihrem Zugang nicht mehr zurückgenommen werden (BAG 26.4.2006 AP TzBfG § 14 Vergleich Nr. 1). Ist die Anfechtung aus einem bestimmten Grund

erklärt worden, können andere Anfechtungsgründe nicht wirksam nachgeschoben werden. Es bedarf einer erneuten Anfechtungserkl. (BAG 7.11.2007 NZA 2008, 530).

§ 17 MuSchG steht der Aufhebung eines ArbVerh. nicht entgegen. Irrt sich eine schwangere AN über die mutterschutzrechtl. Folgen eines Aufhebungsvertrags, so berechtigt dieser Rechtsfolgenirrtum nicht zu einer Anfechtung nach § 119 I (BAG 6.2.1992 AP BGB § 119 Nr. 13). Neben dem Bereich des **Sonderkündigungsschutzes** treten praktische Probleme va. dann auf, wenn der AG mit einer außerordentl. oder ordentl. Kündigung droht und der AN unter diesem Eindruck den Aufhebungsvertrag eingeht (zur Situation eines nach ausgesprochener Kündigung geschlossenen Aufhebungsvertrags BAG 12.8.1999 AP BGB § 123 Nr. 51). Das BAG (vgl. nur BAG 30.9.1993 AP BGB § 123 Nr. 37; 23.11.2006 NZA 2007, 866; 12.3.2015 NZA 2015, 676 Rn. 27) bejaht ein Recht des AN zur Anfechtung der auf Abschluss des Aufhebungsvertrags gerichteten Willenserkl. **wegen widerrechtl. Drohung** (§ 123), wenn ein verständiger AG eine außerordentl. Kündigung nicht ernsthaft in Erwägung ziehen durfte. Maßgebl. ist nicht nur der tats. subj. Wissensstand des AG. Zu berücksichtigen sind vielmehr auch die Erg. weiterer Ermittlungen, die **ein verständiger AG** zur Aufklärung des Sachverhalts angestellt hätte. Entscheidend ist also nach der Rspr. der obj. mögl. und damit ein hypothetischer Wissensstand (BAG 16.11.1979 AP BGB § 123 Nr. 21; 21.3.1996 AP BGB § 123 Nr. 42). Ob sich die beabsichtigte Kündigung im Kündigungsschutzprozess als wirksam herausgestellt hätte, ist hingegen unerhebl. Die Widerrechtlichkeit der Drohung wird durch eine dem AN eingeräumte Bedenkzeit nicht ausgeräumt, doch kann eine Bedenkzeit die Kausalität der Drohung für die angefochtene Willenserkl. beseitigen (BAG 28.11.2007 NZA 2008, 348). Das Gewicht des Tatvorwurfs kann die Widerrechtlichkeit der **Drohung mit einer Strafanzeige** ausschließen (LAG HM 25.10.2013 – 10 Sa 99/13 – BeckRS 2014, 65099). 11a

Die **Darlegungs- und Beweislast** hins. der die Widerrechtlichkeit der Drohung ausmachenden Tatsachen trifft den die Anfechtung erklärenden AN (BAG 12.8.1999 AP BGB § 123 Nr. 51; zur Beweiswürdigung BAG 6.12.2001 AP ZPO § 286 Nr. 33; MüKoBGB/*Hesse* Vor § 620 Rn. 28). Der AN muss darlegen und beweisen, dass der AG als verständiger AG nicht annehmen durfte, die Fortsetzung des ArbVerh. sei unzumutbar und deshalb die Kündigung gerechtfertigt. Da es sich dabei um einen Negativbeweis handelt, genügt hierfür zunächst eine entspr. pauschale Behauptung. Wegen der Schwierigkeiten eines Negativbeweises ist vom AG als Anfechtungsgegner nach den **Grds. der sekundären Darlegungslast** das substantiierte Bestreiten der negativen Tatsache unter Darlegung der für das Positive sprechenden Tatsachen und Umstände zu verlangen (vgl. BGH 19.4.2005 NJW 2005, 2766, 2768). Der AG hat deshalb iE darzulegen, dass er in vertretbarer Weise einen Kündigungsgrund annehmen durfte (BAG 28.11.2007 NZA 2008, 348). Diese Rspr. ist auch auf den Fall zu übertragen, dass der AG einem AN die ordentl. Kündigung für den Fall androht, dass ein Aufhebungsvertrag nicht zustande kommt. Ein Anfechtungsgrund fehlt, wenn der AG ledigl. erklärt hat, dass er mit dem BR die Kündigung erörtern müsse. Der Abschluss eines Aufhebungsvertrags mit unwiderrufl. Freistellung des AN schließt eine außerordentl. Kündigung des ArbVerh. während seiner Restlaufzeit nicht aus (BAG 5.4.2001 AP BGB § 626 Verdacht strafbarer Handlung Nr. 34). 11b

5. Aufklärungspflichten. Jeder Vertragspartner hat grds. selbst für die Wahrung seiner Interessen Sorge zu tragen (BAG 11.12.2001 AP BetrAVG § 1 Auskunft Nr. 2; LAG HM 7.6.2005 NZA-RR 2005, 606, 608; MüKoBGB/*Hesse* Vor § 620 Rn. 40a). Bei Abschluss des Aufhebungsvertrags können sich aber – abhängig von den Umständen des Einzelfalls (BAG 11.12.2001 AP BetrAVG § 1 Auskunft Nr. 2) – **Aufklärungspflichten aus § 242** ergeben (näher *Winter*, Aufklärungspflichten beim Aufhebungsvertrag, 2010 S. 34 ff.). Dabei kommt es ua. darauf an, von wem die Initiative zum Abschluss des Aufhebungsvertrags ausgegangen ist (BAG 11.12.2001 AP BetrAVG § 1 Auskunft Nr. 2; 21.2.2002 EzA KSchG § 1 Wiedereinstellungsanspruch Nr. 7; 24.2.2011 NZA-RR 2012, 148; *Burkardt* S. 106). Wird der AN selbst wegen des Abschlusses eines Aufhebungsvertrags initiativ, darf es ihm der AG überlassen, sich über die Folgen und Risiken seines Ausscheidens zu informieren (BAG 24.2.2011 NZA-RR 2012, 148). Ausnahmsweise kann der AG verpflichtet sein, ungefragt den AN auf ihm drohende Versorgungsschäden aufmerksam zu machen (BAG 3.7.1990 AP BetrAVG § 1 Nr. 24). 12

Nach **§ 2 II 2 Nr. 3 SGB III** soll der AG den AN darüber informieren, dass der AN verpflichtet ist, sich unverzügl. nach Kenntnis des Beendigungszeitpunkts bei der AA arbeitsuchend zu melden. Diese Norm ist kein SchutzG zugunsten des AN, eine Pflichtverletzung begr. keine Schadensersatzpflicht des AG (BAG 29.9.2005 NZA 2005, 1406). Weiß der AG, dass dem AN wegen des Aufhebungsvertrags sozialrechtl. Nachteile drohen, oder vermutet er den Eintritt solcher Nachteile, hat er hierauf hinzuweisen (BAG 10.3.1988 AP BGB § 611 Fürsorgepflicht Nr. 99). Eine inhaltl. Belehrung wird dem AG zumeist selbst nicht mögl. sein und ist auch nicht geschuldet. Es ist dann Sache des AN, sich darüber Gewissheit zu verschaffen. Über den Abschluss eines Aufhebungsvertrags mit einem schwerbehinderten AN hat der AG die **SBV** zu unterrichten, diese aber nicht vorher anzuhören (BAG 14.3.2012 EzA SGB IX § 95 Nr. 4). Die Verletzung mögl. Aufklärungspflichten führt nicht zur Unwirksamkeit des Aufhebungsvertrags, allenfalls kann sie eine Schadensersatzpflicht des AG nach § 280 auslösen (BAG 10.3.1988 AP BGB § 611 Fürsorgepflicht Nr. 99; 24.2.2011 NZA-RR 2012, 148). 12a

13 **6. Widerruf, Wegfall der Geschäftsgrundlage.** Ein Aufhebungsvertrag ist nicht allein deshalb unwirksam, weil der AG dem AN weder eine **Bedenkzeit** noch ein Rücktritts- bzw. Widerrufsrecht eingeräumt und ihm auch das Thema des beabsichtigten Gesprächs vorher nicht mitgeteilt hat (BAG 30.9.1993 AP BGB § 123 Nr. 37; 22.4.2004 NZA 2004, 1295). Vertragl. können sich die Parteien den Widerruf des Aufhebungsvertrags vorbehalten. Darüber hinaus sehen einzelne TV vor, dass der AN den Abschluss des Aufhebungsvertrags innerhalb einer bestimmten Frist widerrufen kann. Dieses Widerrufsrecht ist nicht selten verzichtbar ausgestaltet (zu bes. Formerfordernissen vgl. BAG 30.9.1993 AP BGB § 123 Nr. 37).

14 Dem AN steht **kein Widerrufsrecht nach §§ 355, 312g, 312b** zu, auch wenn der Aufhebungsvertrag außerhalb der Geschäftsräume des AG verhandelt und geschlossen worden sein sollte (vgl. § 611 Rn. 182; zur alten Rechtslage BAG 25.5.2005 NZA 2005, 1111; BVerfG 23.11.2006 NZA 2007, 85). Dieses folgt aus Normzweck und systematischer Stellung im G. Nach § 312 sind diese Bestimmungen nur auf solche Verbraucherverträge iSd. § 310 III anzuwenden, die eine entgeltl. Leistung des Unternehmers zum Gegenstand haben. Dies ist beim Aufhebungsvertrag auch bei Versprechen einer Abfindung nicht der Fall (*Bauer/Arnold/Zeh* NZA 2016, 449; MAH ArbR/*Bengelsdorf* § 49 Rn. 398; *Lembke* BB 2016, 3125, 3128; gleiches Erg. wegen teleologischer Reduktion *Kamanabrou* NZA 2016, 919; **aA** *Schulze/Kittel/Pfeffer* ArbR 2017, 105; zweifelnd *Fischinger/Werthmüller* NZA 2016, 193).

15 Wird ein Aufhebungsvertrag vom AG vorformuliert und nicht individuell ausgehandelt (vgl. die Vermutung in § 310 III), unterliegt der Vertragsinhalt der **AGB-Kontrolle** nach § 310 IV iVm. §§ 305 ff. (näher *Giesing,* Inhaltskontrolle und Abschlusskontrolle arbeitsrechtl. Aufhebungsverträge, 2008 S. 102 ff.). Dabei sind die das Wesen des Aufhebungsvertrags ausmachenden Punkte der Beendigung des ArbVerh. und die etwaige Gegenleistung der anderen Vertragspartei nach § 307 III einer Inhaltskontrolle entzogen (BAG 27.11.2003 NZA 2004, 597; 8.5.2008 NZA 2008, 1148; *Reinecke* FS Küttner 2006 S. 327, 333). Mit „Arbeitsvertrag" meint § 310 IV nicht nur den zur Begr. eines ArbVerh. geschlossenen Vertrag, sondern auch den zur Auflösung desselben geschlossenen Vertrag (*Bauer* NZA 2002, 169, 172; *Lingemann* NZA 2002, 181, 183; CKK/*Krause* Einl. Rn. 110). Im Fall der **Störung der Geschäftsgrdl.** (§ 313) kann die Vertragsanpassung auch in einer Wiedereinstellung liegen (BAG 8.5.2008 NZA 2008, 1148). Davon unabhängig findet § 323 Anwendung, der (regelm.) nach erfolgloser Setzung einer angemessenen Frist zur Leistung oder Nacherfüllung einen **Rücktritt** nach § 349 vorsieht, wenn der Schuldner eine fällige Leistung nicht oder nicht vertragsgemäß erbringt (BAG 10.11.2011 AP BGB § 620 Aufhebungsvertrag Nr. 43; 10.11.2011 NZA 2012, 205; *Reinfelder* NZA 2013, 62, 63). Allerdings ist § 323 dispositiv, so dass dessen Regelungen grds. abgeändert oder (ggf. konkludent) abbedungen werden können. Da die Durchsetzbarkeit der Forderung Voraussetzung für das ges. Rücktrittsrecht ist, geht bei zwischenzeitl. eröffneter Insolvenz des AG das Rücktrittsrecht des AN unter (BAG 10.11.2011 AP BGB § 620 Aufhebungsvertrag Nr. 43; 10.11.2011 NZA 2012, 205).

III. Kündigung

16 **1. Willenserklärung. a) Kündigung als Gestaltungsrecht.** Die Kündigung ist eine privatrechtl. rechtsgeschäftl. Gestaltungserkl., die ein Dauerschuldverhältnis für die Zukunft beendet (BAG 21.3.2013 NZA-RR 2013, 609). Auch ein ruhendes ArbVerh. kann gekündigt werden (BAG 9.9.2010 ZTR 2011, 45). Als Rechtsgeschäft unterliegt die in der Kündigung liegende Willenserkl. den allg. Regeln (Geschäftsfähigkeit, Nichtigkeit etc.). Sie ist nach §§ 119 ff. anfechtbar (vgl. Rn. 59; BAG 5.12.2002 AP BGB § 123 Nr. 63; 9.6.2011 NZA-RR 2012, 129; MüKoBGB/*Hesse* Vor § 620 Rn. 81). Die Kündigung muss der anderen Vertragspartei zugehen (§ 130) und wird in diesem Moment wirksam (BAG 22.3.2012 AP KSchG 1969 § 5 Nr. 19). Ist dieser Erklärungsempfänger geschäftsunfähig, muss die Kündigung seinem ges. Vertreter zugehen. Dafür reicht es nicht, dass sie faktisch in dessen Herrschaftsbereich gelangt, vielmehr muss die Kündigung an den ges. Vertreter gerichtet oder zumindest für ihn bestimmt sein (BAG 28.10.2010 NJW 2011, 890). Die Willenserkl. wird nicht automatisch bei Beendigung der Geschäftsunfähigkeit des Adressaten wirksam (BAG 28.10.2010 NJW 2011, 890). Als einseitiges Rechtsgeschäft enthält eine Kündigung keine AGB iSv. § 305 I 1 (BAG 20.6.2013 NZA 2013, 1137). Deshalb findet insb. eine Transparenzkontrolle nach § 307 I 2 nicht statt. Die Wirksamkeit einer Kündigung ist ebenso wie ihre Auslegung (BAG 15.12.2016 NZA 2017, 502 Rn. 76) nach den Verhältnissen im **Zpkt. ihres Zugangs** zu beurteilen (BAG 27.11.2003 NZA 2004, 477; 24.3.2011 NZA 2011, 1084; 21.3.2013 NZA-RR 2013, 609; 17.2.2016 AP KSchG 1969 § 2 Nr. 168 Rn. 26). Wohnt dem Kündigungsgrund ein prognostisches Element inne, können uU aus der späteren tats. Entwicklung Rückschlüsse auf die Ernsthaftigkeit und Plausibilität der Prognose zZ des Ausspruchs der Kündigung zu ziehen sein (BAG 27.11.2003 NZA 2004, 477). Zwar führt die Gestaltungserkl. „Kündigung" die gewollten Rechtswirkungen erst zu dem ges. vorgesehenen oder individuell bestimmten Zpkt. herbei, doch tritt ihre Gestaltungswirkung schon unmittelbar mit Zugang der Willenserkl. ein, dementspr. ist die Ausübung dieses Gestaltungsrechts bedingungsfeindl. (vgl. Rn. 22; BAG 21.3.2013 NZA-RR 2013, 609).

16a Die durch die Ausübung des Gestaltungsrechts „Kündigung" eingetretene Änd. des Rechtsverhältnisses kann grds. nicht einseitig ungeschehen gemacht, dh. nicht mit rückwirkender Kraft beseitigt, sondern nur durch rechtsgeschäftl. Zusammenwirken beider Parteien **rückgängig gemacht oder abgeändert** werden (vgl. Rn. 73 ff.; BAG 21.3.2013 NZA-RR 2013, 609; 17.10.2013 NZA 2014, 303 Rn. 32). Das Kündigungsrecht kann nicht verjähren, es kann aber verwirkt werden. Unter bestimmten Voraussetzungen ist die Kündigung von der vorherigen **Zust. einer Behörde** (vgl. § 17 II MuSchG, § 18 BEEG, §§ 168, 174 SGB IX) oder des BR abhängig (§ 103 BetrVG). Diese Zust. sind keine iSv. §§ 182 ff., so dass die Kündigung vom Kündigungsempfänger nicht zurückgewiesen werden kann, wenn die erteilte Zust. nicht in schriftl. Form vorgelegt wird (vgl. BAG 4.3.2004 NZA 2004, 717). Die Kündigung kann grds. zu jeder Zeit und an jedem Ort erklärt werden (BAG 14.11.1984 AP BGB § 626 Nr. 88: Heiliger Abend); also auch an Sonn- und Feiertagen oder während einer Erkrankung des AN. In Ausnahmefällen kann eine Kündigung mit der Folge ihrer Unwirksamkeit zurückgewiesen werden, wenn sie am völlig unpassenden Ort oder zur unpassenden Zeit erklärt wird (sog. **ungehörige Kündigung**; BAG 14.11.1984 AP BGB § 626 Nr. 88; LAG HM 3.2.2004 LAGReport 2004, 202). Der AN kann eine von ihm erklärte Kündigung nicht nach den Regeln eines Haustürgeschäfts widerrufen, § 312 findet auch in seiner Neufassung keine Anwendung (zur früheren Rechtslage BAG 9.6.2011 NZA-RR 2012, 129), denn die Kündigung ist kein Verbrauchervertrag iSv. § 310 III.

Ein **faktisches ArbVerh.** kann von jedem Partner jederzeit durch einseitige Erkl. beendet werden, 17
ohne dass die Voraussetzungen einer fristlosen Kündigung vorzuliegen brauchen (BAG 7.12.1961 AP BGB § 611 Faktisches Arbeitsverhältnis Nr. 1).

b) Kündigungserklärung. Eine Willenserkl. kann nur dann als Kündigung qualifiziert werden, 18
wenn sich aus ihr der Wille ergibt, das Arbeits- oder Dienstverhältnis für die Zukunft zu beenden. Gem. § 133 ist die Erkl. so auszulegen, wie sie der Erklärungsempfänger unter Würdigung der ihm bekannten Umstände nach Treu und Glauben unter Berücksichtigung der Verkehrssitte verstehen konnte. Es kommt also nicht darauf an, wie der Erklärungsempfänger die Erkl. subj. verstehen wollte, sondern darauf, wie ein obj. urteilender Erklärungsempfänger die Erkl. verstehen durfte. Voraussetzung für eine Kündigung ist nicht, dass der Begriff der Kündigung ausdr. gebraucht wird (BAG 5.2.2009 AP KSchG 1969 § 4 Nr. 69). Die frühere **Vielfalt** denkbarer Kündigungserkl. ist mit der **durch** § 623 eingeführten Schriftform stark eingeschränkt worden. Doch genügt die Andeutung des durch **Auslegung aller Umstände** ermittelten Kündigungswillens in der der Schriftform genügenden Erkl. (sog. Andeutungstheorie: BGH 12.7.1996 NJW 1996, 2792 f.; 17.2.2000 NJW 2000, 1569; BAG 20.9.2006 NZA 2007, 377; 19.11.2003 NZA 2004, 554 [zum Wettbewerbsverbot]). Bei der Auslegung ist nicht nur auf den Wortlaut abzustellen, sondern es sind alle Begleitumstände zu würdigen, die für die Frage, welchen Willen der Erklärende bei Abgabe seiner Erkl. gehabt hat, von Bedeutung sein können und dem Erklärungsempfänger bekannt waren. Umstände außerhalb der Urkunde sind zu berücksichtigen, soweit der Parteiwille in der Urkunde einen, wenn auch unvollkommenen Ausdruck gefunden hat (BAG 20.9.2006 NZA 2007, 377). Diese Umstände sind auch heranzuziehen, wenn durch Auslegung zu klären ist, **zu welchem Termin** eine ordentl. Kündigung das ArbVerh. auflösen soll (BAG 15.5.2013 NZA 2013, 1076; 20.6.2013 NZA 2013, 1137).

Ist die Willenserkl. mehrdeutig, so kommt es darauf an, wie der Kündigungsempfänger die Erkl. 19
unter Würdigung der ihm bekannten Umstände nach Treu und Glauben und unter **Berücksichtigung der Verkehrssitte** verstehen durfte. IZw. ist gewollt, was nach den Maßstäben der Rechtsordnung vernünftig ist und der recht verstandenen Interessenlage entspricht. Eine Kündigung ist allerdings dann nicht anzunehmen, wenn zwar der Wille des Erklärenden erkennbar ist, das ArbVerh. zu beenden, diese Erkl. aber die Deutungsmöglichkeit einschließt, diese Wirkung solle nicht durch eine Kündigung, sondern durch einen anderen Beendigungstatbestand eintreten, zB durch Ausübung eines Widerrufsrechts, Anfechtung, Dienstentlassung eines Dienstordnungsangestellten oder eine vom Erklärenden für mögl. erachtete Beendigungserkl. eigener Art (vgl. BAG 15.12.2005 NZA 2006, 791; 5.2.2009 AP KSchG 1969 § 4 Nr. 69). Die Mitt. des AG, ein befristeter Arbeitsvertrag solle nicht verlängert werden, oder eine mit der Befristung begr. Ablehnung der Weiterbeschäftigung ist idR keine vorsorgl. Kündigung, es sei denn, die Wirksamkeit der Befristung ist zwischen den Parteien streitig (BAG 26.4.1979 AP BGB § 620 Befristeter Arbeitsvertrag Nr. 47).

Der **Wille des Erklärenden**, das Vertragsverhältnis von sich aus beenden zu wollen, muss **klar** 19a
erkennbar sein. Dies kann sich auch aus den Umständen ergeben (zB Verlangen der Arbeitspapiere, Aufforderung zur Übersendung der Papiere oä.). Das Wort Kündigung braucht nicht verwandt zu werden (BAG 20.9.2006 NZA 2007, 377). Auch die Verwendung der Worte Aufhebung, Rücktritt oder Anfechtung kann als Kündigung verstanden werden, wenn sich aus dem Gesamtzusammenhang ergibt, dass die einseitige Beendigung des Vertragsverhältnisses von Seiten des Erklärenden gewollt ist (BAG 19.1.1956 AP BGB § 620 Kündigungserklärung Nr. 1). Es ist nicht am buchstäbl. Sinn des Wortes zu haften, doch ist eine schriftl. an den AN gerichtete „Bitte", sich ab einem bestimmten Tag arbeitslos zu melden, verbunden mit dem Hinweis, er werde wieder beschäftigt werden, wenn die Auftragslage besser sei, iZw. keine Kündigung (LAG HM 7.7.1994 AP BGB § 620 Kündigungserklärung Nr. 8).

Bestätigt der AG dem AN eine mdl. erklärte Kündigung, ist diese Bestätigung ohne weitere 19b
Umstände nicht selbst als Kündigung auszulegen (LAG K 20.3.2006 NZA-RR 2006, 642). Wird ein

Kündigungsschreiben mehrfach erstellt, um den Zugang der Kündigung auf zwei oder mehreren Wegen sicherzustellen, ist iZw. nur eine Kündigung erklärt (BAG 6.9.2007 NZA 2008, 636).

20 Eine Kündigung muss dem **Bestimmtheitsgebot** genügen (BAG 19.1.1956 AP BGB § 620 Kündigungserklärung Nr. 1; 21.10.1981 – 7 AZR 407/79 – BeckRS 1981, 04584). Die Kündigung muss als empfangsbedürftige Willenserkl. so bestimmt sein, dass der Empfänger Klarheit über die Absichten des Kündigenden erlangt (BAG 20.1.2016 NZA 2016, 485 Rn. 15; 15.12.2016 NZA 2017, 502 Rn. 63). Nach § 133 kommt es darauf an, wie der Kündigungsempfänger die Erkl. (im Ztpkt. ihres Zugangs) unter Würdigung der ihm bekannten Umstände nach Treu und Glauben und unter Berücksichtigung der Verkehrssitte auffassen muss (BAG 15.12.2016 NZA 2017, 502 Rn. 63, 76). So ist in einer ordentl. Kündigung grds. der Kündigungstermin anzugeben (BAG 1.9.2010 NZA 2010, 1409; *Schwarze* Anm. BAG AP KSchG 1969 § 4 Nr. 71), doch kann die notwendige Bestimmtheit durch Auslegung erreicht werden (BAG 15.5.2013 NZA 2013, 1076; 20.6.2013 NZA 2013, 1137). Der Kündigungsadressat muss erkennen können, zu welchem Zpkt. das ArbVerh. aus Sicht des Kündigenden beendet sein soll (BAG 10.4.2014 NZA 2015, 162 Rn. 14). Es reicht aus, wenn der gewollte Beendigungstermin für den Kündigungsempfänger zweifelsfrei bestimmbar ist (BAG 10.4.2014 NZA 2015, 162 Rn. 16). Fehlen weitere Anhaltspunkte, genügt allein die Angabe „zum nächstmögl. Zpkt." nicht dem Bestimmtheitserfordernis (LAG HM 6.4.2011 – 6 Sa 9/11 – BeckRS 2013, 70083, aufgeh. von BAG 20.6.2013 NZA 2013, 1137, weil deutl. Anhaltspunkte vorhanden waren). In der Rspr. des BAG wird angenommen, eine ordentl. Kündigung „zum nächstzulässigen Termin" sei „typischerweise" so auszulegen, dass der Kündigende die Auflösung des ArbVerh. zu dem Zeitpunkt erreichen wolle, der sich bei Anwendung der einschlägigen ges., tarifvertragl. und/oder vertragl. Regelungen als rechtl. frühestmögl. Beendigungstermin ergebe (BAG 23.5.2013 NZA 2013, 1197 Rn. 49; 10.4.2014 NZA 2015, 162 Rn. 17). Der so gewollte Beendigungstermin sei damit jdf. obj. eindeutig bestimmbar, was für die Bestimmtheit ausreiche, wenn die rechtl. zutr. Frist für den Kündigungsadressaten leicht feststellbar sei und keine umfassende tats. Ermittlungen oder die Beantwortung schwieriger Rechtsfragen erfordere (BAG 23.5.2013 NZA 2013, 1197 Rn. 49; 20.1.2016 NZA 2016, 485 Rn. 15). Auf welche Qualifikation des Adressaten und welche diesem zur Vfg. stehenden Erkenntnisquellen die Entsch. abstellt, bleibt offen (im konkreten Fall wurde die Ermittlung der zutr. Kündigungsfrist dem LAG bes. aufgetragen – BAG 23.5.2013 NZA 2013, 1197 Rn. 52). Kann das ArbVerh. von Rechts wegen ordentl. nur zum Schluss eines Kalendervierteljahres gekündigt werden, ist eine zum „1. April" ausgesprochene Kündigung idR dahin auszulegen, dass sie das ArbVerh. mit Ablauf des 31. März beenden soll (BAG 25.9.2002 AP BAT §§ 22, 23 Zuwendungs-TV Nr. 27; LAG K 26.10.2001 NZA-RR 2002, 355).

21 Will der Dienstberechtigte außerordentl. befristet kündigen, so muss er dies ausdr. klarstellen. Dies gilt insb. dann, wenn das ordentl. Kündigungsrecht einzel- oder kollektivvertragl. ausgeschlossen ist. Die Erkl. einer **außerordentl. Kündigung** aus wichtigem Grund muss für den Erklärungsempfänger den Willen des Erklärenden erkennen lassen, von der bes. Kündigungsbefugnis Gebrauch machen zu wollen. Dieser Wille kann sich aus der ausdr. Bezeichnung der Erkl. (zB fristlose Kündigung) oder aus sonstigen Umständen der Erkl. selbst, insb. einer beigefügten Begr., ergeben (BAG 13.1.1982 AP BGB § 620 Kündigungserklärung Nr. 2). Eine Kündigung beendet also auch beim Vorliegen eines wichtigen Grundes das ArbVerh. nur dann mit fristloser Wirkung, wenn sie gerade als außerordentl. Kündigung ausgesprochen wird.

22 **c) Bedingungsfeindlichkeit von Kündigungen.** Die Kündigung ist als einseitiges Gestaltungsrecht grds. bedingungsfeindl. (BAG 15.3.2001 NZA 2001, 1070; 21.3.2013 NZA-RR 2013, 609). Die Bedingungsfeindlichkeit von Gestaltungsrechten dient der Rechtssicherheit. Einschränkungen werden für Rechtsbedingungen und Potestativbedingungen gemacht. Da bei der Änderungskündigung nur eine Potestativbedingung im Raume steht, ist sie zulässig. Gleiches gilt für die sog. Verbundkündigung (außerordentl. Kündigung/vorsorgl. ordentl. Kündigung), denn hins. der ordentl. Kündigung liegt ledigl. eine **Rechtsbedingung** (Unwirksamkeit der außerordentl. Kündigung) vor (vgl. Auslegung des Klageantrags in einem solchen Fall BAG 11.7.2013 NZA 2014, 331). Die „hilfsweise" oder „vorsorgl." erklärte Kündigung steht unter der – zulässigen (BAG 3.4.2008 NZA 2008, 812 Rn. 22) – auflösenden Rechtsbedingung, dass das ArbVerh. nicht aus anderem Grund aufgelöst wird (BAG 23.5.2013 NZA 2013, 1197; 10.4.2014 NZA 2015, 162 Rn. 12). Der Kündigende macht von ihr idR Gebrauch, wenn er sich nicht sicher ist, ob eine bereits erklärte Kündigung rechtswirksam ist.

23 **d) Kündigung durch Vertreter, Vollmachtsurkunde, Unübertragbarkeit des Kündigungsrechts.** Die Kündigung muss vom Berechtigten erklärt werden. Das Kündigungsrecht ist grds. nicht übertragbar (vgl. §§ 398, 413). Doch ist eine Vertretung, insb. eine rechtsgeschäftl. Vertretung, mögl. (BAG 13.12.2007 NZA 2008, 403). Die Vertretung kann durch Zusätze wie „iV" oder „iA" ausgedrückt werden (BAG 13.12.2007 NZA 2008, 403; krit. LAG RP 19.12.2007 DB 2008, 821; vgl. zur Mehrdeutigkeit dieser Abkürzungen auch BGH 19.9.2007 NJW 2007, 3346). Der Grund der Vertretung braucht in der schriftl. Kündigung nicht genannt zu werden (BAG 20.9.2006 NZA 2007, 377). Für wen der Vertreter handelt, ist vom Empfängerhorizont unter Berücksichtigung aller Umstände auszulegen (BAG 19.4.2007 NZA-RR 2007, 571). Beruht die Vertretung auf einer rechtsgeschäftl. Vollmacht,

findet § 174 Anwendung. Danach hat der rechtsgeschäftl. Bevollmächtigte bei Ausspruch der Kündigung dem Gekündigten eine **Vollmachtsurkunde** vorzulegen (S. 1). Eine begl. Abschrift genügt nicht (BGH 4.2.1981 NJW 1981, 1210).

Unterbleibt die Vorlage der Vollmachtsurkunde und weist der Kündigungsempfänger die Kündigung unverzügl. zurück, ist die erklärte Kündigung (unheilbar) unwirksam. Eine Neuvornahme ist erforderl. Der Kündigungsempfänger kann nur dann nach § 174 eine **Kündigungserkl. wirksam zurückweisen,** wenn er keine Gewissheit hat, ob der Erklärende wirkl. bevollmächtigt ist und der Vertretene die Erkl. gegen sich gelten lassen muss (BAG 22.1.1998 AP BGB § 174 Nr. 13; 3.7.2003 NZA 2004, 427). Es muss das Rechtsgeschäft zurückgewiesen (BAG 15.12.2011 NJW-Spezial 2012, 275) und die Zurückweisung muss gerade „wegen" der fehlenden Vollmachtsurkunde erklärt werden (BAG 18.2.1993 – 2 AZR 482/92 – BeckRS 1993, 30743950; 25.9.2014 NZA 2015, 159 Rn. 16; *Leder,* Beendigung von ArbVerh. im öffentl. Dienst, 2008 S. 40 ff.), allein das Bezweifeln der Bevollmächtigung genügt nicht (vgl. Rn. 26). Hat der AG die Vollmacht als Gesamtvertretung ausgestaltet, also bedarf es der gemeinsamen Vertretung durch zwei Personen, die jede für sich allein nicht zur wirksamen Vertretung berechtigt ist, findet § 174 ggü. beiden Vertretern Anwendung (BAG 25.9.2014 NZA 2015, 159 Rn. 22; LAG BE 28.6.2006 NZA-RR 2007, 15). **23a**

Eine Zurückweisung ist nach **§ 174 S. 2 ausgeschlossen,** wenn der Vertretene den Erklärungsgegner von der Vollmacht ausdr. oder konkludent in Kenntnis gesetzt hatte (BAG 30.5.1972 AP BGB § 174 Nr. 1; 12.1.2006 NZA 2006, 980). Hierfür reicht die bloße Mitt. im Arbeitsvertrag, der jeweilige Inhaber einer bestimmten Funktion dürfe kündigen, nicht aus, vielmehr bedarf es zusätzl. Handelns des AG, aufgrund dessen es dem AN ermöglicht wird, die Person des Stelleninhabers der im Arbeitsvertrag angegebenen Funktion zuzuordnen (BAG 14.4.2011 NZA 2011, 683). Unabhängig von der verwendeten Bezeichnung ist auf der Grdl. der Einzelfallumstände festzustellen, ob für einen obj. Betrachter mit einer bestimmten Stellung im Betrieb oder Unternehmen eine Kündigungsbefugnis regelm. verbunden zu sein pflegt (BAG 3.7.2003 NZA 2004, 427). Im Fall des Leiters einer Personalabt. (BAG 30.5.1972 AP BGB § 174 Nr. 1; LAG K 19.1.2009 NZA-RR 2009, 368) oder eines Personalleiters (BAG 25.9.2014 NZA 2015, 159 Rn. 26) wird dies der Fall sein. Die Stellung eines Personalsachbearbeiters kann so ausgestaltet sein, dass die AN, die mit dem Sachbearbeiter zu tun haben, von seiner Kündigungsvollmacht in Kenntnis gesetzt sind (BAG 29.6.1989 AP BGB § 174 Nr. 7). Andererseits hat das BAG (20.8.1997 AP BGB § 620 Kündigungserklärung Nr. 11) für den Referatsleiter einer Polizeiverwaltungsbehörde eine entspr. Stellung verneint, ebenso für den stellvertretenden Leiter eines Wasserwirtschaftsamtes. Hingegen ist auf einen Niederlassungsleiter mit umfassenden personalrechtl. Befugnissen § 174 S. 2 anzuwenden (LAG HE 20.6.2000 NZA-RR 2000, 585; LAG MV 9.12.2002 – 5 Sa 192/02 – BeckRS 2002, 16500; diff. LAG K 30.3.2004 – 5 (13) Sa 1380/03 – BeckRS 2004, 41393; **aA** BAG 20.9.2006 NZA 2007, 377 [für Intranet]; LAG BE 28.6.2006 NZA-RR 2007, 15). Findet § 174 S. 2 Anwendung, gilt dies auch dann, wenn die Vollmacht im Innenverhältnis – zB aufgrund einer internen Geschäftsordnung – eingeschränkt ist (BAG 29.10.1992 AP BGB § 174 Nr. 10). **24**

In der Rspr. wird **hinreichende Transparenz** der (formfrei) veröffentl. Erkl. erwartet (BAG 8.12.2011 NZA 2012, 495). Ausreichend ist es, wenn der Vertreter eine ggü. den AN publizierte Stellung bekleidet (BAG 20.9.2006 NZA 2007, 377), mit der üblicherweise eine Vollmacht verbunden ist, die auch das konkrete Rechtsgeschäft umfasst (**aA** *Klostermann-Schneider* S. 233 ff.; vgl. aber BGH 20.10.2008 NJW 2009, 293). Insb. der auch anderen AN bekannte Abschluss von Arbeitsverträgen oder Änderungsvereinb. belegt eine entspr. Stellung (BAG 9.9.2010 ZTR 2011, 113). Ebenso genügen die Aufnahme in einen bekannt gemachten Geschäftsverteilungsplan, die veröffentlichte Übertragung **personalrechtl. Befugnisse** auf einen Behörden- oder Dienststellenleiter (BAG 18.10.2000 NZA 2001, 219) oder Fachabteilungsleiter einer größeren Behörde (BAG 7.11.2002 AP BGB § 620 Kündigungserklärung Nr. 18) bzw. ein entspr. Rundschreiben an die Mitarbeiter (BAG 20.8.1997 AP BGB § 620 Kündigungserklärung Nr. 11). Eine Bekanntgabe auf einer Betriebsversammlung genügt (BAG 28.10.2010 AP KSchG 1969 § 23 Nr. 48). **24a**

Wird ein „Schwarzes Brett" oder das Intranet für Mitt. des AG an die Belegschaft genutzt, kann auf diese Weise auch eine Inf. über die Kündigungsbefugnis bestimmter Personen erfolgen (diff. BAG 3.7.2003 NZA 2004, 427; *Klostermann-Schneider* S. 257 ff.; **aA** LAG BE 28.6.2006 NZA-RR 2007, 15; LAG NI 25.6.2010 NZA-RR 2011, 22). Ebenso genügt es, wenn der AG dem AN einen bestimmten Vorgesetzten mit der Maßgabe zugewiesen hat, dass dieser Kündigungen aussprechen darf. Unabhängig von der verwendeten Bezeichnung ist auf der Grdl. der Einzelfallumstände festzustellen, ob für einen obj. Betrachter mit einer bestimmten **Stellung in Betrieb oder Unternehmen** eine Kündigungsbefugnis regelm. verbunden zu sein pflegt (BAG 3.7.2003 NZA 2004, 427). **24b**

Ist der Kündigungsempfänger **über die Bevollmächtigung in Kenntnis** gesetzt, besteht keine Zurückweisungsmöglichkeit, auch wenn die Unterschrift auf dem Kündigungsschreiben unleserl. ist und eine Zuordnung nicht erlaubt (BAG 20.9.2006 NZA 2007, 377). **24c**

Beruht die **Vertretungsmacht auf ges. Grdl.,** ist § 174 unanwendbar (BAG 10.2.2005 AP BGB § 174 Nr. 18; 20.9.2006 NZA 2007, 377). Dies gilt grds. auch bei organschaftl. Vertretung (BAG 29.1.2015 NZA 2015, 673 Rn. 28). Allerdings kommt eine analoge Anwendung in Betracht für Fälle der notwendigen Gesamtvertretung und Ermächtigung durch andere Organe (BAG 18.12.1980 NJW **25**

1981, 2374; 10.2.2005 AP BGB § 174 Nr. 18). Die Grds. des Missbrauchs der Vertretungsmacht sind zu beachten. So führt eine durch Gesellschafterbeschl. begr. Beschränkung der Befugnis des GmbH-GF, die Gesellschaft zu vertreten, – bei Erkennbarkeit für den Erklärungsempfänger – zu einer Beschränkung seiner Vertretungsmacht, ohne dass es darauf ankommt, ob der GF zum Nachteil der Gesellschaft handelt (BGH 13.11.1995 ZIP 1996, 68; 10.4.2006 NZG 2006, 626).

25a Auf die **Vertretung einer GbR** durch einen ihrer Gesellschafter ist § 174 anzuwenden, weil es an einem Register fehlt (BGH 9.11.2001 NJW 2002, 1194; 20.2.2014 NJW 2014, 1587 Rn. 14; LAG HE 23.5.2011 NZA-RR 2011, 519; MüKoBGB/*Schubert* § 174 Rn. 14). Liegt kein Fall des S. 2 vor, hat der handelnde Mitgesellschafter eine Vollmachtsurkunde der Mitgesellschafter oder eine gewissheitsstiftende Dokumentation über die Vertretungsverhältnisse vorzulegen, die einer Vollmachtsurkunde gleichkommt (*Spelge* RdA 2016, 309, 311). Schreibt eine Gemeindeordnung vor, dass ein Kündigungsschreiben von bestimmten Personen zu unterzeichnen und mit einem **Dienstsiegel** zu versehen ist, so handelt es sich dabei nicht um eine ges. Formvorschr., sondern um eine Vertretungsregelung (BAG 29.6.1988 AP BGB § 174 Nr. 6). Fehlt das **Dienstsiegel** als äußeres Legitimationszeichen, so kann der Erklärungsempfänger die Kündigung nach § 174 zurückweisen (vgl. aber BAG 20.8.1997 AP BGB § 620 Kündigungserklärung Nr. 11). Regelt die Gemeindeordnung, dass über die Entlassung von Gemeindebediensteten der Gemeinderat im Einvernehmen mit dem Bürgermeister entscheidet, ist die vom Bürgermeister allein ausgesprochene Kündigung nicht nichtig (BAG 27.9.2001 NZA 2002, 1171; vgl. auch BAG 22.8.2016 NZA 2016, 1296).

26 Die Zurückweisung ist **nicht formbedürftig**, doch muss sie unverzügl. erfolgen, dh. ohne schuldhaftes Zögern. Folgl. muss dem Kündigungsempfänger eine gewisse Zeit zur Überlegung und zur Einholung des Rates eines Rechtskundigen verbleiben (BAG 5.4.2001 AP BGB § 626 Nr. 171). Die Frist beginnt mit der tats. Kenntnis des Empfängers von der Kündigung und der fehlenden Vorlegung der Vollmachtsurkunde. Die Zurückweisung ist nach einer Zeitspanne von mehr als einer Woche ohne das Vorliegen bes. Umstände des Einzelfalls nicht mehr unverzügl. (BAG 8.12.2011 NZA 2012, 495). Allein die Einreichung einer Kündigungsschutzklage bei Gericht genügt nicht, denn die Fiktion des § 167 ZPO wahrt nicht den Schutzzweck des § 174 (*Schmiegel/Yalcin* ZTR 2011, 395, 399; offen *Nägele/Gertler* NZA 2010, 1377, 1380 wegen BGH 17.7.2008 NJW 2009, 765; vgl. ferner BAG 22.5.2014 NZA 2014, 924; 16.3.2016 NZA 2016, 1154). Macht der AN geltend, dem Unterzeichner der Kündigung fehle die Kündigungsberechtigung, liegt allein hierin keine Zurückweisung nach § 174 S. 1 wegen Nichtvorlage einer Originalvollmachtsurkunde (BAG 19.4.2007 AP BGB § 174 Nr. 20). Soll die **Zurückweisung durch einen Vertreter** erfolgen, bedarf diese rechtsgeschäftsähnl. Handlung ihrerseits analog § 174 der Vorlage einer entspr. Vollmachtsurkunde und könnte andernfalls vom Kündigenden zurückgewiesen werden (BAG 8.12.2011 NZA 2012, 495; LAG MV 24.2.2009 NZA-RR 2009, 528; *Schäder* ArbRB 2007, 151, 153; *Meyer/Reufels* NZA 2011, 5, 6). Die Beweislast für die Unwirksamkeit der Kündigung wegen § 174 S. 1 trägt der Zurückweisende (MüKoBGB/*Schubert* § 174 Rn. 31).

27 Wird die Kündigung durch einen **Prokuristen** des AG ausgesprochen und ist die Prokura im Handelsregister eingetragen und bekannt gemacht worden, so bedarf es jdf. nach § 174 S. 2 nicht der Vorlage einer Vollmachtsurkunde (BAG 11.7.1991 AP BGB § 174 Nr. 9; 21.5.2008 NZA 2008, 753; 25.9.2014 NZA 2015, 159 Rn. 21 [anders bei Gesamtprokura]; **aA** *Lux* NZA-RR 2008, 393; *Klostermann-Schneider* S. 265 ff.). Dies gilt auch dann, wenn der Prokurist entgegen § 51 HGB nicht mit einem die Prokura andeutenden Zusatz zeichnet (BAG 11.7.1991 AP BGB § 174 Nr. 9).

27a Zwei **gesamtvertretungsberechtigte GF** einer GmbH können ihre Gesamtvertretung in der Weise ausüben, dass der eine den anderen intern formlos zur Abgabe einer Willenserkl. ermächtigt und der zweite allein die Willenserkl. abgibt. Eine Ermächtigung idS qualifiziert das BAG (18.12.1980 AP BGB § 174 Nr. 4) als Erweiterung der ges. Vertretungsmacht, auf die die Vorschr. über die rechtsgeschäftl. Vertretung, also auch die §§ 174, 180, entspr. anwendbar sind. Ein AN, dem einer von mehreren Gesamtvertretern einer GmbH kündigt, kann die Kündigung also unverzügl. mit der Begr. zurückweisen, eine Ermächtigung sei nicht vorgelegt worden. Die Zurückweisung aus diesem Grund muss jedoch eindeutig erfolgen (vgl. BAG 10.2.2005 AP BGB § 174 Nr. 18).

28 Die **Prozessvollmacht** kann die Vollmacht zu einer Kündigung enthalten. Die Prozessvollmacht in einem Rechtsstreit, auch in einem Kündigungsrechtsstreit, deckt aber idR nur die mit dem jeweiligen Prozess zusammenhängenden Rechtshandlungen. Daraus folgt, dass in einem Kündigungsrechtsstreit der Ausspruch oder die Entgegennahme einer weiteren Kündigung nicht durch die Prozessvollmacht als solche gedeckt ist. Denn die erneute Kündigung ist nicht Gegenstand des Kündigungsrechtsstreits. Nur in Ausnahmefällen kann die Prozessvollmacht auch eine weitere Kündigung decken. Dies ist zB der Fall, wenn die Prozessvollmacht über den übl. Rahmen hinaus erweitert worden ist. Eine Zurückweisung nach § 174 S. 2 ist dann nicht mögl. Wird die Kündigung **im Rahmen eines Schriftsatzes** ausgesprochen, so geht sie auf jeden Fall mit Zugang des Schriftsatzes beim AN zu, so dass ab diesem Zpkt. die Klagefrist des § 4 S. 1 KSchG in Gang gesetzt wird. Eine Vollmachtserweiterung zur Entgegennahme der Kündigung wird anzunehmen sein, wenn durch den PV neben der Kündigungsschutzklage nach § 4 KSchG eine allg. Feststellungsklage nach § 256 ZPO erhoben worden ist (BAG 21.1.1988 AP KSchG 1969 § 4 Nr. 19).

29 Kündigt jemand in fremdem Namen, aber **ohne Vertretungsmacht**, ist die Kündigung unwirksam (§ 180 S. 1). Die Rüge der fehlenden Vertretungsmacht unterfällt §§ 4, 6 KSchG (KSchG § 4 Rn. 6a; *Spelge* RdA 2016, 309, 320; **aA** HaKo/*Gallner* § 6 KSchG Rn. 2). Hat jedoch der Kündigungsempfänger die behauptete Vertretungsmacht des Kündigenden nicht bei deren „Vornahme", dh. nicht unverzügl. iSv. § 174 – also binnen Wochenfrist nach Zugang (BAG 13.12.2012 AP BGB § 620 Kündigungserklärung Nr. 23) –, beanstandet und ist ihm das Fehlen der Vertretungsmacht nicht positiv bekannt, finden die §§ 177ff. entspr. Anwendung (§ 180 S. 2), dh. der Berechtigte kann die Kündigung genehmigen (BAG 16.12.2010 NZA 2011, 571; 10.4.2014 NZA 2014, 1197 Rn. 32; *Spelge* RdA 2016, 309, 311; abw. bei Kenntnis des Empfängers vom Fehlen der Vertretungsmacht *Klostermann-Schneider* S. 61, 199). Die Beanstandung gem. § 180 S. 2 kann zugleich die Zurückweisung gem. § 174 enthalten, wenn aus ihr hervorgeht, dass nicht nur das Bestehen der Vertretungsmacht bemängelt, sondern auch das Rechtsgeschäft wegen der fehlenden Vorlage einer Vollmachtsurkunde zurückgewiesen wird (*Spelge* RdA 2016, 309, 312). Was festzustellen ist und sich nicht von selbst versteht (BAG 24.9.2015 NZA 2016, 102 Rn. 25). Genehmigt der Berechtigte die vom Nichtberechtigten erklärte Kündigung (§ 184), wirkt – sofern kein Fall der notwendigen Einwilligung Dritter vorliegt (§ 182 III) – die Genehmigung zurück (BAG 10.4.2014 NZA 2014, 1197 Rn. 32; *Spelge* RdA 2016, 309, 315). Bei der außerordentl. Kündigung kann die Genehmigung nur innerhalb der Frist des § 626 II erklärt werden (BAG 26.3.1986 NJW 1987, 1038). Anders als die Kündigungsfrist (§ 622) beginnt die Klagefrist des § 4 KSchG erst mit Zugang der Genehmigung (BAG 6.12.2012 NZA 2013, 524 Rn. 14; *Spelge* RdA 2016, 309, 318). Nach § 182 II bedarf die Genehmigung nicht der für das Rechtsgeschäft bestimmten Form, sie kann auch konkludent erklärt werden (BAG 16.12.2010 NZA 2011, 571 Rn. 13). Besteht eine Arbeitsvertragspartei aus einer Mehrheit von Personen (**GruppenArbVerh.**), so bestimmt sich die Kündigungsbefugnis nach der jeweiligen Regelung der Vertretungsmacht.

29a Die dreiwöchige **Klagefrist des § 4 KSchG** findet nur auf eine dem AG zurechenbare Kündigung Anwendung. Eine ohne Vollmacht oder von einem Nichtberechtigten erklärte Kündigung wird dem AG erst durch eine (nachträgl.) erteilte Genehmigung zurechenbar. Die Klagefrist beginnt mit Zugang der Genehmigung, so dass zuvor der Mangel der Vertretung nicht nach § 7 KSchG geheilt wird (BAG 26.3.2009 NZA 2009, 1146; 6.9.2012 NZA 2013, 524). Materiell-rechtl. kann zwar die Genehmigung sowohl ggü. dem Vertreter als auch dem Erklärungsempfänger erklärt werden (§ 182 I). Da aber § 4 S. 1 KSchG den Beginn der Frist an den Zugang der Kündigungserkl. knüpft und damit von der Kenntnismöglichkeit des AN abhängig macht, ist für die Genehmigung – ebenso wie im Fall des § 4 S. 4 KSchG – auf ihren Zugang beim AN abzustellen (BAG 6.9.2012 NZA 2013, 524).

29b Hat das Gericht im **Insolvenzeröffnungsverf.** bestimmt, dass Vfg. des Schuldners über Gegenstände seines Vermögens nur noch mit Zust. des vorl. InsV wirksam seien, erfasst dieser Zustimmungsvorbehalt auch die Kündigung von ArbVerh. Eine vom AG ohne Zust. des **vorl. InsV** erklärte Kündigung ist unwirksam. Liegt die Einwilligung vor, kann der AN die Kündigung nach § 182 III zurückweisen, wenn ihm die Einwilligung nicht in schriftl. Form vorgelegt wird (BAG 10.10.2002 NZA 2003, 909; LAG D 24.8.2001 BB 2001, 2479). Allerdings kündigen InsV, Testamentsvollstrecker und Nachlassverwalter aus eigenem Recht, so dass bei einer durch sie erklärten Kündigung die Regelungen für Vertreter nicht gelten.

30 **e) Verzicht, Verzeihung, Verwirkung.** Der Kündigungsberechtigte kann auf sein Recht zur Kündigung nicht im Voraus (BAG 28.10.1971 AP BGB § 626 Nr. 62), wohl aber nach Entstehung des Kündigungsrechts verzichten (BAG 6.3.2003 AP BGB § 611 Abmahnung Nr. 30; 13.12.2007 NZA 2008, 403; 19.11.2015 NZA 2016, 540 Rn. 28). Bei einem Verzicht auf die Kündigung ändert sich die Rechtslage hins. eines vorhandenen Kündigungsgrundes nicht. Der Verzichtende legt sich aber ggü. dem Vertragspartner fest, aus einer ihm günstigen Tatsachenlage **keine Konsequenzen zu ziehen**. Eine Kündigung trotz Verzichts ist ein Fall unzulässiger Rechtsausübung iSv. § 242 BGB (Verbot des venire contra factum proprium; s. HHL/*Krause* § 1 Rn. 247).

30a Die Annahme eines Verzichts setzt voraus, dass dem Kündigungsberechtigten der den Kündigungsgrund ausmachende **Sachverhalt bekannt** ist (BAG 5.5.1977 AP BGB § 626 Ausschlussfrist Nr. 11). Der Verzicht kann ausdr. oder konkludent erklärt werden (BAG 6.3.2003 AP BGB § 611 Abmahnung Nr. 30: empfangsbedürftige Willenserkl.). Ein Verzicht ist insb. anzunehmen, wenn der Kündigungsberechtigte in Kenntnis der maßgebl. Tatsachen ledigl. eine Abmahnung ausspricht (BAG 31.7.1986 RzK I 8c Nr. 10; 6.3.2003 AP BGB § 611 Abmahnung Nr. 30; 13.12.2007 NZA 2008, 403; 26.11.2009 NZA 2010, 823; 12.5.2011 NZA-RR 2012, 43; **aA** *Raab* FS Buchner 2009 S. 704, 717f. [allenfalls Verwirkung]). Danach kann aus dem abgemahnten Verhalten allein kein wichtiger Grund für eine außerordentl. Kündigung mehr hergeleitet werden. Dies gilt nicht, wenn der Abmahnung selbst oder deren Umständen zu entnehmen ist, dass der AG die Angelegenheit mit der Abmahnung nicht als „erledigt" ansieht (BAG 13.5.2015 AP BGB § 626 Nr. 254 Rn. 33; 19.11.2015 NZA 2016, 540 Rn. 28), sondern sich weitere Schritte vorbehält. Treten nach **Ausspruch der Abmahnung** weitere Gründe zu den abgemahnten hinzu oder werden sie erst nach diesem Zpkt. bekannt, sind diese Gründe vom Kündigungsverzicht nicht erfasst. Der AG kann sie zur Begr. einer Kündigung heranziehen und dabei auf die schon abgemahnten Gründe unterstützend zurückgreifen (BAG 26.11.2009 NZA 2010, 823).

31 Der AG kann eine Kündigung nicht auf ein ANVerhalten stützen, das er dem AN verziehen hat (HHL/*Krause* § 1 Rn. 243). Die Verzeihung kann ausdr. oder konkludent erklärt werden. Sie ist kein Rechtsgeschäft, sondern tats. Verhalten. Die **Verzeihung setzt voraus,** dass der Kündigungsberechtigte ausdr. oder durch schlüssiges Verhalten zu erkennen gibt, einen bestimmten Kündigungsgrund nicht mehr zum Anlass für eine Kündigung nehmen zu wollen (BAG 4.12.1997 AP BGB § 626 Nr. 141). Dafür ist es unzureichend, wenn der AG trotz des Verdachts vorgetäuschter AU EFZ gewährt (BAG 6.9.1990 EzA KSchG § 1 Verdachtskündigung Nr. 1). Die Verzeihung kann nicht angefochten werden. Bei einer wirksamen Verzeihung ist kein Kündigungsgrund mehr vorhanden. Das unterscheidet sie von einem Verzicht.

32 Vor Ablauf der Ausschlussfrist des § 626 II sind ein Verzicht oder eine Verzeihung nur anzunehmen, wenn der Kündigungsberechtigte eindeutig seine Bereitschaft zu erkennen gegeben hat, das ArbVerh. fortsetzen zu wollen (BAG 28.10.1971 AP BGB § 626 Nr. 62; 26.9.2013 NZA 2014, 529). Da mit dem Ablauf der Ausschlussfrist das Kündigungsrecht ohnehin untergeht, kommt im Bereich des § 626 weder dem Verzicht noch der Verzeihung eine große Bedeutung zu. Ein nach § 626 II „verfristeter" wichtiger Grund kann noch zum Anlass für eine ordentl. Kündigung genommen werden. Ein kündigungsrelevanter Vorfall kann allerdings durch Zeitablauf so an Bedeutung verlieren, dass eine ordentl. Kündigung nicht mehr gerechtfertigt wäre (BAG 15.8.2002 NZA 2003, 795). Hierfür gibt es keine Regelausschlussfrist. Allein aus einem Zuwarten des AG mit der Kündigungserkl. kann weder auf eine Verzeihung noch auf einen Verzicht geschlossen werden, denn der AG muss eine ordentl. Kündigung nicht innerhalb einer bestimmten Frist erklären (HHL/*Krause* § 1 Rn. 246). Gleichwohl kommt die **Verwirkung** in Betracht. Dabei sind die aus Art. 12 I GG abgeleiteten Vorgaben des BVerfG zu beachten (vgl. BVerfG 21.4.1994 EzA Einigungsvertrag Art. 20 Nr. 32; § 626 Rn. 203). Ein betriebsbedingter Grund kann nicht verziehen, sondern allenfalls verwirkt werden, wenn der AG längere Zeit von der Kündigung absieht und dadurch das Vertrauen erweckt, die Kündigung werde unterbleiben (BAG 25.2.1988 RzK I 5c Nr. 26). Von den Tatbeständen der Verzeihung, des Verzichts und der Verzeihung ist der Verbrauch des Kündigungsgrunds zu unterscheiden (zur Wiederholungskündigung Rn. 77).

33 **2. Abgrenzung der Kündigung von sonstigen Tatbeständen. a) Anfechtung.** Die auf Abschluss eines Arbeitsvertrags gerichteten Willenserkl. können nach §§ 119, 123 angefochten werden, wenn ein Anfechtungsgrund vorliegt. Abw. von § 142 wirkt aber die nach Arbeitsaufnahme erklärte Anfechtung **nur für die Zukunft,** sofern nicht der Arbeitsvertrag zwischenzeitl. wieder außer Funktion gesetzt wurde und die Anfechtung auf diesen Zpkt. zurückwirkt (BAG 16.9.1982 AP BGB § 123 Nr. 24; 29.8.1984 AP BGB § 123 Nr. 27; 12.5.2011 NZA-RR 2012, 43; MüKoBGB/*Hesse* Vor § 620 Rn. 22; nach Anfechtungsgründen diff. *Strick* NZA 2000, 695). Auch im Falle des wegen AU des AN nicht vollzogenen ArbVerh. wirkt die Anfechtung zurück (BAG 3.12.1998 AP BGB § 123 Nr. 49). Der entscheidende Grund für diese allg. anerkannte Abweichung von § 142 liegt in den mit der Rückabwicklung eines vollzogenen ArbVerh. verbundenen Schwierigkeiten. Damit kommt der Anfechtung iE eine der außerordentl. Kündigung entspr. Wirkung zu. Doch unterscheiden sich ihre Voraussetzungen deutl. Die außerordentl. Kündigung (§ 626 I) beurteilt sich nach den Verhältnissen im Zpkt. ihres Ausspruches und ist wegen der notwendigen Interessenabwägung eher zukunftsbezogen. Demggü. stellt der Anfechtungsgrund auf die Sachlage bei Abgabe der Willenserkl. ab und ist zur Gewährleistung der Vertragsfreiheit tendenziell **vergangenheitsbezogen.** Die Vorschr., die eine außerordentl. Kündigung beschränken, finden auf die Anfechtung grds. keine Anwendung. So wird die Anfechtung ggü. einer schwangeren AN nicht durch § 17 MuSchG ausgeschlossen.

34 Die Anfechtung **wegen Irrtums** muss nach § 121 I unverzügl. erfolgen, nach verbreiteter Ansicht aber spätestens innerhalb der analog anzuwendenden Zwei-Wochen-Frist des § 626 II (BAG 14.12.1979 AP BGB § 119 Nr. 4; *Hönn* ZfA 1987, 61, 87 f.; **aA** *Picker* ZfA 1981, 1, 108 ff.). Die **Anfechtungsfrist des § 124** wird (BAG 19.5.1983 AP BGB § 123 Nr. 25) durch die Ausschlussfrist des § 626 II nicht berührt. Allerdings kann eine Anfechtung wegen Verstoßes gegen Treu und Glauben unwirksam sein, wenn der Anfechtungsgrund zum Zpkt. der Anfechtungserkl. seine Bedeutung für die weitere Durchführung des ArbVerh. verloren hat (BAG 18.9.1987 AP BGB § 123 Nr. 32). Im Einzelfall kann der Anfechtungsgrund so stark nachwirken, dass ein und ders. Grund sowohl zur Anfechtung als auch zur außerordentl. Kündigung berechtigt (BAG 28.3.1974 AP BGB § 119 Nr. 3; 7.7.2011 NZA 2012, 34; vgl. § 626 Rn. 12). Grds. wird das Recht zur außerordentl. Kündigung durch die Möglichkeit einer Anfechtung ebenso wenig ausgeschlossen wie umgekehrt. Beide Gestaltungsrechte bestehen nebeneinander (BAG 7.7.2011 NZA 2012, 34).

35 **b) Tod des Arbeitnehmers.** Der Tod des AN beendet das ArbVerh. immer, und zwar auch bei mittelbaren ArbVerh. und bei LeihArbVerh. Dies folgt bereits aus § 613 S. 1. Im Zpkt. des Todes entstandene (hierzu gehört der Abfindungsanspruch nach § 1a KSchG bei noch bestehendem ArbVerh. nicht – BAG 10.5.2007 NZA 2007, 1043), aber **noch nicht erfüllte Ansprüche** aus dem ArbVerh. sind, soweit sie nicht von höchstpers. Natur sind, vererbl., es sei denn, dass sich aus Sonderbestimmungen etwas anderes ergibt.

c) Tod des Arbeitgebers; Erlöschen einer juristischen Person. Der Tod des AG berührt den Bestand des ArbVerh. grds. nicht (BAG 2.5.1958 AP BGB § 626 Nr. 20). Sofern keine wirksame Abrede über die Beendigung des ArbVerh. getroffen wurde (wie zB Befristung), geht die AGStellung auf die Erben über. Zur Auflösung bedarf es der Kündigung oder eines anderen ges. zugelassenen Beendigungstatbestands. Wird der **AN Alleinerbe des AG**, endet das ArbVerh. wegen Konfusion (aA LAG SH 25.1.2012 – 3 Sa 368/11). Ist eine jur. Person AG, beendet allein deren Erlöschen nicht bestehende ArbVerh. (*Gehlhaar* DB 2009, 1762, 1765). Zur Beendigung der ArbVerh. der Kassenmitarbeiter im Falle der Schließung einer ges. Krankenkasse vgl. SGB V § 164 Rn. 5 ff.; BAG 21.11.2013 AP SGB V § 164 Nr. 1; AP SGB V § 164 Nr. 2; AP SGB V § 164 Nr. 3; *Rolfs* NZA 2013, 529. 36

d) Befristung; auflösende Bedingung. Arbeitsverträge mit wirksamer Befristungsabrede enden durch bloßen Zeitablauf (§ 620 I; § 15 I TzBfG) bzw. Erreichen des vereinbarten Zwecks (§ 15 II TzBfG). Die Vereinb. einer auflösenden Bedingung bestimmt sich kraft der in § 21 TzBfG geregelten Verweisung nach den gleichen Regeln (vgl. TzBfG § 21 Rn. 3). Eine **Altersgrenze** beinhaltet regelm. eine Höchstbefristung des ArbVerh. (vgl. TzBfG § 14 Rn. 56). 37

Die Mitt. des AG, ein befristet abgeschlossener Arbeitsvertrag solle nicht verlängert werden, oder eine mit der Befristung begr. Ablehnung der Weiterbeschäftigung ist idR keine vorsorgl. Kündigung (BAG 26.4.1979 AP BGB § 620 Befristeter Arbeitsvertrag Nr. 47). **Die Nichtverlängerungsmitteilung des AG** nach dem TV über die Mitteilungspflicht für Bühnenmitglieder v. 23.11.1977 (§ 2 I und V TVM) bedurfte nach stRspr. des BAG (26.8.1998 AP BGB § 611 Bühnenengagementsvertrag Nr. 53 mwN) keines sie rechtfertigenden Grundes und konnte daher auch aus betriebl. Gründen erfolgen. MWv. 1.1.2003 ist dieser TV durch entspr. Regelungen des TV „Normalvertrag Bühne" abgelöst worden. Unterbleibt die Mitt., verlängert sich das ArbVerh. kraft tarifl. Regelung um ein Jahr (Spielzeit, hierzu und zu tarifl. Ausnahmen BAG 15.2.2012 NZA-RR 2013, 154). Damit liegt im Schweigen des AG eine Willenserkl. (ArbRBGB/*Dörner* Rn. 139). Die nach dem Bühnentarifrecht erforderl. Anhörung des AN vor Ausspruch einer Nichtverlängerungsmitteilung hat auf AGSeite die Person durchzuführen, die für die Entsch. zust. ist. Eine Vertretung ist zulässig, eine Delegation nicht (BAG 15.5.2013 AP BGB § 611 Bühnenengagementsvertrag Nr. 63 Rn. 43; 28.9.2016 AP ArbGG 1979 § 110 Nr. 9 Rn. 56). Eine Nichtverlängerungsmitteilung ist unwirksam, wenn der AG die fristgerechte Anhörung unterlässt oder nicht ordnungsgemäß durchführt (BAG 15.5.2013 AP BGB § 611 Bühnenengagementsvertrag Nr. 63 Rn. 41; 28.9.2016 AP ArbGG 1979 § 110 Nr. 9 Rn. 55). Geht es bei einem Streit über die Wirksamkeit einer Nichtverlängerungsmitteilung nach dem Normalvertrag Chor v. 11.5.1979 allein um die künstlerischen Belange oder darum, ob diese durch bestimmte Leistungs- oder Eignungseinschränkungen des Chormitglieds berührt werden, ist der AG darlegungs- und beweispflichtig. Besteht dagegen Streit über die Leistungsfähigkeit oder sonstige Eignung des Chormitglieds, trägt dieses insoweit die Darlegungs- und Beweislast (BAG 12.1.2000 AP BGB § 611 Musiker Nr. 30). MWv. 1.5.2001 ist der TV „Normalvertrag Chor" durch den TV „Normalvertrag Chor/Tanz" abgelöst worden. 37a

e) Eröffnung des Insolvenzverfahrens. Die Eröffnung des Insolvenzverf. über das Vermögen des AG oder des AN löst weder Dienstverhältnisse (BGH 20.6.2005 NZA 2005, 1415) noch ArbVerh. auf. Vgl. wegen der bes. Kündigungsrechte die Erl. zu § 113 InsO. 38

f) Unmöglichkeit. Die dauernde Unmöglichkeit der Arbeitsleistung führt **nicht zur automatischen Beendigung** des ArbVerh. Es bedarf vielmehr zur Beendigung des ArbVerh. einer ordentl. oder außerordentl. Kündigung. 39

g) Wegfall bzw. Störung der Geschäftsgrundlage. Eine wesentl. Veränderung oder ein Wegfall bzw. die Störung der Geschäftsgrdl. des Arbeitsvertrags ist allein **kein selbständiger Beendigungstatbestand**, kann aber zur Kündigung berechtigen (§ 313 III 2; BAG 8.10.2009 NZA 2010, 465). Einer Vertragspartei kann die Berufung auf das Fehlen einer förml. Beendigung des ArbVerh. verwehrt sein, wenn die Voraussetzungen des Wegfalls der Geschäftsgrdl. vorliegen. So zB, wenn die tats. Grdl. für eine Beschäftigung durch äußere Ereignisse (Kriegszeiten) für den Dienstberechtigten und Dienstpflichtigen erkennbar dauernd oder wenigstens auf unabsehbare Zeit weggefallen sind (BAG 24.8.1995 AP BGB § 242 Geschäftsgrundlage Nr. 17). 40

Wenn außergewöhnl. Verhältnisse eine an sich zulässige **Kündigung unmögl.** oder doch unzumutbar machen, können ArbVerh. ausnahmsweise ihr Ende finden, ohne dass eine bes. rechtsfeststellende oder rechtsgestaltende Erkl. abgegeben wird. Das ist der Fall, wenn die tats. Grdl. für eine Beschäftigung des AN durch äußere Ereignisse sowohl für den AG wie auch für den AN erkennbar dauernd oder doch auf unabsehbare Zeit weggefallen sind (BAG 3.10.1961 AP BGB § 242 Geschäftsgrundlage Nr. 4; wegen § 313 III 2 **aA** MüKoBGB/*Hesse* Vor § 620 Rn. 56). 41

h) Lossagungsrecht nach § 12 S. 1 KSchG. Nach § 12 S. 1 KSchG kann ein AN, der im Kündigungsschutzprozess obsiegt und inzwischen ein neues ArbVerh. eingegangen ist (unzureichend Aufnahme einer selbständigen Tätigkeit, vgl. BAG 25.10.2007 NJW 2008, 1466), binnen einer Woche nach Rechtskraft des Urt. durch Erkl. ggü. dem bisherigen AG die Fortsetzung des ArbVerh. verweigern. Mit dem Zugang dieser Nichtfortsetzungserkl. erlischt das alte ArbVerh. (§ 12 S. 3 KSchG). Diese 42

Erkl. ist eine **Kündigung** und bedarf der Schriftform (vgl. § 623 Rn. 3b). Der AN kann nach § 12 S. 4 KSchG Zahlung des entgangenen Verdienstes nur für die Zeit bis zum Antritt des neuen ArbVerh. verlangen. Für die Zeit vom Antritt des neuen ArbVerh. bis zum rechtl. Erlöschen des alten ArbVerh. schneidet das G den Lohnanspruch aus Vereinfachungsgründen ab, was vor Ausübung des Lossagungsrechts bedacht werden sollte. Das Lossagungsrecht des AN besteht auch nach einer unwirksamen außerordentl. arbeitgeberseitigen Kündigung (arg. § 13 I 3 Hs. 2 KSchG).

43 **i) Suspendierung.** Keine Kündigung liegt vor, wenn beide Parteien das ArbVerh. nicht mehr vollziehen (AN erscheint nicht mehr zur Arbeit, aber eine Kündigung wird nicht ausgesprochen). Je nach Sachverhalt kann es dem AN nach gewissem Zeitablauf verwehrt sein, sich auf den **Bestand des ArbVerh. zu berufen** (BAG 3.10.1961 AP BGB § 242 Geschäftsgrundlage Nr. 4; 12.3.1963 AP BGB § 242 Geschäftsgrundlage Nr. 5; 24.8.1995 AP BGB § 242 Geschäftsgrundlage Nr. 17). Die konkrete Sachlage kann es ebenfalls rechtfertigen, von einem Ruhen des ArbVerh. auszugehen (BAG 9.8.1995 AP BGB § 611 Gratifikation Nr. 181).

43a Unter **Suspendierung** wird das vom AG veranlasste vollständige oder tw. Ruhen der Rechte und Pflichten aus dem ArbVerh. verstanden (näher *Fesenmeyer* S. 15 f.). Die Suspendierung ist nicht auf die Beendigung des ArbVerh. gerichtet, sondern auf die Unterbindung der Tätigkeit des AN. Eine Suspendierung kann von den Vertragsparteien vereinbart werden oder in einem TV geregelt sein (BAG 27.2.2002 AP TVG § 1 Tarifverträge: Rundfunk Nr. 36; zur Ruhensvereinb. wegen Auslandsentsendung BAG 14.7.2005 NZA 2005, 1411). Insb. kann die Freistellung von der Arbeitspflicht bereits antizipiert im Arbeitsvertrag für die Zeit ab Ausspruch einer Kündigung des ArbVerh. bis zum Kündigungstermin und die etwaige Dauer eines anschließenden Kündigungsrechtsstreits geregelt werden (LAG HM 3.2.2004 NZA-RR 2005, 358; MüKoBGB/*Hesse* Vor § 620 Rn. 46; *Kramer* S. 174 und 180); zur Inhaltskontrolle nach §§ 307 ff. vgl. *Krause* NZA-Beil. 1/2005, 51, 61 f.; *Fesenmeyer* S. 69 ff. Zur Frage des Fortbestands eines sozialversicherungsrechtl. BeschVerh. im leistungs- und beitragsrechtl. Sinne bei Verzicht des AG auf die Arbeitsleistung unter Fortzahlung des Arbeitsentgelts vgl. BSG 24.9.2008 NJW 2009, 1772; 24.9.2008 NZA-RR 2009, 272; dazu *Kock/Fandel* DB 2009, 2321; krit. *Bergwitz* NZA 2009, 518.

44 Von der einvernehml. Ruhensregelung ist die – einseitige – Suspendierung zu unterscheiden. Einseitig darf der AG dem AN jede weitere Arbeitsleistung im Betrieb verbieten und ihn suspendieren, wenn hierfür ein **billigenswerter Grund** besteht (BAG 15.6.1972 AP BGB § 628 Nr. 7; [GS] 27.2.1985 AP BGB § 611 Beschäftigungspflicht Nr. 14 unter C II 3c der Gründe; *Gahlen,* Die Suspendierung eines AN, Diss. Gießen 1990 S. 75 f.; *Lepsien,* Die Suspendierung eines AN, Diss. Bielefeld 2001 S. 53 f.; *Krause* NZA-Beil. 1/2005, 51, 52 f.; HKZ/*Kelber* D Rn. 394 [Führungskräfte grds.]; zur Suspendierung während des Zustimmungsersetzungsverf. nach § 103 BetrVG LAG K 2.8.2005 NZA-RR 2006, 28, 29). Die Suspendierung kommt insb. in Betracht, wenn jede weitere Beschäftigung Schäden hervorrufen könnte oder der Verdacht einer strafbaren Handlung bzw. einer schwerwiegenden Pflichtverletzung gegeben ist (*Fesenmeyer* S. 31 f.). Damit reicht nicht jedes Interesse des AG, das eine Kündigung sozial rechtfertigen könnte, zur Suspendierung aus. Die einseitige Suspendierung **beseitigt die Vergütungspflicht grds. nicht** (MüKoBGB/*Hesse* Vor § 620 Rn. 43). Ist der Grund der Suspendierung jedoch so schwerwiegend, dass dem AG jede weitere Annahme der Arbeitsleistung unzumutbar wäre, kann auch die Vergütungspflicht entfallen (BAG 16.4.2014 NZA 2014, 1082). Da in Fällen dieser Art der AG zum Ausspruch einer wirksamen außerordentl. Kündigung berechtigt ist, kommt diese stärkste Form der Suspendierung regelm. nur dann in Betracht, wenn dem sofortigen Ausspruch der Kündigung die notwendige Beteiligung Dritter (zB BR oder Integrationsamt) entgegensteht.

45 **j) Streik und Aussperrung.** Rechtmäßige Arbeitskämpfe führen grds. nur zur **Suspendierung der Hauptpflichten** aus dem Arbeitsvertrag, lösende Arbeitskampfmaßnahmen kommen realiter nicht mehr vor.

46 **3. Erscheinungsformen der Kündigung. a) Ordentliche Kündigung.** Jede Kündigung ist iZw. eine ordentl. Sie ist der **Grundfall** und an die Einhaltung bestimmter Fristen und Termine gebunden (vgl. § 622). Allerdings sehen § 22 I BBiG und verschiedene TV ordentl. entfristete Kündigungen vor. Im Anwendungsbereich des KSchG (vgl. zum Betriebsbegriff BAG 28.10.2010 AP KSchG 1969 § 23 Nr. 48; zur gestuften Darlegungs- und Beweislast des AN hins. der Anwendungsvoraussetzungen dieses G BAG 26.6.2008 AP KSchG 1969 § 23 Nr. 42) bedarf die ordentl. Kündigung des ArbVerh. durch den AG zu ihrer Wirksamkeit der sozialen Rechtfertigung (§ 1 I KSchG) durch Gründe, die in der Person oder dem Verhalten des AN liegen, oder durch dringende betriebl. Erfordernisse, die einer Weiterbeschäftigung des AN entgegenstehen (vgl. die Erl. zum KSchG). Zum Kündigungsschutz im Kleinbetrieb vgl. GG Art. 12 Rn. 37 ff. (dazu a. BAG 21.2.2001 NZA 2001, 833; 6.2.2003 NZA 2003, 717; 28.10.2010 AP KSchG 1969 § 23 Nr. 48).

47 **b) Außerordentliche Kündigung.** Die außerordentl. Kündigung muss als solche **ausdr. erklärt** werden. Sie ist stets an das Vorliegen bes. Gründe gebunden (zB § 626). Wird keine anderslautende Erkl. (zB soziale Auslauffrist) abgegeben, ist die außerordentl. Kündigung eine entfristete. Sie wird mit

ihrem Zugang wirksam. Ist der AN ordentl. unkündbar, kann ihm nach der Rspr. aus minder wichtigem Grund außerordentl. mit notwendiger Auslauffrist entspr. der sonst anwendbaren Kündigungsfrist gekündigt werden.

c) Änderungskündigung. Die Änderungskündigung ist ein aus zwei Willenserkl. zusammengesetztes Rechtsgeschäft. Zur Kündigungserkl. kommt als zweites Element das Angebot zur Fortsetzung des ArbVerh. zu geänd. Arbeitsbedingungen hinzu (*Niemann* RdA 2016, 339, 340). Die Änderungskündigung ist als ordentl. und als außerordentl. Kündigung zulässig. Sie ist auf die **Änd. des Vertragsinhalts** gerichtet und setzt dazu die Auflösung des ArbVerh. als Mittel ein. Die Änderungskündigung kann ausschl. als bedingte Kündigung für den Fall erklärt werden, dass der Kündigungsgegner das Änderungsangebot ablehnt (BAG 21.4.2005 NZA 2005, 1289). Da es sich in letzterem Fall um eine Potestativbedingung handelt, ist die in dieser Form bedingte Kündigung trotz der grds. Bedingungsfeindlichkeit von Gestaltungsrechten zulässig (vgl. Rn. 22). 48

Das Änderungsangebot muss zugleich in der Kündigung enthalten oder bereits zuvor erklärt worden sein und in bestimmter Weise in der Kündigung in Bezug genommen werden (BAG 21.4.2005 NZA 2005, 1289; *Krois* ZFA 2009, 575, 588 ff.). Das **Angebot muss eindeutig** bestimmt oder zumindest bestimmbar sein. Es muss zweifelsfrei klarstellen, zu welchen Vertragsbedingungen das ArbVerh. künftig fortbestehen soll (BAG 20.6.2013 NZA 2013, 1409 Rn. 18). Das Angebot ist so konkret zu fassen, dass es einer Annahme durch den AN ohne weiteres zugängl. ist. Unklarheiten gehen zu Lasten des AG, sie führen zur Unwirksamkeit der Änd. der Arbeitsbedingungen (BAG 17.2.2016 AP KSchG 1969 § 2 Nr. 168 Rn. 18). 48a

Der AG kann dem AN zwei Angebote antragen, die zueinander im Alternativverhältnis stehen. Entscheidend sind die Bestimmtheit und das **Wahlrecht des AN.** Erklärt der AG zur selben Zeit mehrere Änderungskündigungen, die jeweils das Angebot zur Fortsetzung des ArbVerh. unter Änd. ledigl. einer bestimmten – jeweils anderen – Vertragsbedingung und den Hinweis enthalten, der AN erhalte zugleich weitere Änderungskündigungen, sind die Angebote nicht hinreichend bestimmt (BAG 10.9.2009 NZA 2010, 333). Keine Änderungskündigung liegt vor, wenn die Kündigung des ArbVerh. unbedingt, das neue Vertragsangebot jedoch nur bedingt erfolgt, der AG einen Neuabschluss also nur in Aussicht stellt. 48b

Die Änderungskündigung ist ebenso wie die Beendigungskündigung eine **echte Kündigung.** Der AG muss daher § 623 (vgl. dort Rn. 3, 12) und Kündigungsfristen einhalten, den BR anhören (zum notwendigen Umf. der Anhörung näher BAG 12.8.2010 NZA 2011, 460) sowie Sonderkündigungsschutz (einschl. dort geregelter Anhörungspflichten, wie § 178 II SGB IX) beachten (BAG 9.9.2010 AP KSchG 1969 § 2 Nr. 149). 48c

d) Teilkündigung, Widerrufsvorbehalt. Von der Änderungskündigung ist die Teilkündigung zu unterscheiden. Die Teilkündigung löst die vertragl. Bindung an einzelne Arbeitsbedingungen auf, ohne das ArbVerh. als Ganzes zu beenden. Die Teilkündigung eines ArbVerh. (vgl. zur Teilkündigung einer BV BAG 6.11.2007 NZA 2008, 422) ist nur zulässig, wenn sie **vertragl. vereinbart** wurde. Dies kann sich durch Auslegung des Arbeitsvertrags ergeben (BAG 4.2.1958 AP BGB § 620 Teilkündigung Nr. 1; 13.3.2007 NZA 2007, 563 [betr. Stellung eines Datenschutzbeauftragten]; offen BAG 29.9.2010 NZA 2011, 151; **aA** BAG 23.3.2011 NZA 2011, 1036 kein wirksamer vertragl. Vorbehalt der Teilkündigung, weil ges. geregelter Widerruf). 49

Erfolgt eine Teilkündigung, ist zu prüfen, ob dadurch das **Gesamtgefüge von Leistung** und Gegenleistung gestört wird. Dies hätte die Unwirksamkeit der Teilkündigung zur Folge. Das KSchG findet keine Anwendung (BAG 13.3.2007 NZA 2007, 563). Lassen sich unter Aufrechterhaltung des Gesamtgefüges Einzelbereiche, die nur lose mit dem Ganzen zusammenhängen, abtrennen, ist eine auf diese Teile bezogene Kündigung zulässig (vgl. BAG 14.11.1990 NZA 1991, 377: Chefarzt, der höhere Nebenkosten erstatten soll). Vgl. zur Kündigung einer Nebenabrede betr. Bereitschaftsdienst: BAG 15.2.1990 NZA 1990, 848. 49a

Ist das Recht zur einseitigen Änd. einzelner Vertragsbedingungen vertragl. vereinbart, so bedarf es keiner Teilkündigung, denn es liegt – unabhängig von der gewählten Bezeichnung – ein **Widerrufsvorbehalt** vor (BAG 7.10.1982 AP BGB § 620 Teilkündigung Nr. 5). Zur Wirksamkeit eines in AGB vorgesehenen Widerrufsvorbehalts BAG 12.1.2005 NZA 2005, 465; §§ 305 bis 310 Rn. 57 ff. Der Widerruf darf nur nach billigem Ermessen (§ 315) ausgeübt werden. 50

e) Kündigung von Gruppenarbeitsverhältnissen. Beim GruppenArbVerh. in Form der Eigengruppe ist eine Einzelkündigung ggü. einem Gruppenmitglied grds. nur dann mögl., wenn entweder eine entspr. Abrede getroffen wurde oder durch das Ausscheiden eines AN die an sich gemeinschaftl. zu erbringende Leistung weder unmögl. gemacht noch wesentl. erschwert wird. Bei der letzten Alt. ist zu bedenken, dass allzu wenig Rücksicht auf die Interessen der übrigen Gruppenmitglieder genommen wird. Deshalb wird man ihnen für den Fall der Einzelkündigung durch den AG das Recht zur außerordentl. Kündigung einräumen müssen, um dem AG die **Disposition über die Gruppe** zu entziehen. Scheidet eine Einzelkündigung aus Rechtsgründen aus, ist der AG berechtigt, allen Gruppenmitgliedern fristgemäß zu kündigen, wenn ggü. einem Gruppenmitglied ein Kündigungsgrund (§ 626 oder § 1 II KSchG) gegeben ist (einschl. ggf. erforderl. Abmahnung: LAG ST 8.3.2000 NZA- 51

RR 2000, 528, 530). Kommt einem Mitglied der Gruppe bes. Kündigungsschutz zu, wirkt dieser nicht zugunsten der anderen Gruppenmitglieder (aA *Franken,* Individualrechtl. Fragen der GruppenArbVerh., 2005 S. 250).

52 **4. Formerfordernisse für Kündigungen.** Die Kündigung von Dienstverhältnissen bedarf grds. keiner Form. Sie kann daher mdl., schriftl., telefonisch, telegraphisch oder konkludent erklärt werden. Soweit kein Formerfordernis eingreift, kann eine Kündigung auch durch Telefax erfolgen. Ebenso genügt ein Telefax dem Formerfordernis, wenn die Schriftform einzelvertragl. vereinbart ist (§ 127; vgl. MüKoBGB/*Einsele* § 127 Rn. 10). Seit dem 1.5.2000 besteht für die Kündigung von ArbVerh. nach § 623 ein ges. Schriftformerfordernis, auf das in § 620 II hingewiesen wird.

53 **5. Zugang von Kündigungen. a) Zugang unter Abwesenden.** Die Kündigung wird als Willenserkl. unter Abwesenden erst wirksam, wenn sie dem Kündigungsgegner zugegangen ist (§ 130 I 1; BAG 22.3.2012 AP KSchG 1969 § 5 Nr. 19). Das Risiko der Übermittlung und Ankunft trägt also der Kündigende. Die unter Abwesenden abgegebene Erkl. ist zugegangen, sobald sich der Empfänger bei normaler Gestaltung seiner Verhältnisse Kenntnis von der Kündigung verschaffen kann und die Kenntnisnahme nach den **Gepflogenheiten des Verkehrs** von ihm erwartet werden muss (BAG 9.6.2011 NZA 2011, 847; 22.3.2012 AP KSchG 1969 § 5 Nr. 19). Daraus folgt, dass der Zpkt. des Zugangs nicht uneingeschränkt mit dem Zpkt. zusammenfällt, in dem die Kündigung in den Machtbereich des Empfängers gelangt. Denn in den Machtbereich des Kündigungsempfängers ist die Kündigung bereits gelangt, wenn sich der Brief zB im Briefkasten befindet.

53a Besteht die Möglichkeit der Kenntnisnahme unter gewöhnl. Verhältnissen, so ist es unbeachtl., wann der Empfänger die Kündigung tats. zur Kenntnis nimmt (LAG B 11.6.2010 ArbR 2011, 102). Erreicht ein Schriftstück die **Empfangseinrichtungen des Adressaten** (Briefkasten, Postschließfach) zu einer Tageszeit, zu der nach den Gepflogenheiten des Verkehrs eine Entnahme oder Abholung durch den Adressaten nicht mehr erwartet werden kann (zB nach 16:00 Uhr, so LAG K 17.9.2010 NZA-RR 2011, 180), ist die Willenserkl. an diesem Tag nicht mehr zugegangen. Eine Kündigung, die erst zur Nachtzeit in den Briefkasten eingeworfen wird, geht in jedem Fall erst am nächsten Tag zu. Ist ein Briefkasten nicht vorhanden, wird der Zugang dadurch bewirkt, dass der Brief unter der Haustür oder unter der Wohnungstür voll durchgeschoben wird (LAG D 19.9.2000 LAGE BGB § 130 Nr. 21). Unterhält der AN ein Postschließfach, geht auch hier die Kündigung dann zu, wenn mit der Leerung nach der Verkehrsanschauung zu rechnen ist. Dies muss nicht tägl. sein (BGH 31.7.2003 NJW 2003, 3270). Doch sind kurze Leerungsintervalle übl., so dass sieben Tage bereits als ungewöhnl. lang zu beurteilen sind (vgl. aber LAG K 4.12.2006 NZA-RR 2007, 323).

53b Ein an die Heimatanschrift des AN gerichtetes Kündigungsschreiben geht diesem auch dann zu, wenn dem AG bekannt ist, dass der AN während seines Urlaubs verreist ist (BAG 16.3.1988 AP BGB § 130 Nr. 16; 24.6.2004 NZA 2004, 1330; 22.3.2012 AP KSchG 1969 § 5 Nr. 19). Hat der AN einen Nachsendeantrag gestellt oder sonst für die Übermittlung eingehender Post innerhalb angemessener Zeit gesorgt, geht ihm die Kündigungserkl. erst an dem Ort zu, an dem sie ihn tats. bestimmungsgemäß erreicht (LAG HM 25.2.1988 LAGE BGB § 130 Nr. 18).

53c Ist ein **beschränkt Geschäftsfähiger** ermächtigt, eine berufl. Tätigkeit aufzunehmen (§ 113), kann die Kündigung ihm ggü. wirksam erklärt werden, entspr. gilt im Fall der Betreuung (BAG 13.2.2008 NZA 2008, 1055). Eine ggü. einem nach § 106 in seiner Geschäftsfähigkeit beschränkten AN abgegebene Kündigungserkl. geht zu, wenn sie mit dem erkennbaren Willen abgegeben worden ist, sie solle seinen ges. Vertreter erreichen, und tats. in dessen Herrschaftsbereich gelangt. Es genügt, wenn der Erklärende damit gerechnet hat, die Kündigung werde ggf. auf Umwegen den von ihm bestimmten Empfänger erreichen (BAG 28.10.2010 NZA 2011, 340; 8.12.2011 NZA 2012, 495).

53d Einzelvertragl. Abreden einer **Fiktion des Zugangs** sind grds. zulässig, entspr. AGB verstoßen aber gegen § 308 Nr. 6 (Preis/*Preis* II Z 10 Rn. 14; CKK/*Brühler* § 308 Rn. 108; *Mauer* DB 2002, 1442, 1445). Hat der AG den BR nach § 102 BetrVG oder die SBV nach § 178 II SGB IX vor Ausspruch der Kündigung anzuhören, endet die Anhörungsfrist von einer Woche (bzw. bei einer außerordentl. Kündigung von drei Tagen) gem. §§ 187, 188 II erst mit Ablauf des letzten Tags der Frist. Hat der BR bis zum Dienstschluss des letzten Tags keine Stellungn. abgegeben, führt es nicht zur Unwirksamkeit der Kündigung, wenn der AG die Kündigung in einer Weise absendet (zB durch Boten), dass sie dem AN erst nach Fristablauf zugehen kann und dem AG die Möglichkeit erhalten bleibt, den Zugang zu verhindern, wenn der BR wider Erwarten noch fristgerecht Stellung nehmen sollte (BAG 8.4.2003 NZA 2003, 961).

54 Der Empfänger einer Willenserkl. kann sich nach Treu und Glauben nicht auf den späteren Zugang der Willenserkl. berufen, wenn er die **Zugangsverzögerung** selbst zu vertreten hat. Er muss sich, wenn der Erklärende seinerseits alles Erforderliche und ihm Zumutbare getan hat, so behandeln lassen, als habe der Erklärende den rechtzeitigen Zugang der Erkl. bewirkt (BAG 22.9.2005 NZA 2006, 204; 13.2.2008 NZA 2008, 1055). Dies kann bei einem **Übergabe-Einschreiben** der Fall sein, bei dem im Falle der Abwesenheit des Adressaten der Postbote die Nachricht hinterlässt, es liege ein Einschreiben für den Empfänger bei der Post bereit. Selbst wenn der AN mit einer Kündigung rechnen muss, tritt der Zugang der Kündigung erst ein, wenn der Adressat das Einschreiben inner-

halb der von der Post mitgeteilten Aufbewahrungspflicht abholt (BAG 25.4.1996 AP KSchG 1969 § 4 Nr. 35; 7.11.2002 NZA 2003, 719). Anders verhält es sich bei einem sog. **Einwurf-Einschreiben,** das wie ein einfacher Brief eingeworfen wird, wobei dieser Umstand abrufbar bei der Post dokumentiert wird. Die so übermittelte Kündigung geht wie bei einem einfachen Brief zu (LAG K 22.11.2010 NZA-RR 2011, 244). Der von Mitarbeitern der Dt. Post AG erstellte Auslieferungsbeleg ist im Rechtsstreit keine öffentl. Urkunde iSv. §§ 415, 418 ZPO, mit deren Hilfe der Zugang eines Kündigungsschreibens bewiesen werden könnte (LAG HM 22.5.2002 LAGReport 2003, 8, 10; zur gestuften Darlegungslast des AN LAG B 12.3.2007 ZTR 2007, 468 [LS]). Unterlässt es der Kündigungsadressat eines Übergabe-Einschreibens den Brief abzuholen, handelt er uU rechtsmissbräuchl. (vgl. BeckOK/*Hesse* Rn. 31).

Lehnt der Empfänger grundlos die Annahme einer Willenserkl. ab, muss er sich nach Treu und Glauben jdf. so behandeln lassen, als sei ihm das Schreiben im Zpkt. der Ablehnung zugegangen, wenn **im Rahmen vertragl. Beziehungen** mit rechtserhebl. Mitt. gerechnet werden musste (BAG 3.4.1986 AP SchwbG § 18 Nr. 9; 7.11.2002 NZA 2003, 719; *Herbert* NJW 1997, 1829, 1831). Für die Vereitelung ist keine Absicht erforderl. (MüKoBGB/*Hesse* Vor § 620 Rn. 99). Vielmehr genügt das Unterlassen geeigneter organisatorischer Maßnahmen. Entspr. gilt für das Nichtabholen einer Einschreibesendung. Eine Einlösung wird in diesen Fällen binnen einer Woche erwartet werden können. Wechselt der AN seinen Wohnsitz, hat er dem AG die neue Anschrift mitzuteilen (BAG 22.9.2005 NZA 2006, 204). Verlässt der AN in Erwartung der Übergabe eines Kündigungsschreibens pflichtwidrig vor Arbeitsende den Betrieb und vereitelt so den Zugang, handelt er treuwidrig (aA LAG K 10.4.2006 NZA-RR 2006, 466). 54a

Nach § 164 III ist Vertretung auch beim Empfang einer Kündigungserkl. mögl.; bei Gesamtvertretungsmacht genügt es idR, wenn der Zugang ggü. einer vertretungsberechtigten Person bewirkt wird (§ 1629 I 2, § 125 II 3 [ggf. iVm. § 161 II] HGB, § 78 II 2 AktG, § 35 II 3 GmbHG). Wird das Kündigungsschreiben nicht dem Adressaten selbst, sondern einem Dritten ausgehändigt, ist zu unterscheiden, ob dieser Dritte Empfangsvertreter oder -bote ist. Die Übergabe an einen bevollmächtigten Vertreter führt bereits den Zugang herbei (BAG 21.1.1988 AP KSchG 1969 § 4 Nr. 19). Hierfür kommt va. ein vom Adressaten eingeschalteter RA in Betracht. Die **Empfangsvollmacht** muss tats. bestehen. Das kann der Fall sein, wenn in einem lfd. Prozess der AN den Anwalt beauftragt hat, gegen die Berechtigung weiterer Kündigungen anzugehen (vgl. BGH 13.2.1980 NJW 1980, 990). 55

Neben den Empfangsvertretern werden von der hM rechtsgeschäftl. bestellte **Empfangsboten** und solche kraft Verkehrsanschauung anerkannt (BAG 9.6.2011 NZA 2011, 847 mwN). Wird die Kündigung einem Empfangsboten des AN ausgehändigt, was auch außerhalb der Wohnung des AN geschehen kann, geht die Kündigung dem AN zu, sobald der AN unter Zugrundelegung gewöhnl. Übermittlungsverhältnisse die Möglichkeit der Kenntnisnahme erlangt (BAG 9.6.2011 NZA 2011, 847). Wer als Empfangsbote in Betracht kommt, bestimmt sich nach der Verkehrsanschauung (BAG 9.6.2011 NZA 2011, 847). Hierzu können erwachsene Familienangehörige, Ang. oder der Zimmervermieter gehören (vgl. BAG 18.2.1977 AP BGB § 130 Nr. 10; 9.6.2011 NZA 2011, 847). Sofern kein Fall der vom AN veranlassten Zugangsvereitelung vorliegt, kann der Empfangsbote die Annahme der Erkl. erfolgreich abl. (BAG 9.6.2011 NZA 2011, 847). 55a

Lehnt ein als Empfangsbote anzusehender Familienangehöriger des abwesenden AN die Annahme eines Kündigungsschreibens des AG ab, so muss der AN die Kündigung nur dann als zugegangen gegen sich gelten lassen, wenn er auf die **Annahmeverweigerung,** etwa durch vorherige Absprache mit dem Angehörigen, Einfluss genommen hat (BAG 11.11.1992 AP BGB § 130 Nr. 18). 55b

Wird die Kündigung an eine Person ausgehändigt, die regelm. weder als Empfangsvertreter noch als Empfangsbote anzusehen ist (zB Nachbar, anderer Hausbewohner), wird diese Person als **Erklärungsbote des Kündigenden** zu qualifizieren sein. 55c

Die Kündigung kann durch den Gerichtsvollzieher, nicht dagegen durch die Post, nach den Vorschr. der ZPO zugestellt werden (§ 132; dazu *Kaiser* NJW 2009, 2187). Wenn der Aufenthaltsort des Kündigungsgegners unbekannt ist, kommt die **öffentl. Zustellung** in Betracht (§ 132 II). In jedem Fall gilt der allg. Grds., dass der Erklärungsgegner den Zugang der Kündigung nicht vereiteln darf, ansonsten gilt der Zugang als rechtzeitig erfolgt. 56

Ist die Kündigung in den Machtbereich des AN gelangt, dort aber verloren gegangen, kommt eine **nachträgl. Zulassung der Kündigungsschutzklage** (§ 5 KSchG) in Betracht (BAG 28.5.2009 NZA 2009, 1229). Bei urlaubsbedingter Versäumung der Klagefrist des § 4 S. 1 KSchG ist die Kündigungsschutzklage nachträgl. zuzulassen (§ 5 KSchG). Entspr. gilt bei Abwesenheit wegen Krankheit, Kur, Umzugs oder Haft (vgl. BAG 2.3.1989 AP BGB § 130 Nr. 17; 22.3.2012 AP KSchG 1969 § 5 Nr. 19). 57

b) Zugang unter Anwesenden. Die Kündigung, die einem Anwesenden ggü. abgegeben wird, geht dem Empfänger **in aller Regel sofort** zu und wird damit wirksam (BAG 4.11.2004 NZA 2005, 513). Bis zur Einführung von § 623 galt dies auch für fernmdl. Erkl. (§ 147 II 2). Die einem Anwesenden übergebene schriftl. Kündigungserkl. wird mit der Übergabe wirksam. Ob und wann der Empfänger 58 das Schreiben liest, ist ohne Bedeutung. Die Regeln über den Zugang von Willenserkl. sind dispositiv. Nicht erforderl. ist, dass der **Empfänger dauerhaft die Verfügungsgewalt behält** (BAG 4.11.2004 NZA 2005, 513). Wird dem AN ein Kündigungsschreiben in einem geschlossenen Umschlag übergeben, geht es ihm im Augenblick der Übergabe zu, und zwar auch dann, wenn der AN den Umschlag ungeöffnet zurückgibt (BAG 7.1.2004 ZInsO 2005, 671). Wird einem ausl. AN, ein in dt. Sprache verfasstes Kündigungsschreiben überreicht, geht die Kündigung sofort zu. Schwierigkeiten des Verstehens sind nicht über die Zugangsproblematik, sondern über die Möglichkeit der nachträgl. Zulassung einer Kündigungsschutzklage zu lösen (vgl. KR/*Friedrich/Klose* § 4 KSchG Rn. 136).

59 **6. Anfechtung einer Kündigung.** Die Kündigungserkl. unterliegt wie jedes andere Rechtsgeschäft den Anfechtungsregeln der §§ 119 ff. Fordert der AG den AN auf, das ArbVerh. selbst zu kündigen, und droht er ihm bei Unterlassung der Eigenkündigung mit der fristlosen Entlassung, wird hierin eine **widerrechtl. Drohung** liegen, wenn ein verständiger AG in der gleichen Situation eine Kündigung nicht in Erwägung gezogen hätte. Es gelten die gleichen Grds. wie bei der Anfechtung von Aufhebungsverträgen (vgl. Rn. 11).

60 **7. Umdeutung rechtsunwirksamer Kündigungen. a) Umdeutung in Antrag auf Abschluss eines Aufhebungsvertrags.** Eine rechtsunwirksame Kündigung kann in einen Antrag auf Abschluss eines Aufhebungsvertrags umgedeutet werden. Dabei ist von den Anschauungen vernünftig denkender Menschen auszugehen. Es kommt für die Umdeutung zunächst darauf an, dass der Kündigende bei Kenntnis der Unwirksamkeit der von ihm erklärten Kündigung den Abschluss eines Aufhebungsvertrags gewollt hätte. Dies wird zumeist der Fall sein. Weitaus seltener wird die Annahme des auf Abschluss des Aufhebungsvertrags gerichteten Antrags durch den Erklärungsempfänger festzustellen sein. Allein die **Hinnahme der rechtsunwirksamen Kündigung** ist hierfür ungenügend (BAG 13.4.1972 AP BGB § 626 Nr. 64). Vielmehr muss erkennbar werden, dass sich beide Arbeitsvertragsparteien aus dem ArbVerh. lösen wollen. Zudem kommt das Formerfordernis des § 623 hinzu (vgl. LAG HE 25.5.2011 LAGE BGB 2002 § 626 Eigenkündigung Nr. 2). Umgekehrt kann eine Wissenserkl. (zB über einen vermeintl. Ablauf eines befristeten ArbVerh. oder einen Bedingungseintritt) nicht in eine Kündigung umgedeutet werden (BAG 4.11.2015 NZA 2016, 547 Rn. 32).

61 **b) Umdeutung einer außerordentlichen Kündigung** in eine ordentl. Kündigung zum nächstzulässigen Termin. Sie setzt materiell-rechtl. voraus, dass der Ausspruch der ordentl. Kündigung dem mutmaßl. Willen des Kündigenden entspricht und dieser Wille dem Erklärungsempfänger erkennbar war (BAG 12.5.2010 NZA 2010, 1348; 25.10.2012 NZA 2013, 371 Rn. 21). Dem Gekündigten muss aus der Kündigungserkl. oder sonstigen Umständen bereits im Zpkt. des Zugangs der Kündigung erkennbar sein, dass der Kündigende das ArbVerh. **in jedem Fall** beenden will (BAG 18.9.1975 AP BGB § 626 Druckkündigung Nr. 10; 20.9.1984 AP BGB § 626 Nr. 80; 23.10.2008 AP BGB § 626 Nr. 217; 12.5.2010 NZA 2010, 1348). Dabei wird die Kenntnis des Erklärenden von der Unwirksamkeit seiner Kündigung fingiert (*Vossen* RdA 2003, 181, 183). Bei der Ermittlung des hypothetischen Willens des Kündigenden ist bezogen auf den Zpkt. des Kündigungszugangs auf die wirtschaftl. Folgen abzustellen, die mit der nichtigen Erkl. bezweckt waren (BAG 13.8.1987 AP KSchG 1969 § 6 Nr. 3). Eine tats. Vermutung gibt es nicht, nachdem die frühere Auslegungsregel des § 11 II KSchG 1951 (iZw. keine Kündigung zum nächstzulässigen Termin) durch das Erste ArbRBerG ersatzlos aufgeh. wurde. Eine Konversionsklausel kann sich aber in einem TV oder im Arbeitsvertrag der Parteien finden. Findet das KSchG auf das ArbVerh. (noch) keine Anwendung, kann regelm. auf einen entspr. Beendigungswillen des AG geschlossen werden (BAG 15.11.2001 AP BGB § 140 Nr. 13). IZw. ist auch die Beendigung zum nächstzulässigen Termin beabsichtigt (BAG 23.10.2008 AP BGB § 626 Nr. 217). Die im Wege der Umdeutung gewonnene ordentl. Kündigung muss den auf ordentl. Kündigungen anzuwendenden Rechtsvorschr. (ggf. KSchG oder Regeln des Sonderkündigungsschutzes) entsprechen (BAG 20.3.2014 NZA 2014, 1089 Rn. 26). Insb. an der fehlenden Zust. des Integrationsamts kann die Umdeutung scheitern (BAG 16.10.1991 – 2 AZR 197/91 – BeckRS 1991, 30738913; LAG NI 16.9.2005 NZA-RR 2006, 131, 133). Sofern nicht bes. Interessen dem entgegenstehen, kann eine außerordentl. Kündigung mit notwendiger Auslauffrist in eine ordentl. Kündigung umgedeutet werden (*Bröhl* S. 249; vgl. BAG 24.6.2004 AP BGB § 626 Nr. 180; 20.3.2014 NZA 2014, 1089 Rn. 26). Eine außerordentl. fristlose Kündigung kann **in eine außerordentl. Kündigung mit notwendiger Auslauffrist** umgedeutet werden (BAG 13.6.2002 NZA 2003, 44; 25.3.2004 AP BGB § 138 Nr. 60; *Bröhl* S. 248), sofern dem nicht der bes. Kündigungsschutz entgegensteht (BAG 21.6.2012 NZA 2013, 224).

62 **c) Umdeutung einer ordentlichen in eine außerordentliche Kündigung.** Ist eine ordentl. Kündigung erklärt worden, kann diese im Falle ihrer Unwirksamkeit nicht in eine außerordentl. Kündigung umgedeutet werden, weil die Umdeutung zu keiner rechtl. weitergehenden Folge führen darf (BAG 12.9.1974 AP TVAL II § 44 Nr. 1). Zudem fehlt es an der Schriftform der auf die außerordentl. Beendigung gerichteten Erkl. (§ 623). Ebenso wenig kann eine ordentl. Kündigung in eine **Nichtfortsetzungserkl. iSv. § 12 S. 1 KSchG** umgedeutet werden (LAG K 9.8.2012 NZA-RR 2013, 193); während umgekehrt die unwirksame Ausübung des Lossagungsrechts in eine ordentl. Kündigung des ArbVerh. durch den AN umgedeutet werden kann (LAG NI 2.5.2006 – 13 Sa 1585/05 – BeckRS 2006,

31055944). Hingegen ist es nicht ausgeschlossen, eine ordentl. Kündigung in eine außerordentl. Kündigung mit notwendiger Auslauffrist (vgl. Rn. 47) umzudeuten (*Bröhl* S. 251; offen BAG 25.3.2004 AP BGB § 138 Nr. 60; 22.4.2010 NZA-RR 2011, 75).

d) Umdeutung einer Kündigung in eine Anfechtungserklärung. Die Umdeutung einer unwirksamen ordentl. Kündigung in eine Anfechtungserkl. kommt nicht in Betracht (BAG 14.10.1975 AP MuSchG 1968 § 9 Nr. 4), denn das umgedeutete Rechtsgeschäft darf **keine weiterreichenden Folgen** haben als das unwirksame Rechtsgeschäft. Allerdings kann eine außerordentl. Kündigung als Anfechtungserkl. ausgelegt oder in eine solche umgedeutet werden, wenn sich aus den Gesamtumständen ergibt ist, dass die Auflösung des ArbVerh. aus Gründen der Täuschung oder Drohung gewollt ist. 63

e) Umdeutung bei fehlerhafter Fristberechnung. Liegt einer ordentl. Kündigung eine unrichtige Berechnung der Kündigungsfrist zugrunde und kann die Kündigung wegen ihres eindeutigen Wortlauts nicht ausgelegt werden (§ 622 Rn. 12) oder ist sie zu einem unzulässigen Kündigungstermin ausgesprochen worden, wird sie in eine Kündigung **zum nächstzulässigen Kündigungstermin** umgedeutet (vgl. § 622 Rn. 12). 64

f) Einschränkungen der Umdeutung von Kündigungen. Folgt die Unwirksamkeit einer Kündigung aus der Nichtbeachtung des in § 623 geregelten Schriftformerfordernisses, steht dies einer Umdeutung in eine Willenserkl. entgegen, die ihrerseits schriftformbedürftig ist (vgl. § 623 Rn. 11). Zur Bedeutung von § 7 KSchG für eine mögl. Umdeutung vgl. § 622 Rn. 12. Eine Anhörung des BR zu einer beabsichtigten außerordentl. Kündigung genügt nicht zugleich als Anhörung zur ordentl. Kündigung und umgekehrt. Auch zu der im Wege der Umdeutung gewonnenen Kündigung müssen die Voraussetzungen des **§ 102 BetrVG** vorliegen. Ist der BR nach § 102 BetrVG allein zu der beabsichtigten und tats. ausgesprochenen außerordentl. Kündigung angehört worden, kann keine Umdeutung der unwirksamen außerordentl. Kündigung in eine ordentl. Kündigung erfolgen, weil diese wiederum gem. § 102 I 3 BetrVG unwirksam wäre. Hiervon wird nur dann abgewichen, wenn der BR der außerordentl. Kündigung ausdr. und vorbehaltlos zugestimmt hatte und einer ordentl. Kündigung erkennbar nicht entgegengetreten wäre (BAG 16.3.1978 AP BetrVG 1972 § 102 Nr. 15; krit. *Benecke* AuR 2005, 48, 51). Entspr. gilt für die Beteiligung der Personalvertretung nach dem Personalvertretungsrecht (BAG 23.10.2008 AP BGB § 626 Nr. 217). Soll die ggü. einem ordentl. unkündbaren AN fristlos oder mit sozialer Auslauffrist ausgesprochene außerordentl. Kündigung in eine Kündigung mit Auslauffrist umgedeutet werden, setzt dies voraus, dass der BR bzw. die Personalvertretung gem. den Bestimmungen für ordentl. Kündigungen beteiligt wurde (BAG 18.10.2000 NZA 2001, 219). Bei schwerbehinderten AN und ihnen gleichgestellten scheidet die Umdeutung aus, wenn es an der Zust. des Integrationsamts zur ordentl. Kündigung (§ 168 SGB IX) fehlt (BAG 7.7.2011 NZA 2011, 1412; 23.1.2014 NZA 2014, 895 Rn. 25). Genießt der zu kündigende AN den bes. Schutz des **SGB IX**, scheitert eine Umdeutung, wenn das Integrationsamt allein der außerordentl. Kündigung zugestimmt hat (§§ 168, 174 SGB IX). Darüber hinaus gilt das zur Beteiligung des BR Gesagte entspr. für die Anhörung der SBV nach § 178 II SGB IX. § 140 ist **im Prozess** – auch in der Revisionsinstanz (BAG 25.10.2012 NZA 2013, 371 Rn. 21) – „vAw." zu beachten, wenn die dazu erhebl. Tatsachen vorgetragen sind (BAG 15.11.2001 AP BGB § 140 Nr. 13; 25.3.2004 AP BGB § 138 Nr. 60). Fehlt es hieran, hat eine Amtsermittlung dieser Tatsachen zu unterbleiben (MüKoBGB/*Hesse* Vor § 620 Rn. 114 und 122; *Schmidt* NZA 1989, 661, 664). Einer ausdr. Erhebung der (prozessualen) Einwendung „Umdeutung" bedarf es nicht (BAG 29.1.2015 NZA 2015, 673 Rn. 25; *Vossen* RdA 2003, 181, 184). Der Umdeutung anderer Willenserkl. in eine Kündigung steht zumeist entgegen, dass die Kündigung weitergehende Rechtsfolgen herbeiführen soll. So kann die vom AG erklärte Versetzung des AN in den einstweiligen Ruhestand nicht in eine Änderungskündigung umgedeutet werden (BAG 5.2.2009 AP KSchG 1969 § 4 Nr. 69). 65

8. Begründung von Kündigungen. a) Allgemeines. Grds. ist die Begr. keine Wirksamkeitsvoraussetzung der Kündigung (BAG 16.9.2004 AP BGB § 611 Kirchendienst Nr. 44). Dies gilt, wie sich aus § 626 II 3 ergibt, auch für die außerordentl. Kündigung. Allerdings muss der AG bei der Kündigung von AN, die den Schutz des KSchG genießen, die Kündigungsgründe im **Kündigungsschutzprozess** darlegen und beweisen (§ 1 II 4 KSchG). Hins. der sozialen Auswahl gilt § 1 III 3 KSchG. Gem. § 1 III 1 KSchG hat der AG dem gekündigten AN auf Verlangen die Gründe anzugeben, die zu der getroffenen sozialen Auswahl geführt haben. Findet das KSchG keine Anwendung, braucht der AG die ordentl. Kündigung nicht zu begründen vgl. BAG 23.4.2009 NZA 2009, 959). Gibt der AG im Kündigungsschreiben oder mdl. einen Kündigungsgrund an, ist er im Prozess nicht an diesen Grund gebunden. Er kann im Kündigungsschutzprozess alle Tatsachen vortragen, die die Kündigung rechtfertigen sollen. Anders ist es, wenn eine wirksame Formvorschr. die Angabe des Kündigungsgrundes verlangt (BAG 25.8.1977 AP BMT-G II § 54 Nr. 1). Ebenso ist der AG, wenn ein BR oder PR anzuhören war, an die Gründe gebunden, die er dem Vertretungsgremium mitgeteilt hat (vgl. § 626 Rn. 55 ff., BetrVG § 102 Rn. 27). 66

b) Gesetzliche und tarifvertragliche Sonderregelungen. Nach **§ 22 III BBiG** bedarf die Kündigung eines Berufsausbildungsverhältnisses nach Ablauf der Probezeit der Begr., wenn der Auszubildende die 67

Berufsausbildung aufgeben oder sich für eine andere Berufstätigkeit ausbilden lassen will oder das Ausbildungsverhältnis fristlos gekündigt wird. Diese Begr. ist Wirksamkeitsvoraussetzung (entspr. zur Lösungserkl. nach § 221 VII SGB IX; so zu § 138 VII SGB IX BAG 17.3.2015 NZA 2015, 1071 Rn. 37). **§ 17 II MuSchG** erfordert die schriftl. Angabe des „zulässigen" Kündigungsgrundes. Damit ist der Grund gemeint, der die für den Arbeitsschutz zust. oberste Landesbehörde veranlasst hat, die beabsichtigte Kündigung für zulässig zu erklären. Bedarf eine Kündigung nach dem kraft Tarifbindung der Arbeitsvertragsparteien anwendbaren TV unter Angabe des Grundes der Schriftform, ist eine hiergegen verstoßende Kündigung nichtig. Zur Wirksamkeit der Kündigung muss für den AN hinreichend klar erkennbar sein, aus welchen Tatsachen der Kündigungsentschl. des AG beruht (BAG 27.3.2003 AP BMT-G II § 54 Nr. 4). Die Arbeitsvertragsparteien können ein entspr. Schriftformerfordernis auch einzelvertragl. begründen (BAG 25.10.2012 NZA 2013, 900). Im Falle einer betriebsbedingten Kündigung gehören die Gründe der sozialen Auswahl hierzu nicht (offen BAG 27.3.2003 AP BMT-G II § 54 Nr. 4). Findet der TV ledigl. aufgrund einzelvertragl. Vereinb. Anwendung, ist die Rechtsfolge nur iZw. Nichtigkeit (§ 125 S. 2).

68 c) **Vertraglich vereinbarte Begründung.** Die Arbeitsvertragsparteien können einzelvertragl. vereinbaren, dass die Kündigung einer Begr. bedarf (BAG 25.10.2012 NZA 2013, 900). Eine einzelvertragl. vereinbarte Schriftform der Kündigung umfasst dann auch die Begr. Es ist jeweils zu prüfen, ob die Begr. **Wirksamkeitsvoraussetzung** für den Beendigungstatbestand sein soll oder ob dem Gekündigten ledigl. die Kündigungsgründe transparent gemacht werden sollen. § 623 erfasst die einzelvertragl. vereinbarte Kündigungsbegr. nicht. Ist die Angabe eines Grundes vereinbart, kann der Kündigende sich uU schadensersatzpflichtig machen, wenn sich der Gekündigte infolge der Nichtangabe des Grundes zu unnützen Schritten veranlasst sieht.

69 **9. Kündigung vor Dienstantritt.** Ein Arbeits- oder Dienstverhältnis kann nach Vertragsabschluss, aber vor Dienstantritt gekündigt werden (BAG 22.8.1964 AP BGB § 620 Nr. 1; 23.2.2017 – 6 AZR 665/15 – BeckRS 2017, 109442 Rn. 30). Fehlt eine ausdr. Vereinb. der Arbeitsvertragsparteien, ist die entspr. Kündigungsmöglichkeit gegeben. Das **Recht zur ordentl. Kündigung** kann einzelvertragl. ausgeschlossen werden. Gibt es **keine ausdr. Abrede**, folgt der Ausschluss der Kündigung nicht aus einer Erfahrungsregel, vielmehr ist die Kündigungsmöglichkeit grds. eröffnet (BAG 9.2.2006 NZA 2006, 1207). Ein Ausschluss des Kündigungsrechts muss mittels Auslegung dem Vertragsinhalt zu entnehmen sein (BAG 25.3.2004 NZA 2004, 1089). Allein daraus, dass der AN eine gut dotierte Stelle aufgibt, kann noch nicht auf den Ausschluss des Kündigungsrechts geschlossen werden. Dies kann aber in Fällen der Abwerbung, der Zusage einer Dauerstellung, des ausdr. Verzichts auf eine Probezeit und der sofortigen Einräumung von Kündigungsschutz anders sein (BAG 9.5.1985 AP BGB § 620 Nr. 4). Auch die Vereinb. einer Vertragsstrafe für den Fall des Nichtantritts der Arbeit kann als Ausschluss der ordentl. Kündigung vor Dienstantritt ausgelegt werden (*Linck* AR-Blattei SD 1010.1.3 Rn. 12; **aA** LAG HE 25.11.1996 DB 1997, 1572, 1573).

70 Da das **Recht zur außerordentl. Kündigung** im Voraus nicht abbedungen werden kann, ist eine außerordentl. Kündigung vor Dienstantritt stets mögl. Ist einer Partei die Fortsetzung des ArbVerh. iSv. § 626 I selbst für die Dauer der Kündigungsfrist unzumutbar, braucht sie das ArbVerh. für keine logische Sekunde zu aktualisieren, um sogleich die Kündigung erklären zu dürfen. IÜ erfordert § 626 II eine schnelle Reaktion. Ist in AGB jede Kündigung vor Dienstantritt ausgeschlossen, tritt ähnl. der Rspr. zu Ausschlussfristen und § 202 (vgl. BAG 25.5.2005 NZA 2005, 1111; 28.9.2005 NZA 2006, 149) Teilnichtigkeit der Klausel ein, soweit diese die außerordentl. Kündigung betrifft (*Linck* FS Bauer 2010 S. 645, 650).

71 Gleichfalls durch Auslegung der einzelvertragl. Vereinb. ist zu ermitteln, wann bei einer vor Dienstantritt erklärten Kündigung der **Lauf der Kündigungsfrist in Gang** gesetzt wird. Für die Ermittlung des mutmaßl. Parteiwillens und die hierfür maßgebende Würdigung der beiderseitigen Interessen ist grds. auf die konkreten Umstände des Falles abzustellen (BAG 9.5.1985 AP BGB § 620 Nr. 4). IZw. beginnt die Kündigungsfrist bereits vor Dienstantritt zu laufen (ebenso für die ges. Kündigungsfrist des § 113 S. 2 InsO BAG 23.2.2017 – 6 AZR 665/15 – BeckRS 2017, 109442 Rn. 50), es bedarf somit deutl. Hinweise, wenn die Kündigungsfrist erst von dem Tage des Dienstantritts an laufen soll (BAG 25.3.2004 NZA 2004, 1089; 9.2.2006 NZA 2006, 1207; *Kramer* S. 53; SPV/*Preis* Rn. 144; APS/*Linck* § 622 Rn. 58; MüKoBGB/*Hesse* Vor § 620 Rn. 125; *Joussen* NZA 2002, 1177, 1180). Es kommt darauf an, ob die Parteien eine gewisse Mindestbeschäftigung gewollt haben oder nicht. **Typische Vertragsgestaltungen** können für oder gegen die Annahme sprechen, die Parteien hätten eine auf die Dauer der vereinbarten Kündigungsfrist beschränkte Realisierung des Vertrags gewollt. Dies gilt insb. für die Länge der Kündigungsfrist und den Zweck der vorgesehenen Beschäftigung (zB Probezeit). Vereinbaren die Parteien die kürzeste zulässige Kündigungsfrist, so spricht dies gegen die mutmaßl. Vereinb. einer Realisierung des ArbVerh. für diesen Zeitraum (BAG 9.5.1985 AP BGB § 620 Nr. 4; MüKoBGB/*Hesse* Vor § 620 Rn. 125). Andererseits kann die Vereinb. einer Vertragsstrafe für den Fall des Nichtantritts der Arbeit als Anzeichen dafür gewertet werden, dass das ArbVerh. aktualisiert werden sollte (**aA** LAG HE 25.11.1996 DB 1997, 1572, 1573).

Beginnt die Kündigungsfrist bei einer vor Dienstantritt ausgesprochenen ordentl. Kündigung erst in dem Zpkt., zu dem die **„Aktualisierung des ArbVerh."** vereinbart war, ist für deren Berechnung auf den Zpkt. des vertragl. vereinbarten Beginns des ArbVerh. und nicht darauf abzustellen, wann die Arbeit tats. aufgenommen worden ist. Die Frist ist in diesem Fall nach § 187 II iVm. § 188 II zu berechnen, dh. der erste vorgesehene Arbeitstag ist bei der Berechnung der Kündigungsfrist mitzurechnen (BAG 2.11.1978 AP BGB § 620 Nr. 3; 23.2.2017 – 6 AZR 665/15 – BeckRS 2017, 109442 Rn. 52). 72

10. Rücknahme der Kündigung. Als empfangsbedürftige Willenserkl. führt eine (wirksame) Kündigung die rechtl. Gestaltungswirkung mit ihrem Zugang herbei (vgl. Rn. 16). Die damit ausgelöste Wirkung kann nicht mehr vom Kündigenden zurückgenommen werden (BAG 17.10.2013 NZA 2014, 303 Rn. 32). Eine einseitige Rücknahme der Kündigung ist nur bis zum Zpkt. ihres Zugangs mögl. (§ 130 I 2). Ansonsten bedarf es zur Fortsetzung des ArbVerh. einer **vertragl. Abrede.** Diese Vereinb. muss nicht stets auf die Neubegr. des ArbVerh. gerichtet sein. Die Vertragsfreiheit erlaubt auch die „Rücknahme der Kündigung" und damit die **Fortsetzung des ArbVerh.** „als ob es nie gekündigt wurde" (BAG 26.11.1981 AP KSchG 1969 § 9 Nr. 8; 19.8.1982 AP KSchG 1969 § 9 Nr. 9; 29.3.2006 NZA 2006, 693; MüKoBGB/*Hesse* Vor § 620 Rn. 126). Dementspr. verändert eine Rücknahmeerkl. des AG allein die Rechtslage nicht. Kommt es zu keiner vertragl. Vereinb. mit dem Gekündigten, löst die (auch nach Auff. der ggf. angerufenen Gerichte für Arbeitssachen) wirksame Kündigung das ArbVerh. auf. Gleiches gilt, wenn eine sozialwidrige oder (seit dem 1.1.2004) unwirksame oder an einem der in § 13 KSchG bezeichneten Rechtsmängel leidende Kündigung vom AN nicht gem. § 4 KSchG angefochten wird und deshalb § 7 KSchG eingreift. Der AN kann und darf durch Verstreichenlassen der Klagefrist die wirksame Beendigung des ArbVerh. herbeiführen. Die Auslegung der Willenserkl. kann ergeben, dass der Neuabschluss des ArbVerh. nicht rückwirkend zum Kündigungstermin, sondern zu einem späteren Zpkt. wirken soll (*Berrisch* FS Leinemann 2006 S. 315, 316). 73

Die einseitige **Rücknahme einer materiell unwirksamen Kündigung** durch den AG ist nicht mögl. (BAG 17.10.2013 NZA 2014, 303 Rn. 32). Auch hier hat der AN die Wahl, durch Passivität nach §§ 4, 7 KSchG die Fiktion einer wirksamen Kündigung herbeizuführen. Arbeitet der AN über den Kündigungstermin hinaus ohne Widerspruch des AG weiter, wird das alte ArbVerh. nach § 625 zu den urspr. Bedingungen fortgesetzt. 74

Wird eine rechtsunwirksame Kündigung des AG gerichtl. angefochten, kommt. einer Rücknahmeerkl. des AG kündigungsrechtl. keine Bedeutung zu, sie kann aber als Anerkenntnis des Klaganspruchs (Feststellung der Unwirksamkeit der Kündigung) interpretiert werden (BAG 26.11.1981 AP KSchG 1969 § 9 Nr. 8). Stellt der AN nach der Rücknahme der Kündigung den Antrag auf **Auflösung des ArbVerh. nach § 9 I 1 KSchG,** lehnt er damit den Antrag des AG ab (BAG 19.8.1982 AP KSchG 1969 § 9 Nr. 9). Erklärt er die Hauptsache für erledigt, nimmt er den Antrag an, das ArbVerh. besteht ungekündigt fort. Zur Frage des Annahmeverzugs des AG nach erklärter Kündigungsrücknahme vgl. BAG 19.1.1999 AP BGB § 615 Nr. 79. Verfolgt der AN nach einer vom AG erklärten Rücknahme der Kündigung allein den Kündigungsschutzantrag nach § 4 KSchG weiter, stellt er also keinen Auflösungsantrag, bleibt sein Rechtsschutzinteresse bestehen (BAG 19.8.1982 AP KSchG 1969 § 9 Nr. 9; 26.3.2009 AP BImSchG § 58 Nr. 2). Hat der AG den Klaganspruch anerkannt und stellt der AN den Antrag nach § 9 KSchG, so kann Teil-Anerkenntnis-Urt. ergehen (BAG 29.1.1981 AP KSchG 1969 § 9 Nr. 6). Dem AN bleibt somit bis zum nächsten Termin zur (str.) mdl. Verh. die Möglichkeit erhalten, gem. § 9 KSchG die Auflösung des ArbVerh. und die Verurteilung des AG zur Zahlung einer Abfindung zu erreichen (vgl. zu dieser Option BAG 29.3.2006 NZA 2006, 693). Aufgrund dieser prozessualen Var. kann in der Erhebung der Kündigungsschutzklage idR keine antizipierte Annahme eines in der Rücknahme der Kündigung liegenden Antrags des AG auf Fortsetzung des ArbVerh. gesehen werden (BAG 19.8.1982 AP KSchG 1969 § 9 Nr. 9; 16.3.2000 AP BetrVG 1972 § 102 Nr. 114). Entspr. gilt für Kündigungen, die aus anderen Gründen (zB § 17 MuSchG) unwirksam sind. Nimmt der AG eine solche unwirksame Kündigung zurück, erklärt er sich zur Fortsetzung des ArbVerh. zu den vereinbarten Bedingungen bereit. Der AN kann das Angebot annehmen oder ablehnen. Lehnt er es ab, endet der Annahmeverzug des AG. 75

11. Publikation der Kündigung, Schadensersatzpflicht. Der Ausspruch einer Kündigung ist keine geheimhaltungsbedürftige Tatsache. Eine Verschwiegenheitspflicht besteht nicht. Andererseits darf die Kündigung nicht als Mittel der Persönlichkeitsrechtsverletzung benutzt werden. Gibt der AG in einem Aushang bekannt, dass ein AN wegen Diebstahls fristlos entlassen worden sei, muss er den Vorwurf widerrufen und den Widerruf in gleicher Weise bekannt geben, wenn der Diebstahl nicht nachgewiesen werden kann (§§ 1004, 823 I; BAG 21.2.1979 AP BGB § 847 Nr. 13). Die mit einem Aushang bezweckte Ehrenstrafe ist rechtswidrig. Unter bes. Umständen kann der Ausspruch einer unwirksamen außerordentl. Kündigung wegen der dadurch verursachten Folgewirkungen das **Persönlichkeitsrecht des Gekündigten** so schwer verletzen, dass der Kündigende zum Schadensersatz (insb. Schmerzensgeld) verpflichtet ist (vgl. ArbG K 3.2.2000 AuR 2000, 473; MüKoBGB/*Hesse* Vor § 620 Rn. 130). Doch verletzt ein AG allein durch den Ausspruch einer unwirksamen Kündigung nicht seine dem AN ggü. bestehenden Rücksichtnahmepflichten und macht sich nicht deswegen oder wegen Verletzung des 76

Persönlichkeitsrechts des AN schadensersatzpflichtig (BAG 16.5.2007 NZA 2007, 1154; 24.4.2008 NZA 2009, 38).

77 **12. Wiederholungskündigung.** Ist in einem Kündigungsrechtsstreit entschieden, dass das ArbVerh. durch eine bestimmte Kündigung nicht aufgelöst worden ist, kann der AG eine erneute Kündigung nicht erfolgreich auf die Kündigungsgründe stützen, die er schon zur Begr. der ersten Kündigung vorgebracht hat und die in dem ersten Kündigungsschutzprozess materiell geprüft worden sind mit dem Erg., dass sie die Kündigung nicht rechtfertigen (BAG 18.12.2014 NZA 2015, 635 Rn. 33). Der zweiten, rechtzeitig erhobenen Klage ist ohne weiteres stattzugeben (BAG 8.11.2007 EzA BGB 2002 § 626 Nr. 19). Das rkr. Urt. in dem ersten Prozess steht einer erneuten materiellen – möglicherweise von dem Erg. des ersten Prozesses abw. – Nachprüfung des zur Stützung der ersten Kündigung vorgetragenen und damit „verbrauchten" Kündigungsgrundes in dem zweiten Verf. entgegen (BAG 12.2.2004 AP KSchG 1969 § 1 Nr. 75; 18.5.2006 AP BAT § 55 Nr. 5; 20.12.2012 NZA 2013, 1003). Vgl. zur Möglichkeit einer Restitutionsklage (§ 580 ZPO) BAG 8.11.2007 EzA BGB 2002 § 626 Nr. 19.

78 Haben **formelle Gründe** zur Begründetheit der ersten Kündigungsschutzklage geführt (zB § 623, § 102 BetrVG), ist eine wiederholende Kündigung unter Beachtung der beim ersten Mal verletzten Vorschr. wirksam mögl. (BAG 25.3.2004 NZA 2004, 1216; 20.12.2012 NZA 2013, 1003 Rn. 28; *Lingemann/Beck* NZA-RR 2007, 225, 227). Die Entsch. über die frühere Kündigung entfaltet die Präklusionswirkung nur bei identischem Kündigungssachverhalt, hat sich dieser wesentl. geänd., darf erneut gekündigt werden (BAG 6.9.2012 AP KSchG 1969 § 1 Personenbedingte Kündigung Nr. 35 Rn. 13; 22.11.2012 NZA 2013, 665; 20.12.2012 NZA 2013, 1003; 20.3.2014 NZA 2014, 1415 Rn. 13). Ansonsten kommt eine unterstützende Heranziehung des verbrauchten Kündigungsgrunds in Betracht, wenn der AG die zweite Kündigung auf einen wesentl. veränderten Sachverhalt stützt (vgl. BAG 22.5.2003 AP KSchG 1969 § 1 Nr. 71; 6.9.2012 AP KSchG 1969 § 1 Personenbedingte Kündigung Nr. 35 Rn. 13). Keine unzulässige Wiederholungskündigung ist anzunehmen, wenn der AG zunächst (unwirksam) außerordentl. fristlos gekündigt hat und zeitl. später aus demselben Grund ordentl. fristgemäß oder außerordentl. mit (notwendiger) Auslauffrist kündigt (BAG 26.11.2009 NZA 2010, 628). Dies gilt auch dann, wenn schon im Vorprozess die Möglichkeit einer entspr. Umdeutung bestanden hätte, das Gericht sie aber unterlassen hat (BAG 26.11.2009 NZA 2010, 628). Zulässig ist eine Wiederholungskündigung, wenn die zweite Verdachtskündigung auf neuen verdachtsverstärkenden Erkenntnissen beruht (BAG 27.1.2011 NZA 2011, 798). Vgl. zur Nachkündigung durch den InsV InsO § 113 Rn. 5.

§ 621 Kündigungsfristen bei Dienstverhältnissen

Bei einem Dienstverhältnis, das kein Arbeitsverhältnis im Sinne des § 622 ist, ist die Kündigung zulässig,

1. wenn die Vergütung nach Tagen bemessen ist, an jedem Tag für den Ablauf des folgenden Tages;

2. wenn die Vergütung nach Wochen bemessen ist, spätestens am ersten Werktag einer Woche für den Ablauf des folgenden Sonnabends;

3. wenn die Vergütung nach Monaten bemessen ist, spätestens am 15. eines Monats für den Schluss des Kalendermonats;

4. wenn die Vergütung nach Vierteljahren oder längeren Zeitabschnitten bemessen ist, unter Einhaltung einer Kündigungsfrist von sechs Wochen für den Schluss eines Kalendervierteljahrs;

5. wenn die Vergütung nicht nach Zeitabschnitten bemessen ist, jederzeit; bei einem die Erwerbstätigkeit des Verpflichteten vollständig oder hauptsächlich in Anspruch nehmenden Dienstverhältnis ist jedoch eine Kündigungsfrist von zwei Wochen einzuhalten.

1 **1. Normzweck.** § 621 regelt die Kündigungsfristen beim **selbständigen Dienstvertrag.** Die Kündigungsfristen sollen es beiden Parteien erleichtern, sich auf das Ende des Dienstvertrags einzustellen, und den entlassenen Dienstverpflichteten vor finanziellen Einbußen schützen. § 621 entspricht dem mutmaßl. Parteiwillen, bei vereinbartem Zeitlohn das Dienstverhältnis jeweils zum Ablauf eines Entlohnungsabschnitts zu beenden, um angebrochene Vergütungszeiträume zu vermeiden.

2 **2. Anwendungsbereich.** § 621 gilt für den unabhängigen Dienstvertrag. Für ArbVerh. gilt § 622. Alle Dienstverhältnisse, die keine ArbVerh. sind, können mangels anderer Vereinb. nach § 621 gekündigt werden. § 621 gilt somit für alle Selbständigen und freiberufl. Tätigen (RA, Steuerberater, Steuerbevollmächtigter, Arzt, Wirtschaftsprüfer). Auf **arbeitnehmerähnl. Personen** ohne Tarifbindung findet § 621 Anwendung. Ob die in § 29 HAG vorgesehene Mindestfrist auf andere arbeitnehmerähnl. Personen anzuwenden ist, erscheint fragl. (BAG 8.5.2007 AP BGB § 611 Arbeitnehmerähnlichkeit Nr. 15; MüKoBGB/*Hesse* Rn. 9; HWK/*Bittner* Rn. 7; aA LAG K 29.5.2006 AR-Blattei ES 120

Nr. 22). IRd. § 12a TVG können für arbeitnehmerähnl. Personen Kündigungsfristen festgelegt werden. Diese gelten aber nur für die tarifgebundenen arbeitnehmerähnl. Personen. Für **Handelsvertreter** gilt § 89 HGB, der auf Vertragshändlerverträge entspr. angewendet wird (MüKoBGB/*Hesse* Rn. 14).

§ 621 ist nur auf Dienstverhältnisse anzuwenden, deren **Dauer weder bestimmt** noch aus der Beschaffenheit oder dem Zweck der Dienste zu entnehmen ist (BGH 4.11.1992 NJW 1993, 326). Wenn ein für eine bestimmte Zeit abgeschlossener Dienstvertrag eine für den Dienstnehmer unangemessen lange Laufzeit haben sollte, handelt es sich gleichwohl um einen Vertrag auf bestimmte Dauer iSv. § 620, auf den § 621 nicht anwendbar ist (zB Internatsvertrag – vgl. BGH 8.3.1984 NJW 1984, 1531). 3

Auf vertretungsberechtigte **Organmitglieder** einer AG (Vorstand) oder GmbH (GF) findet § 621 nur im Falle des beherrschenden Gesellschafter-GF Anwendung (BGH 9.3.1987 GmbHR 1987, 264; *Bauer* BB 1994, 855, 856). Ansonsten ist auf Anstellungsverträge mit vertretungsberechtigten Organmitgliedern, die keine AN sind (vgl. BGH 23.1.2003 NZA 2003, 439; 10.5.2010 NZA 2010, 889), § 622 entspr. anzuwenden (BGH 26.3.1984 NJW 1984, 2528). Der BGH begr. diese Auff. mit der Erwägung, der Gesetzgeber des Ersten ArbRBerG habe nicht bedacht, dass die höhere Dienste leistenden GF der GmbH, die bisher unter § 622 fielen, keine AN seien. Es liege daher keine bewusste Entsch. des Gesetzgebers gegen die Anwendung von § 622 vor (BGH 29.1.1981 NJW 1981, 1270). Vielmehr sei von einem „Redaktionsversehen" auszugehen (zust. *Bauer* DB 1979, 2178). Bei der Neufassung von § 622 durch das G zur Vereinheitlichung der Kündigungsfristen von Arbeitern und Ang. (KündFG v. 7.10.1993 – BGBl. I S. 1668) hat der Gesetzgeber versäumt, die Frage der Kündigungsfristen für Organmitglieder ausdr. zu regeln. Es besteht aber kein Grund, § 622 nF nicht auf Dienstverhältnisse der abhängigen vertretungsberechtigten Organmitglieder anzuwenden (*Bauer* BB 1994, 855, 856; *Stück* GmbHR 2006, 1009, 1015; **aA** *Schiefer/Worzalla* ZfA 2013, 41, 71). Obwohl für Vorstandsmitglieder nach der früheren Rechtslage die verlängerten Kündigungsfristen des AngKSchG nicht galten, ist heute davon auszugehen, dass für diese Gruppe auch die verlängerten Fristen des § 622 II Anwendung finden (MüKoBGB/*Hesse* Rn. 12; *Bauer* BB 1994, 855, 856; *Kuhn,* Abgestuftes ArbR am Bsp. des abhängigen GmbH-GF, 2006 S. 198). Mit Wegfall des AngKSchG ist der Grund für eine Differenzierung entfallen. 4

Für **Direktunterrichtsverträge** gilt § 621, während Fernunterrichtsverträge ausschl. dem Kündigungsrecht nach § 5 FernUSG unterliegen. § 5 FernUSG, der eine unabdingbare Kündigungsmöglichkeit enthält, ist auf Direktunterrichtsverträge weder unmittelbar noch entspr. anwendbar (BGH 8.3.1984 NJW 1984, 1531; 4.11.1992 NJW 1993, 326). Unterrichtsverträge sind idR schuljahresweise oder durch das Ausbildungsziel befristet. § 621 gilt dann nur, wenn zusätzl. die Kündbarkeit des Vertrags vereinbart wurde. 5

3. Kündigungsfristen. Die Kündigungsfristen des § 621 bestimmen sich nach der **Bemessung der Vergütung,** nicht nach dem Auszahlungsmodus. Wird zB der Lohn nach Tagessätzen bemessen, aber wöchentl. oder mtl. ausbezahlt, handelt es sich trotzdem um einen Tageslohn iSv. Nr. 1. Erhält der Dienstverpflichtete nebeneinander verschiedene Vergütungsformen, ist die Hauptform maßgebl. (RAG 10.9.1930 ARS 10, 40). 6

a) Tageslohn. Ist die Vergütung nach Tagen bemessen, so kann das Dienstverhältnis nach § 621 Nr. 1 an jedem Tag zum Ablauf des folgenden Tages gekündigt werden. Die Kündigung kann auch an Sonn- und Feiertagen und zu Sonn- und Feiertagen erfolgen. Dabei ist es unbeachtl., ob an dem Tag der Kündigung oder an dem Tag, zu dem gekündigt wird, eine Dienstleistung geschuldet wird. Die Bemessungsgrdl. **„Stundenlohn"** wird in § 621 nicht erwähnt. Sie ist dem Tageslohn gleichzusetzen (MüKoBGB/*Hesse* Rn. 20). 7

b) Wochenlohn. Ist ein Wochenlohn vereinbart, so ist nach § 621 Nr. 2 die Kündigung spätestens am 1. Werktag einer Woche zum Ablauf des folgenden Sonnabends zulässig. Die Erkl. muss spätestens am 1. Werktag wirksam werden. Das ist grds. der Montag, verlagert sich aber auf spätere Wochentage, wenn auf den Sonntag ges. Feiertage folgen. 8

c) Monatslohn. Bei der Vereinb. von Monatslohn muss spätestens am 15. eines Monats zum Schluss des Kalendermonats gekündigt werden. Eine Frist von zwei Wochen reicht also nicht aus. Nr. 3 gilt auch dann, wenn der 15. des Monats ein Sonn- oder Feiertag ist. 9

d) Vergütung nach Vierteljahren und längeren Zeitabschnitten. Ist die Vergütung nach Vierteljahren oder längeren Zeitabschnitten bemessen, so ist die ordentl. Kündigung des Dienstverhältnisses unter Einhaltung einer Kündigungsfrist von sechs Wochen zum Schluss eines Kalendervierteljahres zulässig. 10

e) Fehlende Bemessung der Vergütung nach Zeitabschnitten. Ist die Vergütung nicht nach Zeitabschnitten bemessen, so kann das Dienstverhältnis nach § 621 Nr. 5 jederzeit gekündigt werden. Nimmt das Dienstverhältnis die Erwerbstätigkeit des Verpflichteten vollständig oder hauptsächl. in Anspruch, ist eine Kündigungsfrist von zwei Wochen einzuhalten. Es kommt nicht auf den absoluten Umf. der Dienstleistung an. Wer zB als Rentner allein für einen Dienstberechtigten arbeitet, wird vollständig in Anspruch genommen, auch wenn die AZ nur wenige Stunden tägl. umfasst. Die Kündigung mit einer Frist von zwei Wochen kann zu jedem Termin erfolgen. Bemisst sich die **Vergütung nach dem Arbeitserfolg** (Akkord), liegt idR ein Arbeits- oder Werkvertrag vor. Erfolgs- 11 abhängige Vergütungen (Provision/Stückvergütung) werden beim unabhängigen Dienstvertrag kaum vorkommen.

12 **4. Fristberechnung.** Es gelten die §§ 186 ff. Der **Tag des Zugangs der Kündigung** wird nach § 187 I nicht in die Frist eingerechnet. § 193 findet weder unmittelbare noch entspr. Anwendung (BGH 28.9.1972 NJW 1972, 2083; 17.2.2005 NJW 2005, 1354; MüKoBGB/*Hesse* Rn. 16). Die Kündigung muss nicht an dem Tage ausgesprochen werden, an dem sie „spätestens" mögl. ist, sondern kann auch schon vorher erklärt werden, wirkt dann aber erst zu dem zugelassenen Termin.

13 **5. Kündigung.** Die Kündigung kann bereits **vor Dienstantritt** ausgesprochen werden (MüKoBGB/*Hesse* Rn. 17). Sie braucht nicht begr. zu werden. Der selbständige Dienstvertrag genießt keinen über die Kündigungsfrist hinausgehenden Bestandsschutz.

14 **6. Abdingbarkeit.** Die Kündigungsfristen des § 621 sind **uneingeschränkt abdingbar** (MüKoBGB/*Hesse* Rn. 29). Sie können durch ausdr. oder stillschweigende Vereinb. beliebig verkürzt oder in den Grenzen des § 624 verlängert werden. Den Parteien steht es im Rahmen ihrer Vertragsfreiheit frei, die ordentl. Kündigung ganz auszuschließen oder bes. Kündigungsgründe zu vereinbaren. Auch die Kündigungsfrist unterliegt der Parteidisposition. Die entfristete Kündigung ist vereinbarungsfähig. Die Kündigungstermine können beliebig verändert werden. – Grenzen unterliegt die Disposition in AGB (§ 309 Nr. 9).

§ 622 Kündigungsfristen bei Arbeitsverhältnissen

(1) Das Arbeitsverhältnis eines Arbeiters oder eines Angestellten (Arbeitnehmers) kann mit einer Frist von vier Wochen zum Fünfzehnten oder zum Ende eines Kalendermonats gekündigt werden.

(2) [1] Für eine Kündigung durch den Arbeitgeber beträgt die Kündigungsfrist, wenn das Arbeitsverhältnis in dem Betrieb oder Unternehmen

1. zwei Jahre bestanden hat, einen Monat zum Ende eines Kalendermonats,
2. fünf Jahre bestanden hat, zwei Monate zum Ende eines Kalendermonats,
3. acht Jahre bestanden hat, drei Monate zum Ende eines Kalendermonats,
4. zehn Jahre bestanden hat, vier Monate zum Ende eines Kalendermonats,
5. zwölf Jahre bestanden hat, fünf Monate zum Ende eines Kalendermonats,
6. 15 Jahre bestanden hat, sechs Monate zum Ende eines Kalendermonats,
7. 20 Jahre bestanden hat, sieben Monate zum Ende eines Kalendermonats.

[2] Bei der Berechnung der Beschäftigungsdauer werden Zeiten, die vor der Vollendung des 25. Lebensjahrs des Arbeitnehmers liegen, nicht berücksichtigt.

(3) Während einer vereinbarten Probezeit, längstens für die Dauer von sechs Monaten, kann das Arbeitsverhältnis mit einer Frist von zwei Wochen gekündigt werden.

(4) [1] Von den Absätzen 1 bis 3 abweichende Regelungen können durch Tarifvertrag vereinbart werden. [2] Im Geltungsbereich eines solchen Tarifvertrags gelten die abweichenden tarifvertraglichen Bestimmungen zwischen nicht tarifgebundenen Arbeitgebern und Arbeitnehmern, wenn ihre Anwendung zwischen ihnen vereinbart ist.

(5) [1] Einzelvertraglich kann eine kürzere als die in Absatz 1 genannte Kündigungsfrist nur vereinbart werden,

1. wenn ein Arbeitnehmer zur vorübergehenden Aushilfe eingestellt ist; dies gilt nicht, wenn das Arbeitsverhältnis über die Zeit von drei Monaten hinaus fortgesetzt wird;
2. wenn der Arbeitgeber in der Regel nicht mehr als 20 Arbeitnehmer ausschließlich der zu ihrer Berufsbildung Beschäftigten beschäftigt und die Kündigungsfrist vier Wochen nicht unterschreitet.

[2] Bei der Feststellung der Zahl der beschäftigten Arbeitnehmer sind teilzeitbeschäftigte Arbeitnehmer mit einer regelmäßigen wöchentlichen Arbeitszeit von nicht mehr als 20 Stunden mit 0,5 und nicht mehr als 30 Stunden mit 0,75 zu berücksichtigen. [3] Die einzelvertragliche Vereinbarung längerer als der in den Absätzen 1 bis 3 genannten Kündigungsfristen bleibt hiervon unberührt.

(6) Für die Kündigung des Arbeitsverhältnisses durch den Arbeitnehmer darf keine längere Frist vereinbart werden als für die Kündigung durch den Arbeitgeber.

I. Normzweck und Rechtsentwicklung

1 § 622 bindet die ordentl. Kündigung an **Kündigungsfristen und Kündigungstermine.** Dadurch wird die Vertragsbeendigungsfreiheit eingeschränkt und ein zeitl. limitierter Kündigungsschutz bewirkt (BAG 18.4.1985 AP BGB § 622 Nr. 20). § 622 soll es dem AN erleichtern, möglichst ohne wirtschaftl. Nachteile einen neuen Arbeitsplatz zu finden (*Kaiser* FS Konzen 2006 S. 381, 385 f. mwN zu den Normzwecken). Auf Seiten des AG wird die Personalplanung geschützt.

Der Gesetzgeber hat die soziale Schutzfunktion der Kündigungsfristen und -termine vorrangig zugunsten älterer Beschäftigter genutzt, indem er die Kündigungsfristen verlängert und Kündigungen nur zu bestimmten Terminen zugelassen hat. § 622 II geht von dem Gedanken eines allmähl. stufenweisen Übergangs von kürzeren Fristen zu Beginn des ArbVerh. zu längeren Fristen in Abhängigkeit von der **Dauer der Betriebszugehörigkeit** aus. Die für eine Kündigung durch den AG verlängerten Fristen gelten – abw. vom alten Recht – bereits nach zweijähriger Betriebszugehörigkeit mit einer Frist von einem Monat zum Monatsende. Über insg. sieben Stufen wird nach zwanzigjähriger Betriebszugehörigkeit die Höchstdauer von sieben Monaten zum Monatsende erreicht. Bei der Berechnung der Betriebszugehörigkeit werden nur die Zeiten nach der Vollendung des 25. Lebensjahres des AN berücksichtigt (vgl. zur probl. Vereinbarkeit mit höherrangigem Recht Rn. 9). 2

Die Schutzfunktion der Kündigungsfristen tritt auch bei **Ausschluss der ordentl. Kündigung** hervor, denn nach Auff. des BAG (28.3.1985 AP BGB § 626 Nr. 86; 21.6.1995 AP KSchG 1969 § 15 Nr. 36) muss der AG bei Ausspruch der außerordentl. Kündigung als **Auslauffrist** die Kündigungsfrist einhalten, die individuell gelten würde, wenn die ordentl. Kündigung nicht ausgeschlossen wäre. 3

Weil die Kündigungsfristen nach § 622 I und II mit festen Kündigungsterminen verbunden sind, wird zugunsten des Kündigungsempfängers sichergestellt, dass die Beendigungswirkung der Kündigung unabhängig von der im konkreten Fall eingehaltenen Frist nur zu den im G vorgesehenen Zpkt. (zum **Fünfzehnten oder zum Ende eines Kalendermonats**) eintreten kann. Allerdings kann von AG mit idR nicht mehr als zwanzig AN davon abw. eine Kündigungsfrist von vier Wochen ohne festen Kündigungstermin vereinbart werden (§ 622 V Nr. 2). Dies kann zu kurzfristiger Arbeitslosigkeit führen, weil durch den Verzicht auf feste Kündigungstermine bei Kleinunternehmen sich das Einstellungsverhalten anderer AG nicht ändern dürfte (*Kehrmann* AiB 1993, 746). 4

§ 622 verzichtet auf Kündigungstermine zum Quartal, die nach altem Recht allg. für Ang. sowie für Arbeiter nach zwanzigjähriger Betriebszugehörigkeit galten. Der Verzicht auf die **Kündigung zum Quartal** vermindert sachl. nicht gerechtfertigte Unterschiede bei den tats. Kündigungsfristen je nach Erklärungszeitpunkt der Kündigung. Zudem werden Arbeitsmarkt, AA und ArbG gleichmäßiger belastet, wenn nicht schubweise zu Quartalsterminen Entlassungen wirksam werden. Namentl. die BA hatte eine Konzentration auf vier Kündigungstermine im Jahr für eine geordnete Beratungs- und Vermittlungstätigkeit als untragbar angesehen (vgl. BT-Drs. 12/4902 S. 7). Seit dem 15.10.1993 gelten für Arbeiter und Ang. einheitl. Kündigungsfristen. Die Unterschiede in den alten und neuen Bundesländern sind abgeschafft (vgl. 7. Aufl. Rn. 6 ff.). 5

II. Anwendungsbereich

1. Arbeitsverträge. Die Kündigungsfristen für unabhängige Dienstverträge bestimmen sich nach § 621, sofern keine ges. Sonderregelung eingreift. § 622 regelt die Kündigungsfristen im ArbVerh. Die Regelung gilt auch für TZBeschäftigte und für geringfügig Beschäftigte. § 622 (einschl. Abs. 2) gilt auch für befristete ArbVerh., wenn die ordentl. Kündbarkeit vereinbart ist, und entspricht damit § 4 Nr. 1 der Rahmenvereinb. im Anh. der RL 1999/70/EG (vgl. EuGH 13.3.2014 NZA 2014, 421 Rn. 40). Die Vorschr. gilt nicht für Verträge mit arbeitnehmerähnl. Personen und ist auf diesen Personenkreis auch nicht entspr. anwendbar (BAG 8.5.2007 AP BGB § 611 Arbeitnehmerähnlichkeit Nr. 15; MüKo-BGB/*Hesse* Rn. 9; **aA** LAG K 29.5.2006 AR-Blattei ES 120 Nr. 22). Zu bes. arbeitsrechtl. Regelungen der Kündigungsfristen und -termine vgl. Rn. 49. Die Fristen und Termine des § 622 gelten auch für ordentl. Änderungskündigungen (BAG 12.1.1994 AP BGB § 622 Nr. 43). 6

Auf **Hausangestellte** und Hausgehilfen findet die Grundkündigungsfrist des § 622 I Anwendung. Die verlängerten Kündigungsfristen des Abs. 2 gelten nicht, weil diese Regelung eine Beschäftigung in einem Betrieb oder einem Unternehmen von bestimmter Dauer voraussetzt (APS/*Linck* Rn. 10; **aA** TLL/*Wege* Rn. 2). Der Haushalt ist kein Betrieb oder Unternehmen iS dieser Regelung (MüKoBGB/*Hesse* Rn. 7; **aA** LAG BW 26.6.2015 NZA-RR 2016, 17 Rn. 25; *Kocher* NZA 2013, 929, 932). 6a

§ 622 gilt auch für **LeihArbVerh.**, ausgenommen ist § 622 V Nr. 1 (§ 11 IV 1 AÜG). Dh. kürzere als die in § 622 I geregelten Kündigungsfristen können für LeihAN in AushilfsArbVerh. nur tarifvertragl. bzw. durch Bezugnahme auf einen einschlägigen TV festgelegt werden (*Voss* NZA 1994, 57). IÜ sind die einzelvertragl. Bezugnahme auf tarifvertragl. Regelungen und individualrechtl. Vereinb. in Kleinbetrieben und für die Probezeit zulässig. 6b

2. Dienstverträge mit Organmitgliedern. Für vertretungsberechtigte Organmitglieder, die aufgrund ihrer Beteiligung eine Gesellschaft beherrschen, gilt die Frist des § 621 Nr. 3 (BGH 26.3.1984 NJW 1984, 2528). Auf die Kündigung von Organmitgliedern, die am Kapital der Gesellschaft nicht oder nur in unerhebl. Umf. beteiligt sind, ist § 622 I entspr. anzuwenden (BGH 29.1.1981 NJW 1981, 1270; 26.3.1984 NJW 1984, 2528; OLG HM 20.11.2006 GmbHR 2007, 442, 443; OLG KA 25.10.2016 – 8 U 122/15 – BeckRS 2016, 111429; MüKoBGB/*Hesse* § 621 Rn. 12; *Reiserer* DB 1994, 1822, 1823; *Bauer* BB 1994, 855 f.; APS/*Linck* Rn. 12; BBAKNSV/*Bader* Rn. 27; **aA** *Hümmerich* NJW 1995, 1177, 1178 ff.; *Uffmann* ZGR 2013, 273, 300). Begründet wird die analoge Anwendung damit, dass diese Organmitglieder wie AN der Gesellschaft ihre Arbeitskraft zur Vfg. stellen und vom Fortbestehen des 7

Anstellungsverhältnisses abhängig sind. Diese Begr. spricht dafür, **auch die verlängerten Kündigungsfristen** des § 622 II anzuwenden (vgl. § 621 Rn. 4). Für die früher gebotene Differenzierung auf der Basis des AngKSchG zwischen GF und Vorstandsmitgliedern ist nach Wegfall dieses G kein Raum mehr (MüKoBGB/*Hesse* § 621 Rn. 12 f.; *Bauer* BB 1994, 855 ff.).

III. Gesetzliche Kündigungsfristen und -termine

8 **1. Grundkündigungsfrist.** Das ArbVerh. kann mit einer Frist von **vier Wochen zum Fünfzehnten oder zum Ende eines Kalendermonats** gekündigt werden. Vier Wochen sind 28 Kalendertage und nicht ein Monat.

9 **2. Verlängerte Kündigungsfristen.** Die für eine Kündigung durch den AG verlängerten Fristen gelten bereits nach zweijähriger Betriebszugehörigkeit mit einer Frist von einem Monat zum Ende eines Kalendermonats. Über insg. sieben Stufen wird nach 20-jähriger Betriebszugehörigkeit die **Höchstdauer von sieben Monaten** zum Ende eines Kalendermonats erreicht. Dieser Kündigungstermin ist – abgesehen von der Möglichkeit des Abs. 4 – zwgd. (BAG 12.7.2007 NZA 2008, 476). Es kommt auf die Dauer des letzten ArbVerh. (rechtl. Bestand) an (MüKoBGB/*Hesse* Rn. 27). Tats. Unterbrechungen der Beschäftigung wirken sich auf die Dauer des ArbVerh. nicht aus (*Wank* NZA 1993, 961, 965). Die **maßgebl. Dauer der Beschäftigung** beginnt im Zweifel zu dem Zeitpunkt, in dem der AN nach der vertragl. Vereinb. seine Arbeit aufnehmen sollte (vgl. BAG 24.10.2013 NZA 2014, 725 zu § 4 KSchG) und erstreckt sich bis zum Zpkt. des Zugangs der Kündigung, nicht des Kündigungstermins (APS/*Linck* Rn. 32). Bei der Berechnung der Betriebszugehörigkeit sollen nach dem Wortlaut der Norm nur die Zeiten nach Vollendung des 25. Lebensjahres des AN berücksichtigt werden. Diese sachl. nicht zu rechtfertigende Grenze ist aufgrund der EuGH-Entsch. in Sachen Kücükdeveci (19.1.2010 NZA 2010, 85) von den nationalen Gerichten auf alle nach dem 2.12.2006 zugegangenen Kündigungen (auch im Rahmen von Rechtsstreiten von Privatrechtssubjekten; vgl. zur Abgrenzung EuGH 15.1.2014 NZA 2014, 193) unangewendet zu lassen, weil sie gegen das Unionsrecht in der Gestalt des allg. Grds. des Verbots der Diskriminierung wegen des Alters verstößt (BAG 9.9.2010 NZA 2011, 343; 29.9.2011 NZA 2012, 754 [für eine tarifvertragl. Regelung]). Es gibt keine obj. und angemessenen Gründe, die die durch die Altersgrenze begr. Differenzierung rechtfertigen können. Dem BT lag in der 17. Wahlperiode der Entw. eines G zur Erweiterung des Kündigungsschutzes bei unter 25-jährigen AN zur Beratung vor (BT-Drs. 17/775). Das BVerfG (18.11.2008 EzA BGB 2002 § 622 Nr. 6) ist bereits 2008 von der mögl. Unanwendbarkeit der Mindestaltersgrenze aus unionsrechtl. Gründen ausgegangen. Dies führt zur **Berücksichtigung der vollen Beschäftigungszeit** des AN. Aber das Prinzip der ges. Regelung, eine von der Beschäftigungsdauer abhängige Staffelung der Kündigungsfristen vorzugeben, verletzt nicht das in Art. 21 I GRC normierte Verbot der Altersdiskriminierung, das durch die RL 2000/78/EG konkretisiert wird (BAG 18.9.2014 NZA 2014, 1400 Rn. 8). Die ges. Regelung bezweckt, länger beschäftigten und damit betriebstreuen, typischerweise älteren AN durch längere Kündigungsfristen einen verbesserten Kündigungsschutz zu gewähren, und ist damit ein iSd. RL angemessenes und erforderl. Ziel.

10 Beschäftigungszeiten aus **früheren ArbVerh.** mit demselben AG werden nicht berücksichtigt, sofern nicht zwischen den BeschVerh. ein **enger sachl. Zusammenhang** besteht (BAG 18.9.2003 NZA 2004, 319; 19.6.2007 NZA 2007, 1103 [Unterbrechung für die Dauer der Schulferien]; LAG RP 8.12.2016 – 2 Sa 97/16 – BeckRS 2016, 115769 [sechs Wochen]). Für die Anrechnung ist es nicht erhebl., ob auf das ArbVerh. von Anbeginn an dt. oder zunächst ausl. Recht zur Anwendung gelangte (zu § 1 I KSchG: BAG 7.7.2011 NZA 2012, 148). Die Anrechnung kann einzel- oder tarifvertragl. geregelt sein (vgl. BAG 3.7.2003 NZA 2004, 307). Fehlt es hieran, muss mit längerer Dauer der Unterbrechung das Gewicht des sachl. Zusammenhangs zunehmen, um noch eine Anrechnung zu rechtfertigen (LAG NI 25.11.2002 NZA-RR 2003, 531, 534). Insofern kann einer Wiedereinstellungszusage des AG bes. Gewicht zukommen. Keine zeitl. Unterbrechung liegt vor, wenn mehrere Arbeitsverträge unmittelbar aufeinander folgend geschlossen wurden, auch wenn sich der Inhalt des ArbVerh. ändert (APS/*Linck* Rn. 38 f.). Die Gründe für die Auflösung des früheren ArbVerh. spielen bei unmittelbar aufeinander folgenden ArbVerh. keine Rolle (BAG 23.9.1976 AP KSchG 1969 § 1 Wartezeit Nr. 1; 4.2.1993 AP SchwbG 1986 § 21 Nr. 2).

10a Geht das ArbVerh. nach **§ 613a** auf einen anderen AG über, ist die beim Betriebsveräußerer erbrachte Beschäftigungszeit anzurechnen (BAG 18.9.2003 NZA 2004, 319; 1.9.2010 NZA 2010, 1409). Die Anrechnung anderer Vordienstzeiten (zB bei einem anderen Konzernunternehmen) kann wirksam vereinbart werden (*Kaiser* FS Konzen 2006 S. 381, 384).

10b Ist die Beschäftigungszeit eines früheren ArbVerh. anzurechnen, bleibt die zwischen den ArbVerh. liegende Unterbrechungszeit unberücksichtigt (BAG 17.6.2003 AP BGB § 622 Nr. 61; aA KR/*Spilger* Rn. 71). Zeiten eines Dienstverhältnisses als GF des AG (dies kann auch die Komplementärin sein – vgl. BAG 28.2.2006 NZA 2006, 453) sind iZw. anzurechnen (LAG RP 17.4.2008 DB 2008, 1632 [LS]; so bereits zu § 1 KSchG BAG 24.11.2005 NZA 2006, 366). Ebenso sind Zeiten eines **freien Mitarbeiterverhältnisses** mitzuzählen, wenn sich durch die Übernahme in ein ArbVerh. die Art der bisherigen Tätigkeit nicht verändert hat (MüKoBGB/*Hesse* Rn. 28; **aA** APS/*Linck* Rn. 40; DDZ/*Zwanziger* Rn. 11; HaKo/*Spengler* Rn. 14; BeckOK/*Gotthardt* Rn. 23; zur alten Rechtslage vgl. BAG 6.12.1978 AP AngestelltenkündigungsG § 2 Nr. 7). Ein Berufsausbildungsverhältnis, aus dem der Auszubildende in ein ArbVerh. übernommen wurde, ist nach der Rspr. bei der Berechnung der Beschäftigungsdauer zu berücksichtigen (BAG 2.12.1999 AP BGB § 622 Nr. 57; 9.9.2010 NZA 2011, 343). Hingegen ist die Beschäftigungszeit eines nicht im Rahmen eines ArbVerh. weisungsgebunden beschäftigten Praktikanten nicht anzurechnen (vgl. BAG 18.11.1999 AP KSchG 1969 § 1 Wartezeit Nr. 11 zum parallelen Problem der Wartezeit nach § 1 I KSchG). Gleiches gilt für vorgeschaltete Zeiten als LeihAN (vgl. BAG 20.2.2014 NZA 2014, 1083 Rn. 23 zu § 1 I KSchG). Die verlängerten Kündigungsfristen gelten von G wegen **allein für arbeitgeberseitige Kündigungen**. Die Arbeitsvertragsparteien können aber durch eine sog. Gleichbehandlungsabrede vereinbaren, dass die verlängerten Fristen auch für die Kündigung durch den AN gelten sollen. § 622 V steht dem nicht entgegen. Diese Norm will nur unterges. Fristen ausschließen (*Preis/Kramer* DB 1993, 2125, 2128).

3. Fristberechnung. Für die Berechnung der Kündigungsfristen gelten die **§§ 186 ff.** Das für den Beginn der Kündigungsfrist maßgebende Ereignis iSv. § 187 ist der Zugang der Kündigung. Nach § 187 I wird der Tag, an dem die Kündigung zugeht, nicht in die Berechnung der Kündigungsfrist einbezogen; der Fristlauf beginnt erst am folgenden Tag. Eine Vereinb., dass der Tag der Absendung des Kündigungsschreibens als Tag der Erkl. gelten soll, ist unwirksam (BAG 13.10.1976 AP BGB § 130 Nr. 9). § 193 ist auf Kündigungsfristen weder unmittelbar noch entspr. anwendbar (BAG 5.3.1970 AP BGB § 193 Nr. 1; BGH 17.2.2005 NJW 2005, 1354; MüKoBGB/*Hesse* Rn. 38). Es ist folgl. unerhebl., ob der letzte Tag, an dem noch gekündigt werden kann, auf einen **Samstag, Sonntag oder Feiertag** fällt. Ohne Belang ist es auch, wenn der Tag, an dem das ArbVerh. enden soll, ein Samstag, Sonntag oder Feiertag ist (APS/*Linck* Rn. 29). Bei einer Frist, die ohne festen Kündigungstermin ledigl. nach Wochen bestimmt ist (zB Frist von zwei Wochen während einer vereinbarten Probezeit oder vereinbarte Wochenfrist im AushilfsArbVerh. iSv. § 622 V Nr. 1), endet die Kündigungsfrist nach § 188 II mit Ablauf desjenigen Tages der letzten Woche, der durch seine Bezeichnung dem Tag entspricht, an dem die Kündigung zugegangen ist. Ansonsten endet das ArbVerh. zum Fünfzehnten oder Ende des Kalendermonats. 11

Wird die **Kündigungsfrist nicht gewahrt** und kann die Kündigung nicht dahingehend ausgelegt werden, es solle zum nächsten zulässigen Termin gekündigt werden (vgl. BAG 12.7.2007 NZA 2008, 476; 21.8.2008 NZA 2009, 29; 22.10.2009 NZA-RR 2010, 565; 9.9.2010 NZA 2011, 343; 15.12.2016 NZA 2017, 502 Rn. 70), ist zu prüfen, ob die Kündigung in eine Kündigung zum nächsten zulässigen Termin umgedeutet werden kann (BAG 1.9.2010 NZA 2010, 1409; *Schwarze* Anm. BAG AP KSchG 1969 § 4 Nr. 71). Dazu ist der hypothetische Parteiwille des Kündigenden festzustellen (BAG 1.9.2010 NZA 2010, 1409). Die Umdeutung ist ausgeschlossen, wenn die Auslegung der Kündigung ergibt, dass die Kündigung ausschl. zu dem in ihr genannten Zpkt. gelten und für den Fall, dass dieser Termin nicht der richtige sei, das ArbVerh. fortbestehen soll (BAG 6.7.2006 NZA 2006, 1405). Besteht die Umdeutungsmöglichkeit, hat aber der AN keine Klage nach § 4 KSchG erhoben, gilt gem. **§ 7 KSchG** die wegen Nichteinhaltung der Kündigungsfrist oder des ges. Kündigungstermins unwirksame Kündigung zum darin genannten Termin als wirksam (BAG 1.9.2010 NZA 2010, 1409; 29.1.2015 NZA 2013, 673 Rn. 24; 15.12.2016 NZA 2017, 502 Rn. 70; *Schwarze* Anm. BAG AP KSchG 1969 § 4 Nr. 71; Schaub/*Linck* § 126 Rn. 16; APS/*Linck* Rn. 46; *Löwisch* BB 2004, 154, 158 f.; *Dollmann* BB 2004, 2073, 2077; *Raab* RdA 2004, 321, 325 f.; *Dewender* DB 2005, 337, 339; **aA** BAG 15.12.2005 NZA 2006, 791; 9.2.2006 NZA 2006, 1207; 6.7.2006 NZA 2006, 1405; *Bender/Schmidt* NZA 2004, 358, 263; *Bayreuther* ZfA 2005, 391, 397; BeckOK/*Hesse* § 620 Rn. 45; *Eisemann* NZA 2011, 601, 607; *Nord* Anm. EzA KSchG § 4 n. F. Nr. 90; danach diff., ob ein Diskriminierungsverbot eingreift, *Temming* Anm. AP BGB § 622 Nr. 66; wegen der im Entscheidungsfall angenommenen Verwirkung ausdr. offen gelassen von BAG 21.8.2008 NZA 2009, 29). Dies ist eine Frage der Auslegung des § 4 KSchG. 12

Dem Kündigenden steht es frei, **freiwillig eine längere als die ges. Kündigungsfrist** einzuhalten, doch kommt auch dann iRd. Abs. 2 als Kündigungstermin ausschl. ein Monatsletzter in Betracht (BAG 12.7.2007 NZA 2008, 476). Der Kündigende ist nicht verpflichtet, mit dem Ausspruch der Kündigung bis zum letzten Tag vor Beginn der Frist zum nächstmögl. Termin zu warten. Eine zum „1. April" ausgesprochene ordentl. Kündigung ist idR dahin auszulegen, dass sie das ArbVerh. mit Ablauf des 31. März beenden soll, wenn das ArbVerh. von Rechts wegen ordentl. nur zum Schluss eines Kalendervierteljahres gekündigt werden kann (BAG 25.9.2002 AP BAT §§ 22, 23 Zuwendungs-TV Nr. 27; LAG K 26.10.2001 NZA-RR 2002, 355). 13

4. Probearbeitsverhältnis. § 622 III regelt die Kündigungsfrist während einer vereinbarten Probezeit von max. sechs Monaten Dauer. Zur mögl. Inhaltskontrolle einer solchen Vereinb. nach §§ 307 ff. vgl. BAG 12.2.2015 NZA 2015, 737 Rn. 18 ff. Diese Bestimmung trägt praktischen Bedürfnissen beider Arbeitsvertragsparteien Rechnung. Die Kündigungsfrist beträgt **zwei Wochen**. Hiervon weicht auch § 169 SGB IX nicht ab, denn die dort geregelte Mindestkündigungsfrist findet erst nach sechsmonatiger Beschäftigungsdauer (vgl. zur Berechnung BAG 19.6.2007 NZA 2007, 1103) Anwendung (§ 173 I SGB IX). Ein Kündigungstermin ist nicht einzuhalten (BAG 13.12.2007 NZA 2008, 14

403). IZw. beginnt eine Probezeit mit der tats. Arbeitsaufnahme (LAG RP 30.4.2010 NZA-RR 2010, 464). Haben sich die Arbeitsvertragsparteien über die Arbeitsaufnahme an einem bestimmten Arbeitstag vorab geeinigt, ist dieser erste Arbeitstag gem. § 187 II iVm. § 188 II bei der Berechnung des Ablaufs einer vertragl. vereinbarten Probezeit voll einzubeziehen, selbst wenn der schriftl. Arbeitsvertrag erst am Tage der Arbeitsaufnahme unterzeichnet wird (BAG 27.6.2002 AP BGB § 620 Probearbeitsverhältnis Nr. 22). Wird eine **längere Probezeit** vereinbart, gilt nach Ablauf des sechsten Beschäftigungsmonats die allg. Grundkündigungsfrist von vier Wochen. Dabei ist auf den Ausspruch der Kündigung abzustellen, dh. die zweiwöchige Kündigungsfrist ist bis zum Ablauf von sechs Monaten maßgebl., auch wenn das Ende der Kündigungsfrist erst nach diesem Zpkt. liegt (BAG 21.4.1966 AP BAT § 53 Nr. 1; APS/*Linck* Rn. 69; MüKoBGB/*Hesse* Rn. 32).

15 Die Probezeit kann einzelvertragl. vereinbart sein (BAG 13.12.2007 NZA 2008, 403) oder sich aus einem TV ergeben. Für die Anwendung von Abs. 3 ist es unerhebl., ob die Vereinb. einer bis zu sechs Monate währenden Probezeit für das einzelne ArbVerh. angemessen war (BAG 24.1.2008 NZA 2008, 521; MüKoBGB/*Hesse* Rn. 31; APS/*Linck* Rn. 65; **aA** *Hromadka* BB 1993, 2372, 2374). Eine zunächst für eine kürzere Frist vereinbarte Probezeit kann nachträgl. auf bis zu sechs Monate verlängert werden (LAG RP 5.1.1999 NZA 2000, 258, 259). IZw. liegt ein unbefristetes ArbVerh. vor, das nach Ablauf der Probezeit in ein normales ArbVerh. übergeht, wenn es nicht zuvor gekündigt wird (BAG 29.7.1958 AP BGB § 620 Probearbeitsverhältnis Nr. 3). In diesem Fall gilt die **verkürzte Kündigungsfrist kraft G** für die vereinbarte Dauer der Probezeit, längstens für sechs Monate. Haben die Vertragsparteien hingegen ein befristetes ProbeArbVerh. begr., das mit Ablauf der vereinbarten Frist endet, ist die ordentl. Kündigung mit der sich aus § 622 III ergebenden Frist (APS/*Linck* Rn. 66; **aA** DDZ/*Zwanziger* Rn. 17) nur zulässig, wenn die Kündbarkeit des befristeten ArbVerh. vereinbart wurde (vgl. § 15 III TzBfG; BAG 13.12.2007 NZA 2008, 403; 24.1.2008 NZA 2008, 521). Hierauf kann vielfach aus den Umständen der Probezeitvereinb. geschlossen werden (vgl. TzBfG § 15 Rn. 12; BAG 4.7.2001 EzA BGB § 620 Kündigung Nr. 4). Einzelvertragl. kann für die Dauer der Probezeit eine längere Kündigungsfrist vereinbart werden (APS/*Linck* Rn. 70). Dies ist bei einem vom AG formulierten Arbeitsvertrag auch dann anzunehmen, wenn die Regelung selbständig neben der Probezeitvereinb. steht und nicht unmissverständl. macht, dass sie erst nach Ablauf der Probezeit gelten solle (BAG 23.3.2017 – 6 AZR 705/15 – Rn. 26). Die Vereinb. einer zu kurzen Probezeit-Kündigungsfrist lässt die Probezeitvereinb. iÜ unberührt, so dass mit der Frist des Abs. 3 gekündigt werden kann (LAG HE 31.5.2011 NZA-RR 2011, 571). Die TVParteien können die ges. Probezeit-Kündigungsfrist abkürzen (§ 622 IV), die Vertragsparteien nur im Geltungsbereich eines TV durch Bezugnahme auf diesen (§ 622 IV 2; APS/*Linck* Rn. 70). Wird die Probezeitkündigung im Rahmen einer Massenentlassung ausgesprochen, kann sich aus der einzuhaltenden Sperrfrist des § 18 KSchG eine verlängerte Mindestkündigungsfrist ergeben (vgl. BAG 6.11.2008 NZA 2009, 1013).

16 **5. Aushilfsarbeitsverhältnis. a) Anwendungsbereich.** AushilfsArbVerh. ist ein nicht auf Dauer angelegtes ArbVerh., das einen **vorübergehenden Arbeitskräftebedarf** decken soll, der nicht durch den normalen Betriebsablauf, sondern durch den Ausfall von Stammkräften oder einen zeitl. begrenzten zusätzl. Arbeitsanfall begr. ist (BAG 22.5.1986 AP BGB § 622 Nr. 23). Die bloße Bezeichnung des ArbVerh. als AushilfsArbVerh. ist unzureichend. Es muss sich tats. um ein AushilfsArbVerh. handeln (BAG 22.5.1986 AP BGB § 622 Nr. 23; MüKoBGB/*Hesse* Rn. 75). Ein AushilfsArbVerh. wird idR befristet abgeschlossen werden. Wird in diesem Fall die ordentl. Kündbarkeit vereinbart (vgl. BAG 30.9.1981 AP BGB § 620 Befristeter Arbeitsvertrag Nr. 61), sind die Abkürzungsmöglichkeiten nach § 622 V 1 eröffnet (Ausnahme Leiharbeit; vgl. Rn. 6b). Dabei besteht ein zeitl. Rahmen von drei Monaten Dauer. Für diesen Zeitraum kann die kürzere Kündigungsfrist auch dann vereinbart werden, wenn von Anfang an feststeht, dass sich die Aushilfstätigkeit auf eine längere Zeit als drei Monate erstrecken wird. Die in einem AushilfsArbVerh. vereinbarte Kündigungsfrist kann bis zum Ablauf von drei Monaten ausgenutzt werden. Maßgebend ist der Zugang der Kündigung innerhalb des Drei-Monats-Zeitraumes, das Ende der Kündigungsfrist kann außerhalb dieses Zeitraumes liegen (MüKoBGB/*Hesse* Rn. 76; APS/*Linck* Rn. 109; *Preis/Kramer* DB 1993, 2125, 2126). Wird das AushilfsArbVerh. über die Dauer von drei Monaten hinaus fortgesetzt, werden die ges. Kündigungsfristen und -termine wirksam.

17 **b) Zulässige Vereinbarungen.** Nach § 622 V Nr. 1 kann die ges. Kündigungsfrist im Rahmen eines AushilfsArbVerh. während der ersten drei Monate verkürzt werden. Eine Mindestkündigungsfrist ist nicht vorgeschrieben. Somit kann eine (ordentl.) **fristlose Kündigung** vereinbart werden (BAG 22.5.1986 AP BGB § 622 Nr. 23; *Preis/Kramer* DB 1993, 2125, 2126; *Hromadka* BB 1993, 2272, 2274). Für den AN darf aber keine längere Frist als für den AG vorgesehen werden (§ 622 VI). § 622 V Nr. 1 lässt bei wörtl. Auslegung nur eine Verkürzung der Kündigungsfristen zu und sieht keine Vereinb. über **abw. Kündigungstermine** vor. Sinn und Zweck entspricht dies nicht, denn die Parteien könnten eine entfristete Kündigung vereinbaren und ohne Vorankündigung noch am Fünfzehnten oder Monatsende zum selben Kündigungstermin kündigen. Ein Festhalten an bestimmten Kündigungsterminen wäre ohne Schutzfunktion, so dass auch hiervon abw. vertragl. Abreden getroffen werden können (BAG 22.5.1986 AP BGB § 622 Nr. 23; MüKoBGB/*Hesse* Rn. 74; APS/*Linck* Rn. 106; **aA** *Monjau* BB

1970, 41). Ist ausdr. ein AushilfsArbVerh. vereinbart worden, eine Regelung der Kündigungsfrist aber unterblieben, kann allein aus dem Zweck des Vertrags nicht auf eine **Abkürzung der Kündigungsfrist** geschlossen werden, weil deren Maß unbestimmt bliebe (APS/*Linck* Rn. 107; SPV/*Preis* Rn. 501). Die Annahme, iZw. sei eine entfristete Kündigung gewollt, ist nur bei Vorliegen entspr. Begleitumstände begründbar. Auch wenn die Aushilfsklausel den Parteien deutl. macht, dass keine Beschäftigung auf Dauer beabsichtigt ist, kann ihnen nicht die Vorstellung und der Wille unterstellt werden, eine entfristete Kündigung zu vereinbaren. Wird die Kündigung des AushilfsArbVerh. im Rahmen einer Massenentlassung ausgesprochen, kann sich aus der einzuhaltenden Sperrfrist des § 18 KSchG eine verlängerte Mindestkündigungsfrist ergeben (vgl. BAG 6.11.2008 NZA 2009, 1013).

6. Kleinbetriebe. Durch § 622 V Nr. 2 werden AG begünstigt, die idR nicht mehr als 20 AN 18
ausschl. der zu ihrer Berufsbildung Beschäftigten (Umschüler, Anlernlinge, Volontäre, Auszubildende) beschäftigen. Die Entsch. des BAG v. 24.1.2013 (NZA 2013, 726) gibt Grund zu der Annahme, dass LeihAN zu berücksichtigen sind, wenn ihr Einsatz auf einem idR vorhandenen Personalbedarf beruht. § 622 V Nr. 2 findet nur Anwendung, wenn die Voraussetzungen eines KleinAG sowohl im Zpkt. der Vereinb. als auch des Zugangs der Kündigung vorliegen. Entscheidend ist nicht der Betrieb, sondern das Unternehmen. Die maßgebl. Zahl ist durch einen Blick auf die **Beschäftigtenzahl** in der Vergangenheit und durch eine Einschätzung ihrer voraussichtl. künftigen Entwicklung zu ermitteln. Dementspr. werden erkrankte AN und Arbeitnehmerinnen in der Mutterschaft mitgerechnet (vgl. § 21 VII BEEG). Ruhende ArbVerh. bleiben außer Betracht, doch müssen die Ersatzkräfte eingerechnet werden (*Hromadka* BB 1993, 2372, 2373). Gleiches gilt für AN, die ATZ im Blockmodell wahrnehmen und tats. aus dem Betrieb ausgeschieden sind (*Rieble/Gutzeit* BB 1998, 638, 643). Teilzeitbeschäftigte AN mit einer regelm. wöchentl. AZ von nicht mehr als 20 Stunden werden mit 0,5 und solche mit nicht mehr als 30 Stunden mit 0,75 bei der Feststellung der Zahl der beschäftigten AN berücksichtigt. Entscheidend ist die vertragl. geschuldete AZ, die sich aber auch aus dem gelebten ArbVerh. ergeben kann (vgl. hierzu BAG 21.11.2001 AP EntgeltFG § 4 Nr. 56). § 622 V Nr. 2 eröffnet kleineren AG die Möglichkeit, eine vierwöchige Kündigungsfrist **ohne Bindung an die festen Kündigungstermine** des Abs. 1 zu vereinbaren. Dieses Erg. folgt aus einer teleologischen Interpretation der Vorschr., weil sie sonst keinen von § 622 I abw. Regelungsinhalt hätte (MüKoBGB/*Hesse* Rn. 81; APS/*Linck* Rn. 110). Von den verlängerten Kündigungsfristen nach § 622 II darf nicht abgewichen werden (LAG HE 14.6.2010 NZA-RR 2010, 465; APS/*Linck* Rn. 110; *Adomeit/Thau* NJW 1994, 11, 14).

IV. Tarifliche Regelungen der Kündigungsfristen und -termine

1. Grundsatz. Gem. § 622 IV 1 sind **alle Kündigungsfristen** (Grundkündigungsfrist, verlängerte 19
Kündigungsfrist, Kündigungsfrist während der Probezeit) tarifdispositiv (MüKoBGB/*Hesse* Rn. 48). Die Formulierung „abw. Regelung" lässt sowohl eine Verkürzung als auch eine Verlängerung zu. Damit kann den Besonderheiten einzelner Wirtschaftsbereiche und Beschäftigungsgruppen Rechnung getragen werden (BT-Drs. 12/4902 S. 7 und 9). Nur durch TV, nicht aber durch Einzelarbeitsvertrag oder BV oder kirchl. AVR (**aA** *Richardi* § 7 Rn. 13), können die ges. Mindestkündigungsfristen der Abs. 1 und 2 abgekürzt werden. Die Zulassungsnorm gewährleistet keine (verkürzten) Mindestfristen. § 622 IV enthält keine Einschränkungen für bestimmte Gruppen von AN oder Arten von ArbVerh. Daraus ergeben sich für die TVParteien zahlr. Gestaltungsmöglichkeiten: Die Kündigungsfrist kann – zB für ProbeArbVerh. – auf einen Tag oder auf jede andere Frist verkürzt werden (vgl. LAG BE 28.10.2005 – 13 Sa 1555/05 – BeckRS 2006, 40755).

Es kann sogar eine **entfristete Kündigung** (sofortige ordentl. Kündigung) vereinbart werden (vgl. 20
BAG 2.8.1978 AP MTL II § 55 Nr. 1; SPV/*Preis* Rn. 464; MüKoBGB/*Hesse* Rn. 48; krit. *Oetker* ZfA 2001, 287, 308 wegen des grundrechtl. geforderten Mindeststandards). Darüber hinaus kann eine ordentl. entfristete Kündigung von tarifl. bezeichneten Kündigungsgründen abhängig gemacht werden, die den Voraussetzungen des § 626 nicht zu entsprechen brauchen (HHL/*v. Hoyningen-Huene* § 13 Rn. 9; **aA** *Wenzel* MDR 1969, 968, 971). Stellt sich die tarifl. vorgesehene entfristete Auflösung des ArbVerh. sachl. als ordentl. Kündigung dar, greift das für ordentl. Kündigungen geltende Mitbestimmungs- oder Mitwirkungsrecht des BR oder PR ein (BAG 2.8.1978 AP MTL II § 55 Nr. 1) und findet § 1 KSchG Anwendung (BAG 4.6.1987 AP KSchG 1969 § 1 Soziale Auswahl Nr. 16).

Die TVParteien sind nach § 622 VI nF ausdr. an das **Benachteiligungsverbot** zu Lasten der AN 21
gebunden, weil diese Vorschr. – im Unterschied zu § 622 V aF – auf die Einschränkung „einzelvertragl." verzichtet. Deshalb dürfen die Kündigungsfristen für den AN nicht länger sein als die Kündigungsfristen für die Kündigung durch den AG (§ 622 VI nF; APS/*Linck* Rn. 80, 116). In der Tarifpraxis sind gleiche Fristen für AG und AN nicht unübl. (KR/*Spilger* Rn. 247).

Die Tariföffnungsklausel umfasst auch Regelungen hins. der **Kündigungstermine** (BAG 4.7.2001 22
AP BGB § 622 Nr. 59) und der Voraussetzungen, unter denen der Anspruch auf verlängerte Kündigungsfristen entsteht (Dauer der Betriebszugehörigkeit). TV müssen nicht der Zielsetzung des BGB entsprechen, ältere AN durch längere Fristen stärker zu schützen (BAG 23.4.2008 NZA 2008, 960;

APS/*Linck* Rn. 80). Deshalb dürfen Kündigungen für **ältere AN** den gleichen Regelungen wie für jüngere unterworfen werden (*Richardi* ZfA 1971, 88; **aA** *Canaris* GS für Dietz 1973 S. 199, 218). Die TVParteien können eigenständig verlängerte Fristen für ältere AN vorsehen (BAG 23.4.2008 NZA 2008, 960). Starre Regeln haben sie dabei nicht einzuhalten. So müssen sie die verlängerten Fristen für ältere AN nicht unverändert übernehmen, nur weil der TV an der ges. Grundkündigungsfrist von vier Wochen festhält. Wird die Grundkündigungsfrist verkürzt, erfordert dies keine Abkürzung der verlängerten Fristen oder das Festhalten an einem bestimmten Abstand der Fristen.

23 **2. Tarifbindung.** Tarifl. Vorschr., die Kündigungsfristen und -termine regeln, gelten unmittelbar und zwgd. nur zwischen tarifgebundenen AN und AG (§§ 3, 4 I TVG). Tarifgebunden sind die Mitglieder der TVParteien und beim FirmenTV der AG, der den TV abgeschlossen hat. Die Rechtswirkung eines TV wird auf alle Außenseiter erstreckt, die nicht Mitglieder der jeweiligen TVParteien sind, wenn ein TV nach § 5 TVG für allgemeinverbindl. erklärt wird. Auf die Einhaltung der in einem allgemeinverbindl. TV geregelten Kündigungsfrist kann ein AN wegen § 4 IV TVG nicht wirksam einseitig verzichten (BAG 18.11.1999 AP TVG § 4 Nr. 18).

24 **3. Konstitutive Regelung. a) Abgrenzung zur deklaratorischen Übernahme.** Die Ausgestaltung tarifl. Klauseln ist vielfältig. Nicht in jedem Falle werden die Kündigungsfristen und -termine konstitutiv geregelt. Es ist jeweils **mittels Tarifauslegung** zu klären, ob eine tarifvertragl. Bestimmung, die inhaltl. mit außertarifl. Normen (insb. den ges. Vorschr. über Kündigungsfristen) übereinstimmt oder auf sie verweist, eine selbständige, dh. in ihrer normativen Wirkung von der außertarifl. Norm unabhängige konstitutive Regelung trifft, oder rein deklaratorischen Charakter in Gestalt einer sog. neutralen Klausel besitzt (BAG 27.8.1982 AP TVG § 1 Auslegung Nr. 133; 21.3.1991 AP BGB § 622 Nr. 31; 29.9.2011 NZA 2012, 754). Die Abgrenzung bestimmt sich nach den Verhältnissen im Zpkt. der tarifl. Einigung. Bes. Gewicht kommt einem vom Gesetzestext abw. Wortlaut der Tarifnorm zu (BAG 26.6.1997 – 2 AZR 759/96 – BeckRS 1997, 30769320). Die Entstehungsgeschichte (einschl. der etwaigen Veränderungen der Tarifbestimmung – vgl. *Hamacher,* Deklaratorische und konstitutive Klauseln in TV, 2000 S. 330 ff.) und die konkreten Normzwecke kommen als Auslegungsgesichtspunkte hinzu. Insb. waren die verlängerten Angestelltenkündigungsfristen des G von 1926 nicht tarifdispositiv, was bei inhaltl. übereinstimmender Regelung in einem TV für dessen deklaratorische Natur spricht (BAG 18.11.1999 – 2 AZR 104/99 – BeckRS 1999, 30781568). Das BAG erkennt eine eigenständige tarifvertragl. Regelung nur dann an, wenn der **Regelungswille** der TVParteien im TV deutl. zum Ausdruck gekommen ist (BAG 21.4.2010 EzA TVG § 1 Auslegung Nr. 47; MüKoBGB/*Hesse* Rn. 45a). Diese Voraussetzung ist unstr. erfüllt, wenn der TV eine im G nicht oder anders enthaltene Regelung von Gewicht trifft oder eine Regelung übernimmt, die sonst nicht für die betroffenen ArbVerh. gelten würde (vgl. nur BAG 7.3.2002 EzA BGB § 622 Tarifvertrag Nr. 3). Führt die Auslegung zu keinem hinreichend fundierten Erg., muss der Zweifelsfall anhand einer Auslegungsregel entschieden werden.

25 Werden einschlägige ges. Vorschr. wörtl. oder inhaltl. unverändert in einen umfangr. TV aufgenommen, handelt es sich um **deklaratorische Klauseln,** weil der Wille der TVParteien zu einer gesetzesunabhängigen eigenständigen Tarifregelung im TV keinen hinreichend erkennbaren Ausdruck gefunden hat (BAG 29.8.1991 AP BGB § 622 Nr. 32; 16.9.1993 AP BGB § 622 Nr. 42; 5.10.1995 AP BGB § 622 Nr. 48; 21.4.2010 EzA TVG § 1 Auslegung Nr. 47). Der Normsetzungswille muss deutl. zu Tage treten, denn eigenständige tarifvertragl. Regelungen, die ohnehin anwendbaren ges. Vorschr. entsprechen, sind nur im Hinblick auf künftige GÄnd. sinnvoll. Bei Abschluss des TV ist aber noch nicht bekannt, ob und wie solche Rechtsänd. tarifdispositiv gestaltet sein werden. Deshalb ist nach der Rspr. des BAG bei Fehlen gegenteiliger Anhaltspunkte davon auszugehen, dass es den TVParteien bei der Übernahme des Gesetzestextes darum gegangen ist, im TV eine unvollständige Darst. der Rechtslage zu vermeiden. Mit einer solchen Regelung sei allein eine vollständige Darlegung der Rechtslage beabsichtigt. Damit solle erreicht werden, dass die Tarifunterworfenen das für sie geltende Recht ohne großen Aufwand allein aus dem TV erkennen können (ebenso APS/*Linck* Rn. 84; *Hromadka* BB 1993, 2372, 2375).

25a Die Verweisungstechnik und die inhaltl. Übernahme ges. Regelungen sind gleichwertige Möglichkeiten zur **Aufnahme neutraler Klauseln** in den TV. Ob die TVParteien die eine oder die andere Methode wählen oder ob sie sich abwechselnd beider Möglichkeiten bedienen, ist eine Frage der Zweckmäßigkeit, die die TVParteien frei entscheiden. Ob die Zulassung abw. tarifl. Regelungen in ansonsten zwgd. ges. Vorschr. überhaupt eine dem G inhaltsgleiche **eigenständige tarifl. Normsetzung** ausschließt, wird von der Rspr. nach wie vor offen gelassen (BAG 5.10.1995 AP BGB § 622 Nr. 48). Immerhin soll es die tarifdispositive Gestaltung ansonsten zwgd. G den Tarifpartnern ermöglichen, aufgrund ihrer bes. Sachkenntnis den Anforderungen der Branche entspr., vom G abw. Regelungen zu treffen. Nach der Gegenansicht (*Bengelsdorf* NZA 1991, 121, 126; *Creutzfeld* AuA 1995, 87; *Wedde* AuR 1996, 421, 423; *Hamacher,* Deklaratorische und konstitutive Klauseln in TV, 2000 S. 285 f.; *Sandmann* RdA 2002, 73, 80) nimmt ein Normgeber, der Rechtssätze wiederholt, diese iZw. in seinen Rechtsetzungswillen auf. Damit hätten wiederholende Tarifnormen konstitutiven Charakter. Gegen die Auff. des BAG wird insb. angeführt, dass in der Übernahme ges. Vorschr. insofern eine eigenständige Regelung liege, als die TVParteien von einer Schlechterstellung der AN absähen.

Dem ist das BAG auch in seiner späteren Rspr. nicht gefolgt (vgl. BAG 12.12.1996 – 2 AZR 718/95 – BeckRS 1996, 30765774). Eine eigenständige TVNorm ist eben nicht unerlässl., um die Arbeitsbedingungen gerade in dieser bestimmten Art und Weise zu gestalten. Eine konstitutive Regelung kann zwar sinnvoll sein, um die ges. Gestaltung für die Zukunft festzuschreiben. Jedoch kann ein entspr. Wille beider TVParteien tats. nicht vermutet werden, weil jede zukünftige Änd. der Gesetzeslage einer Seite günstig und der anderen ungünstig erscheinen wird. Deshalb liegt es näher anzunehmen, jede Seite wolle die Regelung ggü. zukünftigen GÄnd. offen halten. Die **Unterstellung eines Normsetzungswillens** ist daher bei der Wiederholung einer ges. Vorschr. nicht angebracht. Demzufolge sprechen die besseren Gründe für die Auslegungsregel des BAG (so auch *Kamanabrou* RdA 1997, 22, 23 ff.). Wird das G aufgeh., gewinnt die deklaratorische Tarifbestimmung nicht die Bedeutung einer konstitutiven Regelung (*Wank* NZA 1993, 961, 966). Es gilt dann die neue ges. Bestimmung. Eine konstitutive tarifl. Regelung kann mit einer (deklaratorischen) Verweisung auf zukünftige, den AN günstigere ges. Regelungen der Kündigungsfristen und -termine kombiniert werden (BAG 29.1.1997 AP TVG § 1 Tarifverträge: Textilindustrie Nr. 22). Treten diese ges. Bestimmungen tats. in Kraft, verliert die konstitutive Vorschr. des TV ihre Geltung. 26

b) Teilbarkeit. Tarifl. Regelungen der Kündigungsfristen können aus einem konstitutiven und einem deklaratorischen Teil bestehen (BAG 4.3.1993 AP BGB § 622 Nr. 40; 29.1.1997 AP TVG § 1 Tarifverträge: Textilindustrie Nr. 22; 29.9.2011 NZA 2012, 754; APS/*Linck* Rn. 85). So kann die Grundkündigungsfrist mit dem G übereinstimmen, während die verlängerten Kündigungsfristen einer konstitutiven Regelung zugeführt werden (vgl. BAG 27.8.1982 AP TVG § 1 Auslegung Nr. 133; 14.2.1996 AP BGB § 622 Nr. 50). Die Abweichung bei einer Gruppe macht die Regelung der anderen nicht notwendigerweise konstitutiv. Dies hat zur Folge, dass die Grundkündigungsfristen, die verlängerten Kündigungsfristen sowie die noch fortbestehenden Kündigungsfristen von Arbeitern und Ang. jeweils gesondert daraufhin zu überprüfen sind, ob und inwieweit eine konstitutive oder deklaratorische Regelung vorliegt. 27

4. Verfassungsrechtliche Grenzen. Den Tarifpartnern kommt iRd. ihnen gewährten Tarifautonomie (Art. 9 III GG) eine **sachverständige Beurteilungskompetenz** zu. Hieran knüpft die Tariföffnungsklausel des § 622 IV an. Den Tarifpartnern soll die Möglichkeit gegeben werden, branchenspezifisch von der ggf. zu starren ges. Regelung abzuweichen. Die Tarifpartner haben eine Gestaltungsfreiheit, die es den Gerichten nicht erlaubt zu prüfen, ob dabei jeweils die „gerechteste" und zweckmäßigste Regelung gefunden wurde. Tarifl. Regelungen tragen die Vermutung in sich, dass sie den Interessen beider Seiten gerecht werden und keiner Seite ein unzumutbares Übergewicht vermitteln (BAG 21.3.1991 AP BGB § 622 Nr. 31). Allerdings geht das BAG nicht so weit, bei tarifl. Regelungen nur noch eine Willkürkontrolle vorzunehmen. Die Tarifparteien sind durch § 622 IV nicht zu Regelungen ermächtigt, die dem Gesetzgeber selbst durch die Verf. verboten sind (BAG 28.1.1988 AP BGB § 622 Nr. 24). Jedoch macht es einen Unterschied, ob der Gesetzgeber für die Großgruppen aller Arbeiter und Ang. oder die Tarifpartner nur für die AN einer bestimmten Branche Regelungen treffen (BAG 16.9.1993 AP BGB § 622 Nr. 42). In seltenen Ausnahmefällen kann ein TV – die statusbezogene Kennzeichnung Arbeiter oder Ang. als „Kürzel" für eine zulässige Differenzierung heranziehen (BAG 16.2.2010 NZA 2010, 701). Der Differenzierungsgrund muss dann auf vernünftigen und einleuchtenden Erwägungen beruhen und darf gegen keine verfassungsrechtl. oder sonstigen übergeordneten Wertentsch. verstoßen. 28

Art. 3 I GG verbietet es, in einem TV gleiche Sachverhalte unterschiedl. zu behandeln (vgl. BAG 12.10.2004 NZA 2005, 1127 mwN zur dogmatischen Ableitung). Eine verbotene Ungleichbehandlung liegt vor, wenn sich für die gewählte Differenzierung ein vernünftiger, aus der Natur der Sache folgender oder sonst wie einleuchtender Grund nicht finden lässt, wenn also für eine am Gerechtigkeitsgedanken orientierte Betrachtungsweise die Regelung als willkürl. anzusehen ist (vgl. BVerfG 15.10.1985 E 71, 39, 58; 24.3.1993 AP BGB § 242 Gleichbehandlung Nr. 106). Dabei genügt es im Hinblick auf die **Gestaltungsfreiheit der TVParteien,** wenn sich für die getroffene Regelung ein sachl. vertretbarer Grund ergibt (BVerfG 26.3.1980 AP GG Art. 3 Nr. 116 [B I 1 der Gründe]; 15.10.1985 E 71, 39, 58; BAG 23.6.1994 AP TVG § 1 Tarifverträge: DDR Nr. 13). Es gilt ein relativ strenger Maßstab, wenn die zu beurteilende Regelung zu einer erhebl. Ungleichbehandlung von Personengruppen führt, deren Mitglieder die ungleichen Rechtsfolgen faktisch nicht vermeiden können. Anders als beim Willkürverbot reicht es nicht aus, dass die Unsachlichkeit der Differenzierung evident ist. Für die Unterscheidung müssen vielmehr Gründe von solcher Art und solchem Gewicht bestehen, dass sie die ungleichen Rechtsfolgen rechtfertigen können. Das Gericht hat nicht nachzuprüfen, ob eine von mehreren denkbaren Lösungen, die die Tarifparteien gewählt haben, die gerechteste und zweckmäßigste ist (vgl. BAG 1.6.1983 AP BGB § 611 Deputat Nr. 5 mwN). Vielmehr genügt es, wenn für die vorgenommene Differenzierung **sachl. einleuchtende Gründe** vorhanden sind. IZw. werden tarifl. Regelungen den Interessen beider Seiten entsprechen und keiner Seite ein unzumutbares Übergewicht vermitteln (vgl. BAG 2.4.1992 AP BGB § 622 Nr. 38; 16.9.1993 AP BGB § 622 Nr. 42). ZB kann die Forderung der Gewerkschaft nach längeren Kündigungsfristen für gewerbl. AN aus taktischen Gründen erfolgt sein, um die Verhandlungsmasse zu vergrößern und höhere Lohnforderungen durchsetzen 29 zu können. Zu vergleichen sind jeweils die konkret maßgebl. Kündigungsfristen und -termine (BAG 6.11.1997 – 2 AZR 707/96 – BeckRS 1997, 30772030).

30 Das BVerfG (30.5.1990 AP BGB § 622 Nr. 28) hat ausdr. festgestellt, dass die herkömml. Unterscheidung zwischen Arbeitern und Ang. nach der Art ihrer Tätigkeit keinen rechtfertigenden Grund für ungleiche Kündigungsfristen darstellt. **Kopf- und Handarbeiter verdienen denselben Schutz** bei Arbeitsplatzverlust. Für verschiedene ANGruppen können aber unterschiedl. Fristen geregelt werden, wenn bes. Unterscheidungsmerkmale die Ungleichbehandlung rechtfertigen. Solche sind etwa in der unterschiedl. Qualifikation und Ausbildung oder in der Tatsache der Tätigkeit im Produktionssektor zu erblicken, weil dort eine erhöhte personalwirtschaftl. Flexibilität erforderl. sein kann (BVerfG 30.5.1990 AP BGB § 622 Nr. 28). Weil aber nicht alle Arbeiter im produktiven Sektor arbeiten, dürfen nicht generell für Arbeiter kürzere Fristen festgelegt werden (BVerfG 30.5.1990 AP BGB § 622 Nr. 28). Etwas anderes kommt nur dann in Betracht, wenn das Tätigkeitsfeld der Arbeiter mit dem produktiven Sektor gleichzusetzen ist, also nahezu alle Arbeiter im Geltungsbereich des in Frage stehenden TV in der Produktion beschäftigt sind (*Preis/Kramer* DB 1993, 2125, 2129). Da TV keine Differenzierungen zwischen Arbeitern und Ang. vornehmen dürfen, die nicht durch sachl. Merkmale gerechtfertigt sind (BAG 21.3.1991 AP BGB § 622 Nr. 31; 16.9.1993 AP BGB § 622 Nr. 42), darf eine Schlechterstellung der Arbeiter nicht allein auf einer pauschalen Differenzierung zwischen den Gruppen der Ang. und der Arbeiter beruhen. Sachl. gerechtfertigt sind dagegen hinreichend gruppenspezifisch ausgestaltete Regelungen, die zB funktions-, branchen- oder betriebsspezifischen Interessen im Geltungsbereich eines TV mit Hilfe verkürzter Kündigungsfristen für Arbeiter entsprechen (vgl. BAG 16.9.1993 AP BGB § 622 Nr. 42).

31 Das BAG hat ausgehend von den Verhältnissen in der jeweiligen Branche (BAG 16.9.1993 AP BGB § 622 Nr. 42) mit spezifischen Besonderheiten wie erhöhter produkt-, mode-, witterungs- oder saisonbedingter Auftragsschwankungen ein Bedürfnis nach erhöhter **personalwirtschaftl. Flexibilität** als sachl. Differenzierungsgrund anerkannt (BAG 23.1.1992 AP BGB § 622 Nr. 37). Die Auftragsschwankungen müssen jedoch in einem Zusammenhang mit den Kündigungsfristen und -terminen stehen. So können erhebl. Schwankungen in der Besucherzahl zu den verschiedenen Tages- und Nachtzeiten keine kürzeren Kündigungsfristen für Arbeiter rechtfertigen (BAG 21.11.1996 – 2 AZR 171/96 – BeckRS 1996, 30922863; vgl. hierzu die abschl. BAG-Entsch. v. 29.10.1998 – 2 AZR 683/97 – BeckRS 1998, 13915). Gleiches gilt für einen festzustellenden häufigeren Arbeitsplatzwechsel der in der Branche tätigen Arbeiter aus eigenem Antrieb, denn dieser begr. nicht zugleich ein arbeitgeberseitiges Interesse an kurzen Kündigungsfristen, sondern legt für sich genommen eher ein gegensätzl. Interesse der Unternehmen nahe. Kürzere Grundkündigungsfristen für die am Stuhl arbeitenden Friseure sind gerechtfertigt, weil sie idR während der Kündigungsfrist freigestellt werden, um einen Verlust der durch sie pers. betreuten Kunden zu vermeiden (BAG 18.1.2001 AP LPVG Niedersachsen § 28 Nr. 1). Bei einem ganz überw. Anteil von **Arbeitern in der Produktion** sieht das BAG kürzere tarifl. Kündigungsfristen für Arbeiter als sachl. gerechtfertigt an. Hierfür hat es einen Arbeiteranteil von 75% als ausreichend bewertet (BAG 4.3.1993 AP BGB § 622 Nr. 40). Den unmittelbaren Einfluss der Auftragslage auf den Produktionssektor hat das BAG für Betriebe mit saisonalen Schwankungen (Gärtnereien, Bau) sowie für Betriebe mit produkt- und branchenspezifischen Schwankungen (Chemie, Textil) bejaht. Das BAG (23.1.1992 AP BGB § 622 Nr. 36) hat auch erwogen, unterschiedl. tarifl. Kündigungsfristen dadurch zu rechtfertigen, dass nur eine verhältnismäßig kleine Gruppe von AN nicht intensiv benachteiligt ist. Geringfügige Abweichungen sind mit Art. 3 I GG vereinbar (BAG 6.11.1997 – 2 AZR 707/96 – BeckRS 1997, 30772030).

31a Ist bei Arbeitern einer Branche im Vergleich zu Ang. eine stärkere Fluktuation festzustellen, kann dies, insb. in den ersten sechs Monaten des BeschVerh., kürzere Kündigungsfristen für Arbeiter rechtfertigen (BAG 2.4.1992 AP BGB § 622 Nr. 38; 21.11.1996 – 2 AZR 171/96 – BeckRS 1996, 30922863; 29.10.1998 – 2 AZR 683/97 – BeckRS 1998, 13915). Die **größere Fluktuation** kann auf typischen Wünschen der Arbeiter nach erhöhter Flexibilität, auf häufiger Kündigung wegen fehlender Eignung der Arbeiter durch die AG oder auf beiden Gesichtspunkten beruhen (BAG 23.1.1992 AP BGB § 622 Nr. 37). Bewerben sich zB auch Arbeitslose, welche möglichst rasch wieder in ihrem erlernten Beruf arbeiten wollen, wenn sie eine entspr. Arbeitsstelle finden, wäre ihnen mit befristeten Arbeitsverträgen nicht gedient, wohl aber mit kurzen Kündigungsfristen.

31b Alle denkbaren Differenzierungsgründe verlieren mit **zunehmender Betriebszugehörigkeit** an Gewicht (BAG 29.8.1991 AP BGB § 622 Nr. 32), so dass bei Arbeitern mit längerer Betriebszugehörigkeit eine Differenzierung ggü. Ang. mit gleichlanger Betriebszugehörigkeit sachl. nicht zu begründen sein wird (vgl. aber BAG 29.10.1998 – 2 AZR 683/97 – BeckRS 1998, 13915). Das BAG stellt hohe Anforderungen an die sachl. Rechtfertigung, wenn es fordert (BAG 10.3.1994 AP TVG § 1 Tarifverträge: Metallindustrie Nr. 117), es müsse nicht nur ein die Ungleichbehandlung rechtfertigender Grund vorliegen, sondern die Ungleichbehandlung und der rechtfertigende Grund müssten auch in einem angemessenen Verhältnis zueinander stehen.

32 Die Abgrenzung nach Fachbereichen oder Branchen entspricht einem überkommenen Ordnungsprinzip der Koalitionen. Deren Tarifzust. richtet sich nach Satzungen, die regelm. auf Branchen abstellen (Industrieverbandsprinzip). Praktisch alle TV unterscheiden nach pers. und fachl. Geltungs-

bereich. Die ArbROrdnung wiederum knüpft vielfach an die unterschiedl. Geltungsbereiche von TV an, so zB in § 622 IV 2 oder in § 4 I 1 TVG (vgl. BVerfG 4.7.1995 AP AFG § 116 Nr. 4). Deshalb erfordert der Gleichheitssatz keine Gleichheit der **Regelungen in verschiedenen pers., räuml. und sachl. Geltungsbereichen.** ZB können und dürfen die tarifl. Kündigungsfristen ders. Branche in SN und BY oder der Textilindustrie und der Bauwirtschaft ders. Region ohne Verstoß gegen Art. 3 I GG unterschiedl. ausgestaltet sein. Gleiches gilt, wenn die TV von verschiedenen Gewerkschaften abgeschlossen werden (BAG 8.9.1999 AP TVG § 1 Tarifverträge: Papierindustrie Nr. 15). Andererseits kann allein aus dem Umstand der Regelung in verschiedenen TV ders. TVParteien nicht auf die sachl. Rechtfertigung geschlossen werden, denn entscheidend ist keine formale, sondern die inhaltl. Unterscheidung (BAG 23.1.1992 AP BGB § 622 Nr. 35). An die Stelle der verfassungswidrigen Differenzierung zwischen Arbeitern und Ang. könnte die Tarifpraxis gleichbehandelnde Regelungen setzen. Zu denken wäre daran, dass einheitl. für alle AN, die in der Produktion arbeiten, tarifl. kürzere Kündigungsfristen festgelegt werden als für diejenigen, die im administrativen Bereich beschäftigt werden (vgl. *Hromadka* BB 1993, 2372, 2378). Immerhin kann das Differenzierungsmerkmal (Produktion/Verw.) branchenspezifisch gerechtfertigt sein. Weitere Merkmale wie die berufl. **Qualifikation der Beschäftigten** könnten zwar theoretisch Art. 3 I GG genügen, werden sich aber mangels Praktikabilität nicht durchzusetzen vermögen.

Wird die Verfassungswidrigkeit tarifl. Vorschr. von einer Partei angesprochen oder vom Gericht 33 bezweifelt, haben die ArbG nach den Grds. des **§ 293 ZPO vAw.** die näheren für unterschiedl. Fristen maßgebl. Umstände, die für oder gegen die Verfassungswidrigkeit sprechen, zu ermitteln (BAG 4.3.1993 AP BGB § 622 Nr. 40; 16.9.1993 AP BGB § 622 Nr. 42). Seit dem Inkrafttreten des KündFG sind die durch verfassungswidrige tarifl. Kündigungsfristen entstandenen Tariflücken durch Anwendung der verfassungsgemäßen Regelung des § 622 zu schließen (vgl. BAG 10.3.1994 AP BGB § 622 Nr. 44; *Kramer* ZIP 1994, 929, 935; **aA** *Hromadka* BB 1993, 2372, 2378; *Kehrmann* AiB 1993, 746, 748). Nach der Übergangsvorschr. des Art. 222 EGBGB gilt dies auch für solche Fälle, in denen noch ein Rechtsstreit über diese Fragen anhängig gewesen ist (BAG 10.3.1994 AP BGB § 622 Nr. 44). Eine richterl. Schließung von Tariflücken durch erg. Vertragsauslegung ist in aller Regel nicht mögl. Dies würde nach der Rspr. des BAG voraussetzen, dass hinreichend sichere Anhaltspunkte dafür bestehen, wie die TVParteien im Falle der Kenntnis der Unwirksamkeit diese Lücke geschlossen hätten. Ist dagegen eine solche klare Lückenfüllung nicht mögl., weil ein mutmaßl. Wille der TVParteien nicht festgestellt werden kann, sind die Gerichte nicht befugt, in die Gestaltungsfreiheit der TVParteien korrigierend einzugreifen (BAG 21.3.1991 AP BGB § 622 Nr. 29). Liegt eine deklaratorische Regelung vor, gilt § 622 (*Hromadka* BB 1993, 2372, 2380; *Kramer* ZIP 1994, 929, 932; *Worzalla* NZA 1994, 145, 147).

V. Einzelvertragliche Vereinbarungen

1. Grundsatz. Die ges. Grundkündigungsfrist von vier Wochen stellt eine grds. **unabdingbare** 34 **Mindestkündigungsfrist** dar. Dies folgt aus § 622 V 2, der Abweichungen von den Abs. 1 bis 3 zu Lasten des AN verbietet. Mit dieser ges. Regelung soll „klargestellt werden, dass einzelvertragl. Abkürzungen der Kündigungsfrist unzulässig sind" (BT-Drs. 12/4902 S. 9). Etwas anderes gestattet das G nur in den Fällen einer vereinbarten Probezeit, § 622 III (Rn. 14 f.), der einzelvertragl. Bezugnahme auf einen TV, § 622 IV 2 (Rn. 35 ff.), der vorübergehenden Aushilfstätigkeit, § 622 V Nr. 1 (Rn. 16 f.) sowie in Kleinunternehmen hins. der Kündigungstermine, § 622 V Nr. 2 (Rn. 18). Gleichfalls einseitig zwgd. sind die nach § 622 II 1 vom AG einzuhaltenden verlängerten Kündigungsfristen, von denen allein mittelbar durch einzelvertragl. Bezugnahme auf einen TV, § 622 IV 2 (Rn. 35 ff.), abgewichen werden könnte. Auch hier dürfen einzelvertragl. keine zusätzl. Kündigungstermine vereinbart werden. Werden unzulässig kurze Kündigungsfristen oder unzulässig viele Kündigungstermine vereinbart, tritt an die Stelle dieser unwirksamen Vereinb. die ges. Regelung (§ 622 I, II). Bei der Vereinb. längerer Kündigungsfristen zu Lasten des AN tritt an die Stelle der gem. § 622 VI unwirksamen Kündigungsfristenregelung nicht die ges. Frist, vielmehr gilt die längere Kündigungsfrist für die Kündigung durch beide Parteien (vgl. Rn. 43). Gleiches gilt für die Vereinb. von Kündigungsterminen zu Lasten des AN. Dann greift für beide Arbeitsvertragsparteien diejenige Kündigungsregelung ein, die weniger Kündigungstermine vorsieht (Staudinger/*Preis* Rn. 58). Die Rspr. reduziert Abs. 5 S. 1 dahin, dass in einem Abwicklungsvertrag nach vorheriger Kündigung die vorzeitige Beendigung des ArbVerh. gegen Abfindung vereinbart werden kann, weil keine Partei des Schutzes bedarf und die Situation mit dem Fall des § 12 KSchG vergleichbar ist (BAG 17.12.2015 NZA 2016, 361 Rn. 38).

2. Zulassung untergesetzlicher Vereinbarungen (§ 622 IV 2). a) Regelungsmöglichkeiten. § 622 35 IV 2 nF bietet den nichttarifgebundenen Arbeitsvertragsparteien die Möglichkeit, im Geltungsbereich eines TV die Übernahme der tarifl. Regelung einzelvertragl. zu vereinbaren. § 622 IV 2 findet auch Anwendung, wenn nur eine Arbeitsvertragspartei nicht an den TV gebunden ist. Zweck dieser Vorschr. ist es, AN gleichstellen zu können und va. eine Bevorzugung nichttarifgebundener AN zu vermeiden, die eintreten könnte, wenn nur Tarifunterworfene die ggf. ungünstigere Tarifregelung gegen sich gelten lassen müssten. Eine Bezugnahme auf den TV ist nur im Rahmen seines räuml., sachl. und pers. Geltungsbereiches zulässig. Das stellt § 622 IV 2 sicher, indem er sachl. die Vereinb. des **einschlägigen TV** fordert. Hierdurch wird verhindert, dass stets nur bes. kurze Fristen vertragl. vereinbart werden und die ges. Vorschr. ohne Rücksicht auf die Branchenüblichkeit umgangen werden können. Im Grds. ist damit die Einbeziehung „fremder" TV ausgeschlossen, sofern sie nicht günstiger als das G sind (vgl. Rn. 38). Dies gilt auch, wenn sie zwar günstiger als der einschlägige TV, aber ungünstiger als das G sind. Den Anforderungen des § 622 IV 2 genügt es nicht, wenn nur einzelne ausgewählte Tarifregelungen einbezogen werden (*Wank* NZA 1993, 961, 965). Vielmehr muss der TV in seiner Gesamtheit oder die tarifl. Regelung der ordentl. Kündigung insg. übernommen werden (*Dietz* DB 1974, 1770; *v. Hoyningen-Huene* RdA 1974, 142; *Richardi* ZfA 1971, 87; MüKoBGB/*Hesse* Rn. 67; Staudinger/*Preis* Rn. 45). Damit ist es nicht mögl., allein die tarifl. Vorschr. über bestimmte Fristen (zB für die Probezeit) oder Termine zu vereinbaren, weil andernfalls die vom G vorausgesetzte Ausgewogenheit der tarifl. Kündigungsregelung nicht mehr gewährleistet wäre. Die vereinbarte tarifl. Regelung hat ggü. den ges. Mindestbedingungen dies. Wirkung wie der TV selbst. Sie nimmt also an dessen Vorrang teil und lässt die ggü. den ges. Vorschr. verkürzten tarifl. Kündigungsfristen auch für den Arbeitsvertrag gelten.

36 Die Vereinb. kann gleichermaßen einen geltenden oder **nachwirkenden TV** betreffen (vgl. zu § 13 BUrlG: BAG 27.6.1978 AP BUrlG § 13 Nr. 12). Das hat bes. dann Bedeutung, wenn an sich Tarifgebundene im Nachwirkungszeitraum einen Arbeitsvertrag schließen, weil der TV andernfalls im ArbVerh. keine Wirkungen entfaltete. Nur so wird erreicht, dass einheitl. Vorschr. für vor und nach Tarifkündigung eintretende AN gelten und im vorübergehend tariflosen Zustand nicht andere Mindestkündigungsfristen gelten als zuvor. Nach dem Zweck der Zulassungsnorm sollen innerhalb eines Betriebs möglichst einheitl. Bedingungen gelten. Diesem Anliegen würde es widersprechen, für die vorübergehende Zeit eines tariflosen Zustandes andere und unterschiedl. Kündigungsfristen als vorher und nachher gelten zu lassen (*v. Hoyningen-Huene* RdA 1974, 150). Die arbeitsvertragl. Bezugnahme muss deutl. auf den nachwirkenden TV hinweisen. Dazu reicht die Verweisung auf einen „den AG bindenden" TV nicht aus (BAG 18.8.1982 – 5 AZR 281/80 – BeckRS 1982, 05062). Soweit der in Bezug genommene TV gegen **höherrangiges Recht** verstößt (insb. Art. 3 I GG), gilt die ges. Regelung (BAG 29.9.2011 NZA 2012, 754; APS/*Linck* Rn. 89; *Worzalla* NZA 1994, 145, 150). Wird die tarifl. Regelung durch eine andere ersetzt, entfällt die Vorrangwirkung des konkret in Bezug genommenen TV. Es ist deshalb sinnvoll, die „jeweils" geltende Tarifbestimmung zu vereinbaren. Die vereinbarten tarifl. Kündigungsbestimmungen können vertragl. jederzeit wieder aufgeh. oder abgeändert werden. Der AN ist gegen spätere Verschlechterungen seiner Rechtsstellung dadurch geschützt, dass bei einer Aufhebung der Bezugnahme keine ggü. dem G ungünstigeren Regelungen vereinbart werden können.

37 **b) Inhaltliche Anforderungen.** Die Vereinb. kann ausdr., aber auch stillschweigend oder durch betriebl. Übung erfolgen (BAG 17.4.2002 NZA 2002, 1096; *Oetker* Anm. AP TVG § 1 Bezugnahme auf Tarifvertrag Nr. 9; APS/*Linck* Rn. 97; MüKoBGB/*Hesse* Rn. 64; **aA** BAG 3.7.1996 – 2 AZR 469/95 – BeckRS 1996, 30762310). Va. bei allg. Anwendung eines TV auf alle AN eines Betriebs wird eine stillschweigende Vereinb. bzw. eine einzelvertragl. **Vereinb. aufgrund betriebl. Übung** anzunehmen sein (JKOS/*Oetker* § 6 Rn. 217). Besteht eine betriebl. Übung, bestimmte Regelungen eines TV (zB Urlaub, Lohn) auf alle Beschäftigten anzuwenden, begr. allein dieser Umstand noch nicht die Anwendbarkeit des gesamten TV einschl. der Regelung der Kündigungsfristen und -termine (vgl. BAG 19.1.1999 AP TVG § 1 Bezugnahme auf Tarifvertrag Nr. 9). Dagegen ist die Übernahme der tarifl. Vorschr. mit für den AN zwgd. Wirkung durch BV unzulässig, sofern nicht der TV eine Öffnungsklausel enthält (§ 77 III BetrVG). Die Verweisung muss so eindeutig sein, dass es zweifelsfrei mögl. ist, den anwendbaren TV zu ermitteln (Wiedemann/*Oetker* § 3 Rn. 293 f.). Dazu genügt Bestimmbarkeit des einbezogenen TV. Zum notwendigen Inhalt des Nachw. vgl. aber NachwG § 2 Rn. 30 ff. Den Anforderungen des § 622 IV 2 wird auch entsprochen, wenn im Arbeitsvertrag die tarifl. Regelung wiederholt wird (**aA** LAG RP 6.12.2006 AuA 2007, 369). Ist allg. auf den einschlägigen TV verwiesen worden, liegt darin zugleich eine ausreichend deutl. und bestimmte Vereinb. der tarifl. Kündigungsvorschr. (MüKoBGB/*Hesse* Rn. 65). Es ist nicht erforderl., dass sich die Parteien bewusst sind, damit von der ges. Regelung abzuweichen (vgl. *Dietz* DB 1974, 1770).

38 **3. Vereinbarung günstigerer Regelungen (§ 4 III TVG). a) Individualabreden.** Regelungen über die Frist der Kündigung und deren Termin betreffen die Beendigung des ArbVerh.; es handelt sich um Beendigungsnormen iSv. § 1 I, § 4 I 1 TVG. Hiervon abw. einzelvertragl. Vereinb. sind gem. § 4 III TVG zulässig, wenn sie für den AN günstiger sind als die entspr. tarifl. Bestimmungen. Dieses **Günstigkeitsprinzip** gestattet es dem AG, mit einem tarifgebundenen AN Kündigungsfristen und -termine zu vereinbaren, die zwar schlechter als die ges. Bestimmungen, aber für den AN besser als die Vorschr. des einschlägigen TV sind (MüKoBGB/*Hesse* Rn. 90; *Dietz* DB 1974, 1770). Die zwgd. Wirkung der ges. Bestimmungen wird durch den Vorrang des TV verdrängt, so dass beim Günstigkeitsvergleich nur die einschlägige tarifl. Regelung und die abw. vertragl. Vereinb. miteinander zu vergleichen sind. Bei der Prüfung, ob die einzelvertragl. Abmachung günstiger ist als der kraft beiderseitiger Tarifbindung geltende TV, dürfen nicht getrennt die Kündigungsfristen und die Kündigungstermine einander gegen-

übergestellt werden (BAG 4.7.2001 NZA 2002, 380; 29.1.2015 NZA 2015, 673 Rn. 14 [für den Vergleich mit der ges. Regelung]; *Preis/Kramer* DB 1993, 2125, 2130; *Diller* NZA 2000, 293, 296; **aA** LAG HM 1.2.1996 LAGE BGB § 622 Nr. 38). Vielmehr müssen die Kündigungsvorschr. des TV und die vertragl. Regelung nach einem individuellen Maßstab und in obj. Würdigung als Einheit insg. miteinander verglichen werden. Letztl. entscheidet die sich aus den jeweiligen Vorschr. ergebende Gesamtbindungsdauer (Kündigungsfrist unter Berücksichtigung des Kündigungstermins – BAG 29.1.2015 NZA 2015, 673 Rn. 14; MüKoBGB/*Hesse* Rn. 90; *Kramer* S. 122). Es ist zu prüfen, welche Regelung im gesamten Kj. die längere Bindungsdauer gewährleistet (BAG 29.1.2015 NZA 2015, 673 Rn. 18; diff. *Diller* NZA 2000, 293, 296 f.). Dabei ist der ges. Regelung in Abs. 2 und 5 zu entnehmen, dass die längere Bindungsdauer als die dem AN günstigere Vereinb. gilt (BAG 29.1.2015 NZA 2015, 673 Rn. 14; MüKoBGB/*Hesse* Rn. 90 [für den Regelfall]; APS/*Linck* Rn. 119 f. [grds.]; *Persch* BB 2010, 181, 184; **aA** *Wensing/Hesse* NZA 2009, 1309, 1312). Der für den Günstigkeitsvergleich maßgebende Zpkt. ist grds. der Vertragsschluss (BAG 12.4.1972 AP TVG § 4 Günstigkeitsprinzip Nr. 13; 29.1.2015 NZA 2015, 673 Rn. 14; MüKoBGB/*Hesse* Rn. 90; APS/*Linck* Rn. 120). Verlängert sich im Verlauf des ArbVerh. die Kündigungsfrist, kann dadurch die einzelvertragl. Vereinbarte zur ungünstigeren werden (so BAG 29.1.2015 NZA 2015, 673 Rn. 17 in einem obiter dictum für den Vergleich mit der ges. Regelung). Eine **beiderseitige Verlängerung tarifl. Kündigungsfristen** im Einzelarbeitsvertrag verstößt nicht gegen § 4 III TVG (BAG 29.8.2001 NZA 2002, 1346).

b) Verweisung auf Tarifvertrag außerhalb ihres Geltungsbereiches. Für den AN kann es im 39 Vergleich zu § 622 günstiger sein, die Übernahme eines anderen, nach seinem Geltungsbereich unanwendbaren TV zu vereinbaren (MüKoBGB/*Hesse* Rn. 91; *Dietz* DB 1974, 1770, 1771; *Richardi* ZfA 1971, 85 f.; einschränkend BAG 10.6.1965 AP TVG § 9 Nr. 13: Vereinb. eines fremden TV, solange kein einschlägiger TV abgeschlossen ist). Zur Auslegung der Bezugnahme auf „einschlägige" TV: BAG 15.3.2006 NZA 2006, 690. Eine derartige Bezugnahme ist zwar grds. mögl., erfüllt aber nicht die Voraussetzungen des § 622 IV 2, so dass der „fremde" TV nicht an der Vorrangwirkung teilnimmt.

c) Verlängerung gesetzlicher Fristen. aa) Grundsatz. Eine einzelvertragl. Verlängerung der ges. 40 Kündigungsfristen ist grds. mögl. und zwar auch in vom AG gestellten AGB (BAG 25.9.2008 NZA 2009, 370; 28.5.2009 NZA 2009, 1337). Dies stellt § 622 V 2 ausdr. klar (BAG 29.8.2001 AP TVG § 1 Auslegung Nr. 174; *Wank* NZA 1993, 961, 965). ZB kann eine selbständig neben der Probezeitvereinb. stehende Regelung der Kündigungsfrist die Anwendung der ges. Frist für Probezeitkündiungen verdrängen, wenn ihr nicht unmissverständl. entnommen werden kann, dass sie erst nach Ablauf der Probezeit gelten soll (BAG 23.3.2017 – 6 AZR 705/15 – Rn. 26). Bei einer vertragl. Verlängerung der ges. Kündigungsfrist gelten die übl. ges. Kündigungstermine, soweit keine ausdr. Regelung über den Kündigungstermin getroffen wird oder sich ein anderer Parteiwille im Wege der Auslegung ergibt. Die gem. § 622 II verlängerten Kündigungsfristen gelten nur für die Kündigung des ArbVerh. durch den AG. Zulässig ist es zu vereinbaren, dass diese längeren Kündigungsfristen und ges. Kündigungstermine (§ 622 II) auch für die Kündigung durch den AN gelten sollen (BAG 29.8.2001 AP TVG § 1 Auslegung Nr. 174; MüKoBGB/*Hesse* Rn. 87). Durch eine solche **Gleichbehandlungsabrede** können die verlängerten Fristen auf die Kündigung des ArbVerh. durch den AN erstreckt werden; und zwar auch in AGB des AG (*Junker/Amschler* SAE 2010, 165, 167). In § 622 findet sich kein Anhaltspunkt dafür, dass dic Privatautonomie insoweit eingeschränkt wäre. Mit § 622 V soll nur sichergestellt werden, dass die in den Abs. 1 bis 3 genannten Fristen einzelvertragl. nicht verkürzt werden. Eine einzelvertragl. Anpassung der arbeitnehmerseitigen Kündigungsfrist an die an sich nur für den AG geltenden verlängerten Kündigungsfristen des § 622 II wird davon nicht erfasst, verstößt also nicht gegen § 622 V. Derartige Gleichbehandlungsklauseln sind auch mit § 622 VI vereinbar, weil diese Vorschr. den AN nur vor einer Schlechter-, nicht aber vor einer Gleichstellung schützt (*Kramer* S. 143). Die notwendige Transparenz (§ 307 I 2) der in AGB des AG enthaltenen Regelung wird gewahrt, wenn es im Arbeitsvertrag heißt, das ArbVerh. könne „beiderseits ordentl. unter Einhaltung der für den AG nach § 622 BGB ges. geltenden Kündigungsfristen gekündigt werden" (BAG 28.5.2009 NZA 2009, 1337; hierzu *Junker/Amschler* SAE 2010, 165, 166 f.).

bb) Änderung der Kündigungstermine. Außerhalb des Fünfzehnten oder eines Monatsendes lie- 41 gende Kündigungstermine können nicht als Ausgleich für erhebl. verlängerte Kündigungsfristen vereinbart werden (BAG 21.8.2008 NZA 2009, 29; MüKoBGB/*Hesse* Rn. 86). Der Fünfzehnte und der Schluss eines Kalendermonats sind für die Kündigung des ArbVerh. die zwgd., vertragl. unabdingbaren Kündigungstermine (APS/*Linck* Rn. 114). Den Arbeitsvertragsparteien ist ledigl. die Gestaltungsmöglichkeit verblieben, einzelne ges. Kündigungstermine vertragl. auszuschließen, indem Kündigungen nicht zu jedem Fünfzehnten oder zum Ende eines jeden Kalendermonats zugelassen werden (BAG 25.9.2008 NZA 2009, 370 [ausschl. zum 31. Juli jeden Jahres]; MüKoBGB/*Hesse* Rn. 86; APS/*Linck* Rn. 114; TLL/*Wege* Rn. 11). Dementspr. können also weiterhin **Kündigungen zum Quartalsende** oder zum Jahresschluss vereinbart werden, denn diese Termine sind zugleich das Ende eines Kalendermonats. Ist die Kündigung zum Halbjahr vereinbart, kann zum 30. 6. und zum 31. 12. gekündigt werden (*Diller* NZA 2000, 293, 294). Durch Auslegung ist jeweils zu ermitteln, ob die Vereinb. des

Kündigungstermins für alle Stufen der verlängerten Kündigungsfristen (Abs. 2) gelten soll (BAG 4.7.2001 AP BGB § 622 Nr. 59).

42 cc) **Grenzen.** Die Verlängerung der ges. Kündigungsfristen ist nicht unbeschränkt zulässig. Eine ges. verankerte Grenze ergibt sich zunächst aus § 624 bzw. § 15 IV TzBfG. Danach darf ein AN max. fünfeinhalb Jahre an den Arbeitsvertrag gebunden werden. Darüber hinaus kann eine einzelvertragl. Kündigungsfrist, die zwar die gesetzten Grenzen einhält, aber wesentl. länger als die ges. Frist ist, im Einzelfall das Grundrecht des AN auf freie Wahl des Arbeitsplatzes nach **Art. 12 I GG** verletzen oder ihn in sittenwidriger Weise in seiner berufl. und wirtschaftl. Bewegungsfreiheit beschränken (§ 138 I; vgl. BAG 17.10.1969 AP BGB § 611 Treuepflicht Nr. 7). Die ges. Kündigungsfristen dürfen nicht unterschritten werden, zum Günstigkeitsvergleich gilt das in Rn. 38 zu Abweichungen von tarifvertragl. Regelungen Ausgeführte.

42a Unterliegt die einzelvertragl. Regelung wegen § 310 III der Kontrolle anhand von § 307 sind die **Transparenz und die Angemessenheit** gerichtl. überprüfbar. Doch werden wegen des gegebenen Regulativs der außerordentl. Kündigung (§ 626) idR auch lange Kündigungsfristen (wie 18 Monate zum Monatsende, vgl. ArbG Heilbronn 8.5.2012 AuA 2012, 732) als wirksam anzusehen sein (APS/*Linck* Rn. 115). ZB hat das BAG (19.12.1991 AP BGB § 624 Nr. 2) eine einjährige Kündigungsfrist zum Ablauf eines Fünf-Jahres-Vertrags als nicht unangemessen gewürdigt. Auch bei einzelvertragl. Verlängerung der Kündigungsfristen sind die Parteien an den Grds. des Abs. 6 gebunden, dass die Frist für den AN nicht länger sein darf als für die Kündigung durch den AG (*Kramer* S. 109).

VI. Kündigungserschwerungen

43 **1. Rechtliche Erschwerungen.** Gem. § 622 VI darf für die Kündigung des ArbVerh. durch den AN keine längere Frist vereinbart werden als für die Kündigung durch den AG. Über den zu engen Wortlaut der Vorschr. hinaus werden auch die Kündigungstermine erfasst (*Preis/Kramer* DB 1993, 2125, 2128). Haben die Arbeitsvertragsparteien zum Nachteil des AN ungleiche Kündigungsfristen vereinbart, hat auch der AG in analoger Anwendung von § 89 II 2 HGB die längere vertragl. für die ANKündigung vereinbarte Frist einzuhalten (BAG 2.6.2005 NZA 2005, 1176). Die naheliegende entspr. Anwendung auf GF-Dienstverträge ist vom OLG HM (11.2.2008 GmbHR 2008, 542) abgelehnt worden. Das Benachteiligungsverbot des Abs. 6 gilt auch für TVParteien. § 622 VI schließt es nicht aus, für die Kündigung durch den AG längere Kündigungsfristen zu vereinbaren. Wird dem AG einzelvertragl. die (einseitige) Option zur Verlängerung eines befristeten ArbVerh. eingeräumt, kann hierin (je nach Ausgestaltung) eine unwirksame Umgehung von § 622 VI liegen (vgl. *Rein* NZA-RR 2009, 462, 464).

44 **2. Faktische Hindernisse.** Bis zum Inkrafttreten des SMG wurde § 622 VI der allg. Grds. entnommen, die ordentl. Kündigung durch den AN dürfe im Vergleich zu der des AG nicht erschwert werden, und die mögl. Umgehung dieses Verbots geprüft. Deshalb könnten auch faktische Kündigungsbeschränkungen, die zwar nicht unmittelbar auf die Wirksamkeit der Kündigung, wohl aber auf den Kündigungsentschl. des Kündigungsberechtigten Einfluss zu nehmen suchten, unzulässig sein. Erfasst würde aber nicht jede dem AN ungünstige Reflexwirkung längerer Kündigungsfristen (BAG 18.9.2001 AP BGB § 242 Gleichbehandlung Nr. 179), vielmehr komme es auf deren Verhältnismäßigkeit an (vgl. BAG 25.4.2001 AP BBiG § 5 Nr. 8). So dürfe für den Fall der fristgemäßen Kündigung durch den AN eine **Vertragsstrafe** nicht vereinbart werden (BAG 9.3.1972 AP BGB § 622 Nr. 12; vgl. §§ 339 bis 345 Rn. 13). Ebenso wenig dürfe für den Fall der fristgerechten Kündigung der Verfall einer vom AN gestellten **Kaution** vorgesehen werden (BAG 11.3.1971 AP BGB § 622 Nr. 9). Eine unzulässige Kündigungserschwerung liege des Weiteren vor, wenn eine Provisionszusage mit einer jahresbezogenen Mindestumsatzgrenze verbunden werde, weil sie den AN zur Vermeidung erhebl. **Verdiensteinbußen** veranlassen könne, nur zum Ablauf des Bemessungszeitraumes zu kündigen (BAG 20.8.1996 AP HGB § 87 Nr. 9). Eine verdiente, aber erst im Folgejahr auszuzahlende Umsatzbeteiligung dürfe in ihrem rechtl. Bestand nicht davon abhängig gemacht werden, ob der AN das ArbVerh. ordentl. kündige (BAG 8.9.1998 AP HGB § 87a Nr. 6).

45 **Rückzahlungsklauseln**, die den AN verpflichten, zB Gratifikationen, Urlaubsgeld, Umzugskosten oder Prämien zurückzuzahlen, wenn er überhaupt oder vor einem bestimmten Zpkt. kündigt, seien unwirksam, wenn sie unter Verletzung von Art. 12 GG zu einer unangemessen langen Betriebsbindung führten und damit das Kündigungsrecht unverhältnismäßig erschwerten. Gleiches gelte für eine vertragl. vereinbarte Abfindung, die der AN dem AG im Falle der ordentl. Kündigung zahlen solle (BAG 6.9.1989 AP BGB § 622 Nr. 27). Wenn es allein um die Verpflichtung zur Rückzahlung von **Ausbildungskosten** ging, stellte aber die Rspr. des BAG (zB 16.3.1994 AP BGB § 611 Abhängigkeit Nr. 68) ausschl. darauf ab, ob der AN durch die Rückzahlungsverpflichtung in seinem Grundrecht auf freie Wahl des Arbeitsplatzes (§ 242 iVm. Art. 12 GG) unverhältnismäßig beeinträchtigt wurde (BAG 25.4.2001 AP BBiG § 5 Nr. 8). Diese Umgehungsrspr. ist überholt. Die Angemessenheit entspr. Vereinb. der Arbeitsvertragsparteien ist heute **anhand der §§ 307 ff. zu beurteilen** (*Preis/Roloff* ZfA 2007, 43, 84). Dabei kann § 622 VI zusammen mit anderen Normen als ges. Leitbild herangezogen werden.

Dies stellt die Wirksamkeit von Klauseln in Frage, die eine Koppelung der Anstellung eines Organmitglieds an seine Bestellung regeln (vgl. *Bauer/v. Medem* NZA 2014, 238, 240).

VII. Ausschluss der ordentlichen Kündigung

1. Tarifliche Unkündbarkeit. In verschiedenen TV wird die ordentl. Kündigung des ArbVerh. durch den AG abhängig vom Vorliegen bestimmter Voraussetzungen ausgeschlossen. ZB sind im öffentl. Dienst AN nach einer Beschäftigungszeit von 15 Jahren frühestens nach der Vollendung des 40. Lebensjahres idS „unkündbar", dass der AG nicht mehr ordentl., sondern nur noch außerordentl. aus wichtigem Grunde kündigen kann (so die unter TVöD/TVL tw. weiterhin anwendbaren Regeln in § 53 BAT, § 58 MTB II, § 58 MTL II). Die Anknüpfung an ein (eher willkürl. gewähltes) Mindestalter rechtfertigt durchgreifende Bedenken an der Vereinbarkeit dieser tarifvertragl. Regelungen mit §§ 7 II, 10 S. 3 AGG sowie dem primärrechtl. Gebot der Gleichbehandlung (vgl. hierzu § 622 Rn. 9), so dass diese zur Mindestbeschäftigungszeit hinzutretende Voraussetzung unbeachtl. sein dürfte (so *Temming* S. 536 f.; **aA** *Berg/Natzel* ZfA 2012, 65, 74 f.). 46

Eine ordentl. Kündigung, die gegen ein tarifl. Kündigungsverbot verstößt, ist unwirksam (§ 134 iVm. Art. 2 EGBGB). Die Voraussetzungen der Unkündbarkeit müssen zwar grds. **bereits bei Zugang** der Kündigung erfüllt sein. Eine wegen obj. Umgehung einer solchen TVBestimmung unwirksame Kündigung wird aber auch dann angenommen, wenn eine kurz vor Eintritt der Unkündbarkeit erklärte ordentl. Kündigung erst zu einem späteren als dem nächstzulässigen Kündigungstermin wirken soll und der AG für eine derartig frühzeitige Kündigung keinen einleuchtenden Grund hat (BAG 16.10.1987 AP BAT § 53 Nr. 2). Ein tarifl. Kündigungsverbot für ordentl. Kündigungen erfasst iZw. auch ordentl. Änderungskündigungen (BAG 10.3.1982 AP KSchG 1969 § 2 Nr. 2; SPV/*Preis* Rn. 263; vgl. aber BAG 27.11.2008 NZA 2009, 481; 28.10.2010 NZA-RR 2011, 155). Tarifl. Regelungen über den Ausschluss der ordentl. Kündigung enthalten keine unzulässigen Differenzierungen zwischen organisierten und nicht organisierten AN (vgl. zum **Differenzierungsverbot** BAG [GS] 29.11.1967 AP GG Art. 9 Nr. 13), weil sie es den AG nicht verwehren, die Vergünstigung auch nichtorganisierten AN zu gewähren. Im öffentl. Dienst sind entspr. einzelvertragl. Vereinb. aus haushaltsrechtl. Gründen übl. Es verstößt auch nicht gegen das Gleichbehandlungsgebot oder Art. 3 GG, die Unkündbarkeit vom Alter und von der Dauer der Betriebszugehörigkeit abhängig zu machen. Da tarifvertragl. Regelungen den immanenten Vorbehalt ihrer nachträgl. Änd. durch TV in sich tragen (BAG 17.10.2007 AP BAT § 53 Nr. 9), kann der Grds. des Vertrauensschutzes nur im Ausnahmefall ggü. einer tarifvertragl. Einschränkung der ordentl. Unkündbarkeit durchschlagen (BAG 2.2.2006 NZA 2006, 868; 27.11.2008 NZA 2009, 481; 28.10.2010 NZA-RR 2011, 155; vgl. aber BVerfG 11.7.2017 NZA 2017, 915 Rn. 187). In **Rationalisierungsschutzabkommen** werden Kündigungsverbote bisweilen mit einer Versetzungspflicht kombiniert. Derartige Beschränkungen dürften allerdings unwirksam sein, soweit sie künftige Rationalisierungen von vornherein völlig unwirtschaftl. machen (*Koller* ZfA 1978, 45; *Reuter* ZfA 1978, 1). 47

2. Einzelvertraglicher Ausschluss. Durch individualvertragl. Kündigungsregelungen kann das Recht zur ordentl. **Kündigung mit bindender Wirkung ausgeschlossen** oder eingeschränkt werden (näher *Rasper*, Die vereinbarte Unkündbarkeit im ArbVerh., 2016, S. 69 ff.). ZB ist die ordentl. Kündigung eines befristeten ArbVerh. ausgeschlossen, wenn sich die Parteien nicht die Möglichkeit zur ordentl. Kündigung vorbehalten haben (BAG 19.6.1980 AP BGB § 620 Befristeter Arbeitsvertrag Nr. 55). Mögl. sind auch schuldrechtl. Kündigungsbeschränkungen, die zwar das Kündigungsrecht selbst unberührt lassen, aber die Verpflichtung begründen, das Kündigungsrecht nur unter bestimmten Voraussetzungen auszuüben (BAG 8.10.1959 AP BGB § 620 Schuldrechtliche Kündigungsbeschränkung Nr. 1). Die Zusage einer Lebensstellung ist auslegungsbedürftig, enthält idR aber nicht den Ausschluss der ordentl. Kündigung (BAG 7.11.1968 AP HGB § 66 Nr. 3; KR/*Fischermeier* § 624 Rn. 16; SPV/*Preis* Rn. 256 f.; **aA** *Kramer* S. 43 f.). 48

VIII. Besondere gesetzliche Kündigungsfristen

Neben § 622 gibt es für AN bes. ges. Kündigungsfristen in § 169 SGB IX, in § 19 BEEG und im SeeArbG. So sind die Kündigungsfristen für die Beendigung des **Heuerverhältnisses** der Besatzungsmitglieder in § 66 SeeArbG geregelt. Dabei kennt das SeeArbG abw. von § 622 II kein Mindestalter 25. Nach § 66 II SeeArbG sind die Regelungen in § 622 III bis VI entspr. anwendbar. Zu den Kündigungsfristen im Insolvenzverf. vgl. die Erl. zu § 113 InsO. 49

IX. Darlegungs- und Beweislast

Wer aus der Geltung verlängerter Kündigungsfristen Rechte herleitet, hat deren Voraussetzungen darzulegen und zu beweisen. Für das Vorliegen eines AushilfsArbVerh. trägt derjenige die Beweislast, der aus § 622 V Nr. 1 Rechte herleitet. 50

X. Übergangsvorschriften (Art. 222 EGBGB)

51 § 622 hat seine jetzige Fassung durch Art. 1 des am 15.10.1993 in Kraft getretenen KündFG erhalten. Der Übergang ist **in Art. 222 EGBGB** geregelt (vgl. 7. Aufl. Rn. 125 ff.).

§ 623 Schriftform der Kündigung

Die Beendigung von Arbeitsverhältnissen durch Kündigung oder Auflösungsvertrag bedürfen[1] zu ihrer Wirksamkeit der Schriftform; die elektronische Form ist ausgeschlossen.

1 **1. Normzweck und Entstehungsgeschichte.** Der am 1.5.2000 in Kraft getretene § 623 bezweckt eine **Entlastung der Gerichte** für Arbeitssachen. Mit der Kündigung und dem Auflösungsvertrag werden häufig vorkommende, jeweils auf die Beendigung des ArbVerh. gerichtete Rechtsgeschäfte von der früheren Formfreiheit ausgenommen. Die zunächst auch in § 623 geregelte Schriftform von Befristungsvereinb. findet sich seit dem 1.1.2001 in § 14 IV TzBfG. Das gesetzgeberische Ziel ist vorrangig in der **Stärkung der Rechtssicherheit** zu sehen. Die Schriftform besitzt eine in ihrer Bedeutung nicht zu unterschätzende Beweisfunktion. Es soll verhindert werden, dass über die Existenz einer Kündigung oder eines Auflösungsvertrags Ungewissheit oder gar Streit besteht. ZB wird die Aufforderung zur Herausgabe der Arbeitspapiere als schriftl. Kündigungserkl. kaum vorkommen. Rechtsstreitigkeiten, in denen durch Befragung von Zeugen zu klären ist, ob im Rahmen einer Auseinandersetzung zwischen den Parteien die eine oder die andere gekündigt hat oder gar beide einen Aufhebungsvertrag geschlossen haben, gehören der Vergangenheit an. Nicht zu unterschätzen ist die **Warnfunktion** der Schriftform (vgl. BAG 19.1.2006 NZA 2007, 97; 23.11.2006 NZA 2007, 466). Wer gehalten ist, seine Willenserkl. schriftl. niederzulegen und zu unterschreiben, hat mehr Zeit und Veranlassung darüber nachzudenken, ob er die angestrebte Rechtsfolge tats. will. Insb. die Abfassung einer schriftl. Kündigung gibt dem Erklärenden Gelegenheit, seinen spontanen Kündigungsentschl. zumindest noch einmal zu überdenken. Damit schützt die ges. Schriftform vor Übereilung.

2 **2. Anwendungsbereich. a) Arbeitsverhältnis.** § 623 gehört zu den die Rechtsbeziehung von AG und AN regelnden Normen, erfasst werden alle ArbVerh., auch die von Aushilfskräften und geringfügig Beschäftigten (Staudinger/*Oetker* Rn. 9). Arbeitnehmerähnl. Personen iSv. § 5 I 2 ArbGG, § 12a TVG gehören hierzu nicht (BBAKNSV/*Bader* Rn. 4; allerdings regelt § 221 VII SGB IX die Schriftform der Lösungserkl. für Behinderte in Werkstätten, hierzu BAG 17.3.2015 NZA 2015, 1071). Ebenso wenig andere freie Dienstnehmer, denn es entspricht der Terminologie der für das Dienstvertragsrecht geltenden Vorschr. der §§ 611 bis 630 jeweils das ArbVerh. bes. hervorzuheben, wenn der Geltungsbereich entspr. eingeschränkt sein soll. Auf GmbH-GF findet § 623 Anwendung, wenn sie in einem ArbVerh. stehen (vgl. BGH 23.1.2003 NZA 2003, 439; *Krause* ZIP 2000, 2284, 2286; Staudinger/*Oetker* Rn. 12; KR/*Spilger* Rn. 41 f. befürwortet aber eine entspr. Anwendung).

2a Gem. § 10 II BBiG gilt § 623 auch für **Berufsausbildungsverträge** und Verträge mit Volontären und Praktikanten iSv. § 26 BBiG. Doch ergeben sich aus den Bestimmungen des BBiG Abweichungen, die § 623 vorgehen. So ordnet § 22 III BBiG die Schriftform der Kündigung an. Die Kündigung muss danach im Falle der außerordentl. Kündigung und im Falle der Aufgabe der Berufsausbildung oder der Wahl der Ausbildung für eine andere Berufstätigkeit schriftl. erfolgen. Die Schriftform der Kündigung ist auch dort Wirksamkeitsvoraussetzung. Auf Umschulungsverträge findet § 623 keine Anwendung (BAG 19.1.2006 NZA 2007, 97). Für das Insolvenzverf. sieht § 113 InsO keine eigenständige Formvorschr. vor, so dass in der Insolvenz § 623 zu beachten ist (BAG 4.11.2004 NZA 2005, 513). Zu einer analogen Anwendung auf Rechtsverhältnisse, die keine ArbVerh. sind, besteht keine Berechtigung (vgl. BAG 19.1.2006 NZA 2007, 97). Auch das SeeArbG sieht für Kündigungen die Schriftform vor (§ 65 II SeeArbG). Eine bes. weitgehende Schriftformklausel findet sich in **§ 17 II MuSchG**. Danach muss die schriftl. Kündigung nicht nur den oder die Kündigungsgründe des AG, sondern den „zulässigen" Kündigungsgrund angeben. Damit ist der Grund gemeint, der die für den Arbeitsschutz zust. oberste Landesbehörde veranlasst hat, die beabsichtigte Kündigung für zulässig zu erklären.

3 **b) Kündigung.** Die Kündigung ist eine privatrechtl. rechtsgeschäftl. Gestaltungserkl., die ein Dauerschuldverhältnis für die Zukunft beenden soll. Sie gehört zu den einseitigen Rechtsgeschäften. § 623 schränkt das Merkmal nicht ein, so dass vom G **alle, auf die Beendigung des ArbVerh. gerichteten Formen der Kündigung** erfasst werden (BAG 17.12.2015 NZA 2016, 361 Rn. 42). Dh. es kommt nicht darauf an, ob die Kündigung vom AG oder AN erklärt wird, ob die Kündigung eine ordentl. oder außerordentl. ist, ob sie befristet oder entfristet wirken soll, ob sie das ArbVerh. unbedingt beenden oder abhängig vom Verhalten des Erklärungsempfängers ändern soll (Änderungskündigung iSv. § 2 KSchG – BAG 16.9.2004 NZA-RR 2005, 635). Auch eine vorsorgl. Kündigung bedarf der Schriftform. Hingegen ist eine Teilkündigung auf die Ablösung einzelner Vertragsbestimmungen und nicht die Beendigung des ArbVerh. gerichtet, so dass § 623 bereits seinem Wortlaut nach keine Anwendung

[1] **Red. Anm.:** Muss wohl **bedarf** heißen.

findet (*Richardi/Annuß* NJW 2000, 1231, 1233; BBAKNSV/*Bader* Rn. 10; **aA** *Kiel/Koch* Vorbem. Rn. 5).

Keine Kündigung ist die **Nichtverlängerungsmitteilung** des AG vor oder bei Ablauf eines befristeten ArbVerh. (vgl. § 620 Rn. 37a; MüKoBGB/*Henssler* Rn. 15). Diese Wissenserkl. ist nicht selbst auf die Beendigung des ArbVerh. gerichtet, sondern soll den AN über die kraft Befristung eintretende Auflösung des ArbVerh. informieren. Dies gilt auch für die Nichtverlängerungsmitteilung nach dem TV „Normalvertrag Bühne", die erforderl. ist, um das Vertragsverhältnis zu beenden, weil es sich bei Schweigen der Vertragsparteien automatisch verlängern würde (vgl. BAG 3.11.1999 AP BGB § 611 Bühnenengagementsvertrag Nr. 54). 3a

Die **Nichtfortsetzungserkl. des AN** nach § 12 S. 1 KSchG ist eine Kündigung iSv. § 623 (BAG 17.12.2015 NZA 2016, 361 Rn. 41; MüKoBGB/*Henssler* Rn. 17; Staudinger/*Oetker* Rn. 40; **aA** BBAKNSV/*Bader* Rn. 12). Der die Lossagung erklärende AN macht von einem ges. Sonderkündigungsrecht Gebrauch und bewirkt einseitig das Erlöschen des ArbVerh. Regeln die Parteien während des Laufs einer Kündigungsfrist in einem Abwicklungsvertrag das Recht des AN, vorzeitig kraft einseitiger Erkl. aus dem ArbVerh. auszuscheiden, ist diese Lossagung wie eine Kündigung nach § 623 formbedürftig (BAG 17.12.2015 NZA 2016, 361 Rn. 32). Hingegen belässt es § 623 bei der Formfreiheit der **Anfechtung** einer auf den Abschluss eines Arbeitsvertrags gerichteten Willenserkl. (§§ 119 ff., 142 ff.; vgl. zur Unterscheidung von der Kündigung § 620 Rn. 33) und der Beendigung eines fehlerhaften ArbVerh. durch einseitige Erkl., denn auch diese sind keine Kündigungen iSv. § 623 (NK-GA/*Boecken* Rn. 13). Gleiches gilt für den (vertragl. vorbehaltenen) Widerruf einzelner Arbeitsbedingungen und den Widerspruch nach § 625 bzw. § 15 V TzBfG (*Richardi/Annuß* NJW 2000, 1231, 1233; Staudinger/*Oetker* Rn. 32). Ist die Kündigung schriftl. in fremdem Namen, aber **ohne Vertretungsmacht** erklärt worden, kann sie vom Berechtigten mit rückwirkender Kraft genehmigt werden, wenn der Kündigungsempfänger die behauptete Vertretungsmacht des Kündigenden nicht bei deren „Vornahme" beanstandet hat (§ 180 S. 2; § 620 Rn. 29; BAG 6.9.2012 NZA 2013, 524; 10.4.2014 NZA 2014, 1197 Rn. 32). Diese Genehmigung bedarf nicht der Schriftform des § 623 (*Spelge* RdA 2016, 309, 319; *Meyer/Reufels* NZA 2011, 5, 6). Materiell-rechtl. kann die Genehmigung sowohl ggü. dem Vertreter als auch dem Erklärungsempfänger erklärt werden (§ 182 I). Da aber § 4 S. 1 KSchG den Beginn der Frist an den Zugang der Kündigungserkl. knüpft und damit von der Kenntnismöglichkeit des AN abhängig macht, ist für die Genehmigung auf den Zugang beim AN abzustellen (BAG 6.9.2012 NZA 2013, 524). 3b

c) **Auflösungsvertrag.** Der Auflösungsvertrag iSv. § 623 ist der Aufhebungsvertrag iSd. übl. Sprachgebrauchs (MüKoBGB/*Henssler* Rn. 19; KR/*Spilger* Rn. 75; Staudinger/*Oetker* Rn. 44; vgl. § 620 Rn. 5 ff.). In einem solchen Vertrag wird einvernehml. die Auflösung des Dauerschuldverhältnisses vereinbart. Entscheidend ist die von den Arbeitsvertragsparteien angestrebte **Rechtsfolge der Auflösung** ihres ArbVerh., nicht die Wortwahl. Da das G ausdr. die „Beendigung" des ArbVerh. voraussetzt, muss das Rechtsverhältnis im Zpkt. des Auflösungsvertrags bereits bestanden haben. Die Aufhebung eines noch nicht begonnenen ArbVerh. ist nicht nach § 623 formbedürftig. Dies gilt auch für ein vertragl. Hinausschieben des Anfangstermins des ArbVerh. § 623 erfordert die Schriftform auch dann, wenn in dem Vertrag die Worte „Auflösung" oder „Aufhebung" nicht auftauchen. Deshalb wird ein dreiseitiger Vertrag, mit dem ein anderer AG in das ArbVerh. eintritt, erfasst (LAG K 6.3.2003 AR-Blattei ES 260 Nr. 22; LAG RP 26.10.2007 – 9 Sa 362/07 – BeckRS 2008, 51419; **aA** LAG HM 17.6.2009 – 6 Sa 321/09 – BeckRS 2010, 72257; offen BAG 24.2.2011 NZA-RR 2012, 148). Auflösung ist die Beendigung der Vertragsbeziehung, nicht deren mehr oder weniger starke inhaltl. Veränderung (KR/*Spilger* Rn. 77). Deshalb unterliegen Änderungsverträge ebenso wenig wie der das ArbVerh. begründende Arbeitsvertrag dem Schriftformerfordernis des § 623. Ein Vorvertrag, der die Pflicht zur vertragl. Aufhebung des ArbVerh. begründen soll, ist nach § 623 formbedürftig (BAG 17.12.2009 NZA 2010, 273). Der Zahl denkbarer konkludenter Aufhebungsverträge ist durch § 623 vermindert worden (Staudinger/*Oetker* Rn. 95). Insb. kann es nach Ausspruch einer unwirksamen Kündigung nicht mehr zum stillschweigenden Abschluss von Aufhebungsverträgen gekommen (*Böhm* NZA 2000, 561, 562 f.). Die konkludente Aufhebung eines vormaligen ArbVerh. durch einen vorbehaltlos geschlossenen schriftl. Anschlussvertrag genügt dem Schriftformerfordernis des § 623 (BAG 24.2.2016 NZA 2016, 949 Rn. 16). Eine Ruhensvereinb. ist kein Auflösungsvertrag (BAG 24.10.2013 NZA 2014, 540 Rn. 23). 4

Wird ein **AN zum Organ seiner AG** berufen, bedeutet dies iZw. die konkludente Auflösung seines ArbVerh. (vgl. § 620 Rn. 8). Dieser Aufhebungsvertrag bedarf nach § 623 der Schriftform. Wird der AN zum Organ einer jur. Person berufen, die nicht seine AG ist, genügt der mit dieser geschlossene Dienstvertrag nicht § 623 (BAG 24.10.2013 NZA 2014, 540 Rn. 25). Ebenso bedarf die Umwandlung des ArbVerh. in ein (freies) Dienstverhältnis der Schriftform (BAG 25.1.2007 NZA 2007, 580; 3.2.2009 NZA 2009, 669; 15.3.2011 NZA 2011, 874; 23.8.2011 DB 2011, 2386; 26.10.2012 NZA 2013, 54; *Preis/Gotthardt* NZA 2000, 348, 354; APS/*Greiner* Rn. 8; *Fischer* NJW 2003, 2417, 2419; KR/*Spilger* Rn. 153; *Namendorf*, Der arbeitsrechtl. Status, 2003 S. 186; hingegen tritt *Krause* [ZIP 2000, 2284, 2286 f.] für eine teleologische Reduktion des § 623 ein; **aA** *Kaiser* AR-Blattei SD 70.2 Rn. 76; *Stagat* 5

DB 2010, 2801, 2805; ebenso LAG B 5.7.2007 NJ 2007, 571 für den Fall einer vorgeschalteten Probezeit eines designierten GF im ArbVerh.).

5a Gibt es im Anstellungsvertrag des neu berufenen Organs keine ausdr. Regelung der Beendigung des ArbVerh., ist durch **Auslegung des Vertrags** zu ermitteln, ob die Arbeitsvertragsparteien die Beendigung/Umwandlung dieses Rechtsverhältnisses vereinbart haben (BAG 3.2.2009 NZA 2009, 669). Dabei sind zunächst alle berücksichtigungsfähigen Auslegungsgesichtspunkte einzubeziehen, denn Auslegung und Form sind voneinander zu trennen (MüKoBGB/*Einsele* § 125 Rn. 38; *Bernard,* Formbedürftige Rechtsgeschäfte, 1979 S. 21 ff.; *Krause,* ZIP 2000, 2284, 2285). Da Formvorschr. den Kreis der für die Auslegung relevanten Tatsachen nicht einschränken, sind auch Umstände außerhalb der Urkunde zu berücksichtigen (BGH 20.12.1974 Z 63, 359, 362; 8.12.1982 NJW 1983, 672). Hierzu gehören die von der BAG-Rspr. üblicherweise herangezogenen Aspekte einschl. der Regelvermutung (BAG 19.7.2007 NZA 2007, 1095). Va. die Kriterien „Abschluss eines neuen Dienstvertrags mit eigenständigen Regelungen" und „Vereinb. einer wirtschaftl. oder andersartigen Verbesserung". Wenn anhand dieser Auslegungskriterien der Wille der Parteien zur Aufhebung des ArbVerh. ermittelt ist, stellt sich die Frage, ob dieser Aufhebungsvertrag der Form des § 623 genügt. Hierzu kann die zivilgerichtl. Rspr. zu formbedürftigen Rechtgeschäften herangezogen werden (BGH 27.2.1985 NJW 1985, 1554, 1555; 8.12.1982 NJW 1983, 672). Nach der dort entwickelten **Andeutungstheorie** genügt es, wenn der fragl. Erklärungssinn in der formgerechten Erkl. seinen Ausdruck gefunden hat, wenn auch nur einen unvollkommenen oder versteckten (BGH 12.7.1996 NJW 1996, 2792 f.; 17.2.2000 NJW 2000, 1569; ebenso BAG 20.9.2006 NZA 2007, 377 und 13.12.2007 NZA 2008, 403 (zur Kündigung und § 623); 19.11.2003 NZA 2004, 554 (zum Wettbewerbsverbot); 15.2.2007 NZA 2007, 793 (zum Widerspruch des AN gem. § 613a VI); zust. *Scherer,* Andeutungsformel und falsa demonstratio, 1987 S. 61, 79; *Bernard,* Formbedürftige Rechtsgeschäfte, 1979 S. 21 ff.; *Krause* ZIP 2000, 2284, 2285).

6 Die notwendige Form des Rechtsgeschäfts wird gewahrt, wenn die per Auslegung ermittelte Regelung in dem formgerechten **Urkundentext zumindest andeutungsweise ihren Niederschlag** gefunden hat (vgl. Rn. 5a; BAG 19.7.2007 NZA 2007, 1095; ebenso MüKoBGB/*Henssler* Rn. 25; Staudinger/*Oetker* Rn. 62). Hierfür genügt es zB, wenn in dem schriftl. Anstellungsvertrag Regelungen enthalten sind, die mit einem fortbestehenden ArbVerh. unvereinbar oder derart eigenständig sind, dass ein fortbestehendes ArbVerh. als widersprüchl. erschiene (KR/*Spilger* Rn. 244). Zur Wahrung der in § 623 geregelten Schriftform ist es somit nicht erforderl., dass die Aufhebung des Arbeitsvertrags ausdr. im schriftl. Anstellungsvertrag des Organmitglieds niedergelegt ist oder die Urkunde eine Klausel enthält, wonach alle bisherigen Vereinb. zwischen den Parteien ersetzt werden sollen. Ausreichend ist zB die Vereinb. eines anderen, insb. höheren Gehalts (*Namendorf,* Der arbeitsrechtl. Status, 2003 S. 191; *Müller-Glöge* FS Hromadka 2008 S. 255, 269 f.).

7 Bleibt der „beförderte" AN ungeachtet der materiellen Vertragsänd. weiterhin wegen der gewollten und/oder nur tats. festzustellenden pers. Abhängigkeit AN der Gesellschaft, wird sein ArbVerh. nicht aufgeh. und § 623 findet unmittelbar keine Anwendung (*Krause* ZIP 2000, 2284, 2286; *Namendorf,* Der arbeitsrechtl. Status, 2003 S. 178 f.; **aA** *Rost* FS Wißmann 2005 S. 61, 67). Eine analoge Anwendung lässt sich nicht begründen, denn **Veränderungen der Dienstpflichten** stehen der Auflösung des Rechtsverhältnisses nicht gleich (vgl. Rn. 5a).

8 Die Auflösung kann mit ex-nunc-Wirkung vereinbart werden. Der **Auflösungszeitpunkt** kann aber auch in der Zukunft oder in der Vergangenheit, wenn das ArbVerh. bereits außer Vollzug gesetzt war (BAG 10.12.1998 AP BGB § 613a Nr. 185; 21.9.1999 AP BUrlG § 7 Abgeltung Nr. 77), liegen. Im Zusammenhang mit § 623 ist die Abgrenzung des Auflösungsvertrags, der eine Beendigung erst zu einem in der Zukunft liegenden Zpkt. vorsieht, von der nachträgl. Befristung eines unbefristet geschlossenen Arbeitsvertrags (dazu TzBfG § 14 Rn. 15) unerhebl., weil beide Vertragstypen der Schriftform bedürfen. Wird der Aufhebungsvertrag aufschiebend bedingt geschlossen, besitzt dieser Umstand keinen Einfluss auf das Schriftformerfordernis. Schließen die Arbeitsvertragsparteien einen Vertrag über ihr zukünftiges Verhalten nach Ausspruch einer bevorstehenden Kündigung (zB Erhebung einer Kündigungsschutzklage, Verzicht auf die Rüge mangelnder Sozialauswahl, Zahlung einer Geldentschädigung; sog. **Abwicklungsvertrag**), begr. allein § 623 keine Formbedürftigkeit dieses Vertrags (BAG 23.11.2006 NZA 2007, 466; 17.12.2015 NZA 2016, 361 Rn. 32; *Linck* JbArbR 45 [2008], 73, 76), denn nicht dieser Vertrag, sondern die vom AN zu akzeptierende Kündigung soll das ArbVerh. auflösen (vgl. BAG 28.6.2005 NZA 2006, 48; 25.4.2007 AP InsO § 113 Nr. 23). Gleiches gilt für einen von den Vertragsparteien nach Ausspruch einer wirksamen AGKündigung geschlossenen Abwicklungsvertrag (LAG HM 9.10.2003 NZA-RR 2004, 242). Anders liegt es, wenn erst der „Abwicklungsvertrag" die Auflösung des ArbVerh. herbeiführt, weil die Kündigung unwirksam ist oder jdf. die Beendigung des ArbVerh. nicht zu dem darin vorgesehenen Termin bewirken kann (BAG 25.4.2007 AP InsO § 113 Nr. 23). Hierbei fällt va. ein Verstoß gegen § 623 ins Gewicht, weil dieser Mangel nicht durch die Fiktion des § 7 KSchG geheilt werden kann. In diesem Fall kommt dem Abwicklungsvertrag die auflösende Wirkung zu. Er ist gem. § 623 formbedürftig. Das BAG hat seine frühere Auff., der vom AN nach Kündigungsausspruch erklärte Verzicht auf Erhebung einer Kündigungsschutzklage bedürfe (wohl) analog § 623 der Schriftform (BAG 19.4.2007 NZA 2007, 1227; abl. *Bauer/Günther* NJW 2008,

1617, 1618; *Schöne* SAE 2008, 155; *Rolfs* FS Reuter 2010 S. 825, 827; *Krets* FS Bauer 2010 S. 601, 612), aufgegeben (BAG 25.9.2014 NZA 2015, 350 Rn. 27). § 623 findet danach auf den Klageverzicht nur Anwendung, wenn dieser mit der Kündigung ein einheitl. Rechtsgeschäft zur Auflösung des ArbVerh. bildet. Ein in AGB des AG **vereinbarter Klageverzicht** wird aber, sofern er überhaupt Vertragsbestandteil geworden ist (vgl. BAG 25.9.2014 NZA 2015, 350 Rn. 17: überraschende Klausel iSv. § 305c I), unabhängig davon, ob es sich um eine Haupt- oder Nebenpflicht der Vereinb. handelt, am Maßstab des § 307 I 1 auf seine Angemessenheit überprüft, weil im Verzicht eine Abweichung vom G (§ 4 KSchG) und damit eine iSv. § 307 III 1 kontrollfähige Abrede liegt (BAG 25.9.2014 NZA 2015, 350 Rn. 17). Der formularmäßige Verzicht ohne Gegenleistung stellt eine unangemessene Benachteiligung dar und ist unwirksam (BAG 25.9.2014 NZA 2015, 350 Rn. 17; **aA** *Bauer/Günther* NJW 2008, 1617, 1620; *Worzalla* SAE 2009, 31, 33).

d) Zeitlicher Anwendungsbereich. § 623 ist am 1.5.2000 in Kraft getreten. Zuvor getroffene Vereinb. und abgegebene Willenserkl. unterliegen nicht dem Schriftformerfordernis (BAG 27.7.2005 NZA 2006, 37 Rn. 18; 12.6.2013 NZA 2013, 1428 Rn. 21). Kündigungen, die ab diesem Zpkt. zugegangen sind, müssen die Schriftform wahren. Das Gleiche gilt für Auflösungsverträge, die ab diesem Zpkt. geschlossen worden sind. 9

3. Schriftform. a) Grundsatz. § 623 begr. ein konstitutives Schriftformerfordernis, wie sich aus dem Wortlaut „zu ihrer Wirksamkeit" ergibt. Handelt ein Vertreter für eine Arbeitsvertragspartei, ist er Aussteller der Urkunde. Die Schriftform wird gewahrt, wenn der Vertreter die Vertretung zu erkennen gibt (BAG 28.11.2007 NZA 2008, 348; Palandt/*Ellenberger* § 126 Rn. 9). Es gilt auch hier die **Andeutungstheorie** (vgl. Rn. 5a). § 623 ist nicht auf die Vollmacht zu erstrecken (§ 167 II), die rechtsgeschäftl. Bevollmächtigung bedarf nicht der Form, die für das Rechtsgeschäft bestimmt ist, auf das sich die Vollmacht bezieht. Eine teleologische Reduktion des § 167 II ist bei dem Formerfordernis des § 623 (anders als bei der Bürgschaft, vgl. BGH 29.2.1996 NJW 1996, 1467) nicht geboten (BAG 28.11.2007 NZA 2008, 348). 10

Das Schriftformerfordernis kann weder durch Arbeitsvertrag noch durch TV oder BV abbedungen werden. Der Formzwang kann nicht dadurch aufgeh. werden, dass sich die Parteien aus Anlass eines der Tatbestände des § 623 einig sind, ihr Rechtsgeschäft solle auch ohne Einhaltung der Schriftform gültig sein. Jedoch können **in TV oder BV strengere Formvorschr.** vorgesehen werden (APS/*Greiner* Rn. 11; Staudinger/*Oetker* Rn. 24). ZB kann durch TV ein die Kündigungsgründe einschließendes Schriftformerfordernis begr. werden, das den AG zwingt, im Kündigungsschreiben die Gründe so genau zu bezeichnen, dass der Kündigungsempfänger genügend klar erkennen kann, was gemeint ist und was ihm – zB im Falle einer verhaltensbedingten Kündigung – zur Last gelegt wird. Die Bezugnahme auf den Inhalt eines Gesprächs (BAG 10.2.1999 AP BMT-G II § 54 Nr. 2) oder die Verwendung von Werturteilen oder die bloße Bezeichnung „betriebsbedingt" (BAG 10.2.1999 AP BMT-G II § 54 Nr. 3) ist hierfür unzureichend. Ist die Schriftform nicht eingehalten, ist die Kündigung nichtig und kann nicht nachträgl. geheilt werden (BAG 10.2.1999 AP BMT-G II § 54 Nr. 2). 10a

Haben die Parteien des Arbeitsvertrags einzelvertragl. die Schriftform für Kündigungen oder Auflösungsverträge vereinbart, besitzt diese Klausel seit dem 1.5.2000 nur noch Relevanz, wenn die Formbedürftigkeit strengere Anforderungen als § 623 stellt. Allerdings sind einseitig den AN belastende, über § 623 hinausgehende Formvorschr. für Kündigungen unwirksam. § 622 VI verbietet **einseitige Kündigungserschwerungen** zum Nachteil des AN (§ 622 Rn. 43 ff.). Wegen §§ 309 Nr. 13, 310 IV 2 kann in AGB seit dem 1.10.2016 keine strengere Form als die Textform mehr vereinbart werden. Die notarielle Beurkundung oder die Aufnahme in ein nach den Vorschr. der ZPO errichtetes Prot. über einen Vergleichsschluss **(Prozessvergleich)** wahren die Schriftform (§§ 126 III, 127a). In der Praxis wird dies va. für den im Kündigungsschutzprozess geschlossenen Auflösungsvertrag von Bedeutung sein. Ein im schriftl. Verf. nach § 278 VI ZPO geschlossener und durch Beschl. des Gerichts festgestellter Vergleich wahrt die Schriftform, denn § 127a ist hierauf entspr. anzuwenden (BAG 23.11.2006 NZA 2007, 466). Zu den formalen Hürden eines Vergleichsschlusses im schriftl. Verf. *Nungeßer* NZA 2005, 1027. 11

b) Kündigung. Die Kündigung muss die **Schriftform gem. § 126 I** wahren. §§ 126a und b sind unanwendbar, denn durch das G zur Anpassung der Formvorschr. des Privatrechts v. 13.7.2001 (BGBl. I S. 1542) ist § 623 dahingehend geänd. worden, dass die elektronische Form für dessen Anwendungsbereich ausgeschlossen bleibt. Deshalb muss über die Kündigungserkl. eine schriftl. abgefasste Urkunde vorliegen. Ein Telefax (BAG 17.12.2015 NZA 2016, 361 Rn. 47; vgl. auch BAG 10.5.2016 NZA 2016, 1137 zu § 16 I BEEG) oder E-Postbrief oder eine SMS genügen nicht (LAG HM 17.8.2007 AuA 2007, 687; *Schomaker* AiB 2011, 234). 12

Die Urkunde muss **vom Aussteller unterschrieben** sein (BAG 21.4.2005 NZA 2005, 865). Von wem und in welcher Form – handschriftl., maschinenschriftl., vorgedruckt, fotokopiert oder in sonstiger Weise vervielfältigt – das Kündigungsschreiben abgefasst wurde, ist gleichgültig. Entscheidend ist die Unterschrift. Sie muss eigenhändig vom Aussteller stammen. Die Unterschrift muss den Inhalt des Kündigungsschreibens decken, also unter dem Text stehen und ihn räuml. abschl. (BGH 24.9.1997 NJW 1998, 58, 60). Die Unterschrift ist durch Nennung des ausgeschriebenen Namens zu leisten (BAG 13

24.1.2008 NZA 2008, 521). Der Schriftzug muss sich als Wiedergabe eines Namens darstellen und die Absicht einer vollen Unterschriftsleistung erkennen lassen, selbst wenn er flüchtig niedergelegt und von einem starken Abschleifungsprozess gekennzeichnet ist. Die Unterschrift ist von einer bewussten und gewollten Namensabkürzung (Handzeichen, Paraphe) zu unterscheiden (BAG 6.9.2012 NZA 2013, 524). Für die Annahme einer eigenhändigen Unterschrift ist nicht entscheidend, ob aufgrund der Unterschrift schon bei Zugang der schriftl. Erkl. die Person des Ausstellers für den Empfänger zweifelsfrei feststeht. Der Aussteller muss nur identifiziert werden können (BAG 24.1.2008 NZA 2008, 521; 6.9.2012 NZA 2013, 524). Hierzu bedarf es nicht der Lesbarkeit des Namenszugs. Es genügt ein die Identität des Unterschreibenden ausreichend kennzeichnender Schriftzug, der individuelle und entspr. charakteristische Merkmale aufweist, die eine Nachahmung erschweren (BAG 20.9.2006 NZA 2007, 377; 24.1.2008 NZA 2008, 521; 6.9.2012 NZA 2013, 524). Ist die Person des Ausstellers hinreichend erkennbar, kann im Einzelfall die Unterzeichnung mit dem Vornamen oder einem Pseudonym genügen (MüKoBGB/*Einsele* § 126 Rn. 16).

14 Der **Kaufmann** kann mit seiner Firma zeichnen. Ein **Vertreter** kann mit dem eigenen Namen unterschreiben, wenn sich die Vertreterstellung aus der Urkunde ergibt (auch hier findet die Andeutungstheorie Anwendung [vgl. Rn. 5a], BAG 13.12.2007 NZA 2008, 403). Er darf aber auch mit dem Namen des Vertretenen unterzeichnen. Die Unterschrift eines Boten wahrt nicht die Schriftform, doch indiziert der Zusatz „Im Auftrag" nicht das Handeln eines Erklärungsboten (BAG 13.12.2007 NZA 2008, 403; 9.9.2015 NZA 2016, 232 Rn. 33; TLL/*Lembke* Rn. 66; **aA** *O. Klein* NZA 2004, 1198; krit. LAG RP 10.12.2007 NZA-RR 2008, 403; zumindest missverständl. BAG 20.8.1997 AP BGB § 620 Kündigungserklärung Nr. 11). In der arbeitsrechtl. Praxis wird nicht durchweg zwischen „Auftrag" und „Vertretung" unterschieden. Oftmals werden die Zusätze „iV" und „iA" ledigl. verwendet, um unterschiedl. Hierarchieebenen auszudrücken. Maßgebl. sind die Gesamtumstände. Wenn sich hieraus ergibt, dass der Unterzeichner in fremdem Namen die Kündigung erklärt hat, ist von einem Handeln als Vertreter auszugehen. Ob der Unterzeichner tats. bevollmächtigt war, ist für die Wahrung der Schriftform unerhebl. (BAG 13.12.2007 NZA 2008, 403); allerdings wird die Klagefrist des § 4 KSchG erst mit Zugang der Genehmigung zu laufen beginnen (BAG 6.9.2012 NZA 2013, 524). § 126 I ist nicht genügt, wenn eine eigenhändig unterschriebene Urkunde per Fax oder Telegramm übermittelt wird (LAG D 27.5.2003 LAGE BGB 2002 § 623 Nr. 1; LAG RP 31.1.2008 PflR 2008, 356).

15 Das **Kündigungsschreiben** braucht das Wort „Kündigung" nicht zu enthalten. Maßgebl. ist die Auslegung vom Standpunkt des Erklärungsempfängers. Es reicht aus, wenn der Wille zur einseitigen Auflösung des ArbVerh. eindeutig zu Tage tritt (vgl. § 620 Rn. 18 ff.). Die etwaige Angabe des Kündigungsgrundes bedarf keiner Schriftform (*Däubler* AiB 2000, 188, 190; *Richardi/Annuß* NJW 2000, 1231, 1233), sofern nicht Abweichendes kollektivrechtl. vorgegeben ist. Die Arbeitsvertragsparteien können durch konstitutive Vereinb. das Schriftformerfordernis ausweiten und die Wirksamkeit einer Kündigung davon abhängig machen, dass im Kündigungsschreiben der Kündigungsgrund mitgeteilt wird (BAG 25.10.2012 NZA 2013, 900). Bei einer ordentl. Kündigung muss der Kündigungstermin nicht explizit angegeben sein (LAG K 6.10.2005 NZA-RR 2006, 353). Zu den Anforderungen iE vgl. §§ 125 bis 127 Rn. 12 ff. Zur Kündigung durch Vertreter Rn. 14, 17 und § 620 Rn. 23.

16 Bei einer Änderungskündigung bedarf nicht nur die Kündigungserkl., sondern auch das **Änderungsangebot** der Schriftform (BAG 16.9.2004 NZA 2005, 635; 10.9.2009 NZA 2010, 333; 28.10.2010 NZA-RR 2011, 155; 16.12.2010 EzA KSchG § 2 Nr. 81; *Gaul* DStR 2000, 691; BBAKNSV/*Bader* Rn. 9; *Kiel/Koch* Vorbem. Rn. 6; HaKo/*Spengler* Rn. 22; *Preis/Gotthardt* NZA 2000, 348, 351; Staudinger/*Oetker* Rn. 80; **aA** KR/*Spilger* Rn. 138; *Caspers* RdA 2001, 28, 31), denn die Änderungskündigung ist geeignet, unabhängig vom weiteren Verhalten des die Kündigung erklärenden AG die Beendigung des ArbVerh. herbeizuführen. Dabei genügt es, wenn das Änderungsangebot im Kündigungsschreiben hinreichend Anklang gefunden hat (BAG 16.9.2004 NZA 2005, 635; 28.10.2010 NZA-RR 2011, 155; zur Bezugnahme auf ein früheres Änderungsangebot BAG 21.4.2005 NZA 2005, 1289). Es gilt auch hier die Andeutungstheorie (vgl. Rn. 5; BAG 10.9.2009 NZA 2010, 333; 28.10.2010 NZA-RR 2011, 155). Hingegen erfasst § 623 nicht die Annahmeerkl. des AN mit oder ohne Vorbehalt gem. § 2 KSchG (Staudinger/*Oetker* Rn. 81; *Gaul* DStR 2000, 691).

17 Wird eine (weitere) Kündigung **während des Kündigungsrechtsstreites** durch den PV in einem Schriftsatz erklärt, erfordert § 623, dass eine vom Bevollmächtigten unterzeichnete Ausfertigung des Schriftsatzes dem Kündigungsempfänger pers. oder einem Empfangsbevollmächtigten zugeht (zur Zugangsproblematik BAG 21.1.1988 AP KSchG 1969 § 4 Nr. 19). Nach der Rspr. der Zivilgerichte soll ein auf der weiteren Ausfertigung angebrachter, pers. unterzeichneter Beglaubigungsvermerk des PV ausreichend sein, weil mit dem Beglaubigungsvermerk nicht nur die Übereinstimmung mit der Urschrift bezeugt, sondern im allg. zugleich die Verantwortung für den Inhalt der Urkunde übernommen wird (BGH 4.7.1986 NJW-RR 1987, 395). Die Möglichkeit des Kündigungsempfängers, die vom Bevollmächtigten ohne Vorlage der Vollmachtsurkunde ausgesprochene Kündigung gem. § 174 unverzügl. zurückzuweisen (vgl. § 620 Rn. 23 ff.), bleibt unberührt. Zu den Besonderheiten der **Vertretung einer GbR** durch einzelne Gesellschafter vgl. BAG 21.4.2005 NZA 2005, 1289; 28.11.2007 NZA 2008, 348; BGH 19.6.2008 NJW-RR 2008, 1484; *Spelge* RdA 2016, 309, 310. Unterzeichnet der Vertreter mit seinem eigenen Namen, muss die Stellvertretung im Schreiben hinreichend zum Ausdruck kommen. Es

bedarf eines „Vertretungszusatzes" bzw. „Vertreterzusatzes", der in der schriftl. Kündigungserkl. – wenn auch nur unvollkommen – Ausdruck gefunden haben muss (BAG 28.11.2007 NZA 2008, 348 Rn. 19). Das kann durch den Zusatz „iV" oder durch das Hinzusetzen eines die GbR kennzeichnenden Stempels erfolgen (*Spelge* RdA 2016, 309, 310). Nähere Angaben darüber, woraus die handelnden Personen ihre Vertretungsmacht herleiten, sind bei Wahrnehmung einer durch den Gesellschaftsvertrag eingeräumten organschaftl. Vertretungsmacht zur Wahrung der Schriftform nicht erforderl. Ob der Vertreter Vertretungsmacht gehabt hat, ist keine Frage der Schriftform, sondern der Wirksamkeit des Vertrags (LAG D 22.5.2015 – 10 Sa 811/14 – BeckRS 2015, 70505 Rn. 43 – Revision 6 AZR 366/15).

18 Als empfangsbedürftige Willenserkl. muss die Kündigung in der vorgeschriebenen Form nicht nur erstellt, sondern **auch zugegangen** sein (BGH 4.7.1986 NJW-RR 1987, 395). Hierfür reicht es aus, wenn dem AN das vom AG unterzeichnete Kündigungsschreiben übergeben wird, er auf diesem Original den Empfang quittiert, es zurückgibt und dann eine Ablichtung ausgehändigt erhält (BAG 4.11.2004 NZA 2005, 513; vgl. § 620 Rn. 53 ff.). Unerhebl. ist, ob der AN das Originalkündigungsschreiben vor der Rückgabe gelesen hat.

19 c) **Auflösungsvertrag.** Soweit § 623 die ges. Schriftform für Auflösungsverträge anordnet, ergeben sich die Konsequenzen aus § 126 II. §§ 126a und b sind unanwendbar, denn auch hier ist die elektronische Form ausgeschlossen (vgl. Rn. 12). Es bedarf einer **einheitl. Urkunde** (vgl. §§ 125 bis 127 Rn. 20 f.; BAG 26.8.2008 NZA 2009, 161). Dh. der gesamte Vertragsinhalt muss von beiden Parteien auf einer Urkunde unterzeichnet sein (§ 126 II 1). Anders als bei vertragl. vereinbarter Schriftform genügt es nicht, dass die Parteien ihre jeweils pers. unterzeichneten Erkl. austauschen. Es spricht viel dafür, die Rspr. zu § 14 IV TzBfG (vgl. BAG 26.7.2006 NZA 2006, 1402) auf § 623 zu übertragen. Danach würde es genügen, wenn ein AN unter das vom AG unterzeichnete Auflösungsvertragsangebot seine Annahmeerkl. setzt und unterzeichnet, obgleich es an der den ganzen Vertrag abschl. Unterschrift des AG fehlt (vgl. §§ 125 bis 127 Rn. 20). Zur Unterzeichnung durch den AN unter dem Vermerk „erhalten am …" LAG B 18.3.2015 NZA-RR 2015, 402.

20 Sind mehrere Urkunden mit dem vollen Text errichtet worden, genügt es, wenn jede Partei die für die andere bestimmte unterzeichnet (§ 126 II 2). Mehrere Blätter müssen eindeutig zusammengefasst sein. Dies kann durch **körperl. Verbindung** geschehen. Die Einheit kann auch durch fortlfd. Paginierung, fortlfd. Nummerierung der einzelnen Vertragsbestimmungen, inhaltl. Zusammenhang des Textes oder ähnl. Merkmale herbeigeführt werden (vgl. BAG 7.5.1998 AP KSchG 1969 § 1 Namensliste Nr. 1). Wird auf eine Anl. verwiesen, um den vollständigen Vertragsinhalt darzustellen, muss diese körperl. mit der Urkunde verbunden oder gesondert unterzeichnet werden (BGH 30.6.1999 NJW 1999, 2591, 2592). Das Formerfordernis erfasst den **Auflösungsvertrag in seiner Gesamtheit,** dh. alle den Vertragsinhalt bestimmenden Abreden (Staudinger/*Oetker* Rn. 91). Dazu gehören zB die Zahlung einer Abfindung (vgl. LAG SN 23.4.2007 FA 2007, 357 [LS]) oder der Verzicht auf weitere Ansprüche. Hat eine formlos getroffene Nebenabrede wesentl. Bedeutung für den Aufhebungsvertrag, so kann gem. § 139 nicht nur diese Nebenabrede, sondern der Aufhebungsvertrag als Ganzes nichtig sein (*Preis/Gotthardt* NZA 2000, 348, 355). § 623 schließt aber eine erg. Vertragsauslegung nicht aus. Die notarielle Beurkundung ersetzt die Schriftform (§ 126 III). Folgl. genügt bei einem gerichtl. Vergleich die Aufnahme in das Prot. (§ 127a) bzw. bei einem Vergleich nach § 278 VI ZPO die Aufnahme in den feststellenden Beschl. (vgl. *Dahlem/Wiesner* NZA 2004, 530, 532). § 623 gilt auch für spätere Änd. oder Erg., nicht aber für die vertragl. Aufhebung des Auflösungsvertrags.

21 4. **Rechtsfolgen.** Wird die ges. Formvorschr. des § 623 nicht beachtet, ergibt sich die Rechtsfolge aus § 125 S. 1 (*Caspers* RdA 2001, 28; **aA** Staudinger/*Oetker* Rn. 98: Rechtsfolge der Unwirksamkeit ergibt sich unmittelbar aus § 623). Die **Kündigung ist nichtig.** Eine Heilung ist nicht mögl. § 623 sieht dies anders als zB § 311b I 2 nicht vor. Es kommt allein die formgerechte Wiederholung der Kündigung in Betracht, die dann aber erst mit ihrem erneuten Ausspruch unter Beachtung der Schriftform Wirkung entfaltet (vgl. zu den von der Rspr. gezogenen Grenzen wiederholender Kündigungen § 620 Rn. 77). Für die außerordentl. Kündigung bedeutet dies, dass die schriftl. Wiederholung noch innerhalb der Zwei-Wochen-Frist des § 626 II zugehen muss. Entspr. gilt für andere Erklärungsfristen (zB § 171 III SGB IX).

22 Die Nichtigkeit einer vom AG unter Missachtung der Schriftform erklärten Kündigung kann vom AN unabhängig von der in § 4 KSchG geregelten **Klagefrist** geltend gemacht werden, denn nach der zum 1.1.2004 in Kraft getretenen Neufassung (vgl. BAG 9.2.2006 NZA 2006, 1207) entscheidet der Zugang der „schriftl." Kündigung über den Beginn der Klagefrist. Allerdings ist auf die Rspr. des BAG hinzuweisen, die eine Verwirkung des Klagerechts bei längerfristigem Zuwarten angenommen hat (vgl. BAG 2.12.1999 AP BGB § 242 Prozeßverwirkung Nr. 6; 5.2.2009 AP KSchG 1969 § 4 Nr. 69; *Eberle* NZA 2003, 1121, 1123 f.). Hat der AN Kündigungsschutzklage erhoben und wird diese rkr. abgewiesen, kann der AN die Formnichtigkeit der Kündigung nicht mehr geltend machen (*Schwab* RdA 2013, 357, 362). Haben die Parteien aufgrund eines formnichtigen Auflösungsvertrags Leistungen erbracht, führt dies nicht zur Heilung des Formmangels, vielmehr sind die erbrachten Leistungen nach Bereicherungsrecht rückabzuwickeln (§§ 812 ff.). Bei Kenntnis des Leistenden von der Nichtigkeit des Vertrags greift § 814 ein.

23 § 623 steht einer ansonsten mögl. **Umdeutung** (vgl. § 620 Rn. 60 ff.) nicht entgegen, wenn die umzudeutende Kündigung ihrerseits die Schriftform gewahrt hat (BAG 24.6.2004 AP BGB § 626 Nr. 180 [obiter dictum]; APS/*Greiner* Rn. 37; KR/*Spilger* Rn. 136). Die Umdeutung einer gegen § 623 verstoßenden Kündigung in einen Antrag auf Abschluss eines Aufhebungsvertrags ist nicht mehr mögl., weil auch diese Willenserkl. nach § 623 der Schriftform bedarf. Hingegen ist die Umdeutung einer formunwirksamen außerordentl. Kündigung in eine Anfechtungserkl. mögl.

24 Die Nichtigkeitsfolgen des § 125 werden durch den **Grds. von Treu und Glauben** (§ 242) eingeschränkt (vgl. §§ 125 bis 127 Rn. 49 ff.). Eine Abweichung von den Folgen der Nichtigkeit setzt voraus, dass das Erg. nicht nur hart, sondern schlechthin untragbar ist (BAG 26.9.1957 AP HGB § 74 Nr. 2; 27.3.1987 AP BGB § 242 Betriebliche Übung Nr. 29; 22.4.2010 NJW-Spezial 2010, 402). Dies kann nicht angenommen werden, wenn beide Seiten die Formbedürftigkeit kannten (§§ 125 bis 127 Rn. 54). Allein die Tatsache, dass der Erklärungsempfänger eine formnichtig erklärte Kündigung widerspruchslos entgegen nimmt und sich erst später auf die Nichtigkeit beruft, stellt noch keinen Verstoß gegen Treu und Glauben dar (*Preis/Gotthardt* NZA 2000, 348, 353). Die Treuwidrigkeit kann aber aus dem Verbot widersprüchl. Verhaltens folgen (BAG 16.9.2004 NZA 2005, 162). Das BAG hat zB Treuwidrigkeit angenommen, als ein AN eine Eigenkündigung mehrmals ernsthaft trotz Vorhaltung des AG formnichtig aussprach (BAG 4.12.1997 AP BGB § 626 Nr. 141; vgl. a. LAG HE 25.5.2011 LAGE BGB 2002 § 626 Eigenkündigung Nr. 2). Eine generelle Fürsorgepflicht des AG, den AN jeweils über die Formbedürftigkeit zu belehren, kann nicht begr. werden.

25 **5. Darlegungs- und Beweislast.** Die Darlegungs- und Beweislast für die die Rechtswirksamkeit eines Rechtsgeschäfts ausmachenden Umstände und damit für die Einhaltung der Schriftform hat die Partei zu tragen, die **Rechte aus diesem Rechtsgeschäft** herleiten will (BAG 23.2.2017 – 6 AZR 665/15 – BeckRS 2017, 109442 Rn. 25; TLL/*Lembke* Rn. 94; *Gaul* DStR 2000, 691, 693). Einer Urkunde kommt die Vermutung der Richtigkeit und Vollständigkeit zu (vgl. §§ 125 bis 127 Rn. 23; BGH 5.7.2002 NJW 2002, 3164). Der Umfang der jeweils erforderl. Substantiierung des Vortrags ergibt sich aus dem Wechselspiel von Vortrag und Gegenvortrag (BAG 23.2.2017 – 6 AZR 665/15 – BeckRS 2017, 109442 Rn. 25).

§ 624 Kündigungsfrist bei Verträgen über mehr als fünf Jahre

[1]Ist das Dienstverhältnis für die Lebenszeit einer Person oder für längere Zeit als fünf Jahre eingegangen, so kann es von dem Verpflichteten nach dem Ablauf von fünf Jahren gekündigt werden. [2]Die Kündigungsfrist beträgt sechs Monate.

1 Seit dem 1.1.2001 (= Inkrafttreten von § 15 IV TzBfG) findet § 624 nur noch Anwendung auf Dienstverhältnisse, die keine ArbVerh. sind. § 624 soll den Dienstverpflichteten in seiner pers. Freiheit schützen und betrifft damit allein natürl. Personen, die ihre Dienstpflicht in Person zu leisten haben (APS/*Backhaus* Rn. 4 f.; aA KR/*Fischermeier* Rn. 4). § 624 ist deshalb auf **Handelsvertreterverträge** anwendbar (KR/*Rost* ArbNähnl. Pers. Rn. 140 mwN; MüKoBGB/*Henssler* Rn. 4). Ist bei einem Handelsvertretervertrag das ordentl. Kündigungsrecht für den Unternehmer ausgeschlossen, ergeben sich die Grenzen seiner langfristigen Bindung allein aus § 138 I bzw. § 242 (BGH 26.4.1995 NJW 1995, 2350). Auf gemischte Verträge findet § 624 zumindest entspr. Anwendung, wenn das dienstvertragl. Element überwiegt (vgl. BGH 25.5.1993 NJW-RR 1993, 1460; Staudinger/*Preis* Rn. 5; APS/*Backhaus* Rn. 7). Wegen der weiteren Einzelheiten wird auf die Erl. zu § 15 IV TzBfG verwiesen.

§ 625 Stillschweigende Verlängerung

Wird das Dienstverhältnis nach dem Ablauf der Dienstzeit von dem Verpflichteten mit Wissen des anderen Teiles fortgesetzt, so gilt es als auf unbestimmte Zeit verlängert, sofern nicht der andere Teil unverzüglich widerspricht.

1 **1. Normzweck.** § 625 regelt die stillschweigende Verlängerung von Dienstverhältnissen unabhängig vom Willen der Parteien (BAG 1.12.1960 AP BGB § 625 Nr. 1; 18.9.1991 – 7 AZR 364/90 – BeckRS 1991, 30919250). **§ 625 dient der Rechtsklarheit,** indem er den Eintritt eines vertragslosen Zustandes vermeiden hilft. Die ges. Regelung beruht auf der Erwägung, die Fortsetzung der Arbeitsleistungen durch den AN mit Wissen des AG sei im Regelfall der Ausdruck eines stillschweigenden Willens der Parteien zur Verlängerung des ArbVerh. (RAG 2.11.1932 ARS 16, 284; BAG 1.12.1960 AP BGB § 625 Nr. 1). Die Norm regelt nicht die Auslegung des Verhaltens der Vertragsparteien, sondern bestimmt dessen ges. Rechtsfolge. Die Fortsetzung des ArbVerh. durch AG und AN wird zum Tatbestand schlüssigen Verhaltens. Von der Fortsetzung des ArbVerh. nach § 625 ist die ausdr. oder stillschweigende Vereinb. über die Weiterbeschäftigung zu unterscheiden. Für § 625 ist kein Raum, wenn der AG nicht nur untätig bleibt, sondern es vor oder nach dem Auslaufen des Vertrags zu einer Vereinb. über die Verlängerung des ArbVerh. kommt (BAG 11.11.1966 AP BGB § 242 Ruhegehalt Nr. 117). Dem-

entspr. hat die Bedeutung des § 625 abgenommen, seitdem eine Willenserkl. nach heutigem Verständnis (BGH 7.6.1984 NJW 1984, 2279; BAG 4.9.1985 AP BGB § 242 Betriebliche Übung Nr. 22) kein tats. bestehendes Erklärungsbewusstsein mehr voraussetzt. Fehlt dem Erklärenden das Bewusstsein, überhaupt rechtsgeschäftl. tätig zu sein, wird ihm eine Willenserkl. gleichwohl zugerechnet, wenn der Erklärungsempfänger bei Anwendung der ihm zumutbaren Sorgfalt annehmen durfte, es handele sich um eine Willenserkl. (BGH 7.11.2001 NJW 2002, 363).

2. Anwendungsbereich. § 625 gilt für **alle privatrechtl. Dienstverhältnisse** einschl. der ArbVerh. 2
Beamtenverhältnisse und ör. Lehraufträge begründen kein Dienstverhältnis idS (BAG 15.2.2017 – 7 AZR 143/15 – Rn. 50). § 625 erfasst auch ProbeArbVerh. (LAG D 9.11.1965 BB 1966, 741). Sachl. ist der Anwendungsbereich von § 625 dadurch eingeschränkt worden, dass für die Fortsetzung eines zeit- oder zweckbefristet oder auflösend bedingt geschlossenen ArbVerh. seit dem 1.1.2001 die zwgd. Sondervorschr. des § 15 V TzBfG gilt. Vgl. hierzu die dortigen Erl. § 24 BBiG enthält für den Fall der Weiterarbeit nach Beendigung eines Berufsausbildungsverhältnisses eine Sonderregelung. Danach gilt ein ArbVerh. auf unbestimmte Zeit als begr., wenn der Auszubildende im Anschluss an das Berufsausbildungsverhältnis weiterbeschäftigt wird und die Parteien hierüber ausdr. nichts vereinbart haben. Die zu § 625 entwickelten Grds. sind unanwendbar, denn es geht nicht um die Fortsetzung zu unveränderten Bedingungen. Ebenso wenig gilt § 625 im Falle einer vom AN unter dem Vorbehalt des § 2 KSchG angenommenen Änderungskündigung, denn mit der Annahme unter Vorbehalt kommt ein durch ein stattgebendes Urt. im Änderungskündigungsschutzprozess auflösend bedingt geänd. ArbVerh. zustande. Sollen die Wirkungen dieses Änderungsvertrags rückgängig gemacht werden, bedarf es hierzu einer bes. vertragl. Vereinb. (BAG 24.3.2004 AP EntgeltFG § 3 Nr. 22). Ohne gleichzeitige Verlängerung der Organbestellung verlängert sich der Anstellungsvertrag des Vorstands einer AG nicht nach § 625 über die Fünf-Jahres-Frist hinaus, weil andernfalls der AR in seiner Bestellungsentsch. nicht mehr frei wäre.

3. Voraussetzungen der Verlängerung. a) Ablauf der Dienstzeit. Die Dienstzeit des zwischen den 3
Parteien abgeschlossenen Vertrags muss abgelaufen sein. Auf die Art des Beendigungstatbestands kommt es grds. nicht an. § 625 wird aber durch § 15 V TzBfG verdrängt, soweit es um die Weiterarbeit im ArbVerh. nach Ablauf einer Zeit- oder Zweckbefristung oder dem Eintritt einer auflösenden Bedingung geht (BAG 3.9.2003 NZA 2004, 255). Damit verbleiben für § 625 va. die Fälle der Fortsetzung über den Zpkt. der Kündigung oder der Anfechtung hinaus (BAG 3.9.2003 NZA 2004, 255). Rechtl. nicht ausgeschlossen, tats. aber schwer vorstellbar ist die Anwendung des § 625 auf die Weiterarbeit über den in einem Aufhebungsvertrag vereinbarten Termin hinaus (vgl. APS/*Backhaus* Rn. 7; **aA** KR/*Fischermeier* Rn. 22 konkludente Einigung über Neubegr.). Das Dienstverhältnis muss in seiner Gesamtheit beendet sein. Allein das Auslaufen einzelner Vertragsbedingungen genügt nicht (BAG 3.9.2003 NZA 2004, 255). Ein Anwendungsfall kann die Beendigung des ArbVerh. kraft G sein, wie sie die in Art. 2 des G zur Änd. des SGB VI v. 26.7.1994 (BGBl. I S. 1797) getroffene Übergangsregelung zu § 41 IV 3 SGB VI bestimmte.

b) Fortsetzung des Dienstverhältnisses durch den Dienstverpflichteten. Der Dienstverpflichtete 4
muss die vertragsgemäßen Dienste nach dem Ablauf der Vertragszeit tats. erbringen (BAG 2.12.1998 AP BGB § 625 Nr. 8). Deshalb genügen die EFZ (LAG HM 5.9.1990 LAGE BGB § 625 Nr. 1) oder die Bewilligung von Erholungsurlaub oder Freizeitausgleich für geleistete Überstunden (BAG 2.12.1998 AP BGB § 625 Nr. 8) über das Vertragsende hinaus (LAG HM 3.2.1992 LAGE BGB § 625 Nr. 3) nicht (vgl. TzBfG § 15 Rn. 27). Die Fortsetzung des Dienstverhältnisses muss willentl. und **im unmittelbaren Anschluss** an den Ablauf der Vertragszeit erfolgen (APS/*Backhaus* Rn. 10; BBAKNSV/*Bader* Rn. 8). Eine sechsmonatige (BAG 24.9.1997 – 7 AZR 654/96 – BeckRS 2009, 56446) oder eine nur zehntägige (BAG 2.12.1998 AP BGB § 625 Nr. 8) Unterbrechung steht der Annahme einer „Fortsetzung" iSv. § 625 entgegen. Der Dienstverpflichtete muss geschäftsfähig sein – §§ 104 ff. – (Erman/*Belling* Rn. 4). Er muss seine Dienstleistungen in Kenntnis des Ablaufs der Dienstzeit fortsetzen (**aA** MüKoBGB/*Henssler* Rn. 13; KR/*Fischermeier* Rn. 24). Dieser tats. Vorgang ist keine Willenserkl. und kann deshalb nicht angefochten werden.

c) Wissen des Dienstberechtigten. Das Dienstverhältnis muss nach dem Ablauf der Dienstzeit von 5
dem Dienstverpflichteten mit Wissen des Dienstberechtigten fortgesetzt werden. Der Dienstberechtigte muss von der Beendigung des Dienstverhältnisses sowie den weiteren Arbeitsleistungen wissen (BAG 1.12.1960 AP BGB § 625 Nr. 1; 30.11.1984 AP MTV Ausbildung § 22 Nr. 1; **aA** LAG D 26.9.2002 NZA-RR 2003, 175, 176 f.; DDZ/*Däubler* Rn. 17; KR/*Fischermeier* Rn. 29; APS/*Backhaus* Rn. 17; MüKoBGB/*Henssler* Rn. 12; *Kramer* NZA 1993, 1115, 1116). Kenntnis des Dienstberechtigten bedeutet weniger als sein Einverständnis mit der Fortsetzung, dieses braucht nicht vorzuliegen (vgl. BAG 30.11.1984 AP MTV Ausbildung § 22 Nr. 1). Ist der Dienstberechtigte mit der ihm bekannten Fortsetzung der Arbeitsleistungen nicht einverstanden, kann er den Eintritt der Rechtsfolgen des § 625 durch einen rechtzeitigen Widerspruch vermeiden. **Maßgebl. ist die Kenntnis** des (geschäftsfähigen) AG oder seines Vertreters, der den AG durch eine entspr. vertragl. Abrede binden könnte. Unzureichend ist es, wenn ledigl. Kollegen des AN oder ein Mitglied des BR über dessen weiteres Verbleiben am Arbeitsplatz unterrichtet sind (LAG K 27.6.2001 – 3 Sa 220/01 – BeckRS 2001,

30791911), die den Endzeitpunkt des ArbVerh. nicht kennen und nicht zur Entsch. über das weitere Verbleiben des AN befugt sind. Ein **Irrtum des Dienstberechtigten** über die Beendigung des Dienstverhältnisses kann seine Kenntnis und damit die Rechtsfolgen des § 625 ausschließen (aA LAG HB 30.3.1955 BB 1955, 510; MüKoBGB/*Henssler* Rn. 12; Soergel/*Kraft* Rn. 6; NK-GA/*Boecken* Rn. 7; HaKo/*Spengler* Rn. 11; AR/*Fischermeier* Rn. 19). Deshalb bedarf es bei beiderseitigem Irrtum über das rechtl. Ende des Dienstverhältnisses keiner Anfechtung der fingierten Willenserkl. (BeckOK/*Gotthardt* Rn. 21).

6 **d) Kein Widerspruch des Dienstberechtigten.** Der Dienstberechtigte kann die Rechtsfolgen des § 625 ausschließen, indem er der Fortsetzung der Dienstleistung unverzügl. widerspricht. Der Widerspruch ist eine **rechtsgeschäftl. empfangsbedürftige Willenserkl.** (BAG 7.10.2015 NZA 2016, 358 Rn. 24 [zu § 15 V TzBfG]; KR/*Fischermeier* Rn. 31). Er kann ausdr. oder konkludent (zB durch Aushändigung der Arbeitspapiere) erklärt werden (BAG 22.7.2014 NZA 2014, 1330 Rn. 25; BBAKNSV/*Bader* Rn. 14). Er ist nicht formbedürftig gem. § 623 (APS/*Backhaus* Rn. 22; *Richardi/Annuß* NJW 2000, 1231, 1233; *Preis/Gotthardt* NZA 2000, 348, 360) oder aufgrund einer im beendeten ArbVerh. getroffenen Vereinb. (*Nehls* DB 2001, 2718, 2719). Er bedarf keiner Begr. Der Widerspruch kann gem. §§ 119 ff. angefochten werden. § 174 findet Anwendung (APS/*Backhaus* Rn. 19). Hingegen ist das Unterlassen des Widerspruches keine Willenserkl. und kann deshalb nicht angefochten werden (NK-GA/*Boecken* Rn. 8). Der Widerspruch kann nach hM bereits kurz vor Ablauf des befristeten Dienstverhältnisses erklärt werden (BAG 8.3.1962 AP BGB § 620 Befristeter Arbeitsvertrag Nr. 22; 20.2.2002 EzA BGB § 625 Nr. 5; 7.10.2015 NZA 2016, 358 Rn. 24 [zu § 15 V TzBfG]). Er kann in dem Angebot eines befristeten Vertrags liegen (BAG 8.3.1962 AP BGB § 620 Befristeter Arbeitsvertrag Nr. 22; 23.4.1980 AP KSchG 1969 § 15 Nr. 8). Nimmt der AN dieses Angebot nicht an, kommt es weder zu einer befristeten noch zu einer unbefristeten Fortsetzung des ArbVerh. Macht der AG dem AN deutl., dass die Weiterbeschäftigung kein ArbVerh. auf unbestimmte Zeit, sondern nur für einen befristeten Zeitraum begründen soll, liegt hierin ein ausreichender Widerspruch (BAG 14.8.2002 AP LPVG Brandenburg § 90 Nr. 1).

7 Ein Widerspruch ist des Weiteren anzunehmen, wenn der AG eine vorl. Weiterbeschäftigung mit dem Hinweis anbietet, er sei dazu nur aus sozialen Gründen oder bis zur endgültigen Regelung der künftigen Vertragsbeziehungen bereit. IdR wird dies den Abschluss eines zeitbefristeten, zweckbefristeten oder auflösend bedingten Arbeitsvertrags erfordern (vgl. TzBfG § 14 Rn. 76 und § 21 Rn. 8). Ein **faktisches ArbVerh.** kann der AG aber nicht bewusst herbeiführen (**aA** LAG K 4.3.2004 NZA-RR 2004, 625). Wird die Schriftform (§ 14 IV TzBfG) nicht gewahrt oder fehlt es an dem notwendigen Sachgrund iSv. § 14 I TzBfG, begründen die Parteien ein neues unbefristetes ArbVerh. Der Widerspruch des AG muss unverzügl. – also ohne schuldhaftes Zögern (§ 121) – erfolgen. Dies ist nach den Umständen des Einzelfalles unter Berücksichtigung der Interessenlage der Parteien zu beurteilen. Die Frist beginnt erst mit der Kenntnis des AG von den für die Entsch. über das Fortbestehen des ArbVerh. maßgebenden Umständen. Es ist nicht schuldhaft, wenn der AG zunächst den Versuch einer Einigung über Dauer und Form einer Weiterbeschäftigung anstrebt oder den Einwand des BR überprüft, der AN befinde sich bereits in einem unbefristeten ArbVerh. (BAG 13.8.1987 – 2 AZR 122/87 – BeckRS 2009, 67375).

8 **4. Rechtsfolgen.** Liegen die Voraussetzungen des § 625 vor, wird das Dienstverhältnis kraft G mit den bisherigen Rechten und Pflichten fortgesetzt. Somit bleibt der Vertragsinhalt erhalten. Dies gilt namentl. für die Vergütungsregelungen (Staudinger/*Preis* Rn. 29) oder ein Vertragsstrafeversprechen (LAG HM 15.9.1997 NZA 1999, 1050). Allein die der ges. Rechtsfolge des Bestehens eines dauernden Dienstverhältnisses entgegenstehenden Vereinb. der Parteien verlieren ihre Geltung. Einzelvertragl. wirksam **vereinbarte Kündigungsfristen** werden nur dann durch die ges. verdrängt, wenn sie im dauernden Rechtsverhältnis ihre Bedeutung verloren haben (BAG 11.8.1988 AP BGB § 625 Nr. 5; *Nehls* DB 2001, 2718, 2721; MüKoBGB/*Henssler* Rn. 18 f.; **aA** RAG 22.3.1939 ARS 36, 7; Erman/*Belling* Rn. 9). Für § 625 ist kein Raum, wenn es vor oder nach dem Auslaufen des Vertrags zu einer Vereinb. über die Verlängerung des Vertragsverhältnisses kommt (BAG 21.11.2013 NZA 2014, 362 Rn. 64). Die Parteien können sich vor oder nach dem Ablauf der Dienstzeit darüber einigen, das Dienstverhältnis nicht mit dem bisherigen Inhalt auf unbestimmte Zeit zu verlängern, sondern zu anderen Bedingungen oder nicht auf unbestimmte Zeit fortzusetzen. Sofern eine solche Vereinb. nicht ausdr. erfolgt, muss ein dahingehender Parteiwille aus den konkreten Umständen des Einzelfalls klar ersichtl. sein (BAG 21.11.2013 NZA 2014, 362 Rn. 64). Der AN kann das Recht, sich auf die Begr. eines unbefristeten ArbVerh. zu berufen, nach allg. Grds. verwirken (LAG K 27.6.2001 DB 2001, 2256). Setzt der AN seine Tätigkeit fort und widerspricht der AG rechtzeitig, besteht für die Dauer dieser tats. Arbeitsleistungen kein ArbVerh. (BAG 7.10.2015 NZA 2016, 358 Rn. 25; *Nehls* DB 2001, 2718, 2721). Erbrachte Leistungen sind nach Bereicherungsrecht abzuwickeln.

9 **5. Abdingbarkeit.** § 625 ist anders als § 15 V TzBfG dispositiv (*Kramer* S. 149 und 151 f.; *ders.* NZA 1993, 1115, 1117; *Nehls* DB 2001, 2718, 2720; einschränkend MüKoBGB/*Henssler* Rn. 23). Den Parteien steht es frei, die Rechtsfolge des § 625 auszuschließen oder abw. Vereinb. über die Weiterbe-

schäftigung zu treffen. Die Parteien können sich vor oder nach dem Ablauf der Dienstzeit darüber einigen, das ArbVerh. nicht mit dem bisherigen Inhalt auf unbestimmte Zeit zu verlängern, sondern zu anderen Bedingungen oder nur befristet fortzusetzen. Das kann ausdr. oder stillschweigend geschehen, wenn § 623 beachtet wird. Ein arbeitsvertragl. oder tarifvertragl. **Schriftformerfordernis** schließt die Anwendbarkeit von § 625 nicht aus. Sieht die Vereinb. der Parteien eine befristete Fortsetzung des ArbVerh. vor, ist § 14 IV TzBfG zu beachten (BAG 21.11.2013 NZA 2014, 362 Rn. 68). Bei formunwirksamer Vereinb. kann diese nach § 17 TzBfG iVm. § 7 KSchG geheilt werden. Setzen die Parteien ihr Dienst- oder ArbVerh. zunächst nur vorl. fort, um über die Bedingungen der endgültigen Fortsetzung zu verhandeln, und scheitern diese Verh., endet das vorl. ArbVerh. wegen **Zweckerreichung** durch einfache Erkl., ohne dass es einer ordentl. Kündigung bedürfte (BBAKNSV/*Bader* Rn. 24), sofern nicht das TzBfG und damit das Schriftformerfordernis des § 14 IV für auflösende Bedingungen (§ 21 TzBfG) Anwendung findet. Die einzelvertragl. Vereinb. einer von § 625 abw. Verlängerungsausschlussklausel schließt im Falle der widerspruchslosen Fortsetzung der Dienste über das Vertragsende hinaus die Annahme eines (neuen) Vertragsschlusses kraft konkludenten Verhaltens nicht aus (*Kramer* NZA 1993, 1115, 1119).

6. Darlegungs- und Beweislast. Nimmt der Dienstverpflichtete für sich die **Rechtsfolgen des § 625** in Anspruch, muss er im Streitfalle darlegen und ggf. beweisen, dass das Dienstverhältnis mit Wissen des Dienstberechtigten fortgesetzt worden ist. Für einen unverzügl. erklärten Widerspruch ist der Dienstberechtigte beweispflichtig (APS/*Backhaus* Rn. 42; KR/*Fischermeier* Rn. 42). 10

§ 626 Fristlose Kündigung aus wichtigem Grund

(1) Das Dienstverhältnis kann von jedem Vertragsteil aus wichtigem Grund ohne Einhaltung einer Kündigungsfrist gekündigt werden, wenn Tatsachen vorliegen, auf Grund derer dem Kündigenden unter Berücksichtigung aller Umstände des Einzelfalles und unter Abwägung der Interessen beider Vertragsteile die Fortsetzung des Dienstverhältnisses bis zum Ablauf der Kündigungsfrist oder bis zu der vereinbarten Beendigung des Dienstverhältnisses nicht zugemutet werden kann.

(2) [1] **Die Kündigung kann nur innerhalb von zwei Wochen erfolgen.** [2] **Die Frist beginnt mit dem Zeitpunkt, in dem der Kündigungsberechtigte von den für die Kündigung maßgebenden Tatsachen Kenntnis erlangt.** [3] **Der Kündigende muss dem anderen Teil auf Verlangen den Kündigungsgrund unverzüglich schriftlich mitteilen.**

Übersicht

A. Normzweck

§ 626 garantiert beiden Vertragsparteien das unverzichtbare Recht, sich bei unzumutbarer Belastung vom Dienstverhältnis lösen zu können. Deshalb ist die Vereinb. einer Abfindung, Vertragsstrafe oä. Leistung durch die eine wirksame außerordentl. Kündigung erklärende Vertragspartei als unzumutbare Kündigungserschwerung nach § 134 nichtig (BGH 17.3.2008 NJW-RR 2008, 1488). § 626 ist Ausdruck des in § 314 niedergelegten **allg. Rechtsgrds.**, dass jedes Dauerschuldverhältnis aus wichtigem Grund ohne Einhaltung der Kündigungsfrist gekündigt werden kann, wenn Tatsachen vorliegen, aufgrund derer dem Kündigenden unter Berücksichtigung der Umstände des Einzelfalls und unter Abwägung der Interessen beider Vertragsteile die Fortsetzung des Vertragsverhältnisses bis zum Ablauf der Kündigungsfrist oder bis zum vereinbarten Endtermin nicht zugemutet werden kann. Der außerordentl. Kündigung kommt kein Strafcharakter zu. Sie ist keine Sanktion (BAG 21.11.1996 NZA 1997, 487), obgleich sie den AN in seinem Ansehen beeinträchtigen kann (BAG 4.8.1960 AP ZPO § 256 Nr. 34; 25.5.1988 AP GG Art. 140 Nr. 36). Die außerordentl. Kündigung führt allein zur Auflösung des Dienstverhältnisses für die Zukunft, wobei bereits erworbene Ansprüche grds. erhalten bleiben (vgl. § 628 I). 1

B. Entstehungsgeschichte

Das Recht zur außerordentl. Kündigung von ArbVerh. war bis zur Neufassung des § 626 durch das Erste ArbRBerG v. 14.8.1969 unterschiedl. geregelt. § 626 aF enthielt eine **Generalklausel**, nach der das Dienstverhältnis von jedem Teil ohne Einhaltung einer Frist gekündigt werden konnte, wenn ein wichtiger Grund vorlag. § 626 aF fand auf viele ArbVerh. keine Anwendung, weil Sondervorschr. vorgingen. Insb. für gewerbl. Arbeiter galt das **Enumerationsprinzip**. In § 123 GewO, §§ 82, 83 AllgBergG wurden erschöpfend die Gründe für die außerordentl. Kündigung aufgezählt. Wenn einer der ges. bestimmten Entlassungsgründe vorlag, bedurfte es keiner Interessenabwägung mehr (BAG 31.1.1985 AP MuSchG 1968 § 8a Nr. 6). Eine dritte Form zur Regelung der außerordentl. Kündigung sahen die §§ 70 bis 72 HGB und §§ 133b bis 133d GewO für kaufmännische und gewerbl. Ang. vor. In diesen Vorschr. wurden Bsp. für wichtige Gründe, die zur außerordentl. Kündigung berechtigten, sofern nicht bes. Umstände eine andere Beurteilung rechtfertigten, mit einer Generalklausel verbunden. 2

C. Anwendungsbereich

I. Allgemeines

Jedes Dienst- und ArbVerh. kann aus wichtigem Grund gekündigt werden. Bei Organen jur. Personen ist zwischen dem wichtigen Grund für die Abberufung als Organ (vgl. BGH 23.10.2006 NJW-RR 2007, 389 mwN) und dem wichtigen Grund für die außerordentl. Auflösung des Dienstverhältnisses zu unterscheiden (näher *Tschöpe/Wortmann* NZG 2009, 161 ff.; zum Beschäftigungsanspruch des abberufenen Organs vgl. BGH 11.10.2010 NJW 2011, 920). § 626 gilt auch für kurzfristige und befristete **Dienst- und Arbeitsverhältnisse**. Doch zeigt § 627, dass bestimmte freie Dienstverträge unter erleichterten Voraussetzungen außerordentl. kündbar sein sollen (vgl. BAG 10.4.1975 AP BGB § 626 Ausschlussfrist Nr. 7). Das außerordentl. Kündigungsrecht gem. § 627 lässt die Kündigungsmöglichkeit des § 626 unberührt. Das Recht zur außerordentl. Kündigung gem. § 626 tritt als lex specialis an die Stelle eines ansonsten bei gegenseitigen Verträgen mögl. Rücktritts bzw. des Kündigungsrechts nach § 314 (vgl. aber § 323). 3

II. Gesetzliche Sonderregelungen

4 **1. Heuerverhältnisse.** Abschl. Sonderregelungen gelten im Bereich der Seeschifffahrt für die Kündigung von Heuerverhältnissen (§§ 67 bis 72 SeeArbG). Die früheren Sonderregelungen für die Binnenschifffahrt und die Flößerei sind aufgeh. worden. Dort findet § 626 Anwendung. §§ 67, 68 SeeArbG setzen grds. einen wichtigen Grund voraus, allerdings liegt nach dem SeeArbG ein solcher „insb." vor, wenn einer der im G bezeichneten **Kündigungsgründe** gegeben ist. Zur alten Rechtslage nach dem SeemannsG wurde angenommen, dass es zur wirksamen außerordentl. Kündigung keiner Interessenabwägung bedürfe (BAG 16.1.2003 NZA 2004, 512). Das SeeArbG ordnet bes. Rechtsfolgen für den Fall der außerordentl. Kündigung an, die sich mit den Besonderheiten der Seeschifffahrt erklären lassen. So hat das Besatzungsmitglied, wenn die fristlose Kündigung auf See ausgesprochen wird und das Besatzungsmitglied an Bord bleibt, den Verpflegungssatz zu entrichten. Wird die außerordentl. Kündigung aufgrund des Verlusts des Schiffes (§ 70 SeeArbG) ausgesprochen, hat das Besatzungsmitglied vom Zugang der Kündigung an bis zum Ablauf von zwei Monaten Anspruch auf Zahlung der Heuer für jeden Tag der Arbeitslosigkeit.

5 **2. Dienstordnungsangestellte.** Die außerordentl. Kündigung eines Dienstordnungsangestellten richtet sich für Altfälle (vgl. § 358 RVO) nach § 352 RVO. § 626 II gilt nicht (BAG 3.2.1972 AP BGB § 611 Dienstordnungs-Angestellte Nr. 32). Der aufgrund einer Kündigung ausgeschiedene Dienstordnungsangestellte kann weiterhin für den öffentl. Dienst geeignet und tragbar sein (BAG 3.2.1972 AP BGB § 611 Dienstordnungs-Angestellte Nr. 32). Zur Auflösung einer Kasse SGB V § 164 Rn. 3 (hierzu BAG 21.11.2013 AP SGB V § 164 Nr. 1). Daneben sehen die Dienstordnungen (vgl. § 352 RVO) für Dienstordnungsangestellte eine fristlose **Dienstentlassung als Disziplinarmaßnahme** vor. Die Entlassung als Dienststrafe ist Ausdruck eines Unwerturteils. Für die Nachprüfung der Dienstentlassung eines Dienstordnungsangestellten ist der Rechtsweg zu den Arbeitsgerichten gegeben (BAG 11.11.1971 AP BGB § 611 Dienstordnungs-Angestellte Nr. 31). Die gerichtl. Überprüfung erstreckt sich darauf, ob das Dienststrafverfahren ordnungsgemäß durchgeführt worden ist und ob der Dienstherr bei Verhängung der Dienststrafe ohne Ermessensfehler gehandelt hat. Insb. wird die Wahrung des Grds. der Verhältnismäßigkeit überprüft. Zwischen außerordentl. Kündigung und fristloser Dienstentlassung besteht kein Verhältnis der Subsidiarität (BAG 25.2.1998 NZA 1998, 1182). Zur vereinbarten Abbestellung als Umgehung von § 626 vgl. BAG 9.2.2006 NZA 2006, 1046. Behält sich der AG einzelvertragl. in Anlehnung an das Beamtenrecht die einseitige **Versetzung des AN in den einstweiligen Ruhestand** vor, ohne dafür eine Kündigung erklären zu müssen, ist die Bestimmung wegen der Umgehung zwgd. kündigungsschutzrechtl. Bestimmungen nichtig (BAG 5.2.2009 AP KSchG 1969 § 4 Nr. 69). Ein derartiges dem Beamtenrecht entnommenes Gestaltungsrecht ist dem ArbR fremd.

6 **3. Einigungsvertrag.** Vgl. Rn. 134.

7 **4. Berufsausbildungsverhältnisse.** Das Berufsausbildungsverhältnis ist nach Ablauf der Probezeit als ges. befristetes Rechtsverhältnis nur außerordentl. kündbar (§ 22 II BBiG). Auch hier gilt für die Ausübung des Gestaltungsrechts eine Zwei-Wochen-Frist (§ 22 IV 1 BBiG). Bei der Beurteilung des wichtigen Grundes muss der Zweck des Berufsausbildungsverhältnisses vorrangig berücksichtigt werden. Auf Umschulungsverhältnisse nach §§ 1 V, 62 BBiG sind die Vorschr. über das Berufsausbildungsverhältnis nicht anwendbar. Ein Umschulungsverhältnis kann gem. § 626 aus wichtigem Grund außerordentl. gekündigt werden (BAG 15.3.1991 NZA 1992, 452; 19.1.2006 NZA 2007, 97).

D. Außerordentliche Kündigung und sonstige Beendigungstatbestände

8 Die außerordentl. Kündigung ist eine rechtsgestaltende **rechtsgeschäftl. Willenserkl.**, die dem Kündigungsempfänger ggü. zu erklären ist. Ihre Wirksamkeitsvoraussetzungen richten sich nach den ges. Vorschr. über einseitige Rechtsgeschäfte (vgl. § 620 Rn. 16 ff.). Zur Abgrenzung von der ordentl. Kündigung BAG 27.1.2011 AP KSchG 1969 § 1 Betriebsbedingte Kündigung Nr. 187. Weitere Tatbestände, die zum gleichen Erg. der sofortigen Beendigung des ArbVerh. führen, sind der Tod des AN (BAG 22.5.1996 NZA 1997, 386; vgl. § 620 Rn. 35), die lösende Aussperrung (BAG [GS] 21.4.1971 NJW 1971, 1668) sowie § 613a I 1 in der Beziehung zum alten AG. Des Weiteren sind zu beachten und von der außerordentl. Kündigung zu unterscheiden:

I. Abkehrrecht im Arbeitskampf

9 Das BAG ([GS] 21.4.1971 NJW 1971, 1668; zust. *Seiter* Streikrecht S. 275 f.; **aA** *Konzen* AcP 177 (1977), 473, 519) meint, dem AN stehe im Arbeitskampf ein außerordentl. Recht zur Abkehr vom ArbVerh. zu. Der AN könne sich durch **einseitige Erkl.** fristlos aus dem durch Aussperrung suspendierten ArbVerh. lösen.

II. Suspendierung

Die Suspendierung ist nicht auf die Beendigung des ArbVerh. gerichtet, sondern auf die **Unterbindung der Tätigkeit** des AN (vgl. § 620 Rn. 43 ff.). Sie kann ggf. im Vorfeld einer außerordentl. Kündigung ausgesprochen werden. 10

III. Widerruf einer Organstellung

Vorstandsmitglieder einer AG und GF einer GmbH sind zugleich Organe der Gesellschaft und deren Dienstnehmer (FremdGF einer GmbH uU auch AN; vgl. BGH 23.1.2003 NZA 2003, 439). Die Kündigung des Anstellungsvertrags und der Widerruf der Bestellung sind grds. zu trennen (**Trennungsprinzip**; vgl. nur BGH 10.1.2000 NJW 2000, 1864, 1865; 23.1.2003 NZA 2003, 439). Der Widerruf der Bestellung berührt daher das Anstellungsverhältnis ebenso wenig wie die Kündigung des Anstellungsvertrags die Bestellung (BGH 20.10.1954 Z 15, 71, 74; zu sog. Koppelungsklauseln *Werner* NZA 2015, 1234). Die ordentl. Kündigung des Anstellungsvertrags bedarf keines rechtfertigenden Grundes (BGH 3.11.2003 NJW-RR 2004, 540). Da zwischen Vorstandsmitgliedern und dem AR ein bes. Vertrauensverhältnis bestehen muss, sind an den wichtigen Grund für eine Kündigung des Anstellungsvertrags keine hohen Anforderungen zu stellen. Eine rechtl. Kongruenz zwischen dem wichtigen Grund zum Widerruf der Bestellung iSv. § 84 II Abs. 3 AktG und dem wichtigen Grund zur außerordentl. Kündigung des Anstellungsvertrags besteht jedoch nicht (BGH 11.7.1953 LM AktG § 75 Nr. 5). Allerdings kann die Beendigung des Dienstvertrags, den ein Vorstandsmitglied mit einer AG abschließt, durch Vereinb. der Parteien an den Widerruf der Organbestellung iSv. § 84 III AktG gekoppelt werden. Zur Vereinb. von Kündigungsschutz vgl. BGH 10.5.2010 NZA 2010, 889. Beruht im Fall einer solchen Vereinb. der Widerruf auf dem Vertrauensentzug durch die Hauptversammlung, der nicht aus offenbar unsachl. Gründen erfolgt ist, tritt die Beendigung des Dienstvertrags erst mit Ablauf der ordentl. Kündigungsfrist ein (BGH 29.5.1989 NJW 1989, 2683). Ein von den AN gewähltes betriebsangehöriges Mitglied des AR verliert nicht sein **ARMandat**, wenn der AG das ArbVerh. wirksam außerordentl. kündigt (BGH 21.2.1963 NJW 1963, 905). 11

IV. Anfechtung

§ 626 schließt die Anwendung der §§ 119, 123 ebenso wenig aus wie umgekehrt die Anfechtung die außerordentl. Kündigung (BAG 12.5.2011 NZA-RR 2012, 43; 6.9.2012 NJW 2013, 1115). Die auf Abschluss eines Arbeitsvertrags gerichteten Willenserkl. können angefochten werden, wenn ein Anfechtungsgrund vorliegt (vgl. § 620 Rn. 33). Der Anfechtung kommt iE regelm. eine der außerordentl. Kündigung **entspr. Wirkung** zu. Dennoch darf man sie nicht mit ihr gleichsetzen. Ist die Anfechtung aus einem bestimmten Grund erklärt worden, können andere Anfechtungsgründe nicht wirksam nachgeschoben werden. Es bedarf einer erneuten Anfechtungserkl. (BAG 7.11.2007 NZA 2008, 530). Eine Anfechtung kann wegen Verstoßes gegen Treu und Glauben unwirksam sein, wenn der Anfechtungsgrund zum Zpkt. der Anfechtungserkl. seine Bedeutung für die weitere Durchführung des ArbVerh. verloren hat (BAG 18.9.1987 NZA 1988, 731). Wirkt ein Anfechtungsgrund so stark nach, dass er dem Anfechtungsberechtigten die Fortsetzung des ArbVerh. unzumutbar macht, kann **ein und ders. Grund** sowohl zur Anfechtung als auch zur außerordentl. Kündigung berechtigen (BAG 16.12.2004 AP BGB § 123 Nr. 64). In einem solchen Fall steht es dem Anfechtungs- und Kündigungsberechtigten frei, welche rechtl. Gestaltungsmöglichkeit er ausüben will. Wählt er die Anfechtung, kann er die außerordentl. Kündigung vorsorgl. noch nachschieben. Erklärt er zunächst die Kündigung, liegt hierin keine Bestätigung des Arbeitsvertrags iSv. § 144 (BAG 16.12.2004 AP BGB § 123 Nr. 64). Während eine ordentl. Kündigung, die gegen ör. Kündigungsschranken (zB § 17 MuSchG) verstößt, nicht in eine rechtl. weitergehende **Anfechtung umgedeutet** werden kann (BAG 14.10.1975 NJW 1976, 592), soll diese Möglichkeit bei einer außerordentl. Kündigung gegeben sein (vgl. BAG 6.10.1962 NJW 1963, 222; **aA** Staudinger/*Preis* Rn. 10). 12

V. Nichtfortsetzungserklärung nach § 12 KSchG

Die Nichtfortsetzungserkl. nach § 12 S. 1 KSchG (vgl. § 620 Rn. 42) steht in ihrer **Wirkung** einer außerordentl. Kündigung gleich. 13

E. Wichtiger Grund

I. Wichtiger Grund an sich

Der Gesetzgeber hat in § 626 eine **typische Generalklausel** geschaffen, indem er unter Verwendung des unbestimmten Rechtsbegriffs „wichtiger Grund" einen wesentl. Teil der Normfindung den Gerichten überantwortet hat. Diese Regelungstechnik begegnet verfassungsrechtl. Bedenken, denn keine 14

Arbeitsvertragspartei vermag verlässl. zu erkennen, ob ihr ArbVerh. durch eine konkrete Kündigung aufgelöst worden ist oder nicht. Andererseits sind Generalklauseln wie § 626 der Weg, den Grundrechten Geltung im Privatrecht zu verschaffen (BVerfG 7.2.1990 NZA 1990, 389; 10.10.1993 NJW 1994, 36). Nicht zul. die außerordentl. Kündigung ist Ausdruck widerstreitender Grundrechtspositionen beider Arbeitsvertragsparteien. **Art. 12 I GG** (freie Wahl von Beruf, Arbeitsplatz und Ausbildungsstätte) schützt die berufl. Betätigung von AG und AN. Es sind nicht nur der Abschluss und der Bestand, sondern auch die Auflösung von ArbVerh. grundrechtl. geschützt. Die Grundrechte der AG und AN sowie ggf. konkurrierender AN (vgl. § 1 III KSchG) sind in praktischer Konkordanz zu verwirklichen.

15 Das **Gebot der Rechtssicherheit** erfordert die Bildung von Fallgruppen, in denen typischerweise die Voraussetzungen der Norm erfüllt oder nicht erfüllt sind. Die Rspr. konkretisiert den wichtigen Grund durch eine abgestufte Prüfung in zwei systematisch selbständigen Abschnitten (stRspr.; vgl. nur BAG 10.6.2010 NZA 2010, 1227; zust. *Dütz* NJW 1990, 2025, 2030 f.; krit. *Ascheid* Rn. 125 ff.; *Preis* Prinzipien S. 478 f.; abl. *Heimbach*, Verhältnis der außerordentl. Kündigung des AG zur ordentl. Kündigung, 2009, S. 62). Es wird zunächst geprüft, ob ein bestimmter Sachverhalt ohne die bes. Umstände des Einzelfalls **an sich geeignet** ist, einen wichtigen Grund abzugeben. Sodann wird untersucht, ob bei Berücksichtigung dieser Umstände und der Interessenabwägung die konkrete Kündigung gerechtfertigt ist. Dabei entscheidet ein obj. Maßstab, so dass die Kenntnis des Kündigenden von den wirkl. vorhandenen Tatsachen grds. unerhebl. ist. Diese Abgrenzung ermöglicht die im Interesse der Rechtssicherheit notwendige Systematisierung generell geeigneter Gründe und grenzt iÜ die voll überprüfbare Rechtsfrage (generelle Eignung als wichtiger Grund) von der beschränkt revisiblen Würdigung der bes. Umstände des Falls und der jeweiligen Interessen (Zumutbarkeitsprüfung) ab.

16 Die gestufte Prüfung des wichtigen Grundes an sich und der Interessenabwägung lässt sich allerdings nicht aus dem **ungewöhnl. Wortlaut des § 626 I** ableiten. Das G sieht als Tatbestandsvoraussetzung der außerordentl. Kündigung des Dienstverhältnisses sowohl den wichtigen Grund selbst als auch den durch allg. Merkmale wiedergegebenen Inhalt des wichtigen Grundes vor. Es kann aus „wichtigem Grund" gekündigt werden, wenn Tatsachen vorliegen, aufgrund derer dem Kündigenden unter Berücksichtigung aller Umstände des Einzelfalls und unter Abwägung der Interessen beider Vertragsteile die Fortsetzung des Dienstverhältnisses nicht zugemutet werden kann. Die außerordentl. Kündigung erfolgt also aus wichtigem Grund, der wiederum durch die weiteren Tatbestandsmerkmale konkretisiert werden soll. Zwischen dem Merkmal „wichtiger Grund" und der ges. normierten Umschreibung des wichtigen Grundes besteht Identität.

17 Dieses aus dem Wortlaut der Norm und ihrer Entstehungsgeschichte (Rn. 2) abzuleitende Erg. wird durch die **Rechtssystematik** bestätigt. In § 15 I 1 KSchG wird die Kündigung bes. geschützter AN ua. davon abhängig gemacht, dass die Voraussetzungen des wichtigen Grundes vorliegen, der den AG zur fristlosen Auflösung des ArbVerh. berechtigt. Die nähere Umschreibung des wichtigen Grundes in § 626 I wird in § 15 I 1 KSchG nicht wiederholt oder erwähnt. Mit gutem Grund geht die Rspr. davon aus, dass § 15 I 1 KSchG den gleichen wichtigen Grund wie § 626 meint (BAG 18.2.1993 NZA 1994, 74). Dieses Verständnis wird auch in dem bes. Kündigungstatbestand der Anl. I Kapitel XIX Sachgebiet A Abschnitt III Nr. 1 Abs. 5 zum EVertr. deutl., wenn es dort heißt: „Ein wichtiger Grund für eine außerordentl. Kündigung ist insb. gegeben, wenn". In diesem bes. ges. Tatbestand wird die Regelungstechnik des § 626 I aufgegriffen, indem der wichtige Grund selbst und auch die ihn ausfüllenden Merkmale als Voraussetzungen der außerordentl. Kündigung nebeneinander gestellt werden (vgl. BAG 11.6.1992 NZA 1993, 118).

18 Für die **notwendige Präzisierung** des wichtigen Grundes ist das Verhältnis der außerordentl. zur ordentl. Kündigung von entscheidender Bedeutung (*Preis* Prinzipien S. 478). Der für arbeitgeberseitige Kündigungen etablierte Kündigungsschutz muss berücksichtigt werden. Eine außerordentl. Kündigung ist jdf. dann unwirksam, wenn sie schon an den Rechtsschranken scheitern müsste, die für eine ordentl. Kündigung gelten.

19 Eine weitere Konkretisierung erfährt der wichtige Grund durch das **Prognoseprinzip** (BAG 23.6.2009 NZA 2009, 1198). Die außerordentl. Kündigung kann nur auf Gründe gestützt werden, die sich – beurteilt nach dem Zpkt. des Kündigungszugangs – künftig konkret nachteilig auf das ArbVerh. auswirken würden (BAG 19.4.2007 NZA-RR 2007, 571; *Preis* Prinzipien S. 224 ff.; *Bitter/Kiel* RdA 1995, 26, 35; abl. *Heinze* FS Söllner 1990 S. 63, 69). Zurückliegende Ereignisse, die das ArbVerh. nicht mehr belasten, sind auch dann unerhebl., wenn sie zunächst schwerwiegend waren.

20 Die **konkrete Beeinträchtigung** kann im Leistungsbereich, im Bereich der betriebl. Verbundenheit aller Mitarbeiter (Betriebsordnung, Betriebsfrieden), im pers. Vertrauensbereich der Vertragspartner (vgl. *A. Otto,* Der Wegfall des Vertrauens in den AN als wichtiger Grund, 2000) oder im Unternehmensbereich (zB wirtschaftl. Lage) eintreten (BAG 17.3.1988 NZA 1989, 261; 12.7.1995 NZA 1995, 1100). Verhaltensbedingte Leistungsstörungen sind nur dann kündigungsrelevant, wenn auch zukünftige Vertragsverstöße zu besorgen sind (BAG 21.1.1999 NZA 1999, 863). Jedoch kommt es bei bes. schwerwiegenden Pflichtverletzungen nicht auf eine Wiederholungsgefahr an, wenn die durch die Pflichtverletzung verursachte Störung des Vertrauensverhältnisses anhält (BAG 5.4.2001 NZA 2001,

954). Dies ist vom Kündigenden darzulegen, wenn sich die Besorgnis nicht bereits aus Art und Entwicklung der bisherigen Störungen ergibt. Die Nichtbeachtung einer Abmahnung rechtfertigt idR die Prognose einer Wiederholungsgefahr (BAG 10.11.1988 NZA 1989, 633). Indes können zahlr. aufeinander folgende, jeweils keine Kündigung nach sich ziehende Abmahnungen ihre eigene Warnfunktion abschwächen (BAG 15.11.2001 NZA 2002, 968). Im Grds. führt jede Verletzung einer vertragl. Haupt- oder Nebenpflicht regelm. zur konkreten Störung des arbeitsrechtl. Austauschverhältnisses (BAG 17.1.1991 NZA 1991, 557).

Materiell-rechtl. ergibt sich aus mehreren Kündigungsgründen grds. nur ein Kündigungsrecht (BAG 11.4.1985 NZA 1986, 674). Ist die fristlose **Kündigung auf mehrere Verfehlungen gestützt**, ist zu prüfen, ob jede einzelne festgestellte Verfehlung und die festgestellten Verfehlungen in ihrer Gesamtheit die Fortsetzung des ArbVerh. unzumutbar machen (BAG 1.7.1999 NZA 1999, 1270). Bislang sind in der Rspr. des BAG nur gleichartige Gründe in die Gesamtbetrachtung einbezogen worden (vgl. BAG 10.12.1992 AP GG Art. 140 Nr. 41; vgl. zur Würdigung von Mischtatbeständen iRd. § 1 KSchG BAG 18.9.2008 NZA 2009, 425; abw. KSchG § 1 Rn. 95 ff.). Dazu ist auch der Fall zu rechnen, dass ein pers. Eignungsmangel sich aus verschiedenen tats. Anknüpfungspunkten ergeben kann, die jeder für sich eine entspr. Schlussfolgerung nicht rechtfertigten. Dagegen sind unterschiedl. Kündigungssachverhalte (zB personenbedingte Gründe einerseits, betriebsbedingte andererseits) getrennt auf ihren kündigungsrelevanten Gehalt zu prüfen. Sind sie jeweils unzureichend, vermögen sie auch nicht aufgrund einer Gesamtwürdigung ein Kündigungsrecht zu ergeben (*Wank* RdA 1993, 79, 88; *Ascheid* Rn. 225). 21

Verfristete Kündigungsgründe (§ 626 II) können bei der Gesamtwürdigung berücksichtigt werden, wenn die nicht verfristeten Kündigungsgründe mit den verfristeten in einem solchen inneren Zusammenhang stehen, dass sie sich zu einem Gesamtverhalten zusammenfassen lassen (zB Verspätungen, unentschuldigtes Fehlen, verfrühtes Verlassen der Arbeitsstelle; vgl. BAG 10.12.1992 NZA 1993, 501). Verziehene oder verwirkte Kündigungsgründe (vgl. § 620 Rn. 30) scheiden als selbständige Kündigungsgründe aus (BAG 21.2.1957 AP KSchG § 1 Nr. 22). Auch sie können nur zur Unterstützung neuer Kündigungsgründe herangezogen werden (BAG 12.4.1956 AP BGB § 626 Nr. 11). 22

In der **Probezeit** auftretende Schlechtleistungen oder Eignungsmängel des AN rechtfertigen die außerordentl. Kündigung idR nicht. Fehlt es dem AN indes an selbstverständl. Grundkenntnissen oder hat er bei seiner Einstellung für den Arbeitsplatz unverzichtbare Fähigkeiten vorgetäuscht, kann das ProbeArbVerh. außerordentl. gekündigt werden. Wichtige Kündigungsgründe sind auch im ProbeArbVerh. das Fehlen jeder Leistungsbereitschaft und völlig unbrauchbare Leistungen (LAG HE 5.2.1987 LAGE BGB § 626 Nr. 29). 23

II. Interessenabwägung

1. Grundlagen. § 626 kennt keinen absoluten Kündigungsgrund (BAG 10.6.2010 NZA 2010, 1227; krit. *Willemsen* RdA 2017, 115, 124 ff.). Deshalb können nicht bestimmte Vorkommnisse stets als wichtiger Grund anerkannt werden. Jede außerordentl. Kündigung setzt eine **umfassende Interessenabwägung** voraus (BAG 10.6.2010 NZA 2010, 1227). Die Kündigung ist als außerordentl. nur wirksam, wenn die Interessen des Kündigenden ggü. denen der anderen Partei überwiegen. Dabei sind alle Umstände des Einzelfalls zu berücksichtigen, zu denen auch nach Zugang der Kündigung entstandene gehören können (im Grds. ebenso BAG 10.6.2010 NZA 2010, 1227; 24.3.2011 NZA 2011, 1084). Dies gilt auch für eine vom AN erklärte außerordentl. Kündigung (BAG 26.7.2001 NZA 2002, 325). Bei der Prüfung, ob dem AG eine Weiterbeschäftigung des AN trotz Vorliegens einer erhebl. Pflichtverletzung jdf. bis zum Ablauf der Kündigungsfrist zumutbar ist, ist in einer Gesamtwürdigung das Interesse des AG an der sofortigen Beendigung des ArbVerh. gegen das Interesse des AN an dessen Fortbestand abzuwägen (BAG 27.1.2011 NZA 2011, 798; 27.9.2012 NZA 2013, 425). 24

Die in Abs. 1 vorgegebene Interessenabwägung erfordert eine Bewertung des Einzelfalls unter Beachtung des Verhältnismäßigkeitsgrds. (BAG 10.6.2010 NZA 2010, 1227; 9.6.2011 NZA 2011, 1027). Die außerordentl. Kündigung ist nur wirksam, wenn es für den Kündigenden keinen angemessenen Weg gibt, das ArbVerh. fortzusetzen, weil **sämtl. milderen Reaktionsmöglichkeiten** unzumutbar sind (BAG 9.6.2011 NZA 2011, 1027; 29.8.2013 NJW 2014, 1323). Dabei können geringfügige Pflichtverletzungen nicht von vornherein als wichtiger Grund ausgeschlossen werden (BAG 17.5.1984 NZA 1985, 91; *Walker* NZA 2009, 921, 924). Ihre Bedeutung wird durch die Interessenabwägung relativiert. Es sind das Interesse des Kündigenden an der Auflösung und das Interesse des Kündigungsempfängers an der Aufrechterhaltung des ArbVerh. ggü. zu stellen. Auf die subj. Sicht einer Vertragspartei kommt es nicht an (BAG 13.5.2015 – 2 AZR 531/14 – BeckRS 2015, 72137). 24a

Eine abschl. Nennung berücksichtigungsfähiger Interessen ist wegen der Fassung des ges. Tatbestands und der Vielfalt der Lebenssachverhalte nicht mögl. (BAG 9.6.2011 NZA 2011, 1342; 19.7.2012 NZA 2013, 143). Jedenfalls sind nur **vertragsbezogene Interessen** beider Parteien des ArbVerh. iRd. § 626 I geschützt (BAG 10.6.2010 NZA 2010, 1227; APS/*Vossen* Rn. 112; krit. AR/*Fischermeier* Rn. 152 ff.; **aA** EGMR 21.7.2011 NZA 2011, 1269 [Heinisch/Deutschland], der auch öffentl. Interessen – wie zB an einer menschenwürdigen Altenpflege – berücksichtigt wissen will, wohl nicht 24b

Neugier Dritter). Folgl. können Umstände und Verhaltensweisen, die sich nicht auf das ArbVerh. auswirken, keine Berücksichtigung finden (*Ascheid* Rn. 137; *Preis* Prinzipien S. 224 f.). Regelm. zu berücksichtigen sind das Gewicht und die Auswirkungen einer Vertragspflichtverletzung – etwa im Hinblick auf das Maß eines durch sie bewirkten Vertrauensverlusts und ihre wirtschaftl. Folgen –, der Grad des Verschuldens, eine mögl. Wiederholungsgefahr sowie die Dauer des ArbVerh. und dessen störungsfreier Verlauf (BAG 9.6.2011 NZA 2011, 1027; 27.9.2012 NZA 2013, 425). In die Abwägung sind alle bis zum Ausspruch der Kündigung aufgetretenen Umstände (wie das Leugnen der Tat bei der Anhörung) zu berücksichtigen (BAG 24.11.2005 NZA 2006, 484), es können aber auch Umstände einbezogen werden, die erst durch das Prozessverhalten des gekündigten AN bestätigt worden sind (BAG 10.6.2010 NZA 2010, 1227; *Walker* NZA 2009, 921, 923; *Weber* RdA 2011, 108, 112). Trotz § 2 IV AGG sind aus unionsrechtl. Gründen **unmittelbare und mittelbare Benachteiligungen** iSv. §§ 1, 3 AGG (näher zu deren Voraussetzungen BAG 22.4.2010 NZA 2010, 947) iRd. Interessenabwägung zu berücksichtigen (vgl. Rn. 37 ff.; KSchG § 1 Rn. 90a; AGG § 2 Rn. 17 f.; BAG 6.11.2008 NZA 2009, 361; NZA 2009, 361; *Kamanabrou* RdA 2007, 199, 200 ff.; aA *Bauer* FS v. Hoyningen-Huene 2014 S. 29, 36). Im Fall einer diskriminierenden Kündigung kann dem AN ein Anspruch auf Ersatz immaterieller Schäden nach § 15 II AGG zustehen (BAG 12.12.2013 NZA 2014, 722). Zur Interessenabwägung bei der Entlassung kirchl. AN vgl. Rn. 112.

25 **a) Grundsatz der Verhältnismäßigkeit.** IRd. Interessenabwägung erlangt der Grds. der Verhältnismäßigkeit Wirksamkeit (*Berger* JbArbR 48 [2011], 41, 46). Er besagt, dass eine außerordentl. Kündigung nur zulässig ist, wenn alle anderen, nach den Umständen des konkreten Falls mögl. und angemessenen milderen Mittel, die geeignet sind, das in der bisherigen Form nicht mehr tragbare ArbVerh. fortzusetzen, erschöpft sind (BAG 12.7.2007 NZA 2008, 173). Somit sind drei verschiedene Aspekte erhebl.: Die Kündigung muss geeignet sein, die Störung des ArbVerh. zu beseitigen. Sie muss darüber hinaus erforderl. iSd. **geringstmögl. Eingriffs** sein (ultima-ratio-Prinzip). Dabei sind nur Mittel zu berücksichtigen, die gleich wirksam sind, um das Ziel zu erreichen (BAG 8.11.2007 EzA KSchG § 1 Betriebsbedingte Kündigung Nr. 157). Drittens muss die Kündigung verhältnismäßig ieS sein. Der Gebrauch des Mittels der außerordentl. Kündigung muss zu der vorliegenden Störung des Rechtsverhältnisses in einem angemessenen Verhältnis stehen (Mittel-/Zweckrelation).

25a Eine außerordentl. Kündigung ist nur zulässig, wenn sie die **unausweichl. letzte Maßnahme** (ultima ratio) für den Kündigungsberechtigten ist (BAG 30.5.1978 NJW 1979, 332; 19.4.2007 NZA-RR 2007, 571). Verstößt ein AN, der Mitglied des AR seiner AG ist, gegen seine Pflichten aus dem AR-Mandat, sind zunächst die Sanktionen des Gesellschaftsrechts, va. die Abberufung aus dem AR gem. § 103 III AktG, in Betracht zu ziehen. Eine außerordentl. Kündigung des ArbVerh. ist nur verhältnismäßig, wenn zugleich eine arbeitsvertragl. Pflichtverletzung vorliegt und die Auswirkungen auf das ArbVerh. so schwer sind, dass jede weitere Beschäftigung des AN dem AG unzumutbar ist (BAG 23.10.2008 NZA 2009, 855). Dies gilt entspr. für Vorruhestandsverhältnisse (LAG RP 9.6.2011 AA 2011, 198 [LS]).

26 **b) Betriebsbuße.** Das ultima-ratio-Prinzip gebietet es nicht, vor einer Kündigung zunächst die in einer der Mitbestimmung des BR nach § 87 I Nr. 1 BetrVG unterliegenden betriebl. **Bußordnung** vorgesehenen Maßnahmen (zB Verweis, Beförderungssperre) zu ergreifen, weil eine Erstreckung des Grds. der Verhältnismäßigkeit auf kollektivrechtl., also mitbestimmte Sanktionsmaßnahmen systemwidrig wäre (BAG 17.1.1991 NZA 1991, 557; **aA** LAG HB 18.11.2004 – 3 Sa 170/04 – BeckRS 2004, 42669; vgl. zudem BAG 17.10.1989 NZA 1990, 193).

27 **c) Vorrang der anderweitigen Beschäftigung.** Aus dem ultima-ratio-Prinzip folgt, dass die Kündigung nur in Betracht kommt, wenn keine Möglichkeit zu einer anderweitigen Beschäftigung (vgl. BAG 10.11.1994 NZA 1995, 566; *Bitter/Kiel* RdA 1994, 333, 336 f.) besteht, also keine Ver- oder Umsetzung auf einen anderen freien Arbeitsplatz mögl. ist (BAG 24.2.2011 NZA 2011, 1087). Hat der AN unterschiedl. Aufgaben zu erfüllen, kann es genügen, ihn während der mögl. Kündigungsfrist einer ordentl. Kündigung nur mit einem Teil der bisherigen Aufgaben zu beschäftigen (BAG 9.6.2011 NZA-RR 2012, 12). Nach der Rspr. gilt der Vorrang der Änderungskündigung ggü. der Beendigungskündigung (BAG 21.4.2005 NZA 2005, 1289). Ist eine beiden Parteien **zumutbare Weiterbeschäftigung** auf einem freien Arbeitsplatz, ggf. auch zu veränderten Bedingungen mögl., hat der AG diese von sich aus dem AN anzubieten, bevor er eine außerordentl. Beendigungskündigung ausspricht (BAG 30.5.1978 NJW 1979, 332). Der AG muss dem AN unmissverständl. (vgl. BAG 29.11.1990 RzK I 5a Nr. 4) erklären, dass bei Ablehnung des Änderungsangebotes eine Beendigungskündigung beabsichtigt sei, um ihm die Gelegenheit zu geben, das Änderungsangebot zumindest unter einem dem § 2 KSchG entspr. Vorbehalt unverzügl. anzunehmen (BAG 21.4.2005 NZA 2005, 1289). Lehnt der AN das Angebot endgültig und vorbehaltlos ab, ist der AG berechtigt, die außerordentl. Beendigungskündigung ohne Verletzung des Verhältnismäßigkeitsgrds. zu erklären. Nimmt der AN entspr. § 2 KSchG das Änderungsangebot unverzügl. unter Vorbehalt an, entfällt der Grund für eine Beendigungskündigung. Der AG darf dann nur die außerordentl. Änderungskündigung erklären.

28 **d) Ordentliche Kündigung.** Das für die außerordentl. Kündigung **spezifisch mildere Mittel** ist die ordentl. Kündigung, andere Mittel wie Abmahnung, Versetzung und Änderungskündigung müssen

der in einer Abmahnung enthaltenen Rüge müssen sich an dem orientieren, was der AG wissen kann. ZB sind bei der Rüge einer quantitativen Minderleistung des AN die Arbeitserg. und deren erhebl. Zurückbleiben hinter den Leistungen vergleichbarer AN, verbunden mit der Rüge des AG, dass aus seiner Sicht der AN seine Leistungsfähigkeit pflichtwidrig nicht ausschöpft, anzugeben, zugleich aber genügend (BAG 27.11.2008 NZA 2009, 842). Wie im Fall der Geltendmachung iSv. Ausschlussfristen (vgl. BAG 14.8.2002 NZA 2002, 1344) oder der BRAnhörung (BAG 13.12.2012 AP BGB § 620 Kündigungserklärung Nr. 23), findet § 174 keine entspr. Anwendung auf Abmahnungen (**aA** *Nosch*, Die Abmahnung im ZivilR, 2012, S. 197). Ebenso wenig gilt die **Ausschlussfrist** des § 626 II entspr. (BAG 12.1.1988 NZA 1988, 474). Regelm. sind auch tarifl. Verfallfristen unanwendbar. Verwirkung ist denkbar, LAG N (14.6.2005 LAGE BGB 2002 § 611 Abmahnung Nr. 3) nimmt diese bereits nach 6 Monaten an.

Eine **frühere, unwirksame Kündigung** erfüllt die Funktion einer Abmahnung jdf. dann, wenn der Kündigungssachverhalt feststeht und die Kündigung aus anderen Gründen – zB wegen fehlender Abmahnung – für unwirksam erachtet worden ist (BAG 31.8.1989 NZA 1990, 433). Gleiches gilt für eine wegen fehlender, tarifvertragl. vorgeschriebener Anhörung des AN unwirksame Abmahnung (BAG 21.5.1992 NZA 1992, 1028). Andererseits darf ein AG nach erfolglosem Kündigungsversuch wegen desselben (für eine Kündigung allein nicht ausreichenden) Sachverhalts später noch eine Abmahnung aussprechen (BAG 7.9.1988 NZA 1989, 272). 32

Mit der Abmahnung gibt die jeweilige Vertragspartei **konkludent** zu erkennen, dass sie auf eine Kündigung wegen des mit der Abmahnung gerügten Verstoßes **verzichtet** (vgl. § 620 Rn. 30 f.; BAG 12.5.2011 NZA-RR 2012, 43; diff. BAG 13.12.2007 NZA 2008, 403 [idR]; abl. *Raab* FS Buchner 2009 S. 704, 717 f. [allenfalls Verwirkung]). Deshalb behält ein abgemahnter Leistungs- oder Verhaltensmangel nur kündigungsrechtl. Bedeutung, wenn später weitere erhebl. Umstände hinzutreten oder bekannt werden. Das soll auch dann gelten, wenn der Abmahnende nicht kündigungsberechtigt ist (LAG HH 20.5.2015 NZA-RR 2016, 70; abl. *Hunold* ArbR 2016, 341). 33

Eine Abmahnung setzt einen **obj. gegebenen Pflichtverstoß**, nicht aber vorwerfbares Verhalten des Empfängers voraus (BAG 27.11.2008 NZA 2009, 842). Deshalb findet das Verhältnismäßigkeitsprinzip keine Anwendung auf die Abmahnung (LAG SH 29.11.2005 NZA-RR 2006, 180; *Berkowsky* NZA-RR 2001, 57, 74; *Buchner* RdA 2003, 177; *Ritter* DB 2011, 175; *Nosch*, Die Abmahnung im ZivilR, 2012, S. 208). Das BAG wendet auf Abmahnungen den Grds. der Verhältnismäßigkeit ieS (Übermaßverbot) an und fordert ein vertretbares Verhältnis zwischen Fehlverhalten und Abmahnung (BAG 13.11.1991 NZA 1992, 690 aus anderen Gründen vom BVerfG [14.11.1995 NZA 1996, 381] aufgeh.; BAG 11.12.2001 NZA 2002, 965; 27.11.2008 NZA 2009, 842; 23.6.2009 NZA 2009, 1011; **aA** LAG HM 16.4.1992 LAGE BGB § 611 Abmahnung Nr. 32; *Heinze* FS Söllner 1990 S. 63, 86; SPV/*Preis* Rn. 12; diff. LAG SH 11.5.2004 NZA-RR 2005, 244 [keine Verhältnismäßigkeit ieS]; hierzu **aA** *Wetzling/Habel* BB 2011, 1077, 1083). Allerdings wird nicht in jedem Fall vorab beurteilt werden können, ob der gerügte, obj. vorliegende Pflichtenverstoß im Zusammenwirken mit späteren eine Kündigung rechtfertigen wird (**aA** KR/*Fischermeier* Rn. 293). Unstr. erbringt allein die Existenz einer schriftl. Abmahnung **keinen Beweis** dafür, dass der gerügte Pflichtverstoß tats. begangen wurde (BAG 13.3.1987 NZA 1987, 518). Eine Verdachtsabmahnung gibt es nicht (**aA** *Ritter* NZA 2012, 19 ff.), denn der Verdacht einer Pflichtverletzung kann nicht unter Kündigungsandrohung gerügt werden. Es ist aber mögl., dass der AG auf den durch den Verdacht verursachten Vertrauensverlust hinweist und so für eine spätere Kündigung aus anderem Anlass die Interessenabwägung präjudiziert. 34

Für keine Partei besteht die arbeitsvertragl. Nebenpflicht oder Obliegenheit, gegen die Richtigkeit einer Abmahnung gerichtl. vorzugehen (*Diller* ArbR 2010, 595 sieht hierin sogar einen Kunstfehler des AN-Anwalts). Hat sie davon abgesehen, die **Berechtigung einer Abmahnung** überprüfen zu lassen, ist sie grds. nicht gehindert, die Richtigkeit der abgemahnten Pflichtwidrigkeiten in einem Kündigungsschutzprozess zu bestreiten. Die Rspr. lässt die auf §§ 242, 1004 gestützte Klage des AN auf Entfernung einer Abmahnung aus der Personalakte zu (BAG 27.11.2008 NZA 2009, 842; 23.6.2009 NZA 2009, 1011). 35

Die Klage ist begr., wenn die Abmahnung unrichtige, das berufl. Fortkommen des AN berührende Tatsachenbehauptungen enthält. Werden in einem Abmahnungsschreiben mehrere Pflichtverletzungen gleichzeitig gerügt und treffen davon nur einige zu, muss das Abmahnungsschreiben vollständig aus der Personalakte entfernt werden und kann nicht tw. aufrechterhalten bleiben (BAG 13.3.1991 NZA 1991, 768). Die Beweislast für die Wahrheit der in der Abmahnung aufgestellten Tatsachenbehauptungen trägt der AG (BAG 26.1.1994 – 7 AZR 640/92 – BeckRS 1994, 30915379; **aA** *Kopke* NZA 2007, 1211, 1212 f.). Die frühere Rspr. nahm in Ausnahmefällen einen **Entfernungsanspruch** auch dann an, wenn eine sachl. zutr. Abmahnung wegen Zeitablaufs ihre rechtl. Wirkung verloren hatte (vgl. BAG 13.4.1988 NZA 1988, 654). Hieran kann wegen der Entsch. des BAG v. 10.6.2010 (NZA 2010, 1227) nicht festgehalten werden, weil gerade bei Kündigung eines langjährigen ArbVerh. der Auf- und Abbau des obj. zu beurteilenden „Vertrauenskapitals" („für lange Jahre ungestörte Vertrauensbeziehung zweier Vertragspartner") substantiiert darzulegen ist (*Schrader* NZA 2011, 180, 182; *ders.* NJW 2012, 342, 344; *ders./Dohnke* NZA-RR 2012, 617 [insb. zur datenschutzrechtl. Zulässigkeit]; *Novara/Knierim* NJW 2011, 1175, 1179; **aA** *Wetzling/Habel* BB 2011, 1077, 1081). Dementspr. räumt die Rspr. 35a

(BAG 19.7.2012 NZA 2013, 91) dem AN einen Anspruch auf Entfernung von Aktenvorgängen, die auf einer richtigen Sachverhaltsdarstellung beruhen, nur noch dann ein, wenn eine Interessenabwägung im Einzelfall ergibt, dass eine weitere Aufbewahrung zu unzumutbaren berufl. Nachteilen für den AN führen könnte, obwohl der beurkundete Vorgang für das ArbVerh. rechtl. bedeutungslos geworden ist (zust. *Salamon/Rogge* NZA 2013, 363; *Latzel* SAE 2013, 79; *Kort* FS v. Hoyningen-Huene 2014 S. 201, 207). Nach Auff. des BAG (15.4.1999 NZA 1999, 1037) soll der AN auch nach Entfernung der Abmahnung aus der Personalakte nicht gehindert sein, einen Anspruch auf Widerruf der in der Abmahnung enthaltenen Erkl. geltend zu machen.

36 Das Erfordernis der Abmahnung gilt auch bei einer **arbeitnehmerseitigen außerordentl. Kündigung** (BAG 17.1.2002 EzA BGB § 628 Nr. 20; LAG BW 11.10.2013 – 12 Sa 15/13 – BeckRS 2014, 68977 Rn. 108), es sei denn, die Abmahnung ist wegen bes. Umstände entbehrl. (BAG 28.10.1971 AP BGB § 626 Nr. 62). Die fristlose Kündigung des Dienstverhältnisses eines GmbH-GF setzt nach der Rspr. des BGH keine vorherige Abmahnung voraus (BGH 14.2.2000 NZA 2000, 543; vgl. Rn. 29).

37 **2. Abwägungsgesichtspunkte. a) Maß des beschädigten Vertrauens.** IRd. Interessenabwägung sind va. die Beharrlichkeit des pflichtwidrigen Verhaltens (BAG 21.1.1999 NZA 1999, 863), insb. die Zahl der Verstöße (BAG 27.1.2011 NZA 2011, 798) und das Maß des beschädigten Vertrauens zu berücksichtigen (BAG 10.6.2010 NZA 2010, 1227). Hingegen ist es für die Interessenabwägung ohne Belang, welches Motiv des AG zur Aufdeckung des Kündigungssachverhalts geführt hat, solange **kein Verwertungsverbot** wegen Verletzung des Persönlichkeitsrechts des AN eingreift (LAG N 28.3.2003 LAGE BGB § 626 Nr. 149; zust. *Küttner* FS Bartenbach 2005 S. 599, 603; *Diller* NZA 2006, 569, 572; **aA** OLG K 4.11.2002 NJW-RR 2003, 398).

38 **b) Betriebliche Interessen.** Betriebl. Interessen des AG werden ua. verletzt, wenn der Betriebsablauf konkret gestört oder dem Produktionszweck geschadet wird. IdS kann es genügen, wenn die Pflichtverletzung unschuldige Kollegen in Verdacht brachte (BAG 29.1.1997 NZA 1997, 813). Weitere, nach Kündigungsausspruch begangene Pflichtverletzungen des AN können in die Interessenabwägung nur insofern einbezogen werden, wie durch sie der Kündigungsgrund unterfüttert wird (BAG 10.6.2010 NZA 2010, 1227; *Weber* RdA 2011, 108, 112; weitergehend ließ BAG 24.11.2005 NZA 2006, 484 die Berücksichtigung des Nachkündigungsverhaltens zu). Ansonsten kann ihretwegen allein eine neue Kündigung gerechtfertigt sein (näher Rn. 54a). Die Größe des Betriebs kann in die Interessenabwägung einzubeziehen sein. Grds. gehören nicht nur die generell mögl., sondern auch die jeweils konkret eingetretenen **betriebl. oder wirtschaftl. Auswirkungen** einer bestimmten Störung des ArbVerh. zu dem vom Kündigenden darzulegenden und ggf. zu beweisenden Kündigungsgrund. Sie sind nicht erst und ausschl. bei der Interessenabwägung zu berücksichtigen. Andererseits gehören bei einer verhaltensbedingten außerordentl. Kündigung die betriebl. Auswirkungen nicht zum Kündigungsgrund an sich. Ist der AN bereits unwiderrufl. von der Arbeitsleistung freigestellt, steht dies dem Ausspruch einer außerordentl. Kündigung nicht grds. entgegen (BAG 5.4.2001 NZA 2001, 837). Insofern sind va. die fortbestehenden Hauptleistungspflichten des AG und die ggf. in einem Aufhebungsvertrag vereinbarten Zusatzleistungen iRd. Interessenabwägung zu berücksichtigen (BAG 5.4.2001 NZA 2001, 837).

39 **c) Vertraglich benannte Kündigungsgründe.** Bei freien Dienstverträgen kann die Benennung von wichtigen Kündigungsgründen im Anstellungsvertrag die Interessenabwägung einschränken, wenn der **Dienstnehmer** benannte Gründe verwirklicht hat (vgl. BGH 7.7.1988 NJW-RR 1988, 1381; 10.11.2010 NJW 2011, 608), in ArbVerh. kann dies die Interessenabwägung zumindest beeinflussen.

40 **d) Verschulden.** Der wichtige Grund enthält **kein subj. Element**. Es kommt nicht darauf an, ob sich der Kündigende der Unzumutbarkeit auch bewusst gewesen ist (BAG 18.1.1980 NJW 1980, 2486). Wie sich bestätigend sowohl aus § 314 als auch § 628 I 3 ableiten lässt (*Gotthardt* Rn. 222; **aA** APS/*Vossen* Rn. 74a ff.), erfordert der wichtige Grund grds. kein schuldhaftes Verhalten (BAG 3.11.1955 AP BGB § 626 Nr. 4; 22.12.1956 AP BGB § 626 Nr. 13). Ist es aber gegeben, kann dies für die Unzumutbarkeit der Weiterbeschäftigung sprechen (BAG 26.6.1957 AP ArbGG 1953 § 72 Nr. 47). Doch wird ein verhaltensbedingter Grund idR nur bei schuldhaftem, vorwerfbarem Verhalten anzunehmen sein (BAG 27.9.2012 NZA 2013, 425; aber Ausnahmen mögl., vgl. die abstrakten Ausf. in LAG SH 9.6.2011 NZA-RR 2011, 572). Bei verhaltensbedingten Gründen wird die Interessenabwägung wesentl. vom Grad des Verschuldens beeinflusst (BAG 28.1.2010 NZA-RR 2010, 461; 10.6.2010 NZA 2010, 1227). Eine Pflichtverletzung ist dem AN nur vorwerfbar, wenn der AN seine Handlungsweise steuern, also willentl. beeinflussen konnte (BAG 3.11.2011 NZA 2012, 607). Fehlt es am Verschulden, kann die Fortsetzung des ArbVerh. noch für die Dauer der Kündigungsfrist zumutbar sein. Da dies nur idR so ist, kann im Einzelfall auch eine schuldlose Pflichtverletzung einen wichtigen Grund zur verhaltensbedingten Kündigung darstellen (BAG 21.1.1999 NZA 1999, 863; MüKoBGB/*Henssler* Rn. 104; MüArbR/*Wank* § 98 Rn. 59; **aA** KR/*Fischermeier* Rn. 146 [ausnahmsweise als personenbedingte Kündigung]). Dies kommt insb. dann in Betracht, wenn das Verschulden des AN wegen eines krankhaften Triebs (zB Sex-, Spiel-, Trunk- oder Kaufsucht) in Zweifel gezogen werden könnte (vgl. LAG BE

31.10.1997 – 6 Sa 74/97 – BeckRS 1997, 30892979; LAG K 12.3.2002 NZA-RR 2002, 519; LAG BW 21.10.2009 ArbR 2010, 100).

Ein **unverschuldeter Rechtsirrtum**, insb. ein etwaiger Verbotsirrtum (BAG 14.2.1996 NZA 1996, 873), muss bei der Interessenabwägung berücksichtigt werden (BAG 14.2.1978 NJW 1979, 236; LAG HE 17.9.2008 – 8 Sa 548/08 – BeckRS 2009, 63075 [Kantinenbenutzung auf Kosten des Lebenspartners]; *Berger* JbArbR 48 [2011], 41, 51 f.). Dementspr. berechtigt eine Arbeitsverweigerung nicht zur Kündigung, wenn der AN trotz sorgfältiger Erkundigungen und Prüfung überzeugt sein durfte, nicht zur Arbeit verpflichtet zu sein (BAG 14.10.1960 AP GewO § 123 Nr. 24; 22.10.2015 NZA 2016, 417; 17.11.2016 NZA 2017, 394). Auch ein fahrlässig verschuldeter Rechtsirrtum kann iRd. Interessenabwägung entlastend wirken (BAG 26.3.2015 NZA 2015, 1180 Rn. 42; 17.11.2016 NZA 2017, 394 Rn. 44). Erkennt der AN später die Pflichtwidrigkeit seines Tuns und bemüht sich erfolgreich um Schadensbeseitigung, beeinflusst dies die Interessenabwägung zu seinen Gunsten (BAG 27.4.2006 NZA 2006, 1033). Ein Irrtum des AN über tats. Voraussetzungen seiner Pflichtverletzung (tatbestandsausschließendes Einverständnis, Einwilligung des AG oder dessen mutmaßl. Einwilligung oä.) betrifft bereits den wichtigen Grund an sich. 40a

e) Folgen der Pflichtverletzung. In die Interessenabwägung sind die Art und Schwere der Verfehlung (BAG 10.11.2005 NZA 2006, 491; 10.6.2010 NZA 2010, 1227), der Umf. des verursachten Schadens (BAG 27.4.2006 NZA 2006, 1033) oder anderer wirtschaftl. Folgen (BAG 27.1.2011 NZA 2011, 798) und die Wiederholungsgefahr (BAG 28.1.2010 NZA-RR 2010, 461; 27.9.2012 NZA 2013, 425 [Beharrlichkeit]) einzubeziehen. Auch fahrlässige Pflichtverletzungen können ins Gewicht fallen, wenn der AN eine **bes. Verantwortung** trägt und sein Verschulden zu einem hohen Schaden geführt hat (BAG 4.7.1991 RzK I 6a Nr. 73). Bei der Beurteilung der Voraussetzungen eines wichtigen Grundes ist dementspr. zu berücksichtigen, ob anges. der vorgegebenen Aufgabenstellung bei Vertragsverletzungen große Gefahren entstehen können (zB Luftfahrt, Schifffahrt, Bergbau, Lebensmittelproduktion, Gefahrguttransporte). Soweit das der Fall ist, kann ein wichtiger Grund unter erleichterten Voraussetzungen angenommen werden. In diesem Zusammenhang kann selbst bei einem einmaligen Versagen auch ohne Abmahnung eine außerordentl. Kündigung gerechtfertigt sein (LAG K 8.11.2010 AuA 2011, 304 Führen eines Gefahrguttransporters unter Alkoholeinfluss; ArbG Trier 6.5.2010 – 3 Ca 986/09 – BeckRS 2010, 71812 – Weiterleitung verdorbenen Fleisches in die Wurstproduktion). Andererseits kann eine untergeordnete Stellung des AN zu seinen Gunsten berücksichtigt werden (BAG 26.3.2009 NZA-RR 2010, 516). Handelt der AN vorsätzl. pflichtwidrig, entlastet ihn die Möglichkeit, er habe seinen AG weniger aus Bereicherungsabsicht, sondern aus Bequemlichkeit geschädigt, nicht (**aA** LAG ST 6.12.2005 NZA-RR 2006, 411, 412). 41

f) Beschäftigungsdauer. Die Dauer der Betriebszugehörigkeit des AN ist stets zu beachten und besitzt bes. Gewicht (BAG 10.6.2010 NZA 2010, 1227; 9.6.2011 NZA 2011, 1027; *Zypries* ZRP 2010, 29; **aA** *Tschöpe* NZA 1985, 588, 590; diff. *Kaiser* FS Konzen 2006 S. 381, 392; *Willemsen* RdA 2017, 115, 116 ff.). Dies wird auch von den Zivilgerichten bei der Beurteilung der fristlosen Kündigung freier Dienstverträge so gesehen (vgl. BGH 10.11.2010 NJW 2011, 608). Darin liegt keine unzulässige Benachteiligung jüngerer AN wegen des Alters (BAG 7.7.2011 NZA 2011, 1412). Eine langjährige Beschäftigungsdauer vermag einmalige Verfehlungen auszugleichen (zB eine vierzigjährige Beschäftigungsdauer bei einem einmaligen Spesenbetrug mit einem Schaden iHv. 166 €, vgl. LAG B 16.9.2010 NZA-RR 2010, 633). Die Beschäftigungsdauer wirkt sich zugunsten des AN aus, wenn er sich in früherer Zeit vertragstreu verhielt (BAG 12.3.2009 NZA 2009, 779; 10.6.2010 NZA 2010, 1227; *Preis* DB 1990, 685, 688 f.). Eine längere Betriebszugehörigkeit kann hingegen den AN bei der Interessenabwägung belasten, wenn gerade die vermeintl. Betriebstreue den AG veranlasst hat, ihn weniger als andere AN zu kontrollieren (*Bengelsdorf* SAE 1992, 121, 140; *Stoffels* NJW 2011, 118, 122). Wenn die Dauer der Betriebszugehörigkeit über § 622 II die Kündigungsfrist verlängert, beeinflusst auch dies die Interessenabwägung zum Nachteil des AN. Andererseits wirken sich die bisherigen Leistungen und die **Bewährung des AN im Betrieb** zu seinen Gunsten aus. Die ordentl. Unkündbarkeit des AN (vgl. § 622 Rn. 46 ff.) ist iRd. Interessenabwägung nicht zu seinen Gunsten zu berücksichtigen (BAG 27.1.2011 NZA 2011, 798; 22.10.2015 NZA 2016, 417; *Bröhl* S. 96; **aA** BAG 6.7.2000 – 2 AZR 454/99 – BeckRS 2000, 30785693; einschränkend 10.10.2002 EzA BGB 2002 § 626 Unkündbarkeit Nr. 1). 42

g) Alter. Das Lebensalter ist kein notwendiger Bestandteil jeder Interessenabwägung (vgl. nur BAG 27.4.2006 NZA 2006, 1033). Es ist zwar berücksichtigungsfähig (BAG 9.6.2011 NZA 2011, 1027), doch nicht idS, dass proportional zum Alter die außerordentl. Kündigung erschwert werden würde. Die Interessenabwägung darf nicht zu einer **Diskriminierung wegen des Alters** führen. 43

h) Folgen der Kündigung. Auf Seiten des Gekündigten sind die Folgen der Auflösung des ArbVerh. von bes. Interesse. Hierzu gehören die finanziellen Folgen des Arbeitsplatzverlusts und die individuell zu beurteilenden **Arbeitsmarktchancen** des Gekündigten (BAG 29.1.1997 NZA 1997, 813). Ihn trifft eine Kündigung weniger hart, wenn er bereits Regelaltersrente bezieht (BAG 27.4.2017 NZA 2017, 902 für die Sozialauswahl). Die diskriminierende Wirkung einer fristlosen Kündigung auf dem Arbeitsmarkt ist idR kein selbständig zu prüfender Gesichtspunkt, weil sie typischerweise mit jeder außerordentl. Kündigung verbunden ist. 44

45 **i) Unterhaltspflichten.** Des Weiteren darf der soziale Besitzstand des AN in die Interessenabwägung einbezogen werden (BAG 7.6.1973 NJW 1973, 1819). Folgl. können Unterhaltspflichten des AN und sein Familienstand berücksichtigt werden (BAG 9.6.2011 NZA 2011, 1027; 27.9.2012 NZA 2013, 425), sind aber – anders als eine tadelsfreie Beschäftigungszeit – **kein notwendiger Bestandteil** einer jeden § 626 genügenden Abwägung (BAG 18.9.2008 NZA-RR 2009, 393). Anges. der Schwere der Pflichtverletzung kann es ausreichen, wenn die Tatsacheninstanzen die Sozialdaten des AN zur Kenntnis nehmen, ihnen aber kein entscheidendes Gewicht beimessen (BAG 16.3.2000 NZA 2000, 1332).

46 **3. Bagatelldelikte.** Eigentums- und Vermögensdelikte des AN zum Nachteil seines AG gehören zu den Sachverhalten, die auch dann einen wichtigen Grund an sich ergeben, wenn die entwendete Sache von geringem Wert ist (vgl. Rn. 94). § 626 kennt keine Bagatellgrenze (*Berger* JbArbR 48 [2011], 41, 48; offen BAG 21.11.2013 NZA 2014, 243 Rn. 20 „Geringfügigkeitsschwelle"). Obgleich eine außerordentl. Kündigung nur wirksam ist, wenn dem Kündigenden sämtl. milderen Reaktionsmöglichkeiten unzumutbar sind (BAG 16.12.2010 NZA 2011, 571; 9.6.2011 NZA 2011, 1027), sind auch andere geringfügige Pflichtverletzungen als wichtiger Grund an sich geeignet (BAG 17.5.1984 NZA 1985, 91). Ihre Kündigungsrelevanz wird entscheidend **durch die Interessenabwägung bestimmt** (*Berger* JbArbR 48 [2011], 41, 46 ff.). Geringfügige Pflichtverletzungen haben in der Interessenabwägung geringeres Gewicht (vgl. BAG 10.6.2010 NZA 2010, 1227; BGH 10.11.2010 NJW 2011, 608).

46a Wenn formuliert wird, eine Beleidigung müsse „grob" sein (vgl. Rn. 86), um einen wichtigen Grund zu ergeben, werden bereits Gesichtspunkte des Verschuldens (Rn. 40) und andere Teilaspekte der Interessenabwägung in den wichtigen Grund an sich vorverlagert. Gleiches gilt für die aus dem alten Recht (vgl. Rn. 2) stammende beharrl. Arbeitsverweigerung (vgl. Rn. 70 ff.). Es kommt hinzu, dass das BAG in seiner „Emmely-Entsch." von der Annahme ausgeht, verlorenes Vertrauen könne durch künftige Vertragstreue zurückgewonnen werden, jdf. sei dies nicht stets und prinzipiell ausgeschlossen (BAG 10.6.2010 NZA 2010, 1227). Diese Annahme liege **bei geringerem Gewicht der Pflichtverletzung** näher. Gleichwohl müssen im Einzelfall Tatsachen festgestellt werden, die iRd. Interessenabwägung den Schluss erlauben, das verlorene Vertrauen werde zurückkehren. Hierfür wird im Regelfall eine lange unbeanstandete Vertragserfüllung sprechen, die die einzelne Pflichtverletzung als Ausreißer erscheinen lässt. Fehlt es an derartigen Tatsachen, sind auch wirtschaftl. weniger bedeutsame Pflichtverletzungen geeignet, das in die Interessenabwägung einzustellende Vertrauen des Vertragspartners so nachhaltig zu zerstören, dass selbst eine fehlende Abmahnung die Interessenabwägung nicht entscheidend beeinflussen muss. Folgl. bedarf es im Fall des **Diebstahls nur geringwertiger Güter** nicht zwgd. einer vorherigen Abmahnung (BAG 21.6.2012 NZA 2012, 1025). Andererseits ist bereits für den wichtigen Grund an sich zu beachten, dass der wirtschaftl. Wert einer Sache für den Vertragspartner so gering sein kann, dass in Wahrheit die Pflichtverletzung des AN nicht in der Verletzung des Vermögens, sondern in einer Eigenmächtigkeit – wie der unterlassenen Einholung einer ausdr. Genehmigung oder eines Lieferscheins – liegt. Deren Gewicht wird in der Interessenabwägung auch bei kurzfristigen Beschäftigungen nicht so erhebl. sein, dass sie eine Kündigung ohne vorherige Abmahnung rechtfertigen könnte (so richtig LAG SH 13.1.2010 SchlHA 2010, 184; LAG HM 2.9.2010 LAGE BGB 2002 § 626 Nr. 28a [Aufladung eines Elektrorollers mit einem Schaden von 1,8 Ct.]; LAG SH 29.9.2010 NZA-RR 2011, 126 [Verzehr eines Teils der für Patienten bestimmten Pizza]; LAG K 20.1.2012 NZA-RR 2012, 356 [Aufladen eines Rasierapparats]; idS a. LAG BW 10.2.2010 LAGE BGB 2002 § 626 Nr. 27 und LAG B 4.6.2015 NZA-RR 2016, 129 jeweils für zur „normalen" Entsorgung vorgesehene Gegenstände; anders BAG 31.7.2014 NZA 2015, 621 [Entwendung von verunreinigtem Abfalldieselöl, das fachgerecht entsorgt werden muss]).

III. Anhörung

47 Eine vorherige Anhörung des Gekündigten ist keine Wirksamkeitsvoraussetzung der außerordentl. Kündigung, sofern es nicht um eine Verdachtskündigung (Rn. 173 ff.) geht (BAG 23.3.1972 AP BGB § 626 Nr. 63; 10.2.1977 NJW 1977, 1413). Abweichendes ergibt sich nicht aus der Entsch. des BAG v. 2.2.2006 (NZA-RR 2006, 440), denn darin wird die Anhörung des AN als mögl., nicht aber für die Wirksamkeit einer Tatkündigung zwgd. notwendiger Schritt vor Ausspruch der Kündigung behandelt. Gleiches gilt für die **Druckkündigung** (BAG 4.10.1990 NZA 1991, 468). Die Anhörung vermag an dem obj. Tatbestand des wichtigen Grundes nichts zu ändern. Mit der Anhörung erfüllt der Kündigende eine auch im eigenen Interesse liegende Obliegenheit. Unterlässt er sie, geht er das Risiko ein, den Prozess aus Gründen zu verlieren, die er bei einer vorherigen Anhörung erfahren hätte. Hat sich ein kirchl. AG durch eine Grundordnung selbst gebunden, vor Ausspruch einer Kündigung zunächst mit dem AN ein klärendes Gespräch zu führen, verletzt eine ohne vorheriges Gespräch erklärte Kündigung idR den Verhältnismäßigkeitsgrds. und ist unwirksam (BAG 16.9.1999 NZA 2000, 208).

IV. Besonderheiten bei Gruppenarbeitsverhältnissen (Eigengruppe)

48 Hat sich eine Mehrheit natürl. Personen als autonom gebildete Gesamtheit zur Erbringung bestimmter Arbeitsleistungen verpflichtet (sog. Eigengruppe), sind kündigungsrechtl. Besonderheiten anzuer-

kennen, weil dem AG eine Einflussnahme auf die Zusammensetzung der nicht von ihm gebildeten Gruppe versagt bleiben muss (vgl. § 620 Rn. 51). IdR ist die außerordentl. **Kündigung der gesamten Gruppe** wirksam mögl., wenn allein in der Person eines Gruppenmitglieds ein wichtiger Grund iSv. § 626 I vorliegt (BAG 9.2.1960 AP BGB § 626 Nr. 39). Ob in diesen Fällen ein Sonderkündigungsschutz, der nur für ein Gruppenmitglied eingreift (§ 17 MuSchG, § 174 SGB IX), zu beachten ist, erscheint zw. (BAG 21.10.1971 AP BGB § 611 Gruppenarbeitsverhältnis Nr. 1). IE wird dem Sonderkündigungsschutz Vorrang vor dem Prinzip der einheitl. Behandlung aller Gruppenmitglieder einzuräumen sein, so dass in diesem Fall allen nicht bes. geschützten Gruppenmitgliedern gekündigt werden kann (KHb/*Isenhardt* 6.3 Rn. 254). Teilen sich mehrere AN einen Arbeitsplatz in der Form des **Jobsharing,** ist die (Beendigungs-)Kündigung eines AN wegen des Ausscheidens des oder der anderen AN unwirksam (§ 13 II TzBfG; vgl. dort Rn. 11 f.).

V. Betriebliches Eingliederungsmanagement (BEM)

Die Einhaltung des bei allen AN und nicht nur bei behinderten Menschen anwendbaren BEM nach 48a § 167 II SGB IX (BAG 12.7.2007 NZA 2008, 173; 24.3.2011 NZA 2011, 993), das auch bei Fehlen einer betriebl. Interessenvertretung iSv. § 176 SGB IX durchzuführen ist (BAG 30.9.2010 NZA 2011, 39; zum MBR des BR hins. der Ausgestaltung des BEM BAG 13.3.2012 NZA 2012, 748), ist **keine Wirksamkeitsvoraussetzung für die Kündigung** des ArbVerh. eines schwerbehinderten AN (BAG 28.6.2007 NZA 2007, 1049; 24.1.2008 NZA-RR 2008, 405), denn das BEM selbst ist kein milderes Mittel als die Kündigung (BAG 10.12.2009 NZA 2010, 639). Hätte das Verfahren aber die tats. Grdl. des Kündigungsgrundes beeinflussen können, ist sein Unterlassen iRd. Interessenabwägung zu berücksichtigen (BAG 23.4.2008 NZA-RR 2008, 515). Dies verstärkt die Darlegungslast des AG (BAG 12.7.2007 NZA 2008, 173; 23.4.2008 NZA-RR 2008, 515; abl. *Baumeister/Richter* ZfA 2010, 3, 21; zu Abstufungen der Vortragslast *Rupp* NZA 2017, 361).

Es ist Sache des AG, die Initiative zur Durchführung des BEM zu ergreifen (BAG 20.11.2014 NZA 48b 2015, 612 Rn. 31). Hat er **kein BEM durchgeführt,** kann er sich im Kündigungsrechtsstreit nicht auf den Vortrag beschränken, er kenne keine alternativen Einsatzmöglichkeiten für den erkrankten AN und es gebe keine leidensgerechten Arbeitsplätze, die der AN trotz seiner Erkrankung noch einnehmen könne. Er hat vielmehr von sich aus denkbare oder vom AN (außergerichtl.) bereits genannte Alt. zu würdigen und iE darzulegen, aus welchen Gründen weder eine Anpassung des bisherigen Arbeitsplatzes noch die Beschäftigung auf einem anderen – leidensgerechten – Arbeitsplatz, noch ges. vorgesehene Hilfen oder Leistungen der Rehabilitationsträger künftige Fehlzeiten in relevantem Umf. hätten vermeiden können [BAG 20.11.2014 NZA 2015, 612]. Erst dann ist es Sache des AN, sich hierauf substantiiert einzulassen und darzulegen, wie er sich eine leidensgerechte Beschäftigung vorstellt (BAG 10.12.2009 NZA 2010, 398; 24.3.2011 NZA 2011, 993). Das Gleiche gilt, wenn der AG ein Verfahren durchgeführt hat, das nicht den ges. Mindestanforderungen an ein BEM genügt (BAG 10.12.2009 NZA 2010, 398; vgl. zu den Mitwirkungspflichten beider Seiten *Rose/Ghorai* BB 2011, 949 ff.). Doch gibt das G nur wenig vor. Es schreibt weder bestimmte Mittel vor, die auf jeden – oder auf gar keinen – Fall in Erwägung zu ziehen sind, noch beschreibt es bestimmte Erg., die das BEM haben muss oder nicht haben darf. Vom AG wird nicht verlangt, bestimmte Vorschläge zu unterbreiten, vielmehr hat es jeder Beteiligte – auch der AN – in der Hand, alle ihm sinnvoll erscheinenden Gesichtspunkte und Lösungsmöglichkeiten in das Gespräch einzubringen (BAG 10.12.2009 NZA 2010, 398). – Unabhängig vom BEM sind eine Behinderung und der GdB ihrerseits berücksichtigungsfähig (BAG 2.3.2006 NZA-RR 2006, 636). Die wirtschaftl. Lage des AN gehört ebenso wenig zu den vertragsbezogenen Kriterien der Interessenabwägung (*Preis* Prinzipien S. 232; offenbar **aA** BAG 12.1.2006 AP BGB § 626 Krankheit Nr. 13 in den Hinweisen an das Berufungsgericht) wie die allg. schlechte Lage auf dem Arbeitsmarkt (*Preis* Prinzipien S. 239).

VI. Maßgebliche Bindungsdauer; Ausschluss der ordentlichen Kündigung

Ob ein bestimmter Sachverhalt eine außerordentl. Kündigung rechtfertigt, ist wesentl. von der Dauer 49 der ohne diese Kündigung verbleibenden Vertragszeit abhängig (Befristung, Kündigungsfrist). Allerdings ist im befristeten ArbVerh. nur auf das Fristende abzustellen, wenn die Parteien keine ordentl. Kündigungsmöglichkeit vereinbart haben (§ 15 III TzBfG; dazu *Buse,* Unkündbarkeit im ArbR, 2009, S. 136). Ist einzelvertragl. eine deutl. längere als die ges. Kündigungsfrist vereinbart (zB ein Jahr), ist die sich **hieraus ergebende Bindungsdauer** maßgebend (BAG 7.3.2002 NZA 2002, 963). Ist der AN auf einzel- oder kollektivvertragl. Grdl. ordentl. unkündbar (vgl. § 622 Rn. 46 ff.), müsste iRd. Interessenabwägung nicht auf die fiktive Frist für die ordentl. Kündigung, sondern auf die künftige Vertragsbindung abgestellt werden (so BAG 14.11.1984 NZA 1985, 426; offen BAG 21.6.2012 NZA 2013, 224). Dementspr. kann es für den wichtigen Grund ausreichen, wenn dem AG die Fortsetzung des ArbVerh. nur noch für einen Zeitraum zumutbar ist, der kürzer als die verbleibende Vertragsbindungsdauer ist (BAG 13.4.2000 NZA 2001, 277; 13.5.2014 – 2 AZR 531/14 – BeckRS 2015, 72137). Bei einmaligen Vorfällen ohne Wiederholungsgefahr wird sich dieser Beurteilungsmaßstab nicht auswirken. Demggü.

kann sich bei Dauertatbeständen oder Vorfällen mit Wiederholungsgefahr die Fortsetzung des ArbVerh. für den AG wegen des (wirksamen) **Ausschlusses der ordentl. Kündigung** eher als unzumutbar erweisen als bei einem ordentl. kündbaren AN (BAG 21.6.2001 EzA BGB § 626 Unkündbarkeit Nr. 7; 13.5.2015 – 2 AZR 531/14 – BeckRS 2015, 72137). Zur Vermeidung von Wertungswidersprüchen geht die Rspr. jdf. bei Beendigungskündigungen von der fiktiven Frist aus (vgl. BAG 17.1.2008 NZA 2008, 777; 18.9.2008 NZA-RR 2009, 393). So kann einem tarifl. ordentl. unkündbaren AN fristlos nur dann gekündigt werden, wenn dem AG die Weiterbeschäftigung nicht einmal bis zum Ablauf der fiktiven Frist zur ordentl. Beendigung des ArbVerh. zumutbar ist (BAG 27.4.2006 NZA 2006, 977; 27.9.2012 NZA 2013, 425).

49a Zur Prüfung der Wirksamkeit des Ausschlusses der ordentl. Kündigung besteht insb. bei einer **Regelung durch BV** Veranlassung. Eine freiwillige BV iSv. § 88 BetrVG kann einen entspr. bes. Kündigungsschutz wegen § 77 III BetrVG nur begründen, wenn solche Kündigungsbeschränkungen nicht in einem TV geregelt sind oder üblicherweise geregelt werden (BAG 18.3.2010 NZA-RR 2011, 18; 26.1.2017 NZA 2017, 522).

50 Das BAG (8.6.2000 NZA 2000, 1282; 30.9.2004 NZA 2005, 43) hat zwar wiederholt betont, dass bei einem tarifvertragl. Ausschluss der ordentl. Kündigung ein **bes. strenger Maßstab** an die Beurteilung des wichtigen Grundes anzulegen sei (dazu krit. *Bröhl* S. 96), doch ist dies nicht auf verhaltensbedingte Kündigungen zu übertragen (BAG 27.4.2006 NZA 2006, 977; 13.5.2015 – 2 AZR 531/14 – BeckRS 2015, 72137). Jedenfalls wird sich dieser „strenge" Maßstab auf die Folgen der Anwendung der fiktiven Beendigungsmöglichkeit per ordentl. Kündigung beschränken. Die Rspr. will ledigl. verhindern, dass diesem Personenkreis allzu einfach aus betriebs- oder personenbedingten Gründen außerordentl. fristlos gekündigt werden kann. Dies gilt vorrangig dann, wenn der **Ausschluss der ordentl. Kündigung** befristet in einem SanierungsTV geregelt ist (BAG 30.9.2004 NZA 2005, 43). Ist die ordentl. Kündigung einzelvertragl. ausgeschlossen, sind im Vergleich zur tarifvertragl. begr. ordentl. Unkündbarkeit erhöhte Anforderungen an den wichtigen Grund zu stellen (BAG 25.3.2004 AP BGB § 138 Nr. 60; krit. *Bengelsdorf* RdA 2005, 306, 309), doch kann die Auslegung der Individualvereinb. Abweichendes ergeben (vgl. *Reuter* FS Richardi 2007 S. 361, 376). Schließl. hat das BAG (21.6.2001 NZA 2002, 1030; 15.11.2001 AP BGB § 626 Nr. 175) eine dritte Beendigungsform geschaffen und es zugelassen, dass dem tarifvertragl. ordentl. unkündbaren AN aus wichtigem Grund **mit (notwendiger) Auslauffrist** gekündigt wird, wenn bei unterstellter ordentl. Kündbarkeit eine fristgerechte Kündigung zulässig wäre (vgl. Rn. 51). Damit soll vermieden werden, dass ein ArbVerh. trotz Wegfalls der Beschäftigungsmöglichkeit fortgesetzt werden müsste (BAG 22.11.2012 NZA 2013, 730; *Eylert/Sänger* RdA 2010, 24, 41). An die „zumutbare" Dauer des sinnentleerten Fortbestehens des ArbVerh. stellt das BAG hohe Anforderungen (BAG 6.10.2005 NZA 2006, 879 für drei Jahre; 23.1.2014 NZA 2014, 895). Ist es aus den str. Gründen ordentl. kündbar, liegt kein wichtiger Grund vor (BAG 20.3.2014 NZA-RR 2015, 16 Rn. 28 f.).

51 Bei **tarifvertragl. Ausschluss der ordentl. Kündigung** sind dringende betriebl. Erfordernisse nur in Ausnahmefällen geeignet, eine außerordentl. Kündigung zu rechtfertigen, wenn der AG hierfür ein überw., schutzwürdiges Interesse geltend machen kann (BAG 13.6.2002 NZA 2003, 44; 8.4.2003 NZA 2003, 856). Es geht im Wesentlichen darum zu vermeiden, dass der tarifl. Ausschluss der ordentl. Kündigung dem AG Unmögliches oder evident Unzumutbares aufbürdet (BAG 8.4.2003 NZA 2003, 856; 10.5.2007 NZA 2007, 1278). Der AG wird nicht gezwungen, ein sinnloses ArbVerh. über Jahre allein durch Entgeltzahlungen fortzuführen, denen keine entspr. Arbeitsleistungen gegenüberstehen. Die einer betriebl.-organisatorischen Maßnahme zugrunde liegende unternehmerische Entsch. selbst ist gerichtl. nicht auf ihre sachl. Rechtfertigung oder ihre Zweckmäßigkeit, sondern nur daraufhin zu überprüfen, ob sie offensichtl. unsachl., unvernünftig oder willkürl. ist. Das ist nicht allein deshalb der Fall, weil von der Maßnahme – nur – ordentl. unkündbare AN betroffen sind (BAG 18.6.2015 NZA 2015, 1315; 24.9.2015 NZA 2016, 366). Nachzuprüfen ist allerdings, ob die fragl. Entsch. tats. umgesetzt wurde und dadurch das Beschäftigungsbedürfnis für den/die betreffenden AN wirkl. entfallen ist (BAG 22.11.2012 NZA 2013, 730 Rn. 16; 20.6.2013 NZA 2014, 139 Rn. 19). Der wichtige Grund setzt voraus, dass die Weiterbeschäftigung – ggf. auf einem anderen gleichwertigen Arbeitsplatz auch in einem Gemeinschaftsbetrieb, an dem der AG beteiligt ist (BAG 15.2.2007 AP BGB § 613a Widerspruch Nr. 2), – für den AG zumindest unter zumutbaren Bedingungen (uU nach einer Umorganisation oder einer Umschulung des AN) unmögl. ist (BAG 20.6.2013 NZA 2014, 208). Zur tarifvertragl. Erweiterung der Weiterbeschäftigungspflicht auf den Konzern (BAG 10.5.2007 NZA 2007, 1278). Nach Auff. des BAG (24.6.2004 AP BGB § 613a Nr. 278) soll der AG zum „Freimachen" geeigneter gleichwertiger Arbeitsplätze verpflichtet sein. Anders als im Fall des der Funktionsfähigkeit des BR dienenden § 15 V KSchG (vgl. dazu BAG 12.3.2009 NZA 2009, 1264) wird bei tarifvertragl. Ausschluss der ordentl. Kündigung eine Pflicht zum „Freikündigen" nicht anzuerkennen sein (*Bröhl* S. 159 f.; in der Tendenz BAG 18.5.2006 NZA-RR 2007, 272; **aA** *Kiel* NZA-Beil. 1/2005, 18, 27). Jedenfalls soll der AG verpflichtet sein, alles ihm Zumutbare zu unternehmen, um die Anpassungen auf das **unbedingt notwendige Maß** zu beschränken (BAG 18.5.2006 NZA-RR 2007, 272). Das bedeutet – vorbehaltl. eines bes. ausgestalteten Sonderkündigungsschutzes – nicht, dass er auf eine beschlossene Organisationsentsch. verzichten oder sie mit dem Ziel modifizieren müsste, AN, deren ArbVerh.

ordentl. unkündbar ist, weiterbeschäftigen zu können; es kommt allein darauf an, ob andere Beschäftigungsmöglichkeiten tats. noch bestehen (BAG 24.9.2015 NZA 2016, 366). Ggf. ist unter mehreren ordentl. unkündbaren AN entspr. § 1 III KSchG eine soziale Auswahl durchzuführen (BAG 5.2.1998 NZA 1998, 771; *Etzel* ZTR 2003, 210, 213).

Auch **außerordentl. betriebsbedingte Änderungskündigungen** sind auf das unbedingt notwendige 51a Maß zu beschränken (BAG 26.6.2008 AP BAT § 55 Nr. 8). Die Anforderungen sind noch höher als an die soziale Rechtfertigung einer entspr. ordentl. Änderungskündigung (BAG 2.3.2006 NZA 2006, 985; 12.8.2010 NZA 2011, 460). Diese ist gegeben, wenn das Bedürfnis für die Weiterbeschäftigung des AN im Betrieb zu den bisherigen Bedingungen entfallen ist und sich der AG darauf beschränkt hat, solche Änd. vorzuschlagen, die der AN billigerweise hinnehmen muss (BAG 2.3.2006 NZA 2006, 985; 1.3.2007 NZA 2007, 1445).

Ob der AN eine ihm vorgeschlagene Änd. billigerweise hinnehmen muss, wird nach dem **Verhältnismäßigkeitsgrds.** ermittelt. Die Änd. müssen geeignet und erforderl. sein, um den Inhalt des Arbeitsvertrags den geänd. Beschäftigungsmöglichkeiten anzupassen. Diese Voraussetzungen müssen für alle Vertragsänd. vorliegen. Ausgangspunkt ist die bisherige vertragl. Regelung, dh. die angebotenen Änd. dürfen sich nicht weiter vom Inhalt des bisherigen ArbVerh. entfernen, als dies zur Erreichung des angestrebten Ziels erforderl. ist (BAG 2.3.2006 NZA 2006, 985; 1.3.2007 NZA 2007, 1445). Dem Ausschluss der ordentl. Kündigung muss der AG insb. bei der Prüfung, welche Vertragsänd. er dem AN mit dem Änderungsangebot zumutet, gerecht werden. Nicht jede mit dem Festhalten am Vertragsinhalt verbundene Last kann einen wichtigen Grund zur außerordentl. Änderungskündigung bilden. Entscheidend ist, ob das geänd. unternehmerische Konzept die vorgeschlagenen Änd. erzwingt, ob diese unabweisbar notwendig und dem AN zumutbar sind oder ob es im Wesentlichen auch ohne oder mit weniger einschneidenden Änd. durchsetzbar bleibt (BAG 28.5.2009 NZA 2009, 954; *Eylert/Sänger* RdA 2010, 24, 41). Stehen mehrere Möglichkeiten der Änd. der Arbeitsbedingungen zur Vfg., muss der AG dem AN diejenige auch ihm zumutbare Änd. anbieten, die den Gekündigten am wenigsten belastet (BAG 17.3.2005 NZA 2005, 949). 51b

Die Kündigung aus wichtigem Grund mit (notwendiger) Auslauffrist lässt die Rspr. auch für 52 personenbedingte (va. krankheitsbedingte) Kündigungen zu (BAG 25.3.2004 NZA 2004, 1216; 20.3.2014 NZA-RR 2015, 16 Rn. 40; für die Strafhaft vgl. BAG 22.10.2015 NZA 2016, 482), wenn der AG keinen leidensgerechten Arbeitsplatz für den kranken AN durch Ausübung seines Direktionsrechts freimachen kann. Sie ist in Ausnahmefällen auch für verhaltensbedingte Kündigungen denkbar (BAG 13.5.2015 – 2 AZR 531/14 – BeckRS 2015, 72137; 17.11.2016 NZA 2017, 394). Knüpft die tarifvertragl. Regelung des Ausschlusses der ordentl. Kündigung (auch) an das Lebensalter des AN an, ist aus unionsrechtl. Gründen ungeachtet § 2 IV AGG das Verbot der Benachteiligung wegen Alters zu beachten (vgl. Rn. 24b; BAG 6.11.2008 NZG 2008, 939; 6.11.2008 NZA 2009, 361; zum TVöD *Hock/Kramer/Schwerdle* ZTR 2006, 622, 623 f.). Ein für die ordentl. Unkündbarkeit vorgesehenes Mindestalter von zB 40 lässt sich nicht (mehr) als positive Maßnahme zugunsten „Älterer" iSv. § 5 AGG rechtfertigen (§ 622 Rn. 46 f.; DB/*Brors* § 10 Rn. 66 ff. **aA** DB/*Hinrichs/Zimmer* § 5 Rn. 58; *Berg/Natzel* ZfA 2012, 65, 74 f.).

Ein tarifvertragl. Ausschluss der ordentl. Kündigung kann durch einen **ablösenden TV zum Nachteil** der AN aufgeh. oder modifiziert werden; es gibt keine Besitzstandswahrung (BAG 2.2.2006 NZA 2006, 868; 9.9.2010 AP KSchG 1969 § 2 Nr. 149; *Bröhl* ZTR 2006, 174, 179; **aA** *Däubler* GS Heinze 2005 S. 121, 131; diff. *Buse*, Unkündbarkeit im ArbR, 2009, S. 264). Ist die außerordentl. Kündigung des ordentl. unkündbaren AN zulässig, muss die ges. oder tarifl. Kündigungsfrist als Auslauffrist eingehalten werden, die gelten würde, wenn die ordentl. Kündigung nicht ausgeschlossen wäre (BAG 28.3.1985 NZA 1985, 559). Die Kündigung aus wichtigem Grund mit (notwendiger) Auslauffrist ist nach der Rspr. personalvertretungs- und betriebsverfassungsrechtl. wie eine ordentl. Kündigung zu behandeln (BAG 21.6.2001 NZA 2002, 1030; 22.11.2012 NZA 2013, 730; abl. *Bitter/Kiel* FS Schwerdtner 2003 S. 13, 32; *Kiel* NZA-Beil. 1/2005, 18, 29 f.). Demggü. findet § 174 SGB IX auf die außerordentl. Kündigung mit notwendiger Auslauffrist Anwendung (BAG 12.5.2005 NZA 2005, 1173; 22.10.2015 NZA 2016, 482). Eine entspr. Anwendung von § 9 I 2 KSchG auf die außerordentl. Kündigung mit Auslauffrist lehnt die Rspr. ab (BAG 30.9.2010 NZA 2011, 349; **aA** *Weber* RdA 2011, 108, 113 ff.). Die Kündigung mit notwendiger Auslauffrist ist von der außerordentl. **Kündigung mit sozialer Auslauffrist** zu unterscheiden (BAG 18.10.2000 NZA 2001, 219); letztere wäre auch bei unterstellter ordentl. Kündbarkeit des AN als außerordentl. fristlos wirksam mögl. Die außerordentl. Kündigung ist ungeachtet der eingeräumten sozialen Auslauffrist personalvertretungs- und betriebsverfassungsrechtl. als außerordentl. zu behandeln (BAG 18.10.2000 NZA 2001, 219). 52a

Beruht die ordentl. Unkündbarkeit auf einer **bes. ges. Schutznorm** (zB § 15 KSchG, § 40 EBRG, 53 § 179 III SGB IX, § 58 BImSchG, § 66 WHG, § 4 f III BDSG [ab 25.5.2018 § 6 IV, ggf. iVm. § 38 II BDSG], § 2 AbgG, § 3 EuAbgG, §§ 2, 16a ArbPlSchG, § 78 ZDG, § 60 III KrWG (zu § 55 KrW-/AbfG BAG 26.3.2009 NZA 2011, 166; vgl. zur Ableitung aus der verfassungsrechtl. Schutzpflicht des Gesetzgebers [Untermaßverbot] *von Wickede,* Sonderkündigungsschutz im ArbVerh., 2009 S. 392 ff.), wird ebenfalls auf die fiktive Kündigungsfrist abgestellt (vgl. BAG 19.7.2012 NZA 2013, 143; 27.9.2012 NZA 2013, 425), so dass prinzipiell keine Abweichungen zur Rechtslage bei tarifl. Ausschluss der ordentl. Kündigung zu beachten sind. Jedenfalls hat der AG bei Schließung einer Betriebsabt. je nach Sachlage ggf. zur Vermeidung einer außerordentl. betriebsbedingten Kündigung eines BRMitglieds einen anderen geeigneten Arbeitsplatz in einer anderen Abt. freizukündigen (BAG 18.10.2000 NZA 2001, 321; *Bröhl* S. 151; *Horcher* NZA-RR 2006, 393, 397).

53a Es ist anzunehmen, dass diese Rspr. gleichermaßen für personen-, verhaltens- und betriebsbedingte außerordentl. Kündigungen gilt (noch offen gelassen von BAG 10.2.1999 NZA 1999, 708). Für den Fall einer betriebsbedingten fristlosen Änderungskündigung hat das BAG (27.9.2001 EzA KSchG § 15 nF Nr. 54) entschieden, die außerordentl. fristlose Kündigung des ArbVerh. eines BRMitglieds sei gerechtfertigt, wenn dem AG bei einem vergleichbaren NichtBRMitglied die Weiterbeschäftigung bis zum Ablauf der einschlägigen ordentl. Kündigungsfrist unzumutbar wäre. Andernfalls könne ledigl. außerordentl. unter Einhaltung einer der ordentl. Kündigungsfrist entspr. Auslauffrist gekündigt werden. Mit Urt. v. 7.10.2004 (NZA 2005, 156) hat zwar das BAG auf die Zumutbarkeit der Fortsetzung des ArbVerh. „bis zum **Ende des Sonderkündigungsschutzes** einschl. des Nachwirkungszeitraums und der daran anschließenden Kündigungsfrist" abgestellt, hieran dürfte aber nicht festgehalten werden (vgl. BAG 17.1.2008 NZA 2008, 777), obgleich diese Formulierung bereits in früheren Entsch. auftauchte (BAG 21.6.1995 NZA 1995, 1157 zu Änderungskündigungen). Bei verhaltensbedingten Kündigungsgründen wird die außerordentl. Kündigung mit notwendiger Auslauffrist nicht zugelassen (BAG 12.5.2010 NZA-RR 2011, 15; 21.6.2012 NZA 2013, 224; *Bröhl* RdA 2010, 170, 174).

VII. Zeitpunkt der Entstehung des wichtigen Grundes

54 **1. Allgemeines.** Eine außerordentl. Kündigung kann auf alle Gründe gestützt werden, die **zZ des Ausspruchs** der Kündigung bereits obj. vorhanden waren. Das gilt unabhängig davon, ob die Gründe dem Kündigenden bei Ausspruch der Kündigung bekannt waren oder ob er davon erst später erfahren hat (BAG 17.8.1972 AP BGB § 626 Nr. 65; BGH 1.12.2003 NZA 2004, 173, 175). Die Prüfung des wichtigen Grundes ist bezogen auf den Zpkt. des Zugangs der Kündigungserkl. (ausf. BAG 27.2.1997 NZA 1997, 757; ferner 29.4.1999 NZA 1999, 978). Auch vor Beginn des ArbVerh. liegende, dem AG bei der Einstellung nicht bekannte Umstände oder Ereignisse können das Vertrauen des AG in die Zuverlässigkeit und Redlichkeit des AN zerstören und deshalb einen wichtigen Grund darstellen (BAG 5.4.2001 NZA 2001, 954).

54a Umstände, die **erst nach Zugang** der Kündigung entstanden sind, kommen nur als Grdl. für eine weitere Kündigung in Betracht. Sie können bei der Beurteilung des wichtigen Grundes nicht berücksichtigt werden. Hiermit ist es jedoch zu vereinbaren, dass (nicht nur im Anwendungsbereich der Verdachtskündigung) nachträgl. entstandene Aspekte zur Beurteilung der früheren Umstände herangezogen werden (BAG 10.6.2010 NZA 2010, 1227; *Walker* NZA 2009, 921, 922; *Berger* JbArbR 48 [2011], 41, 58; **aA** *Husemann* RdA 2016, 30). Dies können auch Tatsachen sein, die erst während des Kündigungsschutzprozesses bemerkt werden oder entstehen (BAG 24.11.2005 NZA 2006, 484; 10.6.2010 NZA 2010, 1227). Dazu müssen zwischen den neuen Vorgängen und den alten Gründen so enge innere Beziehungen bestehen, dass jene nicht außer Acht gelassen werden können, ohne dass ein einheitl. Lebensvorgang zerrissen würde (BAG 10.6.2010 NZA 2010, 1227; 23.10.2014 NZA 2015, 429). Es handelt sich dann nicht um neue Kündigungsgründe, sondern um später gewonnene Erkenntnisse, die eine bessere Würdigung der Kündigungsgründe ermöglichen. Diese Würdigung bleibt hingegen davon unberührt, dass der AG nach erstinstanzl. Unterliegen dem AN eine Prozessbeschäftigung anbietet (BAG 22.9.2016 NZA 2017, 112 Rn. 18).

55 **2. Nachschieben von Kündigungsgründen.** Dieses liegt vor, wenn der Kündigende die urspr. Begr. der Kündigung später durch weitere Kündigungsgründe ergänzt oder ersetzt. Rechtserhebl. wird die Problematik des Nachschiebens von Kündigungsgründen **im Kündigungsschutzprozess** (vgl. Rn. 230). Sie ist von der stets zulässigen Erl. der Kündigungsgründe zu unterscheiden (BAG 27.11.2008 NZA 2009, 671). Materiell-rechtl. können jdf. zeitl. vor Kündigungsausspruch entstandene Kündigungsgründe, die dem Kündigenden bei Ausspruch der Kündigung noch nicht länger als zwei Wochen bekannt waren, ohne Einschränkungen nachgeschoben werden (BAG 6.9.2007 NZA 2008, 636; BGH 1.12.2003 NZA 2004, 173, 175). Dies folgt aus dem obj. zu bestimmenden Begriff des Kündigungsgrundes (BAG 18.1.1980 NJW 1980, 2486). Gründe, die erst nach der Kündigung entstanden sind, dürfen im Prozess nicht nachgeschoben werden. Sie können aber uU geeignet sein, den Kündigungssachverhalt zu verdeutlichen oder zu erläutern (vgl. Rn. 54a).

56 Umstr. ist das Nachschieben von Kündigungsgründen im Prozess, wenn der Kündigende eine **BRAnhörung** gem. § 102 BetrVG durchzuführen hatte. Hierzu werden die unterschiedlichsten Auff. vertreten. In der Rspr. des BAG ist mittlerweile geklärt, dass entspr. dem Zweck des § 102 BetrVG zwischen Gründen zu unterscheiden ist, die dem AG bereits vor Ausspruch der Kündigung bekannt waren, und anderen Gründen, die dem AG erst nach Ausspruch der Kündigung bekannt geworden sind. Nachgeschobene Kündigungsgründe, die bereits vor Ausspruch der Kündigung entstanden und dem **AG bekannt gewesen** sind, die er aber nicht dem BR mitgeteilt hat, sind im Prozess nicht zu verwerten, weil der AG bei obj. Betrachtung seine Mitteilungspflicht nach § 102 I BetrVG verletzt hat

(BAG 18.6.2015 NZA 2016, 287). Das gilt auch dann, wenn der BR der Kündigung zugestimmt (BAG 2.4.1987 NZA 1987, 808; 26.9.1991 NZA 1992, 1073) oder wenn ihm der AG die weiteren Gründe nachträgl. mitgeteilt hat (BAG 1.4.1981 NJW 1981, 2772). In diesem Fall ist die Kündigung zwar nicht bereits wegen fehlerhafter Anhörung nach § 102 BetrVG unwirksam, weil der AG dem BR nicht alle ihm bekannten, sondern nur diejenigen Kündigungstatsachen mitzuteilen braucht, die er zum Anlass für die beabsichtigte Kündigung nehmen will (vgl. BAG 8.9.1988 NZA 1989, 852; 18.5.1994 NZA 1995, 24). Die nicht mitgeteilten Gründe können aber nicht erg. im Kündigungsschutzprozess berücksichtigt werden, weil das dem Zweck des § 102 BetrVG widerspräche. Dieses Verwertungsverbot hindert den AG nicht, im Kündigungsschutzprozess Tatsachen vorzutragen, die ohne wesentl. Veränderung des Kündigungssachverhalts ledigl. die dem BR mitgeteilten Kündigungsgründe näher erläutern oder konkretisieren (BAG 11.4.1985 NZA 1986, 674). Der Umstand, dass der BR vor Ausspruch der Kündigung ausschl. zu einer beabsichtigten Verdachtskündigung gehört wurde, steht einer gerichtl. Berücksichtigung des Geschehens als erwiesene Tat nicht entgegen (BAG 27.1.2011 NZA 2011, 798). Hat der AG dem BR bestimmte Kündigungsgründe nicht mitgeteilt, ist sein entspr. Sachvortrag im Rechtsstreit gleichwohl verwertbar, wenn der AN die ordnungsgemäße Anhörung des BR erklärtermaßen nicht rügt (BAG 20.6.2013 NZA 2014, 143 Rn. 46).

Kündigungsgründe, die der AG im Zeitraum zwischen Unterrichtung des BR und Ausspruch der 57
Kündigung erfahren hat, können im Prozess nur erhebl. vorgetragen werden, wenn der AG vor Ausspruch der Kündigung wegen dieser weiteren Gründe das Anhörungsverfahren erweitert bzw. ein erneutes Anhörungsverfahren eingeleitet hat. Im Hinblick auf die Frist des § 626 II wird der AG vorsorgl. erneut kündigen. Aus dem Schutzzweck des § 102 BetrVG ergibt sich des Weiteren, dass er die ihm bei Ausspruch der **Kündigung noch unbekannten Gründe** nicht später zur Begr. der Kündigung heranziehen darf, wenn sich der BR nicht zuvor mit ihnen befasst hat. § 102 BetrVG ist deshalb entspr. anzuwenden. Das beabsichtigte Nachschieben von Kündigungsgründen wird dem Ausspruch der Kündigung gleichgestellt, so dass eine weitere Anhörung des BR erforderl. wird, bevor die zunächst unbekannten Kündigungsgründe nachgeschoben werden können (BAG 4.6.1997 NZA 1997, 1158). Dieses nachträgl. Anhörungsverfahren genügt dem Sinn und Zweck des § 102 BetrVG. Unterlässt es der AG, die ihm erst später bekannt gewordenen Gründe nachträgl. dem BR mitzuteilen, sind sie im Prozess nicht verwertbar.

Besteht bei Ausspruch der Kündigung **kein BR oder PR**, wird ein solcher aber später gebildet, 58
schränkt dies die Möglichkeit des AG zum Nachschieben von Kündigungsgründen im Prozess nicht ein. Der nachträgl. gebildete BR oder PR ist unter keinem rechtl. Gesichtspunkt zu beteiligen (BAG 20.1.1994 – 8 AZR 613/92 – BeckRS 1994, 30915426; 26.5.1994 – 8 AZR 248/93 – BeckRS 1994, 30918686; **aA** für den Fall des völligen Auswechselns der Kündigungsgründe, das einem neuen Kündigungsentschl. gleichkommt: BAG 11.5.1995 DStR 1995, 1280).

VIII. Wiederholungskündigung; Wegfall des wichtigen Grundes

Zu den von der Rspr. gezogenen Grenzen wiederholender Kündigungen aus demselben Grund vgl. 59
§ 620 Rn. 77. Zum Verzicht auf Kündigungsgründe und zur Verzeihung vgl. § 620 Rn. 30 ff.

IX. Außerordentliche Kündigung durch den Arbeitgeber

Im Anwendungsbereich des § 626 gibt es keine absoluten Kündigungsgründe (Rn. 24). Ein wichtiger 60
Grund iSv. § 626 ist nur aufgrund einer umfassenden Interessenabwägung festzustellen, die zu dem Erg. führt, dem Kündigenden sei die Fortsetzung des ArbVerh. selbst für die Zeit bis zur ordentl. Beendigung des Vertragsverhältnisses unzumutbar. Der im Interesse der Rechtssicherheit eingeführte Begriff des **wichtigen Grundes an sich,** also in einem von den individuellen Belangen der konkret betroffenen Vertragsparteien losgelösten Sinn, gibt Anhaltspunkte für die Beurteilung konkreter Sachverhalte, ersetzt aber nicht die zur Anwendung der Generalklausel des § 626 I notwendige Einzelfallprüfung. Kataloge „wichtiger Gründe“ sind deshalb mit der gebotenen Vorsicht zu behandeln, die einzelnen Tatbestände werden allzu häufig unterschiedl. gelagert sein. Die früheren kündigungsrechtl. Sonderregelungen zur außerordentl. Kündigung (vgl. §§ 123, 124, 133c, 133d GewO aF; §§ 71, 72 HGB aF) können für den Regelungsbereich des § 626 aufschlussreiche Hinweise geben (BAG 15.11.1984 NZA 1985, 661; 17.3.1988 NZA 1989, 261; abl. *Preis* AuR 2010, 186, 188), die Rspr. zu diesen Kündigungstatbeständen darf jedoch nicht unbesehen übernommen werden.

– **Abkehrwille.** Der Abkehrwille des AN, also seine Absicht, das ArbVerh. demnächst zu beenden, 61
um sich selbständig zu machen oder eine andere Arbeitsstelle anzutreten, kann zwar zur Verwirkung des allg. Kündigungsschutzes führen (vgl. BAG 22.10.1964 AP KSchG § 1 Betriebsbedingte Kündigung Nr. 16), ist aber **kein Grund** zur außerordentl. Kündigung durch den AG (LAG BW 31.5.1961 RiA 1961, 252; LAG N 29.8.2006 LAGE BUrlG § 7 Nr. 44). Die auf Befragen geleugnete Absicht des AN, sich zu verändern, und die zu diesem Zweck von ihm vorgenommenen Bewerbungen werden allenfalls eine ordentl. Kündigung rechtfertigen können (LAG BW 24.2.1969 BB 1969, 536). Streitet der AN den Abschluss eines Arbeitsvertrags mit einem Konkurrenzunternehmen wahrheitswidrig ab,

kann die fristlose Kündigung berechtigt sein (LAG HM 14.2.1968 – 8 (5) Sa 37/68 – BeckRS 2014, 70212). Allein der Ausspruch einer unwirksamen außerordentl. Kündigung durch den AN berechtigt nicht den AG, seinerseits zu kündigen, vielmehr kommt es auf die Würdigung aller Umstände an (vgl. BGH 21.11.2005 ZIP 2006, 127).

62 – **Abwerbung.** Eine vertragswidrige Abwerbung liegt vor, wenn der AN auf Arbeitskollegen einwirkt, um sie zu veranlassen, das ArbVerh. aufzugeben und für den Abwerbenden oder einen anderen AG tätig zu werden. Die Pflichtverletzung wiegt dann bes. schwer, wenn der AN ihm nachgeordnete Mitarbeiter zum Vertragsbruch bestimmen will, sie für ein Konkurrenzunternehmen tätig werden sollen oder das Konkurrenzunternehmen eine Vergütung für die Abwerbung zahlt (LAG BW 31.3.1969 BB 1969, 1136). Der wichtige Grund erfordert keine Abwerbung mit unlauteren Mitteln oder in verwerfl. Weise (LAG SH 6.7.1989 LAGE BGB § 626 Nr. 42; *Schmiedl* BB 2003, 1120, 1121). Zum Begriff der Abwerbung gehört, dass sie mit einer gewissen **Ernsthaftigkeit und Beharrlichkeit** betrieben wird (LAG RP 7.2.1992 NZA 1993, 265; LAG BW 30.9.1970 DB 1970, 2325).

63 – **Alkoholverbot.** Die wiederholte Verletzung eines wirksam erlassenen betriebl. Alkoholverbots (Bestimmungen des Arbeitsschutzes; § 87 I Nr. 1 BetrVG) kann nach erfolgloser Abmahnung einen wichtigen Grund an sich ergeben. Hat der AN bei seinem Verstoß gegen das Alkoholverbot erhebl. Rechtsgüter konkret gefährdet (zB als Kranführer, Busfahrer, Fahrer eines Gefahrgut-Lkw), kann auch ein einmaliger Vorfall den Ausspruch der fristlosen Kündigung rechtfertigen (LAG HM 23.8.1990 LAGE BGB § 626 Nr. 52; LAG N 17.12.2002 NZA-RR 2003, 301, 302; LAG K 8.11.2010 AuA 2011, 304). Ob Alkoholismus der Annahme des wichtigen Grundes entgegensteht, wenn der Suchtkranke mit dem Leben und der Gesundheit seiner Kollegen und Dritter spielt, ist zu bezweifeln (zur Kündigung wegen Alkoholismus vgl. die Stichworte Trunksucht, Alkohol und andere Drogen Rn. 137 ff.).

64 – **Anzeigen gegen den Arbeitgeber.** Der AG kann zur außerordentl. Kündigung berechtigt sein, wenn der AN ihn bei staatl. Stellen angezeigt hat (BAG 5.2.1959 NJW 1961, 44). Gleiches gilt bei Anzeigen gegen Vorgesetzte oder Kollegen (BAG 3.7.2003 NZA 2004, 427). Dabei kommt es auch darauf an, ob der mitgeteilte Sachverhalt **der Wahrheit entspricht** oder nicht (LAG NI 13.6.2005 LAGReport 2005, 301; **aA** EGMR 21.7.2011 NZA 2011, 1269 [Heinisch/Deutschland], der seiner Beurteilung „leichtfertigen Verhaltens" allein das Vorbringen der gekündigten AN zugrundelegt; dazu krit. *Schlachter* RdA 2012, 108), nicht aber, ob es aufgrund der Anzeige zu einer Verurteilung kommt (BAG 7.12.2006 NZA 2007, 502). Dem Anzeigeerstatter obliegt eine Prüfpflicht, böswillige Gerüchte darf er nicht ungeprüft weitertragen (LAG K 2.2.2012 NZA-RR 2012, 298).

64a Soweit die **Anzeige obj. gerechtfertigt** ist und der AN mit ihr die Verletzung eigener Schutzgüter geltend macht, wird dies regelm. keine Kündigung rechtfertigen (*Rieble/Wiebauer* ZfA 2010, 63, 90). Indes kann es auch einem „selbstbetroffenen" AN zumutbar sein, zunächst innerbetriebl. Abhilfe zu suchen (BAG 15.12.2016 NZA 2017, 703 Rn. 20). Geht es dem AN um fremde Schutzgüter, ist umso stärker darauf abzustellen, ob innerbetriebl. hätte Abhilfe geschaffen werden können (LAG HM 12.11.1990 LAGE BGB § 626 Nr. 54) oder dem AN wegen der Schwere der Vorwürfe ein alternatives Verhalten unzumutbar war (BAG 7.12.2006 NZA 2007, 502). Deshalb ist zu prüfen, aus welcher Motivation heraus die Anzeige erfolgt ist und ob darin eine verhältnismäßige Reaktion des AN auf das Verhalten des AG lag (BAG 3.7.2003 NZA 2004, 427; LAG K 5.7.2012 DuD 2013, 105). Handelt der AN in Wahrung berechtigter Interessen, wird kein wichtiger Grund anzunehmen sein. Keine Voraussetzung ist, dass er wissentl. oder leichtfertig falsche Angaben gemacht hat (BAG 3.7.2003 NZA 2004, 427; **aA** LAG HE 27.11.2001 NZA-RR 2002, 637; LAG D 17.1.2002 – 11 Sa 1422/01 – BeckRS 2004, 42537). Gleichermaßen kann es als Kündigungsgrund genügen, wenn der AN dem AG widerrechtl. mit einer Strafanzeige (vgl. LAG SN 21.1.2011 NZA-RR 2011, 290) oder entspr. Sachvortrag in einem gegen den AG lfd. Rechtsstreit (BAG 8.5.2014 NZA 2014, 1258 Rn. 23) droht. Spricht ein Vertreter des AN die Drohung aus, muss diese vom AN veranlasst oder zumindest gebilligt worden sein (vgl. ArbG Essen 15.5.2009 NZA-RR 2010, 75). Genügt der AN seiner staatsbürgerl. Pflicht zur Zeugenaussage, steht dem belasteten AG aus verfassungsrechtl. Gründen die außerordentl. Kündigung nicht in jedem Fall als zivilrechtl. Reaktion zur Vfg. (BVerfG 2.7.2001 NZA 2001, 888; *Deiseroth* AuR 2002, 161, 167; die Verhältnismäßigkeit des ANVerhaltens stärker betonend *Binkert* AuR 2007, 195, 197).

64b Zum **Vorhaben einer ges. Regelung** der unter dem Begriff „Whistleblowing" geführten Diskussion vgl. BT-Drs. 17/8567; *Tinnefeld/Rauhofer* DuD 2008, 717; *Sasse* NZA 2008, 990; *Deinert* AuR 2008, 90; *Deiseroth/Derleder* ZRP 2008, 248. Richtet der AN eine Anzeige an seinen AG und teilt darin ein aus seiner Sicht pflichtwidriges Verhalten eines Kollegen oder Vorgesetzten mit, wird ein solches Verhalten idR dem wohl verstandenen Interesse des AG entsprechen und zu keiner Kündigung des ArbVerh. berechtigen (vgl. BAG 27.9.2012 AP BGB § 626 Nr. 240). Die Beweislastregelung des § 186 StGB darf nicht zur Basis kollektiver Schweigegebote verkommen.

65 Macht ein AN in einer gegen seinen AG oder Vorgesetzten gerichteten **Strafanzeige** wissentl. oder leichtfertig **falsche Angaben**, berechtigt diese Pflichtverletzung grds. zur Kündigung (vgl. BAG 3.7.2003 NZA 2004, 427). Zeigt zB ein angestellter Taxifahrer seinen AG wahrheitswidrig über den Taxinotruf bei der Polizei wegen Bedrohung an und brüstet sich mit dieser Tat ggü. Dritten, kann der AG ohne vorherige Abmahnung außerordentl. kündigen (LAG HB 17.7.2003 NZA-RR 2004, 128,

129). Leichtfertiges Handeln genügt va. dann, wenn die in einer Strafanzeige gegen den AG oder Kollegen wahrheitswidrig erhobenen **Vorwürfe schwerwiegend** sind (zB versuchte Anstiftung zum Mord; vgl. LAG HM 28.11.2003 NZA-RR 2004, 475). Hingegen berechtigt allein die Erstattung einer wahrheitsgemäßen Strafanzeige den AG nicht zum Ausspruch der außerordentl. Kündigung. Erstattet zB der AN Strafanzeige gegen den AG, weil er von ihm tats. beleidigt wurde, rechtfertigt dies keine fristlose Entlassung des AN (LAG BW 29.6.1964 DB 1964, 1451; KR/*Fischermeier* Rn. 424). Doch kann sich bei einer wahrheitsgemäßen Strafanzeige der wichtige Grund aus anderen Umständen ergeben. So kann ein Strafantrag sich als leichtfertig und unangemessen erweisen, weil trotz richtiger Darstellung des obj. Sachverhalts keine Anhaltspunkte für die nach dem Straftatbestand erforderl. Absicht bestehen (BAG 15.12.2016 NZA 2017, 703 Rn. 14) oder kann der mit einer Anzeige **verfolgte Zweck** die Annahme einer schwerwiegenden Pflichtverletzung rechtfertigen (BAG 3.7.2003 NZA 2004, 427). Erstattet zB der AN Anzeige gegen den GF des AG wegen behaupteter Verkehrsverstöße anlässl. einer gemeinsamen Dienstreise, um eine Entziehung der Fahrerlaubnis zu erreichen, ist dieses Verhalten geeignet, jede Vertrauensgrdl. zu zerstören und deshalb die außerordentl. Kündigung zu rechtfertigen (BAG 18.12.1980 NJW 1981, 2374).

Ist einem AN die Verantwortung für die **Sicherheit betriebl. Einrichtungen** übertragen worden (zB Kernforschungsanlage), darf er Bedenken gegen den sicheren Zustand bei den zust. Stellen in der gehörigen Form erheben (BAG 14.12.1972 AP KSchG § 1 Verhaltensbedingte Kündigung Nr. 8). Die heiml. **Mitnahme von Geschäftsunterlagen** zum Zweck der Vorbereitung einer Strafanzeige gegen den AG kann zum Ausspruch einer außerordentl. Kündigung berechtigen, wenn durch dieses Verhalten das Vertrauensverhältnis zerstört worden ist (LAG D 21.2.1953 BB 1953, 532). **66**

– Arbeitsgenehmigung. Fehlt einem AN die notwendige Arbeitsgenehmigung (§ 284 SGB III), kann der Arbeitsvertrag ledigl. durch Kündigung aufgelöst werden (BAG 13.1.1977 NJW 1977, 1023; 16.12.1976 NJW 1977, 1608). Ob eine außerordentl. Kündigung durchgreift, ist von der Dauer der ordentl. Kündigungsfrist und der Dringlichkeit der Stellenneubesetzung abhängig. Der ausl. AN ist grds. selbst verpflichtet, sich um die Verlängerung der Arbeitsgenehmigung zu bemühen. Eine Hinweispflicht des AG besteht nicht (BAG 26.6.1996 NZA 1996, 1087). Verschweigt der AN den **Wegfall einer Aufenthaltserlaubnis** bzw. Arbeitsgenehmigung, kann der AG außerordentl. kündigen (LAG N 21.9.1994 NZA 1995, 228). **67**

– Arbeitsschutz- und Sicherheitsvorschriften. Hält der AN trotz Abmahnung (BAG 24.3.2011 NZA 2011, 1029) Arbeitsschutz- und Sicherheitsvorschr. nicht ein, ist ein wichtiger Grund an sich gegeben (LAG RP 14.4.2005 NZA-RR 2006, 194, 196; LAG SH 14.8.2007 NZA-RR 2007, 634, 635; Staudinger/*Preis* Rn. 136). Werden die ggf. auf bes. ges. Grdl. (zB AtomG) beruhenden **Sicherheitsinteressen des AG** aufgrund belegbarer Mängel im Verhalten oder in der Person des AN gefährdet, kann dies abhängig vom Gefahrenpotential auch eine außerordentl. Kündigung rechtfertigen (vgl. *Uwe Meyer,* Die Kündigung wegen Sicherheitsbedenken, 1997 S. 196 ff., 214 ff.). Im Automobilrennsport wird danach diff., ob die leichtfertige Herbeiführung eines Zusammenpralls einen Teamkollegen oder einen Markenkonkurrenten schädigt (OLG F 12.12.2003 DAR 2004, 143). Der nach dem SicherheitsüberprüfungsG v. 20.4.1994 (BGBl. I S. 867) durch VA angeordnete Entzug des Verschlusssachenzugangs kann die außerordentl. Kündigung des ArbVerh. eines Übersetzers rechtfertigen, wenn der AN auf unabsehbare Zeit an der geschuldeten Arbeitsleistung gehindert ist (BAG 26.11.2009 NZA 2010, 628; vgl. aber zum Vergütungsanspruch bei fortbestehendem ArbVerh. BAG 27.5.2015 NZA 2015, 1053). Dabei unterliegt die Rechtmäßigkeit des (nicht nichtigen) VA keiner arbeitsgerichtl. Kontrolle (BAG 26.11.2009 NZA 2010, 628). **68**

– Arbeitsverweigerung, Arbeitspflichtverletzung. Die dauernde, unberechtigte und schuldhafte Nichterbringung der Arbeitsleistung in der Absicht, sich vom ArbVerh. zu lösen, stellt die wohl direkteste Verletzung der Vertragspflichten durch den AN dar. Ein derartiger **Vertragsbruch** wird als der wichtige Grund schlechthin anzusehen sein (*Stoffels* Vertragsbruch S. 103). Wer einseitig die faktische Vertragsauflösung herbeiführt, also die Arbeit nicht aufnimmt oder das Vertragsverhältnis rechtswidrig vorzeitig beendet (vgl. zu dieser Begriffsbestimmung des Vertragsbruchs: BAG 18.9.1991 NZA 1992, 215; *Stoffels* Vertragsbruch S. 33 f.), macht es dem AG regelm. unzumutbar, das ArbVerh. auch nur kurzfristig fortzusetzen. **69**

Eine **beharrl. Verletzung der Arbeitspflicht** rechtfertigt idR eine außerordentl. Kündigung (BAG 29.8.2013 NJW 2014, 1323; 22.10.2015 NZA 2016, 417). Erforderl. sind wiederholte, bewusste und nachhaltige Verletzungen der Arbeitspflicht (BAG 9.6.2011 NZA-RR 2012, 12). Ein AN verweigert die angewiesene Arbeit beharrl., wenn er sie bewusst und nachhaltig nicht – oder nur teilweise (vgl. LAG MV 29.5.2015 – 5 Sa 121/14 – BeckRS 2015, 70045) – leisten will (BAG 23.5.2013 NZA 2013, 1197; 29.8.2013 NJW 2014, 1323). Aufforderungen zum vertragsgemäßen Verhalten, die die vom AN zu erledigenden Arbeitsaufgaben grds. nicht konkret benennen müssen (BAG 19.1.2016 NZA 2016, 144), müssen erfolglos geblieben sein. Doch kann auch hier eine vorherige Abmahnung wegen Evidenz der Pflichtwidrigkeit entbehrl. sein (vgl. Rn. 29e; BAG 7.12.2006 NZA 2007, 617). Ausnahmsweise kann eine einmalige Vertragsverletzung den nachhaltigen Willen erkennen lassen, den arbeitsvertragl. Pflichten nicht nachkommen zu wollen (BAG 31.1.1985 NZA 1986, 138). Es kommt das Prognoseprinzip zum Tragen (BAG 21.11.1996 NZA 1997, 487). **70**

70a Durch die Voraussetzung der „beharrl." Pflichtverletzung wird nicht nur der wichtige Grund an sich, sondern darüber hinaus die Interessenabwägung zu wesentl. Teil bestimmt. Berührt die Schlechterfüllung der Arbeitspflicht **wesentl. Schutzgüter und Interessen** Dritter (zB die Gesundheit von Patienten), sind bereits wenige Fälle nachlässiger Arbeit als Kündigungsgrund geeignet (LAG K 30.10.2006 – 14 Sa 158/06 – BeckRS 2006, 44948). Nutzt der AN seine AZ zur Herstellung von DVD-Raubkopien auf dienstl. Gerät, ist auch die Arbeitspflichtverletzung als Kündigungsgrund heranzuziehen (BAG 16.7.2015 NZA 2016, 161). Andererseits kann die unberechtigte Einlegung einer Arbeitspause durch einen Lkw-Fahrer, um auf dem Fahrersitz kurzzeitig zu schlafen, der Verkehrssicherheit dienen und zu keiner Kündigung berechtigen (LAG BW 19.5.2010 NZA-RR 2010, 637). Ebenso unzureichend ist einmaliges Schlafen auf der Toilette (LAG HM 26.11.2004 NZA-RR 2005, 414) oder eine eigenmächtige Kaffeepause, wenn dadurch dem AG kein Schaden zugefügt wird (LAG D 24.6.2009 LAGE BGB 2002 § 626 Nr. 21).

70b Auch die Pausenbummelei ist eine Arbeitsverweigerung. Private Betätigungen während der AZ verletzen die Arbeitspflicht des AN, was das BAG bei privater Internetnutzung anerkennt (BAG 27.4.2006 NZA 2006, 977): Die nicht gestattete private Internetnutzung während der AZ (zB Facebook oder Twitter) verletzt grds. die (Hauptleistungs-)Pflicht des AN zur Arbeit (BAG 7.7.2005 NZA 2006, 98; 31.5.2007 NZA 2007, 922 [jdf., wenn sie über die „minutenweise" Nutzung hinausgeht]; im Grds. auch BAG 19.4.2012 NZA 2013, 27; LAG NI 31.5.2010 NZA-RR 2010, 406; *Kramer* NZA 2004, 457, 461; *Mengel* NZA 2005, 752, 753). Sind die Beschäftigten verpflichtet, die Dauer von Raucherpausen auszustempeln, ist ein wichtiger Grund an sich gegeben, wenn ein AN trotz Abmahnung **wiederholt Pausen** im Raucherraum verbringt, ohne die vorgeschriebene Zeiterfassung bedient zu haben (LAG RP 6.5.2010 – 10 Sa 712/09 – BeckRS 2010, 71271; ArbG Duisburg 14.9.2009 AA 2009, 209). Wer eigenmächtig nicht gestattete Raucherpausen in einem vom Arbeitsplatz entfernt gelegenen Raum einlegt, ohne auszustempeln und sich damit diese zusätzl. Pausen vergüten lässt, begeht eine Arbeitspflichtverletzung. Überschreiten diese Pausen das betriebl. geduldete Maß, begr. dies einen wichtigen Grund an sich (so im Grds. a. LAG RP 21.1.2010 ArbR 2010, 223 im Fall eines AN, der tägl. 50 Zigaretten rauchte). Ist die Arbeit sicherheitsrelevant (zB Fluglotse), kommt dem unberechtigten Verlassen des Arbeitsplatzes regelm. das Gewicht eines Kündigungsgrundes zu (LAG HE 24.11.2010 NZA-RR 2011, 294). Gleiches gilt bei vorsätzl. Planung und Absicherung der eigenen Nachtruhe durch eine Nachtwache (LAG RP 16.4.2015 – 5 Sa 637/14 – BeckRS 2015, 69776) und dem nicht dienstl. begründeten Verlassen des zu überwachenden Bereichs für einen erhebl. Zeitraum durch einen Sicherheitsmitarbeiter (LAG B 9.9.2015 – 17 Sa 810/15 – BeckRS 2015, 72177).

70c Für den Fall der Arbeitsverhinderung wegen **Verbüßung einer Untersuchungs- oder Strafhaft** legt die Rspr. schon für ordentl. Kündigungen großzügige Maßstäbe an. Ein personenbedingter Kündigungsgrund wird erst angenommen, wenn der AN für eine verhältnismäßig erhebl. Zeit nicht in der Lage sein wird, seine arbeitsvertragl. Verpflichtungen zu erfüllen, und sich dadurch nachteilige Auswirkungen auf das ArbVerh. ergeben (BAG 25.11.2010 NZA 2011, 686; 24.3.2011 NZA 2011, 1084), die es dem AG unter Abwägung aller Umstände des Einzelfalls unzumutbar machen, das ArbVerh. bis zum Wegfall des Hinderungsgrundes fortzusetzen (BAG 22.9.1994 NZA 1995, 119). Diese Voraussetzungen sind nach der Rspr. regelm. erst erfüllt, wenn eine Strafe von mehr als zwei Jahren Dauer (entspr. der Wertung des § 14 II TzBfG) verhängt wurde (BAG 24.3.2011 NZA 2011, 1084; zust. *Picker* RdA 2012, 40). Eine außerordentl. Kündigung mit (notwendiger) Auslauffrist eines tarifl. ordentl. unkündbaren AN kommt jdf. dann in Betracht, wenn diese Haftdauer um ein Mehrfaches überschritten wird (BAG 22.10.2015 NZA 2016, 482). Beruht die Strafhaft auf einer Straftat mit Auswirkungen auf das ArbVerh. (s. insb. Rn. 133 ff.), gelten die dafür aufgestellten Regeln (BAG 25.11.2010 NZA 2011, 686).

71 Eine Arbeitsverweigerung ist auch anzunehmen, wenn der AN ihm mögl. Arbeitsleistungen zurückhält und nicht unter angemessener **Anspannung seiner Kräfte** und Fähigkeiten die ihm im Prämienlohnverfahren übertragenen Arbeiten verrichtet (BAG 20.3.1969 AP GewO § 123 Nr. 27; grds. zur kündigungsrechtl. Relevanz von Minderleistungen des AN BAG 3.6.2004 NZA 2004, 372; *Sedlmeier*, Unzureichende Arbeitsleistung, 2009, S. 196 ff.). Ein AN, dem die Vertretung des AG in der Öffentlichkeit obliegt, hat sich bei seiner Tätigkeit so zu verhalten, dass der Ruf und die Geschäftsbeziehungen des AG nicht beschädigt werden (BAG 23.6.2009 AP KSchG 1969 § 1 Abmahnung Nr. 5). Notwendig ist in jedem Fall die Feststellung, zu welcher Dienstleistung der AN nach dem Vertrag verpflichtet ist. Der AN hat iZw. die Dienste oder Arbeit zu leisten, die er bei angemessener Anspannung seiner geistigen und körperl. Kräfte auf die Dauer ohne Gefährdung seiner Gesundheit zu leisten imstande ist (subj. Leistungsmaßstab). Danach bestimmen sich **Arbeitstempo und -intensität** (BAG 27.11.2008 NZA 2009, 842). Der AN muss die ihm übertragene Arbeit unter Anspannung seiner Fähigkeiten sorgfältig und konzentriert verrichten (BAG 14.1.1986 NZA 1986, 435). Er darf sie nicht unberechtigt unterbrechen, um privaten Interessen nachzugehen. Der AN kann verpflichtet sein, seine Arbeitsleistungen zu dokumentieren (BAG 19.4.2007 AP BGB § 611 Direktionsrecht Nr. 77).

72 Anges. der zumeist vertragl. nur allg. umschriebenen Arbeitspflicht kommt dem **Direktionsrecht des AG** maßgebl. Bedeutung zu (vgl. § 106 GewO). Das Weisungsrecht des AG wird begrenzt durch

das Arbeitsschutzrecht, durch TV und BV sowie durch den Arbeitsvertrag selbst. ZB braucht der angestellte Chemiker nicht die Dienste eines Kraftfahrers zu leisten. Doch ist zu bedenken, dass der Arbeitsvertrag den AN zur Einordnung in die vom AG bestimmte Arbeitsorganisation verpflichtet und sich daraus nach Treu und Glauben erg. Leistungspflichten ergeben können. Andererseits kann das allg. Weisungsrecht durch TV und Einzelarbeitsvertrag erweitert werden (BAG 16.10.1965 AP BGB § 611 Direktionsrecht Nr. 20). Des Weiteren kann die Arbeitspflicht und damit das Weisungsrecht des AG in Notfällen den eigentl. arbeitsvertragl. Rahmen überschreiten (zB beim „Jahrhunderthochwasser"; vgl. ArbG Leipzig 4.2.2003 NZA-RR 2003, 365). In jedem Fall braucht der AN **unzumutbare Arbeiten** nicht auszuführen. ZB schuldet er keine direkte Streikarbeit (BAG 25.7.1957 AP BGB § 615 Betriebsrisiko Nr. 3). Andererseits darf der nicht am Streik beteiligte AN die von ihm geschuldete Leistung nicht verweigern (*Rüthers* ZfA 1972, 403). § 11 V 1 AÜG enthält insofern keinen allg. gültigen Rechtsgrds.

Irrt sich der AN über die Berechtigung seiner Arbeitsverweigerung, kommt es für die Annahme 73
eines Kündigungsgrundes darauf an, ob er trotz **sorgfältiger Erkundigung und Prüfung** der Rechtslage die Überzeugung gewinnen durfte, zur Arbeit nicht verpflichtet zu sein (BAG 14.2.1978 NJW 1979, 236; 22.10.2015 NZA 2016, 417; 17.11.2016 NZA 2017, 394). ZB ist die Teilnahme von AN an einer nicht im Einvernehmen mit dem AG durchgeführten Betriebsversammlung keine unentschuldigte Arbeitsverweigerung, wenn sie darauf vertrauen durften, die Versammlung sei nicht gesetzwidrig.

Der AG hat iRd. ihm zustehenden billigen Ermessens einen offenbarten **Gewissenskonflikt des AN** 74
zu berücksichtigen. Der Gewissenskonflikt kann und wird in nicht wenigen Fällen auf religiösen Überzeugungen des AN beruhen (vgl. BAG 24.2.2011 NZA 2011, 1087). Nach der Rspr. des BAG (20.12.1984 NZA 1986, 21) darf der AG bei verfassungskonformer Auslegung des § 106 GewO dem AN keine Arbeit zuweisen, die den AN in einen vermeidbaren Gewissenskonflikt bringt. Inhalt und Grenzen des Leistungsbestimmungsrechts (Direktionsrecht) des AG ergeben sich danach aus einer Abwägung der beiderseitigen Interessen. Dabei wird insb. zu berücksichtigen sein, ob der AN bei Eingehung des ArbVerh. mit einem Gewissenskonflikt rechnen musste (vgl. zB BAG 22.5.2003 AP KSchG 1969 § 1 Wartezeit Nr. 18; ArbG Freiburg 14.1.2010 KuR 2010, 135 Fasnachtsvorbereitung iRd. Stadtmarketings; enger BAG 24.2.2011 NZA 2011, 1087), ob der AG aus betriebl. Erfordernissen auf der Arbeitsleistung bestehen muss, ob dem AN andere Arbeit zugewiesen werden kann und ob mit zahlr. weiteren Gewissenskonflikten in der Zukunft zu rechnen ist (BAG 24.5.1989 NZA 1990, 144; abl. *Greiner,* Ideelle Unzumutbarkeit, 2004 S. 121 ff.). Dabei soll zwischen **unwirksamen und unbilligen Weisungen** zu diff. sein, ledigl. die unwirksamen seien vom AN nicht zu beachten, während letztere bis zur gerichtl. Klärung befolgt werden müssten (BAG 22.2.2012 NZA 2012, 858; diff. *Hromadka* NZA 2017, 601; aA BAG 14.6.2017 – 10 AZR 330/16 – zVb). Der 2. Sen. (BAG 24.2.2011 NZA 2011, 1087) geht jdf. bei grundrechtsverletzenden Weisungen von deren Unwirksamkeit aus. Kann der AN bei der Erfüllung der Arbeitspflicht die rechtmäßige Weisung des AG nicht erfüllen, ist ein wichtiger Grund an sich gegeben (LAG HM 20.4.2011 NZA 2011, 640 zum Telefonagenten, der Kundengespräche mit der Formel „Jesus hat Sie lieb" abschloss). Maßgebend ist der subj. Gewissensbegriff. Im Einzelfall kann der Gewissenskonflikt zu einem (von keiner Abmahnung abhängigen) **personenbedingten Kündigungsgrund** führen, weil der AN auf Dauer unfähig ist, die vertragl. geschuldete Leistung zu erbringen (BAG 24.5.1989 NZA 1990, 144; ArbG HH 22.10.2001 NZA-RR 2002, 87 wegen dauernder Weigerung, CDs der „Böhsen Onkelz" zu verkaufen).

Ein Leistungsverweigerungsrecht ist auch bei einer Kollision der Arbeitspflicht mit der Pflicht zur 75
Leistung des abgekürzten türkischen Wehrdienstes anerkannt worden (BAG 22.12.1982 NJW 1983, 2782; 7.9.1983 NJW 1984, 575 „Suspendierung der Hauptleistungspflichten"). Eine Kündigung des Arbeitsvertrags kommt in Betracht, wenn der nicht unter den Anwendungsbereich des ArbPlSchG fallende **ausl. Wehrdienst** länger als zwei Monate dauert und dem AG Überbrückungsmaßnahmen unzumutbar sind (BAG 20.5.1988 NZA 1989, 464).

Die Kollision zwischen Arbeitspflicht und **familienrechtl. Bindungen** (Betreuung von Kindern) 76
schließt eine beharrl. Arbeitsverweigerung nicht grds. aus, sondern nur, wenn die Kinder nicht anderweitig betreut und die betriebl. Notwendigkeiten und Dispositionen zumindest zeitweise zurückgestellt werden können (BAG 31.1.1985 NZA 1986, 138; 21.5.1992 NZA 1993, 115). Ein vermeidbarer Konflikt rechtfertigt oder entschuldigt die Verletzung der Arbeitspflicht nicht. Der AN muss hinreichend versucht haben, die Kinderbetreuung anderweitig zu regeln (BAG 21.5.1992 NZA 1993, 115). Aus § 45 III 1 SGB V folgt bei Erkrankung eines Kindes ein Freistellungsanspruch (näher SGB V § 45 Rn. 9 ff.). TV können Sonderurlaubsansprüche regeln (zB § 28 TVöD). Verweigert der AN die Arbeitsleistung an **Feiertagen seiner Religionsgemeinschaft**, die im jeweiligen Bundesland nicht als ges. Feiertage anerkannt sind, liegt zwar eine Arbeitsverweigerung vor, diese ist aber im Licht des Art. 4 GG zu beurteilen (ein Anspruch auf Arbeitsbefreiung folgt a. nicht aus Art. 9 EMRK – EGMR 13.4.2006 NZA 2006, 1401) und idR ungeeignet, einen wichtigen Grund abzugeben (LAG D 14.2.1963 DB 1963, 522; MüKoBGB/*Henssler* Rn. 142; vgl. ferner GG Art. 4 Rn. 20 ff.; zu kurzen Gebeten während der AZ LAG HM 26.2.2002 NZA 2002, 1090, 1091 f.).

Übt der AN wirksam (LAG SH 17.10.2013 – 5 Sa 111/13 – BeckRS 2013, 74142) ein **Zurück-** 77
behaltungsrecht an seiner Arbeitsleistung aus, zB weil der AG seine Lohnzahlungspflicht in mehr als

nur geringfügigem Umf. nicht erfüllt (BAG 25.10.1984 NZA 1985, 355) oder das Persönlichkeitsrecht des AN verletzt (BAG 13.3.2008 AP KSchG 1969 § 1 Nr. 87), besteht keine Arbeitspflicht (BAG 9.5.1996 NZA 1996, 1085; *Heiderhoff* JuS 1998, 1087, 1088). Eine Kündigung kann zulässigerweise nicht ausgesprochen werden (LAG TH 19.1.1999 LAGE BGB § 273 Nr. 1; vgl. zudem § 612a). Das Gleiche gilt bei wirksamer Ausübung eines Leistungsverweigerungsrechts gem. § 275 III BGB (BAG 22.10.2015 NZA 2016, 417), während das erfolglose Stellen eines Auflösungsantrags die Arbeitspflicht nicht entfallen lässt (LAG K 12.11.2014 – 5 Sa 420/14 – BeckRS 2015, 65330).

78 Die **Verweigerung von Überstunden** kommt als Kündigungsgrund nur in Betracht, wenn die Leistung von Mehrarbeit überhaupt geschuldet ist. Der Umf. der Arbeitspflicht unterliegt grds. nicht dem Direktionsrecht des AG (BAG 12.12.1984 NZA 1985, 321; 3.6.2003 NZA 2003, 1155). Die Anordnung von Überstunden bedarf einer bes. Grdl., zB im Arbeitsvertrag, in einer BV oder einem TV (BAG 3.6.2003 NZA 2003, 1155) oder in § 241 (Not- oder Katastrophenfall; vgl. LAG MV 18.12.2014 – 5 TaBV 7/14 – BeckRS 2015, 67335). In jedem Fall kann Mehrarbeit verweigert werden, die gegen das AZRecht verstößt. Die einseitige Anordnung von Überstunden im ges. zulässigen Umf. hat grds. eine angemessene Ankündigungspflicht zu wahren, sofern nicht betriebl. Interessen deutl. überwiegen (ArbG F 26.11.1998 NZA-RR 1999, 357). Lehnt der AN zulässig angeordnete Überstunden ab, kann dies die Kündigung rechtfertigen (LAG K 27.4.1999 NZA 2000, 39). Das Gleiche gilt, wenn er vertragswidrig aufgelaufene Minusstunden beharrlich nicht abbaut (LAG HH 2.11.2016 NZA-RR 2017, 190).

79 Der AG kann den AN anweisen, an einem Personalgespräch teilzunehmen, soweit dieses Themen des Arbeits- und Ordnungsverhaltens betreffen soll (BAG 23.6.2009 NZA 2009, 1011). Weigert sich der AN, **zur Aussprache** über eine das ArbVerh. betr. Frage zu erscheinen, kann dies nach einer Abmahnung die außerordentl. Kündigung begründen. Doch ist der AN nicht verpflichtet, an einem Personalgespräch teilzunehmen, das ausschl. der Erörterung einer dem AN bereits zuvor angetragenen und von diesem abgelehnten Vertragsänderung dienen soll (BAG 23.6.2009 NZA 2009, 1011). Während einer krankheitsbedingten AU muss der AN nur für ein Personalgespräch in den Betrieb kommen, wenn es keinen Aufschub verträgt, seine pers. Anwesenheit dringend erforderlich und sie ihm zumutbar ist (BAG 2.11.2016 NZA 2017, 183). Die Weigerung, eine Arbeit in bestimmter Weise zu verrichten, rechtfertigt die außerordentl. Kündigung, wenn sie als beharrl. qualifiziert werden kann. Der AN muss sich also **wiederholt Anweisungen des Vorgesetzten** in einer Weise widersetzt haben, die den Schluss zulässt, er werde sie auch in Zukunft nicht beachten. Unterlässt ein angestellter Fleischbeschautierarzt wiederholt und weisungswidrig die Untersuchung von Schlachtrindern auf BSE, kann ihm wegen der mögl. ernsten Folgen (ohne vorherige Abmahnung) außerordentl. gekündigt werden (LAG RP 10.2.2005 – 4 Sa 784/04 – BeckRS 2005, 41836). Ein wichtiger Grund kann auch in der beharrlichen Weigerung des AN liegen, an einem Warn- und Berichtssystem teilzunehmen (BAG 17.11.2016 NZA 2017, 394).

80 Die Teilnahme an einem sog. wilden, dh. nicht von einer Gewerkschaft geführten Arbeitskampf ist rechtswidrig (BAG 17.12.1976 AP GG Art. 9 Arbeitskampf Nr. 51) und vermag die außerordentl. Kündigung zu rechtfertigen (BAG 21.10.1969 NJW 1970, 486). Schließt sich ein AN aus Solidarität den Arbeitskollegen bei einer rechtswidrigen Arbeitskampfmaßnahme an, kann iRd. Interessenabwägung zu seinen Gunsten eine **psychologische Drucksituation** zu berücksichtigen sein (BAG 14.2.1978 NJW 1979, 236). Auf eine Solidarisierung mit seinen Arbeitskollegen kann sich der AN allerdings nicht berufen, wenn er iRd. rechtswidrigen Arbeitsniederlegung bes. Pflichtverletzungen begeht und zB an einer Fabrikbesetzung teilnimmt.

81 Verleitet ein AN seine Kollegen zu gleichzeitigen und gleichartigen Änderungskündigungen, um höhere Akkordlöhne zu erzwingen, liegt hierin die **Aufforderung zum illegalen Arbeitskampf** (BAG 28.4.1966 AP GG Art. 9 Arbeitskampf Nr. 37). Die Teilnahme an und insb. das Organisieren einer **Besetzung des Betriebsgeländes** oder der Verwaltungsgebäude des Betriebs sind Tatbestände, die an sich geeignet sind, als wichtiger Grund für eine außerordentl. Kündigung des ArbVerh. zu dienen (BAG 7.4.1978 AP BGB § 611 Lehrer, Dozenten Nr. 14). Die Teilnahme an einem rechtswidrigen, von einer Gewerkschaft geführten Streik rechtfertigt regelm. keine außerordentl. Kündigung, weil sich der AN auf die Einschätzung der Rechtslage durch die für ihn zust. Gewerkschaft verlassen kann.

82 **– Außerdienstliches Verhalten.** Außerdienstl. Verhalten, das keine Auswirkungen auf die vertragl. Beziehungen der Parteien besitzt, ist grds. ungeeignet, eine außerordentl. Kündigung zu rechtfertigen (vgl. BAG 27.11.2008 NZA 2009, 604; vgl. allg. zur Rücksichtnahmepflicht des AN Rn. 127a). Dies trifft regelm. auf alle Belange der Privatsphäre zu. Dazu rechnen **bes. sexuelle Neigungen und Veranlagungen** (BAG 23.6.1994 NZA 1994, 1080; *Pallasch* NZA 2013, 1176, 1181). Wirkt sich außerdienstl. Verhalten indes konkret innerbetriebl. aus, wird es kündigungsrelevant (BAG 23.10.2008 NZA-RR 2009, 362; 20.6.2013 NZA 2013, 1345 Rn. 26; *Wisskirchen,* Außerdienstl. Verhalten von Arbeitnehmern, 1999 S. 74, 103 f.). Dies va. dann, wenn der AN die aus § 241 II folgenden Pflichten verletzt (BAG 28.10.2010 NZA 2011, 112; 20.10.2016 NZA 2016, 1527 Rn. 18 [privater Alkohol- oder Drogenkonsum eines Berufskraftfahrers]). Die Nutzung sozialer Medien gewinnt an Gewicht (*Melot de Beauregard/Gleich* DB 2012, 2044, 2045; *Burr* NZA-Beil. 2015, 114) und bringt skurrile Verhaltensweisen in die Gerichtssäle (vgl. LAG B 11.4.2014 NZA-RR 2014, 468 kommentiertes Einstellen von

später verstorbenen Patienten auf Facebook). Für einen Bezug zum ArbVerh. reicht die Angabe des AG in dem „Facebook-Profil", über das der AN hetzerische Äußerungen tätigt (LAG RP 19.12.2016 – 3 Sa 387/16 – BeckRS 2016, 122996; *Dzida/Förster* BB 2017, 757 f.).

Nichtdienstl. Kontaktaufnahmen zu Arbeitskollegen, die sich als **„Stalking"** (§ 238 StGB: unbefugtes, beharrl. Nachstellen) einstufen lassen, sind als Nebenpflichtverletzung kündigungsrelevant, wenn sie entspr. einem deutl. geäußerten Wunsch des Kollegen ausdr. untersagt wurden (BAG 19.4.2012 NZA-RR 2012, 567). Ein als Lehrkraft angestellter AN hat auch im Rahmen zufälliger Begegnungen mit Schülern in der Freizeit sein Verhalten so einzurichten, dass die Verwirklichung eines ihm **zukommenden Erziehungsauftrags** nicht ernsthaft gefährdet wird (BAG 27.11.2008 NZA 2009, 604). Das Betreiben eines Swingerclubs durch eine Grundschullehrerin (ohne Nebentätigkeitserlaubnis) soll nach Auff. des LAG HM (19.1.2001 AuR 2002, 433, 434) nicht das Gewicht eines Kündigungsgrundes besitzen, wenn zwischen dem Club und der Grundschule eine Entfernung von mehr als 70 km liegt. Wird öffentl. bekannt, dass ein städtischer AN die von ihm begangene Zuhälterei damit gerechtfertigt hat, er müsse zur Ernährung seiner mehrköpfigen Familie sein Gehalt aufbessern, kann die hierin liegende Nebenpflichtverletzung auch dann zur Kündigung berechtigen, wenn die Prostitution in einer anderen Stadt ausgeübt wurde (BAG 28.10.2010 NZA 2011, 112). Besucht der Leiter einer kleinen Bankfiliale wiederholt eine Spielbank, bedarf es konkreter Auswirkungen auf das ArbVerh., um einen wichtigen Grund zu ergeben (LAG HM 14.1.1998 LAGE BGB § 626 Nr. 119). Zu strafbaren Handlungen vgl. Rn. 85 und 133. **82a**

Außerdienstl. Verhalten darf nicht generell mit dem Verhalten des AN außerhalb des Betriebs oder außerhalb der AZ gleichgesetzt werden. ZB verlieren während der Freizeit im außerbetriebl. Bereich gestartete **öffentl.** Aktionen des AN gegen das Produktionsprogramm des AG nicht deshalb ihre Eignung als Kündigungsgrund, weil sie der Kategorie „außerdienstl. Verhalten" zugeordnet werden könnten. Vielmehr können kündigungserhebl. Auswirkungen auf das ArbVerh. auch durch ein Freizeitverhalten des AN hervorgerufen werden (*Buchner* ZfA 1979, 335, 352 f.). Meinungsäußerungsfreiheit und politische Betätigung des AN sind zu gewährleisten, doch braucht der AG das ArbVerh. nicht fortzusetzen, wenn er selbst, seine Produkte, seine Leistungen oder andere Aspekte seines Unternehmens vom AN öffentl. angegriffen werden (toleranter BAG 12.1.2006 NZA 2006, 917). Dies ist nicht der Fall, wenn der AN sich in einem nur mit Passwort zugängl. gewerkschaftsinternen Intranet über nicht näher bezeichnete Kollegen äußert (BAG 24.6.2004 NZA 2005, 158). **83**

Va. in **Tendenzbetrieben** (§ 118 BetrVG) – insb. im kirchl. Dienst (Art. 140 GG) – besteht die erhöhte Wahrscheinlichkeit, dass außerdienstl. Verhalten des AN mit der Tendenz des AG und folgl. mit den Pflichten aus dem ArbVerh. kollidiert (vgl. aber BAG 23.10.2008 NZA-RR 2009, 362). Den Tendenzschutz rechtl. anzuerkennen, bedeutet zugleich die Rechte und Pflichten der AN über das ansonsten zulässige Maß hinaus zu beschränken. IE werden die individuellen Auswirkungen jeweils von der **„Tendenznähe"** der vom einzelnen AN zu erfüllenden Aufgabe bestimmt. **84**

Straftaten, die sich nicht gegen den AG oder einen Arbeitskollegen richten, können nur Grund für eine außerordentl. Kündigung sein, wenn sie das ArbVerh. belasten (zur mangelnden Mitwirkung des AN an der Aufklärung vgl. Rn. 133a). ZB kann die Straftat ernsthafte Zweifel an der Zuverlässigkeit oder Eignung des AN für die von ihm zu verrichtende Tätigkeit begründen (eng BAG 10.9.2009 NZA 2010, 220). Vermögensdelikte können bei einem Buchhalter, Kassierer, Lagerverwalter oder Anlageberater [*Heitmann* RdA 2017, 166] Geldboten die Fortsetzung des ArbVerh. unzumutbar machen, wenn sie auf fehlende Vertrauenswürdigkeit schließen lassen. Entscheidend sind die Qualität des Delikts und die Stellung des AN (BAG 6.9.2012 NJW 2013, 1115). So kann Lehrern und Erziehern, die wegen Körperverletzungs- oder Sittlichkeitsdelikten verurteilt worden sind, gekündigt werden (BAG 25.10.2012 NZA 2013, 371 Rn. 18), während der Bezug zum ArbVerh. eines Schulhausmeisters (LAG NI 27.6.1989 AuR 1990, 130) oder eines Bauleiters bes. festgestellt werden muss (BAG 26.3.1992 NZA 1992, 1121). Einer Bankangestellten kann wegen Verdachts der Geldwäsche außerordentl. gekündigt werden (LAG B 23.10.2014 NZA-RR 2015, 241), nicht aber einem Personalsachbearbeiter in einem Polizeipräsidium wg. des privaten Besitzes kinderpornographischen Materials (LAG Hamm 27.8.2015 – 15 Sa 262/15 – BeckRS 2016, 65489). **85**

Im **öffentl. Dienst** können nach wie vor im Privatbereich begangene Straftaten eine außerordentl. (BAG 8.6.2000 NZA 2000, 1282) oder eine ordentl. Kündigung rechtfertigen (BAG 28.10.2010 NZA 2011, 112). Indes sind die alten tarifvertragl. Bindungen ledigl. für die „auch hoheitl." tätig werdenden AN aufrechterhalten worden (vgl. § 41 S. 2 TVöD-BT-V), so dass im Privatbereich begangene Straftaten für viele AN keine unmittelbare Kündigungsrelevanz mehr besitzen (BAG 10.9.2009 NZA 2010, 220; 20.6.2013 NZA 2013, 1345). Doch kann eine Verletzung von § 241 II vorliegen, wenn durch die Straftat berechtigte dienstl. Interessen des AG beeinträchtigt werden (BAG 28.10.2010 NZA 2011, 112; 10.4.2014 NZA 2014, 1197 Rn. 14). Dafür wird eine zufällige Medienresonanz als solche nicht genügen (vgl. BVerwG 28.2.2013 NVwZ-RR 2013, 693). Begeht ein AN in seiner Freizeit zu Lasten eines mit seinem AG im Konzern verbundenen Unternehmens einen Diebstahl, kann dies eine verhaltensbedingte Kündigung rechtfertigen, wenn das ArbVerh. durch dieses Delikt konkret beeinträchtigt wird. Insofern kann es ausreichen, wenn der AG seinen AN für Einkäufe bei diesem Unternehmen einen Personalrabatt eingeräumt hat. Bei solchen Delikten, die sich vornehml. auf den **85a**

Vertrauensbereich auswirken, bedarf es grds. keiner vorherigen Abmahnung (BAG 20.9.1984 NZA 1985, 285).

86 – **Beleidigungen, Verleumdungen.** Beleidigung, verbale Bedrohung, üble Nachrede und Verleumdung zum Nachteil des AG, seiner Repräsentanten, von Kunden oder Patienten des AG (BAG 31.7.2014 NZA 2015, 245 Rn. 41) oder von Arbeitskollegen (LAG B 4.2.2014 – 19 Sa 322/13 – BeckRS 2014, 66255) oder sogar ihren Verwandten (LAG HE 21.2.2014 NZA-RR 2014, 585) sind grds. geeignet, eine außerordentl. Kündigung zu rechtfertigen (vgl. BAG 7.7.2011 NZA 2011, 1412; 18.12.2014 NZA 2015, 797 Rn. 16). Schon die erstmalige Ehrverletzung kann kündigungsrelevant sein und wiegt umso schwerer, je überlegter sie erfolgte (BAG 10.12.2009 NZA 2010, 698). Damit wird aber nicht jede an den AG gerichtete Anzeige wegen eines einen Kollegen oder Vorgesetzten betreffenden Verdachts zum Kündigungsgrund, vielmehr entspricht es dem mutmaßl. Interesse des AG, rechtzeitig von (möglicherweise) rechtswidrigem Verhalten seiner AN zu erfahren. Vorgesetzten kann außerordentl. gekündigt werden, wenn sie auch nach Abmahnung ihren Mitarbeitern ggü. beleidigend auftreten (LAG SN 11.2.2011 – 3 Sa 461/10 – BeckRS 2011, 73723). Mit einer Beleidigung muss allerdings eine **erhebl. Ehrverletzung** verbunden sein, die Beleidigung muss grob sein (BAG 1.7.1999 NZA 1999, 1270; 6.11.2003 AP KSchG 1969 § 1 Verhaltensbedingte Kündigung Nr. 46), um die Auflösung des ArbVerh. zu rechtfertigen. Stellt das nationale Gericht dies fest, liegt in der Bestätigung der fristlosen Kündigung eines ArbVerh. durch das Gericht keine Verletzung der EMRK (EGMR 12.9.2011 NZA 2012, 1421; 17.9.2015 NZA 2017, 237).

86a Entscheidend ist **weniger die strafrechtl. Wertung** als die Störung des Vertragsverhältnisses (BAG 22.12.1956 AP BGB § 626 Nr. 13). Allerdings macht auch eine überzogene oder gar ausfällige Kritik eine Erkl. für sich genommen noch nicht zur Schmähung (BAG 18.12.2014 NZA 2015, 797 Rn. 20). Hinzutreten muss, dass nicht mehr die Auseinandersetzung in der Sache, sondern die Diffamierung der Person im Vordergrund steht, die diese jenseits polemischer und überspitzter Kritik in erster Linie herabsetzen soll (BAG 7.7.2011 NZA 2011, 1412). Das Gewicht der Beleidigung kann durch provozierendes Vorverhalten des Beleidigten vermindert sein. Es kommt nicht auf die Sprache an, in der die Beleidigung erfolgt (LAG BE 3.3.2006 – 13 Sa 1906/05 – BeckRS 2006, 41956). Sie kann in der Verwendung einer Metapher liegen (ArbG Wiesbaden 2.5.2001 NZA-RR 2001, 639 f.). Bei Aussagen, die bildl. eingekleidet sind, müssen sowohl die Aussage der Einkleidung als auch die Kernaussage jeweils für sich auf ihren beleidigenden Gehalt hin untersucht werden (BAG 24.11.2005 NZA 2006, 650).

86b Beleidigungen können auch nonverbal begangen werden (zur Verwendung von Emoticons LAG BW 22.6.16 – 4 Sa 5/16 – BeckRS 2016, 71236). So erfüllt das wiederholte bewusste Nichterwidern des Grußes eines Vorgesetzten als Reaktion auf ein Personalgespräch den Tatbestand der Beleidigung. Noch deutl. wird dies bei mit einem oder mehreren Fingern vollzogenen **herabsetzenden Gesten** (VGH München 22.4.2013 NZA-RR 2013, 518) oder dem Schlagen mittels elektrischer Fliegenklatsche oder dem Beschießen mit Soft-Air-Geschossen (vgl. den Sachverhalt von BAG 28.5.2009 AP ZPO § 520 Nr. 2). Eine Grundschullehrerin verletzt ihre arbeitsvertragl. Pflichten, wenn sie einem Schüler zu Disziplinierungszwecken den Mund mit Tesafilm verklebt und damit dessen Persönlichkeitsrecht verletzt (BAG 19.4.2012 NZA 2012, 1274). Öffentlichkeit und Gerichte reagieren bes. empfindl. auf Formulierungen aus der NS-Zeit. Der Vergleich der betriebl. Verhältnisse mit dem nationalsozialistischen Terrorsystem stellt einen wichtigen Grund dar (BAG 24.11.2005 NZA 2006, 650; anders für einen warnenden Appell LAG D 4.3.2016 – 10 TaBV 102/15 – BeckRS 2016, 68431). Entspr. gilt für einen Vergleich der Zustände im Betrieb mit denen in einem KZ (LAG HE 3.9.2008 LAGE BetrVG 2001 § 103 Nr. 7; aA LAG B 2.10.2014 NZA-RR 2015, 125). Die Gleichsetzung noch so umstr. betriebl. Vorgänge mit dem nationalsozialistischen Terrorsystem und ein Vergleich von Handlungen des AG oder der für ihn handelnden Menschen mit den vom Nationalsozialismus geförderten Verbrechen bzw. den Menschen, die diese Verbrechen begingen, kann eine grobe Beleidigung der damit angesprochenen Personen darstellen. Darin liegt zugleich eine Verharmlosung des in der Zeit des Nationalsozialismus begangenen Unrechts und eine Verhöhnung seiner Opfer (BAG 7.7.2011 NZA 2011, 1412). Üble Beschimpfungen eines Kollegen verbunden mit dem Schütten von Kaffee ins Gesicht sind ein wichtiger Grund an sich (LAG K 11.12.2002 NZA-RR 2003, 470, 471 mit bemerkenswerter Interessenabwägung).

87 Werden Vorgesetzte **während eines Arbeitskampfs** beleidigt, sind die Tatumstände für die Interessenabwägung erhebl. (LAG HE 24.10.2000 NZA-RR 2001, 300, 302: Bezeichnung von Streikbrechern als „Arschkriecher"). Auch Beleidigungen unter BRMitgliedern im BRBüro sind kündigungsrelevant. Der Sachbearbeiter einer Kommunalverw. verwirklicht den wichtigen Grund an sich, wenn er seinem Vorgesetzten antwortet „Sie lügen, wie Sie das immer machen!" (LAG HE 1.9.2006 NZA-RR 2007, 245). Eine während der AZ begangene **Beleidigung eines Kunden** kann abhängig von den konkreten Tatumständen einen wichtigen Grund an sich ergeben (LAG SH 5.10.1998 LAGE BGB § 626 Nr. 123). Eine üble Nachrede zum Nachteil eines Kollegen berechtigt zur Kündigung, wenn sie zu einer empfindl. Störung des Betriebsfriedens geführt hat (ArbG F 6.3.2001 NZA-RR 2002, 301).

88 Ein AN kann sich für **bewusst falsche Tatsachenbehauptungen** nicht auf Art. 5 I GG berufen (BVerfG 25.10.2012 NJW 2013, 217 Rn. 19; BAG 18.12.2014 NZA 2015, 797 Rn. 17). Anderes gilt für

Werturt. Sie fallen in den Schutzbereich des Grundrechts. Dasselbe gilt für Äußerungen, in denen sich Tatsachen und Meinungen vermengen, sofern sie durch Elemente der Stellungn., des Dafürhaltens oder Meinens geprägt sind (BVerfG 25.10.2012 NJW 2013, 217 Rn. 18). Dies gilt auch im ArbVerh. (BAG 18.12.2014 NZA 2015, 797 Rn. 17). Dabei fällt die Richtigkeit des Tatsachengehalts, der dem Werturt. zugrunde liegt, iRd. Abwägung ins Gewicht (BAG 18.12.2014 NZA 2015, 797 Rn. 19). Wenn ein AN in einem Kollegengespräch über Vorgesetzte unwahre und ehrenrührige Tatsachen behauptet, aber als sicher davon ausgehen darf, seine Äußerungen würden vertraul. behandelt, ist der AG regelm. nicht zur außerordentl. Kündigung berechtigt, wenn der Gesprächspartner die Vertraulichkeit der Unterhaltung unerwartet verletzt und ihren Inhalt einem der angesprochenen Vorgesetzten mitteilt (BAG 30.11.1972 AP BGB § 626 Nr. 66; 10.10.2002 EzA BGB 2002 § 626 Unkündbarkeit Nr. 1; 10.12.2009 NZA 2010, 698; krit. *Krause* FS v. Hoyningen-Huene 2014 S. 219 ff.). Entscheidend ist die „Sicherheit", die der AN bei objektivierender Betrachtung zu erwarten hatte (BAG 10.10.2002 EzA BGB 2002 § 626 Unkündbarkeit Nr. 1). Es besteht keine tats. Vermutung dafür, dass Kollegen beleidigende Äußerungen nicht weitertragen (*Rieble/Wiebauer* ZfA 2010, 63, 87; offenbar **aA** LAG K 18.4.1997 NZA-RR 1998, 15), doch darf der AN auf die Wahrung der ausdr. erbetenen Vertraulichkeit setzen (LAG RP 8.9.2009 NZA-RR 2010, 212). Stellt der AN entspr. Aussagen auf Facebook oder anderen Internetportalen ein, wird er im Regelfall nicht von der Vertraulichkeit ausgehen können (ArbG Duisburg 26.9.2012 NZA-RR 2013,18; *Bauer/Günther* NZA 2013, 67; demggü. nimmt *Kort* NZA 2012, 1321, 1324 an, das Profil „Freunde" genüge zur Wahrung der Vertraulichkeit; diff. *Hinrichs/Hörtz* NJW 2013, 648, 652: wenn pers. bekannt und vertrauenswürdig).

– **Betriebseinstellung, Betriebseinschränkung.** Die Betriebseinstellung und die Betriebseinschrän- 89
kung sind unabhängig davon, ob sie auf einer unternehmerischen Entsch. des AG beruhen oder zwangsläufig eintreten (zB Brandschaden), regelm. kein wichtiger Grund zur außerordentl. Kündigung (BAG 21.4.2005 NZA 2005, 1289; 23.1.2014 NZA 2014, 895; vgl. zu den Anforderungen an die soziale Rechtfertigung einer ordentl. betriebsbedingten Kündigung KSchG § 1 Rn. 211 ff.), insb. nicht für eine fristlose. Die **Insolvenzeröffnung** berechtigt ebenfalls nicht zur fristlosen Kündigung (vgl. InsO Einf. Rn. 37, § 113 Rn. 12). Dementspr. ist auch die Insolvenzgefahr grds. kein wichtiger Grund. Doch muss der AG regelm. auch dann nicht von einer Fremdvergabe von Tätigkeiten absehen, wenn dadurch einem ordentl. nicht mehr kündbaren ArbVerh. die Grdl. entzogen wird (BAG 22.11.2012 NZA 2013, 730).

Fällt der Arbeitsplatz weg und ist die **ordentl. Kündigung ausgeschlossen**, kann außerordentl. (mit 89a
notwendiger Auslauffrist) gekündigt werden, wenn ein anderweitiger Einsatz des AN auch unter Aufwendung aller zumutbaren Mittel nicht mögl. ist (BAG 22.11.2012 NZA 2013, 730; 23.1.2014 NZA 2014, 895; vgl. ferner Rn. 50). Insb. ist eine Versetzung in einen anderen Betrieb des Unternehmens oder eine andere Dienststelle der Verw. zu prüfen (BAG 28.3.1985 NZA 1985, 559). Jedenfalls der ordentl. unkündbare AN muss keinen konkreten freien Arbeitsplatz benennen (BAG 17.9.1998 NZA 1999, 258). Vielmehr hat der AG dem AN ein konkretes Änderungsangebot mit dem Hinweis der „letzten Alternative" vor Ausspruch der Beendigungskündigung zu unterbreiten. Dass freie Stellen zur Bewerbung ausgeschrieben sind, reicht nicht aus (BAG 26.3.2009 NZA 2009, 679). Auf nähere Darlegungen des AN, wie er sich eine anderweitige Beschäftigung vorstellt, muss der AG eingehend erläutern, aus welchem Grund eine Beschäftigung AN auf einem entspr. Arbeitsplatz nicht mögl. sei (BAG 17.9.1998 NZA 1999, 258). In diesen Fällen kann das ArbVerh. nur außerordentl. mit der Kündigungsfrist aufgelöst werden, die eingreifen würde, wenn das ordentl. Kündigungsrecht nicht ausgeschlossen wäre (BAG 28.3.1985 NZA 1985, 559).

Wird wegen einer Betriebseinschränkung außerordentl. gekündigt, hat entspr. § 1 III und IV KSchG 90
eine **Sozialauswahl** stattzufinden (BAG 5.2.1998 NZA 1998, 771). IE besteht die Begünstigung des ordentl. unkündbaren AN in den erhöhten Anforderungen an den Ausschluss einer anderweitigen Beschäftigungsmöglichkeit (*Preis* FS Arbeitsgerichtsbarkeit RP 1999 S. 245, 250). § 1 V KSchG findet keine Anwendung auf außerordentl. Kündigungen (BAG 28.5.2009 NZA 2009, 954).

Bei einer **Betriebsstockung**, für die er das Risiko zu tragen hat, kann der AG nicht außerordentl. 91
kündigen. Es ist ihm zumutbar, die nicht beschäftigten AN für die Dauer der ordentl. Kündigungsfrist weiter zu entlohnen (BAG 28.9.1972 NJW 1973, 342). Durch TV kann für den Fall einer infolge Brandschadens eingetretenen Betriebsruhe der Ausspruch **ordentl. entfristeter Kündigungen** iVm. Wiedereinstellungspflichten vorgesehen sein (vgl. BAG 16.6.1987 NZA 1987, 858). Eine Betriebsstilllegung im öffentl. Dienst kann durch G geregelt werden (BAG 10.5.2007 AP KSchG 1969 § 1 Betriebsbedingte Kündigung Nr. 165).

– **Doping.** AN sind ohne bes. vertragl. Abrede nicht verpflichtet, während der AZ legale Mittel der 92
Leistungssteigerung (zB Tee) einzusetzen. Die Verwendung illegaler Mittel ist pflichtwidrig. Darüber hinaus können Angehörige einzelner Berufe (zB Berufssportler) auch außerhalb der AZ verpflichtet sein, auf die Einnahme oder Anwendung der von ihrem Verband **verbotenen Substanzen** (Doping) zu verzichten (*Teschner* NZA 2001, 1233, 1234; *Horst/Jacobs* RdA 2003, 215, 219). Eine Verletzung dieser Pflicht (zur Zulässigkeit von Dopingkontrollen im ArbVerh. *Klose* FS Bepler 2012 S. 267) kann einen wichtigen Grund ergeben (*Horst/Jacobs* RdA 2003, 215, 221). Anders ist der Fall zu beurteilen, wenn der AG das Doping duldet, fördert oder sogar fordert (*Teschner* NZA 2001, 1233, 1235). Steht der

Verlust mögl. Ablösesummen im Raum, wird der AG aus wirtschaftl. Gründen vom Ausspruch einer außerordentl. Kündigung absehen (vgl. *Reimann*, Doping im ArbVerh., 2009, S. 138f.). Für den an einem Universitätsklinikum tätigen Arzt ist die (heiml.) medizinische Betreuung des Eigenblutdopings von Sportlern eine Pflichtwidrigkeit mit dem Gewicht eines wichtigen Grundes (LAG BW 30.6.2009 – 22 Sa 5/09 – BeckRS 2009, 73044).

93 – **Ehrenämter.** Die Übernahme öffentl. Ehrenämter in Gemeinderäten, Kreistagen etc. rechtfertigt die außerordentl. Kündigung nicht. Vielmehr sehen die Gemeinde- und Landkreisordnungen der Länder in Anlehnung an das Vorbild in **Art. 48 II 2 GG** ausdr. Kündigungsverbote vor. Üblicherweise werden nur solche Kündigungen verboten, deren Gründe im Zusammenhang mit der Ausübung des Ehrenamts stehen (vgl. BAG 30.6.1994 NZA 1995, 426). Sofern keine bes. kollektiv- oder einzelvertragl. Regelungen eingreifen (zB für die Mitarbeit in den Gewerkschaften; vgl. BAG 11.9.1985 AP BGB § 616 Nr. 67), hat der AN **private Ehrenämter** in seiner Freizeit auszuüben. Treten durch sie betriebl. Störungen auf, kommt nach vorheriger Abmahnung die ordentl. Kündigung in Betracht.

94 – **Eigentumsdelikte.** Die Entwendung einer im Eigentum des AG (oder eines Geschäftspartners des AG) stehenden Sache ist an sich geeignet, einen wichtigen Grund zur außerordentl. Kündigung abzugeben (BAG 11.12.2003 NZA 2004, 486; 13.12.2007 NZA 2008, 1008; *Berger* JbArbR 48 [2011], 41, 46f.). Gleichermaßen ist der bei Gelegenheit eines Kundenbesuchs begangene Diebstahl einer dem Kunden gehörenden Sache als wichtiger Grund anzusehen (LAG K 11.8.1998 NZA-RR 1999, 415). Der Diebstahl zum Nachteil eines Arbeitskollegen ist ein wichtiger Grund an sich (LAG K 12.3.2002 NZA-RR 2002, 519). Ob ein solches Verhalten ausreicht, die außerordentl. Kündigung zu rechtfertigen, hängt von der unter Berücksichtigung der konkreten Umstände des Einzelfalls vorzunehmenden Interessenabwägung ab (BAG 13.12.1984 NZA 1985, 288; 29.1.1997 NZA 1997, 813). Auch die durch die Emmely-Entsch. des LAG B v. 24.2.2009 (NZA-RR 2009, 188) in den Blickpunkt des medialen Interesses gerückte **Entwendung geringwertiger Güter** (zB eines Stücks Bienenstich oder eines Lippenstifts oder kaufmännisch abgeschriebener Artikel) ist an sich als wichtiger Grund zur außerordentl. Kündigung geeignet (BAG 17.5.1984 NZA 1985, 91; 13.12.2007 NZA 2008, 1008; 21.6.2012 NZA 2012, 1025 [Zigaretten]; 31.7.2014 NZA 2015, 621 Rn. 27 [Altöl]; krit. LAG K 30.9.1999 NZA-RR 2001, 83 [Briefumschläge im Werte von 0,03 DM]; abl. *Klueß* NZA 2009, 337, 341ff. [Vorschlag: Wertgrenze iHv. 50 €]). Gerade in Fällen dieser Art kommt der Interessenabwägung entscheidendes Gewicht zu (BAG 11.12.2003 NZA 2004, 486; *Walker* Anm. EzA BGB § 626 Verdacht strafbarer Handlung Nr. 8; *Berger* JbArbR 48 [2011], 41, 46f.). Bisweilen wird der wirtschaftl. Wert einer vom AN mitgenommenen Sache für den AG so gering sein, dass in Wahrheit die Pflichtverletzung des AN in einer förml. Eigenmächtigkeit gesehen werden muss (zB fehlende ausdr. Genehmigung des Vorgesetzten), so dass eine ohne vorherige Abmahnung ausgesprochene Kündigung unwirksam ist (LAG SH 13.1.2010 SchlHA 2010, 184; LAG BW 10.2.2010 LAGE BGB 2002 § 626 Nr. 27; LAG SH 29.9.2010 NZA-RR 2011, 126). Verzehrt ein AN die von einem Kollegen entwendeten und ihm überlassenen Lebensmittel in Kenntnis des Sachverhalts **(Hehlerei)**, kann dies den AG zur außerordentl. Kündigung berechtigen (LAG D 11.5.2005 NZA-RR 2005, 585, 586).

95 Das **Gewicht der Pflichtverletzung** wird verstärkt, wenn dem AN die Obhut über den entwendeten Gegenstand oblag (BAG 12.8.1999 NZA 2000, 421; 1.2.2007 NZA 2007, 744). Entnimmt eine Kassenführerin in mehreren Fällen der Kasse Beträge iHv. 10 bis 20 Euro, um für Kollegen private Auslagen zu tätigen, und legt sie die Beträge nach ca. zwei Stunden wieder zurück in die Kasse, wird ein wichtiger Grund wegen Vertrauensverlusts nicht anzunehmen sein, wenn unredl. Absichten der Kassenführerin ausgeschlossen werden können (LAG ST 29.9.1998 NZA-RR 1999, 473). Führt der AG Ehrlichkeitskontrollen durch, indem er eine „Verführungssituation" schafft, sind die auf diese Weise ermittelten Tatsachen im Kündigungsschutzprozess verwertbar (BAG 18.11.1999 NZA 2000, 418). Dem steht nicht das Persönlichkeitsrecht des AN und, sofern nicht technische Einrichtungen iSv. § 87 I Nr. 6 BetrVG eingesetzt werden, auch nicht ein MBR des BR entgegen. Ist wegen der Unehrlichkeit des AN mit weiteren Diebstählen zu rechnen, kann der AG nicht darauf verwiesen werden, aufwendigere Kontrollen einzuführen (BAG 2.4.1987 RzK I 6d Nr. 7).

96 Ein Diebstahl, den ein AN **außerhalb des Beschäftigungsbetriebs** und der AZ in einem anderen Betrieb des AG begeht, ist geeignet, die fristlose Kündigung zu rechtfertigen (BAG 16.12.2010 NZA 2011, 571). Steht die Tat nicht in einem inneren Zusammenhang mit der im Beschäftigungsbetrieb auszuübenden vertragl. geschuldeten Tätigkeit, so ist dies nur für den Grad ihrer Auswirkung auf das ArbVerh. von Bedeutung.

97 – **Fahrerlaubnis und andere ör. Berufsausübungsvoraussetzungen.** Wird dem AN die zur Ausübung der vertragl. übernommenen Tätigkeit unverzichtbare ör. Erlaubnis (zB Fahrerlaubnis bei Kraftfahrern oder Reisenden [vgl. BAG 18.12.1986 NZA 1987, 377], Waffenschein für einen Personenschützer [BAG 6.9.2012 NJW 2013, 1115, dort nur für § 1 KSchG erörtert], Fluglizenz und Musterberechtigung bei Piloten [BAG 31.1.1996 NZA 1996, 819; 7.12.2000 NZA 2001, 1304], Gesundheitszeugnis bei Verkaufspersonal oder Approbation bei Ärzten) nicht erteilt oder entzogen, kann dies zur (regelm. ordentl.) Kündigung des ArbVerh. berechtigen, wenn dem AG **ein anderweitiger Einsatz des AN** oder eine andere Ausgleichsmaßnahme (vgl. LAG SH 3.7.2014 NZA-RR 2014, 585 Gestattung der Mitarbeit Verwandter) nicht zumutbar ist. Die Verhängung eines (kurzfristigen) Fahrverbots wird idR

keinen wichtigen Grund darstellen. Ebenso wird ggü. AN, die zur Erfüllung ihrer Arbeitspflicht zwar auf die Fahrerlaubnis angewiesen, jedoch nicht als Kraftfahrer angestellt sind, ledigl. eine ordentl. Kündigung in Betracht kommen, wenn dem AG die unvollständige Erfüllung der Hauptleistungspflicht für die Dauer der Kündigungsfrist zumutbar ist. Die Entziehung einer vom AG erteilten „betriebl. Fahrerlaubnis" steht kündigungsrechtl. der Entziehung der ör. Erlaubnis nicht gleich (BAG 5.6.2008 AP BGB § 626 Nr. 212). Gleiches gilt für die von Kunden des AG erteilten „Erlaubnisse" (zB Bewachungserlaubnis; vgl. LAG RP 14.12.2007 – 9 Sa 304/07 – BeckRS 2008, 50982) oder die Nichtverlängerung der Beurlaubung in einem Beamtenverhältnis (BAG 21.4.2016 NZA 2016, 941). Zur Entziehung des Verschlusssachenzugangs nach dem SicherheitsüberprüfungsG vgl. Rn. 68. Zu Beschäftigungsverboten nach dem WpHG *Heitmann* RdA 2017, 166.

– Forderung und Annahme von Schmiergeldern; Vorteilsannahme; Bestechlichkeit und Bestechung im geschäftlichen Verkehr. Die Annahme sozialadäquater Gelegenheitsgeschenke oder übl. Trinkgelder rechtfertigt keine außerordentl. Kündigung (LAG SH 17.12.2008 NZA-RR 2009, 397). Hingegen stellen das Fordern und die Annahme von Schmiergeldern oder gleichwertiger Leistungen schwere Pflichtverletzungen dar (OLG CE 11.11.2009 AG 2010, 210; LAG RP 9.6.2011 – 2 Sa 705/10 – BeckRS 2011, 76220). Wer als AN bei der **Ausführung von vertragl. Aufgaben** sich Vorteile versprechen lässt oder entgegennimmt, die dazu bestimmt oder geeignet sind, ihn in seinem geschäftl. Verhalten zugunsten Dritter und zum Nachteil seines AG zu beeinflussen, und damit gegen das Schmiergeldverbot verstößt, handelt den Interessen seines AG zuwider und gibt diesem damit regelm. einen Grund zur außerordentl. Kündigung (BAG 17.3.2005 NZA 2006, 101). Die Bezeichnung der Zuwendung ist unerhebl., es genügen „Geldgeschenke" (BAG 15.11.2001 AP BGB § 626 Nr. 175 in vier Jahren zehn Mal je 100,00 DM) oder die Abgabe von Mahlzeiten zu verbilligten Preisen (ArbG Krefeld 18.9.2015 – 2 Ca 1992/13 – BeckRS 2015, 72715). 98

Auf eine **Schädigung des AG** kommt es nicht an, weil sein Vertrauen in die Redlichkeit des AN bereits erschüttert sein wird. Bes. gravierend sind Fälle der Vorteilsannahme bzw. der Bestechlichkeit und Bestechung im geschäftl. Verkehr (§§ 299 ff. StGB), in denen der AN zur Verdeckung der illegalen Bereicherung unter dem Namen von Verwandten Scheinrechnungen über angebl. Leistungen erteilt (vgl. BAG 18.9.2008 NZA-RR 2009, 393). Die Verletzung vertragl. Pflichten liegt in der illoyalen Einstellung des AN, bei der Erfüllung seiner Aufgaben bedenkenlos eigene Vorteile zu suchen, obwohl er die Aufgaben allein im Interesse des AG durchzuführen hat. Durch sein gezeigtes Verhalten zerstört der AN das Vertrauen in seine **Zuverlässigkeit und Redlichkeit** (BAG 17.8.1972 AP BGB § 626 Nr. 65; 15.11.1995 NZA 1996, 419). Deshalb ist die auf offene oder verdeckte Weisung des AG begangene Korruption Dritter (zB von Repräsentanten fremder Staaten oder Unternehmen) zwar nach heutigem Recht als wichtiger Grund an sich anzuerkennen, doch wird die Interessenabwägung nicht regelm. zu Lasten des AN ausfallen (vgl. ArbG M 2.10.2008 NZA-RR 2009, 134; *Steinkühler/Kunze* [RdA 2009, 367, 370] nehmen an, die Kündigung verstoße gegen § 242; **aA** *Kolbe* NZA 2009, 228 ff.). Unerlaubte Zuwendungen an Kunden und/oder deren Mitarbeiter geben dem AG einen wichtigen Grund an sich (BAG 21.6.2012 NZA 2013, 199). Insb. die hohen Strafen, die AG von dt. aber auch ausl. Stellen drohen, erhöhen das Gewicht solcher Pflichtverletzungen (näher *Dzida* NZA 2012, 881). 98a

Im **öffentl. Dienst** ist die wiederholte Annahme von Belohnungen oder Geschenken ein wichtiger Grund an sich (BAG 17.3.2005 NZA 2006, 101), bei größeren Beträgen auch der einmalige Verstoß (LAG SH 27.10.2004 NZA-RR 2005, 330). Kommt es tats. zu einer den AG schädigenden Handlung, liegt hierin ein weiterer Kündigungsgrund. Das Fordern und Annehmen von Vermittlungsprovisionen durch AN, die mit der jeweiligen Entsch. und deren Vorbereitung nicht befasst sind, bleibt kündigungsrechtl. unerhebl., falls weder das Vertrauensverhältnis noch der Betriebsfrieden gestört worden ist (BAG 24.9.1987 NJW 1988, 2261). Gewährt der AN Dritten unter Verletzung von Compliance-RL Vorteile und versucht, diesen Verstoß zu verschleiern, hat der AG einen wichtigen Grund an sich (LAG HE 25.1.2010 MPR 2010, 137). 98b

– Geschäfts- und Rufschädigung. Das bewusste Verbreiten wahrheitswidriger Behauptungen oder das **Verbreiten von Gerüchten** über die Geschäfte des AG kann ein wichtiger Grund zur Kündigung sein, wenn dadurch dessen berechtigte Interessen erhebl. beeinträchtigt, etwa der Betriebsfrieden oder der Betriebsablauf erhebl. gestört oder die Erfüllung der Arbeitspflicht behindert werden (BAG 10.12.2009 NZA 2010, 698). Insb. kann eine bewusste und gewollte Geschäftsschädigung die außerordentl. Kündigung rechtfertigen (BAG 26.11.2009 NZA 2010, 823; 18.12.2014 NZA 2015, 635 Rn. 35). Fordert zB ein AN (außerhalb eines rechtmäßigen Arbeitskampfs) Kollegen oder Dritte zur Schädigung des AG auf, kann dieser das ArbVerh. fristlos auflösen. Unternimmt der AN andere Handlungen, die auf eine Geschäfts- oder Rufschädigung des AG abzielen, wird die außerordentl. Kündigung nicht nur bei Ang. in ltd. Position gerechtfertigt sein (vgl. LAG N 13.1.1993 LAGE BGB § 626 Nr. 67; LAG BE 28.8.2002 NZA-RR 2003, 362, 363). Bei bedingtem Vorsatz oder nur fahrlässigem Handeln kommt es entscheidend auf die Gesamtumstände an. Die allg. zugängl. Verbreitung der geschäftsschädigenden Äußerung über das Internet (YouTube-Video) kann das Gewicht der Pflichtverletzung erhöhen, muss es aber nicht (BAG 31.7.2014 NZA 2015, 245). Stoppt ein Busfahrer den mit Fahrgästen besetzten Linienbus, ruft die Polizei und gibt dieser ggü. an, seine Arbeitsbedingungen seien „menschenunwürdig", kann dies den AG zur außerordentl. Kündigung berechtigen (LAG B 6.5.2011 NZA-RR 2011, 457). 99

99a Ist mit einem Profisportler vereinbart, keine verbotenen leistungssteigernden Substanzen (wie EPO) zu verwenden, kann ihm bei Entdeckung eines Verstoßes fristlos gekündigt werden, wenn der Ruf des AG Schaden zu nehmen droht (vgl. ferner Rn. 92). In Tendenzunternehmen kann die Verletzung der **Tendenzloyalität** durch einen Tendenzträger einen wichtigen Grund ergeben (LAG ST 9.7.2002 NZA-RR 2003, 244, 245; vgl. a. BAG 23.10.2008 NZA-RR 2009, 362). Auch außerhalb von Tendenzunternehmen können AN verpflichtet sein, zur Förderung des Vertragszwecks Handlungen zu unterlassen, die dem Ansehen des AG abträgl. wären. ZB liegt ein wichtiger Grund vor, wenn ein als ärztl. Gutachter beim MDK angestellter Arzt während einer längeren AU im Hochgebirge Ski läuft (BAG 2.3.2006 NZA-RR 2006, 636). Im Dienstleistungsbereich mit Kundenkontakt kann auch ohne bes. Anweisung von den AN erwartet werden, dass sie ihren Pausenverzehr in den dafür bereitstehenden Räumen zu sich nehmen. Ein wiederholter Verstoß gegen diese Pflicht kann den AG nach erfolgloser Abmahnung zur Kündigung berechtigen (LAG HM 10.8.2006 – 8 Sa 68/06 – BeckRS 2006, 44450). Betreibt der AG ein Hotel, kann es für ihn rufschädigend sein, wenn sich ein Hoteldiener ohne entspr. Auftrag bemüht, eine unbescholtene Frau zur Prostitution im Hotel zu verleiten (LAG K 21.2.2006 LAGE KSchG § 1 Verhaltensbedingte Kündigung Nr. 91). Der Betreiber einer Spielbank ist zur Sicherung seines Geschäftserfolgs darauf angewiesen, dass alles unterbleibt, was das Vertrauen der Gäste in einen ausschl. vom Zufall beeinflussten, transparenten Spielverlauf gefährdet. Die AN haben iRd. Zumutbaren alles zu unterlassen, was dieses Vertrauen gefährdet. Die Vergabe eines Darlehens durch einen AN an einen Stammgast der Spielbank ist geeignet, dieses Vertrauen zu zerstören, und deshalb ein wichtiger Grund an sich (BAG 26.3.2009 NZA-RR 2010, 516).

100 – **Internet-/Intranetnutzung.** Der AG kann Beschäftigte wirksam anweisen, ungesicherte Internet-Verbindungen nicht zur Versendung dienstl. Dok. zu verwenden. Zuwiderhandlungen können zur Kündigung berechtigen (OLG CE 25.5.2011 AG 2011, 916; LAG HE 29.8.2011 ZD 2012, 139). Die private Nutzung des betriebl. vorgehaltenen Internet-Anschlusses durch den AN ist, sofern dadurch nicht die Pflicht zur Arbeitsleistung verletzt wird (vgl. Rn. 70b; BAG 31.5.2007 NZA 2007, 922; LAG HM 7.4.2006 NZA-RR 2007, 20 [umfassendes Verbot jeder privaten Internetnutzung ist Regelung des Arbeitsverhaltens]; LAG NI 31.5.2010 NZA-RR 2010, 406), ohne bes. Verbot (vgl. hierzu *Beckschulze* DB 2003, 2777; *Ernst* NZA 2002, 585, 586; *Dickmann* NZA 2003, 1010; *Kramer* NZA 2004, 458, 461; *Mengel* NZA 2005, 752, 753; *Kort* FS Wank 2014 S. 259 ff. zur Bildung einer betriebl. Übung) nicht pflichtwidrig, wenn etwaige (Mehr-)Kosten vom AN erstattet werden. Allerdings wird die übl. **Gestattung oder Duldung** der Internetnutzung (vgl. zur notwendigen Differenzierung *Bloesinger* BB 2007, 2177, 2181 f.) regelm. nur Unterbrechungen der Arbeit in angemessenem zeitl. Umf. rechtfertigen (BAG 7.7.2005 NZA 2006, 98).

100a Nutzt der AN während der AZ das Internet in erhebl. zeitl. Umf. privat (BAG 31.5.2007 NZA 2007, 922: „exzessiv" und nicht nur „minutenweise" am Tag; OVG Lüneburg 14.9.2011 ZD 2012, 44 „qualifizierte Nutzung"), kann er grds. nicht darauf vertrauen, der AG werde dies tolerieren (näher zur Zulässigkeit der Überwachung des E-Mail-Verkehrs durch den AG *Wolf/Mulert* BB 2008, 442 ff.). Nach der Rspr. gilt dies auch dann, wenn der AG keine klarstellende Nutzungsregelung aufgestellt hat. In jedem Fall handelt der AN pflichtwidrig (BAG 7.7.2005 NZA 2006, 98; zust. *Kramer* NZA 2006, 194, 195), wenn er in großem Umf. Datenmengen aus dem Internet auf betriebl. Datensysteme herunterlädt und damit die Gefahr von **Virenschäden oder anderen Störungen** hervorruft oder Schäden durch „Wegdrücken" von Warnhinweisen des Virenscanners gar billigend in Kauf nimmt (LAG RP 12.11.2015 – 5 Sa 10/15 – BeckRS 2016, 66182) oder eine Rufschädigung des AG verursacht (zB durch Aufsuchen und Herunterladen „pornografischer" – nicht ledigl. „erotischer" [vgl. BAG 31.5.2007 NZA 2007, 922] Inhalte; vgl. BAG 27.4.2006 NZA 2006, 977; LAG M 14.4.2005 LAGE BGB 2002 § 626 Nr. 5b; *Besgen/Prinz,* Neue Medien, 2006 S. 73 ff.). Der AG hat ein schützenswertes Interesse daran, von Dritten nicht mit solchen Aktivitäten seiner AN in Verbindung gebracht zu werden (BAG 6.11.2003 NZA 2004, 919, sog. Integritätsinteresse).

100b Verstößt der AN gegen ein **ausdr. Verbot der privaten Nutzung des Internetanschlusses** (vgl. zur Wirksamkeit eines solchen Verbots BAG 15.10.2013 NZA 2014, 319), kann hierin ein wichtiger Grund liegen (BAG 27.4.2006 NZA 2006, 977; 19.4.2012 NZA 2013, 27), dies va. dann, wenn zugleich die Arbeitspflicht verletzt wird. Einer vorherigen Abmahnung bedarf es nur, wenn der AN mit vertretbaren Gründen annehmen konnte, sein Verhalten sei nicht vertragswidrig oder werde vom AG doch nicht als ein erhebl., den Bestand des ArbVerh. gefährdendes Fehlverhalten angesehen (BAG 7.7.2005 NZA 2006, 98). Besteht kein Verbot der Privatnutzung, hat der AG ein Problem mit der gesetzmäßigen Ermittlung des Kündigungssachverhalts und der Beweisführung im Prozess (vgl. LAG B 16.2.2011 NZA-RR 2011, 342; ArbG Hannover 28.4.2005 NZA-RR 2005, 420; BAG 27.7.2017 – 2 AZR 681/16 – zVb: heiml. Einsatz eines Keyloggers; *Grobys/von Steinau-Steinrück* NJW-Spezial 2004, 273; *Mengel* BB 2004, 2014; *Kramer* NZA 2007, 1338, 1341; siehe aber auch LAG B 14.1.2016 – 5 Sa 657/15 – BeckRS 2016, 67048: Auswertung des Browserverlaufs). Gilt ein solches Verbot, ist der mit einer Überwachung der Internetkommunikation und der Verwendung der Erg. im Prozess verbundene Eingriff in Art. 8 I EMRK gerechtfertigt (EGMR 12.1.2016 – 61496/08 – [Barbulescu/Rumänien]).

Das Speichern von „Hacker-Dateien", die der **Entschlüsselung von Passwörtern** dienen, auf dem Arbeitsplatz-PC ist ein wichtiger Grund an sich (LAG HM 4.2.2004 LAGReport 2004, 300; OLG Celle 27.1.2010 NZA 2010, 299); ebenso pflichtwidrig ist die Installation von Anonymisierungssoftware, die der Verschleierung von Internet-Zugriffen dient (BAG 12.1.2006 NZA 2006, 980). Zu privaten Telefongesprächen vgl. Rn. 143. Ein als Systemadministrator eingesetzter AN begeht eine als wichtiger Grund an sich zu wertende Pflichtverletzung, wenn er im Intranet nach privaten E-Mail-Dokumenten anderer Mitarbeiter recherchiert und deren Inhalt zur Kenntnis nimmt (LAG M 8.7.2009 CR 2010, 269). Gleiches gilt, wenn es sich um im Postfach des Vorstands des AG gespeicherte E-Mail-Dokumente handelt (LAG K 14.5.2010 NZA-RR 2010, 579) oder eine Mitarbeiterin im Bürgeramt aus pers. Gründen massenhaft Daten aus dem Melderegister abruft (LAG BB 13.4.2017 NZA-RR 2017, 404). 100c

– Kleidung. Als vertragl. Nebenpflicht ist vom AN zu erwarten, dass er bei seiner Tätigkeit keine Kleidung trägt, die den Eintritt des Arbeitserfolgs beeinträchtigt. Bei Kundenkontakten kann dies das Tragen branchenübl. Kleidung erfordern (HHL/*Krause* § 1 Rn. 668). Erlässt der AG diesbzgl. Weisungen, müssen sie wirksam sein, um ihre Verletzung als Kündigungsgrund heranziehen zu können. Betrifft dies ein **religiös motiviertes Outfit** des AN (zB Kopftuch oder Mütze), sind die betroffenen Grundrechte in praktischer Konkordanz zu verwirklichen (vgl. GG Art. 4 Rn. 22; BVerfG 30.7.2003 NZA 2003, 959; BAG 20.8.2009 NZA 2010, 227; 10.12.2009 NZA 2010, 383). Dabei sind landesrechtl. Vorgaben zB in SchulG zu beachten, die ggf. verfassungskonformer Auslegung bedürfen (BVerfG 18.10.2016 NZA 2016, 1522: Erfordernis einer konkreten Gefahr für den Einrichtungsfrieden; anders noch BAG 12.8.2010 NZA-RR 2011, 162: abstrakte Gefahr genügt). Ein privater AG verstößt nicht gegen die Vorgaben der RL 2000/78/EG, wenn er das sichtbare Tragen weltanschaulicher Zeichen in Bereichen mit Kundenkontakt generell verbietet (EuGH 14.3.2017 NZA 2017, 373), während allein der Wunsch eines Kunden, Leistungen nicht von einer Frau mit Kopftuch erbringen zu lassen, nicht für ein Verbot genügt (EuGH 14.3.2017 NZA 2017, 375). Diese Entsch. markieren indes nur einen unionsrechtl. Mindeststandard (*Sagan* EuZW 2017, 457, 460 f.). Zu Art. 9 EMRK EGMR 27.11.2015 NZA-RR 2017, 62. 101

– Konkurrenztätigkeit, Wettbewerbsverbot. Der AN (auch TeilzeitAN – *Buchner* AR-Blattei SD 1830.2 Rn. 7) ist während des Bestehens des ArbVerh. verpflichtet, sich jeder Konkurrenztätigkeit ggü. seinem AG im selben Handelszweig zu enthalten (BAG 26.6.2008 NZA 2008, 1415; diff. nach Art der Tätigkeit 24.3.2010 NZA 2010, 693). **§ 60 HGB** gibt einen allg. Rechtsgedanken wieder (vgl. § 241 II) und gilt entspr. in anderen Branchen (BAG 20.9.2006 NZA 2007, 977; 26.9.2007 NZA 2007, 1436). Das Wettbewerbsverbot besteht für die **Dauer des ArbVerh.** (BGH 11.3.2010 NJW 2010, 3239) und endet nicht vorzeitig durch eine Suspendierung (BAG 17.10.1969 AP BGB § 611 Treuepflicht Nr. 7; 30.5.1978 NJW 1979, 335) oder die Insolvenz des AG (*Bauer/Diller* Rn. 1015). Das Wettbewerbsverbot gilt grds. auch für die Ausübung von Nebentätigkeiten, etwa im Rahmen eines weiteren ArbVerh. Doch bestehen aus Art. 12 GG abgeleitete Bedenken, wenn es ledigl. um einfache Tätigkeiten geht, die allenfalls zu einer untergeordneten wirtschaftl. Unterstützung des Konkurrenzunternehmens führen können und schutzwürdige Interessen des AG nicht berühren (BAG 24.3.2010 NZA 2010, 693). 102

Für die Zeit **nach Beendigung des ArbVerh.** können die Parteien gem. § 110 GewO, §§ 74 bis 75 f HGB ein nachvertragl. Wettbewerbsverbot vereinbaren. Spricht der AG eine unwirksame (fristlose) Kündigung aus, muss sich der AN, der Kündigungsschutzklage erhoben hat, trotz § 615 S. 2 idR wegen § 241 II bis zur wirksamen Auflösung des Vertragsverhältnisses jeder Konkurrenztätigkeit enthalten, um nicht eine erneute, dann wirksame außerordentl. Kündigung wegen Verletzung des Wettbewerbsverbots zu riskieren (BAG 28.1.2010 NZA-RR 2010, 461; 23.10.2014 NZA 2015, 429). Für die Interessenabwägung ist wesentl., ob dem AN unter den durch die erste Kündigung veränderten Umständen und unter Berücksichtigung der bes. Umstände des konkreten Falls ein Verschulden höheren Grades anzulasten ist (vgl. BAG 25.4.1991 NZA 1992, 212 mwN zur früheren Rspr.; 23.10.2014 NZA 2015, 429; BGH 12.3.2003 NJW-RR 2003, 981; krit. *Buchner* AR-Blattei SD 1830.2 Rn. 90; *Fischer* NJW 2009, 331, 333; *Nägele* NZA 2016, 271; *Leuchten* NZA 2011, 391, 394 will auf die Wertung des § 74a HGB abstellen). Hat der AG am Abschluss des Arbeitsvertrags mit dem anderen AG mitgewirkt, kann hieraus auf eine Gestattung geschlossen werden, die den wirksamen Ausspruch einer außerordentl. Kündigung ausschließt (vgl. BAG 5.11.2009 NZA 2010, 277). 102a

Verletzt der AN im ungekündigten ArbVerh. das Wettbewerbsverbot, ist eine außerordentl. Kündigung grds. gerechtfertigt, sofern nicht bes. Umstände eine andere Beurteilung rechtfertigen (BAG 6.8.1987 NJW 1988, 438; 21.11.1996 EzA BGB § 626 nF Nr. 162), dies kann bei einem **gelegentl. Freundschaftsdienst** im Bekanntenkreis der Fall sein (LAG SH 19.12.2006 NZA-RR 2007, 240). Entsorgt ein städtischer Bediensteter in nicht unerhebl. Maß Müll unter Einsatz von Einrichtungen und Fahrzeugen seines AG, tritt er dadurch in Konkurrenz zu seinem AG und bringt diesen um Gebühreneinnahmen; dies berechtigt den AG zur außerordentl. Kündigung des ArbVerh. (BAG 25.11.2010 NZA-RR 2011, 178). Eine **Abmahnung ist entbehrl.**, sofern nicht der AN aus vertretbaren Gründen annehmen durfte, sein Verhalten sei nicht vertragswidrig oder werde vom AG doch nicht als erhebl., den Bestand des ArbVerh. gefährdendes Fehlverhalten angesehen (BAG 7.10.1993 NZA 1994, 443; 14.2.1996 NZA 1996, 873; relativierend BAG 26.6.2008 NZA 2008, 1415). 103

104 Geschäfte, die der AN mit dem AG als Anbieter oder Abnehmer abschließt, vollziehen sich nicht im Wettbewerb und unterfallen nicht dem ges. Verbot (BAG 3.5.1983 NJW 1984, 886). Andererseits soll ein in der Automobilindustrie beschäftigter AN das **Wettbewerbsverbot** verletzen, wenn er mit Jahreswagen handelt (BAG 15.3.1990 RzK I 5i Nr. 60; demggü. stellt BAG 8.3.2006 NZA 2006, 854 zutr. auf die Handelsstufe ab).

105 Der AN verletzt das Wettbewerbsverbot nicht dadurch, dass er bereits vor Beendigung des ArbVerh. für die Zeit nach seinem Ausscheiden einen Vertrag mit einem konkurrierenden AG abschließt oder die **Gründung eines eigenen Unternehmens**, zB durch Anmieten von Räumen, vorbereitet (BAG 12.5.1972 AP HGB § 60 Nr. 6; 26.6.2008 NZA 2008, 1415). Für die Abgrenzung der erlaubten **Vorbereitungshandlung** von der verbotenen Konkurrenztätigkeit ist entscheidend, ob durch die Abkehrmaßnahmen des AN bereits unmittelbar in die Geschäfts- oder Wettbewerbsinteressen des AG eingegriffen wird (enger BAG 26.6.2008 NZA 2008, 1415: „Aufnahme werbender Tätigkeit"). Zulässig sind Vorbereitungshandlungen, durch die nur die formalen und organisatorischen Voraussetzungen für das gepl. eigene Unternehmen geschaffen werden sollen (BAG 7.9.1972 AP HGB § 60 Nr. 7; LAG K 12.4.2005 NZA-RR 2005, 595). Verboten ist aber das Vorfühlen bei Kunden, das Abwerben von Arbeitskollegen (vgl. Rn. 62), die Beteiligung an Konkurrenzunternehmen (ggf. auch durch bloße Kapital- oder Kreditgewährung BAG 7.7.2015 NZA 2015, 1253) und jede weitere konkurrierende Tätigkeit im eigenen oder fremden Namen (BAG 16.1.1975 AP HGB § 60 Nr. 8; 28.9.1989 RzK I 6a Nr. 58; zur Prokuristenstellung *Luke* BB 2016, 762). Ein **„Abschiedsschreiben"** an die beim bisherigen AG betreuten Kunden, das jdf. indirekt auf die neue berufl. Tätigkeit hinweist, ist wettbewerbswidrig (BGH 22.4.2004 NJW 2004, 2385) und verletzt zugleich die arbeitsvertragl. Pflichten. Der Abschluss eines **Franchise-Vertrags** zwischen einem Ang. und einem Konkurrenten des AG stellt sich in seiner verkehrstypischen Ausgestaltung grds. noch als erlaubte Vorbereitungshandlung dar (BAG 30.5.1978 NJW 1979, 335). Auch die Zahlung einer Franchise-Gebühr durch den AN ist idR nicht als kapitalmäßige Unterstützung eines Konkurrenzunternehmens zu werten. Zur Angabe „Freiberufler" in dem „XING-Profil" eines Noch-AN LAG K 7.2.2017 NZA-RR 2017, 353.

106 **– Körperverletzungen.** Tätlichkeiten ggü. Arbeitskollegen oder dem AG und dessen Familienangehörigen können die fristlose Kündigung rechtfertigen; ggf. ohne vorherige Abmahnung (BAG 12.3.1987 NZA 1988, 137; 18.9.2008 – 2 AZR 1039/06 – BeckRS 2009, 59320). Gleiches gilt für die Misshandlung Schutzbefohlener des AG (vgl. LAG SH 14.1.2004 LAGE BGB 2002 § 626 Nr. 3). Eine körperl. Berührung ist nicht erforderl., es genügt das Überschütten mit einem heißen Getränk (LAG NI 5.8.2002 NZA-RR 2003, 75 f.). Der wichtige Grund an sich folgt aus der begangenen Körperverletzung. Dies ist idR auch bei außerdienstl. Verhalten (vgl. Rn. 82) und bes. pers. Beziehung der Arbeitskollegen (zB Ehe, Lebenspartnerschaft, Verwandtschaft) anzunehmen. Wurde die Straftat wegen vorangegangenen Alkoholgenusses im Zustand **verminderter Schuldfähigkeit** begangen, kann eine etwaige Alkoholabhängigkeit des Täters iRd. Interessenabwägung berücksichtigt werden. Sie schließt aber nicht notwendig die Unzumutbarkeit der Weiterbeschäftigung aus (BAG 30.9.1993 EzA BGB § 626 nF Nr. 152). Verletzt der AN einen Kollegen durch einen fehlgeschlagenen Scherz (Böller in DIXI-Toilettenkabine), kann dies den AG zur außerordentl. Kündigung berechtigen (ArbG Krefeld 30.11.2012 – 2 Ca 2010/12 – BeckRS 2013, 65147).

107 Ein wichtiger Grund kann vorliegen, wenn von einem AN **Gefahren für Leib und Leben** seiner Kollegen ausgehen, wobei es auf ein Verschulden nicht ankommt. So kann einem AN, der Frau und Kind erschossen und anschließend einen Suizid versucht hat und dem Schuldunfähigkeit zuerkannt worden ist, bei Gefährdung von Kollegen, die sich darauf weigern, mit ihm zusammenzuarbeiten, außerordentl. gekündigt werden (BAG 10.3.1977 AP ZPO § 313 Nr. 9; *Wenzel* MDR 1978, 15, 18). Setzt ein AN gefährl. Handlungen im Betrieb fort, kann dies zumindest nach Abmahnung eine fristlose Kündigung rechtfertigen (LAG K 17.3.1993 LAGE BGB § 626 Nr. 71). Die **Androhung erhebl. Körperverletzungen** kann als wichtiger Grund genügen (LAG D 16.7.2003 LAGE BGB 2002 § 280 Nr. 1).

108 **– Krankheit.** Krankheit kann eine ordentl. Kündigung sozial rechtfertigen (vgl. KSchG § 1 Rn. 110 ff.). Als wichtiger Grund für eine außerordentl. Kündigung kommt sie regelm. nur in Betracht, wenn die ordentl. Kündigung ausgeschlossen ist (BAG 23.1.2014 NZA 2014, 962 Rn. 26; 20.3.2014 NZA-RR 2015, 16 Rn. 40). Denkbar ist allenfalls, dass die für die Dauer der Kündigungsfrist zu erwartenden erhebl. EFZKosten oder andere erhebl. betriebl. Störungen ausnahmsweise das Abwarten der Kündigungsfrist unzumutbar sein lassen (BAG 18.10.2000 NZA 2001, 219). Ist die ordentl. Kündigung ausgeschlossen, kann dem AG bei zu erwartenden weiteren erhebl. krankheitsbedingten Störungen des ArbVerh. die Fortsetzung des ArbVerh. unzumutbar sein, so dass die außerordentl. Kündigung wirksam ausgesprochen werden kann (BAG 12.1.2006 AP BGB § 626 Krankheit Nr. 13). Es bedarf eines gravierenden Missverhältnisses zwischen Leistung und Gegenleistung (BAG 20.3.2014 NZA 2014, 1089 Rn. 20). Zur Bedeutung des nach § 167 II SGB IX vorgeschriebenen BEM für die Darlegungslast und die Interessenabwägung vgl. dort Rn. 8 ff. Wirkt der Kündigungsschutz gem. § 15 I 2 KSchG nur nach, ist es dem AG regelm. zumutbar, das Ende der Nachwirkung abzuwarten und dann ordentl. wegen einer dauernden krankheitsbedingten AU zu kündigen (BAG 15.3.2001 NZA-RR 2002, 20). Ist der AN einzelvertragl. oder kollektivrechtl. verpflichtet, an der ärztl. Feststellung seiner

Arbeitsfähigkeit mitzuwirken, sind in diesem Kontext festzustellende Pflichtverletzungen (zB Nichtantritt zur Untersuchung, Behinderung der Beiziehung von Vorbefunden) geeignet, einen wichtigen Grund abzugeben (BAG 7.11.2002 NZA 2003, 719; 27.9.2012 – 2 AZR 811/11 – BeckRS 2013, 67175).

Trunksucht als Krankheit (Alkoholismus) kann bei einem ordentl. unkündbaren AN die außer- 109
ordentl. Kündigung des ArbVerh. rechtfertigen (BAG 14.11.1984 NZA 1986, 97; 16.9.1999 NZA 2000, 141). Die von der Rspr. zur **ordentl. krankheitsbedingten Kündigung** entwickelten Grds. (vgl. näher KSchG § 1 Rn. 110 ff.) sind auf die außerordentl. krankheitsbedingte Kündigung grds. übertragbar (BAG 23.1.2014 NZA 2014, 962 Rn. 27). Wichtig ist, dass bei der Interessenabwägung der bes. Maßstab des § 626 zu beachten ist, wonach die Fortsetzung des ArbVerh. unter Berücksichtigung aller Umstände bis zum Ablauf der Kündigungsfrist bzw. bis zum sonst maßgebl. Ende des ArbVerh. unzumutbar sein muss.

Ist ein AN aus gesundheitl. Gründen nicht fähig, die vertragl. übernommene Arbeit zu leisten, oder 110
ist seine Eignung erhebl. beeinträchtigt **(Leistungsmängel)**, kann das zur außerordentl. Kündigung berechtigen. Insofern handelt es sich um einen Dauertatbestand iSv. § 626 II (BAG 21.3.1996 NZA 1996, 871). Liegt ledigl. eine Minderung der Leistungsfähigkeit vor, muss der AG einen ordentl. unkündbaren AN weiterbeschäftigen, wenn dies durch organisatorische Maßnahmen (Änd. des Arbeitsablaufs, Umgestaltung des Arbeitsplatzes, Umverteilung der Aufgaben) ermöglicht werden kann (BAG 12.7.1995 NZA 1995, 1100; 18.1.2001 NZA 2002, 455). Diesen Tatbeständen stehen die Fälle gleich, in denen dem AG wegen einer abschreckenden (zB sichtbaren Geschlechtskrankheit) oder **ansteckenden Krankheit** (zB Dauerausscheidung von Typhuserregern) die Beschäftigung des erkrankten AN verboten oder unzumutbar ist. Zur Kündigung des ArbVerh. eines in der Arzneimittelproduktion eingesetzten HIV-infizierten AN (BAG 19.12.2013 NZA 2014, 372: symptomlose HIV-Infektion ist Behinderung iSd. AGG). Bevor einem schwerbehinderten oder einem behinderten Menschen oder einem von Behinderung bedrohten Menschen gekündigt werden kann, ist vom AG die sich aus § 167 SGB IX ergebende „Einschaltungspflicht" ggü. SBV und Integrationsamt zu beachten (dazu *Düwell* FS Küttner 2006 S. 139).

Ein **psychisch bedingter Selbsttötungsversuch** eines AN hat grds. keine rechtserhebl. Auswirkun- 111
gen auf die Beziehungen der Arbeitsvertragsparteien und ergibt als solcher keinen Kündigungsgrund (BAG 10.3.1977 AP ZPO § 313 Nr. 9). Allerdings kann der Selbstmordversuch Folgewirkungen nach sich ziehen (zB in Kundenbeziehungen), die das Vertragsverhältnis unmittelbar und nachhaltig belasten.

– Loyalitätsbindungen von Mitarbeitern der Kirchen und anderer Tendenzträger. Nach dem 112
Verständnis des BVerfG (4.6.1985 NJW 1986, 367; 7.3.2002 NZA 2002, 609) haben die Gerichte für Arbeitssachen die kirchl. Maßstäbe für die Bewertung vertragl. Loyalitätspflichten zugrunde zu legen, soweit sie von den Kirchen im Rahmen ihres **verfassungsrechtl. garantierten Selbstbestimmungsrechts** gesetzt wurden (vgl. BVerfG 20.11.2014 NZA 2014, 1387; BAG 24.9.2014 NZA 2014, 1407 Rn. 41 ff. zum Kopftuchverbot; *Edenharter* NZA 2014, 1378; *de Beauregard/Baur* NZA-RR 2014, 625, 627). Die Kirchen sind grds. berechtigt, verbindl. festzulegen, was die Glaubwürdigkeit der Kirche und ihrer Verkündigung erfordert, dh. was spezifisch kirchl. Aufgaben sind, von welchen AN sie wahrgenommen werden, welches die wesentl. Grds. der Glaubens- und Sittenlehre sind und wie schwerwiegend ein Verstoß dagegen ist (vgl. GG Art. 4 Rn. 43 ff.; *Plum* NZA 2011, 1194, 1200; zu der Frage, ob die Kirchen nach dem Unionsrecht bei einem an AN in leitender Stellung gerichteten Verlangen nach loyalem u. aufrichtigem Verhalten unterscheiden dürfen zwischen AN, die der Kirche angehören, und solchen, die einer anderen oder keiner Kirche angehören vgl. den Vorlagebeschluss BAG 28.7.2016 NZA 2017, 388). Andererseits hat das BVerfG (4.6.1985 NJW 1986, 367) den Gerichten aufgegeben sicherzustellen, dass die kirchl. Einrichtungen nicht in Einzelfällen **unannehmbare Anforderungen an die Loyalität** ihrer AN stellen. Die außerordentl. Kündigung kirchl. Mitarbeiter bedarf deswegen einer konkreten Interessenabwägung, in die auch die nach Art. 4 I GG geschützte Glaubens-, Gewissens- und Bekenntnisfreiheit des AN einzubeziehen ist (BVerfG 7.3.2002 NZA 2002, 609; aA *Dütz* NJW 1990, 2025; *ders.* NZA 2006, 65, 70; *Richardi* § 7 Rn. 14 ff.). Für verfassungswidrig hat das BVerfG nicht bereits die Kontrolle durch eine Interessenabwägung erachtet, sondern nur die zu geringe und damit fehlerhafte Einschätzung der Schwere und der Tragweite des festgestellten Loyalitätsverstoßes. Das BAG hat sich dieser Rspr. des BVerfG ausdr. angeschlossen (BAG 18.11.1986 AP GG Art. 140 Nr. 35; 25.5.1988 AP GG Art. 140 Nr. 36). Davon weicht die Rspr. des EGMR (23.9.2010 NZA 2011, 279 [Schüth/Deutschland]; 23.9.2010 NZA 2011, 277 [Obst/Deutschland]; 3.2.2011 NZA 2012, 199 [Siebenhaar/Deutschland]) im Ansatz ab. Während das BVerfG vom kirchl. Selbstbestimmungsrecht ausgeht (BVerfG 20.11.2014 NZA 2014, 1387), betont der EGMR die Grundrechte der kirchl. AN. IE erfordern beide Ansätze eine **intensive Interessenabwägung** (BAG 8.9.2011 NZA 2012, 443; *Plum* NZA 2011, 1194, 1200). Danach haben die Gerichte sicherzustellen, dass die Kirchen ihren AN im konkreten Einzelfall keine unannehmbaren Loyalitätsobliegenheiten auferlegen. Die Gerichte müssen im Rahmen einer eingehenden und umfassenden Abwägung der betroffenen Interessen unter Berücksichtigung aller Umstände des Einzelfalls hinlängl. nachweisen, dass die dem gekündigten AN auferlegten Loyalitätsobliegenheiten annehmbar waren. Dieser Anforderung genügen die Loyalitätsobliegenheiten nach dem Maßstab der EMRK nicht mehr, wenn sie den Kern der betroffenen Grundrechte der AN antasten.

113 **Mögl. Kündigungsgründe:** Standesamtl. Eheschließung einer Leiterin des Pfarrkindergartens einer katholischen Kirchengemeinde mit einem nicht laisierten Priester (BAG 4.3.1980 NJW 1980, 2211); standesamtl. Eheschließung einer Lehrerin an einer kirchl. Berufsfachschule mit einem geschiedenen Mann (BAG 18.11.1986 AP GG Art. 140 Nr. 35); standesamtl. Eheschließung einer grad. Religionspädagogin mit einem geschiedenen Mann und daraufhin entzogener „missio canonica" (BAG 25.5.1988 AP GG Art. 140 Nr. 36; zur arbeitsgerichtl. Überprüfbarkeit des Entzugs vgl. BAG 10.4.2014 NZA 2014, 653 Rn. 39); standesamtl. Eheschließung eines geschiedenen Chefarztes eines kath. Krankenhauses (BVerfG 20.11.2014 NZA 2014, 1387; aufgrund Interessenabwägung verneint von BAG 8.9.2011 NZA 2012, 443; Art. 5 II Nr. 2 lit. c) GrO 2015 stuft die erneute standesamtl. Heirat nach zivilrechtl. Scheidung nur noch bei Vorliegen bes. Umstände als kündigungsrelevant ein); Kirchenaustritt einer an einer katholischen Privatschule tätigen Gymnastiklehrerin (BAG 4.3.1980 AP GG Art. 140 Nr. 4); Austritt aus der katholischen Kirche durch einen in einem katholischen Krankenhaus beschäftigten Assistenzarzt (BAG 12.12.1984 NJW 1985, 2781) oder durch einen in einer kirchl. Kinderbetreuungsstätte tätigen Sozialpädagogen (BAG 25.4.2013 NZA 2013, 1131); Eingehung einer zweiten Ehe nach Scheidung durch die Ang. einer Caritas-Geschäftsstelle (BAG 14.10.1980 NJW 1981, 1228); homosexuelle Praxis eines im Dienst des Diakonischen Werkes einer evangelischen Landeskirche stehenden Konfliktberaters nach vorheriger Abmahnung (BAG 30.6.1983 NJW 1984, 1917; **aA** *Pallasch* NZA 2013, 1176, 1181); sexuelle Beziehung eines Kirchenmusikers zu einer Minderjährigen (BAG 26.9.2013 NZA 2014, 529); gegen tragende Grds. des geltenden Kirchenrechts verstoßende Behandlungsmethoden (homologe Insemination) des Chefarztes eines katholischen Krankenhauses (BAG 7.10.1993 NZA 1994, 443); Ehebruch eines Gebietsdirektors der Mormonenkirche (EGMR 23.9.2010 NZA 2011, 277 [Obst/Deutschland]; BAG 24.4.1997 NZA 1998, 145), anders aber für einen Organisten und Chorleiter einer kath. Kirchengemeinde (EGMR 23.9.2010 NZA 2011, 279 [Schüth/Deutschland] wegen Abwägungsdefizits, vgl. *Joussen* RdA 2011, 173, 175; noch **aA** BAG 16.9.1999 NZA 2000, 208); öffentl. Werbung für die „Universale Kirche/Bruderschaft der Menschheit" durch eine Erzieherin, die der Römisch-Katholischen Kirche angehört und an einer von der Evangelischen Kirche getragenen Kindertagesstätte arbeitet (BAG 21.2.2001 NZA 2001, 1136; Verfassungsbeschwerde nicht zur Entsch. angenommen – BVerfG 7.3.2002 NZA 2002, 609; der EGMR [3.2.2011 NZA 2012, 199 [Siebenhaar/Deutschland] hat dort keine Verletzung der EMRK festgestellt).

114 Die **Scientology Kirche** ist nach der Rspr. des BAG keine Religions- oder Weltanschauungsgemeinschaft iSd. Art. 4, 140 GG, Art. 137 WRV (22.3.1995 NZA 1995, 823; hingegen keine Stellungn. in BAG 26.9.2002 NZA 2002, 1412), sie genießt deshalb keinen gleichwertigen Tendenzschutz. Besteht die Gefahr, dass eine in einer gemeinnützigen Einrichtung der Jugendarbeit tätige Betreuerin Jugendliche einseitig iSd. Scientology-Bewegung beeinflusst, kann dies einen wichtigen Grund an sich ergeben (LAG BE 11.6.1997 NZA-RR 1997, 422).

115 AN **anderer Tendenzunternehmen** können durch tendenzschädigendes Verhalten ihre vertragl. Pflichten verletzen und so einen wichtigen Grund schaffen (vgl. BAG 23.10.2008 NZA-RR 2009, 362). Im Bereich der Medien kann die bes. Vertrauenswürdigkeit des AG im Umgang mit politischen Nachrichten durch öffentl. bekannt gewordene Manipulationen eines AN so schweren Schaden nehmen, dass die außerordentl. Kündigung gerechtfertigt ist (BAG 28.11.2007 NZA-RR 2008, 344).

116 **– Manipulation der Arbeitszeiterfassung.** Manipuliert der AN die zur AZErfassung eingesetzten Geräte (zB Stempeluhr) oder Datenträger, begr. dies unabhängig von der strafrechtl. Bewertung (zB Betrug) einen wichtigen Grund an sich (BAG 23.1.1963 AP GewO § 124a Nr. 8; 12.8.1999 NZA 2000, 27; vgl. a. Rn. 152). Der AZBetrug ist eine schwerwiegende Pflichtverletzung (LAG K 22.5.2003 LAGE BGB § 626 Nr. 150). Insb. die wissentl. und vorsätzl. falsche Dokumentation der AZ durch am Gleitzeitmodell teilnehmende AN stellt einen wichtigen Grund an sich dar. Der AG muss auf eine korrekte Dokumentation der AZ von am Gleitzeitmodell teilnehmenden AN vertrauen können (BAG 9.6.2011 NZA 2011, 1027). Dabei kommt es nicht auf die Form der AZErfassung an, umfasst sind auch handschriftl. auszufüllende Nachw. oder elektronisch aufzunehmende Daten (BAG 9.6.2011 NZA 2011, 1027; 26.9.2013 NZA 2014, 443). Gleiches gilt, wenn der AN wiederholt Pausen erhebl. überzieht und seine AZ falsch dokumentiert (LAG HE 24.11.2010 NZA-RR 2011, 294). Diese Grds. gelten insb. auch bei Telearbeit, bei der der AG auf eine gewissenhafte Führung der AZNachweise durch den AN angewiesen ist (LAG K 29.9.2014 NZA-RR 2015, 128 Rn. 30).

117 **– Mobbing.** Wer systematisch das Persönlichkeitsrecht, die Ehre oder die Gesundheit von Mitarbeitern oder Kollegen durch Mobbing verletzt, kann außerordentl. entlassen werden, in Extremfällen sogar ohne vorherige Abmahnung (LAG TH 15.2.2001 NZA-RR 2001, 577). Wird der **Betriebsfrieden** nachhaltig durch Handlungen gestört, mit denen ein AN das Ansehen eines Kollegen herabsetzen will, kommt die außerordentl. Kündigung in Betracht (OVG Greifswald 7.1.2004 NZA-RR 2004, 671).

118 **– Nebentätigkeit.** Die Ausübung einer Nebentätigkeit außerhalb der AZ ist grds. erlaubt. Sie kann nur dann zum wichtigen Grund werden, wenn bes. Umstände hinzutreten, die die Unzumutbarkeit begründen. ZB weil der AN seinem AG unerlaubte Konkurrenz macht (BAG 16.8.1990 NZA 1991, 141; vgl. Rn. 102), sich die Arbeitsleistungen wegen der Nebentätigkeit erhebl. verschlechtern (vgl. BAG 7.9.1972 AP HGB § 60 Nr. 7; 26.8.1976 AP BGB § 626 Nr. 68), die Nebentätigkeit mit dem öffentl. Ansehen des AG oder dem Gemeinwohl nicht zu vereinbaren ist (BAG 18.9.2008 NZA-RR

2009, 393) oder einen Interessenwiderstreit beim AN hervorruft, der das Vertrauen des AG in die Loyalität und Integrität des AN nachhaltig stört (BAG 19.4.2007 NZA-RR 2007, 571). IdS ist eine Beeinträchtigung des ArbVerh. anzunehmen, wenn der AN durch eine anstrengende oder ihn zeitl. überfordernde Nebenbeschäftigung (zB Mitwirkung in einer Tanzkapelle oder Einsatz als Taxifahrer) seine arbeitsvertragl. Verpflichtungen wegen Übermüdung oder Konzentrationsschwäche ganz oder tw. nicht oder nicht mehr gehörig erfüllen kann. In der Teilnahme des AN als Beisitzer an Einigungsstellen anderer Betriebe des AG liegt für sich genommen keine Beeinträchtigung betriebl. Interessen (BAG 13.5.2015 NZA 2016, 116).

Arbeitsvertragl. kann ein Verbot mit Erlaubnisvorbehalt wirksam vereinbart werden (BAG 119
11.12.2001 NZA 2002, 965). Eine Vertragsklausel, die dem AN jede nicht genehmigte Nebentätigkeit generell verbietet, ist verfassungskonform dahingehend auszulegen, dass nur solche Nebentätigkeiten verboten sind, an deren Unterlassung der AG ein berechtigtes Interesse hat (BAG 26.8.1976 AP BGB § 626 Nr. 68). Eine **nicht genehmigte Nebentätigkeit** während der AZ im HauptArbVerh. ist grds. geeignet, eine außerordentl. Kündigung zu rechtfertigen (BAG 3.12.1970 AP BGB § 626 Nr. 60). Außerhalb der AZ ausgeübte Nebentätigkeiten können als unerlaubter Wettbewerb (vgl. Rn. 102) den AG zur Kündigung berechtigen. Tarifvertragl. Regelungen über Nebentätigkeiten sind verfassungsrechtl. zulässig, denn sie betreffen Arbeitsbedingungen iSv. Art. 9 III GG, sie müssen aber den Schutzbereich des Art. 12 GG wahren (BAG 24.6.1999 AP BGB § 611 Nebentätigkeit Nr. 5). ZB kann in einem TV für vollzeitig beschäftigte Busfahrer ein Verbot solcher Nebentätigkeiten vorgesehen werden, die mit dem Lenken von Kraftfahrzeugen verbunden sind (BAG 26.6.2001 NZA 2002, 98). Besteht ein tarifvertragl. Nebentätigkeitsverbot mit Erlaubnisvorbehalt, ist die fortgesetzte und vorsätzl. Ausübung offensichtl. nicht genehmigungsfähiger Nebentätigkeiten in Unkenntnis des AG ein wichtiger Grund an sich (BAG 18.9.2008 NZA-RR 2009, 393). Hingegen muss ein AN mit der Ausübung einer – angezeigten – rechtmäßigen Nebentätigkeit nicht bis zu einer gerichtl. Entsch. warten (BAG 13.5.2015 NZA 2016, 116).

Ist ein AN während einer ärztl. attestierten AU schichtweise einer Nebenbeschäftigung bei einem 120
anderen AG nachgegangen, kann je nach den Umständen auch eine fristlose Kündigung ohne vorherige Abmahnung gerechtfertigt sein, weil die AU vorgetäuscht oder der AN dieser Tat dringend verdächtig ist (BAG 26.8.1993 NZA 1994, 63). Ist in derartigen Fällen der Beweiswert des ärztl. Attests erschüttert bzw. entkräftet, hat der AN konkret darzulegen, weshalb er krankheitsbedingt gefehlt hat und trotzdem der Nebenbeschäftigung nachgehen konnte (BAG 7.12.1995 RzK I 10h Nr. 37). Darüber hinaus kann eine **während einer Erkrankung** ausgeübte Nebentätigkeit die Kündigung rechtfertigen, wenn sie den Heilungsprozess verzögert (BAG 26.8.1993 NZA 1994, 63).

– Nichtanzeige einer Arbeitsunfähigkeit. Gem. § 5 I 1 EFZG ist jeder AN verpflichtet, dem AG 121
eine AU und deren Dauer unverzügl. mitzuteilen. Die Verletzung dieser Anzeigepflicht kann sogar die außerordentl. Kündigung rechtfertigen, wenn die Krankmeldung wiederholt und trotz einer Abmahnung unterlassen worden ist, wenn sich ausnahmsweise aus der einmaligen Unterlassung der Wille des AN ergibt, auch in Zukunft so zu verfahren (BAG 15.1.1986 NZA 1987, 93; zur ordentl. Kündigung: BAG 16.8.1991 NZA 1993, 17; allg. zu Mitteilungspflichten: BAG 26.3.2015 NZA 2015, 1180) oder wegen der herausgehobenen Stellung des AN (zB Betriebsleiter) von ihm erwartet werden kann, dass er für den Fall seiner krankheitsbedingten Abwesenheit konkrete Vertretungsregelungen trifft (BAG 30.1.1976 AP BGB § 626 Krankheit Nr. 2). Zeigt der AN die AU absichtl. nicht an, um den Betriebsablauf zu stören, kann der AG wegen dieser Schikane außerordentl. kündigen (LAG TH 2.8.2005 AuA 2006, 178). Ein wichtiger Grund kann vorliegen, wenn ein Berufskraftfahrer den AG nicht über das positive Ergebnis eines Drogentests informiert (BAG 20.10.2016 NZA 2016, 1527 Rn. 42 ff.).

– Nichtvorlage der Arbeitsunfähigkeitsbescheinigung. Die wiederholte Verletzung der Pflicht zur 122
Vorlage der ärztl. AUB (§ 5 I 2 EFZG) kann einen wichtigen Grund an sich begründen (LAG K 17.11.2000 NZA-RR 2001, 367). Verweigert der AN auch nach Abmahnung den Nachw. der Erkrankung, vermag dieses Verhalten die außerordentl. Kündigung zu rechtfertigen (BAG 15.1.1986 NZA 1987, 93). Eine ärztl. Gesundschreibung kennt das ArbR nicht, dementspr. folgt aus ihrer Nichtvorlage kein wichtiger Grund (LAG BE 10.5.2001 NZA-RR 2002, 23).

– Nötigung, Erpressung. Erzwingt der AN ein gewünschtes Verhalten seines AG mit der Andro- 123
hung eines empfindl. Übels oder versucht er dies, kann hierin abhängig von der Rechtswidrigkeit der Mittel-Zweck-Relation eine Straftat und zugleich schwerwiegende Pflichtverletzung liegen, die auch einen wichtigen Grund darstellen kann (LAG NI 8.3.2005 LAGE KSchG § 1 Verhaltensbedingte Kündigung Nr. 88; LAG HH 7.9.2007 NZA-RR 2008, 577). ZB Drohung mit Presseveröffentlichung zur „Luxemburg"-Praxis einer Bank, um Rücknahme einer Versetzung zu erreichen (BAG 11.3.1999 NZA 1999, 587) oder Drohung mit der Sabotage eines neuen Geschäftsmodells, wenn nicht eine Einkommenserhöhung erfolge (LAG HH 7.9.2007 NZA-RR 2008, 577).

– Politische Betätigung. § 74 II 3 BetrVG verbietet AG, BR und BRMitgliedern (nicht allen AN – 124
BVerfG 28.4.1976 NJW 1976, 1627) jede innerbetriebl. parteipolitische Betätigung (vgl. BAG 5.12.1975 AP BetrVG 1972 § 87 Betriebsbuße Nr. 1). IÜ ist die innerbetriebl. parteipolitische Betätigung pflichtwidrig, wenn sie zu **Störungen im Leistungsbereich** oder in der betriebl. Verbundenheit führt. Dafür genügt die konkrete Gefährdung des Betriebsfriedens (BAG 9.12.1982 NJW 1984, 1142).

125 Nimmt ein AN trotz der Androhung der Entlassung während der AZ an einer außerhalb des Betriebs ablaufenden **politischen Demonstration** teil, rechtfertigt dies allein nicht unbedingt die außerordentl. oder ordentl. Kündigung. Dass es sich um eine politische Demonstration handelte, die das unentschuldigte Fehlen verursachte, erhöht nicht das Gewicht der Pflichtverletzung. Anders wäre zu entscheiden, wenn sich die Demonstration gezielt gegen den AG richtete (vgl. BAG 23.10.1984 AP GG Art. 9 Arbeitskampf Nr. 82). Es kommt, wie stets, auf die Umstände des Einzelfalls an. Die außerbetriebl. politische Betätigung rechtfertigt als solche weder die außerordentl. noch die ordentl. Kündigung, sofern nicht Besonderheiten des Tendenzschutzes eine abw. Bewertung fordern. Für Tendenzträger können sich Beschränkungen der politischen Betätigung ergeben (zB Beitritt eines Rechtssekretärs zum „Kommunistischen Bund Westdeutschland", der vom DGB als „scharfer politischer Gegner" angesehen wurde: BAG 6.12.1979 AP KSchG 1969 § 1 Verhaltensbedingte Kündigung Nr. 2).

126 Im **öffentl. Dienst** gelten bes. Grds. Es ist von jedem AN des öffentl. Dienstes Loyalität ggü. der Verf. zu erwarten, die sich nach der Stellung und dem Aufgabenkreis des AN bestimmt. AN, in deren Aufgabenbereich auch hoheitl. Tätigkeiten wahrgenommen werden, müssen höhere Anforderungen erfüllen, als andere (BAG 12.5.2011 NZA-RR 2012, 43; 6.9.2012 NZA-RR 2013, 441). Insb. von Lehrern, Sozialpädagogen und Sozialarbeitern, die erzieherische Aufgaben wahrnehmen, muss ein positives Verhältnis zu den Grundwerten der Verf. und ein aktives Eintreten für diese Wertordnung erwartet werden (BAG 12.3.1986 NJW 1987, 1100; vgl. a. EGMR 22.11.2001 NJW 2002, 3087; zu den Loyalitätspflichten eines Erziehers ArbG Mannheim 19.5.2015 – 7 Ca 254/14 – BeckRS 2015, 68510). AN, die nur **eine „einfache" politische Treuepflicht** trifft, haben jede Handlung zu unterlassen, die darauf abzielt, den Staat, die Verf. oder deren Organe zu beseitigen, zu beschimpfen oder verächtl. zu machen (BAG 12.5.2011 NZA-RR 2012, 43; 6.9.2012 NZA-RR 2013, 441). Das gilt gleichermaßen für den dienstl. wie den außerdienstl. Bereich. Auch außerhalb ihrer AZ sind AN des öffentl. Dienstes verpflichtet, sich ihrem AG ggü. loyal zu verhalten und auf dessen berechtigte Integritätsinteressen in zumutbarer Weise Rücksicht zu nehmen (BAG 6.9.2012 NZA-RR 2013, 441). Diese Pflicht kann durch das aktive Eintreten für eine verfassungsfeindl. Partei oder deren Jugendorganisation verletzt werden. Eine so begr. Kündigung setzt nicht voraus, dass die Partei zuvor vom BVerfG für verfassungswidrig erklärt worden ist (vgl. BAG 12.5.2011 NZA-RR 2012, 43 betr. NPD). Ist nach der geschuldeten Tätigkeit keine Bekenntnispflicht anzunehmen, liegt ein wichtiger Grund nur vor, wenn es zu einer konkreten Beeinträchtigung des ArbVerh. gekommen ist. Dafür reicht eine abstrakte Gefahr für den Arbeitsablauf oder den Betriebsfrieden nicht aus, es muss eine konkrete Störung tats. eingetreten sein (BAG 12.5.2011 NZA-RR 2012, 43; 6.9.2012 NZA-RR 2013, 441).

127 – **Rauchverbot.** Besteht ein wirksames Rauchverbot (vgl. § 87 I Nr. 1 BetrVG; BAG 19.1.1999 NZA 1999, 546; *Fitting* § 87 Rn. 71; *Richardi/Richardi* § 87 Rn. 190), kann ein Verstoß bei konkreter Gefährdung des Lebens oder der Gesundheit anderer oder erhebl. Sachwerte eine außerordentl. Kündigung rechtfertigen (vgl. LAG BW 23.10.1951 DB 1952, 232). Davon unabhängig kann die **wiederholte Verletzung** eines betriebl. Rauchverbots nach erfolgloser Abmahnung eine fristlose Entlassung rechtfertigen (LAG M 18.1.1961 BB 1961, 1325). Dabei wird der Schutz nichtrauchender Arbeitskollegen oder Kunden heute verstärkt zu beachten sein (vgl. BAG 8.5.1996 NZA 1996, 927; 10.5.2016 NZA 2016, 1134).

127a – **Rücksichtnahmepflicht.** Nach § 241 II ist jede Partei zur Rücksichtnahme auf die Rechte, Rechtsgüter und Interessen ihres Vertragspartners verpflichtet. Dies dient dem Schutz und der Förderung des Vertragszwecks. Deshalb hat der AN seine Verpflichtungen aus dem ArbVerh. so zu erfüllen und die im Zusammenhang mit dem ArbVerh. stehenden Interessen des AG so zu wahren, wie dies von ihm unter Berücksichtigung seiner Stellung und Tätigkeit im Betrieb, seiner eigenen Interessen und der Interessen der anderen AN nach Treu und Glauben billigerweise verlangt werden kann (BAG 8.5.2014 NZA 2014, 1258 Rn. 19; 31.7.2014 NZA 2015, 245 Rn. 40). Die Rücksichtnahmepflichten gelten auch während einer krankheitsbedingten Arbeitsunfähigkeit (BAG 2.11.2016 NZA 2017, 183 Rn. 29), einer Wiedereingliederungsmaßnahme (LAG RP 3.2.2016 NZA-RR 2016, 480 und eines BEM (BAG 29.6.2017 – 2 AZR 47/16 – zVb). Ein Chefarzt kann dem Krankenhausträger einen wichtigen Grund zur außerordentl. Kündigung des ArbVerh. geben, wenn er, obgleich die Voraussetzungen des § 4 II 1 GOÄ nicht vorliegen, von nachgeordneten Ärzten ausgeführte Operationen als Wahlleistungen ggü. Patienten abrechnet und so die Vertragsbeziehung seines AG zu diesen Patienten zumindest belastet (LAG NI 17.4.2013 NZA-RR 2013, 351). Er ist auch außerhalb der AZ verpflichtet, auf **die berechtigten Interessen des AG** Rücksicht zu nehmen (BAG 23.10.2008 NZA-RR 2009, 362). Die Pflicht zur Rücksichtnahme kann durch privates Verhalten verletzt werden (vgl. Rn. 82), wenn es einen Bezug zum ArbVerh. hat (BAG 27.11.2008 NZA 2009, 604; 10.9.2009 NZA 2010, 220). ZB verletzt ein Kirchenmusiker durch sexuelle Beziehungen zu einer Minderjährigen in solchem Maß seine Pflicht zur Loyalität, dass die außerordentl. Kündigung gerechtfertigt sein kann (BAG 26.9.2013 NZA 2014, 529). Verschweigt ein schwerbehinderter AN auf Nachfrage seinen Status und muss der AG deshalb eine (überhöhte) Ausgleichsabgabe (§ 160 SGB IX) abführen, ist diese Pflichtverletzung (vgl. BAG 16.2.2012 NZA 2012, 555) als Kündigungsgrund geeignet. Das Gleiche gilt, wenn der AN nicht offenlegt, dass ein bestimmter Dritter ihn bestechen wollte (LAG RP 26.2.2016 – 1 Sa 358/15 – BeckRS 2016, 68356), oder wenn ein Berufskraftfahrer nicht unverzügl. mitteilt, dass aufgrund eines positiven Drogentests Zweifel an seiner Fahrtüchtigkeit bestehen

(BAG 20.10.2016 NZA 2016, 1527 Rn. 42 ff.). Lehrer sind verpflichtet, die Intimsphäre der Schüler ausnahmslos zu wahren [BAG 2.3.2017 NZA 2017, 1051].

– Sachbezüge. Die bewusste Missachtung von Sachbezugsregelungen (zB Versuch, anstelle von Waren oder Dienstleistungen aus dem Sortiment des AG Bargeld zu erhalten) ist an sich geeignet, einen wichtigen Grund zu begründen (BAG 23.6.2009 NZA 2009, 1198), denn der AN verletzt seine Pflicht zur Rücksichtnahme auf die Rechtsgüter und **Interessen seines Vertragspartners** (§ 241 II). Ist der AN berechtigt, auf Kosten des AG für sich Bedarfsgegenstände der privaten Lebensführung zu erwerben, hat er die Vermögensinteressen seines AG zu wahren und auf die Anschaffung von Luxusgütern zu verzichten, andernfalls gibt er dem AG einen Grund zur Kündigung (ArbG S 15.11.2012 AuR 2012, 501). Die im Konzern rechtswirksame Einlösung von Aktienoptionen kann einen wichtigen Grund ergeben, wenn sie nach den Regeln des Anstellungsverhältnisses unberechtigt ist (OLG M 25.3.2009 – 7 U 4774/08 – ZIP 2009, 1925 [LS]). 127b

– Schlecht- und Minderleistungen. Quantitativ ungenügende und qualitativ schlechte Leistungen des AN können den AG zur ordentl. Kündigung berechtigen (BAG 11.12.2003 NZA 2004, 784; *Sedlmeier*, Unzureichende Arbeitsleistung, 2009, S. 203 ff.). Ist die ordentl. Kündigung nicht ausgeschlossen, wird es dem AG regelm. zumutbar sein, das ArbVerh. für die Dauer der Kündigungsfrist fortzusetzen (BAG 6.3.2003 – 2 AZR 232/02 – BeckRS 2003, 41474). Ein wichtiger Grund kann vorliegen, wenn der AN aufgrund von Umständen, die in seiner Sphäre liegen, zu der nach dem Vertrag vorausgesetzten Arbeitsleistung auf unabsehbare Dauer nicht mehr in der Lage ist. Darin liegt regelm. eine schwere und dauerhafte **Störung des vertragl. Austauschverhältnisses**, der der AG, wenn keine anderen Beschäftigungsmöglichkeiten bestehen, mit einer außerordentl. Kündigung begegnen kann (BAG 26.11.2009 NZA 2010, 628). Entsteht infolge der Fehlleistungen erhebl. Schaden und sind bei Fortsetzung des ArbVerh. ähnl. Fehlleistungen zu befürchten, wird eine außerordentl. Kündigung in Betracht kommen, wenn der AN seine Arbeitskraft bewusst (vorsätzl.) zurückhält, also nicht unter angemessener Anspannung seiner Kräfte und Fähigkeiten arbeitet (BAG 20.3.1969 AP GewO § 123 Nr. 27). Dagegen sind mangelhafte Leistungen nach einer Unterbrechung der Tätigkeit (zB EZ) kurzfristig hinzunehmen, wenn sie Ausdruck von Einarbeitungsschwierigkeiten sind (LAG N 8.3.1999 NZA 2000, 263). 128

Bei **bes. verantwortungsvollen Tätigkeiten** (zB Pilot, Arzt) kann allein das Risiko des Eintritts eines hohen Schadens schon bei fahrlässigen Pflichtverletzungen eine fristlose Kündigung rechtfertigen, wenn dadurch das Vertrauensverhältnis der Arbeitsvertragsparteien berührt wurde (BAG 14.10.1965 AP BetrVG § 66 Nr. 27; 31.1.1985 – 2 AZR 284/83 – BeckRS 1985, 30712705; LAG D 4.11.2005 LAGE BGB 2002 § 626 Nr. 7). Insb. die **Gefährdung des Lebens und der Gesundheit** von Kunden des AG oder unbeteiligter Dritter berechtigen zur außerordentl. Beendigung des ArbVerh. (vgl. ArbG Trier 6.5.2010 – 3 Ca 986/09 – BeckRS 2010, 71812: Weiterleitung verdorbenen Fleisches in die Wurstproduktion). Der Kündigungsgrund entfällt nicht deshalb, weil der AG auf eine nachf. Kontrolle der sicherheitsrelevanten Arbeitsleistungen (zB Anziehen der Radbefestigungsbolzen an einem Pkw) verzichtet hat (**aA** LAG D 25.7.2003 LAGE BGB 2002 § 626 Nr. 2). Unterlaufen einem AN, zu dessen Aufgaben die Führung und Abrechnung von Kassen gehören, Fehlbuchungen, ist sein Versuch, diese durch neue bewusste Fehlbuchungen zu vertuschen, ein wichtiger Grund an sich (BAG 17.1.2008 NZA 2008, 777). Auch die Missachtung oder Verletzung von Nebenpflichten kann den AG zur Kündigung berechtigen. Insb. die Schadensabwendungspflicht kann in so schwerwiegender Weise verletzt werden, dass ohne vorherige Abmahnung ein wichtiger Grund gegeben ist (BAG 11.3.1999 NZA 1999, 818). Dabei kann diese Pflichtverletzung auch von AN begangen werden, die kraft bes. Vereinb. als Organ bei anderen konzerngebundenen Unternehmen tätig sind (BAG 27.11.2008 NZA 2009, 671). Von ähnl. Gewicht sind Fälle einer Vollmachtsüberschreitung oder gravierender Vermögensgefährdung (BAG 11.3.1999 – 2 AZR 51/98 – BeckRS 1999, 15024). Das vorsätzl. Löschen wichtiger Daten auf elektronischen Datenträgern kann den AG zur sofortigen Kündigung berechtigen (vgl. LAG K 24.7.2002 NZA-RR 2003, 303 f.). 128a

– Schwarzarbeit. Während der AZ verübte Schwarzarbeit kann die außerordentl. Kündigung rechtfertigen (vgl. Stichw. **Konkurrenztätigkeit** Rn. 102). Wenn sie außerhalb der AZ geleistet wird, kann es am Zusammenhang mit dem ArbVerh. fehlen, so dass kein wichtiger Grund gegeben ist. 129

– Sexuelle Belästigungen. Eine schwerwiegende sexuelle Belästigung am Arbeitsplatz (vgl. § 3 IV AGG) kann auch ohne vorangegangene Abmahnung eine fristlose Kündigung rechtfertigen (BAG 20.11.2014 NZA 2015, 294 Rn. 15). Kündigungsrechtl. ist ein vorsätzl. (offenbar **aA** BAG 9.6.2011 NZA 2011, 1342 Rn. 19), vom Betroffenen **erkennbar abgelehntes Verhalten** erforderl. (BAG 25.3.2004 NZA 2004, 1214). Eine sexuelle Motivation ist nicht stets nötig (BAG 29.6.2017 – 2 AZR 302/16 – BeckRS 2017, 121650). Das AGG stellt kündigungsrechtl. die Rechtslage nur klar (§ 12 III AGG; vgl. bereits zum BeschSchG BAG 8.6.2000 NZA 2001, 91). Auf weniger gravierende Verstöße wird durch Abmahnung und nicht durch Ausspruch einer Kündigung zu reagieren sein (BAG 20.11.2014 NZA 2015, 294 Rn. 19). Erst der wiederholte Verstoß führt zur Kündigung. Allerdings wird das Gewicht sexueller Belästigungen uneinheitl. beurteilt (vgl. BAG 9.6.2011 NZA 2011, 1342; 20.11.2014 NZA 2015, 294 Rn. 29). Beschäftigte einer psychiatrischen Einrichtung können wegen sexueller Kontakte mit Patienten fristlos entlassen werden (BAG 12.3.2009 NZA-RR 2010, 180). Im öffentl. Dienst kann von den AN erwartet werden, dass sie keine grob sexistischen oder rassistischen 130

Witze verbreiten. Exhibitionistische Handlungen am Bürofenster eines Rathauses berechtigen den kommunalen AG zur außerordentl. Kündigung des ArbVerh. (BAG 5.6.2008 NZA-RR 2008, 630). Das bewusste und wiederholte Beobachten von Kunden beim Umkleiden gegen deren Willen kann einen wichtigen Grund ergeben (LAG NI 15.3.2002 NZA-RR 2003, 20).

131 – **Sittlichkeitsdelikte.** Im dienstl. Bereich begangene Sittlichkeitsdelikte (insb. Vergewaltigung, sexuelle Nötigung, sexueller Missbrauch von Schutzbefohlenen oder sexueller Missbrauch von Kindern) werden regelm. die fristlose Kündigung rechtfertigen und zwar ohne vorherige Abmahnung (vgl. BAG 12.3.2009 NZA-RR 2010, 180; 23.10.2014 NZA 2015, 353 Rn. 20). Werden derartige **Delikte im privaten Bereich** begangen, besitzen die Auswirkungen auf die Vertragsbeziehungen der Arbeitsvertragsparteien entscheidendes Gewicht (BAG 26.3.1992 NZA 1992, 1121). ZB können Sittlichkeitsdelikte die Beschäftigung von Lehrern, Erziehern und anderen Pädagogen derart belasten, dass es unverantwortl. wäre, sie weiterhin als Erzieher einzusetzen (vgl. zu den erhöhten, an Angehörige dieser Berufsgruppe zu stellenden Anforderungen: BAG 23.9.1976 NJW 1977, 1311). Der Verdacht pädophiler Neigungen berechtigt zur außerordentl. Kündigung eines Kindergartenleiters (ArbG Braunschweig 22.1.1999 NZA-RR 1999, 192). Gleichermaßen ist der sexuelle Missbrauch von Kindern eines Arbeitskollegen ein wichtiger Grund an sich (BAG 27.1.2011 NZA 2011, 798). Die Betriebskultur eines Automobilherstellers kann es rechtfertigen, dass AN außerordentl. gekündigt wird, die im Betrieb vorsätzl. Datenträger an Kollegen weiterreichen, auf denen sodomitische und kinderpornographische Abbildungen gespeichert sind (LAG HE 4.4.2001 – 6 Sa 1871/00). Wird der Internet-Anschluss des AG genutzt, um pornografisches Bildmaterial herunter zu laden und auf Datenträgern des AG zu speichern, kann dies einen wichtigen Grund ergeben, wenn dadurch das Ansehen des AG in der Öffentlichkeit beschädigt worden ist (ArbG Hannover 1.12.2000 NZA 2001, 1022; ArbG F 2.1.2002 NZA 2002, 1093, 1094 f.; *Mengel* NZA 2005, 752, 753; vgl. auch BAG 19.4.2012 NZA 2013, 27).

132 – **Steuerhinterziehung.** Eine über Jahre hinweg fortgesetzte Steuerhinterziehung in erhebl. Höhe ist bei einem Ang. eines Finanzamts als wichtiger Grund geeignet; ob dies für in anderen Verw. beschäftigte Ang. auch gilt, ist vom BAG (21.6.2001 NZA 2002, 1030) offen gelassen worden (LAG HM 19.1.2001 AuR 2002, 433, 434 verneint dies für Grundschullehrerin). Eine etwaige Selbstanzeige des Ang. (§ 371 AO) ist bei der Interessenabwägung zu berücksichtigen. Einen wichtigen Grund kann es darstellen, wenn ein Filialleiter nicht beschäftigte Personen („Phantomaushilfen") meldet, um tats. tätigen AN, die als Minijobber geführt werden, Entgelt „schwarz" zu zahlen (LAG RP 18.8.2016 NZA-RR 2016, 574).

133 – **Strafbare Handlungen.** Strafbare Handlungen, die sich gegen den AG richten, werden regelm. das Recht zur außerordentl. Kündigung begründen. Hierzu gehören va. Eigentums- und Vermögensdelikte (zu letzteren vgl. Rn. 151). Handelt der AN auf Weisung seiner Vorgesetzten, kann dies den Tatbestand (zB der Untreue) ausschließen (vgl. aber BGH 17.9.2009 NJW 2010, 92, 96 ff.), in jedem Fall beeinflusst dies die **notwendige Interessenabwägung** (vgl. zur Korruption zwecks Auftragsgewinnung Rn. 98a; ArbG M 2.10.2008 NZA-RR 2009, 134). Im Staatsdienst sind strafbare Handlungen der Bediensteten zum Nachteil von Bürgern, deren Angelegenheiten sie zu betreuen haben, durchweg geeignet, eine außerordentl. Kündigung zu rechtfertigen (BAG 5.6.2008 NZA-RR 2009, 69). So kann es genügen, dass eine Mitarbeiterin im Bürgeramt massenhaft Meldedaten aus privaten Gründen abruft (LAG BB 13.4.2017 NZA-RR 2017, 404). Zu Vermögensdelikten im Zusammenhang mit vorgetäuschter AU und deshalb zu Unrecht bezogener EFZ im Krankheitsfall vgl. Rn. 156.

133a Entscheidend ist die **Zerstörung des Vertrauensverhältnisses.** Dabei kommt es für die kündigungsrechtl. Würdigung nicht entscheidend auf die strafrechtl. Bewertung an (BAG 20.8.1997 NZA 1997, 1340; 1.7.1999 NZA 1999, 1270). Es kann sogar einen Rechtsfehler bedeuten, wenn die Tatsacheninstanzen vornehml. strafrechtl. Überlegungen anstellen und die Verletzung arbeitsrechtl. Pflichten übergehen (BAG 12.8.1999 NZA 2000, 27). Der notwendige Bezug zum ArbVerh. (vgl. BAG 28.11.2007 NZA-RR 2008, 344) kann darauf beruhen, dass die Straftat im Betrieb (einschl. Parkplatz) oder zum Nachteil eines Geschäftspartners des AG (zB Hehlerei mit dessen Produkten) begangen wird (BAG 6.11.2003 NZA 2004, 919). Bes. gravierend sind strafbare Handlungen zu Lasten von Kunden des AG (zB Bankkunden LAG BW 21.10.2009 ArbR 2010, 100 oder Patienten eines Krankenhauses LAG NI 17.4.2013 NZA-RR 2013, 351). Zu den im Privatbereich begangenen Straftaten vgl. Rn. 85 und 127a. Erfährt der AG von Vorwürfen gegen einen AN, die Auswirkungen auf das ArbVerh. haben können, und konfrontiert er ihn damit, kann der AN sich einlassen und aktiv an der Aufklärung mitwirken oder schweigen. Dies gilt schon iRd. Anhörung vor Ausspruch einer beabsichtigten Verdachtskündigung (vgl. Rn. 178 ff.), erst recht aber, wenn der AG sich um Klärung einer durch einen anonymen Brief und durch Presseberichte entstandenen Vermutung einer mögl. Pflichtverletzung bemüht. Verweigert der AN eine aktive Beteiligung, kann der AG weitere **Aufklärungsbemühungen** durch Befragen des AN einstellen. Die fehlende Mitwirkung des AN selbst rechtfertigt aber keine Kündigung, denn der AN muss sich weder selbst belasten, noch kann er gezwungen werden, dem AG Tatsachenmaterial zu liefern, das die beabsichtigte Kündigung tragen könnte (BAG 23.10.2008 NZA-RR 2009, 362). Der AG ist vielmehr auf Auskünfte nach §§ 406e, 475 StPO angewiesen (BAG 23.10.2008 NZA-RR 2009, 362). Allerdings hat der AN die Tatsache eines lfd. Ermittlungsverfahrens als solche auf Nachfrage zu offenbaren (vgl. BAG 20.5.1999 NZA 1999, 975; 27.7.2005 NZA 2005, 1243).

Im Kündigungsschutzprozess liegt die **Beiziehung von Strafakten** zum Zweck der Sachaufklärung im pflichtgemäßen Ermessen der Tatsachengerichte. Die Unterlassung der Beiziehung kann pflichtwidrig sein, wenn Art und Ausgang eines Strafverfahrens für die eigene Entsch. der Arbeitsgerichte von rechtl. Bedeutung und die Ausführungen der Prozessparteien darüber widersprüchl. und entstellend sind (BAG 10.3.1977 AP ZPO § 313 Nr. 9). 133b

Eine vom AN zum Nachteil des AG als Vermieter begangene **Pfandkehr** (§ 289 StGB) begr. einen wichtigen Grund an sich (BAG 16.12.2004 AP BGB § 626 Nr. 191). Die Manipulation des Fahrtenschreibers an einem dienstl. gestellten Kfz. ist nach § 268 StGB strafbar und ein wichtiger Grund an sich (LAG RP 27.1.2004 NZA-RR 2004, 473). Die ggü. Dritten verlautbarte Absicht eines Mitarbeiters, in einem vom AG geführten Rechtsstreit vorsätzl. falsch zu dessen Nachteil auszusagen, kann das Vertrauen so nachhaltig zerstören, dass die außerordentl. Kündigung gerechtfertigt ist (BAG 16.10.1986 AP BGB § 626 Nr. 95). Die realisierte Falschaussage in einem solchen Rechtsstreit (BAG 5.11.2009 NZA-RR 2010, 236) oder die Abgabe einer vorsätzl. **falschen eidesstattl. Vers.** in einem Rechtsstreit mit dem AG (BAG 24.11.2005 AP BetrVG 1972 § 103 Nr. 55; 31.7.2014 NZA 2015, 358 Rn. 20) ist ebenso wie der versuchte Prozessbetrug zum Nachteil des AG (BAG 8.11.2007 ZInsO 2008, 335; 23.10.2014 NZA 2015, 429 Rn. 16) an sich geeignet, eine fristlose Kündigung zu rechtfertigen. Zur Insolvenzverschleppung vgl. BGH 20.6.2005 NZA 2005, 1415. Ein in einem Supermarkt angestellter Metzgermeister macht sich nach §§ 11 I, 59 I Nr. 7 LFGB strafbar, wenn er von einer Fleischfabrik hergestellte und verpackte und mit einem Mindesthaltbarkeitsdatum versehene Ware auspackt, neu verpackt und mit einem späteren Mindesthaltbarkeitsdatum versieht. Ein solches Verhalten ist an sich geeignet, eine außerordentl. Kündigung zu rechtfertigen (LAG K 19.1.2009 NZA-RR 2009, 368). 133c

– Tätigkeit für das Ministerium für Staatssicherheit. Für den öffentl. Dienst **im Beitrittsgebiet** (Art. 3, 20 EVertr.) regelt der EVertr. in Anl. I Kapitel XIX Sachgebiet A Abschnitt III Nr. 1 Abs. 5 eigenständig und abschl. (vgl. BAG 11.6.1992 NZA 1993, 118) eine außerordentl. Kündigung wegen Verstoßes gegen die Grds. der Menschlichkeit oder Rechtsstaatlichkeit oder Tätigkeit für das frühere Ministerium für Staatssicherheit/Amt für nationale Sicherheit (vgl. Rn. 6). Im öffentl. Dienst außerhalb des Geltungsbereichs des EVtr. und in der Privatwirtschaft kann wegen dieser Sachverhalte nach § 626 oder sozial gerechtfertigt gekündigt werden, wenn sich die Vorbelastung des AN konkret auf das ArbVerh. auswirkt und die dadurch dem AG entstehenden Nachteile unzumutbar sind (vgl. BAG 25.10.2001 EzA BGB § 626 nF Nr. 191; LAG SN 23.2.1999 AfP 1999, 392; LAG HM 1.7.1992 LAGE BetrVG 1972 § 118 Nr. 17). Die bewusste Falschbeantwortung einer zulässig gestellten **Frage des AG nach einer früheren MfS-Tätigkeit** des AN kann die außerordentl. Kündigung rechtfertigen (BAG 16.10.1997 – 8 AZR 702/95 – BeckRS 1997, 30924310; 3.9.1998 – 8 AZR 449/97 – BeckRS 1998, 13937; 1.7.1999 NZA-RR 1999, 635; 24.2.2000 – 8 AZR 280/99 – BeckRS 2000, 30783413). 134

– Tätlichkeiten. Vorsätzl. Körperverletzungen **unter Arbeitskollegen** oder ggü. dem AG und seinen Angehörigen wiegen schwer und werden idR einen wichtigen Grund für eine außerordentl. Kündigung ergeben (vgl. Rn. 106), ohne dass zuvor eine vergebl. Abmahnung wegen eines gleichartigen Vorfalls erforderl. wäre (vgl. BAG 31.3.1993 NZA 1994, 409; 6.10.2005 NZA 2006, 431; zum Trainer-Berufssportler-Verhältnis ArbG Kiel 21.1.2010 SpuRt 2010, 166). Etwaige Rechtfertigungs-, Entschuldigungs- oder Schuldausschließungsgründe (zB Notwehrexzess) berühren den wichtigen Grund an sich und sind nicht nur iRd. Interessenabwägung zu berücksichtigen. Im Fall einer Schlägerei unter AN liegt nicht in jeder Verwicklung eines AN eine Pflichtverletzung. Jedoch kann wegen des beträchtl. Gefährdungspotentials die erhebl., aktive Beteiligung an der tätl. Auseinandersetzung einen wichtigen Grund darstellen. Es ist nicht entscheidend, ob der AN als unmittelbarer Angreifer die Schlägerei angezettelt hat. Für die Beeinträchtigung der Interessen des AG an einem ungestörten Betriebsablauf und die durch das gezeigte Verhalten indizierte künftige Gefährdung anderer AN ist es – soweit nicht eine Notwehrlage bestand – regelm. unerhebl., wer den ersten Schlag und welche Handlung ggf. zu einer Körperverletzung führte (BAG 18.9.2008 – 2 AZR 1039/06 – BeckRS 2009, 59320). Tätlichkeiten ggü. **Kunden oder Geschäftspartnern** des AG berechtigen gleichfalls zum Ausspruch einer Kündigung, regelm. der außerordentl., sofern nicht die Umstände des Einzelfalls eine andere Beurteilung erfordern. Hierzu gehören auch Tätlichkeiten ggü. Patienten oder anderen der Obhut des AG anvertrauten Personen (LAG HE 30.3.2000 NZA-RR 2000, 526). Dies kann sogar gelten, wenn der körperl. Verletzte AN eines „Gegners“ des AG ist (vgl. BAG 17.1.1979 NJW 1980, 470). 135

– Tod des Arbeitgebers. Der Tod des AG lässt anders als der Tod des AN das **ArbVerh. unberührt** (vgl. § 620 Rn. 36, dort a. zur Ausnahme bei Konfusion). Die Erben des AG sind nicht berechtigt, allein wegen des Todesfalls oder zur Erhaltung des Nachlasses den Mitarbeitern außerordentl. zu kündigen (BAG 21.4.2005 AP KSchG 1969 § 1 Betriebsbedingte Kündigung Nr. 134; **aA** BAG 2.5.1958 AP BGB § 626 Nr. 20 zum rheinischen „Nur-Notar“). 136

– Trunksucht; Alkohol und andere Drogen. Ein nicht auf Abhängigkeit beruhender Alkoholmissbrauch im Betrieb ist an sich geeignet, eine verhaltensbedingte Kündigung iSd. § 1 II KSchG zu rechtfertigen (BAG 26.1.1995 NZA 1995, 517). Es besteht eine **Nebenleistungspflicht des AN**, sich nicht in einen Zustand zu versetzen, in dem er sich oder andere gefährden kann (BAG 20.10.2016 NZA 2016, 1527 Rn. 18). Der AN darf seine Arbeitsfähigkeit auch nicht durch Alkoholgenuss in der Freizeit beeinträchtigen. Es kommt deshalb für die Pflichtverletzung nicht entscheidend darauf an, ob der AN 137 alkoholisiert zur Arbeit erscheint oder erst im Betrieb alkoholische Getränke zu sich nimmt. Diese Nebenleistungspflicht ist jdf. dann verletzt, wenn der AN während der AZ Ausfallerscheinungen (insb. schwankender Gang, lallende Sprache) erkennen lässt und eine Beeinträchtigung seiner Hauptpflicht zur Arbeitsleistung zu besorgen ist. Die Nebenleistungspflicht der AN, sich nicht in einen Zustand zu versetzen, in dem sie sich oder andere gefährden können, besteht auch in der Chefetage. Ltd. Ang. dürfen nicht ihre Leistungsfähigkeit durch Alkoholgenuss einschränken. Ihnen kann außerordentl. gekündigt werden, wenn ihr Alkoholkonsum von den übrigen Betriebsangehörigen bemerkt und beanstandet wird.

137a Eine außerordentl. Kündigung wegen Trunkenheit kommt nur in Betracht, wenn durch zusätzl. Umstände eine alsbaldige Beendigung des ArbVerh. unverzichtbar erscheint. IdS sind ua. die Uneinsichtigkeit des AN nach früheren Vorfällen und vergebl. Abmahnungen, unverantwortl. Handlungen im alkoholisierten Zustand sowie bes. betriebl. Gefahrenlagen als belastende Umstände berücksichtigungsfähig. Bei **Tätigkeiten im sicherheitsrelevanten Bereich** wird die Nebenleistungspflicht des AN, sich nicht in einen Zustand zu versetzen, in dem er sich oder andere gefährden kann, schon bei sehr geringen Alkoholmengen verletzt (BAG 26.1.1995 NZA 1995, 517). So wird für Berufskraftfahrer Trunkenheit am Steuer während einer berufl. veranlassten Fahrt regelm. einen wichtigen Grund zur außerordentl. Kündigung darstellen können (BAG 23.9.1986 NZA 1987, 250; LAG N 17.12.2002 NZA-RR 2003, 301 f.). Besteht kein generelles Alkoholverbot (vgl. Stichw. Alkoholverbot Rn. 63), kann der Alkoholkonsum als Verletzung der Arbeitspflicht bedeutsam werden (zB Fahrer eines Krankenwagens, der seinen Dienst alkoholisiert antritt: LAG SN 26.5.2000 NZA-RR 2001, 472, 473 f.; Busfahrer im Personennahverkehr mit 0,46 Promille: LAG N 17.12.2002 NZA-RR 2003, 301). Die schlichte Gleichsetzung von Alkoholismus und Krankheit (hierzu BAG 20.12.2012 NZA-RR 2013, 627) verkürzt die Problematik, wenn die Krankheit zu Gefährdungen oder gar Schädigungen erhebl. Rechtsgüter führt.

138 Die Erbringung von Arbeitsleistungen unter Drogeneinfluss ist insb. bei Gefährdung Dritter ein wichtiger Grund an sich (ArbG BE 21.11.2012 NZA-RR 2013, 194). ZB wenn ein Erzieher trotz des im Heim bestehenden generellen Drogenverbots an dem Cannabisgenuss eines ihm anvertrauten Heimbewohners mitwirkt (BAG 18.10.2000 NZA 2001, 383). Raucht ein als Zeitungszusteller beschäftigter BRVors. mehrfach im BRBüro **Haschisch,** ist dies aber ohne nachteilige Auswirkungen auf seine Arbeitsleistung geblieben, wird regelm. kein wichtiger Grund vorliegen (LAG BW 19.10.1993 NZA 1994, 175). Der Konsum harter Drogen kann die außerordentl. Kündigung eines Berufskraftfahrers auch rechtfertigen, wenn nicht feststeht, dass seine Fahrtüchtigkeit bei von ihm durchgeführten Fahrten konkret beeinträchtigt war (BAG 20.10.2016 NZA 2016, 1527 Rn. 19 ff.). Offen ist, unter welchen Umständen ein Kraftfahrer bei länger zurückliegendem Drogenkonsum davon ausgehen kann, seine Arbeit wieder verrichten zu dürfen (BAG 20.10.2016 NZA 2016, 1527 Rn. 28), inwieweit diese Rspr auf den Konsum von Cannabis (dazu BGH 14.2.2017 NJW 2017, 1403) zu übertragen ist und ob sie auf Berufe ausgeweitet wird, für die die Wertungen des öffentl. Verkehrsrechts nicht gelten.

139 Im Kündigungsrechtsstreit muss der AG darlegen und beweisen, dass der AN alkoholbedingt nicht mehr in der Lage war, seine arbeitsvertragl. Verpflichtungen ordnungsgemäß zu erfüllen, bzw. durch die Alkoholisierung für ihn oder andere AN ein erhöhtes Unfallrisiko bestand (BAG 26.1.1995 NZA 1995, 517). Der Nachw. der Alkoholisierung ist mit bes. Schwierigkeiten verbunden, wenn der AN sich nicht mit einem Alkoholtest einverstanden erklärt. Er kann wegen seines **Grundrechts auf körperl. Unversehrtheit** weder zu einer Untersuchung seines Blutalkoholwerts (vgl. *v. Hoyningen-Huene* DB 1995, 142, 145) noch zur Mitwirkung an einer Atem-Alkoholanalyse gezwungen werden (BAG 26.1.1995 NZA 1995, 517). Deshalb ist es prozessual ausreichend, wenn der AG die Indizien der Alkoholisierung (Alkoholfahne, lallende Sprache, schwankender Gang, aggressives Verhalten) darlegt und ggf. beweist. IRd. Beweiswürdigung (§ 286 ZPO) sind nicht die gleichen Anforderungen an den Beweis der Trunkenheit wie im Strafprozess zu stellen. Verfügt der AG über entspr. Möglichkeiten, sollte er indes aus Gründen der Fürsorge dem AN bei Anzeichen einer Alkoholisierung Gelegenheit geben, den Verdacht einer Alkoholisierung durch obj. Tests (zB mittels Alkomat oder einer vom Arzt entnommenen Blutprobe) auszuräumen. Steht der – hinreichend zeitnahe – Konsum einer „harten Droge" durch einen Berufskraftfahrer fest, muss der AG im Prozess nicht darlegen und beweisen, dass dessen Fahrtüchtigkeit bei durchgeführten Fahrten konkret beeinträchtigt war (BAG 20.10.2016 NZA 2016, 1527 Rn. 19 ff.).

140 Hat sich der Alkoholkonsum zur **Trunksucht** gesteigert (Alkoholismus), kann diese Krankheit bei einem ordentl. unkündbaren AN die außerordentl. Kündigung des ArbVerh. rechtfertigen (BAG 20.12.2012 NZA-RR 2013, 627). Ansonsten wird bei Rückfälligkeit nach zunächst erfolgreicher Entziehungskur und längerer Abstinenz die ordentl. Kündigung in Betracht kommen (BAG 20.3.2014 NZA 2014, 602). Es greifen bei Alkoholsucht die Grds. der krankheitsbedingten Kündigung ein (BAG 20.12.2012 NZA-RR 2013, 627). Eine verhaltensbedingte Kündigung wegen Therapieverweigerung kommt nicht in Betracht (*Joussen* NZA-RR 2016, 1).

141 **– Unentschuldigtes Fehlen.** Dieses wird als wichtiger Grund anerkannt (BAG 16.3.2000 NZA 2000, 1332). Ein einziger Fehltag rechtfertigt grds. noch keine außerordentl. Kündigung, es sei denn, diese Fehlzeit machte „das Maß voll". Eine andere Beurteilung kann auch angezeigt sein, wenn der AN sich

über ein ausdr. erklärtes Verbot des AG hinweggesetzt und ohne rechtfertigenden oder entschuldigenden Grund vom Arbeitsplatz entfernt hat. Zur Verbüßung einer Freiheitsstrafe vgl. Rn. 70c, 146. Der AN, der sich Arbeitsbefreiung durch eine **Täuschungshandlung** erschleicht (zB angebl. Tod eines nahen Angehörigen), verletzt nicht nur seine Arbeitspflicht, sondern zugleich das vertragl. Vertrauensverhältnis. Ihm kann fristlos gekündigt werden.

– Unerlaubte Nutzung von Betriebsmitteln; Verletzung von Obhuts- und Rücksichtnahmepflichten. Der AN ist zum sorgfältigen Umgang mit den ihm vom AG zur Erbringung der Arbeitsleistung überlassenen Betriebsmitteln verpflichtet (§ 241 II). Diese Obhutspflicht verletzt er, wenn er die Betriebsmittel schuldhaft beschädigt (LAG RP 4.12.2011 NZA-RR 2013, 129) oder gefährdet (LAG SH 8.10.2015 – 5 Sa 176/15 – BeckRS 2016, 66236). Gegen diese Pflicht verstößt auch der AN, der unerlaubt Software auf Anl. der IT-Technik installiert oder löscht (LAG SN 17.1.2007 LAGE KSchG § 1 Verhaltensbedingte Kündigung Nr. 96; abl. *Redeker* CR 2008, 554). Hat der AN nach Freistellung von der Arbeit seinen Arbeitsplatz geräumt und die Schlüssel abgegeben, kann es einen wichtigen Grund darstellen, wenn er sich ohne Gestattung des AG außerhalb der AZ Zutritt zum Betrieb verschafft, um **betriebl. Unterlagen** für eigene Zwecke zu fotokopieren (LAG HM 4.6.2009 AA 2010, 45). Je nach Gewicht dieser Pflichtverletzung kann ein wichtiger Grund gegeben sein. Nimmt der AN Arbeitsmittel unerlaubt mit nach Hause und gibt sie auf Verlangen des AG grundlos nicht heraus, liegt hierin ein wichtiger Grund an sich (BAG 12.5.2010 NZA 2010, 1348 betr. Jahresarbeit eines Schülers). 142

Benutzt ein AN trotz ausdr. Verbots ein **Betriebsmittel zu privaten Zwecken**, kann dies den AG zur Kündigung berechtigen (vgl. zum PC BAG 16.7.2015 NZA 2016, 161). ZB verwirklicht der AN bei der unerlaubten Nutzung eines Betriebskraftfahrzeugs für eine Wochenendheimfahrt den Straftatbestand des **unbefugten Gebrauchs eines Fahrzeugs** (§ 248b StGB) und gibt dem AG einen wichtigen Grund zur Kündigung (BAG 9.3.1961 NJW 1961, 1422). Die schuldhafte Verletzung der sich aus § 241 II ergebenden Pflicht zur Rücksichtnahme auf schutzwürdige Interessen des AG kann ein wichtiger Grund an sich sein (BAG 28.8.2008 NZA 2009, 192). Hierzu sind auch Vermögensinteressen des AG zu rechnen. Die „schweigende" Hinnahme einer lfd. Lohnüberzahlung kann eine solche schuldhafte Pflichtverletzung darstellen, wenn der AN den fehlenden Rechtsgrund kennt (BAG 28.8.2008 NZA 2009, 192; enger OLG CE 9.2.2010 NJW-Spezial 2010, 217). Einen wichtigen Grund setzt ein Vorgesetzter, der während der AZ untergebene AN ohne Erlaubnis des AG für sich privat arbeiten lässt (LAG Köln 25.11.2016 – 4 Sa 1182/15 – BeckRS 2016, 111617). Die Verletzung der aus dem ArbVerh. folgenden Loyalitätspflicht kann die außerordentl. Kündigung rechtfertigen (BAG 26.9.2013 NZA 2014, 529 betr. sexuelle Beziehung eines Kirchenmusikers zu einer Minderjährigen). 142a

– Unerlaubte Nutzung von Einrichtungen der Telekommunikation. Unerlaubte private Telefongespräche, die über die betriebl. Fernsprechanlage oder ein Mobiltelefon auf Kosten des AG geführt werden, können zur fristlosen Kündigung berechtigen (BAG 5.12.2002 AP BGB § 123 Nr. 63; 4.3.2004 NZA 2004, 717). Dies gilt va. bei versuchter Verschleierung, durch die Kollegen belastet werden können. Zur Internetnutzung vgl. Rn. 100. Besteht **kein betriebl. Verbot** privater Telefongespräche, kann aber der Umf. den geduldeten Rahmen so eindeutig überschreiten, dass wegen der in dieser Zeit unterbliebenen Arbeitsleistung und etwaiger Sachkosten nach entspr. Abmahnung ein wichtiger Grund an sich gegeben ist (vgl. LAG NI 13.1.1998 NZA-RR 1998, 259 [150 Telefonate mit demselben Anschluss, davon 14 an einem Arbeitstag]; andererseits LAG N 6.8.2002 NZA-RR 2003, 191, 193 [141 Minuten in vier Monaten]). Die Gestattung privater Telefonate erstreckt sich nicht auf Anrufe bei kostenpflichtigen Sonderrufnummern (LAG D 16.9.2015 – 12 Sa 630/15 – BeckRS 2015, 72926 [Gewinnspielhotline]). Wird durch die Benutzung des Telefons die Konzentration anderer AN gestört, stellt dies jdf. bei sicherheitsrelevanten Tätigkeiten eine kündigungsrelevante Pflichtverletzung dar (BAG 25.10.2012 NZA 2013, 319 zum Telefonieren eines Chefarztes im OP). 143

– Unpünktlichkeit. Unpünktlichkeiten eines AN sind an sich geeignet, eine außerordentl. Kündigung zu rechtfertigen, wenn sie den Grad und die Auswirkung einer **beharrl. Verweigerung der Arbeitsleistung** erreicht haben (BAG 17.3.1988 NZA 1989, 261). Das setzt voraus, dass die Pflichtverletzung trotz Abmahnung wiederholt begangen wird und sich daraus der nachhaltige Wille des AN ergibt, den vertragl. Verpflichtungen nicht oder nicht ordnungsgemäß nachkommen zu wollen. Erscheint ein AN ohne rechtfertigenden Grund überhaupt nicht oder verspätet zur Arbeit, erbringt er die von ihm geschuldete Arbeitsleistung tw. nicht oder – sofern nachholbar – nicht zur rechten Zeit. Dies ist ein Verstoß gegen die arbeitsvertragl. Verpflichtung, die Arbeit mit Beginn der AZ aufzunehmen und sie iRd. betriebl. AZ zu erbringen (vgl. BAG 13.3.1987 NZA 1987, 518) oder während dieses Zeitraums zur Zuweisung von oder zur Aufnahme der Arbeit zur Vfg. zu stehen. Der AN schuldet nicht die Erbringung von einzelnen Tätigkeiten oder ein in Stückzahlen ausgedrücktes Arbeitserg. Nicht ein „Soll" oder eine „Norm" von produktiven Arbeitsleistungen bildet das Maß seiner vertragl. Leistungspflicht, sondern eine bestimmte AZ. Die Zeit ist das Maß der vom AN geschuldeten Leistung. Das gilt auch für Leistungslohnsysteme. Grds. beginnt und endet die AZ mit dem **Erreichen bzw. Verlassen des Arbeitsplatzes**. Hiervon kann durch Kollektiv- oder Einzelvertrag, aber auch durch betriebl. Übung abgewichen werden. Insb. kann auf das Betreten des Betriebsgeländes oder der Arbeitsstelle abgestellt werden (BAG 15.7.1993 NZA 1994, 137). 144

145 Bereits der mit der Unpünktlichkeit verbundene Verzug in der Erfüllung der Arbeitspflicht führt zu einer rechtserhebl. **konkreten Störung im Leistungsbereich** (BAG 17.1.1991 NZA 1991, 557). Ob wiederholte Unpünktlichkeiten zu Störungen in der betriebl. Verbundenheit (Betriebsablaufstörung, Betriebsfrieden, Betriebsordnung) geführt haben, kann iRd. Interessenabwägung berücksichtigt werden, ist aber keine zusätzl. Voraussetzung des wichtigen Grundes an sich. Dementspr. kann der AG den BR iRd. Anhörung gem. § 102 BetrVG hierüber informieren, muss es aber nicht (so für die ordentl. Kündigung: BAG 27.2.1997 NZA 1997, 761). Umgekehrt können durch geringfügige Verspätungen verursachte Betriebsablaufstörungen ihrerseits einen Kündigungsgrund ergeben (LAG SH 28.11.2006 NZA-RR 2007, 129). Kommt der AN wiederholt verspätet zur Arbeit, weil es ihm schwer fällt, pünktl. aufzustehen, und ist er deswegen abgemahnt worden, hat er, um sich nicht dem **Verschuldensvorwurf** auszusetzen, eine deutl. intensivere Weck-Vorsorge zu treffen (BAG 27.2.1997 NZA 1997, 761).

146 – **Untersuchungshaft, Freiheitsstrafe.** Die Nichtleistung von Arbeit erfüllt auch im Fall der Verbüßung einer Freiheitsstrafe den Tatbestand der beharrl. Verletzung der Arbeitspflicht (Rn. 70c), gleichwohl nimmt die Rspr. einen personenbedingten Kündigungsgrund iSv. § 1 II KSchG nur dann an, wenn im Kündigungszeitpunkt eine (prognostizierte) zweijährige Strafe zu erwarten steht. In diesem Fall könne dem AG regelm. nicht zugemutet werden, ledigl. vorl. Maßnahmen zu ergreifen und auf eine dauerhafte Neubesetzung des Arbeitsplatzes zu verzichten (BAG 24.3.2011 NZA 2011, 1084; 23.3.2013 NZA 2013, 1211 Rn. 26). Da der AG durch den Fortbestand des ArbVerh. während der Strafverbüßung wirtschaftl. nicht belastet wird, weil der AN die dadurch bedingte Unmöglichkeit der Arbeitsleistung zu vertreten hat, wird es sonst grds. auf die Störungen im Betriebsablauf ankommen. Eine außerordentl. Kündigung mit (notwendiger) Auslauffrist eines tarifl. ordentl. unkündbaren AN kommt aber unabhängig von konkreten Störungen jdf. dann in Betracht, wenn eine langjährige Haft zu verbüßen ist (BAG 22.10.2015 NZA 2016, 482). Falls der AN als Freigänger das ArbVerh. ohne Störungen fortsetzen kann, soll der AG aufgrund der Fürsorgepflicht verpflichtet sein, an der Erlangung des Freigängerstatus mitzuwirken, wenn ihn der AN vollständig und wahrheitsgemäß über die Umstände der Straftat, des Strafverfahrens und der Haft aufgeklärt hat (BAG 9.3.1995 NZA 1995, 777). Verletzt ein in Untersuchungshaft genommener AN seine Pflicht, den AG unverzügl. über die Inhaftierung und deren voraussichtl. Dauer zu informieren, kann dies nur bei Hinzutreten bes. Umstände eine fristlose Kündigung rechtfertigen (BAG 26.3.2015 NZA 2015, 1180).

147 – **Urlaubsüberschreitung, Selbstbeurlaubung.** Ein AN, der gegen den Willen des AG seinen Urlaub antritt, kann dem AG damit einen wichtigen Grund zur außerordentl. Kündigung geben (BAG 31.1.1985 NZA 1986, 138; 20.1.1994 NZA 1994, 548). Ein Selbstbeurlaubungsrecht des AN ist anges. des umfassenden Systems gerichtl. Rechtsschutzes grds. abzulehnen. Ist jedoch gerichtl. Hilfe zur Durchsetzung eines Urlaubsanspruchs nicht rechtzeitig zu erlangen (zB Auslandseinsatz), kann ein eigenmächtiger Urlaubsantritt die fristlose Kündigung nicht rechtfertigen (BAG 20.1.1994 NZA 1994, 548; zum Fall einer ohne mdl. Verh. erlassenen, aber nicht zugestellten einstweiligen Vfg.: LAG HM 13.6.2000 NZA-RR 2001, 134). IRd. Interessenabwägung ist zu berücksichtigen, ob der AG den Urlaub aus **billigenswerten Gründen** abgelehnt (BAG 16.3.2000 NZA 2000, 1332) oder den Urlaubsantrag monatelang unbeschieden gelassen hatte (LAG K 28.6.2013 NZA-RR 2014, 13).

148 Das Selbstbeurlaubungsrecht besteht auch nicht nach Ausspruch einer ordentl. Kündigung während der lfd. Kündigungsfrist (BAG 29.4.1960 NJW 1960, 1734). Doch hat das BAG bislang noch nicht entschieden (vgl. BAG 20.1.1994 NZA 1994, 548), ob nicht der AN wegen vom AG grundlos verweigerter Resturlaubsansprüche ein **Zurückbehaltungsrecht an der Arbeitsleistung** (§ 273) ausüben darf (dafür LAG K 16.3.2001 NZA-RR 2001, 533, 534 nach vorheriger Bekanntgabe; dagegen *Leinemann/Linck* § 7 BUrlG Rn. 22 f.). Jedenfalls besteht bei rechtmäßiger Ausübung des Zurückbehaltungsrechts keine Arbeitspflicht (BAG 9.5.1996 NZA 1996, 1085).

149 **Unverschuldete Urlaubsüberschreitungen** (zB Naturkatastrophe, Geiselnahme) geben kein Recht zur Kündigung. IÜ wird es auf die Dauer der Überschreitung ankommen. Kurzfristige, allein den Leistungsbereich berührende Urlaubsüberschreitungen werden die außerordentl. Kündigung regelm. nicht rechtfertigen können. Verlängert der AN, der während des Urlaubs erkrankt, eigenmächtig seinen Urlaub um die Zahl der wegen **Krankheit** nicht gewährten Urlaubstage, wird ein wichtiger Grund nur bei Hinzutreten bes. Umstände begr. werden können. Kündigt ein AN bereits vor Urlaubsantritt eine Urlaubsüberschreitung an, wird eine abw. Beurteilung angezeigt sein. Einer in diesem Fall vorgelegten AUB wird zwar kein allzu hoher Beweiswert zukommen, doch müsste der AG im Kündigungsschutzprozess den Beweis unentschuldigten Fehlens führen. Hat der AN dem AG die Vorlage einer AUB angedroht, um eine bestimmte Freistellung zu erzwingen, rechtfertigt dies ohne Abmahnung (Vertrauensbereich) die außerordentl. Kündigung (BAG 5.11.1992 NZA 1993, 308).

150 – **Verkehrsverstöße.** Erhebl. Verkehrsverstöße eines Berufskraftfahrers bei Ausübung seiner Arbeit sind als Kündigungsgrund geeignet (vgl. LAG K 4.9.2006 LAGE KSchG § 1 Verhaltensbedingte Kündigung Nr. 93), insb. dann, wenn sie zur konkreten Gefährdung Dritter oder des Betriebsvermögens geführt haben. Die Entziehung der Fahrerlaubnis eines als Kraftfahrer beschäftigten AN wegen Trunkenheit im Straßenverkehr anlässl. einer in der Freizeit durchgeführten **Privatfahrt** ist kein unbedingter Grund zur außerordentl. Kündigung (vgl. Stichw. Fahrerlaubnis Rn. 97). Es kommt

vielmehr darauf an, ob der AN bis zum Ablauf der Kündigungsfrist, bis zur Neuerteilung der Fahrerlaubnis oder dauernd auf einem anderen Arbeitsplatz eingesetzt werden kann (BAG 30.5.1978 NJW 1979, 332). Allerdings kann eine private Trunkenheitsfahrt eines Omnibusfahrers wegen seiner bes. verantwortungsvollen Tätigkeit so starke Zweifel an seiner charakterl. Integrität begründen, dass die Eignung für die geschuldete Tätigkeit wegfällt und ihm außerordentl. gekündigt werden kann (BAG 22.8.1963 NJW 1964, 74; vgl. aber BAG 4.6.1997 NJW 1998, 554).

– Vermögensdelikte, Spesenbetrug. Einen wichtigen Grund zur außerordentl. Kündigung schafft typischerweise der AN, der ein Vermögensdelikt (insb. Betrug oder Untreue) zum Nachteil seines AG begeht (BAG 1.2.2007 NZA 2007, 744; 16.12.2010 NZA 2011, 571). Vorrangig ist der Spesenbetrug zu nennen (BAG 6.9.2007 NZA 2008, 636). Wer bei Spesenabrechnungen bewusst falsche Angaben macht oder deren Unrichtigkeit zumindest für mögl. hält und billigend in Kauf nimmt, verletzt in erhebl. Weise seine vertragl. Pflichten. Unkorrektheiten können selbst dann geeignet sein, die Kündigung zu rechtfertigen, wenn es sich um einen einmaligen Vorfall und einen geringen Erstattungsbetrag handelt (BAG 6.9.2007 NZA 2008, 636 Rn. 23; 11.7.2013 NZA 2014, 250). Bewusstes und damit vorsätzl. Handeln ist zwar von versehentl. falschen Angaben zu unterscheiden. Es liegt aber bereits dann vor, wenn die Unrichtigkeit und der auf ihr beruhende rechtswidrige Erfolg für mögl. gehalten und billigend in Kauf genommen wird (BAG 11.7.2013 NZA 2014, 250). 151

Die **Fälschung von Fahrscheinen** des AG, um sie mit Hilfe von Strohpersonen zur Erstattung einzureichen, ist eine Pflichtverletzung mit dem Gewicht eines wichtigen Grundes (LAG B 8.2.2012 BB 2012, 508). Nimmt eine im Supermarkt tätige Kassiererin weisungswidrig einen ihr in dieser Höhe nicht zustehenden Personalrabatt in Anspruch, kann dies die außerordentl. Kündigung rechtfertigen (LAG NI 12.2.2010 AE 2010, 174). Gleiches gilt für die unberechtigte Einlösung von Gutscheinen beim Personalkauf einer Kassiererin (BAG 16.12.2010 NZA 2011, 571) oder eine manipulierte Pfandbarauszahlung durch eine solche (BAG 22.9.2016 NZA 2017, 112 Rn. 16). Ein versuchter Prozessbetrug zum Nachteil des AG ist ebenso ein wichtiger Grund an sich (BAG 23.10.2014 NZA 2015, 429 Rn. 16) wie der Umstand, dass ein Vorgesetzter während der Arbeitszeit ihm unterstellte AN ohne Erlaubnis des AG für sich privat arbeiten lässt (LAG Köln 25.11.2016 – 4 Sa 1182/15 – BeckRS 2016, 111617). 151a

Bei geringen Schäden stellt sich die gleiche Frage wie bei entspr. Eigentumsdelikten (vgl. Rn. 94). Das Maß der **zur Täuschung aufgewendeten kriminellen Energie** ist zumindest ebenso wichtig wie der verursachte Schaden (OLG CE 27.1.2010 NZA 2010, 299 Abrechnung eines Erstattungsanspruchs unter Vorlage eines Ersatzbelegs, der einen zu hohen Kaufpreis ausweist). Die Vorlage einer nicht durch Warenlieferungen oder Dienstleistungen gerechtfertigten Rechnung zur Erstattung von Bewirtungskosten ist ein wichtiger Grund an sich (LAG B 16.9.2010 NZA-RR 2010, 633); zur Qualifikation der missbräuchl. Verwendung einer Tankkarte als Betrug vgl. OLG CE 5.11.2010 NJW 2011, 2152 (LS). Zum Erschleichen von Urlaubstagen LAG HE 20.8.2004 NZA-RR 2005, 301. Das unberechtigte, insb. vertragswidrige Buchen von Meilengutschriften für den Ehemann durch eine Ang. einer Fluggesellschaft stellt eine ganz erhebl. Vertragspflichtverletzung dar, die an sich zur Kündigung berechtigt (BAG 3.7.2003 NZA 2004, 307). Zur Inanspruchnahme verbilligten Kantinenessens durch Verwendung der Berechtigungskarte eines Kollegen vgl. LAG HE 17.9.2008 – 8 Sa 548/08 – BeckRS 2009, 63075. Betrug, veruntreuende Unterschlagung oder Untreue zum Nachteil eines Kunden des tatunbeteiligten AG ist ein wichtiger Grund an sich (BAG 5.4.2001 NZA 2001, 837; 21.6.2012 NZA 2013, 199). Verursacht der AN mit einem Kfz. des AG in Absprache mit dem Unfallgegner einen Verkehrsunfall, der zu Lasten der Haftpflichtvers. des AG reguliert wird, rechtfertigt dies eine außerordentl. Kündigung (BAG 29.11.2007 AP BGB § 626 Verdacht strafbarer Handlung Nr. 40). 151b

Einem AN, der an der **Kontrolluhr** nicht nur seine Anwesenheitskarte, sondern auch die eines Kollegen abstempelt, kann jdf. dann fristlos gekündigt werden, wenn sich durch die Verspätung des Arbeitskollegen der Betriebsablauf verzögert hat (BAG 23.1.1963 AP GewO § 124a Nr. 8). Zur fristlosen Entlassung ist der AG auch berechtigt, wenn der AN die Kontrolluhr verstellt oder nach deren Betätigung den Betrieb heiml. wieder verlässt (BAG 27.1.1977 AP BetrVG 1972 § 103 Nr. 7) oder in sonstiger Weise die Zeiterfassung manipuliert (BAG 21.4.2005 NZA 2005, 991), insb. durch einen Kollegen betätigen lässt (BAG 24.11.2005 NZA 2006, 484). Gleiches gilt bei Veränderung der Zeitangaben auf der Stempelkarte, um unberechtigte Vergütungszahlungen zu erlangen (LAG HM 20.2.1986 – 4 Sa 1288/85 – BeckRS 1986, 30460219; vgl. a. Rn. 116). 152

– Vermögenslage, Lohnpfändungen. Schulden des AN und dadurch bedingte Lohnpfändungen sind grds. kein Grund zur außerordentl. Kündigung (BAG 4.11.1981 NJW 1982, 1062), sofern es sich nicht um einen AN in bes. Vertrauensstellung handelt (BAG 16.8.1991 NZA 1993, 17; 15.10.1992 EzA KSchG § 1 Verhaltensbedingte Kündigung Nr. 45; 15.12.2005 NZA 2006, 841). In diesen bes. Fällen kann wegen Eröffnung des Verbraucherinsolvenzverfahrens über das Vermögen des AN gekündigt werden (*Hergenröder* ZVI 2011, 1, 12). Allein der mit einer Vielzahl an Lohnpfändungen verbundene **erhöhte Arbeitsaufwand** des AG kann allenfalls eine ordentl. Kündigung iSv. § 1 II KSchG sozial rechtfertigen (BAG 4.11.1981 NJW 1982, 1062). 153

– Verrat von Betriebs- und Geschäftsgeheimnissen; Datenschutz. Die schuldhafte Verletzung der Verschwiegenheitspflicht durch den AN kann eine außerordentl. Kündigung rechtfertigen (BAG 154

8.5.2014 NZA 2014, 1258 Rn. 26). Nach **§ 203 I StGB** sind fremde Geheimnisse bes. geschützt, die einem AN als Arzt, Zahnarzt, Tierarzt, Apotheker oder Angehörigem eines anderen Heilberufs, Berufspsychologen, RA, Patentanwalt, Notar, Wirtschaftsprüfer, vereidigtem Buchprüfer, Steuerberater, Steuerbevollmächtigtem, Ehe-, Familien-, Erziehungs- oder Jugendberater sowie Berater für Suchtfragen in einer Beratungsstelle, Sozialarbeiter, Sozialpädagogen oder Mitarbeiter eines Unternehmens der privaten Kranken-, Unfall- oder Lebensvers. oder einer privatärztl., steuerberaterl. oder anwaltl. Verrechnungsstelle anvertraut oder sonst bekannt werden (vgl. BGH 10.2.2010 NJW 2010, 2509). § 203 II StGB erstreckt den Kreis der ges. zur Verschwiegenheit Verpflichteten ua. auf Amtsträger, für den öffentl. Dienst bes. verpflichtete Personen, einschl. derer, die Aufgaben oder Befugnisse nach dem Personalvertretungsrecht wahrnehmen, und Hilfskräfte eines Gesetzgebungsorgans oder eines Untersuchungsausschusses oder Rats. Zur Verletzung der Schweigepflicht durch „berufsmäßig tätige Gehilfen" iSv. § 203 III 2 StGB (Arzthelfer) LAG BW 11.11.2016 – 12 Sa 22/16 – BeckRS 2016, 119356.

154a Betriebs- oder Geschäftsgeheimnisse sind nur einem begrenzten Personenkreis bekannte und nicht offenkundige Tatsachen, die nach dem Willen des AG in den Grenzen seines berechtigten wirtschaftl. Interesses geheim gehalten werden sollen (BAG 16.3.1982 NJW 1983, 134). Es kann genügen, wenn ledigl. geheim ist, dass ein bekanntes Verfahren verwendet wird (BGH 15.5.1955 AP UWG § 17 Nr. 1). Der AN ist verpflichtet, Betriebs- und Geschäftsgeheimnisse zu wahren (BAG 16.3.1982 NJW 1983, 134; § 611a Rn. 710 ff.). Er hat darauf zu achten, dass Dritte nicht unbefugt Kenntnis solcher **Geheimnisse seines Arbeitsbereichs** erlangen. Darüber hinaus hat der AN Verschwiegenheit über ihm dienstl. bekannt gewordene Tatsachen zu wahren, die die Person des AG oder eines anderen AN in bes. Maß berühren. Über andere als die genannten Tatsachen hat der AN Verschwiegenheit zu wahren, wenn und soweit dies durch Belange des Betriebs gerechtfertigt ist und er dies mit dem AG vereinbart hat oder die Tatsachen vom AG als geheimhaltungsbedürftig bezeichnet worden sind. IRd. Interessenabwägung sind die berührten öffentl. Belange zu berücksichtigen (vgl. *Müller* NZA 2002, 424, 437). Im Kündigungsrechtsstreit muss der AG nicht von vornherein das gebrochene Betriebs- oder Geschäftsgeheimnis substantiiert beschreiben (vgl. BGH 13.12.2007 NZA-RR 2008, 421).

154b Die Verschwiegenheitspflicht ist grds. **auf die Dauer des ArbVerh. begrenzt.** Danach ist sie vorbehaltl. einer bes. Regelung in G, TV oder (wirksamer) vertragl. Vereinb. dahin einzuschränken, dass der AN durch die Wahrung des Betriebs- oder Geschäftsgeheimnisses in seiner weiteren berufl. Tätigkeit nicht beschränkt wird (Art. 12 I GG). Aus der Verpflichtung, Verschwiegenheit über Kundenlisten zu wahren, folgt indes noch nicht die Verpflichtung, die Kunden des AG nicht zu umwerben. Solange der AN seine Verschwiegenheitspflicht nicht verletzt, kann er sein erworbenes Erfahrungswissen in den Diensten eines Wettbewerbers des alten AG verwenden (BAG 19.5.1998 NZA 1999, 200). Will der AG das verhindern, muss er ein nachvertragl. Wettbewerbsverbot vereinbaren (BAG 15.12.1987 NZA 1988, 502). Ein AN ist durch seine Pflicht zur Verschwiegenheit nicht gehindert, nach Ausscheiden aus dem Arbeitsverhältnis Betriebsinterna zu offenbaren, wenn er damit gewichtige **innerbetriebl. Missstände aufdeckt**, durch die die Öffentlichkeit betroffen ist und denen durch internes Vorstelligwerden nicht erfolgreich begegnet werden kann (BGH 20.1.1981 NJW 1981, 1089 „BILD-Hannover").

154c Bes. Geheimhaltungspflichten bestehen für BR- (vgl. § 79 I BetrVG), PR- (zB § 10 BPersVG) und ARMitglieder (zB §§ 116, 93 I 3 AktG); werden sie verletzt, kann dies zugleich die Verletzung arbeitsvertragl. Pflichten beinhalten und eine Kündigung des ArbVerh. rechtfertigen (vgl. BAG 23.10.2008 NZA 2009, 855). Schuldhafte **Verstöße gegen den allg. oder bes. Datenschutz** sind wie schuldhafte Verletzungen der Verschwiegenheitspflicht zu bewerten (BAG 24.3.2011 NZA 2011, 1029; *Eylert/Sänger* ZTR 2009, 398, 402). Das heiml. Aufzeichnen eines betriebsinternen Gesprächs mit einem Tonbandgerät oä. verletzt nicht nur § 201 StGB, sondern auch § 241 II und ergibt einen wichtigen Grund an sich (BAG 19.7.2012 NZA 2013, 143). Das massenhafte Abrufen von Meldedaten für private Zwecke durch eine Mitarbeiterin im Bürgeramt kann eine außerordentl. Kündigung rechtfertigen (LAG BB 13.4.2017 NZA-RR 2017, 404).

155 **– Verstöße gegen die betriebliche Ordnung.** Verstöße gegen die betriebl. Ordnung können nach Abmahnung eine fristlose Kündigung rechtfertigen. Eine zur Kündigung berechtigende tats. **Störung des Betriebsfriedens** tritt zB ein, wenn ein AN seine Kollegen durch st. Angriffe auf ihre politische Überzeugung, auf die Gewerkschaften oder ihre religiöse Einstellung reizt und dadurch erhebl. Unruhe in der Belegschaft hervorruft. Ebenso kann die ernsthaft vorgetragene Äußerung eines AN ggü. dem in seinem Beschäftigungsbetrieb tätigen Sicherheitspersonal, er führe in seinem Pkw eine Bombe mit, einen wichtigen Grund an sich ergeben (LAG RP 26.5.2009 NZA-RR 2010, 134, 137). Ein AN darf nicht in Flugblättern bewusst wahrheitswidrige Behauptungen über den AG aufstellen und durch seine öffentl. Aktionen den **Betriebsfrieden stören** (BAG 26.5.1977 NJW 1978, 239). Als Mittel kann das Tragen einer auffälligen Plakette während der AZ genügen, wenn hierdurch der Betriebsfrieden oder der Betriebsablauf konkret gestört wird (BAG 9.12.1982 NJW 1984, 1142). Die **Verbreitung ausländerfeindl. Parolen** im Betrieb kann ggf. auch ohne vorherige Abmahnung eine fristlose Kündigung rechtfertigen (BAG 1.7.1999 NZA 1999, 1270). Die Maßstäbe sollten bei nüchterner Betrachtung denen der außerordentl. Kündigung wegen Beleidigung und übler Nachrede entsprechen (vgl. Rn. 86 ff.).

– Vortäuschen oder Androhen einer Erkrankung. Das „Krankfeiern" und die dadurch bewirkte ungerechtfertigte EFZ bilden einen typischen wichtigen Grund für eine außerordentl. Kündigung (BAG 3.4.2008 NZA 2008, 807; LAG RP 8.10.2013 NZA-RR 2014, 127). Die in diesem Verhalten liegende Straftat zu Lasten des AG ([versuchter] Betrug) verletzt das Vertrauensverhältnis in seinem Kern, so dass eine vorherige Abmahnung entbehrl. ist (BAG 23.6.2009 NZA-RR 2009, 622). Der an sich **hohe Beweiswert einer AUB** kann im Einzelfall durch allg. anerkannte Indizien erschüttert sein (dazu EFZG § 5 Rn. 14 ff.), insb. die über zwei Tage hinausreichende rückwirkende Feststellung der AU lässt den Beweiswert entfallen (LAG MV 30.5.2008 NZA-RR 2008, 500 [Rev. zurückgewiesen BAG 23.6.2009 NZA-RR 2009, 622]). Erschleicht sich der AN die AUB durch weitere Täuschungshandlungen, ist dies iRd. Interessenabwägung zu berücksichtigen. Schwierigkeiten bereitet die Tatsachenfeststellung. Dass der AN während der Krankheit ein Restaurant, ein Kino oder ähnl. Stätten aufsucht, besitzt nicht in jedem Fall indizielle Wirkung. Es kommt auf die Art der Erkrankung an. Aus der Intensität einer während der bescheinigten Dauer der AU ausgeübten Nebentätigkeit kann sich der begr. Verdacht ergeben, die AU sei nur vorgetäuscht worden (BAG 3.4.2008 NZA 2008, 807). Bereits das ernst gemeinte Angebot, einem Dritten körperl. schwere Arbeit zu leisten, kann den Beweiswert einer AUB erschüttern (LAG HE 1.4.2009 – 6 Sa 1593/08 – BeckRS 2010, 66992). 156

Der **Verdacht des „Krankfeierns"** wird als Verdacht einer strafbaren Handlung als mögl. wichtiger Grund überw. anerkannt (LAG M 3.11.2000 LAGE BGB § 626 Nr. 131). Die außerordentl. Kündigung kann ggf. alternativ auf Vortäuschen einer AU oder vorsätzl. Verzögerung der Genesung gestützt werden. Während einer krankheitsbedingten AU ist der AN verpflichtet, genesungswidriges Verhalten zu unterlassen. Die Verletzung dieser Pflicht kann zur außerordentl. Kündigung berechtigen (BAG 2.3.2006 NZA-RR 2006, 636). Behindert der AN eine ärztl. Begutachtung seiner Gesundheit durch beharrl. Verweigerung des Einverständnisses zur Beiziehung der Vorbefunde behandelnder Ärzte, kann dieses Verhalten einen wichtigen Grund darstellen (BAG 6.11.1997 NZA 1998, 326). 156a

Der Verdacht des „Krankfeierns" liegt va. dann nahe, wenn der AN als Reaktion auf bestimmte Verhaltensweisen des AG oder anderer Kollegen den baldigen **Eintritt seiner AU angekündigt** hatte (LAG K 14.9.2000 NZA-RR 2001, 246; 17.4.2002 NZA-RR 2003, 15, 17). Insb. verweigerte Arbeitsbefreiung (LAG D 17.2.1980 DB 1981, 1094; LAG BE 1.11.2000 NZA-RR 2001, 470) oder Urlaubsgewährung kommen als Anlass zu angekündigten Krankmeldungen vor und sind geeignet, den Beweiswert später vorgelegter AUB zu erschüttern (BAG 17.6.2003 NZA 2004, 564). Bereits die Ankündigung einer künftigen, im Zpkt. der Äußerung noch nicht bestehenden Erkrankung für den Fall, dass der AG einem Verlangen des AN (zB auf Urlaubsgewährung) nicht entsprechen sollte, ist ohne Rücksicht auf die später tats. auftretende Krankheit an sich als wichtiger Grund geeignet (BAG 17.6.2003 NZA 2004, 564; 12.3.2009 NZA 2009, 779). Ist die krankheitsbedingte AU zZ der Drohung obj. bereits gegeben, kann dies entlastend wirken (BAG 12.3.2009 NZA 2009, 779). Die Drohung muss nicht plump vorgebracht werden, es genügt eine für einen verständigen Beobachter wahrnehmbare Verknüpfung (BAG 17.6.2003 NZA 2004, 564). Verlässt der AN nach einem Streit mit dem AG den Betrieb und reicht in den folgenden zwei Monaten von fünf Ärzten AUB ein, denen unterschiedl. Beschwerden zugrunde liegen sollen, kann das Tatsachengericht zu dem Schluss kommen, der Beweiswert der AUB sei erschüttert (LAG HM 10.9.2003 NZA-RR 2004, 292). 157

X. Außerordentliche Kündigung durch den Arbeitnehmer

1. Allgemeines. Die außerordentl. Kündigung durch AN beurteilt sich nach den gleichen Maßstäben wie eine AGKündigung (BAG 12.3.2009 NZA 2009, 840; Staudinger/*Preis* Rn. 237; APS/*Vossen* Rn. 378; **aA** Erman/*Belling* Rn. 85). Dass dem AN von G wegen ein freies ordentl. Kündigungsrecht zusteht, ist für die an den wichtigen Grund zu stellenden Anforderungen ohne Bedeutung. Dementspr. kann auch die vom AN erklärte außerordentl. Kündigung eine **vorherige Abmahnung** erfordern (BAG 9. 26.7.2007 NZA 2007, 1419; LAG BW 11.10.2013 – 12 Sa 15/13 – BeckRS 2014, 68977 Rn. 108; *Schulte* FS Schwerdtner 2003 S. 183, 194). Eine Abmahnung wird zB notwendig sein, wenn der AG UVV nicht einhält oder unzulässige Mehrarbeit verlangt. Ist die vom AN erklärte außerordentl. Kündigung wegen Fehlens eines Kündigungsgrundes unwirksam, ist dieser bis zur Grenze des Rechtsmissbrauchs nicht gehindert, sich hierauf zu berufen (BAG 16.1.2003 NZA 2004, 512). Nimmt der AG eine ansonsten wirksam erklärte ANKündigung (insb. § 623) hin, kann sich der AN später wegen des aus § 242 folgenden **Verbots widersprüchl. Verhaltens** idR nicht mehr auf das Fehlen eines wichtigen Grundes berufen (BAG 12.3.2009 NZA 2009, 840; 9.6.2011 NZA-RR 2012, 129). Das SeeArbG regelt im § 69 ausdr. Fälle einer außerordentl. Kündigung durch den AN. Danach ist die fristlose Kündigung zugelassen, wenn sie wegen einer dringenden Familienangelegenheit oder eines anderen dringenden pers. Grundes erforderl. ist. S. 2 dieser Bestimmung nennt als Bsp. die Niederkunft der Ehefrau bzw. Lebenspartnerin und den Tod oder die schwere Erkrankung des Ehegatten, eines Kindes, eines Elternteils oder des Lebenspartners. 158

2. Einzelne Tatbestände – Arbeitsplatzwechsel. Ein beabsichtigter Stellenwechsel rechtfertigt keine außerordentl. Kündigung; es ist dem AN durchweg zumutbar, die Kündigungsfrist abzuwarten (BAG 159

1.10.1970 AP BGB § 626 Nr. 59). Chancen des AN zur Verbesserung seiner berufl. Stellung und/oder seines Einkommens verpflichten den AG nicht, in eine **vorzeitige Vertragsauflösung** einzuwilligen (BAG 17.10.1969 AP BGB § 611 Treuepflicht Nr. 7).

160 – **Arbeitsschutz, Datenschutz.** Missachtet der AG zwgd. Arbeitsschutzrecht, indem er zB wiederholt die Leistung von Mehrarbeit über die nach dem ör. AZRecht zulässigen Grenzen hinaus verlangt, ist die außerordentl. Kündigung des AN gerechtfertigt. Der Annahme des wichtigen Grundes steht nicht entgegen, dass der AN zunächst die rechtswidrigen Forderungen befolgte und **unzulässige Mehrarbeit** leistete (BAG 28.10.1971 AP BGB § 626 Nr. 62). Eine Abmahnung ist entbehrl., wenn der AG zu erkennen gegeben hat, auf die unzulässige Mehrarbeit nicht verzichten zu wollen. Setzt der AG trotz Abmahnung eine unzulässige Videoüberwachung fort, kann der AN fristlos kündigen (*Venetis/Oberwetter* NJW 2016, 1051, 1055).

161 – **Äquivalenzstörung.** Ein Handlungsreisender, der ganz oder überw. auf Provisionsbasis arbeitet, kann zur außerordentl. Kündigung berechtigt sein, wenn seine Einkünfte trotz unverminderten Einsatzes so gesunken sind, dass der Verdienst zur **Bestreitung seines Lebensunterhalts** nicht mehr ausreicht. Beruhen diese Veränderungen auf Maßnahmen des AG, muss der AN den AG zuvor abmahnen oder sich um eine Neuregelung der Provisionsvereinb. bemühen (LAG BW 24.7.1969 BB 1969, 1312; MüKoBGB/*Henssler* Rn. 267).

162 – **Beleidigung, Verdächtigung.** Bei groben Beleidigungen durch den AG kann der AN fristlos kündigen. Es gelten die gleichen Grds. wie für Kündigungen des AG (vgl. Rn. 86). Anlass zu einer außerordentl. Kündigung kann zB sein, dass der AG eine ordentl. Kündigung in beleidigender Weise begr. Allein der Ausspruch unberechtigter betriebsbedingter Kündigungen reicht nicht (BAG 14.2.2002 NZA 2002, 1027). **Verdächtigt der AG** den AN zu Unrecht einer Unredlichkeit, kann der AN abhängig von den Umständen des Einzelfalls zur außerordentl. Kündigung berechtigt sein (BAG 24.2.1964 AP BGB § 607 Nr. 1; 16.1.2003 NZA 2004, 512). Erstattet der AG unberechtigt Strafanzeige gegen den AN, kann dies seine vertragl. Rücksichtnahmepflicht verletzen und den AN zur Kündigung berechtigen (vgl. *Eufinger* NZA 2017, 619; *Rieble/Wiebauer* ZfA 2010, 63, 92).

163 – **Beschäftigungspflicht, Versetzung, Umsetzung.** Bei schuldhafter Verletzung der Beschäftigungspflicht (vgl. BAG [GS] 27.2.1985 NZA 1985, 702) durch den AG (zB unberechtigte Suspendierung) kann der AN (grds. nach entspr. Abmahnung) außerordentl. kündigen (BAG 19.8.1976 NJW 1977, 215). Eine **unberechtigte Teilsuspendierung** kann dem AN einen wichtigen Grund zur außerordentl. Kündigung geben, wenn ihm wesentl. Aufgaben entzogen werden und die Anordnung des AG für ihn kränkend ist (BAG 15.6.1972 AP BGB § 628 Nr. 7; *Fesenmeyer* S. 124). Eine vom Direktionsrecht gedeckte Umsetzung gibt dem AN keinen wichtigen Grund (LAG NI 12.10.1998 LAGE BGB § 315 Nr. 5). Wird einem Gebietsverkaufsbeauftragten ein Teil des Verkaufsgebiets entzogen, kann ihm die Einhaltung der ordentl. Kündigungsfrist selbst dann zuzumuten sein, wenn die AGMaßnahme vertragswidrig ist (BAG 26.7.2001 NZA 2002, 325; *Schulte* FS Schwerdtner 2003 S. 183, 193).

164 – **Eheschließung.** Allein die beabsichtigte Eheschließung macht es dem AN nicht unzumutbar, die ordentl. Kündigungsfrist einzuhalten. Ein mit der Eheschließung verbundener sofortiger Umzug kann nur dann eine andere Beurteilung rechtfertigen, wenn die Entwicklung für den AN nicht voraussehbar war und er deswegen in einen **unzumutbaren Interessenkonflikt** geraten ist.

165 – **Krankheit.** Da der AN bei zu AU führender Erkrankung nicht zur Arbeitsleistung verpflichtet ist, wird es ihm nur in ganz bes. gelagerten Fällen unzumutbar sein, die Kündigungsfrist abzuwarten und das ArbVerh. ordentl. zu beenden. Dies kann ausnahmsweise anzunehmen sein, wenn die Krankheit dauerhafte volle AU begründet (LAG BW 9.12.2016 – 12 Sa 16/16 – BeckRS 2016, 120553 [Rev. eingelegt 8 AZR 190/17]). Soweit das nicht der Fall ist, insb. die Krankheit dem AN eine **eingeschränkte Arbeitsfähigkeit** belassen hat, muss er seinem AG Gelegenheit geben, ihn bis zum Ablauf der ordentl. Kündigungsfrist als TZKraft oder zu zumutbaren Bedingungen auf einem anderen Arbeitsplatz weiterzubeschäftigen (BAG 2.2.1973 AP BGB § 626 Krankheit Nr. 1; *Wenzel* MDR 1978, 15, 18).

166 – **Lohnrückstände.** Der AN kann grds. nach **erfolgloser Abmahnung** (BAG 17.1.2002 EzA BGB § 628 Nr. 20; 12.3.2009 NZA 2009, 840) wegen unterbliebener Vergütungszahlungen außerordentl. kündigen, wenn der AG entweder zeitl. oder dem Betrag nach erhebl. in Verzug ist (BAG 8.8.2002 NZA 2002, 1323; 26.7.2007 NZA 2007, 1419). Die Abmahnung ist entbehrl., wenn keine Aussicht auf Rückkehr des AG zu vertragskonformem Verhalten besteht (BAG 26.7.2007 NZA 2007, 1419). Auch Rückstände mit kleinen Lohnbeträgen können genügen, wenn der AG die Zahlung willkürl. oder ohne nachvollziehbare Begr. hartnäckig verweigert (BAG 26.7.2001 NZA 2002, 325; *Schulte* FS Schwerdtner 2003 S. 183, 192). Kein wichtiger Grund ist gegeben, wenn der AG für eine abgeschlossene Periode aus Gründen, die zwischen den Vertragsparteien str. sind, einen **Teilbetrag schuldig** geblieben ist (BAG 14.12.2011 NJW 2012, 1900). Ein künftiger Anspruch des AN auf Insolvenzgeld (vgl. InsO Einf. Rn. 51 ff.) schließt das Kündigungsrecht nicht aus, weil die sozialrechtl. Position des AN die Pflichtwidrigkeit des AG nicht beseitigt (BAG 26.7.2007 NZA 2007, 1419). Ein wichtiger Grund liegt vor, wenn es der AG länger als ein Jahr unterlassen hat, die einbehaltenen **Lohnsteuer- und Sozialversicherungsbeiträge** abzuführen (LAG BW 30.5.1968 DB 1968, 1407).

– Prokura; Kompetenzen. Lehnt es der AG ab, einem Ang. Prokura zu erteilen, oder eine widerrufene Prokura erneut zu erteilen, nachdem der Anlass ihres Widerrufs weggefallen ist, rechtfertigt das allein noch keine außerordentl. Kündigung des ArbVerh. durch den Ang. Ist das Handeln des AG jedoch **vertragswidrig** und ist es dem AN aufgrund bes. Umstände unzumutbar, das ArbVerh. ohne Prokura fortzusetzen, kann er außerordentl. kündigen (BAG 8.8.2002 NZA 2002, 1323 zur unterlassenen GF-Bestellung) und ggf. aus § 628 Schadensersatzansprüche herleiten (BAG 11.2.1981 AP KSchG 1969 § 4 Nr. 8). Die vertragswidrige Beschränkung von Kompetenzen des GF einer GmbH kann für diesen ein Recht zur fristlosen Kündigung des Anstellungsvertrags begründen (OLG K 23.3.2011 NZA-RR 2011, 411; vgl. aber BGH 6.3.2012 NJW 2012, 1656). Ein angestellter Chefarzt kann wirksam kündigen, wenn der AG entgegen vertragl. Zusage trotz Abmahnung kein ausreichendes nachgeordnetes Personal zur Vfg. stellt (LAG BW 11.10.2013 – 12 Sa 15/13 – BeckRS 2014, 68977). 167

– Studium. Erhält der AN das Angebot, **kurzfristig einen Studienplatz** anzunehmen, ist dies ähnl. dem Angebot einer deutl. besser dotierten Stelle (vgl. Rn. 159) allein kein geeigneter Grund für eine außerordentl. Kündigung (HWK/*Sandmann* Rn. 311; **aA** MüKoBGB/*Henssler* Rn. 267). 168

– Urlaub, Freistellung. Kommt der AG **wiederholt Urlaubsverlangen** des AN nicht nach, ohne dazu nach § 7 BUrlG berechtigt zu sein, kann der AN nach Abmahnung außerordentl. kündigen. Lässt das Verhalten des AG erkennen, dass er den Urlaubsanspruch gar nicht zu erfüllen gedenkt, kann die Abmahnung entbehrl. sein. Wird der Urlaub unter dem ausdr. Vorbehalt des Widerrufs erteilt, ist dies keine wirksame Erfüllungshandlung (BAG 14.3.2006 AP BUrlG § 7 Nr. 32). Gewährt der AG andere Freistellungen (zB Freizeit zur Stellensuche nach § 629) nicht, gelten die gleichen Grds. Der AN kann uU außerordentl. kündigen und gem. § 628 II Schadensersatz beanspruchen (vgl. § 629 Rn. 10). 169

– Werkswohnung. Der nicht **vertragsgemäße Zustand** einer Werkswohnung berechtigt den AN grds. nicht zur fristlosen Kündigung des ArbVerh. Eine abw. Beurteilung kann bei unzumutbaren Wohnverhältnissen angezeigt sein, wenn die Erfüllung des Arbeitsvertrags und die Nutzung der Werkswohnung in untrennbarem Zusammenhang stehen (vgl. LAG D 24.3.1964 DB 1964, 1032). Weist ein AG seinen AN nach einer Beanstandung beim Einzug und Zusage der Abhilfe keine vertragsgemäße Unterkunft zu, bedarf es vor einer von den AN ausgesprochenen fristlosen Kündigung grds. der Abmahnung (BAG 19.6.1967 NJW 1967, 2030). 170

Die arbeitsvertragl. Pflicht, eine Werkdienstwohnung zu bewohnen, kann nicht selbständig unter 171,
Fortbestand des ArbVerh. gekündigt werden (BAG 23.8.1989 AP BGB § 565e Nr. 3). Eine derartige 172
Teilkündigung des Arbeitsvertrags wäre nur zulässig, wenn die Arbeitsvertragsparteien sie vereinbart hätten (vgl. § 620 Rn. 49). Dies kann sich durch Auslegung des Arbeitsvertrags ergeben (§ 157 – BAG 4.2.1958 AP BGB § 620 Teilkündigung Nr. 1).

XI. Verdachtskündigung

Der Verdacht, der Vertragspartner könne eine **strafbare Handlung** oder **schwerwiegende Pflichtverletzung** begangen haben, kann nach stRspr. des BAG, die in ihrer Entwicklung auf Anfänge in der Weimarer Republik zurückgeht (näher *Eylert* NZA-RR 2014, 393, 395), einen wichtigen Grund für eine außerordentl. Kündigung bilden (BAG 18.11.1999 NZA 2000, 418; 5.4.2001 NZA 2001, 837; 28.11.2007 NZA-RR 2008, 344; 12.3.2009 NZA-RR 2010, 180; 23.6.2009 NZA 2009, 1136). Dies gilt auch für Berufsausbildungsverhältnisse (BAG 12.2.2015 NZA 2015, 741 Rn. 31). Für die kündigungsrechtl. Beurteilung der Pflichtverletzung, auf die sich der Verdacht bezieht, ist ihre strafrechtl. Bewertung nicht maßgebend. Entscheidend ist der Verstoß gegen vertragl. Haupt- oder Nebenpflichten und der mit ihm verbundene Vertrauensbruch (BAG 10.6.2010 NZA 2010, 1227 Rn. 30; 25.11.2010 NZA-RR 2012, 222). Deshalb kann der Verdacht einer nicht strafbaren, gleichwohl erhebl. Verletzung der sich aus dem ArbVerh. ergebenden Pflichten ein wichtiger Grund sein. Das Schrifttum hat sich dieser Rspr. überw. angeschlossen (krit. *Joachim* AuR 1964, 33, 37 ff.; *Grunsky* ZfA 1977, 167; *Deinert* AuR 2005, 285). Der Verdacht soll auch eine ordentl. Kündigung sozial rechtfertigen können (BAG 3.7.2003 NZA 2004, 307; 27.11.2008 NZA 2009, 604). Vgl. zu einer Verbundkündigung (§ 620 Rn. 22) wegen Verdachts BAG 11.7.2013 NZA 2014, 331. Idf. sind die Anforderungen an den Verdacht bei einer ordentl. Kündigung nicht geringer (BAG 21.11.2013 NZA 2014, 243 Rn. 32). 173

Entscheidend ist, dass es **gerade der Verdacht** ist, der das zur Fortsetzung des ArbVerh. notwendige Vertrauen des AG in die Redlichkeit des AN zerstört oder zu einer unerträgl. Belastung des ArbVerh. geführt hat (BAG 27.11.2008 NZA 2009, 604). Deshalb schlägt *Gilberg* (DB 2006, 1555; RdA 2015, 209) vor, von einer Vertrauenskündigung zu sprechen. Demzufolge ist bei Verdacht der Begehung eines Eigentumsdelikts zum Nachteil des AG der Wert der mögl. Beute ledigl. von sekundärer Bedeutung (BAG 12.8.1999 NZA 2000, 421). Hat der AN einen Aufhebungsvertrag geschlossen und ist er von der Arbeitsleistung freigestellt worden, bedarf es bes. Interessen des AG, um den Ausspruch einer außerordentl. Verdachtskündigung zu rechtfertigen (BAG 5.4.2001 NZA 2001, 837). 174

Die Kündigung wegen Verdachts stellt neben der Kündigung wegen der Tat einen **eigenständigen Tatbestand** dar (BAG 23.6.2009 NZA 2009, 1136). Bei der Tatkündigung ist für den Kündigungsentschl. maßgebend, dass der AN nach der Überzeugung des AG die strafbare Handlung tats. begangen hat und dem AG aus diesem Grund die Fortsetzung des ArbVerh. unzumutbar ist (BAG 175

26.3.1992 NZA 1992, 1121). Der AG kann wegen desselben Sachkomplexes sowohl eine Tat- als auch eine Verdachtskündigung aussprechen (BAG 23.6.2009 NZA 2009, 1136). Zur Verdeutlichung seines Anliegens kann er zwei getrennte Kündigungsschreiben an den AN richten. Der AN wird hierauf zur Vermeidung von Rechtsnachteilen (§ 4 KSchG) bei seiner Antragstellung im Kündigungsschutzverfahren Rücksicht nehmen (vgl. BAG 23.6.2009 NZA 2009, 1136). Ist mit einem AN vereinbart, dass für sein ArbVerh. sinngemäß die Grds. des Beamtenrechts gelten, schließt dies den Ausspruch einer Verdachtskündigung nicht aus, obgleich ein Beamter wegen des Verdachts eines Dienstvergehens nicht aus dem Dienst entfernt werden würde (BAG 6.12.2001 NZA 2002, 847).

176 Der Zulässigkeit der Verdachtskündigung steht die in **Art. 6 II MRK** verankerte **Unschuldsvermutung** nicht entgegen (**aA** *Deinert* AuR 2005, 285, 292). Diese Vermutung bindet unmittelbar nur den Richter, der über die Begründetheit der Anklage zu entscheiden hat (BAG 14.9.1994 NZA 1995, 269; *Belling* FS Kissel 1994 S. 11, 25 mwN). Hingegen können Rechtsfolgen, die keinen Strafcharakter besitzen, in gerichtl. Entsch. an einen verbleibenden Tatverdacht geknüpft werden (BVerfG 29.5.1990 E 82, 106, 117).

177 Das dem Verdacht zugrundeliegende Fehlverhalten des AN muss sich auf eine erhebl. Verfehlung des AN – strafbare Handlung oder schwerwiegende Vertragsverletzung – beziehen (BAG 27.11.2008 NZA 2009, 604; 12.3.2009 NZA-RR 2010, 180). Betrifft der Verdacht außerdienstl. Verhalten des AN, muss ein Bezug zum ArbVerh. und dessen Vertrauensgrdl. gegeben sein (BAG 27.11.2008 NZA 2009, 604; vgl. Rn. 82). Der Verdacht muss **obj. durch Tatsachen** begr. sein (BAG 25.10.2012 NZA 2013, 371), die so beschaffen sind, dass sie einen verständigen und gerecht abwägenden AG zum Ausspruch der Kündigung veranlassen können (BAG 6.9.2007 NZA 2008, 636; 29.11.2007 AP BGB § 626 Verdacht strafbarer Handlung Nr. 40). Bloße, auf mehr oder weniger haltbare Vermutungen gestützte Verdächtigungen reichen nicht aus (BAG 20.6.2013 NZA 2014, 143; 18.6.2015 NZA 2016, 287).

177a Der Verdacht muss darüber hinaus dringend sein, dh. es muss **eine große Wahrscheinlichkeit** dafür bestehen, dass der gekündigte AN die Straftat oder die Pflichtverletzung begangen hat (BAG 21.6.2012 NZA 2013, 199; 18.6.2015 NZA 2016, 287; *Eylert/Friedrichs* DB 2007, 2203). Hierfür ist eine wertende Beurteilung und kein bestimmter Grad an Wahrscheinlichkeit notwendig (BAG 6.9.2007 NZA 2008, 219). Es kommt nicht darauf an, ob der AN selbst Umstände für die Annahme eines Verdachts gesetzt hat. Die Dringlichkeit kann aus anderen Umständen hergeleitet werden (BAG 4.11.1957 AP KSchG § 1 Nr. 39). Da selbst eine Tatkündigung nicht den absoluten Ausschluss der Täterschaft anderer AN vorausgesetzt, vielmehr die Überzeugung des Gerichts entscheidet (vgl. Rn. 232), erfordert – erst recht – eine Verdachtskündigung kein entspr. Maß an Gewissheit (vgl. LAG B 8.2.2012 BB 2012, 508).

177b Die Verdachtsmomente und die Verfehlungen, derer der AN verdächtigt wird, müssen **so schwerwiegend** sein, dass dem AG die Fortsetzung des Dienstverhältnisses nicht zugemutet werden kann (BAG 4.6.1964 NJW 1964, 1918; BGH 13.7.1956 NJW 1956, 1513). Hierzu rechnen schwere arbeitsvertragl. Pflichtverletzungen (BAG 14.9.1994 NZA 1995, 269), wie zB Veruntreuungen eines Filialleiters (BAG 17.4.1956 AP BGB § 626 Nr. 8), Versicherungsbetrug bei einer Fremdvers. durch einen bei einer Vers. beschäftigten Prokuristen (BAG 15.5.1986 RzK I 8c Nr. 9), Verrat von Geschäftsgeheimnissen (BAG 26.9.1990 RzK I 8c Nr. 20), Diebstahl (BAG 4.11.1957 AP KSchG § 1 Nr. 39), Betrug bei der Spesenabrechnung (BAG 3.11.1955 AP BGB § 626 Nr. 5), Manipulationen an der Stempelkarte (BAG 9.8.1990 – 2 AZR 127/90 – BeckRS 1990, 30919200), Erschleichen der LFZ (BAG 6.9.1990 EzA KSchG § 1 Verdachtskündigung Nr. 1), illegale verfassungsfeindl. Tätigkeit (BAG 23.2.1961 AP BGB § 626 Verdacht strafbarer Handlung Nr. 9) oder sexuelle Belästigung von Arbeitskollegen (BAG 8.6.2000 NZA 2001, 91). Es kann auch der Verdacht einer für das ArbVerh. bedeutsamen **Störung der Persönlichkeit** des AN (pädophile Neigungen) als Kündigungsgrund heranzuziehen sein (ArbG Braunschweig 22.1.1999 NZA-RR 1999, 192).

178 Der Verdacht einer Verfehlung genügt für den Ausspruch einer Kündigung bereits dann, wenn der AG den Verdacht weder ausräumen, noch die erhobenen Vorwürfe auf eine sichere Grdl. stellen konnte (BAG 28.11.2007 NZA-RR 2008, 344). Ob Einlassungen des AN entlastend wirken oder als Schutzbehauptungen untaugl. sind, den Verdacht auszuräumen, haben im Kündigungsschutzprozess die Tatsacheninstanzen zu würdigen (LAG K 16.1.2007 NZA-RR 2007, 355). Der AG muss **alle zumutbaren Anstrengungen zur Aufklärung des Sachverhalts** unternommen haben. Er ist insb. verpflichtet, den verdächtigen AN anzuhören, um ihm Gelegenheit zur Stellungn. zu geben. Der AN muss die Möglichkeit erhalten, die Verdachtsgründe zu entkräften und Entlastungstatsachen anzuführen (BAG 28.11.2007 NZA-RR 2008, 344). Für die Anhörung besteht **eine Regelfrist von einer Woche**, die einzelfallbezogen anzuwenden ist (BAG 20.3.2014 NZA 2014, 1015 Rn. 14). Art und Umf. der Anhörung bestimmt sich nach den Umständen des Einzelfalls. An die Anhörung sind keine überzogenen Anforderungen zu stellen (BAG 13.3.2008 NZA 2008, 809). Sie muss nicht den Anforderungen genügen, die an eine Anhörung des BR nach § 102 I BetrVG gestellt werden (BAG 20.3.2014 NZA 2014, 1015 Rn. 24), sich aber auf einen konkretisierten (greifbaren) Sachverhalt beziehen (BAG 13.3.2008 NZA 2008, 809). Der AG darf den AN nicht ledigl. mit einer unsubstantiierten Wertung konfrontieren und ihm wesentl. Erkenntnisse vorenthalten. Er muss alle erhebl. Umstände angeben, aus denen er den Verdacht ableitet (vgl. BAG 27.11.2008 NZA 2009, 604). Die Einladung zur Anhörung ist an keine formalen Voraussetzungen geknüpft, insb. besteht kein Schriftformerfordernis und keine Pflicht zur

vorherigen Mitt. des „Themenkreises" oder der verdachtsbegründenden Tatsachen (*Dzida* NZA 2013, 412; *ders.* NZA 2014, 809, 813; ebenso zum Berufsausbildungsverhältnis BAG 12.2.2015 NZA 2015, 741 Rn. 62; **aA** LAG B 30.3.2012 NZA-RR 2012, 353; *Eylert* NZA-RR 2014, 393, 402).

Führt der AG **verdachtserhärtende neue Tatsachen** in den Rechtsstreit ein, bedarf es dazu keiner vorherigen Anhörung des AN, weil dieser zu dem Kündigungsvorwurf als solchem bereits gehört worden ist (BAG 23.5.2013 NZA 2013, 1416 Rn. 29). Will der AG die Verdachtskündigung nach erfolgter Anhörung des AN auf neue Verdachtsmomente stützen, die ihrerseits geeignet sind, eine Verdachtskündigung zu rechtfertigen, ihm aber zeitl. erst nach der Anhörung bekannt geworden sind, braucht er den AN hierzu ebenso wenig erg. anzuhören (BAG 23.5.2013 NZA 2013, 1416 Rn. 30). **178a**

Die Anhörung muss nicht mdl., sie **kann auch schriftl.** durchgeführt werden (BAG 20.3.2014 NZA 2014, 1015 Rn. 26). Der AN kann regelm. ein BRMitglied (*Lembke* RdA 2013, 82, 88; *Eylert* NZA-RR 2014, 393, 403; einen Anspruch des AN abl. *Fitting* § 82 Rn. 12) oder einen RA (*Lange/Vogel* DB 2010, 1066; *Eylert* NZA-RR 2014, 393, 403), der AG einen Zeugen hinzuziehen. Der AG ist nicht gehalten, den AN mit Belastungszeugen zu konfrontieren, oder ihm Gelegenheit zu geben, an Zeugenbefragungen teilzunehmen (vgl. BAG 27.11.2008 NZA 2009, 604). Ebenso wenig ist der AG verpflichtet, die Staatsanwaltschaft für weitere Ermittlungen einzuschalten (BAG 28.9.1989 NZA 1990, 568). **178b**

Die Anhörung des AN ist **Wirksamkeitsvoraussetzung der Verdachtskündigung** (BAG 20.3.2014 NZA 2014, 1015 Rn. 23; abl. *Preis* DB 1988, 1444, 1448 f.; *Ascheid* Rn. 163). Die schuldhaft (BAG 28.11.2007 NZA-RR 2008, 344; *Eylert/Friedrichs* DB 2007, 2203) ohne Anhörung ausgesprochene Kündigung verstößt gegen den Grds. der Verhältnismäßigkeit (BAG 26.9.2002 AP BGB § 626 Verdacht strafbarer Handlung Nr. 37). Unterbleibt die Anhörung des AN aus Gründen, die der AG nicht zu vertreten hat, berührt dies die Wirksamkeit der Verdachtskündigung nicht. Eine schuldhafte Verletzung der Anhörungspflicht liegt insb. nicht vor, wenn der AN erklärt, er werde sich zum Vorwurf nicht äußern (BAG 13.3.2008 NZA 2008, 809; *Eylert/Friedrichs* DB 2007, 2203). Der AG muss ihn dann auch nicht über die Verdachtsmomente näher informieren. Ist der AN **von vornherein nicht bereit**, sich zu den gegen ihn erhobenen Vorwürfen substantiiert zu äußern und so an der Aufklärung mitzuwirken, ist die (weitere) Anhörung überflüssig, weil sie zur Aufklärung des Sachverhalts und zur Willensbildung des AG nichts beitragen kann (BAG 28.11.2007 NZA-RR 2008, 344). Die von vornherein fehlende Bereitschaft, an der Aufklärung mitzuwirken, kann sich auch aus dem späteren Verhalten des AN ergeben (BAG 28.11.2007 NZA-RR 2008, 344). Ebenso kann die Anhörung unterbleiben, wenn sich der AN in Untersuchungshaft befindet und für den AG unerreichbar ist (LAG D 13.8.1998 NZA-RR 1999, 640; OLG Z 11.9.2006 – 7 U 220/05 –; **aA** LAG RP 18.8.2005 – 4 Sa 386/05 – BeckRS 2006, 40027; LAG M 19.3.2009 NZA-RR 2009, 530 [LS]; *Eylert/Friedrichs* DB 2007, 2203, 2204; grds. dazu BVerfG 4.11.2008 NZA 2009, 53). Der AN ist **nicht verpflichtet**, an der Sachaufklärung mitzuwirken oder gar seine Einwilligung zur Einsichtnahme des AG in staatsanwaltschaftl. Ermittlungsakten zu erteilen (BAG 23.10.2008 NZA-RR 2009, 362). Die Weigerung des AN ist weder selbst Kündigungsgrund (vgl. Rn. 133a), noch führt sie zu einer Präklusion des AN mit entlastendem Tatsachenvortrag im Prozess (**aA** *Toma/Reiter* NZA 2015, 460). **178c**

Wenn der AG den Verdacht nicht selbst aufklären kann oder will, darf er mit der Kündigung bis zum **Abschluss eines Strafverfahrens** warten (BAG 5.6.2008 NZA-RR 2009, 69). Das Erg. eines wegen des Verdachts gegen den AN eingeleiteten Strafverfahrens ist für den Kündigungsschutzprozess nicht bindend (BAG 20.8.1997 NZA 1997, 1340). Die Erhebung der Anklage und die Eröffnung des Hauptverfahrens wirken jedoch verdachtsverstärkend (BAG 27.1.2011 NZA 2011, 798; 25.10.2012 NZA 2013, 371). Allein die Einl. eines staatsanwaltschaftl. Ermittlungsverfahrens begr. keinen für die Kündigung ausreichenden Verdacht (BAG 25.10.2012 NZA 2013, 371). **179**

Selbst wenn aus der Sicht des AG die **Verdachtsmomente** gegen den AN **„erdrückend"** sind, bleibt es ihm unbenommen, ledigl. eine Verdachtskündigung auszusprechen, etwa weil er den AN schonen oder vor Abschluss des Strafverfahrens nicht einer Straftat bezichtigen möchte (BAG 14.9.1994 NZA 1995, 269). Andererseits kann der AG auch dann, wenn er obj. nur einen Verdacht hat, die Verfehlung des AN für nachweisbar halten und mit dieser Begr. die Kündigung erklären. In diesem Fall kann die Verdachtskündigung vorsorgl. neben einer Tatkündigung ausgesprochen werden. Hat der AG eine Verdachtskündigung ausgesprochen, ist er allein durch § 626 nicht gehindert, sich im Kündigungsrechtsstreit auf die Tat zu berufen (BAG 6.12.2001 NZA 2002, 847; *Eylert* NZA-RR 2014, 393, 398). **180**

Wird die **Kündigung zunächst mit dem Verdacht begr.**, steht aber für das Gericht (zB aufgrund einer Beweisaufnahme) die Tatbegehung fest, lässt dies die Wirksamkeit der Kündigung unberührt, denn diese Gewissheit belegt die Begründetheit des Verdachts (BAG 3.7.2003 NZA 2004, 307; 23.6.2009 NZA 2009, 1136; *Walker* NZA 2009, 921, 924). Es ist nicht erforderl., dass der AG sich während des Prozesses darauf berufen hat, er stütze die Kündigung auch auf die erwiesene Tat (BAG 27.1.2011 NZA 2011, 798). Kommt es dazu, kann das Fehlen einer Anhörung des AN (vgl. Rn. 178 ff.) keine Bedeutung für die Wirksamkeit der außerordentl. Kündigung besitzen, weil es für eine Tatkündigung keiner vorherigen Anhörung bedarf (BAG 23.6.2009 NZA 2009, 1136). **180a**

Der Verdacht einer strafbaren oder vertragswidrigen Handlung ist ggü. anderen Kündigungssachverhalten ein eigenständiger Kündigungsgrund, der im jeweiligen **Tatvorwurf nicht zwangsläufig enthalten** ist (BAG 13.9.1995 NZA 1996, 81; *Eylert* NZA-RR 2014, 393, 397). Eine Kündigung ist **181** deswegen gerichtl. nur dann nach den Maßstäben der Verdachtskündigung zu beurteilen, wenn der AG die Kündigung auch (zumindest hilfsweise) auf den Verdacht gestützt hat (BAG 23.10.2008 NZA-RR 2009, 362). Es kommt nicht darauf an, ob die Kündigung bereits bei Ausspruch als Verdachtskündigung bezeichnet worden ist (BAG 21.6.1995 – 2 AZR 735/94 – BeckRS 1995, 30924190), vielmehr genügt es, wenn der Kündigende sich in den Tatsacheninstanzen auf den Verdacht als Kündigungsgrund stützt (BAG 29.1.1997 NZA 1997, 813). Dieser Hinweis sollte im Interesse der Klarheit bereits im Kündigungsschreiben erfolgen. Wird er später in den Tatsacheninstanzen nachgeholt, liegt darin das Nachschieben eines andersartigen Kündigungsgrundes, das den kollektivrechtl. Beschränkungen insb. nach § 102 BetrVG unterliegt.

181a Hat der AG **dem BR nur mitgeteilt**, es solle wegen einer strafbaren Handlung gekündigt werden, kann er im Prozess die Kündigung nicht mehr auf den Verdacht einer entspr. Verfehlung stützen, weil hierzu der BR nicht angehört worden ist, sofern die BR-Anhörung selbst (noch) str. ist (BAG 20.6.2013 NZA 2014, 143 Rn. 40, 50). Deshalb wird der sorgfältige AG bei unsicherer Beweislage den BR zur außerordentl. Kündigung wegen Verdachts und wegen strafbarer Handlung anhören. Umgekehrt steht § 102 BetrVG der Anerkennung einer nachgewiesenen Pflichtwidrigkeit als Kündigungsgrund nicht entgegen, wenn dem BR bei Anhörung zur beabsichtigten Verdachtskündigung alle Tatsachen mitgeteilt worden sind, die – ggf. auch im Rahmen zulässigen Nachschiebens – nicht nur den Verdacht, sondern den Tatvorwurf selbst begründen (BAG 23.6.2009 NZA 2009, 1136).

182 Für die Wirksamkeit der Kündigung kommt es allein darauf an, dass die Tatsachen, die sie rechtfertigen sollen, **zum Zpkt. ihres Zugangs vorgelegen** haben (grds. BAG 24.3.2011 NZA 2011, 1084; vgl. ferner *Ascheid* Rn. 219; *Hoefs,* Die Verdachtskündigung, 2001 S. 272). Bei der Verdachtskündigung muss daher der dringende Verdacht zum Zpkt. des Ausspruchs der Kündigung bestanden haben. Er muss sich aus obj., zu diesem Zpkt. vorliegenden Tatsachen ergeben. Das BAG (23.10.2014 NZA 2015, 429 Rn. 21 f.) lässt es aber zu, dass der Verdacht gegen den AN im Laufe des Kündigungsschutzprozesses bis zum Schluss der letzten mdl. Verh. in der Tatsacheninstanz rückwirkend durch **Be- oder Entlastungstatsachen** ausgeräumt oder verstärkt werden kann. Auch dem AG nachträgl. bekannt gewordene Umstände, die den Verdacht eines eigenständigen Kündigungsvorwurfs begründen, können zumindest dann – ggf. nach Anhörung des BR – in den Prozess eingeführt werden, wenn sie bei Zugang der Kündigung obj. schon gegeben waren (BAG 18.6.2015 NZA 2016, 287). Das Vorbringen des AN, mit dem er sich von dem Verdacht reinigen will, ist nach Auff. des BAG vom Tatsachengericht vollständig aufzuklären (BAG 18.11.1999 NZA 2000, 418). Insb. soll ein auf Freispruch erkennendes Urt. im Strafverfahren entlastend wirken können (BAG 24.4.1975 AP BetrVG 1972 § 103 Nr. 3).

183 Wenn eine vom AG ausgesprochene **Verdachtskündigung rkr. für unwirksam** erklärt worden ist, weil dem AG die Verdachtsmomente für eine strafbare Handlung länger als zwei Wochen bekannt waren, hindert die Rechtskraft dieses Urt. den AG nicht, nach dem Abschluss des gegen den AN eingeleiteten Strafverfahrens eine auf die Tatbegehung gestützte außerordentl. Kündigung auszusprechen (BAG 12.12.1984 NZA 1985, 623).

184 Hat der AG wegen des Verdachts einer strafbaren Handlung gekündigt, kommt der Einstellung eines gegen den AN eingeleiteten Ermittlungsverfahrens nach § 170 II 1 StPO keine unmittelbare Wirkung auf die Kündigung zu. Die Einstellung des Ermittlungsverfahrens begr. auch keinen Wiedereinstellungsanspruch (BAG 20.8.1997 NZA 1997, 1340). Ein Anspruch des AN auf **Wiedereinstellung** soll aber in Betracht kommen, wenn ihm wegen Verdachts einer strafbaren Handlung gekündigt worden ist und sich nach rkr. Verlust des Kündigungsschutzprozesses seine Unschuld herausstellt oder doch nachträgl. Umstände bekannt werden, die den Verdacht beseitigen (BAG 4.6.1964 NJW 1964, 1918; offen BAG 27.6.2017 – 9 AZR 576/15 – ZVb). Das ist – vorbehaltl. entspr. (tarif-)vertragl. Regelungen – dogmatisch nicht begründbar (**aA** *Schlegeit,* Das BAG und die Verdachtskündigung, 2008, S. 155 ff.).

XII. Druckkündigung

185 Kündigt der AG das ArbVerh. eines Mitarbeiters, weil dessen Beendigung [iSe. Erfolgs] oder doch die dauerhafte Nichtbeschäftigung von der Belegschaft, einer Gewerkschaft, dem BR, einer Aufsichtsbehörde (vgl. hierzu *C. Richter,* Die überwachungsrechtl. Druckkündigung, 2007), einem Sponsor (*Reimann*, Doping im ArbVerh., 2009, S. 143, 156) oder einem Kunden des AG (LAG RP 14.12.2007 – 9 Sa 304/07 – BeckRS 2008, 50982) unter Androhung von Nachteilen für den AG (zB Kündigung oder Abbruch der Geschäftsbeziehungen) verlangt worden ist, kann die **Drucksituation als solche** einen wichtigen Grund für eine außerordentl. Kündigung oder die soziale Rechtfertigung einer ordentl. Kündigung ergeben. Complianceregeln können den Ausspruch einer Druckkündigung erfordern (*Benecke/Groß* BB 2015, 693, 698). Zur Bedeutung des Abs. 2 für Druckkündigungen vgl. Rn. 215. Von der echten Druckkündigung grds. zu unterscheiden ist die Fallgestaltung, dass das Verlangen des Dritten durch ein im Verhalten oder der Person des AN liegenden Grund obj. gerechtfertigt ist. In diesem Fall beurteilt sich die Wirksamkeit der Kündigung nach den Voraussetzungen einer personen- oder verhaltensbedingten Kündigung. Allerdings kann die Interessenabwägung durch die Drucksituation beeinflusst werden (sog. unechte Druckkündigung). Ob im Einzelfall eine **außerordentl. oder ordentl. Kündigung** gerechtfertigt ist, entscheidet die Drucksituation (vgl. zu den Auswirkungen der Anti-

diskriminierungsRL und des AGG auf die Zulässigkeit von Druckkündigungen *Deinert* RdA 2007, 275 ff.). Sofern die ordentl. Kündigung nicht ausgeschlossen ist, wird im Regelfall die ordentl. Kündigung mit oder ohne Suspendierung geeignet sein, den auf den AG ausgeübten Druck abzubauen (zur sozialen Rechtfertigung einer Druckkündigung § 1 KSchG Rn. 182 ff.; BAG 18.7.2013 NZA 2014, 109; 19.7.2016 NZA 2017, 116; 15.12.2016 NZA 2017, 500). Nur ausnahmsweise kann eine Druckkündigung als außerordentl. fristlose zulässig sein (BAG 10.3.1977 AP ZPO § 313 Nr. 9; **aA** *Insam* DB 2005, 2298, 2300 nur als solche). Bei ordentl. unkündbaren AN kommt eine außerordentl. Kündigung mit notwendiger Auslauffrist in Betracht.

XIII. Entlassungsverlangen des Betriebsrats nach § 104 BetrVG

Nach § 104 S. 1 BetrVG kann der BR vom AG die Entlassung oder Versetzung eines AN verlangen, **186** wenn dieser durch gesetzwidriges Verhalten oder grobe Verletzung der in § 75 I BetrVG enthaltenen Grds. den **Betriebsfrieden wiederholt ernstl. gestört** hat (vgl. BAG 15.12.1977 NJW 1978, 1874; 10.3.1977 AP ZPO § 313 Nr. 9). Der AG muss die Vorwürfe in eigener Verantwortung prüfen und sich für den AN einsetzen, wenn dieser zu Unrecht angegriffen wird. Dazu gehört die Auseinandersetzung im BeschlV, zu dem die Initiativlast beim BR liegt (§ 104 S. 2 BetrVG). Sind die in § 104 S. 1 BetrVG genannten Tatbestandsvoraussetzungen erfüllt und scheidet eine Versetzung als milderes Mittel aus, muss der AG das ArbVerh. des Störers in Erfüllung eines betriebsverfassungsrechtl. Anspruchs des BR auflösen bzw. das Gericht dem AG die Entlassung, verstanden als fristgerechte Beendigung des ArbVerh, aufgeben. Zu einer fristlosen Entlassung kann der AG in keinem Fall gezwungen werden. Eine individualrechtl. Prüfung nach § 1 II KSchG bzw. § 626 I, II BGB erfolgt im BeschlussV nicht. Der rkr. gerichtl. Befehl, den AN zu entlassen, stellt einen betriebsbedingten Grund iSv. § 1 II KSchG für eine ordentl. Kündigung dar. Ein ordentl. unkündbares ArbVerh. kann nach § 626 I BGB außerordentl. mit notwendiger Auslauffrist beendet werden; der gerichtl. Entlassungsbefehl bildet einen Dauertatbestand iSv. § 626 II BGB (Rn. 215). Soweit der AG dem Verlangen des BR durch Kündigung nachkommt, braucht er ihn nicht nach §§ 102, 103 BetrVG zu beteiligen (zu alledem BAG 28.3.2017 NZA 2017, 985).

F. Rechtsfolgen der außerordentlichen Kündigung

I. Grundsatz der entfristeten Kündigung

Der Regelfall der außerordentl. Kündigung ist die fristlose Kündigung, durch die das ArbVerh. **187** sofort beendet werden soll. Es ist unter Berücksichtigung der bes. Umstände nach § 133 durch Auslegung zu ermitteln, ob eine fristlose Entlassung erklärt worden ist (BAG 15.3.1991 NZA 1992, 452). Die außerordentl. Kündigung kann **nicht rückwirkend** für den Zpkt. ausgesprochen werden, zu dem der Kündigungsgrund eingetreten oder der Kündigungsentschl. gefasst worden ist. Vielmehr bewirkt die außerordentl. fristlose Kündigung die sofortige Beendigung des ArbVerh. im Zpkt. ihres Zugangs. Soll sie erst zum Ablauf des Kalendertags des Zugangs wirksam werden, muss dies ausdr. angegeben werden. Die außerordentl. Kündigung kann bereits nach Vertragsabschluss und vor Dienstaufnahme erklärt werden (BAG 22.8.1964 NJW 1965, 171).

II. Kündigung mit Auslauffrist

Aus wichtigem Grund muss nicht mit sofortiger Wirkung (also fristlos), sondern es kann auch mit **188** einer Frist gekündigt werden (sog. außerordentl. Kündigung mit Auslauffrist), die der ges., tarifl. oder vereinbarten Kündigungsfrist nicht zu entsprechen braucht. Die Erkl. einer außerordentl. Kündigung muss jedoch für den Empfänger zweifelsfrei den Willen des Erklärenden erkennen lassen, von der sich aus § 626 I ergebenden bes. Kündigungsbefugnis Gebrauch machen zu wollen (BGH 21.4.1975 WM IV 1975, 761). Dieser Wille wird sich zumeist aus der ausdr. Bezeichnung der Erkl. (zB als fristlose Kündigung) ergeben (BAG 13.1.1982 NJW 1983, 303). Wer befristet kündigt, muss klarstellen, ob er eine außerordentl. Kündigung mit einer (ggf. sozialen) Auslauffrist oder eine ordentl. Kündigung erklären will. **Unterbleibt eine solche Klarstellung**, darf der Kündigungsgegner darauf vertrauen, dass nur eine ordentl. Kündigung erklärt sei (BAG 16.7.1959 AP BGB § 626 Nr. 31). Der Kündigungsberechtigte kann die **Auslauffrist im eigenen Interesse** gewähren (vgl. BAG 13.5.2015 – 2 AZR 531/14 – BeckRS 2015, 72137). Durch die Gewährung einer sozialen Auslauffrist verliert die Kündigung nicht ihren Charakter als außerordentl. Kündigung, wenn dem Gekündigten erkennbar ist, dass ihm aus wichtigem Grund gekündigt wird.

Bei **tarifvertragl. oder ges. Ausschluss** der ordentl. Kündigung kann die Kündigungsfrist als Aus- **189** lauffrist einzuhalten sein, die gelten würde, wenn die ordentl. Kündigung nicht ausgeschlossen wäre (vgl. Rn. 51; BAG 28.3.1985 NZA 1985, 559; 11.3.1999 NZA 1999, 818). Abhängig vom Kündigungsgrund kommt diese Kündigung mit Auslauffrist auch bei einzelvertragl. Ausschluss der ordentl. Kündigung in Betracht. Ob es auch zulässig ist, die außerordentl. Kündigung als fristlose auszusprechen und damit das Angebot der befristeten Fortsetzung für die Dauer der ordentl. Kündigungsfrist zu verbinden, ist höchstrichterl. noch nicht entschieden. Für diese Konstruktion spricht die vielfach vertretene Auff., der ordentl. unkündbare AN könne im Fall der außerordentl. AGKündigung mit Auslauffrist auf der sofortigen, fristlosen Beendigung des ArbVerh. bestehen (vgl. nur *Ascheid* Rn. 98; *Schwerdtner* FS Kissel 1994 S. 1077, 1091). Ist die Kündigung als außerordentl. **zu einem künftigen Termin** ausgesprochen worden, besteht das ArbVerh. (ununterbrochen) bis zu diesem Kündigungstermin fort. Sollte der AN nicht seinerseits wirksam außerordentl. kündigen, müsste er unabhängig von der Wirksamkeit der vom AG erklärten außerordentl. Kündigung mit Auslauffrist für die Dauer der eingeräumten Auslauffrist weiterarbeiten. Er besitzt kein außerordentl. Lossagungsrecht (HaKo/*Gieseler* Rn. 39; **aA** MüKoBGB/*Henssler* Rn. 333; KR/*Fischermeier* Rn. 30).

190 Der AG ist bei Vorliegen eines wichtigen Grundes zur außerordentl. Kündigung nicht gezwungen, das ArbVerh. fristlos zu kündigen. Er kann die Kündigung auch – etwa aus sozialen Erwägungen oder weil eine Ersatzkraft fehlt – unter Einräumung einer Auslauffrist erklären. Allein in der Gewährung einer Auslauffrist liegt kein Verzicht auf das Recht zur außerordentl. Kündigung. Ob die Einräumung einer Auslauffrist zu der Annahme berechtigt, dem AG sei die Weiterbeschäftigung zumindest bis zum Ablauf der Frist auch obj. zumutbar, ist nach den Umständen des Einzelfalls zu beurteilen (BAG 31.5.2015 – 2 AZR 531/14 – BeckRS 2015, 72137). Dabei ist entscheidend auf die Dauer der tats. Beschäftigung und die maßgebl. Gründe des AG abzustellen (BAG 9.2.1960 AP BGB § 626 Nr. 39; 6.2.1997 AuR 1997, 210). ZB kann es für ihn besser sein, einen schlecht musizierenden Pianisten bis zum Engagement eines anderen kurzfristig weiter spielen zu lassen. Ebenso wird die Beschäftigung mit Abschluss- und Übergabearbeiten die Unzumutbarkeit nicht in Frage stellen (BAG 6.2.1997 AuR 1997, 210).

G. Außerordentliche Änderungskündigung

191 Eine außerordentl. Kündigung kann zur **Änd. der vertragl. Arbeitsbedingungen** eingesetzt werden (BAG 27.11.2008 NZA 2009, 481). Der wichtige Grund zur außerordentl. Änderungskündigung setzt voraus, dass dem Kündigenden die Fortsetzung derjenigen Bedingungen, deren Änd. er erstrebt und nicht kraft seines Weisungsrechts (§ 106 GewO) erreichen kann (BAG 6.9.2007 NZA-RR 2008, 291), unzumutbar geworden ist. Die vorgesehenen Änd. müssen einerseits für den Kündigenden unabweisbar notwendig (BAG 27.11.2008 NZA 2009, 481; 28.10.2010 NZA-RR 2011, 155) und andererseits dem AN zumutbar (BAG 28.10.2010 NZA-RR 2011, 155), also von ihm billigerweise hinzunehmen sein (BAG 17.3.2005 NZA 2005, 949).

191a Da eine sofortige Änd. der Arbeitsbedingungen selten unabweisbar notwendig sein wird, kommt die außerordentl. Änderungskündigung **va. bei ordentl. Unkündbarkeit** des ArbVerh. in Betracht (vgl. Rn. 51a). Anges. der hohen Voraussetzungen, die nach der Rspr. (vgl. nur BAG 23.6.2005 NZA 2006, 92; 12.1.2006 NZA 2006, 587) von einer ordentl. Änderungskündigung zur Entgeltsenkung erfüllt werden müssen, verbleiben für die außerordentl. betriebsbedingte Änderungskündigung mit notwendiger Auslauffrist nur wenige Fälle (vgl. BAG 26.3.2009 NZA 2009, 679). Insb. eine außerordentl. Änderungskündigung zur **Entgeltreduzierung** ist ausschl. in Extremfällen denkbar (BAG 1.3.2007 NZA 2007, 1445). Zwar bemüht sich die Rspr., die unternehmerischen Entsch. nicht einer Zweckmäßigkeitskontrolle zu unterwerfen. Doch erwartet sie, dass der AG bereits bei Erstellung des unternehmerischen Konzepts vereinbarte Kündigungsbeschränkungen berücksichtigt (BAG 26.3.2009 NZA 2009, 679). Stehen mehrere Möglichkeiten der Änd. der Arbeitsbedingungen zur Vfg., fordert der Verhältnismäßigkeitsgrds., dass der AG dem AN die auch ihm zumutbare Änderung anbietet, die den Gekündigten am wenigsten belastet (BAG 27.11.2008 NZA 2009, 481; 28.10.2010 NZA-RR 2011, 155).

191b Wenn durch das Änderungsangebot neben der Tätigkeit **auch die Gegenleistung** (Vergütung) geänd. werden soll, sind beide Elemente des Änderungsangebots am Verhältnismäßigkeitsgrds. zu messen. Eine gesonderte Rechtfertigung der Vergütungsänderung ist nur entbehrl., wenn sich die geänd. Vergütung aus einem im Betrieb angewandten Vergütungssystem ergibt (zB Tarifautomatik; vgl. BAG 27.11.2008 NZA 2009, 481). In diesen Fällen ist eine Aufspaltung der unternehmerischen Entsch. in die Abschaffung bzw. Veränderung der Tätigkeit einerseits und deren Vergütung andererseits aus Rechtsgründen ausgeschlossen, weil die Tätigkeit einer bestimmten Entgeltgruppe zugeordnet ist, so dass sich eine Eingruppierung automatisch aus der übertragenen Tätigkeit ergibt. Ist die Veränderung der Tätigkeit aufgrund der unternehmerischen Entsch. unabweisbar und daher an sich geeignet, eine außerordentl. Änderungskündigung zu rechtfertigen, gilt dies auch für die Änd. der Eingruppierung (BAG 21.6.1995 NZA 1995, 1157). Dem AG ist es in diesen Fällen regelm. nicht zumutbar, ledigl. die Tätigkeit des AN den neuen Gegebenheiten anzupassen und es bei der bisherigen Vergütung zu belassen (BAG 17.3.2005 NZA 2005, 949). Zwar kann nicht jede mit dem Festhalten am Vertragsinhalt verbundene Last einen wichtigen Grund zur außerordentl. Änderungskündigung bilden (BAG 2.3.2006 NZA 2006, 985). Doch wird ein wichtiger Grund für eine außerordentl. Änderungskündigung mit notwendiger Auslauffrist anzuerkennen sein, wenn mit dieser Kündigung der konkreten Gefahr einer Betriebsschließung wegen Insolvenz, also einer existenzbedrohenden Situation, begegnet werden soll (BAG 1.3.2007 NZA 2007, 1445). Dazu muss der AG darlegen, dass die Sanierung mit den Eingriffen in die Arbeitsverträge steht und fällt und alle ggü. der beabsichtigten Änderungskündigung milderen Mittel ausgeschöpft sind (vgl. BAG 1.3.2007 NZA 2007, 1445).

Die Rechtsfolgen der außerordentl. Änderungskündigung werden im Einzelfall dadurch bestimmt, 192 wie sich der Gekündigte auf das Änderungsangebot einlässt. **§ 2 KSchG findet entspr. Anwendung** (BAG 28.10.2010 NZA-RR 2011, 155). Die Unwirksamkeit einer unter Vorbehalt angenommenen außerordentl. Änderungskündigung ist entspr. § 4 S. 2 KSchG geltend zu machen (BAG 28.10.2010 NZA-RR 2011, 155; zum Streitgegenstand lt. Rspr. vgl. BAG 19.7.2012 NZA 2012, 1038; **aA** *Niemann* RdA 2016, 339, 342 f.). Zur rechtl. Ausgestaltung der Änderungskündigung vgl. § 620 Rn. 48 ff.; *Niemann* RdA 2016, 339. Die Annahme unter Vorbehalt muss unverzügl. erklärt werden (BAG 27.3.1987 NZA 1988, 737). Das schließt die Einholung von Rechtsrat nicht aus. Solange der gekündigte AN die Annahme unter Vorbehalt noch erklären kann, ist seine widerspruchslose Weiterarbeit nicht als konkludente **Annahme des Änderungsangebots** auszulegen. Nimmt der AN die Änd. unter Vorbehalt an und bleibt die gegen die Kündigung gerichtete Klage erfolglos, wird das ArbVerh. mit dem geänd. Inhalt aufrechterhalten. Hat er das Änderungsangebot abgelehnt, endet das ArbVerh., falls die Kündigungsschutzklage rkr. abgewiesen wird (BAG 7.6.1973 NJW 1973, 1819).

Will ein AG im Geltungsbereich eines PersVG, das eine Mitbestimmung des PR nicht nur bei 193 Kündigungen, sondern auch bei Änd. des Arbeitsvertrags vorsieht, eine außerordentl. Änderungskündigung aussprechen, muss er die **Zust. des PR** zu der vorgesehenen wesentl. Änd. des Arbeitsvertrags einholen. Liegt die Zust. des PR bei Ausspruch der außerordentl. Kündigung nicht vor, ist das Änderungsangebot des AG unwirksam. Ob die Unwirksamkeit des Angebots auch die Unwirksamkeit der außerordentl. Kündigung zur Folge hat, richtet sich nach § 139. Hat der AG die außerordentl. Änderungskündigung erklärt, ohne auch nur versucht zu haben, die Zust. des PR zu der Vertragsänd. herbeizuführen, ist die außerordentl. Änderungskündigung insg. mangels eines wichtigen Kündigungsgrundes iSv. § 626 I unwirksam (BAG 29.6.1988 AP LPVG NW § 72 Nr. 2).

H. Unabdingbarkeit

I. Allgemeines

Das außerordentl. Kündigungsrecht ist unabdingbar. Es kann weder einzel- noch kollektivvertragl. 194 erweitert, eingeschränkt oder ausgeschlossen werden (BAG 15.3.1991 NZA 1992, 452; *Bröhl* S. 69). Eine entspr. Vereinb. ist unwirksam (BAG 18.12.1961 AP BGB § 626 Kündigungserschwerung Nr. 1; **aA** *Gamillscheg* AuR 1981, 105: einseitig zwgd. Wirkung nur zugunsten des AN). Dementspr. können **tarifvertragl. Regelungen über die Unkündbarkeit** von AN (vgl. § 622 Rn. 46 f.) allein die ordentl. Kündigung, nicht jedoch die außerordentl. Kündigung betreffen (BAG 18.12.1980 NJW 1981, 2374; zur restriktiven Auslegung 27.11.2003 AP BGB § 626 Krankheit Nr. 11). Die Generalklausel des § 626 darf auch nicht durch die Formulierung tarifl. Tatbestände einer berechtigten außerordentl. Kündigung eingeengt werden (*Oetker* ZfA 2001, 287, 325). Deshalb war § 55 II BAT, der betriebsbedingte außerordentl. Beendigungskündigungen ausschloss, mit § 626 unvereinbar (BAG 24.6.2004 AP BGB § 613a Nr. 278; *Kania/Kramer* RdA 1995, 287, 288 f.; *Bröhl* S. 235). § 55 II BAT, der nach § 34 II 2 TVöD (hierzu *Hock* ZTR 2005, 558; *Bröhl* ZTR 2006, 174, 178 ff.) für die am 30.9.2005 bereits ordentl. unkündbaren Beschäftigten weitergilt (Änderungskündigungen sind von dieser Fortgeltung aber ausgenommen: BAG 27.11.2008 NZA 2009, 481; 28.10.2010 NZA-RR 2011, 155), enthielt nicht nur eine „zumutbare Erschwerung" der außerordentl. Kündigung, sondern einen partiellen Ausschluss des unabdingbaren Kündigungsrechts.

Sieht eine tarifl. Regelung der ordentl. Unkündbarkeit vor, dem so geschützten AN könne „aus 194a wichtigen, in seiner Person und seinem Verhalten liegenden Gründen fristlos gekündigt werden", schließt diese Bestimmung eine **betriebsbedingte außerordentl. Kündigung** mit Auslauffrist nicht aus (BAG 17.9.1998 NZA 1999, 258; 18.6.2015 NZA 2015, 1315). Doch vermag nicht jede Unternehmerentsch. (grds. hierzu BAG 9.9.2010 AP KSchG 1969 § 2 Nr. 149) die Unzumutbarkeit der Weiterbeschäftigung zu begründen, wenn der AN einen Sonderkündigungsschutz genießt, der – wie etwa § 55 BAT – das ArbVerh. „garantieähnlich" einem Beamtenverhältnis annähert (vgl. BAG 24.9.2015 NZA 2016, 366 Rn. 38).

An dem Grds. der Unabdingbarkeit sind auch **tarifl. Maßregelungsverbote** für das Verhalten von 195 AN bei Arbeitskämpfen zu messen. Tarifklauseln, die bereits im Hinblick auf künftige Kampfaktionen spätere Kündigungen ohne Differenzierung auch bei Vorliegen eines wichtigen Grundes ausschließen wollen, sind wegen Verletzung des § 626 unwirksam (*Konzen* ZfA 1980, 77, 114; *Zöllner*, Maßregelungsverbote und sonstige tarifl. Nebenfolgeklauseln nach Arbeitskämpfen, 1977 S. 15 ff.). Von dem (vorherigen) Ausschluss des Kündigungsrechts ist der **nachträgl. Verzicht** auf die Kündigungsbefugnis zu unterscheiden (vgl. § 620 Rn. 30 ff.). Der Kündigungsberechtigte kann zwar nicht von vornherein darauf verzichten, das ArbVerh. bei Vorliegen eines wichtigen Grundes außerordentl. zu kündigen (BAG 28.10.1971 AP BGB § 626 Nr. 62). Er kann aber davon absehen, ein auf bestimmte Gründe gestütztes, bereits konkret bestehendes Kündigungsrecht auszuüben (BAG 5.5.1977 NJW 1978, 723).

II. Einschränkungen und Erweiterungen des außerordentlichen Kündigungsrechts

196 Aus dem zwgd. Charakter des außerordentl. Kündigungsrechts folgt, dass die Arbeitsvertragsparteien nicht verbindl. festlegen können, nur bestimmte Gründe könnten die außerordentl. Kündigung rechtfertigen (LAG N 26.4.2001 – 8 Sa 770/00 – BeckRS 2001, 30790931). Diese Grds. gelten auch für die Aufstellung bes. Entlassungstatbestände in TV (BAG 3.12.1954 NJW 1955, 606). Im TV können jedoch **Tatbestände ordentl. entfristeter Kündigungen** vorgesehen werden (vgl. § 622 Rn. 20). Eine beschränkte rechtl. Bedeutung können Vereinb. über Gründe zur außerordentl. Kündigung iRd. Interessenabwägung entwickeln, wenn die Parteien Tatbestände, die an sich als wichtige Gründe geeignet sind, näher bestimmen und damit zu erkennen geben, welche Umstände ihnen unter Berücksichtigung der Eigenart des jeweiligen ArbVerh. als Gründe für die vorzeitige Beendigung bes. wichtig erscheinen (vgl. BGH 7.7.1988 NJW-RR 1988, 1381).

197 Da das außerordentl. Kündigungsrecht unabdingbar ist und es weder einzel- noch kollektivvertragl. erweitert, eingeschränkt oder ausgeschlossen werden kann, ist zu folgern, dass dem in der Wirkung gleichkommende Kündigungserschwerungen unzulässig sind. Deshalb darf die Ausübung des außerordentl. Kündigungsrechts nicht durch **Vereinb. einer Vertragsstrafe**, die Verpflichtung zur Zahlung von Abfindungssummen (BGH 3.7.2000 NZA 2000, 945), zur Fortzahlung des Gehalts oder zur Rückzahlung von Urlaubsentgelt und Urlaubsgeld erschwert werden (BAG 18.12.1961 AP BGB § 626 Kündigungserschwerung Nr. 1; 6.9.1989 NZA 1990, 147 betr. ordentl. ANKündigung). Dieses Verbot ist auch bei der inhaltl. Ausgestaltung von Rückzahlungsklauseln im Rahmen von Gratifikationsregelungen zu beachten. Damit ist nicht jede Regelung unwirksam, die zu einer **Erschwerung der Ausübung** des außerordentl. Kündigungsrechts führen kann, sondern nur solche Regelungen, die ihrerseits dem Kündigenden unzumutbar sind (BAG 8.8.1963 AP BGB § 626 Kündigungserschwerung Nr. 2). Dementspr. ist trotz des zwgd. Charakters des außerordentl. Kündigungsrechts eine Vereinb. des Inhalts zulässig, dass nur der AG pers. (also kein Vertreter) das außerordentl. Kündigungsrecht ausüben darf (BAG 9.10.1975 AP BGB § 626 Ausschlussfrist Nr. 8).

198 Die Ausübung des außerordentl. Kündigungsrechts kann nur durch G an die **Zust. Dritter** gebunden werden (§§ 168, 174 SGB IX, § 17 II MuSchG). Dies schließt auch eine tarifvertragl. Regelung aus, insb. kann die Wirksamkeit einer außerordentl. Kündigung nicht an die Zust. der Gewerkschaft gebunden werden (*Berger* NZA 2015, 208, 212; offen BAG 24.2.2011 NZA 2011, 708 Rn. 21); im Zweifel ist die Tarifregelung dahin auszulegen, dass dies nicht gewollt ist (vgl. BAG 18.6.2015 NZA 2015, 1315 Rn. 27). Die Mitwirkung verschiedener Gremien und Organe jur. Personen (zB des Diözesanbischofs – BAG 7.10.1993 NZA 1994, 443) ist hiervon unabhängig und unter dem Blickwinkel des § 626 zulässig, weil es sich um interne Vorgänge handelt. Die Einf. des Erfordernisses einer **Zust. des BR** zur außerordentl. Kündigung, die ggf. durch die Einigungsstelle ersetzt werden kann, durch Vereinb. der Betriebsparteien (nicht aber einzelvertragl., vgl. BAG 23.4.2009 NZA 2009, 915) ist in § 102 VI BetrVG 1972 ausdr. zugelassen (nach alter Rechtslage bedenkl.: BAG 6.11.1956 AP BGB § 626 Nr. 14). Eine im Personalvertretungsrecht geregelte vorherige Zust. der Personalvertretung darf nicht von deren Ermessen abhängig sein, sondern muss strikt rechtsgebunden unter verwaltungsgerichtl. Kontrolle ergehen (BAG 27.1.2011 AP LPVG Berlin § 79 Nr. 4). Nach § 37 II GmbHG kann die **Befugnis des GF** zur Vertretung der Gesellschaft nicht mit Außenwirkung an die Zust. anderer Gremien gebunden werden (BAG 6.10.2005 NZA 2006, 879; *Zimmermann* ZTR 2007, 119, 120). Doch kann in einem Arbeitsvertrag mit der GmbH vereinbart werden, dass zur Kündigung die vorherige Zust. der **Gesellschafterversammlung** erforderl. ist. Eine solche Regelung stellt weder eine unzulässige Beschränkung der Vertretungsbefugnis des GF noch eine unzulässige Kündigungserschwerung dar (vgl. BAG 28.4.1994 NZA 1994, 934, dort tragend zur ordentl. Kündigung). Das BAG hat auch keine kündigungsrechtl. Bedenken gegen eine Vertragsklausel durchgreifen lassen (20.10.1960 NJW 1961, 527), wonach die – fristlose – Kündigung des Ehemanns der Kommanditistin einer KG von der Zust. dieser Kommanditistin abhängig war. Als entscheidenden Gesichtspunkt hat es jeweils herausgestellt, dass die Kündigung nicht von der Zust. eines Dritten, sondern allein von einer gesellschaftsinternen Mitwirkung abhängig gemacht wurde. Es ist jeweils genau zu prüfen, ob die Zustimmungspflicht anderer Gremien die **Wirksamkeit der Kündigung** berührt oder ledigl. die interne Beziehung des Kündigungsberechtigten zu dem Mitwirkungsorgan beeinflusst (vgl. BAG 14.11.1984 NZA 1986, 95 betr. die Mitwirkung des Kreistags an vom Landrat erklärten Kündigungen; 11.3.1998 NZA 1998, 997 betr. Zust. der Gesellschafterversammlung).

I. Gleichbehandlungsgrundsatz und außerordentliche Kündigung

199 Der Gleichbehandlungsgrds. ist unbestrittener Bestandteil des ArbR. Er ist bürgerl.-rechtl. Natur und wurzelt in dem überpositiven **Ideal der Gerechtigkeit**, die es gebietet, Gleiches gleich und Ungleiches entspr. seiner Eigenart ungleich zu behandeln. Er ist zum einen Anspruchsgrdl., zum anderen Schranke der Rechtsausübung. Sobald der AG nach einer selbst gegebenen Regel vorgeht, ist er zur Gleichbehandlung verpflichtet (*Peifer* ArbRGeg. 30 (1993) S. 139, 142). Der Gleichbehandlungsgrds. ist bei der Beurteilung des wichtigen Grundes nicht unmittelbar anzuwenden, weil er mit

dem Gebot der umfassenden Abwägung der Umstände des jeweiligen Einzelfalls nur beschränkt zu vereinbaren ist (BAG 14.10.1965 AP BetrVG § 66 Nr. 27; 16.7.2015 NZA 2016, 161; MüKoBGB/*Henssler* Rn. 106 f.). Jedoch kann er mittelbare Wirkung entfalten (BAG 21.10.1969 NJW 1970, 486; 22.2.1979 EzA BetrVG 1972 § 103 Nr. 23). Er schließt eine umfassende Abwägung aller Umstände des Einzelfalls nicht aus, sondern ist als ein maßgebl. Gesichtspunkt in die Abwägung einzubeziehen (LAG HE 25.7.2011 NZA-RR 2012, 76).

Werden mehrere Kündigungen wegen eines gleichartigen Kündigungsgrundes ausgesprochen, hängt es von den bei jeder Kündigung zu berücksichtigenden Besonderheiten, zB der kürzeren oder längeren Betriebszugehörigkeit ab, ob die Kündigung aller AN berechtigt ist oder nicht (zB BAG 25.3.1976 NJW 1976, 2180). Bei gleicher Ausgangslage muss jedoch der AG, der nach **einer selbst gesetzten Regel** verfährt, darlegen, weshalb er in einem Fall hiervon abweicht (LAG HE 10.9.2008 – 6 Sa 384/08 – BeckRS 2011, 71537). ZB darf der AG nicht ohne sachl. Differenzierungsgründe (vgl. dazu *Preis* Prinzipien S. 390) bei einem von mehreren AN gemeinsam begangenen Prämienbetrug nur zwei AN kündigen und es bei den anderen, ebenso belasteten AN bei einer Verwarnung belassen. Nimmt der AG einzelne AN von einer Amnestie-Regelung aus und kündigt ihnen, soll es hierfür eines rechtfertigenden Sachgrundes bedürfen (*Steinkühler/Kunze* RdA 2009, 367, 372 [allg. Kündigungsverzicht]). Das setzt jdf. eine „völlige" Vergleichbarkeit der Sachverhalte voraus (BAG 16.7.2015 NZA 2016, 161 Rn. 76). Daran fehlt es, wenn eine zwischenzeitl. abgeschlossene BV den AG zur Unterbindung bestimmter Verhaltensweisen verpflichtet [BAG 29.6.2017 – 2 AZR 302/16 – BeckRS 2017, 121650]. 199a

J. Ausschlussfrist des § 626 II

I. Normzweck

Nach § 626 II kann die außerordentl. Kündigung nur innerhalb von zwei Wochen erfolgen. Damit wird für den Bereich der Dienst- und Arbeitsverträge § 314 III präzisiert, der den Ausspruch einer außerordentl. Kündigung „innerhalb einer angemessenen Frist" verlangt. Die zeitl. Begrenzung der Ausübung des Kündigungsrechts dient dem **Gebot der Rechtssicherheit.** Abs. 2 ist ein ges. konkretisierter Verwirkungstatbestand (BAG 1.2.2007 NZA 2007, 744; 26.9.2013 NZA 2014, 529; allg. zur Verwirkung des Kündigungsrechts § 620 Rn. 32). Hat der eine Vertragsteil die Voraussetzungen für eine außerordentl. Kündigung verwirklicht, darf nicht unangemessen lange ungewiss bleiben, ob der andere Teil daraus die kündigungsrechtl. Folgen zieht. Der Kündigungsberechtigte soll sich keinen Kündigungsgrund „aufsparen" können, um dadurch den Vertragsgegner unter Druck zu setzen (BAG 25.2.1983 AP BGB § 626 Ausschlussfrist Nr. 14). Andererseits soll der Kündigungsberechtigte **nicht zu hektischer Eile** angetrieben werden (BAG 17.3.2005 NZA 2006, 101). 200

Die Ausschlussfrist wird den Kündigenden veranlassen, sich alsbald schlüssig zu werden, ob er aus einem bestimmten wichtigen Grund kündigen will. Ansonsten würde bald zw. werden, ob der Grund so schwer wiegt, dass die Fortsetzung des ArbVerh. unzumutbar ist. Auch soll die Frist dem Kündigungsgegner **frühzeitig Gewissheit** verschaffen, ob sein ArbVerh. aufgrund eines bestimmten Vorgangs durch eine außerordentl. Kündigung aufgelöst wird (BAG 17.3.2005 NZA 2006, 101). Deshalb findet § 626 II weder unmittelbare noch entspr. Anwendung auf das Nachschieben von Kündigungstatsachen, die zwar im Zpkt. der Kündigung vorlagen, dem Kündigenden aber erst nachträgl. bekannt wurden (BAG 4.6.1997 NZA 1997, 1158). 201

II. Anwendungsbereich

1. Kündigung nach § 626 I. Die Ausschlussfrist gilt für jede außerordentl. Kündigung aus wichtigem Grund iSv. § 626 I, also auch bei einer Kündigung mit notwendiger Auslauffrist (BAG 23.1.2014 NZA 2014, 962 Rn. 14). Die Anwendbarkeit der Ausschlussfrist ist unabhängig davon, ob der AN oder der AG die Kündigung ausspricht (BAG 26.7.2007 NZA 2007, 1419; **aA** *Gamillscheg* FS BAG 1979 S. 117, 125). Auch bei der außerordentl. Änderungskündigung ist § 626 II zu beachten (BAG 25.3.1976 AP BGB § 626 Ausschlussfrist Nr. 10). Unter Berücksichtigung des Zwecks der Ausschlussfrist kann eine vom Vertreter ohne Vertretungsmacht ausgesprochene Kündigung, die vom Kündigungsempfänger nicht unverzügl. zurückgewiesen worden ist, nach den §§ 177, 180 nur binnen zwei Wochen ab Kenntniserlangung des Kündigungsberechtigten genehmigt werden (BAG 4.2.1987 NJW 1987, 1038; dass § 180 überhaupt auf Kündigungen Anwendung findet, ist heute geklärt, dazu BAG 6.9.2012 NZA 2013, 524; 10.4.2014 NZA 2014, 1197 Rn. 32). 202

2. Keine analoge Anwendung auf andere Kündigungen. Nach Wortlaut, systematischer Stellung und Normgeschichte bezieht sich die durch das Erste ArbRBerG v. 14.8.1969 eingeführte Ausschlussfrist allein auf die außerordentl. Kündigung nach § 626 I. Die entspr. Anwendung der für das Dienstverhältnis geltenden Bestimmung des § 626 auf andere Dauerschuldverhältnisse besagt nicht, dass auch die in § 626 II geregelte Frist gelten muss. Die Ausschlussfrist des § 626 II findet weder unmittelbare noch entspr. Anwendung auf andere ges. Tatbestände außerordentl. Kündigungen von Dienstverträgen 203

(BGH 29.6.2011 NJW 2011, 3361; BAG 11.6.1992 NZA 1993, 118). Diese Regelungen sehen teils eine Ausschlussfrist vor (so § 22 IV BBiG), teils hat der Gesetzgeber auf eine solche Frist verzichtet (so § 89a HGB, § 67 SeeArbG und Kap. XIX Sachgebiet A Abschn. III Nr. 1 Abs. 5 der Anl. I zum EVertr.). Beide Regelungstypen sind vollständig und bedürfen keiner analogen Anwendung des § 626 II (BAG 11.6.1992 NZA 1993, 118). Dies bedeutet aber nicht, dass bei Fehlen einer ges. Ausschlussfrist mit dem Ausspruch der Kündigung beliebig lange zugewartet werden könnte. Die fristlose Beendigung des ArbVerh. längere Zeit nach Kenntniserlangung verbietet sich auch unter dem Gesichtspunkt widersprüchl. Verhaltens (BAG 28.4.1994 NZA 1995, 169). Der Kündigungsberechtigte darf einen Kündigungsgrund unabhängig von § 626 II nicht beliebig lange zurückhalten, um davon bei ihm **gut dünkender Gelegenheit** Gebrauch zu machen. Diese Auslegung folgt aus Art. 12 I GG. Der Staat muss einen Mindestkündigungsschutz zur Vfg. stellen (BVerfG 21.4.1994 EzA Einigungsvertrag Art. 20 Nr. 32). Auch außerhalb des Anwendungsbereichs von § 626 II kann daher der wichtige Grund (zB iSv. Kapitel XIX Sachgebiet A Abschnitt III Nr. 1 Abs. 5 der Anl. I zum EVertr.) durch bloßen Zeitablauf entfallen, ohne dass die weiteren Voraussetzungen der Verwirkung, wie das Vorliegen des Umstandsmoments, erfüllt sein müssten. Vielmehr kann bereits ein viermonatiges Zuwarten den Kündigungsgrund entkräften und zur Unwirksamkeit der außerordentl. Kündigung führen (vgl. BAG 15.8.2002 NZA 2003, 795 [zur ordentl. Kündigung]).

204 **3. Keine analoge Anwendung auf andere Beendigungstatbestände.** § 626 II ist auf andere Tatbestände grds. nicht übertragbar. Allerdings hat die Rspr. sich bemüht, eine Harmonisierung der Ausschlussfrist des § 626 II und der für die **Anfechtung von Willenserkl.** in §§ 121, 124 geregelten Fristen herbeizuführen. ZB soll eine Anfechtung des ArbVerh. wegen Irrtums über eine verkehrswesentl. Eigenschaft des AN (§ 119 II) nur dann „unverzügl." iSv. § 121 I erklärt sein, wenn sie spätestens innerhalb einer Frist von zwei Wochen nach Kenntnis der für die Anfechtung maßgebenden Tatsachen erfolgt (BAG 14.12.1979 NJW 1980, 1302). Später hat das BAG (21.2.1991 NZA 1991, 719) klargestellt, dass die Zwei-Wochen-Frist iRd. § 121 nicht ausnahmslos ausgenutzt werden kann. Die Ausschlussfrist des § 626 II gilt ebenso wenig für das Verfahren nach **§ 78a IV 1 Nr. 2 BetrVG** wie die Frist des § 22 IV BBiG (BAG 15.12.1983 NZA 1984, 44). Bei der Verhängung der Dienstentlassung als Dienststrafe gegen einen **Dienstordnungsangestellten** gilt § 626 II weder unmittelbar noch analog (BAG 3.2.1972 AP BGB § 611 Dienstordnungs-Angestellte Nr. 32; *Wenzel* MDR 1977, 985, 986).

III. Fristbeginn und -ablauf

205 **1. Person des Kündigungsberechtigten.** Der Lauf der Frist des § 626 II beginnt mit dem Zpkt., in dem der Kündigungsberechtigte von den für die Kündigung maßgebenden Tatsachen Kenntnis erlangt. Kündigungsberechtigter ist die natürl. Person, der im gegebenen Fall das Recht zur Erkl. der außerordentl. Kündigung zusteht (BAG 6.7.1972 AP BGB § 626 Ausschlussfrist Nr. 3; 23.10.2008 AP BGB § 626 Nr. 217). Dazu zählen der AG selbst, sein ges. oder rechtsgeschäftl. Vertreter und die Personen, die eine ähnl. selbständige Stellung wie ein ges. Vertreter haben (BAG 28.10.1971 NJW 1972, 463). Ist vertragl. festgelegt worden, dass das Recht zur außerordentl. **Kündigung nur vom AG pers.** ausgeübt werden kann, ist regelm. nur der AG Kündigungsberechtigter iSv. § 626 II. Ist der Fall der Verhinderung bei einer solchen Vereinb. nicht bedacht worden, ist durch erg. Vertragsauslegung zu ermitteln, ob die Beschränkung der Kündigungsbefugnis auch fortwirkt, wenn der AG nicht bloß kurzfristig gehindert ist, sein Kündigungsrecht auszuüben (BAG 9.10.1975 AP BGB § 626 Ausschlussfrist Nr. 8).

206 Die **Kenntnis eines Dritten** (insb. eines Vorgesetzten des Mitarbeiters) muss sich der AG nur zurechnen lassen, wenn dessen Stellung im Betrieb nach den Umständen erwarten lässt, er werde den Kündigungsberechtigten über den Kündigungssachverhalt unterrichten. Die Person muss eine herausgehobene Position und Funktion im Betrieb oder der Verw. haben und tats. wie rechtl. in der Lage sein, einen Sachverhalt – der Anhaltspunkte für eine außerordentl. Kündigung bietet – so umfassend zu klären, dass mit ihrer Meldung der Kündigungsberechtigte ohne weitere Erhebungen und Ermittlungen die (Kündigungs-)Entsch. treffen kann. Dementspr. muss der Mitarbeiter in einer ähnl. selbständigen Stellung sein, wie ein ges. oder rechtsgeschäftl. Stellvertreter des AG (BAG 23.10.2008 AP BGB § 626 Nr. 217). Hinzukommen muss, dass die verspätet erlangte Kenntnis des Kündigungsberechtigten auf einer unsachgemäßen Organisation des Betriebs oder der Verw. beruht, obwohl eine andere betriebl. Organisation sachgemäß und zumutbar gewesen wäre (BAG 16.7.2015 NZA 2016, 161). Beide Voraussetzungen – ähnl. selbständige Stellung und schuldhafter Organisationsmangel – müssen kumulativ vorliegen (BAG 23.10.2008 AP BGB § 626 Nr. 217). Ist der Vorgesetzte Mittäter, scheidet die Zurechnung seiner Kenntnis aus (BAG 18.6.2015 NZA 2016, 287 Rn. 49).

207 Die Folgen der Kenntnis eines Gesamtvertreters bzw. eines Mitglieds eines zur Kündigung berechtigten Organs sind nach den für die Rechtsform der kündigungsberechtigten Partei geltenden bes. **Vertretungs- und Zurechnungsnormen** zu bestimmen (BAG 15.6.2015 NZA 2016, 287 Rn. 48). Die Rspr. steht auf dem Standpunkt, dass es die jur. Person durch die Gestaltung der Satzung und geeignete organisatorische Maßnahmen in der Hand hat, die Wahrung der Ausschlussfrist sicherzustellen. Hat über die Kündigung eines mit einer GmbH bestehenden ArbVerh. nach dem Gesellschaftsvertrag die

Dauertatbestand (Rn. 186). Deshalb wird die Verhängung oder Vollstreckung von Zwangsgeld gegen den AG nicht mit Ablauf von zwei Wochen ab Rechtskraft der gerichtl. Entsch. unzulässig (aA KR/*Etzel/Rinck* § 104 BetrVG Rn. 52 ff.).

216 **4. Besonderheiten bei Verdachtskündigungen.** Auf die außerordentl. Verdachtskündigung ist die Ausschlussfrist des § 626 II anzuwenden (BAG 27.1.2011 NZA 2011, 798). Weder der Verdacht strafbarer Handlungen noch eine begangene Straftat stellen Dauerzustände dar, die es dem AG ermöglichen, bis zur strafrechtl. Verurteilung des AN zu einem beliebigen Zpkt. eine fristlose Kündigung auszusprechen (BAG 29.7.1993 NZA 1994, 171). Besitzt der AG Anhaltspunkte für einen Verdacht, der zur fristlosen Kündigung berechtigen kann, ist er gehalten, Ermittlungen anzustellen und den AN anzuhören, ohne dass die Frist zu laufen beginnt (BAG 20.3.2014 NZA 2014, 1015 Rn. 23). Die Ermittlungen dürfen nicht hinausgezögert werden. Unmaßgebl. ist, ob sie zur Aufklärung des Sachverhalts beigetragen haben. Im Rahmen dessen, was ein verständig handelnder AG beachtet, kann der Sachverhalt durch erforderl. erscheinende Aufklärungsmaßnahmen vollständig geklärt werden. Sind die Ermittlungen abgeschlossen, beginnt die Ausschlussfrist (BAG 28.11.2007 NZA-RR 2008, 344). Der AG muss binnen zwei Wochen kündigen, wenn er einen bestimmten Kenntnisstand für ausreichend hält, eine fristlose Kündigung wegen Verdachts einer strafbaren Handlung oder wegen begangener Straftat auszusprechen (BAG 5.12.2002 AP BGB § 123 Nr. 63).

217 Entscheidet sich der Kündigungsberechtigte aufgrund eines Anfangsverdachts, selbst Ermittlungen durchzuführen, muss er dies zügig tun (vgl. Rn. 178 ff.). Die Frist des § 626 II beginnt dann nicht vor Anhörung des AN (BAG 6.7.1972 AP BGB § 626 Ausschlussfrist Nr. 3), sofern diese unverzügl. eingeleitet worden ist. Anstatt eigene Ermittlungen durchzuführen, darf der Kündigungsberechtigte das Erg. eines **Ermittlungsverfahrens der Staatsanwaltschaft** und auch eines Strafverfahrens abwarten. Diese Entsch. bindet ihn insofern, als er nunmehr nicht spontan, ohne dass sich neue Tatsachen ergeben hätten, zu einem willkürl. gewählten Zpkt. eigene Ermittlungen aufnehmen und dann zwei Wochen nach Abschluss dieser Ermittlungen kündigen dürfte (BAG 27.1.2011 NZA 2011, 798). Hat der AG eine Verdachtskündigung ausgesprochen und kommen belastende Erkenntnisse hinzu, kann er eine weitere Verdachtskündigung aussprechen, deren Erklärungsfrist durch die Erlangung des neuen Wissens ausgelöst wird (BAG 27.1.2011 NZA 2011, 798).

217a Da der AG nicht verpflichtet ist, von der uU unsicheren Möglichkeit der Verdachtskündigung Gebrauch zu machen, darf er abwarten, bis er eine auf die Tat gestützte außerordentl. Kündigung aussprechen kann. Wegen **Begehung einer Straftat** wird der AG erst kündigen, wenn er von dieser Tat überzeugt ist (BAG 12.12.1984 NZA 1985, 623). Für einen sorgfältig agierenden AG kann deshalb die Frist des § 626 II für die Kündigung wegen erwiesener Straftat durchaus später beginnen als für die Verdachtskündigung. Kündigt der AG nicht schon aufgrund des Verdachts einer strafbaren Handlung, sondern wartet er das Erg. des Strafverfahrens ab, so wird die Ausschlussfrist jdf. dann gewahrt, wenn er die außerordentl. Kündigung binnen zwei Wochen seit Kenntniserlangung von der Tatsache der Verurteilung ausspricht (BAG 18.11.1999 NZA 2000, 381). Allerdings können die notwendigen Tatsachenfeststellungen erst dem Strafurt. zu entnehmen sein, so dass die Kenntnis der Entscheidungsgründe den Fristbeginn markiert (BAG 22.11.2012 NZA 2013, 665).

218 **5. Beginn bei Betriebsstilllegung.** Bei betriebsbedingten außerordentl. Kündigungen, die wegen Rationalisierungsmaßnahmen oder wegen Betriebsstilllegung erfolgen, werden idR echte Dauergründe iSv. Rn. 212 vorliegen (BAG 17.9.1998 NZA 1999, 258). Wenn die Änd. oder Stilllegung des Betriebs erst für die Zukunft geplant ist, besteht der wichtige Grund für die außerordentl. Kündigung in der Unzumutbarkeit der Weiterbeschäftigung trotz fehlender Arbeit. Wann der Betrieb tats. stillgelegt werden wird, wissen die Arbeitsvertragsparteien mit vollkommener Sicherheit erst mit der Ausführung des Plans. Dementspr. beginnt die Ausschlussfrist erst mit dem Tag, an dem der AN **nicht mehr weiterbeschäftigt werden kann** (BAG 26.3.1985 NZA 1985, 559). Im Interesse der AN braucht der AG allerdings mit der Kündigung nicht so lange zu warten, bis die letzten Arbeiten beendet sind. Er kann schon vorher außerordentl. zu dem Zpkt. kündigen, zu dem die Beschäftigungsmöglichkeit voraussichtl. entfallen wird (BAG 22.7.1992 EzA BGB § 626 nF Nr. 141). Bei der betriebsbedingten außerordentl. Änderungskündigung beginnt die Frist gleichfalls nicht schon mit dem Zpkt., in dem der AG die Entsch. trifft, den Betrieb einzuschränken oder Betriebsteile stillzulegen. Die für den Beginn der Ausschlussfrist maßgebenden Tatsachen sind dem AG erst dann bekannt, wenn feststeht, welche bestimmten AN nicht mehr auf ihrem angestammten Arbeitsplatz zu ihren bisherigen Arbeitsbedingungen weiterbeschäftigt werden können und deshalb Änderungskündigungen notwendig werden (BAG 25.3.1976 AP BGB § 626 Ausschlussfrist Nr. 10).

219 **6. Fristablauf.** Die Berechnung der Ausschlussfrist richtet sich nach **§§ 187 ff.** Nach § 187 I wird der Tag, an dem der Kündigungsberechtigte die für die Kündigung maßgebenden Tatsachen erfahren hat, bei der Berechnung der Frist nicht mitgerechnet. Die Frist beginnt erst am Tag nach Kenntniserlangung und endet nach § 188 II 1 Hs. 1 zwei Wochen später mit Ablauf desjenigen Tags der zweiten Woche, der durch seine Benennung dem Tag entspricht, an dem die Kenntnis erlangt wurde. Wenn der Kündigungsberechtigte von den Kündigungsgründen zB an einem Montag erfährt, endet die Aus-

schlussfrist mit dem Ablauf des Montags der übernächsten Woche. Wenn die Ausschlussfrist an einem Sonnabend, einem Sonntag oder einem ges. Feiertag abläuft, tritt an die Stelle dieses Tags nach § 193 der nächste Werktag (BAG 24.10.2013 NZA 2014, 725 Rn. 49). Zur Wahrung der Ausschlussfrist genügt es nicht, wenn eine schriftl. Kündigung am letzten Tag der Frist zur Post gegeben wird und dadurch den Machtbereich des Kündigungsberechtigten verlässt. ISv. § 626 II ist eine Kündigung erst **mit Zugang** (§ 130) beim Kündigungsempfänger „erfolgt" (BAG 9.3.1978 NJW 1978, 2168).

IV. Unabdingbarkeit

220 Die Ausschlussfrist kann durch Parteivereinb. weder ausgeschlossen noch abgeändert werden, weil es sich bei § 626 II um eine zwgd. ges. Vorschr. handelt (BAG 12.2.1973 AP BGB § 626 Ausschlussfrist Nr. 6). Ebenso wenig kann die Ausschlussfrist durch TV abgeändert oder ausgeschlossen werden (BAG 12.4.1978 AP BGB § 626 Ausschlussfrist Nr. 13). § 626 II kommt eine **doppelte Schutzfunktion** zu: Schutz vor übereilten Kündigungen und Schutz des sich durch Zeitablauf bildenden Vertrauens. Würde von der ges. Regelung abgewichen, könnte sich sowohl eine Verlängerung als auch eine Verkürzung der Frist im konkreten Fall für den AN nachteilig auswirken.

V. Rechtsfolgen des Fristablaufs

221 **1. Ausschluss des außerordentlichen Kündigungsrechts.** Wird erst nach Ablauf der Frist gekündigt, hat § 626 II die **unwiderlegbare ges. Vermutung** ausgelöst, dass der Grund seine Bedeutung für eine außerordentl. Kündigung verloren hat (BAG 8.6.1972 NJW 1972, 1878). § 626 II enthält somit eine materiell-rechtl. Ausschlussfrist. Ihre Versäumung führt zur Unwirksamkeit der außerordentl. Kündigung (BAG 6.7.1972 AP BGB § 626 Ausschlussfrist Nr. 3). Eine Wiedereinsetzung in den vorigen Stand ist nicht mögl. (BAG 28.10.1971 NJW 1972, 463). Die Unwirksamkeit der außerordentl. Kündigung wegen Versäumung der Frist des § 626 II muss durch fristgerechte Klage gem. §§ 13, 4, 7 KSchG geltend gemacht werden (BAG 6.7.1972 AP BGB § 626 Ausschlussfrist Nr. 3; vgl. Rn. 229).

222 **2. Fortbestand des Rechts zur ordentlichen Kündigung.** Solange das Kündigungsrecht nicht verwirkt (§ 620 Rn. 30 ff.) ist, kann der nach § 626 II verfristete wichtige Grund eine ordentl. Kündigung iSv. § 1 II KSchG sozial rechtfertigen (BAG 15.8.2002 NZA 2003, 795). Eine entspr. Anwendung von § 626 II auf § 1 II KSchG ist von der Rspr. zu Recht nicht erwogen worden (BAG 4.3.1980 AP GG Art. 140 Nr. 4). Ist die außerordentl. Kündigung bereits ausgesprochen, kommt eine Umdeutung der wegen § 626 II unwirksamen außerordentl. Kündigung in eine ordentl. Kündigung in Betracht (§ 620 Rn. 60 ff.).

223 **3. Rechtsmissbräuchliche Berufung auf die Ausschlussfrist.** Es ist nicht auszuschließen, dass die Anwendung von § 626 II im Einzelfall zu groben Unbilligkeiten führt. Deshalb wird erörtert, ob auf § 242 gestützte Einwendungen des Kündigenden (insb. Rechtsmissbrauch) zu einer Korrektur führen könnten (SPV/*Preis* Rn. 812). Zu denken ist va. daran, dass der Gekündigte den Kündigungsberechtigten durch unredl. Verhalten davon abgehalten hat, die Ausschlussfrist einzuhalten (vgl. BAG 12.2.1973 AP BGB § 626 Ausschlussfrist Nr. 6). Hat zB der AG, der eine außerordentl. Kündigung beabsichtigt, von einem Antrag des AN auf Feststellung der Schwerbehinderteneigenschaft Kenntnis erlangt und kündigt er daher nicht in der Frist des § 626 II, sondern beantragt er innerhalb der Frist des § 174 II SGB IX die Zust. des Integrationsamts, darf sich der AN nach **Treu und Glauben** auch dann nicht auf die Versäumung der Frist des § 626 II berufen, wenn er tats. nicht schwerbehindert ist und es deshalb der Zust. des Integrationsamts gar nicht bedurfte (BAG 27.2.1987 NZA 1988, 429; **aA** HaKo/*Gieseler* Rn. 145).

VI. Ausschlussfrist und Beteiligung der Personalvertretung

224 Nach § 102 I BetrVG ist der BR vor jeder Kündigung zu hören. Eine ohne Anhörung des BR ausgesprochene Kündigung ist unwirksam (§ 102 I 3 BetrVG). Im öffentl. Dienst ist der PR zu beteiligen (zB § 79 III BPersVG). Die jeweils erforderl. Anhörung muss vor Ablauf der Ausschlussfrist eingeleitet werden, die **nicht um die Anhörungsfrist** von drei Tagen **verlängert** wird (BAG 18.8.1977 NJW 1978, 661). Der AG muss somit spätestens am 10. Tag nach Kenntnis der für die Kündigung maßgebenden Tatsachen die Anhörung des BR einleiten, um nach Ablauf der Anhörungsfrist von drei Tagen noch am folgenden letzten Tag der Ausschlussfrist die Kündigung aussprechen zu können. Schöpft der BR die ges. Frist nicht aus und äußert sich bereits früher abschl., darf der AG die Kündigung sogleich aussprechen (vgl. hierzu BAG 25.5.2016 NZA 2016, 1140).

225 Die außerordentl. Kündigung des Mitglieds eines BR oder PR oder eines anderen durch § 15 KSchG geschützten AN ist, sofern kein Fall des § 15 IV oder V KSchG vorliegt (hierzu rechnet a. die außerordentl. Kündigung mit notwendiger Auslauffrist; BAG 10.5.2007 NZA 2007, 1278), erst zulässig, nachdem der BR oder PR seine Zust. erteilt hat oder die verweigerte Zust. durch das Gericht formell rkr. (BAG 24.11.2011 NZA-RR 2012, 333) ersetzt worden ist. Diese Regelung schließt die Anwendbarkeit des § 626 II nicht aus (BAG 18.8.1977 NJW 1978, 661). Die Zust. des BR bedarf nicht der

Diebstahl von Unterlagen begr. noch kein Verbot ihrer Verwertung als Beweismittel im Kündigungsschutzprozess (BAG 15.8.2002 NZA 2003, 432).

Ein Beweisverwertungsverbot wg. eines ungerechtfertigten Eingriffs in das Persönlichkeitsrecht 232c betrifft nicht nur das rechtswidrig erlangte Beweismittel selbst (zB Inaugenscheinnahme eines Videos), sondern auch dessen **mittelbare Verwertung** (etwa Vernehmung eines Zeugen über den Inhalt der Aufzeichnung) (BAG 22.9.2016 NZA 2017, 112 Rn. 24). Selbst die Verwertung unstr. Vorbringens ist unzulässig, wenn es dem Schutzzweck der verletzten Norm zuwiderliefe, den inhaltl. Gehalt eines Beweismittels in Form von Sachvortrag zB infolge von § 138 III oder § 331 I 1 ZPO zur Entscheidungsgrdl. zu machen (BAG 22.9.2016 NZA 2017, 112 Rn. 25). Dies muss das Gericht vAw. prüfen. Die betr. Partei muss sich nicht auf ein Sachvortragsverwertungsverbot berufen; es scheidet nur aus, wenn sie auf die Geltendmachung der (Grund-)Rechtsverletzung wirksam verzichtet hat (BAG 22.9.2016 NZA 2017, 112 Rn. 25).

Eine **verdeckte Videoüberwachung** kann gerechtfertigt sein, wenn es kein milderes Mittel zur 232d Aufklärung eines gegen Beschäftigte bestehenden Verdachts einer Straftat oder einer anderen schweren Verfehlung (BAG 29.6.2017 – 2 AZR 597/16 – ZVb) zulasten des AG gibt (BAG 22.9.2016 NZA 2017, 112 Rn. 28; EGMR 5.10.2010 EuGRZ 2011, 471 – Köpke). Dabei ist zu berücksichtigen, dass eine offene Videoüberwachung regelm. nichts zur Aufklärung eines Verhaltens beitragen kann, das auf Heimlichkeit angelegt ist (BAG 20.10.2016 NZA 2017, 443). Ist eine verdeckte Videoüberwachung nach § 32 I 1 **oder** 2 BDSG [ab 25.5.2018 § 26 I 1 **oder** 2 BDSG] zulässig, ist auch der Eingriff in das Persönlichkeitsrecht solcher zwangsläufig „mitgefilmter" AN gerechtfertigt, gegen die sich der Anfangsverdacht (dazu, dass ein „einfacher" Verdacht genügt BAG 20.10.2016 NZA 2017, 443) nicht richtete (BAG 22.9.2016 NZA 2017, 112 Rn. 31); die Verwertung von „Zufallsfunden" zulasten dieser AN kann – bei Wahrung der Verhältnismäßigkeit – nach § 32 I 1 BDSG [ab 25.5.2018 § 26 I 1 BDSG] gerechtfertigt sein (BAG 22.9.2016 NZA 2017, 112 Rn. 35 ff.). Zur Regelung einer Videoüberwachung durch BV vgl. BAG 26.8.2008 NZA 2008, 1187.

V. Bedeutung einer rechtskräftigen Ersetzung der Zustimmung nach § 103 BetrVG

Wird im BeschlV nach § 103 BetrVG, an dem das einzelne BRMitglied, dem außerordentl. gekündigt 233 werden soll, als rechtsmittelbefugter Beteiligter mitwirkt (§ 103 II 2 BetrVG; BAG 10.12.1992 NZA 1993, 501), die Zust. des BR zur außerordentl. Kündigung des ArbVerh. rkr. ersetzt und spricht der AG darauf die Kündigung aus, besitzt der rkr. **Beschl. „präjudizielle" bzw. „präkludierende" Wirkung** (BAG 23.6.1993 NZA 1993, 1052; 15.8.2002 NZA 2003, 432; *Czerny*, Rechtskraft und andere Bindungswirkungen, 2014 S. 236; **aA** *Ascheid* FS Hanau 1999 S. 685, 700 Nebeninterventionswirkung gem. § 103 II 2 BetrVG). Somit wird bei gleicher Sachlage über die im Zustimmungsersetzungsverfahren geprüften Punkte keine abw. Entsch. in dem die außerordentl. Kündigung betr. Kündigungsschutzverfahren ergehen (zur Situation bei ordentl. Kündigung BAG 15.8.2002 NZA 2003, 432). **Später eintretende Ereignisse** sind im Kündigungsschutzprozess ebenso zu berücksichtigen wie das Fehlen der Zust. des Integrationsamts (BAG 11.5.2000 NZA 2001, 1106). Der AG kann die außerordentl. Kündigung erst wirksam aussprechen, wenn die die Zust. ersetzende Entsch. rkr. ist. Eine zuvor erklärte Kündigung ist nicht nur schwebend unwirksam, sondern unheilbar nichtig (BAG 9.7.1998 NZA 1998, 1273). Wird im Verfahren nach § 103 BetrVG rkr. festgestellt, dass es keiner Zust. des BR zur Kündigung bedarf, wirkt auch diese Entsch. „präjudiziell" im Individualrechtsstreit des gekündigten AN (BAG 18.9.1997 NZA 1998, 189). Scheidet das BRMitglied während des lfd. Zustimmungsersetzungsverfahrens aufgrund einer Neuwahl des BR aus dem Gremium aus, ist für die außerordentl. Kündigung durch den AG keine erneute BRAnhörung erforderl. (BAG 8.6.2000 NZA 2000, 899).

VI. Darlegungs- und Beweislast

1. Voraussetzungen des wichtigen Grundes. Der Kündigende ist darlegungs- und beweisbelastet 234 für alle Umstände, die als wichtiger Grund geeignet sein können (BAG 6.8.1987 NJW 1988, 438; BGH 28.10.2002 NJW 2003, 431). Damit hat **der Kündigende** auch die tats. Voraussetzungen der Unzumutbarkeit einer Weiterbeschäftigung darzulegen und ggf. zu beweisen (BAG 24.11.1983 AP BGB § 626 Nr. 76). In Fällen der außerordentl. Kündigung ordentl. unkündbarer AN mit Auslauffrist geht das BAG, soweit das überhaupt noch mögl. ist, von einer gesteigerten Darlegungs- und Beweislast des AG aus (BAG 8.4.2003 NZA 2003, 856; 30.9.2004 NZA 2005, 43). Die Anforderungen an die notwendige Substantiierung des Sachvortrags sind an den Erkenntnismöglichkeiten des AG auszurichten (BAG 27.3.2003 AP Einigungsvertrag Anl. I Kap. XIX Nr. 81); ggf. kommt schon auf der Ebene des obj. Kündigungstatbestands eine sekundäre Darlegungslast des AN in Betracht, an die indes keine überzogenen Anforderungen gestellt werden dürfen (BAG 18.6.2015 NZA 2016, 287 Rn. 28; 16.7.2015 NZA 2016, 161 Rn. 41) und die gar nicht erst ausgelöst wird, wenn der AN mit Nichtwissen bestreiten dürfte (*Dölling* NJW 2013, 3121, 3126), etwa weil er sich glaubhaft „nicht mehr erinnern" kann (LAG SH 18.10.2016 – 1 Sa 32/16 – BeckRS 2016, 74933). Zur Herkunft von Äußerungen in sozialen Netzwerken *Fuhlrott/Oltmanns* DB 2017, 1840, 1842 f.

235 Vom Kündigungsempfänger geltend gemachte **Rechtfertigungs- oder Entschuldigungsgründe** sind vom Kündigenden zu widerlegen (BAG 12.5.2010 NZA-RR 2011, 15; 27.9.2012 AP BGB § 626 Nr. 240; **aA** LAG SH 18.1.2005 NZA-RR 2005, 367). Insofern greift zu seinen Gunsten eine gestufte Darlegungslast ein. Der Kündigungsempfänger hat seinerseits die tats. Grdl. der Rechtfertigung oder Entschuldigung so substantiiert wie mögl. darzulegen. Hierauf hat der Kündigende entspr. substantiiert zu erwidern und notwendigenfalls Beweis zu führen (BAG 6.8.1987 NJW 1988, 438; BGH 28.10.2002 NJW 2003, 431). Er braucht „ledigl." die vom AN substantiiert behaupteten Tatsachen zu widerlegen (BAG 17.6.2003 NZA 2004, 564; 16.7.2015 NZA 2016, 161). IE verbleibt es aber bei der obj. Beweislast des Kündigenden (BAG 18.9.2008 – 2 AZR 1039/06 – BeckRS 2009, 59320). Zum Vortrag widersprüchl., sich einander ausschließender Tatsachen BAG 13.6.2002 NZA 2003, 608.

236 § 186 StGB führt zu keiner Umkehr der Beweislast hins. vom AN aufgestellter **ehrenrühriger Tatsachenbehauptungen** (BAG 27.9.2012 AP BGB § 626 Nr. 240). Entspr. gilt, wenn der Kündigungsempfänger geltend macht, ihm sei die zum Anlass der Kündigung genommene Handlung zuvor vom Kündigenden gestattet worden. Dies kann zB bei der außerordentl. Kündigung wegen einer unerlaubten Konkurrenztätigkeit erhebl. werden (BAG 24.11.1983 AP BGB § 626 Nr. 76). Hat der AG dem AN wegen Arbeitsversäumnis gekündigt, muss er auf entspr., substantiierten Sachvortrag des Gekündigten ausräumen, dass das Fehlen nicht auf Krankheit oder Urlaub beruhte (BAG 26.8.1993 NZA 1994, 63). Gleiches gilt für die Entschuldigung des AN, eine Arbeitsbummelei sei auf depressive Erkrankung zurückzuführen oder vom AG billigend hingenommen worden (BAG 18.10.1990 – 2 AZR 204/90 – BeckRS 1990, 30735282), sowie für die Behauptung, einen Arbeitskollegen in Notwehr verletzt zu haben (BAG 31.5.1990 – 2 AZR 535/89 – BeckRS 1990, 30917151).

237 Bei behaupteter, ärztl. **nicht bescheinigter Krankheit** muss der AN deren Ursache und Auswirkungen substantiiert schildern (BAG 27.5.1993 – 2 AZR 631/92 – BeckRS 1993, 30745156; 12.3.2009 NZA 2009, 779). Ist der AN ärztl. untersucht worden, hat er die behandelnden Ärzte von der Schweigepflicht zu entbinden, damit der AG den konkreten Sachvortrag des AN iRd. Beweisaufnahme entkräften kann (BAG 12.3.2009 NZA 2009, 779).

238 Beruft sich der Gekündigte zu seiner Entlastung auf einen **unvermeidbaren Rechtsirrtum**, muss er die dafür maßgebenden Tatsachen in den Prozess einführen und insb. darlegen, wie er seiner Erkundigungs- und Prüfungspflicht nachgekommen ist (BAG 14.2.1978 NJW 1979, 236).

239 **2. Ausschlussfrist des § 626 II.** Seit der Entsch. des BAG v. 17.8.1972 (AP BGB § 626 Ausschlussfrist Nr. 4; 28.3.1985 NZA 1985, 559) haben sich Praxis, Rspr. und Schrifttum darauf eingestellt, dass die Vertragspartei, die die außerordentl. Kündigung ausgesprochen hat, iRd. § 626 II darlegen und beweisen muss, sie habe von den für die Kündigung maßgebenden Tatsachen erst innerhalb der letzten zwei Wochen vor Ausspruch der Kündigung Kenntnis erlangt (*Ascheid* Beweislastfragen S. 203 f.; *Reinecke* S. 178; *Finken,* Ausschlussfrist des § 626 Abs. 2 BGB, 1988 S. 167; **aA** *Brill* AuR 1971, 167, 170). Diese Verteilung der Beweislast ist folgerichtig, weil die Regelung des § 626 II sachl. in den Bereich der Zumutbarkeitserwägungen eingreift und auch sonst der Kündigende die Voraussetzungen für die Unzumutbarkeit darlegen und beweisen muss. Es geht zudem um Umstände, die in seinen Wahrnehmungs- und Kontrollbereich fallen. Der Kündigende braucht nicht schon in der Klageerwiderung ausdr. und eingehend darzulegen, die Ausschlussfrist sei gewahrt. Das muss vielmehr nur und erst dann geschehen, wenn schon nach dem zeitl. Abstand zwischen den behaupteten Kündigungsgründen und dem Ausspruch der Kündigung zw. erscheint, ob nicht die Ausschlussfrist verstrichen ist, oder der Gekündigte geltend macht, die Kündigungsgründe seien verfristet (BAG 28.3.1985 NZA 1985, 559). Die Darlegungslast erstreckt sich auch auf die Tatsachen, aus denen sich eine **Hemmung des Beginns der Ausschlussfrist** ergeben soll.

240 Macht der Kündigende geltend, es seien **weitere Ermittlungen notwendig** gewesen (vgl. Rn. 209 ff.), hat er dies und die tats. eingeleiteten Maßnahmen darzulegen (BAG 1.2.2007 NZA 2007, 744). Behauptet der Kündigende, aufgrund eines zeitl. näher konkretisierten Vorgangs, an dem der Gekündigte beteiligt war, den Kündigungssachverhalt erfahren zu haben, ist ein Bestreiten mit Nichtwissen unzulässig (§ 138 IV ZPO). Vielmehr muss der Gekündigte den Sachverhalt substantiiert bestreiten, insb. einen früheren Zpkt. der Kenntniserlangung mit einem substantiierten Gegenvortrag darlegen (*Ascheid* Beweislastfragen S. 206). Ist das substantiierte Bestreiten erhebl., muss es vom Kündigenden widerlegt werden. Beruft sich der Kündigende auf einen **internen Vorgang**, der sich der Mitwirkung oder der Wahrnehmung des Gekündigten entzogen hat, kann dieser den behaupteten Zpkt. der Kenntniserlangung mit Nichtwissen bestreiten. Dadurch wird der Kündigende nicht überfordert, weil dann nicht über eine „negative Tatsache" (= keine frühere Kenntniserlangung), sondern über die vom Kündigenden geschilderte Entwicklung seiner Kenntnis vom Kündigungssachverhalt Beweis zu erheben ist.

L. Umdeutung in ordentliche Kündigung

241 Zur Umdeutung einer außerordentl. Kündigung in ein anderes Rechtsgeschäft vgl. § 620 Rn. 60 ff.

M. Begründung außerordentlicher Kündigungen

Der Kündigende ist gem. § 626 II 3 verpflichtet, dem Kündigungsempfänger auf dessen Verlangen die Kündigungsgründe unverzügl., dh. ohne schuldhaftes Zögern (§ 121 I), bekanntzugeben. Ein **ausreichendes Verlangen** liegt vor, wenn der Kündigungsempfänger zu erkennen gibt, er wolle wissen, warum die Kündigung erfolgt sei. § 626 II 3 sieht keine ges. Frist für das Verlangen vor. Der (klagbare) Anspruch kann aber verwirkt werden (LG Zweibrücken 14.8.2009 GmbHR 2009, 1159, 1160), dabei kommt der Versäumung der Klagefrist nach §§ 13 I 2, 4 I KSchG erhebl. Bedeutung zu (MüKoBGB/*Henssler* Rn. 63 nimmt für den Fall der Fristversäumung Erlöschen des Anspruchs an; **aA** KR/*Fischermeier* Rn. 36). Die Kündigungsgründe sind schriftl. mitzuteilen (§ 626 II 3). 242

Der Kündigende hat die Kündigungsgründe **vollständig und wahrheitsgemäß** anzugeben. Es sind die Tatsachen mitzuteilen, auf die der Kündigende seinen Kündigungsentschl. gestützt hat. Im Gegensatz zu § 22 III BBiG (dazu BAG 22.2.1972 AP BBiG § 15 Nr. 1) ist die Begr. keine Wirksamkeitsvoraussetzung der außerordentl. Kündigung. Die Nichtangabe von Kündigungsgründen führt also nicht zur Nichtigkeit der Kündigung. Dafür sprechen die Gesetzesmat. (BT-Drs. V/4376 S. 3), der Gesetzeswortlaut und die Rechtsentwicklung (BAG 17.8.1972 AP BGB § 626 Nr. 65). Ein die Kündigungsgründe einschließendes Schriftformerfordernis (§ 125) kann aber tarif- oder einzelvertragl. begr. sein (vgl. BAG 25.10.2012 NZA 2013, 900). 243

Ein AG kann **sich schadensersatzpflichtig machen**, wenn er die Begründungspflicht nicht oder verspätet erfüllt. Es ist der Vertrauensschaden zu ersetzen. Dies können die Kosten des Kündigungsschutzprozesses sein, wenn der Kündigungsempfänger bei ordnungsgemäßer oder rechtzeitiger Begr. nicht geklagt hätte. 244

§ 627 Fristlose Kündigung bei Vertrauensstellung

(1) **Bei einem Dienstverhältnis, das kein Arbeitsverhältnis im Sinne des § 622 ist, ist die Kündigung auch ohne die in § 626 bezeichnete Voraussetzung zulässig, wenn der zur Dienstleistung Verpflichtete, ohne in einem dauernden Dienstverhältnis mit festen Bezügen zu stehen, Dienste höherer Art zu leisten hat, die auf Grund besonderen Vertrauens übertragen zu werden pflegen.**

(2) [1] **Der Verpflichtete darf nur in der Art kündigen, dass sich der Dienstberechtigte die Dienste anderweit beschaffen kann, es sei denn, dass ein wichtiger Grund für die unzeitige Kündigung vorliegt.** [2] **Kündigt er ohne solchen Grund zur Unzeit, so hat er dem Dienstberechtigten den daraus entstehenden Schaden zu ersetzen.**

1. Normzweck. Sind Dienste höherer Art Vertragsgegenstand, die aufgrund bes. Vertrauens übertragen zu werden pflegen, soll auch ohne nachweisbaren wichtigen Grund beiden Teilen die **Kündigung jederzeit mögl.** sein, sofern es sich nicht um ein dauerndes Dienstverhältnis mit festen Bezügen handelt (vgl. *Mugdan* II 1256). 1

2. Verhältnis zum Rücktrittsrecht. Das Kündigungsrecht tritt an die Stelle des Rücktritts. Dies entspricht jdf. für bereits in Vollzug gesetzte Dienstverhältnisse allg. Auff. (RG 11.2.1913 Z 81, 303, 305; 5.2.1918 Z 92, 158, 160). Die im allg. SchuldR geregelten **Schadensersatzansprüche** bleiben hiervon unangetastet, denn die Geltendmachung des durch die Nichterfüllung entstehenden Schadens hängt nicht davon ab, dass der Gläubiger zugleich die Kündigung des Dienstverhältnisses erklärt. Das außerordentl. Kündigungsrecht gem. § 627 lässt die Kündigungsmöglichkeit gem. § 626 unberührt. 2

3. Kündigungsart, Kündigungsberechtigter. Die Kündigung nach § 627 ist **eine außerordentl.** (BGH 5.11.1998 DB 1999, 141, 142). Sie kann entfristet oder befristet erfolgen. Innerhalb der Auslauffrist kann der Kündigende jederzeit noch fristlos kündigen. Kündigungsberechtigt sind sowohl der Dienstberechtigte als auch der Dienstverpflichtete. 3

4. Voraussetzungen der Kündigung. § 627 findet keine Anwendung, wenn der Dienstverpflichtete in einem **dauernden Dienstverhältnis** mit festen Bezügen steht. Hinter dem Ausschluss des jederzeitigen Kündigungsrechts steht der Gedanke, dass in diesen Ausnahmefällen dem Vertrauen des Dienstverpflichteten auf seine Existenzsicherung Vorrang vor dem Schutz der Entschließungsfreiheit des Dienstberechtigten einzuräumen ist (BGH 11.2.2010 NJW 2010, 1520; 18.2.2016 NJW 2016, 1578 Rn. 25). Beide Voraussetzungen müssen kumulativ vorliegen (BAG 12.7.2006 NZA 2006, 1094; BGH 22.9.2011 NJW 2011, 3575 Rn. 11). Das Dienstverhältnis darf nicht auf längere Dauer angelegt sein oder tats. bereits eine längere Zeitspanne bestanden haben. Für ein dauerndes Dienstverhältnis ist es aber nicht notwendig, dass es auf unbestimmte Zeit eingegangen worden ist (BGH 18.2.2016 NJW 2016, 1578 Rn. 26). § 627 ist deshalb unanwendbar, wenn zB die Dienstpflicht für ein Jahr eingegangen worden ist (BGH 31.3.1967 AP BGB § 627 Nr. 1) und eine Fortsetzung des Dienstverhältnisses nach den Umständen obj. mögl. erscheint (BAG 12.7.2006 NZA 2006, 1094) oder es sich um st. oder langfristige Aufgaben handelt und die Vertragspartner von der Möglichkeit und Zweckmäßigkeit einer 4

Verlängerung ausgegangen sind (BGH 8.3.1984 NJW 1984, 1531, 282; 19.11.1992 DB 1993, 529). Vertragl. oder ges. Kündigungsrechte, bei deren Nichtausübung sich die Laufzeit eines Vertrags verlängert, stehen der Annahme eines Dauerdienstverhältnisses nicht entgegen (BGH 13.11.2014 NJW-RR 2015, 686 Rn. 20; 18.2.2016 NJW 2016, 1578 Rn. 26). § 627 bezieht sich nicht auf ArbVerh., sondern allein auf freie Dienstverträge. Durch das Erste ArbRBerG v. 14.8.1969 wurde klarstellend hinzugefügt, dass es sich bei dem Dienstverhältnis nicht um ein ArbVerh. iSd. § 622 handeln darf. Eine sachl. Änd. bewirkte dies aber ledigl. in wenigen Grenzfällen, weil ArbVerh. typischerweise auf Dauer angelegt sind und feste Bezüge vereinbart werden. Entscheidend ist die allg. Begriffsbestimmung des ArbVerh.

5 Der Dienstverpflichtete darf **keine festen Bezüge** für seine Tätigkeit erhalten (BGH 31.3.1967 AP BGB § 627 Nr. 1; 8.3.1984 NJW 1984, 1531). Die Tätigkeit muss ein gewisses Gewicht haben, also ist es im Regelfall erforderl., dass das Dienstverhältnis die sachl. und pers. Mittel des Dienstverpflichteten nicht nur unerhebl. beansprucht (BGH 13.11.2014 NZA 2015, 490 Rn. 21; 10.11.2016 – III ZR 193/16 – BeckRS 2016, 20739 Rn. 27). § 627 ist ausgeschlossen, wenn der Dienstverpflichtete sich darauf verlassen kann, dass ihm auf längere Sicht bestimmte, von vornherein festgelegte Beträge als Dienstbezüge zufließen werden, die nicht von außervertragl. Entwicklungen abhängen und deshalb der Höhe nach schwanken (BGH 13.1.1993 DB 1993, 2281). Die festen Bezüge müssen für die gesamte Tätigkeit bezahlt werden und dürfen nicht ledigl. einen Teilbereich der geschuldeten Dienstleistungen abdecken. Deshalb ist ein umfassender Vertrag (zB Steuerberatung mit Übertragung der Lohn- und Finanzbuchführung) insg. nach § 627 kündbar, auch wenn für einen Teilbereich feste Bezüge gezahlt werden (BGH 11.2.2010 NJW 2010, 1520). Es bedarf der Festlegung einer Regelvergütung, mit der ein in einem dauernden Vertragsverhältnis stehender Dienstverpflichteter als nicht unerhebl. Beitrag zur Sicherung seiner wirtschaftl. Existenz rechnen und planen darf (BGH 22.9.2011 NJW 2011, 3575 Rn. 11; 18.2.2016 NJW 2016, 1578 Rn. 27; abl. *Maschmann* FS v. Hoyningen-Huene 2014 S. 297, 303).

6 Es müssen **Dienste höherer Art** geschuldet sein. Dies sind Dienste, die ein überdurchschnittl. Maß an Fachkenntnis, Kunstfertigkeit oder wiss. Bildung und eine hohe geistige Phantasie oder Flexibilität voraussetzen und eine herausgehobene Stellung verleihen oder den pers. Lebensbereich des Vertragspartners betreffen (BGH 13.11.2014 NZA 2015, 490 Rn. 12; 10.11.2016 – III ZR 193/16 – BeckRS 2016, 20739 Rn. 25). Hierzu gehören die Tätigkeiten des Arztes (auch eines Betriebsarztes, vgl. BGH 13.11.2014 NZA 2015, 490 Rn. 11), des Zahnarztes (BGH 29.3.2011 NJW 2011, 1674), des RA (BGH 16.10.1986 AP BGB § 628 Teilvergütung Nr. 4; 4.7.2002 NJW 2002, 2774), des Rechtsbeistands, des Wirtschaftsprüfers, des Steuerberaters (BGH 22.5.2014 NJW 2014, 2715 Rn. 9), des Werbeberaters, des Promoters oder Managers (*Menke/Schulz* NJW 2011, 1845, 1847), des Schiedsrichters, des Therapeuten zur Gewichtsabnahme (BGH 10.11.2016 – III ZR 193/16 – BeckRS 2016, 20739 Rn. 26) und des Ehe- oder Partnerschaftsvermittlers (BGH 5.11.1998 DB 1999, 141, 142; 8.10.2009 NJW 2010, 150). Es muss sich um Dienste handeln, die aus bes. Vertrauen übertragen werden (*Maschmann* FS v. Hoyningen-Huene 2014 S. 297, 299). Hierzu gehören zB Inkassoaufträge (BGH 29.4.2004 NJW-RR 2004, 989) oder die Lohn- und Finanzbuchführung (offen BGH 11.2.2010 NJW 2010, 1520). Dieses Merkmal tritt selbständig neben das der Dienste höherer Art, es handelt sich nicht ledigl. um eine Erl. des anderen Tatbestandsmerkmals (BGH 18.10.1984 NJW 1986, 373).

7 **5. Kündigung zur Unzeit.** § 627 II schließt die Kündigung zur Unzeit aus, sofern nicht hierfür ein wichtiger Grund besteht, und entspricht dem allg. Rechtsgedanken, dass die einseitige fristlose Beendigung eines auf bes. Vertrauen angelegten Schuldverhältnisses nicht „zur Unzeit" erfolgen darf (*van Venrooy* JZ 1981, 53). Entspr. Regelungen finden sich in § 671 II (Auftrag), § 723 II (Gesellschaft), § 712 II (Geschäftsführung) sowie § 2226 (Testamentsvollstrecker). § 627 II gilt allein für die Kündigung durch den Dienstverpflichteten. Der Dienstberechtigte kann frei kündigen. Die Kündigung darf nicht zu einem Zpkt. erfolgen, zu dem der Dienstberechtigte nicht in der Lage ist, sich die Dienste anderweitig zu beschaffen. Maßgebl. ist der Zpkt. der tats. Beendigung des Dienstverhältnisses. Dies bedeutet zB für RA, dass sie das Mandat idR nicht im oder unmittelbar vor einem Termin zur mdl. Verh. oder kurz vor dem Ablauf wichtiger Fristen niederlegen dürfen (Erman/*Belling* Rn. 9).

8 **6. Schadensersatz.** Kündigt der Dienstverpflichtete das Dienstverhältnis zur Unzeit, ohne dass ein wichtiger Grund vorliegt, ist die Kündigung zwar wirksam, doch verpflichtet sie gem. § 627 II zum Schadensersatz (BGH 24.6.1987 NJW 1987, 2808; 4.7.2002 NJW 2002, 2774; MüKoBGB/*Henssler* Rn. 35; **aA** *van Venrooy* JZ 1981, 53). Der wichtige Grund muss sich allein auf den Zpkt. der Kündigung beziehen (MüKoBGB/*Henssler* Rn. 36; NK-GA/*Marquardt* Rn. 21). Der Schadensersatzanspruch des Dienstberechtigten ist auf das negative Interesse, also den **Vertrauensschaden,** begrenzt, denn der Dienstberechtigte wird nicht vor der Auflösung des Dienstverhältnisses, sondern allein vor der Auflösung zur Unzeit geschützt.

9 **7. Abdingbarkeit.** Das Kündigungsrecht des § 627 kann durch einzelvertragl. Abrede abbedungen werden (RG 24.10.1908 Z 69, 363, 365; BGH 5.11.1998 DB 1999, 141, 142; 8.10.2009 NJW 2010, 150). Ein Ausschluss in AGB muss auf seine Vereinbarkeit mit § 307 überprüft werden und ist danach grds. nicht wirksam mögl. (BGH 11.2.2010 NJW 2010, 1520; 18.2.2016 NJW 2016, 1578 Rn. 24; Staudinger/

Preis Rn. 8). Die Ausübung des Kündigungsrechts kann auch an die Einhaltung einer Kündigungsfrist oder eine vorherige Ankündigung gebunden werden (Erman/*Belling* Rn. 10). Ebenso ist es zulässig, einzelvertragl. die volle Vergütung auch für den Fall zu vereinbaren, dass die Dienstleistungen durch Ausübung des Kündigungsrechts ein vorzeitiges Ende finden (BGH 4.6.1970 NJW 1970, 1596; anders für AGB BGH 8.10.2009 NJW 2010, 150). Allein in der Vereinb. einer Verlängerungsklausel liegt kein Ausschluss des Kündigungsrechts (BGH 5.11.1998 DB 1999, 141, 143).

8. Darlegungs- und Beweislast. Die Darlegungs- und Beweislast für die Voraussetzungen des § 627 I obliegt dem Kündigenden. Fordert der Dienstberechtigte Schadensersatz gem. § 627 II, muss er die Umstände darlegen, die die Kündigung als unzeitig erscheinen lassen und seinen Schaden begründen. Demggü. trägt der Dienstverpflichtete die Darlegungs- und Beweislast für diejenigen Tatsachen, die den „wichtigen Grund" ergeben sollen (BLP/*Leisten* Rn. 2). 10

§ 628 Teilvergütung und Schadensersatz bei fristloser Kündigung

(1) [1] **Wird nach dem Beginn der Dienstleistung das Dienstverhältnis auf Grund des § 626 oder des § 627 gekündigt, so kann der Verpflichtete einen seinen bisherigen Leistungen entsprechenden Teil der Vergütung verlangen.** [2] **Kündigt er, ohne durch vertragswidriges Verhalten des anderen Teiles dazu veranlasst zu sein, oder veranlasst er durch sein vertragswidriges Verhalten die Kündigung des anderen Teiles, so steht ihm ein Anspruch auf die Vergütung insoweit nicht zu, als seine bisherigen Leistungen infolge der Kündigung für den anderen Teil kein Interesse haben.** [3] **Ist die Vergütung für eine spätere Zeit im Voraus entrichtet, so hat der Verpflichtete sie nach Maßgabe des § 346 oder, wenn die Kündigung wegen eines Umstands erfolgt, den er nicht zu vertreten hat, nach den Vorschriften über die Herausgabe einer ungerechtfertigten Bereicherung zurückzuerstatten.**

(2) **Wird die Kündigung durch vertragswidriges Verhalten des anderen Teiles veranlasst, so ist dieser zum Ersatz des durch die Aufhebung des Dienstverhältnisses entstehenden Schadens verpflichtet.**

I. Normzweck

§ 628 regelt einen Teil der mit der Beendigung von Dienst- und ArbVerh. verbundenen Rechtsfolgen. Die Bestimmung betrifft unmittelbar die Folgen einer außerordentl. Kündigung nach §§ 626, 627 und zwar, über ihren Wortlaut hinaus, auch für den Fall der Kündigung vor Dienstantritt. § 628 behandelt das gekündigte ArbVerh. als reines **Abwicklungsverhältnis**, das nicht mehr pers. Leistungspflichten zum Gegenstand hat, sondern nur noch bestehende gegenseitige finanzielle Ansprüche ausgleichen soll. Die Regelung gewinnt bes. Bedeutung, wenn die Kündigung einen Abrechnungszeitraum unterbricht oder eine Vergütung nur für die Gesamtleistung vereinbart war. 1

§ 628 II regelt **Schadensersatzansprüche wegen Beendigung des Dienstverhältnisses.** Die Norm stellt klar, dass die auf eigenem Willensentschl. beruhende Auflösung des Dienstverhältnisses etwaige Ersatzansprüche wegen der Beendigung des Rechtsverhältnisses nicht ausschließt, sofern die andere Vertragspartei die Auflösung durch vertragswidriges Verhalten veranlasst hat. § 628 II soll verhindern, dass der wegen eines Vertragsbruches zur außerordentl. Kündigung veranlasste Vertragsteil die Ausübung seines Kündigungsrechts mit Vermögenseinbußen bezahlen muss, die darauf beruhen, dass infolge seiner berechtigten Kündigung das ArbVerh. endet (BAG 9.5.1975 AP BGB § 628 Nr. 8; 23.8.1988 AP BetrVG 1972 § 113 Nr. 17). Die Vorschr. des § 628 II regelte bereits vor der Änd. von § 280 einen Fall der pVV (*M. Wolf* Anm. AP KSchG 1969 § 4 Nr. 8; *Gessert* S. 317). 2

II. Anwendungsbereich

§ 628 ist grds. auf **alle Dienst- und ArbVerh.** anwendbar, doch bestehen Sonderregelungen. Dies ist insb. im Recht der Berufsausbildung der Fall. Zum Schadensersatz gem. § 628 II wegen Kündigung eines Umschulungsverhältnisses BAG 8.6.1995 – 2 AZR 1037/94 – BeckRS 1995, 30923217. Gem. § 23 BBiG können in einem **Berufsausbildungsverhältnis** nach Ablauf der Probezeit sowohl der Ausbildende als auch der Auszubildende bei vorzeitiger Beendigung desselben Schadensersatz verlangen, wenn der andere Teil den Grund für die Auflösung zu vertreten hat. Hiervon ist allein der Fall ausgenommen, dass der Auszubildende die Berufsausbildung aufgeben oder sich für eine andere Berufstätigkeit ausbilden lassen will (§§ 22 II Nr. 2, 23 I 2 BBiG). Der Anspruch erlischt gem. § 23 II BBiG, wenn er nicht spätestens binnen drei Monaten nach Beendigung des Berufsausbildungsverhältnisses geltend gemacht wird. Für den Auszubildenden sind auch die Kosten der Neubegr. eines Berufsausbildungsverhältnisses sowie die Mehraufwendungen, die bspw. durch die Ausbildung an einem anderen Ort verursacht werden, ersatzfähig (BAG 11.8.1987 AP BBiG § 16 Nr. 1). § 23 BBiG verdrängt § 628 II (BAG 17.7.1997 AP BBiG § 16 Nr. 2; 8.5.2007 AP BBiG § 16 Nr. 5; APS/*Rolfs* Rn. 30). Auf Handelsvertreter findet § 89a II HGB Anwendung, der § 628 II entspricht (vgl. BGH 3

3.3.1993 EzA HGB § 89a Nr. 1). Für **Seeleute** gilt § 70 SeeArbG. Bei Kündigung des Heuerverhältnisses durch ein Besatzungsmitglied ist § 628 II nicht ausgeschlossen (§ 68 II 2 SeeArbG; vgl. zur alten Rechtslage BAG 16.1.2003 NZA 2004, 512).

III. Teilvergütung gem. § 628 I 1

4 **1. Grundsatz.** § 628 I 1 gibt den allg. bei der Beendigung von Dauerschuldverhältnissen maßgebl. Grds. wieder, dass dem vorleistungspflichtigen Vertragspartner grds. eine seinen bisherigen Leistungen entspr. Vergütung gebührt. Der Anspruch auf die Teilvergütung umfasst auch die **Natural- und Nebenvergütungen.** Sondervorschr. hierzu finden sich für Seeleute in §§ 68 und 70 SeeArbG. Hins. der ant. Vergütungspflicht nach § 628 I 1 kommt es anders als in den Fällen des § 628 I 2 (vgl. Rn. 11) nicht darauf an, welchen Wert der Leistungserfolg für den Dienstberechtigten hat oder von welchem Interesse die Dienstleistung für den Vertragspartner noch ist. Zu den Leistungen gehören nicht nur die eigentl. Dienste, die den unmittelbaren Gegenstand des Dienst- oder Arbeitsvertrags bilden, sondern auch vorbereitende oder sonst damit verbundene Maßnahmen und **Aufwendungen** (zB Reisekosten: BGH 29.5.1991 LM BGB § 628 Nr. 10). Tats. geleistete Auslagen sind voll zu ersetzen (APS/*Rolfs* Rn. 6). Die Beendigung des ArbVerh. hat auf die anderweitige geregelte Fälligkeit der aus dem ArbVerh. resultierenden Ansprüche grds. keinen Einfluss (BAG 8.11.1978 NJW 1979, 1223).

5 **2. Berechnung.** Der Vergütungsanspruch bezieht sich nur auf **die bisherigen Leistungen,** die der Dienstnehmer im Voraus für den Dienstberechtigten erbracht hat. Es handelt sich demnach nur um einen **Vergütungsanteil entspr. der tats. Arbeitsleistung** ggü. der urspr. gedachten Gesamtleistung. Unprobl. ist die Berechnung der Teilvergütung bei vereinbartem Stundenlohn; hier stellt sie sich als Produkt von Lohnsatz und Stundenzahl dar. Schwieriger ist die Feststellung des Anteils der bisherigen Leistungen bei vereinbartem Pauschalhonorar (zB eines RA: BGH 16.10.1986 AP BGB § 628 Nr. 4). Hat der Dienstnehmer Anspruch auf Entgeltzahlung an Feiertagen gem. § 2 EFZG, gehören die abzugeltenden Feiertage zu den bisherigen bis zur wirksamen Kündigung erbrachten Leistungen (ArbG Marburg 1.7.1963 BB 1963, 1376). Gleiches gilt für Bereitschaftsdienstvergütung und Zulagen wegen bes. Schwierigkeit oder Gefährlichkeit der Tätigkeit.

5a Beim **Monatslohn** können, sofern keine einschlägige kollektiv- oder einzelvertragl. Regelung eingreift, Berechnungsschwierigkeiten auftreten, weil die einzelnen Monate unterschiedl. viele Arbeitstage aufweisen. In diesen Fällen sind bei der Berechnung ant. Gehälter – in Anlehnung an § 18 I 2 BBiG und § 191 – für jeden Monat stets pauschal 30 Kalendertage anzusetzen, so dass die tats. angefallenen Kalender-, Werk- und Arbeitstage unberücksichtigt bleiben (vgl. BAG 28.2.1975 AP BGB § 628 Teilvergütung Nr. 1; 16.5.2012 NZA 2012, 971 [zu § 615]; LAG HM 6.9.1974 EzA BGB § 611 Nr. 17; *Fuchs* BB 1972, 137, 138; **aA** BAG 14.8.1985 AP HGB § 63 Nr. 40 [zur Gehaltsfortzahlung im Krankheitsfall]; LAG SN 2.9.2011 – 3 Sa 127/11 – BeckRS 2012, 72645). Da das Kj. mehr als 360 Tage hat, führt diese Berechnungsmethode im Jahresdurchschnitt idR zu einer Begünstigung der AN (Ausnahme Februar). Erfolgt die Vergütung im Akkordlohn, ist nach dem erzielten Akkorderg. abzurechnen. Bedarf es der Umrechnung von Wochen auf den Kalendermonat oder umgekehrt, ist der Monat zu 4,348 Wochen (entspr. 365,2422 Tage des mittleren tropischen Jahres dividiert durch 12 Monate dividiert durch 7 Tage) anzusetzen (BAG 27.3.2014 NZA-RR 2014, 500 Rn. 27; 25.6.2014 ZTR 2014, 718 Rn. 22 f. mit Ausführungen zu einer pauschalierenden tarifvertragl. Regelung).

5b Die bis zur wirksamen Beendigung des Vertragsverhältnisses erbrachte tats. (Stück-)Leistung ist quantitativ zu bestimmen und entspr. zu vergüten. **Gewinnbeteiligungen** bleiben erhalten und stehen dem Dienstverpflichteten ant. zu, sie können in aller Regel jedoch erst aE des Geschäftsjahres errechnet und damit fällig werden. Provisionen können auch dann verlangt werden, wenn der Tätigkeitserfolg erst nach Beendigung des Dienstverhältnisses eintritt; die insoweit für Handlungsgehilfen geltenden bes. Vorschr. der §§ 65, 87 III HGB finden auf alle AN entspr. Anwendung. Ein Pauschalhonorar ist auf den Teil herabzusetzen, welcher der bisherigen Tätigkeit des Dienstverpflichteten entspricht (BGH 22.5.2014 NJW 2014, 2715 Rn. 9).

IV. Herabsetzung der Vergütung gem. § 628 I 2

6 **1. Grundsatz.** Nach dem Wortlaut soll § 628 I allein auf die Fälle einer nach Beginn der Dienstleistung gem. § 626 oder § 627 erklärten außerordentl. Kündigung Anwendung finden. Es ist deshalb mit gutem Grund die Frage aufgeworfen worden, ob § 628 I 2 die Wirksamkeit der ausgesprochenen außerordentl. Kündigung voraussetze oder auch bei unwirksamen Kündigungen eingreife (vgl. BAG 21.10.1983 AP BGB § 628 Teilvergütung Nr. 2). Immerhin muss es Verwunderung hervorrufen, wenn ein Dienstverpflichteter, der aus pers. Gründen wirksam außerordentl. kündigt, eine mögl. Kürzung seiner Vergütung hinnehmen muss, während ders. bei Fehlen eines wichtigen Grundes und deshalb unwirksamer Kündigung keine Kürzung zu erwarten hätte (vgl. Staudinger/*Preis* Rn. 22). Dieser Fragestellung kommt jedoch nicht (mehr) die vermutete Bedeutung zu. Da Normzweck und Interessenlage eine entspr. Anwendung des § 628 I auf **alle Fälle einer vorzeitigen Vertragsbeendigung** erlauben (so bereits die Überlegungen in BAG 21.10.1983 AP BGB § 628 Teilvergütung Nr. 2), ist

entscheidend auf den Fakt der Vertragsbeendigung und nicht der speziellen Form der (wirksamen) außerordentl. Kündigung abzustellen. Damit werden va. die Fälle der Vertragsauflösung mittels Aufhebungsvertrags nach vorherigem Vertragsbruch oder Versuch der außerordentl. Kündigung erfasst. Die Anwendung von Abs. 1 S. 2 wird durch das RVG nicht ausgeschlossen (BGH 29.9.2011 NJW-RR 2012, 294).

Ist die erklärte außerordentl. Kündigung mangels wichtigen Grundes unwirksam, kommt aber daraufhin ein Aufhebungsvertrag zustande (zur Umdeutung der unwirksamen außerordentl. Kündigung in einen Antrag auf Abschluss eines Aufhebungsvertrags: BAG 13.4.1972 AP BGB § 626 Nr. 64; s. a. § 620 Rn. 60), sind die Rechtsfolgen wegen der **analogen Anwendung des § 628 I** die gleichen wie bei einer wirksamen außerordentl. Kündigung. Kommt es insb. wegen § 623 zu keinem Aufhebungsvertrag, besteht im Falle der unwirksamen außerordentl. Kündigung das ArbVerh. zumindest bis zum Ablauf der ordentl. Kündigungsfrist oder der vereinbarten Vertragsdauer fort (*Weitnauer* Anm. AP BGB § 628 Teilvergütung Nr. 2). In diesem Fall braucht keine Teilvergütung geleistet zu werden (§ 628 I 1), die wegen Wegfalls des Interesses nach § 628 I 2 gekürzt werden könnte, vielmehr bestimmen sich die Folgen des erfolglosen Versuchs der außerordentl. Kündigung nach Schadensersatzrecht. 7

Die **ordentl. Kündigung** des Vertragsverhältnisses gehört nicht zu den Fällen einer vorzeitigen Vertragsbeendigung, auf die § 628 I analog angewendet werden könnte (BGH 26.1.1994 NJW 1994, 1069, 1070). Die ordentl. Kündigung kann zwar eine Vertragsbeendigung zu Zpkt. herbeiführen, die nicht mit dem Ende eines Vergütungszeitraumes zusammenfallen, doch ergibt sich der ant. Vergütungsanspruch bereits aus § 612. Wird zB einem im Monatslohn stehenden AN gem. § 622 I zum Fünfzehnten des Monats gekündigt, ist ihm unstr. eine ant. Vergütung für den Beendigungsmonat zu leisten. Eine Kürzung wegen Wegfalls des Interesses (§ 628 I 2) würde sogar unzulässig das ordentl. Kündigungsrecht erschweren. 8

Kündigt der Verpflichtete, ohne durch ein vertragswidriges Verhalten des anderen Teiles dazu veranlasst zu sein, oder veranlasst er durch sein vertragswidriges Verhalten die Kündigung des anderen Teiles, so steht ihm gem. § 628 I 2 ein Anspruch auf die Vergütung insoweit nicht zu, als seine bisherigen Leistungen infolge der Kündigung für den anderen Teil **kein Interesse** haben. S. 2 ist ein Ausnahmetatbestand und bezieht sich allein auf die nach S. 1 zu beanspruchende Teilvergütung (BGH 17.10.1996 NJW 1997, 188, 189). Vollständig abgerechnete Vergütungsperioden können deshalb nicht wegen Wegfalls des Interesses rückabgewickelt werden. 8a

2. Kündigung des Dienstverpflichteten. Kündigt der Dienstverpflichtete gem. §§ 626, 627, muss er die Kürzung der in der Vergangenheit ant. verdienten Vergütung hinnehmen, wenn seine Kündigung nicht durch ein vertragswidriges Verhalten des Dienstberechtigten veranlasst worden ist. Damit wird ihm von G wegen auch dann eine Kürzung seiner ant. Vergütungsansprüche auferlegt, wenn er aufgrund eines wichtigen Grundes das Dienstverhältnis außerordentl. beenden konnte, denn ein wichtiger Grund iSv. § 626 I kann in weitaus mehr Fällen als denen eines vertragswidrigen Verhaltens des Dienstberechtigten gegeben sein. Eine nicht durch vertragswidriges Verhalten des Dienstberechtigten veranlasste Kündigung ist ua. in Fällen anzunehmen, in denen der Dienstverpflichtete fristlos kündigt, weil er eine andere Stelle gefunden hat, ihm die Arbeit nicht zusagt, er Streit mit Arbeitskollegen hat, er heiraten oder auswandern möchte oder wegen Krankheit die geschuldete Arbeit nicht mehr leisten kann. Dh. obj. oder aus der Sphäre des Dienstverpflichteten stammende Gründe schließen die Kürzung der ant. Vergütung nicht aus. Gleiches gilt für Kündigungsgründe aus der **Sphäre des Dienstberechtigten,** wenn sie nicht durch ein vertragswidriges Verhalten des Dienstberechtigten veranlasst sind. 9

§ 628 I 2 setzt ein **schuldhaftes vertragswidriges Verhalten des Dienstberechtigten** oder seiner ges. Vertreter und Erfüllungsgehilfen iSv. §§ 276, 278 voraus (BGH 26.9.2013 NJW 2014, 317 Rn. 10). § 280 I 2 ist entspr. anzuwenden (vgl. Rn. 48). Das schuldhafte vertragswidrige Verhalten des Dienstberechtigten kann zB in dem Ausspruch einer unwirksamen fristlosen Kündigung bestehen, wenn der Dienstberechtigte die Unwirksamkeit der Kündigung oder die ungehörigen Begleitumstände kannte oder bei gehöriger Sorgfalt hätte erkennen müssen (vgl. BAG 24.10.1974 AP BGB § 276 Vertragsverletzung Nr. 2). Auch eine den AN kränkende Teilsuspendierung kann diese Voraussetzung erfüllen (BAG 15.6.1972 AP BGB § 628 Nr. 7). 9a

Haben sich **beide Vertragsparteien schuldhaft** vertragswidrig verhalten und liegen die weiteren Voraussetzungen des § 628 I 2 vor, kommt § 254 zur analogen Anwendung. Die ant. Vergütung wird entspr. den Verursachungsanteilen beider Parteien verhältnismäßig gekürzt. Das Tatbestandsmerkmal Veranlassung ist erfüllt, wenn die schuldhafte Vertragsverletzung der Grund für die außerordentl. Kündigung oder gleichwertige Auflösung des Dienstverhältnisses gewesen ist (BGH 12.6.1963 Z 40, 13, 14; OLG KO 28.4.1975 MDR 1976, 44). Zwischen dem vertragswidrigen Verhalten und der Vertragsbeendigung muss Kausalität iSd. Adäquanz gegeben sein. 9b

3. Kündigung des Dienstberechtigten. Die gleiche Rechtsfolge der Herabsetzung der ant. Vergütung tritt ein, wenn der Dienstverpflichtete durch sein vertragswidriges Verhalten die vom Dienstberechtigten ausgesprochene außerordentl. Kündigung oder gleichwertige Auflösung des Dienstverhältnisses veranlasst hat. Auch dabei wird hins. des vertragswidrigen Verhaltens vorausgesetzt, dass 10 dieses iSv. §§ 276, 278 vom Dienstverpflichteten zu vertreten ist (BGH 29.3.2011 NJW 2011, 1674; **aA** *Fischer*, Kündigung bei Vertrauensstellung, 2015 S. 171). Die **schuldhafte Vertragsverletzung** kann wiederum in einer unwirksamen fristlosen Kündigung liegen (vgl. Rn. 9; BAG 24.10.1974 AP BGB § 276 Vertragsverletzung Nr. 2). Bei einem (zahn-)ärztl. Behandlungsvertrag setzt der Verlust des Vergütungsanspruchs wegen vertragswidrigen Verhaltens (zB Behandlungsfehler) nicht voraus, dass das vertragswidrige Verhalten als schwerwiegend oder als wichtiger Grund iSd. § 626 anzusehen ist. Nur ein geringfügiges vertragswidriges Verhalten lässt wegen § 242 die Pflicht, die bis zur Kündigung erbrachten Dienste zu vergüten, unberührt (BGH 29.3.2011 NJW 2011, 1674).

11 **4. Wegfall des Interesses.** In beiden Fällen des § 628 I 2 hat der Dienstverpflichtete ledigl. einen verminderten Anspruch auf die ant. Vergütung, wenn und soweit seine bisherigen Leistungen für den anderen Teil kein Interesse haben (BAG 21.10.1983 AP BGB § 628 Teilvergütung Nr. 2). Entscheidend ist, dass das Interesse an der bisherigen Dienstleistung **gerade infolge der Kündigung** entfallen ist (BAG 21.10.1983 AP BGB § 628 Teilvergütung Nr. 2). Dabei stehen die anderen Formen der vorzeitigen Vertragsbeendigung der Kündigung gleich (vgl. Rn. 6 ff.). Interesse bedeutet Vorteil oder Wert der Leistung für den Dienstberechtigten. Das Interesse fehlt oder entfällt, wenn die erbrachten Dienstleistungen für den Dienstberechtigten wirtschaftl. nutzlos sind (BGH 29.9.2011 NJW-RR 2012, 294). Es genügt nicht, dass die Leistung obj. wertlos ist, wenn der Dienstberechtigte sie gleichwohl nutzt, andererseits aber auch nicht, dass der Dienstberechtigte sie nicht nutzt, obwohl er sie wirtschaftl. verwerten könnte (BGH 29.3.2011 NJW 2011, 1674). Bei völliger Wertlosigkeit kann der Vergütungsanspruch ganz entfallen.

11a Sowohl bei Zeitlohn- als auch bei Akkordlohnverhältnissen kommt es auf den Einzelfall an, ob die Tätigkeit trotz ihrer vorzeitigen Beendigung noch einen selbständig verwertbaren Arbeitsanteil hervorgebracht hat. Ist die Bemessung str., kann im Rechtsstreit **§ 287 II ZPO** zur Anwendung kommen und das Gericht den Wert schätzen. Besteht die geschuldete Dienstleistung in sich kurzfristig wiederholenden Arbeitsvorgängen, ist es kaum vorstellbar, dass die bisherigen Leistungen des Dienstverpflichteten gerade infolge der Kündigung für den Kündigenden ihr Interesse verloren haben könnten. Zumeist wird der Dienstberechtigte die einzelnen Dienstleistungen bereits verwertet haben. Soweit dem Dienstberechtigten bes. Unkosten entstehen, um das Stücklohnwerk des Dienstverpflichteten fertig stellen zu lassen, kann er diese vom Gesamtakkordlohn in Abzug bringen. IdR dürfte aber bei normalen ArbVerh. die erbrachte Leistung ihren eigenständigen wirtschaftl. Wert für den AG haben. Zu erwägen ist die Kürzung der ant. Vergütung gem. § 628 I 2, wenn die Dienstleistung langfristig angelegt ist oder die Verwertung bereits erworbenen Erfahrungswissens voraussetzt. Das Interesse an der bisherigen Leistung kann zB abnehmen oder entfallen, wenn die Arbeit an einem Projekt wegen des Ausscheidens des Dienstnehmers unterbrochen und durch eine Ersatzkraft wieder „bei Null" oder zumindest unter Hinnahme eines Rückschritts fortgesetzt werden kann. Diese Situation kann va. bei Forschungs- und Entwicklungsarbeiten sowie anderen wiss. Tätigkeiten eintreten, wo die Teilleistung wertlos wird, weil ein neuer Mitarbeiter bereits erarbeiteten Wissensstand für sich selbst noch einmal nachvollziehen muss und der ausscheidende Mitarbeiter seine immateriellen Arbeitserg. in Form von Spezialwissen mitnimmt.

V. Vorausgezahlte Vergütung (§ 628 I 3)

12 Hat entgegen der Regel des § 614 eine Vorleistung der Vergütung stattgefunden, findet § 628 I 3 Anwendung. S. 3 enthält nicht nur eine Bestimmung für überzahlte Gegenleistungen für nicht mehr erbrachte, sondern auch für erbrachte Dienste, die jedoch gem. § 628 I 2 nicht entlohnt werden müssen (BGH 29.3.2011 NJW 2011, 1674). Der Dienstverpflichtete bzw. AN ist zur **Rückerstattung** dessen verpflichtet, was er bereits für die spätere Zeit erhalten hat. Dabei wird auf § 346 oder die Herausgabe einer ungerechtfertigten Bereicherung verwiesen, je nachdem, ob die Kündigung wegen eines Umstands erfolgt, den der Dienstverpflichtete (AN) zu vertreten hat. Der Dienstverpflichtete hat sowohl seine eigene, ohne Veranlassung durch den anderen Teil ausgesprochene Kündigung als auch die vom Dienstberechtigten aus einem vom ihm verschuldeten Grund erklärte Kündigung zu vertreten.

12a Wird dem Dienstverpflichteten gekündigt, ohne dass er die Umstände dafür zu vertreten hat, muss er die **erlangte Bereicherung** einschl. der Nutzungen nach den Grds. der §§ 812 ff. zurückgewähren. Es ist der Betrag herauszugeben, um den der Dienstverpflichtete im Zpkt. der Kündigung noch bereichert war, § 818 III. Haben die Parteien eine entspr. Vereinb. wirksam getroffen, sind unabhängig von den Voraussetzungen des § 628 I 3 Aus- und Weiterbildungskosten zurückzuzahlen. Nach der Rspr. (vgl. nur BAG 16.3.1994 AP BGB § 611 Ausbildungsbeihilfe Nr. 18) muss die Rückzahlungsverpflichtung aber vom Standpunkt eines verständigen Betrachters einem begr. und zu billigenden Interesse des AG entsprechen; der AN muss mit der Ausbildungsmaßnahme eine angemessene Gegenleistung für die Rückzahlungsverpflichtung erhalten haben. IRd. Interessenabwägung kommt es vorrangig darauf an, ob und inwieweit der AN mit der Aus- und Weiterbildung einen geldwerten Vorteil erlangt hat.

VI. Schadensersatz gem. § 628 II

1. Allgemeines. Wird das Dienstverhältnis mittels einer außerordentl. Kündigung aufgelöst, die durch ein vertragswidriges Verhalten des anderen Teiles veranlasst worden ist, kann der Kündigende gem. § 628 II Ersatz des ihm durch die Aufhebung des Dienstverhältnisses entstehenden Schadens verlangen. Während die Rechtsfolgen des § 628 I allein die Ansprüche des Dienstverpflichteten berühren, kann die Schadensersatzpflicht gem. § 628 II beide Vertragsparteien treffen. Nach Wortlaut und systematischer Stellung könnte diese Schadensersatzpflicht wie auch § 628 I sowohl bei einer außerordentl. Kündigung aus wichtigem Grund gem. § 626 als auch bei einer außerordentl. Kündigung gem. § 627 eingreifen. Die Rspr. (BAG 20.11.1996 AP BGB § 611 Berufssport Nr. 11; 8.8.2002 NZA 2002, 1323) hat jedoch § 628 II dahingehend konkretisiert, dass das Auflösungsverschulden stets das Gewicht eines wichtigen Grundes haben müsse, so dass allein Kündigungen aus wichtigem Grund die Schadensersatzpflicht begründen können. Wird gem. § 627 gekündigt, bedarf es keines wichtigen Grundes. Die in § 627 geregelten **Dienstverhältnisse „höherer Art"** sind damit jedoch nicht generell von einer mögl. Schadensersatzpflicht aufgrund § 628 II freigestellt, denn sie können bei Vorliegen eines wichtigen Grundes auch gem. § 626 gekündigt werden (BAG 8.8.2002 NZA 2002, 1323). Das außerordentl. Kündigungsrecht des § 627 lässt die Kündigungsmöglichkeit gem. § 626 unberührt (vgl. § 627 Rn. 2). 13

Der Schadensersatzanspruch nach § 628 II setzt grds. eine wirksame außerordentl. Kündigung voraus, die ihren Grund in dem schuldhaften vertragswidrigen Verhalten des anderen Vertragsteiles hat und einen Schaden beim Kündigenden verursacht hat. Weil es aber als unbillig erscheint, einem AG, der wegen vertragswidrigen Verhaltens des AN außerordentl. kündigt, den Schadensersatzanspruch gem. § 628 II zuzusprechen, während dem anderen AG, der gleichermaßen wirksam außerordentl. kündigen könnte, aber im Interesse des AN einen „schonenderen" **Aufhebungsvertrag** schließt, einen gleichen Schadensersatzanspruch zu verwehren, haben sich Rspr. (BAG 10.5.1971 AP BGB § 628 Nr. 6; 11.2.1981 AP KSchG 1969 § 4 Nr. 8) und Schrifttum (Erman/*Belling* Rn. 23; KR/*Weigand* Rn. 20) vom Wortlaut des § 628 II gelöst und den Anwendungsbereich der Norm ausgedehnt. Danach ist Anspruchsvoraussetzung nicht der Ausspruch einer wirksamen außerordentl. Kündigung des Dienstverhältnisses, sondern das Bestehen des entspr. Kündigungsrechts einer Vertragspartei. 14

Das Kündigungsrecht muss in einem **schuldhaften vertragswidrigen Verhalten** der anderen Vertragspartei begr. liegen und kausal zur Auflösung des Vertragsverhältnisses geführt haben (BAG 10.5.1971 AP BGB § 628 Nr. 6; 11.2.1981 AP KSchG 1969 § 4 Nr. 8; Erman/*Belling* Rn. 23). IE kommt es für den auf § 628 II gestützten Schadensersatzanspruch nicht auf die Form der Vertragsbeendigung, sondern auf ihren Anlass an, was gebilligt werden kann. § 628 II enthält bereits in seiner wörtl. Fassung einen ges. bes. geregelten Tatbestand der pVV (BAG 26.7.2001 AP BGB § 628 Nr. 13). Die schuldhafte Verletzung von Pflichten aus dem Dienstvertragsverhältnis liegt in der Veranlassung der außerordentl. Kündigung durch vertragswidriges Verhalten. 14a

Da jedes schuldhafte vertragswidrige Verhalten, das zwar nicht zum Ausspruch einer außerordentl. Kündigung, wohl aber zur Beendigung des Dienstverhältnisses führt, gleichermaßen den Tatbestand des § 280 nF erfüllt, bewirkt die Einbeziehung derartiger Fälle in den Anwendungsbereich des § 628 II eine tw. Ersetzung der früher durch Richterrecht geschaffenen pVV. Wenn ein Fall des durch die Rspr. erweiterten Tatbestands des § 628 II vorliegt, hat dies zur Folge, dass die allg. Regeln keine Anwendung mehr finden (BAG 12.6.2003 AP BGB § 628 Nr. 16). Insofern bewirkt die erweiternde Auslegung des § 628 II eine **Restriktion der Haftung**, denn die §§ 280 ff. erfordern keine bewusste Pflichtwidrigkeit, vielmehr genügt dort jede Fahrlässigkeit. Somit findet § 628 II iE auch in allen Fällen Anwendung, in denen das ArbVerh. **in anderer Weise** als durch fristlose Kündigung beendet worden ist, sofern nur der andere Vertragsteil durch ein schuldhaftes vertragswidriges Verhalten den Anlass zu der Beendigung gegeben hat. § 628 II ist Ausdruck eines allg. Rechtsgrds. und deshalb auf alle Dauerschuldverhältnisse entspr. anwendbar (RG 27.11.1906 Z 64, 381, 384 f.; 6.2.1917 Z 89, 398, 400; *Oetker* S. 367 f.). 14b

2. Auflösungsverschulden. Der Schadensersatzanspruch setzt eine Vertragsverletzung voraus, die ein Recht zur außerordentl. Kündigung begr. hat. Nach allg. Auff. (BAG 25.5.1962 AP BGB § 628 Nr. 1; 24.2.1964 AP BGB § 607 Nr. 1; BGH 7.6.1984 LM BGB § 627 Nr. 5) muss die Vertragsverletzung vom Anspruchsgegner iSv. §§ 276, 278 zu vertreten sein. Erforderl. ist ein **Auflösungsverschulden** mit dem Gewicht eines wichtigen Grundes iSv. § 626 I (BAG 26.7.2001 AP BGB § 628 Nr. 13; 8.8.2002 NZA 2002, 1323; 22.1.2009 NZA 2009, 547; 14.12.2011 NJW 2012, 1900). Hierfür ist allein der Ausspruch unberechtigter betriebsbedingter Kündigungen unzureichend (BAG 14.2.2002 NZA 2002, 1027). 15

Aus dem Zusammenhang der Abs. 1 und 2 ergibt sich die ges. Wertung, dass **nicht jede geringfügige Vertragsverletzung,** die Anlass für eine Beendigung des ArbVerh. gewesen ist, die schwerwiegende Folge des § 628 II nach sich zieht. Der Anwendungsbereich des § 628 II ist deshalb enger als der des § 626, denn nicht jede nach § 626 gerechtfertigte Kündigung setzt ein schuldhaftes vertragswidriges Verhalten der anderen Vertragspartei voraus. So kann der GF einer GmbH sein Dienstverhältnis aus wichtigem Grund außerordentl. kündigen, weil er als Organ abberufen worden ist, doch begr. allein 16 die Abberufung idR kein Auflösungsverschulden iSv. § 628 II (BGH 28.10.2002 NJW 2003, 351; 6.3.2012 DB 2012, 973; *Bauer/Diller/Krets* DB 2003, 2687; anders zur vertragswidrig unterlassenen GFBestellung BAG 8.8.2002 NZA 2002, 1323). Gleiches wird für eine Einschränkung der Zust. eines GmbH-GF anzunehmen sein (BGH 6.3.2012 DB 2012, 973).

17 Maßgebl. ist, dass der Anspruchsberechtigte außerordentl. aus dem vom Kündigenden zu vertretenden Grund hätte kündigen können. § 628 II bedingt, dass alle Voraussetzungen einer außerordentl. Kündigung gegeben gewesen sind. Insb. dürfen zwischen Kenntniserlangung von den die Vertragsverletzung ausmachenden Umständen und der Verwirklichung des Beendigungstatbestands auf keinen Fall mehr als zwei Wochen liegen. Unabhängig von der Form der Beendigung des Dienstverhältnisses setzt der Schadensersatzanspruch nach § 628 II wegen Auflösungsverschuldens voraus, dass die **Zwei-Wochen-Frist des § 626 II 1** eingehalten ist (BAG 26.7.2001 AP BGB § 628 Nr. 13; 8.8.2002 NZA 2002, 1323; KR/*Weigand* Rn. 22). Ist die ausgesprochene außerordentl. Kündigung unwirksam, weil es an einem wichtigen Grund iSv. § 626 I fehlt, kann der Kündigende keinen Schadensersatz beanspruchen (BAG 25.5.1962 AP BGB § 628 Nr. 1; 15.6.1972 AP BGB § 628 Nr. 7). Liegt zwar ein wichtiger Grund für die außerordentl. Kündigung vor, fehlt es aber am Auflösungsverschulden, scheidet ein Schadensersatzanspruch aufgrund § 628 II gleichfalls aus. Beruft sich der Anspruchsgegner wegen seines vertragswidrigen Verhaltens auf einen Rechtsirrtum, so entfällt das Verschulden nur, wenn der Irrtum nicht seinerseits auf Fahrlässigkeit beruhte (vgl. BAG 12.11.1992 AP BGB § 285 Nr. 1; 19.8.2015 NZA 2015, 1460 Rn. 31; 22.10.2015 NZA 2016, 417 Rn. 43). Schafft der Kündigende selbst schuldhaft und vertragswidrig eine Lage, die ihn zur außerordentl. Kündigung berechtigt, so kann der Gegner in diesen – seltenen – Fällen analog § 628 II Schadensersatz verlangen (*Gessert* S. 82; Staudinger/*Preis* Rn. 38).

18 **3. Beendigung des Dienstverhältnisses.** Schadensersatz nach § 628 II kann nur beansprucht werden, wenn es zur Beendigung des Dienstverhältnisses kommt. Unbeachtl. ist dagegen, ob das außerordentl. Kündigungsrecht ausgeübt worden ist. Das entscheidende Gewicht kommt **nicht der Form** der Beendigung, sondern dem Vorliegen eines Auflösungsverschuldens zu (BAG 10.5.1971 AP BGB § 628 Nr. 6; 11.2.1981 AP KSchG 1969 § 4 Nr. 8). Unterlässt der Kündigungsberechtigte den Ausspruch der außerordentl. Kündigung und schließen die Parteien einen **Aufhebungsvertrag**, bleibt der Schadensersatzanspruch aus § 628 II nur erhalten, wenn sich der Kündigungsberechtigte diesen Anspruch in der Vereinb. ausdr. vorbehalten hat (BAG 10.5.1971 AP BGB § 628 Nr. 6). Dem liegt keine Auslegungsregel des Inhalts zugrunde, iZw. enthalte der Aufhebungsvertrag zugleich einen Verzichtsvertrag (so aber *Canaris* Anm. AP BGB § 628 Nr. 6), sondern beruht auf dem durch die Rspr. veränderten Charakter des § 628 II. Folgt der Schadensersatzanspruch aus vertragswidrigem Auflösungsverschulden der anderen Vertragspartei, muss beim seinerseits „verschuldensneutralen" Aufhebungsvertrag auf die Vorgeschichte, die Vertragsmotive, abgestellt werden, um überhaupt ein Auflösungsverschulden feststellen zu können. Hat sich keine Partei Ansprüche wegen dieser Vorgeschichte vorbehalten, ist allein das beiderseitige Einverständnis mit der Auflösung des Vertragsverhältnisses maßgebl. Ein früheres schuldhaftes Verhalten einer Partei hat seine Bedeutung für das vorzeitige Vertragsende verloren. Um die Bedeutung für einen Schadensersatzanspruch zu erhalten, ist deshalb eine deutl. Klarstellung unverzichtbar. Dem Grunde nach kann § 628 II auch einen Schadensersatzanspruch begründen, wenn wegen eines schuldhaften vertragswidrigen Verhaltens mit dem Gewicht eines wichtigen Grundes ledigl. ordentl. oder außerordentl. mit Auslauffrist gekündigt wird (BAG 11.2.1981 AP KSchG 1969 § 4 Nr. 8; 8.8.2002 NZA 2002, 1323). Wird in diesem Fall der Vertrag ordnungsgemäß bis zum Kündigungstermin abgewickelt, sind allerdings nur wenige ersatzfähige Schadenspositionen denkbar.

19 Die Auflösung des ArbVerh. **durch das Gericht nach § 9 KSchG**, bei fristloser Entlassung iVm. § 13 I 3 KSchG, kann ebenfalls eine von der anderen Vertragspartei verschuldete Beendigung des ArbVerh. sein (BAG 12.6.2003 AP BGB § 628 Nr. 16). Doch entfällt vom Zpkt. der Auflösung an jeder Lohnanspruch und folgl. auch ein Schadensersatzanspruch wegen entgangener Vergütungsansprüche (BAG 15.2.1973 AP KSchG 1969 § 9 Nr. 2; 12.6.2003 AP BGB § 628 Nr. 16). Die dem AN gerichtl. zugesprochene Abfindung ist eine Entschädigung eigener Art für die Auflösung des ArbVerh. und hat die Funktion, dem AN einen pauschalen Ausgleich für die Vermögens- und Nichtvermögensschäden zu gewähren, die sich aus dem Verlust des Arbeitsplatzes ergeben (BAG 12.6.2003 AP BGB § 628 Nr. 16). Das Gestaltungsurt. unterbricht den Rechtswidrigkeitszusammenhang zwischen dem Auflösungsverschulden und dem Schaden. So ist der Verlust einer Ruhegeldanwartschaft vor Eintritt der Unverfallbarkeit nicht mehr zu ersetzen (BAG 12.6.2003 AP BGB § 628 Nr. 16). Ersatz mittelbar durch die Auflösung des ArbVerh. verursachter Schäden kann jedoch verlangt werden (zB Folgen der verspäteten Herausgabe der Arbeitspapiere).

20 Macht ein AN nach obsiegendem Urt. im Kündigungsschutzprozess von seinem außerordentl. **Lossagungsrecht gem. § 12 KSchG** Gebrauch, kann seine Entsch. durch ein schuldhaftes vertragswidriges Verhalten des AG bedingt sein. Auf diesen Fall findet § 628 II entgegen einer Andeutung im Urt. des BAG v. 24.10.1974 (AP BGB § 276 Vertragsverletzung Nr. 2) Anwendung. Allerdings ist wegen der nach § 12 S. 4 KSchG limitierten Rechtsfolgen der Lossagung höchst zw., welcher Ver-

frühungsschaden nach § 628 II zu ersetzen sein könnte. Ist das ArbVerh. **wirksam befristet** und besteht keine Rechtspflicht zur Verlängerung des Zeitvertrags, sind etwaige auf Fortsetzung des ArbVerh. gerichtete Erwartungen der Arbeitsvertragsparteien rechtl. nicht geschützt (*Gessert* S. 86), so dass in der Nichtverlängerung kein schuldhaftes vertragswidriges Verhalten liegen kann, das zur Auflösung des ArbVerh. führt. § 628 II findet deshalb auf den Beendigungstatbestand „Auslaufen der Befristung" weder unmittelbare noch entspr. Anwendung (MüKoBGB/*Henssler* Rn. 80; **aA** KR/*Weigand* Rn. 20; *Stoffels* Vertragsbruch S. 124 Fn. 477).

4. Veranlassung der Vertragsbeendigung. Voraussetzt ist Kausalität zwischen dem Auflösungsverschulden und der Beendigung des Dienstverhältnisses (LAG K 21.7.2006 NZA-RR 2007, 134 [LS]; OLG KO 28.4.1975 MDR 1976, 44; *Gessert* S. 11). Allein eine Vertragsverletzung reicht nicht aus, es muss vielmehr ein unmittelbarer Zusammenhang zwischen dem vertragswidrigen Verhalten und der Kündigung bzw. dem Aufhebungsvertrag oder anderen Beendigungstatbestand gegeben sein (BGH 12.6.1963 AP HGB § 89b Nr. 2). Im Falle der außerordentl. Kündigung ist die **notwendige adäquat kausale Verursachung** regelm. festzustellen, wenn der Kündigungsgrund dem Kündigenden zZ des Ausspruchs der Kündigung bekannt war. Andere Formen der Vertragsbeendigung wegen Auflösungsverschuldens einer Partei können demggü. Beweisschwierigkeiten auslösen, wenn autonome Entsch. einer Vertragspartei oder Dritter den Kausalverlauf beeinflusst haben. 21

5. Ersatzfähiger Schaden. Die Vertragspartei, die durch ihr schuldhaftes vertragswidriges Verhalten das Kündigungsrecht des anderen Vertragspartners begr. hat, muss nach dem Wortlaut des § 628 II dem anderen den „durch die Aufhebung des Dienstverhältnisses entstehenden Schaden" ersetzen. Der Umf. des zu ersetzenden Schadens bestimmt sich nach §§ 249 ff. Dem tats. durch die Kündigung eingetretenen Zustand ist der hypothetische ohne das schädigende Ereignis (Kündigung) zu zeichnende Güterstand ggü. zu stellen (BGH 30.9.1963 AP BGB § 249 Nr. 1; [GS] 9.7.1986 AP BGB § 249 Nr. 26; BAG 20.11.1996 AP BGB § 611 Berufssport Nr. 11). Maßgebl. ist das **Erfüllungsinteresse,** also wie der Anspruchsteller bei Fortbestand des Dienstverhältnisses gestanden hätte (BAG 20.11.1996 AP BGB § 611 Berufssport Nr. 11; 8.8.2002 NZA 2002, 1323; BGH 3.3.1993 EzA HGB § 89a Nr. 1). Der Berechtigte darf jedoch durch die vorzeitige Beendigung des Vertragsverhältnisses nicht besser gestellt werden als bei dessen ordnungsgemäßer Abwicklung. 22

a) **Schutzzweck der Norm.** Bereits bei den Beratungen des BGB waren sich die Beteiligten darüber einig, dass durch die bes. Schadensersatzpflicht des (heutigen) § 628 II die mit der vorzeitigen Beendigung des Dienstverhältnisses verbundenen Nachteile ausgeglichen werden sollten (*Mugdan* II S. 916; *Jakobs/Schubert*, Beratung des BGB II, 1980 S. 825). Dabei war einerseits an die verbleibende Vertragsdauer bis zum Ablauf einer Befristung oder dem Eintritt einer auflösenden Bedingung und andererseits an die bei Ausspruch der ordentl. Kündigung verbleibende Laufzeit des Vertrags zu denken. Mit der ordentl. Kündigung musste zZ des Inkrafttretens des BGB jeder der beiden Vertragsteile immer rechnen, so dass die Grenze des Schadensersatzanspruches in der ordentl. Beendigung des ArbVerh. zu sehen war. Demgemäß ist der Schutzzweck des § 628 II auf die Gewährleistung des Erfüllungsinteresses für die **Zeit bis zur ordentl.** und damit ordnungsgemäßen **Beendigung** des Dienstverhältnisses gerichtet (BGH 16.7.2008 NJW 2008, 3436). Der Kündigende soll so gestellt werden, als wäre das ArbVerh. ordnungsgemäß fortgeführt worden (BAG 17.7.1997 AP BBiG § 16 Nr. 2; 26.7.2001 AP BGB § 628 Nr. 13; 8.8.2002 NZA 2002, 1323). Eine etwaige Befristung des Dienstverhältnisses bildet zugleich die zeitl. Grenze für die Schadensersatzpflicht. 23

IE begrenzt der (hypothetische) Ausspruch der ordentl. Kündigung durch die Vertragspartei, die die Auflösung des Dienstverhältnisses verschuldete, den durch die Schadensersatzpflicht gewährleisteten Schutz. Eine Selbstverständlichkeit aus der Sicht des historischen Gesetzgebers, denn weder die Kündigungsfreiheit des AG noch die des AN waren eingeschränkt (*Oetker* S. 452). Der insoweit begrenzte Schutzzweck des § 628 II erübrigt es, den Ausspruch der ordentl. Gegenkündigung als **Einwand rechtmäßigen Alternativverhaltens** zu berücksichtigen (vgl. *Hanau* S. 159 f.). Es kommt somit nicht darauf an, ob sich der Kündigungsgegner im Streitfall auf seine Kündigungsmöglichkeit beruft und beweist, dass er sie ausgeübt hätte. 24

Hiermit übereinstimmend gehen der BGH in stRspr. (3.3.1993 EzA HGB § 89a Nr. 1; 12.6.1985 Z 95, 39, 47 ff. [zu § 554 BGB]; 28.4.1988 Z 104, 337, 342) und das BAG in stRspr. (27.1.1972 AP BGB § 252 Nr. 2; 9.5.1975 AP BGB § 628 Nr. 8; 23.8.1988 AP BetrVG 1972 § 113 Nr. 17; noch **aA** 17.12.1958 AP TVG § 1 Friedenspflicht Nr. 3) sowohl für § 89a II HGB als auch für § 628 II davon aus, dass sich der Schadensersatzanspruch allein auf den Zeitraum bis zum von vornherein vereinbarten oder durch ordentl. Kündigung herbeizuführenden **Vertragsende** erstreckt. Zu § 89a II HGB, der § 628 II inhaltl. entspricht, hat der BGH – unter ausdr. Bezugnahme auf die Rspr. des BAG zu § 628 II – entschieden (3.3.1993 EzA HGB § 89a Nr. 1), der Schutzzweck der Norm begrenze die Haftung zeitl. Der Geschädigte könne nur Ersatz für die Zeit bis zum Ablauf der Kündigungsfrist oder bis zur vereinbarten Beendigung des Vertragsverhältnisses verlangen. Der Einwand, die ordentl. Kündigung wäre tats. gar nicht ausgesprochen worden, sei nicht rechtserhebl. Das BAG hat in seiner Entsch. v. 9.5.1975 (AP BGB § 628 Nr. 8) ausgeführt, § 628 II stelle den Kündigenden so, als wäre das ArbVerh. 25

ordnungsgemäß durch eine fristgemäße Kündigung beendet worden. Ist einzelvertragl. die ordentl. Kündigung für den Dienstberechtigten ausgeschlossen, soll seine Ersatzpflicht ggf. bis zur altersbedingten Beendigung reichen (BGH 16.7.2008 NJW 2008, 3436).

26 Während die Kündigungsfreiheit bei freien Dienstverhältnissen und auf Seiten der AN erhalten geblieben ist, haben zwischenzeitl. eingeführte Regelungen des allg. und bes. Kündigungsschutzes den Ausspruch ordentl. AGKündigungen vielfältigen Bindungen unterworfen. Insb. das KSchG mit dem Erfordernis der sozialen Rechtfertigung der vom AG erklärten ordentl. Kündigung, bringt die urspr. Beschränkung der Schadensersatzpflicht ins Wanken. Es ist nicht mehr selbstverständl., dass der AG das ArbVerh. jederzeit ordentl. beenden kann. Deshalb wird die Auff. der Rspr. von Teilen des Schrifttums (*Roeper* DB 1970, 1489) nicht gebilligt. Es wird geltend gemacht, der Schadensersatzanspruch des AN, der Kündigungsschutz gem. § 1 KSchG genießt und nicht zu den ltd. Ang. iSv. § 14 KSchG gehört, bestehe **über das Ende der ordentl. Kündigungsfrist hinaus**, womögl. unbegrenzt. Der AN soll vorbringen können, dass es ohne das vertragswidrige Verhalten des anderen Teiles nicht zur Auflösung des ArbVerh., auch nicht durch eine ordentl. Kündigung des AG, gekommen wäre. Dies soll zur Folge haben, dass der Schadensersatzanspruch über die Dauer der ordentl. Kündigungsfrist hinaus geltend gemacht werden könne. Die Schadensersatzpflicht des AG nach § 628 II sei zeitl. nicht limitiert.

27 Da ein kraft Eigenkündigung aus dem Betrieb ausgeschiedener AN idR keine verhaltensbedingten Kündigungsgründe mehr schaffen kann, und die Entstehung personen- oder betriebsbedingter Kündigungsgründe schwer vorstellbar ist, würde die gem. §§ 252 BGB, 287 ZPO vorzunehmende Schätzung der dem ausgeschiedenen AN erwachsenden Einkommensverluste nicht durch eine hinreichend konkret abzusehende Beendigung mittels einer **sozial gerechtfertigten AGKündigung** begrenzt werden. Eine lebensferne Vorstellung, denn auch AN mit Kündigungsschutz scheiden von sich aus dem ArbVerh. aus, ihnen wird wirksam gekündigt oder sie erheben nach einer sozial nicht gerechtfertigten Kündigung keine Kündigungsschutzklage. Es ist deshalb der Schutzzweck des § 628 II in Anbetracht des zwischenzeitl. eingeführten Kündigungsschutzes neu zu bestimmen. Wesentl. Anknüpfungspunkt ist die Tatsache, dass der Ansprüche aus § 628 II herleitende AN das ArbVerh. seinerseits außerordentl. gekündigt oder gleichwertig aufgelöst hat. Er hat damit auf den Schutz der G, die ihm allg. oder bes. Kündigungsschutz gewähren, verzichtet. Das KSchG bezweckt den Bestandsschutz. Der Bestand des ArbVerh. kann aber nicht mehr gewährleistet werden, wenn der AN seinerseits gekündigt hat.

28 Der AN, der aus vom AG zu vertretenden Gründen das ArbVerh. löst, begibt sich in die gleiche Lage wie der AN, der nach Ausspruch einer unwirksamen außerordentl. Kündigung des AG im deswegen geführten Kündigungsschutzprozess einen **Auflösungsantrag gem. §§ 13 I 3, 9 KSchG** stellt und durch Gestaltungsurt. eine Auflösung des ArbVerh. wegen unzumutbarer Fortsetzung desselben erreicht (BAG 26.7.2001 AP BGB § 628 Nr. 13). Dies lässt sich allerdings nicht auf den Schadensersatz nach § 23 I BBiG übertragen (BAG 16.7.2013 NZA 2013, 1202). Da die Auflösung des ArbVerh. auf Antrag des AN auch zulässig ist, wenn die vom AG ausgesprochene Kündigung nicht allein wegen Fehlens eines wichtigen Grundes oder mangelnder sozialer Rechtfertigung, sondern daneben auch aus anderen Gründen unwirksam ist (stRspr.; BAG 24.9.1992 AP Einigungsvertrag Anl. I Kapitel XIX Nr. 3; anders für den Auflösungsantrag des AG BAG 10.2.2005 AP BGB § 174 Nr. 18; 28.8.2008 NZA 2009, 275 mwN), ist dieser **Abfindungsanspruch** eine dem AN gebührende Rechtsposition (BAG 26.7.2007 NZA 2007, 1419; 21.5.2008 AP BGB § 628 Nr. 23). Dem AN hierfür einen angemessenen Ausgleich zu gewähren, ist mit dem Schutzzweck des § 628 II vereinbar (BAG 26.7.2001 AP BGB § 628 Nr. 13; anders für § 113 S. 3 InsO BAG 16.5.2007 AP InsO § 113 Nr. 24). Der AG darf nicht dadurch bessergestellt werden, dass er anstatt eine (unberechtigte) außerordentl. Kündigung auszusprechen, durch vertragswidriges Verhalten den AN zur außerordentl. Auflösung des ArbVerh. veranlasst. Löst der AN das ArbVerh. außerordentl., weil ihm die Fortsetzung wegen eines schuldhaften vertragswidrigen Verhaltens des AG unzumutbar ist, hat er Anspruch auf Schadensersatz iHd. Abfindung, die ihm durch Urt. gem. §§ 13 I 3, 9 KSchG nach unwirksamer AGKündigung zuzusprechen wäre (BAG 26.7.2001 AP BGB § 628 Nr. 13; 20.11.2003 EzA BGB 2002 § 628 Nr. 3; ebenso KR/*Weigand* Rn. 38; APS/*Rolfs* Rn. 60). Nach der Rspr. des BAG (26.7.2007 NZA 2007, 1419) ist die Insolvenz des AG kein Grund, den Abfindungsanspruch des AN mit Null zu bemessen.

29 Der AN ist nicht auf ein **Wahlrecht** zwischen der Abfindung für den Verlust des Arbeitsplatzes entspr. § 9 KSchG und der Vergütung für den Zeitraum bis zur nächstmögl. ordentl. Beendigung des ArbVerh. beschränkt (so iE auch *Weiß* JuS 1985, 593, 596). Vielmehr können beide Schadenspositionen nebeneinander beansprucht werden, wenn der betr. AN in der als Vergleichsfall herangezogenen Situation auch beide Leistungen beanspruchen könnte. Dies wäre der Fall, wenn der unberechtigt außerordentl. entlassene AN seinen Auflösungsantrag nicht gem. §§ 13 I 3, 9 KSchG zum Termin der außerordentl. Kündigung, sondern gem. § 9 KSchG aufgrund einer Umdeutung der unwirksamen außerordentl. Kündigung in eine (sozial ungerechtfertigte) ordentl. Kündigung zum Termin einer wirksamen ordentl. AGKündigung stellte. Da dieser Weg für den AN auch nach Inkrafttreten der Neufassung des § 13 I KSchG am 1.1.2004 gangbar ist (BAG 21.5.2008 AP BGB § 628 Nr. 23; KSchG § 9 Rn. 28; zur alten Rechtslage vgl. BAG 26.8.1993 AP BGB § 626 Nr. 113), lässt sich eine hiervon abw. einschränkende Auslegung des Schutzzwecks des § 628 II nicht vertreten.

IE kann ein AN, der Kündigungsschutz nach dem KSchG genießt, Ersatz der entgangenen **Vergütung bis zum Ablauf der Kündigungsfrist** einer (fiktiven alsbaldigen) AGKündigung und daneben eine Abfindung für den Verlust des Arbeitsplatzes verlangen (BAG 26.7.2001 AP BGB § 628 Nr. 13; 22.4.2004 AP BGB § 628 Nr. 18; MüKoBGB/*Henssler* Rn. 95; *Weiß* JuS 1985, 593, 596; anders für den Haftungsumf. des RA wegen Pflichtverletzung im Kündigungsschutzprozess BGH 24.5.2007 NZA 2007, 753). Darüber hinausgehende Vergütungsansprüche werden vom Schutzzweck des § 628 II nicht umfasst und sind deshalb nicht zu ersetzen (krit. *Schulte* FS Schwerdtner 2003 S. 183, 190 hins. ordentl. unkündbarer, infolge der außerordentl. Kündigung langfristig arbeitsloser AN). 30

Bes. Kündigungsschutz (zB §§ 168, 174 SGB IX, § 17 MuSchG, § 15 KSchG, § 4 f III 5 BDSG [hierzu *Gehlhaar* NZA 2010, 373], § 18 BEEG oder tarifvertragl. Regelungen der ordentl. Unkündbarkeit) führt zu keinen weitergehenden Schadensersatzansprüchen des wegen eines Auflösungsverschuldens des AG das ArbVerh. kündigenden AN (BAG 21.5.2008 AP BGB § 628 Nr. 23; HWK/*Sandmann* Rn. 64). Der bes. Kündigungsschutz ist durchweg auf den **Erhalt des Arbeitsplatzes** gerichtet. Nach dem jeweiligen Normzweck soll nicht das Abfindungsinteresse, sondern das Bestandsinteresse der bes. kündigungsgeschützten AN bewahrt werden. In allen Fällen hindern die bes. ges. Regelungen die AN jedoch nicht, ihr ArbVerh. selbst zu kündigen. Wird eine solche Eigenkündigung ausgesprochen, ergibt sich aus den Regelungen des bes. Kündigungsschutzes kein Anspruch auf irgendeine Abfindung wegen Verlustes des Arbeitsplatzes. Auch bes. geschützte AN können allein über § 9 KSchG die Zahlung einer Abfindung erreichen. Es mag deshalb notwendig sein, bei der Bemessung der als Schadensersatz zu leistenden Abfindung gem. **§ 10 KSchG** den bes. Kündigungsschutz betragssteigernd zu berücksichtigen, doch gibt der durch die Eigenkündigung verlorengehende bes. Kündigungsschutz keine eigenständige Schadensposition. Für ltd. Ang. iSv. § 14 KSchG gelten keine abw. Regeln. Vielmehr könnte bei ihnen sogar der AG eine Auflösung durch Gestaltungsurt. zum Termin einer ordentl. Kündigung erreichen (vgl. § 14 II 2, § 9 KSchG), ohne dass es der Feststellung einer negativen Prognose für die weitere Zusammenarbeit bedürfte. 31

Der Schutzzweck der Norm führt zu einer weiteren wesentl. Einschränkung der aus § 628 II begründbaren Schadensersatzansprüche. Da es nicht zu den Vertragspflichten eines Dienstvertrags gehört darauf zu achten, dass dem Vertragspartner die Fortsetzung eines Vertrags zumutbar bleibt, von dem sich beide Parteien wegen bereits vorliegender wichtiger Gründe lösen könnten, ist in diesem **Fall beiderseitigen Auflösungsverschuldens** für keine Partei eine Schadensersatzpflicht mit dem Schutzzweck der Norm vereinbar (*Hanau* S. 160). Dh., wird eine Partei durch schuldhaft vertragswidriges Verhalten des anderen Teiles zur Kündigung des ArbVerh. veranlasst, ist der Kündigungsgegner nicht zum Ersatz des durch die Aufhebung des ArbVerh. entstehenden Schadens verpflichtet, wenn er selbst wegen eines vertragswidrigen Verhaltens der kündigenden Partei hätte kündigen können. Bei dieser Sachlage entfallen die wechselseitigen Schadensersatzansprüche aus vertragswidrigem Verhalten (BGH 29.11.1965 AP BGB § 628 Nr. 3; BAG 12.5.1966 AP HGB § 70 Nr. 9; *Hanau* S. 160; BBAKNSV/*Bader* Rn. 19; KR/*Weigand* Rn. 35). Dies gilt unabhängig davon, ob die wechselseitigen Kündigungsgründe in einem inneren Zusammenhang stehen oder nicht (BAG 12.5.1966 AP HGB § 70 Nr. 9). Zur mangelnden Kausalität der Auflösungsverschuldens bei gegebener Kündigungsmöglichkeit der anderen Vertragspartei vgl. Rn. 33. 32

b) Kausalität. Der Schadensersatzanspruch setzt eine doppelte Kausalität voraus: Zum einen muss die schuldhafte Vertragsverletzung die Veranlassung für die Auflösung gewesen sein (BAG 17.1.2002 EzA BGB § 628 Nr. 20; LAG K 21.7.2006 NZA-RR 2007, 134 [LS]). Zum anderen muss der eingetretene Schaden gerade auf die Beendigung des Dienstverhältnisses zurückzuführen sein. Das BAG hat dem Ersatzpflichtigen lange Zeit unter Hinweis auf das „Prinzip der zivilrechtl. Prävention" die **Berufung auf rechtmäßiges (hypothetisches) Alternativverhalten** mit der Begr. abgeschnitten, der Arbeitsvertragsbruch würde andernfalls weitgehend sanktionslos bleiben, was dem Interesse an einem vertragstreuen Verhalten widerspräche (BAG 18.12.1969 AP BGB § 276 Vertragsbruch Nr. 3). Demggü. betont das Gericht nunmehr (seit BAG 26.3.1981 AP BGB § 276 Vertragsbruch Nr. 7) in Abkehr von seiner bisherigen Rspr. den Schutzzweck der Norm. Dieser geht nicht soweit, dass der Dienstberechtigte dem vertragsbrüchigen Dienstverpflichteten alle Kosten der Suche eines Nachfolgers auferlegen kann. Der Schutzzweck ist vielmehr darauf beschränkt, beiden Parteien den durch die ordentl. Kündigungsfrist gewährleisteten Zeitraum für den Abschluss eines Anschlussvertrags zu sichern. Der vertragsbrüchige Teil muss deshalb seinem Vertragspartner nur den Schaden ersetzen, der durch die vorzeitige Vertragsbeendigung entstanden ist, jedoch bei vertragsgemäßer Einhaltung der Kündigungsfrist nicht entstanden wäre (BAG 26.3.1981 AP BGB § 276 Vertragsbruch Nr. 7; dazu *Stoffels* Vertragsbruch S. 135 ff.). 33

Der Kündigende kann allein den durch Einhaltung der Kündigungsfrist vermeidbaren Schaden, den sog. **Verfrühungsschaden** (grdl. *Medicus* Anm. AP BGB § 276 Vertragsbruch Nr. 5), ersetzt verlangen. Der (hypothetische) Ausspruch einer Kündigung durch die Vertragspartei, welche die Auflösung des Dienstverhältnisses verschuldet hat, begrenzt den durch die Schadensersatzpflicht gewährleisteten Schutz (BAG 26.7.2007 NZA 2007, 1419; 21.5.2008 AP BGB § 628 Nr. 23). Dabei kommt es nicht darauf an, ob die andere Vertragspartei sich auf ihre Kündigungsmöglichkeit beruft und beweist, 33a dass sie von ihr Gebrauch gemacht hätte (BAG 23.3.1983 AP BGB § 276 Vertragsbruch Nr. 8; 26.7.2007 NZA 2007, 1419; BGH 29.11.1965 AP BGB § 628 Nr. 3). ZB sind nicht ersatzfähig die Vorstellungskosten eines Bewerbers für die freigewordene Stelle, wenn diese auch bei fristgerechtem Ausscheiden des Gekündigten angefallen wären. Soweit der Ersatz von Schäden beansprucht wird, die nicht durch die vorzeitige Beendigung des Dienstverhältnisses verursacht sind (zB Kosten der Rechtsberatung), scheidet § 628 II als Anspruchsgrdl. aus und § 280 ist anwendbar.

34 **c) Mögliche Schadenspositionen. aa) Bei Veranlassung durch den Dienstverpflichteten.** Ersatzpflichtig ist der AN nur für den Schaden, der durch die überstürzte Vertragsbeendigung entstanden ist, also den Verfrühungsschaden (BAG 26.3.1981 AP BGB § 276 Vertragsbruch Nr. 7; 23.3.1983 AP BGB § 276 Vertragsbruch Nr. 8; *Medicus* Anm. AP BGB § 276 Vertragsbruch Nr. 5). Der Schaden wird va. in den **Mehrausgaben des AG** bestehen, die durch die notwendige Fortsetzung der vom ausgeschiedenen AN unterbrochenen Arbeiten verursacht werden (LAG BE 27.9.1973 DB 1974, 538). Als Aufwendungen kommen die erhöhten Vergütungen für AN in Betracht, die durch Überstunden die Arbeit des ausgeschiedenen AN verrichten (LAG D [K] 19.10.1967 DB 1968, 90; MüKoBGB/*Henssler* Rn. 98).

34a Soweit eine Ersatzkraft zu einem höheren Lohn eingestellt worden ist, muss die **Lohndifferenz** ausgeglichen werden, wenn eine Ersatzkraft nur zu diesen Bedingungen zum Abschluss eines Arbeitsvertrags bereit war (LAG BE 27.9.1973 DB 1974, 538; LAG SH 13.4.1972 BB 1972, 1229). Zu den erhöhten Kosten der Ersatzkraft kann auch der ihr zu leistende Aufwendungsersatz gehören (zB Reisekosten, Hotelunterkunft). Grds. ersatzfähig sind auch Vorhaltekosten (vgl. BGH 18.5.1971 AP BGB § 249 Nr. 14). Hält der AG über den Arbeitskräftebedarf hinaus eine **Personalreserve** für Fälle des Vertragsbruchs vor, kann er hierfür Ersatz verlangen (*Gessert* S. 106). Tats. wird es kaum zu entspr. Ersatzpflichten kommen, weil die Probleme bei der im Prozess notwendigen Substantiierung von Kosten und Kausalität beginnen (BAG 23.5.1984 AP BGB § 339 Nr. 9; *Stoffels* Vertragsbruch S. 153). Allein die höhere Beanspruchung anderer AN iS einer Intensivierung der Arbeitsleistung ist kein ausgleichsfähiger Schaden des AG. Es fehlt bereits an der Schadensentstehung, denn durch den verstärkten Einsatz der anderen AN wird jeder Schaden verhindert. Auch mit normativen Erwägungen kann kein abw. Erg. begr. werden (*Stoffels* Vertragsbruch S. 152 f.). Bei Abordnung von AN einer anderen Filiale des gleichen Betriebs auf den vakanten Arbeitsplatz, deren Arbeitsleistung wiederum durch Mehrleistungen anderer AN ausgeglichen werden, mag bei normativer Betrachtung ein Schaden gegeben sein (vgl. BAG 24.4.1970 AP HGB § 60 Nr. 5).

35 Verliert der AG durch die außerordentl. Vertragsbeendigung im Zeitraum bis zur ersten ordentl. Beendigungsmöglichkeit den **Konkurrenzschutz nach § 60 HGB**, muss der AN, der die Auflösung des ArbVerh. verschuldet hat, für die dadurch verursachten Vermögenseinbußen des AG zumindest in der Höhe aufkommen, wie sie bei Vereinb. eines nachvertragl. Wettbewerbsverbots zulässigerweise vermieden worden wären (BAG 9.5.1975 AP BGB § 628 Nr. 8; 23.2.1977 BB 1977, 847). Bei Unmöglichkeit der Naturalrestitution ist der Anspruch gem. § 251 I auf Geldersatz gerichtet (*Stoffels* Vertragsbruch S. 148). Die zeitl. Begrenzung ergibt sich aus der ordentl. Kündigungsfrist, die der Dienstverpflichtete einzuhalten hätte. Ein vereinbartes Wettbewerbsverbot beginnt in jedem Falle unmittelbar im Anschluss an das Ausscheiden des AN und nicht erst mit Ablauf der ordentl. Kündigungsfrist (ArbG D 4.12.1980 DB 1981, 1338).

36 Zu den nach § 249 ausgleichspflichtigen Schadensfolgen eines Vertragsbruches des AN können auch die **Kosten für Zeitungsinserate** gehören, mit denen der AG eine Ersatzkraft sucht (BAG 26.3.1981 AP BGB § 276 Vertragsbruch Nr. 7). Allerdings muss sich der zu ersetzende Werbeaufwand in angemessenen Grenzen halten. Das betrifft das Verhältnis von Bedeutung des Arbeitsplatzes und Anzeigenkosten (BAG 18.12.1969 AP BGB § 276 Vertragsbruch Nr. 3), die Größe des Inserats (BAG 30.6.1961 AP BGB § 276 Vertragsbruch Nr. 1) sowie die Häufigkeit, mit der eine Stellenanzeige in ders. Zeitung wiederholt wird (BAG 14.11.1975 AP BGB § 276 Vertragsbruch Nr. 5). Nach der Rspr. kann der AG von einem vertragsbrüchigen AN keinen Ersatz der durch Stellenanzeigen veranlassten Kosten verlangen, wenn diese Kosten auch bei einer fristgemäßen ordentl. Kündigung des AN zum arbeitsvertragl. nächstzulässigen Kündigungstermin entstanden wären (BAG 26.3.1981 AP BGB § 276 Vertragsbruch Nr. 7; 23.3.1983 AP BGB § 276 Vertragsbruch Nr. 8). Die Kosten kann der AG nur ersetzt verlangen, wenn sie bei fristgemäßer Kündigung **vermeidbar gewesen** wären. Eines Nachw., dass der AN von der vertragl. eingeräumten Kündigungsmöglichkeit fristgemäß Gebrauch gemacht hätte, bedarf es nicht. Ein solcher Nachw. ist auch gar nicht zu führen. Auszugehen ist von der Begrenzung der Schadensersatzpflicht durch den Schutzzweck der verletzten Norm. Schäden, die auch bei einem normgerechten Verhalten entstanden wären, fallen nicht in den Schutzbereich und scheiden als Schadensposition stets aus. **Vorstellungskosten eines Nachfolgers** des vertragsbrüchigen AN werden nur in wenigen Fällen als Verfrühungsschaden anzuerkennen sein (BAG 26.3.1981 AP BGB § 276 Vertragsbruch Nr. 7; *Stoffels* Vertragsbruch S. 141).

37 Der AG kann Schadensersatz für **entgangenen Gewinn** verlangen (BAG 5.10.1962 AP BGB § 628 Nr. 2; 27.1.1972 AP BGB § 252 Nr. 2), wenn sich durch das Ausscheiden des AN Verdiensteinbußen ergeben. IdR wird sich der Gewinnausfall nicht einfach durch Vorlage der Geschäftsbücher ermitteln lassen. Insofern gibt das G wegen der hier oft schwierig zu führenden Nachw. mit § 252 und § 287

ZPO Erleichterungen für die Darlegung und den Beweis sowohl für den Eintritt des Schadens (dh. für die Annahme der sog. haftungsausfüllenden Kausalität) als auch für die Höhe des Schadens. Nach § 252 gilt als entgangen der Gewinn, welcher nach dem gewöhnl. Lauf der Dinge oder nach den bes. Umständen mit Wahrscheinlichkeit erwartet werden konnte. Danach bietet die Vorschr. dem Geschädigten zwei Möglichkeiten der Schadensberechnung. Zum einen die abstrakte Methode, die von dem regelm. Verlauf im Handelsverkehr ausgeht, dass der Kaufmann gewisse Geschäfte im Rahmen seines Gewerbes tätigt und daraus Gewinn erzielt. Zum anderen die konkrete Methode, bei der der Geschädigte nachweist, dass er durch die schädigende Handlung an der Durchführung bestimmter Geschäfte gehindert worden ist und dass ihm wegen der Nichtdurchführbarkeit dieser Geschäfte Gewinn entgangen ist (BGH 30.5.2001 NJW-RR 2001, 1542; 19.10.2005 NJW-RR 2006, 243).

Im **Fall der abstrakten Schadensberechnung** ist die volle Gewissheit, dass der Gewinn gezogen worden wäre, nicht erforderl.; vielmehr genügt der Nachw. einer gewissen Wahrscheinlichkeit. Ist ersichtl., dass der Gewinn nach dem gewöhnl. Lauf der Dinge mit Wahrscheinlichkeit erwartet werden konnte, wird vermutet, dass er erzielt worden wäre. Dem Ersatzpflichtigen obliegt dann der Beweis, dass er nach dem späteren Verlauf oder aus irgendwelchen anderen Gründen dennoch nicht erzielt worden wäre. Ist der Geschädigte Kaufmann, so entspricht es dem gewöhnl. Lauf der Dinge, dass er **marktgängige Waren jederzeit zum Marktpreis** absetzen kann (BGH 29.6.1994 NJW 1994, 2478; 19.10.2005 NJW-RR 2006, 243). Darüber hinaus erlaubt § 287 ZPO die Schätzung eines Mindestschadens. Steht eine Schadensersatzforderung dem Grunde nach fest und ist nur ihre Höhe nicht sicher zu ermitteln, so darf das Gericht die Klage nicht einfach abweisen, sondern muss prüfen, in welchem Umf. der Sachverhalt eine hinreichende Grdl. für die Schätzung eines in jedem Fall gegebenen Mindestschadens bietet (BGH 30.5.2001 NJW-RR 2001, 1542; 19.10.2005 NJW-RR 2006, 243). 37a

Verrichtet der AG die Arbeit des ausgeschiedenen AN selbst, weil er keine Ersatzkraft gefunden hat und Geschäftseinbußen verhindern will, kann der AG den potentiellen Schaden, den er aber nur aufgrund der eigenen überobligatorischen Anstrengungen (Vorteilsausgleichung) nicht erlitten hat, ersetzt verlangen (BAG 24.8.1967 AP BGB § 249 Nr. 7; vgl. dazu a. *C. Becker* BB 1976, 746). Kommt es wegen der Auflösung des ArbVerh. nach schuldhafter Vertragspflichtverletzung des AN zu einem Stillstand in der Produktion, rechnen die **nutzlos aufgewendeten Fixkosten** zum ersatzfähigen Schaden. Bspw. kann der Mietzins für die vom ausgeschiedenen AN bediente Maschine zu ersetzen sein (*Frey* BB 1959, 744). Hat der AG wegen des Ausfalls des AN ggü. seinen Kunden nicht fristgerecht leisten können, gehören die adäquat kausal verursachten Verzugsschäden und evtl. verwirkte Vertragsstrafen zum ersatzfähigen Schaden und sind vom AN zu tragen (LAG D [K] 19.10.1967 DB 1968, 90; *Gessert* S. 85). 38

bb) Bei Veranlassung durch den Dienstberechtigten. Der Ersatzanspruch des AN umfasst den Schaden, den er durch die in der Vertragsverletzung des AG begr. Auflösung des ArbVerh. erlitten hat. Grds. richtet sich der vom AG gem. § 628 II zu ersetzende Schaden nach den §§ 249, 252, dh., es sind alle Vergütungsansprüche einschl. aller Nebenleistungen zu erfüllen (LAG HM 12.6.1984 NZA 1985, 159). Insb. **Tantiemen**, noch nicht unverfallbare **Ruhegeldanwartschaften** (vgl. BAG 29.7.1971 AP BGB § 630 Nr. 6; anders für den Fall einer Auflösung des ArbVerh. durch das Gericht nach §§ 9, 10 KSchG BAG 12.6.2003 AP BGB § 628 Nr. 16), Sonderzuwendungen, Spielprämien (*Bepler* FS Fenn 2001 S. 43, 82) und **Gratifikationen** können zum ersatzfähigen Schaden gehören. Im Einzelfall ist der Verlust dieser bei Fortsetzung des Dienstverhältnisses dem Dienstnehmer zugeflossenen Leistungen auszugleichen, wenn gerade die vorzeitige Auflösung des Dienstverhältnisses den Schadenseintritt herbeiführt hat. Dabei ist auch eine erst zukünftig eintretende Fälligkeit zu beachten. Ein AN, dem arbeitsvertragl. die Erwerbschance „Liquidationsrecht" eingeräumt wurde, kann die entgangenen **Entgeltzahlungen Dritter** als Schadensersatz beanspruchen (BAG 15.9.2011 NZA 2012, 377). 39

Der AN hat die Wahl, ob er seinen durch die vorzeitige Auflösung des ArbVerh. erwachsenden Erwerbsschaden nach der **modifizierten Nettolohnmethode** oder nach der **Bruttolohnmethode** geltend machen will (BGH 15.11.1994 AP BGB § 249 Nr. 35; LAG N 4.7.2001 NZA-RR 2002, 128; BAG 8.8.2002 NZA 2002, 1323 geht allein von der Bruttolohnmethode aus; ebenso *Schulte* FS Schwerdtner 2003 S. 183, 196). Beide Berechnungsmethoden dürfen jedoch zu keinen unterschiedl. wirtschaftl. Erg. führen. Deshalb ist bei der modifizierten Nettolohnmethode der entgangene Nettolohn um die aufzuwendende Einkommensteuer und (Sozial-)Versicherungsbeiträge, wie sie tats. anfallen (vgl. Rn. 44 f.), zu erhöhen. Andererseits sind nach der Bruttolohnmethode vom errechneten Gesamtbruttoanspruch die erzielten Steuer- und (Sozial-)Versicherungsbeitragsvorteile abzusetzen. Insb. kann ein steuerl. Progressionsvorteil des Geschädigten dem Schädiger zugutekommen (BGH 15.11.1994 AP BGB § 249 Nr. 35). 40

Als Unterschied verbleibt die grds. abw. **Verteilung der Behauptungs- und Beweislast**. Nach der modifizierten Nettolohnmethode muss der Geschädigte dartun, welche weiteren steuerl. und sozialversicherungsrechtl. Schäden er habe, während es nach der Bruttolohnmethode gem. den Regeln des Vorteilsausgleiches Sache des Schädigers ist darzutun, welche Vorteile sich der Geschädigte anrechnen lassen müsse (vgl. *Hartung* VersR 1981, 1008, 1009). In der Praxis wird dieser Unterschied letztl. dadurch ausgeglichen, dass der Geschädigte nach beiden Methoden die steuerl. und sozialversicherungsrechtl. Auswirkungen iE aufzeigen muss, weil die Beweismöglichkeiten allein in seiner Sphäre 40a liegen (BGH 15.11.1994 AP BGB § 249 Nr. 35). Jdf. setzt die Feststellung des Nettoeinkommens (bzw. Vorteilsbetrags) keine Art hypothetischer Einkommensteuerveranlagung des Geschädigten voraus (BGH 15.11.1994 AP BGB § 249 Nr. 35). Schließl. steht dem AN auch **Ersatz der Aufwendungen** zu, die ihm aufgrund der verfrühten Suche nach einem neuen Arbeitsplatz entstehen. Die Kosten eines notwendigen Umzugs sind auszugleichen, wenn sie ohne die vorzeitige Beendigung des ArbVerh. nicht erwachsen wären (BAG 11.8.1987 AP BBiG § 16 Nr. 1).

41 Nach den **Grds. der Vorteilsausgleichung** muss der AN sich das anrechnen lassen, was er durch die Beendigung des ArbVerh. erspart (*Bauer/Diller/Krets* DB 2003, 2687, 2690). Insofern kommen vorrangig die mit der Vertragserfüllung verbundenen Aufwendungen in Betracht (zB Fahrtkosten zur Arbeitsstätte, Verpflegungsmehraufwendungen, Bekleidungskosten). Gleichfalls anspruchsmindernd ist zu berücksichtigen, was er durch anderweitige Verwendung seiner Arbeitskraft erwirbt oder zu erwerben schuldhaft unterlässt (§ 254 II 1). Böswilligkeit iSv. § 615 S. 2 ist insoweit nicht Voraussetzung (BGH 14.11.1966 AP BGB § 628 Nr. 4; *Lunk* FS Kreutz 2010 S. 733, 744). Es gelten ansonsten die gleichen Grds. wie beim Annahmeverzug. Der AN muss alles tun, um einen geeigneten Arbeitsplatz zu finden.

41a Verwertet der Dienstverpflichtete seine Arbeitskraft neu, wird der neue **Verdienst auf den gesamten Abgeltungszeitraum** angerechnet (BAG 29.7.1993 AP BGB § 615 Nr. 52). Die Anrechnung anderweitigen Einkommens ist jedoch davon abhängig, dass die Erzielung des Einkommens kausal durch das Freiwerden der Arbeitskraft in dem beendeten ArbVerh. ermöglicht worden ist (BAG 6.9.1990 AP BGB § 615 Nr. 47). Dies kann insb. bei Einkünften aus Nebentätigkeiten zw. sein. Umstr. ist die Frage, ob ein unter den Schutz des § 1 KSchG fallender AN geltend machen kann, bei einer sozialwidrigen ordentl. Kündigung des AG hätte ihm eine Abfindung gem. §§ 9, 10 KSchG zugestanden, deren Verlust sich nunmehr als Schaden für ihn darstelle (vgl. Rn. 28; ferner *Gessert* S. 59 ff.; s. schon RG 24.6.1922 Z 105, 132 ff. zu der entspr. Frage bei § 84 BetriebsräteG). Ein solcher Anspruch ist abhängig von der Entsch. in der Frage, wie sich ein bestehender Kündigungsschutz auf den ersatzfähigen Schaden auswirkt. Er ist nach der hier vertretenen Auff. jdf. dem Grunde nach gegeben. In dem ungewöhnl. Fall eines Profi-Eishockey-Spielers, der nach Ausspruch einer außerordentl. Kündigung wegen vertragswidrigen Verhaltens seines alten Vereins eine Darlehensverbindlichkeit eingegangen war, um sich von diesem alten Verein die nach der Spielordnung des Dt. Eishockey-Bundes für den Vereinswechsel erforderl. Freigabe „erkaufen" zu können, hat das BAG (20.11.1996 AP BGB § 611 Berufssport Nr. 11) die Darlehensverbindlichkeit als auszugleichenden Schaden angesehen.

42 **cc) Bei Gegenkündigung des Dienstverpflichteten nach unberechtigter Kündigung des Dienstberechtigten.** Wird abw. von der hier vertretenen Ansicht (vgl. Rn. 30) angenommen, ein AN, der allg. Kündigungsschutz nach dem KSchG genießt, könne seinen Verdienstausfall nicht nur für die Zeit bis zum Ablauf der ordentl. Kündigungsfrist, sondern uU zeitl. unbegrenzt beanspruchen (vgl. Rn. 26), sind allein deshalb keine erhebl. Wertungswidersprüche zum KSchG zu erwarten. Insb. besteht kein Vorrang der Kündigungsschutzklage idS, dass der AN nach Erhalt einer unwirksamen außerordentl. Kündigung des AG nicht mehr mit einer außerordentl. Gegenkündigung reagieren dürfte, sondern allein auf die Erhebung der Kündigungsschutzklage verwiesen sei. Vielmehr kann der AN in obj. Klaghäufung neben dem Zahlungsantrag den Kündigungsschutzantrag stellen und das Gericht beiden Anträgen stattgeben. Hat allerdings der AN Kündigungsschutzklage erhoben und zudem außerordentl. gekündigt, ist er gehindert, gem. §§ 13, 9 KSchG eine gerichtl. Auflösung des ArbVerh. zu dem ordentl. Kündigungstermin zu erreichen, wenn seine eigene außerordentl. Kündigung zu einem früheren Termin wirksam geworden ist. Dementspr. hat das BAG (22.4.1971 AP KSchG § 7 Nr. 24) beiläufig entschieden, auch im Geltungsbereich des KSchG könne ein AN, dem der AG unberechtigt außerordentl. gekündigt habe, das ArbVerh. selbst kündigen und gem. § 628 II das bisher bezogene Gehalt als Schadensersatz fordern.

43 **d) Mitverschulden.** Bei einem Schadensersatzanspruch wegen schuldhaften vertragswidrigen Verhaltens ist ein konkurrierendes Verschulden des anderen Teiles, das nicht seinerseits § 626 I erfüllt (vgl. zu dem dann anzunehmenden Ausschluss des Schadensersatzanspruches Rn. 32), gem. § 254 I zu berücksichtigen (BGH 2.10.1990 NJW 1991, 165). Eine Minderung des Schadensersatzanspruches nach § 254 I kommt insb. in Betracht, wenn der Kündigungsberechtigte den anderen Teil zum vertragswidrigen Verhalten verleitet hat (BGH 29.11.1965 AP BGB § 628 Nr. 3; 14.11.1966 AP BGB § 628 Nr. 4; BAG 17.9.1970 AP BGB § 628 Nr. 5). Der Schadensersatzanspruch wegen Auflösungsverschuldens kann gem. § 254 II 1 ganz oder tw. entfallen, wenn es der Kündigungsberechtigte (gegen seine Interessen) schuldhaft unterlassen hat, den entstehenden Schaden gering zu halten oder gänzl. abzuwenden.

44 **6. Rechtliche Behandlung der Schadensersatzleistung.** Soweit der Schadensersatzanspruch Lohnersatzfunktion hat, unterliegt er als Einkommen des Dienstverpflichteten der **Besteuerung** (BFH 28.2.1975 E 115, 251; *Gessert* S. 219 f.; APS/*Rolfs* Rn. 67). Geleisteter Schadensersatz konnte Abfindung iSv. § 3 Nr. 9 EStG (BFH 13.10.1978 E 126, 399) und Entschädigung iSv. § 24 Nr. 1 a EStG sein. Zudem kann der Dienstnehmer in den Genuss eines ermäßigten Steuersatzes kommen, weil der Schadensersatz gem. § 34 II Nr. 2 iVm. I EStG den außerordentl. Einkünften zugerechnet wird.

Sozialversicherungsbeiträge sind auf die Ersatzleistung für die entgangene Vergütung nicht zu entrichten, denn der Schadensersatz wegen vorzeitiger Beendigung des Dienstverhältnisses ist keine „Einnahme aus einer Beschäftigung" (§ 14 SGB IV; APS/*Rolfs* Rn. 68; zur Anrechnung auf das Alg.: BSG 13.3.1990 NZA 1990, 829). In der Insolvenz ist ein auf § 628 II gestützter Schadensersatzanspruch nur dann als Masseverbindlichkeit zu erfüllen ist, wenn er durch eine Handlung des InsV begr. worden ist (MüKoBGB/*Henssler* Rn. 105). In allen anderen Fällen ist der Schadensersatzanspruch nicht privilegiert (BAG 22.10.1998 – 8 AZR 73/98 – BeckRS 1998, 13940; APS/*Rolfs* Rn. 66). Es entspricht langjähriger Rspr. (RAG 25.4.1934 ARS 20, 292, 295; 19.9.1941 ARS 43, 66, 75), dass der Schadensersatzanspruch gem. § 628 II ders. Verjährungsfrist wie ein Entgeltanspruch unterliegt (MüKoBGB/*Henssler* Rn. 102). Eine Ausschlussfrist, die allein den Verfall „vertragl. Ansprüche" regelt, wird – abhängig von ihrer Auslegung – Schadensersatzansprüche nicht erfassen (BAG 21.4.2016 NZA 2016, 1271 Rn. 32). 45

Der Schadensersatzanspruch wird als unselbständiges Nebenrecht von einem Arbeitseinkommen betr. Pfändungs- und Überweisungsbeschl. erfasst und unterliegt ähnl. einer Abfindung für den Verlust des Arbeitsplatzes gem. §§ 9, 10 KSchG (dazu BAG 12.9.1979 AP ZPO § 850 Nr. 10) dem **Pfändungsschutz wie Arbeitseinkommen (§ 850i ZPO)** (KHb/*Schubert* 2.11 Rn. 58; Erman/*Belling* Rn. 36). Mit dieser eingeschränkten Pfändbarkeit sind zugleich Beschränkungen der Aufrechnung (§ 394) und der Abtretung (§ 400) verbunden. 46

7. Verhältnis zu anderen Schadensersatznormen. § 628 II lässt die Anwendbarkeit anderer Anspruchsgrdl. zwar grds. unberührt, doch kommt § 628 II als ges. geregeltem Fall der pVV erhebl. Bedeutung für deren Anwendung zu. Durch § 628 II ist normativ entschieden, welches vertragswidrige Verhalten zur Schadensersatzpflicht führen soll. Seit dem Inkrafttreten des SMG am 1.1.2002 bzw. für Altverträge am 1.1.2003 gilt das Verhältnis der **Spezialität zu §§ 280 ff.** Bei minderschwerem vertragswidrigen Verhalten wird die Kündigung des anderen Teiles dessen eigenem Entschl. zugerechnet. Der damit verbundene Beendigungsschaden ist nicht zu ersetzen (*M. Wolf* Anm. AP KSchG 1969 § 4 Nr. 8). 47

Gehen infolge der autonomen Entsch. des Dienstverpflichteten, das Vertragsverhältnis zu beenden, Erfüllungsansprüche unter, kann Ersatz nicht nach allg. Regeln bzw. Vorschr., sondern nur nach § 628 II beansprucht werden, der die von der Gegenseite verschuldete Unzumutbarkeit der Fortsetzung des ArbVerh. und damit ein Auflösungsverschulden vom Gewicht eines wichtigen Grundes voraussetzt (BAG 11.2.1981 AP KSchG 1969 § 4 Nr. 8). Soweit die Spezialität des § 628 II reicht, kann kein Schadensersatz nach den weniger strengen Voraussetzungen zugesprochen werden (BAG 11.2.1981 AP KSchG 1969 § 4 Nr. 8; 22.4.2004 AP BGB § 628 Nr. 18; *Gessert* S. 329; *Stoffels* Vertragsbruch S. 125). Dabei umfasst die Spezialität den gesamten wegen Auflösungsverschuldens verursachten Schaden infolge nicht ordnungsgemäßer Beendigung des ArbVerh. Insb. kann nicht aufgrund eines Auflösungsverschuldens, das nicht das Gewicht eines wichtigen Grundes besitzt, Schadensersatz wegen der vorzeitigen Beendigung des Dienstverhältnisses beansprucht werden. Eine derartige **schuldhafte Vertragsverletzung minderen Gewichts**, die auch im Ausspruch einer unwirksamen Kündigung liegen kann (vgl. BAG 15.2.1973 AP KSchG § 9 Nr. 2; 24.10.1974 AP BGB § 276 Vertragsverletzung Nr. 2), könnte nur gem. § 280 nF zum Schadensersatz verpflichten, soweit nicht von § 628 II geregelte Schadenspositionen im Streite sind. Soweit in diesem Zusammenhang auf den Ersatz der Kosten einer notwendigen Rechtsberatung des Kündigenden hingewiesen wird (*M. Wolf* Anm. AP KSchG 1969 § 4 Nr. 8), ist zu beachten, dass jdf. für ArbVerh. ein nahezu vollkommener Ausschluss materiell-rechtl. Kostenerstattungsansprüche aus § 12a I ArbGG folgt (BAG 30.4.1992 AP ArbGG 1979 § 12a Nr. 6). 48

VII. Abdingbarkeit

§ 628 ist grds. (vgl. § 276 III) abdingbar (BGH 16.10.1986 AP BGB § 628 Nr. 4; 29.9.2011 NJW-RR 2012, 294; 22.5.2014 NJW 2014, 2715 Rn. 8; MüKoBGB/*Henssler* Rn. 106; **aA** für Abs. 1 S. 2 *Fischer*, Kündigung bei Vertrauensstellung, 2015 S. 202). Grenzen der Abdingbarkeit ergeben sich aus dem Sinn und Zweck der Vorschr. § 628 kann nicht abbedungen werden, wenn damit zwgd. ArbR (zB MiLoG, § 622 VI, EFZG, MuSchG und BUrlG) umgangen wird (MüKoBGB/*Henssler* Rn. 106; APS/*Rolfs* Rn. 4). Bei der Vereinb. in AGB sind darüber hinausgehende Schranken zu beachten. Der einseitige Ausschluss oder die einseitige Beschränkung des Schadensersatzanspruches zugunsten des Verwenders stellt eine **unangemessene Benachteiligung des Vertragspartners** iSv. § 307 I dar. 49

Die **Pauschalierung von Schadensersatzansprüchen** ist grds. zulässig, aber die Grenze des § 309 Nr. 5 zu beachten, daher darf die Pauschale weder den nach dem gewöhnl. Lauf der Dinge zu erwartenden Schaden, also den branchentypischen Durchschnittsschaden, übersteigen, noch dem anderen Teil den Nachw. abschneiden, dass ein Schaden gar nicht oder wesentl. niedriger als pauschaliert eingetreten ist (BGH 16.1.1984 NJW 1984, 2093, 2094; *Beuthien* BB 1973, 92, 93). Im Falle des Vertragsbruches kann der AG, anstatt außerordentl. zu kündigen, auf Erbringung der Arbeitsleistung klagen und gleichzeitig gem. § 61 II ArbGG beantragen, den AN für den Fall, dass dieser seine Arbeit nicht innerhalb einer bestimmten Frist erbringt, zur Zahlung einer vom ArbG nach freiem Ermessen 50 festzusetzenden Entschädigung zu verurteilen. Entspr. gilt für die Durchsetzung des klageweise geltend gemachten Beschäftigungsanspruches des AN. In beiden Fällen ähnelt die Festsetzung der Entschädigungshöhe der Schadensschätzung nach § 287 ZPO. Bei der notwendigen Einzelfallabwägung sind ua. die Länge der vertragsgemäßen Kündigungsfrist, die Aufwendungen für eine Ersatzkraft, die Kosten für die Suche nach Ersatz und weitere Schäden aufgrund des Vertragsbruches zu berücksichtigen, ohne dass es der konkreten Feststellung einzelner Schadensposten bedürfte. Eine rkr. Entsch. gem. § 61 II ArbGG schließt die Erhebung weitergehender Schadensersatzansprüche aus, sofern die Entschädigung nicht in zulässiger Weise (§ 253 ZPO) als Teilleistung geltend gemacht worden ist (BAG 20.2.1997 AP BGB § 611 Haftung des Arbeitgebers Nr. 4).

VIII. Darlegungs- und Beweislast

51 **1. § 628 I 1.** Für das Begehren gem. § 628 I 1 muss der **Dienstverpflichtete** darlegen und beweisen, welche Dienstleistungen er bis zur Auflösung des Dienstverhältnisses erbracht hat und welchem Teil der vereinbarten Vergütung diese Leistungen entsprechen.

52 **2. § 628 I 2.** Die Voraussetzungen der Einwendung des § 628 I 2 hat der **Dienstberechtigte** darzulegen und zu beweisen (BGH 8.10.1981 NJW 1982, 437, 438; 17.10.1996 NJW 1997, 188, 189). Somit muss der Dienstberechtigte vortragen, dass entweder der Dienstverpflichtete ohne Veranlassung durch vertragswidriges Verhalten des Dienstberechtigten gekündigt hat (BGH 17.10.1996 NJW 1997, 188, 189) oder ihm wegen vertragswidrigen Verhaltens gekündigt worden ist und an den erbrachten Leistungen infolge der Kündigung kein Interesse besteht (BLP/*Leisten* Rn. 2). Hins. des Verschuldens findet § 280 I 2 entspr. Anwendung. Ist die Bemessung des selbständig verwertbaren Arbeitsanteils (Interesse) str., kann das Gericht den Wert gem. § 287 II ZPO schätzen.

53 **3. § 628 I 3.** Beim Rückzahlungsanspruch bzgl. im Voraus entrichteter Vergütungen gem. § 628 I 3 trägt der **Dienstberechtigte** die Darlegungs- und Beweislast dafür, dass er einen Vorschuss geleistet hat. Der Dienstverpflichtete haftet dann nach den Vorschr. über die Herausgabe einer ungerechtfertigten Bereicherung. Legt der Dienstberechtigte die Umstände dar, aus denen sich ergibt, dass der Dienstverpflichtete die außerordentl. Kündigung zu vertreten hat, und beweist er ggf. diese Tatsachen, haftet der Dienstverpflichtete nach § 346 (**aA** BLP/*Leisten* Rn. 5; Staudinger/*Preis* Rn. 63: Exkulpation des Dienstverpflichteten).

54 **4. § 628 II.** Im Rechtsstreit wegen eines Schadensersatzanspruches gem. § 628 II muss der **Anspruchsteller** das schuldhafte vertragswidrige Verhalten des anderen Teiles und seinen dadurch adäquat kausal verursachten Schaden in der geltend gemachten Höhe darlegen und beweisen (LAG K 21.7.2006 NZA-RR 2007, 134 [LS]; LAG NI 4.10.2010 AA 2011, 70). Es gelten die Beweiserleichterungen gem. § 252 BGB und § 287 ZPO sowohl für die haftungsausfüllende Kausalität als auch die Höhe des Schadens (RAG 19.9.1941 ARS 43, 66, 81; BAG 27.1.1972 AP BGB § 252 Nr. 2; BGH 13.11.1997 AP BGB § 628 Nr. 12). Dabei erleichtert **§ 287 ZPO** nicht nur die Beweisführung, sondern auch die Darlegung mit der Folge, dass eine Substantiierung der klagebegründenden Tatsachen nicht im gleichen Maße wie hins. anderer Fragen verlangt werden kann. Die vorgetragenen Umstände müssen für die Schadensschätzung ledigl. eine hinreichende Grdl. abgeben (BAG 27.1.1972 AP BGB § 252 Nr. 2; 24.3.1977 AP BGB § 630 Nr. 12; 21.4.2016 NZA 2016, 1271 Rn. 46; *Beuthien* BB 1973, 92, 93). Das Gericht hat stets zu prüfen, in welchem Umf. der Tatsachenvortrag eine hinreichende Grdl. für die Schätzung eines in jedem Falle eingetretenen Mindestschadens bietet (BGH 5.5.1970 AP BGB § 249 Nr. 11; 12.10.1993 NJW 1994, 663, 664).

55 Für die Tatsachen, die einen Schadensersatzanspruch aus Gründen der **Vorteilsausgleichung** mindern sollen, ist nicht der geschädigte Anspruchsteller, sondern der Ersatzpflichtige darlegungs- und beweispflichtig (BAG 10.3.1992 AP BetrAVG § 1 Zusatzversorgungskassen Nr. 34; 21.4.2016 NZA 2016, 1271 Rn. 49; BGH 15.11.1994 AP BGB § 249 Nr. 35). Macht die in Anspruch genommene Vertragspartei geltend, sie sei ihrerseits wegen schuldhaften vertragswidrigen Verhaltens des Anspruchstellers kündigungsberechtigt gewesen und aus diesem Grunde scheide jeder Ersatzanspruch aus (vgl. Rn. 32), trägt sie die Darlegungs- und Beweislast hins. der ihr Kündigungsrecht begründenden Umstände (BLP/*Leisten* Rn. 7).

§ 629 Freizeit zur Stellungssuche

Nach der Kündigung eines dauernden Dienstverhältnisses hat der Dienstberechtigte dem Verpflichteten auf Verlangen angemessene Zeit zum Aufsuchen eines anderen Dienstverhältnisses zu gewähren.

1 **1. Normzweck.** Dem Beschäftigten soll Freizeit zur Stellensuche gewährt werden, um ihn in die Lage zu versetzen, unmittelbar nach Beendigung des alten Dienst- oder ArbVerh. eine neue Stellung anzutreten und seinen Unterhalt zu verdienen. Die seit dem 1.1.1900 unveränderte Vorschr. war in den

ersten beiden Entw. zum BGB noch nicht vorgesehen. Man hielt eine Regelung für überflüssig, weil sich die Pflicht des Dienstberechtigten zur Freizeitgewährung bereits aus Treu und Glauben sowie der Vertragssitte von selbst ergebe. Erst in den Reichstagsberatungen setzte sich die Auff. durch, dass es sich um eine „im gewöhnl. Leben so häufig praktisch werdende Frage" handele, dass „eine ausdr. Regelung wünschenswert erscheine" (*Mugdan* II S. 1290; *Jakobs/Schubert*, Beratung des BGB II, 1980 S. 828 f.).

2. Anwendungsbereich. Die Vorschr. gilt für alle Dienst- und ArbVerh. Voraussetzung ist allein ein **dauerndes Dienstverhältnis.** Das G verwendet hier dies. Worte wie in §§ 617, 627, 630. Das dauernde Dienstverhältnis dient jeweils als Anknüpfungspunkt einer ggü. nur kurzzeitigen Dienstverhältnissen gesteigerten Fürsorge- und Rücksichtnahmepflicht. Die vom Dienstverpflichteten geschuldeten Dienste dürfen sich nicht in der Erbringung einmaliger oder mehrmalig wiederholender Einzelleistungen erschöpfen. Vielmehr müssen dem Dienstverpflichteten st. Aufgaben übertragen sein. Das Dienstverhältnis muss rechtl. oder faktisch auf längere Zeit angelegt sein oder faktisch bereits längere Zeit bestanden haben. Demggü. kommt es auf die Art der Bezüge und die Vergütungsperioden nicht an. 2

§ 629 findet keine Anwendung auf **AushilfsArbVerh.**, denn diese gehören nicht zu den dauernden Dienstverhältnissen (Erman/*Belling* Rn. 2; *Hümmerich/Holthausen/Welslau* NZA 2003, 7; **aA** NK-GA/*Düwell* Rn. 9; *Vogt* DB 1968, 264). Eine entspr. Anwendung des § 629 auf ein auch nach den Vorstellungen der vertragsschließenden Parteien kurzfristiges Dienstverhältnis ist nicht begründbar, weil eben der Normzweck nicht vergleichbar ist. Wird ein unbefristetes ArbVerh. während der vorgeschalteten Probezeit durch Kündigung beendet, ist § 629 anwendbar (MüKoBGB/*Henssler* Rn. 8; HWK/*Sandmann* Rn. 2; **aA** *Vogt* DB 1968, 264), wenn das Vertragsverhältnis auf Dauer angelegt war. Vgl. zu befristeten ProbeArbVerh. Rn. 3. 2a

Auf **Auszubildende** findet § 629 aufgrund der Verweisung in § 10 II BBiG Anwendung. In Berufsausbildungsverhältnissen steht zwar der Ausbildungszweck und nicht die Arbeitsleistung im Vordergrund, doch sind Auszubildende bei der Beendigung ihres Ausbildungsverhältnisses ebenso wie andere Dienstverpflichtete darauf angewiesen, möglichst ohne Zeitverzögerung ein neues Dienst-, Arbeits- oder Ausbildungsverhältnis beginnen zu können (Staudinger/*Preis* Rn. 7; **aA** *Brill* AuR 1970, 8, 9). **TZbeschäftigte AN** sind mit den Vollzeitkräften gleichzubehandeln (§ 4 I TzBfG), dh., sie sind zur Stellensuche freizustellen, soweit dies während ihrer AZ erforderl. ist (Erman/*Belling* Rn. 2). Ansonsten haben sie ihre Freizeit oder den AG eines weiteren TZArbVerh. in Anspruch zu nehmen. 2b

3. Kündigung. Der Freistellungsanspruch entsteht mit der Kündigung des Dienst- oder ArbVerh. Der Anspruch ist davon unabhängig, von welchem Teil die Kündigung erklärt worden ist. Während eine wirksame außerordentl. fristlose Kündigung keinen Freizeitanspruch mehr auslösen kann, kommen die ordentl. und die außerordentl. Kündigung mit Auslauffrist als anspruchsbegründende Tatbestände in Betracht. Eine Änderungskündigung genügt, wenn der andere Teil das Angebot zum Abschluss des neuen Vertrags nicht annimmt (MüKoBGB/*Henssler* Rn. 9). Eine etwaige mit der Kündigung verbundene Wiedereinstellungszusage berührt den Freistellungsanspruch nicht (*Vogt* DB 1968, 264). Über den Wortlaut hinaus wird § 629 auf die Fälle einer Auflösung des ArbVerh. wegen **Befristung oder auflösender Bedingung** angewendet. In diesen Fällen besteht der Freistellungsanspruch ab dem Zpkt., der bei Kündigung zum Vertragsende als Beginn der Kündigungsfrist in Betracht käme (*Steinwedel* DB 1964, 1481, 1884; *Vogt* DB 1968, 264). Probl. ist die Bestimmung des entspr. Zpkt. bei einer Bedingung. In einem befristeten ProbeArbVerh. findet § 629 keine Anwendung, denn ein solches gehört nicht zu den von vornherein auf Dauer angelegten ArbVerh. (**aA** *Brune* AR-Blattei SD 1510 Rn. 16 [wenn länger als drei Monate]). Eine entspr. Anwendung des § 629 ist zu erwägen, wenn das ArbVerh. zwar noch nicht gekündigt ist, der AG aber eine Kündigung in Aussicht gestellt und dem AN empfohlen hat, sich nach einem anderen Arbeitsplatz umzusehen. Im Schrifttum wird überw. ein Freistellungsanspruch in analoger Anwendung von § 629 bejaht, wenn die Vertragsparteien das ArbVerh. durch Aufhebungsvertrag mit Auslauffrist beenden (Schaub/*Linck* § 25 Rn. 18; Staudinger/*Preis* Rn. 12; ArbRBGB/*Eisemann* Rn. 7; *Kreutz* BuW 2003, 127, 129; **aA** Soergel/*Kraft* Rn. 2). Allein die Absicht des Dienstverpflichteten, sich berufl. zu verändern, begr. keinen Freistellungsanspruch (LAG D [K] 15.3.1967 DB 1967, 1227). 3

4. Freizeitverlangen. Die Freizeit zur Stellensuche ist auf Verlangen des Dienstverpflichteten zu gewähren. Das Verlangen muss den Grund und die voraussichtl. Dauer der benötigten Freistellung angeben. Hingegen braucht der AN den Namen des AG, bei dem er sich beworben hat, nicht mitzuteilen (MüKoBGB/*Henssler* Rn. 38). Zu den Obliegenheiten des AN gehört es, das Verlangen so rechtzeitig zu stellen, dass sich der AG mit den betriebl. Erfordernissen darauf einstellen kann (ArbG D 9.6.1959 BB 1959, 777; *Düwell* FA 2003, 109, 111). Sofern die Voraussetzungen einer **Suspendierung** nicht vorliegen, darf der AG den AN nicht ohne ein entspr. Verlangen von der Arbeit freistellen (Beschäftigungsanspruch des AN). Er braucht nicht, von sich aus den AN auf den Freistellungsanspruch hinzuweisen. Erst mit dem Verlangen des AN wird der Freistellungsanspruch fällig. Deshalb darf der AN der Arbeit nicht einfach fernbleiben. Die Freizeit zur Stellensuche muss durch den AG gewährt werden (LAG D [K] 15.3.1967 DB 1967, 1227; 11.1.1973 DB 1973, 676). 4

5 Ist dem AN für die Zeit bis zum Ablauf der **Kündigungsfrist Erholungsurlaub** bewilligt worden, muss die Zweckbestimmung der Freizeitgewährung auf Verlangen des AN noch im Vorhinein geänd. werden, wenn ansonsten die Voraussetzungen des § 629 erfüllt sind (vgl. BAG 26.10.1956 AP BGB § 611 Urlaubsrecht Nr. 14; HWK/*Sandmann* Rn. 4; **aA** *Düwell* FA 2003, 109, 111). Gewährter und genommener Erholungsurlaub kann nicht nachträgl. in Freizeit zur Stellensuche umgewandelt werden mit der Folge, dass dann zusätzl. eine Urlaubsabgeltung zu leisten wäre (LAG D [K] 11.1.1973 DB 1973, 676).

6 Die Freistellung muss dem **Aufsuchen eines anderen Dienstverhältnisses** dienen. Von diesem Zweck sind nicht nur das Aufsuchen eines neuen AG, der AA (*Zieglmeier* DB 2004, 1830, 1833; **aA** *Hümmerich/Holthausen/Welslau* NZA 2003, 7, 8) oder einer gewerbl. Jobvermittlung, sondern auch die erforderl. oder vom zukünftigen AG gewünschte Vervollständigung der Bewerbungsunterlagen durch Eignungstests oder Untersuchungen umfasst (Staudinger/*Preis* Rn. 16). Seit dem 1.1.2003 ist der AG nach § 2 II 3 SGB III verpflichtet, den AN frühzeitig vor Beendigung des ArbVerh. von der Verpflichtung zur Arbeitsleistung freizustellen. Aus dem Scheitern der zeitgleich vorgesehenen Einfügung eines § 629a sollte nicht auf einen heute engeren Anwendungsbereich des § 629 geschlossen werden, vielmehr kann den GMat. (BT-Drs. 15/201 S. 4) entnommen werden, dass der Gesetzgeber den Regelungszusammenhang mit §§ 629, 616 gesehen hat.

7 **5. Gewährung der Freistellung.** Liegen die Anspruchsvoraussetzungen vor, hat der Dienstberechtigte dem Dienstverpflichteten angemessene Freizeit zum Aufsuchen eines anderen Arbeitsplatzes zu gewähren. Dabei sind die Interessen beider Teile in billiger Weise zu berücksichtigen (Erman/*Belling* Rn. 5). Zu gewähren ist nicht nur die unbedingt und zwgd. geringstmögl., sondern die dem Zweck entspr. Zeit (*Steinwedel* DB 1964, 1481, 1484). Die Bestimmung der Einzelheiten hins. Lage und Dauer der Freistellung ist zwar eine einseitige Leistungsbestimmung des Dienstberechtigten iSv. § 315, doch ist die Bindung des AG an das Verlangen des AN stärker als in anderen Bereichen. Ist zB der AN zur pers. Vorstellung eingeladen und stellt ein entspr. Freistellungsverlangen, kann der AG nicht „billigerweise" die dafür notwendige Freizeit zu einem anderen Zpkt. gewähren. Im Geltungsbereich eines den Anspruch aus § 629 konkretisierenden TV drücken die tarifl. Normen idR auch für nicht tarifgebundene Parteien die angemessene Dauer der Freizeitgewährung aus (Erman/*Belling* Rn. 5).

8 Mit dem Freizeitverlangen des AN wird der Freistellungsanspruch fällig. Erfüllt der AG sodann den Freistellungsanspruch unberechtigt nicht, kann der AN einstweiligen Rechtsschutz der Gerichte für Arbeitssachen in Anspruch nehmen (*Dütz* DB 1976, 1480, 1481; *Vogt* DB 1968, 264, 266). Ein Selbstbeurlaubungsrecht steht ihm aber nicht zu (HWK/*Sandmann* Rn. 9; **aA** LAG BW 11.4.1967 DB 1967, 1048; Erman/*Belling* Rn. 6; *Brune* AR-Blattei SD 1510 Rn. 93 [wegen unzulässiger Rechtsausübung des AG]). Der AN kann zwar ein **Zurückbehaltungsrecht (§ 273)** an seiner Arbeitsleistung ausüben (*Hoppe* BB 1970, 399; Staudinger/*Preis* Rn. 21; diff. *C. S. Hergenröder* AR-Blattei SD 1880 Rn. 105 [nur in Extremfällen]; *Benecke/Pils* NZA-RR 2005, 561, 564; *Vogt* DB 1968, 264, 266), doch darf dieses nicht die Erfüllung des Anspruches herbeiführen, zu dessen Durchsetzung es eingesetzt werden soll (*Dütz* DB 1976, 1480; Staudinger/*Preis* Rn. 21; NK-GA/*Düwell* Rn. 31). Bleibt der AN ohne Freistellung der Arbeit fern, dient sein Druckmittel nicht mehr der Willensbeeinflussung beim AG, um ihn zur Gewährung der Freistellung zu bestimmen, sondern führt die Unmöglichkeit dieser Nebenpflicht des AG herbei. Das Zurückbehaltungsrecht kann deshalb nur solange ausgeübt werden, wie eine Freistellung durch den AG überhaupt noch mögl. ist, also in der davor liegenden Zeitspanne zwischen Verlangen und begehrtem Termin (Palandt/*Weidenkaff* Rn. 2). Dies mindert die praktische Bedeutung des Zurückbehaltungsrechts erhebl., denn es besteht allein im Falle unberechtigt verweigerter Freistellung. Macht der AN sein nach Tag und Stunde konkretisiertes Freizeitverlangen geltend und lehnt der AG unberechtigt ab, kann der AN sein Zurückbehaltungsrecht nur noch vor dem fragl. Termin ausüben, danach fehlt es an einem durchsetzbaren Freistellungsanspruch.

9 Bei rechtmäßiger Ausübung des Zurückbehaltungsrechts besteht keine Arbeitspflicht (BAG 9.5.1996 AP BGB § 273 Nr. 5). Zugleich entfällt der **Vergütungsanspruch**, es sei denn, der AN setzt den AG gem. §§ 293, 298 in Annahmeverzug (BAG 7.6.1973 AP BGB § 615 Nr. 28; 21.5.1981 AP BGB § 615 Nr. 32). Die Ausübung des Zurückbehaltungsrechts kann für den AN mit sehr nachteiligen Konsequenzen verbunden sein: Besteht das Zurückbehaltungsrecht nicht, scheidet jeder Verzugslohnanspruch aus und der AN macht sich nach § 280 schadensersatzpflichtig.

10 Zur außerordentl. Kündigung des ArbVerh. durch den AN wegen Nichterfüllung des Freistellungsanspruches durch den AG vgl. § 626 Rn. 169. Kündigt der Beschäftigte wirksam außerordentl., kann ihm unter den Voraussetzungen des § 628 II wegen der vorzeitigen Beendigung des ArbVerh. Schadensersatz gebühren. Kommt es zu keiner vorzeitigen Auflösung des Vertragsverhältnisses, folgt die **Schadensersatzpflicht des AG** wegen Nichterfüllung oder verspäteter Erfüllung des Freistellungsanspruches aus § 280 oder §§ 286, 288 IV.

11 **6. Vergütungsanspruch.** § 629 enthält keine Regelung der Vergütungspflicht; vielmehr findet § 616 Anwendung (BAG 11.6.1957 AP BGB § 629 Nr. 1; 13.11.1969 AP BGB § 616 Nr. 41; Staudinger/*Oetker* § 616 Rn. 72; Erman/*Belling* Rn. 7; *Sibben* DB 2003, 826 f.; *Düwell* FA 2003, 109, 112; **aA** *Gaul/Otto* DB 2003, 94; Jauernig/*Mansel* Rn. 3: Vergütungspflicht bleibt für angemessene Zeit beste-

hen). Somit bleibt dem AN der Vergütungsanspruch erhalten, wenn er wegen der Freistellung für eine **verhältnismäßig nicht erhebl. Zeit** der Arbeit fernbleibt. Dies ist nicht in jedem Falle gleichbedeutend mit „angemessen" iSv. § 629, sondern wird bisweilen kürzere Zeiträume meinen (BAG 13.11.1969 AP BGB § 616 Nr. 41; *Brune* AR-Blattei SD 1510 Rn. 106 f.). ZB kann die Dauer einer langen Vorstellungsreise die vergütungspflichtige Grenze des § 616 überschreiten.

Da **§ 616 dispositiv** ausgestaltet ist, kann die Fortzahlung der Vergütung für die Zeit einer nach 12
§ 629 geschuldeten Freistellung einzel- oder kollektivvertragl. ausgeschlossen sein (BAG 11.6.1957 AP BGB § 629 Nr. 1; *Brill* AuR 1970, 8, 15; *Sibben* DB 2003, 826 f.; *Gaul/Otto* DB 2003, 94). Zumeist wird es sich um eine generelle Regelung der Vergütungsfortzahlung in den Fällen des § 616 handeln. Ist darin die Stellensuche ausdr. erwähnt, kann dies Klarheit darüber schaffen, was und wie lange zu vergüten ist. Fehlt hingegen eine ausdr. Regelung, muss nach den jeweils maßgebl. Auslegungsgrds. ermittelt werden, ob die Vorschr. des § 616 für den Fall der Freizeit zur Stellensuche abbedungen ist. Nicht jede ausdr. **Regelung von Verhinderungsfällen** iSv. § 616 (Hochzeit, Todesfall usw.) schließt den Fall des § 629 dadurch aus, dass sie diesen Freistellungsfall nicht ausdr. nennt, weil diese Sondervorschr. häufig übersehen wird und es überhaupt an einer Regelung fehlt (BAG 13.11.1969 AP BGB § 616 Nr. 41; *Brune* AR-Blattei SD 1510 Rn. 115; **aA** *Sibben* DB 2003, 826, 827).

Wer als AG einen Bewerber zur pers. Vorstellung auffordert, schuldet dem Bewerber ohne Rück- 13
sicht auf das Zustandekommen eines Arbeitsvertrags **Erstattung der notwendigen Aufwendungen**. Dieser Anspruch folgt nach herrschender Auff. aus §§ 670, 662 (BAG 14.2.1977 AP BGB § 196 Nr. 8; 29.6.1988 NZA 1989, 468; Staudinger/*Preis* Rn. 25; *Hromadka* § 1 Rn. 51; MüKoBGB/*Henssler* Rn. 26; *Sieber/Wagner* NZA 2003, 1312, 1313). Ist der AG zu keiner Kostenübernahme bereit, muss er dies rechtzeitig und unmissverständl. zum Ausdruck bringen (ArbG Kempten 12.4.1994 BB 1994, 1504; *Brune* AR-Blattei SD 1770 Rn. 6; *Rolpert* NJW 2017, 2076, 2077). IdR wird er dies mit der Aufforderung zur Vorstellung bekannt geben müssen (Schaub/*Linck* § 25 Rn. 26). Jdf. ist es für einen wirksamen Ausschluss der Kostenerstattung unzureichend, wenn der potentielle AG dem Bewerber nur anheim gibt sich vorzustellen oder ihn zu einer bloß unverbindl. Rücksprache bittet. Ein Aufwendungsersatzanspruch (§ 670) ist nicht bereits dann gegeben, wenn der AG ledigl. einer vom Bewerber erbetenen Vorstellung nicht widerspricht (vgl. aber LAG N 25.7.1995 LAGE BGB § 670 Nr. 12), der Bewerber ohne Aufforderung allein aufgrund einer Stellenanzeige bzw. eines Hinweises der AA vorspricht (vgl. *Rothe* DB 1968, 1906, 1907; *Müller* ZTR 1990, 237, 240) oder der Bewerber sich die Aufforderung zur Vorstellung durch eine vorgetäuschte Qualifikation erschlichen hat.

Sofern der AG keine unmissverständl. Kostenzusage trifft (vgl. zu einem etwaigen Schadensersatz- 14
anspruch des AN aus § 311 II Nr. 1, § 280 I 1: ArbG K 20.5.2005 NZA-RR 2005, 577), sind die obj. erforderl. und (bei fehlender obj. Notwendigkeit) solche Aufwendungen erstattungsfähig, die der AN nach sorgfältiger, den Umständen des Falles nach gebotener Prüfung für erforderl. halten durfte (BAG 14.2.1977 AP BGB § 196 Nr. 8; 16.3.1995 AP BGB § 611 Gefährdungshaftung des Arbeitgebers Nr. 12). Hierzu können **Fahrt-, Verpflegungs- und Unterbringungskosten** gehören. IZw. richtet sich die Erstattungshöhe nach steuerl. Grds. (HWK/*Sandmann* Rn. 7; *Brune* AR-Blattei SD 1770 Rn. 36 f.). Die Kosten der Benutzung des eigenen Kraftfahrzeugs sind in jedem Falle bis zur Höhe der Kosten eines öffentl. Verkehrsmittels erstattungsfähig. Höhere Kosten können aufgrund einer bes. Vereinb. oder wegen der spezifischen Umstände des Einzelfalles erstattungsfähig sein (**aA** LAG N 25.7.1995 LAGE BGB § 670 Nr. 12 [Steuerpauschale für Dienstreisen]). Übernachtungskosten sind nur zu ersetzen, wenn dem Stellenbewerber aufgrund des langen Reiseweges oder der schlechten Verkehrsverbindung Hin- und Rückreise am gleichen Tag nicht zumutbar sind. Die Höhe der ersatzfähigen Kosten bestimmt sich wesentl. nach der Bedeutung der ausgeschriebenen Stelle. Indikator wird die übl. Vergütung sein (ArbG D 15.5.2012 NZA-RR 2012, 488 [keine Flugkosten bei Besetzung einer BAT-Stelle]; **aA** HWK/*Sandmann* Rn. 7). Je höher diese ist, umso eher darf der Bewerber etwa eine Anreise in der 1. Wagenklasse oder per Flugzeug für erforderl. halten (enger ArbG HH 2.11.1994 NZA 1995, 428 [Flugkosten idR nur bei bes. Erstattungszusage]; *Müller* ZTR 1990, 237, 240 [immer 2. Klasse]).

Erhält der Bewerber für die Dauer der Freistellung keine EFZ nach § 616, gehört sein **Verdienst-** 15
ausfall zu den vom einladenden AG zu ersetzenden Aufwendungen, wenn der Bewerber die zum Zwecke der Vorstellung in Anspruch genommene Freistellung den Umständen nach für erforderl. halten durfte (*Müller* ZTR 1990, 237, 241; **aA** MüKo BGB/*Henssler* Rn. 35; *Rothe* DB 1968, 1906, 1907; *Brune* AR-Blattei SD 1770 Rn. 48; *Rolpert* NJW 2017, 2076, 2079). Ob der potentielle AG mit einem Verdienstausfall gerechnet hat, ist für § 670 unerhebl. (HWK/*Sandmann* Rn. 8; **aA** Staudinger/*Preis* Rn. 27; AR/*Weigand* Rn. 10). Will er einen Verdienstausfall nicht ersetzen, muss er den Aufwendungsersatz zuvor ausschließen oder zumindest entspr. einschränken.

7. Abdingbarkeit. § 629 ist zwgd. Recht (RAG 2.5.1928 ARS 3, 21, 23; Erman/*Belling* Rn. 1; 16
Soergel/*Kraft* Rn. 1). Der Freistellungsanspruch kann weder einzelvertragl. noch kollektivrechtl. abbedungen werden. Eine **Konkretisierung des Begriffs** der angemessenen Freizeit nach Dauer, Zeit und Häufigkeit ist allerdings zulässig. Eine solche Vereinb. muss sich im Rahmen billigen Ermessens (§ 315) halten (Erman/*Belling* Rn. 1). Sie darf nicht zu einem praktischen Ausschluss der Freizeit zur Stellen-

suche oder deren unangemessener Beschränkung führen. Demggü. kann iRd. § 616 die Vergütungspflicht eingeschränkt oder ausgeschlossen werden (Erman/*Belling* Rn. 7).

17 **8. Darlegungs- und Beweislast.** Der AN hat die Voraussetzungen des § 629 darzulegen und im Streitfall zu beweisen. Welcher Zeitraum iSv. § 629 angemessen ist, hat das Gericht nach Maßgabe des § 315 III festzusetzen.

§ 630 Pflicht zur Zeugniserteilung

[1]Bei der Beendigung eines dauernden Dienstverhältnisses kann der Verpflichtete von dem anderen Teil ein schriftliches Zeugnis über das Dienstverhältnis und dessen Dauer fordern. [2]Das Zeugnis ist auf Verlangen auf die Leistungen und die Führung im Dienst zu erstrecken. [3]Die Erteilung des Zeugnisses in elektronischer Form ist ausgeschlossen. [4]Wenn der Verpflichtete ein Arbeitnehmer ist, findet § 109 der Gewerbeordnung Anwendung.

1 § 630 verpflichtet den Dienstberechtigten zur Erteilung eines Zeugnisses. Die Vorschr. ist § 113 GewO aF und entspr. Bestimmungen in den Gesindeordnungen nachgebildet worden (*Jakobs/Schubert,* Beratung des BGB II, 1980 S. 830). Sie hat mit dem Inkrafttreten von **§ 109 GewO nF** am 1.1.2003 und wegen der bes. Regelung für Berufsausbildungsverhältnisse in § 16 BBiG ihre Bedeutung für das ArbR verloren (S. 4). Wegen der Einzelheiten des Zeugnisanspruchs der AN kann auf die dortigen Erl. verwiesen werden.

2 § 630 findet nur noch Anwendung auf „dauernde" Dienstverhältnisse, die keine ArbVerh. sind. Das Dienstverhältnis muss rechtl. oder faktisch auf längere Zeit angelegt sein oder faktisch bereits längere Zeit bestanden haben (Staudinger/*Preis* Rn. 4; **aA** Erman/*Belling* Rn. 5). In jedem Fall muss es tats. in Vollzug gesetzt worden sein. GmbH-GF haben als AN einen Zeugnisanspruch aus § 109 GewO, ansonsten aus § 630 (LAG HE 16.7.2015 – 12 Ta 510/14 – BeckRS 2016, 65644; *Brötzmann* GmbHR 2016 R 97; enger BGH 9.11.1967 NJW 1968, 396: nur GF, die keine Gesellschafter sind; MüKoBGB/*Hessler* Rn. 9: nur mit AN vergleichbare Dienstnehmer). In Umschulungsverhältnissen auf der Grdl. eines Qualifizierungsvertrags, die nicht unter § 16 BBiG fallen, ist nach § 630 ein Zeugnis geschuldet (BAG 12.2.2013 NZA 2014, 31). Dienstverpflichtete, die **einen freien Beruf ausüben,** haben keinen Zeugnisanspruch nach § 630, denn derjenige, der im Regelfall weisungsfreie Dienstleistungen erbringt, wirbt mit seinen Leistungen und dem Erg. der Tätigkeit, nicht mit einem Zeugnis (Staudinger/*Preis* Rn. 3). Demggü. steht **arbeitnehmerähnl. Personen** (vgl. § 5 ArbGG), wie Heimarbeitern (*Grimm* AR-Blattei SD 1850 Rn. 7), Einfirmenhandelsvertretern (§ 92a HGB) und „kleinen" Handelsvertretern (§ 84 II HGB), sowie GmbH-GF, die nicht zugleich Gesellschafter (BGH 9.11.1967 NJW 1968, 396) sind (sofern sie nicht ohnehin AN der GmbH sind, vgl. BGH 23.1.2003 NZA 2003, 439; *Preis/Sagan* ZGR 2013, 26 ff.), nach § 630 ein Anspruch auf ein Zeugnis zu (BGH 9.11.1967 NJW 1968, 396; *Bauer/Opolony* BB 2002, 1590, 1594; *Stück* GmbHR 2006, 1009, 1013; *Kuhn,* Abgestuftes ArbR am Bsp. des abhängigen GmbH-GF, 2006 S. 199 f.).

250. Mindesturlaubsgesetz für Arbeitnehmer (Bundesurlaubsgesetz)

Vom 8. Januar 1963 (BGBl. I S. 2)
Zul. geänd. durch Gesetz vom 20. April 2013 (BGBl. I S. 868)

(FNA 800-4)

§ 1 Urlaubsanspruch

Jeder Arbeitnehmer hat in jedem Kalenderjahr Anspruch auf bezahlten Erholungsurlaub.

1 **1. Zur Entstehung des BUrlG.** Das BUrlG trat mWv. 1.1.1963 in Kraft. Im Beitrittsgebiet gilt es seit 1.1.1995. Ledigl. die Regelung über den Erholungsurlaub für Kämpfer gegen den Faschismus und Verfolgte des Faschismus in § 8 der VO über den Erholungsurlaub v. 28.9.1978 (GBl. I S. 365; *Fröb* NJ 2017, 317) gilt dort weiter. Dieser Personenkreis hat Anspruch auf 27 Arbeitstage Urlaub.

2 **2. Normzweck. a) Entstehungsgeschichte der Vorschrift.** Die seit 1963 unveränderte Bestimmung ist die **Grdl. des ges. Urlaubs.** Sie löste die zuvor bestehenden landesrechtl. Vorschr. über den Erholungsurlaub ab, § 15 II (Rn. 3). Daneben kommen nur noch die bes. bundesges. Vorschr. des ArbPlSchG, des BEEG, des MuSchG, des SGB IX, des JArbSchG und des SeeArbG zur Anwendung. Unberührt bleiben landesges. Bestimmungen über bes. belastete AN (§ 15 Rn. 2) und der DDR-VO über den Erholungsurlaub für Kämpfer gegen den Faschismus und Verfolgte des Faschismus (Rn. 1).

3 Soweit der ges. Urlaub betroffen ist, sind nur die genannten ges. Vorschr. heranzuziehen (BAG 8.3.1984 NZA 1984, 197).

4 **b) Erholungszweck.** Das Ziel des gesamten G wird mit dem Begriff „Erholungsurlaub" umschrieben. Das G verpflichtet den AG, den bei ihm beschäftigten AN für eine bestimmte Dauer im Jahr von der Verpflichtung zur Arbeitsleistung freizustellen, um ihm Gelegenheit zur **selbstbestimmten Erholung** zu geben (BAG 20.6.2000 NZA 2000, 100).

5 Für das Entstehen, den Bestand und die Erteilung des Urlaubs kommt es auf ein **konkretes Erholungsbedürfnis** des AN und seine Freizeitgestaltung jdf. iRd. von § 8 gesetzten Grenzen **nicht** an (BAG 20.5.2008 NZA 2008, 1237; ebenso für Art. 7 AZRL 2003/88/EG EuGH 24.1.2012 NZA 2012, 139; 21.6.2012 NZA 2012, 851; *Kessler* ZESAR 2013, 36 f.). Das G geht davon aus, dass ein AN bei Fälligkeit des Anspruchs erholungsbedürftig ist.

6 Erbrachte Arbeitsleistung gehört nicht zu den anspruchsbegründenden Voraussetzungen (stRspr., zB BAG 9.5.2014 NZA 2014, 959; 11.11.2015 AP TV-L § 20 Nr. 3). Diese Auff. ist auch unionsrechtl. geboten, wie der EuGH zB in den Entsch. Schultz-Hoff und Dominguez klargestellt hat. Die Mitgliedstaaten dürfen den mit der AZRL 2003/88/EG allen AN unmittelbar verliehenen Anspruch auf bezahlten Jahresurlaub bei ordnungsgemäß krankgeschriebenen AN nicht von der Voraussetzung abhängig machen, dass sie während des von diesem Staat festgelegten Bezugszeitraums tats. gearbeitet haben (EuGH 20.1.2009 NZA 2009, 135; 24.1.2012 NZA 2012, 139; zum arbeitsschutzrechtl. Urlaubsverständnis des EuGH EUArbR/*Gallner* RL 2003/88/EG Art. 7 Rn. 1; zu der Entwicklung der Urlaubsrspr. des EuGH und des BAG zB *Höpfner* RdA 2013, 16, 65; *Hohmeister* BB 2016, 1525; *Neumann* DB 2014, 484; *Krause* AiB 2013, 635). Von Art. 7 AZRL wird nur der vierwöchige Mindesturlaub gewährleistet (BAG 5.8.2014 ZTR 2015, 28). Das ist durch die Rspr. des EuGH geklärt (EuGH 20.7.2016 NZA 2016, 1067 – Maschek; BVerfG 15.5.2014 NZA 2014, 838).

6a Der EuGH nimmt inzwischen mehr als nur einen durch RLVorgabe an die Mitgliedstaaten (Art. 288 III AEUV) verbürgten Anspruch an. Er geht seit Inkrafttreten des Vertrags von Lissabon am 1.12.2009 davon aus, dass der Anspruch auf bezahlten Jahresurlaub aufgrund von Art. 6 I EUV im primären Unionsrecht des **Art. 31 II GRC verankert** ist (zB EuGH 26.3.2015 NZA 2015, 1444 – Fenoll; 30.6.2016 NZA 2016, 877 – Sobczyszyn; iE EUArbR/*Gallner* RL 2003/88/EG Art. 7 Rn. 2 f.). Der EuGH hat den Anspruch bisher in der Rechtsanwendung jedoch nur aus dem Sekundärrecht des Art. 7 der AZRL hergeleitet. Er hält den Urlaubsanspruch in seiner konkreten Ausprägung durch RLVorgabe für einen **bes. bedeutsamen Grds. des Sozialrechts der Union**, also nicht für ein Unionsgrundrecht, obwohl der Anspruch im Primärrecht verankert ist (vgl. nach Inkrafttreten des Vertrags von Lissabon am 1.12.2009 etwa EuGH 11.11.2015 NZA 2015, 1501 – Greenfield; 30.6.2016 NZA 2016, 877 – Sobczyszyn; **aA** Preis/Sagan/*Mehrens/Witschen* § 7 Rn. 3: Grundrecht; näher EUArbR/*Schubert* GRC Art. 31 Rn. 15: grundrechtl. Garantie nur des „Obs" des Urlaubsanspruchs, sekundärrechtl. Verbürgung der konkretisierten Urlaubsdauer durch Art. 7 der AZRL). Ob der EuGH dem Urlaubsanspruch seit Inkrafttreten des Vertrags von Lissabon am 1.12.2009 weiterhin **keine primärrechtl. unmittelbare Wirkung** beilegt, steht nicht fest. Er hat in der Entsch. Dominguez zwar die unmittelbare Wirkung des RLRechts des Art. 7 I zwischen Privaten geprüft (EuGH 24.1.2012 NZA 2012, 139) und darauf in den

Sachen Neidel und Fenoll verwiesen (EuGH 3.5.2012 AP Richtlinie 2003/88/EG Nr. 8; 26.3.2015 NZA 2015, 1444). Das wäre aber auch dann nicht überflüssig, wenn der Urlaubsanspruch mittlerweile aufgrund von Art. 31 II GRC als Primärrecht unmittelbar wirkte. Den Sachen Fenoll, Neidel und Dominguez lagen Ausgangsstreitigkeiten zugrunde, in denen Urlaubs(-abgeltungs)ansprüche aus der Zeit vor Inkrafttreten des Vertrags von Lissabon am 1.12.2009 geltend gemacht worden waren. Der EuGH führt in der Sache Fenoll ausdr. aus, dass eine Art. 7 entgegenstehende nationale Bestimmung in einem Rechtsstreit zwischen Privaten außerhalb des zeitl. Geltungsbereichs von Art. 31 II GRC nicht unangewendet bleibt, wenn das innerstaatl. Recht nicht richtlinienkonform ausgelegt werden kann. Dem Betroffenen bleibt dann nur ein Staatshaftungsanspruch gegen den Mitgliedstaat wegen nicht ordnungsgemäßer Umsetzung der AZRL (EuGH 26.3.2015 NZA 2015, 1444 Rn. 44 ff. – Fenoll; *Biltgen* NZA 2016, 1245, 1251). Es bleibt abzuwarten, ob der EuGH den Anspruch auf bezahlten Jahresurlaub im Umfang von vier Wochen unter zeitl. Geltung der GRC unmittelbar aus Art. 31 II GRC herleiten wird. Das hätte zur Folge, dass nationales Recht, dem Art. 31 II GRC entgegensteht, seit dem 1.12.2009 unangewendet bleiben müsste. Diese Frage fällt in die Auslegungskompetenz des EuGH und verlangt ein Vorabentscheidungsersuchen. Die Vorlagen des BAG v. 18.10.2016 und 13.12.2016 könnten dem EuGH Gelegenheit geben, die Frage zu beantworten (BAG 18.10.2016 BeckRS 2016, 74836, öffentl. AG; 18.10.2016 NZA 2017, 207, beim EuGH anhängig unter – C-570/16 – Willmeroth –, privatrechtl. organisierter AG; 13.12.2016 NZA 2017, 271, beim EuGH anhängig unter – C-684/16 – Max Planck Gesellschaft zur Förderung der Wissenschaften). Manche Autoren schließen aus den Entsch. Neidel und Dominguez (EuGH 3.5.2012 AP Richtlinie 2003/88/EG Nr. 8; 24.1.2012 NZA 2012, 139), dass das Recht auf bezahlten Jahresurlaub in Art. 31 II GRC möglicherweise selbst dann nicht bestimmt genug ist, wenn es durch Art. 7 der AZRL konkretisiert wird (Preis/Sagan/*Mehrens/Witschen* § 7 Rn. 3; *Schubert* RdA 2014, 9, 10). Dagegen spricht, dass Art. 7 I inhaltl. unbedingt und hinreichend bestimmt ist, um **unmittelbare Wirkung ggü. öffentl. AG** zu entfalten (EuGH 24.1.2012 NZA 2012, 139 – Dominguez). Entsch. ist, ob Art. 7 I ledigl. eine sekundärrechtl. Ausprägung des primärrecht. in Art. 31 II GRC verankerten allg. Urlaubsanspruchs ist, obwohl die **Dauer des Mindestjahresurlaubs** in Art. 31 II GRC nicht geregelt ist (vgl. zu einer bloßen Konkretisierung des Primärrechts durch das Sekundärrecht in dem anderen Zusammenhang des Verbots der Diskriminierung wegen des Alters EuGH 19.4.2016 NZA 2016, 537 – Dansk Industri; *Düwell* ZESAR 2016, 285, 291; *Forst* EWiR 2016, 381, 382; *Heuschmid* AuR 2016, 422; *Benecke* EuZW 2016, 469, 470; *Sprenger* EuZA 2016, 460; in der Analyse wie hier *Schneider* ZESAR 2017, 79, 83; EUArbR/*Gallner* RL 2003/88/EG Art. 7 Rn. 2a).

6b Den EuGH haben in der Vergangenheit verschiedene Vorlagen in der Folge der Sache Schultz-Hoff (20.1.2009 NZA 2009, 135) beschäftigt. Bes. große Zust. hat die Sache **KHS** gefunden (EuGH 22.11.2011 NZA 2011, 1333; erstmals rezipiert von BAG 7.8.2012 NZA 2012, 1216; näher § 7 Rn. 34, 51; zu der Aufnahme im Schrifttum die 14. Aufl.). Die Große Kammer des EuGH hat in dieser Sache überprüft, ob ein – bei Krankheit – auf 15 Monate nach dem Ende des Urlaubsjahres begrenzter Übertragungszeitraum gegen Art. 7 AZRL verstößt (§ 11 Nr. 1 III des Einheitl. MTV für die Metall- und Elektroindustrie Nordrhein-Westfalens v. 18.12.2003). Der EuGH hat seine mit Schultz-Hoff (20.1.2009 NZA 2009, 135) eingeleitete Rspr. zur Urlaubsabgeltung bei krankheitsbedingter AU durch KHS „nuanciert" (22.11.2011 NZA 2011, 1333 Rn. 28 ff.). Er hält die tarifl. Begrenzung des Übertragungszeitraums auf 15 Monate mit Bezug auf die im 6. Erwägungsgrund der AZRL 2003/88/EG genannten Übertragungszeiträume in **Art. 9 I IAOÜbk. Nr. 132** von **12 und 18 Monaten** für unionsrechtskonform. Damit will er den Erholungszweck des Urlaubsanspruchs, der durch den Abgeltungsanspruch „vergütet" werden soll, mit dem Interesse des AG daran, dass Ansprüche auf bezahlten Jahresurlaub **nicht unbegrenzt angesammelt** werden, in Ausgleich bringen (22.11.2011 NZA 2011, 1333 Rn. 28 ff.; iE zust. *Rudkowski* EuZA 2012, 381, 285 ff.; s. zu KHS auch § 7 Rn. 34, 51; s. aber die SchlA in der Sache King [C-214/16]; Rn. 12). Ein neunmonatiger Übertragungszeitraum, der den Bezugszeitraum von einem Jahr unterschreitet, verstößt nach EuGH Neidel demggü. gegen Art. 7 II AZRL 2003/88/EG (3.5.2012 AP Richtlinie 2003/88/EG Nr. 8 Rn. 38 ff.).

6c In der Sache **Dominguez** (24.1.2012 NZA 2012, 139; zust. *Pötters* EuZW 2012, 345 ff.) war auf ein Vorabentscheidungsersuchen der französischen Cour de Cassation va. die Frage zu beantworten, ob Art. 7 I AZRL 2003/88/EG es zulässt, dass der Anspruch auf bezahlten Jahresurlaub (oder seine Abgeltung) von einer effektiven **MindestAZ von zehn Tagen oder einem Monat im Bezugszeitraum** abhängt. Der EuGH hat die Frage verneint, weil die AZRL 2003/88/EG nicht zwischen AN, die im Bezugszeitraum gearbeitet haben, und AN, die im Bezugszeitraum wegen Krankheit arbeitsunfähig waren, unterscheidet (24.1.2012 NZA 2012, 139 Rn. 20, 30; zust. *Forst* Anm. AP Richtlinie 2003/88/EG Nr. 7; *Wietfeld* EuZA 2012, 540 ff.; *Kessler* ZESAR 2013, 36 f.). Hins. der zweiten Frage nach der Unanwendbarkeit einer nationalen Bestimmung, die eine best. Arbeitsleistung im Bezugszeitraum verlangt, gibt es Parallelen zu den EuGH-Entsch. Pfeiffer (5.10.2004 NZA 2004, 1145), Mono Car Styling (16.7.2009 AP Richtlinie 98/59/EG Nr. 5), Kücükdeveci (19.1.2010 NZA 2010, 85, näher § 7 Rn. 49) und Dansk Industri (19.4.2016 NZA 2016, 537; iE Rn. 6a). Auf die dritte Vorlagefrage antwortet EuGH „Dominguez" schließl., dass Art. 7 I AZRL 2003/88/EG einer nationalen Bestimmung nicht entgegensteht, nach der die **Urlaubsdauer** je nach Ursache der krankheitsbedingten AU **länger** ist als die von Art. 7 I AZRL 2003/88/EG gewährleistete vierwöchige Mindestdauer (24.1.2012 NZA 2012, 139 Rn. 45 ff.).

Der Sache **Neidel** (EuGH 3.5.2012 AP Richtlinie 2003/88/EG Nr. 8; zust. *Buschmann* AuR 2012, 6d
262; *Maaß* RiA 2012, 238 ff.; *Manske* SuP 2012, 523 ff.; ebenso EuGH 20.7.2016 NZA 2016, 1067 – Maschek; für Beamtenverhältnisse zB rezipiert durch BVerwG 31.1.2013 ZTR 2013, 349; fortentwickelt durch 30.4.2014 NVwZ 2014, 1166; s. auch BVerfG 15.5.2014 NZA 2014, 838) liegt im Zusammenhang mit langer AU die Hauptfrage zugrunde, ob Art. 7 I AZRL 2003/88/EG auch für **Beamtenverhältnisse** gilt. Der EuGH bejaht die Frage für zwei Kommunalbeamte. Die Entsch. Neidel hebt den weiten Anwendungsbereich der RL 89/391/EG (iVm. Art. 1 III AZRL 2003/88/EG) und die nötige enge Auslegung ihrer Ausnahmen hervor. Außerdem wiederholt der EuGH die Definition des weit zu verstehenden **ANBegriffs** iSv. Art. 45 AEUV (3.5.2012 AP Richtlinie 2003/88/EG Nr. 8 Rn. 19 ff.). Danach ist als AN jeder anzusehen, der eine tats. und echte Tätigkeit ausübt. Dabei bleiben Tätigkeiten außer Betracht, die einen so geringen Umf. haben, dass sie sich als völlig untergeordnet und unwesentl. darstellen. Das wesentl. Merkmal des ArbVerh. besteht nach dieser Rspr. darin, dass jemand während einer best. Zeit für einen anderen nach dessen Weisung Leistungen erbringt, für die er als Gegenleistung eine Vergütung erhält (EuGH 3.5.2012 AP Richtlinie 2003/88/EG Nr. 8 Rn. 23 mwN). Mangels Unterscheidung in der Ausnahmeklausel des Art. 45 IV AEUV kommt es nicht darauf an, ob die Person als Arbeiter, Ang. oder Beamter beschäftigt wird oder ob ihr BeschVerh. öffentl. oder privatem Recht unterliegt (EuGH 3.5.2012 AP Richtlinie 2003/88/EG Nr. 8 Rn. 25). Die vierte Frage beantwortet EuGH Neidel damit, Art. 7 II AZRL 2003/88/EG sei dahin auszulegen, dass ein Beamter bei Eintritt in den Ruhestand Anspruch auf eine finanzielle Vergütung für bezahlten Jahresurlaub habe, den er aus Krankheitsgründen nicht genommen habe (3.5.2012 AP Richtlinie 2003/88/EG Nr. 8 Rn. 27 ff.). Auf drei weitere Fragen hin macht der EuGH erneut deutl., dass Art. 7 AZRL 2003/88/EG nur eine Mindestvorschr. für Sicherheit und Gesundheitsschutz ist, die die Befugnis der Mitgliedstaaten unberührt lässt, zum Schutz der AN günstigere nationale Regelungen anzuwenden. Längerer Mehrurlaub ist unionsrechtskonform (3.5.2012 AP Richtlinie 2003/88/EG Nr. 8 Rn. 33 ff.; s. auch 24.1.2012 NZA 2012, 139 Rn. 48, 50 – Dominguez; 20.7.2016 NZA 2016, 1067 – Maschek; iE EUArbR/*Gallner* RL 2003/88/EG Art. 7 Rn. 2b, 16a).

Der EuGH hat die dt. urlaubsrechtl. Auswirkungen von „Kurzarbeit Null" **unionsrechtl. gebilligt.** 6e
Die ArbVerh. der beiden klagenden AN waren nach bereits erklärten Kündigungen durch Sozialplan um ein Jahr „verlängert" worden. Während dieser Zeit brauchten sie aufgrund von „Kurzarbeit Null" nicht zu arbeiten. Der AG war nicht verpflichtet, Entgelt zu leisten. Er gewährte auch keinen Urlaub. Die AN bezogen Kug. Der EuGH hat dieses Modell auf der Grdl. von Art. 31 II GRC und Art. 7 I der AZRL unionsrechtl. nicht beanstandet, obwohl Art. 7 I der RL 2003/88/EG einen Anspruch auf bezahlten Jahresurlaub von vier Wochen verbürgt (EuGH 8.11.2012 NZA 2012, 1273 – Heimann und Toltschin; dazu etwa *Bayreuther* DB 2012, 2748; *Fiebert* ZESAR 2013, 258; *Leuchten/Klapper* ZESAR 2013, 114, 115 f.; *Powietzka/Christ* NZA 2013, 18, 21 ff.; *Rudkowski* EuZA 2013, 260). Der EuGH hat hierfür zwischen **lang andauernder AU** und **„Kurzarbeit Null"** unterschieden und dafür **mehrere Argumente** herangezogen (EuGH 8.11.2012 NZA 2012, 1273 – Heimann und Toltschin; EnzEUR/*Rudkowski* § 12 Rn. 34 f.): Die Hauptleistungspflichten sind bei „Kurzarbeit Null" suspendiert. Der Urlaubsanspruch bleibt zwar erhalten. Der EuGH lässt aber eine vollständige Minderung des Urlaubsentgelts zu. Der AN kann die durch „Kurzarbeit Null" gewonnene Zeit anders als der erkrankte AN nutzen, um sich auszuruhen oder Freizeittätigkeiten nachzugehen. Der AG könnte sonst vom Abschluss eines im Interesse des AN liegenden Sozialplans abgehalten werden. Kurzarbeiter sind demnach **vorübergehend teilzeitbeschäftigte AN.** Folge ist, dass sich der Urlaubsentgeltanspruch bei „Kurzarbeit Null" „auf Null" verringern und sich der Urlaubs- sowie der Urlaubsentgeltanspruch bei Kurzarbeit Null in Form von TZArbeit pro rata temporis vermindern darf (EuGH 8.11.2012 NZA 2012, 1273 – Heimann und Toltschin). Auch die Tatbestände des Ruhens der Hauptleistungspflichten wegen Erwerbsminderung und der „Kurzarbeit Null" sind zu unterscheiden. Das BAG nimmt an, dass die Öffnungsklauseln in § 13 I 1, II 1 und die entspr. Tarifbestimmungen im Baugewerbe im Privatrechtsverkehr selbst dann nicht richtlinienkonform ausgelegt oder fortgebildet werden können, wenn unterstellt wird, dass sie Art. 7 I AZRL unzureichend oder fehlerhaft umsetzen (zu §§ 5 und 6 der Urlaubsregelung für die gewerbl. AN im Baugewerbe in Bayern idF v. 19.5.2006 – noch auf der Grdl. von Art. 234 III EG – BAG 17.11.2009 NZA 2010, 1020; zust. *Höpfner* Anm. AP BUrlG § 11 Nr. 65; krit. *Rudkowski* SAE 2011, 1 ff.; abl. *dies.* NZA 2012, 74 ff.; s. auch § 13 Rn. 26).

Altersdiskriminierungsfragen im Mehrurlaubsrecht haben nicht den EuGH, sondern das BAG in 6f
verschiedenen Entsch. im Zusammenhang mit Tarifvorschriften und einzelvertragl. Regelungen beschäftigt. Zu beantworten ist die Frage, ob der AG mit Blick auf §§ 8 und 10 AGG, die auf den Vorgaben der GleichbehandlungsrahmenRL 2000/78/EG beruhen, älteren AN mehr Urlaub als jüngeren AN gewähren darf. Das BAG hat diff. Lösungen je nach Ausgestaltung der Regelung gefunden (BAG 20.3.2012 NZA 2012, 803; 21.10.2014 NZA 2015, 297; 12.4.2016 NZA-RR 2016, 438; 18.10.2016 NZA 2017, 267; 15.11.2016 NZA 2017, 339; *Ebel/Lezius* BB 2012, 1995; *Gaenslen/Heilemann* öAT 2012, 152; *Kamanabrou* AP TVöD § 26 Nr. 2; iE EUArbR/*Gallner* RL 2003/88/EG Art. 7 Rn. 24). Dem AG steht bei freiwilligen zusätzl. Leistungen, wozu auch die Gewährung von überges. Mehr-

urlaub gehört, ein von den Gerichten zu respektierender Gestaltungs- und Ermessensspielraum zu (BAG 21.10.2014 NZA 2015, 297). Ab einem bestimmten Alter – konkret: bei über 50- oder über 60-jährigen AN – hat der Neunte Senat ein altersbedingt gesteigertes Erholungsbedürfnis für eher nachvollziehbar gehalten (BAG 20.3.2012 NZA 2012, 803; 21.10.2014 NZA 2015, 297). Er hat offengelassen, ab welchem Alter die Annahme, der zusätzl. Urlaub diene dem höheren Erholungsbedürfnis älterer Beschäftigter iSv. § 10 S. 3 Nr. 1 AGG, nicht mehr ohne Weiteres aufrechterhalten werden oder als widerlegt gelten kann (BAG 21.10.2014 NZA 2015, 297). Beruft sich der AG darauf, eine unterschiedl. Behandlung wegen des Alters sei zulässig, obliegt es ihm darzulegen, dass mit der Ungleichbehandlung ein legitimes Ziel iSv. § 10 S. 1 AGG angestrebt wird und dass die Mittel, mit denen das Ziel erreicht werden soll, angemessen und erforderl. sind. Der AG genügt seiner **Darlegungslast** nicht bereits dann, wenn er allg. geltend macht, die Regelung diene dem Schutz älterer AN. Er hat substantiierten Vortrag zu halten (zB BAG 18.10.2016 NZA 2017, 267; 15.11.2016 NZA 2017, 339). Das ist bei einer Tarifvorschrift nur mithilfe einer **Tarifauslegung** anhand von Wortlaut, Zweck, Zusammenhang und ggf. Tarifgeschichte mögl.

6g Der EuGH hat in der Sache **Maestre García** zwei weitere Fragen im Zusammenhang mit Art. 7 AZRL 2003/88/EG geklärt (21.2.2013 NZA 2013, 369). Urlaub, der wegen krankheitsbedingter AU bei fortbestehendem ArbVerh. nicht genommen werden kann, darf nicht abgegolten werden. Dem AN darf es nicht verwehrt sein, seinen in der Zeit der AU im Urlaubsplan des AG festgelegten Urlaub in einem anderen Zeitraum in Anspruch zu nehmen.

6h Anspruch auf Urlaub entsteht gleichermaßen in Vollzeit- und **TZArbVerh.** In der Sache **Brandes** hat der EuGH erkannt, dass bei einer Verminderung der wöchentl. Arbeitstage eine proportionale Kürzung des während des höheren Beschäftigungsumfangs noch nicht in Anspruch genommenen Urlaubs nicht mögl. ist (EuGH 13.6.2013 NZA 2013, 775; s. auch 22.4.2010 NZA 2010, 557 – ZentralBR der Landeskrankenhäuser Tirols; **aA** die frühere dt. Rspr.: BAG 28.4.1998 NZA 1999, 156; iE EUArbR/*Gallner* RL 2003/88/EG Art. 7 Rn. 21 ff. mwN). Der Pro-rata-temporis-Grds. des § 4 Nr. 2 der Rahmenvereinb. im Anhang der TZArbeitsRL 97/81/EG idF der RL 98/23/EG ist nicht dahin zu verstehen, dass sich der in Vollzeit bereits erworbene Urlaubsanspruch in einen Urlaubsanspruch in Höhe der TZQquote umwandelt. Der EuGH unterscheidet zwischen **Urlaubserwerb und Urlaubsgewährung.** AN erwerben in Vollzeit Anspruch auf Vollzeiturlaub mit Vollzeiturlaubsentgelt, in TZ auf TZUrlaub mit TZUrlaubsentgelt. Hat ein AN Ansprüche in bestimmter Höhe (zB in Vollzeit) bereits erworben, dürfen sie nach dem Übergang in TZ bei der Gewährung zumindest dann nicht vermindert werden, wenn sie zuvor nicht gewährt werden konnten (*Fieberg* NZA 2010, 925, 929 f.; *Latzel* EuZA 2014, 80, 87 f.; *J. Schubert* RdA 2013, 370, 377). Der Urlaubsanspruch berechnet sich in diesen Fällen nach dem Arbeitszeitvolumen in der Zeit, in der er entsteht (**aA** *C. Schubert* NZA 2013, 1105, 1107, die eine Umrechnung beim Übergang von Vollzeit auf TZ an weniger als sechs bzw. fünf Tagen auch nach EuGH Brandes für zulässig hält). Die vom EuGH abgelehnte Kürzung ist Ausdruck des von ihm angenommenen Einheitsanspruchs, der auf Freistellung und Urlaubsentgelt gerichtet ist (EUArbR/*Gallner* RL 2003/88/EG Art. 7 Rn. 3, 4). Das **BAG** hat sich den Entsch. des EuGH in den Sachen Brandes und ZentralBR der Landeskrankenhäuser Tirols auf der Grdl. von § 4 I TzBfG angeschlossen (BAG 10.2.2015 NZA 2015, 1005). Das BAG geht für das nationale Recht konsequent noch weiter als der EuGH (BAG 10.2.2015 NZA 2015, 1005). Der AN braucht während seiner Vollzeitbeschäftigung zumindest aus unionsrechtl. Gründen **keinen Urlaub beantragt und erhalten zu haben.** Im Antidiskriminierungsrecht wird die Möglichkeit des Benachteiligten, die verbotene Diskriminierung zu verhindern, grds. nicht als Rechtfertigungsgrund anerkannt. Eine Diskriminierung TZBeschäftigter setzt **kein Verschulden** des Benachteiligenden voraus (BAG 10.2.2015 NZA 2015, 1005 mwN). Der EuGH hat auch die umgekehrte Frage behandelt, die sich stellt, wenn der AN von TZ- auf Vollzeitarbeit übergeht (EuGH 11.11.2015 NZA 2015, 1501 – Greenfield; weiterführend *Greiner/Hennecke EuZA 2016, 317; von Medem* ZESAR 2016, 431; *Pulz* jurisPR-ArbR 2/2016 Anm. 2; *Schneider* EuZA 2016, 327, 336; krit. *Weigert/Zeising* NZA 2016, 862, 864 ff.). Die Zahl der entstandenen Einheiten an jährl. Ruhezeit ist im Vergleich zur Zahl der geleisteten Arbeitseinheiten für jeden Zeitraum gesondert zu berechnen (iE EUArbR/*Gallner* RL 2003/88/EG Art. 7 Rn. 22).

6i EuGH **„Bollacke“** nimmt abw. von der bisherigen nationalen Rspr. an, dass der Tod des AN nicht zum Verlust des Urlaubsabgeltungsanspruchs der Erben führen darf (12.6.2014 NZA 2014, 651; **aA** BAG 20.9.2011 NZA 2012, 326; 12.3.2013 NZA 2013, 678; Arg. und Stellungn. in Rn. 23).

7 **3. Der Inhalt des Anspruchs. a) Begriff und Merkmale des Urlaubs. aa) Definition.** Nach der früheren Rspr. (BAG 3.6.1960 AP BGB § 611 Urlaubsrecht Nr. 73) war der Urlaubsanspruch aus dem BUrlG ein Einheitsanspruch, der aus den Wesenselementen Freizeitgewährung und Zahlung eines Urlaubsentgelts bestand. Nach der stRspr. des BAG seit 1982 handelt es sich beim Urlaubsanspruch um einen durch das BUrlG begr. Anspruch des AN gegen den AG, von den durch den Arbeitsvertrag entstehenden Arbeitspflichten befreit zu werden **(Freistellungsanspruch),** ohne dass die Pflicht zur Zahlung des Arbeitsentgelts aus § 611 BGB berührt wird (stRspr., zB BAG 24.3.2009 NZA 2009, 538; 20.9.2011 NZA 2012, 326; zu der unionsrechtl. Bewertung Rn. 26). Art. 7 I AZRL und § 1 BUrlG gewährleisten bzw. begründen einen Anspruch auf bezahlten Jahresurlaub (BAG 10.2.2015 NZA 2015,

998 mit Bezug auf die EuGH-Rspr., das die Frage des Einheitsanspruchs nach deutschem Recht offenlässt; iE EUArbR/*Gallner* RL 2003/88/EG Art. 7 Rn. 4).

Das Verständnis vom Inhalt des Urlaubsanspruchs hat **erhebl. Auswirkungen** auf fast alle urlaubsrechtl. Bestimmungen, von der Entstehung des Anspruchs (Rn. 14) bis zur Erfüllbarkeit des Abgeltungsanspruchs (§ 7 Rn. 77 ff.) und bei der Beurteilung des Anspruchs auf Urlaubsentgelt (§ 11 Rn. 1). Das Urlaubsrecht des Heimarbeiters wird davon ebenso geprägt (§ 12 Rn. 18) wie die urlaubsrechtl. Regelungen in TV (§ 13 Rn. 7, 11 ff.). Der EuGH geht seit „BECTU" für Art. 7 I AZRL 2003/88/EG anders als die langjährige frühere Rspr. des BAG für das nationale Recht von einem aus Freistellung und Entgelt zusammengesetzten **Einheitsanspruch** aus (26.6.2001 NZA 2001, 827; zum unionsrechtl. Einheitsanspruch ferner § 11 Rn. 1, 2, 27). Soweit der EuGH den Einheitsgedanken in der Vorabentsch. Schultz-Hoff v. 20.1.2009 (NZA 2009, 135) und den Folgeentsch. aufgegriffen hat, ist nicht nur der enge Bereich der Befristung des Urlaubsanspruchs (§ 7 Rn. 34 ff.) und des Abgeltungsrechts aus § 7 IV betroffen (§ 7 Rn. 69 ff.), sondern es sind weite Teile des G davon berührt (Rn. 6, 12, 17, 26, 41; § 5 Rn. 10, 11, 14 und 17; § 7 Rn. 2, 21, 34 bis 60, 63 bis 66, 68, 74 bis 80, 83, 84 und 86; § 11 Rn. 1 und 32; § 12 Rn. 18). Betroffen ist auch das Tarifrecht einschl. der Probleme von Ausschlussfristen (§ 7 Rn. 47; § 13 Rn. 7, 11, 13). 8

bb) Abgrenzung von anderen Freistellungsansprüchen. Der **AG ist Schuldner, der AN Gläubiger** des ges. Urlaubsanspruchs. Das unterscheidet den Urlaub von der Weigerung des AG, den AN vertragsgemäß zu beschäftigen. Das geschieht häufig nach einer Kündigung. In diesem Fall gerät der AG als Gläubiger der Arbeitsleistung in **Annahmeverzug** und schuldet deshalb die vertragl. Vergütung, § 615 BGB. Soll der AN während der Zeit des Annahmeverzugs Urlaub haben, muss der AG zusätzl. zur Annahmeverweigerung als Schuldner des ges. Urlaubsanspruchs hinreichend deutl. Urlaub erteilen (stRspr., zB BAG 17.5.2011 NZA 2011, 1032; 16.7.2013 – 9 AZR 50/12). Will der AG den AN während des Laufs der Kündigungsfrist von der Arbeitspflicht freistellen, um Erholungsurlaub zu gewähren, muss der AN hinreichend deutl. erkennen können, in welchem Umf. der AG den Urlaubsanspruch erfüllen will. Aus Sicht des BAG muss der AG deutl. machen, ob er den gekürzten Vollurlaub oder den Vollurlaub gewähren will (17.5.2011 NZA 2011, 1032 ff.). Dasselbe gilt im umgekehrten Fall. Ist dem AN Urlaub erteilt worden, kann er in dieser Zeit keinen Anspruch aus Annahmeverzug haben (BAG 23.1.1996 NZA 1996, 1101). Der AG kann in einem unwirksam gekündigten ArbVerh. auch dann Urlaub erteilen, wenn noch eine Kündigungsschutzklage anhängig ist. Der AN kann weder eine außerordentl. noch eine ordentl. Kündigung als endgültige Erfüllungsverweigerung verstehen und darauf vertrauen, dass eine Mahnung nach § 286 II Nr. 3 BGB entbehrl. ist (BAG 13.12.2011 – 9 AZR 420/10 –; 15.10.2013 NZA-RR 2014, 234). 9

Der Urlaub nach dem BUrlG ist zu unterscheiden von anderen Freistellungsansprüchen des AN wie tarifl. oder einzelvertragl. **Sonderurlaub**, AZVerkürzungstagen, **Bildungsurlaub** nach den BildungsurlaubsG der Länder, **Mutterschaftsurlaub** iSd. Unionsrechts (zB EuGH 18.3.2004 NZA 2004, 535; näher EUArbR/*Gallner* RL 2003/88/EG Art. 7 Rn. 19, 26), unionsrechtl. **Elternurlaub** (etwa EUGH 22.10.2009 NZA 2010, 29 – Meerts; 22.4.2010 NZA 2010, 557 – ZentralBR der Landeskrankenhäuser Tirols; dazu BEEG § 15 Rn. 2, § 16 Rn. 6), der EZ nach dem BEEG, der **pers. Verhinderung** nach § 616 BGB, der Stellensuche nach § 629 BGB, **Freistellungen** nach dem JArbSchG, PflegeZG, FPfZG, Befreiungen nach dem BetrVG ua. Regelm. schließen sich die Freistellung nach dem BUrlG und Freistellungen nach anderen Tatbeständen aus. Das von der Arbeitsleistung freigestellte BRMitglied kann allerdings urlaubsrechtl. freigestellt werden. Die Befreiung von der Pflicht zur Arbeitsleistung wird in diesem Fall durch die Befreiung von der Pflicht ersetzt, sich innerhalb der betriebsübl. AZ den Aufgaben eines BR zu widmen (BAG 20.8.2002 NZA 2003, 1046). 10

Der AG gewährt Urlaub iSd. BUrlG, wenn er den AN zum Zweck der selbstbestimmten Erholung von seinen **Arbeitspflichten befreit** (§ 7 Rn. 4). Der Erholungszweck wird nicht von den Vorstellungen des AG oder Dritter bestimmt, sondern von den subj. Vorstellungen des Betroffenen darüber, wie er sich entspannen kann. Dieser Umstand erlangt insb. dann Bedeutung, wenn der AG nebeneinander verschiedenartige Freistellungen schuldet (§ 7 Rn. 3). 11

cc) Privatrechtl. Anspruch. Der Anspruch des AN auf Befreiung von der Arbeitspflicht ist ein privatrechtl. Anspruch, keine Fürsorgeverpflichtung des AG. Der Urlaub gehört nach dt. Recht nicht zum ör. Arbeitsschutz, sodass die Einhaltung der urlaubsrechtl. **Regeln** nicht durch eine staatl. Behörde überwacht wird (das gilt auch für den Urlaub nach dem JArbSchG, § 19 JArbSchG Rn. 1; der EuGH versteht Art. 7 AZRL 2003/88/EG dagegen als Arbeitsschutzvorgabe; in der Analyse ähnl. *Schlottfeldt* ZESAR 2013, 222 f., 231; *C. Schubert* NZA 2013, 1105, 1106; zum unionsrechtl. Verständnis EUArbR/*Gallner* RL 2003/88/EG Art. 1 Rn. 1, Art. 7 Rn. 1). Der AN hat seine Ansprüche nach dem G zu realisieren. Dem kommt insb. beim Erlöschen des Anspruchs wegen Zeitablaufs Bedeutung zu. Diese Auff. steht nach einer Vorlage des BAG infrage. Zu beantworten ist, ob der AG Urlaub auch dann gewähren muss, wenn der AN ihn **nicht beantragt** hat (bejahend schon *Kohte* FS Schwerdtner 2003 S. 99, 115; ebenso *Hackmann* FS Kohte 2016 S. 293, 307 ff.; *Hlava* jurisPR-ArbR 41/Anm. 6; *Klenter* PersR 2016, 40; *Polzer/Kafka* NJW 2015, 2289, 2293; abl. unter Hinweis auf das Übertragungsverbot des § 7 III und den einer Ansammlung entgegenstehenden Urlaubszweck zB *Boemke* 12 jurisPR-ArbR 37/2015 Anm. 5; *Ecklebe* DB 2014, 1991; *Geyer* ZTR 2016, 629; *Gooren* NZA 2016, 1374, 1376ff. mwN; offengelassen von *Schmidt* ZESAR 2017, 125, 127f.). Das BAG hat bisher angenommen, dass der Urlaubsanspruch am Ende des Urlaubsjahres verfällt, wenn kein Übertragungsgrund iSv. § 7 III 2 besteht. Ein **Schadensersatzanspruch** aufgrund Verzugs setzt danach grds. eine **Mahnung** voraus (zB BAG 15.10.2013 NZA-RR 2014, 234 krit. *Richardi* FS v. Hoyningen-Huene 2014 S. 435, 438). Das LAG München ist demggü. davon ausgegangen, dass ein Schadensersatzanspruch bereits deswegen entsteht, weil der AG seine Pflicht, Urlaub zu gewähren, nicht erfüllt hat (LAG München 6.5.2015 ZTR 2016, 35; zu weiterer Instanzrspr. *Gooren* NZA 2016, 1374, 1376; *Leopold* FA 2016, 330, 331 ff.). Die Entsch. des LAG M hat zu einem **Vorabentscheidungsersuchen des BAG** geführt (BAG 13.12.2016 NZA 2017, 271, beim EuGH amhängig unter – C-684/16 – Max Planck Gesellschaft zur Förderung der Wissenschaften; *v. Steinau-Steinrück/Sura* NJW-Spezial 2017, 498; ; die Frage verneinend *Leopold* FA 2016, 330, 334; s. auch *Zaumseil* DB 2016, 2845, 2846; krit. *Glatzel* NZA-RR 2017, 131, 132). Die Fragen lauten grob umrissen: Stehen Art. 7 I der AZRL oder Art. 31 II GRC einer nationalen Regelung wie der des § 7 entgegen, wonach der AN den Urlaub unter Angabe seiner Urlaubswünsche beantragen muss, damit der Urlaubsanspruch nicht ersatzlos untergeht? Das bedeutet, dass der AG nach nationalem Recht nicht verpflichtet ist, den Urlaub von sich aus einseitig – ohne Antrag oder Wunsch des AN – zu gewähren und ihn **zeitl. festzulegen.** Wird die erste Frage bejaht: Gilt das auch, wenn das ArbVerh. zwischen **Privatpersonen** besteht? Der Neunte Sen. argumentiert damit, in der Literatur werde tw. angenommen, der AG sei unionsrechtl. verpflichtet, den Urlaub von sich aus festzulegen (in der Diskussion herangezogene Entsch.: EuGH 12.6.2014 NZA 2014, 651 – Bollacke; 30.6.2016 NZA 2016, 877 – Sobczyszyn). Die Vorlage des BAG vom 13.12.2016 könnte durch die Sache King (– C-214/16 –) überholt werden. Stimmt der EuGH den dortigen SchlA von GA Tanchev zu, könnte die erste Frage des Vorabentscheidungsersuchens des Neunten Sen. zu bejahen sein. Die SchlA behandeln ein Ausgangsverf., das aus dem Vereinigten Königreich stammt und ein ArbVerh. von über 13 Jahren zum Gegenstand hat. Der GA kommt zu dem Erg., dass das Recht auf bezahlten Jahresurlaub rechtswidrig unter eine Vorbedingung gestellt würde, wenn vom AN und nicht vom AG verlangt würde, dass er etwas unternimmt, um es zu ermöglichen, den bezahlten Urlaub in Anspruch zu nehmen. Bietet der AG dem AN nie die Möglichkeit, den Urlaubsanspruch wahrzunehmen, ist der Urlaub für die gesamte Dauer der Beschäftigung abzugelten. Folgt der EuGH den SchlA, stellt sich allenfalls die Frage, ob nur eine aktive Verhinderung durch den AG den Urlaubs(-abgeltungs)anspruch fortbestehen lässt, oder es genügt, dass der AG passiv bleibt. Das BAG geht nach nationalem Recht nur dann von einem Schadensersatzanspruch aus, wenn der AG den Urlaub **trotz eines rechtzeitigen Urlaubsantrags des AN** nicht gewährt hat. Sollte der nationalen Regelung Unionsrecht entgegenstehen, stellt sich aus Sicht des BAG die weitere Frage, ob die aus Art. 7 I der RL 2003/88/EG oder aus Art. 31 II GRC entnommene Verpflichtung unmittelbare Wirkung zwischen Privaten entfaltet (zu dem damit verbundenen methodischen Anliegen EUArbR/*Gallner* RL 2003/88/EG Art. 7 Rn. 25a, 37c, 37d). Die Frage beschäftigt auch die **Verwaltungsgerichtsbarkeit**. Das OVG Berlin-Brandenburg hat dem EuGH eine entspr. Frage zu dem Problem des beendeten Dienstverhältnisses eines **Rechtsreferendars** vorgelegt, der zuvor keinen Urlaubsantrag gestellt hatte (OVG Berlin-Brandenburg 14.9.2016 – OVG 4 B 38.14 – BeckRS 2016, 54983 zu II der Gründe, beim EuGH anhängig unter – C-619/16 – Kreuziger; *Schneider* ZESAR 2017, 222).

13 **dd) Unabdingbarkeit.** Der Anspruch auf Urlaub ist unabdingbar und unverzichtbar. Davon geht auch der EuGH seit der Entsch. BECTU für das Unionsrecht aus (grdl. 26.6.2001 NZA 2001, 827; zB auch 24.1.2012 NZA 2012, 139). Auch durch TV kann nicht bestimmt werden, dass es in bestimmten ArbVerh. keinen oder keinen bezahlten Urlaub gibt (§ 13 Rn. 8). Eine Vereinb., den Urlaub unter bestimmten Umständen abzubrechen, ist unwirksam (BAG 20.6.2000 NZA 2001, 100).

14 **b) Das Entstehen des Urlaubsanspruchs, Grundsatz.** Das G verlangt für das Entstehen des Urlaubsanspruchs ledigl., dass ein ArbVerh. besteht und (für den Vollurlaub) eine **Wartezeit** zurückgelegt wird (unionsrechtl. unbedenkl. nationale Vorgabe des Gesetzgebers; § 4 Rn. 1). Eine Mindestarbeitsleistung wird nicht vorausgesetzt (BAG 28.1.1982 AP BUrlG § 3 Rechtsmißbrauch Nr. 11; zum Unionsrecht Rn. 6ff.). Ein Teil der Lit. will einen ohne Arbeitsleistung erworbenen Urlaubsanspruch an der Einwendung des Rechtsmissbrauchs scheitern lassen (Rn. 20).

15 **aa) Bestehen eines ArbVerh.** Anspruch auf Urlaub nach dem BUrlG haben nur AN (zum AN-Begriff BGB § 611a Rn. 8ff.) in einem unbefristeten, befristeten oder auflösend bedingten ArbVerh., das (wegen der Regelung des § 5 I) wenigstens einen vollen Monat andauern muss. In ArbVerh. kürzerer Dauer entsteht kein (Teil-)Urlaubsanspruch (zum Anspruch arbeitnehmerähnl. Personen § 2). Der von Art. 7 AZRL 2003/88/EG gewährleistete unionsrechtl. Urlaubsanspruch steht dagegen jdf. auch beamteten Feuerwehrleuten zu (EuGH 3.5.2012 AP Richtlinie 2003/88/EG Nr. 8). Fremdgeschäftsführer und Minderheitsgesellschafter-Geschäftsführer in der nicht quasiparitätisch mitbestimmten GmbH sind in der Folge der **Danosa**-Entsch. idR AN iSv. § 1 (*Forst* GmbHR 2012, 821ff. mit Bezug auf EuGH 11.11.2010 NZA 2011, 143; s. zum unionsrechtl. autonom auszulegenden AN-Begriff *Preis/Sagan* ZGR 2013, 26, 33ff., 36ff.; *C. Schubert* ZESAR 2013, 5ff., 9ff.; s. auch BGH 23.4.2012 NZA 2012, 797; *Dzida/Naber* ArbRB 2012, 373, 374f.; *Lunk* RdA 2013, 110, 112; *Schiefer/*

Worzalla ZfA 2013, 41, 70f.; zum konkreten ANBegriff des Art. 31 GRC EuGH 26.3.2015 – C-316/13 – Fenoll; dazu *Stiebert/Schmidt* ZESAR 2013, 413). GF, die die Danosa-Kriterien erfüllen, sind AN iSd. Unionsrechts und des § 1. Sie haben Anspruch auf ges. Urlaub, dessen Verfall sich nach den durch den EuGH und das BAG entwickelten Grds. richtet (*Preis/Sagan* ZGR 2013, 26, 57). Der EuGH hat seine Auffassung für den ANBegriff der MassenentlassungsRL 98/59/EG bekräftigt (9.7.2015 NZA 2015, 861 – Balkaya; dazu *Lunk* NZA 2015, 917; *Lunk/Hildebrand* NZA 2016, 129). Gesellschafter-GF sind keine AN, wenn sie nicht unerhebl. Einfluss auf die Entsch. der Gesellschaft haben (EuGH 10.9.2015 NZA 2016, 183 – Holterman Ferho Exploitatie; krit. *Gräf* GPR 2016, 148, 149f.; abl. *Knöfel* EuZA 2016, 348).

Anspruch auf Urlaub entsteht gleichermaßen in VollzeitArbVerh. und **TZArbVerh.** (BAG 19.1.1993 NZA 1993, 988). Auf das Maß der Arbeitsleistung kommt es nicht an. Es ist unerhebl., ob die TZBeschäftigten an den Arbeits- oder Werktagen weniger Stunden arbeiten als die Vollzeitbeschäftigten oder ob die TZ nur an einigen Tagen der Woche geleistet wird. Letzteres hat ledigl. Einfluss auf den Umf. des Urlaubs (ausf. § 3 Rn. 13ff.). Ein Urlaubsanspruch entsteht auch bei vereinbartem Sonderurlaub (BAG 6.5.2014 NZA 2014, 959). 16

Anspruch auf Urlaub haben **geringfügig Beschäftigte** iSd. § 8 SGB IV, studentische Hilfskräfte in einem DauerArbVerh. (BAG 23.6.1992 AP BUrlG § 1 Nr. 22), Reinigungskräfte in einem Haushalt, auch wenn sie nur einmal in der Woche arbeiten. Auch die erwerbsfähigen behinderten Leistungsberechtigten iSd. § 16 I 3 SGB II, für die eine Arbeitsgelegenheit geschaffen wird, haben einen Urlaubsanspruch, obwohl sie nicht in einem ArbVerh. zum Träger der Maßnahme stehen. Da das BUrlG nach ausdr. ges. Anordnung entspr. anzuwenden ist, hat auch der Personenkreis der sog. Ein-Euro-Beschäftigten einen Anspruch auf Freistellung von der Arbeitsgelegenheit im ges. Umf. (zum Urlaubsentgelt für diese Beschäftigten § 11 Rn. 1). Unregelm. Beschäftigte, bei denen stets ein neues befristetes ArbVerh. (für einen Tag) geschlossen wird, können dagegen keinen Urlaubsanspruch erwerben, es sei denn, es muss von einem einheitl. ArbVerh. wie bei einem **Abruf-ArbVerh.** nach § 12 TzBfG ausgegangen werden (TzBfG § 12 Rn. 1 bis 3). 17

Ist der AN zur selben Zeit in zwei ArbVerh. mit verschiedenen AG tätig (sog. **DoppelArbVerh.**), entstehen in beiden ArbVerh. unabhängig voneinander Urlaubsansprüche, auch wenn der AN mit dem zweiten Vertragsschluss einen Pflichtverstoß ggü. dem ersten AG begeht und gegen die Schutzvorschr. des ArbZG verstößt. 18

bb) Wartezeit. Der AN muss einmal die Wartezeit des § 4 von **sechs Monaten** erfüllt haben, wenn er einen Vollurlaubsanspruch erwerben will. Vor Ablauf der Wartezeit entsteht nur ein Teilurlaubsanspruch (§ 5 Rn. 5 bis 14). Die Wartezeit braucht nicht in einem Kj. erfüllt zu werden. Wenn der Gesetzgeber das Kj. als Urlaubsjahr bestimmt hat, hat das Auswirkungen auf Entstehen, Fälligkeit und Bestand des Anspruchs, nicht für die Berechnung der Wartezeit. Nach Ablauf der Wartezeit entsteht der jährl. Urlaubsanspruch mit dem Jahresanfang (§ 4 Rn. 5; zur Vereinbarkeit der Wartezeitregelung mit dem Unionsrecht § 4 Rn. 1). 19

c) Rechtsmissbrauch. Hat der AN längere Zeit oder im gesamten Urlaubsjahr **keine oder nur eine geringe Arbeitsleistung** erbracht, kann der AG nicht einwenden, ein Urlaubsverlangen des AN sei rechtsmissbräuchl., § 242 BGB (stRspr. seit BAG 28.1.1982 AP BUrlG § 3 Rechtsmissbrauch Nr. 11; zB auch 16.4.2013 NZA 2013, 850; zum Rechtsmissbrauch und den Bestimmungen des IAOÜbk. Nr. 132 über den bezahlten Jahresurlaub v. 24.6.1970 BAG 7.11.1985 NZA 1986, 392). Das entspricht den unionsrechtl. Vorgaben in Art. 7 AZRL 2003/88/EG (Rn. 6, 6c). 20

d) Fälligkeit. Das BUrlG enthält keine eigene Fälligkeitsregelung. Deshalb gilt **§ 271 I BGB.** Danach kann der Gläubiger die Leistung sofort verlangen, der Schuldner sie sofort bewirken, wenn eine Leistungszeit weder bestimmt noch aus den Umständen zu entnehmen ist. Der Urlaubsanspruch ist nach Ablauf der Wartezeit oder, wenn sie bereits in der Vergangenheit verstrichen ist, mit Beginn der Arbeitspflicht im neuen Kj. mit seiner Entstehung fällig (Schaub/*Linck* § 104 Rn. 26; **aA** *Künzl* BB 1991, 1630). 21

e) Dauer des Urlaubs. Seit 1.1.1995 beträgt der ges. Urlaub 24 Werktage = vier Wochen, wie es die AZRL 2003/88/EG verlangt. Damit bleibt der ges. geregelte Mindesturlaub weit hinter vielen tarifl. und einzelvertragl. Regelungen über die Höhe des Urlaubs zurück, die regelm. von 30 Tagen – bezogen auf eine Fünftagewoche – ausgehen. Das ergibt einen Jahresurlaub von sechs Wochen (s. § 3). 22

f) Übertragung des Urlaubsanspruchs auf Dritte. Der **Urlaubsanspruch,** dh. der Anspruch auf Befreiung von der (höchstpers.) Arbeitspflicht, ist **nicht vererbl.** Die Arbeitspflicht endet mit dem Tod des AN (BAG 20.9.2011 NZA 2012, 326; zust. *Fischinger* Anm. AP BUrlG § 7 Abgeltung Nr. 92; **aA** *Bieder* AuR 2012, 239; *Jesgarzewski* BB 2012, 1347; fortgeführt von BAG 12.3.2013 NZA 2013, 678; zust. *Glatzel* NZA-RR 2013, 514). Das folgt mittelbar aus § 613 S. 2 BGB. Der AN hat die von ihm geschuldete Arbeitsleistung idR in Person zu erbringen. Mit Ausnahme der seltenen Fälle einer übertragbaren Arbeitspflicht kann sie deshalb nicht nach § 1922 I BGB auf die Erben übergehen. Endet das ArbVerh. mit dem Tod des AN, erlischt mit der Beendigung zugleich der Urlaubsanspruch (ebenso wie alle anderen Ansprüche auf Befreiung von der Arbeitspflicht). Aus **nationaler Sicht** konnte deshalb **kein Urlaubsabgeltungsanspruch** aus § 7 IV mehr entstehen. Das BAG hat sich hierfür 23 vorrangig auf den Wortlaut des § 7 IV gestützt („Kann der Urlaub wegen Beendigung des ArbVerh. … nicht mehr gewährt werden"; 20.9.2011 NZA 2012, 326; 12.3.2013 NZA 2013, 678; zust. *Bauer* ArbR 2016, 525; *Höpfner* RdA 2013, 65, 70; *C. Schubert* RdA 2014, 9, 15 f.). Bei Beendigung des ArbVerh. müsse deshalb noch ein offener Urlaubsanspruch bestehen, damit ein Abgeltungsanspruch entstehen könne (aA zB *Schipper/Polzer* NZA 2011, 80, 81). Das gelte unabhängig davon, ob der Urlaubsanspruch im Zpkt. des Todes rechtshängig gewesen sei (BAG 12.3.2013 NZA 2013, 678). Hauptargument war also, dass der Urlaubsanspruch eine **logische Sekunde** vor seiner mögl. Umwandlung in den Abgeltungsanspruch erloschen war. Anderes gilt, wenn der Erblasser vor seinem Tod wegen der Beendigung des ArbVerh. bereits einen Urlaubsabgeltungsanspruch erworben hatte. Der entstandene Urlaubsabgeltungsanspruch ist als reiner Geldanspruch unbedenkl. vererbl. (BAG 22.9.2015 NZA 2016, 37). Der EuGH teilt die Sichtweise des BAG für den vor dem Tod des AN noch nicht entstandenen Urlaubsabgeltungsanspruch wegen Art. 7 II der AZRL nicht. Er geht in der Entsch. **Bollacke** davon aus, beim Tod des AN entstehe ein Urlaubsabgeltungsanspruch der Erben (12.6.2014 NZA 2014, 651; *Bayreuther* ZESAR 2014, 442; *Forst* FA 2014, 226; *Heuschmid/Hlava* AuR 2014, 383; *Hohmeister* AP Richtlinie 2003/88/EG Nr. 14; *Oberthür* ArbRB 2014, 315; *Ricken* NZA 2014, 1361). Der EuGH argumentiert in dieser Entsch. damit, der restriktiv auszulegende Art. 7 II der RL habe – ohne Antrag des AN – nur die **beiden Voraussetzungen,** dass das ArbVerh. **nicht beendet** sein dürfe und der AN nicht den gesamten Urlaub in Anspruch genommen habe. Der Begriff des bezahlten Jahresurlaubs verlangt nach diesem Ansatz aus Gründen der **praktischen Wirksamkeit** der RL, dass das Entgelt für den unionsrechtl. verbürgten Mindesturlaub beizubehalten ist und die Umwandlung in einen Anspruch auf finanzielle Vergütung (im dt. Recht: Abgeltung) beim Tod des AN nicht verhindert werden darf. Die Argumentation des EuGH ist aus **zwei Gründen** nicht zwgd. Das **Abgeltungsverbot** des Art. 7 II der AZRL könnte darauf hindeuten, dass auch der Urlaubsabgeltungsanspruch nach dem Willen der RLGeber nur in der Person des ausgeschiedenen AN entstehen kann. Aus Art. 7 I der RL geht hervor, dass die RLVorgabe dem Schutz des AN dient. Dieser Arbeitsschutzzweck kann nicht erreicht werden, wenn der AN nicht mehr lebt (ähnl. *Hackmann* FS Kohte 2016 S. 293, 302; EnzEUR/*Rudkowski* § 12 Rn. 87). Die Rechtspraxis hat sich wegen der Kompetenz des EuGH zur Auslegung des Unionsrechts auf dessen Sicht einzurichten. Die entscheidende Frage ist, ob die nationale Abgeltungsregelung in § 7 IV **richtlinienkonform** iSd. Interpretation von EuGH Bollacke **ausgelegt** werden kann. Das ist aus meiner Sicht zu bejahen. Auch § 7 IV verlangt nur, dass der Urlaub wegen Beendigung des ArbVerh. nicht mehr gewährt werden kann. Die diff. Erwägung des Untergangs des Urlaubsanspruchs eine logische Sekunde vor seiner mögl. Umwandlung in den Abgeltungsanspruch müsste und könnte aufgegeben werden. Das im ArbVerh. angelegte Recht auf Urlaub geht beim Tod des AN und damit im Erbfall im Weg der Gesamtrechtsnachfolge auf den Erben über und entsteht dort unmittelbar als Urlaubsabgeltungsanspruch. Das dt. Recht kennt nachwirkende Rechte und Pflichten, die im ArbVerh. angelegt sind (*Ricken* NZA 2014, 1361, 1362 mwN; ähnl. *Fuhlrott* ArbR 2016, 541; *Fuhlrott/Römermann* GWR 2017, 83; *Jesgarzewski* BB 2017, 766, 767; *Stiebert* NZA 2016 Heft 23 Editorial; *Worm/Thelen* NJW 2016, 1764, 1766). Der Neunte Senat hat auf die Entsch. Bollacke des EuGH (12.6.2014 NZA 2014, 651) am 18.10.2016 mit zwei Vorabentscheidungsersuchen reagiert (BeckRS 2016, 74836, öffentl. AG; NZA 2017, 207, beim EuGH anhängig unter – C-570/16 – **Willmeroth** – privatrechtl. strukturierter AG). Er hat dem EuGH vereinfacht die **beiden Fragen** vorgelegt. Räumt Art. 7 der RL 2003/88/EG oder Art. 31 II GRC dem Erben eines während des ArbVerh. verstorbenen AN einen **Anspruch** auf einen finanziellen Ausgleich für den dem AN vor seinem Tod zustehenden Mindestjahresurlaub ein, was nach § 7 IV iVm. § 1922 I BGB ausgeschlossen ist? Falls die Frage zu 1. **bejaht** wird: Gilt dies auch dann, wenn das ArbVerh. **zwischen zwei Privatpersonen** bestand? (abl. zB *Krois* DB 2017, 1519).

23a Gibt es keine hinreichenden Anhaltspunkte für eine Unterscheidung von Mindesturlaub und vertragl. oder tarifl. Mehrurlaub (zu der Unterscheidung BAG 5.8.2014 ZTR 2015, 28), gelten diese Grds. beim Tod des AN auch für den überges. Urlaubsanspruch (BAG 20.9.2011 NZA 2012, 326 mwN; LAG SN 28.5.2015 – 6 Sa 469/14 – Rev. unter – 9 AZR 377/15 durch Klagerücknahme erledigt; zu einer „Abkopplung" zB BAG 14.2.2017 BeckRS 2017, 106695; 14.2.2017 BeckRS 2017, 106642).

24 Der Urlaubsanspruch kann **abgetreten** werden. Der Zessionar kann die Freistellung des Zedenten vom AG verlangen. Die Abtretung betrifft nur das Recht des Gläubigers, vom Schuldner die Erfüllung der fälligen Schuld zu verlangen (in diesem Umf. ist der Anspruch auch pfändbar [*Pfeifer* NZA 1996, 738]; zu der Abtretung des Urlaubsabgeltungsanspruchs § 7 Rn. 81).

25 **g) Erlöschen des Anspruchs. aa) Erfüllung.** Der vom G vorgesehene Erlöschenstatbestand ist zunächst die Erfüllung durch Freistellung von der Arbeit und das Fernbleiben von der Arbeit im festgelegten Zeitraum. Der Erfüllungstatbestand gliedert sich in zwei Abschnitte. Die Freistellungserkl. ist die vom AG geschuldete Erfüllungshandlung. Der Leistungserfolg tritt ein, wenn der AN infolge der Freistellungserkl. tats. von der Arbeitspflicht befreit wird (zB BAG 15.1.2013 NZA 2013, 1091; zust. *Hohmeister* Anm. AP TVöD § 26 Nr. 4; 16.7.2013 – 9 AZR 50/12).

26 **bb) Befristung.** Der Urlaubsanspruch ist für die Zeit des Kj. und darüber hinaus bis zum Ende des Übertragungszeitraums nach § 7 III 2 befristet, wenn die Übertragungsvoraussetzungen gegeben sind.

Wird der Anspruch bis zum 31. 3. des dem Urlaubsjahr folgenden Kj. nicht erfüllt, erlischt er regelm. ersatzlos (§ 7 Rn. 38). Eine Ausnahme gilt für Hinderungsgründe, die vom Willen des AN unabhängig sind. Der wichtigste Ausnahmefall ist die krankheitsbedingte AU. Art. 7 I AZRL 2003/88/EG ist dahin zu verstehen, dass er einer nationalen Regelung, die den Verlust des Anspruchs aE des Bezugszeitraums oder eines Übertragungszeitraums vorsieht, grds. nicht entgegensteht. Das gilt seit EuGH „Schultz-Hoff" jedoch nur unter der Voraussetzung, dass der AN tats. die Möglichkeit hatte, den von der RL gewährleisteten Anspruch auszuüben (EuGH 20.1.2009 NZA 2009, 135; s. zB auch 21.6.2012 NZA 2012, 851; 21.2.2013 NZA 2013, 369; zu der Rezeption dieser Vorabentsch. durch die Aufgabe der bisherigen Rspr. des BAG durch die ersten Entsch. v. 24.3.2009 NZA 2009, 538 und 23.3.2010 NZA 2010, 810; später zB 16.4.2013 NZA 2013, 850; 18.3.2014 ZTR 2014, 549; zu der gesamten neueren Rechtsprechungslinie und ihrer Aufnahme in der Aufsatzliteratur die 14. Aufl.; s. auch § 7 Rn. 34). Danach ist die frühere Interpretation von § 7 III und IV durch die stRspr. des BAG seit 1982 tw. richtlinienwidrig (§ 7 Rn. 41 ff.).

cc) **Keine Aufrechnung.** Gegen den Anspruch des AN auf Befreiung von der Arbeitspflicht kann der AG nicht aufrechnen. Dasselbe gilt für eine Aufrechnung des AN gegen eine Geldforderung des AG. Die nach § 387 BGB erforderl. Gegenseitigkeit der Forderungen ist nicht gegeben. Davon zu unterscheiden sind die Aufrechnung mit und gegen das Urlaubsentgelt und mit und gegen das zusätzl. Urlaubsgeld (§ 7 Rn. 81; § 11 Rn. 31 ff.). 27

4. Urlaub unter besonderen Umständen. a) Urlaub nach Kündigung. Streiten die Parteien über den Fortbestand des ArbVerh., kann nach Ablauf der Kündigungsfrist und bei erst später geklärter Rechtslage über die **rechtl. wirksame Beendigung** des ArbVerh. ein (weiterer) Urlaubsanspruch entstehen (Schaub/*Linck* § 104 Rn. 22). Diese Rechtsfolge tritt ein, wenn die Parteien das ArbVerh. bis zur Beendigung eines darüber geführten Rechtsstreits einvernehml. fortführen (BAG 15.1.1986 NZA 1986, 561), der AG die Weiterbeschäftigung nach dem Ende der Kündigungsfrist ablehnt oder die Weiterbeschäftigung aufgrund eines Widerspruchs des BR nach § 102 V BetrVG erfolgt. 28

Kein Urlaubsanspruch entsteht, wenn ein AN aufgrund einer Verurteilung zur **vorl. Weiterbeschäftigung** nach Ablauf der Kündigungsfrist weiterbeschäftigt wird und diese Weiterbeschäftigung während der Rechtsmittelverf. zur Abwendung der ZV erfolgt (BAG 10.3.1987 NZA 1987, 373; 17.1.1991 NZA 1991, 769). 29

b) Urlaub bei Betriebsübergang. Geht ein Betrieb oder ein Betriebsteil durch Rechtsgeschäft auf einen anderen Inhaber über, tritt dieser in die Rechte und Pflichten aus den im Zpkt. des Übergangs bestehenden ArbVerh. ein, § 613a I 1 BGB. Nach § 613a II BGB haftet der bisherige AG neben dem neuen Inhaber für Verpflichtungen nach Abs. 1, soweit sie vor dem Zpkt. des Übergangs entstanden sind und vor Ablauf von einem Jahr nach diesem Zpkt. fällig werden, als Gesamtschuldner. Das bedeutet für den Freistellungsanspruch aus dem BUrlG: 30

Ist der fällige Urlaub noch **nicht erteilt**, wird der Erwerber mit dem Betriebsübergang Schuldner des AN hins. der Urlaubserteilung, auch für den übertragenen Urlaub und den Ersatzurlaub (BAG 18.11.2003 NZA 2004, 651). Das gilt in gleicher Weise bei einem Betriebsübergang nach Eröffnung des Insolvenzverf. Es gibt keine insolvenzrechtl. Beschränkung der Folgen eines Betriebsübergangs (BAG 18.11.2000 NZA 2004, 654). Der Veräußerer, mit dem das ArbVerh. durch den Betriebsübergang beendet wird, wenn der AN nicht widerspricht (BGB § 613a Rn. 84 ff.), kann die Freistellung von der Arbeitspflicht nicht mehr erklären. Deshalb haftet der Veräußerer nicht für die ordnungsgemäße Erfüllung des Urlaubsanspruchs, obwohl die ges. Voraussetzungen des § 613a II BGB gegeben sind. Die Vorschr. bezieht sich nur auf erfüllbare Ansprüche, nicht auf Ansprüche, deren Erfüllung für den Veräußerer unmögl. geworden ist (vgl. auch InsO Einf. Rn. 59 f.). 31

Erlischt der Urlaubsanspruch **nach** Betriebsübergang, zB weil der AN es versäumt hat, seinen Anspruch geltend zu machen (s. aber Rn. 26), kann der Veräußerer nicht in Anspruch genommen werden. Hat der neue AG den Untergang nicht zu vertreten, entfällt mangels Haftung des Erwerbers die nicht weiter reichende Haftung des Veräußerers. Hat der Erwerber den Untergang zu vertreten und ist ein Ersatzurlaubsanspruch entstanden (§ 7 Rn. 40), scheidet eine Haftung des Veräußerers bereits nach dem Wortlaut des § 613a II BGB aus. Soweit der Schadensersatzanspruch auf künftige Freistellung gerichtet ist, kann er ohnehin nur vom jetzigen Betriebsinhaber erfüllt werden (Rn. 31). 32

Hat sich der Veräußerer vor dem Betriebsübergang zu Unrecht **geweigert**, den Urlaubsanspruch des AN zu erfüllen, ist er in Verzug geraten. Kommt es während der Folgezeit zu einem Betriebsübergang, gerät auch der Erwerber in Verzug, ohne dass der AN den Urlaub ihm ggü. erneut geltend machen muss. Zu den nach dem G übernommenen Pflichten gehört auch die ordnungsgemäße Erfüllung der Urlaubsansprüche. 33

Ist der Urlaub vor dem Betriebsübergang **erteilt** und wird der Übergang im Freistellungszeitraum vollzogen, bleibt die Arbeitsbefreiung davon unberührt. Die Freistellungserkl. des alten AG wirkt auch für die Zeit nach dem Betriebsübergang. Der Erwerber tritt in das ArbVerh. ein, wie er es vorfindet. Das gilt auch für den bereits erteilten Urlaub (zur Haftung von Erwerber und Veräußerer für das Urlaubsentgelt und Urlaubsgeld BAG 19.11.1996 NZA 1997, 890). 34

35 Ein **Ausgleich** der Urlaubsansprüche nach den Regeln der **Gesamtschuld** des § 426 BGB zwischen Veräußerer und Erwerber kommt nicht in Betracht, weil ein Gesamtschuldverhältnis bezogen auf den Freistellungsanspruch nicht besteht (abw. BGH 4.7.1985 AP BGB § 613a Nr. 50). Die einander folgenden Betriebsinhaber schulden die Freistellung nie als Gesamtschuldner (*Schmalz/Ebener* DB 2000, 1711). Der beim Veräußerer entstandene Anspruch geht vielmehr auf den Erwerber über. Ein Ausgleich ist allenfalls für Ansprüche auf Urlaubsentgelt und zusätzl. Urlaubsgeld denkbar, wenn der Betriebsübergang in den Urlaub fällt und entweder der Veräußerer oder der Erwerber die gesamte Urlaubsvergütung gezahlt hat.

36 **c) Urlaub in der Insolvenz.** Die Eröffnung des Insolvenzverf. über das Vermögen des AG **berührt** den **Anspruch** auf Freistellung nach dem BUrlG **nicht** (BAG 25.3.2003 NZA 2004, 43; 15.2.2005 NZA 2005, 1124). Der InsV tritt mit seiner Bestellung in die Rechte und Pflichten des insolventen Schuldners ein. Das gilt auch für den Anspruch der AN auf Urlaub. Der InsV wird Schuldner des noch nicht erfüllten Freistellungsanspruchs.

37 Vom Freistellungsanspruch sind die Ansprüche auf **Urlaubsentgelt, Urlaubsabgeltung** und zusätzl. **Urlaubsgeld zu unterscheiden**. Sie werden nach den insolvenzrechtl. Vorschr. der §§ 35 ff. InsO als Masseverbindlichkeiten oder als Insolvenzforderungen bewertet (InsO Einf. Rn. 45; *Düwell/Pulz* NZA 2008, 786; zum Anspruch auf Urlaubsentgelt, Urlaubsabgeltung und Urlaubsgeld bei Anzeige der Masseunzulänglichkeit BAG 21.11.2006 NZA 2007, 696; 23.3.2017 NZA 2017, 779; **aA** *Betz* BB 2015, 886, 888 ff.; zu Neumasseverbindlichkeiten: InsO Einf. Rn. 32 f.).

38 **d) Urlaub und Arbeitskampf.** Nimmt der AN an einem Streik teil oder wird er vom AG ausgesperrt, kann er **nicht gleichzeitig in Urlaub** sein. Im Arbeitskampf sind die Arbeitspflichten suspendiert (GG Art. 9 Rn. 208). Eine weitere Befreiung von der Arbeitspflicht scheidet aus. Das hat die Konsequenzen:

39 Ist der Urlaub **erteilt**, wenn der Arbeitskampf beginnt, bleibt der Urlaubsanspruch des AN unberührt. Er kann den Urlaub antreten und der Arbeit aufgrund des Urlaubs bis zum Ende des Freistellungszeitraums fernbleiben.

40 Erklärt der AN, sich trotz Urlaubs am **Streik beteiligen** zu wollen, bleibt der erteilte Urlaub unberührt. Die Beteiligung ist keine Streikteilnahme im Rechtssinn. Eine einseitige Erkl. des AN begr. seine Arbeitspflicht nicht für eine logische Sekunde, um danach aus arbeitskampfrechtl. Gründen sofort erneut suspendiert zu werden. Der AN bleibt aufgrund urlaubsrechtl. Freistellungserkl. von der Arbeitspflicht befreit (offengelassen von BAG 26.7.2005 NZA 2005, 1402). Der AG hat seine Schuld erfüllt, er ist frei. Eine Nachgewährung von Urlaub kommt nur in Betracht, wenn sich die Parteien darauf verständigen oder durch ein tarifl. Maßregelungsverbot ein neuer Anspruch begr. wird (§ 7 Rn. 24).

41 Dauert der Streik über den **Verfallzeitpunkt** hinaus an, erlischt der Urlaubsanspruch. Aus dem Unionsrecht folgt nichts anderes, weil der streikende AN anders als der langfristig Erkrankte die Möglichkeit hatte, Urlaub zu beanspruchen (vgl. zu den für den Fortbestand des Anspruchs nötigen, vom Willen des AN unabhängigen Hinderungsgründen EuGH 20.1.2009 NZA 2009, 135; 22.11.2011 NZA 2011, 1333; 24.1.2012 NZA 2012, 139; näher Rn. 6 ff., 26). Ein Schadensersatzanspruch entsteht nur bei Verzug des AG (§ 7 Rn. 40). Verzug setzt voraus, dass der AN seine Beteiligung am Streik aufgibt und Urlaub verlangt, den der AG verweigert (BAG 24.9.1996 NZA 1997, 507). Dasselbe gilt sinngemäß für die Aussperrung. Befindet sich ein AN in **Urlaub**, kann er durch **Aussperrung** nicht noch einmal von der Arbeitspflicht befreit werden.

§ 2 Geltungsbereich

[1] Arbeitnehmer im Sinne des Gesetzes sind Arbeiter und Angestellte sowie die zu ihrer Berufsausbildung Beschäftigten. [2] Als Arbeitnehmer gelten auch Personen, die wegen ihrer wirtschaftlichen Unselbständigkeit als arbeitnehmerähnliche Personen anzusehen sind; für den Bereich der Heimarbeit gilt § 12.

1 Die in den parlamentarischen Beratungen nicht umstr., seit 1963 unverändert gebliebene Vorschr. beschreibt den **pers. Geltungsbereich** des BUrlG. Erfasst werden alle AN einschl. der ltd. Ang., für die kein Ausschluss wie in § 12 KSchG und § 5 BetrVG normiert ist. Der Gesetzgeber bezieht die zu ihrer Berufsausbildung Beschäftigten und arbeitnehmerähnl. Personen ein. Arbeitnehmerähnl. Personen sind va. Heimarbeiter, für die § 12 eine ausf., den Besonderheiten ihrer Tätigkeit angepasste Regelung enthält. Das BUrlG definiert den ANBegriff nicht. Es geht von dem in der Rspr. entwickelten und im Schrifttum weitgehend anerkannten Begriff aus (zu den Einzelheiten der Begriffsbestimmung sowie ihrer Bedeutung für die sozial(-versicherungs)rechtl. Normen BGB § 611a Rn. 8 ff.). Der von Art. 7 AZRL 2003/88/EG verbürgte unionsrechtl. Urlaubsanspruch kommt demggü. nach EUGH „Neidel" jdf. auch beamteten Feuerwehrleuten zu (EuGH 3.5.2012 AP Richtlinie 2003/88/EG Nr. 8; zu der Frage der unionsrechtl. ANStellung ua. von FremdGF § 1 Rn. 15).

2 Anspruchsberechtigt sind auch **arbeitnehmerähnl.** Personen. Das sind nach der Definition des § 12a I TVG diejenigen Personen, **die wirtschaftl. abhängig** und vergleichbar einem AN **sozial**

schutzbedürftig sind, wenn sie aufgrund von Dienst- und Werkverträgen für andere Personen tätig sind und die geschuldeten Leistungen pers. und im Wesentlichen ohne Mitarbeit von AN erbringen. Weitere Voraussetzung ist, dass der Beschäftigte entweder für eine Person tätig ist oder ihm von einer Person im Durchschnitt mehr als die Hälfte des Entgelts (für Journalisten ein Drittel, § 12a III TVG) zusteht, das er für seine Erwerbstätigkeit insg. verlangen kann (ausf. TVG § 12a Rn. 4 ff.; *Willemsen/Müntefering* NZA 2008, 193). Die Begriffsbestimmung in § 12a I TVG kann für das BUrlG herangezogen werden, weil § 2 nicht nur auf die wirtschaftl. Unselbständigkeit abhebt. § 7 I Nr. 3 PflegeZG verlangt dagegen ausdr. ledigl. die wirtschaftl. Unselbständigkeit. Für die dortige Begriffsbestimmung kann das weitere Kriterium der sozialen Schutzbedürftigkeit deshalb nicht nutzbar gemacht werden (PflegeZG § 7 Rn. 1).

Zu der Statusbestimmung von Beschäftigten in bes. ArbVerh., LeihAN, den zu ihrer Berufsaus- 3
bildung Beschäftigten, von Dienstordnungsangestellten, Familienmitgliedern, Franchisenehmern, Fußballspielern, Journalisten und Rundfunkmitarbeitern, Studierenden, Außendienstmitarbeitern, TeleAN und Beschäftigten in einem Wiedereingliederungsverhältnis BGB § 611a Rn. 8 ff. Zu Urlaubsansprüchen von Nachtwachen, die nach einem selbstbestimmten Plan tätig sind, BAG 15.11.2005 AP BGB § 611 Arbeitnehmerähnlichkeit Nr. 12. Zur Einordnung einer Volkshochschuldozentin als arbeitnehmerähnl. Person BAG 17.1.2006 EzA BUrlG § 2 Nr. 6.

§ 3 Dauer des Urlaubs

(1) **Der Urlaub beträgt jährlich mindestens 24 Werktage.**

(2) **Als Werktage gelten alle Kalendertage, die nicht Sonn- oder gesetzliche Feiertage sind.**

1. Die Vorschriften zur Urlaubsdauer. Die jetzige, **seit 1.1.1995 geltende Fassung** erhielt § 3 I 1
durch das ArbZRG v. 6.6.1994 (BGBl. I S. 1170). Seitdem beträgt der ges. Urlaub in ganz Deutschland entspr. der ersten AZRL 93/104/EG v. 23.11.1993 (jetzt RL 2003/88/EG v. 4.11.2003 [ABl. EG 2003 L 299 S. 9]) mind. 24 Werktage. In dem im Arbeitsleben übl. Sprachgebrauch (s. Art. 7 I RL 2003/88/EG), der den Urlaub nach Wochen misst, soll der AN insg. einen jährl. Anspruch von vier Wochen haben. Diese Zahl ergibt sich bei einer zusammenhängenden Gewährung von 24 Werktagen (das sind die Wochentage Montag bis Samstag, § 3 II). Unberührt geblieben sind die Ansprüche aus § 8 DDR-VO v. 28.9.1978 (§ 1 Rn. 1 f.). Die im G genannten Werktage müssen nicht die Arbeitstage eines AN sein. In vielen TV wird für den tarifl. Urlaub deshalb nicht auf den Werktag, sondern auf den Arbeitstag abgestellt (ebenso der fortgeltende § 8 DDR-VO v. 28.9.1978). Die Unterscheidung ist bei der Bestimmung der Urlaubsdauer in den ArbVerh. von Bedeutung, in denen nicht nach dem ges. Grundmodell gearbeitet wird (Rn. 4 ff.). **Weitere bundesges. Bestimmungen** zur Dauer des Urlaubs finden sich in §§ 56, 57 SeeArbG, § 125 SGB IX/§ 208 SGB IX nF, § 19 JArbSchG und § 17 BEEG.

2. Grundsätze zur Bestimmung der Urlaubsdauer. Das BUrlG geht in § 3 I vom **Tagesprinzip** 2
aus. Der AN hat Anspruch auf Befreiung von der Arbeitspflicht für Tage, nicht für Stunden (BAG 8.5.2001 NZA 2001, 1254). Urlaub kann daher nicht stundenweise berechnet und regelm. **auch nicht stundenweise gewährt** werden (früher **aA** *Danne* DB 1990, 1965; *Siebel* BB 1987, 2222). Auch die Befreiung an Teilen eines Tages wie einem halben Tag oder dem Viertel eines Tages ist zu Urlaubszwecken nicht wirksam, solange der AN noch Anspruch auf mind. einen Tag Urlaub hat. Das hat ua. Auswirkungen auf die Berechnung des Urlaubsanspruchs für TZBeschäftigte (Rn. 13 f.). In TV können andere Prinzipien vereinbart werden, solange der ges. Mindesturlaub nicht unterschritten wird (BAG 5.8.2014 ZTR 2015, 28). Davon zu unterscheiden ist die **Erfüllung eines Bruchteils**, der sich aus der Berechnung des konkret geschuldeten Urlaubs ergibt. In diesen Fällen ist an einem Tag Urlaub für einen Teil des Tages zu gewähren (§ 5 Rn. 8).

Auch nach den Änd. des § 3 I seit 1963 beruht der Text der Vorschr. auf der bei Kodifizierung des 3
BUrlG noch herrschenden Praxis des Arbeitslebens, dass regelm. an den Tagen von **Montag bis Samstag** gearbeitet wurde, soweit nicht ein Wochenfeiertag zur Minderung der wöchentl. Arbeitspflicht führte. Diese Vorstellung des Gesetzgebers erklärt die Verwendung des Begriffs „Werktag" und seine Legaldefinition in § 3 II anstelle des Begriffs „Arbeitstag". Diese Anknüpfung bringt seit Langem **Berechnungsschwierigkeiten** mit sich. Das gilt va. für ArbVerh., in denen die Arbeitsverpflichtung nicht oder nicht nur auf die Tage von Montag bis Samstag verteilt ist (TZ- und SchichtArbVerh., ggf. mit Pflicht zur Sonntagsarbeit). Durch die seit vielen Jahren kontinuierliche Rspr. des BAG (Rn. 6 bis 20) dürften die Probleme weitgehend geklärt sein. Das gilt auch für den tarifl. Bereich (Rn. 9), wobei seit EuGH „Brandes" beim Übergang von Vollzeit auf TZ Besonderheiten gelten (13.6.2013 NZA 2013, 775 Rn. 20; § 1 Rn. 6h).

3. Die Berechnung der Urlaubsdauer im Einzelnen. a) Sechstagewoche. § 3 I, wonach einem AN 4
24 Werktage Urlaub zustehen, führt nur in ArbVerh., in denen Vollzeitbeschäftigte **regelm.** an sechs Tagen von **Montag bis Samstag** arbeiten, zu keinen Berechnungsschwierigkeiten. Der Urlaubsanspruch beträgt, wie im G vorgesehen, 24 Werktage, die zusammenhängend oder in den Grenzen des

§ 7 II in mehreren Freistellungszeiträumen gewährt werden. Werktage, Arbeitstage und Urlaubstage sind in diesem Idealfall identisch. Die heutigen AZModelle weichen überw. von dieser AZGestaltung ab und erfordern Anpassungen (Rn. 6 ff.).

5 Bei der Grundberechnung des § 3 I bleibt außer Betracht, dass auch der an sechs Werktagen zur Arbeit verpflichtete AN nicht in jeder Woche des Jahres sechs Tage arbeiten muss. Der **Arbeitsausfall in einigen Wochen** hat für die Berechnung des jährl. Urlaubsumf. keine Bedeutung. Zu denken ist an Wochenfeiertage, Freistellungen aus anderen Gründen. Das können etwa Freistellungen für Bildungsveranstaltungen, Suspendierungen nach § 616 BGB oder §§ 2, 3 PflegeZG, wegen krankheitsbedingter AU oder unberechtigte Fehltage sein. Diese Tatbestände sind erst bei der Erfüllung des Urlaubsanspruchs zu beachten. Die Arbeitspflicht kann zB an ges. Wochenfeiertagen, an denen der AN ohnehin keine Arbeitsverpflichtung hat, nicht noch einmal suspendiert werden (§ 7 Rn. 3 ff.). Das ist die Kernaussage von § 3 II, die noch einzuschränken sein wird (Rn. 11).

6 **b) Fünftagewoche. aa) Arbeitsfreier Samstag.** Mit der zunehmenden Verkürzung der WochenAZ zB auf 40 Stunden entfällt für einen Großteil der AN die Arbeitsverpflichtung am Samstag. Die wöchentl. AZ lässt sich auf fünf Arbeitstage verteilen. Damit muss der arbeitsfreie Samstag urlaubsrechtl. bewertet werden. Auszugehen ist von einem vierwöchigen Urlaubsanspruch.

7 Besteht an einem Samstag keine Arbeitspflicht, kann dem AN an diesem Tag kein Urlaub erteilt werden.

8 Die Verteilung der AZ auf die Wochentage von Montag bis Freitag hat vielmehr zur Folge, dass die **Dauer** des ges. Urlaubsanspruchs von 24 Werktagen entspr. der abw. Arbeitsverpflichtung an weniger Werktagen den tats. Arbeitstagen **angepasst** werden muss. Das geschieht durch Umrechnung, die das Ziel des G wahrt, einen vierwöchigen Urlaubsanspruch zu begründen. Dabei werden die im G genannten Werktage rechnerisch zu den vom AN geschuldeten Arbeitstagen in Beziehung gesetzt. Die Dauer des Urlaubs wird durch sechs Werktage in der Woche geteilt und mit der Anzahl der Arbeitstage multipliziert, an denen in der Woche eine Arbeitsverpflichtung besteht. Das führt bei einer regelm. Verteilung der AZ auf die Tage von Montag bis Freitag zu einem Anspruch von **20 Tagen Urlaub** (BAG 27.1.1987 NZA 1987, 462; 8.9.1998 NZA 1999, 665). Der Gesetzgeber hat diese Berechnungslösung der Rspr. bei der Neufassung von § 47 SchwbG und heute in § 125 I SGB IX/§ 208 I SGB IX nF übernommen (BAG 8.5.2001 NZA 2001, 1254). Die Umrechnungsgrds. sind auch dann anzuwenden, wenn tarifl. Sonderregelungen bestehen, die den ges. Mindestzusatzurlaub verringern würden (BAG 18.2.1997 NZA 1997, 1123).

9 Die Umrechnungsregel wendet das BAG auch bei **tarifl. Urlaubsansprüchen** an, wenn keine abw. tarifl. Umrechnungsregelung getroffen ist (BAG 19.1.2010 NZA-RR 2010, 473; 19.1.2010 AP BUrlG § 7 Nr. 44). Das Gleiche gilt bei Ansprüchen aus einer BV (BAG 19.4.1994 NZA 1995, 86). Die Umrechnung verkürzt die Dauer des tarifl. Urlaubs nicht. Sie beachtet die **Tarifautonomie.** Die TVParteien beeinflussen mit der tarifl. Verteilung der geschuldeten AZ selbst die Urlaubsmenge in ders. Weise wie für den ges. Urlaub.

10 **bb) Anderer arbeitsfreier Werktag.** Die Berechnung der Urlaubsdauer bereitet keine weiteren Schwierigkeiten, wenn ein anderer Werktag als der Samstag arbeitsfrei ist. Es gelten die **beschriebenen Regeln.** Die Urlaubsdauer beläuft sich immer auf 20 Urlaubstage, unabhängig davon, an welchem Tag der AN nicht arbeitet.

11 **cc) Arbeitsverpflichtung an Sonn- und Feiertagen.** Probl. ist die Berechnung dann, wenn die Sonn- und Feiertage in die Verteilung der regelm. AZ einbezogen werden. Diese Schwierigkeit tritt zB bei kontinuierl. Wechselschicht auf. Die ges. Feiertage und die Sonntage gelten nicht als Werktage. Das bestimmt § 3 II, der an die Sonntagsruheregelung des § 9 ArbZG anknüpft (zur Liste der Feiertage EFZG § 2 Rn. 3). Die Sonn- und Feiertage müssen jedoch bei der Berechnung der Urlaubsdauer berücksichtigt werden, wenn die regelm. AZ auch auf den Sonntag und die ges. Feiertage verteilt wird. Das ist unter den Voraussetzungen der §§ 10 ff. ArbZG zulässig. Der Kellner in einem Gaststättenbetrieb (§ 10 I Nr. 4 ArbZG), der regelm. von Mittwoch bis Sonntag arbeitet, hat Anspruch auf 20 Tage Urlaub wie sein von Montag bis Freitag arbeitender Kollege. Bliebe der Sonntag bei der Berechnung unberücksichtigt, ergäbe sich nur ein Anspruch von 16 Tagen, obwohl eine fünftägige Arbeitsverpflichtung besteht. Ges. Feiertage und Sonntage sind daher bei der Bestimmung der individuellen Urlaubsmenge als Werktage anzusehen, wenn an ihnen regelm. gearbeitet wird (BAG 15.11.2005 AP BGB § 611 Arbeitnehmerähnlichkeit Nr. 12; 15.1.2013 NZA 2013, 1091; zust. *Hohmeister* Anm. AP TVöD § 26 Nr. 4). § 3 II steht dem nicht entgegen. Danach gelten als Werktage iSv. § 3 I alle Kalendertage, die nicht Sonntage oder ges. Feiertage sind. Diese Regelung soll ledigl. eine Verkürzung des Urlaubsanspruchs durch Einbeziehung von Tagen verhindern, an denen keine Arbeitspflicht besteht (BAG 15.1.2013 NZA 2013, 1091).

12 Die nötige Umrechnung hat Folgen für die Urlaubsgewährung und die Urlaubsvergütung (*Hohmeister* BB 2000, 406). Die Rspr. ist zunächst davon ausgegangen, an einem ges. Feiertag könne kein Urlaub gewährt und vergütet werden. Auch wenn der AN an einem Sonntag oder ges. Feiertag zu arbeiten gehabt hätte, wäre er im Betrieb verblieben (BAG 14.5.1964 AP BGB § 611 Urlaubsrecht Nr. 94). Davon ist das BAG später abgerückt: Wird der AN von seiner **Arbeitspflicht durch Urlaub an einem**

Feiertag befreit, an dem er sonst hätte arbeiten müssen, wird der Tag auf den Urlaub als gewährt angerechnet (Rn. 11). Der AN erhält das regelm. Arbeitsentgelt nach den Maßstäben des § 11.

c) Regelmäßige Verteilung der Arbeit auf weniger als fünf Tage. Wird die regelm. Arbeit auf weniger als fünf Tage in der Woche verteilt, gelten dies. Grds. Betroffen sind regelm. **TZKräfte** (Rn. 20; § 1 Rn. 6h), im Zug der AZVerkürzung und Flexibilisierung der AZ zunehmend aber auch Vollzeitbeschäftigte. Bei einer Verteilung der AZ auf vier (BAG 14.2.1991 NZA 1991, 777; 20.6.2000 NZA 2001, 622), drei oder zwei Werktage oder einen Werktag in der Woche ergibt sich ein Freistellungsanspruch des AN für 16, zwölf, acht und vier **ges. Urlaubstage** (zB für die einmal in der Woche tätige Reinigungshilfe im Haushalt; zum Übergang von Vollzeit auf TZ Rn. 20). Entspr. höher sind die **tarifl. Urlaubsansprüche,** wenn der TV von 30 Arbeitstagen Urlaub im Jahr bei einer Fünftagewoche ausgeht (sechs Wochen). 13

In diesen Fällen sind nicht die in der Woche geschuldeten Stunden heranzuziehen, um danach den Urlaub zu bemessen. Das Urlaubsrecht kennt kein Stunden-, sondern nur das Tageprinzip (BAG 8.5.2001 NZA 2001, 1254; Rn. 2; s. aber auch Rn. 15; § 1 Rn. 6h). Soweit das BAG einmal auf die ausgefallenen Stunden abgestellt hat (8.11.1994 NZA 1995, 743), diente die Berechnung ledigl. dazu, den Einwand zu widerlegen, die Umrechnung führe zu Ungleichbehandlungen bei der Berechnung des Urlaubsentgelts (ähnl. *Bengelsdorf* DB 1988, 1161). Die gegenteilige Auff. wird im Wesentlichen von der Sorge getragen, es könne zu Ungleichbehandlungen kommen, wenn der Urlaub immer nur an Tagen mit zeitl. hoher Arbeitspflicht gewährt werde. Die Sorge ist anges. der durch § 7 II gegebenen Erfüllungsmöglichkeiten des AG nicht berechtigt (**aA** *Danne* DB 1990, 1965, 1971). Vorteile durch eine höhere Urlaubsvergütung gleichen sich iÜ durch Nachteile beim nächsten Urlaub aus. Für AN **mit linearer stundenweiser Verkürzung** der AZ an sechs oder fünf Wochentagen kommt es ohnehin zu keiner Umrechnung oder nur zu der unter Rn. 6 dargestellten Berechnung in der Fünftagewoche (*Krasshöfer* AuA 1995, 299, 302). Das gilt für Vollzeitbeschäftigte und TZKräfte gleichermaßen. 14

Bes. Schwierigkeiten bereitet die Berechnung der Urlaubsdauer, wenn eine **Umverteilung der Arbeit im Lauf des Kj.** erfolgt wie beim Übergang von Vollzeitbeschäftigung zu TZBeschäftigung oder bei wöchentl. wechselnden AZ. In diesem Fall sind die Ansprüche für die entspr. Abschn. nach EuGH „Brandes“ und „Greenfield“ gesondert zu berechnen (13.6.2013 NZA 2013, 775; 11.11.2015 NZA 2015, 1501; **aA** BAG 28.4.1998 NZA 1999, 156 für den übertragenen Urlaub, das die Arbeitsverpflichtung im Urlaubszeitraum für maßgebend hält; § 7 Rn. 60; näher: § 1 Rn. 6h). Dem steht nicht entgegen, dass die Urlaubsdauer nach verstrichener Wartezeit zu Jahresbeginn zunächst feststeht, sich aber während des Urlaubsjahres verändert. § 5 kennt selbst Fälle der nachträgl. Berechnung. 15

d) Unregelmäßige Verteilung der Arbeitszeit. In vielen ArbVerh. ist die wöchentl. AZ nicht immer auf dies. Arbeitstage verteilt. Das gilt insb. bei wechselnden TZTätigkeiten (s. Rn. 14 f.; § 1 Rn. 6h, bei **rollierenden Systemen** und im **Schichtbetrieb**). In diesen Fällen ändert sich die Berechnungsformel insofern, als nicht mehr eine Woche der Berechnungsrahmen ist, sondern der Zeitraum, in dem sich der Arbeitsrhythmus nach dem betriebl. oder tarifl. Ablaufplan wiederholt. Das können Zeiträume zwischen zwei Wochen und einem ganzen Jahr sein (BAG 22.10.1991 NZA 1993, 79; 20.8.2002 NZA 2003, 1046; zu der Umrechnung nach § 26 I TVöD-AT aF im Zeitraum eines Kj. BAG 15.3.2011 AP TVöD § 26 Nr. 1; 14.3.2017 NZA-RR 2017, 376). Weiter ist darauf zu achten, an wie vielen Arbeitstagen in diesem Zeitraum eine Arbeitsverpflichtung besteht. 16

aa) Rollierendes Arbeitszeitsystem. Ist ein AN zB regelm. in der ersten Woche an vier Tagen und in der zweiten Woche an fünf Tagen zur Arbeit verpflichtet, sind die Arbeits- und Werktage rechnerisch zueinander in Beziehung zu setzen (BAG 14.1.1992 NZA 1992, 759; 19.4.1994 NZA 1995, 86). Der ges. Jahresurlaub beträgt auf der Berechnungsgrdl. von zwei Wochen 18 Urlaubstage (24 : 12 × 9). Je nach System können auch längere Zeiträume zur Berechnung herangezogen werden (BAG 20.8.2002 NZA 2003, 1046). 17

bb) Schichtarbeit. Der ges. Umf. des Urlaubs kann auch im Schichtdienst Veränderungen unterliegen. In der Rspr. ist das bisher nur zu tarifvertragl. Bestimmungen entschieden. Die tarifl. Dauer von 24 oder 30 Arbeitstagen Urlaub, die auf eine AZVerteilung an fünf Wochentagen abstellt, verändert sich, wenn die Durchführung eines betriebl. Schichtplans eine wöchentl. Arbeitsverpflichtung von durchschnittl. mehr oder weniger als fünf Tagen ergibt (BAG 8.11.1994 NZA 1995, 743; 8.11.1994 NZA 1995, 580). Ist die AZ nach einem Schichtplan so verteilt, dass eine Arbeitsverpflichtung unterschiedl. an zwei bis sechs Tagen in der Woche besteht, und wird die regelm. wöchentl. AZ nach 20 Wochen an 90 Tagen erreicht, beträgt der tarifl. Urlaub 27 Arbeitstage (20 Wochen mit fünf Tagen ergeben eine Arbeitspflicht an 100 Tagen; eine Arbeitspflicht an 90 Tagen ergibt eine Verringerung des Urlaubsanspruchs um ein Zehntel auf 27 Arbeitstage). § 46 Nr. 7 TVöD BT-V Bund verlangt für den Anspruch auf Zusatzurlaub von Feuerwehrpersonal im Schichtdienst zwar „Arbeitsleistung“. Entfällt die Arbeitspflicht jedoch aus den in S. 2 der Protokollerkl. zu § 27 Abs. 1 und 2 TVöD-AT genannten Gründen, sind diese Zeiten tats. Arbeitsleistung gleichzustellen. Sie mindern den Anspruch auf Zusatzurlaub nicht (BAG 21.9.2010 – 9 AZR 486/09). Bereitschaftsdienststunden, die in der Zeit von 21:00 Uhr bis 6:00 Uhr geleistet werden, sind durch Zusatzurlaub auszugleichende Nachtarbeitsstun- 18 den iSv. § 28 III TV-Ärzte/VKA (BAG 23.2.2011 NZA 2011, 1176). Die Zahl der Zusatzurlaubstage nach § 27 II lit. a) TV-L bezieht sich auf eine Fünftagewoche (BAG 19.2.2014 AP TV-L § 27 Nr. 1).

19 **cc) Verteilung über mehrere Kalenderjahre.** Wiederholt sich ein Arbeitsrhythmus nicht innerhalb eines Jahres, muss der Urlaubsanspruch anhand der Arbeitsverpflichtung in dem jeweiligen ganzen Kj. berechnet werden (BAG 22.10.1991 AP BUrlG § 3 Nr. 6; 5.11.2002 AP TVG § 1 Tarifverträge: Chemie Nr. 15). Das BAG geht in diesem Fall von einer Arbeitsverpflichtung an 260 Tagen in der Fünftagewoche (52 × 5) und von 312 Werktagen in der Sechstagewoche aus (BAG 19.4.1994 AP BUrlG § 1 Treueurlaub Nr. 3), wenn der TV keine andere Regelung enthält (zu abw. tarifl. Regelungen zB BAG 19.1.2010 NZA-RR 2010, 473; 19.1.2010 AP BUrlG § 7 Nr. 44). **Ges. Wochenfeiertage** lässt es mit der Begr. unberücksichtigt, hierfür bestünden ges. Sonderregelungen sowohl hins. der Arbeitsbefreiung als auch im Hinblick auf die Vergütung und ihre Berechnung (BAG 22.10.1991 NZA 1993, 79; 5.11.2002 AP TVG § 1 Tarifverträge: Chemie Nr. 15). Diese Begr. setzt sich nicht mit § 3 II auseinander. Die Bestimmung braucht letztl. auch nicht herangezogen zu werden. § 3 II enthält keine Berechnungsregel. Er bringt nur zum Ausdruck, dass an Sonn- und Feiertagen ohne Arbeitsverpflichtung kein Urlaub gewährt werden kann. Bei der Berechnung der Jahresurlaubsmenge bleiben die Wochenfeiertage stets unberücksichtigt, auch im Grundmodell. Ist die Urlaubsdauer eines an drei Tagen in der Woche beschäftigten AN auszurechnen (Rn. 13), lautet die Formel 24 : 6x 3, unabhängig davon, dass es in manchen Wochen keine sechs Werktage gibt. Nichts anderes gilt, wenn von der Jahresarbeitsverpflichtung ausgegangen werden muss. Die so ermittelten mögl. Arbeitstage und die Tage mit Arbeitspflicht sind nach der in Rn. 8 genannten Formel ins Verhältnis zu setzen.

20 **dd) Teilzeit.** TZArbeit muss **nicht regelm.** an bestimmten wiederkehrenden Wochentagen geschuldet sein. Es kommt zB eine Verpflichtung in Betracht, über einen längeren Zeitraum an jedem Werktag zu arbeiten und dann wochenweise keine Arbeit zu leisten (vgl. für Reinigungskräfte in der Schule BAG 19.4.1994 NZA 1994, 899). Der Berechnung ist dann ein längerer Zeitraum als eine Woche zugrunde zu legen. Dabei sind die Tage zu berücksichtigen, an denen der AN zur Arbeit verpflichtet ist (vgl. Rn. 17 bis 19). Beim Übergang von Vollzeit auf TZ gilt nach EuGH „Brandes" jdf. dann anderes, wenn der Urlaub während der Vollzeittätigkeit nicht gewährt werden konnte. § 4 Nr. 2 der Rahmenvereinb. über TZArbeit im Anhang der RL 97/81/EG idF der RL 98/23/EG verbietet in diesem Fall eine proportionale Kürzung im laufenden Urlaubsjahr (EuGH 13.6.2013 NZA 2013, 775; abw. noch BAG 28.4.1998 NZA 1999, 156; s. Rn. 13 ff.; § 1 Rn. 6h; zu wöchentl. wechselnden AZ und der nötigen getrennten Betrachtung EuGH 11.11.2015 NZA 2015, 1501 Rn. 32, 35 – Greenfield).

21 **e) Berücksichtigung bes. Umstände. aa) Tage ohne Arbeitspflicht.** Bei der individuellen regelm. AZ als **Ausgangswert** für die Berechnung des Urlaubsumf. im Kj. bleiben nicht nur Wochenfeiertage unberücksichtigt, sondern auch andere Tage, an denen der AN keine Arbeitspflicht hat. Die Tage sind Werk- und/oder Arbeitstage (Krankheit, Freistellungen nach Brauchtum [Rosenmontag], Betriebsausflug, unberechtigtes Fehlen). Davon zu unterscheiden sind die Rechtsfragen, die sich bei diesen Ereignissen im Zusammenhang mit der Erfüllung des Urlaubsanspruchs stellen (Rn. 5).

22 **bb) Arbeitskampf.** Nimmt der AN an einem Arbeitskampf teil, bleibt die Berechnung der Urlaubsmenge davon unberührt. Der Ausgangswert von sechs oder fünf Wochentagen oder hilfsweise von 250 oder 312 Jahresarbeitstagen wird nicht verändert. Davon zu unterscheiden ist die Aussage, dass einem AN, der sich an einem Arbeitskampf beteiligt, kein Urlaub gewährt werden kann (§ 1 Rn. 40; § 7 Rn. 24; GG Art. 9 Rn. 208). Sie betrifft die Frage der Erfüllung.

23 **cc) Kurzarbeit.** Anders verhält es sich bei Kurzarbeit, bei der an manchen Tagen der Woche nicht gearbeitet wird. Sie ist so zu behandeln wie eine dauerhafte Verringerung der Arbeitsverpflichtung, zB beim einzelvertragl. vereinbarten Übergang von Vollzeitbeschäftigung zu TZBeschäftigung (Rn. 20; § 1 Rn. 6h). Ggf. ist die Urlaubsmenge mehrfach im Jahr veränderl. Das kann dazu führen, dass mehr Urlaub gewährt wird, als dem AN letztl. zusteht (BAG 23.4.1996 NZA 1997, 265; § 5 Rn. 11).

24 **4. Unabdingbarkeit.** Die ges. Urlaubsdauer von 24 Werktagen ist unabdingbar. Das gilt auch für die Regelungsbefugnis der TVParteien. TV sehen jedoch regelm. einen längeren Urlaub als das G vor. Die „Tariffestigkeit" des ges. Mindesturlaubs ist für die Berechnung des Urlaubs bei einem **Ausscheiden in der zweiten Jahreshälfte** bedeutsam. Soweit tarifl. Kürzungsvorschr. den ges. Mindesturlaubsanspruch berühren, sind sie wegen GVerstoßes nichtig (§ 13 Rn. 9).

§ 4 Wartezeit

Der volle Urlaubsanspruch wird erstmalig nach sechsmonatigem Bestehen des Arbeitsverhältnisses erworben.

1 **1. Normzweck.** Die in § 4 seit 1963 unverändert geregelte Wartezeit beschreibt einen **Grds. des Urlaubsrechts.** Der AG schuldet dem AN eine Freistellung von der Arbeitspflicht bei Fortzahlung der Bezüge für den vollen Jahresurlaub erst nach einer gewissen Dauer des ArbVerh. Die wechselseitigen Beziehungen sind bis zu diesem Zpkt. so locker, dass die Lasten einer umfangr. Freistellung vom AG

noch nicht verlangt werden können. Haben sich die Beziehungen verfestigt, erwirbt der AN zu Beginn des siebten Monats einen vollen Anspruch im lfd. Kj. Das verstrichene Ende der Wartezeit ist **Voraussetzung für das Entstehen** des vollen Anspruchs aus dem BUrlG unabhängig von der gepl. oder zu erwartenden Dauer des ArbVerh. (Heimarbeiter: § 12 Rn. 15). Die Regelung des § 4 genügt iVm. den Bestimmungen des § 5 über den Teilurlaub den Anforderungen des Art. 7 I AZRL 2003/88/EG. Art. 7 I AZRL verbietet eine Regelung, die das Entstehen jedes Urlaubsanspruchs an eine Mindestbeschäftigungszeit bindet. Sie hindert die Mitgliedstaaten jedoch nicht daran, die Art und Weise der Ausübung des Rechts auf Jahresurlaub iE festzulegen (zB EuGH 24.1.2012 NZA 2012, 139). Zur **Abdingbarkeit** der ges. Wartezeitregelung durch TV, BV oder Einzelarbeitsvertrag § 13 Rn. 10 und 23 f. Zum Urlaubsanspruch bei ArbVerh. von einer Dauer unter einem Monat § 1 Rn. 17.

Von den zu Unrecht für mögl. gehaltenen Teilansprüchen des Vollurlaubs sind die **Teilurlaubsansprüche** aus § 5 I lit. a) und b) zu unterscheiden. Sie entstehen unter anderen Voraussetzungen (§ 5 Rn. 6, 11 bis 13 und 16) als der Vollurlaub und unterliegen anderen Regeln bei der Erteilung und Übertragung (§ 5 Rn. 10, 12, 17; § 7 Rn. 60, 63). 2

2. Beginn und Ende der Wartezeit. a) Beginn. Die Regelung über die Wartezeit ist eine ges. Fristbestimmung iSv. **§ 186 BGB**. Für den Fristbeginn sind die Auslegungsvorschr. des § 187 BGB anzuwenden. Das bedeutet: Soll ein ArbVerh. nach der vertragl. Übereinkunft mit dem Beginn des Tages aufgenommen werden, wie es regelm. in zeitl. früheren Arbeitsverträgen vereinbart wird, wird dieser Tag bei der Berechnung mitgezählt, auch wenn die Arbeitsaufnahme erst im Lauf des Tages erfolgt, § 187 II BGB. Ledigl. dann, wenn der vereinbarte Beginn des ArbVerh. ausnahmsweise nicht mit dem Beginn des Tages zusammenfällt, sondern eine Arbeitsaufnahme während des Kalendertages verabredet wird, wird der „erste" Tag nicht mitgezählt, § 187 I BGB. Ohne Bedeutung für den Fristbeginn ist der Zpkt. des Vertragsschlusses. Die Frist nach § 187 I oder § 187 II BGB beginnt auch, wenn der AN am ersten Tag zu spät kommt oder seine Tätigkeit zB wegen **Krankheit** überhaupt nicht aufnimmt. Selbst wenn er die verzögerte Arbeitsaufnahme verschuldet hat, wird der Tag mitgerechnet. Für die Berechnung der Wartezeit kommt es nicht auf die tats. Beschäftigung, sondern auf den rechtl. Bestand des ArbVerh. an. Fällt der erste Tag des ArbVerh. auf einen **Sonn- oder Feiertag** (zB auf den 1. Mai), wird er mitgerechnet. Das G verlangt keine Beschäftigung am ersten Tag. Dasselbe gilt, wenn das ArbVerh. am Rosenmontag beginnt und der AG seine AN wegen des rheinischen Brauchtums an diesem Tag von der Arbeit freistellt. 3

b) Ende. Die Wartezeit des AN endet gewöhnl. mit Ablauf des letzten Tages im sechsten Monat nach Beginn des ArbVerh., auch wenn dieser Tag ein **Sonn- oder Feiertag** ist (Schaub/*Linck* § 104 Rn. 26). § 193 BGB findet keine Anwendung (keine Abgabe einer Willenserkl., keine Leistungsbewirkung). Unbeachtl. ist auch, dass die Wartezeit nicht in dem Jahr endet, in dem das ArbVerh. begonnen hat. Das hat ledigl. Auswirkungen auf den Teilurlaub im ersten Beschäftigungsjahr (§ 5 Rn. 5 bis 9). Die Wartezeit endet auch mit Ablauf des sechsten Monats, wenn der AN **krank** war und ist. Krankheit **verlängert** die Wartezeit **nicht**. Das gilt sogar dann, wenn der AN während der gesamten sechs Monate krank war und keine Arbeitsleistung für den AG erbracht hat, auch wenn der AN die AU selbst verschuldet hat (allg. § 1 Rn. 6, 6a). Davon zu unterscheiden ist die unter den Voraussetzungen des § 7 zu bejahende Frage, ob der AN bei Genesung nach Ablauf der Wartezeit sofort Urlaub verlangen kann, obwohl er ggf. noch keinen Tag gearbeitet hat. In extremen Ausnahmefällen kann der Einwand der rechtsmissbräuchl. Berufung auf die verstrichene Wartezeit als Korrektiv herangezogen werden. Abw. vom G können die Arbeitsvertragsparteien vereinbaren, dass die Wartezeit mit der vereinbarten Aufnahme des neuen ArbVerh. nicht wieder beginnt und auch die Zeit der Unterbrechung auf die Sechsmonatsfrist angerechnet wird. Die Anrechnung der Unterbrechung auf die Wartezeit ist bei unklaren Erkl. regelm. nicht vereinbart. Besteht das ArbVerh. fort, **ruhen** aber seine Hauptleistungspflichten, wird die Zeit des Ruhens bei der Berechnung der Wartezeit **mitgerechnet**. Das gilt zB für Streik und suspendierende Aussperrung, für ein Beschäftigungsverbot nach dem MuSchG oder während der EZ. Auch in diesen Fällen kommt es nur auf den rechtl. Bestand des ArbVerh. an. 4

3. Erstmaliger Erwerb. Der AN muss die Wartezeit in einem fortdauernden ArbVerh. nur einmal erfüllen. In der Folgezeit entsteht sein jährl. Urlaubsanspruch immer zu Beginn des Urlaubsjahres am 1. Januar (BAG 18.3.2003 NZA 2003, 1111; 24.10.2006 NZA 2007, 230). Anders wird die Rechtslage beurteilt, wenn der AN mit Ablauf des sechsten Monats ausscheidet (dazu § 5 Rn. 9). Wird ein ArbVerh. nach dem Ende der Wartezeit **unterbrochen** und beginnt später ein neues ArbVerh., muss der AN die Wartezeit grds. erneut zurücklegen. Anderes gilt jdf. dann, wenn die Arbeitsvertragsparteien vor Beendigung ihres ArbVerh. vereinbaren, ein neues ArbVerh. zu begründen, und nur eine kurzfristige Unterbrechung eintritt. Die beiden ArbVerh. sind dann als Einheit zu betrachten. Hat der AN mit seiner Gesamtbeschäftigungsdauer die sechsmonatige Wartezeit erfüllt und scheidet er in der zweiten Hälfte des Kj. aus, entsteht ein Anspruch auf Vollurlaub (Umkehrschluss aus § 5 I lit. c): BAG 20.10.2015 NZA 2016, 159; abw. noch 15.11.2005 AP BGB § 611 Arbeitnehmerähnlichkeit Nr. 12; *Ley* BB 2016, 448; *Zaumseil* DB 2016, 1820). Der **Wechsel des Arbeitsplatzes**, auch von einem Betrieb in einen anderen Betrieb desselben AG, führt nicht dazu, dass die Wartezeit erneut erfüllt werden muss. 5

Dasselbe gilt beim **Betriebsübergang** nach § 613a BGB (*Leinemann/Lipke* DB 1988, 1217). Der Wechsel des rechtl. Status in einem einheitl. Rechtsverhältnis (arbeitnehmerähnl. Person wird AN; Auszubildender wird Geselle) setzt keine neue Wartezeit mit Beginn der andersartigen Tätigkeit in Gang.

§ 5 Teilurlaub

(1) **Anspruch auf ein Zwölftel des Jahresurlaubs für jeden vollen Monat des Bestehens des Arbeitsverhältnisses hat der Arbeitnehmer**

a) für Zeiten eines Kalenderjahres, für die er wegen Nichterfüllung der Wartezeit in diesem Kalenderjahr keinen vollen Urlaubsanspruch erwirbt;

b) wenn er vor erfüllter Wartezeit aus dem Arbeitsverhältnis ausscheidet;

c) wenn er nach erfüllter Wartezeit in der ersten Hälfte eines Kalenderjahres aus dem Arbeitsverhältnis ausscheidet.

(2) **Bruchteile von Urlaubstagen, die mindestens einen halben Tag ergeben, sind auf volle Urlaubstage aufzurunden.**

(3) **Hat der Arbeitnehmer im Falle des Absatzes 1 Buchstabe c bereits Urlaub über den ihm zustehenden Umfang hinaus erhalten, so kann das dafür gezahlte Urlaubsentgelt nicht zurückgefordert werden.**

1 **1. Normzweck.** Mit § 5 wird dem AN, dessen ArbVerh. im lfd. Kj. **beginnt oder endet**, nur in geringerem Umf. ein Anspruch auf Befreiung von der Arbeitspflicht zugestanden als einem AN, dessen ArbVerh. während des gesamten Urlaubsjahres besteht. Die Regelungen des § 5 beruhen auf der **Überlegung**, dass der AN in diesen Fällen Zeit zur Erholung braucht, der AG aber nicht in dem Umf. mit Freistellungspflichten belastet werden soll wie durch einen AN in einem bereits länger bestehenden oder sich fortsetzenden ArbVerh.

2 Im ersten Abs. der Bestimmung sind **verschiedene Fälle** zusammengefasst. Unter den lit. a) und b) ist der Anspruch auf **Teilurlaub** anstelle des Anspruchs auf Vollurlaub geregelt. Demggü. wird in lit. c) ein (nachträgl.) **gekürzter Vollurlaub** beschrieben. Für diesen Fall schließt sich (an dieser Stelle systemfremd) eine Anordnung für die Behandlung von Urlaubsentgelt in Abs. 3 an. Eine Aufrundungsvorschr. in Abs. 2 für bestimmte Fallgestaltungen ergänzt die Teilurlaubsregelung des G. Die Bestimmung findet keine Anwendung, wenn der AN nach Erfüllung der Wartezeit in der zweiten Jahreshälfte ausscheidet (BAG 24.10.2006 NZA 2007, 330). In diesem Fall besteht ein Vollurlaubsanspruch.

3 § 5 folgt nicht dem früher übl. Stichtagsprinzip, sondern dem **Zwölftelungsgrds.**, der sich bereits in den LänderG und im JArbSchG fand und den auch TVParteien regelm. vereinbaren (zur Abdingbarkeit der Regelungen § 13 Rn. 11 bis 16). Deshalb kann von einem feststehenden **Grds. des Urlaubsrechts** gesprochen werden. Das Prinzip ist allerdings nicht übergreifend in dem Sinn zu verstehen, dass eine Zwölftelung von anderweitigen Urlaubsansprüchen auch dann vorzunehmen ist, wenn die betr. Regelung schweigt. Der Katalog des § 5 I ist für ges. Ansprüche abschl. Eine eigene Zwölftelungsregelung enthält § 125 II SGB IX/§ 208 II SGB IX nF in der seit 1.5.2004 geltenden Fassung des SGB IX (zum alten Recht zB BAG 21.2.1995 NZA 1995, 746; 25.3.2003 NZA 2004, 43; vgl. auch SGB IX § 208 Rn. 3). Nur für tarifl. Ansprüche kann der Zwölftelungskatalog etwa in der Weise erweitert werden, dass sich der Urlaubsanspruch auch bei einem Ausscheiden in der zweiten Jahreshälfte ant. verringert (zu der Vereinbarkeit solcher Tarifnormen mit § 3 I BAG 24.10.2000 NZA 2001, 663; § 13 Rn. 10).

4 Das Zwölftelungsprinzip ist in der Praxis des Arbeitslebens anerkannt. Rechtsstreitigkeiten dazu sind selten. Sie betreffen im Wesentlichen die Anwendbarkeit des § 5 auf andere Urlaubstatbestände wie Tarifurlaub oder den Zusatzurlaub aus dem SGB IX (*Dörner* DB 1995, 1174). Die ges. Regelung genügt den Anforderungen des Art. 7 I AZRL 2003/88/EG (§ 4 Rn. 1). Diese Vorgabe verbietet nur eine Regelung, die das Entstehen jedes Urlaubsanspruchs an eine Mindestbeschäftigung knüpft (EuGH 20.1.2009 NZA 2009, 135; 24.1.2012 NZA 2012, 139; § 1 Rn. 6 ff.).

5 **2. Teilurlaub nach § 5 I lit. a). a) Abgrenzung zu § 5 I lit. b).** § 5 I lit. a) ist nicht anzuwenden, wenn bei Begr. des ArbVerh. bereits feststeht, dass der AN noch vor Ablauf der Wartezeit **ausscheidet**. Die Norm regelt nur den Teilanspruch für einen neuen AN in einem **Dauerschuldverhältnis**, wie die bes. Übertragungsregel des § 7 III 4 zeigt. Ist das ArbVerh. von vornherein auf einen Zpkt. vor Ablauf der Wartezeit befristet, kann der AN einen Teilurlaubsanspruch nur aus § 5 I lit. b) haben. Das gilt iE auch, wenn ein ArbVerh., auf das zunächst § 5 I lit. a) anzuwenden ist, noch vor dem Jahresende beendet wird (Rn. 7).

6 **b) Entstehung und Fälligkeit.** Der **volle Urlaubsanspruch** wird nach § 4 mit dem Ende der Wartezeit erworben. Unter den Voraussetzungen des § 5 I lit. a) hat der AN einen Anspruch auf Teilurlaub. Das G bestimmt damit nicht, wann der **Teilurlaub** erworben wird und wann ihn der AN verlangen kann. Der Anspruch entsteht mit dem Beginn des ArbVerh., wenn zu diesem Zpkt. feststeht, dass der

wurde. Die Bescheinigung ist **schriftl.** zu erstellen. Eine mdl. Auskunft an den AN oder den FolgeAG genügt nicht. Die Urlaubsbescheinigung kann in einem einfachen Zeugnis enthalten sein, nicht in einem qualifizierten Zeugnis.

b) Erfüllung und Durchsetzung des Anspruchs. Der AG hat die Bescheinigung nicht nur auf Verlangen, sondern unaufgefordert mit den anderen Papieren des AN am letzten Tag zur Abholung zur Vfg. zu stellen oder sie rechtzeitig zu übersenden. Er hat kein Zurückbehaltungsrecht an der Bescheinigung. Weigert sich der AG, eine Bescheinigung auszustellen, kann der AN Klage auf **Herstellung und Herausgabe** erheben. Er kann auch auf Erg. und Berichtigung klagen, wenn die Bescheinigung unzutr. Angaben oder überflüssige, die Rechte des AN beeinträchtigende Inf. enthält. Eine **einstweilige Vfg.** auf Herausgabe dürfte regelm. daran scheitern, dass ein Verfügungsgrund nicht gegeben ist. 5

c) Rechte des neuen Arbeitgebers. Aus § 6 I kann kein Anspruch des neuen AG gegen den alten AG auf Erteilung einer Abschrift oder Kopie oder gegen den AN auf Überlassung der oder Einsicht in die Urlaubsbescheinigung hergeleitet werden. Der neue AG kann allerdings ggü. dem AN, der sich weigert, eine Urlaubsbescheinigung vorzulegen, die **Erfüllung** des bei ihm entstehenden Urlaubsanspruchs mit der Begr. **verweigern**, der AN habe bereits den vollen Urlaub für das Kj. erhalten. In einem Prozess hat der AG seine Behauptung zu beweisen. Den AN trifft dabei eine prozessuale Mitwirkungspflicht, die er regelm. durch Vorlage der Bescheinigung erfüllen kann. 6

§ 7 Zeitpunkt, Übertragbarkeit und Abgeltung des Urlaubs

(1) [1]**Bei der zeitlichen Festlegung des Urlaubs sind die Urlaubswünsche des Arbeitnehmers zu berücksichtigen, es sei denn, daß ihrer Berücksichtigung dringende betriebliche Belange oder Urlaubswünsche anderer Arbeitnehmer, die unter sozialen Gesichtspunkten den Vorrang verdienen, entgegenstehen.** [2]**Der Urlaub ist zu gewähren, wenn der Arbeitnehmer dies im Anschluß an eine Maßnahme der medizinischen Vorsorge oder Rehabilitation verlangt.**

(2) [1]**Der Urlaub ist zusammenhängend zu gewähren, es sei denn, daß dringende betriebliche oder in der Person des Arbeitnehmers liegende Gründe eine Teilung des Urlaubs erforderlich machen.** [2]**Kann der Urlaub aus diesen Gründen nicht zusammenhängend gewährt werden, und hat der Arbeitnehmer Anspruch auf Urlaub von mehr als zwölf Werktagen, so muß einer der Urlaubsteile mindestens zwölf aufeinanderfolgende Werktage umfassen.**

(3) [1]**Der Urlaub muß im laufenden Kalenderjahr gewährt und genommen werden.** [2]**Eine Übertragung des Urlaubs auf das nächste Kalenderjahr ist nur statthaft, wenn dringende betriebliche oder in der Person des Arbeitnehmers liegende Gründe dies rechtfertigen.** [3]**Im Fall der Übertragung muß der Urlaub in den ersten drei Monaten des folgenden Kalenderjahres gewährt und genommen werden.** [4]**Auf Verlangen des Arbeitnehmers ist ein nach § 5 Abs. 1 Buchstabe a entstehender Teilurlaub jedoch auf das nächste Kalenderjahr zu übertragen.**

(4) **Kann der Urlaub wegen Beendigung des Arbeitsverhältnisses ganz oder teilweise nicht mehr gewährt werden, so ist er abzugelten.**

I. Geschichte und Zweck der Vorschrift

§ 7 wurde zweimal geänd. Zunächst wurde § 7 II durch Art. II § 2 des **HeimarbeitsÄndG** v. 29.10.1974 (BGBl. I S. 2879) um seinen heutigen S. 2 ergänzt. Das gesundheitspolitische Anliegen des Gesetzgebers von 1963 sollte damit noch einmal bes. betont werden. Mit dieser Novelle wurde auch **§ 7 IV 2 gestrichen.** Danach galt die Abgeltungsregelung des § 7 IV 1 nicht, „wenn der AN durch eigenes Verschulden aus einem Grund entlassen ist, der eine fristlose Kündigung rechtfertigt, oder das ArbVerh. unberechtigt vorzeitig gelöst hat und in diesen Fällen eine grobe Verletzung der Treuepflicht aus dem ArbVerh. vorliegt". Beide Änd. waren nötig, um das IAOÜbk. Nr. 132 v. 24.6.1970 ratifizieren zu können (G v. 30.4.1975, BGBl. II S. 745; dazu Rn. 21, 35, 75; § 1 Rn. 20). Die letzte Änd. der Vorschr. betraf § 7 I. Durch Art. 57 Nr. 1 PflegeVG v. 26.5.1994 (BGBl. I S. 1014, 1068) wurde mWv. 1.6.1994 der jetzige S. 2 eingefügt (Rn. 20). 1

§ 7 ist eine der zentralen Vorschr. des BUrlG. Seine Bestimmungen enthalten wesentl. Grundregeln des Urlaubsrechts zur Erfüllung des entstandenen Urlaubsanspruchs in den Abs. 1 und 2, zu seiner Befristung und Übertragung in Abs. 3 und zur Abgeltung in Abs. 4. 2

II. Gewährung des Urlaubs

1. Allgemeines. Die Vorschr. des § 7 I und II regeln die **Erfüllung** des Urlaubsanspruchs durch Gewährung des Urlaubs. Sie wurden in der Rspr. des BAG unterschiedl. interpretiert (Ausübung einer direktionsrechtl. Befugnis unter Beachtung der von § 315 BGB gesetzten Grenzen: BAG 12.10.1961 AP BGB § 611 Urlaubsrecht Nr. 84 einerseits und Erfüllung einer ges. Schuld: BAG 18.12.1986 NZA 1987, 633 andererseits). Das ist mit dem wechselnden Verständnis vom Inhalt des Urlaubs- 3 anspruchs zu erklären (§ 1 Rn. 7). Die Unterscheidung hat zB bei der Beurteilung einer ordnungsgemäßen Erfüllung und beim sog. Widerruf einer Urlaubserteilung Bedeutung (Rn. 26).

4 a) **Freistellung von der Arbeitspflicht. aa) Willenserklärung.** Urlaub wird durch eine Erkl. des AG gewährt, mit der er den AN für eine bestimmte Zeit von der vertragl. geschuldeten Arbeitsleistung befreit. Der ges. Urlaubsanspruch ist nach nationalem Verständnis (s. zum Verständnis des EuGH vom Begriff des Jahresurlaubs im Unionsrecht des Art. 7 AZRL 2003/88/EG § 1 Rn. 6 ff., § 11 Rn. 1, 2, 27) der durch das BUrlG bedingte Freistellungsanspruch des AN gegen den AG auf Befreiung von der arbeitsvertragl. geschuldeten Arbeitspflicht (zB BAG 20.9.2011 NZA 2012, 326; § 1 Rn. 7). Damit ist zugleich die schuldrechtl. Rollenverteilung im Urlaubsrecht gekennzeichnet. Der AG ist Schuldner des Anspruchs, den er durch Abgabe der **Freistellungserkl.** zu erfüllen hat (**Erfüllungshandlung,** BAG 17.5.2011 NZA 2011, 1032). Die Freistellungserkl. ist eine empfangsbedürftige Willenserkl., die erst mit Zugang beim AN nach oder entspr. § 130 I 1 BGB wirksam wird (BAG 17.5.2011 NZA 2011, 1032). Weitere Handlungen des AG verlangt das G nicht. Mit der Freistellungserkl. hat er die von ihm geschuldete Handlung vorgenommen (BAG 9.8.1994 NZA 1995, 174). Der **Leistungserfolg** tritt ein, wenn der AN infolge der Freistellungserkl. tats. von der Arbeitspflicht befreit wird (BAG 24.3.2009 NZA 2009, 538; 17.5.2011 NZA 2011, 1032), im „Urlaub“ also auch keine E-Mails oder Anrufe des AG bearbeitet (*Däubler* SR 2016, 2, 19 f.).

5 **bb) Zeitpunkt.** Die Freistellungserkl. wird regelm. abgegeben, nachdem der Urlaubsanspruch **entstanden** und **fällig** geworden ist (§ 1 Rn. 21). Sie kann aber auch schon vorher mit der Maßgabe abgegeben werden, dass der Erfüllungserfolg erst eintreten soll, wenn der Anspruch entstanden ist (Urlaubserteilung im November für den 2. 1. bis 15. 1. des Folgejahres; BAG 23.1.1996 NZA 1996, 1101; 11.7.2006 AuA 2007, 52). Die Freistellung von der vertragl. geschuldeten Arbeitspflicht zur Erfüllung des Urlaubsanspruchs kann nicht erklärt werden, wenn bereits eine **andere Freistellungserkl.** für denselben Zeitraum abgegeben ist. Dem AG obliegt es als Schuldner verschiedener Freistellungsansprüche des AN zu bestimmen, welcher Anspruch des AN erfüllt werden soll (BAG 24.3.2009 NZA 2009, 538; 16.7.2013 – 9 AZR 50/12). Hat er eine Erfüllungshandlung erbracht, kann er nicht später die Anspruchsgrdl. für die getilgte Leistung mit einem anderen Anspruch austauschen. Die Tilgungsbestimmung nach § 366 I BGB hat er bei der Leistung und nicht nach der Leistung vorzunehmen (BAG 11.7.2006 AuA 2007, 52). Die Freistellung kann auch nicht unter Vorbehalt gewährt werden. Die Freistellung ist keine Tatsache, die rückgängig gemacht werden könnte (BAG 16.3.1999 AP BUrlG § 7 Übertragung Nr. 25).

6 **cc) Form und Inhalt.** Die Freistellung des AN zu dem Zweck, Erholungsurlaub zu gewähren, erfolgt durch einseitige empfangsbedürftige Willenserkl. (BAG 17.5.2011 NZA 2011, 1032; 12.11.2013 NZA 2014, 383: regelm. Erfüllungs-, nicht Verpflichtungshandlung). Die Freistellungserkl. muss **hinreichend deutl.** erkennen lassen, dass eine Befreiung von der Arbeitspflicht zur Erfüllung des ges. oder tarifl. Anspruchs auf Urlaub erteilt wird. Sonst handelt es sich nicht um Urlaubsgewährung (BAG 24.3.2009 NZA 2009, 538). Denkbar ist, dass der AG ein Annahmeverweigerungsrecht als Gläubiger der Arbeitsleistung des AN geltend macht oder als Schuldner eine andere Freistellungserkl. abgibt, zB nach einem BildungsurlaubsG der Länder (§ 15 Rn. 3), zur Erfüllung eines tarifl. Sonderurlaubsanspruchs (BAG 1.10.1991 NZA 1992, 1078; 6.9.1994 NZA 1995, 953), zur Erfüllung eines Freizeitausgleichsanspruchs wegen Mehrarbeit (BAG 25.1.1994 NZA 1994, 652). Der Urlaubsanspruch wird während eines tätigkeitsbezogenen generellen mutterschutzrechtl. Beschäftigungsverbots nicht erfüllt (BAG 9.8.2016 NZA 2016, 1392; zust. *Kapeller* AuR 2017, 171; iE EUArbR/*Gallner* RL 2003/88/EG Art. 7 Rn. 26). Der AG kann den AN auch aus einem sonstigen Grund von der Arbeit freistellen, zB aufgrund einer in einem gerichtl. Vergleich eingegangenen Verpflichtung (BAG 31.5.1990 NZA 1990, 935). Nach der außerordentl. Kündigung eines zuvor vom AN ordentl. gekündigten ArbVerh. kann der AG nicht hilfsweise Urlaub gewähren. Er kann nach der Kündigungserkl. nicht als Gläubiger die Annahme der vom AN angebotenen Arbeitsleistung verweigern und gleichzeitig als Schuldner Urlaub erteilen (**aA** BAG 14.8.2007 NZA 2008, 473; 20.1.2009 – 9 AZR 650/07 –; 24.3.2009 NZA 2009, 538). Wird dem BAG gefolgt, kann Urlaub nur wirksam gewährt werden, wenn der AG die Urlaubsvergütung vor Antritt des Urlaubs zahlt oder vorbehaltlos zusagt (BAG 10.2.2015 NZA 2015, 998; 19.1.2016 NZA 2016, 1144). Die Freistellungserkl. muss ferner deutl. machen, welchen Urlaubsanspruch der AG erfüllen will, den gekürzten Vollurlaubsanspruch oder den Vollurlaubsanspruch (BAG 17.5.2011 NZA 2011, 1032).

7 Ist die Erkl. nicht klar genug, ist nicht bestimmbar, ob der AG die geschuldete Leistung oder eine andere Leistung bewirkt oder er nur als Gläubiger auf die Annahme der Arbeitsleistung verzichtet hat (BAG 25.1.1994 NZA 1994, 652; 9.6.1998 NZA 1999, 80). Das ist manchmal bei Kündigungen mit langer Kündigungsfrist zu beobachten (BAG 18.12.1986 NZA 1987, 633). In allen Fällen ohne eindeutige Erkl., wie zB beim „Verzicht auf weitere Anwesenheit im Betrieb“, bleibt der Urlaubsanspruch des AN erhalten (BAG 24.3.2009 NZA 2009, 538; 17.5.2011 NZA 2011, 1032). Auch Erkl. des AG wie „nicht genommenen Urlaub nehmen Sie bitte iRd. Freistellung“ sind nur dann eine ordnungsgemäße Erfüllung, wenn aus der Erkl. und den sonstigen Umständen zu ermitteln ist, dass die ersten Tage der Freistellung als gewährte Urlaubstage anzusehen sind (vgl. LAG N 29.8.2006 ZTR 2007, 104 – Rechts-

gedanke des § 366 II BGB). Mögl. ist auch die Auslegung, dass die Parteien konkludent einen Vertrag über die Tilgungsbestimmung durch den Gläubiger geschlossen haben, sodass eine bestimmte Anzahl von Tagen innerhalb der Freistellung als gewährte Urlaubszeit anzusehen ist (s. aber BAG 14.3.2006 AP BUrlG § 7 Nr. 32; 6.9.2006 NZA 2007, 39, wo es als ausreichend angesehen wird, dem AN die Bestimmung des Urlaubszeitraums zu überlassen). Ist durch Auslegung keine Erfüllung festzustellen, kann dem fortbestehenden (Ersatz-)Anspruch des AN nicht mit dem Hinweis auf Rechtsmissbrauch nach § 242 BGB begegnet werden (**aA** BAG 6.9.2006 NZA 2007, 39). Die stillschweigende Entgegennahme eines Urlaubswunschs, insb. in Form der Eintragung in eine im Betrieb umlaufende **Urlaubsliste**, ist regelm. nicht als Urlaubserteilung anzusehen (BAG 24.9.1996 NZA 1997, 507). Anderes kann ausnahmsweise gelten, wenn den Eintragungen in die Liste jahrelang ohne weitere Erkl. des AG entsprochen wurde (LAG HE 8.7.1996 – 11 Sa 966/95) und deshalb von einer konkludenten Urlaubsgewährung durch den AG auszugehen ist (zur Bedeutung der Urlaubsliste Rn. 16).

dd) Darlegungs- und Beweislast. Für die Abgabe und den Zugang der Willenserkl. gelten §§ 130 ff. BGB (BAG 23.1.1996 NZA 1996, 1101; 24.3.2009 NZA 2009, 538). Beruft sich der AG auf die Erfüllung seiner urlaubsrechtl. Freistellungsverpflichtung, muss er iE darlegen und ggf. beweisen, dass er ggü. dem AN eine entspr. Freistellungserkl. abgegeben hat und diese Erkl. dem AN zugegangen ist (LAG RP 6.5.2014 – 7 Sa 540/13). 8

b) Selbstbeurlaubung. Der AN als Gläubiger des Urlaubsanspruchs kann die Schuld des AG nicht dadurch erfüllen, dass er sich selbst beurlaubt. Nach dem BUrlG ist eine „Selbstbeurlaubung" **ausgeschlossen**, auch wenn das Urlaubsjahr vergeht, das Ende des Übertragungszeitraums bevorsteht oder das ArbVerh. gekündigt ist und nur noch die Dauer der Kündigungsfrist für eine Urlaubsgewährung zur Vfg. steht (BAG 25.1.1994 NZA 1994, 652; 25.10.1994 NZA 1995, 591). Das entspricht der hM im Schrifttum (Schaub/*Linck* § 104 Rn. 81; *Schiefer* NZA 2012, 132, 137). Die Vorschr. des **Selbsthilferechts** aus §§ 229 ff. BGB und des **Zurückbehaltungsrechts** aus § 273 BGB kommen nicht zur Anwendung, weil die Abs. 1 und 2 des § 7 Spezialregelungen sind. Eine Selbstbeurlaubung scheidet auch aus, wenn der AN im gewährten Urlaub krank wird und nach seiner Genesung den nach § 9 nicht verbrauchten Urlaub nehmen will (§ 9 Rn. 5). Auch dann ist eine Erkl. des AG erforderl., mit der er den AN von der Arbeit freistellt (BAG 19.3.1996 NZA 1996, 942). Bei arbeitnehmerähnl. Personen kann je nach vertragl. oder tarifl. Gestaltung die Anzeige des Urlaubs durch die arbeitnehmerähnl. Person genügen (BAG 19.5.2009 – 9 AZR 135/08; **aA** die 10. Aufl. Rn. 9). Die Selbstbeurlaubung ist bei AN eine **Vertragsverletzung** und kann die Kündigung eines ArbVerh. rechtfertigen (BAG 22.1.1998 NZA 1998, 708; 16.3.2000 NZA 2000, 1332). Jdf. entfällt der Vergütungsanspruch des AN für die Zeit der Selbstbeurlaubung (BAG 25.10.1994 NZA 1995, 591). Hat sich der AN selbst beurlaubt, ist der AG nicht berechtigt und verpflichtet, die Zeit **nachträgl.** als **Urlaub „anzurechnen"**. Soweit das in der Praxis geschieht, liegt darin keine Erfüllung der ges. oder tarifl. Schuld, sondern allenfalls die Erfüllung einer außerges., einzelvertragl. Schuld. Urlaubsgewährung ist die Befreiung von der Arbeitspflicht für einen bestimmten künftigen Zeitraum. Das schließt die nachträgl. Behandlung einer Selbstbeurlaubung als Erfüllung einer ges. oder tarifl. Schuld auf Urlaubserteilung aus (BAG 25.10.1994 NZA 1995, 591). Der AG muss den vermeintl. erfüllten Urlaub noch gewähren, wenn der AN später darauf besteht (regelm. durch Abgeltung bei Beendigung des ArbVerh. und vorangegangenem Streit darüber). Dasselbe gilt für eine zu Unrecht aus anderen Gründen erfolgte Freistellung. Sie kann nicht nachträgl. in eine Urlaubsgewährung „umgewidmet" werden (zum AZVerkürzungstag nach dem BAT in der bis 31.12.2002 geltenden Fassung BAG 11.7.2006 AuA 2007, 52). 9

2. Die zeitl. Festlegung des Urlaubs. Der AG als Schuldner des Anspruchs auf Arbeitsbefreiung nach dem BUrlG ist nicht frei bei der Festlegung, an welchen Tagen des Urlaubsjahres er den Urlaub des AN erfüllen will. Insb. unterliegt die Festsetzung des Urlaubszeitraums nicht seinem billigen Ermessen nach § 315 BGB (BAG 18.12.1986 NZA 1987, 379) oder den Bestimmungen des § 243 BGB über die Erfüllung einer Gattungsschuld (BAG 9.8.1994 NZA 1995, 174). Alleiniger Maßstab für die ordnungsgemäße Erfüllung der Schuld „Urlaubserteilung" sind **§ 7 I und II** oder die entspr. Tarifvorschr. Die Urlaubserteilung ist nicht Teil des arbeitgeberseitigen Direktionsrechts (wie hier Schaub/*Linck* § 104 Rn. 77). Der AG übt kein Weisungsrecht eines Gläubigers aus, sondern kommt seiner Pflicht als Schuldner nach. 10

a) Urlaubserteilung ohne vorherigen Wunsch des AN. Meldet der AN (zunächst) keine Urlaubswünsche an, ist der AG berechtigt, aber nach bisheriger Rspr. des BAG nicht verpflichtet (BAG 24.3.2009 NZA 2009, 538), den Urlaubszeitraum von sich aus zu bestimmen (BAG 15.9.2011 NZA 2012, 377; vgl. aber das Vorabentscheidungsersuchen des BAG in der Sache Max Planck Gesellschaft zur Förderung der Wissenschaften [13.12.2016 NZA 2017, 271] und die Schlussanträge v. GA Tanchev in der Sache King v. 8.6.2017 [C-214/16]). Die Erkl., für einen bestimmten Zeitraum Urlaub zu erteilen, ist grds. eine ordnungsgemäße Erfüllung der Schuld. Eine vorherige Meldung des AN, eine „Inanspruchnahme" setzt das G nicht voraus (BAG 22.9.1992 NZA 1993, 406). Akzeptiert der AN die Leistungshandlung des AG, ist der Anspruch erfüllt (BAG 15.6.2004 NZA 2005, 354). Spätestens wenn 11 der AN den Urlaub nimmt, ist von einer Annahme der Leistung auszugehen (BAG 19.9.2000 NZA 2002, 221).

12 Der AN ist aber nicht gehalten, die Bestimmung des Urlaubszeitraums hinzunehmen. Er kann auch jetzt noch seine Wünsche äußern und die Urlaubserteilung für den vom AG festgelegten Zeitraum ablehnen. Der AG hat mit der Freistellungserkl. seine Schuld konkretisiert. Da er den AN jedoch nicht nach seinen Wünschen gefragt hat, wie es das G verlangt, kann der AN eine nicht ordnungsgemäße Konkretisierung rügen und ein **Annahmeverweigerungsrecht** geltend machen (BAG 6.9.2006 NZA 2007, 39; *Schiefer* NZA 2012, 132, 137). In anderen Entsch. wird von der „Akzeptanz" der Freistellung durch den AN (BAG 15.6.2004 NZA 2005, 354; 14.3.2006 AP BUrlG § 7 Nr. 32) oder der fehlenden Äußerung eines anderweitigen Urlaubswunschs gesprochen (BAG 23.1.2001 NZA 2001, 597; 11.4.2006 AP BUrlG § 7 Übertragung Nr. 28). Inhaltl. ist damit dasselbe wie mit dem Begriff „Annahmeverweigerungsrecht" gemeint, ein Hinweis des Gläubigers auf die nicht ordnungsgemäße Erfüllung. In § 7 ist diese Befugnis nicht unmittelbar zu finden. Soweit das Annahmeverweigerungsrecht § 7 III 2 entnommen wird, ist dem nicht zuzustimmen. Diese Vorschr. hebt nur die Befristung des Urlaubsanspruchs auf das Kj. durch eine ges. angeordnete Übertragung des Urlaubs auf das erste Quartal des Folgejahres auf, wenn der AN seinen Urlaub aus den dort genannten Gründen nicht verlangt hat. Sie besagt nichts darüber, wann der AN die Annahme der vom AG geschuldeten Leistung „Erteilung des Urlaubs" verweigern darf.

13 Das **Annahmeverweigerungsrecht** leitet sich vielmehr aus dem Gedanken ab, der den Annahmeverzugsvorschr. der §§ 293 ff. BGB zugrunde liegt: Der Gläubiger gerät mit der Annahme nicht in Verzug, wenn er berechtigt ist, die Annahme der Leistung zu verweigern. Das trifft bei einer Urlaubserteilung zu, wenn der AN nicht zuvor nach seinen Wünschen gefragt wird. Er kann geltend machen, dass die Konkretisierung der über das ganze Jahr bestehenden Freistellungsverpflichtung auf den vom AG ausgesuchten Zeitraum nicht in der vom G vorgesehenen Art und Weise vorgenommen wurde und ihm deshalb Urlaub zur **Unzeit** gewährt werden soll. Er kann die Annahme der Arbeitsbefreiung verweigern, ohne in Annahmeverzug zu kommen.

14 Der AN kann im Grds. **jeden Grund** äußern, weshalb er die angebotene Leistung des AG nicht annehmen will. Er ist nicht auf einen wichtigen Grund oder einen Grund iSd. § 7 III 2 angewiesen. Ein Hinweis auf eine von den Vorstellungen des AG abw. Urlaubsplanung genügt (Schaub/*Linck* § 104 Rn. 76). Der AN äußert dann einen vom G nicht eingeschränkten Wunsch iSd. § 7 I 1. Der AG muss ihm nachkommen, es sei denn, er hat seinerseits für den vom AN genannten Zeitraum ein Leistungsverweigerungsrecht (Rn. 16 ff.). In diesem Fall muss der AN überlegen, ob er doch den zuerst angebotenen Urlaub annehmen oder er seinen Urlaubswunsch für einen dritten Zpkt. rechtzeitig vor dem Ende des Urlaubsjahres anmelden will. Diese Rechte stehen dem AN grds. auch zu, wenn der AG Betriebsferien anordnet (LAG D 20.6.2002 BB 2003, 156).

15 Das Annahmeverweigerungsrecht kann der AN auch dann für sich in Anspruch nehmen, wenn der AG den Urlaub in die **Kündigungsfrist** legt, solange noch Raum für eine anderweitige Urlaubsgewährung bleibt (offengelassen von BAG 22.9.1992 NZA 1993, 406; weiter gehend *Reinecke* AuR 2013, 19, 21 ff.). Der AN kann die Annahme regelm. nicht verweigern, wenn die Kündigungsfrist so kurz bemessen ist, dass der Urlaub nur in dem vom AG bestimmten Zeitraum gewährt werden kann. Der AN kann mit dem Annahmeverweigerungsrecht nicht das Ziel verfolgen, die **Urlaubserteilung** überhaupt zu verhindern, um in den Genuss einer Abgeltung zu kommen. Die Ziele des BUrlG und des Unionsrechts (Art. 7 II AZRL 2003/88/EG), die Freistellung zur Erholung zu sichern, verdrängen das Annahmeverweigerungsrecht regelm. In den Fällen, in denen die Freistellung ausnahmsweise nicht vorrangig ist, kann auch im zu Ende gehenden ArbVerh. ein Annahmeverweigerungsrecht bestehen. Das ist zB anzunehmen, wenn der AN geltend macht, im Vertrauen auf den Fortbestand des ArbVerh. für einen späteren Zeitraum über die Ausgestaltung seines Urlaubs verfügt zu haben (Schaub/*Linck* § 104 Rn. 82).

16 **b) Wünsche des Arbeitnehmers und Leistungsverweigerung.** In der Mehrzahl der jährl. Urlaubsbewilligungen äußert sich der AN vor der Erkl. des AG, wann er seinen Urlaub nehmen möchte. Das geschieht in der Praxis häufig durch Eintragung in eine zu Beginn des Jahres umlaufende, vom AG erstellte **Urlaubsliste** (*Schiefer* NZA 2012, 132, 137) oder durch **„Urlaubsanträge"**, aber auch durch Reaktionen auf vom AG bestimmte Urlaubszeiträume (Rn. 14). Der AG muss daraufhin noch den Urlaub erteilen, es sei denn, er kann sich darauf berufen, dass der Urlaubserteilung für den gewünschten Zeitraum **dringende betriebl. Belange oder Urlaubswünsche anderer AN**, die unter sozialen Gesichtspunkten den Vorrang verdienen, entgegenstehen. Die Entgegennahme der Eintragung in die Urlaubsliste ist idR nicht gleichbedeutend mit der Urlaubsgewährung.

17 Entspr. der rechtl. Einordnung der Gewährungspflicht in § 7 I 1 als Ausübung des Direktionsrechts, eines Gestaltungsrechts oder ges. angeordnete Schuldverpflichtung des AG werden auch die Einschränkungen des zweiten Hs. unterschiedl. beurteilt. Nach zutr. Auff. des BAG (18.12.1986 NZA 1987, 379) handelt es sich bei den Gegenrechten dieses Teils der Vorschr. um **Leistungsverweigerungsrechte** des **Schuldners**, nicht nur um Einschränkungen hins. des sonst nach billigem Ermessen iSv. § 315 BGB (Rn. 10, s. aber auch Rn. 11) auszuübenden Direktionsrechts. Der AG, der sich auf ein Leistungsverweigerungsrecht aus § 7 I 1 beruft, hat dessen Voraussetzungen darzulegen und im Leistungspro-

zess über die Gewährung von Urlaub zu beweisen (zur einstweiligen Vfg. Rn. 32). Es handelt sich um eine rechtshindernde Einwendung des Schuldners.

aa) Dringende betriebliche Belange. Von dringenden betriebl. Belangen ist nicht bereits auszugehen, wenn die Berücksichtigung des vom AN geäußerten Wunschs zu **Störungen** im Betriebsablauf führt. Diese treten regelm. beim Fehlen eines AN auf. Sie sind hinzunehmen und durch entspr. Personaldispositionen auszugleichen (Schaub/*Linck* § 104 Rn. 79). Andererseits sind dringende betriebl. Belange nicht nur anzunehmen, wenn dem AG durch die Arbeitsbefreiung zum gewünschten Termin ein **Schaden** entsteht. Im Konfliktfall hat der AG die jeweiligen Umstände zu bewerten. Eine abschl. Aufzählung dessen, was als betriebl. Belang anzusehen ist, ist nicht mögl. Dringende betriebl. Belange können ua. sein: die **Unterbesetzung** in Betrieb oder Abt. wegen eines bes. hohen Krankenstands oder wegen der Kündigung anderer AN, eine unerwartet große Menge an Arbeit durch einen zusätzl. Auftrag, eine bes. arbeitsintensive Zeit wegen der Eigenart einer Branche (Schlussverkauf, Weihnachten im Einzelhandel, Grippewelle bei Krankenhäusern und Apotheken), ein notwendiger Betriebsurlaub zB wegen der Abhängigkeit der AN von der Anwesenheit des AG (Arzthelfer) oder der Abhängigkeit eines Vertriebsunternehmens von der Produktionszeit eines Herstellers (**aA** LAG D 20.6.2002 BB 2003, 156). 18

bb) Urlaubswünsche anderer Arbeitnehmer. Die Urlaubswünsche anderer AN rechtfertigen eine Leistungsverweigerung nur, wenn aus betriebl. Gründen nicht jeder Urlaubswunsch erfüllt werden kann. Die Ablehnung eines Urlaubswunschs kommt nicht immer schon dann in Betracht, wenn zwei Anträge für den gleichen Zpkt. kollidieren. Die zweite Alt. des § 7 I 1 Hs. 2 ist nur ein Unterfall der ersten Alt. Muss der AG bei zwei oder mehr Urlaubsanträgen aus betriebl. Gründen einen Urlaubswunsch zurückweisen, hat er dabei abzuwägen, wessen Wunsch unter sozialen Gesichtspunkten den Vorzug verdient. Der unbestimmte GBegriff hat nichts mit den sozialen Gesichtspunkten des § 1 III 1 KSchG zu tun, sondern ist allein unter urlaubsrechtl. Gesichtspunkten zu beurteilen. Dazu gehören ua. **Urlaubsmöglichkeiten** des Partners und der Kinder (Schulferien), eine bisherige Urlaubsgewährung in bes. beliebten Zeiten, Alter und Betriebszugehörigkeit (Berücksichtigung gerechtfertigt nach § 10 S. 1 AGG), erstmaliger oder wiederholter Urlaub in diesem Kj., **Erholungsbedürftigkeit** (bes. arbeitsintensiver Einsatz in der Vergangenheit, schwerwiegende Erkrankung). Der AG kann **weitere Leistungsverweigerungsrechte** geltend machen, die sich aus dem G nur mittelbar ergeben. So kann er Wünsche zurückweisen, die dazu führen, dass die Bestimmung des § 7 II 1 über den Zusammenhangsurlaub umgangen wird (Rn. 25 f.). 19

c) Urlaubswunsch und Rehabilitationsmaßnahme. Seit Mitte 1994 ist der **AG verpflichtet**, Urlaub zu gewähren, wenn der AN ihn im Anschluss an eine Maßnahme der medizinischen Vorsorge oder Rehabilitation verlangt. Dahinter verbergen sich die früheren Kuren und Heilverf. Dem AN ist mit der Regelung die Möglichkeit eröffnet, nach Beendigung der Maßnahme nicht sofort an seinen Arbeitsplatz zurückkehren zu müssen, sondern unter Einsatz seines Urlaubsanspruchs weiter Kraft für den bevorstehenden Arbeitseinsatz zu sammeln. Nach der Vorstellung des Gesetzgebers entfällt nach der Neuregelung des EFZRechts die Möglichkeit der ärztl. Anordnung von **Schonungszeiten** (Beschlussempfehlung des Ausschusses für Arbeit und Sozialordnung BT-Drs. 12/5798 S. 22; EFZG § 9 Rn. 2). Die **Regelung** des § 7 I 2 schafft keine über die Regelungen des § 3 hinausgehenden Urlaubsansprüche. Sie ändert auch nicht die nach § 7 III bestehende Befristung. § 7 I 2 setzt vielmehr voraus, dass der aus einer Rehabilitation zurückkehrende AN noch bestehende Urlaubsansprüche verwirklichen kann. Hat er den Urlaub bereits erhalten oder endet die Rehabilitation nach Ablauf des Übertragungszeitraums, kann der AN keinen Urlaub aus der Zeit vor der Rehabilitation verlangen. Der AG muss den noch bestehenden Urlaub im **unmittelbaren Anschluss** an die Maßnahme gewähren, wenn der AN das wünscht. Eine Selbstbeurlaubung (Rn. 9) kommt nicht in Betracht. Leistungsverweigerungsrechte nach § 7 I 1 stehen dem AG nicht zu. § 7 I 2 ist wie § 7 III 3 zu verstehen. Das Freistellungsverlangen des AN ist nicht fristgebunden. Es kann bereits während der Maßnahme geäußert werden. 20

d) Erfüllbarkeit. aa) Krankheit. Die Gewährung von Urlaub setzt voraus, dass der Urlaub in dem vorgesehenen Zeitraum erfüllbar ist. Das ist mögl., wenn der AN von seinen vertragl. geschuldeten **Arbeitspflichten** befreit werden kann. Es muss sich nicht zwgd. um die Arbeit an der zul. eingenommenen Stelle handeln (BAG 24.6.2003 AP SeemG § 60 Nr. 5). Die Befreiung von der Arbeitspflicht ist zB nicht mögl., wenn der AN arbeitsunfähig krank ist (BAG 18.3.2014 ZTR 2014, 549; zur Seeuntauglichkeit 24.6.2003 AP SeemG § 60 Nr. 5). Der arbeitsunfähig Erkrankte hat keine Arbeitspflicht. Der AN kann keine weitere Befreiung von der Arbeitspflicht verlangen, der AG kann ihn nicht wirksam ein weiteres Mal befreien. Dieser Erkenntnis steht Art. 11 des IAOÜbk. Nr. 132 nicht entgegen (BAG 7.3.1985 NZA 1986, 132; 10.2.1987 NZA 1987, 675). Auch Art. 7 AZRL 2003/88/EG verlangt kein anderes Erg. Das hat der EuGH in der Sache Schultz-Hoff in dem Teil „Stringer" klargestellt, der eine britische Regelung betrifft (20.1.2009 NZA 2009, 135). Nach EuGH Schultz-Hoff steht Art. 7 I AZRL 2003/88/EG einzelstaatl. Rechtsvorschr. oder Gepflogenheiten nicht entgegen, nach denen ein AN im Krankheitsurlaub nicht berechtigt ist, während eines Zeitraums, der in die Zeit des Krankheitsurlaubs fällt, bezahlten Jahresurlaub zu nehmen (20.1.2009 NZA 2009, 135; s. auch 20.7.2016 NZA 2016, 1067 – Maschek). Der Begriff des Krankheitsurlaubs dürfte auf eine direkte 21

Übersetzung der französischen und englischen Begriffe zurückzuführen sein („congé de maladie", „sick leave"; s. auch EuGH 30.6.2016 NZA 2016, 877 – Sobczyszyn). Für die dt. Rechtslage ist die krankheitsbedingte AU gemeint. Das dt. Recht, das es ausschließt, krankheitsbedingte AU (EFZ) und Urlaub zu verbinden, entspricht mit seiner gesundheitspolitischen Zielrichtung den grdl. Vorstellungen des Unionsrechts. Zweck des bezahlten Jahresurlaubs ist es, sich zu erholen und über einen Zeitraum für Entspannung und Freizeit zu verfügen (EuGH 20.1.2009 NZA 2009, 135). Davon geht auch das BAG nach seiner Rechtsprechungsänd. in der Folge der EuGH-Rspr. aus. Die Rechtsprechungsänd. betrifft nicht die Erfüllbarkeit, sondern die Übertragung und das Erlöschen des Urlaubs(-abgeltungs) anspruchs (24.3.2009 NZA 2009, 538 Rn. 46 ff.; BAG 18.3.2014 ZTR 2014, 54; § 1 Rn. 6 ff., 26).

22 Der AN ist darlegungs- und beweisbelastet für die Tatsache der AU (BAG 23.3.2010 NZA 2010, 810). Hat der AG den Urlaub bereits gewährt und erkrankt der AN **danach** vor oder während des Urlaubs, hat der AG die Erfüllungshandlung erbracht. Der Urlaubsanspruch des AN geht dennoch nicht unter. Das ergibt sich aus § 9 (§ 9 Rn. 1). AU durch Erkrankung darf nicht mit **Erwerbsminderung** verwechselt werden. Der erwerbsgeminderte AN kann zu anderen Arbeiten (arbeits-)fähig sein. Deshalb kann ihm Urlaub gewährt werden (vgl. BAG 23.3.2010 NZA 2010, 810). Das ist va. im Abgeltungsrecht von Bedeutung (Rn. 77 bis 80).

23 **bb) Andere Erfüllungshindernisse.** Der Urlaubsanspruch entsteht auch im **ruhenden ArbVerh.** (für eine Wehrübung BAG 15.12.2009 – 9 AZR 795/08 – BeckRS 2010, 68529; s. auch LAG M 20.5.2009 – 3 Sa 1089/08 – BeckRS 2009, 67425). Das gilt selbst dann, wenn der AN Rente wegen Erwerbsminderung bezieht und die Hauptleistungspflichten deshalb suspendiert sind (**str.**, wie hier BAG 7.8.2012 NZA 2012, 1216; 18.9.2012 AP BUrlG § 7 Nr. 62; 6.5.2014 NZA 2014, 959; zust. *Blümke/May* AuA 2013, 540; ebenso für die PZ *C. Schubert* NZA 2013, 1105, 1111; s. auch § 1 Rn. 6e). Die Voraussetzungen einer dauerhaften Erwerbsminderungsrente hängen ebenso wenig vom Willen des AN ab wie die einer dauernden AU, die EuGH „Schultz-Hoff" zugrunde lag (20.1.2009 NZA 2009, 135 Rn. 33 ff., 49, 53 ff., 62). Der EuGH lässt aber eine vollständige Minderung des Urlaubsentgelts zu (8.11.2012 NZA 2012, 1273; krit. *Powietzka/Christ* NZA 2013, 18, 21 ff.). Der AN ist nicht zur Arbeitsleistung verpflichtet, wenn er sich an einem **Arbeitskampf** beteiligt (BAG 9.2.1982 AP BUrlG § 11 Nr. 16; 24.9.1996 NZA 1997, 507), er in **Bildungsurlaub** ist oder an einer betriebsverfassungsrechtl. **Schulung** teilnimmt. Gleiches gilt, wenn die Hauptleistungspflichten aus dem ArbVerh. ruhen (Sonderurlaub, Wehrdienst, EZ, PZ uÄ), „Kurzarbeit Null" angeordnet ist (§ 11 Rn. 24), ein **Beschäftigungsverbot** besteht und der AN vertragl. nicht verpflichtet ist, eine andere Tätigkeit auszuüben (BAG 9.8.1994 NZA 1995, 174) oder der AN im Rahmen einer ges. **Rehabilitationsmaßnahme** beschäftigt wird, die Hauptleistungspflichten aber ruhen (vgl. BAG 19.4.1994 NZA 1995, 123). In diesen Zeiträumen kann kein Urlaub gewährt werden.

24 Grds. fallen die der Urlaubsgewährung folgenden urlaubsstörenden Ereignisse in den Risikobereich des AN. Nur wenn bes. Vorschr. wie § 9 andere Rechtsfolgen anordnen, greift die allg. Gefahrtragungsregelung nicht (BAG 9.6.1988 NZA 1989, 137). Das gilt zB bei tätigkeitsbezogenen generellen mutterschutzrechtl. Beschäftigungsverboten (BAG 9.8.2016 NZA 2016, 1392; § 7 Rn. 6; iE EUArbR/*Gallner* RL 2003/88/EG Art. 7 Rn. 26). An dieser auch aus § 275 I BGB aF abgeleiteten Rechtslage hat sich durch die Neufassung des § 275 I BGB im Zug der Schuldrechtsmodernisierung nichts geänd. (§ 9 Rn. 1). Eine bes. Vorschr. kann sich auch außerhalb des Urlaubsrechts finden wie zB im THWG. Da in dessen § 3 I 1 vorgesehen ist, dass AN aus ihrer Verpflichtung zum Dienst im THW und aus diesem Dienst keine Nachteile im ArbVerh. erwachsen dürfen und AG zur Freistellung verpflichtet sind, kann daraus eine Rechtsfolge abgeleitet werden, wie sie in § 9 ausdr. angeordnet ist (BAG 10.5.2005 NZA 2006, 439). Hat der AG es aber zu vertreten, dass der Freistellungsanspruch untergeht, entsteht zugunsten des AN ein Ersatzanspruch (BAG 16.12.2008 NZA 2009, 689 für die Einf. von „Kurzarbeit Null" durch BV; ausf. § 11 Rn. 24).

25 **e) Zusammenhängende Gewährung.** Urlaub ist grds. zusammenhängend zu gewähren, § 7 II 1 Hs. 1. Das bereits bei der Verabschiedung des BUrlG anerkannte Prinzip, das Ausdruck der **gesundheitspolitischen Zielsetzung** des BUrlG ist, wurde 1974 durch die Einfügung des § 7 II 2 verdeutlicht. Anges. der mittlerweile erfolgten Verlängerung des Urlaubs, insb. im Geltungsbereich von TV, hat das Gebot einer Mindestzeit von zusammenhängendem Urlaub an Bedeutung verloren. Der AN hat einen **Anspruch auf ungeteilten Urlaub** des lfd. Urlaubsjahres in voller Höhe, es sei denn, dem AG steht ein Leistungsverweigerungsrecht aus betriebl. oder in der Person des AN liegenden Gründen zu. Dem AN muss dann ein **zusammenhängender Teil von zwölf Werktagen** gewährt werden (zum verbleibenden Teil Rn. 25). Hins. der betriebl. Gründe gelten dies. Grds. wie bei § 7 I (Rn. 18). Für die pers. Gründe kommt es dagegen nicht auf die Urlaubswünsche anderer AN an, sondern nur auf Belange im pers. Bereich des AN. Der bloße Wunsch des AN nach Gewährung von Urlaub in zwei oder mehr verschiedenen Zeiträumen genügt den ges. Anforderungen nicht. Die Bestimmung gilt jeweils – für sich genommen – auch für den nach § 5 erworbenen **Teilurlaub** und den aus dem Vorjahr übertragenen Urlaub. Beide müssen allerdings nicht zusammen mit dem Urlaub des lfd. Kj. gewährt werden. Die Leistungsverweigerungsrechte sind unterschiedl. ausgestaltet (Rn. 64).

§ 7 II wird in der Praxis regelm. **missachtet.** Der Urlaub wird – auch ohne die in S. 1 genannten Gründe – in kleineren Einheiten gewährt, im Einzelfall sogar nur an einzelnen Tagen. Die Handhabung ist mit dem G nicht zu vereinbaren, auch nicht anges. der Regelung des § 13 I 3. Sie führt dazu, dass der Urlaub des AN nicht ordnungsgemäß erfüllt wird. Er könnte noch einmal verlangt werden. Etwas anderes gilt nur dann, wenn Gründe iSv. § 7 II 1 vorliegen und eine Aufteilung überhaupt in Betracht kommt. Soweit unter diesen Voraussetzungen der **gesamte Urlaub** in kleinen Einheiten erteilt wird, handelt es sich um **keine ordnungsgemäße Erfüllung** für den mind. zusammenhängend zu gewährenden Urlaub von zwölf Werktagen. Das gilt auch, wenn sich der AN mit dieser Art von Leistung einverstanden erklärt (BAG 29.7.1965 AP BUrlG § 7 Nr. 1). Hins. des zwölf Werktage übersteigenden Urlaubs gilt dasselbe, wenn der AG den Urlaub von sich aus in einzelnen Tagen gewährt. Eine entspr. Vereinb. der Parteien ist für den weiteren Urlaub jedoch mögl. Insoweit wird wirksam erfüllt. Soweit kein **Bruchteil von Urlaubstagen** geschuldet ist (nach Umrechnung bei einer vom G abw. Verteilung der AZ mögl.: § 3 Rn. 4 ff.), kann die Arbeitsbefreiung nur für den ganzen Tag gewährt werden. Die Arbeitsbefreiung für halbe Tage oder einige Stunden ist nach einer alten Entsch. des BAG nicht als Gewährung von ges. Urlaub zu verstehen. Danach können die Arbeitsvertragsparteien darüber auch keine Vereinb. treffen (BAG 29.7.1965 AP BUrlG § 7 Nr. 1; **aA** *Latzel* EuZA 2014, 80, 92, der diese Sichtweise für anachronistisch hält; zu dem Problem auch § 1 Rn. 6h). 26

f) Nachträgliche Veränderungen. Hat der AG die Freistellungserkl. abgegeben, ist er an diese Erkl. – wie jeder Schuldner an seine Konkretisierungshandlung – gebunden, es sei denn, es steht ihm ein sich aus der Rechtsordnung ergebendes Beseitigungsrecht zu. Dazu gehört die Anfechtung nach §§ 119, 123 BGB und die **Kondiktion** der Freistellungserkl. nach §§ 812 ff. BGB, wenn diese rechtsgrundlos erteilt oder der Rechtsgrund nachträgl. weggefallen ist. Ein **Widerruf** aus ungeschriebenen „urlaubsrechtl. Gründen" scheidet aus (BAG 20.6.2000 NZA 2001, 100; 14.3.2006 AP BUrlG § 7 Nr. 32). Denkbar ist allenfalls eine Wiederherstellung der Arbeitspflicht nach den Grds. der Störung (des Wegfalls) der Geschäftsgrdl. iSv. § 313 I, II BGB. Das setzt eine Fallgestaltung voraus, bei der die Arbeitskraft eines bestimmten AN für einen bestimmten Zeitraum – zB zur Verhinderung des Zusammenbruchs eines Unternehmens – benötigt wird und es für den AG schlechthin unzumutbar wäre, an der Urlaubsgewährung festzuhalten (v. BAG 20.6.2000 NZA 2001, 100 offengelassen). Ein **Rückruf** des AN aus dem bereits angetretenen Urlaub kommt regelm. nicht in Betracht (Übersicht bei *Seel* MDR 2013, 1385). Weder „zwgd. Notwendigkeiten" noch Not- und Erhaltungsarbeiten im Betrieb gestatten es dem AG, durch einseitige Erkl. die Befreiung von der Arbeitspflicht zu beseitigen und die Arbeitspflicht wiederherzustellen (**aA** im Zusammenhang mit einer Kündigung BAG 19.12.1991 RzK I 6a Nr. 82). Der AN ist deshalb nicht verpflichtet, seine **Urlaubsanschrift** zu hinterlassen. Soweit AN in der betriebl. Praxis einem sog. Rückruf folgen und den **Urlaub unterbrechen**, geschieht das freiwillig im Einvernehmen mit dem AG. Eine Rechtspflicht besteht nur, wenn einer der genannten Beseitigungsgründe gegeben ist (**aA** LAG HM 15.3.1995 – 1 Sa 108/95). 27

g) Urlaubserteilung nach einer Betriebsvereinbarung. Die kollektive Verteilung des Urlaubs auf das Urlaubsjahr – insb. die **Aufstellung allg. Urlaubsgrds.**, die Aufstellung eines Urlaubsplans und die Einf. eines Betriebsurlaubs – unterliegt der Mitbestimmung eines vorhandenen BR, § 87 I Nr. 5 BetrVG (BetrVG § 87 Rn. 42 ff.). Gegenstand der Mitbestimmung ist nicht die Dauer des Urlaubs (BAG 14.1.1992 NZA 1992, 759) oder die Änd. von ges. oder tarifl. Urlaubsgrds. wie die Erteilung künftigen Urlaubs. 28

3. Die Durchsetzung des Urlaubsanspruchs. Eine Selbstbeurlaubung des AN widerspricht den Regeln des BUrlG (Rn. 9). Der AN muss deshalb **Klage** beim ArbG erheben, wenn sich der AG weigert, ihn für die Dauer des gewünschten Urlaubs freizustellen. Unter den Voraussetzungen der §§ 935, 940 ZPO kann der AN eine **einstweilige Vfg.** beantragen (zum Verfügungsgrund LAG HH 23.8.2016 – 4 SaGa 1/16 – BeckRS 2016, 111133; *Rütz* DB 2017, 794). Der AN hat verschiedene Möglichkeiten, seinen Anspruch gerichtl. durchzusetzen. 29

a) Klage auf Urlaubsgewährung für einen bestimmten Zeitraum. Die Klage auf Urlaubsgewährung ist keine Gestaltungs-, sondern eine Leistungsklage. Die Erteilung des Urlaubs liegt nicht im (billigen) Ermessen des AG (Rn. 4). Er hat eine Verpflichtung zu erfüllen. Der AN kann den gewünschten Zeitraum im Klageantrag benennen (BAG 18.12.1986 NZA 1987, 379). Dieser **Klageantrag** empfiehlt sich nur, wenn sich die Parteien ledigl. über das Bestehen eines Leistungsverweigerungsrechts des AG streiten, noch ausreichend Zeit bis zum gepl. Urlaub bleibt und kein Rechtsmittel gegen ein obsiegendes Urt. zu erwarten ist. Eine solche Klage hat den **Nachteil**, dass bis zum Beginn des gewünschten Urlaubs regelm. kein rkr. Titel zu erlangen ist. Dann muss der Klageantrag auf Leistung in einem nicht näher bestimmten Zeitraum oder auf Feststellung umgestellt werden. Sonst wird die Klage unbegründet (nach BAG 18.12.1986 NZA 1987, 379 sogar unzulässig; ohne Aussage zur Zulässigkeit 25.1.1994 NZA 1994, 546; zur Umstellung von der Feststellungsklage auf die Leistungsklage 18.3.1997 NZA 1997, 1168). 30

b) Klagen auf Urlaubsgewährung ohne bestimmte Zeitangabe. Der AG hat als Schuldner die Konkretisierungsbefugnis für die Erteilung des Urlaubs nach § 7 I. Deshalb sind auch Klagen zulässig, 31 mit denen der AG zur Gewährung einer bestimmten Menge Urlaubs ab einem in der Zukunft liegenden, nicht näher genannten Zpkt. verurteilt werden soll (BAG 21.2.1995 NZA 1995, 839; 21.2.1995 NZA 1995, 1008; 5.9.2002 NZA 2003, 1400). **Bedenken** wegen der **Bestimmtheit** und der Auswirkungen in der **ZV** bestehen nicht. Klagen, mit denen der AG dazu verurteilt werden soll, künftig ab einem nicht näher genannten Zpkt. eine bestimmte Anzahl von Urlaubstagen zu gewähren, genügen § 253 II 2 Nr. 2 ZPO (BAG 27.4.2017 BeckRS 2017, 119471; 18.3.2014 BeckRS 2014, 70816; zu einem unbestimmten, weil unzulässig bedingten Antrag BAG 27.6.2017 – 9 AZR 120/16). Der AG wird mitunter verurteilt, eine bestimmte Zahl von Tagen „dem **Urlaubskonto gutzuschreiben**" (BAG 9.5.1995 NZA 1996, 149). Das G kennt eine Verpflichtung des AG mit diesem Inhalt nicht ausdr. Solche Klageanträge sind auszulegen (BAG 9.5.1995 NZA 1996, 149; 16.12.2008 NZA 2009, 689 Rn. 12 ff.).

32 c) **Feststellungsklagen.** Feststellungsklagen mit dem Inhalt sind **zulässig,** dass dem AN aus einem bestimmten Urlaubsjahr noch eine bestimmte Zahl von Urlaubstagen zusteht (BAG 12.7.2016 – 9 AZR 264/15; 27.6.2017 – 9 AZR 120/16). Das gilt jdf. dann, wenn der AN aus der unterbliebenen Gewährung des Urlaubs noch Rechtsfolgen für die Gegenwart ableitet (BAG 17.5.2011 NZA 2011, 1033; *Fischer* FA 2012, 137 ff.). Will der AN neben der Feststellung, dass sein ArbVerh. nicht aufgelöst worden ist, erreichen, dass er noch Urlaub zu erhalten hat, muss er einen entspr. Antrag stellen. Jdf. muss dieser Antrag dem Vorbringen des AN durch Auslegung oder Umdeutung zu entnehmen sein (zu Urlaub und Kündigungsschutzklagen zB BAG 17.11.2009 AP TVG § 4 Ausschlussfristen Nr. 194).

33 d) **Einstweilige Verfügung.** Der AN ist unter den **bes. Voraussetzungen** der §§ 935, 940 ZPO berechtigt, einen Antrag auf Erl. einer einstweiligen Vfg. zu stellen, wenn der AG sich weigert, den vom AN für einen bestimmten Zeitraum gewünschten Urlaub zu gewähren, auch wenn dadurch der Anspruch des Antragstellers nicht nur gesichert wird, sondern eine Befriedigung in der Hauptsache eintritt (BAG 22.1.1998 NZA 1998, 708). Mit Erl. und Zustellung der einstweiligen Vfg. erhält der AN die von ihm gewünschte Freistellungserkl. Er bleibt berechtigt von der Arbeit fern, auch wenn der Titel im Widerspruchs- oder Berufungsverf. abgeändert wird (zur Vollstreckung einer einstweiligen Vfg. *Corts* NZA 1998, 357).

III. Befristung und Übertragung

34 1. **Befristung.** a) **Grundsätze.** Der ges. Urlaubsanspruch aus § 1 ist für die **Dauer** des **Urlaubsjahres befristet** (s. aber Rn. 41 ff.). Grds. erlischt er mit Ablauf des Kj. Das war bereits früh die Auff. des BAG (26.6.1969 AP BUrlG § 7 Urlaubsjahr Nr. 1) und die überw. Meinung im damaligen Schrifttum (*Boldt/Röhsler* Rn. 52 mwN). Diese Erkenntnis ist seit Inkrafttreten des BUrlG im Jahr 1963 nicht für alle Fallgruppen unumstritten. Va. die krankheitsbedingte AU ist seit den Sechzigerjahren einem Rechtsprechungswandel unterworfen und seit Inkrafttreten der ersten AZRL 93/104/EG (ABl. EG 1993 L 307 S. 18) in der Bundesrepublik Deutschland mit dem 24.11.1996 Einflüssen des Unionsrechts ausgesetzt. Diese wurden an den EuGH-Entsch. Schultz-Hoff, KHS und Dominguez sowie ihrer nationalen Rezeption bes. deutl. (EuGH 20.1.2009 NZA 2009, 135; 22.11.2011 NZA 2011, 1333; 24.1.2012 NZA 2012, 139; zu der Rezeption dieser Vorabentsch. ua. BAG 24.3.2009 NZA 2009, 538; 23.3.2010 NZA 2010, 810; 16.4.2013 NZA 2013, 850; 11.6.2013 AP BUrlG § 7 Nr. 67; dazu im Schrifttum ua. *Benecke* RdA 2011, 241 ff.; *Düwell* NZA-Beil. 3/2011, 133 ff.; *Höpfner* RdA 2013, 16 ff., 65 ff.; *Suckow/Klose* JBArbR 49 [2012] S. 59 ff.; *Thüsing/Pötters/Stiebert* RdA 2012, 281, 285 ff.; zu den Anfängen der Rezeption näher *Gallner* FS Etzel 2011 S. 155 ff. v. EuGH beantwortete Folgefragen zu Schultz-Hoff: § 1 Rn. 6 ff.; s. auch § 1 Rn. 8, 26; § 11 Rn. 1 f.; § 13 Rn. 13 f., 22 und zu weiteren Rspr.- und Literaturnachw. die 14. Aufl.). Der Fünfte Sen., der vor 1982 für das Urlaubsrecht zust. war, hatte noch angenommen, dass Urlaubs(-abgeltungs)ansprüche bei krankheitsbedingter AU bis zum Ende des Übertragungszeitraums nicht verfielen (13.11.1969 AP BUrlG § 7 Übertragung Nr. 2). Der Sechste Sen. und in seiner Folge der Achte und der Neunte Sen. „steuerten um" (grdl. BAG 13.5.1982 AP BUrlG § 7 Übertragung Nr. 4; 10.5.2005 AP BUrlG § 7 Abgeltung Nr. 88). Konnte der Urlaub wegen krankheitsbedingter AU nicht bis zum Ende des Übertragungszeitraums gewährt werden, verfielen der Urlaubs- und der Urlaubsabgeltungsanspruch. Nach anfangs heftiger Kritik (*Boldt* Anm. AP BUrlG § 7 Übertragung Nr. 4) schloss sich die Lit. in nahezu 27 Jahren der „Verfallrspr. bei AU" dem BAG an (vgl. nur *Natzel* Rn. 103 bis 105; **aA** *Künzl* BB 1991, 1630). Der EuGH beendete diese nationale (fast) befriedete Rechtsanwendung in der Sache Schultz-Hoff mit der Aussage, Art. 7 AZRL 2003/88/EG stehe einzelstaatl. Rechtsvorschr. oder Gepflogenheiten entgegen, nach denen der Urlaubs(-abgeltungs)anspruch untergehe, wenn der AN bis zum Ende des Bezugszeitraums (aE des Urlaubsjahres) oder des einzelstaatl. Übertragungszeitraums „krankgeschrieben" oder im „Krankheitsurlaub" gewesen sei (20.1.2009 NZA 2009, 135). Der EuGH hat die Gefahr einer endlosen Ansammlung von Urlaubs(-abgeltungs)ansprüchen mit der Entsch. KHS erkannt und bei krankheitsbedingter AU einen tarifl. Übertragungszeitraum von 15 Monaten nach dem Ende des Urlaubsjahres gebilligt (22.11.2011 NZA 2011, 1333; näher § 1 Rn. 6b). Das BAG hat diesen 15-Monatszeitraum unionsrechtskonform in

§ 7 III 3 „hineingelesen" (7.8.2012 NZA 2012, 1216; 18.9.2012 AP BUrlG § 7 Nr. 62; 11.6.2013 AP BUrlG § 7 Nr. 67; 15.10.2013 – 9 AZR 302/12; 12.11.2013 NZA-RR 2014, 658; 12.11.2013 NZA 2014, 383; 12.11.2013 AP BUrlG § 7 Abgeltung Nr. 100; s. nun aber die Schlussanträge von GA Tanchev in der Sache King v. 8.6.2017 [C-214/16]). Die Begrenzung der Ansammlung von Urlaub und Urlaubsabgeltung ist aus Gründen des Ausgleichs der AN- und AGInteressen uneingeschränkt zu begrüßen. Der Rückgriff auf den tarifl. Übertragungszeitraum, der EuGH KHS zugrunde lag, wirkt allerdings ohne völkerrechtl. oder einfachges. Anknüpfungspunkt ein bisschen zufällig, stellt Art. 9 I IAOÜbk Nr. 132 doch auf zwölf oder 18 Monate ab. Ein solcher Akt richterl. Normkonkretisierung kann jedoch nicht immer vollständig begr. werden (vgl. zu 15 zulässigen Überhangmandaten BVerfG 25.7.2012 E 131, 316 Rn. 144; zu den Einzelheiten der Begrenzung der unionsrechtskonformen Fortbildung von § 7 III 3 *Bayreuther* DB 2011, 2824; zu der Methodik der unionsrechtskonformen Fortbildung schon vor der Entsch. des BAG v. 7.8.2012 NZA 2012, 1216 krit. *Forst* Anm. EzA EG-Vertrag 1999 Richtlinie 2003/88 Nr. 7, der stattdessen empfiehlt, § 242 BGB heranzuziehen; s. auch *Düwell* DB 2012, 1750).

Die Befristungsvorschr. des § 7 III **verstößt aus Sicht des BAG nicht** gegen Art. 9 I **IAOÜbk. Nr. 132** v. 24.6.1970 (BAG 7.12.1993 AP BUrlG § 7 Nr. 15; 24.9.1996 AP ArbGG § 64 Nr. 25; zu dem Rückgriff von EuGH 22.11.2011 NZA 2011, 1333 – KHS auf Art. 9 I IAOÜbk. Nr. 132, um eine „unendl." Kumulation von Urlaubs(-abgeltungs)ansprüchen bei krankheitsbedingter AU zu vermeiden, § 1 Rn. 6 ff.). Das Übk. ist nach seiner Ratifizierung durch den dt. Gesetzgeber innerstaatl. Recht geworden. Es wirkt jedoch nicht unmittelbar auf ArbVerh. in der Weise normativ ein, dass daraus ein unmittelbarer Bestand des Urlaubs in dem dort genannten zeitl. Rahmen folgt. Das Übk. verpflichtet den Bundesgesetzgeber, das nationale Urlaubsrecht dem Übk. anzupassen. Das ist nach Auff. des BAG durch das HeimarbeitsrechtsÄndG von 1974 geschehen. Die früher vorgesehene Möglichkeit, den Urlaubsabgeltungsanspruch zu versagen, wurde aufgeh., dagegen nicht die Befristung des Urlaubsanspruchs auf das Kj. oder den Übertragungszeitraum (zum aktuellen Rechtsverständnis BAG 7.8.2012 NZA 2012, 1216; 18.9.2012 AP BUrlG § 7 Nr. 62; s. auch Rn. 75). 35

Zu der RLKonformität des Rechts der einzelstaatl. Befristung des Urlaubsanspruchs und den Folgen, die sich daraus für das nationale Recht ergeben, Rn. 34, 41 ff.; § 1 Rn. 6 ff. 36

Die ges. Befristungsregelung gilt grds. auch für den **tarifl. Urlaub**, wenn ein TV keine vom G abw. Regelung enthält (stRspr., vgl. BAG 24.9.1996 NZA 1997, 507; 11.4.2006 AP BUrlG § 7 Übertragung Nr. 28). Abweichungen sind zB in den Urlaubsabk. der Metallindustrie vorgesehen (s. a. BAG 3.6.2014 NZA 2015, 123; 15.12.2015 AP BUrlG § 7 Nr. 78; 19.1.2016 NZA-RR 2016, 235). Dort ist bestimmt, dass „der Urlaubsanspruch drei Monate nach Ablauf des Kj. erlischt, es sei denn, dass er … wegen Krankheit nicht genommen werden konnte". Der Entsch. KHS des EuGH liegt § 11 Nr. 1 III des Einheitl. MTV für die Metall- und Elektroindustrie NRW v. 18.12.2003 zugrunde (22.11.2011 NZA 2011, 1333). Der EuGH hat dort bei Krankheit einen auf 15 Monate nach dem Ende des Urlaubsjahres begrenzten Übertragungszeitraum gebilligt und damit seine mit Schultz-Hoff (20.1.2009 NZA 2009, 135) eingeleitete Rechtsprechungslinie „nuanciert" (iE Rn. 11, 34; § 1 Rn. 6 ff.). 37

b) Gesetzliche Abweichungen. Die Befristung des ges. Urlaubsanspruchs auf das Kj. ist ges. **mehrfach durchbrochen.** Unter den Voraussetzungen des § 7 III 2 schließt sich nach der Übertragung des Urlaubs (Rn. 41 ff.) eine Befristung bis zum 31. 3. des Folgejahres an. Der nach § 5 I lit. a) entstandene Teilurlaub ist auf entspr. Verlangen des AN nicht nur auf das erste Quartal, sondern auf das ganze Kj. zu übertragen. Er ist dann bis zu diesem Termin befristet, § 7 III 4 (s. aber Rn. 41 ff.). Eine noch weiter gehende, nicht mehr an das Urlaubsjahr gebundene Befristung findet sich in **§ 4 II ArbPlSchG** und in **§ 17 II BEEG** (BEEG § 17 Rn. 8 ff.). Danach steht der vor der Einberufung oder der EZ nicht erhaltene Urlaub dem Berechtigten bis zum Ende des auf die Beendigung von Grundwehrdienst und EZ folgenden Jahres zu (BAG 23.4.1996 NZA 1997, 44; § 17 BEEG Rn. 10; zur wiederholten EZ BAG 20.5.2008 NZA 2008, 1237; ähnl. für das Unionsrecht EuGH 22.4.2010 NZA 2010, 557; *Fieberg* NZA 2010, 925; *Mittag* AiB 2011, 65; *Rambach/Feldmann* ZTR 2010, 561; zu der Kürzungsbefugnis des AG für jeden vollen Kalendermonat der EZ BAG 17.5.2011 AP BEEG § 17 Nr. 1). 38

c) Rechtsfolgen. Sofern kein Übertragungsgrund nach § 7 III gegeben ist und der am Jahresende noch nicht genommene und nicht gewährte Urlaub deshalb nicht auf das erste Quartal des Folgejahres übergeht, **erlischt** grds. der **aE des Urlaubsjahres** nicht genommene Urlaub. Anderes gilt für Hinderungsgründe, die vom Willen des AN unabhängig sind (grdl. EuGH 20.1.2009 NZA 2009, 135; 22.11.2011 NZA 2011, 1333; Rn. 34; § 1 Rn. 6 ff.). Der originäre Erfüllungsanspruch geht auch unter, wenn der AN den Urlaub gefordert, der AG ihn aber zu Unrecht nicht gewährt hat. Ein Rechtsstreit über die Gewährung von Urlaub (Rn. 29 bis 31) hindert den Untergang des Anspruchs nicht. In diesen Fällen kann ein Schadensersatzanspruch entstehen (Rn. 40). 39

d) Schadensersatz. Hat der AN vom AG rechtzeitig, aber erfolglos die Freistellung im Urlaubsjahr verlangt und damit den AG gemahnt und in **Verzug** gesetzt (vgl. für ein nicht ausreichendes Verlangen BAG 24.9.1996 NZA 1997, 507) und war die Gewährung des Urlaubs im Kj. mögl., hat der AG nach § 275 I und IV, § 280 I, §§ 283, 286 I, § 287 S. 2, § 249 I BGB den Schaden zu ersetzen, der durch die während seines Verzugs infolge Zeitablaufs **eingetretene Unmöglichkeit** der Erfüllung des Urlaubs- 40 anspruchs entstanden ist. Das geschieht nach den Grds. der Naturalrestitution wie bei der Erfüllung durch Befreiung von der Arbeitspflicht, sodass sich nur der Rechtsgrund, nicht der Inhalt des Anspruchs ändert. An die Stelle des urspr. Erfüllungsanspruchs tritt ein **Ersatzurlaubsanspruch** als Schadensersatzanspruch in gleicher Höhe (stRspr., zB BAG 19.1.2016 NZA 2016, 1144; 16.5.2017 NZA 2017, 1056). Kündigt der AG das ArbVerh. und gewährt er dem AN trotz Aufforderung während des Kündigungsrechtsstreits keinen Urlaub ist eine Mahnung wegen Erfüllungsverweigerung idR nach § 286 II Nr. 3 BGB entbehrl. (BAG 14.5.2013 DB 2013, 2155; s. auch 17.5.2011 AP BEEG § 17 Nr. 1; 15.10.2013 NZA-RR 2014, 234). Eine **Abgeltung in Geld** kommt nur in Betracht, wenn das ArbVerh. später beendet wird und eine Erfüllung des Ersatzanspruchs durch Befreiung von der Arbeitspflicht nicht mehr mögl. ist (BAG 16.5.2017 NZA 2017, 1056: § 7 IV, nicht § 251 I BGB unter Aufgabe v. BAG 20.4.2012 NZA 2012, 982; 6.8.2013 NZA 2014, 545; Rn. 81). Ein Ersatzurlaubsanspruch entsteht auch dann, wenn der Urlaubsanspruch aE des Kj. oder aE des Übertragungszeitraums (Rn. 64 f.) untergeht, weil der AN fortdauernd arbeitsunfähig erkrankt war und der AG die Erkrankung verschuldet hat (LAG BE/BB 12.6.2014 – 21 Sa 221/14). Das kann zB anzunehmen sein, wenn der AG den technischen Arbeitsschutz nach § 618 BGB missachtet hat und es deshalb zur AU gekommen ist.

41 **2. Befristung und Unionsrecht. a) Grundsätze.** Die Befristungsbestimmung des § 7 III 3 ist jdf. dann, wenn der AN seinen Urlaubsanspruch „ausüben“ kann – insb. nicht arbeitsunfähig erkrankt ist – mit dem Unionsrecht in Art. 7 I und II der **AZRL 2003/88/EG vereinbar** (EuGH 20.1.2009 NZA 2009, 135; 22.11.2011 NZA 2011, 1333 – KHS –; zu den Ausnahmen Rn. 42 ff.; § 1 Rn. 6 ff., 8; § 7 Rn. 34, 43; § 13 Rn. 13 f., 22).

42 Art. 7 AZRL 2003/88/EG steht dem von der **Rspr. des BAG** seit 1982 angenommenen Verfall des Urlaubs- und des Urlaubsabgeltungsanspruchs auch bei krankheitsbedingter AU (13.5.1982 AP BUrlG § 7 Übertragung Nr. 4 unter Aufgabe von BAG 13.11.1969 AP BUrlG § 7 Übertragung Nr. 2) entgegen (EuGH 20.1.2009 NZA 2009, 135).

43 **b) Die Aussagen des EuGH in den Sachen Schultz-Hoff und KHS im Einzelnen. aa)** Die Ausführungen des EuGH in der Vorabentsch. Schultz-Hoff betreffen die Auslegung von Art. 7 I und II AZRL 2003/88/EG (20.1.2009 NZA 2009, 135). § 7 III und IV sowie die Auslegung dieser Bestimmungen durch die dt. Rspr. sind anhand des im Unionsrecht enthaltenen Jahresurlaubsanspruchs zu überprüfen. Seit der KHS-Entsch. ist klar, dass der Anspruch auf Jahresurlaub nicht nur von Art. 7 I AZRL gewährleistet, sondern im primären Unionsrecht (Art. 6 I EUV) des Art. 31 II GRC verankert ist (§ 1 Rn. 6a) Das scheint auf den ersten Blick darauf hinzudeuten, dass Art. 7 I AZRL 2003/88/EG den in Art. 31 II GRC begr. Anspruch auf Jahresurlaub nur auf einen vierwöchigen Zeitraum konkretisiert. Diese Auslegungstechnik hat der EuGH beim Verbot der Altersdiskriminierung in den Sachen Mangold und Kücükdeveci angewandt (22.11.2005 NZA 2005, 1345; 19.1.2010 NZA 2010, 85). Der EuGH sichert den Urlaubsanspruch inzwischen allerdings auch primärrechtl. ab. Daraus, dass der EuGH den Anspruch auf bezahlten Jahresurlaub auch aus dem primären Unionsrecht folgert, kann aber nicht geschlossen werden, dass Art. 31 II GRC aus seiner Sicht im Privatrechtsverkehr unmittelbar wirkt (dazu iE § 1 Rn. 6a, 6c).

44 **bb)** Der EuGH macht deutl., dass das Unionsrecht die Rechtsbeziehungen zwischen den Beschäftigten und ihren Vertragspartnern als SozR iSd. Unionsbegrifflichkeit (**Sozialpolitik**, zu der auch das ArbR nach dt. Verständnis gehört) versteht. Er unterstellt die nach dt. Recht bürgerl.-rechtl. gestalteten Beziehungen zwischen AN und AG (die Anwendung des Leistungsstörungsrechts) seit der Entsch. BECTU folgerichtig einem weiten sozialpolitischen Bewertungsrahmen (26.6.2001 NZA 2001, 827: „gemeinschaftsweite Harmonisierung der AZGestaltung, um einen besseren Schutz der Sicherheit und der Gesundheit der AN durch die Gewährung von Mindestruhezeiten und angemessenen Ruhepausen zu gewährleisten“). Der EuGH ordnet den Anspruch jedes AN auf bezahlten Jahresurlaub als **bes. bedeutsamen Grds. des SozR der Union** ein (stRspr., zB 30.6.2016 NZA 2016, 877 – Sobczyszyn; 20.7.2016 NZA 2016, 1067 – Maschek; s. auch Rn. 43; § 1 Rn. 6 ff.). Vor Inkrafttreten des Vertrags von Lissabon am 1.12.2009 und damit der GRC als Primärrecht (Art. 6 I EUV) dürfte der EuGH den vom Unionsrecht verbürgten Anspruch auf bezahlten Jahresurlaub nicht als soziales Grundrecht verstanden haben. Seit der Entsch. KHS (22.11.2011 NZA 2011, 1333 Rn. 31) weist der EuGH allerdings darauf hin, dass der Anspruch auf bezahlten Jahresurlaub auch im Primärrecht des Art. 31 II GRC verankert sei, ohne den Anspruch jedoch als Grundrecht mit unmittelbarer Wirkung im Privatrechtsverkehr zu qualifizieren (zu den Auswirkungen dieser Einordnung Rn. 43 und § 1 Rn. 6a, 6c).

45 **cc)** Seit der Entsch. Schultz-Hoff (EuGH 20.1.2009 NZA 2009, 135) ist klar, dass Art. 7 der AZRL der früheren Auslegung von § 7 III und IV durch das BAG in Fällen krankheitsbedingter AU bis zum Ende des Übertragungszeitraums entgegensteht. Diese nationale Rechtsanwendung nahm an, Urlaubs- und Urlaubsabgeltungsansprüche verfielen in solchen Fällen.

46 Die umfassende Formulierung des EuGH lässt darauf schließen, dass auch der **dt. Teilurlaub** betroffen ist (so ohne Problematisierung BAG 24.3.2009 NZA 2009, 538 Rn. 37 ff.). Das gilt auch für den **ges. Urlaub für Heimarbeiter** (aA *Fenski* DB 2007, 686, 689). Der **ges. Zusatzurlaub** zB aus § 125

SGB IX/§ 208 SGB IX nF oder aus anderen Arbeitsschutzbestimmungen ist dagegen nicht unionsrechtl. gewährleistet (*Bauer/Arnold* NJW 2009, 631, 634; **aA** *Rummel* AuR 2009, 160, 163). Der Schwerbehindertenzusatzurlaub wird nur mittelbar – durch seine nationale Abhängigkeit vom Mindesturlaubsanspruch aus §§ 1, 3 I (sog. Akzessorietät) – von Art. 7 AZRL 2003/88/EG berührt (ausf. BAG 23.3.2010 NZA 2010, 810 Rn. 85 ff.; krit. *Anschler* EuZA 2011, 242 ff.).

dd) Der EuGH hat in der Entsch. Schultz-Hoff noch keine Aussage darüber getroffen, ob und ggf. wie das nationale Recht eine **andere zeitl. Begrenzung** als das Kj. und den Übertragungszeitraum für den Fortbestand des nicht untergegangenen Urlaubsanspruchs aus den Vorjahren vornehmen kann. Der EuGH hat dort zwar Art. 5 IV des IAOÜbk. Nr. 132 v. 24.6.1970 erörtert (20.1.2009 NZA 2009, 135), die in Art. 9 des Übk. enthaltene Höchstfrist aber nicht behandelt (krit. *Dornbusch/Ahner* NZA 2009, 180, 182). Seit der KHS-Entsch. ist jedoch klar, dass die Mitgliedstaaten einen Übertragungszeitraum auch bei krankheitsbedingter AU begrenzen können. Der EuGH hält die tarifl. Beschränkung des Übertragungszeitraums bei Krankheit auf **15 Monate** mit Bezug auf die im 6. Erwägungsgrund der AZRL 2003/88/EG genannten Übertragungszeiträume in **Art. 9 I IAOÜbk. Nr. 132** von zwölf und 18 Monaten für unionsrechtskonform. Damit will er den Erholungszweck des Urlaubsanspruchs, der durch den Abgeltungsanspruch „vergütet" werden soll, mit dem Interesse des AG daran, dass Ansprüche auf bezahlten Jahresurlaub **nicht unbegrenzt angesammelt** werden, in Ausgleich bringen (22.11.2011 NZA 2011, 1333 Rn. 28 ff.; Stellungn. in Rn. 34, § 1 Rn. 6b; s. aber die Schlussanträge v. GA Tanchev in der Sache King v. 8.6.2017 [C-214/16]; zu der Rezeption von EuGH KHS für den ges. Urlaubsanspruch BAG 7.8.2012 NZA 2012, 1216; 18.9.2012 AP BUrlG § 7 Nr. 62). Der wegen dauernder Erkrankung über den dreimonatigen Übertragungszeitraum des § 7 III 3 hinaus übertragene Urlaubsanspruch unterliegt nach der Genesung des AN keiner vertragl. oder tarifl. **Ausschlussfrist** (§ 13 Rn. 13 f., 22). Der AN ist nicht gezwungen, innerhalb der Verfallfrist Urlaub zu beantragen. Der AG ist nicht verpflichtet, den Urlaub innerhalb der Frist zu gewähren. Vielmehr unterliegt der übertragene Urlaub ebenso wie der Urlaub, der im Jahr der Genesung entsteht, den allg. urlaubsrechtl. Regeln der Gewährung, Befristung und Übertragung (*Gaul/Bonanni/Ludwig* DB 2009, 1013, 1014). Der zusammengefasste Urlaub aus zwei oder höchstens drei Jahren ist dann grds. an das lfd. Kj. (§ 7 III 1) oder den Übertragungszeitraum des § 7 III 3 gebunden, wenn Übertragungsgründe vorliegen (BAG 12.4.2011 NZA 2011, 1050; 9.8.2011 NZA 2012, 29; 10.7.2012 AP BUrlG § 7 Nr. 60). Anderes gilt, wenn bis zum Ende des Übertragungszeitraums wieder ein vom Willen des AN unabhängiger Hinderungsgrund auftritt, zB krankheitsbedingte AU. 47

ee) Die dt. Befristung des Urlaubsanspruchs betrifft nur die Frage nach dem Erlöschen des Anspruchs auf bezahlten Jahresurlaub, wenn der AN während des gesamten Bezugszeitraums oder eines Teils davon **arbeitsunfähig erkrankt** war und seine AU bis zum Ende des ArbVerh. fortdauerte. Damit sind Fragen zu anderen Fallgestaltungen jdf. nicht unmittelbar beantwortet. Die Antworten müssen von der nationalen Rspr. im Licht der Entsch. Schultz-Hoff (EuGH 20.1.2009 NZA 2009, 135; s. auch 30.6.2016 NZA 2016, 877 – Sobczyszyn) und der weiteren Urlaubsrspr. des EuGH – insb. der Entsch. KHS (22.11.2011 NZA 2011, 1333), Dominguez (24.1.2012 NZA 2012, 139), Neidel (3.5.2012 AP Richtlinie 2003/88/EG Nr. 8) und ANGED (NZA 2012, 851) – gefunden werden, ggf. nach erneuten Vorabentscheidungsersuchen (§ 1 Rn. 6; § 7 Rn. 11, 34, 53 ff.). 48

c) Die Rezeption der vom EuGH beantworteten Vorlagefragen im nationalen Recht. aa) Das BAG hat die Änd. seiner Rspr. zu der Frage der Befristung des Urlaubs(-abgeltungs)anspruchs in Fällen krankheitsbedingter AU mit seiner Entsch. v. 24.3.2009 eingeleitet (NZA 2009, 538; zu weiteren Rezeptionsentsch. Rn. 34). Der EuGH hat in der Sache Schultz-Hoff (20.1.2009 NZA 2009, 135) und seiner weiteren Urlaubsrspr. keine Verletzung des unionsrechtl. Primärrechts gerügt und deshalb **keinen Unanwendbarkeitsausspruch** wie im Fall Mangold getroffen (näher Rn. 34, § 1 Rn. 6a, 6c). 49

bb) Das BAG (24.3.2009 NZA 2009, 538 Rn. 57 ff.) hat sich zunächst für eine **unionsrechtskonforme Fortbildung** durch teleologische Reduktion des § 7 III jdf. für **Fälle der krankheitsbedingten AU** entschieden (vgl. zu der methodischen Kritik daran zB die 10. Aufl. Rn. 39j; *Kamanabrou* SAE 2009, 233, 236; *Höpfner* Anm. AP BUrlG § 11 Nr. 65: einfache einschränkende Auslegung). Die urspr. vorgenommene Rechtsfortbildung hat sich inzwischen wohl tendenziell in eine einfache einschränkende Auslegung „gewandelt" (noch offengelassen v. BAG 7.8.2012 NZA 2012, 1216 Rn. 33, der Hinweis auf die Einbeziehung der teleologischen Reduktion in den klassischen Auslegungskanon mit Bezug auf BVerfG 26.9.2011 NJW 2012, 669 deutet aber die Richtung einer einfachen einschränkenden Auslegung an; s. auch Rn. 53; in der Analyse ähnl. *Höpfner* RdA 2013, 16, 23 f.). Der Neunte Sen. hat iE befunden, dass ges. Urlaubs(-abgeltungs)ansprüche nicht erlöschen, wenn AN bis zum Ende des Urlaubsjahres und/oder des Übertragungszeitraums erkrankt und deswegen arbeitsunfähig sind. Das entspricht Wortlaut, Systematik und Zweck der innerstaatl. Regelungen, wenn die Ziele des Art. 7 I und II der AZRL 2003/88/EG sowie der regelm. anzunehmende Wille des nationalen Gesetzgebers zur ordnungsgemäßen Umsetzung von RL berücksichtigt werden (BAG 24.3.2009 NZA 2009, 538 Rn. 59; *Gaul/Bonanni/Ludwig* DB 2009, 1013; *Krieger/Arnold* NZA 2009, 530; *Pötters/Christensen* JZ 2011, 387 ff.; *Rummel* AuR 2009, 160; *Schlachter* RdA 2009 Sonderbeil. Heft 5, 31). Das bedeutet zugleich, dass das frühere Verständnis der ges. Befristungsbestimmungen in § 7 III nicht vollständig 50 aufzugeben war. Es bleibt bis auf die Ausnahmefälle der vom Willen des AN unabhängigen Hinderungsgründe – wie zB der krankheitsbedingten AU – bei der in Rn. 34 bis 40 geschilderten Rechtslage (*Gaul/Bonanni/Ludwig* DB 2009, 1013; zu der Begrenzung des ges. Übertragungszeitraums auf 15 Monate nach dem Ende des Urlaubsjahres BAG 7.8.2012 NZA 2012, 1216 Rn. 32 ff.; 18.9.2012 AP BUrlG § 7 Nr. 62); s. aber Rn. 8, 34, 47.

51 cc) Das BAG hat es zu Beginn der Rezeption von EuGH „Schultz-Hoff" abgelehnt, das Vertrauen von AG auf die frühere nationale Rspr. zu der Befristung des Urlaubs(-abgeltungs)anspruchs auch bei krankheitsbedingter AU zu schützen (dazu iE die 14. Aufl. mN zu der Kontroverse aus Rspr. und Schrifttum). Diese Zurückhaltung dürfte der Linie des EuGH entsprechen, der die Begrenzung der zeitl. Wirkungen seiner Auslegung des Unionsrechts durch die nationalen Gerichte ablehnt (in dem anderen Zusammenhang des Verbots der Diskriminierung wegen des Alters EuGH 19.4.2016 NZA 2016, 537 Rn. 38 ff. – Dansk Industri; krit. *Benecke* EuZW 2016, 469, 470). Der EuGH selbst hat inzwischen in der Sache **KHS** ein **anderes zeitl. Korrektiv** als Vertrauensschutz gefunden (22.11.2011 NZA 2011, 1333 Rn. 28 ff.). Er hält einen tarifl. Übertragungszeitraum von **15 Monaten** nach dem Ende des Urlaubsjahres bei Krankheit für ausreichend (22.11.2011 NZA 2011, 1333 für § 11 Nr. 1 Abs. 3 des Einheitl. MTV für die Metall- und Elektroindustrie v. 18.12.2003; rezipiert durch BAG 7.8.2012 NZA 2012, 1216 Rn. 40 ff.; 18.9.2012 AP BUrlG § 7 Nr. 62; Einzelheiten dazu: Rn. 8, 34, 47; § 1 Rn. 6b).

52 dd) Das BAG hat in den Entsch., die EuGH Schultz-Hoff rezipieren, zwischen dem ges. Urlaub und dem darüber hinausgehenden einzelvertragl. oder tarifvertragl. Urlaub unterschieden (vgl. zu den Rezeptionsentsch. näher § 1 Rn. 26; § 7 Rn. 2, 34; vom EuGH beantwortete Folgefragen zu Schultz-Hoff: § 1 Rn. 6 ff.). Rechtsvorschr. oder Gepflogenheiten iSv. Art. 7 I der AZRL 2003/88/EG sind nach EuGH „KHS" auch **Tarifbestimmungen** (EuGH 22.11.2011 NZA 2011, 1333 Rn. 35). Die tarifl. und vertragl. Mehrurlaubsansprüche, die den Mindesturlaub übersteigen, fallen aber nicht in den Anwendungsbereich des Unionsrechts (EuGH 20.7.2016 NZA 2016, 1067 – Maschek; BAG 23.3.2010 NZA 2010, 810; 5.8.2014 ZTR 2015, 28; **aA** nur *Abele* RdA 2009, 312, 316 f.). Der AN muss bei fortdauernder Erkrankung ggf. den Verfall des vertragl. oder tarifl. Mehrurlaubsanspruchs hinnehmen (*Düwell* dbr 2011 Nr. 8, 16 ff.; *Gaul/Bonanni/Ludwig* DB 2009, 1013, 1016; *Krieger/Arnold* NZA 2009, 530, 531; *Thüsing* FA 2009, 65). Anderes gilt nur, wenn die Vertrags- oder TVAuslegung ergibt, dass die (TV-)Parteien den von ihnen vereinbarten Urlaub an das Schicksal des ges. Urlaubs binden. Für einen Regelungswillen, der zwischen ges. und überges. vertragl. oder tarifl. Ansprüchen unterscheidet, müssen deutl. Anhaltspunkte bestehen. Lösen sich die (Tarif-)Vertragsparteien in weiten Teilen durch eigenständige Regelungen vom ges. Urlaubsregime, ist idR davon auszugehen, dass sie Ansprüche nur begründen und fortbestehen lassen wollen, soweit eine ges. Verpflichtung besteht. Dann bleibt nur der unionsrechtl. gesicherte Urlaub erhalten (BAG 24.3.2009 NZA 2009, 538 zu einer vertragl. vereinbarten kirchl. Arbeits- und Vergütungsordnung; 23.3.2010 NZA 2010, 810 zu einer tarifl. Regelung; s. auch BAG 12.4.2011 NZA 2011, 1050). Das BAG diff. mittlerweile zwischen einem eigenständigen Fristenregime für den Urlaubsanspruch (für § 26 II TVöD-AT und § 26 TV-L bejaht: 22.5.2012 NZA-RR 2013, 48 [§ 26 II TVöD-AT]; 22.5.2012 NZA 2012, 987 [§ 26 II lit. a) TV-L]; 16.7.2013 NZA 2013, 1285 [§ 33 Nr. 6 lit. d) TV AL II]) und einem selbständigen Abgeltungsregime (für § 26 TV-L verneint: 22.5.2012 NZA 2012, 987; für § 12 Abschn. IV Nr. 2 S. 2 MTV Chemie bejaht: 13.11.2012 AP BUrlG § 7 Abgeltung Nr. 97; zu den urlaubsrechtl. Fragen des TVöD-AT *Bredemeier* öAT 2012, 32 ff.; *Kuner* öAT 2012, 73 ff.).

53 **d) Weitere Fälle. aa)** Die in Rn. 50 beschriebene, vom BAG vorgenommene „kleine unionsrechtskonforme Rechtsfortbildung" (LAG M 3.12.2009 LAGE BUrlG § 7 Abgeltung Nr. 23: „minimalinvasiver Eingriff") hat zur Folge, dass der Urlaubsanspruch trotz langwieriger krankheitsbedingter AU erlischt, wenn der AN im Kj. oder im Übertragungszeitraum so **rechtzeitig gesund und arbeitsfähig wird**, dass er in der verbleibenden Zeit seinen Urlaub nehmen kann (Bsp.: auf den Übertragungszeitraum übergegangener Urlaubsanspruch von 20 Arbeitstagen; Krankheit des AN vom 3.9.2015 bis 22.2.2016; der AN kann ab 23.2.2016 seinen Urlaub verlangen und nehmen; unterlässt er das, verfällt sein Anspruch mit dem 31.3.2016; ebenso *Höpfner* RdA 2013, 65, 67; *Picker* ZTR 2009, 230, 232). Einigt sich der AN mit seinem AG auf eine vergütete Suspendierung der Arbeitspflicht vor Beendigung des ArbVerh., kann damit der Mindesturlaubsanspruch erfüllt werden, wenn der AN nicht arbeitsunfähig erkrankt ist. Der Urlaub braucht nicht abgegolten zu werden (EuGH 20.7.2016 NZA 2016, 1067 – Maschek; *Schneider* EuZA 2017, 57, dazu auch Rn. 72; § 1 Rn. 6). Mittlerweile tendiert das BAG wohl eher zur einfachen einschränkenden Auslegung (iE noch offengelassen v. BAG 7.8.2012 NZA 2012, 1216 Rn. 33; näher Rn. 50). Wird der AN so spät arbeitsfähig, dass er nur einen **Teil seines Urlaubs** nehmen kann und nimmt er ihn bis zum Ende des Gewährungszeitraums nicht, bleibt ihm nur der überschießende Teil des Resturlaubsanspruchs über das Ende des Jahres oder des Übertragungszeitraums hinaus erhalten. Der erfüllbare Teil des ges. Mindesturlaubs erlischt, wenn er ihn nicht zur Erteilung abfordert. Die Rechtsfolgen in den beiden genannten Bsp. sind unbedenkl. mit dem Unionsrecht vereinbar. Sie beruhen auf der Passivität des AN, die das Unionsrecht nicht schützt. Der EuGH hat den Einzelstaaten zugestanden, dass die Festlegung des Zeitraums für die Urlaubsgewährung grds. zu ihrem Regelungsbereich gehört. Sie unterliegt nur bestimmten Grenzen („Vorausset-

zungen für die Ausübung und die Umsetzung des Anspruchs auf bezahlten Jahresurlaub" iSd. „Bedingungen für die Inanspruchnahme und die Gewährung" nach Art. 7 I AZRL). Die Grenze ist überschritten, wenn der AN tats. nicht die Möglichkeit hatte, den mit der RL verliehenen Anspruch auszuüben (EuGH 20.1.2009 NZA 2009, 135; 22.11.2011 NZA 2011, 1333; v. EuGH beantwortete Folgefragen zu Schultz-Hoff: § 1 Rn. 6 ff.).

bb) Geklärt ist auch die Lösung der Fälle, in denen einem AN **mehr als der ges. Mindesturlaub** zusteht und vor der andauernden Erkrankung bereits ein Teil des Urlaubsanspruchs erfüllt ist (Bsp.: 24 Tage ges. Mindesturlaub, sechs Tage arbeitsvertragl. Urlaub; sechs Tage Urlaubsgewährung im August; danach andauernde Erkrankung bis zum April des nächsten Jahres). Der vertragl. Teil ist am 31. 3. erloschen. Das Problem ist aus Sicht des BAG **nicht mithilfe einer entspr. Anwendung von § 366 II BGB** zu lösen (v. BAG nur in Fällen unterschiedl. Anspruchsgrdl. für die Arbeitsbefreiung herangezogen: 1.10.1991 AP BUrlG § 7 Nr. 12; 7.8.2012 NZA 2013, 104 Rn. 10 ff.; 16.10.2012 NZA 2013, 575 Rn. 12; *Natzel* NZA 2011, 77, 78 f.; **aA** die 13. Aufl. mwN). Das BAG erkennt keine Regelungslücke im ges. Regelungsplan und bleibt deshalb bei dem Erg. stehen, dass es sich bei ges. und überges. Urlaub um einen einheitl. Anspruch auf Erholungsurlaub handelt, der auf unterschiedl. Anspruchsgrdl. beruht. Der AG erfüllt diesen einheitl. Anspruch mit einer Erfüllungshandlung (BAG 7.8.2012 NZA 2013, 104 Rn. 10 ff.). Dem BAG kann in der Annahme eines einheitl. Anspruchs zugestimmt werden. Damit ist die Frage einer **planwidrigen Regelungslücke** und damit einer Analogie zu § 366 II BGB aber nicht abschl. beantwortet (vgl. den bloßen Hinweis auf den nicht unvollständigen Regelungsplan durch BAG 7.8.2012 NZA 2013, 104 Rn. 13 mit Bezug auf *Natzel* NZA 2011, 77, 79). Das BAG führt selbst aus, dass ein Anspruch auf vertragl. oder tarifl. Mehrurlaub in seinen Entstehungsvoraussetzungen, seiner Übertragung, seiner Kürzung, seinem Verfall oder seiner Abgeltung eigenen Regeln unterliegen kann (BAG 7.8.2012 NZA 2013, 104 Rn. 17). Diese Besonderheit, aufgrund derer sich das rechtl. Schicksal der beiden Anspruchsgrdl. erhebl. voneinander unterscheiden kann, legt eine Lücke im Regelungszusammenhang der §§ 366, 367 BGB nahe. Der Neunte Sen. hat daher in der Vergangenheit auf die Auslegungsregel des § 366 II BGB zurückgegriffen und angenommen, dass ein AG zunächst auf den ges. und dann auf den überges. Urlaubsanspruch leiste (vgl. die v. BAG 7.8.2012 NZA 2013, 104 Rn. 11 zitierte, tw. aufgegebene Entsch. v. 5.9.2002 NZA 2003, 726). Wegen dieser Besonderheit ist es nicht damit getan, darauf hinzuweisen, dass die unterschiedl. Kennzeichen des ges. und des überges. Urlaubs jeweils getrennt zu betrachten seien (BAG 7.8.2012 NZA 2013, 104 Rn. 17 mwN). Wird eine Analogie trotz der höchstrichterl. Klärung noch immer in Erwägung gezogen, empfiehlt es sich, dass der AG, der die Freistellung gewährt, eine § 366 I BGB entspr. Leistungsbestimmung abgibt. Fehlt die Leistungsbestimmung, ist § 366 II BGB analog anzuwenden. Dann muss entschieden werden, welche Schuld dem Gläubiger – dem AN – geringere Sicherheit bietet. Das ist die ggf. verfallbare Schuld aus dem überges. Mehrurlaub. IZw. gewährt der AG zunächst den verfallbaren überges. Urlaub und danach den ges. Mindesturlaub (**aA** BAG 7.8.2012 NZA 2013, 104 Rn. 13). 54

cc) Die Hauptleistungspflichten **ruhen** nicht nur durch krankheitsbedingte AU, sondern auch aufgrund anderer Tatbestände, zB durch Beschäftigungsverbote nach dem MuSchG und dem IfSG sowie nach dem BEEG und aufgrund sozialversicherungsrechtl. Tatbestände. Auch bei unbezahltem Sonderurlaub entsteht der ges. Urlaubsanspruch (BAG 6.5.2014 NZA 2014, 959; *Schönhöft/Oelze* NZA 2016, 868). Hier ist insb. die nicht dauerhafte, zeitl. auf mehrere Jahre befristete **Rente wegen Erwerbsminderung** zu nennen, in deren Folge das ArbVerh. fortbesteht. In allen Fällen entsteht ein Urlaubsanspruch, der nach dem früheren Verständnis von § 7 III durch das BAG seit 1982 spätestens aE des Übertragungszeitraums unterging, soweit nicht die jeweiligen G wie das MuSchG und das BEEG Sonderregelungen trafen. Soweit der Urlaubsanspruch aus dem lfd. Jahr stammte, in dem der AN die Arbeit wieder aufnahm, konnte er erfüllt werden. Endete das ArbVerh., erwarb der AN einen Abgeltungsanspruch, der nur zu realisieren war, wenn der AN seine Arbeitsfähigkeit wiedererlangt hatte. Das war insb. beim Übergang in die Dauerrente regelm. nicht der Fall. Der EuGH hat seine Aussagen zur Auslegung von Art. 7 AZRL 2003/08/EG nicht vor dem Hintergrund eines derartigen Falls getroffen. Dennoch geben seine Ausführungen Hinweise für die Lösung der damit verbundenen Rechtsfragen. Die zeitl. Begrenzung des Fortbestands des entstandenen Anspruchs gehört grds. zu den Bedingungen für die Inanspruchnahme und die Gewährung iSv. Art 7 I der AZRL 2003/88/EG. Sie unterliegt nur bestimmten Begrenzungen (EuGH 20.1.2009 NZA 2009, 135; 22.11.2011 NZA 2011, 1333; § 1 Rn. 6 ff.). Die Begrenzung besteht darin, dass der Anspruch nicht untergeht, wenn der AN keine Möglichkeit hatte, den Urlaub innerhalb des maßgebenden Zeitraums zu nehmen. Das zeigt, dass auch der Urlaubsanspruch des Zeitrentners, der befristete Rente wegen Erwerbsminderung bezieht, aus vergangenen Zeiträumen nach dem Ende der Zeitrente uU nicht verfällt. Die Annahme, dass Urlaubsansprüche im ruhenden ArbVerh. auch dann nicht entstehen, wenn das ArbVerh. ruht, weil der AN arbeitsunfähig ist, ist mit § 13 I 1 nicht zu vereinbaren. Danach ist der Mindesturlaubsanspruch unabdingbar (BAG 7.8.2012 NZA 2012, 1216 Rn. 15 ff.; *Boecken/Jacobsen* ZTR 2011, 267, 268 ff.; *Fieberg* ZESAR 2013, 258 ff.). Die Mitgliedstaaten einschl. der TVParteien können den Übertragungszeitraum für Urlaubs(-abgeltungs)ansprüche jedoch auch bei krankheitsbedingter AU nach EuGH „KHS" auf 15 Monate nach dem Ende des Urlaubsjahres beschränken (EuGH 22.11.2011 NZA 55

2011, 1333; rezipiert v. BAG 7.8.2012 NZA 2012, 1216; näher § 1 Rn. 6b und § 7 Rn. 34, 37; zu den Fragen [fehlenden] Vertrauensschutzes im Privatrechtsverkehr Rn. 51). Das gilt auch für Zeitrenten.

56 **dd)** Für Fälle, in denen das Fernbleiben von der Arbeit in den Verantwortungsbereich des AN fällt, bieten sich andere Lösungen an. Dem AN ist es in diesen Fällen mögl., der Arbeit nachzugehen oder von der Arbeitsleistung zum Zweck der Erfüllung des Urlaubsanspruchs freigestellt zu werden. Das gilt jdf. für AN, die der Arbeit über den Bezugszeitraum hinaus unerlaubt fernbleiben. Nimmt ein AN an einem **längerfristigen Streik** zB v. 20. 3. bis 4. 4. teil und hat er noch sieben Tage übertragenen Resturlaub aus dem Vorjahr, verfällt dieser Urlaubsanspruch am Quartalsende. Das Unionsrecht steht dem nicht entgegen. Eine an Art. 9 III GG orientierte verfassungskonforme Auslegung könnte jedoch zu einer nationalen Begrenzung der Befristungsregelung des § 7 III führen. Diese Probleme erreichen die Gerichte empirisch selten, weil sie in den tarifl. Maßregelungsverboten geregelt werden.

57 **e) Andere Auswirkungen.** Die von Teilen des Schrifttums (*Bauer/Arnold* NJW 631, 635 f.; *Gaul/Josten/Strauf* BB 2009, 497, 501; *Thüsing* FA 2009, 65; Rn. 51) geforderten Konsequenzen in anderen Rechtsgebieten, insb. im Recht **der ordentl. personenbedingten Kündigung**, drängen sich jdf. für den Regelfall **nicht** auf. Nur selten geht es um langjährige Erkrankungen, die in die Erwerbsminderung münden. Meistens handelt es sich um Erkrankungen in der zweiten Hälfte eines Kj., die bis weit in das Folgejahr hineinreichen, bis der AN entweder wieder arbeitsfähig wird oder das ArbVerh. endet. Das gilt umso mehr, als nun geklärt ist, dass Urlaubs- und Urlaubsabgeltungsansprüche 15 Monate nach dem Ende des Urlaubsjahres verfallen können (BAG 7.8.2012 NZA 2012, 1216 Rn. 27 ff.; 18.9.2012 AP BUrlG § 7 Nr. 62 Rn. 12; s. aber Rn. 8, 34, 47). Anges. der Beträge, die für Urlaub und Urlaubsabgeltung auflaufen, dürfte eine personenbedingte Kündigung nur ausnahmsweise sozial gerechtfertigt sein (**aA** wohl *Benecke* RdA 2011, 241, 243 f.). Es hängt von den Umständen des Einzelfalls ab, ob im Fall einer mehrjährigen Erkrankung oder Erwerbsminderung auf Zeit anderes gilt. Häufig wird Sonderkündigungsschutz nach dem SGB IX bestehen (KSchG § 1 Rn. 130a).

58 Das Urt. des EuGH in der Sache Schultz-Hoff und die durch es bewirkte dt. Rechtsfortbildung bzw. einfache einschränkende unionsrechtskonforme Auslegung (Rn. 50, 53) zum Fortbestand von Urlaubs- und Urlaubsabgeltungsansprüchen auch außerhalb des Bezugszeitraums wirken sich in vielen anderen Teilbereichen des Urlaubsrechts aus (vgl. die Aufzählung in § 1 Rn. 8).

59 **3. Übertragung. a) Allgemeines.** Der Urlaubsanspruch wird übertragen, wenn die Erfüllung des auf das Kj. befristeten Urlaubsanspruchs in dieser Zeit aus **dringenden betriebl.** oder in der **Person des AN liegenden Gründen** nicht mögl. war, § 7 III 2. Der Anspruch aus §§ 1, 3 wird nicht auf das gesamte Kj., sondern im Regelfall nur auf das erste Quartal des folgenden Jahres übertragen, § 7 III 3. Mit der Übertragung wird die eine Befristung durch die andere ersetzt (Rn. 38; s. aber Rn. 41 ff.).

60 **b) Übertragungsvorgang.** Die Übertragung **vollzieht** sich **kraft G**, wenn die Voraussetzungen des § 7 III 2 erfüllt sind (BAG 9.8.1994 NZA 1995, 174). Bes. Übertragungserkl. der Parteien des ArbVerh. oder des AG, insb. eine Zust. oder Genehmigung, sind nicht erforderl. (BAG 25.8.1987 NZA 1988, 245; 23.6.1992 AP BUrlG § 1 Nr. 22). Inhaltl. ist die Übertragung ein „Übertrag" wie in einer lfd. Rechnung (BAG 24.11.1987 NZA 1988, 243; 10.2.2004 NZA 2004, 986). Der übergegangene Urlaub wird dem Urlaub des folgenden Kj. hinzugerechnet, allerdings mit der Maßgabe, dass er im Regelfall nur bis zum Ablauf des 31. 3. gewährt und genommen werden kann. Der Übergang vollzieht sich auch für die nach § 5 I lit. a) entstandenen **Teilurlaubsansprüche** (BAG 25.8.1987 NZA 1988, 245) kraft G durch § 7 III 2 und durch andere ges. Vorschr., zB nach dem BEEG (zur wiederholten EZ nach dem BEEG BAG 20.5.2008 NZA 2008, 1237; zu der Kürzungsfrage BAG 19.5.2015 NJW 2015, 2604; BEEG § 17 Rn. 2; zum Unionsrecht EuGH 22.4.2010 NZA 2010, 557; *Fieberg* NZA 2010, 925 ff.; *Mittag* AiB 2011, 65 ff.; *Rambach/Feldmann* ZTR 2010, 561 ff.; s. auch BAG 17.5.2011 AP BEEG § 17 Nr. 1) und § 125 III SGB IX/§ 208 II SGB IX nF. **Ändert** sich bei einem AN am Jahresanfang der **Umf.** der wöchentl. **Arbeitspflicht** (an die Stelle einer fünftägigen Arbeitsverpflichtung tritt eine Verteilung der verbleibenden TZ auf drei Tage oder umgekehrt), ist die **Neuberechnung** für den Umf. des Urlaubs (§ 3 Rn. 13 bis 15) nur für den Urlaub des lfd. Jahres vorzunehmen, nicht für den übertragenen Urlaub aus dem Vorjahr (**aA** BAG 28.4.1998 NZA 1999, 156).

61 **c) Voraussetzungen der Übertragung.** Die Übertragung vollzieht sich, wenn entweder dringende betriebl. oder in der Person des AN liegende Gründe eine Urlaubsgewährung hindern, § 7 III 2. Der Wunsch des AN, lieber im Februar des nächsten Jahres als im Dezember des lfd. Jahres Urlaub zu nehmen, genügt nicht. Auch der Zusatzurlaub nach § 27 Abs. 3.1 TVöD-K iVm. der Protokollnotiz Nr. 2 wird nur dann in das Folgejahr übertragen, wenn Übertragungsgründe iSv. § 7 III 2 gegeben sind (BAG 12.12.2012 NZA-RR 2013, 476). **Dringende betriebl. Gründe** liegen vor, wenn die **Interessen des AG** an einer Gewährung von Urlaub im Übertragungszeitraum anstelle des im Urlaubsjahr zu gewährenden Urlaubs **das Interesse des AN** an der fristgerechten Inanspruchnahme des Urlaubs noch innerhalb des Kj. überwiegen. Das ist zB dann gegeben, wenn die Auftragslage zum Jahresende die Anwesenheit des AN erfordert, eine bes. arbeitsintensive Zeit bevorsteht (Messe, Festspiele), bereits anderen AN Urlaub gewährt worden ist usw. Nicht ausreichend ist es, wenn es ledigl. wünschenswert ist, dass der AN im Betrieb bleibt. Dann liegen nur einfache betriebl. Gründe vor. Andererseits müssen

nicht zwgd. unabweisbare Gründe vorgelegen haben. Von der Erfüllung des Tatbestandsmerkmals kann regelm. ausgegangen werden, wenn der AG eine entspr. Erkl. abgegeben hat, insb. einen Urlaubswunsch des AN zum Jahresende abgelehnt hat. Beruft sich der AN darauf, dass dringende betriebl. Gründe iSd. § 7 III 3 die Freistellung verhindert haben und damit ein Übergang des Urlaubsanspruchs stattgefunden haben soll, und reklamiert der AG den Verfall des Urlaubs zum Jahresende, muss der AN die Voraussetzungen für die Übertragung **darlegen** und ggf. **beweisen.** Die Übertragungsvoraussetzungen sind anspruchsbegründende Tatsachen (LAG SH 14.11.2007 – 6 Sa 294/06). Deshalb ist die Darlegungs- und Beweislast anders als bei den dringenden betriebl. Belangen nach § 7 I 1 (Rn. 8) und den dringenden betriebl. Gründen nach § 7 II 1 (Rn. 18) verteilt. Dort muss der AG die tatbestandl. Voraussetzungen für das von ihm im Urlaubsjahr reklamierte anspruchshindernde Leistungsverweigerungsrecht darlegen und im Bestreitensfall beweisen. Die unbestimmten Begriffe in § 7 I 1 und § 7 II 1 einerseits und in § 7 III 2 andererseits haben deshalb nicht denselben Inhalt. Vielmehr sind sie entspr. ihrer Bedeutung für die Arbeitsvertragsparteien unterschiedl. zu bewerten. An die Darlegung sind keine hohen Anforderungen zu stellen. Ausreichend ist zB schon das Vorbringen, der AG sei dem Urlaubsantrag des AN aE des Urlaubsjahres mit einem Leistungsverweigerungsrecht begegnet. Dann muss davon ausgegangen werden, dass der Urlaub übertragen ist.

Ein in der Person des AN liegender Grund ist regelm. bei **Erkrankung** des AN und damit verbundener **AU** zum Jahresende gegeben (BAG 13.5.1982 AP BUrlG § 7 Nr. 4; 5.12.1995 NZA 1996, 594). Kein in der Person des AN liegender Übertragungsgrund besteht, wenn die Krankheit des AN das Jahr über angedauert hat, er aber so **rechtzeitig wieder arbeitsfähig** ist, dass er für die Dauer des (noch) bestehenden Urlaubs von der Arbeitspflicht befreit werden kann. Ihm ist dann Urlaub zu gewähren, es sei denn, es liegt nun ein betriebl. Übertragungsgrund vor. Dasselbe ist anzunehmen, wenn der AN so spät im Lauf des Kj. gesund wird, dass ihm nur ein Teil seines Urlaubs bis zum Jahresende gewährt werden kann. Nutzt er die Zeit nicht für seinen Urlaub, verfällt er insoweit. Er geht nur iHd. Teils über, den er wegen der Krankheit innerhalb der verbleibenden Zeit bis zum Jahresende nicht nehmen konnte (BAG 24.11.1992 NZA 1993, 472; unionsrechtl. ist keine andere Interpretation des G geboten). Auch in diesem Fall gilt nur etwas anderes, wenn betriebl. Gründe für die Übertragung des Teils vorliegen, der noch verwirklicht werden könnte. In der Person der AN liegende Übertragungsgründe sind ferner die **mutterschutzrechtl. Beschäftigungsverbote** für die Zeiten vor und nach der Entbindung (dazu mittlerweile aber § 17 S. 2 MuSchG/§ 24 S. 2 MuSchG nF). Weitere pers. Übertragungsgründe sind die plötzl. Erkrankung eines nahen Angehörigen, mit dem der Urlaub verbracht werden sollte. Die Ungewissheit über das Erg. des Feststellungsverf. vor dem Integrationsamt, ob ein AN **schwerbehinderter** Mensch iSd. SGB IX ist und deshalb Anspruch auf Zusatzurlaub hat, ist kein in der Person des AN liegender Übertragungsgrund (SGB IX § 208 Rn. 4 mwN zu der Kontroverse). Der Schwerbehinderte, der sich seinen Urlaub aus dem Jahr der Antragstellung zumindest als Schadensersatzanspruch erhalten will, muss den Zusatzurlaub vor Ablauf des Urlaubsjahres so früh geltend machen, dass der AG ihn erfüllen kann (zum SchwbG BAG 21.2.1995 NZA 1995, 746; 13.6.1991 AuR 1991, 248; *Dörner* DB 1995, 1174). Kein pers. Grund iSd. G ist anzunehmen, wenn ein AN in **zwei ArbVerh.** steht und in dem anderen der Urlaubsanspruch wegen betriebl. Gründe erst im Übertragungszeitraum realisiert werden kann. 62

Die Übertragung von Teilurlaub. Der Teilurlaub, den der AN nach **§ 5 I lit. a) erwirbt**, erlischt am Jahresende (s. aber Rn. 41 ff. für Fälle krankheitsbedingter AU und vergleichbare Tatbestände). Davon gibt es neben den Fällen krankheitsbedingter AU und vergleichbaren Konstellationen zwei Ausnahmen. Sind die Voraussetzungen des § 7 III 2 erfüllt, geht der Teilurlaub kraft G über, aber nur auf das erste Quartal des Folgejahres. Er geht auf das ganze **folgende Kj.** über, wenn der AN das vor Ablauf des Kj. verlangt. Für diesen Übertragungstatbestand sind keine (zusätzl.) betriebl. oder pers. Gründe erforderl. Das Verlangen ist an keine Form gebunden, erfordert keine Begr. und muss nicht ausdr. erklärt werden. Es genügt ein aussagekräftiges Verhalten des AN, nach dem unter Anwendung des § 133 BGB von einem konkludenten Verlangen iSd. G auszugehen ist. Bloßes **Schweigen** des AN genügt nicht (BAG 29.7.2003 NZA 2004, 385 unter Aufgabe v. 10.3.1966 AP KO § 59 Nr. 2). 63

d) Urlaubsgewährung im Übertragungszeitraum. aa) Grundsatz. Im Übertragungszeitraum ist der Urlaub zu gewähren, sonst verfällt er regelm. (s. aber Rn. 41 ff. für krankheitsbedingte AU und vergleichbare Tatbestände). **Die Wünsche des AN** hins. der Urlaubszeit sind nun **verbindl.** Der AG hat nicht mehr wie im Urlaubsjahr ein Leistungsverweigerungsrecht, der AN ein Annahmeverweigerungsrecht (Rn. 12) nur insoweit, als der Urlaub noch zu anderer Zeit im Quartal erfüllt werden kann. Wird der Urlaub nicht genommen, erlischt er grds. (BAG 28.1.1982 AP BUrlG § 3 Rechtsmißbrauch Nr. 11; 7.12.1993 NZA 1994, 802). Er bleibt dem AN nur als Schadensersatzanspruch erhalten, wenn er den AG vergebl. gemahnt hat, den Urlaubsanspruch zu erfüllen (Rn. 40). 64

bb) Erfüllbarkeit. Bleibt der AN für die gesamte Dauer des Übertragungszeitraums **arbeitsunfähig krank** oder wird er es in dieser Zeit für den verbleibenden Zeitraum, kann der Freistellungsanspruch nicht erfüllt werden. Nach der früheren stRspr. des BAG (13.5.1982 AP BUrlG § 7 Übertragung Nr. 4; 7.12.1993 NZA 1994, 802) erlosch der Urlaubsanspruch mit dem Ende des Übertragungszeitraums ersatzlos. Eine Gewährung des ges. Urlaubs war nach dem Ende des Übertragungszeitraums nach 65 inzwischen aufgegebener Auff. des BAG nicht mögl. (für eine Übertragung noch BAG 3.2.1971 AP BUrlG § 7 Abgeltung Nr. 9; zur Rechtsprechungsentwicklung Rn. 1), weil es eine Übertragung auf einen weiteren, nicht näher bestimmten Zeitraum nicht gab. Weder der Grds. von Treu und Glauben noch sozialpolitisch unangemessene Erg. rechtfertigten nach früherer Auff. des BAG die Annahme, § 7 III sehe keine Befristung auch im Fall der dauernden Erkrankung vor. Den Parteien blieb nur, die Begr. und Erfüllung eines **außerges. Urlaubs** zu vereinbaren. Das geschah in der Praxis weitgehend konkludent. Daran kann nach der unionsrechtskonformen Fortbildung bzw. Auslegung des § 7 III (Rn. 50, 53) für die 15 Monate nach dem Ende des Urlaubsjahres nicht mehr festgehalten werden. Die Ausführungen in Rn. 41 ff. gelten sinngemäß für die Fragen der Befristung zum Ende des Übertragungszeitraums.

66 **e) Erfüllung außerhalb des Übertragungszeitraums.** Die Entsch. Schultz-Hoff (EuGH 20.1.2009 NZA 2009, 135; v. EuGH beantwortete Folgefragen: § 1 Rn. 6 ff.) trifft keine Aussage dazu, wann der im Lauf einer lang andauernden Erkrankung fortbestehende Urlaub nach Genesung erfüllt werden kann oder muss (Bsp.: Krankheit v. 1.9.2012 bis 30.4.2016; Genesung und Fortsetzung des ArbVerh. ab 1.5.2016). Hierfür bieten sich mehrere Lösungsmöglichkeiten an. Es könnte angenommen werden, dass der Urlaub der vergangenen Jahre ohne zeitl. Begrenzung fortbesteht und bis zum Ende des ArbVerh. „aufgespart" bleiben kann. Das wäre mit den Vorstellungen des dt. Urlaubsrechts und des Unionsrechts zum Verbot der „Hortung" von Urlaubs- und Abgeltungsansprüchen (Rn. 41) unvereinbar. Außerdem unterlägen die nicht ges. erloschenen Ansprüche tarifl. Verfallfristen und dem ges. Verjährungsrecht. Eine andere Möglichkeit, vom AN die sofortige Inanspruchnahme des Urlaubs aus den Vorjahren zu verlangen, scheidet aus, weil das mit den Grds. der Urlaubsgewährung (Rn. 3 ff.) nicht zu vereinbaren ist. Der AG kann vom AN nicht verlangen, den fälligen Urlaub sofort oder nach seinen Zeitvorstellungen zu nehmen. Es bleibt nur die Möglichkeit, den Anspruch der Vorjahre für die Zeit von 15 Monaten nach dem Ende des Urlaubsjahres (BAG 7.8.2012 NZA 2012, 1216 Rn. 27 ff.; 18.9.2012 AP BUrlG § 7 Nr. 62 Rn. 12) an den Anspruch auf den ges. Mindesturlaub aus dem Jahr der Genesung zu binden und zu verlangen, dass der aus den Vorjahren erhaltene Urlaub zusammen mit dem Urlaub des lfd. Jahres genommen wird (§ 13 Rn. 14). Sonst verfällt er wie der Urlaub des Jahres der Genesung und Wiederaufnahme der Arbeit aE des Bezugszeitraums (Kj. und Übertragungszeitraum; ebenso *Höpfner* RdA 2013, 65, 67). Einzelvertragl. oder tarifl. Abweichungen kommen dann wegen der so verstandenen zeitl. Begrenzung durch das G nicht in Betracht (BAG 9.8.2011 NZA 2012, 29). Während einer krankheitsbedingten AU verjährt der Urlaubsanspruch also auch nicht (BAG 9.8.2011 NZA 2012, 166; *Gaul/Bonanni/Ludwig* DB 2009, 1013, 1014; *Hohmeister* BB 2011, Heft 19, I; **aA** zB *Bauer/Arnold* NJW 2009, 631, 635). Er tritt nach Gesundung in den 15 Monaten nach dem Ende des Urlaubsjahres (BAG 7.8.2012 NZA 2012, 1216 Rn. 27 ff.; 18.9.2012 AP BUrlG § 7 Nr. 62 Rn. 12) zu dem Anspruch aus dem lfd. Urlaubsjahr hinzu. Bleibt der AN gesund, verfällt der Urlaubsanspruch vor Eintritt der Verjährung spätestens mit dem Ende des Übertragungszeitraums am 31. 3. des Folgejahres (BAG 11.6.2013 AP BUrlG § 7 Nr. 67). Mit Beendigung des ArbVerh. wandelt sich der Urlaubsanspruch in einen Abgeltungsanspruch um und unterliegt nun Ausschlussfristen (BAG 8.4.2014 NZA 2014, 852; 16.12.2014 NZA 2015, 827). Nach Auff. des BAG konnten AN spätestens seit Bekanntwerden des Vorabentscheidungsersuchens des LAG D in der Sache Schultz-Hoff v. 2.8.2006 (NZA-RR 2009, 242) nicht mehr darauf vertrauen, das BAG werde daran festhalten, dass der Urlaubsabgeltungsanspruch keinen tarifl. Ausschlussfristen unterfiel (9.8.2011 NZA 2012, 166; 10.12.2013 ZTR 2014, 238; weiterführend *C. Schubert* RdA 2014, 9). Nach der Entsch. des Neunten Sen. v. 21.2.2012 (NZA 2012, 750) genügt die Erhebung einer Kündigungsschutzklage nicht für die schriftl. Geltendmachung von Urlaubsabgeltungsansprüchen, weil sie den Fortbestand des ArbVerh. erwirken will. In der Kündigungsschutzklage liegt aus Sicht des Neunten Sen. regelm. auch nicht die Geltendmachung von Urlaubsansprüchen (13.12.2011 – 9 AZR 420/10 –; zum mögl. Verfall von Urlaubsabgeltungsansprüchen gelöst von dem Problem der AU und der Erhebung einer Kündigungsschutzklage auch BAG 14.11.2012 – 5 AZR 107/11 –; 16.4.2013 NZA 2013, 850; zust. *Schrader/Siebert* Anm. AP TVG § 4 Ausschlussfristen Nr. 203). Es bleibt abzuwarten, ob der Neunte Sen. diese Rechtsprechungslinien aufrechterhält. Der Fünfte Sen. nimmt inzwischen für Ansprüche auf Vergütung aus Annahmeverzug an, dass sie mit Erhebung einer Bestandsschutzklage gerichtl. iSd. zweiten Stufe einer tarifl. Ausschlussfrist geltend gemacht würden. Die Erhebung einer bezifferten Leistungsklage sei entbehrl. (BAG 19.9.2012 NZA 2013, 101; 19.9.2012 NZA 2013, 156). Die Konstellationen der Annahmeverzugsvergütung und der Urlaubsabgeltung dürften nicht deckungsgleich sein. Mit einer Bestandsschutzklage will der AN erreichen, dass das ArbVerh. fortdauert. Der Urlaubsabgeltungsanspruch setzt demggü. die Beendigung des ArbVerh. voraus. Der Urlaubsabgeltungsanspruch kann auch verjähren.

67 **f) Vertragliche und tarifvertragliche Übertragungstatbestände.** Arbeitsvertrags- und TVParteien sind befugt, vom G **abw. Übertragungsregelungen** unabhängig von den Krankheitsfällen zu treffen. Sie können bestimmen, dass der Urlaub eines Jahres ohne Gründe bis zum 31.3. des Folgejahres erfüllt werden darf (Bsp.: MTV für die AN der Hohlglasindustrie v. 18.9.1974, BAG 9.5.1995 NZA 1996, 149). Sie können **andere und weitere Übertragungszeiträume** als das gesamte folgende Kj. (so der MTV der nordrhein-westfälischen Metall- und Elektroindustrie: EuGH 22.11.2011 NZA 2011, 1333;

BAG 20.8.1996 DB 1997, 830 mwN) oder einen Teil des Jahres und die weitere Übertragung von bes. begr. Ausnahmefällen abhängig machen (BAG 9.5.1995 NZA 1996, 149). Das Recht, den Urlaub aus dem lfd. Jahr nicht nur im ges. Übertragungszeitraum, sondern im gesamten nächsten Kj. zu beanspruchen, kann auch aufgrund betriebl. Übung entstehen (BAG 21.6.2005 AP InsO § 55 Nr. 11).

TV können ferner bestimmen, dass der Urlaub nicht innerhalb des Übertragungszeitraums gewährt und genommen, sondern innerhalb dieser Zeit **nur angetreten** werden muss (BAG 18.3.2003 NZA 2003, 1111). In diesem Fall wird der Urlaub tw. außerhalb des Übertragungszeitraums erfüllt. Er erlischt nicht mit dem Ende des Übertragungszeitraums. **Erkrankt** der AN außerhalb des Übertragungszeitraums, bestand nach der früheren Rspr. des BAG eine Verpflichtung, den Urlaub nachzugewähren, nur, wenn die Tarifvorschr. das – weiter gehend als § 9 – ausdr. bestimmte (BAG 19.3.1996 NZA 1996, 942; 21.1.1997 NZA 1997, 889; § 9 Rn. 7). Auch diese Diff. ist mit der unionsrechtskonformen Änd. der Rspr. zur Befristung des Urlaubsanspruchs bei krankheitsbedingter AU (Rn. 34, 41 ff.) überholt. 68

IV. Die Abgeltung des Urlaubs

1. Einführung. a) Der gesetzliche Regelungsumfang. Ges. Urlaubsabgeltung nach § 7 IV kann nur verlangt werden, wenn **das ArbVerh. rechtl. beendet** wurde (BAG 16.10.2012 NZA 2013, 575; BVerwG 30.4.2014 NVwZ 2014, 1166; zu den tarifl. Änderungsmöglichkeiten Rn. 70). § 64 I, II SeeArbG bestimmt vorrangig, dass sich das Heuerverhältnis verlängert (Abs. 1) oder der Urlaub in einem mit dem Reeder bestehenden ArbVerh. gewährt wird (Abs. 2). Nur wenn die Voraussetzungen des Abs. 1 – zB wegen krankheitsbedingter AU im Verlängerungszeitraum (BT-Drs. 17/10959 S. 84) – und des Abs. 2 dieser Norm nicht erfüllt sind, darf der Urlaub nach § 56 I 2, § 64 III 2, 1 SeeArbG abgegolten werden (zu §§ 56 ff. SeeArbG auch § 15 Rn. 2, § 16 Rn. 1). Bei Fortsetzung eines ArbVerh. entsteht sonst kein ges. Abgeltungsanspruch. Bei der ATZ im Blockmodell endet das ArbVerh. nicht schon mit Eintritt in die Freistellungsphase (BAG 15.3.2005 NZA 2005, 994; 16.10.2012 NZA 2013, 575). Davon geht auch das Unionsrecht lt. EuGH „Federatie Nederlandse Vakbeweging" und „Schultz-Hoff" aus (6.4.2006 NZA 2006, 719; 20.1.2009 NZA 2009, 135). Das gilt auch dann, wenn sich die Parteien nach einer Kündigung auf den ununterbrochenen Fortbestand des ArbVerh. geeinigt haben. Außerhalb des SeeArbG kommt eine Abgeltung des im bisherigen ArbVerh. erworbenen ges. Urlaubsanspruchs nur in Betracht, wenn das ArbVerh. rechtl. unterbrochen war und ein neues ArbVerh. begr. wurde. Für Beamte gilt zwar nicht § 7 IV. Art. 7 II AZRL ist jedoch zu beachten. Der Abgeltungsanspruch entsteht für sie – auch bei ATZ im Blockmodell – mit dem Eintritt in den Ruhestand (BVerwG 19.11.2015 NVwZ 2016, 770). 69

b) Tarifvertragliche Abweichungen. Eine Abgeltungsvorschr. ist regelm. Inhalt von tarifl. Urlaubsregelungen. Darin können TVParteien **zugunsten** der AN von allen ges. Regelungen des Abgeltungsrechts **abweichen** (BAG 9.8.1994 NZA 1995, 230; 18.2.1997 NZA 1997, 1357; zum Baugewerbe 26.6.2001 NZA 2002, 680). Hins. des tarifl., über den ges. Anspruch hinausgehenden Urlaubs können die TVParteien die Abgeltung auch an weitere Voraussetzungen knüpfen (BAG 10.2.2004 NZA 2004, 986 zur Verwirkung eines Abgeltungsanspruchs) oder sie erweitern (BAG 7.9.2004 EzA BUrlG § 7 Abgeltung Nr. 12 [„Ruhen des ArbVerh." bei befristeter Rente wegen verminderter Erwerbsfähigkcit]; 14.3.2006 NZA 2006, 1232 [Härtefall Krankhcit]). **Nicht** immer werden in Tarifbestimmungen die ges. Vorschr. **verändert** (zu den Änderungsmöglichkeiten § 13 Rn. 8). Manchmal werden sie nur **deklaratorisch** wiederholt. Ohne eindeutige tarifl. Regelung kann nicht davon ausgegangen werden, dass vom G abw. Regeln für die Urlaubsabgeltung gelten sollen (BAG 17.1.1995 NZA 1995, 531; 27.5.1997 NZA 1998, 106). Im öffentl. Dienst sind die Abgeltungsbestimmungen in der Vergangenheit sogar an die veränderte Rspr. des BAG **angeglichen** worden (BAG 8.2.1994 NZA 1994, 853 zu § 47 BAT; 5.9.1995 ZTR 1996, 28 zu § 54 MTB II). Auch im TV ATZ fehlt eine vom G abw. Regel (BAG 15.3.2005 NZA 2005, 994). § 26 TV-L enthält überhaupt keine Abweichung vom ges. Abgeltungsmodell. Finden sich in einem TV keine Regelungen über die Abgeltung des Urlaubs, ist die **ges. Abgeltungsvorschr.** auch für den tarifl. Urlaubsanspruch anzuwenden (BAG 3.5.1994 NZA 1995, 476; 7.9.2004 EzA BUrlG § 7 Abgeltung Nr. 12). 70

2. Entstehen. Der noch nicht erfüllte **Urlaubsanspruch** des AN **wandelt** sich mit Beendigung des ArbVerh. in den Abgeltungsanspruch um, ohne dass weitere Handlungen des AG oder des AN erforderl. sind (BAG 20.1.1998 NZA 1998, 816; 19.8.2003 AP BUrlG § 7 Nr. 29). Die Erfüllung des Urlaubsanspruchs, dh. die Befreiung von der Arbeitspflicht (§ 1 Rn. 13), ist nach Beendigung des ArbVerh. unmögl. geworden. Das ArbVerh. ist nicht beendet, wenn der AG kündigt, der Betrieb danach auf einen Erwerber übergeht (§ 613a BGB) und dieser das alte ArbVerh. mit dem AN fortsetzt (BAG 2.12.1999 NZA 2000, 480). Ein Abgeltungsanspruch entsteht nicht, wenn der AN bei Beendigung des ArbVerh. keinen Urlaubsanspruch mehr hat. Das ist auch anzunehmen, wenn der AN mit dem Ende des Urlaubsjahres oder des Übertragungszeitraums **ausscheidet** und der nicht genommene Urlaub wegen Fristablaufs erlischt (BAG 7.12.1993 NZA 1994, 802). Mit dem **Tod** des AN erlischt zugleich 71 mit der Beendigung des ArbVerh. der Urlaubsanspruch. Aus Sicht des EuGH in der Entsch. Bollacke entsteht dennoch ein Abgeltungsanspruch der Erben (12.6.2014 NZA 2014, 651; näher § 1 Rn. 6i, 23).

72 Der Urlaubsabgeltungsanspruch **entsteht** nach dem EuGH in der Folge von „Schultz-Hoff" unabhängig davon, ob der AN bei Beendigung des ArbVerh. arbeitsfähig ist oder nicht (zB EuGH 20.1.2009 NZA 2009, 135; 21.6.2012 NZA 2012, 851; für die stRspr. des BAG 7.8.2012 NZA 2012, 1216 Rn. 8, 45; 12.3.2013 NZA 2013, 678; § 1 Rn. 6 ff.) oder ob er wegen **Erwerbsminderung** aus dem ArbVerh. ausscheidet (BAG 14.5.1986 NZA 1986, 834; s. auch 7.8.2012 NZA 2012, 1216). Eine vereinzelt gebliebene anderslautende Aussage (BAG 23.6.1983 AP BUrlG § 7 Abgeltung Nr. 14) hat das BAG später korrigiert und darauf hingewiesen, dass sonst das Entstehen des Anspruchs mit seiner Erfüllbarkeit gleichgesetzt würde (BAG 14.5.1986 NZA 1986, 834; 26.5.1992 NZA 1993, 29). Die Erfüllbarkeit ist vom Entstehen zu trennen (Rn. 77 ff.). Für das Entstehen des Abgeltungsanspruchs kommt es auf die **Art der Beendigung** nicht an (EuGH 20.7.2016 NZA 2016, 1067 – Maschek; dazu auch Rn. 53; § 1 Rn. 6; zu dem Problem des Tods des AN § 1 Rn. 6i, 23). Der Abgeltungsanspruch entsteht gleichermaßen nach Kündigung (zur vertragswidrigen außerordentl. Kündigung eines AN BAG 18.6.1980 AP BUrlG § 13 Unabdingbarkeit Nr. 6), Aufhebungsvertrag, Ende der Befristung oder Eintritt der Bedingung (BAG 18.10.1990 NZA 1991, 466) sowie nach Anfechtung der im Arbeitsvertrag enthaltenen Willenserkl. (zur Abgeltung nach Beendigung aE der EZ nach dem BErzGG/BEEG BAG 20.5.2008 NZA 2008, 1237; näher Rn. 60; BEEG § 17 Rn. 12). Der Anspruch auf Abgeltung des ges. Zusatzurlaubs für schwerbehinderte Menschen entsteht ohne vorherige Geltendmachung des Freistellungsanspruchs auch dann, wenn der Schwerbehinderte erstmals nach Beendigung des ArbVerh. auf die Behinderung hinweist (zum alten Recht BAG 25.6.1996 NZA 1996, 1153).

73 **3. Inhalt.** Der ges. Abgeltungsanspruch war nach der Rspr. vor EuGH „Schultz-Hoff" (20.1.2009 NZA 2009, 135) **Ersatz** für den nicht verwirklichten Anspruch auf Freistellung von der Arbeitspflicht (hM seit BAG 22.6.1956 AP BGB § 611 Urlaubsrecht Nr. 10; 17.1.1995 NZA 1995, 531; **aA** *Weber* Anm. AP BUrlG § 7 Abgeltung Nr. 63; *ders.* RdA 1995, 229). Während die Rspr. zunächst annahm, dass an die Stelle des Anspruchs auf Befreiung von der Arbeitspflicht eine an keine weiteren Voraussetzungen gebundene Abfindung trat, insb. keine Befristung des Anspruchs bestand (zul. BAG 21.7.1978 AP BUrlG § 13 Unabdingbarkeit Nr. 5), beurteilte das BAG den Urlaubsabgeltungsanspruch lange als einen an die urlaubsrechtl. Vorgaben gebundenen Anspruch auf **Zahlung eines Geldbetrags** (BAG 3.5.1994 NZA 1995, 476; 17.1.1995 NZA 1995, 531). Er sollte nicht als Abfindungsanspruch oder als gewöhnl. Geldanspruch entstehen, für den es auf die urlaubsrechtl. Merkmale wie Bestand und (bisher) Erfüllbarkeit nicht ankäme (BAG 9.11.1999 NZA 2000, 603). Er sollte abgesehen von der nicht mehr erfüllbaren Befreiung von der Arbeitspflicht regelm. an die gleichen Voraussetzungen gebunden sein wie der durch ihn ersetzte Urlaubsanspruch (BAG 7.12.1993 NZA 1994, 802). Es handelte sich bei § 7 IV nach diesem Verständnis um die ges. geregelte Folge einer schuldrechtl. Leistungsstörung. Die Berechnung der Abgeltung folgt den Regeln des § 11, sodass auch der Abgeltungsanspruch dem Abweichungsverbot des § 13 I 1 unterliegt (BAG 22.2.2000 NZA 2001, 268; § 13 Rn. 5 und 7; zur Behandlung in der Insolvenz InsO Einf. Rn. 45). An dieser Bindung musste sich durch die Neuinterpretation des § 7 III und IV durch das BAG (24.3.2009 NZA 2009, 538; weitere Rezeptionsentsch.: Rn. 34) in Umsetzung der Auslegung von Art. 7 AZRL 2003/88/EG durch den EuGH (20.1.2009 NZA 2009, 135; v. EuGH entschiedene Folgefragen § 1 Rn. 6 ff.) nicht zwgd. etwas ändern. Der Abgeltungsanspruch konnte nur im Ausnahmefall der krankheitsbedingten AU und vergleichbarer Tatbestände als reine Geldforderung verstanden werden (BAG 4.5.2010 NZA 2010, 1011; 9.8.2011 NZA-RR 2012, 129). Inzwischen hat der Neunte Sen. die **Surrogatstheorie** auch in anderen Fällen als dem der krankheitsbedingten AU ua. mit dem Arg. des einheitl. Urlaubsabgeltungsanspruchs, der nicht zwischen arbeitsunfähigen und arbeitsfähigen AN diff., **aufgegeben** (BAG 19.6.2012 NZA 2012, 1087 Rn. 17 ff.; stRspr., zB auch 19.5.2015 NZA 2015, 989; zust. zB *Boemke* JuS 2013, 848; *Heilmann* Anm. AP BUrlG § 7 Abgeltung Nr. 95; *Holzinger/Köhler* BB 2012, 3020; erl. *Eckstein* SAE 2013, 65 ff.; *Höpfner* RdA 2013, 16, 26 ff.; krit. *Oberthür* ArbRB 2013, 225 ff.; *Stoffels/Sprink* EWiR 2012, 759, 760). Daraus könnte sich erstaunlicherweise eine Diskrepanz zum Unionsrecht ergeben (vgl. im Zusammenhang mit dem Abgeltungsverbot in Art. 7 II AZRL 2003/88/EG die Schlussanträge der GA *Trstenjak* in der Sache KHS v. 7.7.2011 DB 2011, 1757 Rn. 67: Abgeltungsanspruch als Surrogat für Urlaub, nicht reiner Abfindungs- oder Geldanspruch; krit. dazu *Düwell* DB 2011, 2492 ff.; der EuGH verwendet den Begriff des Surrogats in „KHS" [22.11.2011 NZA 2011, 1333] jedoch nicht und hat das auch früher nie getan; Einzelheiten: Rn. 74 ff.). Daraus folgt auch, dass der Urlaubsabgeltungsanspruch bei krankheitsbedingter AU nicht mit dem Urlaubsanspruch tageweise (sukzessiv) vor dem 31.3. des zweiten auf das Urlaubsjahr folgenden Jahres untergeht (BAG 22.9.2015 NZA 2016, 37). Die aus dem Unionsrecht hergeleitete Aufgabe der Surrogatstheorie führt nicht zu höheren tarifl. Jahressonderzahlungen. Art. 7 AZRL macht für deren Anspruchsvoraussetzungen keine Vorgaben (BAG 11.11.2015 AP TV-L § 20 Nr. 3).

74–76 **4. Befristung.** Ebenso wie die Interpretation des G zur Befristung des Urlaubsanspruchs (Rn. 34 bis 40) steht auch die Befristung des Abgeltungsanspruchs im Fokus der unionsrechtl. Bewertung. Die enge Bindung des Abgeltungsanspruchs an den urspr. Freistellungsanspruch bewirkte nach früherer

Auff., dass er ebenso wie der Urlaubsanspruch nur **befristet** bis zum Ende des Urlaubsjahres (Rn. 34) oder des Übertragungszeitraums (Rn. 60) bestand (frühere stRspr., BAG 17.1.1995 NZA 1995, 531; 5.12.1995 NZA 1996, 594). Wurde er bis zum Ende des Kj. oder des Übertragungszeitraums nicht verlangt und erfüllt, **erlosch** er nach früherer Rspr. Heute ist der Abgeltungsanspruch nach der Rspr. des BAG ein reiner Geldanspruch, der unabhängig von der AU oder Arbeitsfähigkeit des AN nicht dem Fristenregime des BUrlG unterfällt (BAG 19.6.2012 NZA 2012, 1087 Rn. 17 ff.; Rn. 73).

5. Erfüllbarkeit des Abgeltungsanspruchs bei andauernder Erkrankung. a) Bisherige Rechtsprechung. Der Abgeltungsanspruch unterlag nach dem früheren Verständnis des BAG vor „Schultz-Hoff" (EuGH 20.1.2009 NZA 2009, 135; § 1 Rn. 6 ff.) – auch im Fall krankheitsbedingter AU – als Surrogat des Anspruchs auf Freistellung von der Arbeit Beschränkungen wie der Urlaubsanspruch (zu der inzwischen vollständigen Aufgabe der Surrogatstheorie Rn. 73 f.). Daraus folgte für die Anwendung des § 7 IV vor EuGH Schultz-Hoff: Der Urlaubsanspruch musste in der Zeit seines Bestehens vom Tag nach dem Ausscheiden des AN bis zum Jahresende oder bis zum 31.3. des Folgejahres erfüllbar sein. Das setzte voraus, dass der AN **bei Fortdauer des ArbVerh.** seine vertragl. geschuldete Arbeitsleistung bis zum Ende des Befristungszeitraums hätte erbringen können. Die Voraussetzungen waren nach Auff. des BAG nicht gegeben, wenn der AN während des Zeitraums, in dem der Anspruch bestand, **dauernd arbeitsunfähig krank** blieb (st. frühere Rspr.: BAG 5.12.1995 NZA 1996, 594; 27.5.1997 NZA 1998, 106) und nicht zumindest für die Dauer seines abzugeltenden Urlaubsanspruchs wieder in der Lage war, bei Fortbestand des ArbVerh. seinen vertragl. Pflichten nachzukommen. Dem AN stand dann auch kein Abgeltungsanspruch zu. 77

b) Jüngere Rechtsprechung. Das BAG hält in der Folge von „Schultz-Hoff" (EuGH 20.1.2009 NZA 2009, 135, Folgeentsch.: § 1 Rn. 6 ff.) nicht an seiner früheren Rspr. fest (grdl. 24.3.2009 NZA 2009, 538; zu den weiteren Rezeptionsentsch. Rn. 34, 41 ff.). Das BAG nimmt nun aber noch weiter gehend an, dass der nicht verfallene Urlaub als reiner Geldanspruch mit dem Ausscheiden aus dem ArbVerh. unabhängig von der AU oder Arbeitsfähigkeit des AN abzugelten ist. Er unterliegt nicht dem Fristenregime des BUrlG (BAG 19.6.2012 NZA 2012, 1087 Rn. 17 ff.; Rn. 73). 78, 79

Aus meiner Sicht hätte es genügt, dass der Abgeltungsanspruch nicht aE des Urlaubsjahres erlischt, in dem das ArbVerh. beendet wird, wenn der AN seine vertragl. Verpflichtungen dauerhaft nicht erfüllen kann. Wird er **wieder arbeitsfähig,** gibt es keinen unionsrechtl. Grund dafür, dass er zumindest den Anspruch aus dem lfd. Jahr bis zum Ende des Bezugszeitraums geltend macht und ggf. in einem neuen ArbVerh. nach den Regeln des § 6 verfährt (**aA** in Akzeptanz der vollständigen Aufgabe der Surrogatstheorie *Höpfner* RdA 2013, 65, 67). IÜ gelten dann, wenn die bisher angenommenen ges. Befristungsregeln für den Abgeltungsanspruch nicht mehr zum Tragen kommen, die tarifl. Ausschlussfristen (Rn. 66). Der Urlaubsabgeltungsanspruch kann **verjähren** (Rn. 84 ff.; § 13 Rn. 14, 22). Hat der AN wegen der Beendigung des ArbVerh. Urlaubsabgeltung erhalten oder zu beanspruchen, ruht sein Anspruch auf Alg. nach § 157 II SGB III auch dann bereits ab dem Ende des ArbVerh., wenn er Krankengeld nach § 44 SGB V bezieht. Der Ruhenszeitraum verschiebt sich nicht auf die Zeit nach Beendigung der Erkrankung (BAG 17.11.2010 NZA 2011, 288 noch zu § 143 II SGB III; *Bartholomä* BB 2011, 896). 80

6. Vererblichkeit, Pfändbarkeit, Abtretung und Aufrechnung. a) Vererblichkeit. Ein Abgeltungsanspruch der Erben entsteht aus Sicht von EuGH „Bollacke" auch dann, wenn das ArbVerh. durch den Tod des AN endet (12.6.2014 NZA 2014, 651; BAG 20.10.2015 NZA 2016, 159; **aA** noch 20.9.2011 NZA 2012, 326; 12.3.2013 NZA 2013, 678; zu den dogmatischen Konstruktionsmöglichkeiten *Kamanabrou* RdA 2017, 162; *Worm/Thelen* NJW 2016, 1764; näher § 1 Rn. 6i, 23). Lebt der AN bei Beendigung des AV noch, geht sein Abgeltungsanspruch nach § 1922 I BGB unprobl. auf die Erben über. Wird der Urlaubsabgeltungsanspruch mit dem BAG (19.6.2012 NZA 2012, 1087 Rn. 17 ff.) überhaupt nicht mehr als Ersatz des Urlaubsanspruchs, sondern gelöst vom Fall der AU als reiner Geldanspruch verstanden, ist notwendige Folge, dass der in der Person des Erblassers bereits entstandene Urlaubsabgeltungsanspruch nach § 1922 I BGB vererbl. ist (offengelassen von BAG 20.9.2011 NZA 2012, 326; näher § 1 Rn. 23; iE wie hier HBD/*Düwell* Rn. 141; *Höpfner* RdA 2013, 65, 70; *C. Schubert* RdA 2014, 9, 14 ff.; ausf. *Polzer*, Die Befristung des Urlaubsanspruchs auf das Kj., Diss. Mannheim 2011 S. 192 ff.). Starb der AN, nachdem der Abgeltungsanspruch entstanden war, ging der Abgeltungsanspruch dagegen nach früherer Rspr. ersatzlos unter, wenn der AN den Anspruch nach dem Ende des ArbVerh. nicht vergebl. geltend gemacht hatte (BAG 22.10.1991 NZA 1993, 28). Hatte er den Urlaubsabgeltungsanspruch im Unterschied dazu erfolglos geltend gemacht, entstand ein auf Abgeltung gerichteter vererbl. Schadensersatzanspruch (BAG 22.10.1991 NZA 1993, 28). Das BAG leitet den Anspruch auf Abgeltung des sog. Ersatzurlaubs mittlerweile aus § 275 I, IV, § 280 I, III, § 283 S. 1, § 286 I 1, § 287 S. 2, § 249 I BGB iVm. § 7 IV (nicht § 251 I BGB) her (BAG 16.5.2017 NZA 2017, 1056; näher auch Rn. 40). 81

b) Pfändbarkeit, Abtretung und Aufrechnung. Nach der Rspr. des Zweiten Sen. des BAG (21.1.1988 NZA 1988, 651) konnte eine Urlaubsabgeltungsforderung **nicht gepfändet und nicht abgetreten** werden, §§ 394, 399, 400 BGB, § 851 ZPO. Gegen sie sollte auch die Aufrechnung nicht 82 mögl. sein (BAG 12.2.1959 AP BGB § 611 Urlaubsrecht Nr. 42). Die Rspr. beruhte auf der Vorstellung, dass der Urlaubsabgeltungsanspruch als Ersatz des Urlaubsanspruchs höchstpers. ist. Dem ist nicht zuzustimmen. Der Abgeltungsanspruch kann in den Grenzen des § 850c ZPO gepfändet und verpfändet werden (iE ebenso BAG 28.8.2001 NZA 2002, 323; diff. nach ges. und tarifl. Urlaub einerseits und einzelvertragl. Urlaub andererseits *Pfeifer* NZA 1996, 738). Wird der Urlaubsabgeltungsanspruch mit dem BAG (19.6.2012 NZA 2012, 1087 Rn. 17 ff.) überhaupt nicht mehr als Ersatz des Urlaubsanspruchs, sondern gelöst vom Fall der AU als reiner Geldanspruch verstanden, kann der Abgeltungsanspruch erst recht gepfändet und abgetreten werden (zu der Aufgabe der Surrogatstheorie Rn. 73).

83 **7. Schadensersatz.** Weigerte sich der AG zu Unrecht, einen bestehenden Abgeltungsanspruch zu erfüllen, erlosch der ges. Urlaubsabgeltungsanspruch nach früherer Rspr. aE des Urlaubsjahres oder des Übertragungszeitraums ebenso wie der Urlaubsanspruch (zu der Ausnahme bei dauernder Unfähigkeit, die Arbeitsleistung zu erbringen, Rn. 78 ff.). An seiner Stelle entstand ein Schadensersatzanspruch aus § 275 I und IV, § 280 I, § 283 S. 1, § 286 I, § 287 S. 2, § 249 BGB (BAG 21.9.1999 AP BUrlG § 7 Abgeltung Nr. 77; 24.10.2006 NZA 2007, 330), wenn der AG in Verzug gesetzt wurde (s. Rn. 40 zum untergegangenen Urlaubsanspruch). Dieser Rspr. ist mit der Aufgabe der Surrogatstheorie die Grdl. entzogen (BAG 19.6.2012 NZA 2012, 1087 Rn. 17 ff.; zu der früheren Rspr. § 7 Rn. 83 der 12. Aufl.).

84 **8. Verjährung und Verfall. a) Verjährung.** Der ges. Urlaubsabgeltungsanspruch unterlag nach früherem Verständnis im Regelfall nicht der Verjährung des § 195 BGB. Er erlosch bereits vor Ablauf von Verjährungsfristen. Im Fall der dauernden krankheitsbedingten AU erlischt der Abgeltungsanspruch nicht mehr von G wegen, jdf. nicht zu einem früheren Zpkt. als 15 Monate nach dem Ende des Urlaubsjahres (Folge der unionsrechtskonformen Fortbildung oder Auslegung von § 7 III 3, Rn. 75). Er unterliegt der Verjährung des § 195 BGB, berechnet von seiner Entstehung, dh. der Beendigung des ArbVerh. an, § 199 I Nr. 1 BGB. Der beim Verzug des AG nach dem Erlöschen des Urlaubsabgeltungsanspruchs entstehende Schadensersatzanspruch unterfällt ebenfalls der regelm. Verjährungsfrist des § 195 BGB von drei Jahren (*Höpfner* RdA 2013, 65, 68). Die bes. Verjährungsregeln des BGB für Schadensersatzansprüche gelten nicht. Wird dem BAG in der vollständigen Aufgabe der Surrogatstheorie gefolgt, gelten diese Grds. für alle Abgeltungsansprüche (unabhängig von der AU oder Arbeitsfähigkeit des AN, BAG 19.6.2012 NZA 2012, 1087 Rn. 17 ff.; Rn. 73; *C. Schubert* RdA 2014, 9, 14 f.).

85 **b) Ausschlussfristen.** Der befristet bestehende ges. Abgeltungsanspruch unterlag nach früherem Rechtsverständnis nicht tarifl. Ausschlussfristen, auch wenn vertragl. Regelungen oder Tarifnormen die gegenseitigen Ansprüche aller Art aus dem ArbVerh. erfassten (BAG 18.11.2003 NZA 2004, 651). Die Befristungsdauer des § 7 IV unterfiel dem Abweichungsverbot des § 13 I 1 (BAG 24.8.1999 NZA 2000, 724). Das galt iE auch für **Schadensersatzansprüche aus Verzug** wegen zu Unrecht verweigerter Erfüllung des Abgeltungsanspruchs (vgl. näher die 15. Aufl.).

86 Für den Abgeltungsanspruch gelten seit der Aufgabe der Surrogatstheorie (BAG 19.6.2012 NZA 2012, 1087 Rn. 17 ff.; Rn. 73) tarifl. oder vertragl. Ausschlussfristen oder Verfallfristen in ArbeitsvertragsRL (BAG 8.4.2014 NZA 2014, 852; 16.12.2014 NZA 2015, 827), aber auch die für den Ersatzurlaubsgeltungsanspruch entwickelten erleichterten Geltendmachungserfordernisse. Der AN muss seine Ansprüche geltend machen und ggf. einklagen. Sonst verfallen sie nach Maßgabe der tarifl. Bestimmungen. Das gilt nicht nur für Abgeltungsansprüche, die auf dem tarifl. Urlaub beruhen, sondern auch für Ansprüche auf ges. Mindesturlaub. Das Unionsrecht steht dem nicht entgegen. Es schützt nur den AN, der gehindert ist, seine Ansprüche zu realisieren, nicht den AN, der untätig bleibt (BAG 9.8.2011 NZA 2012, 166 Rn. 34: Aufgabe des Merkmals der Erfüllbarkeit des Freistellungsanspruchs im fiktiv fortbestehenden ArbVerh.; *Höpfner* RdA 2013, 65, 68). Nachdem die Surrogatstheorie vollständig aufgegeben wurde (BAG 19.6.2012 NZA 2012, 1087 Rn. 17 ff.; Rn. 73), gilt das erst recht. Art. 7 AZRL verlangt nicht, dass eine Ausschlussfrist für Urlaubsabgeltungsansprüche den Bezugszeitraum des Urlaubsanspruchs deutl. übersteigt. Eine zweimonatige Ausschlussfrist genügt den unionsrechtl. Anforderungen (BAG 6.5.2014 – 9 AZR 758/12). Kann der AN die Höhe der Urlaubsabgeltung nicht ohne Weiteres errechnen, braucht er die Forderung im Geltendmachungsschreiben nicht zu beziffern (BAG 16.4.2013 NZA 2013, 850; zust. *Schrader/Siebert* Anm. AP TVG § 4 Ausschlussfristen Nr. 203).

§ 8 Erwerbstätigkeit während des Urlaubs

Während des Urlaubs darf der Arbeitnehmer keine dem Urlaubszweck widersprechende Erwerbstätigkeit leisten.

1 Mit der Verpflichtung des AN, während des Urlaubs keine dem Urlaubszweck widersprechende Erwerbstätigkeit auszuüben, werden die **Interessen beider Vertragsparteien** geschützt. Der AN soll

der Versuchung widerstehen, seine Arbeitskraft während der Freizeit anderweitig zu „vermarkten" statt seine Kräfte in selbstbestimmter Erholung aufzufrischen. Für den AG soll gewährleistet werden, dass die ihn belastende Freistellung nicht die Leistungsfähigkeit des AN beeinträchtigt (BT-Drs. 4/785). In TV kann von § 8 nach Maßgabe des § 13 I 1 abgewichen werden (§ 13 Rn. 15).

Dem AN ist während seines Urlaubs nicht jede Tätigkeit verboten, die soziologisch als Arbeit anzusehen ist. Er darf ledigl. keiner Beschäftigung nachgehen, für die eine dem Wert der Arbeit entspr. **Gegenleistung in Geld oder Sachwerten** versprochen ist oder regelm. erwartet wird. Deshalb darf sich ein AN während des Urlaubs iRd. BBiG ausbilden lassen und Ausbildungsvergütung beziehen (BAG 20.10.1983 AP BAT § 47 Nr. 5), zu seinem Nutzen an seinem Eigentum arbeiten, Gefälligkeitstätigkeiten bei Verwandten und Nachbarn gegen Kost und Logis durchführen oder aufgrund familienrechtl. oder ör. Verpflichtung gegen eine Aufwandsentschädigung tätig sein. Auch Tätigkeiten, die er während des ArbVerh. zB in einer Nebenbeschäftigung ausübt, sind während des Urlaubs nicht nach § 8 verboten. Bei der Beurteilung der Rechtmäßigkeit der Tätigkeit eines AN in Urlaub kommt es weder auf die **Art** der Tätigkeit noch auf die **Ausgestaltung des Rechtsverhältnisses** an. Erwerbstätigkeit kann in körperl. oder geistiger Tätigkeit nicht nur in einem ArbVerh. (BAG 25.2.1988 NZA 1988, 607), sondern auch aufgrund eines Dienst- oder Werkvertrags oder eines sonstigen Vertrags versehen werden. Eine Erwerbstätigkeit widerspricht dem Urlaubszweck, wenn sie die für die Fortsetzung des ArbVerh. notwendige **Auffrischung** der Arbeitskräfte des AN verhindert (zum Urlaubszweck § 1 Rn. 4 ff.). Das ist nach den subj. und obj. Umständen des Einzelfalls zu beurteilen, wobei die Vorgabe selbstbestimmter Erholung nicht außer Acht gelassen werden darf. Maßgebend sind **Art und Dauer** der Erwerbstätigkeit. Eine Beschäftigung im Arbeitsgebiet des AN gegen Entgelt oder Sachleistung während der vollen tägl. AZ ist regelm. zweckwidrig, während ein stundenweises Aushelfen an manchen Tagen nicht gegen das ges. Verbot verstoßen muss. Auch die Tätigkeit **in einem anderen Berufsfeld** kann zweckwidrig sein. Die Verpflichtung eines Büroangestellten zu schwerer dauernder körperl. Arbeit in einem Baubetrieb verstößt gegen § 8. Die gelegentl. Erntehilfe bei einem Bauern kann den Erholungszweck fördern. Sie muss ihm zumindest nicht entgegenstehen. 2

Die Verpflichtung nach § 8 besteht nur, wenn sich der AN in Erholungsurlaub befindet, **nicht bei anderen Freistellungen.** Eine Tätigkeit darf nicht an den Tagen aufgenommen werden, an denen der AN vom AG von seiner vertragl. Verpflichtung für den Urlaub freigestellt wird. Das gilt auch für den Erholungsurlaub, der aE des ArbVerh. **in der Kündigungsfrist** gewährt wird. Hier werden zwar die Interessen des AG an der Rückkehr eines erholten AN nicht mehr berührt. Der Schutzzweck der Norm geht aber weiter (Rn. 1). Ist der AN aus anderen Gründen freigestellt und geht er während dieser Zeit einer Erwerbstätigkeit nach, findet § 8 keine (analoge) Anwendung. § 8 gilt auch nicht, wenn der AN aE des ArbVerh. keinen Urlaub, sondern eine **Abgeltung** erhält. Der AN darf während der Zeit, für die der Abgeltungsbetrag geleistet wird, uneingeschränkt einer Erwerbstätigkeit nachgehen. Der einer verbotswidrigen Erwerbstätigkeit zugrunde liegende Vertrag des AN mit einem Dritten wird von § 8 nicht berührt. Der Vertrag ist nicht nach § 134 BGB nichtig (BAG 25.2.1988 NZA 1988, 607). 3

Die verbotene Erwerbstätigkeit eines AN während des Urlaubs führt **nicht** dazu, **dass der gewährte Urlaub entfällt.** Die suspendierte Pflicht zur Arbeitsleistung lebt nicht wieder auf. Das G ordnet weder dieses Erg. an noch ist erkennbar, unter welchen Voraussetzungen ein sog. Wiederbegründungstatbestand gegeben sein soll (str.; wie hier *Friese* Rn. 518; *Leinemann/Linck* Rn. 14; **aA** *NFK/Neumann* Rn. 11 f.). Bleibt der Urlaubsanspruch **unberührt**, gilt dasselbe für das in diesem Zeitraum fortzuzahlende **Entgelt.** Eine zweckwidrige Erwerbstätigkeit lässt den Anspruch auf Urlaubsentgelt nicht entfallen (BAG 25.2.1988 NZA 1988, 607 unter Aufgabe der entgegenstehenden Rspr.: 19.7.1973 AP BUrlG § 8 Nr. 1; LAG RP 23.5.2014 – 7 Sa 66/14 – BeckRS 2014, 70646). Ein nach § 11 II bereits bei Urlaubsantritt gezahltes Entgelt muss nicht nach den Bestimmungen des Bereicherungsrechts zurückgezahlt werden, weil es an den AN zu Recht geleistet wurde (BAG 25.2.1988 NZA 1988, 607). Der AG kann ledigl. **Unterlassung** (nur sinnvoll im Weg einstweiliger Vfg.) und ggf. **Schadensersatz** verlangen (schwer vorzutragen, s. BAG 25.1.1990 – 8 AZR 495/88 – BeckRS 1990, 30895820) oder unter den Voraussetzungen des KSchG oder des § 626 BGB kündigen. 4

§ 9 Erkrankung während des Urlaubs

Erkrankt ein Arbeitnehmer während des Urlaubs, so werden die durch ärztliches Zeugnis nachgewiesenen Tage der Arbeitsunfähigkeit auf den Jahresurlaub nicht angerechnet.

1. Normzweck. § 9 will verhindern, dass der AN durch krankheitsbedingte AU seinen Urlaubsanspruch verliert (BT-Drs. 4/785). Der Gesetzgeber geht zu Recht davon aus, dass die **Arbeitspflicht**, von der der AN bereits durch seine AU befreit worden ist (BAG 15.6.1993 NZA 1994, 689), **nicht noch einmal suspendiert** werden kann. Deshalb, nicht weil sich der AN im Urlaub nicht erholen kann, schließen sich Erkrankung und Urlaub aus. Die Regelung bewirkt, dass der Anspruch des AN auf 1

Freistellung trotz ordnungsgemäßer Erfüllungshandlung durch den AG und trotz von ihm nicht verschuldeter Unmöglichkeit des Eintritts des Erfüllungserfolgs bei einer Erkrankung während des Urlaubs nicht untergeht, sondern fortbesteht. § 275 I BGB enthält auch in der Neufassung durch das SMG vom 26.11.2001 (BGBl. I S. 3138) die Befreiung des Schuldners von der Leistungspflicht bei Unmöglichkeit und damit in der Sache nichts Neues (*Däubler-Gmelin* NJW 2001, 2281, 2284). Diese Rechtslage war vorübergehend durch die Anrechnungsvorschr. des § 10 I und des § 4a EFZG idF des ArbRBeschFG vom 25.9.1996 (BGBl. I S. 1476) für die dort genannten Sachverhalte geänd. worden. Sie wurde mit der Neufassung des § 10 durch das G zu Korrekturen in der Sozialvers. und zur Sicherung der ANRechte vom 19.12.1998 (BGBl. I S. 3843) wiederhergestellt (§ 10 Rn. 1).

2 § 9 enthält keinen **Grds.** des Urlaubsrechts in dem Sinn, dass die Regelung auf andere Fälle des Zusammentreffens von Urlaub mit einem anderen Tatbestand, aus dem sich die Beseitigung der Arbeitspflicht des AN ergibt, entspr. anzuwenden ist (BAG 9.8.1994 NZA 1995, 174; § 7 Rn. 24; **aA** die ältere, überholte Rspr. des BAG zum Sonderurlaub: 1.7.1974 AP BUrlG § 9 Nr. 5; s. auch Rn. 4; zu der Möglichkeit **abw.** tarifl. und einzelvertragl. **Vereinb.** § 13 Rn. 16; zu der Regelung in dem mWv. 1.8.2013 aufgeh. SeemannsG BAG 24.6.2003 AP SeemG § 60 Nr. 5; 15.12.2009 – 9 AZR 795/08 Rn. 29; an die Stelle der Urlaubsvorschr. in §§ 53 ff. SeemannsG sind §§ 56 ff. SeeArbG getreten [BGBl. I S. 1273]).

3 **2. Erkrankung und Arbeitsunfähigkeit während des Urlaubs. a) Urlaub.** Urlaub iSv. § 9 ist der Zeitraum, den der AG durch die nach § 7 abgegebene Freistellungserkl. bezeichnet hat. § 9 kommt nur zur Anwendung, wenn eine durch Krankheit bedingte AU in dem durch die Freistellungserkl. bezeichneten Zeitraum eintritt. Sie ist aber auch zu beachten, wenn der Kl. nach der Freistellungserkl. des AG, aber **vor Urlaubsbeginn** arbeitsunfähig erkrankt und die AU einen oder mehrere Tage im Urlaub andauert (s. aber Rn. 7). Die Ausnahmeregelung des § 9 gilt nur für den Erholungsurlaub und nicht entspr. für AZAusgleich (BAG 11.9.2003 NZA 2004, 738; LAG RP 19.11.2015 – 5 Sa 342/15)).

4 **b) Krankheit und Arbeitsunfähigkeit.** Die Pflicht zur erneuten Gewährung von Urlaub trifft den AG nur, wenn der AN durch Krankheit iSd. EFZG (EFZG § 3 Rn. 3 ff.) daran gehindert ist, seinen Arbeitspflichten nachzukommen. Er ist dann arbeitsunfähig. **Nicht jede Krankheit führt zur AU.** Der Begriff der AU in § 9 stimmt mit dem des EFZG überein (EFZG § 3 Rn. 9 ff.). Die Regelung des § 9 gilt auch dann, wenn der AN die AU selbst verschuldet hat (*Leinemann/Linck* Rn. 7). Der AN erhält in diesem Fall jedoch keine Vergütung für die Zeit, die nicht auf seinen Urlaubsanspruch angerechnet wird. Im EFZRecht, das nach Wegfall des Urlaubs zur Anwendung kommt, hat der AN keinen Anspruch auf Fortzahlung der vom AG geschuldeten Vergütung, wenn er die AU selbst verschuldet hat, § 3 I 1 EFZG. Es ist für die Nachgewährung iSv. § 9 unbeachtl., ob sich der AN trotz der Erkrankung **erholen kann** oder nicht. Es kommt allein auf die krankheitsbedingte AU an (*Leinemann/Linck* Rn. 9). Die gegenteilige Auff., die eine Nachgewährung von der Vereitelung des Erholungszwecks durch die AU abhängig macht (GK-BUrlG/*Stahlhacke* Rn. 7), ist mit dem G nicht vereinbar. Der damit geäußerten Überlegung, Missbrauchsfällen begegnen zu wollen, kann Rechnung getragen werden, indem krit. gewürdigt wird, ob tats. AU besteht (EFZG § 3 Rn. 10 ff.). Die **Fiktion des § 3 II EFZG** ist auch iRd. § 9 anzuwenden. Danach gilt als unverschuldete AU auch eine Arbeitsverhinderung, die infolge nicht rechtswidriger Sterilisation oder nicht rechtswidrigen Schwangerschaftsabbruchs eintritt. Wird die Sterilisation oder der Schwangerschaftsabbruch im Urlaub vorgenommen, kann verlangt werden, dass der Urlaub nachgewährt wird (*Kanzlsperger* AuR 1997, 192).

5 **c) Nachweis.** Der Anspruch auf erneute Gewährung des wegen Krankheit nicht erfüllten Urlaubsanspruchs besteht nur dann, wenn der AN durch **ärztl. Zeugnis** die Dauer und die Lage der Krankheit nachweist. **Ohne Attest** besteht kein Nachgewährungsanspruch. Damit wird nicht nur Missbrauch zulasten des AG verhindert. Zugleich wird dem AN ermöglicht, auf die Nachgewährung zu verzichten. Das kann insb. dann von Interesse sein, wenn er die AU selbst verschuldet hat. Verlangt er keine Nachgewährung, behält er für die Dauer des Urlaubs seine Vergütung als Arbeitsentgelt, während ein Anspruch auf EFZ nicht bestünde. Das ärztl. Zeugnis muss erkennen lassen, dass der ausstellende Arzt sich mit dem Begriff „AU durch Krankheit" vertraut gemacht hat. Das gilt insb. für **Atteste aus dem Ausland**. Nicht jedem (ausl.) Arzt ist bewusst, dass es nicht allein auf die Erkrankung im medizinischen Sinn ankommt, sondern letztl. darauf, dass der AN seine konkret geschuldete Arbeitsverpflichtung nicht erfüllen kann (BAG 15.12.1987 AP BUrlG § 9 Nr. 9). Eine **Frist** zur Vorlage des ärztl. Attests schreibt das G für die Nachgewährung nicht vor. Die Regeln des EFZRechts über die Anzeige- und Nachweispflichten sind nicht entspr. anwendbar. Der AG hat ein Leistungsverweigerungsrecht, bis der AN das Attest vorlegt. Versäumt der AN die Fristen, innerhalb derer der Urlaub besteht, erlischt der ggf. bestehende Anspruch auf Nachgewährung (Rn. 6).

6 **3. Rechtsfolgen.** Hat der AN ein ärztl. Attest vorgelegt, entsteht der Anspruch auf Nachgewährung des Urlaubs aus dem lfd. Kj. Eine Handlung des AG ist nicht erforderl. Dieser wird wieder Schuldner des nicht erfüllten Anspruchs. Er muss ihn nach den Regeln des § 7 I erneut erteilen. Eine **Selbstbeurlaubung** des AN scheidet aus, insb. in der Form, dass der AN die bisher nicht gewährten Tage an den zuvor vom AG gebilligten Urlaubszeitraum „anhängt". Dieses in der Praxis vielfach zu beobachtende

Verhalten des AN ist wie jede Selbstbeurlaubung eine Vertragsverletzung und kann zu schwerwiegenden Konsequenzen führen (§ 7 Rn. 9). Der AG kann die **Nachgewährung** des Urlaubs aus den gleichen Gründen **verweigern**, aus denen er die EFZ ablehnen darf, va. wenn er meint, der AN sei nicht arbeitsunfähig gewesen. Dann muss er allerdings konsequenterweise Urlaubsentgelt entrichten. Verweigert er zu Unrecht, den Urlaub nachzugewähren, besteht nicht nur ein EFZAnspruch, sondern nach dem Ende des Kj. oder Übertragungszeitraums ein Ersatzanspruch auf Nachgewährung. Ist die Nachgewährung des wegen Krankheit nicht erfüllten Urlaubs bis zum Ablauf des Kj. nicht mehr mögl., wird der Urlaub auf das erste Quartal des Folgejahres **übertragen**, weil dafür ein in der Person des AN liegender Grund anzuerkennen ist (§ 7 Rn. 62).

Die Nachgewährungspflicht entsteht auch dann, wenn übertragene Urlaubsansprüche aus dem 7 vorangegangenen Jahr wegen Krankheit nicht erfüllt worden sind und nach der Genesung des AN der **Übertragungszeitraum** bereits abgelaufen ist (Urlaub v. 10.3. bis 31.3., AU v. 11.3. bis 4.4.). Ist der AN bis zum Ende des Übertragungszeitraums krankheitsbedingt arbeitsunfähig, **erlischt** der Urlaubsanspruch ausnahmsweise nicht. Der Urlaub muss noch nach dem Ende des Übertragungszeitraums nachgewährt werden, wenn der AN wieder arbeitsfähig ist. Das gilt für § 9 ebenso wie für § 7 III 3 (**aA** die frühere Rspr. zu § 9: BAG 19.3.1996 NZA 1996, 942; 21.1.1997 NZA 1997, 889; zu der unionsrechtl. Problematik § 7 Rn. 41 ff.).

Dies. Regeln gelten dann, wenn der Urlaub nur noch tw. gewährt werden kann (Urlaub v. 10.3. 8 bis 24.3.; Krankheit v. 10.3. bis 24.3.; Pflicht zur Nachgewährung aller Urlaubstage über den 31.3. hinaus). Der AN hat bei einer AU, die nur einen Teil seines bereits angetretenen Urlaubs ausmacht, nur Anspruch auf Nachgewährung in dieser Höhe, nicht auf Neugewährung des gesamten Urlaubs. Das gilt auch dann, wenn der AN vor Urlaubsantritt erkrankt und absehbar ist, dass er nur während eines Teils des festgelegten Zeitraums arbeitsunfähig sein wird. § 9 stellt auf die Tage der AU ab, nicht darauf, dass der AN seine Urlaubsplanung nicht mehr so verwirklichen kann wie vor der Erkrankung. Anderes gilt nur, wenn mit der Neugewährung des verbleibenden Urlaubs das Gebot des § 7 II 2 in diesem Kj. nicht mehr erfüllt werden kann. Der AN hat in diesem Fall ein Annahmeverweigerungsrecht für den verbleibenden Urlaub und kann verlangen, dass der gesamte Urlaubsblock neu festgelegt wird. Abw. Vereinb. zugunsten des AN, wie sie in der Praxis übl. sind, sind wirksam.

§ 10 Maßnahmen der medizinischen Vorsorge oder Rehabilitation

Maßnahmen der medizinischen Vorsorge oder Rehabilitation dürfen nicht auf den Urlaub angerechnet werden, soweit ein Anspruch auf Fortzahlung des Arbeitsentgelts nach den gesetzlichen Vorschriften über die Entgeltfortzahlung im Krankheitsfall besteht.

1. Gesetzesgeschichte und Normzweck. § 10 wurde durch Art. 8 Nr. 1 des G zu Korrekturen in 1 der Sozialvers. und zur Sicherung der ANRechte v. 19.12.1998 (BGBl. I S. 3843) in seine bis 30.9.1996 geltende Fassung zurückversetzt (BT-Drs. 14/45 S. 56). Die Änd. beseitigt nicht nur eine sozialpolitisch unerwünschte Anrechnung von Urlaub auf sozialversicherungsrechtl. Maßnahmen. Sie passt die Vorschr. wieder in das von 1970 bis 1996 bestehende System von Krankheit/Rehabilitation einerseits und Urlaub andererseits ein. Mit der Änd. sind auch die verfassungsrechtl. Fragen, die das ArbRBeschFG v. 25.9.1996 mit seiner Fassung des § 10 aufgeworfen hatte (dazu *Dörner* NZA 1998, 561), überholt. Das BVerfG hat später entschieden, die Altregelung des § 10 verstoße nicht gegen die Verf. (BVerfG 3.4.2001 NZA 2001, 777; zur Anwendung der Zwischenfassung BAG 28.5.2002 NZA 2003, 109; 30.4.2002 NZA-RR 2003, 201).

Die Vorschr. **beabsichtigt** die **Gleichstellung** der in § 9 I EFZG genannten Maßnahmen der medizi- 2 nischen Vorsorge oder Rehabilitation mit Zeiten der AU wegen Krankheit im Urlaubsrecht. Die Bestimmung ergänzt § 9, der Anwendung findet, wenn der AN während der Maßnahme zugleich arbeitsunfähig krank ist. Andere Regelungen über die urlaubsrechtl. Freistellung von der Arbeitspflicht auch zur Durchführung einer medizinischen Maßnahme sind mögl., wenn der GZweck durch sie nicht beeinträchtigt wird (Rn. 5).

2. Maßnahmen mit Entgeltfortzahlungsanspruch. Bis zur Änd. des G durch Art. 57 PflegeVG 3 (Rn. 1) verwandte das G die Begriffe Kur und Heilverf. sowie Schonzeiten. An die Stelle von Kur und Heilverf. traten die Begriffe „Maßnahmen der medizinischen Vorsorge und Rehabilitation“, die inhaltl. keine Änd. ggü. der früher geltenden Fassung mit sich brachten (*Hock* ZTR 1996, 201; zum Inhalt der Begriffe § 9 Rn. 3 bis 6). **Schonzeiten** sehen seitdem weder das Sozialversicherungsrecht noch das EFZG vor. Mit der Streichung der Schonzeiten aus dem sozialversicherungsrechtl. Maßnahmenkatalog und der Verpflichtung des AG aus § 7 I 2, **Urlaub** unmittelbar nach einer Maßnahme zu gewähren (§ 7 Rn. 20), können AN auch nicht auf § 616 BGB als Anspruchsnorm für Freistellung und Vergütung wegen Schonungsbedürftigkeit zwischen der Beendigung der Maßnahme und dem Arbeitsbeginn zurückgreifen.

4 Die **Bewilligung** einer Maßnahme iSd. Vorschr. erfolgt nach den Bestimmungen des Sozialversicherungsrechts. Sofern nicht eine der Bewilligungsmodalitäten vorliegt, entsteht kein Anspruch auf EFZ nach dem EFZG mit der Folge, dass das Anrechnungsverbot des § 10 nicht greift (Rn. 8 ff.; zu Einzelheiten der Bewilligung § 9 Rn. 7 ff.). Das ist der Fall, wenn es sich nicht um eine Einrichtung der medizinischen Vorsorge oder Rehabilitation handelt (BAG 25.5.2016 NZA 2016, 1028). Die bewilligte Maßnahme muss nach den Bestimmungen des § 9 I 1 oder 2 EFZG **durchgeführt** worden sein, wenn der AN Freistellung und ggf. Vergütung durchsetzen will (Details: EFZG § 9 Rn. 10 ff.).

5 § 10 klärt die Rechtslage im **Verhältnis von medizinischen Maßnahmen und Urlaub**. Gemeinsam ist beiden Tatbeständen, dass der AN iE von seiner vertragl. geschuldeten Arbeitsleistung befreit wird. Die beiden Tatbestände schließen sich für denselben Zeitraum aus. Ist dem AN eine sozialversicherungsrechtl. Maßnahme ordnungsgemäß bewilligt und soll sie nach den Voraussetzungen des § 9 I EFZG durchgeführt werden, kann der AG für denselben Zeitraum keinen Urlaub gewähren. Der AN ist bereits ges. von seiner Arbeitspflicht befreit. Eine weitere Befreiung durch urlaubsrechtl. Erkl. des AG ist nicht mögl. Für den umgekehrten Fall, dass zunächst Urlaub gewährt wurde und später für den ganzen Zeitraum oder Teile von ihm eine medizinische Maßnahme iSv. § 9 EFZG bewilligt und durchgeführt wird, trifft das G keine ausdr. Regelung. GZiel ist jedoch die Gleichstellung der medizinischen Maßnahmen mit der AU wegen Krankheit. § 9 löst für die krankheitsbedingte AU und Urlaub einander ausschließende Sachverhalte rechtl. auf. Die Bestimmung ist deshalb auch für den Fall der Bewilligung von Heilmaßnahmen nach Urlaubserteilung anzuwenden (Rn. 2).

6 Die Rechtslage ist iE nicht anders zu beurteilen, wenn der AN einen **vertragl. oder tarifl. EFZAnspruch** über den ges. Anspruch hinaus hat, zB für acht oder zehn Wochen. Auch in diesem Fall kann der AG für die überschießende Dauer der Maßnahme keinen Urlaub gewähren, weil auch jetzt ein – allerdings nicht mehr aus § 10, sondern aus den allg. Regeln abzuleitender – Unvereinbarkeitstatbestand erfüllt ist. Anderes gilt nur, wenn die abw. Bestimmungen eine (sogar nachträgl.) Anrechnung für den überges. Teil vorsehen. Soweit davon der ges. Teil des Urlaubs betroffen ist, kann die abw. Bestimmung aus Vertrag, BV oder TV nicht angewandt werden. Stattdessen kommt eine Teilanrechnung in Betracht.

7 **3. Maßnahmen ohne Entgeltfortzahlungsanspruch. a) Verlust des Entgeltfortzahlungsanspruchs.** Die in den Rn. 5 und 6 genannten Regeln gelten auch dann, wenn der AN keinen Anspruch auf EFZ mehr hat, zB weil der **Sechswochenzeitraum** des § 3 I 1 EFZG verstrichen ist. Der AN bleibt auch ohne Vergütungsanspruch wegen der Bewilligung und Durchführung der sozialversicherungsrechtl. Maßnahme von der Pflicht zur Arbeit befreit. Für diesen Zeitraum kann der AG keinen Urlaub erteilen, auch dann nicht, wenn er den AG mit Urlaubsentgelt versorgen möchte. Der dennoch erteilte Urlaub ist keine Erfüllung des ges. Anspruchs.

8 **b) Maßnahmen außerhalb des EFZG.** Nicht jede Maßnahme auf dem Gebiet der medizinischen Vorsorge und Rehabilitation löst einen EFZAnspruch nach dem EFZG (und damit regelm. auch keine Befreiung von der Arbeitspflicht) aus. Das ist insb. dann nicht der Fall, wenn eine Maßnahme angeordnet wird, die nicht die Voraussetzungen des § 9 I EFZG erfüllt, wie zB **Erholungskuren** und die **„Badekur"**, die nicht ambulant nach § 23 II 1 SGB V (BAG 1.10.1991 NZA 1992, 1078) oder stationär außerhalb einer der im G genannten Einrichtungen durchgeführt wird. In diesem Fall ist § 10 nicht anwendbar, weil ein Anspruch auf EFZ aus § 9 EFZG nicht besteht.

9 **c) Urlaubsrechtl. Möglichkeiten.** § 10 lässt nicht allg. darauf schließen, dass der AG Urlaub auf Maßnahmen außerhalb des EFZG anrechnen darf. Diese am Wortlaut der Norm und an der früheren Auff. (Rn. 1) orientierte Auslegung des G übersieht, dass der AG aufgrund der ärztl. verordneten Maßgabe mitunter verpflichtet ist, den AN (ggf. ohne Bezüge) von der Arbeit freizustellen (vgl. zB früher § 50 II BAT in der vor dem 71. ÄnderungsTV v. 12.6.1995 geltenden Fassung). In diesem Fall kann er den AN nicht noch einmal durch Urlaubserteilung von der Arbeitspflicht befreien. Wie bei anderen Freistellungszeiten oder Fehlzeiten gilt der Grds., dass darauf Urlaubsansprüche nicht angerechnet werden können. Dasselbe gilt, wenn sich **nach Durchführung der Maßnahme** herausstellt, dass die ges. Voraussetzungen des § 9 EFZG nicht gegeben waren und der AN deshalb keinen Anspruch aus § 9 I iVm. §§ 3 und 4 EFZG hat. Eine nachträgl. Urlaubserteilung für einen Zeitraum, für den entweder ein anderer Befreiungstatbestand bestand oder in dem der AN unberechtigt der Arbeit fernblieb, ist urlaubsrechtl. nicht mögl. (BAG 1.10.1991 NZA 1992, 1078). Dem AG bleibt nur die Möglichkeit der Rückforderung des für den Freistellungszeitraum gewährten Arbeitsentgelts nach Bereicherungsrecht (**aA** *Rotter* Anm. EzA BUrlG § 10 Nr. 2).

10 **Anderes gilt**, wenn sich der AN auf ärztl. Rat einer freiwilligen Erholungskur oder einer „offenen Badekur" unterziehen will und der AG nicht verpflichtet ist, den AN überhaupt von der Arbeit freizustellen. In diesem Fall kann der AN seine Kur nur antreten, wenn er unbezahlten Sonderurlaub bekommt oder seinen ges., tarifl. und/oder vertragl. Urlaub einsetzt (*Hock* ZTR 1996, 201, 202). Das ist kein Fall des § 10, sondern ein Fall des § 7.

11 **4. Urlaub nach einer Maßnahme.** Ist eine Maßnahme beendet, hat der AN das Recht, seine bestehenden **Urlaubsansprüche sofort zu verwirklichen**, § 7 I 2. Anstelle der früheren Schonzeiten

muss Urlaub eingesetzt werden, wenn der AN nicht sofort an seinen Arbeitsplatz zurückkehren will (*Marburger* BB 1994, 1417, 1419; § 7 Rn. 20). Der AN, dessen EFZAnspruch aus § 9 iVm. § 3 EFZG ausgelaufen ist, kann für die fortdauernde Maßnahme der medizinischen Vorsorge und Rehabilitation iSv. § 9 I EFZG seinen **Erholungsurlaub nicht einsetzen.** Zu dieser Zeit besteht noch immer keine Arbeitspflicht, von der der AG den AN befreien könnte.

§ 11 Urlaubsentgelt

(1) [1]Das Urlaubsentgelt bemißt sich nach dem durchschnittlichen Arbeitsverdienst, das der Arbeitnehmer in den letzten dreizehn Wochen vor dem Beginn des Urlaubs erhalten hat, mit Ausnahme des zusätzlich für Überstunden gezahlten Arbeitsverdienstes. [2]Bei Verdiensterhöhungen nicht nur vorübergehender Natur, die während des Berechnungszeitraums oder des Urlaubs eintreten, ist von dem erhöhten Verdienst auszugehen. [3]Verdienstkürzungen, die im Berechnungszeitraum infolge von Kurzarbeit, Arbeitsausfällen oder unverschuldeter Arbeitsversäumnis eintreten, bleiben für die Berechnung des Urlaubsentgelts außer Betracht. [4]Zum Arbeitsentgelt gehörende Sachbezüge, die während des Urlaubs nicht weitergewährt werden, sind für die Dauer des Urlaubs angemessen in bar abzugelten.

(2) Das Urlaubsentgelt ist vor Antritt des Urlaubs auszuzahlen.

I. Normzweck

Die mit dem ArbRBeschFG v. 25.9.1996 und dem HeimarbeitsrechtsÄndG v. 29.10.1974 zweimal ergänzte Bestimmung enthält **Berechnungsanweisungen** für die Bemessung des Urlaubsentgelts in Abs. 1 und eine Fälligkeitsregelung in Abs. 2. Beide sichern die Rechtsfolge, die das G bereits in § 1 beschreibt und die nach EuGH „Robinson-Steele" auch unionsrechtl. geboten ist (16.3.2006 NZA 2006, 481 Rn. 47 ff.). Danach behält der AN für die Dauer seines Erholungsurlaubs den Anspruch auf die nach § 611 BGB iVm. dem Vertrag oder TV geschuldete Vergütung (stRspr., vgl. zB näher BAG 15.12.2009 EzA BUrlG § 13 Nr. 60 Rn. 29). § 11 I ist also nicht selbst Anspruchsgrdl. (so schon der schriftl. Bericht des Ausschusses für Arbeit BT-Drs. IV/207), sondern nur Berechnungsvorschr. für die Zeit, für die der AN zu Recht von der Arbeit freigestellt wurde (§ 1 Rn. 8). Der EuGH versteht den Entgeltanspruch allerdings als Teil eines einheitl. Urlaubsanspruchs (zB 24.1.2012 NZA 2012, 139; 21.6.2012 NZA 2012, 851; § 1 Rn. 8; § 7 Rn. 41 ff.; zur unionsrechtl. gebotenen Berechnung des Urlaubsentgelts von Linienpiloten EuGH 15.9.2011 NZA 2011, 1167; abl. *Sutschet* EuZA 2012, 399 ff.). Er leitet daraus für vom Willen des AN unabhängige Hinderungsgründe – wie insb. die krankheitsbedingte AU – Regeln für die Gewährung, Übertragung, Befristung und Abgeltung des Urlaubsanspruchs ab, die von der früheren Rspr. des BAG abweichen. In § 11 I ist die Bemessungsgrdl. für den nach § 13 I 1 unabdingbaren Anspruch auf bezahlten Mindesturlaub geregelt (BAG 21.9.2010 NZA 2011, 805). Die Berechnungsregeln des § 11 I sind in den meisten **TV** modifiziert und tw. nicht unerhebl. verändert. Tarifl. Normen gelten für den ges. und tarifl. Urlaub, soweit nicht die tariffeste Anordnung des G betroffen ist und der AN zB weniger als nach der Berechnungsregel des § 11 erhalten soll. Dann ist die Tarifvorschr. auf den ges. Anteil des Urlaubs nicht anwendbar (ausf. § 13 Rn. 17 ff.). Die TVParteien haben nur einen eingeschränkten Gestaltungsspielraum, wenn sie für den ges. Mindesturlaub von § 11 I abw. Bemessungsregeln aufstellen. Zumindest muss das Entgelt sichergestellt sein, das bei Fortführung der Arbeit ohne urlaubsbedingte Freistellung gewöhnl. verdient würde (BAG 21.9.2010 NZA 2011, 805 Rn. 20). 1

II. Berechnung des Urlaubsentgelts

1. Allgemeines. Der Anspruch auf Urlaubsentgelt ist nach unionsrechtl. Verständnis Teil des Urlaubsanspruchs. Der AN hat nach Art. 7 I der RL 2003/88/EG Anspruch auf bezahlten Mindestjahresurlaub. Er muss für die Ruhezeit das **gewöhnl. Arbeitsentgelt** erhalten. Sonst bestünde die Gefahr, dass der AN sein Recht auf Urlaub nicht ausübt (EuGH 22.5.2014 NZA 2014, 593 – Lock). Diesen Anforderungen wird das dt. Recht jdf. nach unionsrechtskonformer Auslegung von § 1 gerecht (Preis/Sagan/*Mehrens/Witschen* § 7 Rn. 41; zweifelnd *Franzen* NZA 2014, 647; *Sutschet* EuZA 2012, 399, 406 ff.). Nach § 1 haben AN Anspruch auf bezahlten Erholungsurlaub. Zur Erfüllung des Anspruchs auf bezahlten Mindesturlaub aus § 1 genügt es also nicht, dass der AN in der Zeit des Urlaubs nicht arbeiten muss. Das G. verlangt, dass die Zeit der Freistellung von der Arbeit „bezahlt" wird. § 1 entspricht der Regelung in Art. 7 I der RL und ist einer unionsrechtskonformen Auslegung zugängl. (BAG 10.2.2015 NZA 2015, 998; 20.9.2016 NZA 2017, 76). Der Begriff des „bezahlten" Jahresurlaubs in Art. 7 I der RL bedeutet, dass das Arbeitsentgelt für die Dauer des Jahresurlaubs weiterhin zu leisten ist (EuGH 16.3.2006 NZA 2006, 481 – Robinson-Steele; 15.9.2011 NZA 2011, 1167 – Williams; 22.5.2014 NZA 2014, 593 – Lock; 12.2.2015 NZA 2015, 345 – Sähköalojen ammattiliitto). Die RL behandelt den Anspruch auf Jahresurlaub und denjenigen auf Zahlung des Urlaubsentgelts als zwei Aspekte eines einzigen Anspruchs. Durch das Erfordernis der Zahlung des Urlaubsentgelts soll der 2

AN während des Jahresurlaubs in eine Lage versetzt werden, die in Bezug auf das Entgelt **mit den Zeiten geleisteter Arbeit vergleichbar ist**. Dabei muss jede Unannehmlichkeit, die untrennbar mit der Erfüllung der dem AN nach dem Arbeitsvertrag obliegenden Aufgaben verbunden ist und durch einen in die Berechnung des Gesamtentgelts eingehenden Geldbetrag abgegolten wird, zwgd. Teil des Betrags sein, auf den der AN während seines Jahresurlaubs Anspruch hat (EuGH 15.9.2011 NZA 2011, 1167 – Williams; 22.5.2014 NZA 2014, 593 – Lock). Entgeltbestandteile, die ausschl. gelegentl. anfallende Kosten oder Nebenkosten decken sollen, können dagegen unberücksichtigt bleiben (EuGH 22.5.2014 NZA 2014, 593 – Lock). Vergütungen, die der AN für Zeiten erhält, in denen er während einer **Rufbereitschaft** arbeitet, sind deshalb in die Berechnung des Urlaubsentgelts einzubeziehen. Sonst würde gegen § 1 verstoßen (BAG 20.9.2016 NZA 2017, 76). Die Vorschrift erhält für die Dauer des ges. Mindesturlaubs den Anspruch auf Vergütung der infolge des Urlaubs ausfallenden AZ aufrecht (BAG 19.6.2012 BeckRS 2012, 74678; 20.9.2016 NZA 2017, 76). Der durch den Urlaub ausfallende Teil der AZ (sog. Zeitfaktor) gehört zum unabdingbaren Teil der Bezahlung iSd. §§ 1, 3. Die in § 1 begr. Verpflichtung des AG, grds. alle infolge der Arbeitsbefreiung ausfallenden Arbeitsstunden zu vergüten, hat weder in § 11 I noch an anderer Stelle im BUrlG eine einschränkende Regelung erfahren. Deshalb kann der Zeitfaktor, der zugleich auch der Multiplikator für das Urlaubsentgelt nach § 11 ist, selbst von den TVParteien nicht zulasten des AN verändert werden. Die Berücksichtigung der tats. ausfallenden Arbeitsstunden ist dem AN nach §§ 1, 3, 13 garantiert (BAG 19.6.2012 BeckRS 2012, 74678 mwN; 20.9.2016 NZA 2017, 76). Demggü. verstößt es nicht gegen die Auslegungsvorgaben des EuGH, wenn sich **in Freizeit ausgeglichene Mehrarbeit** bei der Berechnung der Höhe des Urlaubsentgelts nicht zusätzl. erhöhend auf den Geldfaktor auswirkt. Die in Freizeit ausgeglichene Mehrarbeit erhöht das gewöhnl. Arbeitsentgelt nicht. Der AN erhält auch im Urlaub Vergütung, die in ihrer Höhe mit dem Entgelt für Zeiten geleisteter Arbeit nicht nur vergleichbar, sondern identisch ist (BAG 15.12.2015 NZA 2016, 772). Gewährt der Verleiher dem **LeihAN** während des Zeitraums einer Überlassung Urlaub, berechnet sich das Urlaubsentgelt nach den dafür beim Entleiher anzuwendenden Bestimmungen. Fehlt es an einschlägigen tarifl. Urlaubsregelungen (§ 13 I 1, 2) beim Entleiher, bleibt es bei der Bemessung des Urlaubsentgelts nach den Vorgaben des § 11 I (BAG 23.10.2013 NZA 2014, 200). Die Urlaubsabgeltung ist bei durchgehender Überlassung an einen Entleiher nach § 7 IV, § 11 zu berechnen. Es findet keine fiktive Berechnung auf der Basis des Arbeitsentgelts vergleichbarer StammAN oder der für diese geltenden Urlaubs- bzw. Urlaubsabgeltungsbestimmungen statt (BAG 28.5.2014 – 5 AZR 423/12 – BeckRS 2014, 71240). Voraussetzung für die Urlaubsabgeltung ist regelm. die Beendigung des ArbVerh. Damit endet spätestens auch die Überlassung des LeihAN, sodass ein Anspruch auf equal pay nicht mehr besteht. Bei der Berechnung des Urlaubsabgeltungsanspruchs ist nach § 11 das Entgelt zugrunde zu legen, das der LeihAN in den letzten 13 Wochen vor Beendigung des ArbVerh. erzielte, unabhängig davon, ob er in diesem Zeitraum durchgehend überlassen wurde (BAG 19.2.2014 NZA 2014, 1097 Rn. 51).

2a **a) Referenz- und Lohnausfallprinzip.** Entgelt für nicht geleistete Arbeit kann nach Faktoren aus der Vergangenheit berechnet werden (Referenzprinzip). Entscheidend können aber auch die Umstände sein, die die Vergütung bei einer **Arbeitsleistung im Freistellungszeitraum** bestimmt hätten (Lohnausfallprinzip; zu der Abgrenzung von Referenz- und Lohnausfallprinzip zB BAG 19.1.2010 AP BUrlG § 7 Nr. 44). Der Gesetzgeber hat sich im Urlaubsrecht im Grds. für ein gemischtes System entschieden (Rn. 1). Nicht nur die Ausnahme in § 11 I 2 weicht vom reinen Referenzprinzip ab. IdR werden auch nicht alle für die Berechnung maßgebl. Faktoren nach den Daten der Vergangenheit bestimmt (ähnl. *Busch* NZA 1996, 1246). Die Urlaubsvergütung ist ein Produkt aus dem Geldfaktor, der anhand der Daten in der Vergangenheit errechnet wird, und der in der Zukunft liegenden Zeit (Zeitfaktor), die im Urlaub ausfallen wird (Rn. 3; BAG 9.11.1999 NZA 2000, 1335; 22.2.2000 NZA 2001, 268, zu der Behandlung von Überarbeit: BAG 12.12.2001 NZA 2002, 1338; 3.12.2002 NZA 2003, 1219; Rn. 7, 19).

3 **b) Geld- und Zeitfaktor.** Das tägl. Urlaubsentgelt (Rn. 16ff.) berechnet sich nach dem **Geldwert** und der **Anzahl** der am konkreten Urlaubstag **ausgefallenen Stunden** (zum Geld- und Zeitfaktor zB BAG 10.12.2013 – 9 AZR 279/12). § 11 I behandelt nur die Berechnung des Geldfaktors nach dem tw. abgewandelten Referenzprinzip, während der Zeitfaktor unerwähnt bleibt. Dieser wird nicht nach Daten aus der Vergangenheit festgestellt, sondern nach der durch die Befreiung von der Arbeitspflicht ausgefallenen AZ. Der AG hat die ausgefallene AZ zu bezahlen, die der AN in Urlaub gearbeitet hätte, wäre er an diesen Tagen nicht von seiner Arbeitspflicht befreit worden. Auf die AZ im Bezugszeitraum kommt es nicht an. Insoweit wird auch im Urlaubsrecht auf das Lohnausfallprinzip zurückgegriffen.

4 **c) Lebensstandardprinzip.** Neben den Faktoren aus Referenz- und Lohnausfallprinzip kommt dem in der früheren Rspr. herangezogenen Lebensstandardprinzip **keine Bedeutung** zu (BAG 12.1.1989 NZA 1989, 758; Schaub/*Linck* § 104 Rn. 101). Soweit darauf in TV zurückgegriffen wird, muss die tariffeste Grenze des § 11 I beachtet werden. Sonst sind die Tarifnormen zum Urlaubsentgelt zumindest im Umf. des ges. Mindesturlaubs nichtig (BAG 12.1.1989 NZA 1989, 758).

2. Berechnungsgrundsätze zur Ermittlung des Geldfaktors. Zur Berechnung des Urlaubsentgelts ist zunächst zu ermitteln, was zum **Arbeitsverdienst des AN gehört**. Für den Grundfall, in dem es zu keinen Veränderungen nach § 11 I 2 und 3 wegen Verdiensterhöhungen oder Verdienstkürzungen gekommen ist, sind die Einzelbeträge der letzten 13 Wochen zu addieren. Die Summe ist durch einen Divisor zu teilen, der nach der individuellen Arbeitsverpflichtung und der Art der Vergütung unterschiedl. sein kann. 5

a) Feststellung des Arbeitsverdienstes. Zur Feststellung des Arbeitsverdienstes sind die Vergütungsbestandteile zugrunde zu legen, die der AN im Referenzzeitraum als **Gegenleistung für seine Tätigkeit** in den maßgebl. Abrechnungszeiträumen erhalten hat (BAG 17.1.1991 NZA 1991, 778; 20.6.2000 NZA 2001, 625). Zum Arbeitsverdienst iSd. G gehört das allg. geschuldete Entgelt, die für die Arbeitsleistung geschuldete Gegenleistung wie das Gehalt oder der Lohn, unabhängig davon, in welchen Zeitabschnitten (Stunden, Tagen, Wochen, Monaten oder Jahren) sie berechnet werden. Zum Lohn gehört der tats. verdiente **Akkordlohn**, nicht etwa der garantierte Akkordrichtsatz, unabhängig davon, welche Art von Akkord vereinbart ist. Dasselbe gilt für den **Prämienlohn** als bes. Form des Leistungslohns. Davon sind **Prämien** und Provisionen zu unterscheiden, die nicht als Grundvergütung für die geleistete Arbeit geschuldet, sondern für bes. Leistungen versprochen sind. Sind sie im Bezugszeitraum erbracht und vergütet, gehören sie zum Verdienst iSd. G (Schaub/*Linck* § 104 Rn. 108). Die im Profifußball versprochenen Prämien für den Einsatz, das Erreichen von Punkten und Tabellenplätzen uÄ sind in die Berechnung des Urlaubsentgelts einzubeziehen (BAG 24.11.1992 NZA 1993, 750; 23.4.1996 NZA 1996, 1207). Einmalige Prämien, die keine lfd. Arbeitsleistung honorieren, bleiben unberücksichtigt (BAG 19.9.1985 NZA 1986, 471; vgl. aber auch 8.12.1998 NZA 1999, 989 zu der mangelnden Berücksichtigung von Abschlägen auf das Urlaubsentgelt im Grundgehalt eines Fußballprofis). 6

Über- und Mehrarbeitsvergütungen im Berechnungszeitraum – im Unterschied zu Verdiensterhöhungen vorübergehender Art – gehörten bis zur GÄnd. von 1996 zu den für die Arbeit geschuldeten Gegenleistungen und hoben den Geldfaktor an. Dabei kam es nicht darauf an, ob die Mehrarbeit mit tarifl. Bestimmungen über die AZ oder die AZSchutzvorschr. des ArbZG zu vereinbaren war oder nicht (BAG 9.12.1965 AP BUrlG § 11 Nr. 2). Die Mehrarbeitsvergütung musste dem AN jedoch im Berechnungszeitraum **zufließen oder zustehen**. Wurde sie später fällig, blieb sie unberücksichtigt (BAG 1.10.1991 NZA 1992, 284). Seit der **GÄnd. v. 25.9.1996** entfallen derartige Überlegungen. Der Betrag, den der AN für Über- oder Mehrarbeit (zu) bekommen hat, bleibt grds. unberücksichtigt. Das gilt nicht nur für den Über- oder Mehrarbeitszuschlag, sondern auch für den Grundbetrag (BAG 9.11.1999 NZA 2000, 1335; 22.2.2000 NZA 2001, 268). Das folgt aus der Stellung des Worts „zusätzl." im angefügten Hs. Hätte nur der Zuschlag entfallen sollen, hätte das Wort „zusätzl." zwischen den Worten „Überstunden" und „gezahlten" eingeordnet werden müssen (BT-Drs. 13/4612 S. 15; *Bengelsdorf* Anm. EzA BUrlG § 11 Nr. 44; *Boemke* SAE 2001, 93; *Buchner* SAE 2001, 286). In TV kann Mehrarbeit weiter einbezogen und/oder an weitere Voraussetzungen gebunden werden (BAG 23.6.1992 NZA 1993, 85; zu einer unterbleibenden Erhöhung des tarifl. Urlaubsentgelts bei für Mehrarbeit gewährtem Freizeitausgleich BAG 15.12.2015 NZA 2016, 772). Geltende TV mit konstitutiver Regelung zur Mehrarbeit bleiben unberührt (*Löwisch* NZA 1996, 1009), weil der Gesetzgeber in bestehende TV nicht eingreifen wollte (*Lorenz* DB 1996, 1973) und das aus verfassungsrechtl. Gründen auch nicht konnte (BAG 18.5.1999 NZA 2000, 155; 12.12.2000 NZA 2001, 514). 7

Ausgleichszahlungen nach § 37 III 3 BetrVG (BAG 25.8.1999 NZA 2000, 554), die wie Über- oder Mehrarbeit zu berechnen sind, gehören zum Arbeitsverdienst iSd. G (BAG 11.1.1995 NZA 1996, 105). Die Rechtslage hat sich durch die Novelle vom 25.9.1996 nicht geänd. Die Ausgleichszahlung erfolgt nicht für geleistete Überstunden. Die für BRTätigkeit aufgewandte Zeit, die nicht durch Freizeit ausgeglichen werden kann, wird vielmehr wie Über- oder Mehrarbeit behandelt. Diese Grds. gelten auch für vollständig von der Arbeitspflicht freigestellte BRMitglieder. 8

Die Vergütung für **Bereitschaftsdienst und Rufbereitschaft** gehört zum regelm. Arbeitsverdienst. Sie ist nicht Überstundenvergütung (BAG 24.10.2000 NZA 2001, 449; 20.6.2000 NZA 2001, 625). Sie ist ebenso wie **Nachtzuschläge** und Zuschläge für Sonn- und Feiertagsarbeiten zu berücksichtigen (BAG 20.6.2000 NZA 2001, 449). Dasselbe gilt für **Erschwernis- und Gefahrenzulagen**, sofern sie nicht Aufwendungsersatz sind (Rn. 14; zu einer Notdienstpauschale BAG 21.3.1995 – 9 AZR 953/93 – BeckRS 1995, 30754090). Auch eine bezahlte Arbeitspause kann in die Berechnung einzustellen sein, wenn sie als Arbeitsverdienst ausgestaltet ist (BAG 23.1.2001 NZA 2002, 224). Für alle Beträge gilt wie für Über- und Mehrarbeitsvergütung, dass die Vergütung für den Referenzzeitraum geleistet oder zu beanspruchen sein muss. Wird sie erst später fällig, kann sie nicht eingerechnet werden (BAG 13.2.1996 NZA 1996, 1046 für den BAT). 9

Provisionen, die der AG als einzige Gegenleistung oder neben einem Fixum schuldet, sind Arbeitsverdienst iSd. § 11 (BAG 19.9.1985 NZA 1986, 471; 11.4.2000 NZA 2001, 153). Sie sind in die Berechnung einzustellen. Diese Sichtweise teilt der EuGH in der Sache **Lock** für den bezahlten Jahresurlaub iSv. Art. 7 I AZRL (22.5.2014 NZA 2014, 593). Dabei entstehen wegen der regelm. hohen Schwankungsbreite (BAG 19.9.1985 NZA 1986, 471) bes. Berechnungsschwierigkeiten (Rn. 15). Eine an die 10 jeweilige Arbeitsleistung anknüpfende **Umsatzbeteiligung** ist wie eine Provision zu behandeln. Bei den im Gaststättengewerbe übl. Bedienungsgeldern ist zu unterscheiden. **Trinkgelder**, die dem Servicepersonal pers. vom Gast zugewendet werden, sind keine Leistungen des AG und gehören deshalb nicht zum Arbeitsverdienst iSd. G. **Bedienungsgelder**, die sich am pers. Umsatz eines AN orientieren, gehören dagegen neben dem garantierten Verdienst zu den regelm. Gegenleistungen und sind daher bei der Berechnung der Urlaubsvergütung zu berücksichtigen. Unterhält der AG einen **Tronc**, kommt es auf die einzelvertragl. oder betriebl. Ausgestaltung des Systems an. Wird dem Tronc das regelm. Entgelt für die AN entnommen, sind die Zahlungen daraus Grdl. auch für die Berechnung des Urlaubsentgelts. Ist der Tronc nur Sammelstelle für alle Trinkgelder, die danach aufgeteilt werden, handelt es sich um Leistungen Dritter, die unberücksichtigt bleiben.

11 Weihnachtsgelder, **Gratifikationen** und andere Zuwendungen, die ein- oder zweimal im Jahr gezahlt werden, sind Entgelt, jedoch nicht allein Gegenleistung für die erbrachte Arbeitsleistung. Sie bleiben nach bisheriger nationaler Ansicht unbeachtet (BAG 11.4.2000 NZA 2001, 153; 23.1.2001 NZA 2002, 224). Das gilt auch für ein 13. Monatsgehalt, das in jedem Monat ant. verdient, aber erst zu einem bestimmten Tag insg. fällig wird. Der Betrag ist weder auf die Wochen vor dem Urlaubsantritt umzurechnen, noch ist er bei einem Urlaub unmittelbar nach dem Auszahlungsdatum insg. zu berücksichtigen. Diese Auff. könnte durch die Entsch. **Williams** und **Lock** des EuGH infrage gestellt sein (15.9.2011 NZA 2011, 1167; 22.5.2014 NZA 2014, 593 mwN). Danach muss jede Leistung, die zumindest auch Gegenleistung für die Arbeitsleistung ist, aufgrund der Vorgabe in Art. 7 I AZRL Teil des Urlaubsentgelts sein.

12 **Urlaubsentgelt** ist gewöhnl. Arbeitsentgelt und wird entspr. berücksichtigt, wenn der AN in den letzten 13 Wochen vor seinem Urlaub bereits einmal Urlaub gehabt hat. Unberücksichtigt bleibt das zusätzl. Urlaubsgeld (Rn. 28 ff.), das aufgrund tarifl. oder betriebl. Normen oder aufgrund einzelvertragl. Vereinb. im Referenzzeitraum gezahlt worden ist.

13 **Sachbezüge** sind Arbeitsverdienst. Werden sie während des Urlaubs nicht weitergezahlt, sind sie nach § 11 I 4 angemessen abzugelten. Dabei ist auf die Sätze zurückzugreifen, die in der Beitragsbemessung zur Sozialvers. festgesetzt sind. **Vermögenswirksame Leistungen** gehören nicht zum Arbeitsverdienst iSd. § 11 I 1. Sie werden dennoch wegen der entspr. Regelungen zur Vermögensbildung der AN unabhängig vom Urlaubsrecht auch im Urlaub gezahlt.

14 **Aufwendungsersatz** ist regelm. kein Arbeitsentgelt und kann das Urlaubsentgelt deshalb nicht erhöhen (BAG 12.12.2001 NZA 2002, 1338). Das gilt auch für Fernauslösungen (BAG 15.6.1983 AP LFZG § 2 Nr. 12). Nahauslösungen können im Einzelfall pauschales, zu versteuerndes Entgelt und nicht Aufwendungsersatz sein. Dann werden sie in die Summe für die Berechnung des Arbeitsverdienstes aufgenommen.

15 **b) Berechnungszeitraum.** Der ges. Referenzzeitraum umfasst die 13 Wochen vor Beginn des Urlaubs. Allerdings finden sich in TV und (für den AN günstigeren) Einzelvereinb. häufig andere Referenzabschnitte wie zB drei Kalendermonate, sofern nicht wirksam eine andere Methode gewählt wird. Soweit das nicht geschieht, müssen die Arbeitsvertragsparteien in allen Fällen von der Summe der 13 Wochen ausgehen. Sie können wegen der Berechnungsschwierigkeiten keine kürzeren oder längeren Zeiträume zugrunde legen. Das gilt auch bei **stark volatilen Bezügen** wie Provisionen. Auch **für arbeitnehmerähnl. Personen**, die nicht Heimarbeiter sind, muss der 13-Wochen-Zeitraum zugrunde gelegt werden. Das kann im Einzelfall dazu führen, dass eine arbeitnehmerähnl. Person sehr wenig oder sehr viel Urlaubsentgelt erhält, wenn sie im Berechnungszeitraum sehr viele oder sehr wenige Leistungen erbracht hat. Diese mitunter beklagte Rechtsfolge ist hinzunehmen. Die Schwankungen werden regelm. nach mehrfachem Urlaub ausgeglichen. Damit wird iE ders. Effekt erzielt wie mit der **rechtl. unzutr. Heranziehung eines Jahreszeitraums** (**aA** BAG 30.7.1975 AP BUrlG § 11 Nr. 12). Hat der AN **noch keine 13 Wochen** gearbeitet, ist der gesamte Zeitraum vom Beginn des ArbVerh. bis zum Urlaubsanfang zugrunde zu legen. Wegen der ges. Wartezeit dürfte die Urlaubsgewährung in dieser Zeit die Ausnahme sein.

16 **c) Ermittlung des Durchschnitts.** Der nach den Rn. 5 bis 15 errechnete Zwischenbetrag muss auf einen **Tagesverdienst** umgerechnet werden. Das erfordert das Tagesprinzip des BUrlG, wonach Urlaub nicht stundenweise, sondern tageweise gewährt wird. Die Notwendigkeit dieser Umrechnung wird bes. sinnfällig, wenn der AN nur einen Tag Urlaub erhält. Zur Umrechnung muss aus dem 13-Wochen-Berechnungszeitraum ein Teiler ermittelt werden. Er ist individuell nach der Arbeitsverpflichtung des AN zu ermitteln, nicht nach der Formel 13 Wochen × 6 Werktage = 78. Als berücksichtigungsfähige Tage für den Teiler zählen **alle Tage**, an denen der AN regelm. in der Woche zur Arbeit verpflichtet wird. **Feiertage und bezahlte Krankheitstage** fließen ein und sind nicht etwa abzuziehen (BAG 24.11.1992 NZA 1993, 750). Dasselbe gilt für Urlaubstage, die im Referenzzeitraum gewährt und genommen sind, weil auch der Verdienst dieser Tage in die Endsumme des Geldfaktors einbezogen ist (Rn. 12).

17 **aa) Regelmäßige verkürzte Arbeitszeit.** Bei der Festlegung des Teilers sind **dies. Grds.** zu berücksichtigen wie bei der Bestimmung der Urlaubsdauer (§ 3 Rn. 6 ff.). Sind die Arbeitstage des AN mit

den Werktagen einer Woche identisch, beträgt der Divisor 78. Ist die AZ anders verteilt, ist er entspr. geringer, zB 65 in der Fünftagewoche und 39 bei einer dreitägigen (TZ-)Beschäftigung.

bb) Flexibilisierte Arbeitszeit. Soweit die flexible AZ nicht auf einer tarifl. Regelung beruht und kein tarifl. Urlaubsrecht anzuwenden ist, sind zur Bestimmung des Teilers die Tage im Referenzzeitraum heranzuziehen, an denen der AN tats. gearbeitet hat (zu den tarifl. Berechnungsmöglichkeiten BAG 8.11.1994 NZA 1995, 743; 8.11.1994 NZA 1995, 580; 8.11.1994 NZA 1995, 583; 24.9.1996 NZA 1997, 555; 19.1.2010 NZA-RR 2010, 473; 19.1.2010 AP BUrlG § 7 Nr. 44; 21.9.2010 NZA 2011, 805; zu den Besonderheiten beim Zeitfaktor Rn. 20). 18

3. Berechnung des Zeitfaktors. Der AN in Urlaub erhält an jedem Urlaubstag das Entgelt nach § 611 BGB als Urlaubsentgelt für die Zeit, die durch seine Befreiung von der Arbeitspflicht ausgefallen ist. Erst das **Produkt aus Geld- und Zeitfaktor** stellt das konkrete Urlaubsentgelt dar (Rn. 3). Sind Geld- und Zeitfaktor identisch, wie zB beim kaufmännischen Ang., der in jeder Woche an fünf Tagen sieben Stunden arbeitet, sodass die AZ der Vergangenheit mit der durch Arbeitsbefreiung ausgefallenen Zeit übereinstimmt, kann auf eine detaillierte Berechnung verzichtet werden (BAG 23.1.2001 NZA 2002, 224). Fallen regelm. AZ und ausfallende AZ auseinander, muss der Zeitfaktor gesondert festgestellt werden, wenn nicht eine tarifl. und/oder betriebl. Norm die Zahlung einer verstetigten Monatsleistung vorschreibt wie beim Monatsgehalt und beim zunehmend vereinbarten Monatslohn (zu sog. unsteten Entgeltbestandteilen nach § 21 S. 2 TVöD-AT BAG 23.2.2010 ZTR 2010, 367; 1.9.2010 NZA 2010, 1360). Unabhängig von der durch Schwankungen tats. ausgefallenen AZ wird im Urlaub das verstetigte Arbeitsentgelt weitergezahlt (*Busch* NZA 1996, 1246). Bei der Festlegung des Zeitfaktors haben auch nach der GÄnd. von 1996 die ausfallenden **Überstunden** ihre Bedeutung behalten. Die GÄnd. bezieht sich nur auf die nach dem Referenzprinzip zu berechnende Vergütung für die Vergangenheit. Fällt während des Urlaubs Über- oder Mehrarbeit an, sind die Über- oder Mehrarbeitsstunden in den Zeitfaktor einzustellen, wenn der AN, wäre er nicht in Urlaub, wie seine Kollegen Über- oder Mehrarbeit hätte leisten müssen (BAG 9.11.1999 NZA 2000, 1335; 22.2.2000 NZA 2001, 268). 19

4. Flexible Arbeitszeiten. Wechselschichten und betriebl. Vereinb. über die bes. Verteilung der AZ führen dazu, dass der AN nicht mehr stets zu Arbeit an ders. Zahl von Tagen in jeder Woche verpflichtet ist. Je nach Inhalt der Vereinb. fallen zB in der Woche wechselnd drei bis sechs Arbeitstage aus. Entspr. den Auswirkungen dieser AZModelle auf den Umf. des Urlaubs (§ 3 Rn. 16 ff.) müssen die Veränderungen bei der Bestimmung des Zeitfaktors berücksichtigt werden. Vergütet und damit einbezogen in den Multiplikator „Zeitfaktor" werden nur die Tage des tats. Ausfalls, nicht die Tage, an denen der AN nicht zur Arbeit verpflichtet ist. Das gilt auch dann, wenn die Freischichten in der Weise bezahlt werden, dass das bereits in vorherigen Wochen mit höherer Arbeitsleistung verdiente Arbeitsentgelt angespart und nun in der Urlaubszeit ausgezahlt wird (BAG 8.11.1994 NZA 1995, 743; s. auch 19.1.2010 NZA-RR 2010, 473; 19.1.2010 AP BUrlG § 7 Nr. 44; zur SollAZ im Kj. nach § 26 I TVöD-AT aber BAG 15.3.2011 AP TVöD § 26 Nr. 1; s. auch 21.7.2015 AP TVG § 1 Tarifverträge: Versorgungsbetriebe Nr. 6; 14.3.2017 NZA-RR 2017, 376). Außerdem ist ein ggf. veränderter Stundensatz an den Urlaubstagen zu beachten (BAG 24.9.1996 NZA 1997, 555). 20

5. Besondere Berechnungstatbestände. a) Verdiensterhöhungen. Die ges. Anordnung des § 11 I 2, dass bei Verdiensterhöhungen nicht vorübergehender Natur von erhöhtem Verdienst auszugehen ist, bezieht sich nach dem ausdr. Wortlaut auf beide für die Urlaubsentgeltberechnung maßgebenden Faktoren, den aus den Daten des Referenzzeitraums zu ermittelnden **Geldfaktor** und den aus der Urlaubszeit zu ermittelnden **Zeitfaktor.** 21

Das Merkmal der **nicht nur vorübergehenden Verdiensterhöhung** betrifft den regulären Verdienst des AN, nicht die sich aus der Veränderung der AZ ergebenden Änd. des nach Zeitabschnitten geschuldeten Entgelts, wie sie sich durch Über- und Mehrarbeit jeder Art ergeben können. Auch längerfristige Über- und Mehrarbeit führt nicht zur Anwendung des § 11 I 2. Gemeint sind vielmehr Veränderungen der Grundvergütung durch Höhergruppierung, durch neue Tarifsätze (BAG 5.9.2002 NZA 2003, 873), durch dauerhafte Zahlung einer Zulage uÄ, aber auch der Wechsel von der TZTätigkeit zur Vollzeitbeschäftigung (s. § 1 Rn. 6h). Eine Erhöhung des Geldfaktors tritt ein, wenn innerhalb des Referenzzeitraums die für die reguläre Vergütung maßgebl. Bedingungen des ArbVerh. geänd. werden. Von einer Veränderung zugunsten des AN beim Zeitfaktor ist auszugehen, wenn sich die Änd. der Vertragsbedingungen mit dem Beginn des Urlaubs oder im Urlaub auswirkt. Der AN, der im Referenzzeitraum in einer TZBeschäftigung mit 18 Wochenstunden à 10,00 Euro einen Wochenverdienst von 180,00 Euro hatte, erhält im Urlaub eine Urlaubsvergütung von 360,00 Euro, wenn er mit Beginn des Urlaubs zu einer wöchentl. AZ von 36 Stunden verpflichtet ist. Denkbar ist auch, dass sich Geld- und Zeitfaktor erhöhen und der nun vollzeitbeschäftigte AN 22,00 Euro in der Stunde verdient. Dann beträgt sein wöchentl. Urlaubsentgelt 396,00 Euro. Die Beschränkung des § 11 I 1, wonach nur der Verdienst aus dem Referenzzeitraum maßgebend ist, ist nicht anzuwenden, § 11 I 2 (weitere Berechnungsbsp. bei *Busch* NZA 1996, 1246, 1248). 22

23 **b) Verdienstkürzungen.** Verdienstkürzungen sind anders als Verdiensterhöhungen **nur im 13-Wochen-Berechnungszeitraum** nicht zu berücksichtigen. Vermindert sich der Verdienst des AN zB durch Übertragung einer tarifl. geringer bewerteten Arbeit im Urlaub, erhält der AN dennoch die Vergütung, die er im Referenzzeitraum verdient hat, § 11 I 3 (BAG 20.9.2000 NZA 2001, 657). Nach der eindeutigen Anordnung ist allerdings nicht jede Verdienstkürzung in die Feststellung des Geldfaktors einzuberechnen. Der Ausnahmekatalog ist abschl. (*Düwell/Pulz* NZA 2008, 786, 787). Vom Tatbestand des § 11 I 3 sind die Fälle **zu unterscheiden**, in denen während des Urlaubs ein weiterer Sachverhalt eintritt, der dem AN die Möglichkeit gäbe, seiner Arbeitspflicht nicht nachkommen zu müssen. Dann entstehen Probleme der ordnungsgemäßen Erfüllung des Urlaubs (§ 7 Rn. 24, § 9 Rn. 1). In ihrer Folge treten Entgeltfragen auf.

24 **aa) Kurzarbeit im Referenzzeitraum.** Kurzarbeit jegl. Art im Referenzzeitraum würde den Tagesdurchschnitt des Geldfaktors mindern, weil die Leistungen der BA nicht zum Arbeitsverdienst iSv. § 11 I 1 gehören. Dieses Erg. verhindert § 11 I 3. Die Berechnung ist im Schrifttum umstr. (s. die Bsp. bei *Leinemann/Linck* Rn. 62 bis 66). Richtigerweise werden die infolge Kurzarbeit ausgefallenen Arbeitstage nicht vom Divisor (Rn. 16 ff.) abgezogen. Die Ausfalltage sind vielmehr mit dem Euro-Betrag in die Rechnung einzubeziehen, den der AN bei Fortsetzung der Arbeit regelm. verdient hätte. So wird für den späteren Urlaub ein Entgelt zugrunde gelegt, als hätte es den Kürzungstatbestand nicht gegeben. Wird in dem Zeitraum Kurzarbeit eingeführt, in dem dem AN Urlaub gewährt wurde, ist zu diff. Bei **„Kurzarbeit Null"** im gesamten Urlaubszeitraum, die zB durch BV eingeführt ist, kann der mit der Festlegung des Urlaubs bezweckte Leistungserfolg (§ 7 Rn. 24), die Befreiung des AN von der Arbeitspflicht, nicht mehr eintreten (nachträgl. Unmöglichkeit iSv. § 275 I BGB). Die Arbeitspflicht ist in diesem Fall schon aufgrund betriebsverfassungsrechtl. Norm aufgeh. (BAG 16.12.2008 NZA 2009, 689 Rn. 32; abl. *Schwarze* Anm. AP BUrlG § 7 Nr. 40; zust. *Bauer* NZA 2009, 925; *Lunk* BB 2009, 1984; *Walker* SAE 2010, 70; s. auch BAG 17.11.2009 NZA 2010, 1020 Rn. 13). Der AG schuldet in dieser Zeit keinerlei Urlaubsentgelt. Der AN erhält Kug. von der BA (zur Nachgewährung des auf diese Weise ausgefallenen Urlaubs § 7 Rn. 24). Der AN hat ggü. dem AG jedoch einen Anspruch auf Ersatzurlaub aus § 283 S. 1, § 280 I, § 275 I, § 249 I BGB. Die Haftung des AG ist nur ausgeschlossen, wenn er die Unmöglichkeit nicht zu vertreten hat, § 280 I 2 BGB. Führt der AG aus betriebl. Gründen Kurzarbeit ein, hat er die dadurch nachträgl. eingetretene Unmöglichkeit zu vertreten (BAG 16.12.2008 NZA 2009, 689). Wird an einigen Tagen Kurzarbeit Null gearbeitet, gilt dasselbe für die Kurzarbeitstage, während an den anderen Tagen Urlaub gewährt und Urlaubsentgelt für die konkret ausgefallene AZ zu leisten ist. Wird die Kurzarbeit in der Weise durchgeführt, dass **ein Teil der Stunden pro Arbeitstag ausfällt**, wird der Urlaubsanspruch des AN erfüllt. Urlaubsentgelt steht dem AN nur für die Zeit zu, in der er wegen Urlaubs von der Arbeit freigestellt ist. Für die weitere Zeit des Tages erhält er Kug. Diese auf den ersten Blick ungewöhnl. Differenzierung folgt nicht nur aus der schuldrechtl. Einordnung des Urlaubs, sondern gewährleistet auch die Gleichbehandlung zwischen arbeitenden AN und AN in Urlaub.

25 **bb) Unverschuldete Arbeitsversäumnis.** Unter unverschuldeter Arbeitsversäumnis sind die Fälle des § 616 BGB und des § 1 I EFZG zu verstehen, aber auch die vereinbarte **unbezahlte Freistellung** im Referenzzeitraum. Wie bei Kurzarbeit Null wird jeder Tag, an dem der AN vertragl. zur Arbeit verpflichtet ist, mit seinem regelm. Verdienst in die Berechnung eingestellt. War ein AN 18 Wochen lang krank und erhält er im Anschluss an seine Genesung sofort Urlaub, erhält er Urlaubsentgelt pro Urlaubstag in der Höhe des Arbeitsentgelts, das er verdient hätte, wäre er nach sechs Wochen an seinen Arbeitsplatz zurückgekehrt (**aA** *Latzel* EuZA 2014, 80, 88). **Verschuldete Versäumnis**, die zur Kürzung des Verdienstes im Referenzzeitraum führt, mindert das Urlaubsentgelt. „Bummeltage" und Tage der AU, die der AN selbst grob schuldhaft herbeigeführt hat, werden in die Berechnung des Geldfaktors mit 0,00 Euro eingestellt. In den Teiler (Rn. 16) wird der Tag einbezogen.

26 **cc) Arbeitsausfälle.** Im Referenzzeitraum auftretende Unterbrechungen der Arbeit, die **zur Minderung des Arbeitsentgelts führen**, weil der AN keinen Anspruch auf Vergütung hat, bleiben bei der Berechnung des Geldfaktors im Urlaubsentgelt unberücksichtigt, § 11 I 3. Die Tage werden wie Arbeitstage mit Entgeltanspruch bewertet. Zu den Arbeitsausfällen gehört auch die Suspendierung der Arbeitspflicht durch Teilnahme an einem **Arbeitskampf** (*Leinemann/Linck* Rn. 68). Nimmt ein AN im Berechnungszeitraum an einem rechtmäßigen Streik teil oder wird er rechtmäßig ausgesperrt, erhält er an den Arbeitskampftagen keine Vergütung (GG Art. 9 Rn. 192 ff.). Für die spätere Urlaubsberechnung werden die Ausfallzeiten wie Arbeitstage mit dem übl. Verdienst behandelt. Das folgt aus § 11 I 3 (GG Art. 9 Rn. 206). Bei einem **wilden Streik** werden die Ausfalltage wie eine verschuldete Versäumung behandelt (Rn. 25). Bei rechtswidriger Aussperrung behält der AN ohnehin seinen Entgeltanspruch, der entspr. bei der Berechnung des künftigen Urlaubsentgelts berücksichtigt wird. Fällt der **Arbeitskampf in den bereits gewährten Urlaub**, kann der AN daran im Rechtssinn nicht teilnehmen (§ 1 Rn. 40, § 7 Rn. 24, GG Art. 9 Rn. 207; s. auch BAG 26.7.2005 NZA 2005, 1402). Für diese Tage erhält er die reguläre Urlaubsvergütung, die die Faktoren zur Bestimmung des künftigen Urlaubsentgelts mitbestimmt.

III. Fälligkeit

Die Vorschr. des § 11 II ist nicht nur eine von § 614 BGB (BGB § 614 Rn. 1 ff., 4) abw. **Fälligkeitsbestimmung.** Ein AG gewährt durch eine Freistellungserklärung in einem Kündigungsschreiben nur dann wirksam Urlaub, wenn er die Urlaubsvergütung vor Antritt des Urlaubs zahlt oder vorbehaltlos zusagt (BAG 10.2.2015 NZA 2015, 998; 19.1.2016 NZA 2016, 1144; abw. zB noch BAG 20.6.2000 NZA 2001, 620; 19.9.2000 NZA 2002, 221). Der EuGH versteht den von Art. 7 I der AZRL 2003/88/EG gewährleisteten Anspruch auf Jahresurlaub und den Anspruch auf Urlaubsentgelt seit „Robinson-Steele" als zwei Teile eines einzigen Anspruchs. Durch das Erfordernis der Zahlung des Urlaubsentgelts soll der AN während des Jahresurlaubs in eine Lage versetzt werden, die in Bezug auf das Entgelt mit den Zeiten geleisteter Arbeit vergleichbar ist (16.3.2006 NZA 2006, 481; das gilt auch für § 1: BAG 10.2.2015 NZA 2015, 998; 19.1.2016 NZA 2016, 1144; zum unionsrechtl. Einheitsanspruch Rn. 1, 2, § 1 Rn. 6, 8). Kommt der AG seiner Zahlungspflicht nicht rechtzeitig nach, gerät er in Verzug. Die Fälligkeitsbestimmung wird in der betriebl. Praxis **regelm. missachtet,** indem das Urlaubsentgelt mit der übrigen Vergütung für den Abrechnungszeitraum – meist nachträgl. am Monatsende – ausgezahlt wird. Dem liegt meist eine konkludente Vereinb. der Parteien zugrunde, die wegen ihrer Nachteile für den AN aber wegen § 13 I 3 unwirksam ist (Schaub/*Linck* § 104 Rn. 116). Nur in TV ist auch eine Abweichung zuungunsten der AN statthaft. Davon wird regelm. Gebrauch gemacht. 27

IV. Zusätzl. Urlaubsgeld

1. Rechtsgrundlagen. Das G kennt keine zusätzl. Leistungen zum Urlaubsentgelt. Sie finden sich aber in **TV,** BV und Arbeitsverträgen. Die Leistungen werden zur Unterscheidung vom Entgelt (zusätzl.) Urlaubsgeld genannt. Gebräuchl. sind auch die Begriffe Urlaubsgratifikation oder Ergänzungsurlaubsentgelt (BAG 5.8.2014 NZA-RR 2014, 598). Mitunter ist das zusätzl. Urlaubsgeld Teil eines sog. 13. Monatsgehalts (BAG 6.9.1994 NZA 1995, 232; 11.4.2000 NZA 2001, 24) oder wird als Teil davon bezeichnet (BAG 14.8.1996 NZA 1996, 1204). 28

2. Inhalt. Tarifl. Urlaubsgeld wird manchmal als **Teil oder Aufschlag zum Urlaubsentgelt** zugesagt. Es ist dann Teil einer aus Urlaubsentgelt und zusätzl. Urlaubsgeld bestehenden Urlaubsvergütung. IZw. gelten für den einheitl. Betrag dies. Regeln über Entstehung (BAG 14.8.1996 NZA 1996, 1204; 21.10.1997 NZA 1998, 666), Inhalt und Umf. (BAG 3.4.2001 DB 2001, 2405; 13.2.2007 NZA 2007, 573). Knüpfen die TVParteien den Anspruch auf Urlaubsgeld an den Antritt des Urlaubs, verfällt der Anspruch aufgrund seiner Akzessorietät mit dem Verfall des Urlaubs (BAG 20.4.2012 NZA 2012, 982). Die unterschiedl. Behandlung von Urlaubsentgelt und Urlaubsgeld im ges. Pfändungsrecht kann aber nicht aufgeh. werden (Rn. 32). Die TVParteien, Betriebspartner oder Arbeitsvertragsparteien dürfen das zusätzl. Urlaubsgeld auch so ausgestalten, dass darauf unabhängig vom gewährten Urlaub ein Anspruch besteht (BAG 11.4.2000 NZA 2001, 512; 15.4.2003 NZA 2004, 47). Der Anspruch auf das volle Urlaubsgeld kann bestehen bleiben, obwohl der Urlaubsanspruch wegen EZ nach § 17 I BEEG gekürzt werden darf (BAG 19.1.1999 NZA 1999, 1223; 19.3.2002 AP BAT §§ 22, 23 Urlaubsgeld Nr. 2; BEEG § 17 Rn. 11; *C. Schubert* NZA 2013, 1105, 1107 f. will den Rechtsgedanken des § 17 I BEEG und des § 4 I ArbPlSchG verallgemeinern; zu der nach § 17 I 1 BEEG nicht mehr mögl. Kürzung des Urlaubsanspruchs nach Beendigung des ArbVerh. BAG 19.5.2015 NJW 2015, 2604; näher EUArbR/*Gallner* RL 2003/88/EG Art. 7 Rn. 19). Erlaubt sind auch Bestimmungen, wonach zusätzl. Urlaubsgeld nur für genommene Urlaubstage zu leisten ist (BAG 22.7.2014 NZA 2014, 1136). Allein die Bezeichnung als Urlaubsgeld rechtfertigt es nicht, einen zwgd. Sachzusammenhang zum Erholungsurlaub anzunehmen. Anhand der Leistungsvoraussetzungen – der Anforderungen und der Ausschlussgründe – ist auszulegen, ob das Urlaubsgeld vom Erholungsurlaub abhängig oder eine bloße saisonale Sonderleistung ist (BAG 12.10.2010 NZA 2011, 695 Rn. 23 f.). Wird Urlaubsgeld für jeden genommenen Urlaubstag gezahlt, spricht das gegen eine vom Urlaubsantritt unabhängige Sonderzahlung. Die Anknüpfung an den genommenen Urlaubstag verdeutlicht, dass das Urlaubsgeld dem Erholungszweck des Urlaubs dienen und nicht die Arbeit vergüten soll (BAG 22.7.2014 NZA 2014, 1136; abl. *Lukes* Anm. EzA BGB 2002 § 611 Gratifikation, Prämie Nr. 40). Ein ATZAN hat während der Freistellungsphase zeitversetzt Anspruch auf den angesparten Teil des tarifl. Urlaubsgeldes, der in der Arbeitsphase erarbeitet, aber nicht ausgezahlt worden ist (BAG 16.11.2010 ZTR 2011, 218 Rn. 24 ff.). 29

Die Parteien der Zusage über das zusätzl. Urlaubsgeld sind iRd. geltenden G frei, **Inhalt und Umf.** der zusätzl. Leistung zu bestimmen (BAG 6.9.1994 NZA 1995, 232). Das Urlaubsgeld kann auf den tarifl. Urlaub beschränkt und für den ges. Urlaub nach dem SGB IX ausgeklammert werden. Findet sich keine abw. Regelung, fällt das Urlaubsgeld auch für den ges. Zusatzurlaub an (BAG 23.1.1996 NZA 1996, 831). Das Urlaubsgeld kann uneingeschränkt einer tarifl. Ausschlussfrist unterliegen (BAG 19.1.1999 NZA 1999, 1107). Soweit einzelne AN oder Gruppen von AN von der Leistung ausgenommen werden, müssen Normen und Abreden höherrangigen Rechts wie die Diskriminierungsverbote des Unionsrechts (BAG 15.4.2003 NZA 2004, 47), des GG (BAG 27.10.1998 NZA 1999, 700; 30

20.8.2002 NZA 203, 333), des Gleichbehandlungsgebots (BAG 8.8.2000 – 9 AZR 517/99 – BeckRS 2000, 30987017), die Regeln des AGG und des TzBfG beachtet werden (BAG 15.11.1990 NZA 1991, 346; 23.4.1996 NZA 1997, 160). Wird ein AN unter Verletzung höherrangigen Rechts vom Bezug eines zusätzl. Urlaubsgeldes ausgenommen, ist die Ausschlussnorm nichtig. Der AN ist so zu behandeln, als wäre die Anspruchsnorm anzuwenden (BAG 18.3.1997 NZA 1997, 1168; 24.6.2003 AP TVG § 1 Tarifverträge: Gebäudereinigung Nr. 15). Leistet der AG das Urlaubsgeld mit Einverständnis des AN später als vereinbart, liegt darin eine Stundungsvereinb., mit der die Fälligkeit des Anspruchs aufgeschoben wird (BAG 12.10.2010 NZA 2011, 695). Das Urlaubsgeld eines TZBeschäftigten ist regelm. entspr. seiner geringeren AZ proportional zu kürzen (BAG 21.1.2014 – 9 AZR 134/12 – BeckRS 2014, 68294).

V. Vererbbarkeit, Pfändbarkeit, Abtretung

31 **1. Vererbbarkeit.** Der Anspruch auf Urlaubsentgelt und Urlaubsgeld, der beim **Tod des AN** für bereits gewährten Urlaub noch nicht erfüllt war, geht nach § 1922 I BGB auf die Erben über. Anders als der auf Freistellung von der Arbeitspflicht gerichtete Urlaubsanspruch (§ 1 Rn. 26) gehen die beiden Ansprüche nicht mit dem Tod des AN unter.

32 **2. Pfändbarkeit, Abtretung.** Der Urlaubsentgeltanspruch als regulärer Entgeltanspruch ist pfändbar und verpfändbar in den Grenzen der Beschränkungen der §§ 850 ff. ZPO (BAG 11.1.1990 NZA 1990, 938; 20.6.2000 NZA 2001, 100). Er kann abgetreten werden. Mit ihm und gegen ihn kann **aufgerechnet** werden (Schaub/*Linck* § 104 Rn. 118, der darauf hinweist, auf der Grdl. des Einheitsanspruchs des EuGH stehe § 399 BGB einer Abtretung und Pfändung entgegen; **aA** *Hohmeister* BB 1995, 2110; *Fenski* DB 2007, 686, 690; s. auch Rn. 1, 2, 27, § 1 Rn. 6, 8). Das Urlaubsgeld ist jedoch nach § 850a Nr. 2 ZPO unpfändbar und damit nicht abtretbar. Das bedeutet, dass der unpfändbare Teil auch bei einem Anspruch auf eine einheitl. Urlaubsvergütung, die aus Urlaubsentgelt und Urlaubsgeld besteht, abgezogen werden muss, bevor der pfändbare Nettobetrag aus dem Urlaubsentgelt errechnet werden kann. Das Urlaubsgeld fällt nicht in die Insolvenzmasse (BGH 26.4.2012 NJW-RR 2012, 825).

VI. Verlust der Ansprüche

33 **1. Erlass (Verzicht).** Der AN kann auf das Entstehen seiner Ansprüche auf Urlaub und Urlaubsentgelt nicht verzichten, etwa durch Erlassvertrag oder **negatives Schuldanerkenntnis**, § 397 I und II BGB. Anders als das sonstige Entgelt für geleistete Arbeit ist das Urlaubsentgelt zumindest für den ges. Mindesturlaub durch § 13 I iVm. § 1 („bezahlter Erholungsurlaub") bes. geschützt. Deshalb sind einzelvertragl. Vereinb. vor Begr. des Anspruchs, wonach ein AN während des Urlaubs eine geringere Vergütung erhält, als § 11 sie vorschreibt, unwirksam (BAG 31.5.1990 NZA 1990, 935). Ist das ArbVerh. beendet und ein Abgeltungsanspruch aus § 7 IV entstanden, kann der AN auf diesen Anspruch – etwa in einem gerichtl. Vergleich – verzichten. Nach § 13 I 3 kann von der Regelung in § 7 IV zwar nicht zuungunsten des AN abgewichen werden. Diese Regelung steht aber nur Abreden entgegen, die es ausschließen, dass Urlaubsabgeltungsansprüche entstehen. Hatte der AN die Möglichkeit, den Urlaub abgelten zu lassen, und sieht er davon ab, hindert auch das Unionsrecht keinen Verzicht (BAG 14.5.2013 NZA 2013, 1098). Über das zusätzl. Urlaubsgeld kann der AN einen Erlassvertrag schließen, sofern der Anspruch nicht tarifl. begr. ist und damit § 4 IV 1 TVG entgegensteht.

34 **2. Verwirkung.** Die Ansprüche auf Urlaubsentgelt und Urlaubsgeld können nach § 242 BGB verwirken, wenn der AN sie über einen längeren Zeitraum hinweg nicht geltend macht, obwohl es ihm mögl. gewesen wäre **(Zeitmoment)**. Weitere Voraussetzung ist, dass sich der AG mit Rücksicht auf das gesamte Verhalten des AN darauf einrichten durfte und eingerichtet hat, dass der AN seine Ansprüche nicht mehr geltend machen werde **(Umstandsmoment)**. Der Vortrag des AG für die Tatsachen des Umstandsmoments ist in der Praxis nicht einfach. Die Einwendung der Verwirkung ist deshalb häufig erfolglos. Im Anwendungsbereich eines TV verstreichen zuvor regelm. tarifl. Ausschlussfristen (Rn. 35).

35 **3. Verjährung und Verfall.** Urlaubsentgelt und Urlaubsgeld unterliegen der kurzen Verjährungsfrist des § 195 von drei Jahren. Die Verjährung beginnt mit Ablauf des 31.12. des Jahres, in dem der Urlaub angetreten ist und endet mit dem 31.12. des dem übernächsten Jahr folgenden Jahres, § 199 I BGB. Die Ansprüche unterliegen tarifl. und einzelvertragl. **Ausschlussfristen** (zum Urlaubsgeld BAG 11.4.2000 NZA 2001, 512), auch hins. des ges. Anteils des Urlaubsentgelts (BAG 22.1.2002 NZA 2002, 1041; zur Urlaubsabgeltung BAG 16.12.2014 NZA 2015, 827). Anders als der Urlaubsanspruch und – nach früherem Rechtsverständnis – auch die Urlaubsabgeltung (s. nun aber die „Abkopplung" der Urlaubsabgeltung vom Fristenregime des BUrlG durch die Aufgabe der Surrogatstheorie, BAG 19.6.2012 NZA 2012, 1087) bestehen die Ansprüche auf Urlaubsentgelt und Urlaubsgeld nicht befristet. Sie können in ihrer **Durchsetzbarkeit** eingeschränkt werden.

§ 12 Urlaub im Bereich der Heimarbeit

Für die in Heimarbeit Beschäftigten und die ihnen nach § 1 Abs. 2 Buchstaben a bis c des Heimarbeitsgesetzes Gleichgestellten, für die die Urlaubsregelung nicht ausdrücklich von der Gleichstellung ausgenommen ist, gelten die vorstehenden Bestimmungen mit Ausnahme der §§ 4 bis 6, 7 Abs. 3 und 4 und § 11 nach Maßgabe der folgenden Bestimmungen:

1. Heimarbeiter (§ 1 Abs. 1 Buchstabe a des Heimarbeitsgesetzes) und nach § 1 Abs. 2 Buchstabe a des Heimarbeitsgesetzes Gleichgestellte erhalten von ihrem Auftraggeber oder, falls sie von einem Zwischenmeister beschäftigt werden, von diesem
bei einem Anspruch auf 24 Werktage
ein Urlaubsentgelt von 9,1 vom Hundert
des in der Zeit vom 1. Mai bis zum 30. April des folgenden Jahres oder bis zur Beendigung des Beschäftigungsverhältnisses verdienten Arbeitsentgelts vor Abzug der Steuern und Sozialversicherungsbeiträge ohne Unkostenzuschlag und ohne die für den Lohnausfall an Feiertagen, den Arbeitsausfall infolge Krankheit und den Urlaub zu leistenden Zahlungen.

2. War der Anspruchsberechtigte im Berechnungszeitraum nicht ständig beschäftigt, so brauchen unbeschadet des Anspruches auf Urlaubsentgelt nach Nummer 1 nur so viele Urlaubstage gegeben zu werden, wie durchschnittliche Tagesverdienste, die er in der Regel erzielt hat, in dem Urlaubsentgelt nach Nummer 1 enthalten sind.

3. Das Urlaubsentgelt für die in Nummer 1 bezeichneten Personen soll erst bei der letzten Entgeltzahlung vor Antritt des Urlaubs ausgezahlt werden.

4. Hausgewerbetreibende (§ 1 Abs. 1 Buchstabe b des Heimarbeitsgesetzes) und nach § 1 Abs. 2 Buchstaben b und c des Heimarbeitsgesetzes Gleichgestellte erhalten von ihrem Auftraggeber oder, falls sie von einem Zwischenmeister beschäftigt werden, von diesem als eigenes Urlaubsentgelt und zur Sicherung der Urlaubsansprüche der von ihnen Beschäftigten einen Betrag von 9,1 vom Hundert des an sie ausgezahlten Arbeitsentgelts vor Abzug der Steuern und Sozialversicherungsbeiträge ohne Unkostenzuschlag und ohne die für den Lohnausfall an Feiertagen, den Arbeitsausfall infolge Krankheit und den Urlaub zu leistenden Zahlungen.

5. Zwischenmeister, die den in Heimarbeit Beschäftigten nach § 1 Abs. 2 Buchstabe d des Heimarbeitsgesetzes gleichgestellt sind, haben gegen ihren Auftraggeber Anspruch auf die von ihnen nach den Nummern 1 und 4 nachweislich zu zahlenden Beträge.

6. Die Beträge nach den Nummern 1, 4 und 5 sind gesondert im Entgeltbeleg auszuweisen.

7. Durch Tarifvertrag kann bestimmt werden, daß Heimarbeiter (§ 1 Abs. 1 Buchstabe a des Heimarbeitsgesetzes), die nur für einen Auftraggeber tätig sind und tariflich allgemein wie Betriebsarbeiter behandelt werden, Urlaub nach den allgemeinen Urlaubsbestimmungen erhalten.

8. Auf die in den Nummern 1, 4 und 5 vorgesehenen Beträge finden die §§ 23 bis 25, 27 und 28 und auf die in den Nummern 1 und 4 vorgesehenen Beträge außerdem § 21 Abs. 2 des Heimarbeitsgesetzes entsprechende Anwendung. Für die Urlaubsansprüche der fremden Hilfskräfte der in Nummer 4 genannten Personen gilt § 26 des Heimarbeitsgesetzes entsprechend.

1. **Normzweck.** Beschäftigte in Heimarbeit iSd. HAG v. 14.3.1951 (BGBl. I S. 191, zul. geänd. durch G v. 20.11.2015 BGBl. I S. 2010) sind **arbeitnehmerähnl. Personen** iSd. § 2. Sie sind von der Geltung der allg. Bestimmungen des G dennoch ausgenommen. Stattdessen werden in einer bes. Vorschr. die urlaubsrechtl. Ansprüche entspr. den tats. und rechtl. Verhältnissen der Heimarbeit geregelt. Vor Inkrafttreten des BUrlG bestimmten sich die urlaubsrechtl. Ansprüche der HeimAN nach § 19 HAG (dazu BAG 20.4.1956 AP BGB § 611 Urlaubsrecht Nr. 6; 5.5.1992 NZA 1993, 315). 1

2. **Persönlicher Geltungsbereich.** Die Regelungen des § 12 finden Anwendung auf Heimarbeiter, Hausgewerbetreibende und ihnen gleichgestellte Personen. Die Begriffe bestimmen sich nach den Legaldefinitionen des HAG. Diese gelten uneingeschränkt im Bereich des BUrlG. 2

a) **Heimarbeiter.** Nach der **Legaldefinition des § 2 I HAG** ist Heimarbeiter, wer in selbstgewählter Arbeitsstätte (eigener Wohnung oder selbstgewählter Betriebsstätte) allein oder mit seinen Familienangehörigen (§ 2 V HAG) im Auftrag von Gewerbetreibenden oder Zwischenmeistern erwerbsmäßig arbeitet, jedoch die Verwertung der Arbeitserg. dem unmittelbar oder mittelbar auftraggebenden Gewerbetreibenden überlässt. Beschafft sich der Heimarbeiter die Roh- und Hilfsstoffe selbst, wird dadurch seine Eigenschaft als Heimarbeiter nicht beeinträchtigt. Für die Qualifizierung eines Beschäftigten als Heimarbeiter kommt es nicht auf die Bezeichnung und die von den Beteiligten gewünschte Rechtsfolge, sondern auf den **tats. Inhalt** des Rechtsverhältnisses und seiner Durchführung an (BAG 3.4.1990 NZA 1991, 267). Urlaubsansprüche für **jugendl. Heimarbeiter** finden sich in § 19 JArbSchG und für **schwerbehinderte Heimarbeiter** in § 127 SGB IX/§ 210 SGB IX nF. Für Wehrdienstleistende, die in Heimarbeit tätig waren, mussten §§ 4 und 7 ArbPlSchG beachtet werden. 3

4 **b) Hausgewerbetreibende.** Hausgewerbetreibender ist derjenige, der in eigener Arbeitsstätte (eigener Wohnung oder Betriebsstätte) im Auftrag von Gewerbetreibenden oder Zwischenmeistern Waren herstellt, bearbeitet oder verpackt, wobei er selbst wesentl. am Stück mitarbeitet, jedoch die Verwertung der Arbeitserg. dem unmittelbar oder mittelbar auftraggebenden Gewerbetreibenden überlässt. Er wird vom Geltungsbereich des HAG und damit des § 12 unmittelbar erfasst, wenn er mit nicht mehr als zwei fremden Hilfskräften iSd. § 2 VI HAG oder Heimarbeitern (Rn. 3) arbeitet. Ist die Gruppe größer, kommt nur eine Gleichstellung nach § 1 II bis VI HAG (Rn. 5 f.) und danach die Anwendung der Vorschr. des § 12 in Betracht, § 1 II 1 lit. b), § 2 II HAG.

5 **c) Gleichgestellte.** Beschäftigte, die weder Heimarbeiter noch Hausgewerbetreibende mit einer geringen Anzahl von Hilfskräften sind, können den in Heimarbeit Beschäftigten gleichgestellt werden. Sie genießen dann die Vorteile des § 12, sofern die Urlaubsregelung nicht ausdr. von der Gleichstellung ausgenommen ist. Sie werden in § 1 II 1 HAG unter den lit. a) bis c) beschrieben. Die nach **§ 1 II 1 lit. a)** HAG gleichstellungsfähigen Beschäftigten sind diejenigen, die idR allein oder mit ihren Familienangehörigen in eigener Wohnung oder selbstgewählter Betriebsstätte eine sich in regelm. Arbeitsvorgängen wiederholende Arbeit im Auftrag eines anderen gegen Entgelt ausüben, ohne dass ihre Tätigkeit als gewerbl. anzusehen oder dass der Auftraggeber ein Gewerbetreibender oder Zwischenmeister iSv. § 1 II 1 lit. d) HAG ist. Es handelt sich bei den Hausgewerbetreibenden um denselben Personenkreis, wie er in Rn. 4 beschrieben ist. Allerdings geht er seiner Tätigkeit mit mehr als zwei fremden Hilfskräften nach, **§ 1 II 1 lit. b) HAG**. Als weitere Gruppe ist gleichstellungsfähig die Gruppe der im Lohnauftrag arbeitenden Gewerbetreibenden, die infolge ihrer wirtschaftl. Abhängigkeit eine ähnl. Stellung wie Hausgewerbetreibende einnehmen, **§ 1 II 1 lit. c) HAG**. Die Bestimmung des § 12 findet mit Ausnahme der Regelung des Abs. 5 (Rn. 13) keine Anwendung auf nach **§ 1 II 1 lit. d) HAG** gleichgestellte **Zwischenmeister**. Das sind diejenigen Personen, die, ohne AN zu sein, die ihnen von Gewerbetreibenden übertragene Arbeit an Heimarbeiter oder Hausgewerbetreibende weitergeben, § 2 III HAG.

6 Die Gleichstellung erfolgt in einem im HAG geregelten **Verfahren** durch einen die Rechtsstellung **begründenden VA**, § 1 IV, § 3 I und § 4 HAG (zur Übereinstimmung der Vorschr. mit der Verf. BVerfG 27.2.1973 AP HAG § 19 Nr. 7). Die Gleichstellung erfolgt bei Schutzbedürftigkeit der Person, der Personengruppe, aller Beschäftigten in einem Gewerbezweig oder einer Beschäftigungsart. Die Schutzbedürftigkeit bemisst sich nach dem Ausmaß der wirtschaftl. Abhängigkeit, wobei insb. die Zahl der fremden Hilfskräfte, die Abhängigkeit von einem oder mehreren Auftraggebern, die Möglichkeit des unmittelbaren Zugangs zum Absatzmarkt, die Höhe und Art der Eigeninvestition sowie der Umsatz zu berücksichtigen sind. Die Gleichstellung muss nicht alle Vorteile des HAG umfassen. Sie muss auch nicht die bes. Urlaubsvorschr. des § 12 einschließen, wie aus § 1 III 1 und 2 HAG sowie § 12 Einleitungssatz hervorgeht.

7 **3. Anwendbare Vorschriften.** Im Rechtsverhältnis der Auftraggeber und Zwischenmeister mit den in Heimarbeit Beschäftigten sind die Vorschr. des § 1 über den Urlaubsanspruch, des § 3 über die Dauer des Urlaubs, des § 7 I, II über den Zpkt. des Urlaubs, des § 8 über die Erwerbstätigkeit während des Urlaubs, des § 9 über die Erkrankung während des Urlaubs, des § 10 über die Maßnahmen der Rehabilitation und des § 13 über die Unabdingbarkeit anzuwenden. Dabei sind aber die bes. Maßgaben des § 12 Nr. 1 bis 8 zu beachten. Das bedeutet iE:

8 **a) Urlaubsanspruch, Urlaubsdauer und zeitl. Lage. aa) Der ständig Beschäftigte.** Die in Heimarbeit Beschäftigten und die ihnen nach § 1 II 1 lit. a) bis c) HAG Gleichgestellten haben wie AN einen Anspruch auf Urlaub, dh. auf **Freistellung von der Pflicht zur Dienst- oder Werkleistung**, der bei einer st. Beschäftigung 24 Werktage beträgt, §§ 1, 3 I, § 12 Nr. 1. Die Urlaubsgewährung, die der Gesetzgeber in § 12 Nr. 2 ausdr. erwähnt, ist den Besonderheiten des HeimArbVerh. anzupassen. Es ist zu berücksichtigen, dass der Heimarbeiter in der Gestaltung seiner AZ frei ist und keine bestimmte zeitl. Verpflichtung eingegangen ist. Insofern kann eine Befreiung von der Arbeitspflicht in Form von Urlauberteilung **nicht so wie im ArbVerh.** vorgenommen werden. Vielfach wird Urlaub deshalb nur nominell erteilt werden, ohne dass der Heimarbeiter seinen Arbeitsrhythmus ändert. Dennoch ist davon auszugehen, dass Urlaub durch Freistellung der Heimarbeiter von der Bearbeitung von Aufträgen nach entspr. „Antrag" erteilt wird. Deshalb hat der Heimarbeiter auch kein Selbstbeurlaubungsrecht (**aA** *von Hase/Lembke* BB 1997, 1095, 1097). Der Auftraggeber hat sich bei der Urlauberteilung nach den Wünschen des Heimarbeiters zu richten und kann die Urlauberteilung nur unter den Voraussetzungen des § 7 I und II verweigern (§ 7 Rn. 16 ff.), dessen Anwendung nicht ausgeschlossen ist.

9 **bb) Der nicht ständig Beschäftigte.** Wird der in Heimarbeit Tätige nicht st. beschäftigt, ist der Umf. seines Urlaubs **entspr. seinen durchschnittl. Tagesverdiensten** zu berechnen. Die Berechnungsformel findet sich in § 12 Nr. 2. Danach sind zunächst die im Berechnungszeitraum (Rn. 12 ff.) angefallenen Arbeitstage (zB 90), danach der Verdienst (4000,00 Euro) festzustellen. Das Urlaubsentgelt beträgt 364,00 Euro. Der Betrag wird durch den Tagesverdienst von 44,44 Euro geteilt. Das ergibt 8,19 nicht abzurundende Urlaubstage. Während dieser Zeit erhält der Beschäftigte sein Urlaubsentgelt iHv. 9,1%

des verdienten Arbeitsentgelts. Von den nicht st. Beschäftigten sind die **TZBeschäftigten** zu unterscheiden. Der teilzeitbeschäftigte Heimarbeiter steht in einem Rechtsverhältnis, das ihn dauerhaft und gleichmäßig zur Erledigung von Aufträgen in geringerem Umf. verpflichtet. Seine Urlaubsdauer bestimmt sich nach § 12 Nr. 1 und der Verteilung seiner Pflichten entspr. der Regelung für AN (§ 3 Rn. 17 ff.). Die Regelung gilt auch für **Hausgewerbetreibende** und die nach § 1 II 1 lit. a) bis c) HAG Gleichgestellten.

b) Urlaubsentgelt. Die Vorschr. des § 11 über die Berechnung des Urlaubsentgelts ist in § 12 bes. intensiv im Hinblick auf die Bedürfnisse der Heimarbeit modifiziert worden. Dabei wird zwischen Heimarbeitern und ihnen Gleichgestellten, Hausgewerbetreibenden und ihnen Gleichgestellten sowie gleichgestellten Zwischenmeistern unterschieden. Wie alle Entgelte nach dem HAG ist auch das Urlaubsentgelt in den Entgeltbelegen (gesondert) auszuweisen, § 12 Nr. 6. Das Urlaubsentgelt unterliegt der im Siebten Abschn. des HAG vorgesehenen Entgeltsicherung, § 12 Nr. 8 (ausf. zur vergleichbaren Regelung des EFZG § 10 Rn. 7 f.). 10

aa) Heimarbeiter und Gleichgestellte nach § 1 II lit. a) HAG. Dieser Personenkreis hat einen Urlaubsentgeltanspruch von 9,1% des im Berechnungszeitraum (Rn. 12) verdienten Arbeitsentgelts, das sich nach der Formel des § 12 Nr. 1 letzter Satzteil berechnet. Der Prozentsatz orientiert sich an dem Verhältnis von 24 Urlaubstagen zu mögl. ca. 263 Arbeitstagen (365 Kalendertage ./. 52 Sonntage ./. 12 Feiertage ./. 24 Urlaubstage ./. geschätzte 14 Krankheitstage). **Schuldner** des Anspruchs ist der Auftraggeber oder Zwischenmeister, bei dem die Anspruchsberechtigten beschäftigt werden. 11

Berechnungszeitraum ist die Zeit vom 1.5. bis 30.4. des folgenden Jahres oder die Zeit bis zur Beendigung des BeschVerh. Diese **missverständl. GFassung** (vgl. dagegen die einfach zu handhabende Regelung des § 10 EFZG) hat dazu geführt, dass im Schrifttum keine Einigkeit darüber besteht, wie gerechnet werden soll. Nach einer Meinung soll der Zeitraum ab 1.5. des lfd. Jahres zugrunde gelegt werden, was aus dem Wortlaut des G folge (*Friese* Rn. 588; *Leinemann/Linck* Rn. 30). Je nach Lage des Urlaubs wird dabei vom Schuldner eine mehr oder weniger hypothetische Berechnung erwartet, die zB bei einem Urlaub im Juli des lfd. Jahres überwiegt, weil zu dieser Zeit nur die Entgelte der Monate Mai und Juni vorliegen. Vorzugswürdig ist, als Berechnungszeitraum das **Zeitjahr vom 1.5. bis 30.4.** heranzuziehen, das dem jeweiligen Urlaubszeitpunkt voranging (Bsp.: Urlaub im Juli 2017 = Entgelte von Mai 2016 bis April 2017; Urlaub im Januar 2018 = Entgelte von Mai 2016 bis April 2017). Der Gesetzgeber hat das Wort „lfd." nicht verwendet. Die gedachte Hinzufügung folgt auch nicht zwgd. aus der Verwendung der Wörter „folgendes Jahr" bei dem Datum des 30.4. Wird der Zeitraum seit dem 1.5. des vorangegangenen Jahres für die Berechnung herangezogen, liegen die folgenden Monate von Januar bis April auch im „folgenden Jahr". Das G verlangt ferner, das verdiente Arbeitsentgelt zu berücksichtigen. Da die Beachtung eines abgeschlossenen vergangenen Zeitraums nicht dem G widerspricht, sondern sogar gefordert wird, und nur diese Berechnung in der praktischen Handhabung zu Erg. führt, die nicht spekulativ sind, hat der Schuldner des Anspruchs so vorzugehen. Diese Auslegung des G korrespondiert § 12 Nr. 4 über die Berechnung nach dem ausgezahlten Arbeitsentgelt. Auch wenn das BeschVerh. in der Zeit vom 1.1. bis 30.4. endet, ist auf das Arbeitsentgelt in den Monaten von Mai bis Dezember des vorletzten Jahres und die ersten vier Monate des vorangegangenen Jahres als abgeschlossenen Berechnungszeitraum zurückzugreifen. 12

bb) Hausgewerbetreibende und ihnen nach § 1 II lit. b) und c) Gleichgestellte; Zwischenmeister. Diese Gruppe von in Heimarbeit Beschäftigten erhält vom Auftraggeber oder Zwischenmeister zum Ausgleich ihrer Ansprüche und zur Sicherung der Urlaubsansprüche derjenigen, die mit ihnen zusammenarbeiten, ein Urlaubsentgelt iHv. ebenfalls 9,1% des an sie ausgezahlten Entgelts. Das G nennt den Berechnungszeitraum nicht. Da ausgezahltes Arbeitsentgelt die Basis ist, kann nur ein abgeschlossener Zeitraum in der Vergangenheit zugrunde gelegt werden. Mangels anderer Hinweise sind die Daten des § 12 Nr. 1 heranzuziehen (Rn. 12). Zwischenmeister erwerben **keine** eigenen Ansprüche. Wenn sie gleichgestellt sind, haben sie gegen ihre Auftraggeber Erstattungsansprüche iHd. Urlaubsentgeltbeträge, die sie an die von ihnen Beschäftigten geleistet haben, § 12 Nr. 5. 13

4. Unanwendbare Vorschriften. Nach dem Einleitungssatz des § 12 gelten die Bestimmungen der §§ 4 bis 6, § 7 III und IV sowie § 11 für die in Heimarbeit Beschäftigten nicht. Trotz der scheinbar eindeutigen Aussage des G gibt es im Schrifttum erhebl. Meinungsverschiedenheiten. Unbestritten ist ledigl., dass anstelle von § 11 allein § 12 Anwendung findet. 14

a) Wartezeit. Aus den Vorschr. des § 12 Nr. 1 und Nr. 3 folgt, dass der in Heimarbeit Beschäftigte erstmals Urlaub verlangen kann, wenn der Berechnungszeitraum am 30.4. eines Jahres abgelaufen ist (vgl. die Übersicht bei *Wachter* DB 1982, 1406 f.). Erst dann kann das Urlaubsentgelt berechnet und vor Antritt des Urlaubs gezahlt werden. Damit ergeben sich individuelle Wartezeiten zwischen 364 Tagen (Beginn am 2.5.) und einem Tag (Beginn am 30.4.). 15

b) Teilurlaub. Nach dem Ende des Berechnungszeitraums entsteht für den AN kein Teilurlaubsanspruch, wenn der Heimarbeiter noch kein ganzes Jahr beschäftigt wurde, sondern ein Vollurlaubsanspruch (aA *Wachter* DB 1982, 1406, 1407). Die Dauer der Beschäftigung ist nur iHd. Entgelts zu berücksichtigen (str.). 16

17 c) **Doppelansprüche.** Eine Regelung, die Doppelansprüche verhindert, ist entbehrl., weil durch die Anknüpfung an den 30.4. eine doppelte Gewährung von Urlaub und Urlaubsentgelt ausscheidet. Der nach dem 30.4. ausscheidende AN, der bereits vollen Urlaub und 9,1% des Urlaubsentgelts bekommen hat, kann erst nach dem nächsten 30.4. erneut Ansprüche geltend machen (für ant. Urlaub bei den jeweiligen Auftraggebern *Wachter* DB 1982, 1406, 1408).

18 d) **Befristung.** Der Urlaub des in Heimarbeit Beschäftigten ist mit Ausnahme von Hinderungsgründen, die von seinem Willen unabhängig sind, befristet wie jeder Urlaubsanspruch (zu den Ausnahmen § 7 Rn. 41 ff.). Das folgt bereits aus § 1 (**aA** *Wachter* DB 1982, 1406, 1408). Der Urlaubsanspruch ist nicht auf das Kj. befristet. Die Anwendung des § 1 nach Maßgabe des § 12 bedeutet, dass das auf den 30.4. folgende Zeitjahr das Ende des Urlaubsanspruchs markiert. Danach verfällt der nicht geltend gemachte und/oder nicht erfüllbare Urlaubsanspruch. Eine Übertragung auf einen folgenden Dreimonatszeitraum kommt nicht in Betracht.

19 e) **Abgeltung.** Nach bisheriger Auff. gibt es keinen Anspruch auf eine ges. Abgeltung des Urlaubs für Heimarbeiter (**aA** nur *Wachter* DB 1982, 1406, 1408). Endet das BeschVerh., ohne dass der Heimarbeiter Urlaub und Urlaubsentgelt verlangt hat, kann er nach dieser Meinung keinen (Abgeltungs-)Betrag von 9,1% verlangen. Nur wenn er Urlaub während der Beschäftigung verlangt und der Auftraggeber den Urlaub verweigert hat, soll ein Schadensersatzanspruch entstanden sein, der in Geld auszugleichen ist. Das ist anges. der Entsch. Schultz-Hoff des EuGH (20.1.2009 NZA 2009, 135) zur Auslegung von Art. 7 AZRL 2003/88/EG fragl. Der Anwendungsbereich der AZRL erfasst nach ihrem Art. 1 III iVm. Art. 2 f. der RL 89/391/EWG auch Heimarbeiter (**aA** *Fenski* DB 2007, 686, 689). Das Unionsrecht gewährleistet für den Betriebsarbeiter im Fall der Beendigung des ArbVerh. eine Abgeltung. Der Mitgliedstaat hat nur die Anwendungsbedingungen des in Art. 31 II GRC verankerten und von Art. 7 I RL verbürgten Anspruchs zu sichern. Dem Heimarbeiter steht deshalb wie dem Betriebsarbeiter eine Abgeltung zu (in diese Richtung weist möglicherweise auch die Entsch. des BAG zur Berechnung des Entgelts während der Kündigungsfrist nach § 29 VII HAG v. 11.7.2006 NZA 2007, 1365 Rn. 33 ff.).

20 **5. Tarifverträge und bindende Festsetzungen.** Die ges. Regelungen können (nur) für Heimarbeiter nach § 1 I lit. a) HAG durch TV und bindende Festsetzungen nach dem HAG geänd. werden. Das BUrlG beschreibt in § 12 ledigl. Mindestbedingungen für die in Heimarbeit Beschäftigten. Einzelvertragl. Regelungen sind jdf. wirksam, soweit für die Beschäftigten günstigere Bedingungen vereinbart werden.

21 a) **Tarifverträge.** TVParteien können in TV nach dem TVG die Regelungen für AN auf Heimarbeiter nach § 1 I lit. a) HAG ausdehnen. Sie werden dann wie AN behandelt. Da sich die Tarifvorschr. regelm. an den ges. Bestimmungen orientieren, gelten für die Heimarbeiter in diesem Fall neben den tarifl. Normen die allg. Bestimmungen des BUrlG. TV für Heimarbeiter unterliegen denselben Geboten der Unabdingbarkeit ges. Urlaubsbestimmungen wie TV für AN. Schriftl. Vereinb. zwischen Gewerkschaften und Auftraggebern oder ihren Vereinigungen über den Inhalt, den Abschluss und die Beendigung von Vertragsverhältnissen sind keine TV iSd. TVG. Sie gelten jedoch als TV (Bsp.: LohnTV für die Heimarbeit in der Bekleidungsindustrie v. 13.11.2014).

22 b) **Bindende Festsetzungen.** Bestehen Gewerkschaften oder Vereinigungen der Auftraggeber für den Zuständigkeitsbereich eines Heimarbeitsausschusses nicht oder umfassen sie nur eine Minderheit der Auftraggeber oder Beschäftigten, kann der zust. **Heimarbeitsausschuss** (§§ 4, 5, 18 und 19 HAG) bindende Festsetzungen treffen, wenn die Voraussetzungen des § 19 HAG gegeben sind. Die bindenden Festsetzungen betreffen nicht nur das Entgelt, sondern auch sonstige Vertragsbedingungen. Dazu gehören auch urlaubsrechtl. Regelungen. Eine bindende Festsetzung hat die Wirkung eines allgemeinverbindl. TV und wird in das beim BMAS geführte Tarifregister eingetragen, § 19 III HAG (Bsp.: Bindende Festsetzung von Entgelten, Fertigungszeiten und sonstigen Vertragsbedingungen einschl. Urlaub, Jahressonderzahlung, die wirtschaftliche Sicherung für den Krankheitsfall, vermögenswirksame Leistungen, Entgeltumwandlung und sonstige Vertragsbedingungen für die Handstrickerei, Handhäkelei und das Stricken auf Handstrickapparaten in Heimarbeit Beschäftigten v. 8.3.2017 [BAnz 4.8.2017 B1]).

23 Die bindenden Festsetzungen können die **Dauer des Urlaubs, die Wartezeit, das Urlaubsentgelt und seine Fälligkeit** regeln. Häufig wird die Auszahlung des Urlaubsentgelts in Form eines regelm. Abschlags zum lfd. Entgelt festgesetzt. Das vermeidet die Schwierigkeiten, die sich aus der ges. Berechnungsvorschr. (Rn. 12) ergeben.

§ 13 Unabdingbarkeit

(1) [1] **Von den vorstehenden Vorschriften mit Ausnahme der §§ 1, 2 und 3 Abs. 1 kann in Tarifverträgen abgewichen werden. [2] Die abweichenden Bestimmungen haben zwischen nichttarifgebundenen Arbeitgebern und Arbeitnehmern Geltung, wenn zwischen diesen die Anwendung der einschlägigen tariflichen Urlaubsregelung vereinbart ist. [3] Im übrigen kann, abgesehen von § 7 Abs. 2 Satz 2, von den Bestimmungen dieses Gesetzes nicht zuungunsten des Arbeitnehmers abgewichen werden.**

(2) [1]Für das Baugewerbe oder sonstige Wirtschaftszweige, in denen als Folge häufigen Ortswechsels der von den Betrieben zu leistenden Arbeit Arbeitsverhältnisse von kürzerer Dauer als einem Jahr in erheblichem Umfange üblich sind, kann durch Tarifvertrag von den vorstehenden Vorschriften über die in Absatz 1 Satz 1 vorgesehene Grenze hinaus abgewichen werden, soweit dies zur Sicherung eines zusammenhängenden Jahresurlaubs für alle Arbeitnehmer erforderlich ist. [2]Absatz 1 Satz 2 findet entsprechende Anwendung.

(3) Für den Bereich der Deutsche Bahn Aktiengesellschaft sowie einer gemäß § 2 Abs. 1 und § 3 Abs. 3 des Deutsche Bahn Gründungsgesetzes vom 27. Dezember 1993 (BGBl. I S. 2378, 2386) ausgegliederten Gesellschaft und für den Bereich der Nachfolgeunternehmen der Deutschen Bundespost kann von der Vorschrift über das Kalenderjahr als Urlaubsjahr (§ 1) in Tarifverträgen abgewichen werden.

I. Normzweck

1 Dem Gesetzgeber ging es nicht vorrangig darum, die Bestimmungen des BUrlG für unabdingbar zu erklären. Er nahm mit den Regelungen des § 13 vielmehr Rücksicht darauf, dass die TVParteien in großem Umf. urlaubsrechtl. Regelungen getroffen hatten. In den Vorbereitungen für das BUrlG wurde betont, dass den **Sozialpartnern (weiter) Spielraum für die Gestaltung des Urlaubsrechts** gelassen werde, um die Bedeutung der Tarifautonomie für die Entwicklung des Urlaubsrechts hervorzuheben. Mit § 13 werde den Tarifpartnern für einen großen Teil der Vorschr. Gestaltungsfreiheit eingeräumt (Bericht des Ausschusses für Arbeit BT-Drs. IV/207 S. 2). Das BAG hat das als „tarifl. Vorrangprinzip" bezeichnet (9.7.1964 AP BUrlG § 13 Nr. 2). Ausdr. ausgenommen von dieser Gestaltungsmöglichkeit sind jedoch die grdl. Bestimmungen über den Urlaubsanspruch selbst, über den pers. Geltungsbereich und über die Mindestdauer des Urlaubs in §§ 1, 2 und 3 I. Für Bahn und Post wurden hins. der Lage des Urlaubsjahres in letzter Minute (in dritter Lesung im BT; Prot. der 51. Sitzung v. 7.12.1962) Ausnahmen begr. Die Ausnahmen gelten auch nach der Privatisierung der beiden Bereiche (klargestellt durch GÄnd. v. 7.5.2002; zu den Änderungsmöglichkeiten der Arbeitsvertragsparteien und der Betriebspartner Rn. 21 ff.).

2 Die Überschrift der Unabdingbarkeit trifft iE dennoch weitgehend zu. Der Gesetzgeber hat den TVParteien mehr Änderungsmöglichkeiten genommen, als der Text des § 13 I 1 erkennen lässt (ausf. Rn. 8 ff.). Für **nicht organisierte AN und AG** sollte zudem die Möglichkeit geschaffen werden, durch Einzelvertrag die tarifl. Regelungen zu übernehmen (BT-Drs. IV/207 S. 4; Rn. 20 ff.).

II. Änderungen durch Tarifvertrag

3 **1. Allgemeines. a) Grundsatz.** Die TVParteien haben auch auf dem Gebiet des Urlaubsrechts ein umfassendes, von Art. 9 III GG geschütztes Recht zur Normsetzung. Die Tarifautonomie wird von § 13 insofern eingeschränkt, als die Vorschr. über den Urlaubsanspruch in § 1, den Geltungsbereich in § 2 und die Dauer des Mindesturlaubs in § 3 I unabänderl. sind (BAG 5.8.2014 ZTR 2015, 28). Die Mindesturlaubsdauer von 24 Werktagen ist auch von Art. 7 I AZRL 2003/88/EG verbürgt (vgl. zum unabdingbaren Mindestbestand BAG 15.12.2009 AP BUrlG § 11 Nr. 66 Rn. 15 ff.). Das bedeutet, dass TVParteien – mit Ausnahme der in § 13 III genannten – keine Regelungen treffen können, nach denen das **Urlaubsjahr** einen **anderen Zeitraum** als das Kj. umfasst. Sie dürfen keine Vorschr. erlassen, die dazu führen, dass ein AN in einem Kj. keinen Anspruch auf bezahlten Erholungsurlaub erwirbt (Rn. 8). Die TVParteien dürfen auch **bestimmte AN**, arbeitnehmerähnl. Personen oder Auszubildende nicht vom Erwerb des Urlaubsanspruchs **ausschließen.** Sieht ein TV keinen Übertragungszeitraum für den Fall vor, dass der AN den Urlaub unverschuldet nicht nehmen konnte, greift der TV in das von § 1 verliehene, richtlinienkonform auszulegende Recht auf bezahlten Jahresurlaub ein. Tarifl. Regelungen, die den Verfall des Mindesturlaubsanspruchs vor dem Ende des gebotenen Übertragungszeitraums vorsehen, sind nach § 13 I 1, § 1 unwirksam (BAG 5.8.2014 ZTR 2015, 28). Die Bestimmung des § 13 I 1 hat ferner zur Folge, dass TVParteien – bei einer Verteilung der AZ auf alle Werktage einer Woche – keinen kürzeren Urlaub als 24 Werktage normieren dürfen (Rn. 9). Sie können auch nicht den ges. Urlaubsanspruch untergehen lassen, wohl aber den tarifl. Urlaubsanspruch, der über den ges., vom Unionsrecht gewährleisteten (§ 1 Rn. 6 ff., 8; § 11 Rn. 1, 2 und die Erl. zu § 7) Mindestanspruch hinausgeht (sog. überges. Urlaub oder tarifl. Mehrurlaub). Auch der übertragene Tarifurlaub darf verfallen (BAG 10.2.2004 NZA 2004, 986).

4 **b) Günstigere Regelungen.** Es ist den TVParteien unbenommen, von den Bestimmungen der §§ 3 bis 12 zugunsten der AN abzuweichen (BAG 22.1.2002 NZA 2002, 1041). Das folgt aus dem im ArbR allg. geltenden Günstigkeitsprinzip und dem Charakter des BUrlG als MindesturlaubsG. Das gilt auch für § 3 I, obwohl er nach dem Text des § 13 I 1 überhaupt nicht zu ändern ist. Da der Gesetzgeber die Urlaubsdauer als Mindestanspruch ausgestaltet hat, dürfen TVParteien höhere Urlaubsansprüche vereinbaren. So können die TVParteien auch nach der GÄnd. von 1996 festlegen, dass Über- oder Mehrarbeitsverdienst bei der Bemessung des Urlaubsentgelts zu berücksichtigen ist. Am 1.10.1996 bestehen-

de Vorschr. dieses Inhalts (zB § 47 BAT) wurden durch das G ohnehin nicht berührt (*Lorenz* DB 1996, 1973).

5 **c) Ungünstigere Regelungen. TVParteien** sind berechtigt, die Gegenstände von § 3 II bis § 12 in TV zuungunsten der AN zu regeln. Das folgt mittelbar aus § 13 I 3. Die Befugnis zur Schaffung weniger günstiger Normen darf jedoch nicht dazu führen, dass mittelbar in die unantastbaren Rechte der AN aus §§ 1, 2 und 3 I eingegriffen wird (BAG 17.11.2009 NZA 2010, 1020; 15.12.2009 AP BUrlG § 11 Nr. 66; 15.1.2013 NZA-RR 2013, 585; zust. *Steininger* AiB 2013, 464, 465). Bereits sehr früh (BAG 22.6.1956 AP BGB § 611 Urlaubsrecht Nr. 10) hat das BAG zB den Anspruch auf **Urlaubsabgeltung** als eine andere Erscheinungsform des Urlaubsanspruchs (aus §§ 1, 3 I) bezeichnet und ihn damit vor tarifl. Verschlechterung bewahrt (BAG 22.2.2000 NZA 2001, 268; 26.6.2001 NZA 2002, 680). Diese Folge hat nach der unionsrechtl. gebotenen Neuorientierung des Abgeltungsrechts an Bedeutung gewonnen (§ 1 Rn. 6 ff., 8; § 7 Rn. 45; § 11 Rn. 1, 2). Ders. Effekt kann auch in **anderen Teilbereichen** auftreten, zB im Bereich der Rehabilitationsmaßnahmen des § 10 (BAG 10.2.1966 AP BUrlG § 13 Unabdingbarkeit Nr. 1). Deshalb ist bei jeder verschlechternden Tarifnorm zu prüfen, ob und wie die unabdingbaren Ansprüche betroffen sind (Rn. 8 ff.).

6 Das geschieht durch einen **Günstigkeitsvergleich**. Dabei wird die tarifl. Regelung nicht insg. mit den Auswirkungen der ges. Regelung verglichen. Vielmehr sind die Auswirkungen der jeweiligen betroffenen Normen miteinander zu vergleichen (BAG 22.1.2002 NZA 2002, 1041). Die Notwendigkeit eines Einzelvergleichs folgt bereits aus dem Wortlaut des § 13 I 1, der sich auf ges. Vorschr. und davon abw. Vorschr. bezieht, nicht auf eine Gesamtregelung. Der Einzelvergleich kann mitunter zur Folge haben, dass AN die jeweils günstigeren Vorschr. aus beiden Normwerken in Anspruch nehmen können. Das wird gelegentl. mit der abfälligen Bem. von der **„Rosinentheorie"** belegt. Sie ist jdf. im Urlaubsrecht beim Vergleich zwischen G und TV nicht zu beanstanden, sondern § 13 immanent. Der Günstigkeitsvergleich ist **individuell** vorzunehmen. Es kommt auf die Auswirkungen auf das ArbVerh. des einzelnen AN an, nicht auf die Auswirkungen auf die gesamte Belegschaft. Ein in anderen Bereichen befürworteter kollektiver Günstigkeitsvergleich (BAG [GS] 16.9.1986 NZA 1987, 168) findet im Verhältnis von tarifl. und ges. Urlaubsvorschr. nicht statt.

7 **d) Das Verhältnis von Tarifvertrag und Gesetz.** Das Verhältnis von TV und G wird dadurch gekennzeichnet, dass die TVParteien die Bestimmungen des BUrlG ändern dürfen, soweit sie das von § 13 geschützte Mindestniveau nicht unterschreiten (BAG 17.11.2009 NZA 2010, 1020; zust. *Höpfner* Anm. AP BUrlG § 11 Nr. 65; BAG 15.12.2009 AP BUrlG § 11 Nr. 66 Rn. 15 ff.; 15.1.2013 NZA-RR 2013, 585). Ist ihnen das gelungen, gilt nur der TV. Das G kann auch nicht erg. oder unterstützend zur Auslegung herangezogen werden. Haben die TVParteien eine **nichtige Regelung** getroffen, findet anstelle der Tarifbestimmung die ges. Norm Anwendung (BAG 22.2.2000 NZA 2001, 268). Dasselbe gilt, wenn die TVParteien einen Bereich überhaupt nicht geregelt haben. Dann gilt das G, es sei denn, die TVParteien haben wirksam die ges. Regelung ausgeschlossen. Das Schweigen der TVParteien rechtfertigt diese Annahme nicht. Deshalb kann es iE nicht zu einer Tariflücke und der analogen Anwendung einer anderen Tarifvorschr. oder des G kommen. Das G gilt immer **„hilfsweise"** (BAG 28.4.1998 NZA 1999, 156). Die ges. Regelung ist in diesen Fällen – zB hins. der Befristung des Urlaubsanspruchs – nicht nur für den über den ges. Mindesturlaub hinausgehenden tarifl. Urlaub, sondern für den **Gesamturlaub** anzuwenden (BAG 5.8.2014 ZTR 2015, 28; zum unionsrechtl. Problem des Erlöschens § 1 Rn. 6 ff., § 7 Rn. 41).

8 **2. Einzelfälle. a) Anspruch auf bezahlten Erholungsurlaub.** Der Anspruch auf bezahlten Erholungsurlaub ist nicht abdingbar. So können TVParteien nicht vereinbaren, dass AN unter bestimmten Umständen keinen Freistellungsanspruch haben und stattdessen nur eine Abfindung erhalten. Die Unabdingbarkeit des § 1 hat auch zur Folge, dass der Anspruch in ges. Höhe keiner tarifl. Ausschlussfrist unterliegt. Vielmehr kann der nach dem Ende der Wartezeit oder zu Jahresbeginn entstandene Urlaubsanspruch bis zum Ende des Kj. oder des Übertragungszeitraums verlangt und genommen werden (BAG 24.11.1992 NZA 1993, 472). Er muss nicht innerhalb einer Frist nach Fälligkeit verlangt werden. TVParteien können auch nicht bestimmen, dass die **Entstehung** eines ges. Urlaubsanspruchs von einer bestimmten **Arbeitsleistung** im Kj. abhängig ist. Eine Bestimmung dieses Inhalts, die sich hin und wieder in älteren TV findet, ist nichtig (BAG 8.3.1984 NZA 1984, 160). Soweit sie sich nur auf den tarifl. Urlaub auswirkt, bestehen keine Bedenken (BAG 10.2.1987 NZA 1987, 675). Der Anspruch eines AN auf bezahlten Urlaub im Kj. kann **auch nicht mittelbar ausgeschlossen** werden. Das kann dadurch geschehen, dass TVParteien eine Regelung treffen, die sie vordergründig zu einem anderen Bereich des Urlaubsrechts normieren, die sich aber so auswirkt, dass der unabdingbare § 1 betroffen ist (Einzelheiten: Rn. 10 ff., 14 ff., 17 ff.). Die Vereinb., nur eine geringere Stundenzahl als die Soll-Arbeitsstunden zur Erfüllung des Urlaubsanspruchs in ein AZKonto einzustellen, verstößt gegen § 13 I iVm. § 1 (BAG 19.6.2012 NZA 2012, 1227; *Schwarz-Seeberger* ZMV 2012, 346).

9 **b) Dauer des Urlaubs.** TVParteien durften die Dauer des Urlaubs nach früherem Rechtsverständnis von bes. Tatbeständen wie dem Lebensalter (vgl. dazu LAG D 18.1.2011 – 8 Sa 1274/10 – BeckRS 2011, 73310), der Betriebszugehörigkeit (BAG 19.11.1996 AP TVG § 1 Tarifverträge: Krankenanstalten

Nr. 1) oder der tats. Beschäftigung (BAG 18.5.1999 NZA 2000, 157) abhängig machen. Sie durften dabei aber **nicht** die Dauer des ges. Mindesturlaubs **unterschreiten**, also bei einer Verteilung der wöchentl. AZ auf sechs Werktage für jüngere oder neu eingestellte Mitarbeiter zB nicht nur 20 oder 22 Werktage zusagen (zu einer tarifl. Verringerung der Urlaubsdauer: Vorlage des ArbG Nienburg v. 15.6.2012 – 2 Ca 472/11 –, beim EuGH anhängig gewesen unter – C-311/12 – Kassner, ohne Entsch. geblieben). Nach Verabschiedung des AGG können diff. Bestimmungen, die das von § 13 geschützte Mindestniveau unangetastet lassen, nach § 7 Abs. 2 AGG unwirksam sein, wenn damit gegen das Benachteiligungsverbot der §§ 1, 7 I iVm. § 3 II AGG verstoßen wird. Diese Bewertung erfordert die Prüfung der entspr. Vorschr. auf ihre Rechtfertigungsmöglichkeiten. Bezweckt die Urlaubsstaffel nicht, einem mit zunehmendem Alter steigenden Erholungsbedürfnis oder dem Gesundheitsschutz älterer AN Rechnung zu tragen, ist die Ungleichbehandlung jüngerer AN nicht durch ein legitimes Ziel iSv. § 10 S. 1 AGG gerechtfertigt. Der Urlaubsanspruch der diskriminierten jüngeren AN ist „nach oben" anzupassen (grdl. BAG 20.3.2012 NZA 2012, 803 zu § 26 I 2 TVöD-AT aF; zust. *Boemke* JuS 2013, 265 f.; *Meyer/Kaspers* AiB 2012, 548; s. auch *Hoffmann-Remy* NJW 2012, 3469, 3470; näher § 1 Rn. 6 f). Ab einem bestimmten Alter – zB über 50 oder 60 Jahre – ist ein altersbedingt gesteigertes Erholungsbedürfnis anzuerkennen. Gewährt ein AG älteren AN deshalb mehr Urlaubstage, kann diese unterschiedl. Behandlung wegen des Alters unter dem Gesichtspunkt des Schutzes älterer AN nach § 10 S. 3 Nr. 1 AGG zulässig sein (BAG 21.10.2014 NZA 2015, 297 ohne konkrete Festlegung, ab welchem Alter das Erholungsbedürfnis steigt; erl. *Hoffmann-Remy* NJW 2015, 1328). Von der Altersproblematik zu unterscheiden ist die anpassende Umrechnung eines tarifl. Urlaubs bei TZ und einer flexiblen AZVerteilung in verschiedenen Schichtdiensten (§ 3 Rn. 16 bis 18). Unmittelbare tarifvertragl. Kürzungen des ges. Vollurlaubsanspruchs sind in der tarifl. Praxis nicht zu beobachten. In TV wird vielmehr regelm. ein höherer als der ges. Urlaub zugesagt. Soweit der ges. Urlaubsanspruch über eine tarifl. Regelung mittelbar gekürzt wird wie in § 2.9 II Alt. 2 des Urlaubsabk. Metallindustrie Südwürttemberg-Hohenzollern 1989 (Verringerung des Urlaubsanspruchs für jeden weiteren vollen Monat um ein Zwölftel bei einer Krankheitsdauer von über neun Monaten im Urlaubsjahr), verstößt die Bestimmung hins. des ges. Teils gegen § 1 (probl. ist daher die uneingeschränkte gegenteilige Aussage des BAG in seiner Entsch. v. 14.3.2006 NZA 2006, 1232; das dort gefundene Erg. trifft jedoch – unter Berücksichtigung der zusätzl. Tarifbestimmung über den Erhalt des Urlaubsanspruchs nach dem Ende des ges. Erfüllungszeitraums – zu; Rn. 44 der Entsch.). Eine mittelbare Verletzung der §§ 1 und 3 kommt auch bei der Berechnung des Teilurlaubs nach § 5 I lit. c) in Betracht (Rn. 11). Die TVParteien verstoßen mittelbar gegen die Bestimmung über die Urlaubsdauer, wenn sie vorsehen, dass der zu Beginn des Jahres oder nach Ablauf der Wartezeit entstandene Urlaub auch bei einem Ausscheiden **in der zweiten Jahreshälfte gezwölftelt** wird (§ 5 Rn. 3) und dabei die Mindestdauer unterschritten wird (BAG 24.10.2000 NZA 2001, 663; 20.1.2009 – 9 AZR 650/07). Das gilt auch für den **ges. Zusatzurlaub** nach dem SGB IX, früher nach dem SchwbG (BAG 8.3.1994 NZA 1994, 1095; zu der vergleichbaren Problematik bei § 5 I lit. c) Rn. 11).

c) Wartezeit. Die Wartezeit des § 4 als Voraussetzung für die Entstehung eines Vollurlaubs- 10
anspruchs kann von TVParteien **verkürzt** werden. Eine verlängerte Wartezeit von zwölf Monaten scheidet aus. Sie kann dazu führen, dass ein AN, der das ganze Jahr arbeitet, im Kj. keinen Vollurlaubsanspruch erwirbt. Das ist mit § 1 unvereinbar. Der Urlaubsanspruch kann nach erfüllter Wartezeit durch § 26 II lit. b) TV-L gezwölftelt werden. Wegen des Hinweises, dass § 5 BUrlG unberührt bleibt, ist gewährleistet, dass die Zwölftelung nicht zu einer unzulässigen Unterschreitung des gesetzlichen Mindesturlaubs führt, die Art. 7 I AZRL und § 13 I 1, § 3 I verbieten (BAG 9.8.2016 NZA-RR 2016, 615; *Kuner* öAT 2016, 230).

d) Teilurlaub. Die ges. Bestimmungen zum Teilurlaub, zur Aufrundung und zur Rückforderung 11
können tarifvertragl. auch zulasten des AN verändert werden. Die unabdingbaren Rechte der AN aus §§ 1 bis 3 I müssen gewahrt bleiben. Die Vorschr. über den Teilurlaub nach § 5 I lit. a) und b) betreffen nicht den Mindesturlaubsanspruch aus § 3 I. Sie begründen vielmehr einen eigenständigen Anspruch. Deshalb unterliegen sie nicht der Unabdingbarkeit des § 1 iVm. § 13 I 1. Sie können **zugunsten und zulasten** des AN **verändert** werden. Das kann das Entstehen von Teilurlaubsansprüchen, die Fälligkeit (BAG 15.12.1983 AP BUrlG § 13 Nr. 14; 25.10.1984 NZA 1985, 461) und den vorzeitigen Verfall durch Versäumung einer Ausschlussfrist (BAG 3.12.1970 AP BUrlG § 5 Nr. 9) betreffen (s. aber auch § 7 Rn. 41 ff., 78 ff., § 5 Rn. 10). Der Anspruch des AN auf Vollurlaub, der unter den Voraussetzungen des § 5 I lit. c) gekürzt werden darf, unterliegt anders als der Teilurlaub nach § 5 I lit. a) und b) der Unabdingbarkeitsbestimmung des § 13 I 1, auch wenn § 5 I lit. c) dort nicht genannt wird. Es handelt sich um einen Fall des mittelbaren Schutzes (BAG 9.6.1998 NZA 1999, 80). Der in § 5 I lit. c) behandelte Urlaubsanspruch ist inhaltl. ein Urlaubsanspruch aus §§ 1, 3 I. § 5 I lit. c) ist anders als § 5 I lit. a) und b) kein Begründungs-, sondern ein **Ausschlusstatbestand.** Der urspr. entstandene Vollurlaub wird kraft G in seinem Umf. beschränkt. Die Unabdingbarkeit des Anspruchs aus § 5 I lit. c) BUrlG gilt auch für die **Abgeltung** eines Teilurlaubsanspruchs (Rn. 14; zur Kürzung des Vollurlaubs bei Ausscheiden in der zweiten Jahreshälfte Rn. 9 und § 5 Rn. 3, 9). **Teilurlaub** aus § 5 I lit. a) und b) kann nach einer entspr. tarifl. Bestimmung auf- und abgerundet werden,

wenn sich Bruchteile von Urlaubstagen ergeben. Gekürzter Vollurlaub kann nur aufgerundet werden. Eine zulasten des ges. Urlaubsanspruchs aus § 5 I lit. c) normierte Abrundungsbestimmung ist nichtig, weil sie den ges. Mindesturlaub betrifft. Das Rückforderungsgebot des § 5 III kann tarifvertragl. aufgeh. werden, soweit die tarifl. Kürzungsbefugnis des § 5 I lit. c) reicht.

12 e) **Erteilung, Befristung, Übertragung und Abgeltung.** Die ges. Bestimmungen über die Erteilung, Befristung, Übertragung und Abgeltung unterliegen den meisten tarifl. Veränderungen. Dabei ist die Gefahr, mittelbar gegen das Unabdingbarkeitsgebot zu verstoßen, bes. groß. Von der ges. Vorgabe in § 7 I, dass der AG als Schuldner des Anspruchs durch Abgabe der Freistellungserkl. den Urlaub zu erteilen hat, kann tarifl. in der Weise abgewichen werden, dass Urlaub nur im Einvernehmen der Parteien oder aufgrund einer BV vereinbart wird oder der AN die Lage des Urlaubs bestimmen darf. Der TV kann auch die **Leistungsverweigerungsrechte** des AG erweitern und/oder die einzelnen Gründe anders gewichten. Da mit diesen Regelungen die §§ 1 bis 3 I nicht berührt werden, kommt es nicht darauf an, für wen sie günstiger als die ges. Vorschr. sind. Sie sind uneingeschränkt wirksam. Den TVParteien ist es auch erlaubt, den für die Urlaubsgewährung zur Vfg. stehenden Zeitraum einzuschränken und zB für Lehrer als Urlaubszeit die Schulferien zu bestimmen (BAG 13.2.1996 NZA 1996, 1103). Unwirksam ist dagegen eine tarifl. oder einzelvertragl. Bestimmung, die den AN verpflichtet, den Urlaub unter bestimmten Umständen abzubrechen (BAG 20.6.2000 NZA 2001, 100). Die Pflicht des AG nach § 7 II 1, dem AN zusammenhängend Urlaub zu gewähren, gehört zum **unabdingbaren Teil** des ges. Urlaubsanspruchs, wie er in § 1 nur unvollkommen beschrieben ist. TVParteien können deshalb nicht vereinbaren, dass Urlaub stets und ohne die im G genannten Gründe geteilt gewährt werden darf. Liegen die ges. Teilungsvoraussetzungen vor, können TVParteien auch eine andere Teilungsanordnung treffen, als sie § 7 II 2 vorsieht. Die Teilungsmöglichkeit darf jedoch nicht dazu führen, dass der AN überhaupt keinen Anspruch auf einen in Teilen zusammenhängenden Urlaub hat. Auch in diesem Fall ist § 1 verletzt.

13 TVParteien können insg. auf die **Befristung** des Urlaubsanspruchs verzichten (BAG 20.8.1996 NZA 1997, 839), die § 7 III 1 für den Regelfall vorsieht. Sie können nach bisheriger Rspr. des BAG auch einen anderen Befristungszeitraum als das Kj. wählen, **eine Übertragung ausschließen** oder die Übertragung erleichtern, indem diese an keine Gründe gebunden wird (BAG 16.3.1999 AP BUrlG § 7 Übertragung Nr. 25; 25.3.2003 NZA 2004, 43). Der Übertragungszeitraum kann verlängert (BAG 9.5.1995 NZA 1996, 149) oder – wie früher im öffentl. Dienst (zB nach §§ 47 BAT, 53 MTB II) – gestaffelt werden. Der ggü. nationalem GRecht zulasten des AN wirkende Ausschluss der Übertragung dürfte grds. unionsrechtskonform sein. Der EuGH betrachtet Übertragungszeiträume nach den Entsch. Schultz-Hoff und KHS als zusätzl. Möglichkeiten, deren Schaffung nach Art. 7 I der AZRL 2003/88/EG in die Kompetenz der Mitgliedstaaten fällt (EuGH 20.1.2009 NZA 2009, 135; 22.11.2011 NZA 2011, 1333). Soweit der Urlaub jedoch im Bezugszeitraum aus Gründen, die vom Willen des AN unabhängig sind, nicht gewährt werden kann, darf der vierwöchige Mindesturlaubsanspruch weder mit dem Ende des Bezugszeitraums noch mit dem Ende des Übertragungszeitraums untergehen. Der AN muss zB bei krankheitsbedingter AU tats. die Möglichkeit gehabt haben, den ihm von der RL „verliehenen" Anspruch auszuüben (EuGH 20.1.2009 NZA 2009, 135; 22.11.2011 NZA 2011, 1333; § 1 Rn. 6 ff.). Die weitere Übertragung kann an bestimmte Gründe wie zB Krankheit gebunden werden (BAG 7.11.1985 NZA 1986, 393; 14.3.2006 NZA 2006, 1232), soweit alle vom Willen des AN unabhängigen Gründe aufgenommen werden. Sonst steht einem Verfall nach dem Ende des Übertragungszeitraums bis zu der Dauer von 15 Monaten nach dem Ende des Urlaubsjahres (EuGH 22.11.2011 NZA 2011, 1333; BAG 7.8.2012 NZA 2012, 1216; 18.9.2012 AP BUrlG § 7 Nr. 62) Art. 7 I AZRL 2003/88/EG entgegen. TV können es unbedenkl. ausreichen lassen, dass der Urlaub innerhalb des Übertragungszeitraums angetreten wird und die Erfüllung außerhalb des Übertragungszeitraums erfolgt (so die früheren TV des öffentl. Dienstes: BAG 21.1.1997 NZA 1997, 889; 18.3.2003 NZA 2003, 1111). Die TVParteien können eigene Bestimmungen schaffen, in denen unter bestimmten Voraussetzungen das BUrlG zur Anwendung kommen soll (BAG 18.2.2003 NZA 2004, 52). Die TVParteien können die Urlaubserteilung innerhalb des Übertragungszeitraums mit den genannten unionsrechtl. Einschränkungen auch von einer formellen Anmeldung abhängig machen mit der Folge, dass der Urlaub mit dem Ende des Übertragungszeitraums ersatzlos erlischt, wenn der AN ihn nicht zuvor schriftl. geltend gemacht hat (BAG 14.6.1994 NZA 1995, 229; 16.3.1999 AP BUrlG § 7 Übertragung Nr. 25; das tarifl. Schriftformerfordernis darf nicht mit der tarifl. Ausschlussfrist verwechselt werden). Die tarifl. Regelung bewirkt dann iE eine Beschränkung des ges. Schadensersatzanspruchs.

14 Die **Urlaubsabgeltungsbestimmung** des § 7 IV kann tarifl. uneingeschränkt zugunsten der AN verändert werden. Daran ändert ihre unionsrechtl. Einbettung (§ 7 Rn. 74 ff.) nichts. So konnte die Abgeltung zB bereits nach früherem nationalen Rechtsverständnis ohne Rücksicht auf die Erfüllbarkeit des Freistellungsanspruchs geschuldet werden (BAG 3.5.1994 NZA 1995, 476; 16.9.1997 NZA 1998, 553). Dann war die Abgeltung schon nach früherem Rechtsverständnis vor Schultz-Hoff (EuGH 20.1.2009 NZA 2009, 135) nicht mehr Ersatz des nicht zu verwirklichenden Urlaubs, sondern eine Abfindung, die von den sonstigen urlaubsrechtl. Merkmalen unabhängig war (BAG 26.5.1992 NZA 1993, 29; 26.6.2001 NZA 2002, 680). Mit einer solchen Regelung wurden die ausscheidenden AN

nach bisherigem Verständnis bessergestellt als die im ArbVerh. verbleibenden AN. Das BAG hat deshalb früher verlangt, dass die Tarifbestimmungen eindeutig sein mussten (BAG 9.8.1994 AP BUrlG § 7 Abgeltung Nr. 65 unter Aufgabe der Entsch. v. 22.6.1989 AP BUrlG § 7 Abgeltung Nr. 50; 7.9.2004 EzA BUrlG § 7 Abgeltung Nr. 12). Sonst sollten die ges. Regeln gelten (BAG 9.8.1994 NZA 1995, 230). Die Erfüllbarkeit des Freistellungsanspruchs wurde nach diesem Verständnis als Voraussetzung des Abgeltungsanspruchs betrachtet. Die **Surrogatstheorie** konnte jdf. für Abgeltungsansprüche bei bis zum Ende des Übertragungszeitraums fortdauernder AU in der Folge von Schultz-Hoff (20.1.2009 NZA 2009, 135) jedoch nicht aufrechterhalten werden (BAG 4.5.2010 NZA 2010, 1011; teils zust., teils abl. *Powietzka* Anm. AP BUrlG § 7 Nr. 49; s. auch 9.8.2011 NZA-RR 2012, 129; § 1 Rn. 6 ff.). Das Problem stellt sich nicht mehr, weil das BAG die Surrogatstheorie vollständig aufgegeben hat (19.6.2012 NZA 2012, 1087; § 7 Rn. 73 ff.). Für die Frage, welche Auslegungsregeln seitdem für den Verfall von Mindest- und Mehrurlaubs(-abgeltungs)ansprüchen anzuwenden sind, hat die frühere Erwägung des BAG keine Bedeutung. Für die Ungleichbehandlung arbeitsfähiger und arbeitsunfähiger AN besteht zudem ein sachl. Grund. Urlaubsansprüche arbeitsfähiger AN sind im Unterschied zu Urlaubsansprüchen arbeitsunfähiger AN erfüllbar. Der mit Beendigung des ArbVerh. entstehende Anspruch auf Abgeltung des Mindesturlaubs gleicht den Nachteil der fehlenden Erfüllbarkeit des Urlaubsanspruchs aus und kapitalisiert den nicht zu verwirklichenden Freistellungsanspruch (BAG 23.3.2010 NZA 2010, 810 Rn. 42 f.; krit. *Anschler* EuZA 2011, 242 ff.). Die TVParteien sind nach bisheriger Rspr. des BAG ferner befugt, **im lfd. ArbVerh.** nach dem Ende des Übertragungszeitraums einen Abgeltungsanspruch anstelle des Urlaubsanspruchs zu begründen (zur Urlaubsabgeltung bei berufl. Umschulung BAG 18.2.1997 NZA 1997, 1357). Diese Auff. kann für den Mindesturlaub nicht aufrechterhalten werden (so ausdr. BAG 20.4.2012 NZA 2012, 982). Die Umwandlung des Freistellungsanspruchs im bestehenden ArbVerh. in einen Abgeltungsanspruch ist vor dem Hintergrund des Abgeltungsverbots in Art. 7 II der AZRL 2003/88/EG unwirksam. Die ges. Regelung des § 7 IV ist richtlinienkonform auszulegen. Das Abgeltungsverbot des Art. 7 II AZRL 2003/88/EG ist in § 7 IV hineinzulesen. Es darf nicht verändert werden. Die Abgeltung genießt denselben **Unabdingbarkeitsschutz** des § 1 wie der Urlaubsanspruch selbst (noch mit der Begr. des uneingeschränkten Surrogationscharakters des Abgeltungsanspruchs BAG 31.5.1990 NZA 1990, 935). Der Freistellungsanspruch des Vorjahres tritt in diesen Fällen nach EuGH „Federatie Nederlandse Vakbeweging" zu dem Freistellungsanspruch des lfd. Jahres hinzu (6.4.2006 AP Richtlinie 93/104/EG Nr. 3; inzwischen ausdr. BAG 9.8.2011 NZA 2012, 29; zur Abgeltung des Schwerbehindertenzusatzurlaubs aus § 125 SGB IX/§ 208 SGB IX nF BAG 23.3.2010 NZA 2010, 810 Rn. 123 mwN zu der Kontroverse; zu einem tarifl. „Revolvingsystem" BAG 20.8.1996 NZA 1997, 839). Die Freistellungsansprüche unterliegen dem **Fristenregime des § 7 III**. Sie können nicht durch tarifl. Ausschlussfristen zum Erlöschen gebracht werden (so bereits BAG 23.4.1996 DB 1996, 989). Das Abgeltungsverbot gilt auch für die Abgeltung des gekürzten Vollurlaubs (vgl. dagegen noch die frühere Umwandlungsrspr.: BAG 9.6.1998 NZA 1999, 80; 14.3.2006 NZA 2006, 1232; zum Schwerbehindertenzusatzurlaub 10.2.1987 NZA 1987, 675). Ein Verlust der Abgeltung zB bei (unberechtigter) Eigenkündigung des AN oder bei berechtigter außerordentl. Kündigung des AG kann nicht tarifl. festgelegt werden. Der Verlust des Abgeltungsanspruchs nach Ablauf einer tarifl. Ausschlussfrist ist nach bisheriger Rspr. (nur) für den tarifl., dh. überges. Anteil eines Jahresurlaubs mögl. Die Unverfallbarkeit der Abgeltung des Mindesturlaubs wurde früher mit dem eigenständigen Zeitregime des § 7 III und dem Surrogationscharakter des Abgeltungsanspruchs begr. (BAG 10.2.2004 NZA 2004, 986). In der Folge von Schultz-Hoff (EuGH 20.1.2009 NZA 2009, 135) gilt anderes. Mit Beendigung des ArbVerh. entsteht der Abgeltungsanspruch unabhängig davon, ob der AN arbeitsfähig ist. Der Anspruch wird regelm. zugleich fällig (BAG 21.2.2012 NZA 2012, 750), kann also auch vom arbeitsunfähigen AN verwirklicht werden. Weder das Unionsrecht noch das nationale Recht stehen dem Verfall des mit Beendigung des ArbVerh. entstandenen und fällig gewordenen Anspruchs nach Ablauf einer **Ausschlussfrist** entgegen (BAG 9.8.2011 – 9 AZR 352/10; 9.8.2011 NZA 2012, 166; § 7 Rn. 86).

f) Verbot der Erwerbstätigkeit. Das Verbot der Erwerbstätigkeit kann während des Urlaubs gelockert oder verstärkt werden. Die Erlaubnis, jeder Tätigkeit während des Urlaubs nachgehen zu dürfen, ist eher theoretisch. Sie ist jdf. nicht wirksam. Die Erlaubnis nimmt nicht nur auf die Selbstbestimmung des AN im Urlaub Rücksicht. Sie lässt den Erholungszweck des Urlaubs außer Acht und verstößt damit gegen § 1. Dasselbe gilt für eine Tarifvorschr., die dem AN jegl. Tätigkeit im Urlaub untersagt. Der körperl. tätige AN wird dadurch zB nicht an einer Tätigkeit als Animateur in einem Ferienclub während seines Urlaubs gehindert. Die tarifl. Bestimmung, dass der AN, der in seinem Urlaub einer dem Urlaubszweck zuwiderlaufenden Erwerbstätigkeit nachgeht, sein **Urlaubsentgelt zurückgewähren** muss, kann nur für den tarifl. Urlaub wirksam sein. Soweit der ges. Urlaub betroffen sein soll, ist § 1 hins. der dort unabdingbar angeordneten Bezahlung verletzt (BAG 25.2.1988 NZA 1988, 607). 15

g) Erkrankung im Urlaub. Die ges. Regelung über die Erkrankung im Urlaub kann nach **Auff. des BAG** zulasten der AN verändert werden, indem die unterbleibende Anrechnung nach § 9 an einen fristgebundenen **Nachw. der AU** geknüpft wird (BAG 15.12.1987 – 8 AZR 325/86). Dem kann **nicht** 16

zugestimmt werden. Das Erfordernis einer fristgebundenen Anzeige oder eines fristgebundenen Nachw. kann für den ges. Anspruch nicht wirksam begr. werden. Die tarifl. Zusatzvoraussetzung kann dazu führen, dass der AN in dem betr. Urlaubsjahr keinen Urlaub erhält, weil er während der gesamten in Aussicht genommenen Urlaubszeit tats. krank war und nur wegen der verspäteten Anzeige der Nachgewährungsanspruch des § 9 nicht entsteht. Damit wird § 1 verletzt. Eine **Kürzung** des ges. Urlaubsanspruchs wegen Krankheit ist unwirksam, weil der Urlaubsanspruch nach der stRspr. des EuGH nicht von einer Arbeitsleistung im Kj. abhängig ist (20.1.2009 NZA 2009, 135; 24.1.2012 NZA 2012, 139; 21.6.2012 NZA 2012, 85; § 1 Rn. 6 ff.). Maßnahmen der medizinischen Vorsorge oder Rehabilitation sind tarifl. auch zulasten der AN veränderbar, wenn der Mindesturlaub nicht angetastet wird (BAG 5.8.2014 ZTR 2015, 28).

17 **h) Urlaubsentgelt.** Es steht im Belieben der TVParteien, wie sie die Vorschr. über das fortzuzahlende Urlaubsentgelt fassen. Das gilt ohne Einschränkung für den tarifl. Mehrurlaub, der den ges. Urlaub übersteigt (BAG 12.4.2011 NZA 2011, 1050; 13.11.2012 AP BUrlG § 7 Abgeltung Nr. 97). Hins. des **ges. Mindesturlaubs** dürfen die TVParteien keine Regelungen treffen, nach denen der AN iE zwar Urlaub, aber kein Entgelt bekommt. Insofern wäre die Vorschr. des § 1 über den bezahlten Urlaub mittelbar verletzt. Auch unionsrechtl. wäre eine derartige Gepflogenheit nicht akzeptabel (vgl. jedoch zu den Grenzen einer unionsrechtskonformen Auslegung oder Fortbildung von § 13 im Bereich des Baugewerbes Rn. 26). Diese uä. wirkende Bestimmungen gelten daher nicht für den ges. Anteil an einem Jahresurlaub einschl. des ges. Zusatzurlaubs (BAG 12.1.1989 NZA 1989, 758; 22.1.2002 NZA 2002, 1041).

18 **aa) Referenzprinzip.** TVParteien können das ges. Referenzprinzip bei der Berechnung des **Geldfaktors verlassen** und stattdessen nur das Lohnausfallprinzip normieren (BAG 3.12.2002 NZA 2003, 1219; 15.12.2009 AP BUrlG § 11 Nr. 66). Damit bestimmen sie, dass als Urlaubsentgelt allein der Betrag zu zahlen ist, der bei tats. Arbeit zu entrichten gewesen wäre. Allerdings ist dann auch § 11 I 2 und 3 mit der Maßgabe zu beachten, dass Berechnungszeitraum und Urlaub in dies. Zeit fallen. Soweit der AN mit dieser Berechnungsmethode weniger verdient als bei Anwendung des § 11 I, ist die Abweichung unschädl. § 1 ist auch nicht mittelbar verletzt. Wenn die TVParteien das **Referenzprinzip beibehalten**, können sie den Referenzzeitraum verlängern (BAG 16.3.1999 NZA 2000, 108; 23.1.2001 NZA 2002, 224) oder verkürzen oder auf die abgerechneten Monate zurückgreifen (BAG 26.6.1986 NZA 1987, 15; 15.12.2009 – 9 AZR 795/08 – BeckRS 2010, 68529). Sie dürfen allerdings nicht abw. vom G zulasten der AN bestimmen, was als Verdienst zugrunde gelegt wird. So können zB nicht die Zeitzuschläge (soweit sie nicht zugleich Über- oder Mehrarbeitszuschläge sind) ausgenommen werden, die im Berechnungszeitraum verdient sind (missverständl. BAG 12.1.1989 NZA 1989, 758; klargestellt durch BAG 22.1.2002 NZA 2002, 1041). Nach Auff. des BAG sollte es den TVParteien früher erlaubt sein, die Einberechnung von Über- oder Mehrarbeitszuschlägen von einer bestimmten Menge und Dauer an Über-/Mehrarbeit abhängig zu machen (vgl. BAG 23.6.1992 NZA 1993, 85). Nach Einfügung des letzten Hs. in § 11 I 1 gehört der für Überstunden gezahlte Verdienst nicht mehr zu dem unveränderbaren Teil des Urlaubsanspruchs. Über ihn kann tarifl. uneingeschränkt verfügt werden (BAG 12.12.2000 NZA 2001, 514). Ebenso wie der **Verdienstbegriff** des § 11 I 1 **unabdingbar** ist, kann auch die ges. Anordnung des § 11 I 3 zu der Behandlung von Verdienstkürzungen nicht zulasten der AN verändert werden (offengelassen von BAG 2.6.1987 NZA 1989, 768).

19 **bb) Zeitfaktor.** Der Zeitfaktor, der andere Multiplikator für das Urlaubsentgelt (§ 11 Rn. 19 ff.), kann von den TVParteien **nicht zulasten** der AN **verändert** werden. Die TVParteien können ihrer Berechnung nicht weniger Stunden für jeden Urlaubstag zugrunde legen, als der AN bei Fortsetzung seiner Tätigkeit gearbeitet hätte (BAG 5.9.2002 NZA 2003, 726). Die Berücksichtigung der ausgefallenen Zeit gehört zum unabänderl. Teil der Bezahlung iSd. § 1. Das gilt auch für die Mehrarbeitsstunden, die von der GÄnd. v. 25.9.1996 nicht betroffen sind (BAG 22.2.2000 NZA 2001, 268; § 11 Rn. 20). Die tarifl. Normsetzung hins. des Zeitfaktors ist bes. probl., wenn sich die betriebl. geregelte Verteilung der AZ nicht mit dem tarifl. Grundmodell deckt. Das ist zB dann der Fall, wenn die betriebl. Durchführung der tarifrechtl. Vorgaben zu freien Tagen und Freischichtmodellen führt. Die sich bei der Verteilung der AZ ergebenden freien Tage passen nicht nur die Urlaubsdauer an (§ 3 Rn. 16 ff.), sondern bewirken auch, dass sie bei der Ermittlung des Zeitfaktors unberücksichtigt bleiben. Das hat zur Folge, dass für den Zeitfaktor die während des Urlaubs tats. ausgefallenen Stunden in die Rechnung eingestellt werden müssen und nicht nur die (theoretischen) Durchschnittsstunden (BAG 8.11.1994 NZA 1995, 743; 5.9.2002 NZA 2003, 726).

III. Änderungen anderer Art

20 **1. Einzelvertragl. Urlaubsregelungen. a) Übernahme einer tarifl. Urlaubsregelung.** Arbeitsvertragsparteien können die vom G abw. Bestimmungen einer tarifl. Urlaubsregelung durch vertragl. Vereinb. für ihr ArbVerh. übernehmen, § 13 I 2. Die Vereinb. unterliegt den Regeln des **arbeitsrechtl. Vertragsrechts** und kann ausdr., durch schlüssiges Verhalten beider Vertragsparteien, betriebl. Übung oder Gesamtzusage zustande kommen. Die Bezugnahme muss eindeutig und bestimmt sein. Sonst ist nur das G anzuwenden (BAG 5.12.1995 NZA 1996, 594). Das verlangt die

Angabe des konkreten einschlägigen TV. Haben die Parteien die Urlaubsregelung in der jeweiligen Fassung des TV übernommen, müssen später in Kraft tretende Tarifnormen nicht erneut einzelvertragl. einbezogen werden. Die Übernahme muss nicht den gesamten TV einbeziehen, wohl aber die **Urlaubsregelung insg.** Das folgt für das Urlaubsrecht aus dem Wortlaut der Übernahmevorschr. in § 13 I 2 (BAG 17.11.1998 NZA 1999, 938; 17.1.2006 NZA 2006, 923). Auch die nur **nachwirkenden Normen** einer tarifl. Urlaubsregelung können von den Arbeitsvertragsparteien vertragl. übernommen werden (BAG 27.6.1978 AP BUrlG § 13 Nr. 12). Zu einer solchen (zusätzl.) Vereinb. muss tarifgebundenen Arbeitsvertragsparteien sogar geraten werden, wenn sie ihr ArbVerh. erst in der Zeit der Nachwirkung begründen. Die nachwirkenden Vorschr. wirken nicht kraft Tarifrechts auf das ArbVerh. ein (für die stRspr. BAG 3.4.2007 NZA 2007, 1045; offengelassen von BAG 19.4.2012 NZA-RR 2012, 642). Die Bezugnahmevereinb. wird nach den individualarbeitsrechtl. Regeln, zB durch Aufhebungsvertrag oder (Änderungs-)Kündigung, beendet. Durch einzelvertragl. Bezugnahme entsteht keine Tarifbindung der Parteien. Das Tarifrecht der §§ 3 und 4 TVG gilt nicht.

b) Originäre einzelvertragliche Vereinbarung. Arbeitsvertragsparteien können andere als im G oder im einschlägigen TV vorgesehene Urlaubsregelungen vereinbaren, § 13 I 3. Ihre Abreden unterliegen in jeder einzelnen Vorschr. der Günstigkeitsüberprüfung. Ledigl. die Aufteilung des Urlaubs im Urlaubsjahr nach § 7 II 2 ist ihnen überlassen. Damit sind den Arbeitsvertragsparteien im ersten Schritt dies. Möglichkeiten genommen wie den TVParteien hins. der unmittelbaren und mittelbaren Änd. der in §§ 1 bis 3 I festgelegten Grds. Darüber hinaus dürfen sie auch dort nicht zuungunsten des AN vom G abweichen, wo es den TVParteien erlaubt ist. 21

So kann zB der ges. Mindesturlaubsanspruch nicht an eine Ausschlussfrist gebunden werden oder Gegenstand einer Ausgleichsquittung sein (BAG 5.4.1984 NZA 1987, 254, wegen der damals noch stets angenommenen Surrogation auch für den Abgeltungsanspruch). Der Freistellungsanspruch kann auch nicht in einem gerichtl. Vergleich durch negatives Schuldanerkenntnis zum Erlöschen gebracht werden (BAG 31.5.1990 NZA 1990, 935; 20.1.1998 NZA 1998, 816). Unprobl. ist ein sog. **Tatsachenvergleich**, in dem unstr. gestellt wird, dass bei Vertragsschluss die tats. Voraussetzungen für einen Urlaubsanspruch nicht (mehr) gegeben sind. Für den Abgeltungsanspruch gelten bei AN in der Folge von **EuGH „Schultz-Hoff"** (20.1.2009 NZA 2009, 135) andere Regeln. Er kann von den Vertragsparteien durch eine Ausschlussfrist oder eine Ausgleichsquittung zum Erlöschen gebracht werden (*Höpfner* RdA 2013, 65, 69; *Moll* RdA 2015, 239, 240; *Schubert* RdA 2014, 9, 15; **aA** LAG Köln 8.1.2012 – 7 Sa 767/12 –, Revision unter – 9 AZR 424/13 – durch Vergleich erledigt; zu den Details Rn. 14, § 7 Rn. 86). Die Ausschlussfrist beginnt frühestens mit der Entstehung des Anspruchs, also mit Beendigung des ArbVerh. Eine wirksame Ausgleichsquittung setzt voraus, dass der Abgeltungsanspruch schon entstanden, also das ArbVerh. beendet ist. Der Mindesturlaub und seine Abgeltung können nicht an eine längere Wartezeit gebunden werden. Das gilt auch für das Entstehen von Teilurlaubsansprüchen nach § 5 I lit. a) und b). Beide Ansprüche dürfen nicht vom Rückforderungsgebot des § 5 III ausgenommen werden und nicht mit einem „minderen" Urlaubsentgelt gewährt werden (BAG 3.5.1994 – 9 AZR 229/92 – BeckRS 1994, 30915735). 22

Dagegen kann einzelvertragl. auch für den ges. Mindesturlaub wirksam vereinbart werden: die **Verkürzung der Wartezeit**, die Einbeziehung eines Monats, der schon begonnen hat, bei der Entstehung von Teilurlaub, eine Aufrundungsregel für jeden Bruchteil von Urlaubstagen, eine Festlegung des Urlaubszeitraums durch Vereinb. oder selbstbestimmtes Handeln des AN (BAG 27.1.1987 NZA 1987, 462) und ein längerer Referenzzeitraum als in § 11 I 1 vorgesehen (BAG 30.7.1975 AP BUrlG § 11 Nr. 12). Die Arbeitsvertragsparteien können auch vereinbaren, dass bereits verfallener Urlaub nachzugewähren oder abzugelten ist, wenn das ArbVerh. beendet ist (BAG 18.10.2011 NZA 2012, 143). 23

2. Urlaubsregelungen in Betriebsvereinbarungen. Betriebspartner können für die Belegschaft nicht dadurch weniger günstige urlaubsrechtl. Regeln schaffen als im G vorgesehen, indem sie eine entspr. tarifl. Regelung übernehmen. Das folgt aus § 77 III, § 87 I und § 88 BetrVG. Das gilt auch dann, wenn der TV eine Öffnungsklausel nach § 77 III 2 BetrVG enthält. Sie beseitigt nur die Sperre für das MBR, schafft aber nicht die Möglichkeit, materielle Arbeitsbedingungen aus dem TV zu übernehmen, solange das G Betriebspartner nicht ebenso wie TVParteien privilegiert. IÜ haben die **Betriebspartner** dies. Möglichkeiten wie die **Einzelvertragsparteien.** Sie können jederzeit mit normativer Wirkung für die betriebsangehörigen AN günstigere Regelungen treffen und im Fall des § 7 II 2 auch eine Vorschr. mit weniger günstiger Wirkung schaffen. Die Betriebspartner dürfen deshalb neben dem Erholungsurlaub Urlaub aus anderen Gründen, zB wegen Betriebstreue, versprechen (BAG 19.4.1994 NZA 1995, 86). 24

IV. Besonderheiten in der Bauwirtschaft

Die Regelungen des BUrlG sind in bestimmten Wirtschaftszweigen nicht oder nur unter größten Schwierigkeiten zu verwirklichen. Deshalb ist es den dortigen TVParteien erlaubt, von den in §§ 1 25 bis 13 I gezogenen Grenzen abzuweichen, wenn ArbVerh. von kürzerer Dauer als einem Jahr infolge eines häufigen Ortswechsels der von den Betrieben zu leistenden Arbeit in erhebl. Umf. übl. sind, soweit das zur Sicherung eines zusammenhängenden Jahresurlaubs für alle AN erforderl. ist, § 13 II. Das trifft auf das **Baugewerbe und seine verwandten Wirtschaftszweige** zu. Für das Baugewerbe sind die weiteren Tatbestandsmerkmale des § 13 II zu unterstellen. Sie müssen nicht gesondert geprüft werden (BAG 25.6.2002 NZA 2003, 275). § 13 II gilt auch für die in Wanderschaft ausgeübten Gewerbe (Zirkus, Musiker, Varieté), aber auch in der Land- und Forstwirtschaft.

26 Im **Baugewerbe** findet sich dazu eine umfangr. Normierung in den RahmenTV, die um die TV zu einer Gemeinsamen Einrichtung **(der Urlaubskasse)** ergänzt sind. Dazu gibt es eine Fülle von Entsch. Die TV sind für allgemeinverbindl. erklärt worden (s. aber BAG 21.9.2016 NZA Beil. 2017 Nr. 1, 12; 21.9.2016 AP TVG § 5 Nr. 36), sodass in diesem Bereich von der Ermächtigung des § 13 II 2 kein Gebrauch gemacht werden muss. Wegen der Einzelheiten wird auf die jeweils geltenden TV verwiesen (zur Anwendung des § 1 I AEntG auf ArbVerh. zwischen einem AG mit Sitz im Ausland und seinen in Deutschland arbeitenden AN BAG 20.7.2004 AP AEntG § 1 Nr. 18; 14.8.2007 NZA 2008, 236; ausf. *Preis/Temming,* Das Urlaubs- und Lohnausgleichsverf. im Kontext des Gemeinschaftsrechts, 2006). In TV für die gewerbl. AN im Baugewerbe ist bestimmt, dass sich das Urlaubsentgelt aufgrund von Arbeitsausfällen durch Saison-Kurzarbeit (§ 101 SGB III) in der Zeit von Dezember bis März verringert. Die Frage, ob Art. 7 I AZRL 2003/88/EG gewährleistet, dass in diesen Fällen das ungeminderte Entgelt fortzuzahlen ist, begr. keine Pflicht, den EuGH nach Art. 267 III AEUV anzurufen. Die Öffnungsklauseln in § 13 I 1, II 1 und die entspr. Tarifbestimmungen im Baugewerbe können im Privatrechtsverkehr selbst dann nicht richtlinienkonform ausgelegt oder fortgebildet werden, wenn unterstellt wird, dass sie Art. 7 I AZRL unzureichend oder fehlerhaft umsetzen (zu §§ 5 und 6 der Urlaubsregelung für die gewerbl. AN im Baugewerbe in Bayern idF v. 19.5.2006 – noch auf der Grdl. von Art. 234 III EG – BAG 17.11.2009 NZA 2010, 1020 Rn. 24 ff.; abl. *Heilmann* AuR 2012, 234; zust. *Höpfner* Anm. AP BUrlG § 11 Nr. 65; *ders.* RdA 2013, 16, 23; krit. *Rudkowski* SAE 2011, 1 ff.; abl. *dies.* NZA 2012, 74 ff.; BAG 15.1.2013 NZA-RR 2013, 585; s. auch LAG D 24.10.2012 – 15 Sa 1419/12). Der EuGH hat die urlaubsrechtl. Auswirkungen von **„Kurzarbeit Null"** in den Sachen Heimann und Toltschin gebilligt (8.11.2012 NZA 2012, 1273; *C. Schubert* NZA 2013, 1105, 1110 f.; § 1 Rn. 6e).

V. Besonderheiten bei Bahn und Post

27 Die **Änderungsmöglichkeiten** der TVParteien bei der Bahn, einer von dort ges. ausgegliederten Gesellschaft und den Nachfolgeunternehmen der Dt. Bundespost auch in ihren neuen Formen nach der Privatisierung bleiben im Vergleich zu den Änderungsmöglichkeiten der TVParteien nach § 13 II bescheiden. Sie beziehen sich nur auf die **Verlegung des Urlaubsjahres**. Die Eile des Gesetzgebers hat dazu geführt, dass es den Vertragsparteien bei Bahn und Post nicht wie in § 13 II 2 ausdr. ermöglicht ist, die Regelungen der TV **einzelvertragl. zu übernehmen**. Daran stört sich in der Praxis niemand. Auch für die nicht tarifgebundenen AN wird von einem Urlaubsjahr ausgegangen, das vom G abweicht. Ob das wegen eines Redaktionsversehens des Gesetzgebers mögl. ist oder die Handhabung rechtswidrig ist, musste deshalb bisher nicht gerichtl. geklärt werden.

§ 14 Berlin-Klausel *(gegenstandslos)*

1 Vgl. zur früheren Bedeutung der Vorschr. die 1. Aufl. Rn. 1 bis 3.

§ 15 Änderung und Aufhebung von Gesetzen

(1) Unberührt bleiben die urlaubsrechtlichen Bestimmungen des Arbeitsplatzschutzgesetzes vom 30. März 1957 (Bundesgesetzbl. I S. 293), geändert durch Gesetz vom 22. März 1962 (Bundesgesetzbl. I S. 169), des Neunten Buches Sozialgesetzbuch, des Jugendarbeitsschutzgesetzes vom 9. August 1960 (Bundesgesetzbl. I S. 665), geändert durch Gesetz vom 20. Juli 1962 (Bundesgesetzbl. I S. 449), und des Seearbeitsgesetzes vom 20. April 2013 (BGBl. I S. 868), jedoch wird

a) in § 19 Abs. 6 Satz 2 des Jugendarbeitsschutzgesetzes der Punkt hinter dem letzten Wort durch ein Komma ersetzt und folgender Satzteil angefügt:
„und in diesen Fällen eine grobe Verletzung der Treuepflicht aus dem BeschVerh vorliegt.";

b) § 53 Abs. 2 des Seemannsgesetzes durch folgende Bestimmung ersetzt:
„Das Bundesurlaubsgesetz vom 8. Januar 1963 (Bundesgesetzbl. I S. 2) findet auf den Urlaubsanspruch des Besatzungsmitglieds nur insoweit Anwendung, als es Vorschriften über die Mindestdauer des Urlaubs enthält."

(2) [1]**Mit dem Inkrafttreten dieses Gesetzes treten die landesrechtlichen Vorschriften über den Erholungsurlaub außer Kraft.** [2]**In Kraft bleiben jedoch die landesrechtlichen Bestimmungen über den Urlaub für Opfer des Nationalsozialismus und für solche Arbeitnehmer, die geistig oder körperlich in ihrer Erwerbsfähigkeit behindert sind.**

260. Gesetz über die Drittelbeteiligung der Arbeitnehmer im Aufsichtsrat (Drittelbeteiligungsgesetz – DrittelbG)

Vom 18. Mai 2004 (BGBl. I S. 974)

Geänd. durch Gesetz vom 24. April 2015 (BGBl. I S. 642)

(FNA 801-14)

Einführung

Das G führt die Konzeption der §§ 76 ff. BetrVG 1952 fort (s. 4. Aufl. BetrVG 1952 Einl. Rn. 1), 1
eine **Beteiligung der AN** in unternehmerischen Fragen durch von den AN des Unternehmens gewählte ARMitglieder in die gesellschaftsrechtl. Organisationsverfassung zu integrieren, beschränkt diese aber (unverändert) auf eine Drittelbeteiligung, dh. einer **Zusammensetzung des AR** mit $^1/_3$ **ANVertretern** (§ 4 I). Dieses Grundmodell, das im Hinblick auf Art. 14 I GG keinen Bedenken unterliegt (s. BVerfG 9.1.2014 BeckRS 2014, 05002 Rn. 22 ff.), gilt, wenn das Unternehmen in einer der in § 1 I abschl. aufgezählten Rechtsformen verfasst ist, bei diesem im Hinblick auf die Zahl der idR beschäftigten AN der idR erforderl. Schwellenwert überschritten wird und kein aus Sicht der AN günstigeres Mitbestimmungsstatut eingreift (MitbestG, Montan-MitbestG, MitbestErgG; s. § 1 II 1 Nr. 1). Ende 2009 verfügten 1477 Gesellschaften über einen nach dem DrittelbG zusammengesetzten AR, darunter 695 AG und 715 GmbH (s. *Bayer/Hoffmann* AG-Report 2010, R 151 ff.); zu Defiziten bei der Umsetzung *Bayer/Hoffmann* GmbHR 2015, 909, 911 ff.

Das G beschränkt sich im Vergleich mit den auch nach Inkrafttreten des BetrVG im Jahre 1972 2
fortgeltenden Bestimmungen des BetrVG 1952 (s. 4. Aufl. BetrVG 1952 Einl. Rn. 2) weitgehend auf eine **redaktionelle Neufassung** zwecks **Rechtsbereinigung** und **Vereinfachung** (Begr. BT-Drs. 15/2542 S. 10). Rspr. und Lit. zu den §§ 76 ff. BetrVG 1952 behalten deshalb grds. ihre Gültigkeit. Eine Neuregelung war insb. auch für das Wahlverfahren notwendig, da die nur tw. fortgeltende WO 1953 (s. 4. Aufl. BetrVG 1952 § 87 Rn. 1) dieses ledigl. unvollständig regelte und zudem einer Modernisierung bedurfte, welche ua. die mit dem (ersten) G zur Vereinfachung der Wahl der ANVertreter in den AR v. 23.3.2002 in das MitbestG eingefügten Änd. (MitbestG Einl. Rn. 6) nachvollzog. Der Entw. der BReg. v. 2.1.2004 (BT-Drs. 15/2542) blieb im Gesetzgebungsverfahren weitgehend unverändert (s. aber § 2 Rn. 1, 3), wurde auf der Grdl. der Empfehlung des BTAusschusses für Wirtschaft und Arbeit (BT-Drs. 15/2739) vom BT am 25.3.2004 verabschiedet, passierte am 14.5.2004 den BR (BR-Drs. 286/04) und trat als Art. 1 des Zweiten G zur Vereinfachung der Wahl der ANVertreter in den AR am 1.7.2004 (s. Art. 6 I) in Kraft. Zeitgleich wurde der „Regelungsrest“ des BetrVG 1952 aufgehoben (Art. 6 II 2) und parallel die WO neu erlassen (§ 13 Rn. 1). Art. 19 des G v. 14.8.2006 (BGBl. I S. 1911, 1953) passte § 1 I Nr. 5 S. 1 und 3 an die geänd. Terminologie des GenG an. Art. 10 des G v. 30.7.2009 (BGBl. I S. 2479) glich die Verweisung auf das AktG in § 1 I Nr. 3 redaktionell an und Art. 2 Abs. 114 des G v. 22.12.2011 (BGBl. I S. 3044) strich in den §§ 8 S. 1, 11 II das Wort „elektronisch“. Das G für die gleichberechtigte Teilhabe von Frauen und Männern an Führungspositionen in der Privatwirtschaft und im öffentl. Dienst v. 24.4.2015 (BGBl. I S. 642) führte ledigl. zu einer redaktionellen Anpassung in § 1 Nr. 5 S. 2 sowie zur Aufhebung der zuvor in § 15 getroffenen Übergangsregelung.

Das G findet nur auf **inländische Unternehmen** Anwendung. Dies beurteilt sich nach dem 3
effektiven Verwaltungssitz der Gesellschaft, der im Bundesgebiet liegen muss – sog. **Sitztheorie** (im Gegensatz zur Gründungstheorie, nach welcher der statutarische Sitz der Gesellschaft maßgebend sein soll; für die hM GK-BetrVG/*Kraft*[7] Einl. BetrVG 1952 Rn. 20; UHH/*Habersack* § 1 Rn. 5; HWK/*Seibt* § 1 Rn. 2). AN von **im Ausland gelegenen Betrieben** eines inländischen Unternehmens sind nicht in das G einbezogen, insb. nicht an der Wahl der ANVertreter zu beteiligen (GK-BetrVG/*Kraft*[7] Einl. BetrVG 1952 Rn. 21 f.; *Dietz/Richardi* Einl. BetrVG 1952 Rn. 27 ff.; HWK/*Seibt* § 3 Rn. 4) und bleiben bei den maßgebl. Schwellenwerten (§ 1 I) unberücksichtigt (ebenso allg. LG Berlin 1.6.2015 BeckRS 2015, 11838; **aA** im Ansatz LG Frankfurt a. M. 16.2.2015 NZG 2015, 683; abl. dazu *Gebhardt* FA 2016, 73 ff.; NK-GA/*Heither/v. Morgen* § 1 Rn. 31; *Hellwig/Behme* AG 2015, 333, 339 f.; *Krause* ZIP 2015, 636; *Rehberg* EuZA 2015, 369 ff.; *Seibt* DB 2015, 913 f.; *Wansleben* EWiR 2015, 245; *Winter/Marx/De Decker* NZA 2015, 1111 ff.; *Zimmermann* BB 2015, 1792 ff.). Dem steht das Unionsrecht (Art. 18, 45 AEUV) nicht entgegen (s. MitbestG Einf. Rn. 6). Zu den Auswirkungen einer Verlegung des tats. Verwaltungssitzes in das Ausland bei nach dt. Recht errichteten Gesellschaften s. MitbestG § 1 Rn. 2. Nach **ausl. Recht errichtete Gesellschaften** unterliegen nach hM selbst dann nicht dem G, wenn sie ihren tats. Verwaltungssitz in die Bundesrepublik

verlegen; für das DrittelbG gelten keine anderen Grundsätze als für Unternehmen, die dem MitbestG unterliegen (s. MitbestG § 1 Rn. 3 ff).

4 Ausnahmeregelungen gelten für dt. AG zum Betrieb von dt.-schweizerischen **Grenzkraftwerken am Oberrhein.** Auf sie ist das G nach Art. 1 des dt.-schweizerischen Vertrags v. 6.12.1955 (BGBl. II S. 264) nicht anzuwenden. Nach dessen Art. 2 § 1 können allerdings ANVertreter beratend und ohne Stimmrecht an den ARSitzungen teilnehmen (s. G v. 13.5.1957, BGBl. II S. 262; dazu *Neumann* RdA 1957, 281 f.; MüArbR/*Wißmann* § 285 Rn. 6).

5 Bei den vom G erfassten Unternehmen besteht der zu bildende AR **zu einem Drittel** aus **ANVertretern** (§ 4 I). Die Beteiligung der AN kann nach hM grds. (s. aber a. Rn. 8) nicht durch Satzung, TV oder BV erweitert werden (*Dietz/Richardi* Einl. BetrVG 1952 Rn. 45; UHH/*Habersack* § 1 Rn. 8; *Hensche* AuR 1971, 33, 34 ff.); die ges. Bestimmungen sind zwgd. Recht (*Dietz/Richardi* Einl. BetrVG 1952 Rn. 10; GK-BetrVG/*Kraft*[7] Einl. BetrVG 1952 Rn. 7). Für **AG** und **KGaA**, die zwgd. einen AR bilden müssen (§§ 95 ff., 278 III, 287 AktG), sind abw. Vereinb. zum zahlenmäßigen Verhältnis der Mitglieder untereinander oder zur Zahl der ANVertreter im AR nicht mögl. (GK-BetrVG/*Kraft*[7] Einl. BetrVG 1952 Rn. 8; *Henssler* FS H. P. Westermann 2008 S. 1019, 1023 f.; *Biedenkopf/Säcker* ZfA 1971, 211, 262; **aA** *Fabricius* FS Hilger/Stumpf 1983 S. 155, 158 ff.). Ebenso kann die Satzung nicht eine an sich nicht gegebene Anwendung des DrittelbG festlegen (OLG D 27.7.2011 NZG 2011, 1152, 1153). Gleiches gilt für **VVaG** und **Genossenschaften** (*Dietz/Richardi* Einl. BetrVG 1952 Rn. 12 f. mwN).

6 Das zur Bestellung der AEVertreter im AR zust. Organ der Gesellschaft kann aber **AN des Unternehmens** oder **von ANSeite** (BR, EBR, Gewerkschaft) **benannte Personen als AEVertreter** in den AR bestellen (BGH 3.7.1975 AP AktG § 96 Nr. 1; GK-BetrVG/*Kraft*[7] Einl. BetrVG 1952 Rn. 10; MüKoAktG/*Habersack* § 96 Rn. 31 mwN; **aA** *Claussen* AG 1971, 385, 387; *v. Godin/Wilhelmi* § 105 Anm. 3, nach denen AN des Unternehmens nicht in dessen AR gewählt werden können). Ein derartiges ARMitglied ist jedoch kein ANVertreter iSd. G, bei der Zusammensetzung der ANVertreter im AR (§ 4 II) nicht zu berücksichtigen, partizipiert nicht an dem Amtsschutz durch § 9 und kann nicht nach § 12 von den Wahlberechtigten iSd. § 5 II abberufen werden. Darüber hinaus ist ein **Stimmbindungsvertrag** rechtswirksam, in dem sich Aktionäre verpflichten, in der HV weitere AN als Vertreter der AE in den AR zu wählen (*Dietz/Richardi* Einl. BetrVG 1952 Rn. 11; *Hensche* AuR 1971, 33, 39 ff.; *Biedenkopf/Säcker* ZfA 1971, 211, 262 f.; *Raiser* RdA 1972, 65, 69 ff.; *Wahlers* ZIP 2008, 1897, 1902 f.; s. MüKoAktG/*Habersack* § 96 Rn. 27, 31; **aA** *Henssler* FS H. P. Westermann 2008 S. 1019, 1024; s. ferner BGH 15.7.2014 AG 2014, 705 = BeckRS 2014, 15556). Eine auf vorstehender Grdl. eingeführte oder erweiterte ANMitbestimmung führt nicht zur Anwendung des Dreiteilbarkeitgrds. in § 95 S. 3 AktG (s. AktG § 95 Rn. 2). Hierfür bedarf es einer zwgd. ges. Regelung.

7 Bei der **GmbH** ist ein AR zwgd. zu bilden, wenn diese idR mehr als 500 AN beschäftigt (§ 1 I Nr. 3); andernfalls ist dessen Errichtung nach § 52 GmbHG **fakultativ**. Die Gesellschafterversammlung ist in dieser Konstellation in der Zusammensetzung des AR frei und nicht an eine Drittelbeteiligung der AN als Höchst- oder Mindestgrenze gebunden (*Dietz/Richardi* Einl. BetrVG 1952 Rn. 15; GK-BetrVG/*Kraft*[7] Einl. BetrVG 1952 Rn. 12). Sind bei der GmbH **mehr als 500 AN** beschäftigt, so soll dem AR nach hM eine **höhere Anzahl** von Mitgliedern der AN als ges. vorgesehen angehören können (BGH 3.7.1975 NJW 1975, 1657; *Henssler* FS H. P. Westermann 2008 S. 1019, 1026 ff.; *Biedenkopf/Säcker* ZfA 1971, 211, 262 Fn. 81; *Raiser* ZGR 1976, 105, 107 f.; s. *Hanau* ZGR 2001, 75, 94 ff.). Hiergegen spricht, dass der im GmbH-Recht an sich geltende Grds. der Satzungsfreiheit nur im Hinblick auf den nach § 52 GmbHG fakultativ gebildeten AR Anwendung finden kann (*Dietz/Richardi* Einl. BetrVG 1952 Rn. 13). Der Satzungsvorbehalt des § 52 GmbHG kann auch nicht in § 1 I Nr. 3 hinein interpretiert werden (*Dietz/Richardi* Einl. BetrVG 1952 Rn. 13 gegen *Hensche* AuR 1971, 33, 36 f.). Ferner wollte der Gesetzgeber die dem DrittelbG unterfallenden Gesellschaften hins. der Beteiligung der AN im AR gleich behandeln (*Dietz/Richardi* Einl. BetrVG 1952 Rn. 13). Ein **Satzungsvorbehalt**, wie ihn die hM für die GmbH annimmt, steht für die übrigen Gesellschaftsformen **(VVaG, Genossenschaften)** nicht zur Diskussion (*Dietz/Richardi* Einl. BetrVG 1952 Rn. 13).

8 AG und GmbH, deren Anteile sich in der Hand einer oder mehrerer **jur. Personen des ÖffR** befinden, können sich den Bindungen des ÖffR, insb. der demokratischen Legitimation der Entscheidungskompetenz, nicht dadurch entziehen, indem sie ihre Aufgaben in den Rechtsformen des Privatrechts erfüllen (*Dietz/Richardi* Einl. BetrVG 1952 Rn. 47; *Biedenkopf/Säcker* ZfA 1971, 211, 212; **aA** *Hensche* AuR 1971, 33, 41 ff.; *Fitting*[21] § 76 BetrVG 1952 Rn. 7, wonach nicht einzusehen sei, warum die Benutzung privatrechtl. Rechtsformen einerseits zulässig sein soll, andererseits aber keine vollkommene Gleichstellung mit privaten Aktionären erfolgen kann; näher *Raiser* RdA 1972, 65, 69; WKS/*Kleinsorge* § 4 Rn. 9).

Teil 1. Geltungsbereich

§ 1 Erfasste Unternehmen

(1) Die Arbeitnehmer haben ein Mitbestimmungsrecht im Aufsichtsrat nach Maßgabe dieses Gesetzes in

1. einer Aktiengesellschaft mit in der Regel mehr als 500 Arbeitnehmern. Ein Mitbestimmungsrecht im Aufsichtsrat besteht auch in einer Aktiengesellschaft mit in der Regel weniger als 500 Arbeitnehmern, die vor dem 10. August 1994 eingetragen worden ist und keine Familiengesellschaft ist. Als Familiengesellschaften gelten solche Aktiengesellschaften, deren Aktionär eine einzelne natürliche Person ist oder deren Aktionäre untereinander im Sinne von § 15 Abs. 1 Nr. 2 bis 8, Abs. 2 der Abgabenordnung verwandt oder verschwägert sind;

2. einer Kommanditgesellschaft auf Aktien mit in der Regel mehr als 500 Arbeitnehmern. Nummer 1 Satz 2 und 3 gilt entsprechend;

3. einer Gesellschaft mit beschränkter Haftung mit in der Regel mehr als 500 Arbeitnehmern. Die Gesellschaft hat einen Aufsichtsrat zu bilden; seine Zusammensetzung sowie seine Rechte und Pflichten bestimmen sich nach § 90 Abs. 3, 4, 5 Satz 1 und 2, nach den §§ 95 bis 114, 116, 118 Abs. 3, § 125 Abs. 3 und 4 und nach den §§ 170, 171, 268 Abs. 2 des Aktiengesetzes;

4. einem Versicherungsverein auf Gegenseitigkeit mit in der Regel mehr als 500 Arbeitnehmern, wenn dort ein Aufsichtsrat besteht;

5. einer Genossenschaft mit in der Regel mehr als 500 Arbeitnehmern. § 96 Absatz 4 und die §§ 97 bis 99 des Aktiengesetzes sind entsprechend anzuwenden. Die Satzung kann nur eine durch drei teilbare Zahl von Aufsichtsratsmitgliedern festsetzen. Der Aufsichtsrat muss zwei Sitzungen im Kalenderhalbjahr abhalten.

(2) [1] Dieses Gesetz findet keine Anwendung auf

1. die in § 1 Abs. 1 des Mitbestimmungsgesetzes, die in § 1 des Montan-Mitbestimmungsgesetzes und die in den §§ 1 und 3 Abs. 1 des Montan-Mitbestimmungsergänzungsgesetzes bezeichneten Unternehmen;

2. Unternehmen, die unmittelbar und überwiegend

a) politischen, koalitionspolitischen, konfessionellen, karitativen, erzieherischen, wissenschaftlichen oder künstlerischen Bestimmungen oder

b) Zwecken der Berichterstattung oder Meinungsäußerung, auf die Artikel 5 Abs. 1 Satz 2 des Grundgesetzes anzuwenden ist,

dienen.

[2] Dieses Gesetz ist nicht anzuwenden auf Religionsgemeinschaften und ihre karitativen und erzieherischen Einrichtungen unbeschadet deren Rechtsform.

(3) Die Vorschriften des Genossenschaftsgesetzes über die Zusammensetzung des Aufsichtsrats sowie über die Wahl und die Abberufung von Aufsichtsratsmitgliedern gelten insoweit nicht, als sie den Vorschriften dieses Gesetzes widersprechen.

1. Regelungsinhalt. Die Vorschr. legt fest, bei welchen Unternehmen ein zu 1/3 mit ANVertretern zusammengesetzter AR zu bilden ist. Hierfür zählt § 1 I die mitbestimmten Rechtsformen auf und schreibt für diese die frühere Rechtslage fort. Der **Gegenstand des Unternehmens** ist für die Anwendung des G – vorbehaltl. § 1 II 1 Nr. 2, II – bedeutungslos (UHH/*Habersack* Rn. 2); es findet auch auf Unternehmen der Luftfahrt sowie der Seeschifffahrt (s. § 3 III) Anwendung. 1

Erg. bestimmt § 1, in welchem Umf. für die jeweilige Rechtsform an sich geltende **Bestimmungen des GesR** ggf. zurücktreten. Das gilt insb. für GmbH (§ 1 I Nr. 3) sowie eingeschränkt für Genossenschaften (§ 1 I Nr. 5, III). Ferner hält § 1 II 1 Nr. 1 den **Vorrang** des **MitbestG** sowie der **Montan-Mitbestimmung** fest, und § 1 II 1 Nr. 2 klammert – wie § 1 IV MitbestG – Tendenzunternehmen aus. Der absolute **Tendenzschutz** gilt auch für Religionsgemeinschaften sowie ihre karitativen und erzieherischen Einrichtungen (§ 1 II 2). 2

2. Erfasste Rechtsformen. a) Allgemeines. Ein zu 1/3 aus ANVertretern zusammengesetzter AR ist nur in Unternehmen mit einer in § 1 I genannten Rechtsform zu bilden. Die **Aufzählung** ist **abschl.** (UHH/*Habersack* Rn. 1; RVJ/*Veil* Rn. 1), insb. ist § 1 I nicht analog auf ausl. Gesellschaften anzuwenden, deren Rechtsform den Gesellschaften in § 1 I entspricht, selbst wenn sich deren Verwaltungssitz im Geltungsbereich des G befindet, ohne dass dies ihre Rechtspersönlichkeit berührt (s. Einf. Rn. 3). Auch auf Europ. Aktiengesellschaft (SE) findet das G keine Anwendung (s. § 47 I Nr. 1 SEBG). Umgekehrt ist das G auf Unternehmen der in § 1 I aufgezählten Rechtsformen selbst dann anwendbar, wenn sich der Verwaltungssitz der Gesellschaft von Beginn an oder infolge nachträgl. Sitzverlegung im Ausland befindet (UHH/*Habersack* Rn. 5; NK-GA/*Heither/v.Morgen* Rn. 5; RVJ/*Veil* Rn. 14; tw. a. *Borsutzky* EuZA 2014, 437, 446, sofern die Mehrzahl der AN unverändert in Deutschland beschäftigt wird). 3

4 **b) AG und KGaA. aa) Grundsätze.** Wie nach § 76 BetrVG 1952 ist ein mitbestimmter AR bei AG und KGaA zu bilden, wobei § 1 I Nr. 1 S. 1 und 2 auch die nach dem Tag der Eintragung differenzierende rechtl. Behandlung übernehmen (zuvor § 76 VI BetrVG 1952). Der Stichtag (10.8.1994) geht auf die durch G v. 2.8.1994 (BGBl. I S. 1961) ermöglichte „kleine" AG zurück und begr. einen mitbestimmungsrechtl. Bestandsschutz für diejenigen Gesellschaften, deren AR zuvor unabhängig von der ANZahl (s. Rn. 7) zu 1/3 mit ANVertretern zusammengesetzt war. Verfassungsrechtl. und va. auf Art. 3 I GG gestützte Einwände gegen die dauerhafte Aufrechterhaltung der Mitbestimmung in kleinen Altgesellschaften (zB *Büdenbender* ZIP 2000, 385 ff.; *Henssler* ZfA 2000, 240, 259 f.; *Latzel*, Gleichheit in der Unternehmensmitbestimmung 2010 S. 149 ff.) hat das BVerfG mit überzeugender Begr. verworfen (BVerfG 9.1.2014 BeckRS 2014, 05002 Rn. 22 ff., 32 ff. sowie zuvor OLG D 27.7.2011 NZG 2011, 1152, 1153 f.; abl. *Latzel* AG 2014, 395 ff.).

5 **bb) Ab dem 10.8.1994 eingetragene Gesellschaften.** Auf nach dem 9.8.1994 eingetragene AG und KGaA findet das G nur Anwendung, wenn die ANZahl idR den **Schwellenwert** von 500 überschreitet. Entspr. gilt, wenn die Gesellschaft wegen eines **Rechtsformwechsels** nach dem Stichtag eingetragen worden ist, der formwechselnde Rechtsträger aber bereits vor dem Stichtag bestand (UHH/*Habersack* Rn. 16; NK-GA/*Heither/v. Morgen* Rn. 11). Das gilt auch, wenn eine vor dem Stichtag gegründete AG mit idR weniger als 501 AN nach diesem in eine GmbH umgewandelt wird. Da die GmbH erst nach dem Stichtag in das HReg. eingetragen worden ist, unterliegt diese nicht dem DrittelbG (OLG NMB 6.2.1997 NZA-RR 1997, 177; WKS/*Kleinsorge* Rn. 6). Das G stellt im Interesse der Rechtssicherheit ausschl. auf den formalen Akt der **Registereintragung** ab (UHH/*Habersack* Rn. 16); um ein „neu" gegründetes Unternehmen muss es sich nicht handeln. Ebenso wenig kommt es auf den Zpkt. der Bekanntmachung an (MüKoAktG/*Gach* Rn. 5; UHH/*Habersack* Rn. 16; RVJ/*Veil* Rn. 5). Ein zur Nichtigkeit des Umwandlungsbeschl. führender Rechtsmissbrauch des Formwechsels kommt nur in Ausnahmefällen in Betracht (s. OLG NMB 6.2.1997 NZA-RR 1997, 177; WKS/*Kleinsorge* Rn. 6). Ob es sich bei der ab dem Stichtag eingetragenen AG bzw. KGaA um eine Familiengesellschaft handelt (dazu § 1 Rn. 9 ff.), ist nur für die Frage erhebl., ob eine Altgesellschaft dem G unterliegt.

6 **cc) Altgesellschaften.** Vor dem Stichtag (10.8.1994) eingetragene AG bzw. KGaA sind unabhängig von einer bestimmten ANZahl in den Anwendungsbereich des G einbezogen (Regelfall), sofern es sich nicht um eine Familiengesellschaft handelt (s. a. § 1 Rn. 4).

7 **(1) Regelfall.** AG und KGaA, die keine Familiengesellschaften sind, unterliegen dem G auch dann, wenn ihre ANZahl den Schwellenwert (501 AN) nicht erreicht, was der Rechtslage nach § 76 I BetrVG 1952 entspricht. Wegen der früheren Rechtslage ist das G auch bei Altgesellschaften anzuwenden, die den Schwellenwert (500 AN) exakt erreichen (UHH/*Habersack* Rn. 17). Va. **Holdinggesellschaften** können die Frage aufwerfen, ob das G selbst dann anwendbar ist, wenn das Unternehmen **keine eigenen AN** beschäftigt. Dies wurde früher verbreitet verneint (so BAG 24.5.1957 AP BetrVG 1952 § 76 Nr. 7), ist aber nach hM nur von praktischer Bedeutung, wenn eine ANZurechnung gem. § 2 II ausscheidet (OLG D 21.7.2016 BeckRS 2016, 119291; s. § 2 Rn. 7). Andernfalls sind die AN des konzernabhängigen Unternehmens wegen § 2 I uneingeschränkt passiv wahlberechtigt und wie dem Unternehmen angehörende AN zu behandeln (s. § 2 Rn. 13), da die Fiktion des § 2 II gerade auch den Fall erfasst, dass die Beteiligung der AN von deren „Vorhandensein" abhängt (UHH/*Habersack* Rn. 17).

8 Ob bei vor dem 10.8.1994 eingetragener AG oder KGaA, die keine Familiengesellschaft ist, und bei der eine Zurechnung von AN nach § 2 II nicht in Betracht kommt, eine **MindestANZahl** erreicht sein muss, ergibt sich aus § 1 I Nr. 1 S. 2 nicht. Einschränkende Voraussetzungen im Hinblick auf die ANZahl stellt das G nicht ausdr. auf. Anerkannt ist jedoch, dass bei einer Gesellschaft ohne AN kein AR nach Maßgabe des G zu bilden ist (OLG Z 18.10.2005 ZIP 2005, 1966, 1967; OLG J 14.6.2011 NZG 2011, 906); iÜ war die Rechtslage umstr. (zum Meinungsstand *Pluskat* INF 2004, 632 ff.). Der **BGH** hat sich inzwischen der Auff. angeschlossen, die den Anwendungsbereich des G erst als eröffnet ansieht, wenn die AltAG **mind. fünf AN** hat (BGH 7.2.2012 NZG 2012, 421 Rn. 14 ff.; ebenso zuvor OLG J 14.6.2011 NZG 2011, 906 sowie a. UHH/*Habersack* Rn. 17). Hierfür spreche neben der Entstehungsgeschichte des § 76 BetrVG 1952 die Gesetzessystematik und der Zweck der Mitbestimmung. Überzeugend ist va. der Rückgriff des BGH auf das Wahlvorschlagsrecht in § 6, das nur dann ausgeübt werden kann, wenn dem Unternehmen mind. fünf AN angehören, da erst dann ein vorschlagsberechtigter BR gebildet werden kann; das alternativ bestehende Wahlvorschlagsrecht der AN kommt ohnehin erst ab der Beschäftigung von mind. 10 AN in Betracht. Konsequent ist die Auff. des BGH allerdings nur, wenn nicht pauschal auf die Zahl der beschäftigten AN, sondern zusätzl. deren **Wahlberechtigung** gefordert wird. Eine Mindestzahl von fünf wahlberechtigten AN ist insb. für herrschende Unternehmen relevant, bei denen die Voraussetzungen für eine Zurechnung von AN nach § 2 II nicht vorliegen (s. KölnK-AktG/*Mertens/Cahn* § 117 Anh. E Rn. 15), da eine Wahlteilnahme der bei abhängigen Unternehmen beschäftigten AN voraussetzt, dass bei dem herrschenden Unternehmen ein mitbestimmter AR zu bilden ist (s. § 2 Rn. 7).

9 **(2) Familiengesellschaften.** Ist die vor dem 10.8.1994 eingetragene AG bzw. KGaA eine Familiengesellschaft, unterfällt sie dem G nur, wenn die ANZahl den Schwellenwert von 500 erreicht. Dabei legt § 1 I Nr. 1 unter Bezugnahme auf die allg. Definitionsnorm des Steuerrechts (§ 15 AO) abschl. die

Voraussetzungen an eine Familiengesellschaft fest (UHH/*Habersack* Rn. 18). Bei **KGaA** müssen neben den Kommanditaktionären auch die pers. haftenden Komplementäre in die familienrechtl. Verbindungen einbezogen sein (WKS/*Kleinsorge* Rn. 17; UHH/*Habersack* Rn. 21; MüArbR/*Wißmann* § 285 Rn. 3). Verliert eine wegen zu geringer ANZahl mitbestimmungsfreie Familiengesellschaft infolge veränderter Aktionärsstruktur diesen Status, so hängt die Anwendung des G von dem Zpkt. der Eintragung der Gesellschaft ab; handelt es sich um eine Altgesellschaft, so ist bei dieser unabhängig von der ANZahl (s. a. § 1 Rn. 8) ein nach dem DrittelbG zusammengesetzter AR zu bilden (WKS/*Kleinsorge* Rn. 6; **aA** RVJ/*Veil* Rn. 7). Umgekehrt entfällt bei Altgesellschaften die Mitbestimmung nach dem G, wenn diese den Status als Familiengesellschaft erst nach dem Stichtag erlangt.

Nach **§ 15 I Nr. 1 AO** sind Familiengesellschaften zunächst diejenigen Unternehmen, deren Aktionär eine **einzelne natürl. Person** (Einmann-Gesellschaft) ist, wobei sich sämtl. Aktien in seiner Hand befinden müssen; eine Mehrheitsbeteiligung genügt nicht (WKS/*Kleinsorge* Rn. 14; UHH/*Habersack* Rn. 18; MüArbR/*Wißmann* § 285 Rn. 3). 10

Eine Familiengesellschaft liegt ebenfalls vor, wenn alle Aktionäre untereinander iSd. **§ 15 I Nr. 2 bis 8, II AO** verwandt oder verschwägert sind. Auch in diesem Fall müssen sich alle Aktien in den Händen dieser Personen befinden; eine Mehrheitsbeteiligung genügt nicht (UHH/*Habersack* Rn. 19; HWK/*Seibt* Rn. 16; NK-GA/*Heither/v. Morgen* Rn. 12). Nicht alle Aktionäre müssen miteinander verwandt oder verschwägert sein. Es genügt, wenn ein Aktionär jeweils mit mind. einem anderen verwandt oder verschwägert ist, der wiederum in dieser Beziehung zu einem weiteren Aktionär steht, so dass letztl. alle Aktionäre durch familienrechtl. Verhältnisse miteinander verbunden sind (*FKP* Rn. 47; UHH/*Habersack* Rn. 19; HWK/*Seibt* Rn. 15). Erfasst wird insb. auch das Verhältnis unter **Ehegatten** (§ 15 I Nr. 2 AO), selbst nach Auflösung der Ehe (§ 15 II Nr. 1 AO). Weiterhin können die Beziehungen zwischen **Verwandten und Verschwägerten** in gerader Linie (§ 15 I Nr. 3 AO; §§ 1589 S. 1, 1590 BGB) sowie Verwandten zweiten und dritten Grades in der Seitenlinie und Verschwägerten zweiten Grades in der Seitenlinie (§ 15 I Nr. 4 AO; §§ 1589 S. 2 und 3, 1590 BGB) eine Familiengesellschaft begründen. Verwandte und Verschwägerte in gerader Linie sind zB Eltern und Kinder, Großeltern und Enkel, Schwiegereltern und Schwiegerkinder, Stiefeltern und Stiefkinder. Als Verwandte zweiten und dritten Grades in der Seitenlinie und Verschwägerte zweiten Grades in der Seitenlinie sind zB Geschwister und Kinder von Geschwistern, Ehegatten der Geschwister, Geschwister der Ehegatten, Geschwister der Eltern einbezogen. **Pflegeeltern und Pflegekinder,** dh. nach § 15 I Nr. 8 AO Personen, die auf Grund eines auf längere Dauer angelegten Pflegeverhältnisses in häusl. Gemeinschaft wie Eltern und Kinder zusammenleben, sind ebenfalls erfasst. Das für die Annahme einer Familiengesellschaft erforderl. Verwandtschaftsverhältnis endet nicht, weil die Verwandtschaft oder Schwägerschaft durch Annahme an Kindes statt erloschen oder die häusl. Gemeinschaft mit Pflegekindern aufgeh. ist, die betr. Personen aber weiterhin wie Eltern und Kinder verbunden bleiben (§ 15 II Nr. 2 und 3 AO), sofern es nur vorher bestanden hatte. 11

Eine AG ist ferner eine Familiengesellschaft iSd. G, wenn sämtl. ihrer Aktien einer **Personen- oder Kapitalgesellschaft** gehören, die ihrerseits eine Familiengesellschaft ist (BAG 6.4.1955 AP BetrVG 1952 § 76 Nr. 5; WKS/*Kleinsorge* Rn. 16; UHH/*Habersack* Rn. 20; HWK/*Seibt* Rn. 16); die mittelbare Beteiligung der familiär verbundenen AE genügt (*Spethmann/Schnorr* RdA 1953, 448, 449; *Vieweg* NJW 1953, 1615; **aA** *Schnorr* AuR 1953, 34). Eine Familiengesellschaft liegt deshalb ebenfalls vor, wenn an einer AG außer den miteinander verwandten oder verschwägerten Personen iSd. § 15 I Nr. 2 bis 8, II AO eine andere AG beteiligt ist und deren Aktionäre ausschl. dem gleichen Verwandtenkreis wie diese Personen angehören (*Dietz/Richardi* § 76 BetrVG 1952 Rn. 223; UHH/*Habersack* Rn. 20). 12

c) GmbH. aa) Allgemeines. Bzgl. der GmbH beschränkt sich § 1 I Nr. 3 nicht darauf, diese in den Anwendungsbereich des G einzubeziehen, sondern legt zugleich zwgd. fest, dass abw. von § 52 GmbHG stets ein AR zu bilden ist, wenn die ANZahl den Schwellenwert (mehr als 500) idR überschreitet. Darüber hinaus regelt § 1 I Nr. 3 abschl., welche Bestimmungen des AktG auf den zu bildenden AR anzuwenden sind und damit an die Stelle des GmbH-Rechts treten bzw. dieses ergänzen (OLG SL 2.3.2016 NZG 2016, 941). Im Unterschied zu § 52 I GmbHG sieht § 1 I Nr. 2 S. 2 von einem Vorbehalt zugunsten der Satzung ab, so dass die aufgezählten Vorschr. des AktG für die GmbH zwgd. gelten. Zwar verzichtet die Verweisungsnorm auf eine ledigl. entspr. Anwendung (so § 3 II Montan-MitbestG), gleichwohl rechtfertigt die Formulierung „bestimmen" aber rechtsformspezifische Modifikationen bei der Anwendung der aktienrechtl. Vorschr., um den strukturellen Besonderheiten der GmbH Rechnung zu tragen. Dem Anwendungsbereich des § 1 unterfällt eine GmbH erst mit **Eintragung im Handelsregister** (UHH/*Habersack* Rn. 22). Die **Gründung einer GmbH** vollzieht sich selbst bei einem mit § 31 AktG vergleichbaren Sachverhalt stets ohne Bestellung eines AR (BayObLG 9.6.2000 NZA-RR 2000, 544; zust. UHH/*Habersack* Rn. 22; *Henssler/Michel* SAE 2009, 134, 138 f.; WKS/*Kleinsorge* Rn. 20 sowie MitbestG § 6 Rn. 3; **aA** NK-GA/*Heither/v. Morgen* Rn. 17). Auch die **Unternehmergesellschaft (UG)** ist eine GmbH und unterliegt dem G (*Forst* GmbHR 2009, 1131, 1132 ff.; UHH/*Habersack* Rn. 22; RVJ/*Veil* Rn. 11). 13

bb) Bildung eines Aufsichtsrats. Beschäftigt die GmbH idR mehr als 500 AN, hat sie einen AR zu bilden. Ggf. ist der **Gesellschaftsvertrag** zu ändern. Die Pflicht zur Bildung eines AR hängt jedoch 14 nicht von einer vorherigen Änd. des Gesellschaftsvertrags ab, sie ergibt sich bereits unmittelbar aus dem G (OLG SL 2.3.2016 NZG 2016, 941; *Dietz/Richardi* § 77 BetrVG 1952 Rn. 10). Bei einer GmbH ohne AR, die diesen erstmals wegen des G zu bilden hat, ist zunächst ein Statusverfahren nach den §§ 97 ff. AktG durchzuführen, da § 27 EGAktG die genannten Bestimmungen für die GmbH als sinngemäß anwendbar erklärt (BAG 16.4.2008 NZA 2008, 1025 Rn. 13 ff.; OLG SL 2.3.2016 NZG 2016, 941; LG HH 12.8.2016 BeckRS 2016, 20967; *Henssler/Michel* SAE 2009, 134 ff.; s. a. BVerfG 9.1.2014 BeckRS 2014, 05002 Rn. 28). Das gilt nicht nur für die „Zusammensetzung" des AR, sondern – auf Grund einer entspr. Anwendung des § 27 EGAktG und in Übereinstimmung mit § 6 II 1 MitbestG – auch für dessen „Bildung". Eine unabhängig davon durchgeführte Wahl von ANVertretern ist nichtig; auch eine Ersatzbestellung nach § 104 AktG kommt nicht in Betracht (BAG 16.4.2008 NZA 2008, 1025 Rn. 21). Ändern sich die für die Anwendung des G maßgebl. Verhältnisse, haben die GF dies nach § 97 I AktG bekannt zu machen. Wird gegen die Bek. nicht das zust. LG angerufen, ist der AR nach den dort angegebenen Vorschr. zusammenzusetzen (§§ 97 ff. AktG; *Dietz/Richardi* § 77 BetrVG 1952 Rn. 12).

15 cc) **Anwendung des Aktienrechts.** Für die **Zahl der ARMitglieder** gilt **§ 95 AktG.** Die Verweisung hierauf in § 1 I Nr. 3 ist zwgd. (s. Einf. Rn. 8). Der Gesellschaftsvertrag kann keinen höheren Anteil an ANVertretern im AR vorsehen oder die Zuständigkeit für die Wahl der ANVertreter frei bestimmen (GK-BetrVG/*Kraft*[7] § 77 BetrVG 1952 Rn. 16; **aA** OLG HB 22.3.1977 NJW 1977, 1153 ff., nach dem sich diese Möglichkeit aus der im Gegensatz zum Aktienrecht größeren Flexibilität des GmbH-Rechts ergeben soll; s. Einf. Rn. 8). Allerdings kann das zust. Organ AN in den AR wählen, die aber keine ANVertreter iSd. DrittelbG sind (s. Einf. Rn. 7). Für die **Zusammensetzung des AR** nach Maßgabe des **Geschlechts** gelten keine verbindl. Vorgaben, da § 96 II AktG die Mitbestimmung nach dem DrittelbG nicht einbezieht (AktG § 96 Rn. 2). Die an den AR adressierte Pflicht, für den Frauenanteil unter den ARMitgliedern mit einer Frist verbundene **Zielgrößen** festzulegen (§ 111 V AktG, s. AktG § 111 Rn. 11 ff.), wird bei der dem DrittelbG unterliegenden GmbH durch die lex specialis in § 52 II 1 GmbHG verdrängt. Dies betrifft zwar nicht die Verpflichtung, für den Frauenanteil im AR, der sich auf das Gesamtgremium und nicht nur auf die AEVertreter bezieht (AktG § 111 Rn. 12), Zielgrößen festzulegen, wohl aber den Adressaten der Verpflichtung. Im Gegensatz zu § 111 V AktG ist bei der GmbH, die dem DrittelbG unterliegt, hierfür nicht der AR, sondern wegen § 52 II 1 GmbHG die Gesellschafterversammlung zust. Die von ihr festgesetzten Zielgrößen sind iRd. **Erkl. zur Unternehmensführung** (§ 289 f II Nr 4, IV HGB) offenzulegen und eine Abweichung von ihnen mit einer Begr. zu versehen. Zudem bleibt die Vorgabe in § 4 IV für die Zusammensetzung der ANVertreter zu beachten (s. § 4 Rn. 11).

16 Die **Aufgaben** des unter Beteiligung von ANVertretern gebildeten **AR einer GmbH** richten sich wegen § 1 I Nr. 3 grds. nach allg. Aktienrecht (*Dietz/Richardi* § 77 BetrVG 1952 Rn. 21; GK-BetrVG/*Kraft*[7] § 77 BetrVG 1952 Rn. 31). Abweichungen ergeben sich aus der bei GmbH ggü. der AG anderen **Kompetenzverteilung** (ausf. *A. Hueck* BB 1953, 325, 326 ff.). Danach hat der AR seine **Überwachungspflicht** nach § 111 I AktG nur ggü. den GF auszuüben, soweit ihnen Maßnahmen der Geschäftsführung zustehen. Anders ist es hins. entspr. Maßnahmen der Gesellschafterversammlung. Diesbzgl. hat der AR kein Überwachungsrecht, § 46 Nr. 6 GmbHG gilt unverändert. (GK-BetrVG/*Kraft*[7] § 77 BetrVG 1952 Rn. 31; UHH/*Habersack* Rn. 35; RVJ/*Veil* Rn. 21; HWK/*Seibt* Rn. 41; **aA** *Bergmann* NJW 1953, 81, 82 f.), insb. lässt die Mitbestimmung nach dem DrittelbG das **Weisungsrecht** der Gesellschafterversammlung hins. Maßnahmen der Geschäftsführung unberührt (BGH 6.3.1997 AP MitbestG § 25 Nr. 5).

17 Die **Vertretung der Gesellschaft** ggü. den **GF** erfolgt entspr. § 112 AktG, auf den § 1 I Nr. 3 verweist, durch den AR. Dies gilt aber nur mit Einschränkungen, da die Anwendung des Aktienrechts die Kompetenzverteilung nach dem GmbHG nicht vollständig ändern soll (GK-BetrVG/*Kraft*[7] § 77 BetrVG 1952 Rn. 34). Die Kompetenz zur Bestellung der GF bleibt, sofern nicht bereits in dem Gesellschaftsvertrag geschehen, auch in unter das G fallender GmbH bei der **Gesellschafterversammlung** (§ 46 Nr. 5 GmbHG; UHH/*Habersack* Rn. 34; HWK/*Seibt* Rn. 40; WKS/*Kleinsorge* Rn. 43); § 1 I Nr. 3 verweist nicht auf § 84 AktG. Damit ist diese auf Grund einer **Annexkompetenz** (s. BGH 14.11.1983 Z 89, 48, 50 ff. zum MitbestG) auch für den Abschluss der Anstellungsverträge zust. (WKS/*Kleinsorge* Rn. 44; UHH/*Habersack* Rn. 34; HWK/*Seibt* Rn. 40; s. BGH 3.7.2000 NZA 2000, 945; BAG 20.9.2016 NZG 2017, 69 Rn. 43 ff.). Anderes gilt wegen § 112 AktG für Prozesse der Gesellschaft gegen ihre GF; § 46 Nr. 8 GmbHG gilt nicht, wenn die Gesellschaft unter das G fällt (UHH/*Habersack* Rn. 36; WKS/*Kleinsorge* Rn. 48).

18 In nach dem G mitbestimmter GmbH kann die Satzung die Pflicht, nach § 111 IV 2 AktG **Geschäftsführungsmaßnahmen** von der **Zust. des AR** abhängig zu machen, nicht ausschließen, da § 1 I Nr. 3 – anders als § 52 I GmbHG – keinen entspr. Vorbehalt kennt (UHH/*Habersack* Rn. 35, 36; *Hommelhoff* ZGR 1978, 119, 150 ff.; *Immenga* ZGR 1977, 249, 259 ff.; *Oetker* ZIP 2015, 1461, 1464 f.; *Säcker* DB 1977, 1845, 1848; HWK/*Seibt* Rn. 41; **aA** *Hölters* BB 1978, 640, 643). Der Zustimmungsvorbehalt greift nach bestrittener Ansicht auch ein, wenn die Geschäftsführungsmaßnahme auf einer Weisung der Gesellschafterversammlung beruht, die dem GF keine Entscheidungsspielräume belässt

(UHL/*Paefgen* § 37 Rn. 50a; *Säcker* DB 1977, 1845, 1849; MüArbR/*Wißmann* § 281 Rn. 7; *Oetker* ZIP 2015, 1461, 1465 ff.; NK-GA/*Heither/v. Morgen* Rn. 21; **aA** HS/*Henssler* § 52 GmbHG Rn. 18 aE; *LKV* Rn. 1120, 1237; Scholz/*Schneider* § 52 Rn. 132; *Streicher* GmbHR 2014, 1188, 1189; *Streyl/Schaper* ZIP 2017, 410, 415; UHH/*Ulmer/Habersack* § 25 MitbestG Rn. 65). Die Gesellschafterversammlung kann ein **Veto des AR** gegen eine Geschäftsführungsmaßnahme analog § 111 IV 3 und 4 AktG nicht nur auf Verlangen der GF überwinden. Das G berührt nicht die nach dem GmbHG gewichtigere Stellung der Gesellschafterversammlung (GK-BetrVG/*Kraft*[7] § 77 BetrVG 1952 Rn. 37), sie kann das Veto des AR auch von sich aus durch Weisung an die GF nach § 37 I GmbHG beseitigen (*Oetker* ZIP 2015, 1461, 1467 f.), für die nach tw. vertretener Ansicht ein einfacher Mehrheitsbeschl. ausreichen soll (so *Zöllner* ZGR 1977, 319, 327; HS/*Henssler* § 52 GmbHG Rn. 18, 38a; *Redlich*, Die Kompetenzen von Gesellschafterversammlung und AR in der mitbestimmten GmbH, 2003 S. 82 ff.; *Deilmann* BB 2004, 2253, 2256; HWK/*Seibt* Rn. 41; *Streyl/Schaper* ZIP 2017, 410, 415). Wegen § 111 IV 4 AktG, der über § 1 I Nr. 3 S. 2 bei der GmbH zwgd. anwendbar ist, bedarf eine derartige Weisung jedoch eines Beschl. mit ¾-Mehrheit (hierfür a. *Ballerstedt* ZGR 1977, 133, 153; WWKK/*Kleinsorge* Rn. 27; *KMS* Rn. 690; *Oetker* ZIP 2015, 1461, 1468 ff.; UHL/*Paefgen* § 37 Rn. 50a; NK-GA/*Heither/v. Morgen* Rn. 21; RVJ/*Raiser* § 25 MitbestG Rn. 92; *Schall,* Organzust. in der mitbestimmten GmbH, 1996 S. 196 f.; *Streicher* GmbHR 2014, 1188, 1192).

Zu den Aufgaben des AR nach dem G mitbestimmter GmbH zählt ebenfalls die Prüfung des Jahresabschlusses nach § 171 AktG; zu diesem Zweck stellt die Verweisungsnorm durch Bezugnahme auf § 170 AktG klar, dass hierzu auch die **Vorlage- und Einsichtsrechte** der letztgenannten Vorschr. zählen, da der AR seiner Prüfungspflicht ohne diese nicht sachgerecht nachkommen kann (s. Begr. BT-Drs. 15/2542 S. 11; WKS/*Kleinsorge* Rn. 42; HWK/*Seibt* Rn. 42; zur früheren Rechtslage Hachenburg/*Raiser* § 52 Rn. 222). Dagegen bleiben hins. der **Feststellung des Jahresabschlusses** GF und Gesellschafterversammlung nach § 46 Nr. 1 GmbHG zust., soweit die Satzung keine andere Regelung trifft, da § 1 I Nr. 3 nicht auf § 172 AktG verweist (GK-BetrVG/*Kraft*[7] § 77 BetrVG 1952 Rn. 32; WKS/*Kleinsorge* Rn. 42; HWK/*Seibt* Rn. 42). 19

Informationsrechte des AR und seiner Mitglieder richten sich wegen § 1 I Nr. 3 nach den §§ 90 III, IV, V 1 und 2, 111 II sowie 125 III AktG. Das gilt auch für § 125 IV AktG, den die Verweisungsnorm ausdr. in Bezug nimmt (zur früheren Rechtslage GK-BetrVG/*Kraft*[7] § 77 BetrVG 1952 Rn. 38; abl. zur Neuregelung *Huke/Prinz* BB 2004, 2633, 2634). Ferner dürfen ARMitglieder analog § 118 II AktG an der Gesellschafterversammlung teilnehmen (GK-BetrVG/*Kraft*[7] § 77 BetrVG 1952 Rn. 38), allerdings ohne Antragsrecht (WKS/*Kleinsorge* Rn. 51). 20

dd) Wahl und Bestellung der Aufsichtsratsmitglieder. Für Wahl und Abberufung der **ANVertreter** im AR einer nach dem G mitbestimmten GmbH gelten die §§ 5 bis 12. Hins. der Wählbarkeit ist als Besonderheit zu beachten, dass die Mitgliedschaft in einem Beirat der Gesellschaft nicht die Zugehörigkeit zum AR ausschließt (GK-BetrVG/*Kraft*[7] § 77 BetrVG 1952 Rn. 19). Für die Bestellung der **AEVertreter** bleibt die Gesellschafterversammlung zust. Sofern einzelnen Gesellschaftern ein Entsendungsrecht eingeräumt ist, gilt nach dem eindeutigen Wortlaut des § 1 I Nr. 3 im Unterschied zu § 52 I GmbHG gem. § 101 II 4 AktG die Beschränkung auf höchstens ein Drittel der AEVertreter (GK-BetrVG/*Kraft*[7] § 77 BetrVG 1952 Rn. 21; WKS/*Kleinsorge* Rn. 27; RVJ/*Veil* Rn. 23; **aA** UHH/*Habersack* Rn. 28; *Dietz/Richardi* § 77 BetrVG 1952 Rn. 20). 21

d) VVaG. Abw. von § 1 I Nr. 3 schreibt § 1 I Nr. 4 für VVaG die Bildung eines (mitbestimmten) AR nicht stets vor, wenn bei ihnen der Schwellenwert von idR 500 AN überschritten wird. Das G bezieht VVaG nur ein, wenn bei diesen unabhängig von diesem G ein AR besteht. Bei großen VVaG ist dies nach den §§ 184, 189 VAG immer der Fall, bei **kleineren Vereinen** hingegen wegen § 210 II VAG nur, wenn deren Satzung dies bestimmt. Bei kleineren VVaG bleibt die Bildung eines AR somit auch dann dem Satzungsorgan überlassen, wenn die ANZahl den Schwellenwert überschreitet (UHH/*Habersack* Rn. 23; NK-GA/*Heither/v. Morgen* Rn. 24; WKS/*Kleinsorge* Rn. 54). Entscheidet sich dieses für die Bildung eines AR, so ist der VVaG in den Anwendungsbereich des G einbezogen und der AR nach § 4 zusammenzusetzen sowie die ANVertreter nach den §§ 5 ff. zu wählen (RVJ/*Veil* Rn. 12; HWK/*Seibt* Rn. 48). Für die Arbeitsweise sowie die Rechte und Pflichten eines bei großen VVaG gebildeten AR nimmt § 189 III 1 VAG weitgehend auf die aktienrechtl. Vorschr. Bezug. Das gilt auch hins. der Vorgabe in § 111 V AktG, Zielvorgaben für die Erhöhung des Anteils der Frauen unter den Mitgliedern des AR festzulegen (s. AktG § 111 Rn. 12 ff.). 22

e) Genossenschaften. Für Genossenschaften schreibt § 9 I GenG die Bildung eines AR zwgd. vor. Sofern die Gesellschaft idR mehr als 500 AN beschäftigt, ist dieser nach § 4 I zu $^1/_3$ mit ANVertretern zusammenzusetzen; für die Zusammensetzung des AR nach den Geschlechtern trifft § 9 IV GenG eine mit § 111 V AktG inhaltl. übereinstimmende Vorgabe (s. AktG § 111 Rn. 12 ff.). Keine Regelung enthält das G, wenn die Satzung der Genossenschaft nach § 9 I 2 GenG auf die **Bildung eines AR verzichtet** hat. Hieraus kann nicht abgeleitet werden, dass derartige Genossenschaften keinen nach dem G zusammengesetzten AR zu bilden haben (so aber RVJ/*Veil* Rn. 13). Wie ein Vergleich mit § 1 I Nr. 3 und 4 zeigt, hat § 1 I Nr. 5 die Var. einer Genossenschaft ohne AR nicht als regelungsbedürftig angesehen. Eine mit § 1 I Nr. 3 S. 2 vergleichbare Verpflichtung zur Bildung eines AR wäre zwar 23 wünschenswert gewesen, diese folgt aber indirekt aus dem Einleitungssatz in § 1 I 1, da das G die Mitbestimmung im AR für alle Genossenschaften anordnet, die hins. der ANZahl den Schwellenwert überschreiten (ebenso NK-GA/*Heither/v. Morgen* Rn. 25; HWK/*Seibt* Rn. 50). **Stellung und Aufgaben des AR** richten sich nicht nach Aktienrecht, sondern den §§ 36 bis 41 GenG, sofern § 1 I Nr. 5 keine abw. Regelungen trifft. Da im GenG eine § 95 I 3 AktG entspr. Bestimmung fehlt, ordnet § 1 I Nr. 5 zur Vermeidung rechnerischer Schwierigkeiten bei der Besetzung der ARSitze mit 1/3 ANVertretern an, dass die Gesamtzahl der ARSitze durch drei teilbar sein muss (UHH/*Habersack* Rn. 30). Eine Höchstbegrenzung kennt das GenG nicht (s. § 36 I 1 GenG; WKS/*Kleinsorge* Rn. 60; LW/*Holthaus/Lehnhoff* § 36 Rn. 9).

24 Die **Zahl der ARSitzungen** legt das GenG nicht fest; § 1 I Nr. 5 verweist zwar nicht auf § 110 III 1 AktG, bestimmt aber wie dieser, dass pro Kalenderhalbjahr zwei Sitzungen abzuhalten sind und weicht damit von der starren früheren Rechtslage (§ 77 III BetrVG 1952: eine Sitzung je Quartal) ab. Wegen der unterbliebenen Verweisung auf das Aktienrecht kann der AR die Zahl der Pflichtsitzungen nicht auf eine pro Kalenderhalbjahr reduzieren (UHH/*Habersack* Rn. 30; RVJ/*Veil* Rn. 25; s. aber § 110 III 2 AktG). Den **Zpkt. der Sitzung** bestimmt der ARVorsitzende nach pflichtgemäßem Ermessen, er muss die nach dem G notwendigen Sitzungen nicht auf die Kalendervierteljahre verteilen, ist aber an das jeweilige Kalenderhalbjahr als Zeitrahmen gebunden. Ein Mindestabstand ist ebenfalls nicht einzuhalten, andernfalls würde die Absicht konterkariert, die flexible Regelung in § 110 III 1 AktG der Sache nach auch bei der Genossenschaft eingreifen zu lassen (s. Begr. BT-Drs. 15/2542 S. 11).

25 Erg. ordnet § 1 III den Vorrang des G ggü. dem GenG an und betont damit den zwgd. Charakter der §§ 4 ff. für Genossenschaften. Deshalb müssen ANVertreter im AR abw. von § 9 II 1 GenG keine Mitglieder sein (UHH/*Habersack* Rn. 30; WKS/*Kleinsorge* Rn. 58; LW/*Holthaus/Lehnhoff* § 9 Rn. 17), obwohl das G keine mit § 6 III 2 MitbestG vergleichbare Vorschr. enthält; § 37 I GenG findet für ANVertreter im AR einer Genossenschaft jedoch Anwendung (MüArbR/*Wißmann* § 285 Rn. 16). Zugleich verdeutlicht § 1 III, dass die übrigen **Normen des GenG** hins. Aufgaben, Rechtsstellung und innerer Ordnung des AR unberührt bleiben (s. näher insb. GK-BetrVG/*Kraft*[7] § 85 BetrVG 1952 Rn. 2 ff.). So darf auch ANVertretern im AR keine nach dem Geschäftsergebnis bemessene Vergütung gewährt werden (§ 36 II GenG). Bzgl. der Aufgaben des AR gilt § 38 GenG, hins. seiner Vertretungsbefugnis § 39 GenG. Wie § 116 S. 1 AktG überträgt § 41 GenG die Sorgfaltspflichten und Haftungstatbestände für den Vorstand (§ 34 GenG) auf ARMitglieder. Diese gelten auch für ANVertreter (WKS/*Kleinsorge* Rn. 60; LW/*Holthaus/Lehnhoff* § 41 Rn. 3; s. ferner AktG § 116 Rn. 2).

26 **3. Arbeitnehmerzahl.** Neben der Rechtsform des Unternehmens hängt die Anwendung des G grds. davon ab, dass dieses eine bestimmte Zahl von AN beschäftigt. Dabei verlangt § 1 I eine regelm. ANZahl von **mehr als 500**; nur bei vor dem 10.8.1994 eingetragenen AG oder KGaA (Altgesellschaften) greift das G auch ein, wenn diese idR weniger als 500 AN beschäftigen (s. § 1 Rn. 4, 7 f.). Der Wortlaut des G stellt ausdr. klar, dass es – wie bei § 1 I Nr. 2 MitbestG – auf den **regelm. Beschäftigtenstand** im Unternehmen ankommt (WKS/*Kleinsorge* Rn. 87); die uU zufällige ANZahl im Zpkt. der Wahl ist nicht maßgebl. (OLG SL 2.3.2016 NZG 2016, 941). Zur Bemessung der Referenzperiode s. MitbestG § 1 Rn. 6.

27 Hins. des **ANBegriffs** ist die Definition in § 3 I maßgebend (s. § 3 Rn. 1), die für das gesamte G gilt; zu zählen sind alle AN, die § 5 I BetrVG erfasst. Das gilt unabhängig von Beschäftigungsdauer und AZ; auch teilzeitbeschäftigte AN sind einzurechnen (OLG SL 2.3.2016 NZG 2016, 941; HWK/*Seibt* § 3 Rn. 2). Da § 3 I über § 5 I 1 BetrVG an den allg. ANStatus anknüpft, sind **ruhende ArbVerh.** zu berücksichtigen, nicht hingegen arbeitnehmerähnl. Personen sowie Personen, die auf der Grdl. eines (freien) Dienst- oder Werkvertrags für das Unternehmen tätig werden (OLG SL 2.3.2016 NZG 2016, 941). **Heimarbeiter** sind unter den Voraussetzungen des § 5 I 2 BetrVG mitzuzählen. Ausdr. ausgenommen sind durch § 3 I AN, die nach § 5 III BetrVG **ltd. Ang.** sind (OLG SL 2.3.2016 NZG 2016, 941); OLG Z 18.10.2005 ZIP 2005, 1966, 1967; NK-GA/*Heither/v. Morgen* Rn. 27; HWK/*Seibt* § 3 Rn. 2). Die Wahlberechtigung ist für die Ermittlung der ANZahl unbeachtl., so dass auch AN vor Vollendung des 18. Lebensjahres zu berücksichtigen sind. Umgekehrt waren **LeihAN** nach bislang vorherrschender Ansicht selbst dann nicht mitzuzählen, wenn sie nach § 5 II 2 an der Wahl der ANVertreter teilnehmen können (OLG D 12.5.2004 AG 2004, 616 f.; OLG HH 29.10.2007 DB 2007, 2762, 2762 f.; OLG SL 2.3.2016 NZG 2016, 941; LG Dortmund 2.10.2014 – 18 O 17/14 [AktE]; *Huke/Prinz* BB 2004, 2633, 2635; HWK/*Seibt* § 3 Rn. 2; **aA** WKS/*Kleinsorge* Rn. 79 ff.; Schaub/*Koch* § 258 Rn. 3; *Krause* ZIP 2014, 2209, 2210 ff.; NK-GA/*Heither/v. Morgen* Rn. 29; näher 17. Aufl. § 1 Rn. 27a). Durch § 14 II 5 AÜG hat der Gesetzgeber nunmehr das Gegenteil angeordnet: Im Entleiherunternehmer eingesetzte LeihAN sind danach auch bei dem Schwellenwert in § 1 I zu berücksichtigen (s. näher MitbestG § 1 Rn. 7b), da die Vorschrift die Anwendung des G auf ein Unternehmen betrifft, gilt das jedoch nur für solche LeihAN, die mehr als sechs Monate in Unternehmen beschäftigt sind (§ 14 II 6 AÜG; näher MitbestG § 1 Rn 7b).

28 AN in **Gemeinschaftsbetrieben** sind bei der ANZahl nach hM bei jedem Trägerunternehmen unabhängig davon zu berücksichtigen, ob sie mit dem jeweiligen Trägerunternehmen arbeitsvertragl.

verbunden sind (so *Däubler* FS Zeuner 1994 S. 19, 31; WKS/*Kleinsorge* Rn. 83; *Hanau* ZfA 1990, 115, 127; *Hjort* NZA 2001, 696, 697 ff.; HWK/*Seibt* § 3 Rn. 3; NK-GA/*Heither/v. Morgen* Rn. 30; *Thüsing/Forst* FS Kreutz 2010 S. 867 ff.; einschränkend jedoch *Bonanni,* Der gemeinsame Betrieb mehrerer Unternehmen, 2003 S. 285 ff.; offen BAG 13.3.2013 NZA 2013, 853 Rn. 16, das jedoch ein Wahlrecht bei allen Trägerunternehmen bejaht, Rn. 24 ff.; s. ferner OLG D 21.7.2016 BeckRS 2016, 119291; **aA** *Annuß* FS v. Hoyningen-Huene 2014 S. 17, 25 ff.; *Lüers/Schomaker* BB 2013, 565, 567 ff.; *Manthey/Hinrichs* NZG 2014,1096, 1098 f.; krit. nunmehr *Thüsing/Pötters* FS Wank 2014 S. 599, 607 f.). Dem ist zuzustimmen, da sich die gemeinsame und institutionalisierte einheitl. Leitung des Gemeinschaftsbetriebs (s. BetrVG § 1 Rn. 14) auch auf die arbeitsvertragl. mit anderen Unternehmen verbundenen AN erstreckt, so dass es dem Zweck des Schwellenwerts entspricht, bei dessen Ermittlung diese AN ebenfalls zu berücksichtigen. Zu AN in **im Ausland gelegenen Betrieben** des Unternehmens s. Einf. Rn. 3 sowie MitbestG § 1 Rn. 7. Bei **herrschenden Unternehmen** eines Konzerns sind unter den Voraussetzungen des § 2 II auch AN abhängiger Unternehmen mitzuzählen (näher § 2 Rn. 14 ff.), selbst wenn bei diesen erst hierdurch der Schwellenwert überschritten wird (OLG SL 2.3.2016 NZG 2016, 941; WKS/*Kleinsorge* Rn. 84; NK-GA/*Heither/v. Morgen* § 2 Rn. 13). Bei anderen als von § 2 II erfassten Konzerntatbeständen ist die ANZahl in einem abhängigen Unternehmen jedoch für die Feststellung, ob die Zahl der AN bei dem herrschenden Unternehmen den Schwellenwert überschreitet, unbeachtl.

4. Vorrang anderer Mitbestimmungsgesetze. Entspr. § 85 II BetrVG 1952 legt § 1 II 1 Nr. 1 fest, dass das G auf das Unternehmen nur Anwendung findet, wenn bei diesem nicht nach anderen G ein mitbestimmter AR zu bilden ist; s. a. § 1 III MitbestG. Die insoweit einschlägigen G zählt § 1 II 1 Nr. 1 abschl. auf. Für VVaG ist § 1 II 1 Nr. 1 bedeutungslos, da § 1 I Nr. 1 MitbestG diese nicht erfasst; der AR ist auch dann (nur) zu $^1/_3$ mit ANVertretern zusammenzusetzen, wenn ein VVaG idR mehr als 2000 AN beschäftigt (WKS/*Kleinsorge* Rn. 55; ferner MitbestG Einl. Rn. 5). 29

5. Tendenzschutz. Die Beteiligung der AN im AR unterbleibt bei Tendenzunternehmen und Religionsgemeinschaften sowie ihren karitativen und erzieherischen Einrichtungen (**absoluter Tendenzschutz**). Wegen der grundrechtl. Gewährleistung der betroffenen Zwecke und deren Verwirklichung sind die von § 1 II 1 Nr. 2 und § 1 II 2 erfassten Unternehmen aus der Unternehmensmitbestimmung herausgenommen. Für Religionsgemeinschaften fordert dies zusätzl. Art. 140 GG, der ihnen die Freiheit zur selbständigen Regelung ihrer Angelegenheiten sichert (*Dietz/Richardi* § 81 BetrVG 1952 Rn. 5; GK-BetrVG/*Kraft*[7] § 81 BetrVG 1952 Rn. 3). 30

Sowohl hins. Religionsgemeinschaften als auch bzgl. der Tendenzunternehmen in § 1 II 1 Nr. 2 entspricht die Vorschr. § 1 IV MitbestG, der seinerseits mit § 118 BetrVG übereinstimmt. Hins. der von § 1 II 1 Nr. 2 geschützten **Tendenzbestimmungen** sowie des Erfordernisses, dass das Unternehmen diesen **unmittelbar** und **überw.** dienen muss, ist auf die Erl. zu § 118 BetrVG zu verweisen (s. a. LG Düsseldorf 30.4.2013 BeckRS 2013, 08310). **Gemeinsame Einrichtungen** der TVParteien in einer von § 1 I erfassten Rechtsform dienen unmittelbar koalitionspolitischen Bestimmungen, so dass bei ihnen kein mitbestimmter AR zu bilden ist (näher *Oetker* GS Heinze 2005 S. 597, 607 ff.). 31

Für die Beteiligung der AN im AR eines **herrschenden Unternehmens** ist grds. maßgebend, ob dieses selbst die Voraussetzungen des § 1 II 1 Nr. 2 erfüllt (HWK/*Seibt* Rn. 54); eine analoge Anwendung kommt allenfalls in Betracht, wenn infolge der abhängigen Unternehmen der Tendenzcharakter im Konzern überwiegt (zust. HWK/*Seibt* Rn. 55; näher MitbestG § 5 Rn. 16). Sofern das G für das herrschende Unternehmen wegen des Tendenzschutzes nicht gilt, folgt hieraus nicht automatisch auch die Mitbestimmungsfreiheit der abhängigen Konzernunternehmen. Für diese ist jeweils maßgebend, ob bei ihnen die Voraussetzungen des § 1 II 1 Nr. 2 ebenfalls vorliegen (s. BVerfG 29.4.2003 NZA 2003, 864; HWK/*Seibt* Rn. 54). Erfüllen **abhängige Konzernunternehmen** die Anforderungen des § 1 II 1 Nr. 2, so gilt für diese das G nicht und der AR ist ohne Beteiligung der AN zu bilden. Allerdings können die AN nach Maßgabe des § 2 I an der Wahl zum AR des herrschenden Unternehmens zu beteiligen sein (HWK/*Seibt* Rn. 53; WKS/*Kleinsorge* Rn. 68; vgl. § 2 Rn. 5); ebenso sind AN abhängiger Tendenzunternehmen nach § 2 II für die ANZahl bei dem herrschenden Unternehmen zu berücksichtigen. 32

§ 2 Konzern

(1) An der Wahl der Aufsichtsratsmitglieder der Arbeitnehmer des herrschenden Unternehmens eines Konzerns (§ 18 Abs. 1 des Aktiengesetzes) nehmen auch die Arbeitnehmer der übrigen Konzernunternehmen teil.

(2) Soweit nach § 1 die Beteiligung der Arbeitnehmer im Aufsichtsrat eines herrschenden Unternehmens von dem Vorhandensein oder der Zahl von Arbeitnehmern abhängt, gelten die Arbeitnehmer eines Konzernunternehmens als solche des herrschenden Unternehmens, wenn zwischen den Unternehmen ein Beherrschungsvertrag besteht oder das abhängige Unternehmen in das herrschende Unternehmen eingegliedert ist.

1 **1. Allgemeines.** Die Vorschr. greift zwei unterschiedl. Probleme auf, die aus der Verbindung mehrerer Unternehmen zu einem Konzern resultieren (s. MitbestG § 5 Rn. 1), sieht aber davon ab, den Ansatz des § 5 I 1 MitbestG zu übertragen und die bei den abhängigen Unternehmen eines Unterordnungskonzerns beschäftigten AN für die Anwendung des G generell dem herrschenden Unternehmen zuzurechnen. Vielmehr unterscheidet das G zwischen der Wahl zu dem bei dem herrschenden Unternehmen gebildeten AR (Abs. 1) sowie der Berücksichtigung der bei (abhängigen) Konzernunternehmen beschäftigten AN für die in § 1 I genannten Schwellenwerte (Abs. 2). Nicht übernommen hat das G die in § 76 IV 2 BetrVG 1952 eröffnete Möglichkeit einer Wahl der ANVertreter durch Delegierte, da die Praxis hiervon keinen Gebrauch gemacht hatte (Begr. BT-Drs. 15/2542 S. 11 f.; UHH/*Habersack* Rn. 4). Ferner erfasst § 2 I abw. von § 76 IV BetrVG 1952 sowie dem RegE (s. BT-Drs. 15/2542 S. 11) nunmehr auch die Konzernvermutung in § 18 I 3 AktG (UHH/*Habersack* Rn. 4). Die Vorschr. gilt für Konzernunternehmen ohne nach dem Sitz des Unternehmens zu diff. Hieraus wird tw. abgeleitet, dass auch Unternehmen mit Sitz im Ausland und deren AN jdf. nach Abs. 2 zu berücksichtigen sind (so im Ansatz LG Frankfurt a. M. 16.2.2015 NZG 2015, 683; abl. *Hellwig/Behme* AG 2015, 333, 339 f.; *Krause* ZIP 2015, 636; *Seibt* DB 2015, 913 f.; *Wansleben* EWiR 2015, 245). Dem ist nicht zu folgen, da die mit der Zurechnung nach § 2 II verbundene Einbeziehung abhängiger Konzernunternehmen auch die Teilnahme an der Wahl umfasst (s. Rn. 14) und das G einschl. der erg. WO ausschl. auf die Wahl in Betrieben mit Sitz im Inland zugeschnitten ist, so dass beide Rechtsakte außerhalb des Geltungsbereichs des GG keine Rechtswirkungen entfalten können (s. a. LG Berlin 1.6.2015 BeckRS 2015, 11838; *Seibt* DB 2015, 913 f.; ferner *Wißmann* FS Wank 2014 S. 695, 697 ff.).

2 **2. Wahl zum Aufsichtsrat des herrschenden Unternehmens. a) Bedeutung der Vorschrift.** Die Regelung in § 2 I betrifft ausschl. die Frage, ob AN abhängiger Konzernunternehmen berechtigt sind, an der Wahl zum AR des herrschenden Unternehmens teilzunehmen. Die hierdurch begr. Wahlberechtigung setzt deshalb voraus, dass bei dem herrschenden Unternehmen ein nach § 4 I zusammengesetzter AR zu bilden ist. Das beurteilt sich allein nach § 1 I, wobei hins. einer danach notwendigen ANZahl ggf. bei abhängigen Unternehmen beschäftigte AN gem. § 2 II zuzurechnen sind, was jedoch eigenständig nach dieser Vorschr. zu prüfen ist und nicht durch das Vorliegen der Voraussetzungen in § 2 I ersetzt wird (OLG D 21.7.2016 BeckRS 2016, 119291; OLG Z 18.10.2005 ZIP 2005, 1966, 1967; UHH/*Habersack* Rn. 3). Zum Gleichlauf beider Vorschr. kommt es ledigl., wenn ein Beherrschungsvertrag oder eine Eingliederung den Konzerntatbestand begr., da beide Absätze diesen Sachverhalt erfassen (UHH/*Habersack* Rn. 3; WKS/*Kleinsorge* Rn. 6; s. § 2 Rn. 8 und 15 ff.).

3 **b) Konzernbegriff. aa) Allgemeines.** § 2 I verwendet keinen eigenen Konzernbegriff, sondern verweist auf § 18 I AktG. Danach muss es sich um ein oder mehrere abhängige Unternehmen handeln, die das herrschende Unternehmen unter **einheitl. Leitung** zusammenfasst (§ 18 I 1 AktG), was nach § 18 I 2 AktG insb. anzunehmen ist, wenn zwischen den Unternehmen ein **Beherrschungsvertrag** abgeschlossen wurde. Abw. von § 76 IV 1 BetrVG 1952, der auf die Übernahme des Vermutungstatbestands in § 18 I 3 AktG verzichtete (BAG 16.8.1995 NZA 1996, 274 f. sowie 4. Aufl. BetrVG 1952 § 76 Rn. 55), nimmt § 2 I § 18 I AktG insg. in Bezug, so dass auch die Vermutung in S. 3 jdf. für das aktive und passive Wahlrecht zur Anwendung gelangt (BAG 15.12.2011 NZA 2012, 633 Rn. 46; UHH/*Habersack* Rn. 5; HWK/*Seibt* Rn. 2; abw. noch RegE BT-Drs. 15/2542 S. 11; zum ÄndAntrag im zust. BT-Ausschuss s. Drs. 15 [9] 1057 sowie BT-Drs. 15/2739 S. 3).

4 **bb) Abhängiges Unternehmen.** Das abhängige Unternehmen muss für die Anwendung des § 2 I keine bestimmte **Rechtsform** aufweisen (BAG 15.12.2011 NZA 2012, 633 Rn. 49; UHH/*Habersack* Rn. 7; WKS/*Kleinsorge* Rn. 14). Zur Teilnahme an der Wahl können deshalb auch AN von Unternehmen berechtigt sein, bei denen wegen ihrer Rechtsform kein mitbestimmter AR zu bilden ist (WKS/*Kleinsorge* Rn. 15; UHH/*Habersack* Rn. 7). Relevant ist dies insb. bei der GmbH & Co. KG, wenn die Komplementär-GmbH einen eigenen Geschäftsbetrieb unterhält und dieser mit dem der KG unter der einheitl. Leitung der Komplementär-GmbH steht (s. *Fitting*[21] § 76 BetrVG 1952 Rn. 96; UHH/*Habersack* Rn. 7 sowie MitbestG § 5 Rn. 4). Da es ausreicht, wenn es sich um ein „Unternehmen" handelt, kommt auch eine **jur. Person ausl. Rechts** mit Verwaltungssitz im Inland als abhängiges Unternehmen in Betracht (UHH/*Habersack* Rn. 7; RVJ/*Veil* Rn. 8; HWK/*Seibt* Rn. 3), unabhängig davon, ob die ausl. Gesellschaft ihre bisherige Rechtspersönlichkeit behält oder als GbR zu qualifizieren ist (WKS/*Kleinsorge* Rn. 14; s. ferner Einf. Rn. 4). Die **Bildung eines BR** bei dem abhängigen Unternehmen ist für die Teilnahme der AN an der Wahl nicht erforderl. (s. HWK/*Seibt* Rn. 3).

5 Ist bei abhängigen Unternehmen nach § 1 II 1 Nr. 2 oder § 1 II 2 ein **mitbestimmter AR ausgeschlossen,** steht dies der Teilnahme der dort beschäftigten AN an der Wahl zu dem AR beim herrschenden Unternehmen nicht entgegen (UHH/*Habersack* Rn. 7; HWK/*Seibt* Rn. 3; RVJ/*Veil* Rn. 8 sowie § 1 Rn. 32). Andererseits können AN abhängiger Unternehmen grds. auch dann nach § 2 I zur Teilnahme an der Wahl des beim herrschenden Unternehmen zu bildenden AR berechtigt sein, wenn bei dem abhängigen Unternehmen ein **mitbestimmter AR gebildet** worden ist (MüArbR/*Wißmann* § 285 Rn. 12), selbst dann, wenn das abhängige Unternehmen dem Montan-MitbestG unterliegt

(BAG 18.6.1970 AP BetrVG 1952 § 76 Nr. 20; RVJ/*Veil* Rn. 8), was wegen § 1 II 1 Nr. 1 aber nur relevant ist, wenn das herrschende Unternehmen weder dem MitbestErgG noch dem MitbestG unterliegt. Gerade der letztgenannte Sachverhalt wird wegen § 5 MitbestG jedoch häufig erfüllt sein.

cc) Herrschendes Unternehmen. Im Unterschied zu § 2 II setzt § 2 I voraus, dass bei dem herrschenden Unternehmen nach § 1 I ein AR zu bilden und entspr. § 4 I zusammenzusetzen ist (MüKoAktG/*Gach* Rn. 3; UHH/*Habersack* Rn. 6). Für eine Teilnahme an der Wahl nach § 2 I muss das herrschende Unternehmen in einer der in § 1 I genannten Rechtsformen verfasst sein (HWK/*Seibt* Rn. 4) und § 1 II darf die Bildung eines nach § 4 I zusammengesetzten AR nicht ausschließen. 6

Da § 2 I ledigl. eine Teilnahme an der Wahl der ANVertreter ermöglicht, setzt dessen Anwendung voraus, dass bei dem herrschenden Unternehmen unabhängig von § 2 I ein nach § 4 I zusammengesetzter AR zu bilden ist. Deshalb muss die **ANZahl** bei dem herrschenden Unternehmen grds. die in § 1 I genannten Schwellenwerte überschreiten, damit AN abhängiger Unternehmen über § 2 I an der Wahl teilnehmen können. Für vor dem 10.8.1994 im Register eingetragene AG bzw. KGaA **(Altgesellschaften)** hat dies die Streitfrage ausgelöst, ob eine Teilnahme an der Wahl auch in Betracht kommt, wenn das herrschende Unternehmen **keine eigenen AN** beschäftigt. Das BAG hat dies grds. verneint und eine Ausnahme ledigl. erwogen, wenn das herrschende Unternehmen die Beschäftigung eigener AN unterlässt, obwohl dies geboten ist (BAG 24.5.1957 AP BetrVG 1952 § 76 Nr. 7). Dem ist unverändert zuzustimmen, wenn eine Zurechnung der AN bei abhängigen Unternehmen nach § 2 II nicht in Betracht kommt (ebenso OLG D 21.7.2016 BeckRS 2016, 119291; MüKoAktG/*Gach* Rn. 3). Ist dies jedoch der Fall, dann erfüllt das herrschende Unternehmen die nach § 1 I Nr. 1 für Altgesellschaften erforderl. ANZahl (LAG M 21.12.2006 BeckRS 2007, 42402; *Gimmy* FS ARGE ArbR im DAV 2006 S. 857, 861; WKS/*Kleinsorge* Rn. 16). Die Anwendung des § 2 I scheidet aber selbst in dieser Konstellation aus, wenn auch bei Altgesellschaften stets die Beschäftigung einer bestimmten Mindestzahl von AN verlangt wird (so MüKoAktG/*Gach* Rn. 3; UHH/*Habersack* Rn. 6; s. ferner § 1 Rn. 8 sowie § 2 Rn. 19). 7

dd) Konzerntatbestand. Zwischen dem herrschenden und dem oder den abhängigen Unternehmen muss ein Abhängigkeitsverhältnis iSd. § 17 AktG bestehen. Hierfür genügt die Koordination der Konzernunternehmen im finanziellen Bereich (GK-BetrVG/*Kraft*[7] § 76 BetrVG 1952 Rn. 154 mwN). Eine Personenidentität der Vorstände der beteiligten Unternehmen soll dagegen nicht ausreichen (BAG 16.8.1995 NZA 1996, 274, 275). Die **einheitl. Leitung** muss tats. ausgeübt werden; deren potentielles Bestehen genügt nicht (*Frisinger/Lehmann* DB 1972, 2337, 2338; HWK/*Seibt* Rn. 5). Unbeachtl. ist, ob es sich um einen **Vertragskonzern** oder **faktischen Konzern** handelt, die einheitl. Leitung also auf Grund eines Beherrschungsvertrags (§ 291 AktG) bzw. einer Eingliederung (§ 319 AktG) oder allein auf Grund einer Mehrheitsbeteiligung oder sonstigen Gründen ausgeübt wird (GK-BetrVG/*Kraft*[7] § 76 BetrVG 1952 Rn. 157; UHH/*Habersack* Rn. 8; näher *Frisinger/Lehmann* DB 1972, 2337 f.; zur Abhängigkeitsvermutung s. BAG 15.12.2011 NZA 2012, 633 Rn. 47 ff.). 8

Im **mehrstufigen Konzern** haben die AN des Tochter- wie auch die des Enkelunternehmens ein Wahlrecht jdf. hins. der ANVertreter, die in den AR des herrschenden Unternehmens zu wählen sind (BAG 18.6.1970 AP BetrVG 1952 § 76 Nr. 20; *Dietz/Richardi* § 76 BetrVG 1952 Rn. 185; *Freis* Rn. 37; UHH/*Habersack* Rn. 9; HWK/*Seibt* Rn. 7). Sofern das **Tochterunternehmen** bzgl. der Enkelunternehmen eigene wesentl. Leitungsbefugnisse hat, ist auch dieses herrschendes Unternehmen iSd. § 2 I (§ 18 I AktG). Es bildet mit den Enkelunternehmen einen **„Konzern im Konzern"** (s. dazu AktG § 18 Rn. 3, MitbestG § 5 Rn. 8 f.), so dass sich die AN des Enkelunternehmens auch an der Wahl der ANVertreter zum AR des Tochterunternehmens beteiligen können (*W. Bayer* DB 1975, 1167, 1168; *ders.* ZGR 1977, 173, 182; *Fitting*[21] § 76 BetrVG 1952 Rn. 97; im Grds. ebenso *Frisinger/Lehmann* DB 1972, 2337, 2340; UHH/*Habersack* Rn. 9; NK-GA/*Heither/v. Morgen* Rn. 9; *KMS* Rn. 250 ff.; **aA** *Dietz/Richardi* § 76 BetrVG 1952 Rn. 186; GK-BetrVG/*Kraft*[7] § 76 BetrVG 1952 Rn. 159 f.; *Lutter* ZGR 1977, 195, 211; *Schilling* ZHR 140 [1976], 528, 533 f.; *Gimmy* FS ARGE ArbR im DAV 2006 S. 857, 862 f.). Von Bedeutung ist dies insb., wenn bei dem herrschenden Unternehmen wegen der Rechtsform kein nach dem G mitbestimmter AR gebildet werden kann (*Fitting*[21] § 76 BetrVG 1952 Rn. 97). In diesem Fall sind die Grds. über den Konzern im Konzern anzuwenden, obwohl das G keine mit § 5 III MitbestG vergleichbare Regelung trifft (HWK/*Seibt* Rn. 7; WKS/*Kleinsorge* Rn. 19 f.). 9

Ein Unternehmen kann von zwei oder mehr Muttergesellschaften beherrscht werden **(Gemeinschaftsunternehmen)**, wobei ein Konzernverhältnis des beherrschten Unternehmens zu jeder Obergesellschaft bestehen kann, wenn diese den Konzern auf Grund gemeinsamer Willensbildung leiten (BAG 18.6.1970 AP BetrVG 1952 § 76 Nr. 20; 16.8.1995 NZA 1996, 274, 275). In diesem Fall können die AN des abhängigen Unternehmens an der Wahl der ANVertreter zu den AR beider Obergesellschaften teilnehmen (BAG 18.6.1970 AP BetrVG 1952 § 76 Nr. 20; *KMS* Rn. 255; RVJ/*Veil* Rn. 5; HWK/*Seibt* Rn. 8; ebenso bei paritätischen Gemeinschaftsunternehmen *Löwisch* FS Schlechtriem 2003 S. 833, 843 ff.; **aA** GK-BetrVG/*Kraft*[7] § 76 BetrVG 1952 Rn. 162 ff.; s. näher MitbestG § 5 Rn. 10 ff.). 10

11 **c) Wahlrecht der Arbeitnehmer der abhängigen Gesellschaft(en). aa) Aktives Wahlrecht.** AN des abhängigen Unternehmens können sich nach § 2 I an der Wahl der ANVertreter in den AR des herrschenden Unternehmens beteiligen, sie sind ebenso wie **AN des herrschenden Unternehmens** aktiv wahlberechtigt (UHH/*Habersack* Rn. 10; HWK/*Seibt* Rn. 9). Hierfür müssen sie allerdings die weiteren Voraussetzungen des § 5 II 1 erfüllen (UHH/*Habersack* Rn. 11) und einem im Inland gelegenen Betrieb zuzurechnen sein (UHH/*Habersack* Rn. 11). Zur Teilnahme an der Wahl sind wegen § 5 II 2 unter den Voraussetzungen des § 7 S. 2 BetrVG auch bei abhängigen Unternehmen eingesetzte **LeihAN** berechtigt (*Deilmann* NZG 2005, 659, 664; WKS/*Kleinsorge* Rn. 23); es sind keine Sachgründe ersichtl., ihnen das aktive Wahlrecht für einen dort zu bildenden AR einzuräumen, sie hiervon hingegen bei der Wahl für den AR des herrschenden Unternehmens auszunehmen. IÜ stehen nach § 2 I teilnahmeberechtigten AN alle Rechte zu, die das G mit der Wahlberechtigung verbindet (UHH/*Habersack* Rn. 11; WWKK/*Kleinsorge* Rn. 21; RVJ/*Veil* Rn. 11), insb. können sie für die zum AR des herrschenden Unternehmens zu wählenden ANVertreter Wahlvorschläge aufstellen bzw. unterstützen (§ 6), die Wahl eines ANVertreters anfechten (§ 11 II 1 Nr. 1) sowie einen Antrag auf deren Abberufung einreichen bzw. an einer entspr. Abstimmung teilnehmen (§ 12 I).

12 **bb) Passives Wahlrecht.** Das passive Wahlrecht steht AN abhängiger Konzernunternehmen **im gleichen Umf. wie AN der Obergesellschaft** zu (zust. ArbG Wuppertal 6.9.2011 BeckRS 2011, 78362; ebenso zB KölnK-AktG/*Mertens/Cahn* § 117 Anh. E Rn. 25; NK-GA/*Heither/v. Morgen* Rn. 12). AN des herrschenden Unternehmens sind keine bestimmte Anzahl von Sitzen im AR vorbehalten (BAG 24.11.1981 AP BetrVG 1952 § 76 Nr. 24; 8.12.1981 AP BetrVG 1952 § 76 Nr. 25). Die AN aller Konzernunternehmen bilden eine einheitl. Konzernbelegschaft, welche ihre Vertreter in den AR des herrschenden Unternehmens wählt (GK-BetrVG/*Kraft*[7] § 76 BetrVG 1952 Rn. 165; RVJ/*Veil* Rn. 12; WKS/*Kleinsorge* Rn. 22, 24).

13 Die Reichweite des passiven Wahlrechts ist hins. der **Zusammensetzung des AR** beim herrschenden Unternehmen zweifelhaft. Würden die AN des abhängigen Unternehmens bei dem herrschenden Unternehmen nicht als **unternehmensangehörige AN** iSd. § 4 II angesehen, liefe das durch § 2 I eröffnete Wahlrecht leer, wenn der AR aus 3 oder 6 Mitgliedern besteht. Zwar fingiert § 2 I die AN des abhängigen Unternehmens im Gegensatz zu § 5 I MitbestG nicht als AN des herrschenden Unternehmens, es widerspricht aber dem Zweck des § 2 I, wenn AN abhängiger Unternehmen bei der vorgenannten Größe des beim herrschenden Unternehmen gebildeten AR auf ein aktives Wahlrecht beschränkt blieben. Wegen der durch § 2 I vermittelten Berechtigung zur Teilnahme an der ARWahl sind AN abhängiger Unternehmen iRd. § 4 II unternehmensangehörigen AN gleichzustellen, wenn sie für das passive Wahlrecht die zusätzl. Voraussetzungen in § 4 III erfüllen (ArbG Wuppertal 6.9.2011 BeckRS 2011, 78362; WKS/*Kleinsorge* Rn. 24; UHH/*Habersack* Rn. 11; HWK/*Seibt* Rn. 9).

14 **3. Zurechnung von Arbeitnehmern bei Konzernunternehmen. a) Normzweck.** Die Anwendung des § 1 I auf ein Unternehmen hängt neben der Rechtsform idR von der Zahl der dort beschäftigten AN ab (s. § 1 Rn. 26 ff.). Bereits der durch § 40 I Nr. 6 EGAktG mit Wirkung zum 1.1.1966 in das BetrVG 1952 eingefügte § 77a sah vor, dass einem herrschenden Unternehmen, das die Anforderungen hins. der ANZahl nicht selbst erfüllt, die AN der Konzernunternehmen unter engen Voraussetzungen zuzurechnen waren. Diese Regelung schreibt § 2 II fort, bleibt aber unverändert hinter dem weiter gefassten § 5 I MitbestG zurück (UHH/*Habersack* Rn. 12; HWK/*Seibt* Rn. 10; NK-GA/*Heither/v. Morgen* Rn. 18; krit. *Boewer/Gaul/Otto* GmbHR 2004, 1065, 1067). Das gilt sowohl im Hinblick auf die erfassten Konzerntatbestände (s. § 2 Rn. 15 ff.) als auch für die Rechtsfolgen (s. § 2 Rn. 19) und kann nicht durch eine extensive Auslegung der Zurechnungstatbestände korrigiert werden (OLG HH 29.10.2007 DB 2007, 2762, 2764; **aA** jedoch methodisch unhaltbar *Trittin/Gilles* RdA 2011, 46, 49 f.: Redaktionsversehen). Allerdings führt die Berücksichtigung von AN konzernabhängiger Unternehmen nach § 2 II wegen der Verweisung in § 2 I auf § 18 I 2 AktG dazu, dass AN dieser Unternehmen an der Wahl der ANVertreter für den beim herrschenden Unternehmen zu bildenden AR teilnehmen können (s. § 2 Rn. 2).

15 **b) Zurechnungstatbestände. aa) Beherrschungsvertrag.** Das Vorliegen eines Beherrschungsvertrags richtet sich nach **§ 291 AktG** und setzt damit an sich für das abhängige Unternehmen die Rechtsform einer AG oder KGaA voraus, während es auf die Rechtsform des herrschenden Unternehmens nicht ankommt. Allerdings ist § 2 II nur auf Unternehmen anzuwenden, die ihrer Rechtsform nach dem G unterliegen (UHH/*Habersack* Rn. 13; WKS/*Kleinsorge* Rn. 34). In Betracht kommt daher nur ein herrschendes Unternehmen in der Rechtsform einer AG oder KGaA (§ 1 I Nr. 1 und 2) bzw. GmbH, VVaG oder Genossenschaft (§ 1 I Nr. 3 bis 5).

16 Für § 2 II ist abw. von § 291 AktG die **Rechtsform des abhängigen Unternehmens gleichgültig** (*FKP* Rn. 144; UHH/*Habersack* Rn. 13; HWK/*Seibt* Rn. 11; WKS/*Kleinsorge* Rn. 32; RVJ/*Veil* Rn. 15). Voraussetzung ist ledigl. ein Vertrag, der die Leitung eines abhängigen Unternehmens auf das herrschende Unternehmen überträgt und damit den inhaltl. Anforderungen des § 291 AktG genügt (OLG Z 18.10.2005 ZIP 2005, 1966, 1968; *Deilmann* NZG 2005, 659, 660 f.; *Gimmy* FS ARGE ArbR im DAV 2006 S. 857, 864; *KMS* Rn. 278). Ein Ergebnisabführungsvertrag mit einem weisungsabhängi-

gen 100%igen Tochterunternehmen reicht hierfür nicht (OLG D 27.12.1996 ZIP 1997, 546, 548; UHH/*Habersack* Rn. 13; *Deilmann* NZG 2005, 659, 664; WKS/*Kleinsorge* Rn. 33).

bb) Eingliederung. Nach § 319 AktG ist eine Eingliederung nur zwischen **AG** mögl. Diese Einschränkung ist für § 2 II zu übernehmen, da die rechtstechnische Ausgestaltung der Eingliederung ausschl. auf AG zugeschnitten ist (OLG D 27.12.1996 ZIP 1997, 546, 548; OLG HH 29.10.2007 DB 2007, 2762, 2764; OLG Z 18.10.2005 ZIP 2005, 1966, 1967; UHH/*Habersack* Rn. 14). 17

cc) Faktischer Konzern. Nicht nach § 2 II dem herrschenden Unternehmen zugerechnet werden können die AN nur faktisch oder auf Grund anderer als Beherrschungsverträge abhängiger Unternehmen (BayObLG 10.12.1992 NZA 1993, 518; OLG D 27.12.1996 ZIP 1997, 546, 548; 21.7.2016 BeckRS 2016, 119291; OLG HH 29.10.2007 DB 2007, 2762, 2764; OLG SL 2.3.2016 NZG 2016, 941; OLG Z 18.10.2005 ZIP 2005, 1966, 1968; KG 7.6.2007 NZG 2007, 913, 914 f.; *Habersack* AG 2007, 641, 649; WKS/*Kleinsorge* Rn. 28 f.). Damit bleibt § 2 II nicht nur hinter § 5 MitbestG zurück, sondern ist auch enger als § 2 I, da dieser wegen der Verweisung auf § 18 I 3 AktG zusätzl. faktische Unternehmensverbindungen erfasst (s. § 2 Rn. 8). 18

c) Rechtsfolgen. AN der von § 2 II erfassten Unternehmen gelten nicht generell für die Anwendung des G als AN des herrschenden Unternehmens (so aber § 5 I 1 MitbestG), § 2 II beschränkt die Zurechnung ausdr. auf die Feststellung eines nach § 1 I erforderl. Schwellenwerts. Nur in diesem Fall hängt die Anwendung des § 1 I auf das herrschende Unternehmen von dem „Vorhandensein oder der Zahl der AN" ab. Ob die insoweit dem herrschenden Unternehmen zuzurechnenden AN darüber hinaus berechtigt sind, an der Wahl zum AR des herrschenden Unternehmens teilzunehmen, beurteilt sich eigenständig nach § 2 I (OLG D 21.7.2016 BeckRS 2016, 119291; UHH/*Habersack* Rn. 15; *Gimmy* FS ARGE ArbR im DAV 2006 S. 857, 861), ist aber wegen der dortigen Bezugnahme auch auf § 18 I 2 AktG zu bejahen (s. Rn. 2). Der Kreis der zuzurechnenden AN bestimmt sich nach § 3 I; LeihAN sind – wie bei § 1 I (s. § 1 Rn. 27a) – zu berücksichtigen, nicht hingegen ltd. Ang. (RVJ/*Veil* § 3 Rn. 4). 19

§ 3 Arbeitnehmer, Betrieb

(1) **Arbeitnehmer im Sinne dieses Gesetzes sind die in § 5 Abs. 1 des Betriebsverfassungsgesetzes bezeichneten Personen mit Ausnahme der in § 5 Abs. 3 des Betriebsverfassungsgesetzes bezeichneten leitenden Angestellten.**

(2) [1]**Betriebe im Sinne dieses Gesetzes sind solche des Betriebsverfassungsgesetzes.** [2]**§ 4 Abs. 2 des Betriebsverfassungsgesetzes ist anzuwenden.**

(3) [1]**Die Gesamtheit der Schiffe eines Unternehmens gilt für die Anwendung dieses Gesetzes als ein Betrieb.** [2]**Schiffe im Sinne dieses Gesetzes sind Kauffahrteischiffe, die nach dem Flaggenrechtsgesetz die Bundesflagge führen.** [3]**Schiffe, die in der Regel binnen 48 Stunden nach dem Auslaufen an den Sitz eines Landbetriebs zurückkehren, gelten als Teil dieses Landbetriebs.**

Für den **ANBegriff** übernimmt § 3 I die Definition in § 3 I 1 Nr. 1 MitbestG, so dass auf die dortigen Erl. zu verweisen ist. Das gilt auch für den Begriff des **ltd. Ang.**; im Unterschied zum Betriebsbegriff übernimmt § 3 I jedoch nicht die Sonderbestimmung für Schifffahrtsunternehmen in § 34 III MitbestG. Hierbei dürfte es sich aber um ein Versehen handeln, so dass § 34 III MitbestG analog anzuwenden ist (UHH/*Henssler* Rn. 9; iE WKS/*Kleinsorge* Rn. 10, der jedoch darauf hinweist, dass das G auf ltd. Ang. ohnehin keine Anwendung findet, so dass eine § 34 III MitbestG entspr. Regelung entbehrl. war). Auf die Klarstellung des § 3 I 2 MitbestG, dass in § 5 II BetrVG genannte Personen nicht zu den AN zählen, verzichtet § 3 I. Eine sachl. Änd. ist hiermit nicht verbunden, da § 3 I den ANBegriff abschl. definiert und ausschl. auf § 5 I BetrVG Bezug nimmt (UHH/*Henssler* Rn. 3; WKS/*Kleinsorge* Rn. 6; RVJ/*Veil* Rn. 3). Hieraus folgt im Umkehrschluss, dass die in § 5 II BetrVG bezeichneten Personen für die Anwendung des G nicht als AN gelten. Da § 3 I die Vorschr. des § 5 I BetrVG insg. in Bezug nimmt, sind auch die in § 5 I 3 BetrVG genannten Beamten und Ang. des öffentl. Dienstes AN iSd. G. 1

Hins. des **Betriebsbegriffs** stimmt § 3 II mit § 3 II MitbestG überein, so dass die dortigen Erl. auch hier gelten. Übereinstimmend mit der früheren Rechtslage (s. *Fitting*[21] § 76 BetrVG 1952 Rn. 14) findet das G auch auf **Schifffahrtsunternehmen** Anwendung (s. § 1 Rn. 1; *Dzida* RIW 2006, 914 ff.). Die für den Betriebsbegriff notwendige Anpassung trifft § 3 III, übernimmt hierfür jedoch die parallelen Regelungen in § 34 I und II MitbestG, die ihrerseits nahezu vollständig § 114 III und IV BetrVG entsprechen (HWK/*Seibt* Rn. 6); ledigl. die in § 114 II 2 BetrVG genannten Schiffe bleiben bei der „Gesamtheit der Schiffe" unberücksichtigt. Aus der Umschreibung des Seebetriebs in § 3 III folgen weitere Besonderheiten für die Wahl in einem derartigen Betrieb (s. dazu die §§ 42 bis 49 WO). 2

Teil 2. Aufsichtsrat

§ 4 Zusammensetzung

(1) Der Aufsichtsrat eines in § 1 Abs. 1 bezeichneten Unternehmens muss zu einem Drittel aus Arbeitnehmervertretern bestehen.

(2) [1] Ist ein Aufsichtsratsmitglied der Arbeitnehmer oder sind zwei Aufsichtsratsmitglieder der Arbeitnehmer zu wählen, so müssen diese als Arbeitnehmer im Unternehmen beschäftigt sein. [2] Sind mehr als zwei Aufsichtsratsmitglieder der Arbeitnehmer zu wählen, so müssen mindestens zwei Aufsichtsratsmitglieder als Arbeitnehmer im Unternehmen beschäftigt sein.

(3) [1] Die Aufsichtsratsmitglieder der Arbeitnehmer, die Arbeitnehmer des Unternehmens sind, müssen das 18. Lebensjahr vollendet haben und ein Jahr dem Unternehmen angehören. [2] Auf die einjährige Unternehmensangehörigkeit werden Zeiten der Angehörigkeit zu einem anderen Unternehmen, dessen Arbeitnehmer nach diesem Gesetz an der Wahl von Aufsichtsratsmitgliedern des Unternehmens teilnehmen, angerechnet. [3] Diese Zeiten müssen unmittelbar vor dem Zeitpunkt liegen, ab dem die Arbeitnehmer zur Wahl von Aufsichtsratsmitgliedern des Unternehmens berechtigt sind. [4] Die weiteren Wählbarkeitsvoraussetzungen des § 8 Abs. 1 des Betriebsverfassungsgesetzes müssen erfüllt sein.

(4) Unter den Aufsichtsratsmitgliedern der Arbeitnehmer sollen Frauen und Männer entsprechend ihrem zahlenmäßigen Verhältnis im Unternehmen vertreten sein.

1 **1. Regelungsinhalt.** Die Vorschr. betrifft die Zusammensetzung des AR. Ob bei dem Unternehmen ein AR zu bilden ist, ergibt sich nicht aus § 4 I, sondern primär aus dem jeweiligen GesR. Schreibt dieses die Bildung eines AR nicht – wie für AG, KGaA und Genossenschaften – zwgd. vor, folgt dies entweder aus § 1 I (so für GmbH, § 1 I Nr. 3; zur Genossenschaft s. § 1 Rn. 23) oder bleibt der Entsch. des Satzungsorgans vorbehalten (so für kleinere VVaG, s. § 1 Rn. 22).

2 **2. Zahl der Aufsichtsratsmitglieder.** Wegen der Zusammensetzung des AR mit 1/3 ANVertretern (§ 4 I) muss die **Gesamtzahl** der ARMitglieder **durch drei teilbar** sein. Für AG und KGaA ergibt sich dies aus § 95 S. 3 AktG (§ 278 III AktG), da der AR wegen § 4 I zu einem Drittel aus ANVertretern bestehen muss. Entspr. gilt wegen § 1 I Nr. 3 für GmbH sowie wegen § 189 I 2 VAG für VVaG. Bzgl. Genossenschaften bedurfte es auf Grund fehlender Regelung im GenG einer eigenständigen Festlegung in § 1 I Nr. 5. IÜ steht die Gesamtzahl der ARMitglieder vorbehaltl. gesellschaftsrechtl. Schranken im Ermessen des Satzungsorgans. Danach können dem AR **höchstens 21 Mitglieder** angehören, was sich bei AG, KGaA und GmbH aus § 95 S. 4 AktG und für VVaG aus § 189 I 3 VAG ergibt. Für Genossenschaften verzichtet das GenG auf eine Obergrenze (s. § 1 Rn. 23).

3 Legt die Satzung keine höhere Zahl fest, besteht der AR aus **drei Mitgliedern.** Das folgt neben § 95 S. 1 AktG, § 36 I 1 GenG und § 189 I 1 VAG auch aus § 4 I, da nur bei dieser Zahl von Mitgliedern eine Drittelbeteiligung realisierbar ist. Eröffnet das jeweilige GesR die statutarische Festlegung einer **höheren Zahl** von ARMitgliedern, muss die Satzung eine genau bestimmte Zahl von Mitgliedern angeben, eine Mindest- und/oder Höchstzahl reicht nicht aus (GK-BetrVG/*Kraft*[7] § 76 BetrVG 1952 Rn. 11; *Dietz/Richardi* § 76 BetrVG 1952 Rn. 11; HWK/*Seibt* Rn. 2). Genügt die in der Satzung festgesetzte Zahl von ARMitgliedern nicht diesen Anforderungen oder widerspricht sie den ges. Vorgaben, ist die entspr. Satzungsbestimmung nichtig. In diesem Fall besteht der AR aus der ges. vorgesehenen Zahl von drei Mitgliedern (HWK/*Seibt* Rn. 2; NK-GA/*Heither/v. Morgen* Rn. 3; *Vieweg* NJW 1953, 1615; **aA** *Bärmann* BB 1953, 534, 535: Abrundung auf die nächst zulässige Zahl).

4 Eine Satzungsbestimmung, nach der der AR bei **Ausscheiden eines Mitglieds** für den Rest der Wahlperiode aus den verbleibenden Mitgliedern besteht, ist unwirksam. Sie widerspricht sowohl dem Grds., dass eine bestimmte Zahl von ARMitgliedern festzulegen ist, als auch dem Erfordernis der Teilbarkeit durch drei (BAG 3.10.1989 AP BetrVG 1952 § 76 Nr. 28; GK-BetrVG/*Kraft*[7] § 76 BetrVG 1952 Rn. 12; UHH/*Henssler* Rn. 10 b; MüArbR/*Wißmann* § 285 Rn. 7).

5 Eine Verringerung der Zahl der ARMitglieder durch Satzungsänd. ist iRd. § 95 AktG mögl. (GK-BetrVG/*Kraft*[7] § 76 BetrVG 1952 Rn. 23). Eine **Verkleinerung** des AR wirkt sich nach hM jedoch grds. erst **zum Ende der regulären Amtszeit** des AR aus (OLG DD 18.2.1997 ZIP 1997, 589, 591; UHH/*Henssler* Rn. 11; HWK/*Seibt* Rn. 3; WWKK/*Kleinsorge* Rn. 14; RVJ/*Veil* Rn. 10). Nur so bleibt den AE ein Einfluss auf die Rechtsstellung der ANVertreter während der lfd. Amtszeit versagt (GK-BetrVG/*Kraft*[7] § 76 BetrVG 1952 Rn. 28; *Kirschner* DB 1971, 2063, 2066). Die Satzungsänd. wird nicht bereits mit ihrer Eintragung im Handelsregister (§§ 181 III, 224, 229 III, 238 I AktG) wirksam (so iE *Spethmann/Schnorr* RdA 1953, 448, 452; ähnl. *Dietz/Richardi* § 76 BetrVG 1952 Rn. 125, wonach die mit der geringsten Stimmenzahl gewählten ARMitglieder automatisch ausscheiden, ebenso *Schmitt* BB 1953, 474 f.; *Seydel* BB 1953, 475 f.; wie hier UHH/*Henssler* Rn. 11; *FKP* Rn. 74; NK-GA/*Heither/v. Morgen* Rn. 4). Ein automatisches Ausscheiden der nach der Satzungsänd. überzähligen

Mitglieder lässt sich ges. nicht begründen, da dieses nicht vorgesehen ist und die Gefahr besteht, dass der AR infolge des Ausscheidens nicht mehr ordnungsgemäß zu 1/3 mit ANVertretern zusammengesetzt ist (GK-BetrVG/*Kraft*[7] § 76 BetrVG 1952 Rn. 26).

Nach einer beschlossenen Verkleinerung des AR ist dieser nicht mehr nach den maßgebl. Satzungsbestimmungen zusammengesetzt. In diesem Fall ist die **entspr. Anwendung der §§ 97 ff. AktG** geboten (BAG 3.10.1989 AP BetrVG 1952 § 76 Nr. 28; UHH/*Henssler* Rn. 11; MüArbR/*Wißmann* § 285 Rn. 9; *Oetker* ZHR 149 [1985], 575, 578 ff.; RVJ/*Veil* Rn. 10; **aA** OLG HH 26.8.1988 DB 1988, 1941, 1942; HWK/*Seibt* Rn. 4; s. AktG §§ 97 bis 99 Rn. 2). Die Aktionärsmehrheit gewinnt damit keinen Einfluss auf die Zusammensetzung der ANVertreter, da diese von den AN iRd. Neuwahl bestimmt werden (*Oetker* ZHR 149 [1985], 575, 585). Bei freiwilligem Ausscheiden von ARMitgliedern nach der Satzungsänd. ist die Durchführung des Statusverfahrens nur mögl., wenn sich dadurch die Zusammensetzung des AR ändert, so dass diese nicht mehr den ges. Vorschr. entspricht (GK-BetrVG/*Kraft*[7] § 76 BetrVG 1952 Rn. 29). Bei einer **Vergrößerung des AR** findet nach hM eine Nachwahl von ARMitgliedern statt (BAG 3.10.1989 AP BetrVG 1952 § 76 Nr. 28; zur Unverhältnismäßigkeit einer Nachwahl LAG K 30.6.2000 NZA-RR 2001, 317 f.). Dabei ist das Erfordernis der Drittelbeteiligung von ANVertretern nach § 4 I zu beachten (GK-BetrVG/*Kraft*[7] § 76 BetrVG 1952 Rn. 24). 6

3. Zusammensetzung der Arbeitnehmervertreter. a) Grundsätze. Hins. der Zusammensetzung der von den AN zu wählenden ARMitglieder stellt § 4 II eine Mindestrepräsentanz unternehmensangehöriger AN im AR sicher. Diesem gehören ausschl. unternehmensangehörige ANVertreter an, wenn dieser aus 3 oder 6 Mitgliedern zu bestehen hat (§ 4 II 1). Erst bei einem AR mit 9, 12, 15, 18 oder 21 Mitgliedern ermöglicht § 4 II 2 die Wahl von Personen, die dem Unternehmen nicht als AN angehören, solange die Mindestrepräsentanz der unternehmensangehörigen ANVertreter gewahrt bleibt; § 4 II 2 sichert jedoch nicht ab, dass sich die ANVertreter im AR mehrheitl. aus unternehmensangehörigen AN zusammensetzen; vielmehr können externe ANVertreter bei einem AR aus 15 oder mehr Mitgliedern die Mehrheit bilden (UHH/*Henssler* Rn. 13; RVJ/*Veil* Rn. 12). 7

b) Unternehmensangehörige Arbeitnehmervertreter. Müssen ARMitglieder einem Betrieb des Unternehmens als AN angehören, werden wegen § 3 I nur **AN im betriebsverfassungsrechtl. Sinn** erfasst. Deshalb können zu ihnen keine ltd. Ang. gehören (HWK/*Seibt* Rn. 10; *Gimmy* FS ARGE ArbR im DAV 2006 S. 857, 865; WKS/*Kleinsorge* Rn. 19). Entspr. gilt für LeihAN, selbst wenn ihnen wegen § 5 II 2 iVm. § 7 S. 2 BetrVG das aktive Wahlrecht zusteht (WKS/*Kleinsorge* Rn. 20; NK-GA/*Heither/v. Morgen* Rn. 8); die durch § 5 II 2 iVm. § 7 S. 2 BetrVG begr. Wahlberechtigung vermittelt nicht zugleich die Wählbarkeit (MüKoAktG/*Gach* Rn. 3; *Gimmy* FS ARGE ArbR im DAV 2006 S. 857, 866; s. a. BAG 17.2.2010 NZA 2010, 832 Rn. 25 ff.). Etwas anderes gilt für im Unternehmen tätige Beamte und Ang. des öffentl. Dienstes, da § 5 I 3 BetrVG diese über § 3 I als AN des Unternehmens fingiert (zust. NK-GA/*Heither/v. Morgen* Rn. 8). AN gehören einem Betrieb des Unternehmens nur an, wenn sie in diesem beschäftigt sind, was zu verneinen ist, wenn sich ein AN in ATZ befindet und feststeht, dass er für das Unternehmen keine Arbeitsleistung mehr erbringen wird (BAG 25.10.2000 NZA 2001, 461; LAG N 16.2.2006 NZA-RR 2006, 358, 360 sowie § 12 Rn. 11 mwN). Die vorübergehende Einstellung der Tätigkeit für das Unternehmen und der Übergang in ein **ruhendes ArbVerh.** beseitigt nicht die Eigenschaft als unternehmensangehöriger AN. Das ist insb. für BRMitglieder bedeutsam, die gem. § 38 BetrVG von ihrer Tätigkeit freigestellt sind; sie können dem AR als AN des Unternehmens angehören (*Windbichler* SAE 2001, 209; WKS/*Kleinsorge* Rn. 21). Eine Aufteilung der den unternehmensangehörigen AN vorbehaltenen Sitze auf die Arbeiter und Ang. findet nicht statt (HWK/*Seibt* Rn. 10). Die vorst. Grds. gelten auch, wenn nach § 2 I AN abhängiger Konzernunternehmen an der Wahl teilnehmen. Ihnen steht das passive Wahlrecht für die Wahl zum AR des herrschenden Unternehmens zu (s. § 2 Rn. 12), woraus zugleich folgt, dass sie wie unternehmensangehörige AN iSd. § 4 II zu behandeln sind (s. § 2 Rn. 13; ArbG Wuppertal 6.9.2011 BeckRS 2011, 78362; WKS/*Kleinsorge* Rn. 23; NK-GA/*Heither/v. Morgen* Rn. 8). Aus Sicht des § 4 II ist es deshalb nicht zu beanstanden, wenn dem AR des herrschenden Unternehmens ausschl. AN konzernabhängiger Unternehmen als unternehmensangehörige AN angehören (WKS/*Kleinsorge* Rn. 23). 8

Im Unterschied zur früheren Rechtslage (s. GK-BetrVG/*Kraft*[7] § 76 BetrVG 1952 Rn. 45) legt § 4 III für die unternehmensangehörigen ANVertreter zusätzl. Wählbarkeitsvoraussetzungen fest und übernimmt hierfür § 7 III MitbestG (s. näher MitbestG § 7 Rn. 2). Die allg. **Voraussetzungen der Wählbarkeit** zum AR nach den §§ 100 I, 105 I AktG gelten auch für ARMitglieder, die AN des Unternehmens sein müssen (UHH/*Henssler* Rn. 15), denn § 4 III bezweckt nicht, die Wählbarkeit dieser ANVertreter abschl. zu regeln. Bei Genossenschaften ist § 37 I GenG zu beachten (MüArbR/*Wißmann* § 285 Rn. 16; *Freis* Rn. 58; UHH/*Henssler* Rn. 15). 9

c) Weitere Arbeitnehmervertreter. Hins. der weiteren ANVertreter gelten **keine bes. Voraussetzungen.** Sie müssen weder Angehörige des Unternehmens, noch AN mit bestimmter Gruppenzugehörigkeit sein (*Dietz/Richardi* § 76 BetrVG 1952 Rn. 78; HWK/*Seibt* Rn. 10). Auch ltd. Ang. sind als weitere ANVertreter wählbar, soweit nicht § 105 I AktG entgegensteht (UHH/*Henssler* Rn. 13; HWK/*Seibt* Rn. 11; NK-GA/*Heither/v. Morgen* Rn. 11). Entspr. gilt für im Betrieb eingesetzte 10

LeihAN (UHH/*Henssler* Rn. 13; WKS/*Kleinsorge* Rn. 26) sowie AN ausl. Tochtergesellschaften, vom EBR benannte Repräsentanten (UHH/*Henssler* Rn. 13; RVJ/*Veil* Rn. 12) und für Vertreter der im Betrieb vertretenen Gewerkschaften (UHH/*Henssler* Rn. 13). Voraussetzung ist allerdings stets, dass die nach § 6 S. 1 Vorschlagsberechtigten die externe Person in einen Wahlvorschlag aufnehmen (UHH/*Henssler* Rn. 13; WKS/*Kleinsorge* Rn. 26). Auch für die weiteren ANVertreter gelten die **allg. Wählbarkeitsvoraussetzungen** des jeweiligen GesR, also die §§ 100 I, 105 I AktG sowie ggf. § 37 I GenG.

11 **d) Geschlechterverhältnis.** Wie § 76 II 4 BetrVG 1952 zielt § 4 IV darauf ab, unter den ANVertretern im AR eine der Zusammensetzung der AN im Unternehmen entspr. Repräsentanz des weibl. Geschlechts herbeizuführen. Zum Mindestanteilsgebot im Hinblick auf die Geschlechter nach § 96 II AktG s. § 1 Rn. 15. Die Forderung in § 4 IV nach Geschlechterproportionalität setzt nicht erst ein, wenn die AN des Unternehmens in der Mehrheit aus Frauen bestehen. Vielmehr muss sich das Verhältnis der Geschlechter unter den AN im Unternehmen auch bei den ANVertretern im AR stets widerspiegeln. Für die Zusammensetzung der Wahlvorstände schreibt § 2 II 5 WO diesen Leitgedanken fort. Ob die **Zusammensetzung der ANVertreter** dem Gebot des § 4 IV entspricht, ist nicht allein nach den unternehmensangehörigen ANVertretern, sondern anhand der Gesamtheit der ANVertreter im AR zu beurteilen. Deshalb steht es nicht im Widerspruch zu § 4 IV, wenn erst die externen ANVertreter das proportionale Verhältnis der Geschlechter herstellen (*Freis* Rn. 56; UHH/*Henssler* Rn. 16; WKS/*Kleinsorge* Rn. 38). Als **Berechnungsgrdl.** für die Geschlechterproportionalität greift § 4 IV nach hM auf die AN des Unternehmens und nicht auf die Wahlberechtigten zurück (RVJ/*Veil* Rn. 14). Jdf. entspricht es dem Zweck des § 4 IV, auch die in konzernabhängigen Unternehmen beschäftigten AN zu berücksichtigen, wenn sie nach § 2 I an der Wahl teilnehmen (UHH/*Henssler* Rn. 16; RVJ/*Veil* Rn. 14; WKS/*Kleinsorge* Rn. 37). Im Gegensatz zu § 15 II BetrVG ist § 4 IV nicht zwgd., sondern eine **Soll-Vorschr.**, so dass deren Verletzung nicht die Anfechtbarkeit der Wahl begr. (UHH/*Henssler* Rn. 17; HWK/*Seibt* Rn. 14; RVJ/*Veil* Rn. 15).

§ 5 Wahl der Aufsichtsratsmitglieder der Arbeitnehmer

(1) Die Aufsichtsratsmitglieder der Arbeitnehmer werden nach den Grundsätzen der Mehrheitswahl in allgemeiner, geheimer, gleicher und unmittelbarer Wahl für die Zeit gewählt, die im Gesetz oder in der Satzung für die von der Hauptversammlung zu wählenden Aufsichtsratsmitglieder bestimmt ist.

(2) [1]Wahlberechtigt sind die Arbeitnehmer des Unternehmens, die das 18. Lebensjahr vollendet haben. [2]§ 7 Satz 2 des Betriebsverfassungsgesetzes gilt entsprechend.

1 **1. Regelungsinhalt.** Die Vorschr. legt in Abs. 1 die Grds. für die Wahl der ANVertreter fest. Ferner verweist die Norm bzgl. der Amtszeit der ANVertreter auf die Regelungen, welche für die von der HV gewählten ARMitglieder gelten. Schließl. regelt § 5 II die Wahlberechtigung, die bzgl. der Wählbarkeit durch § 4 III ergänzt wird (s. § 4 Rn. 10).

2 **2. Wahlgrundsätze. a) Allgemeine Wahlgrundsätze.** Nach § 5 I muss die Wahl allg., gleich, geheim und unmittelbar sein. Alle AN der Betriebe haben das Recht, sich an der Wahl zu beteiligen, sofern sie die Voraussetzungen in § 5 II für ihre Wahlberechtigung erfüllen (*Dietz/Richardi* § 76 BetrVG 1952 Rn. 81; GK-BetrVG/*Kraft*[7] § 76 BetrVG 1952 Rn. 52; HWK/*Seibt* Rn. 1). Der Grds. einer **geheimen Wahl** schließt eine öffentl. Stimmabgabe aus, sie erfolgt durch Wahlzettel (§ 13 I 2 WO). Die **Stimme** jedes AN ist **gleichgewichtig** in die Auswertung der abgegebenen Stimmen einzubeziehen (UHH/*Henssler* Rn. 5). Jeder Wahlberechtigte kann so viele Bewerber ankreuzen, wie Vertreter der AN in den AR zu wählen sind (§ 13 II 5 WO). Wegen des Gebots einer unmittelbaren Wahl ist die Stimme stets für Kandidaten abzugeben, die direkt in den AR gewählt werden sollen; eine Zwischenschaltung von **Delegierten** steht hierzu im Widerspruch (UHH/*Henssler* Rn. 2). Auch ein Beschl. der Wahlberechtigten kann keine Wahl durch Delegierte einführen (s. aber § 9 II MitbestG). Das gilt entgegen § 76 IV 2 BetrVG 1952 auch, wenn nach § 2 I AN abhängiger Konzernunternehmen an der Wahl teilnehmen.

3 **b) Mehrheitswahl.** Zusätzl. legt § 5 I hins. des Wahlsystems fest, dass die Wahl als Mehrheitswahl erfolgt. Es findet keine nach den Gruppen der Arbeiter und Ang. getrennte, sondern eine gemeinsame Wahl statt (HWK/*Seibt* Rn. 5). Selbst ein übereinstimmender Beschl. der AN kann keine Gruppenwahl herbeiführen (WKS/*Kleinsorge* Rn. 3; RVJ/*Veil* Rn. 2). Gewählt ist grds., wer die meisten Stimmen auf sich vereinigt (**Mehrheitsprinzip**; s. § 19 S. 1 WO). Modifizierungen ergeben sich für die Unternehmenszugehörigkeit, die hins. des einzigen bzw. von mind. zwei ARMitgliedern der AN zu beachten ist (§ 19 S. 2 WO), das reine Mehrheitsprinzip gilt nur für die weiteren ARMitglieder (*Marienhagen* BB 1973, 293, 296). Jeder Wahlberechtigte hat die Möglichkeit, jeden Kandidaten zu wählen (BAG 8.12.1970 AP BetrVG 1952 § 76 Nr. 21).

Gehören dem AR drei Mitglieder an, so ist als **einziger** ihm angehörender **ANVertreter** derjenige Kandidat gewählt, der als dem Unternehmen angehörender AN die meisten Stimmen erhalten hat (*Dietz/Richardi* § 76 BetrVG 1952 Rn. 106). Sind zwei ANVertreter zu wählen, so sind die belegschaftsangehörigen AN mit den meisten Stimmen gewählt. Sofern **mehr als zwei ANVertreter** in den AR zu wählen sind, müssen zunächst die beiden Mitglieder der AN bestimmt werden; hins. der übrigen Sitze ist das Mehrheitssystem anzuwenden (*Dietz/Richardi* § 76 BetrVG 1952 Rn. 108). Falls der Gewählte die Annahme der Wahl ablehnt, gelten die vorst. Ausführungen entspr. für den Eintritt des Bewerbers mit der nächst höchsten Stimmenzahl; das mit dem ANVertreter gewählte Ersatzmitglied (§ 7 I) tritt erst dann an dessen Stelle, wenn der Gewählte mit seiner Annahme der Wahl dem AR angehört. Scheidet ein gewähltes ARMitglied nachträgl. aus dem AR aus, dann tritt an dessen Stelle das mit ihm gewählte (§ 7 II) Ersatzmitglied. Die **Benachrichtigung der Gewählten** erfolgt durch den Betriebswahlvorstand gleichzeitig mit der Bek. des Wahlergebnisses (§§ 21 I, 31 IV 2 WO), die jedoch von der Bek. durch das Unternehmen (s. § 8) zu unterscheiden ist. 4

3. Einleitung der Wahl. Die Einl. der Wahl beginnt mit der **Mitt.** des zur ges. Vertretung der Gesellschaft berufenen Organs, dass bei dieser ein nach § 4 I zusammengesetzter AR zu bilden ist. IdR hat dies ggü. dem BR zu geschehen (§ 1 S. 1 WO), selbst, wenn das Unternehmen aus mehreren Betrieben besteht oder an der Wahl wegen § 2 I AN mehrerer Unternehmen teilnehmen (§ 24 WO). Den BR obliegt daraufhin die Bildung eines Betriebswahlvorstands (§ 2 IV 1 WO). Bei mehreren Betrieben im Unternehmen bestellt der GBR zusätzl. einen Unternehmenswahlvorstand, im Fall des § 2 I tritt ein vom KBR bestellter Hauptwahlvorstand hinzu (zur Zuständigkeitsabgrenzung s. § 25 I 2 WO). Sodann erstellt der Betriebswahlvorstand die Wählerliste (§§ 4, 27 II WO) und erlässt das **Wahlausschreiben** (§ 5 WO), ggf. beschränkt sich die Tätigkeit des Betriebswahlvorstands darauf, das von dem Unternehmens- bzw. Hauptwahlvorstand erlassene Wahlausschreiben zu ergänzen (§ 28 II 1 und III WO). Mit dessen Erlass ist die Wahl eingeleitet (§§ 5 I 2, 28 I 2 WO). 5

4. Wahlberechtigung. In § 5 II regelt das G die Berechtigung zur Teilnahme an der Wahl; hins. der AN in abhängigen Konzernunternehmen wird sie durch § 2 I ergänzt (s. § 2 Rn. 11). Im Unterschied zu diesem betrifft § 5 II ausschl. das **aktive Wahlrecht**, stellt aber nicht pauschal auf das Wahlrecht zum BR ab (so noch § 76 II 1 BetrVG 1952), sondern trifft eine eigenständige Regelung, die inhaltl. § 18 MitbestG entspricht (HWK/*Seibt* Rn. 7). Hins. des ANBegriffs ist die Legaldefinition in § 3 I maßgebend (s. § 3 Rn. 1); es muss sich um AN „des" Unternehmens handeln, was grds. eine arbeitsvertragl. Beziehung mit demjenigen Unternehmen voraussetzt, bei dem der nach § 4 I zusammenzusetzende AR zu bilden ist; unter den Voraussetzungen des § 2 I genügt die ANEigenschaft bei einem abhängigen Unternehmen (NK-GA/*Heither/v. Morgen* Rn. 9). Ebenso sind AN in Gemeinschaftsbetrieben nach hM zu der ARWahl bei allen Trägerunternehmen wahlberechtigt, selbst wenn sie zu diesem nicht in einem ArbVerh. stehen (BAG 13.3.2013 NZA 2013, 853 Rn. 24 ff.; 14.8.2013 AP DrittelbG § 5 Nr. 2 Rn. 25; **aA** *Annuß* FS v. Hoyningen-Huene 2014 S. 17, 25 ff.). Bzgl. des Wahlrechts überlassener AN gilt § 7 S. 2 BetrVG wegen § 5 II 2 entspr. (s. näher BetrVG § 7 Rn. 6); zum passiven Wahlrecht überlassener AN s. § 4 Rn. 8, 10. Durch § 14 II 5 AÜG ist keine Rechtsänd. eingetreten, da die Vorschrift nicht das Wahlrecht im Entleiherunternehmen betrifft. Sind in dem Unternehmen Beamte oder AN des öffentl. Dienstes tätig, begr. die über § 3 I anzuwendende Fiktion des § 5 I 3 BetrVG die ANEigenschaft iSd. G und damit auch das aktive Wahlrecht, ohne dass die einschränkende Voraussetzung des § 7 S. 2 BetrVG vorliegen muss (RVJ/*Veil* Rn. 5). Die **Ausübung des Wahlrechts** hängt davon ab, dass der Wahlberechtigte in die **Wählerliste** eingetragen ist (§ 4 V WO); zum Einspruch gegen die vom Betriebswahlvorstand aufgestellte Wählerliste s. § 6 WO. 6

5. Amtszeit des einzelnen Aufsichtsratsmitgliedes. Die ANVertreter werden nach § 5 I für die Zeit gewählt, die das G oder die Satzung des Unternehmens bestimmt. Die Satzung kann vorschreiben, dass die ARMitglieder turnusmäßig aus dem AR ausscheiden. Eine solche Regelung betrifft die ANVertreter ebenso wie AEVertreter (*FKP* Rn. 247; UHH/*Henssler* Rn. 15; HWK/*Seibt* Rn. 9). Die max. Amtszeit endet vorbehaltl. abw. Regelung nach **§ 102 I AktG**, der wegen § 1 I Nr. 3 auch für GmbH und nach § 189 III 1 VAG für VVaG gilt, mit der Beendigung der HV, die über die **Entlastung des AR** für das vierte Geschäftsjahr seit Beginn der Amtszeit beschließt (s. näher AktG § 102 Rn. 1). Das Erg. der Beschlussfassung ist für das Ende der Amtszeit unbeachtl. (GK-BetrVG/*Kraft*[7] § 76 BetrVG 1952 Rn. 88). Die Amtszeit beginnt grds. mit **Annahme der Wahl** (UHH/*Henssler* Rn. 13; HWK/*Seibt* Rn. 9). Werden ANVertreter in einem früheren Geschäftsjahr als die übrigen ARMitglieder gewählt, beginnt ihr Amt erst mit Ablauf der HV, welche die Vertreter der AE wählt (*Fitting*[21] § 76 BetrVG 1952 Rn. 113; UHH/*Henssler* Rn. 13). 7

Die Satzung kann für alle ARMitglieder eine **kürzere Amtszeit** vorsehen; diese gilt auch für die ANVertreter (GK-BetrVG/*Kraft*[7] § 76 BetrVG 1952 Rn. 90; *Fitting*[21] § 76 BetrVG 1952 Rn. 113). Demggü. kann eine Bestimmung im Wahlausschreiben, wonach die Amtszeit mit dem Ausscheiden aus dem aktiven Dienst endet, die Amtszeit der ANVertreter nicht wirksam verkürzen (GK-BetrVG/*Kraft*[7] § 76 BetrVG 1952 Rn. 90 mwN; **aA** BAG 31.1.1969 AP BetrVG 1952 § 76 Nr. 19). Verkürzt eine Satzungsänd. die Amtszeit aller ARMitglieder nachträgl., so gilt dies auch für ANVertreter (GK- 8

BetrVG/*Kraft*[7] § 76 BetrVG 1952 Rn. 90; *Dietz/Richardi* § 76 BetrVG 1952 Rn. 124; HWK/*Seibt* Rn. 8; **aA** MüArbR/*Wißmann* § 285 Rn. 10; WKS/*Kleinsorge* Rn. 90). Werden ANVertreter in einem späteren Geschäftsjahr als die AEVertreter in den AR gewählt, so erlischt ihr Amt ebenfalls gleichzeitig mit dem der AEVertreter (*FKP* Rn. 249; UHH/*Henssler* Rn. 13). Auch nachgewählte Ersatzmitglieder werden idR nur für den Rest der Amtszeit gewählt (GK-BetrVG/*Kraft*[7] § 76 BetrVG 1952 Rn. 91).

§ 6 Wahlvorschläge

[1]Die Wahl erfolgt auf Grund von Wahlvorschlägen der Betriebsräte und der Arbeitnehmer. [2]Die Wahlvorschläge der Arbeitnehmer müssen von mindestens einem Zehntel der Wahlberechtigten oder von mindestens 100 Wahlberechtigten unterzeichnet sein.

1 **1. Regelungsinhalt.** Die Vorschr. übernimmt hins. der Wahlvorschläge § 76 III BetrVG 1952, Abweichungen hiervon sind ausschl. sprachl. Natur. Wegen der abschl. gefassten Aufzählung der Wahlvorschlagsberechtigten in § 6 S. 1 können weder der **AG** noch eine im Unternehmen vertretene **Gewerkschaft** Wahlvorschläge aufstellen (UHH/*Henssler* Rn. 2; MüArbR/*Wißmann* § 285 Rn. 17; HWK/*Seibt* Rn. 2). Weitere Einzelheiten zu Inhalt und Aufstellung der Wahlvorschläge legen die §§ 7 bis 12 WO fest.

2 **2. Wahlvorschlag des Betriebsrats.** Ein Wahlvorschlag des BR liegt stets und nur vor, wenn dieser mehrheitl. (§ 33 I 1 BetrVG) beschließt, einen solchen einzureichen. Über pers. Eigenschaften des vom BR vorgeschlagenen Bewerbers trifft das G keine Aussagen, insb. muss es sich nicht um Mitglieder des vorschlagenden BR handeln (UHH/*Henssler* Rn. 5; RVJ/*Veil* Rn. 3). Einzelne BRMitglieder können sich jedoch nur an einem einzigen Wahlvorschlag beteiligen (§ 7 V 1 WO). Da § 6 S. 1 den Plural verwendet, kann **jeder** im Unternehmen gebildete **BR** einen Wahlvorschlag einreichen; mehrere BR müssen sich nicht auf einen gemeinsamen Wahlvorschlag einigen (*Dietz/Richardi* § 76 BetrVG 1952 Rn. 88; NK-GA/*Heither/v. Morgen* Rn. 3). Zu den vorschlagsberechtigten BR gehören auch BR, die auf Grund **TV** oder **BV** nach § 3 I Nr. 1 bis 3 u. II BetrVG errichtet worden sind. Wegen ihrer den BR ersetzenden Funktion sind ebenfalls nach **§ 117 II BetrVG** errichtete Vertretungen vorschlagsberechtigt (LAG HM 23.1.2015 BeckRS 2015, 66907; MüArbR/*Wißmann* § 285 Rn. 17; HWK/*Seibt* Rn. 2; **aA** UHH/*Henssler* Rn. 4; RVJ/*Veil* Rn. 2; s. a. BVerfG 12.2.2014 NZA 2014, 981 Rn. 11 ff.). Ein sachl. Grund, in den dem G unterliegenden Luftfahrtunternehmen das Vorschlagsrecht im Flugbetrieb auf AN des Unternehmens zu beschränken, ist nicht erkennbar, so dass eine extensive Auslegung auch verfassungsrechtl geboten ist (LAG HM 23.1.2015 BeckRS 2015, 66907). Der **GBR** kann ebenfalls einen Wahlvorschlag aufstellen, allerdings neben den BR des Unternehmens und nicht an deren Stelle (MüArbR/*Wißmann* § 285 Rn. 17; UHH/*Henssler* Rn. 4; HWK/*Seibt* Rn. 2). Demggü. kann der **KBR** nicht stets einen Wahlvorschlag unterbreiten (so aber wohl Begr. BT-Drs. 15/2542 S. 13), sondern nur, wenn AN abhängiger Konzernunternehmen nach § 2 I an der Wahl teilnehmen (UHH/*Henssler* Rn. 4; HWK/*Seibt* Rn. 2; RVJ/*Veil* Rn. 2). Auch in diesem Fall bleibt das Vorschlagsrecht der BR bzw. GBR unberührt (UHH/*Henssler* Rn. 4; NK-GA/*Heither/v. Morgen* Rn. 3). Eine Mindestunterstützung durch die nach § 5 II Wahlberechtigten verlangt § 6 S. 1 für einen Wahlvorschlag des BR nicht; das G vermutet diese auf Grund des BRBeschl. unwiderlegbar (RVJ/*Veil* Rn. 3; HWK/*Seibt* Rn. 2).

3 **3. Wahlvorschlag der Arbeitnehmer.** Von den AN des Unternehmens aufgestellte Wahlvorschläge sind nur ordnungsgemäß, wenn sie ein gewisses Maß an Rückhalt bei den nach § 5 II Wahlberechtigten haben. Die nach § 6 S. 2 notwendige Zahl unterstützender Unterschriften stimmt mit § 76 III 2 BetrVG 1952 überein. Die ein **Quorum** in gleicher Höhe fordernde Bestimmung in § 12 I 2 MitbestG aF hat das BVerfG zwar mit Beschl. v. 12.10.2004 (NZA 2004, 1395) für verfassungswidrig erklärt (s. MitbestG §§ 10 bis 18 Rn. 3 aE), diese Judikatur kann aber nicht auf § 6 S. 2 übertragen werden, da sich die Wahlvorschläge nicht auf eine Delegiertenversammlung, sondern auf die Wahl der ANVertreter im AR beziehen (LAG HE 5.8.2010 BeckRS 2011, 68721; UHH/*Henssler* Rn. 3; HWK/*Seibt* Rn. 3; WKS/*Kleinsorge* Rn. 9; NK-GA/*Heither/v. Morgen* Rn. 4; iE a. RVJ/*Veil* Rn. 5; *Schulte* ArbRB 2005, 20, 21). Unterzeichnen kann den Wahlvorschlag jeder, der nach § 5 II wahlberechtigt ist, also nicht nur wahlberechtigte AN des Unternehmens, sondern auch **überlassene AN,** sofern sie nach § 5 II 2 wahlberechtigt sind. Das ergibt sich schon daraus, dass § 6 S. 2 nicht – wie noch § 76 III 2 BetrVG 1952 – auf die „wahlberechtigten AN der Betriebe des Unternehmens", sondern abstrakt auf die „Wahlberechtigten" abstellt und damit § 5 II in Bezug nimmt. **§ 14 II 5 AÜG** hat für das Quorum der notwendigen Unterschriften keine Bedeutung, da § 6 S. 2 hierfür nicht auf die AN des Entleiherunternehmens, sondern auf die „Wahlberechtigten" abstellt (s. § 5 Rn. 6). Wegen § 4 V WO muss der den Wahlvorschlag Unterstützende in der Wählerliste eingetragen sein. Die Berechtigung zur Teilnahme an der Wahl nach § 2 I umfasst sowohl das Recht, einen Wahlvorschlag einzureichen als auch einen solchen zu unterstützen (s. § 2 Rn. 11).

4 **4. Aufstellung der Wahlvorschläge.** Die Einzelheiten für die Aufstellung der Wahlvorschläge regelt die WO (§§ 7 bis 12), hierzu fordert der Betriebswahlvorstand in dem **Wahlausschreiben** auf (§ 5 II

Nr. 8 WO). Nach dessen Erlass ist der Wahlvorschlag binnen **zwei Wochen** beim **Betriebswahlvorstand** einzureichen (§ 7 I 2 WO; ggf. beim Unternehmens- oder Hauptwahlvorstand, s. § 29 S. 1 iVm. § 25 I 2 WO) und soll doppelt so viele Bewerber benennen, wie ANVertreter in den AR zu wählen sind (§ 7 II 1 WO). Die vom Betriebswahlvorstand geprüften (§ 9 II WO) und ggf. nachträgl. von Mängeln befreiten (§ 10 II WO) Wahlvorschläge sind vom Betriebswahlvorstand eine Woche vor dem ersten Tag der Stimmabgabe in gleicher Weise wie das Wahlausschreiben **bekanntzumachen** (§ 12 WO). Ggf. ist für die Prüfung der Wahlvorschläge der Unternehmens- bzw. Hauptwahlvorstand zust. (s. § 29 S. 1 WO).

§ 7 Ersatzmitglieder

(1) [1]**In jedem Wahlvorschlag kann zusammen mit jedem Bewerber für diesen ein Ersatzmitglied des Aufsichtsrats vorgeschlagen werden.** [2]**Ein Bewerber kann nicht zugleich als Ersatzmitglied vorgeschlagen werden.**

(2) **Wird ein Bewerber als Aufsichtsratsmitglied gewählt, so ist auch das zusammen mit ihm vorgeschlagene Ersatzmitglied gewählt.**

Im Unterschied zu § 76 BetrVG 1952 enthält das DrittelbG ausdr. eine Bestimmung über die Wahl von Ersatzmitgliedern, die im Grds. mit § 17 MitbestG übereinstimmt (s. dazu MitbestG §§ 10 bis 18 Rn. 9); der dort zur Wahrung des Verhältnisses der ANGruppen getroffene S. 2 der Vorschr. war verzichtbar. Zur Aufnahme der Ersatzmitglieder in einen Wahlvorschlag s. § 8 WO. Für die Wahl zum Ersatzmitglied bestehen keine bes. **Wählbarkeitsvoraussetzungen,** selbst wenn es mit einem Bewerber gewählt wird, der dem Unternehmen als AN angehört (HWK/*Seibt* Rn. 1; NK-GA/*Heither/v. Morgen* Rn. 2; **aA** *Huke/Prinz* BB 2004, 2633, 2635 f.; UHH/*Henssler* Rn. 6; WKS/*Kleinsorge* Rn. 7). An die Stelle des gewählten ANVertreters kann das Ersatzmitglied jedoch nur in den AR einrücken, wenn die von § 4 II geforderte Mindestrepräsentanz der unternehmensangehörigen ANVertreter gewahrt bleibt (RVJ/*Veil* Rn. 2; HWK/*Seibt* Rn. 2; NK-GA/*Heither/v. Morgen* Rn. 2). 1

§ 8 Bekanntmachung der Mitglieder des Aufsichtsrats

[1]**Das zur gesetzlichen Vertretung des Unternehmens befugte Organ hat die Namen der Mitglieder und der Ersatzmitglieder des Aufsichtsrats unverzüglich nach ihrer Bestellung in den Betrieben des Unternehmens bekannt zu machen und im Bundesanzeiger zu veröffentlichen.** [2]**Nehmen an der Wahl der Aufsichtsratsmitglieder des Unternehmens auch die Arbeitnehmer eines anderen Unternehmens teil, so ist daneben das zur gesetzlichen Vertretung des anderen Unternehmens befugte Organ zur Bekanntmachung in seinen Betrieben verpflichtet.**

Die Vorschr. ist mit § 19 MitbestG identisch; auf die dortigen Erl. kann verwiesen werden. Von der Bek. nach § 8 ist diejenige des Wahlergebnisses zu unterscheiden, welche nach den §§ 21 I, 31 IV 2 WO dem Betriebswahlvorstand obliegt. 1

§ 9 Schutz von Aufsichtsratsmitgliedern vor Benachteiligung

[1]**Aufsichtsratsmitglieder der Arbeitnehmer dürfen in der Ausübung ihrer Tätigkeit nicht gestört oder behindert werden.** [2]**Sie dürfen wegen ihrer Tätigkeit im Aufsichtsrat nicht benachteiligt oder begünstigt werden.** [3]**Dies gilt auch für ihre berufliche Entwicklung.**

Die Regelung entspricht § 26 MitbestG, die dortigen Erl. gelten auch für § 9. 1

§ 10 Wahlschutz und Wahlkosten

(1) [1]**Niemand darf die Wahl der Aufsichtsratsmitglieder der Arbeitnehmer behindern.** [2]**Insbesondere darf niemand in der Ausübung des aktiven und passiven Wahlrechts beschränkt werden.**

(2) **Niemand darf die Wahlen durch Zufügung oder Androhung von Nachteilen oder durch Gewährung oder Versprechen von Vorteilen beeinflussen.**

(3) [1]**Die Kosten der Wahlen trägt das Unternehmen.** [2]**Versäumnis von Arbeitszeit, die zur Ausübung des Wahlrechts oder der Betätigung im Wahlvorstand erforderlich ist, berechtigt nicht zur Minderung des Arbeitsentgelts.**

Mit § 10 übernimmt das G den Wahlschutz durch § 20 MitbestG, der seinerseits mit § 20 BetrVG identisch ist; auf die Erl. zu der letztgenannten Norm wird verwiesen. 1

§ 11 Anfechtung der Wahl von Aufsichtsratsmitgliedern der Arbeitnehmer

(1) Die Wahl eines Aufsichtsratsmitglieds oder eines Ersatzmitglieds der Arbeitnehmer kann beim Arbeitsgericht angefochten werden, wenn gegen wesentliche Vorschriften über das Wahlrecht, die Wählbarkeit oder das Wahlverfahren verstoßen worden und eine Berichtigung nicht erfolgt ist, es sei denn, dass durch den Verstoß das Wahlergebnis nicht geändert oder beeinflusst werden konnte.

(2) [1]Zur Anfechtung berechtigt sind
1. mindestens drei Wahlberechtigte,
2. die Betriebsräte,
3. das zur gesetzlichen Vertretung des Unternehmens befugte Organ.
[2]Die Anfechtung ist nur binnen einer Frist von zwei Wochen, vom Tag der Veröffentlichung im Bundesanzeiger an gerechnet, zulässig.

1 **1. Regelungsinhalt.** Mit Ausnahme der zur Wahlanfechtung Berechtigten stimmt § 11 mit § 22 MitbestG überein; auf die dortigen Erl. wird insb. hins. des Anfechtungsgrundes verwiesen. Darüber hinaus kann die Wahl der ANVertreter bei schwerwiegenden Mängeln nichtig sein (s. § 11 Rn. 5).

2 **2. Anfechtungsberechtigung.** Die zur Anfechtung berechtigten Personen bzw. Einrichtungen zählt § 11 II 1 abschl. auf. Hins. der Anfechtungsberechtigten stimmt § 11 II 1 Nr. 1 mit § 22 II 1 Nr. 1 MitbestG sowie § 11 II 1 Nr. 3 mit § 22 II 1 Nr. 7 MitbestG überein. Der Kreis der **Wahlberechtigten** (§ 11 II 1 Nr. 1) ist nach § 5 II zu bestimmen (s. § 5 Rn. 6); erg. ist § 4 V WO zu beachten, so dass nur in der Wählerliste Eingetragene anfechtungsberechtigt sind (UHH/*Henssler* Rn. 3). Nehmen an der Wahl nach § 2 I AN abhängiger Konzernunternehmen teil, sind sie wegen ihres aktiven Wahlrechts (s. § 2 Rn. 11) auch zur Anfechtung der Wahl berechtigt (UHH/*Henssler* Rn. 3; WKS/*Kleinsorge* Rn. 9). Parallel zum Wahlvorschlagsrecht (s. § 6 S. 1) sind die **BR** anfechtungsberechtigt. Entspr. dem Wahlvorschlagsrecht (s. § 6 Rn. 2) zählt auch der **GBR** zu den anfechtungsberechtigten „Betriebsräten", ohne jedoch das Anfechtungsrecht der BR zu berühren (UHH/*Henssler* Rn. 3; WKS/*Kleinsorge* Rn. 11). Sofern dem **KBR** ein Wahlvorschlagsrecht zusteht (s. § 6 Rn. 2), korrespondiert hiermit auch die Berechtigung, die Wahl der ANVertreter anzufechten. Trotz der Parallele mit dem Wahlvorschlagsrecht steht einem BR das Recht zur Wahlanfechtung unabhängig von der Beteiligung an der Wahl mit einem eigenen Wahlvorschlag zu (RVJ/*Veil* Rn. 3; UHH/*Henssler* Rn. 3; NK-GA/*Heither/v. Morgen* Rn. 4). Die Anfechtungsberechtigten zählt § 11 II 1 abschl. auf. Der im Betrieb vertretenen Gewerkschaft steht deshalb kein Recht zur Anfechtung der Wahl zu (*Freis* Rn. 135; RVJ/*Veil* Rn. 3; UHH/*Henssler* Rn. 2; WKS/*Kleinsorge* Rn. 12).

3 **3. Anfechtungsverfahren.** Das Anfechtungsverfahren wird durch einen beim ArbG fristgerecht eingegangenen Antrag eingeleitet. Maßgebend für den Fristbeginn ist nicht die Bek. des Betriebswahlvorstands nach § 21 I WO, sondern die durch die ges. Vertreter des Unternehmens nach § 8. Die **Frist** berechnet sich nach den §§ 186 bis 193 BGB (s. ebenso § 50 WO). Im Anfechtungsverfahren sind nur Personen zu beteiligen, denen das G ein Antragsrecht zuerkennt oder deren Rechtsposition durch die gerichtl. Entsch. beeinträchtigt werden kann (GK-BetrVG/*Kraft*[7] § 76 BetrVG 1952 Rn. 78). Trotz seines Anfechtungsrechts ist ein BR nur zu beteiligen, wenn er selbst den Anfechtungsantrag gestellt hat (BAG 12.2.1985 NZA 1985, 786).

4 **4. Rechtsfolgen der Wahlanfechtung.** Das Amt der von einer Anfechtung betroffenen ARMitglieder endet erst mit Rechtskraft der Entsch., die der Anfechtung stattgibt (RVJ/*Veil* Rn. 5; HWK/*Seibt* Rn. 6). Bei erfolgreicher Anfechtung tritt an die Stelle des betroffenen ARMitglieds das Ersatzmitglied (s. § 7 Rn. 1), andernfalls ein Bewerber, der die pers. Voraussetzungen des urspr. Gewählten ebenfalls erfüllt, mit der nächst höchsten Stimmenzahl. Fehlt ein Ersatzmitglied, so ist eine Nachwahl erforderl. (BAG 21.12.1965 AP BetrVG 1952 § 76 Nr. 14; UHH/*Henssler* Rn. 8), sofern deren Durchführung nicht unverhältnismäßig ist (s. LAG K 30.6.2000 NZA-RR 2001, 317 f.). Zwischenzeitl. gefasste Beschlüsse des AR bleiben infolge der ex-nunc Wirkung der rechtskräftigen Anfechtung wirksam (UHH/*Henssler* Rn. 7; WKS/*Kleinsorge* Rn. 18). Dem iRd. anfechtbaren Wahl gewählten ANVertreter stehen bis zur rechtskräftigen Entsch., die der Anfechtung stattgibt, alle Rechte eines ARMitglieds zu (UHH/*Henssler* Rn. 7; HWK/*Seibt* Rn. 7; WKS/*Kleinsorge* Rn. 18); insb. ist er auch während des gerichtl. Verfahrens berechtigt, an den ARSitzungen teilzunehmen (RVJ/*Veil* Rn. 5; UHH/*Henssler* Rn. 7). Umgekehrt unterliegt er währenddessen uneingeschränkt den Amtspflichten; er ist zur Ausübung des Amtes verpflichtet und kann dieses nicht eigenmächtig ruhen lassen.

5 **5. Nichtigkeit der Wahl.** Neben § 11 kann die Wahl der ANVertreter nichtig sein, wenn die Voraussetzungen einer Wahl nicht vorlagen oder bei dieser derart gegen fundamentale Wahlgrds. verstoßen wurde, dass nicht einmal der Anschein einer Wahl gegeben ist (BAG 13.3.2013 NZA 2013, 853 Rn. 13; 14.8.2013 AP DrittelbG § 5 Nr. 2 Rn. 16; UHH/*Henssler* Rn. 9; HWK/*Seibt* Rn. 8), so zB, wenn die Wahl der ANVertreter ohne vorheriges Statusverfahren durchgeführt worden ist (BAG

16.4.2008 NZA 2008, 1025 Rn. 21), nicht hingegen, wenn die Grds. zum passiven Wahlrecht nach § 2 I verkannt wurden (BAG 14.8.2013 AP DrittelbG § 5 Nr. 2 Rn. 19). Die Nichtigkeit der Wahl kann jederzeit, von jedermann und in jedem Verfahren geltend gemacht werden (BAG 16.4.2008 NZA 2008, 1025 Rn. 9; 13.3.2013 NZA 2013, 853 Rn. 10). Zur Feststellung der Nichtigkeit ist auch ein Antrag an das ArbG zulässig, das hierüber im BeschlV entscheidet (GK-BetrVG/*Kraft*[7] § 76 BetrVG 1952 Rn. 84; UHH/*Henssler* Rn. 9).

§ 12 Abberufung von Aufsichtsratsmitgliedern der Arbeitnehmer

(1) [1] **Ein Aufsichtsratsmitglied der Arbeitnehmer kann vor Ablauf der Amtszeit auf Antrag eines Betriebsrats oder von mindestens einem Fünftel der Wahlberechtigten durch Beschluss abberufen werden.** [2] **Der Beschluss der Wahlberechtigten wird in allgemeiner, geheimer, gleicher und unmittelbarer Abstimmung gefasst; er bedarf einer Mehrheit von drei Vierteln der abgegebenen Stimmen.** [3] **Auf die Beschlussfassung findet § 2 Abs. 1 Anwendung.**

(2) **Absatz 1 ist für die Abberufung von Ersatzmitgliedern entsprechend anzuwenden.**

1. Regelungsinhalt. Die Vorschr. wird durch die §§ 32 bis 41 WO ergänzt, welche das Abberufungsverfahren iE ausgestalten. Bzgl. der Amtszeit der ANVertreter im AR trifft § 12 keine vollständige Regelung. Abgesehen von dem Ablauf der regulären Amtszeit (s. § 5 Rn. 7 f.), kann die Amtszeit eines ANVertreters nicht nur durch Abberufung, sondern auch aus anderen Gründen enden, die entweder die Gesamtheit der ARMitglieder (§ 12 Rn. 9) oder nur einen einzelnen ANVertreter im AR betreffen (§ 12 Rn. 10 ff.). 1

2. Abberufung. a) Allgemeines. Wie § 23 MitbestG eröffnet § 12 den nach § 5 II Wahlberechtigten die Möglichkeit, ein von ihnen gewähltes ARMitglied vor Ablauf seiner Amtszeit abzuberufen, ohne dass es eines wichtigen Grundes bedarf. Der Verzicht auf einen Abberufungsgrund entspricht § 103 I AktG und rechtfertigt sich durch den Vertrauensentzug, der in dem qualifizierten Mehrheitsbeschl. der Wahlberechtigten zum Ausdruck kommt (RVJ/*Veil* Rn. 5; HWK/*Seibt* Rn. 1). Wegen § 103 IV AktG steht das Recht zur Abberufung der ANVertreter nur den nach § 5 II Wahlberechtigten zu, nicht hingegen der HV bzw. einem vergleichbaren Organ. Das Recht zur Abberufung aus wichtigem Grund durch gerichtl. Beschl. (§ 103 III AktG) lässt § 12 unberührt, wie sich aus dem ausdr. Vorbehalt in § 103 IV AktG ergibt (s. § 12 Rn. 13). 2

b) Gegenstand der Abberufung. Der Antrag auf Abberufung bezieht sich nach dem Wortlaut des § 12 I 1 auf „ein" ARMitglied der AN. Zulässig ist aber auch ein Antrag auf Abberufung **aller ARMitglieder** der AN (UHH/*Henssler* Rn. 6; HWK/*Seibt* Rn. 2); in diesem Fall muss der qualifizierte Mehrheitsbeschl. für alle in dem Antrag benannten ANVertreter vorliegen (UHH/*Henssler* Rn. 6). Wegen § 12 II kann ebenfalls die Abberufung eines **Ersatzmitgliedes** beantragt werden (UHH/*Henssler* Rn. 6; WKS/*Kleinsorge* Rn. 4). 3

c) Antragsberechtigung. Die Antragsberechtigten zählt § 12 I 1 abschl. auf. Bzgl. der **BR** genügt es, wenn einer den Antrag stellt; ein gemeinsamer Antrag aller BR des Unternehmens ist nicht erforderl. (UHH/*Henssler* Rn. 5; NK-GA/*Heither/v. Morgen* Rn. 4). Ebenso muss der antragstellende BR nicht die Mehrheit aller AN oder Wahlberechtigten vertreten (UHH/*Henssler* Rn. 5; WKS/*Kleinsorge* Rn. 10; **aA** *Fitting*[21] § 76 BetrVG 1952 Rn. 128); ein derartiges Repräsentativitätserfordernis widerspricht dem Wahlvorschlagsrecht des BR, das nach § 6 nicht davon abhängt, dass eine bestimmte Zahl von Wahlberechtigten den Wahlvorschlag unterstützt (s. § 6 Rn. 2). Da die Antragsbefugnis sachl. mit dem Wahlvorschlagsrecht korrespondiert, ist auch der **GBR** antragsberechtigt (Begr. BT-Drs. 15/2542 S. 14), dem dieses Recht eigenständig und neben dem BR zusteht. Entspr. gilt für den **KBR,** wenn er den Wahlberechtigten einen Wahlvorschlag unterbreiten kann (s. dazu § 6 Rn. 2; ohne diese Einschränkung Begr. BT-Drs. 15/2542 S. 14; *FKP* Rn. 869). Der Antrag auf Abberufung bedarf eines vorherigen Beschl. des antragstellenden BR (§ 32 I 2 WO), für den die einfache Mehrheit (§ 33 I 1 BetrVG) ausreicht. Entspr. dem Wahlvorschlagsrecht können auch die **Wahlberechtigten** einen Abberufungsantrag stellen. Der Kreis der Wahlberechtigten bestimmt sich nach § 5 II; wegen der entspr. Anwendung des § 7 S. 2 BetrVG (§ 5 II 2) zählen hierzu auch LeihAN (UHH/*Henssler* Rn. 4; WKS/*Kleinsorge* Rn. 9; RVJ/*Veil* Rn. 4). Hins. des Zpkt. der Wahlberechtigung ist nicht auf die Wahl der ARMitglieder, sondern auf die Antragstellung abzustellen (RVJ/*Veil* Rn. 4; UHH/*Henssler* Rn. 4; WKS/*Kleinsorge* Rn. 9). Wie für einen gültigen Wahlvorschlag verlangt § 12 I 1 für ein wirksames Abberufungsbegehren der Wahlberechtigten ein Mindestmaß an Unterstützung durch die Gesamtheit der Wahlberechtigten. Allerdings wird hierfür entspr. der früheren Rechtslage das notwendige Quorum auf 20% erhöht und ist damit doppelt so hoch wie für einen gültigen Wahlvorschlag, aber deutl. niedriger als nach § 23 I MitbestG (3/4 der wahlberechtigten AN). 4

d) Abberufungsverfahren. Die Einzelheiten des Verfahrens regelt die WO. Der Antrag ist schriftl. beim BR einzureichen, der daraufhin einen Betriebswahlvorstand bildet (§ 32 II WO). Dieser erlässt nach Prüfung des Antrages (§ 34 I WO) ein **Abberufungsausschreiben** (§ 35 S. 1 WO) und gibt nach 5 der Stimmabgabe (§ 36 WO) das Erg. der Abstimmung bekannt (§ 37 iVm. §§ 20 bis 22 WO sowie § 13 Rn. 9).

6 **e) Beschlussfassung der Wahlberechtigten.** Der Abberufungsantrag ist erfolgreich, wenn die Wahlberechtigten einen entspr. Beschl. fassen. Hierfür gelten nach § 12 I 2 dies. allg. Grds. wie für die Wahl der ANVertreter (vgl. § 5 I). Das Erfordernis der **Unmittelbarkeit** schließt die Beschlussfassung einer Delegiertenversammlung aus; das gilt auch, wenn analog § 2 I (s. § 12 I 3) Wahlberechtigte abhängiger Konzernunternehmen zu berücksichtigen sind (UHH/*Henssler* Rn. 10). In Übereinstimmung mit § 23 II 2 MitbestG sowie § 103 I AktG bedarf ein erfolgreicher Beschl. einer **qualifizierten Mehrheit** (3/4). Dabei ist das Mehrheitsquorum nach der Zahl der abgegebenen Stimmen zu errechnen; ungültige Stimmen sind nicht zu berücksichtigen (UHH/*Henssler* Rn. 11; MüArbR/*Wißmann* § 285 Rn. 27). Der Beschl. kann entspr. § 11 angefochten werden (*Freis* Rn. 142; UHH/*Henssler* Rn. 11).

7 **f) Amtsbeendigung.** Das Amt des abberufenen ARMitglieds endet, wenn der Wahlvorstand diesem das Abstimmungsergebnis mitgeteilt hat (§ 37 II WO iVm. § 21 II WO). An die Stelle des abberufenen ANVertreters tritt das für ihn gewählte Ersatzmitglied, sofern dieses auch die ggf. wegen § 4 II erforderl. Wählbarkeitsvoraussetzungen des § 4 III erfüllt (RVJ/*Veil* Rn. 9; UHH/*Henssler* Rn. 12; HWK/*Seibt* Rn. 4 sowie § 7 Rn. 1).

8 **g) Bekanntmachung.** Hins. der Bek. des Abstimmungsergebnisses greift nicht § 8, sondern § 106 AktG ein, der wegen § 1 I Nr. 3 auch bei GmbH sowie auf Grund der Verweisung in § 189 III 1 VAG bei VVaG anzuwenden ist. Anders ist die Rechtslage bei Genossenschaften; das GenG kennt keine vergleichbare Publizitätspflicht hins. der ARMitglieder. Zuvor gibt der Betriebswahlvorstand das Erg. der Abstimmung bekannt (§ 37 II WO iVm. § 21 I WO).

9 **3. Vorzeitige Amtsbeendigung aus anderen Gründen. a) Vorzeitige Beendigung der Amtszeit aller Aufsichtsratsmitglieder bzw. der Arbeitnehmervertreter.** Fällt die Gesellschaft, für die der AR bestand, weg, erlischt auch das Amt der ARMitglieder (UHH/*Henssler* Rn. 14; HWK/*Seibt* Rn. 5). Bei Änd. der Gesellschaft, zB ihrer Rechtsform, der Beschäftigtenzahlen oder ihres Unternehmenszwecks, auf Grund dessen diese daraufhin einem anderen Mitbestimmungsstatut unterliegt, gilt – vorbehaltl. der §§ 203, 325 UmwG (s. dazu UmwG § 194 Rn. 2) – § 97 AktG (GK-BetrVG/*Kraft*[7] § 76 BetrVG 1952 Rn. 94; UHH/*Henssler* Rn. 14; HWK/*Seibt* Rn. 5). Entspr. gilt, wenn die Gesellschaft eine Familiengesellschaft oder ein Tendenzunternehmen iSd. § 1 II 1 Nr. 2, § 1 II 2 wird (GK-BetrVG/*Kraft*[7] § 76 BetrVG 1952 Rn. 94; UHH/*Henssler* Rn. 14). Damit erlischt das Amt der ARMitglieder spätestens mit Ablauf von 6 Monaten nach der Bek. des Vorstands bzw. spätestens 6 Monate nach Rechtskraft einer gerichtl. Entsch. (GK-BetrVG/*Kraft*[7] § 76 BetrVG 1952 Rn. 94).

10 **b) Vorzeitige Beendigung der Amtszeit einzelner Aufsichtsratsmitglieder bzw. einzelner Arbeitnehmervertreter.** Das Amt eines ARMitglieds kann nach hM durch dessen vorzeitige Niederlegung enden. Die Erkl. des Mitglieds ist unanfechtbar und unwiderrufl. (GK-BetrVG/*Kraft*[7] § 76 BetrVG 1952 Rn. 96; UHH/*Henssler* Rn. 15; HWK/*Seibt* Rn. 6). Sie hat – nach bestrittener Ansicht – ggü. dem ARVorsitzenden oder dem ges. Vertreter der Gesellschaft zu erfolgen (s. AktG § 103 Rn. 7).

11 Das ARAmt eines ANVertreters endet iÜ mit dem **Wegfall einer Voraussetzung für seine Wählbarkeit** (BAG 25.10.2000 NZA 2001, 461; UHH/*Henssler* Rn. 16; HWK/*Seibt* Rn. 7). Endet das ArbVerh. eines ANVertreters, der nach § 4 II notwendig in einem Betrieb des Unternehmens beschäftigt sein muss, mit dem Unternehmen, folgt daraus auch das Ende seines ARAmts (BAG 25.10.2000 NZA 2001, 461; UHH/*Henssler* Rn. 16; HWK/*Seibt* Rn. 8; s. ferner BGH 21.2.1963 AP BetrVG 1952 § 76 Nr. 12, zur Kündigung des einzigen Ang. als ANVertreter im AR). Im Fall der Kündigung des ANVertreters erlischt dessen Amt erst mit Unanfechtbarkeit der Kündigung (s. GK-BetrVG/*Kraft*[7] § 76 BetrVG 1952 Rn. 99; UHH/*Henssler* Rn. 16). Die „Beschäftigung" eines AN endet des Weiteren bei einem ruhenden ArbVerh., wenn diese Phase vor der Beendigung des ArbVerh. liegt und keine gesicherte Rückkehrmöglichkeit besteht (BAG 25.10.2000 NZA 2001, 461 für die Freistellungsphase einer ATZ im sog. Blockmodell; 16.4.2003 NZA 2003, 1345; *FKP* Rn. 252; *Haag/Gräter/Dangelmaier* DB 2001, 702 ff.; UHH/*Henssler* Rn. 16; HWK/*Seibt* Rn. 8; *Windbichler* SAE 2001, 208 ff.). Bei einer Freistellung des ANVertreters gem. § 38 BetrVG gilt dies jedoch nicht (*Windbichler* SAE 2001, 209). Das ARAmt eines ANVertreters, der dem AR als AN notwendig angehört und ltd. Ang. wird, endet ebenfalls (*Haase* NZA 2004, 1138, 1139; UHH/*Henssler* Rn. 16; HWK/*Seibt* Rn. 8).

12 Die Grds. in Rn. 11 gelten entspr., wenn ein **abhängiges Unternehmen aus dem Konzern ausscheidet.** Danach verliert der ANVertreter, der im abhängigen Unternehmen beschäftigt war, sein ARAmt, wenn dem AR nun nicht mehr die nach § 4 II erforderl. zwei in Konzernunternehmen beschäftigten AN angehören (RVJ/*Veil* Rn. 13; UHH/*Henssler* Rn. 17). Das gilt jedoch nicht, wenn der AR aus mehr unternehmensangehörigen ANVertretern besteht als nach dem G erforderl. (RVJ/*Veil* Rn. 13; UHH/*Henssler* Rn. 17; HWK/*Seibt* Rn. 9; MüArbR/*Wißmann* § 285 Rn. 11). Endet in diesem Fall bei einem ANVertreter die Beschäftigung, führt dies nur zum Amtsverlust, wenn dadurch dem AR nicht mehr eine ausreichende Zahl von unternehmensangehörigen ANVertretern angehören.

13 **c) Gerichtliche Abberufung eines Arbeitnehmervertreters.** ARMitglieder der AN können nach § 103 III und IV AktG durch Beschl. des für die Gesellschaft zust. Registergerichts (§ 376 I FamFG,

§ 14 AktG) abberufen werden, wenn in ihrer Person ein wichtiger Grund vorliegt (*Freis* Rn. 143; UHH/*Henssler* Rn. 18; *KMS* Rn. 819; HWK/*Seibt* Rn. 10). Hierfür muss ein Verbleiben in dem AR bei Abwägung aller Umstände für die Gesellschaft unzumutbar sein (s. AktG § 103 Rn. 5). Ein Grund, der die fristlose Kündigung eines im Unternehmen beschäftigten ANVertreters rechtfertigt, muss nicht notwendig einen Grund für eine gerichtl. Abberufung dieses Mitglieds aus dem AR darstellen (BAG 21.2.1963 AP BetrVG 1952 § 76 Nr. 12; UHH/*Henssler* Rn. 18; HWK/*Seibt* Rn. 10). Gegen die Entsch. des Registergerichts ist die Beschwerde zum LG statthaft (§ 103 III 4 AktG), gegen dessen Entsch. bei entspr. Zulassung die Rechtsbeschwerde zum OLG eröffnet ist (§ 70 FamFG).

Teil 3. Übergangs- und Schlussvorschriften

§ 13 Ermächtigung zum Erlass von Rechtsverordnungen

Die Bundesregierung wird ermächtigt, durch Rechtsverordnung Vorschriften über das Verfahren für die Wahl und die Abberufung von Aufsichtsratsmitgliedern der Arbeitnehmer zu erlassen, insbesondere über

1. die Vorbereitung der Wahl, insbesondere die Aufstellung der Wählerlisten und die Errechnung der Zahl der Aufsichtsratsmitglieder der Arbeitnehmer;
2. die Frist für die Einsichtnahme in die Wählerlisten und die Erhebung von Einsprüchen gegen sie;
3. die Wahlvorschläge und die Frist für ihre Einreichung;
4. das Wahlausschreiben und die Frist für seine Bekanntmachung;
5. die Teilnahme von Arbeitnehmern eines in § 3 Abs. 3 bezeichneten Betriebs an der Wahl;
6. die Stimmabgabe;
7. die Feststellung des Wahlergebnisses und die Fristen für seine Bekanntmachung;
8. die Anfechtung der Wahl;
9. die Aufbewahrung der Wahlakten.

Die Vorschr. enthält die notwendige Ermächtigungsgrdl. für die BReg. zum Erlass einer erg. WO. 1
Abw. von § 87 BetrVG 1952 bedarf diese nicht der Zust. des BR, was mit § 39 MitbestG, § 15 Montan-MitbestG, und § 17 MitbestErgG übereinstimmt. Durch die VO zum Zweiten G zur Vereinfachung der Wahl der ANVertreter im AR v. 23.6.2004 (BGBl. I S. 1393) hat die BReg. von der Ermächtigung Gebrauch gemacht (s. dazu *FKP* Rn. 768 ff.; *Freis* Rn. 73 ff.); zuletzt wurde die WO durch Art. 5 der ÄndVO vom 26.8.2015 (BGBl. I S. 1443, 1461) geändert.

§ 14 Verweisungen

Soweit in anderen Gesetzen auf Vorschriften verwiesen wird, die durch Artikel 6 Abs. 2 des Zweiten Gesetzes zur Vereinfachung der Wahl der Arbeitnehmervertreter in den Aufsichtsrat aufgehoben werden, treten an ihre Stelle die entsprechenden Vorschriften dieses Gesetzes.

280. Gesetz über die Zahlung des Arbeitsentgelts an Feiertagen und im Krankheitsfall (Entgeltfortzahlungsgesetz)

Vom 26. Mai 1994 (BGBl. I S. 1014, 1065)

Zul. geänd. durch Gesetz vom 16. Juli 2015 (BGBl. S. 1211)

(FNA 800-19-3)

§ 1 Anwendungsbereich

(1) Dieses Gesetz regelt die Zahlung des Arbeitsentgelts an gesetzlichen Feiertagen und die Fortzahlung des Arbeitsentgelts im Krankheitsfall an Arbeitnehmer sowie die wirtschaftliche Sicherung im Bereich der Heimarbeit für gesetzliche Feiertage und im Krankheitsfall.

(2) Arbeitnehmer im Sinne dieses Gesetzes sind Arbeiter und Angestellte sowie die zu ihrer Berufsbildung Beschäftigten.

1 **1. Normzweck.** Die Vorschr. enthält zwei Regelungen mit ähnl. Zweckbestimmung. Abs. 1 beschreibt den sachl. Anwendungsbereich (neben der EFZ im Krankheitsfall die EFZ an Feiertagen); er stellt zugleich klar, dass das EFZG alle früher für AN und Heimarbeiter bestehenden Vorschr. über EFZ im Krankheitsfall und an Feiertagen zusammenfasst (BT-Drs. 12/5263 S. 10). Abs. 2 beschreibt den pers. Anwendungsbereich und greift dabei auf bekannte ges. Vorgaben zB in § 2 BUrlG zurück (zum ANBegriff s. BGB § 611 Rn. 34 ff.; vgl. Rn. 2 bis 4; zum räuml. Anwendungsbereich vgl. Rn. 5).

2 **2. Persönlicher Anwendungsbereich. a) Arbeitnehmer.** Die Vorschr. des EFZG gelten für alle AN iSd. G. Das sind Arbeiter und Ang. sowie die zu ihrer Berufsbildung Beschäftigten mit Vergütungsanspruch (Arg. aus dem Wortlaut des jetzigen § 19 I 2 b BBiG), nicht jedoch die arbeitnehmerähnl. Personen. Das EFZG enthält ebenso wie andere arbeitsrechtl. Normen **keine Definition** des AN-Begriffs, sondern geht von einem bestehenden allg. ANBegriff des ArbR aus. Deshalb ist bei der Anwendung des G nach den allg. Regeln festzustellen, ob ein Beschäftigter AN iSd. G ist oder nicht (BGB § 611 Rn. 34 ff.; MüKoBGB/*Müller-Glöge* Rn. 5; *Vogelsang* Rn. 14 bis 36). Das G findet dementspr. keine Anwendung auf freie Mitarbeiter und Dienstnehmer, wie zB den GF einer GmbH. Mangels einer der EFZ zugrundeliegenden EU-RL wird man auch am nationalen ANBegriff festhalten können (vgl. zur Diskussion BGB § 611 Rn. 137 ff.). In der Praxis werden die Regelungen des EFZG für GF jedoch häufig vertragl. einbezogen. Heimarbeiter sind keine AN. Für sie gelten die Vorschr. der §§ 10 und 11. Das EFZG diff. nicht **nach der Dauer oder der Art** der Beschäftigung eines AN. Jeder AN hat unabhängig von dem Umf. seiner AZ grds. einen Anspruch auf EFZ. Erforderl. ist nur der Ablauf einer Wartezeit, die alle AN gleich belastet (§ 3 Rn. 33). Auch die Nationalität des AN ist ohne Bedeutung, wenn für das betroffene ArbVerh. dt. ArbR vereinbart ist oder nach den Regeln des IPR zur Anwendung kommt (zum Auslandseinsatz Rn. 5 und 6).

3 **b) Beschäftigte zur Berufsausbildung.** Das G bezieht alle zur Berufsbildung Beschäftigten ein (BAG 20.8.2003 NZA 2004, 205, auch zur Berücksichtigung des Ausbildungsverhältnisses bei der Berechnung der Wartezeit). Damit wird keine Berufsausbildung auf arbeitsvertragl. Grdl. verlangt. Auch diejenigen, die aufgrund anderer Normen oder Vereinb. berufl. gebildet werden (berufl. Fortbildung und berufl. Umschulung), sind vom Geltungsbereich des G erfasst. Deshalb gehören nicht nur die Auszubildenden iSd. BBiG zum berechtigten Personenkreis, sondern auch die **Praktikanten,** die zur Vorbereitung ihrer eigentl. Ausbildung beschäftigt werden, und **Volontäre** mit einem Arbeitsentgeltanspruch (MüKoBGB/*Müller-Glöge* Rn. 7; *Vogelsang* Rn. 36; *Schmitt* Rn. 36). Dabei ist der Begriff der Praktikanten unter Berücksichtigung der ges. Definition des § 22 MiLoG eng auszulegen. Zur Fortzahlung der Ausbildungsvergütung bei anderen Verhinderungstatbeständen vgl. die Erl. zu § 19 BBiG.

4 **c) Sozialrechtliche Eingliederung.** Kein ArbVerh. iSd. ArbR, sondern ein Rechtsverhältnis eigener Art entsteht, wenn ein AN im Rahmen einer **krankenversicherungsrechtl. Wiedereingliederung** nach § 74 SGB V beschäftigt wird (BAG 29.1.1992 NZA 1992, 643). In diesem Rechtsverhältnis schuldet der AN keine Arbeitsleistung und der beschäftigende AG mangels abw. Vereinb. weder Arbeitsentgelt noch entspr. Ersatzleistungen (BAG 24.9.2014 NZA 2014, 1407).

5 **3. Räumlicher Geltungsbereich.** Das G enthält keine Regelung über seinen räuml. Geltungsbereich. Es gilt daher ohne Einschränkung im gesamten Bundesgebiet, auch wenn beide Vertragsparteien eine andere Staatsangehörigkeit haben. Bei ArbVerh. mit **Auslandsberührung** sind die Regeln des IPR zu beachten (dazu MüKoBGB/*Müller-Glöge* Rn. 8 ff.; *Schlachter* NZA 2000, 57). Haben die Vertragsparteien keine **Rechtswahl** nach **Art. 3 Rom I-VO** getroffen (was sich regelm. wenigstens konkludent

aus den Bestimmungen des Vertrages oder aus den Umständen des Falls ergibt – vgl. zB BAG 12.12.2001 NZA 2002, 734), so kommen die Regelungen des Art. 8 II, III und IV Rom I-VO zur Anwendung.

Die Rechtswahl der Vertragsparteien darf nicht dazu führen, dass dem AN der **Schutz entzogen** wird, der ihm durch die zwgd. Bestimmungen des Rechts gewährt wird, das nach Art. 8 II, III oder IV Rom I-VO anzuwenden wäre, Art. 8 I Rom I-VO. Wird gegen dieses Verbot verstoßen, so kann das EFZG trotz entgegenstehender Rechtswahl zur Anwendung kommen (vgl. dazu allg. BAG 29.10.1992 NZA 1993, 743). Nach Art. 9 Rom I-VO bleibt die Anwendung derjenigen Bestimmungen des dt. Rechts unberührt, die ohne Rücksicht auf das auf den Vertrag anzuwendende Recht den Sachverhalt regeln, der in ihren Geltungsbereich fällt. Zu diesen sog. **Eingriffsnormen** zählen nur diejenigen inländischen Vorschr., die entweder ausdr. oder nach Sinn und Zweck ohne Rücksicht auf das nach den dt. Kollisionsnormen anwendbare Recht gelten sollen. Nicht ausreichend ist, dass die betr. Norm als ANSchutznorm einseitig zwgd. ist. Nach diesem engen Begriffsverständnis zählt § 3 I zu den Eingriffsnormen, sofern dt. SozVersR Anwendung findet und die EFZ der Entlastung der Krankenkassen und damit öffentl. Interessen dient (BAG 12.12.2001 NZA 2002, 734; 18.4.2012 NZA 2012, 1152; *Müller-Glöge* RdA 2006, 105, 106; s. auch Rom I-VO Art. 3, 8 und 9 Rn. 21 ff.). 6

§ 2 Entgeltzahlung an Feiertagen

(1) **Für Arbeitszeit, die infolge eines gesetzlichen Feiertages ausfällt, hat der Arbeitgeber dem Arbeitnehmer das Arbeitsentgelt zu zahlen, das er ohne den Arbeitsausfall erhalten hätte.**

(2) **Die Arbeitszeit, die an einem gesetzlichen Feiertag gleichzeitig infolge von Kurzarbeit ausfällt und für die an anderen Tagen als an gesetzlichen Feiertagen Kurzarbeitergeld geleistet wird, gilt als infolge eines gesetzlichen Feiertages nach Absatz 1 ausgefallen.**

(3) **Arbeitnehmer, die am letzten Arbeitstag vor oder am ersten Arbeitstag nach Feiertagen unentschuldigt der Arbeit fernbleiben, haben keinen Anspruch auf Bezahlung für diese Feiertage.**

1. Normzweck. Nach den bürgerl.-rechtl. Regeln des gegenseitigen Vertrages wird der AG von der Pflicht zur Vergütungszahlung frei, wenn der AN an einem Tag seiner Arbeitspflicht nicht nachkommt, § 326 I 1 BGB. Auf den Grund der Nichtleistung kommt es nicht an; vertragsrechtl. steht dem AN auch an Feiertagen ohne Arbeitsverpflichtung und ohne Arbeitsleistung keine Vergütung zu. Dieses Erg. verhindern die Vorschr. des § 2 und dienen damit mittelbar dem Feiertagsrecht. Es kommt grds. nicht zu einem Entgeltausfall des AN, wenn er wegen der Feiertagsruhe keine Arbeitsverpflichtung hat. § 2 regelt die **Rechtsfolge** für einen Arbeitsausfall wegen eines Feiertags, **nicht die Voraussetzungen** für die Befreiung von der Arbeitspflicht. Diese finden sich in den Bestimmungen über die Feiertage, dem Feiertagsrecht (Rn. 2 f.) und in den arbeitszeitrechtl. Bestimmungen, die die Arbeitsruhe an Feiertagen anordnen, vorrangig im ArbZG v. 6.6.1994 (BGBl. I S. 1170). 1

2. Feiertagsrecht. Die Länder haben nach Art. 70 I GG das Gesetzgebungsrecht auf dem Gebiet des Feiertagsrechts, soweit das GG nicht dem Bund Gesetzgebungsbefugnisse verleiht. Diese können sich auch aus der Natur der Sache ergeben, wie bei der Bestimmung des Tags der Dt. Einheit im EVertr. (Art. 2 II EVertr.). So ist der 3. Oktober bundesges. Feiertag. Die meisten ges. Feiertage haben in Deutschland ihren Ursprung in der christl. Überzeugung. Sie lehnen sich auch heute noch an die Bekenntnisse der jeweiligen Bevölkerung zu den beiden großen christl. Konfessionen an. Davon zu unterscheiden sind die **kirchl. geschützten Feiertage**, die keine ges. Feiertage sind und für die deshalb das G nicht zur Anwendung kommt. Für diese Tage gelten bes. Regeln, die in den G der Länder zu finden sind. 2

Neben dem 3. Oktober sind ges. Feiertage im gesamten Bundesgebiet aufgrund übereinstimmender GVorschr. aller Länder Neujahr, Karfreitag, Ostermontag, 1. Mai, Christi Himmelfahrt, Pfingstmontag, 1. Weihnachtstag und 2. Weihnachtstag (BAG 13.4.2005 NZA 2005, 882; 17.3.2010 AP TVG § 1 Tarifverträge: Brotindustrie Nr. 9). In den Bundesländern finden sich daneben unterschiedl. Feiertagsbestimmungen. So sind Feiertage 3

- **Heilige Drei Könige** in BW, BY und ST,
- **Fronleichnam** in BW, BY, HE, NRW, RP, SL und in TH in Gemeinden mit überw. katholischer Bevölkerung und in SN nach Maßgabe einer ministeriellen VO (§ 1 des LandesG über Sonn- und Feiertage),
- **Mariä Himmelfahrt (15. August)** im SL und in BY in Gemeinden mit überw. katholischer Bevölkerung,
- **Reformationstag** in den neuen Bundesländern mit Ausnahme von TH (dort nur in Gemeinden mit überw. evangelischer Bevölkerung),
- **Allerheiligen** in den Ländern BW, BY, NRW, RP, SL und TH in Gemeinden mit überw. katholischer Bevölkerung und
- **Buß- und Bettag** in SN.

4 **3. Entgeltanspruch nach § 2 I. a)** § 2 I enthält die allg. Voraussetzungen für den ges. EFZAnspruch an Feiertagen. Er beschreibt den anspruchsberechtigten Personenkreis, bestimmt den Maßstab für die Zahlung, näml. die ausgefallene AZ, und fordert die Kausalität zwischen der durch das Feiertagsrecht ermöglichten Arbeitsruhe und dem Ausfall der Arbeit (zur Rechtslage bei Tätigkeit des AN Rn. 7). Anspruchsberechtigt ist nur der AN iSd. § 1, der in einem ArbVerh. (BAG 14.7.1967 AP FeiertagslohnzahlungsG § 1 Nr. 24) zu einer natürl. oder jur. Person steht (AG). Auf **Art und Inhalt** des ArbVerh. sowie Umf. der Arbeitsverpflichtung kommt es nicht an. Die Regelung ist Anspruchsgrdl. in DauerArbVerh. wie in befristeten oder unter einer Bedingung geschlossenen ArbVerh., sofern der Feiertag innerhalb des verabredeten Zeitraums liegt. Das gilt auch für kurzfristige AushilfsArbVerh. Ledigl. bei EintagesArbVerh. – nicht zu verwechseln mit einem DauerArbVerh. mit nur eintägiger Arbeitsverpflichtung pro Woche (BAG 10.7.1996 AP FeiertagslohnzahlungsG § 1 Nr. 69) – entfällt § 2 I als Anspruchsgrdl., auch wenn zwei EintagesArbVerh. jeweils am Tag vor und nach dem Feiertag bestehen (BAG 14.7.1967 AP FeiertagslohnzahlungsG § 1 Nr. 24), was anges. der Regelungen über befristete Arbeitsverträge im TzBfG kaum noch vorkommt (MüKoBGB/*Müller-Glöge* Rn. 5). Die Norm gilt ferner **im gekündigten ArbVerh.**, wenn der Feiertag von der Kündigungsfrist umfasst wird. Sie findet auch in ArbVerh. nach dem AÜG Anwendung. Für **Heimarbeiter**, Hausgewerbetreibende und ihnen Gleichgestellte kommt nicht § 2, sondern die Sonderregelung des § 11 zur Anwendung.

5 Ein Anspruch nach § 2 I kann nur an einem der Tage entstehen, wie sie in Rn. 3 aufgelistet sind. Andere (kirchl.) Feier- oder Gedenktage kommen nicht in Betracht. Darf der AN an derartigen Tagen der Arbeit fernbleiben, so kann allenfalls ein Anspruch aus § 616 BGB gegeben sein oder der Vergütungsanspruch entfällt. Befinden sich Wohnsitz des AN, Unternehmenssitz des AG und Arbeitsort nicht im selben Bundesland und gibt es in den betroffenen Bundesländern unterschiedl. ges. Feiertage, so sind die tats. und rechtl. **Verhältnisse am Arbeitsort** maßgebend (MüArbR/*Boewer* § 71 Rn. 3; MüKoBGB/*Müller-Glöge* Rn. 8; *Schmitt* Rn. 28; *Vossen* Rn. 769). Ein aus Minden in NRW nach Hannover in Nds. entsandter Montagearbeiter hat Allerheiligen in Hannover eine Arbeitspflicht. Will er dennoch aus religiösen Gründen an diesem Tag nicht arbeiten, so kann er einen Entgeltanspruch für diesen Tag nicht aus § 2 I herleiten (**aA** für kurzfristige Einsätze *Treber* Rn. 14), sondern allenfalls aus § 616 BGB (MüKoBGB/*Müller-Glöge* Rn. 8; **aA** *Vogelsang* Rn. 784, der in § 2 EFZG eine abschl. Regelung sieht und keinerlei Anspruch gewährt).

6 Bei einem **Auslandseinsatz,** bei dem dt. Arbeitsvertragsrecht gilt (§ 1 Rn. 3 und 4), fällt die Arbeit an dt. Feiertagen, die nicht auch im Gastland Feiertage sind, nicht aus. § 2 I kommt nicht zur Anwendung (MüKoBGB/*Müller-Glöge* Rn. 9; **aA** für kurzfristige Auslandseinsätze FM/*Müller* Rn. 19). Entfällt an den ausl. Feiertagen, die nicht zugleich im Heimatland als ges. Feiertage bestimmt sind, die Arbeitsverpflichtung, so kommt § 2 I mangels eines dt. ges. Feiertags ebenfalls nicht zur Anwendung. Der Anspruch auf Arbeitsentgelt an diesem Tag bedarf einer anderweitigen vertragl. oder tarifvertragl. Grdl.; ggf. kann ein Anspruch nach § 616 BGB bestehen (*Schmitt* Rn. 31; abw. FM/*Müller* Rn. 20: HWK/*Schliemann* Rn. 13; MüKoBGB/*Müller-Glöge* Rn. 9, die die Betriebsrisikolehre heranziehen; **aA** *Vogelsang* Rn. 788). Der **ausl. AN**, der im Geltungsbereich des EFZG arbeitet und dessen Arbeitsverpflichtung an einem **dt. Feiertag** entfällt, erhält das Entgelt nach § 2 I fortgezahlt. Die heimatl. Feiertage, die nicht auch an seinem dt. Arbeitsort Feiertag sind, rechtfertigen keine Arbeitsbefreiung und Fortzahlung nach § 2 I, sondern allenfalls nach § 616 BGB (**aA** *Treber* Rn. 17; *Vogelsang* Rn. 790). Findet das EFZG weder aufgrund einer Rechtswahl noch nach den allg. Regeln des IPR Anwendung, scheidet eine EFZ nach § 2 I am Feiertag aus. Die Vorschr. zählt nicht zu den Eingriffsnormen des Art. 9 Rom I-VO (vgl. § 1 Rn. 6; BAG 18.4.2012 NZA 2012, 1152).

7 **b)** § 2 I kommt als Anspruchsgrdl. für eine Entgeltforderung nur in Betracht, wenn die Arbeit an dem ges. **Feiertag** tats. **ausgefallen** ist. Hat der AN an diesem Tag **gearbeitet**, so hat er einen Anspruch auf Bezahlung seiner geleisteten Arbeit (BAG 19.9.2012 – 5 AZR 727/11 –; MüKoBGB/*Müller-Glöge* Rn. 10), regelm. inklusive eines vertragl. oder tarifvertragl. Zuschlags (BAG 12.12.2001 NZA 2002, 505). Dabei kommt es nicht darauf an, ob die Tätigkeit an dem Feiertag erlaubt oder unerlaubt war (BAG 5.2.1965 AP FeiertagslohnzahlungsG § 1 Nr. 17).

8 Ein Anspruch besteht jedoch nur, wenn zwischen dem Arbeitsausfall und dem Feiertag ein **unmittelbarer Zusammenhang** besteht (MüKoBGB/*Müller-Glöge* Rn. 11). Beruht der Arbeitsausfall auch auf anderen Gründen und ist der Feiertag nicht alleinige Ursache (BAG 14.6.2006 ZTR 2006, 592; 13.6.2007 AP BGB § 242 Betriebliche Übung Nr. 78), so scheidet § 2 I als Anspruchsgrdl. aus **(monokausaler Zusammenhang)**. LFZ kann daher auch der in einem AbrufArbVerh. beschäftigte AN verlangen, wenn er die tats. Umstände dazu vortragen kann, aus denen sich eine hohe Wahrscheinlichkeit dafür ergibt, dass die Arbeit allein wegen des Feiertags ausgefallen ist (BAG 24.10.2001 AP EntgeltFG § 2 Nr. 8 [krit. *Ostermeier* RdA 2008, 86, 89]). Von der Monokausalität macht § 2 II als Spezialnorm eine Ausnahme beim Zusammentreffen von Kurzarbeit und Feiertagen (Rn. 17 bis 19). In einem TV kann nicht zuungunsten des AN von den Bestimmungen des Ursachenzusammenhangs abgewichen werden (BAG 15.5.2013 NZA 2013, 974). IE gilt:

9 Liegt ein Feiertag in einem **Urlaubszeitraum** und hätte an diesem Tag keine Arbeitsverpflichtung bestanden, wenn der AN nicht im Urlaub wäre, so hat der AN an diesem Tag keinen Urlaub gehabt.

Vielmehr bestand an diesem Tag schon keine Arbeitspflicht. Dies entspricht der Wertung des § 3 II BUrlG, wonach an einem ges. Feiertag, für den nicht ausnahmsweise eine Arbeitsleistung angeordnet worden ist, kein Urlaub gewährt werden kann (BAG 26.10.2016 NZA 2017, 123; Einzelheiten bei § 3 BUrlG Rn. 5 und § 7 BUrlG Rn. 21 f.). Folgl. ist die AZ wegen des Feiertags ausgefallen und es besteht ein Anspruch nach § 2 I. Eine Konkurrenzsituation (so zu Unrecht *Schmitt* Rn. 54) zwischen Urlaubsrecht und EFZRecht besteht nicht (MüArbR/*Boewer* § 71 Rn. 7; MüKoBGB/*Müller-Glöge* Rn. 18; KDHK/*Kleinsorge* Rn. 15 ff.). Hätte der AN an dem ges. Feiertag jedoch eine Arbeitsverpflichtung gehabt, zB im Schichtmodell oder bei erlaubter Feiertagsarbeit im Dienstleistungsgewerbe, so fällt die Arbeit nicht wegen des Feiertags aus, sondern wegen der **Urlaubsgewährung** (zu einem solchen Fall BAG 15.1.2013 NZA 2013, 1091). Der AN hat für den Feiertag dann keinen Anspruch aus § 2 I, sondern aus § 1 BUrlG (MüArbR/*Boewer* § 71 Rn. 7; MüKoBGB/*Müller-Glöge* Rn. 18; *Vogelsang* Rn. 817). Im **unbezahlten Sonderurlaub** oder in sonstigen Fällen eines **ruhenden** ArbVerh. hat der AN am Feiertag keinen Anspruch aus § 2 I. Das gilt auch dann, wenn der Sonderurlaub mit dem Feiertag beginnt (1. 1. oder 1. 5.) oder endet (3. 10.). Etwas anderes gilt nur, wenn sich aus der Sonderurlaubsvereinb. ausdr. oder aus den Umständen des Einzelfalls (BAG 27.7.1973 AP FeiertagslohnzahlungsG § 1 Nr. 30) ergibt, dass der Sonderurlaub erst mit dem auf den Feiertag folgenden Tag beginnt oder mit dem Tag vor dem Feiertag endet (MüKoBGB/*Müller-Glöge* Rn. 19; *Vogelsang* Rn. 820; *Schmitt* Rn. 57; MüArbR/*Boewer* § 71 Rn. 7) oder wenn der unbezahlte Sonderurlaub ausnahmsweise auf Veranlassung des AG genommen wurde. Die Zust. des AN zu diesem Sonderurlaub beinhaltet ohne ausdr. Vereinb. nicht zugleich den Verzicht auf eine FeiertagsEFZ.

Fällt ein Feiertag in einen Zeitraum, in dem ein (Leih)-AN von seinem AG nicht eingesetzt werden 9a kann und erhält er in den Tagen vor und nach dem Feiertag Vergütung unter Minderung der angesammelten Stunden auf einem **AZKonto**, so liegt ein Sachverhalt vor, der wie die Bewertung des Feiertags in einem Urlaubszeitraum zu beurteilen ist. Die Arbeit ist, da der AN an diesem Tag eine Arbeitsverpflichtung gehabt hätte, wenn es nicht zu der „Auszeit" gekommen wäre, wegen des Feiertags ausgefallen. Es liegt ein monokausaler Zusammenhang vor (**aA** LAG BW 29.4.2009 – 17 Sa 4/09). In ArbVerh. nach dem AÜG stellen sich zusätzl. Fragen zur Vereinbarkeit vertragl. und tarifvertragl. Regelungen über die Behandlung von Ausfallzeiten mit § 11 IV 2 AÜG, wonach das Recht des LeihAN nach § 615 S. 1 BGB nicht aufgeh. oder beschränkt werden kann. Anders hingegen ist die Rechtslage, wenn Parteien das Ruhen des ArbVerh. für einen bestimmten Zeitraum zB während der Schulferien vereinbaren. Dann fällt keine Arbeit wegen des Feiertags aus, sondern wegen der (regelm. statthaften) Ruhensvereinb. (BAG 10.1.2007 NZA 2007, 384).

Das **Zusammentreffen** von **Krankheit und Feiertag** ist im Anschluss an die Rspr. des BAG 10 (19.4.1989 AP FeiertagslohnzahlungsG § 1 Nr. 62) positiv ges. geregelt. Der AN erhält EFZ im Krankheitsfall, deren Höhe sich nach den Regeln des Feiertagsrechts bestimmt, § 4 II (s. § 4 Rn. 21). Der AN hat danach zB Anspruch auf Fortzahlung auch der Feiertagszuschläge (BAG 16.7.1980 AP FeiertagslohnzahlungsG § 1 Nr. 35; 1.12.2004 AP EntgeltFG § 4 Nr. 68).

Wird in einem Betrieb **Schichtarbeit** in der Weise geleistet, dass auch an **Feiertagen gearbeitet** wird 11 (anschaul. BAG 13.6.2007 AP BGB § 242 Betriebliche Übung Nr. 78), so kommt es regelm. zu keinem Anspruch des AN nach § 2 I. Denn entweder ist der AN an dem Tag zur Arbeit verpflichtet; dann erhält er seine vereinbarte Vergütung nach § 611 BGB, deren Berechnung im Einzelfall umstr. sein mag (BAG 14.6.2006 ZTR 2006, 592; entspr. auch zur Möglichkeit, Urlaub am Feiertag zu gewähren BAG 15.1.2013 NZA 2013, 1091). Oder der AN hat an dem Feiertag seinen sich aus dem Schichtplan ergebenden freien Tag oder einen seiner Ausgleichstage im Freischichtenmodell gehabt, so dass die Arbeit nicht wegen des Feiertags, sondern wegen des hiervon unabhängigen Planschemas entfällt (BAG 24.9.2015 NZA-RR 2016, 45). Nur wenn in einem Schichtsystem die Arbeit wegen des Feiertags ausfällt, zB die Spätschicht an einem Feiertag vor einem arbeitsfreien Wochenende oder die Nachtschicht am Tag vor dem Feiertag, hat der betroffene AN einen Entgeltanspruch nach § 2 I, der nicht nur die Stunden an dem Feiertag betrifft, sondern alle Stunden der Schicht, auch wenn ein Teil der Schicht am Tag vor oder nach dem Feiertag geleistet worden wäre (BAG 15.5.2013 NZA 2013, 974; hM im Schrifttum, vgl. MüKoBGB/*Müller-Glöge* Rn. 13; *Vogelsang* Rn. 814). Die Regelung solcher Feiertagsschichten ist nur mit der Folge des § 2 I mögl.; diese Folge ist nicht disponibel (BAG 15.5.2013 NZA 2013, 974).

Dauert ein **Arbeitskampf** auch an einem ges. Feiertag fort, so hat der streikende oder ausgesperrte 12 AN keinen Anspruch nach § 2 I (BAG 11.5.1993 AP FeiertagslohnzahlungsG § 1 Nr. 63; 1.3.1995 AP FeiertagslohnzahlungsG § 1 Nr. 68). Das gilt auch dann, wenn der Feiertag noch Arbeitskampftag ist und am ersten Arbeitstag danach in einer BV Betriebsruhe unter Anrechnung auf den Tarifurlaub verabredet ist (BAG 31.5.1988 AP FeiertagslohnzahlungsG § 1 Nr. 57). Dasselbe gilt, wenn der AG durch einen Streik gezwungen ist, seinen **Betrieb vorübergehend zu schließen**, ohne die AN auszusperren. Auch in diesem Fall fällt die AZ nicht allein aufgrund des Feiertags aus (FM/*Müller* Rn. 50; *Vogelsang* Rn. 797). Ein Anspruch auf Feiertagsentgelt ist im Arbeitskampf nur gegeben, wenn der AN arbeitswillig ist und der AG ihn während der Arbeitskampftage beschäftigt hat. Dann fällt die AZ am Feiertag nicht durch den Arbeitskampf, sondern aufgrund der ges. angeordneten, betriebl. befolgten Arbeitsruhe aus. Feiertagsentgelt muss auch gezahlt werden, wenn der Arbeitskampf unmittelbar vor dem Feiertag endet oder sich unmittelbar an den Feiertag anschließt (BAG 1.3.1995 AP FeiertagslohnzahlungsG § 1 Nr. 68). Zu den tatbestandl. Voraussetzungen der Beendigung gehört die Erkl., zu welchem Zpkt. der Arbeitskampf beendet ist (BAG 31.5.1988 AP FeiertagslohnzahlungsG § 1 Nr. 56). Die Erkl. muss dem AG von der streikführenden Gewerkschaft oder von den beteiligten AN mitgeteilt werden (MüKoBGB/*Müller-Glöge* Rn. 15). Eine öffentl. Verlautbarung über die Medien kann eine unmittelbare Mitt. nur ersetzen, wenn der AG davon vor dem Feiertag Kenntnis erhält und die Äußerung hinreichend bestimmt ist (Einzelheiten bei BAG 23.10.1996 AP GG Art. 9 Arbeitskampf Nr. 146 mwN). Endet ein Streik am letzten Tag vor dem Feiertag und setzt ihn die kampfführende Gewerkschaft am übernächsten Tag nach dem Feiertag fort, so besteht ein Anspruch auf Feiertagsvergütung nach § 2 I. Die Unterbrechung des Streiks ist nach umstr. Auff. des BAG (11.5.1993 AP FeiertagslohnzahlungsG § 1 Nr. 63) nicht rechtsmissbräuchl., weil die Gegenseite für den Feiertag aussperren könne (FM/*Müller* Rn. 53; MüKoBGB/*Müller-Glöge* Rn. 15; **aA** *Treber* Rn. 27; *Belling/Hartmann* Anm. AP FeiertagslohnG § 1 Nr. 63, *Richardi* SAE 1994, 301). Das Arg. erscheint fragl., weil die befristete Abwehraussperrung nicht ohne weiteres statthaft ist und jdf. dann als Reaktion auf die „Aussetzung" des Streiks entfällt, wenn der AG erst nach dem Feiertag von der Fortsetzung des zwischenzeitl. beendeten Streiks erfährt. Ersteres deutet der 1. Sen. des BAG im nachf. Urt. v. 1.3.1995 (AP FeiertagslohnzahlungsG § 1 Nr. 68) selbst an (*Worzalla/Süllwald* Rn. 17, sprechen deshalb a. von einer Korrektur der Entsch., während *Ackmann* EWiR 1995, 985 die Entsch. für bestätigend hält). Wird der Streik jedoch **nur für einen Feiertag ausgesetzt**, so liegt darin keine Beendigung des Kampfes, weil mit der Beendigungserkl. der vorliegenden Art weder die AN ihre Arbeitskraft anbieten, noch die Gewerkschaft die Streikenden zur Arbeit auffordert. Ein Anspruch auf EFZ an Feiertagen nach § 2 I entfällt (BAG 1.3.1995 AP FeiertagslohnzahlungsG § 1 Nr. 68; ähnl. *Richardi* SAE 1994, 301, während *Löwisch AR-Blattei* Anm. ES 170.2 Nr. 43, den Tatbestand für gegeben, das Verhalten der Gewerkschaft aber für rechtsmissbräuchl. hält; s. GG Art. 9 Rn. 200).

13 Regelm. entfällt die Feiertagsvergütung, wenn die Arbeit an diesem Tag auch aus **anderen Gründen** ausgefallen wäre, wenn es sich um einen Arbeitstag gehandelt hätte, zB wenn ein AN wegen einer **Naturkatastrophe** seinen Arbeitsplatz v. 30. 12. bis 2. 1. nicht erreichen konnte. Selbst wenn in einem dieser Fälle ein Anspruch nach § 616 BGB für die tats. ausgefallenen Arbeitstage bestehen sollte, so bleibt § 2 I für den 1. 1. unanwendbar (*Schmitt* Rn. 60; *Vogelsang* Rn. 822).

14 **c) Arbeitsentgelt. aa) Grundsätze.** Wie bei der EFZ im Krankheitsfall schuldet der AG das Arbeitsentgelt, das der AN erhalten hätte, wenn der Feiertag ein Arbeitstag für den AN gewesen wäre – sog. **Entgeltausfallprinzip** (BAG 19.4.1989 AP FeiertagslohnzahlungsG § 1 Nr. 62). Erhält der AN ein stets unverändertes Monatsentgelt, so erfüllt der AG mit dessen Zahlung auch seine Schuld aus § 2 I (FM/*Müller* Rn. 60). Umfangr. Berechnungen entfallen dann regelm. Zusätzl. Überlegungen sind aber nicht zu vermeiden, wenn das Monatsentgelt nicht der einzige Verdienst ist, sondern durch andere Faktoren ergänzt wird **(variables Entgelt)**. Sie sind stets anzustellen, wenn der AN ein nach der jeweiligen AZ und/oder Leistung zu berechnendes Entgelt bekommt (Leistungslohn), das sich zudem aus mehreren Teilen zusammensetzen kann. Das Arbeitsentgelt, das der AG dem AN in diesem Fall an einem Feiertag schuldet, ergibt sich aus einem Zeit- und einem Geldfaktor (FM/*Müller* Rn. 61; MüKoBGB/*Müller-Glöge* Rn. 24; *Vogelsang* Rn. 844 ff. und iE *Schmitt* Rn. 64). Es ist festzustellen, wie viel Zeit (Stunden und Bruchteile davon) an dem Feiertag ausgefallen ist und mit welchem Betrag die Stunden (gleichmäßig oder unterschiedl.) zu vergüten sind. Die Multiplikation ergibt den geschuldeten Tagesverdienst.

15 **bb) Zeitfaktor bei variablem Entgelt.** Der Zeitfaktor ist ohne Schwierigkeiten bei einer **regelm. Verteilung** der AZ feststellbar. Das gilt auch, wenn regelm. Zusatzleistungen erbracht werden wie tägl. Fahrleistungen nach einer entspr. Sondervereinb. (BAG 16.2.2002 NZA 2002, 1163). Dagegen können Probleme bei der Ableistung von Mehrarbeit, bes. Formen von TZArbeit und bei Schichttätigkeiten auftreten. Die AN haben einen Anspruch auf **Mehrarbeitsvergütung**, wenn an dem Feiertag Mehrarbeit geleistet worden wäre (BAG 26.3.1985 AP FeiertagslohnzahlungsG § 1 Nr. 47). § 4 I a 1 findet keine Anwendung (MüKoBGB/*Müller-Glöge* Rn. 20; *Vogelsang* Rn. 845). Das gilt sowohl für eine ganztägige Mehrarbeit (Beschäftigung an einem ansonsten arbeitsfreien Samstag) als auch bei Überstunden. Die Feststellung kann regelm. getroffen werden, wenn der AG die Mehrarbeit an den Tagen zuvor und danach angeordnet hat (BAG 26.3.1985 AP FeiertagslohnzahlungsG § 1 Nr. 47), es sei denn, es liegen bes. Umstände vor, aus denen sich ergibt, dass die Mehrarbeit auch ohne den Feiertag entfallen wäre (BAG 26.3.1985 AP FeiertagslohnzahlungsG § 1 Nr. 47). Die Handhabung an den Tagen in Feiertagsnähe hat eine starke Indizwirkung (BAG 28.2.1964 AP FeiertagslohnzahlungsG § 1 Nr. 16). Wird die an einem Feiertag ausfallende **AZ vor- und/oder nachgeholt**, so entfällt nicht etwa der Anspruch auf Feiertagsentgelt (BAG 17.4.1975 AP FeiertagslohnzahlungsG § 1 Nr. 32; MüArbR/*Boewer* § 71 Rn. 7 und *Schmitt* Rn. 82); allerdings sind die Vor- und Nachholarbeiten nicht als Mehrarbeitsstunden in der Weise zu werten, dass sich der Zeitfaktor des Feiertags erhöht. Dieser bleibt vielmehr konstant (*Vogelsang* Rn. 847; *Vossen* Rn. 819). Ist die AZ eines **TZBeschäftigten** nicht regelm. auf die Arbeitstage verteilt, sondern variabel, ist festzustellen, wie viel Stunden am Feiertag gearbeitet worden wären, wenn es sich um einen Arbeitstag gehandelt hätte. Das gilt auch bei Arbeits-

platzteilung nach § 13 TzBfG (MüKoBGB/*Müller-Glöge* Rn. 25; *Schmitt* Rn. 76). Wird in einem **Drei-Schicht-Rhythmus** gearbeitet und fällt die am Vortag um 22 Uhr beginnende, in den Feiertag hineingehende Schicht aus, so ist die Zeit der Schicht bei der Berechnung zugrunde zu legen, auch wenn nur ein Teil der AZ am Feiertag ausfällt, sofern der AG von der Möglichkeit des § 9 II ArbZG Gebrauch gemacht und die Feiertagsruhe um wenigstens 2, aber höchstens 6 Stunden vorverlegt hat. Dann zählen allerdings die am Abend des Feiertags geleisteten Stunden nicht als Arbeit an einem Feiertag. Dasselbe gilt, wenn der AG die Feiertagsruhe nicht vor –, sondern zurückverlegt hat. Die erste Nachtschicht ist zu leisten, weil die Feiertagsruhe erst um 6.00 Uhr am Feiertag beginnt. Sie wird normal vergütet. Die nächste Nachtschicht fällt aus und ist mit der gesamten ausgefallenen AZ zu vergüten (BAG 26.1.1962 AP FeiertagslohnzahlungsG § 1 Nr. 13; 1.12.1967 AP FeiertagslohnzahlungsG § 1 Nr. 25). Fällt bei einem **Schichtsystem mit Freischichten** AZ aus (zum Zusammentreffen von Freischicht und Feiertag s. Rn. 15), die zum Erreichen der vereinbarten regelm. wöchentl. AZ wegen der höheren AZ an den regelm. Arbeitstagen gewährt werden (regelm. Gestaltung in der Metallindustrie, solange nach der tarifl. AZVerkürzung bis zu 35 Stunden in der Woche gearbeitet wird), so bemisst sich vorbehaltl. wirksam abw. Tarif- und BV der Zeitfaktor für die ausgefallene Schicht nach der tats. ausgefallenen AZ und nicht nach der AZ, die bei gleichmäßiger Verteilung der AZ auf die Arbeitstage einer Woche ausfallen würde (BAG 2.12.1987 AP FeiertagslohnzahlungsG § 1 Nr. 52; 2.12.1987 AP FeiertagslohnzahlungsG § 1 Nr. 53). Zur Schichtplangestaltung in Wochen mit einem Wochenfeiertag vgl. BAG 13.6.2007 AP BGB § 242 Betriebliche Übung Nr. 78.

cc) **Geldfaktor.** Die nach den vorst. Maßstäben ermittelte ausgefallene AZ ist mit dem Stundenbetrag 16 zu multiplizieren, den der AN zu erhalten gehabt hätte, wenn die Arbeit nicht ausgefallenen wäre. Es gelten dies. Grds. wie bei der Bemessung des Entgelts im Krankheitsfall ohne die dortige Problematik zur Einbeziehung der Überstundenbeträge. Auf die Darst. zu § 4 Rn. 11 und 12 wird verwiesen.

4. Feiertage und Kurzarbeit (§ 2 II). a) Grundsätze. Mit der Sonderregelung in Abs. 2 wird das 17 **Prinzip der alleinigen Ursache** (Rn. 8) **durchbrochen** und angeordnet, dass die an einem ges. Feiertag gleichzeitig wegen Kurzarbeit ausfallende AZ als infolge des Feiertags ausgefallen gilt. Damit wird die BA zuungunsten der AG entlastet. Der AN erhält vom AG aber nur das **Entgelt iHd. Kug.**, nicht iHd. Verdienstes, den er als Feiertagsentgelt ohne die Anordnung von Kurzarbeit erhalten hätte (BAG 5.7.1979 AP FeiertagslohnzahlungsG § 1 Nr. 33; 20 7. 1982 NJW 1983, 2901). Die auf das Entgelt entfallenden Sozialversicherungsbeiträge muss der AG allein entrichten, § 249 Abs. 2 SGB V und § 168 Abs. 1 Nr. 1 a SGB VI, nicht aber die Lohnsteuer. Diese hat er von der Feiertagsvergütung einzubehalten und an das Finanzamt abzuführen (BAG 8.5.1984 NZA 1985, 62; MüKoBGB/*Müller-Glöge* Rn. 32; krit. *Schmitt* Rn. 118 ff.; **aA** KDHK/*Kleinsorge* Rn. 44; *Kunz/Wedde* Rn. 113).

b) Zusammentreffen von Feiertag, Kurzarbeit und anderen Arbeitsausfällen. Erkrankt der AN 18 während einer **Kurzarbeitsperiode** auch an einem Feiertag, so hat der AN Anspruch auf EFZ im Krankheitsfall nach § 4 II. Der Anspruch ist der Höhe nach begrenzt auf das Entgelt, das zu entrichten wäre, wenn die Krankheit nicht eingetreten wäre. Das ist die Feiertagsvergütung, diese limitiert durch das Kug. (MüKoBGB/*Müller-Glöge* Rn. 33; *Schmitt* Rn. 123; *Vogelsang* Rn. 811), das sozialversicherungs- und steuerrechtl. wie unter Rn. 17 beschrieben zu behandeln ist.

c) Arbeitskampf. Wird ein Betrieb während einer Kurzarbeitsperiode bestreikt, so entsteht ein 19 Vergütungsanspruch für den Feiertag unter den oben (Rn. 12) genannten Voraussetzungen, der allerdings nach den Regeln über die Limitierung auf das Kug. zu begrenzen ist.

5. Der Anspruchsausschluss nach § 2 III. Feiertage liegen häufig in der Nähe eines Wochenendes, 20 so dass unter Zuhilfenahme eines weiteren arbeitsfreien Tages eine als bes. angenehm empfundene Arbeitspause entsteht. Da Urlaub ungern eintägig genommen und mehrfach gewährt auch unstatthaft ist (BUrlG § 7 Rn. 24 f.), ist die Versuchung groß, an dem weiteren Arbeitstag der Arbeit fernzubleiben. Dem entgegenzuwirken, dient der Ausschluss des Anspruchs auf Arbeitsvergütung bei sog. **Bummelei.**

a) Ausschlussvoraussetzungen. aa) Fernbleiben von der Arbeit. Die Voraussetzung ist gegeben, 21 wenn ein AN einen Tag lang seine Tätigkeit nicht aufnimmt. Das ist aber auch dann der Fall, wenn er nicht den ganzen Tag seinen Aufgaben nicht nachkommt, sondern **nur zT fernbleibt**. Denn das G stellt nicht auf den Tag ab, sondern bewertet ein Fernbleiben „am Tag" (BAG 28.10.1966 AP FeiertagslohnzahlungsG § 1 Nr. 23; hM im Schrifttum). Auf das Maß des Fernbleibens (so aber die hM: Schaub/*Linck* § 103 Rn. 12; *Schmitt* Rn. 138 „nicht unerhebl."; wohl a. BAG 28.10.1966 AP FeiertagslohnzahlungsG § 1 Nr. 23) und/oder auf die Lage der nicht geleisteten Arbeit kommt es nicht entscheidend an. Vielmehr ist maßgebend, ob ein „Fernbleiben" iSd. G vorliegt oder ob es sich um eine **Verspätung oder ein vorzeitiges Verlassen** des Betriebs handelt, die zwar eine Pflichtverletzung darstellen, aber wegen Art, Inhalt und Umf. der an diesem Tag zu leistenden Arbeit nicht als Fernbleiben anzusehen sind. Es kommt daher nicht auf die Versäumung einer bestimmten Stundenzahl oder der Hälfte der geschuldeten AZ an (so aber MüKoBGB/*Müller-Glöge* Rn. 36), sondern vielmehr auf die Umstände des Einzelfalls. Kann im Einzelfall bei einem Teilversäumnis nicht von einem Fernbleiben iSd. G ausgegangen und damit nicht von einem Ausschluss des Anspruchs auf Feiertagsvergütung ausgegangen werden, so bleiben die weiteren Sanktionen des AG wegen der Pflichtverletzung des AN an den „Fehltagen" (Entgeltminderung für die ausgefallene Zeit, Abmahnung, im Ausnahmefall sogar Kündigung) davon unberührt.

22 **bb) Die maßgeblichen Arbeitstage.** Es muss der **letzte Arbeitstag vor** dem Feiertag oder der **erste Arbeitstag nach** dem Feiertag betroffen sein, wenn die Leistung von Feiertagsentgelt entfallen soll. Liegt zwischen dem Feiertag und dem maßgebenden Tag ein arbeitsfreier Wochentag, so kommt es auf diesen nicht an. Maßgebend ist der **individuelle Arbeitstag**, nicht eine abstrakte Betrachtung, was nach den im Betrieb geltenden Regelungen als Arbeitstag anzusehen ist (KDHK/*Kleinsorge* Rn. 49; *Schmitt* Rn. 130; *Vogelsang* Rn. 833). Fällt in einem roulierenden Wechselschichtsystem ein Ausgleichstag für den AN auf den Arbeitstag vor dem Feiertag, so ist sein Verhalten am Tag vor dem Ausgleichstag maßgebend. Das gilt auch hins. des von Erholungsurlaub eingeschlossenen Feiertags. Bleibt der AN am ersten Tag nach seinem am 28. September begonnenen und am 10. Oktober beendeten Urlaub von der Arbeit unentschuldigt fern, so sind die Voraussetzungen des § 2 III gegeben. Für den 3. Oktober besteht kein Anspruch nach § 2 I. Im Einzelfall kann es zu einem mehrfach wirkenden Fernbleiben kommen. So entfällt die Feiertagsbezahlung für den Karfreitag und den Ostermontag, wenn der AN am Ostersamstag unentschuldigt fehlt oder wenn der AN ab 24. Dezember bis 31. Dezember Urlaub hat und am 23. 12. unentschuldigt fehlt. Dann entfällt der Anspruch auf Feiertagsentgelt für den 25. 12., 26. 12. und 1. 1.

23 **cc) Fehlende Entschuldigung.** Ein Fernbleiben von der Arbeit schließt den Anspruch auf EFZ nur aus, wenn der AN sein unberechtigtes Fernbleiben nicht entschuldigen kann. Diese auf eine schuldausschließende, dh. **Vorsatz und Fahrlässigkeit** ausschließende Erkl. hindeutende Tatbestandsvoraussetzung verleitet zu Fehldeutungen. Es geht nicht nur um den Ausschluss von Verschulden. Mit der „Entschuldigung" kann auch darauf hingewiesen werden, dass eine der anderen Tatbestandsvoraussetzungen nicht gegeben ist. Soweit der AN darauf hinweist, dass an dem betr. Tag für ihn keine Arbeitspflicht bestanden hat (Urlaub, Krankheit, Arbeitskampf), ist die Voraussetzung des Fehlens am maßgebenden individuellen Arbeitstag (Rn. 22) nicht gegeben. Soweit der AN obj. an der Aufnahme der Arbeit verhindert war (Unmöglichkeit, wegen der Witterung den Arbeitsplatz zu erreichen), hat er das Fernbleiben nicht zu vertreten (*Schmitt* Rn. 148; *Vogelsang* Rn. 836). Macht der AN geltend, sich über seine Arbeitsverpflichtung geirrt zu haben, kann darin eine Entschuldigung iSd. G gesehen werden, wenn ihm wegen des Irrtums kein Fahrlässigkeitsvorwurf gemacht werden kann (MüKoBGB/*Müller-Glöge* Rn. 35; *Vogelsang* Rn. 836; *Schmitt* Rn. 152); ein solcher Sachverhalt ist jedoch nur schwer vorstellbar.

24 Der Anspruch entfällt nur, wenn der AN das Fernbleiben zu vertreten hat, nicht wenn er obj. berechtigt war fernzubleiben, darüber aber seinen AG nicht unverzügl. oder alsbald informiert hat. Das G kennt **keine** den Anspruch ausschließende zeitgebundene **Anzeige- und Nachweispflicht** iRd. EFZ an Feiertagen. Die Regelungen des § 5 sind auch nicht entspr. anzuwenden (hM, zB KDHK/*Kleinsorge* Rn. 47; **aA** *Schmitt* Rn. 149 f.).

25 **b) Umfang des Ausschlusses.** Sind die tatbestandl. Voraussetzungen gegeben, entfällt der Anspruch für den ganzen Feiertag. Das gilt auch dann, wenn der AN am maßgebenden Tag (Rn. 22) tw. gearbeitet hat, dennoch aber von einem Fernbleiben iSd. G (Rn. 21) auszugehen ist. Es bleibt nicht etwa ein der AZ am maßgebenden Tag entspr. Anteil an Feiertagsbezahlung (MüKoBGB/*Müller-Glöge* Rn. 34; *Schmitt* Rn. 154; *Vogelsang* Rn. 839).

26 **c) Darlegungs- und Beweislast.** Macht ein AG den Anspruchsausschluss nach § 2 III geltend, so hat er darzulegen, dass der AN an einem maßgebenden Arbeitstag nicht zur Arbeit erschienen ist und dass er sich nicht entschuldigt hat. Denn beim Anspruchsausschluss nach § 2 III handelt es sich um einen **anspruchshindernden** oder **anspruchsvernichtenden Tatbestand**, wonach der Anspruch entweder gar nicht entstanden ist (Fehlen vor dem Feiertag) oder der mit Ablauf des Feiertags entstandene und am nächsten Zahlungstermin für das Entgelt der lfd. Periode fällige Anspruch untergegangen ist. Der AN kann sich mit einfachem Bestreiten nicht begnügen, sondern muss konkret erwidern, zB dass er gearbeitet hat oder an dem Tag keine Arbeitsverpflichtung hatte. Das gilt auch für andere „Entschuldigungsgründe" (Rn. 23). Entspr. der abgestuften Darlegungspflichten ist die Beweislast verteilt (KDHK/*Kleinsorge* Rn. 57; *Vogelsang* Rn. 855).

§ 3 Anspruch auf Entgeltfortzahlung im Krankheitsfall

(1) [1]**Wird ein Arbeitnehmer durch Arbeitsunfähigkeit infolge Krankheit an seiner Arbeitsleistung verhindert, ohne daß ihn ein Verschulden trifft, so hat er Anspruch auf Entgeltfortzahlung im Krankheitsfall durch den Arbeitgeber für die Zeit der Arbeitsunfähigkeit bis zur Dauer von sechs Wochen.** [2]**Wird der Arbeitnehmer infolge derselben Krankheit erneut arbeitsunfähig, so verliert er wegen der erneuten Arbeitsunfähigkeit den Anspruch nach Satz 1 für einen weiteren Zeitraum von höchstens sechs Wochen nicht, wenn**

1. er vor der erneuten Arbeitsunfähigkeit mindestens sechs Monate nicht infolge derselben Krankheit arbeitsunfähig war oder
2. seit Beginn der ersten Arbeitsunfähigkeit infolge derselben Krankheit eine Frist von zwölf Monaten abgelaufen ist.

(2) [1] **Als unverschuldete Arbeitsunfähigkeit im Sinne des Absatzes 1 gilt auch eine Arbeitsverhinderung, die infolge einer nicht rechtswidrigen Sterilisation oder eines nicht rechtswidrigen Abbruchs der Schwangerschaft eintritt.** [2] **Dasselbe gilt für einen Abbruch der Schwangerschaft, wenn die Schwangerschaft innerhalb von zwölf Wochen nach der Empfängnis durch einen Arzt abgebrochen wird, die schwangere Frau den Abbruch verlangt und dem Arzt durch eine Bescheinigung nachgewiesen hat, daß sie sich mindestens drei Tage vor dem Eingriff von einer anerkannten Beratungsstelle hat beraten lassen.**

(3) **Der Anspruch nach Absatz 1 entsteht nach vierwöchiger ununterbrochener Dauer des Arbeitsverhältnisses.**

I. Normzweck

Die Vorschr. enthalten die **zentrale Aussage** des G: Der AN, der wegen seiner AU infolge Krankheit von der Pflicht zur Arbeitsleistung befreit wird, ist nicht auf Leistungen der ges. oder privaten Krankenvers. angewiesen, sondern behält für einen begrenzten Zeitraum seinen Anspruch auf Arbeitsentgelt. Anstelle der Krankenkassen werden AG für bestimmte Tatbestände krankheitsbedingter AU zeitl. begrenzt zur Zahlung der Vergütung an die bei ihnen Beschäftigten zur **Sicherung des Lebensunterhalts** verpflichtet (Entlastungen für AG mit kleiner Belegschaft schafft das AAG v. 22.12.2005 BGBl. I S. 3686). § 3 I dient damit auch der Entlastung der Krankenkassen und ist deshalb in den Fällen, in denen dt. SozVersR zur Anwendung kommt, Eingriffsnorm iSd. Art. 9 Rom I-VO (BAG 12.12.2001 NZA 2002, 734; 18.4.2012 NZA 2012, 1152). Der unverschuldeten AU wegen Krankheit gleichgestellt sind nach § 3 II rechtmäßige **Sterilisationen** und **Schwangerschaftsabbrüche**, wobei der Entsch. des BVerfG v. 28.5.1993 (NJW 1993, 1751) zu den Voraussetzungen über die Verfassungsmäßigkeit von Bestimmungen bei Schwangerschaftsabbrüchen Rechnung getragen worden ist (BT-Drs. 12/5798). 1

Die Einf. einer **Wartezeit** in § 3 III durch G v. 25.9.1996 dient der Kostenentlastung der AG. Der Gesetzgeber hielt außerdem die erst 1994 für alle AN eingeführte Regelung, dass ein EFZAnspruch vom Beginn des ArbVerh. auch ohne jegl. Arbeitsleistung bestand (dazu *Schmitt* RdA 1996, 5, 6), für unvereinbar mit dem Prinzip von **Leistung und Gegenleistung** (BT-Drs. 13/4612 S. 16). 2

II. Arbeitsunfähigkeit infolge Krankheit

1. Grundsätze. Der AG kann von dem zur Arbeitsleistung verpflichteten AN keine Leistung beanspruchen, wenn einer der Tatbestände des § 275 I BGB (Ausschluss der Leistungspflicht) gegeben ist. Das ist ua. der Fall, wenn der AN zur Arbeitsleistung wegen krankheitsbedingter AU nicht in der Lage ist. Nach § 326 I BGB entfällt allerdings auch der Anspruch auf die Gegenleistung. Davon geht § 3 I 1 aus (zur Leistungsbefreiung des AN bei Krankheit nach der Änd. des § 275 BGB durch das SMG vgl. BGB § 611 Rn. 685 und *Gotthardt/Greiner* DB 2002, 2106, die auch die Bestimmung des § 275 Abs. 3 BGB über das Leistungsverweigerungsrecht des Schuldners angewendet wissen wollen) und schafft eine die Rechtsfolge des § 326 I BGB verdrängende Sonderregelung. Nach dem EFZG ist nicht nur das Fernbleiben von der Arbeit gerechtfertigt, sondern haben AN auch Anspruch auf Fortzahlung des ihnen für einen bestimmten Zeitraum zustehenden Entgelts nach § 611 BGB, wenn die weiteren Voraussetzungen des G gegeben sind. Der Anspruch ist mehrfach begrenzt. Kaum eigenständige Bedeutung hat vor diesem Hintergrund der Einwand des **Rechtsmissbrauchs** nach § 242 BGB (*Vogelsang* Rn. 160). Die Vorschr. des G sind näml. so gefasst, dass auf allg. Grds. regelm. nicht zurückgegriffen werden muss (BAG 28.2.1979 AP LohnFG § 1 Nr. 44 zur Heranziehung der Fürsorgepflicht), wie nachstehende Bsp. zeigen: Der Anspruch bei einer Kur wenige Tage nach Arbeitsbeginn (LAG BE 18.4.1978 BB 1979, 1145) entfällt wegen Nichterfüllung der Wartezeit, nicht aber wegen Rechtsmissbrauchs. Bei AU infolge einer die Kräfte übersteigenden Nebentätigkeit wird die AU regelm. schuldhaft herbeigeführt worden sein (Rn. 31). Wenn die notwendige Kausalität zwischen Nebentätigkeit und AU nicht festgestellt werden kann, so muss der AG das hinnehmen (zu Unrecht **aA** noch BAG 25.2.1972 AP LohnFG § 1 Nr. 19 und 9. 3. 1973 AP LohnFG § 1 Nr. 30; überholt auch die Überlegungen des 5.5.1972 AP LohnFG § 1 Nr. 22). Auch eine Tätigkeit während der ärztl. bescheinigten AU führt nicht zu rechtsmissbräuchl. Geltendmachung von EFZ. Entweder lässt sich dann der Nachw. führen, dass keine AU vorgelegen hat, oder die Krankheit hat dazu geführt, dass die geschuldete Arbeitsleistung nicht mögl. oder ratsam war, wohl aber die andere Tätigkeit bei einem Dritten. Auch die Ankündigung, nicht mehr arbeiten zu wollen, und nachf. AU führen regelm. nicht zum Verlust des Anspruchs wegen Verstoßes gegen Treu und Glauben (BAG 4.12.2002 AP EntgeltFG § 3 Nr. 17 hält den Einwand für mögl.), sondern allenfalls wegen der ggf. fehlenden AU. Zum rechts- 3 missbräuchl. Verhalten des Krankenversicherungsträgers ggü. dem AG vgl. BAG 18.1.1995 AP LohnFG § 7 Nr. 8.

4 **2. Krankheitsbedingte Arbeitsunfähigkeit.** Krankheit und AU sind voneinander zu trennende Tatbestände, was in der Bewertung str. Rechtsfragen nicht immer hinreichend beachtet wird (ungenau zB BAG 22.8.1984 AP LohnFG § 1 Nr. 60). Nicht jede Krankheit führt zur AU (Rn. 9 bis 13).

5 **a) Krankheit.** Der Begriff der Krankheit ist im G ebenso wenig **definiert** wie im sonstigen ArbR und im Sozialversicherungsrecht. Eine Krankheit im medizinischen Sinn und damit iSd. G ist anzunehmen, wenn ein regelwidriger Körper- und Geisteszustand vorliegt (BAG 26.7.1989 AP LohnFG § 1 Nr. 86; 7.8.1991 AP LohnFG § 1 Nr. 94; 7.12.2005 NZA 2006, 880). So ist eine regulär verlaufende Schwangerschaft keine Krankheit, weil sie nicht als regelwidrig iSd. Begriffsbestimmung angesehen werden kann (BAG 14.11.1984 AP LohnFG § 1 Nr. 61). Allerdings können schwangerschaftsbedingte Leiden zu einer Krankheit iSd. G und sogar zu einem Grundleiden (Rn. 38) führen (BAG 14.11.1984 AP LohnFG § 1 Nr. 61). Mit der st. Fortentwicklung der Medizin ist auch der arbeitsrechtl. Begriff der Krankheit nicht statisch, sondern von den jeweiligen Erkenntnissen abhängig. So erübrigt sich der Versuch einer Aufzählung. (Unvollständige) Bsp. für schwerwiegende regelwidrige Zustände finden sich in den „Versorgungsmedizinischen Grds. (Anl. zu § 2 der VersorgungsmedizinVO v. 10.12.2008 [BGBl. I S. 2412]; weitere Bsp. bei *Reinecke* DB 1998, 130 und bei *Lepke* NZA-RR 1999, 57). In der Rspr. spielen Körperzustände wegen Trunk- und Drogensucht eine erhebl. Rolle. Alkoholabhängigkeit ist in der Rspr. des BAG (7.8.1991 AP LohnFG § 1 Nr. 94 mwN) als Krankheit anerkannt (zum anspruchsausschließenden Verschulden bei dieser Art der Erkrankung und bei weiteren Krankheitsbildern Rn. 27 bis 31). Keine Krankheit iSd. G ist das altersbedingte Nachlassen der Kräfte, auch nicht der Konzentrationsfähigkeit (BAG 7.12.2005 NZA 2006, 880; MüKoBGB/*Müller-Glöge* Rn. 4; Staudinger/*Oetker* § 616 BGB Rn. 198; *Vogelsang* Rn. 72). Keine zur EFZ nach dem G verpflichtende ist die Krankheit von Angehörigen, auch wenn der AN dadurch arbeitsunfähig (ohne Krankheit) wird (MüKoBGB/*Müller-Glöge* Rn. 4). Interpretationen der § 3 EFZG, § 19 BBiG, § 616 BGB, § 45 SGB V, die diese Tatbestände entgeltfortzahlungspflichtig nach § 3 machen (*Kießling/Jünemann* DB 2005, 1684, 1688), sind methodisch nicht überzeugend und als System sprengende Überlegungen abzulehnen (*Greiner* NZA 2007, 490; *M. Schulz* DB 2006, 838 mit Replik *Kießling*).

6 Die **Ursache der Erkrankung** ist für die Begriffsbestimmung ohne Bedeutung (*Reinecke* DB 1998, 130). So wird die bei einer unerlaubten Nebentätigkeit zugezogene Erkrankung nicht tatbestandsausschließend behandelt, sondern kann allenfalls wegen Verschuldens eine EFZ ausschließen. Dasselbe gilt für die **Art der Erkrankung**. Deshalb fallen Erkrankungen aufgrund starken Übergewichts (Adipositas) wie auch Folgen einer Alkoholabhängigkeit unter den Krankheitsbegriff des EFZG (BAG 7.8.1991 AP LohnFG § 1 Nr. 94 mwN). Soweit im Zusammenhang mit Schönheitsoperationen eine gewisse Erheblichkeit verlangt wird (*Schmitt* Rn. 53), wird übersehen, dass die mit der Operation beseitigte „Hässlichkeit“, wenn sie denn ein regelwidriger Körperzustand war, eine Heilbehandlung nicht erforderl. machte und deshalb nicht als Krankheit iSd. G anzusehen war. Deshalb (nicht wegen Unbilligkeit wie *Matthes* [*RGRK* § 616 BGB Rn. 73] meint) entfällt ein EFZAnspruch (MüArbR/*Schlachter* § 73 Rn. 11; *Vogelsang* Rn. 73). Insofern ist die Behandlungsbedürftigkeit entgeltfortzahlungsrechtl. relevant (*Stückmann* NZS 1994, 529, 531). Treten infolge der Eingriffe bei einer Schönheitsoperation Komplikationen ein, so kann ein krankhafter Zustand mit AU eingetreten sein, der allerdings nicht zur EFZ führen muss (s. Rn. 28).

7 Weder die Behandlungsbedürftigkeit noch die **Heilbarkeit** oder **Behandlungsfähigkeit** sind Voraussetzungen für eine EFZ (Staudinger/*Oetker* § 616 BGB Rn. 199; *Schmitt* Rn. 47; so zB a. BAG 7.12.2005 NZA 2006, 880; **aA** zur Behandlungsbedürftigkeit Schaub/*Linck* § 98 Rn. 9; HWK/*Schliemann* Rn. 34; MüKoBGB/*Müller-Glöge* Rn. 4). Der von einem Krebsleiden befallene Unheilbare, der nur noch eine Schmerztherapie erhält, ist ebenso krank iSd. G wie die im Koma liegende Person

8 Krankheit iSd. G kann der Arzt nicht nur annehmen, wenn er den regelwidrigen Körper- oder Geisteszustand mit **obj. Untersuchungsmethoden** feststellt. Eine Krankheit kann aufgrund der subj. geschilderten Symptome des Patienten festgestellt werden, wenn der Arzt sie aufgrund seiner Sachkunde und seiner Erfahrung bestätigen kann (*Stückmann* NZS 1994, 529, 531).

9 **b) Arbeitsunfähigkeit infolge Krankheit.** Entgegen einem weit verbreiteten Missverständnis sind Krankheit und AU iSd. G **nicht deckungsgleich**, sondern voneinander zu unterscheiden. Eine Krankheit iSd. G führt nicht automatisch zur Arbeitsverhinderung, die letztl. den EFZAnspruch auslöst. Vielmehr muss die Krankheit zur AU führen, die wiederum alleinige Ursache für die Arbeitsverhinderung sein muss (MüKoBGB/*Müller-Glöge* Rn. 7). Wie im Recht der ges. Krankenvers. (s. aber a. *Gitter* ZfA 1995, 123, 151; ferner SGB V § 44 Rn. 7 ff.) ist von AU auszugehen, wenn der AN seine vertragl. geschuldete Tätigkeit obj. nicht ausüben kann (zB nach stationärer Aufnahme im Krankenhaus) oder **obj. nicht ausüben sollte**, weil die Heilung nach ärztl. Prognose verhindert oder verzögert wird (etwas allg. hins. der Verschlimmerungsgefahr BAG 26.7.1989 NZA 1990, 140; 7.8.1991 NZA 1992, 69; zur Bedeutung des § 275 III BGB nF s. Rn. 3). Im Recht der ges. Krankenvers. sind maßgebend die seit dem 1.10.1991 geltenden AU-RL in der jeweiligen Fassung (AU-RL BArbBl. 1991, Heft 11, 28; letzte Änderung der AU-RL v. 20.10.2016, BAnz AT 23.12.2016 B5), die vom Bundes-

ausschuss der Ärzte und Krankenkassen beschlossen worden sind und in die Satzungen der Krankenkassen als verbindl. anerkannt sein müssen (§ 92 I Nr. 7, § 81 III Nr. 2 SGB V). Sie sind damit mittelbar arbeitsrechtl. maßgebend. Demnach ist nicht erst der gesundheitl. Zusammenbruch maßgebend, sondern eine vom **Arzt** nach obj. Maßstäben vorzunehmende **Bewertung** (AU-RL). Die subj. Wertung des betroffenen AN ist nicht ausschlaggebend (BAG 26.7.1989 NZA 1990, 140); diese Differenzierung spielt in der Praxis auch dann eine Rolle, wenn der AN nach Auslaufen des Krankengeldbezugs eine Arbeitsfähigkeit behauptet. Eine AU ist auch dann obj. anzunehmen, wenn die für die Arbeit erforderl. Hilfsmittel (zB Armprothese) zwecks Reparatur nicht verfügbar sind (*Schmitt* Rn. 61; *Vogelsang* Rn. 82). Dagegen liegt keine AU vor, wenn das Körperersatzstück den AN nur daran hindert, seinen Arbeitsplatz zu erreichen (Rn. 13). Das BAG hat ferner eine krankheitsbedingte AU angenommen, wenn ein arbeitsfähiger AN eine Operation vornehmen ließ, die die Folgen eines zurückliegenden Arbeitsunfalls und eines Geburtsfehlers beseitigten (BAG 14.1.1972 AP LohnFG § 1 Nr. 12; 5.4.1976 AP LohnFG § 1 Nr. 40). AU ist von der verminderten Erwerbsfähigkeit iSd. § 33 III SGB VI streng zu unterscheiden. Der Erwerbsgeminderte kann durchaus arbeitsfähig sein (BAG 29.9.2004 AP EntgeltFG § 3 Nr. 24), wenn auch weitgehend zugleich AU vorliegen dürfte. Die volle Erwerbsminderung führt zur AU (MüKoBGB/*Müller-Glöge* Rn. 7).

Ist die Krankheit des AN ansteckend, so besteht auch dann AU, wenn der Betroffene seine vertragl. 10
geschuldete Arbeitsleistung erbringen könnte. Das gilt nicht nur bei einer ansteckenden Krankheit, die zu einem **Beschäftigungsverbot** (s. Rn. 19) führt, sondern auch in anderen Ansteckungsfällen. Dem AN ist es näml. obj. nicht zumutbar, seinen Arbeitsplatz aufzusuchen, wenn er andere in Gefahr bringt, ebenfalls zu erkranken (*Vogelsang* Rn. 81 unter Hinweis auf § 275 III BGB nF). **Arztbesuche und ambulante Behandlungen** sind nur dann nach § 3 entgeltfortzahlungspflichtig, wenn der AN während der Zeit bereits arbeitsunfähig erkrankt war (BAG 9.1.1985 AP LohnFG § 1 Nr. 62; 7.3.1990 AP BGB § 616 Nr. 83) oder aber sein Besuch zu einer ärztl. angeordneten Maßnahme führte, die AU unmittelbar zur Folge hat (ähnl. *Reinecke* AuA 1996, 339). Von diesen Fallgestaltungen zu unterscheiden sind die Arztbesuche, die nach der Terminplanung des Arztes oder wegen der ungünstigen Lage von Krankenhaus oder Praxis nur in der AZ stattfinden können. Ist der AN nicht zugleich arbeitsunfähig, so besteht kein Anspruch aus § 3 (BAG 29.2.1984 AP BGB § 616 Nr. 64), sondern allenfalls nach § 616 BGB (s. dort Rn. 10 bis 12; MüKoBGB/*Müller-Glöge* Rn. 12; *Schmitt* Rn. 62; Staudinger/*Oetker* § 616 BGB Rn. 213; *Vogelsang* Rn. 84). Zur AU aufgrund von Eingriffen im Zuge einer **Knochen-, Gewebe- oder Organtransplantation** zugunsten Dritter vgl. nunmehr § 3a. Hat sich der behandelnde Arzt **geirrt** (falsche medizinische Diagnose oder – nahe liegender – wegen Verkennung des Rechtsbegriffs) oder hat der AN die AU nur **vorgetäuscht** (*Künzl/Weinmann* AuR 1996, 306), so fehlt es an dem anspruchsbegründenden Tatbestandsmerkmal der AU (zur Darlegungs- und Beweislast § 5 Rn. 14 bis 17), und der EFZAnspruch entfällt.

AU kann nur dann **ohne Bezug zur individuell geschuldeten Arbeitsleistung** angenommen wer- 11
den, wenn die Krankheit so geartet ist, dass jegl. Arbeitsleistung eines jeden AN ausgeschlossen ist. Regelm. ist aber die Krankheit iSd. G zur Arbeitsverpflichtung des Betroffenen in Bezug zu setzen („an seiner Arbeitsleistung": BAG 29.1.1992 NZA 1993, 643; *Reinecke* DB 1998, 130, 133; *Stückmann* NZS 1994, 529, 531), bevor ein Urt. über die Arbeitsfähigkeit abgegeben werden kann. So kann zB ein Pförtner mit einem gebrochenen Arm nach kurzer Erholungszeit arbeitsfähig sein, während der Mitarbeiter im Schreibdienst zu Recht weiterhin als arbeitsunfähig anzusehen sein wird. Ders. AN wird dagegen bei einer Fußverletzung einsatzfähig bleiben, es sei denn, es wird eine Behandlung angeordnet, die das Aufsuchen der Dienststelle ausschließt (weitere Bsp. bei MüKoBGB/*Müller-Glöge* Rn. 7, *Schmitt* Rn. 66 und bei *Stückmann* NZS 1994, 529, 530). In diesen Fällen obliegt dem behandelnden **Arzt** eine **rechtl. Beurteilung** (*Stückmann* AuA 1996, 197, 198, bezeichnet ihn insofern zu Recht als „informellen Laien"; *Kreßel* FS Gitter S. 491, 504 bedauert zu Recht, dass die Praxis anders aussieht und zwischen Arzt und Patient kein Gespräch über die konkrete Aufgabe am Arbeitsplatz stattfindet und dass deswegen ärztl. AUB wenig Vertrauen geschenkt wird). Sieht der Arbeitsvertrag vor, dass der AG dem AN vorübergehend eine andere als die zul. ausgeübte Tätigkeit zuweisen kann (ggf. unter Beachtung der MBR des BR), so liegt keine AU vor, wenn die Erkrankung den AN nicht daran hindert, den anderen Aufgaben nachzukommen. Auch das hat der anordnende Arzt zu bedenken und zu erfragen, bevor er eine AUB ausstellt (iE ebenso *Schmitt* Rn. 68; *Stückmann* NZS 1994, 529, 532 und AuA 1996, 197, 198; *Vogelsang* Rn. 86; abl. *Weth* FS Arbeitsgerichtsbarkeit Rheinland-Pfalz S. 145, 156). In der Praxis findet auch diese Ermittlung kaum statt, zumal der AN selbst oft gar nicht wissen wird, welche anderweitigen Beschäftigungen zugewiesen werden könnten, und umgekehrt der AG zwar Kenntnis von den betriebl. Einsatzmöglichkeiten, nicht aber vom Gesundheitszustand oder Grund der Krankheit hat. Diesen Missstand könnte man nur beseitigen, wenn es zu einem Informationsaustausch zwischen Arzt und AG käme. § 74 SGB V, die Vorschr. über die krankenversicherungsrechtl. Wiedereingliederung steht einer Arbeitsfähigkeit trotz Krankheit nicht entgegen, weil der so an die Arbeit herangeführte AN gerade nicht arbeitsfähig, sondern arbeitsunfähig iSd. Krankenversicherungsrechts wie des EFZRechts ist (*Schmitt* Rn. 67).

Ist der AN nicht in der Lage, seinen Arbeitspflichten im geschuldeten Umf. nachzukommen, wohl 12
aber in vermindertem Maß, so ist es verfehlt, von **Teil-AU** zu sprechen (BAG 29.1.1992 NZA 1993,

643; *Schmitt* Rn. 65 ff.; **aA** MüKoBGB/*Müller-Glöge* Rn. 9; HWK/*Schliemann* Rn. 51 f.; *Gitter* ZfA 1995, 123; *Stückmann* DB 1998, 1662; ausf. zur Lösung nach dem Leistungsstörungsrecht Staudinger/*Oetker* § 616 BGB Rn. 215 bis 221). Das G kennt diesen Begriff ebenso wenig (BAG 29.1.1992 NZA 1993, 643; 13.6.2006 NZA 2007, 91) wie die Verpflichtung des AN zur Erbringung einer Teilleistung. Deshalb kann der AG (unter Androhung, anderenfalls einen Teil des Entgelts zu verweigern) keine Teiltätigkeit verlangen (*Treber* Rn. 28). Ist der AN aufgrund einer AU quantitativ nicht in der Lage, die geschuldete Arbeitsleistung zu erbringen, hat er Anspruch auf EFZ. Anders kann die Situation zu beurteilen sein, wenn der AN qualitativ die geschuldete volle Leistung nicht erbringen kann; dann kommt es auf die Möglichkeit der anderweitigen Verwendung iRd. Direktionsrechts an (s. Rn. 11; zur Differenzierung auch *Schmitt* Rn. 67). Eine abw. Vereinb. der Arbeitsvertragsparteien bleibt dagegen iRd. geltenden G, TV und BV mögl. (*Müller/Berenz* Rn. 25 ff.). IÜ kennt das Krankenversicherungsrecht die Möglichkeit der stufenweisen Wiedereingliederung des AN in sein berufl. Umfeld im Wege der Rehabilitation, wovon die anfängl. AU nicht berührt wird (BAG 29.1.1992 NZA 1993, 643; 19.4.1994 NZA 1995, 123; Schaub/*Linck* § 98 Rn. 13). Auch insoweit geht das G davon aus, dass AU fortbesteht.

13 Von der AU ist die **Unfähigkeit** zu unterscheiden, wegen der Erkrankung den **Arbeitsplatz zu erreichen** (Rn. 9). Kann zB der AN, der sich den Mittelfuß gebrochen hat, seine sitzende Tätigkeit ausüben, so ist er arbeitsfähig, auch wenn er nicht in der Lage ist, den Arbeitsplatz zu Fuß, mit dem eigenen PKW oder öffentl. Verkehrsmitteln zu erreichen. Er ist verpflichtet, für ein geeignetes Transportmittel zu sorgen, für dessen Kosten ggf. der AG einzutreten hat (MüKoBGB/*Müller-Glöge* Rn. 11; **aA** *Vogelsang* Rn. 83).

14 **c) Arbeitsverhinderung aufgrund der Arbeitsunfähigkeit (Monokausalität).** Die krankheitsbedingte AU muss die **alleinige Ursache** für die Arbeitsverhinderung sein (BAG 28.1.2004 NZA 2005, 656; 24.3.2004 NZA 2004, 872). Der AG wird mit dem Entgelt ohne Gegenleistung nur belastet, wenn der AN ohne Erkrankung gearbeitet hätte (*Schmitt* Rn. 85). Das ist nicht der Fall, wenn die Arbeit zumindest auch aus einem anderen Grund nicht geleistet worden ist (zur Abweichung von dieser Voraussetzung durch TV vgl. BAG 9.10.2002 NZA 2003, 978). Andere Sachverhalte, die zu einer (bezahlten oder unbezahlten) Arbeitsverhinderung führen, sind in vielfältiger Form denkbar (zur Systematisierung der Ausfalltatbestände *Reinecke* DB 1991, 1168; zur Monokausalität ausf. und krit. *Gutzeit* NZA 2003, 81). Die wichtigsten Einzeltatbestände sind:

15 **Urlaub und EFZ schließen sich aus.** Wird der AN während seines Urlaubs krank, so gilt die Sonderregelung des § 9 BUrlG. Die durch ärztl. Zeugnis nachgewiesenen Tage der AU werden auf den Jahresurlaub nicht angerechnet. An Stelle des Urlaubsentgelts ist EFZ zu leisten. Wenn der Erholungsurlaub während eines **Betriebsurlaubs** gewährt wird, gilt dasselbe (LAG NI 21.11.2008 – 10 Sa 289/08). Soweit dem AN nicht (mehr) so viel Urlaub zugestanden hat, wie der Betriebsurlaub andauerte, er aber seinen Vergütungsanspruch aufgrund Annahmeverzugs des AG behielt, ist die während dieser Zeit auftretende AU entgeltfortzahlungspflichtig, weil keine andere Mitursache für die Arbeitsverhinderung vorliegt (zum Annahmeverzug Rn. 21). Soweit die Fortzahlung der Vergütung für den nicht durch Erholungsurlaub abgedeckten Betriebsurlaub einzelvertragl. versprochen ist, bleibt dieser Anspruch auch während der Erkrankung bestehen. Dasselbe gilt für den **bezahlten Sonderurlaub** (BAG 10.2.1972 AP LohnFG § 1 Nr. 15). **Unbezahlter Sonderurlaub** unterliegt nicht dieser Regel. Der AN, der sich ohne Vergütung von den Arbeitspflichten hat befreien lassen, kann keine EFZ verlangen, wenn er während dieser Zeit erkrankt (BAG 25.5.1983 AP LohnFG § 1 Nr. 53). Das gilt auch, wenn der Sonderurlaub vom AN wegen seiner **bes. Erholungsbedürftigkeit** erbeten worden ist. Denn § 9 BUrlG ist nicht analogiefähig (*Vogelsang* Rn. 117; **aA** BAG 3.10.1972 AP BUrlG § 9 Nr. 4 und 1.7.1974 AP BUrlG § 9 Nr. 5). Entgegen der Auff. des BAG (14.6.1974 AP LohnFG § 1 Nr. 36) kann der AN auch nicht nach Beendigung des unbezahlten Sonderurlaubs 6 Wochen EFZ verlangen, wenn er noch fortlaufend aus der Zeit seines Sonderurlaubs krank ist (so aber die hM im Schrifttum: MüKoBGB/*Müller-Glöge* Rn. 17). Die Sechs-Wochen-Frist beginnt mit der AU zu laufen, nicht mit der Zahlungsverpflichtung des AG. Befindet sich der AN im **Bildungsurlaub** nach einem entspr. LandesG, so hat er Anspruch auf EFZ nach diesem G anstelle des Anspruchs auf Arbeitsentgelt nach dem LandesG (MüKoBGB/*Müller-Glöge* Rn. 16). Inwieweit sein Anspruch auf Freistellung zu Bildungszwecken untergegangen ist, bestimmt sich nach den Vorschr. der LänderG, die regelm. eine dem § 9 BUrlG nachgebildete Vorschr. enthalten (zB § 3 V AWbG NW und § 7 NdsBiUrlG; *Vossen* Rn. 107; *Vogelsang* Rn. 118). § 9 BUrlG ist auch nicht auf sonstige Freistellungstatbestände übertragbar. War ein BRMitglied zum Ausgleich von außerhalb der AZ geleisteten BRTätigkeit nach § 37 III 1 BetrVG freigestellt und tritt sodann eine AU ein, wäre das BRMitglied nicht infolge der Erkrankung an der Arbeitsleistung verhindert. § 3 sichert nur den Vergütungsanspruch des AN vor einem ansonsten aufgrund der AU eintretenden Anspruchsverlust nach § 326 BGB, dient aber zB nicht dem Erhalt eines bestimmten Freizeitzwecks (BAG 15.2.2012 NZA 2012, 1112).

16 **Arbeitskämpfe.** Beteiligt sich ein AN an einem **Streik** und erkrankt er dann, so hat er keinen EFZAnspruch nach diesem G. Der wegen Krankheit Arbeitsunfähige kann das (Zwischen-)Erg. auch nicht durch die schlichte Abgabe einer Erkl. ändern, sich nicht mehr am Streik beteiligen zu wollen

(MüKoBGB/*Müller-Glöge* Rn. 21; *Schmitt* Rn. 91; Staudinger/*Oetker* § 616 BGB Rn. 232; offen gelassen BAG 15.1.1991 AP GG Art. 9 Arbeitskampf Nr. 114; **aA** *Treber* Rn. 44). Zwar könnte der AN damit formal seine Arbeitswilligkeit anzeigen und die AU zur alleinigen Ursache des Arbeitsausfalls machen; die bes. Situation im Arbeitskampf und die Bedeutung der Kampfparität erfordern jedoch einen Schutz des AG vor „Scheinerkl.", der über den Einwand des Rechtsmissbrauchs nur unzureichend hergestellt werden könnte. Eine EFZ scheidet auch dann aus, wenn es dem AG nach den Grds. über die Verteilung des Arbeitskampfrisikos (vgl. GG Art. 9 Rn. 141 ff.) nicht mögl. oder zumutbar wäre, den AN zu beschäftigen, wenn er gesund gewesen wäre (BAG 12.11.1996 NZA 1997, 393; 13.12.2011 NZA 2012, 995; *Schmitt* Rn. 92). Nach einer Reihe von umstr. Entsch. des BAG zu Vergütungsansprüchen im Arbeitskampf (ua. BAG 22.3.1994 AP GG Art. 9 Arbeitskampf Nr. 130; 11.7.1995 AP GG Art. 9 Arbeitskampf Nr. 138), die gleichermaßen für den arbeitsunfähig erkrankten AN maßgebl. sind, gilt iE dasselbe, wenn der AG sich aus Anlass des Streiks entschließt, den Betrieb stillzulegen. Dazu ist er berechtigt mit der Folge, dass der EFZAnspruch wie der reguläre Vergütungsanspruch entfällt (BAG 13.12.2011 NZA 2012, 995). Umgekehrt behält der AN seinen Anspruch, wenn er bereits vor dem Streik erkrankt war, sich an diesem nicht beteiligt und als Arbeitswilliger hätte beschäftigt werden können (BAG 15.1.1991 AP GG Art. 9 Arbeitskampf Nr. 114).

Erklärt der AG ggü. den AN die **Aussperrung** (BAG 27.6.1995 AP GG Art. 9 Arbeitskampf 17
Nr. 137) oder eine suspendierende Betriebsstilllegung (BAG 13.12.2011 NZA 2012, 995) und wäre davon auch der Erkrankte betroffen, wenn er gearbeitet hätte, so werden die beiderseitigen Rechte und Pflichten aus dem ArbVerh. suspendiert. Es entfällt ua. der Vergütungsanspruch des AN (BAG 7.6.1988 AP GG Art. 9 Arbeitskampf Nr. 107). Damit ist die AU ebenfalls nicht die alleinige Ursache für den Verdienstausfall, so dass keine EFZ zu gewähren ist (BAG 13.12.2011 NZA 2012, 995; MüKoBGB/*Müller-Glöge* Rn. 22).

Fehlt einem ausl. AN die für eine Beschäftigung in Deutschland erforderl. **Aufenthaltserlaubnis** 18
nach dem AufenthaltsG (Neufassung v. 25.2.2008 BGBl. I 2008, 162) und steht fest, dass der AG dem Verbot folgend den AN nicht beschäftigt hätte, ist bei AU kein EFZAnspruch gegeben (MüKoBGB/*Müller-Glöge* Rn. 23). Dasselbe gilt für die Fälle der fehlenden Arbeitserlaubnis bei EU-Neubürgern nach den §§ 284 ff. SGB III (für den vormaligen Anwendungsbereich der §§ 284 ff. SGB III s. 8. Aufl. Rn. 18).

Unterliegt eine werdende Mutter einem der **krankheitsunabhängigen Beschäftigungsverbote,** wie 19
sie in **§ 11 MuSchG** genannt sind, so erhält sie keine EFZ nach diesem G, sondern Vergütung nach § 11 MuSchG (dazu ausf. *Schliemann/König* NZA 1998, 1030; BAG 13.2.2002 NZA 2002, 738; 9.10.2002 AP MuSchG 1968 § 11 Nr. 23; dazu krit. *Gutzeit* NZA 2003, 81). Dagegen besteht nur der zeitl. begrenzte EFZAnspruch nach diesem G bei einer dem Beschäftigungsverbot zugrunde liegenden Erkrankung; der Anspruch auf Mutterschutzlohn setzt nach dem Grds. der Monokausalität ein allein auf die Schwangerschaft zurückzuführendes Beschäftigungsverbot voraus (BAG 17.10.2013 NZA 2014, 303; 21.3.2001 AP MuSchG § 3 Nr. 16; 9.10.2002 AP MuSchG 1968 § 11 Nr. 23; ausf. *Müller-Glöge* RdA 2006, 105, 107 f. und MüKoBGB/*Müller-Glöge* Rn. 25–35). Beruht ein Beschäftigungsverbot auf anderen Vorschr. wie zB auf Maßnahmen nach §§ 16 ff. IfSG, so kann nur EFZ verlangt werden (BAG 26.4.1978 AP LohnFG § 6 Nr. 6), wenn das Beschäftigungsverbot wegen einer Erkrankung ausgesprochen wird.

Ruht infolge von **Kurzarbeit** die Arbeit im Betrieb des AG **vollständig,** so ist nicht die AU Ursache 20
für die Arbeitsverhinderung, sondern die Kurzarbeit (MüKoBGB/*Müller-Glöge* Rn. 20). Der AN erhält bei einer Erkrankung keine EFZ, sondern Krankengeld iHd. Kug. (BAG 6.10.1976 AP LohnFG § 2 Nr. 6). Bei Verkürzung der tägl. AZ gilt dasselbe für die durch Kurzarbeit ausgefallene Zeit; iÜ erhält der Erkrankte EFZ (ausf. § 4 Rn. 22 bis 27).

Befindet sich der **AG im Annahmeverzug** und erkrankt nunmehr der vorübergehend oder dauer- 21
haft nicht beschäftigte AN (zB während der Dauer eines Kündigungsschutzprozesses), so endet der Annahmeverzug des AG, weil der AN jetzt seine Arbeitskraft nicht ordnungsgemäß anbieten kann. Zugleich wird damit diese Ursache der Arbeitsverhinderung beseitigt; die AU wird monokausal, und es entsteht (im fortdauernden ArbVerh.) ein EFZAnspruch (KDHK/*Dunkl* Rn. 61; *Vogelsang* Rn. 96) unter den ges. Voraussetzungen einschl. der sich aus § 3 ergebenden zeitl. Begrenzungen (für den Fall der fehlenden Beschäftigungsmöglichkeit nach Widerspruch des AN gegen einen Betriebsübergang BAG 24.3.2004 AP EntgeltFG § 3 Nr. 22). Eine weitergehende Verpflichtung des AG ist regelm. auch nicht einer Vereinb. über die unwiderrufl. Freistellung des AN zB während der Kündigungsfrist zu entnehmen (BAG 29.9.2004 AP EntgeltFG § 3 Nr. 23; s. a. BAG 23.1.2008 NZA 2008, 595 zur Notwendigkeit einer Vergütungsvereinb. während einer Freistellung; im Schrifttum umstr.; wie hier MüKoBGB/*Müller-Glöge* Rn. 19; *Müller-Glöge* RdA 2006, 105, 107 mwN Fn. 30). Befindet sich der **AN im Schuldnerverzug** (zB durch tagelang unentschuldigtes Fehlen, a. „Arbeitsbummelei" genannt), so ist auch für den Zeitraum der AU vom Fortbestand des Schuldnerverzugs als einer Mitursache auszugehen, es sei denn, es kann festgestellt werden, der AN sei bei Beginn der Erkrankung wieder arbeitswillig gewesen (BAG 20.3.1985 AP LohnFG § 1 Nr. 64; 4.12.2002 AP EntgeltFG § 3 Nr. 17). Die fristgerechte Anzeige und die Überreichung der AUB genügt dazu ebenso wenig wie die Angabe, gerade zum Zpkt. der AU habe der AN sich entschlossen, den Schuldnerverzug zu beenden. Der AN

muss noch andere Hilfstatsachen vortragen, aus denen sich ergibt, dass er sein vertragswidriges Verhalten beenden wollte (nicht so deutl. BAG 20.3.1985 AP LohnFG § 1 Nr. 64; wie hier *Schmitt* Rn. 108 und *Müller-Glöge* RdA 2006, 105, 106). Ähnl. gilt, wenn der AN zzt. der AU arbeitsunwillig war (BAG 4.12.2002 AP EntgeltFG § 3 Nr. 17; LAG HE 27.2.2008 – 6 Sa 805/07).

22 Fällt in den Zeitraum der AU ein Tag, der **arbeitsfrei** ist und nicht vergütet wird, der aber wie für den 24. 12. und 31. 12. **„vor- oder nachgeholt"** wird, so hat der AN für diesen Tag keinen Anspruch nach diesem G (BAG 7.9.1988 AP LohnFG § 1 Nr. 79; 28.1.2004 AP EntgeltFG § 3 Nr. 21). Fällt er an dem Tag, an dem deswegen Überarbeit geleistet wird, krankheitsbedingt aus, so erhält er aufgrund der Regelungen des § 4 an diesem Tag eine erhöhte EFZ. EFZ wird auch nicht geschuldet, wenn an bestimmten Tagen die Arbeit aufgrund wirksamer BV gänzl. ausfällt (BAG 9.5.1984 AP LohnFG § 1 Nr. 58). Keine EFZ erhält der AN, dessen ArbVerh. wegen **Wehr- oder Zivildienst** und wegen **EZ** ohne TZBeschäftigung ruht (BAG 17.10.1990 AP BErzGG § 15 Nr. 4). Er hat Anspruch nach anderen sozialges. Anspruchsgrdl. (s. BEEG § 15 Rn. 26). Fällt die Arbeit **witterungsbedingt** aus, so stellt das eine die EFZ ausschließende Mitursache dar, weil der gesunde AN auch keinen Anspruch zB aus § 616 BGB (s. Rn. 3) hat. Anderenfalls bleibt der Anspruch unberührt (BAG 24.6.1965 AP ArbKrankhG § 2 Nr. 23). Regelm. verhalten sich darüber die bes. Bestimmungen der TV, insb. die der Bauwirtschaft (*Vossen* Rn. 129 bis 133). Das Zusammentreffen von AU und Feiertag ist ges. in § 4 II geregelt. Auf die dortige Erl. wird verwiesen (§ 4 Rn. 21 bis 27).

23 **3. Verschulden. a) Grundsätze.** Die AU muss ohne Verschulden des AN eingetreten sein. Es handelt sich dabei um einen anderen als den in § 276 BGB definierten Begriff über die Verantwortlichkeit des Schuldners. Im EFZRecht wird das Verhalten als anspruchsausschließend bewertet, bei dem es sich um einen **groben Verstoß** gegen das eigene Interesse eines verständigen Menschen handelt (allg. in Rspr. und Schrifttum anerkannte Definition: zB BAG 18.3.2015 NZA 2015, 801). Plakativ wird auch von einem **Verschulden gegen sich selbst** gesprochen. Leichtsinniges Verhalten erfüllt den Tatbestand nicht, sondern nur ein bes. leichtfertiges oder vorsätzl. Verhalten. Soweit die Definition um die Bem. erweitert wird, es sei unbillig, die Folgen auf den AG abzuwälzen (BAG 11.3.1987 AP LohnFG § 1 Nr. 71), muss darauf hingewiesen werden, dass die Unbilligkeit kein Definitionsmerkmal ist, sondern Teil der Begr. für den ges. Ausschlusstatbestand (MüKoBGB/*Müller-Glöge* Rn. 36). Bei anderer Beurteilung besteht die immer wieder zu beobachtende Gefahr, dass sich das Unbilligkeitsmerkmal verselbständigt und allein als Arg. für die Befreiung des AG von der EFZ benutzt wird (s. Rn. 10 und Rn. 26).

24 **b) Verschulden Dritter.** Es kommt auf das Verschulden des betroffenen AN an. Mitverschulden Dritter an der AU steht der Annahme eines den EFZAnspruch ausschließenden Eigenverschuldens nicht entgegen (BAG 23.11.1971 AP LohnFG § 1 Nr. 8). Beim Alleinverschulden eines Dritten bleibt der Anspruch unberührt; zugunsten des AG finden die Regeln des § 6 Anwendung. Hat der **AG die AU verschuldet**, so entsteht kein Anspruch nach diesem G. Vielmehr behält der AN, der seine Leistung deswegen nicht erbringen kann, den Anspruch auf die (volle) Gegenleistung, § 326 II 1 (*Schmitt* Rn. 126; *Vogelsang* Rn. 128). Trifft den AG ein Mitverschulden, so kommt eine Quotierung des EFZAnspruchs entspr. § 254 BGB nicht in Betracht (MüKoBGB/*Müller-Glöge* Rn. 38; Staudinger/*Oetker* § 616 BGB Rn. 249; **aA** *Vogelsang* Rn. 129). Bei einer weit überw. Verantwortlichkeit des AG iSd. § 326 II 1 BGB bleibt der Anspruch auf Arbeitsentgelt bestehen; hat der AN die AU überw. verschuldet, entfällt der Vergütungsanspruch und entsteht auch kein Anspruch nach diesem G (im Schrifttum umstr.: vgl. die Zusammenstellungen bei *Schmitt* Rn. 127 ff. und Staudinger/*Oetker* § 616 BGB Rn. 249).

25 **c) Einzelfälle.** Das Arbeitsleben bietet eine Fülle von Sachverhalten, in denen ein anspruchsausschließendes Verschulden des AN in Betracht kommt. Eine für alle Tatbestände **gleichermaßen gültige Formel** zur Bestimmung des Verschuldens gibt es nicht. Vielmehr sind stets die Besonderheiten des Einzelfalls maßgebend.

26 Bei **Arbeitsunfällen** kann von einem Verschulden iSd. G dann ausgegangen werden, wenn der AN die Vorgaben der UVV (LAG HM 7.3.2007 – 18 Sa 1839/06) und/oder die seiner Sicherheit dienenden Anordnungen des AG in grober Weise nicht beachtet hat und es deshalb zu einem Unfall mit anschließender AU kommt (zB Missachtung des Verbots von Alkoholgenuss LAG SL 25.6.1975 AP LohnFG § 1 Nr. 37). Das gilt auch, wenn die Anordnungen wegen formeller Mängel nicht wirksam sind, sofern sie inhaltl. der Unfallverhütung dienen. Von einer den Entgeltanspruch erhaltenden weit überw. Verantwortlichkeit des AG (Rn. 24) ist auszugehen, wenn dieser die bestehenden Regeln des Arbeitsschutzes missachtet hat und deshalb der Arbeitsunfall vorgekommen ist. Dazu gehört die fehlende oder unzureichende Bereitstellung von funktionsgerechter Sicherheitskleidung (*Schmitt* Rn. 134; *Vogelsang* Rn. 133). Nach der Rspr. ist bei **Sportunfällen** zu unterscheiden zwischen **gefährl.** und **nicht gefährl. Sportarten,** weil für die nicht gefährl. Sportarten ggü. dem allg. Lebensrisiko keine Besonderheiten angenommen werden. Eine gefährl. Sportart soll dann vorliegen, wenn das Verletzungsrisiko so groß ist, dass auch ein gut ausgebildeter Sportler bei sorgfältiger Beachtung aller Regeln dieses Risiko nicht vermeiden kann (BAG 7.10.1981 AP LohnFG § 1 Nr. 45 mwN). Die Unterscheidung wie die enge Definition vermögen nicht zu überzeugen; sie führen zu unbefriedigenden Erg. So hat das BAG bisher noch keine Sportart als gefährl. bezeichnet, sondern auch Motorradrennen (BAG

25.2.1972 AP LohnFG § 1 Nr. 18), Fußball im Amateurbereich (BAG 21.1.1976 AP LohnFG § 1 Nr. 39), Amateurboxen (BAG 1.12.1976 AP LohnFG § 1 Nr. 42) und Drachenfliegen (BAG 7.10.1981 AP LohnFG § 1 Nr. 45) als nicht gefährl. eingestuft (zum Inliner-Unfall LAG SL 2.7.2003 NZA-RR 2003, 568). Die **Unterscheidung sollte aufgegeben werden** (ähnl. *Schmitt* Rn. 152 ff.; MüArbR/*Schlachter* § 73 Rn. 52; Schaub/*Linck* § 98 Rn. 34), auch weil dadurch der unstatthafte Rückgriff auf Treu und Glauben vermieden wird. Stattdessen ist in jedem Einzelfall bei jeder Sportart zu untersuchen, ob der verletzte AN bes. leichtfertig gegen die anerkannten Regeln des Sports verstoßen oder ob er sich an dem Sport überhaupt oder in einer Weise beteiligt hat, die seinen bisherigen Ausbildungsstand und/oder seine Kräfte übersteigt. Nur wenn einer dieser Tatbestände festgestellt werden kann, ist die AU schuldhaft verursacht. So darf der Skianfänger ebenso wenig eine „*Schwarze* Abfahrt" versuchen wie der langjährig Erfahrene am ersten Tag seines Aufenthalts im Skigebiet eine bes. schwere, lange Abfahrt angehen sollte, ohne seinen EFZAnspruch zu gefährden (*Schmitt* Rn. 153; weitergehend MüArbR/*Schlachter* § 73 Rn. 52). Ein den EFZAnspruch ausschließendes Verschulden liegt bei **Verkehrsunfällen** vor, wenn der AN seine Pflichten als Verkehrsteilnehmer vorsätzl. oder in bes. grober Weise fahrlässig missachtet (BAG 23.11.1971 AP LohnFG § 1 Nr. 8). Das ist anzunehmen, wenn ein gesunder AN **Alkohol** zu sich genommen hat und den Verkehrsunfall allein deshalb verursacht hat (BAG 11.3.1987 AP LohnFG § 1 Nr. 71). Zum Verkehrsunfall eines an Alkoholabhängigkeit Erkrankten s. Rn. 27. Schuldhaft iSd. G handelt der Kraftfahrer, der mit stark überhöhter Geschwindigkeit einen AU nach sich ziehenden Unfall verursacht (BAG 5.4.1962 AP HGB § 63 Nr. 28), der den Sicherheitsgurt nicht anlegt und deshalb bei einem Unfall arbeitsunfähig erkrankt (BAG 7.10.1981 AP LohnFG § 1 Nr. 46), der während der Autofahrt ohne Freisprechanlage telefoniert (*Wolber* SozSich. 1995, 211), der trotz eines entgegenstehenden Hinweises vor der Fahrt Tabletten einnimmt (LAG F BB 1979, 1504) uä. Auch andere Verkehrsteilnehmer können ihre AU selbst verschulden, zB der Fußgänger, der eine belebte Straße betritt, ohne sich vorher sorgfältig vergewissert zu haben, dass sich kein Fahrzeug nähert (BAG 23.11.1971 AP LohnFG § 1 Nr. 8). Weitere Bsp. bei *Vogelsang* Rn. 151 ff. Weit verbreitet sind Unfälle im häusl. Bereich oder bei der Freizeitgestaltung. Für sie gelten die allg. Regeln über die Bestimmung des Tatbestandsmerkmals.

Abhängigkeit von **Alkohol, Nikotin, Drogen** ieS oder von **Tabletten** ist eine Krankheit iSd. G. 27
Einen Erfahrungssatz, dass die darauf beruhende AU selbstverschuldet ist, wird von der Rspr. nicht mehr angenommen (BAG 1.6.1983 AP LohnFG § 1 Nr. 52; 7.8.1991 AP LohnFG § 1 Nr. 94). Vielmehr ist auch in diesen Fällen auf die Umstände des Einzelfalls abzustellen. Das hat zur Folge, dass im Streitfall die Gerichte für Arbeitssachen aufzuklären haben, welche Ursachen zur Abhängigkeit geführt haben und inwieweit sie dem AN als Verschulden iSd. G angelastet werden können. Der AN ist zur Mitwirkung verpflichtet und hat die zur Erkrankung führenden Umstände zu offenbaren; kommt er dem nicht nach, ist von einem Verschulden gegen sich selbst auszugehen. Das Risiko der Unaufklärbarkeit trägt allerdings der AG (BAG 1.6.1983 AP LohnFG § 1 Nr. 52; 18.3.2015 NZA 2015, 801). Auch beim **Rückfall** gibt es keinen Erfahrungssatz oder gesicherte wiss. Erkenntnisse, die den Schluss auf das Eigenverschulden rechtfertigen und die der AN widerlegen müsste; suchtbedingt wird es im Regelfall vielmehr an einem Verschulden fehlen (BAG 7.8.1991 NZA 1992, 96; 18.3.2015 NZA 2015, 801; ebenso MüKoBGB/*Müller-Glöge* Rn. 43; *Schmitt* Rn. 159; wohl a. HWK/*Schliemann* Rn. 63). Der Rückfall nach einer stationären Behandlung und umfangr. Aufklärung kann jedoch ein wichtiges Indiz für ein Verschulden des AN sein (sogar Umkehr der Beweislast MüKoBGB/*Müller-Glöge* Rn. 43). Im Einzelfall kann nur ein fachmedizinisches Gutachten genauen Aufschluss über die willentl. Herbeiführung des Rückfalls geben (BAG 18.3.2015 NZA 2015, 801). Nach Auff. des BAG kann ein seit längerer Zeit an Alkoholabhängigkeit erkrankter AN schuldhaft handeln, wenn er in noch steuerungsfähigem Zustand sein Kfz. zur Fahrt zur Arbeitsstelle benutzt, dort übermäßig trinkt und danach einen alkoholbedingten Verkehrsunfall herbeiführt, bei dem er arbeitsunfähig verletzt wird (BAG 30.3.1988 NJW 1988, 2323; MüArbR/*Schlachter* § 73 Rn. 51; MüKoBGB/*Müller-Glöge* Rn. 39; **aA** *Künzl* BB 1989, 61). Dem kann nur für den Fall zugestimmt werden, dass der AN bei Antritt der Fahrt wusste, dass er am Zielort Alkohol angeboten bekommen werde und dass er dem Angebot erfahrungsgemäß nicht widerstehen werde.

Die Auseinandersetzung darüber, ob ein AN, der als **Organspender** als unvermeidl. Begleiterschei- 28
nung auch eines komplikationslosen Eingriffs Krankheit und AU in Kauf nimmt, keinen EFZAnspruch hat, ist durch die Neuregelung des § 3a überholt. Diskutiert wird über Eingriffe, die eine **bestehende Unfruchtbarkeit** beseitigen sollen und die eine krankheitsbedingte AU zur Folge haben (für einen EFZAnspruch *Schmitt* Rn. 79 f.; *Treber* § 3 Rn. 34; **aA** *Müller-Roden* NZA 1989, 128). Die Rspr. diff. nachvollziehbar zwischen dem Arbeitsausfall aufgrund des selbst verschuldeten Eingriffs und einer AU aufgrund nicht vorhersehbarer Folgen: Ein Anspruch nach § 3 besteht grds. nicht bei Eingriffen zur Beseitigung der Unfruchtbarkeit. Der Kinderwunsch betrifft allein die individuelle Lebensgestaltung der AN, nicht das vom AG mitzutragende Krankheitsrisiko; der Eingriff steht dem Interesse des AN entgegen, seine Gesundheit zu erhalten und zur AU führende Erkrankungen zu vermeiden. Soweit ein Eingriff nachfolgend jedoch mit Krankheit und AU verbunden ist, entsteht ein EFZAnspruch, wenn der Eingriff nach allg. anerkannten medizinischen Standards vom Arzt oder auf ärztl. Anordnung vorgenommen wurde und mit einem zur AU führenden Erkrankung nicht gerechnet

werden musste; denn in diesem Fall ist die AU unverschuldet herbeigeführt (BAG 26.10.2016 NZA 2017, 240). Wieder anders ist die AU zu beurteilen, die infolge eines medizinisch nicht indizierten Eingriffs wie einer Schönheitsoperation auftritt. Der den Eingriff verlangende AN nimmt eine Komplikation mit AU in Kauf, handelt damit wider seine eigenen Interessen und damit iSd. G schuldhaft, so dass eine EFZ entfällt (iE ebenso *Löwisch/Beck* BB 2007, 1960 unter Hinweis auf § 52 Abs. 2 SGB V idF des G v. 26.3.2007).

29 Wird ein AN durch die Beteiligung an einer **handgreifl. Auseinandersetzung** arbeitsunfähig, so liegt in der **Beteiligung** noch kein Verschulden iSd. G, auch nicht, wenn er sich in eine Situation begeben hat (Milieu), die immer wieder in Schlägereien enden kann. Nur wenn der AN die Schlägerei selbst begonnen oder aber provoziert hat, kann im Einzelfall (MüKoBGB/*Müller-Glöge* Rn. 41; MüArbR/*Schlachter* § 73 Rn. 53) von einem Verhalten gegen die eigenen Interessen ausgegangen und EFZ verweigert werden (BAG 13.11.1974 AP BGB § 611 Nr. 45; LAG HM 24.3.2003 NZA-RR 2004, 68). In diesem Fall ist wenigstens ein den Anspruch ausschließendes Mitverschulden (Verantwortlichkeit) gegeben (OLG KO 14.7.1993 BB 1994, 719).

30 **Selbstmordversuche** beruhen regelm. auf einer psychischen Erkrankung, die die Annahme eines leichtfertigen Verhaltens in eigenen Angelegenheiten ausschließt; vielmehr ist erfahrungsgemäß davon auszugehen, dass der Betroffene sich einem Zustand befindet, der die freie Willensbestimmung erhebl. mindert (BAG 28.2.1979 AP LohnFG § 1 Nr. 44). Ein Verschulden iSd. G scheidet aus, weil ein Schuldvorwurf nicht erhoben werden kann, wenn die freie Willensbestimmung erhebl. beeinträchtigt ist (BAG 28.2.1979 AP LohnFG § 1 Nr. 44).

31 Dem AN kann ein **heilungsförderndes Verhalten** und eine bestimmte Verhaltensweise bzgl. seiner Gesundheit nicht vorgeschrieben werden. Wer sich nach einem Badbesuch nicht hinreichend abtrocknet und sich deshalb eine Erkältungskrankheit zuzieht, handelt nicht schuldhaft iSd. G. Dasselbe Verhalten kann jedoch schuldhaft sein, wenn eine Erkältungskrankheit gerade abklingt und wegen des leichtsinnigen Verhaltens nicht ausheilt und die AU verlängert. Das Fehlverhalten kann sogar die außerordentl. fristlose Kündigung nach sich ziehen (BAG 2.3.2006 AP BGB § 626 Krankheit Nr. 14). Während des Heilungsprozesses hat der AN höhere Sorgfaltspflichten gegen sich selbst als bei nicht beeinträchtigter Gesundheit (BAG 21.1.1976 AP LohnFG § 1 Nr. 39). Schuldhaft ist auch die Missachtung ärztl. Anordnungen wie eines Rauchverbots bei schwerer Herzerkrankung (BAG 17.4.1985 DB 1986, 976). Erkrankt der AN infolge der Ausübung einer **Nebentätigkeit**, so kann ein die EFZ ausschließendes Verschulden dann vorliegen, wenn sie unter Verstoß gegen die Bestimmungen des AZRechts ausgeübt worden ist und die Überarbeit für die AU kausal geworden ist (BAG 21.4.1982 AP LohnFG § 1 Nr. 49). IÜ ist die Nebentätigkeit ohne Einfluss auf das Vorliegen des Tatbestandsmerkmals; das gilt auch für eine vom AG nicht genehmigte Nebentätigkeit (BAG 21.4.1982 AP LohnFG § 1 Nr. 49). Ein Verschulden iSd. G ist nur unter den Voraussetzungen anzunehmen, wie sie bei Hinwegdenken der Nebentätigkeit vorlägen. Es ist näml. ohne Bedeutung, ob eine die Schuldlosigkeit ausschließende Überanstrengung während der Ausübung eines Hobbys, bei Tätigkeiten im Haus oder Garten oder eben bei einer Nebentätigkeit zur AU infolge Krankheit führt (krit. und mit Vorschlägen de lege ferenda *Boecken* NZA 2001, 233).

32 **d) Darlegungs- und Beweislast.** Will der AG die EFZ mit der Begr. verweigern, der AN habe die AU schuldhaft iSd. G herbeigeführt, so hat er die Tatsachen vorzutragen, aus denen sich der Ausschließungsgrund ergibt. Denn er macht eine anspruchshindernde Einwendung geltend, für die der Einwendende darlegungspflichtig ist (grdl. BAG 23.11.1971 AP LohnFG § 1 Nr. 9; stRspr. vgl. insb. 7.8.1991 AP LohnFG § 1 Nr. 94; zu den Schwierigkeiten bei der Darst., wie es zur Krankheit kam: *Stückmann* DB 1996, 1822). Da der AG häufig keine genauen Kenntnisse über die Geschehensabläufe hat, ist er auf die **Mitwirkung des AN** angewiesen. Dazu ist der AN verpflichtet, anderenfalls kann davon ausgegangen werden, dass die AU verschuldet ist. Der Umf. der notwendigen Darlegung hängt ebenso wie das Ausmaß der Mitwirkungspflichten von der Art des behaupteten Selbstverschuldens ab (zum Alkoholabusus vgl. Rn. 27). An den Grds. über die Darlegungs- und Beweislast ändert sich nichts, wenn an Stelle des AN eine ges. Krankenkasse aus übergegangenem Recht gegen den AN klagt. Der AG muss nach obigen Maßstäben vortragen und die Mitwirkung des AN verlangen (BAG 7.8.1991 AP LohnFG § 1 Nr. 94); er kann auch einwenden, dass die klagende Krankenkasse im Besitz der Unterlagen ist, aus denen sich das Selbstverschulden des Versicherten ergibt.

33 **4. Beginn (Wartezeit), Dauer und Ende des Anspruchs. a) Beginn.** Der AN muss eine Wartezeit von 4 Wochen verbringen, bevor der Anspruch nach Abs. 1 entsteht (Berechnung der Wartezeit nach §§ 187 II, 188 II BGB). Es genügt der **rechtl. Bestand** des ArbVerh.; eine tats. Beschäftigung während der Wartezeit wird nicht gefordert. So erhält der nach Beginn des ArbVerh. dauerhaft erkrankte AN einen Anspruch vom ersten Tag der 5. Woche für die ges. vorgesehene Dauer (Rn. 34 f.), auch wenn er in den ersten vier Wochen keine Arbeitsleistung erbringen konnte (BAG 26.5.1999 AP EntgeltFG § 3 Nr. 10; 16.1.2002 AP EntgeltFG § 3 Nr. 13; hM im Schrifttum: *Vogelsang* Rn. 55; *Bauer/Lingemann* BB 1996, Beil. 17, 8; **aA** *Gaumann/Schafft* NZA 2000, 811; *Sieg* BB 1996, Beil. 17, 18, 19; *Buschmann* AuR 1996, 285, 290; zu rechtsmissbräuchl. Verhalten bei einer AU bereits bei Vertragsschluss Staudinger/*Oetker* § 616 BGB Rn. 342). In dieser Zeit erhält der AN Krankengeld von seiner Krankenkasse.

In TV kann vereinbart werden, dass die Wartezeit entfällt (vgl. § 22 TVöD; BAG 12.12.2001 AP EntgeltFG § 3 Nr. 12; dort wurde allerdings keine Abweichung angenommen). Das dem ArbVerh. vorangegangene Ausbildungsverhältnis ist bei der Berechnung der Wartezeit anzurechnen (BAG 20.8.2003 NZA 2004, 205). **Arbeitsunfall** und **Berufskrankheit** sind bei der Berechnung der Wartezeit nicht privilegiert. Deshalb hat auch der AN, der innerhalb der Wartezeit einen Arbeitsunfall erleidet oder aufgrund einer Berufskrankheit arbeitsunfähig wird, keinen Anspruch auf sofortige EFZ (*Vogelsang* Rn. 57). Eine teleologische Reduktion des § 3 III kommt nicht in Betracht. Wird ein ArbVerh. beendet und später ein rechtl. selbständiges ArbVerh. zwischen denselben Arbeitsvertragsparteien begr., so muss der AN grds. erneut die Wartezeit zurücklegen, bevor er einen EFZAnspruch erwerben kann. Davon kann bei Vorliegen bes. Umstände abgesehen werden, die für ein einheitl. ArbVerh. sprechen. Die bes. Umstände sind wie bei der Erfüllung der Wartezeit des § 1 KSchG zu bestimmen (BAG 22.8.2001 NZA 2002, 610).

b) Dauer. Der Anspruch auf EFZ besteht für die Zeit der AU bis zur Dauer von sechs Wochen, 34
sofern nicht eine günstigere Regelung zB im TV besteht (zu einer vermeintl. günstigeren Vereinb. in einem gerichtl. Vergleich s. BAG 23.1.2008 NZA 2008, 595; zu einer Verlängerung der EFZ BAG 10.11.2010 AP TVG § 1 Tarifverträge: Flugsicherung Nr. 1 und 8. 12. 2010 AP BGB § 157 Nr. 40). Auf die genaue Berechnung kommt es in erster Linie bei langen Erkrankungen und bei Mehrfacherkrankungen an. Dabei sind die §§ 187 ff. BGB maßgebend. Dem Sechs-Wochen-Zeitraum entsprechen 42 Kalendertage (BAG 22.2.1973 AP LohnFG § 1 Nr. 28), unabhängig davon, welche Tage in diesem Zeitraum als Arbeitstage ausgefallen sind (*Müller-Glöge* RdA 2006, 105, 109). Für die **Berechnung des Zeitraums** sind die Dauer des Arbeitsausfalls und die sich daran anknüpfende Höhe der EFZ ohne Bedeutung. Zu den 42 Tagen zählen demnach alle Sonn- und Feiertage, freien Tage aufgrund eines Schichtplans, aufgrund Freizeitausgleichs, Tage des Arbeitskampfes (BAG 8.3.1973 AP LohnFG § 1 Nr. 29), arbeitsfreie Tage bei TZBeschäftigung, sofern letztere normativ oder vertragl. festgelegt sind. Eine nachträgl. Veränderung der Arbeitspflichten zur Änd. des EFZZeitraums kommt nicht in Betracht (*Schmitt* Rn. 211). Tritt die **AU vor Beginn der Arbeitspflicht** des betr. Tages ein, so ist nach arbeitsrechtl. Reduktion des § 187 I BGB dieser Tag bei der Berechnung des Zeitraums mitzuzählen (BAG 21.9.1971 LohnFG AP § 1 Nr. 6; hM im Schrifttum; **aA** *Schmitt* Rn. 186 ff.). Wird der AN im **Laufe des Arbeitstags** arbeitsunfähig, so beginnt der Anspruchszeitraum nach diesem G mit dem nächsten Tag. Für den Tag mit tw. Arbeitsleistung hat der AN seinen regulären Anspruch aus § 611 BGB (BAG 4.5.1971 AP LohnFG § 1 Nr. 3). Es sind jedoch Konstellationen denkbar, in denen die wiederholte, zeitl. nur sehr begrenzte Arbeitsleistung zur Begr. eines Lohnanspruchs ohne die Beschränkungen des EFZG einen Rechtsmissbrauch begründen. Der Anspruchszeitraum wird nicht dadurch erschöpft, dass das ArbVerh. bei Beginn der AU des AN ruht. Während dieser Zeit entfallen die wechselseitigen Rechte und Pflichten der Vertragsparteien mit der Folge, dass der AN keinen Anspruch auf EFZ hat und damit auch der Anspruchszeitraum unberührt bleibt (BAG 22.8.2001 NZA 2002, 610). Dauert die AU jedoch an dem Tag fort, an dem der **Ruhenstatbestand beendet** wird (zB Ablauf des unbezahlten Sonderurlaubs, des Wehr- oder Zivildienstes, eines Beschäftigungsverbots nach dem MuSchG und der EZ), so beginnt für den vollen 6-Wochenzeitraum die EFZPflicht des AG (BAG 6.9.1989 AP HGB § 63 Nr. 45; 29.9.2004 AP EntgeltFG § 3 Nr. 24). Ist das ArbVerh. des AN bei Beginn seiner Erkrankung von einem Arbeitskampf betroffen, so ist der Lauf der 6-Wochen-Frist ebenfalls gehemmt, sofern der AN keinen Anspruch auf EFZ hat (s. Rn. 16 f.). Die gegenteilige Auff. des 5. Sen. des BAG (8.3.1973 AP LohnFG § 1 Nr. 29) dürfte mit der neueren Rspr. des 1. Sen. zum Arbeitskampf und zur EFZ nicht vereinbar sein (iE ebenso MüArbR/*Schlachter* § 74 Rn. 24; *Schmitt* Rn. 198; *Vogelsang* Rn. 185; krit. *Vossen* Rn. 186).

c) Ende. Der Anspruch auf EFZ endet mit dem Zpkt., den der **behandelnde Arzt als letzten Tag** 35
der AU bezeichnet. Es gehört zu den Aufgaben des Arztes zu bestimmen, wann die AU endet (BAG 14.9.1983 AP LohnFG § 1 Nr. 55; 12.7.1989 AP BGB § 616 Nr. 77). Die konkrete Festlegung des Zpkt. ist insb. bei der erneuten Erkrankung und des Anlaufs für eine weitere 6-Wochen-Frist von Bedeutung (Rn. 36 ff.). Das kann das Ende eines jeden Kalendertags einschl. des Sonntags vor Arbeitsbeginn sein; das kann das Ende der Arbeitsschicht an einem Werktag sein; der Arzt kann aber auch einen Zpkt. im Laufe eines Arbeitstages zB aE einer Schlussuntersuchung bestimmen (BAG 14.9.1983 AP LohnFG § 1 Nr. 55). Wird der AN im Laufe von sechs Wochen **nicht arbeitsfähig**, endet sein Anspruch auf EFZ mit Ablauf des 42. Kalendertags. Verunfallt der AN zB auf dem Weg zur Arbeit an einem Mittwoch, so endet sein Anspruch am 6. Dienstag nach dem Unfalltag, sofern nicht ein bes. Tatbestand für die Fristberechnung wegen mehrfacher AU vorliegt (Rn. 36 ff.). **Endet das ArbVerh. während der AU** des AN, so erlischt sein EFZAnspruch, sofern nicht der Sondertatbestand des § 8 vorliegt, weil der AG das ArbVerh. aus Anlass der Krankheit gekündigt hat (s. die Erl. zu § 8). Im neuen ArbVerh. hat der AN nach Einf. der Wartezeit nur dann einen Anspruch, wenn die Erkrankung über die Wartezeit hinaus fortdauert (Rn. 33).

5. Mehrfache Arbeitsunfähigkeit. Wird dem AN wiederholt AU bescheinigt, kommt es für das 36
Entstehen eines erneuten Anspruchs und dessen Berechnung darauf an, ob die AU auf einer anderen Krankheit beruht oder ob **dies. Krankheit** Auslöser für die Arbeitsverhinderung ist. Nur der letzte Fall

ist ausdr. in § 3 I 2 geregelt, und zwar grds. anspruchsausschließend mit zwei Ausnahmen (Rn. 37 ff.), wodurch die wirtschaftl. Belastung des AG limitiert wird (bes. Zumutbarkeitserwägung des Gesetzgebers BAG 19.6.1991 AP LohnFG § 1 Nr. 93; 18.1.1995 AP LohnFG § 7 Nr. 8). Beruht die wiederholte Erkrankung auf einer **anderen Krankheit**, so entsteht der Anspruch nach § 3 I 1 uneingeschränkt (BAG 13.7.2005 AP EntgeltFG § 3 Nr. 25). Von der mehrfachen bzw. wiederholten AU ist die einheitl. Arbeitsverhinderung mit einem untaugl. Arbeitsversuch zu unterscheiden. Dafür gelten die nachstehenden Regeln nicht (BAG 1.6.1983 AP LohnFG § 1 Nr. 54).

37 **a) Arbeitsunfähigkeit aufgrund derselben Erkrankung.** Wird der AN aufgrund ders. Erkrankung erneut arbeitsunfähig, so verliert er seinen arbeitsrechtl. EFZAnspruch nach § 3 I 1 nur dann nicht, wenn die Voraussetzungen des § 3 I 2 Nr. 1 oder Nr. 2 vorliegen.

38 **aa) Begriff und Beispiele.** Erneute AU infolge ders. Krankheit liegt vor, wenn die Krankheit, auf der die frühere AU beruhte, in der Zeit zwischen dem Ende der vorausgegangenen und dem Beginn der neuen AU medizinisch nicht vollständig ausgeheilt war, sondern als **Grundleiden** latent weiter bestanden hat, so dass die neue Erkrankung nur eine Fortsetzung der früheren Erkrankung ist (BAG 14.11.1984 AP LohnFG § 1 Nr. 61; 13.7.2005 AP EntgeltFG § 3 Nr. 25). Dabei müssen die Krankheitssymptome nicht identisch sein wie zB bei Erkältungen; es können verschiedene Folgen einer Krankheit unterschiedl. Erscheinungsbilder haben (anschaul. BAG 4.12.1985 AP HGB § 63 Nr. 42 zu den verschiedenen Krankheitsbildern einer multiplen Sklerose; MüArbR/*Schlachter* § 73 Rn. 66). Umgekehrt deuten die gleichen Krankheitssymptome nicht zwgd. auf dies. Krankheit iSd. G hin. Eine einem ausgeheilten Armbruch folgende Fraktion am selben Arm sind wohl gleiche Krankheiten, aber nicht dies. nach § 3 I 2. Wird dem AN nach Ausheilung eines Leidens eine Maßnahme der medizinischen Vorsorge oder Rehabilitation nach § 9 gewährt, so handelt es sich dabei um eine Fortsetzungserkrankung iSd. G. Entscheidend ist, ob der zur Bewilligung der Vorsorgekur oder Rehabilitation führende Tatbestand nach §§ 24, 23 SGB V auf demselben Grundleiden wie die vorhergehende AU beruht. In diesem Fall erhält der AN EFZ nur für die Dauer von insg. 6 Wochen (BAG 18.1.1995 AP LohnFG § 7 Nr. 8; 13.7.2005 AP EntgeltFG § 3 Nr. 25; 10.9.2014 NZA 2014, 1139). Das gilt auch bei einer Rehabilitationsmaßnahme nach einem rechtmäßigen Schwangerschaftsabbruch (*Schmitt* Rn. 249). Verläuft eine Schwangerschaft nicht regulär, sondern so beschwerl., dass von einer Krankheit auszugehen ist (Rn. 5), kann sie ein Grundleiden für nachf. schwangerschaftsbedingte Krankheiten sein (BAG 14.11.1984 AP EntgeltFG § 3 Nr. 25).

39 **bb) Erhalt des Anspruchs nach § 3 I 2 Nr. 1 (Sechs-Monats-Zeitraum).** AU aufgrund ders. Erkrankung hat **grds.** zur Folge, dass der AG nur einmal für die Dauer von sechs Wochen zur EFZ verpflichtet ist. Das gilt nicht, wenn der AN wegen dieser selben Krankheit erst nach Ablauf von sechs Monaten (Berechnung nach §§ 187 ff. BGB; s. Rn. 34 f.) erneut arbeitsunfähig erkrankt. Dann wird der **Fortsetzungszusammenhang** zwischen der früheren und der erneut auftretenden Krankheit unwiderlegl. als gelöst angesehen (BAG 18.1.1995 AP LohnFG § 7 Nr. 8). Ohne Bedeutung für die Berechnung des Sechs-Monats-Zeitraums ist die AU aufgrund **einer anderen Krankheit** (*Schmitt* Rn. 256). Diese Erkrankung unterbricht den Lauf der Frist nicht (BAG 29.9.1982 AP LohnFG § 1 Nr. 50; 22.8.1984 AP LohnFG § 1 Nr. 60). Besteht eine AU wegen einer einmaligen Krankheit zB einer Erkältung und kommt während dieser Zeit eine AU hinzu, die auf einem Grundleiden beruht, so wird deshalb kein neuer EFZAnspruch ausgelöst (zur Einheit des Verhinderungsfalls Rn. 43). Das hat zur Folge, dass die Sechs-Monatsfrist nicht zu laufen beginnt. Wird der AN nach seiner Genesung erneut infolge einer Erkrankung zum Grundleiden innerhalb von sechs Monaten arbeitsunfähig, so besteht ein Anspruch über den vollen Zeitraum von 42 Tagen (BAG 19.6.1991 AP LohnFG § 1 Nr. 93). Wieder anders ist die Rechtslage, wenn eine Krankheit, die sich später als Fortsetzungserkrankung herausstellt, zu einer bereits bestehenden, zur AU führenden Krankheit hinzutritt und später alleinige Ursache der AU wird (BAG 2.2.1994 AP LohnFG § 1 Nr. 99). Eine erneute volle EFZ fällt nur an, wenn mehr als 6 Monate vergangen sind oder für die vormalige Erkrankung noch nicht 42 Tage Entgelt geleistet worden ist (BAG 13.7.2005 AP EntgeltFG § 3 Nr. 25).

40 **cc) Erhalt des Anspruchs nach § 3 I 2 Nr. 2 (Zwölf-Monats-Zeitraum).** Unabhängig von der Qualifizierung einer wiederholten Erkrankung als dies. oder als andere Krankheit hat der AN einen **erneuten Anspruch** auf EFZ, wenn er 12 Monate nach dem Beginn der ersten AU erkrankt. Denn auch wenn sich diese Krankheit als Fortsetzungserkrankung iSd. G erweist, behält er nach § 3 I 2 Nr. 2 einen nach § 3 I 1 erworbenen neuen Anspruch über 42 Tage. Die sog. Rahmenfrist von 12 Monaten **beginnt** mit dem **Eintritt** der ersten krankheitsbedingten AU (Grds. der Vorausberechnung). Bei der konkreten Berechnung sind wiederum die §§ 187 ff. BGB heranzuziehen. Beginnt die wiederholte Erkrankung im Laufe des Zwölf-Monats-Zeitraums und dauert sie bis in den 13. Monat hinein, so hat der AN zunächst nur Anspruch auf Krankengeld. Vom ersten Tag des 13. Monats an steht ihm aber für weitere 42 Tage EFZ zu, auch wenn es sich um eine Fortsetzungserkrankung handelt (FM/*Feichtinger* Rn. 241; *Treber* Rn. 152; **aA** MüKoBGB/*Müller-Glöge* Rn. 72; HWK/*Schliemann* Rn. 126). Das folgt unmittelbar aus dem GText des § 3 I 2 Nr. 2. Das BAG (14.3.2007 AP EntgeltFG § 3 Nr. 29) hat im Anschluss an die abw. Auff. entschieden, ein erneuter Anspruch entstehe nur, wenn zwischen dem Beginn der ersten und der neuen AU 12 Monate vergangen sind, und sich dabei seinerseits auf den

Wortlaut des § 3 I 2 Nr. 2 berufen sowie auf die aus den Nr. 1 und 2 des Satzes 2 ergebende Systematik abgestellt. Beides überzeugt nicht. Der vom Sen. gewünschte und vermisste Wortlaut (BAG 14.3.2007 AP EntgeltFG § 3 Nr. 29 Rn. 13) findet sich (in anderer Form) im Text der Nr. 2. Aus der unterschiedl. Fassung der Nr. 1 (… sechs Monate nicht infolge ders. Krankheit arbeitsunfähig war …) im Vergleich der Nr. 2 (… eine Frist von zwölf Monaten abgelaufen ist …) ergibt sich die Notwendigkeit einer anderen Berechnung und gerade nicht der „nahe liegende" Schluss einer gleichen Auslegung beider Vorschr. (BAG 14.3.2007 AP EntgeltFG § 3 Nr. 29 Rn. 14). Allenfalls das nachf. teleologische Arg. (Rn. 15), der Gesetzgeber habe die Belastung des AG bei Auftreten ders. Krankheit einschränken wollen, könnte die Interpretation des BAG tragen. Allerdings ist dieses Ziel des Gesetzgebers aus dem Text nicht erkennbar. Ist der AN jedoch länger als 12 Monate ununterbrochen arbeitsunfähig krank, so entsteht zu Beginn des 13. Monats kein Anspruch, weil er dann nicht erneut, sondern nur einmal fortdauernd arbeitsunfähig geworden (und geblieben) ist.

dd) Zusammentreffen beider Zeiträume. Zum LFZRecht hat das BAG die Auff. vertreten, der Zwölf-Monats-Zeitraum werde dann unterbrochen und beginne neu zu laufen, wenn der AN aufgrund des Dauerleidens nach Ablauf von 6 Monaten arbeitsunfähig erkranke (BAG 6.10.1976 AP LohnFG § 1 Nr. 41). Auf die zeitl. erste Erkrankung infolge eines Grundleidens sei nicht abzustellen, wenn das Grundleiden 6 Monate lang nicht zu einer AU geführt habe, weil die nach Ablauf von 6 Monaten erneut eintretende AU arbeitsrechtl. als neue zu bewerten sei. Daran ist im Geltungsbereich des EFZG festzuhalten (KDHK/*Dunkl* Rn. 179 f.; *Schmitt* Rn. 275; *Vogelsang* Rn. 205), auch wenn aus dem veränderten Wortlaut der Vorschr. im Vergleich zu § 1 LohnFG das Gegenteil abgelesen werden könnte. Das EFZG spricht näml. in § 3 I 2 Nr. 2 vom Beginn der **ersten** AU, nicht wie in Nr. 1 von der **erneuten** AU. Die neue Nr. 2 beruht auch nicht mehr auf dem Gedanken der unwiderlegbaren Vermutung, dass kein Fortsetzungszusammenhang zwischen alter und neuer Erkrankung mehr besteht. Vielmehr stellt sie als Abwägungsnorm allein auf den Zeitablauf ab. Der Charakter der Vorschr. als Einschränkung zugunsten des mit der EFZ belasteten AG und der fehlende Wille des Gesetzgebers, die Rechtslage insoweit ggü. dem LFZG verändern zu wollen, gebieten aber die Auslegung des Adjektivs „ersten" in § 3 I 2 Nr. 2 im hergebrachten Sinn (MüKoBGB/*Müller-Glöge* Rn. 73). Die AU, die nach Ablauf von 6 Monaten infolge eines Grundleidens auftritt, ist die „erste AU" iS dieser Vorschr. Eine neue Zwölf-Monatsfrist läuft. 41

ee) Wechsel des Arbeitgebers. Die Regeln über die mehrfachen Erkrankungen gelten nur im jeweiligen ArbVerh. (BAG 23.12.1971 AP LohnFG § 1 Nr. 10). Wechselt der AN in ein anderes Unternehmen und wird er – nach Ablauf der Wartezeit des § 3 III – infolge ders. Krankheit beim neuen AG arbeitsunfähig, so erwirbt er einen vollen EFZAnspruch auch dann, wenn er noch zum Ende des alten ArbVerh. wegen Krankheit an der Arbeitsleistung verhindert war und seither weniger als sechs Monate vergangen sind. Wird ein ArbVerh. beendet und später ein **rechtl. selbständiges weiteres ArbVerh.** zu demselben AG begr., so ist es entgeltfortzahlungsrechtl. als ein einheitl. ArbVerh. zu behandeln, wenn zwischen diesen ArbVerh. ein enger sachl. Zusammenhang besteht (BAG 22.8.2001 NZA 2002, 610). Das bei anderen ANSchutzvorschr. zur Anwendung kommende Tatbestandsmerkmal des Sachzusammenhangs, zB bei der Anrechnung von Vorbeschäftigungszeiten im Kündigungsrecht, rechtfertigt die Anwendung der der Entlastung des AG dienenden einschränkenden Vorschr. des § 3 I 2. Umgekehrt können in den Fällen, in denen wegen der bes. Umstände des Einzelfalls vom AN das Zurücklegen einer erneuten Wartezeit zu verlangen ist, auch die den Anspruch einschränkenden Fristenregelungen des § 3 I 2 Nr. 1 und Nr. 2 keine Anwendung finden. Kein Wechsel des ArbVerh. liegt vor beim Betriebsübergang nach § 613a BGB und beim Übergang vom Ausbildungsverhältnis in ein ArbVerh. (*Schmitt* Rn. 282). In diesen Fällen gelten die Bestimmungen wie in einem lfd. ArbVerh. (BAG 20.8.2003 NZA 2004, 205 zur Berücksichtigung des Ausbildungsverhältnisses bei der Berechnung der Wartezeit des § 3 III). 42

b) Arbeitsunfähigkeit aufgrund anderer Erkrankungen. Die ges. Beschränkung des EFZAnspruchs nach den Bestimmungen des § 3 I 2 Nr. 1 oder Nr. 2 kommen dann nicht zur Anwendung, wenn der AN infolge einer anderen Erkrankung als im vorherigen Zeitraum arbeitsunfähig wird. In diesem Fall kann der AN erneut bis zur Höchstdauer von sechs Wochen EFZ beanspruchen. Das gilt nur dann nicht, wenn die weitere AU noch während der lfd. AU eintritt – Einheit des Verhinderungsfalls. Von einer **anderen Krankheit** ist auszugehen, wenn sie eine andere Ursache hat als die vorhergehende Krankheit und wenn sie auch nicht auf demselben Grundleiden beruht (Umkehrschluss aus BAG 14.11.1984 NZA 1985, 501; 4.12.1985 AP HGB § 63 Nr. 42; s. Rn. 5 und 38). Treten Erkrankungen gleichzeitig auf oder überlappen sich die Krankheitszeiträume, lösen sie unabhängig von dem Grund der Erkrankung nur einmal einen EFZAnspruch für 42 Kalendertage aus (BAG 2.12.1981 AP LohnFG § 1 Nr. 48). Es gilt der Grds. von der **Einheit des Verhinderungsfalls** (BAG 2.2.1994 NZA 1994, 547). Das gilt auch dann, wenn die erste AU selbst verschuldet war und deshalb zunächst keine EFZ geschuldet wurde. Bei später hinzutretender Erkrankung entsteht zwar ein Anspruch; dieser ist aber begrenzt auf den Ablauf des 42. Kalendertags nach Beginn der ersten AU (*Schmitt* Rn. 286). Zwei selbständige Verhinderungsfälle und damit zwei voneinander unabhängige Ansprüche sind dann gegeben, wenn ein AN zwischen zwei Krankheiten tats. arbeitet (nicht aber bei einem **untaugl.** 43

Arbeitsversuch, Rn. 36) oder wenn er nur kurze Zeit außerhalb der vertragl. geschuldeten AZ (zB Sonntag) arbeitsfähig war (BAG 2.12.1981 AP LohnFG § 1 Nr. 48; 12.7.1989 AP BGB § 616 Nr. 77). In der Praxis ist eine Einheit des Verhinderungsfalles häufig kaum festzustellen, da AUB typischerweise auf die Arbeitstage bis Freitag oder Samstag beschränkt sind und die neue Erkrankung beginnend mit Montag bescheinigt wird. Der Grds. von der Einheit des Verhinderungsfalls greift nach Ansicht des BAG nicht, wenn AU und Rehabilitation zusammentreffen; die allein nach sozialrechtl. Kriterien zu bewilligende Maßnahme der Rehabilitation sei von einer AU deutl. zu unterscheiden und die Folgen der LFZ vom AG als Ausnahmetatbestand grds. zu tragen (BAG 10.9.2014 NZA 2014, 1139). Etwas anderes gilt nach § 3 I 2 nur dann, wenn AU und Rehabilition auf dasselbe Grundleiden zurückgehen (vgl. Rn. 38).

44 **c) Darlegung und Beweis.** Für das Vorliegen einer den Anspruch ausschließenden Fortsetzungserkrankung gilt eine gestufte Darlegungslast. Da der AG keine Kenntnis von den Umständen der Krankheitsursache hat, hat zunächst der AN darzulegen, dass keine Fortsetzungserkrankung vorliegt, wenn er innerhalb der Zeiträume des § 3 I 2 Nr. 1 und 2 länger als 6 Wochen arbeitsunfähig erkrankt (BAG 13.7.2005 AP EntgeltFG § 3 Nr. 25; *Joussen* SAE 2006, 147). Hierzu kann er eine ärztl. Bescheinigung vorlegen. Bestreitet der AG das Vorliegen einer neuen Krankheit, obliegt dem AN die Darlegung der Tatsachen, die den Schluss erlauben, es habe keine Fortsetzungserkrankung vorgelegen. Dabei hat der AN den Arzt von der Schweigepflicht zu entbinden. Die Folgen der Nichterweislichkeit einer Fortsetzungserkrankung (das non-liquet-Risiko) sind allerdings vom AG zu tragen, denn nach der sprachl. Fassung des § 3 I 2 Nr. 1 und 2 EFZG trifft den AG die obj. Beweislast (BAG 10.9.2014 NZA 2014, 1139). Hiervon zu unterscheiden ist jedoch der Vortrag des AN zu den Tatbestandsvoraussetzungen des § 3 I 1. Macht der AN in unmittelbarer Folge einer den 6-Wochen-Zeitraum überschreitenden Krankheit EFZ aufgrund einer neuen Ersterkrankung geltend und beruft sich der AG auf den Grds. der Einheit des Verhinderungsfalls, trifft den AN für Beginn und Ende der AU die obj. Beweislast (BAG 25.5.2016 NZA 2016, 1076).

45 **6. Rechtsfolgen.** Der AN verliert seinen Anspruch auf Arbeitsentgelt nach § 611 BGB nicht, wenn der Tatbestand des § 3 I 1 gegeben ist (MüKoBGB/*Müller-Glöge* Rn. 3). § 326 I BGB ist abbedungen. Der EFZAnspruch ist inhaltl. nichts anderes als der vertragl. geschuldete Anspruch auf die **Arbeitsvergütung**, kein Lohnersatzanspruch (BAG 11.9.2003 AP BGB § 611 Gleitzeit Nr. 1), mit der Folge, dass für die EFZ alle Regelungen Anwendung finden, die für Vergütungsansprüche gelten (BAG 16.1.2002 AP EntgeltFG § 3 Nr. 13). Aus diesem Grund greifen auch die Mindestlohnregelungen für die Zeiträume der LFZ; der Anspruch leitet sich aus §§ 3, 4 ab, während die Mindestlohnregelung nach dem Entgeltausfallprinzip für die Höhe der LFZ eine Rolle spielt (BAG 18.11.2015 – 5 AZR 761/13 –; 13.5.2015 NZA 2015, 1127). Auch auf ein AZKonto einzubringende Guthaben stellen eine Form von Entgelt dar und sind fortzuzahlen (BAG 16.7.2014 NZA 2015, 499). Der Grds. des Fortbestands des Vergütungsanspruchs gilt trotz des nach dem 31.12.1998 fortbestehenden Wortlauts des § 3 I, der mit dem KorrekturG nicht verändert worden ist und eigentl. auf die Rechtslage in der Zeit v. 1.10.1996 bis 31.12.1998 zugeschnitten war. Seinerzeit war ein Lohnersatzanspruch ges. angeordnet worden (vgl. die Erl. in der 1. Aufl. § 3 Rn. 100 bis 106; im Schrifttum sehr umstr.). Denn mit der Beibehaltung des Wortlauts aus der Zwischenzeit wollte der Gesetzgeber ggü. dem Rechtszustand bis 30.9.1996 keine dogmatische Veränderung vornehmen, zumal zw. bleibt, ob er die Veränderung des Jahres 1996 überhaupt gemerkt hatte (ebenso sogar für die Zeit v. 1.10.1996 bis 31.12.1998 BAG 16.1.2002 NZA 2002, 746; *Müller-Glöge* RdA 2006, 105 mwN in Fn. 4, 5; **aA** weiterhin für das geltende Recht Staudinger/*Oetker* § 616 BGB Rn. 177 bis 180 und *Vogelsang* Rn. 421 ff.).

III. Sterilisation und Schwangerschaft

46 **1. Grundsätze.** AN haben nicht nur einen EFZAnspruch bei Arbeitsverhinderung durch AU infolge Krankheit, sondern auch in den Fällen der rechtmäßigen Sterilisation und des rechtmäßigen Schwangerschaftsabbruchs. Diese Tatbestände treten an die Stelle des Tatbestands „Krankheit". Weitere Abweichungen oder Erleichterungen zugunsten der AN sind in § 3 II nicht vorgesehen (*Schmitt* Rn. 299 ff.; *Vogelsang* Rn. 167). Es müssen dies. weiteren Voraussetzungen wie bei der Krankheit gegeben sein. So muss das G auf die betroffene Frau oder den Mann anwendbar sein; es muss infolge des Eingriffs eine AU vorliegen. Einer der Sondertatbestände muss die alleinige Ursache für die AU sein. Ferner sind die Bestimmungen über Beginn, Dauer und Ende sowie über die Fortsetzungserkrankungen zu beachten. Beruht die AU nur auf einem der Eingriffe nach § 3 II, so wird die **Schuldlosigkeit unwiderlegl. vermutet**. Beruht aber die Fortdauer der AU auf einem Verhalten des AN, das sich gegen seine eigenen Interessen gerichtet hat (zB Missachtung ärztl. Anweisungen), so kommt ein Anspruchsausschluss in Betracht. Die Voraussetzungen dafür muss der AG darlegen und ggf. (mit Hilfe des von der Schweigepflicht befreiten Arztes) beweisen.

47 Die jetzige ges. Regelung hat eine verfassungsrechtl. Vorgeschichte, aus der ihrerseits folgt, dass § 3 II mit der Verf. übereinstimmt. Das BAG hatte zum LFZRecht entschieden, dass der AG zur LFZ verpflichtet sei, wenn die AN einen aufgrund der damaligen Indikationsregelungen des § 218a StGB

straffreien Schwangerschaftsabbruch vornehmen lasse und im Zusammenhang damit krankheitsbedingt arbeitsunfähig werde (BAG 5.4.1989 AP LohnFG § 1 Nr. 84). Das BVerfG nahm die dagegen gerichtete Verfassungsbeschwerde des AG nicht zur Entsch. an (BVerfG 18.10.1989 AP LohnFG § 1 Nr. 84a). Das BVerfG führt ua. aus, dass die vom BAG aus § 1 II LohnFG abgeleitete Verpflichtung des AG, auch in diesen Fällen LFZ leisten zu müssen, Art. 14 I GG nicht verletzt. Das BAG hat daraufhin seine Rspr. trotz der methodischen Kritik im Schrifttum fortgesetzt (BAG 14.12.1994 AP EntgeltFG § 3 Nr. 1). In der folgenden „Fristenlösungs-Entsch." des BVerfG (28.5.1993 NJW 1993, 1751) wird ausgeführt, dass es der verfassungsrechtl. Schutzpflicht für das ungeborene Lebens nicht widerspricht, wenn die arbeitsrechtl. Grds. zum Verschulden dahin ausgelegt und angewendet werden, dass eine Verpflichtung zur LFZ auch dann besteht, wenn die AU die Folge eines auf der Grdl. der Beratungsregelung erfolgten Schwangerschaftsabbruchs ist (dazu ausf. *Stoffels* DB 1993, 1718). Folgerichtig hat der Gesetzgeber bei der Neuordnung des EFZRechts die Vorschr. des § 3 II an diese Rspr. angepasst (BT-Drs. 12/5798). Sie begegnet keinen verfassungsrechtl. Bedenken.

2. Sterilisation. Die Sterilisation, die Ausschließung der Zeugungs- oder Empfängnisfähigkeit durch 48
medizinischen Eingriff, ist nicht rechtswidrig, wenn der Betroffene eingewilligt hat und der Eingriff nicht gegen die guten Sitten verstößt, § 228 StGB. Davon kann nicht nur bei einer Sterilisation aus eugenischen und sozialen Gründen ausgegangen werden, sondern auch bei der freiwilligen Sterilisation aus anderen Gründen, zB wenn sich ein Elternteil für einen Eingriff entscheidet, weil es keine Kinder mehr zeugen will, obwohl die finanziellen Verhältnisse das erlauben. In beiden Fällen erhält die AN oder (bei der seltenen Sterilisation von Männern) der AN EFZ, wenn der Eingriff mit einer AU verbunden ist.

3. Schwangerschaftsabbruch. Unter einem Schwangerschaftsabbruch ist die Entfernung und Abtö- 49
tung der Leibesfrucht bei einer intakten Schwangerschaft zu verstehen. Er ist nicht rechtswidrig unter den Voraussetzungen des § 218a II StGB (medizinische Indikation) und des § 218a III StGB (kriminologische Indikation). Die AN hat Anspruch auf EFZ, wenn dadurch als alleinige Ursache AU verbunden ist, § 3 II 1. Das ist regelm. nicht der Fall, wenn der Eingriff im Zusammenhang mit einer Geburt eines Kindes vorgenommen wird, weil während der Schutzfristen des MuSchG keine EFZAnsprüche entstehen (Rn. 19). Dasselbe gilt nach § 3 II 2 für einen Schwangerschaftsabbruch nach Beratung iRd. Vorschr. des § 218a I StGB iVm. § 219 II StGB.

§ 3a Anspruch auf Entgeltfortzahlung bei Spende von Organen, Geweben oder Blut zur Separation von Blutstammzellen oder anderen Blutbestandteilen

(1) [1]Ist ein Arbeitnehmer durch Arbeitsunfähigkeit infolge der Spende von Organen oder Geweben, die nach den §§ 8 und 8a des Transplantationsgesetzes erfolgt, oder einer Blutspende zur Separation von Blutstammzellen oder anderen Blutbestandteilen im Sinne von § 9 des Transfusionsgesetzes an seiner Arbeitsleistung verhindert, hat er Anspruch auf Entgeltfortzahlung durch den Arbeitgeber für die Zeit der Arbeitsunfähigkeit bis zur Dauer von sechs Wochen. [2]§ 3 Absatz 1 Satz 2 gilt entsprechend.

(2) [1]Dem Arbeitgeber sind von der gesetzlichen Krankenkasse des Empfängers von Organen, Geweben oder Blut zur Separation von Blutstammzellen oder anderen Blutbestandteilen das an den Arbeitnehmer nach Absatz 1 fortgezahlte Arbeitsentgelt sowie die hierauf entfallenden vom Arbeitgeber zu tragenden Beiträge zur Sozialversicherung und zur betrieblichen Alters- und Hinterbliebenenversorgung auf Antrag zu erstatten. [2]Ist der Empfänger von Organen, Geweben oder Blut zur Separation von Blutstammzellen oder anderen Blutbestandteilen gemäß § 193 Absatz 3 des Versicherungsvertragsgesetzes bei einem privaten Krankenversicherungsunternehmen versichert, erstattet dieses dem Arbeitgeber auf Antrag die Kosten nach Satz 1 in Höhe des tariflichen Erstattungssatzes. [3]Ist der Empfänger von Organen, Geweben oder Blut zur Separation von Blutstammzellen oder anderen Blutbestandteilen bei einem Beihilfeträger des Bundes beihilfeberechtigt oder berücksichtigungsfähiger Angehöriger, erstattet der zuständige Beihilfeträger dem Arbeitgeber auf Antrag die Kosten nach Satz 1 zum jeweiligen Bemessungssatz des Empfängers von Organen, Geweben oder Blut zur Separation von Blutstammzellen oder anderen Blutbestandteilen; dies gilt entsprechend für sonstige öffentlich-rechtliche Träger von Kosten in Krankheitsfällen auf Bundesebene. [4]Unterliegt der Empfänger von Organen, Geweben oder Blut zur Separation von Blutstammzellen oder anderen Blutbestandteilen der Heilfürsorge im Bereich des Bundes oder der truppenärztlichen Versorgung, erstatten die zuständigen Träger auf Antrag die Kosten nach Satz 1. [5]Mehrere Erstattungspflichtige haben die Kosten nach Satz 1 anteilig zu tragen. [6]Der Arbeitnehmer hat dem Arbeitgeber unverzüglich die zur Geltendmachung des Erstattungsanspruches erforderlichen Angaben zu machen.

1. Normzweck und Rechtsentwicklung. Der BT hat am 25.5.2012 zahlr. Änd. des Transplantati- 1
onsrechts beschlossen; mit diesen werden europ. Vorgaben umgesetzt und einheitl. Standards für die

Qualität und Sicherheit der Organtransplantation hergestellt (BT-Drs. 17/9773). Bestandteil der Änd. ist die Neuregelung des § 3a, mit dem die arbeitsrechtl. Rahmenbedingungen zur Stärkung der Lebendorganspende geschaffen werden. Konkretes Ziel ist es, die Absicherung des Spenders zu verbessern (BT-Drs. 17/9773 S. 33). Eingriffe im Zuge einer **Knochen-, Gewebe- oder Organtransplantation** zugunsten Dritter führen regelm. zur AU infolge der dadurch herbeigeführten Krankheit. Dennoch stand dem AN nach bisher hM jdf. bei einem komplikationslosen Eingriff kein EFZAnspruch zu, weil er die AU iSd. G selbst verschuldet hat (13. Aufl. § 3 Rn. 10; MüKoBGB/*Müller-Glöge* Rn. 13; Staudinger/*Oetker* § 616 BGB Rn. 205). Das BAG kam zum selben Erg., wobei zwar ein Verschulden verneint, jedoch unter Rückgriff auf die Fürsorgepflicht darauf verwiesen wurde, dass der AG nur das „allg. Krankheitsrisiko" tragen solle (BAG 6.8.1986 AP LohnFG § 1 Nr. 68). Der Organspender war jedoch nicht schutzlos; er konnte sich an die Krankenkasse des versicherten Organempfängers wenden und dort seinen Verdienstausfall als Kosten der Heilbehandlung reklamieren (BAG 6.8.1986 AP LohnFG § 1 Nr. 68, vgl. a. BSG 12.12.1972 BSGE 35, 102). Die Neuregelung bestätigt die bisherige hM und regelt einen gesonderten EFZAnspruch des Spenders. Zur Umsetzung eines einheitlichen Spenderschutzes ist mit G v. 16.7.2015 (Bundesgesetzblatt 2015 Teil I Nr. 30, 1211) ergänzt worden, dass die Regelungen auch für Spender von Blut zur Separation von Blutstammzellen oder anderen Blutbestandteilen iSd. § 9 TransfusionsG Anwendung finden.

2 **2. Entgeltfortzahlung (§ 3a I).** Ein AN hat Anspruch auf EFZ, wenn er an der Erbringung der Arbeitsleistung durch AU infolge einer Spende von Organen, Geweben oder Blut gehindert ist. Der EFZ-Anspruch setzt keine Krankheit oder behandlungsbedürftigen Zustand iSd. G voraus, wobei Eingriffe im Zuge einer Gewebe- oder Organtransplantation regelm. zur AU infolge einer Krankheit, näml. eines regelwidrigen Körperzustands führen dürften. Entscheidend ist, dass die **Ursache** der AU in der Spende begr. ist. Dabei führt nicht jede Folgeerkrankung oder Komplikation zu einem Anspruch nach § 3a I. Nur die aus dem unmittelbaren Spendenvorgang, dem sich anschließenden medizinischen Heilungsprozess und die der regulären Vor- und Nachbetreuung: nachf. und mit einer AU einhergehenden Ausfallzeiten, begründen die EFZ. Denn der Gesetzgeber hat klar zwischen der AU infolge einer Spende und Eigenerkrankungen des Spenders getrennt, die – möglicherweise – kausal auf die Spende zurückzuführen sind (*Greiner* NZS 2013, 241, 244).

2a Eine anspruchsauslösende Spende liegt wiederum nur vor, wenn diese unter den Voraussetzungen der §§ 8, 8a TPG oder als Blutspende iSd. § 9 TransfusionsG erfolgt. Erfasst sind daher nur Spenden von Organen und Geweben (vgl. §§ 1a Nr. 1, 4 TPG) zum Zweck der Übertragung auf einen personenverschiedenen Transplantationsempfänger oder die im TransfusionsG definierten Blutspenden. Zudem unterliegen Spenden iSd. TPG zB einem strengen Einwilligungsvorbehalt; der Einwilligung hat wiederum eine umfassende Aufklärung durch einen Arzt in verständl. Form voraus zu gehen. Es ist nachvollziehbar und sachgerecht, wenn die EFZ nur in den Grenzen einer gesetzeskonformen Spende begr. werden soll. Entscheidend ist dabei auf die Erkenntnismöglichkeiten des Spenders bei Anwendung der ihm zur Vfg. stehenden Erkenntnisquellen und der gebotenen Sorgfalt abzustellen (*Greiner* NZS 2013, 241, 243; aA *Knorr* NZA 2012, 1132, 1135, sofern gegen das in § 17 TPG statuierte Verbot des Organ- und Gewebehandels verstoßen wird). So kann zB eine den Spender unbekannte und unverschuldete zweckwidrige Verwendung der Spende durch den behandelnden Arzt nicht zu einem Untergang der EFZ führen. Allerdings wird dem AG eine Überprüfung der gesetzl. Anforderungen unmögl. sein. Die inzident zu prüfenden Tatbestandsvoraussetzungen einer rechtmäßigen Spende liegen sämtl. außerhalb des Wissenskreises des AG. Den AN trifft insofern eine Obliegenheit, diese Voraussetzungen in geeigneter Form nachzuweisen. Vermutl. wird in der Praxis ein sachgerechter Nachweis nur unter Einschaltung des Versicherungsträgers des Organempfängers mögl. sein. Denn der AN hat als Organspender selbst nur eingeschränkte Kenntnis von den Tatbestandsvoraussetzungen, die tw. den Organempfänger betreffen, so von der Voraussetzung, dass die Spende nach ärztl. Beurteilung geeignet ist, das Leben des Organempfängers zu erhalten oder bei ihm eine schwerwiegende Krankheit zu heilen, vgl. § 8 I Nr. 2 TPG.

3 Die spendenbedingte AU muss alleinige Ursache für die Arbeitsverhinderung sein. Dies ergibt sich zwar nicht unmittelbar aus dem GWortlaut, entspricht aber der allg. Systematik des EFZG. Anders als beim allg. EFZAnspruch nach § 3 ist der Ausschlussgrund des Verschuldens nicht zu prüfen. Denn gerade das Eigenverschulden des Spenders hat bisher eine EFZ im Fall der Organspende verhindert. Die Neuregelung begr. einen **verschuldensunabhängigen Anspruch** auf EFZ.

4 Liegen die Tatbestandsvoraussetzungen vor, steht dem AN EFZ für die gesamte Zeit der AU bis zur Dauer von sechs Wochen zu. Da § 3a einen eigenständigen EFZAnspruch regelt, ist davon auszugehen, dass der Anspruch nicht erst nach Ablauf einer Wartezeit, sondern ab dem rechtl. Bestand des ArbVerh. beginnt. Dies ist mit Blick auf den Zweck einer Wartezeit, näml. eine Kostenentlastung für den AG zu regeln, nur konsequent. Mit Blick auf den Erstattungsanspruch nach § 3a II bedarf es keiner weiteren Kostenentlastung für den AG. Zudem kann der Schutz des Lebendspenders und damit letztl. des Organempfängers nur unabhängig von einer Wartezeit konsequent gestärkt werden. Hins. der konkreten Berechnung der Höhe und der Dauer des EFZAnspruchs kann auf die Kommentierung zu §§ 3, 4 verwiesen werden. § 3a enthält hierzu keine Besonderheiten; zudem ist § 4 im Zuge der

Neuregelung angepasst und auf die EFZ im Fall einer Lebendorganspende erweitert worden. Ein ausdr. Verweis auf die allg. Bestimmungen gilt hins. der Folgen bei mehrfacher AU in Folge einer Organspende, vgl. § 3a I 2. Eine mehrfache AU aufgrund ders. Organspende ist denkbar, wenn die Spende nicht komplikationslos verlief und in der Folge wiederholt AU auftreten.

3. Erstattungsanspruch (§ 3a II). § 3a II ist erst im Laufe des Gesetzgebungsverf. eingefügt worden. Er entlastet die AG von der EFZ. Dem AG ist das nach Abs. 1 fortgezahlte Arbeitsentgelt einschl. der darauf entfallenden Beiträge zur Sozialvers. sowie zur betriebl. Alters- und Hinterbliebenenversorgung auf Antrag zu erstatten. Das G trägt damit dem Umstand Rechnung, dass die AU infolge einer Organspende von dem AN bewusst in Kauf genommen wird und nicht Ausdruck des vom AG zu tragenden allg. Krankheitsrisikos des AN ist. Zugleich wird durch die Kostenentlastung das Ziel verfolgt, auch beim AG die Akzeptanz für Organspenden zu erhöhen und damit insg. den Schutz des Spenders von Organen und Geweben abzusichern (BT-Drs. 17/9773 S. 34). Damit wird an die bestehende Rechtspraxis angeknüpft, dem Organspender den Ausfall von Arbeitseinkünften zu erstatten. Nunmehr findet diese Erstattung übers „Dreieck" unter Einbeziehung des AG statt. 5

Erstattungsverpflichteter ist der Versicherungsträger, der die Kosten für die Krankenbehandlung des Empfängers der Spende trägt. Dabei kann es sich um eine ges. Krankenkasse handeln, die nach den neu geregelten §§ 27 I a, 44a SGB V nunmehr ausdr. den Verdienstausfall des Spenders zu tragen haben. Ist der Spendenempfänger bei einer privaten Krankenvers. versichert, übernimmt diese die Kostenerstattung für das fortgezahlte Arbeitsentgelt iHd. tarifl. Erstattungssatzes. Im Fall einer ausschl. privaten Krankenvers. liegt die Erstattung daher bei 100%. Etwaige vom Organempfänger mit der privaten Krankenvers. vertragl. vereinbarte Selbstbehalte werden nicht berücksichtigt. Im Fall eines beihilfeberechtigten oder sonstigen Stellen ggü. anspruchsberechtigten Organempfängers trägt die Vers. die Erstattung bis zur Höhe des Versichertenprozentsatzes; der restl. Anteil des Arbeitseinkommens wird von der zust. Beihilfestelle oder sonstigen Stelle erstattet. 6

Der Erstattungsanspruch umfasst neben dem Bruttoarbeitsentgelt auch die vom AG zu tragenden Sozialversicherungsbeiträge, dh. die Beiträge zur Kranken-, Pflege- und Rentenvers. sowie zur Arbeitsförderung und die Altersversorgungsbeiträge. Eine nähere Definition zum Arbeitsentgelt enthält die Regelung nicht. § 4 ist jedoch für die EFZ im Spendenfall erweitert worden, so dass die Begriffe des Arbeitsentgelts in den jeweiligen Regelungen konsequent identisch sind. Der AG ist nur in diesem Umf. **aufgrund** der spendenbedingten AU zur EFZ verpflichtet und soll ursachenbedingt nur insoweit von den Kosten entlastet werden. Vergütungsbestandteile, die – wie zB eine Treueprämie – unabhängig von der Arbeitsleistung und einer AU des AN gezahlt werden, sind nicht erstattungsfähig. 7

Die Erstattung erfolgt nicht automatisch, sondern ist vom AG zu beantragen. Zur Absicherung des Erstattungsanspruchs regelt Abs. 2, dass der AN dem AG **unverzügl.** die zur Geltendmachung des Erstattungsanspruchs erforderl. Angaben zu machen hat. Da eine Lebendorganspende regelm. mit entspr. Vorbereitungs- und Antragszeiten verbunden ist und dem AN die allg. Versicherungsdaten vorliegen, wird der AN die notwendigen Inf. spätestens mit Erbringung der EFZ liefern können. 8

§ 4 Höhe des fortzuzahlenden Arbeitsentgelts

(1) Für den in § 3 Abs. 1 oder in § 3a Absatz 1 bezeichneten Zeitraum ist dem Arbeitnehmer das ihm bei der für ihn maßgebenden regelmäßigen Arbeitszeit zustehende Arbeitsentgelt fortzuzahlen.

(1a) [1]Zum Arbeitsentgelt nach Absatz 1 gehören nicht das zusätzlich für Überstunden gezahlte Arbeitsentgelt und Leistungen für Aufwendungen des Arbeitnehmers, soweit der Anspruch auf sie im Falle der Arbeitsfähigkeit davon abhängig ist, daß dem Arbeitnehmer entsprechende Aufwendungen tatsächlich entstanden sind, und dem Arbeitnehmer solche Aufwendungen während der Arbeitsunfähigkeit nicht entstehen. [2]Erhält der Arbeitnehmer eine auf das Ergebnis der Arbeit abgestellte Vergütung, so ist der von dem Arbeitnehmer in der für ihn maßgebenden regelmäßigen Arbeitszeit erzielbare Durchschnittsverdienst der Berechnung zugrunde zu legen.

(2) Ist der Arbeitgeber für Arbeitszeit, die gleichzeitig infolge eines gesetzlichen Feiertages ausgefallen ist, zur Fortzahlung des Arbeitsentgelts nach § 3 oder nach § 3a verpflichtet, bemißt sich die Höhe des fortzuzahlenden Arbeitsentgelts für diesen Feiertag nach § 2.

(3) [1]Wird in dem Betrieb verkürzt gearbeitet und würde deshalb das Arbeitsentgelt des Arbeitnehmers im Falle seiner Arbeitsfähigkeit gemindert, so ist die verkürzte Arbeitszeit für ihre Dauer als die für den Arbeitnehmer maßgebende regelmäßige Arbeitszeit im Sinne des Absatzes 1 anzusehen. [2]Dies gilt nicht im Falle des § 2 Abs. 2.

(4) [1]Durch Tarifvertrag kann eine von den Absätzen 1, 1a und 3 abweichende Bemessungsgrundlage des fortzuzahlenden Arbeitsentgelts festgelegt werden. [2]Im Geltungsbereich eines solchen Tarifvertrages kann zwischen nichttarifgebundenen Arbeitgebern und Arbeitnehmern die Anwendung der tarifvertraglichen Regelung über die Fortzahlung des Arbeitsentgelts im Krankheitsfalle vereinbart werden.

I. Die Höhe der Entgeltfortzahlung (§ 4 I und § 4 I a)

1 **1. Allgemeines. a) Anspruchsgegenstand.** Handelte es sich bei dem Anspruch des AN nach den §§ 3, 4 und 4a EFZG idF des ArbRBeschFG um einen eigenständigen Anspruch, ist der Gesetzgeber mit der Neufassung v. Dezember 1998 zum vormaligen Modell zurückgekehrt. Er ordnet in dieser Vorschr. wieder die **Fortzahlung des regelm. Arbeitsentgelts** an, ohne allerdings § 3 redaktionell anzupassen (vgl. § 3 Rn. 45 f.).

2 **b) Die Berechnungsfaktoren.** Die konkret vom AG geschuldete EFZ bestimmt sich nach der ausgefallenen AZ und dem Inhalt dessen, was für die AZ geschuldet wird. Wie im Urlaubsrecht (§ 11 BUrlG Rn. 3) kann deshalb von einem **Zeit- und einem Geldfaktor** gesprochen werden (zur Abänderung durch TV s. BAG 9.10.2002 NZA 2003, 978). Die mitunter schwierige Bestimmung der beiden maßgebl. Daten ist für den Bereich der Überstunden vereinfacht worden, indem der Gesetzgeber den § 4 I a 1 ergänzt hat. Nun allerdings ist verstärkt die Aufgabe zu bewältigen, die regelm. AZ von den Überstunden abzugrenzen (Rn. 7). Ledigl. bei der erfolgsabhängigen Vergütung (Rn. 13 bis 16) sind andere Berechnungsfaktoren anzuwenden.

3 **2. Die Bestimmung des Zeitfaktors (maßgebende Arbeitszeit).** Der erste Berechnungsfaktor für den vom AG ges. geschuldeten Betrag ist die AZ, für die der AN im nach § 3 I und § 3a I beschriebenen Zeitraum Arbeitsentgelt nach § 611 BGB zu bekommen hätte, wenn er nicht an der Arbeitsleistung verhindert gewesen wäre, sondern gearbeitet hätte. Dabei ist zwischen den verschiedenen Gruppen von AN und ihrer Vergütungsart zu unterscheiden.

4 **a) Verstetigte Arbeitszeit.** Wenn die Mitarbeiter eines AG ihre Aufgaben während einer gleich bleibenden AZ erfüllen, wird das dafür geschuldete Entgelt regelm. in verstetigter Form als Monatsvergütung geleistet. Diese Form des Entgelts bereitet keine Schwierigkeiten für die Berechnung der EFZ. Die Monatsvergütung wird bis zur Dauer von 6 Wochen durchgezahlt (MüArbR/*Schlachter* § 74 Rn. 16; *Vossen* Rn. 562). Ist Bestandteil des festen Monatsgehalts die Vergütung für eine bestimmte, arbeitsvertragl. vereinbarte Zahl von Mehrarbeitsstunden einschl. tarifl. Überstundenzuschläge, so ist der Überstundenzuschlag für die vereinbarten Mehrarbeitsstunden nicht entgeltfortzahlungspflichtig und aus dem verstetigten Betrag heraus zu rechnen (BAG 26.6.2002 NZA 2003, 156).

5 **b) Stundenvergütung.** Erhält ein AN eine Stundenvergütung, ist der (anderweit – Rn. 11 ff. – zu bestimmende) **Stundensatz** mit den während der AU ausgefallenen Stunden zu multiplizieren. Hat der AN Anspruch auf einen durch RVO festgesetzten Mindestlohn, ist dieser bei der Berechnung der EFZ zugrunde zu legen (BAG 18.11.2015 – 5 AZR 761/13). Bei der Ermittlung der ausgefallenen Stunden ist von der individuellen Arbeitsverpflichtung des AN einschl. vereinbarter Sonderaufgaben auszugehen (BAG 16.2.2002 NZA 2002, 1163; *Müller-Glöge* RdA 2006, 105, 110). Auf die Arbeit anderer kommt es ebenso wenig an wie auf die tarifl. oder betriebl. AZ (BAG 21.11.2001 NZA 2002, 439; 26.6.2002 NZA 2003, 156). Das ist wie bei der festen Monatsvergütung dann nicht probl., wenn die individuelle AZ keiner Veränderung unterliegt. Es gelten die vorst. Grds. (Rn. 4). Treten aber Veränderungen auf, so ist Folgendes zu beachten:

6 **aa) Regelmäßige Arbeitszeit.** Auszugehen ist von der regelm. AZ des AN. Zu deren Feststellung ist in erster Linie der Arbeitsvertrag maßgebend. Weicht die tats. AZ von der vertragl. AZ ab, kommt es darauf an, ob es sich um eine nicht berücksichtigungsfähige Schwankung (Überstunde Rn. 7) handelt oder ob durch eine tats. Veränderung der Tätigkeit eine Änd. der regelm. AZ ggü. dem Vertragstext vorgenommen worden ist. Maßgebend ist letztl. das gelebte ArbVerh., nicht der Vertragstext (*Müller-Glöge* RdA 2006, 105, 110), wobei es auf die Wirksamkeit der für die individuellen AZ maßgebl. Rechtsgrdl. nicht ankommt (BAG 21.11.2001 NZA 2002, 439). So kann auch eine unter Verletzung des AZRechts zustande gekommene konkludente Erhöhung der tägl. Arbeitsverpflichtung für die EFZ von Bedeutung sein. Zur Bestimmung der regelm. AZ iSd. § 4 I kann dabei nach Auff. des Fünften Sen. des BAG auf einen zurückliegenden, idR zwölf Monate betragenden Zeitraum zurückgegriffen werden, um sicher zu erfassen, was die Arbeitsvertragsparteien als regelm. AZ des AN gewollt haben (BAG 21.11.2001 NZA 2002, 439; *Müller-Glöge* RdA 2006, 105, 110). Krankheits- und Urlaubstage sind in diese Jahresdurchschnittsberechnung nicht einzubeziehen, sofern die ausgefallene AZ selbst auf einer Durchschnittsberechnung beruht. Dasselbe gilt für solche Tage ohne Vergütungszahlung. Freizeitausgleichstage sind mit der AZ Null einzubeziehen (BAG 26.6.2002 NZA 2003, 156).

7 **bb) Überstunden.** Überstunden sind bei der Feststellung des Zeitfaktors **nicht zu berücksichtigen**, § 4 I a (BAG 26.6.2002 NZA 2003, 156; heute allgM im Schrifttum, obwohl der Wortlaut den Schluss zulässt, die Ausklammerung der Überstunden sei ledigl. auf das Überstundenentgelt (Geldfaktor) zu beziehen). Das zwingt zur Abgrenzung der nicht zu berücksichtigenden Überstunde von der vertragl. vereinbarten und/oder gelebten regelm. AZ. Das gelingt mit der unter Rn. 6 geschilderten Methode zur Bestimmung der regelm. AZ (*Müller-Glöge* RdA 2006, 105, 110). Wird danach festgestellt, dass eine hohe tägl. Arbeitsleistung zur regelm. AZ iSd. § 4 I gehört, kann ein Teil davon nicht Überstunde iSv. § 4 I a sein. Denn Überstunde ist nur die AZ, die wegen bestimmter bes. Umstände **vorübergehend** zusätzl. zur individuellen regelm. AZ geleistet wird (LAG NI 16.1.2006 LAGE EntgeltfortzG § 4

Nr. 6). Das hat zur Folge, dass ein AN, der seit vielen Monaten regelm. 12 Stunden gearbeitet hat, keine nicht berücksichtigungsfähigen Überstunden geleistet hat und bei Arbeitsfähigkeit geleistet hätte, sondern reguläre Arbeit. Der in Anspruch genommene AG kann dafür nicht den Einwand aus § 4 I a erheben, sondern ist zur Zahlung von 12 Stunden pro Arbeitstag verpflichtet (BAG 21.11.2001 NZA 2002, 439; ähnl. BAG 26.6.2002 NZA 2003, 156). Allerdings kann auch der regelm. viel Arbeitende zusätzl. noch Überstunden leisten, die bei der Bestimmung des Zeitfaktors nicht einzurechnen sind (BAG 21.11.2001 NZA 2002, 439). Enthält eine Vergütungsabrede einen Vergütungsbestandteil für Überstunden, so soll diese Zeit im Fall der AU nach Auff. des BAG herausgerechnet werden (26.6.2002 NZA 2003, 156). Dem kann nicht zugestimmt werden. Regelm. dürfte die Auslegung des Vertrags ergeben, dass das (erhöhte) Entgelt die Gegenleistung für die gesamte geschuldete Arbeit einschl. schwankender Belastungen darstellt, also für die individuelle AZ geschuldet ist. Dann ist der Betrag auch bei AU geschuldet.

cc) Wechselschichten; Freischichten; Sonn- und Feiertagsarbeit. Bes. Schwierigkeiten bereitet die Berücksichtigung von Wechselschichten und Freischichten bei der Berechnung der EFZ. Sofern tarifl. oder vertragl. keine abw. Regelungen vereinbart sind, bleiben die arbeitsfreien Ausgleichstage bei der Berechnung des Entgelts unberücksichtigt (MüKoBGB/*Müller-Glöge* Rn. 5; Staudinger/*Oetker* § 616 BGB Rn. 409 bis 411; *Schmitt* Rn. 43 bis 48). Ist der AN für Arbeiten an einem Sonntag und/oder an einem Wochenfeiertag zur Arbeit eingeteilt, steht ihm bei krankheitsbedingter AU an diesem Tag sein Arbeitentgelt in Form der EFZ zu (BAG 14.1.2009 DB 2009, 909; zur Höhe der Vergütung s. Rn. 20). 8

dd) Saisonale Schwankungen. Diese sind ohne Bedeutung für die Berechnung der AZ, sofern nicht im Gewerbe zwischen einer Normalzeit und einer Saisonzeit mit höheren AZ unterschieden wird. Werden die AZ entspr. den saisonalen Bedürfnissen hoch und niedrig festgelegt, so sind die jeweiligen Zeiten, die für den Ausfallzeitraum vorgesehen waren, der Berechnung der EFZ zugrunde zu legen (BAG 21.11.2001 AP EntgeltFG § 4 Nr. 56). 9

ee) Teilzeit. Die Bestimmung der maßgebenden regelm. AZ kann bei TZBeschäftigten dann ohne Schwierigkeiten vorgenommen werden, wenn die TZ genau und stets wiederkehrend bestimmt ist. Ist sie variabel oder erfolgt sie sogar iRd. § 12 TzBfG als **kapazitätsorientierte variable AZ**, kann nur auf Durchschnittswerte der Vergangenheit zurückgegriffen werden (Staudinger/*Oetker* § 616 BGB Rn. 406; *Vogelsang* Rn. 463; ausf. Bsp. bei *Schmitt* Rn. 49 bis 57 und in FS *Gitter* S. 847, 853 ff.). Die sich daraus ergebenden Zeiten sind allerdings nur Anhaltspunkte; der AG kann jederzeit darlegen und im Streitfall beweisen, dass der AN im Zeitraum der Verhinderung gar nicht oder abw. eingesetzt worden wäre (Schaub/*Linck* § 98 Rn. 78). Auch in diesen Fällen kann auf die Einhaltung des Entgeltausfallprinzips nicht verzichtet werden. Dabei kommt der Würdigung des arbeitgeberseitigen Vorbringens eine entscheidende Bedeutung zu; der Rückgriff auf rechtsmissbräuchl. (Nicht-)Abberufung der versprochenen Arbeit ist regelm. nicht angebracht (MüKoBGB/*Müller-Glöge* Rn. 8; *Treber* Rn. 19 f.; **aA** *Schmitt* Rn. 42). 10

3. Inhalt des Arbeitsentgelts (Geldfaktor). Das G bestimmt nicht positiv, welche Vergütungsbestandteile Arbeitsentgelt iSd. EFZRechts sind; es grenzt ledigl. die Leistungen mit Aufwendungscharakter aus. Grds. ist nach § 4 I das dem AN bei der für ihn maßgebenden regelm. AZ zustehende Arbeitsentgelt fortzuzahlen. Das in § 4 I verankerte Entgeltausfallprinzip erhält dem AN grds. die volle Vergütung einschl. etwaiger Zuschläge (BAG 24.3.2010 NZA 2010, 958; 1.9.2010 NZA 2010, 1360). Die EFZ umfasst daher auch Mindestlohnansprüche (BAG 13.5.2015 NZA 2015, 1127). Die ges. geregelte EFZ umfasst die nicht in Monatsbeträgen festgelegten Entgeltbestandteile, sofern diese nicht unter § 4 Abs. 1a fallen. Deshalb ist im Einzelfall zu bestimmen, welche Leistung zum Arbeitsentgelt gehört und welche Leistung nicht fortzuzahlen ist. Dabei sind regelm. TV und BV nach den Grds. der GAuslegung oder einzelvertragl. Vereinb. nach den Grds. der Vertragsauslegung zu beurteilen. Im EFZG wird nach allgM unter Arbeitsentgelt der Bruttobetrag (das **Bruttolohnprinzip:** BAG 31.5.1978 AP LohnFG § 2 Nr. 9) verstanden, den der AN als Gegenleistung für seine im ArbVerh. erbrachte Arbeitsleistung erhält (MüKoBGB/*Müller-Glöge* Rn. 9; *Vossen* Rn. 528 f. mwN). Kein Arbeitsentgelt und deshalb ausdr. von der Fortzahlung ausgenommen sind die Leistungen des AG, die bei einer Tätigkeit des AN nur gezahlt werden, wenn der AN Aufwendungen hat und diese während der AU nicht anfallen (können), § 4 I a 1. 11

Eine Leistung, die ein AN allein deswegen erhält, weil er seinen Dienst wie versprochen beginnt (Antrittsgebühr), ist Gegenleistung und daher Arbeitsentgelt (BAG 12.9.1959 AP ArbKrankhG § 2 Nr. 9). Sie ist auch im Krankheitsfall fortzuzahlen, sofern nicht zugleich in rechtl. wirksam Form die Fortzahlung dafür ausgeschlossen ist (BAG 21.9.1971 AP LohnFG § 2 Nr. 1 zur Antrittsgebühr in der Druckindustrie). Inhalt, Bedeutung und Wirksamkeit einer **Anwesenheitsprämie** hat in der Rspr. des BAG eine wechselhafte Beurteilung erfahren. Das hat der Gesetzgeber 1996 zum Anlass genommen, für das EFZRecht erstmals eine normative Regelung für diese Art von Vergütung zu schaffen, wenn auch nur für die Möglichkeit ihrer Kürzung. Sie findet sich in § 4a, auf dessen Kommentierung verwiesen wird. **Auslösungen** waren im LFZG ausdr. unter den auch jetzt genannten Bedingungen ausgeschlossen. Mit dem neuen Recht hat sich nichts geänd. (*Schmitt* Rn. 141 f.). Es bleibt zu beur- 12 teilen, ob der Mehraufwand ausgeglichen werden soll, der durch die Auswärtsbeschäftigung tats. entsteht oder unabhängig von den einzelnen Aufwendungen eine Pauschale für die Auswärtsbeschäftigung versprochen ist. Sofern nicht zugleich (regelm. in einer Tarifnorm) geregelt ist, ob und inwieweit Auslösungen bei Krankheit fortzuzahlen sind oder nicht, kann bei der Auslegung regelm. davon ausgegangen werden, dass Fernauslösungen (der AN kann wegen der Entfernung der Arbeitsstelle vom Wohnort nicht tägl. zurückkehren) Aufwendungsersatz sind, während Nahauslösungen (der AN kann tägl. in seine Wohnung zurückkehren) als fortzuzahlendes Arbeitsentgelt zu bewerten sind (allgM im Schrifttum: Schaub/*Linck* § 98 Rn. 85; *Schmitt* Rn. 142; Staudinger/*Oetker* § 616 BGB Rn. 403; *Vogelsang* Rn. 484). **Trennungsentschädigungen** haben ähnl. Aufgaben wie Auslösungen und sind daher ebenfalls daraufhin zu untersuchen, ob sie nur für bes. Aufwendungen während der dauerhaften Auswärtsbeschäftigung gegeben werden und ob diese Aufwendungen bei Krankheit anfallen oder nicht. **Verpflegungskostenzuschüsse** sind nach denselben Grds. zu beurteilen (*Schmitt* Rn. 148). **Erschwerniszulagen wie Nachtzuschläge** (LAG K 12.3.2009 – 7 Sa 1258/08), Gefahrenzulagen und Leistungszulagen gehören zu den Gegenleistungen des AG für die Tätigkeit des AN; sie sind daher bei AU zu leisten (Schaub/*Linck* § 98 Rn. 86). **Freizeitgutschriften** nach kollektiven Regelungen können an tats. Beschäftigungen geknüpft werden, so dass sie bei Krankheit nicht entstehen müssen (BAG 20.10.1993 AP TVG § 1 Tarifverträge: Binnenschiffahrt Nr. 1). **Inkassoprämien**, die für den sofortigen Einzug des Kaufpreises bei der Auslieferung einer Ware beim Kunden versprochen sind, gehören zum Arbeitsentgelt iSd. G (BAG 11.1.1978 AP LohnFG § 2 Nr. 7). Dasselbe gilt für Mankogelder, die zum Ausgleich für das Haftungsrisiko über einen Kassenbestand gewährt werden (MüKoBGB/*Müller-Glöge* Rn. 15; MüArbR/*Schlachter* § 74 Rn. 10; FM/*Malkmus* Rn. 139). **Mehrarbeitsverdienst** zählt nach § 4 Ia ausdr. nicht zum fortzuzahlenden Arbeitsentgelt, insb. auch kein Ersatz für Aufwendungen, die allein bei tats. Leistung der Überstunden entstehen. Der Ausschluss erfasst die Überstundengrundvergütung sowie Zuschläge für Überstunden (BAG 26.6.2002 NZA 2003, 156). Entscheidend ist allein, dass es sich um Verdienst handelt, mit dem die über die vertragl. geschuldete AZ hinausgehende Leistungen vergütet werden sollen. Zahlt der AG eine erhöhte Grundvergütung zum Ausgleich von Mehrarbeit, obliegt es ihm, zum Vertragsinhalt, dem konkreten Zusatzverdienst für Mehrarbeit und zur eigentl. vertragl. geschuldeten AZ vorzutragen, um ein Kürzungsrecht während der EFZ zu belegen (Schaub/*Linck* § 98 Rn. 81). .Dasselbe gilt für Nachtarbeitszuschläge (BAG 16.7.1997 EEK I/1194 zum alten Recht). Zu den Feiertagszuschlägen s. Rn. 20f. **Naturalleistungen (Deputate)** sind weiter zu entrichten oder in bar nach den Werten der SachBezV 1994 gem. § 17 I Nr. 4 SGB IV idF der Bek. v. 23.1.2006 (BGBl. I S. 86) in der jeweils zum Jahresende angepassten Fassung zu vergüten (KDHK/*Hold* Rn. 22; *Vossen* Rn. 544). Entspr. ist der „auch zur privaten Nutzung" überlassene **Dienstwagen** als geldwerter Vorteil und Sachbezug während der EFZ weiter zu gewähren (BAG 14.12.2010 NZA 2011, 1496). **Prämien**, wie sie im Berufssport geleistet werden (für Spiele, Siege oder Punkte), sind vom Einsatz des Spielers abhängig. Da ihm in den Verträgen regelm. kein Einsatz über eine bestimmte Zeit oder eine bestimmte Menge von Spielen garantiert ist und er ledigl. die Chance des Einsatzes hat, gehören die Prämien dieser Art nicht zum Arbeitsentgelt iSd. G (BAG 22.8.1984 AP BGB § 616 Nr. 65 für eine Jahresprämie; Staudinger/*Oetker* § 616 BGB Rn. 406; **aA** BAG 6.12.1995 AP BGB § 611 Berufssport Nr. 9; 6.12.1995 – 5 AZR 85/95 –; unklar *Vossen* Rn. 539, der zu Unrecht bei der Definition des Begriffs auf die Monokausalität abstellt; ähnl. aber a. BAG 19.1.2000 NZA 2000, 771 und MüKoBGB/*Müller-Glöge* Rn. 14). **Reisekosten und Spesen** sind nur im Ausnahmefall fortzuzahlendes Entgelt, wenn sie pauschaliert ohne Rücksicht auf die Ausgaben für Reisen, Unterkunft und Verpflegung gezahlt werden. Im Regelfall handelt es sich aber um Aufwendungen nach § 4 I a 1. **Schmutzzulagen** können wie Erschwerniszulagen zu behandeln sein (Rn. 12), wenn sie verstetigter Ausgleich für immer wiederkehrende Arbeiten in verschmutzter Umgebung sind. Handelt es sich jedoch um Ausgleichsbeträge für die Reinigung von verschmutzter Kleidung, die in anderen ArbVerh. vom AG getragen wird, so ist der Anspruch im Krankheitsfall ausgeschlossen. Dasselbe gilt für die Gewährung verbilligten Essens. **Sozialversicherungsbeiträge** des AN und des AG gehören nach dem Bruttolohnprinzip des EFZRechts unmittelbar zum Arbeitsentgelt. Weiter zu entrichten sind auch die Beiträge des AG zur Kranken- und **Altersversorgung** des AN. Auf die rechtl. Ausgestaltung dieser Versorgung kommt es nicht an (FM/*Malkmus* Rn. 110). **Sozialzulagen** wie Familien-, Kinder und Ortszuschläge sind stets Arbeitsentgelt iSd. G (FM/*Malkmus* Rn. 90). **Trinkgelder** gehören zum Arbeitsentgelt iSd. G nur, wenn auf sie ein arbeitsvertragl. vereinbarter Anspruch gegen den AG besteht. Die Möglichkeit, von den Gästen Trinkgelder zu erlangen, gehört nicht zum Arbeitsentgeltbegriff (BAG 28.6.1995 AP BetrVG 1972 § 37 Nr. 112; MüKoBGB/*Müller-Glöge* Rn. 16; *Schmitt* Rn. 115). Etwas anderes kann allenfalls dann gelten, wenn ein geringes Fixum gezahlt wird, die Trinkgelder der Gäste in einen Tronc gesammelt und als AGLeistung ausgeschüttet werden. Dann hat der AN seinen Anteil aus dem Tronc auch während der AU zu bekommen (FM/*Malkmus* Rn. 96; ähnl. *Vossen* Rn. 541). **Vermögenswirksame Leistungen** des AG nach dem Fünften VermBG in Form eines lfd. Zuschusses sind Teil des mtl. Entgelts und bei Krankheit weiter zu zahlen (BAG 26.2.2003 AP EntgeltFG § 5 Nr. 8; *Schmitt* Rn. 119; *Vogelsang* Rn. 185). **Wegeentschädigungen** sind regelm. Aufwendungsersatz für die Kosten der Fahrt vom Wohnort zum Betriebssitz oder zum Arbeitsort. Sie entfallen im Krankheitsfall. Nur wenn sie pauschal und ohne Rücksicht auf die tats. anfallenden Kosten vom AG geleistet werden, können sie Arbeitsentgelt iSd. G sein. Jährl. Einmalzahlungen wie **Urlaubs- und Weihnachtsgeld** sind für die Berechnung des nach § 4 I fort zu zahlenden Arbeitsentgelts ohne Bedeutung (BAG 30.9.2008 NZA 2009, 386).Dies gilt unabhängig davon, ob die Einmalzahlungen Gratifikationen für erwiesene Betriebstreue oder aufgespartes Entgelt für schon geleistete Arbeit und damit ein reines 13. Monatseinkommen darstellen. Von der Berechnungsvorschr. des § 4 I werden jährl. Einmalzahlungen wegen der für diese geltenden bes. Anspruchsvoraussetzungen nicht erfasst. In den Monaten, in denen sie nicht fällig werden, sind Einmalzahlungen auch im Krankheitsfall weder ganz noch ant. zu leisten. Werden sie bei bestehender AU zur Zahlung fällig, sind sie ungeachtet der AU zu erbringen, soweit nicht eine Kürzung nach § 4a statthaft ist.

4. Leistungsentgelt. a) Regelungsgegenstand. Die mit der GÄnd. von 1996 in § 4 I a 2 verschobene Bestimmung über die auf das Erg. der Arbeit abstellende Vergütung erfasst nicht nur den Leistungslohn ieS (Akkord- und Prämienlohn), sondern auch die Beträge, die allein oder neben einem festen Zeitlohn als Erfolgsvergütung vereinbart sind, wie **Provisionen, Tantiemen, Boni und Prämien** ua. Dabei kommt dem Tatbestandsmerkmal der maßgebenden AZ für den EFZAnspruch des AN, der im Leistungslohn arbeitet, keine bes. Bedeutung zu, weil für die Höhe des Leistungslohns die Arbeitsmenge maßgebend ist (BGB § 611 Rn. 391 ff.; **aA** HWK/*Schliemann* Rn. 32). Schwerpunkt ist bei der Erkrankung eines AN im Leistungslohn vielmehr die Feststellung des erzielbaren Verdienstes nach der jeweiligen Rechtsgrdl. für die Akkordarbeit. Das ges. Tatbestandsmerkmal der maßgebenden AZ hat aber dort Bedeutung, wo nicht dieser Leistungslohn ieS geschuldet wird, sondern die anderen, auf das Erg. abstellenden Vergütungsbestandteile. 13

b) Grundsätze. Auch beim Leistungsentgelt ist vorrangig das **Entgeltausfallprinzip** heranzuziehen, wie der GWortlaut über den „erzielbaren Verdienst" deutl. ausweist. Den meisten Leistungsentgelten ist allerdings gemein, dass ihre Berechnung für den Ausfallzeitraum deshalb auf Schwierigkeiten stößt, weil das Entgelt entspr. der menschl. Leistungsschwankungen variieren kann. Deshalb darf im Einzelfall auf Anhaltspunkte in der Vergangenheit zurückgegriffen werden, ohne das Entgeltausfallprinzip zu leugnen (MüKoBGB/*Müller-Glöge* Rn. 21; Staudinger/*Oetker* § 616 BGB Rn. 402), sofern nicht die erzielten Leistungen der tats. arbeitenden Kollegen ausreichende Hinweise geben. Dabei kann auf die Leistung im Abrechnungszeitraum unmittelbar vor der Erkrankung, auf den Durchschnittswert mehrerer Wochen vor dem Ausfall, aber bei saisonalen Schwankungen auch auf die vergleichbaren Leistungen im entspr. Zeitraum des Vorjahrs als Indizien zurückgegriffen werden (*Schmitt* Rn. 156). Im Einzelfall kann auch eine Schätzung entspr. § 287 S. 2 ZPO in Betracht kommen (BAG 5.6.1985 AP HGB § 63 Nr. 39). 14

c) Akkord. Arbeitet ein AN im Gruppenakkord, so kann regelm. auf den Verdienst der Mitglieder seiner Gruppe während seiner AU abgestellt werden, es sei denn, deren Leistung ist gerade durch den Ausfall des Erkrankten oder weiterer Gruppenmitglieder bzw. die Minderleistung eines Ersatzmanns zurückgegangen (BAG 22.10.1980 AP LohnFG § 2 Nr. 10; 26.2.2003 AP EntgeltFG § 4 Nr. 64 für eine Akkordgruppe aus zwei AN). Dann ist auf die allg. Kriterien (Rn. 14) zurückzugreifen. Dasselbe gilt bei einem Akkordsystem, nach dem mehrere im Einzelakkord arbeiten. Es ist der Vergleich mit der Leistung der Kollegen statthaft, wobei auch der durchschnittl. Abstand der Einzelleistungen berücksichtigt werden darf. Nur hilfsweise kann auf die Leistungen des Erkrankten in der Vergangenheit abgestellt werden (MüKoBGB/*Müller-Glöge* Rn. 21 bis 23; **aA** *Vogelsang* Rn. 549). 15

d) Provisionen und sonstige Leistungsentgelte. Bei Provisionen und vergleichbaren auf das Erg. abstellende Vergütungen ist nicht nur die Schwankungsbreite zu berücksichtigen, sondern auch die Tatsache, dass für sie bes. Fälligkeits- und Stornierungsvorschr. gelten. Damit verbietet sich ein Rückgriff auf eine zu kurze Vergleichszeit in der Vergangenheit. Zu angemessenen Erg. – eine auch in der Rspr. des BAG zu findende Leitlinie (BAG 5.6.1985 AP HGB § 63 Nr. 39; 21.11.2001 AP EntgeltFG § 4 Nr. 56) – kann nur dann gekommen werden, wenn Vergleichszahlen aus dem Vorjahr unter Einschluss der Steigerung oder Minderung des lfd. Jahres zugrunde gelegt werden (*Schmitt* Rn. 158; *Vogelsang* Rn. 551). Ähnl. gilt für variable Vergütungsbestandteile, die Gegenstand einer Zielvereinb. sind (*Reiserer* NJW 2008, 609, 611; *Annuß* NZA 2007, 290, 293). Dabei ist iRd. anzustellenden Vergleichs auch zu prüfen, inwiefern Zielvorgaben bereits durchschnittl. Krankheitszeiträume berücksichtigen, wie zB bei der Vorgabe von Auslastungszahlen, die nicht von den reinen Arbeitstagen ausgehen, sondern bereits urlaubs- und krankheitsbedingte Ausfallzeiten miteinrechnen. Eine Abweichung von den Vergleichszahlen eines angemessenen Vergleichszeitraums oder einer vergleichbaren Personengruppe im Hinblick auf individuelle Besonderheiten im Einzelfall hat der AG darzulegen. In den vorst. Fällen kann nicht mehr von der Anwendung des Entgeltausfallprinzips gesprochen werden. 16

5. Höhe der Entgeltfortzahlung nach Gesetz und Tarifvertrag. a) Zwischenfassung. Die durch die zwischenzeitl. geltende Fassung des G über die Absenkung von 100% auf 80% EFZ entstandenen Rechtsfragen zur Geltung abw. TV sind durch eine umfangr. Rspr. des Fünften Sen. des BAG geklärt. Da sie bereits weitgehend rechtsgeschichtl. Bedeutung hat, wird auf eine Einzeldarst. verzichtet und auf die Erl. im Nachtrag zur 1. Aufl. § 4 Rn. 10 bis 26 verwiesen (eine umfangr. Aufstellung der Entsch. zu verschiedenen TV findet sich bei Schaub/*Linck* § 98 Rn. 93 Fn. 274 und 275; s. schließl. die 17

Entscheidungsserien des BAG v. 12.4.2000 AP TVG § 1 Tarifverträge: Einzelhandel Nr. 72, AP TVG § 1 Tarifverträge: Papierindustrie Nr. 16, AP TVG § 1 Tarifverträge: Holz Nr. 20 und 30. 8. 2000 AP TVG § 1 Tarifverträge: Gaststätten Nr. 10, AP TVG § 1 Tarifverträge: Gipsindustrie Nr. 1, AP TVG § 1 Tarifverträge: Großhandel Nr. 15, AP TVG § 1 Tarifverträge: Klempnerhandwerk Nr. 3, AP TVG § 1 Tarifverträge: Gebäudereinigung Nr. 10 sowie die LS zu verschiedenen TV in AP EntgeltFG § 4 Nr. 6 bis 54).

18 **b) Neues Entgeltfortzahlungsrecht zur Höhe.** Unverändert belassene TV, die wegen einer deklaratorischen Regelung oder einer dynamischen Norm zum jeweiligen G nur einen Anspruch auf 80% EFZ gewährten, hindern den tarifunterworfenen AN nicht, nach dem EFZG volle EFZ zu verlangen (MüKoBGB/*Müller-Glöge* Rn. 2; *Schaub* NZA 1999, 177). Bei **zwischenzeitl. veränderten TV** ist zu unterscheiden: Ist eine EFZ unter 100% vereinbart worden und dafür im Zuge eines Ausgleichs eine Vergünstigung an anderer Stelle normiert worden, so können die betroffenen AN nunmehr 100% EFZ verlangen, ohne die weiteren, kompensierenden Ansprüche an anderer Stelle einzubüßen. Die anderen Normen gelten unverändert. Umgekehrt können sich die Gewerkschaften, die bei zwischenzeitl. Tarifabschlüssen eine 100%ige EFZ unter Verzicht auf andere Vergünstigungen oder bei Mäßigung anderweitiger Forderungen ausgehandelt haben (vgl. dazu die Übersicht bei *Link/Wierer/Harrer* AuA 1998, 309), nicht ohne weiteres auf die **Störung (Wegfall) der Geschäftsgrdl.** berufen (BAG 13.2.2002 AP EntgeltFG § 4 Nr. 58) und für ihre Mitglieder höherwertige Leistungen anderenorts verlangen. So kann ein AN zB nicht aus einer aufgegebenen Norm zur Jahressonderzahlung (eine bes. häufig genutzte Kompensationsmöglichkeit) für das Jahr 1999 einen Anspruch mit der Begr. herleiten, die TVParteien hätten das nur unter der Prämisse einer ges. EFZ von 80% vereinbart (*Vogelsang* Rn. 564). In beiden Fällen bleibt nur die Möglichkeit der **Neuverh.** der TVParteien, wie sie das BAG auch ohne entspr. schuldrechtl. Verpflichtung der TVParteien im TV vor einer außerordentl. Kündigung verlangt (BAG 18.2.1998 AP TVG § 1 Kündigung Nr. 3; 13.3.2002 AP EntgeltFG § 4 Nr. 58).

II. Arbeitsunfähigkeit und gesetzliche Feiertage (§ 4 II)

19 Die EFZ im Krankheitsfall und an Feiertagen findet jeweils nur dann statt, wenn Krankheit oder Feiertag die **einzige Ursache** für die Befreiung von der Arbeitspflicht ist (§ 3 Rn. 14; § 3a Rn. 3; § 2 Rn. 8). Beim Aufeinandertreffen beider Sachverhalte wäre nach diesem Prinzip jede Leistung des AG ausgeschlossen. Das verhindert § 4 II, wonach als Arbeitsentgelt der nach § 2 zu berechnende Betrag zu zahlen ist (s. § 2 Rn. 10). Zur Berücksichtigung von tarifvertragl. Zeitgutschriften bei Krankheit an Feiertagen vgl. ua. BAG 7.5.2003 NZA 2004, 49 mwN; zur Fortzahlung von tarifvertragl. geregelten Feiertagszuschlägen im Krankheitsfall in der Druckindustrie BAG 1.12.2004 AP EntgeltFG § 4 Nr. 68. Zur Fortzahlung einzelvertragl. Zuschläge bei AU an Sonn- und Feiertagen sogar aufgrund betriebl. Übung BAG 14.1.2009 DB 2009, 909. Zum Zusammentreffen von **AU, Kurzarbeit und Feiertag** vgl. Rn. 22.

III. Arbeitsunfähigkeit und Kurzarbeit (§ 4 III)

20 **1. Regelfall.** Das G regelt in § 4 III 1 das Zusammentreffen von verkürzter Arbeit und dadurch vermindertem Arbeitsentgelt bei tats. Beschäftigung sowie Arbeitsverhinderung wegen krankheitsbedingter AU. Die Vorschr. betrifft nur die **Kurzarbeit** iSd. SGB III, nicht aber andere Tatbestände, wie etwa verkürzte Arbeit aufgrund betriebl. Regelungen (FM/*Malkmus* Rn. 172). Sie findet für alle Fälle der ges. Kurzarbeit einschl. des gänzl. Arbeitsausfalls statt. Inhaltl. nimmt die Vorschr. Einfluss auf den Zeitfaktor (Rn. 3 ff.) als einen für die Berechnung der EFZ maßgebl. Sachverhalt; es kommt nicht wie nach § 4 I 1 auf die maßgebende regelm. AZ des Erkrankten, sondern auf die (regelm. vorübergehende) Änd. der AZ während der Kurzarbeitsperiode an (§ 4 III hat daher nicht nur eine klarstellende Funktion, wie *Schmitt* Rn. 172 meint). Es sind die durch die Kurzarbeit betroffenen **Ausfallstunden** zu ermitteln. Für diese hat der AN einen Anspruch gegen die BA auf Zahlung von Kug. nach den §§ 169 ff. SGB III (FM/*Malkmus* Rn. 179), das nach den sozialrechtl. Vorschr. der §§ 178, 179 SGB III berechnet wird. Die verbleibenden Stunden, in denen die Mitarbeiter des von Kurzarbeit betroffenen Betriebs tätig sind, werden wie übl. als Zeitfaktor der Berechnung der EFZ zugrunde gelegt (MüKoBGB/*Müller-Glöge* Rn. 25; dazu Rn. 3 ff.). Da § 4 III 1 allein die Minderung der maßgebenden AZ und damit den **Zeitfaktor** vorschreibt, bleibt der Geldfaktor zur Ermittlung des EFZBetrags unverändert. Es sind die og. Entgeltanteile (Rn. 11 f.) einzustellen.

21 **2. Feiertag.** Wie in § 4 II die Kollision von krankheitsbedingter AU und Feiertag zugunsten des Feiertagsentgeltzahlungsrechts geregelt ist, so ist auch die Kollision von Kurzarbeit und Feiertag zugunsten des Feiertagsentgeltzahlungsrechts in § 2 II gelöst (§ 2 Rn. 10). Mit der Verweisung in § 4 III 2 auf diese Bestimmung regelt der Gesetzgeber das **Zusammentreffen der drei Sachverhalte** „krankheitsbedingte AU, Kurzarbeit und Feiertag“. Die Bedeutung der Verweisung ist umstr. Nach Auff. des BAG und der hM im Schrifttum (BAG 30.8.1973 AP FeiertagslohnzahlungsG § 1 Nr. 33; 20.7.1982 AP FeiertagslohnzahlungsG § 1 Nr. 38; MüArbR/*Boewer* § 71 Rn. 10; *Schmitt* Rn. 182; **aA** KDHK/*Hold* Rn. 103) erhält der AN kein Kug., sondern Feiertagsentgelt. Hins. der Höhe ist dieses

Feiertagsentgelt jedoch für die jeweils ausgefallenen Stunden limitiert durch den Betrag, den der AN dafür an Kug. von der BA bekommen hätte, wenn der AN arbeitsfähig und nicht arbeitsunfähig krank gewesen wäre. Soweit dagegen eingewandt wird, die damit vorgenommene Reduktion der Verweisung lasse sich weder mit dem Wortlaut des § 2 II noch mit dem des § 4 III 2 vereinbaren, wird übersehen, dass § 4 III 1 nur die Veränderung des Zeitfaktors betrifft, nicht aber den Geldfaktor MüKoBGB/*Müller-Glöge* Rn. 26). Dieser bestimmt sich nach anderen Regeln als dem Feiertagslohnzahlungsrecht, hier nach dem Entgeltausfallprinzip, wonach sich der Kranke nicht besser stehen darf als der Gesunde (*Schmitt* Rn. 183). Die Rspr. missachtet § 4 III 1 also durchaus nicht.

IV. Abweichungen durch Tarifvertrag (§ 4 IV)

1. Grundsätze. Von den Bestimmungen des EFZG kann von jedermann zugunsten der AN abgewichen werden, zB zur Höhe der EFZ (Feiertagszuschläge BAG 1.12.2004 AP EntgeltFG § 4 Nr. 68; 17.3.2010 AP TVG § 1 Tarifverträge: Brotindustrie Nr. 9) oder zur Dauer des EFZZeitraums. Die Vergünstigungen können auf das ges. Maß nach den für die jeweilige Rechtsgrdl. geltenden Regeln zurückgeführt werden (BAG 15.11.2000 NZA 2001, 900; 17.3.2010 AP TVG § 1 Tarifverträge: Brotindustrie Nr. 9). Zu Ungunsten der AN dürfen weder TVParteien noch Betriebspartner noch Vertragsparteien Regelungen vereinbaren, § 12. Dieser Grds. wird in § 4 IV durchbrochen: TVParteien sind berechtigt, von bestimmten Vorschr. des § 4 abw. Normen auch zu Ungunsten der AN zu setzen (Rn. 24). Bei der Gestaltung der Bemessungsgrdl. müssen die TVParteien allerdings darauf achten, dass sie weder unmittelbar noch mittelbar gegen die nicht dem tarifl. Vorrangprinzip unterliegenden, gem. § 12 zwgd. Vorschr. verstoßen (BAG 24.3.2004 AP EntgeltFG § 4 Nr. 66 zu I 3b der Gründe; 18.11.2009 NZA 2010, 472). Durch die ausdr. Bezugnahme auf § 4 Abs. 1, 1a und 3 stellt § 4 Abs. 4 klar, dass für AN nachteilige Änd. ggü. sonstigen Bestimmungen des EFZG nicht zulässig sind. Die durch die eingeschränkte Öffnungsklausel des § 4 Abs. 4 eingeräumte Gestaltungsmacht findet ihre Grenze dort, wo der Anspruch auf EFZ in seiner Substanz angetastet wird (BAG 16.7.2014 NZA 2015, 499; 20.8.2014 NZA 2015, 58). Die aufgezeigten Beschränkungen sind bei abw. tarifl. Regelungen sowohl im Hinblick auf die Elemente des Zeitfaktors als auch des Geldfaktors zu beachten. Insb. sind TVParteien an den Grds. der vollen EFZ (100%) gebunden. Mangels Gestaltungsmacht können TVParteien auch nicht in über- oder außertarifl. Zulagen im Krankheitsfall eingreifen (BAG 27.4.2016 NZA 2016, 1214). Die TVParteien müssen auch das Normenklarheitsgebot beachten (BAG 20.1.2010 NZA 2010, 455 zur Unklarheit in § 21 TVöD mit der Folge, dass für einen nicht klar geregelten Tatbestand das G. Anwendung findet; s. a. BAG 24.3.2010 NZA 2010, 958). Die von der unmittelbaren und zwgd. Wirkung einer derartigen Tarifnorm mangels Tarifbindung nicht betroffenen AG und AN können im Geltungsbereich dieses TV die Anwendung der ungünstigeren Vorschr. vereinbaren (Rn. 28). 22

2. Möglicher Inhalt von Tarifnormen. TVParteien können in die Bemessungsgrdl. des G eingreifen (BT-Drs. 12/5798 S. 26). Bemessungsgrdl. iSd. Vorschr. ist die Grdl. für die Bestimmung der Höhe der EFZ. Hierzu gehören sowohl die Berechnungsmethode (Ausfall- oder Referenzprinzip) als auch die Berechnungsgrdl. (BAG 16.7.2014 NZA 2015, 499). 23

a) Berechnungsgrundlage. Die Berechnungsgrdl. setzt sich aus Geld- und Zeitfaktor zusammen. Sie betrifft Umf. und Bestandteile des der EFZ zugrunde zu legenden Arbeitsentgelts sowie die AZ des AN. Alle einzelnen Bestandteile, aus denen sich der **Geldfaktor** zusammensetzt, können bei der EFZ im Krankheitsfall normativ entfallen (BAG 13.3.2002 AP EntgeltFG § 4 Nr. 58; 24.3.2004 NZA 2004, 1042; 18.11.2009 NZA 2010, 472; 20.1.2010 NZA 2010, 455). Daher können auch Sonntagszuschläge während der EFZ gestrichen werden (LAG B 15.7.2015 – 15 Sa 802/15). Zur Antrittsgebühr in der Druckindustrie ist damit wieder die zwischenzeitl. verdrängte Entsch. des BAG v. 21.9.1971 (AP LohnFG § 2 Nr. 1) zu beachten. 24

Zu den Bemessungsgrdl. iSd. Begrifflichkeit gehören neben den Geldfaktoren auch die **Bestandteile des Zeitfaktors** (BAG 24.3.2004 AP EntgeltFG § 4 Nr. 66; 18.11.2009 NZA 2010, 472), soweit nicht ohnehin schon die Berechnungsmethode betroffen ist (Rn. 26). Zwar ist nicht erlaubt, die zu berücksichtigende AZ nur ant. in die Berechnung einfließen zu lassen. TVParteien können jedoch anstelle der individuellen AZ auf die betriebsübl. oder regelm. tarifl. AZ abstellen. Zu den Bemessungsgrdl. gehören ferner die mitunter die Berechnung durchaus nicht vereinfachenden Tarifbestimmungen über Wechselschichten und Freischichten (vgl. zB BAG 2.12.1987 AP LohnFG § 1 Nr. 76 zum „Verbrauch" einer bereits zugeteilten Freischicht durch Krankheit; 10.7.1996 AP TVG § 1 Tarifverträge: Metallindustrie Nr. 142; *Leinemann* BB 1998, 1414) und über die nicht in Monatsbeträgen festgelegten Entgeltbestandteile nach § 21 TVöD (BAG 1.9.2010 NZA 2010, 1360). 25

b) Berechnungsmethode. Das G enthält keinen Hinweis auf die Veränderungsmöglichkeiten der Berechnungsmethode. Daraus kann aber nicht geschlossen werden, dass die Veränderung oder Ersetzung des Entgeltausfallprinzips nach neuem Recht nicht mehr mögl. ist (*Müller-Glöge* RdA 2006, 105, 112; *Schmitt* RdA 1996, 5, 8, 9). Das folgt auch aus der Systematik des G, das nicht nur die Abweichung in den Details der Berechnung gestatten will, sondern erst recht die für die betriebl. Praxis verein- 26 fachende Lösung über die Veränderung der Methode (stRspr. BAG 9.10.2002 AP EntgeltFG § 4 Nr. 63; 13.3.2002 AP EntgeltFG § 4 Nr. 58). Zu den vereinfachenden Regelungen zählt insb. die Bestimmung, der Berechnung der EFZ nicht die individuelle, sondern die regelm. tarifl. AZ zugrunde zu legen (BAG 24.3.2004 NZA 2004, 1042).

27 **c) Veränderungen von Fristen und Zeiträumen.** Nicht zu den veränderbaren Bemessungsgrdl. iSd. § 4 IV 1 gehören die Bestimmungen über die Wartezeit, die Dauer der LFZ und über die Mehrfacherkrankung. TVParteien können daher nicht die EFZ auf 4 Wochen beschränken, einen längeren Zeitraum als 6 Monate Arbeitsfähigkeit für die Anspruchsbegr. bei ders. Erkrankung bestimmen und auch nicht den 12-Monats-Zeitraum des § 3 I 2 Nr. 2 verlängern (zur Verkürzung BAG 16.12.1987 AP LohnFG § 1 Nr. 73 mwN). Ebenso wenig kann durch einen TV dem AG das Recht eingeräumt werden, iE vom AN unentgeltl. Arbeit verlangen zu können (BAG 26.9.2001 NZA 2002, 387; vgl. a. 5.12.2001 – 10 AZR 242/01).

28 **3. Vertragliche Vereinbarung.** Die Erstreckung des Anwendungsbereichs ungünstigerer Tarifvorschr. über die EFZ auf die Vertragsebene, wie sie § 4 IV 2 erlaubt, ist iE nicht weitreichend. Sie **ersetzt nur die fehlende Tarifbindung** (TVG § 3 Rn. 32) des AN und/oder des AG. Die Betroffenen müssen daher vom sachl., räuml. und pers. Geltungsbereich erfasst sein. Die Übernahme einer verschlechternden Tarifregelung aus einer anderen Branche ist deshalb nicht mögl. (MüKoBGB/*Müller-Glöge* Rn. 31; *Schmitt* Rn. 201; *Vogelsang* Rn. 562). Die vertragl. Übernahme muss die Vorschr. über die EFZ insg. betreffen (FM/*Malkmus* Rn. 195; *Müller-Glöge* RdA 2006, 105, 112; *Schmitt* Rn. 202). Nicht statthaft ist die Herausnahme einer belastenden Vorschr. und die Ausklammerung einer den AN begünstigenden Regelung. Das folgt nicht nur aus dem Wortlaut des G, sondern auch aus dem Zweck der Vorschr. Der Gesetzgeber wollte keine Regelung zur Entlastung des AG schaffen, sondern die einheitl. Anwendung tarifl. Normen in einem Betrieb oder Unternehmen ermöglichen. Die Übernahmevereinb. wird nach den Regeln des bürgerl.-rechtl. Vertragsrechts (§§ 145 ff. BGB) geschlossen und kann demnach auch mdl., formlos und konkludent erfolgen. Das ist regelm. der Fall, wenn der AG die nicht organisierten AN behandelt wie die tarifgebundenen AN und die betroffenen AN dabei nicht nur die günstigeren, sondern auch die ungünstigeren Erg. einer gleichmäßigen Tarifanwendung akzeptieren (zur Bedeutung des NachwG in diesem Zusammenhang vgl. die Kommentierung zu NachwG § 2 Rn. 30 ff.). In einer **BV** kann die Übernahme einer tarifl. Regelung nicht geregelt werden. Das ist nach dem eindeutigen Wortlaut des G nicht vorgesehen (MüKoBGB/*Müller-Glöge* Rn. 31; FM/*Malkmus* Rn. 198; *Schmitt* Rn. 204).

§ 4a Kürzung von Sondervergütungen

[1]Eine Vereinbarung über die Kürzung von Leistungen, die der Arbeitgeber zusätzlich zum laufenden Arbeitsentgelt erbringt (Sondervergütungen), ist auch für Zeiten der Arbeitsunfähigkeit infolge Krankheit zulässig. [2]Die Kürzung darf für jeden Tag der Arbeitsunfähigkeit infolge Krankheit ein Viertel des Arbeitsentgelts, das im Jahresdurchschnitt auf einen Arbeitstag entfällt, nicht überschreiten.

1 **1. Entstehungsgeschichte und Normzweck.** Die Vorschr. gehört zum Konzept des Gesetzgebers, AG von beschäftigungsfeindl. hohen Lohnzusatzkosten zu entlasten und die Grdl. für mehr Arbeitsplätze zu schaffen. Die Norm hat nach seiner Auff. klarstellende Funktion, weil sie die Rspr. des BAG seit dem 15.2.1990 (BAG 15.2.1990 NZA 1990, 601) zur Kürzung bei Sondervergütungen aufnimmt und das Kürzungsrecht wegen Krankheit bzw. Vorsorge- und Rehabilitationsmaßnahmen erstmals ges. regelt (BT-Drs. 13/4612 S. 2 und 11; BAG 15.12.1999 NZA 2000, 1062). Schwankungen in der Rspr., zum Recht der Anwesenheitsprämie und der jährl. Sondervergütungen (vgl. die Darst. der unterschiedl. Rspr. im Urt. des BAG v. 15.2.1990 NZA 1990, 601 sowie bei *Dörner* RdA 1993, 24 und *Schwarz* NZA 1996, 571, 574 f.), sind damit zukünftig nicht mehr mögl. Die Bestimmung soll rechtssichere **Grdl.** für Regelungen in TV, BV und einzelvertragl. Vereinb., auch in Form von Gesamtzusagen und betriebl. Übung sein (BT-Drs. 13/4612 S. 11 und 16; BAG 25.7.2001 AP EntgeltFG § 4a Nr. 1; krit. zu Rspr. und G *Kunz/Wedde* Rn. 6 f.).

2 § 4a I selbst stellt **keine Berechtigungsgrdl.** für die Kürzung von Sondervergütungen dar (*Lorenz* DB 1996, 197, 1976), sondern stellt nur sicher, dass vorhandene oder künftige Normen oder Vereinb. über die Kürzung von Sondervergütungen nicht gegen Gesetzesrecht, insb. nicht gegen das Maßregelungsverbot (§ 612a BGB) verstoßen, sofern die Verhältnismäßigkeitsgrenze des § 4a S. 2 eingehalten ist. Will ein AG wegen krankheitsbedingter Fehlzeiten eine Sondervergütung kürzen, so kann er sich nicht auf das G berufen, sondern er bedarf einer normativen oder vertragl. Kürzungsgrdl. in einem TV, in einer BV (BAG 19.4.1995 AP BGB § 611 Gratifikation Nr. 172; 24.5.1995 AP BGB § 611 Nr. 175) oder im Arbeitsvertrag. Die Norm bestätigt einen weiteren Grds. der Rspr. des BAG, dass es **kein allg. Rechtsprinzip** gibt, wonach der Anspruch auf eine nicht zum lfd. Arbeitsentgelt gehörende Sonderleistung entfällt, wenn während des Bezugszeitraums keine oder keine nennenswerte Arbeitsleistung erbracht wird. In jedem Fall bedarf es dazu einer ausdr. oder wenigstens durch Auslegung zu

ermittelnden Kürzungsvereinb.; sieht eine tarifvertragl. Regelung zur Sonderzahlung verschiedene Kürzungstatbestände vor, ohne dass der Fall lang andauernder Erkrankung geregelt ist, fehlt es an einer notwendigen Kürzungsvereinb. (BAG 25.9.2013 – 10 AZR 400/12). Zur krankenversicherungsrechtl. Bedeutung des § 4a: BSG 21.2.2006 SozR 4–2500 § 47 Nr. 3).

2. Kürzungsvoraussetzungen. a) Grundsatz. Da das G an die bisherige Rspr. des BAG zur Kürzung von Leistungen bei krankheitsbedingten Fehlzeiten anknüpft, folgt aus der neuen Vorschr. ebenso wenig wie aus der Rspr. des BAG, dass auch diejenigen Vergütungsbestandteile entfallen können, die den **unabdingbaren Schutz der §§ 3 und 4 genießen** (BAG 15.2.1990 AP BGB § 611 Anwesenheitsprämie Nr. 15). Deshalb ist jeder Kürzungsgegenstand unabhängig von der Bezeichnung, die er von den Vereinbarungspartnern erhalten hat, auf seinen Inhalt zu untersuchen. Regelm. ist die Rechtsgrdl. für die Kürzung auszulegen, weil der Inhalt der Vergütung und die Kürzungsmöglichkeit nicht konkret und deutl. bezeichnet werden. So muss die Kürzungsvereinb. nicht dem Wortlaut des § 4a entsprechen oder ähneln. Eine Kürzungsvereinb. kann auch darin liegen, dass bei Fehlzeiten überhaupt kein Anspruch besteht. Diese Formulierung kann nur bei vordergründiger Betrachtung als Tatbestandsvoraussetzung verstanden werden. Bei näherer Betrachtung liegt in der **Anwesenheitsprämie** eine Zusage mit der (ggf. unstatthaften) Kürzungsmöglichkeit auf Null vor. Unter einer Anwesenheitsprämie wird eine Geldleistung verstanden, mit deren Vereinb. dem AN der Anreiz geboten wird, die Zahl seiner berechtigten oder unberechtigten Fehltage (im Bezugszeitraum) möglichst gering zu halten, indem jeder Fehltag zum Verlust eines Teils der Sonderzahlung führt (die Rspr. hierzu ist nicht einheitl. und nicht konsequent: BAG 25.7.2001 AP EntgeltFG § 4a Nr. 1; vgl. aber a. 21.3.2001 AP EntgeltFG § 4b Nr. 1 [unbegrenzte Ausklammerung eines Anspruchs]; 7.8.2002 AP EntgeltFG § 4a Nr. 2 [Ausklammerung eines Anspruchs in den Grenzen des § 4a] und 2.8.2006 NZA 2006, 1411 [Ausklammerung eines ergebnisbezogenen Entgelts bei Mutterschutzfristen] zur logisch vorrangigen Entstehung eines Anspruchs; vgl. die Rspr.-Übersicht in BAG 15.2.1990 AP BGB § 611 Anwesenheitsprämie Nr. 15). Nach der Wertung des G kann es keinen Unterschied machen, ob eine Sonderzahlung unter der Voraussetzung ausbleibender/geringer AU gewährt oder umgekehrt im Fall bestimmter AU-Tage gekürzt wird (Schaub/*Linck* § 79 Rn. 4; MüKoBGB/*Müller-Glöge* Rn. 2; *Schmitt* Rn. 19; **aA** *Bauer/Lingemann* BB 1996 Beil. 17 S. 8, 14, die in diesem Zusammenhang den Begriff der „Aufbauprämie" verwenden). Keine tarifvertragl. Kürzungsvereinb. liegt vor, wenn der AG für jeden Tag der EFZ eine nicht vergütungspflichtige Vor- oder Nacharbeit verlangen darf (BAG 5.12.2001 – 10 AZR 242/01 –; zur Wirksamkeit derartiger Normen s. § 4 Rn. 27). Die einzelvertragl. Kürzungsvoraussetzungen unterliegen dem Transparenzgebot des § 307 I 2 BGB (LAG HM 7.3.2007 NZA-RR 2007, 629). Keine Kürzungsvereinb. iSd. G liegt vor, wenn der AG Bindungsfristen, die in statthafter Weise mit Rückzahlungsklauseln für Leistungen zur Fortbildung gekoppelt sind, um krankheitsbedingte Fehlzeiten des AN vereinbarungsgemäß verlängern darf. Die Rechtmäßigkeit der Verlängerungsvereinb. ist nicht nach den Maßstäben des § 4a zu prüfen (**aA** *Schönhoft* NZA-RR 2009, 625, 630). 3

b) Vereinbarungen. Vereinb. iSd. G sind nicht nur die ausdr. einzelvertragl. Vereinb. von Arbeitsvertragsparteien in ihren Arbeitsverträgen, zB Zielvereinb. (Rn. 9). Dazu gehören auch die vertragsrechtl. **Gesamtzusagen** und Regelungen aufgrund betriebl. Übung. Vereinb. sind ferner die kollektivrechtl. Normen der BetrVerf. sowie deren Regelungsabreden und die Normen der TV, wie sich aus den Gesetzesunterlagen ergibt (Rn. 1; MüKoBGB/*Müller-Glöge* Rn. 5). Unabhängig von der Rechtsqualität der Tarifvorschr. als Normen werden TV als eine schriftl. Vereinb. (zwischen einer oder mehreren Gewerkschaften einerseits und einem oder mehreren AG oder AGVerbänden andererseits) bezeichnet (BAG 15.12.1999 AP BGB § 611 Gratifikation Nr. 221). 4

c) Kürzungsgegenstand Sondervergütung. Mit der Vorschr. des § 4a S. 1 erlaubt der Gesetzgeber **nur** Vereinb. zur Kürzung von Sondervergütungen. Dabei handelt es sich nach der **Legaldefinition** um Leistungen, die der AG zusätzl. zum lfd. Arbeitsentgelt erbringt. Damit ist allerdings nur klargestellt, dass das lfd. Arbeitsentgelt, dh. die versprochene Vergütung für bestimmte Zeitabschnitte oder die Vergütung für eine bestimmte Leistung innerhalb einer genau bemessenen Zeit von § 4a nicht berührt wird (BAG 26.9.2001 NZA 2002, 387; 25.7.2001 AP EntgeltFG § 4a Nr. 1). Soweit ein AG diesen Teil der Vergütung mindern will, ist das Vorhaben nach allg. schuldrechtl. und entgeltfortzahlungsrechtl. Regeln zu beurteilen. Ungeklärt bleibt trotz der Legaldefinition, welches Entgelt lfd. ist und welches als Sondervergütung angesehen werden kann, insb. ob nur Einmalleistungen oder auch vielfache Zahlungen darunter zu verstehen sind (*Vogelsang* Rn. 567 ff.; *Hanau* ZRP 1996, 349, 351; *Preis* NJW 1996, 3369; Rn. 8 ff.). 5

Zu Missverständnissen kann zunächst die Aussage führen, die Vorschr. gelte nur für die **„freiwilligen" Leistungen**. Damit soll regelm. nicht ausgesagt werden, es handele sich dabei um vom AG vorbehaltene, jederzeit einstellbare Leistungen ohne Rechtsanspruch. Vielmehr sind mit der Beifügung des Adjektivs auch diejenigen Leistungen gemeint, auf die der AN aufgrund verschiedener Rechtsgrdl. einen Anspruch hat. Der Hinweis auf die Freiwilligkeit bedeutet in diesem Zusammenhang nur, dass der AG regelm. nicht normativ zur Erbringung der Sondervergütung aufgrund der Erbringung der Arbeitsleistung verpflichtet wird, sondern sich selbst dazu zB aufgrund betriebl. Übung, durch eine Gesamtzusage oder in einer freiwilligen BV verpflichtet hat (*Vogelsang* Rn. 573). Andererseits kann die 6

Auslegung des Vertrags ergeben, dass mit derartigen Formulierungen kein Rechtsanspruch des AN auf die Leistung für künftige Zeiträume begr. werden soll. Dann handelt es sich nicht um eine Frage der Kürzung eines bestehenden Anspruchs, sondern um Rechtsfragen der Entstehung (Ausschluss) eines Anspruchs, die unabhängig von krankheitsbedingten Fehlzeiten nach Regeln des Vertragsrechts zu lösen sind (BAG 30.7.2008 NZA 2008, 1173; vgl. dazu BGB § 611 Rn. 527 ff., *Bayreuther* BB 2009, 102; *Preis* NZA 2009, 281 und *Willemsen/Jansen* RdA 2010, 1). IÜ ist durch Auslegung zu ermitteln, ob der Hinweis auf die Freiwilligkeit einer Leistung zugleich einen Zweckbezug außerhalb der regelm. Arbeitsleistung zulässt; wird mit einer freiwilligen Prämie nur die Erbringung der vertragl. Arbeitspflichten belohnt, handelt es sich nicht um kürzungsfähiges Entgelt (LAG RP 14.10.2014 – 7 Sa 85/14).

7 Nicht mehr geschützt sind nach dem GWortlaut **Kleingratifikationen** von wenigen Euro (früher 100,– DM), die nach der Rspr. des BAG (15.2.1990 AP BGB § 611 Anwesenheitsprämie Nr. 15) von der Kürzungsmöglichkeit ausgenommen waren. Der Gesetzgeber mag diese Besonderheit der Rspr., die er sichern wollte, übersehen haben; anges. des klaren GWortlauts ist aber iSd. Rechtsklarheit davon auszugehen, dass das Kürzungsrecht nach unten unbegrenzt ist und auch Kleingratifikationen gekürzt werden dürfen (FM/*Malkmus/Feichtinger* Rn. 13; HWK/*Schliemann* Rn. 8; *Vogelsang* Rn. 594; *Bauer/Lingemann* BB 1996 Beil. 17 S. 8, 14; **aA** 13. Aufl.).

8 Der Gesetzgeber hat wohl bewusst davon abgesehen, iE zu beschreiben, welche Sondervergütung für eine Anrechnung durch Kürzung in Betracht kommt. Zu dem **umfassenden Begriff** ist anzumerken: Entscheidend ist der Charakter der Sonderleistung. Sofern es sich um gesondert zum Festgehalt zu erbringende Leistungen handelt, die nicht unmittelbar im Synallagma zur regelm. durchschnittl. Arbeitsleistung stehen, ist eine Kürzung nach § 4a unabhängig davon zulässig, ob die Sonderleistung mtl., quartärl. oder jährl. erbracht wird (Schaub/*Linck* § 79 Rn. 6). Daher bestimmten auch die Bezugsbedingungen von **Weihnachtsgratifikationen**, die in der betriebl. Praxis die verschiedensten Bezeichnungen (Jahresabschlussprämie, Jahresabschlusszahlung, Jahressonderleistung, Weihnachtsgeld, 13. Monatslohn oder Monatsgehalt [BAG 19.4.1995 AP BGB § 611 Gratifikation Nr. 172]) erhalten können, zugleich den Inhalt der Sondervergütung, die Entgelt für vergangene Dienste, vergangene, gegenwärtige und zukünftige Betriebstreue und ggf. die pünktl. und dauerhafte Arbeitsaufnahme entlohnen will. Die Leistung ist dann kein lfd. Arbeitsentgelt iSd. G, sondern Sondervergütung nach § 4a I und daher kürzungsfähig. Im letzten Fall enthält sie zusätzl. Elemente der Anwesenheitsprämie (BAG 15.2.1990 AP BGB § 611 Anwesenheitsprämie Nr. 15; 26.10.1994 AP BGB § 611 Anwesenheitsprämie Nr. 18). Nur wenn die Leistung aufgespartes Entgelt für geleistete Arbeit ist und ohne weitere Voraussetzungen (bei vorzeitigem Ausscheiden auch ratierl.) gezahlt wird – ein wirkl. 13. Monatseinkommen –, scheidet eine Kürzung aus (FM/*Malkmus/Feichtinger* Rn. 28; *Schwarz* NZA 1996, 571, 573). Allerdings ist die Bezeichnung nicht entscheidend, sondern der Inhalt der Vereinb. (BAG 19.4.1995 AP BGB § 611 Gratifikation Nr. 172; 14.3.2012 AP BGB § 611 Gratifikation Nr. 293). Bislang ungeklärt ist, ob **überges. Urlaubsansprüche** Sondervergütung iSd. G darstellen oder vielmehr nur Zahlungsansprüche ieS unter § 4a fallen (so LAG RP 1.3.2012 – 11 Sa 647/11 –; offen gelassen von BAG 15.10.2013 NZA-RR 2014, 234 Rn. 19). Entscheidend wird sein, ob der Urlaubsanspruch in Natura der EuGH-Linie folgend auch zum geldwerten Vorteil wird; dann wird man die Kürzung des überges. freiwilligen Urlaubs zulassen müssen. **Leistungszulagen** sind regelm. lfd. Arbeitsentgelt und unterliegen keiner Kürzungsmöglichkeit und nicht einmal bei längerer Erkrankung einer Widerrufsmöglichkeit für die Zukunft, sofern nicht in der Rechtsgrdl. selbst eine entspr. Bestimmung enthalten ist (BAG 1.3.1990 AP BMT-G II § 20 Nr. 2). **Sonn- und Feiertagszuschläge** sind keine Sondervergütungen (BAG 14. 2009 NZA-RR 2009, 580 [LS]). Bei diesen Leistungen handelt es sich tw. um **Aufwendungsersatz**, der nicht zum lfd. Arbeitsentgelt gehört und deshalb kürzbar ist, und um Arbeitsentgelt, wenn ein höherer Pauschbetrag gezahlt wird als die tats. Kosten ausmachen. Insoweit ist er Entgeltbestandteil und kürzungsfest (BAG 11.2.1976 AP BGB § 611 Anwesenheitsprämie Nr. 10). Bonuszahlungen aus **Zielvereinb.** mit individuellen Leistungszielen gehören zum lfd. Arbeitsentgelt und sind keine Sondervergütungen iS des G. Sie können auch nicht aufgrund einer einzelvertragl. Vereinb. bei krankheitsbedingten Fehlzeiten gekürzt werden (krit. *Annuß* NZA 2007, 290, 293; unklar *Reiserer* NJW 2008, 609, 613; **aA** *Lindemann/Simon* BB 2002, 1807, 1813). Weitergehende Vereinb. zu Kürzungen bezogen auf Zeiträume außerhalb der EFZ unterliegen der allg. Vertragskontrolle. IÜ kommen Kürzungen dann in Betracht, wenn der Bonus sprachl. ungenau kein Leistungsbonus, sondern zusätzl. Leistung insofern ist, als er zB an bestimmten Unternehmenserg., einer Betriebstreue oder sonstigen Voraussetzungen außerhalb der reinen Arbeitsleistung anknüpft.

9 **d) Krankheitsbedingte Fehlzeiten.** Entspr. seiner Einordnung in das EFZG hat der Gesetzgeber nur den Normen und Vereinb. den ges. Schutz gegeben, die eine Kürzung bei **krankheitsbedingten Fehlzeiten** vorsehen. Wegen der Verweisung in § 9 kommt § 4a auch bei den dort genannten Vorsorge- und Rehabilitationsmaßnahmen zur Anwendung (MüKoBGB/*Müller-Glöge* Rn. 12). Kürzungen bei Fehlzeiten aus anderen Gründen sind damit nicht ohne weiteres erlaubt. So bleibt die Streitfrage, ob auch **Mutterschutzfristen** eine Kürzung erlauben, vom G unberührt (*Bauer/Lingemann* BB 1996, Beil. 17, 8, 14). Insoweit sind uneingeschränkt die Regeln maßgebl., die das BAG (12.5.1993 AP BGB § 611 Gratifikation Nr. 156) entwickelt hat. Auch Kürzungen bei Arbeitsverhinderung aus pers.

Gründen nach § 616 BGB sind nicht von Vereinb. nach § 4a gedeckt (vgl. dazu BAG 31.7.2002 AP TVG § 1 Tarifverträge: Wohnungswirtschaft Nr. 3). Dasselbe gilt für arbeitskampfbedingte Fehltage (BAG 31.10.1995 AP GG Art. 9 Arbeitskampf Nr. 140; 20.12.1995 AP GG Art. 9 Arbeitskampf Nr. 141), bei denen die Kürzungsvereinb. zB in TV (BAG 3.8.1999 AP GG Art. 9 Arbeitskampf Nr. 156) allerdings auch ohne Rückgriff auf § 4a statthaft sind.

3. Kürzungsmöglichkeiten. a) Obergrenze. Die Rechtsgrdl. für die Kürzung von Sondervergütungen können das Maß des Verlusts bei krankheitsbedingten Fehlzeiten **nicht beliebig** festlegen. Bereits die Rspr. des BAG hatte Obergrenzen geschaffen (BAG 26.10.1994 AP BGB § 611 Anwesenheitsprämie Nr. 18; 24.5.1995 AP § 611 BGB Gratifikation Nr. 175), die der Gesetzgeber nicht übernommen hat. Mit § 4a S. 2 hat er die Obergrenze anderweitig festgelegt, was rechnerisch zu einer Einschränkung der bisher statthaften Praxis (*Schmitt* Rn. 31) zu Lasten der anrechnenden AG führen kann (Bsp. bei *Bauer/Lingemann* BB 1996, Beil. 17, 8, 14; *Löwisch* NZA 1996, 1009, 1014). Weiterer Nachteil des ges. Modells ist die unterschiedl. Belastung der betroffenen AN. Die Bezieher geringerer Sondervergütungen werden stärker belastet als die Empfänger hoher Sonderleistungen. Vereinb., die iE zu niedrigeren Kürzungsraten führen, sind statthaft. 10

b) Berechnungsfaktoren. Die Ermittlung der Obergrenze erfolgt über **vier Faktoren.** Es ist die Höhe des Arbeitsentgelts zu bestimmen (Geldfaktor), das in einem bestimmten Zeitraum (1. Zeitfaktor) verdient wird. Diese Summe ist auf den arbeitstägl. Verdienst umzurechnen (2. Zeitfaktor), von dem wiederum der Bruchteil von einem Viertel das Erg. darstellt. Während die letzte Rechenoperation hinreichend deutl. im G beschrieben ist, bleiben bei der Bestimmung der anderen Faktoren Unsicherheiten. 11

c) Jahresdurchschnitt. Bestimmte sich nach der früheren Rspr. das Maß der Kürzung (von $^1/_{88}$, $^1/_{60}$ oder $^1/_{30}$) nach der Höhe der Sonderzuwendung, so ist nunmehr die Höhe des Arbeitsentgelts pro Arbeitstag innerhalb eines Jahresdurchschnitts (1. Zeitfaktor) maßgebend. Ungeklärt ist bei dieser Formulierung, welcher Jahresdurchschnitt zugrunde zu legen ist Das kann der Durchschnitt des **lfd. Kj.** oder der des **vergangenen Zeitjahrs** sein. Anges. des wenig ergiebigen Wortlauts – immerhin fehlt der Bezug zum Kj., wie er sich im Urlaubsrecht findet – sollte der Rückgriff auf das vergangene Zeitjahr maßgebend sein, wenn lfd. Vergütungen wie Anwesenheitsprämien gekürzt werden, um eine sichere Berechnungsgrdl. zu haben (MüKoBGB/*Müller-Glöge* Rn. 14; *Vogelsang* Rn. 583; *Bauer/Lingemann* BB 1996, Beil. 17, 8, 15). Steht aE des Jahres die Kürzung einer Sonderpämie, zB einer Weihnachtsgratifikation an, ist es interessenkonform auf den Entgeltdurchschnitt desselben Bezugszeitraums und damit auf das lfd. Jahr zurückzugreifen; denn der Verdienst des Kj. dürfte dann feststehen (Kj. und Zeitjahr sind dann ohnehin fast identisch). Den Partnern der die Kürzung ermöglichenden Rechtsgrdl. steht es frei, den Zeitraum zu bestimmen, nach dem sich der Jahresdurchschnitt berechnet. Davon sollte aus Gründen der Rechtssicherheit Gebrauch gemacht werden. 12

d) Arbeitsentgelt. Der Auslegung des G bedarf es auch bei der Bestimmung des Umf. dessen, was der Berechnung des Jahresdurchschnitts zugrunde zu legen ist **(1. Geldfaktor)**. Das gilt namentl. für die Sondervergütung selbst. Da der Gesetzgeber in § 4a S. 2 nicht zwischen lfd. Arbeitsentgelt und zusätzl. Arbeitsentgelt unterschieden hat, liegt es nahe, alle Beträge, die Arbeitsentgelt iSd. ArbR sind (BGB § 611 Rn. 474 ff.), einzubeziehen. Entspr. höher sind die Kürzungsbeträge als bei Einbeziehung nur der lfd. Bezüge. Das gilt dann auch für die zu kürzende Sondervergütung selbst. Der Betrag, der ohne Fehlzeiten geschuldet wäre, ist in die Berechnung einzustellen (MüKoBGB/*Müller-Glöge* Rn. 15; *Bauer/Lingemann* BB 1996, Beil. 17, 8, 15; **aA** FM/*Malkmus/Feichtinger* Rn. 37 und HWK/*Schliemann* Rn. 24; offen gelassen in BAG 15.12.1999 NZA 2000, 1062). Nichts anderes gilt auch für die Einbeziehung einer Anwesenheitsprämie; Ausgangspunkt der Betrachtung muss immer der Gesamtbetrag sein, der einem gesunden AN geschuldet wäre. Nur dann kann die Grenze dessen richtig berechnet werden, was ein erkrankter AN als Kürzung gerade noch hinzunehmen hat (**aA** LAG HM 21.2.2013 – 8 Sa 1588/12, Rev. anhängig 10 AZR 362/13). Ansonsten verböte sich auch die Gleichbehandlung von Kürzungsregelung und Aufbau-/Anwesenheitsprämie (vgl. Rn. 3). Auch insoweit ist der arbeitsrechtl. Praxis anzuraten, in die Kürzungsvorschr. oder -vereinb. einen entspr. deklaratorischen Hinweis aufzunehmen. 13

Ist der Jahresverdienst ermittelt, ist er umzurechnen auf den Betrag, der auf einen Arbeitstag entfällt **(2. Geldfaktor)**. Dazu ist die individuelle Verteilung der Arbeitspflichten auf die Tage des Jahres zu beachten. Wenn ein AN regelm. an 5 Tagen in der Woche zur Arbeit verpflichtet ist, ergibt das nach der im Urlaubsrecht (BUrlG § 3 Rn. 19) für die Berechnung der Urlaubsmenge entwickelten Formel, die auch hier verwandt werden kann, 260 Tage (52 Wochen á 5 Tage). Diese Zahl ist der Divisor zur Ermittlung des Entgelts für einen Arbeitstag (FM/*Malkmus/Feichtinger* Rn. 42; abw. *Bauer/Lingemann* BB 1996, Beil 17, 8, 14, die von 230 Tagen als Divisor ausgehen, wohl zu Unrecht 30 Urlaubstage abziehend; nur scheinbar **aA** MüKoBGB/*Müller-Glöge* Rn. 16, der alle vergüteten Arbeitstage einschl. Urlaubs-, Wochenfeier- und Krankheitstage einbeziehen will und damit jdf. in der 5-Tage-Woche ebenfalls auf 260 Tage kommt). Bei TZBeschäftigten, Abrufbeschäftigten, Schichtarbeitern und anderen AN mit schwankender Arbeitsverpflichtung sind ebenfalls die zum Urlaubsrecht entwickelten 14

Grds. für die Ermittlung des Divisors heranzuziehen (BUrlG § 3 Rn. 16). Von der so ermittelten Zwischensumme ist dann in einem letzten Rechenschritt das Viertel, der eigentl. Kürzungsbetrag, zu bestimmen. Daraus kann folgendes Bsp. gebildet werden: Hat ein AN Anspruch auf 13 Monatsbeträge à 2000 Euro einschl. der jährl. Sondervergütung zu Weihnachten, so beträgt sein Jahresverdienst 26000 Euro. Dieser durch 260 geteilt ergibt einen Tagesverdienst von 100 Euro. Das Viertel beträgt 25 Euro. Seine Sondervergütung ist nach 80 Fehltagen aufgezehrt. Die Parteien der Kürzungsvereinb. können auch hins. des 2. Geldfaktors Vereinb. treffen, die die Berechnung des Tagesverdienstes erleichtern, und sie zB den betriebl. Gegebenheiten anpassen. Dabei darf aber die vom G gezogene Obergrenze nicht überschritten werden.

15 **4. Auswirkungen auf bestehende und künftige Vereinbarungen. a) Bestehende Vertragsvereinbarungen.** Die in der Praxis weitgehend akzeptierte Rspr. des BAG hatte dazu geführt, dass Kürzungsvereinb. sich an dem dort gegebenen Rahmen orientierten. Das bedeutet nach der Gesetzeserg., dass die danach mögl. Kürzungen nicht mit dem G übereinstimmen, wenn sie iE die Obergrenze des § 4a S. 2 missachten. Daraus folgt, dass die Berechtigten der Vereinb. ihre Kürzung einschränken müssen. Die fortbestehende Rechtsgrdl. ist **gesetzeskonform so anzuwenden,** dass die Obergrenze nicht überschritten wird (aA *Bauer/Lingemann* BB 1996, Beil. 17, 8, 14, die den bisherigen Rahmen fort gelten lassen wollen). Das gilt auch für Normen in einer BV.

16 **b) Bestehende Tarifverträge.** Sollten in TV Normen verabredet sein, die eine für AN ungünstigere Regelung als nach neuem GRecht enthalten (TV dieses Inhalts sind nicht bekannt), gelten sie weiter. § 4a S. 2 ist insoweit **verfassungskonform zu reduzieren,** weil andererseits ein Eingriff in die Tarifautonomie vorläge, der mit dem Grds. der Verhältnismäßigkeit nicht zu rechtfertigen wäre. Die Beseitigung der Unabdingbarkeit der betroffenen Normen wäre durch das im Sozialstaatsprinzip des Art. 20 GG begr Grundanliegen des Gesetzgebers, für mehr Wachstum und Beschäftigung zu sorgen, nicht gedeckt (zur vergleichbaren Problematik im gestrichenen § 4a idF des ArbRBeschFG vgl. *Dörner* NZA 1998, 561).

17 **c) Künftige Kürzungsregelungen.** Neu zu schaffende Tarifnormen, BV und einzelvertragl. Abreden müssen den Rahmen der ges. **Vorgabe beachten.** Denn § 4a enthält nicht tarifdispositives, sondern einseitig zwgd. Recht; so können nur für den AN günstigere Vereinb. wie zB eine geringere Obergrenze geschaffen werden.

§ 5 Anzeige- und Nachweispflichten

(1) [1]Der Arbeitnehmer ist verpflichtet, dem Arbeitgeber die Arbeitsunfähigkeit und deren voraussichtliche Dauer unverzüglich mitzuteilen. [2]Dauert die Arbeitsunfähigkeit länger als drei Kalendertage, hat der Arbeitnehmer eine ärztliche Bescheinigung über das Bestehen der Arbeitsunfähigkeit sowie deren voraussichtliche Dauer spätestens an dem darauffolgenden Arbeitstag vorzulegen. [3]Der Arbeitgeber ist berechtigt, die Vorlage der ärztlichen Bescheinigung früher zu verlangen. [4]Dauert die Arbeitsunfähigkeit länger als in der Bescheinigung angegeben, ist der Arbeitnehmer verpflichtet, eine neue ärztliche Bescheinigung vorzulegen. [5]Ist der Arbeitnehmer Mitglied einer gesetzlichen Krankenkasse, muß die ärztliche Bescheinigung einen Vermerk des behandelnden Arztes darüber enthalten, daß der Krankenkasse unverzüglich eine Bescheinigung über die Arbeitsunfähigkeit mit Angaben über den Befund und die voraussichtliche Dauer der Arbeitsunfähigkeit übersandt wird.

(2) [1]Hält sich der Arbeitnehmer bei Beginn der Arbeitsunfähigkeit im Ausland auf, so ist er verpflichtet, dem Arbeitgeber die Arbeitsunfähigkeit, deren voraussichtliche Dauer und die Adresse am Aufenthaltsort in der schnellstmöglichen Art der Übermittlung mitzuteilen. [2]Die durch die Mitteilung entstehenden Kosten hat der Arbeitgeber zu tragen. [3]Darüber hinaus ist der Arbeitnehmer, wenn er Mitglied einer gesetzlichen Krankenkasse ist, verpflichtet, auch dieser die Arbeitsunfähigkeit und deren voraussichtliche Dauer unverzüglich anzuzeigen. [4]Dauert die Arbeitsunfähigkeit länger als angezeigt, so ist der Arbeitnehmer verpflichtet, der gesetzlichen Krankenkasse die voraussichtliche Fortdauer der Arbeitsunfähigkeit mitzuteilen. [5]Die gesetzlichen Krankenkassen können festlegen, daß der Arbeitnehmer Anzeige- und Mitteilungspflichten nach den Sätzen 3 und 4 auch gegenüber einem ausländischen Sozialversicherungsträger erfüllen kann. [6]Absatz 1 Satz 5 gilt nicht. [7]Kehrt ein arbeitsunfähig erkrankter Arbeitnehmer in das Inland zurück, so ist er verpflichtet, dem Arbeitgeber und der Krankenkasse seine Rückkehr unverzüglich anzuzeigen.

I. Normzweck

1 Die Regelungen des § 5 über die Anzeige- (Benachrichtigung) und Nachweispflicht (Beibringung einer Bescheinigung) sind von den zwei Hauptanliegen des Gesetzgebers geprägt, Ungleichbehandlungen zu beseitigen und den **Missbrauch** im EFZRecht zu bekämpfen. Die ges. Regelung bezieht daher Ang. und Auszubildenden gleichermaßen ein. Alle AN treffen dies. Pflichten bei der Anzeige und beim Nachw. ihrer AU.

Die Vorschr. gehört ferner zu dem Normenkreis, der der **missbräuchl. Inanspruchnahme** des EFZRechts **entgegenwirken** soll. Sie konkretisiert die Nebenpflichten des AN bei AU wegen Krankheit und sie enthält Verpflichtungen des behandelnden Arztes bei der Abfassung der AUB und deren weitere Behandlung. Die Einhaltung der Pflichten nach § 5 gehört allerdings nicht zu den anspruchsbegründenden Voraussetzungen für den EFZAnspruch nach § 3 (BAG 19.2.1997 NZA 1997, 652). 2

II. Mitteilungs- und Bescheinigungspflicht nach § 5 I

1. Anwendungsbereich. Die Pflichten nach § 5 I obliegen **allen AN**, auf deren ArbVerh. das G anzuwenden ist, bei jeder zu einer AU führenden Krankheit und bei jeder Maßnahme nach § 9. Es kommt nicht darauf an, ob der Kranke oder Kurende einen EFZAnspruch hat oder wegen Verschuldens oder wegen des Ablaufs des Zahlungszeitraums nach § 3 I keine EFZ geltend machen kann. Die Mitteilungspflicht dient der **Dispositionsfähigkeit** des AG, die unabhängig von Zahlungspflichten durch das Fehlen des AN betroffen ist (LAG HE 1.12.2006 – 12 Sa 737/06 –; KDHK/*Kleinsorge* Rn. 1; MüKoBGB/*Müller-Glöge* Rn. 3; Staudinger/*Oetker* § 616 BGB Rn. 294 f.). Die Bescheinigungspflicht soll eine unkontrollierte Selbstbefreiung des AN von der Arbeitspflicht auch dann verhindern, wenn er keinen Entgeltanspruch geltend machen kann, zumal die ärztl. Bescheinigung zum Erhalt des sozialversicherungsrechtl. Krankengeldanspruchs ohnehin ausgestellt werden muss (zu den Pflichten im gekündigten ArbVerh. BAG 24.11.1994 AP BGB § 615 Nr. 60; s. a. BGB § 615 Rn. 51 ff.). 3

Die Pflichten bestehen auch, wenn der AG über die Art und Dauer der AU bereits **anderweitig informiert** ist (**aA** die hM im Schrifttum). Davon sind auch bei einem Arbeitsunfall keine Ausnahmen zu machen (KDHK/*Kleinsorge* Rn. 4; MüArbR/*Schlachter* § 75 Rn. 4; *Vogelsang* Rn. 269; **aA** MüKoBGB/*Müller-Glöge* Rn. 3; *Schmitt* Rn. 16; *Worzalla/Süllwald* Rn. 6; diff. Staudinger/*Oetker* § 616 BGB Rn. 301), weil auch zB das Miterleben eines Unfalls dem AG keine Kenntnis über die medizinischen Tatbestände vermittelt. Darauf und auf die sich daraus ergebenden Konsequenzen für AU und deren Dauer stellt das G aber ab (HWK/*Schliemann* Rn. 3; *Treber* Rn. 8). Vom Fortbestand der Pflicht zu unterscheiden sind die Rechtsfolgen der Pflichtverletzung, wenn die Tatsachen anderweit bekannt sind (BAG 12.6.1996 AP BGB § 611 Werkstudent Nr. 4; vgl. a. § 7 Rn. 10). 4

2. Mitteilungspflichten. a) Inhalt der Mitteilung. Der Inhalt der Mitt. ist ges. nicht vorgeschrieben und sowohl hins. der AU als auch deren Dauer davon abhängig, ob der AN bereits den Arzt aufgesucht hat oder nicht und ob er überhaupt einen Arzt aufsuchen wird. IE ist zu diff.: Das G geht davon aus, dass nicht jede Krankheit zu einer längeren AU führt. Deshalb hat der AN die Chance, AU wegen Krankheit und deren Dauer zunächst selbst ohne Hinzuziehung eines Arztes zu prognostizieren (*Worzalla* NZA 1996, 61, 62). Eine Darst. mit einer subj. Bewertung genügt bei den Unpässlichkeiten des tägl. Lebens als Mitt. an den AG (*Schmitt* Rn. 28; *Vossen* Rn. 252). Bei einer nach der eigenen Einschätzung nicht nur leichten Erkrankung und der Konsultation eines Arztes kommt es auf den Zpkt. an. Meldet der AN sich **vor dem Arztbesuch** bei seinem AG, kann er nur mitteilen, er fühle sich subj. arbeitsunfähig erkrankt und werde den Arzt aufsuchen (MüArbR/*Schlachter* § 75 Rn. 5). Zur Dauer kann sich ein AN nur äußern, wenn ihm ein bekanntes Krankheitsbild vorliegt, und er Erfahrungen darüber gesammelt hat, wie lange der Genesungsprozess bei der prognostizierten Krankheit andauern wird. **Nach dem Arztbesuch** muss der AN seine Angaben so präzisieren, wie es ihm der Arzt mitgeteilt hat (MüKoBGB/*Müller-Glöge* Rn. 7; *Schmitt* Rn. 29; *Vogelsang* Rn. 271), und zwar nicht nur bei erhebl. Unterschieden zwischen Eigenprognose und ärztl. Beurteilung (MüArbR/*Schlachter* § 75 Rn. 5). Liegt bei der ersten Meldung bereits eine ärztl. Auskunft über die AU und deren Dauer vor (Besuch des Arztes im Notdienst), so sind bereits zu diesem Zpkt. die vollständigen Angaben zu machen. Grds. ist der AN nicht verpflichtet, sich zur Art der Erkrankung und deren Ursache zu äußern (allgM: Staudinger/*Oetker* § 616 BGB Rn. 297; MüArbR/*Schlachter* § 75 Rn. 6; *Vogelsang* Rn. 272 ff.), auch nicht über den eigenen Verursachungsbeitrag (MüKoBGB/*Müller-Glöge* Rn. 8). Ausnahmen bestehen in den Fällen, in denen der AG auf weitere Inf. mit Blick auf geforderte oder mögl. Reaktionen angewiesen ist, so bei 5

- Erkrankungen, die Schutzmaßnahmen des AG für andere erfordern (MüKoBGB/*Müller-Glöge* Rn. 8),
- Fortsetzungserkrankungen, die Einfluss auf die EFZPflicht haben (§ 3 Rn. 36 bis 44),
- AU aufgrund Schädigung durch einen Dritten, vgl. § 6 (dort Rn. 17).

b) Zeitpunkt. Die Benachrichtigung des AG hat **unverzügl.** (ohne schuldhaftes Zögern) zu erfolgen, § 5 I 1 iVm. § 121 BGB (BAG 31.8.1989 AP KSchG 1969 § 1 Verhaltensbedingte Kündigung Nr. 23), wobei maßgebend für die Erfüllung der ges. Pflicht der Zugang der Nachricht beim AG, nicht die Absendung ist (BAG 31.8.1989 AP KSchG 1969 § 1 Verhaltensbedingte Kündigung Nr. 23). Unverzügl. bedeutet allerdings nicht sofort (*Vossen* Rn. 247). Das G gibt dem AN nur auf, den AG so schnell zu informieren, wie es nach den Umständen des Einzelfalls mögl. ist. Das erfordert (im Inland) im Regelfall eine telefonische Nachricht zu Beginn der betriebl. AZ am ersten Arbeitstag (MüKoBGB/*Müller-Glöge* Rn. 5; *Vossen* Rn. 247), wenn die prognostizierte AU schon vorher bestand, hilfsweise im Laufe des ersten Arbeitstages. Bestand die AU bereits an den arbeitsfreien Tagen zuvor (Wochen- 6 ende, TZBeschäftigung) und ist dann bereits abzusehen, dass der Erkrankte die Arbeit nicht wird aufnehmen können, kann der AN nicht bis zum ersten individuellen Arbeitstag mit seiner Anzeige warten. Er muss die Anzeige im Laufe des ersten Krankheitstages erstatten (*Worzalla* NZA 1996, 61, 62). Sie wäre anderenfalls nicht unverzügl. (ähnl Staudinger/*Oetker* § 616 BGB Rn. 300 sowie *Schmitt* Rn. 18 und FS *Gitter* S. 847, 849).

7 c) **Form.** Auch wenn das G keine bes. Form für die Mitt. vorschreibt, muss sich der erkrankte AN der modernen Telekommunikation bedienen, sofern ihm das technisch mögl. ist. So genügt eine briefl. Anzeige regelm. nicht (MüKoBGB/*Müller-Glöge* Rn. 5; Staudinger/*Oetker* § 616 BGB Rn. 298, 300; *Schmitt* Rn. 35; *Vogelsang* Rn. 282). Dies gilt erst recht, wenn eine betriebl. Kommunikation üblicherweise über Mobilfunk, E-Mail oder Kurznachrichtendienste geführt wird. Geeignet kann auch die Einschaltung eines **Boten** sein, der insb. dann heranzuziehen ist, wenn die AU zu einer Einschränkung der Bewegungs- und/oder Kommunikationsfähigkeit geführt hat. Sollte ein AN so schwer erkranken, dass auch die Beauftragung eines Boten nicht mögl. ist, ist auch eine Benachrichtigung **nach Beseitigung des Hindernisses** noch unverzügl. iSd. § 121 BGB (*Schmitt* Rn. 26).

8 d) **Adressat.** Der AN hat den AG zu benachrichtigen. Es genügt aber auch die Inf. eines vom AG zur Entgegennahme von Erkl. **autorisierten Mitarbeiters**, was sich in großen Unternehmen und Behörden aus dem Organisationsplan ergibt. Soweit das nicht ausdr. geregelt ist, muss ein **Vorgesetzter** benachrichtigt werden (KDHK/*Kleinsorge* Rn. 6; MüKoBGB/*Müller-Glöge* Rn. 6; MüArbR/*Schlachter* § 75 Rn. 8). Keine Benachrichtigungsempfänger sind BRMitglieder, Telefonisten, Pförtner und andere Betriebsangehörige, denen sich der AN nur als Bote bedienen kann und bei denen er das Risiko der rechtzeitigen und zutr. Übermittlung trägt (MüKoBGB/*Müller-Glöge* Rn. 6; Staudinger/*Oetker* § 616 BGB Rn. 299; MüArbR/*Schlachter* § 75 Rn. 8; *Schmitt* Rn. 37).

9 **3. Nachweise. a) Allgemeines.** Die Mitteilungspflicht trifft den AN bei jeder AU wegen Krankheit. Der **daneben** ges. geforderte Nachw. in Form einer ärztl. Bescheinigung entfällt bei einer AUDauer von bis zu drei Kalendertagen, es sei denn, der AG macht von seinem Recht nach § 5 I 3 Gebrauch (dazu Rn. 12). Bei AU von einer längeren Dauer als drei Kalendertage ist der Nachw. obligatorisch, falls nicht der AG ausnahmsweise darauf verzichtet hat (MüKoBGB/*Müller-Glöge* Rn. 10; *Schmitt* Rn. 42).

10 **b) Die obligatorische Arbeitsunfähigkeitsbescheinigung.** Der AN ist im Fall einer über drei Kalendertage hinausgehenden AU verpflichtet, eine AUB **am darauffolgenden Arbeitstag** vorzulegen. Im Unterschied zum LFZG enthält die Vorschr. keine Fristen-, sondern eine Zeitpunktregelung; idR ist aber nach wie vor eine AUB am vierten Kalendertag vorzulegen (BT-Drs. 12/5798 S. 21 und 24; allgM im Schrifttum; **aA** *Kunz/Wedde* Rn. 29).

11 Das G diff. zwischen den **Kalendertagen der AU** und dem Arbeitstag, an dem die AUB zugehen muss. Kalendertage sind **alle Tage** eines jeden Jahres. Insofern ist das G gleichmäßig auf alle betroffenen AN anzuwenden. Der Arbeitstag dagegen ist subj., dh. nach der **individuellen Arbeitsverpflichtung des erkrankten AN** zu bestimmen, nicht nach den Arbeitstagen Montag bis Freitag oder Samstag, auch nicht nach den Tagen, in denen im Betrieb gearbeitet wird (KDHK/*Kleinsorge* Rn. 17; **aA** aber die hM: *Schmitt* Rn. 59 und in FS *Gitter* S. 847, 852 f. mit Vorschlägen für vertragl. Regelungen bei TZBeschäftigten; *Müller/Berenz* Rn. 28; Staudinger/*Oetker* § 616 BGB Rn. 311; *Vogelsang* Rn. 292; *Vossen* Rn. 262). So kann auch der Samstag und im Einzelfall auch der Sonntag (bei vollkontinuierl. BetriebsAZ) Übergabetag für die AUB sein, wenn der AN an diesem Tag eine Arbeitsverpflichtung hatte (KDHK/*Kleinsorge* Rn. 17; *Berenz,* DB 1995, 2166, 2169; *Diller* NJW 1994, 1690).

12 **c) Die angeforderte Arbeitsunfähigkeitsbescheinigung.** Der AN muss die AUB früher vorlegen, wenn der AG ein entspr. Verlangen stellt. Der AG kann den **einzelnen** AN einseitig ohne Beteiligung des **BR oder PR** auffordern, eine AUB vorzulegen (BAG 14.11.2012 NZA 2013, 322; VG Bremen 26.1.2015 – 7 K 279/14 –; MüKoBGB/*Müller-Glöge* Rn. 13; *Schmitt* Rn. 76). Trifft der AG allerdings generelle Anordnungen über die frühere Vorlage von AUB, so hat der BR ein zwgd. MBR nach § 87 Abs. 1 Nr. 1 BetrVG über das Ob und Wie der Ausgestaltung des Regelungsspielraums (BAG 23.8.2016 NZA 2016, 1483); gekündigte BV zum Regelungstatbestand des § 5 I entfalten daher auch Nachwirkung. Die Mitbestimmung ist auf Ebene des lokalen BR, nicht des GBR auszuüben (BAG 23.8.2016 NZA 2016, 1483; LAG K 21.8.2013 – 11 Ta 87/13 –; LAG D 25.3.2014 – 8 TaBV 129/13). Die Aufforderung im Einzelfall bedarf keiner Begr. oder eines Sachverhalts, der Anlass für ein rechtsmissbräuchl. Verhalten des AN gibt (BAG 14.11.2012 NZA 2013, 322; MüKoBGB/*Müller-Glöge* Rn. 12; Staudinger/*Oetker* § 616 BGB Rn. 316 f.; *Schmitt* Rn. 72 ff.). Das Verlangen steht im nicht gebundenen Ermessen des AG und unterliegt keiner Billigkeitskontrolle (BAG 14.11.2012 NZA 2013, 322; MüKoBGB/*Müller-Glöge* Rn. 12; anders die bisher hM im Schrifttum). Die Rechtsausübung durch den AG unterliegt ledigl. den allg. rechtl. Grenzen, so darf das Verlangen nicht willkürl. oder schikanös sein und weder gegen den allg. Gleichheitsgrds. noch das Diskriminierungsverbot verstoßen. Das Verlangen kann **antizipiert** und allg. abstrakt vor der Erkrankung durch **vertragl. Vereinb.** (BAG 1.10.1997 NZA 1998, 369) oder durch freiwillige BV gestellt sein (Staudinger/*Oetker* § 616 BGB Rn. 318; *Schmitt* Rn. 73; *Hanau/Kramer* DB 1995, 94, 96; **aA** *Schaub* BB 1994, 1629, 1630). Auch ein

TV kann Entsprechendes normieren (BAG 26.2.2003 AP EntgeltFG § 5 Nr. 8). Der AG kann aber auch individuell bei jeder Erkrankung entscheiden, ob er von seinem Recht nach § 5 I 3 Gebrauch machen will. In allen Fällen kann er sogleich nach Erhalt der Mitt. über die AU des AN nach § 5 I 1 eine Aufforderung an den AN richten, sich die AU von Anfang an bescheinigen zu lassen und vorzulegen. Ein solches Verlangen kann auch den **ersten Tag der AU** umfassen (BAG 1.10.1997 NZA 1998, 369; 14.11.2012 NZA 2013, 322). Soweit das technisch mögl. ist, muss das Attest auch noch am ersten Tag übergeben werden (Staudinger/*Oetker* § 616 BGB Rn. 314 mwN; *Schmitt* Rn. 79; *Vossen* Rn. 269). Eine Übergabe am nächsten Tag ist aber unschädl., sofern nur der erste Fehltag von der AUB abgedeckt ist und eine Übergabe am ersten Tag weder mögl. noch zumutbar war (ähnl. unter Berufung auf § 315 BGB Staudinger/*Oetker* § 616 BGB Rn. 315 und *Worzalla* NZA 1996, 61, 65; generell für den zweiten Tag *Hanau/Kramer* DB 1995, 94, 96). Das spontane Verlangen des AG, auch für den ersten Tag eine Bescheinigung zu bekommen, setzt regelm. voraus, dass der AN seiner Anzeigepflicht nach § 5 I 1 unverzügl. genügt hat, um noch einen Arzt aufsuchen zu können, der dann in die Lage versetzt wird, AU zu bescheinigen.

d) Inhalt der Arbeitsunfähigkeitsbescheinigung. Die Ausstellung der AUB obliegt dem **Arzt.** Er 13
muss die Tatsache der AU einer namentl. genannten Person, nicht nur deren Erkrankung, sowie die **Dauer** der AU testieren (*Schmitt* Rn. 88 ff.). Bei ges. Versicherten hat die AUB den Hinweis zu enthalten, dass die Krankenkasse informiert ist, § 5 I 5. Fehlt eine dieser Angaben (was anges. der Benutzung vorgegebener Formulare ungewöhnl. ist; vgl. a. die vom Bundesausschuss der Ärzte und Krankenkassen verabschiedeten AU-RL, letzte Änderung der AU-RL v. 20.10.2016, BAnz AT 23.12.2016 B5), so darf der AG sie zurückweisen und den AN auffordern, eine ordnungsgemäße Bescheinigung beizubringen (zur Leistungsverweigerung in einem solchen Fall vgl. § 7 Rn. 5). Die AUB muss von einem **approbierten Arzt** ausgestellt werden. Die Bescheinigung von ärztl. Hilfspersonal oder eines Heilpraktikers genügt nicht (MüKoBGB/*Müller-Glöge* Rn. 16; Staudinger/*Oetker* § 616 BGB Rn. 320; *Vossen* Rn. 282; *Lepke* NZA 1995, 1084, 1086). Der AN hat die **freie Wahl,** welchen Arzt er aufsuchen will; der ges. Versicherte muss auch keinen Kassenarzt aufsuchen (*Vossen* Rn. 283). Der AN kann nicht gezwungen werden, sich an einen bestimmten Arzt wie den Betriebs- oder Werksarzt zu wenden. Das kann auch nicht in Verträgen und Vereinb. verabredet oder bestimmt werden, auch nicht, wenn es sich bei dem Verlangen um eine zusätzl. Untersuchung handelt (HWK/*Schliemann* Rn. 28; *Treber* Rn. 39; *Vogelsang* Rn. 330; **aA** MüKoBGB/*Müller-Glöge* Rn. 16; *Schmitt* Rn. 98 f.). Aus dem Recht der freien Wahl folgt jedoch auch die Obliegenheit des AN, seinen Arzt zu wechseln, wenn dieser die AUB nicht ordnungsgemäß/vollständig ausfüllt. Regelm. verwenden Ärzte den Vordruck für AUB nach dem Bundesmantelvertrag-Ärzte, womit sichergestellt ist, dass die ges. Mindestangaben enthalten sind (*Lepke* NZA 1995, 1084, 1086). Der Arzt kann aber jederzeit ein anderes Formular verwenden oder einen individuellen Text schreiben (Staudinger/*Oetker* § 616 BGB Rn. 322). Das kann den Vorteil haben, dass die Angaben insb. zur AU und deren Dauer unter Berücksichtigung des Leistungsprofils des AN präziser sind als bei der Verwendung eines Formulars. Der Arzt darf **keine Bem. über die Ursache und die Art der AU** und der zugrunde liegenden Erkrankung in der Bescheinigung erwähnen (BAG 19.3.1986 AP LohnFG § 1 Nr. 67), sofern der AN ihn dazu nicht ermächtigt hat (MüKoBGB/*Müller-Glöge* Rn. 17; Staudinger/*Oetker* § 616 BGB Rn. 322). Soweit der AG daran ein berechtigtes Interesse haben kann (Rn. 5), obliegt es dem AN, seinen AG entspr. zu informieren oder den behandelnden Arzt von der Schweigepflicht zu befreien, um dem AG die Einholung der notwendigen Auskünfte zu ermöglichen (BAG 19.3.1986 AP LohnFG § 1 Nr. 67). Der Dauer der AU kommt nicht nur Bedeutung für die Dispositionsmöglichkeiten des AG zu. Nach dem Ende der AU beurteilt sich auch, ob eine andere Erkrankung außerhalb des Sechs-Wochen-Zeitraums eintritt und eine neue EFZPflicht auslöst oder nicht (BAG 14.9.1983 AP LohnFG § 1 Nr. 55; Einzelheiten § 3 Rn. 36 ff.). Die Dauer der AU kann **datumsgenau** bezeichnet werden, aber auch durch die Angabe einer **Frist** (MüKoBGB/*Müller-Glöge* Rn. 17; *Schmitt* Rn. 92). Regelm. enthält die Bescheinigung keinen Hinweis über das Ende am letzten testierten Tag. Dann muss unter Berücksichtigung der Umstände des Einzelfalls ausgelegt werden, ob das Tagesende oder ein früherer Zpkt. anzunehmen ist. Ohne weitere Hinweise ist davon auszugehen, dass der Arzt seine Prognose über die Dauer der AU auf den ganzen Tag bezogen hat und nicht das Ende der ihm meist nicht bekannten und auch nicht abgefragten betriebsübl. AZ gemeint hat (MüKoBGB/*Müller-Glöge* Rn. 17; **aA** aber BAG 14.9.1983 AP LohnFG § 1 Nr. 55 und die hM). Die abw. Auff. ist nicht lebensnah. Es kann anges. der vielfältigen Möglichkeiten, die regelm. wöchentl. AZ betriebl. zu gestalten, nur dann davon ausgegangen werden, der Arzt habe die konkrete Situation berücksichtigt, wenn sich aus der Bescheinigung ein entspr. Hinweis ergibt oder der AN selbst erklärt, er habe den Arzt auf seine Arbeitsverpflichtungen hingewiesen und dieser habe darauf die Dauer der AU festgelegt. So muss der AN, dessen Nachtschicht am letzten Tag der AU um 22.00 Uhr beginnt, seine Arbeit nur aufnehmen, wenn es Anzeichen dafür gibt, dass der Arzt ihn zu einer früheren Stunde des Tages für arbeitsfähig gehalten hat (wie hier *Vogelsang* Rn. 322). Die Dauer der AU kann auch so bemessen werden, dass das Ende auf einen Tag ohne Arbeitspflicht des AN (Samstag, Sonntag, Feiertag, Freischichttag) fällt (BAG 14.9.1983 AP LohnFG § 1 Nr. 55). Für die Bestimmung des genauen Zpkt. an diesem Tag gelten die vorst. Regeln.

Die Verpflichtung nach § 5 I 5, auf der AUB zu vermerken, dass die ges. **Krankenkasse** im ges. vorgeschriebenen Umf. **informiert** worden ist, betrifft die Pflichten des AN nur mittelbar. Entspricht der Vermerk nicht der Wahrheit und hat der Arzt die Krankenkasse nicht informiert, so entstehen daraus für den AN keine Nachteile (MüKoBGB/*Müller-Glöge* Rn. 18); insb. steht dem AG kein Leistungsverweigerungsrecht zu (§ 7 Rn. 5). Allerdings berührt die Vorschrift nicht die Obliegenheiten des AN ggü. der Krankenkasse, da sie keine Wertungsentsch. im Verhältnis Versicherter, Arzt und Krankenkasse im Bereich des SGB V trifft. Verletzt der AN seine Meldepflichten, kann dies zum Ruhen des Krankengeldanspruchs führen, § 49 I Nr. 5 SGB V.

14 **e) Der Beweiswert einer Arbeitsunfähigkeitsbescheinigung nach § 5 I.** Die Begleitumstände einer krankheitsbedingten AU geben vielfach Anlass zu **Zweifeln,** ob der AN krank und/oder arbeitsunfähig ist oder nicht. Deshalb stellt sich häufig die Frage nach dem Beweiswert der AUB und nach Reaktionsmöglichkeiten der AG. Denn der AN muss im Streitfall die Tatbestandsvoraussetzung der krankheitsbedingten AU darlegen und beweisen (BAG 26.3.2003 AP EntgeltFG § 5 Nr. 8, 13.7. 2005 AP EntgeltFG § 3 Nr. 25; zur Beweislast bei Krankengeldansprüchen LSG BE/BB 21.4.2004 SGb 2005, 470). Die ärztl. AUB ist das ges. vorgesehene Nachweismittel, mit dem der AN seinem AG die AU und deren Dauer nachweist (BAG 1.10.1997 NZA 1998, 369; 19.2.1997 NZA 1997, 652; 26.2.2003 AP EntgeltFG § 5 Nr. 8; vgl. a. BGH 16.10.2001 NZA 2002, 40 zum Verhältnis von GF/Unternehmer einerseits und Schädiger/Versicherer andererseits; zum Beweis der Arbeitsfähigkeit BAG 11.10.2006 AP EntgeltFG § 5 Nr. 9; zum Beschäftigungsverbot eines Arztes nach § 3 MuSchG BAG 7.11.2007 DB 2008, 303; s. a. MuSchG § 3 Rn. 7 ff.). Das gilt nicht nur für den außerprozessualen betriebl. Umgang zwischen den Arbeitsvertragsparteien, sondern auch für die prozessuale Bewertung in einem Streit zwischen AG und AN bzw. dessen Krankenkasse (BAG 19.2.1997 AP EntgeltFG § 3 Nr. 4). Der AG ist allerdings nicht gehindert, geltend zu machen, der AN sei nicht arbeitsunfähig oder nicht einmal krank gewesen. Allerdings kommt nach bisheriger nationaler Rspr. einer von im Inland (zur im Ausland ausgestellten AUB s. Rn. 28) ordnungsgemäß ausgestellten AUB iRd. richterl. Beweiswürdigung gem. § 286 I ZPO ein **hoher Beweiswert** zu (BAG 26.3.2003 AP EntgeltFG § 5 Nr. 8; MüKoBGB/*Müller-Glöge* § 3 Rn. 79; krit. *Weth* FS Arbeitsgerichtsbarkeit Rheinland-Pfalz S. 145, 158 f.). § 5 I ist zwar nicht Grdl. für eine ges. Vermutung iSd. § 292 ZPO; mit der Ausstellung einer ordnungsgemäßen AUB besteht aber eine **tats. Vermutung**, dass der AN infolge Krankheit arbeitsunfähig war (BAG 15.7.1992 AP LohnFG § 1 Nr. 98 mwN aus der Rspr. des BAG und dem insoweit fast einhelligen Schrifttum; mit dieser Entsch. wurde das Einzige abw. Urt. eines LAG [LAG M 9.11.1988 NZA 1989, 597] aufgeh.; 19.2.1997 AP EntgeltFG § 3 Nr. 4; vgl. a. *Schmitt* Rn. 106 ff.; MüKoBGB/*Müller-Glöge* § 3 Rn. 79 spricht von einem Beweiswert wie bei einer tats. Vermutung). Anges. der in der Praxis regelm. vorkommenden Fälle „passgenauer" AUB und der Dienstleistungsstellung des behandelnden Arztes mag die starke Vermutungswirkung durchaus in Frage gestellt werden. Hierfür sprechen zB die punktgenau nach 6 Wochen endende AU, die nach Auseinandersetzungen mit dem AG plötzl. eintretenden und dann attestierten Erkrankungen sowie die unprobl. entgegen der Vorgaben der AU-RL bescheinigten rückwirkenden AU (vgl. zum Problem des „Blaumachens" sowie der „großzügigen" AUB *Willemsen/Fritzsche* DB 2012, 860). Will man das ärztl. Attest jedoch nicht grds. in Frage stellen, bleibt nur der von der Rspr. vorgegebene Weg der Erschütterung des Beweiswerts der AUB: Der AG muss, will er es auf eine gerichtl. Auseinandersetzung über die EFZ ankommen lassen, **nicht den Beweis des Gegenteils (Hauptbeweis)** führen. Er kann wie bei jeder tats. Vermutung Tatsachen vortragen, aus denen der Richter den Schluss ziehen kann, dass der Beweiswert der AUB erschüttert ist (Einzelheiten in Rn. 15 bis 17), weil ernsthafte Zweifel an der krankheitsbedingten AU bestehen (LAG HM 11.6.2008 AuA 2008, 689; allgM im Schrifttum; **aA** *Stückmann,* NZS 1994, 529, 534, der wegen der GÄnd. in § 275 SGB V [Rn. 15] bereits bei einfachen Zweifeln den Beweiswert erschüttert sieht; ähnl. wohl a. *Vossen* Rn. 304). Dann muss der AN, der für die Tatsache der auf Krankheit beruhenden AU beweispflichtig geblieben ist, weiteren Beweis neben der AUB antreten und ggf. führen, zB durch Vernehmung des behandelnden Arztes nach entspr. Befreiung von der Schweigepflicht (*Schmitt* Rn. 126). **Ob an dieser Rspr.** anges. der Unterschiede, die sich nach der Rspr. des EuGH (ausf. Rn. 28) zur im EU-Ausland ausgestellten AUB ergeben, **festgehalten werden kann** oder ob nicht auch der im Inland ausgestellten AUB iE der Wert einer ges. Vermutung zugesprochen werden muss, ist vom BAG noch nicht ausdr. entschieden. Die abschl. Paletta-Entsch. des 5. Sen. des BAG (Rn. 28) enthält in einer Parenthese den Hinweis, dass daran nicht gedacht wird (BAG 19.2.1997 AP EWG-Verordnung Nr. 574/72 Art. 18 Nr. 3). Auch die weitere Entsch. des BAG vom selben Tag (AP EntgeltFG § 3 Nr. 4 zu einer von einem türkischen Arzt ausgestellten AUB) lässt den Schluss zu, dass an der bisherigen Rspr. festgehalten wird.

15 Da der AG im Regelfall weder etwas über die Art der Erkrankung noch deren Ursache erfährt und er auch nicht weiß, inwieweit der AN den Arzt über seine vertragl. Pflichten informiert hat, ist die Darst. entspr. Tatsachen, die den Beweiswert erschüttern können, nicht leicht, zumal Ausforschungsvortrag und Ausforschungsbeweis im Zivilprozess nicht statthaft sind. Das – und damit ihre prozessualen Erfolgsaussichten – verkennen AG häufig im ersten Ärger über das Fehlen des AN (vgl. zum Beschäftigungsverbot eines Arztes nach § 3 MuSchG BAG 7.11.2007 DB 2008, 303). In der Rspr. zum

LFZG hat sich in den vergangenen Jahrzehnten eine reichhaltige **Kasuistik** zu dem Begriff der „ernsthaften Zweifel" entwickelt. Daneben findet sich im Krankenversicherungsrecht eine kodifizierte Beschreibung des Problems im Zusammenhang mit der Begutachtung und Beratung des Medizinischen Diensts der Krankenkassen. Nach der Neufassung des **§ 275 SGB V** durch das PflegeVG sind die Krankenkassen ua. zur Beseitigung von Zweifeln (früher begr. Zweifeln) an der AU verpflichtet, ein Gutachten einzuholen, § 275 I Nr. 3 b SGB V. In seinem folgenden Abs. 1a beschreibt die Norm in **Regelbsp.**, unter welchen Voraussetzungen Zweifel bestehen. Es handelt sich einmal um den Fall, dass der AN **häufig** oder auffällig häufig für eine **kurze Dauer arbeitsunfähig** ist oder der **Beginn der AU häufig auf einen Tag am Beginn oder aE der Woche** fällt. Zum zweiten wird der Fall genannt, dass die AUB von einem Arzt herrührt, der durch die Häufigkeit der von ihm ausgestellten AUB auffällig geworden ist. Diese sozialrechtl. Regelbsp. können auch arbeitsrechtl. und im Streitfall beweisrechtl. herangezogen werden (MüKoBGB/*Müller-Glöge* § 3 Rn. 79), wobei die Bestimmungen unter dem Manko leiden, dass die Begriffe der Regelbsp. nicht legal definiert sind (*Gola* BB 1995, 2318, 2321). Die Gerichte haben einen nicht unerhebl. Beurteilungsspielraum (*Hanau/Kramer* DB 1995, 94, 97 f. und *Schmitt* RdA 1996, 5, 13 haben versucht, Definitionen zu entwickeln, die bereits auf Kritik gestoßen sind, vgl. *Gola* BB 1995, 2318, 2321). Daneben kann auf die zum LFZG entwickelte Kasuistik zurückgegriffen werden. Die Lebenssachverhalte, die zu ernsthaften Zweifeln iSd. Rspr. des BAG Anlass geben, können in zwei Fallgruppen gegliedert werden. Es handelt sich einmal um Tatsachen, die aus dem Lebensbereich des AN rühren, und sodann um Tatsachen, die in den Arbeitsbereich des behandelnden Arztes fallen (ähnl. *Hanau/Kramer* DB 1995, 94, 97, die allerdings drei Gruppen unterscheiden). Dabei handelt es sich folgend nicht um eine vollständige Auflistung:

Der AN **kündigt sein Fernbleiben** nach einer Auseinandersetzung mit dem AG oder nach einer Weigerung **an**, Urlaub zum gewünschten Termin zu gewähren, das sog. „Krankfeiern" (BAG 4.10.1978 AP LohnFG § 3 Nr. 3; vgl. a. LAG HM 29.1.2003 AuA 2003, 55). Dem AN wird regelm. aE **seines Urlaubs** oder im unmittelbaren Anschluss daran (BAG 20.2.1985 AP LohnFG § 3 Nr. 4), im Umfeld von Brücken- und Feiertagen oder vor oder nach Wochenenden AU testiert. Der AN macht **widersprüchl. Angaben** zum Hergang eines die AU herbeiführenden Unfalls (BAG 15.7.1992 AP LohnFG § 1 Nr. 98). Der AN verhält sich nicht, wie es von einem Kranken erwartet wird (**Tätigkeit auf einer Baustelle, übermäßiger Alkohol- und Nikotingenuss** auf nächtelangem Kneipenbummel); zu beachten bleibt aber, dass Krankheit und AU nicht gleichbedeutend mit Bettlägerigkeit oder häusl. Ruhe sind und deshalb aus einem Spaziergang, dem Einkaufen oder sogar einer körperl. Anstrengung beim Sport ohne weitere Umstände keine zwgd. Schlüsse gezogen werden können (LAG RP 6.4.2004 AuR 2005, 37). Der AN geht während der attestierten AUB einer Beschäftigung bei einem anderen AG nach (BAG 26.8.1993 AP BGB § 616 Nr. 112). In diesen Fällen ist es Aufgabe des AG, konkret zur anderweitigen Tätigkeit, deren Umf. und Inhalt, körperl. Belastungen und sämtl. Umständen vorzutragen, die der attestierten AU widersprechen und umgekehrt dafür sprechen, dass der AN auch seiner vertragl. geschuldeten Tätigkeit hätte nachgehen können. Der AN kommt der Aufforderung einer Begutachtung durch den Medizinischen Dienst nicht nach (**aA** BAG 3.10.1972 AP LohnFG § 5 Nr. 1); das gilt auch ohne ausdr. arbeitsrechtl. Verpflichtung des AN, wie sie im beabsichtigten, nie realisierten § 5a niedergelegt war. Ausstellung der ärztl. Bescheinigung durch den Arzt **ohne vorhergehende Untersuchung** (BAG 11.8.1976 AP LohnFG § 3 Nr. 2) sowie die **Rückdatierung** der AUB entgegen der Vorgabe des § 5 III der AU-RL v. 14.11.2013 idF v. 20.10.2016 (BAnz AT 23.12.2016 B5) begründen ernsthafte Zweifel (LAG K 21.11.2003 NZA RR 2004, 572; *Lepke* NZA 1995, 1084, 1088). Davon kann auch ausgegangen werden, wenn das äußere Krankheitsbild den Schluss zulässt, dass der Arzt den AUBegriff verkannt hat (Handverletzung eines Pförtners; ähnl. *Hanau/Kramer* DB 1995, 94, 98). 16

Hat der AG aus einem der vorst. genannten Sachverhalte Zweifel an der AU des Mitarbeiters, kann er von der Krankenkasse die Einschaltung des Medizinischen Diensts verlangen, § 275 I a 3 SGB V. Einen unmittelbaren Anspruch des AG gegen den medizinischen Dienst kennt das geltende Recht nicht (MüKoBGB/*Müller-Glöge* § 3 Rn. 81; HZA/*Vossen* 2.2 Rn. 300). Die 1996 gepl. Änd. des § 275 I a 3 SGB V, die einen direkten Anspruch des AG gegen den Medizinischen Dienst vorsah, ist nicht realisiert worden (*Vossen* Rn. 301 f.). Der AG kann aber auch das **Risiko einer gerichtl. Auseinandersetzung** (regelm. mit der Krankenkasse, auf die der EFZAnspruch bei Zahlung von Krankengeld nach § 115 SGB X übergegangen ist) eingehen und die EFZ verweigern und dann ggf. gerichtl. wie beschrieben (Rn. 14) vorgehen. Kommt das Gericht in einem nachf. Streitverf. zu dem (revisionsrechtl. nur eingeschränkt überprüfbaren) Schluss, der Beweiswert der AUB sei durch die vom AG vorgetragenen und (festgestellten oder unstr.) Tatsachen erschüttert, hat der AN Gelegenheit, mit den Beweismitteln der ZPO nachzuweisen, dass er doch infolge einer Krankheit arbeitsunfähig gewesen ist. Dazu gehört **insb. die Vernehmung der behandelnden Ärzte**, ggf. die Einholung eines Sachverständigengutachtens (zur Feststellung der Leistungsunfähigkeit eines AN wegen andauernder AU im Rahmen eines Rechtsstreits um Annahmeverzugsansprüche mittels Sachverständigengutachten BAG 5.11.2003 AP BGB § 615 Nr. 106), ferner die Vernehmung anderer Personen, die seinen Zustand beobachten und bewerten konnten. Dazu zählen auch Ehepartner und Verwandte. Inwieweit diese glaubwürdig sind und/ oder ihre Aussage insb. anges. der fehlenden Sachkunde in medizinischen Angelegenheiten glaubhaft 17 ist, bleibt der Beweiswürdigung des Gerichts vorbehalten. Der AG **muss nicht erst die Krankenkasse** zur Begutachtung des AN durch den Medizinischen Dienst auffordern, bevor er berechtigt die EFZ verweigert. Der Verzicht auf sein Recht aus § 275 I a 3 SGB V bedeutet nicht, dass ihm die Möglichkeiten abgeschnitten sind, den Beweiswert der AUB zu erschüttern (MüKoBGB/*Müller-Glöge* § 3 Rn. 81; Staudinger/*Oetker* § 616 BGB Rn. 325; *Vogelsang* Rn. 354; **aA** *Hanau/Kramer* DB 1995, 94, 98). Abgesehen davon, dass § 275 SGB V für die nicht ges. versicherten AN nicht zur Anwendung kommt, verstößt ein solches Junktim gegen **anerkannte Grds. des Beweisrechts**, so lange nichts anderes ges. angeordnet ist. Der AG, der zur Überzeugung eines Gerichts (zB durch Zeugenbeweis) nachweisen kann, dass die ausgestellte AUB falsch ist, kann mit dem Beweismittel nicht ausgeschlossen werden, weil er ein anderes Beweismittel (Begutachtung durch den Medizinischen Dienst) nicht genutzt hat. Das Auslassen der Möglichkeit, nach § 275 I a 3 SGB V zu verfahren, ist allerdings iRd. **freien Beweiswürdigung** zu berücksichtigen. Es kann im Einzelfall durchaus die Bedeutung haben, dass der AG den Beweiswert der ärztl. AUB nicht hinreichend erschüttert hat und deswegen zur EFZ verurteilt wird. Deshalb empfiehlt es sich durchaus, stets den medizinischen Dienst einzuschalten, um nicht nur ein sicheres ärztl. Urt. zu erlangen, sondern auch die Beweislage zu verbessern (iE ebenso nach zweckgerichteter Auslegung des § 5 I und des § 275 SGB V *Schmitt* Rn. 119 ff. und RdA 1996, 5, 13; *Hunold* DB 1995, 676; *Lepke* NZA 1995, 1084, 1089).

18 **f) Rechtsfolgen bei Verletzung.** Kommt der AN den ges. Obliegenheiten des § 5 I 2 und 3 nicht nach, so hat der AG das **Leistungsverweigerungsrecht** nach § 7 I 1. Kommt der AN einer Aufforderung zur Begutachtung durch den Medizinischen Dienst nicht nach, so kann der AG kein Leistungsverweigerungsrecht geltend machen (zur Verweigerung der EFZ wegen Erschütterung des Beweiswerts der AUB Rn. 17). Das war durch Erg. des § 7 im Wachstums- und Beschäftigungsförderungs-ErgänzungsG vorgesehen, ist aber nicht G geworden (BT-Drs. 13/4611). Daneben kann der AN mit seinem Fehlverhalten – ungeachtet der Schwierigkeiten bei der Bezifferung und Durchsetzung – **Schadensersatzansprüche** auslösen (BAG 27.8.1971 AP LohnFG § 3 Nr. 1; *Worzalla* NZA 1996, 61, 62). Im Wiederholungsfall droht ihm auch der Verlust des Arbeitsplatzes nach einer verhaltensbedingten **Kündigung** (BAG 31.8.1989 AP KSchG 1969 § 1 Verhaltensbedingte Kündigung Nr. 23, LAG K 7.1.2008 DÖD 2008, 234), im Extremfall ausnahmsweise sogar nach einer außerordentl. Kündigung (BAG 15.1.1986 AP BGB § 626 Nr. 93; LAG ST 24.4.1996 NZA 1997, 772; *Lepke* NZA 1995, 1084, 1090).

19 **4. Fortdauer der Arbeitsunfähigkeit.** Die ges. Regelung bei einer Fortdauer der AU über den zunächst bescheinigten Termin (immerhin eine Massenerscheinung) ist dürftig. Sie enthält nur eine wie selbstverständl. wirkende Pflicht des AN zur Vorlage einer Folgebescheinigung, § 5 I 4. Kein Wort verliert das G darüber, wann die Bescheinigung im Regelfall vorgelegt werden muss und ob der AG eine frühere Vorlage verlangen kann. Gänzl. fehlt ein Hinweis, ob den AN eine Informationspflicht wie bei der Ersterkrankung nach § 5 I 1 trifft. Nach dem Zweck der Vorschr. ist der AN aber auch bei jeder Folgeerkrankung verpflichtet, dem AG diese und deren voraussichtl. Dauer unverzügl. anzuzeigen; denn der AG muss auch insofern disponieren können (BAG 3.11.2011 NZA 2012, 607; so auch bereits zu § 3 I LFZG BAG 29.8.1980 AP LohnFG § 6 Nr. 18; *Schmitt* Rn. 127 ff.; *Kunz/Wedde* Rn. 60 ff.) Allerdings lässt sich eine Pflicht, dem AG die Folgebescheinigung (die zugleich auch die Mitt. nach § 5 I 1 ersetzen kann) noch vor Ablauf der ersten AU oder alsbald nach Ausstellung durch den Arzt (KDHK/*Kleinsorge* Rn. 26) vorzulegen, dem G nicht entnehmen. Die Pflicht zur unverzügl. Mitt. betrifft nur die Inf. selbst.

III. Mitteilungs- und Nachweispflichten nach § 5 II

20 Mit der Neuregelung des EFZRechts in diesem G ist auch die Bestimmung über die Pflichten des im **Ausland** erkrankten AN **erweitert** worden (nicht im Inland: LAG HB 30.6.2005 NZA-RR 2005, 633; **aA** LAG NI 8.11.2002 LAGE KSchG § 4 Nr. 48). Wie bisher haben dt. und ausl. AN, auf die das G Anwendung findet (dazu § 1 Rn. 5 f.) die grdl. Vorschr. des § 5 I einzuhalten. Zusätzl. gilt es, bei einer im Ausland auftretenden AU die in Abs. 2 genannten Pflichten zu beachten.

21 **1. Mitteilungspflichten.** Die Mitteilungspflicht ggü. dem AG ist für den im Ausland erkrankten AN um **zwei Obliegenheiten erweitert**. Sie betreffen den Aufenthaltsort und die Art der Benachrichtigung. Der AN muss anders als bei einem Aufenthalt außerhalb seines Wohn- und/oder Arbeitsortes innerhalb Deutschlands die **Adresse des ausl. Aufenthaltsortes** mitteilen. Diese Verschärfung erklärt sich aus der Rspr. des EuGH im Fall „Paletta" (3.5.1992 AP EWG-Verordnung Nr. 574/72 Art. 18 Nr. 1). Der EuGH verlangt aufgrund seiner Interpretation des Gemeinschaftsrechts von den dt. AG, die AUB eines ausl. Arztes grds. zu akzeptieren. Er verwies sie allerdings darauf, sie könnten gem. Art. 18 V der EWG-VO Nr. 574/72 den arbeitsunfähigen AN vor Ort vom Arzt ihres Vertrauens untersuchen lassen (ausf. dazu Rn. 28). Diese Möglichkeit war nach früher geltendem Recht praktisch nicht mögl., weil der AG nicht wusste und auch nicht zwangsweise in Erfahrung bringen konnte, wo sich der AN aufhält. Der Bundesgesetzgeber hielt sich danach an die Empfehlung des EuGH, durch nationale oder gemeinschaftsrechtl. Kodifikationsmaßnahmen die Beurteilungslage der AG zu verbessern. Der Begriff

Adresse ist im G nicht definiert. Dazu gehören die Angaben, die es einem Dritten am Aufenthaltsort ermöglichen, den erkrankten AN zu erreichen. Hierzu kann auch die Angabe einer Telefonnummer gehören (MüKoBGB/*Müller-Glöge* Rn. 24; *Vossen* Rn. 317; *Berenz* DB 1995, 1462; **aA** *Schmitt* Rn. 140).

Es genügt bei einer im Ausland auftretenden AU infolge Krankheit nicht, wenn der AN die vorgeschriebene Inf. unverzügl. iSd. § 121 BGB übermittelt; er muss den **schnellstmögl. Weg** wählen. Das sind idR Telefon, E-Mail, Telekopie, Telex oder Telegramm. Da Telefon oder Fax in den meisten Fällen auch benutzt werden müssen, wenn ohne schuldhaftes Zögern (Rn. 6) gehandelt werden soll, erschöpft sich die neue Anordnung darin, dass der AN dort **nicht auf einen Brief** zurückgreifen darf, wo ihm die Benutzung anderer, auch teurer Telekommunikationsmittel zur Vfg. steht (ähnl. MüKoBGB/*Müller-Glöge* Rn. 22; MüArbR/*Schlachter* § 75 Rn. 10; *Schmitt* Rn. 141; *Vogelsang* Rn. 338; *Vossen* Rn. 317). Damit korrespondiert die Pflicht des AG, die Kosten (nicht nur bei Benutzung der teuren Anl.) zu übernehmen (MüKoBGB/*Müller-Glöge* Rn. 22; entgegen der Auff. von *Berenz* DB 1995, 1462 kommen Abstriche hins. der Höhe nicht in Betracht, wenn der AN das schnellstmögl. Kommunikationsmittel verwandt hat; **aA** MüArbR/*Schlachter* § 75 Rn. 10). Dem kann der AG allerdings dadurch entgehen, dass er durch Vereinb. auf die schnellstmögl. Art der Übermittlung im Voraus verzichtet. 22

Anders als im Inland, wo der Arzt die Benachrichtigung der Krankenkasse zu übernehmen hat, muss der im Ausland erkrankte **Versicherte** seine ges. Krankenkasse über die AU und deren voraussichtl. Dauer unverzügl. informieren. Die Adressenangabe entfällt. Die Pflichten können auch ggü. einem ausl. Sozialversicherungsträger erfüllt werden, wenn die Krankenkasse diese Möglichkeit festgelegt hat (MüArbR/*Schlachter* § 75 Rn. 10). 23

Unverständlicherweise hat der Gesetzgeber erneut dem AN nur eine Verpflichtung auferlegt, bei **Fortdauer der AU** seine Krankenkasse zu informieren, nicht aber seinen AG. Wie bei der insoweit unvollständigen Regelung des § 5 I 4 sind nach dem Regelungszweck auch hier die S. 1 und 2 des § 5 II entspr. anzuwenden, wobei nur eine geänd. Adresse mitgeteilt werden muss (*Schmitt* Rn. 151; *Vogelsang* Rn. 342). 24

Die Pflicht, dem AG und der Krankenkasse die Rückkehr aus dem Ausland **anzuzeigen**, besteht unabhängig davon, ob die AU **andauert** oder nicht. Ggü. dem AG wird die Pflicht regelm. dadurch erfüllt, dass der AN sich zur Arbeitsaufnahme meldet. Nur wenn er noch andauernden, vom AG gewährten Urlaub hat, nicht etwa selbst verlängerten Urlaub (dazu BUrlG § 9 Rn. 6), oder ein anderer Tatbestand vorliegt, der den AN von der Arbeitspflicht befreit, muss er eine gesonderte Rückkehrmeldung abgeben. 25

2. Nachweispflichten. Der Gesetzgeber hat keine bes. Nachweispflichten in § 5 II bei einer Erkrankung im Ausland festgelegt. Es finden die zu § 5 I geltenden Vorschr. Anwendung (Rn. 9 ff.). Es fehlt ledigl. die Verpflichtung (des behandelnden ausl. Arztes), einen Vermerk über die Benachrichtigung der Krankenkasse auf der AUB festzuhalten. Das korrespondiert mit der mangelnden Kompetenz des dt. Gesetzgebers, einen im Ausland praktizierenden Arzt verpflichten zu können (*Schmitt* Rn. 154). Somit muss der AN auch dafür Sorge tragen, dass der AG spätestens am vierten Tag seit Beginn der AU die Bescheinigung erhält, was wegen der mitunter langen Postlaufzeiten nicht immer einzuhalten ist (wegen der deshalb mögl. Sanktion § 7 Rn. 7). Ohne Bedeutung bleibt deshalb auch § 5 I 3 hins. des arbeitgeberseitigen Verlangens einer früheren Hergabe, nicht aber hins. der Aufforderung, den gesamten Zeitraum bescheinigt zu bekommen (Rn. 12). Der AN kann die AUB in der **Originalfassung** überreichen, die regelm. in der Landessprache ausgestellt sein dürfte. Da das G nichts zur Herstellung einer **Übersetzung** aussagt, kann nicht davon ausgegangen werden, dass der AN auf seine Kosten verpflichtet ist, eine Übersetzung (unverzügl. oder zeitnah) herbeizuschaffen (MüKoBGB/*Müller-Glöge* Rn. 25; MüArbR/*Schlachter* § 75 Rn. 22; *Vogelsang* Rn. 349; **aA** *Berenz* DB 1995, 1462, 1463). Vielmehr ist der AG gehalten, sich eine Übersetzung anzufertigen. 26

§ 5 II 5 gestattet die Einf. und Durchführung eines vereinfachten Verf. bei Anzeige und Nachw. einer AU im Ausland für den ges. Versicherten, sofern es sich bei dem ausl. Staat um Mitglieder der EU oder um einen Staat handelt, mit denen ein Sozialversicherungsabkommen besteht. Wenn der AN das in Art. 18 der VO 574/72/EWG bzw. in den **Merkblättern der Krankenvers.** näher beschriebene Verf. über Meldung, Nachw. und Überprüfung der AU befolgt, so ist den Anforderungen des § 5 II Genüge getan (anschaul. BAG 1.10.1997 AP EntgeltFG § 5 Nr. 5). 27

Früher wurde uneingeschränkt davon ausgegangen, dass im Ausland erstellte AUB **denselben** Beweiswert haben wie Bescheinigungen der in Deutschland tätigen Ärzte (Rn. 14 ff.). Danach hatte der AG die Tatsache der AUB infolge Krankheit im Regelfall hinzunehmen, konnte dem EFZVerlangen des AN aber auch alle Tatsachen **entgegenhalten**, die er bei einer AUB im Inland hätte vorbringen können, insb. die Tatsache, dass der im Ausland AU bescheinigende Arzt die für das dt. Recht maßgebl. Unterscheidung zwischen AU und Krankheit nicht beachtet habe. War die tats. Vermutung auf diese Weise erschüttert, musste der AN weitere Tatsachen darlegen und sie ggf. beweisen (Rn. 14). Mit seinem Urt. **„Paletta I"** v. 3.6.1992 entschied der EuGH auf Vorlage des ArbG Lörrach (3.5.1992 AP EWG-Verordnung Nr. 574/72 Art. 18 Nr. 1), dass die Leistungen der AG nach dem damaligen 28

LFZG Leistungen bei Krankheit iSd. EWG-VO 1408/71 zur Anwendung der Systeme der sozialen Sicherheit auf AN und deren Familien sind, die innerhalb der Gemeinschaft zu- und abwandern. Deshalb sei diese VO und deren DVO Nr. 574/72 anwendbar, nach dessen Art. 18 I bis IV „der zust. Träger in tats. und rechtl. Hinsicht an die vom Träger des Wohnorts getroffenen ärztl. Feststellungen über den Eintritt und die Dauer der AU gebunden ist, sofern er nicht von der in Abs. 5 vorgesehenen Möglichkeit Gebrauch macht, den Betroffenen durch einen Arzt seiner Wahl untersuchen zu lassen". Mit dieser Begr. erfuhr die in den Ländern der EU ausgestellte AUB eine erhebl. Aufwertung, weil die sich aus dem dt. materiellen und formellen Recht ergebenden Möglichkeiten bis auf die kaum realisierbare Anwendung des Art. 18 V EWG-VO Nr. 574/72 eingeschränkt wurden. Mit Beschl. v. 27.4.1994 ersuchte das inzwischen mit dem Fall angerufene BAG (AP LohnFG § 1 Nr. 100) den EuGH erneut um eine Vorabentsch. und legte dem EuGH andere, von diesem bisher nicht entschiedene Fragen zur Anwendbarkeit der VO vor, die insg. darauf abzielten, die durch die Paletta-Entsch. hervorgerufene Ungleichbehandlung von im EU-Ausland erkrankten AN einerseits und im Inland oder sonstigen Ausland erkrankten Beschäftigten zu beseitigen. Mit Urt. **„Paletta II"** v. 2.5.1996 korrigierte sich der EuGH (AP EWG-Verordnung Nr. 574/72 Art 18 Nr. 2) insofern geringfügig, als er Art. 18 I bis V der VO Nr. 574/72/EWG nicht (mehr) so auslegte, dass der AG nur die Möglichkeit des Art. 18 V bleibt (*Heinze/Giesen* BB 1996, 1830, 1832 nennen das sogar „verbiegen"). Vielmehr – so nunmehr der EuGH – gestatte das Gemeinschaftsrecht, dass der AG einen Nachw. erbringe, anhand deren das nationale Gericht ggf. feststellen könne, dass der AN missbräuchl. oder betrügerisch eine gem. Art. 18 festgestellte AU gemeldet habe, ohne krank gewesen zu sein. Dagegen seien die von der dt. Rspr. entwickelten Grds., nach denen der AN zusätzl. Beweis für die durch ärztl. Bescheinigung belegte AU erbringen müsse, wenn der AG Umstände darlege und beweise, die zu ernsthaften Zweifeln an einer AU Anlass geben, nicht mit den Zielen des Art. 18 vereinbar. Dies hätte näml. für den AN, der in einem anderen als dem zust. Mitgliedstaat arbeitsunfähig geworden ist, Beweisschwierigkeiten zur Folge, die das Gemeinschaftsrecht gerade vermeiden wolle. Die weitere Entsch. wurde weitgehend immer noch als **unbefriedigend** bezeichnet (*Abele* NZA 1996, 631, 632; *Preis* ZIP 1995, 891, 897; vgl. a. die ausf. Darst. bis zur 9. Aufl. Rn. 28). Das gilt insb. wegen der unterschiedl. Möglichkeiten, den Beweiswert von inländischen AUB und solchen aus der EU zu erschüttern. Dem könnte nur dadurch begegnet werden, dass die dt. Rspr. nachzieht und auch die im Inland ausgestellten AUB als ges. Vermutung ansieht, deren Richtigkeit der AG durch den **Beweis des Gegenteils** widerlegen muss. Die seit dem 1.1.2004 geltenden §§ 1072ff. ZPO haben die Rechtslage nicht verändert. Unter welchen Umständen der Beweis des Gegenteils als geführt angesehen werden kann, bleibt der Bewertung des Tatrichters überlassen. Es könnte sich durchaus die Praxis entwickeln, dass einige Tatsachen, die bisher nur als Erschütterung des Nachw. über eine AU angesehen worden sind, zukünftig bei Inlandsbescheinigungen wie bei Auslandsbescheinigungen als Nachw. des Gegenteils angesehen werden (iE plädieren dafür a. *Heinze/Giesen* BB 1996, 1830, 1832; ähnl. a. *Preis* ZIP 1995, 891, 897f.). Das BAG hat diese Gedanken bei seiner abschl. Paletta-Entsch. (19.2.1997 AP EWG-Verordnung 574/72 Art. 18 Nr. 3) und der weiteren Entsch. zu einer im Ausland (Türkei) ausgestellten AUB (BAG 19.2.1997 AP EntgeltFG § 3 Nr. 4) nur tw. aufgegriffen. Es hat die nötigen zivilprozessualen Folgerungen aus der Entsch. Paletta II des EuGH gezogen, in dieser Sache das Urt. des LAG aufgeh. und den Rechtsstreit zur weiteren Sachaufklärung über die krankheitsbedingte AU der Mitglieder der Familie Paletta zurückverwiesen. Der Sen. hat allerdings darauf hingewiesen, dass keine zu hohen Anforderungen an den Nachw. der betrügerischen oder rechtsmissbräuchl. Inanspruchnahme von EFZ gestellt werden dürfen. Dem ist aus den genannten Gründen zuzustimmen. Zu Recht weist das BAG allerdings auch darauf hin, dass es nach einer derartigen Zwischenbewertung dem AN unbenommen bleibt, seinerseits den Gegenbeweis zu bringen (zu B II 3 der Gründe). So ist das LAG BW in seiner Schlussentsch. des Falls Paletta (9.5.2000 NZA-RR 2000, 514) verfahren. Es hat den Beweis des Gegenteils durch den AG als erbracht angesehen. Da der Kläger seinerseits den Gegenbeweis nicht führen konnte, ist die Klage nach 11 Jahren Prozessdauer abgewiesen worden (dazu *Bauer/Diller* NZA 2000, 711). Die den Entsch. zugrundeliegenden VO sind mittlerweile abgelöst worden: die EWG-VO Nr. 1408/71 wurde zum 1.5.2010 durch die VO (EG) Nr. 883/2004 iVm. der VO (EG) Nr. 987/2009 abgelöst. Es ist jedoch höchst fragl., ob derzeit von einer Änd. der EuGH-Rspr. auszugehen ist. Denn an den wesentl. Verfahrensregelungen hat sich nichts geänd. Bei Zweifeln steht es dem zust. Träger unverändert frei, den Versicherten durch einen Arzt seiner Wahl untersuchen zu lassen, Art. 27 VI VO (EG) Nr. 987/2009. Weitere „Angriffsmöglichkeiten" gegen eine AUB sind nicht ausdr. geregelt. Eine Argumentationsgrdl. könnte sich allenfalls daraus ergeben, dass die im Ausland ausgestellte Bescheinigung nunmehr (nur) dieselbe „Rechtsgültigkeit" hat wie eine im zust. Mitgliedstaat ausgestellte AUB, vgl. Art. 27 VIII VO (EG) Nr. 987/2009. Damit wäre der Weg für diff. nationale Betrachtung offen. Noch keine Änd. der Rspr. zeichnet sich bei der Bewertung der im Inland oder im Ausland **außerhalb der EU** ausgestellten AUB ab (BAG 19.2.1997 AP EntgeltFG § 3 Nr. 4). Der Fünfte Sen. verbleibt bei seiner langjährigen Handhabung (MüKoBGB/*Müller-Glöge* § 3 Rn. 82).

IV. Tarifvertragliche und vertragliche Anzeige- und Nachweispflichten

1. Grundsatz. Die in § 12 geregelte **Unabdingbarkeit** der ges. Regelungen über die EFZ hat zur Folge, dass grds. nur solche **Normen und Vereinb.** Gültigkeit haben, die für den AN **günstiger** sind (§ 12 Rn. 7). Deshalb kann in TV und Arbeitsverträgen jdf. nach der Verabschiedung des EFZG keine Regelung getroffen werden, die die ges. Anzeige- und Nachweispflichten verschärft. Wohl aber können Bestimmungen verabschiedet werden, die das Verf. zum früheren Verlangen nach § 5 I 3 beschreiben (§ 12 Rn. 3; BAG 26.2.2003 AP EntgeltFG § 5 Nr. 8). Außerdem ist eine Regelung, mit der § 5 I 3 ausgeklammert wird, zB bei Vorlagepflicht stets erst am vierten oder fünften Tag für den AN günstiger und daher nach § 12 statthaft (*Hanau/Kramer* DB 1996, 94, 96). 29

2. Frühere Normen und Vereinbarungen. Abw. Regelungen aus der Zeit **vor dem Inkrafttreten** des EFZG betreffen regelm. die Nachweisfristen und das neue Recht in § 5 I 3 über die Möglichkeit des AG, eine frühere Vorlage der AUB zu verlangen. Tarifvertragl. Bestimmungen, die eine Übergabe der AUB (stets) erst nach vier Tagen anordnen (vgl. den Sachverhalt in BAG 27.6.1990 NZA 1991, 103), könnten als günstiger und daher fortdauernd angesehen werden. Das Schrifttum geht jedoch für alle beteiligten ANGruppen davon aus, dass es sich bei den Normen und Verträgen um Regelungen handelte, die ggü. der neuen Bestimmung des § 5 I 3 keine Bedeutung hatten. Die methodischen Begr. weichen stark voneinander ab (*Diller* NJW 1994, 1690, 1693; *Hanau/Kramer* DB 1995, 94, 96; *Schmitt* RdA 1996, 5, 12), wobei die Auff. vorherrscht, dass die Regelungen nur deklaratorischen Charakter gehabt haben. Demnach entfällt auch die Möglichkeit eines Eingriffs des Gesetzgebers in grundrechtl. geschützte Positionen, insb. in die Tarifautonomie. 30

§ 6 Forderungsübergang bei Dritthaftung

(1) **Kann der Arbeitnehmer auf Grund gesetzlicher Vorschriften von einem Dritten Schadensersatz wegen des Verdienstausfalls beanspruchen, der ihm durch die Arbeitsunfähigkeit entstanden ist, so geht dieser Anspruch insoweit auf den Arbeitgeber über, als dieser dem Arbeitnehmer nach diesem Gesetz Arbeitsentgelt fortgezahlt und darauf entfallende vom Arbeitgeber zu tragende Beiträge zur Bundesagentur für Arbeit, Arbeitgeberanteile an Beiträgen zur Sozialversicherung und zur Pflegeversicherung sowie zu Einrichtungen der zusätzlichen Alters- und Hinterbliebenenversorgung abgeführt hat.**

(2) **Der Arbeitnehmer hat dem Arbeitgeber unverzüglich die zur Geltendmachung des Schadensersatzanspruchs erforderlichen Angaben zu machen.**

(3) **Der Forderungsübergang nach Absatz 1 kann nicht zum Nachteil des Arbeitnehmers geltend gemacht werden.**

1. Normzweck. a) Forderungsübergang als Interessenausgleich. Die Vorschr. berücksichtigt den häufig auftretenden Sachverhalt, dass die zur AU führende Krankheit von **Dritten verursacht** wird und der geschädigte AN gegen den Dritten einen **Ersatzanspruch** hat. In diesem Fall wird ein ges. Forderungsübergang (eine „cessio legis") zugunsten des AG angeordnet. Der Forderungsübergang verhindert einmal, dass der AN den Schadensersatzanspruch und seinen EFZAnspruch realisieren kann und einen doppelten finanziellen Ausgleich erhält bzw. zur Herbeiführung einer gerechten Verteilung des Risikos unter den Beteiligten die Regeln der schadensersatzrechtl. **Vorteilsausgleichung** angewandt werden müssen (*Pauge* VersR 2007, 569, 571). Sie bewirkt weiter, dass der Schädiger (oder sein Versicherer) nicht von der ges. Pflicht des AG zur EFZ profitiert. Sie entlastet damit letztl. den AG von den Kosten der EFZ (*Schmitt* Rn. 1 ff.), die ihm sonst nur unter den Voraussetzungen des AAG mögl. ist. Zum Verhältnis der nach § 6 I übergegangenen Ansprüche gegen den Dritten zu den Ansprüchen der AG im Geltungsbereich des AAG auf Erstattung nach diesem G. vgl. *Schmitt* § 5 AAG und *Hufnagel* NJW 2008, 1626. 1

Die **Rechtsstellung des AN** ist durch den ges. Forderungsübergang **nicht beeinträchtigt.** Denn ohne seinen EFZAnspruch müsste er selbst gegen den Schädiger vorgehen und alle Risiken der Durchsetzung eines Ersatzanspruchs tragen. Auch die vom G geforderten Mitwirkungspflichten des AN, deren schuldhafte Verletzung zu einem Leistungsverweigerungsrecht des AG führt, sind nicht unzumutbar. Ferner ist durch die Regelung des § 6 III ausgeschlossen, dass der AG ihn heranzieht, wenn er vom Schädiger keinen Ausgleich erlangen konnte (Rn. 22). 2

b) Rechtsweg. Mit dem ges. Forderungsübergang verändert sich der Schadensersatzanspruch nicht. Er bleibt ein **allg. bürgerl.-rechtl. Anspruch,** der vor den Zivilgerichten nach § 13 GVG geltend zu machen ist (Staudinger/*Oetker* § 616 BGB Rn. 416; MüArbR/*Schlachter* § 76 Rn. 2). Die Arbeitsgerichtsbarkeit kann iRd. Forderungsübergangs nur angerufen werden, wenn sich Anspruch gegen einen Arbeitskollegen des Geschädigten richtet, § 2 I Nr. 9 ArbGG (zu den insoweit eingeschränkten Möglichkeiten Rn. 9). Das bringt insb. hins. des Begriffs Arbeitsentgelt die Gefahr divergierender Bewertungen zwischen Arbeitsgerichtsbarkeit und ordentl. Gerichtsbarkeit mit sich (Rn. 10). 3

4 **2. Anspruchsübergang nach § 6 I. a) Schadensersatz aufgrund gesetzlicher Vorschriften wegen des Verdienstausfalls.** Nicht jeder denkbare Anspruch eines AN gegen einen Schädiger geht auf den AG über. Der Ersatzanspruch muss auf ges. Vorschr. beruhen und den Verdienstausfall betreffen. Zu den ges. Vorschr., auf denen der Schadensersatzanspruch beruhen muss, gehören die Vorschr. über die **unerlaubte Handlung** nach §§ 823 ff. BGB einschl. der Ersatzansprüche wegen Verletzung eines SchutzG nach § 823 II BGB (es kommen vorrangig die Vorschr. des StGB über die Körperverletzung und die Bestimmungen des Straßenverkehrsrechts in Betracht), Art. 34 GG iVm. § 839 BGB über die **Amtspflichtverletzungen** (BGH 20.6.1974 AP LohnFG § 4 Nr. 1), die Vorschr. über die **Gefährdungshaftung** zB nach § 7 StVG, nach § 833 BGB, nach dem HPflG und nach dem LuftverkehrsG, und die Regeln über Schadensersatz nach den §§ 280 ff. BGB (BGH 20.2.1958 AP RVO § 1542 Nr. 1; *Schmitt* Rn. 17; *Worzalla/Süllwald* Rn. 7).

5 Keine auf G beruhenden Ansprüche sind diejenigen auf Vertragserfüllung zB aus einem **privaten Versicherungsvertrag** (MüKoBGB/*Müller-Glöge* Rn. 3). Hier kommt es zu einem Doppelbezug auf Seiten des AN, der sich aus der versicherungsvertragsrechtl. Beitragsleistung des AN rechtfertigt (*Schmitt* Rn. 19).

6 Eine cessio legis tritt nur hins. des **Verdienstausfalls** ein, **nicht hins. anderer Schäden**, die der AN anlässl. des seine Arbeitsfähigkeit beeinträchtigenden Schadensfalls hat wie materielle Schäden und Heilungskosten sowie Schmerzensgeldansprüche (*Schmitt* Rn. 21 ff.). Ein Forderungsübergang kann auch nur eintreten, wenn die Forderung nicht bereits an einen Sozialversicherungsträger wie den Unfallversicherer übergegangen ist, sofern von diesem zur EFZ kongruente Leistungen zu erbringen sind und erbracht werden (BGH 2.12.2008 VersR 2009, 230). Verletztengeld und -rente sind zeitl. und sachl. kongruent zum Schadensersatzanspruch des Geschädigten wegen des Verdienstausfalls (BGH 2.12.2008 VersR 2009, 230).

7 **b) Dritte. aa) Familienangehörige.** Der Anspruch des AN muss sich gegen Dritte richten, **nicht gegen den AG.** Dritte sind auch die Arbeitskollegen und Familienangehörige des Geschädigten, doch gelten insoweit abw. Regeln. Nach **§ 116 VI 1 SGB X** findet ein Forderungsübergang auf den Sozialleistungsträger nicht statt, wenn ein Familienangehöriger den Schaden fahrlässig herbeigeführt hat, der im Zpkt. des Schadensereignisses mit dem Geschädigten in häusl. Gemeinschaft lebt. Ähnl. findet sich in § 86 III VVG, wo allerdings auf die Beschränkung auf den Familienangehörigen anders als im alten § 67 VVG nicht mehr enthalten ist. Damit wird bezweckt, dass die wirtschaftl. Einheit „Familie" nicht letztl. doch mit den Folgen einer fahrlässigen Handlung eines Angehörigen belastet wird (*Schmitt* Rn. 25). Diese Bestimmungen gelten im EFZRecht entspr., auch wenn der Gesetzgeber es schon mehrfach – zul. 1998 – versäumt hat, die in Rspr. (BGH 4.3.1976 AP LohnFG § 4 Nr. 2) und Schrifttum (Staudinger/*Oetker* § 616 BGB Rn. 417; *Schmitt* Rn. 27) zu § 4 LFZG entwickelte Analogie im EFZG ausdr. zu übernehmen (MüKoBGB/*Müller-Glöge* Rn. 4 f.; *Vogelsang* Rn. 651 f.).

8 Bei der Analogie ist auf die Begrifflichkeit des SGB X zurück zu greifen. Familienangehörige iSd. § 116 SGB X sind der **Ehepartner** sowie **Verwandte** und Verschwägerte ohne Rücksicht auf den familienrechtl. Grad. Auf eine Einschränkung nach diesen Maßstäben ist verzichtet worden, weil entfernte Verwandte/Verschwägerte regelm. nicht in häusl. Gemeinschaft wohnen und der Anwendungsbereich der Einschränkung somit nicht über Gebühr zu Lasten des AG strapaziert werden kann. Familienangehörig iS der analogen Anwendung ist auch ein Pflegekind, nicht aber der nichtehel. Lebenspartner (Staudinger/*Oetker* § 616 BGB Rn. 417; *Schmitt* Rn. 31; **aA** MüArbR/*Schlachter* § 76 Rn. 7; MüKoBGB/*Müller-Glöge* Rn. 5; *Vogelsang* Rn. 655 f.; *Kunz/Wedde* Rn. 44), sofern es sich nicht um eine eingetragene Lebenspartnerschaft handelt. Dann kommt das Familienprivileg des § 11 I LPartG zur Anwendung.

9 **bb) Arbeitskollegen.** Kein Anspruchsübergang nach § 6 I findet auch in den Fällen statt, in denen ein AN von einem in demselben Betrieb tätigen Betriebsangehörigen im **Rahmen einer betriebl. Tätigkeit** (zum Begriff BAG 22.4.2004 NZA 2005, 163; ausf. Überbl. bei *Schlünder* NZA 2012, 1126) fahrlässig verletzt wird und deshalb arbeitsunfähig erkrankt. Denn der Geschädigte erwirbt unter den Voraussetzungen der §§ 104, 105 SGB VII keinen Anspruch gegen seinen Kollegen, der übergehen könnte (Einzelheiten im Schrifttum zum UVRecht zB *Gitter* SozR § 13 I; *Schmitt* Rn. 33 ff.; *Vogelsang* Rn. 663 ff.).

10 **c) Umfang des Anspruchsübergangs. aa) Arbeitsentgelt nach dem EFZG.** Der Anspruchsübergang ist begrenzt auf das nach diesem G fortgezahlte Arbeitsentgelt und auf die AGAnteile zu Versicherungsbeiträgen. Der Begriff des Arbeitsentgelts in § 6 I ist mit dem in § 4 I identisch. Inhaltl. gehören dazu die bei § 4 Rn. 12 aufgezählten regelm. zu zahlenden Vergütungsbestandteile, **nicht** aber die einmaligen, unabhängig von der AU zu leistenden Beträge wie **Urlaubsgeld** und **Weihnachtsgratifikation,** sofern sie nicht im und nicht für den AUZeitraum gezahlt sind. Diese sind auch nicht ant. Arbeitsentgelt, das pro rata temporis dem regelm. Arbeitsentgelt hinzuzurechnen ist und ant. vom Schädiger verlangt wird (Staudinger/*Oetker* § 616 BGB Rn. 421 f.; *Schmitt* RdA 1996, 5; *Vogelsang* Rn. 683; **aA** die mit dem Wortlaut des G nicht vereinbare Rspr. des BGH 28.1.1986 DB 1986, 1016 und Z 59, 113; MüKoBGB/*Müller-Glöge* Rn. 7; *Benner* DB 1999, 482; vgl. auch BAG 12.12.1989 – 8 AZR 195/88). Der Forderungsübergang erfasst nur den fiktiven Verdienstausfall, nicht jede sonstige

Zahlung des AG, der aufgrund der AU keine Arbeitsleistung mehr ggü. steht (LAG BW 27.7.2011 – 13 Sa 15/11 –; Staudinger/*Oetker* § 616 BGB Rn. 422). Im Einzelfall ist jedoch krit. zu prüfen, ob die Sonderzahlung eine Gegenleistung für die tats. erbrachte Arbeitsleistung darstellt. Der fiktive Verdienstausfall sollte nicht anders beurteilt werden, als pro-rata-temporis-Ansprüche des AN bei unterjährigem Ausscheiden oder Zahlungsansprüche bei unzulässiger Bindungs- oder Stichtagsklausel (vgl. Rspr. zu Leistungen mit Mischcharakter). Ist die Sonderzahlung allein Gegenleistung für erbrachte Arbeit und wird sie aufgrund des EFZG auch für Zeiträume der AU erbracht, wird sie vom Forderungsübergang (ant.) erfasst. Ausgeschlossen ist der Übergang der von Seiten des AG erfüllten **Aufwendungsersatzansprüche** (Staudinger/*Oetker* § 616 BGB Rn. 416).

Leistet der AG EFZ nach vertragl., betriebl. oder tarifvertragl. Vorschr., die über die ges. Schuld zur 11
EFZ hinausgeht, so findet insoweit kein Übergang statt (*Schmitt* Rn. 43; *Vogelsang* Rn. 676; MüArbR/*Schlachter* § 76 Rn. 9; **aA** MüKoBGB/*Müller-Glöge* Rn. 8), es sei denn, in den Normen und Vereinb. ist eine der ges. Vorschr. nachgebildete Zession geregelt. Der Schädiger kann näml. einwenden, dass der AG nach § 6 I nur eine Forderung in Höhe dessen erwirbt, was er dem AN aufgrund der Verpflichtung nach diesem G schuldet. Hat der AG darüber hinaus Leistungen erbracht, so ist der Schädiger nicht verpflichtet, auch insoweit Ersatz zu leisten. Das gilt namentl. für Leistungen **über den ges. EFZZeitraum** hinaus, für höhere Leistungen als das reguläre Arbeitsentgelt, für Zuschüsse zum Krankengeld ua. Leistungen. Nur wenn der AG normativ oder vertragl. zu überges. Leistungen verpflichtet war und ihm auch insoweit Ansprüche abgetreten sind, kann er an den Schädiger erfolgreich herantreten (str. in Rspr. und Schrifttum; wie hier MüArbR/*Schlachter* § 76 Rn. 9 f.; Staudinger/*Oetker* § 616 BGB Rn. 420; HWK/*Schliemann* Rn. 12; *Schmitt* Rn. 44 f.; *Worzalla/Süllwald* Rn. 17; **aA** OLG KO 14.7.1993 DB 1994, 483; OLG D 29.6.1976 DB 1976, 1776; MüKoBGB/*Müller-Glöge* Rn. 9).

bb) Arbeitgeberanteile. Der AG kann vom Schädiger auch die Beiträge verlangen, die er neben dem 12
Arbeitsentgelt an die BA, an die Träger der Krankenvers., der Rentenvers. und der Pflegevers. sowie zu Einrichtungen der zusätzl. Alters- und Hinterbliebenenversorgung leistet. Dazu zählen die Beiträge zur ZVK des Bundes und der Länder, zur Höhervers. in der ges. Rentenvers. und zur betriebl. AV.

Umstr. ist, ob auch die Leistungen des AG zur **UV zu den** AGAnteilen zur Sozialvers. zählen. Tw. 13
wird angenommen, es handele sich dabei um eine genossenschaftl. Umlage, die vom Schädiger nicht zu erstatten sei (BGH 11.11.1975 NJW 1976, 326; Staudinger/*Oetker* § 616 BGB Rn. 423; *Schmitt* Rn. 48 f.). Andererseits ist die Aufzählung in § 6 unstr. nicht abschl. Viel spricht daher dafür, sämtl. vom AG aufzubringenden Lohnnebenkosten gleich zu behandeln; zu den erstattungsfähigen Kosten zählen neben den Beiträgen zur UV dann auch Leistungen an **Gemeinsame Einrichtungen** der TVParteien wie zu den Urlaubskassen im Baugewerbe (noch zu § 4 LFZG BGH 28.1.1986 NJW-RR 1986, 512; MüArbR/*Schlachter* § 76 Rn. 11; *Benner* DB 1999, 482; MüKoBGB/*Müller-Glöge* Rn. 10).

cc) Verschulden und Mitverschulden des Arbeitnehmers. Dem Schädiger bleiben bei der cessio 14
legis des § 6 I seine **Einwendungen** nach § 412 BGB iVm. § 404 BGB erhalten. Das bedeutet ua., dass er dem AG ggü. einwenden kann, dass nicht der gesamte Anspruch übergegangen sei, sondern nur der ermäßigte Teil, den er an den Geschädigten wegen dessen Mitverschulden zu leisten verpflichtet war. In diesem Fall hat der AG, der die volle EFZ an seinen Mitarbeiter erbracht hat, keine Möglichkeit, in voller Höhe Schadensersatz zu erlangen. Nach §§ 412, 404 BGB kann der Schädiger auch ggü. dem AG einwenden, der Gläubiger habe Aufwendungen erspart (ausf. *Benner* DB 1999, 482).

d) Zeitpunkt. Der Anspruchsübergang findet nicht mit dem schädigenden Ereignis statt wie beim 15
Übergang nach § 116 SGB X, sondern erst dann, wenn der AG seiner ges. Pflicht zur EFZ nachgekommen ist und das Arbeitsentgelt an den AN und die Beiträge an die berechtigten Träger der sozialen Sicherung **geleistet hat** (Staudinger/*Oetker* § 616 BGB Rn. 416). Auf diese Weise wird verhindert, dass der AN seinen Schadensersatzanspruch verliert und zusätzl. um seinen Verdienst kämpfen muss (allgM: MüKoBGB/*Müller-Glöge* Rn. 11; *Schmitt* Rn. 58). Soweit die AU des AN zur Folge hat, dass der AG über mehr als eine Entgeltperiode Entgelt zahlt, findet ein mehrfacher Anspruchsübergang statt. Folgl. kann die Erstattung auch nur sukzessive verlangt werden (*Schmitt* Rn. 59; *Gola* RiA 1995, 1, 4).

Der Gefahr einer zwischenzeitl. anderweitigen wirksam Vfg. (§§ 412, 404 BGB) des AN über seinen 16
Schadensersatzanspruch wie Vergleiche, Verzichtserkl., Abtretungen oder Verpfändungen, die mit dem späteren Anspruchsübergang verbunden ist, begegnet das G mit einem **dauerhaften Leistungsverweigerungsrecht** (MüKoBGB/*Müller-Glöge* Rn. 11; *Gola* RiA 1995, 1) des AG in § 7 I Nr. 2 (§ 7 Rn. 12 f.). Ungeschützt ist der AG aber vor Pfändungen des Schadensersatzanspruchs.

3. Die Mitwirkungspflicht des Arbeitnehmers nach Abs. 2. Der AN muss immer dann seinem AG 17
den Sachverhalt, wie es zu seiner AU gekommen ist, schildern, wenn ein Dritter **obj.** als (Mit-) Verursacher **in Betracht kommt.** Auf die subj. Wertung des AN kommt es nicht an, weil der AG in die Lage versetzt werden muss, einen Anspruchsübergang und die Höhe seines Ersatzanspruchs zu prüfen. Die Pflicht zur Mitt. des Sachverhalts bezieht sich nur auf die Tatsachen, die für die Geltendmachung des übergehenden Anspruchs benötigt werden, nicht aber auf die Tatsachen, die der AN hins.

seines **weiteren Schadens** geltend machen will. So sind auch die aufgenommenen Daten des Schädigers, seiner Vers., der Zeugen und der polizeil. Ermittlung mitzuteilen, nicht aber die Art der Verletzung und der Umf. des Sachschadens (MüKoBGB/*Müller-Glöge* Rn. 12; *Schmitt* Rn. 64; *Vogelsang* Rn. 695 ff.).

18 Die Angaben sind dem AG **unverzügl.** zu übermitteln, § 121 BGB (ohne schuldhaftes Zögern). Das bedeutet nicht in jedem Fall sofortige Inf.; das G gibt dem AN vielmehr auf, den AG zu informieren, wenn er selbst von den maßgebenden Umständen Kenntnis hat. Deshalb kann durchaus eine sukzessive Benachrichtigung über die dem AN nacheinander zufließenden Daten in Betracht kommen. Der AG kann die EFZ verweigern, wenn der AN seiner Mitteilungspflicht nicht nachkommt. Zur Dauer und Wirkung des Leistungsverweigerungsrechts vgl. § 7 Rn. 12 f.

19 Weitergehende Pflichten des von einem Dritten geschädigten AN, die in TV zu finden sind (zB § 38 BAT), bleiben jdf. hins. der tarifl. Leistungen unberührt. Soweit die ges. Ansprüche betroffen sind, ist zu prüfen, ob mit der Erhöhung der Sorgfaltspflichten das **Unabdingbarkeitsgebot** des § 12 gewahrt ist oder nicht.

20 **4. Schutz des Arbeitnehmers nach Abs. 3.** Der EFZ leistende AG wird seinen auf ihn übergegangenen Anspruch nicht immer in voller Höhe realisieren können. Das kann rechtl. Gründe (Begrenzung des Schadens, Mitverschulden des AN) und **tats. Gründe** (der Schädiger ist hoch verschuldet) haben. Auch können andere, insb. Träger von Sozialleistungen, vorrangige Rechte haben. Die Folgen sind nur tw. in § 6 III geregelt; bei einigen Sachverhalten sind auch sozialrechtl. Bestimmungen und allg. Regeln des Schadensersatzrechts zu beachten.

21 **a) Das Verhältnis von Arbeitnehmer und Arbeitgeber.** Mit der Anordnung des Gesetzgebers in § 6 III wird bestimmt, dass der AG bei der Realisierung der auf ihn übergegangenen Forderung hinter den Belangen des AN zurückzustehen hat; der AN hat ein **(Quoten-)Vorrecht**. Das wird relevant bei einer der Höhe nach bestehenden **Begrenzung eines Schadens** wie nach § 12 StVG. Im Verhältnis zum AG hat der AN den ersten Zugriff auf die begrenzte Schadenssumme. Wenn die verbleibende limitierte Schadensersatzsumme den Schaden aus der EFZ nicht ausgleicht, kann der AG sich wegen der ihm ausgefallenen Summe nicht an den AN wenden (*Schmitt* Rn. 74; MüArbR/*Schlachter* § 76 Rn. 19). Hat der AN den Schaden **mitverschuldet**, so dass der AG auch nur iHd. Verschuldensanteils des Schädigers bei diesem seine Forderung geltend machen kann, so kann sich der AG nicht an den AN zum Ausgleich seines „Schadens“ wenden (*Worzalla/Süllwald* Rn. 29) oder von vornherein nur EFZ iHd. Quote zahlen, etwa mit der Begr., er bekomme auch nur in dieser Höhe seine Entgelt- und Nebenleistungen ersetzt. Die wirtschaftl. Sicherung des AN hat nach § 6 III den Vorrang vor den Ausgleichsinteressen des AG. Gleiches gilt, wenn der Schädiger **vermögenslos und/oder hoch verschuldet** ist und ein vom AG erwirkter Schuldtitel nicht vollstreckt werden kann. Auch in diesem Fall ist dem AG ein Rückgriff auf den AN in Form einer Erstattung erbrachter EFZ nicht gestattet.

22 **b) Arbeitnehmer und Sozialversicherungsträger.** Die Verletzung des AN durch einen Dritten kann zu Leistungen des Krankenversicherungs- und/oder UVTrägers führen. Sogar Leistungen des Trägers der ges. Renten- und Pflegevers. sind denkbar, bei Verlust des Arbeitsplatzes wegen der Schädigung auch der BA und eines Sozialhilfeträgers. Nach § 116 I 1 SGB X geht ein auf anderen ges. Vorschr. beruhender Anspruch auf Ersatz eines Schadens auf den Versicherungsträger oder Träger der Sozialhilfe über, soweit dieser aufgrund des Schadensereignisses Sozialleistungen zu erbringen hat, die der Behebung eines Schadens der gleichen Art dienen und sich auf denselben Zeitraum wie der vom Schädiger zu leistende Schadensersatz beziehen. Im Normalfall können Sozialversicherungsträger und AN ihre Ansprüche unabhängig voneinander geltend machen und durchsetzen. Muss oder kann der Schaden nicht voll ersetzt werden, so sind die Abs. 2 bis 4 des § 116 SGB X anzuwenden. Das bedeutet iE: Ist die Schadenssumme begrenzt, so ordnet § 116 II SGB X ein **Quotenvorrecht zugunsten des AN** an. Er kann seinen nach der Leistung eines Trägers verbleibenden Schaden vorab liquidieren; der Sozialversicherungsträger erhält nur den verbleibenden Rest und fällt mit dem Rest seiner übergegangenen Forderung aus (*Schmitt* Rn. 84 f.). Trifft den Geschädigten ein Mitverschulden, so wird der Forderungsübergang auf den Sozialversicherungsträger entspr. der Quote des Verschuldens auf Seiten des Versicherten begrenzt. Das gilt auch im Fall der Schadenssummenbegrenzung, § 116 III 1 und 2 SGB X. Stehen der Durchsetzung der Ansprüche gegen den Schädiger tats. Hindernisse wie dessen **Vermögenslosigkeit** entgegen, so hat der versicherte AN ein Befriedigungsvorrecht nach § 116 IV SGB X.

23 **c) Arbeitgeber und Sozialversicherungsträger.** Sind Ansprüche des geschädigten AN sowohl auf einen Sozialversicherungsträger als auch auf den AG übergegangen und können nicht alle Berechtigten befriedigt werden, so hat den ersten Zugriff der Sozialversicherungsträger, dann der AN und zul. der AG. Die Ansprüche des AG folgen zeitl. den Ansprüchen der Sozialversicherungsträger nach, weil der AG eine Forderung erst erwirbt, wenn er EFZ leistet, während der Forderungsübergang nach § 116 SGB X bereits zum Zpkt. des Schadensereignisses vollzogen wird (MüKoBGB/*Müller-Glöge* Rn. 16). Im Fall einer Schadenssummenbegrenzung kann der AG allein aus zeitl. Gründen ausfallen, weil zzt.

der EFZ kein Anspruch mehr übergehen kann (BGH 3.4.1984 NJW 1984, 2628; *Schmitt* Rn. 90; MüArbR/*Schlachter* § 76 Rn. 21).

d) Verhältnis zu § 115 SGB X. Die vorst. dargestellten Konkurrenzen dürfen nicht mit dem Forderungsübergang nach § 115 SGB X verwechselt werden (*Schmitt* Rn. 92ff.); diese Vorschr. ist einschlägig, wenn der AG die EFZ verweigert und die Krankenkasse Krankengeld an den Versicherten zahlt. Dann wird sie kraft ges. Forderungsübergangs Inhaber des EFZAnspruchs iHd. geleisteten Zahlungen. 24

§ 7 Leistungsverweigerungsrecht des Arbeitgebers

(1) Der Arbeitgeber ist berechtigt, die Fortzahlung des Arbeitsentgelts zu verweigern,
1. solange der Arbeitnehmer die von ihm nach § 5 Abs. 1 vorzulegende ärztliche Bescheinigung nicht vorlegt oder den ihm nach § 5 Abs. 2 obliegenden Verpflichtungen nicht nachkommt;
2. wenn der Arbeitnehmer den Übergang eines Schadensersatzanspruchs gegen einen Dritten auf den Arbeitgeber (§ 6) verhindert.

(2) Absatz 1 gilt nicht, wenn der Arbeitnehmer die Verletzung dieser ihm obliegenden Verpflichtungen nicht zu vertreten hat.

1. Normzweck. a) Entstehung. Die Vorschr. hat ihre Vorbilder in den Regelungen für Arbeiter, § 5 LFZG, und in § 115d AGB-DDR idF des G v. 22.6.1990. Für Ang. bestanden ges. Regelungen dieses Inhalts nicht. Die jetzige GFassung beruht auf dem Entw. der Regierungsfraktionen v. 24.6.1993 (BT-Drs. 12/5263). Sie ist im Gesetzgebungsverf. unverändert geblieben und auch bei späteren GÄnd. nicht berührt worden. 1

b) Leistungsverweigerungsrechte. Die Bestimmungen der Norm dienen in Erg. des § 5, früher auch des § 100 SGB IV und des § 275 SGB V der **Missbrauchsverhinderung.** Sie gestatten dem AG, die EFZ vorübergehend oder dauerhaft zu verweigern, wenn der AN seinen **Obliegenheiten** nicht nachkommt. Ohne die bes. Regelung des G wäre der AG auf das Zurückbehaltungsrecht des § 273 BGB angewiesen, dessen Anwendung bei der Erfüllung von Nebenpflichten jedoch umstr. ist (MüKoBGB/*Müller-Glöge* Rn. 1; MüArbR/*Schlachter* § 75 Rn. 28; *Schmitt* Rn. 1). Die Rechte bestehen aber nur, wenn der AN die Verletzung der im Tatbestand des § 7 I beschriebenen Obliegenheiten zu vertreten hat. Das Zurückbehaltungsrecht des § 273 BGB behält Bedeutung, wenn der AG einen Schaden infolge der Verletzung der Mitteilungs- und der Nachweispflichten reklamiert. Dann kann er von dieser allg. schuldrechtl. Befugnis Gebrauch machen (*Schmitt* Rn. 2; Staudinger/*Oetker* § 616 BGB Rn. 499). 2

Die Leistungsverweigerungsrechte nach diesem G sind auf die iE beschriebenen Obliegenheiten des AN **beschränkt.** Die Vorschr. kann nicht herangezogen werden, wenn der AN **andere Nebenpflichten** im Zusammenhang mit der AU verletzt. Die Aufzählung ist unter Berücksichtigung der Verweisung in § 9 **abschl.** (HZA/*Vossen* 2.2 Rn. 367); deshalb ist die Bestimmung auch nicht für eine Analogie heranzuziehen. Unberührt von den bes. Rechten nach § 7 bleiben die Möglichkeiten des AG, die Leistung zu verweigern, weil er eine der ges. Voraussetzungen für die EFZ leugnet (HZA/*Vossen* 2.2 Rn. 368). Ebenso unberührt von den Vorschr. dieser Norm bleiben die Möglichkeiten des AG, auf die Pflichtverletzung arbeitsvertragl. und kündigungsrechtl. zu reagieren (Staudinger/*Oetker* § 616 BGB Rn. 498; *Worzalla* NZA 1996, 61, 67). 3

2. Leistungsverweigerung nach § 7 I Nr. 1. a) Verletzung der Nachweispflicht. Nach § 5 I 1 und 2 ist der AN verpflichtet, die AU und deren voraussichtl. Dauer unverzügl. mitzuteilen und unter den dort genannten Voraussetzungen (Einzelheiten bei § 5) eine ärztl. Bescheinigung vorzulegen. **Nur** hins. der in § 5 I 2 genannten **Vorlagepflicht** eröffnet sich für den AG als Schuldner des EFZAnspruchs das ges. Leistungsverweigerungsrecht, nicht aber bei der Verletzung der Mitteilungspflicht nach § 5 I 1 (hM im Schrifttum, statt aller: Staudinger/*Oetker* § 616 BGB Rn. 499; *Schmitt* Rn. 20; **aA** *Worzalla/Süllwald* Rn. 13f., die eine analoge Anwendung befürworten). Insofern ist es für die Ausübung der Rechte nach § 7 I iVm. § 5 I ohne Bedeutung, ob und wie der AG auf andere Weise von der AU Kenntnis bekommen hat, weil nur die **Bescheinigung maßgebend** ist (s. aber für § 5 II Rn. 7). Diese kann von einem anderen als den behandelnden Arzt nicht ausgestellt werden. 4

Der AN verletzt seine Obliegenheit nicht, wenn es zu seinen Gunsten abw. Regelungen in Tarifnormen, BV oder einzelvertragl. Vereinb. gibt. Letztere kann auch stillschweigend zustande kommen, zB bei langjährigen und zuverlässigen Mitarbeitern, bei denen der AG auf den Nachw. verzichtet (*Schmitt* Rn. 12; *Vogelsang* Rn. 410). Wird eine **weitere AUB** wegen noch nicht abgeklungener Erkrankung ausgestellt, hat der AN wieder wie bei der Ersterkrankung zu verfahren (MüKoBGB/*Müller-Glöge* Rn. 3; *Schmitt* Rn. 16), anderenfalls kann der AG ein Leistungsverweigerungsrecht geltend machen. Entspricht die AUB nicht den Anforderungen des § 5 I, so kann der AG die Rechte nach § 7 ebenfalls wahrnehmen. Denn die Unvollständigkeit hat der AN **zu vertreten** (Rn. 17). Je nach Art des Mangels der AUB kann vom AG auch eingewendet werden, der fehlende AN sei gar nicht krank und deshalb werde ihm weder EFZ noch Arbeitsentgelt (wegen Leistungsverzugs) geschuldet. 5

6 **b) Verletzung der Pflichten nach § 9 II.** Durch die Verweisung auf die Vorschr. des § 7 in § 9 I kann der AG die Leistungsverweigerungsrechte auch geltend machen, wenn der AN es versäumt, die **Bescheinigungen** nach § 9 II 2. Satzhälfte **vorzulegen** (MüKoBGB/*Müller-Glöge* Rn. 5; *Schmitt* Rn. 19). Die Verletzung der **Mitteilungspflichten** nach § 9 II 1. Satzhälfte berechtigen ebenso wenig wie die Verletzung der Mitteilungspflicht nach § 5 I 1 (Rn. 4; vgl. a. § 5 Rn. 18) zur Leistungsverweigerung (Staudinger/*Oetker* § 616 BGB Rn. 501).

7 **c) Verletzung der Pflichten nach § 5 II.** Bei Beginn der krankheitsbedingten **AU im Ausland** besteht die Gefahr einer Obliegenheitsverletzung in höherem Maß als im Inland. Das gilt umso mehr, als der AG hier bereits zur Leistungsverweigerung berechtigt ist, wenn die Mitteilungspflicht verletzt ist (Staudinger/*Oetker* § 616 BGB Rn. 500). Allerdings kann sich der AN in diesen Fällen auch leichter nach § 7 II entlasten als bei einer AU im Inland. Auch der verspätete Eingang der AUB ist dann vom AN nicht zu vertreten, wenn er sie schnellstmögl. auf den Postweg gebracht hat. Die Pflicht zur **Rückmeldung** aus dem **Ausland** nach § 5 II 7 kann leicht übersehen werden. Dann ist der AG zur vorl. Leistungsverweigerung berechtigt (MüKoBGB/*Müller-Glöge* Rn. 6; *Schmitt* Rn. 22), was unangenehme Folgen für den AN nach dem nächsten Zahlungstermin haben kann, sind doch gerade nach dem Auslandsaufenthalt die Ersparnisse häufig verbraucht.

8 Der AG kann die Erfüllung seiner Zahlungspflichten verweigern, wenn der AN seinen ges. Pflichten ggü. **der Krankenkasse** nicht nachkommt (BAG 1.10.1997 AP EntgeltFG § 5 Nr. 4). Das folgt aus der weiten Fassung des § 7 I Nr. 1, 2. Satzhälfte. Das gilt auch dann, wenn der AN das vereinfachte Verf. nach § 5 II 5 betreiben kann.

9 **d) Dauer des Leistungsverweigerungsrechts.** Der AG kann nur so lange die EFZ nach § 7 I 1 verweigern, wie der AN seinen Pflichten nicht nachkommt. Wenn der AN seine Obliegenheit erfüllt, erlischt das Leistungsverweigerungsrecht **rückwirkend.** Der AN hat einen nunmehr fälligen Anspruch auf die EFZ für den gesamten Zeitraum (Staudinger/*Oetker* § 616 BGB Rn. 496; *Schmitt* Rn. 29). Entsprechendes gilt, wenn der AN während einer AU aus einem Auslandsaufenthalt zurückkehrt und damit die Pflichten nach § 5 II entfallen oder die Anzeigepflichten ggü. der Krankenkasse nach § 5 II erfüllt (BAG 19.2.1997 NZA 1997, 652; LAG Köln 1.6.2012 – 4 Sa 115/12). Deshalb wird regelm. von einem **vorl. Leistungsverweigerungsrecht** gesprochen (allgM: *Schmitt* Rn. 29; *Vossen* Rn. 373). Das ist nicht in allen Fällen des § 7 I 1 zwgd. (undiff. in einem obiter dictum BAG 14.6.1995 AP SGB IV § 100 Nr. 1). Denn es wird außer Acht gelassen, dass sich der AN dauerhaft weigern kann, eine AUB vorzulegen bzw. seine AU anderweitig nachzuweisen (zutr. MüKoBGB/*Müller-Glöge* Rn. 7; Staudinger/*Oetker* § 616 BGB Rn. 497 und *Worzalla/Süllwald* Rn. 25; s. aber BAG 23.1.1985 AP LohnFG § 1 Nr. 63) oder an einer Überprüfung durch den medizinischen Dienst teilzunehmen. Denkbar ist auch, dass der AN wegen verspäteten Arztbesuchs (insb. beim Urlaub im Ausland) nicht den gesamten Zeitraum der Arbeitsverhinderung belegen kann und ihm andere Beweismittel nicht zur Vfg. stehen (*Schmitt* Rn. 32 ff.). In diesen Fällen wird der AG zwar die EFZ mit dem Einwand verweigern, der AN sei gar nicht krank gewesen. Er ist aber gut beraten, sich auch auf die (fortdauernde) Leistungsverweigerung nach § 7 I 1 zu berufen. Dann wirkt die den Anspruch eigentl. nur hemmende Leistungsverweigerung anspruchsvernichtend und damit **dauerhaft.** Das gilt namentl. bei einer Krankheit im Ausland, weil die Beibringung einer ausl. AUB nur im Ausnahmefall im Nachhinein mögl. sein dürfte.

10 Ist allerdings die **krankheitsbedingte AU unstr.**, so bedarf es keinerlei Bescheinigungen (BAG 12.6.1996 AP BGB § 611 Werkstudent Nr. 4). Dasselbe gilt, wenn die AU anderweitig nachgewiesen ist (BAG 1.10.1997 AP EntgeltFG § 5 Nr. 5; 1.10.1997 AP EntgeltFG § 5 Nr. 4). Der AG kann sich dann nicht auf ein Leistungsverweigerungsrecht berufen; die Regelungen der §§ 5, 5a und 7 sind letztl. nur Vorschr. zur Vermeidung oder Regelung von Konflikten, nicht aber Normen zur Durchsetzung formaler Standpunkte (*Vogelsang* Rn. 417).

11 **e) Durchsetzung des Rechts.** Das Leistungsverweigerungsrecht kann in der Mehrzahl der Fälle allerdings überhaupt nicht ausgeübt werden. Denn auch eine verspätete Übergabe der ärztl. Bescheinigungen kann nur dann zu einer Reaktion des AG in Form der Zurückhaltung von Arbeitsentgelt führen, wenn das Verhalten des AN am **nächsten Fälligkeitstermin** anhält. Denn nur ggü. einem fälligen EFZAnspruch kann das Leistungsverweigerungsrecht geltend gemacht werden (*Worzalla/Süllwald* Rn. 2). Da zumindest die fristgerechte Übergabe der ärztl. Bescheinigung regelm. auf Nachlässigkeit beruht und die Bescheinigung meist nicht mit größerer Verspätung beim AG abgegeben wird, kommt die Leistungsverweigerung nach § 7 I 1 nur selten in Betracht MüKoBGB/*Müller-Glöge* Rn. 10).

12 **3. Leistungsverweigerung nach § 7 I Nr. 2. a) Voraussetzungen.** Dem AG entsteht ein Leistungsverweigerungsrecht, wenn der AN den ges. Forderungsübergang nach § 6 I verhindert. Das ist der Fall, wenn der AN, der nach dem schädigenden Ereignis Inhaber der Schadensersatzforderung bleibt, vor Erhalt der EFZ **über seinen Anspruch verfügt**, zB durch Verzicht, Abtretung, Abschluss eines Vergleichs. In diesen Fällen verhindert er den ges. Anspruchsübergang auf seinen AG; denn dieser kann erst stattfinden, wenn der AG die EFZ leistet. Die ges. Voraussetzungen sind auch gegeben, wenn der AN trotz Aufforderung des AG seine **Pflichten nach § 6 II** nicht erfüllt. Denn verhindern iSd. G

schließt nicht nur die rechtl. Verhinderung des Übergangs ein, sondern auch die Behinderung der tats. Möglichkeiten des AG, den Anspruch zu realisieren (LAG SH 18.7.2006 NZA-RR 2006, 568; iE ebenso MüKoBGB/*Müller-Glöge* Rn. 11; Staudinger/*Oetker* § 616 BGB Rn. 512; *Schmitt* Rn. 39f. und *Worzalla/Süllwald* Rn. 11f., die § 7 I Nr. 2 allerdings nicht auslegen, sondern analog anwenden wollen, weil sie von einem Redaktionsversehen des Gesetzgebers ausgehen).

b) Umfang. Der AG erhält ein **dauerhaftes** Leistungsverweigerungsrecht, wenn der AN endgültig über seine Ersatzforderung verfügt hat und damit den Ausgleich zwischen AG und Schädiger rechtl. verhindert (*Schmitt* Rn. 47). Das Recht ist nur vorl., wenn der AN seine Verpflichtungen nach § 6 II verspätet erfüllt. Das Recht zur endgültigen Leistungsverweigerung besteht auch dann **in voller Höhe**, wenn der AN nur über einen Teil des Anspruchs verfügt oder aber sein Schadensersatzanspruch (zB wegen Mitverschuldens) geringer ist als sein Anspruch auf EFZ. Einer Reduzierung des Leistungsverweigerungsrechts auf die Summe, die der Summe der verhinderten Forderung entspricht, steht nicht nur der Wortlaut der Bestimmung (wie hier *Brecht* Rn. 13; MüArbR/*Schlachter* § 75 Rn. 31; **aA** die hM im Schrifttum: zB MüKoBGB/*Müller-Glöge* Rn. 12, *Treber* Rn. 21), sondern auch ihr Regelungszweck entgegen. Mit dem Leistungsverweigerungsrecht soll der AN daran gehindert werden, vor Aufklärung der regelm. ungeklärten Tatsachen und vor der Überprüfung der Rechtslage über seinen Schadensersatzanspruch zu verfügen. Dieses ges. Ziel wird bereits verfehlt, wenn der AN tw. Dispositionen über seine Forderung trifft, die auf einer unzutr. Würdigung der Sach- und Rechtslage beruhen und damit in die Ausgleichsrechte des AG eingreifen können. 13

Das dauerhafte Leistungsverweigerungsrecht kann einen **Rückforderungsanspruch** des AG hins. der geleisteten EFZ aus Bereicherung bewirken (LAG SH 18.7.2006 NZA-RR 2006, 568), wenn der AG zunächst EFZ wie ges. vorgeschrieben zahlt und der AN dann über seine Ersatzansprüche ggü. seinem Schuldner so verfügt (Verzicht, Vergleich), dass der AG die auf ihn ges. übergegangenen Ansprüche nicht realisieren kann (§§ 412, 407 BGB iVm. § 812 I 2 BGB). Nur bei dieser Ausdeutung des G ist das dauerhafte Leistungsverweigerungsrecht das vom Gesetzgeber dem AG zur Vfg. gestellte Schutzmittel ggü. Fehlverhalten des AN. 13a

4. Leistungsverweigerung und Medizinischer Dienst. Hat der AG Zweifel an der AU des AN und hat er deshalb von der Krankenkasse verlangt (§ 5 Rn. 15 und 17), ein Gutachten durch ihren Medizinischen Dienst einzuholen, so kann der AG am Fälligkeitstermin kein Leistungsverweigerungsrecht geltend machen, wenn das Gutachten noch nicht vorliegt. Selbst wenn der AN den Termin versäumt hat oder sich überhaupt weigert, eine Begutachtung vornehmen zu lassen, besteht kein Leistungsverweigerungsrecht. Der AG kann die EFZ nur mit dem radikalen Einwand gänzl. verweigern, der AN sei gar nicht arbeitsunfähig krank, was anges. einer bestehenden AUB nur selten erfolgreich ein wird (zur Bedeutung der AUB im Streitfall § 5 Rn. 14). 14

5. Vertretenmüssen. a) Grundsatz. Mangels einer anderweitigen Definition ist davon auszugehen, dass der AG ein Leistungsverweigerungsrecht nach § 7 I erhält, wenn der AN die Obliegenheitsverletzung vorsätzl. oder fahrlässig iSd. **§ 276 I BGB** herbeiführt. Anders als im arbeitsrechtl. Haftungsrecht genügt jeder Grad von Fahrlässigkeit (hM MüKoBGB/*Müller-Glöge* Rn. 13; Staudinger/*Oetker* § 616 BGB Rn. 494; *Schmitt* Rn. 53). Auch § 278 BGB, die Norm über die Haftung für den Erfüllungsgehilfen, kommt zur Anwendung (*Schmitt* Rn. 54), wobei der Arzt kein Erfüllungsgehilfe des AN ist, weil der AN die Vorlage, nicht die Erstellung der AUB schuldet (MüKoBGB/*Müller-Glöge* Rn. 13). Da nach der legalen Fahrlässigkeitsdefinition des § 276 I 2 BGB die im Verkehr **erforderl. Sorgfalt** maßgebend ist, ist das Vertretenmüssen wegen Fahrlässigkeit iSd. G bei jeder der verschiedenen Pflichtverletzungsmöglichkeiten bes. unter Berücksichtigung der Umstände des Einzelfalls zu bestimmen. 15

b) Einzelfälle. Der AN muss die Leistungsverweigerung wenigstens bis zur Erledigung seiner Nebenpflichten – sofern das rechtl. oder tats. noch mögl. ist – dulden, wenn er die AUB nicht oder verspätet übergibt, einen Arzt so spät aufsucht, dass ein Teil der AU nicht mehr attestiert werden kann, es versäumt, bei Beteiligung eines Dritten an dem zur AU führenden Ereignis dessen Daten abzufragen und zu sichern, oder ohne Rücksprache mit dem AG über einen Schadensersatzanspruch verfügt (die Unkenntnis über die Möglichkeiten des AG beseitigt die Fahrlässigkeit des Verhaltens nicht). 16

Fragl. ist, inwieweit der AN es zu vertreten hat, dass der **Arzt eine unzureichende AUB ausstellt** (Rn. 5). Zwar lässt sich hören, dass das Fehlverhalten in diesen Fällen in die Sphäre des Arztes falle. Entließe man den AN aber insoweit aus seiner Pflicht, trüge der AG das volle Risiko der unzureichenden AUB. Dies erscheint wenig interessengerecht, da die Arztwahl allein in der Hand des AN liegt. Es kann daher vom AN verlangt werden, die formale Vollständigkeit der ärztl. AUB zu überprüfen und auf Korrektur zu bestehen (ebenso *Schmitt* Rn. 58; HWK/*Schliemann* Rn. 5; **aA** MüKoBGB/*Müller-Glöge* Rn. 13; *Treber* Rn. 23). Diese Pflicht ist auch nicht nur dann anzunehmen, wenn der AG ggü. dem AN auf eine Vervollständigung der AUB gedrängt hat und der AN diesem Hinweis nicht nachkommt (so aber MüArbR/*Schlachter* § 75 Rn. 29). 17

c) Beweislast. Die Tatsachen, aus denen folgt, dass der AN die Pflichtverletzung nicht zu vertreten hat, sollen das Leistungsverweigerungsrecht des AG ausschließen. Deshalb muss der AN sie vortragen 18 und ggf. beweisen (MüKoBGB/*Müller-Glöge* Rn. 13; Staudinger/*Oetker* § 616 BGB Rn. 493; *Schmitt* Rn. 59; *Vossen* Rn. 369). Gelingt ihm das nicht, so kann er seinen EFZAnspruch dann nicht durchsetzen, wenn die Obliegenheit nicht mehr nachgeholt werden kann und ein dauerhaftes Leistungsverweigerungsrecht zu Gunsten des AG entstanden ist.

§ 8 Beendigung des Arbeitsverhältnisses

(1) [1]Der Anspruch auf Fortzahlung des Arbeitsentgelts wird nicht dadurch berührt, daß der Arbeitgeber das Arbeitsverhältnis aus Anlaß der Arbeitsunfähigkeit kündigt. [2]Das gleiche gilt, wenn der Arbeitnehmer das Arbeitsverhältnis aus einem vom Arbeitgeber zu vertretenden Grunde kündigt, der den Arbeitnehmer zur Kündigung aus wichtigem Grund ohne Einhaltung einer Kündigungsfrist berechtigt.

(2) Endet das Arbeitsverhältnis vor Ablauf der in § 3 Abs. 1 oder in § 3a Absatz 1 bezeichneten Zeit nach dem Beginn der Arbeitsunfähigkeit, ohne daß es einer Kündigung bedarf, oder infolge einer Kündigung aus anderen als den in Absatz 1 bezeichneten Gründen, so endet der Anspruch mit dem Ende des Arbeitsverhältnisses.

1 **1. Normzweck.** Die Vorschr. sichern den bereits entstandenen EFZAnspruch, falls der AG aus Anlass der AU das ArbVerh. mit arbeitsunfähig erkrankten AN **kündigt**, und das ArbVerh. dadurch **beendet** wird. Die Sicherung geht allerdings inhaltl. und zeitl. nicht weiter als bei der EFZ im bestehenden ArbVerh. So endet die Verpflichtung des AG spätestens nach 6 Wochen (Staudinger/*Oetker* § 616 BGB Rn. 371; *Schmitt* Rn. 55); eine zu der bei Beendigung des ArbVerh. bestehenden Krankheit hinzutretende Krankheit verlängert den Zahlungszeitraum nicht (Einheit des Verhinderungsfalls: BAG 2.12.1981 AP LohnFG § 6 Nr. 19; MüKoBGB/*Müller-Glöge* Rn. 3). Eine selbstverschuldete AU löst auch im Kündigungsfall keinen Anspruch aus. Der Kündigung des AG aus Anlass der Krankheit wird der Fall gleichgestellt, dass der AN wirksam aus wichtigem Grund sein ArbVerh. beendet. Damit wird verhindert, dass der AG in der Zeit der Arbeitsverhinderung schwerwiegende unberechtigte Maßnahmen ergreift, die eine Eigenkündigung des Erkrankten zur Folge haben.

2 Letztl. enthält die Norm in ihrem Abs. 2 einen klarstellenden Hinweis auf die allg. Rechtslage, dass bestimmte andere Beendigungstatbestände den EFZAnspruch nicht sichern, sondern dass er mit dem Ende des ArbVerh. untergeht (MüKoBGB/*Müller-Glöge* Rn. 2; Staudinger/*Oetker* § 616 BGB Rn. 371; *Schmitt* Rn. 57).

3 **2. Anspruch nach Kündigung des Arbeitgebers, § 8 I 1. a) Kündigung des Arbeitgebers.** Die Bestimmung des § 8 I 1 kommt nur zur Anwendung, wenn das ArbVerh. durch die wirksame AGKündigung beendet worden ist (MüKoBGB/*Müller-Glöge* Rn. 6; Staudinger/*Oetker* § 616 BGB Rn. 370 und 383). Bei einer unwirksamen Kündigung besteht das ArbVerh. ohnehin fort, und der EFZAnspruch ergibt sich allein aus § 611 BGB iVm. § 3 oder § 3a. Eine wirksame **Änderungskündigung** bewirkt den Erhalt des Anspruchs nach dieser Norm nicht. Das folgt aus dem Wortlaut der Bestimmungen, die von einer Beendigung des ArbVerh. ausgehen, nicht nur vom Ausspruch einer Kündigung (diff. nach dem Gegenstand der Änd. HWK/*Schliemann* Rn. 9; **aA** *Kunz/Wedde* Rn. 15; MüKoBGB/*Müller-Glöge* Rn. 6; *ders.* RdA 2006, 105, 111). In diesem Fall richtet sich der Anspruch auf EFZ nach § 3, ggf. reduziert, wenn die Änderungskündigung den Zeit- oder Geldfaktor dauerhaft verändert hat. Ohne Bedeutung ist die **Art der Beendigungskündigung**. Allerdings muss sie ordentl. oder außerordentl. fristlos mit dem Ziel der Beendigung des ArbVerh. ausgesprochen sein. Da die Kündigungsfristen überw. so lang sind, dass das ArbVerh. erst nach einer Genesung oder nach der ges. Höchstdauer des Anspruchs endet, kommt der Bestimmung des § 8 I 1 im Wesentlichen heute nur **Bedeutung** bei einer **außerordentl. fristlosen Kündigung** (*Schmitt* Rn. 13; *Müller-Glöge* RdA 2006, 105, 111) und bei kurzzeitigen tarifl. Kündigungen wie zB im Bau- und Baunebengewerbe zu (BAG 17.4.2002 NZA 2002, 899). Da außerordentl. Kündigungen allerdings nicht ohne weiteres berechtigt sind, ist der Anwendungsbereich der Vorschr. stark geschrumpft (zur Anwendung bei anderen Beendigungstatbeständen Rn. 12 ff.). Wehrt sich ein AN gegen eine vom AG ausgesprochene Kündigung und macht er EFZAnsprüche geltend, kann er diese alternativ begründen. Er kann sich auf §§ 3, 3a oder § 8 iVm. §§ 3, 3a berufen (*Vogelsang* Rn. 228).

4 Die Wirksamkeit einer Kündigung **muss nicht in einem gerichtl. Verf.** überprüft werden; es genügt, wenn beide Parteien des ArbVerh. von der Beendigung durch Kündigung ausgehen. Das ist zB der Fall, wenn der AN nach einer Kündigung keine Klage erhebt, § 7 KSchG (BAG 28.11.1979 AP LohnFG § 6 Nr. 9; Staudinger/*Oetker* § 616 BGB Rn. 384; *Müller-Glöge* RdA 2006, 105, 111) oder wenn nach einer Kündigung ein Auflösungs- und Abfindungsvergleich geschlossen wird (BAG 28.11.1979 AP LohnFG § 6 Nr. 8). § 8 findet auch in ArbVerh. außerhalb des Anwendungsbereichs des KSchG Anwendung (Staudinger/*Oetker* § 616 BGB Rn. 376; *Schmitt* Rn. 19).

5 **b) Anlass.** Der AG ist kündigungsrechtl. nicht gehindert, während der krankheitsbedingten AU zu kündigen. Er kann sogar wegen einer langanhaltenden oder wegen vieler Kurzerkrankungen eine sozial gerechtfertigte Kündigung aussprechen (KSchG § 1 Rn. 100, 110 ff.). In diesen Fällen hat das auch nicht zwgd. die Erhaltung des EFZAnspruchs zur Folge, wenn der AN bei Zugang der Kündigung gerade arbeitsunfähig ist. Der Anspruch bleibt dem AN **nur erhalten**, wenn der AG die konkrete AU zum Anlass nimmt, eine Kündigung auszusprechen (LAG RP 20.5.2015 – 7 Sa 694/14 – BeckRS 2015, 69778).

6 **aa) Kündigungsgrund.** Vom **Anlass** iSd. G ist der Kündigungsgrund zu **unterscheiden**. Während der Grund mit der Krankheit regelm. nichts zu tun hat, sondern im Verhalten, in der Person oder in betriebl. Belangen zu finden ist und vom AG bisher nicht für den Ausspruch einer Kündigung genutzt wurde, ist die Krankheit Anlass, wenn sie die Entsch. des AG beeinflusst, gerade jetzt den Kündigungsgrund auszunutzen und die Kündigung zu erklären (*Schmitt* Rn. 27: **„entscheidender Anstoß"**; Staudinger/*Oetker* § 616 BGB Rn. 377; *Vossen* Rn. 397 im Anschluss an BAG 17.4.2002 NZA 2002, 899; 26.4.1978 AP LohnFG § 6 Nr. 5: wesentl. mitbestimmende Bedingung). Ledigl. dann, wenn Krankheiten, namentl. häufigere Kurzerkrankungen oder eine avisierte AU wegen Krankheit der Kündigungsgrund sind, **decken sich Grund und Anlass** regelm. (*Müller-Glöge* RdA 2006, 105, 111). Wenn allerdings der AG zur Kündigung unabhängig von der erneuten Erkrankung entschlossen war und zB das Kündigungsschreiben bereits wegen der zurückliegenden AUZeiten gefertigt hatte, als ihn die Nachricht von der erneuten Erkrankung des AN erreichte, müssen Grund und Anlass nicht identisch sein. IE ist der Begriff allerdings entspr. dem Schutzzweck der Norm weit auszulegen (MüKoBGB/*Müller-Glöge* Rn. 11; *Schmitt* Rn. 28).

7 **bb) Einzelfälle.** Der AN muss grds. zu dem **Zpkt.** arbeitsunfähig erkrankt sein, wenn ihm die Kündigung zugeht. Ist er gesund oder aus anderen Gründen an der Arbeitsleistung verhindert, so kann eine nachf. AU nicht Anlass für die Kündigung sein (*Schmitt* Rn. 25). Ausnahmen sind denkbar. Eine Anlasskündigung kommt auch in Betracht, wenn der AG zum Zpkt. des Zugangs der Kündigungserkl. weiß, dass der AN arbeitsunfähig sein wird, zB bei einer angekündigten Operation oder Rehabilitationsmaßnahme. Das gilt auch, wenn der AG mit der bevorstehenden AU sicher rechnen muss (BAG 17.4.2002 NZA 2002, 899). Kündigt der AG, um die durch das Fehlen des AN entstandene betriebl. Störung durch die dauerhafte Besetzung mit einem anderen AN zu beseitigen, ist die AU Anlass iSd. G (BAG 26.10.1971 AP LohnFG § 6 Nr. 1; *Schmitt* Rn. 30). Steht fest, dass die AU in **Berufs- oder Erwerbsunfähigkeit** mündet, kündigt der AG aber dennoch während der Krankheit, so ist die AU Anlass; der AN behält seinen EFZAnspruch (BAG 22.12.1971 AP LohnFG § 6 Nr. 2; Staudinger/*Oetker* § 616 BGB Rn. 377; *Schmitt* Rn. 31). Ist mit der krankheitsbedingten AU ein Beschäftigungsverbot verbunden, das zur Kündigung führt, so ist von einer durch die AU veranlassten Kündigung auszugehen (BAG 26.4.1978 AP LohnFG § 6 Nr. 6; *Schmitt* Rn. 32). Bewertet der AG bei einer betriebsbedingten Kündigung die momentane Krankheit als Ausschlusstatbestand für die Ausklammerung des Erkrankten von der **Sozialauswahl** (BAG 28.11.1979 AP LohnFG § 6 Nr. 8; Staudinger/*Oetker* § 616 BGB Rn. 379; *Schmitt* Rn. 33), so kommt § 8 zur Anwendung, sofern der AN die Kündigung akzeptiert (Rn. 4). Regelm. dürfte aber bei einem derartigen Sachverhalt feststehen, dass die Kündigung sozial ungerechtfertigt und daher unwirksam ist. Keine Kündigung aus Anlass der Erkrankung liegt vor, wenn der AG aus betriebsbedingten Gründen (KSchG § 1 Rn. 211 ff.) kündigt, die Sozialauswahl korrekt vornimmt und dabei auch der erkrankte AN gekündigt wird (Staudinger/*Oetker* § 616 BGB Rn. 379). Dann entfällt der EFZAnspruch, sofern die AU bis zum Kündigungszeitpunkt andauert.

8 Eine Kündigung aus Anlass der AU scheidet aus, wenn der AN zwar zzt. des Zugangs der Kündigung krank ist, der **AG von der (bevorstehenden) Erkrankung keine Kenntnis** hat (LAG RP 20.5.2015 BeckRS 2015, 69778; MüKoBGB/*Müller-Glöge* Rn. 10; Staudinger/*Oetker* § 616 BGB Rn. 380; *Vossen* Rn. 401), es sei denn, der AG muss mit der bevorstehenden AU sicher rechnen (BAG 17.4.2002 NZA 2002, 899). Ferner ist nach der Rspr. des BAG der AG, der von der bereits bestehenden AU keine Kenntnis hatte, aber die dem AN von G wegen eingeräumte Nachweisfrist nicht abwartet, wie derjenige zu behandeln, der von der AU Kenntnis hatte (BAG 26.4.1978 AP LohnFG § 6 Nr. 5; 29.8.1980 AP LohnFG § 6 Nr. 18; *Schmitt* Rn. 36 bis 43; zu Recht auf die veränderten Tatbestände des neuen § 5 EFZG hinweisend und entspr. diff. Staudinger/*Oetker* § 616 BGB Rn. 382; zurückhaltend a. *Müller-Glöge* RdA 2006, 105, 111). Das gilt auch im Fall einer Fortsetzungserkrankung (BAG 29.8.1980 AP LohnFG § 6 Nr. 18). Lässt der AN hingegen die zu seinen Gunsten eingeräumten Fristen für die Anzeige und den Nachw. einer AU verstreichen, kann der AG davon ausgehen, dass der AN unentschuldigt fehlt. Kündigt er deswegen, so kann sich der AN nicht auf § 8 berufen. Er ist seines Anspruchs verlustig (BAG 29.8.1980 AP LohnFG § 6 Nr. 18).

9 Endet das ArbVerh. vor Ablauf der **Wartezeit des § 3 III**, so entsteht für die Vergangenheit kein Anspruch. Hat der AG jedoch aus Anlass der AU gekündigt, so entsteht nach Auff. des BAG für die Zeit nach Beendigung des ArbVerh. und nach Ablauf der Wartezeit ein Anspruch nach § 8 I 1 (BAG 26.5.1999 NZA 1999, 1273; 16.2.2002 AP EntgeltFG § 3 Nr. 13;). Die Regelung des § 3 III steht dem Eintritt der Rechtsfolgen aus § 8 I 1 auch dann nicht entgegen, wenn das ArbVerh. bereits innerhalb

der Wartezeit wieder beendet wird. Das folgert der Fünfte Sen. des BAG aus der Systematik und dem Sinn und Zweck des § 8 I 1 (ebenso MüKoBGB/*Müller-Glöge* Rn. 13; aA *Gaumann/Schafft* NZA 2000, 811).

10 **c) Darlegungs- und Beweislast.** Der **AN ist für die anspruchsbegründenden Tatsachen darlegungspflichtig,** aus denen sich ergibt, dass der AG die Kündigung aus Anlass der Erkrankung ausgesprochen hat, mag er auch andere Gründe dafür gehabt haben (*Vossen* Rn. 410). Regelm. genügt der Hinweis auf die Kenntnis des AG von der krankheitsbedingten AU und ein enger zeitl. Zusammenhang zwischen Arbeitsverhinderung und Kündigung. Dadurch entsteht jedoch keine tats. Vermutung. Es handelt sich ledigl. um Hilfstatsachen **(Indizien),** die den Schluss auf den Tatbestand des § 8 I zulassen (BAG 20.8.1980 AP LohnFG § 6 Nr. 11; 2.12.1981 AP LohnFG § 6 Nr. 19; Staudinger/*Oetker* § 616 BGB Rn. 378). Dieser Indizienschluss (tw. wird zu Unrecht noch weitergehend ein Anscheinsbeweis angenommen: LAG SH 6.2.2014 NZA-RR 2014, 291; *Vossen* Rn. 410; wie hier ausf. MüKoBGB/*Müller-Glöge* Rn. 18) kann vom AG mit entgegengesetztem Tatsachenvortrag über den Kündigungsgrund und dessen bereits beschlossener Umsetzung begegnen (*Schmitt* Rn. 44 ff.). Bei einer gerichtl. Auseinandersetzung sind die str. Tatsachen aufzuklären und die daraufhin festgestellten Tatsachen zu würdigen. Kommt es (selten) zu keiner Auflösung in Form richterl. Überzeugung, so trägt **das non liquet der AN,** weil eine anspruchsbegründende Tatsache nicht festgestellt werden kann.

11 **3. Anspruch nach Kündigung des Arbeitnehmers, § 8 I 2.** Der EFZAnspruch des AN bleibt ihm auch dann erhalten, wenn er selbst kündigt, sofern er einen wichtigen Grund für die Kündigung hatte. Eine vergleichbare Regelung findet sich in § 628 II BGB, die den Kündigungsgegner zum Schadensersatz verpflichtet, wenn er die Kündigung durch vertragswidriges Verhalten veranlasst hat. Auch § 8 I 2 kommt nur zur Anwendung, wenn der AN eine das ArbVerh. **beendende Kündigung** ausgesprochen hat. Dabei muss es sich nicht um eine außerordentl. Kündigung handeln; auch eine ordentl. Kündigung kann den Anspruch über den Kündigungszeitpunkt hinaus erhalten, wenn der AN zur Kündigung **aus wichtigem Grund** berechtigt war (Staudinger/*Oetker* § 616 BGB Rn. 390; *Schmitt* Rn. 52; *Vogelsang* Rn. 253; *Vossen* Rn. 412). Mangels anderweitigem Hinweis in der Vorschr. sind die Grds. des § 626 I BGB über die Bestimmung des wichtigen Grunds heranzuziehen (Staudinger/*Oetker* § 616 BGB Rn. 389; *Schmitt* Rn. 50). Es müssen Tatsachen vorliegen, aufgrund derer dem AN unter Berücksichtigung aller Umstände des Einzelfalls und unter Abwägung der Interessen beider Vertragsteile die Fortsetzung des ArbVerh. bis zum Ablauf der Kündigungsfrist nicht zugemutet werden kann. Die Rspr. zu § 626 I BGB ist durch eine umfangr. Kasuistik geprägt. Grds. sind alle dort als wichtiger Grund anerkannten Tatbestände geeignet, auch iRd. § 8 I 2 zur Kündigung zu berechtigen. Regelm. werden aber Verhaltensweisen des AG im Zusammenhang mit der Krankmeldung wie grobe Beleidigungen, unberechtigte Vorwürfe eines Simulantentums uä., aber auch die dauerhafte Missachtung zwgd. Arbeitsschutzvorschr. einen wichtigen Grund darstellen, selbst wenn die Arbeitsverhinderung nicht auf einem dadurch bedingten Arbeitsunfall beruht (*Schmitt* Rn. 51). **Keine Anwendung findet § 626 II BGB** (**aA** MüKoBGB/*Müller-Glöge* Rn. 14). Ein AN kann also während seiner krankheitsbedingten AU das ArbVerh. Auch dann mit der Folge eines EFZAnspruchs kündigen, wenn der wichtige Grund länger als 14 Tage zurückliegt (*Vogelsang* Rn. 253). Allerdings bleibt zu beachten, dass die Annahme, es sei dem AN unzumutbar, das ArbVerh. bis zum Ablauf der Kündigungsfrist fortzusetzen, mit der verstreichenden Zeit und fortdauernder AU geringer wird. Die Tatsachen, aus denen der wichtige Grund folgen soll, hat der AN darzulegen und ggf. zu beweisen (MüKoBGB/*Müller-Glöge* Rn. 19; *Schmitt* Rn. 54).

12 **4. Andere Beendigungstatbestände.** Das G belässt es nicht dabei, positiv zu formulieren, unter welchen Umständen der Anspruch auf EFZ auch nach Beendigung des ArbVerh. bestehen bleibt. Es stellt eine Selbstverständlichkeit klar, dass bei bestimmten Sachverhalten der Anspruch endet. Das G nennt allerdings nicht alle bekannten oder übl. Beendigungstatbestände. Das hat zur Folge, dass über deren entgeltfortzahlungsrechtl. Bedeutung Streit besteht. Das gilt namentl. für den Aufhebungsvertrag.

13 **a) Befristetes Arbeitsverhältnis, Anfechtung.** Mit der Formulierung in § 8 II, 1. Satzhälfte sind die ArbVerh. gemeint, die aufgrund einer einzelvertragl. Abrede oder einer betriebsverfassungsrechtl. oder tarifvertragl. Norm nicht durch Kündigung, sondern mit Zeitablauf, Zweckerreichung oder Bedingungseintritt ohne weitere Erkl. enden. Sie sind vom Gesetzgeber nicht privilegiert (*Schmitt* Rn. 57 f.; *Vossen* Rn. 385 bis 387). Wird eine zum Vertragsabschluss führende Willenserkl. wegen Irrtums oder wegen Täuschung erfolgreich angefochten, so entfallen zukünftige, nicht aber zurückliegende Ansprüche. Das gilt auch für die Ansprüche auf EFZ (zu den Voraussetzungen für die Irrtums- und Täuschungsanfechtung vgl. BGB § 611 Rn. 345 ff.). Die im Schrifttum angesprochene Ausnahme, Umgehung der ges. Bestimmungen über die EFZ (*Schmitt* Rn. 63; *Vossen* Rn. 388), dürfte sich regelm. wegen der Nichterfüllung eines Anfechtungstatbestands ergeben.

14 **b) Auflösung durch Gerichtsurteil.** Wird das ArbVerh. durch ein Gerichtsurt. nach einer sozial ungerechtfertigten Kündigung aufgelöst, § 9 I KSchG, die aus Anlass der AU ausgesprochen worden ist (anges. der Terminsstände bei den ArbG wohl für die EFZ nur ausnahmsweise von Bedeutung), so

beruht die Beendigung zwar letztl. nicht auf der Willenserkl. des AG; auch liegt keine wirksam Kündigung des AG vor, weil sonst das ArbVerh. nicht hätte aufgelöst werden können. Dennoch bleibt ein zu dieser Zeit bestehender EFZAnspruch für die ges. Dauer auch über den Auflösungszeitpunkt erhalten. Ebenso wenig wie der AG, der die Eigenkündigung des AN nach § 8 I 2 veranlasst hat, kann der Unternehmer privilegiert werden, der Tatsachen gesetzt hat, die zur Auflösung des ArbVerh. durch richterl. Spruch führen.

c) Einvernehmliche Beendigung des Arbeitsverhältnisses. Nach dem Wortlaut des G kann der Anspruch eines AN auf EFZ nicht erhalten bleiben, wenn das ArbVerh. nicht durch Kündigung, sondern aus Anlass der AU des AN durch übereinstimmende Willenserkl. endet. Die Rspr. des BAG hat aber den damaligen § 6 LFZG bei Aufhebungsverträgen vielfach analog angewendet, weil nicht auf die formale Seite (Aufhebungsvertrag oder Kündigung), sondern mehr auf den Anlass, den materiellen Auflösungsantrag abzustellen sei (BAG 28.11.1979 AP LohnFG § 6 Nr. 10; 20.8.1980 AP LohnFG § 6 Nr. 15). 15

Dem kann nicht uneingeschränkt zugestimmt werden (wie hier ebenso MüKoBGB/*Müller-Glöge* Rn. 17; wohl a. HWK/*Schliemann* Rn. 12; **aA** die hM im Schrifttum: Staudinger/*Oetker* § 616 BGB Rn. 386; *Vossen* Rn. 384, 411). Insb. nach der Schaffung des EFZG kann nicht mehr davon ausgegangen werden, dass die Vorschr. des § 8 lückenhaft und deshalb einer Analogie zugängl. sind. Vielmehr kann nur durch eine **Auslegung der Bestimmungen** überprüft werden, ob der EFZAnspruch erhalten bleibt. Das ist immer dann der Fall, wenn dem Auflösungsvertrag eine Kündigung aus Anlass der AU vorangegangen ist. Dann beruht die Beendigung des ArbVerh. auf dieser Kündigung, auch wenn ihre Wirksamkeit im Streit geblieben ist und die Ungewissheit über die Beendigung des ArbVerh. durch die Aufhebungserkl. beseitigt worden ist. Das gilt nicht nur für den gerichtl. Vergleich in Anlehnung an die §§ 9, 10 KSchG (zum Auflösungsurt. Rn. 13), sondern auch dann wenn die Parteien des ArbVerh. vor- oder außerprozessual eine Einigung erzielen. 16

Dagegen ist ein ges. Erhalt des EFZAnspruchs bei einem **Aufhebungsvertrag** ohne vorangegangener Kündigung auch aus Anlass einer AU weder mit der Auslegung des G zu erklären, noch bedarf der AN insoweit eines Schutzes (wie hier *Vogelsang* Rn. 231; **aA** BAG 20.8.1980 AP LohnFG § 6 Nr. 15 und die hM im Schrifttum). Anders als bei einer vorangegangenen Kündigung ist der AN grds. frei, ob er der Beendigung des ArbVerh. aus Anlass seiner AU ggf. unter Verzicht auf die fortbestehende EFZ zustimmen will oder nicht (ebenso MüKoBGB/*Müller-Glöge* Rn. 17). Ist er bei Vertragsschluss widerrechtl. unter Druck gesetzt worden, so steht es ihm frei, seine Beendigungserkl. anzufechten und sich durch den Fortbestand des ArbVerh. den EFZAnspruch zu erhalten. 17

d) Abrede über die Weiterbeschäftigung. Vereinbaren Arbeitsvertragsparteien nach Ablauf der Kündigungsfrist die Weiterbeschäftigung bis zur Klärung darüber, ob die Kündigung zur Beendigung des ArbVerh. geführt hat oder nicht, so behält der AN seine EFZAnsprüche in dieser Zeit. Entweder besteht das ArbVerh. fort; dann besteht ein Anspruch aus § 3; oder das ArbVerh. ist durch die Kündigung beendet; dann ist die Zwischenzeit nach den Grds. des faktischen ArbVerh. abzurechnen. Dazu gehören auch EFZAnsprüche (BAG 15.1.1986 AP LohnFG § 1 Nr. 66; **aA** MüKoBGB/*Müller-Glöge* Rn. 5: bes. vertragl. oder ges. Grdl.). 18

§ 9 Maßnahmen der medizinischen Vorsorge und Rehabilitation

(1) [1]Die Vorschriften der §§ 3 bis 4a und 6 bis 8 gelten entsprechend für die Arbeitsverhinderung infolge einer Maßnahme der medizinischen Vorsorge oder Rehabilitation, die ein Träger der gesetzlichen Renten-, Kranken- oder Unfallversicherung, eine Verwaltungsbehörde der Kriegsopferversorgung oder ein sonstiger Sozialleistungsträger bewilligt hat und die in einer Einrichtung der medizinischen Vorsorge oder Rehabilitation durchgeführt wird. [2]Ist der Arbeitnehmer nicht Mitglied einer gesetzlichen Krankenkasse oder nicht in der gesetzlichen Rentenversicherung versichert, gelten die §§ 3 bis 4a und 6 bis 8 entsprechend, wenn eine Maßnahme der medizinischen Vorsorge oder Rehabilitation ärztlich verordnet worden ist und in einer Einrichtung der medizinischen Vorsorge oder Rehabilitation oder einer vergleichbaren Einrichtung durchgeführt wird.

(2) Der Arbeitnehmer ist verpflichtet, dem Arbeitgeber den Zeitpunkt des Antritts der Maßnahme, die voraussichtliche Dauer und die Verlängerung der Maßnahme im Sinne des Absatzes 1 unverzüglich mitzuteilen und ihm
a) eine Bescheinigung über die Bewilligung der Maßnahme durch einen Sozialleistungsträger nach Absatz 1 Satz 1 oder
b) eine ärztliche Bescheinigung über die Erforderlichkeit der Maßnahme im Sinne des Absatzes 1 Satz 2
unverzüglich vorzulegen.

1. Normzweck. Ein EFZAnspruch nach diesem G besteht auch unter den Voraussetzungen des § 9. Danach werden auch **Maßnahmen** einbezogen, die nicht auf einem Bewilligungsbescheid der Sozialleistungsträger beruhen, sondern nach einer **ärztl. Anordnung** durchgeführt werden. Die Vorschr. ist zul. durch Art. 38 des SGB IX v. 19.6.2001 (BGBl. I S. 1046) geänd. (s. Rn. 10). 1

2 Die Bestimmung regelt die EFZ bei einer Vorsorge- oder Rehabilitationsmaßnahme, bei der der AN nicht zugleich krank sein muss. Das geschieht dadurch, dass die für die krankheitsbedingte AU geltenden Regeln weitgehend für anwendbar erklärt werden. Die Fassung des § 9 stellt sicher, dass die bis zum Juni 1994 bestehenden **Ungleichbehandlungen** auch im Recht der Kuren (MüKoBGB/*Müller-Glöge* Rn. 1) beseitigt worden sind. Außerdem sind die Kurbegriffe dem sozialrechtl. Sprachgebrauch angeglichen worden. Daneben sind **„Schonungszeiten"**, die nach altem Recht nicht allen AN zustanden, jetzt insg. abgeschafft worden. Bei **ärztl. Verordnungen von Schonungszeiten** außerhalb des ges. Krankenversicherungsrechts kann sich ledigl. die Frage stellen, ob ein AN Anspruch auf Entgelt nach § 616 BGB hat. Das ist zu verneinen. Die Bestimmungen des § 9 und der §§ 7 I 2 und 10 BUrlG sind leges speciales; für § 616 BGB bleibt kein Raum (Staudinger/*Oetker* § 616 BGB Rn. 277; *Treber* Rn. 28).

3 **2. Maßnahmen.** In § 9 I wird das Begriffspaar der „Maßnahme der medizinischen Vorsorge oder Rehabilitation" sowohl bei den Bewilligungen durch ör. Sozialleistungsträger nach S. 1 als auch bei ärztl. VO nach S. 2 gebraucht. In **beiden Bereichen** ist darunter dasselbe zu verstehen (MüKoBGB/*Müller-Glöge* Rn. 3; *Schmitt* Rn. 23). Die mitunter im SozR erforderl., schwierige Abgrenzung der beiden Maßnahmen voneinander ist für die EFZ ohne Bedeutung. Arbeitsrechtl. genügt die Feststellung, dass eine von beiden Maßnahmen bewilligt bzw. angeordnet und dem G entspr. durchgeführt worden ist.

4 Das Adjektiv **„medizinisch"** bezieht sich nicht nur auf die Vorsorge-, sondern auch auf die Rehabilitationsmaßnahmen (MüKoBGB/*Müller-Glöge* Rn. 4; *Schmitt* Rn. 24). Deshalb entfallen Maßnahmen der **berufl. oder sozialen Rehabilitation** (BT-Drs. 12/5263 S. 15). Aus der Fassung des G ergibt sich weiter, dass die Maßnahmen medizinisch notwendig sein müssen. Davon kann bei einem Bewilligungsbescheid der ör. Leistungsträger ebenso wie bei einer ärztl. VO ausgegangen werden; es handelt sich aber in beiden Fällen nur um eine tats. Vermutung, deren Richtigkeit der die EFZ verweigernde AG durch entspr. Vortrag und Beweis (Täuschungshandlung von AN und/oder behandelndem Arzt; völlige Verkennung des sozialrechtl. Tatbestands durch Ärzte und Sozialleistungsträger) erschüttern kann (MüKoBGB/*Müller-Glöge* Rn. 4). Die Erfolgsaussichten sind aber regelm. verschwindend gering (zum alten Recht BAG 29.11.1973 AP LohnFG § 7 Nr. 2; 14.11.1979 AP LohnFG § 7 Nr. 4).

5 **a) Medizinische Vorsorge.** Medizinische Vorsorgeleistungen erbringen **Sozialleistungsträger** (Rn. 7), um eine **Schwächung der Gesundheit zu beseitigen**, die in absehbarer Zeit voraussichtl. zu einer Krankheit führen würde. Das geschieht durch Versorgung mit den für die Beseitigung der Schwächung notwendigen Arznei-, Verband-, Heil- und Hilfsmitteln, § 23 I Nr. 1 SGB V. Reichen diese Maßnahmen nicht aus, kann eine ambulante Vorsorgekur erforderl. sein, § 23 II SGB V. Genügen diese Leistungen nicht, kann die Krankenkasse eine Behandlung mit Unterbringung und Verpflegung erbringen, § 23 IV SGB V. Dabei handelt es sich um eine Maßnahme nach § 9 I 1. Als weiteres Bsp. sei die Vorsorgekur nach § 24 I SGB V genannt. Die Leistungen der medizinischen Vorsorge des vorst. Inhalts – Beseitigung der Schwächung in der Gesundheit – können neben den ör. Trägern auch die **privaten Träger** zusichern und gewähren (zur abw. Form der Anordnung Rn. 9). Dann liegt eine anspruchsbegründende Maßnahme für die EFZ vor, in diesem Fall nach § 9 I 2.

6 **b) Medizinische Rehabilitation.** Die medizinische Rehabilitation der **Krankenkassen** gehört zur Krankenbehandlung nach §§ 27 ff. SGB V. Sie kann mit Unterbringung und Verpflegung erbracht werden (§ 40 II SGB V), wenn Maßnahmen wie ambulante Krankenbehandlung einschl. ambulanter Rehabilitationsmaßnahmen nicht genügen, um die Ziele der Krankenbehandlung zu erreichen, § 40 I SGB V. Diese Maßnahmen werden von § 9 I 1 erfasst. **Rentenversicherungsträger** erbringen medizinische Rehabilitationsleistungen nach Maßgabe der §§ 9 ff. SGB VI. Soweit die Leistungen nach § 15 SGB VI erbracht werden, handelt es sich um Maßnahmen, für die ein EFZAnspruch nach § 9 I 1 besteht. Leistungen der **UVTräger** erfolgen iRd. Heilbehandlung nach Eintritt eines Versicherungsfalls nach den Bestimmungen der §§ 27, 33, 34 des ab 1.1.1997 die UVVorschr. der RVO ablösenden SGB VII. Als weiteres Bsp. für eine Maßnahme der medizinischen Rehabilitation sei die Heilbehandlung der **Versorgungsverw** nach § 11 II BVG genannt. Eine von einer **privaten Vers.** durchgeführte Maßnahme der medizinischen Rehabilitation liegt vor, wenn sie dies. Ziele verfolgt, wie sie in den Vorschr. über die von den ör. Trägern zu erbringenden Leistungen beschrieben sind (zur abw. Form der Bewilligung Rn. 9).

7 **3. Bewilligung und Durchführung. a) Bewilligung.** Für Leistungen der ges. **Krankenvers.** sind zust. die Orts-, Betriebs- und Innungskrankenkassen, die See-Betriebskasse, die landwirtschaftl. Krankenkassen, die Bundesknappschaft und die Ersatzkassen, § 21 II SGB I. Eine Aufzählung der Träger der ges. **UV** findet sich in § 22 II SGB I. Die Leistungsträger der ges. **Rentenvers.** sind in § 23 II SGB I genannt. Die Verwaltungsbehörden der **Kriegsopferversorgung,** die Leistungen nach dem BVG und den G erbringen, die auf das BVG verweisen, können entgeltfortzahlungspflichtige Maßnahmen bewilligen. Als **sonstige** (ör.) **Sozialleistungsträger,** die Kurmaßnahmen bewilligen können, kommen nur die Träger der **Sozialhilfe** in Betracht, §§ 36 ff. BSHG. IRd. arbeitsrechtl. EFZ erlangen ihre Bewilligungen aber regelm. keine Bedeutung, weil der in einem ArbVerh. tätige AN eine Ver-

sicherungsleistung in Anspruch nehmen kann, und dann Sozialhilfe wegen ihrer Subsidiarität nicht beansprucht werden kann. Keine Träger der medizinischen, sondern der berufl. Rehabilitation sind die **Hauptfürsorgestellen.** Private Krankenversicherungsträger und Einrichtungen der freien Wohlfahrtspflege sind keine Träger nach § 9 I 1 (FM/*Feichtinger* Rn. 31). Ihre Maßnahmen müssen die Voraussetzungen des § 9 I 2 erfüllen, soll der kurende AN einen EFZAnspruch erwerben.

Die Rechtsfolgen des § 9 I 1 und der in Bezug genommenen Vorschr. treten nur ein, wenn einer der vorst. (Rn. 7) genannten ör. Sozialleistungsträger einen **Bewilligungsbescheid** nach den Bestimmungen des SGB X erlassen hat. Wegen der Tatbestandswirkung des VA kann er von den Gerichten für Arbeitssachen nur auf Nichtigkeit überprüft werden; ansonsten müssen sie von einer anspruchsbegründenden Arbeitsverhinderung ausgehen (*Zeuner* FS Martens S. 531 f.; Staudinger/*Oetker* § 616 BGB Rn. 268; MüKoBGB/*Müller-Glöge* Rn. 7; Schaub/*Linck* § 99 Rn. 12; *Vogelsang* Rn. 743; **aA** wohl *Vossen* Rn. 423). **Unverzichtbar** für das Recht der EFZ ist nicht nur nach dem Wortlaut der Vorschr. die Abgabe eines Bewilligungsbescheids **vor Antritt** einer Maßnahme nach § 9 I 1 (FM/*Feichtinger* Rn. 32; KDHK/*Dunkl* Rn. 7; *Schmitt* Rn. 33 f.; *Vogelsang* Rn. 744; Staudinger/*Oetker* § 616 BGB Rn. 269; **aA** *Kunz/Wedde* Rn. 33 ff.). Das ergibt sich aus der Verweisung auf § 3 I. Denn nur mit dem ör. Bescheid ist der Tatbestand der Arbeitsverhinderung iSd. § 3 I eingetreten, wovon wiederum der EFZAnspruch abhängt (FM/*Feichtinger* Rn. 32). Hat der AN eine Maßnahme ohne Bescheid auf eigene Gefahr begonnen oder durchgeführt, so hat er entweder mit seinem AG einen unbezahlten Sonderurlaub vereinbart oder er befindet sich im Leistungsverzug. In beiden Fällen hat er keinen Anspruch auf EFZ. Diese schuldrechtl. Vorgaben können durch nachträgl. Bewilligung nicht mehr rückwirkend beseitigt werden (das übersehen *Kunz/Wedde* Rn. 34, die ein ungeschriebenes Leistungsverweigerungsrecht des AG annehmen). 8

Ist der AN nicht in der ges. Krankenvers. oder der ges. Rentenvers. versichert (Staudinger/*Oetker* § 616 BGB Rn. 270) und ist er auf die **Trägerschaft einer privaten Einrichtung** (Rn. 7) angewiesen oder will er die Kosten der Maßnahme selber tragen, so entfällt ein Bewilligungsbescheid. EFZ kann er nur erhalten, wenn die Maßnahme ärztl. verordnet ist, § 9 I 2. Dazu ist jeder approbierte Arzt befugt, den sich der AN frei wählen kann. Er ist nicht auf einen vom AG angegebenen Arzt oder einen Vertrauensarzt angewiesen. 9

b) Durchführung. Maßnahmen iSd. G lösten bis zum 30.6.2001 nur dann einen EFZAnspruch aus, wenn sie stationär (**Unterkunft und Verpflegung** wurden gestellt) durchgeführt wurden. Die nach den Vorschr. des SGB mögl. ambulanten Maßnahmen der Vorsorge und Rehabilitation genügten nicht (BAG 19.1.2000 NZA 2000, 773). Diese Rechtslage ist durch das Streichen des jeweiligen Wortes „stationär" in § 9 I 1 durch Art. 38 des SGB IX verändert. Seither lösen auch ambulante Maßnahmen den Anspruch auf EFZ aus. 10

Es ist zu unterscheiden, ob die Maßnahme nach § 9 I 1 oder § 9 I 2 durchgeführt wird. Die nach § 9 I 1 vom Träger der Sozialvers. oder einem sonstigen Sozialleistungsträger bewilligte (ambulante) Vorsorgekur muss in einer Einrichtung der medizinischen Vorsorge oder Rehabilitation durchgeführt werden, die den Anforderungen des **§ 107 II SGB V** entspricht, und darf keinen urlaubsmäßigen Zuschnitt haben (BAG 25.5.2016 – 5 AZR 298/15). Dem Gesetzgeber hätte es gut angestanden, ausdr. auf die Legaldefinition des § 107 II SGB V zu verweisen. Trotz dieses Versäumnisses ist davon auszugehen, dass die Durchführung einer Maßnahme in Einrichtungen minderen Anforderungsprofils einen EFZAnspruch nicht auslöst. Denn nur dann ist gesichert, dass der AG nicht mit Freistellungs- und EFZVerpflichtungen belastet wird, bei denen die Chance auf einen medizinische Erfolg nicht gegeben ist (*Schmitt* Rn. 29 ff.; Staudinger/*Oetker* § 616 BGB Rn. 267). 11

Werden die Maßnahmen aufgrund **ärztl. Anordnung** nach § 9 I 2 durchgeführt, kann die Behandlung nicht nur in Einrichtungen nach § 107 II SGB V durchgeführt werden, sondern es kommt auch eine vergleichbare Einrichtung in Betracht. Die **Vergleichbarkeit** ist an den Voraussetzungen des § 107 II zu messen (MüKoBGB/*Müller-Glöge* Rn. 11; Staudinger/*Oetker* § 616 BGB Rn. 271). Die Einrichtung muss ebenfalls der Beseitigung der Gesundheitsschwäche dienen oder beabsichtigen, Krankheiten zu heilen, deren Verschlimmerung zu verhüten, Krankheitsbeschwerden zu lindern oder den Behandlungserfolg zu sichern. Ausgeschlossen werden damit Einrichtungen, deren Maßnahmen zB der Gewichtsreduzierung oder der Kontrolle von übermäßigem Alkohol- oder Nikotingenuss dienen (das ist nicht zu verwechseln mit der Entziehungskur, bei der eine AU wegen Krankheit vorliegt, § 3 Rn. 5 und 27). Ferner muss das Fachpersonal den Anforderungen entspr. § 107 II Nr. 2 SGB V gewachsen sein. Die Einrichtung muss außerdem die sachl. Mittel zur Vfg. haben, um die Therapiemaßnahmen wenigstens annähernd so durchführen zu können, wie eine Einrichtung, die die Voraussetzungen des G unmittelbar erfüllt (a. dazu BAG 19.1.2000 NZA 2000, 773). 12

4. Die Bedeutung der Verweisung. Sind die Voraussetzungen des § 9 I 1 oder des § 9 I 2 gegeben, so ist ferner die Geltung der §§ 3 bis 4a sowie der §§ 6 bis 8 zu beachten. Das bedeutet iE: 13

a) Die Geltung des § 3. Da die Vorschr. des § 9 auch zur Anwendung kommen, wenn keine AU vorliegt, so bedarf es nur der Arbeitsverhinderung, die durch den Bescheid des ör. Sozialleistungsträgers herbeigeführt wird (Rn. 7). Die Verhinderung aufgrund der Maßnahme nach § 9 I muss auch die **monokausale Ursache** für die Arbeitsverhinderung sein. Es gelten die Ausführungen zu § 3 Rn. 14 14 bis 22. Erfolgt die Maßnahme deshalb, weil der AN die vorausgegangene AU und deshalb die Maßnahme oder (selten) die spätere Maßnahme als solche **schuldhaft** (§ 3 Rn. 23) herbeigeführt hat, so entfällt der Anspruch. Für die EFZ nach § 9 I gelten auch die Bestimmungen des § 3 über **Beginn, Dauer und Ende** des Anspruchs. So hat der AN keinen Zahlungsanspruch, wenn er die Wartezeit noch nicht im Betrieb des AG verbracht hat, oder wenn die Kur zur Ausheilung einer bereits 6 Wochen andauernden Krankheit bewilligt oder angeordnet wird, die auf demselben Grundleiden beruht (BAG 10.9.2014 NZA 2014, 1139). Wegen der Einzelheiten wird auf § 3 Rn. 33 bis 35 verwiesen. Von bes. Bedeutung ist der Ausschluss des Anspruchs, wenn die medizinische Maßnahme im **Zusammenhang** mit einer zuvor bestehenden Arbeitsverhinderung besteht. Dabei kann es sich um eine vorhergehende Maßnahme nach § 9 I handeln (zwei Vorsorgekuren in kurzen Abständen), doch regelm. geht der (Rehabilitations-)Maßnahme eine AU infolge Krankheit voraus. In diesem Fall ist nicht nur die Dauerbegrenzung des § 3 I 1, sondern auch der Wiederholungstatbestand des § 3 I 2 zu beachten (BAG 13.7.2005 AP EntgeltFG § 3 Nr. 25; MüKoBGB/*Müller-Glöge* Rn. 14). Zwischen vorhergehender AU und Kur aufgrund ders. Krankheit müssen die jeweiligen Zeiträume des § 3 I 2 Nr. 1 oder Nr. 2 liegen (*Vossen* Rn. 437 bis 440). Allerdings sind die von der Rspr. entwickelten Grds. zur Einheit des Verhinderungsfalls aufgrund des unterschiedl. Charakters der AU und der Vorsorge/Rehabilitation nicht übertragbar. Der bloße Umstand, dass eine Maßnahme nach § 9 mit einer AU zeitl. zusammentrifft, steht einer EFZ daher noch nicht entgegen (BAG 10.9.2014 NZA 2014, 1139). Wegen der Einzelheiten wird auf § 3 Rn. 36 bis 44 verwiesen. Eine Maßnahme, die infolge einer **anderen Körperschwäche** als der vorangehenden Erkrankung bewilligt oder verordnet wird, löst auch dann einen EFZAnspruch aus, wenn die in § 3 I 2 genannten Zeiträume noch nicht abgelaufen sind. Dieser ist ggü. dem AG des Versicherten nicht verpflichtet, dafür zu sorgen, dass eine auf ders. Krankheit beruhende Maßnahme der medizinischen Rehabilitation binnen sechs Monaten nach dem Ende der früheren Erkrankung begonnen wird, um einen erneuten EFZAnspruch unter dem Gesichtspunkt der wiederholten AU zu vermeiden (BAG 18.1.1995 AP LohnFG § 7 Nr. 8; MüKoBGB/*Müller-Glöge* Rn. 15).

15 **b) Die Geltung des § 4 und des § 4a.** Der AN, der sich einer Maßnahme der medizinischen Vorsorge oder Rehabilitation unterzieht, hat Anspruch auf Arbeitsentgelt, das nach den zu § 4 entwickelten Regeln zu berechnen ist. Sofern TV, BV oder einzelvertragl. Vereinb. eine entspr. Möglichkeit vorsehen, darf der AG Sondervergütungen iSd. § 4a (§ 4a Rn. 5) auch bei einer Maßnahme nach § 9 **kürzen** (*Bauer/Lingemann* BB 1996, Beil. 17, 8, 14; *Lorenz* DB 1966, 1973, 1976). Wegen der Einzelheiten wird auf die Kommentierung zu § 4a verwiesen.

16 **c) Die Geltung des § 6.** Hat ein **Dritter** den **Gesundheitszustand herbeigeführt,** der zu einer Vorsorge- oder Rehabilitationsmaßnahme geführt hat, so kann er vom AG nach denselben Grds. in Anspruch genommen werden wie bei Verursachung einer AU. Der Anwendungsbereich des § 6 dürfte iRd. § 9 klein sein, weil regelm. vor einer Kurmaßnahme eine längere von Dritten verursachte AU vorausgeht, für die der Dritte unmittelbar bis zum Ablauf der 6-Wochen-Frist in Anspruch genommen werden kann, es sei denn, die Rehabilitationsmaßnahme erfolgt nach Ablauf der Frist des § 3 I 2 Nr. 2 (Rn. 14).

17 **d) Die Geltung des § 7.** Das Recht der **endgültigen Leistungsverweigerung** nach § 7 I Nr. 1 steht dem AG a. bei der Durchführung einer Maßnahme der Vorsorge oder Rehabilitation zu, wenn der AN den Übergang eines Schadensersatzanspruchs nach § 6 verhindert (§ 7 Rn. 12 f.). Das Recht der **vorl. Weigerung** steht ihm zu, wenn der AN seinen Pflichten aus § 9 II nicht nachkommt. Bei der Verweisung auf § 7 iVm. § 5 I und II hat der Gesetzgeber übersehen, dass die Vorschr. des § 5 durch die Spezialregelung des § 9 II ersetzt sind, die allerdings keine andere Aussage treffen als die des § 5 I und II (Rn. 20 bis 23).

18 **e) Die Geltung des § 8.** Die **Beendigung des ArbVerh.** im Laufe der Vorsorge- oder Rehabilitationsmaßnahme hat wie bei der AU wegen Krankheit keinen Einfluss auf den EFZAnspruch, wenn einer der Tatbestände des § 8 gegeben ist (Einzelheiten bei § 8).

19 **f) Geltung weiterer Vorschriften.** Unerwähnt ist in der Aufzählung der anzuwendenden Vorschr. **§ 12 über die zwgd. Wirkung** der vorst. Bestimmungen des G. Der Hinweis war nicht notwendig, weil § 9 ohnehin von dieser Regelung erfasst wird. Die Nichterwähnung bedeutet jdf. nicht, dass von den Vorschr. des § 9 zu Ungunsten der AN abgewichen werden kann (FM/*Feichtinger* Rn. 36; *Schmitt* Rn. 46).

20 **5. Mitteilungs- und Nachweispflichten.** Abw. von § 5 wird in **§ 9 II** beschrieben, welche Verpflichtungen der AN bei einer sozialrechtl. bewilligten oder ärztl. verordneten medizinischen Vorsorge- oder Rehabilitationsmaßnahme hat. Die Bestimmung ist ggü. § 5 lex specialis und enthält eine **abgeschlossene Regelung** über Mitt. und Nachw. (MüKoBGB/*Müller-Glöge* Rn. 21; Staudinger/*Oetker* § 616 BGB Rn. 275; *Vossen* Rn. 441).

21 **a) Mitteilungspflichten.** Der AN hat seinen AG unverzügl. iSd. Legaldefinition des § 121 BGB zu informieren. Das bedeutet **nicht sofort,** sondern so rasch es die jeweiligen Umstände des Einzelfalls erlauben (§ 5 Rn. 6). Die Mitt. kann in allen gebräuchl. Formen erfolgen (MüKoBGB/*Müller-Glöge* Rn. 22; *Vossen* Rn. 443). Der arbeitsfähige AN wird die ges. Verpflichtung regelm. erfüllen, wenn er

bei der ersten Arbeitsaufnahme den AG informiert, nachdem er von der Bewilligung oder ärztl. VO erfahren hat. Der arbeitsunfähige AN kann noch am selben oder am nächsten Tag telefonieren, einen Boten schicken oder den AG selbst aufsuchen. Regelm. wird er in diesem Fall mit der Mitt. zugleich seinen Nachweispflichten (Rn. 22) nachkommen. Mitteilungsgegenstand ist das Datum des Kurantritts und die voraussichtl. Dauer der Maßnahme. Wird sie verlängert, gilt dasselbe.

b) Nachweispflichten. Es ist zu unterscheiden, ob ein Bewilligungsbescheid eines Sozialversicherungsträgers oder die Anordnung eines Arztes vorliegt. Hat ein **ör. Leistungsträger** (Rn. 5) die medizinische Maßnahme **bewilligt**, so hat der AN diesen Bescheid ohne schuldhaftes Zögern seinem AG vorzulegen. Der arbeitsfähige Mitarbeiter wird das regelm. am ersten Tag nach Übersendung des Bescheids mit der Arbeitsaufnahme tun; der an der Arbeitsleistung verhinderte AN genügt der Verpflichtung, wenn er nach Inf. des AG den Bescheid im Anschluss daran übersendet (FM/*Feichtinger* Rn. 58). Für **Folgebescheinigungen,** die an dieser Stelle des G nicht erwähnt sind, gilt nichts anderes (MüKoBGB/*Müller-Glöge* Rn. 23; *Schliemann* AuR 1994, 317, 325). Die Gestaltung des Bescheids obliegt dem Sozialleistungsträger. Da der AN darauf keinen Einfluss hat, kann der AG, der meint, der Bescheid müsse mehr Inf. enthalten, die EFZ nicht verweigern. Davon zu unterscheiden ist die Weigerung der EFZ, weil die Notwendigkeit der medizinischen Maßnahme bezweifelt wird. Insoweit bestehen die Rechte nach § 9 I iVm. § 7. Dasselbe gilt für die ärztl. Bescheinigung. Sobald der AN sie erhalten hat, muss er sie an den AG weitergeben. Der AG hat keine Möglichkeit, vom AN eine **Nachbesserung** der VO zu verlangen. 22

c) Rechtsfolgen einer Pflichtverletzung. Solange der AN einen Bewilligungsbescheid oder eine ärztl. Bescheinigung **nicht vorlegt,** kann der AG von seinem vorl. Leistungsverweigerungsrecht Gebrauch machen. Sobald der Nachw. aber vorliegt, muss er die EFZ nachentrichten (zum alten Recht BAG 5.5.1972 AP LohnFG § 7 Nr. 1). Davon ist die Fallgestaltung zu unterscheiden, dass der AN zunächst ohne Bescheid oder VO seiner Arbeit fernbleibt und dann einen nachträgl. erstellten Bescheid (VO) erwirkt. In diesem Fall besteht kein Anspruch (MüKoBGB/*Müller-Glöge* Rn. 24). Die Verletzung allein der Mitteilungspflicht begr. keine Leistungsverweigerung (Staudinger/*Oetker* § 616 BGB Rn. 275). Verspätete Nachw. können zu **Schadensersatzansprüchen** führen, wenn die der §§ 280 ff. BGB, vorliegen (BAG 5.5.1972 AP LohnFG § 7 Nr. 1 zum alten SchuldR). Das dürfte selten der Fall sein. Pflichtverletzungen können im Ausnahmefall **Kündigungen** nachziehen, zB wenn der AN nach Abmahnung zum wiederholten Mal wegen des Kurantritts der Arbeit fernbleibt, ohne die Bewilligung vorher anzuzeigen oder nachzuweisen. 23

§ 10 Wirtschaftliche Sicherung für den Krankheitsfall im Bereich der Heimarbeit

(1) [1] In Heimarbeit Beschäftigte (§ 1 Abs. 1 des Heimarbeitsgesetzes) und ihnen nach § 1 Abs. 2 Buchstabe a bis c des Heimarbeitsgesetzes Gleichgestellte haben gegen ihren Auftraggeber oder, falls sie von einem Zwischenmeister beschäftigt werden, gegen diesen Anspruch auf Zahlung eines Zuschlags zum Arbeitsentgelt. [2] Der Zuschlag beträgt

1. für Heimarbeiter, für Hausgewerbetreibende ohne fremde Hilfskräfte und die nach § 1 Abs. 2 Buchstabe a des Heimarbeitsgesetzes Gleichgestellten 3,4 vom Hundert,

2. für Hausgewerbetreibende mit nicht mehr als zwei fremden Hilfskräften und die nach § 1 Abs. 2 Buchstabe b und c des Heimarbeitsgesetzes Gleichgestellten 6,4 vom Hundert

des Arbeitsentgelts vor Abzug der Steuern, des Beitrags zur Bundesagentur für Arbeit und der Sozialversicherungsbeiträge ohne Unkostenzuschlag und ohne die für den Lohnausfall an gesetzlichen Feiertagen, den Urlaub und den Arbeitsausfall infolge Krankheit zu leistenden Zahlungen. [3] Der Zuschlag für die unter Nummer 2 aufgeführten Personen dient zugleich zur Sicherung der Ansprüche der von ihnen Beschäftigten.

(2) Zwischenmeister, die den in Heimarbeit Beschäftigten nach § 1 Abs. 2 Buchstabe d des Heimarbeitsgesetzes gleichgestellt sind, haben gegen ihren Auftraggeber Anspruch auf Vergütung der von ihnen nach Absatz 1 nachweislich zu zahlenden Zuschläge.

(3) Die nach den Absätzen 1 und 2 in Betracht kommenden Zuschläge sind gesondert in den Entgeltbeleg einzutragen.

(4) [1] Für Heimarbeiter (§ 1 Abs. 1 Buchstabe a des Heimarbeitsgesetzes) kann durch Tarifvertrag bestimmt werden, daß sie statt der in Absatz 1 Satz 2 Nr. 1 bezeichneten Leistungen die den Arbeitnehmern im Falle ihrer Arbeitsunfähigkeit nach diesem Gesetz zustehenden Leistungen erhalten. [2] Bei der Bemessung des Anspruchs auf Arbeitsentgelt bleibt der Unkostenzuschlag außer Betracht.

(5) [1] Auf die in den Absätzen 1 und 2 vorgesehenen Zuschläge sind die §§ 23 bis 25, 27 und 28 des Heimarbeitsgesetzes, auf die in Absatz 1 dem Zwischenmeister gegenüber vorgesehenen Zuschläge außerdem § 21 Abs. 2 des Heimarbeitsgesetzes entsprechend anzuwenden. [2] Auf die Ansprüche der fremden Hilfskräfte der in Absatz 1 unter Nummer 2 genannten Personen auf Entgeltfortzahlung im Krankheitsfall ist § 26 des Heimarbeitsgesetzes entsprechend anzuwenden.

1 **1. Normzweck.** Die Vorschr. dient der **wirtschaftl. Sicherung** der im Bereich der Heimarbeit Beschäftigten für den Krankheitsfall (zur Abgrenzung AN – in Heimarbeit Beschäftigte anschaul. BAG 14.6.2016 NZA 2016, 1453). Die EFZ an diesen Personenkreis nach den Maßstäben der §§ 4 ff. scheitert an der Art der Arbeitserledigung in selbstbestimmter AZ und an den schwankenden Bezügen. Deshalb ist wie im Urlaubsrecht eine den **Bedürfnissen des HeimArbR angepasste Sonderregelung** getroffen worden, wonach die Betroffenen einen Zuschlag zum Entgelt nach dem HeimArbR erhalten, der ihnen Rücklagen für Zeiträume der Krankheit ermöglichen soll (BAG 11.7.2006 NZA 2007, 1365). IÜ werden die in Heimarbeit versicherungspflichtigen Beschäftigten auf den sozialrechtl. Krankengeldanspruch nach den Bestimmungen der §§ 44 ff. SGB V verwiesen, § 5 I Nr. 1 SGB V iVm. § 12 I und II SGB IV (*Vossen* Rn. 690). Zuschlag und Krankengeld zusammen sichern die Bedürfnisse des erkrankten Heimarbeiters. Allerdings besteht der Anspruch nach § 10 unabhängig davon, ob der in Heimarbeit Beschäftigte versichert ist oder nicht (*Fenski* Rn. 172 unter Hinweis auf die Entsch. des BAG 21.4.1961 AP ArbKrankhG § 5 Nr. 1 zur Zuschlagsregelung im ArbeiterkrankheitsG; KDHK/*Hold* Rn. 1).

2 Die Norm enthält neben ihrer Grundaussage eine Bestimmung zur **Überwachung der Zahlungspflichten** (§ 10 III) sowie mit dem Verweis auf die anzuwendenden Vorschr. des HAG zum Entgeltschutz die Sicherung, dass die ges. Ansprüche auch durchgesetzt werden können. Ferner gestattet das G in begrenztem Maß (Rn. 10) anderweite Regelungen der EFZ infolge krankheitsbedingter AU in TV und damit eine Anpassung an die EFZ wie bei AN.

3 **2. Zuschlag zum Arbeitsentgelt nach Abs. 1.** Die Regelungen des § 10 I finden Anwendung für **Heimarbeiter, Hausgewerbetreibende und ihnen gleichgestellte Personen**. Die Begriffe bestimmen sich nach den Legaldefinitionen des HAG. Diese gelten uneingeschränkt im Bereich des § 10. Wegen der Einzelheiten wird auf die Erl. zu BUrlG § 12 Rn. 3 ff. verwiesen. Anspruchsgegner für den Zuschlag sind die **Auftraggeber oder die Zwischenmeister** (vgl. BUrlG § 12 Rn. 7). **Hausgewerbetreibende** können auch Auftraggeber sein, wenn sie ihrerseits Heimarbeiter einsetzen (MüKoBGB/*Müller-Glöge* Rn. 3; *Schmitt* Rn. 36; *Vossen* Rn. 696).

4 Der Zuschlag zum Arbeitsentgelt der in Heimarbeit Beschäftigten ist selbst **Arbeitsentgelt** (FM/*Feichtinger* Rn. 26; KDHK/*Hold* Rn. 28; MüKoBGB/*Müller-Glöge* Rn. 4; *Schmitt* Rn. 29; *Vossen* Rn. 697); es ist dementspr. zu behandeln. Es genießt den weiteren Schutz des HeimArbR (Rn. 7 f.). Der Anspruch entsteht und wird fällig unabhängig von einer krankheitsbedingten AU des Heimarbeiters (allgM: *Fenski* Rn. 172; *Schmitt* Rn. 29; *Otten* NZA 1995, 289, 293). Der Zuschuss ist nicht selbst EFZ, sondern zusätzl. Betrag, der zur wirtschaftl. Sicherung gedacht ist, dafür aber **nicht verwendet** werden muss. Deshalb ist er jeweils **mit dem fälligen lfd. Entgelt** auszuzahlen (*Schmitt* Rn. 29; *Vossen* Rn. 698). Ob der Heimarbeiter ihn zur Befriedigung seiner lfd. Bedürfnisse verwendet oder als Sicherungsbetrag für Krankheitszeiten an- oder zurücklegt, bleibt ihm eigenverantwortl. überlassen (KDHK/*Hold* Rn. 2; MüKoBGB/*Müller-Glöge* Rn. 5; krit. zu dieser Konzeption des Gesetzgebers *Kunz/Wedde* Rn. 3 f.). Eine Kontrolle findet nicht statt.

5 Die in Heimarbeit **Beschäftigten ohne fremde Hilfskräfte** erhalten einen Zuschlag iHv. 3,4% des nach heimarbeitsrechtl. Bestimmungen oder Vereinb. zu zahlenden Arbeitsentgelts. Es handelt sich dabei um den **„Bruttobetrag"**, weil die Berechnung des Zuschlags erfolgt, bevor die Steuern, der Beitrag zu BA und die Sozialversicherungsbeiträge abgezogen werden. Allerdings wird der Bruttobetrag bereinigt um die Unkostenzuschläge (Beträge des Auftraggebers für Energie, Anschaffung und Reparatur eigener Werkzeuge, Anschaffung von Roh- und Hilfsstoffen uä.) sowie die Leistungen nach § 11 II, das Urlaubsentgelt nach § 12 BUrlG und den Betrag nach dieser Vorschr. (BAG 11.7.2006 AP HAG § 29 Nr. 5). **Hausgewerbetreibende** und die ihnen **Gleichgestellten** mit nicht mehr als zwei fremden Hilfskräften iSd. § 2 VI HAG erhalten nach ders. Berechnungsmethode wie bei Heimarbeitern einen Zuschuss von 6,4%. Der höhere Betrag rechtfertigt sich, weil er zugleich zur wirtschaftl. Sicherung der von ihnen Beschäftigten dient.

6 **3. Zuschläge nach Abs. 2.** Die den in Heimarbeit Beschäftigten gleichgestellten **Zwischenmeister** erhalten keine Zuschläge. Sie sind keine arbeitnehmerähnl. Personen, sondern Unternehmer, nur wegen ihrer Schutzbedürftigkeit den Heimarbeitern oder Hausgewerbetreibenden gleichgestellt, § 2 III HAG iVm. § 1 II d HAG. Da sie aber ihrerseits Heimarbeiter, Hausgewerbetreibende oder die ihnen Gleichgestellte beschäftigen können und dann den Ansprüchen dieses Personenkreises ausgesetzt sind, § 10 I 1, schulden ihnen die Auftraggeber die Zuschläge, die sie an ihre Beschäftigten weiterzugeben haben. Es handelt sich um einen eigenen Anspruch der gleichgestellten Zwischenmeister, nicht um einen Anspruch der bei ihm Beschäftigten, den nur sie geltend zu machen haben. Entspr. ist im Streitfall die Zahlung an sie, nicht an die von ihnen Beschäftigten durchzusetzen, wobei auch insoweit die Prozessstandschaft des jeweiligen Landes nach § 25 HAG in Betracht kommt (Rn. 8). Die **nicht gleichgestellten Zwischenmeister** haben überhaupt keinen Anspruch gegen ihre Auftraggeber. Sie tragen das unternehmerische Risiko, das Arbeitsentgelt und die Zuschläge aus dem eigenen Umsatz zahlen zu müssen.

7 **4. Die Sicherung der Zuschläge. a) Eintragung in den Entgeltbeleg.** Die Auftraggeber und die Zwischenmeister haben die geleisteten Zuschläge in die Entgeltbelege nach § 9 HAG einzutragen,

§ 10 III (Einzelheiten in der Ersten **DVO zum HAG** v. 27.1.1976 [BGBl. I S. 221]). Die Bestimmung dient ferner der Überwachung der Zahlungsverpflichtungen durch den Betroffenen, aber auch der Überwachung durch die Entgeltprüfer in den Landesbehörden (Rn. 8). Sie erleichtert die **Beweisführung** über die ordnungsgemäße Zahlung der Zuschläge. Mit den Eintragungen kann der Auftraggeber oder der Zwischenmeister nachweisen, dass er Entgelte berechnet und ausgezahlt hat (*Schmitt* Rn. 41 ff.; *Vossen* Rn. 700). Behaupten sie eine höhere Leistung, so kann zwar versucht werden, den Beweis mit anderen Mitteln zu führen (BAG 21.1.1965 AP HAG § 1 Nr. 1). Regelm. wird aber in die Beweiswürdigung einfließen, dass sich der Verpflichtete zuvor pflichtwidrig verhalten hat (BAG 13.3.1963 AP HAG § 20 Nr. 1).

b) Die Geltung des Siebten und Achten Abschnitts des HAG. Durch die Anordnung der entspr. 8
Anwendung der §§ 23 bis 25, 27 und 28 HAG unterliegt der Zuschlag nach § 10 I und II ders. Obhut des jeweiligen Bundeslandes wie die regulären Entgelte und das Urlaubsentgelt der in Heimarbeit Beschäftigten (KDHK/*Hold* Rn. 41 ff.; MüKoBGB/*Müller-Glöge* Rn. 8). Sie wird durchgeführt durch die Prüfung nach § 23 HAG, die Aufforderung zur Nachzahlung bei nicht ausreichender Erfüllung der Entgeltvorschr. durch die Auftraggeber nach § 24 HAG und durch die Einreichung einer Klage des Landes im eigenen Namen nach § 25 HAG. Außerdem unterliegt der Zuschlag dem **Pfändungsschutz** wie das reguläre Entgelt. Alle Beteiligten unterliegen der umfassenden **Auskunfts- und Aufklärungspflicht** des § 28 HAG. Bei der Beteiligung eines Zwischenmeisters besteht die Gefahr, dass dieser die vom Auftraggeber geleisteten Beträge nicht an die Heimarbeiter weitergibt. Wenn der Auftraggeber weiß oder wissen musste, dass der Zwischenmeister unzuverlässig ist, weil er sich zB in der Vergangenheit so erwiesen hat oder weil er sich in bekannten wirtschaftl. Schwierigkeiten befindet, so haftet der Auftraggeber neben dem Zwischenmeister als Gesamtschuldner auf den Zuschlag nach § 10 I, § 21 II, 2. Satzhälfte HAG. Dasselbe gilt, wenn der Auftraggeber nicht ausreichende Entgelte an den Zwischenmeister zahlt und weiß oder wissen musste, dass die Beträge nach den bekannten Entgeltregelungen, der Anzahl der Beschäftigten und deren Arbeitsleistung nicht ausreicht, § 21 II, 1. Hs. HAG. Die fremden Hilfskräfte kommen auch hins. des Zuschlags nach § 10 I in den Genuss der Schutzvorschr. des § 26 HAG, auf den § 10 V 2 verweist.

5. Tarifverträge. Das G enthält eine Tariföffnungsklausel für einen **Teilbereich.** Insoweit sind die 9
Vorschr. nicht zwgd., sondern tarifdispositiv. BV oder einzelvertragl. Abweichungen sind dagegen nicht gestattet (MüKoBGB/*Müller-Glöge* Rn. 10; *Schmitt* Rn. 46). Die denkbaren TV, wobei nach zutr. hM (*Schmitt* Rn. 46; *Vossen* Rn. 703) die ggü. dem TVG erweiterte Definition des § 17 I HAG zugrunde zu legen ist (BUrlG § 12 Rn. 21), haben Folgendes zu beachten:

TV können nicht für alle in Heimarbeit beschäftigten Bestimmungen zur wirtschaftl. Sicherung 10
Regelungen enthalten, sondern nach dem eindeutigen Wortlaut des § 10 IV 1 **nur für die Heimarbeiter** nach § 1 I a, § 2 I HAG. Für die Geltung der Tarifnormen gelten dann die Regeln des TVRechts zB über die Tarifbindung (*Schmitt* Rn. 50). So gelten die Tarifbestimmungen, wenn die Parteien des Heimarbeitsrechtsverhältnisses Mitglied einer vertragsschließenden TVPartei sind bzw. selbst TVPartei sind und bei AVE. Entgegen der hM können TV auch einzelvertragl. in Bezug genommen werden. § 12 steht nicht entgegen (wie hier *Kunz/Wedde* Rn. 72 f.; MüKoBGB/*Müller-Glöge* Rn. 11; **aA** KDHK/*Hold* Rn. 39; *Schmitt* Rn. 49 und *Vossen* Rn. 704). Die Tarifdispositivität bezieht sich ledigl. auf **die Art der EFZ**. Statt eines Zuschusses kann die Leistung einer EFZ nach den §§ 3 ff. versprochen werden, wobei der Unkostenzuschlag (Rn. 5) stets unberücksichtigt bleiben muss, weil es sich dabei um dem Aufwendungsersatz vergleichbare Leistungen des Auftraggebers handelt. Andere Bereiche des G können ohnehin nicht tarifl. geregelt werden (*Schmitt* Rn. 48). So kann zB der Ausschluss der EFZ bei Verschulden des Heimarbeiters oder eine Begrenzung des Anspruchs auf 6 Wochen nicht geregelt werden. Denn mit der Berechnungsumstellung darf keine Verschlechterung der Heimarbeiter ggü. dem heimarbeitsrechtl. Anspruch nach § 10 I verbunden sein. Dieser ist aber nicht an die weiteren Voraussetzungen des EFZG geknüpft.

§ 11 Feiertagsbezahlung der in Heimarbeit Beschäftigten

(1) [1]Die in Heimarbeit Beschäftigten (§ 1 Abs. 1 des Heimarbeitsgesetzes) haben gegen den Auftraggeber oder Zwischenmeister Anspruch auf Feiertagsbezahlung nach Maßgabe der Absätze 2 bis 5. [2]Den gleichen Anspruch haben die in § 1 Abs. 2 Buchstabe a bis d des Heimarbeitsgesetzes bezeichneten Personen, wenn sie hinsichtlich der Feiertagsbezahlung gleichgestellt werden; die Vorschriften des § 1 Abs. 3 Satz 3 und Abs. 4 und 5 des Heimarbeitsgesetzes finden Anwendung. [3]Eine Gleichstellung, die sich auf die Entgeltregelung erstreckt, gilt auch für die Feiertagsbezahlung, wenn diese nicht ausdrücklich von der Gleichstellung ausgenommen ist.

(2) [1]Das Feiertagsgeld beträgt für jeden Feiertag im Sinne des § 2 Abs. 1 0,72 vom Hundert des in einem Zeitraum von sechs Monaten ausgezahlten reinen Arbeitsentgelts ohne Unkostenzuschläge. [2]Bei der Berechnung des Feiertagsgeldes ist für die Feiertage, die in den Zeitraum vom 1. Mai bis 31. Oktober fallen, der vorhergehende Zeitraum vom 1. November bis 30. April und für

die Feiertage, die in den Zeitraum vom 1. November bis 30. April fallen, der vorhergehende Zeitraum vom 1. Mai bis 31. Oktober zugrunde zu legen. [3]Der Anspruch auf Feiertagsgeld ist unabhängig davon, ob im laufenden Halbjahreszeitraum noch eine Beschäftigung in Heimarbeit für den Auftraggeber stattfindet.

(3) [1]Das Feiertagsgeld ist jeweils bei der Entgeltzahlung vor dem Feiertag zu zahlen. [2]Ist die Beschäftigung vor dem Feiertag unterbrochen worden, so ist das Feiertagsgeld spätestens drei Tage vor dem Feiertag auszuzahlen. [3]Besteht bei der Einstellung der Ausgabe von Heimarbeit zwischen den Beteiligten Einvernehmen, das Heimarbeitsverhältnis nicht wieder fortzusetzen, so ist dem Berechtigten bei der letzten Entgeltzahlung das Feiertagsgeld für die noch übrigen Feiertage des laufenden sowie für die Feiertage des folgenden Halbjahreszeitraumes zu zahlen. [4]Das Feiertagsgeld ist jeweils bei der Auszahlung in die Entgeltbelege (§ 9 des Heimarbeitsgesetzes) einzutragen.

(4) [1]Übersteigt das Feiertagsgeld, das der nach Absatz 1 anspruchsberechtigte Hausgewerbetreibende oder im Lohnauftrag arbeitende Gewerbetreibende (Anspruchsberechtigte) für einen Feiertag auf Grund des § 2 seinen fremden Hilfskräften (§ 2 Abs. 6 des Heimarbeitsgesetzes) gezahlt hat, den Betrag, den er auf Grund der Absätze 2 und 3 für diesen Feiertag erhalten hat, so haben ihm auf Verlangen seine Auftraggeber oder Zwischenmeister den Mehrbetrag anteilig zu erstatten. [2]Ist der Anspruchsberechtigte gleichzeitig Zwischenmeister, so bleibt hierbei das für die Heimarbeiter oder Hausgewerbetreibenden empfangene und weiter gezahlte Feiertagsgeld außer Ansatz. [3]Nimmt ein Anspruchsberechtigter eine Erstattung nach Satz 1 in Anspruch, so können ihm bei Einstellung der Ausgabe von Heimarbeit die erstatteten Beträge auf das Feiertagsgeld angerechnet werden, das ihm auf Grund des Absatzes 2 und des Absatzes 3 Satz 3 für die dann noch übrigen Feiertage des laufenden sowie für die Feiertage des folgenden Halbjahreszeitraumes zu zahlen ist.

(5) Das Feiertagsgeld gilt als Entgelt im Sinne der Vorschriften des Heimarbeitsgesetzes über Mithaftung des Auftraggebers (§ 21 Abs. 2), über Entgeltschutz (§§ 23 bis 27) und über Auskunftspflicht über Entgelte (§ 28); hierbei finden die §§ 24 bis 26 des Heimarbeitsgesetzes Anwendung, wenn ein Feiertagsgeld gezahlt ist, das niedriger ist als das in diesem Gesetz festgesetzte.

1 **1. Normzweck und Norminhalt.** Die in Heimarbeit Beschäftigten erhalten nicht nur keine EFZ wie AN, sondern a. keine Feiertagslohnzahlung nach § 2. Zum Ausgleich erhalten sie ein **pauschaliertes Feiertagsgeld,** wozu der Gesetzgeber in gleicher Weise wie in § 10 eine den Bedürfnissen der Heimarbeit angepasste Vorschr. erlassen hat. Sie ist wegen der Vielfalt der zu regelnden Tatbestände unübersichtl. und für ihre Bedeutung zu umfangr. Das G beschreibt in seinem Abs. 1 den Kreis der Berechtigten und Verpflichteten; § 11 II behandelt den Anspruch auf Feiertagsgeld und seine **Berechnung,** ergänzt um die Bestimmung über die **Leistungsmodalitäten** in § 11 III. Es folgt ein Abs. mit Sonderregelungen für Hausgewerbetreibende oder im Lohnauftrag arbeitende Gewerbetreibende. Im letzten Abs. findet sich schließl. die aus § 10 und § 12 BUrlG bekannte Vorschr. über die Anwendung der heimarbeitsrechtl. Schutzvorschr. auf das bes. Entgelt des Feiertagsgeldes.

2 **2. Anspruchsberechtigte und Anspruchsverpflichtete.** Zum anspruchsberechtigten Personenkreis gehören die in § 1 I HAG genannten Personen. Das sind die **Heimarbeiter** und die **Hausgewerbetreibenden** (zu den Definitionen vgl. BUrlG § 12 Rn. 3 ff.). Feiertagsgeld haben auch die in § 1 II a bis d HAG genannten Personen (**Heimarbeiterähnl. Personen,** Hausgewerbetreibende mit mehr als 2 Hilfskräften, im Lohnauftrag tätige Gewerbetreibende und Zwischenmeister [Definitionen BUrlG § 12 Rn. 3 ff.]) zu bekommen, sofern sie in dem nach § 1 IV und V HAG durchgeführten Gleichstellungsverf. auch hins. der Feiertagsbezahlung gleichgestellt worden sind. Davon ist nicht nur auszugehen, wenn die Gleichstellung insoweit ausd. ausgesprochen worden ist. Eine sich allg. auf die Entgeltregelung erstreckende Gleichstellung umfasst auch die Gleichstellung in der Feiertagsbezahlung, sofern sie nicht ausdr. ausgenommen ist, § 1 I 3. Das ist rechtl. mögl. Die Gleichstellung hins. der Feiertagsbezahlung darf näml. für bestimmte Personengruppen oder Gewerbezweige oder Beschäftigungsarten allg. oder räuml. begrenzt werden. Sogar bestimmte Personen dürfen gleichgestellt und damit alle anderen Personen dieses Bereichs ausgeklammert werden, § 1 I 2 iVm. § 1 III 3 HAG. Es ist zu beachten, dass mit der Vorschr. des § 11 I 2 anders als in § 10 auch die **gleichgestellten Zwischenmeister** in den Genuss einer Feiertagsvergütung kommen.

3 Schuldner des Feiertagsgeldes sind die **Auftraggeber und die Zwischenmeister,** sofern für sie in Heimarbeit Beschäftigte tätig sind. Sind die Zwischenmeister auch hins. der Entgeltregelung den Heimarbeitern gleichgestellt, so haben sie einen Anspruch nach § 11 gegen ihren Auftraggeber, sind aber zugleich den bei ihnen Beschäftigten zur Zahlung verpflichtet. Es handelt sich hierbei nicht um einen **„Durchlaufbetrag"** wie bei § 10, sondern um einen eigenständigen Anspruch und eine eigenständige Verpflichtung des Zwischenmeisters.

4 **3. Inhalt und Umfang des Anspruchs. a) Anspruchsvoraussetzungen.** Die anspruchsberechtigten in Heimarbeit Beschäftigten können für den Feiertag das ges. Feiertagsgeld verlangen, an dem die **Arbeit allein** wegen des an diesem Tag bestehenden Arbeitsverbots **ausfällt** (MüKoBGB/*Müller-Glöge* Rn. 4). Zwar ist diese Kausalitätsvoraussetzung dem G unmittelbar nicht zu entnehmen; das Adjektiv

„jeder" scheint zu suggerieren, dass es darauf anders als nach § 2 nicht ankommt. Der Wortlaut ist aber unvollständig und muss durch eine systematische Auslegung ergänzt und teleologisch reduziert werden. Der Gesetzgeber hat dem Heimarbeiter keineswegs einen Anspruch unabhängig vom Arbeitsausfall durch den Feiertag gewähren wollen, wie der Vergleich mit § 2 sowie mit § 10 und der ausdr. Hinweis auf den Feiertag iSd. § 2 I zeigt. Der inhaftierte Heimarbeiter, der tats. seine Arbeiten für den Auftraggeber nicht ausführen kann, soll ebenso wenig Feiertagsgeld erhalten, wie derjenige, der aus Rechtsgründen (zB an einem Sonntag, § 9 I ArbZG) nicht arbeiten darf. Allerdings folgt daraus zugleich, dass der Anspruch entsteht, wenn der Heimarbeiter an dem Sonntag berechtigterweise gearbeitet hätte und nur durch die gebotene Feiertagsruhe daran gehindert wird. Mit diesem Verständnis des Begriffs „jeder Feiertag" erübrigt sich der Streit, ob § 11 II ledigl. eine Norm zur Höhe und wegen der Anspruchsvoraussetzungen auf § 2 zurückzugreifen ist, oder ob § 11 II eine abschl. Norm ist (BAG 26.7.1979 AP FeiertagslohnzahlungsG § 1 Nr. 34; vgl. die Darst. der Meinungen im Schrifttum bei *Schmitt* Rn. 31 ff.).

b) Anspruchsumfang. Das Feiertagsgeld beträgt für alle Anspruchsberechtigten gleichermaßen 0,72% vom durchschnittl. Arbeitsentgelt ohne Unkostenzuschläge (§ 10 Rn. 5) in einem wechselnden Halbjahreszeitraum. Maßgebend ist wie bei der Berechnung nach § 10 der **„Bruttobetrag"** (§ 10 Rn. 5), auch wenn sich das G in dieser Vorschr. darüber nicht so konkret verhält wie in § 10 I 2 (MüKoBGB/*Müller-Glöge* Rn. 5; *Schmitt* Rn. 41). Der Begriff des „ausgezahlten reinen Arbeitsentgelts" ist nicht als Nettobetrag nach Abzug von Steuern und Sozialversicherungsbeträgen zu verstehen. Das G beschreibt **zwei unterschiedl. Halbjahreszeiträume**, deren Heranziehung sich nach der Fälligkeit der Feiertagsgeldleistung richtet. Für die Bezahlung im Hinblick auf den 1. Mai, Himmelfahrt, Pfingsten, Fronleichnam, Mariä Himmelfahrt, den Tag der Dt. Einheit und den Reformationstag ist der Verdienst der vorangegangenen Monate November bis April als Ausgangswert zu errechnen. Für die weiteren Wochenfeiertage des jeweiligen Bundeslandes ist eine Summe aus dem Verdienst in den Monaten Mai bis November zu bilden, um die geschuldete Feiertagssumme zu errechnen. Diese ges. Anordnung bewirkt eine zweimalige Berechnung des AG, nicht etwa eine Berechnung vor jedem Feiertag. Sie hat für den Heimarbeiter den Vorteil, dass durch das Zugrundelegen eines langen Zeitraums Schwankungen im Verdienst nicht durchschlagen und somit der Sonderbetrag kalkulierbar bleibt. Die ges. Regelung ist zugeschnitten auf das lfd. BeschVerh. zwischen Heimarbeiter und Auftraggeber oder Zwischenmeister. Ledigl. § 11 II 3 ordnet an, dass das Feiertagsgeld auch in dem Halbjahr zu zahlen ist, in dem keine Beschäftigung in Heimarbeit mehr stattfindet. Daraus ist zu schließen, dass der Heimarbeiter in der Zeit eines Halbjahrs, in der er keine Vorverdienste als Bezugsgröße aufzuweisen hat, noch kein Feiertagsgeld bekommt. Durch den bes. Berechnungsmodus des § 11 II findet die Bezahlung nicht parallel zum Bestand des BeschVerh., sondern um ein halbes Jahr verschoben statt (MüKoBGB/*Müller-Glöge* Rn. 5; *Schmitt* Rn. 44). 5

4. Fälligkeit. Das Feiertagsgeld ist im regelm. lfd. BeschVerh. vom Auftraggeber oder Zwischenmeister mit der letzten Entgeltzahlung **vor dem Feiertag** zu begleichen, § 11 III 1. **Nur** für den Fall, dass in dem für die Entgeltzahlung vor dem Feiertag maßgebl. Zeitraum keine Heimarbeiten ausgeführt worden sind, das HeimArbVerh. aber nicht beendet worden ist oder beendet werden soll, kommt die Regelung des § 11 III 2 zu Anwendung. Der Verpflichtete muss spätestens drei Tage vor dem Feiertag den Feiertagsgeldbetrag entrichten. Besteht bei der Abgabe einer Produktion aus Heimarbeit zwischen den Partnern des HeimArbVerh. Einvernehmen, dass die Vergabe von Aufträgen nicht nur unterbrochen werden, sondern beendet werden soll, so ist dem Berechtigten bei der letzten Entgeltzahlung auch das gesamte **noch offene Feiertagsgeld** zu zahlen. Das sind die Beträge für die Feiertage des lfd. Halbjahrs und des nachf. Halbjahrs, § 11 III 3. Dasselbe gilt, wenn sich die Parteien des HeimArbVerh. bei Abgabe eines Werkes einig sind, dass nur eine Unterbrechung folgt, danach aber Einvernehmen erzielt wird, dass **zukünftig keine Aufträge** mehr vergeben werden (MüKoBGB/*Müller-Glöge* Rn. 7). Zunächst kommt nur § 11 III 2 zur Anwendung; bei Herstellung des nachf. Einvernehmens werden nun die in § 11 III 3 genannten Beträge fällig (*Schmitt* Rn. 51). 6

5. Eintragungspflicht. Wie stets im HeimArbR sind alle Leistungen der Auftraggeber und Zwischenmeister, also auch die Feiertagsgeldbeträge in den **Entgeltbelegen** nach § 9 HAG zu dokumentieren. Das hat bei der Auszahlung zu geschehen, § 11 III 4 (s. § 10 Rn. 7). 7

6. Sonderregelungen nach Absatz 4. Hausgewerbetreibende und im Lohnauftrag arbeitende Gewerbetreibende sind einerseits Anspruchsberechtigte nach § 11 I; sie sind aber ggü. ihren fremden Hilfskräften auch anspruchsverpflichtet. Die zu fordernden und die zu leistenden Beträge müssen nicht identisch sein. In diesem Fall greift § 11 IV ein. Hat der Hausgewerbetreibende oder Gewerbetreibende ein Defizit, so hat er einen **Ausgleichsanspruch** nach § 11 IV 1. Ist er zugleich Zwischenmeister, so gilt die bes., einschränkende Berechnungsbestimmung des § 11 IV 2. Der **Vermeidung von Doppelansprüchen** des berechtigten Personenkreises dient § 11 IV 3. Er findet bei der Einstellung der Ausgabe von Heimarbeit Anwendung. Die dann noch ausstehenden Ansprüche auf Feiertagsgeld für die restl. Feiertage des lfd. Halbjahrs und des nachf. Halbjahrs nach § 11 II und III (Rn. 9) können mit ggf. bestehenden Erstattungsansprüchen nach § 11 IV 1 verrechnet werden. 8

9 **7. Anwendbare Vorschriften.** Das Feiertagsgeld nach § 11 genießt **denselben Schutz** wie andere Entgelte im HeimArbR. Wegen der Einzelheiten wird auf § 10 Rn. 7f. verwiesen.

§ 12 Unabdingbarkeit

Abgesehen von § 4 Abs. 4 kann von den Vorschriften dieses Gesetzes nicht zuungunsten des Arbeitnehmers oder der nach § 10 berechtigten Personen abgewichen werden.

1 **1. Normzweck.** Das Abweichungsverbot des § 12 sichert den ges. Mindeststandard auf dem Gebiet der EFZ im Krankheitsfall und an Feiertagen. Es eröffnet den anderen arbeitsrechtl. Rechtsquellen des ArbR wie **TV, BV und vertragl. Vereinb.** mit einer Ausnahme nur die Möglichkeit einer für den AN günstigeren Regelung. Die Vorschr. beruht auf dem Text des GE der Regierungsfraktionen (BT-Drs. 13/4612); sie ist seither nicht verändert worden.

2 **2. Umfang des Verbots.** Das Verbot des § 12 wirkt in **drei Richtungen**. Es wendet sich an alle Beteiligten des Arbeitslebens, die in der Lage sind, abw. Regelungen zu schaffen. Es benennt den Gegenstand, den es sichern will, näml. die Vorschr. dieses G mit Ausnahme der in § 4 IV geregelten Bemessungsgrdl. für die EFZ im Krankheitsfall (dazu vgl. insb. BAG 9.10.2002 NZA 2003, 978). Schließl. schränkt sie das Verbot nur auf die den AN ungünstigeren Regelungen ein. Von diesen Rechtsfragen ist die Frage nach dem Tatbestand zu unterscheiden, ob überhaupt eine abw. Vereinb. getroffen worden ist (BAG 23.1.2008 NZA 2008, 595).

3 **a) Abweichungen von diesem Gesetz.** Von § 12 bleiben die Möglichkeiten unberührt, von EFZBestimmungen in anderen G abzuweichen. Das gilt namentl. für die Regelung in § 616 BGB (BGB § 616 Rn. 13). Geschützt sind nur die Ansprüche der AN iSd. G und der in Heimarbeit Beschäftigten auf EFZ im Krankheitsfall und an Feiertagen. Ledigl. tarifvertragl. Vorschr. über die Bemessungsgrdl. nach § 4 IV sind von dem Verbot nicht betroffen. Zum Umf. der Abweichungsmöglichkeiten vgl. § 4 Rn. 23 bis 27. Zu den Grenzen der Öffnungsklausel BAG 24.3.2004 NZA 2004, 1042. **Keine Abweichung** iSd. G ist das Verlangen des AG nach **§ 5 I 3** zum vorzeitigen Nachw. Es handelt sich um den Vollzug einer ges. vorgesehen Möglichkeit, anders als im Regelfall des § 5 I 2 zu verfahren (MüKoBGB/*Müller-Glöge* Rn. 5). Deshalb kann vertragl. wie normativ bestimmt werden, ob und unter welchen Voraussetzungen der AN verpflichtet ist, nach § 5 I 3 AUB vorlegen zu müssen (BAG 25.1.2000 AP BetrVG 1972 § 87 Ordnung des Betriebes Nr. 3; 26.2.2003 AP EntgeltFG § 5 Nr. 8). Tarifl. Normen über den **Verfall von Forderungen (Ausschlussfristen)** sind nicht als Abweichungen iSd. § 12 anzusehen (BAG 16.1.2002 NZA 2002, 746; 25.5.2005 NZA 2005, 1111). Sie betreffen nicht den durch die Normen des G gestalteten Inhalt der Rechte des AN, sondern ledigl. den zeitl. Bestand von entstandenen Ansprüchen.

4 **b) Art der Abweichung.** Das Verbot des § 12 betrifft nicht nur die von TVParteien und Betriebspartnern gesetzten Normen, sondern auch und gerade die vertragl. Vereinb. einzelner Vertragsparteien. Die Gefahr einer GVerletzung ist in diesem Bereich bes. groß. Außerdem haben sich die Heimarbeitsausschüsse bei der Verabschiedung der bindenden Festsetzungen nach § 19 HAG an die ges. Mindestvorgaben zu halten. Zu den abw. Vereinb. der Vertragsparteien gehören auch der **Erlassvertrag** nach § 397 I BGB und das **negative Schuldanerkenntnis** nach § 397 II BGB, die Inhalt eines Vergleichs nach § 779 BGB oder Bestandteil einer **Ausgleichsquittung** sein können; sie werden regelm. mit dem Begriff des **Verzichts** umschrieben. Grds. gehören diese Vereinbarungsvarianten zu den vom G verbotenen Reaktionen. Das Schrifttum und die Rspr. des BAG sehen in einem umfassenden Verbot einen Wertungswiderspruch zu ansonsten bestehenden freien Verfügungsmöglichkeiten des AN und diff. daher folgendermaßen:

5 Der Anspruch auf EFZ nach diesem G kann nicht **im Voraus** ausgeschlossen oder beschränkt werden (BAG 20.8.1980 NJW 1981, 1061). Das verbietet der Schutzzweck des § 12, der Sorgen des AN beim Arbeitsausfall in bestimmten Fällen verhindern will und deshalb die Ansprüche gegen Verschlechterung schützt. Das gilt im bestehenden ArbVerh. ebenso wie im Zusammenhang mit der Beendigung des ArbVerh. So ist ein Erlassvertrag wegen der nach § 8 fortdauernden Ansprüche auf EFZ im Zusammenhang mit einem **Vergleich** über eine aus Anlass der AU ausgesprochene **Kündigung** grds. nicht wirksam (BAG 20.8.1980 NJW 1981, 1061; KDHK/*Hold* Rn. 19). Allerdings können die Arbeitsvertragsparteien alle zukünftigen Ansprüche nach diesem G fällig stellen und damit eine andere tats. Ausgangslage schaffen. Nunmehr wird nicht über künftige Ansprüche im Voraus, sondern über bestehende Ansprüche verfügt. Dafür gelten andere Regeln. Sind die Ansprüche nach diesem G bereits **entstanden und fällig**, so ist ein Erlassvertrag wirksam. Dies gilt sowohl für eine entspr. Vereinb. bei oder nach Beendigung des ArbVerh. (BAG 20.8.1980 NJW 1981, 1061; 20.8.1980 AP LohnFG § 6 Nr. 12) als auch während des lfd. ArbVerh. (BAG 25.5.2005 NZA 2005, 1111; FM/*Malkmus* Rn. 20; aA *Vogelsang* Rn. 869; krit. a. *Worzalla/Süllwald* Rn. 7f.). Das G verbietet ledigl. Abweichungen und Eingriffe in den Anspruch auf EFZ in Form von Vereinb., die die EFZ und ihren Inhalt grds. in Frage stellen. Der ANSchutz erfordert jedoch keine vollständige Entmündigung des AN; dieser kann über Entgeltansprüche jederzeit verfügen (so MüKoBGB/*Müller-Glöge* Rn. 7) und

damit auch rechtswirksam auf die Durchsetzung eines fälligen EFZAnspruchs verzichten. Hierfür spricht iÜ der Wortlaut der Norm, der anders als zB in § 4 IV TVG, § 77 IV BetrVG den Verzicht des AN nicht gesondert beschränkt. Im Einzelfall kann allenfalls str. sein, ob die Formulierung einer **Ausgleichsquittung** oder eines Vergleichs rechtl. einen wirksamen Verzicht auf bereits entstandene und fällige Ansprüche oder ein deklaratorisches oder konstitutives Schuldanerkenntnis darstellt. Dies ist eine Frage der Auslegung. Beruht der EFZAnspruch unmittelbar auf einem normativ geltenden TV, sind die Beschränkungen des § 4 IV TVG maßgebl. (vgl. § 4 TVG Rn. 44 ff.). Jederzeit zulässig ist der Abschluss eines sog. **Tatsachenvergleichs,** weil dadurch nicht von den Vorschr. des G abgewichen wird (KDHK/*Hold* Rn. 25; MüKoBGB/*Müller-Glöge* Rn. 9).

Schwer verständl. ist die von der Rspr und hM vertretene Auff., dass anders als bei den AN die Ansprüche der in **Heimarbeit** Beschäftigten unabhängig vom Bestand des HeimArbVerh. und von der Entstehung und Fälligkeit der Zuschläge unverzichtbar sein sollen (BAG 22.10.1964 AP HAG § 25 Nr. 1; 28.7.1966 AP HAG § 25 Nr. 2; FM/*Malkmus* Rn. 35). Denn das G diff. in § 12 nicht nach den einzelnen Personengruppen. Zudem ist davon auszugehen, dass auch der in Heimarbeit Beschäftigte hinreichend selbstverantwortl. über einen Verzicht auf den entstandenen und fälligen Anspruch entscheiden kann, ohne dass der Schutzzweck des § 10 tangiert wird. 6

c) Günstigkeitsvergleich. Jede Art von abw. Vereinb. ist statthaft, wenn sie für den AN nicht ungünstiger ist. Bevor ein Verstoß gegen § 12 durch eine abw. Regelung festgestellt werden kann, muss deshalb ein Günstigkeitsvergleich vorgenommen werden. Dieser unterliegt ähnl. Schwierigkeiten wie der Günstigkeitsvergleich nach dem TVG (TVG § 4 Rn. 31 ff.). Nach zutr. einhelliger Meinung im Schrifttum (FM/*Malkmus* Rn. 45; MüKoBGB/*Müller-Glöge* Rn. 4; *Schmitt* Rn. 30; *Vogelsang* Rn. 863; *Vossen* Rn. 607 bis 609) ist nur die **jeweilige Abweichung von der ges. Anordnung** zu untersuchen und zu vergleichen; Vergünstigungen in einem anderen Bereich der EFZ sind nicht einzubeziehen. Eine Kompensation der ungünstigeren Abweichung mit einer günstigeren Abweichung iS eines Gesamtvergleichs findet nicht statt. So kann zB die vertragl. oder normativ wirkende Einf. von Karenztagen nicht mit der Verlängerung des EFZZeitraums verglichen und als insg. günstigere Regelung bewertet werden. Das ist nunmehr auch die Auff. des BAG (22.8.2001 NZA 2002, 610). 7

Als **ungünstigere Abweichungen** iSd. G sind zB anzusehen die Verpflichtung zur Hergabe einer weiteren AUB (offen gelassen in BAG 4.10.1978 AP LohnFG § 3 Nr. 3), die Verpflichtung zum Aufsuchen eines bestimmten Arztes (*Schmitt* Rn. 31), die Einstellung von Unterbrechungszeiten in den 6-Wochen-Zeitraum (BAG 22.8.2001 Rn. 7), längere Wartezeit als Anspruchsvoraussetzung, von §§ 2 und 11 abw. Fälligkeitszeitpunkte, abw. Definition der Monokausalität nach § 2 I (BAG 15.5.2013 NZA 2013, 974), von kostenloser Nacharbeit einiger Stunden pro Tag der AU (BAG 26.9.2001 NZA 2002, 387), Ausgleich der im Rahmen flexibler AZ entstandenen Zeitschuld allein durch tats. Arbeitsleistungen, nicht durch Zeiten der AU wegen Krankheit (BAG 13.2.2002 NZA 2002, 683), die Umwandlung der vorübergehenden Leistungsverweigerungsrechte in dauerhafte Leistungsverweigerungsrechte zB nach Ablauf einer bestimmten Frist (FM/*Malkmus* Rn. 12). Kein Verstoß gegen § 12 iVm § 2 liegt in einer Vereinb. der Parteien, das ArbVerh. von Reinigungskräften während der Schulferien ruhen zu lassen (BAG 10.1.2007 AP BGB § 611 Ruhen des Arbeitsverhältnisses Nr. 6). 8

3. Rechtsfolgen eines Verstoßes. Verstoßen vertragl. Abweichungen gegen das Unabdingbarkeitsgebot des § 12, so sind nur die entspr. Vereinb. nichtig, nicht auch andere abw., günstigere Regelungen der Arbeitsvertragsparteien. § 139 BGB ist mit der arbeitsrechtl. Maßgabe anzuwenden, dass nur die gegen § 134 BGB verstoßende Vertragsbestimmung durch die entspr. ges. Grundregel ersetzt wird (*Vossen* Rn. 607), die anderen Bestimmungen wirksam bleiben. Ledigl. wenn das Vertragswerk so weit von den ges. Vorgaben abweicht, dass nicht mehr erkennbar ist, ob und welche Bestimmung als günstiger einzustufen ist, muss von der Unwirksamkeit aller Bestimmungen und der Geltung des G in allen Details ausgegangen werden. Eine gesetzeskonforme Auslegung der abw. Bestimmungen oder gar eine Analogie zu anderen Vorschr. scheidet aus, weil das G stets hilfsweise zur Anwendung kommt (MüKoBGB/*Müller-Glöge* Rn. 10). 9

Bei Normen in BV und TV gilt ähnl. Die vom G abw., für den AN günstigeren Normen bleiben vom Nichtigkeitsverdikt der einen oder anderen Abweichung unberührt. Die Nichtigkeit eines Gesamtwerks zumindest von TVParteien dürfte nur theoretisch sein. In diesem Fall und bei der Nichtigkeit einer BV ist stets der Rückgriff auf die ges. Mindestvoraussetzungen mögl. 10

§ 13 Übergangsvorschrift

Ist der Arbeitnehmer von einem Tag nach dem 9. Dezember 1998 bis zum 1. Januar 1999 oder darüber hinaus durch Arbeitsunfähigkeit infolge Krankheit oder infolge einer Maßnahme der medizinischen Vorsorge oder Rehabilitation an seiner Arbeitsleistung verhindert, sind für diesen Zeitraum die seit dem 1. Januar 1999 geltenden Vorschriften maßgebend, es sei denn, daß diese für den Arbeitnehmer ungünstiger sind.

Zur Bedeutung der Übergangsvorschr. vgl. die 4. Aufl. 1

290. Gesetz zur Förderung der Entgelttransparenz zwischen Frauen und Männern (Entgelttransparenzgesetz – EntgTranspG)

vom 30. Juni 2017 (BGBl. I. S. 2152)

(FNA 800-30)

§ 1 Ziel des Gesetzes

Ziel des Gesetzes ist es, das Gebot des gleichen Entgelts für Frauen und Männer bei gleicher oder gleichwertiger Arbeit durchzusetzen.

1 **1. Normzweck.** Das Gesetz schafft einen rechtl. Rahmen für Rechte, die die **Entgeltgleichheit zwischen Männern und Frauen durchsetzen** sollen. Mit dieser Festlegung wird geklärt, dass es nicht um die Herstellung eines Anspruchs auf „gleichen Lohn für gleiche Arbeit" im Allgemeinen geht, sondern spezifisch um Möglichkeiten zur Verringerung der geschlechtsspezifischen Entgeltdifferenz. Auswirkungen auf ges. Mindestlohnregelungen sind nicht beabsichtigt. Das Gesetz betritt mit dieser Regelung keineswegs Neuland. Das Gebot der Entgeltgleichheit für gleiche und gleichwertige Arbeit ist im primären Unionsrecht verankert (urspr.: Art. 119 EWGV, mittlerweile Art. 157 AEUV), wird in den Richtlinien zum Verbot der Geschlechtsdiskriminierung geregelt, und auf innerstaatl. Ebene v. Diskriminierungsverbot des Art. 3 II GG ebenso umfasst wie v. § 7 AGG. Das Gesetz signalisiert mit einer umfangreichen Neuregelung weitergehenden Durchsetzungsbedarf angesichts der fortbestehenden statistischen Lohnlücke (GE der BReg BT-Drs. 18/11133, S. 19/20), die jdf. als Indiz mittelbarer Benachteiligung gewertet wird. Als Ansatzpunkt für eine Verbesserung der Entgeltpraxis in Betrieben und Verwaltungen werden vorrangig zwei Komponenten gewählt: die **Transparenz v. Entgeltregelungen**, die durch einen **individuellen Auskunftsanspruch** für Beschäftigte (in Betrieben über 200 Beschäftigten) erreicht werden soll, sowie eine Berichtspflicht zur Gleichstellung und Entgeltgleichheit für Unternehmen (ab 500 Beschäftigte), die lageberichtspflichtig sind; außerdem werden solche Unternehmen „aufgefordert", betriebl. Verfahren zur Überprüfung v. Entgeltgleichheit durchzuführen.

2 **2. Verhältnis zum Unionsrecht.** Art. 157 I AEUV verpflichtet die Mitgliedstaaten, den Grundsatz des gleichen Entgelts für Männer und Frauen bei gleicher oder gleichwertiger Arbeit sicherzustellen und dabei Entgeltgleichheit iE zu erreichen. Diese Verpflichtung wird in Art. 23 GRC grundrechtl. unterlegt und sekundärrechtl. in RL 2006/54/EG konkretisiert. Die Union selbst hat die Gleichstellung der Geschlechter in Art. 2, Art. 3 IV EUV als gemeinsamen Wert und grundlegende Aufgabe verankert; gem. Art. 10 AEUV muss die EU bei allen Maßnahmen auf die Förderung der Gleichstellung hinwirken und Diskriminierung bekämpfen. Auf den primärrechtl. Grundsatz können sich die Unionsbürger nicht nur ihrem Staat, sondern auch privaten Dritten ggü. berufen (EuGH 17.5.1990 NZA 1990, 775; 2.10.1997 NZA 1997, 1277). Er begründet ein subjektives Recht männl. und weibl. AN, bei gleicher oder gleichwertiger Arbeit ohne Rücksicht auf das Geschlecht gleich entlohnt zu werden. Diesem Entgeltgleichheitsgrds. kommt Vorrang ggü. dem nationalen Recht zu (Vorbem. zu AEUV Rn. 18 ff.), dessen Vorschriften in Übereinstimmung mit den Vorgaben des Unionsrechts auszulegen sind (BAG 23.9.1992 NZA 1993, 891; 17.11.2009 NZA 2010, 1020). Soweit Entgelte nicht durch Gesetz, sondern durch Individual- oder Kollektivverträge geregelt sind, sind auch diese an die Vorgaben des Unionsrechts gebunden. Auch die grundrechtl. gestützte Tarifautonomie befreit nicht v. der Beachtung des Entgeltgleichheitsgrundsatzes (EuGH 18.11.2004 NZA 2005, 399); zu Art. 23 GRC wird dies ebenfalls betont (EuGH 28.2.2013 NZA 2013, 315; kritisch zum uneingeschränkten Vorrang gegenüber Art. 28 GRC: *Klein* EuZA 2013, 503). Gegen Art. 157 AEUV verstoßende nationale Bestimmungen dürfen nicht angewendet werden (EuGH 19.1.2010 NZA 2010, 85). Das EntgTranspG dient der Umsetzung des Entgeltgleichheitsgebotes im Unionsrecht und ist daher dessen Vorgaben entspr. auszulegen.

3 **3. Verhältnis zum AGG.** Gem. § 2 II 1 bleibt das AGG „unberührt". Das impliziert einen Überschneidungsbereich zwischen beiden Gesetzen, in dem die speziellere Regelung, dh für Fragen der Entgeltdiskriminierung das EntgTranspG der allgemeineren vorgeht, soweit es abschl. Regelungen trifft. IÜ bleibt das AGG aber auch auf Entgeltdiskriminierungen zwischen Männern und Frauen anwendbar; seine Regelungen zum Schadensersatz/Entschädigungsanspruch wegen Benachteiligungen werden nicht deshalb auf Entgeltdiskriminierungen unanwendbar, weil das EntgTranspG entspr. Bestimmungen nicht enthält. Soweit das **EntgTranspG jedoch Regeln über die Entgeltdiskriminierung trifft, gehen diese als Spezialregeln zur Benachteiligung wegen des Geschlechts dem AGG vor**. Dadurch wird dem Missstand abgeholfen, dass das AGG einen Anspruch auf diskriminierungsfreies Entgelt gar nicht ausdr. formuliert, sondern diesen ledigl. notwendig voraussetzt, § 8 II AGG.

Die Rspr. hatte einen solchen Anspruch bisher auf den Rechtsgedanken der §§ 2 I Nr. 2, 8 II AGG gestützt (BAG 11.12.2007 NZA 2008, 532; LAG RP 13.8.2014 NZA-RR 2015, 236).

4. Arbeitsvölkerrecht. Das Recht auf Gleichbehandlung im Beschäftigungsverh. ohne jede geschlechtsbedingte Benachteiligung ist in Art. 20 ESC niedergelegt. Es verpflichtet die Vertragsstaaten das Gleichbehandlungsgebot anzuerkennen und Arbeitsbedingungen einschließl. des Entgelts diskriminierungsfrei durch geeignete Maßnahmen zu fördern. In Art. 14 EMRK wird ein generelles Diskriminierungsverbot geschaffen, das die Staaten verpflichtet, alle Konventionsrechte und Freiheiten so auszugestalten, dass sie v. den Bürgern ohne Diskriminierung, u. a. wegen des Geschlechts, ausgeübt werden können. Art. 11d des UN-Übereinkommens zur Beseitigung jeder Diskriminierung der Frau (18.12.1979) verpflichtet die Staaten, geeignete Maßnahmen zur Beseitigung v. Diskriminierung im Berufsleben zu ergreifen, und insb. ein Recht auf Entgeltgleichheit durchzusetzen. Auch die ILO-Konvention Nr. 111 über die Diskriminierung in Beschäftigung und Beruf verpflichtet die Staaten auf eine Politik der Förderung der Chancengleichheit in Beschäftigung und Beruf. Die generelle Linie der internationalen Übereinkommen lässt sich dahingehend zusammenfassen, dass die Staaten eine aktive Politik zur Verringerung v. Lohndifferenzen zwischen Frauen und Männern verfolgen sollen. Mit welchen Maßnahmen dies ggf. erreicht werden soll, liegt in der Zuständigkeit der Staaten; ein Bezug zum Diskriminierungsverbot und den zu dessen Verwirklichung vorgesehenen Instrumenten findet sich jedoch überwiegend auch im Völkerrecht. 4

§ 2 Anwendungsbereich

(1) **Dieses Gesetz gilt für das Entgelt von Beschäftigten nach § 5 Absatz 2, die bei Arbeitgebern nach § 5 Absatz 3 beschäftigt sind, soweit durch dieses Gesetz nichts anderes bestimmt wird.**

(2) [1]**Das Allgemeine Gleichbehandlungsgesetz bleibt unberührt.** [2]**Ebenfalls unberührt bleiben sonstige Benachteiligungsverbote und Gebote der Gleichbehandlung sowie öffentlich-rechtliche Vorschriften, die dem Schutz oder der Förderung bestimmter Personengruppen dienen.**

1. Allgemeiner Anwendungsbereich (Abs. 1). Der Geltungsbereich des Gesetzes erfasst, soweit nicht in einzelnen Bestimmungen etwas Abweichendes geregelt ist, **pers.** die Entgeltansprüche v. Beschäftigten iSd § 5 II (§ 5 Rn. 6–8). Mit dieser Wortwahl ist nicht § 7 SGB IV in Bezug genommen, sondern der Geltungsbereich der Diskriminierungsverbote im Unionsrecht, die sich nicht auf ArbVerh beschränken, sondern Beschäftigung und Beruf allgemein erfassen. Der Anwendungsbereich umfasst **räuml.** die Beschäftigungsverhältnisse, die im deutschen Staatsgebiet durchgeführt werden, dh bei tats. Arbeitsort in Deutschland und einem BeschVerh, das deutschem Recht unterliegt (Art. 8 Rom I). Der **betriebl.** Anwendungsbereich wird durch Verweis auf den Begriff des Arbeitgebers in § 5 III umschrieben (§ 5 Rn. 9). Zudem ist der betriebl. Anwendungsbereich für den Auskunftsanspruch in § 12 I speziell geregelt, der für das betriebl. Prüfungsverfahren in § 17. Die Anwendbarkeit auf den öffentl. Dienst bestimmt § 16. Dieser stellt auf die tats. Beschäftigung v. Personen ab, nicht auf ein wirksames Vertragsverhältnis. Deshalb betont der Gesetzentwurf (BT-Drs. 18/11133 S. 48), dass das Entgeltgleichheitsgebot auch die nur faktischen Beschäftigungsverhältnisse erfasst. Aus der Verweisung auf den Beschäftigtenbegriff des § 5 II folgt das nicht zwgd., da sich diese Norm ihrerseits auf Rechtsverhältnisse bezieht; dass es auf deren wirksame Begründung nicht ankommen soll, folgt daraus nicht. Jedenfalls lässt sich aus den Vorgaben des Unionsrechts ableiten, dass die Entgeltgleichheit in „Arbeits- und Beschäftigungsfragen" umfassend, Art. 1 RL 2006/54/EG, sicherzustellen ist, also v. einem wirksam begründeten Rechtsverhältnis nicht abhängt. Der EuGH hat zudem festgestellt, dass der Entgeltgleichheitsgrundsatz nicht allein auf Beschäftigte desselben Arbeitgebers begrenzt gilt (EuGH 17.9.2002 NZA 2002, 1144; 13.1.2004 NZA 2004, 201; BAG 12.6.2007 NZA-RR 2007, 650). Entscheidend ist nicht das Tätigwerden v. Vergleichspersonen in einer bestimmten organisatorischen Einheit, sondern die Festlegung der Entgelthöhe für alle Betroffenen durch ein und dieselbe Regelung, die kraft Gesetzes, durch Kollektivvertrag oder durch Arbeitsvertrag erfolgen kann. 1

2. Verhältnis zu gesetzlichen Benachteiligungsverboten (Abs. 2). Das G regelt einen Teilbereich in Überschneidung mit dem AGG, näml. ein Verbot der geschlechtsbedingten Benachteiligung beim Entgelt, § 3. Insoweit geht das G dem AGG nach **allg. Grds. als lex specialis vor**, soweit die getroffene Regelung abschl. ist, iÜ lässt es aber das AGG unberührt. Damit bleibt auch § 8 II AGG anwendbar, der die Zahlung einer geringeren Vergütung unter Berufung auf bes. Schutzvorschriften zugunsten eines Geschlechts verbietet (vgl. AGG § 8 Rn. 9). Die Ansprüche aus beiden Gesetzen können nebeneinander bestehen. Dasselbe gilt nach S. 2 für andere ges. Benachteiligungsverbote oder Gleichbehandlungsgebote wie etwa § 4 TzBfG, die als allgemeine Vorschriften auch weiterhin die Benachteiligung beim Arbeitsentgelt erfassen. Weitere ör. Vorschriften zum Schutz bestimmter Personengruppen bleiben ebenfalls unberührt. Das trifft auf Regelungen nur zu, falls sie entgeltrelevante Bestimmungen treffen, wie zB die Entgeltersatzleistungen im Mutterschutzrecht. Daher muss die ges. Berechnungsgrundlage so gestaltet sein, dass Benachteiligungen wegen mutterschutzrechtl. Beschäftigungsverbote ausgeschlos- 2 sen sind (vgl. MuSchG). Weiterhin lässt das Gesetz ör. Vorschriften unberührt, die eine Förderung bestimmter Personengruppen bezwecken (S. 2). Nach der Gesetzesbegründung (BT-Drs. 18/11133, S. 48) sind damit die Rechte der Gleichstellungsbeauftragten in der öffentl. Verwaltung des Bundes gemeint, soweit sie über die spezielle Regelung für Entgeltgleichheitsfragen gem. § 24 hinausgehen.

§ 3 Verbot der unmittelbaren und mittelbaren Entgeltbenachteiligung wegen des Geschlechts

(1) Bei gleicher oder gleichwertiger Arbeit ist eine unmittelbare oder mittelbare Benachteiligung wegen des Geschlechts im Hinblick auf sämtliche Entgeltbestandteile und Entgeltbedingungen verboten.

(2) [1] Eine unmittelbare Entgeltbenachteiligung liegt vor, wenn eine Beschäftigte oder ein Beschäftigter wegen des Geschlechts bei gleicher oder gleichwertiger Arbeit ein geringeres Entgelt erhält, als eine Beschäftigte oder ein Beschäftigter des jeweils anderen Geschlechts erhält, erhalten hat oder erhalten würde. [2] Eine unmittelbare Benachteiligung liegt auch im Falle eines geringeren Entgelts einer Frau wegen Schwangerschaft oder Mutterschaft vor.

(3) [1] Eine mittelbare Entgeltbenachteiligung liegt vor, wenn dem Anschein nach neutrale Vorschriften, Kriterien oder Verfahren Beschäftigte wegen des Geschlechts gegenüber Beschäftigten des jeweils anderen Geschlechts in Bezug auf das Entgelt in besonderer Weise benachteiligen können, es sei denn, die betreffenden Vorschriften, Kriterien oder Verfahren sind durch ein rechtmäßiges Ziel sachlich gerechtfertigt und die Mittel sind zur Erreichung dieses Ziels angemessen und erforderlich. [2] Insbesondere arbeitsmarkt-, leistungs- und arbeitsergebnisbezogene Kriterien können ein unterschiedliches Entgelt rechtfertigen, sofern der Grundsatz der Verhältnismäßigkeit beachtet wurde.

(4) Die §§ 5 und 8 des Allgemeinen Gleichbehandlungsgesetzes bleiben unberührt.

1 **1. Benachteiligungsverbot (Abs. 1).** Abs. 1 formuliert ausdr. ein Verbot geschlechtsbedingter Benachteiligung v. Beschäftigten, die gleiche oder gleichwertige Arbeit leisten bzgl. Entgeltbestandteilen und Entgeltbedingungen. Damit wird eine **Lücke im AGG geschlossen,** die nach Wegfall v. § 612 III BGB aF durch eine sinngemäße Interpretation v. § 2 II iVm § 8 II AGG überwunden werden musste (BAG 11.12.2007 NZA 2008, 532). Das Gesetz will damit Art. 4 RL 2006/54/EG umsetzen (BT-Drs. 18/11133, S. 48), dessen Abs. 1 die Beseitigung der mittelbaren und unmittelbaren geschlechtsbedingten Diskriminierung bei sämtl. Entgeltbestandteilen und -bedingungen vorschreibt. Gemeint sind neben dem Grundlohn auch alle vorgeschriebenen oder vereinbarten Entgeltbestandteile sowie die Bestimmungen, die für die Entgeltermittlung herangezogen werden. Auf welcher rechtl. Grundlage die Entgelthöhe ermittelt wird, ist für das Benachteiligungsverbot unerhebl. Die für den ges. Entgeltbegriff maßgebl. Definition findet sich in § 5 I. Mit der Formulierung als Benachteiligungsverbot regelt das Gesetz die Forderung nach Entgeltgleichheit entspr. dem unionsrechtl. und dem völkerrechtl. Ansatz (§ 1 Rn. 2 f.) als Bestandteil des Diskriminierungsrechts. Verankert wird nicht ein Grundsatz des gleichen Lohns für gleiche und gleichwertige Arbeit, sondern ein Verbot, bei der Entgeltbemessung und -auszahlung geschlechtsabhängig zu differenzieren (LAG BW 21.10.2013 BeckRS 2014, 68025).

2 Das Verbot ist ohne Benennung eines konkreten Adressaten gefasst. Es richtet sich daher an alle, die Entgeltbestandteile oder die Bedingungen für ihre Gewährung festlegen. Damit ist nicht nur der private oder öffentl. Arbeitgeber verpflichtet, sondern auch die Kollektivvertragsparteien, wenn sie Entgeltbedingungen schaffen. Die Tarifparteien können sich den Anforderungen des Diskriminierungsverbots nicht unter Berufung auf die Tarifautonomie entziehen (*Winter* S. 153 ff.). Ihnen steht zwar bei der Festlegung v. Tarifgruppen ein Gestaltungsspielraum offen (EuGH 8.9.2011 NZA 2011, 1100), sie müssen dabei aber die Anforderungen des Diskriminierungsverbots berücksichtigen. Entspr. müssen tarifl. Entgeltgruppen so gebildet werden, dass nicht nur die bes. Fähigkeiten bewertet werden, die den Angehörigen des einen Geschlechts typischerweise eigen sind (Körperkraft), während die typischerweise an das andere Geschlecht gestellten Anforderungen (Geschicklichkeit) unberücksichtigt bleiben (EuGH 1.7.1986 NJW 1987, 1138; BAG 29.7.1992 NZA 1993, 181). Eine diskriminierungsfreie Gruppenbildung hat somit die folgenden Gesichtspunkte zu beachten: Die Differenzierungskriterien müssen durchschaubar sein; sie müssen die Art der zu verrichtenden Arbeit richtig und vollständig widerspiegeln, und sie müssen gleichmäßig angewendet sowie diskriminierungsfrei gewichtet werden (*Winter* S. 114 ff.).

3 **2. Unmittelbare Benachteiligung beim Entgelt (Abs. 2).** Abs. 2 übernimmt den Begriff der unmittelbaren Benachteiligung aus § 3 I AGG (vgl. AGG § 3 Rn. 2–8) und konkretisiert die Definition für die entgeltbezogene Diskriminierung. Eine geringere Vergütung darf bei gleicher oder gleichwertiger Arbeit nicht wegen des Geschlechts gezahlt werden (EuGH 17.7.2014 BeckEuRS 2014, 399286). In Übereinstimmung mit dem Unionsrecht liegt eine unmittelbare Benachteiligung vor, wenn die Entgeltdifferenz entweder unmittelbar ans Geschlecht der Betroffenen anknüpft (S. 1) oder an einer Schwangerschaft oder Mutterschaft als untrennbar mit dem Geschlecht verbundener Eigenschaft (S. 2). Das bezieht sich auf direkt schwangerschaftsbedingte Entgeltabschläge oder nicht geleistete Entgelt-

steigerungen/-zuschläge; Entgeltregelungen für die an eine Entbindung ggf. anschließende Elternzeit sind nicht erfasst. Wird die Höhe der Vergütung weibl. Beschäftigter trotz gleicher Arbeit geringer festgesetzt als die männl. Beschäftigter (BAG 15.1.1955 NJW 1955, 684), ist diese Benachteiligung unmittelbar geschlechtsbedingt. Das gilt unabhängig davon, ob die männl. Vergleichsperson das günstigere Entgelt aktuell erhält, früher erhalten hat oder ledigl. erhalten würde, falls eine solche Vergleichsperson mit der Vergleichstätigkeit beschäftigt würde, § 4 I.

3. Mittelbare Benachteiligung beim Entgelt (Abs. 3). Abs. 3 S. 1 übernimmt den Begriff der mittelbaren Benachteiligung aus § 3 II AGG für die Benachteiligung im Entgeltbereich (vgl. AGG § 3 Rn. 9–14). Bes. für die Entgeltfestsetzung relevante Gesichtspunkte, die als Differenzierungsgründe rechtfertigend wirken können, werden beispielhaft in S. 2 aufgezählt. Eine mittelbar benachteiligende Entgeltregelung diff. die Entgeltbemessung nicht nach dem Geschlecht der Beschäftigten, sondern nach anderen („neutralen“) Kriterien, die iE dennoch ein Geschlecht in bes. Weise benachteiligen „können“. Dies wird regelmäßig der Fall sein, wenn das Differenzierungskriterium v. den Angehörigen des einen Geschlechts erhebl. häufiger als v. denen des anderen Geschlechts erfüllt wird (EuGH 16.7.2015 NZA 2015, 1247), beispielsweise bei Unterscheidung nach der Teilzeitarbeit (vgl. aber § 4 TzBfG). Die Verteilung ist am überzeugendsten durch aussagekräftigte Statistiken zu belegen. Wegen des überwiegend gerade das eine Geschlecht treffenden Nachteils begründen sie eine Vermutung dahingehend, dass die Geschlechtszugehörigkeit (mit-)ursächl. für die Benachteiligung ist, also ein Fall der Benachteiligung beim Entgelt „wegen“ des Geschlechts vorliegt. Diese statistische Methode ist zwar in Entgeltfragen durchaus geeignet, sofern es um Lohnstrukturen bzw. die Entlohnung v. AN-Gruppen geht. Sie ist aber keineswegs zwgd. vorgegeben, denn Differenzierungsmaßnahmen sind auch dann mittelbar diskriminierend, wenn sie den Nachteil ledigl. auslösen können (AGG § 3 Rn. 12), die Vermutung also einer Plausibilitätsprüfung standhält. Die damit begründete Kausalitätsvermutung ist dementsprechend schwächer. Zwgd. ist die Plausibilitätsvermutung in beiden Fällen nicht, kann also bei Vorliegen entspr. Rechtfertigungsgründe entkräftet werden. Welche Rechtfertigungsgründe typischerweise bei der Entgeltbemessung in Betracht kommen, zählt S. 2 beispielhaft und nicht abschl. auf. Dabei wird hervorgehoben, dass auch grds. einer Rechtfertigung zugängl. Differenzierungskriterien nur dann tats. eine Entgeltdifferenz rechtfertigen, wenn sie in verhältnismäßiger Weise angewendet worden sind. 4

a) Anscheinend neutrale Vorschriften, Kriterien oder Verfahren. Differenzierungskriterien/-verfahren sind anscheinend neutral, wenn sie nicht an das Geschlecht oder eine Schwangerschaft/Geburt anknüpfen. Zur Erläuterung v. Anwendungsbeispielen kann auf die Rspr. zu Art. 157 AEUV zurückgegriffen werden. Folgende Beispiele wurden entschieden: TZArbeit (EuGH 13.5.1986 NZA 1986, 599; 6.12.2007 NZA 2008, 31; BAG 22.10.2008 NZA 2009, 962); unständige Beschäftigung; befristete Beschäftigung; Zulagen für Verheiratete, oder für generell bekundete Versetzungsbereitschaft; Heimarbeit; uU genügt sogar die Festlegung v. gesonderten Lohngruppen für reine Frauenberufe (EuGH 27.10.1993 NZA 1994, 797). Wird Mehrarbeit mit einem anderen Stundensatz vergütet als reguläre Arbeit, führt dies faktisch zu mittelbarer Benachteiligung v. TZKräften (BAG 5.11.2003 NZA 2005, 222). Eine niedrigere Abgeltung v. Mehrarbeit für TZBeschäftigte sieht der EuGH grds. als unzulässig an (6.12.2007 NZA 2008, 31). Auch bei zulässiger pauschaler Abgeltung v. Mehrarbeit durch das reguläre Gehalt (EuGH 27.5.2004 NZA 2004, 783; vgl. BVerwG 23.9.2010 NVwZ 2011, 296) darf keine niedrigere Entlohnung für TZKräfte daraus folgen. Auf eine Benachteiligungsabsicht der Handelnden kommt es auch hier wieder nicht an (**aA** *Thüsing* NZA 2000, 570). Nicht das Motiv für die Wahl einer Entgeltbemessung, die ein Geschlecht bes. benachteiligen kann, ist maßgebl., sondern die sachl. Begründbarkeit der für ein solches Erg. verantwortl. Differenzierungskriterien (*Kocher* ZESAR 2014, 142, 144). So kann ein betriebl. Entgeltsystem insg. mittelbar diskriminierend sein, wenn es ledigl. im Durchschnitt zu einer deutl. geringeren Entlohnung der mit gleichwertigen Tätigkeiten beschäftigten Gruppe führt, aber so undurchschaubar ausgestaltet ist, dass das Merkmal nicht herausgearbeitet werden kann, dessen Verwendung diesen Effekt verursacht (EuGH 17.10.1989 NZA 1990, 772; 6.2.1996 NZA 1996, 319; BAG 23.9.1992 NZA 1993, 891). 5

b) Vermutung einer geschlechtsbedingt geringeren Bezahlung. Die Vermutung, dass ein benachteiligendes Entgelt „wegen des Geschlechts“ gezahlt wurde, kann trotz der Verwendung neutraler Differenzierungskriterien begründet sein, wenn der Nachteil bei Gruppen generell vergleichbarer Beschäftigter (BAG 6.10.2011 NZA 2011, 1431) signifikant häufig gerade die Angehörigen des einen Geschlechts trifft (EuGH 27.10.1993 NZA 1994, 797; 20.10.2011 NZA 2011, 1412; 22.11.2012 NZA 2012, 1425; 28.2.2013 NZA 2013, 315). Mittelbare Benachteiligungen können aber auch durch andere als statistische Belege dargelegt werden. Ihre Zulassung dient nicht dem Zweck, schematische Gleichbehandlung der Gruppen iE durchzusetzen, sondern es handelt sich um eine Methode zur Senkung der Beweisanforderungen für die Geschlechtsabhängigkeit einer Benachteiligung im konkreten Einzelfalle (*Schlachter* NZA 1995, 393, 396; *Feldhoff* ZESAR 2008, 506, 512). Die geringere Entlohnung einer bestimmten Person wird dadurch als „wahrscheinl. geschlechtsbedingt“ ausgewiesen, dass sich das dafür ausschlaggebende Differenzierungskriterium typischerweise und überw. (BAG 23.2.1994 NZA 1994, 1136; 18.10.2005 NZA 2006, 1159; 27.1.2011 NZA 2011, 1361) gerade zu Lasten des einen Geschlechts auswirkt. Dass die v. der Unterscheidung Benachteiligten überw. dem einen Geschlecht angehören, genügt dafür allein allerdings nicht. Vielmehr muss das zahlenmäßige Verhältnis unter den Begünstigten 6 wesentl. anders als das unter den Benachteiligten sein (EuGH 9.2.1999 BeckRS 2004, 74617; BAG 19.4.1995 NZA 1995, 985; 5.3.1997 NZA 1997, 1242; *Schlachter* NZA 1995, 393, 396; *Wiedemann* FS Gnade 1992 S. 135, 142f.). Mehr als eine erhöhte Wahrscheinlichkeit der Kausalität v. Geschlechtszugehörigkeit und dem Betroffensein durch den Nachteil lässt sich mit der Statistik allerdings nicht feststellen. Daher ist die weitere Verwendung mittelbarer benachteiligender Kriterien auch nicht automatisch untersagt, sondern nur in den Fällen, in denen die Wahrscheinlichkeit nicht entkräftet werden kann.

7 **Vergleichsgruppen** dürfen nicht willkürl. zusammengestellt werden (EuGH 28.2.2013 NZA 2013, 315). Die benachteiligten und die begünstigten Personen müssen sich in vergleichbarer Situation befinden (EuGH 16.7.2009 BeckRS 2009, 70821). Eine hinreichende Wahrscheinlichkeit für das Vorliegen eines geschlechtsbedingten Nachteils liefert der Gruppenvergleich nur, wenn grds. alle Personen betrachtet werden, auf die sich das untersuchte Kriterium auswirken kann (EuGH 31.5.1995 BeckRS 2004, 77045; 13.1.2004 NZA 2004, 201; 6.12.2007 NZA 2008, 31; BAG 18.10.2005 NZA 2006, 1159): Ein einzelvertragl. generell vereinbartes Differenzierungskriterium kann alle Betriebsangehörigen betr., eine Tarifklausel die Tarifgebundenen und Gleichgestellte, eine ges. Differenzierung dagegen alle Adressaten (*Wißmann* FS Wlotzke 1996 S. 807; *Löwisch/Zimmermann* ZTR 2000, 387). Verglichen wird die Gruppe, die durch den Einsatz des Kriteriums belastet wird mit der Gesamtgruppe derjenigen, auf die die Unterscheidung angewendet werden kann. Wahrscheinl. „geschlechtsbedingt" ist die Belastung dann, wenn in der benachteiligten Gruppe ein Geschlecht erhebl. stärker vertreten ist als in der Gesamtgruppe (EuGH 6.12.2007 NZA 2008, 31; BAG 23.2.1994 NZA 1994, 1136). Vergleichsgegenstand ist grds. jeder konkrete Entgeltbestandteil gesondert, damit die Nichtgewährung v. Vergünstigungen nicht im Wege der Gesamtbetrachtung ausgeglichen werden kann (EuGH 17.5.1990 NZA 1990, 775); anderes gilt für undurchschaubare Entgeltsysteme. Eine weitere Prüfung, ob die nachteilige Wirkung auch anders als mit dem Geschlecht erklärt werden kann, ist zur Darlegung der „Geschlechtsbedingtheit" des Nachteils nicht erforderl. (*Wißmann* ZTR 1994, 223, 224f.; *Schlachter* NZA 1995, 393, 397; CR/*Krebber* Art. 157 AEUV Rn. 41; abl. GHN/*Langenfeld* Art. 157 AEUV Rn. 36).

8 **c) Gerechtfertigte Unterscheidung.** Eine mittelbar benachteiligend wirkende Unterscheidung darf verwendet werden, wenn sie gerechtfertigt werden kann (*Kuhn/Schwindling* DB 2017, 785, 787). Gerechtfertigt ist eine Differenzierung, wenn sie zur Verwirklichung eines mit dem Unionsrecht vereinbaren, unternehmerischen Bedürfnisses dient (EuGH 28.2.2013 NZA 2013, 315; BAG 23.1.1990 NZA 1990, 778) und für dieses „legitime Ziel" in geeigneter, erforderl. sowie verhältnismäßiger Weise eingesetzt wird, S. 2 (EuGH 13.5.1986 NZA 1986, 599; 3.10.2006 NZA 2006, 1205; BAG 18.10.2005 NZA 2006, 1159). Abs. 3 S. 2 nennt hier beispielhaft arbeitsmarktbezogene, arbeitsergebnisbezogene und leistungsbezogene Kriterien. Für das Vorliegen v. Rechtfertigungsgründen ist der AG beweispflichtig. Die ges. beispielhaft benannten Gründe bauen auf der Rspr. des EuGH zur Entgeltdiskriminierung auf, die nachf. wiedergegeben wird. Die Eignung als Rechtfertigung wurde etwa für hohe Qualifikation (EuGH 11.5.1999 NZA 1999, 699; BVerwG 21.12.2000 BeckRS 2000, 30152159), für die Bereitschaft zur Versetzung und zum Leisten v. Überstunden anerkannt, soweit diese Voraussetzungen am konkreten Arbeitsplatz sachl. erforderl. sind (EuGH 17.10.1989 NZA 1990, 772). Herrscht auf dem Arbeitsmarkt ein Mangel an Bewerbern mit bestimmter Qualifikation, kann zur Gewinnung solcher Kräfte ein höheres Entgelt geboten werden (EuGH 27.10.1993 NZA 1994, 797). Wird zum Ausgleich für ungünstige AZ (Schichtdienst) eine AZVerkürzung gewährt, kann dies ein günstigeres Grundgehalt rechtfertigen (EuGH 30.3.2000 BeckRS 2004, 75322). Eine Vergütungsreduzierung kann als Instrument zur Arbeitsplatzerhaltung durch Anpassung an die übl. Entlohnung auf dem allg. Arbeitsmarkt gerechtfertigt sein (BAG 26.1.2005 NZA 2005, 1059). Der AG darf die Gewährung v. Sonderleistungen davon abhängig machen, dass der Empfänger zum LeistungsZpkt. in einem aktiven BeschVerh steht (EuGH 21.10.1999 NZA 1999, 1325; 16.7.2009 BeckRS 2009, 70821). Beschäftigte in einem ruhenden ArbVerh., zB in EZ, dürfen daher ausgenommen werden (BAG 20.4.2010 NZA 2010, 1188; 21.11.2013 NZA 2014, 672), Personen im Mutterschutz dagegen nicht (EuGH 6.3.2014 NZA 2014, 715).

9 Allg. Aussagen über ganze ANGruppen wie zB geringere betriebl. Verbundenheit oder geringere Arbeitsmotivation v. TZKräften sind grds. keine taugl. Rechtfertigungsgründe (EuGH 13.7.1989 NZA 1990, 437; 7.2.1991 NVwZ 1991, 461; vgl. *Mauer* NZA 1991, 501). Nach Ansicht des EuGH ist eine Unterscheidung nach der **Betriebszugehörigkeitsdauer** grds. gerechtfertigt (EuGH 17.10.1989 NZA 1990, 772; 3.10.2006 NZA 2006, 1205), da größere Berufserfahrung idR bessere Arbeitsleistung zur Folge habe. Die Vergütung darf daher auch ohne individuelle Rechtfertigung ihrer Bedeutung für die dem AN konkret übertragene Tätigkeit in Abhängigkeit v. Dienstalter bemessen werden. Dagegen kann der AN vorgehen, indem er Indizien vorbringt, die auf eine konkret fehlende Eignung des Dienstalters zu einer verbesserten Erfüllung der übertragenen Arbeitsaufgabe schließen lassen. Gelingt dies, müsste der AG die Verwendung der Betriebszugehörigkeit als Kriterium der Entgeltbemessung konkret rechtfertigen (EuGH 3.10.2006 NZA 2006, 1205). Haushaltserwägungen oder Sparzwänge sind dagegen keine Rechtfertigung für geschlechtsabhängige Einsparungen (EuGH 6.4.2000 BeckRS 2004, 75230); notwendige Einsparungen müssen vielmehr „geschlechtsneutral" erreicht werden. Entscheidet sich ein Staat für die Beibehaltung eines früheren Pensionsalters für Frauen, kann er damit nicht rechtfertigen, dass sie im Gegenzug v. Pensionserhöhungen ausgenommen werden (EuGH 20.10.2011 BeckRS 2011, 81513).

Dass ein Differenzierungsmerkmal durch **TV** oder **G** vorgegeben ist, genügt als Rechtfertigung nicht: Da sich das unionsrechtl. Entgeltgleichheitsgebot auch an die **TVParteien** und an den Gesetzgeber richtet, müssen deren Normen gleichfalls auf das Vorliegen eines Rechtfertigungsgrundes überprüft werden, falls sie mittelbar benachteiligende Differenzierungskriterien enthalten (EuGH 7.2.1991 NVwZ 1991, 461; 27.10.1993 NZA 1994, 797; 19.1.2010 NZA 2010, 85; BAG 7.3.1995 NZA 1996, 48). Hier besteht der darzulegende Rechtfertigungsgrund in einem obj., sozialpolitischen Konzept, zu dessen Verwirklichung die Verwendung des benachteiligenden Merkmals geeignet und erforderl. ist (EuGH 17.7.2014 BeckRS 2014, 81243; BAG 18.10.2005 NZA 2006, 1159). Als ein Indiz für das Vorliegen obj., nicht diskriminierender Gründe ist der Umstand, dass ein insg. benachteiligendes Entgeltgefüge gerade v. den Tarifparteien festgesetzt worden ist, jedoch gewertet worden (EuGH 31.5.1995 BeckRS 2004, 77045; 28.2.2013 NZA 2013, 315). Den Mitgliedsstaaten wird bei der Wahl der Instrumente, mit denen sie ihre sozialpolitischen Ziele umsetzen, ein weiter Ermessensspielraum eingeräumt; die benachteiligend wirkende Maßnahme muss jedoch dem Ziel tats. dienen und in verhältnismäßiger Weise verwendet werden. 10

4. Anwendbarkeit von §§ 5 und 8 AGG (Abs. 4). a) Positive Maßnahmen (§ 5 AGG). Abs. 4 verweist spezifisch auf die Zulassung positiver Maßnahmen gem. § 5 AGG im Bereich der Entgeltdiskriminierung (AGG § 5 Rn. 1–3). Diese Bestimmung macht v. Art. 157 IV Hs. 2 AEUV Gebrauch, der den Mitgliedstaaten erlaubt, spezifische Vergünstigungen zur Verhinderung bzw. zum Ausgleich v. Benachteiligungen in der berufl. Laufbahn zu beschließen. Wie die Entwurfsbegründung betont, sollen solche Maßnahmen nicht nur v. Gesetzgeber ergriffen werden, sondern auch durch Kollektiv- und Individualverträge aller Art. (BT-Drs. 18/11133, S. 50). Wie bereits zum AGG betont (AGG § 5 Rn. 2), ist diese Weiterdelegation der Befugnis weder im Primärrecht noch in den RL ausdr. zugelassen, der Gesetzgeber muss die wesentl. Voraussetzungen selbst festlegen. 11

Zulässig sind nach dem Wortlaut des § 5 AGG entgeltbezogene Maßnahmen zum Ausgleich bestehender Nachteile und zur Verhinderung künftiger Nachteile; gemeint sind Maßnahmen zur Förderung des bisher benachteiligten Geschlechts. In welchem Umfang dies auch durch Maßnahmen im Entgeltbereich erfolgen kann, ist freilich unklar. Zugelassene Fördermaßnahmen müssen obj. zum Ausgleich bestehender Nachteile geeignet sein und angemessen eingesetzt werden (EuGH 30.9.2010 NZA 2010, 1281). Kompensationsmaßnahmen im Entgeltbereich müssten danach eingesetzt werden, um Benachteiligungen bei sonstigen Arbeitsbedingungen auszugleichen; Zahlungen sind dafür idR weder geeignet noch hinreichend spezifisch auf Ausgleich gerichtet. 12

b) Keine Rechtfertigungswirkung v. besonderen Schutzvorschriften (§ 8 II AGG). Abs. 4 verweist zudem auf die weitere Geltung des Verbots einer Vereinbarung geringeren Entgelts wegen geschlechtsspezifischer bes. Schutzvorschriften (AGG § 8 Rn. 9). Solch bes. Schutz bietet beispielsweise das MuSchG, doch ist Abs. 4 nicht auf ges. Vorschriften begrenzt. Bezweckt ist, dass unterschiedl. Entgelt nicht damit gerechtfertigt wird, dass bes. Schutzvorschriften gesonderte Kosten auslösen, die auf diese Weise auf die geschützte Gruppe umverteilt werden würden. Andere Rechtfertigungsgründe werden durch § 8 II AGG nicht ausgeschlossen. 13

§ 4 Feststellung von gleicher oder gleichwertiger Arbeit, benachteiligungsfreie Entgeltsysteme

(1) **Weibliche und männliche Beschäftigte üben eine gleiche Arbeit aus, wenn sie an verschiedenen Arbeitsplätzen oder nacheinander an demselben Arbeitsplatz eine identische oder gleichartige Tätigkeit ausführen.**

(2) [1]**Weibliche und männliche Beschäftigte üben eine gleichwertige Arbeit im Sinne dieses Gesetzes aus, wenn sie unter Zugrundelegung einer Gesamtheit von Faktoren als in einer vergleichbaren Situation befindlich angesehen werden können.** [2]**Zu den zu berücksichtigenden Faktoren gehören unter anderem die Art der Arbeit, die Ausbildungsanforderungen und die Arbeitsbedingungen.** [3]**Es ist von den tatsächlichen, für die jeweilige Tätigkeit wesentlichen Anforderungen auszugehen, die von den ausübenden Beschäftigten und deren Leistungen unabhängig sind.**

(3) **Beschäftigte in unterschiedlichen Rechtsverhältnissen nach § 5 Absatz 2 können untereinander nicht als vergleichbar nach Absatz 1 oder als in einer vergleichbaren Situation nach Absatz 2 befindlich angesehen werden.**

(4) [1]**Verwendet der Arbeitgeber für das Entgelt, das den Beschäftigten zusteht, ein Entgeltsystem, müssen dieses Entgeltsystem als Ganzes und auch die einzelnen Entgeltbestandteile so ausgestaltet sein, dass eine Benachteiligung wegen des Geschlechts ausgeschlossen ist.** [2]**Dazu muss es insbesondere**

1. **die Art der zu verrichtenden Tätigkeit objektiv berücksichtigen,**
2. **auf für weibliche und männliche Beschäftigte gemeinsamen Kriterien beruhen,**
3. **die einzelnen Differenzierungskriterien diskriminierungsfrei gewichten sowie**
4. **insgesamt durchschaubar sein.**

(5) [1] **Für tarifvertragliche Entgeltregelungen sowie für Entgeltregelungen, die auf einer bindenden Festsetzung nach § 19 Absatz 3 des Heimarbeitsgesetzes beruhen, gilt eine Angemessenheitsvermutung.** [2] **Tätigkeiten, die aufgrund dieser Regelungen unterschiedlichen Entgeltgruppen zugewiesen werden, werden als nicht gleichwertig angesehen, sofern die Regelungen nicht gegen höherrangiges Recht verstoßen.**

(6) **Absatz 5 ist sinngemäß auch auf gesetzliche Entgeltregelungen anzuwenden.**

1 Die Vorschrift definiert in den ersten Absätzen die bisher nicht festgelegten Begriffe der gleichen und gleichwertigen Arbeit. Das damit angestrebte Regelungsziel der Rechtssicherheit setzt eine intensive Konkretisierung durch die Gerichte voraus (EuGH 30.3.2000 BeckRS 2004, 75322). Anschließend werden zur Beurteilung einer gleichwertigen Tätigkeit Kriterien für betriebl. geschlechtsneutrale Entgelt- und Bewertungssysteme genannt, die jedoch als nicht abschl. Aufzählung formuliert sind. Dass auch tarifl. und ges. Entgeltregelungen an das Diskriminierungsverbot gebunden sind, formulieren Abs. 5 und 6.

2 **1. Gleiche Arbeit (Abs. 1).** Die Definition der „gleichen Arbeit" übernimmt die vorgängige Rspr. (BAG 26.1.2005 BeckRS 200530349675), derzufolge es auf das Ausführen identischer oder gleichartiger Tätigkeit ankommt. Zusammenfassend kann geprüft werden, ob die mit den Tätigkeiten Beschäftigten einander vollständig ersetzen könnten. Dabei kommt es auf die tats. Anforderungen des Arbeitsplatzes an, nicht auf vertragl. Vereinb. oder tarifl. Einstufung. Der EuGH differenziert nicht zwischen gleicher und gleichwertiger Tätigkeit, da das Diskriminierungsverbot in beiden Fällen gleichermaßen eingreift (Rn. 3). Auf den zeitl. Umf. der vereinbarten Arbeitsleistung kommt es ausdr. nicht an: Vollzeit- und TZkräfte leisten die gleiche Arbeit (EuGH 31.3.1981 NJW 1981, 2639; 6.12.2007 NZA 2008, 31; vgl. Rn. 17).

3 **2. Gleichwertige Arbeit (Abs. 2).** Die Definition der „gleichwertigen" Arbeit geht davon aus, dass sich die Vergleichspersonen in einer vergleichbaren Situation befinden müssen (S. 1) und benennt Faktoren, die für eine vergleichbare Situation kennzeichnend sind (S. 2), sowie die Notwendigkeit einer objektiven Betrachtung der Vergleichbarkeit, die die individuelle Tätigkeit der aktuell Beschäftigten außer Betracht lässt (S. 3). Entscheidend sind also die Tätigkeit und ihre Merkmale, nicht die weiteren Merkmale der Person, die sie ausübt (*Gaul* ArbRB 2017, 47, 48). Dafür bezieht sich die Gesetzesbegründung (BT-Drs. 18/11133, S. 51) auf den EuGH (26.6.2001 NZA 2001, 883). Ein damit erzeugter Eindruck, auf Unionsebene sei eine Definition der „gleichwertigen Arbeit" bereits erarbeitet, wäre jedoch unzutr. (vgl. den Bericht über die Anwendung der RL 2006/54/EG, COM/2013/0861 final), da die zitierten Entscheidungen eine Abgrenzung v. gleicher und gleichwertiger Arbeit nicht entwickeln. Abgestellt wird auf die Faktoren „Art der Arbeit, Ausbildungsanforderungen und Arbeitsbedingungen" ab (EuGH 11.5.1999 NZA 1999, 699; 28.2.2013 NZA 2013, 315) hins. derer die AN „in einer vergleichbaren Situation" sein müssen (EuGH 28.2.2013 NZA 2013, 315). Unterschiedl. berufl. Qualifikationen, die ein breiteres Einsatzgebiet eröffnen, begr. demzufolge selbst dann die fehlende Gleichheit der Arbeit, wenn zwei ANGruppen aktuell mit denselben Aufgaben betraut werden (EuGH 11.5.1999 NZA 1999, 699 f.). Unerhebl. ist, dass die Vergleichspersonen nicht gleichzeitig beschäftigt sind: Die Arbeitsleistung des Vorgängers am selben Arbeitsplatz ist taugl. Vergleichsmaßstab (EuGH 28.9.1994 NZA 1994, 1073; BAG 26.1.2005 NZA 2005, 1059). Dies kann allerdings nur bei iÜ gleich gebliebenen Rahmenbedingungen zutr., damit zB eine deutl. verschlechterte wirtschaftl. Lage des Unternehmens auch bei „gleicher Arbeit" berücksichtigt werden kann (EuGH 28.9.1994 NZA 1994, 1073; vgl. EuGH 27.3.1980 NJW 1980, 2014). Ungeklärt ist bislang va die Frage, inwieweit arbeitsmarktabhängige Kriterien für die Feststellung der Gleichwertigkeit verwendet werden dürfen. Überlegungen in diese Richtung hat die Rspr. durchaus anklingen lassen (EuGH 27.10.1993 NZA 1994, 797), obwohl sich dieser Aspekt mit der objektiven Betrachtungsweise grds. nicht verträgt: Läge eine gleichwertige Arbeit nicht vor, sobald für die Tätigkeit am Arbeitsmarkt unterschiedl. Entgelte akzeptiert werden, käme ein Verbot der unterschiedl. Bezahlung gleichwertiger Arbeit nie zur Anwendung. Wenn ein Entgeltunterschied mit arbeitsmarktabhängigen Kriterien begründet wird, schließt das nicht die Gleichwertigkeit aus, sondern ist auf Rechtfertigungsebene zu prüfen. Für den Hauptanwendungsfall der mittelbar geschlechtsbedingten Entgeltdifferenz liegt (bei gelungener Rechtfertigung) keine verbotene Ungleichbehandlung vor. Das könnte etwa für spezielle Entgeltvereinbarungen gerade mit der begünstigten Vergleichsperson relevant werden (LAG BW 21.10.2013 BeckRS 2014, 68025), die deren höhere Entlohnung rechtfertigt (krit. *v. Roettecken* ZTR 2014, 585).

4 In einer **vergleichbaren Situation** (S. 1) befinden sich Beschäftigte, wenn ihre Tätigkeit hins. jdf. der in S. 2 benannten Kriterien (Art der Tätigkeit, Ausbildungsanforderungen und Arbeitsbedingungen) bei einem Gesamtvergleich als entspr. vergleichbar gewertet wird (EuGH 9.11.1993 BeckRS 2004, 74323); jeweils nur einzelne identische Aspekte begründen die Gleichwertigkeit nicht (BAG 26.1.2005 NZA 2005, 1059). Umgekehrt lässt sich durch die Veränderung einer einzelnen Komponente eine Gleichwertigkeit nicht ausschließen, die bei Gesamtbetrachtung bejaht würde. Die **Kriterien** des S. 2 sind so abstrakt gehalten, um branchen- und berufsunabhängig verwendbar zu sein. Für den konkreten Anwendungsfall werden konkretere Anforderungen zu formulieren sein, die erforderl. Vorkenntnisse und Erfahrungen, Fertigkeiten, Verantwortung für Personen, Gegenstände oder Finanzen, oder bes.

physische oder psychische Belastungen durch Arbeitsaufgabe oder Arbeitsumgebung umfassen können. Diskriminierungsfrei, und damit ohne Verstoß gegen § 3 I, wird die Vergleichbarkeit festgestellt, wenn die verwendeten Kriterien tätigkeitsbezogen festgelegt und angemessen gewichtet werden. Die relative Gewichtung hängt v. der Bedeutung des Kriteriums für die vertragsgemäße Erfüllung der Tätigkeit ab. Dass die Anforderungen an die Tätigkeit **unabhängig v. den aktuell Beschäftigten und ihrer Leistung** (S. 3) zu beurteilen sind, soll der Entwurfsbegründung (BT-Drs. 18/11133, S. 52) zufolge unterstreichen, dass Anforderungen und Belastungen der Tätigkeit obj. zu beurteilen sind. In einer vergleichbaren Situation sind AN, wenn die Tätigkeit, die ihnen vertragl. zugewiesen ist, hins. aller dafür relevanten Kriterien obj. vergleichbare Anforderungen stellt bzw. Belastungen auslöst. Auf die Quantität und Qualität der Arbeitsleistung der gewählten Vergleichspersonen kommt es für die Feststellung der Gleichwertigkeit der Arbeit nicht an; diese Aspekte dienen vielmehr zur Rechtfertigung einer unterschiedl. Entlohnung gleichwertiger Arbeit.

3. Beschäftigte in unterschiedlichen Rechtsverhältnissen (Abs. 3). In § 5 Abs. 2 werden Personen 5
als Beschäftigte iSd Gesetzes definiert, die auf der Grundlage unterschiedl. Rechtsverhältnisse tätig werden. Nach Abs. 1 und 2 wäre es durchaus mögl., dass sie dennoch gleiche oder gleichwertige Arbeit leisten können, etwa als Beamte bzw. AN auf identischen Arbeitsplätzen, oder als fortgeschrittene Auszubildende bzw. AN mit einer vergleichbaren Tätigkeit. Abs. 3 schließt demgegenüber die Vergleichbarkeit kraft Gesetzes aus, selbst wenn sie nach den Kriterien in Abs. 1 und 2 zu bejahen wäre. Da auch der Gesetzgeber an den unionsrechtl. Entgeltgleichheitsgrundsatz gebunden ist, ist diese Lösung wenig überzeugend; Abs. 2 S. 3 gibt ja gerade vor, dass es für die Vergleichbarkeit auf die Tätigkeit, und nicht auf die damit aktuell Beschäftigten ankommt. Die Quantität und Qualität der erbrachten Leistung ist ein Element der Rechtfertigung unterschiedl. Entgelthöhe, nicht der Vergleichbarkeit.

4. Vom Arbeitgeber erstellte Entgeltsysteme (Abs. 4). Die Anforderungen an diskriminierungsfreie 6
Entgeltsysteme, die v. AG einseitig erstellt werden, konkretisiert Abs. 4. Dass dafür keine grds. anderen Voraussetzungen gelten können als für kollektivvertragl. Systeme, ist zu unterstellen; für TV gilt daneben die Sonderregelung in Abs. 5. Als **Entgeltsystem** werden Methoden und Grundsätze verstanden, nach denen Entgelte oder Entgeltbestandteile ermittelt oder verändert werden; dazu gehören auch Arbeitsbewertungssysteme oder Einstufungsregeln (BT-Drs. 18/11133, S. 52). Alle Wege der Beeinflussung oder Erstellung v. Entgelten sind als „Entgeltsystem" zu verstehen, solange es sich nicht um eine individuell ausgehandelte Vergütung v. Einzelpersonen handelt, deren Elemente nicht zur wiederholten Anwendung bestimmt sind.

S. 1 verlangt, dass bereits das zur Ermittlung des geschuldeten Entgelts verwendete „System" als 7
solches eine geschlechtsbedingte Benachteiligung ausschließt. Damit wird dem AG eine Ergebnisverantwortung übertragen. Verwendet werden dürfen nur solche Entgeltsysteme, die – korrekte Anwendung unterstellt – geschlechtsbedingte Benachteiligungen beim Entgelt verhindern . Durch diese Anforderung ändert sich nicht zugleich auch die Zuständigkeit für die Lohnfestsetzung; diese liegt nach wie vor entspr. den allg. Vorschriften bei den Tarif-/Betriebsparteien und dem AG. Den Vorgaben des Unionsrechts entspr. (EuGH 17.5.1990 NZA 1990, 775) bezieht sich die Forderung nach diskriminierungsfreier Ausgestaltung v. Entgeltsystemen auf jeden gesondert festgesetzten Entgeltbestandteil für sich genommen. Damit soll die Erkennbarkeit v. benachteiligenden Regelungen verbessert und Konflikte um die Angemessenheit etwaiger Kompensationsleistungen im Gesamtsystem verhindert werden. Zusätzl. wird die Anforderung aber auch an das Gesamtsystem adressiert, um die Ergebnisverantwortung des AG zu unterstreichen.

S. 2 nennt nicht abschl. Kriterien, die ein Entgeltsystem gewährleisten muss, um Diskriminierungs- 8
freiheit zu erreichen. Auf die Festlegung konkreter Arbeitsbewertungsverfahren oder bes. Zertifizierung der Verfahren wird verzichtet, obwohl spezielle Verfahren der Entgeltfestsetzung für diesen Zweck entwickelt worden sind. Die stattdessen vorgegebenen Aspekte sind so allg. gehalten, dass jedes verwendete Entgeltsystem entspr. angepasst werden kann: Die verwendeten Kriterien müssen die Art der zu verrichtenden Arbeit richtig und vollständig erfassen (Nr. 1), dürfen also insb. keine relevanten Bestandteile auslassen. Sie müssen weiter für männl. und weibl. Beschäftigte dieselben Aspekte berücksichtigen (Nr. 2) (EuGH 1.7.1986 NJW 1987, 1138). Damit soll einem Kriterienwechsel vorgebeugt werden, der an die Erfassung der geleisteten Arbeit unterschiedl. herangeht je nachdem, ob es sich um einen „Männer"- oder „Frauenberuf" handelt. Sodann sind die Einstufungskriterien diskriminierungsfrei zu gewichten (Nr. 3). Damit soll einer Übergewichtung v. solchen Tätigkeitsaspekten vorgebeugt werden, die geschlechtsspezifisch ungleich häufig Bestandteil der Arbeitsleistung sind. Schließl. muss das Gesamtsystem durchschaubar gestaltet sein (Nr. 4). Diese Anforderung hat der EuGH (17.10.1989 NZA 1990, 772) entwickelt, um der Schwierigkeit zu begegnen, dass in Entgeltklagen nicht belegt werden kann, welches Entlohnungskriterium zu einer durchschnittl. geringeren Entgelthöhe einer mit gleichwertiger Tätigkeit beschäftigten Gruppe geführt hat. Angesichts der wertenden Elemente in Einstufungs- und Bewertungssystemen ist die Leistungsfähigkeit der Transparenzanforderung jedoch begrenzt.

5. Tarifliche Regelungen/ Festsetzung im HeimarbeitsG (Abs. 5). Für Entgeltsysteme, die auf einem 9
TV beruhen oder auf einer bindenden Festsetzung gem. § 19 III HAG, gilt eine **Angemessenheitsver-**

mutung (S. 1). Damit wird der tarifrechtl. Grundsatz aufgegriffen, dass für tarifautonom geschaffene Regelungen grds. die Vermutung spricht, dass sie die kollektiven Interessen v. AG und AN zu einem angemessenen Ausgleich bringen (BAG 21.5.2014 NZA 2015, 115). Dabei geht es um die Herstellung gleichgewichtiger Durchsetzungschancen in der Verhandlungssituation, die auf kollektiver Ebene besser gelingt als im Individualvertrag. Eine Vermutung dahingehend, dass tarifrechtl. Entgeltregelungen diskriminierungsfrei sind, ist mit der tarifl. Angemessenheitsvermutung nicht verbunden. Zwar ist der Abstand zwischen Männerlöhnen und Frauenlöhnen in tarifgebundenen Betrieben typischerweise geringer als in nicht tarifgebundenen; als Beleg einer „Diskriminierungsfreiheit" genügt das nicht. Tarifl. und ges. Regelungen können durch Abs. 5 daher nicht von der Beachtung des Diskriminierungsverbots ausgenommen werden. Auch die TVParteien sind verfassungs- und unionsrechtl. an Diskriminierungsverbote gebunden (BAG 22.4.2010 NZA 2010, 947; EuGH 27.6.1990 NZA 1990, 771; 15.12.1994 NZA 1995, 218). Ihre Vereinbarungen dürfen nur diskriminierungsfreie oder gerechtfertigte Differenzierungskriterien verwenden (EuGH 10.1.2010 NZA 2010, 85). Da die Tarifparteien der Kontrolle ihrer Verhandlungsergebnisse nicht entzogen sind, ist S. 1 nicht so zu verstehen, dass mit der „Angemessenheitsvermutung" eine generell diskriminierungsfreie Ausgestaltung tarifl. Entgeltsysteme vermutet würde. Ledigl. für die Belange des Auskunftsanspruchs nach §§ 10 ff. schafft das G eine Sonderregelung. Präzisiert wird der Vermutungsumfang in S. 2, demzufolge die Einstufung v. Tätigkeiten in unterschiedl. Entgeltgruppen die Vermutung begründet, dass diese Tätigkeiten nicht gleichwertig sind, eingeschränkt allerdings durch den Verweis auf höherrangiges Recht. Den Vorgaben des Unionsrechts zufolge kann allein der Umstand, dass eine Entgeltdifferenzierung durch TV vorgenommen worden ist, eine geschlechtsspezifisch unterschiedl. Entlohnung gleichwertiger Arbeit nicht rechtfertigen (EuGH 27.10.1993 NZA 1994, 797). Im Sinne eines Indizes für das Vorliegen objektiver Differenzierungsgründe kann die tarifl. Grundlage eines Entgeltsystems aber durchaus dienen (EuGH 28.2.2013 NZA 2013, 315). In diesem Sinne ist die Anforderung, dass das Entgeltsystem nicht gegen höherrangiges Recht verstößt, zu interpretieren. Eine Begründung dafür, dass diese Vorgaben auch auf § 19 HAG erstreckt werden, fehlt.

10 **6. Gesetzliche Regelungen (Abs. 6).** Die Vermutungswirkung zugunsten v. tarifl. Entgeltsystemen wird in Abs. 6 auf ges. Regelungen erstreckt, so dass insb. die Besoldungsregelungen des öffentl. Dienstes keiner anderen rechtl. Überprüfung unterliegen als Tarifnormen. Auch der Gesetzgeber ist an die Verfassung sowie an das Unionsrecht gebunden, muss Entgeltsysteme also diskriminierungsfrei gestalten. Dies bleibt gerichtl. überprüfbar, aber die Tatsache einer Regelung durch den demokratisch legitimierten Gesetzgeber dient als Indiz dafür, dass unterschiedl. Entgeltgruppen zugewiesene Tätigkeiten keine gleichwertige Arbeit darstellen.

§ 5 Allgemeine Begriffsbestimmungen

(1) **Entgelt im Sinne dieses Gesetzes sind alle Grund- oder Mindestarbeitsentgelte sowie alle sonstigen Vergütungen, die unmittelbar oder mittelbar in bar oder in Sachleistungen aufgrund eines Beschäftigungsverhältnisses gewährt werden.**

(2) **Beschäftigte im Sinne dieses Gesetzes sind**

1. Arbeitnehmerinnen und Arbeitnehmer,
2. Beamtinnen und Beamte des Bundes sowie der sonstigen der Aufsicht des Bundes unterstehenden Körperschaften, Anstalten und Stiftungen des öffentlichen Rechts,
3. Richterinnen und Richter des Bundes,
4. Soldatinnen und Soldaten,
5. die zu ihrer Berufsbildung Beschäftigten sowie
6. die in Heimarbeit Beschäftigten sowie die ihnen Gleichgestellten.

(3) [1]**Arbeitgeber im Sinne dieses Gesetzes sind natürliche und juristische Personen sowie rechtsfähige Personengesellschaften, die Personen nach Absatz 2 beschäftigen, soweit durch dieses Gesetz nichts anderes bestimmt wird.** [2]**Für die in Heimarbeit Beschäftigten und die ihnen Gleichgestellten tritt an die Stelle des Arbeitgebers der Auftraggeber oder Zwischenmeister.**

(4) [1]**Tarifgebundene Arbeitgeber im Sinne dieses Gesetzes sind Arbeitgeber, die einen Entgelttarifvertrag oder Entgeltrahmentarifvertrag aufgrund von § 3 Absatz 1 des Tarifvertragsgesetzes anwenden.** [2]**Von Satz 1 erfasst werden auch Arbeitgeber, die einen Entgelttarifvertrag aufgrund der Tarifgeltung einer Allgemeinverbindlichkeitserklärung nach § 5 des Tarifvertragsgesetzes oder Entgeltregelungen aufgrund einer bindenden Festsetzung nach § 19 Absatz 3 des Heimarbeitsgesetzes anwenden.**

(5) **Tarifanwendende Arbeitgeber im Sinne dieses Gesetzes sind Arbeitgeber, die im Geltungsbereich eines Entgelttarifvertrages oder Entgeltrahmentarifvertrages die tariflichen Regelungen zum Entgelt durch schriftliche Vereinbarung zwischen Arbeitgeber und Beschäftigten verbindlich und inhaltsgleich für alle Tätigkeiten und Beschäftigten übernommen haben, für die diese tariflichen Regelungen zum Entgelt angewendet werden.**

Die Vorschrift definiert für das Gesetz zentrale Begriffe und legt dabei Bestimmungen des Unionsrechts oder anderer Gesetze zugrunde. Zweck der Vorschrift ist eine Vereinfachung für den Rechtsanwender (BT-Drs. 18/11133, S. 54). Durch die ausdr. Formulierung anderweitig etablierter Begriffe wird darauf hingewiesen, dass die dort entwickelte Auslegung auch für das EntgTranspG maßgebl. ist. 1

1. Entgelt (Abs. 1). Abs. 1 übernimmt nahezu wortgleich die (in den Mitgliedstaaten unmittelbar anwendbare) Entgeltdefinition zu Art. 157 II 1 AEUV. Die Rspr. des EuGH, die auch v. BAG zur Bestimmung des Entgeltbegriffs herangezogen wird (BAG 11.12.2007 NZA 2008, 532), ist daher auch für Abs. 1 zugrunde zu legen. Davon erfasst sind das Entgelt im engeren Sinne, die **Grund- und Mindestarbeitsentgelte**, die aufgrund eines BeschVerh gewährt werden, sowie alle sonstigen Vergütungsbestandteile. Anspruchsberechtigt ist damit jeder, dem solche Entgeltansprüche auf der Grundlage eines BeschVerh zustehen. Das werden idR die Beschäftigten (Abs. 2) selbst sein (EuGH 7.1.2004 NJW 2004, 1440). Angesichts des weiten unionsrechtl. Entgeltbegriffs kommen aber auch Dritte, zB im Falle der Hinterbliebenenversorgung, in Betracht, soweit ihnen eine Leistung aufgrund des BeschVerh eines anderen zusteht (EuGH 24.11.2016 NZA 2017, 233). Anspruchsverpflichteter ist jeder, der aufgrund eines BeschVerh die Zahlung v. Entgelt(-bestandteilen) schuldet (EuGH 2.10.1997 NZA 1997, 1221). Das wird regelmäßig der AG (Abs. 3) oder der Dienstherr sein. Es kommen aber auch Dritte in Betracht, zB wenn eine Versicherung auf dem BeschVerh beruhende Leistung erbringt (EuGH 9.10.2001 NZA 2001, 1301; BAG 19.11.2002 NZA 2003, 380; 7.9.2004 NZA 2005, 1239). 2

Die Rechtsgrundlage, auf der der Entgeltanspruch beruht, ist unerhebl. Auch ein ledigl. faktisches BeschVerh, auf dessen Grundlage Arbeitsleistung erbracht wurde, genügt. Ein Entgeltanspruch kann sich aus einem dem BeschVerh zugrunde liegenden Vertrag, aus Kollektivverträgen oder auf ges. Grundlage ergeben. Erfasst werden auch solche Elemente, die sich indirekt auf die Höhe des Entgelts auswirken, wie zB Regeln über den Bewährungsaufstieg, die die Anspruchshöhe verändern (EuGH 7.2.1991 NVwZ 1991, 461). Auch freiwillige Leistungen unterliegen dem Entgeltbegriff (EuGH 21.10.1999 NZA 1999, 1325; 19.9.2013 BeckRS 2013, 81820). Aus der Rspr. des EuGH lassen sich folgende Anwendungsbeispiele herleiten: Einmalzahlungen als Bestandteil einer Besoldungserhöhung (OVG ST 23.10.2009 BeckRS 2009, 40168), Sondervergütungen wie Prämien und Übergangsgelder (BAG 18.5.2006 NZA 2007, 103; LAG D 15.2.2008 NZA-RR 2009, 22), Zulagen, zB für ungünstige AZ (EuGH 30.3.2000 BeckRS 2004, 75322; 26.6.2001 NZA 2001, 883) oder für den Zuwachs an Erfahrung (BAG 13.2.2008 NZA 2008, 1055); Mehrarbeitsvergütung (EuGH 15.12.1994 NZA 1995, 218; 6.12.2007 NZA 2008, 31); Weihnachtsgeld (EuGH 21.10.1999 NZA 1999, 1325); andere geldwerte Sozialleistungen (EuGH 13.7.1989 NZA 1990, 437) wie Personalrabatt oder vergünstigte Nutzung v. Betriebseinrichtungen (EuGH 17.2.1998 NZA 1998, 301). Weiter wurde dazu v. EuGH ein Ersatz der Schulungskosten v. BRMitgliedern gezählt (EuGH 4.6.1992 NZA 1992, 687; dagegen BAG 20.10.1993 NZA 1994, 278; abschwächend EuGH 6.2.1996 NZA 1996, 319; BAG 5.3.1997 NZA 1997, 1242). Beträge, die zur Absicherung der AN während Zeiten der Nichtleistung vertragl. geschuldeter Dienste v. AG gezahlt werden, fallen ebenso unter den Entgeltbegriff (EuGH 13.2.1996 BeckRS 2004, 76582) wie Leistungen während der Mutterschutzzeiten (EuGH 27.10.1998 BeckRS 2004, 77110; 30.3.2004 NZA 2004, 839; BAG 31.7.1996 NZA 1996, 1205) und Leistungen aus Anlass der Beendigung des Beschäftigungsverhältnisses (EuGH 14.12.1993 NZA 1994, 165). 3

Verhältnis zur **Sozialvers.:** Leistungen sind auch dann „Entgelt", wenn sozialpolitische Zwecke verfolgt werden, zB im Falle v. **Betriebsrenten** (vgl. Rn. 25; EuGH 28.9.1994 NZA 1994, 1123; BAG 23.1.1990 NZA 1990, 778), Zusatzversorgung (EuGH 10.5.2011 NZA 2011, 557), betriebl. Hinterbliebenenversorgung (EuGH 9.10.2001 NZA 2001, 1301; 24.11.2016 NZA 2017, 233; BAG 11.12.2007 NZA 2008, 532; 11.12.2012 NZA-RR 2013, 308) und bezahlter Freistellung wegen Alters (BAG 20.8.2002 NZA 2003, 861). Weiter unterfallen dem Entgeltbegriff die Beamtenversorgung (EuGH 28.9.1994 NZA 1994, 1123; 29.11.2001 NZA 2002, 143; 12.9.2002 NZA 2002, 1141; BVerwG 25.3.2010 NVwZ 2010, 1380) und ges. Alterssicherungssysteme ersetzende oder erg. Zusatzrenten (EuGH 13.11.2008 BeckRS 2009, 71410); der tarifl. Aufstockungsbetrag für ATZArbeit (BAG 20.8.2002 NZA 2003, 510); EFZ im Krankheitsfalle (EuGH 13.7.1989 NZA 1990, 437; 8.9.2005 NZA 2005, 1105), Beihilfezahlungen (BAG 14.8.2007 NZA 2008, 99; EuGH 6.12.2012 NVwZ 2013, 132 ff.), Entschädigung wegen sozial ungerechtfertigter Kündigung (EuGH 17.5.1990 NZA 1990, 775; 9.2.1999 BeckRS 2004, 74617); tarifl. Vorruhestandsentschädigung (EuGH 13.7.2000 NZA 2001, 38) oder Übergangsgeld bei Beendigung des ArbVerh. (EuGH 27.6.1990 NZA 1990, 771). Nur wenn die sozialpolitischen Erwägungen derart überwiegen, dass es an einer inhaltl. Abhängigkeit v. der Arbeitsleistung fehlt, wie bei den typischerweise unmittelbar durch G geregelten, zwgd. für allg. Gruppen geltenden Sozialversicherungsleistungen der AV (EuGH 1.4.2008 NZA 2008, 459; 22.11.2012 NZA 2012, 1425), ist Art. 157 nicht anwendbar. Zur Abgrenzung dienen folgende Indizien: Rechtsgrdl. des Systems (Gesetz statt Vereinbarung), Finanzierung (Steuermittel statt AG), unspezifische Zusammensetzung der Begünstigten (statt spezieller AN-Gruppen). 4

Die Übernahme des Wortlauts v. Art. 157 II AEUV, dass Vergütungen **in bar oder in Sachleistungen** gewährt werden, schließt unbare Zahlungen nicht aus dem Entgeltbegriff aus (BT-Drs. 18/11133, S. 54). Alle Geldleistungen sind umfasst, unabhängig v. den Übermittlungsmodalitäten; die hier übertragene Formulierung in Art. 157 AEUV, die auf den Sachstand des Jahres 1957 zurückgeht, hätte 5 zur Verdeutlichung aktualisiert werden können. Entgelte müssen **unmittelbar oder mittelbar** aufgrund eines BeschVerh gewährt werden (EuGH 30.3.2000 BeckRS 2004, 75322). Dass auch mittelbar auf dem BeschVerh beruhende Zahlungen einbezogen werden, belegt die Zulässigkeit einer Einbeziehung der Leistung v. Dritten, zB Versicherungen (Rn. 1).

6 **2. Beschäftigte (Abs. 2).** Für den pers. Geltungsbereich dieses Gesetzes wird der Beschäftigtenbegriff zugrunde gelegt. Er weist nicht auf § 7 I SGB IV zurück, sondern auf die Verwendung des unionsrechtl. AN-Begriffs im Diskriminierungsrecht, der deutl. umfassender ausgestaltet ist als der deutsche AN-Begriff. Dies folgt dem Vorbild v. § 6 AGG, ergänzt um § 24 AGG zwecks Einbeziehung der öffentl. Dienstverh (BVerwG 15.11.2007 NJW 2008, 868). Demnach sind zunächst AN (Nr. 1), die **zu ihrer Berufsausbildung Beschäftigten** (Nr. 5) sowie in **Heimarbeit** Beschäftige (Nr. 6) v. pers. Geltungsbereich umfasst (vgl. AGG § 6 Rn. 1, 2). Abw. v. § 6 I Nr. 3 AGG ist die Gruppe der Heimarbeiter und Gleichgestellte speziell genannt, aber nicht zugleich auf den Oberbegriff der „AN-ähnl. Person" verwiesen. Diese Abweichung v. AGG ist aus einer Spezialität des Gesetzes ggü. dem AGG nicht abzuleiten und wird in der Gesetzesbegründung auch nicht erläutert. Inhaltl. wird sie sich freilich kaum auswirken, da das Gesetz zur Umsetzung der RL 2006/54/EG dient und damit den weiten unionsrechtl. AN-Begriff übernehmen muss (EuGH 20.9.2007 NZA 2007, 1274; 7.4.2011 BeckRS 2013, 87054). Dieser setzt eine entgeltl. Arbeitsleistung voraus, die weisungsgebunden erbracht wird, auf die pers. Abhängigkeit kommt es gerade nicht an. Sollte die vertragl. Situation einer AN-ähnl. Person v. diesen Kriterien erfasst werden, würde sie dem (zur Umsetzung der RL zwgd.) unionsrechtl. verstandenen AN-Begriff der Nr. 1 unterfallen; zu Geschäftsführern vgl. AGG § 6 Rn. 6.

7 Der Beschäftigtenbegriff umfasst neben der privatrechtl. auch die **öffentl.-rechtl. BeschVerh** bei Bund, Ländern und Kommunen. Auch dies folgt aus dem zugrunde liegenden Unionsrecht. Darüber hinaus sind Beamte (m/w) des Bundes und der Bundesaufsicht unterstehenden Körperschaften, Anstalten und Stiftungen des öffentl. Rechts (Nr. 2), auch soweit sie in privatisierten Einrichtungen wie Bahn oder Postnachfolgeunternehmen eingesetzt sind, sowie Richter (m/w) des Bundes (Nr. 3) und Soldaten (m/w) (Nr. 4) gesondert aufgeführt.

8 Die Beschränkung auf Beamte und Richter des Bundes erklärt sich aus der Gesetzgebungskompetenz der Länder für ihre Beamte und Richter; an der Einbeziehung dieser dem Landesrecht unterliegenden DienstVerh in den unionsrechtl. AN-Begriff (EuGH 2.10.1997 NZA 1997, 1277; 6.12.2007 NZA 2008, 31) ändert dies jedoch nichts. Die Vorschriften des nat. Rechts sind in Übereinstimmung mit unmittelbar anwendbaren Bestimmungen des Unionsrechts auszulegen (BAG 17.11.2009 NZA 2010, 1020; Vorbem. zum AEUV Rn. 18 ff.).

9 **3. Arbeitgeber (Abs. 3).** Die Definition des **AG** (S. 1) übernimmt die Regelung in § 6 II 1 AGG, die Gleichstellungsregelung zur Heimarbeit (S. 2) übernimmt die Regelung in § 6 II 3 AGG (vgl. AGG § 6 Rn. 5). Da rechtsfähige Personengesellschaften verlangt werden, sind Konzerne oder Unternehmensgruppen aus dem AG-Begriff ausgeschlossen. Dass ein Verweis auf die AN-Überlassung gem. § 6 II 2 AGG nicht mit aufgenommen wurde, erklärt sich daraus, dass Leih-AN ggü. dem Entleiher kein Entgeltanspruch zusteht. Dies wird auch v. Unionsrecht nicht gefordert; obwohl der EuGH den Entleiher als „nicht-vertragl. AG" des Leih-AN versteht, folgt daraus nicht die Pflicht zur Entgeltzahlung. Jede Person oder Einrichtung, die tats. Personen nach Abs. 2 beschäftigt, gilt – vorbehaltl. ges. Sonderregelungen – als AG; auf die Wirksamkeit des zugrundeliegenden RechtsVerh kommt es nicht an. Auch der beamtenrechtl. Dienstherr ist AG, § 16.

10 **4. Tarifgebundene Arbeitgeber (Abs. 4).** Abs. 4 legt einen eigenen Begriff des tarifgebundenen AG fest **(S. 1)**, der jedoch auf § 3 I TVG verweist. Gemeint sind AG, die nach § 3 I TVG selbst tarifgebunden sind. Ges. zur Anwendung des TV verpflichtet sind auch die tarifgebundenen AG nur ggü. den tarifgebundenen AN, § 4 I 1 TVG. Sollte ein AG dem nicht tarifgebundenen AN ggü. einen TV nicht anwenden, bleibt er dennoch tarifgebunden iSd. § 3 TVG, wird aber nicht v. S. 1 erfasst. Erfasst sind AG, die flächendeckend, aber unterschiedl. TVe auf unterschiedl. Beschäftigte anwenden, soweit alle Beschäftigten Tariflohn erhalten. Maßgebl. Abgrenzungskriterium muss die ausschl. Anwendung tarifautonomer Entgeltregelungen im Betrieb sein; selbstentwickelte Entgeltregelungen dürfen nur jenseits des pers. Geltungsbereichs der einschlägigen TVe verwendet werden. Für die Zwecke des Gesetzes gelten auch solche AG als tarifgebunden (S. 2), die einen für allgemeinverbindl. erklärten EntgeltTV anwenden (§ 5 TVG) oder bindend festgesetzte Entgeltregelungen gem. § 19 III HeimarbeitsG. Für durch RechtsVO nach dem AEntG erstreckte TVe kann nichts anderes gelten. Da die Tarifanwendung in den Fällen des S. 2 alle Beschäftigten im Geltungsbereich der maßgebl. Entgeltregelungen erfasst, ist die Gleichbehandlung mit den nach TVG tarifgebundenen AG v. Gesetzeszweck gefordert.

11 **5. Tarifanwendende Arbeitgeber (Abs. 5).** Abs. 5 führt den Begriff des **tarifanwendenden AG** ein, der hins. der Pflichten aus diesem Gesetz günstiger gestellt wird als ein nicht tarifgebundener AG, obwohl er selbst weder tarifgebunden gem. § 3 I TVG ist, noch v. den Rechtsnormen eines TV gem. § 5 IV TVG erfasst wird. Um dennoch eine Vergleichbarkeit mit den v. Abs. 4 erfassten AG herzustellen, werden über die tats. Anwendung v. tarifl. Entgeltregelungen hinaus weitere Voraussetzungen verlangt: Die betroffenen AG müssen dem **Geltungsbereich** des TV unterfallen, den sie anwenden. Die Anwen-

dung irgendeines TV einer anderen Branche oder einer anderen Region genügt nicht. Verlangt wird vielmehr die Anwendung derjenigen tarifl. Entgeltregelungen, die auf den Betrieb anwendbar wären, falls der AG selbst tarifgebunden wäre. Weiter muss die Anwendung des TV auf **schriftl. Vereinbarung** im Arbeitsvertrag beruhen (*Gaul* ArbRB 2017, 47, 48). Da bereits die NachwPflicht gem. § 2 I Nr. 10 NachwG schriftl. zu erfüllen ist, ist hier vergleichbare Formstrenge angemessen. Nicht erfasst werden daher die betriebl. Übung oder die einseitige Erklärung des AG, im Betrieb tarifl. Entgeltregelungen anwenden zu wollen. Dies ist v. Abs. 5 auch bezweckt, da einseitige Festlegungen einseitig abgeändert werden können und ihr dauerhafter Bestand daher nicht hinreichend sicher ist. Die Privilegierung bei den Pflichten aus diesem Gesetz, die den tarifanwendenden AG besser stellen, soll nur denjenigen zugutekommen, die die Tarifanwendung **verbindl. und inhaltsgleich** zugesagt haben. Die Zusage muss mithin inhaltsgleich für alle AN bestehen, die vom pers. Geltungsbereich des TV erfasst werden würden; vereinbarte Differenzierungen können die Privilegierung nicht auslösen (aA *Bauer/Günther/Romero* NZA 2017, 809, 810). Ob eine nur tats. Anwendung v. Tarifregelungen im Betrieb für alle v. TV geschützten Tätigkeiten und Beschäftigten im tarifl. vorgesehenen Umfang gewährt werden, ist durch Vergleich zweier Vertragstexte leichter festzustellen als ohne schriftl. Vereinbarung. Eine möglicherweise unvollständige oder nur teilweise Tarifanwendung, die nicht gem. Abs. 5 privilegiert werden soll, wird damit etwas deutl. erkennbar. Problematisch ist allerdings, wie die formulierten Voraussetzungen überhaupt rechtssicher festgestellt werden können. Letztl. setzt die Erkennbarkeit eine Einsichtnahme in die Entgeltvereinbarungen aller Beschäftigten voraus. Wenn sich der AG, der diese Unterlagen führt, auf Tarifanwendung beruft, ist das für die Beschäftigten nicht nachvollziehbar. Dass die tarifl. Regelung für alle in den pers. Geltungsbereich des TV fallenden AN vereinbart werden muss, soll nach der Gesetzesbegründung (BT-Drs. 18/11133, S. 55) eine „missbräuchl. Privilegierung" der AG ausschließen. Entspr. dürfte eine im Einzelfall ledigl. irrtüml. unterbliebene Vereinbarung, etwa mit Beschäftigten, die zu Unrecht als AT-Mitarbeiter eingestuft worden sind, die Anwendbarkeit v. Abs. 5 nicht ausschließen.

§ 6 Aufgaben von Arbeitgebern, Tarifvertragsparteien und betrieblichen Interessenvertretungen

(1) [1] Arbeitgeber, Tarifvertragsparteien und die betrieblichen Interessenvertretungen sind aufgefordert, im Rahmen ihrer Aufgaben und Handlungsmöglichkeiten an der Verwirklichung der Entgeltgleichheit zwischen Frauen und Männern mitzuwirken. [2] Die zuständigen Tarifvertragsparteien benennen Vertreterinnen und Vertreter zur Einhaltung des Entgeltgleichheitsgebots im Sinne dieses Gesetzes und zur Wahrnehmung der Aufgaben nach § 14 Absatz 3.

(2) [1] Arbeitgeber sind verpflichtet, die erforderlichen Maßnahmen zu treffen, um die Beschäftigten vor Benachteiligungen wegen des Geschlechts in Bezug auf das Entgelt zu schützen. [2] Dieser Schutz umfasst auch vorbeugende Maßnahmen.

1 Die Vorschrift will AG und Kollektivvertragsparteien dazu veranlassen („auffordern"), die Entgeltgleichheit in der Praxis durchzusetzen. Eine echte Rechtspflicht begründet sie damit nicht. Die gewählte Formulierung ändert allerdings nichts daran, dass der Entgeltgleichheitsgrundsatz unionsrechtl. determiniert ist. AG und Kollektivvertragsparteien müssen daher die Entgeltgleichheit bei allen Vereinbarungen oder Maßnahmen einhalten und an ihrer Verwirklichung mitwirken; eine Entscheidung, dieser „Aufforderung" keine Folge zu leisten, steht ihnen nicht frei. Die in der Überschrift angesprochene betriebl. Interessenvertretung schließt wegen der umfassenden unionsrechtl. Verpflichtung auch die AN-Vertretungen des öffentl. Dienstes und der Kirchen mit ein.

2 Nach **Abs. 1 S. 1** sollen alle mit der Entgeltgestaltung Befassten im Rahmen ihrer Aufgaben auf die Entgeltgleichheit **hinwirken.** Die Formulierung orientiert sich an § 17 I AGG als einer Zielvorgabe (AGG § 17 Rn. 1) für eine Neugestaltung oder Überarbeitung v. Entgeltsystemen.

3 S. 2 legt eine Obliegenheit der **zuständigen TV-Parteien** fest, für ihren Bereich, in dem sie regelsetzend tätig werden, Vertreter zu benennen. Eine Rechtsfolge bei Missachtung des S. 2 ist nicht normiert, ledigl. die Möglichkeit einer Aufgabenübertragung gem. § 14 III entfällt. Die Vertreter sollen für die **Einhaltung des Entgeltgleichheitsgebots** zust. sein und zudem die **Aufgaben nach § 14 III** übernehmen. Beide Elemente stehen im Zusammenhang: Da TV-Parteien bei der Normsetzung an die bestehenden Diskriminierungsverbote als höherrangiges Recht gebunden sind, müssen sie das Entgeltgleichheitsgebot dadurch einhalten, dass sie keine diskriminierenden Entgeltsysteme neu schaffen, bestehende Entgeltsysteme auf etwaige Diskriminierungswirkung überprüfen und sie ggf. ändern. Vertreter sind dafür nicht gesondert erforderl., die Zuständigkeit für die Formulierung v. Tarifinhalten wird in den Satzungen der Verbände festgelegt. Geht es jedoch um die in § 14 III vorgesehene Möglichkeit, den individuellen Auskunftsanspruch gem. § 10 durch Vertreter der Tarifparteien beantworten zu lassen, müssen für diese neugeschaffene Aufgabe entspr. Personen bestellt werden, die bei der Wahrnehmung dieser Aufgaben ebenfalls auf die Einhaltung des Entgeltgleichheitsgebots verpflichtet sind. Das setzt voraus, dass sie bei der Beantwortung alles, was im Rahmen ihrer Aufgabenübertragung mögl. ist, für die Verwirklichung dieses Ziels unternehmen. Daher müssen die Organisationsstrukturen der Verbände so

gestaltet sein, dass sie entspr. Auskünfte lokal erteilen können; im Falle v. bundesweiter Organisation kann dies unpraktikabel werden. Zudem werden den Verbänden damit ggf. Pflichten ggü. ledigl. tarifanwendenden Nicht-Mitgliedern auferlegt, was entspr. § 14 III 3 nur mit Zustimmung mögl. ist.

4 **Abs. 2** adressiert eine Verpflichtung an den AG, **Maßnahmen gegen Diskriminierung** im Entgeltbereich zu treffen (S. 1); das umfasst die Pflicht zur Beendigung diskriminierender Maßnahmen sowie zur Überprüfung bestehender Maßnahmen und zum Ausgleich dabei festgestellter Nachteile. Über die Verpflichtung aus § 7 hinaus erfasst dies auch vorbeugende (S. 2) organisatorische Pflichten, zB zur Aufklärung über typische Anwendungsbeispiele für mittelbar benachteiligende Bemessungskriterien oder Bewertungsmethoden beizutragen. Die Gesetzesbegründung (BT-Drs. 18/11133, S. 56) weist bes. darauf hin, dass Abs. 2 zur Konkretisierung der Generalklausel des § 12 I AGG dient und sich an § 2 des (aufgehobenen) BeschSG orientiert. Daraus ist zu schließen, dass er insb. auf präventive Maßnahmen zielt, die in Betrieb oder Dienststelle allen Beteiligten die Bedeutung und mögl. Anknüpfungspunkte für Entgeltdiskriminierung verdeutlichen. Anders als beim Belästigungsschutz sind präventive Schulungen gegen Entgeltdiskriminierung jedoch nur bestimmten Personen ggü. geboten, näml. denen ggü., die auf das Entgelt v. Beschäftigten Einfluss haben können, etwa weil sie deren Entgelt festsetzen, oder für Leistungsbeurteilung zust. sind. Wie auch im Rahmen v. § 12 AGG (Rn. 2) ist der Inhalt der Pflicht bestimmt v. den Erfordernissen des konkreten Betriebes. Der AG muss alle Maßnahmen ergreifen, die für die Verwirklichung der Entgeltgleichheit geboten sind, soweit das in seine Zuständigkeit fällt. Dazu gehört auch die Verwendung geeigneter Überprüfungs- und Bewertungsmethoden bei der Entgeltfestsetzung sowie die **Evaluation und Überwachung** der damit erzielten Ergebnisse. Dass die in § 17 angesprochenen speziellen Prüfungsverfahren freiwillig sind, ist kein Argument gegen die Notwendigkeit, die Entgeltgleichheit mit Evaluierungsmethoden zu fördern.

§ 7 Entgeltgleichheitsgebot

Bei Beschäftigungsverhältnissen darf für gleiche oder für gleichwertige Arbeit nicht wegen des Geschlechts der oder des Beschäftigten ein geringeres Entgelt vereinbart oder gezahlt werden als bei einer oder einem Beschäftigten des anderen Geschlechts.

1 Die Vorschrift formuliert das Entgeltgleichheitsgebot ausdr., das vor Inkrafttreten des AGG in § 612 III 1 BGB aF geregelt war und sich im AGG nicht in der gebotenen Deutlichkeit wieder findet (AGG § 8 Rn. 9). Es drückt den in § 3 I als Verbot gefassten Inhalt (Diskriminierungsverbot) als positive Verpflichtung (Gebot) aus; inhaltl. Unterschiede ergeben sich aus der Formulierung nicht, auch das Prüfprogramm ist in beiden Fällen identisch. In Übereinstimmung mit dem Unionsrecht darf eine geschlechtsdiskriminierende Entlohnung weder vereinbart noch gezahlt werden; v. Entgeltgleichheitsgebot ist die rechtl. wie die tats. Ebene erfasst. Das Verbot bezieht sich auf Situationen, in denen die Vergleichspersonen gleiche oder gleichwertige Arbeit leisten (§ 4); es erfasst alle BeschVerh gem. § 5 II, soweit das mit dem Unionsrecht vereinbar ist. Die in § 8 I ausdr. formulierte Folge eines Verstoßes gegen § 7 und § 3 I ist die Unwirksamkeit jeder Art diskriminierender Vereinbarungen. Dabei kann es jedoch nicht bleiben; entspr. dem Normzweck müssen Diskriminierungen für die Zukunft verhindert, und für die Vergangenheit beseitigt werden (BAG 20.3.2012 NZA 2012, 803). Rechtsfolge einer Verletzung des Diskriminierungsverbotes ist daher auch ein Erfüllungsanspruch, der aus § 7 AGG folgt (AGG § 7 Rn. 7, 8); die zu niedrig entlohnten Beschäftigten haben für die Vergangenheit einen Anspruch auf das Entgelt, das die Vergleichsperson erhalten hat. Dieser Anspruch tritt an die Stelle der diskriminierungsbedingt unwirksamen Vereinbarung. Er ist den unionsrechtl. Grundsätzen entspr. durch „Angleichung nach oben" zu gewähren (EuGH 7.2.1991 NJW 1991, 2207; BAG 10.11.2011 NZA 2012, 161), kann aber für die Zukunft diskriminierungsfrei auch auf einem anderen Niveau festgelegt werden. Daneben kommen ggf. Ansprüche aus § 15 AGG gegen den AG in Betracht.

§ 8 Unwirksamkeit von Vereinbarungen

(1) **Bestimmungen in Vereinbarungen, die gegen § 3 oder § 7 verstoßen, sind unwirksam.**

(2) [1] **Die Nutzung der in einem Auskunftsverlangen erlangten Informationen ist auf die Geltendmachung von Rechten im Sinne dieses Gesetzes beschränkt.** [2] **Die Veröffentlichung personenbezogener Gehaltsangaben und die Weitergabe an Dritte sind von dem Nutzungsrecht nicht umfasst.**

1 Abs. 1 wiederholt zur Verdeutlichung die Bestimmung aus § 7 II AGG (AGG § 7 Rn. 6) über die **Unwirksamkeit diskriminierender Vereinbarungen**, obwohl sich die Nichtigkeit gesetzeswidriger Bestimmungen grds. bereits aus § 134 BGB ergibt. Damit werden diskriminierende Entgeltvereinbarungen aller Art erfasst, nicht nur in Arbeitsverträgen, sondern auch in Kollektivverträgen getroffene (EuGH 12.12.2013 NZA 2014, 153; BAG 17.9.2013 NZA 2014, 33). Ebenso wenig wie zu § 7 II AGG wird ausdr. festgelegt, was an die Stelle der unwirksamen Vereinbarung tritt. Soll nicht der Regelung in § 7 eine speziellere Anspruchsgrundlage für einen Zahlungsanspruch in Höhe des Entgelts der Ver-

gleichsgruppe entnommen werden, muss die von § 8 gerissene Lücke durch Heranziehung der Grds. des AGG geschlossen werden. Wie bereits gezeigt (AGG § 7 Rn. 8) geht hier die unionsrechtskonforme Auslegung im Sinne einer Pflicht zur „Angleichung nach oben" vor; eine Diskussion darüber, ob eine „übl. Vergütung" iSd § 612 II BGB ermittelt werden kann, erübrigt sich damit. Bei Verletzung v. Diskriminierungsverboten tritt ein Beseitigungsanspruch für die Zukunft hinzu. Diskriminierende Vereinbarungen müssen abgeändert und für die Zukunft diskriminierungsfrei ausgestaltet werden. Das gilt auch ggü. diskriminierenden Kollektivvereinbarungen, die dem Entgeltgleichheitsgebot ebenfalls unterliegen. Das Entgeltniveau einer zukünftigen, diskriminierungsfrei gestalteten Vereinbarung kann frei festgelegt werden (BAG 18.12.2011 NZA 2012, 276). Eine Pflicht zur „Angleichung nach oben" besteht nur solange, wie kein nicht diskriminierendes Bezugssystem hergestellt worden ist. Bei der Anpassung diskriminierender Entgeltsysteme können die Kollektivparteien zudem Übergangsregelungen vorsehen, die Besitzstandsregelungen umfassen (EuGH 8.9.2011 NZA 2011, 1100); dass dadurch eine unterschiedl. Behandlung weitergeführt wird, wird zum Schutz der zuvor begünstigten Dritten hingenommen, sofern der Nachteil schrittweise abgebaut und nach einer Übergangszeit ausgeglichen wird.

Abs. 2 begrenzt nicht die Wirksamkeit v. Vereinbarungen, sondern die **zulässige Nutzung v. Informationen**, die durch Beantwortung eines Auskunftsverlangens gem. § 10 erlangt worden sind. 2
Solche Auskünfte dürfen nur, aber auch vollumfängl., zur Durchsetzung des Entgeltgleichheitsgrundsatzes genutzt werden. Beschäftigte dürfen alle zur Durchsetzung dienenden Ansprüche auf diese Informationen stützen; eine Beschränkung auf Ansprüche aus diesem Gesetz ist nicht formuliert (S. 1), sondern eine Beschränkung auf **Rechte iSd Gesetzes**, unabhängig davon, ob solche Rechte in diesem Gesetz, im AGG, im BetrVG, im GG oder im Unionsrecht ausformuliert worden sind. S. 2 schränkt die Nutzung der erlangten Informationen weiter dahingehend ein, dass **personenbezogene Gehaltsangaben** weder veröffentlicht, noch an Dritte weitergegeben werden dürfen. Nach der Gesetzesbegründung ist Normzweck der Schutz personenbezogener Daten v. Mitgliedern der Vergleichsgruppe. Im Zusammenhang mit § 12 III, der aus Datenschutzgründen zur Auskunft nur verpflichtet, wenn die Vergleichsgruppe aus mind. sechs Personen besteht, wird deutl., dass die auskunftsbegehrenden Beschäftigten selbst nicht das Ziel dieser Weitergabebeschränkung sein können. Die Ausgestaltung des Auskunftsanspruchs schließt es grds. aus, dass Auskunftsbegehrende personenbezogene Gehaltsinformationen erhalten können, deren Weitergabe untersagt wird. Adressaten sind vielmehr die betriebl. Stellen oder v. den Tarifpartnern benannten Verantwortlichen, die zur Erfüllung v. Auskunftspflichten oder Überprüfungsmaßnahmen Einblick in die Lohn-/Gehaltslisten der Beschäftigten erhalten. Ihnen ist die Veröffentlichung dieser Listen auch dann untersagt, wenn ledigl. die betriebsinterne Öffentlichkeit hergestellt werden soll. Auch zum Zweck der Verdeutlichung weiterer Vergleichsfälle dürfen personenbezogene Daten nicht weitergegeben werden. Dass Beschäftigte untereinander in der Weitergabe v. Informationen beschränkt würden, die ihr eigenes Entgelt betreffen, oder die sie aus der anonymisierten Auskunftserteilung erhalten haben, ist § 8 nicht zu entnehmen.

§ 9 Maßregelungsverbot

[1] Der Arbeitgeber darf Beschäftigte nicht wegen der Inanspruchnahme von Rechten nach diesem Gesetz benachteiligen. [2] Gleiches gilt für Personen, welche die Beschäftigten hierbei unterstützen oder als Zeuginnen oder Zeugen aussagen. [3] § 16 des Allgemeinen Gleichbehandlungsgesetzes bleibt unberührt.

Die Vorschr. übernimmt in S. 1 und 2 im Wesentl. das Maßregelungsverbot des § 16 I AGG (AGG 1
§ 16 Rn. 1 f.), verbietet also die Benachteiligung v. Personen, die ihre Rechte nach diesem Gesetz in Anspruch nehmen. Geschützt werden individuelle Beschäftigte, nicht die Kollektivparteien, denen das Gesetz ebenfalls Rechte verleiht. In Anspruch genommen wird ein Recht durch Geltendmachung ggü. dem AG, einer zur Entgegennahme v. Auskunftsbegehren zust. Kollektivpartei, durch Einlegung v. Beschwerden bei BR/PersV oder durch gerichtl. Geltendmachung. Neben denjenigen, die eigene Rechte beanspruchen, wird der Schutz auch auf ihre Unterstützer und Zeugen erstreckt (AGG § 16 Rn. 2), um diese für eine Verwirklichung der Entgeltgleichheit zu gewinnen. Das **Verbot einer Benachteiligung wegen der Inanspruchnahme v. Rechten** setzt keine Benachteiligung iSd § 3 AGG voraus, insb. keine schlechtere Behandlung als eine Vergleichsperson erfährt; jede ungünstige Behandlung genügt, die mit der Inanspruchnahme v. Entgeltgleichheitsrechten verknüpft ist. Regelmäßig wird es sich dabei um Maßnahmen des AG mit ungünstigen Wirkungen für die Betroffenen handeln, doch sind auch entspr. nachteilige Vereinbarungen erfasst. Die Kausalität zwischen Maßnahme und der Inanspruchnahme ist anzunehmen, wenn es für die Maßnahme keinen anderen, nicht diskriminierenden Grund gibt. Mehr als ein Indiz wird für das Vorliegen des Kausalzusammenhangs nicht verlangt werden können, wie für die Parallelnorm § 16 III belegt. Entspr. wird ein enger zeitl. Zusammenhang zwischen der Inanspruchnahme v. Rechten und nachteiliger Maßnahme als Indiz für die Kausalität dienen können.

Der Schutz vor Maßregelungen setzt voraus, dass das Recht **in zulässiger Weise** in Anspruch 2
genommen wird. Dagegen setzt der Wortlaut v.S. 1 nicht voraus, dass den Beschäftigten das be-

anspruchte Recht tats. zusteht; auch § 16 I AGG war hier bereits v. den zu § 612a BGB vertretenen Annahmen abgewichen. Diese Erleichterung für Diskriminierungsbetroffene, insb. im Bereich der Entgeltdiskriminierung, ist angesichts der schwierigen Erkennbarkeit der Tatbestandsvoraussetzungen angemessen. Müssten Betroffene und Unterstützer damit rechnen, im Falle eines Irrtums über die Voraussetzungen etwa v. gleichwertiger Arbeit gemaßregelt werden zu dürfen, würde dies die Effektivität des Entgeltgleichheitsgebots weiter begrenzen. Entspr. hat der EuGH (14.10.2010 NZA 2010, 1344) das in den RL wie in Art. 47 GRC verankerte Recht auf effektiven Rechtsschutz beeinträchtigt gesehen, sobald dem AG nachteilige Maßnahmen als Reaktion auf Beschwerden oder Klagen gestattet sind. Auch wenn sich das Entgelt iE als nicht geschlechtsbedingt benachteiligend gestaltet erweist, sind Personen, die das Entgeltgleichheitsgebot in Anspruch nehmen, gegen Maßnahmen des AG geschützt. Vorausgesetzt ist allerdings, dass das Recht in zulässiger Art und Weise geltend gemacht wird; beleidigende oder treuwidrige Vorgehensweisen sind nicht geschützt.

§ 10 Individueller Auskunftsanspruch

(1) [1]**Zur Überprüfung der Einhaltung des Entgeltgleichheitsgebots im Sinne dieses Gesetzes haben Beschäftigte einen Auskunftsanspruch nach Maßgabe der §§ 11 bis 16.** [2]**Dazu haben die Beschäftigten in zumutbarer Weise eine gleiche oder gleichwertige Tätigkeit (Vergleichstätigkeit) zu benennen.** [3]**Sie können Auskunft zu dem durchschnittlichen monatlichen Bruttoentgelt nach § 5 Absatz 1 und zu bis zu zwei einzelnen Entgeltbestandteilen verlangen.**

(2) [1]**Das Auskunftsverlangen hat in Textform zu erfolgen.** [2]**Vor Ablauf von zwei Jahren nach Einreichen des letzten Auskunftsverlangens können Beschäftigte nur dann erneut Auskunft verlangen, wenn sie darlegen, dass sich die Voraussetzungen wesentlich verändert haben.**

(3) **Das Auskunftsverlangen ist mit der Antwort nach Maßgabe der §§ 11 bis 16 erfüllt.**

(4) **Sonstige Auskunftsansprüche bleiben von diesem Gesetz unberührt.**

1 Die Norm regelt das im EntgTranspG **zentrale Instrument zur Überprüfung einer Einhaltung des Entgeltgleichheitsgrundsatzes**, den individuellen Auskunftsanspruch Beschäftigter. Die ges. Voraussetzungen dieses Anspruchs ergeben sich erst im Zusammenhang mit den §§ 11–16, insb. den Beschränkungen in § 12. Die mit dem Anspruch erlangten Informationen sollen dazu dienen, die Entgeltstruktur zu überprüfen und bei festgestellter Ungleichbehandlung eine Diskriminierungsklage nach AGG zu erleichtern. Die Durchsetzung des Entgeltgleichheitsgebots in der Praxis bleibt damit der Initiative einzelner Beschäftigter überlassen.

2 Abs. 1 legt einen **Auskunftsanspruch** fest, dessen Voraussetzungen in den §§ 11–16 detailliert aufgeschlüsselt werden. Der Anspruch dient der Kontrolle der Einhaltung des Entgeltgleichheitsgebotes iSd § 3, also der Verpflichtung, gleiche und gleichwertige Arbeit nicht wegen des Geschlechts unterschiedl. zu bezahlen. Um dies feststellen zu können, müssen Beschäftigte wissen, was die relevante Vergleichsgruppe der mit gleicher/gleichwertiger Arbeit beschäftigten Angehörigen des anderen Geschlechts verdienen und nach welchen Kriterien und Verfahren das eigene Entgelt und das der Vergleichsgruppe bemessen werden (§ 11 I, II). Der **Auskunftsanspruch kann daher folgende Elemente** umfassen: die Angabe des Entgelts der relevanten Vergleichsgruppe, bestehend aus dem statistischen Median des Bruttoentgelts und zwei gesonderten Entgeltbestandteilen, sowie die Kriterien und das Verfahren für die Festlegung des eigenen Entgelts und des Entgelts der relevanten Vergleichsgruppe. Abs. 1 begrenzt den Umfang allerdings in bestimmter Hinsicht: Während das Entgelt gem. §§ 3 I, 5 I zwischen den Grundentgelten und sämtl. Vergütungselementen unterscheidet, die aufgrund der Beschäftigung geleistet werden, schränkt § 10 I 3 den Auskunftsanspruch auf das durchschnittl. Bruttoentgelt und bis zu zwei Entgeltbestandteile ein. Das Bruttoentgelt ist nicht mit dem in § 5 I 1. Alt. genannten Grundentgelt identisch, sondern bezeichnet den Bruttobetrag, der den Beschäftigten insgesamt ausgezahlt wird (*Bauer/Romero* NZA 2017, 409, 411). Daneben ist der Bruttobetrag v. gesondert nachgefragten Entgeltbestandteilen anzugeben. Die Angabe erstreckt sich jeweils auf das letzte abgeschlossene Kalenderjahr. Wenn das Grundentgelt geschlechtsunabhängig festgelegt wird, können diskriminierende Entgeltstrukturen durch eine unterschiedl. Gewährung v. Zusatzleistungen oder deren geschlechtsspezifisch differenzierende Bemessung entstehen. Beschäftigte müssen zur Geltendmachung des Anspruchs aus § 10 daher zumindest wissen, welche Zusatzleistungen überhaupt erbracht werden und vermuten können, welche davon ggf. auf benachteiligende Weise bemessen werden. Trifft die Vermutung nicht zu, steht damit nicht fest, dass das Entgeltgleichheitsgebot praktisch verwirklicht wurde, sondern ledigl., dass das als ursächl. vermutete Element nicht ursächl. war. Als Kontrollinstrument zur Feststellung der (Nicht-)Einhaltung des Entgeltgleichheitsgrundsatzes ist die Auskunft daher nur begrenzt taugl. Die Gesetzesbegründung (BT-Drs. 18/11133, S. 58) beruft sich für die Angemessenheit dieser Einschränkung auf den Ermittlungsaufwand für AG. Der Ermittlungsaufwand wird verstärkt, weil der Auskunftsanspruch nicht mit den betriebl. Bruttolohnlisten beantwortet werden kann, sondern jeweils auf den Median des Grundentgelts sowie weitere Entgeltbestandteile gerichtet ist (§ 11 II), also für die Zwecke dieses Gesetzes gesondert erhoben werden muss.

Abs. 1 S. 2 verpflichtet darüber hinaus die Auskunftssuchenden, die **Vergleichsgruppe** zu benennen, die mit gleichwertiger Tätigkeit beschäftigt ist, deren gemittelte Vergütungsbestandteile mitgeteilt werden sollen. Das setzt grds. voraus, dass Beschäftigte wissen und beurteilen können, welche Tätigkeiten als gleichwertig iSd § 4 II bezeichnet werden können. Damit soll eine willkürl. zusammengestellte Vergleichsgruppe ausgeschlossen werden (BT-Drs. 18/11133, S. 58), die den Ermittlungsaufwand für den AG in rechtsmissbräuchl. Weise auslösen könnte. Andererseits ist nicht zu erwarten, dass Beschäftigte die Anforderungen an potentielle Vergleichstätigkeiten, die Ausbildungsanforderungen und die Arbeitsbedingungen kennen und einschätzen können. Ihre Darlegungspflicht ist daher begrenzt auf die Informationen, die sie **in zumutbarer Weise benennen** können. Es müssen Angaben genügen, aus denen der AG konkret erkennen und beurteilen kann, welche Tätigkeiten mit denen der Anspruchsteller als tats. verbleichbar eingestuft werden. Die Auskunftspflicht als solche bleibt unabhängig davon bestehen, ob Beschäftigte tats. gleichwertige Tätigkeiten benannt haben. Der AG kann die Beantwortung nicht verweigern, weil die benannte Vergleichstätigkeit seiner Ansicht nach nicht gleichwertig ist. Die Auskunft ist ersatzweise zu einer nach Ansicht des AG zutreffenden Vergleichsgruppe zu erteilen; hinzu tritt die Information, warum die v. Beschäftigten benannte Vergleichsgruppe nicht gleichwertige Tätigkeiten leistet, aber die v. AG benannte. Ggf. wird diese Vergleichbarkeit im Rahmen einer Diskriminierungsklage v. ArbG zu prüfen sein. 3

Abs. 2 S. 1 sieht für das Auskunftsverlangen nach Abs. 1 die **Textform** (§ 126 B BGB) vor, lässt also neben der Schriftform auch eine andere auf einem dauerhaften Datenträger abgegebene Erklärung zu, die den Anfragenden erkennen lässt (BGB §§ 125–127 Rn. 30a), weil es hier weniger auf die Warn- und Beweisfunktion der Formvorschrift ankommt als auf die Dokumentation. Diese ist insb. für die Frist des Abs. 2 S. 2 v. Bedeutung. Abs. 2 S. 2 regelt, dass ein erneutes Auskunftsverlangen grds. erst nach Ablauf v. zwei Jahren nach Einreichen des ersten Auskunftsverlangens gestellt werden kann. Die Bearbeitungsdauer zur Erteilung der ersten Auskunft hat auf den Fristbeginn keinen Einfluss. Die Übergangsbestimmung des § 25 I verlängert diese Frist für Auskunftsansprüche, die innerhalb der ersten 3 Jahre nach Inkrafttreten des Gesetzes geltend gemacht werden. Die ges. Wartefrist ist nicht einzuhalten, wenn Beschäftigte darlegen, das sich **die Voraussetzungen wesentl. verändert** haben. Dabei bleibt unentschieden, ob das Verlangen einer „erneuten Auskunft“ nur dann vorliegt, wenn konkret dieselbe Auskunft begehrt wird, oder ob die Wartefrist bereits dann einsetzt, wenn überhaupt ein weiteres Auskunftsbegehren gestellt wird. Im ersten Fall wird die Sperrfrist nur ausgelöst, wenn der jeweilige Entgeltbestandteil erneut abgefragt wird, also neben dem Bruttoentgelt die konkreten Bestandteile, nach denen zuvor bereits gefragt worden ist. Liegt eine „erneute Auskunft“ dagegen erst dann vor, wenn die konkret bereits erteilte Auskunft erneut abgefragt wird, könnte zu den Entgeltbestandteilen gem. Abs. 1 S. 3, die zuvor nicht erfragt wurden, auch ohne Beachtung der Sperrfrist eine Auskunft verlangt werden. Die Begrenzung des Arbeitsaufwandes für den AG spricht für die erste Variante, die Durchsetzung der Entgeltgleichheit für die zweite. 4

Die wesentl. Veränderungen, die die Fristwahrung entbehrl. machen, müssen sich auf die Entgeltbemessung in der Vergleichssituation beziehen. Anspruchsteller können selbst eine andere Tätigkeit ausüben, an einem anderen Arbeitsplatz oder zu geänderten Arbeitsbedingungen eingesetzt werden. Auch die Vergleichsgruppe kann anders zusammengesetzt sein, etwa weil zwischenzeitl. erstmals sechs oder mehr Personen mit einer gleichwertigen Tätigkeit beschäftigt werden. Zudem kann die Entgeltbemessung verändert worden sein, weil neue Arbeitsbewertungsverfahren genutzt werden, neue Entgeltbestandteile vereinbart werden, oder eine Bindung an tarifl. Entgeltsysteme beendet oder verändert worden ist. Wesentl. ist eine Veränderung, wenn sie absehbare Auswirkungen auf den Vergleich der Entgelte männl. und weibl. gleichwertig Beschäftigter haben kann. 5

Abs. 3 klärt, dass eine Antwort, die den Vorgaben der §§ 11–16 genügt, das **Auskunftsverlangen erfüllt**. Zur Erteilung der Auskunft ist der AG verpflichtet, und zwar zeitnah im Rahmen billigen Ermessens. Eine unangemessene Verzögerung der Beantwortung verletzt die in Abs. 1 konkretisierte Verpflichtung zur Rücksichtnahme auf die Rechte und Interessen der anderen Vertragspartner. Auskunftspflichtig bleibt der AG/Dienstherr, der über die notwendigen Informationen verfügt, weil er die Lohn-/Gehaltslisten führt und die Entgeltvereinbarungen trifft. Gem. § 14 können tarifgebundene/tarifanwendende AG das Auskunftsverlangen allerdings durch den BR/PersR oder Vertreter der TV-Parteien beantworten lassen. AG bleiben aber verpflichtet, diesen Auskunftsstellen den Zugang zu den erforderl. Informationen zu ermöglichen, da diese die Informationen selbst nicht haben (*v. Steinau-Steinrück* NJW-Spezial 2017, 306). **Abs. 4** stellt zusätzl. klar, dass § 10 **keine abschl. Regelung** zu entgeltbezogenen Auskunftsansprüchen enthält. Andere ges. oder kollektivvertragl. Regelungen bleiben daneben anwendbar. 6

§ 11 Angabe zu Vergleichstätigkeit und Vergleichsentgelt

(1) Die Auskunftsverpflichtung erstreckt sich auf die Angabe zu den Kriterien und Verfahren der Entgeltfindung nach Absatz 2 und auf die Angabe zum Vergleichsentgelt nach Absatz 3.

(2) [1]Die Auskunftsverpflichtung zu den Kriterien und Verfahren der Entgeltfindung erstreckt sich auf die Information über die Festlegung des eigenen Entgelts sowie des Entgelts für die

Vergleichstätigkeit. [2]Soweit die Kriterien und Verfahren der Entgeltfindung auf gesetzlichen Regelungen, auf tarifvertraglichen Entgeltregelungen oder auf einer bindenden Festsetzung nach § 19 Absatz 3 des Heimarbeitsgesetzes beruhen, sind als Antwort auf das Auskunftsverlangen die Nennung dieser Regelungen und die Angabe, wo die Regelungen einzusehen sind, ausreichend.

(3) **[1]Die Auskunftsverpflichtung in Bezug auf das Vergleichsentgelt erstreckt sich auf die Angabe des Entgelts für die Vergleichstätigkeit (Vergleichsentgelt). [2]Das Vergleichsentgelt ist anzugeben als auf Vollzeitäquivalente hochgerechneter statistischer Median des durchschnittlichen monatlichen Bruttoentgelts sowie der benannten Entgeltbestandteile, jeweils bezogen auf ein Kalenderjahr, nach folgenden Vorgaben:**

1. **in den Fällen des § 14 sowie in den Fällen einer gesetzlichen Entgeltregelung ist das Vergleichsentgelt der Beschäftigten des jeweils anderen Geschlechts anzugeben, die in die gleiche Entgelt- oder Besoldungsgruppe eingruppiert sind wie der oder die auskunftverlangende Beschäftigte;**
2. **in den Fällen des § 15 ist das Vergleichsentgelt aller Beschäftigten des jeweils anderen Geschlechts anzugeben, die die erfragte Vergleichstätigkeit oder die nach § 15 Absatz 4 ermittelte Vergleichstätigkeit ausüben.**

(4) **Auf kollektiv-rechtliche Entgeltregelungen der Kirchen oder der öffentlich-rechtlichen Religionsgesellschaften ist Absatz 2 Satz 2 und Absatz 3 Nummer 1 entsprechend anzuwenden.**

1 Die Norm konkretisiert den Inhalt der Auskunft, die als Antwort auf ein Auskunftsbegehren gem. § 10 I zu erteilen ist, im Hinblick auf die Angaben zum eigenen Entgelt und dem Vergleichsentgelt (Abs. 1). Dazu muss der AG – selbst oder mit Hilfe der Kollektivvertragsparteien – die **Kriterien und Verfahren der Entgeltfindung** zur Ermittlung des Entgelts der Anspruchsteller und der Vergleichsgruppe mitteilen (Abs. 2), sowie die **Höhe des Vergleichsentgelts** (Abs. 3). Dass die genannten Inhalte die Auskunft hins. des Vergleichsentgelts abschl. konkretisieren, wird in der Aufzählung gem. Abs. 1 verdeutlicht. Regelungen zur in der Überschrift benannten „Vergleichstätigkeit" trifft § 11 nicht.

2 Abs. 2 verpflichtet zur Mitteilung der **Kriterien und Verfahren der Entgeltfindung** bei der Entgeltfestsetzung des Anfragenden und der Vergleichsgruppe. Der AG muss klären, auf welche Weise das Entgelt berechnet wird, das alle Bestandteile des § 5 I erfasst, beschränkt durch die Vorgaben des § 10 I 3. Das zur Entgeltfindung verwendete System muss sowohl für die Festsetzung des Entgelts der Anfragenden selbst erläutert werden wie für die Festsetzung des Entgelts der mit gleicher/gleichwertiger Arbeit beschäftigten Vergleichsgruppe. Liegt der Entgeltfestsetzung eine kollektivvertragl. Regelung zugrunde, kann die Auskunft insoweit, wie die Regelung durch TV/BV/Festsetzung gem. § 19 HeimarbeitsG inhaltl. vollständig determiniert wird (S. 2), vereinfacht werden. In diesem Falle kann der AG auf die einschlägige bindende Norm zur Entgeltfestsetzung verweisen und zugleich mitteilen, wo diese Regelungen eingesehen werden können. Damit soll für kollektivvertragsanwendende AG eine Erleichterung geschaffen werden, die zugleich die Anfragenden auf die höhere Richtigkeitsgewähr bindender Festsetzungen ggü. einzelvertragl. gestalteten Regelungen verweist. Zudem sollen die Anfragenden die Möglichkeit erhalten, die Angaben durch Einsichtnahme zu überprüfen. Diese Verfahrenserleichterung ist nur mit dem Schutzanliegen des Auskunftsanspruchs vereinbar, falls sie eng ausgelegt wird. Werden über die bindenden kollektivvertragl. Entgelte hinaus weitere Entgeltbestandteile gezahlt, wäre der Verweis auf den bestehenden Kollektivvertrag unrichtig, da unvollständig. Der AG bleibt darüber hinaus zur Erläuterung des Verfahrens der Entgeltfestsetzung bei den weitergehenden Entgeltbestandteilen verpflichtet. Zudem legen die bindenden Festsetzungen zwar die Entgelthöhe für bestimmte Tätigkeiten fest, nicht aber die Zuordnung v. Beschäftigten zu bestimmten Tätigkeitsgruppen. Auch diese Information gehört zum „Verfahren der Entgeltfindung" und ist den Anfragenden mitzuteilen; durch Verweis auf eine bindende kollektivvertragl. Regelung/Festsetzung ist dies nicht zu ersetzen.

3 Abs. 3 legt fest, in welcher Form die **Höhe des Entgelts der Vergleichsgruppe** mitzuteilen ist. Die Ermittlung soll einerseits das Informationsbedürfnis der Anfragenden befriedigen, die Ansatzpunkte für die Feststellung geschlechtsbedingt ungleicher Entlohnung benötigen. Andererseits ist die Vergleichbarkeit der Einbeziehung v. Teilzeit- oder befristet Beschäftigten herzustellen und zu gewährleisten, dass sich zufällige Veränderungen zum Nachfragezeitpunkt nicht verzerrend auswirken. Schließlich ist nicht das Entgelt einer konkreten Vergleichsperson, sondern einer Vergleichsgruppe mitzuteilen, um die Bedeutung v. Zufälligkeiten zu mildern und die pers. Daten konkreter Einzelpersonen zu schützen. Mitzuteilen ist der statistische Median für das monatl. Bruttoentgelt der Vergleichsgruppe sowie gesondert für jeden zulässigerweise nachgefragten Entgeltbestandteil. Die Angaben betreffen das gezahlte monatl. Bruttoentgelt. Die Angabe zum durchschnittl. monatl. Bruttoentgelt ist auf den Durchschnitt eines Kalenderjahres bezogen; aus Praktikabilitätsgründen ist hier, wie auch für § 10, das letzte Kalenderjahr als Rechengröße heranzuziehen, da hierfür die Entgeltabrechnungen vollständig vorliegen. Sind auch Sachleistungen Bestandteil des Entgelts, müssen sie entspr. ihrem finanziellen Wert umgerechnet und in die Rechnung einbezogen werden. Die Mitteilung bezieht sich auf dasjenige, was durchschnittl. im Kalenderjahr bezogen wird. Gehören der Vergleichsgruppe auch Personen an, die erst weniger als ein Kalenderjahr beschäftigt sind, ist ihr Entgelt in die Gesamtberechnung so einzustellen, dass nur die tats. Beschäftigungsdauer berechnet wird. Dasselbe gilt für Personen in der Vergleichsgruppe, die wegen Befristung ihres Arbeitsvertrages vor Ende des Kalenderjahres ausscheiden. Teilzeitbeschäftigte in der Vergleichsgruppe

werden dergestalt miteingerechnet (S. 2), dass das Entgelt für die Vergleichsgruppe in **Vollzeitäquivalenten** angegeben wird. Damit werden Teilzeitkräfte entspr. ihrem Beschäftigungsumfang zur Ermittlung des Vergleichsentgelts herangezogen, um die Vergleichbarkeit mit Vollzeitkräften zu gewährleisten. Nach denselben Grundsätzen ist der statistische Median zu berechnen für die Entgeltbestandteile, die neben dem Grundentgelt erfragt worden sind, zB Leistungszulagen oder Erschwerniszulagen.

Für die Mitteilung ergibt sich danach folgende Vorgehensweise: Das Vergleichsentgelt ist mitzuteilen 4
in Form eines auf Vollzeitäquivalente umgerechneten statistischen Medians des durchschnittl. monatl. **Bruttoentgelts** der nach § 14 oder § 15 relevanten Bezugsgruppe. Demnach ist zunächst das durchschnittl. Bruttoentgelt jedes Angehörigen der Bezugsgruppe im laufenden Kalenderjahr zu bestimmen. Sind Beschäftigte in Teilzeit dabei, ist ihr Bruttoentgelt auf Vollzeittätigkeit umzurechnen. Das Bruttoentgelt umfasst alle Bestandteile des § 5 I, beschränkt sich also gerade nicht nur auf das Grundgehalt, sondern schließt sämtl. Zusatzleistungen mit ein, soweit ihre Erbringung auf dem BeschVerh beruht. Anschließend ist aus den Bruttogehältern der relevanten Bezugsgruppe der **statistische Median** zu bilden. Damit ist nicht der Durchschnittsverdienst der Bezugsgruppe anzugeben, sondern der mittlere Wert, der sich bei einer Reihung der einbezogenen Einzelentgelte der Größe nach ergibt. Besteht die relevante Bezugsgruppe aus 7 Personen, repräsentiert der Bruttolohn der 4. Person den statistischen Median. Besteht die Bezugsgruppe aus den mind. erforderl. 6 Personen, liegt der statistische Median bei der Hälfte der Summe aus den Gehältern der 3. und der 4. Person. Auf den Abstand zwischen den einzelnen Bruttogehältern in der Reihung kommt es nicht an; daher kann ein großer Abstand zwischen den am oberen Rand angesiedelten Bruttolöhnen, ebenso wie ein besonders großer Abstand zwischen den am unteren Rand angesiedelten Bruttolöhnen durch die Angabe eines statistischen Medians nicht deutlich werden. Die Aussagekraft der Mitteilung wird mithin in Frage gestellt (*Bauer/Romero* NZA 2017, 409, 411; *Thüsing* BB 2017, 565, 567). Relativiert wird die Kritik durch den Umstand, dass die Bezugsgruppe gerade durch die Erbringung gleichwertiger Arbeit charakterisiert ist; das dürfte extreme Ausreißer bei den Bruttoentgelten reduzieren. Anschließend ist der Median für die weiteren Entgeltbestandteile zu bilden.

Zudem legt S. 2 in zwei gesondert bezifferten Unterabsätzen den Umfang der Mitteilungspflicht 5
hins. der Entgelthöhe fest, unterschieden danach, ob der zur Auskunft verpflichtete AG tarifgebunden bzw. tarifanwendend iSd § 14 ist oder in die Kategorie des § 15 fällt. Für die unter § 15 fallenden AG gilt uneingeschränkt die Vorgabe des Abs. 3 S. 1 über die Mitteilung der Höhe des Vergleichsentgelts (Abs. 3 S. 2 Nr. 2): In die Vergleichsgruppe, für deren Bruttogrundgehalt bzw. zwei zusätzl. Entgeltbestandteile der statistische Median zu errechnen und mitzuteilen ist, sind **alle Beschäftigten des jeweils anderen Geschlechts** einzubeziehen, die eine vergleichbare (gleiche oder gleichwertige) Tätigkeit ausüben. Das kann die v. Beschäftigten nach § 10 I 2 zu benennende Vergleichstätigkeit sein, oder – falls der AG die benannte Tätigkeit nicht als gleichwertig anerkennt – die v. ihm als gleichwertig ermittelte Tätigkeit. Entscheidend ist für die Angaben nach Nr. 2, dass alle dem anderen Geschlecht zugehörigen Vergleichspersonen in die Vergleichsgruppe einzubeziehen sind. Nur diejenigen Mitglieder der Vergleichsgruppe, die demselben Geschlecht wie die Anfragenden angehören, sind auszunehmen; ihre Einbeziehung würde das Ergebnis verfälschen.

Demggü. schränkt Abs. 3 S. 2 Nr. 1 die Zusammensetzung der Vergleichsgruppe wesentl. ein: tarif- 6
gebundene oder tarifanwendende AG müssen ledigl. diejenigen mit gleicher/gleichwertiger Arbeit Beschäftigten in die Vergleichsgruppe einbeziehen, die bereits in **dieselbe („gleiche") Entgelt-/Besoldungsgruppe eingruppiert** sind wie die Anfragenden. Das mitzuteilende Vergleichsentgelt setzt sich nur noch aus dem statistischen Median der Bruttoentgelte/der zusätzl. Entgeltbestandteile der Vergleichspersonen des anderen Geschlechts zusammen, die ohnehin bereits in dieselbe Entgeltgruppe eingruppiert sind wie die Anfragenden. Leisten Beschäftigte gleichwertige Arbeit, obwohl sie in einer höheren Entgeltgruppe als die Anfragenden eingruppiert sind, sind sie aus der Vergleichsgruppe auszuschließen, ihr Entgelt geht nicht in die Berechnung des statistischen Medians der Vergleichsgruppe ein. Damit werden AG iSd § 14 privilegiert, weil die v. ihnen geschuldete Mitteilung weniger umfangreich ist als die v. den AG iSd § 15 zu erteilende. Die Rechtfertigung für diese Unterscheidung liegt in der Vermutung, dass Tarifverträge diskriminierungsfreie Entgeltsysteme schaffen. Dies ist freilich bereits empirisch nicht zweifelsfrei, da die Lohnlücke in tarifgebundenen Betrieben ledigl. geringer ausfällt als in anderen. Darüber hinaus ist ein wesentl. Ansatzpunkt für geschlechtsbedingt unterschiedl. Entgeltbemessung gerade die Eingruppierungsentscheidung, nicht die Tarifgestaltung. Durch geschlechtsabhängig benachteiligende Eingruppierung entstehende Entgeltdifferenzen müssen ebenfalls mithilfe des Auskunftsanspruchs aus § 10 erkannt werden können. Diese Anforderung ergibt sich auch aus dem Unionsrecht: ob eine Tätigkeit gleichwertig mit einer anderen ist, ist anhand der Anforderungen an die Tätigkeit selbst festzustellen; die Eingruppierung in eine Entgeltgruppe kann dies nicht ersetzen. Zwar kann der Umstand, dass die TV-Parteien die Entgeltgruppe geschaffen haben, jdf. als Indiz für die Errichtung eines nicht diskriminierenden Systems herangezogen werden, über eine nicht diskriminierende Anwendung des Systems sagt dieses Indiz aber nichts aus.

Abs. 4 erstreckt die Privilegierung im Auskunftsverfahren auf **kirchl. Arbeitgeber**, sofern Kirchen 7
oder öffentl.-rechtl. Religionsgesellschaften arbeitsrechtl. Entgeltsysteme auf dem sog. „Dritten Weg" geschaffen haben oder anwenden. Haben sie (auf dem „Zweiten Weg") TVe geschlossen, werden sie als tarifgebundene AG v. Abs. 2, 3 unmittelbar erfasst.

§ 12 Reichweite

(1) Der Anspruch nach § 10 besteht für Beschäftigte nach § 5 Absatz 2 in Betrieben mit in der Regel mehr als 200 Beschäftigten bei demselben Arbeitgeber.

(2) Die Auskunftspflicht nach § 10 umfasst

1. nur Entgeltregelungen, die in demselben Betrieb und bei demselben Arbeitgeber angewendet werden,

2. keine regional unterschiedlichen Entgeltregelungen bei demselben Arbeitgeber und

3. keinen Vergleich der Beschäftigtengruppen nach § 5 Absatz 2 untereinander.

(3) [1] Bei der Beantwortung eines Auskunftsverlangens ist der Schutz personenbezogener Daten der auskunftverlangenden Beschäftigten sowie der vom Auskunftsverlangen betroffenen Beschäftigten zu wahren. [2] Insbesondere ist das Vergleichsentgelt nicht anzugeben, wenn die Vergleichstätigkeit von weniger als sechs Beschäftigten des jeweils anderen Geschlechts ausgeübt wird. [3] Es ist sicherzustellen, dass nur die mit der Beantwortung betrauten Personen Kenntnis von den hierfür notwendigen Daten erlangen.

1 Abs. 1 begrenzt die **personelle Reichweite** des individuellen Auskunftsanspruchs aus § 10. Anspruchsberechtigt sind Beschäftigte iSd § 5 II nur in Betrieben/Dienststellen mit idR **mehr als 200 Beschäftigten** bei demselben AG. Angesichts der engen Verzahnung mit dem BetrVG ist der Betriebsbegriff des § 1 BetrVG zugrunde zu legen (BetrVG § 1 Rn. 8), es kommt also auf die organisatorische Einheit zur Verfolgung arbeitstechnischer Zwecke an. Die Kombination der Begrenzung auf eine Mindestzahl v. 200 Beschäftigten und der Anforderung, dass diese bei demselben AG beschäftigt sein müssen, hat einen ausgeprägten Effekt. Alle Kleinbetriebe und viele mittlere Betriebe fallen aus dem Geltungsanspruch heraus. Die Beschäftigten in Filialbetrieben v. Großunternehmen können nur zusammengerechnet werden, wenn sie organisatorisch unselbständig sind. Gemeinschaftsbetriebe mehrerer Unternehmen iSd § 1 II BetrVG werden nur erfasst, soweit jeder Teil für sich genommen die Schwelle überschreitet (*Franzen* NZA 2017, 814; *Kania* NZA 2017, 819, 820). Als Leih-AN in einem Betrieb Beschäftigte sind zwar im selben Betrieb, aber nicht bei demselben AG beschäftigt und erhalten damit ebenfalls keinen Auskunftsanspruch im Beschäftigungsbetrieb. Gegen ihre Einbeziehung in die Berechnung des Schwellenwertes (200 Beschäftigte) spricht das aber nicht, da insoweit die Nähe zu den Regeln des BetrVG überwiegt.

2 Abs. 2 begrenzt die inhaltl. Reichweite der Auskunftspflicht. Nach **Nr. 1** sind nur Entgeltregelungen, dh die verwendeten Kriterien und Verfahren der Entgeltfindung, mitzuteilen, die **im selben Betrieb** und bei demselben AG angewendet werden. Die Gesetzesbegründung (BT-Drs. 18/11133, S. 61) argumentiert dafür damit, dass der AG die nach dem Unionsrecht für die Beseitigung einer Benachteiligung verantwortl. „einheitl. Quelle" (EuGH 17.9.2002 NZA 2002, 1144) darstelle. Das trifft allerdings nur eingeschränkt zu. Die Rspr. des EuGH erging zur Gleichbehandlungspflicht, also zu den Adressaten des Diskriminierungsverbots; einen gesonderten Auskunftsanspruch regelt das Unionsrecht nicht. Den Grundgedanken des Unionsrechts zur Reichweite des Diskriminierungsverbots auf diejenige des Auskunftsanspruchs zu übertragen, ist demnach ein Mittel zur Verwirklichung der Entgeltgleichheit; iE führt dies dann zur Inanspruchnahme desjenigen, der den Entgeltumfang festlegt. Das ist der AG, auf eine Einteilung des Unternehmens in verschiedene Betriebe kommt es dabei nicht an.

3 Nach Abs. 2 Nr. 2 wird die Auskunftspflicht zusätzl. dadurch beschränkt, dass derselbe AG auch keine **regional unterschiedl. Entgeltregelungen** mitzuteilen braucht. Liegen verschiedene Betriebe desselben AG also in unterschiedl. „Regionen", muss eine danach differenzierende Entgelthöhe trotz gleicher/gleichwertiger Arbeit nicht mitgeteilt werden. Warum es dieser Eingrenzung allerdings bedarf, obwohl bereits Abs. 2 Nr. 1 auf Entgeltregelungen desselben AG im selben Betrieb abstellt, bleibt fraglich. Weiterhin ist der Begriff der „Regionen" nicht definiert. Dem Normzweck entspr. bietet es sich an, sich für die Begriffsklärung an den Tarifregionen des fachl. einschlägigen repräsentativen TV zu orientieren. Zur Bestimmung der Entgeltgleichheit kann dann auf die Kaufkraft des gezahlten Entgelts abgestellt werden, die regional unterschiedl. ausfallen kann. Wird die Einteilung in Regionen auch im einschlägigen TV nachvollzogen, spricht dies für das Vorliegen einer objektivierten Abgrenzung. Was danach als gerechtfertigte Unterscheidung anzusehen ist, braucht v. Auskunftsanspruch nicht umfasst zu werden, weil es anderenfalls Anlass für Missverständnisse bieten würde. In einem Rechtsstreit wegen Entgeltdiskriminierung würde aber auch die Rechtfertigungswirkung regional unterschiedl. Eingruppierung überprüft.

4 Nach Abs. 2 Nr. 3 wird der Auskunftsanspruch dahingehend beschränkt, dass ein Vergleich der Beschäftigtengruppen des § 5 II untereinander ausgeschlossen wird. Beschäftigte sollen also keinen Auskunftsanspruch geltend machen können, der sich auf eine Vergleichsgruppe bezieht, die mit solchen mit gleicher/gleichwertiger Arbeit beschäftigten Personen aus einer anderen der in § 5 II genannten Gruppen zusammengesetzt ist. Dies wird allerdings schon dadurch ausgeschlossen, dass § 4 III fingiert, dass in nach § 5 II verschiedenen Rechtsverh Beschäftigte weder eine gleiche (§ 4 I) noch eine gleichwertige (§ 4 II) Arbeit verrichten; zur Kritik vgl. § 4 Rn. 5.

5 Abs. 3 begrenzt den Auskunftsanspruch durch bestimmte Anforderungen an den **Schutz personenbezogener Daten.** S. 1 verpflichtet alle Personen oder Stellen, die mit der Beantwortung eines Aus-

kunftsersuchens aus § 10 betraut werden, zum Schutz der personenbezogenen Daten sowohl der Anfragenden wie der Mitglieder der Vergleichsgruppe. Gem. § 15 und § 14 II, III wird die Auskunft v. AG erteilt, gem. § 14 I und § 15 II kann die Auskunftserteilung v. BR übernommen werden, gem. § 14 III 3 auch v. den Vertretern der zust. TV-Parteien. Der Schutz der pers. Daten verlangt, dass diese nicht betriebsöffentl. bekannt werden, sondern nur insoweit verwendet werden, wie dies für die Durchführung des Auskunftsanspruchs erforderl. ist. Wie die Verpflichtung konkret zu erfüllen ist, steht nicht fest. Dem Regelungszweck nach ist sicherzustellen, dass das individuelle Gehaltsniveau einzelner Beschäftigter nicht über den Kreis der Personen hinaus bekannt wird, die mit der Erarbeitung der Auskunft befasst sind. Der Schutz der Vergleichsgruppe wird gem. S. 2 dadurch verstärkt, dass ein Auskunftsanspruch nur besteht, wenn die relevante Vergleichsgruppe **mind. sechs Personen** des jeweils anderen Geschlechts umfasst. Warum eine ausreichende Anonymisierung der pers. Daten erst und gerade ab einer Gruppengröße v. mind. 6 Personen mögl. ist, wird nicht begründet. Neben den Datenschutzaspekt tritt dafür die weitere Erklärung, dass diese Personenzahl für eine statistische Signifikanz sorgen soll, weil „zufällige Erscheinungen unberücksichtigt" bleiben (BT-Drs. 18/11133, S. 62). Der Auskunftsanspruch selbst, nicht erst ein damit ggf. unterstützter Nachweis einer geschlechtsbedingt geringeren Entlohnung, steht damit unter dem Vorbehalt einer hinreichenden Zahl verfügbarer Beschäftigter des jeweils anderen Geschlechts. Der AG ist mithin bei einer geringeren Zahl berechtigt, die Auskunft zu verweigern. Gem. S. 3 sind die für die Erteilung der Antwort jeweils vorgesehenen Personen oder Stellen dazu verpflichtet, organisatorisch sicherzustellen, dass allein die zur Beantwortung vorgesehenen Personen Kenntnis v. den personenbezogenen Dateien erhalten.

§ 13 Aufgaben und Rechte des Betriebsrates

(1) [1]Im Rahmen seiner Aufgabe nach § 80 Absatz 1 Nummer 2a des Betriebsverfassungsgesetzes fördert der Betriebsrat die Durchsetzung der Entgeltgleichheit von Frauen und Männern im Betrieb. [2]Dabei nimmt der Betriebsrat insbesondere die Aufgaben nach § 14 Absatz 1 und § 15 Absatz 2 wahr. [3]Betriebsverfassungsrechtliche, tarifrechtliche oder betrieblich geregelte Verfahren bleiben unberührt.

(2) [1]Der Betriebsausschuss nach § 27 des Betriebsverfassungsgesetzes oder ein nach § 28 Absatz 1 Satz 3 des Betriebsverfassungsgesetzes beauftragter Ausschuss hat für die Erfüllung seiner Aufgaben nach Absatz 1 das Recht, die Listen über die Bruttolöhne und -gehälter im Sinne des § 80 Absatz 2 Satz 2 des Betriebsverfassungsgesetzes einzusehen und auszuwerten. [2]Er kann mehrere Auskunftsverlangen bündeln und gemeinsam behandeln.

(3) [1]Der Arbeitgeber hat dem Betriebsausschuss Einblick in die Listen über die Bruttolöhne und -gehälter der Beschäftigten zu gewähren und diese aufzuschlüsseln. [2]Die Entgeltlisten müssen nach Geschlecht aufgeschlüsselt alle Entgeltbestandteile enthalten einschließlich übertariflicher Zulagen und solcher Zahlungen, die individuell ausgehandelt und gezahlt werden. [3]Die Entgeltlisten sind so aufzubereiten, dass der Betriebsausschuss im Rahmen seines Einblicksrechts die Auskunft ordnungsgemäß erfüllen kann.

(4) Leitende Angestellte wenden sich für ihr Auskunftsverlangen nach § 10, abweichend von den §§ 14 und 15, an den Arbeitgeber.

(5) [1]Der Arbeitgeber erklärt schriftlich oder in Textform gegenüber dem Betriebsrat für dessen Beantwortung des Auskunftsverlangens, ob eine § 5 Absatz 5 entsprechende Anwendung der tariflichen Regelungen zum Entgelt erfolgt. [2]Der Betriebsrat bestätigt gegenüber den Beschäftigten schriftlich oder in Textform die Abgabe dieser Erklärung. [3]Die Sätze 1 und 2 gelten in den Fällen des § 14 Absatz 3 Satz 3 entsprechend.

(6) Gesetzliche und sonstige kollektiv-rechtlich geregelte Beteiligungsrechte des Betriebsrates bleiben von diesem Gesetz unberührt.

Abs. 1 S. 1 konkretisiert die in § 80 I Nr. 2a BetrVG genannten allgemeinen Aufgaben des BR für den Sonderfall der Entgeltgleichheit. Die **Durchsetzung der tats. Gleichstellung v. Frauen und Männern** (BetrVG § 80 Rn. 11) soll auch hins. der Entgeltgleichheit zwischen den Geschlechtern gefördert werden, die in § 80 I Nr. 2a BetrVG nicht zu den gesondert benannten Regelbeispielen zählt. Da die dort verankerte Aufzählung aber nicht abschl. („insbesondere") ist, wird durch Abs. 1 S. 1 das Förderungsrecht des BR nicht inhaltl. erweitert, sondern dessen Reichweite ledigl. ausdr. klargestellt: die Durchsetzung einer tats. Gleichstellung der Geschlechter kann im Betrieb nicht effektiv gefördert werden, falls der praktisch wichtigste Aspekt, das Entgeltniveau, davon ausgenommen bliebe. Der BR soll durch Vorschläge an den AG die Entgeltgleichheit fördern, erzwingbar wären sie aber nur im Rahmen anderweitig verankerter Mitbestimmungsrechte. 1

Gem. Abs. 1 S. 2 wird der BR zur Förderung der Durchsetzung der Entgeltgleichheit mit der Wahrnehmung der Aufgaben gem. § 14 I und § 15 II betraut. Die Beantwortung des individuellen Auskunftsanspruchs ist ein Mittel zur Durchsetzung seiner Förderungspflicht. Weitere Mittel auf anderweitiger Rechtsgrundlage kann der BR jederzeit heranziehen (S. 3); er ist in der Wahrnehmung 2 seiner Rechte und Pflichten aus § 80 I Nr. 2a BetrVG durch Abs. 1 („insbesondere") in keiner Weise beschränkt. Da S. 2 die Aufgabenwahrnehmung durch den BR als Instrument gem. § 80 I Nr. 2a BetrVG anlegt („**dabei** nimmt der BR"), begründet die Vorschrift keine materielle Pflicht des BR, die Beantwortung des Auskunftsanspruchs aus § 10 inhaltl. autonom zu gewährleisten. Angesichts der ausschl. beim AG vorhandenen Informationen, in die der BR ledigl. Einsicht nehmen kann, wäre eine Pflichtenübertragung unmögl. Nur soweit der AG dem BR die Informationen mitteilt und durch Bereitstellung aller erforderl. Unterlagen die Kenntniserlangung sicherstellt, kann der BR die Auskunft zutreffend erteilen. Aus der Verantwortung für die Richtigkeit der Auskunft wird der AG durch Einschaltung des BR nicht entlassen. Insb. kann die Aufgabenwahrnehmung durch den BR nicht dazu führen, dass der BR für die Richtigkeit der erteilten Auskunft einstehen muss; die Auskünfte schuldet der AG, die Mitwirkung des BR ist auf die korrekte Mitteilung der ihm selbst bekannt gegebenen Informationen begrenzt. Dass in § 14 I und § 15 II ein Recht der Beschäftigten begründet wird, sich für ihr Auskunftsverlangen an den BR zu wenden, dient dem Abbau v. Zugangshürden. Die Kontaktaufnahme mit dem BR fällt den Beschäftigten voraussichtl. leichter als eine Anfrage unmittelbar an den AG zu adressieren. Die Einbeziehung des BR ist aus Sicht der Beschäftigten oftmals auch deshalb hilfreich, weil er im Vorfeld um Beratung über Erfolgsaussichten des Auskunftsbegehrens und ggf. bestehende alternative Optionen gebeten werden kann.

3 Gem. Abs. 2 werden die Einsichtsrechte, die dem BR für eine Beantwortung des Auskunftsanspruchs übertragen sind, dem Betriebsausschuss (§ 27 BetrVG) oder einem anderen Ausschuss (§ 28 I 3 BetrVG) kraft Gesetzes übertragen, weil der BR die Bruttolohn/-gehaltslisten kennen muss, um die Auskunft erteilten zu können. Einer Übertragung durch den BR iSd § 27 II 2 BetrVG bedarf es daher nicht. Da Abs. 2 S. 1 das **Einsichts- und Auswertungsrecht** des Ausschusses aber nicht auf Aufgaben gem. §§ 14, 15 begrenzt, sondern über Abs. 1 auf die Aufgaben nach § 80 I Nr. 2a BetrVG verweist, bestehen diese Rechte allgemein für Aufgaben zur Durchsetzung der tats. Gleichstellung v. Männern und Frauen. Das Einblicksrecht erstreckt sich auf alle Entgeltbestandteile, auch wenn sie individuell ausgehandelt worden sind (BetrVG § 80 Rn. 26). Da speziell für die Beantwortung des Auskunftsverlangens nach § 10 ein Einsichts- und Auswertungsrecht geschaffen wird, ist der Regelungsgehalt in Abgrenzung zu § 80 II 2 BetrVG zu ermitteln. Dort kommt dem Ausschuss nur ein Einblicksrecht zu, während für die Zwecke der Entgeltgleichheit zusätzl. ein Recht zur Auswertung geschaffen worden ist. Das bezieht sich insb. auf die Notwendigkeit, die v. AG nach Abs. 3 geschlechtsspezifisch aufgeschlüsselten Entgeltbestandteile der Vergleichsgruppe selbständig darauf zu überprüfen, wie der mitzuteilende statistische Median lautet. Eine solche Feststellung ist dem BR nur mögl., wenn das Einblicksrecht jdf. die vollständige Aufzeichnung aller Listenpositionen ermöglicht, die sich auf die Vergleichsgruppe beziehen. Eine ledigl. stichprobenhafte Aufzeichnung ermöglicht es dem BR nicht, den Median festzustellen. Daher ist zum Zwecke der Erfüllung der Aufgaben des BR bei der Beantwortung des Auskunftsanspruchs das Recht des Ausschusses, die Bruttolohnlisten über die Einsichtnahme hinaus auch auszuwerten, im Sinne eines Anspruchs auf vollständige Aufzeichnung aller die Vergleichsgruppe betreffenden Informationen zu verstehen (aA *Kania* NZA 2017, 819 ff.). Aus der Zusammenschau mit § 14 I 2 folgt, dass die Auskünfte, die der BR den Beschäftigten zu erteilen hat, abschl. in § 13 festgelegt werden. Das bedeutet, der BR ist zust. für die Mitteilung der Informationen, die sich aus den v. AG aufbereiteten Bruttoentgeltlisten ergeben (§ 13 II, III) sowie ggf. der Bestätigung des § 13 V, dass der AG erklärt hat, tarifanwendend zu sein. Hins. der Kriterien und Verfahren der Entgeltfindung (§ 11 II) ist in § 13 keine bes. Regelung getroffen. Diese Information kann v. BR ohne weiteres nur übernommen werden, falls sie allein gem. § 11 II 2 durch Verweis auf anwendbare Regelungen erteilt werden kann. In Fällen des § 15 II, der auf § 14 II verweist, muss der AG diese Information entweder dem BR gesondert mitteilen oder bleibt selbst auskunftsverpflichtet. Aus Abs. 2 S. 2 kommt dem Ausschuss das Recht zu, aus organisatorischen Gründen oder zur Vereinfachung des Arbeitsablaufs mehrere Auskunftsverlangen gebündelt zu behandeln.

4 **Abs. 3 definiert die Aufgaben des AG**, die dem BR erst die Beantwortung des Auskunftsbegehrens ermöglichen. Das unterstreicht die Annahme, dass der AG auch dann Schuldner des Auskunftsanspruchs bleibt, wenn die Antwort v. BR (oder den Vertretern der TV-Parteien) übermittelt wird. Dass eine Antwort gegeben werden kann, setzt Informationen an die Auskunftsgebenden voraus, die der AG in inhaltl. aufbereiteter Form zu erteilen hat, Abs. 3 S. 3 (*Kania* NZA 2017, 819, 820). Die Übermittlung der Antwort an die Auskunftbegehrenden obliegt nach § 14 I, § 15 II dem BR, während das Einblicks- und Auswertungsrecht aus § 13 II, III dem Betriebsausschuss zukommt. Soll der Ausschuss auch die Beantwortung ggü. den Anfragenden übernehmen, kann der BR diese Aufgabe ebenfalls übertragen, § 27 II 2 BetrVG.

5 Aus Abs. 3 S. 1 folgt, dass der AG dem Ausschuss ggü. den **Einblick in die Lohnlisten** nicht nur in der Form zu gewähren hat, wie diese intern ausgestaltet werden, sondern die Listen sind in aufgeschlüsselter Form bereitzuhalten. Sie müssen nach Geschlecht aufgeschlüsselt sein und sich auf alle kollektiv oder individuell ausgehandelten Entgeltbestandteile erstrecken. Dies dient gem. S. 3 dem Zweck, dass der Ausschuss „im Rahmen seines Einblicksrechts" die Auskunft ordnungsgem. erfüllen kann. Daraus folgt, dass zusätzl. Informationsquellen für die Auskunftserteilung nicht herangezogen werden müssen; die Auskunft darf vollständig darauf gestützt werden, was sich aus der v. AG aufbereiteten Entgeltliste ergibt. Da der Auskunftsanspruch gem. §§ 14, 15 an den BR zu richten ist, hat dieser die Antwort auch

zu erteilen. Er kann sich dafür des Ausschusses bedienen, ist dazu aber nicht verpflichtet; wird eine andere Verfahrensweise gewählt, „erfüllt" der Ausschuss seine Auskunft (Abs. 3 S. 3) ggü. dem BR.

Abs. 3 S. 2 konkretisiert die Pflichten des AG zur Erfüllung des Einblicksrechts des Ausschusses aus § 80 II 2 BetrVG für die Zwecke des Entgeltgleichheitsgrundsatzes. Auch zu § 80 II 2 BetrVG hatte das BAG bereits entschieden, dass das Einblicksrecht des Ausschusses sich auf die vollständige Bruttolohnliste bezieht, die alle tats. gezahlten Lohnbestandteile ausweisen muss (BAG 10.2.1987 NZA 1987, 385); auch der Datenschutz steht diesem Anspruch nicht entgegen (BAG 14.1.2014 NZA 2014, 738). Damit der BR in die Lage versetzt wird, das Vergleichsentgelt iSd § 11 III, dh den statistischen Median des durchschnittl. monatl. Bruttoentgelts und der gesonderten Entgeltbestandteile, den Anfragenden mitzuteilen, müssen die Bruttolohnlisten für die Vergleichsgruppe auf Vollzeitäquivalente hochgerechnet und nach Gehaltshöhe sortiert sein. Auf dieser Basis ist dem BR die Ermittlung des statistischen Medians ohne weiteres mögl., wenn er alle Daten der Vergleichsgruppe vorliegen hat. Stellt der AG unzureichend oder unvollständig aufbereitete Lohnlisten zur Einsichtnahme zur Verfügung, ist die Pflicht aus Abs. 3 nicht erfüllt; der BR kann Erfüllung verlangen, ggf auch aus § 80 II BetrVG. 6

Gem. Abs. 4 richtet sich die Pflicht zur Beantwortung des Auskunftsanspruchs aus § 10 unmittelbar an den AG, falls die auskunftbegehrenden Beschäftigten **leitende Angestellte** iSd § 5 III BetrVG sind. Da der BR diese Beschäftigtengruppe nicht vertritt, soll ihm auch entgegen Abs. 2, 3 kein Einblicksrecht in ihre Entgeltsituation zukommen. Auf tats. Ebene ist allerdings zu erwarten, dass nur in wenigen Betrieben die Zahl der beschäftigten leitenden Angestellten so groß ist, dass mind. 6 Personen des jeweils anderen Geschlechts mit der gleichen/gleichwertigen Arbeit beschäftigt werden (§ 12 III). 7

Abs. 5 verpflichtet den AG, schriftl. oder in Textform zu erklären, wenn er **tarifanwendender AG** iSd § 5 V ist. Adressat dieser Erklärung ist die Stelle, der die Beantwortung der Auskunftsansprüche im konkreten Betrieb übertragen ist, also der BR (S. 1) oder die Vertreter der TV-Parteien (S. 3). Der Empfänger der Erklärung bestätigt, ebenfalls schriftl. oder in Textform, ggü. den Beschäftigten die Abgabe dieser Erklärung. Eine konstitutive Wirkung kommt weder der Erklärung des AG noch der Bestätigung des BR zu; gerichtl. sind die Voraussetzungen voll überprüfbar. Da die Beschäftigten wissen müssen, ob ihr selbst nicht tarifgebundener AG als „tarifanwendend" gilt, um das richtige Verfahren für das Auskunftsbegehen feststellen zu können (§ 14 oder § 15), muss die Erklärung des AG an die antwortübermittelnde Stelle sowie die Erklärung dieser Stelle ggü. den Beschäftigten anlassunabhängig erfolgen. Die Beteiligten dürfen nicht darauf warten, bis ein Auskunftsverlangen tats. gestellt wird, sondern müssen bereits im Vorfeld klären, welches Verfahren einschlägig ist. Solange eine solche Erklärung des AG nicht abgegeben und den Beschäftigten kommuniziert worden ist, dürfen diese bei nicht tarifgebundenen AG v. einem Verfahren gem. § 15 ausgehen. Der BR/Vertreter der TV-Parteien haben weder das Recht noch die Pflicht, das Vorliegen der Voraussetzungen v. § 5 V selbst zu überprüfen. Ihre Bestätigung den Beschäftigten ggü. richtet sich daher nicht auf die inhaltl. Richtigkeit der Auskunft des AG, sondern ledigl. darauf, dass dieser eine entspr. Erklärung abgegeben hat. Um möglichst rasch das für ein Auskunftsverlangen einschlägige Verfahren klarzustellen, hat der BR/Vertreter der TV-Parteien diese Bestätigung unverzügl. nach Mitteilung durch den AG an die Beschäftigten zu erteilen. In Abs. 6 wird klargestellt, dass anderweitig vorgesehene Beteiligungsrechte des BR v. EntgTranspG unberührt bleiben, also vollumfängl. daneben anzuwenden sind. 8

§ 14 Verfahren bei tarifgebundenen und tarifanwendenden Arbeitgebern

(1) **[1]Beschäftigte tarifgebundener und tarifanwendender Arbeitgeber wenden sich für ihr Auskunftsverlangen nach § 10 an den Betriebsrat. [2]Die Vorgaben bestimmen sich nach § 13. [3]Der Betriebsrat hat den Arbeitgeber über eingehende Auskunftsverlangen in anonymisierter Form umfassend zu informieren. [4]Abweichend von Satz 1 kann der Betriebsrat verlangen, dass der Arbeitgeber die Auskunftsverpflichtung übernimmt.**

(2) **[1]Abweichend von Absatz 1 Satz 1 kann der Arbeitgeber die Erfüllung der Auskunftsverpflichtung generell oder in bestimmten Fällen übernehmen, wenn er dies zuvor gegenüber dem Betriebsrat erläutert hat. [2]Die Übernahme kann jeweils längstens für die Dauer der Amtszeit des jeweils amtierenden Betriebsrates erfolgen. [3]Übernimmt der Arbeitgeber die Erfüllung der Auskunftsverpflichtung, hat er den Betriebsrat umfassend und rechtzeitig über eingehende Auskunftsverlangen sowie über seine Antwort zu informieren. [4]Die Beschäftigten sind jeweils darüber zu informieren, wer die Auskunft erteilt.**

(3) **[1]Besteht kein Betriebsrat, wenden sich die Beschäftigten an den Arbeitgeber. [2]Der Arbeitgeber informiert die Vertreterinnen und Vertreter der zuständigen Tarifvertragsparteien nach § 6 Absatz 1 Satz 2 über seine Antwort zu eingegangenen Auskunftsverlangen. [3]Der Arbeitgeber sowie die Vertreterinnen und Vertreter der zuständigen Tarifvertragsparteien können vereinbaren, dass die Vertreterinnen und Vertreter der zuständigen Tarifvertragsparteien die Beantwortung von Auskunftsverlangen übernehmen. [4]In diesem Fall informiert der Arbeitgeber diese umfassend und rechtzeitig über eingehende Auskunftsverlangen. [5]Die Beschäftigten sind jeweils darüber zu informieren, wer die Auskunft erteilt.**

(4) [1] **Soweit die Vertreterinnen und Vertreter der zuständigen Tarifvertragsparteien nach Absatz 3 Satz 3 das Auskunftsverlangen beantworten, hat der Arbeitgeber diesen auf Verlangen die zur Erfüllung ihrer Aufgaben erforderlichen Informationen bereitzustellen.** [2] **Diese unterliegen im Rahmen ihrer Aufgaben der Verschwiegenheitspflicht.**

1 Das Gesetz regelt in den §§ 14 und 15 jeweils unterschiedl. Verfahren bei Beantwortung eines Auskunftsverlangens gem. § 10, abhängig davon ob der AG tarifgebunden bzw. tarifanwendend (§ 14) ist oder nicht (§ 15). Der Umfang des Unterschieds bei der Pflicht zur Beantwortung des Auskunftsbegehrens ergibt sich durch Vergleich des Regelungsumfangs v. § 15 mit dem in § 14: § 14 enthält keine Vorgaben für Form und Frist der Beantwortung, zur Gleichwertigkeitsbeurteilung der Tätigkeit der Vergleichsgruppe sowie zu den Rechtsfolgen einer nicht erteilten Auskunft, vgl. § 15 III-V. Da sich diese Fragen aber auch in tarifgebundenen/-anwendenden Betrieben stellen, sind hierfür jeweils die allgemeinen Grundsätze des Diskriminierungsverbotes bzw. des Vertragsrechts heranzuziehen. Für die Vorgaben zu Form und Frist der Beantwortung liegt es nahe, sich an § 15 III 1 jdf. zu orientieren (*Holler* NZA 2017, 822, 823). Die dreimonatige Frist zur Beantwortung aus § 15 III ist jdf. eine taugl. Orientierungsgröße (*Langemann/Wilking* BB 2017, 501, 504).

2 Das Verfahren ist für § 14 unterschiedl. geregelt hins. der regelmäßigen ersten Ansprechinstanz, an die sich die Beschäftigten grds. für ihr Auskunftsverlangen wenden. Das ist gem. § 14 vorrangig der BR, bei dessen Fehlen können auch die Vertreter der TV-Parteien gem. § 6 I 2 einbezogen werden; in jedem Falle kann der AG die Auskunft selbst erteilen oder v. BR dazu verpflichtet werden. Die grds. gem. § 14 festgelegte Festlegung des BR als erste Ansprechinstanz kann dem AG das Verfahren erleichtern. Es ist zudem geeignet, einige Hürden für Beschäftige abzubauen, die nicht in eigener Person den AG um Angaben befragen müssen, die ggf in einem Rechtsstreit wegen Entgeltdiskriminierung münden könnten. Die Zwischenschaltung des BR als Interessenvertreter ist geeignet, in gewissem Umfang die Anonymität zu wahren und damit die grds. vorhandenen Bedenken, sich in einem bestehenden ArbVerh. auf einen Konflikt mit dem AG einzulassen, etwas zu mildern.

3 Gem. Abs. 1 ist in tarifgebundenen (§ 5 IV) / tarifanwendenden (§ 5 V) Betrieben ein dort gebildeter **BR der grds. zuständige Ansprechpartner** für ein Auskunftsverlangen der Beschäftigten aus § 10. Dass der BR als Ansprechpartner benannt wird, bedeutet nicht, dass er dadurch zum Auskunftsschuldner wird (aA *Holler* NZA 2017, 822, 824). Der Verweis auf § 13 belegt (S 2), dass die v. Auskunftsverlangen umfassten Informationen nur beim AG verfügbar sind und v. diesem für die Zwecke der Beantwortung der Anfrage aufbereitet werden müssen, so dass die Pflicht zur korrekten Ermittlung des geschuldeten Inhalts der Information gerade den AG trifft. Der BR stellt durch sein Informations-, Einsichtnahme- und Auswertungsrecht ledigl. sicher, dass die für den Schutz personenbezogener Daten der Vergleichsgruppe erforderl. Anonymität der Informationen angemessen erfolgt. Er nimmt über den zust. Ausschuss (§ 13 II) das Informations- und Auswertungsrecht bzgl. der Bruttoentgeltlisten wahr, die beim AG geführt und zum Zwecke der Antworterteilung v. AG aufbereitet werden. Damit diese Aufbereitung adäquat erfolgen kann, benötigt der AG Informationen über den konkreten Inhalt des Auskunftsbegehrens. Daher ist der BR aus S. 3 verpflichtet, den AG nicht nur unverzügl. darüber zu informieren, dass überhaupt ein Auskunftsverlagen eingegangen ist, sondern auch darüber, in welcher Tarifgruppe die Anfragenden beschäftigt sind, denen die maßgebenden Kriterien und Verfahren der Entgeltfindung gem. § 11 I mitgeteilt werden müssen. Diese Information hat „in anonymisierter Form" zu erfolgen; sie darf also keinen Rückschluss auf die Person der konkret anfragenden Beschäftigten ermöglichen. Weiterhin setzt die „umfassende" Information des AG voraus, dass über die v. Anfragenden angenommene Vergleichstätigkeit (§ 10 I 2), sowie die erfragten Entgeltbestandteile (§ 10 I 3) informiert wird. Auf dieser Grundlage ist der AG in der Lage, die Entgeltlisten für die Vergleichsgruppe so aufzubereiten, dass der BR die zur Beantwortung erforderl. Informationen (§ 11 III) erhält und sie entsprechend weiterleitet. Dabei ist allerdings die in § 11 III Nr. 1 enthaltende Einschränkung zu berücksichtigen, dass das Vergleichsentgelt nur derjenigen Beschäftigten des jeweils anderen Geschlechts anzugeben ist, die in derselben Entgeltgruppe eingruppiert sind wie die Anfragenden. Der Ausschuss hat bei der Auswertung also zu berücksichtigen, dass eine tarifl. Eingruppierung die Grenze für die Einbeziehung v. Beschäftigten in die Vergleichsgruppe darstellt. Selbst obj. mit gleichwertiger Tätigkeit wie die Anfragenden beschäftigte Personen müssen für die Auskunftserteilung aus der Vergleichsgruppe herausgenommen werden, ihr Entgelt ist bei der Bildung des statistischen Medians nicht heranzuziehen (zur Kritik § 11 Rn. 5).

4 S. 4 gibt dem BR aber auch alternativ die Möglichkeit, v. AG zu verlangen, dass dieser die Auskunft selbst erteilt. Dies ist eine im freien Ermessen des BR stehende Entscheidung, die an keine Voraussetzungen gebunden ist. Der AG kann sich dem nicht verweigern, zumal er selbst der Auskunftsschuldner bleibt. Im Interesse des Normzwecks, den Beschäftigten die Stellung des Auskunftsverlangens zu erleichtern, wird der BR das Verlangen nach S. 4 aber nicht generell, für alle künftigen Fälle, sondern jeweils für einen konkreten Anwendungsfall stellen können. Denkbar sind insoweit insb. Fälle, in denen ein BR-Mitglied selbst den Anspruch geltend macht, oder wenn der AG die v. den Beschäftigten herangezogene Vergleichsgruppe für nicht einschlägig hält und die Auskunft auf der Basis einer abweichenden Vergleichsgruppe erteilen will, falls der BR diese selbst nicht für einschlägig hält.

Abs. 2 stellt es dem AG frei, die Auskunft generell oder in bestimmten Einzelfällen selbst zu erteilen, obwohl ein BR besteht. Aus Abs. 2 S. 4, der ledigl. eine Pflicht zur Information über den auskunftserteilenden Ansprechpartner begründet, folgt, dass der Adressat des Auskunftsverlangens auch in Fällen des Abs. 2 der BR bleibt. Zu der Pflicht des AG aus Abs. 2 S. 3, den BR über eingehende Auskunftsverlangen zu informieren, passt ein solches Verständnis nicht. Jedoch würde es zur Vereinfachung beitragen, einen BR bei AG gem. § 14 stets als mögl. Adressaten des Auskunftsverlangens anzuerkennen; Unsicherheiten über die letztl. auskunftserteilende Institution sollen nicht zur Verzögerung der Erteilung der Auskunft führen. 5

Einzige Voraussetzung ist eine vorhergehende **Erläuterung ggü. dem BR** (Abs. 2 S. 1). Auf eine Übereinkunft mit dem BR kommt es nicht an, die Entsch. obliegt dem AG autonom. Dass die Gründe für die Entsch. benannt werden müssen, ermöglicht dem BR zwar eine Reaktion, mangels konkreter Beteiligungsrechte aber keine Kontrolle. Die Mittlertätigkeit des BR steht nach Abs. 2 zur Disposition des AG, der damit auch die begrenzte Anonymisierungswirkung des über den BR laufenden Auskunftsverfahrens vermeiden kann. Nicht mögl. ist allerdings die Übernahme ledigl. eines konkreten Auskunftsverlangens. Wenn der AG sich nicht generell selbst zur Auskunftsinstanz erklärt, ist er auf die Übernahme v. „bestimmten Fällen" beschränkt, die abstrakt-generell definiert werden müssen; die Gesetzesbegründung (BT-Drs. 18/11133, S. 64) nennt dafür beispielhaft die außertarifl. Angestellten. Zeitl. ist die Übernahme der Beantwortung seitens des AG **längstens auf die Dauer der Amtszeit** des aktuellen BR begrenzt (S. 2); eine zeitl. kürzere Übernahme ist damit ohne weiteres mögl. Übernimmt der AG die Auskunftserteilung ggü. den Beschäftigten, steht dem BR insoweit zumindest ein Auskunftsrecht zu; der AG hat den BR unaufgefordert sowohl über Auskunftsverlangen wie über seine Antwort zu informieren (S. 3). Die Aufgaben des BR gem. § 80 I Nr. 2a BetrVG, § 13 I 1, zu deren Wahrnehmung ihm ein Informations- und Einsichtsrecht zukommt, ermöglichen eine eingeschränkte Beteiligung des BR auch in diesen Fällen. Aus S. 4 folgt die Pflicht des AG, den Beschäftigten „jeweils", also generell sowie erneut im Falle einer Änderung, mitzuteilen, wer Ansprechpartner eines Auskunftsverlangens gem. § 10 ist. Die Beschäftigten müssen vor ihrer Entscheidung, ob sie Auskunft begehren wollen, das dafür maßgebl. Verfahren und den Ansprechpartner kennen. 6

Abs. 3 modifiziert das Verfahren des Abs. 1 in Fällen, in denen **bei einem tarifgebundenen/tarifanwendenden AG kein BR besteht**. Der erste Ansprechpartner für das Auskunftsverlangen ist in den Fällen des Abs. 3 der AG selbst (Abs. 3 S. 1). Auch hier soll die Beantwortung des Auskunftsverlangens für AN-Vertreter jdf. transparent gemacht werden. Anders als der BR gem. Abs. 2 haben die Vertreter der zust. TV-Parteien iSd § 6 I 2 allerdings nur ein nachträgl. Informationsrecht: hat der AG die Auskunft erteilt, muss er deren Inhalt auch den Vertretern der TV-Parteien mitteilen (Abs. 3 S. 2). Zu informieren sind die nach § 6 I 2 bestimmten Vertreter „der", also beider zust. TV-Parteien; Gewerkschaft und AG-Verband sind jeweils zu unterrichten. Da tarifgebundene/-anwendende AG für die Kriterien und Verfahren der Entgeltfindung gem. § 11 II 2 auf tarifl. Entgeltregelungen verweisen können, haben die zust. TV-Parteien ein Interesse daran, über Entgeltgleichheitsfragen der v. der Regelung betroffenen Beschäftigten informiert zu werden. Dies gilt insb. angesichts ihrer in § 6 I 1 betonten Aufgabe bei der Verwirklichung der Entgeltgleichheit. Der AG kann weiter durch Vereinbarung mit den Vertretern diesen die Beantwortung des Auskunftsverlangens überlassen, sie also insoweit an die Stelle eines fehlenden BR setzen. Da eine Vereinbarung vorausgesetzt ist, kann die Übertragung nicht ohne Zustimmung der Vertreter erfolgen. Insb. für ledigl. tarifanwendende AG werden die Verbände eine solche Aufgabe nicht ohne weiteres übernehmen. Die Voraussetzungen dafür, dass sie diese Auskunft inhaltl. erteilen können, regelt Abs. 4; aus Abs. 3 S. 3 folgt ergänzend, dass der AG (nur) bei Übertragung der Auskunft an die Vertreter der TV-Parteien diese auch gesondert, rechtzeitig und umfassend über eingehende Auskunftsverlangen zu informieren hat. Erster Ansprechpartner für das Auskunftsverlangen der Beschäftigten bleibt danach der AG, ledigl. die Antwort erhalten die Anfragenden in diesen Fällen v. den Vertretern der TV-Parteien. Gem. § 13 V 3 erhalten die zust. Vertreter v. einem tarifanwendenden AG die Erklärung, dass er die tarifl. Entgeltregelungen anwendet und bestätigen den Beschäftigten ggü. die Abgabe dieser Erklärung durch den AG (§ 13 Rn. 7). Die Beschäftigten sind gem. Abs. 3 S. 5 „jeweils", also generell nach Abschluss der Vereinbarung nach S. 3 oder konkret bei Veränderungen, darüber zu informieren, wer die Auskunft erteilt. 7

Abs. 4 schafft die praktischen Voraussetzungen dafür, dass Vertreter der TV-Parteien die ihnen durch Vereinbarung gem. Abs. 3 S. 3 übertragene Auskunftserteilung tats. übernehmen können. Dafür benötigen sie dieselben Informationen, die ein BR gem. § 13 III erhält. Auf Verlangen der zust. Vertreter hat der AG ihnen die Informationen mitzuteilen, die sie für die Auskunft benötigen. Gem. S. 2 sind die zust. Vertreter verpflichtet, die ihnen mitgeteilten personenbezogenen Daten nur **im Rahmen ihrer Aufgabe** zur Beantwortung des Auskunftsbegehrens zu verwenden; iÜ unterliegen sie der Verschwiegenheitspflicht zum Schutz der Beschäftigtendaten. 8

Rechtsfolgen: Anders als bei den nicht tarifanwendenden AG in § 15 V regelt § 14 für die dort genannten AG keine Rechtsfolge für den Fall einer nicht erteilten Auskunft. Allerdings schafft § 10 einen Rechtsanspruch der Beschäftigten, den der AG – ungeachtet der jeweils als Ansprechpartner konkret benannten Stelle – aus Gründen der Sachnähe erfüllen muss, § 10 III. Die Nichterfüllung eines ges. Anspruchs kann nicht folgenlos bleiben. Zwar könnten Beschäftigte die Erfüllung einklagen, das 9 materielle Prozessziel bleibt jedoch die Herstellung der Entgeltgleichheit, deren Durchsetzung ein Auskunftsanspruch erleichtern soll. Bei Nichterfüllung sollten daher die Rechte aus § 7 AGG ergänzend herangezogen werden. Da das Gesetz spezielle Rechtsfolgen nicht festschreibt, ist dafür auf die allgemeinen Vorschriften zum Diskriminierungsschutz zurückzugreifen, insb. auf das AGG. Der Auskunftsanspruch schafft ein Verfahren, mit dem Informationen für die Durchsetzung der Entgeltgleichheit gewonnen werden können. Das Gesetz verpflichtet den AG, selbst oder über Kollektivvertragsparteien Auskünfte zu erteilen, die den Anfragenden ggf. die Erhebung einer Diskriminierungsklage erleichtern sollen. Wird die ges. geschuldete Auskunft nicht erteilt, erschwert das eine Entsch. über die Klageerhebung ebenso wie ggf. den Nachweis einer mittelbaren Entgeltdiskriminierung, der sich vielfach auf einen statistischen Vergleich mit dem v. einer Vergleichsgruppe bezogenen Entgelt stützen muss (EuGH 27.10.1993 NZA 1994, 797; BAG 21.6.2012 NZA 2012, 1345). Auch wenn die mitzuteilenden Auskünfte eine Entgeltdiskriminierung durch den AG selbst dann nicht beweisen, wenn sie erhebl. Unterschiede zwischen den Entgelten der Anfragenden und denen der mit gleichwertiger Arbeit beschäftigten Angehörigen des jeweils anderen Geschlechts erkennen lassen, kann in der Mitteilung jdf. ein Indiz für das Vorliegen einer geschlechtsbedingten Benachteiligung liegen. Der Nichtmitteilung eines Elements der zulässigerweise erfragten Auskunft kann daher ebenfalls eine indizielle Wirkung zuerkannt werden (EuGH 19.4.2012 NZA 2012, 493). Beides kann für Ansprüche aus §§ 7, 15 AGG als Indiz iSd. § 22 herangezogen werden.

§ 15 Verfahren bei nicht tarifgebundenen und nicht tarifanwendenden Arbeitgebern

(1) Beschäftigte nicht tarifgebundener und nicht tarifanwendender Arbeitgeber wenden sich für ihr Auskunftsverlangen nach § 10 an den Arbeitgeber.

(2) Besteht ein Betriebsrat, gilt § 14 Absatz 1 und 2 entsprechend.

(3) [1]Der Arbeitgeber oder der Betriebsrat ist verpflichtet, die nach § 10 verlangten Auskünfte innerhalb von drei Monaten nach Zugang des Auskunftsverlangens in Textform zu erteilen. [2]Droht Fristversäumnis, hat der Arbeitgeber oder der Betriebsrat die auskunftverlangende Beschäftigte oder den auskunftverlangenden Beschäftigten darüber zu informieren und die Antwort ohne weiteres Verzögern zu erteilen.

(4) [1]Der Arbeitgeber oder der Betriebsrat gibt an, inwiefern die benannte Vergleichstätigkeit überwiegend von Beschäftigten des jeweils anderen Geschlechts ausgeübt wird. [2]Hält der Arbeitgeber oder der Betriebsrat die erfragte Vergleichstätigkeit nach den im Betrieb angewendeten Maßstäben für nicht gleich oder nicht gleichwertig, hat er dies anhand dieser Maßstäbe nachvollziehbar zu begründen. [3]Dabei sind die in § 4 genannten Kriterien zu berücksichtigen. [4]Der Arbeitgeber oder der Betriebsrat hat in diesem Fall seine Auskunft auf eine seines Erachtens nach gleiche oder gleichwertige Tätigkeit zu beziehen. [5]Soweit der Betriebsrat für die Beantwortung des Auskunftsverlangens zuständig ist, hat der Arbeitgeber dem Betriebsrat auf Verlangen die zur Erfüllung seiner Aufgaben erforderlichen Informationen bereitzustellen.

(5) [1]Unterlässt der Arbeitgeber die Erfüllung seiner Auskunftspflicht, trägt er im Streitfall die Beweislast dafür, dass kein Verstoß gegen das Entgeltgleichheitsgebot im Sinne dieses Gesetzes vorliegt. [2]Dies gilt auch, wenn der Betriebsrat aus Gründen, die der Arbeitgeber zu vertreten hat, die Auskunft nicht erteilen konnte.

1 Die Norm legt das Verfahren für die Geltendmachung des Auskunftsanspruchs in Fällen fest, in denen der AG weder tarifgebunden noch -anwendend ist Daneben wird das Verfahren bei der Erfüllung des Auskunftsanspruchs geregelt, sowie die Rechtsfolgen einer Nichterfüllung. Obwohl auch das Verfahren bei der Auskunftserteilung nur für Ansprüche bei nicht tarifgebundenen/-anwendenden AG geregelt ist (Abs. 4), handelt es sich um allg. Grundsätze, die auch für die übrigen AG entspr. herangezogen werden können (*Gaul* ArbRB 2017, 47, 49).

2 Nach Abs. 1 ist der AG in den Fällen des § 15 der Ansprechpartner für Auskunftsverlangen v. Beschäftigten aus § 10. Die Fälle des § 15 betreffen AG, die weder iSd § 5 IV tarifgebunden, noch iSd § 5 V tarifanwendend sind. Wie sich aus dem systematischen Zusammenhang zu Abs. 2 ergibt, erfasst Abs. 1 trotz der allg. gehaltenen Formulierung nur die Betriebe v. AG iSd § 15, bei denen **kein BR** gebildet worden ist. Existiert dagegen ein BR, verweist **Abs. 2** auch in den Fällen des § 15 auf das Verfahren nach § 14 I und II. Auch bei diesen AG bleibt der BR grds. erster Ansprechpartner für das Auskunftsverlangen, es sei denn, der BR lehnt dies im konkreten Fall ab (§ 14 I 3), oder der AG will die Beantwortung selbst übernehmen (§ 14 II). Inhaltl. Unterschiede bei der Festlegung der Ansprechpartner für den Auskunftsanspruch der Beschäftigten bestehen zwischen § 14 und § 15 insoweit nicht, als die Aufteilung der Zuständigkeiten zwischen AG und BR betroffen ist. Da es in den Fällen des § 15 keine vereinbarte Zuständigkeit der Vertreter der TV-Parteien geben kann, gibt es keine Parallelregelung zu § 14 III 2–4. Die Pflicht zur Information der Beschäftigten, wer die erfragte Auskunft zu erteilen hat, ist durch Verweis auf § 14 II 4 mit umfasst.

Abs. 3 legt den **zeitl. Rahmen** für die Erteilung einer Auskunft nach § 10 fest. Mit Fristablauf wird der Auskunftsanspruch fällig, erfüllbar ist er allerdings schon zuvor. Dies gilt systematisch speziell für die Fälle des § 15, nur nicht tarifgebundene oder -anwendende AG müssen die Auskunft grds. innerhalb einer bestimmten Frist erteilen. Für die übrigen AG bestimmt § 14 nichts Vergleichbares. Diese Differenzierung ist Teil der privilegierten Stellung, die die tarifanwendenden AG ggü. den v. § 15 erfassten AG genießen sollen. Ob eine solche Privilegierung bei der Fristbestimmung zu rechtfertigen ist, ist fragl., eine Orientierungswirkung des Abs. 3 daher vorzugswürdig: Ohne feste zeitl. Begrenzung ist die Verpflichtung dennoch zu erfüllen, da eine Nichterfüllung eine Verletzung der vertragl. Interessenwahrungspflichten aus dem ArbVerh darstellt. Die Rechtsunsicherheit über einen „angemessenen" Zeitraum ist für beide Vertragsparteien nachteilig. Eine starke Privilegierungswirkung kommt der Unanwendbarkeit der Fristenregelung auch nicht zu, weil auch eine Versäumnis der Frist des Abs. 3 S. 1 keine negativen Rechtsfolgen auslöst. Der AG ist ledigl. gem. S. 2 dazu verpflichtet, bei drohender Fristüberschreitung die Anfragenden darüber zu informieren und dann ohne Verzögerung zu antworten. Erst wenn die verspätete Auskunft nachweisl. schuldhaft verzögert worden ist, stellt das eine Nebenpflichtverletzung aus dem ArbVerh dar. Daher ist es schwer zu rechtfertigen, dass die Auskunft bei AG nach § 14 bis zur Grenze der Treuwidrigkeit hinausgezögert werden darf. Wie die Gesetzesbegründung (BT-Drs. 18/11133, S. 65) hervorhebt, ist die 3-Monatsfrist des Abs. 3 hinreichend lang bemessen, um auch mittelgroßen Betrieben/Verwaltungen die sorgfältige Aufbereitung der Bruttoentgeltlisten zu ermöglichen; auf Kleinbetriebe, die ggf. bes. Probleme haben könnten, ist der Auskunftsanspruch ohnehin nicht anwendbar, § 12 I. 3

Für die Beantwortung nach Abs. 3 S. 1 gilt eine Frist v. 3 Monaten ab Zugang der Anfrage. Da die Anfrage gem. § 10 II 1 in Textform erfolgt, ist der Zugang obj. feststellbar; die Fristberechnung erfolgt gem. §§ 186 ff. BGB. In diesem Zeitraum hat der AG die Auskünfte über das Vergleichsentgelt iSd § 11 III vorzubereiten. Erteilt er die Auskunft an die Anfragenden selbst, muss daneben noch die Information über Kriterien und Verfahren der Entgeltfindung gem. § 11 II zusammengestellt und beides innerhalb der Frist in Textform den Anfragenden mitgeteilt werden. Ist der BR Ansprechpartner für die Beschäftigten, muss der AG ihm das Einblicksrecht in die aufbereiteten Entgeltlisten gewähren, und ihm Zeit für die Auskunftsvorbereitung belassen. Die für das Tätigwerden des BR erforderl. Zeit ist in die 3-Monatsfrist mit einzurechnen. AG oder BR sind verpflichtet, die Auskunft ebenfalls in Textform zu erteilen. 4

Abs. 4 legt inhaltl. fest, anhand welcher Kriterien und Informationen die Auskunft gem. § 10 zu erteilen ist. Als Auskunftserteilende werden AG und BR bestimmt; der in § 13 I, II zur Einsichtnahme in die Bruttoentgeltlisten berechtigte Ausschuss ist nicht genannt. Daraus folgt, dass der Ausschuss für die Beantwortung des Auskunftsverlangens ledigl. als Hilfsorgan des BR tätig wird, aber grds. (§ 13 Rn. 4) nicht selbst dem AN ggü. in Erscheinung tritt. Mit dem Verfahren nach Abs. 4 wird die Tätigkeit der Anfragenden und die der Vergleichsgruppe inhaltl. auf ihre Gleichwertigkeit überprüft. Das nimmt inhaltl. Bezug auf die gem. § 11 III Nr. 2 geregelte Verpflichtung der nicht tarifanwendenden AG, das Vergleichsentgelt aller Beschäftigten des jeweils anderen Geschlechts anzugeben, die mit der Vergleichstätigkeit beschäftigt sind. Damit ist vorranging die Vergleichstätigkeit gemeint, die die Anfragenden selbst benannt haben, § 10 I 2. Hält der AG die so benannte Vergleichsgruppe für nicht zutreffend, hat er nach Abs. 4 selbst eine Gleichwertigkeitsprüfung vorzunehmen. Das Vorgehen nach Abs. 4 soll es der Gesetzbegründung zufolge (BT-Drs. 18/11133, S. 66) den Anfragenden ermöglichen, die Entgeltgleichheit auch bei einer mittelbaren Diskriminierung auf dem Klagewege durchzusetzen, weil die dafür ggf. erforderl. statistischen Informationen v. AG ermittelt und bereitgestellt werden. 5

Die Beantwortung des Auskunftsverlangens hat neben den Informationen gem. § 11 II, III mitzuteilen, ob die v. den Anfragenden benannte Vergleichstätigkeit **überwiegend v. den Beschäftigten des jeweils anderen Geschlechts** ausgeübt wird (Abs. 4 S. 1). Liegt eine stark ungleichgewichtige Verteilung der Geschlechtsgruppen auf die betriebl. Tätigkeiten vor, die sich aus den personenbezogenen aufgeschlüsselten Bruttoentgeltlisten ergibt, kann diese Information für die Erhebung einer Diskriminierungsklage gem. § 7 AGG genutzt werden. Sind v. einem Nachteil wie einem niedrigeren Entgelt Tätigkeiten betroffen, die überwiegend v. den Angehörigen des einen Geschlechts ausgeführt werden, während in der besser entlohnten Vergleichsgruppe überwiegend Angehörige des anderen Geschlechts beschäftigt werden, ist dies als Indiz für eine Geschlechtsbedingtheit des Nachteils gewertet worden (EuGH 31.3.1981, Rs. 86/90). Damit hat die Rspr. den statistischen Vergleich zweier Gruppen grds. als relevant anerkannt. Das Vorliegen einer mittelbaren Benachteiligung kann durch den statistischen Vergleich zweier Gruppen indiziert werden (EuGH 27.10.1993 NZA 1994, 797; 20.10.2011 NZA 2011, 1412; 22.11.2012 NZA 2012, 1425; 28.2.2013 NZA 2013, 315). Die geringere Entlohnung einer bestimmten Person wird dadurch als „wahrscheinl. geschlechtsbedingt" ausgewiesen, dass sich das dafür ausschlaggebende Differenzierungskriterium typischerweise und überw. (BAG 23.2.1994 NZA 1994, 1136; 18.10.2005 NZA 2006, 1159; 27.1.2011 NZA 2011, 1361) gerade zu Lasten des einen Geschlechts auswirkt. Dass die v. der Unterscheidung Benachteiligten überw. dem einen Geschlecht angehören, genügt dafür allein allerdings nicht. Vielmehr muss das zahlenmäßige Verhältnis unter den Begünstigten wesentl. anders als das unter den Benachteiligten sein (EuGH 9.2.1999 BeckRS 2004, 74617; BAG 19.4.1995 NZA 1995, 985; 5.3.1997 NZA 1997, 1242; *Schlachter* NZA 1995, 393, 396; *Wiedemann* FS Gnade 1992 S. 135, 142 f.). Mehr als eine erhöhte Wahrscheinlichkeit der Kausalität v. Geschlechtszugehörigkeit und dem Betroffensein durch den Nachteil lässt sich mit der Statistik allerdings nicht feststellen. Daher ist die 6 weitere Verwendung mittelbarer benachteiligender Kriterien auch nicht automatisch untersagt, sondern nur in den Fällen, in denen die Wahrscheinlichkeit nicht entkräftet werden kann.

7 § 4 S. 2 behandelt die Situation, in der die Anfragenden gem. § 10 I 2 eine Vergleichstätigkeit benennen, bei der ihrer Ansicht nach gleiche oder gleichwertige Arbeit gem. § 4 I, II ausgeübt wird, aber diese Ansicht v. Antworterteilenden nicht geteilt wird. Die zentrale Folge, dass AG oder BR in diesem Falle die Informationen zu der den Anfragenden benannten Vergleichsgruppe gerade nicht erteilen muss, benennt Abs. 4 nicht ausdr. Stattdessen schreibt S. 2 vor, die Einschätzung der Auskunftsgebenden müssen „anhand der im Betrieb angewendeten Maßstäbe", nachvollziehbar begründet werden, wobei die in § 4 verwendeten Kriterien berücksichtigt werden müssen (S. 3). Der Betrieb ist bei der Nutzung v. Kriterien zur Bestimmung gleichwertiger Arbeit nicht frei, sondern hat jdf. die Gesichtspunkte zu berücksichtigen, die im Unionsrecht und unter Geltung des Verbots der Entgeltdiskriminierung akzeptiert worden sind, § 4 II 2. Damit ist insb. eine Beurteilung ausgeschlossen, die sich darauf stützt, dass „für den Betrieb" bestimmte Tätigkeiten subj. wertvoller sind als andere, obwohl dies nach den anzuwendenden objektivierten Maßstäben nicht begründbar ist. Trotzdem kann die Gewichtung der objektivierten Kriterien und ihre Zahl den betriebl. Umständen angepasst verwendet werden. Hält der AG, der die Bruttoentgeltlisten für die Vergleichstätigkeit aufbereiten muss, die angegebene Tätigkeit für nicht gleichwertig, muss er die Daten dieser Gruppe weder dem BR zur Verfügung stellen noch sie den Anfragenden mitteilen. Stattdessen ist den Anfragenden eine Begründung zu liefern, die jdf. in sich schlüssig zu sein hat („nachvollziehbar"). Die Begründung kann im Falle einer Diskriminierungsklage bei der Gesamtbewertung für das Vorliegen einer geschlechtsbedingten Benachteiligung herangezogen werden.

8 Aus Abs. 4 S. 4 folgt, dass das Auskunftsverlangen der Beschäftigten zu beantworten ist, auch wenn die angegebene Vergleichstätigkeit v. Auskunftserteilenden als nicht gleichwertig anerkannt wird. Die Auskunft ist dann ersatzweise auf diejenige Tätigkeit zu beziehen, die nach den betriebl. Maßstäben gleichwertig ist. Die Vorschrift geht davon aus, dass es in allen Fällen eine entspr. Tätigkeit im Betrieb gibt. Sollte sie jedoch v. weniger als sechs Beschäftigten des jeweils anderen Geschlechts ausgeübt werden, braucht eine Auskunft zum Vergleichsentgelt nach § 12 III 2 nicht gegeben zu werden.

9 Abs. 3 S. 5 verdeutlicht, dass die **Auskunftserteilung durch den BR** auf der Grundlage v. Informationen erfolgt, die der AG dem BR auf Verlangen zur Verfügung stellen muss. Zu weiteren Ermittlungen ist der BR nicht verpflichtet, die bedeutendste Quelle bleibt der AG, der die betriebl. Entgeltsituation vollständig überblickt und inhaltl. gestaltet. Offen bleibt, ob der BR zur Übernahme der v. AG erteilten Informationen verpflichtet ist, etwa im Falle der Beurteilung der Gleichwertigkeit der Tätigkeit der benannten Vergleichsgruppe, oder ob er der Information an die Anfragenden seine eigene Einschätzung nach den betriebl. Maßstäben zugrunde legen darf.

10 Abs. 5 formuliert eine Rechtsfolge im Falle der **Nichterfüllung der Auskunftspflicht**, die systematisch erneut auf nicht tarifgebundene/-anwendende AG begrenzt ist. Die sprachl. auffällige Formulierung des „Unterlassens der Erfüllung" ist dahingehend zu verstehen, dass die Vorschrift eine ledigl. nicht ausreichende Erfüllung nicht genügen lassen will, sondern den Eintritt der Rechtsfolge an ein völliges Unterlassen der Auskunftserteilung knüpft (*Langemann/Wilking* BB 2017, 501, 504). Dies bezieht sich auf jeden der erfragten Entgeltbestandteile gesondert, auch die Nichtbeantwortung hins. eines erfragten Zusatzbestandteils genügt. Eine nur unvollständige Auskunft wäre nach allg. beweisrechtl. Grundsätzen zu würdigen. Die Nichterfüllung führt dagegen zur Beweislastverschiebung auf den AG. Die Norm orientiert sich dafür an § 22 AGG und nimmt an, dass die Nichterfüllung des ges. Auskunftsanspruchs als Indiz einer geschlechtsbedingten Benachteiligung beim Entgelt verwendet werden kann. Dann muss der AG beweisen, dass keine Benachteiligung vorliegt. Die Beweisverlagerung auf den AG tritt auch ein, wenn die Auskunft v. BR nicht erteilt werden konnte, weil der AG die Gründe dafür zu vertreten hat. Dies liegt insb. vor, wenn der AG den BR unzureichend informiert oder dem Ausschuss die Rechte nach § 13 I, II nicht im erforderlichen Umfang gewährt hat. Hätte der BR alle erforderl. Informationen für eine fristgerechte Auskunftserteilung zur Verfügung, hat die Antwort aber dennoch nicht mitgeteilt, tritt die Rechtsfolge nicht ein.

§ 16 Öffentlicher Dienst

[1]Der Anspruch nach § 10 besteht auch für Beschäftigte des öffentlichen Dienstes nach § 5 Absatz 2 Nummer 1 bis 5 in Dienststellen mit in der Regel mehr als 200 Beschäftigten. [2]Die §§ 11 bis 14 sind sinngemäß anzuwenden.

1 Die Vorschrift klärt, dass auch Beschäftigte des öffentl. Dienstes in BeschVerh. gem. § 5 II Nr. 1–5 einen Auskunftsanspruch gem. § 10 besitzen. Damit sind alle AN des öffentl. Dienstes erfasst (§ 5 II Nr. 1), sowie Beamte gem. § 5 II Nr. 2 soweit dem Bund die Gesetzgebungskompetenz zusteht, Richter des Bundes, Soldaten und die zur Berufsausbildung Beschäftigten. Entspr. den Vorgaben des § 12 I besteht der Anspruch in Dienststellen mit idR mehr als 200 Beschäftigten; der Dienststellenbegriff ist nach § 6 BPersVG bzw. dem entspr. Landesrecht zu bestimmen.

Das Verfahren für den Auskunftsanspruch folgt den Bestimmungen in §§ 11–14; auf § 15 wird nicht verwiesen, weil der gesamte öffentl. Dienst als tarifgebunden (bzw. zumindest tarifanwendend) eingeordnet wird. Das soll der Gesetzesbegründung zufolge (BT-Drs. 18/11133, S. 67) auch dann gelten, wenn eine Dienststelle ausschl. Beamte beschäftigt. Die Privilegierungen für tarifanwendende AG kommen mithin allen AG des öffentl. Dienstes zugute. Die dem BR zugewiesenen Aufgaben werden sinngem. v. zust. PersR wahrgenommen, ggf. iVm. Spezialbestimmungen wie zB § 52 DRiG.

§ 17 Betriebliche Prüfverfahren

(1) [1] Private Arbeitgeber mit in der Regel mehr als 500 Beschäftigten sind aufgefordert, mithilfe betrieblicher Prüfverfahren ihre Entgeltregelungen und die verschiedenen gezahlten Entgeltbestandteile sowie deren Anwendung regelmäßig auf die Einhaltung des Entgeltgleichheitsgebots im Sinne dieses Gesetzes zu überprüfen. [2] Nimmt in einem Konzern das herrschende Unternehmen auf die Entgeltbedingungen mindestens eines Konzernunternehmens entscheidenden Einfluss, kann das herrschende Unternehmen das betriebliche Prüfverfahren nach Satz 1 für alle Konzernunternehmen durchführen.

(2) Wird ein betriebliches Prüfverfahren durchgeführt, hat dies in eigener Verantwortung der Arbeitgeber mithilfe der Verfahren nach § 18 und unter Beteiligung der betrieblichen Interessenvertretungen zu erfolgen.

Die Vorschrift enthält eine ges. „Aufforderung" zur regelmäßigen Überprüfung v. Entgeltregelun- 1
gen, Entgeltbestandteilen und deren praktischer Handhabung auf die Einhaltung des Entgeltgleichheitsgebots (Abs. 1). Eine Aufforderung begründet keine Pflicht zur Überprüfung, sondern ledigl. einen Appell. Dieser ist bereits in § 6 II angelegt, wonach AG alle erforderl. Maßnahmen zum Schutz vor Entgeltdiskriminierung zu ergreifen haben, einschließl. vorbeugender Maßnahmen. Die Überprüfung ist zwar nicht selbst eine Schutzmaßnahme, aber ein notwendiges Hilfsmittel zu ihrer Vorbereitung. „Erforderl.", also zielgerichtet auf die ggf. konkret bestehenden Probleme im Unternehmen angepasste Maßnahmen kann eine AG ergreifen, wenn das Bestehen v. Benachteiligungen und die Kriterien oder Verfahren, die dafür mit ursächl. sind, zuvor festgestellt worden sind.

Die ges. Aufforderung richtet sich auf ein betriebl. Überprüfungsverfahren iSd § 18, das die Entgelt- 2
regelungen und ihre praktische Anwendung betrifft, einschließl. der Entgeltbestandteile. Das umfasst Bestimmungen über Gewährung und Zusammensetzung des Entgelts, § 5 I. Gerichtet ist die Aufforderung an private AG, die idR mehr als 500 Beschäftigte iSd § 5 II haben. Auf die Organisationsform des AG kommt es nicht an, solange dieser dem Privatrecht zuzurechnen ist; der gesamte öffentl. Sektor ist ausgenommen, ohne eine Begründung für diese Differenzierung. Die Gesetzesbegründung (BT-Drs. 18/11133, S. 68) weist sogar darauf hin, dass Beamte, die bei nunmehr privatisierten Unternehmen v. Bahn und Post beschäftigt werden, v. der Regelung nicht erfasst werden. Dies ist mit dem Wortlaut allerdings nicht vereinbar, da Abs. 1 auf regelmäßig Beschäftigte abstellt, zu denen gem. § 5 II Nr. 2 auch Bundesbeamte zählen. Regelmäßig beschäftigt sind über 500 Personen, wenn der Betrieb normalerweise mit dieser Beschäftigtenzahl arbeitet; auf den Jahresdurchschnitt kommt es dafür nicht an. Die Überprüfung soll regelmäßig durchgeführt werden, ohne dass dafür konkrete Zeitabstände definiert werden. Es ist davon auszugehen, dass die Aussagekraft einer einmal erfolgten Überprüfung schwindet, sobald sich der Personalbestand oder die verwendeten Entgeltsysteme ändern. S. 2 verweist darauf, dass AG, deren Unternehmen Teil eines Konzerns iSd § 18 AktG ist, die Überprüfung nicht selbst vornehmen müssen, sondern dies v. herrschenden Unternehmen übernommen werden kann.

Abs. 2 formuliert Vorgaben für das nach Abs. 1 S. 1 freiwillige Überprüfungsverfahren. Falls sich ein 3
Unternehmen dafür entscheidet, ein solches Verfahren durchzuführen, tut es dies in eigener Verantwortung, soll also über die verwendeten Bewertungsverfahren frei entscheiden. Weder müssen vorgegebene Analysemethoden herangezogen werden, noch die Prüfung auf alle Tätigkeiten im Unternehmen erstreckt werden. Obwohl § 18 konkrete Inhalte und Methoden für das Prüfverfahren vorgibt, können diese angesichts der in § 17 betonten Freiwilligkeit der Beteiligung nicht dazu führen, dass ein Unternehmen an die Durchführungswege gebunden ist. Ledigl. aus dem Überprüfungszweck, der Durchsetzung des Entgeltgleichheitsgebots, lässt sich ableiten, dass keine Prüfungsverfahren genutzt werden dürfen, die zur Feststellung v. Entgeltdiskriminierung evident ungeeignet sind. Dafür wird auf die Verfahrenshinweise in § 18 Bezug genommen und eine Beteiligung „der betriebl. Interessenvertretungen" verlangt (*Kania* NZA 2017, 819, 821). Welche Ebene der betriebl. AN-Vertretung ggf. zu beteiligen ist, richtet sich nach BetrVG. Ein bes. Mitbestimmungsrecht des BR wird in § 17 nicht begründet (BetrVG § 87 Rn. 21a), doch ergibt sich aus § 20 I ein Unterrichtungsrecht des BR unter Vorlage der erforderl. Unterlagen. Damit ist auch ein Überwachungsrecht aus § 80 I Nr. 1 BetrVG verbunden.

§ 18 Durchführung betrieblicher Prüfverfahren

(1) In das betriebliche Prüfverfahren sind die Tätigkeiten einzubeziehen, die demselben Entgeltsystem unterliegen, unabhängig davon, welche individualrechtlichen, tarifvertraglichen und betrieblichen Rechtsgrundlagen zusammenwirken.

(2) [1]Betriebliche Prüfverfahren haben aus Bestandsaufnahme, Analyse und Ergebnisbericht zu bestehen. [2]Der Arbeitgeber ist unter Berücksichtigung betrieblicher Mitwirkungsrechte frei in der Wahl von Analysemethoden und Arbeitsbewertungsverfahren. [3]Es sind valide statistische Methoden zu verwenden. [4]Die Daten sind nach Geschlecht aufzuschlüsseln. [5]Dabei ist der Schutz personenbezogener Daten zu wahren.

(3) [1]Bestandsaufnahme und Analyse haben die aktuellen Entgeltregelungen, Entgeltbestandteile und Arbeitsbewertungsverfahren zu erfassen und diese und deren Anwendung im Hinblick auf die Einhaltung des Entgeltgleichheitsgebots im Sinne dieses Gesetzes auszuwerten. [2]Dabei ist § 4 zu beachten. [3]§ 12 Absatz 1 und 2 ist sinngemäß anzuwenden. [4]Bei gesetzlichen, bei tarifvertraglichen Entgeltregelungen und bei Entgeltregelungen, die auf einer bindenden Festsetzung nach § 19 Absatz 3 des Heimarbeitsgesetzes beruhen, besteht keine Verpflichtung zur Überprüfung der Gleichwertigkeit von Tätigkeiten. [5]Auf kollektiv-rechtliche Entgeltregelungen der Kirchen oder der öffentlich-rechtlichen Religionsgesellschaften ist Satz 4 entsprechend anzuwenden.

(4) Die Ergebnisse von Bestandsaufnahme und Analyse werden zusammengefasst und können betriebsintern veröffentlicht werden.

1 Die Vorschrift klärt, in welcher Weise die **Prüfverfahren des § 17 ausgestaltet** werden sollen, um geschlechtsbedingte Entgeltdifferenzen aufzudecken. Wenn ein Prüfverfahren (freiwillig) durchgeführt wird, kann bei Nutzung der Aspekte aus § 18 erwartet werden, dass es seinen Zweck erfüllt. An die Konsequenzen aus einer festgestellten Benachteiligung erinnert § 19, der auf eine nachf. Beseitigung v. Benachteiligungen hinweist. Konsequenzen der Anwendung eines Prüfverfahrens, das Vorgaben aus § 18 nicht entspricht, sind nicht gesondert geregelt. Sie ergeben sich ggf. in einem nachf. Prozess wegen Entgeltdiskriminierung.

2 Abs. 1 verweist auf die nach Unionsrecht maßgebl. Methoden, die bei einer gerichtl. Überprüfung einer behaupteten Entgeltdiskriminierung verwendet werden: alle Tätigkeiten, die demselben Entgeltsystem unterliegen, sind einzubeziehen. Von einer selektiven Prüfung ledigl. einzelner Betriebsteile oder Entgeltgruppen wird damit abgeraten. Da das Verfahren gem. § 17 freiwillig ist, kann der AG jedoch den Prüfungsumfang anderweitig festlegen. Zur Verwirklichung des Normzwecks dient das aber nicht: Benachteiligungen werden bei selektiver Prüfung nicht zuverlässig erkannt. Eine Entgeltlücke, die ggf. benachteiligend sein könnte, kann weiterhin nur aufgedeckt werden, wenn alle Elemente herangezogen werden, auf denen das Entgeltsystem beruht. Daher sind Entgeltbestandteile in die Prüfung einzubeziehen, unabhängig v. der individual- oder kollektivvertragl. Rechtsgrundlage, auf der sie gewährt werden.

3 Abs. 2 legt die Prüfschritte fest, die das Verfahren zu durchlaufen hat: **Bestandsaufnahme, Analyse und Ergebnisbericht**. Da bisher anerkannte Instrumente wie der ILO-Leitfaden und der Leitfaden der Antidiskriminierungsstelle des Bundes auf praktischer Erfahrung bei der Prüfung v. Entgeltsystemen beruhen, kann ein AG bei Verwendung dieser Grundsätze mit zielführenden Ergebnissen rechnen (zu Prüfverfahren: *Jochmann-Döll* RdA 2017, 169). Dabei ist dem AG ausdr. freigestellt, welche Analysemethoden und Bewertungsverfahren herangezogen werden (Abs. 2 S. 2). Auf ein zertifiziertes, erwiesenermaßen effektives Prüfverfahren ist er nicht begrenzt. Allerdings wird die Beachtung wissenschaftl. Mindeststandards angemahnt, Abs. 2 S. 3: die verwendeten statistischen Methoden müssen valide sein, anderenfalls ist das Prüfverfahren ungeeignet. Zudem müssen bestehende Rechte der Betriebsvertretungen bei der Auswahl der Analysemethoden und Arbeitsbewertungsverfahren beachtet werden. Abs. 2 begründet nicht selbst ein Mitbestimmungsrecht bei der Auswahl; auch aus § 87 I Nr. 10, 11 BetrVG folgt kein Mitbestimmungsrecht, da das Prüfverfahren die betriebl. Entgeltsysteme weder ändert noch ergänzt, sondern ledigl. zur Vorbereitung einer mögl. späteren Änderungsentsch. dient (BetrVG § 87 Rn. 101). Ein Mitbestimmungsrecht aus § 87 I Nr. 1 BetrVG ist nicht gegeben, wenn das Prüfverfahren auf die Elemente gem. Abs. 2 begrenzt wird, denn dann handelt es sich um mitbestimmungsfreie betriebl. Erhebungen. S. 4 legt fest, dass die (für das Prüfverfahren genutzten und als Ergebnis ermittelten) Daten nach Geschlecht aufzuschlüsseln sind. Würde diese Vorgabe nicht beachtet, könnten geschlechtsabhängige Unterschiede beim Entgelt nicht dargestellt werden; in diesem Falle wäre das Verfahren evident ungeeignet. S. 5 verweist auf den erforderl. **Schutz personenbezogener Daten**. Die Daten sind geschützt, wenn die mitgeteilten Informationen keinen Rückschluss auf den Verdienst konkreter Einzelpersonen zulassen. Der Schutz ist zu gewährleisten, soweit die Daten betriebsintern veröffentlicht werden, Abs. 4.

4 Abs. 3 erläutert den Inhalt einer **Bestandsaufnahme** der betriebl. Entgeltsysteme, ihrer Bestandteile sowie der verwendeten Arbeitsbewertungsverfahren und ihre **Analyse**, die sich auch auf die praktische Anwendung der Entgeltsysteme erstrecken soll (S. 1). Damit soll erfasst werden (BT-Drs. 18/11133, S. 70), welche kollektiv- und individualvertragl. Entgeltregelungen verwendet werden, ob sie für alle Beschäftigten oder bereichsbeschränkt gelten, welches Arbeitsbewertungssystem genutzt wird oder ob für verschiedene Tätigkeiten unterschiedl. Systeme maßgebl. sind, ob einzelne Entgeltbestandteile nur an bestimmte Gruppen vergeben werden und wie diese zusammengesetzt sind. Dafür sind alle Entgeltbestandteile zu berücksichtigen, die innerhalb eines Kalenderjahres gezahlt werden. Die Verfahren müssen praktisch so angewendet werden, dass gleiche und gleichwertige Arbeit (§ 4) zutreffend abgebildet werden. Zudem muss festgestellt werden, welche Tätigkeiten weit überwiegend (ab etwa 70%) v. Angehörigen des einen Geschlechts ausgeführt werden, weil diese Verteilung als Indiz für eine Geschlechts-

bedingtheit v. Entgeltdifferenzen dienen kann. Abs. 3 S. 3 verweist auf die Geltung der einschränkenden Bestimmungen in § 12 I, II. Angesichts der Freiwilligkeit des gesamten Prüfungsverfahrens steht es dem AG ohnehin frei, auf das Verfahren völlig zu verzichten, es nur einmalig statt regelmäßig durchzuführen oder es regional oder auf Berufsgruppen beschränkt anzuwenden. Des Verweises auf § 12 bedarf es insoweit nicht. Dasselbe gilt für Abs. 3 S. 4, 5, die den Inhalt v. § 11 II 2, IV wieder aufnehmen.

Abs. 4 versteht den Begriff des **Ergebnisberichts** aus Abs. 2 S. 1 als Zusammenfassung v. Bestandsaufnahme und Analyse der betriebl. Entgeltsysteme und ihrer Anwendung gem. Abs. 3. Der Bericht ist den am Verfahren Beteiligten, also AG und BR, zugängl. Sie dokumentieren den Ist-Stand zur Entgeltgleichheit im Betrieb und ggf. vorhandenen Anpassungsbedarf, dem gem. § 6 I 1 auch auf betriebl. Ebene zu entsprechen ist. Darüber hinaus können die Ergebnisse betriebsintern veröffentlicht werden. Dass der AG dazu, unter Beachtung der Belange des Datenschutzes, berechtigt ist, versteht sich v. selbst; verpflichtet wird er durch Abs. 4 allerdings nicht. 5

§ 19 Beseitigung von Entgeltbenachteiligungen

Ergeben sich aus einem betrieblichen Prüfverfahren Benachteiligungen wegen des Geschlechts in Bezug auf das Entgelt, ergreift der Arbeitgeber die geeigneten Maßnahmen zur Beseitigung der Benachteiligung.

Die Vorschrift weist darauf hin, dass festgestellte Benachteiligungen beim Entgelt zu beseitigen sind. 1
Die Verpflichtung hierzu ergibt sich nicht aus § 19 selbst, sondern aus der Rspr. zu § 7 AGG (AGG § 7 Rn. 8) ggf. iVm §§ 7, 3. Dass die Maßnahmen zur Beseitigung der Benachteiligung geeignet sein müssen, beschreibt das Ziel, das iE zu erreichen ist. Soweit der AG das betriebl. Entgeltsystem nicht allein geschaffen hat, sondern dies auf Kollektivvereinbarungen oder auf Gesetz beruht, müssen andere Maßnahmen ergriffen werden, um die zugrunde liegende Entgeltbestimmung zu ändern. In der Zwischenzeit, bis eine Anpassung der benachteiligenden Regelung erfolgt ist, gilt die Verpflichtung zur „Anpassung nach oben" (AGG § 7 Rn. 8), die benachteiligte Gruppe hat Anspruch auf die Entlohnung der mit gleichwertiger Arbeit Beschäftigten des jeweils anderen Geschlechts.

§ 20 Mitwirkung und Information

(1) **Der Arbeitgeber hat den Betriebsrat über die Planung des betrieblichen Prüfverfahrens rechtzeitig unter Vorlage der erforderlichen Unterlagen zu unterrichten.**

(2) [1]**Die Beschäftigten sind über die Ergebnisse des betrieblichen Prüfverfahrens zu informieren.** [2]**§ 43 Absatz 2 und § 53 Absatz 2 des Betriebsverfassungsgesetzes sind zu beachten.**

Nach Abs. 1 kommt dem BR bei der Planung des Prüfverfahrens ein Informationsrecht zu. Die Information muss rechtzeitig, dh vor Beginn der Maßnahmen und unter Vorlage der erforderl. Unterlagen erfolgen. Damit wird der BR über den vorgesehenen Umfang der Maßnahme in Kenntnis gesetzt; auch der geplante Verfahrensablauf und die verwendeten Prüfungsverfahren sind mitzuteilen. Ein Beratungs- oder Beteiligungsrecht gibt die Vorschrift dem BR nicht, doch kann er seine Vorstellungen oder Bedenken zum geplanten Prüfverfahren nach § 80 I Nr. 2 BetrVG einbringen. 1

Abs. 2 verpflichtet zur Information der Belegschaft über die Ergebnisse des Prüfverfahrens. Wer Adressat der Verpflichtung ist, lässt sich nur indirekt ermitteln; der systematische Zusammenhang mit den in S. 2 zitierten Vorschriften der §§ 43 II und 53 II BetrVG lässt darauf schließen, dass der AG diese Informationen in den Betriebsversammlungen/BR-Versammlungen als Teil seines Berichts zum Stand der Gleichstellung v. Frauen und Männern im Betrieb zu geben hat. Ob die Information der Beschäftigten ggf. auch v. BR übernommen wird (so: BT-Drs. 18/11133, S. 71), dürfte der betriebl. Absprache vorbehalten sein; eine Information wird jdf. einschränkungslos verlangt, also auch in den Fällen, in denen der AG die Ergebnisse nach § 18 IV betriebsintern veröffentlicht hat. 2

§ 21 Bericht zur Gleichstellung und Entgeltgleichheit

(1) [1]**Arbeitgeber mit in der Regel mehr als 500 Beschäftigten, die zur Erstellung eines Lageberichts nach den §§ 264 und 289 des Handelsgesetzbuches verpflichtet sind, erstellen einen Bericht zur Gleichstellung und Entgeltgleichheit, in dem sie Folgendes darstellen:**
1. ihre Maßnahmen zur Förderung der Gleichstellung von Frauen und Männern und deren Wirkungen sowie
2. ihre Maßnahmen zur Herstellung von Entgeltgleichheit für Frauen und Männer.

[2]**Arbeitgeber, die keine Maßnahmen im Sinne des Satzes 1 Nummer 1 oder 2 durchführen, haben dies in ihrem Bericht zu begründen.**

(2) **Der Bericht enthält außerdem nach Geschlecht aufgeschlüsselte Angaben**
1. zu der durchschnittlichen Gesamtzahl der Beschäftigten sowie
2. zu der durchschnittlichen Zahl der Vollzeit- und Teilzeitbeschäftigten.

1 Wenn ein AG als Gesellschaft organisiert ist, die idR mehr als 500 Personen beschäftigt und nach §§ 264, 289 HGB zur Erstellung eines Jahresberichts verpflichtet ist, muss auch ein Gleichstellungsbericht erstellt werden. Weitere Vorgaben zum Verfahren regelt § 22. Die einzurechnenden Beschäftigten bestimmen sich nach § 5 II; sie müssen dem Betrieb regelmäßig angehören; damit ist die zur Aufrechterhaltung des Regelbetriebes üblicherweise herangezogene Beschäftigtenzahl erfasst, punktuelle Besonderheiten bleiben außer Betracht.

2 Nach **Abs. 1** enthält der Gleichstellungsbericht diejenigen Maßnahmen, die zur Förderung der Gleichstellung der Geschlechter getroffen werden sowie deren Ergebnisse (Nr. 1). Gesondert sind nach Nr. 2 die Maßnahmen darzustellen, die zur Herstellung der Entgeltgleichheit ergriffen werden. Das kann ggf. die Durchführung betriebl. Prüfverfahren gem. § 17 umfassen, mit der die Eignung bestehender Entgeltsysteme zur Erreichung v. Entgeltgleichheit untersucht wird. Hat der AG Maßnahmen nach Nr. 1, 2 nicht durchgeführt, ist dies mitzuteilen und zu begründen (Abs. 1 S. 2). Um die v. Gesetz bezweckte Transparenz fördern zu können, ist jdf. eine inhaltl. Auseinandersetzung mit den Möglichkeiten zur Förderung der Entgeltgleichheit beim konkreten AG geboten. **Abs. 2** gibt zudem vor, dass im Bericht Angaben zur durchschnittl Gesamtzahl der Beschäftigten (Nr. 1) wie zur durchschnittl. Zahl der Voll- und Teilzeitbeschäftigten (Nr. 2) enthalten sind, jeweils aufgeschlüsselt nach Geschlecht. Der Beschäftigtenbegriff richtet sich nach § 5. Die Zahl der durchschnittl. Beschäftigten ist nicht für den gesamten Berichtszeitraum gem. § 22 I, II zu errechnen, sondern nur auf das darin jeweils enthaltene letzte Kalenderjahr, § 22 III.

§ 22 Berichtszeitraum und Veröffentlichung

(1) [1]**Arbeitgeber nach § 21 Absatz 1, die tarifgebunden nach § 5 Absatz 4 sind oder die tarifanwendend nach § 5 Absatz 5 sind und die gemäß § 13 Absatz 5 erklärt haben, tarifliche Regelungen zum Entgelt nach § 5 Absatz 5 anzuwenden, erstellen den Bericht alle fünf Jahre.** [2]**Der Berichtszeitraum umfasst die vergangenen fünf Jahre.**

(2) [1]**Alle anderen Arbeitgeber nach § 21 Absatz 1 erstellen den Bericht alle drei Jahre.** [2]**Der Berichtszeitraum umfasst die vergangenen drei Jahre.**

(3) [1]**Die Angaben nach § 21 Absatz 2 beziehen sich nur auf das jeweils letzte Kalenderjahr im Berichtszeitraum.** [2]**Ab dem zweiten Bericht sind für die genannten Angaben die Veränderungen im Vergleich zum letzten Bericht anzugeben.**

(4) **Der Bericht nach § 21 ist dem nächsten Lagebericht nach § 289 des Handelsgesetzbuches, der dem jeweiligen Berichtszeitraum folgt, als Anlage beizufügen und im Bundesanzeiger zu veröffentlichen.**

1 Die Vorschrift enthält formale Vorgaben für den Bericht nach § 21 und diff. dabei danach, ob die betroffenen AG tarifgebunden bzw. -anwendend sind oder nicht. Der Bericht ist gem. § 25 II erstmals im Jahre 2018 zu erstellen.

2 Abs. 2 bestimmt, dass tarifgebundene AG (§ 5 IV) den Gleichstellungsbericht alle 5 Jahre erstellen, wobei der Berichtszeitraum grds. diese 5 Jahre erfasst (zu den Ausnahmen: Abs. 3); für den ersten Bericht nach Inkrafttreten des Gesetzes umfasst er nur das letzte abgeschlossene Kalenderjahr vor Inkrafttreten, § 25 III. Danach ist erstmals im Jahre 2018 über die Maßnahmen des Jahres 2016 zu berichten; ob das Kalenderjahr dem Geschäftsjahr entspricht, ist unerhebl. Für ledigl. tarifanwendende AG (§ 5 V) gilt grds. dasselbe, vorausgesetzt sie haben die in § 13 V vorgesehene Erklärung dem BR ggü. abgegeben, die tarifl. Entgeltregelungen anzuwenden. Die Verlängerung des Berichtszeitraums auf 5 Jahre ggü. der für andere AG geltenden Frist v. 3 Jahren, Abs. 2, setzt die Privilegierung tarifgebundener/-anwendender AG fort. Bei den anderen AG führt dies zu einer höheren Frequenz der Berichte.

3 Abs. 3 reduziert den Umfang der Berichtspflicht für alle AG, unabhängig v. der Länge des für sie einschlägigen Berichtszeitraumes, auf die Darstellung der Angaben des jeweils letzten Kalenderjahres für die statistischen, nach Geschlecht aufgeschlüsselten Angaben aus § 21 II. Da dort nach der Angabe v. Durchschnittswerten gefragt ist, wäre der über mehrere Jahre hinweg gebildete Durchschnitt wenig aussagekräftig. Zur Verdeutlichung der Entwicklung verlangt Abs. 3 S. 2, dass ab dem 2. Bericht die Angaben nebst den Veränderungen im Vergleich zum letzten Bericht mitzuteilen sind. Abs. 4 legt die Veröffentlichung des Berichts fest, der dem Lagebericht nach § 289 HGB als Anlage beizufügen und im Bundesanzeiger zu veröffentlichen ist. Die Vorschriften des HGB über die Jahresabschlussunterlagen gelten damit für diesen Bericht nicht, nur die Veröffentlichung wird sichergestellt.

§§ 23–25 (nicht abgedruckt)

300. Gesetz über die Familienpflegezeit (Familienpflegezeitgesetz – FPfZG)

Vom 6. Dezember 2011 (BGBl. I S. 2564)

Geänd. durch Gesetz vom 23. Dezember 2014 (BGBl. I S. 2462)

(FNA 860-11-5)

§ 1 Ziel des Gesetzes

Durch die Einführung der Familienpflegezeit werden die Möglichkeiten zur Vereinbarkeit von Beruf und familiärer Pflege verbessert.

§ 2 Familienpflegezeit

(1) [1]Beschäftigte sind von der Arbeitsleistung für längstens 24 Monate (Höchstdauer) teilweise freizustellen, wenn sie einen pflegebedürftigen nahen Angehörigen in häuslicher Umgebung pflegen (Familienpflegezeit). [2]Während der Familienpflegezeit muss die verringerte Arbeitszeit wöchentlich mindestens 15 Stunden betragen. [3]Bei unterschiedlichen wöchentlichen Arbeitszeiten oder einer unterschiedlichen Verteilung der wöchentlichen Arbeitszeit darf die wöchentliche Arbeitszeit im Durchschnitt eines Zeitraums von bis zu einem Jahr 15 Stunden nicht unterschreiten (Mindestarbeitszeit). [4]Der Anspruch nach Satz 1 besteht nicht gegenüber Arbeitgebern mit in der Regel 25 oder weniger Beschäftigten ausschließlich der zu ihrer Berufsbildung Beschäftigten.

(2) Pflegezeit und Familienpflegezeit dürfen gemeinsam 24 Monate je pflegebedürftigem nahen Angehörigen nicht überschreiten (Gesamtdauer).

(3) Die §§ 5 bis 8 des Pflegezeitgesetzes gelten entsprechend.

(4) Die Familienpflegezeit wird auf Berufsbildungszeiten nicht angerechnet.

(5) [1]Beschäftigte sind von der Arbeitsleistung für längstens 24 Monate (Höchstdauer) teilweise freizustellen, wenn sie einen minderjährigen pflegebedürftigen nahen Angehörigen in häuslicher oder außerhäuslicher Umgebung betreuen. [2]Die Inanspruchnahme dieser Freistellung ist jederzeit im Wechsel mit der Freistellung nach Absatz 1 im Rahmen der Gesamtdauer nach Absatz 2 möglich. [3]Absatz 1 Satz 2 bis 4 und die Absätze 2 bis 4 gelten entsprechend. [4]Beschäftigte können diesen Anspruch wahlweise statt des Anspruchs auf Familienpflegezeit nach Absatz 1 geltend machen.

§ 2a Inanspruchnahme der Familienpflegezeit

(1) [1]Wer Familienpflegezeit nach § 2 beanspruchen will, muss dies dem Arbeitgeber spätestens acht Wochen vor dem gewünschten Beginn schriftlich ankündigen und gleichzeitig erklären, für welchen Zeitraum und in welchem Umfang innerhalb der Gesamtdauer nach § 2 Absatz 2 die Freistellung von der Arbeitsleistung in Anspruch genommen werden soll. [2]Dabei ist auch die gewünschte Verteilung der Arbeitszeit anzugeben. [3]Enthält die Ankündigung keine eindeutige Festlegung, ob die oder der Beschäftigte Pflegezeit nach § 3 des Pflegezeitgesetzes oder Familienpflegezeit in Anspruch nehmen will, und liegen die Voraussetzungen beider Freistellungsansprüche vor, gilt die Erklärung als Ankündigung von Pflegezeit. [4]Wird die Familienpflegezeit nach einer Freistellung nach § 3 Absatz 1 oder Absatz 5 des Pflegezeitgesetzes zur Pflege oder Betreuung desselben pflegebedürftigen Angehörigen in Anspruch genommen, muss sich die Familienpflegezeit unmittelbar an die Freistellung nach § 3 Absatz 1 oder Absatz 5 des Pflegezeitgesetzes anschließen. [5]In diesem Fall soll die oder der Beschäftigte möglichst frühzeitig erklären, ob sie oder er Familienpflegezeit in Anspruch nehmen wird; abweichend von Satz 1 muss die Ankündigung spätestens drei Monate vor Beginn der Familienpflegezeit erfolgen. [6]Wird eine Freistellung nach § 3 Absatz 1 oder Absatz 5 des Pflegezeitgesetzes nach einer Familienpflegezeit in Anspruch genommen, ist die Freistellung nach § 3 Absatz 1 oder Absatz 5 des Pflegezeitgesetzes in unmittelbarem Anschluss an die Familienpflegezeit zu beanspruchen und dem Arbeitgeber spätestens acht Wochen vor Beginn der Freistellung nach § 3 Absatz 1 oder Absatz 5 des Pflegezeitgesetzes schriftlich anzukündigen.

(2) [1]Arbeitgeber und Beschäftigte haben über die Verringerung und Verteilung der Arbeitszeit eine schriftliche Vereinbarung zu treffen. [2]Hierbei hat der Arbeitgeber den Wünschen der Beschäftigten zu entsprechen, es sei denn, dass dringende betriebliche Gründe entgegenstehen.

(3) [1]Für einen kürzeren Zeitraum in Anspruch genommene Familienpflegezeit kann bis zur Gesamtdauer nach § 2 Absatz 2 verlängert werden, wenn der Arbeitgeber zustimmt. [2]Eine Verlängerung bis zur Gesamtdauer kann verlangt werden, wenn ein vorgesehener Wechsel in der Person der oder des Pflegenden aus einem wichtigen Grund nicht erfolgen kann.

(4) [1]Die Beschäftigten haben die Pflegebedürftigkeit der oder des nahen Angehörigen durch Vorlage einer Bescheinigung der Pflegekasse oder des Medizinischen Dienstes der Krankenversicherung nachzuweisen. [2]Bei in der privaten Pflege-Pflichtversicherung versicherten Pflegebedürftigen ist ein entsprechender Nachweis zu erbringen.

(5) [1]Ist die oder der nahe Angehörige nicht mehr pflegebedürftig oder die häusliche Pflege der oder des nahen Angehörigen unmöglich oder unzumutbar, endet die Familienpflegezeit vier Wochen nach Eintritt der veränderten Umstände. [2]Der Arbeitgeber ist hierüber unverzüglich zu unterrichten. [3]Im Übrigen kann die Familienpflegezeit nur vorzeitig beendet werden, wenn der Arbeitgeber zustimmt.

(6) Die Absätze 1 bis 5 gelten entsprechend für die Freistellung von der Arbeitsleistung nach § 2 Absatz 5.

§ 3 Förderung der pflegebedingten Freistellung von der Arbeitsleistung

(1) [1]Für die Dauer der Freistellungen nach § 2 dieses Gesetzes oder nach § 3 des Pflegezeitgesetzes gewährt das Bundesamt für Familie und zivilgesellschaftliche Aufgaben Beschäftigten auf Antrag ein in monatlichen Raten zu zahlendes zinsloses Darlehen nach Maßgabe der Absätze 2 bis 5. [2]Der Anspruch gilt auch für alle Vereinbarungen über Freistellungen von der Arbeitsleistung, die die Voraussetzungen von § 2 Absatz 1 Satz 1 bis 3 dieses Gesetzes oder des § 3 Absatz 1 Satz 1, Absatz 5 Satz 1 oder Absatz 6 Satz 1 des Pflegezeitgesetzes erfüllen.

(2) Die monatlichen Darlehensraten werden in Höhe der Hälfte der Differenz zwischen den pauschalierten monatlichen Nettoentgelten vor und während der Freistellung nach Absatz 1 gewährt.

(3) [1]Das pauschalierte monatliche Nettoentgelt vor der Freistellung nach Absatz 1 ist das nach der im jeweiligen Kalenderjahr geltenden Verordnung über die pauschalierten Nettoentgelte für das Kurzarbeitergeld maßgebliche Entgelt, bezogen auf das auf den nächsten durch zwanzig teilbaren Eurobetrag gerundete regelmäßige durchschnittliche monatliche Bruttoarbeitsentgelt ausschließlich der Sachbezüge der letzten zwölf Kalendermonate vor Beginn der Freistellung. [2]Das pauschalierte monatliche Nettoentgelt während der Freistellung ist das nach der im jeweiligen Kalenderjahr geltenden Verordnung über die pauschalierten Nettoentgelte für das Kurzarbeitergeld maßgebliche Entgelt, bezogen auf das auf den nächsten durch zwanzig teilbaren Eurobetrag gerundete Produkt aus der vereinbarten durchschnittlichen monatlichen Stundenzahl während der Freistellung und dem durchschnittlichen Entgelt je Arbeitsstunde. [3]Durchschnittliches Entgelt je Arbeitsstunde ist das Verhältnis des regelmäßigen gesamten Bruttoarbeitsentgelts ausschließlich der Sachbezüge der letzten zwölf Kalendermonate vor Beginn der Freistellung zur arbeitsvertraglichen Gesamtstundenzahl der letzten zwölf Kalendermonate vor Beginn der Freistellung. [4]Bei einem weniger als zwölf Monate vor Beginn der Freistellung bestehenden Beschäftigungsverhältnis verkürzt sich der der Berechnung zugrunde zu legende Zeitraum entsprechend. [5]Für die Berechnung des durchschnittlichen Entgelts je Arbeitsstunde bleiben Mutterschutzfristen, kurzzeitige Arbeitsverhinderungen nach § 2 des Pflegezeitgesetzes und Freistellungen nach § 3 des Pflegezeitgesetzes sowie die Einbringung von Arbeitsentgelt in und die Entnahme von Arbeitsentgelt aus Wertguthaben nach § 7b des Vierten Buches Sozialgesetzbuch außer Betracht.

(4) In den Fällen der Freistellung nach § 3 des Pflegezeitgesetzes ist die monatliche Darlehensrate auf den Betrag begrenzt, der bei einer durchschnittlichen Arbeitszeit während der Familienpflegezeit von 15 Wochenstunden zu gewähren ist.

(5) Abweichend von Absatz 2 können Beschäftigte auch einen geringeren Darlehensbetrag in Anspruch nehmen, wobei die monatliche Darlehensrate mindestens 50 Euro betragen muss.

(6) [1]Das Darlehen ist in der in Absatz 2 genannten Höhe, in den Fällen der Pflegezeit in der in Absatz 4 genannten Höhe, vorrangig vor dem Bezug von bedürftigkeitsabhängigen Sozialleistungen in Anspruch zu nehmen und von den Beschäftigten zu beantragen; Absatz 5 ist insoweit nicht anzuwenden. [2]Bei der Berechnung von Sozialleistungen nach Satz 1 sind die Zuflüsse aus dem Darlehen als Einkommen zu berücksichtigen.

§ 4 Mitwirkungspflicht des Arbeitgebers

[1]Der Arbeitgeber hat dem Bundesamt für Familie und zivilgesellschaftliche Aufgaben für bei ihm Beschäftigte den Arbeitsumfang sowie das Arbeitsentgelt vor der Freistellung nach § 3 Ab-

satz 1 zu bescheinigen, soweit dies zum Nachweis des Einkommens aus Erwerbstätigkeit oder der wöchentlichen Arbeitszeit der die Förderung beantragenden Beschäftigten erforderlich ist. [2]Für die in Heimarbeit Beschäftigten und die ihnen Gleichgestellten tritt an die Stelle des Arbeitgebers der Auftraggeber oder Zwischenmeister.

§ 5 Ende der Förderfähigkeit

(1) [1]Die Förderfähigkeit endet mit dem Ende der Freistellung nach § 3 Absatz 1. [2]Die Förderfähigkeit endet auch dann, wenn die oder der Beschäftigte während der Freistellung nach § 2 den Mindestumfang der wöchentlichen Arbeitszeit aufgrund gesetzlicher oder kollektivvertraglicher Bestimmungen oder aufgrund von Bestimmungen, die in Arbeitsrechtsregelungen der Kirchen enthalten sind, unterschreitet. [3]Die Unterschreitung der Mindestarbeitszeit aufgrund von Kurzarbeit oder eines Beschäftigungsverbotes lässt die Förderfähigkeit unberührt.

(2) Die Darlehensnehmerin oder der Darlehensnehmer hat dem Bundesamt für Familie und zivilgesellschaftliche Aufgaben unverzüglich jede Änderung in den Verhältnissen, die für den Anspruch nach § 3 Absatz 1 erheblich sind, mitzuteilen, insbesondere die Beendigung der häuslichen Pflege der oder des nahen Angehörigen, die Beendigung der Betreuung nach § 2 Absatz 5 dieses Gesetzes oder § 3 Absatz 5 des Pflegezeitgesetzes, die Beendigung der Freistellung nach § 3 Absatz 6 des Pflegezeitgesetzes, die vorzeitige Beendigung der Freistellung nach § 3 Absatz 1 sowie die Unterschreitung des Mindestumfangs der wöchentlichen Arbeitszeit während der Freistellung nach § 2 aus anderen als den in Absatz 1 Satz 2 genannten Gründen.

§ 6 Rückzahlung des Darlehens

(1) [1]Im Anschluss an die Freistellung nach § 3 Absatz 1 ist die Darlehensnehmerin oder der Darlehensnehmer verpflichtet, das Darlehen innerhalb von 48 Monaten nach Beginn der Freistellung nach § 3 Absatz 1 zurückzuzahlen. [2]Die Rückzahlung erfolgt in möglichst gleichbleibenden monatlichen Raten in Höhe des im Bescheid nach § 9 festgesetzten monatlichen Betrags jeweils spätestens zum letzten Bankarbeitstag des laufenden Monats. [3]Für die Rückzahlung gelten alle nach § 3 an die Darlehensnehmerin oder den Darlehensnehmer geleisteten Darlehensbeträge als ein Darlehen.

(2) [1]Die Rückzahlung beginnt in dem Monat, der auf das Ende der Förderung der Freistellung nach § 3 Absatz 1 folgt. [2]Das Bundesamt für Familie und zivilgesellschaftliche Aufgaben kann auf Antrag der Darlehensnehmerin oder des Darlehensnehmers den Beginn der Rückzahlung auf einen späteren Zeitpunkt, spätestens jedoch auf den 25. Monat nach Beginn der Förderung festsetzen, wenn die übrigen Voraussetzungen für den Anspruch nach den §§ 2 und 3 weiterhin vorliegen. [3]Befindet sich die Darlehensnehmerin oder der Darlehensnehmer während des Rückzahlungszeitraums in einer Freistellung nach § 3 Absatz 1, setzt das Bundesamt für Familie und zivilgesellschaftliche Aufgaben auf Antrag der oder des Beschäftigten die monatlichen Rückzahlungsraten bis zur Beendigung der Freistellung von der Arbeitsleistung aus. [4]Der Rückzahlungszeitraum verlängert sich um den Zeitraum der Aussetzung.

§ 7 Härtefallregelung

(1) [1]Zur Vermeidung einer besonderen Härte stundet das Bundesamt für Familie und zivilgesellschaftliche Aufgaben der Darlehensnehmerin oder dem Darlehensnehmer auf Antrag die Rückzahlung des Darlehens, ohne dass hierfür Zinsen anfallen. [2]Als besondere Härte gelten insbesondere der Bezug von Entgeltersatzleistungen nach dem Dritten und dem Fünften Buch Sozialgesetzbuch, Leistungen zur Sicherung des Lebensunterhalts nach dem Zweiten Buch Sozialgesetzbuch und Leistungen nach dem Dritten und Vierten Kapitel des Zwölften Buches Sozialgesetzbuch oder eine mehr als 180 Tage ununterbrochene Arbeitsunfähigkeit. [3]Eine besondere Härte liegt auch vor, wenn sich die Darlehensnehmerin oder der Darlehensnehmer wegen unverschuldeter finanzieller Belastungen vorübergehend in ernsthaften Zahlungsschwierigkeiten befindet oder zu erwarten ist, dass sie oder er durch die Rückzahlung des Darlehens in der vorgesehenen Form in solche Schwierigkeiten gerät.

(2) Für den über die Gesamtdauer der Freistellungen nach § 2 dieses Gesetzes oder nach § 3 Absatz 1 oder 5 des Pflegezeitgesetzes hinausgehenden Zeitraum, in dem die Pflegebedürftigkeit desselben nahen Angehörigen fortbesteht, die Pflege durch die oder den Beschäftigten in häuslicher Umgebung andauert und die Freistellung von der Arbeitsleistung fortgeführt wird, sind auf Antrag die fälligen Rückzahlungsraten zu einem Viertel zu erlassen (Teildarlehenserlass) und die restliche Darlehensschuld für diesen Zeitraum bis zur Beendigung der häuslichen Pflege auf

Antrag zu stunden, ohne dass hierfür Zinsen anfallen, sofern eine besondere Härte im Sinne von Absatz 1 Satz 3 vorliegt.

(3) Die Darlehensschuld erlischt, soweit sie noch nicht fällig ist, wenn die Darlehensnehmerin oder der Darlehensnehmer

1. Leistungen nach dem Dritten und Vierten Kapitel des Zwölften Buches Sozialgesetzbuch oder Leistungen zur Sicherung des Lebensunterhalts nach dem Zweiten Buch Sozialgesetzbuch ununterbrochen seit mindestens zwei Jahren nach dem Ende der Freistellung bezieht oder

2. verstirbt.

(4) Der Abschluss von Vergleichen sowie die Stundung, Niederschlagung und der Erlass von Ansprüchen richten sich, sofern in diesem Gesetz nicht abweichende Regelungen getroffen werden, nach den §§ 58 und 59 der Bundeshaushaltsordnung.

§ 8 Antrag auf Förderung

(1) Das Bundesamt für Familie und zivilgesellschaftliche Aufgaben entscheidet auf schriftlichen Antrag über das Darlehen nach § 3 und dessen Rückzahlung nach § 6.

(2) Der Antrag wirkt vom Zeitpunkt des Vorliegens der Anspruchsvoraussetzungen, wenn er innerhalb von drei Monaten nach deren Vorliegen gestellt wird, andernfalls wirkt er vom Beginn des Monats der Antragstellung.

(3) Der Antrag muss enthalten:

1. Name und Anschrift der oder des das Darlehen beantragenden Beschäftigten,

2. Name, Anschrift und Angehörigenstatus der gepflegten Person,

3. Bescheinigung über die Pflegebedürftigkeit oder im Fall des § 3 Absatz 6 des Pflegezeitgesetzes das dort genannte ärztliche Zeugnis über die Erkrankung des oder der nahen Angehörigen,

4. Dauer der Freistellung nach § 3 Absatz 1 sowie Mitteilung, ob zuvor eine Freistellung nach § 3 Absatz 1 in Anspruch genommen wurde, sowie

5. Höhe, Dauer und Angabe der Zeitabschnitte des beantragten Darlehens.

(4) Dem Antrag sind beizufügen:

1. Entgeltbescheinigungen mit Angabe der arbeitsvertraglichen Wochenstunden der letzten zwölf Monate vor Beginn der Freistellung nach § 3 Absatz 1,

2. in den Fällen der vollständigen Freistellung nach § 3 des Pflegezeitgesetzes eine Bescheinigung des Arbeitgebers über die Freistellung und in den Fällen der teilweisen Freistellung die hierüber getroffene schriftliche Vereinbarung zwischen dem Arbeitgeber und der oder dem Beschäftigten.

§ 9 Darlehensbescheid und Zahlweise

(1) [1]In dem Bescheid nach § 8 Absatz 1 sind anzugeben:

1. Höhe des Darlehens,

2. Höhe der monatlichen Darlehensraten sowie Dauer der Leistung der Darlehensraten,

3. Höhe und Dauer der Rückzahlungsraten und

4. Fälligkeit der ersten Rückzahlungsrate.

[2]Wurde dem Antragsteller für eine vor dem Antrag liegende Freistellung nach § 3 Absatz 1 ein Darlehen gewährt, sind für die Ermittlung der Beträge nach Satz 1 Nummer 3 und 4 das zurückliegende und das aktuell gewährte Darlehen wie ein Darlehen zu behandeln. [3]Der das erste Darlehen betreffende Bescheid nach Satz 1 wird hinsichtlich Höhe, Dauer und Fälligkeit der Rückzahlungsraten geändert.

(2) Die Höhe der Darlehensraten wird zu Beginn der Leistungsgewährung in monatlichen Festbeträgen für die gesamte Förderdauer festgelegt.

(3) [1]Die Darlehensraten werden unbar zu Beginn jeweils für den Kalendermonat ausgezahlt, in dem die Anspruchsvoraussetzungen vorliegen. [2]Monatliche Förderungsbeträge, die nicht volle Euro ergeben, sind bei Restbeträgen bis zu 0,49 Euro abzurunden und von 0,50 Euro an aufzurunden.

§ 10 Antrag und Nachweis in weiteren Fällen

(1) Das Bundesamt für Familie und zivilgesellschaftliche Aufgaben entscheidet auch in den Fällen des § 7 auf schriftlichen Antrag, der Name und Anschrift der Darlehensnehmerin oder des Darlehensnehmers enthalten muss.

(2) Die Voraussetzungen des § 7 sind nachzuweisen

1. in den Fällen des Absatzes 1 durch Glaubhaftmachung der dort genannten Voraussetzungen, insbesondere durch Darlegung der persönlichen wirtschaftlichen Verhältnisse oder bei Arbeitsunfähigkeit durch Vorlage einer Arbeitsunfähigkeitsbescheinigung der Darlehensnehmerin oder des Darlehensnehmers,
2. in den Fällen des Absatzes 2 durch Vorlage einer Bescheinigung über die fortbestehende Pflegebedürftigkeit der oder des nahen Angehörigen und die Fortdauer der Freistellung von der Arbeitsleistung sowie Glaubhaftmachung der dort genannten Voraussetzungen, insbesondere durch Darlegung der persönlichen wirtschaftlichen Verhältnisse,
3. in den Fällen des Absatzes 3 durch Vorlage der entsprechenden Leistungsbescheide der Darlehensnehmerin oder des Darlehensnehmers oder durch Vorlage einer Sterbeurkunde durch die Rechtsnachfolger.

(3) Anträge auf Teildarlehenserlass nach § 7 Absatz 2 sind bis spätestens 48 Monate nach Beginn der Freistellungen nach § 2 dieses Gesetzes oder nach § 3 Absatz 1 oder 5 des Pflegezeitgesetzes zu stellen.

§ 11 Allgemeine Verwaltungsvorschriften

Zur Durchführung des Verfahrens nach den §§ 8 und 10 kann das Bundesministerium für Familie, Senioren, Frauen und Jugend allgemeine Verwaltungsvorschriften erlassen.

§ 12 Bußgeldvorschriften

(1) Ordnungswidrig handelt, wer vorsätzlich oder fahrlässig
1. entgegen § 4 Satz 1 eine dort genannte Bescheinigung nicht, nicht richtig, nicht vollständig oder nicht rechtzeitig erstellt,
2. entgegen § 5 Absatz 2 eine Mitteilung nicht, nicht richtig, nicht vollständig oder nicht rechtzeitig macht oder
3. entgegen § 8 Absatz 3 Nummer 4 eine Mitteilung nicht, nicht richtig, nicht vollständig oder nicht rechtzeitig macht.

(2) Verwaltungsbehörde im Sinne des § 36 Absatz 1 Nummer 1 des Gesetzes über Ordnungswidrigkeiten ist das Bundesamt für Familie und zivilgesellschaftliche Aufgaben.

(3) Die Ordnungswidrigkeit kann in den Fällen des Absatzes 1 Nummer 1 mit einer Geldbuße bis zu fünftausend Euro und in den Fällen des Absatzes 1 Nummer 2 mit einer Geldbuße bis zu tausend Euro geahndet werden.

(4) [1] Die Geldbußen fließen in die Kasse des Bundesamtes für Familie und zivilgesellschaftliche Aufgaben. [2] Diese trägt abweichend von § 105 Absatz 2 des Gesetzes über Ordnungswidrigkeiten die notwendigen Auslagen. [3] Sie ist auch ersatzpflichtig im Sinne des § 110 Absatz 4 des Gesetzes über Ordnungswidrigkeiten.

§ 13 Aufbringung der Mittel

Die für die Ausführung dieses Gesetzes erforderlichen Mittel trägt der Bund.

§ 14 Beirat

(1) Das Bundesministerium für Familie, Senioren, Frauen und Jugend setzt einen unabhängigen Beirat für die Vereinbarkeit von Pflege und Beruf ein.

(2) [1] Der Beirat befasst sich mit Fragen zur Vereinbarkeit von Pflege und Beruf, er begleitet die Umsetzung der einschlägigen gesetzlichen Regelungen und berät über deren Auswirkungen. [2] Das Bundesministerium für Familie, Senioren, Frauen und Jugend kann dem Beirat Themenstellungen zur Beratung vorgeben.

(3) Der Beirat legt dem Bundesministerium für Familie, Senioren, Frauen und Jugend alle vier Jahre, erstmals zum 1. Juni 2019, einen Bericht vor und kann hierin Handlungsempfehlungen aussprechen.

(4) [1] Der Beirat besteht aus einundzwanzig Mitgliedern, die vom Bundesministerium für Familie, Senioren, Frauen und Jugend im Einvernehmen mit dem Bundesministerium für Arbeit und Soziales und dem Bundesministerium für Gesundheit berufen werden. [2] Stellvertretung ist zulässig. [3] Die oder der Vorsitzende und die oder der stellvertretende Vorsitzende werden vom Bundesministerium für Familie, Senioren, Frauen und Jugend ernannt. [4] Der Beirat setzt sich zusammen aus sechs Vertreterinnen oder Vertretern von fachlich betroffenen Interessenverbänden, je zwei Vertreterinnen oder Vertretern der Gewerkschaften, der Arbeitgeber, der Wohlfahrtsverbände

und der Seniorenorganisationen sowie aus je einer Vertreterin oder einem Vertreter der sozialen und der privaten Pflege-Pflichtversicherung. [5]Des Weiteren gehören dem Beirat zwei Wissenschaftlerinnen oder Wissenschaftler mit Schwerpunkt in der Forschung der Vereinbarkeit von Pflege und Beruf sowie je eine Vertreterin oder ein Vertreter der Konferenz der Ministerinnen und Minister, Senatorinnen und Senatoren für Jugend und Familie, der Konferenz der Ministerinnen und Minister, Senatorinnen und Senatoren für Arbeit und Soziales sowie der kommunalen Spitzenverbände an. [6]Die Besetzung des Beirats muss geschlechterparitätisch erfolgen.

(5) [1]Die Amtszeit der Mitglieder des Beirats und ihrer Stellvertreterinnen oder Stellvertreter beträgt fünf Jahre und kann einmalig um fünf Jahre verlängert werden. [2]Scheidet ein Mitglied oder dessen Stellvertreterin oder Stellvertreter vorzeitig aus, wird für den Rest der Amtszeit eine Nachfolgerin oder ein Nachfolger berufen.

(6) [1]Die Mitglieder des Beirats sind ehrenamtlich tätig. [2]Sie haben Anspruch auf Erstattung ihrer notwendigen Auslagen.

(7) Der Beirat arbeitet auf der Grundlage einer durch das Bundesministerium für Familie, Senioren, Frauen und Jugend zu erlassenden Geschäftsordnung.

§ 15 Übergangsvorschrift

Die Vorschriften des Familienpflegezeitgesetzes in der Fassung vom 6. Dezember 2011 gelten in den Fällen fort, in denen die Voraussetzungen für die Gewährung eines Darlehens nach § 3 Absatz 1 in Verbindung mit § 12 Absatz 1 Satz 1 bis einschließlich 31. Dezember 2014 vorlagen.

1 **1. Gesetzeszweck und Gesetzesgeschichte.** Das FPfZG ist als Art. 1 des G zur Vereinbarkeit von Pflege und Beruf v. 6.12.2011 (BGBl. I S. 2564) am 1.1.2012 in Kraft getreten. Es ist durch Art. 1 des G zur besseren Vereinbarkeit von Familie, Pflege und Beruf v. 23.12.2014 mWv. 1.1.2015 grdl. geänd. worden (BGBl. I S. 2462). Das FPfZG will die Pflege von nahen Angehörigen für Berufstätige durch die Einf. einer **FPZ** erleichtern (§ 1; BT-Drs. 17/6000 S. 1; BT-Drs. 17/7387 S. 1). Damit sollen ua. vor dem Hintergrund der demographischen Entwicklung **drei Bedürfnisse** gedeckt werden: das Bedürfnis kranker und älterer Menschen, solange wie mögl. **zu Hause** in der Familie zu bleiben, das Bedürfnis von Angehörigen, ihren nächsten Verwandten einen **würdigen Lebensabend** zu schenken, und das Bedürfnis pflegender Angehöriger, **berufstätig** zu bleiben (BT-Drs. 17/6000 S. 12). Der schon im ersten Gesetzgebungsverf. angestrebte **Anspruch** auf FPZ konnte sich zunächst nicht durchsetzen und wurde zugunsten einer Vereinbarungslösung aufgegeben (*Novara* AuA 2012, 27 f.; *Schmitz-Witte* AuA 2012, 275; krit. *Glatzel* NJW 2012, 1175, 1179; *Krause* AiB 2013, 54, 58; *Liebscher/Kühler* ArbR 2012, 392, 395). § 2 I 1 sieht seit 1.1.2015 einen Anspruch auf FPZ vor. Er wird als Kern der Reform betrachtet (*Haarke* NJW-Spezial 2015, 50; *Karb* ZTR 2015, 427; *Thüsing/Pötters* 2015, 181, 182). Die Begr. der GNovelle nimmt an, anges. von rd. 2,63 Mio. pflegebedürftigen und ca. 1,85 Mio. ambulant versorgten Menschen, von denen etwa zwei Drittel ausschl. durch Angehörige versorgt würden, bestehe gesetzgeberischer Handlungsbedarf, die Vereinbarkeit von Pflege und Erwerbstätigkeit zu verbessern (BT-Drs. 18/3124 S. 1, 26; zum UrsprungsG BT-Drs. 17/6000 S. 1; BT-Drs. 17/7387 S. 1; s. auch Thüsing JM 2017, 242, 245). Durch die GNeufassung soll die Position der Beschäftigten nach einer Evaluierung des FPfZG gestärkt werden, weil die Inanspruchnahme von PZ und FPZ trotz des hohen Bedarfs an zeitl. Flexibilisierung hinter den Erwartungen zurückgeblieben sei (BT-Drs. 18/3124 S. 27, 35). Dieser Befund trifft zu. Auf eine Kleine Anfrage der Fraktion Bündnis 90/Die Grünen (BT-Drs. 17/12166) hatte die BReg. mitgeteilt, seit 1.1.2012 bis 28.1.2013 hätten 147 Beschäftigte eine FPZVers. abgeschlossen (BT-Drs. 17/12330). Das FPfZG aF wurde in durchschnittl. 135 Fällen jährl. genutzt (BT-Drs. 18/3124 S. 30). Aufgrund einer weiteren Kleinen Anfrage von Bündnis 90/Die Grünen (BT-Drs. 18/8854) ließ das BMFSFJ eine bevölkerungsrepräsentative Stichprobe von 50 000 Personen erheben, um zu klären, wie viele Bürger PZ und FPZ in Anspruch nehmen (BT-Drs. 118/9111). Durch das G zur besseren Vereinbarkeit von Familie, Pflege und Beruf v. 23.12.2014 wurden das PflegeZG und das FPfZG gemeinsam weiterentwickelt und aufeinander abgestimmt (BT-Drs. 18/3124 S. 1, 27). Neben dem Anspruch auf FPZ ist für das FPfZG außerhalb der arbeitsrechtl. Regelungen va. hervorzuheben, dass die bisherige **Förderstruktur** aufgegeben wurde (*Herion* ZTR 2015, 193). Dem AG wird nicht mehr im Gegenzug für die Entgeltaufstockung über Wertguthaben und die Absicherung dieser Entgeltaufstockung durch eine FPZVers. ein Bundesdarlehen des Bundesamts für Familie und zivilgesellschaftl. Aufgaben (BAFzA) gewährt (vgl. dazu die 15. Aufl. Rn. 1). Das BAFzA vergibt nun auf Antrag ein zinsloses, in mtl. Raten zu zahlendes Darlehen unmittelbar an die beschäftigte Pflegeperson für die Dauer der Freistellungen nach § 2 FPfZG oder § 3 PflegeZG (§ 3 I 1, §§ 3 bis 12; s. iE BT-Drs. 18/3124 S. 29, 35 ff.; *Brose* NZS 2017, 361, 366; *Karb* ZTR 2015, 427; *dies.* öAT 2016, 248, 250). Beschäftigte und AG können aber auch noch nach dem 1.1.2015 eine Aufstockung des Arbeitsentgelts über Wertguthaben vereinbaren (BT-Drs. 18/3124 S. 38). Das Darlehen deckt höchstens die Hälfte der mtl. Nettoentgeltdifferenz während der FPZ ab (iE § 3). Entfällt der Vergütungsanspruch bei PZ vollständig, ist das Darlehen auf den Betrag begrenzt,

der bei einer wöchentl. verbleibenden AZ von 15 Stunden zu leisten wäre (§ 3 IV). Es kann rückwirkend für bis zu drei Monate beantragt werden (*Oberthür* ArbRB 2015, 49, 50 f.; zu den Rückzahlungsmodalitäten § 6, zu Härtefällen § 7). Das Darlehen kann auch in Anspruch genommen werden, wenn die (F)PZ auf einer freiwilligen Vereinb. zB in einem Kleinbetrieb beruht (*Oberthür* ArbRB 2015, 49, 51). Nach der **Übergangsvorschr. des § 15** werden bisherige, bis zum 31.12.2014 getroffene FPZVereinb. und ihre Förderung fortgeführt. Die betroffenen Beschäftigten können seit dem 1.1.2015 aber auch ihr Recht auf FPZ ausüben (§ 2 III FPfZG iVm. § 8 PflegeZG; BT-Drs. 18/3124 S. 45; *Herion* ZTR 2015, 193).

2. Gesetzliche Systematik. In § 1 ist das GZiel der verbesserten Möglichkeiten zur Vereinbarkeit von Beruf und familiärer Pflege wiedergegeben. Die **arbeitsrechtl. Bestimmungen** finden sich in §§ 2 und 2a. Die folgenden Erl. beschränken sich auf die Probleme des **arbeitsrechtl. Teils** des G (vgl. zu der bis 31.12.2014 geltenden Fassung des FPfZG die 15. Aufl.). 2

3. Anspruch auf Familienpflegezeit. § 2 I 1 begründet abw. von der bis zum 31.12.2014 geltenden Rechtslage einen **TZAnspruch** auf FPZ für die Höchstdauer von 24 Monaten. Um FPZ handelt es sich nach § 2 I 1, wenn Beschäftigte einen pflegebedürftigen nahen Angehörigen in häusl. Umgebung pflegen. Während der FPZ muss die verringerte AZ wöchentl. mind. **15 Stunden** betragen (§ 2 I 2). Die wöchentl. AZ darf bei unterschiedl. wöchentl. AZ im Durchschnitt eines Zeitraums von bis zu einem Jahr eine MindestAZ von 15 Stunden nicht unterschreiten (§ 2 I 3; dazu schon nach bisherigem Recht *Fey* ZMV 2011, 182; *Lehmann* BB 2011, 757). Die Untergrenze von 15 Stunden entspricht der Untergrenze in der ElternTZ nach § 15 VII Nr. 3 BEEG (BEEG § 15 Rn. 10 ff.). Sie soll dazu beitragen, dass pflegende Beschäftigte ihre berufl. Fähigkeiten erhalten und weiterentwickeln (BT-Drs. 17/6000 S. 15). Eine Höchstgrenze sieht das FPfZG anders als § 15 IV 1 BEEG nicht vor (*Sievers* jM 2015, 160, 163). Der Anspruch besteht nach § 2 I 4 nicht ggü. AG mit idR 25 oder weniger Beschäftigten ausschl. der zu ihrer Berufsbildung Beschäftigten (vgl. zu dem für die PZ niedrigeren **Schwellenwert** von 15 Beschäftigten *Karb* öAT 2016, 248, 250; PflegeZG § 3 Rn. 1). Zu berücksichtigen sind nicht nur AN, sondern alle Beschäftigten iSv. § 7 I PflegeZG (§ 2 III). Zu ihnen gehören neben AN arbeitnehmerähnl. Personen einschl. der in Heimarbeit Beschäftigten und der ihnen Gleichgestellten. Anders als § 3 I PflegeZG bezieht § 2 I 4 die zu ihrer Berufsbildung Beschäftigten – ebenso wie § 15 VII 1 Nr. 1 BEEG und § 8 VII TzBfG – nicht in die Berechnung des Schwellenwerts ein (*Sievers* jM 2015, 160, 163; vgl. iÜ zu der Berechnung des Schwellenwerts nach Köpfen und der Darlegungs- und Beweislast für ihn PflegeZG § 3 Rn. 1). Der signifikanteste Unterschied zwischen der PflegeTZ nach § 3 IV PflegeZG (PflegeZG § 3 Rn. 4) und der FPZ nach § 2 I 1 ist die unterschiedl. **Dauer der AZVerringerung.** Während § 4 I 1 PflegeZG eine Höchstdauer von sechs Monaten für jeden pflegebedürftigen nahen Angehörigen vorsieht, lässt § 2 I 1 FPfZG eine FPZ von 24 Monaten zu. Der Gesetzgeber hat für die PflegeTZ nach § 3 IV PflegeZG und die Ausgestaltung der FPZ nach § 2 I, § 2a II FPfZG trotz des Anspruchs auf FPZ übereinstimmend eine **Vereinbarungslösung** gewählt. Andere ges., einzel- oder kollektivvertragl. Regelungen (BT-Drs. 17/6000 S. 18) zur **Freistellung von der Arbeitsleistung** oder **Verringerung der AZ** bleiben unberührt. Das gilt insb. für Freistellungen oder AZVerringerungen nach § 3 PflegeZG, § 15 BEEG oder § 8 TzBfG. Das FPfZG verweist in § 2 III auf die in § 7 PflegeZG definierten Begriffe des **Beschäftigten,** des **AG,** des **nahen Angehörigen** und der **Pflegebedürftigkeit** (BT-Drs. 17/6000 S. 15; PflegeZG § 7; s. auch *Göttling/Neumann* NZA 2012, 119, 120; zu der Reform des Pflegebedürftigkeitsbegriffs PflegeZG § 2 Rn. 2). Mehrere Beschäftigte können auf der Grdl. des FPfZG denselben nahen Angehörigen pflegen. 3

a) Vereinbarungslösung. Der Gesetzgeber wählt mit § 2 I, § 2a I, II eine **Vereinbarungslösung,** die den Vereinbarungslösungen der PflegeTZ nach § 3 IV PflegeZG und – entfernter – der ElternTZ nach § 15 V 2, VII BEEG ähnelt (zu den Bestimmtheitsanforderungen zB BAG 15.12.2009 NZA 2010, 447; weiter gehend *Joussen* NZA 2009, 69, 72, der für das „Ob" der PflegeTZ ein Gestaltungsrecht und nur für ihre Ausgestaltung eine sog. Vereinbarungspflicht annimmt). Vollzeitbeschäftigte oder TZBeschäftigte können ihre AZ in der FPZ nicht durch einseitige Erkl. verringern. Ihnen kommt anders als für die unvergütete PZ **kein einseitiges Gestaltungsrecht** zu (vgl. für die PZ BAG 15.11.2011 NZA 2012, 323; 5.5.2015 – 1 AZR 826/13; *Karb* öAT 2016, 248, 250). Das gilt auch für die ElternTZ und die PflegeTZ (BEEG § 15 Rn. 13; PflegeZG § 3 Rn. 4). Der AG und der Beschäftigte haben eine schriftl. Vereinb. (§ 126 II, III, IV, § 126a BGB) über die Verringerung und die Verteilung der AZ zu treffen (§ 2a II). Textform iSv. § 126b BGB reicht nicht aus (näher PflegeZG § 3 Rn. 4). Ohne die Vereinb. oder die nach § 894 S. 1 ZPO rkr. fingierte Abgabe der Annahmeerkl. des AG beginnt die FPZ nicht (*Müller* BB 2014, 3125). Der Beschäftigte kann eine einstweilige Vfg. entspr. § 940 ZPO beantragen, wenn er auf die TZBeschäftigung dringend angewiesen ist (LAG HM 28.12.2016 NZA-RR 2017, 176; krit *Fleddermann* ArbR 2017, 148). Der AG muss dem Verringerungs- und Neuverteilungswunsch des Beschäftigten entsprechen, wenn ihm keine dringenden betriebl. Gründe entgegenstehen (§ 2a II 2). Diese Ausnahme muss der AG darlegen und beweisen (*Sasse* DB 2015, 310, 312; zum Gewicht der Ablehnungsgründe PflegeZG § 3 Rn. 4; zu der Rechtslage bis 31.12.2014 die 15. Aufl. Rn. 4 ff.). 4

5 **b) Ankündigung.** Der Beschäftigte muss dem AG spätestens **acht Wochen** vor dem gewünschten Beginn schriftl. ankündigen, dass er FPZ beanspruchen will. Zugleich muss er erklären, für welchen Zeitraum und in welchem Umf. innerhalb der zweijährigen Höchstdauer des § 2 II er die Freistellung von der Arbeitsleistung in Anspruch nehmen will (§ 2a I 1). Dabei ist auch die gewünschte Verteilung der AZ anzugeben (§ 2a I 2). Der Beginn der FPZ verschiebt sich ledigl., wenn der Beschäftigte die Ankündigungsfrist versäumt (PflegeZG § 3 Rn. 2; *Karb* ZTR 2015, 427; *Müller* BB 2014, 3125, 3127). Der Zugang der Ankündigung ist ein Ereignis iSv. § 187 I BGB. Der Tag des Zugangs wird daher nicht mitgerechnet. Die Erkl. gilt iZw. als Ankündigung von PZ, wenn die Ankündigung unklar ist und die Voraussetzungen einer PZ und einer FPZ erfüllt sind (§ 2a I 3). Die Auslegungsregel beruht auf dem Gedanken, dass Beschäftigten die Möglichkeit bleibt, an die zunächst genommene PZ FPZ in der Gesamtdauer beider Rechtsausübungen von 24 Monaten anzuschließen. Haben Beschäftigte ihren Anspruch auf FPZ dagegen bereits mit einer kurzen Freistellungsphase „ausgeschöpft", dh. ihn nur in diesem Umf. ausgeübt, haben sie danach nur noch das auf sechs Monate begrenzte Recht auf PZ (BT-Drs. 18/3124 S. 37).

6 **4. Kombination von Familienpflegezeit und Pflegezeit.** Nach einer Freistellung iSv. § 3 I oder V PflegeZG muss sich eine FPZ oder eine Freistellung nach § 2 V **unmittelbar** – ohne Unterbrechung (BT-Drs. 18/3124 S. 37) – an die Pflegezeit anschließen, wenn derselbe nahe Angehörige gepflegt oder betreut werden soll (§ 2a I 4, VI; *Müller* BB 2014, 3125, 3127; *Sasse* DB 2015, 310, 312). In diesem Fall soll der Beschäftigte möglichst frühzeitig erklären, ob er FPZ oder eine Freistellung nach § 2 V in Anspruch nehmen will (§ 2a I 5, VI). Abw. von § 2a I 1 muss die Ankündigung aus Gründen der Planungssicherheit spätestens **drei Monate** vor Beginn der FPZ erfolgen (§ 2a I 5 aE, VI). Schließt umgekehrt eine PZ an eine FPZ oder eine Freistellung nach § 2 V an, beläuft sich die Frist zur schriftl. Ankündigung nicht auf zehn Tage nach § 3 III 1 PflegeZG, sondern auf **acht Wochen** (§ 2a I 6, VI; krit. zu den unterschiedl. Ankündigungsfristen *Karb* ZTR 2015, 427). Wird das Recht auf PZ nicht zu Beginn einer unvorhergesehenen, kurzfristig aufgetretenen Pflegesituation ausgeübt, sondern aus einer vorangehenden FPZ heraus, ist die kurze Ankündigungsfrist von zehn Tagen nach § 3 III 1 PflegeZG nicht nötig. Dem Beschäftigten kann eine längerfristige zeitl. Disposition bereits mind. acht Wochen vor Beginn der PZ abverlangt werden (BT-Drs. 18/3124 S. 37 f.). Unterschreitet der Beschäftigte die Mindestankündigungsfrist des jeweiligen Freistellungsrechts oder -anspruchs, besteht das Recht oder der Anspruch nicht länger, weil die kombinierten Freistellungsrechte und -ansprüche unmittelbar aufeinanderfolgen müssen (*Müller* BB 2014, 3125, 3126; *v. Steinau-Steinrück/Reiter* NJW-Spezial 2015, 242, 243). In den Zeitraum von 24 Monaten kann auch eine Sterbebegleitung nach § 3 VI 1 PflegeZG fallen (PflegeZG § 3 Rn. 6; *Müller* BB 2014, 3125, 3129).

7 **5. Verlängerung der Familienpflegezeit.** FPZ, die für einen kürzeren Zeitraum als 24 Monate in Anspruch genommen wird, kann bis zu zwei Jahren (§ 2 II) verlängert werden, wenn der AG mit formfreier und nicht fristgebundener Erkl. zustimmt (§ 2a III 1; für die PZ näher BAG 15.11.2011 NZA 2012, 323; *Müller* BB 2008, 1058, 1062; *ders.* BB 2010, 705, 706 f.; ähnl. *Kossens* WzS 2009, 34, 37; *Weinbrenner* AiB 2013, 468, 469 f.). Der AG ist in seiner Entsch. über die Verlängerung frei (*Müller* BB 2014, 3125, 3129). Es handelt sich nicht um die Ausübung eines Leistungsbestimmungsrechts iSv. § 315 BGB. Ein auf Ausübung billigen Ermessens beschränkter Kontrahierungszwang lässt sich Wortlaut, Zusammenhang und Zweck des G nicht entnehmen (ebenso für die PZ *Freihube/Sasse* DB 2008, 1320, 1322; **aA** für die PZ *Schwerdle* ZTR 2007, 655, 659). Ohne Zust. des AG kann die Verlängerung ausnahmsweise verlangt werden, wenn ein vorgesehener Wechsel in der Person der oder des Pflegenden aus einem **wichtigen Grund** nicht erfolgen kann (§ 2a III 2). Diese Regelung ist § 4 I 3 PflegeZG und § 16 III 4 BEEG nachgebildet. Zur Bestimmung des Begriffs des wichtigen Grundes kann auf die für die EZ und die PZ entwickelten Grds. zurückgegriffen werden (BT-Drs. 18/3124 S. 38; BEEG § 16 Rn. 11; PflegeZG § 4 Rn. 1). In der GBegr. des PflegeZG ist beispielhaft ausgeführt, dass ein wichtiger Grund vorliegt, wenn die Person, die die Pflege des nahen Angehörigen übernehmen sollte, selbst schwer erkrankt (BR-Drs. 718/07 S. 222).

8 **6. Nachweis der Pflegebedürftigkeit.** Der GWortlaut des § 2a IV ist ohne inhaltl. Unterschied § 3 II PflegeZG nachgebildet. Er lässt nicht erkennen, wann die Bescheinigung der Pflegekasse, des MDK oder der privaten Pflegevers. über die Pflegebedürftigkeit des nahen Angehörigen vorzulegen ist. Der GBegr. des urspr. PflegeZG lässt sich entnehmen, dass die Bescheinigung weder bei Zugang der Ankündigung noch bei Antritt der PZ vorliegen muss. Sie verweist nur darauf, dass nach Ankündigung der PZ spätestens innerhalb von zwei Wochen nach Eingang des Antrags eine Begutachtung nach § 18 III 3 Nr. 2, 5 SGB XI durch den MDK durchzuführen ist. Entsprechendes gilt für die FPZ (§ 18 III 3 Nr. 3 SGB XI). Der Antragsteller ist unverzügl. schriftl. über die Empfehlung des MDK für die Pflegekasse zu informieren. Die BReg. geht davon aus, dass diese Verfahrensweise auch bei privat Pflegeversicherten praktiziert wird (BT-Drs. 16/7439 S. 92). Aus den GMat. des PflegeZG lässt sich schließen, dass es für das Recht auf PZ unschädl. ist, wenn die Nachweispflicht erst nach Beginn der PZ erfüllt wird (PflegeZG § 3 Rn. 3; für die PZ und die FPZ § 18 III 5 SGB XI; ähnl. *Müller* BB 2008, 1058, 1063; *Nielebock* AiB 2008, 363, 363; *Preis/Nehring* NZA 2008, 729, 733; KR/*Treber* §§ 1

bis 8 PflegeZG Rn. 40). Die Ankündigung ist also keine Wirksamkeitsvoraussetzung der PZ und der FPZ (*Novara* DB 2010, 503, 504). Die Verletzung der Nachweispflicht kann unter den Voraussetzungen des § 280 I BGB aber einen Schadensersatzanspruch des AG und kündigungsrechtl. Konsequenzen begründen.

7. Vorzeitiges Ende der Familienpflegezeit. Die FPZ endet kraft G vorzeitig vier Wochen nach 9
Eintritt der veränderten Umstände, wenn der nahe Angehörige nicht mehr pflegebedürftig oder seine häusl. Pflege **unmögl. oder unzumutbar** ist (§ 2a V 1). Die GBegr. des PflegeZG, an das § 2a V angepasst ist, nennt für die Unmöglichkeit der häusl. Pflege beispielhaft die Aufnahme des nahen Angehörigen in eine stationäre Pflegeeinrichtung oder seinen Tod (BR-Drs. 718/07 S. 223). Unmögl. ist die häusl. Pflege auch, wenn die obj. Pflegefähigkeit entfällt, der Pflegende zB selbst schwer erkrankt (*Müller* BB 2008, 1058, 1062). Akzeptiert der Pflegebedürftige die Pflegeperson nicht mehr, entfällt die subj. Pflegefähigkeit. Die weitere häusl. Pflege ist jdf. unzumutbar. Der Beschäftigte ist darlegungs- und beweispflichtig für die Voraussetzungen der vorzeitigen Beendigung der FPZ. Die Vierwochenfrist berechnet sich nach § 187 I, § 188 II Alt. 1 BGB. Stirbt der Pflegebedürftige am Freitag, 6.10.2017, endet die Frist am Freitag, 3.11.2017, 24:00 Uhr. Die FPZ endet auch vorzeitig nach § 2a V 1, wenn der Beschäftigte die Unterrichtungspflicht des § 2a V 2 nicht (formfrei) erfüllt. Neben kündigungsrechtl. Konsequenzen kommt aber unter den Voraussetzungen des § 280 I BGB ein Schadensersatzanspruch in Betracht (iE PflegeZG § 4 Rn. 2). Sonst kann die FPZ nur vorzeitig beendet werden, wenn der AG zustimmt (§ 2a V 3).

8. Entsprechend anwendbares Pflegezeitrecht. Nach § 2 III gelten die Regelungen des Kündi- 10
gungsschutzes und der befristeten Verträge in §§ 5 und 6 PflegeZG sowie die Begriffsbestimmung des § 7 PflegeZG und die zwgd. Wirkung des G zugunsten der Beschäftigten in § 8 PflegeZG entspr. (PflegeZG §§ 5 bis 8). Mit Blick auf den **Sonderkündigungsschutz** ist damit eine frühere Kontroverse bereinigt. § 9 III 1 FPfZG aF bestimmte, dass der AG das BeschVerh. in der Pflege- und Nachpflegephase nicht kündigen durfte (dazu *Glatzel* NJW 2012, 1175, 1178). Ein Teil des Schrifttums nahm an, dass sich der Sonderkündigungsschutz des § 9 III 1 FPfZG aF in seiner zeitl. Reichweite von dem bes. Kündigungsschutz des § 5 I PflegeZG aF unterschied. Während § 5 I PflegeZG aF den Sonderkündigungsschutz schon mit Ankündigung der kurzzeitigen Arbeitsverhinderung oder der PZ beginnen ließ, wirkte der bes. Kündigungsschutz des § 9 III 1 FPfZG aF nach dieser Auff. erst während der Inanspruchnahme der FPZ und der Nachpflegephase (näher FPfZG Rn. 15 der 15. Aufl. mwN). Nach geltendem Recht ist durch die Verweisung auf § 5 PflegeZG geklärt, dass der Sonderkündigungsschutz schon vor Beginn der FPZ mit **Zugang der schriftl. Ankündigung** nach § 2a I 1 beginnt. Das Kündigungsverbot besteht nur, wenn im Zpkt. des Zugangs der Kündigung alle Voraussetzungen für die FPZ erfüllt sind (zu § 18 BEEG BAG 12.5.2011 NZA 2012, 208; 10.5.2016 NZA 2016, 1137; zu den Voraussetzungen der PZ BAG 15.1.2011 NZA 2012, 323). Das Kündigungsverbot wirkt deshalb frühestens mit Zugang der Ankündigung, auch wenn dieser Zpkt. die Acht-Wochen-Frist des § 2a I 1 unterschreitet. Die Vorwirkung des bes. Kündigungsschutzes ist begrenzt. Er beginnt nach § 5 I PflegeZG nF höchstens **zwölf Wochen** vor dem angekündigten Beginn der Freistellung (PflegeZG § 5 Rn. 2; *Oberthür* ArbRB 2015, 49, 50).

9. Berufsbildungszeiten. Die FPZ wird nach § 2 IV nicht auf Berufsbildungszeiten angerechnet. Die 11
Regelung entspricht § 4 I 5 PflegeZG. Dh., dass sich das Berufsausbildungsverhältnis um die Dauer der PZ verlängert, wenn im Ausbildungsvertrag eine bestimmte Ausbildungszeit vorgesehen ist (*Müller* BB 2014, 3125, 3130; für die PZ *Berger-Delhey* ZTR 2009, 128, 129; krit. *Düwell* FA 2008, 108, 110).

10. Minderjährige pflegebedürftige nahe Angehörige. Beschäftigte sind nach § 2 V 1 von der 12
Arbeitsleistung für längstens 24 Monate tw. freizustellen, wenn sie einen minderjährigen pflegebedürftigen nahen Angehörigen in häusl. oder außerhäusl. Umgebung betreuen (sog. Minderjährigenbetreuung; *Müller* BB 2014, 3125, 3129, 3131). Der Freistellungsanspruch geht weiter als der aus § 2 I 1, weil er auch die Pflege in **außerhäusl. Umgebung** erfasst. Hinzu kommt, dass der Anspruchsteller den minderjährigen pflegebedürftigen nahen Angehörigen nach § 2 V 1 abw. von § 2 I 1 nicht pflegen, sondern nur **betreuen** muss (*Herion* ZTR 2015, 193; *v. Steinau-Steinrück/Reiter* NJW-Spezial 2015, 242). Der Freistellungsanspruch aus § 2 V 1 kann innerhalb der zweijährigen Gesamtdauer jederzeit (und mehrfach) im Wechsel mit dem Anspruch aus § 2 I 1 oder an seiner Stelle in Anspruch genommen werden (§ 2 V 2, 4). Er ist wie der Anspruch aus § 2 I 1 auf die Höchstdauer von 24 Monaten begrenzt (§ 2 V 2). Für den bes. Freistellungsanspruch aus § 2 V 1 gelten § 2 I 2 bis 4, II bis IV sowie § 2a I bis V entspr. (§ 2 V 3, § 2a VI).

310. Gesetz über genetische Untersuchungen bei Menschen (Gendiagnostikgesetz – GenDG)

Vom 31. Juli 2009 (BGBl. I S. 2529, ber. S. 3672)

Zul. geänd. durch Gesetz vom 4. November 2016 (BGBl. I S. 2460)

(FNA 2121-63)

– Auszug –

Abschnitt 1. Allgemeine Vorschriften

§ 1 Zweck des Gesetzes

Zweck dieses Gesetzes ist es, die Voraussetzungen für genetische Untersuchungen und im Rahmen genetischer Untersuchungen durchgeführte genetische Analysen sowie die Verwendung genetischer Proben und Daten zu bestimmen und eine Benachteiligung auf Grund genetischer Eigenschaften zu verhindern, um insbesondere die staatliche Verpflichtung zur Achtung und zum Schutz der Würde des Menschen und des Rechts auf informationelle Selbstbestimmung zu wahren.

1 Das GenDG wurde vom Dt. BT am 24.4.2009 verabschiedet in Annahme des von der BReg. eingebrachten GE auf BT-Drs. 16/10532 idF des Buchst. a der Beschlussempfehlung auf Drs. 16/12713. Es wurde am 4.8.2009 verkündet und trat bzgl. der einschlägigen §§ 19 bis 22 am 1.2.2010 in Kraft (BGBl. I S. 2529). **Zweck** des G ist es nach dessen § 1, Voraussetzungen für genetische Untersuchungen und genetische Analysen sowie für die Verwendung genetischer Proben und Daten zu schaffen und Benachteiligungen aufgrund genetischer Eigenschaften zu verhindern. Der Anwendungsbereich bezieht sich auf „geborene Menschen", Embryonen und Föten, § 2. Sondervorschr. für ArbVerh. und für ör. Dienstverhältnisse enthalten die §§ 19 bis 22 (zum Entw. *Wiese* BB 2005, 2073 ff.; zur Entstehungsgeschichte *Genenger* NJW 2010, 113; *Wiese* BB 2009, 2198 Fn. 1).

2 Die durch genetische Untersuchungen gewonnenen Inf. zeichnen sich dadurch aus, dass sie über längere Zeit Bedeutung haben können und mehr preisgeben als andere Untersuchungen. Sie bergen das **Risiko** sozialer, ethnischer und eugenischer Diskriminierung. Erg. zu dem GenDG mit seinen bereichsspezifischen Lösungen für medizinische Versorgung, Vers. und Arbeitsleben sind das BDSG (Nr. 160) und die LDSG anwendbar. Einschlägig ist ferner das allg. Persönlichkeitsrecht, das ein „Recht auf Nichtwissen der eigenen genetischen Veranlagung" umfasst (BGH 20.5.2014 NJW 2014, 2190 Rn. 14). Die Gesetzgebungskompetenz des Bundes folgt aus Art. 74 I Nr. 12 und Art. 73 I Nr. 8 GG.

§ 3 Begriffsbestimmungen

Im Sinne dieses Gesetzes

1. ist genetische Untersuchung eine auf den Untersuchungszweck gerichtete
a) genetische Analyse zur Feststellung genetischer Eigenschaften oder
b) vorgeburtliche Risikoabklärung
einschließlich der Beurteilung der jeweiligen Ergebnisse,

2. ist genetische Analyse eine auf die Feststellung genetischer Eigenschaften gerichtete Analyse
a) der Zahl und der Struktur der Chromosomen (zytogenetische Analyse),
b) der molekularen Struktur der Desoxyribonukleinsäure oder der Ribonukleinsäure (molekulargenetische Analyse) oder
c) der Produkte der Nukleinsäuren (Genproduktanalyse),

...

4. sind genetische Eigenschaften ererbte oder während der Befruchtung oder bis zur Geburt erworbene, vom Menschen stammende Erbinformationen,

...

7. ist eine diagnostische genetische Untersuchung eine genetische Untersuchung mit dem Ziel
a) der Abklärung einer bereits bestehenden Erkrankung oder gesundheitlichen Störung,
b) der Abklärung, ob genetische Eigenschaften vorliegen, die zusammen mit der Einwirkung bestimmter äußerer Faktoren oder Fremdstoffe eine Erkrankung oder gesundheitliche Störung auslösen können,

c) der Abklärung, ob genetische Eigenschaften vorliegen, die die Wirkung eines Arzneimittels beeinflussen können, oder

d) der Abklärung, ob genetische Eigenschaften vorliegen, die den Eintritt einer möglichen Erkrankung oder gesundheitlichen Störung ganz oder teilweise verhindern können,

...

12. sind Beschäftigte

a) Arbeitnehmerinnen und Arbeitnehmer,

b) die zu ihrer Berufsbildung Beschäftigten,

c) Teilnehmer an Leistungen zur Teilhabe am Arbeitsleben sowie an Abklärungen der beruflichen Eignung oder Arbeitserprobung (Rehabilitanden),

d) die in anerkannten Werkstätten für behinderte Menschen Beschäftigten,

e) Personen, die nach dem Jugendfreiwilligendienstegesetz beschäftigt werden,

f) Personen, die wegen ihrer wirtschaftlichen Unselbstständigkeit als arbeitnehmerähnliche Personen anzusehen sind; zu diesen gehören auch die in Heimarbeit Beschäftigten und die ihnen Gleichgestellten,

g) Bewerberinnen und Bewerber für ein BeschVerh sowie Personen, deren BeschVerh beendet ist,

13. sind Arbeitgeber (Arbeitgeberinnen und Arbeitgeber) natürliche oder juristische Personen oder rechtsfähige Personengesellschaften, die Personen nach Nummer 12 beschäftigen, bei in Heimarbeit Beschäftigten und den ihnen Gleichgestellten die Auftraggeber oder Zwischenmeister oder bei Beschäftigten, die einem Dritten zur Arbeitsleistung überlassen werden, auch die Dritten.

§ 4 Benachteiligungsverbot

(1) Niemand darf wegen seiner oder der genetischen Eigenschaften einer genetisch verwandten Person, wegen der Vornahme oder Nichtvornahme einer genetischen Untersuchung oder Analyse bei sich oder einer genetisch verwandten Person oder wegen des Ergebnisses einer solchen Untersuchung oder Analyse benachteiligt werden.

(2) [1]Die Geltung von Benachteiligungsverboten oder Geboten der Gleichbehandlung nach anderen Vorschriften und Grundsätzen wird durch dieses Gesetz nicht berührt. [2]Dies gilt auch für öffentlich-rechtliche Vorschriften, die dem Schutz bestimmter Personengruppen dienen.

Abschnitt 5. Genetische Untersuchungen im Arbeitsleben

§ 19 Genetische Untersuchungen und Analysen vor und nach Begründung des Beschäftigungsverhältnisses

Der Arbeitgeber darf von Beschäftigten weder vor noch nach Begründung des Beschäftigungsverhältnisses

1. die Vornahme genetischer Untersuchungen oder Analysen verlangen oder

2. die Mitteilung von Ergebnissen bereits vorgenommener genetischer Untersuchungen oder Analysen verlangen, solche Ergebnisse entgegennehmen oder verwenden.

Anstelle des Begriffs des AN verwendet das G, wie in neueren G übl. (vgl. § 2 II ArbSchG, § 6 AGG), den umfassenderen Begriff des **„Beschäftigten"**. Einen allg. Rechtsbegriff des Beschäftigten gibt es nicht, sondern er wird im SozR (vgl. § 7 SGB IV) anders verwendet als im ArbR und im ArbR in jedem G anders definiert. Für das GenDG ergibt sich die Definition aus § 3 Nr. 12. 1

Die dort genannten Personen lassen sich in **mehrere Gruppen** aufteilen. 2

– Die bes. arbeitsrechtl. Vorschr. der §§ 19 bis 22 gelten für AN.
– Die zu ihrer Berufsbildung Beschäftigten sind nicht AN (vgl. § 10 II BBiG); sie werden aber hier wie in vielen G AN gleichgestellt und sind Beschäftigte iSd. G.
– Während normalerweise der Beschäftigtenstatus den Abschluss eines Arbeitsvertrages voraussetzt, genügt sowohl nach § 6 I 2 AGG als auch nach § 3 Nr. 12 lit. g) der Status des Bewerbers oder der Bewerberin. In diesen Fällen erfolgen Diskriminierungen vielfach bereits im Bewerbungsverfahren.
– Darüber hinaus erfasst der Beschäftigtenbegriff hier wie in einigen wenigen arbeitsrechtl. G auch Arbeitnehmerähnliche (§§ 12a TVG, 5 I 2 ArbGG, 2 S. 2 BUrlG, 6 I 1 Nr. 3 AGG). Bei ihnen handelt es sich um eine Untergruppe der Selbständigen (s. iE TVG § 12a Rn. 4 ff.).
– Ungewöhnl. ist die Einbeziehung der in c), d) und e) Genannten in die Gruppe der Beschäftigten. Hier werden diejenigen genannt, die nach dem SGB IX eine arbeitnehmerähnl. Stellung haben.

Der **AGBegriff** wird in § 3 Nr. 13 legaldefiniert. Nach der auch sonst übl. Definition ist AG jeder, der mind. einen AN beschäftigt. Wenn in Nr. 13 der Plural verwandt wird („Personen nach Nr. 12"), 3 ist damit nichts Abweichendes gemeint. Da die in Heimarbeit Beschäftigten und die ihnen Gleichgestellten gem. § 3 Nr. 12 lit. f) als Beschäftigte definiert werden, erklärt Nr. 13 auch deren Auftraggeber, Zwischenmeister und auch Dritte zu AG iSd. G. Obwohl zwischen Entleiher und LeihAN kein ArbVerh. besteht (s. AÜG Einl. Rn. 23), sind Entleiher nach dem GenDG ebenfalls AG.

4 Zentrale Vorschr. der §§ 19 bis 22 ist § 21, ein **Benachteiligungsverbot** in Konkretisierung von § 4 I. § 19 erklärt bestimmte Anforderungen durch den AG für unzulässig. Es handelt sich um ein absolutes Verbot ohne Erlaubnisvorbehalt für das ArbR. Damit der AG das Verbot nicht umgehen kann, ist auch eine Mitt. bereits erfolgter Analysen untersagt. Sollte ein AN von sich aus oder auf Veranlassung des AG eine Genanalyse durchgeführt haben, so ist es dem AG auch untersagt, die Untersuchungsergebnisse entgegen zu nehmen (vgl. *Wiese* BB 2009, 2198, 2203). Der Wortlaut des § 19 erfasst die Entgegennahme von Testergebnissen von Dritten durch den AG nicht (*Fischinger* NZA 2010, 67; **aA** Kern/*Schwarz* Rn. 45), unterliegt aber den strengen Voraussetzungen des § 28 VI BDSG. Nach allg. Voraussetzungen bisher zulässige ärztl. Untersuchungen bleiben auch weiterhin zulässig (Amtl. Begr. BT-Drs. 16/10532 S. 37), ebenso auf konventionellem Wege erlangte Inf. (*Bayreuther* NZA 2010, 681). Auch bereits vor Erlass des G erlangte Untersuchungsergebnisse dürfen nicht (mehr) verwendet werden (*Fischinger* NZA 2010, 67). Der Ausdruck „Verwenden" darf nicht in dem weiten Sinne des § 3 V BDSG verstanden werden (so aber *Wiese* BB 2009, 2198, 2204); wegen der Qualifizierung als Straftat nach § 25 I Nr. 5 ist vielmehr ein unmittelbarer Nachteil für den Beschäftigten erforderl. (*Fischinger* NZA 2010, 67 f.). Eine Einwilligung des Beschäftigten ist bedeutungslos (*Fischinger* NZA 2010, 68; *Genenger* AuR 2009, 285, 288).

5 Das generelle Verbot wird durch das spezielle Verbot des **§ 20** verdrängt, das einen Erlaubnisvorbehalt in Abs. 2 und 3 enthält. Nach § 19 sind genetische Untersuchungen und Analysen **grds. unzulässig.** Das wird in § 20 I auch für den Fall wiederholt, dass die genetischen Untersuchungen und Analysen im Rahmen arbeitsmedizinischer Vorsorgeuntersuchungen stattfinden. Erfasst werden auch isolierte Analysen, die nicht Teil einer genetischen Untersuchung sind. Andererseits müssen **Ausnahmen** zulässig sein. Nach geltendem Recht kann der AG vom Bewerber verlangen, dass er sich einer ärztl. Untersuchung unterzieht – allerdings nur dann, wenn diese zur Beurteilung der gesundheitl. Eignung für die vorgesehene Tätigkeit erforderl. ist, wenn sie mit ausdr. Einwilligung des Bewerbers und wenn sie durch einen fachkundigen Arzt erfolgt (vgl. BAG 7.6.1984 NZA 1984, 57; *Genenger* AuR 2009, 285). Ggü. diesen allg., nicht ges. fixierten Regeln enthält § 20 Sondervorschr. wegen der bes. Gefährdung durch gentechnische Untersuchungen. Diese erlauben nicht nur die Feststellung bestehender Erkrankungen, sondern auch eine **Prognose** über zukünftige Erkrankungen. Anges. der Unsicherheit dieser Prognose können sie keine sachgerechte Grdl. für die Personalentsch. sein. Die Gefahr genetischer Untersuchungen besteht auch darin, dass Eigenschaften ermittelt werden, die keinen Bezug zum Arbeitsplatz haben, aber den AG veranlassen, den Bewerber nicht einzustellen (*Wiese* BB 2009, 2198, 2200 f.). § 20 setzt als ungeschriebenes weiteres Merkmal voraus, dass eine Einwilligung vorliegt. § 20 regelt nur das „Wie" der Untersuchung, nicht das „Ob".

6 **Rechtsfolgen** nennt § 19 nicht. Soweit es um eine Anforderung des AG vor der **Begr. des BeschVerh.** geht, folgt aus §§ 19 und 21 I 2, dass eine Benachteiligung des Bewerbers aufgrund der Weigerung unzulässig ist (dazu *Wiese* BB 2009, 2198, 2206). Der AN kann daher dieses Ansinnen des AG zurückweisen. Anders als bei der Reaktion auf eine unzulässige Frage („Recht zur Lüge") kann der Bewerber allerdings nicht gefälschte Unterlagen einreichen. Bei einem Verstoß des AG gegen § 19 hat der Bewerber keinen Einstellungsanspruch, §§ 19, 21 I, II GenDG iVm. § 15 VI AGG. Die entgegenstehende Aussage in der Amtl. Begr. BT-Drs. 16/10532 S. 37 zu Nr. 1 aE ist unzutr. Vielmehr ist er auf die Ansprüche nach § 15 I und II AGG iVm. § 21 II GenDG angewiesen.

7 Soweit es um ein Verhalten des AG **im bestehenden BeschVerh.** geht, kann der AN Beseitigung oder Unterlassung verlangen. Entspr. Weisungen des AG sind unwirksam, § 19 iVm. § 134 BGB. Der AN kann auch seine Arbeit zurückbehalten, solange der AG seine Tätigkeit von der Vorlage genetischer Untersuchungen abhängig macht. Hat der AG unzulässigerweise genetische Untersuchungen erlangt, kann der AN deren Vernichtung oder Herausgabe an ihn verlangen.

8 Das Verbot gilt auch für **Kollektivverträge.**

§ 20 Genetische Untersuchungen und Analysen zum Arbeitsschutz

(1) **Im Rahmen arbeitsmedizinischer Vorsorgeuntersuchungen dürfen weder**

1. genetische Untersuchungen oder Analysen vorgenommen werden noch

2. die Mitteilung von Ergebnissen bereits vorgenommener genetischer Untersuchungen oder Analysen verlangt, solche Ergebnisse entgegengenommen oder verwendet werden.

(2) [1]**Abweichend von Absatz 1 sind im Rahmen arbeitsmedizinischer Vorsorgeuntersuchungen diagnostische genetische Untersuchungen durch Genproduktanalyse zulässig, soweit sie zur Feststellung genetischer Eigenschaften erforderlich sind, die für schwerwiegende Erkrankungen oder schwerwiegende gesundheitliche Störungen, die bei einer Beschäftigung an einem bestimmten Arbeitsplatz oder mit einer bestimmten Tätigkeit entstehen können, ursächlich oder mitursächlich**

sind. [2]Als Bestandteil arbeitsmedizinischer Vorsorgeuntersuchungen sind genetische Untersuchungen nachrangig zu anderen Maßnahmen des Arbeitsschutzes.

(3) **[1]Die Bundesregierung kann durch Rechtsverordnung mit Zustimmung des Bundesrates regeln, dass abweichend von den Absätzen 1 und 2 im Rahmen arbeitsmedizinischer Vorsorgeuntersuchungen diagnostische genetische Untersuchungen durch zytogenetische und molekulargenetische Analysen bei bestimmten gesundheitsgefährdenden Tätigkeiten von Beschäftigten vorgenommen werden dürfen, soweit nach dem allgemein anerkannten Stand der Wissenschaft und Technik**

1. **dadurch genetische Eigenschaften festgestellt werden können, die für bestimmte, in der Rechtsverordnung zu bezeichnende schwerwiegende Erkrankungen oder schwerwiegende gesundheitliche Störungen, die bei einer Beschäftigung an einem bestimmten Arbeitsplatz oder mit einer bestimmten Tätigkeit entstehen können, ursächlich oder mitursächlich sind,**
2. **die Wahrscheinlichkeit, dass die Erkrankung oder gesundheitliche Störung bei der Beschäftigung an dem bestimmten Arbeitsplatz oder mit der bestimmten Tätigkeit entsteht, hoch ist und**
3. **die jeweilige genetische Untersuchung eine geeignete und die für die Beschäftigte oder den Beschäftigen schonendste Untersuchungsmethode ist, um die genetischen Eigenschaften festzustellen.**

[2]Absatz 2 Satz 2 gilt entsprechend.

(4) **Die §§ 7 bis 16 gelten entsprechend.**

§ 20 II und III enthalten **Ausnahmen** von der allg. Regelung in § 19. Zweck arbeitsmedizinischer Vorsorgeuntersuchungen ist die Aufklärung und Beratung der Beschäftigten im Hinblick auf individuelle Gesundheitsgefahren (Amtl. Begr. BT-Drs. 16/10532 S. 37). 1

Nach **§ 20 III** kann eine **RechtsVO** unter bestimmten Voraussetzungen im Rahmen arbeitsmedizinischer Vorsorgeuntersuchungen diagnostische genetische Untersuchungen zulassen. Eine derartige RechtsVO liegt bisher nicht vor (Kern/*Schwarz* Rn. 29). 2

Solange das nicht der Fall ist und soweit es sich um Tatbestände handelt, die von einer zukünftigen einschlägigen RechtsVO nicht erfasst werden, sind Ausnahmen nach **§ 20 II** mögl. (dazu *Wiese* BB 2009, 2198, 2205). Entgegen dem generellen Verbot in Abs. 1 sind arbeitsmedizinische Vorsorgeuntersuchungen zulässig, wenn bei der konkreten Beschäftigung schwerwiegende Erkrankungen oder gesundheitl. Störungen auftreten können, die durch bestimmte genetische Eigenschaften hervorgerufen werden. Eine Analyse ist danach nur dann zulässig, wenn die Krankheit durch eine Kombination aus Arbeit und Genmaterial ausgelöst werden kann. Dass die Tätigkeit gefährl. ist, reicht zur Rechtfertigung der Untersuchung nicht. ZB ist eine Untersuchung in einem Betrieb mit Staubexplosionen insofern geboten, als Beschäftigte mit einem genetisch bedingten Mangel an Alpha-1-Antitrypsin einem signifikant höheren Risiko einer Lungenerkrankung unterliegen (Amtl. Begr. BT-Drs. 16/10532 S. 37). 3

Zulässig sind danach in bestimmten Fällen **„diagnostische genetische Untersuchungen"**. Der Begriff wird in § 3 Nr. 7 legaldefiniert. Insb. geht es dabei um die Abklärung, ob bestimmte genetische Eigenschaften vorliegen. Die diagnostische genetische Untersuchung nach § 20 II ist nur in Form der Genproduktanalyse (§ 3 Nr. 2 c) zulässig. Sie muss zur Feststellung bestimmter genetischer Eigenschaften erforderl. sein. Nach § 3 Nr. 4 sind genetische Eigenschaften ererbte oder während der Befruchtung oder bis zur Geburt erworbene, vom Menschen stammende Erbinformationen. Von den genetischen Eigenschaften iSd. G sind nach der Geburt erworbene genetische Veränderungen ausgenommen. Auch Erbinformationen als Folge von Infektionen oder durch Übertragung von Retroviren fallen nicht darunter. Die genetischen Eigenschaften müssen für schwerwiegende Erkrankungen oder schwerwiegende gesundheitl. Störungen kausal sein können. Diese Erkrankungen oder gesundheitl. Störungen kommen als Grdl. für eine genetische Untersuchung nur dann in Betracht, wenn ein bestimmter, für den Beschäftigten vorgesehener Arbeitsplatz allg. derartige Folgen mit sich bringen kann oder wenn eine bestimmte für den Beschäftigten vorgesehene Tätigkeit dazu führen kann. 4

Zusätzl. zum Vorliegen des Tatbestandes des Abs. 2 ist die **Einwilligung** des Betroffenen erforderl. (vgl. § 20 IV iVm. § 8 sowie Amtl. Begr. BT-Drs. 16/10532 S. 38). 5

Gem. **§ 20 II 2** sind arbeitsmedizinische Vorsorgeuntersuchungen ein subsidiäres Instrument. Der AG muss zunächst andere Maßnahmen des Arbeitsschutzes daraufhin prüfen, ob sie die notwendigen Feststellungen ermöglichen. Ist dies der Fall, muss er darauf zurückgreifen, und nur hilfsweise sind diagnostische genetische Untersuchungen mögl. (*Wiese* BB 2009, 2198, 2204). 6

Nach **§ 20 IV** gelten die **§§ 7 bis 16 entspr.** Das bezieht sich sowohl auf das allg. Verbot nach Abs. 1 als auch auf die Ausnahmen nach Abs. 2 oder 3. Danach gilt im Wesentlichen Folgendes: Die diagnostische genetische Untersuchung darf nur von Ärztinnen oder Ärzten vorgenommen werden (Arztvorbehalt), § 7. Die betroffene Person muss in die Untersuchung ausdr. und schriftl. eingewilligt haben, § 8 (*Wiese* BB 2011, 314 f.). Wann eine genetische Untersuchung bei nicht einwilligungsfähigen Personen vorgenommen werden darf, regelt § 14. Zuvor muss die betroffene Person vom Arzt über Wesen, Bedeutung und Tragweite der genetischen Untersuchung aufgeklärt worden sein, § 9. Im 7

Zusammenhang mit der diagnostischen genetischen Untersuchung muss eine ärztl. Beratung nach Vorliegen des Untersuchungsergebnisses stattfinden, § 10. Das Erg. darf nur der betroffenen Person selbst und nur durch die verantwortl. Ärzte mitgeteilt werden, § 11 (*Wiese* BB 2011, 315). Aufbewahrung, Verwendung und Vernichtung regeln §§ 12 f. Sondervorschr. über vorgeburtl. genetische Untersuchungen enthalten § 15 und über genetische Reihenuntersuchungen § 16 (zu einem mögl. Beschäftigungsverbot s. *Wiese* BB 2011, 316 f.).

§ 21 Arbeitsrechtliches Benachteiligungsverbot

(1) [1]**Der Arbeitgeber darf Beschäftigte bei einer Vereinbarung oder Maßnahme, insbesondere bei der Begründung des Beschäftigungsverhältnisses, beim beruflichen Aufstieg, bei einer Weisung oder der Beendigung des Beschäftigungsverhältnisses nicht wegen ihrer oder der genetischen Eigenschaften einer genetisch verwandten Person benachteiligen.** [2]**Dies gilt auch, wenn sich Beschäftigte weigern, genetische Untersuchungen oder Analysen bei sich vornehmen zu lassen oder die Ergebnisse bereits vorgenommener genetischer Untersuchungen oder Analysen zu offenbaren.**

(2) **Die §§ 15 und 22 des Allgemeinen Gleichbehandlungsgesetzes gelten entsprechend.**

1 **§ 21 I 1** ist § 7 AGG nachgebildet. Die Vorschr. enthält ein arbeitsrechtl. **Benachteiligungsverbot.** Wie auch in § 7 AGG fehlt hier das zwgd. zu erg. Merkmal „rechtswidrig": Benachteiligungen sind zulässig, wenn das G selbst sie erlaubt. Die unzulässigen Handlungen sind „Vereinb." oder „Maßnahmen". Mit Vereinb. sind sowohl individualrechtl. (Individualarbeitsvertrag) als auch kollektivrechtl. (TV, BV und DV) gemeint. Bei Maßnahmen handelt es sich insb. um Weisungen in Ausübung des Direktionsrechts, vgl. §§ 6 II, 106 GewO. Damit ist das gesamte AGVerhalten von der Begr. über die Durchführung bis zur Beendigung des ArbVerh. erfasst. Insb. kann sich aus § 21 I ein eigenständiges Kündigungsverbot ergeben.

2 § 21 konkretisiert § 4. Dies betrifft nur Abs. 1 und nicht **§ 4 Abs. 2.** Neben § 21 gelten die Benachteiligungsverbote nach den Vorschr. des sozialen Arbeitsschutzes (MuSchG, JArbSchG, SGB IX usw.) sowie nach dem allg. arbeitsrechtl. Gleichbehandlungsgrds.

3 Die Benachteiligung darf nicht **„wegen"** genetischer Eigenschaften erfolgen. Wie immer, wenn im ArbR der Ausdruck verwendet wird (vgl. § 613a IV BGB, §§ 1, 7 AGG), ist dessen Bedeutung unklar. Gemeint sein könnte, dass es sich um die alleinige Ursache handeln muss. Das wäre zu restriktiv. Dagegen dürfte der Ausdruck nicht generell so verstanden werden, dass eine schlichte Mitursächlichkeit bereits ausreicht (so aber *Fischinger* NZA 2010, 70). Die unterschiedl. Bedeutung des Ausdrucks „wegen" macht sich va. bei der entspr. Anwendung von § 15 I und II AGG bemerkbar. Im Hinblick auf den Ersatz eines materiellen Schadens bedeutet „wegen" die überw. Ursache (vgl. die Auslegung zu § 613a IV BGB). Geht es dagegen um die Verletzung des allg. Persönlichkeitsrechts (Entschädigung nach § 15 II AGG), genügt es, dass die Persönlichkeitsverletzung ein Motiv ua. war.

4 Berücksichtigt werden beim Diskriminierungsverbot nicht nur die genetischen Eigenschaften des Beschäftigten selbst, sondern auch die einer **genetisch verwandten Person.** Das ist deshalb erforderl., weil bspw. aus den genetischen Daten der Eltern Rückschlüsse auf die des Beschäftigten gezogen werden können. § 21 I 1 erfasst alle „genetisch verwandten Personen", wenn sich die Benachteiligung durch den AG auf eine solche Person bezieht. Auf die rechtl. Verwandtschaft kommt es nicht an (Amtl. Begr. BT-Drs. 16/10532 S. 23).

5 **§ 21 I 2** nimmt Bezug auf § 19. Der Regelungsgehalt ergibt sich bereits aus § 19 iVm. § 612a BGB: Wenn ein AN seine Rechte wahrnimmt – näml. nach § 19 untersagte Anforderungen zu verweigern –, darf ihm daraus kein arbeitsrechtl. Nachteil erwachsen. Die Vorschr. schützt wegen § 3 Nr. 12 lit. f arbeitnehmerähnl. Personen ebenso. Darüber hinaus erfasst § 21 I 2 Fälle, in denen der AN in eine nach § 20 II an sich zulässige genetische Untersuchung nicht eingewilligt hat (§ 20 Rn. 3 ff.; Kern/*Reuter/Schwarz* Rn. 34). Stellt eine zulässigerweise nach § 20 II mit Einwilligung des AN durchgeführte Untersuchung genetische Erkrankungen des AN fest, können diese Erkenntnisse an den AG nur mit Einwilligung des AN weitergegeben werden (§§ 20 IV, 11 III; *Wiese* BB 2011, 313, 315 f.). Verweigert der AN insoweit die Einwilligung, unterliegt er ebenfalls dem Benachteiligungsverbot des § 21 I 2.

6 Nach **§ 21 II** sind die **§§ 15 und 22 AGG entspr. anwendbar.** Daraus ergibt sich Folgendes: Führt der Verstoß gegen das Benachteiligungsverbot nach § 21 I zu einem materiellen Schaden des Beschäftigten, so kann er diesen Schaden nach allg. Schadensersatzrecht geltend machen (AGG § 15 Rn. 3). Darüber hinaus ist ein Anspruch auf Ersatz des immateriellen Schadens nach § 15 II gegeben (AGG § 15 Rn. 6 ff.). Da es sich nicht um eine durch Unionsrecht vorgegebene Regelung handelt, ist die entspr. Anwendung des § 15 I, II AGG von einem Verschulden abhängig (*Fischinger* NZA 2010, 70). Die Ausgestaltung als Gefährdungshaftung durch den EuGH (22.4.1997 AP BGB § 611a Nr. 13) ist für das dem Rechtsstaatsprinzip verpflichtete dt. Recht hier nicht bindend.

Die entspr. anzuwendende Vorschr. des § 22 AGG enthält eine Regelung über die **Beweislast.** Sie führt nicht zu einer Umkehr der Beweislast, sondern zu einer Beweiserleichterung dahingehend, dass der Beschäftigte das Vorliegen des Benachteiligungstatbestandes nicht voll zu beweisen und darzulegen braucht, sondern nur Indiztatsachen, die den gerichtl. Schluss auf eine Diskriminierung erlauben (*Windel* RdA 2007, 1 ff.; *ders.* RdA 2011, 193). 7

§ 22 Öffentlich-rechtliche Dienstverhältnisse

Es gelten entsprechend

1. für Beamtinnen, Beamte, Richterinnen und Richter des Bundes, Soldatinnen und Soldaten sowie Zivildienstleistende die für Beschäftigte geltenden Vorschriften,

2. für Bewerberinnen und Bewerber für ein öffentlich-rechtliches Dienstverhältnis oder Personen, deren öffentlich-rechtliches Dienstverhältnis beendet ist, die für Bewerberinnen und Bewerber für ein BeschVerh oder Personen, deren BeschVerh beendet ist, geltenden Vorschriften und

3. für den Bund und sonstige bundesunmittelbare Körperschaften, Anstalten und Stiftungen des öffentlichen Rechts, die Dienstherrnfähigkeit besitzen, die für Arbeitgeber geltenden Vorschriften.

Wenn eine Vorschr. den pers. Anwendungsbereich eines G auf Personen ausdehnen will, die nicht unbedingt von ihm erfasst werden, gibt es dafür gesetzgebungstechnisch zweierlei Möglichkeiten, die erweiterte Legaldefinition oder die konkrete Erweiterung des Anwendungsbereichs. In § 3 Nr. 12 hat der Gesetzgeber zu dem einen Mittel gegriffen, in § 22 zu dem anderen. Während § 19 iVm. § 3 Nr. 12 den gesamten Bereich eines privatrechtl. BeschVerh. erfasst, erweitert § 22 den Anwendungsbereich auf ör. **Dienstverhältnisse.** Zu ihnen gehören zuallererst die Dienstverhältnisse der Beamten, der Richter, der Soldaten sowie der Zivildienstleistenden. Entspr. der Regelung in § 3 Nr. 12 lit. g) werden auch **Bewerber** für ein ör. Dienstverhältnis erfasst. Anders als beim Beschäftigten wird dies aber beim ör. Dienstverhältnis nicht durch eine erweiternde Legaldefinition erreicht, sondern durch eine ausdr. Erstreckung des Anwendungsbereichs in Nr. 2. Zur **Dienstherrnfähigkeit** iSd. Nr. 3 vgl. insb. § 2 BeamtStG. 1

Abschnitt 7. Straf- und Bußgeldvorschriften

§ 25 Strafvorschriften

(1) Mit Freiheitsstrafe bis zu einem Jahr oder mit Geldstrafe wird bestraft, wer

...

5. entgegen § 18 Abs. 1 Satz 1 Nr. 2, § 19 Nr. 2 oder § 20 Abs. 1 Nr. 2 dort genannte Daten oder ein dort genanntes Ergebnis verwendet.

(2) Mit Freiheitsstrafe bis zu zwei Jahren oder mit Geldstrafe wird bestraft, wer eine in Absatz 1 bezeichnete Handlung gegen Entgelt oder in der Absicht begeht, sich oder einen Anderen zu bereichern oder einen Anderen zu schädigen.

(3) [1] Die Tat wird nur auf Antrag verfolgt. [2] Antragsberechtigt ist in den Fällen des Absatzes 1 Nr. 1 in Verbindung mit § 15 Abs. 1 Satz 1 und des Absatzes 1 Nr. 3 die Schwangere.

§ 26 Bußgeldvorschriften

(1) Ordnungswidrig handelt, wer

...

8. entgegen § 18 Abs. 1 Satz 1, § 19 oder § 20 Abs. 1 Nr. 2 die Vornahme einer genetischen Untersuchung oder Analyse oder die Mitteilung dort genannter Daten oder eines dort genannten Ergebnisses verlangt,

9. entgegen § 18 Abs. 1 Satz 1 Nr. 2, § 19 Nr. 2 oder § 20 Abs. 1 Nr. 2 dort genannte Daten oder ein dort genanntes Ergebnis entgegen nimmt ....

(2) Die Ordnungswidrigkeit kann in den Fällen des Absatzes 1 Nr. 3, 6 und 9 mit einer Geldbuße bis zu dreihunderttausend Euro ... geahndet werden.

(3) Die Verwaltungsbehörde soll in den Fällen des Absatzes 1 Nr. 7 Buchstabe a und b von einer Ahndung absehen, wenn die Personen, deren genetische Proben zur Klärung der Abstammung untersucht wurden, der Untersuchung und der Gewinnung der dafür erforderlichen genetischen Probe nachträglich zugestimmt haben.

320. Gewerbeordnung

In der Fassung der Bekanntmachung vom 22. Februar 1999 (BGBl. I S. 202)

Zul. geänd. durch Gesetz vom 20. Juli 2017 (BGBl. I S. 2789)

(FNA 7100-1)

– Auszug –

Titel I. Allgemeine Bestimmungen

§ 6 Anwendungsbereich

(1) (nicht abgedruckt)

(1a) § 6c findet auf alle Gewerbetreibenden und sonstigen Dienstleistungserbringer im Sinne des Artikels 4 Nummer 2 der Richtlinie 2006/123/EG Anwendung, deren Dienstleistungen unter den Anwendungsbereich der Richtlinie fallen.

(2) Die Bestimmungen des Abschnitts I des Titels VII finden auf alle Arbeitnehmer Anwendung.

Titel VII. Arbeitnehmer

I. Allgemeine arbeitsrechtliche Grundsätze

§ 105 Freie Gestaltung des Arbeitsvertrages

[1] Arbeitgeber und Arbeitnehmer können Abschluss, Inhalt und Form des Arbeitsvertrages frei vereinbaren, soweit nicht zwingende gesetzliche Vorschriften, Bestimmungen eines anwendbaren Tarifvertrages oder einer Betriebsvereinbarung entgegenstehen. [2] Soweit die Vertragsbedingungen wesentlich sind, richtet sich ihr Nachweis nach den Bestimmungen des Nachweisgesetzes.

1 Mit G v. 24.8.2002 (BGBl. I S. 3412) hat der Gesetzgeber die arbeitsrechtl. Vorschr. in der GewO revitalisiert. Im Unterschied zur früheren Rechtslage gelten die Vorschr. ausweisl. des Titels VII und nach § 6 II für alle AN und nicht mehr nur für gewerbl. AN. Die §§ 105 bis 110 stellen somit den „Nukleus" eines Arbeitsvertragsrechts dar. Damit wird einer weiteren Zersplitterung des ArbR Vorschub geleistet. Immerhin wird der Zweck der Rechtsbereinigung und Deregulierung veralteter und zT verfassungswidriger Vorschr. der GewO erreicht. Der Gesetzgeber hielt die Regelung der §§ 105 bis 110 für unausweichl., da sie Grundprinzipien des Arbeitsvertragsrechts regeln (hierzu BT-Drs. 14/8796 S. 16 und BT-Drs. 14/9254 S. 7). Obwohl die Herausnahme des Arbeitsschutzrechts und die ersatzlose Streichung veralteter und überflüssiger Regelungen des Arbeitsvertragsrechts zu begrüßen ist (Boemke/*Ankersen* Einl. Rn. 15), sind jedoch gegen die rechtssystematische Stellung der §§ 105 bis 110 ff. erhebl. Bedenken anzumelden. Es kommt zu einer weiteren Zersplitterung des Arbeitsvertragsrechts. Diese ist durch die mit §§ 105, 106 eng zusammenhängende, seit 1.4.2017 geltende Grundnorm des § 611a BGB, die den Arbeitsvertrag als weisungsgebundenes Rechtsverhältnis definiert, nicht geringer geworden.

2 § 105 ist eine bloße **nichtssagende Hülse.** Der Gesetzgeber versucht hier, die alte Proklamation des § 105 aF wieder aufzunehmen, verweist aber auf bloße Selbstverständlichkeiten. Der Grds. der Vertragsfreiheit ergibt sich bereits aus dem BürgerlR. Gerade durch das SMG und die Einf. des § 611a BGB hat das Arbeitsvertragsrecht im BGB wieder eine Heimat gefunden. § 105 ist insoweit überflüssig. Dass die freie Vereinb. von Abschluss, Inhalt und Form des Arbeitsvertrags unter dem Vorbehalt entgegenstehender zwgd. ges. Vorschr. oder der Kollektivverträge steht, ergibt sich aus den zwgd. Vorschr. selbst sowie aus § 4 TVG und § 77 BetrVG. Warum in § 105 S. 2 nur ein deklaratorischer Verweis gerade auf das NachwG erfolgt (vgl. hierzu die Kommentierung unter 510), ist unverständl. Man hätte insofern in § 105 jedes arbeitsrechtl. G aufnehmen können. Bes. verwirrend ist, dass der Gesetzgeber im Kontext des § 105 nicht auf die §§ 305 ff. BGB verweist, die die freie Gestaltung des Arbeitsvertrags unmittelbar begrenzen. Auch vor diesem Hintergrund ist der bloße Hinweis auf das NachwG verwirrend. Vor dem Hintergrund der Inhaltslosigkeit des § 105 verbleibt es im vorliegenden Komm. dabei, dass die Darst. des Arbeitsvertragsrechts geschlossen in § 611a BGB erfolgt. § 105 ist eine bloße Weiterverweisung auf in anderen G geregelte Grds. § 105 ist **keine Anspruchsgrdl.**

§ 106 Weisungsrecht des Arbeitgebers

[1] Der Arbeitgeber kann Inhalt, Ort und Zeit der Arbeitsleistung nach billigem Ermessen näher bestimmen, soweit diese Arbeitsbedingungen nicht durch den Arbeitsvertrag, Bestimmungen einer Betriebsvereinbarung, eines anwendbaren Tarifvertrages oder gesetzliche Vorschriften festgelegt sind. [2] Dies gilt auch hinsichtlich der Ordnung und des Verhaltens der Arbeitnehmer im Betrieb. [3] Bei der Ausübung des Ermessens hat der Arbeitgeber auch auf Behinderungen des Arbeitnehmers Rücksicht zu nehmen.

1. Allgemeines. § 106 regelt nunmehr für alle ArbVerh. einheitl. das – auch Direktionsrecht genannte – Weisungsrecht des AG (BAG 23.9.2004 NZA 2005, 359). Eine ges. Regelung enthielt das dt. Recht bislang nur in § 121 aF für Gesellen; iÜ wurde es aus § 315 BGB abgeleitet. § 106 ist eine arbeitsrechtl. Spezialnorm; **§ 315 BGB** ist daneben **nicht anwendbar** (*Hromadka* FS v. Hoyningen-Huene 2014 S. 145 ff.; *ders.* NZA 2017, 601 NK-GA/*Boecken/Pils* § 106 Rn. 67, 68; *Preis* NZA 2015, 1, 5; **aA** insb. BAG 22.2.2012 NZA 2012, 858). Demggü. wird § 106 von § 32 SeeArbG und § 23 BinnSchG verdrängt sowie von § 13 S. 2 BBiG ergänzt (*Preis/Wieg* AuR 2016, 313; BeckOK ArbR/*Tillmanns* § 106 GewO Rn. 1). Gem. § 6 II gilt § 106 iÜ für alle AN. Inhaltl. Änd. sind mit der Kodifikation in § 106 nicht verbunden. Das Weisungsrecht ist Wesensmerkmal des ArbVerh., wie § 611a BGB zeigt, und damit untrennbar mit vielen Einzelfragen des Arbeitsvertragsrechts verbunden. Soweit der AG die Grenzen des Weisungsrechts (dazu Rn. 5) beachtet, hat der AN den Weisungen Folge zu leisten. Im Fall der Verweigerung kann der AN, ggf. nach einschlägiger Abmahnung, wegen Arbeitsverweigerung ordentl. oder außerordentl. gekündigt werden (hierzu BGB § 626 Rn. 69). 1

Der AG kann eine **einmal erteilte Weisung auch wieder zurücknehmen** oder ändern. Grenzen kann es bei der Bestimmung der zeitl. Lage geben. In analoger Anwendung des § 12 II TzBfG muss der AG bei der zeitl. Konkretisierung eine Frist von vier Tagen einhalten (s. a. ArbG BE 5.10.2012 BeckRS 2012, 75362). 2

Aufgrund des Weisungsrechts kann der AG die im Arbeitsvertrag nur rahmenmäßig umschriebene **Leistungspflicht nach Zeit** (Rn. 31), **Ort** (Rn. 27) **und Art** (Rn. 19) **bestimmen** (S. 1; BAG 25.10.1989 NZA 1990, 561). Es erstreckt sich nicht auf die Bestandteile des Austauschverhältnisses, also die Höhe des Entgelts oder den Umf. der geschuldeten AZ (*Hromadka* DB 1995, 2601; zu erweiterten Änderungsvorbehalten ausf. §§ 305 bis 310 Rn. 51 ff.). Das Weisungsrecht kann sich auch auf Ordnung und **Verhalten des AN im Betrieb** erstrecken (S. 2; ausf. *Hromadka* DB 1995, 2601, 2604 ff.), allerdings ist hier das MBR nach § 87 I Nr. 1 BetrVG zu beachten (*Borgmann/Faas* NZA 2004, 241, 243; zB Rauchverbot: LAG HE 6.7.1989 LAGE BGB § 611 Direktionsrecht Nr. 5). Im Wege des Direktionsrechts kann der AG Weisungen zum Ordnungsverhalten treffen, zB Radio hören (BAG 14.1.1986 NZA 1986, 435), Fernsehen, (LAG K 12.4.2006 NZA-RR 2007, 80) Mitbringen von (Haus-)Tieren (LAG D 24.3.2014 ZTR 2014, 424). Durch Weisung kann der AG den AN nicht verpflichten, an einem **Personalgespräch** teilzunehmen, bei dem es ausschl. um eine bereits abgelehnte Vertragsänd. gehen soll (BAG 23.6.2009 NZA 2009, 1011). IÜ muss der AN aber an Bespr., bei denen es auch um seine Arbeitsleistung geht, teilnehmen (nicht aber im Falle der Erkrankung BAG 2.11.2016 NZA 2017, 183). Der Entzug einer Aufgabe ist nur dann eine unüberprüfbare Unternehmerentsch., wenn die Aufgabe im Unternehmen überhaupt nicht mehr wahrgenommen werden soll (BAG 12.9.1996 NZA 1997, 381). 3

Stellt die Ausübung des Weisungsrechts eine **Versetzung** dar, bestehen MBR des BR (hierzu BAG 2.4.1996 NZA 1997, 112; BetrVG § 99 Rn. 13). Vor einer Versetzung wegen Leistungsmängeln soll der AG gehalten sein, eine **Abmahnung** auszusprechen (BAG 30.10.1985 NZA 1986, 713). Dies geht zu weit, wenn mit der Versetzung keine Eingriffe in das Vertragsgefüge verbunden sind. Spannungen kann der AG durch schlichte Umsetzung begegnen, ohne dass er gezwungen wäre, stattdessen eine Abmahnung auszusprechen (BAG 24.4.1996 NZA 1996, 1088, ausf. LAG SH 2.5.2007 NZA-RR 2007, 402 [LS]). 4

2. Grenzen des Weisungsrechts. Seine Grenzen findet das Weisungsrecht in den Vorschr. der G, des Kollektiv- und Einzelarbeitsvertragsrechts (klarstellend S. 1). Diese Grenze ist in der Praxis von großer Bedeutung, da das Weisungsrecht im Ausgangspunkt des § 106 sehr weit gefasst ist (hierzu *Preis/Genenger* NZA 2008, 969; einschr. *Hromadka* FS v. Hoyningen-Huene 2014 S. 145 ff., der den Wortlaut des § 106 eingeschränkt wissen will; s. a. *Hromadka* NZA 2017, 601). Die einzelne Weisung darf insb. straf- und ör. Bestimmungen nicht zuwiderlaufen. So ist die Weisung, Ordnungswidrigkeiten zu begehen (zB an Fernfahrer, die Lenkzeiten zu überschreiten), unwirksam (s. a. die Wertung in § 36 BeamtStG und § 63 BBG). Das Weisungsrecht findet aber auch in speziell arbeitsrechtl. (Schutz-)Vorschriften seine Grenzen; so zB in §§ 3 S. 1, 5 I ArbZG, §§ 4, 16 MuSchG, §§ 22–24 JArbSchG. AN von Jugendämtern, die die Aufgaben eines Pflegers oder Vormundes wahrnehmen, sind AGWeisungen insoweit unterworfen, als sie nicht den Belangen der Betreuungspersonen zuwiderlaufen (BAG 10.4.1991 AP BGB § 611 Direktionsrecht Nr. 37). Nichtig sind ferner Anweisungen, die kollektivrechtl. Bestimmungen (TV, BV) oder dem Arbeitsvertrag zuwiderlaufen (BAG 18.12.2012 AP GewO 5

§ 106 Nr. 23; LAG BE 26.9.1996 LAGE BGB § 611 Direktionsrecht Nr. 26). Dies gilt jedoch gem. § 4 Abs. 3 TVG nicht, wenn die einzelne Weisung für den AN günstigere Rechtsfolgen hat als die Kollektivnorm (*Preis/Wieg* AuR 2016, 314).

6 Ist der AN **arbeitsunfähig**, hat der AG kein Weisungsrecht bzgl. der Pflichten, von denen der AN krankheitsbedingt befreit ist (Hauptleistungspflicht sowie unmittelbar mit ihnen zusammenhängenden Nebenleistungspflichten BAG 2.11.2016 NZA 2017, 183 Rn. 28). Das Weisungsrecht des AG in Bezug auf die leistungssichernden Neben- oder Verhaltenspflichten, Rücksichtnahmepflichten sowie auf Unterlassungspflichten des AN (§ 241 BGB) bleibt dagegen von der krankheitsbedingten AU grds. unberührt. Die Erteilung von Weisungen ist auf dringende betriebl. Anlässe zu beschränken und hat sich bzgl. der Art und Weise, der Häufigkeit und der Dauer der Inanspruchnahme am wohlverstandenen Interesse des AN zu orientieren. Nach dieser Maßgabe darf der AG den erkrankten AN anweisen, mit ihm ein kurzes Personalgespräch zu führen, wenn der AN über Informationen zu wichtigen betriebl. Abläufen oder Vorgängen verfügt, ohne deren Weitergabe dem AG die Fortführung der Geschäfte erhebl. erschwert oder gar unmögl. würde. Voraussetzung ist, dass das Gespräch nicht auf einen Zpkt. nach Beendigung der AU aufschiebbar und dem AN zumutbar sind. Nur ausnahmsweise bei dringendem Anlass ist der AG berechtigt, den erkrankten AN anzuweisen, im Betrieb zu erscheinen (BAG 2.11.2016 NZA 2017, 183 Rn. 39 ff.). Der unter ein Beschäftigungsverbot fallenden schwangeren AN darf eine zumutbare Ersatztätigkeit zugewiesen werden (BAG 21.4.1999 NZA 1999, 1044). Die Zuweisung muss die Ersatztätigkeit so konkretisieren, dass die Wahrung billigen Ermessens beurteilt werden kann (BAG 15.11.2000 NZA 2001, 386). Nur in **Notfällen** muss der AN Arbeiten leisten, die vom allg. Weisungsrecht hins. Art, Ort und Zeit der Arbeit nicht mehr gedeckt sind (BAG 3.12.1980 AP BGB § 615 Böswilligkeit Nr. 4; LAG BE 26.7.1993 LAGE BGB § 611 Direktionsrecht Nr. 16). Er muss allerdings auch in Notfällen keine unbezahlten Überstunden leisten (ArbG Leipzig 4.2.2003 NZA-RR 2003, 365).

7 Das Direktionsrecht kann auch durch **konkludente Vereinb.** eingeschränkt werden. Die Parteien können in Form einer vertragl. Vereinb. oder Stellenbeschreibung das Direktionsrecht einschränken; eine einseitige DA bindet den AG aber grds. nicht; sie ist nichts anderes als die förml. Ausübung des Direktionsrechts. Die bloße **Nichtausübung des Direktionsrechts** über einen längeren Zeitraum führt nicht zu einem Erklärungs- und Vertrauenstatbestand, der AG wolle von dem vertragl. und/oder ges. eingeräumten Recht keinen Gebrauch mehr machen (so etwa BAG 15.9.2009 NZA 2009, 1333; 18.10.2012 AP GewO § 106 Nr. 23; 13.11.2013 AP GewO § 106 Nr. 28). Es genügt daher nicht, dass der AN auf einer bestimmten Stelle mit bestimmten Aufgaben über einen längeren Zeitraum beschäftigt war (BAG 11.4.2006 NZA 2006, 1149; 15.9.2009 NZA 2009, 1333; 17.8.2011 NZA 2012, 265). Nur beim Hinzutreten bes. Umstände (zB einer ausdr. Erkl. des AG), aufgrund derer der AN darauf vertrauen darf, dass er nicht in anderer Weise eingesetzt werden soll, kann es durch konkludentes Verhalten zu einer vertragl. Beschränkung der Ausübung des Direktionsrechts kommen (BAG 17.8.2011 NZA 2012, 265; 26.9.2012 AP GewO § 106 Nr. 22; 28.8.2013 NZA-RR 2014, 181). In aller Regel lehnt die Rspr. dementspr. Einschränkungen des Direktionsrechts ab (s. a. Rn. 19 ff.).

8 Je enger die Tätigkeit des AN sowie die Einzelheiten seiner Beschäftigung, der Einsatzort, Umf. und Lage der AZ **im Arbeitsvertrag festgeschrieben** sind, umso geringer ist der **Spielraum des AG** zur Ausübung des Weisungsrechts (LAG K 26.10.1984 NZA 1985, 258; LAG BE 25.4.1988 DB 1988, 1228; LAG RP 13.10.1987 NZA 1988, 471; sehr enge Interpretation in BAG 23.2.2010 AP GewO § 106 Nr. 9). Die Tätigkeitsbeschreibung bestimmt die Reichweite des Weisungsrechts nach § 106, der lediglich gestattet, die durch den Arbeitsvertrag vorgegebenen Pflichten zu konkretisieren (ausf. *Reinecke* NZA-RR 2013, 393; *Hromadka* NZA 2012, 233, 234). Das Transparenzgebot (§ 307 I 2 BGB) verlangt nicht, alle mögl. Konkretisierungen der Arbeitspflicht und des Weisungsrechts ausdr. zu regeln (BAG 13.6.2007 NZA 2007, 974). Die Parteien können aber dem Weisungsrecht durch Vereinb. engere Grenzen ziehen (*Hromadka* NZA 2012, 233, 234). Die vertragl. Reichweite des Weisungsrechts hat unmittelbare Auswirkungen auf die Feststellung der Vergleichbarkeit iRd. Sozialauswahl nach § 1 III KSchG (KSchG § 1 Rn. 323; *Dzida/Schramm* BB 2007, 1221).

9 Welche Arbeitsleistungen zum jeweils vereinbarten **Berufs- bzw. Tätigkeitsbild** gehören, ist im Wege der Auslegung unter Berücksichtigung der Verkehrsanschauung zu ermitteln. So gehören zum Tätigkeitsbild eines Kraftfahrers auch Ladetätigkeiten (LAG HE 13.6.1995 NZA-RR 1996, 210). Im Wege der Auslegung des Arbeitsvertrags kann sich ergeben, dass der AN in gewissem Umf. einen fachl. weisungsfreien Raum in Anspruch nehmen kann, zB bei angestellten Künstlern, Ärzten, Wissenschaftlern und RA. Der AG kann den AN nicht anweisen, über den Vertragsrahmen hinaus tätig zu werden, insb. besteht keine Grdl. für die Anweisung, Ehrenämter zu übernehmen (BAG 23.1.1992 NZA 1992, 795). Sieht ein Arbeitsvertrag Zielvereinb. über bestimmte Regelungsgegenstände vor, ist eine einseitige Zielvorgabe durch den AG insoweit ausgeschlossen (BAG 12.12.2007 NZA 2008, 409).

10 Die Ausübung des Weisungsrechts muss nach **billigem Ermessen** erfolgen. Die Wahrung billigen Ermessens setzt voraus, dass die wesentl. Umstände des Falles abgewogen und die beiderseitigen Interessen angemessen berücksichtigt werden (BAG 24.4.1996 NZA 1996, 1088). Ob dies geschehen ist, unterliegt der gerichtl. Kontrolle. Das BAG hat jüngst erneut eine denkbar weite Formel vorgelegt. Verlangt wird eine „Abwägung der wechselseitigen Interessen nach den verfassungsrechtl. und ges.

Wertentsch., den allg. Wertungsgrds. der Verhältnismäßigkeit und Angemessenheit sowie der Verkehrssitte und Zumutbarkeit. Das gebietet eine Berücksichtigung und Verwertung der Interessen unter Abwägung aller Umstände des Einzelfalls. Hierzu gehören im ArbR die Vorteile aus einer Regelung, die Risikoverteilung zwischen den Vertragsparteien, die beiderseitigen Bedürfnisse, außervertragl. Vor- und Nachteile, Vermögens- und Einkommensverhältnisse sowie soziale Lebensverhältnisse, wie familiäre Pflichten und Unterhaltsverpflichtungen" (BAG 21.7.2009 EzA TVG § 4 Luftfahrt Nr. 18; bestätigt in 13.4.2010 AP BGB § 307 Nr. 45; 17.8.2011 NZA 2012, 265; 28.8.2013 NZA-RR 2014, 106 Rn. 40). Diese Formel ist zu weitreichend, soweit pauschal außervertragl. Umstände einbezogen werden. IE ermöglicht die Formel der Rspr. umfassend, die Belange der AN zu berücksichtigen. Da Direktionsrechtsklauseln idR einer Inhaltskontrolle standhalten (vgl. §§ 305–310 BGB Rn. 55; *Reinecke* NZA-RR 2013, 393) liegt der Schwerpunkt der gerichtl. Überprüfung in der Ausübungskontrolle auf billiges Ermessen (*Reinecke* NZA-RR 2013, 393, 397).

Unbillig ist, wenn der AG allein seine Interessen durchzusetzen versucht (BAG 19.5.1992 NZA 11
1992, 978). Beruht die Weisung auf einer unternehmerischen Entsch., so kommt dieser bes. Gewicht zu (BAG 13.6.2012 NZA 2012, 1154). Ihr Vorliegen führt aber nicht dazu, dass die Abwägung mit Interessen des AN von vornherein ausgeschlossen wäre und sich die Belange des AN nur in dem vom AG durch die unternehmerische Entsch. gesetzten Rahmen durchsetzen könnten. Es kommt vielmehr nach der stRspr. des BAG darauf an, ob das Interesse des AG an der Durchsetzung seiner Organisationsentsch. auch im Einzelfall die Weisung rechtfertigt (BAG 13.6.2012 NZA 2012, 1154, 1157 Rn. 31). Das ist der Fall, wenn die zugrunde liegende unternehmerische Entsch. die Versetzung auch anges. der für den AN entstehenden Nachteile nahelegt und sie nicht willkürl. oder missbräuchl. erscheinen lässt (BAG 26.9.2012 AP GewO § 106 Nr. 21; 28.8.2013 NZA-RR 2014, 181; LAG HE 7.9.2015 BeckRS 2016, 65669). Widersprüchl. Verhalten des AG kann Unbilligkeit begründen (BAG 16.9.1998 NZA 1999, 384). IRd. Weisungsrechts sind die Grundrechte des AN (insb. Gewissenskonflikte) zu beachten. Kollidieren die Grundrechte des AN mit dem Recht des AG, vertragl. geschuldete Tätigkeiten zuzuweisen, sind die gegensätzl. Rechtspositionen grundrechtskonform auszugleichen (BAG 10.10.2002 NZA 2003, 483; 24.2.2011 NZA 2011, 1087; 25.9.2013 NZA 2014, 41; BVerfG 30.7.2003 NZA 2003, 959, 960; hierzu GG Art. 4 Rn. 69 ff.). Der AG muss insb. durch den Schutz von Ehe und Familie in Art. 6 GG auf familiäre Belange Rücksicht nehmen (vgl. BAG 23.9.2004 NZA 2005, 359; ArbG Hannover 24.5.2007 AuR 2007, 280). Nach S. 3 hat der AG bei der Ermessensausübung auch auf Behinderungen des AN Rücksicht zu nehmen. Nutzt der AG sein Weisungsrecht, um Konflikte zwischen AN durch Versetzung zu beenden, spricht dieses Motiv für die Wahrung des billigen Ermessens (LAG SH 2.5.2007 NZA-RR 2007, 402 LS). Vgl. zu einseitigen Leistungsbestimmungsrechten allg. BGB § 611a Rn. 384 ff.

Die Unwirksamkeit der Weisung kann im Wege der allg. **Feststellungsklage** (§ 256 ZPO) geltend 12
gemacht werden. Die Geltendmachung ist nicht fristgebunden. § 4 KSchG findet keine Anwendung. Das Recht auf Feststellung kann jedoch verwirken (§ 242 BGB). Die Feststellungsklage ist dann als unzulässig abzuweisen (BAG 12.12.2006 NZA 2007, 396). Dem AG obliegt die Darlegungs- und Beweislast für das Vorliegen der Voraussetzungen des § 106 (BAG 13.3.2007 NZA-RR 2008, 504), einschl. der Wahrung billigen Ermessens (BAG 21.7.2009 EzA TVG § 4 Luftfahrt Nr. 18; 10.7.2013 NZA 2013, 1142). Maßgebl. ist der Beurteilungszpkt., in dem der AG die Weisung erteilt (BAG 20.3.2013 NZA 2013, 970)

Nach einer Entsch. des 5. Sen. des BAG wird das **Risiko unbilliger Weisungen** auf den AN verlagert. 13
Er soll auch unbillige Weisungen befolgen müssen, bis er eine rkr. Entsch. über die Unbilligkeit erreicht hat (BAG 22.2.2012 NZA 2012, 858; zust. *Schmidt-Rolfes* AuA 2013, 200: „Der AN hat schlechte Karten"; zu Recht **aA.** *Boemke* NZA 2013, 6; *Thüsing* jM 2014 S. 20 f.; *Fischer* FA 2014, 38; *Hromadka* FS v. Hoyningen-Huene 2014 S. 145, 150 ff.; *Preis* NZA 2015, 1; *Kühn* NZA 2015, 10; LAG HM 17.3.2016 BeckRS 2016, 68957; LAG D 6.4.2016 BeckRS 2016, 69496; LAG TH 17.1.2017 BeckRS 2017, 103832; für das Kündigungsrecht LAG K 28.8.2014 DStR 2015, 486; *Hromadka*, NZA 2017, 601 ff. will jetzt zwischen einer unzumutbaren iSd. § 275 III BGB und einer „einfach unbilligen Weisung", die nicht unzumutbar ist, unterscheiden). Der Sen. begr. seine Auff. – nicht vertretbar – mit „der das ArbVerh. prägenden Weisungsgebundenheit" (BAG 22.2.2012 NZA 2012, 858 Rn. 24). Diese Rspr. ist abzulehnen. Unbillige Weisungen braucht der AN nicht zu befolgen. Sie ist zumindest „unverbindl.", wie schon der Wortlaut des § 315 III 2 BGB zeigt. Der AN geht, wenn er sich der Weisung (zu Unrecht) widersetzt, ohnehin das Risiko einer Abmahnung oder gar fristlosen Kündigung wegen Arbeitsverweigerung ein. Das BAG könnte so zu verstehen sein, dass ein AN, der etwa inzident im Rahmen eines Kündigungsschutzprozesses die Unbilligkeit einer Weisung, die er nicht befolgt hat, rkr. bescheinigt erhält, keinen Anspruch auf Annahmeverzugslohn hat, weil das Gericht es für zumutbar hält, unbillige Weisungen zunächst zu befolgen. Diese Sanktionierung einer iE rechtmäßigen Verweigerung einer unbilligen Weisung ist **abzulehnen.** Eine verhaltensbedingte Kündigung, die wegen Nichtbefolgung einer unbilligen Weisung erfolgte, ist unwirksam und begr. einen Annahmeverzugsanspruch (BAG 20.12.1984 NZA 1986, 21; 10.10.2002 NZA 2003, 483). Eine unverbindl., da unbillige Weisung löst keine Leistungsverpflichtung aus (*Fischer* FA 2014, 38, 40; unter Verweis auf die stRspr. des BAG; zul. 21.7.2009 EzA TVG § 4 Luftfahrt Nr. 18).

14 Die für den AN schwierige Position wird noch dadurch verschlechtert, wenn der AG zusätzl. **eine „überflüssige Änderungskündigung"** erklärt. Denn schon die bloße Möglichkeit, das Direktionsrecht ausüben zu können, führt nach Auff. des 2. Sen. des BAG dazu, dass der AN die Kündigungsschutzklage gegen die „überflüssige" Änderungskündigung verliert (vgl. BAG 26.1.2012 AP KSchG 1969 § 2 Nr. 153 Rn. 23; 28.8.2013 NZA-RR 2014, 181 Rn. 48; abl. *Preis/Schneider* FS v. Hoyningen-Huene 2014 S. 395, 399). In Kombination mit der Rspr. des 2. und des 5. Sen. steht der AN ggü. unbilligen Weisungen schutzlos da und müsste, „stante pedes" die Weisung befolgen; er würde bei der Weigerung, unbilligen Weisungen zu folgen, nach der Rspr. des 5. Sen. jdf. keinen Anspruch aus § 615 BGB haben, seine Änderungsschutzklage verlieren und ggf. die verhaltensbedingte Kündigung fürchten müssen. An dieser, durch das G nicht indizierten Risikoverlagerung auf den AN kann nicht festgehalten werden. Der 1. Sen. des BAG (14.5.2013 NZA 2013, 1160 Rn. 27) hat demggü. zu Recht bei einem Verstoß einer Weisung gegen das AGG (Altersdiskriminierung) von einer „unwirksamen" und damit nichtigen Weisung gesprochen, der der AN nicht nachkommen muss. Eine begriffl. Differenzierung zur „unbilligen" Weisung wird nicht versucht. Sie wäre auch nicht überzeugend. Denn ob der Verstoß gegen höherrangiges Recht ausnahmsweise unmittelbar (hier AGG) oder mittelbar (über das in § 106 GewO geregelte billige Ermessen) hergeleitet wird, macht weder von der Sache noch von dem Gewicht der wechselseitigen Interessen einen Unterschied.

15 Der **einstweilige Rechtsschutz** gewinnt in Ansehung dieser Rspr. bes. Bedeutung. Die LAGE versagen jedoch in aller Regel eine einstweilige Vfg., weil die Sicherung der bisherigen Beschäftigung als Leistungs-/Befriedigungsvfg. angesehen wird. Ein Verfügungsgrund nach § 940 ZPO („zur Abwendung wesentl. Nachteile") wird nur bei einem deutl. gesteigerten Abwehrinteresse des AN (Gesundheitsgefahren, irreparablen Schädigung des berufl. Ansehens, schwere Gewissenskonflikte; kollidierende familiäre Pflichten) sowie bei offenkundiger Rechtswidrigkeit der arbeitgeberseitigen Maßnahme bejaht (s. LAG K 14.8.2013 LAGE GewO 2003 § 106 Nr. 15; 24.6.2010 BeckRS 2012, 67572; zum Ganzen *Dunkl* FS Buchner 2009 S. 197). Legt man die verfehlte Rspr. des 5. Sen. zugrunde, könnte der AN mit einer einstweiligen Vfg. niemals durchdringen, wäre es doch stets zumutbar, unbilligen Weisungen zunächst zu folgen. Damit schließt sich der Kreis einer so wohl im Lichte der Gewährleistung effektiven Rechtsschutzes (Art. 19 IV GG) kaum haltbaren Rechtslage.

16 Aus dem Weisungsrecht kann uU auch eine **Pflicht zur Ausübung** desselben werden. So muss der AG dem AN zur Erfüllung des Beschäftigungsanspruchs vertragsgemäße Arbeit zuweisen (BAG 12.9.1996 NZA 1997, 381; 9.4.2014 NZA 2014, 719). Will der AN dies klageweise durchsetzen, muss er die begehrte Beschäftigung nach Art und Umf. so klar bezeichnen, dass ein hierauf gerichtetes Leistungsurt. vollstreckbar wäre (BAG 22.10.2008 NZA 2009, 336). Das Ermessen zur Ausübung des Weisungsrechts kann sogar „auf Null" schrumpfen (zur Zuweisung eines Gymnasiallehrers an ein Gymnasium BAG 11.10.1995 NZA 1997, 623; abgelehnt im Falle LAG M 21.5.2015 LAGE GewO 2003 § 16 Nr. 22). IRd. Kündigungsschutzes kann die Ausübung des Weisungsrechts zur Wahrung des Ultima-Ratio-Prinzips bzw. der Fürsorgepflicht des AG erforderl. sein (s. zur Versetzungspflicht des AG in Ausnahmefällen LAG RP 13.4.2005 EzBAT BAT § 8 Direktionsrecht Nr. 58). Das BAG verlangt die Zuweisung **vertragsgemäßer „leidensgerechter" Arbeit** (BAG 29.1.1997 NZA 1997, 709; 29.10.1998 NZA 1999, 377; 24.9.2003 NZA 2003, 1332). Übt der AG sein Direktionsrecht iS der Zuweisung eines leidensgerechten Arbeitsplatzes nicht aus, kann dem AN ein Anspruch auf Schadensersatz nach § 280 I BGB zustehen, wenn er dem AG mitgeteilt hat, wie er sich die weitere Beschäftigung vorstellt. Ist dem AG die Zuweisung zumutbar und rechtl. mögl., hat er sie vorzunehmen (BAG 19.5.2010 NZA 2010, 1119; LAG K 16.5.2011 BeckRS 2011, 74233). Die Rücksichtnahmepflicht aus § 241 II BGB verlangt vom AG nicht, die Belange des leidenden AN unter Hintanstellung eigener Belange oder solcher anderer AN durchzusetzen. Das Risiko, dass ein „zwangsweise" ausgetauschter AN die Wirksamkeit dessen gerichtl. überprüfen lässt, braucht der AG nicht einzugehen (BAG 19.5.2010 NZA 2010, 1119). Aus dem Grds. der **Gleichbehandlung** kann ein Anspruch auf Zuweisung bestimmter Tätigkeiten (Heranziehung zu Überstunden) folgen (LAG K 22.6.1994 LAGE BGB § 611 Direktionsrecht Nr. 19). IRd. Prüfung billigen Ermessens kann auch der Gleichbehandlungsgrds. eine bestimmte Weisung gebieten, wenn keine sachl. Differenzierungsgründe vorliegen, etwa eine Leistungseinschränkung eines AN (BAG 9.4.2014 NZA 2014, 719 Rn. 32). Der AG kann sich durch Erkl. binden, sein Weisungsrecht in bestimmter Weise auszuüben (BAG 17.12.1997 NZA 1998, 555; 16.3.2010 NZA 2010, 1028).

17 **3. Erweiterung des Weisungsrechts.** Das Weisungsrecht kann durch einzelvertragl. oder kollektivvertragl. Vereinb. (hierzu BAG 14.1.2009 NZA 2009, 984) erweitert werden. Zu diff. ist zwischen echten und sog. unechten Direktionsrechtserweiterungen, letztere gibt ledigl. den Inhalt des § 106 wieder. Echte Direktionsrechtserweiterungen hingegen verschaffen dem AG die Möglichkeit, Weisungen bzgl. Art, Ort und Zeit der Arbeitsleistung zu erteilen, die vom allg. Direktionsrecht nicht mehr umfasst sind. Handelt es sich bei den entspr. Klauseln um AGB iSd. § 305 I BGB sind unechte Direktionsrechtserweiterungen als gesetzeswiederholende AGB gem. § 307 III 1 BGB inhaltskontrollfrei, unterliegen aber nach § 307 III 2 BGB der Transparenzkontrolle. Echte Direktionsrechtserweiterungen hingegen unterliegen der vollen Inhaltskontrolle nach §§ 307 ff. (BAG 25.8.2010 AP GewO

§ 106 Nr. 11; *Preis/Wieg* AuR 2016, 313, 317; §§ 305 bis 310 Rn. 51 ff., 55a). Nach LAG D 23.9.2009 ZTR 2010, 134 schließt § 106 GewO landesges. Erweiterungen des Weisungsrechts aus.

Übl. und mögl. ist, in den Arbeitsvertrag ausdr. einen **Versetzungsvorbehalt** aufzunehmen, wonach der AN bei Bedarf auch in anderen Betrieben des Unternehmens, ggf. auch innerhalb der Bundesrepublik oder in das Ausland versetzt werden kann. Die Befugnis hierzu folgt schon aus § 106 S. 1. Grds. Bedenken gegen eine derartige „unechte" Erweiterung des Direktionsrechts bestehen nicht (hierzu *Preis/Genenger* NZA 2008, 969). Zu beachten ist aber, dass – auch wenn der AG kraft Arbeits- oder TV die Möglichkeit zur Versetzung an einen anderen Arbeitsort hat – die konkrete Leistungsbestimmung stets billigem Ermessen entsprechen muss (vgl. hierzu Rn. 5 ff.). Es bedarf also einer Abwägung der Interessenlage beider Vertragsparteien im Einzelfall (LAG BE 25.4.1988 LAGE BGB § 611 Direktionsrecht Nr. 2). Dabei sind auch die uU bedeutenden Auswirkungen auf die private Lebensführung zu berücksichtigen, insb. bei Versetzung ins Ausland (LAG HM 22.3.1974 DB 1974, 877). § 106 ermöglicht dem AG nicht, dem AN dauerhaft Arbeitsleistung bei einem anderen AG zu übertragen (BAG 18.4.2012 NZA 2012, 927). Zur Frage sog. Konzernversetzungsklauseln vgl. BGB § 611a Rn. 198. Zur Unbilligkeit einer örtl. Versetzung einer schwangeren AN: BAG 21.4.1999 NZA 1999, 1044. Zu kündigungsrechtl. Auswirkungen *Langer/Greiner* AuA 2005, 642. 18

4. Einzelne Gegenstände des Weisungsrechts. a) Art und Inhalt der Arbeitsleistung. Innerhalb des arbeitsvertragl. vorgegebenen, je nach Vertragsgestaltung (hierzu *Preis* II D 30; *Lunk/Leder* NJW 2015, 2474) engeren oder weiteren Rahmens (Rn. 8) legt der AG durch Weisungsrechtsausübung Art und Inhalt der zu leistenden Arbeit fest. Eine Konkretisierung auf eine bestimmte vertragl. geschuldete Tätigkeit tritt regelm. nicht ein, wenn der Arbeitsvertrag einen Vorbehalt zur Zuweisung einer anderen Aufgabe enthält (LAG K 23.2.1987 LAGE BGB § 611 Direktionsrecht Nr. 1; *Hennige* NZA 1999, 281, 286; zu den Grenzen BAG 9.5.2006 NZA 2007, 145; bejaht bei über zehnjähriger Beschäftigung auf höherwertigem Arbeitsplatz LAG HE 9.4.2014 BeckRS 2015, 67886). Die Tätigkeitsbeschreibung ist eine nur auf Transparenz hin kontrollierbare **Hauptabrede** (BAG 19.1.2011 NZA 2011, 631 Rn. 16). In deren Rahmen ist die Zuweisung eines anderen Arbeitsgebietes mögl. (BAG 11.4.2006 NZA 2006, 1149; zur Rollenzuweisung an Schauspielerin: BAG 13.6.2007 NZA 2007, 974; zur Zulässigkeit der Entziehung einer Leitungsfunktion ohne Vergütungsänd. einerseits LAG RP 27.8.2009 BeckRS 2010, 66672; andererseits LAG K 11.12.2009 AuR 2010, 271; zur Unzulässigkeit bei Versetzung einer Führungskraft auf Sachbearbeiterposition: LAG BW 20.4.2009 ArbRB 2009, 196). Allein der Zeitablauf führt auch bei langjähriger Tätigkeit nicht zu einer Konkretisierung. Es bedarf vielmehr zusätzl. Umstände (BAG 13.3.2007 NZA-RR 2008, 504; LAG D 23.6.1994 LAGE BGB § 611 Direktionsrecht Nr. 18; LAG RP 5.7.1996 NZA 1997, 1113). 19

Hat der AN nach der Tätigkeitsbeschreibung jede ihm übertragene Arbeit zu leisten, die ihm nach Befähigung, Ausbildung und körperl. Eignung zugemutet werden kann, ist darauf abzustellen, ob alte und neue Tätigkeit als gleichwertig anzusehen sind. Die **Gleichwertigkeit** bestimmt sich grds. aus der auf den Betrieb abgestellten Verkehrsauff. und dem sich daraus ergeben Sozialbild (vgl. BAG 30.8.1995 NZA 1996, 442; LAG SH 2.6.2015 BeckRS 2015, 71971). **Bsp.:** Unwirksame Versetzung einer Chefarztsekretärin in den allg. Schreibdienst (LAG RP 27.5.2011 BeckRS 2011, 74707). Einsatz einer Erzieherin von Beginn des ArbVerh. als Lehrkraft (LAG HE 4.12.1986 LAGE BGB § 611 Direktionsrecht Nr. 3). Diplom-Sportlehrern kann nicht die Betreuung des allg. Hochschulsports auferlegt werden (LAG K 29.1.1991 LAGE BGB § 611 Direktionsrecht Nr. 8). Der AG kann sich auch durch Erkl. binden. Ist dem AN vorübergehend eine höherwertige Aufgabe übertragen worden, deren Fortführung auf Dauer seitens des AG nur von der fachl. Bewährung abhängig gemacht wird, darf der AG die Aufgabe nicht aus anderen Gründen entziehen (BAG 17.12.1997 NZA 1998, 555). 20

Wenn die Arbeitspflicht arbeitsvertragl. nicht auf eine genau bestimmte Tätigkeit begrenzt (konkretisiert) ist, kann dem AN des öffentl. Dienstes jede Tätigkeit übertragen werden, die den Merkmalen seiner **Vergütungsgruppe** und seinen Kräften und Fähigkeiten entspricht, sofern ihm die Tätigkeit auch iÜ billigerweise zugemutet werden kann (BAG 30.8.1995 NZA 1996, 440; 17.8.2011 NZA-RR 2012, 106: Abordnung eines Gymnasiallehrers an Regionalschule). Eine Konkretisierung auf eine bestimmte Tätigkeit tritt auch nach langjähriger Beschäftigung auf demselben Arbeitsplatz nicht ein (BAG 21.1.2004 NZA 2005, 61; 15.9.2009 NJW 2010, 394; LAG BB 2.6.2006 NZA-RR 2007, 448 [LS]; Schaub/*Linck* § 45 Rn. 16; *Hennige* NZA 1999, 281, 285). Der Arbeitsbereich kann auch verkleinert werden (BAG 23.6.1993 NZA 1993, 1127), allerdings liegt uU eine mitbestimmungspflichtige Versetzung vor (BAG 2.4.1996 NZA 1997, 112; zur mitbestimmungsfreien Umsetzung einer Stationsleiterin BAG 24.4.1996 AP NZA 1996, 1088). Die Verweigerung einer rechtmäßig zugewiesenen Tätigkeit kann die fristlose Entlassung rechtfertigen (BAG 12.4.1973 AP BGB § 611 Direktionsrecht Nr. 24). 21

Das Weisungsrecht umfasst aber **nicht** die Befugnis zur Versetzung des AN auf einen Arbeitsplatz mit einer **geringerwertigen Tätigkeit**, und zwar auch dann nicht, wenn die bisher gezahlte Vergütung fortgezahlt wird (BAG 14.7.1965 AP BGB § 611 Direktionsrecht Nr. 19; 24.4.1996 NZA 1997, 104; 3.12.2008 AP BGB § 307 Nr. 42; ausf. *Preis* II D 30 Rn. 116 ff.; diff. LAG NI 15.10.2010 LAGE GewO 2003 § 106 Nr. 8; zur Inhaltskontrolle vertragl. Erweiterungen vgl. BGB §§ 305 bis 310 22

Rn. 51 ff.; LAG SH 5.5.2015 BeckRS 2015, 71942). Ob dies auf der Basis tarifvertragl. Klauseln mögl. ist, ist umstr. (dafür BAG 22.5.1985 NZA 1986, 166; dagegen LAG D 17.3.1995 LAGE KSchG § 2 Nr. 16; zur Problematik *Preis* Vertragsgestaltung S. 447 ff. mwN). Geringerwertige Tätigkeiten muss der AN nur in Notfällen verrichten; dh. wenn sie nicht vorhersehbar waren, kurzfristig auftreten und bei denen für den Betrieb oder das Unternehmen ein Schaden droht (zB im Katastrophenfall *Bauer/Opolony* NJW 2002, 3503). Ein solcher Notfall besteht aber dann nicht, wenn der AG andere Möglichkeiten gehabt hätte, einen Arbeitskräftemangel zu beheben (BAG 8.10.1962 AP BGB § 611 Direktionsrecht Nr. 18). Ob die Zuweisung **höherwertiger Tätigkeiten (auf Dauer)** vom Weisungsrecht gedeckt ist, bedarf der Einzelfallprüfung (LAG MV 15.3.2016 ArbRAktuell 2016, 280). Die Zuweisung führt aber idR weder zu einer stillschweigenden Vertragsänd. (LAG HM 27.3.1992 LAGE BGB § 611 Direktionsrecht Nr. 12) noch zu einer Konkretisierung des Weisungsrechts (LAG RP 13.10.1987 NZA 1988, 471 f.). Die vorübergehende Übertragung einer höherwertigen Tätigkeit kann nach billigem Ermessen erfolgen. Das billige Ermessen der Ausübung des Weisungsrechts muss sich auf die Tätigkeitsübertragung „an sich" und die „Nicht-Dauerhaftigkeit" der Übertragung beziehen, sog. „doppelte Billigkeit" (BAG 18.4.2012 NZA 2012, 927; 17.4.2002 NZA 2003, 159 unter Aufgabe der Rspr. zur Rechtsmissbrauchskontrolle BAG 26.3.1997 ZTR 1997, 413); zu den Rechtsfolgen der Kassatrona und der Tarifautomatik (BAG 27.1.2016 NZA 2016, 903).

23 Gegenstand der Arbeitspflicht ist auch die Verrichtung sog. **Nebenarbeiten**. Diese hat der AN aber nur dann zu verrichten, wenn deren Übernahme dem Arbeitsvertrag entspricht, dh. sie typischerweise in dem vereinbarten Tätigkeitsbereich anfallen bzw. nur eine untergeordnete Bedeutung haben. Geschuldet sind in jedem Fall sog. „Zusammenhangstätigkeiten" (BAG 21.2.1990 AP BAT §§ 22, 23 Krankenkassen Nr. 7; *Hromadka* DB 1995, 2601, 2602). Maßgebend sind hier die Umstände des Einzelfalles. Im Hinblick auf das Berufsausbildungsverhältnis enthält § 14 II BBiG eine Sonderregelung. Der AN kann angewiesen werden, **Tätigkeitsnachw.** zu führen (BAG 19.4.2007 AP BGB § 611 Direktionsrecht Nr. 77) ebenso an **Schulungen** teilzunehmen (LAG HE 11.4.2007 BeckRS 2007, 47240). In den Bereich der privaten Lebensführung darf durch das Weisungsrecht nicht eingegriffen werden (BAG 23.8.2012 NZA 2013, 268).

24 Die geschuldete Arbeitsintensität bemisst sich grds. nach dem Leistungsvermögen des AN (BAG 17.7.1970 AP MuSchG 1968 § 11 Nr. 3). Da der Arbeitsvertrag im Allgemeinen keinen Maßstab für die Intensität der Leistung vorsieht, sollen Qualität und Quantität der innerhalb der AZ geschuldeten Arbeitsleistung iZw. nach der individuellen Leistungsfähigkeit des jeweiligen AN bestimmt werden (BAG 18.7.2007 AP BGB § 611 Minderleistung Nr. 1). Diesen individuellen Maßstab kann der AG einseitig durch Weisungen beeinflussen. Die Arbeitsmenge kann vertragl. geregelt werden. Das geschieht etwa bei der Vereinb. eines Zeitakkords. Der AN hat dann innerhalb einer vorgegebenen Normalzeit („Vorgabezeit") eine festgelegte Zahl von Produkten herzustellen. Haben die Arbeitsvertragsparteien Akkordarbeit verabredet, kann der AG nicht einseitig Arbeit im Zeitlohn anordnen und umgekehrt (BAG 6.2.1985 AP TVG § 1 Tarifverträge – Textilindustrie Nr. 3).

25 Der AG muss einen ihm offenbarten und beachtl. Glaubens- oder Gewissenskonflikt des AN bei der Ausübung seines Weisungsrechts berücksichtigen. Dies setzt voraus, dass der AN darlegt, ihm sei wegen einer aus einer spezifischen Sachlage folgenden Gewissensnot heraus nicht zuzumuten, die an sich vertragl. geschuldete Leistung zu erbringen (BAG 24.2.2011 AP GG Art. 4 Nr. 9).

26 **Einzelfälle:** Der AG kann den AN nicht anweisen, seine Steuererkl. durch einen vom AG beauftragten Steuerberater fertigen zu lassen (BAG 23.8.2012 NZA 2013, 268: unzulässiger Eingriff in Privatsphäre). Der AG kann Mitarbeiter anweisen, einen Dienstwagen selbst zu führen und Kollegen mitzunehmen, wenn es sich um eine Tätigkeit handelt, die mit der (höherwertigen) Hauptleistung zusammenhängt (BAG 29.8.1991 NZA 1992, 67). Eine Küchenhilfe kann nicht zur Reinigung der Sanitärbereiche verpflichtet werden (LAG NI 6.4.2009 LAGE GewO 2003 § 106 Nr. 6a). Der AG kann verlangen, dass der AN seine Arbeitserg. auch in Form qualifizierter und detaillierter Tätigkeitsberichte dokumentiert (BAG 19.4.2007 AP BGB § 611 Direktionsrecht Nr. 77). Der AG kann bei im Kundendienst tätigen AN (vorbehaltl. § 87 I Nr. 1 BetrVG) Anweisungen hins. der **Kleiderordnung** geben (LAG HM 22.10.1991 LAGE BGB § 611 Direktionsrecht Nr. 11; 7.7.1993 LAGE BGB § 611 Direktionsrecht Nr. 14; ArbG Cottbus 20.3.2012 BeckRS 2012, 72457; ausf. *Brose/Greiner/Preis* NZA 2011, 369). Der AG kann einer muslimischen Krankenschwester in einem ev Krankenhaus auftragen, es zu unterlassen, während der AZ ein Kopftuch zu tragen (BAG 24.9.2014 NZA 2014, 1407). Ebenso ist die Weisung, auf ausgehenden dienstl. Schreiben den Vornamen anzugeben und eine aus Vor- und Nachnamen zusammengesetzte dienstl. E-Mail-Adresse zu benutzen, grds. vom Weisungsrecht gedeckt (LAG SH 23.1.2008 AuR 2008, 193 [LS]). Grenzen können sich aus den Grundrechten des AN ergeben (BAG 10.10.2002 NZA 2003, 483; GG Art. 2 Rn. 88). Eine Bäckereifachverkäuferin muss auch eine automatische Brötchenbackanlage bedienen (LAG HM 8.6.1994 LAGE BGB § 611 Direktionsrecht Nr. 20). Ein Redakteur für Wortbeiträge kann auch verpflichtet werden, Wort- und Bildbeiträge mit Hilfe einer Digitalkamera zu erstellen (BAG 5.6.2003 – 6 AZR 237/02 – BeckRS 2003, 30370448). Der in einem Call-Center beschäftigte AN muss Weisungen seines AG hins. der Art und Weise der Kundenansprache beachten (LAG HM 20.4.2011 NZA-RR 2011, 640: „Jesus hat Sie lieb").

b) Ort der Arbeitsleistung. Wird der **Ort der Arbeitsleistung in einem Arbeitsvertrag fixiert** (und ggf. die Versetzbarkeit auf bestimmte Orte beschränkt), geht der Arbeitsvertrag vor. Auch die Festlegung des Ortes der Arbeitsleistung ist idR eine nur auf Transparenz hin kontrollierbare **Hauptabrede** iSd. § 307 III BGB (BAG 19.1.2011 NZA 2011, 631 Rn. 16). Über die vertragl. Fixierung hinausgehende örtl. Versetzungen bedürfen der Änderungskündigung. Wird hingegen ein best. Arbeitsort in Kombination mit einem Versetzungsvorbehalt, der sich auf das gesamte Unternehmen erstreckt, vereinbart, findet keine vertragl. Beschränkung des örtl. Direktionsrechts statt (BAG 28.8.2013 NZA-RR 2014, 181; LAG B 24.4.2015 NZA-RR 2015, 621). Zur entscheidenden Frage wird, ob und inwieweit der Arbeitsort vertragl. festgelegt ist. Lässt sich dem Arbeitsvertrag eine Festlegung des Arbeitsortes nicht entnehmen, insb. nicht die Auslegung, dass der AN nur für eine bestimmte Arbeitsstelle eingestellt worden ist (vgl. BGB § 611a Rn. 650), kann sich aus dem Weisungsrecht des AG die Befugnis ergeben, den AN an unterschiedl. Orten einzusetzen (BAG 11.4.2006 NZA 2006, 1149; 19.1.2011 NZA 2011, 631; 30.11.2016 BB 2017, 378). Grds. gilt kraft § 106 eine bundesweit unbeschränkte örtl. Versetzungsmöglichkeit, wenn der Arbeitsort vertragl. nicht eingeschränkt wurde (*Fliss* NZA-RR 2008, 225; *Preis/Genenger* NZA 2008, 969, 971). Es ist nicht erkennbar, dass § 106 das Weisungsrecht auf den Betrieb beschränkt. Es bedarf damit auch keiner Versetzungsklausel, wenn der AG den AN in einen anderen Betrieb und ggf. an einen anderen Ort versetzen will (so aber *Hromadka* NZA 2012, 233, 237, 238, der sich dagegen wendet, den weiten Wortlaut des § 106 wörtl. zu nehmen; abl. auch *Wank* RdA 2012, 139, 140; die Rspr. verteidigend *Hunold* DB 2013, 636; offenlassend BAG 18.10.2012 AP GewO § 106 Nr. 23 Rn. 28). Denn nach dem eindeutigen Wortlaut des § 106 erstreckt sich das Weisungsrecht auf den Ort der Arbeitsleistung. Das BAG verdeutlicht die Wahlfreiheit bei der Vertragsgestaltung: „Es macht keinen Unterschied, ob im Arbeitsvertrag auf eine Festlegung des Orts der Arbeitsleistung verzichtet und diese dem AG im Rahmen von § 106 vorbehalten bleibt oder ob der Ort der Arbeitsleistung bestimmt, aber die Möglichkeit der Zuweisung eines anderen Orts vereinbart wird. In diesem Fall wird ledigl. klargestellt, dass § 106 S. 1 gelten und eine Versetzungsbefugnis an andere Arbeitsorte bestehen soll." (BAG 19.1.2011 NZA 2011, 631). Soll nach einer arbeitsvertragl. Vereinb. der Arbeitsort „grds." in einer bestimmten Stadt sein, wobei in der Klausel klargestellt wird, dass der AN „auch vorübergehend oder auf Dauer … an einem anderen Ort …" eingesetzt wird, ist hinreichend klar, dass eine Einschränkung des Weisungsrechts nicht erfolgt ist, sondern im Vertrag nur die erstmalige Ausübung des Weisungsrechts in Bezug auf den Arbeitsort enthalten ist (BAG 13.6.2012 NZA 2012, 1154). Allein daraus, dass ein AN über einen längeren Zeitraum auf einer bestimmten Stelle mit bestimmten Aufgaben beschäftigt worden ist, kann noch nicht auf eine entspr. **örtl. Konkretisierung** geschlossen werden (BAG 7.12.2000 NZA 2001, 780; 15.9.2009 NJW 2010, 394; 17.8.2011 NZA 2012, 265; 13.62012 NZA 2012, 1154; 30.11.2016 BB 2017, 378; LAG BE 25.4.1988 LAGE BGB § 611 Direktionsrecht Nr. 2; LAG RP 5.7.1996 BB 1997, 474; LAG K 11.2.2005 BeckRS 2005, 42302). Ebenso wenig folgt aus § 269 I BGB, dass bei fehlender Festlegung der Betriebsort als vertragl. festgelegter Arbeitsort gilt (so aber LAG BW 10.12.2010 LAGE BGB 2002 § 611 Direktionsrecht Nr. 2). 27

Ob eine örtl. **Versetzung billigem Ermessen** entspricht, richtet sich auch nach der Entfernung des neuen Arbeitsplatzes (HWK/*Lembke* Rn. 30; zum Wechsel des Einsatzortes von Flugbegleitern: BAG 21.7.2009 EzA TVG § 4 Luftfahrt Nr. 18; 13.6.2012 NZA 2012, 1154; 26.9.2012 AP GewO § 106 Nr. 22; 28.8.2013 NZA-RR 2014, 181). Die Leistungsbestimmung ist ggü. demjenigen AN zu treffen, dessen Interessen weniger schutzwürdig sind, auch wenn eine soziale Auswahl nicht stattfindet (BAG 10.7.2013 NZA 2013, 1142 Rn. 29; LAG HE 20.5.2016 BeckRS 2016, 110582). Ein Schulhausmeister kann verpflichtet werden, während der Schulferien auch benachbarte Schulen mitzubetreuen (BAG 11.6.1992 NZA 1993, 576). Im öffentl. Dienst ist das Weisungsrecht bei Verwendung der übl. Musterverträge nur eingeschränkt, wenn aus einer exakten und klaren Vereinb. folgt, dass unter Verzicht auf das tarifl. Weisungsrecht ein dauerhafter, ausschl. zukünftiger Arbeitsort festgelegt werden sollte (BAG 29.10.1997 NZA 1998, 329). Billiges Ermessen ist nicht gewahrt, wenn der AG nur die AN versetzt, die zuvor eine unbefristete Beschäftigung eingeklagt haben (BAG 10.7.2013 NZA 2013, 1142). 28

Das Weisungsrecht hins. des Arbeitsortes muss nicht notwendigerweise vereinbart werden, sondern kann sich auch aus der Tätigkeitsbeschreibung bzw. dem Wesen der Tätigkeit ergeben. Der Tätigkeit eines AN kann es immanent sein, an verschiedenen **wechselnden Einsatzorten** zu arbeiten, wie dies häufig bei Bau-, Montage-, Außendienstmitarbeitern und AN in Reinigungsunternehmen der Fall sein wird. Hier ist der AG berechtigt, den Arbeitsort tägl. neu festzulegen. Zu vielen Berufsbildern gehören gelegentl. Dienstreisen in das In- und Ausland. Sie kann der AG im Rahmen seines Weisungsrechts idR anordnen (*Loritz* NZA 1997, 1188, 1190). Einem Vertriebsmitarbeiter können, soweit keine vertragl. Einschränkung besteht, verschiedene Vertriebsgebiete zugewiesen werden (LAG M 13.8.2009 AuA 2009, 724). 29

Der AG kann iRd. Weisungsrecht AN umsetzen; er ist nicht gehalten, bei Konflikten zunächst eine Abmahnung auszusprechen (BAG 24.4.1996 NZA 1996, 1088). Bei gestörtem Betriebsklima durch Streit unter den Mitarbeitern entspricht es billigem Ermessen, wenn der AG zur Behebung des Konfliktes einen AN in eine andere Filiale desselben Ortes versetzt, ohne dass es auf die Ursachen des Konfliktes ankommt (LAG K 27.11.1998 LAGE BGB § 315 Nr. 6; LAG SH 2.5.2007 NZA-RR 2007, 30

402; LAG K 14.8.2009 DÖD 2009, 327). Im Falle **betriebsbedingter Umsetzung** ist eine „Sozialauswahl" in analoger Anwendung des § 1 III KSchG nicht erforderl. (BAG 28.8.2013 NZA-RR 2014, 181 Rn. 43). Dies gilt auch im Falle des sog. „erweiterten Weisungsrechts" (aA LAG HM 12.2.1996 LAGE BGB § 611 Direktionsrecht Nr. 25). Sofern die vertragl. Erweiterung des Weisungsrechts einer Rechts- und Inhaltskontrolle standhält, ist kein Raum für eine Anwendung des § 1 III KSchG. Bei Schließung oder Verlagerung eines Betriebes ist die Versetzung in einen an einem anderen Ort gelegenen Betrieb regelm. nicht zu beanstanden (LAG K 30.1.1995 LAGE BGB § 611 Direktionsrecht Nr. 21; LAG BE 14.12.1998 ZTR 1999, 223). Zumutbare Pendelzeiten können dabei nicht aus den sozialrechtl. Regeln über die Zumutbarkeit einer Beschäftigung gefolgert werden. Nach Auff. des BAG enthalten die Normen des SGB III keinen belastbaren Maßstab für die Kontrolle des Ermessensgebrauchs nach § 106 (BAG 17.8.2011 NZA 2012, 265; 30.11.2016 BB 2017, 378).

31 **c) Zeit der Arbeitsleistung.** Ist keine abschl. arbeitsvertragl. Regelung getroffen (BAG 17.7.2007 NZA 2008, 118), ist der AG im Rahmen seines Weisungsrechtes befugt, die **Lage der AZ** einseitig nach billigem Ermessen festzulegen (BAG 18.4.2012 NZA 2012, 796; 13.11.2012 NZA 2013, 373; zB Wechsel von Nacht- zu Tagarbeit, Einf. von Schichtarbeit, Sonntagsarbeit; zum Schichtdienst LAG K 30.7.2009 NZA-RR 2010, 514; zur Anordnung von Bereitschaftsdiensten ggü. einem Oberarzt BAG 16.10.2013 NZA 2014, 264). Eine **eingeschränkte Verfügbarkeit** hins. der Lage der AZ führt noch nicht dazu, dass der AN seine vertragl. geschuldete Arbeitsleistung nicht erfüllen kann. Ggf. muss der AG sein Weisungsrecht so ausüben, dass bestimmte AZ (zB Nachtarbeit oder Kollision mit anderen Vertragspflichten bei mehreren TZBeschäftigungen) vermieden werden (BAG 9.4.2014 NZA 2014, 719 Rn. 25 ff.). Bleibt die Zuweisung innerhalb des vereinbarten AZRahmens, fallen keine Überstunden an; der AN kann keine kalendertägl. Berechnung verlangen, wenn keine entspr. vertragl. Festlegung erfolgte (BAG 18.4.2012 NZA 2012, 796). Der AG kann die in § 4 I ArbZG geregelten Ruhepausen anordnen; er kann auch über das Mindestmaß des § 4 I ArbZG hinausgehen (BAG 16.12.2009 NZA 2010, 505). Die Anordnung der Ruhepausen kann durch Weisung erfolgen, wobei es genügt, deren zeitl. Lage zu Beginn der Pause festzulegen (BAG 25.2.2015 NZA 2015, 494). Die Weisung muss aber die Grenzen des ges. und tarifvertragl. AZRahmens beachten. Es besteht ohne vertragl. Festlegung kein Bestandsschutz der AN, auch künftig etwa mit Nacht-, Sonn- und Feiertagsarbeit beschäftigt zu werden, um Vergütungszuschläge zu erhalten (LAG K 30.3.2009 PersV 2010, 113). Das BAG gibt dem AG insoweit vertragsrechtl. einen weiten Spielraum (BAG 11.2.1998 NZA 1998, 647; 23.9.2004 NZA 2005, 359; krit. *Hromadka* DB 1995, 2601, 2603). Das BAG (15.9.2009 NJW 2010, 394) hat jetzt sogar das Weisungsrecht auf ges. und kollektivrechtl. erlaubte **Sonn- und Feiertagsarbeit** erstreckt, obwohl zZ der Begr. des ArbVerh. Sonntagsarbeit ges. nicht genehmigungsfähig und in einem 30 Jahre andauernden ArbVerh. noch niemals angeordnet worden war. Das verdeutlicht, dass das BAG eine „Konkretisierung" iS einer Änd. der Leistungspflicht praktisch ausschließt. Allein dass der AN längere Zeit in ders. Weise eingesetzt wurde, reicht nicht aus. Zum reinen Zeitablauf müssen bes. Umstände hinzutreten, die erkennen lassen, dass der AN nur noch verpflichtet sein soll, seine Arbeit unverändert zu erbringen (BAG 15.9.2009 NJW 2010, 394; krit. zum Fall der Sonntagsarbeit *Preis/Ulber* NZA 2010, 729; s. a. LAG HM 30.6.1994 LAGE BGB § 611 Direktionsrecht Nr. 17; LAG K 26.7.2002 LAGE BGB 2002 § 611 Direktionsrecht Nr. 1). Allein aus der Tatsache, dass ein AN vom AG – auch längere Zeit – unter deutl. Überschreitung einer vertragl. vorgesehenen AZ eingesetzt wird, ergibt sich keine Vertragsänd. (BAG 26.9.2012 EzA GewO § 106 Nr. 13). Die Bestimmung muss billigem Ermessen entsprechen. Die Grenzen billigen Ermessens sind jedoch überschritten, wenn der AG die AZ in unzumutbarer Weise stückelt und durch zu lange unbezahlte Pausen unterbrechen will (LAG K 15.6.2009 LAGE GewO 2003 § 106 Nr. 7; zu „geteilten" Diensten großzügiger LAG K 14.12.2011 öAT 2012, 92; vgl. a. zu einer ungewöhnl. AZLage LAG RP 17.6.2009 BeckRS 2010, 65478). Bei der Bestimmung der Lage der AZ muss er nach Möglichkeit auch auf die Personensorgepflichten (§§ 1626, 1627 BGB) des AN Rücksicht zu nehmen, muss aber keine soziale Auswahl vornehmen (BAG 23.9.2004 NZA 2005, 359; s. a. LAG N 8.3.1999 NZA 1999, 263; LAG K 27.3.2012 BeckRS 2012, 69615). Der AG kann aber verpflichtet sein, einen gesundheitl. eingeschränkten AN nicht mehr in der Nachtschicht zu beschäftigen (BAG 9.4.2014 NZA 2014, 719; s. a. LAG K 14.8.2013 LAGE GewO 2003 § 106 Nr. 15). Verweigern AN aus religiösen Gründen Sonntagsarbeit, muss der AG bei der Ausübung des Direktionsrechts die Glaubens- und Bekenntnisfreiheit (Art. 4 GG) berücksichtigen (s. a. ArbG Kassel 17.3.2011 – 9 Ca 379/10). IdR wird es dem AG zumutbar sein, diese AN nur montags bis samstags einzusetzen. IÜ kann ein Leistungsverweigerungsrecht nach § 275 III BGB bestehen (hierzu *Preis/Ulber* NZA 2010, 729). In mitbestimmten Betrieben hat der BR nach § 87 I Nr. 2 BetrVG ein umfassendes MBR.

32 Außerordentl. umstr. und probl. ist, ob und inwieweit das Weisungsrecht sich auch auf den **Umf. der AZ** bezieht. Dies ist grds. zu verneinen, weil der Umf. der AZ zum Kernbestand des Austauschverhältnisses gehört (LAG D 30.8.2002 NZA-RR 2003, 407, 408; HWK/*Thüsing* § 611 BGB Rn. 307). Einseitige, vertragl. nicht geregelte Veränderungen der AZ, von der die Höhe der Vergütung abhängt, können daher prinzipiell nur durch Änderungskündigung erfolgen (hierzu BGB § 611a Rn. 380 sowie KSchG § 2 Rn. 60). Das BAG hat jetzt aber die Möglichkeit zur Abrufarbeit und zu Bandbreitenrege-

lungen auch im Arbeitsvertrag eröffnet. Grenzen errichten insoweit § 12 TzBfG (TzBfG § 12 Rn. 4 ff.) und die Grds. zur Inhaltskontrolle (BGB §§ 305 bis 310 Rn. 51 ff.). Auch Kurzarbeit kann der AG grds. nicht einseitig anordnen (näher BGB § 611a Rn. 657), Überstunden nur im Fall einer ausdr. vertragl. Regelung (näher BGB § 611a Rn. 663).

Weitergehende Möglichkeiten hat der AG, wenn tarifvertragl. Regelungen dem AG die Befugnis einräumen, einseitig die Arbeitsdauer in einem gewissen Rahmen festzulegen (vgl. BAG 12.3.1992 NZA 1992, 938). Bei nachteiligen Regelungen in TV geht die Rspr. davon aus, dass eine angemessene Regelung der gleich stark anzusehenden Tarifparteien getroffen worden ist. Eine solche Parität ist bei Begr. eines Arbeitsvertrags in aller Regel nicht anzunehmen. Die notwendige Differenzierung findet iRd. Inhaltskontrolle statt. Der TV unterliegt nur einer Rechtskontrolle, keiner Angemessenheitskontrolle (vgl. §§ 310 IV, 307 III BGB). Auf die Ausübung eines tarifvertragl. begr. Rechts zur Absenkung der AZ findet § 106 keine Anwendung (BAG 14.1.2009 NZA 2009, 984). 33

5. Rücksichtnahme auf Behinderungen. Bislang in dieser Form nicht anerkannt ist S. 3. Danach hat der AG seit dem 1.1.2003 bei der Ausübung des Ermessens auf Behinderungen des AN Rücksicht zu nehmen. Der konkrete Regelungsgehalt der Vorschr. ist unklar. Einerseits ist der Begriff der Behinderung weiter als der des SGB IX; die Behinderung muss also nicht den Grad der Schwerbehinderung iSd. SGB IX erreichen (BT-Drs. 14/8796 S. 24). Eine präzisere Konkretisierung enthält für den Bereich der schwerbehinderten Menschen § 81 IV SGB IX. Aus S. 3 kann kein bes. Schutz behinderter Menschen hergeleitet werden. Sofern eine Behinderung vorliegt, ist bei der Ausübung des Weisungsrechts „auch“ auf die Behinderung Rücksicht zu nehmen. Das entspricht jedoch schon weitgehend der Rspr. des BAG. Hinzuweisen ist auf die sehr weitreichende Rspr., die den AG verpflichtet, dem AN nach Möglichkeit einen leidensgerechten Arbeitsplatz zuzuweisen und sogar von der Ausübung des Weisungsrechts im Vorfeld von Kündigungen entspr. Gebrauch zu machen (BAG 29.1.1997 NZA 1997, 709). Darüber hinaus findet der in S. 3 geregelte Grds. Berücksichtigung in der sehr zurückhaltenden Rspr. des BAG, bei Leistungsminderungen, die auf Krankheit oder Behinderung beruhen, eine Kündigung zuzulassen (hierzu näher KSchG § 1 Rn. 167). 34

§ 107 Berechnung und Zahlung des Arbeitsentgelts

(1) **Das Arbeitsentgelt ist in Euro zu berechnen und auszuzahlen.**

(2) **[1]Arbeitgeber und Arbeitnehmer können Sachbezüge als Teil des Arbeitsentgelts vereinbaren, wenn dies dem Interesse des Arbeitnehmers oder der Eigenart des Arbeitsverhältnisses entspricht. [2]Der Arbeitgeber darf dem Arbeitnehmer keine Waren auf Kredit überlassen. [3]Er darf ihm nach Vereinbarung Waren in Anrechnung auf das Arbeitsentgelt überlassen, wenn die Anrechnung zu den durchschnittlichen Selbstkosten erfolgt. [4]Die geleisteten Gegenstände müssen mittlerer Art und Güte sein, soweit nicht ausdrücklich eine andere Vereinbarung getroffen worden ist. [5]Der Wert der vereinbarten Sachbezüge oder die Anrechnung der überlassenen Waren auf das Arbeitsentgelt darf die Höhe des pfändbaren Teils des Arbeitsentgelts nicht übersteigen.**

(3) **[1]Die Zahlung eines regelmäßigen Arbeitsentgelts kann nicht für die Fälle ausgeschlossen werden, in denen der Arbeitnehmer für seine Tätigkeit von Dritten ein Trinkgeld erhält. [2]Trinkgeld ist ein Geldbetrag, den ein Dritter ohne rechtliche Verpflichtung dem Arbeitnehmer zusätzlich zu einer dem Arbeitgeber geschuldeten Leistung zahlt.**

Abs. 1 regelt als Grundprinzip, dass das Arbeitsentgelt in Euro zu berechnen und auszuzahlen ist. Abs. 2 regelt demggü. Möglichkeit und Grenzen der Gewährung von Sachbezügen als Teil des Arbeitsentgelts. Abs. 3 enthält eine Sonderregelung für Trinkgelder. 1

Abs. 1 ist die „modernisierte Fassung“ des § 115 aF, der das Barzahlungsgebot enthielt. Das ist der Kern der Vorschr. Die Fassung des § 107 I will bargeldlose Zahlungen ermöglichen und sicherstellen, dass der AN über Geld verfügen kann. Zwischen Geldlohn und anderen Entgeltformen konstituiert § 107 ein Regel-Ausnahme-Verhältnis (Boemke/*Boemke* Rn. 2). Probl. ist aber die Festlegung auf die **Währung.** Die Festlegung soll den AN davor schützen, fremde Währung erst umtauschen zu müssen. Der Erhalt einer fremden Währung kann für den AN genauso probl. sein wie ein Sachbezug, den er nicht oder nicht ohne Wertverlust verwenden kann. ZT wird die Vereinb. einer anderen Währung für unzulässig gehalten (HWK/*Lembke* Rn. 16; Boemke/*Boemke* Rn. 10; *Bauer/Opolony* BB 2002, 1590, 1952; aA *Wisskirchen* DB 2002, 1886, 1887). Dagegen spricht, dass § 2 II Nr. 2 NachwG die Möglichkeit einer Lohnzahlung in einer anderen Währung voraussetzt. Da § 105 S. 2 ausdr. auf das NachwG verweist, ist nicht anzunehmen, dass eine Lohnzahlung in anderer Währung insg. ausgeschlossen werden sollte. Bei einem Auslandseinsatz außerhalb der Euro-Zone wäre überdies der Sinn des § 107 I konterkariert. Die sachgerechte Lösung ist, § 107 I und II als systematische Einheit zu betrachten. Beide Absätze dienen dem gleichen Zweck, näml. zu verhindern, den Lohnanspruch des AN zu entwerten oder über Gebühr zu erschweren. Insofern können AG und AN auch eine andere Währung vereinbaren, wenn dies dem Interesse des AN oder der Eigenart des ArbVerh. entspricht (§ 107 II 1). 2

3 Aus § 107 II folgt das prinzipielle **Verbot des Trucksystems**. Es soll verhindern, dass der AN durch die Annahme anderer Leistungen des AG an Erfüllung Statt seinen Geldlohnanspruch wegen § 364 BGB verliert. Sowohl beim Truck-Verbot als auch beim Warenkreditierungsverbot nach § 107 II 2 geht es darum, den AN vor einem Verlust des Geldlohnanspruches zu schützen. Systematisch folgt daraus, dass die in § 107 II 3 geregelten Ausnahmen auch für das Truck-Verbot des § 107 II 1 gelten. Die Vereinb. einer Naturalvergütung wird dadurch aber nicht ausgeschlossen; unzulässig ist nur, dass die als Geldschuld eingegangene Vergütungspflicht durch eine Naturalleistung getilgt wird (Staudinger/*Richardi/Fischinger* § 611 BGB Rn. 1580 ff.; *Marschner* AR-Blattei SD 1380 Rn. 16; BGH 12.7.1975 AP GewO § 115 Nr. 3). Sachleistung und Arbeitsleistung müssen im unmittelbaren Gegenseitigkeitsverhältnis stehen (BAG 17.2.2009 NZA 2010, 99, 100; HWK/*Lembke* Rn. 25; verneint für den Tatbestand der „Überlassung" von Dienstkleidung). Barzahlung bedeutet auch nicht, dass eine **bargeldlose Zahlung** ausgeschlossen ist; es genügt, dass der AN aufgrund der Zahlungsart über den Lohnbetrag verfügen kann. Die Vorschr. beziehen sich nur auf den vereinbarten Lohn, nicht aber auf freiwillige zusätzl. Leistungen (zB Jubiläumszuwendungen, BAG 23.9.1992 NZA 1993, 936).

4 Nach § 107 II 1 können Sachbezüge als Teil (also nicht insg.!) des Arbeitsentgelts nur vereinbart werden, wenn dies dem **Interesse des AN** oder der Eigenart des ArbVerh. entspricht. Es ist ein abstrakt obj. Maßstab anzulegen (*Wisskirchen* DB 2002, 1886, 1887; *Bauer/Opolony* DB 2002, 1590, 1593). Nur solche Sachleistungen sind im Interesse des AN, die er der Art nach sinnvoll nutzen oder verbrauchen kann. Das ist zB bei der Überlassung eines Kfz auch zu privaten Zwecken der Fall (zum Dienstwagen BGB § 611a Rn. 522 ff.; zum Personalrabatt BGB § 611a Rn. 519; BAG 14.11.2012 AP § 1 TVG: Tarifverträge Einzelhandel Nr. 101). Zu Sachbezügen gehört jede Vergütung, die nicht in Geld oder durch bargeldlose Geldleistung (einschl. Wechsel und Scheck) gewährt wird. Hierunter fällt die Gewährung von Sachbezügen, Deputaten in der Landwirtschaft, Kohle im Bergbau (Hausbrand), Kost, Wohnung, Heizung, Beleuchtung, Haustrunk der Brauereien, Einräumung der Möglichkeit zu verbilligtem Bezug einzelner Gebrauchsgegenstände und die Überlassung von Firmenfahrzeugen zur privaten Nutzung. Als Sachbezug sind auch **Aktien** zu betrachten (*Bauer/Opolony* DB 2002, 1590, 1593; zu Aktienoptionen BGB § 613a Rn. 73). Die Gewinninteressen liegen im Interesse des AN. Da allerdings auch Risiken zu beachten sind, macht es Sinn, dass § 107 II 1 diesen Sachbezug nur auf einen – nicht näher definierten – Teil des Arbeitsentgelts beschränkt. Nicht als Naturalbezug sind die Gewährung des Zugangs zu betriebl. Sozialeinrichtungen (Teilnahme an Kantinenverpflegung) und die Überlassung von Arbeitskleidung anzusehen (*Marschner* AR-Blattei SD 1380 Rn. 9; Schaub/*Linck* § 68 Rn. 1, 5).

5 Was unter **„Eigenart des Arbeitsverhältnisses"** zu verstehen ist, ist unklar. In der Gesetzesbegr. wird auf die übl. Deputate in Gastronomie, Tabak- und Brauereigewerbe hingewiesen (BT-Drs. 14/8796 S. 24). Als lex specialis geht § 17 II BBiG vor, der für die Anrechnung von Sachbezügen auf die Ausbildungsvergütung eine Höchstquote von 75% festschreibt.

6 Nach § 107 II 2 darf der AG dem AN keine **Waren auf Kredit** überlassen, dh. Waren auf Kredit verkaufen und vereinbaren, dass die Kreditraten vom Lohn abgezogen werden. Da Waren nur bewegl. Gegenstände sind, ist der Verkauf eines Grundstücks auf Kredit mögl. (HWK/*Lembke* Rn. 50). Zulässig bleibt der Verkauf von Waren gegen unmittelbare Barzahlung. Unter Anrechnung auf die Vergütung können Waren nur veräußert werden, wenn die Anrechnung zu den durchschnittl. Selbstkosten erfolgt (§ 107 II 3). Dies entsprach schon bisheriger Sichtweise, damit der AG keine zusätzl. Gewinne macht. Ferner müssen die gelieferten Waren mittlerer Art und Güte sein (§ 107 II 4). Diese Vorschr. kann nur durch ausdr. Vereinb. abgedungen werden (Abweichung zu § 243 I BGB).

7 Die Neuregelung des Truckverbots zum 1.1.2003 enthält im Unterschied zur früheren Rechtslage keine ausdr. Rechtsfolgenregelung. Ein Verstoß gegen die Vorgaben des § 107 II führt dazu, dass der Anspruch auf die nach § 107 I grds. in Geld zu leistende Vergütung nicht erlischt. Entgegen seinem missglückten Wortlaut beschränkt § 107 II 5 weder den zulässigen Höchstwert eines Sachbezugs noch dessen Anrechenbarkeit auf die jeweilige Pfändungsgrenze des § 850c ZPO, sondern enthält eine **Mindestentgeltsicherung**, nach der dem AN der unpfändbare Teil des Arbeitseinkommens (§§ 850 ff. ZPO) zwgd. in Geld auszuzahlen ist (HWK/*Lembke* Rn. 69). Die AN sollen nicht in die Lage geraten, die Waren, die sie als Naturallohn erhalten haben, erst verkaufen zu müssen, bevor sie ihren Lebensunterhalt bestreiten können (BT-Drs. 14/8796 S. 25). Sind die in Geld geleistete Nettovergütung und der Sachbezug (hier Überlassung eines Dienstwagens zur privaten Nutzung) in ihrer Summe nach §§ 850c I, 850e Nr. 3 ZPO unpfändbar, verstößt eine Anrechnung des Sachbezugs auf das Arbeitseinkommen gegen das VerbotsG des § 107 II 5 (BAG 24.3.2009 NZA 2009, 861).

8 § 107 III 2 enthält eine Definition des Trinkgeldes (zu Bedienungsgeldern BGB § 611a Rn. 507 ff.). Unklar nach der GFassung ist, ob das Trinkgeld überhaupt noch als Sachbezug anzusehen ist. § 107 III untersagt nur den völligen Ausschluss eines regelm. Arbeitsentgelts. Ermöglicht werden damit Vereinb. eines geringen Lohns, der erst iVm. den zu erwartenden Trinkgeldern attraktiv ist (*Schöne* NZA 2002, 829, 832). Freil. sind die Grenzen des § 138 BGB (ArbG K 27.1.2012 ArbuR 2012, 179; BGB § 612 Rn. 3 ff.) sowie des MiLoG (vgl. § 1 MiLoG Rn. 7) zu beachten. Prinzipiell schließt schon § 107 III die Anrechnung von Trinkgeldern auf den Mindestlohn aus (BGB § 611a Rn. 507). Der AG ist verpflich-

tet, von Dritten erkennbar mit der Zweckbestimmung des Trinkgelds erlangte Geldbeträge an die begünstigten AN weiterzuleiten. Ist den AN die genaue Höhe der Trinkgeldeinnahmen unbekannt, ist der AG zur Auskunft verpflichtet (ArbG Gelsenkirchen 21.1.2014 BeckRS 2014, 66992).

§ 108 Abrechnung des Arbeitsentgelts

(1) [1]Dem Arbeitnehmer ist bei Zahlung des Arbeitsentgelts eine Abrechnung in Textform zu erteilen. [2]Die Abrechnung muss mindestens Angaben über Abrechnungszeitraum und Zusammensetzung des Arbeitsentgelts enthalten. [3]Hinsichtlich der Zusammensetzung sind insbesondere Angaben über Art und Höhe der Zuschläge, Zulagen, sonstige Vergütungen, Art und Höhe der Abzüge, Abschlagszahlungen sowie Vorschüsse erforderlich.

(2) Die Verpflichtung zur Abrechnung entfällt, wenn sich die Angaben gegenüber der letzten ordnungsgemäßen Abrechnung nicht geändert haben.

(3) [1]Das Bundesministerium für Arbeit und Soziales wird ermächtigt, das Nähere zum Inhalt und Verfahren einer Entgeltbescheinigung, die zu Zwecken nach dem Sozialgesetzbuch sowie zur Vorlage bei den Sozial- und Familiengerichten verwendet werden kann, durch Rechtsverordnung zu bestimmen. [2]Besoldungsmitteilungen für Beamte, Richter oder Soldaten, die inhaltlich der Entgeltbescheinigung nach Satz 1 entsprechen, können für die in Satz 1 genannten Zwecke verwendet werden. [3]Der Arbeitnehmer kann vom Arbeitgeber zu anderen Zwecken eine weitere Entgeltbescheinigung verlangen, die sich auf die Angaben nach Absatz 1 beschränkt.

§ 108 beruht im Wesentlichen auf der früheren Vorschr. des § 134 Abs. 2 aF. Die Norm regelt den Anspruch auf schriftl. Abrechnung des Arbeitsentgelts. § 108 I 2 enthält darüber hinaus Mindestbestandteile der Abrechnung. Die Regelung dient der Transparenz (BAG 10.1.2007 NZA 2007, 679). Sie führt nicht zu einer rechtl. Klärung der Ansprüche (LAG BW 13.10.2010 BeckRS 2011, 70882; bestätigt durch BAG 18.4.2012 NZA 2012, 796). Intransparent ist der Regelungsstandort der Norm. Systematisch gehört die Norm zu § 614 BGB, in der die Fälligkeit der Vergütung geregelt ist. § 614 BGB und § 108 bilden insoweit eine systematische Einheit, als § 614 BGB den Abrechnungszeitraum regelt und § 108 die Abrechnungsmodalitäten. Die Abrechnung ist in Textform (§ 126b) zu erteilen (vgl. BGB §§ 125 bis 127 Rn. 30ff.). § 108 betrifft die Brutto-/Netto-Abrechnung, die erst bei tats. Zahlung des Arbeitsentgelts zu erteilen ist. Ohne vorherige Zahlung ist die Abrechnung nicht klagbar (BAG 12.7.2006 NZA 2006, 1294). Anders bei der Brutto-Abrechnung, die der AG dem AN als Nebenpflicht aus dem ArbVerh. schuldet (vgl. BGB § 611a Rn. 413, 631 sowie § 82 II BetrVG; zur Lohnzahlungsklage BGB § 611a Rn. 476, wenn der AN seinen Brutto-Entgeltanspruch nicht aus eigener Kenntnis beziffern kann (zB Akkord, Aufmaß). 1

Abs. 2 regelt die Selbstverständlichkeit, dass eine **erneute Abrechnung** nicht zu erteilen ist, wenn sich die Angaben ggü. der letzten ordnungsgemäßen Abrechnung nicht verändert haben. Die Bedeutung dieser Regelung wird noch in vielen Rechtsstreiten verkannt. 2

§ 109 Zeugnis

(1) [1]Der Arbeitnehmer hat bei Beendigung eines Arbeitsverhältnisses Anspruch auf ein schriftliches Zeugnis. [2]Das Zeugnis muss mindestens Angaben zu Art und Dauer der Tätigkeit (einfaches Zeugnis) enthalten. [3]Der Arbeitnehmer kann verlangen, dass sich die Angaben darüber hinaus auf Leistung und Verhalten im Arbeitsverhältnis (qualifiziertes Zeugnis) erstrecken.

(2) [1]Das Zeugnis muss klar und verständlich formuliert sein. [2]Es darf keine Merkmale oder Formulierungen enthalten, die den Zweck haben, eine andere als aus der äußeren Form oder aus dem Wortlaut ersichtliche Aussage über den Arbeitnehmer zu treffen.

(3) Die Erteilung des Zeugnisses in elektronischer Form ist ausgeschlossen.

I. Normzweck

§ 109 fixiert eine ges. Nebenpflicht des AG aus dem ArbVerh. und keine reine Gefälligkeit (BGH 15.5.1979 AP BGB § 630 Nr. 13). Für den AN ist das Zeugnis ein wichtiger Faktor in seinem Arbeitsleben, insb. für seine berufl. Entwicklung. Das Zeugnis soll dem berufl. Fortkommen des AN dienen (BAG 16.9.1974 AP BGB § 630 Nr. 9). Mit Hilfe des Zeugnisses können sich Dritte, die eine Einstellung erwägen, über den Bewerber unterrichten. Als Entscheidungsgrdl. für künftige AG gelangt es insb. bei der Vorauswahl der Bewerber und der Einladung zu Vorstellungsgesprächen zu erhebl. Bedeutung (BAG 3.3.1993 AP BGB § 630 Nr. 20). Die dem Zeugnis zugedachte Funktion kann es nur erfüllen, wenn der Rechtsverkehr dem Zeugnis eine Verbindlichkeit zuerkennt, die es aus der **Übernahme einer gewissen Mindestgewähr** des Ausstellenden für den Inhalt des Zeugnisses bezieht (BGH 15.5.1979 AP BGB § 630 Nr. 13). 1

1a § 109 ist der Vorschr. des **§ 630 BGB** und dieser wiederum § 113 GewO aF und entspr. Bestimmungen in den Gesindeordnungen nachgebildet (vgl. *Jakobs/Schubert,* Beratung des BGB II, 1980 S. 830; näher zur hist. Entwicklung *Huesmann,* Arbeitszeugnisse aus personalpolitischer Perspektive, 2008 S. 18 ff.). § 109 ist am 1.1.2003 in Kraft getreten. Zugleich ist § 73 HGB außer Kraft getreten, während § 630 BGB nur noch für dauernde Dienstverhältnisse gilt, die keine ArbVerh. sind. § 16 BBiG bleibt daneben als bes. Regelung bestehen. Was der Wortlaut des § 109 nicht erkennen lässt, ist seine Ausfüllung durch **zu Recht gewordenem Anstand.** Es ist ungeschriebener, aber unbezweifelter Standard der Rspr. und des Schrifttums, dass ein ungehöriges Zeugnis nicht hingenommen werden muss (vgl. statt vieler BAG 16.11.1995 EzA BGB § 630 Nr. 20). Als nicht gehörig werden Zeugnisse sowohl aus formellen als auch aus inhaltl. Gründen bewertet. Dabei entscheiden regelm. außerrechtl. Kategorien über das, was als anständig zu beurteilen ist. Als Bsp. mögen das Falten des Zeugnisbogens, die Formulierung des Zeugnisses in der 3. Person (vgl. LAG D 23.5.1995 NZA-RR 1996, 42) oder (unabsichtl.) Rechtschreibfehler (vgl. Rn. 15) dienen. Das LAG HM (1.12.1994 LAGE BGB § 630 Nr. 28) hat sogar ähnl. einer Anleitungsfibel die in ein seiner Ansicht nach vollständiges qualifiziertes Zeugnis aufzunehmenden Elemente im LS aufgelistet. IE erhebt § 109 Anstand zur einklagbaren Schuld. Die Norm kann deshalb als verdecktes BlankettG bezeichnet werden.

II. Anwendungsbereich

2 § 109 gilt seit dem 1.1.2003 **für alle ArbVerh.** (§ 6 GewO). Auf alle vor diesem Termin entstandenen Zeugnisansprüche ist noch § 630 BGB anzuwenden. Es ist nicht mehr, wie bei § 630 BGB erforderl., dass das Dienstverhältnis rechtl. oder faktisch auf längere Zeit angelegt ist oder faktisch bereits längere Zeit bestanden hat. Ledigl. für das qualifizierte Zeugnis ist zu verlangen, dass das ArbVerh. tats. in Vollzug gesetzt worden ist. Andernfalls könnten Leistung und Verhalten des AN im ArbVerh. nicht beschrieben und beurteilt werden. Ein qualifiziertes Zeugnis macht nur Sinn, wenn die tats. Tätigkeitsdauer eine Beurteilung des Verhaltens und der Leistung überhaupt ermöglicht (*Grimm* AR-Blattei SD 1850 Rn. 5). Nach LAG K (30.3.2001 BB 2001, 1959) soll hierfür ein zweimonatiger Zeitraum genügen.

2a Der Zeugnisanspruch ist auch beim **fehlerhaften (faktischen) ArbVerh.** (Erman/*Belling* § 630 BGB Rn. 5) und im WeiterBeschVerh. gegeben. Der Zeugnisanspruch von Dienstnehmern richtet sich nach § 630 BGB.

2b Der in § 109 geregelte Anspruch ist unabhängig davon, ob der **AN in Vollzeit oder TZ,** im Hauptberuf oder im Nebenberuf beschäftigt war, auch das ProbeArbVerh. reicht aus. Ltd. Ang. sind nicht ausgenommen (LAG HM 12.7.1994 LAGE BGB § 630 Nr. 27). AN, die ihre Arbeitsleistungen im Rahmen einer Eigengruppe erfüllen (GruppenArbVerh.), haben einen Zeugnisanspruch, doch kann der AG zumindest die Leistung nicht individuell beurteilen, so dass allein ein einfaches Zeugnis zu erteilen sein wird (**aA** *Schleßmann* Rn. 126 [kein Zeugnisanspruch]).

2c Der Zeugnisanspruch der **Auszubildenden** ist in § 16 BBiG eigenständig geregelt. Diese Bestimmung findet gem. § 26 BBiG auch Anwendung auf die Rechtsverhältnisse solcher Personen, die eingestellt werden, um berufl. Fertigkeiten, Kenntnisse, Fähigkeiten oder Erfahrungen zu erwerben, ohne dass es sich um ein ArbVerh. oder ein Berufsausbildungsverhältnis iSd. BBiG handelt (zB Volontäre, Praktikanten, Anlernlinge). In Umschulungsverhältnissen auf der Grdl. eines Qualifizierungsvertrags, die nicht unter § 16 BBiG fallen, ist nach § 630 ein Zeugnis geschuldet (BAG 12.2.2013 NZA 2014, 31). Arbeitsbücher gibt es nicht mehr. In der Seeschifffahrt hat das Besatzungsmitglied neben dem Zeugnis nach § 109 Anspruch auf eine Dienstbescheinigung gem. § 33 SeeArbG. Nicht zu den Zeugnissen gehören die vom AG auszustellenden Arbeits- und Entgeltbescheinigungen und die Arbeitsbescheinigung nach § 312 SGB III. Weder ist die Rspr. zu § 109 auf Stationszeugnisse der Referendare, noch umgekehrt die dazu ergangene Rspr. der VG auf Arbeitszeugnisse anwendbar (vgl. Hess. VGH 26.10.2007 NJW 2008, 1608).

III. Schuldner des Zeugnisanspruches

3 Zur Ausstellung des Zeugnisses ist der AG in Person verpflichtet (BAG 29.1.1986 AP TVAL II § 48 Nr. 2), bei jur. Personen deren ges. Vertreter. Die Aufgabe der Zeugniserteilung kann auf einen Bevollmächtigten (Betriebsleiter, Prokurist, Vorgesetzter) übertragen werden, wie das in größeren Unternehmen die Regel sein wird, wenn der AG selbst keine Kenntnisse über die Leistung und Führung des einzelnen AN hat. Man muss jedoch verlangen, dass derjenige, der das Zeugnis ausstellt, dem **AN übergeordnet** war (BAG 16.11.1995 EzA BGB § 630 Nr. 20; 26.6.2001 NZA 2002, 34), weil eine Beurteilung durch Gleichstehende oder gar Untergeordnete wegen der darin liegenden Geringschätzung gegen Treu und Glauben verstieße. War zB ein AN unmittelbar der Geschäftsführung unterstellt und war ihm Prokura erteilt worden, muss das Zeugnis zumindest auch von einem GF (mit)unterzeichnet werden (BAG 16.11.1995 EzA BGB § 630 Nr. 20; 26.6.2001 NZA 2002, 34). Wird das Zeugnis durch zwei Vertreter des AG unterzeichnet, genügt es, wenn nur ein Unterzeichner weisungsbefugt oder ranghöher, der andere aber hierarchisch gleichgestellt war.

Der Unterzeichnete muss idR **selbst Betriebsangehöriger** sein. Daher ist es unzulässig, das Zeugnis durch einen RA ausstellen zu lassen (LAG HM 2.11.1966 DB 1966, 1815). Sind Unternehmen in einer Weise verbunden (zB im Konzern), dass personalrechtl. Befugnisse durch Beschäftigte eines anderen Unternehmens ausgeübt werden, können diese das Zeugnis erstellen und (mit)unterzeichnen. Zeugnisse für die bei den Stationierungsstreitkräften tätigen AN haben die von den Streitkräften dazu bestimmten Dienststellen zu erteilen. Gleichwohl sind entspr. zeugnisrechtl. Ansprüche gerichtl. ggü. der Bundesrepublik Deutschland als Prozessstandschafterin geltend zu machen (BAG 29.1.1986 AP TVAL II § 48 Nr. 2). Im Falle des Betriebsübergangs (§ 613a BGB) richtet sich der Zeugnisanspruch gegen den Erwerber (*Jüchser* NZA 2012, 244). In Ausnahmefällen kann der AN die Ausstellung und Unterzeichnung des Zeugnisses durch einen bestimmten Vorgesetzten nach Treu und Glauben ablehnen, wenn es etwa zu **schweren Zerwürfnissen** gekommen ist. Daraus folgt aber nicht umgekehrt, dass die Zeugniserteilung durch eine bestimmte Person verlangt werden könnte. 3a

Im Fall der Insolvenz des AG hat der **InsV** das Zeugnis auszustellen, wenn das ArbVerh. über den Zpkt. der Insolvenzeröffnung hinaus fortbestanden hat (BAG 23.6.2004 NZA 2004, 1392). Dabei ist es nicht erhebl., wie lange das ArbVerh. noch während des Insolvenzverf. bestanden hat (BAG 23.6.2004 NZA 2004, 1392). Kennt der InsV die für die Zeugniserteilung maßgebenden Tatsachen nicht und kann er sich die notwendigen Kenntnisse auch nicht verschaffen, schuldet er keine Zeugniserteilung (BAG 30.1.1991 AP BGB § 630 Nr. 18). Endete das ArbVerh. bereits vor Eröffnung des Insolvenzverf., hat der Schuldner das Zeugnis auszustellen (BAG 30.1.1991 AP BGB § 630 Nr. 18; 23.6.2004 NZA 2004, 1392). Ist ein vorl. InsV bestellt worden, hat er das Zeugnis zu erteilen, wenn er in die AGStellung eingerückt ist (§ 22 I InsO oder entspr. Einzelermächtigung nach § 22 II InsO; vgl. *Stiller* NZA 2005, 330, 335). Ein anhängiger Rechtsstreit wegen der Zeugniserteilung wird durch die Insolvenz des AG nicht unterbrochen (BAG 23.6.2004 NZA 2004, 1392). 4

Verstirbt der AG, haben die Erben den Zeugnisanspruch zu erfüllen. In diesem Fall kann jedoch Unmöglichkeit der Leistung eintreten, wenn die Erben die für die Zeugniserteilung maßgebenden Tatsachen nicht kennen und sich auch nicht durch Einholung entspr. Auskünfte verschaffen können (vgl. BAG 29.1.1986 AP TVAL II § 48 Nr. 2; 30.1.1991 AP BGB § 630 Nr. 18). 4a

IV. Zeugnisarten

Das G diff. in § 109 I zwischen einfachen und qualifizierten Zeugnissen. Das **einfache Zeugnis** dokumentiert nur die Art des Dienstverhältnisses und dessen Dauer. Das Zeugnis muss die Tätigkeiten, die der AN im Laufe des ArbVerh. ausgeübt hat, vollständig und genau beschreiben. Es dürfen ledigl. solche Tätigkeiten unerwähnt bleiben, denen bei späteren Bewerbungen des AN keine Bedeutung zukommen kann (BAG 12.8.1976 AP BGB § 630 Nr. 11). Das **qualifizierte Zeugnis** erweitert den Inhalt eines einfachen Zeugnisses und erstreckt sich auch auf Leistung und Verhalten des AN im ArbVerh. (Abs. 1 S. 3). Der **AN hat ein Wahlrecht,** ob er ein einfaches oder ein qualifiziertes Zeugnis verlangt. § 109 beinhaltet eine ges. Wahlschuld iSv. § 262 BGB. Der AN kann deshalb nicht beide Zeugnisse beanspruchen. Eine Änd. dieser Rechtslage könnte die steigende Zahl arbeitsgerichtl. Zeugnisrechtsstreite eindämmen (so der Vorschlag von *U. Fischer* FA 2004, 7, 10). Die heutige Praxis hat das in § 109 angelegte Verhältnis von Regel und Ausnahme umgekehrt. Die Bitte des AN, ihm ein Zeugnis zu erteilen wird idR als Forderung nach einem qualifizierten Zeugnis aufzufassen sein (MüKoBGB/*Henssler* § 630 Rn. 31; **aA** LR/*Neumann* Rn. 18). Eine andere Auslegung bedarf ausreichender Anhaltspunkte. 5

Hat der AN zunächst ein einfaches Zeugnis verlangt und erhalten, ist sein Zeugnisanspruch erloschen. Benötigt er später ein qualifiziertes, wird bei einem berechtigten Interesse des AN eine **nachwirkende Vertragspflicht** des AG zur Ausstellung eines qualifizierten Zeugnisses anzunehmen sein (*Löw* NZA-RR 2008, 561, 563; **aA** *Monjau* S. 18 f.; offen LAG ST 26.3.2003 LAGReport 2004, 187). Umgekehrt ist der Wechsel vom erteilten, inhaltl. zutr. qualifizierten zum einfachen Zeugnis ausgeschlossen, denn der Zeugnisanspruch ist erfüllt und eine nachwirkende Vertragspflicht, ein zutr. Zeugnis zurückzunehmen, wird nicht begründbar sein (TWE/*Wank* Rn. 15; *Liedtke* NZA 1988, 270, 272; **aA** MüKoBGB/*Henssler* § 630 Rn. 24; BeckOK/*Tillmanns* Rn. 23; *Göldner* S. 40; *Monjau* S. 11 [aber keine Rechtspflicht]). Wird das zunächst erteilte Zeugnis durch ein anderes ersetzt, muss das alte Zeugnis Zug um Zug zurückgegeben werden (vgl. BAG 27.2.1987 AP BGB § 630 Nr. 16; *Monjau* S. 11; *Schleßmann* Rn. 155). 6

V. Entstehung des Zeugnisanspruches

Das Zeugnis ist **„bei Beendigung“** des ArbVerh. zu erteilen. Der Anspruch entsteht zu diesem Zpkt. und ist sogleich fällig (BAG 23.2.1983 AP BAT § 70 Nr. 10), jedoch für den AG zunächst noch nicht erfüllbar, denn der AN muss erst noch sein Wahlrecht, ein einfaches oder qualifiziertes Zeugnis zu verlangen, ausüben (sog. verhaltener Anspruch). Ohne vorheriges Verlangen fehlt dem AN für eine klageweise Geltendmachung des Zeugnisanspruchs das Rechtsschutzbedürfnis (LAG K 16.5.2013 NZA-RR 2013, 493). Im Berufsausbildungsverhältnis ist ein (einfaches) Zeugnis gem. § 16 I BBiG auch 7 ohne Verlangen zu erteilen, ledigl. das qualifizierte Zeugnis muss bes. eingefordert werden. Es entspricht heute weit überw. Auff., dass das Zeugnis nicht erst nach, sondern bereits anlässl. („bei") der Beendigung des ArbVerh. verlangt werden kann (BAG 27.2.1987 AP BGB § 630 Nr. 16). Das BAG hat insoweit zutr. auf den funktionalen Zusammenhang von § 109 (früher § 630 BGB) und § 629 BGB hingewiesen, der es gebietet, dem neue Arbeit suchenden AN das (End-)Zeugnis idR bereits zu einem früheren Zpkt. als dem tats. Ausscheiden aus dem ArbVerh. zu erteilen (BAG 27.2.1987 AP BGB § 630 Nr. 16; LAG HM 13.2.2007 NZA-RR 2007, 486). Die Freizeit zur Stellensuche wird häufig nur dann sinnvoll verwendet werden können, wenn der AN ein Zeugnis seines bisherigen AG vorlegen kann. Das gilt auch dann, wenn die Parteien in einem **Kündigungsschutz- oder Befristungskontrollprozess** über die Rechtmäßigkeit der Kündigung oder einer Befristung streiten (BAG 27.2.1987 AP BGB § 630 Nr. 16; 4.11.2015 NZA 2016, 547 Rn. 39). Gerade in diesem Fall wird es dem Interesse des AG entsprechen, dass sich der AN frühzeitig und möglichst erfolgreich um eine neue Stelle bemühen kann (*van Venrooy* Anm. AP BGB § 630 Nr. 16). IÜ widerspräche der AG sich selbst, wenn er ein Zeugnis mit der Begr. verweigerte, über seine Kündigung sei noch nicht rkr. entschieden. Andererseits verhält sich der AN nicht widersprüchl., wenn er einerseits im Kündigungsschutzprozess die Unwirksamkeit der Kündigung geltend macht und andererseits ein **Zwischenzeugnis** (vgl. Rn. 50 f.) oder ein vorl. Zeugnis (vgl. Rn. 8) verlangt. Die Entsch. über ein (endgültiges) Zeugnis wäre vom Ausgang des Kündigungsschutzprozesses abhängig.

8 Solange das Zeugnis noch inhaltl. Veränderungen ggü. offen sein muss, darf der AG das Zeugnis als Zwischenzeugnis oder **vorl. Zeugnis** bezeichnen (LAG SH 1.4.2009 AuA 2010, 553; *Dietz* S. 13; TWE/*Wank* Rn. 7; *Dockhorn* AuR 1961, 106, 109; *Eisbrecher* S. 22; *Monjau* S. 16). Diese Situation ist zB gegeben, wenn der Anspruch während der lfd. Kündigungsfrist geltend gemacht und das ArbVerh. noch weiterhin vollzogen wird. Nachträgl. eintretende Umstände könnten ua. die Tätigkeitsbeschreibung sowie die Beurteilung von Führung und Leistung betreffen. Mit Ablauf der Kündigungsfrist bzw. mit dem tats. Ausscheiden des AN ist das qualifizierte Endzeugnis zu erteilen (BAG 27.2.1987 AP BGB § 630 Nr. 16). Der AG ist aber nicht gehindert, bereits während der Kündigungsfrist ein endgültiges Zeugnis zu erteilen (LAG HM 1.12.1994 LAGE BGB § 630 Nr. 25: auf Verlangen des AN; Boemke/*Müller* Rn. 5). Im Schrifttum wird zT (*Kölsch* NZA 1985, 382, 383; Schaub/*Linck* § 147 Rn. 7; Staudinger/*Preis* § 630 Rn. 13) sogar eine entspr. Rechtspflicht des AG angenommen. Der Leser kann jdf. aus der Abweichung von Ausstellungsdatum und Austrittstermin seine Schlüsse ziehen (*van Venrooy* S. 60).

9 Nach einer **außerordentl. Kündigung** kann das Zeugnis unabhängig davon, wer die Kündigung ausgesprochen und ob ein wichtiger Grund vorgelegen hat, sofort verlangt werden. Wird in einem **Aufhebungsvertrag** keine abw. Regelung getroffen, entsteht der Zeugnisanspruch grds. bei Vertragsschluss (Erman/*Belling* § 630 BGB Rn. 6). Etwas anderes kann bei Vereinb. einer längeren Auslauffrist anzunehmen sein. In einem **befristeten ArbVerh.** entsteht der Zeugnisanspruch zu dem Zpkt., der bei einer (fiktiven) Kündigung zum Vertragsende als Beginn der Kündigungsfrist in Betracht käme (*Dietz* S. 13). Bis zur tats. Beendigung ist der AG allerdings nur zur Erteilung eines vorl. Zeugnisses oder Zwischenzeugnisses verpflichtet (vgl. Rn. 8).

VI. Form des Zeugnisses

10 **1. Schriftform.** Das Zeugnis muss schriftl. erteilt werden. Dieser allg. Grds. ergibt sich aus dem Wortlaut von § 630 S. 1 BGB und § 109 I 1, wird allerdings in § 16 BBiG nicht ausdr. erwähnt, gilt aber auch dort. §§ 126a und b BGB sind unanwendbar, denn durch das G zur Anpassung der Formvorschr. des Privatrechts v. 13.7.2001 (BGBl. I S. 1542) ist § 630 BGB dahingehend geänd. worden, dass die elektronische Form für die Erteilung von Zeugnissen ausgeschlossen bleibt. § 109 III enthält die heute maßgebl. Bestimmung. Der Aussteller muss das Zeugnis **eigenhändig** (BAG 26.6.2001 NZA 2002, 34) mit einem dokumentenechten Stift **unterschreiben** (LAG HB 23.6.1989 LAGE BGB § 630 Nr. 6). Die Unterschrift muss den Anforderungen des § 126 BGB genügen (LAG HM 27.7.2016 NZA-RR 2016, 570). Eine völlig überdimensionierte Unterschrift entwertet den Zeugnisinhalt und ist nicht ordnungsgemäß (LAG N 3.8.2005 NZA-RR 2006, 13 betr. eine Unterschrift von 100 × 145 mm Ausdehnung). Ebenso unzureichend ist eine für den Unterzeichner ungewöhnl. diagonal auf das Schriftstück gesetzte Ausführung der Unterschrift von oben links nach unten rechts, die als verbotenes Zeichen iSv. Abs. 2 S. 2 verstanden werden kann (LAG HM 27.7.2016 NZA-RR 2016, 570). Es ist nicht erforderl., dass der Name des Unterzeichneten maschinenschriftl. wiederholt wird (Staudinger/*Preis* § 630 Rn. 25; **aA** LAG D 23.5.1995 NZA-RR 1996, 42; NK-GA/*BoeckenPils* Rn. 71).

10a Wird das Zeugnis **von einem Vertreter unterzeichnet**, ist im Zeugnis deutl. zu machen, dass dieser Vertreter dem zu beurteilenden AN ggü. weisungsbefugt (BAG 26.6.2001 NZA 2002, 34) oder ranghöher war (BAG 4.10.2005 NZA 2006, 436). Ggf. kommt (auch im öffentl. Dienst) die Unterzeichnung durch zwei Vertreter des AG in Betracht, dann genügt es, wenn nur ein Unterzeichner weisungsbefugt oder ranghöher war, der andere aber hierarchisch gleichgestellt (vgl. Rn. 3). Ein Krankenhausarzt hat keinen Anspruch, dass sein Schlusszeugnis statt vom Medizinischen Direktor der Klinik vom (früheren) Chefarzt unterzeichnet wird (LAG HE 6.2.2015 – 3 Sa 266/14 – BeckRS 2016, 65511

Rn. 36). Eine Unterzeichnung mit dem Zusatz „Im Auftrag" ist nicht zu beanstanden, wenn sie der Betriebs- oder Verwaltungsüblichkeit entspricht (BAG 4.10.2005 NZA 2006, 436).

Das Zeugnis ist in **dt. Sprache abzufassen** (*Grimm* AR-Blattei SD 1850 Rn. 32; LR/*Neumann* Rn. 11; diff. *Kursawe* ArbR 2010, 641). Vereinzelt wird eine Formulierung in der 3. Person erwartet (LAG D 23.5.1995 NZA-RR 1996, 42; *Hunold* NZA-RR 2001, 113, 115; **aA** *Dietz* S. 79 [mit einem Muster eines pers. abgefassten Zeugnisses]; *Monjau* S. 22). 10b

2. Angabe des Ausstellers. Das Zeugnis muss den Aussteller mit einer im Rechtsverkehr genügenden Bestimmtheit erkennen lassen. Dazu kann eine kurze Charakterisierung der Branche, in der der AG tätig ist, erforderl. sein. 11

3. Datum. Notwendig ist stets die Angabe eines Datums (LAG HB 23.6.1989 LAGE BGB § 630 Nr. 6; *Schleßmann* Rn. 462), und zwar regelm. des Ausstellungsdatums (LAG N 13.9.1994 LAGE BGB § 630 Nr. 21; Schaub/*Linck* § 147 Rn. 16). Eine Rückdatierung kann auch bei verspäteter Zeugniserteilung nicht verlangt werden (LAG HM 21.3.1969 DB 1969, 886; *Göldner* S. 17 f.; *Krummel* S. 159; *Schleßmann* Rn. 464; **aA** ArbRBGB/*Eisemann* § 630 Rn. 27 „Datum des letzten Tags des rechtl. Bestands des ArbVerh."), ebenso wenig eine Vordatierung (*Eckert* Arbeitszeugnisse 2000 S. 46). Demggü. muss ein **nachträgl. berichtigtes Zeugnis** das Datum des Ursprungszeugnisses tragen, wenn die verspätete Ausstellung nicht vom AN zu vertreten ist (BAG 9.9.1992 AP BGB § 630 Nr. 19; LAG N 13.9.1994 LAGE BGB § 630 Nr. 21; Schaub/*Linck* § 147 Rn. 16; *Schleßmann* Rn. 465). Dies gilt auch dann, wenn die Änd. erst nach einem längeren Rechtsstreit erfolgt (LAG HB 23.6.1989 LAGE BGB § 630 Nr. 6; **aA** LAG HM 21.3.1969 DB 1969, 886). Der Eindruck, das Zeugnis sei erst nach Auseinandersetzungen mit dem AG ausgestellt worden, entwertet das Zeugnis und ist geeignet, Misstrauen gegen seinen Inhalt zu erwecken (BAG 9.9.1992 AP BGB § 630 Nr. 19). 12

4. Weitere formelle Ausgestaltung. Die Überschrift „Zeugnis" ist nicht zwgd. erforderl. Es genügt, dass sich dies aus dem Inhalt des Schriftstücks ergibt (*Dietz* S. 15; *Monjau* S. 22; diff. NK-GA/*Boecken/Pils* Rn. 74 [verkehrsübl.]; **aA** LAG D 23.5.1995 NZA-RR 1996, 42; *Hunold* NZA-RR 2001, 113, 115). Neben dem Namen, Vornamen und Geburtsnamen des AN in korrekter Schreibweise (LAG HE 23.9.2008 AuA 2009, 242) sind seine akademischen Grade (LAG HM 11.7.1996 – 4 Sa 1285/95 – „Magister"; *Monjau* S. 22) anzuführen. **Geburtsdatum** (*Dietz* S. 15), **Geburtsort** und die genaue **Anschrift** dürfen ebenso wie die Berufsangabe aufgenommen werden (*Hoß* AuA 2002, 532, 534; **aA** Schaub/*Linck* § 147 Rn. 18; Staudinger/*Preis* § 630 Rn. 30 letztere Angaben nur mit Einverständnis; Boemke/*Müller* Rn. 31; NK-GA/*Boecken/Pils* Rn. 68). Nicht mehr übl. sind die Angabe der Größe, der Statur und der Haarfarbe (zur historischen Entwicklung *Schleßmann* NZA 2006, 1392, 1393). Kirchl. AG dürfen die Konfession angeben (weitergehend LR/*Neumann* Rn. 14). 13

Das Zeugnis muss sauber und ordentl. sinnvollerweise in Maschinenschrift mit lesbarem Schriftgrad (*Göhle-Sander* FS Düwell 2011 S. 247, 266: mind. 10) geschrieben sein (*Schleßmann* Rn. 440; **aA** Staudinger/*Preis* § 630 Rn. 26: ausschl. Maschinenschrift; ebenso *Eckert* Arbeitszeugnisse 2000 S. 40 f., sofern nicht privater AG) und darf keine Flecken, Radierungen, Verbesserungen, Durchstreichungen oÄ aufweisen (BAG 3.3.1993 AP BGB § 630 Nr. 20; *Grimm* AR-Blattei SD 1850 Rn. 36). Es darf nicht der Eindruck erweckt werden, der Aussteller distanziere sich vom buchstäbl. Wortlaut seiner Erkl. (BAG 15.11.2011 NZA 2012, 448), wie dies etwa beim Weglassen eines in der Branche oder dem Gewerbe übl. Merkmals oder Zusatzes oder bei der Benutzung sonst nicht übl. Formulare der Fall wäre (BAG 3.3.1993 AP BGB § 630 Nr. 20). Daher ist, wenn im Geschäftszweig des AG für schriftl. Äußerungen üblicherweise **Firmenbögen verwendet** werden und auch der AG solches Geschäftspapier verwendet, ein Zeugnis nur dann ordnungsgemäß, wenn es auf Firmenpapier geschrieben worden ist (BAG 3.3.1993 AP BGB § 630 Nr. 20; LAG K 26.2.1992 LAGE BGB § 630 Nr. 15 [Vorinstanz zu BAG 3.3.1993]; LAG HH 7.9.1993 NZA 1994, 890). 14

Die Fotokopie einer maschinenschriftl., nicht unterzeichneten Vorlage reicht aus, wenn sie ihrerseits mit einer Originalunterschrift versehen ist (LAG HB 23.6.1989 LAGE BGB § 630 Nr. 6). Muss das Zeugnis den im jeweiligen Geschäftsverkehr übl. Gepflogenheiten entsprechen, wird es, wenn im Geschäftsverkehr nur noch **Briefbögen mit Adressenfeld** (für Fensterbriefumschläge) Verwendung finden, auch hinzunehmen sein, dass das Zeugnis auf einem solchen Bogen (mit Blanko-Adressenfeld) geschrieben wird (vgl. *van Venrooy* Anm. AP BGB § 630 Nr. 20). Die Angabe der Anschrift sollte allerdings nicht im für Briefe übl. Anschriftenfeld erfolgen, weil dies den Eindruck erwecken könnte, das Zeugnis sei dem ausgeschiedenen AN nach Auseinandersetzungen über den Inhalt postalisch zugestellt worden (LAG HH 7.9.1993 NZA 1994, 890, 891; LAG D 23.5.1995 NZA-RR 1996, 42). 14a

Übertriebene Anforderungen an die **Zeugnisästhetik** (Wahl bes. Papiers, bes. Schriftart, bes. Papierformats) sind nicht anzuerkennen, doch darf das Zeugnis nicht durch negative Abweichungen vom Standard entwertet werden. ZB ist die Verwendung von rosa Papier nicht erfüllungsgeeignet (vgl. LAG SH 23.6.2016 – 1 Ta 68/16 – BeckRS 2016, 71738). Nicht ins Gewicht fallende Unvollkommenheiten des Zeugnisses hat der AN hinzunehmen (ArbG D 19.12.1984 NZA 1985, 812, 814). Ein Rechtsanspruch auf ein ungefaltetes Zeugnis besteht nicht (BAG 21.9.1999 AP BGB § 630 Nr. 23; LAG SH 9.12.1997 BB 1998, 275; **aA** LAG HH 7.9.1993 NZA 1994, 890, 891), ebenso wenig auf Farbe (**aA** 15

LAG BW 6.2.1968 DB 1968, 534). Rechtschreibmängel hat der AN hinzunehmen, sofern nicht negative Auswirkungen auf seine Bewerbungsaussichten zu erwarten sind (*Grimm* AR-Blattei SD 1850 Rn. 35 ff.; **aA** LAG D 23.5.1995 NZA-RR 1996, 42; LAG HE 21.10.2014 – 12 Ta 375/14 – BeckRS 2015, 70674 Rn. 13; Staudinger/*Preis* § 630 Rn. 27; NK-GA/*Boecken/Pils* Rn. 52; näher zu den Problemen einer „Word-Hörigkeit" *Herberger* JM 2016, 111, 113). Der AG ist nicht verpflichtet, das Arbeitszeugnis im Blocksatz ohne Silbentrennungen zu schreiben (LAG BW 27.11.2014 – 3 Sa 21/14 – BeckRS 2015, 66785). Schöpft das mit einem Textverarbeitungsprogramm erstellte Zeugnis die nach den Regeln der Rechtschreibung zulässigen Möglichkeiten der Silbentrennung an den Zeilenenden nicht aus, erfüllt dieses Zeugnis gleichwohl den Zeugnisanspruch, der AN hat keinen Anspruch auf Neuerteilung eines Zeugnisses mit „mehr Silbentrennungen" (LAG BW 27.11.2014 – 3 Sa 21/14 – BeckRS 2015, 66785 Rn. 58 ff.).

16 Nach § 113 III GewO aF war es untersagt, Zeugnisse mit Merkmalen zu versehen, die den Zweck haben, den AN in einer aus dem Wortlaut des Zeugnisses nicht ersichtl. Weise zu kennzeichnen. Nach Abs. 2 S. 2 darf das Zeugnis keine Merkmale oder Formulierungen enthalten, die den Zweck haben, eine andere als aus der äußeren Form oder aus dem Wortlaut ersichtl. Aussage über den AN zu treffen. Damit gilt das **Verbot von Geheimzeichen** nach wie vor. Die Benutzung bestimmter Zeichen, eines bes. Papiers, einer bes. Tinte oder Farbe, einer bestimmten Schrift oder eines bes. Stempels ist daher ebenso unzulässig wie die doppeldeutige Hervorhebung einzelner Textstellen durch Unterstreichung, Benutzung von Anführungs-, Frage- oder Ausrufungszeichen (*Popp* DB 2016, 1075, 1077). ZB soll ein senkrechter Strich links von der Unterschrift des Ausstellers auf die Mitgliedschaft des Beurteilten in der Gewerkschaft hindeuten (*Kador* S. 27). Wird ein Strich entspr. angebracht, gehört er zu den verbotenen Geheimzeichen. Ein in die Unterschrift des Zeugnisausstellers integriertes Smiley ist ein unzulässiges Zeichen (ArbG Kiel 18.4.2013 – 5 Ca 80b/13).

VII. Zeugnisinhalt

17 **1. Allgemeine Grundsätze des Zeugnisrechts.** Die Einheitlichkeit, die Vollständigkeit und die Wahrheit des Zeugnisses werden durchweg als allg. Grds. des Zeugnisrechts anerkannt (BAG 23.6.1960 AP HGB § 73 Nr. 1; BGH 26.11.1963 AP BGB § 826 Nr. 10). Unumstr. ist auch, dass die Wortwahl im Ermessen des Ausstellers liegt, bei der Abfassung des Zeugnisses jedoch der wohlwollende Maßstab eines verständigen AG anzulegen ist (BGH 26.11.1963 AP BGB § 826 Nr. 10; BAG 8.2.1972 AP BGB § 630 Nr. 7). Ebenso wie die Wortwahl ist die Gliederung vom Aussteller zu bestimmen (LAG RP 17.11.2016 – 5 Sa 264/16 – BeckRS 2016, 111141). Zu den Grds. iE:

18 **a) Einheitlichkeit.** Das G kennt nur ein Zeugnis. Es kann als einfaches oder als qualifiziertes Zeugnis verlangt und erteilt werden. Es gibt im Einzelfall nicht beide Zeugnisse nebeneinander. Daraus folgt der Grds. der Einheitlichkeit. Wird ein qualifiziertes Zeugnis verlangt, tritt die Darst. von Führung und Leistung des AN nicht an die Stelle, sondern neben die Angaben, die auch ein einfaches Zeugnis enthält. Des Weiteren dürfen für ein ArbVerh. nicht **getrennt nach Zeitabschnitten** unterschiedl. Zeugnisse erteilt werden (LAG F 14.9.1984 NZA 1985, 27). Ein abw. Wunsch des AN löst keinen entspr. Anspruch aus (LAG F 23.1.1968 AP BGB § 630 Nr. 5). Bei gemischten Tätigkeiten kann nicht für jede Funktion ein eigenständiges Zeugnis verlangt werden (LAG BW 6.2.1968 DB 1968, 534; LAG F 14.9.1984 NZA 1985, 27). Vielmehr sind **gemischte Tätigkeiten** in einem einheitl. Zeugnis vollständig darzustellen, so dass ein Verlangen des AN, einzelne Teilabschnitte wegzulassen oder nicht in die Bewertung einzubeziehen, unbegründet ist (LAG F 23.1.1968 AP BGB § 630 Nr. 5; 14.9.1984 NZA 1985, 27). Ebenso wenig ist es zulässig, ein **Zeugnis allein über die Leistung** oder allein über das Verhalten des AN auszustellen, also das qualifizierte Zeugnis zu splitten (LAG D 30.5.1990 LAGE BGB § 630 Nr. 10; LAG K 30.3.2001 BB 2001, 1959; *Eisbrecher* S. 9; *Monjau* S. 12; Soergel/*Kraft* § 630 BGB Rn. 8; unklar BAG 29.1.1986 AP TVAL II § 48 Nr. 2; *van Venrooy* S. 97 ff. [Verlangen kann wirksam auf die Leistungsbeurteilung beschränkt werden]). Das G sieht keine Trennung vor, auch nicht bei entspr. Verlangen. Der Grds. der Einheitlichkeit hat zudem Auswirkungen auf die Bewertung von Leistung und Verhalten. Muss bei deren Bewertung die gesamte Vertragsdauer zugrunde gelegt werden, treten einzelne Vorfälle – seien sie positiv oder negativ – in ihrer Bedeutung zurück. Sie dürfen nicht hervorgehoben werden, wenn sie die Gesamtleistung und Gesamtführung nicht beeinflusst haben (LAG SN 30.1.1996 NZA 1997, 47; *Göldner* ZfA 1991, 225, 240).

19 **b) Vollständigkeit.** Das Zeugnis soll einerseits dem AN als Unterlage für eine Bewerbung dienen, andererseits einen Dritten, der die Einstellung des Zeugnisinhabers erwägt, unterrichten. Es muss deshalb alle wesentl. Tatsachen und Bewertungen enthalten, die für die Gesamtbeurteilung des AN von Bedeutung und für den Dritten von Interesse sind. Um diesen Zwecken zu genügen, muss das Zeugnis vollständig und genau sein (BAG 12.8.1976 AP BGB § 630 Nr. 11). Dem wird idR allein ein individuell abgefasster Text gerecht werden (LAG BW 6.2.1968 DB 1968, 534; *Schmid* DB 1986, 1334, 1335). Beredtes Schweigen gibt es nur zu Punkten, die zum notwendigen Inhalt des Zeugnisses gehören (BAG 20.2.2001 NZA 2001, 843; 12.8.2008 NZA 2008, 1349; 11.12.2012 NZA 2013, 324). Die Beurteilung darf sich nicht auf eine Note oder eine Redewendung beschränken, die ledigl. eine Note umschreibt.

Andererseits dürfen einmalige Vorfälle oder Umstände, die für den AN, sein Verhalten und seine Leistung nicht charakteristisch sind – seien sie für ihn vorteilhaft oder nachteilig –, nicht in das Zeugnis aufgenommen werden. Insofern tritt der Grds. der Vollständigkeit ggü. dem der Einheitlichkeit zurück. Ein **wohlwollendes Übergehen** jeder Stellungn. zum Verhalten des AN genügt nicht dem Zeugnisanspruch, wenn ein qualifiziertes Zeugnis verlangt worden ist. Gleichwohl kann der AN in einem solchen Fall nur dann eine Erg. verlangen, wenn die von ihm begehrte Bewertung der Wahrheit entspricht. Ist dies nicht der Fall, verbleibt es bei dem unvollständigen Zeugnis (BAG 29.1.1986 AP TVAL II § 48 Nr. 2).

Es ist auch für den Grds. der Vollständigkeit von eminenter Bedeutung, dass die Formulierung dem AG obliegt. Er ist grds. frei bei seiner Entsch., **welche Leistungen und Eigenschaften** des AN er mehr hervorheben oder zurücktreten lassen will. Allerdings hat der AG eine dem einzelnen Beschäftigten angemessene Ausgewogenheit zu wahren. Beschreibt das Zeugnis zB sehr ausf. die dem ausscheidenden AN übertragenen Tätigkeiten, muss es sich in entspr. Breite auch zu seinen Leistungen verhalten. Andernfalls könnte es den Eindruck hervorrufen, der AN habe sich bemüht, aber iE nichts geleistet (BAG 24.3.1977 AP BGB § 630 Nr. 12). Das Arbeitszeugnis soll die für das ArbVerh. typischen Verhältnisse nachzeichnen. Bei TZAN ist der Umf. der vereinbarten Arbeitsleistung zu erwähnen (*Weuster* BuW 2001, 344, 345). 20

Die Teilnahme an einer **Fortbildungsmaßnahme** ist zu erwähnen, wenn sie für die berufl. Entwicklung des Mitarbeiters von Bedeutung ist und die durch ihren Besuch erzielte Qualifikation sich nicht ohnehin in der Tätigkeitsbeschreibung niederschlägt; insb. also dann, wenn sie kurz vor dem Ausscheiden des AN aus dem Betrieb erfolgte. Werden im Zusammenhang mit der Vertragsauflösung Veränderungen einvernehml. oder einseitig vorgenommen, sind diese im Zeugnis nicht zu erwähnen (BAG 26.6.2001 NZA 2002, 34). 20a

Die **Mitgliedschaft im BR** oder PR ist nicht mitzuteilen (LAG HM 12.4.1976 DB 1976, 1112; LAG F 10.3.1977 DB 1978, 167; LAG HM 6.3.1991 LAGE BGB § 630 Nr. 13; *Brill* BB 1981, 616, 617). Eine ehrenamtl. Tätigkeit nach dem BPersVG darf im Regelfall in einer dienstl. Regelbeurteilung nicht erwähnt werden (BAG 19.8.1992 AP BPersVG § 8 Nr. 5). Die Zugehörigkeit zu einer Gewerkschaft muss gleichfalls unerwähnt bleiben (Art. 9 III GG). Eine **Freistellung als BRMitglied** ist anzugeben, wenn sie zu einer längeren Unterbrechung der Tätigkeit geführt hat (LAG K 6.12.2012 – 7 Sa 583/12 – BeckRS 2013, 73873), jdf. dann, wenn der von der Arbeitspflicht freigestellte AN eine den durchschnittl. Anforderungen an seinen Beruf entspr. Leistung nicht mehr ohne weiteres erbringen kann (LAG F 10.3.1977 DB 1978, 167; *Brill* BB 1981, 616, 618 f.; *Grimm* AR-Blattei SD 1850 Rn. 51; *van Venrooy* S. 42 ff.; *Witt* FS Wiese 1996 S. 189, 194 [soweit Teil-Unmöglichkeit]). Würde die Dauer der Freistellung im Zeugnis ohne Angabe von Gründen als Unterbrechungszeit aufgeführt, läge dies erst recht nicht im Interesse des AN (vgl. BAG 19.8.1992 AP BPersVG § 8 Nr. 5; LAG K 6.12.2012 – 7 Sa 583/12 – BeckRS 2013, 73873). 21

c) Wahrheit. Die Zeugniswahrheit wird gern als **oberster Grds. des Zeugnisrechts** gepriesen (LAG HM 22.5.2002 NZA-RR 2003, 71; *Dietz* S. 18; *Dockhorn* AuR 1961, 106, 108; *Göldner* ZfA 1991, 225, 232; *Schleßmann* BB 1988, 1320, 1321), obgleich er im Wortlaut des § 109 keinen unmissverständl. Niederschlag gefunden hat. Immerhin fordert Abs. 2, dass das Zeugnis klar und verständl. zu sein hat. Der AN soll aus dem Zeugnis selbst ersehen können, was gemeint ist. Der Inhalt des Grds. der Zeugniswahrheit dürfte jedermann einleuchten: Das Zeugnis muss sowohl seinem Wortlaut wie seinem Sinnzusammenhang nach obj. richtig sein (BAG 18.11.2014 NZA 2015, 435 Rn. 19). Das Zeugnis darf einerseits nichts Falsches enthalten, andererseits aber auch nichts auslassen, was der Leser eines Zeugnisses erwarten darf (BAG 29.7.1971 AP BGB § 630 Nr. 6). Weder Wortwahl noch Satzstellung noch Auslassungen dürfen dazu führen, dass bei Dritten der Wahrheit nicht entspr. Vorstellungen entstehen (BAG 23.6.1960 AP HGB § 73 Nr. 1). Welche Abstriche von diesem Grds. noch zulässig sind, ist die Frage, die Rspr. und Schrifttum zum Zeugnisrecht nach wie vor am intensivsten beschäftigt (BAG 23.6.1960 AP HGB § 73 Nr. 1; 5.8.1976 AP BGB § 630 Nr. 10; 12.8.1976 AP BGB § 630 Nr. 11; BGH 26.11.1963 AP BGB § 826 Nr. 10; LAG D 22.1.1988 LAGE BGB § 630 Nr. 4; *Brill* AuA 1994, 230, 231; *Göldner* ZfA 1991, 225, 232). 22

Der Grds. der Wahrheit kann **nicht kompromisslos umgesetzt** werden, denn er führt vielfach zu Erg., die sich mit den anderen Grds. des Zeugnisrechts nicht vereinbaren lassen. Va. die Pflicht zur wohlwollenden Formulierung des Zeugnisses steht mit der Wahrheitspflicht in stetem Spannungsverhältnis. Aber auch im Verhältnis zum Grds. der Vollständigkeit treten Spannungen auf. 23

Ein Zeugnis darf nur Aussagen enthalten, die sich **auf Tatsachen stützen** lassen. Behauptungen, Annahmen oder bloße Verdächtigungen scheiden aus (LAG HM 13.2.1992 LAGE BGB § 630 Nr. 16). Die Würdigung ist notwendigerweise subj. Sie darf aber nicht auf Vorurteilen beruhen. Das Zeugnis soll ein obj. richtiges Urt. fällen (*Schnorr v. Carolsfeld* Anm. AP BGB § 630 Nr. 6). Dabei sollen alle wesentl. Tatsachen Berücksichtigung finden, die für die Gesamtbeurteilung von Bedeutung und für Dritte von Interesse sind. Das gilt im günstigen wie im ungünstigen Sinn, so dass alle erhebl. Tatsachen, auch die für den AN nachteiligen, aufzunehmen sind (BAG 23.6.1960 AP HGB § 73 Nr. 1; 29.7.1971 AP BGB § 630 Nr. 6). Es gehört zu den empirisch belegten Tatsachen, dass in der Praxis Zeugnisse 24 von den zu beurteilenden Mitarbeitern selbst entworfen oder im Entwurfsstadium inhaltl. zumindest mitbeeinflusst werden (vgl. *Ostermaier* FA 2009, 297, 298). Die von *Weuster* (Personalauswahl und Personalbeurteilung mit Arbeitszeugnissen, 1994) ermittelten Zahlen lassen vermuten, dass der Anteil der so im Vorfeld vom AN beeinflussten Zeugnisse nicht zu gering erachtet werden darf (vgl. a. die Hinweise von *Popp* NZA 1997, 588, 590). Dessen ungeachtet verbleibt die Verantwortung für die Beachtung der Wahrheitspflicht selbstverständl. beim AG. Er wird wissen, in welchen Fällen eine mögl. Schadenshaftung im Verhältnis zu anderen, späteren AG des Beurteilten (vgl. Rn. 68 ff.) zur Vorsicht mahnt. Ausgehend von dieser Prämisse ist die **Mitwirkung des Beschäftigten** an der Zeugniserstellung rechtl. nicht zu bemängeln. Vielmehr ist sogar in den Grenzen der Vollständigkeit und Wahrheit eine vertragl. Vereinb. über den Zeugnisinhalt zulässig (LAG N 16.6.2009 – 7 Sa 641/08 – BeckRS 2009, 68723 zieht ledigl. die Grenze der Sittenwidrigkeit heran).

25 Wird der zu beurteilende AN im Entwurfsstadium nicht beteiligt, ist der AG iRd. durch die Zeugnisgrds. konkretisierten Pflichten allein für den Zeugnisinhalt verantwortl. Darf er danach eine Aussage in das Zeugnis aufnehmen, korrespondiert damit der Anspruch des AN auf Aufnahme der Aussage in das Zeugnis. Andererseits hat der AN keinen Rechtsanspruch auf bestimmte Aussagen des Zeugnisses, die der AG nicht von sich aus in das Zeugnis aufnehmen dürfte. **Wünscht der AN** entspr. Zeugnisformulierungen, bedarf es einer entspr. Einigung der Arbeitsvertragsparteien. Kommt eine solche nicht zustande, kann der AN mangels Rechtsanspruchs eine entspr. Änd. des Zeugnisses nicht erzwingen. Rspr. und Schrifttum verfahren anders. Zumeist unter Berufung auf die Fürsorgepflicht des AG wird dieser verpflichtet, auf Wunsch des AN Aussagen in das Zeugnis aufzunehmen, die er nach ders. hM nicht von sich aus in das Zeugnis aufnehmen dürfte. Die Bsp. sind zahlr. Verwiesen sei zunächst auf die Beendigungsart und den Beendigungsgrund. Haben sich die Arbeitsvertragsparteien über die Auflösung des ArbVerh. vergleichsweise geeinigt, darf der AG im Zeugnis nicht erwähnen, das ArbVerh. sei „im beiderseitigen Einvernehmen aufgelöst" worden. Auf Verlangen des AN muss dies. Formulierung in das Zeugnis aufgenommen werden, es wird ein entspr. Anspruch bejaht und der AG antragsgemäß verurteilt (vgl. LAG BW 9.5.1968 DB 1968, 1319; zu deren sprachl. Variation *Schleßmann* Rn. 344). Ist diese Form der Rechtsanwendung auch abzulehnen, entspricht sie doch der Praxis und wird hier jeweils mitgeteilt.

26 Ein Brennpunkt der Wahrheitspflicht ist die Behandlung von Art und Grund der Vertragsbeendigung im Zeugnis (*Popp* NZA 1997, 588, 590). Der Endtermin des ArbVerh. ist korrekt anzugeben, auch wenn er den Schluss auf eine ungewöhnl. Beendigung zulässt (BAG 14.6.2016 – 9 AZR 8/15 – BeckRS 2016, 73357 Rn. 17). Nach verbreiteter Auff. dürfen der Grund und die **Art des Ausscheidens** ohne oder gegen den Willen des AN aus dem Zeugnis nicht ersichtl. sein (LAG D 22.1.1988 LAGE BGB § 630 Nr. 4; LAG K 29.11.1990 LAGE BGB § 630 Nr. 11; LAG HM 12.7.1994 LAGE BGB § 630 Nr. 26). Das BAG (12.8.1976 AP BGB § 630 Nr. 11) hat hierzu ausgeführt, das Zeugnis dürfe nicht ohne sachl. Anlass erkennen lassen, dass sich die Arbeitsvertragsparteien im Streit trennten. Doch wird zumindest für den Fall des vom AN begangenen Vertragsbruchs eine Erwähnung im Zeugnis zulässig sein (LAG HM 24.9.1985 LAGE BGB § 630 Nr. 1; *Dietz* S. 14; *Huber/Müller* S. 46 f.; *Stoffels* Vertragsbruch S. 182 ff.; *Popp* NZA 1997, 588, 589 [im qualifizierten Zeugnis]; **aA** *Schleßmann* Rn. 386). Dabei soll in diesem Zusammenhang unter Vertragsbruch die vom AN einseitig und ohne Willen des AG herbeigeführte faktische Vertragsauflösung verstanden werden, also die rechtswidrige vorzeitige Beendigung des Vertragsverhältnisses (vgl. dazu BAG 18.9.1991 AP BGB § 339 Nr. 14; *Stoffels* Vertragsbruch S. 33 f.). Unstr. sind auf Verlangen des AN Angaben über Grund und Art des Ausscheidens in das Zeugnis aufzunehmen (BAG 23.6.1960 AP HGB § 73 Nr. 1; LAG K 29.11.1990 LAGE BGB § 630 Nr. 11 mit Bsp. wohlwollend verschleiernder Formulierungen). Wünscht der AN allein die Angabe des Beendigungsgrundes, ist hierunter nur das „warum", nicht aber das „wie" der Auflösung zu verstehen (LAG HM 24.9.1985 LAGE BGB § 630 Nr. 1; 12.7.1994 LAGE BGB § 630 Nr. 26).

26a Musste der AG eine **Druckkündigung** (vgl. BGB § 626 Rn. 185) aussprechen, wird er auf entspr. Wunsch des entlassenen AN die Hintergründe der Vertragsauflösung im Zeugnis darzustellen haben (*Popp* NZA 1997, 588, 590). Wird die **einverständl. Aufhebung** des ArbVerh. erst vergleichsweise im Kündigungsschutzprozess vereinbart, darf der AG im Zeugnis nicht auf den Prozessvergleich (vgl. LAG BW 27.10.1966 DB 1967, 48) oder die Veranlassung des Ausscheidens durch den AG (LAG B 25.1.2007 NZA-RR 2007, 373) hinweisen. Bei vergleichsweiser Beendigung des ArbVerh. wird der AN idR die Formulierung erwarten können, das ArbVerh. sei „im beiderseitigen Einvernehmen aufgelöst" worden (LAG BW 9.5.1968 DB 1968, 1319). Ein erfolgreicher Auflösungsantrag nach § 9 I 1 KSchG darf nur auf Wunsch des AN aus dem Zeugnis zu ersehen sein (LAG K 29.11.1990 LAGE BGB § 630 Nr. 11).

27 **d) Grundsatz der wohlwollenden Beurteilung.** Das Zeugnis soll vom Wohlwollen des AG getragen sein (BGH 26.11.1963 AP BGB § 826 Nr. 10; BAG 8.2.1972 AP BGB § 630 Nr. 7; 11.12.2012 NZA 2013, 324). Die Wahl der Worte bestimmt der AG ebenso wie deren Abfolge. Der AN hat keinen Anspruch auf eine bestimmte Formulierung oder einen bestimmten Wortlaut (BAG 29.7.1971 AP BGB § 630 Nr. 6; LAG K 8.11.1989 LAGE BGB § 630 Nr. 8). Das Zeugnis soll dem AN sein weiteres berufl. Fortkommen nicht ungerechtfertigt erschweren (LAG K 29.11.1990 LAGE BGB § 630 Nr. 11). Den Maßstab bildet eine verständige, nicht zu viel, nichts Übertriebenes, aber auch nicht zu wenig fordernde **Verkehrsanschauung** (BGH 26.11.1963 AP BGB § 826 Nr. 10). Überhaupt sind nicht die Vorstellungen des Zeugnisverf., die dieser mit seiner Wortwahl verbindet, sondern der obj. Empfängerhorizont des Zeugnislesers (AG mit Berufs- und Branchenkenntnissen) entscheidend (BAG 9.9.2011 NZA 2012, 1244 Rn. 17; 15.11.2011 NZA 2012, 448). Der Maßstab des Wohlwollens steht zum Grds. der Zeugniswahrheit in einem Spannungsverhältnis (*Göldner* ZfA 1991, 225). Das Zeugnis kann und darf nur iRd. Wahrheit verständig wohlwollend sein (BGH 26.11.1963 AP BGB § 826 Nr. 10; BAG 9.9.1992 AP BGB § 630 Nr. 19; krit. *Preis/Bender* NZA 2005, 1321, 1327). Die Folge sind nichts sagende Wendungen und **aussagekräftige Auslassungen** (*Göldner* ZfA 1991, 225, 233; *Weuster* BB 1992, 58, 59f. „Leerstellen-Technik"; *Grimm* AR-Blattei SD 1850 Rn. 96). Damit wird einerseits der Wahrheitspflicht entsprochen, andererseits aber auch das Fortkommen nicht unnötig erschwert. Wegen dieser Praxis darf das Zeugnis eines Mitarbeiters, der den ihm gestellten Anforderungen gerecht geworden ist, dort nicht schweigen, wo der Leser eine positive Hervorhebung erwartet, weil sonst ungerechtfertigt ein negativer Eindruck entstünde (BAG 29.7.1971 AP BGB § 630 Nr. 6; 12.8.2008 NZA 2008, 1349).

2. Einfaches Zeugnis. Beim einfachen Zeugnis werden die Art des ArbVerh. und dessen Dauer bestätigt. **Anfangs- und Enddatum** des rechtl. Bestands des Vertragsverhältnisses sind anzugeben (BAG 14.6.2016 – 9 AZR 8/15 – BeckRS 2016, 73357 Rn. 17; BGH 9.11.1967 Z 49, 30, 33; *Monjau* DB 1966, 300, 301). Deshalb ist die Dauer einer erzwungenen oder zur Abwendung angedrohter ZV durchgeführten Weiterbeschäftigung während eines iE erfolglosen Kündigungsrechtsstreits nicht in das Zeugnis über das durch Kündigung beendete ArbVerh. aufzunehmen (BAG 14.6.2016 – 9 AZR 8/15 – BeckRS 2016, 73357 Rn. 18). Liegt hingegen der tats. Weiterbeschäftigung während eines Kündigungsrechtsstreits die Vereinb. eines befristeten oder auflösend bedingt geschlossenen Arbeitsvertrags zugrunde, ist diese Beschäftigungszeit in das Zeugnis aufzunehmen. Kürzere Unterbrechungen der tats. Tätigkeit durch Krankheit, Urlaub, Arbeitskampf etc. bleiben unerwähnt. 28

Längere Unterbrechungen, wie zB durch ErzUrl., EZ (BAG 10.5.2005 NZA 2005, 1237; LAG HE 19.2.2004 – 11 Sa 734/03 – BeckRS 2004, 30991317; LAG K 4.5.2012 NZA-RR 2012, 563), Wehr- oder Zivildienst oder Freiheitsstrafe oder eine langwierige Krankheit (LAG HE 2.2.2015 NZA-RR 2016, 179) sind wegen des Grds. der Zeugniswahrheit anzugeben. Andernfalls würde einem unbefangenen Dritten der falsche Eindruck einer kontinuierl. Arbeitsleistung und entspr. Berufserfahrung vermittelt (*Grimm* AR-Blattei SD 1850 Rn. 42ff.; *Schleßmann* BB 1988, 1320, 1322; enger *Schleßmann* Rn. 390 [wenn mehr als 50% Ausfall ohne Nennung des Grundes]; **aA** MüKoBGB/*Henssler* § 630 Rn. 26). Eine schematische Grenze lehnt das BAG (10.5.2005 NZA 2005, 1237) ab. Es kommt auf das Verhältnis der Unterbrechungs- zu den Arbeitsperioden an (LAG K 4.5.2012 NZA-RR 2012, 563; näher *Mühlhausen* NZA-RR 2006, 337). UU können selbst mehrmonatige Unterbrechungen unerwähnt bleiben. Wird ein AN im Rahmen einer von der BA geförderten **Arbeitsbeschaffungsmaßnahme** (ABM) dem AG zugewiesen, hat der AN Anspruch auf ein Zeugnis, das die ABM ausweist (*Schleßmann* Rn. 255 [nur auf Wunsch]). Die Besonderheiten der ABM machen dies erforderl. Der AG kann sich den AN nicht aussuchen. Er darf den AN ausschl. zweckgebunden beschäftigen, sein Direktionsrecht ist erhebl. eingeschränkt (vgl. BAG 18.6.1997 AP BAT § 3d Nr. 2). 28a

Die **Tätigkeiten** sind vollständig und genau in chronologischer Reihenfolge aufzuführen. Ein Dritter muss sich anhand des Zeugnisses ein klares Bild von der ausgeübten Tätigkeit machen können (BAG 12.8.1976 AP BGB § 630 Nr. 11; RAG 22.2.1933 ARS 17, 382, 386ff.; *Göldner* ZfA 1991, 225, 229; zum Verhältnis von Zeugniswahrheit und phasengenauer Beschreibung unterschiedl. Tätigkeitsperioden LAG BW 9.2.2012 NZA-RR 2012, 238, 241). Unwesentliches darf verschwiegen werden, nicht aber Aufgaben und Tätigkeiten, die ein Urt. über die Kenntnisse und die Leistungsfähigkeit des AN erlauben (BAG 12.8.1976 AP BGB § 630 Nr. 11). Dabei ist der AG in der Wahl seiner Worte frei (LAG BW 19.6.1992 LAGE BGB § 630 Nr. 17; ArbG D 19.12.1984 NZA 1985, 812, 813), so dass er einzelne Bereiche mehr oder weniger hervorheben darf (BAG 29.7.1971 AP BGB § 630 Nr. 6; 12.8.1976 AP BGB § 630 Nr. 11). Da das einfache Zeugnis die Angaben über das „ArbVerh." zu enthalten hat und die tarifl. Eingruppierung in vielen Branchen erhebl. Aussagekraft über den Inhalt des ArbVerh. besitzt, dürfen Angaben zur **tarifl. Eingruppierung** des AN in das Zeugnis aufgenommen werden (LR/*Neumann* Rn. 20; *Schleßmann* Rn. 250; **aA** MüKoBGB/*Henssler* § 630 Rn. 26; NK-GA/*Boecken/Pils* Rn. 77; ArbRBGB/*Eisemann* § 630 Rn. 33 „nur Eingruppierungsmerkmale"). Darüber hinaus kann es sich anbieten, die tarifvertragl. Vergütungsmerkmale zur Beschreibung der Tätigkeit zu benutzen. Hiervon zu unterscheiden ist die tats. geleistete Vergütung, die in Arbeitszeugnissen nicht erwähnt wird. War dem AN Prokura erteilt, ist dies auch in einem einfachen Zeugnis zu vermerken. Bestand die **Prokura** nicht während der gesamten Dauer des ArbVerh., ist der jeweilige Zeitraum anzugeben. Der AN kann in einem solchen Falle nicht verlangen, dass in das Zeugnis die unpräzise Formulierung „Er hatte Prokura" aufgenommen wird, weil sonst ein falscher, zumindest aber missverständl. Eindruck entstünde (LAG BW 19.6.1992 LAGE BGB § 630 Nr. 17). 29

30 **3. Qualifiziertes Zeugnis. a) Allgemeine Grundsätze.** Das qualifizierte Zeugnis muss wie das einfache Zeugnis die Person des AN zweifelsfrei bezeichnen, genaue und zuverlässige Angaben über die rechtl. Dauer des ArbVerh. und eine lückenlose Beschreibung der vom AN tats. verrichteten Tätigkeiten enthalten (vgl. Rn. 29). Anders als das einfache erfordert das qualifizierte Zeugnis eine Bewertung von Verhalten und Leistung. Die Formulierung des Zeugnisses steht im **pflichtgemäßen Ermessen** des AG (BAG 29.7.1971 AP BGB § 630 Nr. 6; 15.11.2011 NZA 2012, 448). Er ist in seiner Entsch. darüber frei, welche positiven oder negativen Leistungen er hierin mehr hervorheben will als andere (BAG 23.9.1992 EzA BGB § 630 Nr. 16; 9.9.2011 NZA 2012, 1244 Rn. 18). Der AN hat keinen Anspruch auf bestimmte Formulierungen oder einen bestimmten Wortlaut, soweit das Zeugnis wahrheitsgemäß ist (BAG 29.7.1971 AP BGB § 630 Nr. 6; 15.11.2011 NZA 2012, 448; LAG D 2.7.1976 BB 1976, 1562). Die Arbeitsvertragsparteien können in den Grenzen der Zeugniswahrheit und Zeugnisklarheit über den Zeugnisinhalt Vereinb. treffen (BAG 9.9.2011 NZA 2012, 1244 Rn. 19). Somit kann sich der AG nicht wirksam verpflichten, einen noch zu erstellenden Zeugnisentw. des AN ungeprüft und unverändert zu übernehmen (BAG 9.9.2011 NZA 2012, 1244 Rn. 21; LAG HM 14.11.2016 – 12 Ta 475/16 – BeckRS 2016, 74518 Rn. 22). Dem AG steht zwar bei der Bewertung von Verhalten und Leistung ein **Beurteilungsspielraum** zu (BAG 17.2.1988 AP BGB § 630 Nr. 17; 14.10.2003 NZA 2004, 843), doch hat sich der AG nicht an seinen subj. Leistungserwartungen, sondern (objektivierend) an einem durchschnittl. befähigten, vergleichbaren AN zu orientieren (BAG 18.11.2014 NZA 2015, 435 Rn. 10; **aA** *G. Neumann* BB 1951, 226, 227). Des Weiteren findet der Beurteilungsspielraum seine Grenzen in den allg. Grds. des Zeugnisrechts (vgl. Rn. 17 ff.). Die Beurteilung muss den gesamten Tätigkeitszeitraum erfassen, darf einzelne Ereignisse nur hervorheben, wenn sie für das ArbVerh. charakteristisch waren und muss iRd. Wahrheitspflicht so wohlwollend formuliert sein, dass dadurch das weitere Fortkommen des Mitarbeiters nicht unnötig erschwert wird.

31 Das Zeugnis muss notwendigerweise eine **zusammenfassende Beurteilung** der Leistung enthalten, die keine unbegrenzte Vielfalt erlaubt. Die Schlussnote muss dem Gesamtinhalt des Zeugnisses entsprechen (BAG 14.10.2003 NZA 2004, 843). In diesem Punkt hat sich in der Praxis eine (stark vereinfachende) fünfstufige Notenskala herausgebildet: sehr gut, gut, befriedigend, ausreichend und mangelhaft (BAG 18.11.2014 NZA 2015, 435 Rn. 10; *Weuster* BB 1992, 58; abl. *Ecklebe* DB 2015, 923, 925 sechsstufig wie Schulnoten). Leider bedient sich die Zeugnissprache nicht dieser klaren Begriffe, sondern verwendet Umschreibungen, die wiederum Auslegungsmöglichkeiten eröffnen und -zweifel nähren (*Schweres* BB 1986, 1572).

32 Dreh- und Angelpunkt der fünfstufigen Notenskala ist die **Note „befriedigend"**, die der mittleren Bewertung einer vollauf durchschnittl. Leistung entspricht. Wird jedoch im Zeugnis erklärt, der AN habe die Arbeit zur Zufriedenheit des AG erledigt, drückt dies nach hA eine unterdurchschnittl., aber ausreichende Leistung aus (LAG HM 19.10.1990 LAGE BGB § 630 Nr. 12; LAG F 10.9.1987 LAGE BGB § 630 Nr. 3; LAG HB 9.11.2000 NZA-RR 2001, 287, 288). Damit die Bewertung zum Befriedigend wird, ist ein Zusatz wie „stets", „immer" oder „jederzeit" erforderl. (BAG 14.10.2003 NZA 2004, 843; LAG K 2.7.1999 NZA-RR 2000, 235). Überw. wird vertreten, die Zufriedenheit müsse eine „volle" sein, um der Note „befriedigend" zu entsprechen (BAG 12.8.1976 AP BGB § 630 Nr. 11; 18.11.2014 NZA 2015, 435 Rn. 11; LAG K 5.2.2015 – 7 Sa 884/14 – BeckRS 2015, 71390). Darin kommt das Vorverständnis zum Ausdruck, der Durchschnitt aller AN arbeite zur vollen Zufriedenheit ihrer AG. Darüber hinaus setzt diese Verwendung voraus, dass „voll" steigerungsfähig ist. Was die Zeugnissprache mit dem Wort „vollste" (gegen jedes Sprachempfinden) tats. ermöglicht hat (BAG 23.9.1992 EzA BGB § 630 Nr. 16; krit. LAG D 11.11.1994 DB 1995, 1135; **aA** *Weuster* BB 1992, 638). Soll hingegen eine übertriebene, überschwängl. Zeugnissprache vermieden werden, muss die Kennzeichnung der Durchschnittsleistung noch sprachl. akzeptable Steigerungsmöglichkeiten für „gute" und „sehr gute" Leistungen bereithalten. Da die „volle Zufriedenheit" auch ohne verstärkende Zusätze die Bewertung bereits aus dem Durchschnitt hervorhebt, sollte durch sie eine gute Durchschnittsleistung gekennzeichnet werden (LAG D 12.3.1986 LAGE BGB § 630 Nr. 2). Damit wird jedoch die fünfstufige Notenskala verlassen, denn es gibt neben dieser „vollbefriedigenden" noch die schwach durchschnittl. befriedigende Leistung.

33 Durch einen Zusatz wie „stets" kann die volle Zufriedenheit zum Synonym für eine „gute" Leistung werden (BAG 14.10.2003 NZA 2004, 843; LAG D 23.5.1995 NZA-RR 1996, 42; LAG HB 9.11.2000 NZA-RR 2001, 287, 288; *Kador* S. 29). Die Bewertung „gut" kann in unterschiedl. Formen ausgedrückt werden (LAG HE 17.11.2016 – 8 Ta 456/16 – BeckRS 2016, 116554). Die **Spitzenleistung „sehr gut"** sollte als solche auch bezeichnet werden. Die Praxis verwendet auch Formulierungen wie „stets zur vollsten Zufriedenheit" (LAG D 12.3.1986 LAGE BGB § 630 Nr. 2; LAG SL 28.2.1990 LAGE BGB § 630 Nr. 9; LAG F 6.9.1991 LAGE BGB § 630 Nr. 14; *Dachrodt*, Zeugnisse lesen und verstehen, 6. Aufl., 2001 S. 75; *Kador* S. 29; *Weuster* BB 1992, 58). Werden zB in einem Zeugnis die Einzelleistungen des AN ausnahmslos als „sehr gut" bewertet und wird die Tätigkeit als „sehr erfolgreich" hervorgehoben und findet sich in dem ausf. Zeugnis keine einzige Einschränkung, ist damit unvereinbar, wenn dem AN zusf. nur bescheinigt wird, er habe zur „vollen Zufriedenheit" gearbeitet (BAG 23.9.1992 EzA BGB § 630 Nr. 16). Nach dieser BAG-Entsch. erfordert die sehr gute Leistung des AN eine Kennzeichnung durch die Worte „immer zur vollsten Zufriedenheit".

Am anderen Ende der Notenskala genügen zarte Äußerungen einer Kritik, um den Begriff der Zufriedenheit in den ausreichenden oder mangelhaften Bereich zu verlagern. Die **heutige Zeugnissprache** ist so diplomatisch angelegt, dass zB eine „im Großen und Ganzen zufrieden stellende Erledigung der Arbeit" eine mangelhafte Leistung zum Ausdruck bringen soll (*Georg-R. Schulz,* Alles über Arbeitszeugnisse, 9. Aufl., 2015 S. 112). Die im Zeugnis enthaltene Wendung, der AN habe die ihm übertragenen Aufgaben mit Fleiß und großem Interesse durchgeführt, bewerte die erbrachten Leistungen als unzureichend (vgl. BAG 24.3.1977 AP BGB § 630 Nr. 12). 34

Enthält ein Zeugnis keine **Angabe zum Zeitfaktor** (zB „stets"), soll dem bereits die Bedeutung eines beredten Schweigens zukommen (*Schmid* DB 1982, 1111, 1112), obgleich Worte wie „immer" oder „stets" (zumindest bei langfristigen ArbVerh.) latent die Unwahrheit in sich tragen. Da dies dem geschulten Leser des Zeugnisses bekannt ist, er aber gleichwohl eine derartige Floskel erwartet, ist der erreichte Rechtszustand von zw. Qualität (*Göldner* ZfA 1991, 225, 232 ff.). Zu dieser kritikwürdigen Situation tragen die Zeugnisrechtsstreite ihrerseits noch bei, weil in keinem Gerichtssaal ein ArbVerh. korrekt nachgezeichnet werden kann. Die Folge ist eine erhöhte Konzentration auf gehobene Noten und die Tilgung jeder auch nur mehrdeutigen Formulierung. Damit ist weder den AN noch potentiellen neuen AG gedient. Der AN muss sich stets fragen, ob nicht eine der wohlklingenden Formulierungen seines Zeugnisses in Wahrheit eine evtl. sogar im privaten Bereich angesiedelte Schwäche offenbart (zB Geschlechtsleben, Alkohol). Darüber hinaus führt es auf einem angespannten Arbeitsmarkt zu irregulären Veränderungen der Vermittlungschancen, wenn die tats. Leistungsbandbreite der arbeitslosen Bewerber sehr viel größer als die in den Zeugnissen ausgewiesene ist. Spiegelbildl. bedeutet dies für AG, dass sie sich auf die Zeugnisse nur noch bedingt verlassen können und auf andere, womögl. nicht zuverlässigere Auswahlgesichtspunkte abstellen müssen. 35

Negativer **Effekt der verschleiernden Zeugnissprache** ist zudem, dass sie den Nährboden für „Geheimcodes" oder den über sie kursierenden Gerüchten bilden (hierzu BAG 15.11.2011 NZA 2012, 448; *Huesmann,* Arbeitszeugnisse aus personalpolitischer Perspektive, 2008 S. 79 ff.). Ob der Zeugnisaussteller mit seinen Formulierungen eine andere Nachricht chiffriert hat, die von einigen, vielen oder gar allen Zeugnislesern dechiffriert werden kann, ist wegen der Vielfalt der tagtägl. erteilten Zeugnisse und der unterschiedl. Kenntnisse der Zeugnisaussteller sowie ihres Ausdrucksvermögens nicht mit Sicherheit zu ermitteln (so a. aus der Sicht von Psychologen *Hesse/Schrader* Arbeitszeugnisse, 2008 S. 53). 36

Hält die geübte Zeugnissprache den Wortsinn noch ein, besteht jdf. keine Veranlassung, von Geheimcodes zu sprechen. Ein bekanntes Bsp. ist **das Wort „Bemühen"**, das allein einen positiven Ansatz des Beurteilten ausdrückt, aber als Tadel zu verstehen ist, wenn das Zeugnis zum Erfolg des Bemühens (beredt) schweigt (BAG 23.6.1960 AP HGB § 73 Nr. 1). Eine solche negative Bewertung ist wie die ausdr. vergebene Bewertung „ausreichend" oder „mangelhaft" gerichtl. überprüfbar. Hingegen ist die Verwendung der Worte „kennen gelernt" kein Ausdruck für das Fehlen der im Kontext aufgeführten Fähigkeiten oder Eigenschaften, denn ein entspr. Sprachempfinden besteht nicht (BAG 15.11.2011 NZA 2012, 448; *Hunold* NZA-RR 2001, 113, 115; *Schulz* Anm. zu BAG AP GewO § 109 Nr. 3; **aA** LAG HM 28.3.2000 und 27.4.2000 BB 2001, 629 m. abl. Anm. *Weuster*). 36a

Anders sieht es bei **positiven Formulierungen** aus, die nach ihrem Wortsinn keine negative Nebenbedeutung besitzen, aber aufgrund einer geheimen Absprache der Zeugnisaussteller und -verwender eine vom Wortlaut unabhängige Bedeutung besitzen sollen. So soll die Aussage „hat alle Arbeiten ordnungsgemäß erledigt" bedeuten, der Beurteilte sei ein Bürokrat, der keine Initiative entwickele (*Kador* S. 27). Enthält ein Zeugnis diese nach dem Wortsinn positive Einschätzung, kann der AN unter Berufung auf die Existenz eines entspr. Geheimcodes die Ber. nur verlangen, wenn er die bewusste Verwendung dieses Codes beweist (vgl. Rn. 85). Gleiches gilt für die im Zeugnis bescheinigte Eigenschaft „pünktl.", die ihrem Wortsinn nach nicht „überpünktl." bedeutet (vgl. ArbG Bayreuth 26.11.1991 NZA 1992, 799). Das Wort „umgängl." beschreibt an sich eine positive Eigenschaft eines Menschen, lässt aber die Deutung zu, so werde ironisch eine weniger starke Seite des beurteilten AN umschrieben (vgl. BAG 15.11.2011 NZA 2012, 448; HWK/*Gäntgen* Rn. 31). 37

Wird eine im Zeugnis bescheinigte Eigenschaft im privaten Bereich positiv bewertet, kann sie gleichwohl in einem Arbeitszeugnis als **unmissverständl. Kritik** verstanden werden. Ein Bsp. ist das Adjektiv „gesellig", das außerhalb jeder Verschlüsselung die nicht immer befriedigende Erfüllung arbeitsvertragl. Pflichten ausdrückt. Ebenso wird nicht nur vom Zeugnisleser eine doppelte Negation als ein Minus ggü. der positiven Aussage verstanden (*Weuster* BB 1992, 58, 62). ZB sind „nicht unbedeutende Erfolge" weniger als „bedeutende Erfolge". Hierin liegen keine verschlüsselten Aussagen, sondern reguläre Ausdrucksmöglichkeiten der dt. Sprache. Dies gilt auch für negativ belegte Signalwörter wie „Klage", „Beanstandung" oder „Schwierigkeit", die durch eine Verneinung (zB mittels „ohne") ihre abwertende Wirkung nicht vollständig verlieren. 38

Die **Verwendung aller Codes** ist untersagt (BAG 12.8.2008 NZA 2008, 1349), wie es § 113 III GewO aF bes. zum Ausdruck brachte (LAG HM 2.11.1966 DB 1966, 1815; *Schleßmann* BB 1975, 329). Die Frage, ob ein Zeugnis nach Abs. 2 S. 2 verbotene Merkmale oder Formulierungen enthält, bestimmt sich nicht (subj.) aus der Sicht des Zeugnisausstellers, sondern (obj.) eines durchschnittl. Zeugnislesers (LAG HM 27.7.2016 NZA-RR 2016, 570). Zu den verbotenen Codes gehören ua. die Ver- 39 wendung bestimmter Zeichen, eines best Papiers (Farbe, Wasserzeichen), eines bestimmten Schreibstiftes, eines bestimmten Stempels sowie optische Hervorhebungen von Textstellen (zB Unterstreichungen) (vgl. Rn. 16). Eine bestimmte Wortwahl ist kein Code. Verboten sind Merkmale, die zur Kennzeichnung des Wortlauts bestimmt sind, nicht aber einen bestimmten Wortlaut als solcher. Andernfalls wäre bereits jede formelhafte Umschreibung der Leistungsbeurteilung unzulässig, was ernsthaft nicht vertreten wird. Eine Verwendung von Wörtern außerhalb jeder sprachl. Bedeutung als Codewort iS verschlüsselter Zeugnissprache wird allerdings vom Verbot erfasst (vgl. *Göldner* ZfA 1991, 225, 234; Staudinger/*Preis* § 630 Rn. 28). Der Zeugnisanspruch wird aber nicht erfüllt, wenn in dem erteilten Zeugnis Bewertungen so stark ironisiert werden, dass sie als nicht ernstl. gemeint erscheinen (LAG HM 14.11.2016 – 12 Ta 475/16 – BeckRS 2016, 74518 Rn. 25). Als verbotenes Zeichen kann eine für den Unterzeichner ungewöhnl. diagonal von oben links nach unten rechts auf das Schriftstück gesetzte Unterschrift zu verstehen sein (LAG HM 27.7.2016 NZA-RR 2016, 570).

40 **b) Leistung.** IRd. Leistungsbeurteilung erfolgt eine Darst. der Art und Weise, in der der AN die ihm übertragenen Aufgaben erledigt hat. Als **Einzelmerkmale** kommen hier die Arbeits-/Leistungsbereitschaft, die Selbständigkeit, die Qualität der Arbeit (Arbeitsgüte), die Arbeitsökonomie, das Arbeitstempo, die Belastbarkeit, die Eigeninitiative, die Entscheidungsfähigkeit, das Urteils- und Ausdrucksvermögen sowie das Verhandlungsgeschick in Betracht (*Göldner* ZfA 1991, 225, 245 ff.). Bes., im ArbVerh. tats. eingesetzte Fachkenntnisse können zu erwähnen sein (vgl. BAG 24.3.1977 AP BGB § 630 Nr. 12). **Einzelne Vorfälle** dürfen nur dann hervorgehoben werden, wenn sie für das Vertragsverhältnis charakteristisch waren. Dies kann zB bei einem im Forschungsbereich tätigen Mitarbeiter eine Erfindung sein (BAG 24.3.1977 AP BGB § 630 Nr. 12; *Nowak* AuA 1992, 68, 69).

41 Wird von der **fünfstufigen Notenskala** ausgegangen, hat der Beschäftigte nicht schon dann eine sehr gute Leistung erbracht, wenn der AG seine Leistungen niemals beanstandet hat, vielmehr müssen die Leistungen in jeder Hinsicht überdurchschnittl. gewesen sein bzw. den Mitarbeiter bes. auszeichnende Umstände vorliegen (LAG D 26.2.1985 DB 1985, 2692 f.; vgl. *Schmid* DB 1982, 1111, 1112). Gute Leistungen, die zB mit „stets zu unserer vollen Zufriedenheit" charakterisiert werden (BAG 15.11.2011 NZA 2012, 448; vgl. *Hromadka* § 1 Rn. 26), dürfen zu keiner Zeit zu beanstanden gewesen sein, sie müssen sich aus dem Durchschnitt herausgehoben haben. Eine durchschnittl. Leistung wird als „befriedigend" bezeichnet. Müssen die Leistungen bereits als unterdurchschnittl., aber noch ausreichend gekennzeichnet werden, wird noch die Formulierung „zu unserer Zufriedenheit" als zutr. erachtet (LAG F 10.9.1987 LAGE BGB § 630 Nr. 3; LAG HM 19.10.1990 LAGE BGB § 630 Nr. 12).

42 Alle qualitativ schlechteren Leistungen werden als **mangelhaft** bewertet und mancherorts beschönigend „als insgesamt zu unserer Zufriedenheit" umschrieben (LAG HM 13.2.1992 LAGE BGB § 630 Nr. 16). Nicht zul. wegen etwaiger Schadensersatzpflichten des Zeugnisausstellers ggü. Dritten (vgl. Rn. 68 ff.) ist hiervon abzuraten. Waren die Leistungen tats. schlecht oder gar nicht hinnehmbar, muss dies deutl. ausgedrückt werden. Dazu kann ein Zusatz wie „zum großen Teil" genügen (LAG K 18.5.1995 NZA-RR 1996, 41). In solchen Fällen wird häufig zur Schonung des AN der Arbeitserfolg „beredt" übergangen und allein auf sein Bemühen oder sein Interesse abgestellt. ZB enthält die Floskel, der AN habe „die ihm übertragenen Aufgaben mit großem Fleiß und mit Interesse durchgeführt", die Bewertung der Leistungen als unzureichend. Nach Auff. des BAG (24.3.1977 AP BGB § 630 Nr. 12) wird dem AN mit einer derartigen Feststellung attestiert, dass er iE nichts geleistet oder nur schlechte Leistungen erbracht hat. Für den erfahrenen Leser des Zeugnisses sei dies ein vernichtendes Urteil. Probl. bleibt die Unvollständigkeit der Leistungsbewertung, weil das Erg. des Bemühens ausdr. nicht erwähnt wird (*van Venrooy* S. 92).

43 **c) Verhalten im Arbeitsverhältnis.** Die für die Beschäftigung wesentl. Charaktereigenschaften und Persönlichkeitszüge des AN sind in einem qualifizierten Zeugnis zusf. darzustellen. Es ist allein das dienstl. Verhalten zu bewerten, die außerdienstl. Führung bleibt grds. außer Betracht. Der AN hat sich vertragl. zur Leistung einer bestimmten Tätigkeit, nicht aber zu einer bestimmten Lebensführung verpflichtet. Dies wurde von § 630 BGB durch die Worte **„im Dienst"** betont. § 109 I spricht moderner vom „Verhalten im ArbVerh.". Allein eine überdurchschnittl. Leistungsbeurteilung erfordert keine gehobene Verhaltensbeurteilung (LAG RP 14.5.2009 NZA-RR 2010, 69), denn Stärken auf dem einen Gebiet gehen nicht notwendigerweise mit untadeligem Verhalten einher. Bewiesene Ehrlichkeit ist dem AN zu bescheinigen, wenn das in dem betr. Berufskreis übl. ist und das Fehlen einer entspr. Aussage des Zeugnisses das berufl. Fortkommen behindern würde. Hiervon wird für alle Berufsgruppen auszugehen sein, die sich durch ein bes. Vertrauensverhältnis der Arbeitsvertragsparteien auszeichnen (Kassierer, Hausgehilfinnen oä. – BAG 29.7.1971 AP BGB § 630 Nr. 6), iÜ ist sie als Selbstverständlichkeit nicht in das Zeugnis aufzunehmen (BGH 26.11.1963 AP BGB § 826 Nr. 10). Vgl. zu sonstigen Selbstverständlichkeiten *Göldner* ZfA 1991, 225, 232 f. Zur Charakterisierung des Verhaltens werden bei mittlerer Bewertung gern die **Begriffe „höflich", „korrekt"** oder „in Ordnung" verwendet. Zur Hervorhebung werden wie bei der Bewertung der Leistung Zusätze wie „immer", „stets" oder „durchweg" und das Wort „lobenswert" verwendet (BAG 21.6.2005 NZA 2006, 104). Tautologien sind dabei nicht per se ausgeschlossen, können vielmehr rhetorisch gebräuchl. Mittel der gestuften Beurteilung sein. Die Herabsetzung der Note wird durch entspr. Zusätze wie „in der Regel",

„durchaus“, „im Allgemeinen“, „im Großen und Ganzen“ oder „zumeist“ erreicht. Die Beschreibung des AN als „anspruchsvoll und kritisch“ ist geeignet, das dienstl. Verhalten des AN negativ zu bewerten, kann aber auch positiv gemeint sein, wenn der Kontext diese Auslegung rechtfertigt (LAG D 23.7.2003 LAGReport 2004, 14).

Das Verhalten im ArbVerh. umfasst den **Umgang mit verschiedenen Personengruppen,** so dass der Vollständigkeit der diesbzgl. Beurteilung erhebl. Gewicht zukommt (LAG HM 1.12.1994 LAGE BGB § 630 Nr. 28). In Betracht kommen neben dem betriebl. Zusammenwirken mit Vorgesetzten, gleichgeordneten Kollegen und nachgeordneten Mitarbeitern auch der Kontakt zu Behörden, Geschäftspartnern und Kunden. Die Reihenfolge, in der diese Gruppen im Zeugnis angesprochen werden, ist rechtl. ohne Belang (ArbG Saarbrücken 12.4.2001 AiB 2001, 616). Während der Vertragsdauer begangene Straftaten sind wegzulassen, wenn sie in keinem Zusammenhang mit dem ArbVerh. stehen (BAG 5.8.1976 AP BGB § 630 Nr. 10). 44

Im Dienst begangene Straftaten dürfen grds. mitgeteilt werden. Doch wird es dem AG verwehrt sein, im Zeugnis Straftaten anzugeben, wenn er den Beschäftigten zur Begehung angestiftet oder verleitet oder zu ihnen Beihilfe geleistet hat. Insofern sind im Verhältnis zu Behörden, Geschäftspartnern oder Kunden begangene Taten in Betracht zu ziehen. Ein bei Beendigung des ArbVerh. lfd. staatsanwaltschaftl. Ermittlungsverf. ist im Zeugnis nicht zu erwähnen (LAG D 3.5.2005 DB 2005, 1799, 1800; ArbG D 15.12.2003 NZA-RR 2004, 294). Zw. ist, ob im Dienst begangene Straftaten unerwähnt zu lassen sind, wenn sich der Mitarbeiter nach dem BZRG wieder als nicht vorbestraft bezeichnen darf. Wird allein auf den Grds. der Zeugniswahrheit abgestellt, dürfte es auf die Tilgung nicht ankommen, denn die im ArbVerh. begangene Straftat bleibt unabhängig von der Existenz eines Strafurt. bestehen (zB bei einer Einstellung nach § 153a StPO). Dies wird bes. deutl. bei Straftaten, die die pers. Eignung für den Beruf berühren. Läuft zB gegen einen als Heimerzieher beschäftigten AN ein Strafverf. wegen sittl. Verfehlungen an seinen Pfleglingen, darf der AG im qualifizierten Zeugnis des daraufhin entlassenen AN das Strafverf. nicht unerwähnt lassen (vgl. BAG 5.8.1976 AP BGB § 630 Nr. 10). Hat das ArbVerh. noch für die Dauer der Tilgungsfrist fortbestanden, kann das Gewicht der Straftat für das ArbVerh. nicht allzu hoch gewesen sein. Die Erwähnung der so lange zurückliegenden Tat will deshalb sorgfältig erwogen sein. 44a

Haben oder hatten **Ereignisse des privaten Lebensbereichs** Auswirkungen auf das ArbVerh., darf dieses erwähnt werden (BAG 29.1.1986 AP TVAL II § 48 Nr. 2). Da das Zeugnis keine Aussage über das außerdienstl. Verhalten treffen darf, dürfen auch vermeintl. neutrale Formulierungen wie „Über sein außerdienstl. Verhalten ist uns nichts Nachteiliges bekannt“ nicht in das Zeugnis aufgenommen werden (*Weuster* BB 1992, 58, 61). Krankheiten dürfen erwähnt werden, wenn sie für die Gesamtbeurteilung der Führung oder der Leistungsfähigkeit des ausscheidenden AN von Bedeutung sind (vgl. LAG SN 30.1.1996 NZA 1997, 47; ArbG Hagen 17.4.1969 BB 1969, 676). Deshalb sind durchschnittl. krankheitsbedingte Fehlzeiten im Zeugnis nicht anzugeben (*Göldner* ZfA 1991, 225, 248). Hingegen können krankhafter Drogenmissbrauch oder Alkoholkonsum entspr. Einfluss auf das Verhalten im ArbVerh. oder die Leistung gehabt haben. Eine Erwähnung der Immunschwächekrankheit AIDS wird als unzulässig angesehen (*Wollenschläger/Kreßel* AuR 1988, 198, 201; *Schleßmann* Rn. 397). 45

d) Schlussformel. Es ist durchaus übl., Zeugnisse mit der Erkl. bes. Dankes, des Bedauerns und/oder der Wünsche für die Zukunft abzuschließen. Derartige Schlussformeln (zu ihnen *Schmid* DB 1988, 2253, 2254 f.; *Braun* RiA 2001, 105, 110 f.) wie der Satz „Wir bedauern sein Ausscheiden, danken für die geleisteten Dienste und wünschen ihm für seinen weiteren Lebensweg alles Gute!“ können das Zeugnis abrunden, sind aber **kein rechtl. notwendiger Bestandteil** (BAG 11.12.2012 NZA 2013, 324). Auf sie besteht kein Anspruch (BAG 20.2.2001 NZA 2001, 843; 11.12.2012 NZA 2013, 324; LAG BE 10.12.1998 BB 1999, 851; LAG K 2.7.1999 NZA-RR 2000, 235, 236; LAG BW 9.2.2012 NZA-RR 2012, 238, 241; LAG RP 17.11.2016 – 5 Sa 264/16 – BeckRS 2016, 111141; *Fahrig* NZA-RR 2009, 178 f.; aA nach Güte der Bewertung diff. ab Befriedigend LAG D 21.5.2008 LAGE BGB 2002 § 630 Nr. 5; 3.11.2010 NZA-RR 2011, 123, das allein die guten Wünsche mit 611,80 € bewertet hat; *Höser* NZA-RR 2012, 281, 289). Gleichwohl hat das LAG HM (8.9.2011 NZA-RR 2012, 71) angenommen, ein AG, der sich in einem Prozessvergleich zur Erteilung eines wohlwollenden Arbeitszeugnisses verpflichtet habe, welches „dem berufl. Fortkommen förderl. ist“, schulde analog dem Verhalten von Verkehrspolizisten („Gute Fahrt“) ein Zeugnis, das die Abschlussklausel „Für die weitere berufl. und private Zukunft wünschen wir alles Gute“ enthalte. Aus dem vollständigen oder tw. Fehlen einer Schlussformel werden Folgerungen gezogen (*Weuster* BB 1992, 58, 59). Ist die Schlussformel vorhanden, kann sie den sonstigen Zeugnisinhalt bekräftigen, andernfalls wird sie ihn abschwächen oder entwerten (vgl. zur Einschätzung durch Personalberater: *Weuster,* Personalauswahl und Personalbeurteilung mit Arbeitszeugnissen, S. 146 f. mit statistischen Daten). 46

In keinem Fall darf eine vorhandene Schlussformel im **Widerspruch zum sonstigen Zeugnisinhalt** stehen und diesen relativieren (BAG 20.2.2001 NZA 2001, 843; LAG HM 12.7.1994 LAGE BGB § 630 Nr. 26; LAG K 29.2.2008 dbr 2008, 40). Ihr Gebrauch sollte wohl überlegt sein, weil die Zeugnisinterpreten gern Andeutungen und sogar Ironie zu erkennen glauben (vgl. LAG HM 14.11.2016 – 12 Ta 475/16 – BeckRS 2016, 74518 Rn. 25 zu dem Satzteil „auf eigenen Wunsch, was wir zur Kenntnis 46a nehmen"). Entspricht es dem vom Empfängerhorizont zu bestimmenden Wortsinn der Formulierung, dass der Beurteilende den Beschäftigten mit der Schlussformel tadeln oder andere Aussagen des Zeugnisses entwerten will, kann dem Berichtigungsverlangen des AN nicht die Formulierungsfreiheit des AG entgegen gehalten werden. ZB wird die Schlussformel „Wir wünschen ihm alles Gute, va. Gesundheit" (vgl. *Weuster* BB 1992, 58, 62) nicht hinzunehmen sein.

VIII. Holschuld, Zurückbehaltungsrecht

47 Grds. sind Arbeitspapiere wie das Arbeitszeugnis vom AN abzuholen – Holschuld – (vgl. BAG 8.3.1995 AP BGB § 630 Nr. 21; LAG B 6.2.2013 – 10 Ta 31/13 – BeckRS 2013, 66712; Staudinger/*Preis* § 630 Rn. 9; Schaub/*Linck* § 147 Rn. 15; krit. *van Venrooy* S. 152). Ist ein Ort für die Leistung weder bestimmt noch aus den Umständen, insb. der Natur des Schuldverhältnisses, zu entnehmen, so hat die Leistung am Wohnsitz des Schuldners zu erfolgen (§ 269 I BGB). An die Stelle des Wohnsitzes tritt, wenn der Schuldner seine gewerbl. Niederlassung an einem anderen Ort hat, der Gewerbebetrieb des Schuldners, wenn die Verbindlichkeit in seinem Gewerbebetrieb entstanden ist (§ 269 II BGB). Der AG ist verpflichtet, das Zeugnis zu erstellen und zur Abholung bereitzuhalten (LAG RP 15.3.2011 ArztR 2011, 243; *Monjau* DB 1966, 340, 344). Der AG hat das Zeugnis dem AN zu übersenden, wenn die Abholung dem AN einen **unverhältnismäßigen Aufwand** verursachen würde (BAG 8.3.1995 AP BGB § 630 Nr. 21; LAG SH 1.4.2009 AuA 2010, 553) oder ihm aus anderen Gründen nach Treu und Glauben unzumutbar ist (*Monjau* DB 1966, 340, 344; *Huber/Müller* S. 20). Dabei gehört die Einschaltung eines Empfangsboten zu den dem AN zumutbaren Mühen (BAG 8.3.1995 AP BGB § 630 Nr. 21).

48 Dem Zeugnisanspruch kann die Einrede des nichterfüllten Vertrags nicht entgegengehalten werden (aA Soergel/*Kraft* § 630 BGB Rn. 2), weil der Anspruch auf Arbeitsleistung mit der Zeugnispflicht nicht im synallagmatischen Verhältnis steht (§ 320 BGB). Ein **Zurückbehaltungsrecht gem. § 273 BGB** kann der AG nicht geltend machen, weil dies das Fortkommen des AN übermäßig erschweren würde (Erman/*Belling* § 630 BGB Rn. 19; *Monjau* DB 1966, 264, 267; **aA** *van Venrooy* S. 139 ff. wegen außerhalb des Synallagmas stehender Gegenansprüche). Selbst bei Vertragsbruch des AN besteht keine Berechtigung des AG, die Zeugniserteilung zu verzögern (*Monjau* S. 16 f.). Allerdings kann nicht in jedem Falle eines Vertragsbruchs sofort entschieden werden, ob der Zeugnisanspruch überhaupt entstanden ist, weil allein der Vertragsbruch zu keiner Beendigung des Vertragsverhältnisses führt.

IX. Zwischenzeugnis

49 **1. Beurteilungen.** Der AG darf Eignung, Befähigung und fachl. Leistung der bei ihm beschäftigten AN beurteilen und die Beurteilung in den nicht notwendigerweise gebundenen oder gehefteten **Personalakten** (vgl. zu den verschiedenen Personalaktenbegriffen BAG 16.11.2010 NJW 2011, 1306; *Kort* FS v. Hoyningen-Huene 2014 S. 201, 202) festhalten (BAG 8.5.2001 EzA BGB § 611 Fürsorgepflicht Nr. 60; 18.8.2009 NZA 2010, 115; zum notwendigen Datenschutz BAG 12.9.2006 NZA 2007, 269). Der AG darf keine Unterlagen über den AN sammeln, die dessen Einblick entzogen sind (BAG 16.10.2007 NZA 2008, 367). Er ist aber nicht verpflichtet, die über den AN geführten Personalakten zu paginieren (BAG 16.10.2007 NZA 2008, 367). Zur Führung elektronischer Personalakten *Diller/Schuster* DB 2008, 928 und *Herfs-Röttgen* NZA 2013, 478, 481 f.

49a Der AN hat nach § 83 BetrVG – auch in betriebsratslosen Betrieben – ein **Recht auf Einsicht** in die über ihn geführten Personalakten (näher BetrVG § 83 Rn. 1 ff.; zur Hinzuziehung eines Rechtsanwalts BAG 12.7.2016 NZA 2016, 1344 Rn. 13). Auf Verlangen des AN muss der AG die erstellte Beurteilung begründen. Dazu gehört die Angabe von Tatsachen, die eine ungünstige Beurteilung rechtfertigen sollen (BAG 28.3.1979 AP BPersVG § 75 Nr. 3). Dies gilt nicht nur für den öffentl. Dienst, sondern auch für die Privatwirtschaft. Beurteilungen erleichtern die Personalplanung (§ 92 BetrVG) und den sachgerechten Einsatz der AN. Sie sind Grdl. für qualifizierte Zeugnisse. In größeren Betrieben und Verw., in denen Vorgesetzte wechseln, wäre ansonsten die Erstellung zutr. qualifizierter Zeugnisse kaum mögl. (BAG 28.3.1979 AP BPersVG § 75 Nr. 3). Die Beurteilung muss ordnungsgemäß zustande kommen und sachl. richtig sein (BAG 18.8.2009 NZA 2010, 115). Da Beurteilungen im Innenbereich wirken und nicht an Dritte gerichtet sind, sind an ihre Formulierung nicht die gleichen strengen Anforderungen wie an qualifizierte Zeugnisse zu stellen. Nach Ansicht des BAG (28.3.1979 AP BPersVG § 75 Nr. 3) hat der AN einen Anspruch darauf, dass der AG bei allen Beurteilungen auf seine **berechtigten Interessen** Rücksicht nimmt. Er darf den berufl. Werdegang des AN nicht in unzulässiger Weise behindern. Überzeugen kann dies nicht, denn eine sachl. richtige Beurteilung kann nicht wegen anderweitiger Interessen des AN zu unterlassen oder zu ändern sein. Das BAG (18.11.2008 NZA 2009, 206) gibt dem AN einen Anspruch auf Entfernung einer dienstl. Beurteilung aus der Personalakte, wenn sich ein im Beurteilungsverf. aufgetretener Fehler auf das Beurteilungserg. auswirken kann.

49b In der ehem. DDR wurden Beurteilungen in die **Kaderakte** des Werktätigen aufgenommen (§§ 67 bis 69 AGB-DDR 1977), die den berufl. Lebensweg dokumentierte. Die Kaderakte begleitete den

Werktätigen von Betrieb zu Betrieb, so dass der Beurteilung die Funktion eines Zeugnisses zukam. Die Beurteilungen waren in ihren Aussagen direkter als qualifizierte Zeugnisse westl. Herkunft (vgl. *Nasemann*, Arbeitszeugnisse durchschauen und interpretieren, 1993 S. 48). Sie enthielten zudem ausf. Angaben über die gesellschaftl. Aktivitäten des Werktätigen in politischen und gewerkschaftl. Organisationen. Seit dem 3.10.1990 galt § 630 BGB auch im Beitrittsgebiet. Sollte ein AG danach noch eine Beurteilung alten Musters als Zeugnis erteilt haben, ist der Zeugnisanspruch nicht erfüllt worden.

2. Zwischenzeugnis. § 109 begr. keinen Anspruch auf Erteilung eines Zwischenzeugnisses. Entspr. 50
Anspruchsgrdl. finden sich jedoch in verschiedenen **tarifl. Vorschr.** ZB ist der Ang. nach § 35 II TVöD berechtigt, „aus triftigen Gründen auch während des ArbVerh. ein Zeugnis zu verlangen". Als triftig ist ein Grund anzuerkennen, wenn dieser bei verständiger Betrachtungsweise den Wunsch des AN als berechtigt erscheinen lässt, weil das Zwischenzeugnis geeignet ist, den mit ihm angestrebten Erfolg zu fördern (BAG 21.1.1993 AP BAT § 61 Nr. 1). Soweit tarifl. Vorschr. nicht eingreifen, kann sich die Verpflichtung des AG zur Erteilung eines Zwischenzeugnisses als allg. vertragl. Nebenpflicht ergeben (HKZ/*Kelber* D Rn. 416). Dies wird in Anlehnung an § 35 II TVöD, der § 61 II BAT abgelöst hat, anzunehmen sein, wenn der AN einen **triftigen Grund** geltend machen kann (BAG 4.11.2015 NZA 2016, 547 Rn. 39; LAG K 2.2.2000 NZA-RR 2000, 419, 420; LAG HE 28.3.2003 LAGReport 2004, 215). Das Verlangen ist vom AN zu begründen (*Schleßmann* Rn. 499; enger Boemke/*Müller* Rn. 5 „nachweist"). Im Wesentlichen wird dies bei rechtl. oder tats. Veränderungen des ArbVerh. gegeben sein, wenn durch sie das Vertragsverhältnis einen erkennbaren Einschnitt erfährt. Dementspr. können Zwischenzeugnisse bei einer Versetzung, der Zuweisung einer neuen Tätigkeit oder längerem Ruhen des ArbVerh. (zB Wehrdienst, EZ, Abgeordnetenmandat) verlangt werden. Während des Laufs der Kündigungsfrist oder während eines Kündigungsschutz- oder Befristungskontrollprozesses nach einer AGKündigung hat der AN Anspruch auf ein dem Zwischenzeugnis verwandtes vorl. Zeugnis (BAG 4.11.2015 NZA 2016, 547 Rn. 39; vgl. Rn. 7 f.). Beabsichtigt der AN einen Stellenwechsel, ist ein triftiger Grund für ein Zwischenzeugnis anzuerkennen. Ein Anspruch besteht weiter beim Wechsel des Vorgesetzten, weil der AN andernfalls für längere Zeit keine sachgerechte Beurteilung erwarten könnte (BAG 1.10.1998 AP BAT § 61 Nr. 2). Im Falle des Betriebsübergangs (§ 613a BGB) kann ein Zwischenzeugnis verlangt werden, wenn der Beurteilende den AG nicht wechselt (weitergehend *Jüchser* NZA 2012, 244, 246). Ein triftiger Grund ist auch gegeben, wenn der AN ein Zeugnis vorlegen muss, um an Fortbildungsmaßnahmen teilnehmen zu können (*Grimm* AR-Blattei SD 1850 Rn. 24). Hat der AN auf sein Verlangen ein (End-)Zeugnis erhalten, ist kein triftiger Grund für ein (zusätzl.) Zwischenzeugnis mehr anzuerkennen (LAG HM 13.2.2007 NZA-RR 2007, 486).

Für den **Inhalt des Zwischenzeugnisses** gelten iÜ die gleichen Grds. wie für das bei Beendigung des 51
ArbVerh. auszustellende Zeugnis (LAG D 2.7.1976 BB 1976, 1562; LAG HM 1.12.1994 LAGE BGB § 630 Nr. 25). Hins. Ber. und Widerruf unrichtiger Zwischenzeugnisse sowie Bindung des Ausstellers an die Tätigkeitsbeschreibung und die Beurteilung von Führung und Leistung bestehen keine erhebl. Abweichungen zum Schlusszeugnis (LAG HM 1.12.1994 LAGE BGB § 630 Nr. 25). Ein erteiltes Zwischenzeugnis bindet den AG für den Zeitraum, den das Zwischenzeugnis erfasst, grds. inhaltl. für das Endzeugnis. Der AG kann vom Zwischenzeugnis nur abweichen, wenn die späteren Leistungen und das spätere Verhalten des AN das rechtfertigen (BAG 16.10.2007 NZA 2008, 298; *Höser* NZA-RR 2012, 281, 284). Hatte im Falle eines Betriebsübergangs der Betriebsveräußerer dem AN ein Zwischenzeugnis erteilt, ist der Betriebserwerber bei Abfassung eines Endzeugnisses gleichermaßen an den Inhalt des Zwischenzeugnisses gebunden, wie es der Betriebsveräußerer bei Fortbestand des ArbVerh. gewesen wäre (BAG 16.10.2007 NZA 2008, 298).

X. Unabdingbarkeit, Ausschlussfrist, Verjährung, Verwirkung

§ 109 ist nicht abdingbar. Es besteht heute Einigkeit, dass auf das Zeugnis jdf. nicht vor Beendigung 52
des ArbVerh. verzichtet werden kann (BAG 16.9.1974 AP BGB § 630 Nr. 9; LAG B 6.12.2011 – 3 Sa 1300/11 – BeckRS 2012, 65741; **aA** noch RAG 18.2.1933 ARS 17, 464, 467). Für die spätere Zeit wird ein Verzicht mögl. sein (Staudinger/*Preis* § 630 Rn. 7), weil ein Zeugnis nur auf entspr. Verlangen des AN zu erteilen ist. Das BAG hat hierzu noch nicht abschl. Stellung genommen (vgl. BAG 16.9.1974 AP BGB § 630 Nr. 9). Unterzeichnet der AN bei Beendigung des ArbVerh. eine allg. gehaltene **Ausgleichsquittung** oder wird eine Ausgleichsklausel in einen Aufhebungsvertrag oder Prozessvergleich aufgenommen, bedarf die Erkl. des AN sorgsamer Auslegung, ob überhaupt eine rechtsgeschäftl. Willenserklärung abgegeben und ggf. auch auf die Erteilung eines Zeugnisses verzichtet worden ist. Wegen der langfristigen Bedeutung des Zeugnisses für das weitere Arbeitsleben wird iZw. kein Verzicht anzunehmen sein (vgl. BAG 16.9.1974 AP BGB § 630 Nr. 9; LAG D 23.5.1995 NZA-RR 1996, 42; abw. Erg. für einen Prozessvergleich LAG B 6.12.2011 – 3 Sa 1300/11 – BeckRS 2012, 65741).

Der Zeugnisanspruch unterliegt der dreijährigen **Verjährungsfrist** (§ 195 BGB; LAG K 31.8.2016 – 53
11 Sa 1025/15 – BeckRS 2016, 74762). Vor Eintritt der Verjährung kann der **Zeugnisanspruch verwirkt** werden, wenn er nicht angemessene Zeit nach Beendigung des ArbVerh. geltend gemacht wird und schützenswertes Vertrauen des AG entstanden ist (BAG 26.6.2001 NZA 2002, 34; 4.10.2005 NZA

2006, 436). Der AG muss noch hinreichende Erinnerung an die zu bezeugenden Tatsachen haben, so dass das Zeitmoment des Verwirkungstatbestands bereits nach zehn Monaten erfüllt sein kann (BAG 17.2.1988 AP BGB § 630 Nr. 17).

54 Der Zeugnisanspruch kann zu den Ansprüchen aus dem ArbVerh. iS **tarifl. Ausschlussfristen** gehören (BAG 23.2.1983 AP BAT § 70 Nr. 10; 30.1.1991 AP BGB § 630 Nr. 18; 4.10.2005 NZA 2006, 436; abl. *Krause* RdA 2004, 36, 44). Da tarifl. Verfallfristen regelm. die kurzfristige Abwicklung des ArbVerh. bezwecken, nicht aber nachvertragl. Ansprüche beschneiden wollen, ist jeweils durch Auslegung zu ermitteln, ob die tarifl. Ausschlussfrist auch den „bei Beendigung des ArbVerh." entstehenden Zeugnisanspruch des AN mit umfasst (Schaub/*Linck* § 147 Rn. 12; Staudinger/*Preis* § 630 Rn. 56). Die Ausschlussfrist des § 70 BAT erfasst den Anspruch auf Erteilung eines qualifizierten Zeugnisses (BAG 23.2.1983 AP BAT § 70 Nr. 10), erfordert aber nicht, dass jeder einzelne Mangel ausdr. innerhalb der sechsmonatigen Frist gerügt wird (BAG 4.10.2005 NZA 2006, 436). Ausschlussfristen können auch einzelvertragl. vereinbart werden (BAG 25.5.2005 NZA 2005, 1111; 28.9.2005 NZA 2006, 149). Sie entfalten jdf. ggü. abdingbaren ges. und tarifl. Ansprüchen Wirkung. Da der Zeugnisanspruch nach seiner Entstehung verzichtbar ist, kann eine einzelvertragl. vereinbarte Ausschlussfrist auch den Zeugnisanspruch umfassen, was wiederum durch Auslegung zu ermitteln ist (LAG HM 10.4.2002 NZA-RR 2003, 463 f. betr. einen Zeugnisberichtigungsanspruch). Stellen tarifl. oder vertragl. Ausschlussfristen auf die **Fälligkeit des Anspruchs** ab (vgl. BAG 1.3.2006 NZA 2006, 783), beginnt die Frist mit Ablauf des Tages, an dem das Zeugnis erstmals verlangt werden konnte. Die Geltendmachung des Zeugnisanspruchs kann uU in der Forderung nach „den Papieren" liegen. Hingegen vermag die Erhebung der Kündigungsschutzklage die Ausschlussfrist nicht zu wahren, denn diese kann allenfalls als Geltendmachung der vom Fortbestand und nicht der Beendigung des ArbVerh. abhängigen Ansprüche ausgelegt werden (vgl. BAG 26.3.1977 AP TVG § 4 Ausschlussfristen Nr. 59).

55 Eine Unrichtigkeit des Zeugnisses muss der AN in angemessener Zeit rügen, sonst verwirkt er den **Anspruch auf Ber.** des Zeugnisses, also Ausstellung eines neuen Zeugnisses in berichtigter Fassung, in relativ kurzer Zeit (Staudinger/*Preis* § 630 Rn. 66). Eine Verwirkung des Zeugnisanspruches ist umso eher anzunehmen, wenn der AG bereits ein Zeugnis erteilt hat und der AN gefordert ist, die seiner Ansicht nach gegebenen Mängel zu rügen. Für das Zeitmoment genügen beim Berichtigungsverlangen schon wenige Monate (vgl. BAG 17.10.1972 AP BGB § 630 Nr. 8: fünf Monate für Schadensersatzanspruch; 17.2.1988 AP BGB § 630 Nr. 17: zehn Monate; LAG D 11.11.1994 DB 1995, 1135: elf Monate; LAG K 8.2.2000 NZA-RR 2001, 130, 131 f.: zehn Monate; LAG HM 3.7.2002 NZA-RR 2003, 73: 15 Monate).

XI. Widerruf von Zeugnissen, Bindungswirkungen

56 Ein Zeugnis ist keine Willenserklärung des AG, sondern Wissenserklärung. Es kann nicht nach §§ 119 ff. BGB angefochten werden (*Göldner* S. 8 f.; Staudinger/*Preis* § 630 Rn. 59; **aA** LAG F 25.10.1950 DB 1951, 308; MüKoBGB/*Henssler* § 630 Rn. 64). Werden dem AG nachträgl. Tatsachen bekannt, die eine andere Beurteilung rechtfertigen würden, so ist er zum **Widerruf des erteilten Zeugnisses** berechtigt, wenn das Zeugnis bei rückschauender Betrachtung wesentl. Unrichtigkeiten enthält, die für einen anderen AG bei der Einstellungsentsch. von ausschlaggebender Bedeutung sein können (*Sieg* RdA 1951, 413, 414; Boemke/*Müller* Rn. 30). Der Irrtum muss sich somit auf wesentl. Grdl. des Zeugnisses beziehen (vgl. BGH 15.5.1979 AP BGB § 630 Nr. 13; *Grimm* AR-Blattei SD 1850 Rn. 158 f.). Hat sich der AG idS bei der Erteilung des Zeugnisses geirrt, kann er das Zeugnis widerrufen und Herausgabe des alten Zeugnisses Zug um Zug gegen Erteilung eines neuen Zeugnisses verlangen (*Göldner* S. 125 ff.). Das Widerrufsrecht des AG ist unabhängig von der Zeugnisart (*Georg-R. Schulz*, Alles über Arbeitszeugnisse, 9. Aufl., 2015 S. 50 f.). Der Widerruf ist erforderl., um nicht Schadensersatzansprüche Dritter auszulösen (vgl. BGH 15.5.1979 AP BGB § 630 Nr. 13).

57 Hat der AG sich nicht geirrt, sondern bewusst ein **Gefälligkeitszeugnis** erteilt, kann er es allenfalls dann widerrufen, wenn es derartig unrichtig ist, dass der Gebrauch eines solchen Zeugnisses gegen die guten Sitten verstoßen würde (Schaub/*Linck* § 147 Rn. 36; MüKoBGB/*Henssler* § 630 Rn. 66). Das Zeugnis löst rechtl. Bindungen des AG auch im Verhältnis zum AN aus (BAG 21.6.2005 NZA 2006, 104). Es kann den AG im Rechtsstreit wegen einer Benachteiligung (§ 15 AGG) inhaltl. binden (BAG 21.6.2012 NZA 2012, 1345 Rn. 49). Dem kommt va. für Zwischenzeugnisse Bedeutung zu. Treten zB keine tats. Veränderungen ein, ist der AG an die in einem Zwischenzeugnis niedergelegte Beurteilung für den Zeitraum gebunden, auf den sich dieses Zwischenzeugnis erstreckt (BAG 8.2.1972 AP BGB § 630 Nr. 7). Dies bedeutet aber nicht, dass die Formulierungen wörtl. zu übernehmen seien (LAG D 2.7.1976 BB 1976, 1562). Das BAG (8.2.1972 AP BGB § 630 Nr. 7; zust. *Höser* NZA-RR 2012, 281, 285) hat sogar angenommen, dass der AG seine Ansprüche auf Ersatz von Kassenfehlbeständen gegen einen Filialleiter nach Treu und Glauben (Verbot des venire contra factum proprium) nicht mehr geltend machen könne, wenn er diesem in einem Zeugnis bescheinigt habe, ehrl., fleißig und gewissenhaft gewesen zu sein. Dieser Ansicht kann nicht gefolgt werden. Sie übersieht, dass das Zeugnis einzelne Vorfälle wie Kassenfehlbestände, die für das ArbVerh. nicht charakteristisch waren, weder hervorheben, noch erwähnen darf. Die Grds. der Einheitlichkeit und des Wohlwollens gelten nur im Zeugnisrecht, im Bereich der ANHaftung oder des Kündigungsrechts haben sie keine Bedeutung. Dort gelten eigene Regeln.

XII. Verlust oder Beschädigung

Gem. § 275 BGB erlischt jeder Zeugnisanspruch einschl. der nachwirkenden Nebenpflicht zur Ausstellung einer weiteren Ausfertigung, wenn die Leistungspflicht dem **AG unmögl.** oder unzumutbar wird (zB Tod des AG: BAG 29.1.1986 AP TVAL II § 48 Nr. 2 [obiter dictum]). Ist der Anspruch des AN auf Erteilung eines Zeugnisses durch Erfüllung erloschen, geht aber das Zeugnis verloren oder wird es beschädigt, ist der AG iRd. ihm Möglichen und Zumutbaren verpflichtet, das Zeugnis zu rekonstruieren und eine neue Ausfertigung dem AN zu überlassen. Insoweit wird eine entspr. **nachvertragl. Nebenpflicht** angenommen (LAG HM 15.7.1986 LAGE BGB § 630 Nr. 5 [Eingangsstempel der Gewerkschaft auf dem Zeugnisoriginal]; *Monjau* S. 19). Ein etwaiges Verschulden des AN schließt nicht grds. einen Anspruch auf eine Zweitausfertigung aus, sondern ist iRd. Zumutbarkeitsbeurteilung für den AG zu berücksichtigen. IE wird der AN unabhängig von seinem Verschulden zumindest einmal eine zweite Ausfertigung verlangen können. Eine Kopie des alten Zeugnisses reicht auch mit einem Beglaubigungsvermerk nicht aus. Etwaige Kosten der erneuten Ausstellung des Zeugnisses hat der AN zu tragen. Entspr. gilt bei Änd. des Geschlechts oder des Vornamens nach dem **TranssexuellenG** v. 10.9.1980 (BGBl. I S. 1654; LAG HM 17.12.1998 DB 1999, 1610). 58

XIII. Erteilung von Auskünften

Auf **Wunsch des ausgeschiedenen AN** darf der bisherige AG über die Erstellung des Zeugnisses hinaus Auskünfte an solche Personen erteilen, mit denen der AN in Verh. über den Abschluss eines Arbeitsvertrags steht. Wird aber aus dem Gedanken der (nachwirkenden) Fürsorgepflicht eine entspr. nachwirkende Vertragspflicht abgeleitet (so BAG 5.8.1976 AP BGB § 630 Nr. 10; 18.12.1984 AP BGB § 611 Persönlichkeitsrecht Nr. 8; *Hromadka* § 1 Rn. 32; abl. *Schleßmann* Rn. 891), besteht die Gefahr, Anstands- und Rechtspflicht zu vermengen. Noch das RAG (17.2.1934 ARS 20, 158) hat in der Zusage des AG, auf Anfrage anderer AG den AN empfehlen zu wollen, die unverbindl. Zusage eines reinen Gefälligkeitsdienstes gesehen. Wird der Ansicht des BAG gleichwohl gefolgt, sollte der Anspruch nur bejaht werden, wenn der AN an der Auskunft ein berechtigtes Interesse hat und die Erteilung der Auskunft dem AG keine größeren Anstrengungen abverlangt (so Soergel/*Kraft* § 630 BGB Rn. 16). 59

Gibt der AG Dritten die erbetenen Auskünfte, ist er **inhaltl. zur Wahrheit verpflichtet** (BAG 5.8.1976 AP BGB § 630 Nr. 10; LAG HH 16.8.1984 DB 1985, 284, 285; anders LAG BE 8.5.1989 LAGE BGB § 242 Auskunftspflicht Nr. 2). Auf entspr. Verlangen ist dem AN der Inhalt der Auskunft mitzuteilen (BGH 10.7.1959 AP BGB § 630 Nr. 2; *Schulz* NZA 1990, 717, 719). Die mit Zust. des AN erteilte Auskunft darf inhaltl. umfassender und freier gestaltet werden als ein qualifiziertes Zeugnis (LAG HH 16.8.1984 DB 1985, 284, 285). 60

Erteilt der AG Dritten **ohne Zust. des AN** Auskünfte über diesen, bewegt er sich auf unsicherem Terrain. Soweit es sich um ANDaten iSd. Datenschutzrechts handelt, ist die Zust. des AN erforderl. (vgl. BDSG § 4a Rn. 1 ff.). In älteren Entsch. hat das BAG angenommen, aus Gründen der Sozialpartnerschaft seien AG berechtigt, andere AG bei der Wahrung ihrer Belange zu unterstützen (BAG 25.10.1957 AP BGB § 630 Nr. 1; zust. *Schröder* DB 1959, 1371, 1372; abl. *Diekhoff* BB 1961, 573, 574; *Schulz* NZA 1990, 717, 719), und dürften deshalb auch gegen den ausdr. erklärten Willen des AN Auskünfte an andere AG erteilen (BAG 5.8.1976 AP BGB § 630 Nr. 10; 18.12.1984 AP BGB § 611 Persönlichkeitsrecht Nr. 8). Anges. der zwischenzeitl. Entwicklung des Datenschutzrechts und der Rspr. zum Persönlichkeitsschutz (vgl. nur BAG 4.4.1990 AP BGB § 611 Persönlichkeitsrecht Nr. 21; GG Art. 2 Rn. 104) kann dieser Auff. nicht mehr gefolgt werden (*Eisbrecher* S. 146; MüKoBGB/*Henssler* § 630 Rn. 81 ff.). IdS ist bereits geklärt, dass die Personalakte Dritten ohne Zust. des AN nicht zugängl. gemacht werden darf (BAG 18.12.1984 AP BGB § 611 Persönlichkeitsrecht Nr. 8; 14.9.1994 AP BGB § 611 Abmahnung Nr. 13; *Beck,* Die rechtl. Vorgaben für die Führung von Personalakten, 1995 S. 57). Jdf. darf der AG nicht ohne vorherige Zust. des AN im Zeugnistext Dritten erg. mdl. Auskünfte über den AN anbieten (mit anderer Begr. ArbG Herford 1.4.2009 ArbRB 2009, 258). 61

In der **Privatwirtschaft** können zwischen dem ausscheidenden Mitarbeiter und seinem AG bindende Vereinb. darüber getroffen werden, ob überhaupt, unter welchen Voraussetzungen und in welchem Umf. Auskünfte erteilt werden sollen und dürfen (BAG 29.9.1994 – 8 AZR 570/93 – BeckRS 1994, 30919763; *Schmid* DB 1983, 769, 772 f.). Ist in einem Kündigungsrechtsstreit durch Prozessvergleich die einvernehml. Beendigung des ArbVerh. vereinbart worden, bindet dieser Vergleich den AG bei späteren Auskünften (LAG HH 16.8.1984 DB 1985, 284, 285). Im Bereich des **öffentl. Dienstes** soll nach Auff. des BAG aus der Pflicht zur Amtshilfe nach Art. 35 GG auch die Pflicht zur wechselseitigen Auskunftserteilung und zur Überlassung von Personalakten bzgl. solcher AN bestehen, die bereits im öffentl. Dienst beschäftigt sind und zu einer anderen Dienststelle wechseln wollen (BAG 15.7.1960 AP GG Art. 35 Nr. 1). Diese Rspr. ist als überholt anzusehen. Nach § 111 II 3 BBG dürfen Auskünfte über Beamte nur mit Einwilligung des Bediensteten erteilt werden, es sei denn, die Abwehr einer erhebl. Beeinträchtigung des Gemeinwohls oder der Schutz berechtigter, höherrangiger Interessen des Dritten würde die Auskunftserteilung zwgd. erfordern. Die Auskunft ist auf den jeweils erforderl. Umf. zu beschränken. Inhalt und Empfänger der Auskunft sind dem Beamten schriftl. mitzuteilen. Die 62

AG des öffentl. Dienstes wenden im allg. diese beamtenrechtl. Vorschr. sinngemäß auf ihre AN an, soweit die Tarifvorschr. keine eigenständigen Regelungen enthalten.

XIV. Rechtsfolgen der Nicht- oder Schlechterfüllung des Zeugnisanspruches

63 **1. Schadensersatzanspruch des Arbeitnehmers.** Bei Verzug haftet der AG dem AN gem. §§ 286, 288 IV BGB. Das Zeugnis ist unverzügl. nach Ausübung des Wahlrechts (einfaches oder qualifiziertes Zeugnis) zu erstellen (*Grimm* AR-Blattei SD 1850 Rn. 3), zT werden drei Tage (LAG D 10.6.1953 DB 1953, 695) oder einige Tage (*Kölsch* NZA 1985, 382, 383) für ausreichend gehalten. Notwendig ist die Einräumung einer angemessenen Bearbeitungszeit (LAG SH 1.4.2009 AuA 2010, 553). Sie ist von den betriebl. Umständen abhängig und wird beim einfachen Zeugnis sehr viel kürzer sein als beim qualifizierten (vgl. *Weuster,* Personalauswahl und Personalbeurteilung mit Arbeitszeugnissen, S. 34 f. mit statistischen Daten). Selbst eine Bearbeitungszeit von zwei bis drei Wochen Dauer kann noch angemessen sein (LAG SH 1.4.2009 AuA 2010, 553; *Schleßmann* Rn. 149). Schuldnerverzug des AG setzt des Weiteren voraus, dass der AN die Erteilung des Zeugnisses angemahnt hat (§ 286 I BGB). Allein die (erste) Forderung nach einem Zeugnis genügt nicht, weil durch sie erst das Wahlrecht ausgeübt wird.

64 Hat der AG das Zeugnis zwar fristgerecht erteilt, ist der AN jedoch mit dem Inhalt nicht einverstanden, kommt zum Tragen, dass das ArbR und insb. § 109 **keine ges. Regelung der Gewährleistung** kennt. Insb. ist kein Berichtigungsanspruch iS einer Nachbesserung ges. fixiert. Die anzuwendenden Regeln sind in Rspr. und Schrifttum umstr. oder werden nur ungenau bezeichnet. Die Rspr. des BAG (24.3.1977 AP BGB § 630 Nr. 12; 17.2.1988 AP BGB § 630 Nr. 17) unterscheidet nicht strikt zwischen Verzögerungs- und Schlechterfüllungsschaden und bemüht sich, formelle und materielle Mängel des Zeugnisses gleich zu behandeln (vgl. BAG 15.11.2011 NZA 2012, 448: auch bei inhaltl. Mängeln keine Erfüllung des Zeugnisanspruchs). Im Urt. v. 16.11.1995 (EzA BGB § 630 Nr. 20) benennt das BAG § 286 BGB und pVV als mögl. Anspruchsgrdl. ausdr. nebeneinander (ebenso BAG 25.10.1967 AP HGB § 73 Nr. 6; LAG HM 11.7.1996 LAGE BGB § 630 Nr. 29). Im Schrifttum wird zwischen formellen und materiellen Mängeln des Zeugnisses unterschieden (so Staudinger/*Preis* § 630 Rn. 77). Bei **formellen Mängeln** sei der Anspruch noch nicht erfüllt, so dass Verzug eintreten und der AG aus dem Gesichtspunkt des § 288 IV BGB schadensersatzpflichtig werden könne. Erteilt der AG ein Zeugnis, das zwar formell ordnungsgemäß ist, inhaltl. jedoch nicht den Anforderungen des § 109 entspricht, werde nach § 280 BGB bei Verschulden Schadensersatz geschuldet (*Kölsch* NZA 1985, 382, 384; *Schnorr v. Carolsfeld* Anm. AP BGB § 630 Nr. 8; Staudinger/*Preis* § 630 Rn. 77).

65 Wegen des Fehlens einer ges. Regelung der Gewährleistung ist von § 362 BGB auszugehen. Danach besitzt allein eine **„mangelfreie" Leistung Erfüllungswirkung.** Bei einem Arbeitszeugnis ist eine entspr. Mangelfreiheit nur dann anzunehmen, wenn das Zeugnis formell einwandfrei (LAG HE 23.9.2008 AuA 2009, 242), inhaltl. vollständig sowie in der Bewertung von mittlerer Art und Güte ist (ähnl. *Monjau* S. 38, wohl a. BAG 4.10.2005 NZA 2006, 436; **aA** BAG 15.11.2011 NZA 2012, 448). Entspricht das Zeugnis diesen Voraussetzungen nicht, ist der Zeugnisanspruch des Dienstverpflichteten noch nicht erfüllt, so dass Verzug eintreten und der AG aus dem Gesichtspunkt des § 288 IV BGB schadensersatzpflichtig werden kann. Wird jedoch das Zeugnis diesen Anforderungen gerecht, ist der Zeugnisanspruch erfüllt und der AG kann nicht mehr in Schuldnerverzug kommen. Sollte in einem solchen Falle das Zeugnis materielle Bewertungsfehler enthalten, kann der AN Schadensersatzansprüche aus § 280 BGB herleiten.

66 Soweit § 288 IV BGB die richtige Anspruchsgrdl. ist, bedarf es der Mahnung und damit einer **vergebl. Rüge**, die zugleich erkennen lassen muss, warum der AN die Erfüllung nicht für gehörig hält (LAG D 23.7.2003 LAGReport 2004, 14). Kann der Schadensersatzanspruch allein aus § 280 BGB folgen, kommt eine Pflicht des AN, vor Erhebung von Schadensersatzansprüchen zunächst eine Abänderung des Zeugnisses zu verlangen, nur unter dem Gesichtspunkt des § 254 I BGB in Betracht (vgl. *Kölsch* NZA 1985, 382, 384). Die unterschiedl. Anspruchsgrdl. und damit das Erfordernis der vergebl. Mahnung haben notwendigerweise Folgen für den Beginn der Ersatzpflicht bei Erwerbsschäden. – Erhebl. Schwierigkeiten wirft die Durchsetzung von Schadensersatzansprüchen wegen der **Darlegungs- und Beweislast** auf (vgl. Rn. 80 ff.).

67 **2. Berichtigungsanspruch.** Die Zeugnisber. ist nicht wörtl. iS einer Korrektur des Originals, sondern als Erstellung eines gänzl. neuen Zeugnisses zu verstehen (BAG 21.6.2005 NZA 2006, 104). Die Zeugnisber. ist Erfüllung des Zeugnisanspruches, sofern das zunächst erteilte Zeugnis den Anspruch wegen seiner Mängel noch nicht erfüllte. Weist das zunächst erteilte Zeugnis inhaltl. Bewertungsmängel auf, folgt der Berichtigungsanspruch aus §§ 280 ff., § 249 BGB (**aA** BAG 15.11.2011 NZA 2012, 448: auch bei inhaltl. Mängeln keine Erfüllung des Zeugnisanspruchs). Dieser Schadensersatz ist durch **Naturalrestitution** zu leisten. Der AG hat dem AN ein neues, inhaltl. korrigiertes Zeugnis auszustellen. Dieses Zeugnis ist so auszugestalten, als ob es sich um eine Erstausfertigung handeln würde (LAG BW 27.10.1966 DB 1967, 48). Der AG ist an den nicht beanstandeten Text gebunden, sofern nicht nachträgl. Umstände bekannt geworden sind, die das Verhalten des AN in einem anderen (negati-

veren) Licht erscheinen lassen (BAG 21.6.2005 NZA 2006, 104). Das Zeugnis darf die Tatsache seiner Ersatzfunktion nicht erkennen lassen (*Hoffmann* Zeugnisber. Diss. Köln 1966 S. 61). Eines aus der Fürsorgepflicht abzuleitenden bes. Berichtigungsanspruchs bedarf es daneben nicht (**aA** LAG HM 1.12.1994 LAGE BGB § 630 Nr. 28). § 109 ist selbst eine Konkretisierung der Fürsorgepflicht des AG. Wird diese Pflicht verletzt, ist dem geschädigten AN Schadensersatz nach den allg. Vorschr. zu leisten. – Ist der Berichtigungsanspruch gegeben, muss der AN **Zug-um-Zug** gegen Erteilung des neuen berichtigten Zeugnisses das alte unrichtige Zeugnis an den AG zurückgeben (LAG HM 11.7.1996 – 4 Sa 1285/95).

3. Schadensersatzansprüche Dritter. Der AG, der ein inhaltl. unrichtiges Zeugnis erteilt, kann sich 68 Dritten ggü. wegen einer **sittenwidrigen vorsätzl. Schädigung** nach § 826 BGB schadensersatzpflichtig machen (BGH 26.11.1963 AP BGB § 826 Nr. 10; 22.9.1970 AP BGB § 826 Nr. 16). Die Voraussetzungen sind erfüllt, wenn der AG in das Zeugnis wissentl. unwahre Angaben aufnimmt und zumindest billigend die Schädigung anderer AG in Kauf nimmt. Die Ausstellung des falschen Zeugnisses muss obj. gegen die guten Sitten verstoßen (vgl. *Birk,* Auskünfte über AN, 1985 S. 261). Ein Bewusstsein sittenwidrigen Handelns ist nicht erforderl.

Erwähnt der AG eine einmalige Verfehlung nicht im Zeugnis, weil er hofft, ein derartiger Pflichten- 69 verstoß werde sich nicht wiederholen, begr. die ggf. darin liegende Fahrlässigkeit keinen Schadensersatzanspruch aus § 826 BGB. Ansonsten können auch verschwiegene oder ausgelassene Angaben zur Schadensersatzpflicht nach § 826 BGB führen. Hat sich zB ein Beschäftigter als unzuverlässig oder unehrl. erwiesen, ist das aber wegen einer Auslassung oder unrichtig formulierten Wendung im Zeugnis nicht zum Ausdruck gekommen, greift § 826 BGB ein, wenn dem neuen AG ein Schaden entsteht, also der AN bspw. erneut Diebstähle oder Unterschlagungen begeht (BGH 22.9.1970 AP BGB § 826 Nr. 16; *Bischoff,* Die Haftung ggü. Dritten für Auskünfte, Zeugnisse und Gutachten, Diss. Tübingen 1973 S. 237). Hingegen würde **beredtes Schweigen des Zeugnisses** die Schadensersatzpflicht ausschließen.

Hat der AG das Zeugnis aufgrund eines vom AN im Zeugnisrechtsstreit erstrittenen Leistungsurt. 70 erteilt, scheidet eine Haftung des AG nach § 826 BGB auch bei grober Unrichtigkeit aus, denn ein Handeln zur **Abwendung der ZV** ist kein Verstoß gegen die guten Sitten (*van Venrooy* S. 249 f.).

In den Fällen **kollusiven Zusammenwirkens** zwischen AN und Zeugnisaussteller kann ein Scha- 71 densersatzanspruch des neuen AG gem. § 823 II BGB iVm. §§ 263, 27 StGB wegen Beihilfe zum Anstellungsbetrug in Betracht kommen (vgl. *Birk,* Auskünfte über AN, 1985 S. 259; *Gleisberg* DB 1979, 1227, 1229; *Krummel* S. 186 f.). In einer rechtsfortbildenden Entsch. hat der BGH (15.5.1979 AP BGB § 630 Nr. 13; dazu *Gleisberg* DB 1979, 1227; *Loewenheim* JZ 1980, 469; abl. LR/*Neumann* Rn. 36) die Haftung des AG erhebl. verschärft, indem er zur Annahme einer **„vertragsähnl. Rechtsbeziehung"** zwischen dem Zeugnisaussteller und dem neuen AG gelangt ist. Nach Auff. des BGH besteht die Funktion des Zeugnisses nicht nur darin, dem AN seine Tätigkeit und die dabei erbrachten Leistungen zu bescheinigen, sondern auch darin, dem interessierten Dritten eine verbindl. Unterlage an die Hand zu geben, die er bei seinem Einstellungsentschl. mit heranziehen kann. Diese Aufgabe könne das Zeugnis für jeden Aussteller erkennbar nur erfüllen, wenn es eine nach Treu und Glauben unerlässl. Mindestgewähr für die Richtigkeit seines Inhalts biete, die sich jdf. auf die Punkte zu erstrecken habe, die die Verlässlichkeit des Zeugnisses im Kern berührten. Der Aussteller müsse dafür einstehen, dass der Dritte durch eine bewusste Unrichtigkeit des Zeugnisses keinen Schaden erleide. Sie erstrecke sich auch auf den Fall, dass dem Aussteller die obj. Unrichtigkeit eines zunächst in gutem Glauben ausgestellten Zeugnisses nachträgl. bewusst geworden und ihm zugleich bekannt sei, dass ein bestimmter Dritter auf das Zeugnis vertraut habe und dadurch schweren Schaden zu nehmen drohe, soweit einer umgehenden Warnung des Dritten weder tats. Schwierigkeiten noch billigenswerte Rücksichtnahmepflichten entgegenstünden.

Dieser Entsch. kann nicht gefolgt werden. Die vertragsähnl. Beziehung wird **ledigl. fingiert,** sie 72 besteht aber nicht. Der BGH hat nur unzureichend berücksichtigt, dass der AG sich nicht rechtsgeschäftl. zu Auskünften über den AN verpflichten will, sondern einer ges. (Zeugnis-)Pflicht mit engen Regeln genügen muss (*Kölsch* NZA 1985, 382, 385; *Krummel* S. 193; *van Venrooy* S. 220 ff.; **aA** MüKoBGB/*Henssler* § 630 Rn. 76 f.). Einer Übertragung der Rspr. zur Auskunftshaftung auf die Erteilung von Arbeitszeugnissen steht zudem die mangelnde standesmäßige Bestimmbarkeit der Gruppe der Zeugnisaussteller entgegen (*Loewenheim* JZ 1980, 469, 471). Diese Gruppe reicht vom Privatmann (als AG einer Hausangestellten) über den Handwerksmeister bis zur Großbank und entzieht sich deshalb einer einheitl. Einschätzung ihrer (Auskunfts-)Kompetenz. Ohnehin stellt das Arbeitszeugnis eine ausgesprochen unzuverlässige Informationsquelle dar, deren Aussagewert sich in engen Grenzen hält (*Loewenheim* JZ 1980, 469, 471; vgl. *Weuster,* Personalauswahl und Personalbeurteilung mit Arbeitszeugnissen, S. 172: 71,7% der befragten Personalberater halten Zeugnisse für obj. zu gut). Gleichwohl hat der BGH das Interesse des neuen AG an der Richtigkeit des Zeugnisinhalts ggü. dem Prinzip der Privatautonomie und damit dem Interesse des Zeugnisausstellers, sich rechtl. nicht binden, also auch nicht für die Richtigkeit des Zeugnisses einstehen zu wollen, überwiegen lassen. Insg. wird die BGH-Entsch. der Zeugnispraxis nicht gerecht (*Loewenheim* JZ 1980, 469, 471; **aA** *Eisbrecher*

S. 92). Andernfalls müsste es die Auslegung des § 109 dem AG gestatten, das Zustandekommen der vertragsähnl. Sonderverbindung auszuschließen. Insofern käme eine in das Zeugnis aufzunehmende Haftungsausschlussklausel in Betracht (*Loewenheim* JZ 1980, 469, 472). Die Aufnahme einer derartigen, das Zeugnis entwertenden Klausel ist dem AG jedoch aus arbeitsrechtl. Gründen verwehrt. Trotz aller gegen die Rspr. des BGH vorzubringenden Bedenken sollte sich die Zeugnispraxis einschl. der arbeitsgerichtl. Rspr. auf die haftungserweiternde Rspr. des BGH einstellen und dem Grds. der Wahrheit genügend Raum belassen.

XV. Prozessuales

73 Für den Zeugnisanspruch sind die Gerichte für Arbeitssachen zust. (§ 2 I Nr. 3 e ArbGG). Im Jahre 2006 war in der Bundesrepublik das Arbeitszeugnis in ca. 30 800 Prozessen Streitgegenstand (AuR 2007, 300); seither werden vom Statistischen Bundesamt für diesen Streitgegenstand keine Zahlen mehr ausgewiesen. Der Zeugnisstreit ist vermögensrechtl. Natur (LAG D 26.8.1982 EzA ArbGG 1979 § 12 Streitwert Nr. 18; 3.11.2010 NZA-RR 2011, 123). Ohne vorheriges Verlangen fehlt dem AN für eine klageweise Geltendmachung des Zeugnisanspruchs das Rechtsschutzbedürfnis (LAG K 16.5.2013 NZA-RR 2013, 493). Verweigert der AG die Ausstellung des Zeugnisses oder erteilt er ein Zeugnis, das schon formell den ges. Anforderungen nicht entspricht, kann **Leistungsklage mit dem Antrag** erhoben werden, ein einfaches oder qualifiziertes Zeugnis zu erteilen (BAG 14.3.2000 FA 2000, 686; LAG D [K] 21.8.1973 DB 1973, 1853; *Göldner* ZfA 1991, 225, 249). Der gewünschte Inhalt kann nicht auszugsweise oder in allg. Umschreibungen in den Antrag aufgenommen werden, weil dies der Vollstreckbarkeit entgegenstünde und deshalb keinen bestimmten Klageantrag ausmachte (§ 253 II Nr. 2 ZPO – BAG 14.3.2000 FA 2000, 686). IÜ obliegt die Formulierung des Zeugnisses grds. dem AG, so dass die Klage unbegründet wäre (BAG 29.7.1971 AP BGB § 630 Nr. 6). Der Antrag, das zu erstellende Zeugnis durch einen ranghöheren Vorgesetzten (ggf. mit-)unterzeichnen zu lassen, ist als hinreichend bestimmt gewertet worden (BAG 4.10.2005 NZA 2006, 436). Es ist nicht ausgeschlossen, dass in extremen Fällen der Zeugnisanspruch im einstweiligen Rechtsschutz durchgesetzt wird (LAG K 5.5.2003 LAGReport 2003, 304; LAG HE 17.2.2014 LAGE ZPO 2002 § 935 Nr. 5 „beim ersten Hinsehen" mangelhaft).

73a Zeugnisse für die bei den **Stationierungsstreitkräften** tätigen AN haben die von den Streitkräften dazu bestimmten Dienststellen zu erteilen. Damit tragen die TVParteien des TVAL II dem allg. zeugnisrechtl. Grds. Rechnung, dass Zeugnisse vom AG selbst zu erteilen sind. Gerichtl. sind entspr. zeugnisrechtl. Ansprüche ggü. der Bundesrepublik Deutschland als Prozessstandschafterin geltend zu machen (BAG 29.1.1986 AP TVAL II § 48 Nr. 2).

74 Hat der AG ein den ges. Vorschr. formell genügendes Zeugnis erteilt, dh. die erforderl. Angaben in der gehörigen Form gemacht und beim qualifizierten Zeugnis auch Verhalten und Leistung des AN bewertet, scheidet unabhängig von der Streitfrage, ob damit der Zeugnisanspruch aus § 109 bereits erfüllt ist oder nicht (BAG 23.2.1983 AP BAT § 70 Nr. 10; 17.2.1988 AP BGB § 630 Nr. 17), eine Klage mit einem allg. Leistungsantrag aus (LAG D [K] 21.8.1973 DB 1973, 1853). Der AN kann nicht (mehr) schlicht auf Erteilung eines qualifizierten Zeugnisses klagen. Die prozessual unverzichtbare Bestimmtheit des Klageantrags (§ 253 II Nr. 2 ZPO) erfordert die genaue Angabe, welchen **Wortlaut das prozessual angestrebte Zeugnis** (zumindest in den abw. Punkten) haben soll (LAG D [K] 21.8.1973 DB 1973, 1853; LAG HM 13.2.1992 LAGE BGB § 630 Nr. 16; *van Venrooy* S. 122; Schaub/*Linck* § 147 Rn. 32; **aA** *Göldner* ZfA 1991, 225, 250: allein Bezeichnung der beanstandeten Formulierungen). Widrigenfalls ist die Klage wegen mangelnder Bestimmtheit (§ 253 II Nr. 2 ZPO) als unzulässig abzuweisen (BAG 19.1.1983 AP BetrVG 1972 § 102 Nr. 28).

75 Da das Zeugnis ein einheitl. Ganzes ist, dessen Teile nicht ohne Gefahr der Sinnentstellung auseinander gerissen werden können, sind die Gerichte befugt, ggf. das **gesamte Zeugnis** zu überprüfen und uU selbst neu zu formulieren (BAG 23.6.1960 AP HGB § 73 Nr. 1; 24.3.1977 AP BGB § 630 Nr. 12; **aA** *Göldner* ZfA 1991, 225, 253: allenfalls Neubescheidungsurt.). Ist eine Formulierung des Zeugnisses aus Rechtsgründen zu beanstanden, kann das ArbG den AG zur Erteilung eines um diese Formulierung gekürzten Zeugnisses verurteilen (LAG HM 17.12.1998 BB 2000, 1090 „ersatzlose Streichung"). Anders ist zu entscheiden, wenn die Formulierung eine die Vollständigkeit des Zeugnisses berührende Frage betrifft. In diesem Falle ist die Ersatzformulierung in den Tenor aufzunehmen.

76 Die **Vollstreckung** eines der Klage stattgebenden Urt. oder eines entspr. Prozessvergleichs erfolgt nach **§ 888 ZPO** (BAG 29.1.1986 AP TVAL II § 48 Nr. 2; 9.9.2011 NZA 2012, 1244 Rn. 10; LAG HM 27.7.2016 NZA-RR 2016, 570; abl. *Geyer* FA 2002, 334, 336; zur Tenorierung von Zwangsgeldbeschl. LAG RP 3.8.2011 – 9 Ta 128/11 – BeckRS 2011, 75543; zu typischen Komplikationen *Göhle-Sander* FS Düwell 2011 S. 247, 265 ff.). Das Zeugnis muss auch in den Fällen, in denen der Zeugnisinhalt im Zeugnisrechtsstreit vom Gericht genau formuliert worden ist, eigenhändig unterschrieben werden, so dass eine unvertretbare Handlung vorliegt. Das Zeugnis darf auf keinen Fall erkennen lassen, dass es erst aufgrund einer gerichtl. Auseinandersetzung erstellt wurde (BAG 9.9.1992 AP BGB § 630 Nr. 19; LAG HM 2.11.1966 DB 1966, 1815). Ggf. hat das Prozessgericht erster Instanz im Verf. nach § 888 ZPO zu entscheiden, ob ein vom AG ausgestelltes **Zeugnis als Erfüllung** einer in einem Urt. oder

Vergleich ausgesprochenen Verpflichtung zur Zeugniserteilung anzusehen ist (LAG HE 23.9.2008 AuA 2009, 242; LAG SN 6.8.2012 NZA-RR 2013, 215); dabei ist eine nicht gehörige Erfüllung durch Ausstellung eines offensichtl. nicht ordnungsgemäßen Zeugnisses der Nichterfüllung gleich zu achten (LAG D 8.1.1958 AP ZPO § 888 Nr. 1; **aA** *Göldner* ZfA 1991, 225, 255 f.: jeder Mangel des Zeugnisses ist im Vollstreckungsverf. zu beurteilen).

Hat sich der AG in einem **Prozessvergleich** allg. verpflichtet, ein qualifiziertes Zeugnis zu erteilen, kann der AG nicht im Vollstreckungsverf. nach § 888 I ZPO gezwungen werden, dem Zeugnis einen bestimmten Inhalt zu geben (LAG BY [M] 23.5.1967 AP ZPO § 888 Nr. 7; LAG SH 12.7.1995 – 4 Ta 78/95 –; *Rick* DB 1958, 1361, 1362). Dafür reicht auch die vergleichsweise Zusage eines qualifizierten Zeugnisses der Schulnoten „gut" oder „sehr gut" nicht aus (BAG 14.2.2017 – 9 AZB 49/16 – BeckRS 2017, 103516 Rn. 11; LAG K 4.7.2013 NZA-RR 2013, 490; LAG N 3.5.2016 – 2 Ta 50/16 – BeckRS 2016, 70973; LAG HE 17.11.2016 – 8 Ta 456/16 – BeckRS 2016, 116554). Regelt der Vergleich den Zeugnisinhalt und will der AG wegen eines später erkannten Irrtums von dem einvernehml. geregelten Zeugniswortlaut abweichen, kann er dies nur nach (wirksamer) Anfechtung des Vergleichs durch Fortsetzung des Zeugnisrechtsstreits erreichen (vgl. LAG K 7.5.2008 – 9 Ta 126/08 – BeckRS 2009, 51879). 76a

Erteilt der AG aufgrund eines Prozessvergleichs ein berichtigtes Zeugnis unter dem Datum der tats. Erstellung, kann er nur dann mittels Zwangsgeldfestsetzung gem. § 888 ZPO zur **Ausstellung eines rückdatierten Zeugnisses** gezwungen werden, wenn der Prozessvergleich ein bestimmtes Ausstellungsdatum festlegt (LAG N 13.9.1994 LAGE BGB § 630 Nr. 21). Ansonsten müsste im Erkenntnisverf. auf Ber. des Datums geklagt werden. Das Zeugnis ist zwar grds. auf den Zpkt. seiner Erstellung zu datieren (LAG HM 21.3.1969 DB 1969, 886; *Göldner* S. 17 f.). Wurde das Zeugnis jedoch aufgrund eines begr. Berichtigungsverlangens neu erstellt und hat der AN die verspätete Ausstellung nicht zu vertreten, ist das Zeugnis zurückzudatieren (Rn. 12). 77

Der AN kann zwar nach **§ 61 II ArbGG** vorgehen und beantragen, den AG für den Fall, dass er das Zeugnis nicht innerhalb einer im Urt. bestimmten Frist erteilt, zur Zahlung einer vom Gericht zu bestimmenden Entschädigung zu verurteilen, doch ist dieser Weg wohl zu überdenken. In diesem Fall wäre die ZV nach § 888 ZPO ausgeschlossen (§ 61 II 2 ArbGG) und der AN bliebe auf Dauer ohne Zeugnis. IÜ schließt eine rkr. Entsch. gem. § 61 II ArbGG die Erhebung weitergehender Schadensersatzansprüche aus, sofern die Entschädigung nicht in zulässiger Weise (§ 253 ZPO) als Teilleistung geltend gemacht worden ist (BAG 20.2.1997 AP BGB § 611 Haftung des Arbeitgebers Nr. 4). 78

Widerruft der AG ein erteiltes Zeugnis und fordert es mit der Leistungsklage heraus, ist der Antrag auf die Herausgabe des alten Zeugnisses **Zug um Zug** gegen ein richtig formuliertes Zeugnis zu richten (*Göldner* S. 125 ff.). Dabei ist der Wortlaut des neu angebotenen Zeugnisses in den Antrag aufzunehmen. Ist der Zeugnisinhalt durch Urt. festgelegt worden, scheidet ein Widerruf wegen der **Rechtskraftwirkung** der Entsch. (§§ 46 II ArbGG, 322 I ZPO) aus. Eine Abänderung kommt allein aufgrund prozessualer Rechtsbehelfe in Betracht. Haben die Arbeitsvertragsparteien den Zeugnisinhalt durch Vergleich festgelegt, kommt einem Widerruf keine Bedeutung zu, solange die Wirksamkeit des Vergleichs nicht beseitigt ist (§ 779 BGB). Der Streit über die Wirksamkeit des Prozessvergleichs ist durch Fortsetzung des alten Verf. auszutragen. Die Partei, die den Vergleich für unwirksam hält, kann Terminsantrag stellen (BAG 14.7.1960 AP ZPO § 794 Nr. 8). 79

XVI. Darlegungs- und Beweislast

Die Darlegungs- und Beweislast hins. der anspruchsbegründenden Tatsachen liegt beim AN. Der AN hat somit das ArbVerh., die Fälligkeit des Zeugnisanspruchs und beim Anspruch auf ein qualifiziertes Zeugnis sein entspr. Verlangen vorzutragen. Wendet der AG Erfüllung, Verzicht, Verfall oder Verwirkung als Tatbestände des Erlöschens des Zeugnisanspruchs ein, hat er deren Grdl. darzulegen und zu beweisen (LAG RP 15.3.2011 ArztR 2011, 243). Widerruft der AG das erteilte Zeugnis, muss er darlegen und beweisen, was an dem Zeugnis unrichtig ist (LAG HM 1.12.1994 LAGE BGB § 630 Nr. 25; BLP/*Leisten* § 630 BGB Rn. 8; *Monjau* DB 1966, 340, 341). 80

Wie im Berichtigungsprozess die Darlegungs- und Beweislast verteilt ist, wird in Lit. und Rspr. unterschiedl. beantwortet. Einigkeit besteht zwar, dass die Erfüllung iSv. § 362 BGB vom Schuldner, also dem Dienstberechtigten darzulegen und zu beweisen ist (*van Venrooy* S. 119). Doch hat der Dienstberechtigte eine als Zeugnis bezeichnete Urkunde übergeben, ist fragl., ob hiermit bereits die Erfüllung des Zeugnisanspruchs eingetreten ist. ZT wird in jedem Berichtigungsverlangen die Geltendmachung eines **Anspruchs wegen Schlechterfüllung** gesehen, für die nach allg. Regeln derjenige darlegungs- und beweispflichtig sei, der die nicht ordnungsgemäße Erfüllung behauptet, so dass stets der AN diese Last tragen müsste (so *Becker-Schaffner*, Die Abwicklung des beendeten ArbVerh., 1983 S. 51; *Hueck* Anm. AP HGB § 73 Nr. 1). 81

Zur allein den AG treffenden Darlegungs- und Beweislast gelangt, wer, wie *Eisemann* (ArbRBGB § 630 Rn. 126; tw. zust. *Kolbe* NZA 2015, 582, 585), die Zeugnisbeurteilung mit der einseitigen **Leistungsbestimmung nach § 315 BGB** vergleicht und dementspr. dem Beurteilenden die Darlegungs- und Beweislast dafür auferlegt, dass die getroffene Bestimmung der Billigkeit entspricht (vgl. 82

BGH 6.3.1986 Z 97, 212, 220f.). Dabei wird zwischen der Tatsachenbasis und der Bewertung zu unterscheiden sein (*Haupt/Welslau* Anm. EzA BGB § 630 Nr. 16). Geht es um die Überprüfung der Grenzen des Beurteilungsspielraums des AG, trifft den AN eine prozessuale Mitwirkungspflicht. Will er eine bessere Beurteilung erreichen, muss er vom AG nicht berücksichtigte Einzeltatsachen in den Prozess einführen oder die Richtigkeit der vom AG bereits eingeführten und der Bewertung zugrunde gelegten Tatsachen bestreiten. Erst dann ist es Sache des AG, diesen Tatsachenvortrag zu erschüttern.

83 Nach der in verschiedenen älteren Entsch. des BAG zum Ausdruck gekommenen Ansicht liegt im Berichtigungsverlangen die Geltendmachung des **urspr. Erfüllungsanspruchs**, so dass stets der AG als Schuldner der Zeugnispflicht darzutun habe, dass er mit dem bereits erteilten Zeugnis seiner Verpflichtung aus § 109 nachgekommen sei, dieses also auch inhaltl. richtig sei (BAG 23.6.1960 AP HGB § 73 Nr. 1; 24.3.1977 AP BGB § 630 Nr. 12; 17.2.1988 AP BGB § 630 Nr. 17; 23.9.1992 EzA BGB § 630 Nr. 16; aufgegeben von BAG 14.10.2003 NZA 2004, 843 – vgl. dazu Rn. 86; *Eisbrecher* S. 32; *van Venrooy* S. 120f.).

84 In Entsch. des für Schadensersatz zust. Achten Sen. des BAG (25.10.1967 AP HGB § 73 Nr. 6; 16.11.1995 EzA BGB § 630 Nr. 20; ebenso LAG HM 11.7.1996 LAGE BGB § 630 Nr. 29) ist jeweils zwischen Schadensersatzpflichten des AG wegen Verzugs und Schlechtleistung unterschieden worden. Dabei sind auch die im Zeugnis selbst zum Ausdruck kommenden Pflichtverletzungen als Schlechtleistungen bewertet worden. Somit geht zumindest der für Schadensersatz zust. Sen. des BAG davon aus, dass auch ein nicht in allen Punkten ordnungsgemäßes Zeugnis den ges. Zeugnisanspruch erfüllen und damit gem. § 362 BGB zum Erlöschen bringen kann. Andernfalls käme allein eine Haftung des AG wegen Verzugs in Betracht, denn jedes nicht in allen Punkten ordnungsgemäße Zeugnis wäre nur ein Erfüllungsversuch und ließe den eingetretenen Verzug unberührt. Hierzu hat der Achte Sen. des BAG klargestellt, dass danach zu unterscheiden sei, ob der AG das Zeugnis **verspätet oder nicht gehörig** ausgestellt habe. Dementspr. habe er Schadensersatz entweder wegen Verzugs oder wegen Schlechterfüllung zu leisten. Im entschiedenen Fall lagen verschiedene Erfüllungsversuche des AG mit unterschiedl. Mängeln aus beiden Bereichen vor. Ein Schadensersatzanspruch scheiterte aber an der mangelnden Darlegung der Kausalität zwischen Pflichtverletzung und behauptetem Schaden.

85 Nach der hier vertretenen Auff., die von dieser Differenzierung der Rspr. ausgeht, (vgl. Rn. 64) ist bei einem Arbeitszeugnis eine **§ 362 BGB entspr. Mangelfreiheit** nur dann anzunehmen, wenn das Zeugnis formell einwandfrei, inhaltl. vollständig sowie in der Bewertung von mittlerer Art und Güte ist (ähnl. BLP/*Leisten* § 630 BGB Rn. 2; *Monjau* S. 38). Entspricht das Zeugnis diesen Voraussetzungen nicht, ist der Zeugnisanspruch des Dienstverpflichteten noch nicht erfüllt. Wird jedoch das Zeugnis diesen Anforderungen gerecht, enthält das Zeugnis aber materielle Bewertungsfehler, kann der AN Ber. als Schadensersatz verlangen. Somit hat der AG die Tatsachen darzulegen und ggf. zu beweisen, aus denen er die Erfüllung des Zeugnisanspruchs folgert. Dazu gehören die ein formell einwandfreies, inhaltl. vollständiges und in der Bewertung durchschnittl. Zeugnis ausmachenden Tatsachen. Die notwendige Substantiierung seines diesbzgl. Sachvortrags ist jeweils abhängig vom Vortrag des klagenden AN. Macht der AN zB geltend, das Zeugnis enthalte zwar eine nach dem Wortsinn positive Einschätzung, diese bedeute aber nach einem vom Zeugnisaussteller verwendeten **Geheimcode** etwas Negatives, hat er dies substantiiert darzulegen. Überhaupt trägt die Partei die Darlegungs- und Beweislast für die Verwendung verbotener Geheimzeichen iSd. Abs. 2 S. 2, die hieraus Rechtsfolgen herleiten will (LAG SH 23.6.2016 – 1 Ta 68/16 – BeckRS 2016, 71738). Sehen beide Parteien im Zeugnis eine durchschnittl. Bewertung, erfordert dies keine nähere schriftsätzl. Begr. Zu unstr. Punkten bedarf es keiner Ausführungen im Prozess. Macht der AN geltend, das Zeugnis sei lückenhaft, weil es zu notwendigen Bestandteilen schweige (vgl. hierzu Rn. 27), hat er dies substantiiert darzulegen. Die Feststellung eines entspr. Zeugnisbrauchs ist als Tatfrage der Tatsacheninstanz vorbehalten, die sich ggf. der Hilfe eines Sachverständigen zu bedienen hat (BAG 12.8.2008 NZA 2008, 1349).

86 Strebt der AN eine bessere, überdurchschnittl. Beurteilung an, trifft ihn die Darlegungs- und Beweislast, denn er macht die Rechtsfolge einer Pflichtverletzung geltend. Soll das Zeugnis ihm **„sehr gute" oder „gute" Leistungen** bescheinigen, hat er deren tats. Grdl. darzulegen und ggf. zu beweisen (BAG 14.10.2003 NZA 2004, 843; 18.11.2014 NZA 2015, 435 Rn. 8; LAG HB 9.11.2000 NZA-RR 2001, 287, 288; LAG HM 22.5.2002 NZA-RR 2003, 71, 72; LAG K 16.12.2016 – 4 Sa 353/16 – BeckRS 2016, 113390). Ist der AN der Auff., die ihm obliegenden Aufgaben mit überdurchschnittl. Einsatz erbracht und Erfolg gehabt zu haben, ist es auch an ihm, die dieser Einschätzung zugrundeliegenden Tatsachen vorzutragen und im Bestreitensfalle zu beweisen (LAG K 16.12.2016 – 4 Sa 353/16 – BeckRS 2016, 113390). Fordert der AN eine „sehr gute" Gesamtbewertung ein, muss sein Vortrag nicht nur erkennen lassen, dass er sich nichts hat zuschulden kommen lassen, nicht kritisiert worden ist und dazu auch keinen Anlass gegeben sowie keine deutl. Schwächen gezeigt hat. Vielmehr erfordert die Reklamierung einer solchen Bestbewertung eine kontinuierl. oder jdf. überw. zu beobachtende, nicht mehr steigerungsfähige Bestleistung, an der der AG trotz seines Beurteilungsspielraums nicht mehr vorbeigehen kann (LAG F 6.9.1991 LAGE BGB § 630 Nr. 14). Ein aufgrund einer Leistungsbeurteilung gezahltes **leistungsorientierte Entgelt** kann den AG hins. des Zeugnisses binden, wenn es dem AN eine überdurchschnittl. Leistung bescheinigt (LAG K 16.12.2016 – 4 Sa 353/16 – BeckRS 2016, 113390). Hat der AN das ihm erteilte Zeugnis als Erfüllung angenommen, kehrt sich gem. **§ 363 BGB** die

Beweislast um. Er hat die Mängel der Leistung in vollem Umf. darzulegen und ggf. zu beweisen (BLP/*Leisten* § 630 BGB Rn. 7; vgl. BGH 13.2.1985 NJW 1985, 2328, 2329; **aA** *Göldner* S. 139). Von einer Annahme als Erfüllung wird zumindest dann auszugehen sein, wenn der AN das erteilte Zeugnis rügelos entgegennimmt und es verwendet, insb. Dritten im Rahmen von Stellenbewerbungen zur Einsichtnahme vorlegt.

Hingegen ist der AG darlegungs- und beweisbelastet, wenn er dem AN eine nur „ausreichende" oder noch **schlechtere Bewertung** zukommen lassen will (BAG 24.3.1977 AP BGB § 630 Nr. 12; LAG HM 13.2.1992 LAGE BGB § 630 Nr. 16; LAG K 26.4.1996 NZA-RR 1997, 84; LAG K 5.2.2015 – 7 Sa 884/14 – BeckRS 2015, 71390). Daraus folgt das allein sachgerechte Erg., dass bei mangelndem Vortrag oder Beweisfälligkeit beider Parteien im Prozess ein Zeugnis mit durchschnittl., „befriedigender" Bewertung ausgeurteilt werden muss (LAG HM 13.2.1992 LAGE BGB § 630 Nr. 16; vgl. a. LAG D 12.3.1986 LAGE BGB § 630 Nr. 2). 87

Die Darlegungs- und Beweislast für die Voraussetzungen des § 288 IV BGB bzw. des § 280 BGB (früher der pVV) trifft nach allg. Ansicht jdf. im Hinblick auf die obj. Pflichtwidrigkeit bzw. Nichtleistung trotz Mahnung, die Kausalität und den Schaden den AN, während der AG gem. **§§ 280 I 2 BGB** sein Verschulden auszuräumen hat (BAG 26.2.1976 AP BGB § 252 Nr. 3; 24.3.1977 AP BGB § 630 Nr. 12; BLP/*Leisten* § 630 BGB Rn. 11; Soergel/*Kraft* § 630 BGB Rn. 13). Diese Hürde ist für den AN hoch. Praktisch ist es so gut wie nicht zu beweisen, dass der AN arbeitslos geblieben ist oder ledigl. eine schlechter vergütete Anstellung gefunden hat, weil er entweder das Zeugnis nicht vorlegen konnte oder das Zeugnis unrichtig war (dazu krit. *Blomeyer* SAE 1977, 254). Ein Anscheinsbeweis kommt dem AN nicht zu Hilfe, denn es gibt keinen Erfahrungssatz des Inhalts, die verspätete oder nicht ordnungsgemäße Ausstellung eines Zeugnisses sei aller Wahrscheinlichkeit nach ursächl. für den Misserfolg bei dem Bemühen um einen neuen Arbeitsplatz (BAG 25.10.1967 AP HGB § 73 Nr. 6; 16.11.1995 EzA BGB § 630 Nr. 20; LAG HM 11.7.1996 LAGE BGB § 630 Nr. 29; *Eisbrecher* S. 44). 88

Gelingt dem AN der **Beweis der Kausalität**, kommen ihm iÜ die Beweiserleichterungen der §§ 252 S. 2 BGB, 287 ZPO sowohl für die haftungsausfüllende Kausalität als auch für die Höhe des Schadens zugute (BAG 25.10.1967 AP HGB § 73 Nr. 6; 26.2.1976 AP BGB § 252 Nr. 3; *Kölsch* NZA 1985, 382, 384). Dabei erleichtert § 287 ZPO nicht nur die Beweisführung, sondern auch die Darlegungslast mit der Folge, dass eine Substantiierung der klagebegründenden Tatsachen nicht im gleichen Rahmen wie hins. anderer Fragen verlangt werden kann. Die vorgetragenen Umstände müssen für die Schadensschätzung ledigl. eine hinreichende Grdl. abgeben (BAG 27.1.1972 AP BGB § 252 Nr. 2; 24.3.1977 AP BGB § 630 Nr. 12). Das Gericht hat stets zu prüfen, in welchem Umf. der Tatsachenvortrag eine hinreichende Grdl. für die Schätzung eines in jedem Falle eingetretenen Mindestschadens bietet (BGH 5.5.1970 AP BGB § 249 Nr. 11; 12.10.1993 LM ZPO § 287 Nr. 109). 89

§ 110 Wettbewerbsverbot

[1] Arbeitgeber und Arbeitnehmer können die berufliche Tätigkeit des Arbeitnehmers für die Zeit nach Beendigung des Arbeitsverhältnisses durch Vereinbarung beschränken (Wettbewerbsverbot). [2] Die §§ 74 bis 75 f des Handelsgesetzbuches sind entsprechend anzuwenden.

Zu § 110 GewO s. §§ 74 ff. HGB. 1

390. Handelsgesetzbuch

Vom 10. Mai 1897 (RGBl. S. 219)

Zul. geänd. durch Gesetz vom 18. Juli 2017 (BGBl. I S. 2745)

(BGBl. III/FNA 4100-1)

– Auszug –

1. Buch. Handelsstand

Fünfter Abschnitt. Prokura und Handlungsvollmacht

§ 48 [Erteilung der Prokura, Gesamtprokura]

(1) **Die Prokura kann nur von dem Inhaber des Handelsgeschäfts oder seinem gesetzlichen Vertreter und nur mittels ausdrücklicher Erklärung erteilt werden.**

(2) **Die Erteilung kann an mehrere Personen gemeinschaftlich erfolgen (Gesamtprokura).**

1 Prokura kann nur der Inhaber eines Handelsgeschäfts erteilen (§ 48 I). Handelsgewerbe ist jeder Gewerbebetrieb, sofern das Unternehmen nach Art oder Umf. keinen in kaufmännischer Weise eingerichteten Geschäftsbetrieb erfordert (§ 1 II). **Kleingewerbetreibende** können Prokura jedoch erteilen, wenn sie in das HReg. eingetragen sind (§ 2 S. 2). Bei **Handelsgesellschaften** (OHG, KG) oder AG, GmbH und Genossenschaften sind zur Erteilung der Prokura ausschl. die ges. Vertreter berechtigt. Die Prokura kann mehreren Personen gemeinschaftl. erteilt werden (**Gesamtprokura**). Sie können dann nur gemeinschaftl. vertreten (BGH 6.11.1986 NJW 1987, 841). Willensmängel, Kenntnis und Kennenmüssen des einen wirkt gegen beide; für die passive Vertretung beim Empfang von Willenserkl. genügt der Zugang bei einem (§ 125 II 3 analog). Dasselbe gilt im Prozess (§ 170 III ZPO). Ein Gesamtprokurist kann den anderen ermächtigen, einzelne oder alle Geschäfte vorzunehmen. Von der Gesamtprokura zu unterscheiden ist die **unechte Gesamtvertretung**, bei der ein vertretungsberechtigter Gesellschafter die Gesellschaft nur gemeinsam mit einem Prokuristen vertreten darf (§ 125 III 1), sowie die **unechte Gesamtprokura**, bei der ein Prokurist nur gemeinsam mit einem zur Vertretung berechtigten Gesellschafter die Gesellschaft vertreten darf.

2 Die Prokura ermächtigt zu allen Arten von gerichtl. und außergerichtl. Geschäften sowie Rechtshandlungen, die der Betrieb eines Handelsgewerbes mit sich bringt, zur Veräußerung und Belastung von Grundstücken jedoch nur, wenn dem Prokuristen die Befugnis hierzu bes. erteilt worden ist. Der Prokurist kann Personal einstellen, kündigen (BAG 11.7.1991 AP BGB § 174 Nr. 9), Handlungsvollmachten erteilen (zB für Kündigungen, s. LAG SH 20.6.2013 LAGE KSchG § 2 Nr. 7), Kredite aufnehmen, Verbindlichkeiten eingehen, selbst den Geschäftszweck ändern. Sie ermächtigt nicht zum Abschluss eines Sozialplans, wenn dieser Teil der Auflösung des gesamten Unternehmens ist (LAG M 5.9.1986 NZA 1987, 464). Der Prokurist kann Prozesse führen und Prozessvollmacht erteilen; Zustellungen im Prozess können wirksam an ihn erfolgen (§ 171 ZPO).

3 Die Prokura ist von dem ihr zu Grunde liegenden Rechtsverhältnis zu unterscheiden, das ein Dienst- oder Arbeitsvertrag sein kann. Selbst wenn dieser die Bestellung zum Prokuristen vorsieht, besteht kein Anspruch auf Erteilung der Prokura (BAG 26.8.1986 NZA 1987, 202). Umgekehrt ist die Prokura ohne Rücksicht auf den Dienst- oder Arbeitsvertrag jederzeit widerrufl., ohne dass dies vertragl. Ansprüche auf Vergütung berührt (§ 52 I; s. a. Rn. 4).

4 Der **Widerruf** der Prokura erfolgt in gleicher Weise wie deren Erteilung (§§ 168 S. 3, 167 I, 171 I BGB; s. OLG D 6.5.1994 NJW-RR 1994, 1056). Er kann formlos ggü. dem Prokuristen erklärt werden und bedarf der Eintragung in das HReg. (§ 53 III). Bei unterbliebener Eintragung gilt die negative Publizität des § 15 I, dh., dem Inhaber ist es verwehrt, sich Dritten ggü. auf den Widerruf der Prokura zu berufen. Bei einem **Betriebsübergang** tritt der Erwerber nach § 613a I 1 BGB in das ArbVerh. des Prokuristen ein, ohne dass der neue Inhaber an die vom Veräußerer erteilte Prokura gebunden ist. Vielmehr erlischt diese. Wird die Prokura entgegen dem rechtl. Grundverhältnis widerrufen, ist der Widerruf gleichwohl wirksam, kann aber als Vertragsverletzung zu bewerten sein. Als Schadensersatz ist nicht Wiederherstellung der Prokura, sondern ledigl. Entschädigung in Geld geschuldet. Wenn dem Prokuristen – auch bis zum Ablauf der Kündigungsfrist – nicht zumutbar ist, ohne Prokura weiterzuarbeiten, kann ihn dies zu einer außerordentl. Kündigung berechtigen (s. BGB § 626 Rn. 167).

§ 54 [Handlungsvollmacht]

(1) Ist jemand ohne Erteilung der Prokura zum Betrieb eines Handelsgewerbes oder zur Vornahme einer bestimmten zu einem Handelsgewerbe gehörigen Art von Geschäften oder zur Vornahme einzelner zu einem Handelsgewerbe gehöriger Geschäfte ermächtigt, so erstreckt sich die Vollmacht (Handlungsvollmacht) auf alle Geschäfte und Rechtshandlungen, die der Betrieb eines derartigen Handelsgewerbes oder die Vornahme derartiger Geschäfte gewöhnlich mit sich bringt.

(2) Zur Veräußerung oder Belastung von Grundstücken, zur Eingehung von Wechselverbindlichkeiten, zur Aufnahme von Darlehen und zur Prozeßführung ist der Handlungsbevollmächtigte nur ermächtigt, wenn ihm eine solche Befugnis besonders erteilt ist.

(3) Sonstige Beschränkungen der Handlungsvollmacht braucht ein Dritter nur dann gegen sich gelten zu lassen, wenn er sie kannte oder kennen mußte.

Die Handlungsvollmacht kann ausdr. oder schlüssig erteilt werden und bedarf im Unterschied zur Prokura keiner Eintragung in das HReg. Die Handlungsvollmacht kann sich erstrecken auf *(1)* den Betrieb eines gesamten Handelsgewerbes (Generalhandlungsvollmacht), *(2)* die Vornahme nur bestimmter zu einem Handelsgewerbe gehörender Geschäfte, *(3)* Vornahme nur einzelner zu einem Handelsgewerbe gehörender Geschäfte. Eine Generalhandlungsvollmacht umfasst alle Geschäfte und Rechtshandlungen, die der Betrieb eines derartigen Handelsgewerbes gewöhnl. mit sich bringt, also nur branchenübl. Geschäfte, insb. kann der Handlungsbevollmächtigte Personal einstellen und entlassen und alle übl. Geschäfte schließen (BGH 19.3.2002 NJW-RR 2002, 967). Wie die Prokura (§ 48 II) kann auch die Handlungsvollmacht als Gesamthandlungsvollmacht erteilt werden, so dass die Bevollmächtigten nur gemeinsam vertretungsberechtigt sind. 1

Im Allg. wird der Handlungsbevollmächtigte AN sein. Ein Rechtsanspruch auf Erteilung der Handlungsvollmacht besteht nicht. Nach § 168 S. 2 BGB ist die Vollmacht auch bei Fortbestand des Rechtsverhältnisses widerrufl., sofern sich nicht aus diesem ein anderes ergibt. Ist die Handlungsvollmacht nach dem Grundverhältnis unwiderrufl., ist ein gleichwohl erklärter Widerruf unwirksam. Ist dagegen die Handlungsvollmacht widerrufl., so können dem Handlungsbevollmächtigten bei einem Widerruf Schadensersatzansprüche erwachsen. Sofern dem Handlungsbevollmächtigten nicht zumutbar ist, ohne Handlungsvollmacht zu arbeiten, kann ihm ein Recht zur außerordentl. Kündigung zustehen. 2

Sechster Abschnitt. Handlungsgehilfen und Handlungslehrlinge

§ 59 [Handlungsgehilfe]

[1] Wer in einem Handelsgewerbe zur Leistung kaufmännischer Dienste gegen Entgelt angestellt ist (Handlungsgehilfe), hat, soweit nicht besondere Vereinbarungen über die Art und den Umfang seiner Dienstleistungen oder über die ihm zukommende Vergütung getroffen sind, die dem Ortsgebrauch entsprechenden Dienste zu leisten sowie die dem Ortsgebrauch entsprechende Vergütung zu beanspruchen. [2] In Ermangelung eines Ortsgebrauchs gelten die den Umständen nach angemessenen Leistungen als vereinbart.

S. 1 enthält die Legaldefinition des Handlungsgehilfen. Dieser ist ein kaufmännischer Ang., für die Abgrenzung von einem freien Mitarbeiter oder von einem Arbeiter gelten die allg. Grds. (BGB § 611 Rn. 6, § 611a Rn. 115). **Kaufmännischer Ang.** ist, wer überw. kaufmännische Dienste leistet, so ua., wenn mit diesen die Beratung der Kunden verbunden ist. Ein Bier- oder Brotfahrer ist gewerbl. Arbeiter; ein Fahrer, der Tiefkühlkost vertreibt und die Kunden berät, ist Ang., soweit er nicht als Selbständiger arbeitet. Der Handlungsgehilfe hat die dem Ortsgebrauch entspr. Dienste zu leisten. Ihm können alle Arbeiten zugewiesen werden, die üblicherweise ein kaufmännischer Ang. verrichtet (s. BGB § 611 Rn. 648 f.). Vergleichbar mit § 612 BGB hat der Handlungsgehilfe nach § 59 Anspruch auf die ortsübl. Vergütung, soweit eine Vereinb. über die Vergütungshöhe fehlt. Die ortsübl. Vergütung entspricht der übl. Vergütung nach § 612 BGB (s. BGB § 612 Rn. 37 ff.). Der **Begriff des Handelsgewerbes** bestimmt sich nach § 1 I und erfordert eine auf Dauer angelegte Tätigkeit auf wirtschaftl. Gebiet, die nach noch hM der Gewinnerzielung dienen muss. Auch Kleingewerbetreibende unterhalten ein Handelsgewerbe, wenn sie ihr Optionsrecht auf Eintragung in das HReg. ausgeübt haben (§ 2 S. 1). Entspr. gilt für landwirtschaftl. Großunternehmen (§ 3 II), nach tw. vertretener Auff. über § 2 S. 1 auch für landwirtschaftl. Kleingewerbetreibende. 1

§ 60 [Gesetzliches Wettbewerbsverbot]

(1) Der Handlungsgehilfe darf ohne Einwilligung des Prinzipals weder ein Handelsgewerbe betreiben noch in dem Handelszweige des Prinzipals für eigene oder fremde Rechnung Geschäfte machen.

(2) Die Einwilligung zum Betrieb eines Handelsgewerbes gilt als erteilt, wenn dem Prinzipal bei der Anstellung des Gehilfen bekannt ist, daß er das Gewerbe betreibt, und der Prinzipal die Aufgabe des Betriebs nicht ausdrücklich vereinbart.

1 **1. Zweck und Geltungsbereich. a) Gesetzeszweck.** Die Norm konkretisiert die vertragl. Interessenwahrungspflicht (§ 241 II BGB) des Handlungsgehilfen im Hinblick auf eine Tätigkeit, mit der er in einen Wettbewerb zu dem Handelsgewerbe des Prinzipals (= AG) tritt. Das Verbot tritt neben die Pflicht zur **Wahrung der Betriebs- und Geschäftsgeheimnisse**. Durch eine Konkurrenztätigkeit kann sowohl eine Verletzung dieser Pflicht als auch ein Verstoß gegen § 60 I vorliegen.

2 **b) Persönlicher Geltungsbereich.** Das Wettbewerbsverbot besteht für Handlungsgehilfen, also **kaufmännische Ang.** (§ 59 Rn. 1), unabhängig davon, ob sie in Voll- oder verschiedenen Formen der TZArbeit beschäftigt sind (BGB § 611 Rn. 150ff.). Es gilt in gleicher Weise für **andere AN** (technische Ang., Arbeiter), wobei das BAG zur Begr. tw. auf deren Treuepflicht bzw. die Interessenwahrungspflicht (§ 241 II BGB) abstellt (so BAG 20.9.2006 NZA 2007, 977 Rn. 16 24.3.2010 NZA 2010, 693 Rn. 15; 16.1.2013 NZA 2013, 748 Rn. 14f.; 23.10.2014 NZA 2015, 429 Rn. 27f.; ähnl. BAG 26.6.2008 NZA 2008, 1415 Rn. 15; 28.1.2010 NZA-RR 2010, 461 Rn. 22: allg. Rechtsgedanke). Da § 60 die arbeitsvertragl. Interessenwahrungspflichten konkretisiert (s. Rn. 1), ist eine analoge Anwendung der Norm präziser und schreibt die Wertentsch. in § 110 GewO konsequent fort (s. BAG 26.9.2007 NZA 2007, 1436 Rn. 17; 17.10.2012 NZA 2013, 207 Rn. 13). Das Wettbewerbsverbot gilt auch, wenn der AN einen **freien Beruf** ausübt (BAG 16.8.1990 NZA 1991, 141, 142; LAG B 30.4.2010 BeckRS 2010, 74476). Auf das **Ruhestandsverhältnis** ist das Wettbewerbsverbot weder unmittelbar noch entspr. anzuwenden, eine Verpflichtung zur Wettbewerbsenthaltung kann sich jedoch aus einer (nachwirkenden) Pflicht zur Rücksichtnahme ergeben. Wegen § 10 II BBiG unterliegen **Auszubildende** ebenfalls dem Wettbewerbsverbot des § 60 I (BAG 20.9.2006 NZA 2007, 977 Rn. 16). Beruht die Pflicht zur Tätigkeit auf einem **Dienstvertrag** (freier Dienstvertrag, Anstellungsvertrag bei Organmitgliedern, Handelsvertreter) kommt eine entspr. Anwendung von § 60 nicht in Betracht. Auch in diesen Vertragsverhältnissen gelten jedoch die **allg. Interessenwahrungspflichten (§ 241 II BGB)** und stehen einer Konkurrenztätigkeit entgegen, jedoch ist stets der konkrete Nachweis notwendig, dass die Tätigkeit die Interessen des Vertragspartners beeinträchtigt. Auf Seiten des AG ist nicht erforderl., dass dieser ein Handelsgewerbe betreibt, das Wettbewerbsverbot schützt daher auch Freiberufler, insb. Rechtsanwälte (BAG 26.9.2007 NZA 2007, 1436 Rn. 17).

3 **c) Zeitlicher Geltungsbereich.** Das Verbot des § 60 I gilt nur **während des rechtl. Bestands** des ArbVerh., damit aber auch bis zum Ablauf einer etwaigen Kündigungsfrist (BAG 17.10.2012 NZA 2013, 207 Rn. 15; 23.10.2014 NZA 2015, 429 Rn. 29), im Anschluss kommt ein § 60 I entspr. Verbot nur nach Maßgabe von § 110 GewO iVm. den §§ 74ff. in Betracht. Das Verbot gilt während der **Suspendierung** des ArbVerh. (BAG 17.10.2012 NZA 2013, 207 Rn. 16), aber auch während der **Weiterbeschäftigung** auf Grund des allg. oder bes. Weiterbeschäftigungsanspruchs (s. BGB § 611 Rn. 563; BetrVG § 102 Rn. 31ff.). Bei der Weiterbeschäftigung auf Grund des bes. Beschäftigungsanspruchs besteht ein Rechtsverhältnis; stellt sich nach einer Weiterbeschäftigung auf Grund des allg. Weiterbeschäftigungsanspruchs heraus, dass das ArbVerh. rechtswirksam beendet worden ist, folgt die Unterlassungspflicht aus dem sich aus der Rspr. ergebenden Schuldverhältnis. Hat der **AN** das ArbVerh. **berechtigt** ordentl. oder außerordentl. gekündigt, endet das Wettbewerbsverbot mit Beendigung des ArbVerh., bei ordentl. Kündigung also erst mit Ablauf der Kündigungsfrist. Hat der **AN unberechtigt** außerordentl. gekündigt, bleibt das Wettbewerbsverbot hiervon unberührt. Hat der **AG** das ArbVerh. **berechtigt** ordentl. oder außerordentl. gekündigt, endet mit dem ArbVerh. das Wettbewerbsverbot. Hat der AG **unberechtigt** ordentl. oder außerordentl. gekündigt, bleibt der rechtl. Bestand des ArbVerh. und damit das Wettbewerbsverbot hiervon unberührt (s. BAG 23.10.2014 NZA 2015, 429 Rn. 29; LAG RP 26.1.2015 BeckRS 2015, 68012). Greift der AN die Kündigung im Rahmen eines Kündigungsschutzprozesses an, so hängt die Bindung an das Wettbewerbsverbot von dem Ausgang des Prozesses ab (weiter gehend LAG RP 26.1.2015 BeckRS 2015, 68012, das idR eine Bindung des AN bejaht). Nimmt der AG den AN nach einer ungerechtfertigten Kündigung aus dem Wettbewerbsverbot in Anspruch, so kann dieser die Einrede der Arglist erheben, es sei denn, dass er am ArbVerh. festhalten will (BAG 25.4.1991 AP BGB § 626 Nr. 104; BGH 12.3.2003 NJW-RR 2003, 981).

4 **2. Inhalt des Wettbewerbsverbotes. a) Handelsgewerbe.** Der Wortlaut des G untersagt dem AN das Betreiben eines jeden Handelsgewerbes. Die Erlangung der Kaufmannseigenschaft ist hierfür nicht erforderl.; das Unterhalten eines Kleingewerbes genügt, ohne dass die Eintragung im HReg. (§ 2 S. 2) hinzutreten muss. Das BAG hat den Verbotsbereich jedoch in verfassungskonformer Auslegung zutr. auf Handelsgewerbe im Geschäftsbereich des AG reduziert (BAG 25.5.1970 AP HGB § 60 Nr. 4; 7.9.1972 AP HGB § 60 Nr. 7; ebenso LAG NI 17.11.2015 BeckRS 2016, 66158). Außerhalb dessen ist dem AN eine sonstige gewerbl. Tätigkeit erlaubt. Verboten sind nur Handelsgewerbe auf ders. Handelsstufe wie der des AG; unerhebl. ist, ob diese gemeinnützige Zwecke iSv. § 52 AO verfolgen

(LAG HM 17.7.2015 RDG 2016, 20, 22). Geschäften zwischen AG und AN steht § 60 I nicht entgegen (BAG 3.5.1983 AP HGB § 60 Nr. 10).

Der AN betreibt ein Handelsgewerbe, wenn er dieses für eigene oder fremde Rechnung führt, sich 5 als **pers. haftender Gesellschafter** an einer Personenhandelsgesellschaft beteiligt, ein anderer unter seinem Namen handelt oder er einen Strohmann einschaltet, der unter seinem Namen handelt. Entspr. gilt, wenn der AN für die Gründung eines Konkurrenzunternehmens Kapital (auch ohne Beteiligung an dem Unternehmen) zur Verfügung stellt (BAG 7.7.2015 NZA 2015, 1253 Rn. 25). Hierzu kann es genügen, dass er die Rückforderung eines dem Konkurrenzunternehmen gewährten (zinslosen) Darlehens unterlässt, das für dessen Fortbestand von erhebl. wirtschaftl. Bedeutung ist (BAG 7.7.2015 NZA 2015, 1253 Rn. 25f.). Die Stellung als **Gesellschafter einer GmbH** oder als **Aktionär einer AG** führt nicht dazu, dass dieser das Gewerbe der GmbH bzw. AG betreibt. Der Erwerb von Aktien einer in Konkurrenz zum AG stehenden Gesellschaft unterliegt deshalb nicht dem Verbot des § 60 I (BAG 7.7.2015 NZA 2015, 1253 Rn. 25 [zu § 74]; LAG K 29.4.1994 NZA 1995, 994). Etwas anderes kommt nach dem Zweck des § 60 I erst in Betracht, wenn die gesellschaftsrechtl. Beteiligung einen maßgebl. Einfluss auf den Geschäftsbetrieb eröffnet (BAG 7.7.2015 NZA 2015, 1253 Rn. 25). Entspr. gilt für die Eintragung als GF einer in Konkurrenz stehenden GmbH (LAG HE 10.6.2013 BeckRS 2013, 73109).

Erlaubt ist die **Vorbereitung** eines eigenen Handelsgewerbes, sofern diese nicht bereits das Tat- 6 bestandsmerkmal des Geschäftemachens erfüllt (BAG 26.6.2008 NZA 2008, 1415 Rn. 15; 28.1.2010 NZA-RR 2010, 461 Rn. 22; 16.1.2013 NZA 2013, 748 Rn. 17; 23.10.2014 NZA 2015, 429 Rn. 28; LAG K 7.2.2017 NZA-RR 2017, 353, 355). Zulässige Vorbereitungshandlungen sind: Anmietung von Geschäftsräumen (BAG 30.1.1963 AP HGB § 60 Nr. 3), Erwerb von Waren, Einstellung von AN, Anmeldung und Bekanntmachung einer Handelsgesellschaft (BAG 12.5.1972 AP HGB § 60 Nr. 6; 26.6.2008 NZA 2008, 1415 Rn. 20; LAG HE 10.6.2013 BeckRS 2013, 73109), Abschluss eines Franchise-Vertrags (BAG 30.5.1978 AP HGB § 60 Nr. 9), Erwerb einer Internet-Domain (LAG MV 12.4.2005 NZA-RR 2005, 595), Werbung von Kunden (BAG 30.1.1963 AP HGB § 60 Nr. 3; 24.4.1970 AP HGB § 60 Nr. 5; s. aber LAG K 7.2.2017 NZA-RR 2017, 353, 356: Werbung über XING-Profil) oder Erwerb einer Marke. Der AN darf auch mit anderen AN seines AG Arbeitsverträge abschl. Ihm ist ledigl. untersagt, diese zu beeinflussen, mit ihm Arbeitsverträge abzuschließen, oder Vertragsbrüche zu unterstützen (BAG 16.1.1975 AP HGB § 60 Nr. 8; 26.6.2008 NZA 2008, 1415 Rn. 16; 23.10.2014 NZA 2015, 429 Rn. 28).

b) Konkurrenzgeschäfte. Dem Handlungsgehilfen ist auch untersagt, im Handelszweig seines Prin- 7 zipals Geschäfte zu machen. Dies ist jede spekulative, auf Gewinn gerichtete Teilnahme am Geschäftsverkehr (BAG 11.8.1987 NZA 1988, 200, 201; 17.10.2012 NZA 2013, 207 Rn. 19). Hierfür ist entscheidend, dass der AN wie der AG am Markt als Anbieter auftritt und damit zu ihm in ein Wettbewerbsverhältnis tritt (BAG 17.10.2012 NZA 2013, 207 Rn. 19), ohne dass der AG in einem konkreten Marktsegment tätig sein muss (BAG 16.1.2013 NZA 2013, 748 Rn. 16). Maßgebend für eine Verletzung des Verbots ist der Zpkt. der **Ausübung der Tätigkeit**, nicht hingegen der Vertragsschluss. Der Umf. des Wettbewerbsverbots kann sich während des ArbVerh. verändern, wenn das Unternehmen des AG expandiert. Zw. ist die Rechtslage, wenn der Betrieb oder Betriebsteil des AG auf einen Erwerber übergeht (§ 613a BGB). Dem AN ist bei Aufrechterhaltung seines ArbVerh. untersagt, im Handelszweig des Erwerbers ein Handelsgewerbe zu eröffnen oder Geschäfte zu machen. Dagegen kann der Erwerber nicht die Schließung eines (zulässig) bereits eröffneten Gewerbes verlangen. Hat der AN dem Eintritt des Erwerbers in das ArbVerh. widersprochen und ist der AG auf einem bestimmten Gebiet nicht mehr am Markt tätig, soll sich der AN zumindest während des Laufs einer fiktiven Kündigungsfrist einer Konkurrenztätigkeit enthalten müssen (LAG N 4.2.2003 LAGE BGB § 626 Nr. 148).

Unerhebl. ist die **Form der Geschäfte**. Verboten ist: Vorfühlen bei Kunden (BAG 24.4.1970 AP 8 HGB § 60 Nr. 5), Versendung von Einladungen (LAG B 28.8.2002 NZA-RR 2003, 362), Gewährung von Darlehen (BAG 7.7.2015 NZA 2015, 1253 Rn. 25), Beteiligung am Handelsgewerbe eines Konkurrenten (LAG SH 24.1.1956 AP HGB § 60 Nr. 1), Tätigkeit im eigenen oder fremden Namen (LAG HE 28.4.1998 LAGE KSchG § 1 Verhaltensbedingte Kündigung Nr. 65). Die Wettbewerbstätigkeit muss die gleiche geschäftl. Ebene betreffen, da nur auf dieser ein Wettbewerbsverhältnis zu dem AG entstehen kann (s. BAG 17.10.2012 NZA 2013, 207 Rn. 19). Keine Wettbewerbstätigkeit ist deshalb gegeben, wenn der AG ein Speditionsunternehmen betreibt und der AN ihm Container vermietet (BAG 3.5.1983 AP HGB § 60 Nr. 10), von einem Dienstleistungsunternehmen zum Produktionsunternehmen wechselt (BAG 21.1.1997 NZA 1997, 1284) oder die angebotene Produktpalette unterschiedl. ist (LAG RP 2.6.2016 BeckRS 2016, 72973). Vom Verbot nicht erfasst wird ferner die Befriedigung eigener Bedürfnisse oder die Anl. eigener Vermögenswerte im Geschäft eines Konkurrenten. Dasselbe gilt für unterstützende **Arbeiten bei einem Konkurrenten des AG**, insb. im Rahmen eines zu diesem bestehenden ArbVerh. (BAG 28.1.2010 NZA-RR 2010, 461 Rn. 24; 17.10.2012 NZA 2013, 207 Rn. 20; s. a. BAG 23.10.2014 NZA 2015, 429 Rn. 28), wie zB Buchhaltungs-, Schreib- oder Verpackungsarbeiten. Diese können zwar den wettbewerbl. Interessen des AG zuwiderlaufen und gegen die allg. Pflicht zur Rücksichtnahme (§ 241 II BGB) verstoßen, insb. wenn der AN hierbei Betriebs- und Geschäftsgeheimnisse des AG verwertet. Für einen Verstoß gegen § 60 I fehlt aber ein

Auftreten des AN als Wettbewerber des AG (s. BAG 17.10.2012 NZA 2013, 207 Rn. 20 sowie § 60 Rn. 7). IdS hat das BAG zu Recht angedeutet, dass die Reichweite eines auf die Interessenwahrungspflicht des § 241 II BGB gestützten Wettbewerbsverbots auf unmittelbare Konkurrenztätigkeiten beschränkt bleiben müsse, so dass bloße Hilfstätigkeiten ohne Wettbewerbsbezug nicht erfasst werden (BAG 24.3.2010 NZA 2010, 693 Rn. 17; s. a. LAG RP 24.8.2012 DStR 2013, 156, 160; 26.1.2015 BeckRS 2015, 68012). Damit nähert sich die Rspr. trotz abw. dogmatischen Ausgangspunkt (s. § 60 Rn. 2) iE der allg. Auff. zu § 60 an.

9 **3. Einwilligung.** Der AN unterliegt nicht dem Wettbewerbsverbot des § 60 I, wenn der AG in die Tätigkeit einwilligt. Die Einwilligung kann sich auf ein Handelsgewerbe wie auch auf alle oder bestimmte Geschäfte im Handelszweig des AG beziehen. Sie ist eine Willenserkl., die keiner Form bedarf und ausdr. oder konkludent erteilt werden kann. Eine konkludente Einwilligung ist insb. gegeben, wenn der AG in Kenntnis der Tätigkeit des AN nicht gegen diese einschreitet, obwohl ihm dies mögl. ist. Sie kann vor, während und nach den Geschäften erteilt werden. Für Umf. und Grenzen der Einwilligung trifft den AN die Darlegungs- und Beweislast (BAG 16.1.2013 NZA 2013, 748 Rn. 16, 20). Die Einwilligung zum Betrieb eines Handelsgewerbes gilt als erteilt, wenn dem AG bei der Einstellung des AN bekannt ist, dass er das Gewerbe betreibt (§ 61 II). Notwendig ist Kenntnis, fahrlässige Unkenntnis reicht nicht aus. Die Einwilligungsfiktion greift nicht ein, wenn der AG mit dem AN die Aufgabe des Betriebs vereinbart. Die einmal erteilte Einwilligung kann der AG nicht einseitig zurücknehmen, sofern er sich den Widerruf nicht vorbehalten hat. Der Widerruf unterliegt in diesem Fall nach § 315 BGB billigem Ermessen. Hat der AN einzelne Konkurrenzgeschäfte gemacht, kann hieraus nicht auf die Einwilligung zum Betrieb eines Handelsgewerbes geschlossen werden.

§ 61 [Verletzung des Verbots]

(1) Verletzt der Handlungsgehilfe die ihm nach § 60 obliegende Verpflichtung, so kann der Prinzipal Schadensersatz fordern; er kann statt dessen verlangen, daß der Handlungsgehilfe die für eigene Rechnung gemachten Geschäfte als für Rechnung des Prinzipals eingegangen gelten lasse und die aus Geschäften für fremde Rechnung bezogene Vergütung herausgebe oder seinen Anspruch auf die Vergütung abtrete.

(2) Die Ansprüche verjähren in drei Monaten von dem Zeitpunkt an, in welchem der Prinzipal Kenntnis von dem Abschluss des Geschäfts erlangt oder ohne grobe Fahrlässigkeit erlangen müsste; sie verjähren ohne Rücksicht auf diese Kenntnis oder grob fahrlässige Unkenntnis in fünf Jahren von dem Abschluss des Geschäfts an.

1 **1. Rechtsfolgen eines Wettbewerbsverstoßes. a) Ansprüche des Arbeitgebers.** Verstößt der AN gegen ein **vertragl.** Wettbewerbsverbot, indem er entgegen § 60 I ein Gewerbe betreibt oder verbotene Geschäfte macht, sind die Geschäfte wirksam, da der AN nur einer schuldrechtl. Verpflichtung zuwiderhandelt. Der AG kann *a)* **Unterlassung** verlangen, wenn weitere Verstöße zu erwarten sind, *b)* ordentl. oder außerordentl. **kündigen,** *c)* **Schadensersatz** verlangen, *d)* in die Geschäfte **eintreten** und zur Vorbereitung dieser Ansprüche *e)* **Auskunft** verlangen. Hierzu können Ansprüche aus **unerlaubter Handlung** in **Anspruchskonkurrenz** stehen; entspr. gilt für wettbewerbsrechtl. Ansprüche (dazu *Reuter* NJW 2008, 3538 ff.). Der AG ist dagegen grds. nicht berechtigt, dem AN die **Vergütung** zu verweigern. Bzgl. dieser kann er mit Schadensersatzansprüchen aufrechnen (BGH 19.10.1987 ZIP 1988, 47; BAG 17.10.2012 NZA 2013, 207 Rn. 39), so dass der Einwand der Arglist (§ 242 BGB) ggü. einem Vergütungsanspruch auf Extremfälle beschränkt bleibt, in denen sich das Verhalten des AN als ggü. dem AG grob verwerfl. darstellt. Hierfür reicht die alleinige Verletzung des Wettbewerbsverbots nicht aus (BAG 17.10.2012 NZA 2013, 207 Rn. 39 f.).

2 **b) Unterlassungsansprüche.** Der AG kann mit einer **vorbeugenden Unterlassungsklage** die Unterlassung von Wettbewerb verlangen, wenn weitere Wettbewerbsverstöße zu befürchten sind. Diesen kann er auch mittels **einstweiliger Vfg.** vorbeugen (LAG D 1.3.1972 DB 1972, 878; LAG HM 7.4.1983 EzA ZPO § 935 Nr. 1). Zum **Streitwert** s. ArbGG § 12 Rn. 22).

3 **c) Kündigung.** Ein Wettbewerbsverstoß ist im Allgemeinen geeignet, nach vorheriger Abmahnung eine **verhaltensbedingte ordentl. Kündigung** zu rechtfertigen (s. KSchG § 1 Rn. 204, 210). Bei erhebl. Wettbewerbsverstößen kommt auch eine **außerordentl. Kündigung** in Betracht (BAG 26.6.2008 NZA 2008, 1415 Rn. 15; 28.1.2010 NZA-RR 2010, 461 Rn. 20; LAG NI 17.11.2015 BeckRS 2016, 66158; LAG K 7.2.2017 NZA-RR 2017, 353, 355 sowie BGB § 626 Rn. 102 ff.).

4 **d) Schadensersatz.** Der AG kann wegen unerlaubter Konkurrenz des AN Schadensersatz verlangen (§ 61 I); auf Grund einer entspr. Anwendung gilt dies für alle AN (BAG 26.9.2007 NZA 2007, 1436 Rn. 17; 17.10.2012 NZA 2013, 207 Rn. 25; 16.1.2013 NZA 2013, 748 Rn. 23). Der Anspruch umfasst den entstandenen **Schaden** sowie den **entgangenen Gewinn**, den der AG aus dem Geschäft erzielt hätte (BAG 16.1.2013 NZA 2013, 748 Rn. 24). Indes kann hierüber nicht ein evtl. weitergehender Gewinn verlangt werden, den der Gehilfe auf Grund bes. Geschäftstüchtigkeit erzielt hat (keine

Gewinnabschöpfung). Zum zu ersetzenden Schaden gehören auch Entgeltaufwendungen des AG zur Aufklärung der Wettbewerbstätigkeit (BAG 24.4.1970 AP HGB § 60 Nr. 5). Für Grund und Höhe des Schadensersatzes trifft den AG die **Darlegungs- und Beweislast** (s. BAG 20.9.2006 NZA 2007, 977 Rn. 37), ggf. ist die Höhe des Schadens gem. § 287 ZPO zu schätzen (s. BAG 16.1.2013 NZA 2013, 748 Rn. 25 f.). Gegen den Dritten besteht unter den Voraussetzungen des § 826 BGB ein Ersatzanspruch; uU kommt auch ein solcher nach § 9 S. 1 iVm. § 3 UWG in Betracht (s. LAG RP 26.2.2016 BeckRS 2016, 68762).

e) **Eintrittsrecht.** Der AG kann **statt Schadensersatz** von dem AN verlangen, dass dieser die für eigene Rechnung gemachten Geschäfte als für Rechnung des AG eingegangen gelten lässt. Das Eintrittsrecht wird durch **Erkl.** ggü. dem AN ausgeübt. Da es statt des Schadensersatzanspruchs ausgeübt werden kann, handelt es sich um eine **facultas alternativa.** Der AN hat nicht die Möglichkeit, dem AG eine Frist für die Ausübung des Wahlrechts zu setzen (§ 264 II BGB). Andererseits ist es nicht mögl., zunächst Schadensersatz zu verlangen und später das Eintrittsrecht auszuüben. Auch bei Ausübung des Eintrittsrechts bleibt der Dritte Vertragspartner des AN. In dessen Rechte kann nicht eingegriffen werden. Bei Geschäften, die der AN für eigene Rechnung gemacht hat, muss dieser sich so behandeln lassen, als ob der AG sie gemacht hätte. Dies bedeutet, dass der AN die Stellung eines vom AG Beauftragten hat, so dass zugunsten des AG die §§ 666, 667, 687 II BGB gelten. Bei Geschäften, die der AN für fremde Rechnung gemacht hat, muss er seine Vergütung herausgeben oder seine Vergütungsansprüche abtreten, darüber Auskunft erteilen und Rechnung legen. Erforderl. ist stets ein unmittelbarer Zusammenhang zwischen dem Drittgeschäft und der herausverlangten Vergütung (BAG 17.10.2012 NZA 2013, 207 Rn. 21 ff.). Betreibt der AN ein Handelsgewerbe, kann der AG in alle einzelnen Geschäfte eintreten, sofern diese in seinem Geschäftszweig liegen und er diese in gleichem Umf. gemacht hätte (s. BAG 15.2.1962 AP HGB § 61 Nr. 1). Tritt der AG in die Geschäfte des AN ein, muss er ihm im Gegenzug dessen Auslagen ersetzen (§ 670 BGB; LAG NI 12.11.2015 BeckRS 2016, 66178), ein Ausgleich für den Einsatz der Arbeitskraft steht dem AN hierüber nicht zu (LAG NI 12.11.2015 BeckRS 2016, 66178). Das Eintrittsrecht kann durch die Rechtsnatur des verbotenen Geschäfts ausgeschlossen sein. Der AG kann nicht verlangen, anstelle des AN die Rechte aus einem Gesellschaftsvertrag wahrzunehmen oder, sofern der AN als GF/Vorstand bestellt worden ist, die Vergütung aus dem Dienstvertrag an ihn abzutreten (BAG 15.2.1962 AP HGB § 61 Nr. 1; s. a. BAG 17.10.2012 NZA 2013, 207 Rn. 21 ff.). Etwas anders gilt nach Ansicht des BGH für die Gesellschaftervergütung nach § 113 (BGH 6.12.1962 Z 38, 306, 308 ff.). 5

f) **Auskunftsrecht.** Kann der AG darlegen, dass der AN ihm mit hoher Wahrscheinlichkeit unerlaubt Konkurrenz gemacht hat, muss dieser über die von ihm ausgeführten Geschäfte Auskunft erteilen und Rechnung legen (BAG 17.10.2012 NZA 2013, 207 Rn. 25; s. a. BGH 26.9.2013 NJW 2014, 381 Rn. 14 ff.). Erst nach Auskunftserteilung kann der AG eine sachgerechte Entsch. treffen, ob er sein Eintrittsrecht ausübt oder Schadensersatz verlangt. Der Anspruch kann noch während des Prozesses erfüllt werden (BAG 4.6.1969 AP BGB § 611 Lohnanspruch Nr. 14). 6

2. Verjährung. Die Verjährungsfristen des § 61 II gelten auch bei Abschluss mehrerer Geschäfte. In diesem Fall verjähren diejenigen, die länger als drei Monate zurückliegen. Bei dem Betrieb eines Handelsgeschäfts beginnt die Verjährungsfrist mit Abschluss eines jeden einzelnen Geschäfts. Die Kenntnis seines Vertreters muss sich der AG zurechnen lassen. Die **kurze Verjährungsfrist** gilt auch für in Anspruchskonkurrenz stehende Ansprüche, also solche aus § 826 BGB bzw. § 9 S. 1 iVm. § 3 UWG (BAG 28.1.1986 NJW 1986, 2527; 11.4.2000 NZA 2001, 94). Dasselbe gilt für Ansprüche auf **Herausgabe des Erlöses** nach § 687 BGB (BAG 22.8.1966 AP BGB § 687 Nr. 3), nicht aber, wenn der AN zwar im Geschäftsbereich des AG Geschäfte macht, dabei aber nicht als Wettbewerber auftritt, sondern über das Vermögen des AG verfügt, um ihn zu schädigen (BAG 11.8.1987 NZA 1988, 200, 201). Hat der AG Auskunfts- und Zahlungsansprüche im Wege der **Stufenklage** verfolgt, beginnt die unterbrochene Verjährungsfrist für den Zahlungsanspruch bei Auskunftserteilung erneut (BAG 28.1.1986 NZA 1987, 276). Die kurze Verjährungsfrist gilt auch für **sonstige Ang.** auf Grund einer entspr. Anwendung des § 61 II (BAG 11.4.2000 NZA 2001, 94, 95; 26.9.2007 NZA 2007, 1436 Rn. 16 ff.; **aA** noch BAG 16.1.1975 AP HGB § 60 Nr. 8). Das G zur Anpassung der Verjährungsvorschr. hat § 61 II bestätigt. 7

§ 62 [Fürsorgepflicht des Arbeitgebers]

(1) Der Prinzipal ist verpflichtet, die Geschäftsräume und die für den Geschäftsbetrieb bestimmten Vorrichtungen und Gerätschaften so einzurichten und zu unterhalten, auch den Geschäftsbetrieb und die Arbeitszeit so zu regeln, daß der Handlungsgehilfe gegen eine Gefährdung seiner Gesundheit, soweit die Natur des Betriebs es gestattet, geschützt und die Aufrechterhaltung der guten Sitten und des Anstandes gesichert ist.

(2) Ist der Handlungsgehilfe in die häusliche Gemeinschaft aufgenommen, so hat der Prinzipal in Ansehung des Wohn- und Schlafraums, der Verpflegung sowie der Arbeits- und Erholungszeit

diejenigen Einrichtungen und Anordnungen zu treffen, welche mit Rücksicht auf die Gesundheit, die Sittlichkeit und die Religion des Handlungsgehilfen erforderlich sind.

(3) Erfüllt der Prinzipal die ihm in Ansehung des Lebens und der Gesundheit des Handlungsgehilfen obliegenden Verpflichtungen nicht, so finden auf seine Verpflichtung zum Schadensersatze die für unerlaubte Handlungen geltenden Vorschriften der §§ 842 bis 846 des Bürgerlichen Gesetzbuchs entsprechende Anwendung.

(4) Die dem Prinzipal hiernach obliegenden Verpflichtungen können nicht im voraus durch Vertrag aufgehoben oder beschränkt werden.

1 Zum Inhalt von § 62 I bis III s. die Erl. zu **§ 618 BGB.** Im Verhältnis zu § 618 BGB ist § 62 I bis III lex specialis (s. BGB § 618 Rn. 1). § 62 IV stimmt mit § 619 BGB überein (s. die Erl. dort). Im Beitrittsgebiet gilt für Handlungsgehilfen nur § 62 I; § 62 II bis IV wurde dort nicht in Kraft gesetzt (Anl. I Kap. VIII Sachgeb. A Abschnitt III Nr. 2 EVertr.), stattdessen gelten die §§ 618, 619 BGB auch für Handlungsgehilfen.

§ 64 [Gehaltszahlung]

[1] Die Zahlung des dem Handlungsgehilfen zukommenden Gehalts hat am Schlusse jedes Monats zu erfolgen. [2] Eine Vereinbarung, nach der die Zahlung des Gehalts später erfolgen soll, ist nichtig.

1 Da Handlungsgehilfen idR eine mtl. Vergütung erhalten, entspricht S. 1 § 614 S. 2 BGB und ist wie dieser abdingbar (s. BGB § 614 Rn. 2). Erg. gelten für Handlungsgehilfen die **§§ 107, 108 GewO** (s. § 6 II GewO). Das Verbot in S. 2 gilt nur für die regelm. mtl. Vergütung, nicht hingegen für **Gratifikationen** oder **Gewinnbeteiligungen** (s. BGB § 614 Rn. 8); zu **Provisionen** s. § 65. Abreden, die eine frühere Zahlung des Gehalts vorsehen, steht § 64 S. 2 nicht entgegen. Im **Beitrittsgebiet** ist § 64 nicht anzuwenden (Anl. I Kap. VIII Sachgeb. A Abschnitt III Nr. 2 EVertr.), stattdessen gelten dort auch für Handlungsgehilfen § 614 BGB sowie die §§ 107, 108 GewO.

§ 65 [Provision]

Ist bedungen, daß der Handlungsgehilfe für Geschäfte, die von ihm geschlossen oder vermittelt werden, Provision erhalten solle, so sind die für die Handelsvertreter geltenden Vorschriften des § 87 Abs. 1 und 3 sowie der §§ 87a bis 87c anzuwenden.

1 **1. Begriff.** Die Provision ist eine Erfolgsvergütung. Sie beteiligt den Provisionsberechtigten an dem Wert solcher Geschäfte, die durch ihn zustande gekommen sind **(Vermittlungsprovision)** oder die mit Kunden eines bestimmten Bezirks oder einem vorbehaltenen Kundenstamm abgeschlossen werden **(Bezirksprovision)** (BAG 14.11.1966 AP HGB § 65 Nr. 4; LAG HM 2.10.1991 BB 1992, 142). Sie wird zumeist in Prozenten des Geschäftswerts ausgedrückt, es finden sich aber auch Provisionsstaffeln. Für deren rechtl. Einordnung kommt es nicht auf die Bezeichnung, sondern die Rechtsnatur an (BAG 13.12.1965 AP HGB § 65 Nr. 3; 12.1.1983 AP HGB § 87a Nr. 4). Im Interesse der Entgeltflexibilisierung können Provisionszusagen befristet gegeben werden. Eine unangemessene Benachteiligung (§ 307 BGB) kann darin nicht gesehen werden (s. näher BGB §§ 305 bis 310 Rn. 74 ff.).

2 Demggü. ist die **Umsatzprovision** eine Beteiligung an dem Wert sämtl. Geschäfte eines Unternehmens oder einer Abteilung (LAG D 24.6.1969 DB 1969, 1296; zu Geschäften von Konzernunternehmen BAG 20.5.1976 AP HGB § 65 Nr. 10). Ihre Höhe hängt nicht allein von der Leistung des Provisionsberechtigten, sondern auch von der der übrigen Mitarbeiter ab. Sie ist Teil des Entgelts für die vertragl. geschuldete Arbeitsleistung (BAG 8.9.1998 AP HGB § 87a Nr. 6). Je nach vertragl. Ausgestaltung sind auf sie die Vorschr. der Provision, der Gewinnbeteiligung (s. BGB § 611a Rn. 494) oder der Gratifikation (s. BGB § 611a Rn. 527 ff.) anzuwenden. Eine Vereinb., dass die Umsatzbeteiligung im Folgejahr in mtl. gleichen Raten ausgezahlt wird, regelt nur die Leistungszeit; sie bewirkt nicht das Erlöschen des Anspruchs, wenn das ArbVerh. nicht mehr besteht (BAG 8.9.1998 NZA 1999, 420). Ein AG hat dem vertragl. am Umsatz beteiligten AN Auskunft über die Verteilung der im Auftragsgebiet des AN eingegangenen Aufträge zu erteilen, wenn Tatsachen die Besorgnis rechtfertigen, dass der AG den AN bei der Zuteilung der Aufträge benachteiligt hat (BAG 21.11.2000 NZA 2001, 1093, 1094).

3 Eine **Verrechnungsgarantie** ist gegeben, wenn der Dienstberechtigte mtl. einen festen Betrag zahlt, der durch später verdiente Provisionen abgedeckt werden soll. Wird einem Provisionsberechtigten ein bestimmter mtl. Betrag garantiert, so ist im Zweifel ausgeschlossen, Minderverdienste eines Monats mit Verdienstspitzen in einem anderen Monat auszugleichen (BAG 23.9.1975 AP HGB § 65 Nr. 8; s. auch BAG 12.1.1983 AP HGB § 65 Nr. 9).

2. Geltungsbereich. a) Handlungsgehilfen. Nach § 65 kann auch einem Handlungsgehilfen allein oder neben einem Fixum eine Provision zugesagt werden (BAG 16.2.2012 NZA 2012, 1307 Rn. 37; LAG BE 3.11.1986 AP HGB § 65 Nr. 14). Erreicht das zugesagte Fixum nicht das tarifl. Entgelt, ist durch Auslegung zu ermitteln, ob die Provision zur Auffüllung des Fixums herangezogen werden kann (BAG 19.1.2000 NZA 2000, 1300, 1301). Ist ihm eine Provision zugesagt, so gelten für diese § 87 I und III sowie § 87a bis § 87c (zu § 87a III BAG 21.1.2015 NZA 2015, 872 Rn. 51). Die Vorschr. können indes nicht schematisch auf den Handlungsgehilfen übertragen werden; vielmehr ist den rechtl. und wirtschaftl. Unterschieden zwischen einem selbständigen Dienstverpflichteten und einem AN Rechnung zu tragen (BAG 20.5.1976 AP HGB § 65 Nr. 6). Eine arbeitsvertragl. Vereinb., nach der ein angestellter Außendienstmitarbeiter neben seinem Fixum Provisionen nach Erreichen einer Jahressollvorgabe erhält, kann bei Fehlen einer Regelung für den Fall unterjähriger Beschäftigung durch Vertragsauslegung zu ergänzen sein (BAG 20.8.1996 NZA 1996, 1151). Zudem ist eine Provision ohne Fixum nicht mit den guten Sitten (§ 138 I BGB) vereinbar, wenn der Handlungsgehilfe auch bei vollem Einsatz seiner Arbeitskraft kein ausreichendes Einkommen erzielen kann (BAG 16.2.2012 NZA 2012, 1307 Rn. 37). Aus dem ANSchutz folgen Besonderheiten bei Überhangprovisionen und bei Provisionsberechnungen. § 65 verweist für Handlungsgehilfen nicht auf § 87 II 4 sowie § 89b. Hieraus folgt, dass ihnen eine Bezirks- (BAG 13.12.1965 AP HGB § 65 Nr. 6) und Inkassoprovision sowie ein Ausgleichsanspruch nur bei entspr. Vereinb. zusteht (BAG 13.12.1965 AP HGB § 89b Nr. 1). Demggü. beruht die fehlende Verweisung in § 65 auf § 92 auf einem Redaktionsversehen, so dass auch bei Handlungsgehilfen zwischen Warenvertretern und Versicherungs- bzw. Bausparkassenvertretern zu unterscheiden ist (BAG 25.10.1967 AP HGB § 92 Nr. 3; s. a. BAG 21.1.2015 NZA 2015, 872 Rn. 28). 4

b) Sonstige Arbeitnehmer. Für die übrigen auf Provision angestellten AN fehlt eine ges. Regelung. Es bestehen keine rechtl. Bedenken, die für Handlungsgehilfen geltenden Vorschr. entspr. anzuwenden (s. BAG 21.1.2015 NZA 2015, 872 Rn. 28; BGB § 611a Rn. 493). 5

3. Verweisungsobjekte. Die Provision ist eine Erfolgsvergütung, die vom Abschluss des Geschäfts und suspensiv bedingt von der Ausführung durch den AG, resolutiv bedingt von der durch den Dritten abhängt. Es regeln *a)* **§ 87** den Begriff des provisionspflichtigen Geschäfts und wann ein noch von der Ausführung abhängiger Provisionsanspruch erwächst; *b)* **§ 87a**, wann der Provisionsberechtigte einen nicht mehr bedingten Anspruch auf Provision hat; *c)* **§ 87b** die Höhe der Provision; *d)* **§ 87c** die Abrechnung der Provision durch den Unternehmer und *e)* **§ 87d** die Frage, ob der Handelsvertreter neben der Provision Aufwendungsersatz verlangen kann. 6

4. Abdingbarkeit. Für **Handelsvertreter** sind die §§ 87 bis 87d grds. durch Vertrag abdingbar, sofern nicht die Schranken in § 87a V eingreifen (s. a. § 87c V). Haben mehrere Handelsvertreter Provisionsansprüche, zB weil das Geschäft auf die Tätigkeit eines Handelsvertreters zurückzuführen ist (§ 87 I 1. Alt.) und ein anderer Kundenschutz nach § 87 II genießt oder er den Kunden geworben hat (§ 87 I 2. Alt.), so hat mangels anderweitiger vertragl. Abreden jeder Vertreter Anspruch auf die volle Provision. Auch einem Handelsvertreter können neben der Provision Festbezüge (Gehalt, Spesenzuschuss) zugesagt werden, ihn trifft aber die Beweislast, dass die Festbezüge nicht nur eine Mindestgarantieprovision darstellen. Ein allein gegen Festgehalt tätiger Handelsvertreter wird idR unselbständig sein (§ 84 II). 7

Für **Handlungsgehilfen** sind die ges. Vorschr. grds. in gleichem Umf. abdingbar (BAG 17.5.1962 AP HGB § 65 Nr. 2). Jedoch können sich zusätzl. Einschränkungen aus den Besonderheiten des ArbVerh. ergeben (BAG 4.7.1972 AP HGB § 65 Nr. 6; 20.7.1973 AP HGB § 65 Nr. 7). Das gilt insb. für Vereinb., wonach Provisionsüberzahlungen mit Provisionsansprüchen verrechnet werden sollen (BAG 25.3.1976 AP HGB § 65 Nr. 9). Provisionen sind bei der Berechnung der EFZ im Krankheitsfall (BAG 5.6.1985 NZA 1986, 290; s. EFZG § 4 Rn. 16) und des Urlaubsentgelts (BAG 11.4.2000 NZA 2001, 153; s. BUrlG § 11 Rn. 10) zu berücksichtigen. 8

5. Abtretung und Pfändung. Der unter den Voraussetzungen von § 87 erworbene, jedoch noch von der Ausführung des Geschäfts nach § 87a aufschiebend bedingte Anspruch ist bereits in dem Augenblick, in dem er erworben ist, als zukünftiger Anspruch abtretbar und pfändbar. 9

§ 74 [Vertragliches Wettbewerbsverbot]

(1) Eine Vereinbarung zwischen dem Prinzipal und dem Handlungsgehilfen, die den Gehilfen für die Zeit nach Beendigung des Dienstverhältnisses in seiner gewerblichen Tätigkeit beschränkt (Wettbewerbverbot), bedarf der Schriftform und der Aushändigung einer vom Prinzipal unterzeichneten, die vereinbarten Bestimmungen enthaltenden Urkunde an den Gehilfen.

(2) Das Wettbewerbverbot ist nur verbindlich, wenn sich der Prinzipal verpflichtet, für die Dauer des Verbots eine Entschädigung zu zahlen, die für jedes Jahr des Verbots mindestens die Hälfte der von dem Handlungsgehilfen zuletzt bezogenen vertragsmäßigen Leistungen erreicht.

1 **1. Allgemeines. a) Wettbewerbsfreiheit.** Der AN ist nach Beendigung des ArbVerh. berechtigt, sein berufl. Erfahrungswissen auszunutzen, um seinem ehem. AG Konkurrenz zu machen (BAG 19.5.1998 NZA 1999, 200, 201; 7.9.2004 NZA 2005, 105, 106; s. a. BAG 15.1.2014 NZA 2014, 536 Rn. 36; 22.3.2017 NZA 2017, 846 Rn. 19). Eine Einschränkung besteht ledigl. bei einer sittenwidrigen Schädigung des ehem. AG, zB wenn der AN dem ehem. AG ein Geschäft abjagt, bei dem nur noch der formale Abschluss aussteht (BAG 24.11.1956 AP BGB § 611 Fürsorgepflicht Nr. 4). Der AN kann sich aber für die Zeit nach Beendigung des ArbVerh. zur Wettbewerbsenthaltung verpflichten. Hierdurch wird zwar die Berufsausübung des AN eingeschränkt, es bestehen aber keine verfassungsrechtl. Bedenken (BAG 15.6.1993 NZA 1994, 502, 504 f.) und § 110 GewO erkennt ein derartiges Wettbewerbsverbot auch für das ArbVerh. ausdr. an. Jedoch müssen bei dessen Vereinb. die Grenzen der §§ 74 ff. beachtet werden (zur Rspr. im Überbl. *Hunold* NZA-RR 2007, 617 ff.; *ders.* NZA-RR 2013, 174 ff.).

2 **b) Geltungsbereich.** Die Regeln des nachvertragl. Wettbewerbsverbots gelten nur für die **Zeit nach Beendigung** des ArbVerh. Der Beendigungstatbestand ist unerhebl. Ein Wettbewerbsverbot kann bereits in einem ProbeArbVerh. (BAG 19.5.1983 AP BGB § 123 Nr. 25) oder befristeten ArbVerh. aufgenommen werden, selbst, wenn das ArbVerh. mit Ablauf der Probezeit endet (BAG 19.5.1983 AP BGB § 123 Nr. 25; 5.10.1971 AP BGB § 628 Nr. 6; LAG N 16.6.2005 LAGE HGB § 74 Nr. 20). Andererseits ist es auch zulässig, es von der Bedingung abhängig zu machen, dass das ArbVerh. über den Ablauf der Probezeit fortbesteht (BAG 27.4.1982 NJW 1983, 135; 13.7.2005 AP HGB § 74 Nr. 78). Ob hierin eine überraschende Klausel iSd. § 305c II BGB liegt, kann im Einzelfall zw. sein (LAG HM 10.9.2004 LAGE BGB 2002 § 305c Nr. 2 [Vorinstanz zu BAG 13.7.2005 AP HGB § 74 Nr. 78]). Im Allg. wird ein tätigkeitsbezogenes Wettbewerbsverbot nur dann in Kraft treten, wenn der AN seine Tätigkeit aufgenommen hat (BAG 26.5.1992 NZA 1992, 976, 977). Nach ihrem **pers. Geltungsbereich** gelten die §§ 74 bis 75 f nur für Handlungsgehilfen (§ 59 Rn. 1), über **§ 110 S. 2 GewO** finden diese jedoch auf **alle ArbVerh.** Anwendung, was der früheren Rechtslage entspricht (s. BAG 9.1.1990 NZA 1990, 519). Ist ein Gesellschafter mit weniger als 1% des Stammkapitals an der Gesellschaft beteiligt und zugleich deren AN, kann bei Streitigkeiten aus dem entschädigungslosen Wettbewerbsverbot das ArbG zust. sein (BAG 18.8.1997 NZA 1997, 1362).

3 Die §§ 74 ff. werden auf **Mandantenschutzklauseln** entspr. angewandt. Diese kommen insb. bei Angehörigen freier Berufe (zB Rechtsanwälte, Wirtschaftsprüfer und Steuerberater) vor (BAG 27.9.1988 NZA 1989, 467, 468; s. auch für ausscheidende Gesellschafter BGH 20.1.2015 NJW 2015, 1012 Rn. 8). Im Allgemeinen werden diese bei angestellten Rechtsanwälten für unzulässig gehalten (§ 3 II BRAO). Es ist zu unterscheiden zwischen allg. und beschränkten Mandantenschutzklauseln. **Allg. Mandantenschutzklauseln** untersagen dem AN, als Selbständiger oder AN eines anderen AG Mandanten seines früheren AG zu betreuen. Eine derartige Abrede kommt einem Wettbewerbsverbot gleich und ist nur unter den Voraussetzungen der §§ 74 ff. (Zusage einer Karenzentschädigung) rechtswirksam (BAG 27.9.1988 NZA 1989, 467, 468; 11.12.2013 NZA 2014, 433 Rn. 21). Eine **beschränkte Mandantenschutzklausel** untersagt dem AN ledigl., sich aktiv um die Mitnahme früherer Mandanten seines AG zu bemühen. Dies ist nach stRspr. auf Grund des Standesrechts ohne Entschädigung verboten (BAG 16.7.1971 AP BGB § 611 Konkurrenzklausel Nr. 25). Eine arbeitsvertragl. Verpflichtung einer Steuerassistentin, im Falle des Ausscheidens 20 vH des Jahresumsatzes mit vom AG übernommenen Mandanten abzuführen, enthält eine unverbindl. Mandantenschutzklausel (BAG 7.8.2002 NZA 2002, 1282); ebenso ist für eine Klausel zu entscheiden, nach der sich ein angestellter RA verpflichtet, 20 vH der mit früheren Mandaten erzielten Nettohonorare abzuführen (BAG 11.12.2013 NZA 2014, 433 Rn. 21, 27; s. a. LAG SH 1.7.2014 DStR 2014, 2363). Mandantenschutzklauseln bei Ausscheiden aus einer Freiberuflersozietät enthalten ein Wettbewerbsverbot (BGH 8.5.2000 NJW 2000, 2584). Das Wettbewerbsverbot in der Berufsordnung für Ärzte, das dem zum Facharzt (Gebietsarzt) weitergebildeten Arzt untersagt, sich innerhalb eines Zeitraums von zwei Jahren im Einzugsbereich der Praxis niederzulassen, in der die Weiterbildung erfolgte, beinhaltet – jdf. bei Anwendung auf Ärzte für Laboratoriumsmedizin – im Hinblick auf die Länge der Karenzfrist einen unverhältnismäßigen Eingriff in die Berufsfreiheit (BGH 13.6.1996 WM 1997, 86; ebenso für nachträgl. Wettbewerbsverbote anlässl. der Beendigung gesellschaftsrechtl. Beziehungen BGH 20.1.2015 NJW 2015, 1012 Rn. 8). Als sittenwidrig wurden Wettbewerbsverbote bei zu langfristiger Bindung (5 Jahre: LG Limburg 3.7.1996 MedR 97, 221) oder räuml. zu weiter Erstreckung (Umkreis von 30 km: BGH 14.7.1997 NJW 1997, 3089; 25 km bei Hebammen: OLG M 15.1.2014 ZMGR 2014, 292; 20 km bei Chirurgen: OLG M 22.4.1996 MedR 1996, 567; Gemeinschaftspraxis 6,5 km: OLG S 19.7.1996 WuW 1997, 348) angesehen. Mandantenschutzklauseln in Gesellschaftsverträgen von Rechtsanwälten können schon bei übermäßiger Bindung sittenwidrig sein (BGH 29.1.1996 NJW-RR 1996, 741; 8.5.2000 NJW 2000, 2584; 20.1.2015 NJW 2015, 1012 Rn. 11).

4 Im Allg. kommen für **Auszubildende, Volontäre** (§ 82a) und sonst **gleichgestellte Personen** (§ 26 BBiG) keine Wettbewerbsverbote in Betracht (s. BBiG § 12 Rn. 2). Der Abschluss eines Wettbewerbsverbots ist ledigl. in den letzten sechs Monaten vor Beendigung des Ausbildungsverhältnisses mögl., wenn ein anschließendes ArbVerh. begr. wird (§ 12 I 2 BBiG). Für dieses gelten die §§ 74 ff. (arg. e § 10 II BBiG). Das Wettbewerbsverbot tritt nicht außer Kraft, wenn der AN in den **Ruhestand** tritt

(BAG 30.10.1984 NZA 1985, 429; 3.7.1990 NZA 1991, 308). Auch der Ruheständler hat Anspruch auf Karenzentschädigung als Gegenleistung für die Unterlassung von Wettbewerb (BAG 3.7.1990 NZA 1991, 308; 15.6.1993 NZA 1994, 502, 504 f.). Die Arbeitsvertragsparteien können jedoch die Anrechnung der Betriebsrente auf die Karenzentschädigung vereinbaren oder das Wettbewerbsverbot unter die auflösende Bedingung des Eintritts in den Ruhestand stellen (BAG 30.10.1984 NZA 1985, 429).

c) Dienstverpflichtete. Nicht anzuwenden sind die §§ 74 ff. auf **Handelsvertreter;** für sie gilt die 5
spezielle Regelung in § 90a. Weder unmittelbar noch entspr. anzuwenden sind die §§ 74 ff. auf **Organmitglieder** jur. Personen, insb. GF einer GmbH (BGH 26.3.1984 Z 91, 1, 3; 15.4.1991 NZA 1991, 615; 28.4.2008 NZG 2008, 664). Wettbewerbsverbote dürfen die Berufsausübung hins. Ort, Zeit und Gegenstand jedoch auch bei ihnen nicht unbillig erschweren. So verstößt die vollständige Ausschaltung eines GmbH-GF gegen Art. 12 I GG (OLG D 10.3.2000 NZG 2000, 737). Wird mit diesem ein entschädigungsloses Wettbewerbsverbot vereinbart, so kann dies va. dann, wenn er nicht am Kapital beteiligt ist, eine übermäßige Knebelung sein mit der Rechtsfolge, dass das Wettbewerbsverbot unwirksam ist (OLG D 3.12.1998 ZIP 1999, 311). Andererseits billigt der BGH dem Dienstberechtigten die Rechte aus § 75a zu (BGH 17.2.1992 NJW 1992, 1892; dagegen OLG D 23.10.1996 GmbHR 1998, 180). Die Karenzentschädigungspflicht entfällt mit dem Verzicht der GmbH dann nicht, wenn der Verzicht nach ordentl. Kündigung des Anstellungsvertrags erst zu einem Zpkt. erklärt wird, in dem der GF sich auf die mit dem Wettbewerbsverbot verbundenen Einschränkungen seiner berufl. Tätigkeit eingerichtet hat (BGH 4.3.2002 NJW 2002, 1875). Ohne ausdr. Vereinb. ist ein GF nur während seiner Amtszeit zur Wettbewerbsenthaltung verpflichtet (OLG F 13.5.1997 GmbHR 1998, 376; OLG K 4.2.2000 NZG 2000, 740). Keine Anwendung findet § 74 auf **freie Mitarbeiter,** es sei denn, sie sind in Wahrheit AN oder wirtschaftl. abhängig (BGH 10.4.2003 NJW 2003, 1864; OLG D 9.9.2004 NJW-RR 2005, 119; OLG DD 13.9.2011 BeckRS 2011, 27497; dagegen OLG M 18.10.1996 BB 1997, 224; LAG K 2.6.1999 NZA-RR 2000, 19, 65; unentschieden BAG 21.1.1997 NZA 1997, 1284; entspr. Anwendung auf Kundenschutzabrede mit abhängigem freien Mitarbeiter: BGH 10.4.2003 NJW 2003, 1864; OLG D 9.9.2004 NJW-RR 2005, 119; s. a. OLG DD 13.9.2011 BeckRS 2011, 27497). Es gelten ähnl. Grds. wie bei GF. ZT werden die Grundgedanken des § 74 II angewandt (OLG M 18.10.1996 BB 1997, 224). Ein über zwei Jahre hinausgehendes nachvertragl. Verbot für einen aus der Freiberufler-Sozietät ausgeschiedenen Gesellschafter einer Steuerberater-Gesellschaft verstößt gegen § 138 I BGB und ist unwirksam (BGH 29.9.2003 NJW 2004, 66).

2. Wettbewerbsabrede. a) Abschluss. Das Wettbewerbsverbot wird durch **Angebot** und **Annahme** 6
begr. (§§ 145 ff. BGB). Unerhebl. ist, ob dieses im **Arbeitsvertrag** oder in einer **gesonderten Vereinb.** enthalten ist. Die Vereinb. eines nachvertragl. Wettbewerbsverbot muss so eindeutig formuliert sein, dass aus Sicht des AN kein vernünftiger Zweifel über den Anspruch auf Karenzentschädigung bestehen kann (s. BAG 7.7.2015 NZA 2015, 1253 Rn. 20; 22.3.2017 NZA 2017, 846 Rn. 34). Das gilt insb. dann, wenn sich der AG vorbehält, das Wettbewerbsverbot nachträgl. zu beschränken (BAG 5.9.1995 NZA 1996, 700, 701), jedoch genügt wegen ihrer Regelungsdichte eine Bezugnahme auf die „§§ 74 ff. HGB" (BAG 31.7.2002 NZA 2003, 100, 101 f.; 28.6.2006 NZA 2006, 1157, 1158; 22.3.2017 NZA 2017, 846 Rn. 34). Entspricht eine Klausel nicht den Anforderungen des § 307 I 2 BGB, kann sich der Verwender hierauf nicht berufen (BAG 28.6.2006 NZA 2006, 1157, 1159; 22.3.2017 NZA 2017, 846 Rn. 31).

Ist das **Wettbewerbsverbot nichtig** oder **anfechtbar,** so hat dies grds. keinen Einfluss auf die 7
Wirksamkeit des Arbeitsvertrags. Nur in Ausnahmefällen führt die Unwirksamkeit des Wettbewerbsverbots auch zur Unwirksamkeit des Arbeitsvertrags (§ 139 BGB), so zB, wenn die Vereinb. eines Wettbewerbsverbots Voraussetzung für den Abschluss des Arbeitsvertrags war. Ist der Arbeitsvertrag unwirksam, so ist wegen der Rechtsfolgen für das Wettbewerbsverbot zu unterscheiden: Wurde der Arbeitsvertrag noch nicht in Vollzug gesetzt, so wird der AN im Allgemeinen noch keine schützenswerten Interessen erlangt haben (LAG M 19.12.2007 LAGE HGB § 74 Nr. 22; 3.12.2008 FA 2009, 107). Jedenfalls entfaltet das Wettbewerbsverbot noch keine Wirksamkeit, wenn der AN die Arbeit nicht aufnimmt (BAG 3.2.1987 NZA 1987, 813). Etwas anderes kann gelten, wenn der AG die Vollziehung des ArbVerh. verhindert, weil der AN an der Karenzentschädigung interessiert sein kann. Ist dagegen der Arbeitsvertrag in Vollzug gesetzt worden, wird die Wirksamkeit des Wettbewerbsverbots unabhängig vom Arbeitsvertrag bejaht (BAG 3.2.1987 NZA 1987, 813; LAG K 31.10.1990 LAGE HGB § 74 Nr. 4; LAG M 19.12.2007 LAGE HGB § 74 Nr. 22; 3.12.2008 FA 2009, 107).

Wettbewerbsverbote können in **BV** oder **TV** enthalten sein. BV können von den Schutzvorschr. der 8
§§ 74 ff. in der Auslegung der Rspr. nicht abweichen. Für TV war die Rechtslage umstr., da die Anwendung der §§ 74 ff. bis zur Schaffung von § 110 GewO auf richterrechtl. Rechtsfortbildung beruhte (s. § 74 Rn. 2) und TV auf Grund der Richtigkeitsgewähr im Allgemeinen Vorrang vor richterrechtl. Grds. haben (s. BAG 12.11.1971 AP HGB § 74 Nr. 28). Durch § 110 GewO finden die §§ 74 ff. nunmehr kraft G Anwendung und sind – soweit sie zwgd. Recht enthalten – auch von den TVParteien zu beachten.

b) Zeitpunkt der Vereinbarung. Wettbewerbsverbote können vor Abschluss des Arbeitsvertrags 9
(zB Vorvertrag: BAG 14.7.2010 NZA 2011, 413, 414), mit dem Arbeitsvertrag, während des ArbVerh. sowie zwischen Kündigungserkl. und Beendigung des ArbVerh. vereinbart werden. In allen Fällen

kann nicht zum Nachteil des AN von den §§ 74 ff. abgewichen werden. Zulässig ist aber eine Abrede, nach der das Wettbewerbsverbot erst zu einem in der Zukunft liegenden Zpkt. wirksam wird, wenn das ArbVerh. dann noch besteht (BAG 13.7.2005 AP HGB § 74 Nr. 78). Nach Beendigung des ArbVerh. abgeschlossene Wettbewerbsverbote unterfallen nicht den §§ 74 ff. (BAG 11.3.1968 AP HGB § 74 Nr. 23). Anders ist die Rechtslage, wenn dieses im Zusammenhang mit der Beendigung des ArbVerh. vereinbart wird (zB als Bestandteil eines Aufhebungsvertrags), da der AN auch in diesem Fall schutzbedürftig ist (BAG 3.5.1994 NZA 1995, 72, 73).

10 **c) Inhalt des Wettbewerbsverbots.** Der Inhalt des Wettbewerbsverbots richtet sich nach den Vereinb. der Parteien. Deren Grenzen ergeben sich aus den §§ 74a ff. Das gilt grds. auch, wenn das Wettbewerbsverbot vom AG vorformuliert worden ist; hins. seines Umf. scheidet eine AGB-rechtl. Inhaltskontrolle zumindest bei eigenständigen Abreden wegen § 307 III BGB aus (LAG BW 30.1.2008 NZA-RR 2008, 508, 509; LAG RP 3.8.2012 NZA-RR 2013, 15, 16); einer Transparenzkontrolle (§ 307 I 2 BGB) steht dies jedoch nicht entgegen (BAG 7.7.2015 NZA 2015, 1253 Rn. 18 ff.). Das Wettbewerbsverbot kann sich auf eine selbständige und/oder unselbständige Tätigkeit beziehen (BAG 15.12.1987 NZA 1988, 502, 503). Zu unterscheiden sind ferner tätigkeitsbezogene und unternehmensbezogene Wettbewerbsverbote. Beide sind zulässig. Bei einem **tätigkeitsbezogenen Wettbewerbsverbot** ist nur eine Tätigkeit auf den Gebieten untersagt, auf denen der AN bei seinem früheren AG gearbeitet hat (BAG 26.5.1992 NZA 1992, 976, 977). Das Risiko für den AG besteht darin, dass der AN in den Diensten eines konkurrierenden AG steht und die Einhaltung des Verbots nur schlecht zu überwachen ist. Bei einem **unternehmensbezogenen Wettbewerbsverbot** ist dem AN jede Tätigkeit in einem Konkurrenzunternehmen untersagt (BAG 30.1.1970 AP GewO § 133 f Nr. 24; s. a. BAG 7.7.2015 NZA 2015, 1253 Rn. 20). Hierdurch kann ein AN praktisch vollständig gesperrt sein, wenn er zB in einem Großunternehmen der chemischen Industrie arbeitet. In TV der chemischen Industrie waren daher stets nur tätigkeitsbezogene Wettbewerbsverbote zugelassen. Darf ein AN nicht für ein Unternehmen tätig sein, das mit dem Vertragspartner in Wettbewerb steht, verwehrt ihm dieses nicht, für ein anderes Unternehmen tätig zu werden, dessen Produktions- oder Dienstleistungsangebot sich nicht mit dem des Vertragspartners überschneidet (BAG 21.1.1997 NZA 1997, 1284). Entspr. gilt bei einer selbständigen Tätigkeit (BAG 8.3.2006 NZA 2006, 854). Ein Wettbewerbsverbot liegt auch vor, wenn dieses den AN für die Zeit nach Beendigung des ArbVerh. in seiner **gewerbl. Tätigkeit** beschränkt. Das gilt selbst dann, wenn dem AN nicht jede gewerbl. Tätigkeit untersagt wird, sondern diese sachl., zeitl. und örtl. begrenzt ist. Der Begriff des Wettbewerbsverbots aus § 74 wird durch **§ 110 GewO** erweitert. Hiernach bezieht sich das Wettbewerbsverbot auf jede berufl. Tätigkeit.

11 **d) Abgrenzung von nachvertraglicher Verschwiegenheitspflicht.** Durch ein Wettbewerbsverbot wird der AN in seiner gewerbl. und berufl. Tätigkeit begrenzt. Eine nachvertragl. Verschwiegenheitspflicht kann dem AN indes ebenfalls jede Tätigkeit praktisch unmögl. machen. Gleichwohl ist deren Vereinb. **entschädigungslos** rechtswirksam, solange durch diese nicht die Schutzvorschr. der Wettbewerbsverbote umgangen werden (BAG 19.5.1998 NZA 1999, 200, 201; s. BGB § 611 Rn. 718). Grds. muss ein AN nur während des bestehenden ArbVerh. Verschwiegenheit bewahren. Danach darf er sein Wissen für sich ausnutzen (LAG HM 21.6.2004 BB 2005, 164). Etwas anderes gilt für **Geschäfts- und Betriebsgeheimnisse** (zum Begriff s. BGB § 611 Rn. 711). Über diese muss der AN auch nach Beendigung des ArbVerh. Stillschweigen bewahren. Dies gilt stets, wenn es vertragl. vereinbart ist (s. BGB § 611 Rn. 718), was sich auch deshalb als notwendig erweist, weil der Geheimnisschutz durch **§ 17 UWG** nur während des ArbVerh. eingreift. Das BAG nimmt eine entschädigungslose Verschwiegenheitspflicht über Geschäfts- und Betriebsgeheimnisse immer dann an, wenn der AN ggü. Nichtgeheimnisträgern einen Wettbewerbsvorsprung erlangt. Insoweit handelt es sich gleichsam um Eigentum des früheren AG (BAG 15.12.1987 NZA 1988, 502, 503 f.; s. a. BAG 19.5.1998 NZA 1999, 200, 201).

12 **e) Bedingtes Wettbewerbsverbot.** Ein bedingtes Wettbewerbsverbot liegt vor, wenn der AN während des Bestands des ArbVerh. nicht erkennen kann, ob er sich nach Beendigung des ArbVerh. eines Wettbewerbs enthalten muss. Ein Wettbewerbsverbot beschränkt den AN während des Bestands des ArbVerh., weil er sich nicht frei bewerben kann; es beschränkt ihn nach Beendigung des ArbVerh., weil er zu seinem AG nicht in Wettbewerb treten darf. Bei einem bedingten Wettbewerbsverbot sind in jedem Fall die Beschränkungen auch während des bestehenden ArbVerh. gegeben, weil der AN nicht weiß, ob er gezwungen wird, sich in den wettbewerbsfreien Raum zu bewerben. Es liegt zB vor, wenn der AN das Wettbewerbsverbot nur einhalten muss, wenn der AG dieses in Kraft setzt (BAG 22.5.1990 AP HGB § 74 Nr. 60; 5.9.1995 NZA 1996, 700). Entspr. gilt, wenn sich der AN in einem Vorvertrag verpflichtet, auf Verlangen des AG ein Wettbewerbsverbot zu vereinbaren (BAG 14.7.2010 NZA 2011, 414 Rn. 15). Die Wirkungen eines bedingten Wettbewerbsverbots können aber auch dadurch erzeugt werden, dass der AN verpflichtet wird, jede Bewerbung dem AG mitzuteilen, damit dieser auf das Wettbewerbsverbot nach § 75a verzichten kann. Ein bedingtes Wettbewerbsverbot ist **unverbindl.** (§ 75d), so dass der AG dessen Einhaltung nicht erzwingen kann. Andererseits kann der AN daran interessiert sein, nach Beendigung des ArbVerh. eine Karenzentschädigung zu erhalten. Er erlangt mithin ein Wahlrecht, ob er sich an das Wettbewerbsverbot halten will und die Karenzentschädigung

beanspruchen oder sich vom Wettbewerbsverbot lösen will. Entscheidet er sich für das Wettbewerbsverbot, kann umgekehrt der AG sodann dessen Einhaltung erzwingen (BAG 22.5.1990 AP HGB § 74 Nr. 60).

f) Form des Wettbewerbsverbots. Wettbewerbsverbote (auch im Rahmen eines Vorvertrags, s. BAG 14.7.2010 NZA 2011, 414 Rn. 29) unterliegen einer doppelten Formvorschr. Sie bedürfen der **Schriftform** und der **Aushändigung** der Vertragsurkunde an den AN. Die Schriftform richtet sich nach § 126 BGB (BAG 14.7.2010 NZA 2011, 414 Rn. 30; 15.1.2014 NZA 2014, 536 Rn. 20) und erstreckt sich auf den wesentl. Inhalt der Wettbewerbsvereinb. (BAG 15.1.2014 NZA 2014, 536 Rn. 21). Das Wettbewerbsverbot muss eigenhändig oder mittels notariell beglaubigten Handzeichens auf ders. Vertragsurkunde unterzeichnet werden (§ 126 II 1 BGB). Werden über das Wettbewerbsverbot mehrere gleich lautende Urkunden aufgenommen, genügt es, wenn jede Partei die für die andere Partei bestimmte Urkunde unterzeichnet (s. BAG 14.7.2010 NZA 2011, 414 Rn. 30). Die **elektronische Form** ist unzureichend (§ 126a BGB; s. BGB §§ 125 bis 127 Rn. 24), weil ein Wettbewerbsverbot im Allgemeinen zu den wesentl. Arbeitsbedingungen gehört und für diese die elektronische Form ausgeschlossen ist (§ 2 I 3 NachwG). Für die Wahrung der Schriftform genügt die Verbindung des Wettbewerbsverbots mit dem Arbeitsvertrag zu einer Gesamturkunde (BAG 30.10.1984 NZA 1985, 429). Wird das Wettbewerbsverbot als Anl. zum Arbeitsvertrag genommen, aber nicht gesondert unterschrieben, ist der Schriftform gleichwohl genügt, wenn sich die Einheit der Urkunde aus anderen Merkmalen ergibt (BAG 14.7.2010 NZA 2011, 414 Rn. 33 ff.); eine feste körperl. Verbindung, die nur durch Gewalt wieder gelöst werden kann, ist für die Annahme einer Gesamturkunde nicht erforderl. (BAG 14.7.2010 NZA 2011, 414 Rn. 34). Entspr. soll gelten, wenn ein schriftl. befristeter Arbeitsvertrag mdl. verlängert wird (LAG HM 14.2.2007 LAGE HGB § 74 Nr. 21). Wird das Wettbewerbsverbot von einem Prokuristen unterschrieben, ist der Zusatz ppa hinzuzufügen (LAG HM 10.1.2005 NZA-RR 2005, 428). Die Aufnahme des Wettbewerbsverbots in eine BV oder einen TV ersetzt die Schriftform nur dann, wenn dem AN die BV oder der TV ausgehändigt worden ist (Baumbach/Hopt/*Roth* Rn. 18; MüKoHGB/*v. Hoyningen-Huene* Rn. 35; **aA** *Buchner* AR-Blattei SD 1830.3 Rn. 139a). Die vom AG oder gemeinsam unterzeichnete Urkunde muss dem AN ausgehändigt werden. Nur bei notarieller Beurkundung ersetzt die Ausfertigung der Niederschrift die **Aushändigung.** Die Aushändigung muss **innerhalb angemessener Frist** erfolgen (LAG N 21.7.1994 NZA 1995, 532). Verzögert der AG die Aushändigung, hängen die Rechtsfolgen von der Reaktion des AN ab. Nimmt er die verspätet ausgehändigte Urkunde an, so ist der Mangel geheilt. Ferner gilt die Aushändigung nach dem Rechtsgedanken des § 162 BGB als erfolgt, wenn der AN diese arglistig verhindert (zB Angabe einer falschen Anschrift usw.; LAG HM 19.9.2003 LAGE HGB § 74 Nr. 18). 13

Die Verletzung der Schriftform führt zur **Nichtigkeit** des Wettbewerbsverbots (§ 125 I BGB; BAG 14.7.2010 NZA 2011, 414 Rn. 28; 15.1.2014 NZA 2014, 536 Rn. 19). Die Berufung hierauf ist idR nicht treuwidrig (BAG 26.9.1957 AP HGB § 74 Nr. 2), es sei denn, der AG hat den Formmangel selbst verursacht (LAG HM 19.9.1993 LAGE HGB § 74 Nr. 18; Baumbach/Hopt/*Roth* Rn. 19; MüKoHGB/*v. Hoyningen-Huene* Rn. 40). Unterbleibt die **Aushändigung**, ist das Wettbewerbsverbot **unverbindl.**, dh. der AN kann sich daran halten, muss es aber nicht (BAG 23.11.2004 NZA 2005, 411, 412; 14.7.2010 NZA 2011, 414 Rn. 26). 14

3. Karenzentschädigung. a) Zusage und Höhe. Nach § 74 II ist ein Wettbewerbsverbot nur verbindl., wenn es die Zusage einer Karenzentschädigung enthält, die so eindeutig formuliert ist, dass der AN die Einhaltung der ges. vorgeschriebenen Höhe beurteilen kann (BAG 15.1.2014 NZA 2014, 536 Rn. 23). Die Zusage muss **gleichzeitig** mit Abschluss des Wettbewerbsverbots durch den AG erfolgen. Ausreichend ist aber auch eine solche durch ein anderes Konzernunternehmen. Die Zusage ist unabhängig vom Umf. der Unterlassungsverpflichtung. Sie ist deren Gegenleistung (BAG 23.11.2004 NZA 2005, 411, 412; 7.7.2015 NZA 2015, 1253 Rn. 29; 22.3.2017 NZA 2017, 846 Rn. 17). Keine Karenzentschädigung ist die Abfindung für den Verlust des Arbeitsplatzes (BAG 3.5.1994 NZA 1995, 72, 73). Die Höhe der Entschädigung muss mind. die Hälfte der zul. bezogenen vertragsmäßigen Leistungen des AN betragen. Neben dem eigentl. Entgelt gehören hierzu **alle Vergütungsbestandteile,** die der AN für seine Tätigkeit erhält (BAG 22.10.2008 NZA 2009, 962 Rn. 17; LAG D 21.9.2015 LAGE HGB § 74c Nr. 7). Zu berücksichtigen sind daher Gratifikationen, Sonderzuwendungen, Provisionen, Tantiemen, Gewinn- und Umsatzbeteiligungen (LAG D 21.9.2015 LAGE HGB § 74c Nr. 7) sowie Naturalleistungen, insb. auch ein zur privaten Nutzung überlassenes Kfz. oder Mobiltelefon (LAG D 21.9.2015 LAGE HGB § 74c Nr. 7). Unerhebl. ist, ob der AN auf diese Leistungen einen Rechtsanspruch hatte oder ihm diese freiwillig unter Ausschluss eines Rechtsanspruchs gewährt worden sind (BAG 9.1.1990 NZA 1990, 519). Unzureichend ist demggü. die Hälfte des Gehalts (LAG HE 10.2.1997 LAGE HGB § 74a Nr. 1; LAG HM 23.3.2010 LAGE HGB § 74 Nr. 23). Das gilt auch, wenn während des lfd. ArbVerh. die Zusage durch ein erhöhtes Gehalt abgegolten werden soll (BAG 14.7.1981 AP HGB § 74 Nr. 38). Unberücksichtigt bleibt dagegen **Auslagenersatz,** da dieser nicht die Arbeitsleistung abgelten soll. Hierzu gehören auch freiwillige Beiträge des AG zu Lebensvers. des AN (BAG 21.7.1981 AP HGB § 74 Nr. 40). 15

16 **b) Entstehung des Anspruchs.** Der Anspruch auf die Karenzentschädigung entsteht unabhängig davon, ob der AN zu einer Wettbewerbstätigkeit in der Lage ist, also auch dann, wenn er in den Ruhestand getreten ist, berufs- oder erwerbsunfähig/vermindert erwerbsfähig (LAG HM 19.9.2003 LAGE HGB § 74 Nr. 18) oder krank ist (BAG 23.11.2004 NZA 2005, 411, 412). Die einzige Ausnahme ergibt sich aus § 74c I 3, wenn der AN eine Freiheitsstrafe verbüßt. Das im Anstellungsvertrag eines GmbH-GF vereinbarte nachvertragl. Wettbewerbsverbot gegen Karenzentschädigung wird nicht dadurch verkürzt oder hinfällig, dass dieser mit Erkl. der ordentl. Kündigung zugleich von der Tätigkeit freigestellt wird (BGH 4.3.2002 NJW 2002, 1875).

17 **c) Verjährung.** Ansprüche auf Karenzentschädigung unterliegen der regelm. Verjährungsfrist von **drei Jahren** (§ 195 BGB). Sie werden von einer **tarifl. Verfallklausel** erfasst, selbst dann, wenn die Ausschlussfrist in einem **Formulararbeitsvertrag** vereinbart worden ist (BAG 17.6.1997 NZA 1998, 258, 259; 22.6.2005 AP TVG § 4 Ausschlussfrist Nr. 183). Hieran hat sich durch § 310 IV BGB nichts geänd., weil derartige Klauseln seit langem übl. sind und das G für das ArbR keine Einschränkungen vorgenommen hat (s. näher BGB §§ 194 bis 218 Rn. 44 ff.). Etwas anderes gilt bei Inbezugnahme eines branchenfremden TV (s. BGB §§ 305 bis 310 Rn. 14).

18 **d) Rechtsfolgen bei Verstoß gegen § 74 II. aa) Fehlen einer Karenzentschädigung.** Das Wettbewerbsverbot ist nur verbindl., wenn sich der AG verpflichtet, eine Entschädigung zu zahlen. Hierfür genügt es, wenn die Höhe der Karenzentschädigung nach der getroffenen Abrede in das Ermessen des AG gestellt ist (BAG 15.1.2014 NZA 2014, 536 Rn. 15 ff.). Fehlt die Zusage einer Karenzentschädigung hingegen völlig, so ist das Wettbewerbsverbot **nichtig**, so dass sich sowohl der AG als auch der AN auf die Nichtigkeit berufen können (BAG 3.5.1994 NZA 1995, 72, 73; 15.1.2014 NZA 2014, 536 Rn. 14; 22.3.2017 NZA 2017, 846 Rn. 23; LAG RP 23.2.2015 BeckRS 2015, 68014).

19 **bb) Zu niedrige Karenzentschädigung.** Enthält die Entschädigungszusage nicht den Mindestbetrag des § 74 II, ist das Wettbewerbsverbot nicht unwirksam, sondern nur **unverbindl.** Der **AN kann wählen,** ob er die zu geringe Entschädigung verlangt und sodann den Bindungen des Wettbewerbsverbots unterliegt. Er kann sich aber auch für die Nichteinhaltung des Wettbewerbsverbots entscheiden, erhält dann jedoch auch keine Karenzentschädigung (s. BAG 15.1.2014 NZA 2014, 536 Rn. 23; 22.3.2017 NZA 2017, 846 Rn. 24). Die Wahl muss im Allgemeinen zu **Beginn der Karenzzeit** ausgeübt werden, da im Interesse des AG verhindert werden muss, dass sich der AN einmal daran hält und es zu anderen Zpkt. verletzt (BAG 24.4.1980 AP HGB § 74 Nr. 37; 16.12.1986 NZA 1987, 592; 15.1.2014 NZA 2014, 536 Rn. 25). Deshalb muss die Entsch. des AN endgültig sein und den gesamten Karenzzeitraum umfassen (BAG 14.7.2010 NZA 2011, 414 Rn. 22; **aA** LAG HM 14.2.2012 BeckRS 2012, 69997). Ausnahmsweise kann die Wahl hinausgeschoben werden, wenn über die Wirksamkeit der Beendigung des ArbVerh. oder des Wettbewerbsverbots ein Rechtsstreit geführt wird (BAG 16.12.1986 NZA 1987, 592). Hat sich der AN zunächst des Wettbewerbs enthalten, kann er zeitanteilige Karenzentschädigung verlangen. Nach Beendigung des Rechtsstreits kann er dann von seinem Wahlrecht Gebrauch machen. Dieses kann der AG auch nicht dadurch ausschließen, dass er ihm vorschussweise eine zu geringe Karenzentschädigung zahlt (BAG 14.7.1981 AP HGB § 74 Nr. 38). Die Ausübung der Wahl bedarf keiner ausdr. Erkl. Der AN kann sich zu Beginn des Karenzzeitraums auch konkludent für die Wettbewerbsenthaltung entscheiden (BAG 22.5.1990 NZA 1991, 263, 264; **aA** noch BAG 16.12.1986 NZA 1987, 592). Nach überw. Meinung soll der AG das Recht haben, den AN aufzufordern, von der Wahl Gebrauch zu machen. Wählt der AN das Wettbewerbsverbot, so kann er nur die vereinbarte, nicht aber die ges. Karenzentschädigung beanspruchen (BAG 14.7.2010 NZA 2011, 414 Rn. 38; 15.1.2014 NZA 2014, 536 Rn. 31). Eine Rechtsfortbildung hat das BAG stets abgelehnt, weil keine Regelungslücke vorliegt. Das Recht des Handelsvertreters enthält eine andere Formulierung für die Karenzentschädigung, die eine Rechtsfortbildung ermöglicht (s. § 90a I 3: angemessene Entschädigung).

20 **e) Bedingtes Wettbewerbsverbot.** Bei diesen (§ 74 Rn. 12) hat der AN ein Wahlrecht, ob er sich an das Wettbewerbsverbot halten will oder nicht. Hält er sich daran, kann er die vereinbarte Entschädigung beanspruchen (BAG 14.7.2010 NZA 2011, 414 Rn. 38; 22.3.2017 NZA 2017, 846 Rn. 24); s. ferner § 74 Rn. 19.

21 **f) Zahlungsverzug des Arbeitgebers.** Zahlt der AG keine Karenzentschädigung, kommt er ohne Mahnung in Verzug (§ 286 II BGB). Der AN hat neben dem Erfüllungsanspruch nach § 286 BGB Anspruch auf **Ersatz des Verzögerungsschadens.** Ferner kann er nach vorheriger Fristsetzung und Wegfall des Interesses vom Wettbewerbsverbot jdf. für die Zukunft zurücktreten (LAG HM 5.1.1995 LAGE ZPO § 935 Nr. 8) oder Schadensersatz statt der Leistung verlangen (§§ 280, 281 BGB). Bei nicht erfolgter oder verspäteter Zahlung der Karenzentschädigung hat der AN nicht die Einrede des nicht erfüllten Vertrags (§ 320 BGB), weil er seine Leistung nicht vorübergehend zurückhalten kann. Vielmehr wird diese vorübergehend unmögl. (§ 275 I BGB; zum früheren Recht: BAG 5.10.1982 AP HGB § 74 Nr. 42).

22 **4. Unterlassungsanspruch. a) Allgemeines.** Verstößt der AN während der Laufzeit des Wettbewerbsverbots gegen die Unterlassungsverpflichtungen, kann der AG auf Unterlassung oder Beseitigung der

fortbestehenden Störungen klagen. Um ihm die Beurteilung zu ermöglichen, ob eine Verletzung vorliegt, hat der AG einen Anspruch auf Auskunft gegen den AN über den Namen des neuen AG, Art und Umf. der Beschäftigung und den Geschäftszweck des Konkurrenten (BAG 22.4.1967 AP BGB § 242 Auskunftspflicht Nr. 12; für Mandantenschutzklausel: 27.9.1988 NZA 1989, 467, 468; s. a. BGH 26.9.2013 NJW 2014, 381 Rn. 14 ff.). Läuft während des Rechtsstreits um die Unterlassungspflicht die Karenzzeit ab, kann der AG die Hauptsache für erledigt erklären. Er kann aber auch noch in der Revisionsinstanz zu einer Feststellungsklage übergehen, dass der AN während der Karenzzeit zur Unterlassung verpflichtet war (BAG 2.2.1968 AP HGB § 74 Nr. 22). Wegen mögl. Schadensersatzansprüche besteht regelm. ein Feststellungsinteresse. IdR wird der Unterlassungsanspruch zunächst mittels einstweiliger Vfg. geltend gemacht. Der frühere AG kann dem ausgeschiedenen AN auch im Wege der vorbeugenden Unterlassungsklage untersagen, für solche Unternehmen tätig zu werden, die mit dem früheren AG in Konkurrenz stehen, wenn er auf Grund obj. Umstände befürchten muss, der ehem. AN werde das Wettbewerbsverbot nicht einhalten (LAG BW 28.2.1986 NZA 1986, 641). Zum Streitwert s. ArbGG § 12 Rn. 22.

b) **Ansprüche aus gegenseitigem Vertrag.** Das Wettbewerbsverbot ist ein gegenseitiger Vertrag. Bei Verletzung der Vertragspflichten regeln sich die Rechtsfolgen nach §§ 320 ff. BGB (BAG 23.11.2004 NZA 2005, 411, 412; 7.7.2015 NZA 2015, 1253 Rn. 29). Solange der **AN gegen das Wettbewerbsverbot verstößt,** kann der AG die Einrede des nicht erfüllten Vertrags erheben (§ 320 BGB) und die Zahlung der Karenzentschädigung verweigern (BAG 7.7.2015 NZA 2015, 1253 Rn. 29). Bei schuldhafter Verletzung der Unterlassungsverpflichtung wird dem AN diese unmögl. (§ 275 BGB; § 323 I, II Nr. 2 BGB); der AG wird von der Zahlungsverpflichtung gem. § 326 I 1 BGB frei (BAG 7.7.2015 NZA 2015, 1253 Rn. 29). Eine zu Unrecht gezahlte Karenzentschädigung kann er vom AN zurückfordern (§ 326 IV BGB). Der Rückforderungsanspruch richtet sich nach den §§ 346 bis 348 BGB. Andererseits kann sich der AN für die Zukunft vom Wettbewerbsverbot lösen, wenn der AG mit der Zahlung der Karenzentschädigung in Verzug kommt (LAG HM 5.1.1995 LAGE ZPO § 935 Nr. 8). Hat der AG an der weiteren Erfüllung des Wettbewerbsverbots kein Interesse mehr, kann er nach § 323 V BGB vom Vertrag zurücktreten. Macht der AG von seinem Rücktrittsrecht keinen Gebrauch, ist er wieder zur Zahlung der Karenzentschädigung verpflichtet, wenn der AN zur Einhaltung des Wettbewerbsverbots zurückkehrt (BAG 10.9.1985 NZA 1986, 134, 135). Schließl. kann der AG wegen der Verletzung des Wettbewerbsverbots Schadensersatz statt der Leistung verlangen (§§ 280, 281 I BGB). Bei Wettbewerbsverstößen des AN **während des Ruhestands** ist vom BAG bislang nicht abschl. entschieden, ob der AG die Ruhestandsbezüge widerrufen kann (s. BAG 26.2.1976 AP BGB § 242 Ruhegehalt Nr. 172; 18.10.1979 AP BetrAVG § 1 Treuebruch Nr. 1). 23

5. Beendigung und Übertragung des Wettbewerbsverbots. a) Aufhebungsvertrag. Die Parteien können das Wettbewerbsverbot jederzeit einvernehml. aufheben (BAG 8.3.2006 NZA 2006, 854 Rn. 28; 19.11.2008 NZA 2009, 318 Rn. 20), ohne die Schriftform einhalten zu müssen (BAG 10.1.1989 NZA 1989, 797 f.). Ein TV kann diese jedoch vorsehen (BAG 19.11.2003 NZA 2004, 554, 556). Wird der Arbeitsvertrag aufgeh., bleibt das Wettbewerbsverbot hiervon im Zweifel unberührt. Dies gilt auch, wenn der AN in den Ruhestand tritt und Ruhegeld bezieht (BAG 30.10.1984 NZA 1985, 429). Allerdings steht es den Parteien frei, mit dem Arbeitsvertrag auch das Wettbewerbsverbot aufzuheben (BAG 8.3.2006 NZA 2006, 854 Rn. 28; 7.9.2004 AP HGB § 75 Nr. 11). Die alleinige Aufhebung des Arbeitsvertrags mit einer **Ausgleichsquittung** reicht hierfür aber nicht aus (OLG K 25.3.1997 BB 1997, 1328). Allerdings nimmt das BAG an, dass eine allg. **Ausgleichsklausel** in einem (außer)gerichtl. Vergleich zur Beendigung eines Kündigungsrechtsstreits idR auch Ansprüche aus einem Wettbewerbsverbot erfasst (BAG 24.6.2009 AP HGB § 74 Nr. 81). Eine anderweitige Auslegung kann sich jedoch aus den Umständen vor oder bei Abschluss des Vergleichs oder dem späteren Verhalten der Parteien ergeben (BAG 19.11.2003 NZA 2004, 554; 7.9.2004 AP HGB § 75 Nr. 11; 8.3.2006 NZA 2006, 854 Rn. 29 ff.; 24.6.2009 AP HGB § 74 Nr. 81). 24

b) **Betriebsübergang.** Geht ein Betrieb im Wege der Universalsukzession auf den Rechtsnachfolger über, tritt dieser in das Wettbewerbsverbot ein. Zur Umwandlung s. § 74 Rn. 26. Bei einem Übergang des Betriebs oder Betriebsteils durch Rechtsgeschäft ist in zeitl. Hinsicht zu unterscheiden: Geht der Betrieb oder Betriebsteil **vor Beendigung des ArbVerh.** auf den neuen Inhaber über, so tritt dieser in die Rechte und Pflichten aus dem Arbeitsvertrag (§ 613a I 1 BGB) und damit auch in das Wettbewerbsverbot ein, da dieses Bestandteil des Arbeitsvertrags ist (s. BGB § 613a Rn. 80). Allerdings gilt das Verbot nunmehr ausschl. im Verhältnis zum Erwerber; ggü. dem bisherigen AG entfaltet das Wettbewerbsverbot keine Wirkungen mehr. Bei dem Betriebserwerber kann sich der Umf. des Wettbewerbsverbots erweitern aber auch beschränken (zB der Erwerber vertreibt nicht nur Pkw, sondern auch Lkw). Stets muss der Erwerber aber ein berechtigtes Interesse am Wettbewerbsverbot haben (BAG 26.9.1963 AP HGB § 74a Nr. 1). Fehlt dieses, so wird das Wettbewerbsverbot unverbindl. Widerspricht der AN dem Eintritt des Erwerbers in das ArbVerh. (§ 613a VI), so bleibt dieses mit dem bisherigen Betriebsinhaber bestehen (s. BGB § 613a Rn. 105) und damit auch das Wettbewerbsverbot ggü. diesem. Allerdings kann es nunmehr beim Betriebsveräußerer an einem berechtigten geschäftl. Interesse fehlen, wenn dieses in dem übertragenen Betrieb begr. lag. Wird der Betrieb **nach Ausscheiden aus dem ArbVerh.** veräußert, ist § 613a BGB nicht unmittelbar anzuwenden; nach verbreiteter Ansicht jedoch analog (s. BGB § 613a 25

Rn. 80 mwN; aA *Gaul/Ludwig* NZA 2013, 489, 491 f.). Jdf. kann der Betriebserwerber das Wettbewerbsverbot im Wege eines dreiseitigen Rechtsgeschäfts übernehmen.

26 **c) Umwandlung nach dem UmwG.** Bei Umwandlungen nach dem UmwG ist zwischen den einzelnen Arten der Umwandlung zu unterscheiden. Bei **formwechselnder Umwandlung** nach den §§ 190 ff. UmwG bleibt die Identität des Unternehmens erhalten und das Wettbewerbsverbot unberührt. In den Fällen der Verschmelzung, Spaltung und Vermögensübertragung wird über § 324 UmwG auf § 613a I, IV bis VI BGB Bezug genommen, so dass die Grds. in § 74 Rn. 25 gelten.

27 **d) Insolvenz.** Die Eröffnung des Insolvenzverfahrens über das Vermögen des AG **vor Ausscheiden des AN** berührt grds. nicht das Wettbewerbsverbot. Nach § 113 InsO haben beide Seiten die Möglichkeit, das ArbVerh. zu kündigen. Kündigt der AN das ArbVerh., bleibt das Wettbewerbsverbot wirksam, der InsV hat nach § 103 InsO jedoch ein Wahlrecht zwischen Erfüllung und Ablehnung des Wettbewerbsverbots (s. BGH 8.10.2009 NZG 2009, 1438). Der Anspruch auf Karenzentschädigung gehört zur Masseschuld (§ 55 I Nr. 2 InsO). Lehnt der InsV die Erfüllung ab, wird der AN von der Verpflichtung zur Unterlassung frei. Es verbleiben ihm Schadensersatzansprüche wegen des Wegfalls der Karenzentschädigung, die er als einfache Insolvenzforderung geltend machen kann (§ 103 II InsO). Kündigt der InsV, so gilt für den AN § 75 II. Wird das Insolvenzverfahren **nach Ausscheiden des AN** eröffnet, so sind rückständige Raten auf Karenzentschädigung Insolvenzforderungen (§ 38 InsO). Für nach Eröffnung des Insolvenzverfahrens fällig werdende Entschädigungszahlungen gilt § 103 InsO.

§ 74a [Unverbindliches Verbot]

(1) [1]**Das Wettbewerbverbot ist insoweit unverbindlich, als es nicht zum Schutze eines berechtigten geschäftlichen Interesses des Prinzipals dient.** [2]**Es ist ferner unverbindlich, soweit es unter Berücksichtigung der gewährten Entschädigung nach Ort, Zeit oder Gegenstand eine unbillige Erschwerung des Fortkommens des Gehilfen enthält.** [3]**Das Verbot kann nicht auf einen Zeitraum von mehr als zwei Jahren von der Beendigung des Dienstverhältnisses an erstreckt werden.**

(2) [1]**Das Verbot ist nichtig, wenn der Gehilfe zur Zeit des Abschlusses minderjährig ist oder wenn sich der Prinzipal die Erfüllung auf Ehrenwort oder unter ähnlichen Versicherungen versprechen läßt.** [2]**Nichtig ist auch die Vereinbarung, durch die ein Dritter an Stelle des Gehilfen die Verpflichtung übernimmt, daß sich der Gehilfe nach der Beendigung des Dienstverhältnisses in seiner gewerblichen Tätigkeit beschränken werde.**

(3) **Unberührt bleiben die Vorschriften des § 138 des Bürgerlichen Gesetzbuchs über die Nichtigkeit von Rechtsgeschäften, die gegen die guten Sitten verstoßen.**

1 **1. Unverbindliches Wettbewerbsverbot (§ 74a I). a) Allgemeines.** Nach § 74 ist ein Wettbewerbsverbot **unverbindl.**, wenn der AG eine zu geringe Karenzentschädigung zusagt (s. § 74 Rn. 19). Das Wettbewerbsverbot ist dagegen **nichtig**, wenn er überhaupt keine Karenzentschädigung zusagt (s. § 74 Rn. 18). § 74a I enthält weitere Gründe, die dazu führen, dass ein Wettbewerbsverbot unverbindl. ist. Bei diesen ist das Wettbewerbsverbot aber ledigl. „insoweit" unverbindl., also nur soweit es die Grenzen des § 74a überschreitet. Dagegen kann es in seinem wirksamen Teil aufrechterhalten werden (BAG 21.4.2010 NZA 2010, 1175 Rn. 22). Die Vorschr. gilt für alle ArbVerh. (§ 110 GewO) und ist hins. der von ihr erfassten Umstände lex specialis zu § 138 I BGB (BAG 2.2.1968 AP HGB § 74 Nr. 22; LAG BW 30.1.2008 NZA-RR 2008, 508, 509).

2 **b) Berechtigtes Interesse des Arbeitgebers (§ 74a I 1).** Das Wettbewerbsverbot ist insoweit unverbindl., als es nicht zum Schutz eines berechtigten **geschäftl. Interesses** des AG dient. Er darf das Wettbewerbsverbot nur einsetzen, um sich vor Nachteilen aus einer späteren Konkurrenztätigkeit zu schützen (BAG 7.7.2015 NZA 2015, 1253 Rn. 23). Deshalb unterbindet § 74a I 1 ein Wettbewerbsverbot zum Schutz sonstiger Interessen des AG, zB Bindung des AN an den Betrieb oder Verhinderung der Abwerbung durch Konkurrenten (BAG 1.8.1995 NZA 1996, 310; 7.7.2015 NZA 2015, 1253 Rn. 23; LAG HE 10.2.1997 LAGE HGB § 74a Nr. 1). So ist zB ein Wettbewerbsverbot unverbindl., mit dem der AG jede Stärkung der Konkurrenz durch den Arbeitsplatzwechsel verhindern will, ohne dass die Gefahr der Weitergabe von Geschäftsgeheimnissen besteht (BAG 1.8.1995 NZA 1996, 310; LAG TH 11.6.2001 ZIP 2002, 587). Wegen des Inhalts des Verbots muss ein Zusammenhang zwischen den Interessen des AG und der bisherigen **Funktion oder Tätigkeit** des AN bestehen. Ein solcher ist gegeben, wenn dem AN die Verwertung der Kenntnisse und Fähigkeiten untersagt wird (BAG 16.1.1970 AP HGB § 74a Nr. 4; 17.4.1964 AP GewO § 133 f Nr. 16; 9.9.1968 AP BGB § 611 Konkurrenzklausel Nr. 22). Ein darüber hinausgehendes berechtigtes Interesse liegt vor, wenn es sich um ltd Ang. handelt, die über den Bereich ihrer früheren Tätigkeit Erfahrungen sammeln können (BAG 16.12.1968 GewO § 133 f Nr. 21). Kein berechtigtes geschäftl. Interesse besteht, wenn das Wettbewerbsverbot nicht den AG, sondern einen Dritten schützen soll; Ausnahmen können jedoch anzuerkennen sein, wenn die Interessen des AG über das eigene Unternehmen hinausgehen, zB in einem Konzern. **Beurteilungszeitpunkt** für die Notwendigkeit eines berechtigten Interesses ist die Geltend-

machung der Rechte aus dem Wettbewerbsverbot (BAG 21.4.2010 NZA 2010, 1175 Rn. 16; 7.7.2015 NZA 2015, 1253 Rn. 23; LAG BW 30.1.2008 NZA-RR 2008, 508, 509). Ein urspr. bestehendes berechtigtes Interesse kann deshalb zB infolge einer Betriebsveräußerung entfallen (§ 74 Rn. 25). Wird ein GmbH-GF mit einjähriger Kündigungsfrist gekündigt und sofort von der Tätigkeit freigestellt, so verliert die GmbH nicht das Interesse an einem nachvertragl. Wettbewerbsverbot (BGH 4.3.2002 NJW 2002, 1875). Obwohl der AN für das Vorliegen der rechtsvernichtenden Einwendung in § 74a darlegungs- und beweispflichtig ist (ebenso BAG 7.7.2015 NZA 2015, 1253 Rn. 23), obliegt dem AG hins. der Gefährdung seiner berechtigten Interessen ein substantiierter Tatsachenvortrag (BAG 1.8.1995 NZA 1996, 310, 311; LAG BW 30.1.2008 NZA-RR 2008, 508, 509; LAG NI 16.7.2009 NZA-RR 2010, 68 f.).

c) Unbillige Erschwerung des Fortkommens (§ 74a I 2). Bei der Beurteilung der unbilligen Erschwerung des Fortkommens ist einerseits auf einen wirksamen Schutz der Interessen des AG abzustellen, andererseits sind die Interessen des AN zu berücksichtigen. Dieser darf nicht unbillig beschwert werden; seine Nachteile müssen durch die Karenzentschädigung noch ausgeglichen werden. Es bedarf einer **Abwägung** der wechselseitigen Interessen (s. BAG 18.2.1967 AP GewO § 133 f Nr. 19), in die alle Umstände des Einzelfalls einzubeziehen sind. Maßgebender **Beurteilungszeitpunkt** ist derjenige, in dem der AN die Konkurrenztätigkeit aufnehmen will. Wegen der örtl. Ausdehnung des Wettbewerbsverbots ist eine Begrenzung auf die tats. Interessengebiete des AG vorzunehmen. Im Allgemeinen muss es dem AN unter Berücksichtigung der Mobilität der beteiligten Berufskreise noch mögl. sein, eine Tätigkeit im dt. Sprachraum aufzunehmen. Damit wird nur für wenige hervorragende AN eine Sperrung für die gesamte Bundesrepublik in Betracht kommen, wenn sie bei bundesweit tätigen Spezialunternehmen arbeiten. 3

d) Überschreiten der Höchstlaufzeit (§ 74a I 3). Unverbindl. ist ein Wettbewerbsverbot, wenn es die Höchstlaufzeit von zwei Jahren überschreitet (BAG 13.9.1969 AP BGB § 611 Konkurrenzklausel Nr. 24); es wird auf die zulässige Zeit zurückgeführt (LAG D 4.3.1997 NZA-RR 1998, 58). Die ges. Höchstlaufzeit wird den Verhältnissen in bes. innovativen Industriezweigen indes nicht mehr gerecht, weil Spezialkräfte in dieser Zeit den Anschluss an die Entwicklung verpassen können. Das BAG hat aber bislang noch nie eine Abkürzung der Laufzeit von Wettbewerbsverboten bejaht; bei vorformulierten Arbeitsverträgen ist jedoch eine Prüfung am Maßstab des § 307 I BGB erforderl. Die Zweijahresfrist beginnt mit der Beendigung des ArbVerh. Schließt sich an dieses ein freies Mitarbeiterverhältnis an, so läuft die Zweijahresfrist erst ab Beendigung des freien Mitarbeiterverhältnisses (BAG 16.1.1970 AP HGB § 74a Nr. 4). 4

e) Rechtsfolgen der Unverbindlichkeit. Auf eine Vereinb., die von den §§ 74 bis 75c abweicht, kann sich der AG nicht berufen (§ 75d). Andererseits erlangt der AN ein Wahlrecht, ob er das Wettbewerbsverbot einhält und die Karenzentschädigung verlangt (§ 74 Rn. 12, 19) oder sich von dem Wettbewerbsverbot löst (BAG 22.3.2017 NZA 2017, 846 Rn. 24). Dieses Wahlrecht muss der AN grds. zu Beginn und für die gesamte Dauer des Verbotszeitraums ausüben (BAG 22.5.1990 NZA 1991, 263; 14.7.2010 NZA 2011, 414 Rn. 22; 22.3.2017 NZA 2017, 846 Rn. 24). Gleichwohl ist das Wettbewerbsverbot nur insoweit unverbindl., wie es die Grenzen des § 74a überschreitet. Soweit sich dieses im zulässigen Rahmen hält, bleibt es wirksam und muss vom AN eingehalten werden. Es findet daher eine geltungserhaltende Reduktion statt (BAG 2.2.1968 AP HGB § 74 Nr. 22; 21.4.2010 NZA 2010, 1175 Rn. 22; LAG BW 30.1.2008 NZA-RR 2008, 508, 509). Ist zB ein AN für das Gebiet der gesamten Bundesrepublik gesperrt, so kann es auf ein Bundesland zu reduzieren sein. Die Schuldrechtsreform hat diese Rechtsfolge unberührt gelassen (LAG HM 14.4.2003 NZA-RR 2003, 513). Das G hat nicht geregelt, in welchem Umf. der AG bei einer relativen Unverbindlichkeit zur Gegenleistung verpflichtet ist. Hält der AN das für ihn verbindl. Wettbewerbsverbot ein, kann er die vereinbarte Entschädigung verlangen (s. BAG 21.4.2010 NZA 2010, 1175 Rn. 23), dagegen nicht eine erhöhte wegen der unbilligen Fortkommenserschwerung. Hält er das Wettbewerbsverbot nicht ein, kann er auch keine Entschädigung beanspruchen. 5

f) Prozessuale Durchsetzung. Die Beurteilung, ob ein Wettbewerbsverbot unverbindl. ist oder nicht, bereitet vielfach Schwierigkeiten, insb., wenn eine geltungserhaltende Reduktion erfolgen muss und zur (tw.) Aufrechterhaltung des Wettbewerbsverbots führt. Der AN kann bei Beginn des Verbotszeitraums auf Feststellung klagen, in welchem Umf. das Wettbewerbsverbot verbindl. ist (LAG HM 14.4.2003 NZA-RR 2003, 513). Er kann wegen des zu seinen Gunsten bestehenden Wahlrechts aber auch dem Wettbewerbsverbot zuwiderhandeln und die Reaktion des AG abwarten (BAG 2.2.1968 AP HGB § 74 Nr. 22). Er riskiert jedoch den Verlust des Rechtsstreits, wenn er die Reduktion des Wettbewerbsverbots außer Acht lässt. 6

2. Nichtiges Wettbewerbsverbot (§ 74a II). Abs. 2 enthält drei Nichtigkeitsgründe, die ggü. dem allg. Nichtigkeitsgrund des § 138 BGB Spezialregelungen sind (BAG 2.2.1968 AP HGB § 74 Nr. 22). Nichtig ist nach § 74a II 1 1. Alt. ein **Wettbewerbsverbot mit einem Minderjährigen**. Es wird auch nicht wirksam, wenn der ges. Vertreter zustimmt oder der Minderjährige es nach Erreichen der Volljährigkeit genehmigt. Nichtig ist ein Wettbewerbsverbot ferner, wenn sich der AG dessen Erfüllung auf ein **Ehrenwort** hin versprechen lässt (§ 74a II 1 2. Alt). Ferner ist eine Vereinb. nichtig, durch 7 die ein **Dritter** anstelle des AN die **Verpflichtung übernimmt,** dass sich der AN nach Beendigung des ArbVerh. in seiner gewerbl. Tätigkeit beschränkt (§ 74a II 2), so zB, wenn sich die Ehefrau oder nahe stehende Personen verpflichten, für die Einhaltung der Wettbewerbsbeschränkung durch den AN zu sorgen. Sämtl. Nichtigkeitsgründe des Abs. 2 führen zur vollständigen Unwirksamkeit des Wettbewerbsverbots. Weder der AG noch der AN können sich auf die Rechte aus der entspr. Vereinb. berufen. Die Wirksamkeit des Arbeitsvertrags bleibt hiervon unberührt (§ 74 Rn. 7).

8 **3. Sittenwidriges Wettbewerbsverbot (§ 74a III).** Ein Wettbewerbsverbot kann nach § 138 I BGB nichtig sein, so insb. bei einer Knebelung des AN. Das HGB begreift § 74 II sowie § 74a I und II jedoch als leges speciales zu § 74a III, um dem AN das Wahlrecht zu erhalten (s. § 74a Rn. 1). In der Rspr. des BAG ist daher § 138 I BGB bedeutungslos. Anders ist es in der Rspr. des BGH bei der Rechtskontrolle von Wettbewerbsverboten mit GF (s. § 74 Rn. 5).

§ 74b [Zahlung der Entschädigung]

(1) **Die nach § 74 Abs. 2 dem Handlungsgehilfen zu gewährende Entschädigung ist am Schlusse jedes Monats zu zahlen.**

(2) [1]**Soweit die dem Gehilfen zustehenden vertragsmäßigen Leistungen in einer Provision oder in anderen wechselnden Bezügen bestehen, sind sie bei der Berechnung der Entschädigung nach dem Durchschnitt der letzten drei Jahre in Ansatz zu bringen.** [2]**Hat die für die Bezüge bei der Beendigung des Dienstverhältnisses maßgebende Vertragsbestimmung noch nicht drei Jahre bestanden, so erfolgt der Ansatz nach dem Durchschnitt des Zeitraums, für den die Bestimmung in Kraft war.**

(3) **Soweit Bezüge zum Ersatze besonderer Auslagen dienen sollen, die infolge der Dienstleistung entstehen, bleiben sie außer Ansatz.**

1 **1. Fälligkeit der Karenzentschädigung.** Die Vorschr. betrifft die Fälligkeit der Entschädigung sowie deren Berechnung. Die dem AN zu gewährende Entschädigung ist am **Schluss jeden Monats** zu zahlen (s. § 192 BGB: letzter Tag des Monats). Sind die vertragsmäßigen Leistungen nach Jahren bemessen, so sind diese durch 12 zu teilen und mtl. auszuzahlen. Dies gilt auch für einen selbständig tätigen AN mit wechselnden Bezügen (BAG 2.6.1987 AP HGB § 74c Nr. 13). Eine **Verlängerung der Zahlungszeiträume** ist wegen § 75d unzulässig. Ebenso kann eine Entschädigungszahlung nicht bereits während des bestehenden ArbVerh. erfolgen (BAG 14.7.1981 AP HGB § 74 Nr. 38). Andererseits ist eine **Verkürzung der Zahlungszeiträume** nicht zu beanstanden, wenn dies für den AN günstiger ist. Ebenso ist eine Vereinb. mögl., nach der die **gesamte Karenzentschädigung** bei Ausscheiden des AN fällig wird, um ihm zB zu ermöglichen, sich selbständig zu machen (BAG 18.2.1967 NJW 1967, 1821). Eine Abzinsung darf in diesem Fall nicht erfolgen, da hierdurch die Mindestentschädigung unterschritten wird.

2 **2. Verjährung, Verfall und Vollstreckung.** Tarifl. **Verfall- oder Ausschlussfristen** beziehen sich nur auf die einzelnen Raten der Karenzentschädigung, nicht hingegen auf das Stammrecht (BAG 22.6.2005 AP TVG § 4 Ausschlussfristen Nr. 183; LAG N 21.2.2007 NZA-RR 2007, 428, 431). Dies gilt auch, wenn die tarifl. Ausschlussfrist ab Beendigung des ArbVerh. zu laufen beginnt (BAG 18.1.1969 AP TVG § 4 Ausschlussfristen Nr. 41). Bzgl. der **Verjährung** gilt die Regelfrist von drei Jahren (§ 195 BGB). Der Anspruch auf Karenzentschädigung wird im Zweifel nicht von einer am Ende des ArbVerh. erteilten **Ausgleichsquittung** erfasst (BAG 18.1.1969 AP TVG § 4 Ausschlussfristen Nr. 41; 20.10.1981 AP HGB § 74 Nr. 39; dagegen BAG 17.6.1997 AP HGB § 74b Nr. 2; ausdr. die Auslegungsregel abl.: BAG 31.7.2002 NZA 2003, 100; 7.9.2004 AP HGB § 75 Nr. 11), es sei denn, diese erwähnt die Karenzentschädigung ausdr. (LAG D 6.6.1974 DB 1974, 1915). Die Karenzentschädigung wird iRd. **Vollstreckung** wie Arbeitsvergütung behandelt (§ 850 III a ZPO; §§ 38, 55 InsO).

3 **3. Berechnung der Karenzentschädigung. a) Berechnungsgrundlagen.** Die Karenzentschädigung muss mind. die Hälfte der von dem AN zul. bezogenen vertragsmäßigen Leistungen erreichen (§ 74 II). Bei der Berechnung sind **sämtl. Einkommensbestandteile**, unabhängig davon zu berücksichtigen, ob der AN auf diese einen Rechtsanspruch hatte (BAG 21.1.1972 AP HGB § 74 Nr. 30; 16.11.1973 AP HGB § 74 Nr. 34). Hierzu zählen iE das Gehalt, Leistungszulagen, Provisionen, Gratifikationen uä. Leistungen (BAG 22.10.2008 NZA 2009, 962 Rn. 17), über reinen Aufwendungsersatz hinausgehende Reisespesen (BAG 3.4.1984 AP HGB § 75 Nr. 44) sowie Sachleistungen (BAG 9.1.1990 NZA 1990, 519 f.), wie zB der Dienstwagen, der dem AN auch zur Eigennutzung überlassen ist, wobei der steuerl. Wert der Sachleistung maßgebend ist (LAG HM 30.3.2000 BeckRS 2000, 30784037). Naturalleistungen sind mit ihrem letzten Wert einzubeziehen. Der Berechnung sind die zul. bezogenen vertragsmäßigen Leistungen zu Grunde zu legen. Unerhebl. ist mithin, was der AN früher verdient hat (BAG 22.10.2008 NZA 2009, 962 Rn. 18). Scheidet der **AN als TZBeschäftigter** aus, richtet sich die Karenzentschädigung nach den vertragsmäßigen Leistungen im TZArbVerh., auch wenn er zuvor lange Zeit als VollzeitAN gearbeitet hat (BAG 22.10.2008 NZA 2009, 962 Rn. 20 ff.).

Ferner ist unerhebl., wie sich der Verdienst in Zukunft entwickelt (BAG 22.10.2008 NZA 2009, 962 Rn. 18). **Zukünftige Tariferhöhungen** bleiben deshalb außer Betracht.

Unberücksichtigt bleiben Vermögensbestandteile, die erst nach Beendigung des ArbVerh. fällig werden (BAG 20.4.1967 AP HGB § 74 Nr. 20), so zB Leistungen der betriebl. AV. Entspr. gilt für AGAnteile zur ges. Kranken- und Rentenvers., vom AG freiwillig ausgezahlte Beträge zu einer ersetzenden Lebensvers. (BAG 21.7.1981 AP HGB § 74 Nr. 40) und das Übergangsgeld nach § 20 SGB V als Leistung der Rehabilitation (BAG 7.11.1989 AP HGB § 74c Nr. 15) sowie der Krankenversicherungszuschuss nach § 257 SGB V (BAG 21.7.1981 AP HGB § 74 Nr. 40). Nicht zu berücksichtigen sind ebenfalls Sonderleistungen im ArbVerh., die nicht wegen der Arbeitsleistung gewährt werden (zB für ANErfindungen). Ferner bestimmt Abs. 3 ausdr., dass solche Leistungen unberücksichtigt bleiben, die bes. Auslagen infolge der Dienstleistung ersetzen. Hierzu gehören Fahrtkosten, Verpflegungsgeld, Teuerungszuschläge, Trennungsgelder usw. Dagegen können pauschalierte Spesen Vergütungscharakter haben, soweit sie über den Ersatz von Aufwendungen hinausgehen. Dies kann gelegentl. bei Nahauslösungen vorkommen (s. BAG 14.8.1985 AP LohnFG § 2 Nr. 14). 4

b) Berechnung. Bei feststehenden Bezügen muss die Entschädigung für jedes Jahr des Verbots mind. die Hälfte der vertragsmäßigen Leistungen erreichen (§ 74 II). Die im letzten Jahr fällig gewordenen Bezüge sind mit 12, 52, 365 auf ein Jahr hochzurechnen. Ein Vierundzwanzigstel des ermittelten Betrages ergibt sodann die Mindestentschädigung. Eine vertragl. festgelegte Karenzentschädigung nach Maßgabe der mtl. zul. erhaltenen Bezüge verstößt gegen das Gebot jahresbezogener Berechnung (LAG HE 10.2.1997 LAGE HGB § 74a Nr. 1). **Bei wechselnden Bezügen** ist nach Abs. 2 von dem Durchschnitt der letzten drei Jahre auszugehen. Hat die für die Bezüge bei der Beendigung des ArbVerh. maßgebende Vertragsbestimmung noch nicht drei Jahre bestanden, so erfolgt der Einsatz nach dem Durchschnitt des Zeitraums, für den die Bestimmung in Kraft war. Zu den wechselnden Bezügen zählen Provisionen, Tantiemen uä. Leistungen (BAG 22.10.2008 NZA 2009, 962 Rn. 17). **Gewinnbeteiligungen** sind auch dann vollständig zu berücksichtigen, wenn sie erst nach Beendigung des ArbVerh. fällig oder ausgezahlt werden (BAG 9.1.1990 NZA 1990, 519 f.). Daneben ist nach Beendigung die Gewinnbeteiligung in voller Höhe auszuzahlen. 5

c) Rechtsfolgen zu geringer Karenzentschädigung. Erreicht die Karenzentschädigung nicht die ges. vorgeschriebene Mindesthöhe, so ist das Wettbewerbsverbot unverbindl. (s. BAG 15.1.2014 NZA 2014, 536 Rn. 23), ohne die Möglichkeit des AN auszuschließen, sich unter Inkaufnahme des Wettbewerbsverbots für die Leistung der (zu geringen) Karenzentschädigung zu entscheiden (s. näher § 74 Rn. 19). 6

§ 74c [Anrechnung anderweitigen Erwerbs]

(1) [1]**Der Handlungsgehilfe muß sich auf die fällige Entschädigung anrechnen lassen, was er während des Zeitraums, für den die Entschädigung gezahlt wird, durch anderweite Verwertung seiner Arbeitskraft erwirbt oder zu erwerben böswillig unterläßt, soweit die Entschädigung unter Hinzurechnung dieses Betrags den Betrag der zuletzt von ihm bezogenen vertragsmäßigen Leistungen um mehr als ein Zehntel übersteigen würde.** [2]**Ist der Gehilfe durch das Wettbewerbverbot gezwungen worden, seinen Wohnsitz zu verlegen, so tritt an die Stelle des Betrags von einem Zehntel der Betrag von einem Viertel.** [3]**Für die Dauer der Verbüßung einer Freiheitsstrafe kann der Gehilfe eine Entschädigung nicht verlangen.**

(2) **Der Gehilfe ist verpflichtet, dem Prinzipal auf Erfordern über die Höhe seines Erwerbes Auskunft zu erteilen.**

1. Allgemeines. Die Vorschr. begrenzt die Entschädigungspflicht des AG. Im Recht des gegenseitigen Vertrags ist es die Ausnahme, dass Leistungen Dritter auf die Gegenleistung angerechnet werden. Die Entschädigung bei Wettbewerbsverboten soll aber nach ihrem Zweck nur solche Nachteile ausgleichen, die der AN infolge des Verbots erleidet. § 74c findet auf **alle ArbVerh.** Anwendung (§ 110 S. 2 GewO), nicht hingegen auf die einem GmbH-GF zugesagte Karenzentschädigung (BGH 28.4.2008 NZG 2008, 664), da § 74c auf § 74 II aufbaut, der für GmbH-GF nicht gilt (s. § 74 Rn. 5). Abweichungen von § 74c sind nur zu Gunsten des AN rechtswirksam (§ 75d). Deshalb kann vereinbart werden, dass anderweitiger Erwerb nicht angerechnet wird. Hierfür fordert das BAG jedoch eine ausdr. Abrede (21.3.1974 AP HGB § 74c Nr. 3), womit indes gemeint sein dürfte, dass ohne bes. Anhaltspunkte nicht von einem Verzicht auf die Anrechnung auszugehen ist. Insb. wird ein Ausschluss der Anrechnung anderweitigen Einkommens vorliegen, wenn der AN die Karenzentschädigung in dieser Höhe zu Beginn des Verbotszeitraums erhalten soll (LAG HM 19.2.1992 LAGE HGB § 74c Nr. 4). 1

2. Anrechnung anderweitigen Erwerbs. a) Tatsächlicher Erwerb. Der AN muss sich auf die Karenzentschädigung anrechnen lassen, was er durch **anderweitige Verwertung** seiner Arbeitskraft erwirbt. Die Vorschr. ist das Spiegelbild zu § 74 und umfasst alles, was der AG bei der Berechnung der Karenzentschädigung berücksichtigen muss (s. § 74b Rn. 4). Angerechnet werden auch freiwillig gewährte Gratifikationen, auf die der AN keinen Rechtsanspruch hat (BAG 16.11.1973 NJW 1974, 2

765). **Nicht anzurechnen** sind ersparte Aufwendungen der privaten Lebensführung, zB für Gärtner, Hausgehilfin usw. Unberücksichtigt bleiben ferner Einkommensbestandteile, die auch bei Fortbestehen des ArbVerh. angefallen wären, zB Einnahmen aus einer Nebentätigkeit (BAG 16.5.1969 NJW 1970, 443) sowie aus Vermietung und Kapitalerträge (BAG 20.4.1967 AP HGB § 74 Nr. 20).

3 **b) Einzelfälle tatsächlichen Erwerbs.** Anzurechnen ist ein Erwerb aus der Verwertung der Arbeitskraft (BAG 16.11.2005 NJW 2006, 3227). Damit sind alle **Einnahmen aus selbständiger und unselbständiger Tätigkeit** anrechenbar (BAG 16.11.2005 NJW 2006, 3227; LAG D 21.9.2015 LAGE HGB § 74c Nr. 7), nicht hingegen solche aus einer Nebentätigkeit, die bereits während des bestehenden ArbVerh. ausgeübt wurde, da ein Zusammenhang zwischen Erwerb und Wettbewerbsverbot fehlt (BAG 16.5.1969 NJW 1970, 443). Demggü. sind alle Einkünfte aus während des Verbotszeitraums aufgenommenen Nebentätigkeiten anzurechnen. Die hierdurch erzielten Einkünfte resultieren aus einer Verwertung der Arbeitskraft. Ob **Ruhegelder und Leistungen der betriebl. AV** anzurechnen sind, hat das BAG bislang nicht entschieden (BAG 30.10.1984 NZA 1985, 429). Eine Anrechnung scheidet aus, weil die vorgenannten Leistungen die frühere Arbeitsleistung insg. abgelten (LAG M 19.4.2007 BeckRS 2009, 61889). **Kapitalerträge und Gewinnbeteiligungen** stammen nicht aus der Verwertung der Arbeitskraft und sind deshalb nicht anzurechnen (BAG 20.4.1967 AP HGB § 74 Nr. 20); anrechenbar ist dagegen das Gehalt, das ein Gesellschafter für seine Arbeitsleistung erhält (BAG 20.4.1967 AP HGB § 74 Nr. 20). Begründet der AN ein eigenes Unternehmen, kann ein Erwerb aus der Verwertung der Arbeitskraft und aus Kapitalleistungen zusammentreffen. Es ist umstr., in welchem Umf. der Gewinn anzurechnen ist (s. *Westerfelhaus* DB 1975, 1185). Tw. wird aus Praktikabilitätsgründen die vollständige Anrechnung befürwortet (Heymann/*Henssler* HGB, 2. Aufl. 1995, Rn. 4).

4 Die Anrechnung von **Sozialleistungen** war seit jeher umstr. Zunächst gilt der Grds., dass Sozialleistungen nicht aus der Verwertung der Arbeitskraft bezogen werden, sondern wegen des Erwerbs ges. Sozialversicherungsansprüche. Damit sind Sozialleistungen grds. nicht anrechenbar. Abgelehnt worden ist die Anrechnung von **Altersruhegeld** (BAG 3.8.1960 AP HGB § 74 Nr. 14; 30.10.1984 NZA 1985, 429) und **Übergangsgeld** nach § 119 SGB III (zu § 59 AFG: BAG 7.11.1989 NZA 1990, 397). Angerechnet hat das BAG dagegen das **Arbeitslosengeld,** da es eine Lohnersatzfunktion hat (BAG 25.6.1985 NZA 1986, 194). Diese Rspr. hatte der Gesetzgeber durch § 148 SGB III aF (zuvor § 128a I 3 AFG) bestätigt. Zwar wurde die Vorschr. wegen ihrer geringen Bedeutung aufgeh. (G v. 23.12.2003, BGBl. I S. 2848), ohne dass sich hierdurch aber im Hinblick auf die Anrechnung etwas geänd. hat. Andernfalls würde der AN ungerechtfertigt begünstigt (offen BAG 16.11.2005 NJW 2006, 3227; 15.1.2014 NZA 2014, 536 Rn. 41; **aA** LAG D 21.9.2015 LAGE HGB § 74c Nr. 7). Der Anrechnung unterliegt das Arbeitslosengeld jedoch ledigl. iHd. „Netto"-Auszahlungsbetrags (LAG M 14.8.2007 BeckRS 2008, 54978; zust. insoweit auch BAG 14.9.2011 NZA-RR 2012, 98 Rn. 22 ff.; 15.1.2014 NZA 2014, 536 Rn. 41). Anzurechnen ist ferner das **Überbrückungsgeld** nach § 57 SGB III, da dessen Gewährung untrennbar mit dem selbständigen Einsatz der eigenen Arbeitskraft verbunden ist (BAG 16.11.2005 NJW 2006, 3227).

5 **c) Fiktiv anrechenbarer Erwerb.** Anzurechnen ist ein Erwerb, den der AN böswillig unterlässt. Der Begriff der Böswilligkeit entspricht dem in § 615 S. 2 BGB und § 11 II KSchG (s. BGB § 615 Rn. 95). Ob eine **anderweitige Erwerbstätigkeit zumutbar** ist, beurteilt sich nach Treu und Glauben (s. a. BGB § 615 Rn. 96 ff.). Unzumutbar ist diese, wenn die Untätigkeit auf vernünftigen Erwägungen des AN beruht, so dass er sein berufl. Fortkommen berücksichtigen kann (BAG 3.7.1990 NZA 1991, 308 f.; LAG D 21.9.2015 LAGE HGB § 74c Nr. 7). Andererseits muss er nach einer Eigenkündigung ein Weiterbeschäftigungsangebot des AG nicht annehmen (BAG 23.1.1967 AP HGB § 74c Nr. 1) oder sich auf eine Weiterbeschäftigung einlassen, wenn das ArbVerh. aus Altersgründen endet (BAG 3.7.1990 NZA 1991, 308 f.). Der AN kann während der Karenzzeit ein **Studium** aufnehmen (BAG 13.2.1996 NZA 1996, 1039). Nicht böswillig ist das Unterlassen vorübergehend **berufsfremder Tätigkeit** oder einer selbständigen Tätigkeit, auch wenn vorübergehend geringere Einnahmen bezogen werden (BAG 13.11.1975 AP HGB § 74c Nr. 7; 2.6.1987 NZA 1988, 130). Entspr. gilt, wenn sich ein AN nach Vollendung des 63. Lebensjahrs nicht mehr um eine andere Arbeit bemüht (BAG 3.7.1990 NZA 1991, 308 f.).

6 **3. Anrechnungsgrenzen.** Eine Anrechnung anderweitigen oder fiktiven Erwerbs erfolgt nicht unbegrenzt, sondern nur soweit die Karenzentschädigung und der anderweitige Erwerb **110%** des letzten Einkommens übersteigt. Dies ist der anzurechnende Betrag. Die Anrechnungsgrenze erhöht sich auf **125%**, wenn der AN durch das Wettbewerbsverbot gezwungen wurde, seinen **Wohnsitz** zu verlegen, weil er an seinem bisherigen Wohnsitz keine entspr. Stelle finden kann (BAG 17.12.1973 NJW 1974, 767; 23.2.1999 NZA 1999, 936). Umgekehrt fehlt es hieran, wenn er an seinem bisherigen Wohnort eine entspr. Stelle hätte finden können (BAG 23.2.1982 AP HGB § 74c Nr. 9). Ein AN ist durch das Wettbewerbsverbot gezwungen, seinen Wohnsitz zu verlegen, wenn er nur außerhalb seines bisherigen Wohnorts eine Tätigkeit ausüben kann, die nach Art, Vergütung und berufl. Chancen seiner bisherigen Tätigkeit nahe kommt (BAG 10.9.1985 NZA 1986, 329; 23.2.1999 NZA 1999, 936). Wird der AN zum Wohnsitzwechsel gezwungen, so kann er die erhöhte Karenzentschädigung auch dann beanspruchen,

wenn sich der Umzug nach Arbeitsaufnahme verzögert (BAG 17.5.1988 NZA 1989, 142). Die erhöhte Anrechnungsgrenze gilt auch, wenn der AN an dem neuen Ort einen zweiten Wohnsitz begr. Für den Kausalzusammenhang zwischen Wettbewerbsverbot und Wohnsitzwechsel trifft den AN die **Darlegungs- und Beweislast.**

4. Durchführung der Anrechnung. Die Anrechnung anderweitigen oder böswillig unterlassenen anderweitigen Erwerbs erfolgt im Gegensatz zu § 615 S. 2 BGB und § 11 KSchG auf jede fällige Monatsrate der Entschädigung pro rata temporis (BAG 16.11.1973 NJW 1974, 765). Damit ist eine Gegenüberstellung der Gesamteinnahmen aus anderweitiger Tätigkeit einerseits und zu zahlender Karenzentschädigung andererseits für einen größeren oder den gesamten Zeitraum des Wettbewerbsverbots nicht zulässig (BAG 16.11.2005 NJW 2006, 3227). Dies folgt aus der Formulierung des G „was er während des Zeitraums, für den die Entschädigung gezahlt wird". Zahlungen für einen längeren als den Monatszeitraum (s. § 74b Rn. 1) werden auf diesen umgerechnet. Für die Höhe der Karenzentschädigung sind allg. Entgeltsteigerungen (zB auf Grund von Tariflohnerhöhungen) ohne Bedeutung (s. § 74b Rn. 3). Andererseits kann das Entgelt des AN während des Verbotszeitraums durch Entgelterhöhungen ansteigen, was infolge der Anrechnung zu einer Minderung der Karenzentschädigung führt. Dies wird zumeist als angemessen angesehen, weil nach dem G nur der Verdienstausfall erstattet werden soll. Eine Anpassung wegen des Geldwertverlusts ist bislang nicht anerkannt worden (ArbG Lübeck 6.5.1976 BB 1976, 1320). 7

5. Befreiung von der Entschädigungspflicht. Nach § 74c I 3 entfällt die Entschädigungspflicht für die Dauer der Verbüßung einer Freiheitsstrafe. Erlangt der AN vor Ablauf der Verbotszeit wieder die Freiheit, lebt die Entschädigungspflicht wieder auf. Auf andere Fälle, in denen der AN ebenfalls nicht arbeiten konnte, wird § 74c I 3 nicht entspr. angewendet. Das gilt insb. bei einer Erkrankung (LAG HM 19.9.2003 LAGE § 74 HGB Nr. 18). 8

6. Auskunftspflicht des Arbeitnehmers. Der AN ist verpflichtet, dem AG über die Höhe des Erwerbs Auskunft zu geben (Abs. 2). Der Anspruch setzt voraus, dass *(1)* eine Anrechnungsmöglichkeit eingetreten ist, wofür der AG darlegungs- und beweispflichtig ist (BAG 19.2.1997 BeckRS 1997, 30767166); *(2)* das ArbVerh. beendet und das Wettbewerbsverbot wirksam geworden ist (BAG 26.10.1978 NJW 1979, 2166). Der Anspruch wird auf Verlangen des AG fällig. Er erlischt, wenn eine Anrechnung nicht mehr in Betracht kommt, zB weil der AG die Karenzentschädigung im Voraus gezahlt oder auf die Anrechnung verzichtet hat (BAG 5.8.1968 AP HGB § 74 Nr. 24). Der AN muss wahrheitsgemäße Angaben über den anderweitigen Erwerb machen, die nachprüfbar sein müssen. Bei unselbständiger Arbeit ist der neue AG anzugeben; bei selbständiger Tätigkeit ist der Einkommensteuerbescheid vorzulegen (BAG 25.2.1975 AP HGB § 74c Nr. 6; s. a. LAG D 21.9.2015 LAGE HGB § 74c Nr. 7). Bei Gefährdung der Interessen des AN kann in Ausnahmefällen eine Bescheinigung des Finanzamts oder eines Wirtschaftsprüfers ausreichen. Es sind uU Belege vorzulegen (BAG 12.1.1978 NJW 1978, 2215). Dagegen ist nicht in die Bilanz, Gewinn- und Verlustrechnung oder einzelne Buchungsunterlagen Einsicht zu gewähren. Der Anspruch ist selbständig **einklagbar** (LAG HM 28.1.1974 DB 1974, 972) und nach § 888 ZPO **vollstreckbar.** Der AN hat wegen der Auskunftspflicht **kein Zurückbehaltungsrecht,** da er vorleistungspflichtig ist (BAG 25.2.1975 AP HGB § 74c Nr. 6). Andererseits hat der AG ein Zurückbehaltungsrecht, bis der AN Auskunft erteilt (BAG 12.1.1978 NJW 1978, 2215; LAG D 21.9.2015 LAGE HGB § 74c Nr. 7). Bis zur Auskunftserteilung durch den AN kommt der AG nicht in Verzug (BAG 16.5.1969 NJW 1970, 443). 9

§ 75 [Unwirksamwerden des Verbots]

(1) Löst der Gehilfe das Dienstverhältnis gemäß den Vorschriften der *§§ 70 und 71*[1] wegen vertragswidrigen Verhaltens des Prinzipals auf, so wird das Wettbewerbverbot unwirksam, wenn der Gehilfe vor Ablauf eines Monats nach der Kündigung schriftlich erklärt, daß er sich an die Vereinbarung nicht gebunden erachte.

(2) [1]In gleicher Weise wird das Wettbewerbverbot unwirksam, wenn der Prinzipal das Dienstverhältnis kündigt, es sei denn, daß für die Kündigung ein erheblicher Anlaß in der Person des Gehilfen vorliegt oder daß sich der Prinzipal bei der Kündigung bereit erklärt, während der Dauer der Beschränkung dem Gehilfen die vollen zuletzt von ihm bezogenen vertragsmäßigen Leistungen zu gewähren. [2]Im letzteren Falle finden die Vorschriften des § 74b entsprechende Anwendung.

(3)[2] Löst der Prinzipal das Dienstverhältnis gemäß den Vorschriften der §§ 70 und 72 wegen vertragswidrigen Verhaltens des Gehilfen auf, so hat der Gehilfe keinen Anspruch auf die Entschädigung.

[1] §§ 70, 71 aufgeh.; vgl. jetzt § 626 BGB.

1 **1. Allgemeines.** Die Norm regelt die Auswirkungen einer außerordentl. Kündigung des ArbVerh. einer der beiden Parteien auf das Wettbewerbsverbot sowie die Auswirkungen einer ordentl. Kündigung des AN. Der AN erlangt ein Lösungsrecht vom Wettbewerbsverbot, das zugunsten des AG eingeschränkt ist. Dabei kann der AN zwischen diesem und der Einhaltung der entschädigungspflichtigen Karenz wählen (BAG 7.9.2004 AP HGB § 75 Nr. 11).

2 **2. Außerordentliche Kündigung des Arbeitnehmers oder Arbeitgebers (Abs. 1 und 2).** Nach **Abs. 1** kann der AN sich vom Wettbewerbsverbot lossagen, wenn er das ArbVerh. wegen vertragswidrigen Verhaltens des AG nach § 626 BGB außerordentl. kündigt (BAG 19.5.1998 NZA 1999, 37). Die außerordentl. Kündigung muss wirksam sein (BAG 24.9.1965 NJW 1966, 123). Andernfalls kann diese das Lossagungsrecht selbst dann nicht begründen, wenn der AG mit dem Ausscheiden einverstanden ist. Wegen der eingeschränkten Bezugnahme auf die außerordentl. Kündigung ist das Lossagungsrecht begrenzt, eine ordentl. Kündigung genügt anges. dessen grds. nicht. Kündigungsgrund muss ein auf dem Verhalten des AG beruhender wichtiger Grund sein. Unzureichend ist ein wichtiger Grund in der Person des AG oder die Eröffnung eines Insolvenzverfahrens (§ 113 InsO). Das Lossagerecht erwächst auch, wenn der AN statt der außerordentl. Kündigung eine ordentl. Kündigung als das schwächere Mittel erklärt (BAG 24.9.1965 NJW 1966, 123). Allerdings muss für den AG der Zusammenhang mit dem vertragswidrigen Verhalten erkennbar sein (BAG 18.11.1967 AP HGB § 74 Nr. 21; s. a. BAG 15.1.2014 NZA 2014, 536 Rn. 27). Ferner muss die ordentl. Kündigung innerhalb der Frist des § 626 II BGB erklärt werden. Umstr. ist, ob das Lossagerecht ein Verschulden des AG voraussetzt, was bei Vertragsverletzungen idR der Fall sein wird. IÜ wird ein Verschulden nicht Voraussetzung sein, weil der AN bereits dann nicht mehr an das die Arbeitssuche erschwerende Wettbewerbsverbot gebunden sein soll, wenn ihm die Fortsetzung des ArbVerh. unzumutbar ist. Der AN erlangt nach **Abs. 2** in gleicher Weise ein Lossagungsrecht, wenn der AG ordentl. (BAG 26.9.1963 AP HGB § 75 Nr. 1) oder außerordentl. kündigt, sofern die außerordentl. Kündigung nicht auf einem vertragswidrigen Verhalten des AN beruht. Ein vertragl. Ausschluss des Lossagungsrechts ist unwirksam (BAG 7.9.2004 AP HGB § 75 Nr. 11).

3 Die Ausübung des Lossagungsrechts erfolgt durch einseitige **empfangsbedürftige rechtsgestaltende Willenserkl.** Die Erkl. muss nicht ausdr. erfolgen; es genügen hinreichende Anhaltspunkte, dass sich der AN nicht an das Wettbewerbsverbot gebunden fühlt und keine Karenzentschädigung verlangt (BAG 13.4.1978 AP HGB § 75 Nr. 7). Für die Lossagung verlangt § 75 I 1 die Wahrung der **Schriftform**, ohne jedoch die elektron. Form auszuschließen. Eine mdl. Erkl. genügt nicht dem Schriftformerfordernis. Auch das Recht zur Lossagung kann Gegenstand einer Ausgleichsklausel im Rahmen eines Aufhebungsvertrags sein (BAG 7.9.2004 AP HGB § 75 Nr. 11). Die Lossagung muss innerhalb eines Monats nach Zugang der Kündigungserkl. erklärt werden. Die Frist verlängert sich nicht dadurch, dass die Parteien über die Wirksamkeit der Kündigung streiten (BAG 26.1.1973 NJW 1973, 1717). Die Monatsfrist kann mithin abgelaufen sein, wenn die Parteien in dem Kündigungsrechtsstreit einen Aufhebungsvertrag abschl. Zweckmäßigerweise ist das Wettbewerbsverbot in einem Vergleich mitzuregeln. Die Lossagung führt zur Wirkungslosigkeit des Wettbewerbsverbots. Mit Zugang der Willenserkl. wird der AN von der Unterlassungsverpflichtung frei. Umgekehrt entfällt die **Entschädigungspflicht des AG.**

4 **3. Einschränkung des Lossagungsrechts des Arbeitnehmers.** Das Lossagungsrecht des AN entfällt nach Abs. 2 S. 1, wenn der AG das ArbVerh. ordentl. oder außerordentl. aus einem erhebl. Anlass kündigt. Dabei muss es sich nicht um einen wichtigen Grund iSd. § 626 I BGB handeln. Ausreichend ist jeder Grund, der eine personen- oder verhaltensbedingte Kündigung rechtfertigt. Betriebsbedingte Gründe scheiden hingegen stets aus. Für den AN muss erkennbar sein, dass das ArbVerh. aus einem erhebl. Anlass gekündigt wird, der in seiner Person begr. liegt. Hierfür ist der AG darlegungs- und beweispflichtig. Ein Lossagungsrecht für den AN erwächst nach Abs. 2 S. 1 auch dann nicht, wenn der AG bei der Kündigung dem AN für den gesamten Verbotszeitraum zusagt, die vertragsmäßigen Leistungen weiter zu entrichten. Die Zusage enthält sodann die Karenzentschädigung, so dass auf diese auch § 75c anzuwenden ist. Die Zusage ist eine einseitige, empfangsbedürftige Willenserkl. und muss eindeutig die Bereitschaft des AG klarstellen, die vollen zul. bezogenen Bezüge weiter zu gewähren. Sie muss gleichzeitig mit der Kündigung des AN oder AG erfolgen, andernfalls erwächst ein Lossagungsrecht für den AN. Hat der AN gekündigt, muss der AG unverzügl. reagieren. Wird die Zusage verspätet erklärt, so erlangt der AN ein Wahlrecht, ob er sich darauf einlässt oder das Wettbewerbsverbot unwirksam macht.

5 **4. Lossagung des Arbeitgebers.** Nach dem Wortlaut von § 75 III verlor der Gehilfe seinen Anspruch auf Karenzentschädigung, wenn der AG das ArbVerh. wegen vertragswidrigen Verhaltens des AN kündigt. Diese Regelung hat das BAG wegen **Verstoßes gegen Art. 3 I GG** für verfassungswidrig

[2] Nach dem Urt. des BAG v. 23.2.1977 – 3 AZR 620/75 – (AP Nr. 6 zu § 75 HGB = NJW 1977, 1357; bestätigt von BAG 7.7.2015 NZA 2015, 1253 Rn. 13) verstößt § 75 Abs. 3 HGB gegen Art. 3 GG und ist daher nichtig.

erklärt (BAG 23.2.1977 NJW 1977, 1357; 19.5.1998 NZA 1999, 37; 7.7.2015 NZA 2015, 1253 Rn. 13). Bei einer außerordentl. Kündigung des AN steht ihm nur ein Lossagungsrecht zu, während der AG ohne Karenzentschädigung die Einhaltung des Wettbewerbsverbots erzwingen kann. Die Rspr. des BAG wurde mittelbar durch Anl. I zum EVertr. gebilligt, da § 75 III in die neuen Bundesländer nicht übertragen worden ist, weil dieser dem Gesetzgeber verfassungswidrig erschien. Durch die Verfassungswidrigkeit von § 75 III ist eine Regelungslücke entstanden, die durch **entspr. Anwendung von § 75 I** zu schließen ist (BAG 31.7.2002 NZA 2003, 100, 102; 15.1.2014 NZA 2014, 536 Rn. 27; 7.7.2015 NZA 2015, 1253 Rn. 14). Der AG kann deshalb außerordentl. aus verhaltensbedingten Gründen kündigen und binnen Monatsfrist schriftl. erklären, dass er sich an das Wettbewerbsverbot nicht gebunden erachtet (BAG 31.7.2002 NZA 2003, 100, 102; 15.1.2014 NZA 2014, 536 Rn. 27; 7.7.2015 NZA 2015, 1253 Rn. 14). Sagt er sich vor Ablauf eines Monats von dem Wettbewerbsverbot los, kann bei einer Wiederholungskündigung eine erneute Lossagung entbehrl. sein (BAG 19.5.1998 NZA 1999, 37, 38). Wie beim AN genügt auch eine ordentl. Kündigung, wenn für den AN erkennbar ist, dass diese als milderes Mittel ggü. der außerordentl. Kündigung erklärt wird (BAG 18.11.1967 AP HGB § 74 Nr. 21). Der AG hat mithin ein Wahlrecht, ob er sich vollständig von dem Wettbewerbsverbot lösen oder dieses gegen Zahlung einer Entschädigung aufrechterhalten will. Die Lossagung muss eindeutig erfolgen (BAG 15.1.2014 NZA 2014, 536 Rn. 27) und ergeben, dass er sich von dem Wettbewerbsverbot lösen und keine Entschädigung zahlen will. Bei Zweifeln liegt keine wirksame Erkl. vor (BAG 13.4.1978 AP HGB § 75 Nr. 7). Bei wiederholter Kündigung durch den AG kann eine Lossagung bei den Folgekündigungen entbehrl. sein (BAG 19.5.1998 NZA 1999, 37, 38). Diese Grds. sollen auch dann gelten, wenn der AG den Arbeitsvertrag nach § 123 BGB anficht (LAG M 19.12.2007 LAGE HGB § 74 Nr. 22; offen BAG 15.1.2014 NZA 2014, 536 Rn. 29). Unberührt bleibt für den AG die Möglichkeit eines Verzichts nach § 75a.

5. Einvernehmliche Aufhebung des Arbeitsvertrags. In § 75 ist eine Beendigung des Wettbewerbsverbots nur vorgesehen, wenn das ArbVerh. gekündigt wird. Nach hM ist die Vorschr. entspr. anzuwenden, sofern ein **Aufhebungsvertrag** anstelle einer sonst zu erklärenden Kündigung tritt (BAG 24.4.1970 AP HGB § 74 Nr. 25; 15.1.2014 NZA 2014, 536 Rn. 27; OLG SH 17.3.2000 NZG 2000, 894; MüKoHGB/*v. Hoyningen-Huene* Rn. 22). Die hM stützt sich darauf, dass der Kündigende nicht deshalb schlechter gestellt werden darf, weil er das mildere Mittel wählt. Im Falle des Aufhebungsvertrags hat der belastete Teil vor Ablauf eines Monats zu erklären, dass er sich nicht gebunden fühlt. Rechtsfolge des Aufhebungsvertrags ist, dass der Kündigungsberechtigte sich innerhalb eines Monats durch schriftl. Erkl. von dem Wettbewerbsverbot lösen kann. Ferner kann das Lossagerecht des AN aus den Gründen in Abs. 2 (s. § 75 Rn. 2) entfallen. 6

§ 75a [Verzicht des Prinzipals]

Der Prinzipal kann vor der Beendigung des Dienstverhältnisses durch schriftliche Erklärung auf das Wettbewerbverbot mit der Wirkung verzichten, daß er mit dem Ablauf eines Jahres seit der Erklärung von der Verpflichtung zur Zahlung der Entschädigung frei wird.

1. Verzicht des Arbeitgebers vor Beendigung des Arbeitsverhältnisses. Der AG kann vor Beendigung des ArbVerh. durch schriftl. Erkl. auf das Wettbewerbsverbot mit der Wirkung verzichten, dass er mit dem Ablauf eines Jahres von der Verpflichtung zur Zahlung einer Karenzentschädigung frei wird, der AN aber mit sofortiger Wirkung von dem Wettbewerbsverbot entbunden ist. Der AG ist somit in der Lage, dieses noch einmal zu überdenken, weil zB sein berechtigtes Interesse inzwischen weggefallen ist oder sich der AN anders als erwartet entwickelt hat. 1

Der Verzicht ist durch einseitige, empfangsbedürftige Erkl. ggü. dem AN auszuüben (BAG 31.7.2002 NZA 2003, 100, 102) und muss eindeutig erfolgen. Unzureichend ist die bloße Weigerung, eine Karenzentschädigung zu zahlen oder die Abgabe einer Ausgleichsquittung durch den AN, nach der ihm aus dem ArbVerh. und seiner Beendigung keine weiteren Ansprüche mehr zustehen (BAG 20.10.1981 NJW 1982, 1479) oder ein Verzicht des AG ggü. der BA nach § 148 SGB III aF (inzwischen aufgeh.; BAG 31.7.2002 NZA 2003, 100, 102). Der Verzicht muss das gesamte Wettbewerbsverbot umfassen. Ein tw. Verzicht oder eine Reduktion der Verbotsfrist ist durch eine Verzichtserkl. nach § 75a nicht gedeckt. Die Erkl. des Verzichts muss die Schriftform wahren; die elektronische Form (§ 126 III BGB) hat das G nicht ausgeschlossen. 2

Ein Verzicht kann nur bis zur wirksamen Beendigung des ArbVerh. erklärt werden. Der AG kann deshalb gleichzeitig mit der ordentl. oder außerordentl. Kündigung, aber auch noch während des Laufs der Kündigungsfrist verzichten (BAG 17.2.1987 NZA 1987, 453). Namentl. im letzteren Fall ist der AN außerordentl. belastet, weil er nicht weiß, ob er sich in den Wettbewerbsraum bewerben kann oder der AG ihn in den wettbewerbsfreien Raum abdrängt. Das BAG hat ledigl. im Falle der Arglist eine Begrenzung des Verzichtszeitraums angenommen. Unwirksam ist dagegen ein Verzicht, der erst nach Beendigung des ArbVerh. erfolgt. Bei einer außerordentl. Kündigung ist der Verzicht deshalb zusammen mit der Kündigungserkl. zu erklären (BAG 31.7.2002 NZA 2003, 100, 102). 3

4 Der AN wird mit sofortiger Wirkung von der **Unterlassungsverpflichtung** aus dem Wettbewerbsverbot befreit (BAG 17.2.1987 NZA 1987, 453). Das gilt auch, wenn der AG auf ein unverbindl. Wettbewerbsverbot verzichtet (LAG K 16.12.1999 MDR 2000, 960). Die Befreiung des AG von der **Entschädigungspflicht** tritt hingegen erst nach Ablauf eines Jahres ein; sie verkürzt sich nicht auf ein halbes Jahr, weil die Parteien von vornherein nur ein einjähriges Wettbewerbsverbot vereinbart haben (LAG RP 26.2.1998 LAGE HGB § 75a Nr. 1). Dasselbe gilt bei einem GmbH-GF, dessen Dienstvertrag auf die §§ 74 ff. Bezug genommen hat (BGH 4.3.2002 NJW 2002, 1875). Der AN soll sich nach dem Zweck des G auf die veränderte Lage einstellen können. Will der AG die einjährige Entschädigungspflicht vermeiden, muss er rechtzeitig vor Beendigung des ArbVerh. auf das Wettbewerbsverbot verzichten. Ist dies der Fall und kündigt er sodann das ArbVerh. außerordentl., so muss er keine weitere Erkl. mehr nach § 75a I abgeben (BAG 17.2.1987 NZA 1987, 453). Der Entschädigungsanspruch besteht auch, wenn der AN innerhalb der Jahresfrist eine Konkurrenztätigkeit ausgeübt hat (BAG 25.10.2007 NJW 2008, 1466). Die Jahresfrist beginnt mit der Beendigung des ArbVerh. (BAG 25.10.2007 NJW 2008, 1466; **aA** LAG B 15.12.2016 BeckRS 2016, 115376: Abgabe der Erkl.).

5 **2. Umgehungsvereinbarung.** Nach § 75d sind nur Vereinb. unzulässig, die zum Nachteil des AN von dem G abweichen. Zulässig ist es dagegen, bereits bei Abschluss des Wettbewerbsverbots zu vereinbaren, dass der AG nicht darauf verzichten kann. Ferner kann der Verzicht unwirksam sein, wenn der AG den Anschein erweckt, er werde von diesem keinen Gebrauch machen (BAG 26.10.1978 NJW 1979, 2166). Regelm. werden jedoch vertragl. Gestaltungen gewählt, in denen versucht wird, zum Nachteil des AN von § 75a abzuweichen. Häufig wird dem AN im Arbeitsvertrag oder in der Wettbewerbsvereinb. die vertragl. Verpflichtung auferlegt, spätestens nach Kündigung des ArbVerh. **Auskunft** zu geben, bei welchen AG er sich bewirbt. Dies soll dem AG die Entsch. ermöglichen, ob er auf das Wettbewerbsverbot verzichtet und in nicht unerhebl. Umf. Karenzentschädigung einspart. Eine derartige Auskunftsverpflichtung ist unwirksam (BAG 2.12.1968 NJW 1969, 679; 26.10.1978 NJW 1979, 2166). Erteilt der AN gleichwohl Auskunft, kann ein vom AG erklärter Verzicht nach § 242 BGB unwirksam sein (BAG 2.12.1968 NJW 1969, 679). Die Auferlegung von Auskunftspflichten für den AN kann zu einem bedingten Wettbewerbsverbot führen. Dessen **Rechtsfolge** ist, dass der AN ein Wahlrecht erlangt, ob er sich an das Wettbewerbsverbot halten will und Karenzentschädigung verlangt oder sich von dem Wettbewerbsverbot befreit (§ 74 Rn. 12).

§ 75c [Vertragsstrafe]

(1) [1]**Hat der Handlungsgehilfe für den Fall, daß er die in der Vereinbarung übernommene Verpflichtung nicht erfüllt, eine Strafe versprochen, so kann der Prinzipal Ansprüche nur nach Maßgabe der Vorschriften des § 340 des Bürgerlichen Gesetzbuchs geltend machen.** [2]**Die Vorschriften des Bürgerlichen Gesetzbuchs über die Herabsetzung einer unverhältnismäßig hohen Vertragsstrafe bleiben unberührt.**

(2) **Ist die Verbindlichkeit der Vereinbarung nicht davon abhängig, daß sich der Prinzipal zur Zahlung einer Entschädigung an den Gehilfen verpflichtet, so kann der Prinzipal, wenn sich der Gehilfe einer Vertragsstrafe der in Absatz 1 bezeichneten Art unterworfen hat, nur die verwirkte Strafe verlangen; der Anspruch auf Erfüllung oder auf Ersatz eines weiteren Schadens ist ausgeschlossen.**

1 **1. Allgemeines.** Die Vertragsstrafe soll den Erfüllungszwang des Wettbewerbsverbots verstärken. Sie wird gelegentl. vom AG gewählt, weil der Schaden aus einem Wettbewerbsverstoß schwer nachweisbar ist. Zur Wirksamkeit der Vereinb. muss das Wettbewerbsverbot selbst wirksam sein, andernfalls wären auch unverbindl. Wettbewerbsverbote gesichert. Als Teil des Wettbewerbsverbots bedarf die Vertragsstrafenvereinb. der Schriftform. § 75c ist ggü. § 309 Nr. 6 BGB lex specialis; unberührt bleibt § 305c BGB. Eine überraschende Klausel kann zB vorliegen, wenn die Vertragsstrafe in einem anderen Zusammenhang geregelt ist (LAG HM 10.9.2004 LAGE BGB § 305c Nr. 2). Das BAG hält Vertragsstrafen wegen der Besonderheiten des ArbR auch in Formulararbeitsverträgen für rechtswirksam (BAG 4.3.2004 NZA 2004, 727 sowie BGB §§ 305 bis 310 Rn. 97 f.), müssen aber in ihren Voraussetzungen und ihrer Höhe bestimmt geregelt sein (BAG 21.4.2005 NZA 2005, 1053; BGB §§ 339 bis 345 Rn. 12). Sie sind unwirksam, wenn jede Pflichtverletzung mit einem bis drei Monatsgehältern belegt ist (BAG 18.8.2005 NZA 2006, 34).

2 **2. Vertragsstrafe bei entschädigungspflichtigen Wettbewerbsverboten. a) Verwirkung der Vertragsstrafe.** Die Vertragsstrafenvereinb. kann die Modalitäten der Vertragsstrafe näher regeln, zB, dass diese für jeden Fall der Zuwiderhandlung bzw. bei Dauerverstößen für jeden Monat der Zuwiderhandlung neu verwirkt sein soll (BAG 26.9.1963 NJW 1964, 317). Fehlt es an einer ausdr. Vereinb., wann die Vertragsstrafe verwirkt ist, bedarf es der Auslegung des Verbots. Bei einer erhebl. Vertragsstrafe können die Umstände dafür sprechen, dass eine einmalige Verletzungshandlung nicht strafbewehrt ist, es sei denn, dass das Geheimhaltungsinteresse des AG erhebl. verletzt wurde. Andererseits kann eine

erg. Auslegung in Betracht kommen, wenn die Vereinb. eine Vertragsstrafe für jeden Fall der Zuwiderhandlung vorsieht, nicht aber für den Dauerverstoß (BAG 26.9.1963 NJW 1964, 317). Diese Rspr. ist wegen § 305c BGB kaum aufrechtzuerhalten (BAG 18.8.2005 NZA 2006, 34). Bei einem einmaligen Verstoß kann auch eine Teilverwirkung der Vertragsstrafe in Betracht kommen (BAG 30.4.1971 NJW 1971, 2008).

b) Rechtsfolge des Wettbewerbsverstoßes. Wegen der Rechtsfolgen verweist § 75c I auf § 340 BGB, so dass der AG die vereinbarte Strafe nur anstelle der Erfüllung verlangen kann. § 341 BGB findet keine Anwendung. Der AG hat bei dem Wettbewerbsverstoß des AN ein Wahlrecht. Es sind mehrere Fallgruppen zu unterscheiden: *(1)* Ist die Strafe für den Wettbewerbsverstoß insg. vereinbart und wählt der AG die Vertragsstrafe, so erlischt der Unterlassungsanspruch für die Zukunft (BAG 16.1.1970 AP HGB § 74a Nr. 4). *(2)* Ist die Vertragsstrafe für jeden Fall der Zuwiderhandlung vereinbart und wählt der AG die Vertragsstrafe, so erlangt er für den Wettbewerbsverstoß die Vertragsstrafe; für die Zukunft behält er aber den Unterlassungsanspruch. Im Falle eines erneuten Wettbewerbsverstoßes erwächst erneut das Wahlrecht (BAG 26.1.1973 NJW 1973, 1717). Der AG kann im Falle des Wettbewerbsverstoßes neben der Vertragsstrafe Ansprüche auf Schadensersatz wegen Nichterfüllung geltend machen (§ 340 II BGB), wobei die verwirkte Strafe den Mindestschaden darstellt (§ 340 II 1 BGB), ohne die Geltendmachung eines weiteren Schadens auszuschließen (§ 340 II 2 BGB). 3

c) Abweichende Vereinbarungen. Von § 75c kann nicht zum Nachteil des AN, wohl dagegen zu seinen Gunsten abgewichen werden. Es ist also zB mögl., dass das Wahlrecht des AG eingeschränkt oder dem AN ein Lösungsrecht gegen Zahlung einer Vertragsstrafe eingeräumt wird. 4

d) Höhe und Herabsetzung der Vertragsstrafe. Die Vertragsstrafe kann für den AN fühlbar sein, um seine Wettbewerbsenthaltung zu gewährleisten. Es kommt auf die Umstände des Einzelfalles an. Je größer die Gefährdung des AG ist, umso höher kann die Vertragsstrafe sein. In einer Entsch. nach Inkrafttreten des SMG hat das BAG ausgeführt, dass eine Vertragsstrafe für einen Wettbewerbsverstoß in jedem Einzelfall iHv. ein bis drei Monatsgehältern unangemessen ist (BAG 18.8.2005 NZA 2006, 34). Zudem lehnt das BAG bei zu hohen Vertragsstrafen in Formulararbeitsverträgen eine geltungserhaltende Reduktion ab (BAG 4.3.2004 NZA 2004, 727). Der AN kann nach § 75c I 2 iVm. § 343 I 1 BGB die Herabsetzung einer unverhältnismäßig hohen Vertragsstrafe beantragen. Nach Entrichtung der Strafe ist dies ausgeschlossen (§ 343 I 3 BGB). Bei der Beurteilung der Angemessenheit der Vertragsstrafe ist jedes berechtigte Interesse des Gläubigers, nicht nur sein Vermögensinteresse in Betracht zu ziehen (§ 343 I 2 BGB), so insb. die bei dem AG erwachsenden Schäden, Schwere und Dauer der Zuwiderhandlung, die wirtschaftl. Verhältnisse und die Erschwerung des Fortkommens für den AN. Dagegen bleibt das Verhältnis zwischen Karenzentschädigung und Vertragsstrafe unberücksichtigt (BAG 21.5.1971 NJW 1971, 2007). § 343 I 1 BGB ermöglicht nur die gerichtl. Herabsetzung einer vereinbarten Vertragsstrafe. Dagegen kann die Höhe der Vertragsstrafe nicht von vornherein in das Ermessen des Gerichts gestellt werden (BAG 25.9.1980 NJW 1981, 1799); die sog. Hamburger Arbitrage ist im ArbR unzulässig. 5

3. Vertragsstrafe bei entschädigungslosem Wettbewerbsverbot (Abs. 2). Die Vorschr. ist gegenstandslos geworden, weil das BAG entschädigungslose Wettbewerbsverbote nicht mehr anerkennt. 6

§ 75d [Unabdingbarkeit]

[1] Auf eine Vereinbarung, durch die von den Vorschriften der §§ 74 bis 75c zum Nachteil des Handlungsgehilfen abgewichen wird, kann sich der Prinzipal nicht berufen. [2] Das gilt auch von Vereinbarungen, die bezwecken, die gesetzlichen Vorschriften über das Mindestmaß der Entschädigung durch Verrechnungen oder auf sonstige Weise zu umgehen.

1. Allgemeines. Die Vorschr. will das Kräfteungleichgewicht zwischen AG und AN ausgleichen. Auf eine Abweichung von den §§ 74 bis 75c zum Nachteil des AN kann sich der AG nicht berufen. § 75d verhindert nur ein Abweichen während des bestehenden ArbVerh., nicht aber vor Beginn und nach seiner Beendigung. Die Vorschr. gilt entspr. für Mandantenschutzklauseln (BAG 7.8.2002 NZA 2002, 1282, 1283; 11.12.2013 NZA 2014, 433 Rn. 20 ff.). 1

2. Abweichende Vereinbarungen. Ob eine Abrede für den AN nachteilig ist, ist für jede einzelne Schutzbestimmung gesondert zu beurteilen. Es findet keine Gesamtabwägung statt, so dass eine einzelne Benachteiligung nicht durch eine erhöhte Karenzentschädigung ausgeglichen werden kann. Wird zum Nachteil des AN von den Schutzvorschr. abgewichen, so ist das Wettbewerbsverbot unverbindl. (BAG 14.7.1981 NJW 1982, 1549). Das bedeutet, dass sich nur der AN hierauf berufen kann, nicht dagegen der AG. Der AN kann es bei dem Wettbewerbsverbot unter Inanspruchnahme der Karenzentschädigung belassen, er kann sich aber auch unter Verlust der Karenzentschädigung davon lösen (§ 74 Rn. 22). Vereinbar., die dazu dienen, die Vorschr. über das Mindestmaß der Entschädigung durch Verrechnung oder auf sonstige Weise zu umgehen, sind unverbindl. Das gilt insb. auch für **Mandantenübernahmeklauseln,** die eine über zwei Jahre hinausreichende Pflicht begründen, 2 einen Teil der erzielten Vergütung an den ehem. AG abzuführen (BAG 7.8.2002 NZA 2002, 1282, 1283 f.; 11.12.2013 NZA 2014, 433 Rn. 21; LAG K 24.8.2007 NZA-RR 2008, 10 f.).

3 **3. Abweichung durch Tarifvertrag und Betriebsvereinbarung. Tarifl. Regelungen** über Wettbewerbsverbote sind zulässig, dürfen jedoch wegen § 74d nicht von den ges. Mindestvorschr. zum Nachteil des AN abweichen. Seit der Verweisung in **§ 110 S. 2 GewO** auf die §§ 74 bis 75 f gilt dies für alle ArbVerh. Die frühere Judikatur zum tarifdispositiven Richterrecht (BAG 12.11.1971 AP HGB § 74 Nr. 28; 21.1.1972 AP HGB § 74 Nr. 30) ist auf Grund der ges. Regelung hinfällig geworden. Auch **BV** können nicht von den ges. Regelungen abweichen.

§ 75 f [Geheimes Wettbewerbverbot]

[1]Im Falle einer Vereinbarung, durch die sich ein Prinzipal einem anderen Prinzipal gegenüber verpflichtet, einen Handlungsgehilfen, der bei diesem im Dienst ist oder gewesen ist, nicht oder nur unter bestimmten Voraussetzungen anzustellen, steht beiden Teilen der Rücktritt frei. [2]Aus der Vereinbarung findet weder Klage noch Einrede statt.

1 Die Vorschr. regelt Abreden zwischen AG, AN nicht oder nicht ohne Zust. des früheren AG einzustellen (BGH 13.10.1972 AP HGB § 75 f Nr. 1). Nach ihrem **pers.** Geltungsbereich werden nur Sperrabreden zwischen AG erfasst, die kaufmännische Ang. beschäftigen. Wegen § 110 S. 2 GewO gilt dies für andere AN entspr. (BGH 30.4.2014 NZA 2015, 111 Rn. 14). Erfasst werden aber auch Sperrabreden zwischen Verbänden (BGH 13.10.1972 AP HGB § 75 f Nr. 1). Obwohl **sachl.** nur Sperrabreden erfasst werden, bestehen keine Bedenken, die Vorschr. entspr. anzuwenden, wenn sich ein Dritter verpflichtet, AN eines AG nach ihrem Ausscheiden nicht als selbständige Unternehmer zu beschäftigen (BGH 27.9.1983 NJW 1984, 116). Umstr. ist, ob die Vorschr. entspr. anzuwenden ist, wenn sich AG verpflichten, keine AN abzuwerben. Dies ist zu verneinen, da nicht in die Interessen und Initiativen des AN eingegriffen wird (**aA** nunmehr BGH 30.4.2014 NZA 2015, 111 Rn. 20 ff.). Die Sperrabreden sind ges. nicht ausgeschlossen. Sie sind nur unverbindl., da der AG von diesen jederzeit zurücktreten kann. Sperrabreden können jedoch nach § 138 I BGB nichtig sein, wenn der AG diese auf keine vernünftigen Interessen stützen kann. Auch vom gegenteiligen Standpunkt des BGH sind Abwerbeverbote nicht von § 75 f erfasst, wenn das Verhalten des abwerbenden Unternehmers eine nach dem UWG unlautere geschäftl. Handlung darstellt oder es sich um eine Nebenabrede handelt, die einem bes. Schutzbedürfnis der Parteien Rechnung trägt (BGH 30.4.2014 NZA 2015, 111 Rn. 30 ff.). Sie dürfen aber auch in diesem Fall den Zeitraum von zwei Jahren nach Beendigung des Vertragsverhältnisses nicht überschreiten (BGH 30.4.2014 NZA 2015, 111 Rn. 35 ff.). Aus Sperrabreden erwachsen keine Schadensersatzpflichten der AG untereinander. Auch sind Vertragsstrafeversprechen, die eine § 75 f unterfallende Abrede absichern sollen, unwirksam (BGH 30.4.2014 NZA 2015, 111 Rn. 13). Rechtswirksam sind Vereinb., nach denen Vermittlungsgebühren zu zahlen sind, wenn ein Entleiher einen AN des Verleihers einstellt (§ 9 Nr. 3 AÜG; s. AÜG § 9 Rn. 14 ff.).

§ 75g [Vermittlungsgehilfe]

[1]§ 55 Abs. 4 gilt auch für einen Handlungsgehilfen, der damit betraut ist, außerhalb des Betriebes des Prinzipals für diesen Geschäfte zu vermitteln. [2]Eine Beschränkung dieser Rechte braucht ein Dritter gegen sich nur gelten zu lassen, wenn er sie kannte oder kennen mußte.

1 Die Vorschr. hat arbeitsrechtl. keine Bedeutung.

§ 75h [Unkenntnis des Mangels der Vertretungsmacht]

(1) Hat ein Handlungsgehilfe, der nur mit der Vermittlung von Geschäften außerhalb des Betriebes des Prinzipals betraut ist, ein Geschäft im Namen des Prinzipals abgeschlossen, und war dem Dritten der Mangel der Vertretungsmacht nicht bekannt, so gilt das Geschäft als von dem Prinzipal genehmigt, wenn dieser dem Dritten gegenüber nicht unverzüglich das Geschäft ablehnt, nachdem er von dem Handlungsgehilfen oder dem Dritten über Abschluß und wesentlichen Inhalt benachrichtigt worden ist.

(2) Das gleiche gilt, wenn ein Handlungsgehilfe, der mit dem Abschluß von Geschäften betraut ist, ein Geschäft im Namen des Prinzipals abgeschlossen hat, zu dessen Abschluß er nicht bevollmächtigt ist.

§ 82a[1, 2] [Wettbewerbverbot des Volontärs]

Auf Wettbewerbverbote gegenüber Personen, die, ohne als Lehrlinge angenommen zu sein, zum Zwecke ihrer Ausbildung unentgeltlich mit kaufmännischen Diensten beschäftigt werden (Volontäre), finden die für Handlungsgehilfen geltenden Vorschriften insoweit Anwendung, als sie nicht auf das dem Gehilfen zustehende Entgelt Bezug nehmen.

Die Vorschr. hat kaum noch Bedeutung. Nach § 12 I 1 BBiG sind alle Vereinb. nichtig, die einen 1
Auszubildenden für die Zeit nach Beendigung des Berufsausbildungsverhältnisses in der Ausübung der berufl. Tätigkeit beschränken. Nach § 26 BBiG gilt § 12 BBiG für Volontäre entspr., so dass entschädigungslose Wettbewerbsverbote unwirksam sind.

§ 83 [Gewerbegehilfen]

Hinsichtlich der Personen, welche in dem Betrieb eines Handelsgewerbes andere als kaufmännische Dienste leisten, bewendet es bei den für das Arbeitsverhältnis dieser Personen geltenden Vorschriften.

Die Vorschr. des HGB sollten urspr. für Handlungsgehilfen, kaufmännische Auszubildende und 1
Volontäre eine abschl. Regelung enthalten. Diese sind im Laufe der Zeit lückenhaft geworden, so dass allg. ArbR Anwendung findet. Für andere als kaufmännische AN gelten die Vorschr. des allg. ArbR. Bzgl. des nachvertragl. Wettbewerbsverbots geht § 110 S. 2 GewO den umgekehrten Weg und dehnt die §§ 74 bis 75 f auf alle ArbVerh. aus.

Siebenter Abschnitt. Handelsvertreter

§ 84 [Begriff des Handelsvertreters]

(1) **¹Handelsvertreter ist, wer als selbständiger Gewerbetreibender ständig damit betraut ist, für einen anderen Unternehmer (Unternehmer) Geschäfte zu vermitteln oder in dessen Namen abzuschließen. ²Selbständig ist, wer im wesentlichen frei seine Tätigkeit gestalten und seine Arbeitszeit bestimmen kann.**

(2) **Wer, ohne selbständig im Sinne des Absatzes 1 zu sein, ständig damit betraut ist, für einen Unternehmer Geschäfte zu vermitteln oder in dessen Namen abzuschließen, gilt als Angestellter.**

(3) **Der Unternehmer kann auch ein Handelsvertreter sein.**

(4) **Die Vorschriften dieses Abschnittes finden auch Anwendung, wenn das Unternehmen des Handelsvertreters nach Art oder Umfang einen in kaufmännischer Weise eingerichteten Geschäftsbetrieb nicht erfordert.**

Wegen der Erläuterungen s. BGB § 611a Rn. 76 f. 1

§ 85 [Vertragsurkunde]

¹Jeder Teil kann verlangen, daß der Inhalt des Vertrages sowie spätere Vereinbarungen zu dem Vertrag in eine vom anderen Teil unterzeichnete Urkunde aufgenommen werden. ²Dieser Anspruch kann nicht ausgeschlossen werden.

§ 86 [Pflichten des Handelsvertreters]

(1) **Der Handelsvertreter hat sich um die Vermittlung oder den Abschluß von Geschäften zu bemühen; er hat hierbei das Interesse des Unternehmers wahrzunehmen.**

(2) **Er hat dem Unternehmer die erforderlichen Nachrichten zu geben, namentlich ihm von jeder Geschäftsvermittlung und von jedem Geschäftsabschluß unverzüglich Mitteilung zu machen.**

(3) **Er hat seine Pflichten mit der Sorgfalt eines ordentlichen Kaufmanns wahrzunehmen.**

(4) **Von den Absätzen 1 und 2 abweichende Vereinbarungen sind unwirksam.**

---

[1] § 82a eingef. durch G v. 10.6.1914 (RGBl. S. 209). – § 82a gegenstandslos durch § 19 iVm § 5 Abs. 1 S. 1 G v. 14.8.1969 (BGBl. I S. 1112).

[2] Für das Gebiet der ehem. DDR sind die §§ 82a und 83 aufgrund des EVertr v. 31.8.1990 (BGBl. II S. 889, 959, 1020) nicht anzuwenden.

§ 86a [Pflichten des Unternehmers]

(1) Der Unternehmer hat dem Handelsvertreter die zur Ausübung seiner Tätigkeit erforderlichen Unterlagen, wie Muster, Zeichnungen, Preislisten, Werbedrucksachen, Geschäftsbedingungen, zur Verfügung zu stellen.

(2) [1]Der Unternehmer hat dem Handelsvertreter die erforderlichen Nachrichten zu geben. [2]Er hat ihm unverzüglich die Annahme oder Ablehnung eines vom Handelsvertreter vermittelten oder ohne Vertretungsmacht abgeschlossenen Geschäfts und die Nichtausführung eines von ihm vermittelten oder abgeschlossenen Geschäfts mitzuteilen. [3]Er hat ihn unverzüglich zu unterrichten, wenn er Geschäfte voraussichtlich nur in erheblich geringerem Umfange abschließen kann oder will, als der Handelsvertreter unter gewöhnlichen Umständen erwarten konnte.

(3) Von den Absätzen 1 und 2 abweichende Vereinbarungen sind unwirksam.

§ 86b [Delkredereprovision]

(1) [1]Verpflichtet sich ein Handelsvertreter, für die Erfüllung der Verbindlichkeit aus einem Geschäft einzustehen, so kann er eine besondere Vergütung (Delkredereprovision) beanspruchen; der Anspruch kann im voraus nicht ausgeschlossen werden. [2]Die Verpflichtung kann nur für ein bestimmtes Geschäft oder für solche Geschäfte mit bestimmten Dritten übernommen werden, die der Handelsvertreter vermittelt oder abschließt. [3]Die Übernahme bedarf der Schriftform.

(2) Der Anspruch auf die Delkredereprovision entsteht mit dem Abschluß des Geschäfts.

(3) [1]Absatz 1 gilt nicht, wenn der Unternehmer oder der Dritte seine Niederlassung oder beim Fehlen einer solchen seinen Wohnsitz im Ausland hat. [2]Er gilt ferner nicht für Geschäfte, zu deren Abschluß und Ausführung der Handelsvertreter unbeschränkt bevollmächtigt ist.

1 Der Handelsvertreter hat idR auf Grund des Vertragsverhältnisses sorgfältig zu prüfen, ob der **Kunde kreditwürdig** ist. Verletzt er diese Pflicht, so kann er schadensersatzpflichtig werden. Entspr. Grds. gelten für den Handlungsgehilfen. Der Handelsvertreter kann jedoch die Delkrederehaftung übernehmen. Dies ist nur zulässig, *a)* für ein bestimmtes einzelnes Geschäft, auch wenn der Handelsvertreter dieses nicht selbst vermittelt oder abgeschlossen hat, *b)* für alle oder bestimmte Geschäfte mit einem Dritten, die der Handelsvertreter vermittelt oder abschließt (§ 86b I 2). Ein Vertrag mit einem Handlungsgehilfen, durch den dieser die Delkrederehaftung übernimmt, ist im Allgemeinen sittenwidrig (§ 138 I BGB) und verstößt gegen § 619a BGB. Der Handelsvertreter kann kein Delkredere für alle Geschäfte mit einem Kunden übernehmen (OLG KA 28.11.1972 VersR 1973, 857). Die Übernahme der Delkrederehaftung bedarf der Schriftform (§ 86b I 3). Seiner Rechtsnatur nach beinhaltet die Delkrederehaftung die Übernahme einer Bürgschaft, einen Schuldbeitritt oder einen Garantievertrag. Ihr Inhalt kann mithin unterschiedl. ausgestaltet sein. Die Übernahme der Delkrederehaftung gibt dem Handelsvertreter **Anspruch auf eine bes. Provision** neben § 87 (Ausnahme: Auslandsbezug, § 86b III). Mangels ausdr. Vereinb. bestimmt sich deren Höhe nach § 87b I. Ist die Provision nicht ausreichend bestimmbar, so ist die Übernahme der Haftung unwirksam. Der Anspruch entsteht mit dem Abschluss des Geschäfts (§ 86a II). Ausnahmen: § 86a III.

§ 87 [Provisionspflichtige Geschäfte]

(1) [1]Der Handelsvertreter hat Anspruch auf Provision für alle während des Vertragsverhältnisses abgeschlossenen Geschäfte, die auf seine Tätigkeit zurückzuführen sind oder mit Dritten abgeschlossen werden, die er als Kunden für Geschäfte der gleichen Art geworben hat. [2]Ein Anspruch auf Provision besteht für ihn nicht, wenn und soweit die Provision nach Absatz 3 dem ausgeschiedenen Handelsvertreter zusteht.

(2) [1]Ist dem Handelsvertreter ein bestimmter Bezirk oder ein bestimmter Kundenkreis zugewiesen, so hat er Anspruch auf Provision auch für die Geschäfte, die ohne seine Mitwirkung mit Personen seines Bezirkes oder seines Kundenkreises während des Vertragsverhältnisses abgeschlossen sind. [2]Dies gilt nicht, wenn und soweit die Provision nach Absatz 3 dem ausgeschiedenen Handelsvertreter zusteht.

(3) [1]Für ein Geschäft, das erst nach Beendigung des Vertragsverhältnisses abgeschlossen ist, hat der Handelsvertreter Anspruch auf Provision nur, wenn
1. er das Geschäft vermittelt hat oder es eingeleitet und so vorbereitet hat, daß der Abschluß überwiegend auf seine Tätigkeit zurückzuführen ist, und das Geschäft innerhalb einer angemessenen Frist nach Beendigung des Vertragsverhältnisses abgeschlossen worden ist oder
2. vor Beendigung des Vertragsverhältnisses das Angebot des Dritten zum Abschluß eines Geschäfts, für das der Handelsvertreter nach Absatz 1 Satz 1 oder Absatz 2 Satz 1 Anspruch auf Provision hat, dem Handelsvertreter oder dem Unternehmer zugegangen ist.

[2]Der Anspruch auf Provision nach Satz 1 steht dem nachfolgenden Handelsvertreter anteilig zu, wenn wegen besonderer Umstände eine Teilung der Provision der Billigkeit entspricht.

(4) Neben dem Anspruch auf Provision für abgeschlossene Geschäfte hat der Handelsvertreter Anspruch auf Inkassoprovision für die von ihm auftragsgemäß eingezogenen Beträge.

1. Voraussetzungen des Provisionsanspruchs. a) Entstehung des Provisionsanspruchs. Der Anspruch auf Provision entsteht, wenn *a)* zwischen dem Unternehmer und dem Provisionsberechtigten ein Vertrag zu der Zeit besteht, in der der Provisionsberechtigte die Grdl. des Provisionsanspruchs gelegt hat, *b)* dem Abschluss eines Geschäfts zwischen Unternehmer und Geschäftsgegner, *c)* der Geschäftsabschluss entweder auf die Tätigkeit des Provisionsberechtigten zurückzuführen ist oder mit Dritten vorgenommen wird, die der Provisionsberechtigte als Kunden für Geschäfte gleicher Art geworben hat oder dem Provisionsberechtigten eine Bezirksprovision zugesagt ist. Der Anspruch entsteht aufschiebend bedingt bereits mit Abschluss des vermittelten Vertrags (BGH 21.10.2009 NJW 2010, 298, 298). 1

b) Arbeitsverhältnis. aa) Allgemeines. Ein Handelsvertreter oder Handlungsgehilfe hat Anspruch auf Provision für alle während des **Handelsvertreter- oder ArbVerh.** abgeschlossenen Geschäfte (zur Vermittlung von Geschäften für Konzernunternehmen: BAG 20.5.1976 AP HGB § 65 Nr. 10; BGH 30.1.1981 NJW 1981, 1785; befreundete Unternehmen: BGH 4.12.1986 NJW-RR 1987, 547). Das zwischen Unternehmer und Provisionsberechtigten abgeschlossene Rechtsverhältnis muss sich auf den Abschluss oder die Vermittlung von Geschäften beziehen, die im Rechtsverhältnis vorausgesetzt sind. Keine Provisionspflicht besteht grds. für vorher oder nachher abgeschlossene Geschäfte, sofern nicht die Ausnahme in § 87 III eingreift. Für die Entstehung des Provisionsanspruchs ist dagegen die Ausführung des Geschäfts unerhebl. Provisionspflichtig können auch Geschäfte mit Konzernunternehmen oder sonst befreundeten Unternehmen sein. Erhält ein Außendienstmitarbeiter neben seinem Fixum nach Erreichen einer Jahressollvorgabe Provision, so kann bei Fehlen einer Regelung für den Fall unterjähriger Beschäftigung eine Vertragslücke vorliegen, die der erg. Vertragsauslegung zugängl. ist (BAG 20.8.1996 NZA 1996, 1151). 2

bb) Abschluss des Arbeitsverhältnisses. Ein Handelsvertreter- oder Handlungsgehilfenverhältnis kann **ausdr. oder konkludent** (BGH 24.2.1983 NJW 1983, 1727) **abgeschlossen** werden. Jedoch gilt für das Vertragsverhältnis des Handlungsgehilfen § 2 NachwG. Ist das Rechtsverhältnis **nichtig** (zB §§ 104, 134, 138 BGB) oder rechtswirksam **angefochten** (§§ 119, 123 BGB), so erwächst grds. kein Provisionsanspruch, sofern das Handelsvertreter- oder Handlungsgehilfenverhältnis nicht bereits in Vollzug gesetzt worden ist. Insoweit gelten für Handlungsgehilfen die Grds. des fehlerhaften Vertragsverhältnisses (BGB § 611a Rn. 332 ff.). Diese sind auf Handelsvertreterverhältnisse entspr. anzuwenden. Überdies haben Handelsvertreter Ansprüche nach § 354. Der Inhalt der Provisionszusage kann einvernehml. geänd. werden. Übersendet der AG dem AN umfangr. (geänd.) allg. Vertragsbedingungen, kann er jedoch nicht darauf vertrauen, dass der AN sich auf alle Änd. einlässt, wenn dieser weiterarbeitet. Der AG muss die gewollten Änd. hinreichend deutl. machen (BAG 26.2.1985 NZA 1986, 474; BGH 29.11.1995 NJW 1996, 588; OLG K 20.6.1997 BB 1997, 2130). Für Formulararbeitsverträge s. auch § 308 Nr. 5 BGB. 3

cc) Versagungs-, Widerrufsrecht. Gelegentl. ist im ArbVerh. oder Handelsvertreterverhältnis dem Unternehmer das Recht vorbehalten, einen Teil der Provision (Leistungsprämie) zu versagen oder zu widerrufen. Im Wege der Auslegung der Vertragsbestimmungen ist der Umf. des Versagungsrechts zu ermitteln. Im Allgemeinen wird eine Auslegungsregel dahin bestehen, dass die Versagung (Widerruf) nur nach billigem Ermessen erfolgen darf (BAG 16.3.1982 AP HGB § 87a Nr. 5). Überdies gilt § 308 Nr. 4 BGB, der die Versagung oder den Widerruf verbietet, wenn diese auch für den Fall ihrer Kündigung vorgesehen wird. 4

dd) Verhältnis zum Geschäftsgegner. Da sich der Provisionsanspruch auf das Rechtsverhältnis zum Unternehmer gründet, bestehen grds. **keine Forderungen** an den Geschäftsgegner. Jedoch kann dieser nach den Grds. der Bürgschaft, des Schuldbeitritts oder eines Garantieversprechens für die Begleichung der Provisionsansprüche haften. Soll der Geschäftsgegner auf Grund einer Vereinb. mit dem Unternehmen die Provisionsansprüche des Handelsvertreters erfüllen, so erlangt dieser idR nach § 328 BGB unmittelbare Ansprüche gegen den Geschäftsgegner. Deren Verfolgung bedeutet aber nicht ohne weiteres die Zust. zu einer privativen Schuldübernahme (§ 414 BGB). Wegen der Schutzfunktion des ArbR kann der Geschäftsgegner nur neben dem Unternehmer die Provisionszahlungspflicht übernehmen. 5

ee) Überhangprovision. Mit Handelsvertretern kann vereinbart werden, dass keine Provisionspflicht für solche Geschäfte besteht, die erst nach Beendigung des Handelsvertreterverhältnisses ausgeführt werden (BGH 21.10.2009 NJW 2010, 298, 298). In einem formularmäßigen Handelsvertretervertrag enthaltene Kappungsklauseln unterliegen jedoch der Inhaltskontrolle und können wegen § 307 I BGB unwirksam sein (BGH 21.10.2009 NJW 2010, 298, 299; BAG 20.2.2008 NZA 2008, 1124, für Handlungsgehilfen). Eine entspr. Vereinb. mit **Handlungsgehilfen**, insb. Autoverkäufern, ist jdf. nur zulässig, wenn hierfür ein sachl. Grund besteht (BAG 28.2.1984 AP HGB § 87 Nr. 5; 26.2.1985 6

NZA 1985, 635); im Hinblick auf die Rspr. zu § 87 III (s. § 87 Rn. 18) neigt das BAG dazu, derartige Klauseln generell als unwirksam anzusehen (BAG 20.2.2008 NZA 2008, 1124 Rn. 12; offen noch BGH 21.10.2009 NJW 2010, 298, 298). Sofern der Handlungsgehilfe keinen anderweitigen Ausgleich erhält, ist dem jdf. bei AGB zuzustimmen, da hierin eine unangemessene Benachteiligung iSd. § 307 I BGB liegt. Ob ein sachl. Grund besteht, ist nach dem Zpkt. zu beurteilen, an dem das ArbVerh. abgeschlossen wurde.

7 **c) Abschluss des Geschäfts.** Der Provisionsanspruch setzt den Abschluss eines Geschäfts **zwischen dem Unternehmer und dem Geschäftsgegner** voraus. Die Provision wird nicht für die Vermittlungstätigkeit als solche, sondern den geschäftl. Erfolg geschuldet. Grds. muss das abgeschlossene Geschäft mit dem im Vertragsverhältnis vorausgesetzten übereinstimmen, ohne allerdings in allen Details mit diesem identisch zu sein. Abweichungen in Einzelheiten sind für den Provisionsanspruch unerhebl. Kein Anspruch entsteht hingegen für den Abschluss völlig anderer Geschäfte (vgl. § 354). Umstr., aber zu bejahen ist, ob ein Handelsvertreter auch Provisionsansprüche für Eigenbestellungen über die Fälle der Vereinb. oder Branchenüblichkeit hinaus hat. Unerhebl. ist, ob die abgeschlossenen Geschäfte für den Unternehmer gewinnbringend sind und ob diese in anderer Zahl als erwartet abgeschlossen werden. Übernimmt eine GmbH die Geschäfte ihres Tochterunternehmens, muss sie ebenfalls Provision zahlen, wenn das Tochterunternehmen eine entspr. Verpflichtung getroffen hätte (OLG D 25.2.2000 GmbHR 2000, 1205). Abgeschlossen ist das Geschäft, wenn es für beide Geschäftspartner rechtswirksam zustande gekommen ist. Hat der Handelsvertreter oder der Handlungsgehilfe als Vertreter ohne Vertretungsmacht gehandelt, wird das Geschäft erst mit Genehmigung durch den Unternehmer rechtswirksam (§ 177 BGB). Bei Sukzessivlieferungsverträgen liegt ein Geschäftsabschluss über das Gesamtgeschäft vor, wenn alle Leistungen bereits fest vereinbart sind; dagegen nur ein Geschäft über das Einzelgeschäft, wenn spätere Lieferungen nur in Aussicht genommen werden (s. aber § 87 I 1 2. Alt.). Wurde mit dem Kunden zunächst ein Rahmenvertrag geschlossen, so löst idR nicht dieser, sondern erst ein aufgrund dessen abgeschlossener Liefervertrag die Provisionspflicht aus (BGH 11.5.2016 ZVertriebsR 2016, 242). Ein suspensiv bedingtes Geschäft ist abgeschlossen mit Eintritt der Bedingung; indes kann diese auch noch nach Beendigung des Provisionsverhältnisses eintreten, wenn der Vertreter keine Tätigkeit mehr entfalten musste. Ein resolutiv bedingtes Geschäft ist abgeschlossen mit dessen Vereinb.

8 Ein Provisionsanspruch entsteht nur, wenn das **abgeschlossene Geschäft wirksam** ist, nicht hingegen, wenn es nichtig ist. Dasselbe gilt wegen der Rückwirkung der Anfechtung (§ 142 BGB), wenn es wirksam angefochten (§§ 119, 123 BGB) ist, oder bei einem Widerruf des Geschäfts (OLG KO 11.5.1984 NJW 1985, 2721). Ist das Geschäft nur tw. nichtig (§ 139 BGB), bleibt der Provisionsanspruch wegen des gültigen Teils erhalten. Wird ein rechtswirksam abgeschlossenes Geschäft auf Grund eines ges. oder vertragl. Rücktrittsrechts wieder beseitigt, so bleibt der Provisionsanspruch unberührt, sofern nicht der Rücktritt an die Stelle der Anfechtung getreten ist. Während des Bestehens des Versicherungsvertrags muss der Versicherer seinem Vertreter rechtzeitig **Stornogefahrmitteilungen** machen und dabei auf ihm bekannt gewordene Gründe für die Vertragsgefährdung iE hinweisen (BGH 28.6.2012 NJW 2012, 3305 Rn. 18 ff.; OLG SH 4.3.2011 SchlHA 2012, 93; OLG BB 10.1.2013 BeckRS 2013, 01597; einschränkend für Bagatellfälle [bis 50 Euro] LAG N 14.11.2013 BeckRS 2014, 66700; s. a. BAG 21.1.2015 NZA 2015, 872 Rn. 50 ff.). Grds. ist der Unternehmer berechtigt, ein ihm vom Handelsvertreter angetragenes **Geschäft abzulehnen.** Das gilt auch bei Handlungsgehilfen, wenn es sich iRd. Konditionen hält. Wegen des dem Unternehmer zustehenden Direktionsrechts ggü. dem Handlungsgehilfen kann er zwar das Geschäft ablehnen, bleibt aber zur Provisionszahlung verpflichtet (BAG 9.12.1966 NJW 1967, 846). Der Unternehmer hat einen Handelsvertreter unverzügl. zu unterrichten, wenn er Geschäfte nicht mehr abschl. will, andernfalls kann er schadensersatzpflichtig werden (BGH 4.12.1986 NJW-RR 1987, 873).

9 **d) Kausalzusammenhang.** Für einen Provisionsanspruch muss das abgeschlossene Geschäft auf die **Tätigkeit des Provisionsberechtigten zurückzuführen** sein (BAG 12.4.1962 AP HGB § 65 Nr. 1). Hierzu zählt jedes Geschäft, das ohne die Tätigkeit nicht abgeschlossen worden wäre. Es muss ein Kausalzusammenhang zwischen dieser und dem abgeschlossenen Geschäft bestehen. Auf die Kenntnis des Unternehmers von der Tätigkeit kommt es nicht an. UU können aber gegen den Provisionsberechtigten Schadensersatzansprüche wegen Verletzung der Benachrichtigungspflicht erwachsen, mit denen gegen den entstehenden Provisionsanspruch aufgerechnet werden kann. Ein **unmittelbarer zeitl. Zusammenhang** zwischen Tätigkeit des Vertreters und Zustandekommen des Geschäfts ist nicht erforderl. (LAG K 23.10.2006 NZA-RR 2007, 236, 237). Das gilt auch, wenn die Verhandlungen zunächst abgebrochen, später ohne die Tätigkeit des Vertreters wieder aufgenommen und zu einem erfolgreichen Abschluss gebracht worden sind. Hat der Vertreter seine Aufgaben nach dem Vertretervertrag erfüllt, so ist seine Tätigkeit auch dann mitursächl., wenn die Erfüllung dieser Aufgaben allein noch nicht ausgereicht hat, um das Geschäft zustande zu bringen (BAG 22.1.1971 AP HGB § 87 Nr. 2). Den Vertreter trifft die **Beweislast**, dass ein Vertretervertrag abgeschlossen worden ist, dass es zu einem Abschluss zwischen Unternehmer und Kunden gekommen und seine Tätigkeit für diesen

Geschäftsabschluss ursächl. oder mitursächl. geworden ist. Allerdings kann die Beweislast nach den Grds. des Anscheinsbeweises erleichtert sein.

Der Vertreter muss das Geschäft nicht abgeschlossen oder die Bestellung an den Unternehmer weitergegeben haben. Es reicht aus, dass die Tätigkeit ursächl. geworden ist. Nicht provisionspflichtig ist demggü. grds. ein völlig anders geartetes Geschäft, wohl dagegen ein solches, das nur in Nebenpunkten abweicht. Ein anders geartetes Geschäft kann allenfalls nach § 354, § 612 BGB eine Provisionspflicht auslösen. Provisionspflichtig sind auch solche Geschäfte, für die die Tätigkeit des Vertreters mitursächl. geworden ist (BAG 4.11.1968 AP HGB § 65 Nr. 5; 22.1.1971 AP HGB § 87 Nr. 2; 28.2.1984 AP HGB § 87 Nr. 5; LAG HM 23.6.1993 BB 1993, 2236; LAG K 23.10.2006 NZA-RR 2007, 236, 237). So zB, wenn der Kunde zunächst einige Stücke bestellt und später zusätzl. Bestellungen aufgegeben hat, wenn der Kunde Nachbestellungen unter Umgehung des Provisionsberechtigten aufgegeben, der Kunde schon zum Geschäftsabschluss entschlossen und der Vertreter den Vertrag abgeschlossen oder einen Abschluss vermittelt hat. Ferner kann eine Mitursächlichkeit gegeben sein, wenn die Tätigkeit des Provisionsberechtigten zunächst erfolglos geblieben, seine Tätigkeit aber erfolgreiche Verhandlungen zwischen Unternehmer und Kunden ausgelöst hat (BAG 4.11.1968 AP HGB § 65 Nr. 5; 22.1.1971 AP HGB § 87 Nr. 2). Ist das Geschäft auf die Tätigkeit **mehrerer unabhängig oder zusammen arbeitender Vertreter** zurückzuführen, so kann grds. jeder Vertreter die volle Provision beanspruchen, sofern er iRd. ihm vertragl. zugewiesenen Aufgabenbereichs gehandelt hat. Schließen zwei Verkäufergruppen zum Ausgleich ihrer unterschiedl. hohen individuellen Provisionseinkünfte auf Veranlassung des AG eine sog. Topfvereinb. und wird diese später gekündigt, so kann sich für diejenigen Verkäufer, die ohne die Vereinb. erhebl. geringere Provisionseinkünfte haben, ein Anspruch auf Anhebung ihrer Vergütung aus einer erg. Vertragsauslegung ergeben (BAG 3.6.1998 NZA 1999, 306). 10

e) Geschäfte der gleichen Art. Provisionspflichtig sind solche Geschäfte, die nicht auf die Tätigkeit des Vertreters zurückzuführen sind, die aber mit Kunden abgeschlossen werden, die der Vertreter als Kunden für Geschäfte der gleichen Art geworben hat (§ 87 I 1 2. Alt.). Die Vorschr. enthält einen ges. Kundenschutz zugunsten des Provisionsberechtigten; dieser kann abbedungen werden. Kraft G ist er für den Versicherungs- und Bausparkassenvertreter ausgeschlossen (§ 92 III; BGH 24.4.1986 DB 1986, 2431). Es muss sich um **neue Kunden** handeln, dh. solche, die zuvor noch nicht in Geschäftsverbindung mit dem Unternehmer standen. Hierzu können auch Kunden zählen, die schon zuvor in Geschäftsverbindungen mit dem Vertreter gestanden haben, die aber erst durch ihn dem Unternehmer zugeführt worden sind. Zugeführt sind sie erst, wenn der Kunde das erste Geschäft abgeschlossen hat. Durch Vereinb. kann der Kundenschutz für einen Vertreter dahin erweitert werden, dass auch solche Geschäfte provisionspflichtig werden, die der Unternehmer mit Kunden des Vertreters abgeschlossen hat, auch wenn sie nicht dem Unternehmer zugeführt worden sind. Neu sind ferner solche Kunden, die bereits zuvor mit dem Unternehmer in Geschäftsverbindungen standen, sofern es dem Vertreter gelungen ist, diese so wesentl. zu erweitern, dass dies wirtschaftl. der Werbung eines neuen Kunden entspricht. 11

Provisionspflichtig sind nur solche Geschäfte mit Kunden, die der Vertreter als Kunden für Geschäfte der gleichen Art geworben hat. Damit sind alle Geschäfte des Unternehmers mit neuen Kunden provisionspflichtig. Sinn der ges. Regelung ist, dass nur solche Geschäfte provisionspflichtig werden sollen, bei denen die bei der Werbung des Kunden entfaltete Tätigkeit mitwirkt. Hat der Unternehmer **neue Waren oder Dienstleistungen in sein Vertriebsprogramm** aufgenommen und vermittelt der Vertreter Geschäftsabschlüsse mit alten Kunden des Unternehmers, so sind dies grds. keine „neuen Kunden". Etwas anderes gilt, wenn der Altkunde bereits als neuer Kunde für gleichartige Geschäfte geworben worden ist. Ob ein Geschäft der gleichen Art vorliegt, ist nach der Verkehrssitte in den beteiligten Wirtschaftskreisen zu bestimmen. Im Allgemeinen unerhebl. sind Änd. der Vertragsbestimmungen oder des Produktes, sofern es demselben Zweck dient. Der Kundenschutz besteht nur solange das Vertragsverhältnis besteht. 12

Den Vertreter trifft die **Beweislast** für die Begr. des Vertretervertrags, die Werbung des Kunden für Geschäfte der gleichen Art und den Geschäftsabschluss zwischen Unternehmer und Kunden. Die Beweislast kann nach den Grds. des Anscheinsbeweises erleichtert sein. IdR reicht es daher aus, wenn der Vertreter nachweist, dass er sich in Richtung auf einen ersten Geschäftsabschluss betätigt hat. 13

f) Bezirksvertreter. Ein **Anspruch auf Bezirksvertreterprovision** erwächst, wenn dem Vertreter ein bestimmter Bezirk oder ein bestimmter Kundenkreis zugewiesen worden ist und ein Geschäft zwischen dem Unternehmer und dem Kunden während des Vertreterverhältnisses abgeschlossen worden ist. § 87 II begr. einen über § 87 I 1 2. Alt. hinausgehenden Kundenschutz für den Vertreter, denn der Provisionsanspruch erwächst auch dann, wenn der Vertreter den Kunden nicht für gleichartige Geschäfte geworben hat. Unabhängig von § 87 II kann der Anspruch aus § 87 I folgen. 14

Nach seinem **pers. Geltungsbereich** gilt § 87 II für **Handelsvertreter,** auch wenn sie keinen kaufmännischen Geschäftsbetrieb benötigen (s. § 84 IV) und ist entspr. anzuwenden auf **Eigenhändlerverhältnisse,** wenn dem Eigenhändler ein Alleinvertretungsrecht für einen bestimmten Bezirk zugewiesen ist. Ob das der Fall ist, richtet sich nach den getroffenen Vereinb. (dagegen BGH 9.2.1984 NJW 1984, 15

2411). Die Bezeichnung als Generalvertreter reicht hierfür nicht aus (BGH 18.3.1970 BB 1970, 593). § 87 II gilt für **Versicherungs- und Bausparkassenvertreter** nur kraft bes. Vereinb. (§ 92 III). Mangels Verweisung in § 65 gilt § 87 II nicht für **Handlungsgehilfen** (BAG 13.12.1965 AP HGB § 65 Nr. 3) oder **andere Arbeitnehmer** (LAG RP 12.1.2012 BeckRS 2012, 68087). Indes kann auch mit diesen die Gewährung einer Bezirksvertreterprovision vereinbart werden. Die Abgrenzung des Bezirks des Handlungsgehilfen oder die Übertragung eines bestimmten Kundenkreises zur Vertretung genügt hierfür grds. nicht. Für Handelsvertreter ist § 87 II durch Unionsrecht überlagert, wobei Art. 7 II RL 86/653/EWG (ABl. Nr. L 382 v. 31.12.1986 S. 17) dahin auszulegen ist, dass ein Handelsvertreter, dem ein Bezirk zugewiesen ist, Anspruch auch für Geschäfte hat, die ohne seine Mitwirkung mit Kunden abgeschlossen wurden, die diesem Bezirk angehören (EuGH 14.12.1996 EuZW 1997, 248). In den allg. Grenzen ist § 87 II dispositiv, ohne dass dem Art. 7 II RL 86/653/EWG entgegensteht (BGH 24.4.2014 NJW 2014, 1735 Rn. 12).

16 Eine **Bezirksvertretung** liegt vor, wenn dem Vertreter ein räuml. begrenzter Bezirk oder ein bestimmter Kundenkreis (die Privatkundschaft, der öffentl. Dienst usw.) übertragen wird und dies das eigentl. Aufgabengebiet des Vertreters sein soll. Die Bezirksvertretung kann bei Begr. des Vertreterverhältnisses oder durch nachträgl. Abrede ausdr. oder konkludent begr. werden. Jedoch ist bei Handlungsgehilfen § 2 NachwG zu beachten. Ebenso kann die Bezirksvertretung aber auch auf Grund des dem Unternehmer zustehenden Weisungsrechts sowohl ggü. dem Handlungsgehilfen als auch dem Handelsvertreter eingerichtet werden. Besteht eine Bezirksvertretung, so ist sie nachträgl. grds. nicht mehr einseitig durch den Unternehmer änderbar. Zur Veränderung des Bezirks oder des Kundenkreises bedarf es daher eines Änderungsvertrags oder der Erkl. einer Änderungskündigung, durch die bei Ablehnung des Vertreters das gesamte Vertretungsverhältnis aufgelöst wird. Zw. ist, ob eine Änd. des Bezirks im Wege einseitiger Änd. oder der Teilkündigung erfolgen kann, wenn diese für den Unternehmer vorbehalten ist. Dies wurde bislang bejaht, wenn ein entspr. Recht für den Unternehmer vorbehalten war. Für AN differenziert das BAG: Handelt es sich um Arbeitsvertragsbedingungen, die im Gegenseitigkeitsverhältnis stehen, ist die vorbehaltene Änd. unwirksam, da der AN auch einen Inhaltsschutz seines ArbVerh. genießt (§ 2 KSchG). Dagegen ist der Widerrufsvorbehalt in den übrigen Fällen wirksam; die Ausübung des Widerrufs unterliegt jedoch der Billigkeitskontrolle (BAG 7.10.1982 AP BGB § 620 Teilkündigung Nr. 5). IÜ gilt § 308 Nr. 4 BGB (s. BGB §§ 305 bis 310 Rn. 56 ff.). Auch wenn dem Vertreter ein bestimmter Bezirk oder Kundenkreis zugewiesen ist, kann ihm darüber hinaus die **Betreuung weiterer Kunden** übertragen werden. Der Unternehmer verliert durch die Übertragung eines Bezirks nicht die Möglichkeit, auch im Bezirk des Vertreters tätig zu werden oder etwaige Vertreter einzusetzen oder ihm den Besuch bestimmter Kunden zu untersagen. Der Vertreter ist insoweit durch die Weiterzahlung der Bezirksprovision geschützt. Etwas anderes gilt erst, wenn dem Vertreter darüber hinaus die ausschl. Betreuung der Kunden im Bezirk übertragen ist. Hierfür bedarf es jedoch einer ausdr. Vereinb. (OLG KA 6.11.2014 NJW-RR 2015, 290, 291).

17 **Provisionspflichtig** sind alle mit Kunden des Bezirks oder des zugewiesenen Kundenkreises abgeschlossenen Geschäfte, mit deren Vermittlung oder Abschluss der Vertreter betraut ist. Mit Kunden des Bezirks abgeschlossen sind solche Geschäfte, wenn bei deren Abschluss der Vertreter wie der Kunde im Bezirk seinen Sitz haben. Dasselbe gilt, wenn der Geschäftsabschluss außerhalb des Bezirks erfolgt oder die Hauptniederlassung des Kunden im Bezirk einen Vertrag über Lieferung auch für Nebenstellen außerhalb des Bezirks abschließt. Nicht provisionspflichtig sind Geschäfte mit Kunden, die ihre Niederlassung außerhalb des Bezirks haben, das Geschäft aber im Bezirk abgeschlossen haben oder Geschäfte mit Zweigniederlassungen eines Kunden außerhalb des Bezirks (BGH 29.11.1956 BB 1957, 9). Ebenso wenig sind Geschäfte mit außerhalb des Bezirks ansässigen Kunden provisionspflichtig (BGH 18.6.1976 DB 1976, 2152), auch wenn sie sofort in den Bezirk weiterverkaufen (BGH 11.7.1960 BB 1960, 956). Verlegt ein Kunde seinen Sitz aus dem Bezirk des Vertreters, so entfällt der Provisionsanspruch, es sei denn, die Tatbestände in § 87 I sind erfüllt. Auch die Bezirksvertreterprovision setzt voraus, dass das Geschäft **während des Vertragsverhältnisses** abgeschlossen wird. Grds. ist die Ausführung unerhebl. Auch nach Beendigung des Vertrags kann der Anspruch als Erfüllungsanspruch nicht unter dem Gesichtspunkt der Ersparnis oder der Möglichkeit anderweitigen Erwerbs oder des Vorteilsausgleichs gemindert werden (BGH 12.3.1992 NJW-RR 1992, 1059). Im Bezugszeitraum des § 11 I 1 BUrlG fällige Ansprüche auf Bezirksprovision sind bei der Durchschnittsberechnung nicht zu berücksichtigen (BAG 11.4.2000 NZA 2001, 153, 154 f.).

18 **2. Provisionsansprüche Ausgeschiedener.** Provisionsansprüche nach § 87 I, II entfallen, wenn sie nach § 87 III dem ausgeschiedenen Vertreter zustehen (§ 87 I 2, II 2). § 87 III enthält eine Ausnahme von dem Grds., dass das Geschäft während des bestehenden Vertragsverhältnisses zustande gekommen sein muss und regelt die Verteilung der Provision zwischen dem Vertreter und seinem Nachfolger. Steht dem ausgeschiedenen Vertreter die Provision nach § 87 III zu, so erhält der **Vorgänger keine Provision**. Der Anspruch auf Provision steht dem nachf. Vertreter nur ant. zu, wenn deren Teilung wegen bes. Umstände der Billigkeit entspricht (§ 87 III 2). Hiervon gilt eine Ausnahme, wenn auch bei Weiterbestehen des Vertreterverhältnisses mehrere Vertreter Ansprüche auf Provision hätten. Der Anspruch nach § 87 III ist abdingbar; wegen des fehlenden Ausgleichsanspruchs nach § 89b gilt dies

nicht für **Handlungsgehilfen** iSd. § 59 (BAG 20.8.1996 NZA 1996, 1151, 1153; s.a. LAG B 8.5.2015 BeckRS 2015, 70810). Vorformulierte Vertragsbedingungen, die den Anspruch des Handlungsgehilfen auf einen zu kurz bemessenen Zeitraum beschränken, benachteiligen diesen unangemessen iSv. § 307 I 1 BGB (LAG B 8.5.2015 BeckRS 2015, 70810 [Rev. unter 10 AZR 398/15]).

Voraussetzung des Provisionsanspruchs nach **§ 87 III 1 Nr. 1** ist, dass a) der Provisionsberechtigte 19 in einem rechtswirksamen oder faktischen Vertreterverhältnis gestanden hat, b) nach Beendigung des Vertreterverhältnisses ein Geschäft zustande kommt, wie es nach dem Vertreterverhältnis der ausgeschiedene Vertreter vermitteln oder abschl. sollte, c) der ausgeschiedene Vertreter das Geschäft entweder vermittelt oder es eingeleitet und so vorbereitet hat, dass der Abschluss überw. auf seine Tätigkeit zurückzuführen ist, d) das Geschäft innerhalb einer angemessenen Frist nach Beendigung des Vertreterverhältnisses abgeschlossen wird. Ein Provisionsanspruch nach **§ 87 III 1 Nr. 2** setzt voraus, dass vor Beendigung des Vertragsverhältnisses das Angebot des Dritten zum Abschluss eines Geschäfts, für das der Handelsvertreter nach § 87 I 1 oder § 87 II 1 Anspruch auf Provision hat, dem Handelsvertreter oder dem Unternehmer zugegangen ist.

Vermittelt ist das Geschäft, wenn – auch der Abschlussvertreter – das Geschäft soweit betrieben 20 hat, dass die wesentl. Vertragsbedingungen festliegen und nur noch die abschl. Erkl. des Unternehmers oder Kunden ausstehen. Hat der ausgeschiedene Vertreter das zustande gekommene Geschäft hingegen ledigl. eingeleitet und vorbereitet, so steht ihm die Provision nur dann zu, wenn der nach Beendigung des Vertreterverhältnisses zustande gekommene Abschluss überw. auf seine Tätigkeit zurückzuführen ist. Dies ist durch vergleichende Betrachtung der Gründe, die zum Geschäftsabschluss geführt haben, zu beurteilen. So ist dieser zB überw. auf die Tätigkeit des Ausgeschiedenen zurückzuführen, wenn der Kunde ein Muster gekauft hat, das nach den Gepflogenheiten des Verkehrs und der Absicht der Beteiligten nur der Erforschung des endgültigen Bedarfs diente (BGH 14.10.1957 BB DB 1957, 1086; OLG D 16.3.1956 DB 1956, 376). Anders ist hingegen bei einem angestellten Immobilienmakler zu entscheiden, dessen Tätigkeit sich auf die Akquise eines Alleinauftrags für die Vermittlung einer Immobilie beschränkt hat (LAG SH 6.12.2011 BeckRS 2012, 65909). Der Geschäftsabschluss muss binnen angemessener Frist nach Beendigung des Vertreterverhältnisses erfolgen. Dies gilt sowohl für die Vermittlung, als auch für die Einleitung des Geschäfts (BT-Drs. I/3856). Das Vertragsverhältnis ist beendet, wenn es sein rechtl. Ende gefunden hat. Ob das Angebot zugegangen ist, richtet sich nach § 130 BGB. Welche Frist angemessen ist, ergibt sich aus dem Inhalt des vermittelten oder eingeleiteten Geschäfts unter Berücksichtigung der dazu notwendigen Abschlussverhandlungen. Die Vertragsbeziehungen zwischen Vertreter und Unternehmer sollen schnell bereinigt werden. Bei Massengeschäften wird daher die Frist im Allgemeinen sehr kurz sein; sie wird kaum jemals über die Saison, bis zum Erscheinen der neuen Muster, hinausgehen.

3. Inkassoprovision. Grds. ist der Handelsvertreter nur mit der Vermittlung und dem Abschluss des 21 Geschäfts betraut. Für Versicherungsvertreter s. § 59 II VVG. Nach § 87 IV besteht ein Anspruch auf Inkassoprovision, wenn *a)* der Handelsvertreter Geld oder geldwerte Beträge für den Unternehmer eingezogen hat, *b)* der Einzug auftragsgemäß erfolgt ist. Unerhebl. ist dagegen, ob der Handelsvertreter das Geschäft auch vermittelt oder abgeschlossen hat. Ist die Höhe der Provision nicht bestimmt, so richtet sich diese nach § 87b I. Ein Handlungsgehilfe hat nur Anspruch auf Provision, wenn diese bes. vereinbart ist (s. § 65).

§ 87a [Fälligkeit der Provision]

(1) [1] Der Handelsvertreter hat Anspruch auf Provision, sobald und soweit der Unternehmer das Geschäft ausgeführt hat. [2] Eine abweichende Vereinbarung kann getroffen werden, jedoch hat der Handelsvertreter mit der Ausführung des Geschäfts durch den Unternehmer Anspruch auf einen angemessenen Vorschuß, der spätestens am letzten Tag des folgenden Monats fällig ist. [3] Unabhängig von einer Vereinbarung hat jedoch der Handelsvertreter Anspruch auf Provision, sobald und soweit der Dritte das Geschäft ausgeführt hat.

(2) Steht fest, daß der Dritte nicht leistet, so entfällt der Anspruch auf Provision; bereits empfangene Beträge sind zurückzugewähren.

(3) [1] Der Handelsvertreter hat auch dann einen Anspruch auf Provision, wenn feststeht, daß der Unternehmer das Geschäft ganz oder teilweise nicht oder nicht so ausführt, wie es abgeschlossen worden ist. [2] Der Anspruch entfällt im Falle der Nichtausführung, wenn und soweit diese auf Umständen beruht, die vom Unternehmer nicht zu vertreten sind.

(4) Der Anspruch auf Provision wird am letzten Tag des Monats fällig, in dem nach § 87c Abs. 1 über den Anspruch abzurechnen ist.

(5) Von Absatz 2 erster Halbsatz, Absätzen 3 und 4 abweichende, für den Handelsvertreter nachteilige Vereinbarungen sind unwirksam.

1 **1. Unbedingte Entstehung des Provisionsanspruchs. a) Überblick.** § 87a bestimmt, wann der nach § 87 I, II entstandene Provisionsanspruch unbedingt wird. § 87a I, II handelt von Geschäften, bei denen der Unternehmer seine Leistung erbracht hat, § 87a III von solchen, die er nicht ausführt. § 87a IV enthält die Fälligkeit des Provisionsanspruchs. § 87a gilt sowohl für Handelsvertreter wie für Handlungsgehilfen.

2 **b) Geschäftsausführung durch Unternehmer.** Der Vertreter hat Anspruch auf Provision sobald und soweit der Unternehmer **das Geschäft ausgeführt** hat (§ 87a I 1). Dies gilt auch für Ansprüche eines Untervertreters (BGH 20.6.1984 NJW 1984, 2881). Ausgeführt ist das Geschäft, wenn der Unternehmer die ihm nach dem provisionspflichtigen Geschäft obliegenden Leistungen erbracht hat. Bei Warenverkaufsgeschäften ist das Geschäft ausgeführt, wenn der Unternehmer die Waren geliefert hat, auch wenn sie mangelhaft waren. Bei Warenankaufsgeschäften ist das Geschäft ausgeführt, wenn der Unternehmer bezahlt hat. Hat er Wechsel hingegeben, ist die Ausführung erst bei deren Einlösung gegeben (§ 364 II BGB). Eine Sonderregel besteht für Versicherungsvertreter (§ 92 IV; s. BAG 21.1.2015 NZA 2015, 872 Rn. 28). Ausgeführt ist das Geschäft ferner, wenn statt der geschuldeten Leistung kraft ges. Vorschr. oder Vereinb. eine andere Leistung gewährt wird, also auch bei Schadensersatz statt der Leistung (BGH 19.11.1956 DB 1957, 185). Hat der Unternehmer unter Eigentumsvorbehalt geleistet, so ist das Geschäft mit der Leistung und nicht erst mit dem Eigentumsübergang ausgeführt. Hat der Unternehmer die gesamte, ihm nach dem Vertrag obliegende Leistung erbracht, liegt eine volle Ausführung, hat er sie nur tw. erbracht, eine tw. Ausführung vor.

3 Hat der Unternehmer das Geschäft vollständig oder tw. ausgeführt, wird der **Provisionsanspruch des Vertreters in entspr. Umf. unbedingt,** auch wenn feststeht, dass der Unternehmer das Geschäft nicht mehr vollständig ausführen will. Bei nur tw. Ausführung kann der Provisionsvertreter die Teilprovision nicht nach § 266 BGB zurückweisen, denn insoweit liegt keine Teilleistung vor. Für das Erwachsen des Provisionsanspruchs ist unerhebl., ob der Unternehmer gerade zu diesem Zpkt. ausführen muss. Ferner ist unerhebl., ob das Vertragsverhältnis im Zpkt. der Ausführung noch besteht. Indes kann für Handelsvertreter vereinbart werden, dass sie nur für solche Geschäfte eine Provision erhalten, die während des bestehenden Vertragsverhältnisses ausgeführt werden.

4 Der Grds., dass der Provisionsanspruch mit der Ausführung des Geschäfts durch den Unternehmer unbedingt wird, ist weitgehend sowohl zugunsten wie zum Nachteil des Vertreters **abdingbar** (BAG 17.5.1962 AP HGB § 65 Nr. 2). Zulässig sind zB Vereinb., nach denen bereits bei Abschluss des Geschäfts ein unbedingter Anspruch auf Provision erwachsen soll. Aus der bloßen Bezeichnung als Abschlussprovision ist hierauf aber noch nicht zu schließen. Zugunsten des Vertreters kann ferner vereinbart werden, dass der volle Provisionsanspruch bereits bei tw. Ausführung durch den Unternehmer erwächst. Zulässig sind ferner in der Praxis häufig vorkommende Abreden, dass der Vertreter den Provisionsanspruch erst als unbedingten erwirbt, wenn der Dritte das Geschäft ausführt. Diese Regelung gilt für Versicherungsvertreter kraft G (§ 92). Unabhängig von dieser Vereinb. hat der Vertreter einen Anspruch auf Vorschuss (§ 87a I 2). Dieser entfällt aber bereits dann, wenn der Unternehmer nach dem Dritten zu leisten berechtigt ist. In diesen Fällen trägt der Vertreter das volle Risiko des Geschäfts. Sind zusätzl. zum Entgelt prozentuale Beteiligungen an dem vom Ang. erzielten Umsatz zuzuschlagen, so liegt hierin keine widerrufbare Zulage, sondern ein Teil des Entgelts für die vertragl. geschuldete Leistung (BAG 8.9.1998 NZA 1999, 420).

5 Zum Schutz des Vertreters gelten folgende **Schranken der Vereinbarungsfreiheit** für den Erwerb des unbedingten Provisionsanspruchs: Soll der Provisionsanspruch erst dann unbedingt erwachsen, wenn der Dritte das Geschäft ausgeführt hat, so erlangt der Provisionsberechtigte gegen den Unternehmer einen Anspruch auf einen angemessenen **Vorschuss**, wenn der Unternehmer das Geschäft ausführt (LAG M 27.9.1990 LAGE HGB § 87a Nr. 1). Der Anspruch kann nur für Handelsvertreter im Nebenberuf (§ 92b) sowie für Handelsvertreter, die ihre Tätigkeit für den Unternehmer nach dem Vertrag nicht innerhalb des Gebietes der EU oder der anderen EWR-Vertragsstaaten ausüben, abbedungen werden (§ 92c) (BAG 16.2.1962 AP HGB § 87a Nr. 1). Der Anspruch auf Vorschuss kommt insb. in Betracht, wenn dem Dritten Zahlungsziele eingeräumt sind. Er entfällt, wenn feststeht, dass der Dritte nicht leistet (BAG 16.2.1962 AP HGB § 87a Nr. 1). Der Vorschuss muss vom Standpunkt des Unternehmers wie des Vertreters angemessen sein. Bei der Bemessung sind die Solvenz des Kunden, seine Vertragstreue, der voraussichtl. Zahlungseingang sowie umgekehrt die Kosten des Handelsvertreters bzw. Handlungsgehilfen zu berücksichtigen. Der Vorschuss wird zum Nachteil des Vertreters unabdingbar fällig am letzten Tag des Monats, der dem Monat folgt, in dem der Unternehmer das Geschäft ganz oder tw. ausführt.

6 In jedem Falle wird der Provisionsanspruch als unabdingbarer Anspruch erworben, **sobald und soweit der Dritte das Geschäft ausgeführt hat** (§ 87a I 3). Dies gilt auch, wenn der Unternehmer für die Ausführungsleistung des Dritten Sicherheit leisten muss (BGH 20.10.1982 NJW 1983, 629). Soll der Dritte in Anrechnung auf den Kaufpreis auch Sachleistungen (zB einen gebrauchten Kraftwagen) erbringen, so ist das Geschäft durch den Dritten ausgeführt, sobald er den Kraftwagen übergibt. Anders ist es dagegen, wenn der Unternehmer für den Dritten den Gebrauchtwagen verkaufen soll und den Kaufpreis auf den Kraftwagen anrechnen muss. Sodann hat der Dritte das Geschäft erst ausgeführt,

wenn der Gebrauchtwagen verkauft ist. Führt der Dritte das Geschäft nur tw. aus, erlangt der Vertreter einen Anspruch auf **Teilprovision.** Dieser kann nach § 87a I 3 nicht mehr ausgeschlossen werden, wenn vereinbart ist, dass der Unternehmer dem Vertreter Provision für das ganze Geschäft gewährt, sobald dieses in bestimmtem Umf. ausgeführt wird (s. ferner BGH 12.3.2015 NJW 2015, 1754 Rn. 15 ff.).

c) **Wegfall des Provisionsanspruchs.** Nach § 87a II entfällt der Anspruch auf Provision, wenn feststeht, dass der **Dritte das Geschäft nicht ausführt**. Bereits gezahlte Beträge sind zurückzugewähren. Die suspensive Bedingung für die Entstehung des Anspruchs entfällt, wenn der Unternehmer das Geschäft ausführt (§ 87a I 1). Der Provisionsanspruch ist alsdann auflösend bedingt von der Ausführung des Geschäfts durch den Dritten (§ 87a II; BGH 1.12.1960 BB 1961, 147). Demggü. regelt § 87a III zwei Fälle, in denen sich der Unternehmer bereits vor Ausführung des Geschäfts durch den Dritten von diesem los sagt. Die hierfür getroffene Regelung gilt auch bei einer Nichtleistung des Dritten, wenn diese auf Umständen beruht, die der Unternehmer iSd. § 87a III zu vertreten hat (BGH 5.3.2008 WM 2008, 923 f.). 7

Ob der Dritte nicht leistet, muss nach **obj. Grds.** festgestellt werden. Es steht fest, dass er nicht leistet, wenn er das Geschäft rechtswirksam angefochten hat und dieses nichtig ist oder wenn er von einem bei Vertragsschluss eingeräumten Rücktrittsrecht Gebrauch gemacht hat (BGH 17.11.1983 NJW 1984, 1455). Dagegen liegen die Voraussetzungen des § 87a II nicht vor, wenn der Unternehmer nachträgl. auf die Leistung des Dritten verzichtet. Der Unternehmer kann nach freiem Ermessen bestimmen, welche Maßnahmen er ergreift, damit der Dritte Leistungen erbringt. Indes hat die Entsch. des Unternehmers dann keine Wirkung für den Provisionsanspruch, wenn er **ohne Grund nicht gegen den Dritten vorgeht.** Von dem Drohen einer Stornogefahr hat er den Provisionsberechtigten rechtzeitig zu unterrichten (s. § 87 Rn. 8; OLG BB 10.1.2013 BeckRS 2013, 01597). Die bloße Zahlungsverweigerung des Dritten reicht für den Wegfall des Provisionsanspruchs nicht aus. Dem Unternehmer ist ein Vorgehen gegen den Dritten dann nicht zumutbar, wenn der Dritte zahlungsunfähig ist und voraussehbar auf Zeit bleibt (OLG K 27.11.1992 NJW-RR 1994, 226), wenn er seine Leistungspflicht bestreitet und dem Unternehmer wegen bestehender Beweisschwierigkeiten nicht zugemutet werden kann, gegen den Dritten vorzugehen oder wenn bei Massengütern geringen Werts dem Unternehmer eine Klage nicht zumutbar ist (BGH 21.10.1972 NJW 1972, 45). Der Versicherer muss aber im Allgemeinen die Erstprämie gegen den Versicherungsnehmer einklagen (s. BGH 25.5.2005 NJW-RR 2005, 1196), es sei denn, dass die Zwangsvollstreckung voraussichtl. ohne Erfolg bleibt (s. OLG OL 10.5.1961 VersR 1961, 658; LAG M 27.9.1990 VersR 1992, 183; einschränkend LAG HE 20.1.1981 NJW 1982, 254; **aA** OLG F 18.7.1980 VersR 1981, 480). Kein hinreichender Grund, gegen den Dritten nicht vorzugehen, liegt vor, wenn der Unternehmer von einer gerichtl. Verfolgung seiner Ansprüche absieht, weil er sich zukünftige Geschäfte mit dem Dritten verspricht. 8

Steht fest, dass der Dritte nicht leistet, so **entfällt der Provisionsanspruch** (BGH 20.6.1984 NJW 1984, 2910; BAG 14.3.2000 NZA 2000, 827). Das gilt auch, wenn dieser nur Teilleistungen erbringen will und der Unternehmer diese zurückweist. Nimmt er diese dagegen an, ist insoweit die auflösende Bedingung ausgefallen; der Provisionsanspruch bleibt insoweit erhalten. Ist der Provisionsanspruch entfallen, hat der Vertreter bereits empfangene Provisionsbeträge zurückzugewähren; es sind die §§ 346 ff. BGB anzuwenden. Der Vertreter kann sich mithin nicht auf den Wegfall der Bereicherung (§ 818 III BGB) berufen. Die zurückzuzahlenden Beträge sind von dem Zpkt. an zu verzinsen, in dem feststeht, dass die Rückgewährpflicht eingetreten ist (BGH 12.11.1962 NJW 1963, 1201). Bei einem Streit zwischen Unternehmer und Vertreter, ob der Provisionsanspruch endgültig erwachsen ist, ist der Vertreter beweispflichtig für die Umstände, von denen Erwerb und Höhe seines Provisionsanspruchs abhängen (BAG 28.6.1965 AP BGB § 614 Gehaltsvorschuß Nr. 3). Zw. ist, ob bei Handlungsgehilfen eine Verrechnung mit bereits verdienten Provisionen erfolgen kann (BAG 25.3.1976 AP HGB § 65 Nr. 9). 9

Nach § 87a I hat der Handelsvertreter Anspruch auf Provision, sobald und soweit der Unternehmer das Geschäft ausgeführt hat. Eine **abw. Vereinb.** kann nach § 87a I 2 getroffen werden; jedoch hat der Handelsvertreter einen Anspruch auf Vorschuss. Es kann vereinbart werden, dass die Provision erst bei Ausführung des Geschäfts durch den Dritten erwächst. Ferner können Unternehmer und Vertreter vereinbaren, wann als festgestellt anzusehen sein soll, dass der Dritte nicht leistet oder dass der Unternehmer gegen den Dritten nicht gerichtl. vorzugehen braucht, wenn nach pflichtgemäßer Prüfung unter Wahrung der Belange des Unternehmers und des Vertreters das Verfahren keine Aussicht auf Erfolg verspricht. Aber auch in diesen Fällen darf die Unterlassung der Rechtsverfolgung nicht willkürl. sein (OLG F 9.2.1960 VersR 1960, 510), und der Unternehmer hat dem Vertreter die Gründe darzulegen. In keinem Fall kann die Rechtsverfolgung gegen den Dritten von der Kostenübernahme durch den Vertreter abhängig gemacht werden. Von Abs. 2 1. Hs., Abs. 3 und 4 kann nur nach Maßgabe von § 87 V abgewichen werden. 10

Die Anwartschaft auf Provision, die ein AN durch ein Geschäft erwirbt, das vor **Eröffnung des Insolvenzverfahrens** abgeschlossen, aber nach dem Eröffnungsbeschl. nicht ausgeführt worden ist, begr. keinen Anspruch auf Insolvenzgeld (s. BSG 18.12.1980 ZIP 1981, 637 noch zum Konkursausfallgeld). 11

12 **d) Nichtausführung des Geschäfts durch den Unternehmer.** Hat der Unternehmer ein Geschäft mit dem Dritten geschlossen, so ist er aus diesem dem Dritten zur Ausführung verpflichtet. Dagegen besteht grds. keine Rechtspflicht zur Ausführung ggü. dem Vertreter. § 87a III regelt die Rechtsfolgen der Nichtausführung des Geschäfts durch den Unternehmer für den Provisionsanspruch. Nach § 87a III 1 behält der Vertreter diesen, wenn feststeht, dass der Unternehmer das Geschäft ganz oder tw. nicht ausführt oder anders ausführt, als es abgeschlossen ist. § 87a III 2 regelt die Ausnahme von diesem Grds. Die Vorschr. findet auf Warenaustauschgeschäfte, aber auch auf die Vermittlung von Dienstleistungen Anwendung (BGH 21.10.2009 NJW 2010, 298, 300).

13 **§ 87a III 1 setzt voraus,** dass *a)* ein rechtswirksames Geschäft zwischen Unternehmer und Dritten besteht und *b)* es nicht wie abgeschlossen ausgeführt wird. Ist das Geschäft zwischen Unternehmer und Dritten nichtig, rechtswirksam angefochten oder infolge Ausübung eines Rücktrittsrechts oder Eintritts einer aufschiebenden Bedingung weggefallen, so liegt kein provisionspflichtiges Geschäft vor (offen bei Ausübung eines vertragl. vereinbarten Rücktrittsrechts BGH 23.1.2014 NJW 2014, 930 Rn. 11). Eine Nichtausführung des Geschäfts ist gegeben, wenn der Unternehmer die vertragl. geschuldete Leistung ganz unterlässt oder eine nicht dem Vertragsschluss entspr. Leistung erbringt. Dies kann der Fall sein, wenn der Unternehmer unvollständig, verspätet oder mangelhaft leistet (BGH 21.10.2009 NJW 2010, 298, 300). Bei verspäteter Leistung erwirbt der Vertreter den Provisionsanspruch zu dem Zpkt., zu dem der Unternehmer abredegemäß hätte leisten müssen (BGH 11.7.1960 NJW 1960, 1996). Unerhebl. ist, auf welche Gründe die Lieferverzögerung zurückzuführen ist, zB Lieferstörungen des Vorlieferanten (LAG D 20.5.1960 DB 1960, 813), überhöhter Auftragsbestand (LAG HB 5.7.1960 DB 1960, 1212). Der Provisionsanspruch erwächst ebenfalls unabhängig davon, ob der Dritte Rechte aus den §§ 281, 323 BGB geltend macht. Unberührt bleibt er auch, wenn der Unternehmer nachträgl. mit dem Dritten den Inhalt des Vertrags ändert (OLG F 17.10.1989 NJW-RR 1990, 356). Eine Ausnahme gilt ledigl., wenn der Unternehmer in die Änd. einwilligen musste, um die Ausführung des Geschäfts durch den Dritten zu erreichen (§ 87a II). Eine Nichtausführung ist gegeben, wenn der Unternehmer auf Veranlassung des Kunden den urspr. vermittelten Vertrag aufhebt und einen gleichen Vertrag mit einem Dritten abschließt, und der Unternehmer diesen Vertrag berechtigterweise nicht ausführt (OLG F 17.10.1989 NJW-RR 1990, 358). Ist mit einem Handelsvertreter rechtswirksam die Zahlung von Überhangprovisionen ausgeschlossen worden (§ 87 Rn. 6), bleibt der Provisionsanspruch erhalten, wenn er bei rechtzeitiger Ausführung des Geschäfts gegeben wäre (BGH 11.7.1960 NJW 1960, 1996; s. a. BGH 21.10.2009 NJW 2010, 298, 300).

14 Ein **Provisionsanspruch nach § 87a III 1 entsteht nicht**, wenn und soweit (§ 87a III 2) dies auf Umständen beruht, die vom Unternehmer nicht zu vertreten sind (BGH 27.1.1972 NJW 1972, 629), ohne dass es darauf ankommt, ob die Verpflichtung zur Leistung urspr. oder nachträgl. unmögl. oder unzumutbar geworden ist (§ 275 BGB). Allein entscheidend ist, dass der Unternehmer die Nichtleistung nicht zu vertreten hat. Vertretenmüssen bedeutet nicht nur Verschulden (§§ 276, 278 BGB), sondern auch Einstehen für ihm zurechenbare Risiken (BGH 21.10.2009 NJW 2010, 298, 300; 5.3.2008 WM 2008, 923 Rn. 18; 23.1.2014 NJW 2014, 930 Rn. 13; s. a. BGH 28.6.2012 NJW 2012, 3305 Rn. 15). Der Provisionsanspruch bleibt deshalb bestehen bei Schwierigkeiten im eigenen Betrieb, fehlerhafter Kalkulation, Wegfall des Interesses usw. Nicht zu vertreten hat der Unternehmer Umstände außerhalb seiner Risikosphäre. Für Lieferschwierigkeiten hat er nach den Grds. des Unternehmerrisikos einzustehen (s. BGH 29.6.1959 BB 1959, 864; BAG 14.11.1966 AP HGB § 65 Nr. 4), ebenso für die eigene Insolvenz (BGH 5.3.2008 WM 2008, 923, 925).

15 Nicht zu vertreten ist die Nichtausführung des Geschäfts, wenn seine **Ausführung unzumutbar ist**. Insoweit kann auf die frühere Rspr. zurückgegriffen werden. Unzumutbar ist dem Unternehmer die Ausführung des Geschäfts, wenn von ihm unter Abwägung aller vernünftigerweise in Betracht kommenden Umstände des Einzelfalls die Geschäftsausführung nicht erwartet werden kann (BAG 9.12.1966 NJW 1967, 846). Dies ist nur der Fall, wenn nach Abschluss des Geschäfts Umstände auftreten oder bekannt werden, die den Unternehmer davon abgehalten hätten, das Geschäft abzuschließen. Unzumutbar ist das Geschäft nicht bereits, wenn es dem Unternehmer oder dem Dritten lästig ist oder zu wirtschaftl. Verlusten führt. Indes kann dem Unternehmer nicht zugemutet werden, nur aus Rücksicht auf den Vertreter einen guten Kunden zu verärgern (BAG 9.12.1966 NJW 1967, 846). Unzumutbar kann die Durchsetzung insb. bei Massengeschäften (Versicherungsverträge) sein (BGH 12.11.1987 NJW-RR 1988, 546). **Wichtige Gründe** aus der Person des Dritten sind insb. mangelnde Kreditwürdigkeit, Zahlungsunfähigkeit, Erheben unbegründeter Beanstandungen, fehlende Zuverlässigkeit.

16 Der Vertreter trägt die **Beweislast** dafür, dass das Geschäft abgeschlossen, der Unternehmer es aber nicht entspr. den Vereinb. ausgeführt hat. Der Unternehmer trägt die Beweislast, dass das Geschäft aus von ihm nicht zu vertretenden Gründen unmögl. geworden oder ihm nicht zumutbar ist (BGH 2.3.1989 NJW-RR 1989, 865; BAG 21.1.2015 NZA 2015, 872 Rn. 50; OLG BB 10.1.2013 BeckRS 2013, 01597; OLG D 13.1.2017 BeckRS 2017, 101993; OLG M 29.2.2012 BeckRS 2012, 05288).

17 **2. Fälligkeit.** Die Provision wird am letzten Tag des Monats fällig, in dem nach § 87c I über den Anspruch abzurechnen ist (§ 87a IV). Zum Nachteil des Vertreters kann hiervon nicht abgewichen

werden (§ 87a V). Der Abrechnungszeitraum kann auf höchstens drei Monate erstreckt werden (§ 87c I). Zulässig ist deshalb **quartalsmäßige Abrechnung** und Zahlung am Monatsletzten. § 87a IV enthält keine Leistungsbestimmungen nach dem Kalender (§ 286 II BGB); zum Verzugseintritt ist daher eine Mahnung erforderl. (BGH 19.4.1962 LM HGB § 87a Nr. 6). Nimmt ein AG die vom AN angebotene Arbeitsleistung nicht an und gerät deswegen in Annahmeverzug, ist er verpflichtet, dem AN das entgehende Arbeitsentgelt zu zahlen. Dazu gehören auch Provisionen. Ist diese ausschl. am Verkaufserfolg des AN ausgerichtet, muss sie geschätzt werden. Maßstab hierfür kann ein vertragl. vereinbarter Provisionsvorschuss sein (BAG 11.8.1998 DB 1998, 1719).

§ 87b [Höhe der Provision]

(1) Ist die Höhe der Provision nicht bestimmt, so ist der übliche Satz als vereinbart anzusehen.

(2) [1]Die Provision ist von dem Entgelt zu berechnen, das der Dritte oder der Unternehmer zu leisten hat. [2]Nachlässe bei Barzahlung sind nicht abzuziehen; dasselbe gilt für Nebenkosten, namentlich für Fracht, Verpackung, Zoll, Steuern, es sei denn, daß die Nebenkosten dem Dritten besonders in Rechnung gestellt sind. [3]Die Umsatzsteuer, die lediglich auf Grund der steuerrechtlichen Vorschriften in der Rechnung gesondert ausgewiesen ist, gilt nicht als besonders in Rechnung gestellt.

(3) [1]Bei Gebrauchsüberlassungs- und Nutzungsverträgen von bestimmter Dauer ist die Provision vom Entgelt für die Vertragsdauer zu berechnen. [2]Bei unbestimmter Dauer ist die Provision vom Entgelt bis zu dem Zeitpunkt zu berechnen, zu dem erstmals von dem Dritten gekündigt werden kann; der Handelsvertreter hat Anspruch auf weitere entsprechend berechnete Provisionen, wenn der Vertrag fortbesteht.

1. Berechnung. Die Provision ist eine Beteiligung an dem Wert des abgeschlossenen Geschäfts. Es 1
sind daher alle Berechnungsmöglichkeiten zulässig, die eine Beteiligung in irgendeiner Form vorsehen, zB Provision = x% von y oder x € je verkauften Stücks oder x € je Stück mit Aufschlag in % des y € übersteigenden Wertes usw. Die Bestimmungen des § 87b sind abdingbar (BAG 12.4.1962 AP HGB § 65 Nr. 1; 24.9.1965 AP HGB § 87b Nr. 1; LAG HE 18.2.1992 NZA 1992, 799). § 87b I betrifft den Provisionssatz, § 87b II, III die Ermittlung des Betrags, von dem die Provision zu zahlen ist. Bei der Festlegung von Provisionsstaffeln kann dem BR ein **MBR** zustehen (§ 87 I Nr. 10, 11 BetrVG; s. BetrVG § 87 Rn. 127).

2. Vereinbarung. Ist die Höhe der Provision nicht **vertragl. bestimmt**, so gilt der übl. Satz als 2
vereinbart. Maßgebend ist die Üblichkeit im räuml. und sachl. Arbeitsgebiet des Vertreters (BGH 2.3.1961 LM HGB § 87b Nr. 1; bei Versicherungsvertretern: OLG S 12.3.1976 BB 1977, 565). Ist eine Übung nicht feststellbar, so ist der Provisionsanspruch nach billigem Ermessen durch den Vertreter (§ 316 BGB), den Unternehmer (§ 315 BGB) oder durch Dritte zu bestimmen (§ 317 BGB) (BGH 15.2.1971 AP HGB § 87 Nr. 3). Im Allgemeinen wird jedoch die Auslegung ergeben, dass eine Bestimmung durch den Vertreter nicht gewollt ist. Für außergewöhnl. Geschäfte wird sich idR keine Übung feststellen lassen. Bei der Ermittlung der Höhe eines Provisionssatzes kann sich der Beklagte, sofern er nicht über bes. Kenntnisse verfügt, auf ein Bestreiten mit Nichtwissen beschränken.

3. Bezugsentgelt. Die Provision berechnet sich nach dem Entgelt, das entweder der Dritte oder der 3
Unternehmer zu entrichten hat. Entgelt sind auch geldwerte Nebenvorteile des Unternehmers. Wird statt des Entgelts eine andere Leistung vereinbart, so ist dies für das vereinbarte Entgelt unerhebl. (RG 4.5.1928 Z 121, 126). Etwas anderes gilt nur, wenn die Ersatzleistung ledigl. eine Teilleistung sein soll. Mit angestellten Automobilverkäufern kann vereinbart werden, dass die Provision nur von dem Verkaufspreis unter Abzug des in Zahlung genommenen Altwagens gezahlt wird (BAG 24.9.1965 AP HGB § 87b Nr. 1). Von dem provisionspflichtigen Entgelt sind keine **Nachlässe** bei Barzahlung (Rabatte, Skonti) abzuziehen (§ 87b II 2). Nach der amtl. Begr. des RegE soll dasselbe bei Treue- und Mengenrabatten gelten (BT-Drs. I/3856). Dies stimmt mit Gesetzeswortlaut und Zweck nicht überein; denn die Provision soll vom vereinbarten Entgelt, nicht dagegen von einem Entgelt, das überhaupt nicht geschuldet wird, gezahlt werden. Sonstige Nebenkosten sind bei der Berechnung der Provision zu berücksichtigen. Etwas anderes gilt nur dann, wenn diese gesondert in Rechnung gestellt werden (§ 87b II 2). Die Umsatzsteuer (s. § 14 UStG) gilt dann nicht als bes. in Rechnung gestellt, wenn sie ledigl. auf Grund der steuerrechtl. Vorschr. gesondert ausgewiesen ist. Danach ist die Umsatzsteuer in der Berechnung der Provision zu berücksichtigen (BAG 23.3.1982 AP HGB § 87c Nr. 18 m. zahlr. Auslegungsgrds.). Bei der Berechnung der Provisionen des Versicherungsvertreters für die Vermittlung von Versicherungsverträgen im Bereich der KfzHaftpflichtvers. bleibt die Versicherungssteuer außer Betracht (BGH 30.1.1992 NJW-RR 1992, 674).

4. Gebrauchsüberlassungs- und Nutzungsverträge. In § 87b III ist die Provisionsberechnung bei 4
Gebrauchsüberlassungs- und Nutzungsverträgen von bestimmter Dauer geregelt. Eine zeitl. Begren-

zung des Provisionsanspruchs lässt sich der Norm nicht entnehmen, dieser richtet sich vielmehr nach der Laufzeit des vermittelten Vertrags (BGH 21.10.2009 NJW 2010, 298, 301). Die Vorschr. ist anzuwenden für sämtl. Dauerverträge, in denen das Entgelt nach Zeitabschnitten voraus bestimmt ist. Dagegen ist sie nicht auf Dauerverträge (Gebrauchsüberlassungs- und Nutzungsverträge) zugeschnitten, wenn das zahlbare Entgelt von veränderl. Ereignissen abhängt. Bei Dauerverträgen auf bestimmte Zeit ist die vereinbarte Vertragsdauer für die Berechnung der Provision maßgebend (§ 87b III 1). Bei Dauerverträgen auf unbestimmte Zeit ist die Provision jeweils für die Zeit zwischen den Kündigungsterminen zu berechnen, zu denen der Dritte kündigen kann (§ 87b II 2). Bestehen kurze Kündigungstermine oder kann zu jedem Termin gekündigt werden, so können kurze Fälligkeitszeiträume oder ein durchgehender Fälligkeitszeitraum entstehen. Zulässig ist auch, für Dauerverträge eine Einmalprovision zu vereinbaren (BGH 4.5.1959 NJW 1959, 1430).

5 **5. Abdingbarkeit.** § 87b ist abdingbar. Unbedenkl. ist eine Provisionsregelung, nach der für die Vermittlung von Geschäften zu niedrigeren Preisen als den Listenpreisen nicht nur die Berechnungsgrdl., sondern auch der Provisionssatz geringer ist (LAG HE 18.2.1991 NZA 1992, 799).

§ 87c [Abrechnung über die Provision]

(1) [1]**Der Unternehmer hat über die Provision, auf die der Handelsvertreter Anspruch hat, monatlich abzurechnen; der Abrechnungszeitraum kann auf höchstens drei Monate erstreckt werden.** [2]**Die Abrechnung hat unverzüglich, spätestens bis zum Ende des nächsten Monats, zu erfolgen.**

(2) **Der Handelsvertreter kann bei der Abrechnung einen Buchauszug über alle Geschäfte verlangen, für die ihm nach § 87 Provision gebührt.**

(3) **Der Handelsvertreter kann außerdem Mitteilung über alle Umstände verlangen, die für den Provisionsanspruch, seine Fälligkeit und seine Berechnung wesentlich sind.**

(4) **Wird der Buchauszug verweigert oder bestehen begründete Zweifel an der Richtigkeit oder Vollständigkeit der Abrechnung oder des Buchauszuges, so kann der Handelsvertreter verlangen, daß nach Wahl des Unternehmers entweder ihm oder einem von ihm zu bestimmenden Wirtschaftsprüfer oder vereidigten Buchsachverständigen Einsicht in die Geschäftsbücher oder die sonstigen Urkunden so weit gewährt wird, wie dies zur Feststellung der Richtigkeit oder Vollständigkeit der Abrechnung oder des Buchauszuges erforderlich ist.**

(5) **Diese Rechte des Handelsvertreters können nicht ausgeschlossen oder beschränkt werden.**

1 **1. Abrechnung. a) Anspruch.** Der Unternehmer hat über die Provision, auf die der Vertreter Anspruch hat, mtl. **abzurechnen** (§ 87c I). Die Vorschr. gilt nur für Provisionen iSv. § 87, nicht hingegen für solche, die sich allein nach einem erzielten Gesamtumsatz bemessen (LAG TH 21.7.2009 LAGE BGB 2002 § 259 Nr. 1; s. a. § 65 Rn. 2). In der Insolvenz obliegt die Abrechnung dem InsV (OLG NMB 22.11.1995 NJW-RR 1996, 993). Nicht aufzunehmen sind provisionspflichtige Geschäfte (§ 87), aus denen kein Anspruch entstanden ist oder ein entstandener wieder weggefallen ist. Zu einer Provisionsabrechnung gehören Angaben über Art und Menge der verkauften Waren sowie über die Käufer (BAG 25.6.1964 AP BGB § 242 Auskunftspflicht Nr. 3). Der Abrechnungsanspruch ist ein Nebenanspruch zum Hauptanspruch auf Provisionszahlung; er ist gegenstandslos, wenn feststeht, dass ein Provisionsanspruch nicht mehr entstehen (BAG 16.2.1973 AP HGB § 87c Nr. 3; BGH 11.5.2016 BeckRS 2016, 10116) oder zB wegen Eintritts der Verjährung nicht mehr durchgesetzt werden kann (OLG D 26.10.2012 BeckRS 2012, 22930). Die Auskunftsklage unterbricht nicht die Verjährung von Provisionsansprüchen (BAG 5.9.1995 NZA 1996, 251; OLG D 26.10.2012 BeckRS 2012, 22930). Der Abrechnungszeitraum kann auf drei Monate (nicht notwendig Kalendermonate) erstreckt werden (zulässig also 15.1., 15.4. usw.). Die Abrechnung hat sodann unverzügl., spätestens bis zum Ende des nächsten Monats (nicht Kalendermonat), also bis zum 15.2., 15.5. usw., zu erfolgen. Am Ende eines Vertragsverhältnisses ist sofort abzurechnen und das Erg. auszuzahlen (§ 614 BGB).

2 **b) Wegfall.** Der Anspruch auf Abrechnung wie auf Erteilung eines Buchauszugs konnte nach früherer Rspr. ggü. Handelsvertretern entfallen, wenn sie lfd. Durchschläge der an Kunden erteilten Auftragsbestätigung erhalten haben und jahrelang untätig geblieben sind (BGH 28.1.1965 NJW 1965, 1136). Diese Rspr. hat der BGH aufgegeben (BGH 29.11.1995 NJW 1996, 588). Seiner Rechtsnatur nach ist die Abrechnung ein abstraktes Schuldanerkenntnis (s. §§ 781, 782 BGB), das der Unternehmer bei Unrichtigkeit nach den §§ 812 ff. BGB kondizieren kann. Der Anspruch ist nur mit dem Provisionsanspruch abtretbar (LAG HB 22.12.1954 BB 1955, 97; zur Pfändung BAG 26.2.1969 AP HGB § 87c Nr. 3).

3 **c) Klage und Vollstreckung.** Der Anspruch kann allein oder im Wege der Stufenklage verfolgt werden; eine Stufenklage kann dann angebracht sein, wenn tarifl. Verfallfristen, die eine Klageerhebung vorsehen, zu wahren sind. Die Vollstreckung erfolgt nach § 887 ZPO, wenn eine Ersatzvornahme mögl. ist; andernfalls (zB keine Bücher geführt worden sind) nach § 888 ZPO (LAG BW 22.9.1959 BB

1959, 1151; OLG M 22.7.1959 BB 1960, 188; OLG K 3.5.1995 NJW-RR 1996, 100; 12.9.2001 InVo 2002, 379). Der Erfüllungseinwand des Schuldners ist im Verfahren nach § 887 ZPO zu berücksichtigen, wenn er beweisbar ist (OLG M 26.3.2002 NJW-RR 2002, 1034).

2. Buchauszug. Der Vertreter kann nach § 87c II vom – auch sonst nicht buchführungspflichtigen – 4
Unternehmer einen **Buchauszug** über alle nach § 87 provisionspflichtigen Geschäfte verlangen (zur Darlegungslast BGH 7.10.1977 AP HGB § 87c Nr. 14); schuldet der Unternehmer auch nach Beendigung des Vertragsverhältnisses (Überhang-)Provisionen, gilt dies auch für diesen Zeitraum (OLG HM 17.8.2015 – 18 U 182/14). Der Anspruch auf einen Buchauszug geht über den Abrechnungsanspruch hinaus. Der Buchauszug wird nur auf Verlangen geschuldet. Dieses ist rechtsmissbräuchl. bei zuverlässiger Inf. (vollständiger Übersendung der Korrespondenz, Übersendung sämtl. Rechnungskopien; LG Hannover 7.2.2001 VersR 2001, 764). Dagegen nicht bereits, wenn dem Vertreter Abrechnungen mit dem Hinweis übersandt werden, dass diese als genehmigt gelten, wenn er nicht binnen bestimmter Frist widerspricht (BGH 29.11.1995 NJW 1996, 588; OLG KO 27.3.1980 VersR 1980, 623; OLG K 20.6.1997 BB 1997, 2130; einschränkend für Versicherungsnehmer: LAG BW 31.3.1981 AP HGB § 87c Nr. 17; anders OLG SL 18.9.1985 DB 1985, 2399; vgl. § 308 Nr. 5 BGB). Erst ein Saldoanerkenntnis des Handelsvertreters schließt den Anspruch auf Erteilung eines Buchauszugs aus (OLG BB 10.1.2013; BeckRS 2013, 01597; s. a. OLG M 14.7.2016 BeckRS 2016, 13147). Der Buchauszug muss alles enthalten, was die Geschäftsbücher des Unternehmers ausweisen und für die Berechnung der Provision von Bedeutung ist, also Namen und Anschrift des Bestellers, Art, Menge und Preis der verkauften Ware, Rückgaben und Nichtausführung von Geschäften sowie deren Gründe (BGH 21.3.2001 NJW 2001, 2333; 20.9.2006 NJW-RR 2007, 246, 247; OLG N 27.5.1981 MDR 1982, 324; OLG HM 21.3.1997 NJW-RR 19971322; OLG K 11.8.1998 NJW-RR 1999, 833; 12.2.2010 BeckRS 2010, 14561; OLG SL 23.5.2001 NJW-RR 2002, 391; OLG M 9.12.2015 BeckRS 2015, 20352; zu allem *Kukat* DB 2002, 1646). Der Buchauszug wird in Form einer geordneten Zusammenstellung erteilt (BGH 21.3.2001 NJW 2001, 2333); der Zugriff auf ein elektronisches Agenturinformationssystem genügt idR ebenso wenig (BGH 20.9.2006 NJW-RR 2007, 246, 247) wie gesammelte Provisionsabrechnungen (OLG M 19.12.2012 BeckRS 2012, 25588). Ein Anspruch auf Erteilung des Buchauszugs in einer bestimmten Form besteht jedoch nicht (OLG M 1.3.2017 BeckRS 2017, 102682). Die Berechnung der Provision muss vom Vertreter selbst vorgenommen werden. Die Verjährung des Anspruchs auf Erteilung eines Buchauszugs beginnt mit der Abwicklung des buchungspflichtigen Geschäfts (BGH 11.7.1988 NJW 1981, 457). Die Vollstreckung eines Titels auf Erteilung eines Buchauszugs erfolgt nach § 887 ZPO (s. OLG KA 10.11.2014 MDR 2015, 169); muss die Vollstreckung im Ausland erfolgen, erfolgt sie nach § 888 ZPO, da sich dort in aller Regel die Geschäftsbücher befinden (OLG F 14.12.2000 RIW 2001, 379). IÜ richtet sich die Vollstreckung nach der Art der zu vollstreckenden Handlung (OLG F 28.1.2002 NJW-RR 2002, 823).

Wird der Buchauszug verweigert oder bestehen begr. Zweifel an der Richtigkeit oder Vollständigkeit 5
der Abrechnung oder des Buchauszugs, so kann der Vertreter verlangen, dass nach Wahl des Unternehmens entweder ihm oder einem von ihm zu bestimmenden Wirtschaftsprüfer oder vereidigten Buchsachverständigen **Einsicht in die Geschäftsbücher oder die sonstigen Urkunden** soweit gewährt wird, wie dies zur Feststellung der Richtigkeit oder Vollständigkeit der Abrechnung oder des Buchauszugs erforderl. ist (§ 87c IV). Das Einsichtsrecht ist auch gegeben, wenn der Buchauszug zwar ordnungsgemäß ist, aber keine Abrechnung erteilt ist und aus dem Buchauszug keine hinreichende Klarheit über den Provisionsanspruch zu gewinnen ist. Jedoch kann der Vertreter nicht von vornherein einen Buchauszug und eine Bucheinsicht verlangen (BGH 24.6.1971 AP HGB § 87c Nr. 12), zB wenn der Wirtschaftsprüfer noch eine Abstimmung für notwendig hält (LAG N 8.5.2001 ARSt. 2001, 258). Hat der Handelsvertreter klageweise die Erteilung eines Buchauszugs durchgesetzt, so beginnt die Verjährung des Einsichtsrechts erst mit dem Schluss des Jahres, in dem der Handelsvertreter den Buchauszug erhalten hat (BGH 1.12.1978 NJW 1979, 764; BAG 11.7.1980 NJW 1981, 457). Das Einsichtsrecht kann für die Zeit schuldhaft vertragswidrigen Verhaltens des Vertreters entfallen. Es erlischt mit der Einigung über die Abrechnung der Provision (BGH 13.3.1961 NJW 1961, 1059) oder wenn die Provisionsansprüche verjährt oder infolge Ablaufs tarifl. Ausschlussfristen erloschen sind (OLG K 20.6.1997 BB 1997, 2130). Ebenso entfällt ein Anspruch auf Erteilung eines Buchauszugs, wenn die Voraussetzungen für einen Provisionsanspruch nach § 87 III nicht vorliegen (BGH 11.5.2016 ZVertriebsR 2016, 242 Rn. 29). Dem Unternehmer steht ein Wahlrecht zu, ob er dem Vertreter oder einem von diesem bestimmten Wirtschaftsprüfer das Einsichtsrecht gestattet (OLG F 28.1.2002 NJW-RR 2002, 823). Der Wirtschaftsprüfer ist berechtigt, Hilfspersonen hinzuzuziehen (OLG D 11.10.1994 BB 1995, 143). Die Kosten der Einsicht trägt der Vertreter, es sei denn, dass die Abrechnung oder der Auszug unrichtig waren. In diesen Fällen muss der Unternehmer Schadensersatz wegen Verletzung seiner Abrechnungspflicht leisten (BGH 16.5.1960 NJW 1960, 1662; BAG 13.12.1965 AP HGB § 65 Nr. 3). Eine **eidesstattl. Vers.** kann erst nach erfolgloser Einsicht oder wenn keine einsichtbaren Bücher vorhanden sind verlangt werden (BGH 16.5.1960 NJW 1960, 1662).

3. Unabdingbarkeit. Alle unter Rn. 1 bis Rn. 5 aufgezählten Rechte sind unabdingbar. Sie können 6
vertragl. nicht eingeschränkt, wohl aber zugunsten des Vertreters erweitert werden. Ihnen kann nicht

mit der Ausübung eines Zurückbehaltungsrechts (§ 273 BGB) begegnet werden. Untätigkeit des Vertreters bedeutet kein Einverständnis, Verzicht oder Verwirkung (s. BGH 20.9.2006 NJW-RR 2007, 246, 248; s. aber BGH 13.3.1961 LM HGB § 87c Nr. 3). Unwirksam ist eine Vertragsbestimmung, nach der die Abrechnung mangels Widerspruch in bestimmter Frist als genehmigt gelten soll (BGH 20.2.1964 AP HGB § 87c Nr. 1; 20.9.2006 NJW-RR 2007, 246, 248; BAG 23.1.1982 AP HGB § 87c Nr. 18; KG 18.5.2015 MDR 2015, 1248; s. § 308 Nr. 5 BGB). Die Auskunftsansprüche unterliegen tarifl. Verfallfristen (BAG 23.3.1982 AP HGB § 87c Nr. 18).

§ 87d [Ersatz von Aufwendungen]

Der Handelsvertreter kann den Ersatz seiner im regelmäßigen Geschäftsbetrieb entstandenen Aufwendungen nur verlangen, wenn dies handelsüblich ist.

1 Der **Handelsvertreter** trägt wie andere Kaufleute seine im regelm. Geschäftsbetrieb entstandenen Aufwendungen selbst, es sei denn, dass etwas anderes vereinbart ist. Dagegen hat der AN grds. einen Anspruch auf Ersatz seiner Aufwendungen (§§ 675, 670 BGB; s. BGB § 611 Rn. 553 ff.).

§ 88a [Zurückbehaltungsrecht]

(1) Der Handelsvertreter kann nicht im voraus auf gesetzliche Zurückbehaltungsrechte verzichten.

(2) Nach Beendigung des Vertragsverhältnisses hat der Handelsvertreter ein nach allgemeinen Vorschriften bestehendes Zurückbehaltungsrecht an ihm zur Verfügung gestellten Unterlagen (§ 86a Abs. 1) nur wegen seiner fälligen Ansprüche auf Provision und Ersatz von Aufwendungen.

1 Dem **Handelsvertreter** stehen kumulativ Zurückbehaltungsrechte nach dem HGB und dem BGB zu. Im Rahmen von § 88a sind diese unverzichtbar. Bei **Handlungsgehilfen** ist § 88a nach § 65 nicht anzuwenden. Es gelten für sie jedoch die allg. Grds. des Zurückbehaltungsrechts.

410. Insolvenzordnung (InsO)

Vom 5. Oktober 1994 (BGBl. I S. 2866)

Zul. geänd. durch Gesetz vom 23. Juni 2017 (BGBl. I S. 1693)

(FNA 311-13)

– Auszug –

Einführung

I. Rechtsentwicklung

Die InsO ist am 1.1.1999 in Kraft getreten (Art. 110 I EGInsO v. 5.10.1994 – BGBl. I S. 2911). Die Vorschr. der §§ 113, 120 bis 122 sowie 125 bis 128 InsO waren bereits vorzeitig zum 1.10.1996 in Kraft gesetzt worden (Art. 6 des Arbeitsrechtl. G zur Förderung von Wachstum und Beschäftigung – ArbRBeschFG – v. 25.9.1996). Daneben ist seit dem 31.5.2002 die VO (EG) Nr. 1346/2000 v. 29.5.2000 über Insolvenzverf. (ABl. EG Nr. L 160/1) innerstaatl. zu beachten. Diese VO regelt ua. die mit grenzüberschreitenden Insolvenzverf. zusammenhängenden Probleme, sofern der Schuldner den Mittelpunkt seiner hauptsächl. Interessen in einem Mitgliedstaat (außer Dänemark) hat (zum Verhältnis zur EuGVVO BAG 20.9.2012 NZI 2012, 1011). Zust. für die Eröffnung des Verf. ist das Gericht des Staates, in dem dieser Mittelpunkt liegt. Nach Art. 3 I dieser VO wird vermutet, dass dies am Sitz eines Unternehmens ist. Ist ein Betrieb in Deutschland gelegen, richten sich die arbeitsrechtl. Wirkungen eines im Ausland geführten Insolvenzverf. durchweg nach dt. Recht. Insb. finden §§ 113, 125 Anwendung (BAG 20.9.2012 NZI 2012, 1011; 13.12.2012 AP BGB § 620 Kündigungserklärung Nr. 23; LAG HE 5.3.2007 – 17 Sa 122/06 – BeckRS 2009, 65983; ArbG F 23.2.2010 ZIP 2010, 1313). Ebenso ist das Verf. nach § 17 KSchG einzuhalten (BAG 13.12.2012 AP KSchG 1969 § 17 Nr. 44). Durch ein im Ausland eröffnetes, innerstaatl. anzuerkennendes Insolvenzverf. werden inländische Prozesse des Schuldners nach § 240 ZPO unterbrochen (BGH 13.10.2009 ZIP 2009, 2217; KPB/*Lüke* § 85 Rn. 8). Die InsO ist ua. durch das ESUG v. 7.12.2011 (BGBl. I S. 2582, ber. S. 2800) und das G v. 29.3.2017 (BGBl. I s. 654) reformiert worden. 1

II. Allgemeine Verfahrensgrundsätze

1. Zweck des Insolvenzverfahrens, Insolvenz des Arbeitnehmers. Neben der Erhaltung von Arbeitsplätzen in Unternehmen dient das Insolvenzverf. der Haftungsverwirklichung, also der bestmögl. Befriedigung der nach Art. 14 I GG geschützten Forderungen der Gläubiger (BVerfG 12.1.2016 NJW 2016, 930 Rn. 43). Das G geht von einem Gleichrang der Liquidation, der übertragenden Sanierung und der Sanierung des Schuldners bzw. seines Unternehmens aus. In einem ges. geregelten, vom Insolvenzgericht überwachten Verf. sollen die Gläubiger gleichmäßig befriedigt werden. Dazu wird das **Schuldnervermögen auf die Gläubiger verteilt**. Soweit keine ges. Ausnahme eingreift, sind alle natürl. und jur. Personen sowie Handelsgesellschaften und nicht rechtsfähigen Vereine insolvenzfähig (§ 11). Die Insolvenzfähigkeit der GbR ist ausdr. in § 11 II Nr. 1 geregelt. IdR unterliegen insolvente AN den Regeln des Verbraucherinsolvenzverf. (§§ 302 ff.; näher *Reinfelder* NZA 2009, 124 ff.; *ders.* NZA 2014, 633; *Hergenröder* ZVI 2011, 1 ff.; zur späteren Überleitung in ein Regelinsolvenzverf. und deren Anfechtung BGH 25.4.2013 ZIP 2013, 1139). Nur wenn AN früher eine selbständige wirtschaftl. Tätigkeit ausgeübt haben, findet das Regelinsolvenzverf. Anwendung (hierzu BGH 20.1.2011 NZA-RR 2011, 317). 2

Wird über das **Vermögen des AN** das Insolvenzverf. eröffnet, gehören die Arbeitskraft des Schuldners als Ausdruck der eigenen Persönlichkeit und sein ArbVerh. als solches nicht zur Insolvenzmasse und unterfallen daher nicht dem Verfügungsverbot des § 81 I 1. Deshalb verbleibt die Entsch. über eine Klage gegen eine AGKündigung und damit die diesbzgl. Prozessführungsbefugnis beim AN (BAG 12.8.2014 NZA 2014, 1155 Rn. 14). Daraus folgt, dass allein der AN über die Auflösung des ArbVerh. entscheiden darf, also auch über den Abschluss eines Vergleichs im Kündigungsschutzprozess. Einer Zust. des Treuhänders zum Vergleich bedarf er nicht. Ein aus dem Vergleich folgender Abfindungsanspruch (vgl. § 850i ZPO) unterliegt dem Massebeschlag nach § 35 I (BAG 12.8.2014 NZA 2014, 1155 Rn. 14 f.). Ebenso gehören andere pfändbare Entgeltforderungen des AN zu den Vermögensgegenständen, die vom Insolvenzverf. erfasst werden und in die Insolvenzmasse fallen. Hingegen verbleibt der unpfändbare Teil des Arbeitseinkommens gem. § 36 I 1 beim AN (BAG 28.8.2013 NZA 2013, 1302 auch zur Problematik des § 850c I 2 ZPO), sofern es nicht als Sparguthaben 2a angesammelt wird (vgl. BGH 26.9.2013 NJW-RR 2013, 1519). Der pfändbare Teil ist zur Insolvenzmasse zu ziehen. Besteht bereits ein vollstreckbarer Titel ist die Klausel dem Treuhänder zu erteilen (BAG 12.8.2014 NZA 2014, 1155 Rn. 18 ff.). Verschleiertes Arbeitseinkommen iSv. § 850h II ZPO gehört iHd. pfändbaren Teils der angemessenen Vergütung zur Insolvenzmasse (BAG 16.5.2013 NZA 2013, 1079). Insoweit wird die Masse zugunsten der Gesamtheit der Gläubiger um den pfändbaren Teil des verschleierten Arbeitseinkommens erweitert. Wird das Insolvenzverf. über das Vermögen des Schuldners eröffnet, verliert eine frühere Pfändung des pfändbaren Teils des verschleierten Arbeitseinkommens ihre Wirkung. Den pfändbaren Teil der angemessenen Vergütung kann danach nur noch der Treuhänder beanspruchen. Mit Eröffnung des Insolvenzverf. geht die Empfangszust. für alle Leistungen, die auf zur Insolvenzmasse gehörende Forderungen erbracht werden, auf den InsV über (§ 80 I). Nach § 82 S. 1 wird der Leistende jedoch von seiner Schuld befreit, wenn er die Eröffnung des Verf. zZ der Leistung an den Schuldner nicht kannte (BAG 29.1.2014 ZInsO 2014, 552; BGH 16.7.2009 ZIP 2009, 1726). In diesem Fall wird der Leistende in seinem Vertrauen auf die Empfangszust. des Insolvenzschuldners geschützt, wenn ihm die Eröffnung des Insolvenzverf. unbekannt geblieben ist, solange er den Leistungserfolg noch verhindern kann (BAG 29.1.2014 ZInsO 2014, 552; BGH 12.7.2012 NJW-RR 2012, 1130). Zu den Bezügen gehört auch eine anlässl. der Beendigung des ArbVerh. gezahlte Abfindung (BGH 11.5.2010 NZA-RR 2010, 425). Arbeitseinkommen für die Zeit nach Eröffnung des Insolvenzverf. fällt als Neuerwerb gem. § 35 ebenfalls in die Insolvenzmasse (LAG HM 16.8.2006 ZIP 2007, 348). Die **Arbeitskraft des Schuldners** und dessen ArbVerh. als solches gehören nicht zur Insolvenzmasse und unterfallen daher nicht dem Verfügungsverbot des § 81 I 1 (BAG 20.6.2013 NZA 2013, 1147). Der Schuldner kann zur Aufnahme einer Erwerbstätigkeit nicht gezwungen werden (vgl. BGH 11.5.2006 NJW 2006, 2485 Rn. 16). Allerdings besteht eine Erwerbsobliegenheit während des Insolvenzverf. und der Abtretungsfrist, denn die Restschuldbefreiung hängt von der angemessenen Erwerbstätigkeit ab (vgl. BAG 20.6.2013 NZA 2013, 1147; *Reinfelder* NZA 2014, 633, 634). Auf die Wirkungen der Restschuldbefreiungen kann in AGB nicht verzichtet werden (BGH 25.6.2015 NJW 2015, 3029). Zum 1.7.2014 ist die frühere (zweijährige) Privilegierung von Vorausabtretungen der Bezüge aus einem Dienstverhältnis beseitigt worden. Übt der AN eine TZBeschäftigung aus, hat er sich idR um eine angemessene Vollzeittätigkeit zu bemühen (BGH 14.1.2010 NZI 2010, 228; *Pape* NJW 2010, 2928, 2932). Die Berechnung des zur Insolvenzmasse gehörenden pfändbaren Arbeitseinkommens richtet sich gem. § 36 I 2 nach den **Pfändungsschutzbestimmungen der ZPO** (BAG 30.7.2008 NZA 2009, 747). Das Recht zur Wahl der Lohnsteuerklasse verbleibt im Insolvenzverf. beim AN (BFH 27.7.2011 ZIP 2011, 2118). Urlaubsgeld fällt nicht in die Insolvenzmasse, soweit es den Rahmen des Üblichen in gleichartigen Unternehmen nicht übersteigt (§ 850a Nr. 2 ZPO; BGH 26.4.2012 NJW-RR 2012, 825). Ist ein Gegenstand nur für bestimmte Gläubiger pfändbar, gehört er kraft ges. Anordnung nicht zur Insolvenzmasse. Das ist bei Arbeitseinkommen iSv. § 850d ZPO der Fall. Insofern können Ansprüche auf Arbeitsentgelt an den Unterhaltsgläubiger oder an den Träger von Leistungen zur Sicherung des Lebensunterhalts abgetreten werden (BAG 21.2.2013 AP BGB § 400 Nr. 4). Leistet der in Insolvenz gefallene AN einem Dritten in einem st. Verhältnis Arbeiten gegen eine unverhältnismäßig geringe Vergütung iSv. **§ 850h II 1 ZPO**, kann der InsV in entspr. Anwendung dieser Norm fiktives Arbeitseinkommen zur Masse ziehen. Dem Insolvenzeröffnungsbeschl. kommt insofern die gleiche ex-nunc-Wirkung wie einem Pfändungs- und Überweisungsbeschl. in der Einzelzwangsvollstreckung zu (BAG 12.3.2008 NZA 2008, 779). Zur Insolvenzanfechtung (§§ 129 ff.) hins. der im 3-Monats-Zeitraum vor Insolvenzeröffnung gepfändeten und Gläubigern des AN zur Einziehung überwiesenen Teile seiner Entgeltansprüche vgl. BGH 26.6.2008 NZA 2009, 110 (dort Pfändungs- und Überweisungsvfg. eines Finanzamts wegen Steuerschulden des AN).

3 **2. Gang des Verfahrens. a) Eröffnung des Insolvenzverfahrens.** Das Insolvenzverf. wird **ausschl. auf Antrag** eröffnet. Zust. für die Entsch. über die Eröffnung ist das AG als Insolvenzgericht. Die iRd. Insolvenzverf. zu erfüllenden Aufgaben des Insolvenzgerichts sind auf den Insolvenzrichter und den Rechtspfleger aufgeteilt (vgl. die Zusammenstellung der jeweiligen Zust. bei PUV/*Pape* Kap. 13 Rn. 11 ff.). Gibt es keine abw. Landesregelung, ist das AG, in dessen Bezirk ein LG seinen Sitz hat, für den ganzen LGBezirk zust. (§ 2). Örtl. zust. ist das Insolvenzgericht, in dessen Bezirk der Schuldner seinen allg. Gerichtsstand hat (vgl. BGH 13.12.2005 NJW 2006, 847).

3a Nach § 13 I 2 sind die Gläubiger (unabhängig von einem fruchtlosen Versuch der Einzelzwangsvollstreckung – BGH 5.2.2004 NZA 2005, 91) und der Schuldner **antragsberechtigt.** Bei Anträgen gegen jur. Personen und Gesellschaften ohne Rechtspersönlichkeit ist jedes Mitglied eines Vertretungsorgans und jeder Abwickler antragsberechtigt (§ 15 I). Gläubiger bedürfen eines rechtl. Interesses (§ 14 I). Damit sind AN als Gläubiger offener Vergütungsansprüche unabhängig davon antragsberechtigt, ob sie später durch die Zahlung von Insolvenzgeld (vgl. Rn. 51 ff.) vollständige Befriedigung erwarten können (*Uhlenbruck* FS Schwerdtner 2003 S. 623, 625). Der BR ist kein Gläubiger des AG und nicht antragsberechtigt.

3b Der Gläubiger hat seine Forderung und den Eröffnungsgrund glaubhaft zu machen (zB durch die Fruchtlosigkeitsbescheinigung eines Gerichtsvollziehers). **Eröffnungsgrund** ist die **Zahlungsunfähigkeit.** Sie ist gegeben, wenn der Schuldner (obj.) nicht in der Lage ist, die fälligen Zahlungspflichten zu erfüllen (§ 17 II 1). Zahlungsunwilligkeit (BGH 13.6.2006 NJW-RR 2006, 1641) und kurzfristige Zahlungsstockungen genügen nicht (BGH 24.5.2005 NJW 2005, 3062; *Obermüller/Hess* Rn. 86 und 89). Zahlungsunfähigkeit ist grds. gegeben, wenn die innerhalb von drei Wochen nicht zu beseitigende Liquiditätslücke des Schuldners 10% seiner fälligen Gesamtverbindlichkeiten überschreitet (BGH 24.5.2005 NJW 2005, 3062; 13.6.2006 NJW-RR 2006, 1422; 19.2.2009 NJW 2009, 1202). Die schleppende Zahlung von Löhnen und Gehältern ist ein Anzeichen für eine Zahlungseinstellung (BGH 14.2.2008 ZIP 2008, 706). Liegt eine Zahlungseinstellung vor, begr. dies eine ges. Vermutung für die Zahlungsunfähigkeit (BGH 12.10.2006 DB 2006, 2683). Bei jur. Personen und Gesellschaften, für die keine natürl. Person haftet, und beim Nachlass ist ein weiterer Eröffnungsgrund die **Überschuldung** (§ 19 I und III, § 320), die vorliegt, wenn das Schuldnervermögen die bestehenden Verbindlichkeiten nicht mehr deckt. Wenn die Fortführung des Unternehmens überw. wahrscheinl. ist, wird das Vermögen durch den Fortführungswert bestimmt (§ 19 II 2 in der bis zum 31.12.2013 geltenden Fassung; vgl. Art. 6 FinanzmarktstabilisierungsG v. 17.10.2008 BGBl. I S. 1982, BGBl. 2009 I S. 3151). Dies führt zu einer zweistufigen Prüfung der Überschuldung: bei unterstellter Fortführung und bei unterstellter Liquidation (*Obermüller/Hess* Rn. 102). Die **drohende Zahlungsunfähigkeit** ist ein weiterer Eröffnungsgrund, wenn der Antrag vom Schuldner gestellt wird (§ 18 I). Dieser Eröffnungsgrund setzt voraus, dass der Schuldner voraussichtl. nicht in der Lage sein wird, bestehende Zahlungspflichten zum Zpkt. ihrer Fälligkeit zu erfüllen. Die drohende Zahlungsunfähigkeit ist auch Eröffnungsgrund für das Nachlassinsolvenzverf. (§ 320 S. 2). Zum Auskunftsanspruch eines AN wegen des Zpkt. des Eintritts der Insolvenzreife seines AG vgl. BGH 2.6.2005 NZA 2006, 373.

Das Insolvenzgericht hat die Voraussetzungen der **Insolvenzeröffnung** vAw. beurteilt nach den **4** Verhältnissen im Zpkt. der Eröffnung (BGH 27.7.2006 NJW 2006, 3553) zu prüfen. Soll der Eröffnungsgrund aus einer einzigen Forderung abgeleitet werden und ist diese bestr., muss sie für die Eröffnung (voll) bewiesen sein (BGH 14.12.2005 NJW-RR 2006, 1061); ansonsten genügt Glaubhaftmachung (BGH 5.2.2004 NZA 2005, 91; 13.6.2006 NJW-RR 2006, 1641). Die materielle Beweislast liegt beim Antragsteller. Das Insolvenzgericht hat den Schuldner zu hören. Wird die Masse voraussichtl. nicht ausreichen, die Kosten des Verf. zu decken, hat die Eröffnung des Verf. zu unterbleiben (§ 26 I 1), sofern nicht der Antragsteller die Kosten vorschießt (§ 26 I 2). Reicht die Masse nicht aus, neben den Kosten weitere Masseverbindlichkeiten zu decken, ist das Verf. mangels Masse einzustellen. Kommt es nicht zur Eröffnung des Insolvenzverf., hat der Antragsteller die **Verfahrenskosten** zu tragen. Hierzu gehört die Vergütung des vorl. InsV nicht (BGH 26.1.2006 NJW-RR 2006, 1204). Wird auf einen Eigenantrag des Schuldners, dem die Verfahrenskosten nicht gestundet wurden, das Insolvenzverf. mangels Masse nicht eröffnet und reicht das Schuldnervermögen nicht aus, um Vergütung und Auslagen des vorl. InsV zu decken, haftet der Staat grds. nicht für den Ausfall (BGH 22.1.2004 NJW 2004, 1957). Die Insolvenzeröffnung wird zwar im Internet unter **www.insolvenzbekanntmachungen.de** veröffentlicht, doch sind die Zugangsvoraussetzungen zu den Daten so hoch angesiedelt, dass sie jdf. nach Ablauf der ersten beiden auf die Bek. folgenden Wochen erhebl. Zeit- und Personalaufwand des Informationsbedürftigen erfordern (vgl. BGH 15.4.2010 ZIP 2010, 935).

b) Bestellung eines vorläufigen Insolvenzverwalters. Das Insolvenzgericht kann Sicherungsmaß- **5** nahmen anordnen. ZB eine natürl. Person zum vorl. InsV (BVerfG 12.1.2016 NJW 2016, 930 keine jur. Person) bestellen, Verfügungsbeschränkungen oder eine Postsperre aussprechen und die Einstellung der Zwangsvollstreckung vorsehen. Entscheidet sich das Insolvenzgericht zum Ausspruch eines allg. Verfügungsverbots (§ 21 II Nr. 2 1. Alt.), wird der vorl. InsV als „starker" bezeichnet. Nach § 22 I geht auf diesen vorl. InsV die **Verwaltungs- und Verfügungsbefugnis** über das Vermögen des Schuldners über. Fehlt es hieran, spricht man von einem schwachen InsV, dessen Befugnisse sich allein aus dem Beschl. des Insolvenzgerichts ergeben (§ 22 II). Dabei ist wiederum zu unterscheiden, ob das Insolvenzgericht Vfg. des Schuldners von der Zust. des vorl. InsV abhängig gemacht hat (§ 21 II Nr. 2 2. Alt.). Die Bestellung eines **starken vorl. InsV** unterbricht Rechtsstreite des Schuldners nach § 240 II ZPO (vgl. Rn. 18, 22). Die Handlungen eines starken vorl. InsV wirken zu Lasten der späteren Masse. Dies hat nachhaltige Folgen auch in den arbeitsrechtl. Beziehungen (vgl. Rn. 41, 49), was aus taktischen Gründen zur Bestellung **schwacher vorl. InsV** mit vom Insolvenzgericht „stark ausgestalteten" Pflichten führt (vgl. BAG 4.12.2002 AP InsO § 38 Nr. 2; 10.10.2002 NZA 2003, 909; 8.4.2003 AP BetrVG 1972 § 113 Nr. 40; BGH 18.7.2002 NJW 2002, 3326; *Uhlenbruck* FS Schwerdtner 2003 S. 623, 626 und 638 f.). Gehört dazu die Kündigung von Dauerschuldverhältnissen, rückt ein solcher „halbstarker" InsV in die AGStellung ein (BAG 16.2.2012 NZA 2012, 555; *Meyer* NZA 2014, 642). Das Insolvenzgericht kann einen vorl. Gläubigerausschuss einsetzen (§ 67) und den vorl. InsV zugleich als Sachverständigen bestellen, dem die Prüfung des Eröffnungsgrundes übertragen wird (§ 22 I Nr. 3).

Das Insolvenzgericht hat einen **vorl. Gläubigerausschuss** einzusetzen, wenn der Schuldner beurteilt **5a** nach Bilanzsumme, Umsatz und/oder ANZahl (mind. 50) eine Mindestgröße überschreitet. Auf Antrag des Schuldners, des vorl. InsV oder eines Gläubigers soll ein vorl. Gläubigerausschuss eingesetzt werden. Hiervon hat das Gericht abzusehen, wenn der Geschäftsbetrieb eingestellt ist oder die Einsetzung im Hinblick auf die zu erwartende Insolvenzmasse unverhältnismäßig ist oder die mit der Einsetzung verbundene Verzögerung zu einer nachteiligen Veränderung der Vermögenslage des Schuldners führt.

6 c) **Bestellung des Insolvenzverwalters.** Mit der Eröffnung des Insolvenzverf. bestellt das Insolvenzgericht den InsV. Er muss eine natürl. Person sein (BVerfG 12.1.2016 NJW 2016, 930). In der ersten Gläubigerversammlung kann ein anderer InsV gewählt werden, der dann bei entspr. Eignung vom Insolvenzgericht zu bestellen ist. Mit der Eröffnung des Insolvenzverf. geht die Verfügungsbefugnis auf den InsV über (§ 80 I). Der InsV handelt **kraft seines Amtes** im eigenen Namen mit Wirkung für und gegen den Schuldner als Träger der Insolvenzmasse, soweit diese als Haftungsmasse den Gläubigern zugewiesen ist.

7 d) **Gläubigerversammlung und Gläubigerausschuss.** Im Insolvenzverf. kommt den Gläubigern eine zentrale Stellung zu. Ihre Vertretung ist die Gläubigerversammlung. Diese Versammlung wird vom Insolvenzgericht geleitet (§ 76 I). Die Gläubigerversammlung entscheidet mit einfacher Mehrheit beurteilt nach der Forderungssumme. Sie kann einen Gläubigerausschuss wählen. Für die **Besetzung dieses Gremiums** gibt das G bestimmte Regeln vor. Es muss mit mind. zwei Mitgliedern besetzt sein (BGH 5.3.2009 ZIP 2009, 727). Dem Ausschuss soll unabhängig davon, ob AN zu den Gläubigern gehören (*Wroblewski* AuR 2012, 188, 190), ein Vertreter der AN angehören.

8 e) **Prozesskostenhilfe im Insolvenzverfahren.** Im Insolvenzverf. finden die Vorschr. über die PKH Anwendung (§ 4 iVm. §§ 114 ff. ZPO). Diese Regelung betrifft die Insolvenzgläubiger. Im Verbraucherinsolvenzverf. kann der Schuldner gem. §§ 4a bis 4d **Kostenhilfe** in Form der Stundung erlangen. In Rechtsstreiten des InsV, die dieser als Partei kraft Amtes führt, kann ihm PKH bewilligt werden (BAG 8.5.2003 AP ArbGG 1979 § 9 Nr. 25). Jur. Personen erhalten PKH nur, wenn die Unterlassung der Rechtsverfolgung oder Rechtsverteidigung allg. Interessen zuwiderlaufen würde. Ein derartiges Interesse besteht nicht ledigl. deswegen, weil ein „schwacher“ vorl. InsV bestellt ist und die Rechtsverfolgung oder Rechtsverteidigung zur Sicherung eines nachf. Insolvenzverf. erforderl. ist (BAG 3.8.2011 NZA 2011, 1243).

9 f) **Sicherung und Feststellung der Masse.** Der InsV hat die gesamte Masse in Besitz und Verw. zu nehmen, wozu ihm der Eröffnungsbeschl. als Vollstreckungstitel dient (§ 148). Ausgeschiedene AN müssen die ihnen überlassenen Arbeitsmittel (zB Dienstwagen) herausgeben und können kein Zurückbehaltungsrecht wegen offener Entgeltansprüche ausüben (LAG NI 8.7.2005 NZA-RR 2006, 40). Zur Masse gehört auch das nach Eröffnung des Insolvenzverf. erworbene Neuvermögen des Schuldners (§ 35). Verschleiertes Arbeitseinkommen iSv. § 850h II ZPO gehört iHd. pfändbaren Teils der angemessenen Vergütung zur Insolvenzmasse (BAG 16.5.2013 NZA 2013, 1079). Das Eigentum des Schuldners bleibt erhalten (*Obermüller/Hess* Rn. 297). Der InsV untersteht der Aufsicht des Insolvenzgerichts und (sofern gebildet) des Gläubigerausschusses (§ 69 S. 1). Kraft der in § 92 geregelten Aktivlegitimation kann der InsV **Gesamtschadensansprüche** wegen Verminderung der Insolvenzmasse geltend machen, die den Gläubigern gemeinschaftl. zustehen. Insb. kommen Ansprüche wegen verspäteter Insolvenzanmeldung oder sittenwidriger Vermögensverschiebung in Betracht. Ein etwaiger Schadensersatzanspruch der Masse gegen den InsV pers. ist als Gesamtschaden von einem neu bestellten InsV geltend zu machen (§ 92 S. 2). Ist das Insolvenzverf. über das Vermögen einer Personengesellschaft eröffnet, kann die pers. Haftung der Gesellschafter nur noch vom InsV geltend gemacht werden (§ 93). Schließt der InsV mit den Gesellschaftern der Schuldnerin einen ihre pers. Haftung regelnden und begrenzenden Vergleich, wirkt dieser zu Gunsten der Gesellschafter auch ggü. Insolvenzgläubigern (BAG 28.11.2007 NZA 2008, 645).

10 g) **Berichtstermin.** Bestimmte Geschäfte des InsV bedürfen der Zust. der Gläubigerversammlung. Insb. ist im Berichtstermin darüber zu entscheiden, ob das Unternehmen stillgelegt oder vorl. fortgeführt werden soll (§ 157 S. 1). Dieser Berichtstermin soll innerhalb einer Zeitspanne von sechs Wochen bis zu drei Monaten nach Eröffnung des Insolvenzverf. stattfinden (§ 29 Nr. 1). Auch diese Gläubigerversammlung wird vom Insolvenzgericht geleitet (§ 76 I). Im Termin erstattet der InsV Bericht über die **wirtschaftl. Lage** des Schuldners und ihre Ursachen, die Aussichten, das Unternehmen des Schuldners im Ganzen oder in Teilen zu erhalten, die Möglichkeiten eines Insolvenzplans und die mögl. Befriedigung der Gläubiger (§ 156 I). Nach § 156 II erhalten der Schuldner, der Gläubigerausschuss, der GBR bzw. BR und der SprAu Gelegenheit, zum Bericht Stellung zu nehmen. Vor dem Berichtstermin darf der InsV das Unternehmen nur mit Zust. des Gläubigerausschusses stilllegen (§ 158). Zuvor ist der Schuldner zu unterrichten, er kann beim Insolvenzgericht die **Untersagung der Stilllegung** beantragen (§ 158 II).

11 h) **Verwertung der Masse.** Nach dem Berichtstermin beginnt die Verwertung der Masse (§ 159). Dabei bedarf der InsV für Rechtshandlungen von bes. Bedeutung der Zust. des Gläubigerausschusses (§ 160 – ersatzweise der Gläubigerversammlung). Hierzu rechnen ua. die Veräußerung des Unternehmens oder eines Betriebs. Zur **Anmeldung der Insolvenzforderungen** fordert das Insolvenzgericht im Eröffnungsbeschl. auf. Die Anmeldefrist muss mind. zwei Wochen und darf höchstens drei Monate betragen (§ 28 I). Diese Frist ist keine Ausschlussfrist (PUV/*Voigt-Salus* Kap. 28 Rn. 16). Die Anmeldung erfolgt schriftl. ggü. dem InsV. Grund und Höhe der Forderung sind anzugeben. Mit dem Grund der Forderung ist der Klagegrund und damit der Sachverhalt gemeint, aus dem die Forderung entspringt (BGH 22.1.2009 ZIP 2009, 483). Da die Anmeldung eine Form der Rechtsverfolgung darstellt

und der Gläubiger aus der Eintragung als Titel die Zwangsvollstreckung betreiben kann (§ 178 III), muss die Forderung zur Bestimmung der Reichweite der Rechtskraft eindeutig konkretisiert werden (BAG 3.12.1985 NZA 1986, 429; BGH 27.9.2001 NZI 2002, 37; 21.2.2013 NZI 2013, 388). Die Individualisierung der Forderung dient daneben dem Zweck, den InsV und die übrigen Insolvenzgläubiger in den Stand zu versetzen, den geltend gemachten Schuldgrund einer Prüfung zu unterziehen. Der Gläubiger muss bei der Anmeldung den Lebenssachverhalt schlüssig darlegen, der die geltend gemachte Forderung als begr. erscheinen lässt. Der Gläubiger kann zur Darlegung seiner Forderung auf beigefügte Unterlagen Bezug nehmen, wenn daraus der Grund der Forderung hervorgeht. Handelt es sich um eine Sammelanmeldung, der mehrere Forderungen zugrunde liegen, hat für jede einzelne Forderung eine Substantiierung zu erfolgen (BGH 22.1.2009 ZIP 2009, 483). Forderungen, die von einer Gegenleistung abhängen, können nicht als solche zur Insolvenztabelle angemeldet werden, sie müssen unter Bewertung der Zug-um-Zug zu erbringenden Gegenleistung in einen Geldbetrag umgerechnet werden (BGH 23.10.2003 NJW-RR 2004, 1050; 21.5.2015 – III ZR 384/12 – BeckRS 2015, 10582 Rn. 18; 14.1.2016 NJW-RR 2016, 433 Rn. 15). Die hinreichend individualisierte Anmeldung hemmt die Verjährung (§ 204 I Nr. 10 BGB; BGH 21.2.2013 NZI 2013, 388).

i) Prüfungstermin. Im Prüfungstermin (§ 176) werden die angemeldeten Insolvenzforderungen gesichtet. Der Termin ist bereits im Eröffnungsbeschl. festzusetzen. Er soll mind. eine Woche und höchstens zwei Monate nach Ablauf der Anmeldefrist stattfinden. Der Prüfungstermin darf mit dem **Berichtstermin** verbunden werden (§ 29 II). Werden Forderungen nach Ablauf der Anmeldefrist, aber noch vor dem Prüfungstermin angemeldet, werden sie im Termin geprüft, sofern nicht der InsV oder Gläubiger widersprechen. Für diesen Fall ist ein bes. Prüfungstermin oder die Prüfung im schriftl. Verf. zu bestimmen (§ 177 I). Die dadurch verursachten Kosten hat der säumige Gläubiger zu tragen (§ 177 I 2). **12**

Im Termin werden die angemeldeten Forderungen geprüft. Werden sie vom InsV, vom Schuldner oder von einem anderen Gläubiger bestr., erfordert dies eine Erörterung der einzelnen Forderung (§ 176). Wird eine Forderung festgestellt, geschieht dies im Verf. für alle Gläubiger und den InsV mit verbindl. Wirkung (§ 178 III). Diese einem rkr. Urt. entspr. **Feststellungswirkung** tritt ein, wenn weder der InsV noch ein Insolvenzgläubiger der angemeldeten Forderung mdl. im Prüftermin widerspricht. Ein Widerspruch des Schuldners steht der Feststellungswirkung nicht entgegen (§ 178 I 2), doch ist insofern eine spätere Vollstreckung aus der Tabelle ausgeschlossen. Wird mdl. und damit formwirksam im Prüfungstermin widersprochen, ist der Weg zur Einl. oder Fortsetzung eines gerichtl. Verf. frei. Ein vorl. und ein tw. Widerspruch genügen (LAG NI 10.7.2003 NZA-RR 2004, 317; PUV/*Voigt-Salus* Kap. 28 Rn. 21 und 33; *Zwanziger* Einf. Rn. 207 f.). Das Insolvenzgericht trägt in die Tabelle ein, ob und inwieweit eine Forderung festgestellt ist oder, wer ihr widersprochen hat. **12a**

j) Gerichtliche Klärung bestrittener Forderungen. Die Berechtigung bestr. Forderungen ist vor den zust. Prozessgerichten zu klären. Richtige Klageart ist die **Feststellungsklage** (BGH 21.2.2000 NJW-RR 2000, 1156; LAG NI 10.7.2003 NZA-RR 2004, 317). Liegt für die bestr. Forderung ein vollstreckbarer Schuldtitel vor, hat der Bestreitende den Widerspruch gerichtl. zu verfolgen (§ 179 II; Rn. 21). Die Anmeldung zur Tabelle und das Bestreiten der Forderung (dem steht das vorl. Bestreiten des InsV gleich – vgl. BGH 9.2.2006 NZA 2006, 566) sind zwgd. Prozessvoraussetzungen (BAG 16.6.2004 NZA 2004, 1274; BGH 21.2.2000 NJW-RR 2000, 1156; 23.10.2003 NJW-RR 2004, 1050). Entspricht die Anmeldung einer Forderung nicht den zu beachtenden Mindestanforderungen (vgl. Rn. 11) oder wird der Forderungsgrund nach der Anmeldung ausgetauscht, erfordert die Zulässigkeit der Forderungsfeststellungsklage sowohl eine Neuanmeldung als auch die Durchführung eines hierauf bezogenen Prüfungstermins, andernfalls ist die Klage als unzulässig abzuweisen (BAG 22.2.2012 ZTR 2012, 389; BGH 22.1.2009 ZIP 2009, 483). **13**

Grund der Forderung in § 181 meint den Klagegrund und damit den (Lebens-)Sachverhalt, aus dem die Forderung entspringt. Dieser umfasst nicht einen anderen Streitgegenstand (BAG 22.2.2012 ZTR 2012, 389; *Nungeßer* NZI 2012, 549, 552). Eine auf der Grdl. einer unzureichend individualisierten Forderungsanmeldung erhobene Feststellungsklage hemmt nicht die Verjährung (BGH 21.2.2013 NZI 2013, 388). **13a**

Der **Streitwert** einer Forderungsfeststellungsklage wird nach § 182 auf den bei erfolgreicher Klage zu erwartenden Leistungsbetrag limitiert (näher BGH 14.1.2016 NJW-RR 2016, 433 Rn. 12). Gleichwohl sollte sich der nicht rechtsschutzversicherte AN anges. der übl. Quote unbesicherter Ansprüche wegen der arbeitsgerichtl. Kostenregelungen die Erhebung einer Feststellungsklage gut überlegen. Die Klage ist gegen den Bestreitenden, regelm. den InsV oder den eigenverwaltenden Schuldner zu richten. Eine Frist für die Feststellungsklage ergibt sich mittelbar aus § 189. Danach werden Gläubiger nicht festgestellter Forderungen nur dann bei der Verteilung berücksichtigt, wenn sie spätestens innerhalb einer **Ausschlussfrist von zwei Wochen** nach der öffentl. Bek. des InsV nachweisen, dass und für welchen Betrag die Feststellungsklage erhoben oder das unterbrochene Verf. aufgenommen ist. Ggf. ist aufgrund der rkr. Entsch. die Tabelle zu berichtigen. Der Gläubiger einer im Anmeldungsverf. bestr. Forderung hat den Nachw. der rechtzeitigen Klageerhebung so zu führen, dass der InsV sicher erkennen kann, ob die Klage innerhalb der zweiwöchigen Ausschlussfrist erhoben ist. Will sich der **13b**

Gläubiger auf § 167 ZPO berufen, muss er dem InsV den tats. Eingang der Klage beim zust. Gericht und – wenn rechtl. erforderl. – die Einzahlung des Kostenvorschusses nachweisen (BGH 13.9.2012 NJW-RR 2012, 1397).

13c Hat der AN **Insolvenzgeld** beantragt, kann er wegen des Anspruchsübergangs auf die BA (vgl. Rn. 56) mangels Aktivlegitimation nicht selbst die zugrunde liegenden Entgeltansprüche erfolgreich zur Tabelle anmelden und ggf. per Feststellungsklage verfolgen (vgl. LAG SH 9.6.2009 NZA-RR 2009, 612). Ein stattgebendes Urt. wirkt auch ggü. dem Schuldner, wenn er der Forderung nicht widersprochen hatte. Ein abweisendes Urt. wirkt sowohl zugunsten der Masse als auch zugunsten des Schuldners. Die Klage bleibt auch nach einer Anzeige der Masseunzulänglichkeit (§ 208 III; vgl. Rn. 28) zulässig (BAG 26.7.2007 NZA 2007, 1419).

14 **Masseverbindlichkeiten** können mit einer **Leistungsklage** gegen den InsV vor dem zust. Prozessgericht (zB ArbG) verfolgt werden (BAG 11.12.2001 NZA 2002, 975; 4.6.2003 NZA 2003, 1087). Steht fest, dass die Masse zur vollständigen Erfüllung aller Masseverbindlichkeiten unzureichend sein wird (Masseunzulänglichkeit, s. Rn. 29), ist eine Klage auf Feststellung der Verpflichtung zur Leistung als Masseverbindlichkeit zulässig (BAG 3.4.2001 NZA 2002, 90; 31.3.2004 NZA 2004, 1093), bei „weiterer Masseunzulänglichkeit" ausschl. die Feststellungsklage (BAG 15.6.2004 NZA 2005, 354). Wegen einer Sozialplanforderung kann auch dann nicht in die Masse vollstreckt werden, wenn es sich um eine Masseverbindlichkeit handelt (§ 123 III 2). Deshalb ist insofern statt einer Leistungs- die Feststellungsklage zulässig (BAG 31.7.2002 NZA 2002, 1332; 30.3.2004 NZA 2004, 1183; 22.11.2005 NZA 2006, 220). Ist eine Masseverbindlichkeit irrtüml. oder vorsorgl. zur Tabelle angemeldet und nicht bestr. worden, steht die Rechtskraftwirkung der zur Tabelle festgestellten Forderungen (§ 178 III) der klageweisen Geltendmachung dieser Forderung als Masseforderung nicht entgegen (BAG 4.12.2002 AP InsO § 38 Nr. 2).

14a Macht der AN mit einer Leistungsklage eine seiner Ansicht nach gegebene Masseverbindlichkeit geltend, liegt aber **in Wahrheit eine Insolvenzforderung** vor, wird die Klage nicht als unzulässig, sondern als unbegründet abgewiesen (BAG 27.9.2007 NZA 2008, 89; 21.2.2013 NZA 2013, 743; 25.6.2014 NZI 2015, 81 Rn. 13). Geht aber der AN nicht von einer Masseverbindlichkeit, sondern einer Insolvenzforderung iSv. §§ 38, 108 III aus, ist die auf eine Leistung des InsV gerichtete Klage unzulässig (BAG 21.2.2013 NZA 2013, 743). Eine Klage auf Feststellung zur Tabelle ist nur zulässig, wenn die bes. Sachurteilsvoraussetzungen des gerichtl. Feststellungsverf. gem. §§ 179 ff. (vgl. Rn. 13) vorliegen (BAG 16.5.2007 AP InsO § 113 Nr. 24). Der Anspruch muss zur Insolvenztabelle angemeldet und vom InsV bestr. worden sein.

15 **k) Verteilungsverfahren und Schlusstermin.** Nach dem Prüfungstermin darf die Befriedigung der Gläubiger beginnen (§ 187 I). Die Verteilung setzt die Existenz hinreichender Barmittel voraus. Hierzu stellt der InsV ein Verteilungsverzeichnis auf (§ 188). Der InsV zeigt dem Gericht die Summe der Forderungen und den für die Verteilung aus der Insolvenzmasse verfügbaren Betrag an; das Gericht macht beides öffentl. bekannt. IdR wird es Abschlagsverteilungen geben (§ 195). Ist die Verwertung der Masse abgeschlossen, führt der InsV mit Zust. des Insolvenzgerichts die Schlussverteilung durch (§ 196). Zugleich hat das Insolvenzgericht den **Schlusstermin** als abschl. Gläubigerversammlung anzusetzen. In dieser Versammlung können Einwendungen gegen das Schlussverzeichnis erhoben, die Schlussrechnung des InsV erörtert und über die nicht verwertbaren Gegenstände der Masse entschieden werden (§ 197). Stellt sich später heraus, dass noch Masse vorhanden ist, wird auf Antrag eine **Nachtragsverteilung** angeordnet (§ 203).

15a Die Beendigung der Schlussverteilung zieht die Aufhebung des Verf. nach sich (§ 200). Danach sind jur. Personen und nicht rechtsfähige Personengemeinschaften abgewickelt. Gegen natürl. Personen kann wieder pers. vorgegangen werden (§ 201). Das Insolvenzverf. führt keine Entschuldung des Insolvenzschuldners herbei, sofern nicht das **Restschuldbefreiungsverf.** (§§ 286 ff.) durchgeführt worden ist oder überhaupt die Vorschr. über die Verbraucherinsolvenz (§§ 304 ff.) zur Anwendung gekommen sind (näher *Hergenröder* ZVI 2011, 1, 17).

16 **3. Wirkungen des Verfahrens. a) Zwangsvollstreckung.** Mit der Verfahrenseröffnung entsteht ein Vollstreckungsverbot gegen den Schuldner und die Masse. **Einzelzwangsvollstreckungen** in das Vermögen sind grds. unzulässig (§ 89 I). Zwangsvollstreckungen wegen Masseverbindlichkeiten, die nicht durch eine Handlung des InsV begr. worden sind, sind für die Dauer von sechs Monaten seit Eröffnung des Insolvenzverf. unzulässig (§ 90 I). Hiervon sind nach § 90 II folgende Masseverbindlichkeiten ausgenommen: Ansprüche aus einem gegenseitigen Vertrag, dessen Erfüllung der InsV gewählt hat, Ansprüche aus einem Dauerschuldverhältnis für die Zeit nach dem ersten Termin, zu dem der InsV hätte kündigen können, oder soweit der InsV für die Masse die Gegenleistung in Anspruch nimmt. Damit sind ua. die individualrechtl. ANAnsprüche privilegiert. Soweit ANAnsprüche mit Wirkung für die Zukunft abgetreten oder verpfändet oder gepfändet worden sind, werden die Wirkungen dieser Rechtsgeschäfte bzw. Vollstreckungsmaßnahmen nach § 114 zeitl. begrenzt (näher BGH 20.9.2012 NJW-RR 2013, 248).

16a Für **Sozialplanansprüche** der AN ordnet § 123 III 2 ein bes. Vollstreckungsverbot an. Ein weiteres Vollstreckungsverbot für Masseverbindlichkeiten tritt nach § 210 ein, wenn der InsV die Masseunzulänglichkeit angezeigt hat (vgl. Rn. 29). Sicherheiten, die im letzten Monat vor dem Insolvenzantrag (im Fall der Insolvenz eines Verbrauchers drei Monate, § 312 I 3) oder zwischen Antrag und Eröffnung im Wege der Zwangsvollstreckung erworben wurden, verlieren ihre Wirksamkeit (§ 88; sog. **Rückschlagsperre**). Ausgenommen sind Zwangsvollstreckungsmaßnahmen wegen lfd. Unterhaltspflichten des Schuldners und wegen deliktischer Ansprüche. Die Ausnahme von dem generellen Vollstreckungsverbot betrifft ausschl. die während des Insolvenzverf. neu entstehenden lfd. Unterhaltsansprüche. Deshalb kann aus einem Pfändungs- und Überweisungsbeschl., der von einem Unterhaltsberechtigten vor Eröffnung des Verbraucherinsolvenzverf. über das Vermögen des Unterhaltsschuldners erwirkt worden ist, nach der Insolvenzeröffnung die Zwangsvollstreckung wegen Unterhaltsrückständen aus der Zeit vor Insolvenzeröffnung nicht mehr betrieben werden (BAG 17.9.2009 NZA 2010, 300). Wird das Insolvenzverf. eröffnet, aber dieser Beschl. später wieder aufgeh., bleiben die Rechtswirkungen der zwischenzeitl. Handlungen des InsV erhalten (§ 34 III 3).

b) Auflösung kraft Gesetzes. Jur. Personen und Gesellschaften ohne Rechtspersönlichkeit werden durch die Eröffnung des Insolvenzverf. aufgelöst (vgl. zB § 60 I Nr. 4 GmbHG; § 131 I Nr. 3 HGB). **17**

c) Unterbrechung und Aufnahme von Rechtsstreiten. Die Eröffnung des Insolvenzverf. (zu ausl. Verf. vgl. BAG 27.2.2007 AP ZPO § 240 Nr. 7; 18.7.2013 NZA-RR 2014, 32; BGH 13.10.2009 ZIP 2009, 2217) unterbricht einen **anhängigen Rechtsstreit**, wenn dieser die Insolvenzmasse betrifft (§ 240 S. 1 ZPO), iZw. ganz (BGH 21.10.1965 NJW 1966, 51; *Reinfelder* NZA 2009, 124, 127; **aA** BAG 23.6.2004 NZA 2004, 1392; *Diller/Yalcin* FA 2006, 98, 99). Diese Wirkung tritt auch ein, wenn kein InsV bestellt und die Eigenverw. durch den Schuldner angeordnet wird (BGH 7.12.2006 NJW-RR 2007, 629). Hingegen unterbricht die Einl. des dem Verbraucherinsolvenzverf. vorgeschalteten Schuldenbereinigungsverf. noch keine Rechtsstreite (*Mohn* NZA-RR 2008, 617, 618). Die vom Schuldner erteilte Prozessvollmacht erlischt (BAG 18.7.2005 NZA 2005, 1076) und damit die Möglichkeit wirksamer Zustellungen (BAG 5.5.2015 NZA 2015, 1331 Rn. 30). Die Unterbrechung des Hauptsacheverf. führt nicht zur Unterbrechung eines **PKHVerf.** (BAG 24.8.2010 AP ZPO § 117 Nr. 1). **18**

Die **Masse ist betroffen**, wenn im Prozess eine Forderung im Streite ist, die das insolvenzbefangene Vermögen zumindest mittelbar betrifft (BAG 24.1.2006 NZA 2007, 278; *Schrader/Straube* VI Rn. 128). Die Klageart ist hierfür bedeutungslos. Auch das Verf. über eine Vollstreckungsabwehrklage wird unterbrochen (BAG 14.8.2008 NJW-RR 2009, 60). Ebenso wird eine Kündigungsschutzklage erfasst, obgleich erst die sich aus dem Fortbestand des ArbVerh. ergebenden Ansprüche die Masse betreffen (BAG 18.10.2006 NZA 2007, 765; 20.2.2014 NZA 2014, 1083 Rn. 12). BeschlVerf. können unterbrochen werden (BAG 22.3.2016 NZA 2016, 969 Rn. 15). Für die **Insolvenz des AN** wird dies anders gesehen und eine Unterbrechung des Kündigungsschutz- oder Befristungskontrollverf. verneint (BAG 5.11.2009 NZA 2010, 277; 18.3.2015 NZA 2015, 821 Rn. 12; *Zwanziger* § 185 Rn. 101; *Mohn* NZA-RR 2008, 617, 621 f.; *Reinfelder* NZA 2009, 124, 127; *Hergenröder* ZVI 2011, 1, 12). **18a**

Der **Zeugnisanspruch** ist kein Vermögensanspruch idS. Hierzu gehören nur geldwerte, aus dem Vermögen des Schuldners beitreibbare Leistungen. Das Insolvenzverf. kann seiner Konzeption nach dem Gläubiger nur eine Befriedigung in Geld vermitteln. Ansprüche, die nicht auf Zahlung einer Geldsumme gerichtet sind oder die sich nach § 45 nicht in einen Geldanspruch umwandeln lassen, können daher nicht als Insolvenzforderungen verfolgt werden (BAG 23.6.2004 NZA 2004, 1392). Der Anspruch auf die **Vornahme einer unvertretbaren Handlung** iSv. § 888 ZPO ist keine Insolvenzforderung, weil er vom Schuldner pers. zu erfüllen und nicht auf eine aus seinem Vermögen beitreibbare Leistung gerichtet ist. Gleichfalls nicht erfasst werden Prozesse, die das unpfändbare Vermögen des Schuldners oder familienrechtl. Ansprüche zum Gegenstand haben (Musielak/*Stadler* § 240 Rn. 5; zur Insolvenz des AN LAG D 2.6.2004 LAGE InsO § 36 Nr. 1; LAG SH 18.1.2006 NZA-RR 2006, 309). Grds. muss der Schuldner Partei des Rechtsstreits sein, doch wird der Rechtsstreit gegen Gesellschafter einer Personenhandelsgesellschaft mit Eröffnung des Insolvenzverf. über das Vermögen dieser Gesellschaft gleichfalls unterbrochen, damit der Gläubigerwettlauf um die Gesellschafterhaftung gezügelt wird (BGH 14.11.2002 NJW 2003, 590; 20.11.2008 NJW-RR 2009, 343; krit. Musielak/*Stadler* § 240 Rn. 2). Das gilt auch für solche Gesellschafter, die später Kommanditisten geworden sind und gem. § 160 III, § 128 HGB befristet unbeschränkt für die Verbindlichkeiten der Gesellschaft weiter haften (BAG 20.11.2008 NJW-RR 2009, 343). **18b**

Der Schuldner kann nach Eröffnung des Insolvenzverf. die Rechtsfolge der Unterbrechung eines Gerichtsverf. nach § 240 ZPO mit einem **Rechtsmittel** zur Geltung bringen, wenn das mit der Sache befasste Gericht diese Rechtsfolge außer Acht gelassen und ein Urt. verkündet hat (BAG 24.1.2001 ZInsO 2001, 727; 6.12.2006 – 5 AZR 844/06 –; 26.6.2008 NZA 2008, 1204). Auf eine Kenntnis des Gerichts vom Unterbrechungsgrund kommt es nicht an. § 249 II ZPO steht der Wirksamkeit der Rechtsmitteleinlegung nicht entgegen (BGH 29.1.1976 MDR 1976, 487; LAG BW 23.9.2011 NZA-RR 2012, 33). Für solche Fallkonstellationen kann eine vor Insolvenzeröffnung erteilte Prozessvollmacht abw. von § 117 als fortbestehend behandelt werden (BAG 26.6.2008 NZA 2008, 1204). Der Prozessgegner kann die Rechtsfolge der Unterbrechung des Verf. gleichfalls geltend machen (vgl. BGH 21.6.1995 AP ZPO § 240 Nr. 4). Der InsV kann für den Schuldner als dessen Rechtsnachfolger auftreten, ohne den Rechtsstreit aufnehmen zu müssen (vgl. BAG 24.1.2001 ZInsO 2001, 727; BGH **18c**

16.1.1997 NJW 1997, 1445). Wird nach der Unterbrechung für den Schuldner ein Rechtsmittel gegen ein vor der Unterbrechung ergangenes Urt. eingelegt, ist dieses unzulässig (BAG 18.7.2005 NZA 2005, 1076).

19 Die **Unterbrechung endet**, wenn der Rechtsstreit nach den Vorschr. der InsO in der Form des § 250 ZPO (Zustellung eines Schriftsatzes durch das Gericht an den InsV) aufgenommen oder das Insolvenzverf. beendet wird. Damit wird auf § 85 (Aktivprozesse), § 86 (Passivprozesse) und § 180 II (Schuldenmassestreit) verwiesen. Die Aufnahme ist auch in der Revisionsinstanz einschl. Nichtzulassungsbeschwerdeverf. mögl. (BGH 31.10.2012 NJW 2012, 3725; 26.1.2017 NZI 2017, 300 Rn. 32). Die Einstufung in **Aktiv- und Passivprozesse** bestimmt sich nicht nach der Parteirolle des Schuldners, sondern der Bedeutung des Streitgegenstands für die Masse. Aktivprozesse können zunächst allein vom InsV aufgenommen werden, Passivprozesse auch vom Gegner. Der AN kann einen unterbrochenen Kündigungsschutzprozess gegen den InsV aufnehmen, wenn hiervon Masseansprüche abhängen (BAG 20.2.2014 NZA 2014, 1083 Rn. 14). Darin liegt ein gewillkürter Parteiwechsel. Betrifft der Kündigungsschutzprozess ausschl. einen vor Eröffnung des Insolvenzverf. liegenden Zeitraum, kann die Aufnahme erst nach vergebl. Anmeldung der Insolvenzforderung zur Tabelle erfolgen (BAG 18.10.2006 NZA 2007, 765).

19a Gibt der InsV den Gegenstand des Rechtsstreits frei, so dass dieser in das **insolvenzfreie Vermögen** des Schuldners fällt, kann der Schuldner selbst den Rechtsstreit fortführen. In Aktivprozessen ist dies idR der Fall, wenn der InsV die Aufnahme des Rechtsstreits (formlos) ggü. dem Prozessgericht, dem Schuldner oder dem Prozessgegner ablehnt. Macht der Kl. ein Absonderungsrecht geltend, hat er den Leistungsantrag entspr. zu modifizieren, was auch in der Revisionsinstanz noch mögl. ist (BGH 16.12.2003 NJW 2004, 947 f.). Kann der Rechtsstreit nur tw. aufgenommen werden (zu den Voraussetzungen BGH 27.3.2013 ZIP 2013, 1094), darf ein Teilurt. ergehen (BGH 30.11.2011 MDR 2012, 180).

19b Nimmt der InsV einen unterbrochenen Rechtsstreit auf und führt diesen fort, sind die **Kosten dieses Rechtsstreits**, soweit sie nach der gerichtl. Kostenentsch. vom InsV zu tragen sind, insg. Masseverbindlichkeiten unabhängig davon, wann sie entstanden sind (BAG 17.8.2005 NZA 2006, 109). Im arbeitsgerichtl. Verf. ist die Frage, ob die Verfahrenskosten Masse- oder Insolvenzforderungen sind, bereits in der Kostengrundentsch. zu klären (BAG 19.9.2007 AP InsO § 55 Nr. 15; 11.3.2015 NZI 2015, 462 Rn. 9), sie darf nicht in das Kostenfestsetzungsverf. (§§ 103 ff. ZPO) verlagert werden (BAG 11.3.2015 NZI 2015, 462 Rn. 10).

20 Die Aufnahme des Rechtsstreits nach § 180 II mit dem Antrag auf **Feststellung zur Tabelle** ist erst nach Durchführung des insolvenzrechtl. Anmeldeverf. zulässig, dh. die Insolvenzforderung muss wirksam bestr. sein (vgl. Rn. 12 f.). Eine Aufnahme mittels Leistungsklage ist ausgeschlossen (BAG 24.1.2006 NZA 2007, 278). Die Umstellung von einer Leistungsklage in eine Klage auf Feststellung der Forderung zur Insolvenztabelle beinhaltet keine Klageänderung iSv. § 263 ZPO. Sie ist vielmehr wegen einer „später eingetretenen Veränderung" gem. § 264 Nr. 3 ZPO zulässig (BGH 31.10.2012 NJW 2012, 3725) und lässt die Identität des geltend gemachten Anspruchs unberührt. Es handelt sich ledigl. um eine verfahrensrechtl. Anpassung des Antrags an die insoweit maßgebenden Vorschr. der InsO (BGH 31.10.2012 NJW 2012, 3725). Eine selbständige Feststellungsklage anstelle der Aufnahme ist unzulässig (BGH 26.1.2017 NZI 2017, 300 Rn. 8). Die Aufnahme ist gegen alle Widersprechenden zu richten (BGH 6.3.2013 NZI 2013, 396 Rn. 9; 26.1.2017 NZI 2017, 300 Rn. 32). Ein Insolvenzgläubiger kann einen durch die Eröffnung des Insolvenzverf. unterbrochenen Rechtsstreit über eine Insolvenzforderung auch dann wirksam aufnehmen, wenn der Widerspruch nur auf insolvenzrechtl. Einwendungen gestützt wird (BGH 26.1.2017 NZI 2017, 300 Rn. 10). Der InsV kann einen unterbrochenen Passivprozess über eine Insolvenzforderung nicht zur Aufnahme durch den Schuldner freigeben (BGH 27.10.2003 NJW-RR 2004, 136). Ausschl. zust. ist das AG, bei dem das Insolvenzverf. anhängig ist oder war (§ 180 I 1). Gehört der Streitgegenstand nicht zur Zust. der AG, ist das LG ausschl. zust., in dessen Bezirk das Insolvenzgericht seinen Sitz hat (§ 180 I 2). Ist für die str. Forderung der Rechtsweg zu den ordentl. Gerichten nicht eröffnet, muss die Feststellung vor dem zust. anderen Gericht oder der zust. Behörde betrieben werden (§ 185). Die sachl. und va. die örtl. Zust. bestimmen sich nach den jeweiligen Vorschr. der bes. Prozessordnung und nicht nach § 180 I (Uhlenbruck/*Sinz* § 185 Rn. 16). Auch wenn die voraussichtl. Quote Null beträgt, wird das Rechtsschutzinteresse an der Feststellung regelm. nicht fehlen (BGH 17.7.2008 NJW-RR 2009, 126). Ist der Insolvenzgläubiger mit seiner Feststellungsklage erfolgreich, hat er beim Insolvenzgericht die entspr. Ber. der Tabelle zu beantragen (§ 183 II).

21 Liegt in dem unterbrochenen Prozess **bereits ein vorl. Titel** vor, hat der Bestreitende seinen Widerspruch nach den jeweils anwendbaren zivilprozessualen Vorschr. (zB Berufung, Einspruch) zu verfolgen (§ 179 II ZPO; BAG 24.6.2009 NJW 2009, 3529). Der Insolvenzgläubiger hat dann seinen Antrag umzustellen, um die notwendige Feststellung zur Tabelle zu erreichen (BAG 24.1.2006 NZA 2007, 278). Der Gläubiger ist zur Aufnahme befugt, wenn der Bestreitende seinen Widerspruch nicht verfolgt (BGH 31.10.2012 NJW 2012, 3725). Bleibt ein InsV gänzl. untätig und trägt er eine angemeldete titulierte Forderung entgegen § 175 I 1 nicht einmal in die Tabelle ein, ist der Gläubiger der Forderung zur Aufnahme des Rechtsstreits gegen den InsV befugt (BAG 28.8.2013 NZA 2013, 1303). Haben der Forderung mehrere Personen widersprochen, kann der Gläubiger den Rechtsstreit nur

wirksam allen Widersprechenden ggü. aufnehmen, denn diese sind notwendige Streitgenossen (BGH 31.10.2012 NJW 2012, 3725). Hat allein der Schuldner der Forderung widersprochen, richtet sich die Aufnahme nach § 184 S. 2. Ist eine Masseforderung zur Tabelle angemeldet und festgestellt worden, steht dies einer späteren Leistungsklage nicht entgegen (BGH 13.6.2006 NJW 2006, 3068).

Nach § 240 S. 2 ZPO tritt die Unterbrechung auch ein, wenn das Insolvenzgericht einen starken **vorl. InsV bestellt**, auf den die Prozessführungsbefugnis übergeht (BGH 16.5.2013 ZIP 2013, 1493; unzureichend ist die Anordnung eines Zustimmungsvorbehalts nach § 21 II Nr. 2 2. Alt. – PUV/*Voigt-Salus* Kap. 30 Rn. 6). In diesem Falle endet die Unterbrechung auch dann, wenn es nicht zur Eröffnung des Insolvenzverf. kommt. Hat der starke vorl. InsV einen Rechtsstreit aufgenommen, wird dieser durch die Eröffnung des Insolvenzverf. erneut unterbrochen. Bestellt das Insolvenzgericht einen vorl. InsV, ohne dem Schuldner ein allg. Verfügungsverbot aufzuerlegen, werden die Rechtsstreite des Schuldners nicht unterbrochen. 22

d) Haftung des Insolvenzverwalters. Der InsV hat seine **Pflichten ordentl. und gewissenhaft** zu erfüllen (BAG 1.6.2006 NZA 2007, 94). Er haftet allen Beteiligten für eine schuldhafte Verletzung seiner nach der InsO bestehenden (vgl. BAG 15.11.2012 AP InsO § 61 Nr. 4; LAG N 9.1.2007 NZA-RR 2007, 433) ges. Pflichten (§ 60 I; BAG 25.1.2007 AP InsO § 60 Nr. 1). Macht ein AN Verteilungsfehler des InsV geltend und nimmt ihn deshalb nach § 60 pers. in Anspruch, muss er sich bemühen, über eine Einsicht in die gerichtl. Insolvenzakte Inf. über die vom InsV an andere Gläubiger geleisteten Zahlungen zu erlangen. Ohne einen solchen Versuch hat der AN nicht alle ihm zur Vfg. stehenden Möglichkeiten zu näherem Tatsachenvortrag ausgeschöpft. Der InsV ist dann nicht nach den Grds. der sekundären Behauptungslast zum Vortrag positiver Gegenangaben verpflichtet (BAG 6.10.2011 NZA 2012, 94). 23

Der InsV ist nicht verpflichtet, AN zu einem bestimmten Zpkt. oder frühestmögl. freizustellen (BAG 15.11.2012 AP InsO § 61 Nr. 4). Begr. der InsV **Masseverbindlichkeiten**, haftet er den Gläubigern auf das negative Interesse, wenn diese Verbindlichkeiten nicht gedeckt sind und er dies erkennen konnte (§ 61; BAG 19.1.2006 NZA 2006, 860; 1.6.2006 NZA 2007, 94; 25.1.2007 AP InsO § 60 Nr. 1; 15.11.2012 AP InsO § 61 Nr. 4; BGH 6.5.2004 NJW 2004, 3334). Insofern ist für Ansprüche der AN der Rechtsweg zu den Gerichten für Arbeitssachen eröffnet (BAG 9.7.2003 ZIP 2003, 1617; BGH 16.11.2006 ZIP 2007, 94). Für eine Haftung des InsV nach § 61 ist kein Raum, wenn die Entsch. eines AN, in einem Kündigungsschutzprozess einen Vergleich mit Abfindungsregelung zu schließen, auf einer eigenverantwortl., in Kenntnis aller Tatsachen und Risiken getroffenen Beurteilung der Sach- und Rechtslage und damit auf einem bewussten Handeln auf eigenes Risiko beruht (BAG 6.10.2011 NZA 2012, 94). Das aus § 61 folgende Haftungsrisiko wird den InsV veranlassen, Dauerschuldverhältnisse und insb. ArbVerh. möglichst frühzeitig zu kündigen. Zur Haftung für Kostenerstattungsansprüche vgl. *Kallweit*, Die Eigenhaftung des InsV für prozessuale Masseverbindlichkeiten, 2005. Der Schadensersatzanspruch verjährt in drei Jahren (§ 62). Die InsO begr. aber keine Verpflichtung des InsV, vor der Erhebung einer Klage die Interessen des Gegners an der Erstattung seiner Kosten zu berücksichtigen (BGH 2.12.2004 NJW 2005, 884). Für die Annahme, der (vorl.) InsV habe eine Garantieerklärung abgegeben oder einen Schuldbeitritt erklärt und hafte deshalb pers. auf das positive Interesse, bedarf es hinreichender tats. Anknüpfungspunkte einer solchen Auslegung seines Verhaltens (verneint von BAG 25.6.2009 NZA 2009, 1273; 15.11.2012 AP InsO § 61 Nr. 4). 23a

4. Insolvenzanfechtung. Im Einzelfall kann die Masse erweitert werden. Dazu dient vorrangig die Insolvenzanfechtung (§§ 129 ff.). Anfechtbar sind vor der Eröffnung des Insolvenzverf. vorgenommene Rechtshandlungen, die Gläubiger (obj.) benachteiligen. Das können auch Handlungen des (schwachen) vorl. InsV sein. Eine Benachteiligung ist gegeben, wenn sich ohne das anfechtbare Verhalten eine Befriedigung aus der Masse günstiger gestaltet hätte und jetzt vereitelt, erschwert oder verzögert wird. Die Benachteiligung ist unmittelbar, wenn dem Vermögen des Schuldners für seine Leistung kein oder kein angemessener Gegenwert zugeführt wird. Vgl. zum grds. erreichten Stand der arbeitsgerichtl. Rspr. in der Frage der Anfechtung von Arbeitsentgeltzahlungen: *Fischermeier* ZInsO 2015, 1237 ff.; *Krause* FS Henckel 2015 S. 163 ff.; *Spelge* RdA 2016, 1 ff. Danach sind Entgeltzahlungen in der vertragl. geschuldeten Höhe entgeltl. und zwar auch bei ges. oder tarifl. Entgeltzahlungspflicht ohne Arbeitsleistung (BAG 17.12.2015 NJW 2016, 970 Rn. 14; zur unentgeltl. Leistung an AN iSv. § 134 bei unzureichender Arbeitsleistung BAG 18.9.2014 DB 2015, 499 Rn. 46). Die Benachteiligung ist mittelbar, wenn der Nachteil der Gläubiger durch Hinzutreten weiterer Umstände (zB Eingriffe des Schuldners) entsteht. Je nach Qualität der anfechtbaren Rechtshandlung werden **unterschiedl. Zeiträume** vor dem Insolvenzantrag erfasst (vgl. die Zusammenfassung bei *Obermüller/Hess* Rn. 324). Ggü. Masseverbindlichkeiten kann der InsV die Einrede der Anfechtbarkeit erheben (vgl. BAG 12.9.2013 AP InsO § 133 Nr. 1). Zur Anfechtung bei Insolvenz des AN vgl. BGH 26.6.2008 NZA 2009, 110. 24

In der Insolvenz des AG sind insb. die beiden **Fälle kongruenter Deckung** (§ 130) in Betracht zu ziehen (vgl. BAG 27.10.2004 NZA 2005, 473; BGH 19.2.2009 NJW 2009, 1202; näher *Zwanziger* BB 2007, 42; *Bork* ZIP 2007, 2337, 2338 f.; zur inkongruenten Deckung wegen Beitreibung im Wege der Zwangsvollstreckung vgl. BAG 19.5.2011 NZA-RR 2011, 6569; 24.10.2013 NZA-RR 2014, 254; 27.2.2014 NZA 2014, 681 Rn. 14; 8.5.2014 NZA 2015, 574; wegen weisungsgemäßer Leistung durch 24a einen Dritten BAG 21.11.2013 NZA 2014, 255 (vgl. aber die Neuregelung in § 142 II 3), auch wenn sie nicht aus dem Vermögen des Dritten erbracht wird [BAG 13.11.2014 ZIP 2015, 533 Rn. 15; andererseits BAG 22.10.2015 NZA 2016, 44 Rn. 14; 22.10.2015 AP InsO § 131 Nr. 18 Rn. 24]; wegen angedrohten Insolvenzantrags BAG 27.3.2014 AP InsO § 133 Nr. 3 Rn. 22). Erstens: Der AN erlangt in den letzten drei Monaten vor dem Insolvenzantrag die Befriedigung offener Ansprüche, der AG ist zu diesem Zpkt. bereits zahlungsunfähig und der AN kennt die Zahlungsunfähigkeit. Zweitens: Die Rechtshandlung wird nach dem Eröffnungsantrag vorgenommen und der AN kennt die Zahlungsunfähigkeit oder den Eröffnungsantrag. Dabei wird nach § 130 II der **Kenntnis der Zahlungsunfähigkeit** oder des Eröffnungsantrags die Kenntnis solcher Umstände gleichgestellt, die zwgd. (zweifelsfrei) auf die Zahlungsunfähigkeit oder den Eröffnungsantrag schließen lassen. Kenntnis bedeutet für sicher gehaltenes, positives Wissen (BGH 19.2.2009 NJW 2009, 1202). Ein AN kennt die Zahlungsunfähigkeit oder Zahlungseinstellung seines AG als komplexen Rechtsbegriff nur, wenn er selbst die Liquidität oder das Zahlungsverhalten seines AG wenigstens laienhaft so bewertet (BAG 6.10.2011 NZA 2012, 330). Entscheidend sind die Kenntnisse des AN im Zpkt. der Vornahme der Rechtshandlung (vgl. BGH 8.10.2009 DB 2009, 2485). Die grob fahrlässige Unkenntnis der Zahlungsunfähigkeit genügt nicht, vielmehr muss der Gläubiger – als redl. Denkender, der vom Gedanken auf den eigenen Vorteil nicht beeinflusst ist – die tats. Umstände kennen, aus denen bei zutr. rechtl. Bewertung die Zahlungsunfähigkeit zweifelsfrei folgt (BGH 19.2.2009 NJW 2009, 1202). Einem AN wird der entspr. Überbl. in aller Regel fehlen (vgl. BGH 19.2.2009 NJW 2009, 1202). Die Stellung oder Funktion des AN im Unternehmen ist bei der Beurteilung, ob er positive Kenntnis von Umständen hatte, die gem. § 130 II zwgd. auf die Zahlungsunfähigkeit seines AG oder den Eröffnungsantrag schließen ließen (Vermutungstatsachen), nicht per se maßgebend (*Jacobs/Doebert* ZInsO 2012, 618, 625). Ebenso wenig rechtfertigt allein die Kenntnis des AN, dem sein AG in der Krise rückständige Vergütung zahlt, dass sein AG noch anderen AN Entgelt schuldig ist, den Schluss auf die Kenntnis von der Zahlungsunfähigkeit oder Zahlungseinstellung des AG (BAG 6.10.2011 NZA 2012, 330). Da grobe Fahrlässigkeit unzureichend ist, genügt es nicht, wenn sich der AN keine Inf. über den Bestand und die Entwicklung der Verbindlichkeiten und kurzfristig verwertbaren Aktiva seines AG verschafft hat (BAG 6.10.2011 NZA 2012, 330; *Jacobs/Doebert* ZInsO 2012, 618, 626).

24b Der InsV muss im Rechtsstreit nicht nur alle obj., sondern auch alle subj. Voraussetzungen der Deckungsanfechtung beweisen (BGH 12.7.2007 NZI 2007, 722; *Klinck* Anm. zu AP InsO § 130 Nr. 2). Er hat **substantiiert die Tatsachen vorzutragen**, aus denen sich die Kenntnis des AN von der Zahlungsunfähigkeit oder dem Eröffnungsantrag ergeben sollen (BAG 6.10.2011 NZA 2012, 330). Der mit Zustimmungsvorbehalt ausgestattete vorl. InsV schafft für den Gläubiger grds. einen anfechtungsfesten Vertrauenstatbestand, wenn er der Erfüllung einer Altverbindlichkeit zustimmt, die auf einer vertragl. Vereinb. beruht, welche den Gläubiger zugleich verpflichtet, neue Leistungen an den Schuldner zu erbringen (BGH 15.12.2005 NJW 2006, 1134). Zur Anfechtung der im Wege der Zwangsvollstreckung erlangten Befriedigung BGH 7.12.2006 NJW 2007, 848 oder nach Einl. bzw. Androhung der Zwangsvollstreckung BAG 31.8.2010 NJW 2011, 473

24c Nach § 133 I 1 ist eine Rechtshandlung, die der Schuldner in den letzten 10 Jahren vor dem Antrag auf Eröffnung des Insolvenzverf. oder nach diesem Antrag mit dem Vorsatz, seine Gläubiger zu benachteiligen, vorgenommen hat, anfechtbar, wenn der andere Teil zZ der Handlung den Vorsatz des Schuldners kannte. Hat die Rechtshandlung dem anderen Teil eine Sicherung oder Befriedigung gewährt oder ermöglicht, beträgt der Zeitraum in Neuverf. (Stichtag 5.4.2017) nach § 133 II vier Jahre. Für die Vorsatzanfechtung genügt eine mittelbare Gläubigerbenachteiligung (vgl. zur notwendigen Anwendung mit „Augenmaß" *Kayser* NJW 2014, 422; *Gehrlein* DB 2013, 2843). Dass die Entgeltzahlung im Wege eines Bargeschäfts erfolgte, schließt eine solche Benachteiligung nicht aus, weil die erbrachte Arbeitsleistung den Insolvenzgläubigern nicht dies. Zugriffsmöglichkeit gewährt, wie sie die abgeflossenen Zahlungsmittel geboten hätten. Doch erfordert die Neuregelung für den Ausschluss des Bargeschäfts, dass der AN erkannte, dass der AG unlauter handelte (§ 142 I). IE führt die Einführung des Merkmals der Unlauterkeit zur weitgehenden **Anfechtungsfestigkeit von Bargeschäften** (*Kindler/Bitzer* NZI 2017, 369, 375), denn bei realistischer Betrachtung wird sie nur selten zu beweisen sein (*Thole* ZIP 2017, 401, 407). Eine mittelbare Gläubigerbenachteiligung kann bei derartigen Entgeltzahlungen allenfalls dann ausscheiden, wenn sich wegen eines ernsthaften und aussichtsreichen Sanierungsversuchs das Interesse der Gläubiger darauf richtet, dass die Tätigkeit unverändert fortgesetzt wird (BAG 29.1.2014 NZA 2014, 1266). Gem. § 133 I 2 wurde die notwendige Kenntnis des AN vermutet, wenn er wusste, dass die Zahlungsunfähigkeit drohte und dass die Handlung die Gläubiger benachteiligte. Nach der Neuregelung muss der InsV, will er die Vermutungsfolge im Falle einer kongruenten Zahlung auslösen, darlegen und beweisen, dass der Anfechtungsgegner die bereits eingetretene Zahlungsunfähigkeit des Schuldners kannte. Die Kenntnis von der nur drohenden Zahlungsunfähigkeit, die bislang ausreichte, genügt nicht mehr.

24d Ob der AN bei einer Entgeltzahlung seines AG wusste, dass dessen Zahlungsunfähigkeit drohte (§ 133 I), kann regelm. nur mittelbar aus obj. Tatsachen hergeleitet werden und ist deshalb vom Tatrichter nach § 286 I 1 ZPO im Rahmen einer Gesamtwürdigung unter Berücksichtigung der maßgebl. Umstände des Einzelfalls auf der Grdl. des gesamten Inhalts der Verh. und des Erg. einer etwaigen Beweisaufnahme **nach freier Überzeugung zu entscheiden** (BAG 6.10.2011 NZA 2012, 330; 27.3.2014 AP InsO § 133 Nr. 3 Rn. 37; *Jacobs/Doebert* ZInsO 2012, 618, 626; zu Strategien einer anfechtungsfesten Bindung von AN vgl. *Mückl* ZIP 2012, 1642). Die subj. Voraussetzungen der Vorsatzanfechtung sind nicht stets schon dann zu bejahen, wenn der AG zahlungsunfähig war und der AN dies wusste. Vielmehr muss das Indiz der Zahlungsunfähigkeit und ihrer Kenntnis einzelfallbezogen auf seine Beweiskraft hin geprüft werden. Das gilt sowohl für den Gläubigerbenachteiligungsvorsatz auf Seiten des Schuldners als auch für die Kenntnis des Anfechtungsgegners davon. Bei Zahlungen im Rahmen eines Bargeschäfts oder in bargeschäftsähnl. Lage ist darauf zu achten, dass die Vorsatzanfechtung **nicht über ihren Normzweck hinaus ausgedehnt** und dass dem vom Gesetzgeber beabsichtigten Stufenverhältnis von § 130 I 1 Nr. 1 und § 133 Rechnung getragen wird (BAG 29.1.2014 NZA 2014, 1266). Wird eine Entgeltzahlung im engen zeitl. Zusammenhang mit einer gleichwertigen Gegenleistung erbracht, spricht viel dafür, dass der AN davon ausgeht und ausgehen darf, dass er nur bekommen hat, was ihm zustand, die Unternehmensfortführung erfolgversprechend ist und er die Erfüllung des Entgeltanspruchs deshalb als nicht gläubigerbenachteiligend ansieht (BAG 29.1.2014 NZA 2014, 1266). Zahlt der AG das Entgelt an den AN, der im Wege der Vorleistung seiner Arbeitspflicht genügt hat, obwohl er zahlungsunfähig ist, pünktl., verhalten sich weder der AG noch der AN in einer von § 133 missbilligten Weise. Der AN soll nicht zum Nachteil anderer Gläubiger bevorzugt werden. In einem solchen Fall ist die Anwendung des § 133 grds. nicht gerechtfertigt. Durch die Vorsatzanfechtung würde im Regelfall nicht ein durch missbilligtes Verhalten erlangter Sondervorteil des AN rückgängig gemacht, sondern vom AN, der ohne adäquate Handlungsalternative verpflichtet war, seine Arbeitsleistung weiter zu erbringen, ein Sonderopfer verlangt. Das würde dem Normzweck des § 133 nicht gerecht und zugleich das erforderl, Stufenverhältnis zur Anfechtung nach § 130 I 1 Nr. 1 nicht wahren (BAG 29.1.2014 NZA 2014, 1266; *Windel* ZIP 2014, 1823, 1826).

Unter dem **Gesichtspunkt des Bargeschäfts (§ 142)** werden Leistungen privilegiert, für die unmittelbar eine gleichwertige Gegenleistung in das Schuldnervermögen gelangt ist. Nach der Rspr. wurde eine Entgeltzahlung des AG an den AN in der Krise grds. als Bargeschäft von der Privilegierung des § 142 erfasst und war damit regelm. nur bei Vorliegen der Voraussetzungen der Vorsatzanfechtung nach § 133 I anfechtbar, wenn mit der Zahlung Vergütungsrückstände für in den vorhergehenden 3 Monaten vom AN erbrachte Arbeitsleistungen ausgeglichen wurden (BAG 6.10.2011 NZA 2012, 330; zust. *Mückl* GWR 2014, 427; *Kindler/Bitzer* NZI 2017, 369, 376; abl. BGH 10.7.2014 NZA 2014, 1227 Rn. 16 [30 Tage nach Fälligkeit]; *Klinck* Anm. zu AP InsO § 130 Nr. 2; *Jacobs/Doebert* ZInsO 2012, 618, 624 [1 Monat]; *Doebert,* Die Insolvenzanfechtung von Lohnzahlungen, 2016, S. 166; *Ganter* ZIP 2012, 2037, 2044 [max. 30 Tage]; *Windel* ZIP 2014, 2167, 2170 [2 Monate]; *Brinkmann* ZZP 2012, 197, 208). Die zum 5.4.2017 in Kraft getretene Änd. des § 142 II hat diese Rspr. übernommen (*Huber* ZInsO 2017, 517, 519) und bestimmt nunmehr, dass ein enger zeitl. Zusammenhang gegeben ist, wenn der Zeitraum zwischen Arbeitsleistung und Gewährung des Arbeitsentgelts drei Monate nicht übersteigt. Somit ist eine Zahlung im Insolvenzgeldzeitraum nicht zwgd. ein Bargeschäft und ein Bargeschäft kann andererseits außerhalb des Insolvenzgeldzeitraums vorliegen (BAG 13.11.2014 NZA 2015, 1136 Rn. 16). Insolvenzgeld wird für die letzten 3 Monate des ArbVerh. vor dem Insolvenzereignis gezahlt. Für das Bargeschäft sind dagegen die letzten 3 Monate der Arbeitsleistung vor der Entgeltzahlung maßgebl. **Bei inkongruenter Deckung** scheidet die Annahme eines Bargeschäfts grds. aus (BAG 24.10.2013 NZA-RR 2014, 254; 21.11.2013 NZA 2014, 255; 13.11.2014 NZA 2015, 1136 Rn. 19). Doch bestimmt der neue S. 3, dass die Gewährung des Arbeitsentgelts durch einen Dritten der Leistung durch den AG gleichsteht, wenn für den AN nicht erkennbar war, dass ein Dritter die Leistung bewirkte. Diese Regelungen finden nur auf Neuverf. (Stichtag 5.4.2017) Anwendung. Da der AN vielfach über keine adäquaten arbeits- oder sozialrechtl. Möglichkeiten verfügt, dem Risiko einer Insolvenzanfechtung vorzubeugen, hat das BAG für Fälle kongruenter Deckung (*Spelge* RdA 2016, 1, 17) erwogen, mittels verfassungskonformer Auslegung der §§ 129 ff. das im Entgelt enthaltene Existenzminimum anfechtungsfrei zu stellen (vgl. BAG 29.1.2014 NZA 2014, 1266; ebenso für Fälle inkongruenter Deckung LAG K 6.3.2015 – 4 Sa 726/14 – BeckRS 2015, 70317; zust. *Zwanziger* DB 2014, 2391, 2394; abl. BGH 10.7.2014 NZA 2014, 1227 Rn. 28; *Klinck* DB 2014, 2455, 2462). Diesen Überlegungen gibt das MiLoG seit dem 1.1.2015 eine neue Grdl. Vorrangiger Zweck des MiLoG ist es, jedem AN ein existenzsicherndes Monatseinkommen zu gewährleisten (BT-Drs. 18/1558, 28; BAG 25.5.2016 NZA 2016, 1327 Rn. 29). Zugleich sollen die Systeme der sozialen Sicherheit einschl. der aus Steuermitteln finanzierten entlastet werden. Dazu schafft das MiLoG eine eigenständige Anspruchsgrdl. für die Entgeltansprüche aller AN. Der Mindestlohnanspruch ist ein ges. Anspruch, der eigenständig neben den arbeits- oder tarifvertragl. Entgeltanspruch tritt (BAG 21.12.2016 NZA 2017, 378 Rn. 16). Eine dem MiLoG genügende Vergütungszahlung muss dem AN dauerhaft verbleiben (BAG 25.5.2016 NZA 2016, 1327 Rn. 31), darf also nicht rückzahlbar sein. Diese bundesges. geregelte Sicherung des durch Arbeitsleistung erworbenen Existenzminimums gilt auch im Insolvenzverf. des AG und schließt die Insolvenzanfechtung hins. der in der Leistung des Arbeitsentgelts enthaltenen Erfüllung des ges. Mindestlohnanspruchs aus. **24e**

Die Anfechtung kann **allein vom InsV** nach Verfahrenseröffnung geltend gemacht werden (PUV/ **25**
Voigt-Salus Kap. 33 Rn. 146), im Fall der Eigenverw. (vgl. Rn. 36) vom Sachwalter (*Obermüller/Hess*

Rn. 311). Die Ansprüche der Masse entstehen kraft G, einer bes. Anfechtungserklärung oder -handlung bedarf es nicht (BAG 19.11.2003 NZA 2004, 208; BGH 11.12.2003 NJW-RR 2004, 696). Erstrebt der InsV im Rechtsstreit eine Rechtsfolge, die im wirtschaftl. Erg. durch die Insolvenzanfechtung zu erreichen ist, und stützt er sich auf einen Sachverhalt, der geeignet sein kann, die Voraussetzungen einer Anfechtungsnorm zu erfüllen, hat das Gericht vAw. die Insolvenzanfechtung zu prüfen (BGH 11.12.2003 NJW-RR 2004, 696). Die Anfechtung kann nach § 242 BGB ausgeschlossen sein, wenn der InsV der Leistung des Schuldners als vorl. InsV zugestimmt hatte (vgl. BGH 10.1.2013 NZI 2013, 298). Für die Anfechtung kann eine konkludente Willensäußerung des InsV genügen (BGH 21.2.2008 NJW-RR 2008, 1272).

25a Fordert der InsV vom AN Rückzahlung der vom AG als späteren Schuldner vor Insolvenzeröffnung geleisteten Vergütung wegen Anfechtbarkeit der Erfüllungshandlung, ist der **Rechtsweg zu den Gerichten für Arbeitssachen** eröffnet (ArbGG § 2 Rn. 13; GmS-OGB 27.9.2010 NJW 2011, 1211; hierzu *Biebl* JbArbR 48 [2011], 63 ff.; BGH 24.3.2011 ZIP 2011, 683; abl. *Brinkmann* ZZP 2012, 197, 204; *G. Kreft* ZIP 2013, 241; zur int. Zust. EuGH 12.2.2009 NJW 2009, 2189). Dies gilt auch dann, wenn str. ist, ob der Arbeitsvertrag wirksam geschlossen und beiderseitig erfüllt wurde (BAG 25.11.2014 NZA 2015, 252 Rn. 8). Über die Anfechtung der Lohnsteuerabführung entscheiden die Zivilgerichte (BAG 17.9.2014 NZI 2014, 1013 Rn. 21). Der BGH (6.12.2012 NZI 2013, 147) nimmt dessen ungeachtet an, für die Anfechtung von Beitragszahlungen eines AG an eine Sozialeinrichtung des privaten Rechts (zB Zusatzversorgungskasse) sei der Rechtsweg zu den ordentl. Gerichten gegeben, weil Grdl. der Leistungen nicht ein ArbVerh., sondern ein TV sei.

26 Ist die Insolvenzanfechtung begr., hat der Anfechtungsgegner wie ein bösgläubiger Empfänger (BAG 13.11.2014 NZA 2015, 1136 Rn. 25) das Erhaltene nach den **Vorschr. der §§ 812 ff. BGB** herauszugeben (§ 143 I; BAG 19.5.2011 NZA-RR 2011, 656; *Kayser* ZIP 2015, 449). Die anfechtbar aus der Masse ausgeschiedenen Gegenstände sind zur Insolvenzmasse zurück zu gewähren. Es wird der AN die Erstattung der vom AG real bezogenen Nettozahlung schulden (BAG 27.2.2014 NZA 2014, 681 Rn. 38; *Laws* ZInsO 2009, 1465, 1473; *Spelge* RdA 2016, 1, 16), obgleich § 28e I 2 SGB IV (dazu *Peters-Lange* RdA 2015, 240 ff.) zumindest irritiert (vgl. *Cranshaw* ZInsO 2009, 257, 258). Die Bereicherung muss nicht in Sachwerten bestehen. In Betracht kommen auch Dienstleistungen, für die Wertersatz zu leisten ist (BGH 11.12.2003 NJW-RR 2004, 696). Bei dem str. Anspruch handelt es sich um einen schuldrechtl. Rückgewähr- oder Verschaffungsanspruch, der aufgrund der Insolvenzeröffnung als ges. Schuldverhältnis entsteht (BAG 19.11.2003 NZA 2004, 208; BGH 24.6.2003 NJW 2003, 3345, 3346 f.). Nach § 143 I 3 ist eine Geldschuld (seit dem 5.4.2017) nur zu verzinsen, wenn die Voraussetzungen des Schuldnerverzugs oder des § 291 BGB vorliegen; ein darüber hinausgehender Anspruch auf Herausgabe von Nutzungen eines erlangten Geldbetrags ist ausgeschlossen.

26a Nach § 146 gilt die allg. **dreijährige Verjährungsfrist** nach §§ 194 ff. BGB. Die Hemmung der Frist kann mittels Klage, Widerklage oder im Mahnverf. erreicht werden (BAG 13.11.2014 NZA 2015, 1136 Rn. 31). Nach der bemerkenswert restriktiven Auff. des BAG sollen tarifl. Ausschlussfristen auf den Rückgewähranspruch nicht anzuwenden sein, weil es den TVParteien an der Regelungsmacht fehle (BAG 19.11.2003 NZA 2004, 208; 24.10.2013 NZA-RR 2014, 254; 27.2.2014 NZA 2014, 681 Rn. 35; 8.5.2014 NZA 2015, 574 Rn. 25; 8.5.2014 NZA-RR 2014, 482 Rn. 22; zust. MüKoInsO/*Kirchhof* § 146 Rn. 5; *Spelge* RdA 2016, 1, 4; **aA** LAG NI 22.3.2012 ZIP 2012, 1977; *Bandte* FS Beuthien 2009 S. 401, 406). Zur dolo-petit-Einrede wegen Anfechtbarkeit der Leistung vgl. BAG 10.11.2011 NZA 2012, 205. Nach wirksamer Anfechtung kann, abhängig vom Leistungszeitraum, ein Insolvenzgeldanspruch des AN (s. Rn. 51 ff.) entstehen (vgl. BAG 29.1.2014 NZA 2014, 1266 Rn. 33 f.; *Cranshaw* ZInsO 2009, 257, 264).

27 **5. Aussonderung, Absonderung, Aufrechnung.** Im Insolvenzverf. sind die aussonderungs- und absonderungsberechtigten Gläubiger vorrangig zu befriedigen. Die Aussonderung (§ 47) betrifft die **dingl. oder pers. Rechte,** die gar nicht zur Masse gehören. Sie können nach den allg. Vorschr. herausverlangt werden. Für AN kommt dies va. hins. eingebrachter Sachen und drittbezogenen Ansprüchen aus der betriebl. AV (vgl. BAG 22.5.2007 NZA 2007, 1169; 18.9.2012 AP BetrAVG § 1 Lebensversicherung Nr. 35) in Betracht, die der InsV zur Masse gezogen hat. Ferner ist an Treuhandverhältnisse zu denken (BAG 19.7.2007 AP InsO § 55 Nr. 14). Eine Aussonderung wegen eines Geldsummenanspruchs kommt aber nicht in Betracht (BAG 21.3.2017 – 3 AZR 718/15 – Rn.. 23). Die gerichtl. Durchsetzung wird regelm. in der Form der auf Herausgabe gerichteten Leistungsklage erfolgen, denkbar ist aber auch eine Klage auf Abgabe einer Willenserklärung (BAG 24.9.2003 NZA 2004, 980). Der InsV kann eine auf das Nichtbestehen eines Aussonderungsrechts gerichtete negative Feststellungsklage erheben (BAG 26.10.2010 NJW 2011, 701).

27a Die Absonderung (§ 49) betrifft **Sicherungsrechte**, die auch in der Insolvenz Bestand haben sollen. Hierzu gehören die durch Hypothek oder Grundschuld gesicherten Rechte. Begünstigt sind weiterhin Gläubiger, denen zur Sicherheit Eigentum oder Forderungen übertragen wurden oder denen bestimmte Zurückbehaltungsrechte zustehen (§ 51). Diese Gläubiger können ebenso wie der Fiskus hins. bestimmter Sicherungsrechte abgesonderte Befriedigung (ggf. im Wege der Zwangsversteigerung) verlangen. War im Zpkt. der Insolvenzeröffnung für einen Insolvenzgläubiger eine Aufrechnungslage gegeben, kann er die Aufrechnung noch während des Verf. erklären (§ 94). Entsteht die Aufrechnungslage erst mit oder nach Verfahrenseröffnung, ist die Aufrechnung ausgeschlossen, wenn die Gegenforderung des Schuldners erst nach der Forderung des Gläubigers unbedingt und fällig wird. Dann hat der Gläubiger seinerseits voll an die Masse zu leisten, während er seine Forderung zur Tabelle anmelden muss. Gleiches gilt, wenn die Aufrechnung nach § 96 unzulässig ist. Diese Regeln sind in ArbVerh. immer dann von Bedeutung, wenn der Schuldner als AG Geldforderungen gegen den AN hat (zB Schadensersatz, ungerechtfertigte Bereicherung, Darlehen).

6. Masselosigkeit, Masseunzulänglichkeit. Stellt sich während des Verf. heraus, dass die Masse nicht ausreicht, die Kosten des Verf. zu decken, wird das Verf. wegen **Masselosigkeit** eingestellt (§ 207). Reicht die Masse hierfür, nicht aber zur Deckung aller Masseverbindlichkeiten aus (sog. Masseunzulänglichkeit), wird zwischen Alt- und Neumassegläubigern unterschieden (§ 209). Während die zweite Gruppe volle Befriedigung erlangt, wird die erste nur ant. bedient. Einfache Insolvenzgläubiger gehen leer aus. Eine auf Feststellung einer Insolvenzforderung zur Tabelle gerichtete Klage (vgl. Rn. 13c) bleibt ungeachtet der eingetretenen Masseunzulänglichkeit zulässig (BAG 26.7.2007 NZA 2007, 1419). **28**

Maßgebl. Zpkt. für die Unterscheidung zwischen Alt- und Neumassegläubigern ist die Anzeige der **Masseunzulänglichkeit** durch den InsV beim Insolvenzgericht, das die Anzeige ohne inhaltl. Überprüfung öffentl. bekanntmacht (§ 208). Auf den Entstehungsgrund der Forderung kommt es nicht an (BGH 13.4.2006 NJW 2006, 2997). Zu den damit verbundenen Steuerungsmöglichkeiten des InsV vgl. *Ries/Berscheid* ZInsO 2008, 1161, 1163. Ausnahmsweise kann auch die Anzeige des vorl. InsV genügen, wenn das Insolvenzgericht die Massearmut im Eröffnungsbeschl. festgestellt hat (BAG 23.2.2005 NZA 2005, 694). Nach Anzeige der Massenunzulänglichkeit besteht für die Gläubiger der Masseverbindlichkeiten ein Vollstreckungsverbot (§ 210). Hat der InsV die Masseunzulänglichkeit angezeigt, können Altmasseverbindlichkeiten iSv. § 209 I Nr. 3 wegen des Vollstreckungsverbots nicht mehr mit einer Leistungsklage verfolgt werden (BAG 4.6.2003 NZA 2003, 1087; 21.6.2005 AP InsO § 55 Nr. 12; 5.2.2009 NZA 2009, 1215). Die richtige Klageart ist dann die Feststellungsklage (BAG 23.2.2005 NZA 2005, 694; 22.11.2005 NZA 2006, 736). Wird die Höhe der Forderung in das Ermessen des Gerichts gestellt, bedarf der Feststellungsantrag keiner Bezifferung (zB bei Nachteilsausgleichsansprüchen nach § 113 III; vgl. BAG 18.11.2003 NZA 2004, 220). Die nach der Rangordnung des § 209 I an zweiter Rangstelle zu befriedigenden Neumasseverbindlichkeiten umfassen sämtl. Ansprüche nach § 55, deren Rechtsgrund nach der angezeigten Masseunzulänglichkeit geschaffen worden ist. **29**

Die vom InsV formgerecht angezeigte Masseunzulänglichkeit ist für das **Prozessgericht bindend** (BAG 11.12.2001 NZA 2002, 975; *Zwanziger* NZA 2015, 577; krit. *Kraushaar* BB 2004, 1050, 1054). Bzgl. der Neumasseverbindlichkeiten (§ 209 I Nr. 1 und 2) bleibt die Leistungsklage zulässig (BAG 18.11.2003 NZA 2004, 220; 30.5.2006 NZA 2006, 1122; 23.3.2017 – 6 AZR 264/16 – BeckRS 2017, 109444 Rn. 13). § 210 erfasst nach seinem Wortlaut nur die übrigen Masseverbindlichkeiten iSv. § 209 I Nr. 3. Hieraus folgt im Umkehrschluss, dass die Neumasseverbindlichkeiten iSd. Nr. 1 und 2 weiterhin mit der Zahlungsklage zu verfolgen sind (BAG 23.2.2005 NZA 2005, 694). Nach der Rspr. (BGH 3.4.2003 NJW 2003, 2454; BAG 4.6.2003 NZA 2003, 1087) ist es aber in den Fällen der **erneuten Masseunzulänglichkeit** ggü. den Neumassegläubigern geboten, auf eine entspr. Einwendung des InsV hin nur noch die Feststellungsklage zuzulassen. Wie in den Fällen des § 208 kann der InsV die Erfüllung von Neumasseverbindlichkeiten verweigern, sobald sich herausstellt, dass die verfügbare Masse nicht zur vollen Befriedigung aller Neumasseverbindlichkeiten ausreicht. Dies gilt sinngemäß auch dann, wenn nicht mehr alle Forderungen der Neumassegläubiger voll zu berichtigen sind (BGH 3.4.2003 NJW 2003, 2454; 13.4.2006 NJW 2006, 2997; BAG 4.6.2003 NZA 2003, 1087). Es kann offen bleiben, ob in derartigen Fällen eine erneute Anzeige der Masseunzulänglichkeit mit der rechtsverbindl. Wirkung des § 208 zulässig ist, denn der im Prozess vorgebrachte Einwand der Masseunzulänglichkeit ist beachtl. (BGH 3.4.2003 NJW 2003, 2454; BAG 4.6.2003 NZA 2003, 1087). Dem InsV obliegen die Darlegung und der Nachw. der Masseunzulänglichkeit. Das Prozessgericht hat die Voraussetzungen der Masseunzulänglichkeit entspr. § 287 II ZPO zu beurteilen (BGH 3.4.2003 NJW 2003, 2454; 13.4.2006 NJW 2006, 2997; BAG 4.6.2003 NZA 2003, 1087). **30**

Für ArbVerh. bedeutet dies, dass die Entgeltansprüche der AN nur dann zu den voll zu befriedigenden Neumasseansprüchen rechnen, wenn sich der Verwalter noch nach seiner Anzeige **zu dem ArbVerh. bekannt** hat (§ 209 II). Dies ist der Fall, wenn er die Arbeitsleistung tats. in Anspruch genommen hat oder das ArbVerh. nicht zum nächstmögl. Termin kündigt (BAG 31.3.2004 NZA 2004, 1093; 21.7.2005 NZA 2006, 162; 8.5.2014 NZA 2014, 860 Rn. 25; *Oetker* DZWIR 2005, 108, 111; **aA** PUV/*Voigt-Salus* Kap. 36 Rn. 10). Verlangt der InsV nach Anzeige der Masseunzulänglichkeit die Erfüllung und erbringt der AN seine Arbeitsleistung, gehört die dem Vertragspartner dafür zustehende Gegenleistung (einschl. ant. Urlaubsentgelt/-abgeltung sowie die an deren Stelle tretenden Schadensersatzansprüche – BAG 21.11.2006 NZA 2007, 696) zu den vorrangig zu befriedigenden Masseansprüchen (§ 209 II Nr. 1). Lehnt der InsV dagegen die Erfüllung nach Anzeige der Masseunzulänglichkeit ab, bleiben die aus dem Dauerschuldverhältnis bestehenden Lohnansprüche Masseverbindlichkeiten iSd. § 55 I. Eine Freistellung von der Arbeitsleistung ist keine Wahl der Erfüllung des Arbeitsvertrags (BAG 4.6.2003 NZA 2003, 1087; 31.3.2004 NZA 2004, 1093; LAG N 6.9.2011 ZIP 2012, 1476), doch **31** kann ein Verzicht auf eine Kündigungsmöglichkeit vorliegen (vgl. Rn. 32). Die Erteilung von Urlaub begr. hins. des Urlaubsentgelts und -geldes keine Neumasseverbindlichkeiten (BAG 15.6.2004 NZA 2005, 354; 21.6.2005 AP InsO § 55 Nr. 12; hierzu *Düwell/Pulz* NZA 2008, 786, 788). Ansprüche aus einem vom InsV vereinbarten Sozialplan sind ab Anzeige der Masseunzulänglichkeit ohnehin nicht mehr zu realisieren (vgl. BAG 21.1.2010 NZA 2010, 413). Wegen Altmasseverbindlichkeiten steht dem AN kein Zurückbehaltungsrecht (§ 273 I BGB) zu (BAG 8.5.2014 NZA 2014, 860 Rn. 20).

32 **Neumasseverbindlichkeiten** aus einem Dauerschuldverhältnis für die Zeit nach dem ersten Termin, zu dem der InsV nach der Anzeige der Masseunzulänglichkeit kündigen konnte, stehen den Neumasseverbindlichkeiten gleich, die der InsV selbst begr. hat oder deren Erfüllung er gewählt hat, weil es in seiner Macht steht, den Eintritt dieser Verbindlichkeiten durch rechtzeitige **Kündigung** zu verhindern. Im Interesse der Erhaltung der Masse darf es der InsV auf keinen Fall versäumen, Dauerschuldverhältnisse mit Anzeige der Masseinsuffizienz zu kündigen, wenn er den Vertragsgegenstand für die Abwicklung des masseunzulängl. Verf. nicht mehr benötigt. Grds. ist für die Frage der frühesten Kündigungsmöglichkeit die **obj. Lage** entscheidend (BAG 21.7.2005 NZA 2006, 162). Hierfür spricht der Gesetzeswortlaut („konnte"). Die Vorschr. hat den Sinn, den InsV dazu zu veranlassen, im Interesse der Erhaltung der Masse Dauerschuldverhältnisse frühestmögl. zu beenden. Will sich der InsV die Möglichkeit erhalten, bei einer Betriebsfortführung die Arbeitsleistungen wieder in Anspruch zu nehmen, steht dies der Erfüllungswahl gleich. Mit dem Begriff des „Könnens" iSv. § 209 II Nr. 2 ist nicht ein tats., sondern ein **rechtl. Können** gemeint (BAG 31.3.2004 NZA 2004, 1093; 21.7.2005 NZA 2006, 162). Ist zB im Falle eines schwerbehinderten AN die Zust. des Integrationsamts erforderl., kann der InsV nicht ohne diese kündigen (BAG 11.12.2001 NZA 2002, 975). Dies gilt ebenfalls für die Verf. nach § 102 BetrVG und § 178 II SGB IX. Interessenausgleichsverh. iSd. §§ 111 ff. BetrVG hat der InsV abzuwarten (BAG 4.6.2003 NZA 2003, 1087), bis es zum (ausreichenden) Versuch des Interessenausgleichs gekommen ist (BAG 21.7.2005 NZA 2006, 162). Zwar führt die Nichteinhaltung der Unterrichtungs- und Beratungspflichten vor Durchführung einer Betriebsänd. nicht zur Unwirksamkeit einer gleichwohl ausgesprochenen Kündigung, doch würde der InsV seine betriebsverfassungsrechtl. Pflichten verletzen und Nachteilsausgleichsansprüche der AN begründen. Diese sind Neumasseverbindlichkeiten (BAG 30.5.2006 NZA 2006, 1122). Damit würde der Zweck der Vorschr., näml. die größtmögl. Erhaltung der Masse, in hohem Maße gefährdet. § 1 KSchG gehört nicht zu den äußeren Bedingungen iSd. rechtl. Könnens und ist deshalb kein geeigneter Maßstab zur Bestimmung des frühestmögl. Zpkt. einer Kündigung im massearmen Insolvenzverf. (BAG 21.7.2005 NZA 2006, 162). Alle arbeitsrechtl. Sonderzahlungen, dh. nicht nur solche mit reinem Entgeltcharakter, sondern auch solche zur Belohnung von Betriebstreue oder mit Mischcharakter, unterliegen nach angezeigter Masseunzulänglichkeit § 209. Nur der auf die Zeit der Arbeitsleistung nach Anzeige der Masseunzulänglichkeit entfallende ant. Anspruch ist als Neumasseverbindlichkeit zu berichtigen (BAG 23.3.2017 – 6 AZR 264/16 – BeckRS 2017, 109444 Rn. 32, 39).

33 Hat der InsV das ArbVerh. gekündigt, gehören Forderungen aus Annahmeverzug nicht zu den Neumasseansprüchen. Eine Aufrechnung ist in dem Rahmen mögl., wie der Gläubiger nach § 209 eine Befriedigung verlangen kann. Sozialplanansprüche sind zwar Masseforderungen, dürfen aber nur berücksichtigt werden, wenn Mittel in der Masse zur Verteilung an die Gläubiger vorhanden sind (PUV/*Voigt-Salus* Kap. 36 Rn. 10; *Zwanziger* Einf. Rn. 232). Ist die **Masseunzulänglichkeit zu Unrecht angezeigt** worden, lässt dies die Verpflichtung des InsV zur vollständigen Verwertung der Masse unberührt (§ 208 III). Nach Verteilung der Masse wird das Insolvenzverf. eingestellt (§ 211 I). Zur mögl. Haftung des InsV nach § 61 bei Begr. von Masseverbindlichkeiten in Kenntnis drohender Masseunzulänglichkeit BAG 15.11.2012 AP InsO § 61 Nr. 4.

34 **7. Insolvenzplan.** Der in den §§ 217 ff. geregelte Insolvenzplan ist an die Stelle des früheren Vergleichs getreten (*Obermüller/Hess* Rn. 112). Er dient dazu, die Insolvenz mit Zust. der Gläubiger abw. von den zwgd. Vorschr. der InsO abwickeln zu können. Dieses Instrument kann sowohl zur Sanierung als auch zur Liquidation eingesetzt werden (PUV/*Pape* Kap. 38 Rn. 9). Zur Aufstellung des Plans sind allein der Schuldner oder der InsV berechtigt. Der Plan kommt zustande, wenn er von den Gläubigern angenommen und vom Insolvenzgericht bestätigt wird. Der Schuldner muss dem Plan zustimmen. Die Zust. gilt als erteilt, wenn der Schuldner im Abstimmungstermin nicht widerspricht (§ 247 I). IRd. Planaufstellung hat das Insolvenzgericht einen Erörterungs- und Abstimmungstermin anzuberaumen (§ 235). Über den Plan wird in Gruppen abgestimmt. Die Gruppen werden nach der Qualität der Beteiligung am Verf. gebildet. Die AN sollen, wenn sie nicht unerhebl. Forderungen haben, die nicht durch das Insolvenzgeld (vgl. Rn. 51 ff.) abgedeckt sind (HKInsO/*Haas* § 222 Rn. 16), eine eigene Gruppe bilden (§ 222 III). Für die Abstimmung gilt das **Obstruktionsverbot** (§ 245; näher *Obermüller/Hess* Rn. 142).

35 Der Insolvenzplan gliedert sich in einen darstellenden und einen gestaltenden Teil (§§ 220, 221). In letzterem können die Rechte von Aussonderungsberechtigten und Dritten nicht verändert werden. Hingegen kann in die Rechte Absonderungsberechtigter eingegriffen werden (§ 223). Der InsV kann durch den Plan bevollmächtigt werden, die zur Umsetzung notwendigen Maßnahmen zu ergreifen und offensichtl. Fehler des Plans zu berichtigen. Die **Insolvenzgläubiger sind gleich zu behandeln** (§ 226).

Der Insolvenzplan kann eine Überwachung des Schuldners für einen Zeitraum von höchstens drei Jahren vorsehen. Eine im Insolvenzplan vorgesehene Stundung oder ein Erlass von Forderungen ist hinfällig, wenn der Schuldner mit der planmäßigen Erfüllung der Forderungen erhebl. in Rückstand gerät oder vor der vollständigen Erfüllung ein neues Insolvenzverf. eröffnet wird. Die Einhaltung des Insolvenzplans führt zur **Restschuldbefreiung**, sofern nichts anderes im Plan vorgesehen ist (§ 227). Ansprüche der AN können im Insolvenzplan geregelt werden. Unstr. ist dies für Insolvenzforderungen der Fall, denn ein Verzicht iSv. § 4 III TVG oder § 77 IV 2 BetrVG wird idR wegen der wirtschaftl. Bedeutungslosigkeit dieser Ansprüche nicht vorliegen. Die ges. Grenzen sind aber bei Regelungen hins. der Masseforderungen zu beachten (*Zwanziger* Einf. Rn. 314). Die Sonderregeln des Insolvenzarbeitsrechts gelten auch im Verf. der Aufstellung eines Insolvenzplans, allerdings gilt die Drittel-Obergrenze für Sozialplanvolumina nicht (§ 123 II 2). Gläubiger sind als „Nachzügler" mit Forderungen, die bei rkr. Bestätigung eines Insolvenzplans unbekannt waren, nach dem ges. Regelungskonzept nicht ausgeschlossen. Eine Regelung im Insolvenzplan, nach der Gläubiger, die ihre Forderung nicht im Verf. angemeldet haben, iHd. vorgesehenen Befriedigungsquote ausgeschlossen sind, ist auch dann unzulässig, wenn der Schuldner Restschuldbefreiung beantragt hat (BGH 3.12.2015 NJW-RR 2016, 372 Rn. 2). Fordern sie ledigl. die Planquote, können sie sich klageweise hierauf beschränken und müssen nicht zunächst vor dem Prozessgericht ihren Anspruch feststellen lassen (BAG 19.11.2015 NZA 2016, 314 Rn. 35). Sieht der Insolvenzplan vor, dass bestr. Forderungen bei der Verteilung analog § 189 nur zu berücksichtigen sind, wenn sie innerhalb einer Ausschlussfrist gerichtl. verfolgt werden, zieht dies nicht den Untergang der Forderung nach sich und steht darum der Klage auf Zahlung der Quote, die für Forderungen ihrer Art im Insolvenzplan festgeschrieben wurde, nicht entgegen (BAG 19.11.2015 NZA 2016, 314 Rn. 24). Begehrt ein am Insolvenzverf. Beteiligter oder ein „Nachzügler" (auch) den Teil der Forderung, der aufgrund des Insolvenzplans erloschen oder gestundet ist, zielt die Leistungsklage also auf einen die Planquote übersteigenden Betrag, ist die Klage insoweit nur begr., wenn die bestr. Forderung nach § 255 I wiederaufgelebt ist. Das wiederum setzt einen Rückstand mit der Erfüllung der Forderung voraus. Dafür ist erforderl., dass der Insolvenzgläubiger gem. § 256 I eine endgültige Feststellung der Höhe der Forderung durch das Prozessgericht oder eine Entsch. des Insolvenzgerichts über die vorl. Berücksichtigung der Forderung herbeiführt. Ist dies nicht der Fall, kann der Gläubiger einer vom Schuldner bestr. Forderung erst dann wirksam eine Frist nach § 255 I 2 setzen, wenn seine Forderung vom Prozessgericht rkr. festgestellt worden ist. Ohne Einhaltung dieses Wegs können vom Sachwalter bestr. Forderungen, die die Planquote übersteigen, oder Forderungen, die nicht angemeldet wurden, nicht mit einer Leistungsklage durchgesetzt werden (BAG 19.11.2015 NZA 2016, 314 Rn. 50). Zu Verjährungsrisiken im Insolvenzplanverf. *Wroblewski* AuR 2012, 298, 304; *ders.* AuR 2015, 210, 213.

8. Eigenverwaltung. In Ausnahmefällen erlaubt die InsO die Durchführung des Insolvenzverf. in 36 Eigenverw. des Schuldners (§ 270). Diese Verfahrensart darf nicht angeordnet werden, wenn sie zu einer Verzögerung des Verf. oder zu sonstigen Nachteilen für die Gläubiger führen wird. Zu Kostenüberlegungen *Hammes* NZI 2017, 233. Der Schuldner steht unter der Aufsicht eines vom Insolvenzgericht zu bestellenden **Sachwalters** (PUV/*Pape* Kap. 39 Rn. 18 ff.). Die §§ 103 bis 128 gelten auch bei der Eigenverw. (§ 279), doch bedarf der Schuldner zT der Zust. des Sachwalters (PUV/*Pape* Kap. 39 Rn. 39; *Zwanziger* Einf. Rn. 320 ff.).

III. Arbeitsrechtliche Bedeutung der Insolvenz

1. Grundsatz. Die Eröffnung des Insolvenzverf. lässt bestehende ArbVerh. unberührt (§ 108 I; vgl. 37 BGB § 620 Rn. 38). Die arbeitsrechtl. Vorschr. der InsO sollen im Insolvenzfall bei grds. Aufrechterhaltung des Kündigungsschutzes und der Geltung des § 613a BGB deren negative Folgen auf die Sanierung des Unternehmens mildern. In der Eröffnung eines Insolvenzverf. liegt allein kein Grund für die außerordentl. oder ordentl. Beendigung von ArbVerh. Der starke vorl. InsV und der InsV nehmen die **Rechtsstellung des AG** ein (BAG 5.2.2009 NZA 2009, 1215; 19.4.2011 NZA-RR 2012, 92; 15.1.2013 NZI 2013, 406; *Biebl* JbArbR 48 [2011], 63, 70; *Uhlenbruck* FS Schwerdtner 2003 S. 623, 630; *Schrader/Straube* II Rn. 14; enger *Eickmann* FS Adomeit 2008 S. 167 ff. BGH 6.12.2012 NZI 2013, 147 spricht vom AG kraft Amtes). Allein sie sind kündigungsberechtigt (*Berscheid* FS Schwerdtner 2003 S. 517, 518).

Eine **Kündigungsschutzklage** ist gegen den InsV als Partei kraft Amtes zu richten (BAG 18.4.2002 37a NZA 2002, 1207; 21.11.2013 NZA 2014, 276). Anders aber im Fall der Freigabe einer selbständigen Tätigkeit des Schuldners gem. § 35 II und einer vom Schuldner in deren Rahmen erklärten Kündigung (BAG 21.11.2013 NZA 2014, 276; *Lindemann* ZInsO 2014, 695, 700 f.). Grds. wird der InsV als Rechtsnachfolger des AG iSv. § 3 ArbGG behandelt (BAG 27.2.2008 NZA 2008, 549; **aA** *Ries* ZInsO 2007, 414, 415 f.). Wird nach Eröffnung des Insolvenzverf. die Kündigungsschutzklage eindeutig gegen den Schuldner gerichtet, wahrt diese Klage nicht die Frist des § 4 KSchG (BAG 21.9.2006 NZA 2007, 404; 18.10.2012 NZI 2013, 151). Starker vorl. InsV und InsV sind AG im kollektivrechtl. Sinne. Für den InsV bestehen Sonderregeln in §§ 113, 120 bis 128, die aber im **Eröffnungsverf.** weder unmittelbare noch entspr. Anwendung finden (BAG 20.1.2005 NZA 2006, 1352; *Uhlenbruck* FS Schwerdtner

2003 S. 623, 632 f. und 648). Der starke vorl. InsV kann ausschl. nach den allg. Vorschr. kündigen. Dies wird er aus dringenden betriebl. Erfordernissen nur tun, wenn das Insolvenzgericht der vorzeitigen (ggf. tw.) Betriebsstilllegung zugestimmt hat. Diese Zust. ist keine Wirksamkeitsvoraussetzung für die Kündigung von ArbVerh. (BAG 27.10.2005 NZA 2006, 727). Fehlt die Zust., kann sich der vorl. InsV nach § 60 schadensersatzpflichtig machen. Sobald das Insolvenzverf. eröffnet ist, kann der InsV mit der ggf. kürzeren Kündigungsfrist des § 113 nachkündigen (BAG 22.5.2003 NZA 2003, 1086). Neue Rechtsstreitigkeiten (zB Kündigungsschutzklagen) sind gegen den InsV bzw. starken vorl. InsV zu führen (BAG 18.10.2012 NZI 2013, 151; Uhlenbruck/*Ries/Zobel* § 22 Rn. 63).

37b Der **schwache vorl. InsV** rückt auch dann nicht in die AGStellung ein, wenn das Insolvenzgericht Vfg. des Schuldners an die Zust. des vorl. InsV geknüpft hat (BAG 10.10.2002 NZA 2003, 909). Kündigt der Schuldner ein ArbVerh. ohne Zust. des vorl. InsV, kann der AN diese Kündigung mangels Vorlage der Einwilligung zurückweisen (BAG 10.10.2002 NZA 2003, 909; **aA** *Uhlenbruck* FS Schwerdtner 2003 S. 623, 640).

37c Werden vom InsV nach Eröffnung des Insolvenzverf. über das Vermögen eines einzelkaufmännisch tätigen Schuldners die unmittelbar für die selbständige Erwerbstätigkeit des Schuldners benötigten **Betriebsmittel „freigegeben"** und wird im Zusammenhang mit einer solchen Freigabe zwischen dem Schuldner und dem InsV eine den Erfordernissen des § 295 II entspr. Vereinb. über abzuführende Beträge geschlossen, haftet die Insolvenzmasse nicht mehr für Ansprüche der AN auf Arbeitsvergütung aus danach vom Schuldner begr. ArbVerh. Diese hat allein der Schuldner zu erfüllen (BAG 10.4.2008 NZA 2008, 1127; *Hergenröder* DZWIR 2013, 251, 262; vgl. aber BAG 5.2.2009 NZA 2009, 1215). Eine Negativerklärung des InsV nach § 35 II 1 (Freigabe des Geschäftsbetriebs einer natürl. Person aus der Insolvenzmasse) könnte sich nach dem Wortlaut der Norm auf die bei Insolvenzeröffnung bestehenden ArbVerh. auswirken. Sie würden mit Zugang der Erkl. zum Insolvenzschuldner pers. fortbestehen (BGH 9.2.2012 NJW 2012, 1361 [ohne ArbVerh. ausdr. anzusprechen]; ArbG BE 3.6.2010 ZIP 2010, 1914; ArbG Herne 10.8.2010 ZIP 2011, 139; *Stiller* ZInsO 2010, 1374). Es kann sogar zur Konvaleszenz früherer Vfg. des Schuldners kommen (BGH 18.4.2013 ZIP 2013, 1181). Diese voraussetzungslose Form der Freisetzung von AN kann arbeitsrechtl. nicht akzeptiert werden (*Hergenröder* DZWIR 2013, 251, 268 nur durch dreiseitigen Vertrag), zumindest, wird § 613a BGB mit seinen Regelungen zur Haftung, Kündigung und Unterrichtung sowie Widerspruch analog anzuwenden sein (*Windel* RdA 2012, 366; **aA** BAG 21.11.2013 NZA 2014, 276 Rn. 18 ff. aus Gründen der Praktikabilität, denn der Schuldner sei regelmäßig auf die AN angewiesen; *Lindemann* ZInsO 2014, 695).

38 Dem InsV kommt ein insolvenzrechtl. **Recht auf Freistellung** von der Arbeit zu, wenn eine sinnvolle Beschäftigung nicht mehr mögl. ist (vgl. § 113 Rn. 7; LAG HM 27.9.2000 NZA-RR 2001, 654; [zur Bedeutung für den Beginn einer Betriebsänd. vgl. BAG 30.5.2006 NZA 2006, 1122]; *Lauer* ZIP 2006, 983, 984; *Fesenmeyer* S. 59; *Ries* ZInsO 2007, 414, 417; *Arens/Brand*, Arbeits- und Sozialrecht in der Insolvenz, 3. Aufl. 2014 S. 73; *Seel* MDR 2009, 788, 789; krit. *Zwanziger* § 108 Rn. 7; **aA** *Uhlenbruck* FS Schwerdtner 2003 S. 623, 635 [kein Sonderrecht]; *Moll*, Brennpunkte des ArbR, 2005, 401, 405; *Wroblewski* NJW 2011, 347; *Zwanziger* NZA 2015, 577, 578; jdf. ab Anzeige der Masseunzulänglichkeit: LAG N 30.8.2005 NZA-RR 2006, 15; diff. *Rinösl*, Beschäftigungsanspruch des AN in der Insolvenz des AG, 2012, S. 103 ff. ledigl. Nichtinanspruchnahme der Arbeitsleistung des AN durch den InsV). Zu den Rechtsfolgen vgl. BAG 23.1.2008 NZA 2008, 595; LAG N 6.9.2012 ZIP 2012, 1476. Eine insolvenzrechtl. Pflicht des InsV zur Freistellung besteht nicht (BAG 15.11.2012 AP InsO § 61 Nr. 4). Die Freistellung nach Erkl. der Masseunzulänglichkeit besteht ledigl. in der Mitt., dass die Arbeitsleistung des AN nicht mehr in Anspruch genommen werde. Diese Erkl. kann nicht nach § 174 BGB zurückgewiesen werden (LAG N 6.9.2011 ZIP 2012, 1476). Die Freistellung kann mit der Urlaubserteilung verbunden werden (BAG 6.9.2006 NZA 2007, 36), vgl. zu deren Voraussetzungen BAG 10.2.2015 NZA 2015, 998. Bereits der starke vorl. InsV kann die AN von der Arbeitspflicht freistellen. Dieses Recht folgt aus einem Umkehrschluss, den die §§ 55 II 2, 209 II Nr. 3, 108 III erlauben (Uhlenbruck/*Sinz* § 55 Rn. 100; *Berscheid* Rn. 610).

39 Zum **Zeugnisanspruch** in der Insolvenz vgl. GewO § 109 Rn. 4. Zu den Auswirkungen der Insolvenz auf die **betriebl. AV** vgl. BetrAVG § 3 Rn. 18, § 7 Rn. 25 ff.; ferner *Schrader/Straube* X Rn. 1–187. Zum Insolvenzrisiko des AN hins. seines Freistellungsanspruchs bei Außenhaftung vgl. BGB § 619a Rn. 26. Zum Wiedereinstellungs- bzw. Fortsetzungsanspruch des AN bei Änd. der tats. Verhältnisse während des Laufs der Kündigungsfrist insb. Übergang des Betriebs iSv. § 613a BGB vgl. BGB § 611a Rn. 324 und § 613a Rn. 163. Zu den Besonderheiten in der Insolvenz des AG BAG 28.10.2004 NZA 2005, 405. Zur Vollstreckung eines Weiterbeschäftigungstitels bei Insolvenz des AG *Gaumann/Liebermann* NZA 2005, 908.

40 **2. Masseforderungen, Insolvenzforderungen.** Die aus der Abwicklung der Insolvenz resultierenden Forderungen sind aus der Masse zu befriedigen (§ 53: Masseforderungen). Alle übrigen Forderungen der Gläubiger sind Insolvenzforderungen. Sie sind mit gleichem Rang zu berichtigen (§ 38; Ausnahme § 39). AN, die zugleich Gesellschafter der Schuldnerin sind, gewähren ihrer AG ein Gesellschafterdarlehn, wenn sie erhebl. Arbeitsentgeltforderungen stunden, und werden deshalb zu

nachrangigen Gläubigern (BAG 27.3.2014 NZA 2014, 1030). Unterschiedl. Ränge kennt die InsO anders als die KO nicht mehr. Nur bestimmte Nebenforderungen wie zB Zinsansprüche und die Kosten der Teilnahme am Insolvenzverf. werden als „nachrangig" behandelt (§ 39). Die Ansprüche der Sozialversicherungsträger sind (ungeachtet § 266a StGB) nicht vorrangig (BGH 18.4.2005 NJW 2005, 2546). Die (individualisierte) **Anmeldung von Insolvenzforderungen** hemmt die Verjährung (§ 204 I Nr. 10 BGB; vgl. BGH 21.2.2013 NZI 2013, 388).

Die im Zpkt. der Insolvenzeröffnung noch nicht iS **tarifl. oder vertragl. Ausschlussfristen** erloschenen Ansprüche im Range einfacher Insolvenzforderungen bedürfen keiner weiteren Geltendmachung im Insolvenzverf. (vgl. BGB §§ 194 bis 218 Rn. 35; BAG 19.11.2015 NZA 2016, 314 Rn. 38; *Krause* RdA 2004, 106, 117). Insb. dient die notwendige Anmeldung zur Tabelle weder der schriftl. noch der gerichtl. Geltendmachung iS solcher Verfallklauseln (BAG 18.12.1984 AP ZVG § 4 Ausschlussfristen Nr. 88). Hins. der Masseforderungen sind Verjährungs- (§ 204 I Nr. 10 BGB findet keine Anwendung!) und Ausschlussfristen zu beachten (BAG 19.11.2015 NZA 2016, 314 Rn. 39). Dabei soll die (an sich fehlerhafte) Anmeldung zur Tabelle die erste Stufe der schriftl. Geltendmachung wahren (BAG 15.2.2005 NZA 2005, 1124). Der aus § 40 I BetrVG folgende Freistellungsanspruch des BR ist Insolvenzforderung, wenn er vor der Insolvenzeröffnung entstanden ist. Betrifft der Freistellungsanspruch Rechtsanwaltskosten ist er Masseverbindlichkeit, wenn der InsV nach Eröffnung des Insolvenzverf. ein nach § 240 ZPO unterbrochenes BeschlV aufgenommen hat (BAG 17.8.2005 NZA 2006, 109). 40a

Entgeltforderungen der AN sind Masseverbindlichkeiten (§ 55 I Nr. 2), soweit sie für Zeiträume geschuldet werden, die nach der Eröffnung des Insolvenzverf. liegen. Es kommt auf das Entstehen der Ansprüche, nicht ihre Fälligkeit an (BAG 19.7.2007 AP InsO § 55 Nr. 14; 21.2.2013 NZA 2013, 743; *Schelp* NZA 2010, 1095). Entscheidend ist, ob der AN die Arbeitsleistung für die Zeit nach der Eröffnung des Insolvenzverf. geschuldet hat (BAG 19.10.2004 NZA 2005, 408). Bei Dienstverträgen entsteht der Vergütungsanspruch erst mit der Erbringung der Dienstleistung, deshalb wird der allg. Grds. anerkannt, dass der Anspruch auf Vergütung für geleistete Dienste nicht vor der Dienstleistung entsteht (BAG 18.4.2012 NZA 2012, 998 Rn. 14; BGH 26.6.2008 NZA 2009, 110; 20.9.2012 NJW-RR 2013, 248 Rn. 14; 18.4.2013 NZI 2013, 641). Es ist nicht erforderl., dass der InsV die Arbeitsleistung tats. abruft (*Obermüller/Hess* Rn. 526). Annahmeverzug genügt. Vom Schuldner zugesagte **Halteprämien** für das Unterlassen einer Eigenkündigung durch den AN gehören (jdf.) tw. zu den Masseverbindlichkeiten, wenn die Bleibepflicht nach der Insolvenzeröffnung oder der Einsetzung eines starken vorl. InsV liegende Zeiträume umfasst (BAG 12.9.2013 NZA-RR 2014, 29; 12.9.2013 AP InsO § 133 Nr. 1; 12.9.2013 AP InsO § 134 Nr. 1). 41

Nach § 55 II 2 gehören Vergütungsansprüche aus ArbVerh. zu den Masseverbindlichkeiten, wenn der **starke vorl. InsV** die Arbeitsleistung der AN für das von ihm verwaltete Vermögen entgegengenommen hat (*Zwanziger* § 108 Rn. 11). § 55 II 2 ist weder unmittelbar noch entspr. auf Rechtshandlungen eines vorl. InsV anzuwenden, auf den die Verfügungsbefugnis über das Vermögen des Schuldners nicht übergegangen ist (BGH 18.7.2002 NJW 2002, 3326). Diese Auslegung wird durch § 55 III bestätigt. Diese ges. Klarstellung wäre entbehrl. gewesen, wenn die entspr. Ansprüche aus Dauerschuldverhältnissen schon in der Person des AN nach § 108 III nur Insolvenzforderungen (also nicht Masseverbindlichkeiten gem. § 55 II 2) wären. Nimmt der vorl. InsV die Arbeitsleistungen nicht entgegen, sind die Ansprüche der AN aus § 615 BGB nach § 108 III (einfache) Insolvenzforderungen (Uhlenbruck/*Sinz* § 55 Rn. 95 f.; AL/*Leithaus* § 55 Rn. 14; dahin tendierend BAG 20.1.2005 NZA 2006, 1352). Wird vom späteren Schuldner mit einem AN eine TZVereinb. geschlossen, die für den Fall der Insolvenz des AG eine rückwirkende Anhebung der Vergütungsansprüche auf das frühere Vollzeitniveau vorsieht, unterliegt diese Vereinb. nicht der Insolvenzanfechtung (BAG 19.1.2006 AP InsO § 55 Nr. 13; zust. *Bayreuther* ZIP 2008, 573, 579; vgl. a. Rn. 24 ff.). Die wegen der wieder geschuldeten vollzeitigen Arbeitsleistungen nach Insolvenzeröffnung erwachsenden Vergütungsdifferenzen sind Masseverbindlichkeiten. 41a

Befindet sich der AN im Rahmen vereinbarter **ATZ** in Blockfreizeit, kommt es für die insolvenzrechtl. Behandlung seiner Vergütungsansprüche darauf an, wann er die tats. Arbeitsleistungen erbracht hat. War dies vor der Insolvenzeröffnung der Fall und hat er nach diesem Zpkt. keine Arbeitsleistungen mehr zu erbringen, ist sein (zeitl. verlagerter) Entgeltanspruch als einfache Insolvenzforderung zu berichtigen (BAG 19.10.2004 NZA 2005, 408; 19.10.2004 NZA 2005, 527; 23.2.2005 AP InsO § 108 Nr. 1; *Zwanziger* § 108 Rn. 33; abl. *Oberhofer/Wroblewski* ZInsO 2005, 695). Gleiches gilt, wenn das ATZArbVerh. nach Insolvenzeröffnung einvernehml. beendet und rückabgewickelt wird (BAG 23.2.2005 DB 2005, 1227). Die Rspr. geht strikt davon aus, dass das während der Freistellungsphase zu zahlende Entgelt die Gegenleistung für die während der Arbeitsphase über die verringerte AZ hinaus geleistete Arbeit darstellt (BAG 4.10.2005 NZA 2006, 506; zur entspr. Bildung von Rückstellungen BFH 30.11.2005 BB 2006, 765). Fällt die Insolvenzeröffnung in die Arbeitsphase und setzt der AN seine Arbeitsleistungen fort, ist die in der anschließenden Freistellungsphase zu leistende Vergütung spiegelbildl. zu den nach der Insolvenzeröffnung erbrachten Arbeitsleistungen Masseforderung (BAG 23.2.2005 NZA 2005, 694). Entspr. gilt für die Einordnung als Neumasseverbindlichkeit (vgl. Rn. 32) nach Anzeige der Masseunzulänglichkeit (BAG 23.2.2005 NZA 2005, 694). Diese Differenzierung trifft ebenso auf etwaige Aufstockungsbeträge zu, denn auch diese sind Gegenleistung für die frühere 42

Arbeitsleistung (BAG 19.10.2004 NZA 2005, 527; noch offen BAG 5.12.2002 NZA 2003, 789; **aA** *Hanau* ZIP 2002, 2028, 2031).

43 **Guthaben auf AZKonten** ist den Zeiträumen der tats. Arbeitsleistung zuzuordnen (*Zwanziger* § 108 Rn. 32). Zu mögl. Formen der Sicherung vgl. ArbZG § 3 Rn. 24. Vom AG auf einem bes. Bankkonto für die Abgeltung der auf AZKonten angesammelten Guthaben der AN bereitgestellte Gelder unterliegen in der Insolvenz des AG nicht der Aussonderung, wenn der AG selbst Inhaber des Kontos ist (BAG 24.9.2003 NZA 2004, 980). Die Bezeichnung als „Treuhandkonto" und eine schuldrechtl. Verfügungsbeschränkung des AG ändern hieran nichts. Altforderungen sind (einfache) Insolvenzforderungen (§ 38), die zur Tabelle angemeldet werden müssen (BAG 24.9.2003 NZA 2004, 980). Diesbzgl. Zahlungsklagen werden unzulässig. Wird zur Absicherung des Guthabens eine sog. **Doppeltreuhand** vereinbart, ist die zugunsten des AN vereinbarte Sicherungstreuhand idR insolvenzfest und begr. in der Insolvenz des AG (= Treugebers) ein **Absonderungsrecht** an dem Sicherungsgegenstand (BAG 18.7.2013 NZA 2013, 1440).

44 Eine **Jahresleistung** (wie eine Sonderzuwendung), mit der eine zusätzl. Vergütung für die im Bezugszeitraum geleistete Arbeit bezweckt wird, ist als Arbeitsentgelt für denjenigen Zeitraum zu behandeln, in dem die mit der Jahresleistung vergüteten Dienste geleistet wurden (BAG 14.11.2012 NZA 2013, 273; 14.11.2012 NZA 2013, 327). Je nach der Lage dieses Zeitraumes, vor oder nach Insolvenzeröffnung, kann der Anspruch auf die Jahresleistung daher ganz oder tw. einfache Insolvenzforderung oder Masseverbindlichkeit sein (*Obermüller/Hess* Rn. 528 f. und 540). Auf den Zpkt., zu dem die Jahresleistung zu zahlen ist, kommt es nicht an (BAG 14.11.2012 NZA 2013, 327; bereits zum alten Recht BAG 21.5.1980 AP KO § 59 Nr. 10). Gleiches gilt für Schadensersatzansprüche, die darauf gestützt werden, dass der AG seiner Verpflichtung zum Abschluss einer Zielvereinb. nicht nachgekommen ist (BAG 14.11.2012 NZA 2013, 273; 14.11.2012 NZA 2013, 327). Die Einmalzahlung wegen verspäteter ERA-Einf. ist eine Masseverbindlichkeit gem. § 55 I Nr. 2 nur insoweit, als sie auf die Entgeltperioden nach Eröffnung des Insolvenzverf. entfällt (BAG 14.11.2012 – 5 AZR 778/11 – BeckRS 2013, 67325). Sind die Anspruchsvoraussetzungen aber so ausgestaltet, dass der Anspruch erst nach der Insolvenzeröffnung entstanden ist, liegt eine Masseverbindlichkeit vor (BAG 14.11.2012 NZA 2013, 327; LAG SH 12.3.2008 NZA-RR 2008, 594). Soll zB eine Weihnachtsgratifikation ausschl. die Betriebstreue belohnen, kann sie bestimmten Zeiträumen nicht zugeordnet werden und ist als sonstige Masseverbindlichkeit zu erfüllen, wenn der Anspruch nach der Insolvenzeröffnung entsteht (LAG K 7.12.2005 LAGE BGB 2002 § 611 Gratifikation Nr. 7).

45 Die Eröffnung des Insolvenzverf. berührt den urlaubsrechtl. Freistellungsanspruch des AN nicht (vgl. BUrlG § 1 Rn. 36; BAG 18.11.2003 NZA 2004, 651). Zur Urlaubserteilung während der Freistellungsphase BAG 6.9.2006 NZA 2007, 36; 10.2.2015 NZA 2015, 998. Wenn das ArbVerh. nach Eröffnung des Insolvenzverf. über das Vermögen des AG beendet wird, gehört der **Urlaubsabgeltungsanspruch** (auch wenn er aus Vorjahren stammt – BAG 15.2.2005 NZA 2005, 1124) zu den Masseverbindlichkeiten iSv. § 55 Abs. 1 Nr. 2 2. Alt. Er kann nicht einem früheren Zeitraum zugeordnet werden (BAG 25.3.2003 NZA 2004, 43; 21.6.2005 AP InsO § 55 Nr. 11; hierzu *Düwell/Pulz* NZA 2008, 786, 787; *C. Betz* BB 2015, 886, 889). Auch der Anspruch auf zusätzl. Urlaubsgeld ist dann Masseverbindlichkeit (BAG 15.2.2005 NZA 2005, 1124). Die Beitragspflicht zu den Sozialkassen des Baugewerbes endet erst mit der rechtl. Beendigung der einzelnen ArbVerh. (BAG 5.2.2009 NZA 2009, 1215). Der InsV wird der Entstehung von Urlaubsabgeltungsansprüchen dadurch entgegenwirken, dass er die AN während der lfd. Kündigungsfristen ausdr. unter Anrechnung auf den Resturlaub von der Arbeit freistellt (vgl. zu den Voraussetzungen BAG 10.2.2015 NZA 2015, 998). Der Angabe „unwiderrufl." bedarf es dabei nicht, allein der ausdr. Vorbehalt des Widerrufs steht der wirksamen Erfüllungshandlung entgegen (BAG 14.3.2006 AP BUrlG § 7 Nr. 32). Der Entgeltanspruch für die nach der Insolvenzeröffnung liegenden Zeiträume der Freistellung wegen Urlaubs ist als Masseverbindlichkeit zu erfüllen (BAG 15.6.2004 NZA 2005, 354).

46 § 27 ANErfG regelt die Auswirkungen der Insolvenz des AG auf ANErfindungen eigenständig. Danach kommt es darauf an, wie der InsV mit der Diensterfindung weiter umgeht, insb. sie allein oder zusammen mit dem Geschäftsbetrieb veräußert. Die **Karenzentschädigung** wegen eines nachvertragl. Wettbewerbsverbots ist Masseverbindlichkeit, soweit sie sich auf die Zeit nach Insolvenzeröffnung bezieht, wenn der InsV nach § 103 die Erfüllung gewählt hat. Die §§ 75, 75a HGB gehen der Regelung des § 103 nicht vor. Lehnt der InsV die Erfüllung ab, erlöschen die wechselseitigen Erfüllungsansprüche, der AN wird frei. Der Schadensersatzanspruch des AN ist Insolvenzforderung. Entspr. gilt, wenn das ArbVerh. erst nach Insolvenzeröffnung endet (*Bauer/Diller* Rn. 1019 f.). Allein die ein Wettbewerbsverbot in Kraft setzende Kündigung eines Dienst- oder ArbVerh. durch den InsV führt nicht dazu, dass der Anspruch auf Karenzentschädigung nach § 55 I Nr. 1 zur Masseforderung erstarkt (BGH 8.10.2009 NZI 2009, 894). Wird der Betrieb stillgelegt und nicht fortgeführt, spricht dies dafür, dass der InsV die Erfüllung ablehnt. Wählt der InsV die Erfüllung, leistet aber nicht die Karenzentschädigung, kann der AN außerordentl. fristlos kündigen (*Bauer/Diller* Rn. 1020). Der betroffene AN kann dadurch Klarheit herbeiführen, dass er den InsV gem. § 103 II 2 auffordert zu erklären, ob er die Einhaltung der Wettbewerbsabrede fordert oder nicht. Erklärt sich der InsV nicht unverzügl., kann er nicht mehr auf der Erfüllung bestehen.

In der Zeit vor Insolvenzeröffnung vertragl. oder tarifvertragl. (BAG 27.4.2006 NZA 2006, 1282) 47
begr. **Abfindungsansprüche** sind einfache Insolvenzforderungen (BAG 27.9.2007 NZA 2009, 89), ebenso Wiedereinstellungsansprüche (LAG RP 2.5.2013 ZInsO 2013, 2027 [Rev. aus anderen Gründen zurückgewiesen – BAG 17.3.2015 NZA 2016, 124]). Zum Rücktritt des AN von einem mit dem AG vereinbarten Aufhebungsvertrag nach Eröffnung des Insolvenzverf. über das Vermögen des AG vgl. BAG 10.11.2011 NZA 2012, 205. Der Umstand, dass der Abfindungsanspruch durch die Insolvenzeröffnung zu einer Insolvenzforderung wird, begr. kein Rücktrittsrecht nach § 323 BGB, denn die Abfindungsforderung ist nicht mehr durchsetzbar (BAG 11.7.2012 NZA 2012, 1316). An dem ungeschriebenen Tatbestandsmerkmal der Durchsetzbarkeit fehlt es bereits, wenn der AN Kenntnis davon hat, dass die Eröffnung des Insolvenzverf. über das Vermögen seines AG beantragt ist, oder der AG nach dem Eröffnungsantrag aufgrund einer Anordnung des Insolvenzgerichts (§ 21) die Abfindung nicht zahlen darf. Einmalzahlungen auf der Grdl. einer BV sind gleichfalls einfache Insolvenzforderungen (BAG 19.7.2007 AP InsO § 55 Nr. 14). Vom Gericht aufgrund §§ 9, 10 KSchG zuerkannte Abfindungen sind Insolvenzforderungen, wenn die streitgegenständl. Kündigung noch vom Schuldner oder dem vorl. InsV erklärt worden war. Ist die angefochtene Kündigung vom InsV erklärt worden, gehört eine vom Gericht zuerkannte Abfindung zu den Masseverbindlichkeiten (vgl. KSchG § 10 Rn. 11; *Obermüller/Hess* Rn. 532). Wird ein Kündigungsschutzprozess vom InsV nach Eröffnung des Verf. fortgesetzt und durch einen Abfindungsvergleich beendet, ist der Abfindungsanspruch des AN idR Masseverbindlichkeit (vgl. BAG 12.6.2002 AP KO § 59 Nr. 47). Der aus **§ 1a KSchG** folgende Abfindungsanspruch ist Masseverbindlichkeit, wenn die Kündigung vom InsV oder starken vorl. InsV erklärt worden ist (*Peters-Lange/Gagel* NZA 2005, 740, 743).

Abfindungsansprüche **aus Sozialplänen** gehören nur dann im Umf. der sich aus § 123 ergebenden 48
Grenzen zu den Masseverbindlichkeiten, wenn der Sozialplan erst nach Eröffnung des Insolvenzverf. zustande gekommen oder von einem starken vorl. InsV vereinbart worden ist (BAG 31.7.2002 NZA 2002, 1332). § 123 III 2 bestimmt jedoch, dass eine Zwangsvollstreckung in die Masse wegen einer Sozialplanforderung schlechthin unzulässig ist. Weil ein entspr. Leistungstitel dauerhaft keine Vollstreckungsgrdl. wäre, fehlt für eine Leistungsklage das Rechtschutzbedürfnis. Bei gegebenem rechtl. Interesse bleibt nur die Feststellungsklage (vgl. BAG 22.11.2005 NZA 2006, 220; 21.1.2010 NZA 2010, 413). Ansprüche aus Sozialplänen, die früher als drei Monate vor der Eröffnung des Insolvenzverf. wirksam wurden, sind Insolvenzforderungen. Sozialpläne aus der dreimonatigen Zwischenzeit können kraft § 124 vom InsV und vom BR widerrufen werden. Ansprüche aus einem nicht widerrufenen Sozialplan sind Insolvenzforderungen, denn das Unterlassen des Widerrufs durch den InsV steht seinem Handeln nicht gleich, weil keine Rechtspflicht zum Handeln besteht (BetrVG §§ 112, 112a Rn. 44; BAG 31.7.2002 NZA 2002, 1332; MüKoInsO/*Caspers* § 124 Rn. 17). Abfindungsansprüche aufgrund TV sind auch dann Insolvenzforderungen, wenn die auslösende Kündigung vom InsV ausgesprochen wird (BAG 27.4.2006 NZA 2006, 1282).

Ansprüche auf **Nachteilsausgleich iSv. § 113 III BetrVG** sind Masseverbindlichkeiten, wenn sie auf 49
einer Handlung des InsV beruhen (BAG 4.12.2002 AP InsO § 38 Nr. 2; 18.11.2003 NZA 2004, 220; 30.5.2006 NZA 2006, 1122). Auf den Zpkt. der Entlassung kommt es für die insolvenzrechtl. Einordnung des Anspruchs nicht an, denn § 113 III BetrVG unterscheidet zwischen der Maßnahme und der infolge der Maßnahme vorgenommenen Entlassung. Maßgebl. ist vielmehr der Zpkt., zu dem die gepl. Betriebsänd. durchgeführt und der Verhandlungsanspruch vereitelt wird. Auch wenn AN nach einer beschlossenen Betriebsstilllegung über den Zpkt. der Eröffnung des Insolvenzverf. hinaus noch beschäftigt werden, ist ihr Abfindungsanspruch als Insolvenzforderung zu berichtigen, wenn die Betriebsstilllegung vor Eröffnung des Insolvenzverf. begonnen wurde (BAG 4.12.2002 AP InsO § 38 Nr. 2). Der Nachteilsausgleich ist nur dann als Masseverbindlichkeit zu berichtigen, wenn die Betriebsänd. nach Insolvenzeröffnung beschlossen und durchgeführt wird (BAG 4.12.2002 AP InsO § 38 Nr. 2; 8.4.2003 AP BetrVG 1972 § 113 Nr. 40). Damit sind nicht nur die auf Handlungen des Schuldners, sondern auch die auf Handlungen eines schwachen vorl. InsV beruhenden Nachteilsausgleichsansprüche Insolvenzforderungen. Hingegen sind die auf Handlungen eines starken vorl. InsV beruhenden Verbindlichkeiten nach § 55 II aus der Masse zu berichtigen. Da §§ 111 ff. BetrVG eine Rechtspflicht zum Handeln begründen, steht das Unterlassen des Versuchs eines Interessenausgleichs einer Handlung des starken vorl. InsV gleich (*Uhlenbruck* FS Schwerdtner 2003 S. 623, 626; noch offen BAG 4.12.2002 AP InsO § 38 Nr. 2). Eine analoge Anwendung von § 55 II auf schwache vorl. InsV mit oder ohne durch Bestellungsbeschl. des Insolvenzgerichts begr. bes. Pflichten scheidet mangels Regelungslücke aus (BAG 4.12.2002 AP InsO § 38 Nr. 2).

Masseforderungen bedürfen keiner Anmeldung zur Tabelle (vgl. Rn. 11). Werden sie gleichwohl 50
angemeldet, hat der InsV den Gläubiger hierauf hinzuweisen. Der InsV trägt die angemeldeten Forderungen in eine Tabelle ein. Für die **Geltendmachung von Masseverbindlichkeiten** bestehen keine bes. Regelungen. Leistungsklagen sind zulässig (vgl. Rn. 14). Verjährungs- und Ausschlussfristen sind zu beachten (vgl. BGB §§ 194 bis 218 Rn. 35). Soweit der AN für bestimmte vor der Eröffnung des Insolvenzverf. entstandene Entgeltansprüche Insolvenzgeld (vgl. Rn. 51 ff.) beantragt, gehen mit diesem Antrag seine Ansprüche auf die BA über (Rn. 56). Hat der Schuldner mit Zust. des vorl. InsV Vergütungsansprüche der AN, die nach Eröffnung des Insolvenzverf. nur als Insolvenzforderungen zu

berichtigen wären, erfüllt und dadurch andere Gläubiger unmittelbar benachteiligt, kann der InsV diese Rechtshandlung anfechten und Rückzahlung zur Insolvenzmasse verlangen (BAG 27.10.2004 NZA 2005, 473).

51 **3. Insolvenzgeld.** Die (noch offenen – vgl. BAG 13.11.2014 NZA 2015, 940 Rn. 12) Entgeltansprüche der AN für die letzten drei Monate vor Eröffnung des Insolvenzverf. über das Vermögen des AG sind bes. durch das Insolvenzgeld gesichert (§§ 165 bis 172 SGB III). Damit wird einer aus der RL 2008/94/EG v. 22.10.2008, die die RL 80/987/EWG v. 20.10.1980 abgelöst hat, folgenden Pflicht genügt. Die dafür notwendigen Mittel bringen allein die AG in einem Umlageverf. auf (§§ 358 ff. SGB III). Anspruchsberechtigt sind AN und die zu ihrer Berufsausbildung Beschäftigten sowie Heimarbeiter und (bei einer Kapitalbeteiligung unter 10% – BGH 24.7.2003 NZA 2004, 157, 159) auch GmbH-GF (BGH 23.1.2003 NZA 2003, 439; BSG 4.7.2007 ZIP 2007, 2185; PUV/*Uhlenbruck* Kap. 9 Rn. 18). Das Insolvenzgeld wird bei Vorliegen eines **Insolvenzereignisses** gezahlt (zum erneuten Eintritt eines Insolvenzereignisses im selben ArbVerh. BSG 29.5.2008 ZIP 2008, 1989; 6.12.2012 ZIP 2013, 795; 17.3.2015 NZI 2015, 720). Dies sind neben der Eröffnung des Insolvenzverf. die Ablehnung der Eröffnung mangels Masse und die vollständige Einstellung der Betriebstätigkeit im Inland, wenn kein Insolvenzantrag gestellt ist und eine Eröffnung offensichtl. mangels Masse nicht in Betracht kommt. Die Erledigung einzelner Abwicklungsarbeiten steht der Annahme der vollständigen Beendigung der Betriebstätigkeit nicht entgegen. Arbeitet der AN in Unkenntnis des Insolvenzereignisses weiter, steht der Tag der Kenntniserlangung dem Insolvenzereignis gleich (§ 183 II SGB III). Nach § 183 IV SGB III ist der AG verpflichtet, den AN oder dem BR eine Ablehnung der Insolvenzeröffnung unverzügl. mitzuteilen. Das ArbVerh. kann erst während des vorgeschalteten vorl. Insolvenzverf. begr. worden sein (LSG BW 24.5.2016 NZI 2016, 647; LSG NI/HB 22.11.2016 NZI 2017, 80).

52 Das Insolvenzgeld wird begrenzt durch die (mtl.) Beitragsbemessungsgrenze **iHd. Nettoarbeitsentgelts** gezahlt (§ 167 SGB III). Das sind alle Bezüge aus dem ArbVerh. (§ 165 II SGB III), also die als Gegenleistung des AG für die Arbeitsleistung des AN in Geld oder Naturalleistungen geschuldeten Beträge sowie die nach § 615 BGB geschuldete Vergütung (LSG HE 20.8.2010 ZIP 2010, 2019). Bezüge aus dem ArbVerh. sind alle Leistungen des AG, die eine Gegenleistung für die Leistung des AN darstellen und in unlösbarem Zusammenhang mit der Beschäftigung stehen (BSG 8.9.2010 ZIP 2011, 47). Einer strengen wechselseitigen Beziehung bedarf es nicht. Arbeitsleistung und Entgelt müssen sich nicht unmittelbar gegenüberstehen und entsprechen. Ohne Bedeutung für die Zuordnung ist die Frage der Lohnsteuer- bzw. Beitragspflicht (BSG 8.9.2010 ZIP 2011, 47). Zu den Bezügen rechnen ua. lfd. Monatsentgelt, EFZ im Krankheitsfall oder an Feiertagen, Provisionen, Tantiemen (LSG HE 20.8.2010 ZIP 2010, 2019), durch eine Zielvereinb. begr. variable Entgeltbestandteile (BSG 23.3.2006 NZA-RR 2007, 101), Mankogeld, Auslösungen, lfd. Urlaubsentgelt, Beitragszuschüsse des AG zur Krankenvers., Zuschüsse des AG zum Mutterschaftsgeld und Zuschüsse des AG zum Krankengeld. Umfasst ist auch der vom AG geschuldete Aufwendungsersatz (insb. § 670 BGB), hierzu können vom AN auf eigene Kosten veranlasste Reparaturen und Wartungsarbeiten an ihm vom AG zur Vfg. gestellten Arbeitsmitteln gehören (BSG 8.9.2010 ZIP 2011, 47). Schadensersatzansprüche gehören gleichfalls zu den Bezügen, wenn sie an die Stelle von Entgeltansprüchen treten, nicht aber der vergleichbar einem Urlaubsabgeltungsanspruch geschuldete Schadensersatz wegen nicht gewährten Ersatzurlaubs (BSG 6.5.2009 NZA-RR 2010, 269).

52a Zusätzl. Urlaubsgeld wird als Teil der **Urlaubsvergütung** vom Insolvenzgeld erfasst, wenn während des Insolvenzgeldzeitraums (vgl. Rn. 53) tats. Urlaub gewährt worden ist und ein Anspruch auf Urlaubsvergütung besteht (BSG 23.3.2006 ZIP 2006, 1882; hierzu *Düwell/Pulz* NZA 2008, 786). Richtigerweise ist hierzu auch der Freistellungsanspruch des AN wegen betriebl. veranlasster Schadensersatzansprüche Dritter zu rechnen, soweit er im Insolvenzgeldzeitraum entstanden ist (so auch *Zwanziger* § 108 Rn. 90). Nicht umfasst sind Nebenforderungen wie Zinsansprüche. Ausgenommen sind nach § 166 I SGB III Ansprüche wegen der Beendigung des ArbVerh. oder aufgrund anfechtbarer Handlungen des AG (vgl. Rn. 24 ff.). Damit sind Abfindungen, Urlaubsabgeltungen und die nach § 8 EFZG über das Ende des ArbVerh. hinaus geschuldete EFZ im Krankheitsfall gemeint. Gleichfalls kein Insolvenzgeld wird für die aufgrund eines nachvertragl. Wettbewerbsverbots geschuldete Karenzentschädigung (abl. *Bauer/Diller* Rn. 1017) und den nach § 628 II BGB geschuldeten Schadensersatz wegen Auflösungsverschuldens geleistet. Hat der InsV ein Recht zur Leistungsverweigerung, schließt auch dies die Zahlung des entspr. Insolvenzgeldes aus. Die Ansprüche müssen noch bestehen und durchsetzbar sein, so dass tarifl. oder vertragl. Ausschlussfristen zu beachten sind. Hierzu genügt die rechtzeitige Beantragung des Insolvenzgeldes, weil damit der Entgeltanspruch auf die BA übergeht (vgl. Rn. 56) und diese sich im Verhältnis zum AN nicht auf eine ihrerseits verzögerte Geltendmachung berufen darf (LSG SH 5.12.2008 ZIP 2009, 733).

53 Die Höhe des Insolvenzgeldes wird maßgebl. durch den **Insolvenzgeldzeitraum** bestimmt. Dies sind die dem Tag des Insolvenzereignisses bzw. (bei Weiterarbeit des AN) seiner Kenntnisnahme vorausgehenden drei Monate des ArbVerh. (nicht des sozialrechtl. BeschVerh., vgl. BSG 25.8.2008 – B 11 AL 64/08 B – ZInsO 2009, 351 [LS]). Dies müssen nicht die letzten drei Monate vor dem Insolvenzereignis sein, sondern des ArbVerh. Dies gilt auch für unterbrochene ArbVerh. Die Zuordnung des

Arbeitsentgelts zu diesem Zeitraum erfolgt nach den gleichen Regeln wie bei der Differenzierung von Masse- und Insolvenzforderungen (vgl. Rn. 41). Ausschlaggebend sind nach der Rspr. des BSG der arbeitsrechtl. Entstehungsgrund und die Zweckbestimmung der Leistung (BSG 4.3.2009 NJW 2009, 3740). Nach § 165 I SGB III kommt es entscheidend darauf an, wann das Arbeitsentgelt erarbeitet worden ist (BSG 23.3.2006 ZIP 2006, 1882). Hiervon macht § 165 II 2 SGB III eine Ausnahme für Zeiten der Freistellung iSv. § 7 I a SGB IV.

Jahressonderzahlungen, die im Insolvenzgeldzeitraum fällig werden, aber nicht bestimmten einzel- **53a** nen Monaten zugeordnet werden können, sind bei der Berechnung des Insolvenzgeldes in voller Höhe zu berücksichtigen (BSG 7.9.1988 KTS 1989, 180; 18.1.1990 KTS 1990, 531; 18.3.2004 E 92, 254). Wird das Urlaubsgeld (vgl. Rn. 52a) urlaubsunabhängig gezahlt, ist es wie jede andere Sonderzuwendung berücksichtigungsfähig, wenn es sich ganz oder ant. den dem Insolvenzereignis vorausgehenden drei Monaten zuordnen lässt. Arbeitsvertragl. Vereinb., die bei vorherigem Ausscheiden des AN einen zeitant. Anspruch vorsehen, begründen dementspr. einen Insolvenzgeldanspruch iHd. auf den Insolvenzgeldzeitraum entfallenden Anteils. Lässt sich die Sonderzuwendung nicht in dieser Weise einzelnen Monaten zurechnen, ist sie in voller Höhe zu berücksichtigen, wenn sie im Insolvenzgeldzeitraum zu einem Stichtag hätte ausgezahlt werden müssen. Ist dies nicht der Fall, findet sie überhaupt keine Berücksichtigung (BSG 23.3.2006 ZIP 2006, 1882). Eine hinausgeschobene Fälligkeit genügt nicht (BSG 21.7.2005 NZA-RR 2006, 437). Kann die Sonderzahlung bestimmten Monaten zugeordnet werden, ist der auf den Insolvenzgeldzeitraum entfallende Anteil (zB bei einer Jahressonderzahlung ein Viertel) zu berücksichtigen. Liegt der Fälligkeitstermin außerhalb des Insolvenzgeldzeitraums, bleibt die Sonderzahlung bei der Bemessung unberücksichtigt. Eine spätere Veränderung der Fälligkeit kann ggü. der BA unbeachtl. sein (BSG 18.3.2004 E 92, 254; krit. *Berscheid* ZInsO 2005, 750). Regelt ein TV einen Sanierungsbeitrag der AN durch einen auf die Insolvenz des AG bezogenen auflösend bedingten Lohnverzicht (vgl. zur arbeitsrechtl. Wirksamkeit BAG 19.1.2006 AP InsO § 55 Nr. 13), kann dies einen entspr. Insolvenzgeldanspruch begründen, wenn die allg. Bewilligungsvoraussetzungen vorliegen (BSG 4.3.2009 NJW 2009, 3740).

Das Insolvenzgeld wird nur auf **Antrag** gewährt. Zust. für die Bewilligung und Zahlung des **54** Insolvenzgeldes ist die BA. Auf entspr. Verlangen der AA hat der InsV nach § 314 SGB III eine Insolvenzgeldbescheinigung zu erteilen, die im Verhältnis AN/InsV nicht klagbar ist (LAG HE 25.8.2004 – 8 Sa 62/04 – BeckRS 200430451147). Ein Antrag des AN auf Insolvenzgeld ist innerhalb einer Ausschlussfrist von zwei Monaten nach Eröffnung des Insolvenzverf. bei der zust. AA zu stellen (§ 324 III SGB III). Bei der Fristberechnung bleibt der Tag des maßgebl. Ereignisses unberücksichtigt. Hat der AN die Frist aus Gründen versäumt, die er nicht zu vertreten hat, weil er sich mit der erforderl. Sorgfalt um die Durchsetzung seiner Ansprüche bemüht hat, wird Insolvenzgeld geleistet, wenn der Antrag innerhalb von zwei Monaten nach Wegfall des Hinderungsgrundes gestellt wird (hierzu LSG NW 12.1.2012 NZS 2012, 635; 25.2.2016 NZI 2016, 497; *Windel* ZIP 2014, 2167, 2170 zum Fall der späteren Insolvenzanfechtung). Unionsrechtl. darf die Insolvenzgeldzahlung nicht von der vorherigen Meldung als arbeitsuchend abhängig gemacht werden (EuGH 17.11.2011 NZA 2012, 27). Zur Auszahlung des Insolvenzgeldes kann sich die BA des InsV als Zahlstelle bedienen (§ 320 II SGB III). Neben der Leistung des Nettoarbeitsentgelts führt die BA die vom AG/Schuldner noch nicht geleisteten **Gesamtsozialversicherungsbeiträge** ab (§ 175 SGB III). Das Insolvenzgeld unterliegt nach § 3 Nr. 2 EStG nicht der Lohn- bzw. Einkommensteuer, aber nach § 32b EStG dem Progressionsvorbehalt (auch bei Vorfinanzierung BFH 1.3.2012 NZA-RR 2013, 35).

Der Anspruch ist **vererbl.** (§ 165 IV SGB III), ab Antragstellung durch den AN auch abtretbar und **55** pfändbar (§ 171 SGB III). Vor der Stellung des Insolvenzgeldantrags kann der zukünftige Anspruch nicht übertragen, verpfändet oder gepfändet werden (§ 171 SGB III). Soweit der AN vor der Antragstellung seinen Anspruch auf Arbeitsentgelt einem Dritten übertragen hat, steht der Anspruch auf Insolvenzgeld dem Dritten zu (§ 170 I SGB III). Entspr. gilt für Pfändungen und Verpfändungen. Eine **Vorfinanzierung der Arbeitsentgelte** und damit des Insolvenzgeldes durch Dritte (insb. Banken) bedarf der Zust. der AA (§ 170 IV SGB III). Diese Zust. ist von der durch Tatsachen erhärteten Annahme abhängig, dass durch die Vorfinanzierung ein erhebl. Teil der Arbeitsplätze erhalten bleibe (§ 170 IV 2 SGB III; näher zur Vorfinanzierung *Cranshaw* ZInsO 2013, 1493). Sozialrechtl. (zB nach dem SGB II) wird das tats. geleistete Insolvenzgeld beim AN als Einkommen berücksichtigt (BSG 13.5.2009 NZA 2009, 1252).

Mit der Antragstellung geht nach § 169 SGB III die **(Brutto-)Forderung des AN** gegen den AG – **56** begrenzt auf die Höhe der mtl. Beitragsbemessungsgrenze – auf die BA über (§ 169 S. 1 SGB III; BAG 11.2.1998 AP BGB § 611 Lohnanspruch Nr. 19; 22.8.2012 NZA 2013, 376 Rn. 11; 25.6.2014 NZI 2015, 81 Rn. 16 ff.; BSG 20.6.2001 SozR 3–4100 § 141 m Nr. 3; *Zwanziger* § 108 Rn. 141; **aA** Gagel/*Peters-Lange* SGB III § 169 Rn. 8 ff.; beiläufig auch BAG 20.6.2002 NZA 2003, 318). Dabei geht die etwaige Bürgenhaftung des Hauptunternehmers nach dem AEntG nicht auf die BA über (BAG 8.12.2010 NZA 2011, 514). Zu Schadensersatzansprüchen der BA gegen frühere Organe des AG wegen verspäteter Insolvenzantragstellung BGH 13.10.2009 DB 2010, 46 mwN. Etwaige einkommensteuerl. Nachteile hat der AN zu tragen (BAG 11.2.1998 AP BGB § 611 Lohnanspruch Nr. 19). Gehören die Ansprüche der AN für den Insolvenzgeldzeitraum aufgrund der Entgegennahme der Arbeitsleistungen durch den starken vorl. InsV zu den **Masseverbindlichkeiten** iSv. § 55 II 2 (vgl. Rn. 41), führt der Übergang der Ansprüche auf die BA zu einer Umwandlung in einfache Insolvenzforderungen (§ 55 III; zuvor bereits BAG 3.4.2001 NZA 2002, 90). Wird dem AN von der AA kein Insolvenzgeld bewilligt oder nur zT, fällt der Arbeitsentgeltanspruch (ganz oder tw.) mit der Bestandskraft des abl. Bescheids an den AN zurück (BAG 12.1.2005 EzAÜG AEntG § 1a Nr. 7).

57 **4. Tarif- und Arbeitskampfrecht.** Die Insolvenz des Unternehmens lässt die Möglichkeiten der AN und des InsV zur Beteiligung an einem Arbeitskampf (zum Begriff GG Art. 9 Rn. 94ff.) unberührt (*Obermüller/Hess* Rn. 800). Wird über das Vermögen eines zumeist in der Rechtsform des rechtsfähigen Vereins betriebenen **AGVerbands** das Insolvenzverf. eröffnet, berührt dies die Wirksamkeit der von diesem Verband geschlossenen TV zunächst nicht. Die TV können aber vom InsV gekündigt werden (BAG 27.6.2000 NZA 2001, 334; **aA** TVG § 2 Rn. 18 [§ 4 V]; *Zwanziger* Einf. Rn. 55 [Kündigung durch den Vereinsvorstand]). Wird unabhängig von § 42 BGB die Auflösung des Vereins beschlossen, wirken die TV gem. § 4 V TVG nach (BAG 28.5.1997 AP TVG § 4 Nachwirkung Nr. 27; TVG § 2 Rn. 18; **aA** *Zwanziger* Einf. Rn. 57 [analog § 3 III TVG]). Finden die Regelungen eines TV kraft **Tarifgebundenheit des Schuldners** Anwendung und endet seine Mitgliedschaft im AGVerband (zB kraft Satzungsbestimmung) mit der Eröffnung des Insolvenzverf., bleibt die Tarifgebundenheit gleichwohl nach § 3 III TVG bestehen bis der TV endet (vgl. TVG § 3 Rn. 14). Damit ist dem InsV der Weg eröffnet, mit der zust. Gewerkschaft einen HausTV zu schließen. Allein die Eröffnung des Insolvenzverf. ist kein wichtiger Grund für die Kündigung eines HausTV (*Zwanziger* Einf. Rn. 138). Ein allgemeinverbindl. TV findet auch nach Insolvenzeröffnung Anwendung (BAG 5.2.2009 NZA 2009, 1215). Durch Auslegung ist zu ermitteln, ob einzelne tarifvertragl. Regelungen in der Insolvenz gelten oder nicht (vgl. BAG 19.1.2000 – 4 AZR 911/98 – BeckRS 2009, 68954).

58 **5. Betriebsverfassungsrecht.** Die Eröffnung des Insolvenzverf. hat unmittelbar keine Auswirkungen auf die Amtszeit des BR (vgl. BetrVG § 21 Rn. 5). Ist während des Insolvenzverf. eine **Einigungsstelle** zu bilden, besteht keine rechtl. Notwendigkeit, auf AGSeite Vertreter der Gläubiger zu bestellen (vgl. BetrVG § 76 Rn. 9). BV können vom InsV nach § 120 unter erleichterten Voraussetzungen gekündigt werden. Die Verfahrensschritte bei der Vorbereitung und Durchführung von Betriebsänd. sind vereinfacht. Für Sozialpläne steht nur ein begrenztes Volumen zur Vfg., dafür gehören die daraus resultierenden Ansprüche zu den Masseforderungen (zu den Folgen einer Anzeige der Masseunzulänglichkeit vgl. BAG 21.1.2010 NZA 2010, 413). Der InsV kann alte Sozialpläne nach §§ 123f. kündigen. Hemmende Wirkungen mögl. Kündigungsschutzverf. sollen durch bes. Verfahrensregelungen gemildert werden (§§ 125ff.). Die Verpflichtungen des InsV nach §§ 111ff. BetrVG bestehen auch dann, wenn der BR erst nach Eröffnung des Insolvenzverf. gewählt worden ist (BAG 18.11.2003 NZA 2004, 220). Verletzt der InsV seine betriebsverfassungsrechtl. Handlungspflichten sind die Ansprüche der AN auf Nachteilsausgleich (§ 113 III BetrVG) als Masseverbindlichkeit zu erfüllen (BAG 18.11.2003 NZA 2004, 220).

59 **6. Betriebsübergang.** Kommt es während des Insolvenzverf. zum Übergang des Betriebs oder eines Betriebsteils auf einen Dritten (§ 613a BGB), werden die sich daraus ergebenden Rechtsfolgen teleologisch reduziert (BAG 20.3.2003 NZA 2003, 1027; 20.6.2002 NZA 2003, 318). Einerseits werden der Schutz der ArbVerh. und die Kontinuität des BR uneingeschränkt gewährleistet. Andererseits wird die Haftung des Betriebserwerbers für bereits entstandene Ansprüche beschränkt. Es gehen die Verteilungsgrds. des Insolvenzverf. vor (BAG 17.1.1980 AP BGB § 613a Nr. 18; 20.6.2002 NZA 2003, 318). Der Betriebserwerber haftet nur für Masseverbindlichkeiten, nicht für Insolvenzforderungen (BAG 9.12.2009 NZA 2010, 461; 14.11.2012 – 5 AZR 778/11 – BeckRS 2013, 67325). Damit wird dem **Grds. der gleichmäßigen Befriedigung aller Gläubiger** gedient. Der Gesetzgeber hat diese Rspr. des BAG in seinen Willen aufgenommen, wie sich aus Art. 232 § 5 Abs. 2 EGBGB (vorübergehende Modifikation im Beitrittsgebiet) und § 128 Abs. 2 ergibt. Art. 5 der RL 2001/23/EG lässt keine Änd. dieser Rspr. erwarten. Ein Wiedereinstellungsanspruch besteht in der Insolvenz des AG nicht (BAG 13.5.2004 AP BGB § 613a Nr. 264). Der Erwerber eines Handelsunternehmens aus der Hand des InsV haftet auch nicht nach § 25 I HGB (BAG 20.9.2006 NZA 2007, 335).

60 Entscheidender Zpkt. für die Haftungsbegrenzung ist die Insolvenzeröffnung, nicht die Bestellung des vorl. InsV oder der Betriebsübergang (BAG 26.3.1996 AP BGB § 613a Nr. 148; 20.6.2002 NZA 2003, 318). Die davor entstandenen Ansprüche braucht der Betriebserwerber nicht zu erfüllen. ZB haftet ein Erwerber nicht für Abfindungsansprüche der AN aus einem vor Eröffnung des Insolvenzverf. geschlossenen Sozialplan (BAG 15.1.2002 NZA 2002, 1034). Die im Zeitraum zwischen **Insolvenzeröffnung und Betriebsübergang** entstandenen Ansprüche sind vom Betriebserwerber nach den Regeln des § 613a BGB zu tragen; die Haftung der Masse besteht daneben (BAG 19.10.2004 NZA 2005, 408; 19.5.2005 AP BGB § 613a Nr. 283). Für Ansprüche, die erst nach dem Betriebsübergang entstehen, hat der Betriebserwerber ohnehin einzustehen. Hierzu gehören auch tarifl. Sonderzahlungen, deren Bezugszeitraum die Zeit vor der Insolvenzeröffnung umfasst, Guthaben auf AZKonten der AN und die Urlaubsansprüche der AN (vgl. BAG 18.11.2003 NZA 2004, 651 und NZA 2004, 654). Einen im Zpkt. des Betriebsübergangs noch offenen Urlaubsanspruch kann allein der Betriebserwerber

erfüllen, denn dieser Anspruch ist auf die Freistellung von der Arbeitspflicht gerichtet (BAG 18.11.2003 NZA 2004, 654; LAG HM 15.9.2004 NZA-RR 2006, 65). Da das ArbVerh. aufgrund des Betriebsübergangs fortbesteht, hat der AN keinen Anspruch auf Urlaubsabgeltung nach § 7 IV BUrlG (BAG 2.12.1999 NZA 2000, 480). Setzt der AN das ArbVerh. nach wirksamer betriebsbedingter Kündigung seitens des alten AG mit dem neuen Betriebsinhaber fort, hat er gleichfalls keinen Abgeltungsanspruch gegen den alten AG. Scheidet der AN später aus dem zum Betriebsübernehmer fortgesetzten ArbVerh. aus, entsteht erst dann der Urlaubsabgeltungsanspruch. § 613a II BGB greift deshalb nicht, der alte Betriebsinhaber haftet im Außenverhältnis nicht (ant.) für den Urlaubsabgeltungsanspruch des nach dem Betriebsübergang ausscheidenden AN (*Friese* Rn. 548; **aA** *Gaul* § 13 Rn. 25; BGB § 613a Rn. 136).

Die von der Rspr. begr. teleologische Reduktion des § 613a BGB findet in der **betriebl. AV** einen wichtigen Anwendungsfall. Mit dem Betriebsübergang tritt der Betriebserwerber als Verpflichteter in die Versorgungsanwartschaften der begünstigten AN ein, doch schuldet er im Versorgungsfall ledigl. die bei ihm erdiente Versorgungsleistung. Hierfür ist es unerhebl., ob es sich um eine bei Insolvenzeröffnung noch verfallbare oder bereits unverfallbare Anwartschaft handelt (BAG 29.10.1985 AP BetrAVG § 1 Betriebsveräußerung Nr. 4). Diese Abgrenzung ist aber wesentl. für den ges. Insolvenzschutz. Der Pensions-Sicherungs-Verein (PSV) als Träger der ges. Insolvenzsicherung hat ausschl. für die zeitant. beim Veräußerer bis zur Eröffnung des Insolvenzverf. erdienten unverfallbaren Anwartschaften einzustehen (§ 7 Abs. 2 BetrAVG – vgl. BAG 11.2.1992 AP BetrAVG § 1 Betriebsveräußerung Nr. 13; 16.2.1993 AP BetrAVG § 1 Betriebsveräußerung Nr. 15; 5.5.2015 NZA 2015, 1331 Rn. 34). Kommt es während des Insolvenzverf. zu einem Betriebsübergang, hat der InsV für die während des Insolvenzverf. erworbenen Anwartschaften all derjenigen einzustehen, die nach Eröffnung des Insolvenzverf., aber vor dem Betriebsübergang ausgeschieden sind, oder die von einem Betriebsübergang nicht erfasst werden oder einem Betriebsübergang widersprochen haben. Diese Anwartschaften kann der InsV unter den Voraussetzungen des § 3 IV BetrAVG abfinden (BAG 22.12.2009 NZA 2010, 568). 61

§ 113 Kündigung eines Dienstverhältnisses

[1]Ein Dienstverhältnis, bei dem der Schuldner der Dienstberechtigte ist, kann vom Insolvenzverwalter und vom anderen Teil ohne Rücksicht auf eine vereinbarte Vertragsdauer oder einen vereinbarten Ausschluß des Rechts zur ordentlichen Kündigung gekündigt werden. [2]Die Kündigungsfrist beträgt drei Monate zum Monatsende, wenn nicht eine kürzere Frist maßgeblich ist. [3]Kündigt der Verwalter, so kann der andere Teil wegen der vorzeitigen Beendigung des Dienstverhältnisses als Insolvenzgläubiger Schadenersatz verlangen.

1. Normzweck. Die Eröffnung des Insolvenzverf. als solche lässt Bestand und Inhalt der zum Schuldner bestehenden ArbVerh. unberührt (vgl. § 108). Ist der AG Schuldner, ist er ab Eröffnung des Insolvenzverf. nicht mehr berechtigt, die aus dem ArbVerh. folgenden Rechte und Pflichten wahrzunehmen. An seine Stelle tritt der InsV (vgl. §§ 80ff.; Einf. Rn. 37). Die Kündigung von Dienstverhältnissen regelt § 113. Diese Norm hat § 22 KO (v. 10.2.1877 – BGBl. III 311–4) abgelöst. Im Interesse einer möglichst anzustrebenden Unternehmenssanierung soll die Kostenbelastung der Masse begrenzt werden (BAG 19.7.2007 AP InsO § 55 Nr. 14). Dazu sieht § 113 ein ges. Kündigungsrecht und eine ges. Kündigungsfrist für Dienstverhältnisse vor, die die Wirkungen notwendiger **Kündigungen** im Insolvenzverf. **beschleunigen** sollen (BAG 25.4.2007 AP InsO § 113 Nr. 23; 16.5.2007 AP InsO § 113 Nr. 24). Damit unterscheidet sich § 113 von der früheren Regelung in einigen wichtigen Punkten. Die ges. Regelung des § 113 geht als lex specialis allen längeren Kündigungsfristen unabhängig von ihrer Rechtsgrdl. im G, im TV, in einer BV oder im Dienstvertrag vor. Im Insolvenzfall gelten, wie schon nach altem Recht, der allg. Kündigungsschutz sowie der Sonderkündigungsschutz (vgl. Rn. 10) weiter. § 113 findet auf Insolvenzverf. mit Eigenverw. (§ 270 I 2) Anwendung (BAG 7.7.2011 NZA 2011, 1108; 19.11.2015 NZA 2016, 573 Rn. 16; 23.2.2017 – 6 AZR 665/15 – BeckRS 2017, 109442 Rn. 30). 1

2. Anwendungsbereich. a) Räumlich. Der räuml. Geltungsbereich war bis zum Inkrafttreten der InsO in ihrer Gesamtheit am 1.1.1999 auf den Teil der Bundesrepublik Deutschland beschränkt, in dem das GG bereits vor dem 3.10.1990 galt. Dies ergab sich aus der Verweisung auf den Geltungsbereich der KO, denn im Beitrittsgebiet galt bis zum 31.12.1998 die GesO. Gem. Anl. I Kapitel III Sachgebiet A Abschnitt I Nr. 4 EVertr. wurde die KO im Beitrittsgebiet nicht in Kraft gesetzt. Vielmehr galt gem. Anl. II Kapitel III Abschnitt II Nr. 1 EVertr. die Gesamtvollstreckungsverordnung v. 6.6.1990 (GVVO – GBl. DDR I S. 285) mit Maßgaben unter der Bezeichnung **„Gesamtvollstreckungsordnung“** als BundesG weiter. Diese zeitl. begrenzte Beibehaltung unterschiedl. InsR war verfassungsgemäß (BVerfG 26.4.1995 E 92, 262, 275f.). Seit dem 1.1.1999 findet § 9 II GesO noch Anwendung, wenn die Eröffnung des Gesamtvollstreckungsverf. vor diesem Termin beantragt wurde. Wie § 22 KO und § 113 diente § 9 II GesO der beschleunigten Beendigung von ArbVerh. unabhängig 2 von entgegenstehenden Parteivereinb. Das ArbVerh. brauchte noch nicht angetreten zu sein, es konnte also vor Dienstantritt gekündigt werden. Unabhängig von abw. einzelvertragl. Absprachen konnte das ArbVerh. mit der ges. Frist zu den ges. Kündigungsterminen gekündigt werden. Für die Anwendbarkeit der GesO kam es maßgebl. auf den Sitz des Gemeinschuldners im Zpkt. des Konkursantrags an (vgl. BAG 19.10.2000 NZA 2001, 252).

3 b) **Persönlich.** § 113 setzt ein Dienstverhältnis iSv. § 611 BGB voraus (*Obermüller/Hess* Rn. 744). Das Dienstverhältnis muss auf eine fortgesetzte Dienstleistung gerichtet sein. Der Schuldner muss der Dienstberechtigte sein. Ist der Dienstverpflichtete der Insolvenzschuldner, greift § 113 nicht ein. Erfasst werden in jedem Fall ArbVerh. § 113 ist auf **Organe jur. Personen** anwendbar (*Obermüller/Hess* Rn. 750; noch zu § 22 KO: BGH 29.1.1981 NJW 1981, 1270; *Jäger/Henckel* KO § 22 Rn. 23). Berufsausbildungsverhältnisse können nicht wie Dienstverhältnisse in der Insolvenz nach Maßgabe des § 113 gekündigt werden, denn § 22 II BBiG schließt nach Ablauf der Probezeit die ordentl. Kündigung aus und ges. Regelungen der ordentl. Unkündbarkeit werden von § 113 nicht verdrängt (vgl. Rn. 6a; DDZ/*Däubler* Rn. 10; APS/*Künzl* Rn. 4; HWK/*Annuß* Rn. 3; **aA** *Obermüller/Hess* Rn. 754; *Düwell*, Kölner Schrift zur Insolvenzordnung, 1997 S. 1103, 1110; AL/*Andres* Rn. 4). Somit bedarf es der außerordentl. Kündigung aus wichtigem Grund (KR/*Weigand* Rn. 57 ff.; *Berscheid* ZInsO 1998, 115, 122; **aA** *Lakies*, Das ArbVerh. in der Insolvenz, 2. Aufl. 2014, S. 164). Der Kündigungsgrund ist gegeben, wenn die Fortsetzung der Ausbildung nicht mehr mögl. ist. Die außerordentl. Kündigung ist mit der ges. Kündigungsfrist des § 113 als Auslauffrist zu erklären. Eines Abstellens auf die an sich nicht anwendbaren Kündigungsfristen und -termine des § 622 BGB bedarf es aufgrund der Regelung des § 113 nicht mehr (vgl. zur alten Rechtslage BAG 27.5.1993 AP KO § 22 Nr. 9). Aufgrund der gegebenen Möglichkeit, das Berufsausbildungsverhältnis außerordentl. mit Auslauffrist kündigen zu können, bedarf es keiner analogen Anwendung des § 113 (vgl. *Kiel/Koch* Rn. 499).

4 c) **Betrieblich.** Einschränkungen des betriebl. Geltungsbereiches sind nicht vorgesehen. Daher findet die Vorschr. auch auf Dienstverhältnisse im Haushalt oder in der Verw. Anwendung, sofern es dort zur Insolvenz des Dienstberechtigten kommen kann.

5 d) **Zeitlich.** § 113 findet seit dem 1.10.1996 auf alle noch nicht förml. beendeten und alle neu eröffneten Konkurs- bzw. Insolvenzverf. Anwendung (*Karsten Schmidt* KO, 1997 § 22 Anm. 14; **aA** *Lakies* RdA 1997, 145). Art. 103 und 104 EGInsO sind durch Art. 6 des ArbRBeschFG überholt worden. Das Kündigungsrecht des InsV beginnt mit der Eröffnung des Insolvenzverf. Dem vorl. InsV kommen ledigl. die gleichen Befugnisse wie dem Schuldner zu, auf ihn ist § 113 nicht anzuwenden (Einf. Rn. 37 ff.; BAG 18.4.2002 NZA 2002, 1207; 20.1.2005 NZA 2006, 1352). Eine analoge Anwendung ist nicht gerechtfertigt (BAG 20.1.2005 NZA 2006, 1352). Zur Kündigung durch den AG mit Zust. des vorl. InsV vgl. BGB § 620 Rn. 29b. Wird der vorl. InsV vom Gericht mit Verwaltungs- und Verfügungsbefugnis ausgestattet, geht die Befugnis zur Kündigung von ArbVerh. vom AG auf den vorl. InsV über, der die Kündigung mit der vom AG zu beachtenden Kündigungsfrist erklären kann (BAG 18.4.2002 NZA 2002, 1207). Hatte der AG vor Eröffnung des Insolvenzverf. eine Kündigung ausgesprochen, deren Kündigungsfrist noch läuft, kann der InsV mit der (kürzeren) ges. Kündigungsfrist nachkündigen (BAG 8.4.2003 AP BetrVG 1972 § 113 Nr. 40; 22.5.2003 NZA 2003, 1086; 13.5.2004 NZA 2004, 1037; 22.4.2010 NZA 2010, 1057), ohne dass die Grds. über Wiederholungskündigungen (vgl. BGB § 620 Rn. 77) Anwendung finden (BAG 26.7.2007 NZA 2008, 112). Die Kündigung durch den InsV unterliegt keiner Billigkeitskontrolle nach § 315 III BGB. Insb. ist die Kündigungsmöglichkeit nicht zu einem bes. schonenden Termin auszuüben, etwaige Nachteile des AN sind allein nach S. 3 auszugleichen (BAG 27.2.2014 NZA 2014, 897). Ein erst vom InsV begr. ArbVerh. kann von ihm mit der Frist des § 113 gekündigt werden (LAG B 11.7.2007 LAGE InsO § 113 Nr. 14; **aA** *Henkel* ZIP 2008, 1265; *Kraft/Lambrecht* NZI 2015, 639, 643).

6 **3. Gesetzliches Kündigungsrecht.** In Insolvenzverf. der Dienstberechtigten im Geltungsbereich der VO (EG) Nr. 1346/2000 (Einf. Rn. 1) können ab dem Zpkt. der Insolvenzeröffnung alle Dienstverhältnisse von beiden Vertragsparteien gekündigt werden (§§ 337, 343; BAG 13.12.2012 AP BGB § 620 Kündigungserklärung Nr. 23; 25.4.2013 AP InsO § 343 Nr. 1; 24.9.2015 NZA 2016, 102 Rn. 34 ff.). **§ 113 ist zwgd.** (§ 119). Die Kündigungsmöglichkeit erstreckt sich auch auf solche Dienstverhältnisse, für die eine Vertragsdauer vereinbart oder für die das Recht zur ordentl. Kündigung ausgeschlossen ist. Damit weicht § 113 erhebl. vom Wortlaut des § 22 KO ab, der das Kündigungsrecht als gegeben voraussetzte und sich auf die Regelung der Kündigungsfrist beschränkte. Hins. einzelvertragl. Unkündbarkeitsvereinb. stellt § 113 die bisherige Rechtslage klar. Insofern beurteilte das BAG (15.11.1990 – 2 AZR 232/90 – BeckRS 1990, 30735517; 9.10.1997 – 2 AZR 586/96 – BeckRS 1997, 30771408) die einzelvertragl. Unkündbarkeitsklausel als „unendl. lange" Kündigungsfrist und wandte gem. § 22 KO die ges. Kündigungsfrist an. Demggü. waren **tarifvertragl. Regelungen der Unkündbarkeit** nach hM konkursfest (**aA** *Kania/Kramer* RdA 1995, 287, 297 f.). Durch § 113 ist insofern die Rechtslage geänd. worden. Seit dem 1.10.1996 sind auch tarifl. unkündbare ArbVerh. im Insolvenzverf. ordentl. kündbar (BAG 19.1.2000 NZA 2000, 658; 16.6.2005 NZA 2006, 270; 20.9.2006 NZA 2007, 387; *Preis* NJW 1996, 3369, 3377; *Zwanziger* Rn. 27 ff.). § 113 setzt sich ggü. dem Kündigungsausschluss in einem tarifl.

Standortsicherungsvertrag durch (BAG 17.11.2005 NZA 2006, 661), Gleiches gilt für die tarifvertragl. Regelung einer notwendigen Zust. des BR oder der Gewerkschaft (LAG D 18.11.2015 NZI 2016, 368 – Revision 6 AZR 165/16). Ist tarifvertragl. der Ausspruch der Kündigung von der Zust. des BR abhängig, soll nach einer BAG-Entsch. § 113 dieses Zustimmungserfordernis nicht verdrängen (BAG 19.1.2000 – 4 AZR 910/98 – KTS 2001, 186; **aA** LAG D 18.11.2015 NZI 2016, 368; *Moll* FS Pannen 2017 S. 533, 535), es sei aber zu prüfen, ob dieses Erfordernis überhaupt im Falle einer Betriebsstilllegung durch den InsV gilt. Unkündbarkeitsklauseln in BV werden durch § 113 verdrängt (BAG 22.9.2005 NZA 2006, 658).

Ein **ges. Ausschluss der ordentl. Kündigung** wird von § 113 nicht verdrängt, denn es werden allein „vereinbarte" Tatbestände erfasst (BAG 17.11.2005 NZA 2006, 370; zu § 22 II BBiG vgl. Rn. 3). § 323 I UmwG, der die kündigungsrechtl. Stellung des AN nach einer Spaltung des Unternehmens regelt, schließt eine Kündigung nach § 113 nicht aus, denn diese Normen haben jeweils eigene Regelungsbereiche, die sich nicht überschneiden (BAG 22.9.2005 NZA 2006, 658). Das Kündigungsrecht gilt auch und gerade für **befristete Dienstverhältnisse** unabhängig davon, ob das ordentl. Kündigungsrecht vorbehalten ist oder nicht (BAG 6.7.2000 NZA 2001, 23; 16.6.2005 NZA 2006, 270), denn § 15 III TzBfG enthält nur eine ges. Auslegungsregel, die § 113 nicht vorgeht. Ebenso sind auflösend bedingt und zweckbefristet geschlossene Arbeitsverträge auch ohne bes. Vereinb. kündbar (HKInsO/*Linck* Rn. 9). 6a

Der in § 113 verwendete **Begriff der Kündigung** ist weit zu verstehen, er erfasst neben der Beendigungs- auch die Änderungskündigung (vgl. BT-Drs. 12/7302 Nr. 72; HWK/*Annuß* Rn. 4; *Schmidt-Räntsch* InsO 1995 Rn. 5; *Obermüller/Hess* Rn. 891; *Schrader* NZA 1997, 70). Unter Beachtung der sich aus § 315 BGB ergebenden Grenzen kann der InsV AN von der tats. Arbeitsleistung freistellen (Einf. Rn. 38). Der InsV hat auch bei einer Kündigung nach § 113 die Verhältnismäßigkeit zu beachten und zu prüfen, ob nicht anstelle der Beendigungskündigung eine Änderungskündigung in Betracht kommt (*Uhlenbruck*, Das neue InsR, 1994 S. 49). 7

Das Dienstverhältnis kann nur gekündigt werden, wenn der **Schuldner der Dienstberechtigte** ist (vgl. Rn. 3). Im Insolvenzverf. über das Vermögen des Dienstverpflichteten (AN) findet § 113 ebenso wie zuvor § 22 KO weder unmittelbare noch entspr. Anwendung. Da § 113 abw. von § 22 KO nicht mehr verlangt, dass das **Dienstverhältnis angetreten** sein muss, kann der InsV das Dienstverhältnis auch vor Dienstantritt kündigen (BAG 23.2.2017 – 6 AZR 665/15 – BeckRS 2017, 109442 Rn. 30; *Moll* InsR 1998, 1999 S. 206; APS/*Künzl* Rn. 11; HWK/*Annuß* Rn. 5; HKInsO/*Linck* Rn. 5; AL/*Andres* Rn. 6; **aA** *Obermüller/Hess* Rn. 805). Die Frist beginnt bei Zugang der Kündigung zu laufen (BAG 23.2.2017 – 6 AZR 665/15 – BeckRS 2017, 109442 Rn. 50), eine Mindestvertragslaufzeit wird somit durch § 113 nicht gewährleistet (TLL/*Bodenstedt* Rn. 6). Bei noch nicht angetretenen Dienstverhältnissen hat der InsV anders als noch nach § 17 KO kein Wahlrecht nach § 103 (BAG 23.2.2017 – 6 AZR 665/15 – BeckRS 2017, 109442 Rn. 30). 7a

Das Kündigungsrecht nach § 113 beginnt mit **Eröffnung des Insolvenzverf**. Die Kündigung muss nicht unverzügl. nach Insolvenzeröffnung erklärt werden. Kündigt der InsV zunächst nicht, ist hierin kein Verzicht auf eine Kündigung zu sehen. Die Wirksamkeit der vom InsV ausgesprochenen Kündigung ist nicht von der Fortsetzung des Insolvenzverf. abhängig. Der InsV muss die Kündigung nicht selbst aussprechen. Er kann sich eines Bevollmächtigten bedienen (BAG 21.7.1988 AP KSchG 1969 § 1 Soziale Auswahl Nr. 17). § 174 BGB findet dann Anwendung (BAG 18.4.2002 NZA 2002, 1207). § 174 S. 2 BGB setzt in diesem Fall voraus, dass der InsV selbst die entspr. Tatsachen bekanntgemacht hat (BAG 22.1.1998 NZA 1998, 699). 7b

4. Kündigungsfrist und -form. Wird nach § 113 gekündigt, ist nach S. 2 eine **Kündigungsfrist von drei Monaten zum Monatsende** einzuhalten, wenn nicht aus anderen Gründen eine kürzere Frist maßgebl. ist. Maßgebl. ist nur, was Geltung beansprucht (BAG 6.7.2000 NZA 2001, 23). Demzufolge finden tarifvertragl. Fristen Anwendung, wenn sie kürzer sind als die des § 113 S. 2 (*Warrikoff* BB 1994, 2338; *Lohkemper* KTS 1996, 1, 6). Gleiches gilt für kürzere ges. und zulässigerweise (vgl. BGB § 622 Rn. 34 ff.) einzelvertragl. vereinbarte Kündigungsfristen (BAG 3.12.1998 AP InsO § 113 Nr. 1). Dabei ist eine einzelvertragl. vereinbarte Kündigungsfrist maßgebl., wenn sie länger als die Frist des § 622 BGB, aber kürzer als die Frist des § 113 S. 2 ist (BAG 3.12.1998 AP InsO § 113 Nr. 1; APS/*Künzl* Rn. 7). Die Drei-Monats-Frist ist Höchstfrist (BAG 3.12.1998 AP InsO § 113 Nr. 1; 6.7.2000 NZA 2001, 23) und lex specialis (BAG 16.6.1999 AP InsO § 113 Nr. 3). Sie gilt auch, wenn in anderen G längere Fristen vorgesehen sind. Der InsV ist rechtl. nicht gehindert, mit einer längeren Kündigungsfrist zu kündigen (BAG 27.2.2014 NZA 2014, 897 Rn. 16). S. 2 ist verfassungsgemäß (BVerfG 8.2.1999 AP InsO § 113 Nr. 2; 21.5.1999 AP InsO § 113 Nr. 4; BAG 16.6.1999 AP InsO § 113 Nr. 3; 16.5.2002 AP InsO § 113 Nr. 9) und verdrängt längere tarifvertragl. geregelte Fristen (BAG 16.6.1999 AP InsO § 113 Nr. 3; LAG HM 13.8.1997 BB 1998, 541; *Lakies* RdA 1997, 145, 146; *Warrikoff* BB 1994, 2338; KHb/*Eisenbeis* 6.9 Rn. 84; **aA** wegen verfassungsrechtl. Bedenken *Zwanziger* Rn. 29 ff.). Hat der Kündigende im Kündigungsschreiben weder Kündigungsfrist noch Kündigungstermin angegeben, sondern „zum nächstmöglichen Termin" gekündigt, ist durch Auslegung zu klären, ob er die ges. Frist des § 113 nutzen will (vgl. BAG 23.1.2014 NZA 2014, 777 Rn. 27). 8

8a Ist in einem **befristeten Arbeitsvertrag** die ordentl. Kündigung mangels abw. Abrede ausgeschlossen, kann mit der Frist des § 113 S. 2 und nicht mit der ansonsten anwendbaren ges. Kündigungsfrist gekündigt werden (BAG 6.7.2000 NZA 2001, 23; LAG D 5.11.1999 BB 2000, 622, 623; **aA** *Caspers* SAE 2001, 187, 189). IdR enthält eine Probezeitabrede die stillschweigende Vereinb. der ordentl. Kündbarkeit des befristeten ArbVerh. (BAG 4.7.2001 EzA BGB § 620 Kündigung Nr. 4). Das G enthält keine Formvorschr. und entbindet nicht von vereinbarten Formvorschriften. Doch findet § 623 BGB Anwendung, so dass auch die aufgrund von § 113 erklärten Kündigungen kraft G der Schriftform bedürfen.

9 **5. Allgemeiner Kündigungsschutz.** Soweit das KSchG nach seinem pers. und betriebl. Geltungsbereich Anwendung findet, ist es auch bei einer Kündigung nach § 113 zu beachten (BAG 5.12.2002 NZA 2003, 789; 16.6.2005 NZA 2006, 270; 26.7.2007 NZA 2008, 112). § 113 begr. zwar ein eigenständiges Kündigungsrecht, regelt aber **keinen selbständigen Kündigungsgrund „Insolvenz"** (BAG 29.9.2005 NZA 2006, 720; 20.9.2006 NZA 2007, 387; krit. *Ries* ZInsO 2007, 414, 418 [Wesenskern des § 113]), stellt also von anderen ges. Regelungen der Kündigung von Dienstverhältnissen nicht frei. Der InsV wird zumeist betriebsbedingte Kündigungen erklären. Diese sind iSv. § 1 II KSchG durch dringende betriebl. Erfordernisse bedingt und damit sozial gerechtfertigt, wenn durch die unternehmerische Entsch. des InsV die Beschäftigungsmöglichkeiten für den oder die gekündigten AN entfallen sind (BAG 5.12.2002 NZA 2003, 789; vgl. KSchG § 1 Rn. 211 ff.). Für eine vom InsV erklärte Kündigung des ArbVerh. eines AN, mit dem Block-ATZ vereinbart ist und der sich bereits in der Freistellungsphase befindet, begr. die Stilllegung des Betriebs idR kein dringendes betriebl. Erfordernis iSv. § 1 II KSchG (BAG 5.12.2002 NZA 2003, 789; abl. *Ries* ZInsO 2007, 414, 418). Demggü. ist die betriebsbedingte Kündigung während der Arbeitsphase mögl. (BAG 16.6.2005 NZA 2006, 270). Sofern nicht die bes. Regelung des § 125 für Massenentlassungen eingreift (vgl. dazu BAG 28.10.2004 NZA 2005, 285; 21.7.2005 NZA 2006, 162; 17.11.2005 NZA 2006, 661) oder allen AN gekündigt wird, sind auch bei der betriebsbedingten Kündigung im Insolvenzfall soziale Auswahlerwägungen zu beachten (vgl. dazu KSchG § 1 Rn. 299). Dies gilt auch bei einer in Etappen erfolgenden Betriebsstilllegung (BAG 16.9.1982 AP KO § 22 Nr. 4). Es ist eine andere Frage, ob mit Abwicklungsarbeiten eingearbeitete AN der Regelung des § 1 III 2 KSchG unterfallen (vgl. KSchG § 1 Rn. 342 ff.).

9a Mit § 113 II aF wurde erstmals zum 1.10.1996 eine einheitl. Klagefrist von drei Wochen zur **Geltendmachung aller Unwirksamkeitsgründe** einer Kündigung eingeführt. Diese Regelung ist mWv. 1.1.2004 durch die Neufassung des § 4 KSchG abgelöst worden. Die Kündigungsschutzklage ist gegen den InsV als Partei kraft Amtes zu richten (BAG 18.4.2002 NZA 2002, 1207; 18.10.2012 NZI 2013, 151; vgl. aber Einf. Rn. 37 für den Fall der anschl. Freigabe gem. § 35 II). Nimmt der AN den InsV, der im Kündigungsschutzprozess der Parteien einen Vergleich geschlossen und die darin vereinbarte Abfindung nicht gezahlt hat, gerichtl. aus § 61 auf Schadensersatz in Anspruch, muss er darlegen, dass er im Kündigungsschutzprozess obsiegt hätte (BAG 6.10.2011 NZA 2012, 94). Zum Wiedereinstellungsanspruch des entlassenen AN BGB § 611a Rn. 323. Ist eine nach **§ 17 KSchG** notwendige Massenentlassungsanzeige unterblieben, lösen die vom InsV ausgesprochenen Kündigungen die ArbVerh. nicht auf (BAG 16.6.2005 NZA 2005, 1109; 22.4.2010 NZA 2010, 1057; zum Fall des § 18 IV KSchG BAG 23.2.2010 NZA 2010, 944).

10 **6. Besonderer Kündigungsschutz.** § 113 schließt die Anwendbarkeit des bes. Kündigungsschutzes für AN nicht aus. Neben § 113 sind daher die **Kündigungsschutzbestimmungen** in Art. 48 II 2 GG und entspr. Vorschr. des Schutzes von Abgeordneten, § 15 KSchG, § 17 III KSchG, § 17 MuSchG, § 4 f III 5 BDSG [hierzu *Gehlhaar* NZA 2010, 373], § 55 III Kreislaufwirtschafts- und AbfallG (dazu BAG 26.3.2009 AP BImSchG § 58 Nr. 2), § 18 BEEG (BAG 18.10.2012 NZI 2013, 151; BVerwG 30.9.2009 DVBl. 2010, 183), § 613a IV BGB und §§ 168, 174 SGB IX anzuwenden. Bei Wehr- und Ersatzdienst konnte nur gem. § 2 ArbPlSchG, §§ 78 I Nr. 1, 15a ZDG gekündigt werden (**aA** AL/*Andres* Rn. 5). Diese Kündigungsverbote ohne Erlaubnisvorbehalt sind keine „vereinbarten" Regelungen der ordentl. Unkündbarkeit iSv. § 113 und haben in der Insolvenz Bestand (vgl. Rn. 6; MüKoInsO/*Caspers* Rn. 19).

10a Die Bestimmungen des **BetrVG (insb. §§ 102, 103**; vgl. BAG 28.8.2003 AP BetrVG 1972 § 102 Nr. 134) und des SprAuG (§ 31 II) sind vom InsV zu beachten. Der BR behält, wenn der Betrieb stillgelegt wird, die Funktionsfähigkeit für die Wahrnehmung der betriebsverfassungsrechtl. Rechte. Deren Ausübung erfolgt durch den BR insg., nicht allein durch den Vors. (BAG 14.11.1978 AP KO § 59 Nr. 6). Der InsV hat bei allen Rechtshandlungen die Mitwirkungsrechte des BR zu beachten (BAG 20.11.1970 AP BetrVG § 72 Nr. 8; 17.9.1974 AP BetrVG 1972 § 113 Nr. 1). Der BR ist vor jeder Kündigung anzuhören; im Falle einer Vereinb. nach § 102 VI BetrVG bedarf die Kündigung der Zust. des BR. Der bes. ges. Kündigungsschutz von BRMitgliedern nach § 15 KSchG bleibt im Insolvenzverf. bestehen (vgl. Rn. 6; BAG 17.11.2005 NZA 2006, 370). Die Eröffnung des Insolvenzverf. stellt keinen wichtigen Grund dar, einem BRMitglied außerordentl. zu kündigen (BAG 29.3.1977 AP BetrVG 1972 § 102 Nr. 11). In den Fällen der (Teil-)Betriebsstilllegung ist der Ausspruch einer ordentl. Kündigung mögl. (§ 15 IV und V KSchG), die von keiner Zust. des BR abhängig ist. Bei einem BRMitglied, das tarifl. ordentl. unkündbar ist, kann unter den gleichen Voraussetzungen die außerordentl. betriebsbedingte Kündigung mit Auslauffrist ohne Zust. des BR erklärt werden (BAG 18.9.1997 AP BetrVG

1972 § 103 Nr. 35). **Schwerbehinderten** Menschen kann auch im Insolvenzverf. nur nach Maßgabe der §§ 168 ff. SGB IX gekündigt werden. Der InsV hat die Zust. des Integrationsamts einzuholen. § 172 III SGB IX regelt die Erteilung der Zust. im Insolvenzverf. als gebundene Sollbestimmung. Der Antrag des schwerbehinderten Menschen auf Feststellung des GdB kann vom InsV nicht nach §§ 130, 133 angefochten werden (LAG NI 4.4.2003 LAGE SGB IX § 85 Nr. 1). Ebenso schränkt § 17 MuSchG die Kündigungsmöglichkeiten des InsV ein (BAG 25.10.1968 AP KO § 22 Nr. 1). Gem. § 17 II MuSchG kann die Kündigung in einem „bes. Fall" wie der Stilllegung des Betriebs in der Insolvenz für zulässig erklärt werden (vgl. zur alten Rechtslage BVerwG 18.8.1977 AP MuSchG 1968 § 9 Nr. 5).

7. Betriebsübergang. § 613a IV BGB findet im Insolvenzverf. Anwendung, wie sich aus der Regelung des § 128 II ergibt (Einf. Rn. 59; vgl. zur KO: BAG 17.1.1980 AP BGB § 613a Nr. 18; 26.5.1983 AP BGB § 613a Nr. 34). Allerdings schließt **§ 323 I UmwG** bei insolvenzbedingter Stilllegung des Betriebs des abgespaltenen Unternehmens den Ausspruch betriebsbedingter Kündigungen mit der Kündigungsfrist des § 113 nicht aus (BAG 22.9.2005 NZA 2006, 658). 11

8. Außerordentliche Kündigung. Die Eröffnung des Insolvenzverf. lässt das Recht beider Vertragsparteien zur außerordentl. Kündigung aus **wichtigem Grund** unberührt. Allerdings stellt die Eröffnung des Insolvenzverf. selbst keinen wichtigen Grund zu einer außerordentl. Kündigung dar (BAG 25.10.1968 AP KO § 22 Nr. 1). Die Ausschlussfrist des § 626 II BGB ist zu beachten. Hat sie vor Eröffnung durch Kenntnis des Schuldners oder seines kündigungsberechtigten Vertreters begonnen, wird sie durch die Eröffnung des Insolvenzverf. nicht unterbrochen, sondern wirkt zu Lasten des InsV. 12

9. Kündigung des Arbeitnehmers. Kündigt der AN, ist er ebenfalls an die Höchstfrist des § 113 S. 2 gebunden. Er kann ohne wichtigen Grund nicht fristlos kündigen (vgl. Rn. 12). 13

10. Schadensersatz (§ 113 S. 3). Kündigt der InsV (bzw. in der Eigenverw. der Schuldner), kann der andere Teil wegen der vorzeitigen Beendigung des Dienstverhältnisses Schadensersatz als Insolvenzforderung (und nicht Masseforderung – BAG 19.11.2015 NZA 2016, 314 Rn. 39) verlangen. Der ersatzfähige Schaden besteht ausschl. in dem **durch die vorzeitige Kündigung verursachten Ausfall** (LAG HB 13.5.1953 BB 1953, 472; *Zwanziger* Rn. 39), nicht in Folgeschäden (zB beim Alg. LAG HE 22.1.2013 ZIP 2013, 1137). Der verschuldensunabhängige Schadensersatzanspruch greift deshalb nur, wenn das Dienstverhältnis ansonsten ordentl. nicht kündbar oder die Frist des § 113 S. 2 kürzer als die außerhalb des Insolvenzverf. maßgebl. Kündigungsfrist ist (zu § 22 KO: LAG RP 28.1.1983 DB 1983, 1314). S. 3 setzt voraus, dass das ArbVerh. durch Kündigung des InsV (bzw. in der Eigenverw. des Schuldners) und nicht durch einen anderen Beendigungstatbestand aufgelöst worden ist (BAG 19.11.2015 NZA 2016, 573 Rn. 16). Diese Voraussetzung ist nicht erfüllt, wenn sich die Parteien im Kündigungsrechtsstreit auf einen anderen Beendigungstermin einigen (BAG 19.11.2015 NZA 2016, 573 Rn. 18). Kein Schadensersatzanspruch besteht, wenn auch ohne § 113 zum fragl. Zpkt. hätte gekündigt werden dürfen. Die Regelung des Schadensersatzanspruchs ist mit höherrangigem Recht vereinbar (BAG 27.2.2014 NZA 2014, 897). 14

Im Falle **vereinbarter Unkündbarkeit** ist der Ersatzanspruch wegen des Verfrühungsschadens (BAG 25.4.2007 AP InsO § 113 Nr. 23) auf die ohne die vereinbarte Unkündbarkeit maßgebl. längste ordentl. Kündigungsfrist beschränkt (BAG 16.5.2007 AP InsO § 113 Nr. 24). Dabei kommt es nicht auf die individuelle, idR von der Dauer des Bestandes des ArbVerh. abhängige, sondern die längste sich aus G oder TV ergebende Kündigungsfrist an (BAG 16.12.2010 – 6 AZN 1113/10 –; **aA** LAG M 31.8.2010 – 6 Sa 435/10). Anderweitig erzielter Verdienst mindert den Schaden und ist somit anzurechnen (KR/*Weigand* Rn. 95; TLL/*Bodenstedt* Rn. 15). Lehnt der AN die Annahme zumutbarer Arbeit ab, ist dies nach § 254 II BGB schadensmindernd zu berücksichtigen (HWK/*Annuß* Rn. 9; DDZ/*Däubler* Rn. 28). 15

Die **Schadenshöhe** bemisst sich nach der Bruttolohnmethode in der regulären Vertragslaufzeit (BAG 19.11.2015 NZA 2016, 314 Rn. 44). Sie ist ggf. zu schätzen (§ 287 ZPO). Der AN muss sich nach § 254 II 1 BGB Einkommen, das er anderweitig erzielt hat oder hätte erzielen können, anrechnen lassen. Er ist verpflichtet, seine Arbeitskraft zur Minderung des Verdienstausfalls einzusetzen. Fiktive Einkünfte sind allerdings nur dann anzusetzen, wenn die unterlassene Erwerbstätigkeit dem AN zumutbar war und ihm bei entspr. Anstrengung nach der Arbeitsmarktlage die Aufnahme einer Tätigkeit auch gelungen wäre (BAG 19.11.2015 NZA 2016, 314 Rn. 46). § 615 S. 2 BGB findet keine Anwendung. Leistungen der Sozialvers. sind anzurechnen (BAG 19.11.2015 NZA 2016, 314 Rn. 46). Anders als § 628 II BGB (vgl. BGB § 628 Rn. 28) umfasst der Anspruch nach S. 3 keine analog §§ 9, 10 KSchG zu bemessende Abfindung wegen Verlustes des Arbeitsplatzes (BAG 16.5.2007 AP InsO § 113 Nr. 24; APS/*Künzl* Rn. 14; *Berscheid* ZInsO 1998, 159, 165; **aA** DDZ/*Däubler* Rn. 28). Der Schaden kann aber in dem Ausfall einer betriebl. AV liegen, wenn der AN durch die vorzeitige Auflösung des ArbVerh. die notwendige Betriebszugehörigkeit nicht erreicht (vgl. LAG D 11.5.1979 ARSt. 1979, 134; *Nägele* ArbRB 2002, 206, 209). Bei einer Eigenkündigung oder einem Aufhebungsvertrag steht dem AN kein Schadensersatzanspruch nach § 113 S. 3 zu (BAG 25.4.2007 AP InsO § 113 Nr. 23; KR/*Weigand* Rn. 94). Andere Anspruchsgrdl. wie zB § 628 II BGB bleiben unberührt (BAG 25.4.2007 AP InsO § 113 Nr. 23; *Obermüller/Hess* Rn. 807). 16

§ 120 Kündigung von Betriebsvereinbarungen

(1) [1] Sind in Betriebsvereinbarungen Leistungen vorgesehen, welche die Insolvenzmasse belasten, so sollen Insolvenzverwalter und Betriebsrat über eine einvernehmliche Herabsetzung der Leistungen beraten. [2] Diese Betriebsvereinbarungen können auch dann mit einer Frist von drei Monaten gekündigt werden, wenn eine längere Frist vereinbart ist.

(2) Unberührt bleibt das Recht, eine Betriebsvereinbarung aus wichtigem Grund ohne Einhaltung einer Kündigungsfrist zu kündigen.

§ 121 Betriebsänderungen und Vermittlungsverfahren

Im Insolvenzverfahren über das Vermögen des Unternehmers gilt § 112 Abs. 2 Satz 1 des Betriebsverfassungsgesetzes mit der Maßgabe, daß dem Verfahren vor der Einigungsstelle nur dann ein Vermittlungsversuch vorangeht, wenn der Insolvenzverwalter und der Betriebsrat gemeinsam um eine solche Vermittlung ersuchen.

§ 122 Gerichtliche Zustimmung zur Durchführung einer Betriebsänderung

1 Vom Abdruck wurde abgesehen.

§ 125 Interessenausgleich und Kündigungsschutz

(1) [1] Ist eine Betriebsänderung (§ 111 des Betriebsverfassungsgesetzes) geplant und kommt zwischen Insolvenzverwalter und Betriebsrat ein Interessenausgleich zustande, in dem die Arbeitnehmer, denen gekündigt werden soll, namentlich bezeichnet sind, so ist § 1 des Kündigungsschutzgesetzes mit folgenden Maßgaben anzuwenden:

1. es wird vermutet, daß die Kündigung der Arbeitsverhältnisse der bezeichneten Arbeitnehmer durch dringende betriebliche Erfordernisse, die einer Weiterbeschäftigung in diesem Betrieb oder einer Weiterbeschäftigung zu unveränderten Arbeitsbedingungen entgegenstehen, bedingt ist;

2. die soziale Auswahl der Arbeitnehmer kann nur im Hinblick auf die Dauer der Betriebszugehörigkeit, das Lebensalter und die Unterhaltspflichten und auch insoweit nur auf grobe Fehlerhaftigkeit nachgeprüft werden; sie ist nicht als grob fehlerhaft anzusehen, wenn eine ausgewogene Personalstruktur erhalten oder geschaffen wird.

[2] Satz 1 gilt nicht, soweit sich die Sachlage nach Zustandekommen des Interessenausgleichs wesentlich geändert hat.

(2) Der Interessenausgleich nach Absatz 1 ersetzt die Stellungnahme des Betriebsrats nach § 17 Abs. 3 Satz 2 des Kündigungsschutzgesetzes.

1 **1. Allgemeines.** § 125 modifiziert § 1 KSchG, wenn eine Betriebsänd. iSv. § 111 BetrVG gepl. ist und zwischen InsV und BR ein Interessenausgleich zustande kommt, in dem die AN, denen gekündigt werden soll, namentl. bezeichnet sind (*Menke/Wolf* BB 2011, 1461, 1462). Es ist unschädl., wenn zunächst der Interessenausgleich geschlossen und danach zeitnah um eine Namensliste ergänzt wird, bevor die Kündigungen erklärt werden (BAG 19.7.2012 NZA 2013, 86; *Daub*, Das Erwerberkonzept, 2013 S. 173). § 125 ist spezieller als § 1 V KSchG (BAG 15.12.2011 NZA-RR 2012, 570; KSchG § 1 Rn. 360). Dem vorl. InsV steht nur der Weg über § 1 V KSchG, nicht über § 125 offen, wenn er gemeinsam mit dem BR im Interessenausgleich ein Gesamtkonzept zur Fortführung des Betriebs unter Einbeziehung zu kündigender AN erstellen will (BAG 28.6.2012 NZA 2012, 1029; *Janzen* AuR 2013, 203; HKInsO/*Linck* Rn. 2; *Mückl/Krings* ZIP 2012, 106, 108; näher die 14. Aufl.). § 125 soll **Sanierungen insolventer Unternehmen** erleichtern, Rationalisierungsmaßnahmen zügig ermöglichen und **Massenentlassungen beschleunigen** (BAG 18.1.2012 NZA 2012, 817; 20.9.2012 NZA 2013, 32; *Klocke* DZWIR 2013, 358, 359). Die soziale Rechtfertigung einer vom InsV erklärten Kündigung, der ein Interessenausgleich mit Namensliste iSv. § 125 I 1 zugrunde liegt, soll nur in Ausnahmefällen infrage gestellt werden. Ein Interessenausgleich mit Namensliste ersetzt wegen des im Wortlaut von § 125 II, I InsO iVm. § 17 III 2 KSchG zum Ausdruck gebrachten Vereinfachungs- und Beschleunigungszwecks daher auch dann die nach § 17 III 2 KSchG erforderl. Stellungn. des BR, wenn das Original des Interessenausgleichs nur vom BR unterzeichnet ist und damit dem Schriftformerfordernis des § 112 II BetrVG nicht genügt. Es reicht aus, wenn der Interessenausgleich zustande gekommen, aber noch nicht schriftl. niedergelegt ist. Aus der gebotenen richtlinienkonformen Auslegung von § 125 II InsO, § 17 III 2 KSchG folgt nichts anderes, weil der Massenentlassungsanzeige nach der MassenentlassungsRL 98/59/EG keine Stellungn. der ANVertretung in einer bestimmten Form beigefügt werden muss (BAG 18.1.2012 NZA 2012, 817; zu den Fragen der Schriftform des § 17 II 1 KSchG und den

unionsrechtl. Vorgaben durch Art. 2 Abs. 3 UAbs.1 der MassenentlassungsRL BAG 20.9.2012 NZA 2013, 32; abl. *Assmann* AiB 2013, 458). Für § 17 II 1 KSchG genügt Textform entspr. § 126b BGB (BAG 22.9.2016 NZA 2017, 175). Ebenso wie § 1 V KSchG gilt § 125 auch für ordentl. Änderungskündigungen (vgl. den Wortlaut des § 127 I 1 Alt. 2; zu § 1 V KSchG BAG 19.6.2007 NZA 2008, 103). In § 2 KSchG ist kein eigener Begriff der sozialen Rechtfertigung enthalten. Die Vorschr. verweist vielmehr auf § 1 II 1 bis 3 und III 1 und 2 KSchG (BAG 19.6.2007 NZA 2008, 103). § 113 S. 1, § 125 gehen für den Ausschluss ordentl. Kündigungen über § 1 V KSchG hinaus. Nach § 113 S. 1 darf der InsV ArbVerh., die aufgrund Tarif- oder Einzelvertrags ordentl. unkündbar sind, ordentl. kündigen. Das gilt auch bei Eigenverwaltung und für Kündigungen vor Dienstantritt (BAG 23.2.2017 NZA 2017, 995; hins. der Eigenverwaltung **aA** *Kraft/Lambrecht* NZI 2017, 581, 582). Der InsV genießt für ordentl. Beendigungs- und Änderungskündigungen die Privilegierung des § 125, wenn dessen Voraussetzungen erfüllt sind (BAG 20.9.2006 NZA 2007, 387; *Sittard/Knoll* BB 2013, 2037). § 1 V KSchG gilt dagegen nicht für außerordentl. Beendigungs- oder Änderungskündigungen ggü. ordentl. unkündbaren AN (BAG 28.5.2009 NZA 2009, 954). Die Gestaltungsmöglichkeiten des § 125 führen zu einer erhebl. Einschränkung des individualrechtl. Kündigungsschutzes. Dem liegt die Annahme zugrunde, dass von der gemeinsamen Beurteilung der Betriebsparteien eine hohe Gewähr für die Sachgerechtigkeit der unternehmerischen Entsch. über die Fortführung des Betriebs und die Richtigkeit der getroffenen sozialen Auswahl ausgeht (*Hergenröder* DZWIR 2016, 461, 468 f.). Einseitig kann der InsV die Rechtswirkungen des § 125 I 1 nicht auslösen. § 125 ist verfassungskonform. Er verstößt weder gegen Art. 12 I GG noch gegen das aus Art. 20 III GG abzuleitende Gebot eines fairen Verfahrens (zu § 1 V KSchG BAG 6.9.2007 NZA 2008, 633; 27.9.2012 NZA 2013, 559). Die Regelung gleicht die verschiedenen grundrechtl. geschützten Positionen beider Seiten unter Berücksichtigung des gesetzgeberischen Gestaltungsspielraums in noch hinreichendem Maß aus.

§ 125 gilt nur für Kündigungen, die **nach Zustandekommen** des Interessenausgleichs erklärt werden 2
(HKInsO/*Linck* Rn. 12). Der Insolvenzinteressenausgleich kann nachträgl. und zeitnah bis zum Ausspruch der Kündigung durch eine Namensliste ergänzt werden. Wann eine zeitnahe Erg. des Interessenausgleichs anzunehmen ist, bestimmt sich nach den Umständen des Einzelfalls. Interessenausgleich und Namensliste müssen sich noch als einheitl. Urkunde darstellen (BAG 26.3.2009 NZA 2009, 1151). Führen InsV und BR keinen Interessenausgleich herbei, sind die Kündigungen ohne die Vorteile der §§ 125 ff. zu überprüfen. Ist in einem Betrieb kein BR vorhanden oder kommt ein Interessenausgleich nicht zustande, steht dem InsV das Verfahren des § 126 offen. Wurde durch die Betriebspartner ein Interessenausgleich vereinbart, ist ein späteres BeschlV nach § 126 zulässig, wenn wegen einer weiteren Betriebsänd. ein neuer Interessenausgleich scheitert (BAG 20.1.2000 NZA 2001, 170).

Klagen gegen Kündigungen, die ein InsV iSd. EuInsVO in Deutschland nach dt. Recht erklärt hat, 2a
sind auch dann **keine Annexverfahren** iSv. Art. 3 EuInsVO, wenn sie aufgrund eines Interessenausgleichs mit Namensliste nach § 125 und mit der kurzen Frist des § 113 S. 2 erklärt worden sind. Für solche Verfahren bestimmt sich die int. Zust. nach der **EuGVVO**, nicht nach der EuInsVO (zB BAG 26.1.2017 NZA 2017, 577 mwN). Bei **grenzüberschreitenden Insolvenzen** iSd. EuInsVO, bei denen aufgrund von Art. 10 EuInsVO dt. ArbR anzuwenden ist, ist § 125 unionsrechtskonform dahin auszulegen, dass auch ein Administrator, der in der vom englischen InsR vorgesehenen Weise für den Schuldner handelt, als **InsV iSv. § 125** anzusehen ist. Er kann einen Interessenausgleich mit Namensliste schließen, der die Wirkungen des § 125 hat (BAG 20.9.2012 NZA 2013, 797; *Abele* FS v. Hoyningen-Huene 2014 S. 1, 13 ff.; *Knof/Stütze* EWiR 2013, 49 f.; *Smid* DZWIR 2014, 265, 302 f.; krit. *Janz* NZI 2013, 55).

2. Wirksamkeit des Interessenausgleichs mit Namensliste. Ein wirksamer Interessenausgleich mit 3
Namensliste ist Voraussetzung für die Anwendung von § 125. Der InsV muss die hierfür erforderl. Tatsachen darlegen und ggf. beweisen. Die Rechtswirkungen des § 125 InsO setzen eine (gepl.) Betriebsänd. iSv. § 111 BetrVG voraus (BAG 24.10.2013 NZA 2014, 46). § 125 greift daher in Kleinbetrieben nicht ein. Die Schwelle der Sozialplanpflichtigkeit nach § 112a BetrVG muss dagegen nicht überschritten sein. Soweit Voraussetzungen für den Abschluss eines Interessenausgleichs nach dem BetrVG fehlen, genügt es nicht, einen „freiwilligen" Interessenausgleich zu vereinbaren (HKInsO/*Linck* Rn. 6; **aA** zB *Kappenhagen* NZA 1998, 968, 969 f.). § 125 ist auf Betriebsänd. iSv. § 111 BetrVG beschränkt. Seine Wirkungen erstrecken sich nicht auf ltd. Ang., auch nicht, wenn die Vereinb. vom SprAu geschlossen wurde. Diese Personengruppe wird nach § 5 III BetrVG nicht vom BR repräsentiert (*Gaul* BB 2004, 2686, 2688; *Willemsen/Annuß* NJW 2004, 177, 180). § 125 gilt nicht für Kündigungen von BRMitgliedern. Er findet auf Einrichtungen von Religionsgemeinschaften, die dem BetrVG nach § 118 II BetrVG nicht unterliegen, keine Anwendung (LAG NI 9.12.2009 LAGE InsO § 125 Nr. 12; *Janzen* AuR 2013, 203). Die Vertretungen des fliegenden Personals iSv. § 117 II BetrVG sind als BR anzusehen (BAG 26.4.2007 EzA InsO § 125 Nr. 6). Auch für § 125 reicht es aus, dass die **Betriebsänd. gepl.** ist (BAG 19.7.2012 NZA 2013, 86; 27.9.2012 NZA 2013, 559; HKInsO/*Linck* Rn. 3). Voraussetzung für die Anwendung von § 125 ist nicht, dass die Betriebsänd. später als gepl. durchgeführt wird. Zwischen der Betriebsänd. und dem Interessenausgleich muss jedoch ein sachl. und zeitl. Zusammenhang bestehen (SPV/*Vossen* Rn. 2316). Es ist unzulässig, von der Möglichkeit des

§ 125 „auf Vorrat" Gebrauch zu machen. Die Absicht einer Betriebsveräußerung ist mit dem Plan einer Betriebsstilllegung unvereinbar. Ein Betriebsübergang nach § 613a BGB ist keine Betriebsänd. iSv. § 111 BetrVG (BAG 15.12.2011 NZA-RR 2012, 570). Die Identität des Betriebs bleibt gewahrt. Es findet ledigl. ein Betriebsinhaberwechsel statt (BAG 26.4.2007 AP InsO § 125 Nr. 4). Eine beabsichtigte Betriebsstilllegung setzt in der Insolvenz den ernstl. und endgültigen Entschl. des InsV voraus, die Betriebs- und Produktionsgemeinschaft mit den AN aufzugeben. Ein Interessenausgleich mit Namensliste kann deshalb nicht mit den Wirkungen des § 125 I 1 geschlossen werden, wenn der InsV noch eine Chance sieht, den Betrieb fortzuführen (LAG K 26.4.2010 – 2 Sa 984/09). Eine Betriebsänd., die auch in bloßem Personalabbau nach § 111 S. 3 Nr. 1 Var.1 BetrVG bestehen kann (BAG 23.2.2012 NZA 2012, 992), hat stets zur Voraussetzung, dass durch sie wesentl. Nachteile für die Belegschaft oder erhebl. Teile der Belegschaft entstehen können. Die Darlegungslast des InsV, der sich auf die Vermutungswirkung des § 125 I 1 Nr. 1 beruft, verlangt in einem solchen Fall jdf. den Vortrag, dass die Maßnahme, die zur Kündigung geführt hat, erhebl. Teile der Belegschaft betroffen hat. Das erfordert va. substantiierte Darlegungen dazu, wie der Betrieb, der geänd. worden sein soll, im betriebsverfassungsrechtl. Sinn nach §§ 1, 3 und 4 BetrVG abzugrenzen ist. Nur wenn feststeht, was als Betrieb im betriebsverfassungsrechtl. Sinn anzusehen ist, kann die Quote der betroffenen AN im Verhältnis zur Gesamtbelegschaft berechnet werden (zu § 1 V 1 KSchG BAG 31.5.2007 NZA 2007, 1307). Der Interessenausgleich ist jedoch nicht fehlerhaft, wenn weniger AN entlassen werden sollen, als nach der Bedarfsberechnung notwendig sind. Es liegt im unternehmerischen Ermessen des AG, ob er nur einen Teil der AN entlässt, für die keine Beschäftigungsmöglichkeit mehr besteht. Es bleibt ihm überlassen, ob er eine Personalreserve bildet (BAG 7.5.1998 AP KSchG 1969 § 1 Namensliste Nr. 1; zu den Anforderungen an den Interessenausgleich und die Namensliste KSchG § 1 Rn. 360a f.).

4 Der Interessenausgleich muss mit dem **zust. BR** geschlossen werden. Die Sondernorm des § 121 ist zu berücksichtigen (HKInsO/*Linck* Rn. 9). Eine Mitarbeitervertretung nach dem MitarbeitervertretungsG der Ev. Kirchen Deutschlands ist kein BR iSv. § 125 I 1. § 125 I 1 ist auf Betriebsänd. iSv. § 111 BetrVG beschränkt. § 125 ist in Einrichtungen von Religionsgemeinschaften, die unabhängig von ihrer Rechtsform nach § 118 II BetrVG nicht dem BetrVG unterliegen, deshalb unanwendbar. Mit der Mitarbeitervertretung kann kein Interessenausgleich mit Namensliste geschlossen werden (LAG NI 9.12.2009 LAGE InsO § 125 Nr. 12; für § 1 V KSchG KR/*Griebeling/Rachor* § 1 KSchG Rn. 703a mwN). Betrifft eine Betriebsänd. mehrere Betriebe des Unternehmens, kann die originäre Zust. des GBR nach § 50 I BetrVG begr. sein (zB BAG 20.9.2012 NZA 2013, 32; 20.9.2012 NZA 2013, 94; *Janzen* AuR 2013, 203, 204; *Ohlendorf/Salamon* NZA 2006, 131, 133 ff.; *Gaul* BB 2004, 2686, 2687; **aA** *Fischer* BB 2004, 1001, 1003: betriebsbezogene Sozialauswahl). Treffen die Betriebsparteien bei einem Personalabbau, der mehrere Betriebe erfasst, auch für AN, deren Betrieb nicht von einer Betriebsänd. betroffen ist, eine Auswahlentsch., bleibt die Richtigkeitsgewähr der Namensliste unberührt. Für diese AN greifen ledigl. die Rechtsfolgen des § 125 I 1 nicht ein (zu § 1 V KSchG BAG 19.7.2012 NZA 2013, 333). Ein vom InsV mit dem GBR geschlossener Interessenausgleich mit Namensliste ersetzt wegen des im Wortlaut des § 125 II I ausgedrückten Vereinfachungs- und Beschleunigungszwecks (Rn. 1) die Stellungn. der örtl. BR nach § 17 III 2 KSchG zu den vom InsV beabsichtigten Massenentlassungen (BAG 7.7.2011 NZA 2011, 1108; 20.9.2012 NZA 2013, 32; *Lakies* DB 2014, 1138, 1142). Vereinbaren BR und AG einen einheitl. Interessenausgleich und Sozialplan, steht dies der Wirksamkeit des Interessenausgleichs ebenso wenig entgegen wie die inhaltl. unzutr. Bezeichnung als Sozialplan. Die Betriebsparteien müssen sich einig sein, dass die bezeichneten AN zu entlassen sind. Die Rechtswirkungen des § 125 werden jedoch nicht ausgelöst, wenn der Sozialplan durch Spruch der Einigungsstelle zustande gekommen ist (*Fischermeier* NZA 1997, 1089, 1097).

5 Die von der Kündigung betroffenen AN sind im Interessenausgleich **namentl. zu bezeichnen** (wegen der zweifelsfreien Identifikation grds. mit Vor- und Nachnamen). Bei isolierten Vor-, Nach- oder Kosenamen muss klar sein, wer gemeint ist (*Willemsen/Annuß* NJW 2004, 177, 180). Nur dann ist gewährleistet, dass sich InsV und BR iE Gedanken über die soziale Auswahl jedes Betroffenen gemacht haben. In die Namensliste dürfen nur AN aufgenommen werden, die aus Sicht der Betriebsparteien aufgrund der dem Interessenausgleich zugrunde liegenden Betriebsänd. zu kündigen sind. § 125 I 1 setzt voraus, dass „die AN, denen gekündigt werden soll", in einem aufgrund einer (gepl.) Betriebsänd. iSv. § 111 BetrVG geschlossenen Interessenausgleich namentl. bezeichnet sind. Dies legt nahe, dass der Gesetzgeber für den Normalfall davon ausging, dass sich die Betriebsparteien über alle Personen verständigen würden, deren ArbVerh. beendet werden sollen. Der Wortlaut des § 125 I 1 schließt eine zwar unvollständige, aber dennoch endgültige Benennung von zu kündigenden AN in einer Namensliste als Vermutungsbasis aber nicht eindeutig aus. Die Frage, ob eine „Teil-Namensliste" als ausreichende Vermutungsgrdl. dienen kann, ist nach dem Zweck des § 125 I 1 zu beurteilen (zu § 1 V KSchG BAG 26.3.2009 NZA 2009, 1151; 19.7.2012 NZA 2013, 86; *Lakies* DB 2014, 1138, 1141; grds. abl. für § 1 V KSchG APS/*Kiel* § 1 V KSchG Rn. 713 mwN zu der Kontroverse; aA *Richter/Riem* NZA 2011, 1254, 1257 ff., die für Teil-Namenslisten stets die Rechtsfolgen des § 1 V KSchG/§ 125 I 1 InsO reklamieren). Einigkeit besteht darin, dass eine Teil-Namensliste vereinbart werden kann, wenn die Betriebsänd. in mehreren Wellen erfolgt (BAG 19.7.2012 NZA 2013, 86; KSchG § 1 Rn. 360a). Behalten sich die Betriebsparteien die Änd. der Namensliste vor, löst der Interessenausgleich nicht die

Wirkungen des § 125 I 1 aus (zu § 1 V KSchG ArbG Stuttgart 25.2.2010 NZA-RR 2010, 350). Wird die Namensliste getrennt vom Interessenausgleich erstellt, reicht es aus, wenn sie von den Betriebsparteien unterzeichnet und in ihr auf den Interessenausgleich und im Interessenausgleich auf die Namensliste Bezug genommen ist (BAG 26.3.2009 NZA 2009, 1151; 12.5.2010 NZA 2011, 114). Der Interessenausgleich ist schriftl. niederzulegen (§§ 125, 126 BGB) und vom AG sowie vom BR (§ 112 I 1 BetrVG) oder zusätzl. vom Einigungsstellenvorsitzenden (§ 112 III 3 BetrVG) zu unterzeichnen. Die Niederschrift des Interessenausgleichs ist eine **Gesamturkunde**. Ihre Einheitlichkeit kann durch Zusammenheften, Nummerieren der Blätter, Bezugnahme oder den eindeutigen Sachzusammenhang des fortlaufenden Textes hergestellt werden (BAG 10.6.2010 NZA 2010, 1352; 19.7.2012 NZA 2013, 333). Die nicht unterschriebene Namensliste kann mit dem Interessenausgleich mittels Heftmaschine fest verbunden werden. Sie muss dann nicht ausdr. als Anl. zum Interessenausgleich bezeichnet und mit Ort und Datum versehen sein (BAG 7.5.1998 AP KSchG 1969 § 1 Namensliste Nr. 1; 21.2.2001 EzA KSchG § 1 Interessenausgleich Nr. 8). Die Schriftstücke müssen schon im Augenblick der Unterzeichnung als einheitl. Urkunde erkennbar sein. Sie dürfen nicht erst nachträgl. zusammengeheftet werden (BAG 6.7.2006 NZA 2007, 266).

Der Interessenausgleich muss inhaltl. einer **Rechtskontrolle** standhalten. Die Regelungen dürfen 6
insb. nicht gegen § 75 I BetrVG verstoßen. Es ist nicht erlaubt, den Vergleichskreis der AN für die soziale Auswahl mithilfe diskriminierender Merkmale oder maßregelnd iSv. § 612a BGB zu bilden. Einer Vereinb., Gewerkschaftsmitglieder von der sozialen Auswahl auszunehmen, haftet ein derart offensichtl. Mangel an, dass der Interessenausgleich nicht nur grob fehlerhaft (LAG K 29.7.2004 LAGE KSchG § 1 Soziale Auswahl Nr. 45a), sondern nichtig ist (*Löwisch* BB 2004, 154, 156). Ein Interessenausgleich mit Namensliste ist auch dann rechtskonform, wenn die Betriebsparteien eine altersgruppenbezogene Sozialauswahl zur Erhaltung einer ausgewogenen Altersstruktur des Betriebs getroffen haben. Die in § 1 III 2 KSchG eröffnete Möglichkeit, die Auswahl zum Zweck der Sicherung einer ausgewogenen Personalstruktur innerhalb von Altersgruppen vorzunehmen, verstößt nicht gegen § 7 I und II iVm. §§ 1, 3 AGG sowie das unionsrechtl. Verbot der Altersdiskriminierung und seine Ausgestaltung durch die RL 2000/78/EG vom 27.11.2000 (stRspr., zB BAG 19.7.2012 NZA 2013, 86; 24.10.2013 NZA 2014, 46). Das BAG hält die unionsrechtl. Fragen (näher die 14. Aufl.) für geklärt durch die jüngere Rspr. des EuGH und hat deshalb von einem Vorabentscheidungsersuchen abgesehen (15.12.2011 NZA 2012, 1044, Verfassungsbeschwerde unter – 1 BvR 1382/12 – nicht zur Entsch. angenommen; 28.6.2012 NZA 2012, 1090; dazu *Uffmann* SAE 2013, 1, 2 ff.).

3. Vermutung dringender betrieblicher Erfordernisse. Kommt der qualifizierte Interessenausgleich 7
wirksam zustande, wird im Rahmen eines Individualprozesses nach § 1 KSchG vermutet, dass die Kündigung der namentl. bezeichneten AN durch dringende betriebl. Erfordernisse bedingt ist. Die Vermutung des § 125 I 1 Nr. 1 bezieht sich nach ihrem Wortlaut nur darauf, dass die dringenden betriebl. Erfordernisse einer Weiterbeschäftigung in diesem Betrieb entgegenstehen. Nach dem Regelungszweck wird aber jdf. dann, wenn sich der BR mit der Frage der Weiterbeschäftigungsmöglichkeit in anderen Betrieben befasst hat, auch das **Fehlen einer anderweitigen Beschäftigungsmöglichkeit** in anderen Betrieben des Unternehmens erfasst (BAG 20.9.2012 NZA 2013, 797; 27.9.2012 NZA 2013, 559; *Lakies* DB 2014, 1138, 1141 f.). Im Rahmen von § 1 V KSchG hat der Zweite Sen. die Vermutungswirkung auf die fehlende Weiterbeschäftigungsmöglichkeit im Unternehmen bezogen (BAG 6.9.2007 NZA 2008, 633). Der Gesetzgeber hat diese Auff. schon mit der Wiedereinführung des § 1 V KSchG durch das ReformG in den Mat. geäußert (BT-Drs. 15/1204 S. 11). Der GZweck des § 125 I 1 Nr. 1 spricht trotz des engeren Wortlauts der Norm für eine Erstreckung der Vermutungswirkung auf das Fehlen von Weiterbeschäftigungsmöglichkeiten in anderen Betrieben des Unternehmens. § 125 will den Betriebsparteien unter der Voraussetzung eines eröffneten Insolvenzverfahrens im Verhältnis zu § 1 V KSchG erweiterte Gestaltungsmöglichkeiten zur Vfg. stellen. Unabhängig von der Frage der Weiterbeschäftigungsmöglichkeit nur im Betrieb oder auch im Unternehmen hat der AN, der die Vermutung des § 125 I 1 Nr. 1 widerlegen will, darzulegen, dass ein freier Arbeitsplatz zu vergleichbaren Bedingungen vorhanden und nicht vorrangig mit einem schutzwürdigeren AN zu besetzen ist (LAG RP 8.4.2011 – 6 Sa 601/10). Die Vermutung erfasst auch die fehlende Beschäftigungsmöglichkeit zu **veränderten Bedingungen**, obwohl der GWortlaut in Abs. 1 S. 1 Nr. 1 nur fehlende Weiterbeschäftigungsmöglichkeiten zu „unveränderten Arbeitsbedingungen“ nennt. Die über den Wortlaut hinausgehende Interpretation berücksichtigt neben dem Zweck auch die Systematik von § 125 I 1 und § 1 V KSchG. Nach § 1 V 1 KSchG wird wie nach § 125 I 1 Nr. 1 vermutet, dass die Kündigung bei einem Interessenausgleich mit Namensliste durch dringende betriebl. Erfordernisse iSv. § 1 II 1 Var. 3 KSchG bedingt ist. Die Weiterbeschäftigung zu veränderten Bedingungen wird ausdr. von § 1 II 3 KSchG erfasst, obwohl eine § 127 I 1 entspr. ausdr. Regelung fehlt (str., zu der Anwendbarkeit des § 1 V KSchG auf Änderungskündigungen BAG 19.6.2007 NZA 2008, 103; näher APS/*Kiel* KSchG § 1 Rn. 717). Die im Insolvenzfall anzuwendenden spezielleren Vorschr. der §§ 125 ff. gehen in einem weiteren Punkt über das Niveau des § 1 V KSchG hinaus. Nach § 128 II erstreckt sich die Vermutungsregel im Fall eines Betriebsübergangs auch darauf, dass die Kündigung der ArbVerh. nicht wegen des Betriebsübergangs erfolgt ist (sog. doppelte Vermutung, BAG 20.9.2006 NZA 2007, 387).

Der Sonderkündigungsschutz nach § 15 KSchG bleibt von der Vermutungswirkung des § 125 unberührt (BAG 17.11.2005 NZA 2006, 370).

8 Die Vermutung in § 125 I 1 Nr. 1 **ändert die allg. Beweislastregel** des § 1 II 4 KSchG. Die Darlegungs- und Beweislast des InsV erschöpft sich im Rahmen von § 125 I 1 Nr. 1 in derjenigen für die Vermutungsgrdl. (Kündigung aufgrund einer gepl. Betriebsänd., namentl. Bezeichnung in einem wirksamen Interessenausgleich, Schriftform; zu § 1 V 1 KSchG BAG 27.9.2012 NZA 2013, 559; *Lakies* DB 2014, 1138, 1141). Die Absicht einer Betriebsveräußerung ist mit der Absicht einer Betriebsänd. unvereinbar (BAG 26.4.2007 AP InsO § 125 Nr. 4). Die beabsichtigte Betriebsänd. muss behauptet werden oder sich aus dem Interessenausgleich ergeben (BAG 19.12.2013 NZA-RR 2014, 185). Genügt der InsV den Anforderungen an die Behauptung und ggf. den Beweis der Vermutungsgrdl., wird widerlegl. vermutet (§ 292 S. 1 ZPO, BAG 29.9.2005 NZA 2006, 720), dass ein dringendes betriebl. Erfordernis besteht (BAG 13.7.2006 NZA 2007, 25; *Lakies* DB 2014, 1138, 1141) und eine Weiterbeschäftigungsmöglichkeit im Beschäftigungsbetrieb oder in einem anderen Betrieb des Unternehmens fehlt. Der AN muss dann das Gegenteil darlegen und beweisen. Er hat substantiierten Tatsachenvortrag zu halten, der den vermuteten Umstand nicht nur in Zweifel zieht, sondern ausschließt (BAG 12.3.2009 NZA 2009, 1023; 27.9.2012 NZA 2013, 559). Dem AN kann der Vortrag nach den Regeln der gestuften Darlegungslast erleichtert sein, um den Gegenbeweis zu führen. Hat der AN keinen Einblick in die Geschehensabläufe, kann er auch solche Umstände unter Beweis stellen, die er aufgrund greifbarer Anhaltspunkte nur vermuten kann. Er muss seine Informationsmöglichkeiten tats. ausschöpfen. Der AG ist lediglich sekundär behauptungsbelastet, soweit der AN keine Kenntnis haben kann (BAG 27.9.2012 NZA 2013, 559). Die Vermutung, dass die Kündigung durch dringende betriebl. Erfordernisse bedingt ist, ist widerlegt, wenn der AN darlegt und bei Bestreiten des AG beweist, dass das Beschäftigungsbedürfnis entgegen der Annahme des Interessenausgleichs nicht weggefallen ist. Das kann etwa der Fall sein, wenn die Arbeit nach wie vor vorhanden ist, der AN aber durch LeihAN (unzulässige Austauschkündigung) oder dadurch ersetzt werden soll, dass andere AN seine Tätigkeit überobligatorisch – etwa durch nicht geschuldete Über- oder Mehrarbeit – miterledigen (unzulässige Leistungsverdichtung; BAG 12.3.2009 NZA 2009, 1023). Ob die (gepl.) Beschäftigung von LeihAN die Annahme rechtfertigt, im Betrieb oder Unternehmen des AG seien freie Arbeitsplätze vorhanden, hängt allerdings von den Umständen des Einzelfalls ab. Will der AG LeihAN nur als „externe Personalreserve“ einsetzen, um Vertretungsbedarf zu decken, besteht im Allgemeinen keine Weiterbeschäftigungsmöglichkeit iSv. § 1 II 2 KSchG. Die LeihAN werden nicht dauerhaft, sondern nur zur Vertretung anderer AN auf deren besetzten Arbeitsplätzen beschäftigt. IdR widerlegt ein in einem Interessenausgleich mit Namensliste in der Insolvenz zugelassener Einsatz von LeihAN bis zu einer Grenze von 10% der Belegschaft für einen Personalmehrbedarf aufgrund von Urlaubs- und Krankheitszeiten die Vermutung des § 125 I 1 Nr. 1 nicht (BAG 18.10.2012 NZA-RR 2013, 68; *Klocke* DZWIR 2013, 358; *Krings* NZA-RR 2013, 73 f.; s. zu § 1 V 1 auch BAG 15.12.2011 NZA 2012, 1044).

9 **4. Soziale Auswahl.** Eine Sozialauswahl entfällt auch in der Insolvenz nur bei einer Stilllegung des gesamten Betriebs (zu der entfallenden sozialen Auswahl bei Spaltung eines Gemeinschaftsbetriebs und beabsichtigter Stilllegung eines der Betriebe, die zuvor den Gemeinschaftsbetrieb bildeten, BAG 22.9.2005 NZA 2006, 658). Die gerichtl. Überprüfung der sozialen Auswahl ist unter den Voraussetzungen des § 125 I auf grobe Fehlerhaftigkeit beschränkt. Davon ist auszugehen, wenn die Sozialauswahl jede Ausgewogenheit vermissen lässt (BT-Drs. 13/4612; BAG 28.8.2003 NZA 2004, 432; zu § 1 V KSchG zB 12.3.2009 NZA 2009, 1023). Dieser Ausnahmetatbestand ist erfüllt, wenn ein evidenter, ins Auge springender **schwerer Fehler** vorliegt und der Interessenausgleich jede Ausgewogenheit vermissen lässt (zu § 125 I 1 Nr. 2 BAG 17.11.2005 NZA 2006, 661; zu § 1 V 2 KSchG 26.3.2015 NZA 2015, 1122; krit. *Marquardt* DB 2015, 1967 f.). Regelm. ist nicht maßgebend, ob das gewählte Auswahlverfahren beanstandungsfrei ist. Ein mangelhaftes Auswahlverfahren kann zu einem richtigen – nicht grob fehlerhaften – Auswahlerg. führen (BAG 19.12.2013 NZA-RR 2014, 185). AG und BR können **AuswahlRL** iSv. § 1 IV KSchG später oder zeitgleich – bei Abschluss eines Interessenausgleichs mit Namensliste – ändern. Setzen sich die Betriebsparteien gemeinsam über die AuswahlRL hinweg, gilt die Namensliste (BAG 24.10.2013 NZA 2014, 46; *Lakies* DB 2014, 1138, 1142; *Oetter* ArbRB 2014, 3). Der gekündigte AN muss die soziale Auswahl mit der Kündigungsschutzklage konkret rügen. Das gilt jdf. dann, wenn er ausreichend unterrichtet worden ist (§ 1 III 2 KSchG). Der AN hat geltend zu machen, ein bestimmter mit ihm vergleichbarer AN sei sozial weniger schutzwürdig, sodass dem anderen AN habe gekündigt werden müssen. Die Würdigung des Gerichts, die soziale Auswahl sei grob fehlerhaft, setzt die Feststellung voraus, dass der vom AN konkret gerügte Auswahlfehler tats. besteht, also ein bestimmter mit dem Gekündigten vergleichbarer AN in dem nach dem G erforderl. Maß weniger schutzbedürftig ist (zu § 1 V 2 KSchG BAG 10.6.2010 NZA 2010, 1352; zu § 125 I 1 Nr. 2 LAG D 13.7.2011 – 7 Sa 1553/10). Bei der **Gewichtung** der Sozialdaten Dauer der Betriebszugehörigkeit, Lebensalter und Unterhaltspflichten besteht keine Rangfolge. Dem AG kommt auch unter den Voraussetzungen des § 125 ein Wertungsspielraum zu (BAG 20.9.2006 NZA 2007, 387). § 125 I 1 Nr. 2 enthält im Unterschied zu § 125 I 1 Nr. 1 keine Beweislastumkehr. Der

AN ist abgestuft behauptungs- und letztendl. beweispflichtig dafür, dass die Sozialauswahl grob fehlerhaft ist (BAG 13.7.2006 NZA 2007, 25). Die Einschränkung des Prüfungsmaßstabs ist umfassend. Sie bezieht sich nicht nur auf die Abwägung der sozialen Gesichtspunkte, sondern auf den **gesamten Sozialauswahlprozess** (BAG 10.6.2010 NZA 2010, 1352; HKInsO/*Linck* Rn. 28) einschl. der Bestimmung des auswahlrelevanten Personenkreises (zB BAG 19.7.2012 NZA 2013, 333; 27.9.2012 NZA 2013, 559) und der Einbeziehung von entgegenstehenden betriebl. Interessen nach § 1 III 2 KSchG (BAG 17.11.2005 NZA 2006, 661; 10.6.2010 NZA 2010, 1352; KSchG § 1 Rn. 366). Die Bewertung ist grob fehlerhaft, wenn die Austauschbarkeit vergleichbarer AN bei der Bestimmung des auswahlrelevanten Personenkreises offensichtl. verkannt worden ist oder die betriebl. Interessen bei der Anwendung des Ausnahmetatbestands des § 1 III 2 KSchG oder des § 125 I 1 Nr. 2 letzter Hs. augenfällig überdehnt worden sind (BAG 17.11.2005 NZA 2006, 661). Die Frage der Herausnahme einzelner AN ist nicht abstrakt, sondern im konkreten Vergleich mit anderen AN zu beurteilen. Zunächst sind alle vergleichbaren AN einzubeziehen. Dann ist zu untersuchen, ob dieses Erg. geänd. werden muss (BAG 10.6.2010 NZA 2010, 1352). Die Gestaltungsmöglichkeit eines Interessenausgleichs mit Namensliste berechtigt InsV und BR nicht dazu, von den ges. Voraussetzungen des § 1 III KSchG abzuweichen, soweit dies nicht in § 125 I 1 Nr. 2 ausdr. vorgesehen ist. Andererseits kann ein grober Fehler kaum in Betracht kommen, wenn und soweit die Betriebsparteien ihrer Auswahl die Grds. einer gefestigten Rspr. oder – bei ungeklärten Rechtsfragen – eine gut vertretbare Kommentarmeinung zugrunde gelegt haben (BAG 17.11.2005 NZA 2006, 661).

InsV und BR dürfen keine von den Vorgaben des § 1 III KSchG **abw. Vergleichskreise** bilden. Die 10
soziale Auswahl hat innerhalb des obj. Vergleichsrahmens des Betriebs zu erfolgen, selbst wenn dem AG ein betriebsübergreifendes Versetzungsrecht zukommt (BAG 22.10.2015 NZA 2016, 33). Bewerten die Betriebsparteien die tats. Verhältnisse bei der Abgrenzung, ob ein eigenständiger Betrieb iSv. § 23 KSchG vorliegt, in nachvollziehbarer und nicht missbräuchl. Weise falsch, handelt es sich noch nicht um einen groben Auswahlfehler (BAG 20.9.2012 NZA 2013, 94; **aA** *Janzen* AuR 2013, 203, 207). Erst wenn sich die Betriebsparteien bewusst über die ges. Grenzen der sozialen Auswahl hinwegsetzen, entfaltet ein Interessenausgleich mit Namensliste nicht mehr die Vermutungswirkung des § 125 I 1 Nr. 1. Die Betriebsparteien können deshalb auch in der Insolvenz über die Definition des Betriebsbegriffs im Interessenausgleich nicht bewusst den Kreis der in die Sozialauswahl einzubeziehenden AN enger oder weiter ziehen, als es das KSchG zulässt. § 125 eröffnet ihnen keinen Spielraum, der über § 1 III KSchG hinausgeht (BAG 20.9.2012 NZA 2013, 94). Die Sozialauswahl reduziert sich durch die arbeitsvertragl. geschuldete Leistung auf Tätigkeiten, die dem sozial Schutzwürdigeren zugewiesen werden können und zu deren Ausführung er unter Berücksichtigung einer zumutbaren **Einarbeitungszeit** in der Lage ist (subj. Rahmen, ausf. BAG 24.5.2005 NZA 2005, 1302; KSchG § 1 Rn. 325). Der nach diesen Grds. zu bildende Vergleichskreis darf nach § 125 I 1 Nr. 2 weder auf das Unternehmen ausgedehnt noch auf eine Betriebsabt. beschränkt werden. Das BAG hat die auf AN einer Betriebsabt. (Geschäftsbereich) reduzierte soziale Auswahl bisher zwar nicht als offenkundigen Auswahlfehler eingestuft, wenn die AN nicht ohne Einarbeitungszeiten versetzt werden konnten. Im Anschluss an die Entsch. v. 28.10.2004 (NZA 2005, 285), wonach auch in der Insolvenz eine auf den gesamten Betrieb bezogene Sozialauswahl erfolgen muss, hat es das BAG jedoch offengelassen, ob zukünftig doch von einem groben Auswahlfehler auszugehen ist, wenn die Betriebsparteien die soziale Auswahl im Interessenausgleich innerhalb von Geschäftsbereichen vornehmen (BAG 17.11.2005 NZA 2006, 661). Eine abteilungsbezogene Sozialauswahl ist richtigerweise ein grober, weil evidenter Auswahlfehler (LAG D 6.7.2011 – 7 Sa 1859/10 –; **aA** LAG K 11.4.2011 – 2 Sa 1420/10 –; LAG SH 18.5.2011 – 3 Sa 78/11). Anderes gilt nur, wenn nicht im gesamten Betrieb vergleichbare Arbeitsplätze bestehen (BAG 13.6.2012 – 6 AZN 555/12). Sonst greift die Privilegierung des § 125 I 1 Nr. 2 nicht ein. Die soziale Auswahl kann dennoch iE zutr. sein (BAG 20.9.2012 NZA 2013, 94; *Lakies* DB 2014, 1138, 1142).

InsV und BR sind nicht befugt, sich über die vertragsbezogenen Vorgaben des Vergleichskreises 11
hinwegzusetzen. Allerdings haben sie eine weite Einschätzungsprärogative in der Frage, welche **Einarbeitungszeit** im Einzelfall zumutbar ist. Das BAG hat die Auff. des LAG HE (15.2.2011 – 13 Sa 767/10) nicht beanstandet, wonach die Sozialauswahl nicht grob fehlerhaft sei, wenn die Vergleichsgruppen danach gebildet würden, ob die AN ohne Einarbeitung an anderen Maschinen eingesetzt werden könnten (BAG 20.9.2012 NZA 2013, 797). Ob eine sofortige Ersetzbarkeit bei der Aufgabenerfüllung anzunehmen ist, muss anhand der Einzelfallumstände gewürdigt werden (BAG 17.11.2005 NZA 2006, 661). So könnte eine Vergleichbarkeit bei erforderl. Einarbeitung zu verneinen sein, wenn die Bedienung komplexer Maschinen ein nicht unbeträchtl. Erfahrungswissen voraussetzt und die volle Leistungsfähigkeit des Betriebs kurzfristig nur durch personelle Kontinuität zu gewährleisten ist.

Nach § 125 I 1 Nr. 2 Hs. 2 kann die soziale Auswahl der AN nur im Hinblick auf die Dauer der 12
Betriebszugehörigkeit, das **Lebensalter** und die **Unterhaltspflichten** überprüft werden. Anders als bei § 1 III, V KSchG fehlt als Sozialkriterium die **Schwerbehinderung**. Das ist verfassungsgemäß (BAG 28.6.2012 NZA 2012, 1029; näher HKInsO/*Linck* Rn. 29). Das Integrationsamt soll Kündigungen iSv. § 125 jedoch nach § 89 III Nr. 1 SGB IX/§ 172 III Nr. 1 SGB IX nF unter den dort genannten Voraussetzungen zustimmen. Bei der Gewichtung der drei in § 125 I 1 Nr. 2 genannten sozialen Gesichtspunkte besteht keine Rangfolge zugunsten eines dieser Kriterien (BAG 21.7.2005 NZA 2006,

162). Sind einzelne der drei im G genannten sozialen Gesichtspunkte überhaupt nicht, eindeutig unzureichend oder eindeutig überhöht berücksichtigt worden, ist der Auswahlprozess mit einem ins Auge springenden Fehler behaftet (BAG 17.11.2005 NZA 2006, 661). Die Betriebsparteien können sich darauf beschränken, Unterhaltspflichten ggü. Kindern zu berücksichtigen, die aus den Elektronischen Lohnsteuerabzugsmerkmalen (ELStAM) hervorgehen. Die Verpflichtung zum Familienunterhalt nach § 1360 BGB darf dagegen nicht völlig außer Acht bleiben (BAG 28.6.2012 NZA 2012, 1090; *Oetker* EWiR 2012, 673, 674). Die Betriebsparteien können nicht auf **weitere Sozialkriterien** abstellen, die mit den im G genannten Merkmalen in keinem inneren Zusammenhang stehen. In gewissem Umf. ist es zulässig, von einem der Auswahl zugrunde gelegten Punkteschema abzuweichen (APS/*Kiel* KSchG § 1 Rn. 722; zu einer geringfügigen Abweichung von einer AuswahlRL BAG 24.10.2013 NZA 2014, 46). Davon abzugrenzen ist es, wenn die Betriebsparteien nur für einen einzigen AN ein individuelles weiteres Sozialkriterium in den Insolvenzinteressenausgleich aufnehmen, um diesen AN von der sozialen Auswahl auszunehmen (LAG D 6.7.2011 – 7 Sa 1578/10 – BeckRS 2011, 76975; 5.10.2011 – 7 Sa 1677/10 – BeckRS 2011, 79291).

13 Die soziale Auswahl enthält einen evidenten Strukturfehler, wenn die Betriebsparteien das **betriebl. Interesse an der Weiterbeschäftigung** eines bestimmten AN nach § 1 III 2 KSchG nicht oder offenkundig unzureichend **gegen soziale Belange** des nach sozialen Gesichtspunkten schutzwürdigeren AN abgewogen haben (BAG 12.4.2002 NZA 2003, 42; *Pakirnus* DB 2006, 2742, 2744). Die betriebl. Interessen sind in diesen Fällen augenfällig überdehnt (BAG 17.11.2005 NZA 2006, 661). IÜ haben die Betriebsparteien einen weiten Einschätzungsspielraum in der Frage, ob ein berechtigtes betriebl. Interesse die nachträgl. Ausklammerung des Leistungsträgers rechtfertigt (BAG 12.4.2002 NZA 2003, 42; *Löwisch* BB 2004, 154, 156). Sie können insb. berücksichtigen, dass in bestimmten Abteilungen oder Bereichen **erhebl. Betriebsablaufstörungen** zu befürchten sind, wenn aufgrund umfangr. Versetzungen, die durch die soziale Auswahl erforderl. werden, eingearbeitetes Personal nicht mehr in ausreichendem Umf. zur Vfg. steht. Bilden sie aus diesem Grund Austauschquoten, müssen diese auf die konkrete Abteilung zugeschnitten werden und der jeweiligen Auswahlentsch. standhalten. Der pauschale Hinweis im Prozess, die Betriebsparteien hätten die Interessen abgewogen und seien sich einig gewesen, genügt für die Darlegung ebenso wenig wie die Bildung abstrakter Austauschquoten (BAG 19.7.2012 NZA 2013, 86; APS/*Kiel* KSchG § 1 Rn. 723 mwN). Probl. ist es, **rentennahen Jahrgängen** eine geringere Schutzbedürftigkeit zuzuerkennen, indem das Alter und die Betriebszugehörigkeit ab einem bestimmten Lebensjahr nicht mehr oder geringer bewertet werden (abl. LAG K 2.2.2006 LAGE KSchG § 1 Soziale Auswahl Nr. 51a; bestätigt von BAG 6.9.2007 NZA 2008, 405; offengelassen von BAG 6.11.2008 NZA 2009, 361; abw. die Sozialplanrspr. nach EuGH 6.12.2012 NZA 2012, 1435 – Odar: zB BAG 9.12.2014 NZA 2015, 365; s. auch *Göpfert/Dornbusch/Rottmeier* NZA 2015, 1172; *Willemsen* RdA 2013, 166, 167 ff.; *Wißmann* RdA 2011, 181 ff.; *Zange* NZA 2013, 601 ff.; zu den Fragen der Personal- und Altersstruktur Rn. 15 ff.; zu der Unvereinbarkeit des Ausschlusses von einer Entlassungsabfindung mit der RL 2000/78/EG bei gewünschtem Verbleib im Arbeitsmarkt trotz Altersrentenberechtigung EuGH 19.4.2016 NZA 2016, 537 – Dansk Industri; zum Bezug der Entsch. auf Art. 21 GRC *Benecke* EuZW 2016, 469). Selbst wenn die Möglichkeit einer anderweitigen Versorgung bei der sozialen Auswahl angemessen berücksichtigt werden kann, dürfte ein Schwellenwert von 55 Jahren zu niedrig angesetzt sein.

14 § 1 III 2 KSchG ermöglicht es dem AG – und über § 1 V 2 KSchG oder § 125 I 1 Nr. 2 den Betriebsparteien –, bestimmte AN im berechtigten betriebl. Interesse von der Sozialauswahl auszunehmen (BT-Drs.15/1204 S. 11). Danach ist es zulässig, dass der AG innerhalb des zur Sozialauswahl anstehenden Personenkreises Altersgruppen nach sachl. Kriterien bildet, die prozentuale Verteilung auf die Altersgruppen feststellt und die Gesamtzahl der auszusprechenden Kündigungen diesem Proporz entspr. auf die einzelnen Altersgruppen verteilt. Folge ist, dass sich die Sozialauswahl iSv. § 1 III 1 KSchG nur in den Gruppen vollzieht und sich der Anstieg des Lebensalters ledigl. innerhalb der jeweiligen Altersgruppe auswirkt. Das kann dazu führen, dass das ArbVerh. eines AN, der wegen seines höheren Lebensalters in eine höhere Altersgruppe fällt, zu kündigen ist, während ein jüngerer AN mit iÜ gleichen Sozialdaten allein durch die Zuordnung zu einer anderen Altersgruppe seinen Arbeitsplatz behält (zB BAG 15.12.2011 NZA 2012, 1044). Ein berechtigtes betriebl. Interesse ist nur anzunehmen, wenn die im konkreten Fall vorgenommene Altersgruppenbildung tats. geeignet ist, eine ausgewogene Personalstruktur zu sichern (BAG 24.10.2013 NZA 2014, 46; 26.3.2015 NZA 2015, 1122). Anders als nach § 1 V KSchG wird durch § 125 nicht nur die Erhaltung einer bestimmten Personalstruktur durch einen Interessenausgleich legitimiert, sondern auch ihre **Schaffung** (Rn. 15b).

15 Die **Erhaltung** einer Altersstruktur kann zB darin bestehen, dass die Betriebsparteien Gruppen der bis 30-jährigen, der bis 40-jährigen, der bis 50-jährigen und der über 60-jährigen AN bilden, um dann innerhalb dieser Gruppen die gleiche Quote an AN zu kündigen und die Auswahl auf eine Gruppe zu beschränken. Auch Gruppenbildungen im Abstand von fünf Jahren sind zulässig (BAG 20.4.2005 NZA 2005, 877; *Krieger/Reinecke* DB 2013, 1906, 1910). Innerhalb der Altersgruppe beeinflusst das Lebensalter die Sozialauswahl nicht. Die Betriebszugehörigkeit und die Unterhaltspflichten sind im relativen Vergleich zu den anderen Mitgliedern der Altersgruppe entscheidend.

Eine Altersgruppenbildung, die nur der **Erhaltung** der vorhandenen Altersstruktur dient, verletzt wegen der sozialpolitischen Belange des Erfahrungsaustauschs und der Generationengerechtigkeit keine Diskriminierungsverbote (BAG 15.12.2011 NZA 2012, 1044; 28.6.2012 NZA 2012, 1090; *Uffmann* SAE 2013, 1, 6ff.). Die Erhaltung einer ausgewogenen Altersstruktur ist idR durch legitime Ziele iSv. § 10 S. 1, 2 AGG gerechtfertigt, wenn die Altersgruppenbildung bei Massenkündigungen aufgrund einer Betriebsänd. erfolgt. Die Altersgruppenbildung als solche verletzt wegen der geschützten Gemeinwohlbelange das Verbot der Altersdiskriminierung nicht und ist deshalb nicht nach § 7 I, II iVm. §§ 1, 3 II AGG unwirksam (BAG 15.12.2011 NZA 2012, 1044; 24.10.2013 NZA 2014, 46; *Hunold* AuA 2013, 268ff.; s. auch Rn. 6, zu den unionsrechtl. Fragen die 14. Aufl.). Die konkrete Altersgruppenbildung muss geeignet sein, die Altersstruktur der Belegschaft zu erhalten. Sind mehrere Gruppen vergleichbarer AN von den Kündigungen betroffen, muss es auch innerhalb der jeweiligen Vergleichsgruppen mögl. sein, die Altersgruppen bei den Kündigungen proportional zu berücksichtigen (BAG 22.3.2012 NZA 2012, 1040; zu § 1 V 2 KSchG BAG 19.7.2012 NZA 2013, 86; 26.3.2015 NZA 2015, 1122). 15a

Die im Insolvenzverfahren durch § 125 I 1 Nr. 2 Hs. 2 eröffnete Möglichkeit, über einen Interessenausgleich mit Namensliste eine ausgewogene Altersstruktur nicht nur zu erhalten, sondern sie zu **schaffen**, ist unionsrechtskonform (BAG 19.12.2013 NZA-RR 2014, 185; *Schöne* SAE 2014, 53, 55). Es handelt sich um ein legitimes Ziel aus dem Bereich der Sozialpolitik, wenn die Sozialauswahl nach Altersgruppen dazu dienen soll, den Betrieb aus der Insolvenz heraus zu sanieren und ggf. verkaufsfähig zu machen. Damit wird nicht nur die Wettbewerbsfähigkeit des Schuldners verbessert. Soweit durch eine Sanierung aus der Insolvenz heraus – auch nur vorübergehend – Arbeitsplätze erhalten werden, dient das nicht nur dem Interesse des AG, sondern auch dem der Gesamtbelegschaft und der Allgemeinheit (*Uffmann* SAE 2013, 1). Bei insolventen Unternehmen sind typischerweise tiefgreifende Reformen nötig. Die Altersgruppenbildung kann bei entspr. Reformbedarf ein angemessenes und erforderl. Mittel sein, um im Zusammenhang mit Kündigungen eine ausgewogene Altersstruktur zu schaffen, die eine zumindest tw. Fortführung des Unternehmens oder Betriebs ermöglicht (BAG 19.12.2013 NZA-RR 2014, 185; zur bloßen Sicherung der Altersstruktur 26.3.2015 NZA 2015, 1122, *Lakies* DB 2014, 1138, 1142). Bei beabsichtigter Schaffung einer neuen Struktur nach § 1 III 2 KSchG iVm. § 125 I 1 Nr. 2 Hs. 2 muss der **darlegungs- und beweisbelastete InsV** vortragen, welche konkrete Altersstruktur die Betriebsparteien schaffen wollten und weshalb das erforderl. war. Die Vorlage des Interessenausgleichs genügt nur dann, wenn die nötigen Angaben in ihm enthalten sind. Schlagwortartige Bezeichnungen reichen nicht aus. Sonst kann nicht überprüft werden, ob die Ungleichbehandlung durch das verfolgte Ziel gerechtfertigt ist. Das bloße Bestreben, das Durchschnittsalter der Beschäftigten zu verringern, ist als solches kein legitimes Ziel (BAG 19.12.2013 NZA-RR 2014, 185 mwN; krit. zu den Darlegungserfordernissen des BAG *Schöne* SAE 2014, 53). 15b

Der Begriff **Personalstruktur** ist nicht mit dem der Altersstruktur gleichzusetzen (BAG 19.12.2013 NZA-RR 2014, 185; *Schöne* SAE 2014, 53, 54). Die Bildung von Personalgruppen aufgrund diskriminierender Merkmale wie Gewerkschaftszugehörigkeit, Staatsangehörigkeit oder (Schwer-)Behinderung ist rechtswidrig. Das gilt auch für eine nach dem Geschlecht gebildete Personalstruktur, wenn nicht bes. Sachgründe (zB ein Modegeschäft) die Gruppenbildung ausnahmsweise sachl. rechtfertigen. Nach Vertragstreue oder Fehlzeiten lassen sich zwar Gruppen bilden, um die an diesen Parametern ausgerichtete Leistungsstärke der Belegschaft nicht herabzusetzen. Einzelne bes. leistungsfähige (aber abgemahnte oder in Fehlzeitengruppen befindl.) AN, die durch die Gruppenbildung zur Kündigung anstünden, könnten als „Leistungsträger" im betriebl. Interesse später wieder von der Auswahl ausgenommen werden. Dagegen bestehen grds. Bedenken, weil durch ein solches Vorgehen der Schutz vor ungerechtfertigten Abmahnungen und unberechtigten Fehlzeitenkündigungen umgangen werden kann (iE ähnl. *Janzen* AuR 2013, 203, 208; **aA** LAG SN 16.5.2017 – 3 Sa 630/16 – Rev. unter – 6 AZR 288/17; *Gillen/Vahle* NZA 2013, 534, 536ff.). 16

Der AN muss die zur Feststellung grober Fehlerhaftigkeit notwendigen Tatsachen im Prozess nach den allg. Grds. des § 1 III 3 KSchG darlegen und beweisen. Konsequenz der materiellen Auskunftspflicht des InsV nach § 1 III 1 Hs. 2 KSchG (BAG 12.3.2009 NZA 2009, 1023) ist, dass er **auf Verlangen** des AN die Gründe mitzuteilen hat, die ihn zu der getroffenen Sozialauswahl veranlasst haben. Er muss den AN darüber informieren, wie die Betriebsparteien den Kreis der zu kündigenden AN und nach welchen Grds. sie ggf. die Personalstruktur bestimmt haben, welche AN mit welchen Sozialdaten einbezogen wurden und nach welchen Grds. die Auswahlentsch. vorgenommen wurde (BAG 20.9.2006 NZA 2007, 387). Der InsV wird seiner Erklärungspflicht nicht allein durch Vorlage des Interessenausgleichs mit Namensliste gerecht (*Gaul* BB 2004, 2688, 2690). Es führt zu keiner Lockerung der Mitteilungspflicht, wenn im Zusammenhang mit dem Interessenausgleich zahlr. Kündigungsentsch. unter hohem Zeitdruck getroffen werden müssen. Die maßgebl. Überlegungen sollten kurz dokumentiert werden, zB im Einigungsstellenprotokoll. Enthält der Interessenausgleich die nach § 1 III 1 Hs. 2 KSchG erforderl. Angaben, kann der InsV darauf verweisen. Erst **nach Erfüllung des Auskunftsverlangens** gilt der zugunsten des AG gemilderte Prüfungsmaßstab des § 125 I 1 Nr. 2 (BAG 20.9.2006 NZA 2007, 387). Der wesentl. Unterschied zu einer nicht auf einer Namensliste basierenden Entsch. in der sozialen Auswahl besteht darin, dass der AN nicht nur darlegen muss, dass 17 die Sozialauswahl fehlerhaft ist (§ 1 III 3 KSchG), sondern dass er nach erfolgter Auskunft die grobe Fehlerhaftigkeit nachzuweisen hat (BAG 17.11.2005 NZA 2006, 661).

18 **5. Nachträgliche Änderung der Sachlage.** Nach § 125 I 2 gilt S. 1 nicht, soweit sich die Sachlage nach Zustandekommen des Interessenausgleichs wesentl. geänd. hat. Dazu muss die **Geschäftsgrdl. entfallen.** Wesentl. ist die Änd. dann, wenn nicht ernsthaft bezweifelt werden kann, dass beide Betriebspartner oder einer von ihnen den Interessenausgleich in Kenntnis der späteren Änd. nicht oder mit anderem Inhalt geschlossen hätten (BAG 24.10.2013 NZA 2014, 46). Die Änd. muss zwischen Abschluss des Interessenausgleichs und Zugang der Kündigung eintreten (BAG 22.1.2004 AP BetrVG 1972 § 112 Namensliste Nr. 1; zweifelnd *Willemsen/Annuß* NJW 2004, 177, 181). In dem Ausnahmefall der wesentl. Änd. der Sachlage iSv. § 125 I 2 entfällt die Vermutungswirkung des § 125 I 1 Nr. 1 (BAG 26.4.2007 AP InsO § 125 Nr. 4). Soll eine Betriebsänd., auf die sich der Interessenausgleich bezieht, nicht mehr oder in ganz anderem Zuschnitt durchgeführt oder die Zahl der im Interessenausgleich vorgesehenen Kündigungen erhebl. verringert werden, hat sich die Tatsachengrdl. ggü. den Verhältnissen bei Abschluss des Interessenausgleichs wesentl. geänd. (BAG 12.3.2009 NZA 2009, 1023; 28.6.2012 NZA 2012, 1029). Das ist nicht der Fall, wenn sich die Durchführung der unternehmerischen Maßnahme nur verzögert oder sich die Anzahl der Kündigungen ledigl. geringfügig verändert (zur Schließung einer geringeren Zahl von Filialen als geplant LAG RP 23.2.2010 ZInsO 2010, 1149; zur Begr. des ReformG BT-Drs. 15/1204 S. 12; *Bader* NZA 1996, 1125, 1133; aA *Löwisch* BB 2004, 154, 156). Wird ein Personalabbau zT durchgeführt, bleibt es bei der Anwendung des § 125 I 1, sofern das sinnvoll mögl. ist (zu einem Personalabbau in „Wellen" BAG 22.1.2004 AP BetrVG 1972 § 112 Namensliste Nr. 1). Hat sich die Sachlage nach Zugang der Kündigung geänd., tritt die Vermutungswirkung nicht ein. Bei Änd. nach Zugang der Kündigung kommt nur ein Wiedereinstellungsanspruch in Betracht (BAG 21.2.2001 EzA KSchG § 1 Interessenausgleich Nr. 8; *Gaul* BB 2004, 2686, 2691). Ein Wiedereinstellungsanspruch gegen den Erwerber scheidet aus, wenn es nach Ablauf der Kündigungsfrist einer insolvenzbedingten Kündigung zu einem Betriebsübergang kommt. Das gilt auch im Fall der späteren Sanierung. Aus Art. 3 und 4 der BetriebsübergangsRL 2001/23/EG lässt sich bei Beendigung des ArbVerh. vor der sanierenden Übertragung kein Gebot zur Annahme eines Wiedereinstellungsanspruchs ableiten (BAG 28.10.2004 NZA 2005, 405; zum Wiedereinstellungsanspruch gegen den Erwerber beim [beschlossenen] Betriebsübergang vor Ablauf der Kündigungsfrist BAG 15.12.2011 NZA-RR 2013, 179).

19 **6. Sonstige Beteiligungsrechte des Betriebsrats.** Ein Interessenausgleich mit Namensliste lässt das Anhörungsrecht aus **§ 102 BetrVG unberührt**. Die BRAnhörung nach § 102 BetrVG unterliegt grds. keinen erleichterten Anforderungen, wenn ein Interessenausgleich mit Namensliste iSv. § 125 I vorliegt (BAG 28.8.2003 AP BetrVG 1972 § 102 Nr. 134). Der InsV kann die Anhörung mit den Verh. über den Interessenausgleich verbinden (BAG 28.6.2012 NZA 2012, 1029).

20 Nach § 125 II ersetzt der Insolvenzinteressenausgleich die **Stellungn. des BR nach § 17 III 2 KSchG**. § 125 II gilt nur für den Interessenausgleich mit Namensliste, nicht für den Sozialplan durch Spruch der Einigungsstelle (BAG 13.12.2012 AP KSchG 1969 § 17 Nr. 44). In den übrigen Fällen, insb. auch im BeschlV nach § 126 I, ist eine Stellungn. des BR zu den beabsichtigten Massenentlassungen erforderl. Sonst ist die Anzeige unwirksam (BAG 28.6.2012 NZA 2012, 1029). Das gilt auch dann, wenn die Arbeitsverw. einen bestandskräftigen VA nach § 18 I oder II KSchG erlassen hat (BAG 28.6.2012 NZA 2012, 1029; *Mückl* BB 2012, 2570, 2571 f.). § 17 III 2 KSchG verlangt jedoch keine Stellungn. des BR in einem eigenständigen Dok. Eine in einen Interessenausgleich mit oder ohne Namensliste integrierte Stellungn. reicht aus (BAG 21.3.2012 NZA 2012, 1058). Die Stellungn. des BR genügt den Anforderungen des § 17 III 2 KSchG nur, wenn sie sich auf die angezeigten Kündigungen bezieht und eine abschl. Meinungsäußerung enthält (BAG 28.6.2012 NZA 2012, 1029; *Lakies* DB 2014, 1138, 1142). Unterbleibt eine Stellungn. des BR, hat der InsV glaubhaft zu machen, dass die Unterrichtung des BR mind. zwei Wochen vor der Anzeige erfolgt ist (§ 17 III 3 KSchG).

§ 126 Beschlußverfahren zum Kündigungsschutz

(1) [1]**Hat der Betrieb keinen Betriebsrat oder kommt aus anderen Gründen innerhalb von drei Wochen nach Verhandlungsbeginn oder schriftlicher Aufforderung zur Aufnahme von Verhandlungen ein Interessenausgleich nach § 125 Abs. 1 nicht zustande, obwohl der Verwalter den Betriebsrat rechtzeitig und umfassend unterrichtet hat, so kann der Insolvenzverwalter beim Arbeitsgericht beantragen festzustellen, daß die Kündigung der Arbeitsverhältnisse bestimmter, im Antrag bezeichneter Arbeitnehmer durch dringende betriebliche Erfordernisse bedingt und sozial gerechtfertigt ist.** [2]**Die soziale Auswahl der Arbeitnehmer kann nur im Hinblick auf die Dauer der Betriebszugehörigkeit, das Lebensalter und die Unterhaltspflichten nachgeprüft werden.**

(2) [1]**Die Vorschriften des Arbeitsgerichtsgesetzes über das Beschlußverfahren gelten entsprechend; Beteiligte sind der Insolvenzverwalter, der Betriebsrat und die bezeichneten Arbeitnehmer, soweit sie nicht mit der Beendigung der Arbeitsverhältnisse oder mit den geänderten Arbeitsbedingungen einverstanden sind.** [2]**§ 122 Abs. 2 Satz 3, Abs. 3 gilt entsprechend.**

(3) [1] **Für die Kosten, die den Beteiligten im Verfahren des ersten Rechtszugs entstehen, gilt § 12a Abs. 1 Satz 1 und 2 des Arbeitsgerichtsgesetzes entsprechend.** [2] **Im Verfahren vor dem Bundesarbeitsgericht gelten die Vorschriften der Zivilprozeßordnung über die Erstattung der Kosten des Rechtsstreits entsprechend.**

§ 126 ergänzt § 125 und hat eine Auffangfunktion (*Menke/Wolf* BB 2011, 1461, 1462). Die Vorschr. ermöglicht es dem InsV, in einem gebündelten kollektivrechtl. Verfahren die Sozialwidrigkeit von Kündigungen überprüfen zu lassen. Zweck dieses Verfahrens ist es, Kündigungen, die aufgrund insolvenzbedingter Personalabbaumaßnahmen erforderl. werden, zu konzentrieren und eine Vielzahl von Kündigungsschutzprozessen zu vermeiden. Das folgt schon aus dem Wortlaut des § 126 I 1, der es ermöglicht, die soziale Rechtfertigung der Kündigung der ArbVerh. bestimmter AN feststellen zu lassen. Dieser Zweck kann nicht erreicht werden, wenn der InsV nur eine Kündigung erklärt oder den Ausspruch ledigl. einer Kündigung beabsichtigt. In diesem Fall und auch dann, wenn letztendl. nur eine (beabsichtigte) Kündigung verbleibt, ist das Verfahren nach § 126 nicht eröffnet (LAG M 2.1.2003 ZInsO 2003, 339). § 126 erfasst nur ArbVerh., die unter das KSchG fallen (APS/*Künzl* Rn. 35). Unter dieser Voraussetzung erstreckt sich die Norm auf beabsichtigte und bereits ausgesprochene Kündigungen. Dass schon erklärte Kündigungen einzubeziehen sind, ergibt sich aus § 127 II. Danach ist die Verh. über eine Kündigungsschutzklage bis zur Rechtskraft der Entsch. im Verfahren nach § 126 auszusetzen (BAG 29.6.2000 NZA 2000, 1180; ArbG HH 13.7.2005 – 18 BV 5/05 –; HKInsO/*Linck* § 127 Rn. 9f.). § 126 findet unabhängig von der Betriebsgröße, einer Betriebsänd. oder Interessenausgleichspflicht auf alle **betriebsbedingten Kündigungen** Anwendung, auch auf betriebsbedingte Änderungskündigungen (APS/*Künzl* Rn. 35; KR/*Weigand* Rn. 8). Voraussetzung für die Durchführung des BeschlV ist entweder, dass im Betrieb kein BR gebildet wurde oder aus anderen Gründen innerhalb von drei Wochen nach Verhandlungsbeginn oder schriftl. Aufforderung zur Aufnahme von Verh. ein Interessenausgleich nach § 125 I nicht zustande kommt, obwohl der InsV den BR rechtzeitig und umfassend unterrichtet hat (*Giesen* ZIP 1998, 46, 51). Die Schwierigkeit des InsV wird in der Praxis darin bestehen darzulegen, dass der BR rechtzeitig und umfassend unterrichtet wurde. Hat der InsV die Kündigungen noch nicht ausgesprochen, ist es nicht notwendig, dass der BR nach § 102 BetrVG zur Einl. des Verfahrens nach § 126 angehört wird. 1

Besteht in einem Betrieb kein BR, kann der Antrag nach § 126 sofort gestellt werden. **Ist ein BR vorhanden**, muss der InsV nicht die Entsch. nach § 122 abwarten. Er kann gleichzeitig mit dem Antrag nach § 122 auch den Antrag nach § 126 stellen, um Zeitverluste zu vermeiden (*Lakies* RdA 1997, 145, 151; *Warrikoff* BB 1994, 2338, 2342). Trotz eines vorhandenen Interessenausgleichs ist ein BeschlV nach § 126 zulässig, wenn hins. einer weiteren Betriebsänd. kein neuer Interessenausgleich zustande kommt (BAG 20.1.2000 NZA 2001, 170). 2

Sind diese Voraussetzungen erfüllt, kann der InsV nach § 126 **beim ArbG beantragen** festzustellen, dass die Kündigung der ArbVerh. bestimmter, im Antrag bezeichneter AN durch dringende betriebl. Erfordernisse bedingt und die getroffene Sozialauswahl gerechtfertigt ist (*Lakies* RdA 1997, 145, 151). Nach § 83 ArbGG gilt im BeschlV ein eingeschränkter Untersuchungsgrds. Das Gericht muss deshalb die vom InsV vorgetragenen Tatsachen vAw. auf ihre Richtigkeit überprüfen und ggf. auch nicht benannte Zeugen vernehmen. Der Tatsachenvortrag bleibt dabei Sache des antragstellenden InsV. Der eingeschränkte Untersuchungsgrds. erlaubt weder eine Änd. des Antrags noch die Einbeziehung weiterer, vom InsV nicht benannter AN, deren Kündigung er für gerechtfertigt hält (*Lakies* RdA 1997, 145, 152). Der InsV hat es in der Hand, durch einen Hauptantrag und gestaffelte Hilfsanträge mögl. Zweifeln Rechnung zu tragen. Für ihn ist es sinnvoll, eine Reihenfolge der zu kündigenden AN für den Fall festzulegen, dass AN während des Verfahrens oder danach vor Ausspruch der Kündigung aus dem ArbVerh. ausscheiden. Andererseits muss sein Antrag nicht alle zu kündigenden AN erfassen (BAG 29.6.2000 NZA 2000, 1180). 3

Die in § 126 I 1 genannten **dringenden betriebl. Erfordernisse** beziehen sich auf alle Voraussetzungen des § 1 II KSchG, die vom InsV nach Maßgabe des § 1 II 4 KSchG vorgetragen werden müssen, ohne dass ihm Beweislasterleichterungen nach § 125 I zugutekommen (*Schrader* NZA 1997, 70, 76). Der InsV hat daher Tatsachen darzulegen, die auf den Wegfall der Beschäftigungsmöglichkeit schließen lassen und die in Betracht zu ziehenden Möglichkeiten anderweitiger Beschäftigung ausschließen. 4

Für die Sozialauswahl gelten ebenfalls keine Sonderregelungen. Insb. findet der auf grobe Fehlerhaftigkeit beschränkte Maßstab des § 125 I 1 Nr. 2 iRd. § 126 I 2 keine Anwendung. Nach dem Wortlaut des § 126 I 2 kann die **soziale Auswahl** der AN zwar nur im Hinblick auf die Dauer der Betriebszugehörigkeit, das Lebensalter und die Unterhaltspflichten nachgeprüft werden. Nach dem Zweck des G, in der Frage der Sozialwidrigkeit Rechtssicherheit für den InsV zu schaffen, muss die soziale Auswahl aber umfassend geprüft werden. Die Prüfung muss von der Bildung des auswahlrelevanten Personenkreises ausgehen und ggf. über die Frage der ausreichenden Berücksichtigung der bezeichneten sozialen Gesichtspunkte zu der Ausnahme bestimmter AN von der Sozialauswahl nach § 1 III 2 KSchG und der Erhaltung (nicht: Schaffung) einer ausgewogenen Personalstruktur führen (HKInsO/*Linck* Rn. 14; **aA** *Lakies* RdA 1997, 145, 151). Daraus ergibt sich, dass der InsV dem Gericht mit dem 5

Antrag die maßgebl. Sozialdaten der aus seiner Sicht zu kündigenden AN sowie die übrigen für die soziale Auswahl relevanten Erwägungen mitzuteilen hat. Kommt das Gericht zu dem Erg., dass die Kündigung nur bestimmter, im Antrag bezeichneter AN sozial gerechtfertigt ist, hat es dies im Tenor auszusprechen und den Antrag iÜ abzuweisen (*Lakies* RdA 1997, 145, 152). Der InsV kann für diesen Fall gestaffelte Hilfsanträge stellen.

6 Das Gericht entscheidet nach § 126 nicht darüber, ob die Kündigung aus anderen Gründen unwirksam ist (HKInsO/*Linck* Rn. 15; § 127 Rn. 1). Die Feststellung der Kündigungsberechtigung des InsV gehört allerdings zu den Voraussetzungen einer sozial gerechtfertigten Kündigung (BAG 29.6.2000 NZA 2000, 1180). Eine Ausnahme gilt für das Kündigungsverbot des § 613a IV 1 BGB. Nach § 128 II erstreckt sich die gerichtl. Feststellung nach § 126 I 1 auch darauf, dass die Kündigung der ArbVerh. nicht wegen des Betriebsübergangs erfolgt ist (BAG 29.6.2000 NZA 2000, 1180). Eine (gepl.) Betriebsänd. und ein (beabsichtigter) Betriebsübergang schließen sich aus (§ 125 Rn. 8 mwN). Personen, die ges. **Sonderkündigungsschutz** genießen, können im Antrag aufgeführt werden. Der Beschl. des Gerichts bezieht sich jedoch nur auf die Sozialwidrigkeit der Kündigung und befreit nicht von zusätzl. zu beachtenden Zustimmungserfordernissen (zB nach § 9 I/17 I MuSchG nF, § 18 I BEEG, § 85 SGB IX/§ 168 SGB IX nF).

7 Für das Verfahren gelten die Vorschr. des ArbGG über das **BeschlV** entspr. (Abs. 2). Beteiligte sind der InsV, der BR (soweit vorhanden) und die bezeichneten AN, soweit sie nicht mit der Beendigung der ArbVerh. oder den geänd. Arbeitsbedingungen einverstanden sind. Akzeptieren AN die (Änderungs-)Kündigungen während des lfd. BeschlV ggü. dem Gericht, scheiden sie als Beteiligte aus (BAG 29.6.2000 NZA 2000, 1180). Nach § 128 I 2 ist ein mögl. Betriebserwerber beteiligt. Die Einbeziehung der AN ist notwendig, um durch den Beschl. Bindungswirkung für die individuellen Kündigungsschutzprozesse herbeizuführen, § 127 I 1. Dazu müssen die AN in der Namensliste zweifelsfrei erfasst sein. Antragsberechtigt ist allein der InsV. Nach § 126 II 2 gilt § 122 II 3, III entspr. Der Antrag ist nach § 61a III bis VI ArbGG vorrangig zu erledigen.

8 Eine Beschwerde an das LAG findet nicht statt. Das ArbG kann die **Rechtsbeschwerde an das BAG** zulassen. § 72 II und III ArbGG gilt entspr. Die Rechtsbeschwerde ist innerhalb eines Monats nach der Zustellung der in vollständiger Form abgefassten Entsch. des ArbG beim BAG einzulegen und innerhalb dieser Frist zu begründen. Eine Nichtzulassungsbeschwerde ist nicht vorgesehen (BAG 14.8.2001 AP ArbGG 1979 § 72a Divergenz Nr. 44). Jeder am Verfahren beteiligte AN kann selbständig Beschwerde einlegen. Sonst erlangt der Beschl. ihm ggü. Rechtskraft (BAG 29.6.2000 NZA 2000, 1180).

§ 127 Klage des Arbeitnehmers

(1) [1]**Kündigt der Insolvenzverwalter einem Arbeitnehmer, der in dem Antrag nach § 126 Abs. 1 bezeichnet ist, und erhebt der Arbeitnehmer Klage auf Feststellung, daß das Arbeitsverhältnis durch die Kündigung nicht aufgelöst oder die Änderung der Arbeitsbedingungen sozial ungerechtfertigt ist, so ist die rechtskräftige Entscheidung im Verfahren nach § 126 für die Parteien bindend.** [2]**Dies gilt nicht, soweit sich die Sachlage nach dem Schluß der letzten mündlichen Verhandlung wesentlich geändert hat.**

(2) **Hat der Arbeitnehmer schon vor der Rechtskraft der Entscheidung im Verfahren nach § 126 Klage erhoben, so ist die Verhandlung über die Klage auf Antrag des Verwalters bis zu diesem Zeitpunkt auszusetzen.**

1 Die Vorschr. stimmt das BeschlV nach § 126 und die individualrechtl. Kündigungsschutzklage des AN aufeinander ab. **§ 127 erfasst nur den Fall des § 126**, wonach ein Insolvenzinteressenausgleich nicht zustande gekommen sein darf. Haben die Betriebsparteien einen Interessenausgleich iSv. § 125 geschlossen, kann das Gericht die Voraussetzungen des § 125 ausschl. im individualrechtl. Kündigungsschutzprozess prüfen. Ist der AN dagegen in einem vom InsV angestrengten Verfahren nach § 126 bezeichnet und erhebt er Beendigungs- oder Änderungsschutzklage, bindet die rkr. Entsch. im Verfahren nach § 126 die Parteien im Individualrechtsstreit. Neben der (fehlenden) sozialen Rechtfertigung aus betriebsbedingten Gründen können andere Unwirksamkeitsgründe durch den im Verfahren des § 126 gefassten Beschl. mit der Bindungswirkung des § 127 I 1 nicht erfasst werden (KPB/*Moll* Rn. 15).

2 **Die Bindungswirkung der Entsch.** bezieht sich auf alle AN, die nach § 126 am Verfahren zu beteiligen waren und ordnungsgemäß beteiligt wurden (*Giesen* ZIP 1998, 46, 53; KPB/*Moll* Rn. 20). Sie erstreckt sich nicht auf AN, die mit der Kündigung zunächst einverstanden waren und sich deshalb am Verfahren tats. nicht beteiligt haben. Die Entsch. über den Antrag kann ihnen ggü. nicht rkr. werden (HWK/*Annuß* Rn. 1; **aA** *Löwisch* RdA 1997, 80, 85). Der InsV kann sich mit § 126 behelfen (§ 126 Rn. 2 f.). Die Bindungswirkung tritt ebenfalls ein, wenn ein Antrag des InsV abgewiesen wird. Es steht dann fest, dass die von der Antragsabweisung erfassten Kündigungen sozialwidrig sind (*Löwisch* RdA 1997, 80, 85; **aA** KPB/*Moll* § 126 Rn. 36, § 127 Rn. 22).

Die Bindungswirkung der Entsch. des Gerichts erstreckt sich auch auf **Kündigungen, die bereits vor Einl.** des Verfahrens nach § 126 ausgesprochen wurden (*Schrader* NZA 1997, 70, 77; **aA** *Lakies* RdA 1997, 145, 154), wenn ihre Wirksamkeit nach den tats. Verhältnissen im Zpkt. des Zugangs der Kündigung beurteilt worden ist (HKInsO/*Linck* Rn. 6). 3

Für eine **Kündigungsschutzklage** des AN gilt im Insolvenzverfahren keine von § 4 S. 1 KSchG abw. Frist. Er muss vielmehr binnen drei Wochen nach Zugang der Kündigung Klage erheben (KPB/*Moll* Rn. 12). Vor Rechtskraft der Entsch. im Verfahren nach § 126 ist die Verh. über die Klage auf Antrag des InsV bis zu diesem Zpkt. auszusetzen, Abs. 2. Das gilt auch, wenn dem AN bereits vor Insolvenzeröffnung gekündigt wurde und er sich dagegen mit einer noch anhängigen Kündigungsschutzklage wehrt. 4

Durch § 127 II soll ausgeschlossen werden, dass über die Wirksamkeit einer Kündigung **widersprüchl. Entsch.** ergehen. Wird der Kündigungsschutzprozess nicht ausgesetzt und ergeht ein Urt. gegen den InsV, ist dieses Urt. durch Restitutionsklage (§ 580 Nr. 6 ZPO) zu beseitigen, wenn der InsV im BeschlV obsiegt und der AN namentl. bezeichnet war (HKInsO/*Linck* Rn. 11; **aA** KPB/*Moll* Rn. 26). 5

Die Bindungswirkung tritt nach § 127 I 2 nicht ein, soweit sich die Sachlage nach dem Schluss der mdl. Verh. **wesentl. geänd. hat.** Die Änd. muss grdl. wirken. Es genügt nicht, dass sie sich auf Umstände bezieht, die nur einzelne AN betreffen. Beurteilungszeitpunkt für die Feststellung einer wesentl. Änd. der Sachlage ist der Zugang der Kündigungserkl. 6

§ 128 Betriebsveräußerung

(1) [1] **Die Anwendung der §§ 125 bis 127 wird nicht dadurch ausgeschlossen, daß die Betriebsänderung, die dem Interessenausgleich oder dem Feststellungsantrag zugrundeliegt, erst nach einer Betriebsveräußerung durchgeführt werden soll.** [2] **An dem Verfahren nach § 126 ist der Erwerber des Betriebs beteiligt.**

(2) **Im Falle eines Betriebsübergangs erstreckt sich die Vermutung nach § 125 Abs. 1 Satz 1 Nr. 1 oder die gerichtliche Feststellung nach § 126 Abs. 1 Satz 1 auch darauf, daß die Kündigung der Arbeitsverhältnisse nicht wegen des Betriebsübergangs erfolgt.**

§ 128 ermöglicht **Rationalisierungsplanungen im Vorgriff auf eine Betriebsveräußerung** (*Schrader* NZA 1997, 70, 78). Nach dieser Vorschr. treten die Rechtsfolgen der §§ 125 bis 127 auch dann ein, wenn die gepl. Betriebsänd., die dem Interessenausgleich oder dem Feststellungsantrag nach § 126 zugrunde liegt, erst nach einer Betriebsveräußerung durchgeführt werden soll (HKInsO/*Linck* Rn. 1). Dadurch soll es dem InsV ermöglicht werden, den Betrieb nicht zunächst selbst rationalisieren zu müssen und ihn erst danach verkaufen zu können. Planung und Kündigung können auch vom Erwerber durchgeführt werden (*Lakies* RdA 1997, 145, 155). Der umgekehrte Fall einer Veräußererkündigung mit Erwerberkonzept ist mögl., auch wenn der InsV die unternehmerische Konzeption selbst nicht mehr hätte realisieren können (BAG 20.3.2003 NZA 2003, 1027; *Menke/Wolf* BB 2011, 1461, 1463; *Daub*, Das Erwerberkonzept, 2013 S. 175). Der Betriebserwerber kann vor dem Betriebsübergang an den Verh. über den Abschluss eines Interessenausgleichs mit Namensliste beteiligt werden und diese ggf. nach dem Betriebsübergang zum Abschluss bringen. Kommt ein Interessenausgleich zwischen InsV und zust. BR zustande, erstreckt sich die Vermutungswirkung auf den Erwerber. Scheitern die Verh. oder besteht kein BR, kann der InsV einen Antrag nach § 126 stellen. Der Betriebserwerber nimmt nach § 128 I an den Auswirkungen des BeschlV teil. Deshalb ist er am Verfahren nach § 128 I 2 beteiligt. Die Antragsbefugnis bleibt vor dem Betriebsübergang dennoch allein beim InsV (HKInsO/*Linck* Rn. 1 f.; **aA** MFNOS/*Mückl* Kap. 6 Rn. 652 f.). Nach dem Betriebsübergang kann der Erwerber das Verfahren nach § 126 aus eigenem Recht einleiten (MFNOS/*Mückl* Kap. 6 Rn. 651). Die Vermutungswirkungen nach § 125 I 1 Nr. 1 und § 128 II treten dagegen nicht ein, wenn vor Ausspruch der Kündigung durch den InsV feststeht, dass nicht beabsichtigt ist, den Betrieb endgültig stillzulegen (BAG 29.9.2005 NZA 2006, 720). 1

Findet ein Betriebsübergang statt, erstreckt sich die Vermutung des § 125 I 1 Nr. 1 oder die gerichtl. Feststellung nach § 126 I 1 auch darauf, dass die Kündigung des ArbVerh. **nicht wegen des Betriebsübergangs** (§ 613a IV 1 BGB) erfolgt ist. Darin beschränkt sich der Anwendungsbereich des § 128 II (*Giesen* ZIP 1998, 46, 51). Die Vorschr. regelt allein Fragen der Darlegungs- und Beweislast. Sie ist überflüssig, weil der AN ohnehin darlegungs- und beweispflichtig ist, wenn er sich auf § 613a BGB beruft (HWK/*Annuß* Rn. 5; HKInsO/*Linck* Rn. 4). Der AN hat bei Zustandekommen eines Interessenausgleichs mit Namensliste anlässl. eines Betriebsübergangs im Insolvenzverfahren eine doppelte Vermutung iSv. § 292 S. 1 ZPO durch Beweis des Gegenteils zu widerlegen. Er muss beweisen, dass die Kündigung nicht durch dringende betriebl. Erfordernisse gerechtfertigt und die Kündigung wegen eines Betriebsübergangs erfolgt ist (§ 125 Rn. 7). Steht fest, dass der InsV oder der Veräußerer keine endgültige Stilllegungsabsicht hat, ist die doppelte Vermutungswirkung nach §§ 125, 128 widerlegt (BAG 29.9.2005 NZA 2006, 720). 2

420. Gesetz zum Schutze der arbeitenden Jugend (Jugendarbeitsschutzgesetz – JArbSchG)

Vom 12. April 1976 (BGBl. I S. 965)

Zul. geänd. durch Gesetz vom 10. März 2017 (BGBl. I S. 420)*

(FNA 8051-10)

– Auszug –

Erster Abschnitt. Allgemeine Vorschriften

§ 1 Geltungsbereich

(1) Dieses Gesetz gilt in der Bundesrepublik Deutschland und in der ausschließlichen Wirtschaftszone für die Beschäftigung von Personen, die noch nicht 18 Jahre alt sind,

1. in der Berufsausbildung,

2. als Arbeitnehmer oder Heimarbeiter,

3. mit sonstigen Dienstleistungen, die der Arbeitsleistung von Arbeitnehmern oder Heimarbeitern ähnlich sind,

4. in einem der Berufsausbildung ähnlichen Ausbildungsverhältnis.

(2) Dieses Gesetz gilt nicht

1. für geringfügige Hilfeleistungen, soweit sie gelegentlich

a) aus Gefälligkeit,

b) auf Grund familienrechtlicher Vorschriften,

c) in Einrichtungen der Jugendhilfe,

d) in Einrichtungen zur Eingliederung Behinderter[1]

erbracht werden,

2. für die Beschäftigung durch die Personensorgeberechtigten im Familienhaushalt.

1 **1. Normzweck.** Die Vorschr. definiert den persönl. und sachl. Geltungsbereich des Gesetzes, und legt fest, wer geschützt wird und wer diesen Rechtsschutz gewährleisten soll. Damit sollen Gefahren für die Gesundheit, Arbeitskraft und Entwicklung v. Kindern und Jugendlichen verhindert werden, die v. der Art oder der Dauer einer abhängigen Arbeit ausgehen. Die zur Entwicklung der Persönlichkeit erforderl. Freizeit soll trotz Berufstätigkeit/Ausbildung gewährleistet bleiben.

2 **2. Räumlicher und persönlicher Geltungsbereich.** Das JArbSchG enthält Vorschr. des öffentl. Rechts, unterliegt kollisionsrechtl. daher dem **Territorialitätsprinzip**. Es gilt für Beschäftigungsorte in Deutschland; auf die Staatsangehörigkeit oder den Wohnsitz der Jugendlichen (Grenzgänger, WanderAN) oder den Unternehmenssitz kommt es nicht an. Daher ist das Gesetz auch anzuwenden, wenn der Jugendliche im Bundesgebiet beschäftigt wird, der Hauptbetriebssitz sich aber im Ausland befindet. Bei Arbeitsort im Ausland kann das JArbSchG grds. bei einer vorübergehenden Entsendung oder bei wirksamer Vereinb. dt. Rechts anwendbar sein (vgl. Rom I Rn. 5, 13). Der **persönl.** Geltungsbereich erfasst als Beschäftigte alle Kinder und Jugendlichen unter 18 Jahren; einige Vorschr. gelten aber auch für volljährige Personen, wie §§ 9 I bis III (Berufsschule), 19 (Urlaub). Einbezogen sind alle Arten v. Beschäftigung, nicht nur solche in einem ArbVerh. (BAG 25.4.2013 NZA 2013, 1206). Bei einer Anknüpfung an das Alter kommt grds. ein Verstoß gegen die **AntidiskriminierungsRL** der EU (vgl. § 1 AGG Rn. 13) in Betracht; Altersdiskriminierungen sind aber zulässig, wenn sie den Schutz der Betroffenen sicherstellen und über das dafür erforderl. und angemessene Maß nicht hinausgehen. Davon ist für das JArbSchG grds. auszugehen.

3 **3. Sachlicher Geltungsbereich (Abs. 1).** Anwendbar ist das Gesetz, wenn noch nicht 18-jährige Personen mit einer der in Abs. 1 Nr. 1 bis 4 angeführten Tätigkeiten beschäftigt werden. Verpflichtet werden AG, also alle natürl. und jur. Personen, die Kinder oder Jugendliche beschäftigen (dazu § 3 Rn. 1).

* Die Kommentierung ist auf dem Stand der Gesetzgebung v. 1.1.2018. Für die Rechtslage bis 31.12.2017 ist auf die Voraufl. zu verweisen.

[1] **Red. Anm.:** Muss wohl **behinderter Menschen** heißen.

a) Beschäftigung. Als Beschäftigung ist grds. jede privatrechtl., weisungsgebundene Tätigkeit zu verstehen, die in persönl. Abhängigkeit erbracht wird. Ob das BeschVerh als ein Arbeits-, Dienst-, Ausbildungs- oder Werkvertrag bezeichnet wird, ist ebenso unerhebl. wie die Wirksamkeit dieses Vertrages; auch faktische ArbVerh. werden erfasst (OLG HM 14.8.1987 BeckRS 1987, 31363915; BayOLG 21.12.1973 AP JArbSchG § 66 Nr. 1). Beschäftigung ist somit die tats. Inanspruchnahme einer Person durch eine andere ohne Rücksicht auf die Rechtsform (OVG NW 17.2.1986 NJW 1987, 1443). Die Vereinb. eines **Entgelts** oder des Umf. der Tätigkeit spielen für die Anwendbarkeit keine Rolle. Rein schulische Berufsausbildung wird nicht erfasst (Haupt-, Realschule, Gymnasium, Berufsschule). Ör. Beschäftigungsverhältnisse werden nur erfasst, sofern sie im JArbSchG ausdr. erwähnt werden, wie zB in § 62: Beschäftigung im Vollzug einer Freiheitsentziehung (*Zmarzlik/Anzinger* JArbSchG Rn. 10). 4

aa) Abhängigkeitsverhältnis, Weisungsgebundenheit. Der Geltungsbereich erstreckt sich nur auf Beschäftigung für einen Anderen im **Abhängigkeitsverhältnis** iSd. Abs. 1 Nr. 1 bis 4, die Erledigung eigener Angelegenheiten des Kindes/Jugendlichen oder seine selbständige, eigenwirtschaftl. Tätigkeit wird daher nicht erfasst. Dieser Ausschluss v. Selbständigen aus dem Schutzbereich des JArbSchG ist als Verstoß gegen Art. 3 I GG bezeichnet worden (*Salje* DVBl. 1988, 141). Da das JArbSchG ein Arbeitsschutzgesetz ist, ist die Differenzierung jedoch sachl. gerechtfertigt, weil (echte) Selbständige v. Schutzbereich solcher Arbeitsschutzgesetze prinzipiell nicht erfasst werden (*Zmarzlik/Anzinger* JArbSchG Rn. 7). Beschäftigung setzt weiterhin **Weisungsgebundenheit** voraus. Diese fehlt bei selbst bestimmten und allenfalls v. einem Gruppenleiter gelenkten Betätigungen, etwa als Vereinsmitglied, solange diese Mitwirkung nicht vermarktet wird. 5

bb) Sonderfälle. Auf Betätigungen, die der **Religionsausübung** dienen, ohne „Beschäftigung" (Rn. 4) zu sein, ist das JArbSchG nicht anwendbar. Zwar sind die Kirchen an das für alle geltende ArbR gebunden, wenn sie zur Erfüllung ihrer Aufgaben Personen in abhängiger Stellung als AN beschäftigen (BAG 25.4.1978 NJW 1978, 2116), dabei ist jedoch das Selbstbestimmungsrecht der Kirchen zu beachten, Art. 140 GG iVm. Art. 137 III WRV. Das JArbSchG kann dem kirchl. Selbstbestimmungsrecht Schranken ziehen, ist dabei aber selbst im Lichte der verfassungsrechtl. Garantie dieses Rechts auszulegen (BAG 25.4.1978 NJW 1978, 2116). Daher ist das Gesetz auf solche Tätigkeiten, die der Religionsausübung dienen, überw. nicht anwendbar. Werden karitative Betätigungen durch die Kirchen organisiert, fällt dies gem. § 2 I Nr. 5 KindArbSchV nicht unter die Ausnahmen v. JArbSchG. 6

b) Berufsausbildung, Abs. 1 Nr. 1. Unter Berufsausbildung ist jede betriebl. Ausbildung iRd. BBiG nach einer bestimmten Ausbildungsordnung zu verstehen; zu beachten ist jedoch die Altersgrenze (bis zur Vollendung des 18. Lebensjahres). Lehrgänge, die den Berufsschulunterricht nicht ersetzen, sondern die betriebl. Berufsausbildung nur ergänzen und vertiefen, unterliegen gleichfalls dem JArbSchG. 7

c) Arbeitnehmer oder Heimarbeiter, Abs. 1 Nr. 2. Anwendbar ist das JArbSchG auf AN; Heimarbeiter iSd. Gesetzes ist eine Person unter 18 Jahren, die in selbstgewählter Arbeitsstätte (eigener Wohnung oder Betriebsstätte) allein oder mit Familienangehörigen im Auftrag v. Gewerbetreibenden oder Zwischenmeistern erwerbsmäßig arbeitet, jedoch die Verwertung der Arbeitserg. dem unmittelbar oder mittelbar auftraggebenden Gewerbetreibenden überlässt, § 2 I HAG. Schutzvorschr., die im HeimarbVerh. mangels vereinbarter fester AZ nicht unmittelbar angewendet werden können (§§ 7, 8, 15 ff.), müssen sinngem. befolgt werden, etwa durch Steuerung der Ausgabemenge. Jugendliche **Hausgewerbetreibende** iSd. § 2 II HAG sind keine Heimarbeiter iSd. Abs. 1 Nr. 2, können aber v. Abs. 1 Nr. 3 erfasst werden, wenn sie nicht selbst AG sind. Wer dagegen v. einem Heimarbeiter oder Hausgewerbetreibenden beschäftigt wird, kann nach Abs. 1 Nr. 3 einzustufen sein. 8

d) Sonstige Dienstleistungen, Abs. 1 Nr. 3. Nr. 3 umfasst Dienstleistungen, die der Arbeitsleistung v. AN oder Heimarbeitern ähnl. sind. V. dieser Norm soll möglichst jede abhängige Beschäftigung Kinder und Jugendlicher, die nicht schon unter Nr. 1 und 2 fallen, erfasst werden (BT-Drs. 7/2305 S. 26), auch wenn kein ArbVerh. besteht. Die erforderl. Ähnlichkeit mit Dienstleistungen v. AN liegt vor, wenn das Kind/der Jugendliche mit seiner Tätigkeit Arbeit im wirtschaftl. Sinne im Interesse eines Dritten leistet (BAG 14.2.1974 BeckRS 9998, 150498; OVG NW 17.2.1986 NJW 1987, 1443). Ob die Dienstleistung ständig, gelegentl. oder nur vorübergehend erbracht wird oder bei freier Zeiteinteilung und ob eine Vergütung vereinbart ist, ist unerhebl. Eine gewisse Regelmäßigkeit, ein größerer Umf. und eine längere Dauer der Dienstleistung, ebenso wie eine Vergütungsvereinb. sprechen für eine Ähnlichkeit (BAG 14.2.1974 BeckRS 9998, 150498). 9

Das **Austragen von Zeitungen und Zeitschriften** wird idR also v. Abs. 1 Nr. 3 erfasst. Die Anwendbarkeit des JArbSchG darf nicht dadurch umgangen werden, dass mit den Eltern oder mit dem Kind/Jugendlichen als Selbständigem Agenturverträge geschlossen werden. Ein solcher Vertrag mit einem Kind/Jugendlichen kann gem. § 5 I iVm. § 134 BGB nichtig sein, der Agenturvertrag mit den Eltern, bei dem die Kinder bzw. Jugendlichen die Zeitungen/Zeitschriften austragen sollen, gem. § 117 I BGB (OLG CE 18.8.1966 NJW 1966, 2134). 10

11 **e) In einem der Berufsausbildung ähnlichen Ausbildungsverhältnis, Abs. 1 Nr. 4.** Diese Bestimmung will die Beschäftigungsverhältnisse zwischen AG und Kind/Jugendlichem erfassen, die nicht unter Nr. 1 bis 3 fallen, weil das Kind/der Jugendliche weder in einem Berufsausbildungsverhältnis noch in einem ArbVerh. noch in einem dem ArbVerh. vergleichbaren Verhältnis ausgebildet wird. Gemeint sind va. Praktika und Volontariate als Ausbildungsverhältnisse, die berufl. Kenntnisse, Fertigkeiten oder Erfahrungen in Betrieben, Verw. oder Haushalten vermitteln sollen (§ 26 BBiG Rn. 1 ff.), dh. Ausbildungsverhältnisse mit betriebl., nicht aber mit schulischen Ausbildungsteilen. Weiter zählen hierzu die Verträge mit Auszubildenden in der Einstiegsqualifizierung gem. § 54a SGB III, die v. der BA bezuschusst werden, um Grdl. für den Erwerb der berufl. Handlungsfähigkeit zu vermitteln oder zu vertiefen; die Qualifizierungsverträge sind auf der Grdl. v. § 26 BBiG durchzuführen. Förderungsfähig sind Ausbildungsbewerber mit eingeschränkten Vermittlungsperspektiven.

12 Weiter sind v. Abs. 1 Nr. 4 Praxiszeiten erfasst, die in schulische Bildungsgänge integriert sind, sowie Ausbildungsverhältnisse zur berufl. Fortbildung oder zur berufl. Umschulung iSd. § 1 IV, V BBiG. Dasselbe gilt für die Ausbildung in Berufsbildungs- und Berufsförderungswerken sowie in Werkstätten für behinderte Menschen, soweit sie nicht nur eine gelegentl., geringfügige Hilfeleistung iSd. Abs. 2 darstellt. Anwendbar ist Abs. 1 Nr. 4 weiter auf die Beschäftigung v. Schülern im Rahmen eines Betriebspraktikums nach § 5 II Nr. 2, das eher einem Ausbildungs- als einem ArbVerh. gleicht. Die sog. Schnupperlehre, dh. also die Probearbeit vollzeitschulpflichtiger Schüler, die über das berufsbezogene Praktikum der Schulen hinausgeht, ist eher Nr. 4 als Nr. 3 zuzuordnen (OLG HM 14.8.1987 BeckRS 1987, 31363915).

13 **4. Ausnahmen vom Geltungsbereich (Abs. 2).** Eine Ausnahme iSd. Abs. 2 setzt voraus, dass ein BeschVerh iSd. Abs. 1 Nr. 1 bis 4 bejaht worden ist. In diesem Falle kann eine Ausnahme vorliegen, wenn entweder eine nach Umf. und Häufigkeit geringfügige Hilfeleistung (Nr. 1) oder eine Beschäftigung im Familienhaushalt erfolgt (Nr. 2).

14 **a) Geringfügige, gelegentliche Hilfeleistungen.** Der Begriff **„Hilfeleistung"** ist bewusst v. Gesetzgeber gewählt worden, um den Begriff „Arbeit" zu vermeiden (BT-Drs. 3/1816 S. 4, 17). Abs. 2 Nr. 1 will somit nicht das reguläre Arbeits- oder Ausbildungsverhältnis erfassen (BayOLG 26.2.1982 DB 1982, 1627), sondern jede unterstützende Tätigkeit zugunsten eines anderen. **Geringfügig** ist eine Hilfeleistung, wenn sie das Kind oder den Jugendlichen unter Berücksichtigung seines Entwicklungsstandes und seines Alters zeitl. und kräftemäßig wenig in Anspruch nimmt. Wann dies gegeben ist, hängt v. den Gesamtumständen im Einzelfall ab, nicht jedoch v. der wirtschaftl. Bedeutung der erbrachten Leistung. **Gelegentl.** ist die Hilfeleistung, wenn sie nicht regelm. und nur vorübergehend erfolgt; daher ist eine dauerhafte Aufmerksamkeit voraussetzende Arbeitsbereitschaft keine gelegentl. Hilfeleistung, selbst wenn konkret nur gelegentl. Handreichungen zu erbringen sind (OLG HM 29.10.1954 BB 1955, 97). Eine nach Art und Umf. geringfügige Hilfeleistung begr. die Ausnahme v. Anwendungsbereich des Gesetzes aber nur, wenn sie unter den in Abs. 2 Nr. 1 lit. a bis d gesondert aufgeführten Voraussetzungen erbracht werden.

15 **aa) aus Gefälligkeit oder aufgrund familienrechtlicher Vorschriften.** Eine Hilfeleistung erfolgt aus **Gefälligkeit (Abs. 2 Nr. 1a)**, wenn sie uneigennützig und ohne jegl. rechtl. Verpflichtung erfolgt. Eine kleine finanzielle Belohnung schließt eine Gefälligkeit nicht aus. Beispiele finden sich va. iRd. Nachbarschaftshilfe (Einkaufen, Blumengießen, Babysitting) und im Bereich sozialer Tätigkeiten aus karitativen oder religiösen Beweggründen (Verteilen v. Spendenaufrufen) sowie in der Landwirtschaft und in Vereinen. Eine zum Zweck des Gelderwerbs erbrachte Hilfe ist keine Gefälligkeit mehr (*Wenzel* DB 2001, 1614). Zu den Hilfeleistungen auf Grund **familienrechtl. Vorschr. (Abs. 2 Nr. 1b)** gehört insb. die Pflicht des Kindes bzw. Jugendlichen aus § 1619 BGB, in einer seinen Kräften und seiner Lebensstellung entspr. Weise den Eltern in ihrem Geschäft Dienste zu leisten. Erfasst ist jede selbständige Erwerbstätigkeit der Eltern, einschl. der Landwirtschaft. Für die Dienstleistung innerhalb des Familienhaushalts ist Abs. 2 Nr. 2 maßgebl., der derartige Beschäftigung durch die Personensorgeberechtigten generell v. Schutzbereich des JArbSchG ausnimmt. Weitere, eher selten einschlägige Rechtsgrdl. sind die Ehegattenmitarbeit, § 1356 BGB, der Ehegattenunterhalt, § 1360 BGB, und der Verwandtenunterhalt, § 1612 I 2 BGB.

16 **bb) Einrichtungen der Jugendhilfe oder zur Eingliederung Behinderter (entspricht: behinderter Menschen).** Einrichtungen gem. **Abs. 2 Nr. 1c** sind va. Heime und Tageseinrichtungen, in denen Kinder und Jugendliche dauernd oder zeitweise betreut werden, §§ 24, 32, 34 SGB VIII. Minderjährige dürfen hier zu gelegentl. und geringfügigen Hilfeleistungen herangezogen werden, um die tägl. anfallenden Arbeiten mit zu erledigen, wenn die Kinder/Jugendlichen in diesen Einrichtungen auch essen, wohnen und schlafen. Die Erledigung eigener Angelegenheiten (Aufräumen des eigenen Zimmers usw.) fällt nicht in den Anwendungsbereich des Gesetzes. Einrichtungen zur **Eingliederung Behinderter (Abs. 2 Nr. 1d)** beschäftigen sich mit der berufl. Bildung behinderter Menschen, also va. Berufsbildungs- und Berufsförderwerke. Hier dürfen Kinder/Jugendliche wie im Familienhaushalt über das im JArbSchG geregelte Maß hinaus zur Erledigung der tägl., gelegentl. und geringfügigen Hilfeleistungen herangezogen werden.

b) Beschäftigung durch die Personensorgeberechtigten im Familienhaushalt, Abs. 2 Nr. 2. Das G soll die Aufgabenverteilung innerhalb einer Familie sowie das elterl. Erziehungskonzept nicht beeinflussen, entspr. dem Erziehungsrecht der Eltern aus Art. 6 II 1 GG. Daher wird die Beschäftigung v. Kindern/Jugendlichen im Familienhaushalt v. Anwendungsbereich des Gesetzes ausgeschlossen, wenn sie v. Personensorgeberechtigten veranlasst wird. Ob die Beschäftigung nach Art und Umf. beschränkt ist (Abs. 1), ist im Familienhaushalt unerhebl. Der notwendige Schutz wird hier durch familienrechtl. Bestimmungen (§§ 1618a, 1619 BGB) geschaffen. **Personensorgeberechtigter** ist Inhaber des Rechts und der Pflicht der Kindererziehung und -beaufsichtigung (§§ 1626 II, 1631 I BGB). IdR sind das die Eltern (§§ 1626, 1626a I BGB), bei adoptierten Kindern der Annehmende (§ 1754 BGB). Bei geschiedenen Eheleuten ist personensorgeberechtigt, wem das Gericht das Sorgerecht übertragen hat, § 1671 BGB; der nichtsorgeberechtigte Elternteil hat somit das JArbSchG zu beachten wie jede andere Person, die das Kind beschäftigen will. Die Ausnahme des Abs. 2 Nr. 2 gilt nur für Beschäftigungen im Haushalt, dh. im privaten Lebensbereich, nicht aber für hauswirtschaftl. Betätigungen zu wirtschaftl. Zwecken (Privatpension). In **landwirtschaftl. Lebensgemeinschaften** versteht man unter Familienhaushalt Haus und Hof, dh. das unmittelbar an das Haus angrenzende und v. übrigen Wirtschaftsbereich getrennte Gebiet (vgl. BT-Drs. 7/4544 S. 4). 17

§ 2 Kind, Jugendlicher

(1) **Kind im Sinne dieses Gesetzes ist, wer noch nicht 15 Jahre alt ist.**

(2) **Jugendlicher im Sinne dieses Gesetzes ist, wer 15, aber noch nicht 18 Jahre alt ist.**

(3) **Auf Jugendliche, die der Vollzeitschulpflicht unterliegen, finden die für Kinder geltenden Vorschriften Anwendung.**

1. Normzweck. § 2 legt den **persönl. Geltungsbereich** des Gesetzes für die zu schützenden Personen fest; unterschieden wird zwischen Kindern, Jugendlichen v. 15 bis 18 Jahren sowie Jugendlichen, die der Vollzeitschulpflicht unterliegen. Entspr. der RL 94/33/EG über den Jugendarbeitsschutz wurde die Altersgrenze in Abs. 1 und Abs. 2 v. zuvor 14 auf 15 Jahre angehoben. Das Gesetz erfüllt im Wesentlichen die Pflichten zur Umsetzung des Übk. Nr. 182 der IAO „Zur Beseitigung der schlimmsten Formen der Kinderarbeit". Insoweit besteht allerdings ein Defizit bei der Überwachung der Durchführung der Schutzbestimmungen, insb. wegen fehlender Meldepflicht für Kinderarbeit (*Düwell* NZA 2000, 308, 309 f.). 1

2. Kinder und Jugendliche (Abs. 1 u. 2). Kind iSd. JArbSchG ist gem. Abs. 1, wer noch nicht 15 Jahre alt ist. Gem. Abs. 2 ist **Jugendlicher,** wer zwischen 15 und 18 Jahren alt ist. Kinderarbeit (§§ 5 bis 7) ist grds. unzulässig und nur in den ges. vorgesehenen Ausnahmefällen gestattet. Dagegen ist die Beschäftigung v. Jugendlichen grds. zulässig unter den bes. Bedingungen der §§ 8 ff. Besonderheiten gelten für vollzeitschulpflichtige Jugendliche (§ 2 III und § 5 IV). Kinder und Jugendliche ohne abgeschlossene Berufsausbildung haben als Beschäftigte keinen Anspruch auf Mindestlohn, § 22 II MiLoG. 2

3. Vollzeitschulpflichtige Jugendliche (Abs. 3). Im Gegensatz zur alten Gesetzesfassung, die vollzeitschulpflichtige Jugendliche im Wege einer ges. Fiktion in das Beschäftigungsverbot des § 5 I einbezogen hatte, ist in der Neufassung nur noch eine Verweisung auf die für Kinder geltenden Vorschr. enthalten. Inhaltl. Änd. sind damit nicht verbunden, vielmehr sollte dem Selbstverständnis betroffener Jugendlicher entsprochen werden. Die Verweisung verfolgt den Zweck, Jugendliche vor der Doppelbelastung durch Schule und Erwerbsarbeit zu schützen, solange sie der allg. (Vollzeit-) Schulpflicht unterliegen. **Vollzeitschulpflicht** setzt voraus, dass die Betroffenen in der Bundesrepublik ihren Wohnsitz oder gewöhnl. Aufenthalt haben; nicht entscheidend ist die Staatsangehörigkeit des Kindes. Die Vollzeitschulpflicht beginnt mit dem 6. Lebensjahr und dauert in den meisten Bundesländern 9 Jahre, in BE, BB, HB, NW und TH 10 Jahre. Mit Ende der Vollzeitschulpflicht (= Übergabe des Abschlusszeugnisses) endet zugleich der bes. Schutz durch Abs. 2, unabhängig davon, ob eine weiterführende Schule besucht wird. Auf die Vollzeitschulpflicht folgt idR eine **Berufsschulpflicht,** während derer der Jugendliche nicht mehr v. Geltungsbereich des Abs. 3 erfasst wird. Eine Beschäftigung als Jugendlicher iSd. Abs. 2 ist gem. §§ 7 ff. mögl. Folge des Abs. 3 ist, dass vollzeitschulpflichtige Jugendliche gem. § 5 I grds. nicht beschäftigt werden dürfen, wohl aber gem. § 5 II bis IV und § 6. Diese Regelung entspricht den Anforderungen v. Art. 32 II GRC. 3

§ 3 Arbeitgeber

Arbeitgeber im Sinne dieses Gesetzes ist, wer ein Kind oder einen Jugendlichen gemäß § 1 beschäftigt.

§ 3 legt den **persönl. Geltungsbereich** des Gesetzes hins. derjenigen Personen fest, an die sich die ges. Ge- und Verbote richten. Gem. § 3 ist **AG,** wer ein Kind oder einen Jugendlichen gem. § 1 1 beschäftigt; die Vorschr. ist durch die Wahl des Begriffes „beschäftigt" (vgl. dazu § 1 Rn. 4) umfassender als der allg. AGBegriff, der ein ArbVerh. voraussetzt. Daher genügen ein Berufsausbildungsverhältnis, Heimarbeit oder vergleichbare Dienstleistungen. Weiter kann AG sein, wer sich als AN v. Jugendlichen oder Kindern helfen lässt bzw. sie in einem mittelbaren ArbVerh. einsetzt. Vorausgesetzt ist dafür die tats. Inanspruchnahme (OVG NW 17.2.1986 NJW 1987, 1443) und das Bestehen v. Weisungsrechten, nicht aber die Gewinnerzielungsabsicht. AG sind auch solche Betriebsangehörige, denen die Weisungsbefugnis und Fürsorgepflicht ggü. dem Jugendlichen übertragen worden ist, sog. **funktioneller AG** (iSd. §§ 14 I StGB, 9 I OWiG, vgl. OLG K 23.12.1983 NStZ 1984, 460; *Zmarzlik/Anzinger* JArbSchG Rn. 6 ff.); wie zB vertretungsberechtigte Organe einer jur. Person; vertretungsberechtigte Gesellschafter einer Personenhandelsgesellschaft; Betriebsleiter, Betriebsabteilungsleiter, Personalleiter sowie Ausbilder und Ausbildungsleiter. Bei **Heimarbeit** ist der Auftraggeber iSd. § 1 II a HAG der AG, ggf. der Zwischenmeister. Im Rahmen v. **LeihArbVerh.** ist der Verleiher der AG und daher an die Bestimmungen des JArbSchG gebunden. Soweit die Tätigkeit des LeihAN bei dem Entleiher den für dessen Betrieb geltenden ör. Arbeitsschutzvorschr. unterliegt (§ 11 VI AÜG), ist der Entleiher neben dem Verleiher als AG iSd. § 3 anzusehen.

§ 4 Arbeitszeit

(1) **Tägliche Arbeitszeit ist die Zeit vom Beginn bis zum Ende der täglichen Beschäftigung ohne die Ruhepausen (§ 11).**

(2) **Schichtzeit ist die tägliche Arbeitszeit unter Hinzurechnung der Ruhepausen (§ 11).**

(3) [1]**Im Bergbau unter Tage gilt die Schichtzeit als Arbeitszeit.** [2]**Sie wird gerechnet vom Betreten des Förderkorbes bei der Einfahrt bis zum Verlassen des Förderkorbes bei der Ausfahrt oder vom Eintritt des einzelnen Beschäftigten in das Stollenmundloch bis zu seinem Wiederaustritt.**

(4) [1]**Für die Berechnung der wöchentlichen Arbeitszeit ist als Woche die Zeit von Montag bis einschließlich Sonntag zugrunde zu legen.** [2]**Die Arbeitszeit, die an einem Werktag infolge eines gesetzlichen Feiertags ausfällt, wird auf die wöchentliche Arbeitszeit angerechnet.**

(5) **Wird ein Kind oder ein Jugendlicher von mehreren Arbeitgebern beschäftigt, so werden die Arbeits- und Schichtzeiten sowie die Arbeitstage zusammengerechnet.**

1 **1. Normzweck.** Die Vorschr. dient der Definition der Begriffe „Arbeitszeit", „Schichtzeit" und „Woche" für die Auslegung und Anwendung des Gesetzes; sie gilt zwgd. für alle Beschäftigungsverhältnisse iSd. § 1 I. Abw. Vereinb. sind unzulässig, ledigl. eine Konkretisierung (etwa: Beginn und Ende der AZ) kann einzel- oder kollektivvertragl. erfolgen. Dem ArbZG ggü. besteht Vorrang, § 18 II ArbZG. Abs. 4 S. 2 soll sicherstellen, dass der Jugendliche die AZ, die an einem Werktag auf Grund eines Feiertages ausfällt, nicht vor- oder nacharbeiten muss; Abs. 5 will die Arbeit des Jugendlichen über das zulässige Maß hinaus auch dann verhindern, wenn DoppelArbVerh. begr. werden.

2 **2. Begriff der Arbeitszeit (Abs. 1) und der Schichtzeit (Abs. 2).** Maßgebl. ist gem. Abs. 1 nicht die Zeit, in der der Jugendliche eine tats. Arbeitsleistung erbringt, sondern die Zeit der Anwesenheit am Beschäftigungsort, während derer er für Arbeit oder Ausbildung verfügbar ist; ledigl. die Ruhepausen sind ausgenommen (BAG 31.1.1991 NZA 1991, 780). Auf die Art der Tätigkeit des Jugendlichen kommt es ebenso wenig an wie auf deren Qualität oder den Ort der Beschäftigung. Daher werden auch solche Zeiträume der AZ zugerechnet, in denen der Jugendliche ausgebildet wird oder auf Arbeit wartet, weil der AG v. der ihm angebotenen Arbeitskraft keinen Gebrauch macht. Dasselbe gilt für die Zeit des Bereitschaftsdienstes und der Arbeitsbereitschaft, da der Jugendliche auch in diesen Zeiten der Weisungsbefugnis des AG untersteht (BT-Drs. 7/2305 S. 27; *Bachmann/Lührs* Rn. 58; *Lakies* JArbSchG Rn. 9; *Zmarzlik/Anzinger* JArbSchG Rn. 956; aA MVG/*Germelmann* Rn. 14; vgl. aber EuGH 5.10.2004 NZA 2004, 1145). **Bereitschaftsdienst** liegt vor, wenn der AN sich an einer v. AG bestimmten Stelle innerhalb oder außerhalb des Betriebes aufhält, um, falls nötig, die Arbeit sofort aufnehmen zu können (BAG 24.1.1962 DB 1962, 606; 23.6.2010 NZA 2010, 1081). Als **Arbeitsbereitschaft** gilt die Zeit, in der sich der AN an einer bestimmten Arbeitsstelle befindet und Tätigkeiten mit schwankender Arbeitsintensität und Beanspruchung ausführt (vgl. BAG 12.2.1986 DB 1987, 995; *Bachmann/Lührs* Rn. 58).

3 Ob auch die **Rufbereitschaft** auf die AZ anzurechnen ist, ist umstr. Rufbereitschaft ist die Zeit, in der sich der Beschäftigte an einem selbst gewählten Ort aufhält, um ggf. auf Abruf Arbeit zu leisten (BAG 10.6.1959 DB 1959, 1031; 26.11.1992 NZA 1993, 659). ZT wird eine Anrechnung bejaht, da die amtl. Begr. zum JArbSchG 1976 (BT-Drs. 7/2305 S. 27) die Bewertung der Rufbereitschaft als AZ nicht ausgeschlossen hat (HWK/*Tillmanns* Rn. 2; *Zmarzlik/Anzinger* JArbSchG Rn. 10). Überw. (BAG 12.2.1969 BeckRS 9998, 153563; BVerwG 1.6.1987 BeckRS 1987, 30936896; *Bachmann/Lührs* Rn. 58; MVG/*Germelmann* Rn. 13 f.; *Lakies* JArbSchG Rn. 10) wird die Rufbereitschaft dennoch nicht als AZ iSd. JArbSchG angesehen, da der Jugendliche relativ frei über seine Zeit und seinen Aufenthaltsort entscheiden kann – er kann ihn zB auch wechseln, muss nur für den AG erreichbar sein.

Zur insoweit übertragbaren Interpretation des Begriffes im allg. AZRecht vgl. § 2 ArbZG Rn. 30 (EuGH 3.10.2000 NZA 2000, 1227; BAG 18.2.2003 NZA 2003, 742).

Vor- und Abschlussarbeiten sind der AZ zuzurechnen ebenso wie Aufräumarbeiten, das Reinigen des Arbeitsplatzes, das Anlegen einer vorgeschriebenen Schutzkleidung oder das Besorgen v. Mat. (*Zmarzlik/Anzinger* JArbSchG Rn. 19; *Lakies* JArbSchG Rn. 5, 6). Umkleiden und Waschen wird der AZ gleichfalls zugerechnet, soweit diese Handlungen auf Grund betriebl. Anordnungen, UV- oder sonstiger Schutzvorschr. Voraussetzung einer ordnungsgem. Arbeitsaufnahme oder -beendigung sind. Dasselbe gilt für Umkleidezeiten im Betrieb, falls der AG bes. Kleidung vorschreibt (BAG 19.9.2012 NZA-RR 2013, 63). Die Zeit, die für den Weg v. und zur Betriebs- oder Ausbildungsstätte benötigt wird, gilt nicht als AZ, weil der Jugendliche währenddessen nicht der Weisungsbefugnis des AG unterliegt (*Bachmann/Lührs* Rn. 52). Zur AZ zählen allerdings die **Wegezeiten,** die nach dem Beginn der Beschäftigung anfallen, weil der Jugendliche zu einer außerhalb des Betriebes gelegenen Ausbildungsstelle (*Lakies* JArbSchG Rn. 7) oder Arbeitsstelle gelangen muss (BAG 17.4.1957 BeckRS 1957, 102735; BayObLG 23.3.1992 NZA 1992, 811). Wegezeiten v. und zur Berufsschule gelten nicht als AZ (BAG 12.10.1962 NJW 1963, 507), denn gem. § 9 II werden nur Berufsschulunterricht und Berufsschultage auf die AZ angerechnet (*Zmarzlik/Anzinger* JArbSchG Rn. 24). Dennoch umfasst die einem Jugendlichen zustehende Freistellung v. der betriebl. Ausbildung (§ 9) auch die Wegezeiten zur Berufsschule (BAG 26.3.2001 NZA 2001, 892), die somit nicht auf die Pausen gem. § 11 angerechnet werden dürfen. **Berufsschulunterricht und Prüfungen** fallen begriffl. nicht unter die AZ gem. § 4 I, müssen aber gem. §§ 9 und 10 als AZ angerechnet werden. **Ausbildungsmaßnahmen** praktischer und theoretischer Art gehören zur AZ, soweit sie der Verwirklichung des im Berufsausbildungsvertrag (§ 10 BBiG Rn. 3) vereinbarten Ausbildungszieles dienen, unabhängig v. einer Teilnahmepflicht des Jugendlichen. Ausbildungsmaßnahmen, die über das eigentl. Ausbildungsziel hinausgehen, wie zB weiterführender Unterricht, sind nicht auf die AZ anzurechnen, soweit die Teilnahme freiwillig ist (*Zmarzlik/Anzinger* JArbSchG Rn. 14; *Bachmann/Lührs* Rn. 54). Der **Begriff der Schichtzeit (Abs. 2)** ist definiert als die tägl. AZ einschl. der Ruhepausen gem. § 11. 4

3. Bergbau unter Tage (Abs. 3). Im Bergbau unter Tage (iSd. BBergG) gilt die Schichtzeit als AZ, dh. auch die einzuhaltenden Mindestruhepausen werden auf die AZ angerechnet. Dabei beginnt die Beschäftigung mit dem Betreten des Förderkorbes bei der Einfahrt bzw. mit dem Eintritt des einzelnen Beschäftigten in das Stollenmundloch und endet mit dem Verlassen des Förderkorbes bei der Ausfahrt bzw. mit dem Wiederaustritt aus dem Stollenmundloch. Dagegen werden das Abholen und Abgeben v. Geräten, Arbeitsvorbereitungen, Waschen und Umkleiden nicht auf die AZ angerechnet. 5

4. Wöchentliche Arbeitszeit (Abs. 4). Für die Berechnung der wöchentl. AZ ist die Zeit v. Montag bis einschl. Sonntag zugrunde zu legen. S. 1 regelt zwgd. die Berechnung der **Dauer** der wöchentl. AZ gem. § 8. Gem. Abs. 4 S. 2 wird die AZ, die an einem Werktag infolge eines ges. **Feiertags** ausfällt, auf die wöchentl. AZ angerechnet. Dasselbe muss nach dem Gesetzeszweck auch bei Feiertagen gelten, die auf einen Sonntag fallen, sofern an ihnen zulässigerweise gearbeitet worden wäre (*Zmarzlik/Anzinger* JArbSchG Rn. 30; *Lakies* JArbSchG Rn. 15). Die AZ muss allein **auf Grund des** Feiertags ausfallen (BAG 19.4.1989 NZA 1989, 715). Dieser Zusammenhang ist zB zu verneinen, wenn witterungsbedingt nicht gearbeitet wird (BAG 16.7.1959 NJW 1959, 1894), bei unbezahltem Sonderurlaub, Arbeitskampf oder Freizeitausgleich im rollierenden AZsystem. Angerechnet wird nur die tats. ausfallende, bei Kurzarbeit also die verkürzte AZ. Eine Verpflichtung zum Vor- oder Nacharbeiten der ausgefallenen AZ ist unzulässig; dasselbe gilt für die Verlegung der auf den Feiertag fallenden AZ auf einen anderen Tag der Woche (BAG 4.10.1963 BB 1964, 135). Zur Anrechnung v. Berufsschultagen, die auf einen Feiertag fallen, vgl. § 9 Rn. 11. 6

5. Mehrere Arbeitgeber (Abs. 5). Die Bestimmung schützt Kinder und Jugendliche vor einer Überschreitung der festgelegten zulässigen HöchstAZ, auch wenn sie mehrere Beschäftigungsverhältnisse eingegangen sind. Auch dabei dürfen Jugendliche nach § 8 nicht mehr als 8 Stunden tägl. und nicht mehr als 40 Stunden wöchentl. beschäftigt werden. Eine Missachtung der zugelassenen HöchstAZ kann in krassen Fällen sogar Nichtigkeit des zweiten ArbVerh. bewirken (BAG 19.6.1959 NJW 1959, 2036). IÜ besteht jedoch hins. der übermäßigen Arbeitsleistung ein Beschäftigungsverbot, der Minderjährige braucht die Arbeit nicht zu leisten (HWK/*Tillmanns* Rn. 6). Auswirkungen auf das zeitl. zuerst begr. BeschVerh ergeben sich idR nicht. 7

Zweiter Abschnitt. Beschäftigung von Kindern

§ 5 Verbot der Beschäftigung von Kindern

(1) **Die Beschäftigung von Kindern (§ 2 Abs. 1) ist verboten.**

(2) [1] **Das Verbot des Absatzes 1 gilt nicht für die Beschäftigung von Kindern**

1. zum Zwecke der Beschäftigungs- und Arbeitstherapie,

2. im Rahmen des Betriebspraktikums während der Vollzeitschulpflicht,
3. in Erfüllung einer richterlichen Weisung.
[2] Auf die Beschäftigung finden § 7 Satz 1 Nr. 2 und die §§ 9 bis 46 entsprechende Anwendung.

(3) [1] Das Verbot des Absatzes 1 gilt ferner nicht für die Beschäftigung von Kindern über 13 Jahre mit Einwilligung des Personensorgeberechtigten, soweit die Beschäftigung leicht und für Kinder geeignet ist. [2] Die Beschäftigung ist leicht, wenn sie auf Grund ihrer Beschaffenheit und der besonderen Bedingungen, unter denen sie ausgeführt wird,
1. die Sicherheit, Gesundheit und Entwicklung der Kinder,
2. ihren Schulbesuch, ihre Beteiligung an Maßnahmen zur Berufswahlvorbereitung oder Berufsausbildung, die von der zuständigen Stelle anerkannt sind, und
3. ihre Fähigkeit, dem Unterricht mit Nutzen zu folgen,
nicht nachteilig beeinflußt. [3] Die Kinder dürfen nicht mehr als zwei Stunden täglich, in landwirtschaftlichen Familienbetrieben nicht mehr als drei Stunden täglich, nicht zwischen 18 und 8 Uhr, nicht vor dem Schulunterricht und nicht während des Schulunterrichts beschäftigt werden. [4] Auf die Beschäftigung finden die §§ 15 bis 31 entsprechende Anwendung.

(4) [1] Das Verbot des Absatzes 1 gilt ferner nicht für die Beschäftigung von Jugendlichen (§ 2 Abs. 3) während der Schulferien für höchstens vier Wochen im Kalenderjahr. [2] Auf die Beschäftigung finden die §§ 8 bis 31 entsprechende Anwendung.

(4a) Die Bundesregierung hat durch Rechtsverordnung mit Zustimmung des Bundesrates die Beschäftigung nach Absatz 3 näher zu bestimmen.

(4b) Der Arbeitgeber unterrichtet die Personensorgeberechtigten der von ihm beschäftigten Kinder über mögliche Gefahren sowie über alle zu ihrer Sicherheit und ihrem Gesundheitsschutz getroffenen Maßnahmen.

(5) Für Veranstaltungen kann die Aufsichtsbehörde Ausnahmen gemäß § 6 bewilligen.

1 **1. Normzweck.** Die Norm soll Kinder vor wirtschaftl. Ausnutzung als billige Arbeitskräfte, aber auch vor Gefahren für ihre Gesundheit, Entwicklung und Schulausbildung schützen. Da Überbelastungen bei Kindern zu schweren psychischen und physischen Schäden führen können und Kinder ihre Leistungsfähigkeit selbst schlecht beurteilen können, sind sie bes. schutzbedürftig. Folge ist ein Verbot jeder Kinderarbeit, das weder durch Einverständnis der Eltern noch in Notfällen ausgeschlossen wird, sondern nur ges. geregelte Ausnahmen zulässt. Zur Umsetzung v. Art. 1 I JugendarbeitsschutzRL 94/33/EG (v. 20.8.1994 ABl. EG L 216 S. 12) ist die Altersgrenze für das Verbot v. Kinderarbeit auf 15 Jahre festgelegt, und die zulässigen Ausnahmen sind näher konkretisiert worden. Für vollzeitschulpflichtige Jugendliche vgl. § 2 III.

2 **2. Verbot der Beschäftigung von Kindern (Abs. 1).** Die Beschäftigung v. Kindern (§ 2 I) ist grds. verboten. Zu den Rechtsfolgen vgl. Rn. 12. v. Verbot sind solche Tätigkeiten nicht erfasst, die gem. § 1 nicht in den Geltungsbereich des Gesetzes einbezogen sind. § 5 verstößt nicht gegen Art. 12 GG, denn auch wenn das altersabhängige Beschäftigungsverbot als obj. Zugangsschranke die Berufswahlfreiheit beeinträchtigt, rechtfertigt die Gesundheit junger Menschen als überragend wichtiges Gemeinschaftsgut diesen Eingriff. Art. 6 II GG ist betroffen, wenn Eltern in ihrem Erziehungskonzept behindert werden; eine Beeinträchtigung des Elternrechtes ist dadurch zu vermeiden, dass bei verfassungskonformer Auslegung des Abs. 1 den Eltern eine Beschäftigung, mit der sie überw. erzieherische Zwecke verfolgen, erlaubt ist.

3 **3. Allgemeine Ausnahmen vom Verbot der Kinderarbeit (Abs. 2). a) Beschäftigungs- und Arbeitstherapie (Abs. 2 Nr. 1).** Die Vorschr. erlaubt insb. Rehabilitationsmaßnahmen, die der Heilung v. behinderten, kranken, geisteskranken oder drogenabhängigen Kindern dienen. Dadurch soll die Fähigkeit dieser Kinder entwickelt werden, später einen Beruf zu erlernen bzw. zu ergreifen. Voraussetzung ist eine Krankheit, die einer Therapie bedarf. Die Ausnahme ist nicht durch RL 94/33/EG ausgeschlossen, solange die Therapie nicht in Form eines ArbVerh. erbracht wird.

4 **b) Im Rahmen des Betriebspraktikums während der Vollzeitschulpflicht (Abs. 2 Nr. 2).** Betriebspraktika sind v. der Schule vor- und nachbereitete betriebl. Veranstaltungen zur Erleichterung der Berufsfindung und Einf. in die Arbeitswelt; Probearbeit neben dem Unterrichtsbesuch wird davon ebenso wenig erfasst wie Ferientätigkeiten. Für die Einhaltung des Gesetzes während des Praktikums sind Schule und Aufsichtsbehörde nebeneinander verantwortl. Art. 4 Abs. II b RL 94/33/EG verlangt für diese Ausnahme v. Kinderarbeitsverbot die Einhaltung einer Altersgrenze v. mind. 14 Jahren.

5 **c) In Erfüllung einer richterlichen Weisung (Abs. 2 Nr. 3).** Gemeint sind Anordnungen nach § 10 I 3 Nr. 4 JGG (Weisung des Jugendrichters, bestimmte Arbeitsleistungen zu erbringen) oder solche gem. § 23 I JGG (Arbeitsweisung des Jugendrichters als Bewährungsauflage zur Erzielung einer bestimmten erzieherischen Wirkung). Nach § 1 II JGG können Weisungen bereits ggü. Personen ab dem 14. Lebensjahr ergehen. Das ist nicht unprobl.: Durch die Weisung entsteht iSd. JugendarbeitsschutzRL ein ArbVerh, doch enthält die RL keine Ausnahmeklausel. Daher muss eine RLkonforme

Auslegung entspr. Art. 4 II RL 94/33/EG vorgenommen werden. Vor Erreichen des 15. Lebensjahres kommen dann Weisungen in Betracht, die den Abs. 3 bis 4 entsprechen; die Einwilligung der Personensorgeberechtigten entfällt.

4. Ausnahmen für Kinder über 13 Jahre (Abs. 3). a) Leichte und für Kinder geeignete Beschäftigung (Abs. 3 S. 1). Gestattet ist die Beschäftigung v. Kindern über 13 Jahren, obwohl eine Ausnahme nach Abs. 2 nicht vorliegt, wenn der Personensorgeberechtigte einwilligt (§ 107 BGB) und die Beschäftigung leicht und für Kinder geeignet ist. Ob körperl. nicht schwere Arbeit geleistet werden soll, ist unter Berücksichtigung der individuellen Leistungsfähigkeit und des Entwicklungsstandes des Kindes zu bestimmen, weil Kinder bereits durch Schulunterricht und Schularbeiten in Anspruch genommen werden (S. 2 Nr. 1 bis 3). Liegt eine Ausnahme gem. Abs. 3 ff. vor, dürfen Kinder/Vollzeitschulpflichtige beschäftigt werden, ohne dass es einer behördl. Genehmigung bedarf. Die Aufsichtsbehörde kann jedoch im konkreten Fall durch VA feststellen, ob eine bestimmte Beschäftigung zulässig ist, §§ 2, 3 KindArbSchV. 6

b) Begriff der „leichten Beschäftigung". Abs. 3 S. 1, 2 setzt die RL 94/33/EG um, der zufolge Kinderarbeit in den Mitgliedstaaten der EU grds. zu verbieten ist, Kinder ab 13 Jahren aber mit „leichten Arbeiten" beschäftigt werden können. Als nicht leichte Arbeiten iSd. KindArbSchV (Rn. 10) sind solche Tätigkeiten ausgeschlossen, die die manuelle Handhabung v. Lasten ab 7,5 kg (regelm.) oder 10 kg (gelegentlich) erfordern, wegen ungünstiger Körperhaltung belastend oder mit solchen Unfallgefahren verbunden sind, die v. den Betroffenen altersbedingt nicht erkannt oder abgewendet werden können. Ledigl. der in Art. 3 lit. d) RL 94/33/EG enthaltene Begriff „Programme der Berufsberatung" wird in Abs. 3 auf Grund der Besonderheiten des Berufsberatungssystems durch den weiteren Begriff „Maßnahmen zur Berufswahlvorbereitung" ersetzt. Damit soll gewährleistet werden, dass sich Kinder an solchen Maßnahmen zur Berufswahlvorbereitung wie Betriebspraktika der Schule, Betriebserkundungen, Einzel- und Gruppenberatungen der Berufsberatung, Seminare zur Berufswahl etc. beteiligen können. Auf der Grdl. der KindArbSchV (Rn. 10) sind zulässig: das Austragen v. Zeitungen, Handreichungen beim Sport, Tätigkeiten im Haushalt wie Botengänge, Kinderbetreuung, Nachhilfeunterricht, Einkaufstätigkeit, Haustierversorgung; in landwirtschaftl. Betrieben Ernte und Feldbestellung, Selbstvermarktung v. Erzeugnissen und Tierversorgung; Tätigkeiten bei nicht gewerbl. Veranstaltungen v. Kirchen, Vereinen, Verbänden und Parteien (*Kollmer* NZA 1998, 1268). Ausgeschlossen sind Tätigkeiten in Betrieben der gewerbl. Wirtschaft oder Verw. des öffentl. Dienstes. 7

Abs. 3 S. 3 verbietet die Beschäftigung der Kinder für mehr als zwei Stunden tägl. (in landwirtschaftl. Familienbetrieben: 3 Stunden) sowie zwischen 18 und 8 Uhr, vor und während des Schulunterrichts. Die Festlegung einer einheitl. zeitl. Obergrenze v. tägl. zwei Stunden verbessert die Rechtssicherheit. Dass auch für Kinder dabei grds. die Fünf-Tage-Woche gilt, wird durch Verweis auf § 15 gewährleistet. Durch die zeitl. Beschränkung der Tätigkeit wird dem Kind eine ununterbrochene Nachtruhe v. 14 Stunden gesichert, damit die Konzentrations- und Leistungsfähigkeit während der Schulzeit nicht durch eine vorher erbrachte Arbeit gestört wird. Während des Schulunterrichts ist eine Beschäftigung verboten, egal, ob das Kind am Unterricht teilnimmt oder aus welchen Gründen es fernbleibt. Während der Schulferien und an schulfreien Tagen gilt dagegen nur das Beschäftigungsverbot zwischen 18 und 8 Uhr. Keinesfalls darf das Fortkommen in der Schule durch die Beschäftigung beeinträchtigt werden. Das ist bereits dann der Fall, wenn während der Zeit der Beschäftigung die schulischen Leistungen nachlassen. Unzulässig ist daher eine Beschäftigung v. Kindern, die ohnehin Schwierigkeiten haben, in der Schule mitzukommen. 8

5. Schulferien (Abs. 4). Als weitere Ausnahme v. grds. Verbot der Kinderarbeit dürfen vollzeitschulpflichtige Jugendliche einen Ferienjob annehmen, sofern die Beschäftigung auf die Schulferien und auf höchstens vier Wochen im Kj. begrenzt ist. Die FerienAZ kann auf mehrere Arbeitseinsätze verteilt werden, muss sich dabei aber insg. im Zeitrahmen halten. In diesem Fall unterliegt die Beschäftigung denselben Grds. wie diejenige nicht mehr vollzeitschulpflichtiger Jugendlicher (§§ 8 bis 31). 9

6. Verordnungsermächtigung (Abs. 4a). Die BReg. hat durch RechtsVO mit Zust. des BR die Beschäftigung nach Abs. 3 näher zu bestimmen. Dadurch soll sichergestellt werden, dass leichte und für Kinder geeignete Beschäftigungen tats. konkretisiert (*Taubert* BB 1997, 575 f.) werden. Dies ist durch die KindArbSchV v. 23.6.1998 (BGBl. I S. 1508) erfolgt (vgl. dazu Rn. 7; *Düwell* AuR 1998, 232; *Kollmer* NZA 1998, 1268; *ders. AR-Blattei* SD 945). Die VO lässt die Beschäftigung v. Kindern mit übl. (Rn. 7) Tätigkeiten in Privathaushalten, Kultur, Sport, Unterhaltung und Landwirtschaft zu, schließt aber eine Beschäftigung in der gewerbl. Wirtschaft, im Handel und Dienstleistungssektor aus, vorbehaltl. der in Rn. 7 genannten Ausnahmen (*Wenzel* DB 2001, 1613 f.). 10

7. Unterrichtung der Sorgeberechtigten (Abs. 4b), Ausnahmen für Veranstaltungen (Abs. 5). 11
Abs. 4b schreibt in S. 1 die Verpflichtung des AG vor, die Personensorgeberechtigten der v. ihm beschäftigten Kinder über mögl. Gefahren sowie über alle zur Sicherheit und zum Gesundheitsschutz getroffenen Maßnahmen zu unterrichten, entspr. Art. 6 III 2 RL 94/33/EG. Weitere Ausnahmen v.

Verbot der Kinderarbeit sind für Veranstaltungen nach § 6 vorgesehen. Allerdings bedarf es für derartige Beschäftigungen, anders als für solche der Abs. 2 bis 4, einer behördl. Genehmigung.

12 **8. Verstöße.** § 5 I ist Verbotsgesetz iSd. § 134 BGB; die Einwilligung der Minderjährigen oder ihrer Eltern ändert daran nichts (OLG HM 2.5.1963 BeckRS 1963, 31364050), der Vertrag über eine verbotswidrige Beschäftigung ist grds. ex nunc unwirksam (aA LAG MV 15.9.2011 BeckRS 2012, 66577) es sei denn, die Altersgrenze ist inzwischen überschritten (BAG 25.4.2013 NZA 2013, 1206; HWK/*Tillmanns* Rn. 2). Bei Nichtigkeit gelten die Grds. über das fehlerhafte ArbVerh. Erleidet das Kind bei verbotswidriger Tätigkeit einen Gesundheitsschaden, ist dieser zu ersetzen; der Haftungsausschluss gem. § 104 SGB VII gilt allerdings auch dann (BGH 29.1.1980 DB 1980, 1948). Weiter werden Verstöße des AG gegen § 5 gem. §§ 58, 59 als Straftat oder Ordnungswidrigkeit geahndet.

§ 6 Behördliche Ausnahmen für Veranstaltungen

(1) [1] Die Aufsichtsbehörde kann auf Antrag bewilligen, daß

1. bei Theatervorstellungen Kinder über sechs Jahre bis zu vier Stunden täglich in der Zeit von 10 bis 23 Uhr,

2. bei Musikaufführungen und anderen Aufführungen, bei Werbeveranstaltungen sowie bei Aufnahmen im Rundfunk (Hörfunk und Fernsehen), auf Ton- und Bildträger sowie bei Film- und Fotoaufnahmen

a) Kinder über drei bis sechs Jahre bis zu zwei Stunden täglich in der Zeit von 8 bis 17 Uhr,

b) Kinder über sechs Jahre bis zu drei Stunden täglich in der Zeit von 8 bis 22 Uhr

gestaltend mitwirken und an den erforderlichen Proben teilnehmen. [2] Eine Ausnahme darf nicht bewilligt werden für die Mitwirkung in Kabaretts, Tanzlokalen und ähnlichen Betrieben sowie auf Vergnügungsparks, Kirmessen, Jahrmärkten und bei ähnlichen Veranstaltungen, Schaustellungen oder Darbietungen.

(2) Die Aufsichtsbehörde darf nach Anhörung des zuständigen Jugendamtes die Beschäftigung nur bewilligen, wenn

1. die Personensorgeberechtigten in die Beschäftigung schriftlich eingewilligt haben,

2. der Aufsichtsbehörde eine nicht länger als vor drei Monaten ausgestellte ärztliche Bescheinigung vorgelegt wird, nach der gesundheitliche Bedenken gegen die Beschäftigung nicht bestehen,

3. die erforderlichen Vorkehrungen und Maßnahmen zum Schutze des Kindes gegen Gefahren für Leben und Gesundheit sowie zur Vermeidung einer Beeinträchtigung der körperlichen oder seelisch-geistigen Entwicklung getroffen sind,

4. Betreuung und Beaufsichtigung des Kindes bei der Beschäftigung sichergestellt sind,

5. nach Beendigung der Beschäftigung eine ununterbrochene Freizeit von mindestens 14 Stunden eingehalten wird,

6. das Fortkommen in der Schule nicht beeinträchtigt wird.

(3) Die Aufsichtsbehörde bestimmt,

1. wie lange, zu welcher Zeit und an welchem Tage das Kind beschäftigt werden darf,

2. Dauer und Lage der Ruhepausen,

3. die Höchstdauer des täglichen Aufenthalts an der Beschäftigungsstätte.

(4) [1] Die Entscheidung der Aufsichtsbehörde ist dem Arbeitgeber schriftlich bekanntzugeben. [2] Er darf das Kind erst nach Empfang des Bewilligungsbescheides beschäftigen.

1 **1. Normzweck.** Da einige Veranstaltungen eine Mitwirkung v. Kindern erfordern, gestattet § 6 deren Beschäftigung (vgl. BT-Drs. 7/2305 S. 27) nach Erteilung einer behördl. Ausnahme v. Verbot der Kinderarbeit. Die Ausnahmegenehmigung ist nur erforderl., wenn die Beschäftigung dem § 1, und damit an sich dem Verbot des § 5 I unterliegt. Die Beschäftigung des Kindes muss **gestaltender Art** sein oder sich auf eine Teilnahme an den Proben beziehen. Das Kind muss also selbst Teil der Aufführung sein, etwa als Darsteller, Schauspieler, Sänger, Musiker, Statist und darf nicht nur Tätigkeiten aus Anlass einer Veranstaltung ausüben wie Verkauf v. Eintrittskarten, Garderobentätigkeit, Platzanweisen etc. Die zust. Aufsichtsbehörde, idR Gewerbeaufsicht oder Arbeitsschutzamt, wird durch Landesrecht bestimmt.

2 **2. Ausnahmefälle (Abs. 1). a) Theatervorstellungen (Abs. 1 Nr. 1).** Theatervorstellungen umfassen Aufführungen v. Schauspielen, Opern, Operetten, Musicals, auch konzertante Aufführungen v. Opern (*Zmarzlik/Anzinger* JArbSchG Rn. 9; aA *Salje* DVBl. 1988, 135, 140); die Bewilligung kann sowohl für Aufführungen im Opern- und Schauspielhaus oder für Veranstaltungen v. Volkshochschulen oder Laienspielgruppen erteilt werden (*Lakies* JArbSchG Rn. 11). Nicht genehmigungsfähig ist dagegen die Mitwirkung an den in Abs. 1 S. 2 genannten Vergnügungsveranstaltungen. Die Bewilligung kann nicht für Kinder unter 6 Jahren erteilt werden (BT-Drs. 7/2305 S. 27). Andere dürfen nur bis zu vier Stunden

in der Zeit v. 10 bis 23 Uhr beschäftigt werden, auch an Sonn- und Feiertagen. Die Ruhepausen werden nicht auf die Beschäftigungszeit angerechnet (vgl. Abs. 3 Nr. 2).

b) Musikaufführungen und anderes (Abs. 1 Nr. 2). Musikaufführungen sind öffentl. Instrumental- und Gesangsdarbietungen, soweit sie nicht Theatervorstellungen (Rn. 2) sind, insb. Orchester- und Chorkonzerte. **Andere Aufführungen** sind öffentl. Auftritte mit anderen Mitteln, zB Ballett- und Tanzvorführungen, artistische Darbietungen, Puppenspiele, Filmvorführungen, Modevorführungen, Zirkus und Varieté. Ein bes. kultureller Wert der Aufführungen ist nicht Voraussetzung der Genehmigungsfähigkeit; die „anderen" Veranstaltungen müssen den Musikaufführungen auch nicht „vergleichbar" sein, weder im Niveau noch in der Art der Darbietung. 3

Genehmigungsfähig ist auch die Beschäftigung v. Kindern bei **Werbeveranstaltungen,** dh. bei Auftritten vor Publikum zwecks Werbung für ein Produkt oder eine Idee, Modeschauen, Messen, Ausstellungen durch Mitwirkung als Modell, Darsteller, Sänger, Tänzer, Sprecher (*Albrecht* WRP 1976, 592, 595). Beim **Rundfunk** können Kinder in sämtl. Sendungen mitwirken, auch reinen Werbesendungen. Bewilligungsfähig ist das gestaltende Mitwirken bei **Aufnahmen** auf Ton- und Bildträger sowie bei Film- und Fotoaufnahmen, einschl. Werbefotos und Werbefilme. 4

Der zulässige **zeitl. Umf.** der Beschäftigung richtet sich nach deren Art und dem Alter der Kinder: Die gestaltende Mitwirkung bei Theateraufführungen gem. S. 1 Nr. 1 kann nur Kindern über 6 Jahren gestattet werden, dies allerdings für die Dauer v. bis zu vier Stunden tägl. (Rn. 2), in der Zeit v. 10 bis 23 Uhr: über die zulässige Beschäftigungsdauer im konkreten Einzelfall entscheidet die Aufsichtsbehörde (Abs. 3, dazu Rn. 10); sie ist nicht verpflichtet, den ges. zulässigen Umf. im Einzelfall auch voll auszuschöpfen. Für Musikaufführungen und anderes (Nr. 2) kann eine Beschäftigung für Kinder ab 3 Jahren bewilligt werden, wenn auch in zeitl. eingeschränktem Umf.: Für Kinder zwischen 3 und 6 Jahren für bis zu zwei Stunden tägl. in der Zeit v. 8 bis 17 Uhr (S. 1 Nr. 2a), für Kinder über 6 Jahren bis zu drei Stunden tägl. in der Zeit v. 8 bis 22 Uhr (S. 1 Nr. 2b). Die Aufsichtsbehörde soll zwar eine Bewilligung nach Möglichkeit nur an insg. 30 Tagen pro Jahr und Kind erteilen (BT-Drs. 7/2305 S. 28; OVG NW 17.2.1986 NJW 1987, 1443 f.). Da diese Regelungsabsicht aber nicht ausdr. umgesetzt worden ist, kann eine Beschäftigung dennoch an mehr als 30 Tagen im Kj. bewilligt werden. Bezügl. der Beschäftigungszeit gilt § 4 I entspr. 5

c) Nicht bewilligungsfähige Veranstaltungen (Abs. 1 S. 2). Eine Ausnahme darf nicht bewilligt werden für die Mitwirkung v. Kindern in Kabaretts, Tanzlokalen uä. (dh. typischerweise vergnügungssteuerpflichtigen) Betrieben sowie auf Vergnügungsparks, Kirmessen, Jahrmärkten usw., um die Kinder vor mögl. negativen Einflüssen zu schützen. Entscheidend ist, dass die Veranstaltung wegen ihrer Art oder wegen ihrer äußeren Umgebung für die Gesundheit oder Entwicklung des Kindes gefährl. sein könnte. Die Aufzählung in S. 2 ist nicht abschl. 6

3. Ausnahmevoraussetzungen (Abs. 2). Die Ausnahmebewilligung muss v. AG bei der Aufsichtsbehörde beantragt werden, da er für die Einhaltung der Schutzvorschr. verantwortl. ist, vgl. §§ 58, 59; Antragsteller kann aber auch der Personensorgeberechtigte sein. Zust. für die Erteilung der Ausnahmebewilligung ist die Aufsichtsbehörde, § 51. Örtl. zust. ist die Behörde am Betriebssitz des AG, Veranstalters oder Unternehmers. Die Behörde kann die Bewilligung erteilen (pflichtgem. Ermessen), ein Anspruch darauf besteht aber allenfalls bei „Ermessensreduzierung auf Null". 7

Voraussetzung ist eine **Anhörung des Jugendamtes.** Eine Bindung der Aufsichtsbehörde an die Stellung des Jugendamtes besteht aber nicht, sie kann nach freiem Ermessen entscheiden. Eine ohne vorherige Anhörung erteilte Bewilligung ist anfechtbar. Alle Personensorgeberechtigten müssen in die Beschäftigung schriftl. (§ 126 I BGB) eingewilligt haben (Abs. 2 Nr. 1). Zur Vorbeugung gesundheitl. Schäden (vgl. BR-Drs. 7/2305 S. 28) muss der Aufsichtsbehörde eine innerhalb der letzten drei Monate ausgestellte **ärztl. Bescheinigung** vorgelegt werden, nach der gesundheitl. Bedenken gegen die Beschäftigung nicht bestehen (Abs. 2 Nr. 2). Die Unbedenklichkeitsbescheinigung muss sich auf die konkret geplante Tätigkeit des Kindes beziehen. Bestehen Bedenken, darf die Bewilligung nicht erteilt werden, wenn nicht die Behörde Aufl. nach Abs. 2 festsetzen kann, die den ärztl. Bedenken abhelfen. Die nötigen Schutzmaßnahmen (Abs. 2 Nr. 3) müssen spätestens bis zum Beginn der Beschäftigung getroffen worden sein; das umfasst zumindest die Einhaltung der UVV der §§ 22 bis 31. 8

Betreuung und Beaufsichtigung (Abs. 2 Nr. 4) des Kindes müssen sichergestellt sein. Das Kind ist v. einer zuverlässigen und geeigneten erwachsenen Person dauernd zu betreuen. Das gilt auch für die Wege v. und zur Beschäftigungsstelle, insb. bei Dunkelheit (*Lakies* JArbSchG Rn. 25; *Bachmann/Lührs* Rn. 44). Abs. 2 Nr. 5 verlangt, dass nach Beendigung der Beschäftigung eine ununterbrochene Freizeit v. mind. 14 Stunden eingehalten wird; in dieser Zeit ist eine „Beschäftigung" des Kindes untersagt. Strittig ist, ob zur Freizeit auch der Schulunterricht zählt oder ob der Schulbesuch die 14-stündige Freizeit unterbricht. Der Schulbesuch ist aber nicht Beschäftigungszeit gem. Abs. 2 Nr. 5; die Beschäftigung v. Kindern nach 18 Uhr ist somit auch dann mögl., wenn deren Unterricht am nächsten Tag um 8 Uhr beginnt (*Bachmann/Lührs* Rn. 44; *Zmarzlik/Anzinger* JArbSchG Rn. 42; aA *Lakies* JArbSchG Rn. 27). Dem notwendigen Schutz der Kinder kann dadurch Rechnung getragen werden, dass die Aufsichtsbehörde bei der Festsetzung der Beschäftigungszeit nach § 6 III die Tatsache des Schulunterrichts berücksichtigt. Die Ausnahmebewilligung darf ohnehin nur erteilt werden, wenn das 9

Fortkommen in der Schule nicht beeinträchtigt wird (Abs. 2 Nr. 6). Eine solche Beeinträchtigung liegt bereits vor, wenn die Gefahr einer Verschlechterung der schulischen Leistungen besteht. Um eine evtl. Beeinträchtigung festzustellen, kann sich die Aufsichtsbehörde entweder mit der Schule in Verbindung setzen oder v. Antragsteller eine entspr. Bescheinigung der Schule vorlegen lassen.

10 **4. Zeitliche Modalitäten der Ausnahmebewilligung (Abs. 3) und Bekanntgabe (Abs. 4).** Die Behörde bestimmt iRd. Ausnahmebewilligung die **zeitl. Lage,** den **Umf. der Beschäftigung** und der **Pausen,** sowie die **Höchstdauer** des tägl. Aufenthalts an der Beschäftigungsstätte (Abs. 3). Zur Beschäftigungszeit zählt auch die notwendige Vorbereitung an der Beschäftigungsstätte wie zB das Umziehen, Schminken, Warten auf den Auftritt. Auch Ruhepausen fallen unter die Gesamtbeschäftigungszeit des Abs. 3 Nr. 3. Nach Abs. 4 muss die Entsch. der Aufsichtsbehörde dem AG schriftl. **bekannt gegeben** werden. Das Kind darf erst nach Empfang des Bewilligungsbescheides beschäftigt werden. Der Bewilligungsbescheid ist ein VA, auf dessen Erteilung idR kein Anspruch besteht. Im Streitfall kann der Verwaltungsrechtsweg beschritten werden. Verstöße gegen die Vorschr. des § 6 werden nach §§ 58, 59 als Straftat oder Ordnungswidrigkeit geahndet.

§ 7 Beschäftigung von nicht vollzeitschulpflichtigen Kindern

[1]Kinder, die der Vollzeitschulpflicht nicht mehr unterliegen, dürfen
1. im Berufsausbildungsverhältnis,
2. außerhalb eines Berufsausbildungsverhältnisses nur mit leichten und für sie geeigneten Tätigkeiten bis zu sieben Stunden täglich und 35 Stunden wöchentlich
beschäftigt werden. [2]Auf die Beschäftigung finden die §§ 8 bis 46 entsprechende Anwendung.

1 Durch die Anpassung des Gesetzes an die RL 94/33/EG, die das Verbot der Kinderarbeit auf Personen bis zum 15. Lebensjahr erweiterte, musste für Kinder, die vor Vollendung des 15. Lebensjahres die Schule beendet haben, eine Regelung geschaffen werden, die eine Berufsausbildung oder sonstige Beschäftigung erlaubt. Die Zulassung ist allerdings zu weit geraten, da S. 2 auch § 14 V bis VII und § 13 mit umfasst, die den strengeren Vorgaben v. Art. 9 I a bzw. Art. 10 I a RL 94/33/EG nicht gerecht werden. Kinder, die der **Vollzeitschulpflicht nicht mehr unterliegen,** obwohl sie noch nicht 15 Jahre alt sind, dürfen im Berufsausbildungsverhältnis beschäftigt werden; außerhalb eines Berufsausbildungsverhältnisses gilt das nur ausnahmsweise (Rn. 2). Die Vorschr. besitzt wenig praktische Bedeutung, da die meisten Kinder bei Einschulung 6 Jahre alt sind und die Dauer der Vollzeitschulpflicht (vgl. § 2 Rn. 3) mind. 9 Jahre beträgt. Anwendungsfälle sind denkbar beim Überspringen v. Schulklassen oder bei Zuwanderern, die wegen fortgeschrittenen Alters nicht mehr eingeschult werden. Personen dieser Altersgruppe dürfen 8 Stunden pro Tag während 5 Tagen pro Woche beschäftigt werden, §§ 8 ff.

2 **Außerhalb eines Berufsausbildungsverhältnisses** (§ 7 S. 1 Nr. 2) dürfen nicht mehr vollzeitschulpflichtige Kinder nur mit leichten und für sie geeigneten Tätigkeiten bis zu sieben Stunden tägl. und 35 Stunden wöchentl. beschäftigt werden. Die Tätigkeit muss obj. leicht sein; das ist nach den Gesamtumständen zu bestimmen. Gegen eine Einstufung als leichte Tätigkeit sprechen ggf. Hitze, Kälte, Nässe oder Lärm. Eine Tätigkeit ist **geeignet,** wenn sie dem körperl. und geistig-seelischen Entwicklungsstand des Kindes entspricht und die persönl. Leistungsfähigkeit nicht überbelastet (*Bachmann/Lührs* Rn. 45), zB Austragen v. Waren und Zeitungen, Botengänge, Verkaufstätigkeiten, Büroarbeiten, Auszeichnen v. Waren, allg. Hilfstätigkeiten, jeweils unter Berücksichtigung der konkreten Anforderungen im Einzelfall. Unzulässig sind Tätigkeiten, die mit Unfallgefahren verbunden sind, das Tragen v. Lasten sowie Produktions-, Transport- und Reparaturarbeiten in der Industrie (vgl. BT-Drs. 7/2305 S. 28). Gem. § 5 IVa werden zudem leichte und geeignete Tätigkeiten in einer **RechtsVO** näher bestimmt.

Dritter Abschnitt. Beschäftigung Jugendlicher

Erster Titel. Arbeitszeit und Freizeit

§ 8 Dauer der Arbeitszeit

(1) Jugendliche dürfen nicht mehr als acht Stunden täglich und nicht mehr als 40 Stunden wöchentlich beschäftigt werden.

(2) [1]Wenn in Verbindung mit Feiertagen an Werktagen nicht gearbeitet wird, damit die Beschäftigten eine längere zusammenhängende Freizeit haben, so darf die ausfallende Arbeitszeit auf die Werktage von fünf zusammenhängenden, die Ausfalltage einschließenden Wochen nur dergestalt verteilt werden, daß die Wochenarbeitszeit im Durchschnitt dieser fünf Wochen 40 Stunden nicht überschreitet. [2]Die tägliche Arbeitszeit darf hierbei achteinhalb Stunden nicht überschreiten.

(2a) **Wenn an einzelnen Werktagen die Arbeitszeit auf weniger als acht Stunden verkürzt ist, können Jugendliche an den übrigen Werktagen derselben Woche achteinhalb Stunden beschäftigt werden.**

(3) **In der Landwirtschaft dürfen Jugendliche über 16 Jahre während der Erntezeit nicht mehr als neun Stunden täglich und nicht mehr als 85 Stunden in der Doppelwoche beschäftigt werden.**

1. Normzweck. § 8 setzt den ungeschriebenen Grds. voraus, dass die Beschäftigung v. nicht mehr vollzeitschulpflichtigen Jugendlichen (§ 2 II, III) zulässig ist, aber bes. Bedingungen genügen muss; auf vollzeitschulpflichtige Jugendliche sind die §§ 8 ff. dagegen grds. (vgl. § 5 IV) nicht anwendbar. Abs. 1 enthält ein an den AG gerichtetes, ör. **Beschäftigungsverbot;** davon abw. Vertragsbestimmungen sind gem. § 134 BGB nichtig, kollektivvertragl. Abweichungen sind in den Grenzen des § 21a zulässig. Zugleich ist § 8 ein Schutzgesetz iSd. § 823 II BGB. Die Norm will Jugendliche, die weniger belastbar sind als Erwachsene und längere Erholungsphasen brauchen, vor Überforderung und gesundheitl. Schäden durch zu lange AZ schützen. Auch soll sichergestellt werden, dass sie ausreichend Zeit zur Entfaltung ihrer Persönlichkeit haben (BT-Drs. 7/2305 S. 28); die AZGrenzen des ArbZG gelten für Jugendliche daher nicht, ihre ges. zulässige AZ bestimmt sich nach §§ 7, 8. Mehrarbeit ist nur in Notfällen zugelassen, § 21 II, § 8 II, IIa sowie § 21a I Nr. 1 erlauben eine flexiblere Verteilung der höchstzulässigen AZ im Interesse der Zusammenarbeit v. jugendl. und erwachsenen AN (BT-Drs. 10/340 S. 4 und 10/2012 S. 11 ff.). 1

2. Tägliche und wöchentliche Arbeitszeit (Abs. 1). Die **tägl. AZ** (§ 4 I) beträgt für Jugendliche nicht mehr als 8 Stunden ohne Einbeziehung der Pausen. Auch durch die Teilnahme an der **Berufsschule,** an Prüfungen oder außerbetriebl. Ausbildungsmaßnahmen nach §§ 9, 10 darf die 8-Stunden-Grenze nicht überschritten werden. Die **wöchentl. AZ** darf grds. 40 Stunden nicht übersteigen. Eine Woche umfasst die Zeit v. Montag bis einschl. Sonntag (§ 4 IV). Berufsschulunterricht, Prüfungen und außerbetriebl. Ausbildungsmaßnahmen sind nach Maßgabe der §§ 9, 10 auf die wöchentl. AZ anzurechnen. Die **Lage** der AZ wird nicht in § 8, sondern durch andere Vorschr. bestimmt: § 15 S. 1 erlaubt grds. nur eine Beschäftigung an 5 Tagen in der Woche; am Wochenende und an Feiertagen dürfen Jugendliche nach §§ 16 bis 18 nur unter bes. Voraussetzungen beschäftigt werden. Konkret kann die Lage der AZ durch Arbeits- oder Ausbildungsvertrag, Betriebs- oder Dienstvereinb. oder TV festgelegt werden; Pausen (§ 11) und Ruhezeiten (§ 13) sind zu beachten. Fehlt eine ausdr. Regelung, kann der AG sein Direktionsrecht ausüben, muss dabei jedoch nach billigem Ermessen vorgehen, § 315 BGB (BAG 25.10.1989 NZA 1990, 561). 2

3. Ausnahme bei Feiertagen (Abs. 2). Die 8-Stunden-Grenze darf überschritten werden, wenn auf Grund v. Feiertagen an Werktagen nicht gearbeitet wird, um den AN eine längere mit dem Feiertag zeitl. zusammenhängende Freizeit zu ermöglichen. Die am Werktag ausgefallene AZ darf vor- oder nachgearbeitet werden, jeweils auf die Werktage v. 5 zusammenhängenden Wochen verteilt. Dabei darf aber die WochenAZ der 5 Wochen jeweils im Durchschnitt 40 Stunden, und die tägl. AZ 8,5 Stunden nicht überschreiten; das grds. Verbot der Samstags- und Sonntagsarbeit (§§ 16, 17) ist zu beachten. Diese Einschränkungen führen dazu, dass im Ausgleichszeitraum nur 1,5 Arbeitstage vor- oder nachgearbeitet werden können. **Feiertage** sind nicht nur die ges., sondern auch die kirchl., die nicht zugleich ges. Feiertage sind (*Zmarzlik/Anzinger* JArbSchG Rn. 20). Fällt die Arbeit nicht wegen des Feiertages aus, sondern aus betriebl. Gründen, wie zB Streik, Betriebsruhetag, Auftragsrückgang, ist Abs. 2 nicht anwendbar (*Zmarzlik/Anzinger* JArbSchG Rn. 16). Das Ziel der Vorschr. verlangt zudem einen direkten zeitl. Zusammenhang der ausgefallenen AZ mit dem Feiertag. Diese unmittelbare Verbindung bleibt gewahrt, wenn zwischen beiden Tagen ein für alle AN arbeitsfreier Tag liegt (*Zmarzlik/Anzinger* JArbSchG Rn. 17). 3

4. Abweichende Verteilung der Arbeitszeit (Abs. 2a). Abw. v. der Grundregel der gleichmäßigen Verteilung der zulässigen AZ auf 5 Tage pro Woche, Abs. 1, können Jugendliche dann 8,5 Stunden an Werktagen beschäftigt werden, wenn an einzelnen anderen Werktagen die AZ auf weniger als 8 Stunden verkürzt ist. Die Vorschr. wurde 1984 eingefügt, um eine Anpassung an die AZ der Erwachsenen zu ermöglichen, insb. wenn diese freitags bereits zwischen 13 und 15 Uhr die Arbeit beenden (BT-Drs. 10/340 S. 4). Der Ausgleich ist jedoch nicht auf Fälle regelm. Verlegung begrenzt. Die Verlängerung der AZ an den anderen Werktagen darf über die Zeit der Verkürzung nicht hinausgehen, kann aber geringer ausfallen. Die Verkürzung muss in **derselben Woche** erfolgen wie die Verlängerung; in diesem Rahmen kann frei festgelegt werden, ob vor- oder nachgearbeitet werden soll. Die Verlängerung darf dabei die höchstzulässige wöchentl. AZ grds. nicht überschreiten; abw. Regelungen nach § 21a oder § 21b sind aber mögl. 4

5. Ausnahmen in der Landwirtschaft (Abs. 3). Jugendliche über 16 Jahre dürfen während der Erntezeit abw. v. Abs. 1 beschäftigt werden, um die während der Erntezeit anfallende Mehrarbeit zu bewältigen. Erfahrungsgem. wird in der übrigen Zeit des Jahres weniger gearbeitet, so dass die 40-Stunden-Woche im Jahresdurchschnitt erreicht wird (BT-Drs. 7/2305 S. 29). **Landwirtschaft** ist die 5 planmäßige Nutzung des Bodens (Ackerbau, Obst-, Gemüse- und Weinbau, Weidewirtschaft) und die mit der Bodennutzung verbundene Tierhaltung zur Gewinnung pflanzl. und tierischer Erzeugnisse. Dazu gehören gemischte land- und forstwirtschaftl. Betriebe, die Binnenfischerei, Imkereien, Tierhaltung und Tierzucht, soweit die Futtermittel im Wesentlichen durch Bodenbewirtschaftung im eigenen Betrieb produziert werden. Gartenbaubetriebe gehören zur Landwirtschaft, soweit sie auf die Produktion v. Pflanzen jeder Art gerichtet sind, nicht aber Blumengeschäfte, Handelsgärtnereien und andere, die ledigl. fremdproduzierte Pflanzen verarbeiten oder veräußern. **Erntezeit** ist die Zeit, in der Früchte auf Grund ihres Reifegrades aus der Erde geholt oder v. den Pflanzen getrennt werden. In der Binnenfischerei gilt die Zeit des Abfischens als Erntezeit idS Die **Dauer der zulässigen AZ** wird in der Landwirtschaft für Jugendliche über 16 Jahre verlängert. Die Berechnung der AZ richtet sich nach § 4, so dass Berufsschulzeit und Prüfungszeit angerechnet werden. Die Doppelwoche umfasst zwei aufeinander folgende Wochen einschl. Samstag und Sonntag; zur Samstags- und Sonntagsarbeit vgl. §§ 16 II 1 Nr. 4, 17 II 1 Nr. 2, 18 II.

§ 9 Berufsschule

(1) [1]**Der Arbeitgeber hat den Jugendlichen für die Teilnahme am Berufsschulunterricht freizustellen.** [2]**Er darf den Jugendlichen nicht beschäftigen**

1. **vor einem vor 9 Uhr beginnenden Unterricht; dies gilt auch für Personen, die über 18 Jahre alt und noch berufsschulpflichtig sind,**
2. **an einem Berufsschultag mit mehr als fünf Unterrichtsstunden von mindestens je 45 Minuten, einmal in der Woche,**
3. **in Berufsschulwochen mit einem planmäßigen Blockunterricht von mindestens 25 Stunden an mindestens fünf Tagen; zusätzliche betriebliche Ausbildungsveranstaltungen bis zu zwei Stunden wöchentlich sind zulässig.**

(2) **Auf die Arbeitszeit werden angerechnet**

1. **Berufsschultage nach Absatz 1 Nr. 2 mit acht Stunden,**
2. **Berufsschulwochen nach Absatz 1 Nr. 3 mit 40 Stunden,**
3. **im übrigen die Unterrichtszeit einschließlich der Pausen.**

(3) **Ein Entgeltausfall darf durch den Besuch der Berufsschule nicht eintreten.**

1 **1. Normzweck.** Die SchulG der Länder verpflichten Jugendliche, nach Ende der allgemeinen Schulpflicht bis zum 18. Lebensjahr eine **Berufsschule** zu besuchen. Volljährige sind nur berufsschulpflichtig, falls sie sich in einem Berufsausbildungsverhältnis befinden. Abs. 1 will Jugendlichen die Teilnahme am Berufsschulunterricht durch eine zwgd. (ör.) Freistellung durch den AG erleichtern, damit schulische und betriebl. Ausbildung im Berufsausbildungsverhältnis nebeneinander laufen können, vgl. § 15 BBiG. Die Beschäftigungsverbote des Abs. 1 und die Anrechnungsvorschr. des Abs. 2 sollen die Jugendlichen vor Überforderung schützen, die bei gleichzeitiger Inanspruchnahme durch Berufsschule und Betriebsarbeit entstehen könnte (OVG NW 11.3.1985 NZA 1985, 712; *Zmarzlik* DB 1992, 526, 528). Die Bestimmung soll den Jugendlichen also gerade nicht mehr Freizeit verschaffen (BAG 27.5.1992 NZA 1993, 453; *Natzel/Natzel* DB 1987, 1734, 1738). Abs. 3 soll den durch Berufsschulunterricht drohenden Lohnausfall verhindern. Die Erweiterung des Anwendungsbereichs auf bereits volljährige Berufsschulpflichtige ist aufgeh. worden (BT-Drs. 13/5494 S. 4, 9), weil die wesentl. Grds. bereits in §§ 15, 19 I BBiG enthalten sind. Außerdem kann eine Gleichbehandlung der erwachsenen Auszubildenden mit den Jugendlichen nicht auf Gesundheitsschutzzwecke gestützt werden. Seither dürfen erwachsene Auszubildende an Berufsschultagen zwar nicht vor einem *vor* 9 Uhr beginnenden Unterricht beschäftigt werden, wohl aber an allen Berufsschultagen *nach* dem Unterricht.

2 **2. Freistellung von der Beschäftigung (Abs. 1 S. 1).** Jugendliche sind nach der Vollzeitschulpflicht grds. berufsschulpflichtig; die Berufsschulpflicht ruht, wenn eine weiterführende allgemeinbildende oder berufsbildende Schule vollzeitig besucht wird. Maßgebl. für die Dauer und den Ablauf der **Berufsschulpflicht** sind die Schulgesetze der Länder. Die Berufsschulpflicht endet mit Ablauf des Schuljahres, in dem der Schüler das 18. Lebensjahr vollendet, spätestens mit dem Ende des Berufsausbildungsverhältnisses.

3 **a) Freistellungspflicht (Nr. 1).** Der AG muss Jugendliche für die Teilnahme am Berufsschulunterricht freistellen (echtes Beschäftigungsverbot); entspr. hat der Jugendliche das Recht, die Arbeitsleistung im Betrieb zu verweigern (*Zmarzlik/Anzinger* JArbSchG Rn. 10). Die Freistellungspflicht entfällt nicht bei Verdacht, der Jugendliche werde den Unterricht nicht besuchen (*Lorenz* Rn. 3; aA MVG/*Germelmann* Rn. 8), denn der AG soll den Jugendlichen gerade anhalten, die Berufsschule zu besuchen; vgl. aber zur Kündigung § 22 BBiG.

4 **b) Umfang.** Der **Umf. der Freistellungspflicht** umfasst die Zeit des tats. Unterrichts, die Pausen sowie die Freistunden zwischen der ersten und der letzten Unterrichtsstunde (LAG K 18.9.1998 BeckRS 1998, 30463568) sowie die Wegezeiten (BAG 26.3.2001 NZA 2001, 892), ferner die **Zeit des**

Ausfalls der ersten Unterrichtsstunde, soweit dies dem Jugendlichen zuvor nicht bekannt war. Sinkt die Gesamtunterrichtszeit wegen Unterrichtsausfall auf weniger als 6 Unterrichtsstunden à 45 Minuten, so ist dem Jugendlichen idR zumutbar, noch im Betrieb zu arbeiten, soweit der Weg zu der Arbeitsstätte nicht einen längeren Zeitaufwand darstellt (*Lakies* JArbSchG Rn. 6, 7). Die Freistellungspflicht besteht auch bei verbindl. **Schulveranstaltungen** iRd. Unterrichts, wie zB Exkursionen, Betriebsbesichtigungen; für die im Betrieb vor und nach dem Unterricht zum Waschen und Umkleiden erforderl. Zeit; bezügl. der Zeit, die der Jugendliche zur Erholung und zur Einnahme einer Mahlzeit zwischen Unterrichtsende und Aufnahme der Arbeit im Betrieb oder vor Unterrichtsbeginn benötigt, oder für die Zeit, in der der Jugendliche als Schülervertreter tätig ist (*Zmarzlik/Anzinger* JArbSchG Rn. 16; **aA** *Natzel/Natzel* DB 1987, 1734, 1736). Keine Freistellungspflicht besteht dagegen mangels Zugehörigkeit zum Berufsschulunterricht iSd. Abs. 1 S. 1 für die Zeit der zu erledigenden Hausaufgaben, bei Teilnahme an freiwilligen Schulveranstaltungen (*Zmarzlik/Anzinger* JArbSchG Rn. 18) oder für das Führen v. Berichtsheften (BAG 11.1.1973 DB 1973, 831; vgl. auch § 14 BBiG Rn. 5).

3. Beschäftigungsverbote (Abs. 1 S. 2). Das Beschäftigungsverbot umfasst jede Arbeitsleistung oder 5
Ausbildungstätigkeit beim AG; auch in Notfällen kann davon nicht abgewichen werden (§ 21). Die Freistellungspflicht bezieht sich im Grds. (vgl. Rn. 3) nur auf Jugendliche; für erwachsene Berufsschulpflichtige gilt stattdessen § 15 BBiG, der jedoch nur eine Anrechnung der tats. Unterrichtszeiten auf die AZ gestattet (aA LAG K 18.9.1998 BeckRS 1998, 30463568).

a) Unterrichtsbeginn. Jugendliche dürfen nicht **vor einem vor 9 Uhr beginnenden Unterricht** 6
beschäftigt werden (Nr. 1), damit sie ausgeruht zum Unterricht kommen und ihm bis zum Ende folgen können. Entscheidend ist der tats. Unterrichtsbeginn, angekündigte Abweichungen v. planmäßigen Beginn sind dabei zu berücksichtigen. Bei späterem Schulbeginn (9 Uhr oder später) kann der Jugendliche vorher noch in zumutbarem Umf. im Betrieb beschäftigt werden (*Zmarzlik/Anzinger* JArbSchG Rn. 22; *Lakies* JArbSchG Rn. 10; *Bachmann/Lührs* Rn. 113). **Erwachsene** Berufsschulpflichtige sind ebenfalls vor einem vor 9 Uhr beginnenden Unterricht v. der Arbeit freizustellen. Nach der Berufsschule bzw. in Blockunterrichtswochen können sie dagegen im Betrieb beschäftigt werden.

b) Berufsschultag mit 5 Stunden. Nr. 2 verbietet einmal in der Woche die betriebl. Beschäftigung 7
Jugendlicher an einem Berufsschultag mit mehr als 5 tats. erteilten Unterrichtsstunden à 45 Minuten; zur Anrechnung auf die AZ vgl. Rn. 13. Ausgefallene Unterrichtsstunden sind mit einzurechnen, soweit dem Jugendlichen nicht zuzumuten ist, in der Zwischenzeit in den Betrieb zu gehen. Berücksichtigt werden nur Unterrichtsstunden v. mind. je 45 Minuten, weil dies schulrechtl. der regelm. Dauer einer Unterrichtsstunde entspricht; geringfügige Verkürzungen schaden nicht. Das Beschäftigungsverbot besteht nur einmal **pro Woche,** auch wenn die Ausbildung einen zweiten Berufsschultag vorsieht (ArbG Mannheim 29.8.1986 EzB JArbSchG § 9 Nr. 11; *Zmarzlik/Anzinger* JArbSchG Rn. 30). An diesem Tag gilt nur Abs. 1 S. 1 für die Dauer der tats. Teilnahme am Berufsschulunterricht. An welchem der beiden Berufsschultage der Jugendliche ganztägig freigestellt wird, unterliegt der Direktionsbefugnis des AG.

c) Blockunterricht. Gem. **Nr. 3** besteht ein Beschäftigungsverbot in Berufsschulwochen mit einem 8
planmäßigen Blockunterricht v. mind. 25 Stunden an mind. 5 Tagen; zusätzl. betriebl. Ausbildungsveranstaltungen bis zu zwei Stunden wöchentl. sind zulässig. Blockunterricht tritt vielfach an die Stelle v. wöchentl. einmaligem Berufsschulunterricht, um den Unterricht zu intensivieren und die AZ im Betrieb v. Unterbrechungen freizuhalten. Maßgebl. ist nicht der tats. stattfindende, sondern der planmäßige Unterricht, dh. der am Anfang des Schuljahres für längere Zeit festgelegte formelle Stundenplan. Modifizierungen des Stundenplans durch Einzelanordnung sind „planmäßig" idS (OVG NW 11.3.1985 NZA 1985, 712; *Natzel/Natzel* DB 1987, 1734, 1738); kurzfristiger Ausfall einiger Unterrichtsstunden oder sogar Unterrichtstage (MVG/*Germelmann* Rn. 24c; **aA** *Natzel/Natzel* DB 1987, 1734, 1736; *Zmarzlik/Anzinger* JArbSchG Rn. 34) ist unerhebl. Bei vorhersehbarem Unterrichtsausfall greift das Beschäftigungsverbot nicht (vgl. OVG NW 11.3.1985 NZA 1985, 712), da § 9 Jugendliche vor Überbeanspruchung durch Betrieb und Berufsschule schützen, nicht aber ihnen zusätzl. Freizeit gewähren will. Das gilt aber nur, wenn die Jugendlichen rechtzeitig v. dem Unterrichtsausfall Kenntnis erlangen (OVG NW 11.3.1985 NZA 1985, 712; **aA** *Natzel/Natzel* DB 1987, 1734, 1738).

Werden die zeitl. Vorgaben der Nr. 3 nicht erreicht, gilt zwar kein Beschäftigungsverbot, Nr. 1 und 9
2 sind jedoch zu prüfen. Keine ausdr. Regelung besteht für den Fall, dass der planmäßige Unterricht weniger als 25 Unterrichtsstunden beträgt oder an weniger als 5 Tagen stattfindet, der tats. Unterricht die Grenze der Nr. 3 aber erreicht. Entspr. dem Zweck der Vorschr. muss das Beschäftigungsverbot auch für diesen Fall gelten. **Zusätzl. betriebl. Ausbildungsveranstaltungen** sind bis zu zwei Stunden wöchentl. zulässig, um den Unterrichtsstoff der Berufsschule durch praktische Veranstaltungen zu ergänzen. Eine Beschäftigung am Arbeitsplatz ist dabei unzulässig. Die Veranstaltung muss zur Ausbildung mehrerer Jugendlicher dienen und soll nur an einem Tag in der Woche stattfinden (*Lakies* JArbSchG Rn. 12; *Zmarzlik/Anzinger* JArbSchG Rn. 45); sie kann in außer- oder überbetriebl. Einrichtungen durchgeführt werden, § 27 BBiG.

10 **4. Anrechnung auf die Arbeitszeit (Abs. 2).** Die Anrechnung v. Berufsschultagen muss gesondert geregelt werden, da Unterrichtszeit mangels Beschäftigung durch einen AG keine AZ iSd. § 4 ist; auch der Unterricht an einem arbeitsfreien Tag, zB samstags, ist anzurechnen. Damit verringert sich die Beschäftigungs- und Ausbildungszeit innerhalb der Woche entspr. Für **erwachsene** Auszubildende wird die Berufsschulzeit nicht mehr auf die ges. zugelassene HöchstAZ angerechnet (BAG 13.2.2003 NZA 2003, 984; *Sowka* NZA 1997, 296, 298); andererseits soll gem. der amtl. Begr. (BT-Drs. 13/5494 S. 9) auch bei Volljährigen die tats. Unterrichtszeit berücksichtigt werden. Für die betriebl. Ausbildung Erwachsener steht max. die Differenz zwischen der ges. (§ 3 S. 1 ArbZG = 48 Wochenstunden) HöchstAZ und der tats. Unterrichtszeit zur Vfg., da § 9 den ör. AZschutz nur für Jugendliche konkretisiert. Abw. tarifl. oder vertragl. Regelungen sind aber vorrangig.

11 Berufsschultage, Berufsschulwochen und die übrige Unterrichtszeit sind auf die **ges. AZ** Jugendlicher (§ 8 I oder § 3 ArbZG) anzurechnen (BAG 27.5.1992 NZA 1993, 453). Bei kürzerer tarifl. AZ ist strittig, ob sie auf die HöchstAZ des § 8 I oder – entspr. verkürzt – auf die betriebl. WochenAZ angerechnet werden soll. Die Systematik der §§ 8 und 9 zeigt, dass der Gesetzgeber an den Begriff der HöchstAZ anknüpfen wollte (BAG 27.5.1992 NZA 1993, 453; ArbG Siegen 18.2.1992 BB 1992, 641; *Taubert* BB 1992, 133, 134; *Zmarzlik* DB 1992, 526, 528; **aA** *Mache* AiB 1989, 1481). Wenn die Tarifparteien also nicht ausdr. eine Anrechnung auf die betriebsübl. AZ vereinbaren, bleibt es bei der Anrechnung auf die HöchstAZ des § 8 I; die Jugendlichen können noch weitere 32 Stunden im Betrieb beschäftigt werden. Nicht angerechnet wird die Wegezeit des Jugendlichen v. und zur Berufsschule (aA *Mache* AiB 2003, 566). Fällt der Berufsschultag auf einen **Feiertag,** so findet eine Anrechnung statt, soweit der Jugendliche an diesem Tag ohne den Feiertag mehr als 5 Unterrichtsstunden gehabt hätte und dies der einzige Berufsschultag in der Woche ist.

12 Eine **Berufsschulwoche** iSd. Abs. 1 S. 2 Nr. 3 ist mit 40 Stunden auf die zulässige HöchstAZ Jugendlicher (§ 8 I) anzurechnen; die für zwei Stunden zulässigen betriebl. Ausbildungsveranstaltungen werden mit einbezogen. Damit wird sichergestellt, dass die Berufsschulwochen v. Einsatz am Arbeitsplatz frei bleiben. Sollte tarifvertragl. eine kürzere WochenAZ als 40 Std. maßgebl. sein, ist dieser Regelungszweck nach entspr. weniger Stunden erfüllt; eine „Übertragung" der Differenz zu den 40 Std. in die Folgewoche kommt nicht in Betracht. Bei Volljährigen ist entspr. der amtl. Begr. (Rn. 13) nur die tats. Unterrichtszeit auf die AZGrenze des § 3 S. 1 ArbZG anzurechnen (aA LAG K 18.9.1998 BeckRS 1998, 30463568; *Kossens* RdA 1997, 209, 210). Voraussetzung ist nicht die tats. Erteilung des Unterrichts, sondern die planmäßige. Fällt der planmäßige Unterricht auf Grund rechtzeitiger Ankündigung aus und wird der zeitl. Rahmen des Abs. 1 S. 2 Nr. 3 deswegen nicht ausgeschöpft, wird auf die AZ nach Abs. 2 Nr. 3 angerechnet.

13 Beträgt die **Unterrichtszeit** weniger als tägl. 5 Stunden oder der Blockunterricht weniger als 25 Stunden/5 Tage, so wird die tats. erteilte Unterrichtszeit einschl. der Pausen angerechnet (Abs. 2 Nr. 3). Unterricht ist die Zeit der Schulstunden, Pausen sind die Unterbrechungen zwischen den Unterrichtsstunden, auch längere Unterbrechungen auf Grund Unterrichtsausfalls oder auf Grund einer Mittagspause zwischen Vor- und Nachmittagsunterricht. Angerechnet wird nur die Zeit der tats. Teilnahme am Unterricht v. Unterrichtsbeginn bis zum Unterrichtsende (BAG 12.10.1962 NJW 1963, 507).

14 **5. Kein Entgeltausfall (Abs. 3).** Durch den Besuch der Berufsschule darf kein Entgeltausfall eintreten, damit der Jugendliche keinen Anreiz erhält, den Unterricht zu versäumen; zu vergüten sind die Zeiten der Freistellung nach Abs. 1 (Rn. 3); für erwachsene Berufsschulpflichtige gelten §§ 19 I Nr. 1, 15 BBiG. Fällt der Berufsschulunterricht auf einen **arbeitsfreien Tag** (Samstag oder Betriebsruhetag), so ist Jugendlichen diese Unterrichtszeit zu vergüten, soweit sie auf die höchstzulässige AZ angerechnet wird (*Zmarzlik/Anzinger* JArbSchG Rn. 78). Hat der Jugendliche 40 Stunden im Betrieb gearbeitet, sind Unterrichtsstunden am arbeitsfreien Samstag als Mehrarbeit zu vergüten (LAG SH 16.8.1966 DB 1966, 2034). Der AG hat das Entgelt fortzuzahlen, das der Jugendliche verdient hätte, wenn er während der Freistellungszeit gearbeitet hätte (Lohnausfallprinzip). Ein Kostenerstattungsanspruch (Fahrtkosten, Schulmittel) ist damit idR nicht verbunden (BAG 11.1.1973 AP BBiG § 6 Nr. 1: abhängig v. bes. Vereinb.), wenn nicht der AG auf die Entstehung bes. Kosten hingewirkt hat (ArbG Regensburg 15.3.1989 BeckRS 1989, 30825396). Die **Höhe der Lohnausfallerstattung** umfasst die Bezüge bzw. die Ausbildungsvergütung des Jugendlichen (§ 19 I Nr. 1 BBiG), auch wenn sie übertarifl. gezahlt werden, einschl. Nebenleistungen (Prämien, Zulagen und Gratifikationen). Eine Vereinb. über die Nichtbezahlung v. Berufsschultagen ist unzulässig. Bei Kurzarbeit oder **Teilzeitarbeit** ist nur die Zeit zu vergüten, in der der Jugendliche tats. Entgelt bezogen hätte. Ein Anspruch nach Abs. 3 besteht daher nicht, wenn die Berufsschulzeit nicht in die AZ fällt und die Dauer der verkürzten oder Teilzeitarbeit zusammen mit der auf sie nach Abs. 2 anzurechnenden Berufsschulzeit nicht über die zugelassene HöchstAZ (§ 8) hinausgeht (BAG 3.9.1960 AP JArbSchG § 13 Nr. 1).

15 **6. Verstöße.** Verstößt der AG gegen ein Beschäftigungsverbot des Abs. 1 S. 2, handelt er ordnungswidrig nach § 58 I Nr. 6. Wird die in Abs. 2 vorgeschriebene Anrechnung unterlassen und dadurch die höchstzulässige Dauer der AZ überschritten, greift § 58 I Nr. 5.

§ 10 Prüfungen und außerbetriebliche Ausbildungsmaßnahmen

(1) Der Arbeitgeber hat den Jugendlichen
1. für die Teilnahme an Prüfungen und Ausbildungsmaßnahmen, die auf Grund öffentlich-rechtlicher oder vertraglicher Bestimmungen außerhalb der Ausbildungsstätte durchzuführen sind,
2. an dem Arbeitstag, der der schriftlichen Abschlußprüfung unmittelbar vorangeht,
freizustellen.

(2) [1]Auf die Arbeitszeit werden angerechnet
1. die Freistellung nach Absatz 1 Nr. 1 mit der Zeit der Teilnahme einschließlich der Pausen,
2. die Freistellung nach Absatz 1 Nr. 2 mit acht Stunden.
[2]Ein Entgeltausfall darf nicht eintreten.

1. Normzweck. Um eine Vorbereitung auf die Abschlussprüfung zu intensivieren, sieht Abs. 1 Nr. 2 1
eine Freistellungsverpflichtung für den dem Prüfungstag vorangehenden Tag vor (BT-Drs. 7/2305 S. 42). Da die Freistellung gem. Abs. 2 S. 1 auf die AZ angerechnet wird, wird zugleich das Überschreiten der höchstzulässigen AZ und eine Überforderung der Jugendlichen verhindert. Abs. 2 S. 2 schützt die Jugendlichen vor Entgeltausfall. Die Vorschr. gilt für jugendl. Auszubildende und AN, geht in ihrem Anwendungsbereich also über § 15 BBiG hinaus.

2. Freistellung (Abs. 1). Abs. 1 Nr. 1 verpflichtet den AG zur **Freistellung** bei Teilnahme an 2
Prüfungen und Ausbildungsmaßnahmen, die auf Grund ör. oder vertragl. Bestimmungen außerhalb der Ausbildungsstätte durchzuführen sind. **Prüfungen** sind solche iRd. BBiG (Zwischenprüfungen, Abschlussprüfungen, Wiederholungsprüfungen). Für Prüfungen in der Berufsschule ergibt sich die Freistellungspflicht bereits aus § 9 I. **Ausbildungsmaßnahmen** sind Veranstaltungen, die außerhalb der Ausbildungsstätte iSd. § 27 BBiG durchzuführen sind. Eine Freistellungspflicht auf Grund **vertragl.** Vereinb. beruht auf dem Ausbildungsvertrag; umfasst sind auch vereinbarte freiwillige zusätzl. Ausbildungsmaßnahmen.

Abs. 1 Nr. 2 verpflichtet zur Freistellung für den gesamten Arbeitstag, der der **schriftl. Abschluss-** 3
prüfung unmittelbar vorangeht. Abschlussprüfung ist jede, mit der die Berufsausbildung beendet wird, § 37 BBiG. Die Voraussetzung der **schriftl.** Abschlussprüfung schließt eine Anwendung auf die **praktische** Abschlussprüfung aus. Dem Jugendlichen soll zur besseren Vorbereitung vor der praktischen Prüfung nochmals Gelegenheit gegeben werden, im Betrieb zu arbeiten (vgl. BT-Drs. 7/4544 S. 5; **aA** *Lorenz* Rn. 8). Dagegen erfasst Abs. 1 Nr. 2 auch mündl. Abschlussprüfungen, um dem Jugendlichen Zeit zur Wiederholung des theoretischen Stoffes zu geben (*Zmarzlik/Anzinger* JArbSchG Rn. 16; *Lakies* JArbSchG Rn. 6; *Lorenz* Rn. 8; **aA** MVG/*Germelmann* Rn. 8). Dem Tag der Abschlussprüfung **unmittelbar vorangehend** ist nur der Tag, an dem der Jugendliche sonst gearbeitet hätte. Ist der Tag vor der Prüfung ohnehin beschäftigungsfrei (zB Samstag), so gilt die Freistellungsverpflichtung nicht. Hat der Jugendliche an dem unmittelbar vorangehenden Tag Berufsschulunterricht, ist er am Tage vor dem Berufsschultag freizustellen, um die Prüfungsvorbereitung zu gewährleisten.

3. Anrechnung auf die Arbeitszeit (Abs. 2). Die Freistellung für die Teilnahme an Prüfungen iSd. 4
Abs. 1 Nr. 1 ist auf die AZ anzurechnen; zur AZ wird die Prüfungszeit dadurch aber nicht. Die **Teilnahme** beginnt mit der Ankunft des Jugendlichen am Prüfungsort und dauert bis zum Ende der Prüfung einschl. der Pausen (Zeiten zum Umkleiden und Waschen), ggf. bis zur ausdr. Entlassung. Andere Zeiten, wie Wegezeiten, notwendige Wartezeiten, sind nicht anzurechnen (*Zmarzlik/Anzinger* JArbSchG Rn. 23). Die Teilnahme an **Ausbildungsmaßnahmen** ist AZ (*Lakies* JArbSchG Rn. 8, 9; *Zmarzlik/Anzinger* JArbSchG Rn. 25). Ihre Einbeziehung in Abs. 2 S. 1 Nr. 1 dient der Anrechnung der Pausen, die nach § 4 I nicht als AZ gelten. Fragl. ist, ob Prüfungen oder Ausbildungsmaßnahmen anzurechnen sind, die an arbeitsfreien Tagen stattfinden. Eine „Freistellung" v. der Arbeit im Betrieb ist dann streng genommen nicht mögl. Für eine Anrechnung spricht aber, dass die Jugendlichen vor Überforderung geschützt werden sollen sowie die Gleichbehandlung mit Jugendlichen, für die der Prüfungstag auch Arbeitstag ist. Die Obergrenze für die Anrechnung ist in § 10 nicht bestimmt, doch wird hier § 9 II Nr. 1 entspr. heranzuziehen sein (*Zmarzlik/Anzinger* JArbSchG Rn. 25). Der der schriftl. Abschlussprüfung unmittelbar vorangehende und freizustellende Arbeitstag ist nach **Abs. 2 S. 1 Nr. 2** mit **8 Stunden** auf die AZ anzurechnen, auch wenn im Betrieb an diesem Tag mehr oder weniger gearbeitet wird. Gem. Abs. 2 S. 2 darf durch die Freistellung kein **Entgeltausfall** eintreten (vgl. § 9 Rn. 14). Der AG handelt **ordnungswidrig** gem. § 58 I Nr. 7, wenn er den Jugendlichen nicht nach § 10 I freistellt.

§ 11 Ruhepausen, Aufenthaltsräume

(1) [1]Jugendlichen müssen im voraus feststehende Ruhepausen von angemessener Dauer gewährt werden. [2]Die Ruhepausen müssen mindestens betragen
1. 30 Minuten bei einer Arbeitszeit von mehr als viereinhalb bis zu sechs Stunden,
2. 60 Minuten bei einer Arbeitszeit von mehr als sechs Stunden.

[3] Als Ruhepause gilt nur eine Arbeitsunterbrechung von mindestens 15 Minuten.

(2) [1] Die Ruhepausen müssen in angemessener zeitlicher Lage gewährt werden, frühestens eine Stunde nach Beginn und spätestens eine Stunde vor Ende der Arbeitszeit. [2] Länger als viereinhalb Stunden hintereinander dürfen Jugendliche nicht ohne Ruhepause beschäftigt werden.

(3) Der Aufenthalt während der Ruhepausen in Arbeitsräumen darf den Jugendlichen nur gestattet werden, wenn die Arbeit in diesen Räumen während dieser Zeit eingestellt ist und auch sonst die notwendige Erholung nicht beeinträchtigt wird.

(4) Absatz 3 gilt nicht für den Bergbau unter Tage.

1 **1. Normzweck.** Der Zweck des JArbSchG, Jugendliche vor Überforderung zu schützen, kommt auch in § 11 zum Ausdruck. Die Arbeitsunterbrechungen dienen nicht nur der Einnahme v. Mahlzeiten und der Erholung, sondern sollen auch die Gesundheit der Jugendlichen schützen und Unfälle vermeiden, die durch Übermüdung verursacht werden.

2 **2. Begriff der Ruhepause und zeitliche Dauer (Abs. 1). a) Ruhepausen** sind feststehende arbeitsfreie Zeiten zwischen Arbeitsbeginn und -ende (BAG 23.9.1992 NZA 1993, 752), vgl. § 4 ArbZG Rn. 1. Außer bei Schichtarbeit zählen sie nicht zur AZ, § 4 I, II. Die Pausenzeit muss dem Jugendlichen zur freien Vfg. stehen, er darf also währenddessen nicht beschäftigt, zur Arbeitsbereitschaft oder zum Bereitschaftsdienst herangezogen werden (BAG 16.12.2009 NZA 2010, 505). Pausen aus betriebstechnischen Gründen (zB Maschinenschäden, Materialmangel) sind keine Ruhepausen, da keine freie Verfügungsmöglichkeit über die Zeit besteht, sondern sich der Jugendliche arbeitsbereit halten muss. Während der Ruhepause ist der Jugendliche berechtigt, den Betrieb zu verlassen (BayObLG 28.1.1982 AP JArbSchG § 4 Nr. 1), selbst wenn die Besorgnis besteht, er werde nicht pünktl. zum Pausenende wieder zurück sein. Die Ruhepausen müssen idR **im Voraus feststehen** (*Bachmann/Lührs* Rn. 60; *Lakies* JArbSchG Rn. 7; *Zmarzlik/Anzinger* JArbSchG Rn. 17), da die Erholung durch eine gewisse Regelm. vergrößert wird. Dadurch wird verhindert, dass unvorhersehbare Arbeitsunterbrechungen kurzfristig als Ruhepausen deklariert werden. Die Pausen dürfen nur dann unmittelbar vor Beginn der tägl. AZ festgelegt werden (*Zmarzlik/Anzinger* JArbSchG Rn. 17), wenn eine frühere Festlegung wegen der bes. Art des Arbeitsablaufs nicht mögl. ist. Die Pausen tägl. oder auch wöchentl. neu festzusetzen, ist mit dem Grundgedanken des Abs. 1 nicht vereinbar.

3 Ob **Unterrichtspausen** an Arbeitstagen mit Berufsschulunterricht (§ 9 Rn. 1 ff.) als Ruhepausen anzusehen sind, ist strittig. Während nach einer Meinung eine Berücksichtigung der Berufsschulzeit bei der Pausenregelung im Betrieb ausgeschlossen wird, da der Schulunterricht keine AZ iSd. Gesetzes sei (MVG/*Germelmann* Rn. 8, 21), will eine andere Auff. dem Jugendlichen zwischen dem Ende des Berufsschulunterrichts und dem Beginn der Arbeit im Betrieb eine ausreichende Zeit zur Erholung und zur Einnahme einer Mahlzeit einräumen. Für diese Ansicht spricht, dass der Berufsschulunterricht bei der Ermittlung der anschließend im Betrieb noch zulässigen AZ nach § 9 II Nr. 3 anzurechnen ist; dasselbe muss dann für die Anrechnung der Unterrichtspausen gelten, um eine Überforderung der Jugendlichen zu vermeiden (*Bachmann/Lührs* Rn. 61; *Zmarzlik/Anzinger* JArbSchG Rn. 14 f.).

4 **b) Zeitliche Dauer.** Die **Mindestdauer** der Ruhepausen beträgt 30 Minuten bei einer AZ v. mehr als 4 bis zu 6 Stunden bzw. 60 Minuten bei einer AZ v. mehr als 6 Stunden. Diese Gesamtpausendauer kann in mehrere kurze Pausen unterteilt werden, die jedoch jeweils 15 Minuten betragen müssen. Zugleich muss jede Pause v. „angemessener" Dauer sein, Abs. 1 S. 1. Die Angemessenheit beurteilt sich insb. im Hinblick auf die Gesundheit des Jugendlichen und auf betriebl. Erfordernisse. Bei schwerer oder gefährl. Arbeit sind mehrere und längere Pausen zu gewähren; Mittagspausen v. nur 15 Minuten Dauer sind idR unangemessen. Die Höchstdauer der Pausen errechnet sich daraus, dass die in § 12 festgelegte Schichtzeit nicht überschritten werden darf: Beträgt die Schichtzeit 10 Stunden und die tägl. AZ 8 Stunden, so darf die Pausenzeit nicht mehr als 2 Stunden betragen. Ein Ausschöpfen dieses Zeitraums kommt aber nur aus bes. Gründen in Betracht, da eine Ausweitung der Pausen für den Jugendlichen zugleich eine Einschränkung seiner Freizeitgestaltung bedeutet.

5 **3. Zeitliche Lage der Ruhepausen (Abs. 2).** Grds. untersteht die Lage der Pausen dem Weisungsrecht des AG; „angemessen" ist sie nur, wenn diese medizinisch und arbeitsphysiologisch sinnvoll unter Berücksichtigung der Art der Arbeit und der Belastbarkeit des Jugendlichen auf die tägl. AZ verteilt werden (BT-Drs. 7/2305 S. 29). Die MBR gem. § 87 I Nr. 2 BetrVG, § 75 III Nr. 1 BPersVG sind zu beachten. Damit Pausen tats. der Erholung dienen und vor Übermüdung und Gesundheitsschäden schützen, sind sie frühestens eine Stunde nach Beginn und spätestens eine Stunde vor Ende der AZ zu gewähren. Der Jugendliche darf zudem nicht länger als 4,5 Stunden ununterbrochen tätig sein. Diese Vorschr. ist zwgd. und nicht durch TV nach § 21a I Nr. 2 abänderbar.

6 **4. Aufenthalt während der Ruhepausen (Abs. 3 und 4).** Anhang 4.2 ArbStättV verpflichtet den AG, den AN einen leicht erreichbaren **Pausenraum** zur Vfg. zu stellen, wenn in dem betr. Betrieb mehr als 10 AN beschäftigt werden, oder wenn gesundheitl. Gründe oder die Art der ausgeübten Tätigkeit dies erfordern. Ein Aufenthaltsraum nur für Jugendliche muss nicht bereitgestellt werden.

Ein Aufenthalt in den Arbeitsräumen während der Pause kann nur zugelassen werden bei völliger Einstellung der Arbeit durch Jugendliche, Erwachsene und Maschinen in den Arbeitsräumen. Zudem darf die notwendige Erholung nicht dadurch beeinträchtigt werden, dass der Arbeitsraum bes. warm, kalt, feucht, staubig etc. ist (*Bachmann/Lührs* Rn. 65; *Zmarzlik/Anzinger* JArbSchG Rn. 23). Die Ausnahmevorschr. des Abs. 3 gilt nicht für den **Bergbau unter Tage,** da hier die Möglichkeit der Einrichtung bes. Aufenthaltsräume stark beschränkt ist. Ein **Verstoß** gegen Abs. 1, 2 stellt eine Ordnungswidrigkeit iSd. § 58 I Nr. 8 dar (Ausnahme: § 21 I). Der Verstoß gegen § 11 III begr. eine Ordnungswidrigkeit gem. § 59 I Nr. 2. Ggf. kommt eine Schadensersatzpflicht aus § 280, § 823 BGB iVm. § 11 in Betracht (BAG 16.5.1957 E 4, 286; 28.1.1959 RdA 1959, 477).

§ 12 Schichtzeit

Bei der Beschäftigung Jugendlicher darf die Schichtzeit (§ 4 Abs. 2) 10 Stunden, im Bergbau unter Tage 8 Stunden, im Gaststättengewerbe, in der Landwirtschaft, in der Tierhaltung, auf Bau- und Montagestellen 11 Stunden nicht überschreiten.

1. Normzweck. § 12 beschränkt die tägl. **Anwesenheit** v. Jugendlichen (nicht: Auszubildende über 18 Jahre) im Betrieb über die AZGrenze hinaus auf eine bestimmte Höchstzeit. Dadurch soll zum Schutz der Gesundheit der Jugendlichen ein angemessenes Verhältnis zwischen Anwesenheitszeit am Arbeitsplatz und ununterbrochener Freizeit gewährleistet werden. Mittelbar schränkt § 12 die zulässige Höchstdauer der Pausen ein (vgl. § 11 Rn. 4). Die lange Schichtzeit v. 10 bzw. 11 Stunden erklärt sich aus den Besonderheiten mancher Gewerbezweige, in denen längere Schließungszeiten (Gaststätten) bzw. Wege- und Fahrzeiten (Landwirtschaft, Bau- und Montagestellen) übl. sind, so dass eine Schichtzeit v. 9 Stunden bei einer AZ v. 8 Stunden und einer Ruhepause v. einer Stunde dem Gesetzgeber nicht ausreichend erschien (BT-Drs. 7/2305 S. 30; *Zmarzlik/Anzinger* JArbSchG Rn. 1). 1

2. Begriff der Schichtzeit und zulässige Höchstdauer. Schichtzeit ist die Zeit zwischen Arbeitsbeginn und Arbeitsende, dh. die tägl. AZ einschl. der Pausen, § 4 II. Die Dauer der Schichtzeit darf nach § 12 grds. 10 Stunden (Sonderfälle Rn. 4) nicht überschreiten; dabei ist die höchstzulässige AZ nach § 8 zu beachten. Eine Verlängerung ist nach §§ 21a I Nr. 3 oder 21b Nr. 1 durch TV oder RechtsVO mögl. Unterbrechungen, die nicht den Voraussetzungen des § 11 genügen, sind gem. § 12 dennoch auf die Schichtzeit anzurechnen, wenn sie zwischen Arbeitsbeginn und Arbeitsende des jeweiligen Tages liegen (BayObLG 28.1.1982 AP JArbSchG § 4 Nr. 1); das ergibt sich jdf. schon daraus, dass solche Unterbrechungen als AZ einzuordnen sind (*Zmarzlik/Anzinger* JArbSchG Rn. 4). **Schließungszeiten** im Gaststättengewerbe oder im Einzelhandel, Unterbrechungszeiten bei geteiltem Dienst in Krankenhäusern und Pflegeheimen werden auf die Schichtzeit angerechnet (*Lakies* JArbSchG Rn. 1; *Zmarzlik/Anzinger* JArbSchG Rn. 5); dasselbe gilt für Wegezeiten nach Beginn und vor Ende der Beschäftigung (*Lakies* JArbSchG Rn. 2; *Zmarzlik/Anzinger* JArbSchG Rn. 5). 2

Die Teilnahme am **Berufsschulunterricht,** an **Prüfungen** und an **außerbetriebl. Ausbildungsmaßnahmen** kann nicht direkt auf die Schichtzeit angerechnet werden. Mittelbar wirken sich diese Zeiten aber in der Weise aus, dass nach §§ 9, 10 eine Anrechnung auf die **AZ** erfolgt, die mit der anschließenden Beschäftigungszeit im Betrieb zusammenzurechnen ist. Dadurch verkürzt sich nicht nur die noch zulässige Arbeits-, sondern auch die Schichtzeit. Die Anrechnung der **Wegezeit** v. und zur Berufsschule ist strittig: Nach einer Ansicht (*Zmarzlik/Anzinger* JArbSchG Rn. 20) erfolgt keine Anrechnung, weil es sich bei der Wegezeit weder um AZ noch um Ruhepausen handelt und eine entspr. ges. Anrechnungsvorschr. fehlt. Dem Normzweck entspricht es jedoch eher (*Lakies* JArbSchG Rn. 3), die Wegezeiten auf die Schichtzeit anzurechnen, sofern der Jugendliche nach der Berufsschule noch in den Betrieb muss, weil sonst das Ziel des § 12, die zeitl. Belastung des Jugendlichen zu begrenzen, verfehlt würde. 3

3. Ausnahmen von der 10-stündigen Schichtzeit. Im **Bergbau** unter Tage ist die Schichtzeit auf 8 Stunden begrenzt. Gem. § 4 III 1 gilt die Schichtzeit als AZ, dh. auch die Ruhepausen nach § 11 werden auf die AZ angerechnet, nicht jedoch die Vorbereitungs- und Waschzeiten. Der Bergbau über Tage oder andere Betriebe unter Tage werden nicht erfasst. Für das Gaststättengewerbe, die Landwirtschaft, die Tierhaltung, Bau- und Montagestellen ist die Schichtzeit dagegen auf 11 Stunden verlängert worden. Zum **Gaststättengewerbe** gehören gem. § 1 GastG alle Schank- und Speisewirtschaften sowie Beherbergungsbetriebe. Da die lange Schichtzeit v. 11 Stunden mit bes. Arbeitsumständen, wie zB Arbeitsunterbrechung (BT-Drs. 7/4544 S. 5) gerechtfertigt wird, muss die verlängerte Schichtzeit auch auf nicht gewerbl. bewirtschaftete Betriebe angewandt werden, soweit sie ebenfalls solchen bes. Arbeitsumständen unterliegen: Kantinen, Heime, Internate und Jugendherbergen, Kur-, Erholungs- und Jugendwohnheime sowie deren Hilfs- und Nebenbetriebe. Zum Begriff der **Landwirtschaft** vgl. § 8 Rn. 5; zur **Tierhaltung** gehören Betriebe, die Tiere halten und züchten und nicht schon deshalb zur Landwirtschaft gehören, weil sie ihre Futtermittel selbst produzieren: Haltung v. Rennpferden, Tiere im Zoo, Versuchstiere, Tiere zur Fleisch- und Eierproduktion. Der Begriff der **Baustelle** erfasst 4

Arbeitsstellen, auf denen Bauarbeiten vorgenommen werden zur Errichtung, Änd., Instandhaltung oder zum Abbruch einer baul. Anl. (Bauordnungsrecht der Länder), insb. Arbeiten durch das Bauhaupt-, Bauausbau- oder Baunebengewerbe. **Montagestellen** sind Arbeitsstellen insb. im Bereich der Eisen-, Metall- und Elektroindustrie zwecks Zusammenbauen v. Anl., Maschinen, Geräten. Gem. § 20 Nr. 1 kann die Schichtzeit für Jugendliche über 16 Jahre sogar auf 14 Stunden verlängert werden, wenn sie in der **Binnenschifffahrt** beschäftigt werden und ihre tägl. AZ 6 Stunden nicht überschreitet. Weitere Abweichungen v. der in § 12 normierten Schichtzeit sind nach §§ 21a I Nr. 3, 21b Nr. 1 mögl. **Verstößt** der AG gegen § 12, handelt er ordnungswidrig iSd. § 58 I Nr. 9, wenn nicht eine Ausnahme gem. § 21 I vorliegt. Der Jugendliche hat zudem ein Leistungsverweigerungsrecht oder einen Anspruch auf Mehrarbeitsvergütung bzgl. der über die zulässige Schichtzeit hinausgehenden Beschäftigung (*Zmarzlik/Anzinger* JArbSchG Rn. 20).

§ 13 Tägliche Freizeit

Nach Beendigung der täglichen Arbeitszeit dürfen Jugendliche nicht vor Ablauf einer ununterbrochenen Freizeit von mindestens 12 Stunden beschäftigt werden.

1 § 13 gewährleistet dem Jugendlichen tägl. mind. 12 Stunden, in denen er v. jeder Beschäftigung durch den AG freigestellt ist. Die Freizeit dient der Erholung und Ruhe nach der Arbeit, aber auch der selbstbestimmten Zeitgestaltung. Für erwachsene Auszubildende gilt § 5 ArbZG. **Freizeit** ist die Zeit zwischen Arbeitsende und Arbeitsbeginn am folgenden Tag. Sie muss mind. 12 Stunden betragen und ist zusammenhängend zu gewähren. Für den AG besteht während der Freizeit ein absolutes Beschäftigungsverbot, das sich auf Arbeitsbereitschaft, Rufbereitschaft oder Bereitschaftsdienst erstreckt (*Lakies* JArbSchG Rn. 1; *Zmarzlik/Anzinger* JArbSchG Rn. 7). Jede andere Tätigkeit des Jugendlichen, die nicht unter den Geltungsbereich des § 1 fällt, ist zulässig. Die **Lage** der Freizeit ergibt sich aus § 14, wonach Jugendliche nur in der Zeit v. 6 bis 20 Uhr beschäftigt werden dürfen; damit fallen 10 Stunden der tägl. Freizeit in den Zeitraum v. 20 bis 6 Uhr, die restl. beiden Stunden können vorher und/oder nachher gewährt werden. Greift eine Ausnahmebestimmung des § 14, so verschiebt sich die Lage der Freizeit entspr. (BAG 13.2.1992 NZA 1992, 891). **Ausnahmen** v. der 12-Stunden-Regel finden sich in § 14 VII, wonach die ununterbrochene Freizeit nach Beendigung der Tätigkeit 14 Stunden betragen muss, wenn die Jugendlichen bei Musikaufführungen etc. bis 23 Uhr mitwirken. Für die Ausnahmen in der Binnenschifffahrt vgl. § 20 Nr. 1 S. 2. Wird die v. § 13 vorgeschriebene Dauer der Freizeit nicht eingehalten, liegt darin eine Ordnungswidrigkeit nach § 58 I Nr. 10. Wird der Jugendliche v. mehreren AG beschäftigt, so ist jeder v. ihnen für die Einhaltung der Freizeit verantwortl. Die Mindestfreizeit, die nachträgl. nicht mehr gewährt werden kann, ist abzugelten (BAG 28.1.1959 RdA 1959, 477; *Zmarzlik/Anzinger* JArbSchG Rn. 16).

§ 14 Nachtruhe

(1) Jugendliche dürfen nur in der Zeit von 6 bis 20 Uhr beschäftigt werden.

(2) Jugendliche über 16 Jahre dürfen
1. im Gaststätten- und Schaustellergewerbe bis 22 Uhr,
2. in mehrschichtigen Betrieben bis 23 Uhr,
3. in der Landwirtschaft ab 5 Uhr oder bis 21 Uhr,
4. in Bäckereien und Konditoreien ab 5 Uhr
beschäftigt werden.

(3) Jugendliche über 17 Jahre dürfen in Bäckereien ab 4 Uhr beschäftigt werden.

(4) An dem einem Berufsschultag unmittelbar vorangehenden Tag dürfen Jugendliche auch nach Absatz 2 Nr. 1 bis 3 nicht nach 20 Uhr beschäftigt werden, wenn der Berufsschulunterricht am Berufsschultag vor 9 Uhr beginnt.

(5) [1] Nach vorheriger Anzeige an die Aufsichtsbehörde dürfen in Betrieben, in denen die übliche Arbeitszeit aus verkehrstechnischen Gründen nach 20 Uhr endet, Jugendliche bis 21 Uhr beschäftigt werden, soweit sie hierdurch unnötige Wartezeiten vermeiden können. [2] Nach vorheriger Anzeige an die Aufsichtsbehörde dürfen ferner in mehrschichtigen Betrieben Jugendliche über 16 Jahre ab 5.30 Uhr oder bis 23.30 Uhr beschäftigt werden, soweit sie hierdurch unnötige Wartezeiten vermeiden können.

(6) [1] Jugendliche dürfen in Betrieben, in denen die Beschäftigten in außergewöhnlichem Grade der Einwirkung von Hitze ausgesetzt sind, in der warmen Jahreszeit ab 5 Uhr beschäftigt werden. [2] Die Jugendlichen sind berechtigt, sich vor Beginn der Beschäftigung und danach in regelmäßigen Zeitabständen arbeitsmedizinisch untersuchen zu lassen. [3] Die Kosten der Untersuchungen hat der Arbeitgeber zu tragen, sofern er diese nicht kostenlos durch einen Betriebsarzt oder einen überbetrieblichen Dienst von Betriebsärzten anbietet.

(7) [1]Jugendliche dürfen bei Musikaufführungen, Theatervorstellungen und anderen Aufführungen, bei Aufnahmen im Rundfunk (Hörfunk und Fernsehen), auf Ton- und Bildträger sowie bei Film- und Fotoaufnahmen bis 23 Uhr gestaltend mitwirken. [2]Eine Mitwirkung ist nicht zulässig bei Veranstaltungen, Schaustellungen oder Darbietungen, bei denen die Anwesenheit Jugendlicher nach den Vorschriften des Jugendschutzgesetzes verboten ist. [3]Nach Beendigung der Tätigkeit dürfen Jugendliche nicht vor Ablauf einer ununterbrochenen Freizeit von mindestens 14 Stunden beschäftigt werden.

1. Normzweck. § 14 begr. ein Beschäftigungsverbot und legt zugleich die Lage der in § 13 bestimmten Freizeit fest und sichert dem Jugendlichen eine ausreichende Nachtruhe, die für in der Entwicklung stehende Menschen bes. wichtig ist (vgl. BT-Drs. 7/2305 S. 30). Dabei werden verschiedene Ausnahmen zugelassen, die überw. eine Anpassung an die in diesen Gewerbezweigen übl. AZ bezwecken. Bei langen Anfahrtszeiten kann damit die Nachtruhe Jugendlicher erhebl. eingeschränkt werden. Grds. besteht ein Verbot jeder Beschäftigung (§ 1 Rn. 4) Jugendlicher durch einen AG zwischen 20 und 6 Uhr **(Nachtarbeitsverbot (Abs. 1),** dabei hat § 14 für alle Jugendlichen **Vorrang vor dem ArbZG.** 1

2. Ausnahmen (Abs. 2 bis 7). a) Besondere Wirtschaftszweige. Besondere Wirtschaftszweige (Abs. 2) dürfen für Jugendliche über 16 Jahre v. Nachtarbeitsverbot abweichen. Ihre Aufzählung ist abschl. und eng auszulegen (OLG KA 14.1.1983 AP JArbSchG § 16 Nr. 1). Gesundheitl. Bedenken gegen die Lage der AZ (§§ 39 II, 40) dürfen nicht bestehen; die sonstigen Schutzvorschr. (§§ 13 und 14 IV) gelten weiterhin. Jugendliche über 16 Jahre dürfen im **Gaststättengewerbe bis 22 Uhr** beschäftigt werden; dazu § 12 Rn. 4. Dasselbe gilt für das **Schaustellergewerbe,** das Vergnügungs- und Spielgeschäfte jeder Art einschl. der Imbiss- und Verkaufsstände auf Jahrmärkten, Kirmessen und anderen Volksfesten umfasst. In **mehrschichtigen Betrieben** dürfen Jugendliche über 16 Jahren bis 23 Uhr beschäftigt werden (Abs. 2 Nr. 2). Ungeachtet ihres umfassender angelegten Wortlauts gilt die Ausnahme nur, wenn der Jugendliche selbst auf einem mehrschichtigen Arbeitsplatz arbeitet (*Zmarzlik/Anzinger* JArbSchG Rn. 14; *Bachmann/Lührs* Rn. 103; *Lakies* JArbSchG Rn. 7). Das setzt voraus, dass in mehreren aufeinander folgenden Schichten gearbeitet wird (BAG 20.12.1961 DB 1962, 409). **Schichtarbeit** liegt vor, wenn mind. zwei AN dies. Arbeitsaufgabe erfüllen, indem sie einander planmäßig ablösen, und untereinander austauschbar sind (BAG 20.6.1990 NZA 1990, 861; 18.7.1990 NZA 1991, 23). Jugendliche über 16 Jahre dürfen in der **Landwirtschaft** ab 5 Uhr oder bis 21 Uhr beschäftigt werden (Abs. 2 Nr. 3); dazu § 8 Rn. 5. Die Jugendlichen dürfen **alternativ** an demselben Tag entweder ab 5 Uhr oder bis 21 Uhr beschäftigt werden. Dabei sind die tägl. Freizeit, § 13, sowie das Beschäftigungsverbot vor Berufsschultagen, § 14 IV, zu beachten. 2

b) Bäckereien (Abs. 2 Nr. 4, Abs. 3). In **Bäckereien und Konditoreien** dürfen *Jugendliche ab 16 Jahre* ab 5 Uhr beschäftigt werden (Abs. 2 Nr. 4). Erfasst werden alle gewerbl. und nicht gewerbl. Betriebe, die Bäcker- und Konditorwaren üblicherweise schon in den frühen Morgenstunden herstellen, einschl. der Brotfabriken, der Konsum- und Genossenschaftsbäckereien, nicht jedoch Betriebe, die Dauerbackwaren herstellen oder die Backwaren nur vertreiben. Jugendliche *über 17 Jahre* dürfen in Bäckereien ab 4 Uhr beschäftigt werden (BT-Drs. 10/2012 S. 13). Die Vorschr. soll insb. die Arbeit in kleineren Betrieben erleichtern, in denen nur einmal am Tag zwischen 4 und 6 Uhr das Frühstücksgebäck hergestellt wird und der Backbetrieb oft schon mittags endet. Die Vorschr. ist auch dann anwendbar, wenn neben den Bäcker- auch Konditorwaren hergestellt werden, solange der Jugendliche bis 5 Uhr ledigl. mit der Herstellung v. Bäckerwaren beschäftigt wird (*Bachmann/Lührs* Rn. 106; *Zmarzlik/Anzinger* JArbSchG Rn. 19). Die Alt. des § 14 erlauben folgende **Staffelung bei Arbeitsbeginn:** Jugendliche bis zu 16 Jahren in Bäckereien/Konditoreien ab 6 Uhr; Jugendliche über 16 Jahren in Bäckereien/Konditoreien ab 5 Uhr; Jugendliche über 17 Jahren nur in Bäckereien ab 4 Uhr. 3

c) Vor Berufsschultagen (Abs. 4). Unmittelbar vor einem Berufsschultag, der vor 9 Uhr beginnt, dürfen Jugendliche trotz Vorliegens einer Ausnahme gem. Abs. 2 und 3 nicht nach 20 Uhr beschäftigt werden. Die Vorschr. ist zur Sicherung einer ausreichenden Nachtruhe für Jugendliche erforderl., da § 13 dies ledigl. zwischen zwei Arbeitsschichten gewährleistet. Ist der Tag vor dem Berufsschultag ein arbeitsfreier Tag, so ist der Zweck der Norm ohnehin schon erfüllt und das Verbot gilt nicht etwa für den vor dem arbeitsfreien Tag liegenden Arbeitstag (*Bachmann/Lührs* Rn. 110; *Zmarzlik/Anzinger* JArbSchG Rn. 24). Dem Jugendlichen droht durch Abs. 4 kein Entgeltausfall, denn die Norm ergänzt § 9 I 1, so dass auch hier der Grds. der Lohnausfallerstattung gilt (*Lorenz* Rn. 17). Abs. 4 schränkt die Möglichkeit des Abs. 5 S. 1 nicht ein, Jugendliche bis 21 Uhr zu beschäftigen, wenn hierdurch unnötige **Wartezeiten** vermieden werden können. Das ergibt sich systematisch aus der Reihenfolge beider Absätze; zudem würde die Einbeziehung dieser Fälle in das Beschäftigungsverbot des Abs. 4 an dem Vorhandensein der verkehrstechnischen Gründe nichts ändern können, dem Jugendlichen also keinen Vorteil bringen. Das Verbot des Abs. 4 gilt aber für mehrschichtige Betriebe, in denen gem. Abs. 5 S. 2 bis 23.30 Uhr gearbeitet werden darf, da dieses ledigl. eine geringfügige Erweiterung des Abs. 2 Nr. 2 enthält, auf den sich Abs. 4 systematisch auch bezieht (*Zmarzlik/Anzinger* JArbSchG Rn. 27). 4

5 **d) Verkehrstechnische Gründe (Abs. 5).** AZ sollen sich nach dem Fahrplan der öffentl. Verkehrsmittel sowie nach den verkehrsmäßig günstigsten Ankunfts- und Abfahrtszeiten v. Werksbussen und Fahrgemeinschaften richten dürfen (vgl. BT-Drs. 7/2305 S. 30 und 42), soweit den Jugendlichen dadurch **unnötige Wartezeiten** erspart bleiben. Die übl. AZ in einem Betrieb muss aber aus verkehrstechnischen Gründen erst nach 20 Uhr enden, Abs. 5 S. 1. **Verkehrstechnische Gründe** liegen vor, wenn das Arbeitsende v. bestimmten Abfahrtszeiten der öffentl. Verkehrsmittel, der Werksbusse, der Fahrgemeinschaften oder der Montagegruppen nach 20 Uhr abhängig ist, oder die AZ zur Entzerrung v. Verkehrsspitzen im Betrieb gestaffelt ist und der Jugendliche zu einer Arbeitsgruppe gehört, die nach 20 Uhr die Arbeit beendet. Ob eine Wartezeit unnötig ist, hängt davon ab, ob sie sinnvoll genutzt werden kann (*Zmarzlik/Anzinger* JArbSchG Rn. 31). In mehrschichtigen Betrieben darf zudem die AZ v. Jugendlichen über 16 Jahren alternativ um 30 Minuten ab 5.30 Uhr oder bis 23.30 Uhr über die in Abs. 2 Nr. 2 enthaltene Grenze hinausgeschoben werden.

6 **e) Hitzebetriebe (Abs. 6).** Die Beschäftigung Jugendlicher ist in der warmen Jahreszeit (idR v. Mai bis September) ab 5 Uhr zulässig, wenn sie in diesem Betrieb in außergewöhnl. Maße der Hitze ausgesetzt sind. Dadurch sollen Jugendliche die Arbeit bei großer Hitze bis mittags beenden oder über Mittag eine längere Pause zwischen der Morgen- und der Spätschicht einlegen können. **Hitzebetriebe** sind zB Glashütten, Stahlwerke, Gießereien, aber auch Betriebe, in denen durch bes. Umstände außergewöhnl. Hitze entsteht, wie zB starke Sonneneinstrahlung auf ungeschützte Arbeitsplätze (Baustelle/Baracken/Container). Der frühe Arbeitsbeginn ist nur während der warmen Jahreszeit zulässig. Vorausgesetzt wird nicht, dass gerade die Jugendlichen v. der starken Hitze betroffen sind; es genügt, dass organisatorische Schwierigkeiten durch einen unterschiedl. Arbeitsbeginn vermieden werden. Die Beschäftigung ist nicht mehr v. der Erteilung einer Bewilligung durch die Aufsichtsbehörde abhängig. Um einen angemessenen Gesundheitsschutz zu gewährleisten, können die betroffenen Jugendlichen sich auf Kosten des AG regelm. arbeitsmedizinisch untersuchen lassen.

7 **f) Veranstaltungen (Abs. 7).** Durch diese Ausnahme soll Jugendlichen die gestaltende Mitwirkung bei bes. **Veranstaltungen** am Abend ermöglicht werden. Die zugelassenen Veranstaltungen entsprechen dem Katalog des § 6 I (vgl. § 6 Rn. 2 ff.). Bei Jugendlichen kommen insbes. auch professionelle Sportveranstaltungen in Betracht. Die Mitwirkung ist unzulässig, soweit die Anwesenheit Jugendlicher ohnehin bereits verboten ist (vgl. JSchG). Wer entgegen § 14 I einen Jugendlichen außerhalb der Zeit v. 6 bis 20 Uhr beschäftigt, handelt **ordnungswidrig** (§ 58 I Nr. 11), soweit keine Ausnahmebewilligung vorliegt.

§ 15 Fünf-Tage-Woche

[1] Jugendliche dürfen nur an fünf Tagen in der Woche beschäftigt werden. [2] Die beiden wöchentlichen Ruhetage sollen nach Möglichkeit aufeinander folgen.

1 Die Vorschr. begr. ein Beschäftigungsverbot, um eine zeitl. Überforderung der Jugendlichen zu verhindern und durch wöchentl. zwei arbeitsfreie Tage einen längeren Zeitraum zur Erholung und Entspannung sowie zur individuellen Freizeitgestaltung zu gewähren. Durch §§ 16, 17 wird idR erreicht, dass die freien Tage grds. am Wochenende liegen. Zudem „sollen" die beiden wöchentl. Ruhetage aufeinander folgen. Entspr. den Vorgaben v. Art. 10 II RL 94/33/EG ist der AG nur berechtigt, aus dringenden betriebl. Gründen v. der Sollvorschr. abzuweichen. Jugendliche dürfen grds. nur an **fünf Tagen in der Woche** beschäftigt werden (S. 1), selbst wenn die ges. erlaubte HöchstAZ nach § 8 I nicht voll ausgenutzt wird. Eine abw. Vereinb. verstößt gegen § 134 BGB; der ges. Schutz ist nicht verzichtbar. Die maßgebl. „Woche" wird gem. § 4 IV 1 v. Montag bis Sonntag gerechnet. S. 1 gilt auch für Jugendliche, die ausnahmsweise nach §§ 16, 17 an Samstagen und Sonntagen beschäftigt werden dürfen, vgl. §§ 16 III, 17 III. Wird der Jugendliche durch mehrere AG beschäftigt, sind alle gem. S. 1 verantwortl. Die Hauptverantwortung soll der AG tragen, der den Jugendlichen in der Woche zul. beschäftigt (MVG/*Germelmann* Rn. 12; **aA** *Zmarzlik/Anzinger* JArbSchG Rn. 11, da grds. der AG des ZweitArbVerh. verantwortl. ist). Ein mögl. Schadensersatzanspruch des Jugendlichen kann nach § 254 BGB gekürzt werden, wenn dieser den AG des ZweitArbVerh. nicht darauf aufmerksam macht, dass die Durchführung des Vertrages uU mit den Vorschr. des JArbSchG kollidiert (BAG 14.12.1967 DB 1968, 402).

2 Der **Berufsschulunterricht** ist grds. nicht auf die Fünf-Tage-Woche anzurechnen, da der Unterricht keine Beschäftigung iSd. § 1 ist. Stattdessen wird der Unterricht auf die zulässige AZ angerechnet, § 9. Wegen der Samstags- und Sonntagsruhe, §§ 16 f., müssen Jugendliche demnach nur dann neben dem Berufsschultag noch eine Fünf-Tage-Arbeitswoche leisten, wenn der Berufsschultag auf einen Samstag fällt. Auch in diesem Fall gilt aber die HöchstAZ gem. § 8 I. **Prüfungen** außerhalb der Ausbildungsstätte nach § 10 I Nr. 1 gelten nicht als Beschäftigung, können also auch an einem Samstag stattfinden, so dass sich die Anzahl der zulässigen Arbeitstage dadurch nur verringert, falls der Jugendliche Samstagsarbeit verrichtet. **Berufsausbildungsmaßnahmen** iSd. § 10 I Nr. 1 sind auf die Fünf-Tage-Woche anzurechnen, da sie als Beschäftigung durch den AG AZ sind. Bei Ausbildungsmaßnahmen an Sams-

tagen ist nach § 16 III ein Ersatzruhetag zu gewähren. Ein schuldhafter **Verstoß gegen § 15 S. 1** stellt eine Ordnungswidrigkeit gem. § 58 I Nr. 12 dar. Dem Jugendlichen steht ein Leistungsverweigerungsrecht zu; hat er aber dennoch gearbeitet und kann ein arbeitsfreier Tag nachträgl. nicht gewährt werden, ist ein Anspruch auf Entschädigung begr. Dagegen sind Verstöße gegen S. 2 nicht sanktioniert.

§ 16 Samstagsruhe

(1) **An Samstagen dürfen Jugendliche nicht beschäftigt werden.**

(2) [1]**Zulässig ist die Beschäftigung Jugendlicher an Samstagen nur**
1. in Krankenanstalten sowie in Alten-, Pflege- und Kinderheimen,
2. in offenen Verkaufsstellen, in Betrieben mit offenen Verkaufsstellen, in Bäckereien und Konditoreien, im Friseurhandwerk und im Marktverkehr,
3. im Verkehrswesen,
4. in der Landwirtschaft und Tierhaltung,
5. im Familienhaushalt,
6. im Gaststätten- und Schaustellergewerbe,
7. bei Musikaufführungen, Theatervorstellungen und anderen Aufführungen, bei Aufnahmen im Rundfunk (Hörfunk und Fernsehen), auf Ton- und Bildträger sowie bei Film- und Fotoaufnahmen,
8. bei außerbetrieblichen Ausbildungsmaßnahmen,
9. beim Sport,
10. im ärztlichen Notdienst,
11. in Reparaturwerkstätten für Kraftfahrzeuge.
[2]**Mindestens zwei Samstage im Monat sollen beschäftigungsfrei bleiben.**

(3) [1]**Werden Jugendliche am Samstag beschäftigt, ist ihnen die Fünf-Tage-Woche (§ 15) durch Freistellung an einem anderen berufsschulfreien Arbeitstag derselben Woche sicherzustellen.** [2]**In Betrieben mit einem Betriebsruhetag in der Woche kann die Freistellung auch an diesem Tage erfolgen, wenn die Jugendlichen an diesem Tage keinen Berufsschulunterricht haben.**

(4) **Können Jugendliche in den Fällen des Absatzes 2 Nr. 2 am Samstag nicht acht Stunden beschäftigt werden, kann der Unterschied zwischen der tatsächlichen und der nach § 8 Abs. 1 höchstzulässigen Arbeitszeit an dem Tage bis 13 Uhr ausgeglichen werden, an dem die Jugendlichen nach Absatz 3 Satz 1 freizustellen sind.**

1. Normzweck. Das Beschäftigungsverbot (Abs. 1) soll den Jugendlichen einen beschäftigungs- und ausbildungsfreien Tag zur Erholung, Entspannung und individuellen Freizeitgestaltung sicherstellen. Durch die in Abs. 2 S. 1 vorgesehenen Ausnahmen wird die Beschäftigung v. Jugendlichen in solchen Betrieben zugelassen, in denen Samstagsarbeit geleistet wird. Damit soll sich der Jugendliche frühzeitig ein eigenes Urt. bilden, ob ihm die berufstypische Lage der AZ am Samstag zusagt (so: BT-Drs. 7/2305 S. 31). Die Pflicht zur Samstagsarbeit bedarf einer gesonderten Rechtsgrdl., § 16 begr. sie nicht. Abs. 3 stellt die Einhaltung der Fünf-Tage-Woche sicher durch die Verpflichtung des AG, Jugendliche als Ersatz für die Samstagsarbeit an einem anderen Tag in der Woche freizustellen. 1

2. Beschäftigungsverbot an Samstagen (Abs. 1). Eine Beschäftigung Jugendlicher (§ 2 II) ist den gesamten (0 bis 24 Uhr) Samstag über nicht zulässig (Verbotsgesetz iSd. § 134 BGB). Das Verbot ist zwgd., eine Zust. der Eltern beseitigt es nicht. **Verboten** ist jede Art der Beschäftigung durch einen AG sowie jede Form der Ausbildung iRd. Berufsausbildungsverhältnisses, ausbildungsbezogener Unterricht am Samstag im Betrieb bzw. außerbetriebl. Ausbildungsmaßnahmen, zu denen der AG durch ör. oder durch vertragl. Vereinb. verpflichtet ist. **Zulässig** ist jedoch die freiwillige Teilnahme Jugendlicher an nicht ausbildungsbezogenen Tätigkeiten, wie zB nicht ausbildungsbezogener Unterricht im Betrieb, Freizeitkurse, Wochenendfahrten, Schulaufgabenbetreuung etc. (*Zmarzlik/Anzinger* JArbSchG Rn. 5). Auch Berufsschulunterricht und Prüfungen können an Samstagen stattfinden. 2

3. Ausnahmen (Abs. 2). In den genannten Beschäftigungsbereichen wird Samstagsarbeit zugelassen; die Aufzählung ist abschl. und eng auszulegen (OLG KA 14.1.1983 AP JArbSchG § 16 Nr. 1). Weitere Ausnahmen können nach §§ 21a, b durch TV oder RechtsVO bestimmt werden (*Zmarzlik/Anzinger* JArbSchG Rn. 11; aA *Bachmann/Lührs* Rn. 145). Bei Samstagsarbeit gelten die übrigen Schutzbestimmungen weiter, insb. darf die in § 8 festgelegte höchstzulässige Dauer der AZ nicht überschritten werden. 3

a) **Krankenanstalten** (S. 1 Nr. 1) sind alle öffentl., kirchl. und privaten Anstalten, in denen Krankheiten, Leiden oder Körperschäden durch ärztl. Hilfeleistungen festgestellt, geheilt oder gelindert werden sollen. Dazu gehören auch Entbindungsanstalten (vgl. BT-Drs. 7/2305 S. 31), Säuglingsheime und Anstalten für geistig Behinderte. Sanatorien können ggf. einbezogen werden, fallen ansonsten unter den Begriff des Gaststättengewerbes (*Zmarzlik/Anzinger* JArbSchG Rn. 15; *Bachmann/Lührs* 4

Rn. 145). **Altenheime** sind alle öffentl. und privaten Heime, die der Betreuung und Versorgung älterer Menschen dienen, unabhängig v. deren Gesundheitszustand. Auch Altenwohnheime und Altenwohnungen werden erfasst, wenn Versorgung und Betreuung zumindest angeboten werden. In **Pflegeheimen** werden Pflegebedürftige und körperl. oder geistig Behinderte versorgt und betreut. **Kinderheime** dienen der Versorgung und Betreuung v. Säuglingen, Kleinkindern, Kindern oder Jugendlichen.

5 **b) Offene Verkaufsstellen** (S. 1 Nr. 2) sind dem Verkauf v. Waren dienende Stellen iSd. § 1 LadSchlG. Danach ist Voraussetzung eine Einrichtung an einer festen Stelle, in der der Öffentlichkeit Waren zum sofortigen Verkauf angeboten werden: Ladengeschäfte, Apotheken, Tankstellen, Warenautomaten, Buden, Kioske, ebenso wie die mit diesen Verkaufsräumen verbundenen Erfrischungsräume. Nicht entscheidend ist, dass die Verkaufsstelle am Samstag tats. geöffnet hat bzw. die Beschäftigung Jugendlicher sich auf die Öffnungszeiten beschränkt (*Zmarzlik/Anzinger* JArbSchG Rn. 19; *Bachmann/Lührs* Rn. 145; *Wenzel* DB 2001, 1613). „Offene" Verkaufsstellen sind näml. immer dann anzunehmen, wenn die Allgemeinheit unbegrenzt Zutritt hat (nicht: Großhandel usw.).

6 **Betriebe mit offenen Verkaufsstellen** sind Betriebe, in denen die in den Verkaufsräumen angebotenen Waren überw. selbst hergestellt, aufbereitet oder wesentl. geänd. werden: Metzgereien, Schneidereien, Schuhmachereien, Uhrmacherwerkstätten, Gärtnereien, soweit sie jeweils eine Verkaufsstelle haben. Zwischen Betrieb und Verkaufsstelle muss ein funktionaler Zusammenhang bestehen, der es rechtfertigt, Jugendliche nicht nur in der Verkaufsstelle, sondern auch im Betrieb samstags zu beschäftigen (*Zmarzlik/Anzinger* JArbSchG Rn. 20). Die Ausnahme ist nach dem Wortlaut und Zweck der Vorschr. nicht auf den Verkauf leicht verderbl. Ware beschränkt (*Zmarzlik/Anzinger* JArbSchG Rn. 20; *Lakies* JArbSchG Rn. 9 f.). Reparaturwerkstätten werden mangels funktionellen Zusammenhanges mit den Verkaufsstellen jedoch nicht erfasst (VG Arnsberg 3.7.1980 GewArch 1981, 63). In **Bäckereien und Konditoreien** (§ 14 Rn. 3) ist eine Beschäftigung wegen des andauernden Bedarfs der Öffentlichkeit an Backwaren zugelassen. **Im Friseurhandwerk** ist jede dazugehörige Tätigkeit zulässig, auch wenn sie außerhalb des Betriebs ausgeführt wird. Der Begriff des **Marktverkehrs** erfasst Messen, Ausstellungen und Märkte iSd. §§ 64 ff. GewO, für die die Behörde Marktzeit, -dauer, -platz und -ordnung festsetzt. Insb. fallen hierunter auch Großmärkte nach § 66 GewO, Wochenmärkte nach § 67 GewO, Spezialmärkte nach § 68 GewO (zB Kleinviehmärkte, Weihnachtsmärkte etc.) und Jahrmärkte.

7 c) Zum **Verkehrswesen (S. 1 Nr. 3)** zählen alle öffentl. und privaten gewerbl. und nicht gewerbl. Betriebe, die Personen, Waren oder Nachrichten in irgendeiner Art befördern, einschl. ihrer Hilfs- und Nebenbetriebe (BVerwG 7.4.1983 NVwZ 1984, 374; OLG KA 14.1.1983 AP JArbSchG § 16 Nr. 1). Beispiele: Eisenbahn-, Straßenbahn-, Omnibus-, Gütertransportunternehmen, Speditionsgewerbe, Reisebüros, Taxiunternehmen, Luftfahrtbetriebe, Zeitungsvertriebsgesellschaften, Postdienste einschließl. ihrer Nebenbetriebe, sofern sie sich mit der Beförderung v. Nachrichten, Personen und Paketen beschäftigen. **Neben- und Hilfsbetriebe** sind solche, die für das reibungslose Funktionieren der Verkehrsbetriebe notwendig sind, ohne deren Vorhandensein der Hauptbetrieb verhindert, erhebl. gestört oder sein Ertrag erhebl. gemindert würde, und deren Beziehung zueinander auf eine gewisse Dauer angelegt ist (OLG KA 14.1.1983 AP JArbSchG § 16 Nr. 1). Beispiele: Autobahn- und Garagenbetriebe, Schlaf- und Speisewagenbetriebe der Bahn, Tankstellen und Autoreparaturwerkstätten der Verkehrsbetriebe.

8 **d) Landwirtschaft und Tierhaltung (S. 1 Nr. 4), Familienhaushalt (S. 1 Nr. 5) und Gaststätten- und Schaustellergewerbe (S. 1 Nr. 6).** (Vgl. § 8 Rn. 5.) Erfasst werden weiter Landmaschinenfachbetriebe, soweit sie Hilfsbetriebe der Landwirtschaft sind und wenn ohne ihre Tätigkeit der landwirtschaftl. Betrieb erhebl. gestört wird. Zu der Tierhaltung gehören sowohl die landwirtschaftl. und gewerbl. Tierhaltung als auch die Tierhaltung zu privaten und sonstigen Zwecken, wie zB Zoos, Tiergärten, Tierheime. Die Beschäftigung eines Jugendlichen durch den Personensorgeberechtigten im **Familienhaushalt** fällt ohnehin nicht unter den Geltungsbereich des Gesetzes, so dass Abs. 2 S. 1 Nr. 5 für die Beschäftigung „fremder" Jugendlicher gilt, wie zB Kindermädchen, Hausgehilfinnen, Pflegerinnen.

9 **e) Musikaufführungen (S. 1 Nr. 7).** Die Begriffe der Veranstaltungen und Aufnahmen entsprechen den in § 6 verwendeten Begriffen (§ 6 Rn. 2 ff.). Abw. davon erfasst Nr. 7 aber nicht nur die gestaltende Mitwirkung v. Jugendlichen, sondern alle im Zusammenhang mit diesen Veranstaltungen anfallenden Arbeiten, so zB auch den Verkauf v. Eintrittskarten und Programmen, die Tätigkeiten eines Platzanweisers, Beleuchters, Bühnenarbeiters oder Maskenbildners oder anfallende Verwaltungstätigkeiten. Für eine Beschäftigung nach 20 Uhr ist eine Ausnahmebewilligung gem. § 14 VII erforderl.

10 **f) Außerbetriebl. Ausbildungsmaßnahmen** (S. 1 Nr. 8) sind Maßnahmen, die die Berufsausbildung fördern und außerhalb des Ausbildungsbetriebes durchgeführt werden. Dabei ist es unerhebl., ob die Ausbildungsmaßnahmen auf Grund ör. oder privatrechtl. Bestimmungen durchzuführen sind, ob sie innerhalb oder außerhalb der regulären AZ durchgeführt oder ob sie als Teil- oder Vollzeitlehrgänge ausgestaltet werden. Ausbildungsmaßnahmen iRd. Berufsschule unterfallen mangels Anwendbarkeit des JArbSchG nicht dem Verbot. Der Begriff **Sport** (S. 1 Nr. 9) erfasst alle Tätigkeiten, die in unmittelbarem oder mittelbarem Zusammenhang mit der eigenen oder fremden Sportausübung stehen. Erfasst

wird sowohl die professionelle als auch die nicht professionelle Sportausübung, in Räumen oder im Freien, einschl. technischer bzw. verwaltender Hilfs- oder sonstigen Nebentätigkeiten.

g) **Notdienst (S. 1 Nr. 10)** umfasst in erster Linie den in Arzt-, Zahnarzt- und Tierarztpraxen periodisch anfallenden Bereitschaftsdienst am Wochenende, aber auch Naturkatastrophen, Epidemien, Unglücksfälle. Die Tätigkeit des Jugendlichen muss mit der Arbeit des Arztes in unmittelbarem Zusammenhang stehen (zB Laborarbeiten, Sprechstundenhilfstätigkeit); unzulässig sind dagegen rein verwaltungstechnische Arbeiten wie das Aufarbeiten v. Rechnungen. Für den Apothekennotdienst gilt Nr. 2 (offene Verkaufsstellen), der ärztl. Notdienst in Krankenhäusern, Alten- und Pflegeheimen fällt unter Nr. 1. **Kfz-Reparaturwerkstätten** (S. 1 Nr. 11) sind alle Betriebe zum Instandhalten und Instandsetzen v. Kfz iSd. StVZO. Kfz. sind nicht Fahrräder, Schiffe, Boote, Schienenfahrzeuge etc. 11

4. Beschäftigungsfreie Samstage (Abs. 2 S. 2). Mind. zwei Samstage im Monat sollen beschäftigungsfrei bleiben; um eine erzwingbare Verpflichtung handelt es sich dabei nicht, um den bes. Umständen einzelner Beschäftigungszweige Rechnung zu tragen (BT-Drs. 7/4544 S. 6). Eine Verpflichtung zur Gewährung beschäftigungsfreier Samstage kann sich nach § 21a I Nr. 4 aus TV, aber auch aus der Fürsorgepflicht ergeben. Zumindest sind bei der Ausübung des Direktionsrechts die Grds. billigen Ermessens, § 106 GewO, zu beachten (BAG 27.3.1980 DB 1980, 1603; 19.6.1985 DB 1986, 132). 12

5. Freistellung (Abs. 3). Bei einer Beschäftigung v. Jugendlichen am Samstag ist die Fünf-Tage-Woche durch **Freistellung** an einem anderen Arbeitstag derselben Woche sicherzustellen. Auf die Dauer der Beschäftigung kommt es nicht an, so dass auch bei nur kurzzeitiger, zB halbstündiger, Samstagsarbeit eine Freistellung zu erfolgen hat (*Zmarzlik/Anzinger* JArbSchG Rn. 45; *Lakies* JArbSchG Rn. 17; *Bachmann/Lührs* Rn. 149). Die Freistellung muss an einem berufsschulfreien Arbeitstag erfolgen, selbst wenn der Unterricht nur kurz dauert. An dem freizustellenden Tag muss im Betrieb üblicherweise gearbeitet werden; ist in dem Betrieb nach §§ 17 II, 18 II die Sonn- und Feiertagsarbeit erlaubt, kann die Freistellung auch an einem solchen Tag erfolgen (*Zmarzlik/Anzinger* JArbSchG Rn. 47; *Bachmann/Lührs* Rn. 149; **aA** MVG/*Germelmann* Rn. 58). Auch an einem Prüfungstag kann eine Freistellung erfolgen, da die Prüfungszeit keine AZ, und ein prüfungsfreier Tag nicht Voraussetzung des Abs. 3 ist. Die Freistellung muss in derselben Woche, also bei Betrieben ohne Sonntagsarbeit vor der Beschäftigung am Samstag derselben Woche erfolgen (BayObLG 21.2.1983 AP JArbSchG § 16 Nr. 2). Ohne Ersatzruhetag kann der Jugendliche die Arbeit am Samstag derselben Woche verweigern. Die Freistellung kann auch an einem berufsschulfreien **Betriebsruhetag** erfolgen (Abs. 3 S. 2), dh. an einem Wochentag, an dem die gesamte Arbeit im Betrieb generell ruht und der für den Jugendlichen berufsschulfrei ist, sofern die Fünf-Tage-Woche gesichert bleibt. 13

6. Ausgleich (Abs. 4). Eine **Ausnahme** v. dem Grds. der vollständigen Freistellung an einem Tag gibt es gem. Abs. 4 für Jugendliche, die in Betrieben iSv. Abs. 2 S. 1 Nr. 2 (vgl. Rn. 5 f.) samstags nicht volle 8 Stunden beschäftigt werden können, etwa weil der Betrieb ab Samstagmittag ruht. Sofern der Jugendliche dadurch in der Woche weniger als die höchstzulässige AZ v. 40 Stunden pro Woche und 8 Stunden pro Tag (§ 8 I) arbeiten würde, kann diese Differenz durch Beschäftigung am Tag der Freistellung bis 13 Uhr ausgeglichen werden; die Freistellung beginnt dann also erst ab spätestens 13 Uhr. Zu beachten ist, dass nur die Beschäftigungszeit, die an dem Samstag hätte geleistet werden dürfen, auf den Ersatzruhetag verschoben werden darf: Wenn der Jugendliche am Samstag sieben Stunden arbeitet, darf also nur eine Stunde auf den Ersatzruhetag verschoben werden, auch wenn dadurch die wöchentl. AZ v. 40 Stunden noch nicht erreicht würde. In anderen als den Abs. 2 S. 1 Nr. 2 genannten Betrieben kann eine Abs. 4 entspr. Regelung durch TV (§ 21a) oder durch RechtsVO (§ 21b) zugelassen werden. Ein **Verstoß** gegen Abs. 1 stellt eine Ordnungswidrigkeit nach § 58 I Nr. 13 dar, soweit der AG sich nicht auf eine Ausnahme des Abs. 2 berufen kann. Dasselbe gilt bei einem Verstoß gegen die Freistellungspflicht des Abs. 3. 14

§ 17 Sonntagsruhe

(1) An Sonntagen dürfen Jugendliche nicht beschäftigt werden.

(2) [1]Zulässig ist die Beschäftigung Jugendlicher an Sonntagen nur

1. in Krankenanstalten sowie in Alten-, Pflege- und Kinderheimen,

2. in der Landwirtschaft und Tierhaltung mit Arbeiten, die auch an Sonn- und Feiertagen naturnotwendig vorgenommen werden müssen,

3. im Familienhaushalt, wenn der Jugendliche in die häusliche Gemeinschaft aufgenommen ist,

4. im Schaustellergewerbe,

5. bei Musikaufführungen, Theatervorstellungen und anderen Aufführungen sowie bei Direktsendungen im Rundfunk (Hörfunk und Fernsehen),

6. beim Sport,

7. im ärztlichen Notdienst,
8. im Gaststättengewerbe.
[2]Jeder zweite Sonntag soll, mindestens zwei Sonntage im Monat müssen beschäftigungsfrei bleiben.

(3) **[1]Werden Jugendliche am Sonntag beschäftigt, ist ihnen die Fünf-Tage-Woche (§ 15) durch Freistellung an einem anderen berufsschulfreien Arbeitstag derselben Woche sicherzustellen. [2]In Betrieben mit einem Betriebsruhetag in der Woche kann die Freistellung auch an diesem Tage erfolgen, wenn die Jugendlichen an diesem Tage keinen Berufsschulunterricht haben.**

1 **1. Normzweck.** Den Jugendlichen soll ein **beschäftigungsfreier Sonntag** zur Erholung, Entspannung und individuellen Freizeitgestaltung gesichert werden. Zugleich wird mit dieser Vorschr. der Verfassungsauftrag aus Art. 140 GG iVm. Art. 139 WRV, den Sonntag als Tag der Arbeitsruhe und der seelischen Erhebung zu schützen (BVerfG 1.12.2009 NVwZ 2010, 570), zugunsten der Jugendlichen erfüllt. Dagegen soll durch Abs. 2 in den Betrieben, in denen Sonntagsarbeit übl. ist, die Ausbildung auch an dem für diese Betriebe typischen Arbeitstag ermöglicht werden. Abs. 3 dient der Sicherung der Fünf-Tage-Woche in Fällen zulässiger Sonntagsarbeit.

2 **2. Beschäftigungsverbot an Sonntagen (Abs. 1), Ausnahmen (Abs. 2).** Der Inhalt des Verbots entspricht dem des § 16 I, so dass **jede Art der Beschäftigung** Jugendlicher durch einen AG, sowie die betriebl. Ausbildung (vgl. § 16 Rn. 2) verboten sind. Die Aufzählung der zulässigen **Ausnahmen** ist abschl. und eng auszulegen. Auch eine Erweiterung des Katalogs durch TV, § 21a, ist nicht mögl. Die Vorschr. regelt nur die Zulässigkeit der Sonntagsarbeit, begr. aber keine diesbzgl. **Verpflichtung** des Jugendlichen. Abs. 2 beeinflusst nur die Lage, nicht aber die Dauer der zulässigen AZ. Ein ges. Anspruch auf Zahlung eines Zuschlags für Sonn- und Feiertagsarbeit besteht nicht mehr (vgl. BT-Drs. 7/2305 S. 31).

3 **a) Krankenanstalten (Nr. 1),** vgl. hierzu § 16 Rn. 4, **sowie Landwirtschaft und Tierhaltung (Nr. 2).** Zu diesen Arbeiten dürfen Jugendliche an Sonntagen nur herangezogen werden, soweit die Arbeiten naturnotwendig vorgenommen werden müssen. Naturnotwendig sind Arbeiten, die durchgeführt werden müssen, um anderenfalls drohende erhebl. Schäden an Tieren und Pflanzen abzuwenden: Füttern und Pflegen, Ein- und Austreiben v. Tieren auf die Weide, das Melken der Kühe, das Bewässern der Pflanzen, das Einbringen der Ernte, das Bedienen der Heizungsanl. im Gartenbau. Dagegen genügt es nicht, dass der Arbeitsanfall ledigl. aus der Betriebsorganisation resultiert.

4 **b) Familienhaushalt (Nr. 3).** Eine sonntägl. Beschäftigung (familienfremder, vgl. § 16 Rn. 8) Jugendlicher im Familienhaushalt setzt, anders als § 16 II S. 1 Nr. 5, deren Aufnahme in die häusl. Gemeinschaft des AG voraus. Das trifft zu, wenn der Jugendliche seinen Lebensmittelpunkt im Haushalt seines AG hat, bei diesem wohnt, isst und schläft, vgl. § 30. Der Jugendliche muss nicht in der Wohnung des AG untergebracht sein, es genügt, wenn dieser den Jugendlichen in unmittelbarer Nähe auf seine Kosten unterbringt und ggü. dem Vermieter die alleinige Verfügungsberechtigung über die betr. Räume hat.

5 **c) Schaustellergewerbe (Nr. 4),** vgl. § 14 Rn. 2, **Musikaufführungen (Nr. 5 und Nr. 6–8).** (Vgl. § 6 Rn. 3 ff.) Eine Beschäftigung beim Rundfunk ist an Sonntagen nur zulässig, wenn es sich um Direktsendungen handelt, die im Moment der Aufnahme ausgestrahlt werden. Die Beschäftigung Jugendlicher bei Aufnahmen auf Ton- und Bildträger sowie bei Film- und Fotoaufnahmen ist sonntags nicht zulässig. Zum **Sport (Nr. 6), ärztl. Notdienst (Nr. 7), Gaststättengewerbe (Nr. 8)** vgl. § 16 II 1 Nr. 9, 10 und 6 (§ 16 Rn. 8, 10, 11).

6 **3. Beschäftigungsfreie Sonntage (Abs. 2 S. 2).** Zwei Sonntage im Monat müssen zwgd. beschäftigungsfrei bleiben; eine Abweichung durch TV gem. § 21a I Nr. 6 ist zulässig. Maßgebl. ist der Kalendermonat, nicht der Beschäftigungsmonat, und zwar unabhängig v. der Anzahl der Sonntage im Monat; auf den Sonntag fallende ges. Feiertage oder Urlaubssonntage werden eingerechnet. Dabei soll jeder zweite Sonntag beschäftigungsfrei sein. Zwgd. ist das nicht, doch ist das Abweichen v. der ges. Empfehlung nur aus sachl. Gründen gerechtfertigt. Der AG kann die beschäftigungsfreien Sonntage nicht in einem anderen Monat vor- oder nachholen, sie in beschäftigungsstille Monate verlegen oder sie durch arbeitsfreie Feiertage, die auf Werktage fallen, ersetzen (*Zmarzlik/Anzinger* JArbSchG Rn. 21).

7 **4. Ausgleich (Abs. 3).** Der Regelungsgehalt der Vorschr. entspricht § 16 III (§ 16 Rn. 13). Arbeitet der Jugendliche samstags und sonntags, so sind ihm zwei Ersatzruhetage zu gewähren. Gem. § 21a I Nr. 5 können durch TV kürzere Ersatzruhezeiten in einem Ausgleichszeitraum v. zwei Wochen zugelassen werden, wenn der Jugendliche am Samstag oder Sonntag unter vier Stunden beschäftigt wird. Beschäftigt der AG einen Jugendlichen vorsätzl. oder fahrlässig an einem Sonntag, ohne dass eine Ausnahme des Abs. 2 vorliegt, oder verstößt er gegen die Freistellungspflicht des Abs. 3 oder gewährt er nicht mind. zwei beschäftigungsfreie Sonntage im Monat nach Abs. 2 S. 2, liegt eine **Ordnungswidrigkeit** nach § 58 I Nr. 14 vor.

§ 18 Feiertagsruhe

(1) Am 24. und 31. Dezember nach 14 Uhr und an gesetzlichen Feiertagen dürfen Jugendliche nicht beschäftigt werden.

(2) Zulässig ist die Beschäftigung Jugendlicher an gesetzlichen Feiertagen in den Fällen des § 17 Abs. 2, ausgenommen am 25. Dezember, am 1. Januar, am ersten Osterfeiertag und am 1. Mai.

(3) [1]Für die Beschäftigung an einem gesetzlichen Feiertag, der auf einen Werktag fällt, ist der Jugendliche an einem anderen berufsschulfreien Arbeitstag derselben oder der folgenden Woche freizustellen. [2]In Betrieben mit einem Betriebsruhetag in der Woche kann die Freistellung auch an diesem Tage erfolgen, wenn die Jugendlichen an diesem Tage keinen Berufsschulunterricht haben.

§ 18 soll den Jugendlichen über die Fünf-Tage-Woche hinaus zusätzl. freie Tage und Halbtage an den **ges. Feiertagen** gewährleisten. Darüber hinaus sind die ges. Feiertage als Tage der Arbeitsruhe bes. zu schützen. Jugendliche dürfen am 24./31. Dezember nicht nach 14 Uhr und an ges. Feiertagen grds. v. 0 bis 24 Uhr nicht beschäftigt werden **(Abs. 1).** Der Inhalt des Verbots entspricht dem Samstags- und dem Sonntagsbeschäftigungsverbot (vgl. §§ 16, 17 Rn. 2). Das Beschäftigungsverbot gilt nicht für ledigl. kirchl. Feiertage; Kirchenmitglieder haben aber das Recht, zum Besuch des Gottesdienstes der Arbeit fernzubleiben, soweit nicht betriebl. Erfordernisse entgegenstehen. Eine Beschäftigung Jugendlicher ist an ges. Feiertagen in den Fällen des § 17 II zulässig, **ausgenommen** am 25. Dezember, am 1. Januar, am ersten Osterfeiertag und am 1. Mai **(Abs. 2).** IÜ können sie an Feiertagen unter denselben Voraussetzungen und in demselben Umf. **wie an Sonntagen** beschäftigt werden. Fällt der ges. Feiertag auf einen Samstag, geht § 18 II als Spezialvorschr. den Bestimmungen des § 16 vor; die dort in Abs. 2 S. 1 Nr. 2, 3, 8 geregelten weiteren Ausnahmen können an Feiertagen daher nicht zugelassen werden. 1

Zum **Ausgleich (Abs. 3)** der Feiertagsbeschäftigung ist der Jugendliche an einem anderen berufsschulfreien Arbeitstag derselben oder der folgenden Woche freizustellen. Fällt der Feiertag auf einen Sonntag, folgt der Ausgleichsanspruch aus § 17 III, der Ersatzruhetag ist also in derselben Woche im Voraus zu gewähren, in der auch die Feiertagsbeschäftigung liegt. Wird der Jugendliche an einem Feiertag beschäftigt, der auf einen Samstag fällt, hat er den Anspruch aus Abs. 3 neben dem aus § 16 III; die Pflicht zur Gewährung des Ersatzruhetages im Voraus kann dadurch nicht beseitigt werden. Dem Jugendlichen steht unabhängig v. der tats. Beschäftigungsdauer ein voller Ersatzruhetag zu. Durch TV nach § 21a I Nr. 5 kann aber die Dauer der Freistellung der Dauer der tats. Beschäftigung am Feiertag angeglichen werden. Die auf Abs. 3 gestützte Freistellung muss an einem anderen berufsschulfreien Arbeitstag (vgl. § 16 Rn. 13) derselben oder der folgenden Woche erfolgen. Gem. Abs. 3 S. 2 kann die Freistellung in Betrieben mit Betriebsruhetag auch an diesem Tage erfolgen, wenn die Jugendlichen dann keinen Berufsschulunterricht haben (vgl. § 16 Rn. 14). Der AG handelt **ordnungswidrig** iSd. **§ 58 I Nr. 15**, wenn er entgegen § 18 I einen Jugendlichen an einem ges. Feiertag überhaupt, bzw. am 24. oder 31. Dezember nach 14 Uhr beschäftigt, ohne dass eine Ausnahme des Abs. 2 vorliegt. Ebenso, wenn er ggf. die Freistellungspflicht des § 18 III verstößt. 2

§ 19 Urlaub

(1) Der Arbeitgeber hat Jugendlichen für jedes Kalenderjahr einen bezahlten Erholungsurlaub zu gewähren.

(2) [1]Der Urlaub beträgt jährlich

1. mindestens 30 Werktage, wenn der Jugendliche zu Beginn des Kalenderjahres noch nicht 16 Jahre alt ist,

2. mindestens 27 Werktage, wenn der Jugendliche zu Beginn des Kalenderjahres noch nicht 17 Jahre alt ist,

3. mindestens 25 Werktage, wenn der Jugendliche zu Beginn des Kalenderjahres noch nicht 18 Jahre alt ist.

[2]Jugendliche, die im Bergbau unter Tage beschäftigt werden, erhalten in jeder Altersgruppe einen zusätzlichen Urlaub von drei Werktagen.

(3) [1]Der Urlaub soll Berufsschülern in der Zeit der Berufsschulferien gegeben werden. [2]Soweit er nicht in den Berufsschulferien gegeben wird, ist für jeden Berufsschultag, an dem die Berufsschule während des Urlaubs besucht wird, ein weiterer Urlaubstag zu gewähren.

(4) [1]Im übrigen gelten für den Urlaub der Jugendlichen § 3 Abs. 2, §§ 4 bis 12 und § 13 Abs. 3 des Bundesurlaubsgesetzes. [2]Der Auftraggeber oder Zwischenmeister hat jedoch abweichend von § 12 Nr. 1 des Bundesurlaubsgesetzes den jugendlichen Heimarbeitern für jedes Kalenderjahr einen bezahlten Erholungsurlaub entsprechend Absatz 2 zu gewähren; das Urlaubsentgelt der jugendlichen Heimarbeiter beträgt bei einem Urlaub von 30 Werktagen 11,6 vom Hundert, bei einem Urlaub von 27 Werktagen 10,3 vom Hundert und bei einem Urlaub von 25 Werktagen 9,5 vom Hundert.

1 **1. Normzweck.** Die Vorschr. über den Urlaub für Jugendliche enthalten **Erg. und Änd. der allg. geltenden Vorschr. des BUrlG.** Die Erg. betrifft im Wesentl. die **Dauer** des Urlaubs, die für Jugendliche v. § 3 I BurlG abweicht; geänd. wird die **Urlaubsgewährung,** der Urlaub im Heimarbeitsrecht sowie eine **Einschränkung der tarifl. Gestaltungsmacht,** da auf § 13 I und II BUrlG nicht verwiesen wird. Allen abw. Bestimmungen ist gemein, dass sie auf die **höhere Schutzbedürftigkeit** des Jugendlichen und auf seine bes. Lebenssituation Rücksicht nehmen. So ist mit der längeren Urlaubsdauer bezweckt, den Heranwachsenden nicht zu überlasten und ihm dem Übergang v. der Schule mit ihren vielen Freiräumen in das Erwerbsleben zu erleichtern (MVG/*Germelmann* Rn. 2). Trotz seiner Stellung in einem ör. Arbeitsschutzgesetz enthält die Bestimmung **bürgerl.-rechtl.** (arbeitsrechtl.) **Regelungen** (HWK/*Tillmanns* Rn. 1). Daran ändert auch die Bußgeldandrohung in § 58 I Nr. 16 (*Leinemann/Linck* Rn. 1) nichts. Denn § 19 beschreibt ebenso wie das BUrlG schuldrechtl. Rechte und Pflichten der Parteien eines Arbeits- oder Berufausbildungsverhältnisses (aA die hM MVG/*Germelmann* Rn. 26, mwN die die Vorschr. dem ör. Normenkreis zurechnet und Konstruktionen wie die vertragl. Fürsorgepflicht benötigt, um die Bestimmung arbeitsrechtl. anzuwenden).

2 **2. Persönlicher und sachlicher Geltungsbereich.** Die Norm findet auf Jugendliche iSd. Gesetzes Anwendung. Das sind nach § 2 II **Personen,** die zu Beginn des Kj. **15 Jahre,** aber noch nicht **18 Jahre** alt sind. Personen unter 15 Jahren sind Kinder iS dieses Gesetzes, § 2 I. Für sie gilt § 19 grds. nicht; allerdings ist eine entspr. Anwendung in den Fällen des § 5 II vorzunehmen (Rn. 3). Die **18-Jährigen** sind Erwachsene und kommen in den Genuss der Vergünstigungen nur, wenn sie nach dem 1. Januar eines Jahres das 18. Lebensjahr vollenden (Rn. 4).

3 Bei **unzulässiger Kinderarbeit** (dazu ausf. *Düwell* AuR 1992, 138) kann ein wirksames Rechtsverhältnis wegen des ges. Verbots in § 5 I nicht entstehen. Bereits deshalb entfällt ein Anspruch auf Urlaub oder Urlaubsabgeltung. Er kann **nicht** nach den Grds. über ein **faktisches ArbVerh.** durchgesetzt werden (aA die hM, zB NFK/*Kühn* Rn. 5; KHb/*Hauck* 2.4 Rn. 870; *Leinemann/Linck* Rn. 5 f.). Stattdessen kommen Ansprüche aus § 823 II BGB iVm. JArbSchG in Betracht, die auch auf Urlaubsabgeltung gerichtet sein können. Sollte ein in unzulässiger Weise beschäftigtes Kind **Urlaub** allerdings **erhalten** haben, kann es nach den Rechtsgrds. über das faktische ArbVerh. die **Vergütung behalten;** es ist nicht bereicherungsrechtl. Rückforderungsansprüchen ausgesetzt. Bei **erlaubter Kinderarbeit** nach § 5 II 1 entstehen für die beschäftigten Kinder Urlaubsansprüche entspr. § 19, wie die Verweisung in § 5 II 2 ausweist. Eine Verweisung zur Höhe fehlt allerdings; da die Staffel des § 19 die Jüngsten begünstigt, ist die Bestimmung des § 19 II S. 1 Nr. 1 (30 Tage) heranzuziehen. Jugendliche erwerben in allen **Beschäftigungen nach § 1 I** einen Anspruch auf Befreiung v. der Arbeitspflicht zum Zweck des Urlaubs. Ledigl. für jugendl. Seeleute gelten die Besonderheiten des SeemannsG.

4 **3. Dauer des Urlaubs. a) Stichtag.** Maßgebl. für die Höhe des Urlaubs nach diesem Gesetz ist das Alter am **1. Januar** eines jeden Jahres. Alle Jugendlichen, die in der Zeit v. 2. Januar bis zum 31. Dezember Geburtstag haben, haben den für die jeweilige Jahrgangsstufe höheren Urlaubsanspruch; dagegen unterfällt der am 1. Januar geb. Jugendliche zu Beginn des Jahres bereits der jeweils ungünstigeren Regelung in § 19 II 1 Die **Vollendung eines Lebensjahrs innerhalb des Kj.** ist ohne Bedeutung. Auch der im Jahresverlauf volljährig werdende Beschäftigte behält für das ganze Jahr seinen Anspruch auf 25 Werktage Urlaub. Eine Berechnung nach unterschiedl. Anspruchsgrdl. für die jeweiligen Teile des Jahres kommt nicht in Betracht.

5 **b) Werktage und Arbeitstage.** Wie das BUrlG geht auch das JArbSchG v. einer Beschäftigung an sechs Werktagen in der Woche aus. Deshalb muss der Urlaub für Jugendliche auf **Arbeitstage umgerechnet** werden (MVG/*Germelmann* Rn. 61; KHb/*Hauck* 2.4 Rn. 875; *Leinemann/Linck* Rn. 10; **aA** *Zmarzlik/Anzinger* JArbSchG Rn. 9). Wenn ihre vertragl. Arbeitspflicht nicht auf sechs Tage in der Woche verteilt ist, sondern auf weniger Tage (ausf. § 3 BUrlG Rn. 13 ff.), so beträgt der Urlaub für den an fünf Tagen in der Woche beschäftigten 15-Jährigen 25 Arbeitstage, den 16-Jährigen 22,5 und den 18-Jährigen 20,8 Arbeitstage (*Leinemann/Linck* Rn. 10 f.). Eine **Aufrundung** der Urlaubstage gem. § 5 II BUrlG kommt ebenso wenig in Betracht wie nach einer Umrechnung gem. § 3 BUrlG (§ 5 BUrlG Rn. 21; KHb/*Hauck* 2. 4 Rn. 875), denn auch in diesem Fall handelt es sich nicht um Teilurlaub.

6 **c) Bergleute.** Werden Jugendliche im Bergbau **unter Tage** beschäftigt, so erhalten sie auf die Staffel des § 19 II in allen Altersgruppen drei weitere Werktage Urlaub, § 19 II 2. Für diesen Urlaub gelten zunächst die soeben beschriebenen Regeln **einschl. der Umrechnung.** Die Norm ist auf den st. **Einsatz** der Jugendlichen unter Tage zugeschnitten. Sie findet aber auch Anwendung, wenn der Jugendliche **nicht das ganze Jahr** unter Tage arbeitet, sondern nur während einer kürzeren Zeitspanne. Da das Gesetz eine Regelung für diesen Fall nicht vorsieht, ist davon auszugehen, dass der Anspruch mit jeder Untertagebeschäftigung entsteht. Eine **Zwölftelung** oder ein **Mindestmaß** wie zB ein halbes Jahr (so aber die hM NFK/*Kühn* Rn. 15; MVG/*Germelmann* Rn. 72) lässt sich dem Gesetz **nicht** entnehmen (*Leinemann/Linck* Rn. 8 f.).

7 **4. Urlaubsgewährung. a) Regelfall.** Auch den Jugendlichen wird Urlaub nach Maßgabe des **§ 7 I BUrlG** gewährt (vgl. dort Rn. 3 ff.). Auf eine vertragl. Pflicht des AG, unerfahrenen Jugendlichen den

Urlaub unaufgefordert anzubieten, verweist das ArbG Marburg (7.12.1987 DB 1988, 2466). Jedoch gelten insoweit keine bes. Bestimmungen, § 19 IV.

b) Schulpflicht der Jugendlichen (Abs. 3). Nehmen die Jugendlichen am Berufsschulunterricht teil, so muss der Schuldner des Urlaubsanspruchs **regelm.** den Urlaub während der **Schulferien** gewähren. Das folgt aus der Sollvorschr. des ersten Satzes, die als ges. Bestimmung des Urlaubswunsches iSd. § 7 I 1 BUrlG eingeordnet werden kann. Kommt der AG (Ausbilder/Auftraggeber) dieser Verpflichtung im **Ausnahmefall** des § 7 I 1 BUrlG nicht nach, so müssen Jugendliche, denen außerhalb der Schulferien Urlaub gewährt wird, wegen des Fortbestehens der Schulpflicht die Schule besuchen. Folgerichtig hat der Gesetzgeber angeordnet, dass ein weiterer Urlaubstag pro Berufsschultag zu gewähren ist. Der Sprachgebrauch des Gesetzes ist allerdings ungenau: An **Berufsschultagen** kann den Jugendlichen **überhaupt kein Urlaub gewährt werden,** weil sie an diesen Tagen auf Grund der Freistellung zum Schulbesuch keine Pflicht zur Aufnahme ihrer Tätigkeit hatten (§ 15 BBiG) und v. ihrer bereits suspendierten Pflicht **nicht noch einmal befreit** werden konnten. Deshalb ist die **„Nachgewährung"** rechtl. die **Erfüllung des ursprüngl. Anspruchs,** und nicht eine Art „Zusatzurlaub" (MVG/*Germelmann* Rn. 98). Unzutr. wird daher auch v. der hM (NFK/*Kühn* Rn. 14; *Zmarzlik/Anziger* JArbSchG Rn. 23; *Lorenz* Rn. 12) angenommen, dass eine Nachgewährungspflicht nicht bestehe, wenn der Jugendliche aus **in seinem Verhalten liegenden Grund** die Berufsschule versäume. Zwar ist der Schluss nach dem Wortlaut des Gesetzes mögl. Doch würde dabei verkannt, dass der Jugendliche unabhängig v. seinem Verhalten ggü. der Schule an diesem Tag keine Arbeitspflicht hatte, v. der er befreit werden könnte. Folgl. kann der Tag selbst dann nicht als Urlaubstag angerechnet werden, wenn der Jugendliche die Schule „schwänzt" (s. § 22 BBiG Rn. 4). Die Anordnung des § 19 III 1 hat nicht die Konsequenz, dass die Jugendlichen ihren Urlaub regelm. nur in den Schulferien nehmen können. Sie haben **keine Annahmepflicht,** sondern können andere Urlaubswünsche äußern. Der AG, Ausbilder oder Auftraggeber kann Urlaubswünsche der Jugendlichen zu anderen Zpkt. nicht verweigern, denn die Vorschr. schafft **kein** zusätzl. **Leistungsverweigerungsrecht** des Schuldners. 8

5. Geltung des BUrlG. Wegen der **allg. Verweisung** in § 19 IV sind hins. der weiteren Rechtsfragen zum Urlaubsrecht die Bestimmungen des BUrlG heranzuziehen. Die Änd. der Rspr. zur Befristung des Urlaubsanspruches auf das Kj., die infolge der EuGH-Entsch. v. 20.1.2009 (NZA 2009, 135; vgl. dazu *Schlachter* RdA-Beil. 5/2009, 31 f.) erforderl. geworden ist, erlaubt die Abgeltung eines Urlaubsanspruches, wenn der AN bis Ende des Urlaubsjahres bzw. des Übertragungszeitraumes arbeitsunfähig war und daher den Urlaub nicht nehmen konnte (BAG 24.3.2009 NZA 2009, 538). Das BAG hat den Schwerbehindertenzusatzurlaub gem. § 125 I 1 SGB IX denselben Grds. wie dem Mindesturlaub unterstellt, er ist also ebenfalls abzugelten, falls der AN bis zum Ende des Übertragungszeitraums arbeitsunfähig ist (BAG 23.3.2010 NZA 2010, 810; **aA** LAG B 2.10.2009 BeckRS 2010, 68277). Zu beachten ist, dass das Gesetz nicht auf die Regelungen des § 13 I und II BUrlG verweist. Deshalb darf hins. des Urlaubsanspruchs auch in **TV nicht zu Ungunsten** der Jugendlichen abgewichen werden; Vereinb. und Normen mit günstigerem Inhalt bleiben zulässig. 9

6. Jugendliche Heimarbeiter. In Heimarbeit beschäftigten Jugendlichen stehen die Ansprüche zu, wie sie in § 12 BUrlG für den dort genannten Personenkreis gelten. Abweichungen zugunsten der Jugendlichen folgen aus § 19 IV 2. So müssen Auftraggeber oder Zwischenmeister Urlaub iHd. Staffel des § 19 II und nicht nur nach § 12 BUrlG (vgl. dort Rn. 17) gewähren und das Urlaubsentgelt nicht nach dem dort genannten Prozentsatz v. 9,1 berechnen. Entspr. der Staffel des § 19 II gelten die Prozentzahlen v. 11,6, 10,3 oder 9,5% des Bruttomonatsgehalts, berechnet nach den Grds. des § 12 BUrlG. 10

§ 20 Binnenschiffahrt

(1) In der Binnenschiffahrt gelten folgende Abweichungen:

1. **Abweichend von § 12 darf die Schichtzeit Jugendlicher über 16 Jahre während der Fahrt bis auf 14 Stunden täglich ausgedehnt werden, wenn ihre Arbeitszeit sechs Stunden täglich nicht überschreitet. Ihre tägliche Freizeit kann abweichend von § 13 der Ausdehnung der Schichtzeit entsprechend bis auf 10 Stunden verkürzt werden.**
2. **Abweichend von § 14 Abs. 1 dürfen Jugendliche über 16 Jahre während der Fahrt bis 22 Uhr beschäftigt werden.**
3. **Abweichend von §§ 15, 16 Abs. 1, § 17 Abs. 1 und § 18 Abs. 1 dürfen Jugendliche an jedem Tag der Woche beschäftigt werden, jedoch nicht am 24. Dezember, an den Weihnachtsfeiertagen, am 31. Dezember, am 1. Januar, an den Osterfeiertagen und am 1. Mai. Für die Beschäftigung an einem Samstag, Sonntag und an einem gesetzlichen Feiertag, der auf einen Werktag fällt, ist ihnen je ein freier Tag zu gewähren. Diese freien Tage sind den Jugendlichen in Verbindung mit anderen freien Tagen zu gewähren, spätestens, wenn ihnen 10 freie Tage zustehen.**

(2) [1] In der gewerblichen Binnenschifffahrt hat der Arbeitgeber Aufzeichnungen nach Absatz 3 über die tägliche Arbeits- oder Freizeit jedes Jugendlichen zu führen, um eine Kontrolle der

Einhaltung der §§ 8 bis 21a dieses Gesetzes zu ermöglichen. [2]Die Aufzeichnungen sind in geeigneten Zeitabständen, spätestens bis zum nächsten Monatsende, gemeinsam vom Arbeitgeber oder seinem Vertreter und von dem Jugendlichen zu prüfen und zu bestätigen. [3]Im Anschluss müssen die Aufzeichnungen für mindestens zwölf Monate an Bord aufbewahrt werden und dem Jugendlichen ist eine Kopie der bestätigten Aufzeichnungen auszuhändigen. [4]Der Jugendliche hat die Kopien daraufhin zwölf Monate für eine Kontrolle bereitzuhalten.

(3) Die Aufzeichnungen nach Absatz 2 müssen mindestens folgende Angaben enthalten:
1. Name des Schiffes,
2. Name des Jugendlichen,
3. Name des verantwortlichen Schiffsführers,
4. Datum des jeweiligen Arbeits- oder Ruhetages,
5. für jeden Tag der Beschäftigung, ob es sich um einen Arbeits- oder um einen Ruhetag handelt sowie
6. Beginn und Ende der täglichen Arbeitszeit oder der täglichen Freizeit.

1 § 20 soll den Besonderheiten der Binnenschifffahrt Rechnung tragen (vgl. BT-Drs. 7/2305 S. 31), da ein Schiff während der Fahrt idR einen speziellen zeitl. Einsatz der AN erfordert. Der **sachl. Geltungsbereich** des § 20 umfasst nur Binnengewässer, dh. Flüsse, Seen und Kanäle; für Hochsee- und Küstenschifffahrt gilt das SeemannsG. Auf die Beschäftigung v. Jugendlichen in der Binnenfischerei finden die Vorschr. des JArbSchG über die Landwirtschaft Anwendung. Die Beschäftigung in den zugehörigen Landbetrieben (Büros, DockAnl., Werften und Werkstätten) unterliegt gleichfalls nicht § 20. Diese Norm gilt nur für die Beschäftigung auf einem zur Binnenschifffahrt bestimmten und verwendeten Schiff einschl. Schwimmkräne, -bagger, Schleppkähne, solange sie sich auf Binnengewässern der Bundesrepublik Deutschland befinden, unabhängig v. der Nationalität des Schiffes oder der sich darauf befindl. Personen (§ 1 Rn. 2; *Zmarzlik/Anzinger* JArbSchG Rn. 7; vgl. *Lakies* JArbSchG Rn. 1). Der **persönl. Geltungsbereich** des § 20 umfasst alle Jugendlichen, die auf einem Binnenschiff iSd. § 1 beschäftigt werden (*Zmarzlik/Anzinger* JArbSchG Rn. 4; MVG/*Germelmann* Rn. 18 f.: nur Besatzungsmitglieder).

2 Die **Schichtzeit** (§ 12 Rn. 2) v. Jugendlichen über 16 Jahre darf während der Fahrt auf bis zu 14 Stunden tägl. ausgedehnt werden, wenn ihre AZ (§ 4) 6 Stunden tägl. nicht überschreitet. Auf die wöchentl. AZ ist nur die tats. AZ anzurechnen (*Zmarzlik/Anzinger* JArbSchG Rn. 12). Die tägl. Freizeit kann entspr. der Schichtzeit abw. v. § 13 bis auf 10 Stunden verkürzt werden (Nr. 1). Jugendliche über 16 Jahre dürfen abw. v. § 14 I bis 22 Uhr beschäftigt werden (Nr. 2).

3 Abw. v. § 15 S. 1 darf die gem. § 8 höchstzulässige AZ auf 7 Tage in der Woche verteilt werden **(Nr. 3).** Absolut einzuhalten ist die **Feiertagsruhe** aber am 24. Dezember, an den Weihnachtsfeiertagen, am 31. Dezember, am 1. Januar, an den Osterfeiertagen und am 1. Mai (aA *Zmarzlik/Anzinger* JArbSchG Rn. 19: Beschäftigung am 24. und 31. 12. erst ab 14 Uhr unzulässig). Für jede Beschäftigung (unabhängig v. ihrer Dauer) an einem Samstag, Sonntag oder ges. Feiertag, der auf einen Werktag fällt, ist dem Jugendlichen ein Ersatzruhetag zu gewähren. Diese müssen aber nicht innerhalb derselben Woche gewährt, sondern können angesammelt werden. Ein Ersatzruhetag kann nicht einzeln, sondern muss immer iVm. wenigstens einem (zwei) anderen freien Tag(en) gewährt werden, und zwar spätestens, wenn dem Jugendlichen 10 Ersatzruhetage zustehen. **Verstöße** gegen die in § 20 enthaltenen Ge- und Verbote sind Verletzungen der §§ 12 bis 18 und werden dementspr. nach § 58 I Nr. 9 bis 15 als Ordnungswidrigkeiten geahndet. Nach Abs. 2 und 3 sind die zentralen Informationen über die AZ Jugendlicher auf Binnenschiffen zu Kontrollzwecken zu dokumentieren. Eine Verletzung der Dokumentationspflicht ist gem. § 59 I Nr. 2a, 2b eine bußgeldbewehrte Ordnungswidrigkeit.

§ 21 Ausnahmen in besonderen Fällen

(1) Die §§ 8 und 11 bis 18 finden keine Anwendung auf die Beschäftigung Jugendlicher mit vorübergehenden und unaufschiebbaren Arbeiten in Notfällen, soweit erwachsene Beschäftigte nicht zur Verfügung stehen.

(2) Wird in den Fällen des Absatzes 1 über die Arbeitszeit des § 8 hinaus Mehrarbeit geleistet, so ist sie durch entsprechende Verkürzung der Arbeitszeit innerhalb der folgenden drei Wochen auszugleichen.

1 § 21 will den Betrieben in **Notfällen** eine Beschäftigung Jugendlicher ohne Bindung an die normalen AZ- und Pausenregelungen ermöglichen. Die Bestimmung hat Ausnahmecharakter und ist entspr. eng auszulegen. Eine Leistungspflicht begr. § 21 für die Jugendlichen nicht, diese ergibt sich als Nebenpflicht aus dem ArbVerh. Durch den in Abs. 2 normierten Freizeitausgleich soll nicht nur eine ausreichende Erholung ermöglicht, sondern auch die Inanspruchnahme der Jugendlichen in solchen Fällen auf ein Minimum reduziert werden.

Ein **Notfall (Abs. 1)** ist ein ungewöhnl., nicht vorhersehbares und plötzl. auftretendes Ereignis, das unabhängig v. Willen des Betroffenen eintritt und eine Gefahr für Leben und Gesundheit v. Menschen oder für erhebl. Sachwerte unmittelbar hervorruft, so dass ein sofortiges Eingreifen zur Abwehr dieser Gefahr erforderl. ist (OLG HH 24.10.1962 DB 1963, 208). Den Grad eines öffentl. Notstandes oder der Gefährdung des Gemeinwohls muss die Gefahr nicht erreicht haben, es genügt, wenn nur ein einzelner Betrieb betroffen ist. Beispiele: Feuer und Brand, Explosionen, Deich- und Rohrbrüche, Stromausfall, Hauseinstürze, Maschinenschäden, erhebl. Störungen im öffentl. Verkehr; Naturereignisse wie Wirbelsturm, Unwetter, Blitzschlag, Sturmfluten, Erdbeben, plötzl. Frost und Hagel, Überschwemmungen. Auch das Einholen der Ernte vor einem drohenden Unwetter ist als Notfall anzusehen (vgl. BT-Drs. 7/4544 S. 7). Keine Notfälle sind Ereignisse, die auf Planungs- oder Organisationsfehlern beruhen oder v. AG bei gehöriger Sorgfalt hätten vorausgesehen und vermieden werden können (OLG KA 22.5.1981 BeckRS 1981, 31209153). 2

Eine Überschreitung der ges. Grenzen ist nur zulässig, soweit es sich um vorübergehende, unaufschiebbare Arbeiten handelt und erwachsene Beschäftigte nicht in ausreichender Zahl zur Vfg. stehen. **Vorübergehend** sind Tätigkeiten, die in relativ kurzer Zeit (max. ein Tag) beendet werden können. Dauert der Notfall länger, muss sich der AG um andere Hilfskräfte oder eine Ausnahmegenehmigung für erwachsene Beschäftigte bemühen. **Unaufschiebbar** sind Arbeiten, die sofort ausgeführt werden müssen, um den Eintritt oder die Verschlimmerung drohender Gefahren oder Schäden für Personen oder den Betrieb abzuwenden. Der Beschäftigung des Jugendlichen hat eine Güterabwägung zwischen den drohenden Schäden und den Interessen des Jugendlichen an der Einhaltung der AZGrenzen und der Beschäftigungsverbote voranzugehen. 3

Mehrarbeit in Notfällen ist durch eine entspr. AZVerkürzung innerhalb der folgenden drei Wochen auszugleichen (**Abs. 2**). **Mehrarbeit** ist jede über die in § 8 festgesetzte höchstzulässige AZ hinausgehende Arbeit. Die Regelungen über Ersatzruhetage finden für Notfallarbeiten am Wochenende oder an Feiertagen daher keine Anwendung (*Zmarzlik/Anzinger* JArbSchG Rn. 19; *Bachmann/Lührs* Rn. 178), wenn nicht entweder an diesem Tag mehr als acht Stunden, oder in dieser Woche mehr als 40 Stunden gearbeitet wurde. Der Ausgleichszeitraum v. drei Wochen bestimmt sich nach § 188 II BGB. Ist in dieser Zeit ein Ausgleich aus Gründen, die in der Person des Jugendlichen liegen, nicht mögl., kann die Frist verlängert werden. Ein Mehrarbeitszuschlag ist ges. nicht vorgesehen. Liegen die Voraussetzungen des Abs. 1 nicht vor, so ist die Beschäftigung Jugendlicher nach § 58 I Nr. 5 und 8 bis 15 eine **Ordnungswidrigkeit.** Gleicht der AG die geleistete Mehrarbeit durch Verkürzung der AZ entgegen Abs. 2 nicht aus, so handelt er ordnungswidrig nach § 58 I Nr. 17. 4

§ 21a Abweichende Regelungen

(1) In einem Tarifvertrag oder auf Grund eines Tarifvertrages in einer Betriebsvereinbarung kann zugelassen werden

1. **abweichend von den §§ 8, 15, 16 Abs. 3 und 4, § 17 Abs. 3 und § 18 Abs. 3 die Arbeitszeit bis zu neun Stunden täglich, 44 Stunden wöchentlich und bis zu fünfeinhalb Tagen in der Woche anders zu verteilen, jedoch nur unter Einhaltung einer durchschnittlichen Wochenarbeitszeit von 40 Stunden in einem Ausgleichszeitraum von zwei Monaten,**
2. **abweichend von § 11 Abs. 1 Satz 2 Nr. 2 und Abs. 2 die Ruhepausen bis zu 15 Minuten zu kürzen und die Lage der Pausen anders zu bestimmen,**
3. **abweichend von § 12 die Schichtzeit mit Ausnahme des Bergbaus unter Tage bis zu einer Stunde täglich zu verlängern,**
4. **abweichend von § 16 Abs. 1 und 2 Jugendliche an 26 Samstagen im Jahr oder an jedem Samstag zu beschäftigen, wenn statt dessen der Jugendliche an einem anderen Werktag derselben Woche von der Beschäftigung freigestellt wird,**
5. **abweichend von den §§ 15, 16 Abs. 3 und 4, § 17 Abs. 3 und § 18 Abs. 3 Jugendliche bei einer Beschäftigung an einem Samstag oder an einem Sonn- oder Feiertag unter vier Stunden an einem anderen Arbeitstag derselben oder der folgenden Woche vor- oder nachmittags von der Beschäftigung freizustellen,**
6. **abweichend von § 17 Abs. 2 Satz 2 Jugendliche im Gaststätten- und Schaustellergewerbe sowie in der Landwirtschaft während der Saison oder der Erntezeit an drei Sonntagen im Monat zu beschäftigen.**

(2) Im Geltungsbereich eines Tarifvertrages nach Absatz 1 kann die abweichende tarifvertragliche Regelung im Betrieb eines nicht tarifgebundenen Arbeitgebers durch Betriebsvereinbarung oder, wenn ein Betriebsrat nicht besteht, durch schriftliche Vereinbarung zwischen dem Arbeitgeber und dem Jugendlichen übernommen werden.

(3) Die Kirchen und die öffentlich-rechtlichen Religionsgesellschaften können die in Absatz 1 genannten Abweichungen in ihren Regelungen vorsehen.

1 **1. Normzweck.** Den TVParteien sollen mehr Befugnisse und mehr Verantwortung im Jugendarbeitsschutz übertragen werden (BT-Drs. 10/2012 S. 14). Die AZVorschr. können flexibler an die Bedürfnisse der Betriebe angepasst werden, da die Tarifparteien schneller und leichter auf eintretende Veränd. reagieren als der Gesetzgeber und auch regionale Besonderheiten berücksichtigen können.

2 **2. Abweichungen (Abs. 1).** Gem. Abs. 1 können Abweichungen v. den ges. AZVorschr. in einem TV oder in einer BV zugelassen werden, Letzteres jedoch nur, wenn dies im TV ausdr. vorgesehen ist. Nach Abs. 1 kann v. fast allen arbeitszeitrechtl. Vorschr. der §§ 8 bis 18 JArbSchG abgewichen werden. Ausgenommen sind nur die §§ 9, 10, 13 und 14.

3 Nr. 1 erlaubt eine **Verlängerung der tägl. AZ** auf bis zu 9 Stunden, wobei jedoch die 40-Stunden-Woche im Ausgleichszeitraum v. 2 Monaten einzuhalten ist. Wird auch diese auf bis zu 44 Stunden verlängert, muss der Jugendliche an einer betriebl. gleitenden AZ mit Zeitausgleich oder am Rolliersystem teilnehmen. Bei diesem Verlängerungszweck handelt es sich auch um einen „objektiven Grund" iSd. Art. 8 V RL 94/33/EG, so dass die Regelung als Ausnahme zu Art. 8 V 1 der RL zulässig ist (aA *Schmidt* BB 1998, 1362, 1363). Nr. 2 erlaubt eine **Veränd. der Lage der Ruhezeiten** und ihre Verkürzung um 15 Minuten, Letzteres jedoch nur bei der einstündigen Ruhepause des § 11 I 2 Nr. 2; die halbstündige Ruhepause des § 11 I 2 Nr. 1 ist durch Art. 12 RL 94/33/EG auch ggü. tarifl. Regelung bestandsfest. Nr. 3 erlaubt eine **Verlängerung der Schichtzeiten** in allen Betrieben mit Ausnahme des Bergbaus unter Tage. Auch ggü. ges. zugelassenen Verlängerungsmöglichkeiten (§ 12) kann eine zusätzl. tarifl. Verlängerung vereinbart werden. Nr. 4 erlaubt **Samstagsarbeit** in Bereichen, in denen eine Ausnahme gem. § 16 II nicht vorliegt. Auch eine Beschäftigung an mehr als 2 Samstagen im Monat kann zugelassen werden; die Verpflichtung, den Jugendlichen stattdessen einen anderen Tag derselben Woche freizustellen, wird dadurch nicht beseitigt; allerdings muss der Ersatzruhetag nicht berufsschulfrei sein. Nr. 5 erlaubt eine **Verkürzung der Ersatzruhezeiten,** die zum Ausgleich einer Beschäftigung am Wochenende oder an Feiertagen gewährt werden müssen, wenn diese weniger als 4 Stunden dauerte. Zugleich kann der Ausgleichszeitraum auf 2 Wochen verlängert werden. Vorgaben für die Gestaltung der Ruhezeitverkürzung bestehen nicht, sie kann den betriebl. Bedürfnissen angepasst werden. Nr. 6 erlaubt die **Sonntagsarbeit** an 3 Sonntagen im Monat im Gaststättengewerbe, Schaustellergewerbe und der Landwirtschaft während der Erntezeit. Sind Abweichungen v. den ges. Vorschr. tarifl. in zulässigem Umf. vereinbart worden, ist die Bußgeld- oder **Strafdrohung** der §§ 58, 59 insoweit beseitigt. Der AG darf die Jugendlichen beschäftigen, tarifgebundene Jugendliche sind zur Leistung verpflichtet.

4 **3. Nicht tarifgebundene Arbeitgeber (Abs. 2).** Im Geltungsbereich eines TV kann eine abw. tarifvertragl. Regelung für den Betrieb eines nicht tarifgebundenen AG durch **BV** oder, wenn ein BR nicht besteht, durch schriftl. Vereinb. zwischen dem AG und dem Jugendlichen übernommen werden, um einheitl. Arbeits- und Ausbildungsbedingungen in allen Betrieben eines Beschäftigungsbereiches zu ermöglichen. Übernommen werden kann die v. G abw. tarifl. Regelung, also die inhaltl. Gestaltung, wie sie der TV vorgenommen hat; eine für die Jugendlichen günstigere (§ 4 III TVG) Vereinb. bleibt mögl. Eine „Regelung" meint alle Bestimmungen des TV zu einem einheitl. Regelungsgegenstand, nicht aber den gesamten TV. Um die v. Gesetz erwartete richtige und ausgewogene Lösung nicht zu verfehlen, müssen alle mit dem Regelungsgegenstand zusammenhängenden Bestimmungen insg. übernommen werden. Bei verbleibenden Zweifeln gilt wieder das Gesetz (BAG 29.1.1992 NZA 1992, 1037). Haben die Tarifpartner eine v. G abw., aber ausfüllungsbedürftige Rahmenregelung getroffen, kann innerhalb dieses Rahmens die Regelung durch BV getroffen werden. Enthält der TV aber nur eine Öffnungsklausel zugunsten der betriebl. Ebene, liegt keine – gem. Abs. 2 – übernahmefähige tarifl. Regelung vor; in nicht tarifgebundenen Betrieben gilt daher keine Abweichungsbefugnis (*Zmarzlik/Anzinger* JArbSchG Rn. 36; **aA** MVG/*Germelmann* Rn. 40). Überschreitet der AG die tarifl. oder in einer BV auf Grund TV festgelegten Grenzen, so wird sein Handeln nach §§ 58 und 59 als Ordnungswidrigkeit mit Geldbuße, bei schweren Verstößen als Straftat nach § 58 V, VI mit Freiheitsstrafe oder mit Geldstrafe geahndet.

5 **4. Kirchen und öffentlich-rechtliche Religionsgemeinschaften (Abs. 3).** Gem. Art. 140 GG iVm. Art. 137 III WRV verwalten die Religionsgesellschaften ihre Angelegenheiten selbständig innerhalb der für alle geltenden Gesetze. Daher sind sie und die ihnen zugeordneten karitativen Einrichtungen nicht an das Tarifsystem gebunden, dürfen aber nach Abs. 3 v. der Tariföffnungsklausel Gebrauch machen wie Tarifparteien. Soweit innerkirchl. Regelungen über die Mitwirkung v. AN bestehen, werden abw. Regelungen iSd. § 21a mit den Mitarbeitervertretungen vereinbart (*Hammer* ZTR 2002, 302). TVähnl. Rechtsnormwirkungen wurden diesen Regelungen damit jedoch nicht zuerkannt.

§ 21b Ermächtigung

Das Bundesministerium für Arbeit und Soziales kann im Interesse der Berufsausbildung oder der Zusammenarbeit von Jugendlichen und Erwachsenen durch Rechtsverordnung mit Zustimmung des Bundesrates Ausnahmen von den Vorschriften

1. des § 8, der §§ 11 und 12, der §§ 15 und 16, des § 17 Abs. 2 und 3 sowie des § 18 Abs. 3 im Rahmen des § 21a Abs. 1,

2. des § 14, jedoch nicht vor 5 Uhr und nicht nach 23 Uhr, sowie
3. des § 17 Abs. 1 und des § 18 Abs. 1 an höchstens 26 Sonn- und Feiertagen im Jahr
zulassen, soweit eine Beeinträchtigung der Gesundheit oder der körperlichen oder seelisch-geistigen Entwicklung der Jugendlichen nicht zu befürchten ist.

1 Die Vorschr. lässt Ausnahmen v. §§ 8, 11, 12 und 14 bis 18 zu, um die Berufsausbildung und die Zusammenarbeit v. Jugendlichen und Erwachsenen zu fördern. Im **Interesse der Berufsausbildung** liegt eine Lockerung des AZschutzes, wenn dies geeignet ist, die Ausbildungsmöglichkeiten der Jugendlichen oder die Qualität der Ausbildung iSd. § 1 IV BBiG zu verbessern. Im **Interesse der Zusammenarbeit** v. Jugendlichen und Erwachsenen liegt eine Ausnahme, wenn durch sie die Dauer oder Lage der AZ der Jugendlichen an die der Erwachsenen angeglichen werden kann.

2 RechtsVO können **Abweichungen nur für ganze Beschäftigungsbereiche** zulassen, nicht für einzelne Betriebe oder einzelne Jugendliche. Nach Nr. 1 können Ausnahmen v. den Bestimmungen zur tägl. und wöchentl. AZ, den Ruhepausen, den Schichtzeiten, der Fünf-Tage-Woche sowie zur Wochenend- und Feiertagsruhe im gleichen Umf. zugelassen werden wie durch die Tariföffnungsklausel des § 21a. Abw. v. § 14 dürfen gem. Nr. 2 der Arbeitsbeginn auf 5 Uhr vorverlegt und das Arbeitsende auf 23 Uhr hinausgeschoben werden. Nr. 3 erlaubt die Beschäftigung Jugendlicher an max. 26 Sonn- und Feiertagen im Jahr. Die Gesundheit und die körperl. und seelisch-geistige Entwicklung der Jugendlichen dürfen nicht beeinträchtigt werden. Dabei ist auf den allg. Gesundheits- und Entwicklungsstand v. Jugendlichen des betr. Alters und die Belastungen iRd. jeweiligen Beschäftigungszweiges abzustellen. Die allg. Schutzvorschr. (§§ 9, 10, 13, 19) gelten jedoch neben den durch RechtsVO bestimmten Ausnahmen. V. den in Nr. 1 aufgeführten Bestimmungen kann sowohl **durch TV** als auch **durch RechtsVO abgewichen** werden. Das Verhältnis der beiden rechtsetzenden Instanzen bestimmt sich nach dem Subsidiaritätsprinzip, dh. grds. gehen die tarifautonom geschaffenen Bestimmungen vor. Daher kann die Ermächtigung gem. Nr. 1 nur genutzt werden, wenn feststeht, dass die TVParteien nicht in der Lage sind, die notwendigen Anpassungen an die Erfordernisse der Berufsausbildung und Beschäftigung der Jugendlichen vorzunehmen und das öffentl. Interesse ein Eingreifen des Staates erfordert (BVerfG 24.5.1977 NJW 1977, 2255; *Zmarzlik/Anzinger* JArbSchG Rn. 9; HWK/*Tillmanns* Rn. 2). Die in Nr. 2, 3 geregelten Ausnahmebestimmungen können dagegen ausschl. im Wege der RechtsVO getroffen werden. Liegt eine RechtsVO nicht vor, oder überschreitet der AG die dort festgesetzten Grenzen, **verstößt** er gegen die jeweilige Grundnorm und ist nach dieser iVm. §§ 58, 59 zu bestrafen.

Zweiter Titel. Beschäftigungsverbote und -beschränkungen

§ 22 Gefährliche Arbeiten

(1) Jugendliche dürfen nicht beschäftigt werden
1. mit Arbeiten, die ihre physische oder psychische Leistungsfähigkeit übersteigen,
2. mit Arbeiten, bei denen sie sittlichen Gefahren ausgesetzt sind,
3. mit Arbeiten, die mit Unfallgefahren verbunden sind, von denen anzunehmen ist, daß Jugendliche sie wegen mangelnden Sicherheitsbewußtseins oder mangelnder Erfahrung nicht erkennen oder nicht abwenden können,
4. mit Arbeiten, bei denen ihre Gesundheit durch außergewöhnliche Hitze oder Kälte oder starke Nässe gefährdet wird,
5. mit Arbeiten, bei denen sie schädlichen Einwirkungen von Lärm, Erschütterungen oder Strahlen ausgesetzt sind,
6. mit Arbeiten, bei denen sie schädlichen Einwirkungen von Gefahrstoffen im Sinne der Gefahrstoffverordnung ausgesetzt sind,
7. mit Arbeiten, bei denen sie schädlichen Einwirkungen von biologischen Arbeitsstoffen im Sinne der Biostoffverordnung ausgesetzt sind.

(2) [1] Absatz 1 Nr. 3 bis 7 gilt nicht für die Beschäftigung Jugendlicher, soweit
1. dies zur Erreichung ihres Ausbildungszieles erforderlich ist,
2. ihr Schutz durch die Aufsicht eines Fachkundigen gewährleistet ist und
3. der Luftgrenzwert bei gefährlichen Stoffen (Absatz 1 Nr. 6) unterschritten wird.
[2] Satz 1 findet keine Anwendung auf gezielte Tätigkeiten mit biologischen Arbeitsstoffen der Risikogruppen 3 und 4 im Sinne der Biostoffverordnung sowie auf nicht gezielte Tätigkeiten, die nach der Biostoffverordnung der Schutzstufe 3 oder 4 zuzuordnen sind.

(3) Werden Jugendliche in einem Betrieb beschäftigt, für den ein Betriebsarzt oder eine Fachkraft für Arbeitssicherheit verpflichtet ist, muß ihre betriebsärztliche oder sicherheitstechnische Betreuung sichergestellt sein.

1 **1. Normzweck.** Die Beschäftigungsverbote sollen Gesundheit und Leben v. Jugendlichen bei der Arbeit schützen und sittl. Gefahren v. ihnen fernhalten (vgl. BT-Drs. 7/2305 S. 32). Abs. 2 lässt Ausnahmen zu, damit Jugendliche während ihrer Ausbildung die bes. Gefahren des jeweiligen Arbeitsplatzes und der Arbeitsverfahren unter Aufsicht kennen lernen können, um Maßnahmen zur Gefahrenabwehr anwenden und ihre Wirksamkeit beurteilen zu lernen. Die Beschäftigungsverbote sind zwgd., die Zust. des Jugendlichen oder seiner Eltern kann den AG v. ihrer Beachtung nicht entbinden.

2 **2. Beschäftigungsverbote (Abs. 1).** Das Verbot gilt für **Jugendliche,** nicht aber für erwachsene Auszubildende, da der Gesetzgeber gerade den Jugendlichen mangelnde Erfahrung und mangelndes Sicherheitsbewusstsein unterstellt, Abs. 1 Nr. 3. Die Bestimmung ist nicht abschl., sondern kann durch RechtsVO gem. § 26 Nr. 1 erweitert werden; derzeit liegt jedoch keine entspr. VO vor.

3 **a) Übersteigen der Leistungsfähigkeit, Nr. 1, sittl. Gefahren, Nr. 2.** Nicht nur die körperl., sondern auch die psychische Leistungsfähigkeit dürfen nicht überschritten werden. Maßgebl. ist die individuelle Leistungsfähigkeit des Jugendlichen, nicht die durchschnittl. Leistungsfähigkeit einer Person diesen Alters (BT-Drs. 7/2305 S. 32). Die Beschäftigung ist bereits bei Vorliegen einer hinreichend wahrscheinl. Gefahr verboten, nicht erst nach einem tats. Schadenseintritt. Bsp.: Heben, Tragen und Bewegen schwerer Lasten, dauerndes Stehen erfordernde Arbeiten, erzwungene Körperhaltung, hohe gleichmäßige Dauerleistung (BT-Drs. 7/2305 S. 32). Eine **sittl. Gefährdung** ist dann anzunehmen, wenn die allg. moralischen Wertmaßstäbe Jugendlicher durch Handlungen und Wahrnehmungen bei der Arbeit negativ beeinflusst werden können. Hierbei ist ein obj. Maßstab anzulegen, der insb. aus dem StGB und dem JSchG abgeleitet werden kann.

4 **b) Unfallgefahren, Nr. 3.** Maßstab sind die Umstände im konkreten Betrieb verbunden mit der – v. Gesetzgeber typischerweise als gering eingeschätzten – Erfahrung und dem Sicherheitsbewusstsein des einzelnen Jugendlichen, aber auch seine Lernfähigkeit und sein Kenntnisstand. Umstände, die auf Waghalsigkeit, Leichtsinn, mangelndes Verantwortungsgefühl oder spielerisches Verhalten schließen lassen, sind zu berücksichtigen. Eine abstrakte Gefahr anlässl. v. Arbeiten in gefährl. Arbeitssituationen, mit gefährl. Betriebsmitteln oder gefährl. Stoffen genügt (OLG KA 20.11.1984 NStZ 1985, 225), Bsp.: Aufbau v. Gerüsten, Schornsteinbau, Arbeiten in Steinbrüchen, Abbrucharbeiten, Fällen v. Bäumen, Arbeiten mit gefährl. Arbeitsmitteln oder -stoffen, Arbeiten unter elektrischer Spannung. IdR kann eine Unfallgefahr verneint werden, wenn die sicherheitstechnischen Vorschr. beachtet werden.

5 **c) Hitze, Kälte, Nässe, Nr. 4.** Die Gesundheit der Jugendlichen ist bereits gefährdet, wenn konkrete Umstände vorliegen, die den Eintritt einer Gesundheitsschädigung nahe legen. Bei Hitze, Kälte oder Nässe ist das anzunehmen, sofern sie übl. jahreszeitl. Verhältnisse erhebl. übersteigen. Durch entspr. Schutzvorkehrungen kann eine Gesundheitsgefährdung ausgeschaltet werden, jedoch ist zu beachten, dass dadurch der Jugendliche nicht in seiner Leistungsfähigkeit überfordert wird (schwere Schutzkleidung; BT-Drs. 7/2305 S. 32), Bsp.: Arbeiten in Hüttenwerken, Stahlwerken, Gießereien, Schmieden, in chemischen Betrieben, Härtereien, in der Nähe v. Öfen oder in Kühlräumen (LAG BW 7.12.1994 BeckRS 1994, 30864811), Nässearbeiten in Schlachthöfen, Brauereien oder bei Tiefbauarbeiten.

6 **d) Schädliche Einwirkungen, Nr. 5 bis 7.** Einwirkungen sind schädl., wenn sie Risiken für akute oder chronische Gesundheitsstörungen bieten. Das ist anzunehmen, sobald die festgestellten Auslöseschwellen überschritten werden, weil MAK-Werte oder BAT-Werte nicht eingehalten werden; weil beim Umgang mit gefährl. Stoffen, die durch die Haut aufgenommen werden können, unmittelbarer Hautkontakt besteht; weil beim Umgang mit krebserregenden Stoffen der TRK-Wert nicht dauerhaft eingehalten werden kann; weil im Falle fehlender TRK-Werte eine Exposition ggü. krebserregenden Stoffen nicht sicher ausgeschlossen ist; oder weil bei bestimmten stoffspezifischen Arbeitsverfahren in einer Technischen Regel die Überschreitung der Auslöseschwelle unterstellt wird (Bek. des BMA, BArbBl. 3/1990, S. 80).

7 Mit einer Gesundheitsgefährdung ist bei einer **Lärmeinwirkung** v. 90 dB(A) zu rechnen. Nach dem Anh. zu § 3 I ArbStättV ist der Schalldruckpegel in Arbeitsstätten so niedrig zu halten, dass in Abhängigkeit von den zu verrichtenden Tätigkeiten keine Beeinträchtigung der Gesundheit entsteht. Der AG kann die Lärmeinwirkungen durch entspr. Schutzvorkehrungen mindern, muss aber auch deren Anwendung überwachen, insb. die Jugendlichen zu ihrer Verwendung anhalten. Eine schädl. Einwirkung v. **Erschütterungen** erfolgt durch akustisch nicht wahrnehmbare mechanische Schwingungen (zB beim Umgang mit Presslufthämmern, Motorsägen oder bei Arbeiten auf ungenügend gefederten Fahrzeugen und schweren Erdbewegungsmaschinen), die im Stütz- und Bewegungsapparat des Jugendlichen Schäden hervorrufen können. Beim Umgang mit radioaktiven **Strahlen,** Röntgenstrahlen und Laserstrahlen verbieten § 45 der StrlSchV Personen unter 18 Jahren den Aufenthalt in Kontrollbereichen, es sei denn, eine Beschäftigung ist zu Ausbildungszwecken erforderl. und v. der zust. Behörde genehmigt.

8 Im Verbot gem. **Abs. 1 Nr. 6** sind alle Stoffe zusammengefasst, die zuvor in unterschiedl. Rechtsgrdl. geregelt waren. Es erleichtert die Übersicht für den AG, dass der Schutz Jugendlicher vor Gefahrstoffen einheitl. im JArbSchG geregelt wird. Dabei werden Einwirkungen durch Gefahrstoffe aus-

geschlossen und ein Beschäftigungsverbot auch beim Umgang mit Stoffen verhängt, die chronisch schädigende Eigenschaften haben, die explosionsfähig sind, oder aus denen bei der Herstellung oder Verwendung derartige Stoffe entstehen oder freigesetzt werden können, oder die erfahrungsgem. Krankheitserreger übertragen können; auch der Umgang mit sensibilisierenden oder umweltgefährl. Stoffen wird Jugendlichen grds. untersagt. Zu den Ausnahmen v. Beschäftigungsverbot vgl. Abs. 2 S. 1. V. dem **Verbot in Abs. 1 Nr. 7** sind die **biologischen Arbeitsstoffe** erfasst, die in der BiostoffV genannt sind. Danach sind biologische Arbeitsstoffe Mikroorganismen einschl. genetisch veränderter Mikroorganismen, Zellkulturen und Humanendoparasiten, die Infektionen, Allergien oder toxische Wirkungen hervorrufen könnten.

3. Ausnahmen (Abs. 2). Gem. Abs. 2 entfällt das Beschäftigungsverbot und wird durch Einhaltung anderweitiger Schutzbestimmungen ersetzt; nur v. den Beschäftigungsverboten bei Kräfte übersteigenden oder sittl. gefährdenden Arbeiten sind bewusst keine Ausnahmen zugelassen worden. Voraussetzung einer Zulassung nach Abs. 2 ist, dass der Jugendliche in einem Ausbildungsverhältnis steht (§ 1 Nr. 1) und die Beschäftigung mit einer der genannten Arbeiten zur Erreichung des Ausbildungszieles **erforderl.** ist. Ob die Tätigkeit erforderl. ist, richtet sich nach dem Ausbildungsberufsbild und dem Ausbildungsrahmen der Ausbildungsordnung (§§ 4, 5 BBiG, § 25 HandwO). Eine Beschäftigung mit gefährl. bloßen Hilfs- oder Nebentätigkeiten, die zur Ausbildung nicht erforderl. ist, ist unzulässig. Kumulativ dazu ist der Jugendliche während der Beschäftigung durch die **Aufsicht eines Fachkundigen** zu schützen. Fachkundiger ist, wer über die erforderl. Kenntnisse und Fertigkeiten verfügt, die Betriebsanl. auf ihre Funktionstüchtigkeit zu überprüfen, Arbeitseinrichtungen zu überwachen und die Arbeitsverfahren unter dem Gesichtspunkt der Vermeidung v. Gefährdungsmöglichkeiten zu gestalten, und wer eigenverantwortl. Entsch. treffen kann. Die Aufsichtsperson hat auf die strikte Einhaltung der Schutzvorschr. zu achten, muss aber nicht st. anwesend sein, es genügt das Ausüben der Kontrollfunktion durch Unterweisung des Jugendlichen und eine gelegentl. Überprüfung. Ist in dem Betrieb des Jugendlichen ein Betriebsarzt oder eine Fachkraft für Arbeitssicherheit verpflichtet, §§ 2, 5 ASiG, muss die **betriebsärztl. oder sicherheitstechnische Betreuung** des Jugendlichen sichergestellt sein (Abs. 3). Die Aufsicht durch den Fachkundigen wird dadurch nicht ersetzt, die Fachkraft für Arbeitssicherheit kann aber im konkreten Fall zudem die Funktion des Fachkundigen iSd. § 22 II 1 Nr. 2 ausüben. 9

Wird der **Luftgrenzwert** bei Gefahrstoffen (Abs. 1 Nr. 6) erreicht, ist eine Beschäftigung Jugendlicher selbst zur Erreichung des Ausbildungszieles und unter Aufsicht eines Fachkundigen untersagt. Für erwachsene AN ist bei Erreichen bzw. Überschreiten des Luftgrenzwertes das Tragen v. Schutzausrüstungen vorgeschrieben. Für Jugendliche hält der Gesetzgeber diese Maßnahme in Anbetracht ihres geringeren Sicherheitsbewusstseins nicht für ausreichend. Für den beabsichtigten Umgang mit bes. gefährl. **biologischen Arbeitsstoffen** der Gruppen 3 und 4 der BiostoffV (Abs. 1 Nr. 7), (zB sehr giftige, krebserzeugende, fruchtschädigende, erbgutverändernde oder sonst chronisch schädigende Stoffe), gilt ebenfalls ein absolutes Beschäftigungsverbot, da ein Umgang mit diesen Stoffen eine Gewissenhaftigkeit und Erfahrung voraussetzt, die bei Jugendlichen noch nicht erwartet werden kann. „Absichtl. Umgang" ist bei der Produktion solcher Arbeitsstoffe und in Speziallabors der entspr. Gefahrklassen gegeben, nicht aber bei der Krankenbetreuung oder iRd. Ausbildung in Gesundheitsfachberufen, da hier die Beschäftigung nicht gezielt auf den Umgang mit biologischen Arbeitsstoffen gerichtet ist (BT-Drs. 13/5494 S. 10). Nach dem Vorbild der RL 94/33/EG ist für die ausnahmsweise zulässige Beschäftigung v. Jugendlichen keine Altersgrenze mehr vorgesehen. Die zuvor maßgebl. Altersgrenze v. 16 Jahren ist toxikologisch nicht zu begründen, zudem soll die Ausbildung v. Jugendlichen unter 16 Jahren in Bereichen, in denen mit bestimmten Stoffen wie Holzstaub oder Benzin umgegangen wird, nicht ausgeschlossen werden. Beschäftigt ein AG vorsätzl. oder fahrlässig entgegen § 22 I einen Jugendlichen mit den dort genannten Arbeiten, oder liegen die in Abs. 2 genannten Voraussetzungen nicht vor, so handelt er **ordnungswidrig** nach § 58 I Nr. 18, bei schweren Verstößen macht er sich nach § 58 V, VI strafbar; auch Schadensersatzansprüche des Jugendlichen kommen in Betracht. 10

§ 23 Akkordarbeit; tempoabhängige Arbeiten

(1) Jugendliche dürfen nicht beschäftigt werden

1. mit Akkordarbeit und sonstigen Arbeiten, bei denen durch ein gesteigertes Arbeitstempo ein höheres Entgelt erzielt werden kann,

2. in einer Arbeitsgruppe mit erwachsenen Arbeitnehmern, die mit Arbeiten nach Nummer 1 beschäftigt werden,

3. mit Arbeiten, bei denen ihr Arbeitstempo nicht nur gelegentlich vorgeschrieben, vorgegeben oder auf andere Weise erzwungen wird.

(2) Absatz 1 Nr. 2 gilt nicht für die Beschäftigung Jugendlicher,

1. soweit dies zur Erreichung ihres Ausbildungszieles erforderlich ist oder

2. wenn sie eine Berufsausbildung für diese Beschäftigung abgeschlossen haben

und ihr Schutz durch die Aufsicht eines Fachkundigen gewährleistet ist.

1 **1. Beschäftigungsverbote (Abs. 1).** Jugendliche sollen vor Gesundheitsschädigungen durch Überforderung und Leistungsdruck geschützt werden. Es soll jeder Anreiz vermieden werden, durch ein schnelles Arbeitstempo ihre Kräfte übermäßig zu beanspruchen und ihre Gesundheit zu schädigen (OLG D 28.1.1986 GewArch 1986, 167 f.). Gem. **Abs. 1 Nr. 1** werden Arbeiten untersagt, bei denen durch ein gesteigertes Arbeitstempo ein höheres Entgelt erzielt werden kann. Das Verbot richtet sich nicht gegen bestimmte Tätigkeiten, sondern nur gegen bestimmte Entlohnungsformen. An die Übertragbarkeit auf Verkaufsziele bzw. zielgesteuerte Bezahlungssysteme im Dienstleistungsbereich knüpft Abs. 1 nicht an, obwohl ein vergleichbarer Leistungsdruck mit Überforderungsgefahr dadurch erzeugt werden kann. **Akkordarbeit** ist jede Tätigkeit, bei der die Vergütung allein oder erg. nach dem erzielten Arbeitserg. bemessen wird. Zu den „sonstigen" Arbeiten zählen Tätigkeiten, für die als Anreiz zur Steigerung des Arbeitstempos zusätzl. **Prämien** gezahlt werden, soweit es sich um Quantitätsprämien handelt. Prämien für bes. gute Qualität oder geringen Ausschuss, für bes. Sparsamkeit im Materialverbrauch oder für die pflegl. Behandlung v. Maschinen und Werkzeugen werden nicht erfasst. Bei gemischten Lohnformen, die sowohl Qualität wie Quantität der Arbeitsleistung berücksichtigen, handelt es sich um verbotene Akkordarbeit, sofern eine der Bezugsgrößen einen spürbaren Anreiz für eine Steigerung des Arbeitstempos bildet.

2 **Abs. 1 Nr. 2** soll verhindern, dass Jugendliche sich dem Tempo der Erwachsenen anpassen und dabei ihre Kräfte überfordern. Diese Gefahr besteht auch dann, wenn nur die Erwachsenen akkord- oder tempoabhängige Arbeit verrichten (BT-Drs. 7/2305 S. 33; BT-Drs. 7/4544 S. 7). Eine Arbeitsgruppe besteht, wenn bestimmte Arbeiten nach der Arbeitsorganisation des Betriebs v. zwei oder mehr Personen verrichtet werden. Dazu zählt auch die nur mittelbare Teilnahme v. Jugendlichen an der Akkordarbeit, so zB die Zuarbeiten, wenn die erwachsenen AN auf die Zuarbeit der Jugendlichen angewiesen sind. Ausnahmen sind nach § 23 II oder § 27 III mögl. **Abs. 1 Nr. 3** verbietet die Beschäftigung mit allen Arbeiten, bei denen das Arbeitstempo regelm. nicht v. dem Jugendlichen selbst abhängt (BT-Drs. 7/4544 S. 7). Erfasst ist jede Tätigkeit, bei der das Arbeitstempo bestimmt wird durch die Arbeitsorganisation (Fließ- oder Taktarbeit), durch die Betriebsmittel (Maschinen, Bänder, Stanzen, Pressen), die Arbeitsstoffe (zeitl. bestimmte chemische oder physikalische Vorgänge) oder durch Anordnung des AG (Terminsetzung). Ausnahmen sind nur nach § 27 III mögl.

3 **2. Ausnahmen (Abs. 2).** Abs. 2 gestattet Jugendlichen ausnahmsweise die Tätigkeit in einer Arbeitsgruppe zusammen mit erwachsenen AN, die im Akkordlohn oder einem anderen ergebnisabhängigen Entgeltsystem arbeiten, solange dabei die Jugendlichen selbst nicht zu einer tempoabhängigen Arbeit herangezogen werden. Die Beschäftigung nach Abs. 1 und 2 muss allerdings zur Erreichung des Ausbildungszieles erforderl. sein (Abs. 2 Nr. 1), oder die Jugendlichen müssen eine Berufsausbildung für diese Beschäftigung abgeschlossen (Abs. 2 Nr. 2) haben. Die Jugendlichen müssen in einer Arbeitsgruppe des der Ausbildung entspr. Berufs beschäftigt werden (typischerweise: Autoindustrie, Textilindustrie, Fliesenleger). Diese Ausnahme gewährleistet, dass Jugendliche nach Abschluss der Ausbildung bis zur Erreichung des 18. Lebensjahres in ihrem Beruf tätig werden können, obwohl das JArbSchG noch auf sie Anwendung findet. V. beiden Ausnahmen kann nur Gebrauch gemacht werden, wenn der Schutz der Jugendlichen durch die Aufsicht eines Fachkundigen gewährleistet ist (vgl. § 22 Rn. 9). Die Ausnahmen des Abs. 2 gelten bei Vorliegen ihrer Voraussetzungen kraft Gesetzes, die Beschäftigung Jugendlicher ist dann nicht v. der Zust. der Aufsichtsbehörde abhängig. Beschäftigt ein AG einen Jugendlichen entgegen Abs. 1, ohne dass eine Ausnahme gem. Abs. 2 bzw. eine Ausnahmebewilligung nach § 27 III vorliegt, so kann dies nach § 58 I Nr. 19 als **Ordnungswidrigkeit,** bei schweren Verstößen als Straftat nach § 58 V, VI geahndet werden.

§ 24 Arbeiten unter Tage

(1) **Jugendliche dürfen nicht mit Arbeiten unter Tage beschäftigt werden.**

(2) **Absatz 1 gilt nicht für die Beschäftigung Jugendlicher über 16 Jahre,**
1. **soweit dies zur Erreichung ihres Ausbildungszieles erforderlich ist,**
2. **wenn sie eine Berufsausbildung für die Beschäftigung unter Tage abgeschlossen haben oder**
3. **wenn sie an einer von der Bergbehörde genehmigten Ausbildungsmaßnahme für Bergjungarbeiter teilnehmen oder teilgenommen haben**

und ihr Schutz durch die Aufsicht eines Fachkundigen gewährleistet ist.

1 Die Vorschr. verbietet in Übereinstimmung mit int. Recht (Übk. Nr. 123 der IAO über das Mindestalter für die Zulassung zu Untertagearbeiten in Bergwerken, BT-Drs. 5/1253 S. 2; BT-Drs. 5/1668 S. 2; Empfehlung Nr. 124 betr. das Mindestalter für die Zulassung zu Untertagearbeiten in Bergwerken, BT-Drs. 5/1253 S. 17) die Untertagebeschäftigung Jugendlicher. Der Begriff der **Untertagearbeit (Abs. 1)** ist nicht auf den Bergbau beschränkt, sondern erfasst alle traditionell in unterirdischen Anl. zu leistenden Arbeiten v. entspr. Belastung (Arbeiten in Steinbrüchen zur Gewinnung v. Kalk, Ton, Schiefer uä.). Arbeiten in unterirdischen Verkaufs-, Schank- und Lagerräumen werden nicht erfasst, auch nicht in Kanalisations- oder Verkehrsanl. oder in offenen Gruben und offenen Steinbrüchen.

Ausnahmen v. Beschäftigungsverbot (**Abs. 2**) sind nur zulässig für Jugendliche über 16 Jahren, wenn deren Schutz durch die Aufsicht eines Fachkundigen gewährleistet wird (vgl. § 22 Rn. 9) und eine der in Abs. 2 Nr. 1 bis 3 genannten Voraussetzungen vorliegt (vgl. § 23 Rn. 3). Nach Nr. 3 ist auch die Tätigkeit Jugendlicher als bzw. die Ausbildung zum Bergjungarbeiter zugelassen. Um einen Ausbildungsberuf handelt es sich dabei nicht, doch muss auch das Anlernen einem v. der Bergbehörde (Oberbergamt) genehmigten Ausbildungsplan entsprechen. Beschäftigt ein AG Jugendliche unter Tage, ohne dass eine Ausnahme des Abs. 2 vorliegt, so handelt er nach § 58 I Nr. 20 **ordnungswidrig**, bei schweren Verstößen macht er sich nach § 58 V, VI strafbar.

§ 25 Verbot der Beschäftigung durch bestimmte Personen

(1) [1]**Personen, die**
1. **wegen eines Verbrechens zu einer Freiheitsstrafe von mindestens zwei Jahren,**
2. **wegen einer vorsätzlichen Straftat, die sie unter Verletzung der ihnen als Arbeitgeber, Ausbildender oder Ausbilder obliegenden Pflichten zum Nachteil von Kindern oder Jugendlichen begangen haben, zu einer Freiheitsstrafe von mehr als drei Monaten,**
3. **wegen einer Straftat nach den §§ 109h, 171, 174 bis 184i, 225, 232 bis 233a des Strafgesetzbuches,**
4. **wegen einer Straftat nach dem Betäubungsmittelgesetz oder**
5. **wegen einer Straftat nach dem Jugendschutzgesetz oder nach dem Gesetz über die Verbreitung jugendgefährdender Schriften wenigstens zweimal**

rechtskräftig verurteilt worden sind, dürfen Jugendliche nicht beschäftigen sowie im Rahmen eines Rechtsverhältnisses im Sinne des § 1 nicht beaufsichtigen, nicht anweisen, nicht ausbilden und nicht mit der Beaufsichtigung, Anweisung oder Ausbildung von Jugendlichen beauftragt werden. [2]**Eine Verurteilung bleibt außer Betracht, wenn seit dem Tage ihrer Rechtskraft fünf Jahre verstrichen sind.** [3]**Die Zeit, in welcher der Täter auf behördliche Anordnung in einer Anstalt verwahrt worden ist, wird nicht eingerechnet.**

(2) [1]**Das Verbot des Absatzes 1 Satz 1 gilt auch für Personen, gegen die wegen einer Ordnungswidrigkeit nach § 58 Abs. 1 bis 4 wenigstens dreimal eine Geldbuße rechtskräftig festgesetzt worden ist.** [2]**Eine Geldbuße bleibt außer Betracht, wenn seit dem Tage ihrer rechtskräftigen Festsetzung fünf Jahre verstrichen sind.**

(3) **Das Verbot des Absatzes 1 und 2 gilt nicht für die Beschäftigung durch die Personensorgeberechtigten.**

1. Normzweck. Der Vorschr. liegt der Gedanke zugrunde, dass bestimmte Personen auf Grund ihres bisherigen Verhaltens Anlass zu **Zweifeln an ihrer Zuverlässigkeit** geboten haben und deshalb als nicht geeignet gelten, Kinder bzw. Jugendliche zu beschäftigen oder zu betreuen. Das Verbot richtet sich neben dem AG auch an alle anderen Personen, die Jugendliche beschäftigen, anweisen, beaufsichtigen oder ausbilden; bei erwachsenen Auszubildenden vgl. das Ausbildungsverbot gem. §§ 28, 29 BBiG. 1

2. Beschäftigungsverbote. Abs. 1 verbietet Personen, die auf Grund einer dort genannten Straftat **vorbestraft** sind, Jugendliche zu beschäftigen, zu beaufsichtigen, anzuweisen oder auszubilden. Zusätzl. kommt eine gewerberechtl. (Teil-)untersagung eines Gewerbes wegen Unzuverlässigkeit gem. § 35 I 1 GewO in Betracht, um eine gewerbl. Unterrichtung/Beaufsichtigung von Kindern und Jugendl. auszuschließen (VGH BY 24.11.2016 BeckRS 2016, 56018). Das Verbot gilt auch für selbst nicht vorbestrafte AG, die andere vorbestrafte Personen mit der Beaufsichtigung, Anweisung oder Ausbildung v. Jugendlichen beauftragen (VG Ansbach 26.2.2007 BeckRS 2007, 25417). Besteht zwischen der vorbestraften Person und dem Kind oder Jugendlichen ein Über-/Unterordnungsverhältnis, so reicht bereits die Möglichkeit der Kontaktaufnahme, auf tats. Kontakt kommt es nicht an (OLG CE 1.7.1963 AP JArbSchG § 39 Nr. 1). Daher gilt das Verbot für eine Personengesellschaft insg., sobald auch nur einer der vertretungsberechtigten Gesellschafter gem. Abs. 1 vorbestraft ist. Eine Verpflichtung zur Vorlage eines erweiterten Führungszeugnisses gem. § 30a BZRG lässt sich für Personen, die möglicherweise solchen Kontakt mit Jugendl. haben, jedoch nicht begründen. (LAG HM 25.4.2014 BeckRS 2014, 69700). Der Katalog der aufgeführten Straftaten ist abschl. und nicht erweiterungsfähig (aA VGH BY 12.8.2004 NVwZ-RR 2005, 49 für den Fall sexueller Belästigung). Voraussetzung ist die rkr. Verurteilung zu einer Geld- oder Freiheitsstrafe, Ordnungswidrigkeiten können nur nach § 25 II berücksichtigt werden. Um eine Straftat unter Verletzung der AG- oder Ausbilderpflichten iSd. Abs. 1 S. 1 Nr. 2 handelt es sich insb. bei gesundheitsgefährdenden vorsätzl. Verstößen gegen die in § 58 I bis III genannten Vorschr. zum Nachteil v. Kindern oder Jugendlichen. Im Rahmen v. **Abs. 1 S. 1 Nr. 3 bis 5** führt jede rkr. Verurteilung nach den genannten Strafbestimmungen zu einem Beschäftigungsverbot. (Das Gesetz über die Verbreitung jugendgefährdender Schriften, Nr. 5 ist zum 31.3.2003 außer Kraft getreten, BGBl. 2002 I, 2730). Auf Art und Höhe der Strafe kommt es im Gegensatz zu Abs. 1 S. 1 Nr. 1 und 2 nicht an. Das Verbot gilt für einen **Zeitraum v. 5 Jahren**, sobald das Strafurt. formelle 2

Rechtskraft erlangt hat; in den Fällen der Nr. 5, sobald das zweite Urt. formell rkr. ist. Auf diesen Zeitraum wird die Zeit, die der Täter auf behördl. Anordnung in einer Anstalt verwahrt worden ist, nicht angerechnet; dasselbe gilt für die Zeit der Strafverbüßung. Abs. 2 richtet sich an Personen, gegen die wegen einer Ordnungswidrigkeit nach § 58 I bis IV wenigstens dreimal eine Geldbuße festgesetzt worden ist.

3 **3. Ausnahme (Abs. 3).** Einer Beschäftigung v. Jugendlichen durch die für sie **Personensorgeberechtigten** ist trotz einer Verurteilung iSd. Abs. 1, 2 nicht untersagt. Vorrangig sind die hier spezielleren familienrechtl. Vorschr., insb. § 1666 I BGB. Verstöße gegen § 25 werden nach § 58 II, III als **Ordnungswidrigkeit,** bei schweren Verstößen nach § 58 V, VI als Straftat geahndet.

§ 26 Ermächtigungen

Das Bundesministerium für Arbeit und Soziales kann zum Schutze der Jugendlichen gegen Gefahren für Leben und Gesundheit sowie zur Vermeidung einer Beeinträchtigung der körperlichen oder seelisch-geistigen Entwicklung durch Rechtsverordnung mit Zustimmung des Bundesrates

1. **die für Kinder, die der Vollzeitschulpflicht nicht mehr unterliegen, geeigneten und leichten Tätigkeiten nach § 7 Satz 1 Nr. 2 und die Arbeiten nach § 22 Abs. 1 und den §§ 23 und 24 näher bestimmen,**
2. **über die Beschäftigungsverbote in den §§ 22 bis 25 hinaus die Beschäftigung Jugendlicher in bestimmten Betriebsarten oder mit bestimmten Arbeiten verbieten oder beschränken, wenn sie bei diesen Arbeiten infolge ihres Entwicklungsstandes in besonderem Maße Gefahren ausgesetzt sind oder wenn das Verbot oder die Beschränkung der Beschäftigung infolge der technischen Entwicklung oder neuer arbeitsmedizinischer oder sicherheitstechnischer Erkenntnisse notwendig ist.**

1 § 26 ermöglicht eine verbindl. Auslegung der sehr allg. gehaltenen Beschäftigungsverbote und -beschränkungen im Interesse ihrer effizienteren Durchführung. Dadurch können bisher zulässige Tätigkeiten eingeschränkt werden, um den Jugendarbeitsschutz zu verbessern; eine Ausweitung der Beschäftigungsmöglichkeiten ist nicht zulässig. Durch die Erweiterungen bestehender Beschäftigungsverbote und -beschränkungen wird eine Reaktion auf neue arbeitsmedizinische Erkenntnisse ermöglicht, ohne dass das Gesetz selbst geänd. werden muss. **Nr. 1** erlaubt, den Begriff der für nicht vollzeitschulpflichtige Kinder geeigneten und leichten Tätigkeiten nach § 7 S. 1 Nr. 2 näher zu bestimmen, um Schwierigkeiten bei der Einstellung und Beschäftigung Jugendlicher zu begegnen, die durch unterschiedl. Auslegung entstehen könnten (vgl. BT-Drs. 7/2305 S. 45, 53; 7/4544 S. 24). Näher bestimmt werden können auch die Arbeiten, die die Leistungsfähigkeit Jugendlicher übersteigen oder sie bes. gefährden (§ 22 I), die Akkordarbeiten und tempoabhängigen Arbeiten (§ 23) sowie die zulässigerweise unter Tage zu verrichtenden Tätigkeiten. Bisher ist es noch nicht zum Erl. einer derartigen VO gekommen. Gem. **Nr. 2** kann das BMAS über die Beschäftigungsverbote der §§ 22 bis 25 hinaus weitere Beschäftigungsverbote und -beschränkungen erlassen. Sie müssen für bestimmte Arten v. Arbeit oder v. Betrieben gelten; Einzelfallentsch. werden v. der Aufsichtsbehörde gem. § 27 getroffen. Weitere Voraussetzung ist abstrakt das Bestehen einer bes. Gefahr für Leben oder Gesundheit oder für die körperl. oder seelisch-geistige Entwicklung, einschl. sittl. Gefahren für Personen jugendl. Lebensalters. Die RechtsVO kann auch erlassen werden, wenn eine Beschränkung oder ein Verbot infolge der technischen Entwicklung oder neuer arbeitsmedizinischer oder sicherheitstechnischer Erkenntnisse notwendig ist. Grenzen einer Regelung durch RechtsVO ergeben sich aus Art. 12 I 1 GG. Zu den bisherigen Verboten und Beschränkungen vgl. *Zmarzlik/Anzinger* JArbSchG Rn. 11 f.

§ 27 Behördliche Anordnungen und Ausnahmen

(1) [1]**Die Aufsichtsbehörde kann in Einzelfällen feststellen, ob eine Arbeit unter die Beschäftigungsverbote oder -beschränkungen der §§ 22 bis 24 oder einer Rechtsverordnung nach § 26 fällt.** [2]**Sie kann in Einzelfällen die Beschäftigung Jugendlicher mit bestimmten Arbeiten über die Beschäftigungsverbote und -beschränkungen der §§ 22 bis 24 und einer Rechtsverordnung nach § 26 hinaus verbieten oder beschränken, wenn diese Arbeiten mit Gefahren für Leben, Gesundheit oder für die körperliche oder seelisch-geistige Entwicklung der Jugendlichen verbunden sind.**

(2) Die zuständige Behörde kann

1. **den Personen, die die Pflichten, die ihnen kraft Gesetzes zugunsten der von ihnen beschäftigten, beaufsichtigten, angewiesenen oder auszubildenden Kinder und Jugendlichen obliegen, wiederholt oder gröblich verletzt haben,**
2. **den Personen, gegen die Tatsachen vorliegen, die sie in sittlicher Beziehung zur Beschäftigung, Beaufsichtigung, Anweisung oder Ausbildung von Kindern und Jugendlichen ungeeignet erscheinen lassen,**

verbieten, Kinder und Jugendliche zu beschäftigen oder im Rahmen eines Rechtsverhältnisses im Sinne des § 1 zu beaufsichtigen, anzuweisen oder auszubilden.

(3) Die Aufsichtsbehörde kann auf Antrag Ausnahmen von § 23 Abs. 1 Nr. 2 und 3 für Jugendliche über 16 Jahre bewilligen,

1. wenn die Art der Arbeit oder das Arbeitstempo eine Beeinträchtigung der Gesundheit oder der körperlichen oder seelisch-geistigen Entwicklung des Jugendlichen nicht befürchten lassen und

2. wenn eine nicht länger als vor drei Monaten ausgestellte ärztliche Bescheinigung vorgelegt wird, nach der gesundheitliche Bedenken gegen die Beschäftigung nicht bestehen.

1. Beschäftigungsverbote in Einzelfällen (Abs. 1). In Zweifelsfällen entscheidet die Behörde (§ 51) 1
auf Antrag oder vAw. über das Vorliegen eines Beschäftigungsverbots/einer -beschränkung. Die Entsch. ist ein VA gem. § 35 VwVfG und kann im Verwaltungsrechtsweg angegriffen werden. Die Anordnung kann nur im Einzelfall ergehen, dh. wenn nur ein Jugendlicher, eine Gruppe Jugendlicher oder alle Jugendliche eines Betriebs mit bestimmten Arbeiten an bestimmten Arbeitsplätzen während bestimmter Zeiten betroffen sind. Die Behörde kann daneben bei Vorliegen einer obj., generellen Gefährlichkeit (OVG NW 12.10.1965 DB 1966, 668) gem. **Abs. 1 S. 2** für alle Jugendlichen eines Betriebes oder für alle Jugendlichen eines bestimmten Alters oder Geschlechts die ges. geregelten Beschäftigungsverbote und -beschränkungen erweitern oder bisher nicht bestehende erlassen.

2. Beschäftigungsverbot für bestimmte Personen (Abs. 2). Bei groben oder wiederholten Ver- 2
stößen gegen Schutzbestimmungen kann die Behörde ein **Verbot** verhängen, Jugendliche zu beschäftigen oder auszubilden. Die Vorschr. ergänzt § 25, ist aber nicht v. einer rkr. Verurteilung der Verbotsadressaten abhängig. Die beschäftigende oder ausbildende Person muss eine ihr kraft Gesetzes obliegende oder eine durch Anordnung der Aufsichtsbehörde begr. Pflicht verletzt haben (Nr. 1). Wird auf mehrere Pflichtverletzungen ggü. Personen unter 18 Jahren abgestellt (vgl. BVerwG 14.12.1972 BeckRS 1972, 30426689), genügen auch leichte Verstöße gegen unterschiedl. Schutzvorschr. Die Pflichtverletzung ist **gröbl.** und kann damit auch bei einmaligem Vorfall ein Verbot rechtfertigen, wenn sie wegen ihrer Art oder ihrer Motive bes. verwerfl. war. Die Verstöße müssen erwiesen sein, bloßer Verdacht genügt nicht. Eine Person erscheint **sittl. ungeeignet** (Nr. 2), wenn v. ihr zu befürchten ist, dass sie einen moralisch ungünstigen Einfluss auf die v. ihr beschäftigten Kinder und Jugendlichen ausübt (OVG BE 7.10.1970 GewArch 1971, 167; VG Trier 3.5.2007 BeckRS 2002, 24311). Zeit und **Dauer des Verbots** stehen im Ermessen der Behörde; sie kann daher über die in § 25 festgesetzte Dauer v. 5 Jahren hinausgehen (VG Karlsruhe 8.9.1970 GewArch 1972, 39). Ein auf Dauer ausgesprochenes Verbot ist jedoch v. der Behörde zu überprüfen, wenn über den Betroffenen längere Zeit nichts Nachteiliges bekannt ist (BVerwG 14.12.1972 BeckRS 1972, 30426689).

3. Ausnahmebewilligung (Abs. 3). Nach Abs. 3 kann die Behörde auf Antrag des AG für Jugend- 3
liche über 16 Jahre Ausnahmen v. § 23 I Nr. 2 und 3 bewilligen. Die Art der Arbeit oder das Arbeitstempo dürfen eine **gesundheitl. Beeinträchtigung** der Jugendlichen nicht befürchten lassen (Nr. 1) und der AG muss seinem Antrag für jeden einzelnen Jugendlichen eine ärztl. Bescheinigung beifügen, der zufolge gesundheitl. Bedenken gegen die Beschäftigung des betr. Jugendlichen nicht bestehen (Nr. 2). Die Ausnahme kann nicht für eine Beschäftigung Jugendlicher im Akkord oder im sonst ergebnisabhängigen Lohnsystem (§ 23 I Nr. 1) erteilt werden. Der Antragsteller hat auf die Ausnahmebewilligung keinen Rechtsanspruch, selbst wenn alle Voraussetzungen vorliegen (BVerwG 8.7.1964 BeckRS 1964, 30440641). Bei ihrer Entsch. hat die Behörde einerseits die Interessen der Allgemeinheit und des Jugendlichen an der Erhaltung und Förderung seiner Gesundheit und Entwicklung und andererseits das Interesse des AG an der Erteilung der Ausnahme, sowie das des Jugendlichen an dem Arbeits- und Ausbildungsplatz zu berücksichtigen. Sie kann die Bewilligung unter Aufl. und Bedingungen zum Schutz der Jugendlichen bzw. befristet erteilen (BVerwG 8.7.1964 BeckRS 1964, 30440641). Die Ausnahmebewilligung ist ein VA, gegen deren Versagung oder Erteilung der Verwaltungsrechtsweg beschritten werden kann.

Dritter Titel. Sonstige Pflichten des Arbeitgebers

§ 28 Menschengerechte Gestaltung der Arbeit

(1) [1]Der Arbeitgeber hat bei der Einrichtung und der Unterhaltung der Arbeitsstätte einschließlich der Maschinen, Werkzeuge und Geräte und bei der Regelung der Beschäftigung die Vorkehrungen und Maßnahmen zu treffen, die zum Schutze der Jugendlichen gegen Gefahren für Leben und Gesundheit sowie zur Vermeidung einer Beeinträchtigung der körperlichen oder seelisch-geistigen Entwicklung der Jugendlichen erforderlich sind. [2]Hierbei sind das mangelnde Sicherheitsbewußtsein, die mangelnde Erfahrung und der Entwicklungsstand der Jugendlichen zu berücksichtigen und die allgemein anerkannten sicherheitstechnischen und arbeitsmedizinischen Regeln sowie die sonstigen gesicherten arbeitswissenschaftlichen Erkenntnisse zu beachten.

(2) Das Bundesministerium für Arbeit und Soziales kann durch Rechtsverordnung mit Zustimmung des Bundesrates bestimmen, welche Vorkehrungen und Maßnahmen der Arbeitgeber zur Erfüllung der sich aus Absatz 1 ergebenden Pflichten zu treffen hat.

(3) Die Aufsichtsbehörde kann in Einzelfällen anordnen, welche Vorkehrungen und Maßnahmen zur Durchführung des Absatzes 1 oder einer vom Bundesministerium für Arbeit und Soziales gemäß Absatz 2 erlassenen Verordnung zu treffen sind.

1 **Menschengerechte Gestaltung des Arbeitsplatzes, § 28.** Die Verpflichtung zur Gestaltung des Arbeitsplatzes entspricht § 618 BGB (vgl. dort Rn. 6 ff.), schützt über die Gesundheit der Jugendlichen hinaus aber auch ihre seelisch-geistige Entwicklung. Der Begriff der **Arbeitsstätte** folgt § 2 ArbStättV, ist aber nicht darauf begrenzt. Erfasst werden zB auch Arbeitsplätze außerhalb des Betriebsgeländes im Freien, in der Landwirtschaft oder nichtgewerbl. Betrieben. Auch die **Maschinen, Werkzeuge und Geräte,** die Jugendliche zur Ausführung der ihnen zugewiesenen Arbeiten benötigen, gehören zur Arbeitsstätte. Geräte sind Datensichtgeräte, Gerüste, Leitern, Hebebühnen, Regale sowie persönl. Ausrüstungsgegenstände wie Steigeisen, Sicherheitsgurte etc. (vgl. *Zmarzlik/Anzinger* JArbSchG Rn. 4). Die **Regelungen der Beschäftigung** umfassen Beginn und Ende der AZ, Dauer und Lage der Ruhepausen, das Arbeitstempo, das Bereitstellen v. persönl. Schutzausrüstung, Einteilung der Arbeit, Erholungspausen etc. Arbeitsstätte und Regelungen der Beschäftigung müssen den Anforderungen an den Gefahrenschutz entsprechen. **Sicherheitstechnische und arbeitsmedizinische Regeln** sowie **arbeitswiss. Erkenntnisse** sind zu berücksichtigen, wenn die Mehrheit der Fachleute, die sie anzuwenden haben, v. ihrer Richtigkeit überzeugt ist, und sich die Regeln in der Fachpraxis bewährt haben. Solche Regeln sind DIN- oder ISO-Normen, UVV der Berufsgenossenschaften und die Verzeichnisse A und B der allg. Verwaltungsvorschr. zum GerätesicherheitsG (BArbBl. 9/2003 S. 49 und 75). Was dadurch gefordert wird, richtet sich nach dem konkreten Betrieb und den individuellen Bedürfnissen des Jugendlichen. Neben den allg. geltenden Schutzmaßnahmen (GefStoffV, ArbStättV; Arbeitsschutz-RahmenRL 89/391/EWG (v. 29.6.1989 ABl. EG 1989 L 183 S. 1) einschl. der zugehörigen EinzelRL) hat der AG alle notwendigen Vorkehrungen zu treffen, um Unfälle zu verhüten. Eine **RechtsVO nach Abs. 2** ist bisher nicht erlassen worden. In Einzelfällen (Abs. 3) kann die Aufsichtsbehörde durch Erl. v. VA anordnen, welche Vorkehrungen der AG zu treffen hat.

§ 28a Beurteilung der Arbeitsbedingungen

[1] Vor Beginn der Beschäftigung Jugendlicher und bei wesentlicher Änderung der Arbeitsbedingungen hat der Arbeitgeber die mit der Beschäftigung verbundenen Gefährdungen Jugendlicher zu beurteilen. [2] Im übrigen gelten die Vorschriften des Arbeitsschutzgesetzes.

§ 29 Unterweisung über Gefahren

(1) [1] Der Arbeitgeber hat die Jugendlichen vor Beginn der Beschäftigung und bei wesentlicher Änderung der Arbeitsbedingungen über die Unfall- und Gesundheitsgefahren, denen sie bei der Beschäftigung ausgesetzt sind, sowie über die Einrichtungen und Maßnahmen zur Abwendung dieser Gefahren zu unterweisen. [2] Er hat die Jugendlichen vor der erstmaligen Beschäftigung an Maschinen oder gefährlichen Arbeitsstellen oder mit Arbeiten, bei denen sie mit gesundheitsgefährdenden Stoffen in Berührung kommen, über die besonderen Gefahren dieser Arbeiten sowie über das bei ihrer Verrichtung erforderliche Verhalten zu unterweisen.

(2) Die Unterweisungen sind in angemessenen Zeitabständen, mindestens aber halbjährlich, zu wiederholen.

(3) Der Arbeitgeber beteiligt die Betriebsärzte und die Fachkräfte für Arbeitssicherheit an der Planung, Durchführung und Überwachung der für die Sicherheit und den Gesundheitsschutz bei der Beschäftigung Jugendlicher geltenden Vorschriften.

1 Vor Beginn der Beschäftigung Jugendlicher und bei wesentl. Änd. der Arbeitsbedingungen hat der AG die mit der Beschäftigung verbundenen Gefährdungen Jugendlicher zu beurteilen (*Haase-Rieger* AiB 1997, 334). Dass diese Pflicht ausdr. formuliert wird, wird in Art. 6 II RL 94/33/EG verlangt. Der AG hat die Jugendlichen vor Aufnahme der Arbeit oder Ausbildung über die Unfall- und Gesundheitsgefahren, Berufskrankheiten und die Vorsorgemaßnahmen zur Abwendung dieser Gefahren zu unterweisen. Bei wesentl. Änd. der Arbeitsbedingungen, des Arbeitsplatzes, der Arbeitsmethode, der Arbeitsstoffe, der Arbeitsgeräte und Maschinen ist eine neue Unterweisung notwendig. Inhaltl. muss die **Unterweisung** auf diejenigen Gefahrenquellen hinweisen, die tats. am Arbeitsplatz des Jugendlichen und in den Betriebsteilen, in denen er beschäftigt wird, auftreten können (*Zmarzlik/Anzinger* JArbSchG Rn. 5). Eine Aufklärung über alle Gefahrenquellen im Betrieb (MVG/*Germelmann* Rn. 8) kann begünstigen, dass tats. drohende Gefahren bei einer Fülle v. Hinweisen auf abstrakte Gefahren unbeachtet bleiben; sie ist aber dann erforderl., wenn der Arbeitsplatz des Jugendlichen innerhalb des

Betriebes häufig wechselt sowie bei Montagearbeiten und auf Baustellen (*Zmarzlik/Anzinger* JArbSchG Rn. 5). Die **Art der Unterweisung** hängt v. den vorhandenen Gefahrenquellen ab. Der AG hat sich davon zu überzeugen, dass jeder einzelne Jugendliche die Unterweisung verstanden hat und auch befolgt. Die Unterweisung kann durch v. AG beauftragte geeignete Personen erfolgen, wie zB durch Fachkräfte für Arbeitssicherheit (§ 29 III), wenn sie mit den Betriebsverhältnissen vertraut sind. Die Unterweisungen sind nach § 29 II in **angemessenen Abständen,** mind. aber halbjährl., zu wiederholen. Die Wiederholung der Unterweisung ist dem Kenntnisstand des Jugendlichen entspr. zu erweitern und zu aktualisieren. Sind Betriebsärzte/Fachkräfte für Arbeitssicherheit im Betrieb vorhanden, sind sie bei der Planung, Durchführung und Überwachung der Sicherheitsmaßnahmen zu beteiligen (§ 29 III). **Verstöße** gegen die Unterweisungspflichten des § 29 sind Ordnungswidrigkeiten gem. § 59 I Nr. 3. Aus Beweisgründen sollte der AG daher Art, Zpkt. und Umf. der Unterweisung aktenkundig machen.

§ 30 Häusliche Gemeinschaft

(1) Hat der Arbeitgeber einen Jugendlichen in die häusliche Gemeinschaft aufgenommen, so muß er

1. **ihm eine Unterkunft zur Verfügung stellen und dafür sorgen, daß sie so beschaffen, ausgestattet und belegt ist und so benutzt wird, daß die Gesundheit des Jugendlichen nicht beeinträchtigt wird, und**
2. **ihm bei einer Erkrankung, jedoch nicht über die Beendigung der Beschäftigung hinaus, die erforderliche Pflege und ärztliche Behandlung zuteil werden lassen, soweit diese nicht von einem Sozialversicherungsträger geleistet wird.**

(2) Die Aufsichtsbehörde kann im Einzelfall anordnen, welchen Anforderungen die Unterkunft (Absatz 1 Nr. 1) und die Pflege bei Erkrankungen (Absatz 1 Nr. 2) genügen müssen.

Durch die Aufnahme des Jugendlichen in die häusl. Gemeinschaft entsteht zwischen AG und 1
Jugendlichem eine über das übl. Arbeits- oder Ausbildungsverhältnis hinausgehende Beziehung, die eine gesteigerte Fürsorgepflicht des AG begr.; deshalb wird dem Jugendlichen ein bes. Mindestschutz bei Unterbringung und Erkrankung gewährt. Eine **häusl. Gemeinschaft** liegt vor, wenn der AG den Jugendlichen derart in seinen Familienhaushalt aufnimmt, dass dieser zum persönl. Lebensmittelpunkt des Jugendlichen wird. Diese Unterkunft muss so beschaffen und genutzt werden, dass die Gesundheit des Jugendlichen nicht beeinträchtigt wird (Abs. 1 Nr. 1). Die Anforderungen an ausreichende Grundfläche, Beleuchtung, Raumtemperatur und Lärmschutz sind einzuhalten. Die Unterbringung umfasst die Pflicht, für eine ausreichende und verträgl. **Verpflegung** zu sorgen.

Abs. 1 Nr. 2 normiert eine über § 617 BGB hinausgehende **Krankenfürsorgepflicht** des AG (dazu 2
§ 617 BGB Rn. 2 ff.); sie ist nicht abhängig v. fehlendem Verschulden des Jugendlichen an der Erkrankung oder einer dadurch bedingten AU. Diese Fürsorgepflicht besteht für die Zeit der Erkrankung während der Dauer des Beschäftigungsverhältnisses, dh. nicht beschränkt auf 6 Wochen; aus Treu und Glauben kann sich im Einzelfall sogar eine Fürsorgepflicht über das BeschVerh hinaus ergeben (*Lakies* JArbSchG Rn. 1; *Zmarzlik/Anzinger* JArbSchG Rn. 7). Der Umf. hängt v. Art und Schwere der Krankheit ab, umfasst aber die tats. Krankenpflege, die idR durch Dritte (Krankenhaus) erbracht wird, und deren Kosten. Soweit beides v. einem Sozialversicherungsträger übernommen wird, entfällt die Krankenfürsorgepflicht des AG, ggf. ist er aber zur Vorleistung verpflichtet. Bei unverschuldeter Krankheit hat der Jugendliche für 6 Wochen einen **Anspruch auf EFZ** gem. § 3 EFZG, vgl. auch § 19 I Nr. 2 BBiG. Auf diesen Anspruch kann der AG nach § 617 I 3 BGB die Aufwendungen für die Krankenpflege des Jugendlichen anrechnen. Im Einzelfall kann die Aufsichtsbehörde durch VA nach **Abs. 2** anordnen, welchen Anforderungen die Unterkunft oder die Pflege bei Erkrankungen genügen müssen. Die Anordnungen müssen der Gefahrenabwehr dienen. Verstöße gegen die Pflicht aus Abs. 1 sind nicht als solche mit Geldbuße oder Strafe bedroht; Verstöße gegen die vollziehbaren Anordnungen der Behörde nach Abs. 2 können als Ordnungswidrigkeit nach § 58 I Nr. 27 geahndet werden.

§ 31 Züchtigungsverbot; Verbot der Abgabe von Alkohol und Tabak

(1) Wer Jugendliche beschäftigt oder im Rahmen eines Rechtsverhältnisses im Sinne des § 1 beaufsichtigt, anweist oder ausbildet, darf sie nicht körperlich züchtigen.

(2) [1] Wer Jugendliche beschäftigt, muß sie vor körperlicher Züchtigung und Mißhandlung und vor sittlicher Gefährdung durch andere bei ihm Beschäftigte und durch Mitglieder seines Haushalts an der Arbeitsstätte und in seinem Hause schützen. [2] Soweit deren Abgabe nach § 9 Absatz 1 oder § 10 Absatz 1 und 4 des Jugendschutzgesetzes verboten ist, darf der Arbeitgeber Jugendlichen keine alkoholischen Getränke, Tabakwaren oder anderen dort genannten Erzeugnisse geben.

1 Abs. 1 verbietet jede körperl. **Züchtigung** v. Jugendlichen innerhalb und außerhalb des Betriebes. Unter körperl. Züchtigung versteht man jede Einwirkung auf den Körper des Jugendlichen, durch die er zu einem bestimmten Verhalten gezwungen oder für ein Verhalten bestraft werden soll. Eine Einwirkung geistig-seelischer Art, wie zB die Standpauke wird nicht v. diesem Begriff erfasst (*Lakies* JArbSchG Rn. 1; *Zmarzlik/Anzinger* JArbSchG Rn. 4). Die Einwilligung der Eltern oder des Jugendlichen heben das Verbot nicht auf; ist der AG zugleich Personensorgeberechtigter, so geht § 1631 II BGB allerdings vor. Für Personen, die einen Jugendlichen iSd. § 1 beaufsichtigen, anweisen oder ausbilden gilt das Verbot ebenfalls. **Abs. 2 S. 1** verpflichtet den AG, den Jugendlichen vor körperl. Züchtigung und Misshandlung und vor sittl. Gefährdung durch andere bei ihm Beschäftigte und durch Mitglieder seines Haushalts zu schützen. Eine **Misshandlung** ist jede üble, unangemessene Behandlung, die das Wohlbefinden oder die körperl. Unversehrtheit nicht unwesentl. beeinträchtigt, auch Schikanen oder Beleidigungen (*Lakies* JArbSchG Rn. 3; *Bachmann/Lührs* Rn. 327; **aA** *Zmarzlik/Anzinger* JArbSchG Rn. 6), da auch die seelische Entwicklung der Jugendlichen zu schützen ist. **Abs. 2 S. 2** verbietet die Ausgabe v. alkoholischen Getränken, Tabakwaren oder anderen in § 9 I, § 10 I, IV JSchG genannten Erzeugnissen. Die Neuformulierung zielt auf einen Gleichlauf des Abgabeverbotes in beiden Gesetzen. In Werkskantinen, Warenautomaten oÄ Einrichtungen, in denen Alkohol und Tabak mit dem Einverständnis des AG ausgegeben werden, dürfen Jugendliche sich diese Waren auch nicht selbst verschaffen können. **Verstöße** gegen Abs. 1 und Abs. 2 S. 1 können als Körperverletzung nach §§ 223 ff. StGB, als Nötigung nach § 240 StGB und als Beleidigung nach § 185 StGB strafbar sein. Die Abgabe v. Alkohol und Tabak ist nach § 58 I Nr. 21 als Ordnungswidrigkeit zu bestrafen.

Vierter Titel. Gesundheitliche Betreuung

§ 32 Erstuntersuchung

(1) Ein Jugendlicher, der in das Berufsleben eintritt, darf nur beschäftigt werden, wenn

1. er innerhalb der letzten vierzehn Monate von einem Arzt untersucht worden ist (Erstuntersuchung) und

2. dem Arbeitgeber eine von diesem Arzt ausgestellte Bescheinigung vorliegt.

(2) Absatz 1 gilt nicht für eine nur geringfügige oder eine nicht länger als zwei Monate dauernde Beschäftigung mit leichten Arbeiten, von denen keine gesundheitlichen Nachteile für den Jugendlichen zu befürchten sind.

1 **1. Normzweck.** Durch die Vorschr. der §§ 32 bis 46 soll Gesundheitsschäden vorgebeugt werden, zugleich auch dem Entstehen bzw. der Verschlimmerung v. Berufskrankheiten. Darüber hinaus dienen die ärztl. Untersuchungen dem Ziel der Gesundheitspflege, um die Erforderlichkeit weiterer Behandlungsmaßnahmen festzustellen, §§ 37, 38. Die §§ 32 bis 46 sind zwgd. aber nur für Jugendliche, nicht für erwachsene Auszubildende. Die Rechtspflichten aus §§ 32 ff. treffen den AG, doch ergibt sich aus dem Ausbildungs- bzw. Arbeitsvertrag eine **privatrechtl. Pflicht des Jugendlichen,** sich untersuchen zu lassen und die erforderl. Bescheinigungen vorzulegen. Eine Weigerung kann eine fristlose Kündigung gem. § 626 BGB begründen. Der Jugendliche kann den untersuchenden Arzt grds. frei wählen (vgl. aber § 42 Rn. 1). **Ärzte** idS sind Personen, die eine Approbation oder Bestallung als Arzt besitzen, dh. jeder frei praktizierende, beamtete oder ang. Arzt; bes. arbeitsmedizinische Kenntnisse sind im G nicht vorausgesetzt.

2 **2. Erstuntersuchung.** Nach Abs. 1 darf ein Jugendlicher bei Eintritt in das Berufsleben nur beschäftigt werden, wenn er zuvor v. einem Arzt untersucht worden ist und dem AG darüber eine Bescheinigung vorliegt. Ohne dies besteht ein ges. Beschäftigungsverbot (BAG 22.2.1972 BeckRS 9998, 148783); verboten ist aber nicht bereits der Vertragsschluss. Der Arbeits- oder Ausbildungsvertrag ist ledigl. bis zur Vorlage der Bescheinigung oder der Vollendung des 18. Lebensjahres des Jugendlichen schwebend unwirksam (BAG 22.2.1972 BeckRS 9998, 148783); nach **aA** gelten die Grds. des faktischen ArbVerh. (zur Rechtsfolge eines Verstoßes gegen § 5 s. HWK/*Tillmanns* § 5 Rn. 2). Bezügl. **Form und Inhalt** der v. Arzt auszustellenden Bescheinigung vgl. §§ 5 f. JArbSchUV. Die Bescheinigung enthält keinen ärztl. Befund; das wesentl. Erg. der Untersuchung wird gem. § 39 ledigl. dem Personensorgeberechtigten mitgeteilt. Andere als auf dem vorgeschriebenen Formbl. erteilte Bescheinigungen reichen nicht aus (OLG KO 21.3.1974 BB 1974, 696).

3 **3. Ausnahmen.** Nach Abs. 2 bedarf es einer Untersuchung und einer ärztl. Bescheinigung nicht, wenn es sich um eine leichte Tätigkeit handelt, die keine gesundheitl. Nachteile des Jugendlichen befürchten lässt, weil sie entweder nur geringfügig ist oder nicht länger als zwei Monate dauert. In beiden Fällen muss die Arbeit **leicht** sein, darf also offensichtl. keinerlei gesundheitl. Schädigungen oder Gefährdungen des Jugendlichen erwarten lassen. Eine **geringfügige Beschäftigung** beansprucht den Jugendlichen in zeitl. und kräftemäßiger Hinsicht nicht nennenswert (BayObLG 11.1.1983 AP JArbSchG § 32 Nr. 1), wobei Alter und persönl. Entwicklungsstand des Jugendlichen zu berück-

sichtigen sind. Sie muss nicht auf zwei Monate begrenzt sein, je geringer die körperl. Beanspruchung ist, desto länger kann die zeitl. Beanspruchung sein. Im Rahmen v. Abs. 2, 2. Alt. ist eine zwei Monate nicht überschreitende Tätigkeit ohne Erstuntersuchung zulässig, auch wenn sie den Rahmen der tägl. zulässigen HöchstAZ ganz ausnutzt. Liegt entgegen § 32 weder eine ärztl. Bescheinigung über die Untersuchung vor noch eine Ausnahme des Abs. 2, so ist eine Beschäftigung **ordnungswidrig** nach § 58 I Nr. 22, bei schweren Verstößen ist der AG (nicht aber: Eltern oder Jugendlicher) sogar nach § 58 V, VI strafbar.

§ 33 Erste Nachuntersuchung

(1) [1]Ein Jahr nach Aufnahme der ersten Beschäftigung hat sich der Arbeitgeber die Bescheinigung eines Arztes darüber vorlegen zu lassen, daß der Jugendliche nachuntersucht worden ist (erste Nachuntersuchung). [2]Die Nachuntersuchung darf nicht länger als drei Monate zurückliegen. [3]Der Arbeitgeber soll den Jugendlichen neun Monate nach Aufnahme der ersten Beschäftigung nachdrücklich auf den Zeitpunkt, bis zu dem der Jugendliche ihm die ärztliche Bescheinigung nach Satz 1 vorzulegen hat, hinweisen und ihn auffordern, die Nachuntersuchung bis dahin durchführen zu lassen.

(2) [1]Legt der Jugendliche die Bescheinigung nicht nach Ablauf eines Jahres vor, hat ihn der Arbeitgeber innerhalb eines Monats unter Hinweis auf das Beschäftigungsverbot nach Absatz 3 schriftlich aufzufordern, ihm die Bescheinigung vorzulegen. [2]Je eine Durchschrift des Aufforderungsschreibens hat der Arbeitgeber dem Personensorgeberechtigten und dem Betriebs- oder Personalrat zuzusenden.

(3) Der Jugendliche darf nach Ablauf von 14 Monaten nach Aufnahme der ersten Beschäftigung nicht weiterbeschäftigt werden, solange er die Bescheinigung nicht vorgelegt hat.

Zwischen dem neunten und zwölften Beschäftigungsmonat des ersten Beschäftigungsjahres hat eine 1
erste Nachuntersuchung zu erfolgen. Wird der Jugendliche vor Ablauf des ersten Jahres nach der Erstuntersuchung volljährig, entfällt diese Pflicht. Die Untersuchung ist auf dem vorgegebenen Vordruck zu bescheinigen (Wirksamkeitsvoraussetzung). Die Pflicht des Jugendlichen, die Bescheinigung vorzulegen, folgt nicht aus § 33, sondern als Nebenpflicht aus dem Arbeits/Ausbildungsvertrag. Liegt 14 Monate nach der ersten Beschäftigungsaufnahme keine Bescheinigung über die Nachuntersuchung vor, ist dem AG eine Weiterbeschäftigung des Jugendlichen verboten, Abs. 3. Abs. 2 verpflichtet den AG nach Ablauf eines Jahres, die Aufforderung unter Hinweis auf das Beschäftigungsverbot schriftl. zu **wiederholen,** sofern die Bescheinigung noch nicht vorliegt (Abs. 2 S. 1). Den Personensorgeberechtigten und dem BR oder PR ist eine Durchschrift des Aufforderungsschreibens zuzusenden (Abs. 2 S. 2), damit auch diese auf den Jugendlichen einwirken können. Ein Verstoß gegen die Pflichten aus Abs. 2 S. 1 kann nach § 59 I Nr. 4 als Ordnungswidrigkeit geahndet werden. Hat der AG seine Pflicht aus Abs. 2 S. 1 ergebnislos erfüllt, ist er idR zur außerordentlichen Kündigung des Jugendlichen berechtigt. Ein Verstoß gegen Abs. 3 wird nach § 58 I Nr. 23 mit Geldbuße belegt, bei schweren Verstößen macht sich der AG nach § 58 V, VI strafbar.

§ 34 Weitere Nachuntersuchungen

[1]Nach Ablauf jedes weiteren Jahres nach der ersten Nachuntersuchung kann sich der Jugendliche erneut nachuntersuchen lassen (weitere Nachuntersuchungen). [2]Der Arbeitgeber soll ihn auf diese Möglichkeit rechtzeitig hinweisen und darauf hinwirken, daß der Jugendliche ihm die Bescheinigung über die weitere Nachuntersuchung vorlegt.

§ 34 normiert ein Angebot an den Jugendlichen, sich auf Kosten des Landes (§ 44) und ohne Lohn- 1
ausfall (§ 43 S. 2) jährl. nachuntersuchen zu lassen, um mögl. arbeitsbedingte Veränd. des Gesundheitszustandes rechtzeitig zu erkennen. Der AG soll den Jugendlichen auf diese Möglichkeit rechtzeitig hinweisen und auf die Vorlage der Bescheinigung hinwirken. § 34 begr. aber weder Pflichten für den AG noch den Jugendlichen; Beschäftigungsverbot oder Sanktionsvorschr. bestehen nicht.

§ 35 Außerordentliche Nachuntersuchung

(1) Der Arzt soll eine außerordentliche Nachuntersuchung anordnen, wenn eine Untersuchung ergibt, daß

1. ein Jugendlicher hinter dem seinem Alter entsprechenden Entwicklungsstand zurückgeblieben ist,
2. gesundheitliche Schwächen oder Schäden vorhanden sind,
3. die Auswirkungen der Beschäftigung auf die Gesundheit oder Entwicklung des Jugendlichen noch nicht zu übersehen sind.

(2) Die in § 33 Abs. 1 festgelegten Fristen werden durch die Anordnung einer außerordentlichen Nachuntersuchung nicht berührt.

1 § 35 normiert eine ausdr. Aufforderung an den untersuchenden Arzt, in den Fällen des Abs. 1 Nr. 1 bis 3 weitere **Zusatzuntersuchungen** anzuordnen. Ob dies erforderl. ist, entscheidet der Arzt nach pflichtgem. Ermessen. Ob der Jugendliche nicht altersentspr. entwickelt (Nr. 1) oder gesundheitl. geschwächt (Nr. 2) ist, wird bei der übl. Untersuchung festzustellen sein; Zweifel über die Auswirkung der Beschäftigung auf die Gesundheit (Nr. 3) liegen bereits bei Fehlen einer gesicherten Prognosegrdl. vor. Die ärztl. Anordnung ist für den Jugendlichen nicht rechtl. verpflichtend; befolgt er sie nicht, ist ein evtl. Schadensersatzanspruch aber nach § 254 BGB zu kürzen. Den Eltern ist die Anordnung gem. § 39 I Nr. 4 mitzuteilen, nicht aber dem AG. **Abs. 2** bestimmt, dass die in § 33 I festgelegten Fristen nicht durch die Anordnung einer außerordentl. Nachuntersuchung berührt werden, die Untersuchungen also zeitl. unabhängig voneinander sind. Wird die Untersuchung nach § 35 jedoch innerhalb der Fristen des § 33 I durchgeführt, kann sie als erste Nachuntersuchung gelten, um unnötige Doppeluntersuchungen zu vermeiden.

§ 36 Ärztliche Untersuchungen und Wechsel des Arbeitgebers

Wechselt der Jugendliche den Arbeitgeber, so darf ihn der neue Arbeitgeber erst beschäftigen, wenn ihm die Bescheinigung über die Erstuntersuchung (§ 32 Abs. 1) und, falls seit der Aufnahme der Beschäftigung ein Jahr vergangen ist, die Bescheinigung über die erste Nachuntersuchung (§ 33) vorliegen.

1 Bei einem **Wechsel des AG** (§ 36) darf der neue AG einen Jugendlichen erst nach Vorlage der Bescheinigung über die Erstuntersuchung (§ 32 I) und ggf. die erste Nachuntersuchung (§ 33) beschäftigen. Die Bescheinigung muss im Zpkt. des tats. Arbeitsbeginns vorliegen, nicht bereits bei Vertragsschluss. War beim alten AG eine Untersuchung nicht erfolgt, ist sie nachzuholen. Ohne Bescheinigung besteht für den neuen AG ein Beschäftigungsverbot. Der alte AG ist zur Aushändigung einer bei ihm vorhandenen Bescheinigung verpflichtet, § 41 II. Die Beschäftigung v. Jugendlichen entgegen § 36 ist ordnungswidrig gem. § 58 I Nr. 24.

§ 37 Inhalt und Durchführung der ärztlichen Untersuchungen

(1) Die ärztlichen Untersuchungen haben sich auf den Gesundheits- und Entwicklungsstand und die körperliche Beschaffenheit, die Nachuntersuchungen außerdem auf die Auswirkungen der Beschäftigung auf Gesundheit und Entwicklung des Jugendlichen zu erstrecken.

(2) Der Arzt hat unter Berücksichtigung der Krankheitsvorgeschichte des Jugendlichen auf Grund der Untersuchungen zu beurteilen,

1. ob die Gesundheit oder die Entwicklung des Jugendlichen durch die Ausführung bestimmter Arbeiten oder durch die Beschäftigung während bestimmter Zeiten gefährdet wird,
2. ob besondere der Gesundheit dienende Maßnahmen einschließlich Maßnahmen zur Verbesserung des Impfstatus erforderlich sind,
3. ob eine außerordentliche Nachuntersuchung (§ 35 Abs. 1) erforderlich ist.

(3) Der Arzt hat schriftlich festzuhalten:

1. den Untersuchungsbefund,
2. die Arbeiten, durch deren Ausführung er die Gesundheit oder die Entwicklung des Jugendlichen für gefährdet hält,
3. die besonderen der Gesundheit dienenden Maßnahmen einschließlich Maßnahmen zur Verbesserung des Impfstatus,
4. die Anordnung einer außerordentlichen Nachuntersuchung (§ 35 Abs. 1).

1 § 37 legt für alle ärztl. Untersuchungen einheitl. Inhalt, Beurteilungsgrdl. und Beurteilungsziele sowie die Form der Beurteilung verbindl. fest. Einzelheiten sind gem. § 46 I durch die VO über die ärztl. Untersuchungen nach dem Jugendarbeitsschutzgesetz (JArbSchUV) geregelt worden. Der Arzt hat Befragung und Untersuchung zwgd. nach den dort geregelten Vorgaben und auf einem Untersuchungsbogen nach Mustervordruck durchzuführen. **Abs. 1** bestimmt den wesentl. Inhalt der Untersuchungen. Dazu muss der Arzt sich über die Tätigkeit und den Arbeitsplatz des Jugendlichen informieren, ihn umfassend befragen und eine Ganzkörperuntersuchung vornehmen. Beurteilungsgrdl. der ärztl. Untersuchung sind nach **Abs. 2** die bei der Untersuchung erhobenen Befunde und evtl. die Erg. einer Ergänzungsuntersuchung nach § 38. Die Beurteilungsziele sind in Abs. 2 Nr. 1 bis 3 festgelegt. Das Untersuchungserg. hat der Arzt auf dem Untersuchungsbogen schriftl. festzuhalten, **Abs. 3** iVm. § 4 I JArbSchUV. Der Untersuchungsbefund, die bes. der Gesundheit dienenden Maßnahmen und die Anordnung einer außerordentl. Nachuntersuchung dürfen auf Grund der ärztl. Schwei-

gepflicht nur dem Personensorgeberechtigten mitgeteilt werden, nicht aber dem AG. Verstöße des Arztes gegen § 37 oder die JArbSchUV stellen keine **Ordnungswidrigkeiten** dar; dem Jugendlichen können aber Schadensersatzansprüche aus dem Arztvertrag zustehen.

§ 38 Ergänzungsuntersuchung

Kann der Arzt den Gesundheits- und Entwicklungsstand des Jugendlichen nur beurteilen, wenn das Ergebnis einer Ergänzungsuntersuchung durch einen anderen Arzt oder einen Zahnarzt vorliegt, so hat er die Ergänzungsuntersuchung zu veranlassen und ihre Notwendigkeit schriftlich zu begründen.

§ 38 soll die erg. Teiluntersuchung durch einen Arzt mit bestimmtem Fachgebiet oder einer bestimmten medizinisch-apparativen Ausrüstung ermöglichen. Die Untersuchung ist anzuordnen, wenn der Erstuntersuchende sie für die Beurteilung des Gesundheits- und Entwicklungsstandes des Jugendlichen benötigt. Der Jugendliche kann den anderen Arzt frei wählen und kann nicht zu einer Untersuchung gezwungen werden; lässt er sich nicht untersuchen, kann die Bescheinigung (§§ 32, 33, 35, 42) jedoch nicht erteilt werden. Nach § 39 I Nr. 4 erhalten die Personensorgeberechtigten eine Mitt. über die Anordnung einer außerordentl. Nachuntersuchung, damit sie auf den Jugendlichen einwirken können. Die Kosten sind als Teil der Gesamtuntersuchungskosten gem. § 44 v. Land zu tragen. 1

§ 39 Mitteilung, Bescheinigung

(1) **Der Arzt hat dem Personensorgeberechtigten schriftlich mitzuteilen:**
1. **das wesentliche Ergebnis der Untersuchung,**
2. **die Arbeiten, durch deren Ausführung er die Gesundheit oder die Entwicklung des Jugendlichen für gefährdet hält,**
3. **die besonderen der Gesundheit dienenden Maßnahmen einschließlich Maßnahmen zur Verbesserung des Impfstatus,**
4. **die Anordnung einer außerordentlichen Nachuntersuchung (§ 35 Abs. 1).**

(2) **Der Arzt hat eine für den Arbeitgeber bestimmte Bescheinigung darüber auszustellen, daß die Untersuchung stattgefunden hat und darin die Arbeiten zu vermerken, durch deren Ausführung er die Gesundheit oder die Entwicklung des Jugendlichen für gefährdet hält.**

§ 39 soll die Personensorgeberechtigten über den Gesundheits- und Entwicklungsstand des Jugendlichen, über bestehende Gefährdungen durch die Arbeit und über notwendige Maßnahmen informieren, damit sie die Eignung des in Aussicht genommenen Ausbildungsplatzes besser einschätzen können. Der Inhalt der Mitt. ist in **Abs. 1** vorgegeben; sie hat auf einem Vordruck gem. § 5 JArbSchUV zu erfolgen. Gem. **Abs. 2** hat der Arzt eine für den AG bestimmte Bescheinigung über die vorgenommene Untersuchung auszustellen. Ist bei Abschluss der Untersuchungen noch kein AG bekannt, kann die Bescheinigung auch dem Jugendlichen oder den Eltern ausgehändigt werden. Bei mehreren AG ist jedem eine Bescheinigung auszustellen. 1

§ 40 Bescheinigung mit Gefährdungsvermerk

(1) **Enthält die Bescheinigung des Arztes (§ 39 Abs. 2) einen Vermerk über Arbeiten, durch deren Ausführung er die Gesundheit oder die Entwicklung des Jugendlichen für gefährdet hält, so darf der Jugendliche mit solchen Arbeiten nicht beschäftigt werden.**

(2) **Die Aufsichtsbehörde kann die Beschäftigung des Jugendlichen mit den in der Bescheinigung des Arztes (§ 39 Abs. 2) vermerkten Arbeiten im Einvernehmen mit einem Arzt zulassen und die Zulassung mit Auflagen verbinden.**

Enthält die Bescheinigung einen Vermerk über Arbeiten, bei deren Ausführung der Arzt die Gesundheit oder Entwicklung des Jugendlichen für gefährdet hält (§ 39 II), so besteht für den Jugendlichen ein absolutes **Beschäftigungsverbot** bzgl. dieser Tätigkeiten, unabhängig v. einer tats. Gefährdung. Das Verbot endet mit der Vollendung des 18. Lebensjahres des Jugendlichen, mit dem Vorliegen einer Bescheinigung ohne Gefährdungsvermerk, oder mit einer behördl. Zulassung gem. Abs. 2. Der Gefährdungsvermerk selbst ist kein VA, kann also auch im Verwaltungsrechtsweg nicht aufgeh. werden. Der Jugendliche kann nur die Ausnahme gem. Abs. 2 anstreben oder v. einem anderen Arzt eine Bescheinigung ohne Vermerk zu erlangen suchen. Bestand der Gefährdungsvermerk bereits bei Abschluss des Arbeits- oder Ausbildungsvertrages, so ist dieser nichtig nach § 134 BGB, soweit der Jugendliche in dem Betrieb nur mit verbotenen Arbeiten beschäftigt werden kann. Gem. **Abs. 2** kann die Aufsichtsbehörde nach pflichtgem. Ermessen v. Verbot eine **Ausnahmebewilligung** erteilen, sofern sie darüber Einvernehmen mit einem Arzt erzielt; dabei muss es sich nicht um denselben Arzt handeln, 1 der den Gefährdungsvermerk veranlasst hat. Die Ausnahmebewilligung kann v. dem Jugendlichen, v. den Personensorgeberechtigten, dem AG oder dem ges. Vertreter des Jugendlichen beantragt werden; die Aufsichtsbehörde kann aber auch v. sich aus tätig werden. Die Bewilligung kann mit einer **Aufl.** verbunden werden, wenn damit die Gefährdung des Jugendlichen vermeidbar ist. Gegen die Versagung einer Ausnahmebewilligung steht dem Jugendlichen bzw. dem AG der Verwaltungsrechtsweg offen. Bei einer Beschäftigung mit nach Abs. 1 verbotenen Tätigkeiten handelt der AG ordnungswidrig gem. § 58 I Nr. 25. Folgt der AG einer vollziehbaren Aufl. der Behörde (Abs. 2) nicht, so handelt er ordnungswidrig gem. § 58 I Nr. 28. Bei schweren Verstößen macht er sich strafbar nach § 58 V, VI.

§ 41 Aufbewahren der ärztlichen Bescheinigungen

(1) Der Arbeitgeber hat die ärztlichen Bescheinigungen bis zur Beendigung der Beschäftigung, längstens jedoch bis zur Vollendung des 18. Lebensjahres des Jugendlichen aufzubewahren und der Aufsichtsbehörde sowie der Berufsgenossenschaft auf Verlangen zur Einsicht vorzulegen oder einzusenden.

(2) Scheidet der Jugendliche aus dem Beschäftigungsverhältnis aus, so hat ihm der Arbeitgeber die Bescheinigungen auszuhändigen.

1 Der AG hat die ärztl. Originalbescheinigungen (gem. §§ 32 I, 33 bis 35, 40 II, 42) bis zur Beendigung der Beschäftigung oder bis zur Vollendung des 18. Lebensjahres des Jugendlichen so **aufzubewahren,** dass sie Unbefugten nicht zugängl. sind. Mit der Volljährigkeit des Jugendlichen sind ihm alle vorhandenen Bescheinigungen herauszugeben. Auf Verlangen sind die Bescheinigungen der Aufsichtsbehörde oder der Berufsgenossenschaft zur Einsicht vorzulegen oder einzusenden, damit die Beachtung der §§ 32 ff. kontrollierbar wird. Bei der Beendigung des Beschäftigungsverhältnisses sind alle vorhandenen Bescheinigungen **auszuhändigen,** Abs. 2. Ein Verstoß gegen die Pflichten des § 41 kann als Ordnungswidrigkeit nach § 59 I Nr. 5 geahndet werden.

§ 42 Eingreifen der Aufsichtsbehörde

Die Aufsichtsbehörde hat, wenn die dem Jugendlichen übertragenen Arbeiten Gefahren für seine Gesundheit befürchten lassen, dies dem Personensorgeberechtigten und dem Arbeitgeber mitzuteilen und den Jugendlichen aufzufordern, sich durch einen von ihr ermächtigten Arzt untersuchen zu lassen.

1 Besteht ein durch Tatsachen (Betriebsbesichtigung, Anzeige) begr. Verdacht einer Gesundheitsgefährdung, kann die Behörde den Jugendlichen **auffordern,** sich durch einen v. ihr ermächtigten Arzt untersuchen zu lassen. Der Jugendliche kann nicht zu einer Untersuchung gezwungen werden; die Behörde kann allerdings ein Beschäftigungsverbot nach § 27 I 2 erlassen, um die befürchtete Gefährdung auszuschließen. Die Untersuchung auf Grund behördl. Aufforderung ist eine bes. Nachuntersuchung, die durch einen v. der Behörde gesondert ermächtigten Arzt (zB staatl. Gewerbearzt, Betriebsarzt) zu erfolgen hat; insofern ist § 42 eine Ausnahme zum Grds. der freien Arztwahl. Die Mitt. gem. § 42 begr. selbst kein Beschäftigungsverbot, doch kann sich der AG dem Jugendlichen ggü. schadensersatzpflichtig machen, wenn er den Jugendlichen trotz der Mitt. weiterbeschäftigt. Umgekehrt kann der AG zur Kündigung des Arbeits- bzw. Ausbildungsvertrages berechtigt sein, wenn der Jugendliche der Aufforderung nicht nachkommt.

§ 43 Freistellung für Untersuchungen

[1]Der Arbeitgeber hat den Jugendlichen für die Durchführung der ärztlichen Untersuchungen nach diesem Abschnitt freizustellen. [2]Ein Entgeltausfall darf hierdurch nicht eintreten.

1 § 43 gibt dem Jugendlichen einen Anspruch, für alle Untersuchungen einschl. der Wegezeiten nach den §§ 32 ff. unter Fortzahlung des Entgelts v. der Verpflichtung zur Arbeit im Betrieb **freigestellt** zu werden; ausgenommen ist nur die Erstuntersuchung, da die Beschäftigung vorher ohnehin unzulässig ist. Der Jugendliche darf den Zpkt. der Untersuchung auch in die AZ legen, muss dabei auf die betriebl. Belange Rücksicht nehmen (*Zmarzlik/Anzinger* JArbSchG Rn. 5; *Bachmann/Lührs* Rn. 386). Ein Fernbleiberecht ohne Zust. des AG besteht nicht, wohl aber ein Anspruch auf deren Erteilung. Lässt der Jugendliche die Untersuchung während seiner Freizeit durchführen, hat er keinen Anspruch auf Freizeitausgleich. Der Arztbesuch wird nicht auf die höchstzulässige AZ gem. § 8 angerechnet. Daher darf die ausgefallene AZ nachgeholt werden. Gem. S. 2 gilt das Lohnausfallprinzip: Der AG hat das Entgelt fortzuzahlen, das der Jugendliche verdient hätte, wenn er während der Zeit der Freistellung gearbeitet hätte. Ein Verstoß des AG gegen die Freistellungsverpflichtung des § 43 S. 1 wird nach § 59 I Nr. 6 als Ordnungswidrigkeit geahndet.

§ 44 Kosten der Untersuchungen

Die Kosten der Untersuchungen trägt das Land.

§ 44 gibt dem untersuchenden Arzt gegen das Land einen Anspruch auf **Erstattung** der Vergütung für ärztl. Leistungen bei der Untersuchung. Voraussetzung des Erstattungsanspruchs ist die Vorlage eines Untersuchungsberechtigungsscheins, § 2 JArbSchUV, der v. der nach Landesrecht zust. Stelle ausgegeben wird. Legt der Jugendliche einen solchen Schein nicht vor, muss er selbst zahlen. Schuldner des Kostenanspruchs ist das Bundesland, das den Untersuchungsberechtigungsschein ausgegeben hat, unabhängig davon, in welchem Bundesland die Untersuchung durchgeführt wird. 1

§ 45 Gegenseitige Unterrichtung der Ärzte

(1) Die Ärzte, die Untersuchungen nach diesem Abschnitt vorgenommen haben, müssen, wenn der Personensorgeberechtigte und der Jugendliche damit einverstanden sind,
1. dem staatlichen Gewerbearzt,
2. dem Arzt, der einen Jugendlichen nach diesem Abschnitt nachuntersucht,
auf Verlangen die Aufzeichnungen über die Untersuchungsbefunde zur Einsicht aushändigen.

(2) Unter den Voraussetzungen des Absatzes 1 kann der Amtsarzt des Gesundheitsamtes einem Arzt, der einen Jugendlichen nach diesem Abschnitt untersucht, Einsicht in andere in seiner Dienststelle vorhandene Unterlagen über Gesundheit und Entwicklung des Jugendlichen gewähren.

Für Ärzte, die eine Untersuchung nach den §§ 32 ff. durchgeführt haben, normiert § 45 eine Pflicht zur **Aushändigung** der Aufzeichnungen über die Untersuchungserg. zur Einsichtnahme. Die in Abs. 1 Nr. 1 und 2 genannten Ärzte sind berechtigt, Einsichtnahme zu fordern. Der staatl. Gewerbearzt kann Aktenaushändigung auch verlangen, um die Aufsichtsbehörde zu beraten, §§ 40 II, 42; dass er selbst eine Nachuntersuchung durchführt, ist nicht vorausgesetzt. Einem untersuchenden Arzt kann darüber hinaus gem. Abs. 2 durch den Amtsarzt **Einsicht** in andere Unterlagen über Gesundheit und Entwicklung gewährt werden. Die Entsch. über die Einsicht steht im Ermessen des Amtsarztes und ist VA. Alle Unterrichtungsrechte setzen eine Einverständniserkl. der Personensorgeberechtigten und des betroffenen Jugendlichen voraus. 1

§ 46 Ermächtigungen

(1) Das Bundesministerium für Arbeit und Soziales kann zum Zwecke einer gleichmäßigen und wirksamen gesundheitlichen Betreuung durch Rechtsverordnung mit Zustimmung des Bundesrates Vorschriften über die Durchführung der ärztlichen Untersuchungen und über die für die Aufzeichnungen der Untersuchungsbefunde, die Bescheinigungen und Mitteilungen zu verwendenden Vordrucke erlassen.

(2) Die Landesregierung kann durch Rechtsverordnung
1. zur Vermeidung von mehreren Untersuchungen innerhalb eines kurzen Zeitraumes aus verschiedenen Anlässen bestimmen, daß die Untersuchungen nach den §§ 32 bis 34 zusammen mit Untersuchungen nach anderen Vorschriften durchzuführen sind, und hierbei von der Frist des § 32 Abs. 1 Nr. 1 bis zu drei Monaten abweichen,
2. zur Vereinfachung der Abrechnung
   a) Pauschbeträge für die Kosten der ärztlichen Untersuchungen im Rahmen der geltenden Gebührenordnungen festsetzen,
   b) Vorschriften über die Erstattung der Kosten beim Zusammentreffen mehrerer Untersuchungen nach Nummer 1 erlassen.

Aufgrund der Ermächtigung des § 46 I ist die JArbSchUV v. 16.10.1990 erlassen worden. Sie standardisiert durch einheitl. Erhebungs- und Untersuchungsbögen die Untersuchung und erleichtert eine einheitl. gesundheitl. Betreuung der Jugendlichen im gesamten Bundesgebiet. Durch Abs. 2 Nr. 1 werden die LReg. ermächtigt, durch RechtsVO Untersuchungen miteinander zu verbinden. Gem. Abs. 2 Nr. 2 können die LReg. weiterhin Pauschbeträge für die Kosten der Untersuchung und Vorschr. über die Kostenerstattung beim Zusammentreffen mehrerer Untersuchungen festsetzen; alle Bundesländer haben v. dieser Ermächtigung Gebrauch gemacht. 1

430. Kündigungsschutzgesetz (KSchG)

In der Fassung der Bekanntmachung vom 25. August 1969 (BGBl. I S. 1317)
Zul. geänd. durch Gesetz vom 17. Juli 2017 (BGBl. I S. 2509)
(FNA 800-2)

Erster Abschnitt. Allgemeiner Kündigungsschutz

§ 1 Sozial ungerechtfertigte Kündigungen

(1) Die Kündigung des Arbeitsverhältnisses gegenüber einem Arbeitnehmer, dessen Arbeitsverhältnis in demselben Betrieb oder Unternehmen ohne Unterbrechung länger als sechs Monate bestanden hat, ist rechtsunwirksam, wenn sie sozial ungerechtfertigt ist.

(2) [1] Sozial ungerechtfertigt ist die Kündigung, wenn sie nicht durch Gründe, die in der Person oder in dem Verhalten des Arbeitnehmers liegen, oder durch dringende betriebliche Erfordernisse, die einer Weiterbeschäftigung des Arbeitnehmers in diesem Betrieb entgegenstehen, bedingt ist. [2] Die Kündigung ist auch sozial ungerechtfertigt, wenn

1. in Betrieben des privaten Rechts
   a) die Kündigung gegen eine Richtlinie nach § 95 des Betriebsverfassungsgesetzes verstößt,
   b) der Arbeitnehmer an einem anderen Arbeitsplatz in demselben Betrieb oder in einem anderen Betrieb des Unternehmens weiterbeschäftigt werden kann

   und der Betriebsrat oder eine andere nach dem Betriebsverfassungsgesetz insoweit zuständige Vertretung der Arbeitnehmer aus einem dieser Gründe der Kündigung innerhalb der Frist des § 102 Abs. 2 Satz 1 des Betriebsverfassungsgesetzes schriftlich widersprochen hat,
2. in Betrieben und Verwaltungen des öffentlichen Rechts
   a) die Kündigung gegen eine Richtlinie über die personelle Auswahl bei Kündigungen verstößt,
   b) der Arbeitnehmer an einem anderen Arbeitsplatz in derselben Dienststelle oder in einer anderen Dienststelle desselben Verwaltungszweiges an demselben Dienstort einschließlich seines Einzugsgebietes weiterbeschäftigt werden kann

   und die zuständige Personalvertretung aus einem dieser Gründe fristgerecht gegen die Kündigung Einwendungen erhoben hat, es sei denn, daß die Stufenvertretung in der Verhandlung mit der übergeordneten Dienststelle die Einwendungen nicht aufrechterhalten hat.

[3] Satz 2 gilt entsprechend, wenn die Weiterbeschäftigung des Arbeitnehmers nach zumutbaren Umschulungs- oder Fortbildungsmaßnahmen oder eine Weiterbeschäftigung des Arbeitnehmers unter geänderten Arbeitsbedingungen möglich ist und der Arbeitnehmer sein Einverständnis hiermit erklärt hat. [4] Der Arbeitgeber hat die Tatsachen zu beweisen, die die Kündigung bedingen.

(3) [1] Ist einem Arbeitnehmer aus dringenden betrieblichen Erfordernissen im Sinne des Absatzes 2 gekündigt worden, so ist die Kündigung trotzdem sozial ungerechtfertigt, wenn der Arbeitgeber bei der Auswahl des Arbeitnehmers die Dauer der Betriebszugehörigkeit, das Lebensalter, die Unterhaltspflichten und die Schwerbehinderung des Arbeitnehmers nicht oder nicht ausreichend berücksichtigt hat; auf Verlangen des Arbeitnehmers hat der Arbeitgeber dem Arbeitnehmer die Gründe anzugeben, die zu der getroffenen sozialen Auswahl geführt haben. [2] In die soziale Auswahl nach Satz 1 sind Arbeitnehmer nicht einzubeziehen, deren Weiterbeschäftigung, insbesondere wegen ihrer Kenntnisse, Fähigkeiten und Leistungen oder zur Sicherung einer ausgewogenen Personalstruktur des Betriebes, im berechtigten betrieblichen Interesse liegt. [3] Der Arbeitnehmer hat die Tatsachen zu beweisen, die die Kündigung als sozial ungerechtfertigt im Sinne des Satzes 1 erscheinen lassen.

(4) Ist in einem Tarifvertrag, in einer Betriebsvereinbarung nach § 95 des Betriebsverfassungsgesetzes oder in einer entsprechenden Richtlinie nach den Personalvertretungsgesetzen festgelegt, wie die sozialen Gesichtspunkte nach Absatz 3 Satz 1 im Verhältnis zueinander zu bewerten sind, so kann die Bewertung nur auf grobe Fehlerhaftigkeit überprüft werden.

(5) [1] Sind bei einer Kündigung auf Grund einer Betriebsänderung nach § 111 des Betriebsverfassungsgesetzes die Arbeitnehmer, denen gekündigt werden soll, in einem Interessenausgleich zwischen Arbeitgeber und Betriebsrat namentlich bezeichnet, so wird vermutet, dass die Kündigung durch dringende betriebliche Erfordernisse im Sinne des Absatzes 2 bedingt ist. [2] Die soziale Auswahl der Arbeitnehmer kann nur auf grobe Fehlerhaftigkeit überprüft werden. [3] Die Sätze 1 und 2 gelten nicht, soweit sich die Sachlage nach Zustandekommen des Interessenausgleichs wesentlich geändert hat. [4] Der Interessenausgleich nach Satz 1 ersetzt die Stellungnahme des Betriebsrates nach § 17 Abs. 3 Satz 2.

Übersicht

A. Einleitung

I. Allgemeines

1 Das erste Kündigungsschutzgesetz (KSchG) in Deutschland (KSchG 1951) trat am 14.8.1951 in Kraft (BGBl. I S. 499). Zuvor war am 20.7.1949 im Vereinigten Wirtschaftsgebiet (amerikanische und britische Zone) vom Wirtschaftsrat ein KSchG beschlossen worden, dem die Militärregierungen allerdings die erforderl. Genehmigung versagten (s. HHL/*v. Hoyningen-Huene* Einl. Rn. 30). Gewerkschaften und AGVerbände einigten sich sodann auf den sog. Hattenheimer Entw. v. 13.1.1950 (RdA 1950, 63). Er lag im Wesentlichen dem KSchG 1951 zugrunde.

2 Eine **Änd. des KSchG 1951** erfolgte durch Art. 1 des 1. ArbRBerG v. 14.8.1969 (BGBl. I S. 1106; dazu HHL/*v. Hoyningen-Huene* Rn. 39 ff.). Das KSchG wurde am 25.8.1969 neu gefasst (BGBl. I S. 1317). Neben der Modifizierung einiger Vorschr. wurden die §§ 2 und 8 neu eingefügt. **Spätere Änd.** betrafen va. die Aufhebung der früheren Mindestaltersgrenze in § 1 (G zur Änd. des KSchG v. 5.7.1976, BGBl. I S. 1769) und den Kündigungsschutz bei Massenentlassungen (§§ 17 ff.) (Zweites G zur Änd. des Kündigungsschutzrechts v. 27.4.1978, BGBl. I S. 550; Art. 5 des G zur Anpassung arbeitsrechtl. Vorschr. an das EG-Recht v. 20.7.1995, BGBl. I S. 946; Art. 50 AFRG v. 24.3.1997, BGBl. I S. 594). Durch das ArbRBeschFG v. 25.9.1996 (BGBl. I S. 1476) wurde die maßgebende ANZahl, die den Kündigungsschutz auslöst, in § 23 I auf über zehn erhöht, die soziale Auswahl in § 1 III umgestaltet und Abs. 4 und 5 neu eingefügt. Dieses G galt v. 1.10.1996 bis zum 31.12.1998. Art. 6 des G zu Korrekturen in der Sozialvers. und zur Sicherung der ANRechte v. 19.12.1998 (BGBl. I S. 3843) änderte die §§ 1 und 23 mWv. 1.1.1999 ohne Übergangsregelung erneut (s. *Däubler* NJW 1999, 601) und stellte tw. den vorherigen Rechtszustand wieder her. Durch Art. 1 des **G zu Reformen am Arbeitsmarkt** v. 24.12.2003 (BGBl. I S. 3002) ist mWv. 1.1.2004 tw. der Rechtszustand wieder hergestellt worden, den die §§ 1 und 23 idF des ArbRBeschFG v. 25.9.1996 herbeigeführt hatten. Neu eingeführt wurde die Ausdehnung der Klagefrist des § 4 auf alle Kündigungen, wenn deren Unwirksamkeit gerichtl. geltend gemacht werden soll; die §§ 6, 7 und 13 wurden hieran angepasst. Bei der Heranziehung von Entsch., die auf Regelungen des KSchG v. 1951, auf solchen, die auf Kündigungen vor der Neuregelung durch das ArbRBeschFG 1996 beruhen und solchen, die vor dem G zu Reformen am Arbeitsmarkt ergangen sind, ist darauf zu achten, dass ggü. heute nicht nur die Paragraphenfolge verändert ist, sondern auch inhaltl. Modifizierungen vorliegen.

3 **Rechtspolitisch** ist der allg. Kündigungsschutz va. durch die gegensätzl. Interessen der Arbeitsvertragsparteien gekennzeichnet (zu Reformüberlegungen *Willemsen* NJW 2000, 2779; *Löwisch* FS 50 Jahre BAG 2004 S. 423). Der **AN** will seinen Arbeitsplatz nicht preisgeben, da er idR von seiner Arbeitsleistung seinen Lebensunterhalt bestreitet und in Zeiten größerer Arbeitslosigkeit nur schwer einen neuen Arbeitsplatz findet. Zudem ist die Beendigung des ArbVerh. stets mit dem Verlust arbeitsplatzspezifischen Erfahrungswissens und idR auch sozialer Kontakte verbunden. Für den **AG** stehen hingegen die flexible Anpassung des Personalbestands an den von ökonomischen Rahmendaten und Marktverhältnissen abhängigen aktuellen Personalbedarf, die Höhe der Personalkosten sowie die vertragskonforme Abwicklung des ArbVerh. im Vordergrund (s. *Zöllner*, Gutachten D zum 52. DJT, 1978; HHL/*v. Hoyningen-Huene* Einl. Rn. 3 ff.). Schließl. beeinflusst der Kündigungsschutz zugunsten der Arbeitsplatzinhaber die Beschäftigungsaussichten **Arbeitsuchender,** für die sich ein zu hoher Bestandschutz als eine (Arbeits-)Marktzutrittsschranke auswirken kann (s. *Reuter* FS 25 Jahre BAG 1979 S. 405; *ders.* RdA 1973, 345 und RdA 1978, 344, 348).

4 Die Interessen des AN schützt die **Verf.** va. durch das **Sozialstaatsgebot** (Art. 20 I, 28 I GG), für den AG sprechen das Grundrecht der **Berufsfreiheit** (Art. 12 I GG) und der Schutz des **Eigentums** nach Art. 14 I GG. Der seit 1951 im G normierte Kündigungsschutz bezweckt vorwiegend den Schutz des einzelnen AN, während der Dritte Abschn. des G demggü. arbeitsmarktpolitischen Zielsetzungen

dient. Mit dem G gleicht der Gesetzgeber nicht nur unterschiedl. und grundrechtl. fundierten Interessen aus, zu denen ebenfalls die der Arbeitsuchenden zählen, sondern trägt in Bezug auf die AN auch den **grundrechtl. Schutzpflichten** im Hinblick auf deren Wahl des AG in einer Weise Rechnung, die bzgl. des Untermaßverbots nicht zu beanstanden ist (s. GG Art. 12 Rn. 36 ff.). Dies entbindet jedoch nicht davon, bei der Anwendung des G die Ausstrahlungswirkung der Grundrechte zu berücksichtigen. Auch die Auslegung und Anwendung des G darf deshalb das grundrechtl. gebotene Mindestmaß an Bestandschutz nicht unterschreiten (BAG 22.11.2012 NZA 2013, 730 Rn. 18; 20.6.2013 NZA 2014, 139 Rn. 23). Zusätzl. kommt das G dem Gebot in **Art. 30 GRC** nach, AN vor ungerechtfertigter Entlassung zu schützen (s. BAG 8.12.2011 NZA 2012, 286 Rn. 12; HHL/*Krause* Rn. 16; s. näher *Meyer* NZA 2014, 993 ff.; *Rebhahn* DRdA 2014, 183, 184 ff.); für die Anwendung des G hat Art. 30 GRC jedoch keine Bedeutung, da es nicht der Durchführung von Unionsrecht dient (s. AEUV Rn. 5a; EUArbR/*Schubert* GRC Art. 30 Rn. 24). Ungeachtet dessen zählt es zu der durch Art. 2 I, 12 I u. 14 I GG geschützten Freiheit, ein Unternehmen zu betreiben oder dies zu unterlassen (treffend BAG 4.5.2006 NZA 2006, 1096 Rn. 21; s. a. 18.10.2006 NZA 2007, 552 Rn. 26; 22.11.2012 NZA 2013, 730 Rn. 17; 20.6.2013 NZA 2014, 139 Rn. 21; 20.6.2013 NZA 2014, 208 Rn. 15; 29.8.2013 NZA 2014, 730 Rn. 17; 20.11.2014 NZA 2015, 679 Rn. 27). Die Entsch., einen Betrieb ganz oder tw. stillzulegen, ist Ausdruck dieser grundrechtl. Gewährleistung, der § 1 II 1 mit der Möglichkeit Rechnung trägt, ein ArbVerh. aus dringenden betriebl. Gründen unter Einhaltung der Kündigungsfrist zu kündigen (s. *Oetker,* Der arbeitsrechtl. Bestandsschutz, 1996 S. 22 ff.; s. a. Rn. 221).

Nach § 1 ist die ordentl. Kündigung des ArbVerh. ggü. einem AN, dessen ArbVerh. in demselben **4a**
Betrieb oder Unternehmen länger als sechs Monate bestanden hat, nur rechtswirksam, wenn diese sozial gerechtfertigt ist. Die soziale Rechtfertigung ergibt sich aus den Regelungen in Abs. 2 (s. Rn. 61 ff.) und Abs. 3 bis 5 (s. Rn. 299 ff.). Der Kündigungsschutz ist so ausgestaltet, dass der AN bei ungerechtfertigten Kündigungen die Initiative ergreifen muss. Die Konzeption des Kündigungsschutzes beruht auf dem **Prinzip der nachträgl. Rechtsinhaltskontrolle** (BAG 26.5.1977 NJW 1978, 239). Wird eine schriftl. Kündigung nicht innerhalb der Frist des § 4 angegriffen, gilt sie gem. § 7 nach Ablauf von drei Wochen als rechtswirksam (s. näher § 7 Rn. 1).

§ 1 ist auch auf Kündigungen anzuwenden, die nach Eröffnung eines **Insolvenzverfahrens** erklärt **5**
werden. In diesem Fall müssen trotz § 113 InsO ebenfalls Gründe vorliegen, die die Kündigung nach § 1 sozial rechtfertigen (BAG 20.9.2006 NZA 2007, 387 Rn. 39; 16.2.2012 NZA-RR 2012, 469 Rn. 34; 19.12.2013 NZA-RR 2014, 185 Rn. 44 sowie InsO § 113 Rn. 9); wegen der Besonderheiten im Hinblick auf die soziale Auswahl s. §§ 125 ff. InsO. Auch **kirchl. ArbVerh.** unterliegen dem Schutz durch § 1; dem Spannungsverh. zwischen grundrechtl. gebotenem Kündigungsschutz und kirchl. Selbstbestimmungsrecht ist iRd. Anwendung von § 1 Rechnung zu tragen (BAG 21.11.2013 NZA 2014, 362 Rn. 35 mwN; ferner BVerfG 22.10.2014 NZA 2014, 1387 ff. sowie Rn. 175 f.). Anl. I Kap. XIX Sachgebiet A Abschn. III Nr. 1 Abs. 4 und 5 zu Art. 20 EVertr. v. 31.8.1990 enthält Sonderreglungen für AN im **öffentl. Dienst im Beitrittsgebiet**, wobei Abs. 4 eine zum 31.12.1993 endende Übergangsregelung zur ordentl. Kündigung zur Vfg. stellte (s. *v. Hoyningen-Huene/Linck* [13. Aufl.] Einl. Rn. 75a ff.; MüKoBGB/*Säcker/Oetker* Einigungsvertrag Rn. 897 ff.; *Müller-Glöge* HzA Gruppe 24 Rn. 192 ff.).

Das G regelt den allg. Kündigungsschutz (§§ 1 bis 14), in weiteren Abschn. den bes. Kündigungs- **6**
schutz der BRMitglieder, PRMitglieder, der Mitglieder anderer ANVertretungen und der Wahlbewerber (§§ 15 und 16) sowie den Kündigungsschutz bei Massenentlassungen (§§ 17 bis 22). Unberührt vom G bleiben **Sonderbestimmungen für einzelne Personengruppen** im SGB IX, MuSchG, BEEG, BBiG, FPfZG, PflegeZG, HAG. Diese gelten neben dem KSchG und werden von diesem nicht berührt (HHL/*v. Hoyningen-Huene* Einl. Rn. 96).

Nach **§ 323 I UmwG** verschlechtert sich die **kündigungsrechtl. Stellung eines AN**, der vor dem **7**
Wirksamwerden einer Spaltung oder Teilübertragung zu dem übertragenden Rechtsträger in einem ArbVerh. steht, auf Grund der Spaltung oder Teilübertragung für die Dauer von zwei Jahren ab dem Zpkt. ihres Wirksamwerdens nicht (näher UmwG § 323 Rn. 2 ff.). Bei einem **Betriebsübergang** iSd. § 613a BGB bleibt die kündigungsrechtl. Stellung des AN nicht aufrechterhalten (BAG 15.2.2007 NZA 2007, 739 Rn. 47 ff. sowie UmwG § 323 Rn. 1; zur Wartezeit s. Rn. 47).

Die Vorschr. über den Schutz gegen eine sozial ungerechtfertigte Kündigung ist **kein SchutzG iSd.** **8**
§ 823 II BGB. Sie regelt die gegenseitigen Vertragsbeziehungen einschl. der Möglichkeit ihrer Beendigung, bewirkt aber keinen bes. Schutz gegen Rechtsverletzungen iSv. § 823 II BGB (HHL/*Krause* Rn. 55; KR/*Griebeling/Rachor* Rn. 37). Deshalb scheidet eine Schadensersatzpflicht des AG bei einer ungerechtfertigten Kündigung nach § 823 II BGB aus. Eine gegen § 1 verstoßende Kündigung kann jedoch die auch im ArbVerh. bestehende Leistungstreuepflicht verletzen (s. MüKoBGB/*Bachmann* § 241 Rn. 91) und nach **§ 280 I BGB** zum Schadensersatz verpflichten, sofern der AG schuldhaft davon ausgehen musste, die Kündigung sei nicht gerechtfertigt, weil der Kündigungsgrund zB lediglich vorgetäuscht war. Ein Verschulden in diesem Sinn liegt aber nicht schon deshalb vor, weil die Kündigung in einem späteren Prozess als rechtswidrig erachtet wird (s. BGB § 620 Rn. 76 aE). Eine auf einem nicht vertretbaren Rechtsstandpunkt des AG beruhende und damit rechtswidrige ordentl. Kündigung kann einen Schadensersatzanspruch begründen, wenn sie nicht mit der korrekten Frist erklärt worden

und dem AN ein Schaden im Bereich des SozR entstanden ist (BAG 17.7.2003 AP BGB § 611 Nr. 27). Ungeachtet dessen bleibt der AN gehalten, eine gegen § 1 verstoßende Kündigung gerichtl. anzugreifen. Andernfalls gilt die Kündigung wegen § 7 S. 1 von Beginn an als rechtswirksam. Diese Rechtsfolge kann nicht durch eine Schadensersatzplicht des AG unterlaufen werden (LAG RP 16.5.2013 LAGE KSchG § 7 Nr. 3). Zum Ausgleich des materiellen und des immateriellen Schadens nach **§ 15 I und II AGG** bei einer gegen § 1 AGG verstoßenden Kündigung s. BAG 19.12.2013 NZA 2014, 372 Rn. 36 ff. sowie § 1 Rn. 90a und AGG § 2 Rn. 18.

II. Territorialer Geltungsbereich

9 Der allg. Kündigungsschutz des ersten Abschn. findet Anwendung, soweit das ArbVerh. dem dt. Recht untersteht. Das gilt regelm. für **alle ArbVerh. in Deutschland** und außerdem, wenn nach dem IPR dt. Recht anzuwenden ist (unklar BAG 3.6.2004 NZA 2004, 1380). Hierbei ist die Staatsangehörigkeit unerhebl. Nach Art. 8 II 1 Rom I-VO findet das Recht des Staats Anwendung, in dem der AN seine Arbeit verrichtet (s. Rom I-VO Rn. 8 ff.). Werden AN, die dem dt. ArbR unterliegen, vorübergehend in das Ausland entsandt, bleibt für sie das KSchG anwendbar (HHL/*v. Hoyningen-Huene* Einl. Rn. 101; s. a. Rom I-VO Rn. 11 ff.). Hat ein AN gem. einem dt. Recht unterliegenden Vertrag seine Arbeitsleistung im Rahmen eines erg. Vertrags mit einem ausl. konzernzugehörigen Unternehmen zu erbringen, bleibt jedoch die Weisungsbefugnis des urspr. AG erhalten, ist bei einer Kündigung dt. Kündigungsrecht anzuwenden (BAG 21.1.1999 NZA 1999, 539; *Franzen* IPRax. 2000, 506).

10 Für **AN von dt. Unternehmen im Ausland** kommt es gem. dem int. ArbR für die Bestimmung des maßgebenden Rechts in erster Linie auf den Willen der Vertragschließenden an. Ist keine ausdr. oder stillschweigende Rechtswahl erfolgt (s. Rom I-VO Rn. 4 f.), ist anhand obj. Kriterien festzustellen, welches Recht angewendet werden soll, s. Art. 8 II und III Rom I-VO (näher Rom I-VO Rn. 7 ff.). Zur kündigungsrechtl. Stellung im Ausland eingesetzter AN bei Anwendung dt. Rechts s. *Sascha/Grosjean* BB 2004, 2422. Für Besatzungen von **Seeschiffen** und **Luftfahrzeugen** gelten die Grds. zu Art. 8 II Rom I-VO entspr., so dass nicht allein auf die Nationalität oder Flagge abgestellt werden kann (s. Rom I-VO Rn. 10).

11 Nach Art. 3 I, 8 I Rom I-VO kann **ausl. Recht vereinbart** werden (BAG 11.12.2003 AP EGBGB Art. 27 nF Nr. 6). Die Wirksamkeit einer derartigen Vereinb. setzt keine Auslandsberührung voraus (s. Rom I-VO Rn. 4). Liegt eine derartige **Rechtswahl** vor, findet der Erste Abschn. des G für das ArbVerh. keine Anwendung und der AN ist damit den zwgd. Schutzvorschr. des dt. Kündigungsschutzrechts entzogen. Die Regelungen des KSchG gehören weder zu den wesentl. Grds. des dt. Rechts (ordre public) iSd. Art. 21 Rom I-VO noch gem. Art. 9 I Rom I-VO zu den Bestimmungen des dt. Rechts, die ohne Rücksicht auf das auf den Vertrag anzuwendende Recht den Sachverhalt als Eingriffsnormen zwgd. regeln (BAG 24.8.1989 NZA 1990, 841, 844 f.; s. ferner 11.12.2003 AP EGBGB Art. 27 nF Nr. 6; **aA** MüKoBGB/*Martiny* Rom I-VO Art. 8 Rn. 116; s. a. Rom I-VO Rn. 19, 21). Eine Rechtswahl hins. der Vorschr. des Zweiten und Dritten Abschn. des KSchG ist hingegen nicht mögl. (BAG 24.8.1989 NZA 1990, 841, 845; HHL/*v. Hoyningen-Huene* Einl. Rn. 106).

12 Für **AN bei den alliierten Streitkräften** gilt das Zusatzabk. v. 3.8.1959 (BGBl. 1961 II S. 1218) zu dem Abk. zwischen den Parteien des Nordatlantikpakts über die Rechtsstellung ihrer Truppen v. 19.1.1951 (BGBl. II S. 1190) idF des Änderungsabk. v. 18.3.1993 (BGBl. 1994 II S. 2598) (s. dazu KR/*Weigand* Art. 56 NATO-ZusAbk Rn. 15 ff.). Auf die ArbVerh. der in Betracht kommenden AN ist im Wesentlichen dt. ArbR anwendbar (Art. 56 I a ZA-NTS). Für Kündigungen gilt das KSchG im Ersten bis Dritten Abschn. (BAG 29.1.1981 NJW 1982, 252; 25.10.2013 NZA-RR 2013, 632 Rn. 22 f.; HHL/*v. Hoyningen-Huene* Einl. Rn. 108). Abweichungen bestehen hins. der Auflösung des ArbVerh.: Nach Art. 56 II a ZA-NTS gilt § 9 I 2 mit der Maßgabe, dass der Antrag des AG auch darauf gestützt werden kann, dass der Fortsetzung des ArbVerh. bes. schutzwürdige militärische Interessen entgegenstehen, die von der obersten Dienstbehörde glaubhaft zu machen sind. In diesem Fall ist die Verh. vor dem erkennenden Gericht nicht öffentl. Sofern die Offenlegung der Gründe die Gefahr eines schweren Schadens für die Sicherheit des Entsendestaates oder seiner Truppe verursachen könnte, kann die oberste Dienstbehörde der Truppe im Einvernehmen mit dem Chef des Bundeskanzleramtes die Glaubhaftmachung durch eine förml. Erkl. bewirken (s. ferner KR/*Weigand* Art. 56 NATO-ZusAbk Rn. 32 ff.). IÜ ist der Inhalt der ArbVerh. der zivilen Bediensteten weitgehend durch den TV für die AN bei den Stationierungsstreitkräften im Gebiet der Bundesrepublik Deutschland in seiner jeweiligen Fassung (TV AL II) ausgestaltet.

III. Zwingende Regelung

13 § 1 wirkt zugunsten des einzelnen AN zwgd. (BAG 19.5.2010 NZA 2010, 889 Rn. 13; 20.6.2013 EzA KSchG § 1 Nr. 64 Rn. 14; 20.2.2014 NZA 2014, 1083 Rn. 44). Ein Ausschluss oder eine Einschränkung des Kündigungsschutzes ist nichtig. Der zwgd. Schutz verbietet den Arbeitsvertragsparteien auch, **bestimmte Gründe festzulegen,** die stets eine Kündigung rechtfertigen sollen, sog. absolute Kündigungsgründe (BAG 11.3.1976 AP BetrVG 1972 § 95 Nr. 1; HHL/*Krause* Rn. 23; DDZ/*Deinert*

Rn. 4). Derartige Vereinb. gestatten jedoch Rückschlüsse, welche Umstände die Parteien zur reibungslosen Durchführung des Vertrags als bes. bedeutsam angesehen haben (HHL/*Krause* Rn. 23; SES/*Schwarze* Rn. 64 mwN). Ebenso kann ein **Verzicht auf Kündigungsschutz im Vorhinein** nicht rechtswirksam vereinbart werden (BAG 19.12.1974 AP BGB § 620 Bedingung Nr. 3; 11.3.1976 AP BetrVG 1972 § 95 Nr. 1). Die zwgd. Wirkung besteht auch ggü. dem G **rangniederen Normen,** der Kündigungsschutz kann deshalb weder durch TV noch durch BV eingeschränkt werden (BAG 11.3.1976 AP BetrVG 1972 § 95 Nr. 1 zu RL über die personelle Auswahl bei Kündigungen; für TV s. zB LAG K 13.11.2006 BeckRS 2007, 41380; LAG HM 5.3.2015 BeckRS 2015, 68600); s. a. Rn. 21, 312.

Wegen der zwgd. Wirkung des Kündigungsschutzes dürfen Sozialpläne die Zahlung von **Abfindungen** grds. nicht vom Verzicht gerichtl. Schritte gegen die Kündigung abhängig machen (s. BetrVG §§ 112, 112a Rn. 23). Hiervon ist die Möglichkeit zu unterscheiden, außerhalb eines Sozialplans im Rahmen von § 1a durch Verzicht auf die Erhebung einer Kündigungsschutzklage einen Anspruch auf eine Abfindung zu erlangen; in engen Grenzen ist dies im Rahmen freiwilliger BV rechtswirksam („Turbo-Prämie"; s. § 1a Rn. 2). Die zwgd. Wirkung verbietet es dem AN nicht, nach Zugang einer Kündigung von der **Durchführung eines Kündigungsschutzverfahrens abzusehen**, denn der AN kann sowohl wirksam einen Aufhebungsvertrag schließen (s. BGB § 620 Rn. 5), als auch die Erhebung einer Kündigungsschutzklage unterlassen (BAG 6.9.2007 NZA 2008, 219 Rn. 16; 19.4.2007 NZA 2007, 1227 Rn. 16). Diesen Verzicht kann der AN bereits vor Ablauf der Drei-Wochen-Frist erklären (BAG 19.4.2007 NZA 2007, 1227 Rn. 17; s. a. § 1a Rn. 2). Die Erkl. des AN muss jedoch klar und deutl. sein. Wurde diese vom AG vorformuliert, folgt dies auch aus § 305c II BGB. Bloßes Schweigen nach einer Kündigung genügt nicht, da der AN nicht verpflichtet ist, dem AG seine Klageabsicht mitzuteilen (HHL/*Krause* Rn. 30; KR/*Friedrich*/*Klose* § 4 Rn. 363; s. aber a. § 1a Rn. 2). Ist die als Verzicht zu bewertende Vereinb. eine AGB iSv. § 305 I BGB, fordert das Verbot einer unangemessenen Benachteiligung (§ 307 I BGB) eine kompensatorische Gegenleistung des AG; fehlt diese, ist der Verzicht unwirksam (BAG 6.9.2007 NZA 2008, 219 Rn. 37; 25.9.2014 NZA 2015, 350 Rn. 22 ff.; 24.9.2015 NZA 2016, 352 Rn. 16 ff.; s. dazu a. *Bauer*/*Günther* NJW 2008, 1617 ff.; *Kroeschell* NZA 2008, 560 ff.; **aA** *Rolfs* FS Reuter 2010 S. 825, 835 f.). Erbringt der AG im Zusammenhang mit einem Aufhebungsvertrag finanzielle Leistungen, so können Rechtsnachteile im Hinblick auf den Bezug von Alg. bei anschließender Arbeitslosigkeit eintreten, s. näher § 159 SGB III sowie die Erl. hierzu. Der **Verzicht** ist ein materiell-rechtl. Vertrag, auf den die Vorschr. über Auslegung und Mängel von Willenserkl. Anwendung finden (BAG 27.8.1970 AP BGB § 133 Nr. 33; 6.4.1977 AP KSchG 1969 § 4 Nr. 4), bei einer vom AG vorformulierten Vereinb. darf es sich nicht um eine überraschende Klausel (§ 305c I BGB) handeln (BAG 25.9.2014 NZA 2015, 350 Rn. 16 f.). Der Verzicht kann in einem Aufhebungsvertrag, Vergleich, Klageverzichtsvertrag oder, wenn die Klage bereits erhoben ist, in einem vertragl. Klagerücknahmeversprechen zu sehen sein (BAG 19.4.2007 NZA 2007, 1227 Rn. 12). Auch die Aufnahme in eine Ausgleichsquittung kommt in Betracht (BAG 25.9.2014 NZA 2015, 350; SPV/*Preis* Rn. 1286), selbst, wenn die Kündigungsschutzklage schon erhoben worden ist (LAG K 24.11.1999 LAGE KSchG § 4 Ausgleichsquittung Nr. 4), s. dazu näher BGB § 611 Rn. 402 ff. Die Vereinb. über einen Klageverzicht nach erklärter Kündigung bedarf nach der Rspr. des BAG zumindest dann der **Schriftform des § 623 BGB**, wenn diese in einem unmittelbaren zeitl. und sachl. Zusammenhang mit dem Ausspruch der Kündigung getroffen wird (BAG 19.4.2007 NZA 2007, 1227 Rn. 25 ff.; 25.9.2014 NZA 2015, 350 Rn. 27; s. a. *Bauer*/*Günther* NJW 2008, 1617 ff.). Von der rechtl. Qualifizierung des „Verzichts" hängt es ab, ob die Unterschrift des AN ausreicht oder diejenige des AG hinzutreten muss (s. BAG 19.4.2007 NZA 2007, 1227 Rn. 20: Klageverzichtsvertrag). 14

Die zwgd. Wirkung des § 1 steht nur dem AN ggü. dem G **ungünstigeren Regelungen** entgegen; der Kündigungsschutz kann grds. zugunsten des AN erweitert werden (BAG 14.5.1987 AP KSchG 1969 § 1 Wartezeit Nr. 5; 28.2.1990 NZA 1990, 858, 860; 20.6.2013 EzA KSchG § 1 Nr. 64 Rn. 14; 20.2.2014 NZA 2014, 1083 Rn. 44). So können die Parteien des ArbVerh. zB vereinbaren, dass der Kündigungsschutz ohne Ablauf der Wartezeit eintreten soll (s. Rn. 34) oder Gründe festlegen, auf die eine ordentl. Kündigung nicht gestützt werden darf. Zu Vereinb. mit Auswirkungen für die Sozialauswahl (§ 1 III 1) s. Rn. 21, 311 ff. 15

B. Voraussetzungen des Kündigungsschutzes

I. Kündigung

1. Allgemeines. Die materiellen Kündigungsbeschränkungen durch § 1 betreffen nur eine **vom AG** erklärte **ordentl. Kündigung** (s. a. Rn. 24). Für eine **außerordentl. Kündigung** durch den AG errichtet § 1 keine materiellen Schranken. Dem offenen Wortlaut in § 1 („Kündigung") steht § 13 I 1 ggü., wonach die Vorschr. über das Recht zur außerordentl. Kündigung nicht berührt werden. Damit ist gemeint, dass eine außerordentl. Kündigung keine weiteren Voraussetzungen erfüllen muss, wie sie insb. § 626 I BGB aufstellt. Wegen § 13 I 2 ist jedoch auch bei einer außerordentl. Kündigung die 16

Klagefrist des § 4 S. 1 einzuhalten, wenn der AN geltend machen will, dass ein wichtiger Grund iSd. § 626 I BGB fehlt oder ein anderer Unwirksamkeitsgrund eingreift (s. § 13 Rn. 2, 7).

17 Für ordentl. oder außerordentl. **Kündigungen durch den AN** errichtet das G keine Schranken. Er kann stets unter Einhaltung der Kündigungsfrist ordentl. kündigen, ohne sich auf einen sachl. Grund stützen zu müssen. Die allg. Schranken der Rechtsausübung (§ 242 BGB; zB Kündigung zur Unzeit, Rechtsmissbrauch, Verbot widersprüchl. Verhaltens) gelten indes auch für Kündigungen durch den AN, ebenso § 138 I BGB. Für eine mit sofortiger Wirkung eintretende Beendigung des ArbVerh. erfordert auch eine außerordentl. Kündigung durch den AN einen wichtigen Grund iSd. § 626 I BGB (s. BGB § 626 Rn. 158 ff.). Kündigt der AN selbst, kann er sich später nicht darauf berufen, durch seine Eigenkündigung sei der allg. Kündigungsschutz „vereitelt" worden (HHL/*Krause* Rn. 144). Allerdings ist es ihm nicht verwehrt, sich auf die Unwirksamkeit seiner Kündigung zu berufen; nur bes. Umstände können die Annahme eines Rechtsmissbrauchs rechtfertigen (BAG 16.1.2003 AP SeemG § 67 Nr. 2).

18 Für die Anwendung des G reicht es aus, dass eine Kündigung erklärt worden ist und der AN sich darauf beruft, dass eine zivilrechtl. wirksame Kündigung erklärt wurde. In diesem Fall kommt es nicht darauf an, ob die Kündigung – wie sich später im Prozess vielleicht herausstellt – zivilrechtl. rechtsgültig war (HHL/*Krause* Rn. 156). Macht der AN im Klageweg die Unwirksamkeit der Kündigung geltend, ist das Gericht nicht gezwungen, zunächst festzustellen, ob eine zivilrechtl. wirksame Kündigungserkl. vorliegt, sondern kann der Klage auch mit der Begr. stattgeben, der Kündigung fehle jdf. eine soziale Rechtfertigung iSd. § 1 (HHL/*Krause* Rn. 156 sowie iÜ § 4 Rn. 3). Macht der AN allerdings geltend, es liege überhaupt **keine wirksame Kündigungserkl.** vor, zB mangels Geschäftsfähigkeit, findet das G – einschl. § 4 (s. § 4 Rn. 6) – keine Anwendung. Der AN muss dann bei einem Streit über das Bestehen des ArbVerh. entweder eine Leistungsklage oder eine allg. Feststellungsklage iSd. § 256 ZPO erheben (s. näher § 4 Rn. 36 ff.).

19 Die vom AG erklärte ordentl. Kündigung ist gem. § 622 BGB fristgebunden und auf die Beendigung eines auf unbestimmte Zeit oder auf Höchstfrist befristet begr. ArbVerh. gerichtet (zur Abgrenzung zur außerordentl. Kündigung s. BAG 13.1.1982 NJW 1983, 303 sowie BGB § 620 Rn. 21). Eine ordentl. Kündigung iSd. G liegt auch vor, wenn ein TV, ohne dass die Voraussetzungen des § 626 BGB vorliegen müssten, eine entfristete Kündigung gestattet (BAG 4.6.1987 NZA 1988, 52 f. sowie BGB § 622 Rn. 20).

20 **2. Zivilrechtliche Merkmale, Erfordernisse und Arten der Kündigung.** Zu den allg. Voraussetzungen einer Kündigung, insb. den **zivilrechtl. Wirksamkeitsvoraussetzungen** s. BGB § 620 Rn. 16 ff.; zu den **Erscheinungsformen** der Kündigung s. BGB § 620 Rn. 46 ff.

21 **3. Ausschluss der ordentlichen Kündigung.** Eine ordentl. Kündigung kann **durch Individualvertrag oder TV ausgeschlossen** sein (BAG 25.3.2004 AP BGB § 138 Nr. 60; s. a. LAG HM 20.8.2004 LAGE BGB § 611 Beschäftigungspflicht Nr. 3 u. näher SPV/*Preis* Rn. 255 ff., 261 ff.; KR/*Griebeling/Rachor* Rn. 34 f.). Derartige Fälle liegen vor, wenn das ArbVerh. auf Lebenszeit geschlossen wird oder das ArbVerh. kraft Vereinb. (insb. TV) nach Ablauf einer bestimmten Frist und/oder Erreichen eines bestimmten Lebensalters „unkündbar" ist (zur außerordentl. Kündigung s. BGB § 626 Rn. 49 ff., 189). Allerdings können die Rechtsprechungsgrds. zum tarifl. Ausschluss der ordentl. Kündigung nicht ohne weiteres auf einen vertragl. Kündigungsausschluss für einen überschaubaren Zeitraum (ein Jahr) übertragen werden (BAG 7.3.2002 NZA 2002, 963, 965). Für die Anwendung des TV muss der AN bereits bei Zugang der Kündigung tarifgebunden sein. Eine Rückwirkung des Beginns der Mitgliedschaft ist ohne Bedeutung (s. TVG § 3 Rn. 20). Derartige Vereinb. sind – wenn sie nicht im Zusammenhang mit konkret zu erklärenden, bevorstehenden Kündigungen stehen – nach hM zulässig und im Hinblick auf § 1 III keine Verträge zu Lasten Dritter, weil sie nicht in Rechte anderer eingreifen (s. näher Rn. 312). Die uneingeschränkte Rechtswirksamkeit eines Ausschlusses der ordentl. Kündigung wurde vorübergehend durch **§ 10 S. 3 Nr. 7 AGG aF** in Frage gestellt (s. *Löwisch* BB 2006, 2189, 2191; *Rieble/Zedler* ZfA 2006, 273, 299 sowie 7. Aufl. AGG § 10 Rn. 9; KR/*Griebeling/Rachor* Rn. 665 ff. jeweils mwN). Die Aufhebung der Vorschr. als solche führt nicht dazu, dass ein an das Alter oder die Betriebszugehörigkeit anknüpfender Ausschluss der ordentl. Kündigung generell nach dem AGG unwirksam ist (KR/*Griebeling/Rachor* Rn. 665d; HaKo/*Mestwerdt/Zimmermann* Rn. 851 aE; *Freckmann* BB 2007, 1049, 1052; *Lingemann/Gotham* NZA 2007, 663, 665; **aA** *Löwisch* BB 2006, 2582; *ders.* FS Buchner 2009 S. 565). Vielmehr wollte der Gesetzgeber hiermit dem verunglückten § 2 IV AGG Rechnung tragen und – die bisherige Meinung bestätigend – den Kündigungsschutz in seiner Gesamtheit vor dem Zugriff durch das AGG bewahren (s. dazu Rn. 90a sowie AGG § 2 Rn. 17 f.). Allerdings verwirft die im Grds. billigenswerte Rspr. des BAG eine uneingeschränkte Anwendung entspr. Tarifbestimmungen, wenn der TV in Extremfällen zu einer Sozialauswahl führt, die als grob fehlerhaft iSd. § 1 IV zu bewerten ist (BAG 20.6.2013 NZA 2014, 208 Rn. 50 ff. sowie idS bereits BAG 5.6.2008 NZA 2008, 1120 Rn. 31; ferner Rn. 312; s. a. SPV/*Preis* Rn. 265, aber ohne Stellungn.). Zwar ist ein derartiger Vorbehalt für die Anwendung der TVBestimmung idR nicht ihrem Wortlaut zu entnehmen, er folgt aber aus einer gesetzes- und verfassungskonformen Auslegung (BAG 20.6.2013 NZA 2014, 208 Rn. 51, 53 mwN), die auch für TVNormen gilt (s. TVG § 1 Rn. 99). Nur so lässt sich ein Widerspruch zu den zwgd. Vorgaben durch § 1 III sowie den grundrechtl. Schutzpflichten des Art. 12 I GG vermeiden (s. a. Rn. 4).

Haben die Parteien einen **befristeten Arbeitsvertrag** geschlossen, ist die ordentl. Kündigung grds. ausgeschlossen (§ 15 III TzBfG; s. TzBfG § 15 Rn. 10), sofern die Befristung nicht als sog. Höchstbefristung vereinbart ist mit der Möglichkeit einer vorzeitigen Beendigung auch durch ordentl. Kündigung (s. a. TzBfG § 3 Rn. 8). Eine außerordentl. Kündigung nach § 626 BGB kann nicht wirksam ausgeschlossen werden, da sich niemand zu etwas Unzumutbarem verpflichten kann (s. näher BGB § 626 Rn. 194). 22

4. Inaktivierung des Arbeitsverhältnisses. Keine Kündigung liegt vor, wenn beide Parteien das ArbVerh. nicht mehr vollziehen, der AN zB nicht mehr zur Arbeit erscheint, der AG aber auch keine Kündigung erklärt (s. a. HHL/*Krause* Rn. 171). Abhängig von dem konkreten Sachverhalt kann es dem AN aber nach gewissem Zeitablauf wegen § 242 BGB (Rechtsmissbrauch) verwehrt sein, sich auf den Bestand des ArbVerh. zu berufen (BAG 24.8.1995 NZA 1996, 29 sowie zuvor 3.10.1961 AP BGB § 242 Geschäftsgrundlage Nr. 4). In Betracht kommt indes ggf. ein Ruhen des ArbVerh. (BAG 9.8.1995 NZA 1996, 154, 156), das auch konkludent vereinbart werden kann. Näher zum Vorstehenden BGB § 620 Rn. 40 f. Von einem einvernehml. Ruhen des ArbVerh. ist die – einseitige – **Suspendierung** zu unterscheiden. Hierunter ist das vom AG veranlasste vollständige oder tw. Ruhen der Rechte und Pflichten aus dem ArbVerh. zu verstehen (s. BGB § 620 Rn. 43 f.). 23

II. Geschützter Personenkreis

§ 1 bezieht sich nur auf Kündigungen ggü. einem AN (s. Rn. 16 f.). Das G definiert den **ANBegriff** nicht, so dass von dem des allg. ArbR auszugehen ist (s. BGB § 611a Rn. 8 ff.). Die Tatsache, dass der Schutz durch § 1 erst nach sechs Monaten beginnt (§ 1 I), darf nicht damit verwechselt werden, dass die Bejahung eines ArbVerh. keine längere Vertragsdauer voraussetzt. Zudem knüpft das G ausschl. an den Bestand eines ArbVerh. an, so dass der Schutz durch § 1 nicht verloren geht, wenn die beiderseitigen Hauptpflichten vorübergehend oder dauerhaft suspendiert sind **(ruhendes ArbVerh.**, s. BAG 9.9.2010 AP KSchG 1969 § 1 Betriebsbedingte Kündigung Nr. 185). Ein ArbVerh. liegt auch vor, wenn die Tätigkeit nur in geringem Umf. aushilfsweise oder nebenberufl. ausgeübt wird (BAG 16.3.1972 AP BGB § 611 Lehrer, Dozenten Nr. 10). In den Schutz durch § 1 sind deshalb auch **TZBeschäftigte** unabhängig vom Umf. der AZ einbezogen (BAG 13.3.1987 NZA 1987, 629, 630 f.). Bei einer **Mehrfachbeschäftigung** ist für jedes einzelne ArbVerh. gesondert zu prüfen, ob es die Voraussetzungen des G erfüllt (BAG 9.6.1983 NJW 1984, 82). So genießt ein AN, der sowohl zu einer Gesamthafengesellschaft als auch zu einem Einzelhafen in einem ArbVerh. steht, für jedes dieser ArbVerh. Kündigungsschutz (BAG 30.5.1985 NZA 1986, 155). Bei Personen, die nicht durch das G geschützt werden (s. Rn. 25 ff.), kann dessen Anwendung **vertragl. vereinbart** werden (BGH 10.5.2010 NZA 2010, 889 Rn. 13 ff.). 24

III. Nicht geschützte Personen

Zur Beendigung eines **fehlerhaften ArbVerh.** bedarf es keiner Kündigung (s. BGB § 611a Rn. 147), es kann durch einfache Erkl. mit unmittelbarer Wirkung beendet werden (sog. Lossagungsrecht). Ein Kündigungsschutz nach § 1 kommt nicht in Betracht (BAG 15.11.1957 AP BGB § 125 Nr. 2 sowie BGB § 611a Rn. 147). 25

Vom Kündigungsschutz ausgenommen sind alle Selbständigen, die Leistungen auf Grund eines **Dienst- oder Werkvertrags** erbringen. Hierzu zählen auch Handelsvertreter, selbst wenn sie nach § 5 III ArbGG der Arbeitsgerichtsbarkeit unterstehen (HHL/*Krause* Rn. 74). Es muss bei Letzteren immer geprüft werden, ob sie wirtschaftl. selbständig sind oder ob es sich um Handlungsgehilfen handelt (s. näher BGB § 611a Rn. 76 f.). Das G findet ferner keine Anwendung auf **Heimarbeiter und Hausgewerbetreibende**. Diese sind zwar wirtschaftl. abhängig, entscheidend für die Nichteinbeziehung in das G ist aber ihre pers. Selbständigkeit (BAG 3.4.1990 NZA 1991, 267, 269). Für sie gelten die Sonderregelungen in § 29 HAG (s. dazu APS/*Linck* § 29 HAG Rn. 1 ff.). Keine AN sind Personen, die in einem **ör. Dienstverhältnis** stehen, wie Richter, Beamte, Soldaten (s. BGB § 611a Rn. 132 ff.). Hingegen unterfallen AN des öffentl. Dienstes dem KSchG (s. allg. BGB § 611a Rn. 124). Ebenso kann ein ArbVerh. nicht angenommen werden, wenn die Tätigkeit auf Grund eines sog. bes. **Gewaltverhältnisses** erbracht wird, wie zB bei Strafgefangenen (BAG 3.10.1978 AP BetrVG 1972 § 5 Nr. 18; HHL/*Krause* Rn. 92; s. a. BGB § 611a Rn. 136). Keinen Kündigungsschutz genießen ferner **Familienangehörige**, die im Betrieb eines Verwandten auf Grund familiärer Beziehungen (§§ 1353, 1356 II, 1619 BGB) mitarbeiten. Allein die Tatsache einer Ehe oder eines Verwandtschaftsverhältnisses schließt es jedoch nicht aus, dass mit diesen Personen ein echter Arbeitsvertrag geschlossen wird, auf Grund dessen sie in Abhängigkeit gegen Entgelt Arbeit leisten (HHL/*Krause* Rn. 78 f.; KR/*Griebeling/Rachor* Rn. 48 sowie näher BGB § 611a Rn. 137 ff.). 26

Nach § 5 I 2 ArbGG sind die ArbG zust. für Streitigkeiten **arbeitnehmerähnl. Personen** (s. näher BGB § 611a Rn. 80 ff.). Auf sie findet das ArbR nur Anwendung, wenn das jeweilige G dies anordnet. Aus der Zust. der ArbG in diesen Fällen kann deshalb nicht auf die Anwendung des KSchG geschlossen werden (HHL/*Krause* Rn. 76; AR/*Kaiser* Rn. 5; s. ferner BGB § 611a Rn. 82 f.). Die Schutzfunktion des Art. 12 I 27

GG gilt jedoch auch für diesen Personenkreis und fordert einen über die zivilrechtl. Generalklauseln zu verwirklichenden Mindestschutz vor einer Kündigung (s. GG Art. 12 Rn. 40; ausf. *Oetker* FS 50 Jahre Arbeitsgerichtsbarkeit RP 1999 S. 271 ff.; *Schubert,* Der Schutz der arbeitnehmerähnl. Person, 2004 S. 137 f.; iE a. HHL/*Krause* Rn. 76). Zu den arbeitnehmerähnl. Personen können insb. **freie Mitarbeiter** zählen (dazu BVerfG 13.1.1982 NJW 1982, 1447; BAG 13.1.1983 NJW 1984, 1985). Die konkrete Ausgestaltung des Vertrags kann jedoch auch einen ANStatus rechtfertigen (s. BAG 9.6.1993 NZA 1994, 169, 169 f.; 29.1.1992 AP BetrVG 1972 § 5 Nr. 47 u. ferner BGB § 611a Rn. 8 ff.).

28 Dem G unterfallen nicht **Gesellschafter** und Personen, die auf Grund **körperschaftl. Verpflichtung** Arbeit leisten. Hierzu zählen Mitglieder eines Vereins oder einer Genossenschaft. Sie erbringen die Tätigkeit nicht auf Grund eines Arbeitsvertrags in pers. Abhängigkeit, sondern wegen der Mitgliedschaft (BAG 16.2.1983 AP AngKSchG § 2 Nr. 8; s. näher BGB § 611 Rn. 140, 142). Das schließt jedoch nicht aus, dass diese Personen unabhängig von ihrem Mitgliedschaftsverhältnis auch in einem regulären ArbVerh. zu ihrer Vereinigung oder Körperschaft stehen, so zB Kommanditisten, die in einem Betrieb der KG mitarbeiten (BAG 28.11.1990 NZA 1991, 392, 393; zum Status von Amateurfußballspielern s. 10.5.1990 AP BGB § 611 Abhängigkeit Nr. 51). Vom Kündigungsschutz ausgeschlossen sind nach § 14 I die zur **ges. Vertretung in jur. Personen** berufenen Organmitglieder und die zur Vertretung einer Personengesamtheit berufenen Personen (BAG 25.10.2007 NZA 2008, 168 Rn. 22: GmbH-GF; näher § 14 Rn. 1, 3 ff.), jedoch kann durch vertragl. Vereinb. der Schutz des G auf sie erstreckt werden (BGH 10.5.2010 NZA 2010, 889 Rn. 13 ff.). Nicht von der Anwendung des G ausgeschlossen sind **ltd. Ang.;** sie unterliegen dem G mit der Sonderregelung hins. § 9 (§ 14 II u. näher § 14 Rn. 18 f.). Keine AN sind Personen, die ihre Tätigkeit überw. aus **karitativen oder religiösen Gründen** erbringen (HHL/*Krause* Rn. 92; KR/*Griebeling/Rachor* Rn. 82; s. a. BGB § 611 Rn. 141 ff.), wie zB Ordensschwestern, Missionare und Entwicklungshelfer (BAG 27.4.1977 AP BGB § 611 Entwicklungshelfer Nr. 1) oder Schwestern des Roten Kreuzes (BAG 3.6.1975 AP BetrVG 1972 § 5 Rotes Kreuz Nr. 1; 20.2.1986 AP TVG § 1 Tarifverträge: DRK Nr. 1; LAG D 29.10.2012 BeckRS 2012, 76078; **aA** AR/*Kaiser* Rn. 5). Letztere erbringen die Tätigkeit auf Grund eines Gestellungsvertrags, den ihre Vereinigung mit dem Betreiber des Krankenhauses abschließt. Zum **kirchl. Dienst** s. Rn. 174.

29 AN sind auch **Auszubildende.** Dennoch genießen sie keinen Kündigungsschutz nach § 1; für sie gilt vielmehr das BBiG (HHL/*Krause* Rn. 86), das in den §§ 21 bis 23 abschl. die Beendigung des Berufsausbildungsverhältnisses regelt (s. a. § 10 II BBiG). Soweit diese nicht eingreifen, weil ein sonstiger Aus- oder Fortbildungsvertrag abgeschlossen worden ist, ist das KSchG anzuwenden, wenn das Vertragsverhältnis die allg. Anforderungen an ein ArbVerh. erfüllt (HHL/*Krause* Rn. 87). Für **Volontäre** gelten gem. § 26 BBiG (s. BBiG § 26 Rn. 2) die §§ 21 ff. BBiG, sofern die berufl. Kenntnisse, Fertigkeiten oder Erfahrungen nicht im Rahmen eines ArbVerh. vermittelt werden sollen (BAG 5.12.2002 AP BBiG § 19 Nr. 2); in diesem Fall bleibt es bei der Anwendbarkeit des allg. ArbR (s. BBiG § 26 Rn. 1) und damit der Einbeziehung in das KSchG.

IV. Kündigungsschutz in besonderen Arbeitsverhältnissen

30 Der Kündigungsschutz gilt auch für **GruppenArbVerh.** (BAG 21.10.1971 AP BGB § 611 Gruppenarbeitsverhältnis Nr. 1). Ein solches liegt vor, wenn AN gemeinsam zur Arbeitsleistung verpflichtet sind (zB Mitglieder einer Tanzkapelle; s. näher BGB § 611a Rn. 164 ff.). Bei einer derartigen Verflechtung der zu erbringenden Leistung ist bei Fehlen einer ausdr. Regelung anzunehmen, dass die Verträge auch nur zusammen aufgelöst werden können (BAG 17.5.1962 AP BGB § 620 Bedingung Nr. 2 sowie BGB § 611a Rn. 171). Hierbei sind allerdings die Selbständigkeit der einzelnen Arbeitsverträge und die Auswirkungen eines Kündigungsgrunds in einem ArbVerh. auf die anderen, mit ihm verbundenen ArbVerh. zu trennen. Liegt eine sog. **Eigengruppe** vor (s. BGB § 611a Rn. 169), kann der AG im Hinblick auf einen Kündigungsgrund ggü. einem Gruppenmitglied der ganzen Gruppe kündigen (BAG 21.10.1971 AP BGB § 611 BGB Gruppenarbeitsverhältnis Nr. 1 unter Berufung auf 9.2.1960 AP BGB § 626 Nr. 39). Die Kündigung eines einzelnen Mitglieds ist ausgeschlossen. Der AG kann auf keinen Fall die Zusammensetzung der Gruppe dadurch ändern, dass er nur einem Mitglied kündigt, um mit den anderen oder mit tw. neuen Mitgliedern den Vertrag fortzusetzen. Eine wechselseitige Bindung kann auch bei Arbeitsverträgen mit Ehegatten bestehen, wenn diese zusammen tätig werden sollen, zB Hausmeisterehepaar, Heimleiterehepaar (s. BAG 17.5.1962 AP BGB § 620 Bedingung Nr. 2; 21.10.1971 AP BGB § 611 Gruppenarbeitsverhältnis Nr. 1; MüKoBGB/*Hergenröder* Rn. 14). Teilen sich mehrere AN einen Arbeitsplatz **(Job-sharing),** ist die Kündigung eines AN wegen Ausscheidens des anderen AN unwirksam (§ 13 II 1 TzBfG; s. dazu TzBfG § 13 Rn. 11 f.).

31 Der Kündigungsschutz greift auch bei einem sog. **mittelbaren ArbVerh.** ein (s. a. BGB § 611a Rn. 172). Die Kündigung eines mittelbaren AN ist auf Grund der vertragl. Konstruktion nur zwischen den jeweiligen Vertragsparteien mögl. (s. BGB § 611a Rn. 174). Die Kündigungsschutzklage richtet sich idR gegen den Mittelsmann, nicht gegen den mittelbaren AG (BAG 21.2.1990 AP BGB § 611 Abhängigkeit Nr. 57; MüKoBGB/*Hergenröder* Rn. 16). Das gilt auch, wenn der Mittelsmann dem mittelbaren AG gem. § 185 I BGB die Kündigungsbefugnis eingeräumt hat (s. a. BGB § 611 Rn. 174). Zum Sonderfall einer missbräuchl. Wahl des mittelbaren ArbVerh. s. BGB § 611a Rn. 173.

V. Wartezeit

1. Allgemeines. Der Schutz durch § 1 I ggü. ordentl. Kündigungen durch den AG entsteht erst, wenn das ArbVerh. in demselben Betrieb oder Unternehmen länger als **sechs Monate** bestanden hat. Art. 33 II GG steht der Wartezeitregelung in § 1 I KSchG nicht entgegen (BAG 1.7.1999 RzK I 8l Nr. 28). Die Regelung soll dem AG Gelegenheit geben, den AN zunächst kennen zu lernen und zu erproben (BAG 7.7.2011 NJW 2012, 475 Rn. 21; 20.6.2013 EzA KSchG § 1 Nr. 64 Rn. 11; 21.11.2013 NZA 2014, 362 Rn. 36; 20.2.2014 NZA 2014, 1083 Rn. 18; SES/*Schwarze* Rn. 23). Dieser Zweck gilt ungeachtet der Tatsache, dass für die Berechnung der Wartezeit **der rechtl. Bestand des ArbVerh. ausschlaggebend** ist (s. Rn. 36) und nicht die Dauer der tats. Beschäftigung (BAG 24.10.2013 NZA 2014, 725 Rn. 29; 20.2.2014 NZA 2014, 1083 Rn. 19; krit. noch BAG 23.9.1978 NJW 1977, 1311; 12.2.1981 AP BAT § 5 Nr. 1; s. a. MüKoBGB/*Hergenröder* Rn. 19), da es dem AG frei steht, vor Ablauf von sechs Monaten zu kündigen. 32

Wird einem AN innerhalb der Wartezeit aus „betriebsbedingten Gründen" gekündigt, findet keine Sozialauswahl am Maßstab des § 1 III 1 statt (LAG N 27.4.2001 LAGE BGB § 242 Nr. 5); zu dem wegen Art. 12 I GG auch in diesem Fall gebotenen **Mindestkündigungsschutz** s. BVerfG 21.6.2006 NZA 2006, 913 f.; BAG 28.6.2007 NZA 2007, 1069; 22.4.2010 AP LPersVG Bayern § 77 Nr. 2; 8.12.2011 NZA 2012, 286 Rn. 11; LAG SH 22.6.2011 SchlHA 2012, 155 Rn. 55 ff. sowie § 13 Rn. 18 ff. u. GG Art. 12 Rn. 39. Ferner ist der AG durch das Schikane- und Willkürverbot eingeschränkt (BAG 16.2.1989 NZA 1989, 962) und auch während der Wartezeit an den ges. **Sonderkündigungsschutz** gebunden, wie zB § 17 MuSchG, § 5 PflegeZG und § 9 III FPfZG (zu § 167 I SGB IX [bis 1.1.2018: § 84 I SGB IX] s. BAG 24.1.2008 NZA-RR 2008, 405; 28.6.2007 NZA 2007, 1069). Eine Zust. des Integrationsamts (§ 168 SGB IX [= § 85 SGB IX aF]) ist während der Wartezeit wegen § 173 I Nr. 1 SGB IX (bis 1.1.2018: § 90 I Nr. 1 SGB IX) nicht erforderl. Allerdings muss der AG auch bei Kündigungen während der Wartezeit den BR nach **§ 102 BetrVG** beteiligen (s. für die stRspr. BAG 12.9.2013 NZA 2013, 1412 Rn. 18 ff.; 19.11.2015 NZA 2016, 228 Rn. 31). Ebenso sind Kündigungen in der Wartezeit, die gegen die **Diskriminierungsverbote** in § 1 AGG verstoßen, nach § 134 BGB iVm. § 7 I AGG nichtig, ohne dass § 2 IV AGG entgegensteht, da dieser die grds. Anwendbarkeit von § 1 als Ausprägung des allg. Kündigungsschutzes auf das ArbVerh. voraussetzt (BAG 19.12.2013 NZA 2014, 372 Rn. 17 ff.; 26.3.2015 NZA 2015, 734 Rn. 32; s. aber a. AGG § 2 Rn. 18 aE). 32a

Die Regelung zur Wartezeit ist zugunsten des AN **zwgd.** Hiergegen verstößt es, wenn die Parteien nicht den rechtl. Bestand des ArbVerh., sondern die Dauer des tats. Einsatzes für maßgebend erklären oder die Wartezeit verlängern (KR/*Griebeling/Rachor* Rn. 94; AR/*Kaiser* Rn. 11). Selbst wenn in einem unbefristeten Arbeitsvertrag eine **längere Probezeit** als sechs Monate vereinbart ist, kann das ArbVerh. nach Ablauf der Wartezeit von sechs Monaten nur wirksam ordentl. gekündigt werden, wenn hierfür ein Grund nach § 1 II vorliegt (BAG 15.8.1984 NJW 1985, 2158; s. iÜ zur verlängerten Probezeit *G. Wilhelm* NZA 2001, 818). Den Vertragsparteien verbleibt als Alt. eine Befristung des Arbeitsvertrags (§ 14 I 2 Nr. 5 TzBfG); anges. des Zwecks der Wartezeit kommt jedoch nur in Ausnahmefällen eine über sechs Monate hinausgehende Befristung in Betracht (s. TzBfG § 14 Rn. 49), sofern nicht die Privilegierungen einer sachgrundlosen Befristung (§ 14 II bis III TzBfG) in Anspruch genommen werden. Wurde in einem ProbeArbVerh. eine kürzere Probezeit als sechs Monate vereinbart, können die Vertragsparteien nachf. rechtswirksam die Probezeit bis auf sechs Monate verlängern (LAG RP 5.1.1999 LAGE BGB § 611 Probearbeitsverhältnis Nr. 4). 33

Die **Wartezeit kann zugunsten des AN verkürzt** oder **ausgeschlossen** werden (BAG 24.11.2005 NZA 2006, 366 Rn. 30, 32 ff.; 20.6.2013 EzA KSchG § 1 Nr. 64 Rn. 14; 20.2.2014 NZA 2014, 1083 Rn. 44). Dies sollte ausdr. und zwecks späterer Beweisbarkeit schriftl. geschehen, ohne dass hierzu ein Rechtszwang besteht. Eine einzelvertragl. Vereinb. kann deshalb auch konkludent abgeschlossen werden (BAG 20.2.2014 NZA 2014, 1083 Rn. 44); hierfür bedarf es allerdings bes. Anhaltspunkte (BAG 20.2.2014 NZA 2014, 1083 Rn. 46). Das gilt insb., wenn der AN aus einer ungekündigten Stellung den AG wechselt und ein neues ArbVerh. begr. Nur auf Grund bes. Umstände kann eine konkludente Zusage angenommen werden, so zB wenn der AN bei der Einstellung betont, er gebe eine unkündbare Dauerstellung auf und lege Wert auf eine Lebens- oder Dauerstellung und der AG dazu schweigt (BAG 18.2.1967 AP KSchG 1951 § 1 Nr. 81; 7.9.1995 BeckRS 1995, 30756678), oder der AN auf bes. Wunsch eines Kunden eingestellt wird und die Parteien ausdr. auf eine Probezeit verzichten, weil der AG den AN auf Grund einer früheren Beschäftigung kennt (LAG K 15.12.2006 NZA-RR 2007, 293 f.). Entspr. kommt in Betracht, wenn der Wechsel des Vertragspartners auf einer Initiative des AG beruht und die Arbeitsbedingungen unter Verzicht auf eine gesonderte Probezeit weitgehend unverändert sind (BAG 20.2.2014 NZA 2014, 1083 Rn. 46). Eine stillschweigende Zusage liegt demggü. nicht allein darin, dass der AG in einer Stellenanzeige oder bei Einstellungsgesprächen darauf verweist, es handele sich um eine Dauerstellung. Damit kommt nicht zum Ausdruck, eine Probezeit sei entbehrl. (BAG 8.6.1972 AP KSchG 1969 § 1 Nr. 1). Auch die Abwerbung des AN aus einer ungekündigten Stelle lässt für sich allein nicht den Schluss zu, die Parteien hätten konkludent die Wartezeit ausgeschlossen (LAG MV 24.6.2008 – 5 Sa 52/08). Es ist nicht treuwidrig und als Umgehung des 34

Kündigungsschutzes zu werten, wenn der AG bei der Einstellung vorangegangene Zeiten nicht anrechnet, zu denen der AN von einem anderen AG an ihn abgeordnet war (LAG K 10.3.2000 LAGE KSchG § 1 Nr. 11a) oder in einem mit diesem gebildeten Gemeinschaftsbetrieb beschäftigt wurde (LAG HM 25.8.2011 LAGE KSchG § 1 Nr. 18). Vereinbaren die Vertragsparteien nach Kündigung eines GFVertrags eine Weiterbeschäftigung – ohne wesentl. Änd. der Tätigkeit – im Rahmen eines ArbVerh., lässt dies jedoch idR auf den Parteiwillen schließen, die Beschäftigungszeit als GF auf das neu begr. ArbVerh. anzurechnen (BAG 24.11.2005 NZA 2006, 366 Rn. 30).

35 **2. Beginn der Wartezeit.** Die Wartezeit beginnt mit der **Begr. des ArbVerh.** Hierfür ist entscheidend, ab wann der AN dem AG zur Vfg. stehen sollte. Der Beginn des ArbVerh. ist der Abschluss des Arbeitsvertrags, wenn der Arbeitsantritt sich unmittelbar anschließen soll. Bei einer späteren Aufnahme der Tätigkeit (Vertragsschluss 1. 4.; Arbeitsbeginn 1. 6.) ist wegen des Zwecks der Wartezeit (s. Rn. 32) der Tag der Arbeitsaufnahme maßgebend (LAG MV 8.5.2012 LAGE ZPO 2002 § 253 Nr. 1 Rn. 29; **aA** jedoch BAG 24.10.2013 NZA 2014, 725 Rn. 32, wonach stets der rechtl. Beginn des ArbVerh. maßgebend sein soll). Haben die Parteien sich über die Arbeitsaufnahme auf einen bestimmten Tag verständigt, ist der erste Arbeitstag in die Berechnung der Wartezeit voll einzubeziehen, auch wenn der schriftl. Arbeitsvertrag erst nach Arbeitsbeginn unterzeichnet wird (BAG 27.6.2002 NZA 2003, 377, 378; 24.10.2013 NZA 2014, 725 Rn. 43). Ebenso wird der Beginn des ArbVerh. nicht dadurch hinausgeschoben, dass der AG eine ordnungsgemäß angebotene Arbeitsleistung nicht annimmt oder sich die Arbeitsaufnahme wegen einer Erkrankung oder anderer, vom AN nicht zu vertretener Umstände über den vorgesehenen Zpkt. hinaus verzögert (BAG 24.10.2013 NZA 2014, 725 Rn. 33; KR/*Griebeling/Rachor* Rn. 99; AR/*Kaiser* Rn. 7). Anders ist die Rechtslage wegen des Rechtsgedankens in § 162 I BGB nur dann, wenn der AN schuldhaft die Arbeit nicht aufnimmt (HHL/*Krause* Rn. 120; zweifelnd MüKoBGB/*Hergenröder* Rn. 31; offen BAG 24.10.2013 NZA 2014, 725 Rn. 40; KR/*Griebeling/Rachor* Rn. 100).

36 **3. Dauer des Arbeitsverhältnisses.** Das ArbVerh. muss länger als sechs Monate ohne rechtl. Unterbrechung bestanden haben. Der Zeitraum des rechtl. Bestandes richtet sich nach dem zul. abgeschlossenen ArbVerh. Eine Hinzurechnung eines früheren ArbVerh. kann ausdr. vereinbart werden. Im Wege der Auslegung kann sich ergeben, dass eine Zusammenrechnung konkludent gewollt ist, so zB wenn in saisonbedingten Betrieben frühere AN immer wieder ohne gesonderte Absprache eingestellt werden (HHL/*Krause* Rn. 136). Eine Ausbildungszeit, insb. eine Berufsausbildung, ist anzurechnen (BAG 26.8.1976 AP BGB § 626 Nr. 68; HHL/*Krause* Rn. 124; KR/*Griebeling/Rachor* Rn. 107), ein betriebl. Praktikum demggü. nur, wenn es im Rahmen eines ArbVerh. abgeleistet worden ist (BAG 18.11.1999 NZA 2000, 529, 530; s. a. Rn. 29). Nicht berücksichtigt werden **Vorbeschäftigungen** in einem anderen Status, zB als freier Mitarbeiter, Beamter, ges. Vertreter, LeihAN (BAG 20.2.2014 NZA 2014, 1083 Rn. 23 ff.; LAG NI 5.4.2013 NZA-RR 2013, 465 f.; *Bayreuther* NZA 2016, 1304, 1307; SES/*Schwarze* Rn. 26) oder GF (BAG 24.11.2005 NZA 2006, 366 Rn. 26, 29). Entspr. gilt bei ArbVerh. mit einem anderen AG, selbst wenn die Tätigkeit in einem von diesem mit dem jetzigen Vertragspartner gebildeten Gemeinschaftsbetrieb erbracht wurde (LAG HM 25.8.2011 LAGE KSchG § 1 Nr. 18). Abweichendes können die Parteien des ArbVerh. jedoch vereinbaren (s. Rn. 34). Auch bei einer unwirksamen Befristung setzt die Anwendung des G voraus, dass das ArbVerh. bei Zugang der Kündigungserkl. länger als sechs Monate bestanden hat (BAG 6.11.2003 NZA 2005, 218). Zu unmittelbar anschließenden ArbVerh. s. Rn. 40.

37 Für die Berechnung der Wartezeit ist es unerhebl., ob der AN als **Vollzeit- oder Teilzeitkraft** tätig war. Bei einer Halbtagskraft verlängert sich die Wartezeit deshalb nicht etwa auf zwölf Monate (BAG 21.12.1967 AP KSchG 1951 § 1 Wartezeit Nr. 1; 13.3.1987 NZA 1987, 629, 630 f.). Wird ein Vollzeit-ArbVerh. in ein TZArbVerh. umgewandelt, bilden die arbeitsrechtl. Beziehungen der Parteien vor und nach der Änd. jdf. in kündigungsrechtl. Hinsicht eine rechtl. Einheit (BAG 31.10.1985 AP BGB § 611 Gratifikation Nr. 87; KR/*Griebeling/Rachor* Rn. 105). Ebenso kommt es nicht darauf an, dass der AN während der Wartezeit die volle **Arbeitsleistung** erbracht hat (BAG 6.12.1976 NJW 1977, 1309; 24.10.2013 NZA 2014, 725 Rn. 33). Allenfalls dann, wenn er während des Zeitraums überhaupt keine Arbeitsleistung erbracht hat, kann die Berufung auf die Erfüllung der Wartezeit rechtsmissbräuchl. sein (**aA** KR/*Griebeling/Rachor* Rn. 99).

38 Für die Berechnung der Wartezeit können **tarifvertragl. Regelungen** über die Dauer der Betriebszugehörigkeit herangezogen werden (BAG 14.5.1987 AP KSchG 1969 § 1 Wartezeit Nr. 5; 28.2.1990 NZA 1990, 858, 860; DDZ/*Deinert* Rn. 37). Bei diesen ist jedoch genau zu prüfen, ob sie sich nicht ausschl. auf Voraussetzungen für Ansprüche beziehen und überhaupt einen Kündigungsbezug haben und sich zudem nicht ausschl. auf die Bemessung der Kündigungsfrist beziehen (BAG 20.6.2013 EzA KSchG § 1 Nr. 64 Rn. 17). Selbst im letztgenannten Fall schließt dies jedoch nicht aus, dies als branchenspezifische Besonderheit bei der Frage zu berücksichtigen, bis zu welcher Dauer rechtl. Unterbrechungen des ArbVerh. unerhebl. sein sollen (BAG 20.6.2013 EzA KSchG § 1 Nr. 64 Rn. 18 ff. zum BRTV-Bau). Werden betriebsbedingte Kündigungen durch tarifvertragl. Regelungen beschränkt, gilt das iZw. unabhängig davon, ob der AN bereits den Schutz durch § 1 genießt (BAG 13.6.1996 NZA 1996, 1168, 1170). Zu ges. Anrechnungsbestimmungen s. Rn. 44.

Rechtl. Unterbrechungen des ArbVerh. werden auf die Wartezeit nicht angerechnet (BAG 17.6.2003 AP BGB § 622 Nr. 61; 18.9.2003 AP BGB § 622 Nr. 62). Die Wartezeit ist nur erfüllt, wenn der AN bei dem AG insg. sechs Monate in einem ArbVerh. gestanden hat (HHL/*Krause* Rn. 137; KR/*Griebeling/Rachor* Rn. 108). **Keine Unterbrechung** liegt deshalb vor, wenn sich der Arbeitsvertragsinhalt infolge einer Änderungskündigung verändert hat, denn diese führt bei Annahme des Angebots nicht zur Auflösung der Vertragsbeziehungen (HHL/*Krause* Rn. 138). Hierzu zählt auch ein Betriebsübergang, da es in diesem Fall nicht zur Neubegr. eines ArbVerh. mit dem Erwerber, sondern ledigl. zu einem Austausch der Vertragspartei auf AGSeite kommt (s. Rn. 47 sowie BGB § 613a Rn. 66). Entspr. gilt für Fälle einer Rechtsnachfolge auf AGSeite (BAG 21.11.2013 NZA 2014, 362 Rn. 37). **Streikbedingte Ausfälle** berühren die Wartezeit ebenfalls nicht, da diese den Bestand des ArbVerh. unberührt lassen (s. GG Art. 9 Rn. 192); auch die Teilnahme des AN an einem Arbeitskampf unterbricht das ArbVerh. nicht (DDZ/*Deinert* Rn. 23). Entspr. gilt für eine **Aussperrung**, da diese idR ebenfalls nur zur Suspendierung des ArbVerh. führt (s. GG Art. 9 Rn. 265). 39

Rechtl. Unterbrechungen sind im Hinblick auf den Zweck der Wartefrist nur ausnahmsweise **unbeachtl.**, wenn ein **enger sachl. Zusammenhang** zwischen beiden ArbVerh. vorliegt (BAG 22.9.2005 NZA 2006, 429, 429 f.; 19.6.2007 NZA 2007, 1103; 20.6.2013 EzA KSchG § 1 Nr. 64 Rn. 13; 21.11.2013 NZA 2014, 362 Rn. 36). Dieser kommt insb. bei einem **unmittelbaren zeitl. Anschluss** des neuen ArbVerh. an ein altes und die Möglichkeit einer Neubegr. bereits bei Abschluss des ersten Vertrags absehbar war (KettenArbVerh.) in Betracht. Ein solcher Fall ist zB gegeben, wenn der AG den AN für sechs Monate zur Vertretung eines erkrankten AN einstellt, dessen Rückkehr völlig ungewiss ist, oder der AN mit dem nach § 613a BGB ein das ArbVerh. eingetretenen Erwerber ein neues ArbVerh. begründet (BAG 20.2.2014 NZA 2014, 1083 Rn 19). Eine Unterbrechung ist ebenfalls nicht anzunehmen, wenn mehrere befristete ArbVerh. kommentarlos aufeinander folgen (BAG 12.2.1981 AP BAT § 5 Nr. 1). Ansonsten ist dem AG eine neue Erprobungszeit zuzubilligen, so dass eine Zusammenrechnung ausscheidet, wenn der wieder eingestellte AN mit ganz anderen Aufgaben beschäftigt werden soll (weitergehend BAG 7.7.2011 NZA 2012, 148 Rn. 21). Allerdings ist bei derartigen Fallkonstellationen zu prüfen, ob nicht das alte ArbVerh. mit geänd. Inhalt, aber ununterbrochen fortgesetzt werden sollte (BAG 23.9.1976 NJW 1977, 1311). Von der echten Neubegr. eines ArbVerh. ist jedoch auszugehen, wenn der AN bei seiner ersten Tätigkeit den Anforderungen nicht gewachsen war und der AG es neu mit ihm auf einem anderen Arbeitsplatz versuchen will. 40

Für die Wartezeit ist es ferner unerhebl., wenn das ArbVerh. nur **kurzfristig unterbrochen** war, zB vier Tage, und zwischen beiden ArbVerh. nicht nur ein zeitl., sondern auch ein **innerer (sachl.) Zusammenhang** besteht (BAG 7.7.2011 NZA 2012, 148 Rn. 22; 20.6.2013 EzA KSchG § 1 Nr. 64 Rn. 13; 20.2.2014 NZA 2014, 1083 Rn. 19). In diesem Fall kann der AG die Erfahrungen aus der früheren Tätigkeit verwerten (BAG 22.5.2003 AP KSchG 1969 § 1 Wartezeit Nr. 18; 22.9.2005 NZA 2006, 429, 430; HHL/*Krause* Rn. 130; SPV/*Preis* Rn. 876; krit. SES/*Schwarze* Rn. 34, der die Anrechnung auf Sachverhalte einer Umgehung beschränkt). Es kommt auf Anlass und Dauer der Unterbrechung sowie die Art der Weiterbeschäftigung an (BAG 19.6.2007 AP KSchG 1969 § 1 Wartezeit Nr. 24; 7.7.2011 NZA 2012, 148 Rn. 22; 20.6.2013 EzA KSchG § 1 Nr. 64 Rn. 13; 20.2.2014 NZA 2014, 1083 Rn. 19). Je länger die zeitl. Unterbrechung dauerte, umso gewichtiger müssen die Gründe sein, die für einen sachl. Zusammenhang streiten (BAG 22.5.2003 AP KSchG 1969 § 1 Wartezeit Nr. 18; 22.9.2005 NZA 2006, 429, 430; 7.7.2011 NZA 2012, 148 Rn. 22; 20.6.2013 EzA KSchG § 1 Nr. 64 Rn. 13; HHL/*Krause* Rn. 131; SPV/*Preis* Rn. 878). Werden zB zwei Lehrer-ArbVerh. ledigl. durch die Schulferien getrennt, so indiziert dies einen engen zeitl. Zusammenhang, wenn im ersten Vertrag eine bevorzugte Berücksichtigung bei der Besetzung von Dauerarbeitsplätzen zugesagt war (BAG 20.8.1998 AP KSchG 1969 § 1 Wartezeit Nr. 9). Anders ist zu entscheiden, wenn eine derartige Perspektive fehlt und die Beschäftigung nach den Schulferien an einer anderen Schulform erfolgt (BAG 28.8.2008 AP KSchG 1969 § 1 Nr. 88; s. a. BAG 19.6.2007 NZA 2007, 1103: keine Unterbrechung bei vergleichbaren Schultypen). Ohne Bedeutung für den inneren Zusammenhang zweier ArbVerh. ist hingegen das für den Vertrag maßgebl. Recht, da der AG die Eignung des AN für die Tätigkeit auch dann beurteilen kann, wenn ein vorheriger Arbeitsvertrag nicht dem dt. Recht unterlag (BAG 7.7.2011 NZA 2012, 148 Rn. 23 ff.). 41

Zur **Konkretisierung** des rechtl. Zusammenhangs kann **nicht** auf **§ 14 III 1 TzBfG** (weniger als vier Monate) zurückgegriffen werden (BAG 19.6.2007 NZA 2007, 1103; zur alten Rechtslage: BAG 10.5.1989 NZA 1990, 221; s. a. HHL/*Krause* Rn. 132; MüKoBGB/*Hergenröder* Rn. 34). § 14 TzBfG regelt ausschl. die Zulässigkeit einer Befristung und will in bestimmten Fällen einer sachgrundlosen Befristung diese ausschließen, wenn zuvor ein unbefristetes ArbVerh. bestand, um zu verhindern, dass dieses beendet und dies. Tätigkeit im Anschluss in einem befristeten ArbVerh. fortgesetzt wird. Damit dient § 14 III 1 TzBfG dazu, einen Missbrauch der Befristung zu verhindern. Der Zweck der Wartezeit in § 1 I (s. Rn. 32) ist hiermit nicht vergleichbar (BAG 19.6.2007 NZA 2007, 1103; SPV/*Preis* Rn. 878). Allenfalls gestattet § 14 III 1 TzBfG die gegenteilige Aussage, dass bei einer Unterbrechung von mehr als vier Monaten stets ein enger sachl. Zusammenhang auch für die Berechnung der Wartezeit in § 1 I zu verneinen ist (s. a. Rn. 43). Entspr. gilt für die Drei-Monats-Grenze in § 1 Ib S. 2 AÜG, da hierdurch Umgehungen der maximalen Überlassungsdauer von 18 Monaten 42

(§ 1 Ib S. 1 AÜG) ausgeschlossen werden sollen. Als zeitl. Grenze kommt auch nicht die **kürzeste ges. Kündigungsfrist** in Betracht (BAG 18.1.1979 AP KSchG 1969 § 1 Wartezeit Nr. 3), da diese mit dem Erprobungszweck der Wartezeit (s. Rn. 32) in keinem Zusammenhang steht. Maßgebend ist allein, ob die frühere Tätigkeit auf Grund ihrer zeitl. Nähe und inhaltl. Übereinstimmung Aufschluss darüber gibt, ob der AN für die Tätigkeit in dem neu begr. ArbVerh. geeignet ist. Insofern kann es allerdings auch eine tarifl. Regelung zur Bemessung der Kündigungsfrist rechtfertigen, Unterbrechungen von mehr als vier Monaten als unerhebl. anzusehen (BAG 20.6.2013 EzA KSchG § 1 Nr. 64 Rn. 18 ff. zum BRTV-Bau).

43 Eine rechtserhebl. Unterbrechung ist anzunehmen, wenn der zwischen den ArbVerh. liegende Zeitraum länger währt, ohne dass es jedoch feste zeitl. Grenzen gibt (BAG 7.7.2011 NJW 2012, 475 Rn. 22). Das BAG hat eine der Zusammenrechnung entgegenstehende Unterbrechung bei mehr als fünf Monaten (BAG 22.9.2005 NZA 2006, 366), vier Monaten (BAG 18.1.1979 AP KSchG 1969 § 1 Wartezeit Nr. 3; s. a. LAG RP 14.1.2016 BeckRS 2016, 67783) und bei fast drei Monaten (BAG 11.11.1982 NJW 1983, 1443) bejaht (s. a. Rn. 42 aE). Selbst bei einer Unterbrechung von sieben Wochen sollen ledigl. außergewöhnl. gewichtige Umstände einen engen sachl. Zusammenhang begründen können (BAG 22.5.2003 AP KSchG 1969 § 1 Wartezeit Nr. 18). Ebenso ist eine Unterbrechung des ArbVerh. von sechs Wochen grds. erhebl. (BAG 28.8.2008 AP KSchG 1969 § 1 Nr. 88).

44 **Sonderregelungen** hins. der Anrechnung von Zeiten auf das ArbVerh. bestehen für die Ableistung des Wehrdienstes, §§ 6 II, 10, 16a ArbPlSchG, § 6 EignÜG, § 78 ZDG, § 9 ZSchG und bei Eigenkündigung einer Frau während der Schwangerschaft, die später wiedereingestellt wird, § 10 II MuSchG aF (s. a. MüKoBGB/*Hergenröder* Rn. 36). Die Wehrdienstregelungen gelten für Staatsangehörige eines Mitglieds der EU entspr. Bei anderen AN ist zu prüfen, ob das ArbVerh. während der Zeit der Leistung des Wehrdienstes im Ausland nur geruht hat (BAG 22.12.1982 NJW 1983, 2782). Schließt sich an ein ArbVerh. ein Berufsausbildungsverhältnis an, richtet sich die Kündigungsmöglichkeit allein nach dem BBiG (BAG 16.12.2004 NZA 2005, 578). Eine Sonderregelung, die nicht auf andere Fälle übertragbar war, stellte § 9 Nr. 3 AÜG aF dar (s. dazu BAG 9.4.1987 AP AÜG § 9 Nr. 1), der für die gewerbsmäßige ANÜberlassung die Unwirksamkeit einer Kündigung anordnete, wenn das ArbVerh. zwischen Verleiher und LeihAN binnen drei Monaten nach dem zuvor gekündigten LeihArbVerh. begr. wurde (*v. Hoyningen-Huene/Linck* [13. Aufl.] Rn. 88).

45 **4. Betriebs- oder Unternehmensbezug.** Das ArbVerh. muss in demselben Betrieb oder Unternehmen bestanden haben, zum Betriebsbegriff § 23 Rn. 4, zum gemeinsamen Betrieb § 23 Rn. 5. Für die Dauer des ArbVerh. ist nicht nur die Tätigkeit in demselben Betrieb maßgebend, sondern auch die in einem anderen, wenn dieser zu demselben Unternehmen gehört (HHL/*Krause* Rn. 109).

46 Unter einem **Unternehmen** ist die organisatorische Einheit zu verstehen, die durch den wirtschaftl. oder ideellen Zweck bestimmt wird, dem ein Betrieb oder mehrere Betriebe desselben Unternehmens dienen (HHL/*Krause* Rn. 110). Für die Definition des Unternehmensbegriffs ist weiter bedeutsam der einheitl. Leitungsapparat, der die für die verfolgten arbeitstechnischen Zwecke notwendigen Maßnahmen wahrnimmt (BAG 13.6.1985 NZA 1986, 600, 601). Allein die Identität des Betriebsinhabers reicht zur Annahme eines einheitl. Unternehmens iSd. Vorschr. nicht aus, wenn diese auch oft vorliegen wird. Demggü. ist der **Konzern** die Zusammenfassung mehrerer rechtl. selbständiger Unternehmen unter einheitl. Leitung (s. § 18 I 1 AktG). Bei einer Vorbeschäftigung in einem anderen Konzernunternehmen liegt deshalb kein Unternehmensbezug vor, soweit nicht ausdr. etwas anderes vereinbart wird (DDZ/*Deinert* Rn. 31; SES/*Schwarze* Rn. 27). Für eine generelle konzerndimensionale Berechnung der Wartezeit bedürfte es einer ausdr. Regelung, wie zB in § 8 I 2 BetrVG, § 4 III 2 DrittelbG und § 7 III 2 MitbestG (HHL/*Krause* Rn. 113); anges. dieser Bestimmungen fehlt für eine Rechtsfortbildung im Rahmen von § 1 I die methodische Grdl. Aus diesem Grunde bedarf es auch für eine konkludente Abrede, vorangegangene Beschäftigungszeiten bei anderen Konzernunternehmen auf die Wartezeit vollständig oder tw. anzurechnen, bes. Anhaltspunkte (BAG 20.2.2014 NZA 2014, 1083 Rn. 46).

47 Eine Unternehmenseinheit ist gegeben, wenn es infolge einer **Gesamtrechtsnachfolge** oder eines **Betriebsübergangs nach § 613a BGB** zu einem Wechsel in der Person des AG kommt. Der Betriebserwerber muss sich die beim Betriebsveräußerer erbrachte Wartezeit anrechnen lassen (BAG 23.5.2013 NZA 2013, 1197 Rn. 26; 24.10.2013 NZA 2014, 725 Rn. 45; 21.11.2013 NZA 2014, 362 Rn. 37; 20.2.2014 NZA 2014, 1083 Rn. 20; ferner Rn. 32). Entspr. gilt in anderen Fällen einer Rechnachfolge unabhängig von deren Rechtsgrdl. (s. BAG 21.11.2013 NZA 2014, 362 Rn. 37) und auch dann, wenn zum Zpkt. des Betriebsübergangs oder der Rechtsnachfolge das ArbVerh. kurzfristig unterbrochen war, die ArbVerh. aber in einem engen sachl. Zusammenhang stehen (BAG 27.6.2002 NZA 2003, 145, 146; 20.2.2014 NZA 2014, 1083 Rn. 20). Ohne Bedeutung ist es für die Wartezeit, wenn mit dem Erwerber oder Rechtsnachfolger ein neuer Arbeitsvertrag abgeschlossen wird und sich dieser unmittelbar an das zuvor ggf. einvernehml. beendete ArbVerh. mit dem bisherigen Rechtsträger des Betriebs anschließt, ohne dass sich die zu erbringende Tätigkeit wesentl. ändert (BAG 20.2.2014 NZA 2014, 1083 Rn. 20).

Bei einer **Verschmelzung** nach dem UmwG bleibt infolge der Gesamtrechtsnachfolge die kündigungsrechtl. Stellung des AN unverändert (s. UmwG § 20 Rn. 1). IE gilt dies auch bei einem **Formwechsel,** da dieser die Identität des Rechtsträgers nicht berührt. Eine Änd. kann bei **Spaltungen** und **Teilübertragungen** eintreten; § 323 I UmwG schließt dies jedoch aus (s. UmwG § 323 Rn. 2ff.). 48

5. Erfüllung der Wartezeit. Das Ende der Wartezeit richtet sich nach § 188 II BGB, ohne dass § 193 BGB zu deren Verlängerung führt, da § 1 I keine Frist für die Abgabe einer Willenserkl. trifft (BAG 24.10.2013 NZA 2014, 725 Rn. 46ff.). Gem. § 187 II BGB zählt der erste Tag der Frist mit, so dass diese mit Ablauf des Tages des letzten Monats endet, welcher dem Tag vorhergeht, der durch seine Benennung oder Zahl dem Anfangstag der Frist entspricht. Bei einem am 1. 4. begonnenen ArbVerh. endet die Wartezeit somit am 30. 9. Der Schutz durch § 1 greift ein, wenn die Kündigungserkl. nicht **vor Ablauf der Sechs-Monats-Frist zugeht** (allgA KR/*Griebeling/Rachor* Rn. 102; MüKoBGB/*Hergenröder* Rn. 29, jeweils mwN), da sich deren Rechtswirksamkeit nach den tats. und rechtl. Verhältnissen im Zpkt. ihres Zugangs richtet (s. BGB § 620 Rn. 16). Maßgebend ist deshalb nicht der Tag, an dem die Kündigungsfrist abläuft (Beendigungstermin). Der AG kann deshalb grds. noch am letzten Tag der Sechs-Monats-Frist ohne die Beschränkungen durch § 1 I kündigen (BAG 16.6.1976 NJW 1977, 646; 28.9.1978 NJW 1979, 2421; s. aber Rn. 50). Umgekehrt greift § 1 I stets ein, wenn die Kündigungserkl. dem AN nach Ablauf der Wartezeit zugeht, mag sie auch vor deren Ablauf abgegeben worden sein. 49

Wird allein gekündigt, um den Zpkt. des Erreichens der Wartezeit nicht eintreten zu lassen, liegt darin nur dann ein nach dem Rechtsgedanken des § 162 BGB untersagter **Rechtsmissbrauch,** wenn sich aus weiteren Umständen ein zu missbilligendes Verhalten ergibt (s. BAG 12.12.1996 RzK I 5g Nr. 66; 28.9.1978 NJW 1979, 2421; 20.2.2014 NZA 2014, 1083 Rn. 19, 47; MüKoBGB/*Hergenröder* Rn. 29; enger HHL/*Krause* Rn. 108; SES/*Schwarze* Rn. 38: nur Umgehung; s.a. § 13 Rn. 20). In diesen Fällen kann die Kündigung auch wegen Verstoßes gegen das Maßregelungsverbot (§ 612a BGB) nichtig sein. Allein die Absicht des AG, rechtl. Auseinandersetzungen wegen einer etwaigen Sozialwidrigkeit der Kündigung zu vermeiden, ist indes kein Rechtsmissbrauch, da der AG in diesem Fall ausschl. sein ihm nach § 1 I zustehendes Recht ausübt (BAG 18.8.1982 NJW 1983, 2836). Das gilt selbst dann, wenn er die Kündigung am letzten Tag der Wartezeit wenige Stunden vor Feierabend erklärt (LAG MV 24.6.2008 – 5 Sa 52/08; 24.6.2014 NZA-RR 2015, 72, 73). Umgekehrt kommt ein rechtsmissbräuchl. Berufen auf die Wartezeit in Betracht, wenn „alter" und „neuer" AG den AN zu einem Unternehmenswechsel drängen, um den Verlust des Kündigungsschutzes herbeizuführen (BAG 20.2.2014 NZA 2014, 1083 Rn. 47). Sieht der AG die sechsmonatige Probezeit als nicht bestanden an, kann er auch mit einer überschaubaren längeren Kündigungsfrist kündigen und den AN für den Fall der Bewährung die Wiedereinstellung zusagen (BAG 7.3.2002 AP BGB § 620 Aufhebungsvertrag Nr. 22; LAG MV 24.6.2014 NZA-RR 2015, 72, 73; s.a. LAG BW 6.5.2015 LAGE KSchG § 1 Rn. 21). 50

VI. Ordentliche Kündigung

§ 1 bezieht sich auf die **ordentl. AGKündigung,** zur außerordentl. s. § 13 I 1 (s.a. Rn. 25). Eine ordentl. Kündigung liegt vor, wenn die ges., tarifl. oder vertragl. vereinbarte Kündigungsfrist eingehalten wird. Das gilt auch, wenn die Kündigungsfristen verkürzt sind, zB § 113 InsO (BAG 16.9.1982 AP KO § 22 Nr. 4; s.a. Rn. 6). Eine ordentl. Kündigung ist ebenfalls die ordentl. **Änderungskündigung** (HHL/*Krause* Rn. 146), da sie neben dem Angebot einer Fortsetzung des ArbVerh. zu geänd. Arbeitsbedingungen für den Fall der Nichtannahme des Angebots auf die Beendigung des ArbVerh. gerichtet ist (s. § 2 Rn. 6). Die Sonderregelung in § 2 betrifft ausschl. die soziale Rechtfertigung der geänd. Arbeitsbedingungen, wenn der AN das Angebot des AG annimmt, andernfalls entfaltet die Änderungskündigung im Hinblick auf das ArbVerh. ihre zur Beendigung führende Wirkung, die der AN nach § 1 auf ihre soziale Rechtfertigung überprüfen lassen kann (näher § 2 Rn. 39ff.). 51

Ist durch TV die **ordentl. Kündigung grds. ausgeschlossen,** in bestimmten Fällen, zB Betriebsstilllegungen, jedoch zugelassen, handelt es sich um ordentl. Kündigungen (BAG 4.6.1987 NZA 1988, 52f.; 17.9.1998 NZA 1999, 258, 260; *Bröhl* FS Schaub 1998 S. 55; *Mauer/Schüßler* BB 2001, 466). Zur außerordentl. Kündigung ordentl. nicht kündbarer AN bei Krankheit s. BGB § 626 Rn. 108ff. 52

Der Kündigungsschutz durch § 1 setzt nicht erst ein, wenn es sich – abgesehen von ihrer sozialen Rechtfertigung – um eine rechtswirksame Kündigung handelt. Der AN kann vielmehr **ungeachtet mögl. anderer Unwirksamkeitsgründe** die Unwirksamkeit der Kündigung wegen fehlender sozialer Rechtfertigung geltend machen (s. Rn. 18). 53

Die Bestimmungen des KSchG kommen nicht zur Anwendung, wenn das ArbVerh. nicht durch Kündigungserkl. sein Ende gefunden hat, wenn zB geltend gemacht wird, es habe von vornherein kein rechtswirksamer Arbeitsvertrag bestanden oder ein bestehender sei rechtswirksam angefochten worden (ferner HHL/*Krause* Rn. 159ff.). Hiervon zu trennen ist die Tatsache, dass es im Fall der Anfechtung 54 hins. der Abwicklung eines vollzogenen ArbVerh. idR nur um eine für die Zukunft wirkende Auflösung geht (s. BGB § 611 Rn. 145, 367 ff.). Keine Kündigung liegt deshalb vor, wenn der AG hins. seiner Willenserkl., die zum Abschluss eines Arbeitsvertrags geführt hat, nach den §§ 119 ff. BGB eine **Anfechtung** erklärt, oder er die **Unwirksamkeit** des Arbeitsvertrags, zB wegen fehlender Zust. des ges. Vertreters des AN (s. BGB § 611 Rn. 313), geltend macht (s. BGB § 620 Rn. 21 f.). Will der AN sich in derartigen Fällen gegen die Weigerung des AG, ihn weiter zu beschäftigen, wehren, muss er nicht die Klagefrist des § 4 S. 1 einhalten (s. a. § 4 Rn. 6).

55 Hat der BR einer **Einstellung** nicht zugestimmt und endet eine vorl. Einstellung nach § 100 III BetrVG durch gerichtl. Entsch., ist zwischen dem Arbeitsvertrag und der Einstellung als beteiligungspflichtiger Angelegenheit zu unterscheiden (BAG 2.7.1980 NJW 1981, 703; 2.7.1980 AP BetrVG 1972 § 101 Nr. 5). Der AG muss, wenn er das ArbVerh. beenden will, eine Kündigung erklären (s. BetrVG § 100 Rn. 9); Entspr. gilt, wenn der AG ohne Zust. des BR die Einstellung vornimmt und gem. § 101 BetrVG rkr. zu deren Aufhebung verurteilt wird (s. BetrVG § 99 Rn. 45). Der AN genießt auch Kündigungsschutz, wenn eine Kündigung auf Verlangen des BR nach § 104 S. 1 BetrVG oder auf Grund einer Maßgabe des ArbG nach § 104 S. 2 BetrVG erklärt wird (s. a. BetrVG § 104 Rn. 4 sowie § 1 Rn. 187a).

56 Das G findet keine Anwendung, wenn der AN selbst kündigt (Eigenkündigung) oder das ArbVerh. durch **Aufhebungsvertrag** (s. dazu BGB § 620 Rn. 5 ff.) endet. Der AN kann insb. nicht geltend machen, durch seine Eigenkündigung sei der Kündigungsschutz vereitelt worden (LAG HM 22.10.1981 BB 1983, 61; HHL/*Krause* Rn. 144). Ebenso ist das G nicht anzuwenden, wenn der AN sich auf die Unwirksamkeit einer Befristung beruft; insoweit gilt § 17 TzBfG.

VII. Darlegungs- und Beweislast

57 Die Darlegungs- und Beweislast für die Rechtswirksamkeit einer Kündigung trifft grds. denjenigen, der sich auf die mit ihr ausgelösten rechtsgestaltenden Wirkungen beruft. Greift der AN ausschl. die Kündigung an, dann trifft ihn zumindest hins. der gegen deren Rechtwirksamkeit gerichteten rechtsvernichtenden Einwendungen die Darlegungs- und Beweislast. Das gilt insb., wenn er die Rechtsunwirksamkeit einer ordentl. Kündigung wegen fehlender sozialer Rechtfertigung iSd. § 1 geltend macht. Deshalb trifft den AN für alle Tatsachen die Darlegungs- und Beweislast, die Voraussetzung für die **Anwendung des § 1** sind (HHL/*Krause* Rn. 142; KR/*Griebeling/Rachor* Rn. 129). Das gilt sowohl für die betriebl. Voraussetzungen (§ 23) als auch für diejenigen, die im Hinblick auf das gekündigte ArbVerh. erfüllt sein müssen (Wartezeit, § 1 I). Bzgl. der weiteren Konkretisierung ist neben den allg. Grds. zur Verteilung der Darlegungs- und Beweislast auch der obj. Gehalt der Grundrechte zu berücksichtigen (s. BVerfG 27.1.1998 NZA 1998, 470, 472; exemplarisch BAG 24.2.2005 NZA 2005, 764, 765).

58 Der AN trägt zunächst die Darlegungs- und Beweislast dafür, dass überhaupt ein ArbVerh. besteht und dieses durch eine als ordentl. Kündigung zu wertende Willenserkl. des AG sein Ende gefunden haben soll. Macht der AG geltend, das ArbVerh. sei durch eine bestimmte Kündigung beendet, und beruft der AN sich darauf, die Kündigungserkl. sei ihm nicht zugegangen, hat der AG deren Zugang zu beweisen (SPV/*Preis* Rn. 139). Hat der AG mdl. – unwirksam (s. § 623 S. 1 BGB) – gekündigt, kann der AN keine Kündigungsschutzklage nach § 4, jedoch Leistungsklage oder bei entspr. Feststellungsinteresse Feststellungsklage gem. § 256 ZPO erheben, dass er in einem ungekündigten ArbVerh. steht (s. § 4 Rn. 8). Der AG hat dann, ungeachtet der Frage der Rechtswirksamkeit der Kündigung, darzulegen und zu beweisen, dass eine solche Kündigung überhaupt erklärt worden ist.

59 Der AN ist darlegungs- und beweisbelastet dafür, dass die **betriebl. Voraussetzungen** für die Anwendung des G erfüllt sind. Hierzu zählt unstr., dass er in einem von § 23 I 1 erfassten Betrieb beschäftigt ist (BAG 9.9.1982 AP BGB § 611 Hausmeister Nr. 1). Für die als Ausschlusstatbestände formulierten **Kleinbetriebsklauseln** in § 23 I 2 u. 3 soll den AN nach stRspr. ebenfalls grds. die Darlegungs- und Beweislast treffen (s. § 23 Rn. 21).

60 Hins. der **pers. Voraussetzungen** des § 1 I muss der AN darlegen und beweisen, dass sein ArbVerh. in demselben Betrieb oder Unternehmen länger als sechs Monate bestanden hat (20.6.2013 EzA KSchG § 1 Nr. 64 Rn. 15; 20.2.2014 NZA 2014, 1083 Rn. 21; HHL/*Krause* Rn. 142; KR/*Griebeling/Rachor* Rn. 129). Hierfür genügt es, wenn er vorträgt, dass das ArbVerh. sechs Monate vor Zugang der Kündigungserkl. begonnen hat (KR/*Griebeling/Rachor* Rn. 129; zum Beginn der Wartezeit s. Rn. 35 f.). Macht der AG geltend, das vom AN bewiesene ArbVerh. sei **zwischenzeitl. beendet** gewesen und neu begr. worden mit einer Vertragsdauer unter sechs Monaten (s. Rn. 39 ff.), trägt er eine rechtsvernichtende Einwendung vor, für die er darlegungs- und beweispflichtig ist (BAG 16.3.1989 NZA 1989, 884; KR/*Griebeling/Rachor* Rn. 129). Will der AN diesen Einwand mittels einer vertragl. vereinbarten oder ges. angeordneten **Anrechnung früherer Beschäftigungszeiten** auf die Wartezeit entkräften (s. Rn. 34 u. 44), geht die Darlegungs- und Beweislast für die entspr. Tatsachen auf ihn über (BAG 20.6.2013 EzA KSchG § 1 Nr. 64 Rn. 15; 20.2.2014 NZA 2014, 1083 Rn. 21; KR/*Griebeling/Rachor* Rn. 130; APS/*Vossen* Rn. 51).

C. Sozialwidrigkeit

I. Allgemeines

Nach § 1 I ist die ordentl. Kündigung bei Erfüllung der Wartezeit (s. Rn. 32 ff.) **rechtsunwirksam, wenn sie sozial ungerechtfertigt** ist. Dies ist gem. § 1 II der Fall, wenn die ordentl. Kündigung nicht durch Gründe, die in der Person oder in dem Verhalten des AN liegen, oder durch dringende betriebl. Erfordernisse, die einer Weiterbeschäftigung des AN in diesem Betrieb entgegenstehen, bedingt ist. Weitere Gründe, die zur Sozialwidrigkeit führen, enthalten Abs. 2 S. 2 u. 3 sowie Abs. 3 bis 5. Die für die Beurteilung einer ordentl. Kündigung maßgebl. Gesichtspunkte lassen sich damit in zwei Gruppen aufteilen: In Abs. 2 S. 1 sind die allg. Gründe für eine Sozialwidrigkeit benannt, Abs. 2 S. 2 u. 3 regeln hingegen bes. Gründe der Sozialwidrigkeit. Diese unterscheiden sich von der Sozialwidrigkeit in Abs. 2 S. 1 dadurch, dass bei, vom Gericht zu überprüfendem, wirksamem Widerspruch der Betriebs- oder Personalvertretung von der Sozialwidrigkeit auszugehen ist. Tw. werden diese deshalb als absolute Gründe der Sozialwidrigkeit bezeichnet, weil es bei deren Vorliegen nicht der sonst erforderl. Interessenabwägung bedürfe (BAG 13.9.1973 AP KSchG 1969 § 1 Nr. 2; 6.6.1984 NZA 1985, 93). 61

Die Regelungen in § 1 II und III werden allg. als **unbestimmte Rechtsbegriffe** erachtet (stRspr.; zB BAG 5.6.2008 NZA 2008, 1120 Rn. 16; 12.3.2009 NZA 2009, 1023 Rn. 16; 26.5.2011 NZA 2011, 1143 Rn. 30; 14.3.2013 AP KSchG 1969 § 1 Betriebsbedingte Kündigung Nr. 199 Rn. 29). Die Abs. 1 und 2 des § 1 können nur unter Beachtung eines nicht trennbaren Zusammenhangs ausgelegt werden. Da Abs. 1 eine ordentl. Kündigung für unwirksam erklärt, wenn diese sozial ungerechtfertigt ist, und Abs. 2 abschl. festlegt, was sozial ungerechtfertigt ist, ist der Begriff „sozial ungerechtfertigt" selbst jedoch kein unmittelbar anwendbarer „unbestimmter Rechtsbegriff", sondern ein „rechtstechnischer Begriff" (so BAG 20.1.1961 NJW 1961, 940; *Ascheid* Rn. 197; MüKoBGB/*Hergenröder* Rn. 68; SPV/*Preis* Rn. 883). Was sozial ungerechtfertigt ist, konkretisiert Abs. 2 bis 5 iE abschl. und ist nicht mit einem beliebigem Inhalt zu füllen (so richtig KR/*Griebeling/Rachor* Rn. 201; SPV/*Preis* Rn. 883). Insb. steht die Systematik des G weiteren Tatbeständen als denen in Abs. 2 bis 5 entgegen, in denen eine ordentl. Kündigung als sozial ungerechtfertigt erscheint. Deren abschl. Fassung kann auch nicht unter Berufung auf die aus der Berufsfreiheit des AN folgenden grundrechtl. Schutzpflichten (s. dazu GG Art. 12 Rn. 36 ff.) mittels eines Rückgriffs auf Abs. 1 durchbrochen werden. Die verfassungsrechtl. nicht zu beanstandende (s. GG Art. 12 Rn. 36) Abwägung des Gesetzgebers zwischen dem Bestandsinteresse des AN, dem Beendigungsinteresse des AG sowie den Interessen der Arbeitsuchenden ist vom Rechtsanwender zu akzeptieren (s. Rn. 4). 62

Tw. wird angenommen, der Begriff „sozial ungerechtfertigt" trage ggü. dem der schlichten „Unwirksamkeit" nichts zur Erkenntnis oder zur besseren Anwendung bei (so *Wank* RdA 1987, 129, 135). Dem ist in dieser Absolutheit nicht zuzustimmen. Richtig ist, dass das Merkmal der sozialen Rechtfertigung kein selbständiges, isoliert zu betrachtendes **Tatbestandsmerkmal** des § 1 ist, weil dies den in Abs. 2 konkretisierten Regelungsumf. unzulässig erweitern würde (*Preis* Prinzipien S. 197). Allerdings enthält § 1 II 1 keine konkreten, subsumierbaren Tatbestandsvoraussetzungen (HHL/*Krause* Rn. 179), so dass der Norm allein nicht zu entnehmen ist, nach welchen Maßstäben je nach Störquelle gewertet werden soll. Insoweit ist der Sozialbezug des Abs. 1 von Bedeutung. 63

Aus § 1 ergibt sich, dass für eine ordentl. Kündigung ein sachl. Grund vorliegen muss. Im Anwendungsbereich des § 1 gibt es keine an sich freie Kündigung; insofern bilden § 622 BGB und § 1 eine Einheit, da bei einer ordentl. Kündigung eines AN nicht nur Fristen und Termine einzuhalten sind, sondern auch ein **sachl. Grund**, näml. die soziale Rechtfertigung, vorliegen muss (*Ascheid* Rn. 202; *Preis* Prinzipien S. 55, 56, 198). Die Bindung des AG muss gesehen werden unter dem Gesichtspunkt der durch Art. 12 I GG garantierten Vertragsfreiheit (s. Rn. 4). 64

Gegen die Notwendigkeit eines sachl. Grunds sprechen nicht die §§ 4, 7. Das Verhältnis von Kündigungsfreiheit und Kündigungsgrund kann der Gesetzgeber nach dem Prinzip einer Kündigungsfreiheit mit Missbrauchsklausel oder nach dem Prinzip des berechtigten Kündigungsinteresses, wonach der Kündigende den Vertrag nur bei einem Beendigungsinteresse beenden kann, lösen. Das KSchG nimmt eine Zwischenstellung ein. Der Bestandsschutz wird materiell-rechtl. garantiert. Er erscheint aber selbst bei der wichtigen Frage des Erhalts des Arbeitsplatzes nicht als sozialstaatl. Vormund. Der allg. Kündigungsschutz beruht auf dem **Prinzip einer nachträgl. Rechtswirksamkeitskontrolle** (*Ascheid* Rn. 202). Das KSchG ermöglicht es dem AN Unrecht hinzunehmen (Rn. 4). 65

Auch iRd. sozialwidrigen Kündigung ist zur Rechtswirksamkeit der Kündigung, soweit keine andere Vereinb. besteht, die **Mitt. der Kündigungsgründe** an den AN nicht erforderl. (s. BGB § 620 Rn. 66). Deshalb kann sich der AG im Kündigungsschutzprozess auf alle Tatsachen berufen, die vor Zugang der Kündigungserkl. existierten. Es kommt nicht darauf an, ob ihm diese bekannt waren oder nicht (BAG 18.1.1980 NJW 1980, 2486). Anders ist die Rechtslage, wenn vor der Kündigung ein BR oder PR anzuhören war (s. BetrVG § 102 Rn. 27). Besteht ausnahmsweise eine tarifl. oder vertragl. Pflicht des AG zur Mitt. des Kündigungsgrunds und verletzt er diese, kann er dem AN nach § 280 I BGB zum Schadensersatz verpflichtet sein, der auf den Ausgleich des negativen Interesses gerichtet ist (HHL/*Krause* Rn. 276). 66

II. Störung als Kündigungsgrund

67 Rspr. und Lit. nehmen iE zu Recht an, die soziale Rechtfertigung der Kündigung erfordere hins. aller Kündigungsgründe eine **Beeinträchtigung des ArbVerh.** (so zB BAG 30.4.1987 NZA 1987, 776, 777; 17.1.1991 NZA 1991, 557, 558; HHL/*Krause* Rn. 180; SES/*Schwarze* Rn. 50 f.; DDZ/*Deinert* Rn. 53), die zukunftsbezogen sein muss (LAG N 16.10.2007 NZA-RR 2008, 68, 69). Kündigungsrechtl. relevant sollen dabei nur erhebl. Beeinträchtigungen der unternehmerischen Interessen sein und geringfügige Störungen hinzunehmen sein. Die Beeinträchtigungen müssten andererseits nicht den Grad der Unzumutbarkeit iSd. § 626 I BGB erreichen (HHL/*Krause* Rn. 183).

68 Damit ist ledigl. gemeint, dass alle Umstände, die sich nicht auf die Erfüllung der Vertragspflichten auswirken, **kündigungsrechtl. irrelevant** sind. Diese Feststellung darf jedoch nicht dahingehend missverstanden werden, eine Vertragsverletzung sei unerhebl., wenn sie nicht mit weiteren negativen Folgen verbunden sei. Eine kündigungsrelevante Störung liegt vor, wenn der AG keine Beschäftigungsmöglichkeiten mehr anbietet oder der AN nicht oder schlecht leistet. Das sind die betriebl. Beeinträchtigungen.

69 Der Arbeitsvertrag enthält **Haupt- und Nebenpflichten**. Den Nebenpflichten zuzurechnen sind Verhaltenspflichten, wie die zur Leistungstreue und zur Mitwirkung. Bei einem Dauerschuldverhältnis wie dem Arbeitsvertrag kommt es im Gegensatz zu einem singulären Leistungsaustausch zu engeren Kontakten der Parteien, zu größeren gegenseitigen Abhängigkeiten, und damit auch zu einer gesteigerten Gefahr, bei Ausführung der Leistungsbeziehungen Rechtsgüter einschl. des Vermögens des Vertragspartners zu verletzen. Das wird treffend als „Verdichtung des Pflichtengefüges" bezeichnet (*Gernhuber* Das Schuldverhältnis, 1989 § 16 II 2 a). Diese führt jedoch nicht zu einer Verstärkung der Hauptleistungspflicht, sondern zu einer Erweiterung der Nebenleistungs- und der Verhaltenspflichten. Es besteht eine st. „Pflichtanspannung" des Schuldners. Dauerschuldverhältnisse können zu ihrer Durchführung eine bes. Rücksicht und Sorgfalt bei der Wahrnehmung des fortbestehenden eigenen Interesses und der Ausführung einer übernommenen Tätigkeit verlangen. Diese Pflichten können dem Grds. von Treu und Glauben zugeordnet werden und je nach Vertragsgestaltung pers. Rücksichtnahme und Loyalität verlangen (s. BAG 10.9.2009 NZA 2010, 220 Rn. 20 f.). Soweit im ArbVerh. von der „Treuepflicht" des AN gesprochen wird, wird hierunter am besten die Summe der einzelnen Nebenpflichten verstanden, die der AN zur sach- und interessengemäßen Ausführung der Arbeit erfüllen muss (s. BGB § 611 Rn. 707 ff.). Über die so konkretisierte Treuepflicht wird auch das Integritäts- oder Erhaltungsinteresse des AG geschützt (s. BGB § 611 Rn. 744).

70 Bei Vertragsstörungen sind die wirtschaftl. und die kündigungsrechtl. Abwicklung zu trennen (s. BAG 17.3.1988 NZA 1989, 261, 262). Die Kündigung ersetzt nicht die Abwicklung von **Leistungsstörungen**. Vielmehr verhindert die Kündigung infolge der Beendigung der Vertragsbeziehungen, dass weitere Störungen eintreten (*Ascheid* Rn. 44). Gestört werden können nur Vertragsbeziehungen. Beim Arbeitsvertrag ist eine Besonderheit zu beachten. Die schlichte Nichterbringung einer noch mögl. und nicht verzögerten Leistung ist bei einem normalen schuldrechtl. Vertrag noch keine Störung. Der Gläubiger kann vielmehr Erfüllung verlangen. Beim Arbeitsvertrag ist dem AN der Leistungszpkt., mag er auch variabel sein (Gleitzeit), vorgegeben. Leistet er zum vorgegebenen Zpkt. nicht, ist die Arbeitleistung, bezogen auf den Verlustzeitraum, nicht nachholbar und deshalb eine absolute Fixschuld (s. näher *Oetker* S. 336 ff.). Hins. der Störungsquellen ist zu unterscheiden nach der Sphäre des AG und der des AN.

71 Der **AG „stört"**, wenn er dem AN keine Beschäftigungsmöglichkeiten mehr anbietet. Die durch ihn erfolgte Störung wird als durch dringende betriebl. Erfordernisse bedingt angesehen. In der **Sphäre des AN** wird die Störung durch Nicht- oder Schlechtleistung auf seine Person oder auf sein Verhalten bezogen. Das angebotene Verrichtungsvermögen wird nicht mehr vertragsgemäß realisiert. Die personenbedingte – und damit die nicht vorwerfbare – und die verhaltensbedingt bewusste – und damit vorwerfbare – Störung ist qualitativ mit kündigungsrechtl. Bezug voneinander getrennt zu sehen. Das KSchG gibt durch die Differenzierung der Kündigungsgründe einen unterschiedl. Prüfungsinhalt vor. Es zeigt nicht nur die „Richtung" an, aus der die Störung erfolgt (**aA** offenbar BAG 25.11.1982 NJW 1983, 2897). Werden die Elemente Leistungsstörung und Störungsqualität nicht präzise getrennt, ergeben sich kaum lösbare Konflikte.

72 **Nebenpflichten**, die den arbeitsvertragl. Leistungsbereich betreffen, sind solche, die der Verrichtung der Leistung und nicht dem Leistungsgläubiger pers. zuzuordnen sind (s. BGB § 611 Rn. 610). Sie können ausdr. vereinbart oder zulässig durch Ausübung des Weisungsrechts angeordnet sein (s. Bsp. *Ascheid* Rn. 57). Als den personalen Bereich berührende Umstände werden solche Handlungen angesehen, die die Arbeitsverrichtung nicht unmittelbar selbst betreffen, wohl aber den Rechtsbereich des Gläubigers des Leistungsanspruchs (s. Bsp. *Ascheid* Rn. 58).

73 Liegt eine Störung vor, ist die kündigungsrechtl. Gewichtung dieser Störung unter Integration des Wortlauts von § 1 II nach obj. Kriterien zu ermitteln. Die „Ersatzformel", es sei vom Blickwinkel des ruhig und verständig urteilenden AG auszugehen, ist schon deshalb inhaltsleer, weil auch die Beurteilung von dessen konkretem Handeln nach obj. Kriterien zu überprüfen wäre (wie hier *Preis* DB

1990, 631). Die Frage, ob von der Vertragsverletzung und der damit gegebenen Störung keine oder weitere „Beeinträchtigungen" ausgegangen sind, ist nur bei der Frage der Gewichtung des Kündigungsgrunds relevant.

III. Ultima ratio und Grundsatz der Verhältnismäßigkeit

Eine ordentl. Kündigung kommt nur in Betracht, wenn die **ges. Voraussetzungen des § 1 oder** – im Fall einer Änderungskündigung – **des § 2 erfüllt** sind. Soweit verbreitet (s. BAG 22.2.1980 NJW 1981, 298; 27.9.1984 NZA 1985, 455; 17.1.1991 NZA 1991, 557, 558 u. ferner HHL/*Krause* Rn. 201; DDZ/*Deinert* Rn. 62; SES/*Schwarze* Rn. 55; LSW/*Löwisch* Rn. 89; SPV/*Preis* Rn. 886) ausgeführt wird, die Kündigung sei stets die ultima ratio, kommt dem neben den Tatbestandsmerkmalen der §§ 1 und 2 keine eigene Subsumierbarkeit zu. Tritt nach wirksamer Abmahnung eine Vertragsstörung ein, der nicht im Wege der Versetzung, sei es durch Ausübung des Direktionsrechts, Änderungsvertrag oder Änderungskündigung, begegnet werden kann, bleibt nur die Maßnahme der Kündigung. Der ultima-ratio-Grds. ist ges. angesprochen in § 2 I Nr. 2 SGB III, wonach die AG vorrangig durch betriebl. Maßnahmen die Inanspruchnahme von Leistungen der Arbeitsförderung sowie die Entlassung von AN vermeiden sollen (*Niesel* NZA 1997, 580, 584: nicht umsetzbarer Appell). Dieses vom G vorgegebene Regelungsziel ist jedoch zu integrieren in die Auslegung der §§ 1 und 2 (s. *Schaub* NZA 1997, 810; *Löwisch* NZA 1998, 729; wohl a. SPV/*Preis* Rn. 888; ferner MüKoBGB/*Hergenröder* Rn. 96; HHL/*Krause* Rn. 203). 74

Unter genauer Anwendung der §§ 1 und 2 gibt es außerhalb der Tatbestandsmerkmale des KSchG keinen, durch eine bes. Verfahrensweise einzuhaltenden **„Vorrang der Änderungskündigung"** vor der Beendigungskündigung (so aber noch BAG 27.9.1984 NZA 1985, 455; 30.11.1989 NZA 1990, 529, 530 f.; 29.3.1990 NZA 1991, 181, 182 f.). Ist eine Weiterbeschäftigung zu geänd. Arbeitsbedingungen mögl., ist eine Beendigungskündigung schlicht unwirksam, weil die Voraussetzungen nach § 1 nicht erfüllt sind (wie hier im Grds. BAG 21.9.2006 NZA 2007, 431 Rn. 34; 21.4.2005 NZA 2005, 1289, 1291; s. a. HHL/*Krause* Rn. 230; KR/*Griebeling/Rachor* Rn. 228). Eine Ausnahme kommt nur in Betracht, wenn der AN bei einem zuvor unterbreiteten Angebot auch für den Fall einer in Aussicht gestellten Änderungskündigung unmissverständl. erklärt hat, er werde seine Arbeit nicht zu den geänd. Bedingungen erbringen (BAG 21.4.2005 NZA 2005, 1289, 1293 sowie § 2 Rn. 4). 75

Der Grds. der Verhältnismäßigkeit – **„Übermaßverbot"** (s. BAG 30.5.1978 NJW 1979, 332; HHL/*Krause* Rn. 204; DDZ/*Deinert* Rn. 60; KR/*Griebeling/Rachor* Rn. 214; SPV/*Preis* Rn. 887; *Wank* RdA 1987, 129, 134 ff.) – ist in § 242 BGB sowie § 314 II 1 BGB ausgeprägt und gilt ebenso im ArbR (*Stückmann/Kohlepp* RdA 2000, 331). Auch eine **Kündigung muss geeignet und erforderl.** sein, das **angestrebte Ziel zu erreichen,** und darf **nicht unverhältnismäßig ieS** sein (BAG 19.4.2007 NZA-RR 2007, 571 Rn. 48; 23.10.2008 NZA 2009, 855 Rn. 28 sowie DDZ/*Deinert* Rn. 60; *Preis* Prinzipien S. 265; *Wank* RdA 1987, 129, 136; s. a. Rn. 83 ff.). 76

Bei der **betriebsbedingten Kündigung** kommt der Grds. der Verhältnismäßigkeit in dem Tatbestandsmerkmal „dringend" zum Ausdruck (s. Rn. 234). Die Frage, ob bei vorübergehendem Auftragsmangel und keiner unternehmerischen Umstrukturierung des Betriebs die Belegschaft durch Beendigungskündigungen verringert werden kann, ist danach zu beantworten, ob ein vorübergehender Mangel ein dauernder ist. Da er das nicht ist, ist für eine Beendigungskündigung kein Raum (s. BAG 25.6.1964 NJW 1964, 1921; 23.2.2011 NZA 2012, 852 Rn. 16, 20; *Preis* Prinzipien S. 404; HHL/*Krause* Rn. 205; offen in BAG 4.3.1986 NZA 1986, 432; 11.9.1986 EzA KSchG § 1 Betriebsbedingte Kündigung Nr. 54; krit. *Wank* RdA 1987, 129, 142). Bei den **anderen Kündigungsgründen** verlangt die Rspr. eine „Interessenabwägung", in deren Rahmen praktisch die Verhältnismäßigkeit ieS geprüft wird (s. Rn. 146 ff.). Auch das Erfordernis der Abmahnung (s. BGB § 626 Rn. 24 ff.) ist neben der negativen Prognose (s. Rn. 105, 199) Ausfluss des Grds. der Verhältnismäßigkeit (so a. BAG 19.4.2007 NZA-RR 2007, 571 Rn. 48; 22.11.2014 NZA 2015, 294 Rn. 22; HHL/*Krause* Rn. 205). Entspr. gilt für die bei allen Kündigungsgründen zu prüfende Möglichkeit, den AN auf einem anderen Arbeitsplatz im selben Betrieb oder einem anderen Betrieb des Unternehmens weiterzubeschäftigen (BAG 25.10.2012 NZA-RR 2013, 632 Rn. 29; 29.8.2013 NZA-RR 2014, 325 Rn. 15). 77

IV. Negative Prognose

Der Kündigungsgrund setzt im Bereich der **personen- und verhaltensbedingten Kündigung** eine **negative Prognose** im Hinblick auf die weitere Durchführung des ArbVerh. voraus. Diese erstellt der kündigende AG, denn er kann in diesen Bereichen die Vorgänge nicht selbst steuern (s. BAG 5.7.1990 NZA 1991, 185, 186; *Preis* DB 1988, 1444). Er muss bei der personen- und verhaltensbedingten Kündigung Folgerungen ziehen aus der Person oder deren Verhalten, ohne dass er nähere Kenntnisse über den Zukunftsverlauf haben kann. Die Prognose muss deshalb aus Vorgängen der Vergangenheit abgeleitet werden; hins. der Anforderungen der Prognose ist nach der Art des Kündigungsgrunds zu unterscheiden. 78

79 Das ist anders bei der **betriebsbedingten Kündigung.** Hier entfallen Beschäftigungsmöglichkeiten durch die Umsetzung einer unternehmerischen Entsch. (s. Rn. 212). Der AG wird zwar auch vor dieser prognostische Überlegungen anstellen, diese beziehen sich aber auf wirtschaftl. und unternehmerische Gegebenheiten, die nur ein Motiv für die dann folgende Unternehmerentsch. sind. Soweit iRd. betriebsbedingten Kündigung von einer Prognose gesprochen wird, kommt ihr eine andere inhaltl. Bedeutung zu als der negativen Prognose bei der personen- und verhaltensbedingten Kündigung. Bei der betriebsbedingten Kündigung bezieht sich die Prognose auf die Frage, ob es auf Grund der **verbindl. Unternehmerentsch.**, die der Kündigung zugrunde lag, und der ihr folgenden Umsetzung nachvollziehbar erscheint, dass zum späteren Beendigungstermin des ArbVerh. keine Beschäftigungsmöglichkeit mehr besteht. Diese „Prognose" trifft nicht der AG, sondern der Richter, der die Wirksamkeit der Kündigung überprüft. Es müssen zum Zpkt. der Kündigungserkl. Umstände vorliegen, die den Schluss zulassen, dass zum Beendigungstermin keine Beschäftigungsmöglichkeit mehr besteht (s. zB BAG 15.12.2011 NZA 2012, 1044 Rn. 30; 31.7.2014 NZA 2015, 101 Rn. 31; 20.11.2014 NZA 2015, 679 Rn. 14 u. ferner Rn. 217 ff.).

80 Bei der personenbedingten Kündigung **wegen Krankheit** kommt es bei der Prognose zB darauf an, ob auch in Zukunft mit krankheitsbedingten Ausfällen zu rechnen ist (s. Rn. 110 ff.). Bei der **verhaltensbedingten Kündigung** gibt es Störungsqualitäten, aus denen unmittelbar zu schließen ist, dass eine weitere Zusammenarbeit ausscheidet. Ist das nicht der Fall, muss die Prognose auf zusätzl. andere reale Umstände gestützt werden (s. Rn. 196 ff.). Bei der verhaltensbedingten Kündigung, bei der Art und Qualität der Störung nicht bereits ausreichen, eine Pflicht zu einer weiteren Zusammenarbeit zu verneinen, wird die negative Prognose darauf gestützt, dass der AN trotz einer Abmahnung sein störendes Verhalten nicht umgestellt hat. Der Abmahnung kommt hier eine entscheidende Bedeutung zu (s. Rn. 199). Außerhalb des Anwendungsbereichs des G setzt eine Kündigung aus Gründen in dem Verhalten des AN idR keine Abmahnung voraus (BAG 21.2.2001 NZA 2001, 951, 953).

81 Jede **Prognose** ist zwangsläufig mit **Unwägbarkeiten** verbunden (s. HHL/*Krause* Rn. 198 ff.; krit. *Adam* ZTR 1999, 113). Nach *Kraft* (ZfA 1995, 419, 429) reduziert die Beachtung des Prognoseprinzips die Reaktionsmöglichkeit des AG im personellen Bereich entscheidend. Die von ihm aufgezeigten Bedenken und Unsicherheiten in der Praxis rühren jedoch nicht daher, dass eine Vorausschau nach Sinn und Zweck der Kündigung in Frage gestellt wird, sondern dass vielmehr die Anforderungen an die Prognose so ausgestaltet werden, dass sie wegen Überforderung der Nachweispflicht nicht mehr erfüllbar sind. Bei der personenbedingten Kündigung sind die Unabwägbarkeiten am größten, weil der AN idR nicht in der Lage ist, die Ursachen abzustellen, die zu den Störungen führen.

V. Abwägung der Vertragsinteressen

82 Nach hM erfordert die Feststellung der Sozialwidrigkeit einer Kündigung eine umfassende Interessenabwägung (stRspr.; zB BAG 20.10.1954 AP KSchG 1951 § 1 Nr. 6; 22.7.1982 NJW 1983, 700; DDZ/*Deinert* Rn. 63; KR/*Griebeling/Rachor* Rn. 210; abl. *Herschel/Löwisch* Rn. 69: es gehe nicht an, auch bei Vorliegen einer der in Abs. 2 genannten Gründe, das Bestandsinteresse noch einmal in die Waagschale zu legen und je nach seinem Gewicht die Kündigung trotzdem auszuschließen). Streng genommen ist diese integraler Teil der Verhältnismäßigkeitsprüfung (s. treffend MüKoBGB/*Hergenröder* Rn. 97), ist jedoch ledigl. in dem durch § 1 II gezogenen Rahmen vorzunehmen. Deshalb kann sich die Interessenabwägung nur auf die personen- und verhaltensbedingte, nicht hingegen auf die betriebsbedingte Kündigung beziehen, denn bei letzterer sind die widerstreitenden Interessen durch das G genau subsumierbar erfasst (BAG 30.4.1987 NZA 1987, 776, 778; 18.1.1990 NZA 1990, 734, 736; 20.6.2013 NZA 2014, 139 Rn. 40; 22.10.2015 NZA 2016, 33 Rn. 29; HHL/*Krause* Rn. 233; KR/*Griebeling/Rachor* Rn. 210; SES/*Schwarze* Rn. 338; s. a. Rn. 236 ff.).

83 Soweit eine Abwägung in Betracht kommt, ist **ausschl. auf die vom Gesetzgeber getroffenen Wertungen abzustellen** (HHL/*Krause* Rn. 232; MüKoBGB/*Hergenröder* Rn. 119 ff.; *Wank* RdA 1987, 129, 130; **aA** BAG 20.1.2000 NZA 2000, 768, 770 f.; s. Rn. 183). Tats. vorhandene Gründe können nicht über eine Interessenabwägung relativiert werden. Ebenso können in die Abwägung nur solche Interessen einfließen, die einen Vertragsbezug haben. Insofern ist der Begriff „Interessen"-Abwägung zu weitgehend. Die Interessen der Parteien sind in der Norm selbst, in ihrem Tatbestand bei seiner richtigen Erfassung, gelöst (so richtig *Preis* Prinzipien S. 221; vgl. *Rüthers* Anm. EzA KSchG § 1 Verhaltensbedingte Kündigung Nr. 26). Soweit eine „Interessenabwägung" stattzufinden hat, kann damit nur die nach dem G gebotene Abwägung iRd. Verhältnismäßigkeitsprinzips bei der Proportionalität der Maßnahme gemeint sein (zutr. *Wank* RdA 1987, 129, 145). Durch die Fassung von § 1 KSchG sollte gerade erreicht werden, dass kein Raum für Blankettbegriffe wie „unbillige Härte" bleibt (*Herschel* FS Schnorr v. Carolsfeld 1973 S. 159; *ders.* DB 1973, 81; *ders.* DB 1984, 1523).

84 Interessen sind weniger als Rechte. **Berechtigte Interessen** sind die aus der Sachlage sich ergebenden Interessen. Die maßgebl. Sachlage ist eine die vertragl. Vereinb. umfassende Lebenswirklichkeit. Abgewogen werden können nur die mit der Eingehung des Vertrags und seiner weiteren Durchführung in berechtigtem Zusammenhang stehenden Interessen (DDZ/*Deinert* Rn. 65: Bezug zum ArbVerh.). Die tatbestandl. korrekte Interessenabwägung ist damit die Gewichtung der in den Tatbestandsmerkmalen

enthaltenen widerstreitenden Interessen der Parteien, und zwar bezogen auf das Ziel der Verwirklichung des Vertragszwecks (so a. SPV/*Preis* Rn. 894). Der „Kündigungstatbestand" geht wegen der Anknüpfung an die Störung vom subj. Vertragsrecht aus. Je enger ein Vertrag von den Parteien inhaltl. gefasst wird, umso weniger Kriterien stehen für eine Abwägung zur Vfg. (s. *Ascheid* Rn. 209 ff.). Es lassen sich drei Bereiche unterscheiden: Das Vertragseingehungs-, das Vertragsdurchführungs- und das Vertragsbeendigungsinteresse.

Die gegenseitigen Interessen können bereits bei Vertragsabschluss widerstreitend bestimmt gewesen sein, **Eingehungsinteresse**. Wer ein Genie, das in seiner bisherigen Stellung genial aber nicht stetig gearbeitet hat, aus einer sicheren Stellung abgeworben hat, wird bei einer Abwägung hinzunehmen haben, dass die Arbeiten nicht mit der Gleichförmigkeit von Buchhaltungsaufgaben erledigt werden. Kommt es in einem derartigen Fall nach einem Jahr zu einer Kündigung, wird sich das Beendigungsinteresse des AG an seinem „Abwerbungsinteresse" und dem daraus folgenden Eingehungsinteresse des Gekündigten messen lassen müssen. 85

Der AG, der einen AN einstellt, wird idR davon ausgehen, er könne mit ihm den Vertrag durchführen, **Durchführungsinteresse**. Kommt es zu Störungen, kann sich im Hinblick auf diese Zielvorstellung die bisherige Durchführung des Vertrags iSd. Erreichung des Vertragszwecks unterschiedl. darstellen. Sie kann charakterisiert sein durch ein jahrelanges störungsfreies, durch ein in Phasen immer wieder störendes oder durch ein mehr oder weniger dauerstörendes Verhalten des AN. Wenn die Frage der Weiterbeschäftigung geprüft werden muss, kann das nur in Bezug auf Dauer, Art und Verlauf der bisherigen Beschäftigung erfolgen (BAG 10.3.1977 NJW 1977, 2132; 15.2.1984 NZA 1984, 86; *Preis* Prinzipien S. 225). Je geringer die bisherigen Störungen waren, desto weniger ist das Durchführungsinteresse des AG durch den AN belastet. Bei der Gewichtung der bisherigen Störungen könnte die familiäre Situation des AN im Hinblick auf die Wertung in § 616 BGB eine Rolle spielen (s. *Preis* Prinzipien S. 232), wenn die Störung im Zusammenhang mit der Wahrnehmung von Unterhaltspflichten erfolgte (zB Fehlen wegen Erkrankung eines Kindes), selbst wenn die Voraussetzungen des § 616 BGB noch nicht erreicht sind. 86

Der Befürchtung der Vertragszielgefährdung durch den AG, **Beendigungsinteresse**, steht praktisch immer das Vertragsfortführungsinteresse des AN ggü., dokumentiert durch die Klageerhebung. Ein zu beachtendes Beendigungsinteresse des AG liegt vor, wenn das Durchführungsinteresse das Eingehungsinteresse überwiegt. Je geringer das Eingehungsinteresse war, umso größer der Wert des Beendigungsinteresses, insb. bei nicht lang dauernden Vertragsbeziehungen. 87

Abstrakt kaum lösbar ist die Gewichtung der widerstreitenden Interessenlagen, wenn eine eindeutige Ausrichtung nicht feststellbar ist (s. *Ascheid* Rn. 214). In derartigen Sachverhalten kann nicht danach entschieden werden, ob durch die Störungshandlung ein weiterer Schaden durch eine „konkrete Beeinträchtigung" entstanden ist. Entscheidend ist vielmehr der genaue **Arbeitsvertragsinhalt**. Ist die Tätigkeit des AN mehr handlungs- als erfolgsbezogen, kann zur Wertung der zukünftigen Gefährdung des Vertragszwecks nicht entscheidend darauf abgestellt werden, die Nichthandlung habe keine Folgen gehabt (*Ascheid* Rn. 215). War die Tätigkeit rein erfolgsbestimmt, kann sich die Situation völlig anders darstellen. 88

Bietet sich trotz genauer Ausleuchtung der widerstreitenden Interessen keine Lösung an, erscheint es vertretbar, zugunsten dessen zu entscheiden, der durch die Maßnahme, sei es nun die Bestätigung der Kündigung oder die Unwirksamkeitsfeststellung, unverhältnismäßig betroffen wird (s. dazu *Preis* Prinzipien S. 252, 254 ff.). Eine so verstandene Abwägung ist die Berücksichtigung der dem Vertrag zugrunde liegenden Lebenswirklichkeit. Was weder iRd. Vertragsgrdl. noch in einzelnen Punkten im Vertrag selbst zum Ausdruck kommt, kann nicht abgewogen werden. Das Erg. einer solchen „Interessenabwägung" kann nicht am Ende der „an sich" berechtigten Kündigung stehen und den Kündigungsgrund wieder beseitigen. Es ist untrennbar mit dem Kündigungsgrund verbunden. 89

VI. Gleichbehandlungsgrundsatz, Diskriminierungsschutz

Verbreitet wird die Auff. vertreten, der Gleichbehandlungsgrds. sei im Kündigungsrecht nicht anwendbar (BAG 21.10.1969 NJW 1970, 486; 28.4.1982 NJW 1982, 2687; HHL/*Krause* Rn. 248; krit. DDZ/*Deinert* Rn. 68; KR/*Griebeling/Rachor* Rn. 233 f.; **aA** für betriebsbedingte Kündigung: SPV/*Preis* Rn. 250). Hierbei ist jedoch zu diff. Es steht dem AG frei, einem AN zu kündigen oder nicht. Die Frage, ob ein Kündigungsgrund vorliegt, ist bei Klage des AN im Kündigungsschutzprozess unter Berücksichtigung der Besonderheiten des Einzelfalls zu entscheiden. Auf Grund früherer Kündigungen darf nicht etwa ein Katalog des „Kündigungsverhaltens des AG" aufgestellt werden und es wäre nicht zulässig, neue Kündigungen daraufhin zu überprüfen, ob der AG bei Störungen anderer AN „gleich" verfahren ist. Zur Änderungskündigung s. § 2 Rn. 48. Die Situation ist aber anders, wenn zeitl. zusammen mehrere AN sich gleichartig störend bei völliger **Gleichartigkeit der Störungen** und ihrer arbeitsvertragl. Vorgeschichte verhalten. Kündigt der AG nicht allen, hat er darzulegen, warum er bei den Gekündigten das Verhalten als kündigungsrelevant erachtet hat, bei den anderen hingegen nicht (s. a. BAG 28.4.1982 NJW 1982, 2687; LAG HE 19.12.2011 BeckRS 2012, 68300; SPV/*Preis* Rn. 252 f.). Der AG könnte sich zB darauf berufen, er sei dringend auf die weitere Mitarbeit mind. einer der Störer 90 angewiesen. IdS hat der BGH eine mittelbare Drittwirkung des allg. Gleichheitssatzes (Art. 3 I GG) jdf. dann als Kündigungsschranke erwogen, wenn zwischen zwei Privatrechtssubjekten ein soziales Machtverhältnis besteht (BGH 15.1.2013 NJW 2013, 1519 Rn. 27).

90a Nach **§ 2 I Nr. 2 AGG** ist der AN auch davor geschützt, dass er bei der Beendigung des ArbVerh. unmittelbar oder mittelbar wegen eines in § 1 AGG genannten Merkmals benachteiligt wird. Maßnahmen des AG, die hiergegen verstoßen, sind unwirksam (§ 7 I AGG) und verpflichten nach § 15 I und II AGG zum Ersatz des materiellen Schadens und ggf. zu einer Entschädigung. Für Kündigungen soll dies nach § 2 IV AGG jedoch nicht gelten; anzuwenden sind danach ausschl. die Bestimmungen zum allg. und bes. Kündigungsschutz. Umstr. ist die Vereinbarkeit dieser Regelung mit dem EU-Recht (s. AGG § 2 Rn. 17 f.). Wird dies bejaht, so ist dem aus § 2 I Nr. 2 AGG iVm. § 1 AGG folgenden Verbot diskriminierender Kündigungen iRd. § 1 ggf. mittels einer richtlinienkonformen Auslegung Rechnung zu tragen (BAG 6.11.2008 NZA 2009, 361 Rn. 34 ff.; 5.11.2009 NZA 2010, 457 Rn. 24; 20.6.2013 NZA 2014, 208 Rn. 36; 23.7.2015 NZA 2015, 1380 Rn. 40; s. a. AGG § 2 Rn. 18); außerhalb des Anwendungsbereichs von § 1, also insb. vor Ablauf der Wartezeit, steht § 2 IV AGG einer Nichtigkeit der Kündigung nach § 134 BGB iVm. § 7 I AGG nicht entgegen (BAG 19.12.2013 NZA 2014, 372 Rn. 16 ff.; 26.3.2015 NZA 2015, 734 Rn. 32; 23.7.2015 NZA 2015, 1380 Rn. 23). Ist danach eine Kündigung rechtsunwirksam, kann dies den AG auch nach § 280 I BGB zum **Schadensersatz** verpflichten (s. Rn. 8); ferner kann die Kündigung als Verletzung des allg. Persönlichkeitsrechts zu werten und über Art. 1 GG iVm. Art. 2 I GG ein **Nichtvermögensschaden** auszugleichen sein (s. *Mohr* ZfA 2007, 361, 370 f.), sofern dieser nicht – wie vom BAG befürwortet – (verschuldensunabhängig) unmittelbar auf § 15 II AGG gestützt wird (BAG 19.12.2013 NZA 2014, 372 Rn. 36 ff.; **aA** *Bauer* FS v. Hoyningen-Huene 2014 S. 29, 39 f.; s. a. AGG § 2 Rn. 18 aE). Das gilt nach im Vordringen befasster Auffassung auch, wenn die Kündigung wegen § 2 IV AGG nicht dem AGG unterliegt (s. LAG B 16.9.2015 BeckRS 2015, 71755). Zum Einfluss des AGG auf die Sozialauswahl s. Rn. 332, 347.

VII. Beurteilungszeitpunkt

91 Maßgebend für die Beurteilung der Sozialwidrigkeit der ordentl. Kündigung ist die **obj. Sachlage zum Zpkt. des Zugangs der Kündigungserkl.** (stRspr. BAG 13.2.2008 NZA 2008, 821 Rn. 20; 24.3.2011 NZA 2011, 1084 Rn. 17; 16.2.2012 NZA-RR 2012, 465 Rn. 40; 17.2.2016 BeckRS 2016, 67744 Rn. 26 sowie BGB § 620 Rn. 16). Es kommt auf die Tatsachen an, die zu diesem Zpkt. vorlagen. Nicht entscheidend sind subj. Erwägungen des kündigenden AG (BAG 2.6.1960 AP BGB § 626 Nr. 42).

92 Kannte der Kündigende bei Zugang der Kündigungserkl. schon vorliegende Tatsachen nicht, können diese zur Rechtfertigung der bereits erklärten Kündigung unter kündigungsschutzrechtl. Gesichtspunkten uneingeschränkt nachgeschoben werden (BAG 11.4.1985 NZA 1986, 674; KR/*Griebeling/Rachor* Rn. 243). Zu der Problematik, dass zu diesen ein BR oder PR von dem AG vor Ausspruch der Kündigung zwangsläufig nicht angehört worden ist, s. BetrVG § 102 Rn. 27. Treten nach Zugang der Kündigungserkl. neue Tatsachen auf, die einen eigenständigen Kündigungsgrund bilden, können sie für die Rechtfertigung der bereits erklärten Kündigung nicht als Kündigungsgrund herangezogen werden, jedoch eine erneute Kündigung rechtfertigen (KR/*Griebeling/Rachor* Rn. 246 f.).

93 Tragend können auch Tatsachen sein, die **vor Begr. des ArbVerh.** liegen, sofern diese dem AG bei Abschluss des Arbeitsvertrags nicht bekannt waren und sich bei Zugang der Kündigungserkl. noch störend auf die Durchführung des ArbVerh. auswirken (BAG 17.8.1972 AP BGB § 626 Nr. 65; HHL/*Krause* Rn. 252).

94 Da das KSchG bei der personen- und der verhaltensbedingten Kündigung vom **Prognoseprinzip** bestimmt ist (s. Rn. 78), soll in Fällen, in denen eine Prognose, die zum Zpkt. des Zugangs der Kündigung auf den Zpkt. des Beendigungstermins abgestellt war, sich als unrichtig erweist, ein **Wiedereinstellungsanspruch** des gekündigten AN in Betracht kommen (s. näher BGB § 611 Rn. 322 ff.).

VIII. Mehrere Kündigungssachverhalte

95 Nach § 1 II kann eine ordentl. Kündigung aus drei Gründen sozial gerechtfertigt sein. Sie muss einem dieser Gründe zugeordnet werden können (BAG 17.5.1984 NZA 1985, 489, 490; HHL/*Krause* Rn. 281; SPV/*Preis* Rn. 896). Liegen **völlig verschiedene Lebenssachverhalte** vor, die verschiedenen Kündigungsgründen zuzuordnen sind, aus denen bei einer Kündigung, die der AG nicht begründen muss, die soziale Rechtfertigung hergeleitet werden könnte (Arbeitskräfteüberhang seit 1. 5., Beleidigungen des AN am 29. 4., lange Krankheit seit 2. 5.), ist die Kündigung getrennt unter Zugrundelegung eines jeden dieser Sachverhalte zu beurteilen, sog. Doppeltatbestand (HHL/*Krause* Rn. 282; KR/*Griebeling/Rachor* Rn. 259; SPV/*Preis* Rn. 898; **aA** BAG 21.11.1985 NZA 1986, 713; 6.11.1997 NZA 1998, 143, 144: Kündigungsgrund muss ausschl. einem der drei Gründe zugeordnet werden). Reicht keiner dieser Sachverhalte aus, kann auch nicht im Wege einer „einheitl. Betrachtungsweise" geprüft werden, ob die einzelnen Gründe in ihrer Gesamtheit eine Kündigung als angemessen erscheinen lassen

(HHL/*Krause* Rn. 283 ff.; *Rüthers/Henssler* ZfA 1988, 31, 33; SPV/*Preis* Rn. 897 f.; **aA** BAG 22.7.1982 NJW 1983, 700). Dass bei Mischtatbeständen der Kündigungsgrund ausschl. einem der Kündigungsgründe zugeordnet werden soll, wofür das G zwgd. nichts hergibt, führt zu dogmatisch nicht zu bewältigenden Erg. (s. BAG 6.11.1997 NZA 1998, 143, 144: bei Sozialauswahl keine Vergleichbarkeit wegen Krankheit; s. a. HK/*Dorndorf* Rn. 236 ff.).

Das ist auch dann nicht anders, wenn ein **einziger Lebenssachverhalt** vorliegt, der mehreren Kündigungsgründen zugeordnet werden könnte (wie hier *Rüthers/Henssler* ZfA 1988, 31, 33; SPV/*Preis* Rn. 897). Es ist jeder Grund für sich auf seine Geeignetheit zu prüfen und nicht nur der, aus dem die Störung in erster Linie herrührt (anders BAG 17.5.1984 NZA 1985, 489, 490; 21.11.1985 NZA 1986, 713; 13.3.1987 NZA 1987, 629, 631 f.; HHL/*Krause* Rn. 291 f.; **aA** KR/*Griebeling/Rachor* Rn. 255). Hierbei können zB Defizite eines personenbedingten Grundes nicht mit Defiziten eines verhaltensbedingten Grundes zu einem vollwertigen Kündigungsgrund addiert werden. 96

Gehen einer Kündigung hingegen mehrere Sachverhalte voraus, die nur einem Kündigungsgrund zugeordnet werden können (Beleidigung am 1. 2., unentschuldigtes Fehlen am 15. 2., Beleidigung am 2. 4.), ist – auch – zu prüfen, ob die Sachverhalte in ihrer Gesamtheit eine Auflösung des ArbVerh. rechtfertigen (s. a. KR/*Griebeling/Rachor* Rn. 259). Die Rspr. beachtet dies zB bei § 626 BGB im Zusammenhang mit der Frage, ob nach § 626 II BGB verfristete Gründe zur Rechtfertigung der Kündigung mit herangezogen werden können, wenn sie Glieder einer Störungskette sind (s. BGB § 626 Rn. 215). 97

D. Gründe in der Person des Arbeitnehmers

I. Allgemeines

1. Einführung. Nach § 1 II ist eine ordentl. Kündigung ua. sozial ungerechtfertigt, wenn sie nicht durch Gründe, die in der Person des AN liegen, bedingt ist (s. a. *Berkowsky* NZA-RR 2001, 393 und 449). Liegen derartige Gründe vor, so ist die Kündigung gleichwohl sozial ungerechtfertigt, wenn der AN auf einem anderen Arbeitsplatz in demselben Betrieb oder in einem anderen Betrieb des Unternehmens weiterbeschäftigt werden kann (§ 1 II 2 Nr. 1b; s. Rn. 106) oder die Weiterbeschäftigung nach zumutbaren Umschulungs- oder Fortbildungsmaßnahmen oder unter geänd. Arbeitsbedingungen mögl. ist und der AN sein Einverständnis hiermit erklärt hat (§ 1 II 2 und 3). AuswahlRL (s. § 1 II 2 Nr. 1a) nach § 95 BetrVG sind bei Gründen in der Person des AN ohne Bedeutung. Diese dienen dazu, von mehreren für eine Kündigung in Frage kommenden AN bestimmte AN zu ermitteln, was bei der **personenbedingten Kündigung** nicht denkbar ist. Diese knüpft bereits allein an diejenige Person an, der gekündigt werden soll, so dass kein Konkurrenzverhältnis zu anderen AN besteht (*Weller* RdA 1996, 222, 225). Eine Sozialauswahl nach § 1 III bis V findet nach dem Wortlaut dieser Vorschr. nur bei betriebsbedingten Kündigungen statt und wäre auch sinnwidrig, da eine Sozialauswahl das unternehmerische Ziel, die Störung zu beseitigen, nicht erreichen kann. 98

In Abgrenzung zu den Gründen in dem Verhalten des AN erfasst die personenbedingte Kündigung diejenigen Fälle, bei denen den AN kein Verschulden im Sinn einer negativen Vorwerfbarkeit (s. Rn. 188) trifft. Voraussetzung für eine personenbedingte Kündigung ist, dass der AN auf Grund **pers. Fähigkeiten, Eigenschaften oder nicht vorwerfbarer Einstellungen** nicht mehr in der Lage ist, künftig eine vertragsgerechte Leistung zu erbringen (BAG 18.1.2007 NZA 2007, 680 Rn. 15; 8.9.2011 NZA 2012, 444 Rn. 17; 20.6.2013 NZA 2013, 1345 Rn. 14; 10.4.2014 NZA 2014, 653 Rn. 26). Der Grund hierfür liegt allein in der Sphäre des AN bzw. seinen pers. Verhältnissen oder Eigenschaften (BAG 24.2.2005 NZA 2005, 759, 760; 24.3.2011 NZA 2011, 1084 Rn. 13). 99

In der Praxis ist die **Erkrankung** der häufigste Sachverhalt einer personenbedingten Kündigung. Dieser Kündigungsgrund wird deshalb unter Berücksichtigung seiner spezifischen Schwierigkeiten bes. dargestellt (s. Rn. 110 ff.). Es sind jedoch nicht nur Krankheitsfälle, die Praxis und Rspr. vor Schwierigkeiten stellen. Deshalb ist, schon im Hinblick auf die notwendige Gewichtung der Vertragsinteressen, auf eine genaue Abgrenzung zu achten. Wird es durch eine organisatorische Maßnahme (Zusammenlegung von zwei Abt.) einem AN wegen Krankheit (Lärmempfindlichkeit) unmögl., die geschuldete Leistung zu erbringen, kann ihm personenbedingt gekündigt werden (**aA** BAG 6.11.1997 NZA 1998, 143: nur betriebsbedingt mit „Hilfs"-Interessenabwägung). Das schließt nicht aus, eine derartige Kündigung im Zusammenhang mit der Auslegung eines Sozialplans als betriebsbedingt zu qualifizieren. 100

2. Einteilung der personellen Störfaktoren. Es sind verschiedene **Fallkonstellationen** denkbar, die einer personenbedingten Kündigung zugrunde liegen können. So kann der AN die Leistung nicht mehr erbringen, 101

- weil er die geforderte Leistung aus nicht vorwerfbaren Gründen nicht erbringen *will,*
- weil er die Leistung aus Gründen nicht erbringen *kann,* die auf seinen Willen zurückzuführen sind, oder

– weil er sie aus solchen Gründen nicht erbringen kann, die ihre Ursache nicht in einem Willensentschl. des AN haben (s. *Ascheid* Rn. 351).

101a Die Einteilung ist allerdings nicht iS einer logischen Ableitung, sondern als systematisierende Hilfe zu verstehen. Kann der AN die geschuldete Leistung nur noch tw. erbringen, ist ein personenbedingter Beendigungskündigungsgrund gegeben, wenn ein **tw. Einsatz des AN ausscheidet.**

102 Die Fälle nicht vorwerfbaren Nichtwollens (bei fachl. Können) der Leistungserbringung, Nichtkönnens der Leistungserbringung infolge zurechenbarer Willensentsch. und Nichtkönnens der Leistungserbringung infolge nicht freier Willensbestimmung haben unterschiedl. Auswirkungen insb. bei Feststellung der negativen Prognose (s. Rn. 105) und der Gewichtung der gegenseitigen Vertragsinteressen (s. Rn. 108 f.). Zur ersten Fallgruppe ist zu rechnen die vorsätzl. Verweigerung der Arbeitsleistung infolge eines zu respektierenden Gewissenskonflikts oder wegen der Wahrnehmung als vorrangig erachteter und zu respektierender anderer Pflichten (zB ausl. Wehrdienst). In den Fällen des Nichtkönnens will der AN an sich die geschuldete Leistung erbringen und erhebt keine Einwände gegen den Inhalt der Leistungspflicht. Der Realisierung des Leistungswillens stehen aber **dauernde oder zeitweilige Hindernisse** entgegen, die der Sphäre des AN, wenn auch arbeitsrechtl. nicht schuldhaft vorwerfbar, zuzurechnen sind. Die zweite Fallgruppe umfasst den Bereich der unterlassenen Fortbildung, die schließl. zur Unfähigkeit führt; die dritte Gruppe wird bestimmt durch die Krankheitsfälle.

II. Voraussetzungen

103 **1. Unverschuldete Vertragsstörung und erhebliche Beeinträchtigung betriebl. Interessen.** Eine personenbedingte Kündigung setzt unabdingbar die Nicht- oder Schlechterfüllung der Leistung voraus (zust. BAG 18.1.2007 NZA 2007, 680 Rn. 15; 8.9.2011 NZA 2012, 444 Rn. 17). Wer beanstandungsfrei leistet und eine erfüllungsgemäße Leistung erbringt, die vom AG nicht zurückgewiesen werden darf, dem kann nicht gekündigt werden. Insofern ist der Begriff „krankheitsbedingte Kündigung" irreführend. Es kann niemand „wegen Krankheit" entlassen werden, wenn der AN trotzdem die geschuldete Leistung störungsfrei erbringt.

104 Bei der verhaltensbedingten Kündigung liegt die Störung allein und ausschl. in der Nicht- oder Schlechtleistung. Ob weitere negative Folgen mit der Vertragsstörung verbunden sind, kann erst bei der Gewichtung der gegenseitigen Vertragsinteressen bedeutsam sein. Die personenbedingte Kündigung wäre demggü. unter sozialen Gesichtspunkten unverhältnismäßig, wenn dem Umstand keine Bedeutung beigemessen würde, dass den **AN kein Schuldvorwurf** trifft. Deshalb müssen neben der tats. Nichterbringung der Leistung auch die betriebl. und wirtschaftl. Belange des AG konkret und erhebl. beeinträchtigt werden (BAG 26.9.1991 NZA 1992, 1073, 1076; 20.7.1989 NJW 1990, 597; HHL/*Krause* Rn. 297; SPV/*Preis* Rn. 1222). Diesem Umstand kommt bei einer Erkrankung des AN bes. Gewicht zu.

105 **2. Negative Prognose.** Eine personenbedingte Kündigung ist nur gerechtfertigt, wenn zum Zpkt. des Zugangs der Kündigungserkl. davon auszugehen ist, dass auch nach dem Beendigungstermin mit weiteren Störungen bei der Leistungserbringung zu rechnen ist, wenn das ArbVerh. nicht fristgerecht beendet wird (HHL/*Krause* Rn. 296; SPV/*Preis* Rn. 1224). Der AG hat die Tatsachen darzulegen, die die Kündigung bedingen. Er muss idR substantiiert aufzeigen, welche Störungen bisher aufgetreten sind, und darlegen, mit welchen **Störungen in Zukunft** zu rechnen sein wird. Nur in Ausnahmefällen kommt es auf Leistungsausfälle in der Vergangenheit nicht an. So kann der AG dann kündigen, wenn feststeht, dass der AN ab einem bestimmten Zpkt. die Arbeit nicht mehr erbringen wird (SPV/*Preis* Rn. 1225). Das gilt zB bei Eintritt einer rechtl. Verhinderung, wie der Nichterteilung einer weiteren Arbeitserlaubnis oder der dauernden Erwerbsunfähigkeit. **Weigert sich der AN**, die geschuldete Leistung zu erbringen, ohne das ihn diesbzgl. ein Schuldvorwurf trifft, steht damit die negative Prognose fest (ebenso SPV/*Preis* Rn. 1225). Von dem weiteren – gestörten – Verlauf des ArbVerh. ist auf Grund der Entsch. des AN auszugehen. Es ist zwar nicht auszuschließen, dass sich der urspr. Wille des AN später ändert, der Rechtsverkehr kann aber nicht an diese Unwägbarkeit anknüpfen (*Ascheid* Rn. 352). Tragender Anknüpfungspunkt ist deshalb die ernsthafte Erkl. des AN, die zum Zpkt. der Kündigungserkl. vorliegt.

106 **3. Fehlende Weiterbeschäftigungsmöglichkeit.** Auch und bes. bei der personenbedingten Kündigung darf keine Möglichkeit bestehen, den AN auf einem anderen **freien Arbeitsplatz** weiter zu beschäftigen, bei dem die Mängel entweder gar nicht oder nur unbedeutend zu Tage treten werden (BAG 19.4.2007 NZA 2007, 1041 Rn. 24 f.; 10.6.2010 NZA 2010, 1234 Rn. 15; 24.2.2011 NZA 2011, 1087 Rn. 48; 20.6.2013 NZA 2013, 1345 Rn. 19; 20.11.2014 NZA 2015, 612 Rn. 24; LAG B 2.4.2015 LAGE KSchG § 1 Krankheit Nr. 48; HHL/*Krause* Rn. 298; SES/*Schrader* Rn. 86; SPV/*Preis* Rn. 1228; zur Verteilung der Darlegungslast s. Rn. 181a). Hierbei kommen jedoch nur solche Tätigkeiten in Betracht, die mit der bisherigen gleichwertig oder geringer bewertet sind (BAG 19.4.2007 NZA 2007, 1041 Rn. 25), nicht hingegen sog. Beförderungsstellen (BAG 30.9.2010 NZA 2011, 39 Rn. 20). Zeigt zB ein AN Leistungsmängel als Redakteur, kann eine Weiterbeschäftigung auf einer freien Stelle eines

Nachrichtenredakteurs in Betracht kommen (BAG 16.1.1997 BeckRS 1997, 30368190). Als frei sind alle Arbeitsplätze anzusehen, die zum Zpkt. des Zugangs der Kündigung unbesetzt sind oder die mit Ablauf der Kündigungsfrist frei werden (BAG 20.6.2013 NZA 2013, 1345 Rn. 21; 29.8.2013 NZA-RR 2014, 325 Rn. 17 sowie iÜ § 1 Rn. 250 ff.).

Ist ein AN auf Dauer nicht mehr in der Lage, die geschuldete Arbeit auf seinem bisherigen Arbeitsplatz zu erbringen, könnte er aber auf einem leidensgerechten Platz arbeiten, hat der AG einen anderen geeigneten Arbeitsplatz freizumachen, wenn er durch Ausübung des Direktionsrechts hierzu in der Lage ist (BAG 12.7.2007 NZA 2008, 173 Rn. 29; 10.12.2009 NZA 2010, 398 Rn. 18; 30.9.2010 NZA 2011, 39 Rn. 12; 13.5.2015 NZA 2015, 1249 Rn. 34; s. a. § 164 IV 1 Nr. 1 SGB IX [= § 81 IV 1 Nr. 1 SGB IX aF]). Dabei sind jedoch auch die Belange des auf dem besetzten Arbeitsplatz beschäftigten AN zu berücksichtigen (BAG 24.2.2011 NZA 2011, 1087 Rn. 48). Der AG muss sich ggf. auch um die Zust. des BR bemühen. Zu einer weitergehenden Umorganisation oder zur Durchführung eines Zustimmungsersetzungsverfahrens gem. § 99 BetrVG ist er indes nicht verpflichtet (s. BAG 22.9.2005 NZA 2006, 486 Rn. 42). Ebenso scheidet eine entspr. Anwendung von § 1 III aus. Bei fehlenden geeigneten Plätzen findet keine soziale Auswahl zwischen dem kranken AN und einem gesunden AN statt (BAG 29.1.1997 NZA 1997, 709, 710). Der AG ist auch bei einem Arbeitsunfall des AN, der zur Leistungsunfähigkeit geführt hat, nicht verpflichtet, das ArbVerh. nur deshalb fortbestehen zu lassen, weil unvorhersehbar und zufällig ein Arbeitsplatz frei werden könnte, den der AN nach einer Umschulung einnehmen könnte (LAG HM 20.1.2000 LAGE KSchG § 1 Personenbedingte Kündigung Nr. 17). Ist der AN ordentl. nicht kündbar, ist die krankheitsbedingte Leistungsminderung idR kein wichtiger Grund für eine außerordentl. Kündigung (s. a. BGB § 626 Rn. 108 ff.). Der AG muss hier hins. einer mögl. anderweitigen Beschäftigung, insb. bei älteren AN, darlegen, dass es ihm durch organisatorische Maßnahmen (Änd. des Arbeitsablaufs, Umgestaltung des Arbeitsplatzes) nicht mögl. ist, der Leistungsminderung zu begegnen (BAG 12.7.1995 NZA 1995, 1100, 1101). Ist ein **schwerbehinderter AN** nicht mehr in der Lage, seine bisher vertragl. geschuldete Leistung zu erbringen, und steht dem AG ein Arbeitsplatz zur Vfg., den der Schwerbehinderte ausfüllen könnte, ist ihm der Abschluss eines entspr. Arbeitsvertrags zu den betriebsübl. Bedingungen anzubieten (BAG 22.9.2005 NZA 2006, 486 Rn. 25 ff.). Das gilt auch, wenn dies eine Änd. der Arbeitsbedingungen ggf. mittels Änderungskündigung erfordert (BAG 22.9.2005 NZA 2006, 486 Rn. 29; 13.5.2015 NZA 2015, 1249 Rn. 34). Sind die Ausfälle krankheitsbedingt, kommt es darauf an, dass von dem neuen Arbeitsplatz keine Einwirkungen auf die Gesundheit des AN ausgehen (*Ascheid* Rn. 428). 106a

Eine personenbedingte Kündigung wegen einer nur **vorübergehenden Verhinderung des AN** an der Erbringung der Arbeitsleistung kommt nicht in Betracht, solange für den AG **Überbrückungsmaßnahmen** oder vertretbare **Umschulungs- bzw. Fortbildungsmaßnahmen** tragbar sind (BAG 25.11.1982 NJW 1983, 2897; 7.2.1991 NZA 1991, 806, 807; HHL/*Krause* Rn. 306). Als Überbrückungsmaßnahmen kommen die Einstellung von Aushilfskräften, die Durchführung von Mehrarbeit sowie die zeitweilige vertretungsweise Übertragung von Aufgaben in Betracht (s. a. Rn. 131 ff.). 107

III. Gewichtung der Vertragsinteressen

Wird die Leistung ohne vorwerfbares Verhalten nicht oder nicht ordnungsgemäß erbracht, sind vor einer ordentl. Kündigung die gegenseitigen Vertragsinteressen abzuwägen. Es ist ggü. dem Interesse des AN, seinen Arbeitsplatz zu behalten **(Bestandsinteresse)**, zu prüfen, ob die Störung des ArbVerh. so gewichtig ist, dass die erhebl. betriebl. und wirtschaftl. Interessen des AG **(Beendigungsinteresse)** überwiegen (BAG 5.7.1990 NZA 1991, 185, 187 f.; 7.2.1990 NZA 1991, 341, 346). Anknüpfungspunkte für die Abwägung sind nur solche Umstände, die im **Zusammenhang mit dem ArbVerh.** stehen (BAG 6.9.1989 NZA 1990, 434, 435; HHL/*Krause* Rn. 309; MüKoBGB/*Hergenröder* Rn. 134; SPV/*Preis* Rn. 1230; *Oetker* Anm. EzA KSchG § 1 Krankheit Nr. 28; *Schwerdtner* DB 1990, 375). 108

Auf **Seiten des AN** zählen hierzu: Alter; Betriebszugehörigkeit iVm. der Zeit, in der das ArbVerh. störungsfrei verlaufen ist; Ursache der fehlenden Eignung. Ein AN, der 20 Jahre störungsfrei gearbeitet hat und infolge langsam einsetzender Sehschwäche nicht mehr so leistungsfähig ist, erscheint schutzwürdiger als einer, dem infolge einer privaten Trunkenheitsfahrt die Fahrerlaubnis entzogen worden ist (BAG 30.5.1978 NJW 1979, 332). Auf **Seiten des AG** findet die Schwere der betriebl. Beeinträchtigungen sowie der Umf. der störungsfreien Zeit des ArbVerh. Beachtung. Sind sowohl betriebl. als auch bes. personenbezogene Umstände (erhöhte Reizbarkeit des Bronchialsystems) für die Erkrankungen ursächl., ist es je nach der konkreten Fallgestaltung mögl., einer Ursachenquelle kein ausschlaggebendes Gewicht zuzuerkennen (BAG 5.7.1990 NZA 1991, 185, 187). Nach der Rspr. sind bei einer krankheitsbedingten Kündigung iRd. Gewichtung der gegenseitigen Interessen stets die **Schwerbehinderung** und die **Unterhaltspflichten** des AN mit zu berücksichtigen (s. va. BAG 16.2.1989 NZA 1989, 923; 20.1.2000 NZA 2000, 768, 770 f.; **aA** zB SPV/*Preis* Rn. 1230 f.). Die iRd. Abwägung nochmals vorzunehmende Prüfung von Überbrückungsmaßnahmen kann sich nur darauf erstrecken, ob gerade die Besonderheiten des zu beurteilenden Einzelfalls Maßnahmen des AG rechtfertigen, die über das übl. Maß hinausgehen. 109

IV. Krankheit

110 **1. Allgemeines.** Da Krankheit als solche **kein Kündigungsgrund** ist (s. Rn. 103), wird sie kündigungsrechtl. erst relevant, wenn von ihr störende Auswirkungen auf das ArbVerh. ausgehen. Insofern kann sie eine Kündigung sozial rechtfertigen. Umgekehrt bewirkt die Krankheit als solche **keine Kündigungssperre.** Der Zugang einer Kündigungserkl. während einer Krankheit führt, abgesehen von krassen Ausnahmefällen (Kündigung zur Unzeit), nicht zu deren Unwirksamkeit (KDZ/*Deinert* Rn. 92).

111 Bei einem **krankheitsbedingten Nichtleisten** wird zu Recht auf eine Störung iwS abgestellt. Das erfordert der soziale Schutzzweck des KSchG (stRspr. seit BAG 12.3.1968 NJW 1968, 1693). Die Störungen können so gelagert sein, dass der AN die geschuldete Leistung überhaupt nicht mehr wird erbringen können (s. Rn. 127), er für längere Zeit an der ordnungsgemäßen Leistungserbringung verhindert ist (s. Rn. 129) oder seine krankheitsbedingten Leistungsausfälle zwar kurz sind, sich aber häufig wiederholen (s. Rn. 138). Die Rspr. hat Kriterien herausgearbeitet, die einen Ausgleich schaffen sollen zwischen dem Interesse des infolge Krankheit bes. schutzbedürftigen AN, seinen Arbeitsplatz nicht zu verlieren, und dem des AG, betriebl. oder wirtschaftl. Störungen nicht länger hinnehmen zu müssen.

112 Bei allen sog. Krankheitsfällen kommt es nicht darauf an, dass der Anknüpfungspunkt „Krankheit" im Prozess genau festgestellt wird. Unter einer **Krankheit im medizinischen Sinn** wird nach dem derzeitigen Erkenntnisstand der Wiss. ein ärztl. diagnostizierbarer, nach außen in Erscheinung tretender, auf die Funktionstauglichkeit abgestellter Körper- oder Geisteszustand verstanden, der idR durch eine ärztl. Heilbehandlung behoben, gelindert oder zumindest vor einer drohenden Verschlimmerung bewahrt werden kann. Regelwidrig ist ein derartiger körperl. oder geistiger Zustand, wenn er nach allg. Erfahrung unter Berücksichtigung eines natürl. Verlaufs des Lebensgangs nicht bei jedem anderen Menschen gleichen Alters oder Geschlechts zu erwarten ist (so *Lepke* Rn. 76). Ein AG, der weder weiß, aus welchen Gründen der AN fehlt, der nur auf das insoweit inhaltsleere Attest angewiesen und rechtl. nicht in der Lage ist, den AN zu einer Begutachtung zu zwingen, ist zu einem solchen substantiierten Vortrag überhaupt nicht in der Lage (s. *Ascheid* Rn. 380). Es kommt kündigungsrechtl. allein darauf an, dass feststeht, dass der AN aus nicht vorwerfbaren Gründen in seiner Person, die ihm psychisch oder physisch verwehren, die Leistung ordnungsgemäß zu erbringen, gehindert ist (BAG 6.10.1959 NJW 1960, 215; 25.6.1981 NJW 1982, 712).

113 Bei einer **Leistungsstörung** infolge Krankheit zeigt sich, dass der AN nicht dafür bestraft wird, dass er in der Vergangenheit seine Arbeitsleistung nicht erbracht hat, sondern dass allein maßgebl. ist, dass das ArbVerh. in Zukunft nicht störungsfrei verlaufen wird. Es kommt daher der negativen Prognose eine bes. Bedeutung zu (s. Rn. 114 ff.). Weitere Schwierigkeiten ergeben sich im Hinblick auf die Darlegungslast, da die Parteien oft selbst keine sichere Aussage über die Entwicklung in der Zukunft machen können. Dem personenbedingten Kündigungsgrund nicht zuzurechnen ist das störende Verhalten des AN, das unter dem Vorwand einer Erkrankung gezeigt wird. Deshalb ist das **Vortäuschen einer Krankheit** ein verhaltensbedingter Kündigungsgrund (s. BGB § 626 Rn. 156 f.).

114 **2. Negative Prognose.** Zum Kündigungsgrund gehört die auf Grund obj. Umstände festzustellende Tatsache, dass nach dem Beendigungstermin mit weiteren krankheitsbedingten Störungen im Hinblick auf die vom AN geschuldete Arbeitsleistung zu rechnen ist (HHL/*Krause* Rn. 361; krit. *Kasper* NJW 1994, 2979). Von einer negativen Prognose kann bei einer Langzeiterkrankung nicht ausgegangen werden, wenn vor Zugang der Kündigungserkl. bereits ein Kausalverlauf in Gang gesetzt wurde, der entgegen der Ansicht des den AN behandelnden Arztes die Wiederherstellung der Arbeitsfähigkeit in absehbarer Zeit als sicher oder zumindest mögl. erscheinen lässt (BAG 21.2.2001 NZA 2001, 1071, 1072 f.). Dies kann auch der Fall sein, wenn der AG ggü. der Krankenkasse die Möglichkeit einer stufenweisen Wiedereingliederung bejaht (LAG SH 9.9.2009 LAGE KSchG § 1 Krankheit Nr. 45). Entspr. gilt, wenn die krankheitsbedingten Ausfallzeiten in den Jahren vor Zugang der Kündigungserkl. eine fallende Tendenz aufweisen (BAG 23.1.2014 NZA 2014, 962 Rn. 32). Aus der Sicht des AG ist im Hinblick auf seine Darlegungslast zu unterscheiden, ob er hinreichende Kenntnis von der Störursache hat (a; s. Rn. 119 ff.) oder ob ihm die störende Krankheitsursache unbekannt ist (b; s. Rn. 121 ff.). Der für die Prognose maßgebl. Zpkt. ist der Zugang der Kündigungserkl. (BAG 7.11.2002 AP KSchG 1969 § 1 Krankheit Nr. 40; *Lepke* Rn. 142 ff.; im Grds. a. BAG 23.1.2014 NZA 2014, 962 Rn. 32). Grdl. für die Prognose sind obj. (medizinisch) begründbare Tatsachen, nicht hingegen die subj. Einschätzung des AN (LAG M 29.11.2007 LAGE KSchG § 1 Krankheit Nr. 41).

115 Treten nach Erkl. der Kündigung **neue Tatsachen** ein, können diese die vorher erstellte Prognose nicht beeinträchtigen. Ihre **nachträgl. Korrektur durch einen neuen Sachverhalt** ist nicht mögl. (BAG 29.4.1999 NZA 1999, 978, 980 f.; 7.11.2002 AP KSchG 1969 § 1 Krankheit Nr. 40). Allenfalls zur Bestätigung einer urspr. Prognose können spätere Entwicklungen berücksichtigt werden (BAG 23.1.2014 NZA 2014, 962 Rn. 32). Neue Tatsachen liegen nicht nur vor, wenn sich die obj. Lebenswirklichkeit ändert. Die Änd. der subj. Einstellung des AN steht dem gleich. War dieser vor der Kündigung nicht bereit, sich einer ärztl. Behandlung oder einer Kur zu unterziehen, trägt die frühere

negative Prognose die Kündigung selbst dann, wenn er nach Erkl. der Kündigung mit einer Behandlung einverstanden ist (BAG 7.11.2002 AP KSchG 1969 § 1 Krankheit Nr. 40) oder erst jetzt seine gesundheitsgefährdende Lebenseinstellung ändert (BAG 5.7.1990 NZA 1991, 185, 186). Auch ein **Wiedereinstellungsanspruch** kommt jdf. dann nicht in Betracht, wenn eine überraschende grdl. Besserung des Gesundheitszustandes erst lange nach der wirksamen Beendigung des ArbVerh. eingetreten ist oder die neu eingetretenen Umstände auf einem neuen Kausalverlauf beruhen (BAG 27.6.2001 NZA 2001, 1135, 1136; 7.11.2002 AP KSchG 1969 § 1 Krankheit Nr. 40; s. a. BGB § 611 Rn. 323 ff. u. *Lepke* Rn. 703 ff.; abl. AR/*Kaiser* Rn. 78).

Die **ärztl. Untersuchung** hat dem jeweiligen Stand der Wiss. zu entsprechen. Erfolgte diese fehlerhaft und führt eine spätere Begutachtung, gestützt auf Tatsachen im Zpkt. vor Erkl. der Kündigung, nach korrekter Untersuchung zu einem abw., für den AN günstigen Erg., stand zum Zpkt. der Kündigungserkl. die negative Prognose nicht fest (BAG 21.2.2001 NZA 2001, 1071, 1072; *Ascheid* Beweislast S. 90). Bei der Prognose kommt es maßgebl. darauf an, welche Fehlzeiten in Zukunft zu erwarten sind (Fehlzeitenprognose). Dabei ist es unerhebl., ob die Krankheit als solche richtig diagnostiziert worden ist, wenn jdf. der Ausfall der arbeitsvertragl. geschuldeten Arbeitsleistung zutr. prognostiziert worden ist (LAG HM 24.6.1999 LAGE KSchG § 1 Krankheit Nr. 29). 116

Es ist zu unterscheiden zwischen den Tatsachen, die der Prognose zu Grunde liegen, und der Prognose selbst, also den Schlüssen, die aus diesen vor der Kündigungserkl. liegenden Tatsachen für die Zukunft zu ziehen sind. Würde für eine negative Prognose eine naturwiss. belegte Sicherheit verlangt, wäre sie bei dem menschl. Erkenntnisstand nie zu erbringen. Da niemand die Zukunft voraussehen kann, reicht es für die Prognose aus, dass unter Berücksichtigung der zum Zpkt. ihrer Erstellung obj. vorhandenen Tatsachen nach fachl. Erkenntnisstand davon ausgegangen werden kann, für die Zukunft verbleibe es bei der dem AG ungünstigen Sachlage der Nichtleistungserbringung. Die Rspr. bringt das durch den Begriff der „Besorgnis" zum Ausdruck und formuliert, es müssten obj. Tatsachen vorliegen, die die ernste Besorgnis weiterer Erkrankungen rechtfertigten (stRspr. seit BAG 10.3.1977 NJW 1977, 2132). 117

Diese Gegebenheit darf nicht verwechselt werden mit der Frage, mit welchen Tatsachen bei Unklarheiten über das Vorliegen der früheren Tatsachen Beweis zu führen ist. Der Gesichtspunkt, dass im Kündigungsschutzprozess bei der personen- und verhaltensbedingten Kündigung auf eine Prognose abzustellen ist, die vor Abgabe der Kündigungserkl. zu erstellen war, führt nicht zu **Beweisverwertungsverboten**, soweit mit späteren Tatsachen die Richtigkeit oder Falschheit der früheren Prognose erwiesen werden soll. Es darf nur nicht im Prozess mit neuen Tatsachen eine neue Prognose erstellt werden. Die Richtigkeit der ex-ante-Sicht ist maßgebend. Eine früher korrekt erstellte Prognose kann also nicht allein auf Grund des tats. Verlaufs einer Erkrankung korrigiert werden (BAG 15.8.1984 NZA 1985, 357, 358 gegen 10.11.1983 NJW 1984, 1417). 118

a) Bekannte Störursache. Eine für eine Kündigung ausreichend relevante Kenntnis des AG von der Störungsursache liegt vor, wenn der AN die Krankheitsursache und ihren weiteren Verlauf umfassend mitgeteilt hat. Bleibt zwischen den Parteien str., ab wann der AN wieder leistungsfähig sein wird, ist es ratsam, vor einer Kündigung eine **ärztl. Begutachtung** durchzuführen. Lässt sich die Diagnose erst nach Durchführung einer Heilbehandlung oder Kur erstellen, so sollte der AG mit der Kündigung das Ende der Behandlung oder der Kur abwarten. Sind Arbeitsausfälle jedoch kontinuierl. seit vielen Jahren wegen verschiedener schwerwiegender Krankheiten mit hohen Fehlzeiten aufgetreten und war schon eine Kurmaßnahme erfolglos geblieben, kann der AG von einer negativen Prognose ausgehen, auch wenn der AN erklärt, er werde nochmals eine Kur antreten. Das wäre nur dann anders, wenn auf Grund bes. Darlegungen des AN davon ausgegangen werden könnte, welche Krankheiten durch eine im Zpkt. des Zugangs der Kündigung bewilligte weitere ärztl. Maßnahme sich günstig mit welchen Auswirkungen verändern würden (BAG 12.12.1996 EzA KSchG § 1 Krankheit Nr. 41). 119

Eine Kenntnis des AG von der Störungsursache kann vorliegen, wenn vor einer Kündigung eine ärztl. Untersuchung durchgeführt worden ist. Hat der Arzt hierbei festgestellt, der AN werde in Zukunft infolge einer Erkrankung im bisherigen Umf. Leistungsstörungen verursachen, so ist von einer **negativen Prognose** auszugehen. Liegt eine gutachterl. Stellungn. vor, wonach der AN die geschuldete Leistung nicht erbringen kann, teilt der Arzt allerdings nicht die zugrunde liegende Ursache mit, weil er insoweit nicht von der Schweigepflicht entbunden wurde, kommt es nicht darauf an, auf Grund welcher Krankheit die Leistungsunfähigkeit besteht. Es ist daher unerhebl., wenn der AN erst später im Prozess den Arzt, der ihn untersucht hat, von der Schweigepflicht entbindet (BAG 6.2.1992 BeckRS 1992, 30740083). 120

b) Unbekannte Störursache. Kennt der AG die krankheitsbedingten Ursachen nicht, die zur Leistungsstörung führen, und gibt der AN außer Vorlage des ärztl. Attestes keine weiteren Auskünfte, kann der AG den Schluss ziehen, die Nichterbringung der Arbeitsleistung gehe jdf. nicht auf einen steuerbaren Willen des AN zurück. Entgegen früherer Rspr. (BAG 12.3.1968 NJW 1968, 1693; bei lang anhaltender Krankheit noch 22.2.1980 NJW 1981, 298) ist der AG nicht gehalten, Ermittlungen darüber anzustellen, an welcher Erkrankung der AN leidet (BAG 23.6.1983 NJW 1984, 1836; 15.8.1984 NZA 1985, 357, 358; HHL/*Krause* Rn. 381 ff.; *Lepke* Rn. 147; SPV/*Preis* Rn. 1260). Der AG ist zu 121 derartigen „Vorermittlungen" ohne Einverständnis des AN auch nicht in der Lage. Für eine außerprozessuale **Auskunftspflicht des AN** über seinen Gesundheitszustand fehlt eine entspr. ges. Grdl. (BAG 25.11.1982 NJW 1983, 2897; *Lepke* Rn. 150 ff.). Maßgebl. ist allein, ob zum Zpkt. des Zugangs der Kündigungserkl. obj. Tatsachen vorlagen, die die Besorgnis weiterer Erkrankungen rechtfertigen (BAG 15.8.1984 NZA 1985, 357, 358). Unabhängig von dem Problem der ärztl. Untersuchung zu Beweiszwecken ist der AN uU nach **§ 275 I Nr. 3b SGB V iVm. § 62 SGB I** verpflichtet, sich durch den MDK untersuchen zu lassen. Im öffentl. Dienst konnte früher nach § 7 II BAT ein Amtsarzt eingeschaltet werden (BAG 25.6.1992 NZA 1993, 81, 83; s. a. 27.9.2012 ZTR 2013, 265 Rn. 17).

122 Soweit die Rspr. bei der Prognose darauf abstellt, für die Besorgnis weiterer Erkrankungen sei die Art der bisherigen Erkrankung ein Anzeichen, ist das richtig, führt aber nicht weiter, wenn der AG selbst die Art der bisherigen Erkrankung nicht kennt. Deshalb reicht es aus, wenn sich der AG auf bisherige Fehlzeiten beruft und geltend macht, die Sachlage werde sich nicht ändern (s. BAG 10.3.1977 NJW 1977, 2132, zu häufigen Kurzerkrankungen). Hierbei bedeutet es keinen Unterschied, ob der AN lang anhaltend erkrankt war oder wiederholt kurz (*Ascheid* Rn. 380; **aA** BAG 25.11.1982 NJW 1983, 2897, zu lang anhaltenden Erkrankungen). Es gibt weder bei lang anhaltenden noch bei sich wiederholenden Kurzerkrankungen einen Erfahrungssatz, wie sich die Zukunft gestalten wird.

123 Hat der AG überhaupt keine Kenntnis über die Art der Erkrankung seines AN, kann er in beiden Fallvarianten seiner Darlegungslast nur dadurch genügen, dass er auf die bisherigen Fehlzeiten verweist und hieraus folgert, der AN werde in Zukunft in gleicher Weise fehlen (BAG 10.11.2005 NZA 2006, 655, 656 f. HHL/*Krause* Rn. 387; SPV/*Preis* Rn. 1260). Krankheitsbedingte Fehlzeiten in der Vergangenheit indizieren die Gefahr **künftiger Erkrankungen** (BAG 7.11.2002 AP KSchG 1969 § 1 Krankheit Nr. 40; 10.11.2005 NZA 2006, 655, 656; 8.11.2007 NZA 2008, 593 Rn. 16). Das gilt allerdings nicht, wenn Krankheiten inzwischen ausgeheilt sind (BAG 7.11.2002 AP KSchG 1969 § 1 Krankheit Nr. 40; 8.11.2007 NZA 2008, 593 Rn. 16; 20.11.2014 NZA 2015, 612 Rn. 17). Zudem setzt die Indizwirkung einen hinreichend prognosefähigen Zeitraum voraus; starre Zeiträume (zB drei Jahre) sind dabei nicht anzuerkennen (BAG 10.11.2005 NZA 2006, 655, 657). Mit zunehmender Dauer steigt jedoch idR die Tragfähigkeit des Zeitraums für eine Prognoseentsch. IdR bildet ein Zeitraum von drei Jahren hierfür eine belastbare Grdl. (BAG 23.1.2014 NZA 2014, 962 Rn. 32), ohne dass dies den Rückgriff auf eine längere Zeitspanne ausschließt (BAG 20.11.2014 NZA 2015, 612 Rn. 19). Eine rkr. Entsch. über eine früher wegen krankheitsbedingter Fehlzeiten erklärte (rechtsunwirksame) Kündigung steht einer erneuten Berücksichtigung der damaligen Fehlzeiten iRd. Prognoseentsch. nicht entgegen (BAG 10.11.2005 NZA 2006, 655, 657).

124 Bei der Erstellung der negativen Prognose ist die Art der früheren Krankheiten genau zu beachten. Keine Probleme ergeben sich, wenn der AN bisher wegen sog. **chronischer Leiden** fehlte (zB Gastritis, Bronchitis). Bei ihnen ist die Wiederholungsgefahr gegeben. Nicht relevant sind demggü. zurückliegende Erkrankungen, denen ihrer Art nach keine Wiederholungsqualität zukommt (BAG 7.11.2002 AP KSchG § 1 Krankheit Nr. 40), wie zB Unfallverletzung, Blinddarmoperation. Derartige „Einzelereignisse" können eine negative Prognose nicht stützen (BAG 6.9.1989 NZA 1990, 307, 308; 7.12.1989 EzA KSchG § 1 Krankheit Nr. 30; 20.11.2014 NZA 2015, 612 Rn. 20). Ist das häufige frühere Fehlen auf eine unglückl. Verkettung von Umständen zurückzuführen (neben Bronchitis zB Sportunfall, Verkehrsunfall, Blinddarmoperation) (s. die Krankheitsursachen im Tatbestand des Urt. BAG 6.9.1989 NZA 1990, 307; zum Problem der Mitursächlichkeit betriebl. Umstände s. BAG 5.7.1990 NZA 1991, 185, 186), können diese bes. Einzelerkrankungen bei einer negativen Prognose keine Berücksichtigung finden. Ohne ganz bes. Umstände ist nicht anzunehmen, dass sich jemand mehrmals jährl. die Hand bricht oder in regelm. Abständen in Unfälle mit Körperschäden verwickelt wird. Fehlt jemand allerdings wiederholt wegen div. Sportunfälle und behält dennoch seine bisherige Lebensführung bei, kann daraus geschlossen werden, er werde auch in Zukunft häufig wegen Sportunfällen fehlen (BAG 2.11.1989 BeckRS 1989, 30732331). Ebenso kann sich aus der Gesamtheit des Krankheitsbildes eine pers. konstitutionelle Schwäche und damit eine **bes. Krankheitsanfälligkeit** ergeben, so dass es nicht entscheidend darauf ankommt, ob die jeweilige Einzelerkrankung ausgeheilt ist (BAG 10.11.2005 NZA 2006, 655, 657; 20.11.2014 NZA 2015, 612 Rn. 20; LAG SH 3.11.2005 LAGE KSchG § 1 Krankheit Nr. 37; s. a. LAG K 19.8.2005 LAGE KSchG § 1 Krankheit Nr. 36a; *Lepke* Rn. 177). Insb. bei wiederholten Erkältungskrankheiten sowie Beschwerden des Bewegungsapparats kommt eine bes. Krankheitsanfälligkeit in Betracht (BAG 10.11.2005 NZA 2006, 655, 657).

125 Hat der AG die negative Prognose dargelegt, ist es Sache des AN, nach § 138 II ZPO Tatsachen vorzutragen, die die Schlussfolgerung rechtfertigen, er werde in Zukunft nicht mehr oder nicht mehr im bisherigen Umf. fehlen (BAG 15.8.1984 NZA 1985, 357, 358 f.; 7.11.2002 AP KSchG 1969 § 1 Krankheit Nr. 40; 10.11.2005 NZA 2006, 655, 656; 20.11.2014 NZA 2015, 612 Rn. 17). Auch wenn der erkrankte AN sich vorprozessual geweigert hatte, die ihn behandelnden Ärzte von der Schweigepflicht zu entbinden, kann er die negative Prognose im Prozess noch unter Berufung auf ein ärztl. Zeugnis bestreiten (BAG 12.4.2002 NZA 2002, 1081, 1084; zust. *Preis/Greiner* SAE 2004, 7 ff.). Da der AN idR medizinischer Laie ist, genügt er seiner **Substantiierungspflicht** bereits, wenn er vorträgt, die ihn behandelnden Ärzte hätten die gesundheitl. Entwicklung positiv beurteilt, und die behandelnden Ärzte iÜ von ihrer Schweigepflicht entbindet (BAG 16.2.1989 NZA 1989, 923; 7.11.2002 AP KSchG 1969 § 1

Krankheit Nr. 40; 10.11.2005 NZA 2006, 655, 656; 8.5.2014 NZA 2014, 1356 Rn. 30; 20.11.2014 NZA 2015, 612 Rn. 17; krit. HHL/*Krause* Rn. 393). Um die Indizwirkung der in der Vergangenheit liegenden Krankheitszeiten zu erschüttern, reicht es aus, wenn sich aus den Auskünften der behandelnden Ärzte jdf. Zweifel an der Negativprognose ergeben (BAG 7.11.2002 AP KSchG 1969 § 1 Krankheit Nr. 40). Selbst wenn eine Heilung ärztl. nicht bescheinigt wird, kann die aus der ärztl. Untersuchung folgende Prognose dadurch widerlegt sein, dass der AN über einen längeren Zeitraum wegen Krankheit nicht mehr arbeitsunfähig war (LAG N 14.10.2008 LAGE KSchG § 1 Nr. 41). Trägt der AN nichts vor und beruft er sich auch nicht auf das sachverständige Zeugnis seiner Ärzte, ist der Vortrag des AG nach § 138 III ZPO unstr. (HHL/*Krause* Rn. 395). Der AN ist zwar nicht zu Auskünften hins. seiner Erkrankung verpflichtet, muss aber mit negativen Schlussfolgerungen rechnen, wenn er hierzu schweigt.

Hat der AN entspr. § 138 ZPO vorgetragen, ist vom AG gem. § 1 II 4 zu beweisen (BAG 7.11.2002 AP KSchG 1969 § 1 Krankheit Nr. 40; 20.11.2014 NZA 2015, 612 Rn. 17; s. a. Rn. 179 ff.), dass dennoch mit weiteren Fehlzeiten zu rechnen sein wird. Allein das durch die Fehlzeiten in der Vergangenheit gebildete Indiz reicht für den vom AG zu erbringenden Vollbeweis nicht aus. Der notwendige Beweis wird idR nur durch Einholung eines **Sachverständigengutachtens** geschehen können (BAG 6.9.1989 NZA 1990, 307, 308; HHL/*Krause* Rn. 396). Erschüttert dieses die negative Prognose, muss der AG konkrete Tatsachen vortragen, in welcher Hinsicht die Beurteilung des Sachverständigen fehlerhaft ist (LAG HM 26.6.2008 BeckRS 2008, 57839). Die Berufung auf das Zeugnis des Betriebsarztes ist wegen der ärztl. Schweigepflicht gem. § 8 I 2 ASiG nicht zulässig, sofern der AN ihn nicht von der Schweigepflicht entbindet. Handelt es sich um Erkrankungen, die in einem Bezug zu der zu verrichtenden Tätigkeit stehen (zB Wirbelsäulenbeschwerden bei einem Gussputzer), empfiehlt sich die Begutachtung durch einen Arbeitsmediziner (BAG 28.2.1990 NZA 1990, 727). Weigert sich der AN, sich einer Begutachtung zu unterziehen, oder überlässt er dem Gutachter nicht die notwendigen Krankenunterlagen, so vereitelt er damit den dem AG obliegenden Beweis (HHL/*Krause* Rn. 395; s. a. BAG 8.5.2014 NZA 2014, 1356 Rn. 31). 126

3. Erheblicher Umfang der Leistungsstörung. a) Dauernde Leistungsunfähigkeit. Ist der AN auf Dauer nicht in der Lage, die geschuldete Leistung zu erbringen, berechtigt dies als personenbedingter Grund den AG nach § 1 KSchG zur ordentl. Kündigung (für die stRspr. BAG 10.6.2010 NZA 2010, 1234 Rn. 14). In diesem Fall ist idR von einer erhebl. Beeinträchtigung der betriebl. Interessen auszugehen (BAG 13.5.2015 NZA 2015, 1249 Rn. 18). Ein Kündigungsgrund könnte nur dann zu verneinen sein, wenn die Arbeitsleistung für den AG überflüssig wäre, wofür der AN darlegungs- und beweispflichtig ist (BAG 3.12.1998 NZA 1999, 440). Ist der AN dauernd leistungsunfähig, jedoch einzelvertragl. oder tarifvertragl. nicht mehr ordentl. kündbar, kommt auch eine außerordentl. Kündigung in Betracht, wenn ein freier Arbeitsplatz, auf dem der AN mit anderen Arbeiten beschäftigt werden könnte, nicht vorhanden ist (BAG 9.9.1992 NZA 1993, 598, 600; 18.1.2001 AP LPVG Niedersachsen § 28 Nr. 1; s. a. BGB § 626 Rn. 179 ff.). Eine dauernde Leistungsunfähigkeit liegt nicht schon deshalb vor, weil der AN wegen einer bestimmten Erkrankung (Kontaktekzem) sehr oft krankheitsbedingt fehlt, aber auch Zeiten der Arbeitsfähigkeit aufweist. Ein derartiges Krankheitsbild ist nach den Regeln für häufige Kurzerkrankungen abzuwickeln (BAG 23.9.1992 BeckRS 1992, 30742467). 127

Die Leistungsunfähigkeit kann auf körperl. (Blindheit, Verletzung) oder psychischen Gründen beruhen. Von einer dauernden Leistungsunfähigkeit ist auch auszugehen, wenn der AN **alkoholabhängig** ist und Entziehungskuren ohne Erfolg blieben (BAG 20.3.2014 NZA 2014, 602 Rn. 15). Eine dauernde Leistungsunfähigkeit liegt ferner vor, wenn ein **Verlust der Erwerbsfähigkeit** des AN feststeht. Fehlt dem Gericht die erforderl. Sachkunde, um die Dauer der Leistungsunmöglichkeit feststellen zu können, hat es idR ein Sachverständigengutachten einzuholen. Kann der AN in Zukunft weder die arbeitsvertragl. geschuldete noch eine andere Leistung erbringen, scheidet ein Einsatz für alle Beschäftigungsmöglichkeiten aus. Ruhte das ArbVerh. gem. § 59 I BAT, sollte dies einer Kündigung wegen dauernder Leistungsunfähigkeit nicht entgegenstehen (so BAG 3.12.1998 NZA 1999, 440). 128

b) Lang dauernde Leistungsunfähigkeit. Wird die geschuldete Leistung infolge einer Erkrankung des AN für längere Zeit in zusammenhängender Zeitfolge nicht erbracht, wobei eine Genesung des AN nicht ausgeschlossen ist – sog. langanhaltende Krankheit –, kann eine ordentl. Kündigung ebenfalls sozial gerechtfertigt sein (BAG 21.5.1992 NZA 1993, 497, 498; 15.8.1984 NZA 1985, 357, 358: dauernde Leistungsunfähigkeit). Bei der lang dauernden Krankheit sind Kündigungsgrund die betriebl. Folgen zukünftiger langer AU (HHL/*Krause* Rn. 425). Dennoch rechtfertigen diese nicht ohne weiteres nach Eintritt einer derartigen Erkrankung eine ordentl. Kündigung. Wer krank ist, verdient aus den in § 1 normierten „sozialen" Gesichtspunkten bes. Schutz. Von einer lang anhaltenden Erkrankung, die einer Dauererkrankung gleichgestellt werden kann, ist auszugehen, wenn der AN etwa 1½ Jahre arbeitsunfähig und ein Ende der Erkrankung nicht abzusehen ist (BAG 21.5.1992 NZA 1993, 497, 498 f.; 13.5.2015 NZA 2015, 1249 Rn. 14). Ebenso genügt es, wenn der AN erkrankt ist und in den nächsten 24 Monaten nicht mit einer Prognose zu rechnen ist, die auf eine Arbeitsfähigkeit schließen lässt (BAG 19.4.2007 NZA 2007, 1041 Rn. 18; 30.9.2010 NZA 2011, 39 Rn. 11; 13.5.2015 NZA 2015, 1249 Rn. 15; s. a. Rn. 130, 133). Die soziale Rechtfertigung setzt voraus, dass 129

– der AN zum Zpkt. des Zugangs der Kündigung arbeitsunfähig erkrankt ist und damit zu rechnen ist, dass er auch weiterhin arbeitsunfähig sein wird, negative Prognose, s. Rn. 114,
– dass es durch die prognostizierte AU zu weiteren erhebl. betriebl. Beeinträchtigungen kommt, s. Rn. 130,
– dass eine Abwägung der gegenseitigen Vertragsinteressen ergibt, dass weitere Überbrückungsmaßnahmen nicht in Betracht kommen (zusf. BAG 24.11.2005 NZA 2006, 665 Rn. 35 ff.; 19.4.2007 NZA 2007, 1041 Rn. 21 ff.; 8.11.2007 NZA 2008, 471 Rn. 13; 30.9.2010 NZA 2011, 39 Rn. 11; 13.5.2015 NZA 2015, 1249 Rn. 12), s. Rn. 133.

130 Eine personenbedingte Kündigung, die auf eine lang dauernde Erkrankung gestützt wird, erfordert, dass es wegen der zu erwartenden AU zu **erhebl. betriebl. Belastungen** kommt (BAG 22.2.1980 NJW 1981, 298; 25.11.1982 NJW 1983, 2897; *Hanau* ZfA 1984, 453, 560; *Preis* Prinzipien S. 171). Die Erheblichkeit der Beeinträchtigung bemisst sich nach der voraussichtl. Dauer der AU und der Ungewissheit des Heilungsverlaufs. Hiervon hängt es auch ab, ob der erkrankte AN durch eine Aushilfskraft ersetzt werden kann oder ob sein Ausfall durch Vertretungen ausgeglichen werden kann (BAG 22.2.1980 NJW 1981, 298; 25.11.1982 NJW 1983, 2897). Ist der AN bereits längere Zeit arbeitsunfähig krank (zB $1^1/_2$ Jahre) und ist im Zpkt. der Kündigung die Wiederherstellung der Arbeitsfähigkeit noch völlig ungewiss, kann diese Ungewissheit wie eine feststehende dauernde AU zu einer erhebl. Beeinträchtigung betriebl. Interessen führen (BAG 21.5.1992 NZA 1993, 497, 498; 13.5.2015 NZA 2015, 1249 Rn. 18; s. a. Rn. 133). Allein die Bewilligung einer Rente wegen Erwerbsminderung reicht hierfür nicht aus (BAG 13.5.2015 NZA 2015, 1249 Rn. 21). Umgekehrt ist die negative Prognose zu verneinen, wenn aufgrund ärztlicherseits in Aussicht gestellter Behandlungsmaßnahmen die Wiedererlangung der Arbeitsfähigkeit zumindest mögl. erscheint (LAG K 28.11.2008 – 10 Sa 739/08).

130a **Wirtschaftl. Belastungen** infolge des fortbestehenden ArbVerh. sind bei lang dauernden Erkrankungen zumeist ohne Bedeutung, da den AG nach Ablauf der EFZ keine Vergütungsansprüche treffen. Anders kann dies jedoch sein, wenn der AG zu wiederkehrenden Sonderzahlungen (zB auf Grund TV) verpflichtet ist, die tatbestandl. ausschl. an den Bestand eines ArbVerh. anknüpfen. Ob aus der geänd. Rspr. zum **Urlaubsrecht** zusätzl. wirtschaftl. Belastungen resultieren, wenn sich infolge einer uU mehrjährigen AU Urlaubsansprüche und etwaige Abgeltungsansprüche addieren (s. BUrlG § 7 Rn. 47, 80), wurde zunächst unterschiedl. beanwortet (s. BUrlG § 7 Rn. 57). Infolge der abermaligen Korrektur der Rspr., die zur zeitl. Begrenzung der Übertragung führt (s. BUrlG § 7 Rn. 66), hat die Problematik jedoch keine Bedeutung mehr (s. BUrlG § 7 Rn. 57 sowie BAG 13.5.2015 NZA 2015, 1249 Rn. 22; *Lepke* Rn. 230d; KR/*Griebeling/Rachor* Rn. 373). Ebenso wie die betriebl. Belastungen müssen auch solche wirtschaftl. Art eine Erheblichkeitsschwelle erreichen, ehe diese eine personenbedingte Kündigung rechtfertigen können (s. BUrlG § 7 Rn. 57 sowie *Lepke* Rn. 230c [S. 260 f.]). Die vom AG bei wiederholten Kurzerkrankungen hinzunehmenden wirtschaftl. Belastungen (s. Rn. 144) liefern zumindest eine Orientierungshilfe, so dass etwaige wirtschaftl. Belastungen infolge des fortbestehenden ArbVerh. erst dann kündigungsrelevant sind, wenn diese drei Monatsgehälter übersteigen. Die Dauer des ArbVerh. ist für die Erheblichkeitsschwelle ohne Bedeutung, da dieser Umstand iRd. Interessenabwägung zu berücksichtigen ist (s. Rn. 136).

131 Das G gibt keine Auskunft, ob und wenn ja, **welche Zeit abzuwarten ist,** bevor der AG berechtigt ist, das ArbVerh. sozial gerechtfertigt zu beenden. Einerseits ist dem G zu entnehmen, dass Leistungsstörungen infolge Krankheit ein Grund zur Kündigung sein können. Andererseits ergibt sich aus den Regelungen über die EFZ im Krankheitsfall (§ 3 EFZG), dass die Rechtsordnung davon ausgeht, krankheitsbedingte Ausfälle seien in einem bestimmten Umf. hinzunehmen. Wird die Norm des § 1 II im Kontext zu diesen Bestimmungen gesehen, kommt eine Kündigung wegen Nichterbringung der Arbeitsleistung infolge einer lang anhaltenden Erkrankung regelm. erst in Betracht, wenn die sechswöchige Frist abgelaufen ist (AR/*Kaiser* Rn. 87). Das gilt nicht, wenn die lang dauernde Leistungsunfähigkeit bereits vorher sicher feststeht (BAG 19.4.2007 NZA 2007, 1041 Rn. 22). Ist dieser Zeitraum verstrichen, hängt der Umf. der in Zukunft hinzunehmenden Fehlzeiten von den Umständen des Einzelfalls ab (BAG 25.11.1982 NJW 1983, 2897). Soweit das BAG annimmt, es müsse zum Zpkt. des Zugangs der Kündigungserkl. auf Grund obj. Umstände auf eine AU auf nicht absehbare Zeit zu schließen sein und gerade diese Ungewissheit müsse zu unzumutbaren betriebl. oder wirtschaftl. Belastungen führen, ist diese Betonung der Ungewissheit der Krankheitsdauer nicht einsichtig. Eine Ungewissheit hins. der Länge der zu erwartenden Ausfallzeit kann je nach Sachlage allenfalls das Gewicht der Störung vergrößern und ist bei der Abwägung erhebl. Die Frage, wie lange der AG bis zu einer Kündigung warten muss, bestimmt sich nach seinem Interesse, die **Disposition über** den zwar vergebenen, aber nicht besetzten **Arbeitsplatz** zurückzuerlangen (*Ascheid* Rn. 391). Das „Vertragsdurchführungsinteresse" ist danach zu beurteilen, ob der AG die Ausfälle überhaupt, und wenn ja, mit finanziell vertretbaren Auswirkungen überbrücken kann.

132 Es gibt **keine festen „Abwartezeiten"** (HHL/*Krause* Rn. 424, 427; *Ascheid* Rn. 388). Es ist weder vertretbar, nach Ablauf der sechs Wochen jeden weiteren Fehltag als nicht mehr hinnehmbar anzusehen (s. dazu *Lepke* Rn. 162), noch kann pauschal auf die Länge der ordentl. Kündigungsfrist abgestellt werden (so aber *Ottow* DB 1977, 306; *Denck* JuS 1978, 157; s. a. *Lepke* Rn. 163; *Neumann* NJW 1978, 1838, 1840). Soweit generalisierend auf die Wartezeit des § 1 I abgestellt wird, überzeugt dies nicht,

weil ein AushilfsArbVerh. im Umf. eines zu erwartenden Ausfalls wirksam befristet werden kann (s. § 14 I 2 Nr. 3 TzBfG). Sollte allerdings die den erkrankten AN vertretende Aushilfskraft den AG auf die eigene Schutzwürdigkeit hinweisen, wäre ein Zeitraum von sechs Monaten geeignet, das Dispositionsinteresse des AG zu rechtfertigen (*Ascheid* Rn. 392).

Es ist in jedem Fall, insb. bei einer vorübergehenden Verhinderung, wenn also angenommen werden kann, dass der AN irgendwann genesen wird, zu prüfen, ob **Überbrückungsmaßnahmen** (zB Einstellung von Aushilfskräften, Durchführung von Über- oder Mehrarbeit, personelle Umorganisation, organisatorische Umstellungen) mögl. sind. Erst wenn diese aus tats. Gründen nicht in Betracht kommen oder „nicht mehr zumutbar" sind, kommt eine Kündigung in Betracht (BAG 22.2.1980 NJW 1981, 298; 25.11.1982 NJW 1983, 2897). Abzustellen ist nur darauf, ob die aufzuwendenden Kosten in einem hinnehmbaren Verhältnis zu denen stehen, die dem AG entstehen würden, wenn der Erkrankte selbst arbeiten würde. Ist die Gesundung des AN völlig ungewiss, dann ist die Schwelle für eine „erhebl." Beeinträchtigung betriebl. Interessen nach Auff. des BAG erst erreicht, wenn in den nächsten 24 Monaten nicht mit einer Änd. der negativen Prognose zu rechnen ist (BAG 29.4.1999 NZA 1999, 978, 980 f.; 12.4.2002 NZA 2002, 1081, 1083; 30.9.2010 NZA 2011, 39 Rn. 11; 13.5.2015 NZA 2015, 1249 Rn. 18; krit. SPV/*Preis* Rn. 1273; s. a. LAG N 21.6.2006 NZA-RR 2007, 75, 76 f. sowie Rn. 129, 130). 133

IÜ ist auf die **Besonderheiten des Einzelfalls** abzustellen. Eine Festlegung der Krankheitsdauer in zeitl. Hinsicht oder eine Angabe, von welcher Art und von welchem Gewicht die vom AG zu tragenden Belastungen sein sollen, kann nicht erfolgen (BAG 10.3.1977 NJW 1977, 2132; 22.2.1980 NJW 1981, 298). Die Beeinträchtigung muss von solchem Gewicht sein, dass erhebl. betriebl. oder wirtschaftl. Belastungen auftreten oder diese nur durch Aufwendungen vermieden werden können (BAG 25.11.1982 NJW 1983, 2897). 134

Für den Umf. der dem AG zumutbaren Überbrückungsmaßnahmen ist der **Grds. der Verhältnismäßigkeit** maßgebend. Der AG hat bei einem langjährig beschäftigten AN einen längeren Zeitraum für geeignete und zumutbare Überbrückungsmaßnahmen hinzunehmen als bei einem nur kurzfristig beschäftigten (BAG 22.2.1980 NJW 1981, 298). Bei der Beurteilung, ob Überbrückungsmaßnahmen mögl. sind, wird es idR bedeutsam sein, welche Stellung der erkrankte AN im Betrieb innehatte. Eine spezialisierte Fachkraft wird nur schwer ersetzbar sein, während sich für das Verrichten von einfachen Arbeiten leichter eine Vertretung einsetzen lässt (*Ascheid* Rn. 395). 135

Auch bei der personenbedingten Kündigung wegen lang dauernder Krankheit ist eine **Abwägung der gegenseitigen Vertragsinteressen** vorzunehmen (BAG 25.11.1982 NJW 1983, 2897; 15.8.1984 NZA 1985, 357, 358; s. a. *Lepke* Rn. 202 ff.). Auf Seiten des AG sind die dauernden Belastungen zu berücksichtigen, auf Seiten des AN Lebensalter und Betriebszugehörigkeit. Insb. ist iRd. Verhältnismäßigkeitsprüfung zu berücksichtigen, ob die beim AG eintretenden erhebl. betriebl. oder wirtschaftl. Belastungen durch eine Weiterbeschäftigung des AN auf einem anderen freien Arbeitsplatz beseitigt werden können. Zusätzl. sind nach der Rspr. des BAG auch gleichwertige „besetzte" Arbeitsplätze zu berücksichtigen, wenn der AN auf ihnen im Wege des Direktionsrechts einsetzbar wäre (BAG 30.9.2010 NZA 2011, 39 Rn. 12), was den AG ggf. auch verpflichten soll, diesen Arbeitsplatz „freizumachen" (BAG 12.7.2007 NZA 2008, 173 Rn. 29; 30.9.2010 NZA 2011, 39 Rn. 12; s. a. Rn. 106). Eine bes. Bedeutung kommt der Ursache der Erkrankung zu. Hat der AN sich die Krankheit im Betrieb zugezogen (zB Betriebsunfall) und trifft ihn hieran kein Verschulden, so muss der AG abwarten, bis eine Rückkehr in den Betrieb ausgeschlossen erscheint. Zum Stellenwert des **BEM** (§ 167 II SGB IX [bis 1.1.2018: § 84 II SGB IX]) iRd. Verhältnismäßigkeitsprüfung s. Rn. 151a. 136

Ist der AN infolge seiner Erkrankung nicht mehr voll einsatzfähig, kann und will er aber noch **Teilleistungen** erbringen, setzt eine wirksame Kündigung voraus, dass keine Beschäftigungsmöglichkeit in dem Teilbereich besteht, den der AN sich vorstellt. Behauptet der AG, keine entspr. freien Stellen anbieten zu können, hat der AN substantiiert seine Einsatzmöglichkeit darzulegen und im Hinblick auf die fehlende Verwendungsmöglichkeit vorzutragen (BAG 5.8.1976 AP KSchG 1969 § 1 Krankheit Nr. 1; 26.9.1991 NZA 1992, 1073, 1076). 137

c) Sich häufig wiederholende, kurz dauernde Leistungsunfähigkeit. Unter dem Begriff der „häufigen Kurzerkrankungen" sind Leistungsausfälle zu verstehen, die jeweils von kürzerer Dauer sind und sich häufig wiederholen, ohne dass die Ausfallzpkt. im Voraus berechenbar wären. Die Häufigkeit des Fehlens liegt auch vor, wenn wiederholt nur eintägige Fehlzeiten auftraten (BAG 23.9.1992 EzA KSchG § 1 Krankheit Nr. 37). Die Schwierigkeiten, die kündigungsrelevanten Folgen des wiederholten Leistungsausfalls rechtl. zu bewerten, betreffen sowohl die negative Prognose als auch die Bestimmung des zu einer Kündigung notwendigen Störungsumfangs. Ob häufige Kurzerkrankungen eine Kündigung sozial rechtfertigen können, lässt sich nicht generell und schematisch, sondern nur nach umfassender Abwägung der Belange des AG mit dem Interesse des AN an der Erhaltung des Arbeitsplatzes beurteilen. 138

Die Rspr. geht von einem **dreistufigen Prüfungsraster** aus, das sich nicht aus dem G ergibt und deshalb nicht zwgd. ist. Es dient ledigl. der Überschaubarkeit des Vorgehens (*Preis* DB 1988, 1444). Entscheidend sind letztl. immer die Besonderheiten des Einzelfalls. Nach stRspr. (BAG 20.1.2000 139

NZA 2000, 768, 770; 7.11.2002 AP KSchG 1969 § 1 Krankheit Nr. 40; 10.11.2005 NZA 2006, 655, 656; 8.11.2007 AP KSchG 1969 § 1 Personenbedingte Kündigung Nr. 29; 23.4.2008 NZA-RR 2008, 515 Rn. 18; 23.1.2014 NZA 2014, 962 Rn. 27; 20.11.2014 NZA 2015, 612 Rn. 16; 16.7.2015 NZA 2016, 99 Rn. 29; s. a. HHL/*Krause* Rn. 373 ff.; SPV/*Preis* Rn. 1254 ff.; *Oetker* Anm. EzA KSchG § 1 Krankheit Nr. 28) müssen drei Voraussetzungen erfüllt sein:

1. Es müssen obj. Tatsachen vorliegen, die die ernste Besorgnis weiterer Erkrankungen rechtfertigen (negative Prognose), s. Rn. 114 ff.;
2. die prognostizierten Kurzerkrankungen müssen zu einer erhebl. Beeinträchtigung betriebl. oder wirtschaftl. Interessen des AG führen, s. Rn. 140 ff.;
3. es hat eine abschl. Abwägung der Vertragsinteressen stattzufinden, s. Rn. 146 ff.

140 Die prognostizierten Fehlzeiten sind nur geeignet, eine personenbedingte Kündigung wegen Krankheit zu rechtfertigen, wenn diese zu erhebl. betriebl. oder wirtschaftl. Beeinträchtigungen führen (KR/*Griebeling/Rachor* Rn. 337 ff.; HHL/*Krause* Rn. 401 ff.; *Lepke* Rn. 218 ff., 224 f f.). Allg. wirtschaftl. Interessen des Unternehmens sind ohne Bedeutung. Das gilt ebenfalls, wenn für den AN ohnehin keine Beschäftigungsmöglichkeit mehr besteht (LAG B 25.1.2007 NZA-RR 2007, 465, 466); in diesem Fall fehlt es an der Ursächlichkeit der prognostizierten Fehlzeiten für die betriebl. bzw. wirtschaftl. Beeinträchtigungen des Unternehmens. Eine **Beeinträchtigung betriebl. Belange** liegt zB vor, wenn Störungen im Produktionsablauf eintreten, wiederholt vorübergehend Aushilfskräfte eingestellt werden, der Betriebsfrieden infolge sich wiederholender Vertretungsnotwendigkeiten gestört wird, Kunden verärgert werden, weil Aufträge nicht termingerecht abgewickelt werden können (BAG 16.2.1989 NZA 1989, 923, 924; 10.5.1990 EzA KSchG § 1 Krankheit Nr. 31) oder im Krankenhausbetrieb eine fehlende Einplanbarkeit iRd. Dienstplangestaltung gegeben ist (LAG NI 24.8.1999 LAGE BGB § 626 Unkündbarkeit Nr. 3). Es ist Sache des AG, diese Störungen konkret darzulegen und ggf. zu beweisen. Schlagwortartige und pauschale Behauptungen (zB „dauernde Vertretung", „Unruhe bei den Kollegen") genügen für sich allein nicht (BAG 2.11.1983 AP KSchG 1969 § 1 Krankheit Nr. 12). Für die betriebl. Auswirkungen kommt es auch darauf an, welche Arbeitsleistungen der AN im Betrieb zu erbringen hat und welche Position er in der Arbeitsorganisation einnimmt.

141 Betriebl. Belastungen werden in der Praxis va. in kleineren Betrieben auftreten, die keine Personalreserve vorhalten und bei denen anges. der jeweils abgestimmten Auftrags- und Erledigungsphase das Vorhalten einer Reserve nicht tragbar wäre. Größere Betriebe und Großbetriebe fangen die übl. Ausfälle (Krankheit und Urlaub) idR durch eine Personalreserve auf. In rechtl. Hinsicht können Klein- und Großbetriebe jedoch nicht unterschiedl. behandelt werden. Deshalb reichen zur Kündigungsrelevanz **wirtschaftl. Beeinträchtigungen** allein oder neben solchen betriebl. Art aus (BAG 25.11.1982 NJW 1983, 2897; 23.6.1983 NJW 1984, 1836). Dabei nimmt das BAG an, zu den kündigungsrelevanten wirtschaftl. Belastungen rechneten die bei künftigen Kurzerkrankungen zu zahlenden **EFZKosten** (BAG 7.11.2002 AP KSchG 1969 § 1 Krankheit Nr. 40; 10.11.2005 NZA 2006, 655; 8.11.2007 NZA 2008, 593; 23.1.2014 NZA 2014, 962 Rn. 27; grdl. 23.6.1983 NJW 1984, 1836). Dieser Auff. wird tw. zugestimmt, tw. wird sie abgelehnt (s. HHL/*Krause* Rn. 404 ff.; *Lepke* Rn. 224 ff.).

142 Soweit in der Kritik ausgeführt wird, es sei überhaupt unzulässig, die Entgeltzahlungspflicht als Anknüpfungspunkt für die Prüfung der sozialen Rechtfertigung einer Kündigung heranzuziehen, da das EFZG den Austauschcharakter des ArbVerh. zugunsten der personalen Struktur verdränge, verweist das BAG zu Recht darauf, dass ein entgegenstehender Wille des Gesetzgebers nicht vorliegt. Es lässt sich im Gegenteil aus § 8 EFZG die Vorstellung entnehmen, dass eine personenbedingte Kündigung wegen Krankheit auch im Geltungsbereich des KSchG wirksam sein kann. Nach dieser Vorschr. besteht trotz wirksamer Kündigung aus Anlass der AU der EFZAnspruch fort.

143 Gegen die Rspr. wird zudem angeführt, die **Verpflichtung** zur EFZ sei zu trennen von dem Berechnungsfaktor für die Höhe der EFZKosten. Die Verpflichtung zur EFZ sei in keiner Weise bei der Bestimmung des personenbedingten Kündigungsgrunds relevant. Sie könne weder unmittelbar noch mittelbar einem der Tatbestandsmerkmale des § 1 II KSchG zugeordnet werden; sie ergebe sich aus § 3 EFZG. Als Bezugspunkt soll deshalb auf den durch die Krankheit des AN eingetretenen **Produktions-** und den damit verbundenen **Einnahmeverlust** abgestellt werden (so *Ascheid* Rn. 407, 411, 415). Insoweit sei das Synallagma gestört. Die Höhe dieses Ausfalls entspreche den durch die Fehlzeiten verursachten und zu erwartenden Mindereinnahmen, nicht aber nur in der Höhe, in der der AG durch EFZ belastet ist. Die richtige Frage für die Ermittlung der betriebl. Belastung kann bei diesem Ansatz immer nur sein, wie hoch entweder der unmittelbare Einnahmeverlust ist oder wie hoch die Kosten sind, die der AG zur Vermeidung des Einnahmeverlustes aufwendet. Schon aus der Festlegung der Höhe des vereinbarten Lohns oder Gehalts ergibt sich jedoch die entspr. Bedeutung des AN für den Betrieb. Fällt er aus, kann als Bezugspunkt für den damit verbundenen Produktionsausfall die Höhe der damit korrespondierenden EFZ angenommen werden. Tritt kein Produktionsausfall ein, weil der AG drohende Ausfälle durch eine Personalreserve vermeidet, ist eine nicht weiter hinnehmbare wirtschaftl. Belastung des AG zu bejahen, wenn sie die betriebsinternen Ausfallzeiten übersteigt, denn das Vorhalten einer Personalreserve steht in einem wirtschaftl. vernünftigen Verhältnis zu den erwirtschaftbaren Einnahmen.

Die Erg. der Rspr. sind zutr. Als erhebl. und damit geeignet als Kündigungsgrund wird erachtet, wenn über einen Zeitraum von mind. zwei Jahren in jedem Jahr **EFZ für mehr als sechs Wochen** zu gewähren war und auf Grund der negativen Prognose anzunehmen ist, dieser Zustand werde sich nicht ändern (BAG 20.1.2000 NZA 2000, 768, 770; 7.11.2002 AP KSchG § 1 Krankheit Nr. 40; 10.11.2005 NZA 2006, 655, 657; 8.11.2007 NZA 2008, 593; 23.1.2014 NZA 2014, 962 Rn. 27, 32; 16.7.2015 NZA 2016, 99 Rn. 29). Ein kürzerer Zeitraum von 15 Monaten reicht aus, wenn die Störungen seit Beginn des ArbVerh. vorlagen (BAG 19.5.1993 BeckRS 1993, 30745033), iÜ ist idR ein Zeitraum von drei Jahren für eine tragfähige Prognose erforderl. (BAG 23.1.2014 NZA 2014, 962 Rn. 32). Der Sechs-Wochen-Zeitraum soll auch maßgebend bleiben, wenn auf Grund tarifvertragl. Regelungen Krankengeld für einen längeren Zeitraum zu zahlen ist (BAG 6.9.1989 NZA 1990, 434, 436; s. a. Rn. 145). Erkrankungen, die addiert den Zeitraum von 6 Wochen in einem Jahr nicht überschreiten, sind demggü. kündigungsrechtl. für sich allein nicht relevant. Erst wenn zu den wirtschaftl. Belastungen Betriebsablaufstörungen hinzutreten, können auch Ausfallzeiten von weniger als sechs Wochen kündigungsrelevant sein (BAG 6.9.1989 NZA 1990, 434, 435; HHL/*Krause* Rn. 406; *Oetker* Anm. EzA KSchG § 1 Krankheit Nr. 28). Ob der so ermittelte Kündigungsgrund die Kündigung trägt, ist abschl. auf Grund der Umstände des Einzelfalls bei der Abwägung der Vertragsinteressen festzustellen (s. Rn. 146 ff.). 144

Ist der AG auf Grund eines TV verpflichtet, bei AN mit längerer Betriebszugehörigkeit im Krankheitsfall über den ges. Sechs-Wochen-Zeitraum hinaus für bestimmte Zeiträume einen **Zuschuss zum Krankengeld** zu zahlen, so soll daraus nicht gefolgert werden können, dass Ausfallzeiten, die sechs Wochen im Jahr übersteigen, nicht ausreichend sind, eine ordentl. Kündigung zu rechtfertigen (BAG 6.9.1989 NZA 1990, 434, 436; HHL/*Krause* Rn. 407; krit. *Oetker* Anm. EzA KSchG § 1 Krankheit Nr. 28). 145

Bei der personenbedingten Kündigung wegen häufiger Kurzerkrankungen hat eine **Abwägung der gegenseitigen Vertragsinteressen** zu erfolgen (**aA** AR/*Kaiser* Rn. 80). Den Kündigungsgrund bilden allein die negative Prognose und die deshalb zu erwartenden betriebl. oder wirtschaftl. Auswirkungen (BAG 7.11.1985 NZA 1986, 359; 16.2.1989 NZA 1989, 923). Der Kündigungsgrund wird also nicht erst durch die Abwägung gebildet. Bei dieser ist auf Grund der Besonderheiten des Einzelfalls zu prüfen, ob die betriebl. oder wirtschaftl. Beeinträchtigungen vom AG noch hinzunehmen sind oder ein solches Ausmaß erreicht haben, dass diese für ihn nicht mehr tragbar sind (stRspr. BAG 6.9.1989 AP KSchG 1969 § 1 Krankheit Nr. 21 bis 23; 10.11.2005 NZA 2006, 655, 656; 23.1.2014 NZA 2014, 962 Rn. 27). Sind betriebl. Verhältnisse nicht die alleinige oder primäre Ursache für krankheitsbedingte Fehlzeiten, sondern wirken sich diese nur bei einer bestimmten Veranlagung des AN aus (zB erhöhte Reizbarkeit des Bronchialsystems), ist das für die Abwägung der Vertragsinteressen zwar erhebl., ohne dass es aber zu beanstanden ist, wenn im Rahmen tatrichterl. Beurteilung einer mögl. Mitursächlichkeit betriebl. Umstände kein ausschlaggebendes Gewicht zuerkannt wird (BAG 5.7.1990 NZA 1991, 185, 187). 146

Auf **Seiten des AG** ist zu prüfen, ob er Störungen des Arbeitsablaufs durch ihrerseits nicht störende organisatorische Maßnahmen hätte verhindern können (BAG 16.2.1989 NZA 1989, 923, 924; 7.11.2002 AP KSchG 1969 § 1 Krankheit Nr. 40; 20.11.2014 NZA 2015, 612 Rn. 24). Hierzu gehört auch die Prüfung einer Weiterbeschäftigung auf anderen (leidensgerechten) Arbeitsplätzen (BAG 10.12.2009 NZA 2010, 398 Rn. 16; 20.11.2014 NZA 2015, 612 Rn. 24; 13.5.2015 NZA 2015, 1249 Rn. 34; 16.7.2015 NZA 2016, 99 Rn. 32 sowie § 1 Rn. 106) sowie Maßnahmen der Rehabilitation (BAG 10.12.2009 NZA 2010, 398 Rn. 29). Zu berücksichtigen ist ferner, ob die in den EFZKosten zum Ausdruck kommenden Ausfälle in dem gekündigten ArbVerh. deutl. über denen vergleichbarer AN liegen (BAG 15.2.1984 NZA 1984, 86, 87; 10.5.1990 EzA KSchG § 1 Krankheit Nr. 31). Hierbei kommt es wesentl. darauf an, dass diejenigen AN in die vergleichende Betrachtung einbezogen werden, die die gleiche Tätigkeit unter gleichen Bedingungen ausüben. 147

Bei der Frage der wirtschaftl. Belastung ist nach der Rspr. auf die **Kosten des ArbVerh.** des gekündigten AN abzustellen. Es ist näml. zu beachten, dass das ArbVerh. ein Austauschverhältnis ist. Ist dieses auf Dauer erhebl. gestört (s. näher *Greiner* RdA 2007, 22 ff.), weil mit immer neuen beachtl. Fehlzeiten und entspr. Ausfällen zu rechnen ist, kann eine ordentl. Kündigung sozial gerechtfertigt sein. Ob die finanziellen Belastungen vom AG noch zu tragen sind, hängt insb. von der Dauer des ungestörten Bestandes des ArbVerh. ab. Je länger ein ArbVerh. ungestört bestanden hat, desto mehr Rücksichtnahme ist vom AG zu erwarten (BAG 15.2.1984 NZA 1984, 86, 87; 7.11.2002 AP KSchG 1969 § 1 Krankheit Nr. 40). Unter den „Kosten des ArbVerh." (BAG 7.11.1985 NZA 1986, 359, 360) ist eine bilanzierende Überlegung zu verstehen, in welchem Verhältnis der bei geleisteter Arbeit in einem ungestörten ArbVerh. erbrachte Ertrag zu den Ausfällen steht, die der AG durch die Störung hinnehmen muss. Als ungestört ist hierbei ein durch keine krankheitsbedingten Fehlzeiten bestimmter Verlauf anzusehen. Ein ungestörter Verlauf liegt nicht schon vor, wenn der AN im Jahr nicht länger als sechs Wochen arbeitsunfähig krank gewesen ist (BAG 6.9.1989 NZA 1990, 434, 435). Wegen der Relevanz des Austauschverhältnisses kommt es nicht auf die positiven oder negativen Bilanzen des Unternehmens an, sondern auf die Vor- und Nachteile des einzelnen ArbVerh. (BAG 22.5.1986 BeckRS 1986, 30716945). 148

149 Nach der Rspr. (BAG 16.2.1989 NZA 1989, 923, 924; 7.11.2002 AP KSchG 1969 § 1 Krankheit Nr. 40) ist bei der Abwägung – nicht nur beim Kündigungsgrund hins. der Beeinträchtigung – nochmals zu prüfen, ob der AG die erhebl. betriebl. Beeinträchtigung nicht durch „weitere" Überbrückungsmaßnahmen verhindern kann. Er hat sich bei seiner betriebl. Planung zu entscheiden, wie er sich unternehmerisch auf zu erwartende Fehlzeiten, wie Krankheit und Urlaub, einstellen soll. Es ist theoretisch denkbar, dass er überhaupt keine **Personalreserve** vorhält, sondern dass er den Produktionsausfall hinnimmt. In der Praxis verfügen größere Betriebe idR über ein „Personalpolster". Wie der jeweilige AG sich entscheidet, ist ihm überlassen. Er muss nicht, gleichsam als Wirksamkeitsvoraussetzung einer Kündigung, eine Personalreserve vorhalten, um überhaupt im Falle häufiger Kurzerkrankungen eines AN kündigen zu können (BAG 29.7.1993 NZA 1994, 67, 68 f.). Es ist demzufolge ebenso unzutr., dem AG nicht nur eine Personalreserve in einem wirtschaftl. vertretbaren Rahmen, sondern unbeschränkt das Auffangen aller krankheitsbedingten Ausfälle vorzuschreiben (*Ascheid* Rn. 415; **aA** *Ide* AuR 1980, 225; *Popp* DB 1981, 2611). Überbrückt der AG den Ausfall des erkrankten AN nicht durch eine Personalreserve, ist hins. der Relevanz der Höhe des Produktionsausfalls auf die übl. Gegebenheiten des Wirtschaftslebens abzustellen. Der AG kann jdf. bei anderer betriebsübl. Praxis keine Vorteile daraus herleiten, dass die Auswirkungen des Fehlens gerade bei ihm wegen Nichtbestehens einer Personalreserve größer sind.

150 Hins. der Gewichtung der **Erheblichkeit der Ausfallzeiten** sind die Auff. vielfältig. Es wird vertreten, hinreichend sei das Zehnfache des normalen Krankenstands (s. LAG D 21.10.1982 DB 1983, 723; s. Aufstellung bei *Schukai* DB 1976, 2015; *Weisemann* BB 1977, 1647: 15–25% Ausfall). Eine Auswertung der Instanzrspr. hat ergeben, dass eine ordentl. Kündigung für gerechtfertigt erachtet wird, wenn ein AN über einen Zeitraum von vier Jahren durchschnittl. 25 Prozent der geforderten Leistung nicht erbracht hat (*Hunold*, Krankheit des AN, 2. Aufl. 1987 S. 268; ähnl. *Schukai* DB 1976, 2015; *Weber* NZA 1989, 51; *Weisemann* BB 1977, 1647). Nach richtiger Ansicht ist die wirtschaftl. Belastung erhebl., wenn für den erkrankten AN jährl. EFZKosten für einen Zeitraum von mehr als sechs Wochen aufzuwenden sind (BAG 5.7.1990 NZA 1991, 185, 186; 29.7.1993 NZA 1994, 67, 68; 23.1.2014 NZA 2014, 962 Rn. 27). Dabei kann eine Kündigung wegen häufiger Kurzerkrankungen bereits sozial gerechtfertigt sein, wenn sich die Kurzerkrankungen auf einen Gesamtzeitraum von rd. **15 Monaten seit Beginn des ArbVerh.** erstrecken (BAG 19.5.1993 BeckRS 1993, 30745033; s. a. Rn. 144).

151 **Auf Seiten des AN** ist neben dem **Lebensalter** die **Betriebszugehörigkeit** in die Abwägung einzubeziehen (s. *Lepke* Rn. 214). Hier spricht zu seinen Gunsten, wenn das ArbVerh. im Verhältnis zur Störungszeit über einen längeren Zeitraum ungestört verlaufen ist (BAG 15.2.1984 NZA 1984, 86, 87). Geringe Fehlzeiten in der Vergangenheit, die nicht den Wert eines Kündigungsgrunds haben, können nicht positiv berücksichtigt werden (BAG 6.9.1989 NZA 1990, 307, 308). Darüber hinaus bezieht das BAG die familiären Verhältnisse des AN, insb. seine **Unterhaltspflichten**, in die Abwägung ein (BAG 20.1.2000 NZA 2000, 768, 770 f.; 7.11.2002 AP KSchG 1969 § 1 Krankheit Nr. 40; 10.11.2005 NZA 2006, 655, 656; krit. *Lepke* Rn. 216 f. mwN). Entspr. gilt für die **Schwerbehinderteneigenschaft** des AN (BAG 20.1.2000 NZA 2000, 768, 771; 24.11.2005 NZA 2006, 655, 656). Von erhebl. Bedeutung ist, ob sich der AN die Krankheit infolge betriebl. Umstände zugezogen hat (BAG 6.9.1989 NZA 1990, 307, 308; 7.11.2002 AP KSchG 1969 § 1 Krankheit Nr. 40; s. a. *Lepke* Rn. 212 ff.). Indiz hierfür kann eine ähnl. hohe Ausfallquote bei AN sein, die vergleichbare Tätigkeiten verrichten (BAG 16.2.1989 NZA 1989, 923, 924; 10.5.1990 EzA KSchG § 1 Krankheit Nr. 31). Beruft sich der AN auf betriebl. Ursachen, hat er den Ursachenzusammenhang zwischen seiner Erkrankung und der Tätigkeit durch konkrete Tatsachen aufzuzeigen. Sodann hat der AG die vom AN behauptete Kausalität zu entkräften und die entspr. Tatsachen zu beweisen, was idR nur durch den behandelnden Arzt oder einen medizinischen Sachverständigen mögl. ist (BAG 7.11.2002 AP KSchG 1969 § 1 Krankheit Nr. 40). Zweifel im Hinblick auf den ursächl. Zusammenhang gehen zu Lasten des AG (BAG 6.9.1989 NZA 1990, 307, 308; 7.11.2002 AP KSchG 1969 § 1 Krankheit Nr. 40; HHL/*Krause* Rn. 415).

151a IRd. **Verhältnismäßigkeitsprüfung** ist ferner zu berücksichtigen, ob der AG ein **BEM** (§ 167 II SGB IX [= § 84 II SGB IX aF]) durchgeführt hat (s. a. SGB IX § 167 Rn. 8 ff.), zu dem er stets dann verpflichtet ist, wenn der AN innerhalb eines Jahres länger als sechs Wochen ununterbrochen oder wiederholt arbeitsunfähig war. Das gilt unabhängig davon, ob es sich bei dem AN um einen schwerbehinderten Menschen handelt (BAG 24.3.2011 NZA 2011, 992 Rn. 19; 28.4.2011 NJW 2011, 2458 Rn. 37; 20.11.2014 NZA 2015, 612 Rn. 28; 13.5.2015 NZA 2015, 1249 Rn. 25; grdl. zuvor 12.7.2007 NZA 2008, 173 Rn. 35) oder in dem Betrieb eine betriebl. Interessenvertretung besteht (BAG 30.9.2010 NZA 2011, 39 Rn. 28 ff.; 13.5.2015 NZA 2015, 1249 Rn. 25; s. a. SGB IX § 167 Rn. 4). Hat der AG ein BEM unterlassen, führt dies jedoch nicht zur Unverhältnismäßigkeit einer ordentl. Kündigung, sondern ledigl. zu einer verschärften Darlegungslast des AG, wenn er sich im Kündigungsschutzprozess darauf berufen will, es gebe keine freien Arbeitsplätze, die der AN auf Grund seiner Erkrankung noch ausfüllen könne (BAG 23.4.2008 NZA-RR 2008, 515 Rn. 25; 10.12.2009 NZA 2010, 398 Rn. 18; 30.9.2010 NZA 2011, 39 Rn. 35; 24.3.2011 NZA 2011, 992 Rn. 21; 28.4.2011 NJW 2011, 2458 Rn. 39; 20.11.2014 NZA 2015, 612 Rn. 37 ff.; 13.5.2015 NZA 2015, 1249 Rn. 28; 16.7.2015 NZA 2016, 99 Rn. 32; s. a. Rn. 106). In diesem Fall muss der AG konkret vortragen, dass der AN auf dem konkreten

Arbeitsplatz nicht mehr eingesetzt werden kann und auch leidensgerechte Anpassungen und Veränderungen ausgeschlossen sind sowie auf anderen Arbeitsplätzen bei geänd. Tätigkeit nicht eingesetzt werden kann (BAG 20.11.2014 NZA 2015, 612 Rn. 39; 13.5.2015 NZA 2015, 1249 Rn. 28; 16.7.2015 NZA 2016, 99 Rn 32, 34). Der alleinige Hinweis auf die Bewilligung einer Rente wegen voller Erwerbsminderung reicht hierfür nicht aus (BAG 13.5.2015 NZA 2015, 1249 Rn. 32 f.). Entspr. gilt, wenn der AG ein BEM durchgeführt hat, ohne dabei jedoch die Möglichkeit der Weiterbeschäftigung auf einem anderen ggf. freizumachenden Arbeitsplatz zu prüfen (LAG D 30.1.2009 LAGE KSchG § 1 Krankheit Nr. 1). Dieser verschärften Darlegungslast unterliegt der AG indes nur, wenn bei der Durchführung eines BEM ein positives Erg. mögl. gewesen wäre. Kann diese Aussage nicht getroffen werden, erwächst dem AG auch aus dem Unterlassen eines BEM kein Nachteil im Hinblick auf seine Darlegungslast (BAG 23.4.2008 NZA-RR 2008, 515 Rn. 25; 30.9.2010 NZA 2011, 39 Rn. 35; 24.3.2011 NZA 2011, 992 Rn. 25; 20.11.2014 NZA 2015, 612 Rn. 39; 13.5.2015 NZA 2015, 1249 Rn. 28; s. a. *Joussen* DB 2009, 286, 288 ff.). Entspr. gilt, wenn der AG den AN ordnungsgemäß über die Ziele des BEM unterrichtet und dieser die Zust. zu dessen Durchführung verweigert hat (BAG 24.3.2011 NZA 2011, 992 Rn. 23 f.; 13.5.2015 NZA 2015, 1249 Rn. 26).

V. Einzelfälle krankheitsbedingter und anderer Störungen

Aids: Ist ein AN an Aids erkrankt, richtet sich die Kündigung nach den Voraussetzungen für personenbedingte Kündigungen wegen Krankheit (KR/*Griebeling/Rachor* Rn. 280; *Lepke* DB 1987, 1299; *Löwisch* DB 1987, 941). Allein die Tatsache, dass ein AN HIV-infiziert ist, rechtfertigt noch keine Kündigung, sofern sich aus der Tätigkeit des AN nicht die Gefahr der Infektion für Dritte ergibt. In einem derartigen Fall ist zu prüfen, ob eine Umsetzung in einen Bereich mögl. ist, in dem keine Gefahr für andere ausgeht (DDZ/*Deinert* Rn. 160; KR/*Griebeling/Rachor* Rn. 281; *Richardi* NZA 1988, 73, 78). Zur Hepatitis-Infektion s. *Lepke* DB 2008, 467 ff. 152

Alkohol und Drogensucht: Nach hA erfüllen die Tatbestände der Trunksucht und der Drogensucht die Voraussetzungen einer Krankheit, sofern die jeweiligen Leistungsausfälle Folge einer Abhängigkeit sind (BAG 9.4.1987 NZA 1987, 811, 812; 13.12.1990 EzA KSchG § 1 Krankheit Nr. 33). Für eine ordentl. Kündigung gelten deshalb dies. Grds. wie bei einer krankheitsbedingten Kündigung (BAG 20.12.2012 NZA-RR 2013, 627 Rn. 14, 22; LAG RP 6.9.2012 BeckRS 2012, 75868). Eine bes. Problematik ergibt sich bei der negativen Prognose. Bei **Alkoholabhängigkeit** gehört es zur Krankheit, dass der Abhängige annimmt, er könne die Sucht willentl. beherrschen. Von einer negativen Prognose kann deshalb nur ausgegangen werden, wenn dem Erkrankten klar gemacht worden ist, dass er sich zur evtl. Heilung einer **Entziehungskur** unterziehen muss, und er eine derartige Maßnahme abgelehnt hat (BAG 9.4.1987 NZA 1987, 811, 813; 20.3.2014 NZA 2014, 602 Rn. 15; DDZ/*Deinert* Rn. 165; KR/*Griebeling/Rachor* Rn. 286). Hat der AN sich zu einer Entziehungskur bereit erklärt, hat der AG die Beendigung der Kur abzuwarten. Hatte diese keinen Erfolg, kommt eine personenbedingte Kündigung in Betracht (BAG 20.12.2012 NZA-RR 2013, 627 Rn. 36; s. dazu *Fleck/Körkel* BB 1995, 722). Entspr. gilt, wenn dem AG der Nachw. gelingt, dass auch eine Entziehungskur keine Heilung bringen wird (LAG RP 20.3.2008 BeckRS 2008, 54813 [im konkreten Fall abgelehnt]). Hatte eine Entziehungskur zunächst Erfolg, reicht bei weiter vorhandener Therapiefähigkeit und -bereitschaft ein Rückfall als Kündigungsgrund nicht aus (LAG HM 4.9.2001 LAGE KSchG § 1 Krankheit Nr. 33), da dieser nicht automatisch eine negative Prognose rechtfertigt (LAG B 17.8.2009 LAGE KSchG § 1 Personenbedingte Kündigung Nr. 24; s. a. LAG B 5.9.2012 BeckRS 2012, 75041: einmaliger Alkoholkonsum während ambulanter Therapie). Trotz eingehender Belehrungen sind diese Kranken jedoch oft erst nach einer Kündigung bereit, sich einer Behandlung zu unterziehen. Diese nachträgl. Bereitschaft nach Zugang der Kündigungserkl. ändert aber nichts daran, dass zum Zpkt. der Kündigung von einer negativen Prognose auszugehen war, da zu diesem Zpkt. die Behandlungsbereitschaft nicht bestand (BAG 17.6.1999 NZA 1999, 1328, 1331; 7.11.2002 AP KSchG 1969 § 1 Krankheit Nr. 40). Die gleichen Erwägungen gelten bei einer **Drogensucht**, auch in den Fällen einer Nikotinabhängigkeit. Eine verhaltensbedingte Krankheit kommt bei Ausfällen infolge Alkoholgenusses nur in Betracht, wenn ein AN, der nicht mit Krankheitswert abhängig ist, alkoholbedingte Ausfälle zeigt (KR/*Griebeling/Rachor* Rn. 287). 153

Alter: Ein bestimmtes Alter allein ist kein personenbedingter Kündigungsgrund, da eine personenbedingte Kündigung eine **Leistungsstörung** voraussetzt. Liegt diese nicht vor, kann einem AN nicht allein deshalb gekündigt werden, weil er ein bestimmtes Alter erreicht hat (BAG 20.11.1987 NZA 1988, 617, 619; HHL/*Krause* Rn. 330; KR/*Griebeling/Rachor* Rn. 289; SPV/*Preis* Rn. 1235). Insb. ist allein die Erreichung des 65. Lebensjahres kein Grund für eine personenbedingte Kündigung, auch dann nicht, wenn der AN zum Bezug einer **Rente** berechtigt ist. Die Kündigung eines 65-jährigen AN kann jedoch gerechtfertigt sein, wenn dieser ein ges. Altersruhegeld beanspruchen kann und die Kündigung erfolgt, um einen vernünftigen Altersaufbau der Belegschaft zu erreichen (HHL/*Krause* Rn. 331; *Kienast* DB 1991, 1725); in diesem Fall liegt jedoch keine personenbedingte, sondern eine betriebsbedingte Kündigung vor und muss den für diese geltenden Grds. genügen (HHL/*Krause* Rn. 331; s. a. SPV/*Preis* Rn. 1235). 154

Aufenthaltstitel – Unzulässige Sonntagsarbeit: Wussten die vertragschließenden Parteien bei Abschluss des Arbeitsvertrags, dass dem AN ein Aufenthaltstitel fehlt und konnten sie nicht von 155 einer Beibringung bis zur beabsichtigten Arbeitsaufnahme ausgehen, so war der Arbeitsvertrag vor Inkrafttreten des SMG wegen Unmöglichkeit nichtig (so noch zur früheren Arbeitserlaubnis BAG 19.1.1977 AP AFG § 19 Nr. 3). Seit Geltung von § 311a BGB kann diese Ansicht nicht mehr aufrechterhalten werden. Ist einem ausl. AN der erforderl. Aufenthaltstitel versagt worden, führt das ebenfalls nicht zur Nichtigkeit des Arbeitsvertrags nach § 134 BGB. Die Folge ist vielmehr ein Beschäftigungsverbot, so dass der AN die Arbeitsleistung, zu der er sich verpflichtet hat, in Zukunft nicht mehr erbringen kann (BAG 16.12.1976 NJW 1977, 1608; 7.2.1990 NZA 1991, 341, 343; KR/*Griebeling/Rachor* Rn. 290). Das Fehlen oder Erlöschen des Aufenthaltstitels rechtfertigt eine personenbedingte Kündigung (HHL/*Krause* Rn. 334; SPV/*Preis* Rn. 1236). Ist über den Aufenthaltstitel noch nicht rkr. entschieden, ist für die soziale Rechtfertigung einer wegen Fehlens der Erlaubnis erklärten Kündigung darauf abzustellen, ob für den AG bei obj. Beurteilung zum Zpkt. des Zugangs der Kündigungserkl. mit der Erteilung in absehbarer Zeit zu rechnen war. Entscheidend ist weiter, dass der Arbeitsplatz für den AN ohne erhebl. betriebl. Beeinträchtigungen nicht freigehalten werden konnte (BAG 7.2.1990 NZA 1991, 341, 343). Ist ein AN in **Sonntagsarbeit** beschäftigt und geht er bei einem weiteren AG ein ArbVerh. von Montag bis Samstag ein, kann ihm das „SonntagsArbVerh." gekündigt werden, weil die Gewährung eines Ersatzruhetages (§ 11 Abs. 3 ArbZG) nicht mehr mögl. ist (BAG 24.2.2005 NZA 2005, 759, 760).

156 **Außerbetriebliche Umstände:** s. Eignungsmängel.

157 **Außerordentliche Kündigung:** s. Rn. 42.

158 **Berufsausübungserlaubnis:** Die Ausführungen zum Aufenthaltstitel (s. Rn. 155) gelten entspr. für andere Fälle einer ges. Berufsausübungserlaubnis, zB für Ärzte nach §§ 2, 10 Bundesärzteordnung (DDZ/*Deinert* Rn. 189; SPV/*Preis* Rn. 1237; s. allg. BAG 21.4.2016 NZA 2016, 941 Rn. 45). Verliert eine Lehrkraft die **Lehrbefähigung** (zB Entzug der missio canonica) kommt ebenfalls eine personenbedingte Kündigung in Betracht (wie hier KR/*Griebeling/Rachor* Rn. 292; **aA** BAG 17.5.1984 NZA 1985, 489, 490: Mischtatbestand zwischen personenbedingter und betriebsbedingter Kündigung; s. a. Rn. 176). Wird die **Fluglizenz** eines Verkehrsflugzeugführers ungültig, kann dies ebenfalls eine personenbedingte Kündigung rechtfertigen (BAG 31.1.1996 NZA 1996, 819, 820 f.). Entspr. gilt, wenn nach § 7 LuftSiG die notwendige Zuverlässigkeit aberkannt wird (LAG K 10.6.2010 BeckRS 2010, 74583). Bei Piloten obliegt die Entsch. über die Rechtmäßigkeit des Verfahrens und der Bewertung der Überprüfungsflüge allein dem Luftfahrtbundesamt und nicht den ArbG. Besteht die Aussicht, dass ein Pilot die Erneuerung seiner Flugerlaubnis in absehbarer Zeit erreichen kann, hat die Fluggesellschaft vor einer Kündigung ihm hierzu idR die Gelegenheit zu geben (BAG 7.12.2000 AP KSchG 1969 § 1 Personenbedingte Kündigung Nr. 23 u. 24). Bei Gemeindereferenten der kath. Kirche führt der **Entzug der kanonischen Beauftragung** durch den zust. Bischof zur Unmöglichkeit, die Arbeitsleistung zu erbringen, und kann eine personenbedingte Kündigung rechtfertigen (BAG 10.4.2014 NZA 2014, 653 Rn. 25 ff.). Entspr. kommt bei einer Lehrkraft in Betracht, wenn die zust. Landesschulbehörde nach Maßgabe des Schulrechts eine Untersagungsvfg. erlässt und diese bestandkräftig oder sofort vollziehbar ist (LAG NI 24.1.2014 BeckRS 2014, 66083). Wird gegen einen AN ein **Beschäftigungsverbot** verhängt, dann kann er die vertragl. geschuldete Leistung – nicht anders als bei fehlender Berufsausübungserlaubnis – nicht mehr erbringen; dies kann eine personenbedingte Kündigung rechtfertigen (s. zum Beschäftigungsverbot nach § 34d Abs. 4 WpHG *Heitmann* RdA 2017, 166, 167 f.).

159 **Betriebs- oder Geschäftsgeheimnis:** Verletzt der AN die Verschwiegenheitspflicht und offenbart insb. ein Betriebs- oder Geschäftsgeheimnis, kommt idR eine verhaltensbedingte Kündigung in Betracht (s. dazu BGB § 626 Rn. 154). Eine personenbedingte Kündigung ist demggü. gerechtfertigt, wenn ein AN, der eine gewisse Vertrauensstellung einnimmt, den Inhaber eines Konkurrenzunternehmens heiratet oder sich eine Verwandtschaft oder enge Freundschaft herausstellt. Voraussetzung ist allerdings, dass konkrete Tatsachen die Sicherheitsbedenken des AG rechtfertigen (BAG 28.2.1963 NJW 1963, 1566; 26.10.1978 NJW 1979, 2063).

160 **Eheschließung und Ehescheidung:** Eine Eheschließung oder eine Ehescheidung berühren idR das ArbVerh. nicht. Sog. Zölibatsklauseln sind demnach im Allg. wegen Verstoßes gegen Art. 6 I GG unwirksam (BAG 10.5.1957 AP GG Art. 6 I Ehe und Familie Nr. 1). Eine Eheschließung kann bedeutsam werden in Zusammenhang mit **Sicherheitsbedenken** (s. Rn. 159). Ebenso bestehen bei Eheschließungen und Ehescheidungen Ausnahmen bei AN **kirchl. Einrichtungen,** wenn dadurch gegen fundamentale Grds. der kirchl. Glaubens- und Sittenlehre verstoßen wird (BVerfG 4.6.1985 NJW 1986, 367; BAG 18.11.1986 AP GG Art. 140 Nr. 35; 25.5.1988 AP GG Art. 140 Nr. 36: Heirat eines geschiedenen Partners; 8.9.2011 NZA 2011, 444 Rn. 19: Wiederheirat eines AN [dazu BVerfG 22.10.2014 NZA 2014, 1387 ff.]; *Richardi* S. 51 ff.; *Rüthers* NJW 1976, 1918 ff.; *ders.* NJW 1986, 356 ff.), s. iÜ Rn. 173 ff. zu den Besonderheiten beim Tendenzbetrieb. Scheitert eine Ehe, bei der der eine Ehegatte AN des anderen ist, ist die Kündigung des Ehegatten im Hinblick auf die Scheidung nur gerechtfertigt, wenn sich die Fortsetzung der ehel. Streitigkeiten negativ auf das ArbVerh. auswirkt (BAG 9.2.1995 NZA 1996, 249, 251).

161 **Ehrenamt**: Die Übernahme einer ehrenamtl. Tätigkeit (zB Mitgliedschaft im Gemeinderat, Betreuer, Schöffe) rechtfertigt eine personenbedingte Kündigung nicht, auch wenn mit der Ausübung der Tätigkeit Versäumnisse der AZ eintreten. Eine Kündigung würde insoweit gegen das Maßregelungsverbot

(§ 612a BGB) verstoßen (DDZ/*Deinert* Rn. 185; KR/*Griebeling/Rachor* Rn. 302; iE a. HHL/*Krause* Rn. 349). Es ist außerdem stets zu prüfen, ob Bundes- oder LandesG ausdr. ein Kündigungsverbot regeln (BAG 30.6.1994 NZA 1995, 426).

Eignungsmängel: Fehlende Eignung, und zwar sowohl fachl. als auch pers. Art, die nicht durch ein Verschulden verursacht worden ist, rechtfertigt eine personenbedingte Kündigung (BAG 29.7.1976 AP KSchG 1969 § 1 Verhaltensbedingte Kündigung Nr. 9; 15.8.1984 NJW 1985, 2158). Voraussetzung ist allerdings stets, dass die pers. Ungeeignetheit des AN nicht auf ein steuerbares Verhalten zurückzuführen ist (LAG SH 27.11.2008 BeckRS 2009, 51333). Lässt sich die Ursache der Arbeitsmängel nicht eindeutig klären, ist vor der Kündigung eine Abmahnung erforderl. (BAG 29.7.1976 AP KSchG 1969 § 1 Verhaltensbedingte Kündigung Nr. 9; 18.1.1980 AP KSchG 1969 § 1 Verhaltensbedingte Kündigung Nr. 3), so zB, wenn sich der AG darauf beruft, der AN sei seinen Führungsaufgaben nicht gewachsen, da dieser Mangel auf unterschiedl. Ursachen beruhen kann (LAG SH 27.11.2008 BeckRS 2009, 51333). Die Notwendigkeit einer vorherigen Abmahnung entfällt, wenn feststeht, dass es sich um einen nicht behebbaren Dauermangel handelt. Zur Kündigung (auch verhaltens- oder betriebsbedingt) wegen mangelhafter Kenntnisse s. *Hunold* NZA 2000, 802 ff. **Außerbetriebl. Tatsachen** können als Eignungsmangel nur bedeutsam sein, wenn diese die Durchführung des ArbVerh. konkret beeinträchtigen, also praktisch zu einer Schlechtleistung führen. Hierzu kann die nicht durch eine Notlage verursachte Verschuldung eines in einer Vertrauensstellung tätigen AN zu rechnen sein, wenn diese zu häufigen Lohnpfändungen führt und sich aus Art und Höhe der Schulden ergibt, dass der AN voraussichtl. noch längere Zeit in ungeordneten wirtschaftl. Verhältnissen leben wird (BAG 15.10.1992 BeckRS 1992, 30742857). Ein Eignungsmangel kann auch eintreten, wenn die technische Entwicklung dergestalt am AN vorbeigeht, dass er ohne konkretisierbares Verschulden die Eignung für die Tätigkeit verliert, zu der er sich vertragl. verpflichtet hat (*Ascheid* Rn. 386). Hat er trotz eines entspr. Hinweises eine ihm angetragene **notwendige Fortbildung** unterlassen, so dass er dadurch die Eignung verliert, kommt eine verhaltensbedingte Kündigung in Betracht. 162

Bei den in Rn. 162 genannten Fallkonstellationen ist jedoch genau zu prüfen, ob das vom AN jetzt Verlangte noch vom Arbeitsvertrag umfasst ist. Haben sich die Anforderungen an einen Arbeitsplatz so geänd., dass der urspr. Arbeitsvertragsinhalt die neue Verrichtung nicht mehr abdeckt, ist die geschuldete Beschäftigungsmöglichkeit entfallen. Der AG könnte dann uU betriebsbedingt kündigen (vgl. *A. Hueck* Anm. RAG ARS 20, 98). Führt der AN die arbeitsvertragl. übernommenen Aufgaben korrekt aus und stellt der AG erst im Lauf des ArbVerh. bestimmte Qualifikationsanforderungen auf, ist das Fehlen der nunmehr angeforderten Qualifikation kein personenbedingter Kündigungsgrund. Es kommt allein darauf an, ob der AN die geschuldete Leistung voll erbringt. Anders ist zu entscheiden, wenn die zu erledigenden Aufgaben sich so geänd. haben, dass diese nur noch mit einer anderen Qualifikation erledigt werden können. 163

Fahrerlaubnisentzug: Ist dem AN wegen Trunkenheit am Steuer auf einer Privatfahrt die Fahrerlaubnis vorübergehend entzogen worden, und kann er deshalb seine arbeitsvertragl. Verpflichtungen als Kraftfahrer vorübergehend nicht erfüllen, ist eine Kündigung sozial nur gerechtfertigt, wenn keine andere Beschäftigungsmöglichkeit, die das Innehaben der Fahrerlaubnis nicht voraussetzt, besteht (BAG 18.12.1986 NZA 1987, 377; 16.8.1990 BeckRS 1990, 30734838). Zur **Fluglizenz** s. Rn. 158. Auf den Entzug einer betriebl. Fahrerlaubnis kann eine personenbedingte Kündigung jedoch nicht gestützt werden (BAG 5.6.2008 AP BGB § 626 Nr. 212). 164

Gewissensentsch.: Sieht sich der AN auf Grund einer Gewissensentsch. gehindert, die geschuldete Leistung zu erbringen, kann dies eine personenbedingte Kündigung rechtfertigen (BAG 24.5.1989 NZA 1990, 144, 146). Zuvor ist jedoch zu prüfen, ob bei Respektierung der Überzeugung des AN eine andere Beschäftigungsmöglichkeit für ihn besteht, denn der AG hat einen ihm offenbarten Gewissenskonflikt iRd. billigen Ermessens nach § 106 S. 1 GewO zu berücksichtigen (s. a. BAG 24.2.2011 NZA 2011, 1087 Rn. 16 ff.). Da Gewissensentsch. nicht objektiviert werden können, ist der subj. Gewissenskonflikt maßgebend (s. näher GG Art. 4 Rn. 60 ff., 71; BGB § 611a Rn. 687). Hierfür muss der AN darlegen, ihm sei wegen einer aus einer spezifischen Sachlage folgenden Gewissensnot heraus nicht zuzumuten, die an sich vertragl. geschuldete Leistung zu erbringen. Lässt sich aus den festgestellten Tatsachen im konkreten Fall ein Gewissenskonflikt ableiten, unterliegt die Relevanz und Gewichtung der Gewissensbildung keiner gerichtl. Kontrolle (BAG 24.2.2011 NZA 2011, 1087 Rn. 34). Verbietet § 106 S. 1 GewO die Zuweisung einer bestimmten Arbeit, ist die Tatsache der Nichterbringung der Leistung eine Störung, die der Person des AN zuzurechnen ist. Besteht keine andere Beschäftigungsmöglichkeit, kann der AG kündigen (BAG 20.12.1984 NZA 1986, 21, 23; 24.5.1989 NZA 1990, 144, 146; 24.2.2011 NZA 2011, 1087 Rn. 42; HHL/*Krause* Rn. 358). Kein Leistungsverweigerungsrecht steht dem AN idR zu, wenn er bei Abschluss des Vertrags wusste, welche Tätigkeiten er zu verrichten haben wird (BAG 20.12.1984 NZA 1986, 21, 22; 24.2.2011 NZA 2011, 1087 Rn. 29). Trägt eine Verkäuferin in einem Kaufhaus aus religiösen Gründen ein Kopftuch, kann das eine Kündigung rechtfertigen, wenn nicht hinnehmbare Störungen die unternehmerische Betätigung des AG beeinträchtigen, die er jedoch konkret darlegen muss (BAG 10.10.2002 NZA 2003, 483, 486). Ebenso kann es eine ordentl. (personenbedingte) Kündigung rechtfertigen, wenn ein AN wegen eines von ihm offenbarten Glaubenskonflikts den Umgang mit alkoholhaltigen Produkten 165 verweigert und keine alternativen Beschäftigungsmöglichkeiten bestehen (BAG 24.2.2011 NZA 2011, 1087 Rn. 41 ff.).

166 **Kirchliche AN:** s. Tendenzbetrieb.

167 **Leistungsunfähigkeit oder Leistungsminderung:** Wird die Leistung unverschuldet nicht voll erbracht oder vermindert sich die Leistungsfähigkeit, gelten die gleichen Erwägungen wie die bei Eignungsmängeln (s. Rn. 162). Die Gründe hierfür können alters- oder krankheitsbedingt sein (BAG 5.8.1976 AP KSchG 1969 § 1 Krankheit Nr. 1; 26.9.1991 NZA 1992, 1073, 1075). Außerdem kann der AG nur eine „individuelle Normalleistung" verlangen (BAG 17.1.2008 NZA 2008, 693 Rn. 14 ff.; DDZ/*Deinert* Rn. 206). Leistungsmängel sind daher kündigungsrechtl. erst relevant, wenn sich diese signifikant vom Leistungsniveau der zwar unter dem Durchschnitt liegenden, aber noch hinreichend leistungsfähigen AN abheben (BAG 11.12.2003 NZA 2004, 784: Unterschreitung der Durchschnittsleistung um 40 bis 50 vH über mehr als ein Jahr; 17.1.2008 NZA 2008, 693 Rn. 26: Fehlerquote von ca. dem Dreifachen des Durchschnitts; s. a. LAG HM 25.9.2012 LAGE KSchG § 1 Personenbedingte Kündigung Nr. 26; LAG K 17.10.2006 NZA-RR 2007, 294; LAG BW 6.9.2006 BB 2007, 1228; 23.2.2010 BeckRS 2011, 65963; LAG N 12.6.2007 NZA-RR 2008, 178, 179; LAG RP 25.3.2014 LAGE KSchG § 1 Personenbedingte Kündigung Nr. 27; LAG SH 27.5.2008 NZA-RR 2008, 573, 574 f.; 24.2.2010 NZA-RR 2010, 467 f.; *Friemel/Walk* NJW 2010, 1557 ff.). Bei einer völligen Erfolglosigkeit des AN im Akquisitionsgeschäft ist seine Ungeeignetheit anzunehmen (BAG 3.6.2004 NZA 2004, 1380, 1383). Beruft sich ein AN auf ein Leistungsverweigerungsrecht wegen einer Pflichtenkollision (berufstätige Eltern einigen sich nicht, wer das erkrankte Kleinkind versorgen soll), kann eine personenbedingte Kündigung in Betracht kommen, wenn die Eltern den Konflikt nicht umgehend durch das Familiengericht klären lassen (s. dazu BAG 21.5.1992 NZA 1993, 115, 117). Allein die von einer dt. Berufsgenossenschaft dem AN auf Grund eines Arbeitsunfalls anerkannte Minderung der Erwerbsfähigkeit besagt noch nicht, dass der AN auch in Bezug auf sein konkretes ArbVerh. leistungsgemindert ist (LAG HM 16.10.2000 LAGE KSchG § 1 Nr. 12). Eine längerfristige deutl. Überschreitung der durchschnittl. Fehlerquote kann neben der pers. Eignung auch ein Anhaltspunkt für eine vorwerfbare **Verletzung vertragl. Pflichten** sein (BAG 17.1.2008 NZA 2008, 693 Rn. 15 f.). Dies setzt jedoch zusätzl. voraus, dass der AN seine pers. Leistungsfähigkeit nicht ausgeschöpft hat. Hierfür liefert die Unterdurchschnittlichkeit der Arbeitsergebnisse ledigl. ein Indiz (s. BAG 27.11.2008 NZA 2009, 842 Rn. 25; LAG SH 24.2.2010 NZA-RR 2010, 467 f: ungewöhnl. Kassendifferenzen; s. a. LAG HE 10.7.2012 BeckRS 2012, 75047). Selbst wenn eine personenbedingte Kündigung keine vorherige erfolglose Abmahnung erfordert, gebietet der Grds. der Verhältnismäßigkeit, dass der AG den AN vor der Erkl. einer Kündigung auf sein Leistungsdefizit hinweist (LAG HM 25.9.2012 LAGE KSchG § 1 Personenbedingte Kündigung Nr. 26; LAG RP 25.3.2014 LAGE KSchG § 1 Personenbedingte Kündigung Nr. 27).

168 Ist der AN unverschuldet nicht mehr voll einsatzfähig, kann und will er aber noch **Teilleistungen** erbringen, setzt eine wirksame Kündigung voraus, dass keine Beschäftigungsmöglichkeit in dem Teilbereich besteht, den der AN sich vorstellt (BAG 12.7.1995 NZA 1995, 1100, 1101; s. a. BAG 21.4.2016 NZA 2016, 941 Rn. 35). Bei unkündbaren AN ist eine außerordentl. Kündigung nur gerechtfertigt, wenn eine den verbliebenen Fähigkeiten des AN genügende Arbeitsstelle nicht eingerichtet werden kann (BAG 12.7.1995 NZA 1995, 1100, 1101). Behauptet der AG, keine entspr. freien Stellen anbieten zu können, hat der AN substantiiert seine Einsatzmöglichkeit vorzutragen. Der AG hat sodann die fehlende Verwendungsmöglichkeit darzulegen (BAG 5.8.1976 AP KSchG 1969 § 1 Krankheit Nr. 1; 26.9.1991 NZA 1992, 1073, 1076).

169 **Loyalitätspflichten und Sicherheitsbedenken:** Im Bereich des öffentl. Dienstes, aber auch in der Privatwirtschaft kann es die unter Beachtung der staatl. Aufgabenstellung dem AN obliegende Funktion verlangen, dass dieser von seiner inneren Einstellung her die Werte vertritt oder zumindest nicht die Wertvorstellungen ablehnt, die er zu vermitteln hat. In der Rspr. spielt insb. die Zugehörigkeit zu verfassungsfeindl. Organisationen (zB DKP, NPD) eine Rolle. Eine Störung, die geschuldete Leistung erbringen zu können, ist in diesen Fällen nur anzunehmen, wenn auf Grund greifbarer Tatsachen feststeht, der AN werde die berechtigten Interessen des AG beeinträchtigen. Ein solcher Bezug liegt vor, wenn die Einstellung des AN die allg. Aufgabenstellung des öffentl. AG oder das konkrete Aufgabengebiet berührt. Der AN ist dann von seiner Person her nicht geeignet, die geschuldete Leistung zu erbringen (BVerfG 22.5.1975 E 39, 334; BAG 12.3.1986 NJW 1987, 1100; 20.7.1989 NJW 1990, 597; 28.9.1989 NJW 1990, 1196; 12.5.2011 NZA-RR 2012, 43 Rn. 23; 6.9.2012 NZA-RR 2013, 441 Rn. 15 ff.). Sind Sicherheitsfragen berührt (zB Arbeit in einem Atomkraftwerk), muss die vom AN ausgehende Gefahr für die Sicherheit konkret feststellbar sein. Soweit es um eine Vertrauensposition geht, können auch vor Beginn des ArbVerh. liegende, dem AG bei der Einstellung nicht bekannte Umstände und Ereignisse eine Kündigung rechtfertigen (s. insoweit zu einer außerordentl. Kündigung BAG 5.4.2001 NZA 2001, 954, 956). Wegen einer engen verwandtschaftl. Beziehung zu einem Konkurrenten des AG kommt eine personenbedingte Kündigung allenfalls dann in Betracht, wenn der AN eine Vertrauensstellung einnimmt und eine Gefährdung der Erbringung der arbeitsvertragl. Leistungspflichten hinzutritt (LAG HM 21.10.2014 BeckRS 2014, 74304).

170 **Schwerbehinderung:** Bei Erkrankung schwerbehinderter Menschen ist **§ 167 II SGB IX** (bis 1.1.2018: § 84 II SGB IX) zu beachten (s. a. Rn. 151a). Eine ordentl. Kündigung, die darauf gestützt

werden soll, dass die Leistung gestört ist infolge der Auswirkungen einer Schwerbehinderung oder wegen Leistungsausfällen infolge Erkrankung eines Schwerbehinderten, ist indes nicht erst dann rechtswirksam, wenn ein **BEM** nach § 167 II SGB IX (bis 1.1.2018: § 84 II SGB IX) durchgeführt worden ist (str. dazu SGB IX § 167 Rn. 1). Die Rspr. bewertet dieses jedoch als Bestandteil des Verhältnismäßigkeitsprinzips (so für die stRspr. BAG 12.7.2007 NZA 2008, 173 Rn. 41; 23.4.2008 NZA-RR 2008, 515 Rn. 25; 24.3.2011 NZA 2011, 992 Rn. 20) und berücksichtigt das Unterlassen eines BEM iRd. Darlegungslast des AG (s. Rn. 151a). Entspr. gilt für die Durchführung eines **Präventionsverfahrens nach § 167 I SGB IX** (bis 1.1.2018: § 84 I SGB IX) (s. BAG 7.12.2006 NZA 2007, 617 Rn. 27; 8.11.2007 NZA 2008, 471 Rn. 17; 24.1.2008 NZA-RR 2008, 405 Rn. 33). S. dazu a. *Arnold/Fischinger* BB 2007, 1894 ff.

Sozialversicherungspflicht: Eine nach Maßgabe der sozialversicherungsrechtl. Bestimmungen beste- 171
hende Befreiung von der Beitragspflicht steht mit der Fähigkeit des AN zur Erbringung der vertragl. geschuldeten Arbeitsleistung in keinem Zusammenhang, so dass der Wegfall des Befreiungstatbestands während des ArbVerh. kein personenbedingter Kündigungsgrund ist (BAG 18.1.2007 NZA 2007, 680 Rn. 19).

Straf- und Untersuchungshaft: Wird der AN zu einer Freiheitsstrafe verurteilt oder befindet er 172
sich in Untersuchungshaft und weist die der verletzten Strafvorschr. zu Grunde liegende Tat keinen Bezug zu einer arbeitsvertragl. Pflichtverletzung auf, kommt eine personenbedingte Kündigung in Betracht (BAG 25.11.2010 NZA 2011, 686 Rn. 13; 24.3.2011 NZA 2011, 1084 Rn. 13; 23.5.2013 NZA 2013, 1211 Rn. 21). Die Frage, wann eine ordentl. Kündigung gerechtfertigt sein kann, hängt von Dauer sowie Art und Ausmaß der betriebl. Auswirkungen ab (BAG 25.11.2010 NZA 2011, 686 Rn. 13; 24.3.2011 NZA 2011, 1084 Rn. 15; 23.5.2013 NZA 2013, 1211 Rn. 26). Je länger die Fehlzeit dauert, umso weniger sind dem AG **Überbrückungsmaßnahmen** iRd. Interessenabwägung zuzumuten; bei Freiheitsstrafe von mehr als zwei Jahren kommen diese idR nicht mehr in Betracht (BAG 25.11.2010 NZA 2011, 686 Rn. 23; 24.3.2011 NZA 2011, 1084 Rn. 23; 23.5.2013 NZA 2013, 1211 Rn. 37; LAG HH 1.7.2015 BeckRS 2015, 73149). Anders kann die Rechtslage zu beurteilen sein (verhaltensbedingte Kündigung), wenn der AN bei Begehung der Straftat billigend in Kauf genommen hat, wegen einer hohen Freiheitsstrafe wahrscheinl. für längere Zeit keine Arbeitsleistung erbringen zu können. Zur Mitteilungspflicht des AN BAG 26.3.2015 NJW 2016, 103 Rn. 24.

Straftat: Eine Straftat, die keinen Bezug zum ArbVerh. hat, kann eine personenbedingte Kündigung 173
nicht rechtfertigten. Anders ist die Rechtslage nur, wenn aus der „außerbetriebl." Straftat negative Ausstrahlungen auf die arbeitsvertragl. Beziehungen ausgehen. Soweit nicht bereits eine verhaltensbedingte Kündigung in Betracht kommt, ist eine personenbedingte zu erwägen (BAG 10.4.2014 NZA 2014, 1197 Rn. 26; KR/*Griebeling/Rachor* Rn. 390), so zB Verstoß einer Erzieherin gegen das BetäubungsmittelG (BAG 20.9.1984 NZA 1985, 285: außerbetriebl. Diebstahl eines Kassierers), außerbetriebl. Trunkenheitsdelikte eines Berufskraftfahrers (BAG 22.8.1963 NJW 1964, 74; 30.5.1978 NJW 1979, 332) oder Straftaten gegen die sexuelle Selbstbestimmung bei einem Erzieher. In Betracht kommt dies insb., wenn das ArbVerh. in bes. Maße durch Zuverlässigkeit und Vertrauenswürdigkeit geprägt ist, ohne dass sich jedoch generelle Wertungen treffen lassen (BAG 10.4.2014 NZA 2014, 1197 Rn. 26). Zu Straftaten öffentl. Bediensteter im Privatbereich BAG 28.10.2010 NZA 2011, 112 Rn. 19 ff.; 20.6.2013 NZA 2013, 1345 Rn. 14 ff.; 10.4.2014 NZA 2014, 1197 Rn. 26 sowie BGB § 626 Rn. 93.

Studierendeneigenschaft: Als **studentische Hilfskraft** kann nach § 6 WZVG sowie dem Hoch- 173a
schulrecht der Länder nur beschäftigt werden, wer als Studierender immatrikuliert ist (zB § 57 S. 2 LHG BW, § 33 II 2 HSG Nds.; ferner *Oetker* FS v. Hoyningen-Huene 2014 S. 335, 336 f.). Entfällt diese Voraussetzung infolge Exmatrikulation, so fehlt eine in der Person des AN begr. liegende Voraussetzung für eine Fortsetzung der Tätigkeit iRd. bisherigen ArbVerh., so dass idR eine personenbedingte Kündigung gerechtfertigt ist (BAG 18.9.2008 NZA 2009, 425 Rn. 23 ff.). Hierzu kann es indes nur kommen, wenn die idR vereinbarte Befristung rechtsunwirksam ist (dazu näher *Oetker* FS v. Hoyningen-Huene 2014 S. 335, 339 ff.). Die Notwendigkeit einer personenbedingten Kündigung entfällt, wenn die Exmatrikulation unter Wahrung der Schriftform (§ 21 iVm. § 14 IV TzBfG) als auflösende Bedingung in den Arbeitsvertrag aufgenommen worden ist, die jedoch bei wiss. Personal iSd. § 1 WZVG rechtl. zw. ist (s. APS/*Schmidt* § 1 WZVG Rn. 26).

Tendenzbetrieb: Der Kündigungsschutz besteht auch in Tendenzbetrieben (DDZ/*Deinert* Rn. 228; 174
dazu a. SPV/*Preis* Rn. 1679). Tendenzbetriebe sind solche, die unmittelbar oder überw. politischen, koalitionspolitischen, konfessionellen, karitativen, erzieherischen, wiss. oder künstlerischen Bestimmungen oder Zwecken der Berichterstattung oder Meinungsäußerung dienen (HHL/*Krause* Rn. 460). Tendenzbezogene Mängel liegen vor, wenn die vom Tendenzträger erbrachte Arbeitsleistung bzw. dessen pers. Eignung dem Tendenzzweck zuwider läuft (BAG 6.12.1979 AP KSchG 1969 § 1 Verhaltensbedingte Kündigung Nr. 2; 3.11.1982 NJW 1983, 1221). Tendenzmängel sind in der Praxis nicht nur im kirchl., sondern auch im gesellschaftl. Bereich bedeutsam (BAG 6.12.1979 AP KSchG 1969 § 1 Verhaltensbedingte Kündigung Nr. 2: kommunistische Betätigung einer Gewerkschaftssekretärin). Über den maßgebenden „Tendenzinhalt" entscheidet der Rechtsträger des Tendenzbetriebs (s. a. § 9 II AGG). Der AN gerät in Konflikt zur Ausrichtung des Tendenzbetriebs, in dessen Diensten er steht, wenn er seine Lebensführung hierauf nicht einstellt.

175 Bei **kirchl. Bediensteten** befindet die Kirche in eigener Zust. darüber, ob durch eine bestimmte Verhaltensweise ihre Glaubwürdigkeit, ihr Verkündungsauftrag, berührt wird, und was spezifisch diesen Bereichen zuzurechnen ist (s. GG Art. 4 Rn. 39 ff. sowie zul. EGMR 12.6.2014 NZA 2015, 533 Rn. 127 ff. – Martinez –; BVerfG 22.10.2014 NZA 2014, 1387 Rn. 112 ff. sowie nachfolgend den Vorlagebeschl. des BAG 28.7.2016 NZA 2017, 388 Rn. 32). Das Gericht prüft, ob die Kirche sich an ihre eigenen Vorgaben gehalten und nicht unverhältnismäßig gehandelt hat. Insoweit ist die Berechtigung der Kündigung nach den kündigungsschutzrechtl. Vorschr. zu beurteilen (BVerfG 4.6.1985 NJW 1986, 367; BAG 24.4.1997 NZA 1998, 145), bei deren Anwendung iRd. Interessenabwägung auch das Recht des AN in Art. 8 EMRK auf Achtung seines Privatlebens zu berücksichtigen ist (EGMR 23.9.2010 NZA 2011, 277, 279 f. – Obst –; 12.6.2014 NZA 2015, 533 Rn. 123 ff. – Martinez –; BAG 8.9.2011 NZA 2012, 444 Rn. 38 ff.; zum Wiedereinstellungsanspruch BAG 20.10.2015 NZA 2016, 299 ff.), das allerdings nicht auf sein Interesse an der Beibehaltung seines Arbeitsplatzes zu beschränken ist (EGMR 23.9.2010 NZA 2011, 279, 281 – Schüth). Die Kirche kann sich selbst binden, vor Ausspruch einer Kündigung ein bestimmtes Verfahren einzuhalten; verstößt sie hiergegen (zB durch unterbleibende vorherige Anhörung eines AN), ist eine entspr. Kündigung sozialwidrig (BAG 16.9.1999 AP GrO kath. Kirche Art. 4 Nr. 1).

176 Kirchl. AN geraten in Konflikte bei Entzug der kirchl. Lehrerlaubnis (BAG 25.5.1988 AP GG Art. 140 Nr. 36; 14.2.1991 BeckRS 1991, 30736482); bei Kirchenaustritten (BAG 23.3.1984 AP GG Art. 140 Nr. 16 [aufgeh. von BVerfG 4.6.1985 NJW 1986, 367]; 12.12.1984 NJW 1985, 2781; 25.4.2013 NZA 2013, 1131; LAG RP 2.7.2008 – 7 Sa 68/08); bei Tätigkeit für eine andere Glaubensgemeinschaft (BAG 21.2.2001 NZA 2001, 1136); beim Tragen eines islamischen Kopftuchs in kirchl. Einrichtung der ev. Kirche (BAG 24.9.2014 NZA 2014, 1407 Rn. 45 ff.); bei Nichtbeachtung ethischer Grds. (BAG 30.6.1983 NJW 1984, 1917), bei ärztl. Tätigkeit und Schwangerschaftsabbruch (BAG 21.10.1982 AP GG Art. 140 Nr. 14 – aufgeh. von BVerfG 4.6.1985 NJW 1986, 367); bei Verstoß eines Chefarztes gegen Kirchenrecht (BAG 7.10.1993 NZA 1994, 443); bei Heirat eines geschiedenen Partners (BAG 31.10.1984 NZA 1985, 215; 25.5.1988 RzK I 8g Nr. 13); Wiederheirat nach Scheidung (BAG 16.9.2004 AP BGB § 611 Kirchendienst Nr. 44: Kirchenmusiker; 8.9.2011 NZA 2012, 444: Chefarzt eines kath. Krankenhauses [dazu BVerfG 22.10.2014 NZA 2014, 1387 ff. sowie nachfolgend BAG 28.7.2016 NZA 2017, 388]); bei einer Lehrerin, die jahrelang heiml. Beziehungen zu einem Mönch als Leiter ihrer Schule unterhält (BVerfG 31.1.2001 NZA 2001, 717); bei einer privaten pornographischen Tätigkeit im Internet (ArbG Augsburg 22.10.2014 BeckRS 2014, 73153); zum Ehebruch als Kündigungsgrund bei Mormonen s. BAG 24.4.1997 NZA 1998, 145 (gebilligt von EGMR 23.9.2010 NZA 2011, 277, 278 f. – Obst –; abw. aber für die katholische Kirche EGMR 23.9.2010 NZA 2011, 279, 281 f. – Schüth –, wegen unzureichender Äbwägung durch die ArbG [s. a. BAG 8.9.2011 NZA 2012, 444, aufgeh. durch BVerfG 22.10.2014 NZA 2014, 1387; BAG 28.7.2016 NZA 2017, 388; s. ferner LAG HM 14.6.2013 BeckRS 2014, 70949). Bei Vertragsstörungen ist präzise zwischen personen- und verhaltensbedingten Gründen zu differenzieren. Bei Tendenzkonflikten kann eine verhaltensbedingte Kündigung in Betracht kommen, wenn der AN nicht nur eine abw. Tendenz vertritt, sondern diese provokant und verletzend umsetzt (s. *Ascheid* Rn. 463).

177 **Verdachtskündigung:** s. BGB § 626 Rn. 173 ff.

178 **Wehrdienst:** Zu Wehr- und Eignungsübung dt. AN s. § 2 ArbPlSchG. Ein ges. Arbeitsplatzschutz besteht nicht bei EU-Ausländern. Eine Pflichtenkollision, die auf eine Willensentsch. des AN zurückzuführen ist, liegt hier vor, wenn ein ausl. AN, auf den wegen seiner Staatsangehörigkeit das ArbPlSchG nicht anzuwenden ist, sich in zu respektierender Treue zu seinem Staat dazu entschließt, nicht den Vertrag ggü. seinem AG, sondern die staatsbürgerl. Pflicht ggü. seinem Staat zu erfüllen. Fällt die Arbeitsleistung dadurch für eine längere Zeit aus, kann der AG, sofern keine zumutbaren Überbrückungsmaßnahmen mögl. sind, aus einem personenbedingten Grund kündigen (BAG 22.12.1982 NJW 1983, 2782; 20.5.1988 NZA 1989, 464, 466; KR/*Griebeling/Rachor* Rn. 394; *Winterfeld* SAE 1990, 261).

VI. Beweislastfragen

179 Für personenbedingte Kündigungen gilt die Grundregel des § 1 II 4. Danach ist der AG beweispflichtig für die negative Prognose (s. Rn. 114 ff.), die erhebl. Beeinträchtigung betriebl. Interessen und die fehlende Weiterbeschäftigungsmöglichkeit (s. a. Rn. 106 sowie *Lepke* Rn. 288 ff., 290 ff.). Bei der personenbedingten Kündigung wegen **Krankheit** ist zu unterscheiden, ob der AG die Ursache der Erkrankung und die spezifisch zu erwartenden Auswirkungen kennt oder nicht (s. Rn. 119, 121). Gibt der AN keine Auskünfte, legt der AG die negative Prognose dar, indem er auf die Fehlzeiten der Vergangenheit hinweist und behauptet, der störende Zustand werde fortbestehen. Gibt der AN Auskunft, ist idR ein medizinisches Gutachten einzuholen. Hat der AN in eine Untersuchung eingewilligt und der untersuchende Arzt ausgeführt, der AN sei auf absehbare Zeit nicht arbeitsfähig, fehlt aber die Angabe der Krankheitsursache, weil insoweit eine Entbindung von der Schweigepflicht nicht vorlag, ist es unerhebl., wenn der AN im Prozess den Arzt nunmehr von der Schweigepflicht entbindet. Entscheidend ist, dass zum Zpkt. des Zugangs der Kündigung die Leistungsunfähigkeit feststand (BAG 6.2.1992 BeckRS 1992, 30740083; 7.11.2002 AP KSchG 1969 § 1 Krankheit Nr. 40). Die Beweisan-

forderungen für die Feststellung der nicht absehbaren Dauer der AU können nicht mit Hilfe des **Anscheinsbeweises** erleichtert werden, da es keinen Erfahrungssatz gibt, aus der lang anhaltenden Dauer der AU in der Vergangenheit auf eine negative gesundheitl. Konstitution in der Zukunft zu schließen (BAG 25.11.1982 NJW 1983, 2897; s. a. *Lepke* Rn. 281 ff.). Ist eine ordentl. Kündigung aus Anlass einer krankheitsbedingten Unterbrechung tarifvertragl. ausgeschlossen, kann eine Kündigung unmittelbar nach Wiederaufnahme der Arbeit dafür sprechen, dass diese wegen der Arbeitsunterbrechung erklärt wurde (BAG 5.2.1998 NZA 1998. 644).

Die angeführten Grds. gelten auch für Kündigungen bei häufigen Kurzerkrankungen. Deren Auf- 180 treten in der Vergangenheit kann zunächst für einen entspr. Krankheitsverlauf in der Zukunft sprechen. Den AN trifft dann nach § 138 II ZPO eine prozessuale Mitwirkungspflicht, näher darzulegen, weshalb die Besorgnis weiterer Kurzerkrankungen unberechtigt sein soll (BAG 7.11.2002 AP KSchG 1969 § 1 Krankheit Nr. 40). Sind dem AN Krankheitsbefund und vermutl. Entwicklung selbst nicht hinreichend bekannt, genügt der AN seiner Mitwirkungspflicht schon dann, wenn er die Behauptung des AG bestreitet und die ihn behandelnden Ärzte von ihrer Schweigepflicht entbindet (BAG 23.6.1983 NJW 1984, 1836; 7.11.2002 AP KSchG 1969 § 1 Krankheit Nr. 40; 20.11.2014 NZA 2015, 612 Rn. 17; s. a. BAG 8.5.2014 NZA 2014, 1356 Rn. 30 f.; 13.5.2015 NZA 2015, 1249 Rn. 35). Trägt er selbst konkrete Umstände (zB Krankheitsursachen) vor, so müssen diese geeignet sein, die Indizwirkung der bisherigen Fehlzeiten zu erschüttern (BAG 7.11.2002 AP KSchG 1969 § 1 Krankheit Nr. 40); er muss jedoch nicht den Gegenbeweis führen, dass künftig nicht mit weiteren Erkrankungen zu rechnen ist (BAG 6.9.1989 NZA 1990, 307, 308).

Stehen die in der Vergangenheit angefallenen krankheitsbedingten Fehlzeiten des AN, ihre jeweilige 181 Dauer und ihre Ursache fest, hat der Tatrichter nach § 286 ZPO zu entscheiden, ob diese Umstände die Annahme entspr. Ausfälle in der Zukunft rechtfertigen. Beantragt der AN die Vernehmung seiner behandelnden Ärzte als sachverständige Zeugen nur für die Krankheitsursachen und nicht auch für die von ihm behauptete positive Gesundheitsprognose, ist der Tatrichter im Rahmen seines Ermessens nach § 144 ZPO nur dann zur Erhebung des Sachverständigenbeweises verpflichtet, wenn ihm die Sachkunde zur Prüfung fehlt, ob der bisherige Krankheitsverlauf ausreichende Indizien für eine negative Prognose enthält (BAG 6.9.1989 NZA 1990, 307, 308). Für die negative Prognose dürfen weitere Umstände, die erst nach Zugang der Kündigung eingetreten sind, nicht berücksichtigt werden (BAG 6.9.1989 NZA 1990, 307, 308; 7.11.2002 AP KSchG 1969 § 1 Krankheit Nr. 40; s. a. Rn. 115). Als derartige „neue" Umstände kommen zB das Antreten einer bisher abgelehnten Kur sowie die Umstellung der Lebensführung in Betracht (s. a. BAG 7.11.2002 AP KSchG 1969 § 1 Krankheit Nr. 40).

Bezgl. der **fehlenden Weiterbeschäftigungsmöglichkeit** kommt der AG seiner Darlegungslast zu- 181a nächst durch die pauschale Behauptung nach, dass derartige Beschäftigungsmöglichkeiten fehlen. Sodann obliegt es dem AN, das Bestehen einer alternativen Beschäftigungsmöglichkeit konkret vorzutragen (BAG 20.11.2014 NZA 2015, 612 Rn. 25). Anges. des idR fehlenden Einblicks des AN in die gesamte Betriebsorganisation kommt er seiner Darlegungslast auch dann ausreichend nach, wenn er keine konkreten Arbeitsplätze benennt, auf denen er beschäftigt werden könnte (s. BAG 30.9.2010 NZA 2011, 39 Rn. 14; 20.6.2013 NZA 2013, 1345 Rn. 22). Erst im Anschluss obliegt dem AG der Vortrag, warum der AN auf den alternativen Beschäftigungsmöglichkeiten nicht beschäftigt werden kann (BAG 20.6.2013, NZA 2013, 1345 Rn. 22; 20.11.2014 NZA 2015, 612 Rn. 25).

VII. Druckkündigung, Entlassungsverlangen

Unter einer Druckkündigung versteht die Rspr. einmal eine Situation, in der ein betroffener AN 182 einen mögl. Kündigungsgrund verursacht hat, auf den sich **andere AN oder Dritte berufen**, damit der AG dem betroffenen AN kündige (**„unechte Druckkündigung"**; s. a. BGB § 626 Rn. 186 ff.). In einem derartigen Fall ist die als Kündigungsgrund angeführte Drucksituation alternativ als personen-, verhaltens- oder betriebsbedingter Kündigungsgrund zu würdigen (BAG 19.6.1986 NZA 1987, 21, 22; 31.1.1996 NZA 1996, 581, 584; 19.7.2016 NZA 2017, 116 Rn. 26). Diese „Druckkündigung" unterscheidet sich nicht von der personen-, verhaltens- oder betriebsbedingten Kündigung. Darüber hinaus bejaht die Rspr. eine Druckkündigung auch für den Fall, dass der AG durch Eignungsmängel oder verhaltensbedingte Gründe des AN in eine betriebl. Drucksituation gerät, die ihm die Ausführung weiterer Aufträge nicht mehr ermöglicht, und erwägt für derartige Fälle auch die Möglichkeit einer betriebsbedingten Kündigung (**„echte Druckkündigung"**; s. BAG 18.7.2013 NZA 2014, 109 Rn. 39; 19.7.2016 NZA 2017, 116 Rn. 28; 15.12.2016 NZA 2017, 500 Rn. 11).

Eine echte Druckkündigung liegt vor, wenn die Belegschaft oder Dritte die Kündigung eines AN 183 verlangen, **ohne dass ein Kündigungsgrund nachweisbar wäre**, und für den Fall, dass dies nicht geschieht, dem AG nachteilige Schritte androhen, zB Eigenkündigungen der AN oder Nichterteilung eines wichtigen Auftrags durch Kunden (BAG 26.1.1962 NJW 1962, 1413; 4.10.1990 NZA 1991, 468, 469; 18.7.2013 NZA 2014, 109: Versagung einer Verlustübernahmeerkl.). Bei dieser Ausprägung einer Druckkündigung sind in der Praxis zwei Fallkonstellationen denkbar: Der betr. AN, dessen Entlassung verlangt wird, hat entweder ein **Verhalten** gezeigt, das Dritte zu ihrem Druck veranlasst hat, oder es liegt ein **Grund in seiner Person** vor, der den Druck ausgelöst hat. Würden Dritte willkürl. verlangen, einem bestimmten AN zu kündigen – ein Fall, den es in der Praxis nicht geben wird – wäre eine Kündigung nicht zu rechtfertigen (BAG 19.6.1986 NZA 1987, 21, 22; HHL/*Krause* Rn. 343). Es ist bedenkl., eine derartige Kündigung überhaupt für zulässig zu erachten (so SPV/*Preis* Rn. 970; DDZ/*Deinert* Rn. 350; krit. a. LAG BW 26.8.2016 BeckRS 2016, 72971). Die Rspr. lässt Druckkündigungen als äußerste „Notmaßnahme" zwar zu, verwehrt es dem AG aber, sich auf eine **Drucksituation** zu berufen, die er selbst in vorwerfbarer Weise herbeigeführt hat (BAG 26.1.1962 NJW 1962, 1413; 18.7.2013 NZA 2014, 109 Rn. 39, 46; 19.7.2016 NZA 2017, 116 Rn. 28; zum Sonderfall einer ggü. einer ausl. Aufsichtsbehörde eingegangenen Verpflichtung zur Kündigung LAG HE 13.7.2016 BeckRS 2016, 106752). Wird die Druckkündigung in einem derartigen Fall dennoch unabwendbar, ist der AG dem AN gem. § 280 I BGB schadensersatzpflichtig (s. a. Rn. 8).

184 Die Einordnung der echten Druckkündigung in das System der Kündigungsgründe ist umstr., wenn sich hieraus auch keine Rechtsanwendungsprobleme ergeben. Wenn die betriebsbedingte Kündigung beschränkt wird auf den Wegfall oder die Änd. von Beschäftigungsmöglichkeiten (s. Rn. 215 f.), ist die Druckkündigung der personenbedingten Kündigung zuzurechnen (s. a. SPV/*Preis* Rn. 970; **aA** BAG 18.7.2013 NZA 2014, 109 Rn. 40 ff.; LAG BW 26.8.2016 BeckRS 2016, 72971; LAG HE 13.7.2016 BeckRS 2016, 106752: betriebsbedingte Kündigung; offen BAG 19.7.2016 NZA 2017, 116 Rn. 28). Der Druck auf den AG setzt immer an der Person des AN an, der entlassen werden soll, ohne dass er sich aus Sicht des AG kündigungsrelevant verhalten hätte. Außerdem ist der Grund auf eine bestimmte Person konkretisiert. Eine Sozialauswahl ist nicht denkbar (HHL/*Krause* Rn. 346). Hat der AN einen Kündigungsgrund gesetzt und soll ihm wegen dieses Umstandes (zB autoritärer Führungsstil, Mobbing von Mitarbeitern) gekündigt werden, richtet sich die Abwicklung der Druckkündigung nach den übl. Regelungen des KSchG (BAG 31.1.1996 NZA 1996, 581, 584).

185 Der AG muss bei einem auf ihn ausgeübten Druck zunächst versuchen, die **Kündigung abzuwenden**. Nur wenn seine Bemühungen keinen Erfolg haben, kommt eine Druckkündigung in Betracht. Hat er nichts unternommen, um die Belegschaft umzustimmen, ist eine außerordentl. Druckkündigung schon deshalb unwirksam (BAG 18.9.1975 AP BGB § 626 BGB Druckkündigung Nr. 10; 19.6.1986 RzK I 8d Nr. 3; 18.7.2013 NZA 2014, 109 Rn. 39; 19.7.2016 NZA 2017, 116 Rn. 28, 38; 15.12.2016 NZA 2017, 500 Rn. 11; LAG BW 26.8.2016 BeckRS 2016, 72971; LAG SH 20.3.2012 BB 2012, 1862 Rn. 28). Der AG verliert sein Kündigungsrecht nicht, wenn er Vorwürfe nicht aufklärt, die von dritter Seite gegen einen AN erhoben werden, ohne dass jedoch zunächst die Entlassung dieses AN gefordert wird (BAG 10.2.1977 NJW 1977, 1413). Verlangt die Belegschaft die Kündigung eines HIV-infizierten AN, so hat der AG mit allen ihm zur Vfg. stehenden mögl. und zumutbaren Mitteln zu versuchen, die Drucksituation zu beseitigen; hierzu kann auch das Angebot eines Mediationsverfahrens gehören, wenn begr. Aussicht auf einvernehml. Beilegung des Konflikts besteht (BAG 19.7.2016 NZA 2017, 116 Rn. 33 ff.; LAG HM 16.10.2015 BeckRS 2015, 73265). Nur wenn ihm unbillige und für den Betrieb unzumutbare Nachteile erwachsen, er wirtschaftl. schwer geschädigt oder gar in seiner Existenz bedroht ist (zB durch Androhung von Kunden oder Geschäftspartnern, die Geschäftsbeziehungen abzubrechen), ist er zu einer Druckkündigung berechtigt (BAG 18.7.2013 NZA 2014, 109 Rn. 39; 19.7.2016 NZA 2017, 116 Rn. 28; HHL/*Krause* Rn. 344; *Bruns* MDR 1988, 353; *Lepke* DB 1987, 1299, 1301; *Löwisch* DB 1987, 936, 942; s. a. LAG HE 13.7.2016 BeckRS 2016, 106752; LAG RP 20.10.2009 BeckRS 2010, 66922; ArbG K 13.2.2015 NZA-RR 2015, 296). Soll der Druck erreichen, dass der AN anderweitig beschäftigt wird, ist zu beachten, dass nach der Rspr. einer entspr. Druckkündigung die Mitwirkung des BR insofern voranzugehen hat, als dessen Mitwirkungsrechte (§ 99 BetrVG) berührt werden (BAG 16.12.1960 NJW 1961, 896).

186 Bleibenden ungerechtfertigten Forderungen darf der AG nur nachgeben, wenn die **Kündigung der letzte Ausweg** ist, um einen unzumutbaren eigenen Schaden abzuwenden (BAG 10.10.1957 AP BGB § 626 BGB Druckkündigung Nr. 1; 18.7.2013 NZA 2014, 109 Rn. 39; 19.7.2016 NZA 2017, 116 Rn. 28; 15.12.2016 NZA 2017, 500 Rn. 11). In einer derartigen Situation ist der betroffene AN verpflichtet, durch ein entspr. Verhalten unzumutbare Nachteile für seinen AG zu vermeiden und seinerseits für einen für beide Seiten tragbaren Ausweg einzustehen, zB Änderungsvertrag, Versetzungsbereitschaft (BAG 18.9.1975 AP BGB § 626 Druckkündigung Nr. 10; 19.7.2016 NZA 2017, 116 Rn. 28; s. a. LAG BW 26.8.2016 BeckRS 2016, 72971). Anders als bei der Verdachtskündigung ist der AG nicht verpflichtet, den AN vor der Druckkündigung **anzuhören** (BAG 4.10.1990 NZA 1991, 468, 469 f.; **aA** ArbG BE 1.7.2016 BeckRS 2016, 72471). Bei der Verdachtskündigung kann der AN sein eigenes Verhalten klarstellen. Bei der Druckkündigung geht es demggü. um das fordernde Verlangen anderer.

187 Hat eine Druckkündigung Erfolg, kann dem AN uU nach § 826 BGB ein **Schadensersatzanspruch** gegen diejenigen Personen zustehen, die rechtswidrig seine Entlassung verursacht haben (BAG 18.9.1975 AP BGB § 626 Druckkündigung Nr. 10). Soweit der AN geltend macht, es sei sein Recht am Arbeitsplatz verletzt worden, ist – so es überhaupt Anerkennung verdient (s. dazu BAG 4.6.1998 NZA 1998, 1113, 1115 f.) – zu beachten, dass der Vollzug der Kündigung nicht die Rechtswidrigkeit indiziert. Diese liegt nicht vor, wenn die den Druck ausübenden Personen berechtigt eigene Interessen wahrnehmen (BAG 4.6.1998 NZA 1998, 1113, 1116). Ferner kann dem AN ggü. dem AG ein Anspruch nach den Grds. der Aufopferung zustehen, wenn er selbst keinen Anlass für die Drucksituation gegeben hat.

Ein Fall der echten Druckkündigung liegt auch vor, wenn der AG die ordentl. Kündigung auf Grund eines vom BR nach § 104 BetrVG beschlossenen **Entlassungsverlangens** erklärt. Wird der AG jedoch durch rkr. Beschl. des ArbG zur Entlassung des AN verurteilt (§ 104 S. 2 BetrVG), dann ist der AG stets zur ordentl. Kündigung wegen dringender betriebl. Erfordernisse berechtigt (BAG 28.3.2017 BeckRS 2017, 106924), da er nur auf diese Weise ein Zwangsgeldverfahren abwenden kann. Die restriktiven Voraussetzungen einer echten Druckkündigung (s. § 1 Rn. 186 f.) finden in dieser Konstellation keine Anwendung. 187a

E. Gründe im Verhalten des Arbeitnehmers

I. Allgemeines

Nach § 1 II 1 ist eine ordentl. **Kündigung** auch sozial ungerechtfertigt, wenn sie nicht durch Gründe in dem Verhalten des AN bedingt ist. In Abgrenzung zu Kündigungsgründen in der Person ist unter einem **kündigungsrelevanten „Verhalten"** eine Handlungsweise zu sehen, die dem AN **vorwerfbar**, von ihm **steuerbar** ist (s. BAG 3.11.2011 NZA 2012, 607 Rn. 22; HHL/*Krause* Rn. 488; MüKoBGB/*Hergenröder* Rn. 125; SPV/*Preis* Rn. 1197). Anders als bei der personenbedingten Kündigung setzt eine verhaltensbedingte Kündigung voraus, dass dem AN vorgeworfen werden kann, er hätte sich auch anders verhalten können (einschränkend KR/*Griebeling/Rachor* Rn. 395, 400). Ein nach § 626 II 1 BGB „verfristeter" wichtiger Grund kann noch für eine ordentl. verhaltensbedingte Kündigung herangezogen werden (s. BGB § 626 Rn. 222). Für diese gibt es keine Regelausschlussfrist; es gelten aber die allg. Grds. der Verwirkung (BAG 23.1.2014 NZA 2014, 965 Rn. 25). Ein kündigungsrelevanter Vorfall kann zudem durch Zeitablauf so an Bedeutung verlieren, dass eine ordentl. Kündigung nicht mehr gerechtfertigt ist (BAG 15.8.2002 NZA 2003, 795; 23.1.2014 NZA 2014, 965 Rn. 25), ohne dass das für die Verwirkung konstitutive Umstandsmoment hinzutreten muss. Zur **Abmahnung als Kündigungsverzicht** s. BGB § 626 Rn. 33. 188

Der AN muss handeln; bloßes Anhaften einer Eigenschaft an seiner Person ist kein „Verhalten". Zudem ist ein Handeln des AN tatbestandl. nur von Bedeutung, wenn es zu Störungen der Vertragsbeziehungen geführt hat (s. Rn. 196). Es kann die Verletzung von **Hauptpflichten** oder von vertragl. **Nebenpflichten** betreffen (BAG 9.6.2011 NZA-RR 2012, 12 Rn. 34; 8.9.2011 NZA 2012, 444 Rn. 16; 3.11.2011 NZA 2012, 607 Rn. 20; 19.4.2012 NZA 2012, 1274 Rn. 14; 19.4.2012 NZA 2013, 27 Rn. 23; 21.6.2012 NZA 2012, 1025 Rn. 14; 21.6.2012 NZA 2013, 199 Rn. 22; 20.6.2013 NZA 2013, 1345 Rn. 24; 11.7.2013 NZA 2014, 250 Rn. 20, 23.1.2014 NZA 2014, 965 Rn. 16; 10.4.2014 NZA 2014, 1197 Rn. 13; 15.12.2016 NZA 2017, 703 Rn. 11). Wird weder eine Haupt- noch eine Nebenpflicht verletzt, liegt keine Verletzung arbeitsvertragl. Rücksichtnahmepflichten vor (BAG 24.6.2004 NZA 2005, 158, 161). Soweit in Urt. (zB BAG 4.11.1981 NJW 1982, 1062; 24.9.1987 NJW 1988, 2261) ausgeführt wird, das ArbVerh. müsse durch das beanstandete Verhalten **konkret berührt** werden, ist das eine rechtl. ungenaue Erfassung des Kündigungsgrunds (s. a. MüKoBGB/*Hergenröder* Rn. 191). Eine „konkrete Berührung" zum ArbVerh. kann nur auf Grund von Vertragspflichten bestehen. Ein AN, der weder eine Haupt- noch eine Nebenpflicht verletzt, „berührt" das ArbVerh. nicht. 189

Eine **Hauptpflicht** ist die **Arbeitspflicht**. Tritt der AN die Arbeit nicht an, ohne dafür einen ihn rechtfertigenden Grund zu haben, verletzt er die Pflicht zur Erbringung der Arbeitsleistung. Die **Nebenpflichten** ergeben sich entweder aus einer ausdr. Vereinb. oder konkludent aus dem Vertragsverhältnis. Sind diese vereinbart, erhalten sie jedoch nur dann kündigungsrechtl. Relevanz, wenn sie einer Inhaltskontrolle standhalten (s. BAG 8.9.2011 NZA 2012, 444 Rn. 16). Nebenpflichten ergeben sich auch aus dem Gebot, die Leistung so zu erbringen, wie Treu und Glauben mit Rücksicht auf die Verkehrssitte es erfordern (§ 242 BGB; s. zB BAG 24.3.2011 NZA 2011, 1084 Rn. 14; 20.6.2013 NZA 2013, 1345 Rn. 26; 10.4.2014 NZA 2014, 1197 Rn. 14; 8.5.2014 NZA 2014, 1258 Rn. 19; 15.12.2016 NZA 2017, 703 Rn. 11; iE Rn. 69 ff.), sowie aus den Schutz- und Interessenwahrungspflichten (§ 241 II BGB; BAG 26.3.2015 NJW 2016, 103 Rn. 24; 19.11.2015 NZA 2016, 540 Rn. 24). Dies umfasst auch die Rücksichtnahme auf die Rechte und Interessen der anderen AN im Betrieb, da der AG seinerseits ihnen ggü. zur Interessenwahrung (zB im Hinblick auf die körperl. Integrität) verpflichtet ist (BAG 6.10.2005 NZA 2006, 431 Rn. 19; 25.10.2007 NZA 2008, 223 Rn. 65). Benachteiligt ein AN andere AN aus den in § 1 AGG genannten Gründen, verletzt er hierdurch zugleich seine vertragl. Pflichten ggü. dem AG (§ 7 III AGG; s. AGG § 7 Rn. 6). Legt ein AG in einer Dienstanweisung iE fest, wie er auf bestimmte Pflichtverstöße des AN zu reagieren beabsichtigt, bindet er sich damit selbst und muss sich im konkreten Fall an das in der Dienstanweisung festgelegte Verfahren halten (BAG 25.4.1996 NZA 1996, 1201, 1203). Die berechtigten Belange des AG sind empfindl. gestört, wenn das Verhalten des AN geeignet ist, den Ruf des AG im Geschäftsverkehr zu gefährden. Ein solcher Fall liegt zB vor, wenn ein Bankang. dabei mitwirkt, eine „Scheingrundschuld" eintragen zu lassen, die die Zwangsvollstreckung gegen den Bankkunden vereiteln soll (BAG 21.1.1988 AP ZPO § 394 Nr. 1). 190

Ein steuerbares Handeln ist als „verhaltensbedingt" iSd. § 1 II nur vorwerfbar, wenn der AN **schuldfähig** war (BAG 4.4.1974 AP BGB § 626 Arbeitnehmervertreter im Aufsichtsrat Nr. 1; 191

25.10.1989 NZA 1990, 561, 562; HHL/*Krause* Rn. 495; **aA** KR/*Griebeling/Rachor* Rn. 400: nur idR; offen BAG 3.11.2011 NZA 2012, 607 Rn. 21; für die außerordentl. Kündigung BAG 21.1.1999 NZA 1999, 863; hier liegen allerdings ganz andere Tatbestandsmerkmale vor: Abwägung der gegenseitigen Interessen). **Verschuldet** ist ein arbeitsvertragswidriges Verhalten nach § 276 BGB, wenn es vorsätzl. oder fahrlässig geschieht. Der AN hätte nach freiem Willensentschl. auch anders handeln können. Das hat uneingeschränkt und nicht nur idR zu gelten (MüKoBGB/*Hergenröder* Rn. 193; *Preis* DB 1990, 632). Hat der AN infolge einer geistigen Erkrankung eine Störung herbeigeführt, kommt bei Vorliegen der sonstigen Voraussetzung eine **personenbedingte Kündigung** in Betracht (s. BAG 16.2.1989 BeckRS 1989, 30730012: krankhafte Wahnvorstellungen).

192 Hiervon zu trennen ist kündigungsrechtl. der Fall, dass der AN zwar schuldfähig ist, seine Handlungsweise aber infolge eines **Rechtsirrtums** für rechtmäßig erachtete. Ein derartiger Rechtsirrtum schließt eine verhaltensbedingte Kündigung nicht aus. Ein Verschulden kann angenommen werden, wenn er sich über seine Rechte und Pflichten nicht hinreichend informiert hat (BAG 22.10.2015 NZA 2016, 417 Rn. 42 ff.; HHL/*Krause* Rn. 497). Hat der AN unverschuldet rechtsirrig gehandelt, ist die Leistungsstörung zwar an sich tatbestandsmäßig iS eines verhaltensbedingten Handelns. Bei der Prognose (s. Rn. 196) ist aber zu beachten, dass nicht auf weitere Störungen geschlossen werden kann, wenn der Irrtum aufgeklärt ist. Es handelt sich hierbei nicht um eine Frage der „Interessenabwägung" (so aber BAG 12.4.1973 AP BGB § 611 Direktionsrecht Nr. 24; 14.2.1978 NJW 1978, 2054; s. a. DDZ/*Däubler* Rn. 687; KR/*Griebeling/Rachor* Rn. 400).

193 Ein verhaltensbedingter Grund ist nicht schon eine strafges. erfasste Handlungsweise. Der verhaltensbedingte Grund ist vielmehr ein die **vertragl. zu erbringende Leistung störender Grund**. Es kann sein, dass eine strafrechtl. Handlungsweise zugleich vertragsrelevant ist – dann spielt sie sich gleichsam innervertragl. ab (*Ascheid* Rn. 434). Sie muss es aber nicht sein. Relevant ist nur der Inhalt des konkret vereinbarten oder inhaltl. durch andere Normen bestimmten ArbVerh., nicht der eines vielleicht idealen. Deshalb ist das vertragl. nicht erfasste Privatleben des AN im Verhaltensbereich kündigungsrechtl. ohne Bedeutung (s. zum sog. außerdienstl. Verhalten BGB § 626 Rn. 122 ff.). Straftaten, die der öffentl. Bedienstete, wenn auch im Privatbereich, begeht, konnten früher wegen den §§ 6, 8 BAT eine ordentl. Kündigung rechtfertigen (BAG 20.11.1997 NZA 1998, 323, 324), wegen der Pflicht zur Rücksichtnahme (§ 241 II BGB) gilt dies grds. unverändert (s. BAG 28.10.2010 NZA 2011, 112 Rn. 14 ff., 18 f.; 20.6.2013 NZA 2013, 1345 Rn. 25 f.; s. a. BAG 6.9.2012 ZTR 2013, 261 Rn. 16; 10.4.2014 NZA 2014, 1197 Rn. 14). **§ 12 III AGG** gewährt kein eigenes Kündigungsrecht (BAG 8.6.2000 NZA 2001, 91, 94, zu der früheren Regelung in § 4 BeschSchG; s. a. AGG § 12 Rn. 3 u. BAG 25.10.2007 NZA 2008, 223 Rn. 64 ff.; 20.11.2014 NZA 2015, 294 Rn. 23).

194 Ein **strafrechtl. relevantes Verhalten** wirkt sich auf die Beziehungen zwischen AG und AN nur aus, wenn sich die Relevanz des Handels insoweit dem subj. Vertragsrecht der Beteiligten, sei es im Leistungsbereich oder in dem des personalen Bereichs, entnehmen lässt (s. a BAG 28.10.2010 NZA 2011, 112 Rn. 19; 21.6.2012 NZA 2012, 1025 Rn. 17; 20.6.2013 NZA 2013, 1345 Rn. 26; 10.4.2014 NZA 2014, 1197 Rn. 14 sowie BGB § 626 Rn. 148 ff.). In Urt. finden sich dazu Formulierungen, die Fortsetzung des ArbVerh. müsse durch obj. Umstände, die Einstellung oder das Verhalten des Gekündigten im Leistungsbereich, im Bereich der betriebl. Verbundenheit, im Vertrauensbereich der Vertragsparteien oder im Unternehmensbereich beeinträchtigt sein (BAG 20.9.1984 NZA 1985, 285). In dem zul. zitierten Urt., nach dessen Tatbestand eine AN bei einer Konzernschwester ihrer AG einen Diebstahl begangen hatte, wird die Vertragsrelevanz aus der konkreten Parteivereinb. hergeleitet, nicht nur beim AG, sondern bei allen Warenhäusern des Konzerns mit Personalrabatt einkaufen zu können.

195 Auch bei der verhaltensbedingten Kündigung hat der AG zu prüfen, ob der AN nicht auf einem **anderen freien Arbeitsplatz beschäftigt werden kann** (BAG 22.7.1982 NJW 1983, 700; 6.10.2005 NZA 2006, 431 Rn. 33; 8.9.2011 NZA 2012, 444 Rn. 16; 20.6.2013 NZA 2013, 1345 Rn. 28; 23.1.2014 NZA 2014, 965 Rn. 23). Eine derartige Maßnahme muss aber geeignet sein, weitere Störungen durch die Arbeit auf dem anderen Arbeitsplatz entfallen zu lassen, dh. die Störung muss arbeitsplatzbezogen gewesen sein (BAG 6.10.2005 NZA 2006, 431 Rn. 33; 23.1.2014 NZA 2014, 965 Rn. 23; MüKoBGB/*Hergenröder* Rn. 212). Wer in einer Abt. trotz Abmahnungen dauernd zu spät kommt, muss nicht auf einen freien Platz in eine andere Abt. umgesetzt werden, denn es spricht nichts dafür, dass er hier pünktl. sein wird. Anders kann es bei dauerndem Streit mit bestimmten Arbeitskollegen sein. Zudem muss dem AG die Weiterbeschäftigung des AN auf einem anderen Arbeitsplatz zumutbar sein (BAG 6.10.2005 NZA 2006, 431 Rn. 33). Bei Störungen im Vertrauensbereich wird eine Weiterbeschäftigung auf einem anderen Arbeitsplatz idR nicht in Betracht kommen. Entspr. gilt, wenn der AN ggü. einem anderen Mitarbeiter körperl. Gewalt angewendet hat, da den AG in diesem Fall auch eine Schutzpflicht im Hinblick auf die anderen AN trifft (BAG 6.10.2005 NZA 2006, 431 Rn. 33).

II. Negative Prognose und Abmahnung

196 Vertragsverletzungen im Geltungsbereich des KSchG sind relevant, wenn der AG daraus schließen kann, der Vertrag werde auch in Zukunft gestört (s. BAG 19.2.2009 NZA 2009, 894; 9.6.2011 NZA-RR 2012, 12 Rn. 34; LAG N 16.10.2007 NZA-RR 2008, 68, 69; LAG RP 26.10.2010 NZA-RR 2010,

297; krit. *Willemsen* RdA 2017, 115 ff.). Außerhalb des Anwendungsbereichs von § 1 erfordert eine ordentl. Kündigung idR keine vorherige Androhung der Kündigung (BAG 21.2.2001 NZA 2001, 951, 953; BGH 10.9.2001 DB 2001, 2438). Was den AG nicht gestört hat, kann kein Kündigungsgrund sein. Auch bei einer verhaltensbedingten Kündigung zählt daher zur sozialen Rechtfertigung eine **negative Prognose** (BAG 12.1.2006 NZA 2006, 917 Rn. 54; 12.1.2006 NZA 2006, 980 Rn. 55 sowie 10.6.2010 NZA 2010, 1227 Rn. 36, 38; 19.4.2012 NZA 2012, 1274 Rn. 14; 19.4.2012 NZA 2013, 27 Rn. 23; 21.6.2012 NZA 2012, 1025 Rn. 14; MüKoBGB/*Hergenröder* Rn. 197). Für diese ist die **bereits erfolgte Störung der maßgebende Anknüpfungspunkt**. Der AN soll durch die Kündigung nicht „bestraft" werden. Vielmehr macht der AG von seinem Recht Gebrauch, seine Ziele nur mit solchen Mitarbeitern erreichen zu wollen, die keine Vertragsbrüche erwarten lassen (BAG 7.12.1988 AP KSchG 1969 § 1 Verhaltensbedingte Kündigung Nr. 26; 17.1.1991 NZA 1991, 557, 558; 13.12.2007 NZA 2008, 589 Rn. 38; 23.10.2008 NZA 2009, 855 Rn. 28; 11.7.2013 NZA 2014, 250 Rn. 20).

Die Anforderungen an eine Prognose bei der verhaltensbedingten Kündigung sind nicht so zu verstehen, dass ohne Tatsachengrdl. ins Blaue hinein Überlegungen hins. einer zukünftigen Entwicklung der Vertragsbeziehungen anzustellen wären. Die negative Prognose liegt vor, wenn die Vertragsstörung so geartet war, dass daraus geschlossen werden kann, der AN werde auch zukünftig seine Vertragspflichten nicht ordnungsgemäß erfüllen (BAG 12.1.2006 NZA 2006, 917 Rn. 54; 12.1.2006 NZA 2006, 980 Rn. 55; 23.10.2008 NZA 2009, 855 Rn. 28; 19.2.2009 NZA 2009, 894 Rn. 19; 10.6.2010 NZA 2010, 1227 Rn. 36, 38; 23.1.2014 NZA 2014, 965 Rn. 16). 197

Liegt kein gravierender Verstoß vor, ist die negative Prognose idR gegeben, wenn der AN nach einer Abmahnung den Vertrag in gleicher oder **ähnl. Art erneut verletzt** hat (BAG 13.12.2007 NZA 2008, 589 Rn. 38; 10.6.2010 NZA 2010, 1227 Rn. 36, 38). Hat eine Störung allein den an sich zu fordernden Vertragsbindungswillen des AG für die Dauer der ordentl. Bindungszeit noch nicht zerstört oder lässt sich aus der Art einer Störung noch nicht darauf schließen, dass in Zukunft weitere Störungen erfolgen werden, kann ein Schluss auf die negative Entwicklung des ArbVerh. aus **wiederholten Vertragsverletzungen** hergeleitet werden. 198

Die **Abmahnung** hat deshalb im Anwendungsbereich des KSchG gerade bei verhaltensbedingten Gründen, insb. Vertragspflichtverletzungen, erhebl. Bedeutung (s. zB BAG 9.6.2011 NZA-RR 2012, 12 Rn. 35; 19.4.2012 NZA 2012, 1274 Rn. 15; 19.4.2012 NZA 2013, 27 Rn. 23; 21.6.2012 NZA 2012, 1025 Rn. 15; 11.7.2013 NZA 2014, 250 Rn. 21; 23.1.2014 NZA 2014, 965 Rn. 16; 19.11.2015 NZA 2016, 540 Rn. 24; 15.12.2016 NZA 2017, 703 Rn. 11). Einem AN, dem nach einer Störungshandlung eine Kündigung nicht angedroht worden ist, nimmt aus seiner Sicht vielleicht an, der AG lege auf eine genaue Einhaltung des Vertrags keinen so großen Wert. Auch bei ltd. Mitarbeitern setzt eine auf Leistungsmängel gestützte Kündigung eine vorherige Abmahnung voraus (LAG K 23.5.2002 DB 2003, 451). Zur Abmahnung bei unzureichenden Arbeitsleistungen s. *Hunold* BB 2003, 2345. Die Abmahnung dient der **Objektivierung der negativen Prognose** (BAG 19.2.2009 NZA 2009, 894 Rn. 19; 10.6.2010 NZA 2010, 1227 Rn. 36). Ist eine Kündigungsandrohung ordnungsgemäß erfolgt und wiederholt der AN das beanstandete Verhalten, ist idR davon auszugehen, dass künftig mit weiteren Störungen zu rechnen sein wird (BAG 19.2.2009 NZA 2009, 894 Rn. 19; 10.6.2010 NZA 2010, 1227 Rn. 36). 199

Zu weiteren **Einzelheiten der Abmahnung** s. BGB § 626 Rn. 25 ff. 200

III. Gewichtung der Vertragsinteressen innerhalb des Tatbestands

Anders als der Wortlaut des § 626 I BGB enthält § 1 II als eigenständiges Tatbestandsmerkmal nicht die Notwendigkeit einer gesonderten Interessenabwägung. Dennoch verlangen Rspr. und hM gleichsam zum Abschluss jeder Prüfung eine umfassende Abwägung der Interessen beider Vertragsteile (krit. *Willemsen* RdA 2017, 115, 124 ff.). Die Kündigung ist danach nur gerechtfertigt, wenn ein Tatbestand vorliegt, der bei gewissenhafter Abwägung der beiderseitigen Interessen einen verständig urteilenden AG zur Kündigung veranlassen würde (BAG 22.7.1982 NJW 1983, 700; HHL/*Krause* Rn. 501; krit. SPV/*Preis* Rn. 1200). Bei dieser Prüfung soll der Maßstab „nicht so streng" sein wie bei der außerordentl. Kündigung (BAG 13.3.1987 NZA 1987, 518, 519). Die inhaltl. Bestimmbarkeit einer wenig bestimmten Norm wird jedoch noch unklarer, wenn deren Inhalt durch noch weniger bestimmbare Sekundärbegriffe ersetzt wird. Entscheidend ist vielmehr, ob das Verhalten die Erreichung des Vertragszwecks noch ermöglicht oder ob eine weitere Beschäftigung nicht mögl. erscheint (s. zur Gewichtung der Tatbestandsmerkmale *Ascheid* Rn. 208). Durch die geforderte „Abschlussbetrachtung" entsteht unnötig der Eindruck, es sei nicht berechenbar, ob eine verhaltensbedingte Kündigung wirksam ist oder nicht. 201

Die im G nicht normierte Interessenabwägung dient bei genauer Betrachtungsweise nur der Korrektur einer zuvor nicht vollständig erfolgten Erfassung des Tatbestands. Die Abwägung darf sich nur auf arbeitsvertragl. und sachverhaltsbezogene Umstände beziehen. Die zu beurteilende Intensität und Beharrlichkeit der Vertragsverletzung sowie das Maß des Verschuldens (BAG 17.1.1991 NZA 1991, 557, 559 f.; 12.1.2006 NZA 2006, 917 Rn. 38) gehören schon zum Tatbestand (*Ascheid* Rn. 446). Auch die Dauer der Betriebszugehörigkeit (s. BAG 13.12.1984 AP BGB § 626 Nr. 81; HHL/*Krause* Rn. 503) 202 ist bereits nach dem Tatbestand zu berücksichtigen, weil es auf die Weiterbeschäftigung ankommt (*Ascheid* Rn. 446).

203 Soweit iRd. Interessenabwägung geprüft wird, ob durch das Verhalten des AN eine konkrete **Störung des Betriebsablaufs oder des Betriebsfriedens** eingetreten ist (BAG 24.6.2004 NZA 2005, 158, 160; s. ferner 17.1.1991 NZA 1991, 557, 559 f.; 17.3.1988 AP BGB § 626 Nr. 99), gehören diese Überlegungen ebenso zum Tatbestand. Unterfallen die genannten Auswirkungen nicht dem Tatbestand, dh. dem subj. Vertragsrecht der Beteiligten, sind diese irrelevant. Da der Tatbestand seinem Wortlaut nach nicht nur auf die Leistungsstörung als solche abstellt, sondern auf das „Verhalten" des AN, ist er weitergehend. Er erfasst alle mit dem Verhalten verursachten oder – zum Glück des AN – nicht verursachten Folgen. Das so ermittelte „Tatbild" prägt den Kündigungsgrund mit, es steht aber nicht außerhalb von diesem. Es ist dann ein sachverhaltsbezogener Umstand, wenn der konkrete Lebenssachverhalt sich als Tatbestandsmerkmal findet. Auf das Nichteintreten von Folgen kann es dem Tatbestand gem. nur ankommen, wenn die Tätigkeit des AN „folgen-" und nicht handlungsbestimmt ist. Insb. ist es nicht zulässig, entgegen dem GWortlaut der Vorschr. eine Art auf nur eine Person bezogene „Sozialauswahl" mit Punkten für Lebensalter und Unterhaltspflichten durchzuführen. Das **Lebensalter des AN** ist tatbestandl. nur von Bedeutung, wenn es bei der Vertragseingehung, also in den vorvertragl. Beziehungen für den Vertragsabschluss relevant war, oder es sich zwangsläufig über die Dauer der Betriebszugehörigkeit auswirkt. **Unterhaltspflichten** des AN als solche können überhaupt nicht berücksichtigt werden (HHL/*Krause* Rn. 504; SPV/*Preis* Rn. 1214; wohl a. BAG 13.12.1984 NZA 1985, 288). Eine Ausnahme nimmt das BAG an, wenn die Wahrnehmung von Unterhaltspflichten die Störung mitverursacht hat (BAG 27.2.1997 NZA 1997, 761, 762: wiederholtes Zuspätkommen, weil nachts ein krankes Kind zu versorgen war).

IV. Abgrenzung zur außerordentlichen Kündigung

204 Die ordentl. verhaltensbedingte Kündigung unterscheidet sich von der außerordentl. Kündigung im Wesentlichen dadurch, dass bei dieser eine Lage gegeben sein muss, die es dem AG unter Abwägung der beiderseitigen Vertragsinteressen nicht zumutbar macht, den Arbeitsvertrag bis zum Ablauf der Kündigungsfrist oder einem bereits feststehenden Endtermin (Befristung) aufrecht zu erhalten. Die für eine außerordentl. Kündigung in Frage kommenden Gründe sind idR geeignet, eine verhaltensbedingte ordentl. Kündigung zu rechtfertigen. Insb. ist ein nach § 626 II BGB „verfristeter" wichtiger Grund noch geeignet für eine ordentl. Kündigung (BAG 15.8.2002 NZA 2003, 795; s. a. BGB § 626 Rn. 283). Da die Rspr. auch bei der ordentl. Kündigung eine Interessenabwägung verlangt, verwischen sich die Grenzen beider Kündigungsarten (krit. deshalb *Reuter* FS Richardi 2007 S. 361, 369 ff., 373 ff.).

205 In der Praxis wird es bei der Differenzierung im Wesentlichen darauf ankommen, ob der AN ein Verhalten gezeigt hat, das zunächst einer Abmahnung bedarf (s. Rn. 196 ff.), um im Wiederholungsfall eine verhaltensbedingte Kündigung rechtfertigen zu können. Er soll Gelegenheit erhalten, sein vertragswidriges Verhalten abzustellen. Ist davon auszugehen, der AN werde auch in Zukunft Vertragsverstöße begehen, kommt, unbeschadet der Interessenabwägung gem. § 626 I BGB, eine außerordentl. Kündigung in Betracht. Es ist idR keinem AG zuzumuten, sehenden Auges nur darauf zu warten, bis der AN wieder vertragsbrüchig wird. Ist zwar nicht mit weiteren Vertragsverstößen zu rechnen, die einmalige Vertragsverletzung vom Verschuldensgrad oder vom Ausmaß der Auswirkungen her aber so schwerwiegend, dass die Vertrauensgrdl. für eine weitere Zusammenarbeit entfallen ist, hängt es allein von den bes. Umständen des Einzelfalls ab, ob der AG ordentl. ohne Abmahnung oder außerordentl. kündigen kann.

V. Beweislastfragen

206 Auch bei einer verhaltensbedingten Kündigung ist der **AG**, der das Gestaltungsrecht der Kündigung ausgeübt hat, **darlegungs- und beweisbelastet** für alle Umstände, die einen Kündigungsgrund darstellen können (§ 1 II 4). In Abgrenzung zur personenbedingten Kündigung ist davon auszugehen, dass eine verhaltensbedingte Kündigung nur bei schuldhaftem, also bei vorsätzl. oder fahrlässigem Verhalten in Betracht kommt. Die Darlegungs- und Beweislast bezieht sich somit auf alle drei das beanstandete Verhalten ausmachenden Kriterien, so dass der AG auch das Verschulden des AN beweisen muss (BAG 17.4.1956 AP BGB § 626 Nr. 8; 15.8.1984 NJW 1985, 2158; 3.11.2011 NZA 2012, 607 Rn. 23; *Ascheid* Beweislast S. 61, 113 ff.). Auch bei der verhaltensbedingten Kündigung hat der AG darzulegen und zu beweisen, dass eine **Weiterbeschäftigung** auf einem anderen freien Arbeitsplatz (s. Rn. 195) nicht in Betracht kommt (HHL/*Krause* Rn. 500).

207 **Vertragsrecht** ist zunächst „Erfüllungsrecht". Wird nicht oder schlecht erfüllt, spricht für die Rechtswidrigkeit der Handlungsweise weder eine Vermutung noch ist der Beweis durch Eingreifen des „prima-facie-Rechtsinstituts" erleichtert. Der AG ist dadurch nicht überfordert. Der AN hat sich nach § 138 II ZPO substantiert zu erklären (BAG 19.12.1991 BeckRS 2009, 55110; 3.11.2011 NZA 2012, 607 Rn. 23). Beruft er sich bei einer verhaltensbedingten Kündigung unter substantiiertem Tatsachenvortrag darauf, er habe mit keiner oder zumindest mit geminderter Schuld gehandelt (Depressionen),

ist diesem Vortrag nachzugehen. Stellt sich die Richtigkeit des Vortrags heraus, ist die ausgesprochene Kündigung je nach Sachlage unter dem rechtl. Gesichtspunkt einer personenbedingten Kündigung zu prüfen. Die beanstandeten **Mängel und Störungen** sind substantiiert nach ihrem speziellen Gehalt zu behaupten. Pauschale Erkl. und Tatsachenwertungen, wie zB „grobe Beleidigung", „schludrige Arbeitsweise", „häufiges Zuspätkommen", reichen nicht (KR/*Griebeling/Rachor* Rn. 412). Bei **Wettbewerbsverstößen** hat der AG darzulegen und zu beweisen, dass der AN vertragswidrig eine Konkurrenztätigkeit ausgeübt hat. Beruft sich der AN auf eine Genehmigung durch den AG, hat dieser deren Fehlen zu beweisen (BAG 6.8.1987 NJW 1988, 438, unter Aufgabe von 16.6.1976 NJW 1977, 646; hierzu iE *Ascheid* Beweislast S. 127 ff.). Setzt die Wirksamkeit der Kündigung eine Abmahnung voraus (s. Rn. 196 ff.), hat der AG darzulegen und zu beweisen, wann und in welcher Form er diese erklärt hat.

Die Darlegungs- und Beweislast ist nicht so aufzuteilen, dass der Kündigende nur die obj. Merkmale 208 für den Kündigungsgrund und die für den Gekündigten ungünstigen Umstände und der Gekündigte Rechtfertigungsgründe und für ihn entlastende Tatsachen zu beweisen hätte. Vielmehr trifft den Kündigenden die Darlegungs- und Beweislast auch für diejenigen Tatsachen, die einen vom Gekündigten behaupteten **Rechtfertigungsgrund ausschließen** (BAG 24.11.1983 AP BGB § 626 BGB Nr. 76; 6.8.1987 NJW 1988, 438; 3.11.2011 NZA 2012, 607 Rn. 23; LAG HM 16.4.2015 BeckRS 2015, 68549; *Ascheid* Beweislast S. 118 ff.; s. a. MüKoBGB/*Hergenröder* Rn. 210). Eine Ausnahme gilt für die üble Nachrede. Hier trägt der AN die Beweislast dafür, dass seine schädigenden und vertragswidrigen Behauptungen wahr sind. Andernfalls bestünde ein Wertungswiderspruch zu § 186 StGB (dazu iE *Ascheid* Beweislast S. 140 ff.). Hat ein Arzt den AN krankgeschrieben und arbeitet er deshalb nicht bei dem AG, übt aber eine andere Tätigkeit aus, erschüttert dies die Richtigkeit des ärztl. Attestes. Der AN genügt seiner daraus folgenden Darlegungslast noch nicht, indem er den Arzt hins. seines Krankseins von der ärztl. Schweigepflicht entbindet. Er muss vielmehr durch geeigneten Vortrag substantiiert darlegen, warum er trotz seiner Erkrankung die eine Tätigkeit ausüben konnte, die andere aber nicht (BAG 7.12.1995 BeckRS 1995, 30923615).

Besonderheiten bestehen bei **Notwehrsituationen.** Die Voraussetzungen der Notwehr (§ 227 BGB) 209 hat derjenige zu beweisen, der sich auf diesen Rechtfertigungsgrund beruft. Die Behauptung der Notwehr enthält eine rechtshindernde Einwendung, durch welche die Rechtswidrigkeit des Handelns ausgeschlossen werden soll. Bei Tätlichkeiten und der Berufung auf eine Notwehrsituation ist zu unterscheiden, ob der AG selbst oder andere AN angegriffen worden sind. Wird der AG selbst angegriffen, indiziert § 823 I BGB die Rechtswidrigkeit. Demggü. bedarf der Angriff auf einen Dritten zur Kündigungsrelevanz der Transformation in den Arbeitsvertrag. Die Umsetzung kann aber wegen § 1 II 4 nicht so erfolgen, dass einem nicht rechtswidrig Handelnden gekündigt werden könnte. Es muss vielmehr eine rechtswidrige schuldhafte Handlungsweise feststehen, so dass der AG die Rechtswidrigkeit zu beweisen hat (BAG 6.8.1987 NJW 1988, 438).

VI. Beispiele aus der Rechtsprechung

Die Darst. von Einzelfällen kann zu Fehlschlüssen verführen. Die Fallkonstellationen, die ver- 210 haltensbedingten Kündigungen zugrunde liegen, ähneln denen bei der außerordentl. Kündigung. Gründe in dem Verhalten des AN, die an sich als „wichtiger Grund" iSd. § 626 I BGB geeignet sind, kommen deshalb auch als Grund für eine verhaltensbedingte ordentl. Kündigung im Rahmen von § 1 II in Betracht (s. Rn. 204), so dass hins. der Einzelfälle auf die Erl. zu § 626 BGB zu verweisen ist; s. BGB § 626 Rn. 60 ff. Entscheidend sind immer die Besonderheiten des Einzelfalls (s. Rn. 205).

F. Betriebsbedingte Kündigung

I. Allgemeines

Nach § 1 II 1 ist eine ordentl. Kündigung auch sozial ungerechtfertigt, wenn sie nicht durch 211 **dringende betriebl. Erfordernisse**, die einer Weiterbeschäftigung des AN in diesem Betrieb entgegenstehen, bedingt ist. Die Erfassung dessen, was dringende betriebl. Erfordernisse sind, ist nicht durchgehend stringent erfolgt. Die Rspr. nahm zum Ausgangspunkt zunächst eine **unternehmerische Entsch.** (s. BAG 22.11.1973 AP KSchG 1951 § 1 Betriebsbedingte Kündigung Nr. 22; 1.7.1976 NJW 1977, 124) und argumentierte später mit **„inner-" und „außerbetriebl." Gründen** (BAG 7.12.1978 NJW 1979, 1902; 24.10.1979 NJW 1981, 301; zul. zB 23.2.2012 NZA 2012, 852 Rn. 16, 17; 24.5.2012 NZA 2012, 1223 Rn. 11; s. a. Rn. 218). Das KSchG gilt auch für die betriebsbedingte Kündigung eines LeihArbVerh. im **Verleiherbetrieb**, s. dazu LAG K 12.1.2009 LAGE KSchG § 1 Betriebsbedingte Kündigung Nr. 84; *Dahl* DB 2003, 1626.

Nach zutr. Auff. ist für den **Wegfall von Beschäftigungsmöglichkeiten** allein auf eine **unternehme-** 212 **rische Entsch.** abzustellen (BAG 7.7.2011 NJW 2012, 475 Rn. 41). Maßgebend für den Wegfall von Beschäftigungsmöglichkeiten können nur Umstände sein, die vom Willen des Unternehmers getragen sind (HHL/*Krause* Rn. 718; *Wank* RdA 1987, 135, 138). Dabei sind **gesellschaftsrechtl. Regelungen** jur. Personen und rechtsfähiger Personengesellschaften für das **Innenverhältnis** kündigungsschutzrechtl. ohne Bedeutung (BAG 5.4.2001 NZA 2001, 949, 950; 7.7.2005 NZA 2006, 266 Rn. 38; LAG RP 23.2.2012 BeckRS 2012, 67983; HHL/*Krause* Rn. 727; *Rossa/Fuhlrott* FA 2012, 2, 3 f.), da das ArbVerh. aus Sicht des Gesellschaftsrechts das **Außenverhältnis** der Gesellschaft betrifft. So ist es für die im Rahmen von § 1 maßgebende unternehmerische Entsch. unerhebl., ob diese von der Geschäftsführung einer GmbH ohne die ggf. erforderl. Zust. der **Gesellschafterversammlung** getroffen wurde (BAG 5.4.2001 NZA 2001, 949, 950; 14.3.2013 AP KSchG 1969 § 1 Betriebsbedingte Kündigung Nr. 199 Rn. 31; 14.3.2013 AP KSchG 1969 § 1 Betriebsbedingte Kündigung Nr. 201; 20.11.2014 NZA 2015, 679 Rn. 22; **aA** *Däubler* DB 2012, 2100, 2103) oder ein Beschl. der Gesellschafterversammlung unwirksam ist (LAG RP 11.9.2009 BeckRS 2010, 67388; 23.2.2012 BeckRS 2012, 67983). Entspr. gilt für den Vorstand einer AG, wenn die von ihm beabsichtigte unternehmerische Entsch. der Zust. des **AR** (§ 111 IV 2 AktG) bedarf (s. a. AR/*Kaiser* Rn. 135; NK-GA/*Weber* Rn. 1119; **aA** *Däubler* DB 2012, 2100, 2103; HHL/*Krause* Rn. 728; SES/*Schwarze* Rn. 293), da das Zustimmungserfordernis ledigl. das Innenverhältnis betrifft (s. AktG § 111 Rn. 15). Andere Grds. können indes für das ArbVerh. eines Gesellschafters gelten (s. *Sitzenfrei/Tischer* DB 2008, 1307 ff.; s. a. LAG RP 11.9.2009 BeckRS 2010, 67388, für das ArbVerh. eines Minderheitsgesellschafters).

II. Bedeutung der Unternehmerentscheidung

213 **1. Allgemeines.** Eine Beschäftigungsmöglichkeit entsteht durch einen wirksamen Vertragsschluss zwischen AG und AN. Ein Arbeitsvertrag ist nicht nur wirksam, wenn der unter Vertrag genommene AN auf Grund der Auftragslage tats. beschäftigt werden kann. Der Arbeitsvertrag verpflichtet den AG vielmehr, den von ihm angestellten AN zu beschäftigen. Beschäftigungsmöglichkeiten verdanken ihre Existenz einer unternehmerischen Betätigung. Sie entstehen nicht von selbst auf Grund „außerbetriebl. Gründe", wie zB einer verstärkten Nachfrage nach einem vom AG hergestellten Produkt. Beschäftigungsmöglichkeiten verlieren ihre Existenz nicht automatisch durch **„außerbetriebl. Gründe"**, sondern durch eine notwendigerweise zwischengeschaltete Organisationsentsch. des AG, insb. bei Einschränkung oder Beendigung einer unternehmerischen Betätigung, die zum Wegfall von Beschäftigungsmöglichkeiten führt (s. BAG 2.6.2005 NZA 2006, 207, 208; 29.8.2013 NZA 2014, 730 Rn. 13; 31.7.2014 NZA 2015, 101 Rn. 31; 20.11.2014 NZA 2015, 679 Rn. 14). Das ist letztl. als actus contrarius zur Schaffung der Beschäftigungsmöglichkeiten durch Vertrag die Kündigung desselben. Die Gestaltung des Betriebs unterliegt der freien Entsch. des Unternehmers. Er trägt auch allein das wirtschaftl. Risiko für Fehlentsch. Zur grundrechtl. Absicherung s. Rn. 3.

214 Das KSchG verlangt, dass die **Kündigung** als actus contrarius durch dringende betriebl. Erfordernisse bedingt ist. Allein der Entschl., einem AN zu kündigen, ist damit selbst **keine hinzunehmende Unternehmerentsch.** iSd. § 1 (BAG 6.7.2006 NZA 2007, 139 Rn. 35 f.; s. a. 20.2.1986 NZA 1986, 823; MüKoBGB/*Hergenröder* Rn. 287). Der Begriff „bedingt" in § 1 II 1 bringt zum Ausdruck, dass die Kündigung nur die Folge anderer rechtl. relevanter Tatsachen sein kann. Hierfür reicht die Abgabe einer Kündigungserkl. nicht aus. Die Kündigung ist der Unternehmerentsch. stets nachgeordnet und eine personelle, konkret personenbezogene Entsch. Die ihr vorgelagerte Unternehmerentsch. ist zielgerichtet auf Belange des Betriebs. Die für den Arbeitsvertrag bedeutsame Relevanz entsteht erst durch die Umsetzung der unternehmerischen Entsch. in dem Betrieb (s. Rn. 226 ff.).

215 Die **Beschäftigungsmöglichkeit** wird umgangssprachl. umschrieben mit dem Begriff **Arbeitsplatz.** Das ist ungenau, da aus dem Umstand, dass jeder im Betrieb auf Grund seines Einsatzes einen bestimmten „Platz" einnimmt, nicht geschlossen werden darf, die für § 1 II maßgebende Beschäftigungsmöglichkeit sei nur dieser konkrete Arbeitsplatz (BAG 30.5.1985 NZA 1986, 155; 24.2.2005 NZA 2005, 867, 868). Beschäftigungsmöglichkeit iSd. Kündigungsrechts ist die **vertragl. Anbindung an bestimmte Verrichtungen.** Voraussetzung für die Betriebsbedingtheit einer Kündigung ist nicht der Wegfall des konkreten Arbeitsplatzes, sondern die **Verringerung des Beschäftigungsbedarfs** für bestimmte Tätigkeiten (BAG 24.2.2005 NZA 2005, 867, 868). Eine Beschäftigungsmöglichkeit entfällt demnach, wenn der AN auf Grund betriebl. Umstände nicht mehr vertragsgerecht eingesetzt werden kann und der AG diese Tatsache umsetzt (BAG 30.5.1985 NZA 1986, 155; 12.4.2002 EzA KSchG § 1 Betriebsbedingte Kündigung Nr. 117). Was unternehmerisch erforderl. ist, bestimmt subj. der Unternehmer. Was betriebl. erforderl. ist, ist unter Beachtung der subj. unternehmerischen Erwägungen und Umsetzungen nach obj. Kriterien zu bestimmen (s. Rn. 220 ff.; zur gerichtl. Überprüfung der Unternehmerentsch. Rn. 239 ff.).

216 Hins. des Wegfalls von Beschäftigungsmöglichkeiten sind allein die Verhältnisse des Betriebs, in dem der AN beschäftigt ist, maßgebend. Der Kündigungsschutz ist insoweit **betriebsbezogen** (BAG 22.5.1986 NZA 1987, 125, 126; 11.10.1989 NZA 1990, 607, 608), wobei auch hier der allg. Betriebsbegriff gilt (s. § 23 Rn. 4). Im Bereich des öffentl. Dienstes entspricht dem Betrieb die jeweilige **Dienststelle** (BAG 25.10.2012 NZA-RR 2013, 632 Rn. 49 f.). Eine Beschränkung der Überprüfung der beabsichtigten Kündigung auf die Verhältnisse eines **Betriebsteils** ist nicht mögl. (BAG 11.10.1989 NZA 1990, 607, 608). Für die Frage, ob der AN auf einem anderen Arbeitsplatz weiter beschäftigt werden kann, kommt es auf die betriebl. Gegebenheiten im Unternehmen an (§ 1 II 2; s. dazu Rn. 245 ff.).

2. Schaffung kündigungsrelevanter Erfordernisse. Dringende betriebl. Erfordernisse für eine Kündigung liegen vor, wenn die Durchführung oder eingeleitete Durchführung (s. BAG 19.6.1991 NZA 1991, 891: „greifbare Formen"; dazu a. Rn. 232) einer unternehmerischen Entsch. **einer Beschäftigungsmöglichkeit die Grdl. entzieht** (s. *Walker* ZfA 2004, 535; *Kaiser* NZA 2005, Beil. 1, 31). Ein weiter gehender wirtschaftl. Nachteil durch den Fortbestand des ArbVerh. ist für das Vorliegen dringender betriebl. Erfordernisse nicht notwendig (BAG 9.9.2010 AP KSchG 1969 § 1 Betriebsbedingte Kündigung Nr. 185). Das ist zB der Fall, wenn infolge einer unternehmerischen Maßnahme, die auch eine Organisationsentsch. des AG sein kann, die Anzahl der AN, die zur Erledigung bestimmter Aufgaben verpflichtet sind, größer ist als die Menge der zu erledigenden Arbeit. Eine gestaltende Unternehmerentsch. kann auch die Organisationsentsch. eines öffentl. AG sein, eine Angestelltenstelle in eine Beamtenstelle umzuwandeln oder die Tätigkeit zukünftig durch eine ehrenamtl. Kraft ausführen zu lassen (s. Rn. 291). Entspr. gilt für die Organisationsentsch., bislang im Betrieb von AN erledigte Arbeiten zukünftig durch ein anderes Unternehmen erledigen zu lassen (BAG 22.11.2012 NZA 2013, 730 Rn. 17). Die Umstände, auf die der AG sich bezieht, müssen in einem konkreten Bezug zu dem Betrieb stehen; allg. arbeitsmarkt-, beschäftigungs- oder sozialpolitische Gründe genügen nicht (BAG 13.3.1987 NZA 1987, 629, 632). Kündigungsschutzrechtl. werden betriebl. Erfordernisse im Hinblick auf die Verringerung der Arbeitsmenge nicht dadurch geschaffen, dass weitere AN eingestellt werden, so dass im Zuge damit – nicht infolge ganz anderer Kausalverläufe – die Beschäftigungsmöglichkeiten für andere entfallen. Zu den unternehmerischen Entsch. des AG, die zum Wegfall von Beschäftigungsmöglichkeiten führen, gehört auch der Entschl., den Personalbestand auf Dauer zu verringern (s. Rn. 292). 217

Die Rspr. knüpft an Verhältnisse an, die sich aus dem Betrieb ergeben – **innerbetriebl. Gründe** – oder an solche, die von außen auf den Betrieb einwirken – **außerbetriebl.** Gründe – (zB BAG 7.7.2005 NZA 2006, 266 Rn. 31; 18.10.2006 NZA 2007, 552 Rn. 31; 21.9.2006 NZA 2007, 431 Rn. 27; 14.8.2007 NZA 2007, 1431 Rn. 28; 13.2.2008 NZA 2008, 821 Rn. 19; 16.12.2010 NZA 2011, 505 Rn. 13; 23.2.2012 NZA 2012, 852 Rn. 16, 17; 24.5.2012 NZA 2012, 1225 Rn. 11; s. SES/*Schwarze* Rn. 286 f.). Diese Unterscheidung ist nicht rechtl. zwgd., sondern nur deskriptiv und dient einer systematischen Erfassung der Gründe und ist bedeutsam für die Darlegungs- und Beweislast (*Ascheid* DB 1987, 1144, 1148; *ders.* NZA 1991, 873, 876; s. a. SPV/*Preis* Rn. 913). 218

Unter Zugrundelegung der Begriffswahl in der Rspr. und weitgehend der Lit. ist die **Bedeutung der Unternehmerentsch.** unbestritten für die sog. innerbetriebl. Gründe (s. nur BAG 18.1.1990 NZA 1990, 734, 735). Hins. der sog. **außerbetriebl. Gründe** ist die Ausdrucksweise nicht klar; insoweit wird von einer „verdeckten Unternehmerentsch." oder von einer „Selbstbindung" des AG gesprochen (BAG 30.4.1987 NZA 1987, 776, 777). Der von der Rspr. als „verdeckte Unternehmerentsch." oder als „Selbstbindung" umschriebene Lebensvorgang ist nichts anderes als der Entschl. des Unternehmers, die Anzahl der zur Vfg. gestellten Beschäftigungsmöglichkeiten den unter Zugrundelegung der unternehmerischen Entsch. dann obj. tats. vorhandenen Beschäftigungsmöglichkeiten anzupassen. Der Wegfall einer Beschäftigungsmöglichkeit für einen AN ohne Willensakt des AG ist nicht denkbar (*Ascheid* DB 1987, 1144; *Wank* RdA 1987, 129, 135). Was unternehmerisch erforderl. ist, bestimmt subj. der Unternehmer, so dass die sog. außerbetriebl. Gründe nur das Motiv für die unternehmerische Entsch. sind (HHL/*Krause* Rn. 719). 219

3. Ermittlung der Arbeitsmenge – Wegfall von Beschäftigungsmöglichkeiten. Kündigungsrechtl. sind unter der Arbeitsmenge die zur Vfg. stehenden Beschäftigungsmöglichkeiten in Bezug zu den AN zu sehen, die arbeitsvertragl. zu deren Verrichtung eingestellt sind. Betriebl. Erfordernisse für eine Kündigung liegen vor, wenn auf Grund des **Organisationskonzepts des AG** hins. der zu verrichtenden Tätigkeit mehr AN vertragl. angebunden sind, als die zur Vfg. stehende Arbeitsmenge ausmacht (für die stRspr. BAG 7.7.2005 NZA 2006, 266 Rn. 31; 13.3.2008 NZA 2008, 878 Rn. 12; 23.2.2012 NZA 2012, 852 Rn. 16; 31.7.2014 NZA 2015, 101 Rn. 31; HHL/*Krause* Rn. 723; SPV/*Preis* Rn. 930). Die Feststellung betriebl. Erfordernisse setzt deshalb die Feststellung der Arbeitsmenge voraus. 220

Da niemand gezwungen ist, sich unternehmerisch zu betätigen (Art. 12 I GG), besteht auch keine Pflicht, eine begonnene unternehmerische Betätigung überhaupt oder im bisherigen Umf. fortzusetzen (s. a. BAG 20.6.2013 NZA 2014, 139 Rn. 21; 20.6.2013 NZA 2014, 208 Rn. 15; 29.8.2013 NZA 2014, 730 Rn. 17; 25.10.2013 NZA-RR 2013, 632 Rn. 26; 20.11.2014 NZA 2015, 679 Rn. 27; sowie § 1 Rn. 3). Andererseits sind G und Verträge einzuhalten. Werden diese Grds. in das Kündigungsrecht übertragen, heißt das, ein Bestandsschutz nach § 1 wird gewährleistet auf Grund einer **konkreten unternehmerischen Betätigung** und im Rahmen von hierin zur Vfg. gestellten Beschäftigungsmöglichkeiten. Der Unternehmer, der mit einem AN einen unbefristeten Arbeitsvertrag schließt, garantiert nicht das eigene, zeitl. über die Fristen für eine ordentl. Kündigung hinausgehende, unbeschränkte Fortbestehen seines unternehmerischen Tuns im bisherigen Umf. Er kann aber, soweit er weiter unternehmerisch tätig ist, unter Anwendung des KSchG wirksam nur unter den dortigen Voraussetzungen ordentl. kündigen. 221

Die kündigungsrechtl. relevante Arbeitsmenge ist idR nicht die **Summe aller in einem Betrieb zur Vfg. stehenden Arbeitsmöglichkeiten.** Will der AG betriebsbedingt kündigen, muss er zunächst 222 feststellen, welche AN er auf Grund der Arbeitsverträge zur Erledigung der – verringerten – Arbeitsmenge einsetzen könnte (sog. „Vertragsfaktor“, s. *Ascheid* Rn. 243 ff.). Hat ein AG nur gleichartige Beschäftigungsmöglichkeiten angeboten, zB in kleinen Dienstleistungsunternehmen, sind alle AN von der potentiellen Kündigung betroffen. Hat der AG ungleichartige Beschäftigungsmöglichkeiten angeboten, die auch entspr. anders arbeitsvertragl. angebunden sind, muss er aus der Gesamtzahl seiner AN die Anzahl der AN ermitteln, die vertragl. an die verringerte Arbeitsmenge angebunden sind. Das wird regelm. in allen größeren Betrieben der Fall sein (instruktiv BAG 17.1.1991 RzK I 5c Nr. 38).

223 Maßgebend für diese Ermittlung sind die **aktuellen Arbeitsvertragsinhalte**, sog. betriebl. Auswahl der zu Kündigenden (*Wank* RdA 1987, 129, 138 ff.). Es kommt darauf an, welche Tätigkeit der betr. AN zul. verrichtet hat (s. *Ascheid* Rn. 247). Ist eine Kündigung zu einem Zpkt. zu erklären, zu dem der AN noch nicht lange die neue Tätigkeit verrichtet, die nach dem unternehmerischen Konzept weggefallen ist, ist es eine Frage des Einzelfalles, ob der betr. AN auch noch seinem früheren Arbeitsbereich zuzurechnen ist (BAG 15.6.1989 AP KSchG 1969 § 1 Soziale Auswahl Nr. 18).

224 Für die Ermittlung, in welchem Umf. Beschäftigungsmöglichkeiten entfallen sind, muss außerdem feststehen, auf Grund welchen Umstands, der der Unternehmerentsch. zu Grunde liegt, sich die Arbeitsmenge verringert hat. Arbeitet der AG nur auf Grund von Kundenaufträgen, zB Bauunternehmer, ist die Auftragslage entscheidend, wie sich diese zum Zpkt. des Beendigungstermins darstellt. Bestimmt der AG die Arbeitsmenge weitgehend selbst, indem er zB auch auf Halde produziert, ist die Umsetzung der unternehmerischen Entsch. festzustellen, die zum Wegfall der Arbeitsmenge geführt hat. Im Zusammenhang mit der Ermittlung des zur Vfg. stehenden Arbeitsvolumens ist auch die sog. **„Arbeitsdichte“** von Bedeutung (s. dazu Rn. 268).

225 Das ArbVerh. wird nicht nur durch individualrechtl. Abmachungen zwischen AG und AN gestaltet, die iRd. Vertragsfaktoren zu beachten sind, sondern der Inhalt wird vielfach auch durch TV und BV bestimmt sein. Bei der Ermittlung des Arbeitsvolumens sind diese kollektivrechtl. Normen zu beachten. Der AG muss bei **Darlegung der Arbeitsmenge** auch diese Bindungen berücksichtigen, zB die AZ und die Art, wie die Arbeit zu verrichten ist (bedenkl. daher BAG 17.6.1998 NZA 1998, 1225). Vereinfacht ausgedrückt richtet sich die Arbeitsmenge danach, was, wie viel, wie zu erledigen ist. Ein bes. Problem stellt kündigungsrechtl. die Kurzarbeit dar (s. dazu Rn. 289).

226 **4. Umsetzung der Unternehmerentscheidung.** Betriebl. Erfordernisse setzen nicht nur einen Willensentschl. des Unternehmers voraus. Dieser innere Willensentschl. muss vielmehr in die Realität umgesetzt worden sein, um kündigungsrelevant sein zu können. Der AG muss im Kündigungsschutzprozess Tatsachen vortragen können, aus denen zu schließen ist, dass eine unternehmerische Entsch. tats. realisiert worden ist, oder dass auf Grund der Umsetzung dieser Entsch. bei vernünftiger betriebswirtschaftl. Betrachtung davon auszugehen ist, dass diese zum Zpkt. der vorgesehenen Beendigung realisiert sein wird; sie muss **„greifbare Formen“** angenommen haben (BAG 29.9.2005 NZA 2006, 720 Rn. 24; 7.7.2005 NZA 2006, 266 Rn. 38; 2.6.2005 NZA 2006, 207, 209; 23.2.2012 NZA 2012, 852 Rn. 19; 29.8.2013 NZA 2014, 730 Rn. 14). Da der AG im Vorgriff auf diesen Zpkt. handelt, beurteilt hier – rechtl. relevant – das Gericht (nicht der AN) auf Grund einer **Prognose**, ob die vom AG behaupteten Umstände den Schluss zulassen, zum Kündigungstermin bestehe keine Beschäftigungsmöglichkeit mehr für die gekündigten AN (BAG 7.7.2005 NZA 2006, 266 Rn. 38; 2.6.2005 NZA 2006, 207, 209; 15.12.2011 NZA 2012, 1044 Rn. 20; 23.2.2012 NZA 2012, 852 Rn. 19; 29.8.2013 NZA 2014, 730 Rn. 14; 31.7.2014 NZA 2015, 101 Rn. 31, 33; 20.11.2014 NZA 2015, 679 Rn. 14). Diese Prognose ist nicht identisch mit derjenigen bei der personen- und verhaltensbedingten Kündigung (s. a. Rn. 78 f.). Der AG orientiert sich zwar auch an gegenwärtigen Vorgängen und zieht hieraus Schlüsse für die Zukunft. Dieses Vorgehen ist aber nur Motiv für sein bindendes Handeln. Unterlässt er bis zum Kündigungstermin die Umsetzung seiner Entsch., kann er sich auf diese bzgl. der darauf gestützten Kündigungen nicht berufen (s. Rn. 267). Die Prognoseentsch. kann das ArbG nur auf hinreichend gesicherter Tatsachengrdl. treffen, für die der AG die Darlegungslast trägt. Je größer der Zeitraum zwischen Kündigung und Vollzug der Unternehmerentsch ist, desto unsicherer wird jedoch die Beurteilung, ob der Beschäftigungsbedarf mit Ablauf der Kündigungsfrist tats. entfallen wird (s. LAG SH 30.11.2010 BeckRS 2011, 66076). In Ausnahmefällen kann die verfrühte Erkl. einer Kündigung deshalb rechtsmissbräuchl. sein, wenn dem AN hierdurch der Vortrag zu anderweitigen Weiterbeschäftigungsmöglichkeiten praktisch unmögl. gemacht wird (LAG SH 15.3.2011 – 2 Sa 491/10). Allein die Ungewissheit, ob ein Auftrag fortgeführt wird, reicht deshalb für eine betriebsbedingte Kündigung der mit der Erledigung des Auftrags betrauten AN nicht aus (LAG MV 25.1.2011 BeckRS 2011, 69613).

227 In der Praxis ist insb. im Hinblick auf die Darlegungslast (s. Rn. 259 ff.) zu unterscheiden zwischen der sog. **selbstbindenden Unternehmerentsch.** und der **gestaltenden Unternehmerentsch.** (s. Rn. 230). Bei der selbstbindenden Unternehmerentsch. (außerbetriebl. Grund; s. Rn. 219) beschränkt sich der Unternehmer darauf, sich an äußere Sachzwänge zu binden. Er macht dann geltend, seine Kündigungen seien die zwangsläufige Folge einer betriebl. **Anpassung an die Auftragslage** (zB Rückgang der Aufträge um 40 Prozent) gewesen. Diese Bindung an den von ihm zu benennenden Grund führt bei Vorliegen der entspr. Voraussetzungen unmittelbar zum Wegfall von Beschäftigungsmöglichkeiten (s. SPV/*Preis* Rn. 912). Bindet der AG sich so selbst, muss er darlegen,

- dass der sog. außerbetriebl. Grund tats. in dem von ihm behaupteten Umf. vorliegt,
- dass dieser Grund sich unmittelbar zwgd. unter Beachtung der betriebl. Gegebenheiten auf welche Beschäftigungsmöglichkeiten ausgewirkt hat und
- dass nur solche AN in die betriebl. Auswahl einbezogen worden sind, die arbeitsvertragl. aktuell an die weggefallenen Beschäftigungsmöglichkeiten gebunden waren. Zur anschließenden sozialen Auswahl s. Rn. 229 ff.

Die Bindung an außerbetriebl. Gründe kann umfassend erfolgen. Der AG will dann letztl. allen AN 228
kündigen, die von dem außerbetriebl. Ereignis unmittelbar erfasst werden. Es kann ebenso sein, dass der Unternehmer das **außerbetriebl.** Ereignis zum Anlass von betriebl. **Umorganisationsentsch.** macht, den Umf. dieser Organisationsentsch. aber wiederum an das außerbetriebl. Ereignis binden will. Eine Selbstbindung ist nur mögl. an solche Tatsachen, die geeignet sind, das Arbeitsvolumen unmittelbar zu verringern, wie zB der Auftragsrückgang (s. Rn. 270). Eine Selbstbindung an außerbetriebl. Gründe greift nur unmittelbar bei **gleichartigen Beschäftigungsmöglichkeiten**, zB in kleineren Dienstleistungsbetrieben. Wer ledigl. 10 Gebäudereiniger beschäftigt, die er unter Zurverfügungstellung der entspr. Mittel jeweils einzeln zur Reinigung von Häusern einsetzt, kann bei einem Auftragsrückgang um 10% darlegen, dass die Beschäftigungsmöglichkeit für einen Gebäudereiniger entfallen ist (HHL/*Krause* Rn. 720). Größere Betriebe sind strukturierter und nach den individuellen Bedürfnissen des Unternehmers, auch in personeller Hinsicht, organisiert. Die Arbeitsvertragsinhalte der dort Beschäftigten unterscheiden sich nach der Art der zu verrichtenden Tätigkeiten. Hier muss der Unternehmer idR die sog. außerbetriebl. Gründe erst durch andere Maßnahmen umsetzen, die sich dann auf Beschäftigungsmöglichkeiten auswirken. Hat der AG außer der selbstbindenden Unternehmerentsch. keine gestaltende getroffen, ist die Kündigung nur gerechtfertigt, wenn der außerbetriebl. Umstand sich unmittelbar auf Beschäftigungsmöglichkeiten auswirkt (BAG 15.6.1989 NZA 1990, 65).

Bei einer selbstbindenden Unternehmerentsch. kann die **Unternehmerentsch.** mit dem **Ausspruch** 229
der Kündigung zusammenfallen. Sie ist aber dennoch existent. Der AG ist nicht etwa verpflichtet, bei einem alleinigen Bezug auf außerbetriebl. Umstände diesen Entschl. zunächst anderweitig nach außen zu dokumentieren. Er trifft die Unternehmerentsch. gleichsam uno actu mit der Erkl. der Kündigung. Im Prozess hat der AG iE darzulegen, dass sich die außerbetriebl. Gründe in welchem Umf. auf Beschäftigungsmöglichkeiten ausgewirkt haben. Hierzu genügen keine pauschalen Verweise auf eine schlechte Umsatzlage uä. (BAG 11.9.1986 EzA KSchG § 1 Betriebsbedingte Kündigung Nr. 54; 15.6.1989 NZA 1990, 65 f.; HHL/*Krause* Rn. 721). Entspr. gilt, wenn sich der AG auf innerbetriebl. Gründe stützt, er zB eine Hierarchieebene abbaut (BAG 16.12.2010 NZA 2011, 505 Rn. 14 f.; 24.5.2012 NZA 2012, 1223 Rn. 23).

Eine **gestaltende Unternehmerentsch.** trifft der AG, wenn er sich dazu entschließt, aktiv die 230
Ereignisse zu beeinflussen, indem er das „Was", das „Wie viel" und/oder das „Wie" seiner Produktion ändert (SPV/*Preis* Rn. 912), ohne dass die Gründe hierfür erhebl. sind. Er kann sich hierzu entschließen, um eine unrentable Betriebsführung zu korrigieren, in dem er zB eine Hierachieebene abbaut (BAG 16.12.2010 NZA 2011, 505 Rn. 15). Er kann rationalisieren, indem er Investitionen tätigt, mit deren Hilfe er in weniger Zeit mit weniger Personal eine höhere Leistung erzielen will. Der AG greift dann gestaltend in das Geschehen ein. Diese sog. gestaltende Unternehmerentsch. kann, muss aber nicht Beschäftigungsmöglichkeiten berühren. Der typische Fall einer gestaltenden Unternehmerentsch. ist der Entschl., den gesamten **Betrieb stillzulegen** (s. Rn. 277 ff.).

Greift der Unternehmer nicht gestaltend in die Organisation ein, sondern verringert gestaltend unter 231
Aufrechterhaltung der Betriebsorganisation die zur Vfg. stehende Arbeitsmenge, muss bei der Kündigung klar sein, wie sich dies innerbetriebl. auf die Beschäftigungsmöglichkeiten ausgewirkt hat. Will der Unternehmer im Zusammenhang mit gestaltenden Maßnahmen Kündigungen aussprechen, hat er darzulegen,
- dass und welchen unternehmerischen Entschl. er gefasst hat,
- dass er diesen Entschl. umgesetzt hat,
- wie sich die Umsetzung unter Berücksichtigung der Betriebs- und Vertragsfaktoren auf welche Beschäftigungsmöglichkeiten in welchem Umf. ausgewirkt hat und
- dass nur solche AN in die betriebl. Auswahl einbezogen worden sind, die arbeitsvertragl. aktuell an die weggefallenen Beschäftigungsmöglichkeiten gebunden waren.

Allein ein **Entschl. ohne Umsetzung** führt nicht zum Wegfall von Beschäftigungsmöglichkeiten, es 232
sei denn, außer dem Entschl. wird betriebsorganisatorisch vorerst nichts weiter umgesetzt. So kann es im Interesse des vorl. Weiterbestandes der ArbVerh. wirtschaftl. sinnvoll sein, die beabsichtigte Stilllegung des Betriebes vorerst zu verschweigen, um potentielle Kunden noch zu halten (instruktiv BAG 19.6.1991 NZA 1991, 891, 892 f.; 16.2.2012 NZA-RR 2012, 465 Rn. 51). Wer die Produktion verringern will, wird den Einkauf von Rohmaterial nicht erhöhen. Wer die Produktion umstellt und keine Lagerbestände hat, wird keine Werbekampagne starten mit dem Ziel, den Absatz des alten Produktes zu erhöhen. Die Rspr. verlangt, die Durchführung der unternehmerischen Entsch. müsse **„greifbare Formen"** angenommen haben (s. für die stRspr. zul. BAG 20.6.2013 NZA 2013, 1137 Rn. 47; 20.11.2014 NZA 2015, 679 Rn. 16; s. a. Rn. 280). Beteiligt sich ein Reinigungsunternehmen nach Kündigung des Reinigungsauftrags durch ein Krankenhaus nicht an der Neuausschreibung, liegt darin

ein hinreichend konkreter Anhaltspunkt für die Annahme, dass die betroffenen Arbeitsplätze entfallen. Das gilt auch, wenn das Unternehmen zu einem späteren Zpkt. auf Grund geänd. Sachlage den Reinigungsauftrag wieder erhält (BAG 15.7.2004 NZA 2005, 523, 525). Vergleichbares gilt, wenn sich der AG entschließt, ab sofort keine Aufträge mehr anzunehmen und den Betrieb schnellstmögl. stillzulegen (BAG 7.7.2005 NZA 2005, 1351, 1352 f.). Es ist für die „Greifbarkeit" nicht notwendig, dass eine Entäußerung des Entschl. an die Öffentlichkeit erfolgt (s. a. BAG 16.2.2012 NZA-RR 2012, 465 Rn. 51); ein durch Gesellschafterversammlung und Vorstand gefasster Beschl. reicht aus (BAG 19.6.1991 NZA 1991, 891, 892; s. a. Rn. 212).

233 Die gestaltende und die selbstbindende Unternehmerentsch. sind **arteigene Entschlussformen** des Unternehmers. Da eine Kündigung nur von den Umständen getragen wird, die zum **Zpkt.** ihrer Erkl. vorlagen (s. Rn. 91), können nur die Unternehmerentsch. tragend sein, die zu diesem Zpkt. vorlagen und sich in der Umsetzung befanden (BAG 4.12.1986 RzK I 5c Nr. 17; 11.9.1986 BeckRS 1986, 30718256).

234 **5. Dringlichkeit der betriebl. Erfordernisse.** Nach § 1 II 1 müssen nicht nur betriebl. Erfordernisse vorliegen. Diese müssen zusätzl. „dringend" sein. Die Rspr. nimmt an, diese weitere Voraussetzung sei erfüllt, wenn es dem AG nicht mögl. sei, der betriebl. Lage durch andere Maßnahmen auf technischem, organisatorischem oder wirtschaftl. Gebiet als durch eine Kündigung zu entsprechen (BAG 21.4.2005 NZA 2005, 1289, 1291). Die Kündigung muss wegen der betriebl. Lage **unvermeidbar** sein (BAG 23.2.2012 NZA 2012, 852 Rn. 22; 23.7.2012 NZA 2012, 852 Rn. 22; HHL/*Krause* Rn. 758, 762 ff.). Gemeint ist damit allerdings nicht, dass die Unternehmerentsch. selbst insoweit umfassend überprüft werden könnte (BAG 24.10.1979 NJW 1981, 301). Das notwendige Vorliegen der Dringlichkeit darf nicht zu dem Fehlschluss verleiten, wegen dieser Dringlichkeit seien außerordentl. Kündigungen gerechtfertigt. Da der AG das wirtschaftl. Risiko trägt, rechtfertigen betriebl. Gründe idR keine außerordentl. Kündigung (s. BGB § 626 Rn. 120). Eine Ausnahme besteht nur, wenn der Betrieb stillgelegt wird und „unkündbare" AN entlassen werden sollen. Ihnen kann in einem derartigen Fall außerordentl. mit ordentl. Kündigungsfrist gekündigt werden (s. BGB § 626 Rn. 50 ff.).

235 Mit dem Wort „dringend" verweist § 1 II 1 auf das **Verhältnismäßigkeitsprinzip** (BAG 21.4.2005 NZA 2005, 1289, 1291; 29.8.2013 NZA 2014, 730 Rn. 22; 8.5.2014 NZA 2014, 1200 Rn. 12; KR/*Griebeling/Rachor* Rn. 528; *Preis* Prinzipien S. 306 ff.; *Wank* RdA 1987, 136; GG Einl. Rn. 26 ff.). Dringend heißt nicht, dass sich die betriebl. Erfordernisse bis zur Unzumutbarkeit iSd. § 626 I BGB verdichtet haben müssten. Wenn die Anwendung des § 1 nicht einer unkontrollierten „Interessenabwägung" überlassen bleiben soll, ist es geboten, das Verhältnismäßigkeitsprinzip so anzuwenden, wie es vom BVerfG (7.4.1964 E 17, 306, 314; 9.3.1971 E 30, 250, 262; 19.3.1975 E 39, 210, 230; 20.6.1984 E 67, 157, 173; 14.5.1985 E 70, 1, 25) und der Lit. konkretisiert worden ist: die Maßnahme muss überhaupt geeignet sein, den erstrebten Zweck zu erreichen – Eignung – und es muss unter mehreren Mitteln dasjenige ausgewählt werden, das den Betroffenen am wenigsten belastet – Erforderlichkeit. Schließl. darf das mit der Maßnahme bezweckte Ziel nicht außer Verhältnis zu der mit der Maßnahme verbundenen Beeinträchtigung stehen – Verhältnismäßigkeit ieS = Proportionalität (so richtig *Wank* RdA 1987, 136). Ob die zur Kündigung vorgetragenen betriebl. Erfordernisse dringend sind, ist also anhand des Maßstabs der Verhältnismäßigkeit zu ermitteln (BAG 18.1.1990 NZA 1990, 734, 735; 29.3.1990 NZA 1991, 181, 183; *Wank* RdA 1987, 129, 136). Aus dem Erfordernis der Dringlichkeit ergibt sich insb., dass der AG geringfügige Schwankungen des Personalbedarfs hinzunehmen hat (BAG 23.2.2012 NZA 2012, 852 Rn. 21), selbst wenn er diese nicht durch Einf. von Kurzarbeit auffangen kann. Die unterbliebene oder unzureichende Beteiligung des BR nach § 92a BetrVG verwehrt es demggü. dem AG nicht, sich auf dringende betriebl. Erfordernisse zu berufen (BAG 18.10.2006 NZA 2007, 552 Rn. 26 f.).

236 Neben der Prüfung der Verhältnismäßigkeit ist **kein Raum für** eine allg. und auf den Einzelfall bezogene **Interessenabwägung** (BAG 30.4.1987 NZA 1987, 776, 778; 18.1.1990 NZA 1990, 734, 736; 20.6.2013 NZA 2014, 139 Rn. 20; 22.10.2015 NZA 2016, 33 Rn. 29). Soweit das BAG annimmt, eine Interessenabwägung sei allenfalls in seltenen Ausnahmefällen mögl. (BAG 16.6.2005 NZA 2006, 270, 272; 20.1.2005 NZA 2005, 687, 689; 22.10.2015 NZA 2016, 33 Rn. 29; krit. MüKoBGB/*Hergenröder* Rn. 311), ist damit offenbar gemeint, dass eine Kündigung unwirksam ist, wenn sie unverhältnismäßig im engeren Sinne ist. Die Voraussetzungen an einen derartigen Härtefall sind nach der Rspr. des BAG jedoch so hoch anzusetzen, dass in der praktischen Anwendung kaum mehr Raum für eine derartige Interessenabwägung bleibt (BAG 16.6.2005 NZA 2006, 270, 272; 20.1.2005 NZA 2005, 687, 289).

237 Die Dringlichkeit bezieht sich auf die betriebl. Erfordernisse und nicht auf die Unternehmerentsch. und umfasst eine Überprüfung der Art der **Umsetzung der Unternehmerentsch**. Zu einer Kündigung kann es danach nur kommen, wenn die Umsetzung zwangsläufig zum Wegfall von Beschäftigungsmöglichkeiten führt. Eine Dringlichkeit ist zu bejahen, wenn bei verständiger betriebswirtschaftl. Betrachtung, zu der auch die Erwägung der Möglichkeit einer Arbeitsstreckung und eines Abbaus von Überstunden oder AZGuthaben gehört, im Betrieb für die Tätigkeit des AN kein Bedürfnis mehr besteht und auch eine Umsetzung auf einen anderen Arbeitsplatz nicht in Betracht kommt (BAG 8.11.2007 EzA KSchG § 1 Betriebsbedingte Kündigung Nr. 157). Dabei steht es einer Stilllegungs-

absicht des AG jedoch zB nicht entgegen, wenn er die gekündigten AN innerhalb ihrer jeweiligen Kündigungsfrist noch für die Abarbeitung vorhandener Aufträge einsetzt (BAG 7.7.2005 NZA 2005, 1351, 1353; 8.11.2007 AP KSchG 1969 § 17 Nr. 28; 20.6.2013 NZA 2013, 1137 Rn. 53).

Eine Dringlichkeit ist zu verneinen, wenn die Durchführung des unternehmerischen Konzepts vom Unternehmer selbst nicht ernst genommen wird. Wer seinen Betrieb umorganisiert und deshalb AN unter Änd. von deren Arbeitsverträgen umsetzen muss, kann nicht berechtigten Belangen des einen – entgegen seinem Konzept – nachgeben und denen eines andern – unter Berufung auf sein Konzept – eine Absage erteilen (BAG 18.1.1990 NZA 1990, 734, 735). 238

6. Gerichtliche Überprüfung. a) Unternehmerentscheidung. Der Unternehmer, der das wirtschaftl. Risiko trägt, kann sich unternehmenspolitisch frei entscheiden (s. a. Rn. 4, 221; krit. *Bitter/Kiel* DB 1999, 1214; hierzu a. *Reuter* RdA 2004, 161; *v. Hoyningen-Huene* FS 50 Jahre BAG 2004 S. 369 ff.; *Schrader/Siebert* NZA-RR 2013, 113 ff.). In Anerkennung dieser durch Art. 12 I GG geschützten Freiheit der Unternehmerentsch. (s. Rn. 4) wird von den ArbG nicht geprüft, ob der Entschl. des Unternehmers, der betriebl. umgesetzt wurde (s. Rn. 241 f.), wirtschaftl. sinnvoll war (zB BAG 4.5.2006 NZA 2006, 1096 Rn. 20; 13.3.2008 NZA 2008, 878 Rn. 12; 31.7.2014 NZA 2015, 101 Rn. 31; LAG HH 17.8.2006 NZA-RR 2007, 630, 631). Insb. ist nicht zu prüfen, ob die durch die Kündigung zu erwartenden Vorteile in einem vernünftigen Verhältnis zu den Nachteilen stehen, die bei den betr. AN eintreten (BAG 17.10.1980 NJW 1981, 1686; 30.4.1987 NZA 1987, 776, 778; 20.6.2013 NZA 2014, 139 Rn. 20; HHL/*Krause* Rn. 735; KR/*Griebeling/Rachor* Rn. 522 ff.; *Preis* Prinzipien S. 218 ff.). Das gilt auch für die **Gestaltung des Anforderungsprofils** der jeweiligen Arbeitsplätze; dessen Festlegung durch den AG ist jdf. dann zu respektieren, wenn die Qualifikationsmerkmale einen nachvollziehbaren Bezug zur Organisation der auszuführenden Arbeiten haben (BAG 7.7.2005 NZA 2006, 266 Rn. 32; 24.5.2012 NZA 2012, 1223 Rn. 24; 20.6.2013 NZA 2014, 208 Rn. 16 f.; 22.10.2015 NZA 2016, 33 Rn. 15; 2.3.2017 NZA 2017, 905 Rn. 23; LAG HM 15.6.2010 NZA-RR 2010, 578, 579; s. a. Rn. 266). Vergleichbares gilt im Hinblick auf die musikalische oder ästhetische Machbarkeit eines Konzepts zur Umgestaltung eines Orchesters (BAG 27.1.2011 NZA 2011, 1248 Rn. 19) sowie auf betriebl. Arbeitsabläufe bezogene Organisationsentsch. (BAG 20.11.2014 NZA 2015, 679 Rn. 28). Zur Missbrauchskontrolle bei nicht eingeführter Kurzarbeit s. Rn. 287. Umgesetzte **Fehldispositionen sind hinzunehmen** (LAG K 25.8.1994 LAGE KSchG § 1 Betriebsbedingte Kündigung Nr. 27). Eine gerichtl. Überprüfungsmöglichkeit würde die wirtschaftl. Entscheidungsfreiheit des Unternehmers unverhältnismäßig einschränken (BAG 26.9.2002 NZA 2003, 549, 550 f.; s. a. BAG 29.8.2013 NZA 2014, 730 Rn. 17; SPV/*Preis* Rn. 917 ff.). Insoweit hat auch § 2 I SGB III zu keiner Änd. geführt (*Bauer/Haußmann* NZA 1997, 1100; *Ettwig* NZA 1997, 1152; *Fischermeier* NZA 1997, 1089, 1091; *Rüthers* NJW 1998, 283; **aA** *Rolfs* NZA 1998, 17, 18; *Schaub* NZA 1997, 810). Der Freiheit der Entsch. des Unternehmers im Privatbereich entspricht **im öffentl. Dienst** die Freiheit des Dienstherrn (s. Rn. 290). 239

Organisatorische, technische und wirtschaftl. Unternehmerentsch., die sich konkret nachteilig auf die Einsatzmöglichkeit des gekündigten AN auswirken, müssen **gesetzeskonform** sein. Die Unternehmerentsch. unterliegt damit einer **Rechtskontrolle** (BAG 21.9.2006 NZA 2007, 431 Rn. 31; 4.5.2006 NZA 2006, 1096 Rn. 20; 23.4.2008 NZA 2008, 939 Rn. 18; 27.1.2011 NZA 2011, 1248 Rn. 18). Eine Unternehmerentsch. ist zB gesetzeswidrig und kann eine Kündigung nicht rechtfertigen, wenn sie gegen **§ 5 TzBfG** verstößt (BAG 24.4.1997 NZA 1997, 1047, 1049) oder zu einer rechtswidrigen Überforderung oder Benachteiligung der im Betrieb verbleibenden AN führt (BAG 23.2.2012 NZA 2012, 852 Rn. 18; LAG RP 6.10.2014 BeckRS 2015, 65149). Ebenso dürfen Änd. des Anforderungsprofils an einen Arbeitsplatz (zB Beherrschung der dt. Sprache) nicht zu einer mittelbaren Diskriminierung des AN führen; in diesem Fall ist die unternehmerische Entsch. nach **§ 7 I AGG** iVm. § 2 I Nr. 2 AGG unwirksam und kann eine betriebsbedingte Kündigung nicht sozial rechtfertigen (so LAG HM 17.7.2008 NZA-RR 2009, 13), sofern die mittelbare Diskriminierung nicht durch rechtmäßige Ziele, wie zB die möglichst optimale Erledigung der anfallenden Arbeiten, gerechtfertigt ist (s. für die Beherrschung der dt. Schriftsprache BAG 28.1.2010 NZA 2010, 625 Rn. 15 ff.). Ferner muss die unternehmerische Entsch. auch die Regelungen in für den AG bindenden **TV** beachten, sonst kann diese nicht Grdl. einer wirksamen Kündigung sein, so wenn zB eine tarifwidrige AZ angeboten wird (BAG 18.12.1997 NZA 1998, 304, 305 f.). Bestehen in einem TV bestimmte Besetzungsvorschr., kann ein gekündigter AN geltend machen, die Unternehmerentsch. sei nicht hinzunehmen, weil sie die tarifvertragl. Regelung nicht beachtet (BAG 17.6.1999 NZA 1999, 1157, 1160 f.). Bietet der AG rechtswidrig tarifwidrige Arbeitsbedingungen an, ist eine darauf gestützte Kündigung sozialwidrig, weil das Teilelement „Unternehmerentsch." rechtswidrig ist. Die Kündigung ist aber deshalb nicht nichtig iSv. § 134 BGB (zutr. BAG 18.12.1997 NZA 1998, 304, 305; **aA** aber BAG 10.2.1999 AP KSchG 1969 § 2 Nr. 52). 240

IÜ unterliegen Unternehmerentsch. nur einer gerichtl. **Missbrauchskontrolle** dahin, ob sie offensichtl. unsachl. oder willkürl. sind (für die stRspr. BAG 16.12.2004 NZA 2005, 761, 763 sowie zul. 23.2.2012 NZA 2012, 852 Rn. 17; 24.5.2012 NZA 2012, 1223 Rn. 21; 25.10.2012 NZA-RR 2013, 632 Rn. 26; 20.6.2013 NZA 2014, 139 Rn. 19; 29.8.2013 NZA 2014, 730 Rn. 13; 31.7.2014, NZA 2015, 101 Rn. 31; 20.11.2014 NZA 2015, 679 Rn. 15; näher *v. Hoyningen-Huene* FS 50 Jahre BAG 2004 240a

S. 379 ff.). Diese berechtigt die ArbG jedoch grds. nicht, die betriebswirtschaftl. Sinnhaftigkeit der unternehmerischen Entsch. zu überprüfen (s. Rn. 239). Insb. ist es nicht als missbräuchl. zu bewerten, wenn mit dieser das Ziel verfolgt wird, die Rentabilität des Betriebs zu erhöhen. Das gilt selbst dann, wenn dieser bereits profitabel arbeitet (s. SES/*Schwarze* Rn. 296). Ausnahmen sind allenfalls dann anzuerkennen, wenn die unternehmerische Entsch. allein das Ziel verfolgt, eine bestimmte Person kündigen zu können, ohne dass daneben noch ein erkennbarer betriebswirtschaftl. Erfolg hinzutritt (BAG 23.2.2012 NZA 2012, 852 Rn. 18; LAG B 25.11.2010 LAGE KSchG § 1 Betriebsbedingte Kündigung Nr. 89). Vorstehendes gilt auch bei der Festlegung des Anforderungsprofils für einen neu eingerichteten oder veränderten Arbeitsplatz (BAG 16.12.2004 NZA 2005, 761, 763; 7.7.2005 NZA 2006 Rn. 32; 5.6.2008 NZA 2008, 1180 Rn. 17) sowie des Beschäftigungsbedarfs (BAG 6.7.2006 NZA 2007, 139 Rn. 35). Bei der Missbrauchskontrolle ist zu berücksichtigen, dass die ArbG bestimmte getroffene Fakten nicht in die alte Lage zurückversetzen können. Ist auf Grund einer offensichtl. unvernünftigen Unternehmerentsch. ein Betrieb tats. geschlossen worden, bestehen keine Beschäftigungsmöglichkeiten mehr. Durch die ArbG kann der Unternehmer nicht zur Fortführung des von ihm geschlossenen Betriebs gezwungen werden.

241 Die beschränkte Überprüfungsmöglichkeit betrifft nicht die Umstände der **Umsetzung der Unternehmerentsch.** Diese werden unter dem Gesichtspunkt der Sachlichkeit (Einhaltung der Vertrags- und Betriebsfaktoren) und der dringenden Erforderlichkeit in vollem Umf. überprüft. Der AG muss substantiiert darlegen, wie sich die Umsetzung seiner Entsch. auf die Beschäftigungsmöglichkeiten ausgewirkt hat (BAG 16.12.2004 NZA 2005, 761, 763 sowie zul. BAG 16.12.2010 NZA 2011, 505 Rn. 13 f.; 24.5.2012 NZA 2012, 1223 Rn. 21; 20.6.2013 NZA 2014, 139 Rn. 19; 29.8.2013 NZA 2014, 730 Rn. 13; SPV/*Preis* Rn. 929). Geht der Unternehmer (zB bei der Berechnung der Arbeitsmenge) von unrichtigen AZ aus, ist das nicht offensichtl. unsachl. oder willkürl. iSd. in Rn. 240 zitierten Rspr., sondern schlicht falsch und deshalb unsachl. Es entspricht weder der Sach- noch der Rechtslage. Gemeint ist bei der Missbrauchskontrolle die Überprüfung des unternehmerischen Entschl. an sich, mag dieser im Rahmen seiner Durchführung auch die Vertrags- und Betriebsfaktoren beachten. Höchstrichterl. Entsch., die den Fall einer missbräuchl. oder willkürl. Unternehmerentsch. festgestellt haben, sind selten (s. aber BAG 26.9.2002 NZA 2003, 549, 551 f.).

242 **b) Sonstige Umstände.** Hat der AG eine selbstbindende Unternehmerentsch. getroffen (s. Rn. 227), prüft das Gericht, ob die Umstände, an die er seine Entsch. gebunden hat, tats. vorgelegen haben (BAG 11.9.1986 EzA KSchG § 1 Betriebsbedingte Kündigung Nr. 54; 15.6.1989 NZA 1990, 65; *Ascheid* NZA 1991, 873, 876; *Hillebrecht* ZfA 1991, 87, 97). Zudem ist von den ArbG zu prüfen, ob eine solche Entsch. tats. getroffen worden ist und durch ihre Umsetzung eine Beschäftigungsmöglichkeit für den gekündigten AN entfallen ist (BAG 16.12.2004 NZA 2005, 761, 763; 7.7.2005 NZA 2006, 266 Rn. 31, 33; 4.5.2006 NZA 2006, 1096 Rn. 20; 7.7.2011 NZA 2012, 148 Rn. 41; 23.2.2012 NZA 2012, 852 Rn. 18; 29.8.2013 NZA 2014, 730 Rn. 13).

243 **7. Maßgebender Zeitpunkt.** Bei der betriebsbedingten Kündigung müssen – wie bei allen anderen Kündigungen (s. Rn. 91) – die Tatsachen, die sie bedingen sollen, zum Zpkt. des Zugangs der Kündigungserkl. vorliegen (BAG 9.9.2010 AP KSchG 1969 § 1 Betriebsbedingte Kündigung Nr. 185; 16.2.2012 NZA-RR 2012, 465 Rn. 40). Hat der AG zB mit der Behauptung gekündigt, sein Betrieb werde stillgelegt, muss er im Falle eines Bestreitens substantiiert darlegen, dass dieser Entschl. zum Zpkt. des Kündigungszugangs vorlag und dass er sich im Hinblick auf den Wegfall von Beschäftigungsmöglichkeiten in der Umsetzung befand (BAG 28.4.1988 AP BGB § 613a Nr. 74; 19.6.1991 NZA 1991, 891, 892; 29.8.2013 NZA 2014, 730 Rn. 14; 20.11.2014 NZA 2015, 679 Rn. 16). Der maßgebende Zpkt. des Zugangs der Kündigungserkl. schließt es jedoch nicht aus, feststehende künftige Entwicklungen zu berücksichtigen. Wohnt dem Kündigungsgrund ein prognostisches Element inne, lässt der tats. Eintritt der prognostizierten Entwicklung Rückschlüsse auf die Ernsthaftigkeit und Plausibilität der Prognose zu (BAG 16.2.2012 NZA-RR 2012, 465 Rn. 40). Finanziert der AG einen Arbeitsplatz mit Drittmitteln, ist indes die Befürchtung, die Drittmittel würden gestrichen, allein noch kein dringender Anlass für eine betriebsbedingte Kündigung (BAG 24.8.1989 – 2 AZR 653/88).

244 Liegen zum Zpkt. des Zugangs der Kündigungserkl. die Voraussetzungen für eine betriebsbedingte Kündigung vor, wird diese nicht nachträgl. unwirksam, wenn sich die betriebl. Verhältnisse auf Grund unerwarteter Umstände positiv entwickeln (BAG 27.2.1997 NZA 1997, 757, 758; 16.2.2012 NZA-RR 2012, 465 Rn. 40; HHL/*Krause* Rn. 817; *Wank* SAE 1986, 151, 153; dazu a. Rn. 267). Zum Anspruch auf Wiederbegr. des ArbVerh. BAG 27.2.1997 NZA 1997, 757, 758 ff.

III. Fehlende Möglichkeit der Weiterbeschäftigung

245 Die Gründe, die die Kündigung rechtfertigen sollen, müssen nach § 1 II 1 einer Weiterbeschäftigung in diesem Betrieb entgegenstehen (BAG 21.2.2002 EzA KSchG § 1 Wiedereinstellungsanspruch Nr. 7). Nach § 1 II 2 ist die Kündigung *auch* sozial ungerechtfertigt, wenn die dort normierten Beschäftigungsmöglichkeiten bestehen und der BR oder die zust. Personalvertretung widerspricht. § 1 II wurde durch § 123 Nr. 1 BetrVG v. 15.1.1972 (BGBl. I S. 17) sowie durch § 114 des BPersVG v. 15.3.1974

(BGBl. I S. 693) um die jetzt im G aufgezählten Widerspruchstatbestände erweitert. Die dortigen Fälle gelten auch im Individualbereich (s. deshalb zur Realisierung von Weiterbeschäftigungsmöglichkeiten Rn. 372 ff.). Gem. § 323 I UmwG wird der Eintritt der Wirkungen einer Spaltung einschl. der einer Ausgliederung zeitl. hinausgeschoben (s. UmwG § 323 Rn. 2 ff.).

Bzgl. der **Weiterbeschäftigung** auf einem freien Arbeitsplatz geht das G von einem **Unternehmensbezug** und nicht von einem **Konzernbezug** aus (BAG 23.11.2004 NZA 2005, 929, 931 f. sowie zul. BAG 24.5.2012 NZA 2013, 277 Rn. 27; 18.10.2012 NZA 2013, 1007 Rn. 56; 22.11.2012 NZA 2013, 730 Rn. 39). Weiterbeschäftigungsmöglichkeiten außerhalb des Unternehmens des AG sind nur dann relevant, wenn der AG rechtl. und tats. die Möglichkeit hat, ggü. dem Drittunternehmen die Weiterbeschäftigung durchzusetzen oder er sich dazu durch Selbstbindung verpflichtet hat (BAG 18.9.2003 AP KSchG 1969 § 1 Konzern Nr. 12; 23.11.2004 NZA 2005, 929, 931 f.; 23.3.2006 NZA 2007, 30 Rn. 20 ff.; 23.4.2008 NZA 2008, 939 Rn. 22; 24.5.2012 NZA 2013, 277 Rn. 27; 18.10.2012 NZA 2013, 1007 Rn. 57; 22.11.2012 NZA 2013, 730 Rn. 39; s. für KonzernTV LAG K 7.8.2006 BeckRS 2006, 45084). Das gilt selbst dann, wenn der Arbeitsvertrag eine **Konzernversetzungsklausel** enthält; auch in diesem Fall kommt eine unternehmensübergreifende Weiterbeschäftigungspflicht nur in Betracht, wenn das vertragsschließende Unternehmen einen bestimmenden Einfluss auf die Versetzung des AN in das andere (Konzern-)Unternehmen hat (BAG 23.3.2006 NZA 2007, 30 Rn. 22; 24.5.2012 NZA 2013, 277 Rn. 27; 18.10.2012 NZA 2013, 1007 Rn. 57; 22.11.2012 NZA 2013, 730 Rn. 39; LAG SN 7.5.2015 BeckRS 2016, 71895). Dieser muss jedoch nicht rechtl. verfestigt sein, uU reicht auch die Möglichkeit einer tats. Einflussnahme aus (BAG 23.4.2008 NZA 2007, 30 Rn. 22; 24.5.2012 NZA 2013, 277 Rn. 27; weiter gehend SPV/*Preis* Rn. 999 ff., der eine etwaige Weigerung des Konzernunternehmens zur Übernahme kündigungsrechtl. uU für unbeachtl. hält; dagegen jedoch *Lingemann* FS Bauer 2010 S. 661, 666 f.). In keinem Fall reicht es für die Annahme einer unternehmensübergreifenden Weiterbeschäftigungspflicht aus, wenn die Entsch. über die Aufnahme des AN dem aufnehmenden Unternehmen vorbehalten ist (BAG 24.5.2012 NZA 2013, 277 Rn. 27). Ebenso bleiben Weiterbeschäftigungsmöglichkeiten, die in Betrieben bestehen, die aus einer **Umwandlung** hervorgegangen sind, grds. unberücksichtigt. Führen jedoch an einer Spaltung oder an einer Teilübertragung beteiligte Rechtsträger nach der Umwandlung einen Betrieb gemeinsam, so gilt dieser als **ein Betrieb** iSd. KSchG. Für die Frage einer Weiterbeschäftigungsmöglichkeit ist auf alle AN des gemeinsamen Betriebs abzustellen (s. UmwG § 322 Rn. 3). 246

Hins. des **Betriebsbegriffs** gilt nach hM nicht der des BetrVG, sondern zur Anwendung gelangen die zum KSchG entwickelten Grds. (s. a. Rn. 319 u. § 23 Rn. 4 ff.). Wegen des damit verbundenen Wechsels des Vertragsstatuts scheiden Weiterbeschäftigungsmöglichkeiten in Betrieben **außerhalb des Geltungsbereichs des G** aus (BAG 29.8.2013 NZA 2014, 730 Rn. 31 ff.; 24.9.2015 NZA 2015, 1457 Rn. 18; LAG B 1.6.2011 BeckRS 2011, 76011; 5.5.2011 BeckRS 2011, 75993; *Hoffmann-Remy/Zaumseil* DB 2012, 1624, 1627 f.; **aA** LAG HH 22.3.2011 BeckRS 2011, 76012; SPV/*Preis* Rn. 1002b). Überträgt ein Unternehmen Betriebsaufgaben auf ein anderes Unternehmen und kündigt deshalb einem AN betriebsbedingt wegen Wegfalls einer Beschäftigungsmöglichkeit, sind freie Arbeitsplätze in dem anderen Unternehmen mitzuberücksichtigen, wenn beide Unternehmen einen **Gemeinschaftsbetrieb** gebildet haben (BAG 18.10.2012 NZA 2013, 1007 Rn. 53; LAG K 21.7.2000 LAGE KSchG § 1 Betriebsbedingte Kündigung Nr. 57). Wird dieser jedoch durch Stilllegung des Betriebs eines der Unternehmen aufgelöst, so kommt eine Weiterbeschäftigung in dem verbleibenden Betrieb des anderen Unternehmens nicht in Betracht (BAG 23.3.2006 NZA 2007, 30 Rn. 35; 18.10.2012 NZA 2013, 1007 Rn. 53; 20.6.2013 NZA 2013, 1137 Rn. 59). 247

Auch wenn ein **BR nicht besteht** oder ein bestehender BR untätig geblieben ist, sind die Beschäftigungsmöglichkeiten nach **§ 1 II 2 zu berücksichtigen** (BAG 24.5.2012 NZA 2013, 277 Rn. 26; 29.8.2013 NZA 2014, 730 Rn. 22; 29.8.2013 NZA-RR 2014, 325 Rn. 15; 8.5.2014 NZA 2014, 1200 Rn. 12; LAG RP 25.6.2015 NZA-RR 2015, 634, 637), s. daher zu allen Weiterbeschäftigungsmöglichkeiten Rn. 372 ff. Allerdings obliegt dem AN die Darlegungslast für eine andere Beschäftigungsmöglichkeit. Der individualrechtl. Kündigungsschutz hängt weder vom Bestehen noch vom Belieben eines BR ab (für die einhellige Meinung BAG 23.11.2004 NZA 2005, 929, 931; APS/*Kiel* Rn. 581 f.; MüKoBGB/*Hergenröder* Rn. 98). 248

Beide Sätze des Abs. 2 regeln verschiedene Materien und haben deshalb einen selbständigen Inhalt. Nach S. 1 werden die aktuelle und die durch **Direktionsrecht** iVm. freien Arbeitsplätzen zu realisierende Beschäftigungsmöglichkeit erfasst. S. 1 ist betriebsbezogen zu prüfen. S. 2 konkretisiert die Dringlichkeit, und zwar abschl. Liegen die Voraussetzungen nach S. 2 vor, ist auch – individualrechtl. betrachtet – eine Kündigung nicht erforderl. (so richtig *Wank* RdA 1987, 129, 136 ff.). S. 2 weist einen Unternehmensbezug auf (BAG 13.9.1973 AP KSchG 1969 § 1 Nr. 2; 17.5.1984 NZA 1985, 489, 492). Das Wort „auch" verknüpft die Individualseite mit dem kollektivrechtl. Bereich. Besteht die bisherige Beschäftigungsmöglichkeit nicht mehr, ist zu prüfen, ob nicht eine solche nach S. 2 gegeben ist (s. dazu Rn. 372 ff.). 249

Die im G angesprochene Weiterbeschäftigungsmöglichkeit betrifft **nur freie Arbeitsplätze**. Der AN hat keinen Anspruch auf Einrichtung neuer Arbeitsplätze (BAG 29.3.1990 NZA 1991, 181, 182; 7.2.1991 NZA 1991, 806, 807; HHL/*Krause* Rn. 779). Als frei sind solche Arbeitsplätze anzusehen, die zum Zpkt. des Zugangs der Kündigungserkl. unbesetzt sind (BAG 23.11.2004 NZA 2005, 986, 988 250 sowie nachf. zB BAG 9.9.2010 AP KSchG 1969 § 1 Betriebsbedingte Kündigung Nr. 185; 25.10.2012 NZA-RR 2013, 632 Rn. 29; 20.6.2013 NZA 2013, 1137 Rn. 55; 29.8.2013 NZA-RR 2014, 325 Rn. 17). Der AG kann sich allerdings nicht auf einen von ihm selbst treuwidrig durch eine vorgezogene Stellenbesetzung verursachten Wegfall freier Arbeitsplätze berufen (BAG 24.11.2005 NZA 2006, 665 Rn. 39; 1.2.2007 AP BGB § 162 Nr. 6; 5.6.2008 NZA 2008, 1180 Rn. 16; 9.9.2010 AP KSchG 1969 § 1 Betriebsbedingte Kündigung Nr. 185; 25.10.2012 NZA-RR 2013, 632 Rn. 37). Zum Widerspruch beim Teilbetriebsübergang s. Rn. 283. Auch hins. der freien Arbeitsplätze muss der AN geeignet sein (BAG 24.11.2005 NZA 2006, 665 Rn. 39); insoweit kann der AG die Anforderungsprofile für einen eingerichteten Arbeitsplatz frei festlegen und bei Sachgerechtigkeit auch eine mehrjährige Berufserfahrung fordern (BAG 10.11.1994 NZA 1995, 566, 568; 24.6.2004 NZA 2004, 1268, 1270; s. a. Rn. 292).

250a Sofern der AG bei Ausspruch der Kündigung mit hinreichender Sicherheit vorhersehen kann, dass ein Arbeitsplatz **bis zum Ablauf der Kündigungsfrist** (zB Ausscheiden eines AN aus Altersgründen) zur Vfg. stehen wird, ist ein derartiger Arbeitsplatz ebenfalls als „frei" anzusehen (BAG 6.6.1984 NZA 1985, 93, 94; 28.10.2004 NZA 2005, 412; 9.9.2010 AP KSchG 1969 § 1 Betriebsbedingte Kündigung Nr. 185; 25.10.2012 NZA-RR 2013, 632 Rn. 29; 29.8.2013 NZA-RR 2014, 325 Rn. 17). Das gilt auch im Hinblick auf ggf. vorübergehend ruhende ArbVerh., bei diesen ist insb. nicht auf das Ende des Ruhenszeitraums abzustellen (BAG 9.9.2010 AP KSchG 1969 § 1 Betriebsbedingte Kündigung Nr. 185). Fällt eine Beschäftigungsmöglichkeit weg, weil Drittmittel nicht mehr gewährt werden, ist zu prüfen, ob der AN in einem anderen Bereich eingesetzt werden kann (BAG 21.6.1990 RzK I 5c Nr. 37). Als frei sind ferner solche Arbeitsplätze anzusehen, bei denen im Zpkt. der Kündigung bereits feststeht, dass sie in absehbarer Zeit **nach Ablauf der Kündigungsfrist** frei werden, sofern dem AG die Überbrückung dieses Zeitraums zumutbar ist. Dies ist idR bei einer Zeitspanne zu bejahen, die ein anderer AN zur Einarbeitung benötigen würde (BAG 15.12.1994 RzK I 5b Nr. 15).

251 Der AG ist nicht verpflichtet, zB durch Organisationsmaßnahmen, einen **freien Platz zu schaffen** (BAG 29.3.1990 NZA 1991, 181, 182; 7.2.1991 NZA 1991, 806, 807) oder einen besetzten Platz „freizukündigen" (s. aber zum Sonderkündigungsschutz für BRMitglieder § 15 Rn. 27). Er wäre hierzu auch rechtl. nicht in der Lage. „Betriebl." Erfordernisse als Voraussetzung für eine betriebsbedingte Kündigung sind keine personellen Belange bestimmter AN. Fallen AN nicht in die betriebl. Auswahl, sind sie nach dem Tatbestand des § 1 nicht kündbar. Der Begriff des anderen Arbeitsplatzes ist hier weiter als der des betriebsverfassungsrechtl. Versetzungsbegriffs (s. BetrVG § 99 Rn. 13). Anderer Arbeitsplatz bedeutet vertragsgemäßer Arbeitseinsatz.

252 Die Möglichkeit der Weiterbeschäftigung bezieht sich nur auf **vergleichbare** freie Arbeitsplätze (BAG 5.6.2008 NZA 2008, 1180 Rn. 17; HHL/*Krause* Rn. 791). Dabei sind auch solche Arbeitsplätze zu berücksichtigen, deren Anforderungen der AN erst nach einer angemessenen Einarbeitungszeit genügen kann (BAG 5.6.2008 NZA 2008, 1180 Rn. 17; 29.8.2013 NZA-RR 2014, 325 Rn. 18; LAG RP 25.6.2015 NZA-RR 2015, 634, 638). IRd. Wegfalls einer Beschäftigungsmöglichkeit erwächst dem betroffenen AN jedoch kein Anspruch auf eine Beförderung, wenn eine Beförderungsstelle frei ist (BAG 23.11.2004 NZA 2005, 986, 989). Ebenso kann der AN nicht die Beschäftigung auf Stellen beanspruchen, die der Qualifizierung und Vermittlung an andere Unternehmen dienen (BAG 8.5.2014 NZA 2014, 1200 Rn. 21, 23). Zu evtl. erforderl. Umschulungs- oder Fortbildungsmaßnahmen BAG 29.7.1976 NJW 1977, 727; 7.2.1991 NZA 1991, 806, 807 sowie § 1 Rn. 389ff. Verlagert der AG Beschäftigungsmöglichkeiten von einem Betrieb des Unternehmens in einen anderen, genießt das ArbVerh. des bisherigen Arbeitsplatzinhabers auch dann Bestandsschutz, wenn die „neue" Arbeit höher vergütet wird, sofern sie dies. oder zumindest ganz überw. gleich geblieben ist (BAG 5.10.1995 NZA 1996, 524). Im Hinblick auf den Verhältnismäßigkeitsgrds. sind auch solche freien Arbeitsplätze zu berücksichtigen, auf denen der AN zu **geänd. (schlechteren) Arbeitsbedingungen** weiterbeschäftigt werden kann; diese sind dem AN vor Erkl. einer ordentl. Beendigungskündigung anzubieten, sofern es sich nicht um eine völlig unterwertige Beschäftigung handelt (BAG 5.6.2008 NZA 2008, 1180 Rn. 17). Zu der in einem derartigen Sachverhalt vorrangig zu erklärenden Änderungskündigung s. a. § 2 Rn. 4.

253 Soll wegen Wegfalls von Beschäftigungsmöglichkeiten mehreren AN gekündigt werden, und ist die Anzahl der Weiterbeschäftigungsmöglichkeiten geringer als die Anzahl der „änderungswilligen" AN, ist zunächst durch eine **betriebl. Auswahl** zu ermitteln, wer – gemessen an den Anforderungen der neuen Arbeitsmöglichkeiten – für eine Weiterbeschäftigung überhaupt in Frage kommt (*Wank* RdA 1987, 129, 138, 139). Sind mehr AN für eine andere Beschäftigung geeignet, als Beschäftigungsmöglichkeiten zur Vfg. stehen, und will der AG vor der Kündigungserkl. die freien Stellen besetzen, hat er im Rahmen dieser Besetzung eine **Sozialauswahl** analog § 1 III vorzunehmen (hierzu neigend BAG 22.9.2005 NZA 2006, 558 Rn. 41; s. a. BAG 15.12.1994 NZA 1995, 413, 415; LAG M 15.11.2007 LAGE BGB 2002 § 626 Unkündbarkeit Nr. 4; SES/*Schwarze* Rn. 333; *Haas/Salamon* NZA 2006, 1192; SPV/*Preis* Rn. 989). Er kann diese Sozialauswahl nicht dadurch umgehen, indem er zunächst die freien Stellen besetzt (BAG 10.11.1994 NZA 1995, 566, 569). Für den Fall, dass – ohne Verlagerung von Aufgaben – in einem anderen Betrieb des Unternehmens freie Stellen vorhanden sind, nahm das BAG früher an, der AG müsse bei der Besetzung dieser freien Stellen jdf. nach § 315 BGB die sozialen Belange der betroffenen AN mitberücksichtigen (BAG 15.12.1994 NZA 1995, 413, 416; 21.9.2000 NZA 2001, 535, 540; SES/*Schwarze* Rn. 333; s. aber jetzt BAG 22.9.2005 NZA 2006, 558 Rn. 41).

Für die Rechtswirksamkeit der Kündigung kommt es nicht darauf an, ob der AG vorher eine Prüfung der Weiterbeschäftigungsmöglichkeit im Sinn einer Wirksamkeitsvoraussetzung vorgenommen hat (BAG 18.1.1990 NZA 1990, 729, 732). Entscheidend ist allein, ob die Umsetzung des gekündigten AN auf einen anderen freien Arbeitsplatz tats. mögl. war (BAG 3.2.1977 NJW 1977, 1846; s. a. BAG 24.9.2015 NZA 2015, 1457 Rn. 19 ff.; HHL/*Krause* Rn. 784) und der AN bereit gewesen wäre, dort zu arbeiten. Insoweit trifft den AG eine **Initiativlast**; er hat dem AN vor jeder ordentl. Beendigungskündigung von sich aus eine beiden Parteien obj. mögl. und zumutbare Beschäftigung auf einem freien Arbeitsplatz auch zu geänd. Bedingungen anzubieten (BAG 21.4.2005 NZA 2005, 1289, 1291; 29.8.2013 NZA 2014, 730 Rn. 22; 8.5.2014 NZA 2014, 1200 Rn. 13; LAG RP 25.6.2015 NZA-RR 2015, 634, 637; krit. *Wank* RdA 2012, 139, 143 ff.). Das kommt selbst dann in Betracht, wenn die Vergütung des AN auf dem freien Arbeitsplatz erhebl. geringer als der bisherige Verdienst ist (so LAG K 26.8.2004 NZA-RR 2005, 300, 301; ebenso BAG 8.5.2014 NZA 2014, 1200 Rn. 13). Eine Ausnahme kommt nur in Extremfällen in Betracht, wenn die Tätigkeit auf dem freien Arbeitsplatz für den AN schlechthin unzumutbar ist (BAG 8.5.2014 NZA 2014, 1200 Rn. 13; LAG RP 25.6.2015 NZA-RR 2015, 634, 637). Der Grds. der Verhältnismäßigkeit verpflichtet den AG dazu, dem AN auch nach Ablehnung des Angebots eine Änderungskündigung auszusprechen (BAG 21.4.2005 NZA 2005, 1289, 1291; LAG RP 25.6.2015 NZA-RR 2015, 634, 637; s. a. Rn. 75 u. § 2 Rn. 4). Dem AN ist es allerdings verwehrt, den AG auf eine mögl. Änderungskündigung zu verweisen, wenn er ein Änderungsangebot vorbehaltlos und endgültig abgelehnt hat; hierfür muss der AN bei Ablehnung des Änderungsangebots jedoch unmissverständl. zu erkennen gegeben haben, dass er unter keinen Umständen bereit ist, zu den geänd. Arbeitsbedingungen zu arbeiten (BAG 21.4.2005 NZA 2005, 1289, 1291). Die alleinige Ablehnung einer einverständl. Abänderung reicht nicht aus (BAG 21.4.2005 NZA 2005, 1289, 1291). 254

Bei Abs. 2 S. 1 ist mit „diesem Betrieb" der Betrieb gemeint, dem der gekündigte AN zum Zpkt. der Kündigung angehört. Die Kündigung ist deshalb rechtsunwirksam, wenn der AN an einem anderen Arbeitsplatz im selben Betrieb weiterbeschäftigt werden kann (BAG 25.9.1956 AP KSchG 1951 § 1 Nr. 18). Nach § 1 II 2 ist die Kündigung auch sozial ungerechtfertigt, wenn der AN an einem anderen Arbeitsplatz in einem anderen Betrieb des Unternehmens weiterbeschäftigt werden kann; s. dazu und zu den anderen Widerspruchsgründen Rn. 372 ff. 255

Die Weiterbeschäftigungsmöglichkeit ist auch auf Arbeitsplätze zu beziehen, auf denen **LeihAN** eingesetzt sind. Sie stehen nicht in einem ArbVerh. zum Entleiher, so dass deren Platz als nicht besetzt anzusehen ist (LAG B 3.3.2009 DB 2009, 1353 f.; LAG HM 7.4.2008 BeckRS 2008, 55462; 21.12.2007 LAGE KSchG § 1 Betriebsbedingte Kündigung Nr. 81; 6.8.2007 NZA-RR 2008, 180, 182 f.; 5.3.2007 BB 2007, 2462, 2464; LAG RP 19.5.2015 LAGE KSchG § 1 Betriebsbedingte Kündigung Nr. 100; *Bayreuther* NZA 2016, 1304, 1308; HHL/*Krause* Rn. 785; AR/*Kaiser* Rn. 157; **aA** im Grds. *Moll/Ittmann* RdA 2008, 321, 325 ff.). Anders ist es, wenn deren Tätigkeiten nach dem unternehmerischen Konzept dauerhaft von Subunternehmen auf **Werkvertragsbasis** ausgeführt werden (BAG 11.5.2000 NZA 2000, 1055, 1056). Die Weiterbeschäftigung auf von LeihAN besetzten Arbeitsplätzen kommt deshalb nur in Betracht, wenn es sich um Dauerarbeitsplätze handelt (BAG 15.12.2011 NZA 2012, 1044 Rn. 30; 18.10.2012 NZA-RR 2013, 68 Rn. 23; LAG RP 19.5.2015 LAGE KSchG § 1 Betriebsbedingte Kündigung Nr. 100; s. a. *Gaul/Ludwig* DB 2010, 2334 ff.; *Hamann* NZA 2010, 1211, 1214 f.). Werden sie ledigl. zur Abdeckung von sog. Auftragsspitzen oder zur Vertretung eingesetzt, bleiben sie hingegen unberücksichtigt (BAG 15.12.2011 NZA 2012, 1044 Rn. 26 ff.; 18.10.2012 NZA-RR 2013, 68 Rn. 23). 256

Ist die Zuweisung der neuen Beschäftigungsmöglichkeit eine **Versetzung iSd. § 95 III BetrVG** und an die Zust. des BR gebunden und hat dieser die Zust. wirksam versagt, ist die Zuweisung der anderen Beschäftigungsmöglichkeit rechtl. nicht mögl. (SES/*Schwarze* Rn. 323; s. a. BAG 24.9.2015 NZA 2015, 1457 Rn. 26). Das gilt auch, wenn der AG darlegen kann, dass ein nach § 99 II BetrVG beachtl. Grund vorgelegen habe und der BR im Fall eines Zustimmungsersuchens die Zust. verweigert haben würde (BAG 13.9.1977 AP KSchG 1969 § 1 Nr. 2; s. a. Rn. 106). 257

Im **öffentl. Dienst** erstreckt sich die Weiterbeschäftigungspflicht auf Arbeitsplätze in ders. Dienststelle oder in einer anderen Dienststelle desselben Verwaltungszweigs in demselben Dienstort einschl. seines Einzugsbereichs, arg. § 1 II S. 2 Nr. 2 b (BAG 12.8.2010 NJW 2011, 251 Rn. 20: Konzentration der Aufgaben einer Behörde an einem Standort und Auflösung bisheriger Standorte; 22.10.2015 NZA 2016, 33 Rn. 20: freie Arbeitsplätze für Lehrkräfte an Schulen in anderer Gemeinde). Freie Arbeitsplätze in einem anderen Verwaltungszweig sind allenfalls dann zu berücksichtigen, wenn die Aufgaben einer Dienststelle auf Behörden dieses Verwaltungszweigs verlagert wurden oder werden sollen (BAG 10.6.2010 NZA 2010, 1234 Rn. 17 f.; 12.8.2010 NJW 2011, 251 Rn. 20). Es kommt auch hier nicht darauf an, ob der PR widersprochen hat (BAG 17.5.1984 NZA 1985, 489, 492; 23.11.2004 NZA 2005, 986, 988). 258

IV. Beweislastfragen

Der AG hat hins. aller Kündigungsgründe nach § 1 II 4 die Tatsachen zu beweisen, die die Kündigung bedingen. Bei der betriebsbedingten Kündigung unterscheidet sich die Darlegungs- und Beweislast danach, ob eine selbstbindende oder gestaltende Unternehmerentsch. (s. dazu Rn. 227 ff.) getroffen worden ist. 259

260 Beruft sich der AG darauf, durch eine **gestaltende unternehmerische Entsch.** (sog. innerbetriebl. Grund) seien Beschäftigungsmöglichkeiten entfallen, hat er die Existenz dieser unternehmerischen Entsch. darzulegen und iE vorzutragen, inwiefern auf Grund dieser Entsch. welche Beschäftigungsmöglichkeiten in welchem Umf. entfallen sind (s. BAG 7.7.2011 NZA 2012, 148 Rn. 42; 16.12.2010 NZA 2011, 505 Rn. 14 f.; 23.2.2012 NZA 2012, 852 Rn. 18). Entspr. gilt hins. der tats. Grdl., wenn der AG seinen Kündigungsentschl. auf eine Prognose zum zukünftigen Beschäftigungsbedarf stützt (BAG 31.7.2014 NZA 2015, 101 Rn. 36; 20.11.2014 NZA 2015, 679 Rn. 17). Ergibt sich aus den dem BR vor und bei seiner Anhörung erteilten Inf., dass der AG zur Betriebsstilllegung entschlossen ist, bedarf es im Prozess keiner weitergehenden Darlegungen (BAG 21.6.2001 NZA 2002, 212, 214 f.). Stellt ein AG mehrere einander widersprechende Behauptungen auf, ohne die Widersprüche zu erläutern, ist ein derartiger Vortrag einer Beweisaufnahme nicht zugängl. (BAG 13.6.2002 NZA 2003, 608).

261 Beruft er sich auf eine **selbstbindende Unternehmerentsch.** (sog. außerbetriebl. Grund.) hat er darzulegen, durch welche von außen kommenden Umstände in welchen Bereichen Beschäftigungsmöglichkeiten in welchem Umf. entfallen sind (BAG 7.12.1978 NJW 1979, 1902). Wird eine Kündigung auf die Folgen eines Umsatzrückgangs gestützt und sind diese str., hat das Gericht zu prüfen, ob ein dauerhafter Umsatzrückgang vorliegt und in welchem Ausmaß er sich auf die Arbeitsmenge bestimmter AN auswirkt. Solche Nachw. sind durchaus mögl. Führt ein dauerhafter Umsatzrückgang unmittelbar zur Verringerung einer ganz bestimmten Arbeitsmenge (Verpackungstätigkeit in der Exportabt.), kann der AG unter Berufung auf den Rückgang der Exporte darlegen, dass Beschäftigungsmöglichkeiten für die Verpacker entfallen sind (BAG 15.6.1989 NZA 1990, 65, 66; LAG D 16.11.2005 – 12 Sa 1150/05).

262 Das Gericht hat in vollem Umf. nachzuprüfen, ob die vom AG behaupteten innerbetriebl. (gestaltende Unternehmerentsch.) oder – im Fall einer selbstbindenden Unternehmerentsch. – außerbetriebl. **Gründe vorliegen** und ob sich diese dahin auswirken, dass für die Weiterbeschäftigung des gekündigten AN kein Bedürfnis mehr besteht (s. a. Rn. 241 f.). Der AG kann sich nicht – pauschal – darauf berufen, „einschneidende Rationalisierungsmaßnahmen" machten eine Verringerung des Personalbestandes erforderl. Vielmehr muss er iE darlegen, ob sich unmittelbar durch eine Rationalisierungsmaßnahme oder durch Umsatzrückgang der Arbeitsanfall und der Bedarf an Arbeitskräften verringert haben und wie sich die betriebl. Veränderung auf den Arbeitsplatz des gekündigten AN auswirkt (BAG 7.12.1978 NJW 1979, 1902; 17.6.1999 NZA 1999, 1098, 1100; s. a. BAG 7.7.2011 NZA 2012, 148 Rn. 42). Das gilt entspr. bei einer Neubestimmung des Anforderungsprofils; auch in diesem Fall muss der AG darlegen, dass ein betriebl. Anlass besteht (BAG 10.7.2008 NZA 2009, 312).

263 Wird bei einer Betriebsstilllegung bestritten, dass der **Stilllegungsbeschl.** bereits im Kündigungszpkt. gefasst gewesen sei, muss der AG substantiiert darlegen, dass und zu welchem Zpkt. er diejenigen organisatorischen Maßnahmen gepl. hat, die sich als Betriebsstilllegung darstellen. Außerdem muss er darlegen, dass diese Maßnahmen bereits greifbare Formen angenommen haben (BAG 23.3.1984 AP KSchG 1969 § 1 Betriebsbedingte Kündigung Nr. 38); ggf. gehört hierzu auch der Vortrag, wie sich der AG konkret die Verteilung der Arbeitsaufgaben während der gestaffelt auslaufenden Kündigungsfristen aller AN vorstellte (BAG 7.7.2005 NZA 2005, 1351, 1353). Macht der AN geltend, eine unternehmerische Entsch. sei **missbräuchl.**, weil diese offensichtl. unsachl., unvernünftig oder willkürl. ist, trägt er hierfür die Beweislast (BAG 21.9.2006 NZA 2007, 431 Rn. 31; 27.1.2011 NZA 2011, 1248 Rn. 18; 25.10.2012 NZA-RR 2013, 632 Rn. 26; 29.8.2013 NZA 2014, 730 Rn. 18; 31.7.2014 NZA 2015, 101 Rn. 44).

264 Hins. der Möglichkeit einer **anderweitigen Beschäftigung** wird die Stellung des einzelnen AN der Situation gleichgestellt, wie sie bestanden hätte, wenn ein BR widersprochen hätte. Daraus folgt eine abgestufte Darlegungs- und Beweislast (für die stRspr. BAG 24.5.2012 NZA 2013, 277 Rn. 28; 25.10.2012 NZA-RR 2013, 632 Rn. 30; 20.6.2013 NZA 2013, 1137 Rn. 55; 29.8.2013 NZA 2014, 730 Rn. 24; 10.4.2014 NZA 2014, 653 Rn. 47). Der AN muss darlegen, wie er sich eine andere Beschäftigung vorstellt, ohne jedoch einen konkreten freien Arbeitsplatz aufzeigen zu müssen (BAG 24.5.2012 NZA 2013, 277 Rn. 28; 18.10.2012 NZA 2013, 1007 Rn. 50; 25.10.2012 NZA-RR 2013, 632 Rn. 30; 20.6.2013 NZA 2013, 1137 Rn. 55; 10.4.2014 NZA 2014, 653 Rn. 47; strenger noch LAG N 4.11.2008 BeckRS 2009, 50010, wonach die Einsatzmöglichkeiten konkret zu benennen sind). Es genügt zB der Vortrag, er würde auch im Außendienst, als Fahrer oder als Lagerverwalter arbeiten. Sodann hat der AG darzulegen und zu beweisen, dass diese Beschäftigungsmöglichkeit nicht zur Vfg. steht (BAG 24.5.2012 NZA 2013, 277 Rn. 28; 18.10.2012 NZA 2013, 1007 Rn. 50; 25.10.2012 NZA-RR 2013, 632 Rn. 30; 20.6.2013 NZA 2013, 1137 Rn. 55; 29.8.2013 NZA 2014, 730 Rn. 24; 29.8.2013 NZA-RR 2014, 325 Rn. 19; 10.4.2014 NZA 2014, 653 Rn. 47; LAG RP 25.6.2015 NZA-RR 2015, 634, 638) oder der AN ein Änderungsangebot definitiv und endgültig abgelehnt hat (BAG 21.4.2005 NZA 2005, 1289, 1293; 10.4.2014 NZA 2014, 653 Rn. 48). Diese Grds. gelten auch, wenn sich der AN auf eine konzernweite Weiterbeschäftigungsmöglichkeit beruft (BAG 24.5.2012 NZA 2013, 277 Rn. 28; 18.10.2012 NZA 2013, 1007 Rn. 58 sowie § 1 Rn. 246).

V. Einzelfälle betriebsbedingter Kündigungen

ATZ: Die Stilllegung des Betriebs stellt kein dringendes betriebl. Erfordernis für eine betriebsbedingte Kündigung dar, um einem AN, mit dem Block-ATZ vereinbart ist und der sich bereits in der Freistellungsphase befindet, zu kündigen. Das gilt auch für den InsV (BAG 5.12.2002 NZA 2003, 789, 790 f. m. abl. Anm. zum Insolvenzfall *Nicolai* EzA KSchG § 1 Betriebsbedingte Kündigung Nr. 125). Der in ATZ nach dem Blockmodell beschäftigte AN hat die geschuldete Leistung bereits voll erbracht und muss nicht weiterbeschäftigt werden. Deshalb kann diese Rspr. nicht auf AN übertragen werden, die sich in EZ befinden (BAG 20.1.2005 NZA 2005, 687, 689). Befindet sich der AN hingegen noch in der Arbeitsphase der Block-ATZ, so kann die Stilllegung des Betriebs ein dringendes Erfordernis für eine betriebsbedingte Kündigung begründen (BAG 16.6.2005 NZA 2006, 270, 272). Das gilt insb. in der Insolvenz, wenn die Masse mittels der Kündigung von zukünftigen Forderungen des AN entlastet werden soll, zu denen auch die Aufstockungsbeträge während der Freistellungsphase zählen (BAG 16.6.2005 NZA 2006, 270, 272). 265

Änd. der Anforderungsprofile: Zur Festlegung der Anforderungsprofile s. Rn. 239. Entschließt sich der AG aus Gründen des Rückgangs der Arbeitsmenge, geringerwertige Tätigkeiten durch eigene höher qualifizierte AN ausführen zu lassen – deren Arbeitsverträge das zulassen, weil er diese umfassender einsetzen kann –, so ist das eine hinzunehmende unternehmerische Maßnahme (BAG 24.5.2012 NZA 2012, 1223 Rn. 24). Ein dringendes betriebl. Erfordernis für eine Kündigung liegt in derartigen Fällen jedoch nur vor, wenn der AN nach seinen Fähigkeiten und seiner Vorbildung nicht den Anforderungen eines umgestalteten Arbeitsplatzes entspricht (BAG 16.12.2004 NZA 2005, 761, 764). Trifft der AG für bestimmte Tätigkeiten eine Einstellungsentsch. mit Umwidmung der Stelle in eine Beförderungsstelle mit gleichem Tätigkeitsbereich, liegt ein betriebsbedingter Kündigungsgrund nicht vor, wenn der bisher dafür verantwortl. AN die Tätigkeit ausfüllen kann (BAG 18.10.2000 NZA 2001, 437, 441; 24.5.2012 NZA 2012, 1223 Rn. 26) oder die bisherige Tätigkeit im Wesentlichen bestehen bleibt (BAG 10.7.2008 NZA 2009, 312) und kein anspruchsvollerer Arbeitsbereich entstanden ist (BAG 24.5.2012 NZA 2012, 1223 Rn. 26). Bei der Umwidmung in eine Beförderungsstelle liegt jedoch dann ein betriebsbedingter Kündigungsgrund vor, wenn nicht nur eine bessere Besoldung, sondern eine andere hierarchische Ebene geschaffen werden soll. Hinzunehmen ist eine Organisationsentsch., die Leitung durch einen Einzelnen auf ein Gremium zu übertragen (BAG 27.9.2001 NZA 2002, 1277, 1280). IRd. Missbrauchskontrolle hat der AG jedoch darzulegen, dass die geänd. Qualifikationsmerkmale einen nachvollziehbaren Bezug zu den auszuführenden Arbeiten haben (BAG 24.5.2012 NZA 2012, 1223 Rn. 24; 22.10.2015 NZA 2016, 33 Rn. 15), wobei das BAG die Anforderungen dann verschärft, wenn die Arbeitsplätze mit langjährig beschäftigten AN besetzt sind. In diesem Fall muss es sich bei der zusätzl. geforderten Qualifikation um ein sachl. gebotenes, arbeitsplatzbezogenes Kriterium handeln (BAG 24.5.2012 NZA 2012, 1223 Rn. 26; 20.6.2013 NZA 2014, 208 Rn. 18; 2.3.2017 NZA 2017, 905 Rn. 23). 266

Änd. der Unternehmerentsch.: Liegen zum Zpkt. des Zugangs der Kündigungserkl. die Voraussetzungen für eine betriebsbedingte Kündigung vor, wird diese nicht nachträgl. unwirksam, wenn sich die betriebl. Verhältnisse auf Grund unerwarteter Umstände positiv entwickelt haben (BAG 27.2.1997 NZA 1997, 757, 758; *Wank* SAE 1986, 151, 153). Nimmt der AG an, bei Ablauf der Kündigungsfrist könne er den AN nicht mehr weiterbeschäftigten, und trifft er eine entspr. Unternehmerentsch., erweist sich diese Annahme jedoch noch während des Laufs der Kündigungsfrist als falsch, gewährt die Rspr. dem AN einen **Anspruch auf Wiedereinstellung**, wenn der AG mit Rücksicht auf die Wirksamkeit der Kündigung noch keine Dispositionen über den Arbeitsplatz getroffen hat und ihm die unveränderte Fortsetzung des ArbVerh. zumutbar ist (s. näher BGB § 611a Rn. 323 ff.). 267

Arbeitsdichte: Bei einer vom AG angeordneten sog. Leistungsverdichtung kann ein Wegfall von Beschäftigungsmöglichkeiten eintreten, wenn der AG seine Maßnahmen im Rahmen und unter Beachtung des Umf. der arbeitsvertragl. Verpflichtungen der AN trifft. Eine hinzunehmende Unternehmerentsch. liegt vor, wenn der AG sich entschließt, auf Dauer mit weniger AN zu arbeiten (BAG 24.4.1997 NZA 1997, 1047, 1049; 2.6.2005 AP KSchG 1969 § 1 Soziale Auswahl Nr. 74; *Franzen* NZA 2001, 805), sofern das gleichzeitig mit einer entspr. organisatorischen Maßnahme in Bezug auf die Arbeitsmenge verbunden ist. Will der AG in einem derartigen Fall kündigen, hat er das Vorliegen der Verdichtungslage substantiiert darzulegen (BAG 17.6.1999 NZA 1999, 1098, 1100; krit. *B. Preis* DB 2000, 1122), insb. auch die organisatorische Durchführbarkeit und Nachhaltigkeit zu verdeutlichen (BAG 24.5.2012 NZA 2012, 1223 Rn. 12). Allerdings darf die Arbeitsverdichtung weder zu einer rechtswidrigen Überforderung der AN noch dazu führen, dass im Betrieb verbleibende AN benachteiligt oder bestimmte AN aus dem Betrieb gedrängt werden, obwohl der Bedarf und die Möglichkeit der Beschäftigung unverändert fortbesteht (BAG 24.5.2012 NZA 2012, 1223 Rn. 22). 268

Aufgabenübernahme durch Unternehmer: Der AG ist berechtigt, Aufgaben, die bisher ein AN wahrgenommen hat, selbst zu erledigen. Damit entfällt eine Beschäftigungsmöglichkeit für die bisher vom AN erledigte Materie (BAG 6.8.1987 BeckRS 1987, 30722336: Organisationsumgestaltung in Apotheke, die zum Wegfall von Beschäftigungsmöglichkeiten für Helferinnen führt; 22.3.1990 BeckRS 1990, 30914886: „Chef" übernimmt selbst die Ressortleitung). Eine Aufgabenübernahme liegt auch vor, 269 wenn der Unternehmer, der bisher nicht mit der Leitung des Betriebes befasst war, sich entschließt, eine Zweigniederlassung selbst zu leiten. Dadurch entfällt eine Beschäftigungsmöglichkeit für den bisherigen Betriebsleiter (BAG 26.1.1984 BeckRS 1984, 04390; 22.3.1990 BeckRS 1990, 30914886). Die Aufgaben können auch auf einen Mehrheitsgesellschafter oder Mitglieder eines Vertretungsorgans (s. BAG 31.7.2014 NZA 2015, 101 Rn. 42) übertragen werden (zur Austauschkündigung s. Rn. 275).

270 **Auftragsrückgang – Umsatzrückgang:** Bezieht sich der AG auf einen Umsatz- oder Auftragsrückgang oder auf eine Änd. der Marktstruktur, liegt ein Fall der selbstbindenden Unternehmerentsch. vor (BAG 13.3.1987 NZA 1987, 629; 15.6.1989 NZA 1990, 65), insb. wenn er geltend macht, infolge der technischen Entwicklung seien Arbeitsmöglichkeiten entfallen (BAG 29.1.1997 BeckRS 1997, 30368548).

271 **Auftragsrückgang – dauernd:** Der dauernde Auftragsrückgang ist der typische Fall der Einschränkung der betriebl. Betätigung. Hat der AG dargelegt, dass nach seiner nachvollziehbaren wirtschaftl. Beurteilung der Lage ein Dauermangel vorliegt, und ist deshalb keine Kurzarbeit eingeführt worden, unterliegt diese unternehmerische Entsch. im Kündigungsschutzprozess, wie auch sonst (s. Rn. 240), nur einer Missbrauchskontrolle (BAG 11.9.1986 EzA KSchG § 1 Betriebsbedingte Kündigung Nr. 54; 30.4.1987 NZA 1987, 776, 778; *Denck* ZfA 1985, 249, 261). Entfällt die Arbeit im Baugewerbe vorübergehend witterungsbedingt und steht zugleich fest, dass am Ende der Schlechtwetterperiode die Arbeitsmenge dauerhaft geringer sein wird, ist hins. des bleibenden Wegfalls der Arbeitsmenge mit Eintritt des Schlechtwetters eine Beendigungskündigung zulässig (BAG 7.3.1996 NZA 1996, 931).

272 **Auftragsrückgang – vorübergehend:** Kündigt der AG bei nur vorübergehendem Auftragsmangel im Wege der Beendigungskündigung, handelt er nicht aus dringenden betriebl. Bedürfnissen und damit unverhältnismäßig (BAG 23.2.2012 NZA 2012, 852 Rn. 18). Es kann auch eine Arbeitsstreckung angebracht sein (BAG 17.10.1980 NJW 1981, 1686; 7.2.1985 NZA 1986, 260). Der vorübergehende Arbeitsmangel kann in seiner materiell-rechtl. Beurteilung nicht davon abhängen, ob der BR über § 87 I Nr. 3 BetrVG die Initiative zur Einf. von Kurzarbeit ergreift (*Wank* RdA 1987, 129, 143; unklar BAG 7.2.1985 NZA 1986, 260; s. a. *Denck* ZfA 1985, 249 ff.; SPV/*Preis* Rn. 942), s. a. Rn. 287 ff.

273 **Auslagerung von Tätigkeitsbereichen:** Eine gestaltende Unternehmerentsch. liegt vor, wenn der AG sich entschließt, Aufgaben, die bisher in seinem Betrieb wahrgenommen wurden, auszulagern und an Fremdfirmen zu vergeben (s. BAG 7.12.2000 NZA 2001, 495, 497: Übertragung des Rechtsschutzes vom DGB auf eine DGB-Rechtsschutz GmbH; 27.6.2002 EzA KSchG § 1 Betriebsbedingte Kündigung Nr. 119: Auflösung klinikeigenen Labors; 16.12.2004 NZA 2005, 761, 763; 13.3.2008 NZA 2008, 878 Rn. 14: Durchführung von Plakatierungsarbeiten durch selbständige Personen; 9.9.2010 AP KSchG 1969 § 1 Betriebsbedingte Kündigung Nr. 185; 20.11.2014 NZA 2015, 679 Rn. 26 ff.: Fremdvergabe der Hausmeisterdienste; LAG HM 22.11.2012 BeckRS 2013, 66967: Auslagerung der Buchhaltung auf ein externes Steuerberaterbüro). Erforderl. ist jedoch stets, dass die bislang im eigenen Unternehmen erledigten Arbeiten zukünftig einem anderen Unternehmen zur selbständigen Erledigung übertragen werden; fehlt es hieran, liegt eine unzulässige **Austauschkündigung** vor (BAG 16.12.2004 NZA 2005, 761, 763; s. a. Rn. 275). Bei der Vergabe von bisher im Betrieb durchgeführten Tätigkeiten an ein anderes Unternehmen ist zudem zu prüfen, ob nicht die Voraussetzungen eines Betriebs- oder Betriebsteilsübergangs vorliegen (s. dazu Rn. 282 f. u. BGB § 613a Rn. 37). Ist Letzteres der Fall, ist eine ordentl. Kündigung sozial nicht gerechtfertigt. Deshalb liegt kein betriebsbedingter Kündigungsgrund für die eigenen AN vor, wenn Kundenaufträge unter Einsatz von Subunternehmern durchgeführt werden sollen und die AN der Subunternehmer ihre Tätigkeit bei unveränderter Organisationsstruktur innerhalb des Betriebs ausführen (LAG D 10.2.2004 LAGE KSchG § 1 Betriebsbedingte Kündigung Nr. 68). Die Entsch. des AG, das Personal nicht mehr selbst, sondern von anderer Stelle einstellen zu lassen (sog. Out-crewing bei Schiffsbesatzung), rechtfertigt eine betriebsbedingte Kündigung nicht, wenn die betriebl. Organisation iÜ unverändert bleibt und sich der urspr. AG hins. der neuen Kräfte das Weisungsrecht vorbehalten hat (BAG 26.9.1996 NZA 1997, 202, 203). Bei der Fremdvergabe höherer Dienste ist va. auf die Organisation der Tätigkeit und die Einbindung in die Betriebsstruktur abzustellen (LAG B 5.3.2013 NZA-RR 2013, 466). Die Entsch. eines Unternehmers, einen Betriebsteil durch eine noch zu gründende, finanziell, wirtschaftl. und organisatorisch in sein Unternehmen voll eingegliederte Organgesellschaft mit von dieser neu einzustellenden AN weiter betreiben zu lassen, stellt kein dringendes betriebl. Erfordernis dar, um den bisher beschäftigten AN zu kündigen (BAG 26.9.2002 NZA 2003, 549, 551; abl. *Bengelsdorf* und *Thüsing/Stelljes* EzA KSchG § 1 Betriebsbedingte Kündigung Nr. 124; *Gaul/Bonnani* ArbRB 2004, 16; *v. Hoyningen-Huene* FS 50 Jahre BAG 2004 S. 369, 387).

274 **Außerordentl. Kündigung bei Unkündbarkeit:** Ist ein AN tarifvertragl. unkündbar (s. a. Rn. 21), kann eine außerordentl. Kündigung in Betracht kommen, wenn eine Weiterbeschäftigung des AN auf Dauer ausscheidet (BAG 5.2.1998 NZA 1998, 771, 773; 11.3.1999 NZA 1999, 818, 823 sowie dazu § 15 Rn. 27 u. BGB § 626 Rn. 189). Bei der Abgrenzung, unter welchen Voraussetzungen eine außerordentl. Kündigung in einem derartigen Fall zulässig ist, ist stets die bes. Ausgestaltung des tarifl. Sonderkündigungsschutzes zu beachten. Regeln die TVParteien iE, unter welchen Voraussetzungen ggü. einem sonst tarifl. ordentl. unkündbaren AN eine Beendigungs- oder Änderungskündigung aus betriebsbedingten Gründen zulässig ist, so lässt dies regelm. erkennen, dass nach dem Willen der

Tarifpartner in erster Linie diese Kündigungsmöglichkeiten in Betracht kommen sollen, wenn aus betriebsbedingten Gründen eine Weiterbeschäftigung des AN in seiner bisherigen Tätigkeit nicht mehr mögl. ist (BAG 8.4.2003 NZA 2003, 856).

Austauschkündigung: Der AG ist an die Gegebenheiten, die er durch Vertragsschlüsse mit AN gesetzt hat, gebunden. Werden die bislang von AN erledigten Tätigkeiten auf andere Personen übertragen, so handelt es sich um eine Organisationsentsch., die nur dann eine zum Wegfall von Arbeitsplätzen führende unternehmerische Entsch. ist, wenn die übertragenen Tätigkeiten zukünftig selbständig ausgeführt werden (ebenso *Kiel* FS Reuter 2010 S. 589, 592 f.; tw. **aA** *Preis* FS Bauer 2010 S. 827, 839 ff.). Bleiben die zukünftig mit den Tätigkeiten betrauten Personen hingegen in den betriebl. Arbeitsablauf wie AN integriert und unterstehen der Direktions- und Leitungsmacht des AG, fehlt es an einem Wegfall der bisherigen betriebl. Arbeitsplätze und es liegt eine unzulässige Austauschkündigung vor (BAG 16.12.2004 NZA 2005, 761, 763; 2.3.2017 NZA 2017, 905 Rn. 21; s. a. LAG HH 17.8.2006 NZA-RR 2007, 630, 631 f.). Beschäftigungspolitische Überlegungen sind kein betriebsbedingter Kündigungsgrund. Bleibt die von weisungsabhängigen Personen (AN) zu erledigende Arbeitsmenge unverändert, ist die arbeitsmarkt-, beschäftigungs- oder sozialpolitisch motivierte Absicht des AG, anstelle von nebenberufl. tätigen TZBeschäftigten Arbeitslose im Rahmen von VollzeitArbVerh. zu beschäftigen, kein dringendes betriebl. Erfordernis (BAG 13.3.1987 NZA 1987, 629, 632). Eine unzulässige Austauschkündigung liegt auch vor, wenn der AG einen den vertragl. Aufgaben genügenden AN mit dem Grund kündigt, er wolle ihn durch noch bessere ersetzen (BAG 6.12.2001 EzA KSchG § 1 Betriebsbedingte Kündigung Nr. 115; 2.3.2017 NZA 2017, 905 Rn. 21) oder die Aufgaben zukünftig durch **LeihAN** ausführen lassen (s. a. LAG HM 24.7.2007 NZA-RR 2008, 239, 240 f.; 5.3.2007 BB 2007, 2462, 2464; LAG B 5.3.2013 NZA-RR 2013, 466, 467 f.; zust. *Bayreuther* NZA 2016, 1304, 1307; *Hamann* NZA 2010, 1211, 1213 f.; *Kiel* FS Reuter 2010 S. 589, 593 ff.; *Moll/Ittmann* RdA 2008, 321, 322 f.; offen BAG 15.12.2011 NZA 2012, 1044 Rn. 30). Eine unzulässige Austauschkündigung stellt es ferner dar, wenn der AG die bislang von einem AN wahrgenommene Tätigkeit auf einen Mehrheitsgesellschafter des AG zur selbständigen Erledigung übertragen hat, dieser hierfür jedoch einen entspr. qualifizierten AN neu einstellen muss (LAG B 1.3.2007 – 2 Sa 18/07). Anders ist aber zu entscheiden, wenn die Tätigkeiten auf **ehrenamtl. Kräfte** übertragen werden sollen (BAG 18.9.2008 NZA 2009, 142 Rn. 21). Das gilt auch für öffentl. AG (BAG 18.9.2008 NZA 2009, 142 Rn. 21). 275

Beförderung: s. Änd. der Anforderungsprofile. 276

Betriebsstilllegung: Eine Betriebsstilllegung setzt den ernstl. und endgültigen **Entschl. des Unternehmers** voraus, die Betriebs- und Produktionsgemeinschaft zwischen AG und AN für einen seiner Dauer nach unbestimmten, wirtschaftl. nicht unerhebl. Zeitraum aufzugeben (stRspr. BAG 26.5.2011 NZA 2011, 1143 Rn. 26; 15.12.2011 NZA-RR 2012, 570 Rn. 40; 16.2.2012 NZA-RR 2012, 465 Rn. 37; 18.10.2012 NZA 2013, 1007 Rn. 47; 20.6.2013 NZA 2013, 1137 Rn. 47). Bei einer jur. Person bedarf es keines Beschl. des für die Auflösung zust. Organs (BAG 11.3.1998 NZA 1998, 879, 880 f.; 5.4.2001 NZA 2001, 949, 950; 14.3.2013 AP KSchG 1969 § 1 Betriebsbedingte Kündigung Nr. 199 Rn. 31; s. a. Rn. 212). Die **Gründe**, die den AG zur Stilllegung veranlasst haben, sind unerhebl. (BAG 28.4.1988 NZA 1989, 265, 267; 19.6.1991 NZA 1991, 891, 892 f.; s. a. Rn. 230). Bei einer Betriebsstilllegung entfallen alle Beschäftigungsmöglichkeiten, sie liegt aber selbst dann noch vor, wenn die gekündigten AN bis zur endgültigen Stilllegung noch **restl. Aufträge** abarbeiten sollen (BAG 7.7.2005 NZA 2005, 1351, 1352; 8.11.2007 NZA 2007, 1307) und rechtfertigt eine betriebsbedingte Kündigung (BAG 25.3.2004 AP MuSchG 1968 § 9 Nr. 36; 8.11.2007 NZA 2007, 1307; 16.2.2012 NZA-RR 2012, 465 Rn. 37; 14.3.2013 AP KSchG 1969 § 1 Betriebsbedingte Kündigung Nr. 199 Rn. 26; 20.6.2013 NZA 2013, 1137 Rn. 53). Auch steht es bei Produktionsbetrieben einer Betriebsstilllegung nicht entgegen, wenn die Produktion zwar schnellstmögl. auslaufen, eine kleinere Betriebsabt. jedoch zunächst fortgeführt werden soll (BAG 7.7.2005 NZA 2005, 1351, 1353). 277

Wird ein Betrieb in **Etappen stillgelegt**, kommt es für die betriebsbedingte Kündigung zunächst darauf an, ob der AN in dem jeweils stillgelegten Teil beschäftigt war. In jedem Fall ist eine Sozialauswahl vorzunehmen (BAG 16.9.1982 NJW 1983, 1341). Auch die Auflösung eines Forschungsbereichs einer privaten Hochschule ist eine unternehmerische Entsch., die betriebsbedingte Kündigungen rechtfertigen kann (BAG 13.8.1992 BeckRS 1992, 30742108). Eine Stilllegung liegt ferner vor, wenn der Unternehmer sein bisheriges „Eigenunternehmen“ in ein **Franchising-Unternehmen umwandelt** und zukünftig nur noch mit „Franchising-Nehmern“ arbeitet (BAG 9.5.1996 NZA 1996, 1145, 1147 ff.). Keine Betriebsstilllegung ist demggü. die **Änd. des Betriebszwecks**. Entspr. gilt für die **Insolvenzeröffnung** als solche (BAG 16.2.2012 NZA-RR 2012, 465 Rn. 48). Es ist Sache des InsV, einen bisher nicht stillgelegten Betrieb zu schließen (BAG 16.9.1982 NJW 1983, 1341). Keine Betriebsstilllegung ist die **Betriebsveräußerung oder -verpachtung** (BAG 26.5.2011 NZA 2011, 1143 Rn. 28; 15.12.2011 NZA-RR 2012, 570 Rn. 43; s. Rn. 282) oder der Pächter (Gastwirt) nach Beendigung der Pachtzeit den Betrieb vertragsgemäß an den Verpächter (Brauerei) zurückgibt und dieser den Betrieb zur weiteren Nutzung in bisheriger Art sofort weiter verpachtet (BAG 27.4.1995 NZA 1995, 1155). Entspr. gilt, wenn die Veräußerung oder Verpachtung nur einen **Teil des Betriebs** erfasst (BAG 30.10.2008 NZA 2009, 485 Rn. 28). Wird bei einem **Gemeinschaftsbetrieb** ein Teil stillgelegt, so liegen 278 bzgl. der in diesem Teil beschäftigten AN dringende betriebl. Erfordernisse vor, wenn mit der Stilllegung dieses Teiles zugleich die Auflösung des Gemeinschaftsbetriebes verbunden ist (BAG 24.2.2005 NZA 2005, 867, 868; 14.8.2007 NZA 2007, 1431 Rn. 32; s. aber a. BAG 29.11.2007 AP KSchG 1969 § 1 Soziale Auswahl Nr. 95).

279 Eine Stilllegung ist auch zu bejahen, wenn der Betrieb für längere Zeit nicht weiterbetrieben werden soll und die Frage, ob es zu einer **Weiterführung** kommt, völlig **ungewiss** ist (BAG 23.4.1980 NJW 1980, 2543; 16.6.1987 NZA 1987, 858, 859). Die bloße Vermutung, die stillgelegte Produktion könne zu einem späteren Zpkt. wieder aufgenommen werden, begr. nicht die Unwirksamkeit einer Kündigung (BAG 20.1.2005 NZA 2005, 687, 689). Die Abgrenzung im Einzelfall ist schwierig. Es ist in jedem Fall unzulässig, durch eine bloße **„Betriebsunterbrechung"** sich sonst nicht kündbarer AN zu entledigen. Ein derartiger Fall liegt zB vor, wenn vorsorgl. für den Fall, dass es nicht zu einer gepl. Veräußerung kommt, gekündigt wird (BAG 27.9.1984 NZA 1985, 493, 495; HHL/*Krause* Rn. 842; KR/*Griebeling/Rachor* Rn. 579a). Wird der Betrieb alsbald wiedereröffnet, kann den AG je nach konkreter Sachlage die Darlegungs- und Beweislast dafür treffen, dass die Wiedereröffnung nicht bereits voraussehbar oder gar gepl. war (BAG 16.2.2012 NZA-RR 2012, 465 Rn. 41; HHL/*Krause* Rn. 842; s. a. LAG B 31.8.2012 – 6 Sa 674/12: tats. Vermutung gegen die ernsthafte Absicht einer dauerhaften Stilllegung). Ein nicht unerhebl. Zeitraum ist anzunehmen, wenn nach der Einstellung der Produktion ihre Neuaufnahme erst nach einem langen Zeitraum erfolgen soll, dessen Überbrückung mit weiteren Vergütungszahlungen dem AG nicht zugemutet werden kann (BAG 21.6.2001 NZA 2002, 212, 214).

280 Bei einer Betriebsstilllegung ist die ordentl. Kündigung nicht erst zulässig, wenn der Betrieb tats. stillgelegt ist, sondern es genügt, wenn die **Stilllegung** bei Zugang der Kündigungserkl. **beabsichtigt** ist (BAG 13.2.2008 NZA 2008, 821 Rn. 21 f.; 26.5.2011 NZA 2011, 1143 Rn. 27; 16.2.2012 NZA-RR 2012, 465 Rn. 37; 14.3.2013 AP KSchG 1969 § 1 Betriebsbedingte Kündigung Nr. 199 Rn. 26; 20.6.2013 NZA 2013, 1137 Rn. 47). Hierfür muss der Unternehmer im Zpkt. des Zugangs der Kündigungserkl. jedoch den ernsthaften und endgültigen Entschl. gefasst haben, den Betrieb endgültig und nicht nur vorübergehend stillzulegen (BAG 13.2.2008 NZA 2008, 821 Rn. 22; 16.2.2012 NZA-RR 2012, 465 Rn. 37; 14.3.2013 AP KSchG 1969 § 1 betriebsbedingte Kündigung Nr. 199 Rn. 26; 20.6.2013 NZA 2013, 1137 Rn. 47), wofür **konkrete Anhaltspunkte** vorliegen müssen (BAG 14.8.2007 NZA 2007,1431 Rn. 28). Wird die Kündigung auf die zukünftige Entwicklung der betriebl. Verhältnisse gestützt, setzt die Wirksamkeit der Kündigung voraus, dass die gepl. Maßnahme bereits **greifbare Formen** angenommen hatte (s. Rn. 232). Es muss unter Zugrundelegung der unternehmerischen Entsch. bei einer vernünftigen betriebswirtschaftl. Prognose anzunehmen gewesen sein, dass bis zum Ablauf der einzuhaltenden ordentl. Kündigungsfrist eine Beschäftigungsmöglichkeit für die gekündigten AN nicht mehr bestehen wird (BAG 13.2.2008 NZA 2008, 821 Rn. 22; 26.5.2011 NZA 2011, 1143 Rn. 27; 16.2.2012 NZA-RR 2012, 465 Rn. 38; 20.11.2014 NZA 2015, 679 Rn. 14). Verläuft eine Umsetzung planmäßig, ist es gerechtfertigt, von einem tragfähigen Konzept im Zpkt. der Beschlussfassung auszugehen (BAG 16.2.2012 NZA-RR 2012, 465 Rn. 40); insofern kann die spätere tats. Entwicklung die im Kündigungszpkt. bestehende Prognose bestätigen (BAG 12.7.2007 AP KSchG 1969 § 1 Betriebsbedingte Kündigung Nr. 168; 16.2.2012 NZA-RR 2012, 465 Rn. 40). Umgekehrt ist eine betriebsbedingte Kündigung nicht sozial gerechtfertigt, solange der AG den Stilllegungsbeschl. ledigl. erwogen und noch nicht endgültig gefasst hat (BAG 13.2.2008 NZA 2008, 821 Rn. 23); in derartigen Sachverhalten handelt es sich um eine sog. **Vorratskündigung**, die nicht sozial gerechtfertigt ist (BAG 13.2.2008 NZA 2008, 821 Rn. 24; LAG B 2.4.2014 NZA-RR 2014, 422, 424).

281 Führt der AG **ernsthaft Gespräche mit Interessenten** über eine Betriebsübernahme oder die Weiterveräußerung von Geschäftsanteilen, ist idR noch kein Kündigungsgrund gegeben (BAG 29.9.2005 NZA 2005, 720; 13.2.2008 NZA 2008, 821 Rn. 26; 16.2.2012 NZA-RR 2012, 465 Rn. 37; 14.3.2013 AP KSchG 1969 § 1 Betriebsbedingte Kündigung Nr. 199 Rn. 26; LAG B 2.4.2014 NZA-RR 2014, 422, 423 f.). Das gilt auch, wenn vor Erkl. der Kündigung ein Übernahmeangebot eines Interessenten vorliegt, das wenige Tage später zu konkreten Verh. mit einer tw. Betriebsübernahme führt (BAG 29.9.2005 NZA 2005, 720). Zeichnet sich ein Erfolg der Gespräche nicht ab oder ist bei einer Neuausschreibung nicht ersichtl., dass der AG den Auftrag wieder bekommt, ist eine **vorsorgl. Kündigung** für den Fall, dass die Gespräche scheitern, zulässig, wenn der AG den AN zugleich anbietet, dass sie für den Fall einer Betriebsübernahme ungekündigt weiter beschäftigt werden (**aA** BAG 27.9.1984 NZA 1985, 493, 495; 12.4.2002 NZA 2002, 1205, 1206; wohl a. 29.9.2005 NZA 2006, 270 mit alleinigem Verweis auf etwaigen Wiedereinstellungsanspruch). Sind in einem Fall der **Insolvenz** Gespräche hins. der Übernahme des ganzen Betriebs gescheitert und spricht der InsV deshalb Kündigungen aus, sind diese zulässig, selbst wenn er noch versucht, Betriebsteile zu veräußern, hierfür aber noch keine Erfolg versprechenden, greifbaren Anhaltspunkte vorliegen (BAG 16.5.2002 NZA 2003, 93, 96 f.). Hat der vorl. InsV mit dem GF der Schuldnerin schriftl. vereinbart, den Betrieb zu schließen, und bereits mit der Durchführung dieser Maßnahme begonnen, wird die Maßgeblichkeit der unternehmerischen Entsch. nicht dadurch in Frage gestellt, dass der GF der Schuldnerin heiml. versucht, Teile des Betriebsvermögens zu entfernen, um damit an anderer Stelle selbst einen Teilzweck des Betriebs weiterzuverfolgen (BAG 8.4.2003 AP BetrVG 1972 § 113 Nr. 40). Wird ein Betrieb nach seiner Schließung alsbald wieder eröffnet, ist vom Gericht zu prüfen, ob der Vortrag des AG zur

endgültigen Stilllegung glaubhaft war (BAG 27.9.1984 NZA 1985, 493, 495; 16.2.2012 NZA-RR 2012, 465 Rn. 40).

282 **Betriebsübergang:** Keine Betriebsstilllegung, sondern ein Betriebsübergang liegt vor, wenn der Unternehmer zwar selbst nicht mehr Betriebsinhaber sein will, seinen Betrieb aber an einen anderen zum Zweck des Weiterbetriebs veräußert (s. Rn. 278). Bei einem Betriebsübergang nach § 613a I BGB tritt der Erwerber in die Rechte und Pflichten aus dem ArbVerh. ein (s. dazu BGB § 613a Rn. 66 ff.). Eine Kündigung „wegen" des Betriebsübergangs ist nach § 613a IV 1 BGB unwirksam (s. BGB § 613a Rn. 153 ff.). Ein derartiger Fall liegt jedoch nicht vor, wenn der Veräußerer auf Grund eines **Erwerberkonzepts** kündigt, und zwar unabhängig davon, ob das Konzept auch beim Veräußerer hätte durchgeführt werden können (s. BGB § 613a Rn. 169 f.). Vollzieht sich ein Betriebsübergang allein dadurch, dass ein Auftrag endet und der neue Auftrag einem anderen Unternehmer erteilt wird, der die Hauptbelegschaft später übernimmt, kann der frühere AG betriebsbedingt kündigen, wenn er nicht weiß, wer den neuen Auftrag erhält und ob dieser Auftragnehmer die Hauptbelegschaft übernehmen wird. Den gekündigten AN steht in derartigen Fällen ein Wiedereinstellungsanspruch zu (s. BGB § 613a Rn. 163 ff.). Endet ein Auftrag, beteiligt sich der AG aber an der Neu-Ausschreibung, soll eine Kündigung selbst dann unwirksam sein, wenn er den Neuauftrag nicht erhält (so BAG 12.4.2002 NZA 2002, 1205, 1206 f.). Wenn diese Entsch. richtig ist, kann es einen sog. außerbetriebl. Grund nicht geben. Wer sich an Umstände bindet, die er selbst nicht steuern kann, ist iZw. bei Änd. der Sachlage auch zur Fortsetzung der betriebl. Betätigung bereit (s. a. Rn. 277).

283 Der Unternehmer kann auch den Entschl. fassen, einen **Betriebsteil** oder eine **Betriebsabt.** zu schließen. Eine Betriebsabt. liegt vor, wenn AN in einer organisatorisch abgrenzbaren Einheit mit eigenen Betriebsmitteln bestimmte arbeitstechnische Zwecke verfolgen, zB Buchhaltung, Reparaturdienst. Maßgebend ist der eigenständige Zweck der Abt., also die arbeitstechnische Abgrenzbarkeit (s. a. BGB § 613a Rn. 7). Besteht ein Betrieb aus mehreren räuml. nahe beieinanderliegenden Betriebsteilen und befinden sich in diesen organisatorisch abgrenzbare Arbeitseinheiten, die jeweils denselben Betriebszweck verfolgen, bilden diese Arbeitseinheiten eine Betriebsabt. iSd. § 15 V (s. § 15 Rn. 45). Abs. 5 findet auch Anwendung auf einen Gemeinschaftsbetrieb mehrerer Unternehmen (HHL/*Krause* Rn. 868). Dann bleiben Beschäftigungsmöglichkeiten im verbleibenden Betrieb erhalten. Unter kündigungsrechtl. Aspekten lässt sich bei der Stilllegung eines Betriebsteils oder einer Betriebsabt. genau nachvollziehen, welche Beschäftigungsmöglichkeiten entfallen sind. Muss der AG damit rechnen, dass ein AN im Fall eines bevorstehenden Teilbetriebsübergangs dem Übergang seines ArbVerh. widersprechen wird, soll er diesem AN einen vorhandenen freien Arbeitsplatz anbieten müssen (so BAG 15.8.2002 NZA 2003, 430, 431; s. a. BAG 25.4.2002 AP KSchG 1969 § 1 Betriebsbedingte Kündigung Nr. 121). Das ist so nur haltbar, wenn der Widerspruch als sicher angekündigt worden ist. Für die Annahme eines Kündigungsverbots nach § 613a IV 1 BGB reicht es nicht aus, wenn einem vom Übergang anderer Betriebsteile nicht betroffenen AN deshalb gekündigt wird, weil durch den Übergang der anderen Betriebsteile – denen der Gekündigte nicht angehört – der Beschäftigungsbedarf für ihn zurückgeht oder entfällt. Die Anwendung des § 613a IV 1 BGB kommt daher nicht in Betracht, wenn das ArbVerh. des Gekündigten von etwaigen Betriebsübergängen nicht nach § 613a I 1 BGB erfasst würde. Wenn nicht der gesamte Betrieb, sondern nur ein Betriebsteil übernommen wird, muss der AN dem übertragenen Betriebsteil angehören, damit der Erwerber in sein ArbVerh. gem. § 613a I 1 BGB eintritt. Hierfür genügt es nicht, dass der AN, ohne dem übertragenen Betriebsteil anzugehören, als Beschäftigter einer nicht übertragenen Abt. Tätigkeiten für den übertragenen Betriebsteil verrichtete (BAG 17.6.2003 AP BGB § 613a Nr. 260; s. a. BAG 14.3.2013 AP KSchG 1969 § 1 Betriebsbedingte Kündigung Nr. 199 Rn. 28).

284 **Geldmittelwegfall – Drittmittelfinanzierung:** Werden dem AG Darlehen gekündigt oder entfällt eine sog. Drittmittelfinanzierung, führt das nicht automatisch zum Wegfall von Beschäftigungsmöglichkeiten (BAG 20.2.1986 NZA 1986, 823, 824; SPV/*Preis* Rn. 975). Der AG muss vielmehr derartige wirtschaftl. Gegebenheiten zunächst betriebl. umsetzen. Der Wegfall von Drittmitteln bei Forschungsvorhaben kann eine ordentl. Kündigung rechtfertigen, wenn der Drittmittelberechtigte auf Grund des Wegfalls das Forschungsvorhaben einstellt oder einschränkt (BAG 20.2.1986 NZA 1986, 823, 824; 24.8.1989 BeckRS 1989, 30731783; SPV/*Preis* Rn. 942, 990). Bei einem mit Drittmitteln geförderten projektbezogenen Arbeitsplatz ist bei Wegfall der Drittmittel wie auch sonst zu prüfen, ob nicht die Möglichkeit besteht, den AN auf einem anderen Arbeitsplatz einzusetzen (BAG 21.6.1990 BeckRS 1990, 30916773). Kann der AG bzgl. des Auftragrückgangs eine – ihn bindende – Festlegung noch nicht treffen, ist eine betriebsbedingte Kündigung nicht deshalb zulässig, weil der AG den AN Aufhebungsverträge mit Wiedereinstellungszusagen anbietet (BAG 11.3.1998 BeckRS 1998, 30774147).

285 **Kongruenz zwischen Arbeitswegfall und Kündigungen:** Steht auf Grund der Umstände, an die sich der AG bindet, fest, dass die Beschäftigungsmöglichkeit für eine bestimmte Anzahl von AN entfallen ist, kündigt der AG aber nicht allen, denen er deshalb betriebsbedingt kündigen könnte, sind die Kündigungen der Entlassenen nicht deshalb unwirksam. Eine Kongruenz zwischen dem Rückgang der Arbeitsmenge und der Anzahl der zu entlassenden AN besteht nicht. Der AG kann also sozial verträgl. handeln. Er kann zB überzähliges Personal als Personalreserve vorhalten (BAG 18.9.1997 EzA KSchG § 1 Betriebsbedingte Kündigung Nr. 97). Entscheidend ist allein, dass für die Gekündig-

ten keine Beschäftigungsmöglichkeiten mehr bestanden (BAG 22.10.1987 BeckRS 1987, 30723316; 18.9.1997 EzA KSchG § 1 Betriebsbedingte Kündigung Nr. 97).

286 **Konzernbezug:** Der Kündigungsschutz ist nicht konzernbezogen (BAG 18.9.2003 AP KSchG 1969 § 1 Konzern Nr. 12; 23.3.2006 NZA 2007, 30 Rn. 20ff.; 23.4.2008 NZA 2008, 939 Rn. 22; 22.11.2012 NZA 2013, 730 Rn. 39). Der AN einer Konzernholding genießt nur Kündigungsschutz, wenn die Holding selbst dem KSchG unterliegt, soweit sich nichts anderes aus Regelungen über einen Gemeinschaftsbetrieb ergibt (BAG 13.6.2002 NZA 2002, 1147, 1150). Nach dem KSchG ist eine betriebsbedingte Kündigung berechtigt, wenn eine Beschäftigungsmöglichkeit auf dem vertragl. angebundenen Arbeitsplatz im Betrieb entfällt und eine Weiterbeschäftigung im Unternehmen nicht mögl. ist, § 1 II 2. Sofern nicht entspr. Vereinb. bestehen (zB durch TV, s. LAG K 1.6.2005 LAGE KSchG § 1 Betriebsbedingte Kündigung Nr. 74a), hat der AG nicht die Rechtsmacht, einen AN in einem Konzernunternehmen unterzubringen. Ist ihm dies hingegen rechtl. mögl., so scheidet eine Kündigung aus, wenn eine Beschäftigungsmöglichkeit in einem Konzernunternehmen besteht (BAG 23.3.2006 NZA 2007, 30 Rn. 20ff.; 23.4.2008 NZA 2008, 939 Rn. 22; s. a. Rn. 246). War der AN vertragsgemäß auch in einem konzernzugehörigen Unternehmen beschäftigt und kündigt der urspr. AG, weil eine Beschäftigungsmöglichkeit bei dem konzernzugehörigen Unternehmen nicht mehr besteht, hat er das darzulegen (BAG 21.1.1999 NZA 1999, 539). Bilden Konzernunternehmen einen **gemeinsamen Betrieb,** so sind für die Weiterbeschäftigung und die Sozialauswahl sämtl. Arbeitsplätze einzubeziehen (s. BAG 13.6.1985 NZA 1986, 600, 603; 5.5.1994 NZA 1994, 1023, 1024); etwas anderes gilt bei späterer Stilllegung eines Betriebs und der hiermit verbundenen Auflösung des Gemeinschaftsbetriebs (BAG 23.3.2006 NZA 2007, 30 Rn. 35 f.). Ist ein AN gleichzeitig arbeitsvertragl. bei verschiedenen Konzernunternehmen tätig, besteht ein einheitl. ArbVerh., das nur von allen betr. Konzernunternehmen gleichzeitig gekündigt werden kann (s. BAG 27.3.1981 NJW 1984, 1703; 19.4.2012 NZA 2013, 27 Rn. 16; KR/*Griebeling/Rachor* Rn. 591).

287 **Kurzarbeit:** Der Einf. von Kurzarbeit liegt eine unternehmerische Entsch. zu Grunde (*Wank* RdA 1987, 129, 142; ausf. *Preis* DB 1988, 1390), die, wie auch sonst (s. Rn. 240), nur einer Missbrauchskontrolle unterliegt (BAG 11.9.1986 EzA KSchG § 1 Betriebsbedingte Kündigung Nr. 54; 30.4.1987 NZA 1987, 776, 777; HHL/*Krause* Rn. 772; MüKoBGB/*Hergenröder* Rn. 300). Entspr. gilt, wenn der AG sich entschließt, keine Kurzarbeit einzuführen. „Materiell-rechtl. betrachtet" ist Kurzarbeit nur bei einem nach Beurteilung des AG vorübergehenden Arbeitsmangel angezeigt. Es darf kein Dauermangel vorliegen, sondern es muss davon auszugehen sein, dass in absehbarer Zeit wieder Arbeit zur Vfg. steht (zust. SES/*Schwarze* Rn. 336). Sind neue Aufträge nicht in Sicht, liegt ein Dauermangel vor, dem der Unternehmer nicht mit Kurzarbeit begegnen muss. Die Einf. von Kurzarbeit durch den AG bedarf einer einzelvertragl. Vereinb. oder einer bes. kollektivvertragl. Grdl. (TV, BV). Andernfalls ist hierfür eine Änderungskündigung erforderl. Das Weisungsrecht des AG allein ist kein geeignetes Instrument, um die Beschäftigungs- und Vergütungspflicht einzuschränken (s. BGB § 611 Rn. 657 f.).

288 Liegen die Voraussetzungen für die Einf. von Kurzarbeit vor, ist diese im Hinblick auf eine Beendigungskündigung nicht nur eine mildere Maßnahme (so BAG 8.11.1956 AP KSchG 1951 § 1 Nr. 19; 25.6.1964 AP KSchG 1951 § 1 Nr. 14), sondern es fehlt der für eine Beendigungskündigung notwendige **Dauermangel der Arbeitsmenge** (s. a. BAG 23.2.2012 NZA 2012, 852 Rn. 21; MüKoBGB/*Hergenröder* Rn. 300). Ob materiell-rechtl. ein nur vorübergehender Arbeitsmangel vorlag, dem mit Kurzarbeit hätte begegnet werden können, ist uneingeschränkt nachprüfbar. Wie sich bereits aus § 87 I Nr. 3 BetrVG ergibt, ist weder die Freiheit des Unternehmers noch die der AN maßgebend dadurch eingeschränkt, dass die regelm. AZ vorübergehend geänd. wird. Ein derartiger Dauermangel ist in diesem Zusammenhang nur für solche AN anzunehmen, für die trotz der Kurzarbeit keine Beschäftigungsmöglichkeit mehr besteht (BAG 17.10.1980 NJW 1981, 1686). Verweigert der BR die Einf. von Kurzarbeit, ist der AG nicht gehalten, anstelle einzelner betriebsbedingter Beendigungskündigungen Massenänderungskündigungen zur Einf. von Kurzarbeit auszusprechen (BAG 7.2.1985 NZA 1986, 260). Ebenso ist der AG nicht verpflichtet, Kurzarbeit gegen den Willen des BR durch Anrufung der Einigungsstelle einzuführen (HHL/*Krause* Rn. 771; *Wank* RdA 1987, 129, 143).

289 Ist Kurzarbeit wirksam angeordnet, ist die vorübergehend verkürzte AZ bei **Berechnung des Arbeitsvolumens** über die Vertrags- oder Betriebsfaktoren bei der Ermittlung der Anzahl der benötigten AN zu beachten. Die so bestimmte AZ ist der Berechnung des akuten Personalbedarfs zugrunde zu legen. Der AG kann in diesen Fällen im Kündigungsschutzprozess nicht geltend machen, materiellrechtl. habe ein Dauermangel vorgelegen. Der AG hätte dann die BV nicht abschl. sollen. Jdf. ist der Kündigungsschutzprozess nicht das geeignete Instrumentarium, die Wirksamkeit betriebsverfassungsrechtl. Fakten zu überprüfen, sofern nicht eine evidente Nichtigkeit vorliegt. Will der AG im Rahmen von Kurzarbeit Beendigungskündigungen aussprechen, muss er darlegen und beweisen, dass die Beschäftigungsmöglichkeit für einzelne von der Kurzarbeit betroffene AN auf Dauer entfallen ist (BAG 26.6.1997 NZA 1997, 1286).

290 **Öffentl. Dienst:** Der Freiheit der Entsch. des Unternehmers im Privatbereich entspricht im öffentl. Dienst die Freiheit des Dienstherrn. Er bestimmt iRd. G, welche Aufgaben mit welchen Haushaltsmitteln erledigt werden sollen, insb. legt er durch Ausführung des **Stellenplans** fest, mit welchen und mit wie vielen Personen die Aufgaben erledigt werden sollen (BAG [GS] 28.11.1956 AP KSchG 1951

§ 1 Nr. 2; 23.11.2004 NZA 2005, 986, 987; 6.7.2006 NZA 2007, 139 Rn. 35). Die Zweckmäßigkeit der Stellenstreichung ist von den ArbG nur begrenzt überprüfbar (BAG 12.2.2004 AP KSchG 1969 § 1 Nr. 75; 6.7.2006 NZA 2007, 139 Rn. 35; 18.9.2008 NZA 2009, 142 Rn. 13). Offenbar unsachl. kann die Organisationsentsch. sein, wenn diese unmittelbar oder mittelbar gegen G oder Verträge verstößt oder deren Umgehung dient oder sich nur unter Verstoß gegen G- oder Tarifrecht realisieren lässt (BAG 23.11.2004 NZA 2005, 986, 987; 7.10.2004 NZA 2005, 352, 354; 12.2.2004 AP KSchG 1969 § 1 Nr. 75; s. a. Rn. 240). Als eine Umgehung ist es dabei zu werten, wenn organisatorische Änd. dazu dienen sollen, AN bei fortbestehendem Beschäftigungsbedarf aus dem Betrieb zu drängen (BAG 12.2.2004 AP KSchG 1969 § 1 Nr. 75). Ist nach LandesG zur Schließung einer Dienststelle das Benehmen mit einer anderen Behörde herzustellen, führt ein Verstoß gegen diese Verpflichtung nicht zur Unwirksamkeit der Kündigung.

Im öffentl. Dienst zählt zu den sog. außerbetriebl. Gründen die **Streichung von Haushaltsmitteln** 291 für bestimmte Stellen (BAG 18.9.2008 NZA 2009, 142 Rn. 12). Ein betriebl. Erfordernis ergibt sich bei Vollzug dieser haushaltsrechtl. Vorgaben (BAG 5.12.2002 AP KSchG 1969 § 1 Betriebsbedingte Kündigung Nr. 126). Wird im Haushaltsplan eine konkrete Stelle ersatzlos gestrichen, liegt ein betriebsbedingter Kündigungsgrund vor (BAG 7.10.2004 NZA 2005, 352, 353; 12.2.2004 AP KSchG § 1 Nr. 75; 6.7.2006 NZA 2007, 139 Rn. 35). Bei einem sog. **kw-Vermerk** (künftig wegfallend) liegt ein kündigungsrechtl. relevanter Vorgang erst vor, wenn feststeht, dass die Stelle tats. nicht mehr besetzt werden soll (BAG 23.11.2004 NZA 2005, 986, 987; 6.7.2006 NZA 2007, 139 Rn. 35). Bei einem undatierten kw-Vermerk ist (nur) wahrscheinl., dass die Stelle nicht mehr oder nicht mehr im bisherigen Umf. benötigt wird. Bei einem datierten kw-Vermerk kann ein betriebsbedingter Kündigungsgrund vorliegen, wenn der Vermerk noch im lfd. Haushaltsjahr wirksam werden soll und für den AN keine anderweitige Beschäftigungsmöglichkeit besteht (dazu *Lakies* NZA 1997, 745, 747 f.). Allein ein Gemeinderatsbeschl., wegen „Personalüberschusses" zu kündigen, genügt nicht (LAG SN 20.12.2002 LAGE KSchG § 2 Nr. 43); entspr. gilt für den allg. Beschl., Personalkosten zu senken (BAG 23.11.2004 NZA 2005, 986, 987; 6.7.2006 NZA 2007, 139 Rn. 35; 18.9.2008 NZA 2009, 142 Rn. 12). Auch eine Organisationsentsch. eines öffentl. AG, eine Angestelltenstelle, auf der hoheitl. Aufgaben erledigt werden, in eine **Beamtenstelle** umzuwandeln und mit einem Beamten zu besetzen, kann ein betriebl. Erfordernis für eine Kündigung sein. Erfüllt jedoch der bisherige Stelleninhaber das Anforderungsprofil der neu geschaffenen Beamtenstelle, besteht kein dringendes betriebl. Erfordernis zu seiner Kündigung (BAG 21.9.2000 NZA 2001, 255, 257 f.; zust. *Kiel* FS Reuter 2010 S. 589, 599 f.). Auch die Entsch. eines Stadtrates, die Aufgaben einer Gleichstellungsbeauftragten einer **ehrenamtl. Kraft** zu übertragen, steht einer betriebsbedingten Kündigung der bisherigen hauptberufl. Gleichstellungsbeauftragten nicht entgegen (BAG 18.9.2008 NZA 2009, 142 Rn. 21; zur Austauschkündigung s. Rn. 275). Der Ratsbeschl. einer kleinen Stadtgemeinde, den Personalbedarf für Kindertageseinrichtungen nach dem Bedarfsschlüssel des SäKitaG zu berechnen und dem sich danach ergebenden (reduzierten) Bedarf anzupassen, ist nicht zu beanstanden, wenn keine Anhaltspunkte für einen fortbestehenden Beschäftigungsbedarf oder eine Überforderung des verbliebenen Personals vorliegen (BAG 22.5.2003 AP KSchG 1969 § 1 Betriebsbedingte Kündigung Nr. 128). Ebenso ist die generelle Entsch., den Unterricht an Schulen nur durch Lehrkräfte mit entspr. Lehrbefähigung erteilen zu lassen, zu respektieren (BAG 22.10.2015 NZA 2016, 33 Rn. 15). Zu Weiterbeschäftigungsmöglichkeiten im öffentl. Dienst s. Rn. 421. Im öffentl. Dienst beschränkt sich die **Sozialauswahl** auf die AN ders. Vergütungsgruppe (BAG 23.11.2004 NZA 2005, 986, 987; s. Rn. 323). Eine Höhergruppierung iRd. Bewährungsaufstiegs soll jedoch der Einbeziehung in die Sozialauswahl nicht entgegenstehen (LAG K 18.11.2009 ArbR 2010, 50 [LS]).

Personalreduzierung – Privatwirtschaft: Der Unternehmer wirkt auch gestaltend, wenn er unter 292 Aufrechterhaltung der übrigen Organisationsstrukturen des Betriebs allein das Personalvolumen verringern will, indem er die „Stellenpläne" ändert. Zu Rationalisierungsmaßnahmen, die nicht allein auf das Personal bezogen sind, s. Rn. 294. Allein eine Änd. von Stellenplänen muss noch nicht zur Verringerung einer bestimmten Arbeitsmenge führen. Das unternehmerische Konzept kann bei vorhandenem Auftragsbestand kündigungsrechtl. relevant nicht ohne Bezug zur tats. Auftragslage realisiert werden. Der Stellenplan im kündigungsrechtl. relevanten Sinne gibt an, welche Tätigkeiten im Betrieb mit welchen Qualifikationen hins. Ausbildung und Fertigkeiten verbunden sind. Er ist bezogen auf die zu verrichtenden Arbeiten und nicht auf die konkreten AN, die gerade diese Tätigkeiten ausüben. Liegt die Unternehmerentsch. allein darin, den Personalbestand zu reduzieren, hat der AG seine Entsch. hins. ihrer Durchführbarkeit und bzgl. des Begriffs „Dauer" zu verdeutl., um Unsachlichkeit oder Willkürlichkeit auszuschließen (BAG 17.6.1999 NZA 1999, 1098, 1100; 22.5.2003 AP KSchG 1969 § 1 Betriebsbedingte Kündigung Nr. 128). Das soll auch gelten, wenn die unternehmerische Entsch. nur auf den **Abbau** der **Hierarchieebene** abzielt (BAG 10.10.2002 AP KSchG 1969 § 1 Betriebsbedingte Kündigung Nr. 123; 31.7.2014 NZA 2015, 101 Rn. 42; s. a. 13.2.2008 NZA 2008, 819 Rn. 16). Es ist nicht zu prüfen, ob durch die Personalreduzierung eine Kostenersparnis eintritt (so aber LAG D 11.10.2001 LAGE KSchG § 2 Nr. 39). Der AG kann das **Anforderungsprofil** für einen eingerichteten Arbeitsplatz festlegen (s. Rn. 239). Das gilt insb., wenn bei drittfinanzierten Arbeitsverträgen das festgelegte Anforderungsprofil den Vorgaben des Drittmittelgebers entspricht (BAG

7.11.1996 NZA 1997, 253, 254 f.). Gestaltet der AG **Arbeitsabläufe** um, verlagert er Tätigkeiten von einer in eine andere Betriebsabt., verbleibt es aber trotz allem dabei, dass im Wesentlichen die gleichen Arbeiten zu verrichten sind, ist eine betriebsbedingte Kündigung nicht gerechtfertigt. Das gilt auch, wenn die „neuen" Arbeitsplätze mit einer besseren Bezahlung ausgestattet sind (BAG 10.11.1994 NZA 1995, 566, 568). Der AG muss sich insoweit an die von ihm gesetzten Tatsachen halten (BAG 13.3.1987 NZA 1987, 629). Die Entsch., **Führungsstrukturen** umzugestalten und die bisherige Leitung durch einen ltd. Ang. auf ein Kollegialgremium einer niedrigeren Funktionsgruppe zu übertragen, ist eine tragende unternehmerische Entsch. (BAG 27.9.2001 NZA 2002, 1277, 1278).

293 **Produktionsverlagerung:** Zur freien unternehmerischen Entsch. zählt auch die Freiheit, den betriebl. Standort zu wählen (BAG 27.9.2001 EzA KSchG § 2 Nr. 41; 29.8.2013 NZA 2014, 730 Rn. 17). Arbeitsplätze fallen deshalb auch weg, wenn ein Teil der Produktion ins Ausland verlegt wird (BAG 18.9.1997 EzA KSchG § 1 Betriebsbedingte Kündigung Nr. 97; s. zB 29.8.2013 NZA 2014, 730 Rn. 20). Zur Notwendigkeit der Änderungskündigung in diesen Fällen s. § 2 Rn. 55.

294 **Rationalisierungsmaßnahmen – Produktionsbeschränkung:** Eine gestaltende Unternehmerentsch. liegt vor, wenn der Unternehmer Rationalisierungsmaßnahmen trifft. Zu Rationalisierungsmaßnahmen, die ausschl. auf eine Personalreduzierung ausgerichtet sind, s. Rn. 292. Allein die pauschale Darlegung des AG, er wolle seine Arbeitsabläufe „bestmögl." und „effektiv" gestalten, ist kein hinreichendes Organisationskonzept für eine Kündigung (BAG 18.5.2004 NZA 2005, 108, 111). Eine hinzunehmende Unternehmerentsch. liegt vor, wenn der AG sich entschließt, auf Dauer mit weniger AN zu arbeiten (BAG 24.4.1997 NZA 1997, 1047, 1048), sofern er dadurch konkludent die Arbeitsmenge verringert. Die Rationalisierungen können technischer Art sein, wie bei Einf. neuer arbeitssparender Maschinen, Umstellung auf neue Fertigungsmethoden, Änd. der Arbeitsmethoden. Dabei können technische und organisatorische Maßnahmen ineinander übergreifen (BAG 30.4.1987 NZA 1987, 776, 778; 29.3.1990 NZA 1991, 181, 182). Eine Produktionseinschränkung kann auch vorliegen, wenn die Maßnahme nur einen AN betrifft (BAG 12.4.2002 EzA KSchG KSchG § 1 Betriebsbedingte Kündigung Nr. 117: Maler in Wohnungsgenossenschaft). Eine Umorganisation des Betriebs mit dem Ziel seiner Verkleinerung liegt auch vor, wenn der AG Beschäftigungsmöglichkeiten abbaut, um den verkleinerten Betrieb veräußern zu können (BAG 18.7.1996 NZA 1997, 148, 150). Der AG kann sich auch entschließen, bestimmte Arbeiten wegen Lärmbelästigung der Anlieger (Perkussionsunterricht in Musikschule) nicht mehr anzubieten. Auch in diesem Fall fallen entspr. Beschäftigungsmöglichkeiten weg (BAG 17.1.1991 BeckRS 1991, 30736068). Eine hinzunehmende Umstrukturierung, die zum Wegfall von Beschäftigungsmöglichkeiten führen kann, liegt ebenfalls vor, wenn Tätigkeitsinhalte und -abläufe geänd. werden, so wenn im Konstruktionsbereich ein Zeichnen am Reißbrett durch Erstellung entspr. Software ersetzt wird (BAG 29.1.1997 – 2 AZR 44/96). Auch bei Produktionseinschränkungen sind betriebsbedingte Kündigungen mögl., wenn die Umsetzung der unternehmerischen Entsch. greifbare Formen angenommen hat (s. Rn. 232).

295 Der Entschl., Rationalisierungsmaßnahmen durchzuführen, ist der **gerichtl. Kontrolle** mit Ausnahme der Grenzen des Rechtsmissbrauchs entzogen (BAG 30.4.1987 NZA 1987, 776, 778; 18.1.1990 NZA 1990, 729, 731; s. a. Rn. 240a). Geprüft wird, ob die Durchführung der Rationalisierungsmaßnahme sich auf die Beschäftigungsmöglichkeiten der gekündigten AN ausgewirkt hat (BAG 30.4.1987 NZA 1987, 776, 778; s. a. Rn. 241 f.).

296 **Stellenplanänd.:** s. Personalreduzierung.

297 **Vollzeitkräfte – TZKräfte:** Setzt der AG Vollzeit- und Teilzeitbeschäftigte ein, kann er bei einer notwendigen betriebsbedingten Kündigung nicht beliebig auf eine Vollzeit- oder zwei Halbtagsbeschäftigte zurückgreifen. Es muss sich aus seinem unternehmerischen Organisationskonzept ergeben, für welche Art von den bezeichneten AN eine Beschäftigungsmöglichkeit entfallen ist (s. BAG 19.5.1993 NZA 1993, 1075, 1077; *Reinfelder/Zwanziger* DB 1996, 677). Zur Umwandlung von Vollzeitstellen in TZStellen und umgekehrt s. § 2 Rn. 59.

298 **Wiedereinstellungsanspruch:** s. BGB § 611 Rn. 323 ff.

G. Soziale Auswahl

I. Allgemeines

299 Zur sozialen Auswahl bei Kündigungen, die zwischen 1.10.1996 **und 31.12.1998** erklärt worden sind, s. 1. Aufl. Rn. 497 bis 591; für den Zeitraum v. 1.1.1999 **bis 31.12.2003** s. 4. Aufl. Rn. 461 bis 570. Eine Sozialauswahl entfällt, wenn **allen AN gekündigt** werden soll. Das ist auch der Fall, wenn die werbende Tätigkeit vollständig eingestellt ist und einige AN noch Restbestände abarbeiten sollen (s. Rn. 277). Wie sich aus der Regelung in § 1 III 3 zur Darlegungs- und Beweislast ergibt, prüft das Gericht die Einhaltung der Grds. zur Sozialauswahl **nicht vAw.;** es bedarf immer eines Anstoßes durch den klagenden AN (BAG 18.10.2006 NZA 2007, 505 Rn. 33 mwN).

300 Die soziale Auswahl dient der **personellen Konkretisierung** der zur Kündigung führenden dringenden betriebl. Erfordernisse des § 1 II, wenn die Anzahl der AN die der vorhandenen Arbeitsplätze

übersteigt (BAG 31.5.2007 NZA 2008, 33 Rn. 53; 27.4.2017 NZA 2017, 902 Rn. 15). Im Verhältnis der AN untereinander soll von mehreren vergleichbaren AN die Kündigung denjenigen treffen, der auf Grund seiner Sozialdaten am wenigsten auf den Arbeitsplatz angewiesen ist (BAG 4.5.2006 NZA 2006, 1096 Rn. 24; 27.4.2017 NZA 2017, 902 Rn. 15; s. a. SES/*Eylert* Rn. 349 f.). Dabei sind die Umstände maßgebend, wie sie zu dem Zpkt. bestehen werden, zu dem das ArbVerh. endet (s. dazu *Moll/Steinbach* MDR 1997, 711). Funktional tritt die Sozialauswahl an die Stelle der Interessenabwägung, da diese auf eine Zwei-Personen-Beziehung zugeschnitten ist und der betriebsbedingten Kündigung idR eine kollektive Dimension innewohnt.

Die Abs. 3 bis 5 enthalten **zwgd. GRecht.** Dieses kann zu Lasten des AN weder ausgeschlossen noch beschränkt werden (BAG 2.6.2005 NZA 2006, 207, 210; 20.6.2013 NZA 2013, 837 Rn. 15). Umgekehrt steht das KSchG einer Verbesserung der kündigungsrechtl. Stellung des AN, insb. durch Ausschluss des Rechts zur ordentl. Kündigung, grds. nicht entgegen (s. Rn. 21). Bei betriebsbedingten Kündigungen tritt der arbeits- oder tarifvertragl. vereinbarte **Ausschluss einer ordentl. Kündigung** jedoch in ein Spannungsverhältnis zu der zwgd. Regelung in § 1 III, da dieser den ges. vorgesehenen Auswahlmechanismus verändert und sich damit die Lage anderer AN verschlechtern kann. Gezielte einzelvertragl. Abreden zugunsten einzelner AN sind deshalb mit der zwgd. Vorgabe in § 1 III unvereinbar (BAG 2.6.2005 NZA 2006, 207, 210). Mittelbare Verschlechterungen bei anderen AN infolge einzelvertragl. Absprachen (zB zur Anrechnung von Beschäftigungszeiten) sind hingegen nach der Rspr. des BAG hinzunehmen, wenn diese nicht rechtsmissbräuchl. sind oder eine Umgehung der Sozialauswahl bezwecken sowie von einem sachl. Grund getragen sind (BAG 2.6.2005 NZA 2006, 207, 210; 20.6.2013 NZA 2013, 837 Rn. 15; s. a. Rn. 313). Dabei kann ein zeitl. Zusammenhang zwischen einzelvertragl. Absprache und Kündigungsereignis einen fehlenden sachl. Grund und eine mögl. Umgehungsabsicht indizieren (BAG 2.6.2005 NZA 2006, 207, 210). Zu § 10 S. 3 Nr. 7 AGG aF s. Rn. 21. 301

Bei **allen betriebsbedingten Kündigungen** ist nach § 1 III eine soziale Auswahl vorzunehmen, die durch Abs. 4 und 5 modifiziert wird. Die soziale Auswahl ist auch bei **Massenentlassungen** zu beachten. Hier können große praktische Schwierigkeiten bei der Vergleichbarkeit auftreten, wenn einzelne Abt. geschlossen und andere fortgeführt werden. Das BAG (25.4.1985 NZA 1986, 64) hat dazu angenommen, der AG müsse zunächst ermitteln, wie viele AN der unterschiedl. Qualifikationsstufen in der fortgeführten Betriebsabt. ausgetauscht werden könnten, ohne dass dadurch der Arbeitsprozess ernsthaft gefährdet werde. Entspr. dieser vom AG ermittelten Anzahl der in jeder Qualifikationsstufe austauschbaren AN seien danach diejenigen zu bestimmen, die sozial am wenigsten schutzbedürftig seien und deshalb für eine Kündigung am ehesten in Betracht kämen. Entspr. sei in der stillgelegten Abt. die gleiche Anzahl der schutzbedürftigsten austauschbaren AN zu bestimmen. Habe der AG zwischen diesen ANGruppen eine § 1 III 1 genügende soziale Auswahl durchgeführt, habe er ausreichend soziale Gesichtspunkte und zugleich im erforderl. Ausmaß die betriebl. Bedürfnisse berücksichtigt. IÜ mildert Abs. 4 die Schwierigkeiten bei Massenentlassungen ab; s. dazu Rn. 351 ff. 302

Eine soziale Auswahl gibt es nur bei der betriebsbedingten Kündigung einschl. der betriebsbedingten **Änderungskündigung** (s. § 2 Rn. 52). Bei außerordentl. Kündigung eines tarifl. unkündbaren AN ist dieser in die soziale Auswahl einzubeziehen (BAG 5.2.1998 NZA 1998, 771, 774; s. dazu näher BGB § 626 Rn. 51). 303

Die Anwendung von Abs. 3 bis 5 setzt nicht voraus, dass der gesamte Betrieb auf Dauer weitergeführt wird. Erfolgt eine **Stilllegung in Etappen,** ist die Sozialauswahl jeweils bei allen etappenweise durchgeführten Kündigungen vorzunehmen (BAG 16.9.1982 NJW 1983, 1341; s. a. Rn. 278). Eine die Sozialauswahlpflicht auslösende Stilllegung in Etappen liegt nicht vor, wenn sofort allen AN mit der für sie einschlägigen Kündigungsfrist gekündigt wird (BAG 7.3.2002 EzA KSchG § 1 Betriebsbedingte Kündigung Nr. 116), selbst wenn die AN im Rahmen ihrer Kündigungsfrist noch mit zu erledigenden Restaufgaben betraut werden (BAG 7.7.2005 NZA 2005, 1351, 1352 f. sowie Rn. 277). 304

Das G stellt als Wirksamkeitsvoraussetzung einer sozial gerechtfertigten Kündigung darauf ab, dass die im G aufgezählten sozialen **Gesichtspunkte überhaupt und ausreichend berücksichtigt** worden sind. Es verlangt nicht – als Wirksamkeitsvoraussetzung – die Durchführung eines **Prüfungsverfahrens.** Deshalb kann eine Kündigung auch dann sozial gerechtfertigt sein, wenn der AG (zB wegen einer Verkennung des Betriebsbegriffs) überhaupt keine Auswahlüberlegungen angestellt hat, er iE aber gleichwohl den sozial stärksten AN entlassen hat (BAG 18.10.2006 NZA 2007, 504 Rn. 22; 3.4.2008 NZA 2008, 1060 Rn. 30; 28.6.2012 NZA 2012, 1090 Rn. 55, 59; 20.9.2012 NZA 2013, 94 Rn. 15; 20.6.2013 NZA 2013, 837 Rn. 13). Allerdings spricht in einem derartigen Fall eine vom AG auszuräumende Vermutung dafür, dass die Auswahl auch iE sozialwidrig ist (BAG 3.4.2008 NZA 2008, 1060 Rn. 30; 20.9.2012 NZA 2013, 94 Rn. 27; s. a. LAG B 10.2.2015 LAGE BetrVG 2001 § 112 Nr. 13). 305

Das Gericht überprüft nur, ob die vom AG vorgenommene Berücksichtigung den Anforderungen des G genügt (missverständl. BAG 26.6.1964 AP KSchG 1951 § 1 Betriebsbedingte Kündigung Nr. 15); auch insoweit geht das BAG davon aus, dass es sich um die Anwendung eines unbestimmten Rechtsbegriffs handelt (zB BAG 18.10.2006 NZA 2007, 504 Rn. 17; 6.7.2006 NZA 2007, 139 Rn. 47; 31.5.2007 NZA 2008, 33 Rn. 63; 14.3.2013 AP KSchG 1969 § 1 Betriebsbedingte Kündigung Nr. 199 Rn. 43). IRd. zu beachtenden Faktoren (s. dazu Rn. 329 ff.) wird dem AG ein **Beurteilungsspielraum** 305a zuerkannt (s. zB BAG 31.5.2007 NZA 2008, 33 Rn. 64; 7.7.2011 AP KSchG 1969 § 1 Wartezeit Nr. 26 Rn. 48; 22.3.2012 NZA 2012, 1040 Rn. 19; 14.3.2013 AP KSchG 1969 § 1 Betriebsbedingte Kündigung Nr. 199 Rn. 43; 20.6.2013 NZA 2013, 837 Rn. 13; 21.5.2015 NZG 2016, 35 Rn. 61), dessen Einhaltung in den vom G gesetzten Grenzen der gerichtl. Kontrolle, aber nicht einer „Gerichts-Beurteilungswertung", sondern einer „Gerichts-Rechtsbewertung" unterliegt (ausf. DDZ/*Deinert* Rn. 563 ff.; *Ascheid* Rn. 318). Es ist also korrekt nur zu prüfen, ob dem G so genügt worden ist, wie es sich durch die Auslegung der Gerichte darstellt. Falsch wäre es anzunehmen, der AG hätte im konkreten Fall mit dem gleichen Beurteilungsrahmen „berücksichtigen" müssen, wie es das Gericht getan hätte, wenn es eigenverantwortl. soziale Erwägungen hätte anstellen müssen (BAG 7.7.2011 AP KSchG 1969 § 1 Wartezeit Nr. 26 Rn. 48; 22.3.2012 NZA 2012, 1040 Rn. 19; 29.1.2015 NZA 2015, 426 Rn. 11; 21.5.2015 NZG 2016, 35 Rn. 61). Der AG muss keine nach den Vorstellungen des Gerichts bestmögl. Sozialauswahl vornehmen (BAG 6.7.2006 NZA 2007, 139 Rn. 60; 28.6.2012 NZA 2012, 1090 Rn. 59; 29.1.2015 NZA 2015, 426 Rn. 11). Das Gericht ist aus diesen Gründen nicht befugt, eigene „Punktetabellen" aufzustellen und die Sozialauswahl des AG daran zu messen (BAG 24.3.1983 AP KSchG 1969 § 1 Betriebsbedingte Kündigung Nr. 12: Verwerfung der sog. Hammer Tabelle; s. a. BAG 29.1.2015 NZA 2015, 426 Rn. 24). Da soziale Gesichtspunkte „ausreichend" zu berücksichtigen sind, können geringfügige Unterschiede hins. der sozialen Schutzbedürftigkeit für rechtl. unbeachtl. gehalten werden (BAG 18.10.1984 NZA 1985, 423). Leistungsgesichtspunkte sind ebenfalls unbeachtl. (**aA** für Änderungskündigung BAG 18.6.1986 AP KSchG 1969 § 1 Soziale Auswahl Nr. 34). Anges. dessen können sich nur deutl. schutzwürdigere Personen erfolgreich auf eine fehlerhafte Sozialauswahl berufen (BAG 22.3.2012 NZA 2012, 1040 Rn. 19; 28.6.2012 NZA 2012, 1090 Rn. 59; 20.6.2013 NZA 2013, 837 Rn. 13; 29.1.2015 NZA 2015, 426 Rn. 11; 21.5.2015 NZG 2016, 35 Rn. 61).

306 Der AG hat die im G bezeichneten Sozialdaten zu berücksichtigen. Dies setzt **Kenntnis des AG** voraus (LSW/*Löwisch* Rn. 414). Die Bekanntheit knüpft an Daten aus dem ArbVerh. an, die dem AG bekannt sind oder bekannt sein müssen. Da das G vorschreibt, dass das Lebensalter, Dauer der Betriebszugehörigkeit, Unterhaltspflichten sowie eine Schwerbehinderung zu berücksichtigen sind, hat der AG sich vor einer betriebsbedingten Kündigung hins. der maßgebenden Sozialdaten vergleichbarer AN kundig zu machen (APS/*Kiel* Rn. 655; s. a. BAG 6.7.2006 NZA 2007, 139 Rn. 59; 16.2.2012 NZA 2012, 555 Rn. 11). Der AG ist allerdings weder verpflichtet noch hat er eine rechtl. Handhabe, die Richtigkeit der personellen Daten der AN feststellen zu lassen. Die Berücksichtigung der Sozialdaten ist daher zwangsläufig beschränkt auf diejenigen, die ihm der AN unter Vorlage der entspr. Unterlagen mitgeteilt hat. Macht der AN bei einer Befragung des AG vor der Kündigung ihm ungünstige falsche Angaben, kann er sich insoweit im Prozess nicht auf eine mangelhafte Wertung, die auf diese Angaben gestützt war, durch den AG berufen (BAG 16.2.2012 NZA 2012, 555 Rn. 52). Ebenso kann den AN die Obliegenheit treffen, dem AG eine Änd. der Sozialdaten rechtzeitig vor der Kündigung mitzuteilen (BAG 6.7.2006 NZA 2007, 139 Rn. 59).

307 Da der AN die arbeitsvertragsrelevanten Faktoren im Hinblick auf seine Arbeitskollegen idR gar nicht oder nur unvollständig kennen kann, ist der AG auskunftspflichtig, wobei sich die Auskunftspflicht sinnvollerweise nur auf den Umf. der „Berücksichtigungspflicht" beziehen kann. Letzterer kennt die Betriebszugehörigkeit und regelm. aus der Abführung der Lohnsteuer (s. § 39e EStG) das Lebensalter, den Familienstand und idR bestimmte Unterhaltspflichten. Hat der AN seine Anerkennung als Schwerbehinderter nicht mitgeteilt, kann sich die Schwerbehinderung uU aus dem Erscheinungsbild des AN ergeben.

308 Ist die vom AG vorgenommene **Sozialauswahl fehlerhaft**, so ist hins. der Rechtsfolgen für bereits erklärte Kündigungen zwischen verschiedenen Fallgestaltungen zu unterscheiden. Unbeachtl. ist der Fehler bei der sozialen Auswahl stets, wenn sich der Personenkreis der zu entlassenden AN auch bei ordnungsgemäßer Auswahl nicht verändert. In dieser Konstellation wäre es nach dem Zweck der Sozialauswahl verfehlt, wenn sich der Auswahlfehler auf die Wirksamkeit der Kündigungen auswirken würde, die Kündigungen haben diejenigen AN getroffen, die sie auch bei gesetzeskonformer Auswahl hätten treffen sollen. Anders ist die Rechtslage jedoch, wenn der AG bei ordnungsgemäßer Sozialauswahl einem AN hätte kündigen müssen, der infolge des Auswahlfehlers von der Kündigung bislang verschont blieb. Für diese Konstellation vertrat das BAG früher die Ansicht, dass sich alle gekündigten AN auf den Auswahlfehler berufen und die Wirksamkeit ihrer Kündigung mit Erfolg angreifen konnten (BAG 18.10.1984 NZA 1985, 423). Dieser sog. **Dominoeffekt** konnte jedoch dazu führen, dass AN erfolgreich gegen die Kündigung klagen konnten, obwohl die Kündigung sie auch bei ordnungsgemäßer Sozialauswahl hätte treffen können (abl. deshalb KR/*Griebeling/Rachor* Rn. 658; SPV/*Preis* Rn. 1132 mwN; s. a. *Bröhl* BB 2006, 1050, 1055 f.). Mit Recht hat das BAG seine Auff. korrigiert (BAG 9.11.2006 NZA 2007, 549 Rn. 19 ff.; bestätigt von BAG 5.11.2009 NZA 2010, 457 Rn. 32; 20.6.2013 NZA 2013, 837 Rn. 18; dazu *Bauer/Gotham* DB 2007, 1729 ff.; DDZ/*Deinert* Rn. 467; KR/*Griebeling/Rachor* Rn. 658; *Moderegger* ArbRB 2007, 81; *Schiefer* DB 2007, 54, 57; *Seel* MDR 2007, 249 ff.). Danach bleibt die Kündigung gerade in den Fällen fehlender Ursächlichkeit des Auswahlfehlers uneingeschränkt wirksam, sofern der AG im Kündigungsschutzprozess darlegen kann, dass die Kündigung den AN auch bei ordnungsgemäßer Sozialauswahl getroffen hätte. Auf die fehlerhafte Sozialauswahl kann der AN die Unwirksamkeit der Kündigung daher nur stützen, wenn ein

Vortrag des AG zur fehlenden Ursächlichkeit des Auswahlfehlers unterbleibt s. LAG HM 22.1.2009 NZA-RR 2009, 587, 588) oder der AN darlegen kann, dass ihn die ordentl. Kündigung bei ordnungsgemäßer Sozialauswahl nicht getroffen hätte.

II. Personenkreis

1. Arbeitsvertragliche Anbindung. Die soziale Auswahl bezieht sich auf **alle vergleichbaren AN des Betriebs.** Es ist unerhebl., aus welchen Gründen die AN tätig sind (BAG 25.4.1985 NZA 1986, 64 unter Aufgabe von BAG 20.1.1961 NJW 1961, 940). § 1 III ist Teil der Bestandsschutzgewährung. Die Vorschr. erweitert den Bestandsschutz deshalb nicht auf Fälle, in denen nicht die Voraussetzungen nach § 1 I und II vorliegen. Durch die Neuregelung in § 23 sind in „Altbetrieben", in denen der Kündigungsschutz bei über fünf AN beginnt, neu eingestellte AN nicht einzubeziehen, wenn der Schwellenwert nicht zehn AN überschreitet (*Preis* DB 2004, 70, 78; s. näher zum Schwellenwert § 23 Rn. 8). Abgesehen davon, dass das G auf die Neu-AN keine Anwendung findet, liegt die Rechtfertigung für die Beachtung der klaren ges. Regelung darin, dass der AG in seiner Einstellungs-Dispositionsfreiheit im „Altbetrieb" beschränkt wäre, wenn er nur solche Neu-AN einstellen könnte, die mit ihren Sozialdaten bei einer evtl. Sozialauswahl die Alt-AN nicht gefährden könnten. 309

In die Sozialauswahl werden nur solche AN einbezogen, die den Bestandsschutz des § 1 genießen. AN, die dem Betrieb noch nicht länger als sechs Monate angehören, bleiben deshalb bei der Sozialauswahl unberücksichtigt (BAG 25.4.1985 NZA 1986, 64, 66 unter Aufgabe von BAG 20.1.1961 NJW 1961, 940). Personen, zu deren Kündigung die **Zust. einer Behörde notwendig** ist (zB § 17 III MuSchG [bis 1.1.2018: § 9 III MuSchG], § 168 SGB IX [bis 1.1.2018: § 85 SGB IX], § 18 I 2 BEEG, § 5 II PflegeZG), sind nach hM in die Sozialauswahl einzubeziehen, wenn die Zust. erteilt ist oder bis zur Erkl. der Kündigungen vorliegt (HaKo/*Mestwerdt*/*Zimmermann* Rn. 848; DDZ/*Deinert* Rn. 487; SPV/*Preis* Rn. 1064). Liegt die Zust. nicht vor, scheiden sie als vergleichbare AN aus (SES/*Eylert* Rn. 377). **Befristet beschäftigte AN** unterfallen nicht der Sozialauswahl. Ihr ArbVerh. endet mit Ablauf der Befristung; vorher kann ihnen grds. nur außerordentl. gekündigt werden (§ 15 III TzBfG; s. a. Rn. 22). Anders ist es, wenn der Vertrag eine Höchstbefristung mit der Möglichkeit einer früheren ordentl. Kündigung vorsieht (zust. SES/*Eylert* Rn. 378). 310

Unter die Sozialauswahl fallen nach der Rspr. des BAG solche AN nicht, bei denen die **ordentl. Kündigung ges. ausgeschlossen** ist (BAG 23.11.2004 NZA 2005, 986, 990; 21.4.2005 NZA 2005, 1307, 1308; 17.11.2005 NZA 2006, 370 Rn. 17; s. a. SES/*Eylert* Rn. 375 f.), zB BRMitglieder (§ 15 I KSchG). Selbst der absehbare Wegfall eines ges. Sonderkündigungsschutzes soll es nicht rechtfertigen, den hiervon geschützten AN in die Sozialauswahl einzubeziehen (BAG 21.4.2005 NZA 2005, 1307, 1309). 311

Tarifvertragl. (ordentl.) unkündbare AN waren nach bislang hM ebenfalls nicht in die Sozialauswahl einzubeziehen (LAG N 4.7.1994 LAGE KSchG § 1 Soziale Auswahl Nr. 10; DDZ/*Deinert* Rn. 486; SES/*Eylert* Rn. 379; SPV/*Preis* Rn. 1065; *Weller* RdA 1986, 222, 230; *Zöllner* FS G. Müller 1981 S. 665, 684 Fn. 64; **aA** AR/*Kaiser* Rn. 182; LSW/*Löwisch* Rn. 441 f.; *Oetker* ZfA 2001, 287, 310 ff.; s. a. Rn. 21). Dies kann im Hinblick auf die zwgd. Vorgabe des § 1 III nicht überzeugen. Selbst wenn hieraus nicht die Nichtigkeit einer tarifvertragl. Bestimmung folgen muss, kann deren konkrete Anwendung im Widerspruch zu den Grundrechten der ordentl. Kündbaren stehen. Diesem Einwand hat sich das BAG nunmehr angeschlossen und leitet aus einer gesetzes- und verfassungskonformen Auslegung der jeweiligen TVNorm ab, dass die Ausklammerung ordentl. unkündbarer AN dann entfällt, wenn der tarifvertragl. eingeschränkte Auswahlpool gemessen an dem durch § 1 IV vorgeprägten Maßstab zu einer grob fehlerhaften Sozialauswahl führen würde (BAG 20.6.2013 NZA 2014, 208 Rn. 50 ff. sowie idS bereits 5.6.2008 NZA 2008, 1120 Rn. 31; s. a. SES/*Eylert* Rn. 379; APS/*Kiel* Rn. 626 f.; HHL/*Krause* Rn. 953; DDZ/*Deinert* Rn. 491; HaKo/*Mestwerdt*/*Zimmermann* Rn. 851; *Sprenger* BB 2014, 1781 ff.). Hierauf kann sich auch der tarifvertragl. nicht geschützte AN berufen, wenn er bei einer Berücksichtigung der tarifvertragl. ordentl. unkündbaren AN aufgrund der Sozialauswahl nicht gekündigt worden wäre. Der ordentl. unkündbare AN kann sich zwar unverändert auf den Ausschluss der ordentl. Kündigung durch den TV berufen, unter den Voraussetzungen des § 626 I BGB ist dieser aber außerordentl. kündbar (s. BAG 20.6.2013 NZA 2014, 208 Rn. 57). Durch **BV** kann eine ordentl. Unkündbarkeit nicht herbeigeführt werden (*Rieble* NZA 2003, 1243). 312

Sofern keine konkreten Anhaltspunkte für eine absichtl. Umgehung von § 1 III vorliegen (s. dazu BAG 2.6.2005 NZA 2006, 207, 210 sowie § 1 Rn. 301), unterfallen AN, bei denen die ordentl. **Kündigung einzelvertragl. ausgeschlossen** ist, nicht der Sozialauswahl (s. BAG 25.3.2004 AP MuSchG 1968 § 9 Nr. 36; SES/*Eylert* Rn. 381; SPV/*Preis* Rn. 1065; *Färber* NZA 1985, 179; s. dazu a. BAG 2.6.2005 NZA 2006, 207, 210; **aA** AR/*Kaiser* Rn. 184). Hierbei ist jedoch zu beachten, ob der AG aus sachl. Erwägungen eine ordentl. Unkündbarkeit vereinbart hat oder allg. allen seinen AN anbietet, nach Ablauf bestimmter Zeiten der Betriebszugehörigkeit die ordentl. Kündigung auszuschließen. Anhaltspunkte für eine Umgehung der ges. Regelung liegen vor, wenn Vereinb. über die Unkündbarkeit in zeitl. Zusammenhang mit erwogenen Kündigungen stehen und eines sachl. Grundes entbehren. Eine derartige Vertragsgestaltung würde Abs. 3 widersprechen (BAG 2.6.2005 NZA 2006, 313

207, 210; LAG SN 10.10.2001 LAGE KSchG § 1 Soziale Auswahl Nr. 38; LAG B 15.10.2010 BeckRS 2011, 70895; LAG RP 18.2.2011 BeckRS 2011, 71755).

314 Ob AN, deren **ArbVerh. ruht**, in die Sozialauswahl einzubeziehen sind (hierfür HHL/*Krause* Rn. 959 f.), hängt allein davon ab, ob ihnen betriebsbedingt gekündigt werden kann (s. dazu BAG 26.2.1987 NZA 1987, 775 f.; SES/*Eylert* Rn. 373; SPV/*Preis* Rn. 1067). Diese Frage ist danach zu beantworten, ob die AN innerhalb des Zeitraums, der für die betriebsbedingte Kündigung maßgebend ist, weiterhin dem Zugriff des AG unterstehen. Das ist zu verneinen, wenn jemand für ein Jahr fest an einen anderen Unternehmer „verliehen" ist, kann hingegen zu bejahen sein, wenn ein AG sich zB verpflichtet hat, für einen Zeitraum von zwei Jahren wöchentl. fünf AN an eine ARGE auszuleihen, sofern keine Bindung besteht, wer dies jeweils sein soll (KDZ/*Deinert* Rn. 475; s. a. SPV/*Preis* Rn. 1067). Bei der ersten Fallvariante wäre eine betriebsbedingte Kündigung sinnlos, weil sie keine geeignete Maßnahme wäre, die zu bezahlende Überbesetzung abzubauen, wenn der AG rechtl. verpflichtet ist, der ARGE gerade den entsandten AN zu belassen.

315 Bei wirksamen betriebsbedingten Kündigungen im Zusammenhang mit einem **Betriebsübergang** ergeben sich keine Besonderheiten. Zu Kündigungen wegen Betriebsübergangs s. BGB § 613a Rn. 153 ff. Für den Sonderfall der Betriebsveräußerung in der Insolvenz s. § 128 InsO. Nach § 613a I 1 BGB tritt der Erwerber des Betriebs in die Rechte und Pflichten aus dem ArbVerh. ein. Das bedeutet, dass sich die Dauer der Betriebszugehörigkeit bei keinem AN ändert (s. BGB § 613a Rn. 76). Bei einer erst beabsichtigten Teilbetriebsstillegung und einem **Teilbetriebsübergang** ist eine auf den gesamten Betrieb, einschl. des später übergehenden Betriebsteils, bezogene Sozialauswahl durchzuführen (s. BAG 21.5.2015 NZG 2016, 35 Rn. 58). Bei der betriebsbedingten Kündigung eines AN des stillzulegenden Betriebsteils ist daher bei der Sozialauswahl auch ein vergleichbarer AN zu berücksichtigen, der zur Zeit der Kündigung dem später zu übertragenden Betriebsteil angehört (BAG 28.10.2004 NZA 2005, 285, 288).

316 Kündigt der **Veräußerer** aus Gründen der Rationalisierung vor dem Betriebsübergang, ist die Rechtslage die gleiche, wie wenn der Erwerber den übernommenen Betrieb als solchen selbständig fortführt und jetzt rationalisiert und kündigt. Die Sozialauswahl erstreckt sich hier nur auf die AN des übernommenen Betriebs. Übernimmt der Erwerber den Betrieb und gliedert diesen in einen bereits bestehenden Betrieb ein, gibt es auch hins. der Sozialauswahl nur noch einen maßgebenden Betrieb. Zu diesem gehören die früheren AN sowie diejenigen, in deren Rechte und Pflichten aus dem Arbeitsvertrag der Erwerber eingetreten ist, ohne dass bzgl. der Sozialdaten zwischen den verschiedenen Gruppen zu diff. ist. Kündigt der Erwerber nunmehr aus betriebsbedingten Gründen, erstreckt sich die Sozialauswahl deshalb auf alle AN (HHL/*Krause* Rn. 912; SES/*Eylert* Rn. 370; **aA** *Herschel/Löwisch* Rn. 216: wenn mit Übernahme saniert wird, nur auf die übernommenen AN).

317 Wird nur ein **Betriebsteil** veräußert und **widerspricht ein AN** dem Eintritt des Erwerbers in das ArbVerh. und kommt es deshalb beim alten AG zu einer daraus folgenden notwendigen Kündigung, kann sich der widersprechende AN auf eine fehlerhafte Sozialauswahl berufen (BAG 24.5.2005 NZA 2005, 1302, 1305; 31.5.2007 NZA 2008, 33 Rn. 50). Bei der Prüfung der sozialen Gesichtspunkte waren nach früherer Rspr. des BAG die Gründe für den Widerspruch zu berücksichtigen (BAG 22.4.2004 NZA 2004, 1389, 1391; APS/*Kiel* Rn. 606; HHL/*Krause* Rn. 913). Unter Hinweis auf die abschl. Aufzählung der Sozialdaten in § 1 III 1 hat das BAG diese Rspr. jedoch aufgegeben (BAG 31.5.2007 NZA 2008, 33 Rn. 51 ff.) und behandelt den widersprechenden AN iRd. Sozialauswahl wie jeden anderen AN (zust. *Eylert/Spinner* BB 2008, 50 ff.; SPV/*Preis* Rn. 1059; im Grds. a. APS/*Kiel* Rn. 606, mit dem Vorbehalt einer rechtsmissbräuchl. Ausübung des Widerspruchsrechts; HHL/*Krause* Rn. 914, mit Ausnahme bei im Wesentlichen gleich schutzwürdigen AN). Auch eine Berücksichtigung des Widerspruchs im Rahmen von § 1 III 2 (hierfür *Lunk/Möller* NZA 2004, 9; dazu *Berkowsky* NZA 2004, 1374) lehnt das BAG ab (BAG 31.5.2007 NZA 2008, 33 Rn. 59). Für die aktuelle Rspr. des BAG streitet zwar der Wortlaut des § 1 III 1, sie widerspricht aber entgegen den apodiktischen Beteuerungen des BAG dem Ziel der Sozialauswahl, dass die Kündigung denjenigen AN treffen soll, der aus sozialer Sicht am wenigsten auf den Arbeitsplatz angewiesen ist (s. Rn. 300). Insoweit ist nicht zu verkennen, dass dem widersprechenden AN durch die Betriebsteilveräußerung gerade sein Arbeitsplatz erhalten geblieben ist. Durch seinen Widerspruch stellt er sich gleichsam selbst in den alten Betrieb wieder ein und verdrängt einen AN, der nicht in dem Betriebsteil tätig war, der übergegangen ist. IE führt die geänd. Rspr. des BAG dazu, dass dieser AN seinen Arbeitsplatz infolge des widersprechenden AN ersatzlos verliert und der in dem übergegangenen Betriebsteil vorhandene Arbeitsplatz unbesetzt bleibt. Für die Annahme des BAG, der Gesetzgeber habe dies durch die ges. Neuregelung offenbar in Kauf genommen (BAG 31.5.2007 NZA 2008, 33 Rn. 58), fehlen jegl. Anhaltspunkte in den GMaterialien. Im Hinblick auf den übergreifenden Rechtsgedanken des § 162 BGB streiten deshalb unverändert die besseren Arg. für die frühere Rspr. Nur wenn der widersprechende AN einen alsbaldigen Arbeitsplatzverlust oder eine baldige wesentl. Verschlechterung seiner Arbeitsbedingungen bei dem Erwerber zu befürchten hat, ist es gerechtfertigt, dass er einen Arbeitskollegen, der nicht ganz erhebl. weniger schutzbedürftig ist, über die Sozialauswahl verdrängt (weitergehend *Quecke* ZIP 2007, 1846, 1847 ff., der eine Verdrängung anderer AN im Wege der Sozialauswahl über eine teleologische Reduktion der Rechtsfolgen des Widerspruchs generell ausschließen will; dagegen jedoch *Eylert/Spinner* BB 2008, 50, 53).

2. Betriebsbezogenheit und betriebl. Vergleichbarkeit. Von denjenigen AN, die den Bestandsschutz des § 1 genießen, werden für die Sozialauswahl nur diejenigen erfasst, die nach der **betriebl. Auswahl** für eine Kündigung in Betracht kommen (zum öffentl. Dienst s. a. Rn. 291 aE). Deshalb entfällt die Notwendigkeit einer sozialen Auswahl grds., wenn **allen AN eines Betriebs gekündigt** werden soll (BAG 4.5.2006 NZA 2006, 1096 Rn. 24; 14.3.2013 AP KSchG 1969 § 1 Betriebsbedingte Kündigung Nr. 199 Rn. 41; 24.9.2015 NZA 2015, 1457 Rn. 34). Die betriebl. Auswahl erstreckt sich zum Zwecke der Durchführung der Sozialauswahl nur auf AN des Betriebs und ist nicht auf andere Betriebe des Unternehmens auszudehnen (stRspr. BAG 18.10.2012 NZA 2013, 1007 Rn. 64; 25.10.2012 NZA-RR 2013, 632 Rn. 49; 14.3.2013 AP KSchG § 1 Betriebsbedingte Kündigung Nr. 199 Rn. 36; 20.6.2013 NZA 2013, 837 Rn. 12; 19.12.2013 NZA-RR 2014, 185 Rn. 44). Das gilt auch, wenn sich der AG ein betriebsübergreifendes Versetzungsrecht vorbehalten hat (BAG 15.12.2005 NZA 2006, 590 Rn. 17 ff.; 18.10.2006 AP KSchG 1969 § 1 Betriebsbedingte Kündigung Nr. 163; 31.5.2007 NZA 2008, 33 Rn. 16; 14.3.2013 AP KSchG 1969 § 1 Betriebsbedingte Kündigung Nr. 199 Rn. 36); hierdurch ist der AG bei dringenden betriebl. Erfordernissen ledigl. verpflichtet, den AN auf einem freien Arbeitsplatz in einem anderen Betrieb desselben Unternehmens weiterzubeschäftigen. Ausnahmen kommen allenfalls in Betracht, wenn der AN für unternehmensweit wahrzunehmende Arbeitsaufgaben eingestellt wurde und er seine arbeitsvertragl. Weisungen von der Unternehmensführung erhalten hat (so für diesen Fall LAG RP 16.3.2005 NZA-RR 2005, 588, 589). 318

Umgekehrt ist eine Beschränkung der Auswahl auf Mitarbeiter eines **Betriebsteils** oder einer **Betriebsabt.** unzulässig (BAG 31.5.2007 NZA 2008, 33 Rn. 17; 5.6.2008 NZA 2008, 1120 Rn. 23; 14.3.2013 AP KSchG § 1 Betriebsbedingte Kündigung Nr. 199 Rn. 37; 19.12.2013 NZA-RR 2014, 185 Rn. 44). Selbst weite räuml. Entfernungen (70 km) zwischen Haupt- und Nebenbetrieb stehen einer einheitl. Sozialauswahl nicht entgegen (BAG 3.6.2004 NZA 2005, 175, 176 f.; bestätigt in BAG 31.5.2007 NZA 2008, 33 Rn. 17). Fällt in einem Reinigungsbetrieb mit zahlr. Beschäftigten in verschiedenen Objekten ein Reinigungsauftrag weg, hat sich die Sozialauswahl auch auf die AN in den anderen Reinigungsobjekten zu erstrecken (BAG 17.1.2002 EzA KSchG § 1 Soziale Auswahl Nr. 47). Soll ein Betriebsteil stillgelegt und der andere Betriebsteil auf einen Erwerber übertragen werden, ist die Übertragung aber noch nicht erfolgt, ist bei der Sozialauswahl auch ein vergleichbarer AN zu berücksichtigen, der zZ. der Kündigung dem später zu übertragenden Betriebsteil angehört (BAG 28.10.2004 NZA 2005, 285, 288; 14.3.2013 AP KSchG 1969 § 1 Betriebsbedingte Kündigung Nr. 199 Rn. 37). Für die Sozialauswahl ist nach hM der **Betriebsbegriff** des § 23 I maßgebend, nicht der des § 4 BetrVG (BAG 31.5.2007 NZA 2008, 33 Rn. 18; SES/*Eylert* Rn. 363; s. näher § 23 Rn. 4, 4a). Auch wenn ein nicht organisatorisch selbständiger Betriebsteil räuml. weit entfernt ist, erstreckt sich die Sozialauswahl auf die AN des gesamten Betriebs (BAG 21.6.1995 AP BetrVG 1972 § 1 Nr. 16; 20.8.1998 NZA 1999, 255, 257). Eine Beschränkung der Sozialauswahl auf Teile eines Betriebs kommt ausschl. dann in Betracht, wenn andere Teile des Betriebs im Ausland gelegen sind. In diesem Fall beschränkt sich die Sozialauswahl auf die in Deutschland gelegenen Teile des Betriebs (LAG B 1.6.2011 BeckRS 2011, 76011; s. a. Rn. 247). Eine **Entsch. nach § 18 II BetrVG** ist für die Anwendung des § 1 III 1 nicht verbindl. (BAG 18.10.2006 NZA 2007, 552 Rn. 44). Im **öffentl. Dienst** entspricht der Betriebsbegriff dem Begriff der **Dienststelle,** wobei der personalvertretungsrechtl. Dienststellenbegriff maßgebl. ist (BAG 25.10.2012 NZA-RR 2013, 632 Rn. 49 f.; 22.10.2015 NZA 2016, 33 Rn. 23). 319

Fallen in **verschiedenen Betrieben** eines Unternehmens Arbeitsplätze weg und ist die Weiterbeschäftigung nur eines AN auf einem freien Arbeitsplatz in einem dieser Betriebe mögl., hat der AG bei der Besetzung des freien Arbeitsplatzes im Hinblick auf § 1 II 2 Nr. 1b die sozialen Belange analog § 1 III 1 oder zumindest nach § 315 BGB mitzuberücksichtigen (s. näher Rn. 253). Verlagert der AG unter Einsparung von Beschäftigungsmöglichkeiten Arbeitsplätze von einer in eine andere Betriebsabt., hat eine soziale Auswahl stattzufinden. Diese kann er nicht dadurch umgehen, dass zunächst freie Arbeitsplätze in der anderen Abt. besetzt werden (BAG 10.11.1994 AP KSchG 1969 § 1 Betriebsbedingte Kündigung Nr. 65). 320

Bei einer von § 323 I UmwG erfassten **Umwandlung** ist zu beachten, dass diese Vorschr. auf Folgen der Unternehmensänd. ausgerichtet ist. Hins. einer vorzunehmenden sozialen Auswahl führt das nicht dazu, dass vorübergehend von einem gemeinsamen Betrieb auszugehen ist. Die Sozialauswahl in dem neuen Betrieb ist zu beziehen auf die neuen tats. Verhältnisse. Sie erstreckt sich nur auf die AN des neuen Betriebs (s. UmwG § 323 Rn. 2 ff.). Ebenso verhält es sich mit der Anwendung von **AuswahlRL,** wenn die tats. Umstände des übernehmenden Rechtsträgers auf diese nicht passen (Lutter/*Joost* § 323 Rn. 14). 321

Betreiben mehrere Unternehmen einen **gemeinsamen Betrieb** (s. dazu § 23 Rn. 5), sind alle vergleichbaren AN des gemeinsamen Betriebs in die soziale Auswahl einzubeziehen (BAG 24.2.2005 NZA 2005, 867, 868 f.; 22.9.2005 NZA 2006, 658 Rn. 28; 29.11.2007 AP KSchG 1969 § 1 Soziale Auswahl Nr. 95; 14.8.2007 NZA 2007, 1431 Rn. 29 ff.; HHL/*Krause* Rn. 902; SPV/*Preis* Rn. 1054). Das resultiert letztl. daraus, dass in einem gemeinsamen Betrieb die AG-Mehrheit als einheitl. AG-Leitungsmacht auftritt. Würden die AG vereinbaren, bei Kündigungen allein von den Beziehungen zum einzelnen AG auszugehen, könnte nicht von einem gemeinsamen Betrieb ausgegangen werden. Wird die gemeinsame Leitungsstruktur (Führungsvereinb.) beendet und im Anschluss der verbliebene 322

Einzelbetrieb stillgelegt, entfällt die „gemeinsame Klammer" und damit zugleich die Notwendigkeit und Legitimation einer auf den gemeinsamen Betrieb bezogenen unternehmensübergreifenden Sozialauswahl (BAG 24.2.2005 NZA 2005, 867, 868; 29.11.2007 AP KSchG 1969 § 1 Soziale Auswahl Nr. 95; 14.8.2007 NZA 2007, 1431 Rn. 31). Dabei genügt es, wenn feststeht, dass der Betrieb bei Ablauf der Kündigungsfrist des AN stillgelegt sein wird (LAG SH 27.1.2010 BeckRS 2011, 66414; s. a. Rn. 243). Eine Änd. des Betriebszwecks führt indes nicht stets zugleich zur Auflösung des Gemeinschaftsbetriebs (BAG 29.11.2007 AP KSchG 1969 § 1 Soziale Auswahl Nr. 95).

323 Die in die Sozialauswahl einzubeziehenden AN müssen nach ihrem Arbeitsvertragsinhalt vergleichbar, dh. **austauschbar** sein, sog. **horizontale Vergleichbarkeit** (BAG 24.2.2005 NZA 2005, 867, 868; 24.5.2005 NZA 2005, 1302, 1305). Die Abgrenzung wird sinnvoll danach vorgenommen, ob dem AN, der für die Sozialauswahl in Frage kommt, im Weg des **Weisungsrechts** und nicht nur im Weg der Änderungskündung eine andere Beschäftigung zugewiesen werden kann (BAG 23.11.2004 NZA 2005, 986, 990; 24.5.2005 NZA 2006, 31, 34; 5.6.2008 NZA 2008, 1120 Rn. 18). Vergleichbar sind diejenigen AN, die kraft Weisungsrechts mit den anderen Aufgaben beschäftigt werden können (BAG 24.2.2005 NZA 2005, 867, 868 sowie für die stRspr. zul. BAG 15.12.2011 NZA 2012, 1044 Rn. 41; 19.7.2012 NZA 2013, 333 Rn. 44; 20.6.2013 NZA 2013, 837 Rn. 12; HHL/*Krause* Rn. 916; DDZ/*Deinert* Rn. 496; KR/*Griebeling/Rachor* Rn. 621; weiter gehend LSW/*Löwisch* Rn. 432: auch diejenigen, die mit einer Änd. ihrer Arbeitsbedingungen einschl. einer Versetzung, vorbehaltl. der Zust. des BR [s. insoweit § 2 Rn. 24] einverstanden sind). Eine wechselseitige Austauschbarkeit ist nicht erforderl. (BAG 24.5.2005 NZA 2005, 1302, 1305; LAG HM 4.3.1999 LAGE KSchG § 1 Soziale Auswahl Nr. 31; LAG K 28.9.2007 LAGE KSchG § 1 Soziale Auswahl Nr. 56). Ebenso müssen die Arbeitsplätze nicht identisch sein; es genügt, wenn der AN auf Grund seiner Tätigkeit und Ausbildung eine andersartige, aber gleichwertige Tätigkeit ausüben kann (BAG 2.6.2005 NZA 2006, 207, 209; 7.12.2006 AP KSchG 1969 § 1 Soziale Auswahl Nr. 88; 31.5.2007 NZA 2008, 33 Rn. 49; 19.7.2012 NZA 2013, 333 Rn. 44; 20.6.2013 NZA 2013, 837 Rn. 12; 19.12.2013 NZA-RR 2014, 185 Rn. 45). Kann ein AN nach seinem Arbeitsvertrag nur innerhalb eines bestimmten Arbeitsbereichs versetzt werden (zB nur redaktionsintern), ist die Sozialauswahl nicht auf AN anderer Arbeitsbereiche zu erstrecken (BAG 17.2.2000 NZA 2000, 822, 823). An einer Vergleichbarkeit fehlt es deshalb, wenn der AG den AN nicht einseitig auf den anderen Arbeitsplatz um- oder versetzen kann (BAG 2.6.2005 NZA 2006, 207, 209; 7.12.2006 NZA-RR 2007, 460; 31.5.2007 NZA 2007, 1362; 5.6.2008 NZA 2008, 1120; 19.7.2012 NZA 2013, 333 Rn. 44). Bes. Bedeutung kann deshalb die **Auslegung des Vertrages** mit einem AN gewinnen, den der AG wegen fehlender Vergleichbarkeit aus der Sozialauswahl herausgenommen hat. Ebenso ist die Konstellation denkbar, dass sich AN oder AG darauf berufen, eine **Versetzungsklausel** sei gem. §§ 305 ff. BGB **rechtsunwirksam.** Hierauf kann sich der AN ohne weiteres berufen, nicht hingegen idR der AG, wenn er aus der Rechtsunwirksamkeit Vorteile ziehen würde. Der Berufung auf die Rechtsunwirksamkeit muss er sich den Einwand des venire contra factum proprium (§ 242 BGB) entgegenhalten lassen (BAG 3.4.2008 NZA 2008, 1060 Rn. 36; iE auch *Salamon* RdA 2011, 266, 270; HHL/*Krause* Rn. 925; *Repey* NZA 2016, 1444 ff.; im Grds. **aA** *Gehlhaar* NJW 2010, 2550 ff.; *Zaumseil* NZA 2016, 1112, 1114 ff.). Im **öffentl. Dienst** können dem AN iRd. Weisungsrechts nur solche Tätigkeiten zugewiesen werden, die den Merkmalen seiner im Arbeitsvertrag genannten **Vergütungsgruppe** entsprechen (BAG 23.11.2004 NZA 2005, 986, 990 sowie nachf. BAG 2.3.2006 NZA 2006, 1350 Rn. 13, 16; 10.6.2010 NZA 2010, 1352 Rn. 13 mwN; 24.9.2015 AP KSchG 1969 § 2 Nr. 165 Rn. 16). Insoweit soll jedoch die Höhergruppierung iRd. Bewährungsaufstiegs der Einbeziehung in die Sozialauswahl nicht entgegenstehen (LAG K 18.11.2009 BeckRS 2010, 67354).

324 Die Austauschbarkeit muss **arbeitsplatzbezogen** sein und sich anhand des konkreten **Arbeitsvertragsinhalts** ermitteln lassen. Eine Differenzierung nach dem Geschlecht ist unzulässig (LAG HM 4.3.1999 LAGE KSchG § 1 Soziale Auswahl Nr. 31). Es genügt für die Einbeziehung in die Sozialauswahl nicht, dass einer die Tätigkeit des anderen nach seinen Fähigkeiten, die aber arbeitsvertragl. nicht angebunden sind, tats. ausführen könnte (hingegen zur Frage der Weiterbeschäftigungsmöglichkeit nach Abs. 2 S. 2, s. Rn. 379 ff.). Es kommt auf die Gleichgewichtigkeit des Beschäftigungseinsatzes an. So ist eine Differenzierung zwischen vielseitig einsetzbaren Krankenschwestern und Krankenpflegerinnen im Hinblick auf die unterschiedl. Qualifikation zulässig (LAG HB 13.8.1999 LAGE KSchG § 1 Betriebsbedingte Kündigung Nr. 56). Hierbei ist die konkrete Lage der AZ ohne Bedeutung. Nur wenn insoweit eine Deckungsgleichheit vorliegt, kann auch geprüft werden, ob aus bes. Umständen der andere AN auch die Funktion des andern tats. ausfüllen kann (BAG 15.6.1989 NZA 1990, 226; 29.3.1990 NZA 1991, 181). Letzteres wird idR der Fall sein. Bezüge zur Rspr. zur mögl. Weiterbeschäftigung sind verfehlt, denn die mögl. Weiterbeschäftigung setzt immer einen freien Arbeitsplatz voraus. Kann ein AN nach dem Arbeitsvertrag nur innerhalb eines bestimmten Arbeitsbereichs eingesetzt werden, so soll beim Wegfall dieses Bereichs keine Sozialauswahl unter Einbeziehung der vom Tätigkeitsbereich her zwar vergleichbaren AN, die aber in anderen Arbeitsbereichen tätig sind (hier: Redaktionen anderer Zeitschriften eines Verlags) vorzunehmen sein (so BAG 17.2.2000 NZA 2000, 822, 823 im Hinblick auf eine tarifvertragl. Regelung). Entscheidend kann allein die Beschäftigungsmöglichkeit sein, wie sie der Vertrag ausgestaltet hat. IdR wird das nicht der gerade ausgeübte Tätigkeitsbereich sein.

Während die betriebl. Auswahl an den Arbeitsvertragsinhalt anknüpft, ist bei den danach betriebl. ausgewählten und für die Kündigungsüberlegungen verbleibenden AN auf die **aktuelle Vergleichbarkeit** abzustellen. Über die einzelnen Faktoren, die für die Feststellung der Austauschbarkeit entscheiden, besteht keine volle Einigkeit. Maßgebend für eine nicht mehr gegebene Vergleichbarkeit können Kenntnisse und Fähigkeiten in bestimmten Projekten sein, die andere AN sich erst durch längere **Einarbeitungszeiten** (hier: 3 Monate) aneignen müssten (BAG 5.5.1994 NZA 1994, 1023; s. a. LAG K 13.9.2010 BeckRS 2010, 75167: Vergleichbarkeit noch bei viermonatiger Schulungsdauer bei sechsmonatiger Freistellung in der Kündigungsfrist bejaht). Nicht ausschlaggebend ist jedoch der arbeitsplatzbezogene „aktuelle Routinevorsprung" (BAG 24.5.2005 NZA 2005, 1302, 1306; 19.12.2013 NZA-RR 2014, 185 Rn. 45; HHL/*Krause* Rn. 934; DDZ/*Deinert* Rn. 506). Kurze Einarbeitungszeiten schaden nicht (für die stRspr. BAG 10.6.2010 NZA 2010, 1352 Rn. 31; 19.7.2012 NZA 2013, 333 Rn. 44; 19.12.2013 NZA-RR 2014, 185 Rn. 46). Es kommt auf die bes. betriebl. Umstände an. Da in einem lfd. Betriebsgeschehen auch aus außerkündigungsrelevanten Anlässen Umsetzungen und Versetzungen vollzogen werden, ist ein wichtiger Anhaltspunkt der Zeitraum, den der AG in diesen Fällen den umgesetzten AN zur Einarbeitung zubilligt (HHL/*Krause* Rn. 934; *Färber* NZA 1985, 176). Wurde einem AN unter Abänderung seines Arbeitsvertrags die Leitung eines Arbeitsbereichs übertragen und fällt dieser Tätigkeitsbereich später weg, sind bei einer betriebsbedingten Kündigung die ehemals vergleichbaren, ohne Leitungsfunktion in anderen Arbeitsbereichen beschäftigten AN regelm. nicht in die soziale Auswahl einzubeziehen (BAG 17.9.1998 NZA 1998, 1332, 1333). IÜ lassen sich exakte Grenzen für die vom AG hinzunehmende Einarbeitungszeit nicht aufstellen, vielmehr hängt diese von den Umständen des Einzelfalls ab, bei dem insb. die Dauer der Betriebszugehörigkeit und das Lebensalter des AN zu berücksichtigen sind (LAG BW 6.5.2008 BeckRS 2011, 65898). 325

Müsste der AN, dessen Beschäftigungsmöglichkeit entfallen ist und der deshalb zur Kündigung ansteht, zur Wahrung sozialer Gesichtspunkte auf den besetzten Platz eines anderen AN **versetzt** werden und hat der BR rechtswirksam die Zust. gem. § 99 BetrVG zur Versetzung versagt, kann der andere AN nicht in die Sozialauswahl einbezogen werden. Der AG ist nicht verpflichtet, beim ArbG gem. § 99 IV BetrVG zu beantragen, die Zust. des BR zu ersetzen (s. a. Rn. 106, 257). 326

Die Pflicht zur Sozialauswahl bezieht sich auf **Vollzeit- und Teilzeitkräfte** (BAG 7.12.2006 NZA-RR 2007, 460; HHL/*Krause* Rn. 940 ff.; DDZ/*Deinert* Rn. 504; KR/*Griebeling/Rachor* Rn. 625; *Reinfelder/Zwanziger* DB 1996, 677), und zwar auch für die soziale Auswahl zwischen TZKräften mit unterschiedl. AZ (BAG 15.7.2004 NZA 2005, 523, 525 f.; SES/*Eylert* Rn. 390). Nach § 4 TzBfG darf die TZBeschäftigung bei der Sozialauswahl nicht zum Nachteil des AN berücksichtigt werden. Die arbeitsvertragl. Anbindung bezieht sich jedoch auf den Arbeitsinhalt, nicht auf die AZ. Ob bei der Kündigung teilzeitbeschäftigter AN Vollzeitbeschäftigte und bei der Kündigung vollzeitbeschäftigter AN TZBeschäftigte in die Sozialauswahl einzubeziehen sind, hängt davon ab, ob auf Grund einer Organisationsentsch. des AG in bestimmten Bereichen nur Vollzeit- oder Teilzeitkräfte einzusetzen sind (BAG 15.7.2004 NZA 2005, 523, 526; 7.12.2006 NZA-RR 2007, 460; 20.11.2014 NZA 2015, 679 Rn. 48). Diese Differenzierung ist mit den Vorgaben der RL 2006/54/EG (= RL 76/207/EWG) vereinbar (EuGH 26.9.2000 AP KSchG 1969 § 1 Soziale Auswahl Nr. 51). Soll hingegen die Zahl der insg. geleisteten Arbeitsstunden abgebaut werden, ohne dass der zu leistenden Arbeit eine bestimmte Organisationsstruktur zugrunde liegt, so sind sämtl. in dem betr. Bereich beschäftigte AN in die Sozialauswahl einzubeziehen (BAG 3.12.1998 NZA 1999, 431, 432; 15.7.2004 NZA 2005, 523, 526; 7.12.2006 NZA-RR 2007, 460; krit. dazu *Bauer/Klein* BB 1999, 1162). Das gilt in gleicher Weise für den öffentl. Dienst. Allein die Streichung einer Halbtagsstelle besagt noch nichts darüber, ob deshalb auch nur einer Halbtagskraft gekündigt werden müsste (BAG 12.8.1999 NZA 2000, 30, 31). 327

Die Vergleichbarkeit bezieht sich auf **dies. Ebene der Betriebshierarchie**, soweit der Arbeitsvertrag nicht ausdr. andere Einsatzmöglichkeiten vorsieht. Es gibt daher **keine vertikale Vergleichbarkeit**, weder nach oben noch nach unten (BAG 29.3.1990 NZA 1991, 181, 184 f.; 24.5.2005 NZA 2005, 1302, 1305; 6.7.2006 NZA 2007, 139 Rn. 49; SES/*Eylert* Rn. 388; SPV/*Preis* Rn. 1061; *Wank* RdA 1987, 129, 143). Wenn die Kündigung des Prokuristen ansteht, ist dieser mit dem Hofkehrer nicht deshalb vergleichbar, weil auch der Prokurist den Hof kehren könnte. Entspr. gilt für eine stellvertretende Filialleiterin einer Einzelhandelskette; diese ist weder mit den Filialleiterinnen noch mit den Verkäuferinnen in den Ladenlokalen vergleichbar (LAG MV 5.8.2008 – 5 Sa 37/08). 328

III. Auswahlgesichtspunkte nach Abs. 3 S. 1

1. Hauptfaktoren. a) Allgemeines. Nach § 1 III 1 ist eine auf dringende betriebl. Erfordernisse gestützte Kündigung trotzdem sozialwidrig, wenn der AG bei der Auswahl des AN die Dauer der **Betriebszugehörigkeit**, das **Lebensalter**, die **Unterhaltspflichten** und die **Schwerbehinderung** des AN nicht oder nicht ausreichend berücksichtigt hat. Der AG hat sich nach diesen Daten vor einer Kündigung zu erkundigen (s. Rn. 306). Die bezeichneten Abwägungskriterien sind auf die Beendigungskündigung abgestellt. Bei der betriebsbedingten Änderungskündigung wird die Abwägung im Regelfall zu modifizieren sein (s. dazu § 2 Rn. 52). Wegen der Ausnahmeregelung nach Abs. 3 S. 2 s. Rn. 342 ff. Diese Faktoren sind auch für kollektivvertragl. Regelungen nach Abs. 4 und 5 maßgebend. 329

Die dortigen Sonderregelungen bestimmen nicht ein materiell-rechtl. anderes Auswahlsystem, sondern schränken im Bereich des Abs. 4 die gerichtl. Überprüfbarkeit ein und stellen in Fällen, in denen bei einer Betriebsänd. AN namentl. bezeichnet werden, eine ges. Vermutung für die Richtigkeit der Sozialauswahl auf (s. Rn. 358a u.364 ff.).

330 Keinem der im G genannten Kriterien kommt ein absoluter Vorrang zu (für die stRspr. BAG 9.11.2006 NZA 2007, 549 Rn. 28; 5.11.2009 NZA 2010, 457 Rn. 29; 7.7.2011 AP KSchG 1969 § 1 Wartezeit Nr. 26 Rn. 48; 29.1.2015 NZA 2015, 426 Rn. 11). Da der AG die aufgezählten Kriterien „ausreichend" zu berücksichtigen hat, ist ihm in Zweifelsfällen ein **Beurteilungs- bzw. Wertungsspielraum** einzuräumen (BAG 9.11.2006 NZA 2007, 549 Rn. 28; 18.3.2010 NZA 2010, 1059 Rn. 13; 7.7.2011 AP KSchG 1969 § 1 Wartezeit Nr. 26 Rn. 48; 29.1.2015 NZA 2015, 426 Rn. 11; s. ferner KR/*Griebeling/Rachor* Rn. 678g–i; SPV/*Preis* Rn. 1077, 1100; *Kittner* AuR 1997, 182, 185 sowie *Rieble* NJW 1991, 65). Es genügt, wenn die Auswahlentsch. vertretbar ist (BAG 2.6.2005 NZA 2006, 207, 210). Nur deutl. schutzwürdigere AN werden deshalb mit Erfolg die Fehlerhaftigkeit der sozialen Auswahl rügen können (BAG 2.6.2005 NZA 2006, 207, 210; 7.7.2011 AP KSchG 1969 § 1 Wartezeit Nr. 26 Rn. 48; 29.1.2015 NZA 2015, 426 Rn. 11). Zudem kann sich der AN mangels Ursächlichkeit nicht auf einen Auswahlfehler berufen, wenn dieser ohne Einfluss auf die ihm ggü. erklärte Kündigung seines ArbVerh. geblieben ist (BAG 9.11.2006 NZA 2007, 549 Rn. 19 ff.; s. näher Rn. 308).

331 b) **Betriebszugehörigkeit.** Mit der Dauer der Betriebszugehörigkeit wird die Betriebstreue belohnt und zugleich der Bewährung des AN im Rahmen seiner Tätigkeit bes. Gewicht verliehen (BAG 18.1.1990 NZA 1990, 729, 733). Nur so ist es erklärl., dass sich die ges. Kündigungsfristen nach Ablauf bestimmter Zeiten verlängern und § 10 die zu zahlende Abfindung erhöht. Bei einem Dauerschuldverhältnis werden die Rechtsbeziehungen mit zunehmendem Zeitablauf immer enger. Wer dem Betrieb über Jahre verbunden war, darf erwarten, dass dies in erster Linie zu seinen Gunsten Beachtung findet (BAG 24.3.1983 NJW 1984, 78; treffend a. SES/*Eylert* Rn. 402). Unter Dauer der Betriebszugehörigkeit ist der rechtl. ununterbrochene Bestand des ArbVerh. zu dem AG zu verstehen, wobei bes. ges. Anrechnungsvorschr. (s. Rn. 44) zu berücksichtigen sind (*Bader* NZA 1996, 1125, 1128). Für die Berechnung der Dauer der Betriebszugehörigkeit gelten die Grds., die für die Berechnung der Wartezeit nach § 1 I maßgebend sind (KR/*Griebeling/Rachor* Rn. 672; s. näher Rn. 35 ff.). Beschäftigungszeiten nach § 19 BAT-O sind dem nicht gleichzusetzen (BAG 6.2.2003 NZA 2003, 1295 [LS]). Es handelt sich also nicht um die „Betriebs"-Zugehörigkeit, sondern um die „Unternehmens"-Zugehörigkeit (BAG 2.6.2005 NZA 2005, 1175, 1176; SES/*Eylert* Rn. 398; *Fischermeier* NZA 1997, 1089, 1094; SPV/*Preis* Rn. 1079). Als Dauer der Betriebszugehörigkeit gilt auch eine in einem Prozessvergleich vereinbarte (BAG 2.6.2005 NZA 2006, 207, 210).

332 c) **Lebensalter.** Bzgl. des **Lebensalters** sind allein die Daten maßgebend, aus denen sich das Alter des AN herleitet, nicht jedoch die mit dem Alter verbundenen konkreten gesundheitl. Probleme. In der Einbeziehung des Lebensalters zu den Faktoren der Sozialauswahl liegt kein Verstoß gegen das aus dem primären Unionsrecht folgende Verbot einer Diskriminierung wegen des Alters (s. EuGH 22.11.2005 AP Richtlinie 2000/78/EG Nr. 1; BAG 15.12.2011 NZA 2012, 1044 Rn. 48 ff.; 20.6.2013 NZA 2014, 208 Rn. 46), sofern dieses auf die Vermittlungschancen am Arbeitsmarkt und etwaige Versorgungsleistungen bezogen wird (BAG 6.11.2008 NZA 2009, 361 Rn. 43 ff.; 12.3.2009 NZA 2009, 1023 Rn. 36 ff.; 5.11.2009 NZA 2010, 457 Rn. 25; 18.3.2010 NZA 2010, 1059 Rn. 16; 20.6.2013 NZA 2014, 208 Rn. 46 f.; 27.4.2017 NZA 2017, 902 Rn. 15; HHL/*Krause* Rn. 973 f.; SES/*Eylert* Rn. 405; KR/*Griebeling/Rachor* Rn. 673). Die Schwierigkeiten infolge der Suche nach einem neuen Arbeitsplatz sind einem jüngeren AN eher zuzumuten als einem älteren (BAG 5.11.2009 NZA 2010, 457 Rn. 25; 18.3.2010 NZA 2010, 1059 Rn. 16; 7.7.2011 AP KSchG 1969 § 1 Wartezeit Nr. 26 Rn. 50). IdS hielt § 10 S. 3 Nr. 6 AGG aF klarstellend fest, dass die Berücksichtigung des Alters iRd. § 1 III eine zulässige unterschiedl. Behandlung sein kann (s. a. AGG § 10 Rn. 9 f.). Wegen des Bezugs des Lebensalters auf die Vermittlungschancen am Arbeitsmarkt sind jedoch trotz ihres Lebensalters diejenigen Arbeitnehmer deutlich weniger schutzbedürftig, die Regelaltersrente beziehen können (BAG 27.4.2017 NZA 2017, 902 Rn. 15 f.).

332a Die nach § 1 III 1 zu treffende Auswahlentsch. ist grundverschieden von der Entsch. des Gesetzgebers, älteren AN durch Zulassung einer sachgrundlosen Befristung den Schutz vor sachl. nicht gerechtfertigten Befristungen zu versagen (s. § 14 III TzBfG). Dies spricht dafür, dass die Einbeziehung des Lebensalters in § 1 III 1 als Auswahlfaktor mit dem Unionsrecht vereinbar ist (ebenso für die inzwischen allg. Ansicht zB *Bayreuther* DB 2006, 1842, 1845; *Bröhl* BB 2006, 1050, 1053; HHL/*Krause* Rn. 973 f.; HaKo/*Mestwerdt/Zimmermann* Rn. 864; APS/*Kiel* Rn. 641; *Mohr* ZfA 2007, 361, 374 ff.; *Schiefer* DB 2009, 733 ff.; *Wendeling-Schröder* NZA 2007, 1399, 1404; SPV/*Preis* Rn. 1085; zur Bildung von Altersgruppen im Rahmen von § 1 III 2 s. Rn. 347). Das gilt unabhängig davon, ob das Lebensalter linear oder durch Bildung von Altersgruppen berücksichtigt wird (BAG 5.11.2009 NZA 2010, 457 Rn. 27; 18.3.2010 NZA 2010, 1059 Rn. 17). Ungeachtet dessen ist das Lebensalter für sich betrachtet eine ambivalente Größe (SES/*Eylert* Rn. 406; SPV/*Preis* Rn. 1084). Gerade bei extremen Eckwerten (21-jähriger ggü. 59-jährigem AN) lässt sich ohne Berücksichtigung der Besonderheiten des Betriebs nicht allg. festlegen, wem ein Arbeitsplatz bevorzugt zuerkannt bleiben sollte. Den geringeren Chancen auf dem Arbeitsmarkt wird durch die Berücksichtigung des Alters bereits hinreichend Rechnung getragen (**aA** *Kittner* AuR 1997, 182, 184). Die durch die Einf. der flexiblen Altersgrenze geschaffene Möglichkeit, auch vor Vollendung des 65. Lebensjahres Altersruhegeld zu beziehen, darf bei der Sozialauswahl berücksichtigt werden (HHL/*Krause* Rn. 976; *Mohr* ZfA 2007, 361, 388; **aA** ArbG Osnabrück 3.7.2007 NZA 2007, 982, 985 f.). Es ist aber nicht fehlerhaft, wenn sich der AG zugunsten eines älteren und länger beschäftigten AN entscheidet, obwohl dieser rentennäher ist als der gekündigte AN (LAG D 21.1.2004 LAGE KSchG § 1 Soziale Auswahl Nr. 43).

d) Unterhaltsverpflichtungen. Als weitere Sozialfaktoren sind tats. bestehende Unterhaltsverpflichtungen zu beachten. Nicht der Familienstand als solcher, sondern die daraus resultierenden Verpflichtungen sind Anknüpfungspunkt (BAG 18.10.1984 NZA 1985, 423, 425; HHL/*Krause* Rn. 977; KR/*Griebeling/Rachor* Rn. 676; SPV/*Preis* Rn. 1087). Hierdurch soll dem Umstand Rechnung getragen werden, dass auf das Einkommen des AN noch andere angewiesen sind bzw. der AN wegen der Unterhaltsverpflichtungen höhere wirtschaftl. Lasten zu tragen hat, ohne sich diesen entziehen zu können. Rein tats. oder auf vertragl. Grdl. bestehende Unterhaltslasten sind deshalb nicht zu berücksichtigen (BAG 12.8.2010 NZA 2011, 460 Rn. 48). Ebenso ist es als eine bes. erschwerende Art der Unterhaltspflicht anzusehen, wenn ein AN eine pflegebedürftige Person tats. zu versorgen hat und er deshalb in der Nähe der Arbeitsstätte wohnen muss (*v. Hoyningen-Huene/Linck* DB 1997, 42). Andererseits kann die Pflege- oder Betreuungsbedürftigkeit eines Angehörigen nicht für sich allein als Auswahlkriterium herangezogen werden, wenn die Pflege nicht in Erfüllung einer ges. Unterhaltspflicht erfolgt (BAG 12.8.2010 NZA 2011, 460 Rn. 48). Der AG kommt seiner Pflicht, bestehende Unterhaltspflichten zu beachten, nach, wenn er diese den für die Abführung der Lohnsteuer maßgebenden Daten (s. § 39e EStG) entnimmt. Eine Befragung der vergleichbaren AN nach bestehenden Unterhaltsverpflichtungen (hierfür zB LAG RP 12.7.2006 NZA-RR 2007, 247, 248, mwN) kommt erst in Betracht, wenn der AG Anhaltspunkte hat, dass die für die Lohnsteuer relevanten Angaben nicht zutreffen (BAG 17.1.2008 NZA-RR 2008, 571; SPV/*Preis* Rn. 1089; s. a. BAG 28.6.2012 NZA 2012, 1090 Rn. 47 [zu § 125 InsO]). Maßgebend sind stets die familienrechtl. Unterhaltspflichten, so dass die für die Abführung der Lohnsteuer maßgebenden Daten hierfür ledigl. einen wichtigen Anhaltspunkt liefern (BAG 17.1.2008 NZA-RR 2008, 571, für die Angaben auf der Lohnsteuerkarte). Für die Unterhaltspflichten kommt es darauf an, wie diese zum Zpkt. der Kündigungserkl. bestanden oder fest abzusehen waren (ArbG B 16.2.2005 BB 2006, 1455 [LS]; *Wlotzke* BB 1997, 414, 417). 333

Eine Beschränkung auf inländische Unterhaltspflichten ist mit Art. 6 I GG unvereinbar (LAG NI 12.12.2003 NZA-RR 2005, 524, 526; ebenso SES/*Eylert* Rn. 409). Einkünfte eines Ehegatten (Doppelverdienst) sind zu berücksichtigen (LAG D 4.11.2004 LAGE KSchG § 1 Soziale Auswahl Nr. 47; HHL/*Krause* Rn. 981; KR/*Griebeling/Rachor* Rn. 677a; SPV/*Preis* Rn. 1088; **aA** *Fischermeier* NZA 1997, 1089, 1094; SES/*Eylert* Rn. 410; AR/*Kaiser* Rn. 213), wenn hierdurch die Unterhaltspflicht des AN ggü. dem Ehegatten entfällt oder sich zumindest verringert (s. BAG 6.7.2006 NZA 2007, 139 Rn. 61; 29.1.2015 NZA 2015, 426 Rn. 23; **aA** LAG B 25.3.2014 BeckRS 2014, 70652; wohl auch BAG 12.3.2009 NZA 2009, 1023 Rn. 50). Für Lebenspartner gilt dies wegen § 5 LPartG ebenfalls. Nicht anders ist zu entscheiden, wenn der AN während des Getrenntlebens oder nach Beendigung der Ehe oder Lebenspartnerschaft zum Unterhalt verpflichtet ist. Maßgebl. ist nicht, ob der AN bestehenden Pflichten tats. nachkommt (APS/*Kiel* Rn. 646; *Bader* NZA 1996, 1125, 1128). Sind beide Ehegatten im Betrieb beschäftigt und muss einem gekündigt werden, ist damit die Aktivierung der Unterhaltspflicht des anderen absehbar und zu berücksichtigen. Leisten andere Personen den Unterhalt (der minderjährige Sohn wird von der Großmutter erzogen und unterhalten), ist dieser Umstand bei der Unterhaltspflicht des Vaters mindernd zu berücksichtigen, wenn er dem AG bekannt ist (LSW/*Löwisch* Rn. 456). Andererseits bleiben etwaige Zuwendungen durch andere Familienangehörige (Großeltern) für das Bestehen einer Unterhaltspflicht außer Betracht (LAG RP 29.1.2015 LAGE KSchG § 1 Soziale Auswahl Nr. 67). Bei der Unterhaltspflicht kommt es nicht allein auf einen zahlenmäßigen Vergleich der Anzahl der unterhaltspflichtigen Personen an, ggf. sind auch bes. Erschwernisse der Unterhaltsgewährung zu beachten. Wer tats. einen Pflegebedürftigen unterhält, kann auf Grund konkreter Gegebenheiten schutzwürdiger sein als einer, der nur finanziellen Ansprüchen genügt (*Kittner* AuR 1997, 182, 184). Innerhalb bestehender Unterhaltspflichten sollen Absprachen betroffener AN zu berücksichtigen sein (BAG 7.12.1995 NZA 1996, 473, 474 f.: Vater verzichtet zugunsten des Sohnes). Es genügt, dass sie nach dem G bestehen und die Möglichkeit der Aktivierung gegeben ist. 333a

e) Schwerbehinderung. Schwerbehinderte AN hat der AG entspr. den allg. Kriterien einzustufen. Die Schwerbehinderung definiert sich nach § 2 II und III SGB IX (KR/*Griebeling/Rachor* Rn. 678a; APS/*Kiel* Rn. 651; s. a. *Kleinebrink* ArbRB 2004, 112). Wenn AN als behinderte Menschen anerkannt sein wollen, ist eine Feststellung nach § 152 SGB IX (bis 1.1.2018: § 69 SGB IX) notwendig (BAG 20.1.2005 NZA 2005, 689, 690; s. a. APS/*Kiel* Rn. 652). Auf die Antragstellung hierzu kommt es nicht an, wenn der AG die Behinderung kennt oder ihm diese aus der Art der Behinderung bekannt sein kann (SES/*Eylert* Rn. 418; **aA** SPV/*Preis* Rn. 1090: Berücksichtigung nur bei festgestellter Schwerbehinderteneigenschaft). Der AG kann dann vorsorgl. einen Antrag nach § 168 SBG IX (bis 1.1.2018: § 85 SGB IX) stellen. Ist die Zust. erteilt, hat der AG die Behinderung zu beachten und entspr. zu werten; ohne Zust. ist der schwerbehinderte AN nach hM mangels Vergleichbarkeit nicht in die Sozialauswahl 334 einzubeziehen (s. Rn. 310). Hat das Integrationsamt die Zust. versagt, ist der AG nicht gezwungen, einen Prozess zur Erlangung der Zust. zu führen. Berücksichtigt werden können auch bes. Behinderungen, die einer Arbeitsvermittlung entgegenstehen (BAG 17.3.2005 AP KSchG 1969 § 1 Soziale Auswahl Nr. 71; s. a. Rn. 335). Nicht zu beanstanden ist es, wenn der Schwerbehinderung nach Maßgabe des Grades der Behinderung diff. Rechnung getragen wird (SES/*Eylert* Rn. 419; offen BAG 18.10.2012 NZA-RR 2013, 68 Rn. 50). Zum **Mutterschutz** s. MuSchG § 17 Rn. 19; zur **EZ** s. BEEG § 18 Rn. 11.

335 **2. Weitere positive und negative Kriterien.** Das G sieht nicht vor, dass zur Vermeidung unbilliger **Härten im Einzelfall** weitere Kriterien beachtet werden dürfen (APS/*Kiel* Rn. 653; dagegen HHL/*Krause* Rn. 965; SES/*Eylert* Rn. 395; AR/*Kaiser* Rn. 222). Zu der von 1996 bis 1999 geltenden Regelung war dies str. (dafür: *v. Hoyningen-Huene/Linck* DB 1997, 42; *Kittner* AuR 1997, 182, 184 ff.; *Schiefer* ArbRGeg. 34 [1996], 95, 97; dagegen: *Giesen* ZfA 1997, 145, 148; *Künzl* ZTR 1996, 385, 396). Aus der Neufassung des G ergibt sich, dass die Grunddaten und diese in einem angemessenen Verhältnis zueinander zu beachten sind. Das BAG sieht die im G genannten Kriterien als abschl. an (BAG 31.5.2007 NZA 2008, 33 Rn. 51 ff.; 12.8.2010 NZA 2011, 460 Rn. 46; 7.7.2011 AP KSchG 1969 § 1 Wartezeit Nr. 26 Rn. 53; 29.1.2015 NZA 2015, 426 Rn. 12). Der Wortlaut des G ist indes nicht eindeutig, dieser ordnet ledigl. die Sozialwidrigkeit der Kündigung an, wenn die vier genannten Kriterien nicht oder nicht ausreichend berücksichtigt worden sind. Solange dies gewahrt bleibt, schließt das G die Berücksichtigung weiterer Gesichtspunkte nicht zwgd. aus (NK-GA/*Weber* Rn. 1316). Evtl. zusätzl. erfassbare Tatsachen müssen jdf. in einem unmittelbaren Zusammenhang mit den Grunddaten stehen (BAG 12.8.2010 NZA 2011, 460 Rn. 46; 29.1.2015 NZA 2015, 426 Rn. 12) oder sich aus solchen betriebl. Gegebenheiten herleiten, die allen Betriebsangehörigen evident einsichtig sind (KR/*Griebeling/Rachor* Rn. 678l; APS/*Kiel* Rn. 653 f.; MüKoBGB/*Hergenröder* Rn. 359; *Ascheid* RdA 1997, 33, 36; *Däubler* NZA 2004, 177, 181: zB Arbeitsunfall, Alleinerziehung; **aA** HHL/*Krause* Rn. 964). In Betracht kommt dies uU für bes. Behinderungen, die einer weiteren Arbeitsvermittlung erhebl. entgegenstehen, ohne dass eine Schwerbehinderung des AN festgestellt worden ist (BAG 17.3.2005 AP KSchG 1969 § 1 Soziale Auswahl Nr. 71, jedoch noch zu § 1 III 1 KSchG aF). Abgelehnt hat das BAG hingegen einen Zusammenhang mit den Grunddaten für die aus der dt. Staatsangehörigkeit und der im Inland absolvierten Ausbildung folgenden besseren Vermittlungschancen auf dem Arbeitsmarkt (BAG 7.7.2011 AP KSchG 1969 § 1 Wartezeit Nr. 26 Rn. 53).

336 Maßgebend muss allein sein, ob eine im Einzelfall vorgenommene Einbeziehung einer oder mehrerer dieser Faktoren als rechtswidrig zu erachten ist. Liegt die Wertung des AG zutr. innerhalb der Grunddaten, beachtet er aber andere Gesichtspunkte, trägt er das Risiko, dass er in einem Prozess unterliegt, weil die von ihm vorgenommene erweiterte Sozialsicht nicht akzeptiert wird oder gekündigte AN sich darauf berufen, dass ihnen unter Beachtung der zusätzl. Kriterien nicht hätte gekündigt werden dürfen (*Preis* NJW 1996, 3369, 3370). Beachtet der AG die vier Grunddaten und gewichtet diese zutr., ist eine Kündigung nicht sozialwidrig, weil er andere Umstände nicht beachtet hat (BAG 9.11.2006 NZA 2007, 549 Rn. 29; ebenso SES/*Eylert* Rn. 395). Schon nach bisheriger Auff. war es nach hM nicht zulässig, die nachf. Kriterien bei der Sozialauswahl zu berücksichtigen: Mitverdienst des Ehegatten oder anderer Familienangehöriger (str., s. Rn. 333a), Berufsaussichten, Vermögenslage des AN, Leistungsgesichtspunkte außerhalb von Abs. 3 S. 2, personenbedingte Gründe, verhaltensbedingte Gründe, s. insoweit 4. Aufl. § 1 Rn. 497 bis 504.

337 **3. Tabellarische Abwägung.** Der AG hat die Grunddaten ausreichend gegeneinander abzuwägen. Es muss erkennbar sein, dass den Besonderheiten des Einzelfalls Rechnung getragen werden soll. Der AG kann hierbei hins. der Betriebszugehörigkeit, des Lebensalters und der Unterhaltspflichten als Hilfsmittel von einem **eigenen Punkteschema** ausgehen (BAG 6.7.2006 NZA 2007, 139 Rn. 61; s. a. 18.10.1984 NZA 1985, 423; 29.1.2015 NZA 2015, 426 Rn. 24; APS/*Kiel* Rn. 659; HK/*Dorndorf* Rn. 1091; *Giesen* ZfA 1997, 145, 149; zur Beteiligung des BR nach **§ 95 I BetrVG** s. a. § 1 Rn. 353 sowie APS/*Kiel* Rn. 660 und BetrVG § 95 Rn. 4). Dieses muss die Betriebszugehörigkeit, das Alter und die Unterhaltsverpflichtungen berücksichtigen und in ein billigenswertes Verhältnis setzen. Hieran kann es fehlen, wenn die Unterhaltspflichten für ein Kind mit einer Berufstätigkeit von zwei Jahren, während der sich Lebensalter und Betriebszugehörigkeit erhöhen, gleichgesetzt werden (so ArbG Ludwigshafen 8.2.2005 NZA-RR 2005, 423, 423; offen BAG 29.1.2015 NZA 2015, 426 Rn. 24). Umgekehrt ist es nicht zu beanstanden, wenn die Unterhaltspflichten ggü. Kindern auf solche beschränkt werden, die kindergeldberechtigt sind (BAG 6.7.2007 NZA 2007, 139 Rn. 61). Aus der Reihenfolge der im G genannten Kriterien lässt sich deren Gewichtigkeit nicht herleiten (*Wlotzke* BB 1997, 414, 417; z.Bsp. BAG 24.3.1983 NJW 1984, 78; 5.12.2002 NZA 2003, 849; *Gaul/Lunk* NZA 2004, 184; *Hümmerich/Spirolke* NZA 1998, 797, 801 ff.). Die **Schwerbehinderung** ist nach den Umständen des konkreten Einzelfalls zu bewerten, wobei eine Beachtung nach Punkten denkbar ist, wenn diese den GdB berücksichtigen (BAG 6.7.2007 NZA 2007, 139 Rn. 61; SES/*Eylert* Rn. 419). Einer linearen Berücksichtigung des Lebensalters im Rahmen einer Punktetabelle steht das unionsrechtl. Verbot der Altersdiskriminierung (Art. 2 I RL 2000/78/EG) nicht entgegen, wenn diese durch legitime Zwecke gerechtfertigt ist (s. Rn. 332a).

338 Bei der **Gewichtung der Sozialdaten** hat der AG einen Wertungsspielraum (s. Rn. 305). Er wird idR zunächst die Betriebszugehörigkeit und dann das Lebensalter berücksichtigen, denn idR wird der

Betriebszugehörigkeit ein höherer Stellenwert zukommen (BAG 18.10.1984 NZA 1985, 423, 425). Das ist jedoch nicht dahin zu verstehen, dass die Betriebszugehörigkeit immer höher als das Alter des AN gewertet werden muss. Ausreichend kann auch abgewogen werden, wenn Lebensalter und Betriebszugehörigkeit gleichrangig beachtet werden (BAG 18.1.1990 NZA 1990, 729, 733; 16.5.1991 BeckRS 1991, 30737690). Ebenso ist es nicht zu beanstanden, wenn bei einer annähernden Gleichgewichtigkeit der Betriebszugehörigkeit und des Lebensalters die erhebl. Unterschiede bei den Unterhaltspflichten entscheidend ins Gewicht fallen (BAG 29.1.2015 NZA 2015, 426 Rn. 21).

IV. Auskunftspflicht

Der AG ist nach Abs. 3 S. 1 Hs. 2 verpflichtet, dem AN **auf Verlangen die Gründe** mitzuteilen, die zu der getroffenen Auswahl geführt haben. Damit sind zunächst die subj. Auswahlüberlegungen gemeint, die er iRd. Bewertung der Grunddaten tats. angestellt hat, nicht die, die er hätte anstellen müssen (SPV/*Preis* Rn. 1133). Hierzu zählen die sozialen Daten: Dauer der Betriebszugehörigkeit, Lebensalter, Unterhaltsverpflichtungen des AN sowie eine Schwerbehinderung und Ausführungen dazu, wie der AG die von ihm berücksichtigten Faktoren zueinander in ein Verhältnis gesetzt hat (BAG 24.3.1983 NJW 1984, 78; KR/*Griebeling/Rachor* Rn. 681; SPV/*Preis* Rn. 1133). Die Auskunftspflicht besteht auch, wenn ein Interessenausgleich mit Namensliste besteht (BAG 12.3.2009 NZA 2009, 1023 Rn. 31). 339

Der AG genügt seiner Auskunftspflicht nicht, wenn er nur angibt, dass die ges. Kriterien für ihn maßgebend waren. Der AN kann sich idR erst anhand der **Gewichtung der Kriterien** durch den AG Klarheit darüber verschaffen, welche anderen AN er unter Beachtung der Beurteilungskriterien als weniger schutzwürdig benennen soll, denn der klagende AN hat im Prozess die sozial Stärkeren namentl. zu benennen (BAG 21.7.1988 NZA 1989, 264, 265). Zu den Gründen, die zu der getroffenen sozialen Auswahl geführt haben, gehört ebenso die **Angabe,** auf Grund welcher konkreten Tatbestandsmerkmale des Abs. 3 S. 2 es im berechtigten betriebl. Interesse lag, bestimmte AN nicht in die soziale Auswahl einzubeziehen (s. HHL/*Krause* Rn. 1011; KR/*Griebeling/Rachor* Rn. 681; SPV/*Preis* Rn. 1133). Das Vorgehen des AG nach Abs. 3 S. 2 ist einer gerichtl. Nachprüfung nicht entzogen. 340

Die Beachtung der Mitteilungspflicht ist keine Wirksamkeitsvoraussetzung für die betriebsbedingte Kündigung. Ihre Verletzung wirkt sich aber bei der **Darlegungs- und Beweislast** aus (s. Rn. 370 f.). Außerdem kann der AG dem AN nach § 280 I BGB zum **Schadensersatz** verpflichtet sein (s. Rn. 8). Zu diesem Schaden können kostenträchtige Fehldispositionen des AN gehören. Prozesskosten erster Instanz sind hiervon indes wegen § 12a I 1 ArbGG ausgenommen (BAG 30.4.1992 NZA 1992, 1101, 1102; HHL/*Krause* Rn. 1012). 341

V. Ausnahmeregelung in Abs. 3 S. 2

Nach § 1 III 2 sind in die soziale Auswahl nach S. 1 AN nicht einzubeziehen, deren Weiterbeschäftigung, insb. wegen ihrer Kenntnisse, Fähigkeiten und Leistungen oder zur Sicherung einer ausgewogenen Personalstruktur des Betriebs, im **berechtigten betriebl. Interesse** liegt (s. umfassend *Thüsing/Wege* RdA 2005, 12). Dementspr. handelt es sich bei § 1 III 2 um eine Ausnahmeregelung zu S. 1 der Vorschr. (BAG 22.3.2012 NZA 2012, 1040 Rn. 34). Das G bestimmt die berechtigten betriebl. Interessen nicht abschl., wie sich aus dem Wort „insb." ergibt. Beachtl. kann auch eine höhere oder bessere Qualifikation sein, die den entspr. AN befähigt, sporadisch auftretende Arbeiten zu erledigen, für die diese Qualifikation benötigt wird. Betriebl. Ablaufstörungen wegen Massenkündigungen können berechtigte betriebl. Interessen rechtfertigen. Nimmt der AG allerdings 70% der AN von der Sozialauswahl aus, besteht hinreichender Anlass für die Annahme, die sozialen Gesichtspunkte seien nicht ausreichend berücksichtigt worden (BAG 5.12.2002 NZA 2003, 849). 342

Den Zweck der Vorschr. relativiert allerdings das BAG dadurch, dass der AG iRd. § 1 III 2 das Interesse des sozial schwächeren AN gegen das betriebl. Interesse an der Herausnahme des Leistungsträgers abwägen soll (so BAG 12.4.2002 NZA 2003, 42, 43 f. sowie nachf. zB BAG 22.3.2012 NZA 2012, 1040 Rn. 25; 19.7.2012 NZA 2013, 86 Rn. 36; *Lingemann/Rolf* NZA 2005, 264, 266; *Thüsing/Wege* RdA 2005, 12, 16; NK-GA/*Weber* Rn. 1340; abl. HHL/*Krause* Rn. 1000; *Gillen/Vahle* NZA 2013, 534, 539; SPV/*Preis* Rn. 1105). „Berechtigt" ist danach ein betriebl. Interesse nur dann, wenn es ggü. dem Interesse des aus sozialen Gründen schutzbedürftigeren AN überwiegt (BAG 22.3.2012 NZA 2012, 1040 Rn. 25; 19.7.2012 NZA 2013, 86 Rn. 36). Dies erfordert eine **einzelfallbezogene Interessenabwägung**, zu der es im Widerspruch steht, wenn der AG eine ganze Gruppe von AN auf Grund ihrer Ausbildung als „Leistungsträger" aus der Sozialauswahl ausklammert (s. LAG K 24.3.2005 NZA-RR 2006, 20, 21: alle ausgebildeten Papiermacher). Werden sog. Leistungsträger aus der Sozialauswahl herausgenommen, muss der AG das Interesse des sozial schwächeren AN gegen das betriebl. Interesse an der Herausnahme des Leistungsträgers abwägen (BAG 12.4.2002 NZA 2003, 42, 43 f.). Ggf. kommen auch Fähigkeiten außerhalb des ArbVerh. in Betracht, so zB wenn der AN bei der Freiwilligen Feuerwehr Mitglied ist und der AG (Gemeinde) durch die Aufrechterhaltung des ArbVerh. eine ges. Verpflichtung zum Brandschutz sicherstellen will, weil er keine Berufsfeuerwehr unterhält (BAG 7.12.2006 NZA-RR 2007, 460). 342a

343 § 1 III 2 ist eine Ausnahmevorschr. im Rahmen einer insg. vorzunehmenden Sozialauswahl und keine Vorschr., von der der AG Gebrauch machen müsste (SES/*Eylert* Rn. 436). Das Bejahen eines entspr. **berechtigten betriebl. Bedürfnisses** steht allein dem AG zu (*Bader* NZA 1996, 1125, 1129; *Wlotzke* BB 1997, 414, 418; *Thüsing/Wege* RdA 2005, 12, 13). Es muss im Prozess erkennbar sein, dass der AG bei der Nichtkündigung eines bestimmten AN von S. 2 Gebrauch machen wollte. Ein AN kann die Fehlerhaftigkeit der Sozialauswahl deshalb nicht damit begründen, er hätte nach § 1 III 2 von der Sozialauswahl ausgenommen werden müssen (*Berkowsky* § 9 Rn. 37, 38; HHL/*Krause* Rn. 990; SPV/*Preis* Rn. 1103; im Grds. a. SES/*Eylert* Rn. 436).

344 Will der AG die Möglichkeit des Abs. 3 S. 2 in Anspruch nehmen, ist dogmatisch so vorzugehen, dass zunächst die Sozialauswahl erfolgt und dann die Herausnahme nach Abs. 3 S. 2 (BAG 10.6.2010 NZA 2010, 1352 Rn. 29; *Löwisch* NZA 1996, 1009, 1010; s. a. *Brors* AuR 2005, 41). Dennoch empfiehlt sich aus praktischen Erwägungen ein abw. Prüfungsablauf: Zunächst ist die Vergleichbarkeit der zu Kündigenden festzustellen. Sodann wird der AG diejenigen AN von der Sozialauswahl ausnehmen, die nach seiner Ansicht die Kriterien nach Abs. 3 S. 2 erfüllen. Hins. der verbliebenen AN erfolgt nunmehr die Sozialauswahl (*Bader* NZA 1996, 1125, 1129; *ders.* NZA 2004, 65, 73; *Wlotzke* BB 1997, 414, 418; *v. Hoyningen-Huene/Linck* DB 1997, 43). Bei anderem Vorgehen ergeben sich sonst vermeidbare Konflikte, wenn der AG bei Festlegung der Reihenfolge der allg. Sozialauswahl fehlerhaft davon ausgegangen ist, ein AN, dem er unter Berücksichtigung von S. 2 ohnehin nicht gekündigt hätte, gehöre schon nach den allg. Erwägungen nicht zum Kreis der zu Kündigenden. Wenn die Ausnahmeregelung greifen soll, muss der AG dies auch als maßgebend im Prozess geltend machen. Allein die obj. Rechtslage ist nicht entscheidend.

345 Zu den berechtigten betriebl. Interessen zählen **Kenntnisse**, **Fähigkeiten** und **Leistungen**, durch die sich einzelne AN von anderen unter dem Gesichtspunkt ihres betriebl. Einsatzes unterscheiden (BAG 29.10.1983 NJW 1984, 1648; 25.4.1985 NZA 1986, 64, 65 f.). Es muss sich um zusätzl. Merkmale handeln, die den AN von anderen AN unterscheiden (*B. Preis* DB 1998, 1761, 1765). Zur Herausnahme bestimmter AN, um eine ausgewogene Personalstruktur zu sichern, s. Rn. 347.

346 Die **„Kenntnisse"** beziehen sich auf Fakten, die der AN auf Grund seiner Ausbildung, seiner bisherigen berufl. Tätigkeit oder sonstigen Lebensführung erlangt hat. **„Fähigkeiten"** liegen vor, wenn ein AN ungeachtet welcher Ausbildung und Tätigkeiten den vertragl. übernommenen und anderen betriebl. Aufgaben gewachsen ist, insb. wenn er Kenntnisse in die Praxis umsetzen kann. Dies sollte sich aus entspr. früheren Beurteilungen ergeben (DDZ/*Deinert* Rn. 589). **„Leistungen"** sind charakterisiert durch das quantitative und qualitative Umsetzen der Kenntnisse und Fähigkeiten. Zu den berechtigten betriebl. Interessen kann zB auch gerechnet werden, dass ein AN bes. gute Kontakte zu Kunden und Lieferanten hat. Krankheitsbedingte Fehlzeiten sind entgegen der früheren Regelung nicht erst beachtl., wenn sie die Voraussetzungen einer personenbedingten Kündigung wegen Krankheit erfüllen, sondern bereits dann, wenn sich diese auf die Leistungen auswirken (s. a. *Gillen/Vahle* NZA 2013, 534, 536 ff.). Allerdings ist es dem AG verwehrt, sein berechtigtes Interesse auf hohe Fehlzeiten des gekündigten AN zu stützen (BAG 31.5.2007 NZA 2007, 1362 Rn. 34). Entspr. gilt für niedrige Fehlzeiten, es sei denn hierfür werden bes. Umstände des Arbeitsablaufs angeführt (BAG 31.5.2007 NZA 2007, 1362 Rn. 35).

347 Zur **„Sicherung einer ausgewogenen Personalstruktur des Betriebes"** muss das Bestreben des AG final auf diese Zielsetzung ausgerichtet sein. Die Personalstruktur erfasst einmal die **Altersstruktur** (*Thüsing/Wege* RdA 2005, 12, 22). Eine Ausgewogenheit setzt im Hinblick auf ältere AN voraus, dass nicht nur ihnen gekündigt wird (*Schwedes* BB 1996 Beil. 17, 2, 4). Hierfür kann der AG **Altersgruppen** innerhalb der zur Sozialauswahl anstehenden Personen bilden und dann anteilmäßig aus den jeweiligen Altersgruppen kündigen, zB bis 31-Jährige, 31- bis 40-Jährige, 41- bis 50-Jährige, 51- bis 60-Jährige, 61-Jährige und ältere AN (BAG 20.4.2005 NZA 2005, 877, 878; *v. Hoyningen-Huene/Linck* DB 1997, 43; zur Bildung von Altersgruppen s. BAG 6.7.2006 NZA 2007, 139 Rn. 54 ff.; 12.3.2009 NZA 2009, 1023 Rn. 36 ff.; 18.3.2010 NZA 2010, 1059 Rn. 18 ff.; 26.3.2015 NZA 2015, 1122 Rn. 15 ff.; *Küttner* FS 50 Jahre BAG 2004 S. 409, 420). Ebenso ist die Bildung von Altersgruppen in Fünf-Jahres-Schritten mögl. (BAG 20.4.2005 NZA 2005, 877, 878). So können zB in einer Kindertagesstätte zur Sicherung einer ausgewogenen Altersstruktur Altersgruppen gebildet werden, um daraus proportional Kündigungen vorzunehmen (BAG 6.7.2006 NZA 2007, 139 Rn. 55). Allerdings muss sich die Bildung der Altersgruppen stets innerhalb der jeweiligen Gruppe vergleichbarer AN bewegen; sind von den Entlassungen mehrere Gruppen vergleichbarer AN betroffen, scheidet eine vergleichsgruppenübergreifende Altersgruppenbildung aus (BAG 22.3.2012 NZA 2012, 1040 Rn. 33; 19.7.2012 NZA 2013, 86 Rn. 31). Andernfalls ist eine proportionale Berücksichtigung der Altersgruppen an den Entlassungen innerhalb einer Gruppe vergleichbarer AN nicht mögl.

347a Ein Verstoß gegen **§ 7 II AGG** ist in der Bildung von Altersgruppen nicht zu sehen (BAG 6.11.2008 NZA 2009, 361 Rn. 42 ff.; 12.3.2009 NZA 2009, 1023 Rn. 37 ff.; 15.12.2011 NZA 2012, 1044 Rn. 60 ff.; SES/*Eylert* Rn. 466; *Mohr* ZfA 2007, 361, 381 f.; **aA** ArbG Osnabrück 5.2.2007 NZA 2007, 626 [dazu krit. *Bauer/Krieger* NZA 2007, 674 ff.; *Thüsing* BB 2007, 1506 ff.; zust. jedoch *Bertelsmann* AuR 2007, 369 ff.]; ferner a. *Buschmann* FS Wank 2014 S. 63 ff.), da hierdurch eine stärkere Betroffenheit jüngerer AN ausgeglichen wird, die durch die Merkmale „Betriebszugehörigkeit" und „Lebensalter" bewirkt wird (BAG 6.11.2008 NZA 2009, 361 Rn. 59). IdS hat das BAG auch die Bildung von Altersgruppen in einem Interessenausgleich als vereinbar mit den Vorgaben der RL 2000/78/EG angesehen (BAG 19.6.2007 NZA 2008, 103; s. ferner 6.9.2007 NZA 2008, 405 Rn. 16; 12.3.2009 NZA 2009, 1023 Rn. 38; 15.12.2011 NZA 2012, 1044 Rn. 60 ff.; 28.6.2012 NZA 2012, 1090 Rn. 27 ff. [zu § 125 I 1 InsO]; 19.7.2012 NZA 2013, 86 Rn. 25; 19.12.2013 NZA-RR 2014, 185 Rn. 24 ff. [zu § 125 I 1 InsO]; 26.3.2015 NZA 2015, 1122 Rn. 23). Endgültige Klarheit über die Rechtswirksamkeit einer Altersgruppenbildung bei der Sozialauswahl hängt jedoch von der Entsch. des EuGH zur Auslegung von Art. 6 I der RL 2000/78/EG ab. Das Vorabentscheidungsersuchen des ArbG Siegburg (27.1.2010 DB 2010, 1466) hat sich durch Vergleich erledigt. Zu § 125 I 1 InsO hat das BAG die Voraussetzungen für ein Vorabentscheidungsersuchen wiederholt verneint (BAG 28.6.2012 NZA 2012, 1090 Rn. 33 ff.; 19.12.2013 NZA-RR 2014, 185 Rn. 28 f.).

Die Personalstruktur kann auch durch **andere Kriterien** als das Alter charakterisiert sein, so zB **347b** durch die Art der Leitungsstruktur (SES/*Eylert* Rn. 455). Ein betriebl. Interesse besteht insoweit, wenn bereits bestehende Funktions- und Betriebsabläufe aufrechterhalten werden sollen. Diese kann durch den jeweiligen Ausbildungsstand (Qualifikation) der AN gekennzeichnet sein (s. BAG 19.12.2013 NZA-RR 2014, 185 Rn. 49).

Es ist bei § 1 III 2 erforderl., dass die Personalstruktur bereits so aufgebaut war, wie sie gesichert **347c** werden soll (APS/*Kiel* Rn. 683; KR/*Griebeling/Rachor* Rn. 640; *Bader* NZA 1996, 1125, 1129; *Däubler* NZA 2004, 177, 182; *v. Hoyningen-Huene/Linck* DB 1997, 43; *Kittner* AuR 1997, 182, 189; aA *Schiefer* ZfA 1996, 95, 99: auch Schaffung). Sie kann sich im Laufe der Zeit zB auch durch Eigenkündigungen von AN geänd. haben. Der AG kann im Rahmen von Abs. 3 S. 2 nicht eigene Versäumnisse einer verfehlten Personalpolitik nachholen und eine **ausgewogene Personalstruktur schaffen** (BAG 26.3.2015 EzA KSchG § 1 Soziale Auswahl Nr. 88 Rn. 16, 23; HaKo/*Mestwerdt/Zimmermann* Rn. 891; *Löwisch* NZA 1996, 1009, 1011; MüKoBGB/*Hergenröder* Rn. 373; SPV/*Preis* Rn. 1128). Insofern unterscheidet sich § 1 III 2 deutl. von **§ 125 I 1 Nr. 2 InsO**, der auch die Schaffung einer ausgewogenen Personalstruktur kündigungsrechtl. privilegiert und damit dem insolvenzbedingten Anliegen einer Sanierung des Betriebs Rechnung trägt (s. näher InsO § 125 Rn. 14). Über die Sicherung einer ausgewogenen Personalstruktur kann es deshalb hinausgehen, wenn eine Altersgruppenbildung zu einer deutl. Senkung des Durchschnittsalters in dem maßgebenden Betriebsbereich führt (s. LAG HM 9.11.2010 LAGE KSchG § 1 Soziale Auswahl Nr. 63: Verringerung um 2,66 Jahre).

Ein **„berechtigtes betriebl. Interesse"** ist ein durch eine Sachlage gegebenes Interesse, das sich auf **348** betriebl. Belange bezieht (BAG 7.12.2006 NZA-RR 2007, 460; s. a. DDZ/*Deinert* Rn. 580: keine Beliebigkeit des AG). Ein Interesse ist ein Weniger ggü. einem Bedürfnis (*Bader* NZA 1996, 1125, 1129). Deshalb können reine Nützlichkeitserwägungen nur ausreichen, wenn sie aus betriebl. Interessen hergeleitet werden (*Lingemann/Rolf* NZA 2005, 264). Das Interesse muss allerdings aus konkreten betriebl. Belangen ableitbar sein. So kann zB eine störungsfreie Kommunikation mit Vorgesetzten im Ausland als betriebl. Interesse in Betracht kommen und die Herausnahme einer Sekretärin mit entspr. Fremdsprachenkenntnissen rechtfertigen (s. BAG 19.7.2012 NZA 2013, 86 Rn. 37). Das G schreibt nicht vor, wie der AG Kenntnisse, Fähigkeiten und Leistungen zueinander gewichten muss, dass zB ein ungebildeter Fleißiger ggü. einem nicht so rührigen Kenntnisreichen zurückzustehen hätte. Es kommt allein darauf an, dass der AG Gründe für das betriebl. Interesse nachweisen muss.

Die Regelung in Abs. 3 S. 2 bezieht sich in ihrer Anwendung auf ganz bestimmte AN. Das G enthält **349** keine Regelung, wie der AG zu verfahren hat, wenn mehrere AN den Anforderungen entsprechen würden, jedoch zahlenmäßig nur einer gebraucht wird, so zB wenn ein AN verbleiben soll, der eine bestimmte Sprache spricht, dieser Anforderung aber mehrere genügen. Da S. 2 Bestandteil der insg. vorzunehmenden sozialen Auswahl ist, hat der AG, dem eine weitere Differenzierung und Spezifizierung hins. ganz bestimmter Personen nicht mehr mögl. ist, aus den mögl. Kandidaten eine Auswahl nach den sozialen Kriterien des S. 1 vorzunehmen (SES/*Eylert* Rn. 436). Ein Rückgriff auf § 315 BGB verbietet sich.

Der AG hat die **Darlegungs- und Beweislast** dafür, dass das im G geforderte betriebl. Interesse an **350** der Weiterbeschäftigung bestimmter AN besteht (BAG 20.4.2005 NZA 2005, 877, 878). Ob die Umstände, die diese Bedürfnislage begründen sollen, vorliegen und diese auch begründen, ist gerichtl. uneingeschränkt überprüfbar (zust. BAG 18.3.2010 NZA 2010, 1059 Rn. 23). Ein plausibler Vortrag des AG genügt nicht. Er muss vielmehr iE darlegen, welche konkreten Nachteile sich ergeben würden, wenn er die zu kündigenden AN allein nach dem Maßstab des § 1 III 1 auswählen würde (BAG 20.4.2005 NZA 2005, 877, 878; 18.3.2010 NZA 2010, 1059 Rn. 23). Das gilt auch, wenn der AG zur Sicherung der Altersstruktur Altersgruppen bildet (BAG 18.3.2010 NZA 2010, 1059 Rn. 23; 22.3.2012 NZA 2012, 1040 Rn. 30; 26.3.2015 NZA 2015, 1122 Rn. 14), sofern es sich nicht um eine Massenentlassung iSv. § 17 I handelt. Bei dieser bejaht das BAG eine typischerweise vorliegende Gefährdung der bestehenden Altersstruktur, ohne dass dem AN jedoch verwehrt ist, das Vorliegen berechtigter betriebl. Interessen zu entkräften (BAG 18.3.2010 NZA 2010, 1059 Rn. 24; 22.3.2012 NZA 2012, 1040 Rn. 30; 19.7.2012 NZA 2013, 86 Rn. 28; 26.3.2015 NZA 2015, 1122 Rn. 14). Der AN hat nach Abs. 3 S. 3 hingegen die Tatsachen zu beweisen, die die Kündigung als sozial ungerechtfertigt iSd. S. 1 erscheinen lassen.

VI. Kollektivrechtliche Regelungen nach Abs. 4

351 **1. Allgemeines.** Nach § 1 IV kann in einem TV, einer BV nach § 95 BetrVG oder in entspr. RL nach den PersVG festgelegt werden, wie die sozialen Gesichtspunkte nach Abs. 3 S. 1 im Verhältnis zueinander zu bewerten sind. Ist das geschehen, ist die Bewertung nur auf grobe Fehlerhaftigkeit überprüfbar. Die Vorschr. ist etwas unklar gefasst. Nach dem genauen Wortlaut der Vorschr. bezieht sich die eingeschränkte Überprüfung der Bewertung auf den Inhalt der RL selbst, die Überprüfung ist also eine **„Norminhaltsbewertung"** und keine „Anwendungsbewertung" (wie hier: LAG HM 11.11.2009 NZA-RR 2010, 410; KR/*Griebeling/Rachor* Rn. 696 ff.; HK/*Dorndorf* Rn. 1136; *Berkowsky* § 8 Rn. 209; *Loritz* DB 1996, 1973; weiter gehend offenbar *Fischermeier* NZA 1997, 1089, 1095: auch Anwendungsbewertung). Hierfür spricht, dass Abs. 5 S. 2 pauschal von der sozialen Auswahl (insg.) spricht, die nur auf grobe Fehlerhaftigkeit überprüft werden kann. § 1 IV ist nicht so zu verstehen, dass bei einer wirksamen Festlegung in Kollektivnormen nur der Vollzug der Norm auf grobe Fehlerhaftigkeit zu überprüfen wäre. Das würde ihren Anwendungsbereich stark einschränken. Auch wäre nicht einsichtig, warum dem AG gerade hier eine gewisse Unsorgfältigkeit nachgesehen werden soll. Die Vorschr. erlaubt es nicht, die materiellen Auswahlkriterien zu ändern. Auch eine kollektivrechtl. Vereinb. muss die **Grunddaten in § 1 III 1** beachten (SES/*Eylert* Rn. 489; SPV/*Preis* Rn. 1151; *Giesen* ZfA 1997, 145, 160). Die Prüfung hat sinnvoll so zu erfolgen, dass zunächst die Rechtmäßigkeit der Regelung des TV oder der BV festgestellt wird, wobei die BV nicht einer allg. Billigkeitskontrolle unterliegt, da die Betriebspartner einen mit dem des AG korrespondierenden Beurteilungsspielraum (s. Rn. 305) bis zum Grad der groben Fehlerhaftigkeit in Anspruch nehmen können (s. a. Rn. 357).

352 **2. Tarifvertragliche und betriebsverfassungsrechtliche Regelungen.** Stellen die TVParteien AuswahlRL für die soziale Auswahl auf und beziehen sich diese auf die bei der Sozialauswahl zu beachtenden Kriterien, besteht ein Konkurrenzverhältnis zu § 1 III mit der Folge, dass § 1 III 1 als zwgd. GRecht vorgeht, unbeschadet der Beschränkung der Nachprüfung auf grobe Fehlerhaftigkeit (BAG 11.3.1976 AP BetrVG 1972 § 95 Nr. 1; APS/*Kiel* Rn. 696; KR/*Griebeling/Rachor* Rn. 696). Derartige tarifvertragl. AuswahlRL sind wegen ihrer notwendig einheitl. Geltung – die Sozialauswahl hat sich auf alle vergleichbaren AN des Betriebs zu erstrecken – nach zutr. Auff., jdf. was die Vorschr. über die vorzunehmende Sozialauswahl betrifft, **Betriebsnormen** (zum Meinungsstand einerseits HHL/*Krause* Rn. 1032; *Löwisch/Rieble* § 1 Rn. 383, 472; SES/*Eylert* Rn. 481 MüKoBGB/*Hergenröder* Rn. 377; SPV/*Preis* Rn. 1143; andererseits *Buschmann* AuR 1996, 285, 288). Hiervon zu unterscheiden sind tarifvertragl. Regelungen, die bei Vorliegen entspr. Voraussetzungen eine ordentl. Kündigung der diese Voraussetzungen erfüllenden AN ausschließen (ebenso SES/*Eylert* Rn. 481). Diese AN unterfallen dann schon deshalb nicht der Sozialauswahl, weil sie nicht ordentl. kündbar sind (s. Rn. 312).

353 **RL gem. § 95 I BetrVG** über die personelle Auswahl bei Kündigungen bedürfen der Zust. des BR, wobei nach S. 2 bei Nichteinigung auf Antrag des AG die Einigungsstelle entscheidet. Handelt es sich um einen Betrieb mit mehr als 500 AN, kann der BR gem. § 95 II BetrVG die Aufstellung von RL über die bei Maßnahmen des Abs. 1 S. 1 zu beachtenden fachl. und pers. Voraussetzungen und sozialen Gesichtspunkte verlangen, bei Nichteinigung kann auch er die Einigungsstelle anrufen. Die RL iSv. § 95 I BetrVG kann die iRd. sozialen Auswahl zu berücksichtigenden sozialen Gesichtspunkte mittels eines Punkteschemas gewichten, unabhängig davon, ob dieses für alle künftig auszusprechenden Kündigungen oder ledigl. für konkret anstehende Kündigungen Anwendung finden soll (BAG 26.7.2005 NZA 2005, 1372; 9.11.2006 NZA 2007, 549 Rn. 30; abl. *Bengelsdorf* ZfA 2007, 277 ff.; *Quecke* RdA 2007, 335 ff.). Will der AG ohne Zust. des BR ein nach § 95 I BetrVG zustimmungspflichtiges Punkteschema anwenden, steht dem BR ein allg. Unterlassungsanspruch zu (BAG 26.7.2005 NZA 2005, 1372; s. a. 6.7.2006 NZA 2007, 197 Rn. 32; abl. *Bengelsdorf* ZfA 2007, 277, 288 ff.; *Jacobs/Burger* SAE 2006, 256, 259). Dieser richtet sich allerdings nur gegen die Anwendung der RL und nicht gegen die beabsichtigten Kündigungen als solche. Deshalb lässt die fehlende Zust. des BR die Rechtswirksamkeit bereits in Vollzug der mitbestimmungswidrig umgesetzten RL erklärter Kündigungen unberührt (BAG 9.11.2006 NZA 2007, 549 Rn. 30; 6.7.2006 NZA 2007, 139 Rn. 31 f.; zust. *Schiefer* DB 2007, 54, 58).

354 **AuswahlRL** sind praktisch auf betriebsbedingte Kündigungen bezogen. Dies schließt aber nicht aus, sie bei entspr. Regelungsgehalt auf andere Kündigungsarten zu erstrecken. Das Wort „Auswahl" bezieht alle in Frage kommenden AN ein. Ein Recht zur „Auswahl" dahingehend, den Kreis der in die Sozialauswahl einzubeziehenden AN von vornherein zu reduzieren, vergleichbare AN also von einer Auswahl auszunehmen und somit von einer Kündigung auszuschließen, besteht nicht (BAG 5.12.2002 NZA 2003, 849: Herausnahme v. 70% der Belegschaft; 5.6.2008 NZA 2008, 1120 Rn. 18; *Fitting* § 95 Rn. 4 ff.; *Weller* RdA 1986, 222, 226). Die Auswahl bezieht sich allerdings nicht auf die AN, die nach Abs. 3 S. 2 von der sozialen Auswahl ausgenommen werden können. Es bestehen jedoch keine Bedenken, dass AG und BR in einer freiwilligen BV auch insoweit allg. Kriterien aufstellen. An der Privilegierung durch Abs. 4 partizipieren diese jedoch nicht.

Genügt die AuswahlRL den ges. Anforderungen in Abs. 3 S. 1, besteht iÜ ein **Beurteilungsspielraum** (BAG 5.6.2008 NZA 2008, 1120 Rn. 18; 18.3.2010 NZA 2010, 1059 Rn. 13; KR/*Griebeling/Rachor* Rn. 696). Die im G aufgezählten vier Grunddaten müssen ausgewogen beachtet werden, ohne dass einem dieser Faktoren ein absoluter Vorrang zukommt (LAG NI 23.5.2005 NZA-RR 2005, 584). Einen über § 1 III 1 hinausgehenden Beurteilungsspielraum darf die AuswahlRL dem AG nicht einräumen (SES/*Eylert* Rn. 494; ebenso ArbG Essen 30.8.2005 NZA-RR 2006, 77, 80, für den Fall einer dem AG überlassenen Endauswahl nach gem. der AuswahlRL getroffener Vorauswahl). Werden die Hauptfaktoren in der AuswahlRL überhaupt nicht beachtet, ist diese gesetzwidrig und damit unbeachtl. (BAG 24.3.1983 NJW 1984, 78; 18.1.1990 NZA 1990, 729; SPV/*Preis* Rn. 1151; SES/*Eylert* Rn. 489). 355

In der RL können die sozialen Gesichtspunkte mit Hilfe eines **Punkteschemas** bewertet werden (s. a. Rn. 337). Bei der Festlegung der Punktwerte für die Auswahlkriterien Dauer der Betriebszugehörigkeit, Lebensalter, Unterhaltsverpflichtungen und Schwerbehinderung gewährt das G einen Beurteilungsspielraum (BAG 26.7.2005 NZA 2005, 1372, 1373; s. a. Rn. 338). Offen ist, ob die Betriebsparteien auf die Auswahlkriterien in § 1 III 1 festgelegt sind oder Raum für eine abschl. Berücksichtigung individueller Besonderheiten des Einzelfalles verbleiben muss oder darf (s. BAG 26.7.2005 NZA 2005, 1372, 1373). Verbreitet wird die Eröffnung einer **abschl. Einzelfallprüfung** nicht als zwgd. erforderl. angesehen (so BAG 9.11.2006 NZA 2007, 549 Rn. 29; LAG NI 28.5.2004 LAGE KSchG § 1 Soziale Auswahl Nr. 44a; ArbG Essen 30.8.2005 NZA-RR 2006, 77, 80; SES/*Eylert* Rn. 496; SPV/*Preis* Rn. 1150; HHL/*Krause* Rn. 1038). 356

Soweit es sich um betriebsverfassungsrechtl. Regelungen handelt, unterliegen AuswahlRL keiner zusätzl. allg. **Inhalts- und Billigkeitskontrolle.** Diese würde der ges. Regelung widersprechen (*v. Hoyningen-Huene/Linck* DB 1997, 44; *Leinemann* BB 1996, 1381; *Löwisch* NZA 1996, 1009, 1011; SPV/*Preis* Rn. 1142; **aA** *Bader* NZA 1996, 1125, 1130; s. a. Rn. 351). Es ist jedoch zu unterscheiden zwischen einer Rechtmäßigkeitskontrolle und einer Bewertungskontrolle. Ungeachtet der Regelung in Abs. 4 kann deshalb uneingeschränkt überprüft werden, ob die Bewertung überhaupt rechtmäßig ist (*v. Hoyningen-Huene/Linck* DB 1997, 44; SES/*Eylert* Rn. 492). Würde die Gewichtung in einer RL die Vorgaben nach Abs. 4 S. 1 missachten und zB bestimmen, dass nur das Lebensalter und die Unterhaltspflichten zu berücksichtigen seien, so wäre diese rechtswidrig und könnte nicht als Grdl. einer rechtmäßigen Sozialauswahl dienen. Demggü. ist die grobe Fehlerhaftigkeit, die zu einer falschen Sozialauswahl führt, auf eine Gewichtungsbewertung bezogen, die die Rechtmäßigkeitskontrolle bereits bestanden hat (SES/*Eylert* Rn. 492). Insofern hat der Gesetzgeber die Rechte, die bisher nur den TVParteien zugestanden waren, auf die Betriebspartner ausgedehnt. Anders ist es auch nicht erklärl., dass tarifvertragl. Regelungen ausdr. einbezogen sind. 357

Der **Begriff „Fehlerhaftigkeit"** weist aus, dass es auf eine **obj. Unrichtigkeit** und nicht auf ein schuldhaftes Verhalten ankommt (APS/*Kiel* Rn. 697). Es ist insb. nicht entscheidend, ob die Unrichtigkeit bei gehöriger Sorgfalt hätte erkannt werden können. Grobe Fehlerhaftigkeit bedeutet, dass ganz tragende Gesichtspunkte nicht in die Bewertung einbezogen worden sind und die **Bewertung** damit **evident unzulängl.** ist und jede Ausgewogenheit vermissen lässt (stRspr. BAG 5.11.2009 NZA 2010, 457 Rn. 21 sowie nachf. zB BAG 19.7.2012 NZA 2013, 86 Rn. 34; 19.7.2012 NZA 2013, 333 Rn. 42; 27.9.2012 NZA 2013, 559 Rn. 45; 26.3.2015 NZA 2015, 1122 Rn. 26) und deshalb schon gesetzwidrig ist. Auch bei der „groben Fehlerhaftigkeit" handelt es sich nach der Rspr. des BAG um einen unbestimmten Rechtsbegriff (BAG 17.11.2005 NZA 2006, 661 Rn. 26; 18.10.2006 NZA 2007, 504 Rn. 17; 12.3.2009 NZA 2009, 1023 Rn. 16). 358

Eine Sozialauswahl, die auf einer AuswahlRL gem. der Entsch. des BAG v. 18.1.1990 (NZA 1990, 729) beruht, ist nicht grob fehlerhaft (LAG NI 16.8.2002 LAGE KSchG § 1 Soziale Auswahl Nr. 40). Ebenso führt es nicht zur groben Fehlerhaftigkeit, wenn pers. Härten, die nicht in einem unmittelbaren und erhebl. Zusammenhang mit den Grunddaten in § 1 III 1 stehen, unberücksichtigt bleiben (LAG BB 13.10.2005 NZA-RR 2006, 69, 74; s. a. Rn. 356) oder bzgl. der Unterhaltspflichten an die Kinderfreibeträge auf der Lohnsteuerkarte statt an die tats. Unterhaltspflichten angeknüpft wird (LAG HM 27.9.2010 BeckRS 2011, 68339; ebenso zu § 125 InsO BAG 28.6.2012 NZA 2012, 1090 Rn. 48 ff.). Entspr. gilt, wenn bei Einsatz einer Punktetabelle der Abstand marginal erscheint (BAG 17.1.2008 NZA-RR 2008, 571; 10.6.2010 NZA 2010, 1352 Rn. 50; 18.10.2012 NZA-RR 2013, 68 Rn. 49). An einer hinreichenden Ausgewogenheit fehlt es hingegen, wenn eine nachvollziehbare Differenzierung nicht vorgenommen wird, zB Nichtbeachtung eines Auswahlkriteriums (s. BAG 18.10.2006 NZA 2007, 504 Rn. 28; 18.3.2010 NZA 2010, 1059 Rn. 13; s. a. 5.11.2009 NZA 2010, 457) oder Heranziehung eines in § 1 III 1 nicht aufgezählten Kriteriums (BAG 12.8.2010 NZA 2011, 460 Rn. 45), willkürl. Bestimmung des auswahlrelevanten Personenkreises (BAG 3.4.2008 NZA 2008, 1060 Rn. 17), grobe Verkennung des Betriebsbegriffs (BAG 20.9.2012 NZA 2013, 94 Rn. 11), unsystematische Altersgruppenbildung (LAG HM 5.6.2003 LAGE InsO § 125 Nr. 4; s. a. BAG 19.12.2013 NZA-RR 2014, 185 Rn. 74; 26.3.2015 NZA 2015, 1122 Rn. 26 f.). Ein Interessenausgleich, bei dem der BR die Herausnahme von auf einer Liste aufgeführten, der Gewerkschaft ver.di angehörenden Mitarbeitern aus der Liste der zu kündigenden AN verlangt hat, ist nach § 75 BetrVG unwirksam und deshalb grob fehlerhaft (LAG K 29.7.2004 LAGE KSchG § 1 Soziale Auswahl Nr. 45a). Das gilt entspr., wenn die 358a

AuswahlRL ausschl. inländische Unterhaltspflichten berücksichtigt und damit Art. 6 I GG widerspricht (LAG NI 12.12.2003 NZA-RR 2005, 524, 526), die Unterhaltspflicht ggü. dem in ehel. Lebensgemeinschaft lebenden Ehegatten vollständig unberücksichtigt bleibt (BAG 28.6.2012 NZA 2012, 1090 Rn. 52 ff. [zu § 125 I InsO]), der AN bei einem Interessenausgleich (s. § 1 V) einer falschen Vergleichsgruppe zugeordnet wird (LAG NI 13.7.2007 BeckRS 2007, 47297) oder ein Verstoß gegen die Diskriminierungsverbote des AGG vorliegt (LAG SH 8.9.2011 BeckRS 2011, 78776). Gelangt das Gericht zu dem Erg., dass ein grober Bewertungsfehler vorliegt, ist die soziale Auswahl nicht schon allein deshalb fehlerhaft. Sie hat vielmehr vom Gericht unter Zugrundelegung der ges. Regelung nach Abs. 3 zu erfolgen (BAG 18.10.2006 NZA 2007, 504 Rn. 18; 12.8.2010 NZA 2011, 460 Rn. 52), sofern sich der Bewertungsfehler im konkreten Einzelfall überhaupt auf die Sozialauswahl ausgewirkt hat (BAG 18.10.2006 NZA 2007, 504 Rn. 23, 25; 12.8.2010 NZA 2011, 460 Rn. 52; 10.6.2010 NZA 2010, 1352 Rn. 20; s. a. Rn. 308). Selbst wenn die AuswahlRL fehlerhaft ist, kann bei fehlender Ursächlichkeit für eine Abs. 3 S. 1 entspr. Sozialauswahl die ordentl. Kündigung sozial gerechtfertigt sein (BAG 10.6.2010 NZA 2010, 1352 Rn. 20). Die TVParteien oder die Betriebspartner können nicht rückwirkend für bereits ausgesprochene Kündigungen Wertungsgesichtspunkte festlegen.

359 Von § 1 IV nicht erfasst sind AuswahlRL, die Kriterien aufstellen, die im Vorfeld betriebsbedingter Kündigungen der **Festlegung der Vergleichbarkeit der AN** dienen, die in die Sozialauswahl einzubeziehen sind (SES/*Eylert* Rn. 497; s. Rn. 323 ff.). Ist in einer BV nach § 95 BetrVG festgelegt, auf Grund welcher Kriterien die AN miteinander betriebl. vergleichbar sind, kann nach wie vor überprüft werden, ob diese Regelung hinzunehmen ist. Sie dient nicht unmittelbar der Sozialauswahl, sondern der Ermittlung der Personen, denen überhaupt gekündigt werden kann und die deshalb in eine Sozialauswahl einzubeziehen sind. Wird zB die betriebl. Vergleichbarkeit unrichtig festgesetzt (so zB BAG 15.6.1989 NZA 1990, 226), liegt hierin ein Verstoß gegen § 1 II 1, weil die betriebl. Erfordernisse nicht abw. vom G festgelegt werden können, sondern sich aus der Rechtsanwendung unmittelbar ergeben müssen (BAG 15.12.2011 NZA 2012, 1044 Rn. 45). Entspr. gilt für Festlegungen zu den berechtigten betriebl. Bedürfnissen iSd. § 1 III 2 (LAG K 24.3.2005 NZA-RR 2006, 20, 21; KR/*Griebeling/Rachor* Rn. 698).

VII. Interessenausgleich bei Betriebsänderung – Abs. 5

360 Die Regelung in Abs. 5 soll betriebsbedingte Kündigungen in zweierlei Hinsicht im Interesse der Rechtssicherheit erleichtern (s. BAG 27.9.2012 NZA 2013, 559 Rn. 27) und knüpft hierfür an die in einem Interessenausgleich aufgenommene namentl. Bezeichnung der AN an. Erstens wird in diesem Fall die Betriebsbedingtheit der Kündigung vermutet (S. 1), zweitens ist die soziale Auswahl – wie im Rahmen von § 1 IV – nur auf grobe Fehlerhaftigkeit gerichtl. überprüfbar (S. 2). Regelungstechnisches Vorbild der Norm war **§ 125 I 1 InsO,** stimmt mit diesem jedoch nicht völlig überein (s. zu den Abweichungen InsO § 125 Rn. 4 ff.). Schon aus diesem Grunde ist § 125 InsO als speziellere Vorschr. ggü. § 1 V vorrangig (BAG 15.12.2011 NZA-RR 2012, 570 Rn. 13).

360a Die Anwendung von § 1 V setzt voraus, dass eine Betriebsänd. iSd. § 111 BetrVG gepl. ist (BAG 19.7.2012 NZA 2013, 86 Rn. 16 ff.; 19.7.2012 NZA 2013, 333 Rn. 18 ff.; 27.9.2012 NZA 2013, 559 Rn. 17 ff.) und zwischen AG und BR ein **Interessenausgleich** zustande kommt, in dem die **AN**, denen gekündigt werden soll, **namentl. bezeichnet** sind (zur Vereinbarkeit mit Art. 12 I GG: BAG 27.9.2012 NZA 2013, 559 Rn. 27). Dabei gebietet es der Zweck der vom G privilegierten Namensliste, dass diese die infolge der Betriebsänd. zu kündigenden AN vollständig enthält, eine sog. „Teil-Namensliste" erfüllt diese Voraussetzung nicht (s. a. BAG 26.3.2009 NZA 2009, 1151 Rn. 31 ff., jedoch ohne abschl. Entsch.), sofern die Betriebsänd. nicht in mehreren Wellen erfolgt (BAG 19.7.2012 NZA 2013, 86 Rn. 22; s. a. LAG NI 23.10.2014 ZIP 2015, 243; 7.5.2015 LAGE KSchG § 1 Interessenausgleich Nr. 25, wenn der durch die Namensliste erfasste Bereich von dem anderen Bereich deutl. abgrenzbar ist). Der Interessenausgleich ist vom dafür **zust. BR** abzuschließen. Da die Namensliste mit dem Interessenausgleich eine einheitl. Urkunde bilden muss (s. Rn. 361), ist die Namensliste von dem für den Interessenausgleich zust. BR aufzustellen. Obwohl sich die Privilegierung durch Abs. 5 auch auf die soziale Auswahl bezieht (s. S. 2) und diese von den betriebl. Verhältnissen abhängt, ist die Namensliste auch dann von dem GBR aufzustellen, wenn dieser für den Interessenausgleich zust. ist (SES/*Eylert* Rn. 518; s. BAG 19.7.2012 NZA 2013, 333 Rn. 24 sowie BetrVG § 50 Rn. 6, BetrVG § 112 Rn. 6). Ein erg. zum Interessenausgleich durch den örtl. BR mit dem AG vereinbarte Namensliste nimmt deshalb nicht an der Privilegierung durch § 1 V 2 teil (LAG B 16.7.2010 LAGE KSchG § 1 Interessenausgleich Nr. 17). Der Interessenausgleich bedarf der **Schriftform** (BAG 19.7.2012 NZA 2013, 333 Rn. 26). Er ist nicht erzwingbar (MüKoInsO/*Caspers* § 125 Rn. 75) und muss eine abschl. Festlegung der zu kündigenden AN enthalten (BAG 6.12.2001 EzA KSchG Interessenausgleich Nr. 9; 22.1.2004 AP BetrVG 1972 § 112 Namensliste Nr. 1; s. a. Rn. 362). Ein **Sozialplan**, in dem die AN namentl. bezeichnet werden, entspricht den Voraussetzungen des § 1 V nur, wenn dieser **freiwillig** zustande gekommen ist (GK-BetrVG/*Oetker* §§ 112, 112a Rn. 24; *Thüsing/Wege* BB 2005, 213; SES/*Eylert* Rn. 520). Unterliegt ein Betrieb wegen § 118 II BetrVG nicht § 111 BetrVG, kommt einem mit der (kirchl.) Mitarbeitervertretung abgeschlossenen Interessenausgleich die privilegierende Wirkung des Abs. 5 nicht zu (LAG NI

9.12.2009 BeckRS 2010, 66116); anders ist hingegen für Tendenzbetriebe iSv. § 118 I BetrVG zu entscheiden (ebenso LAG K 13.2.2012 BeckRS 2012, 70129; GK-BetrVG/*Oetker* §§ 112, 112a Rn. 17 mwN; **aA** SPV/*Preis* Rn. 1156).

Die Namensliste muss mit dem Interessenausgleich eine **einheitl. Urkunde** bilden (BAG 12.5.2010 NZA 2011, 114 Rn. 17; 10.6.2010 NZA 2010, 1352 Rn. 16; KR/*Griebeling/Rachor* Rn. 703g), so dass sich das Schriftformerfordernis auch auf die Namensliste erstreckt (BAG 19.7.2012 NZA 2013, 333 Rn. 26). Wird die Namensliste getrennt vom Interessenausgleich erstellt, reicht es jedoch aus, wenn beide Urkunden von den Betriebsparteien unterzeichnet sind und wechselseitig aufeinander Bezug nehmen; eine körperl. Verbindung beider Urkunden ist in diesem Fall entbehrl. (BAG 12.5.2010 NZA 2011, 114 Rn. 17; 19.7.2012 NZA 2013, 86 Rn. 20). Ist die Namensliste nicht unterschrieben, genügt es, dass diese mit dem unterschriebenen Interessenausgleich, der auf die Namensliste als Anl. Bezug nimmt, mittels Heftmaschine fest verbunden ist (BAG 6.7.2006 NZA 2007, 266 Rn. 33, 36; 12.5.2010 NZA 2011, 114 Rn. 17; 19.7.2012 NZA 2013, 86 Rn. 20). In diesem Fall ist es erforderl., dass die Unterzeichnung des Interessenausgleichs durch beide Parteien nach der Verbindung zu einer einheitl. Urkunde erfolgt (BAG 6.7.2006 NZA 2006, 266 Rn. 36). Wird die Namensliste erst nach dem Interessenausgleich erstellt, ist neben der Verbindung zu einer einheitl. Urkunde erforderl., dass die Erg. des Interessenausgleichs um die Namensliste zeitnah erfolgt (BAG 26.3.2009 NZA 2009, 1151 Rn. 23 ff.; 10.6.2010 NZA 2010, 1352 Rn. 17; 19.7.2012 NZA 2013, 86 Rn. 20). Ein Ablauf von sechs Wochen nach Abschluss des Interessenausgleichs ist insoweit nicht zu beanstanden (BAG 19.7.2012 NZA 2013, 86 Rn. 21). 361

Neben Interessenausgleich und Namensliste sollen nach verbreiteter Auff. die Kriterien nach Abs. 1 S. 1 Nr. 1 und 2 detailliert dargestellt werden müssen (so zB *Berscheid* MDR 1998, 942, 945; **aA** *Kiel/Koch* Rn. 508; s. a. GK-BetrVG/*Oetker* §§ 112, 112a Rn. 31). Es genügt nicht, dass eine AuswahlRL nach § 95 BetrVG aufgestellt wird, aus der sich die infrage kommenden AN ermitteln lassen. Die AN, denen gekündigt werden soll, müssen vielmehr konkret mit Namen erfasst werden (KR/*Griebeling/Rachor* Rn. 703i; DDZ/*Deinert* Rn. 624; KPB/*Moll* § 125 Rn. 25) und sind bei Gleichheit der Vor- und/oder Zunamen so zu bezeichnen, dass genau erkennbar ist, wer gemeint ist. Eine Negativliste genügt nicht (APS/*Kiel* Rn. 712; KPB/*Moll* § 125 Rn. 25; MüKoInsO/*Caspers* § 125 Rn. 74; **aA** KR/*Griebeling/Rachor* Rn. 703i). Darüber hinaus müssen die Sozialerwägungen nicht iE angegeben werden (KPB/*Moll* § 125 Rn. 31; s. a. *Gaul/Süßbrich* ArbRB 2004, 224). Einem AN soll auch dann gekündigt werden, wenn die Kündigung im Interessenausgleich von dem Widerspruch des AN gegen den Eintritt des Erwerbers in das ArbVerh. gem. § 613a BGB abhängig gemacht wird (BAG 24.2.2000 NZA 2000, 785). IÜ muss sich aus der Namensliste aber eindeutig entnehmen lassen, welchen AN gekündigt werden soll. Hieran fehlt es nicht nur bei unzureichender Konkretisierung der betroffenen Personen, sondern auch bei einem Änderungsvorbehalt der Betriebsparteien (ArbG S 25.2.2010 NZA-RR 2010, 350, 354 f.). Durch Abs. 5 wird § 1 III 1 Hs. 2 nicht verdrängt (BAG 12.3.2009 NZA 2009, 1023 Rn. 31; 27.9.2012 NZA 2013, 559 Rn. 44; LAG BB 13.10.2005 NZA-RR 2006, 69, 73). Außerdem ist anzugeben, ob eine Beendigungs- oder eine Änderungskündigung beabsichtigt ist (KPB/*Moll* § 125 Rn. 29; *Warrikoff* BB 1994, 2338, 2341); im letztgenannten Fall sind zudem die beabsichtigten Änd. der Arbeitsbedingungen in ihren wesentl. Punkten aufzunehmen (s. GK-BetrVG/*Oetker* §§ 112, 112a Rn. 30 mwN). Auch bei Vorliegen eines Interessenausgleichs mit Namensliste unterliegt die BRAnhörung nach § 102 BetrVG keinen erleichterten Anforderungen (BAG 5.11.2009 NZA 2010, 457 Rn. 37; HHL/*Krause* Rn. 1057; KR/*Griebeling/Rachor* Rn. 705a; SPV/*Preis* Rn. 1162). 362

Die Rechtswirkung des Abs. 5 tritt nur ein, wenn der Interessenausgleich in jeder Hinsicht (Schriftform, Zust. BR/GBR) rechtswirksam abgeschlossen worden ist (HHL/*Krause* Rn. 1049; KR/*Griebeling/Rachor* Rn. 703d; *Gaul* BB 2004, 2686; *Löwisch* RdA 1997, 80, 81). Zudem ist vom AG darzulegen, dass eine **Betriebsänd. vorliegt,** wobei § 1 V voraussetzt, dass einer der in § 111 S. 3 BetrVG genannten Fälle der Betriebsänd. vorliegt (BAG 3.4.2008 NZA 2008, 1060 Rn. 21; 15.12.2011 NZA 2012, 1044 Rn. 14; KR/*Griebeling/Rachor* Rn. 703c; s. näher GK-BetrVG/*Oetker* §§ 112, 112a Rn. 14 mwN; s. a. BetrVG § 111 Rn. 9). Die Regelung gilt auch für **Änderungskündigungen**, die durch eine Betriebsänd. veranlasst sind (BAG 19.6.2007 NZA 2008, 103 Rn. 21 ff.; APS/*Kiel* Rn. 717; MüKoBGB/*Hergenröder* Rn. 388), wegen des Zusammenhangs der Norm mit der Notwendigkeit einer Sozialauswahl nicht hingegen für **außerordentl. Kündigungen** unabhängig davon, ob es sich um eine Änderungs- oder Beendigungskündigung handelt (BAG 28.5.2009 NZA 2009, 954 Rn. 15 ff.). § 1 V schließt nicht aus, dass der AG keinen Interessenausgleich iSd. Abs. 5 abschließt und die AN unter voller Anwendung des KSchG kündigt. Er verzichtet dann darauf, Kündigungen auszusprechen, die ohne die Vorteile dieser Vorschr. gerichtl. überprüft werden (*Warrikoff* BB 1994, 2338, 2341). 363

Kommt der bezeichnete Interessenausgleich zustande, wird im Rahmen eines Individualprozesses nach § 1 KSchG vermutet, dass die Kündigung der namentl. bezeichneten AN durch dringende betriebl. Erfordernisse iSd. § 1 II bedingt ist. Bei § 1 V handelt es sich um eine **ges. Vermutung** (BAG 12.3.2009 NZA 2009, 1023 Rn. 23; 5.11.2009 NZA 2010, 457 Rn. 17; 27.9.2012 NZA 2013, 559 Rn. 25; APS/*Kiel* Rn. 716; KR/*Griebeling/Rachor* Rn. 703l), auf Grund der davon auszugehen ist, dass Tatsachen vorliegen und diese den Tatbestand der Norm erfüllen. Die Basis für die Vermutung (Betriebsänd. iSd. § 111 BetrVG, Kausalität der Betriebsänd. für die Kündigung rechtswirksamer Abschluss eines 364

Interessenausgleichs) ist jedoch vom AG darzulegen und ggf. zu beweisen (BAG 26.3.2009 NZA 2009, 1151 Rn. 17; 27.9.2012 NZA 2013, 559 Rn. 16). Die Vermutung der Betriebsbedingtheit betrifft sowohl die Darlegungs- als auch die Beweislast, ist aber **widerlegbar** (KR/*Griebeling/Rachor* Rn. 703n). Hins. der Tatsachenvermutung ist jedoch nur der Beweis des Gegenteils zulässig, § 292 I ZPO (BAG 12.3.2009 NZA 2009, 1023 Rn. 23; 19.7.2012 NZA 2013, 333 Rn. 35; 27.9.2012 NZA 2013, 559 Rn. 26), so dass ein Tatsachenvortrag, der den kraft G zu vermutenden Umstand ledigl. in Zweifel zieht, nicht ausreicht (BAG 15.12.2011 NZA 2012, 1044 Rn. 17; 19.7.2012 NZA 2013, 333 Rn. 35; 27.9.2012 NZA 2013, 559 Rn. 26) Der AN, der sich auf einen hiervon abw. Sachverhalt beruft, trägt entgegen § 1 II 4 die volle Beweislast (BAG 12.3.2009 NZA 2009, 1023 Rn. 23; 15.12.2011 NZA 2012, 1044 Rn. 17; 27.9.2012 NZA 2013, 559 Rn. 26). Der AN muss auch die Behauptung beweisen, der BRVorsitzende habe die BV ohne einen entspr. Beschl. des BR unterzeichnet (BAG 21.2.2002 EzA KSchG § 1 Interessenausgleich Nr. 10).

365 Der Kündigende kann sich zunächst auf die Angaben im Interessenausgleich berufen. Trägt der AN erhebl. Tatsachen vor, die gegen die Richtigkeit des Interessenausgleichs sprechen, ist der Kündigende nach § 138 ZPO zu einem erg. Sachvortrag verpflichtet (zur abgestuften Darlegungslast BAG 27.9.2012 NZA 2013, 559 Rn. 28 ff.). Wird Beweis erhoben, gehen verbleibende Unklarheiten zu Lasten des AN. Das gilt auch für die Änderungskündigung (*Warrikoff* BB 1994, 2338, 2341). Nach § 1 V 1 wird vermutet, dass die Kündigung der ArbVerh. der bezeichneten AN durch **dringende betriebl. Erfordernisse** iSd. Abs. 2 bedingt ist (s. BAG 17.11.2005 NZA 2006, 661 Rn. 23). Es obliegt deshalb dem AN, darzulegen und ggf. zu beweisen, dass das Beschäftigungsbedürfnis in Wirklichkeit nicht entfallen ist (BAG 5.11.2009 NZA 2010, 457 Rn. 17; 15.12.2011 NZA 2012, 1044 Rn. 17; 19.7.2012 NZA 2013, 333 Rn. 35; 27.9.2012 NZA 2013, 559 Rn. 26, 30). Die Vermutungswirkung erstreckt sich ebenfalls auf das **Nichtvorliegen einer anderweitigen Beschäftigungsmöglichkeit** im Betrieb (BAG 5.11.2009 NZA 2010, 457 Rn. 17 15.12.2011 NZA 2012, 1044 Rn. 24; 19.7.2012 NZA 2013, 333 Rn. 35; LAG RP 19.5.2015 LAGE KSchG § 1 Betriebsbedingte Kündigung Nr. 99), was § 125 I 1 Nr. 1 InsO ausdr. bestimmt (s. dazu jedoch a. InsO § 125 Rn. 7). Entspr. gilt grds. auch für das Fehlen einer anderweitigen Beschäftigungsmöglichkeit in anderen Betrieben des Unternehmens (BAG 6.9.2007 NZA 2008, 633 Rn. 20). Auch wenn ein AN in eine Namensliste aufgenommen worden ist, kann er im Kündigungsschutzprozess nach § 1 III 1 Hs. 2 die Angabe der Gründe verlangen, die zu der getroffenen sozialen Auswahl geführt haben (BAG 10.2.1999 NZA 1999, 702, 703; 17.11.2005 NZA 2006, 661 Rn. 29; 19.12.2013 NZA-RR 2014, 185 Rn. 52). Lässt sich in einem späteren Kündigungsschutzprozess nicht mehr klären, ob eine Weiterbeschäftigung des AN zu den alten Arbeitsbedingungen mögl. gewesen wäre, geht das zu Lasten des AN (*Löwisch* RdA 1997, 80, 81).

366 Es ist davon auszugehen, dass die Sozialauswahl nach § 1 V 2 insg. nur beschränkt nachprüfbar bleibt. Es geht nicht nur um die Gewichtung der Sozialdaten wie in § 1 IV, sondern um die Richtigkeit der **Sozialauswahl in jeder Hinsicht** (BAG 17.11.2005 NZA 2006, 661 Rn. 27). Die Sozialauswahl erfasst deshalb auch die Herausnahme bestimmter AN nach § 1 III 2 (BAG 10.6.2010 NZA 2010, 1352 Rn. 29; APS/*Kiel* Rn. 718; KR/*Griebeling/Rachor* Rn. 703o). Das beinhaltet auch die **Vergleichbarkeit der AN**, denn ohne diese Prüfung ist eine Sozialauswahl nicht mögl. (BAG 5.11.2009 NZA 2010, 457 Rn. 21; 10.6.2010 NZA 2010, 1352 Rn. 19; 15.12.2011 NZA 2012, 1044 Rn. 38; 19.7.2012 NZA 2013, 333 Rn. 42; 27.9.2012 NZA 2013, 559 Rn. 45; **aA** SPV/*Preis* Rn. 1171). Ist ersichtl., dass der Interessenausgleich unter Beachtung der maßgebenden Umstände erstellt worden ist, beschränkt sich die Überprüfungsmöglichkeit auch nur auf die im G genannten Hauptdaten. Zur beschränkten Nachprüfung auf nur **grobe Fehlerhaftigkeit** s. Rn. 358 f. Grob fehlerhaft ist die Sozialauswahl auch, wenn aus dem Kreis der vergleichbaren AN diejenigen ausgeklammert werden, die sich auf einem bestimmten Arbeitsplatz erst einarbeiten müssen (LAG D 6.7.2011 BeckRS 2011, 76738; ebenso für den Regelfall BAG 19.12.2013 NZA-RR 2014, 185 Rn. 47). Eine grobe Fehlerhaftigkeit kann ebenfalls darauf gestützt werden, dass der Betriebsbegriff verkannt wurde, da in diesem Fall auch der auswahlrelevante Personenkreis fehlerhaft bestimmt wurde (BAG 20.9.2012 NZA 2013, 94 Rn. 31). Die grobe Fehlerhaftigkeit bzgl. der Sozialauswahl führt jedoch nicht dazu, dass die ges. Vermutung vollständig entfällt; hins. der Betriebsbedingtheit der Kündigung bleibt diese bestehen (BAG 5.11.2009 NZA 2010, 457 Rn. 15 mwN; 10.6.2010 NZA 2010, 1352 Rn. 14; 15.12.2011 NZA 2012, 1044 Rn. 15).

367 Abs. 5 gilt nur für Kündigungen, die nach dem Zustandekommen des Interessenausgleichs erklärt werden (*Lakies* RdA 1997, 145, 151). Ferner gilt die Regelung nach Abs. 5 S. 3 nicht, soweit sich die **Sachlage nach Zustandekommen des Interessenausgleichs wesentl. geänd.** hat. Maßgebend ist eine Änd. zwischen Abschluss des Interessenausgleichs und Zugang der Kündigung (BAG 12.3.2009 NZA 2009, 1023 Rn. 20; 15.12.2011 NZA 2012, 1044 Rn. 35; HKInsO/*Irschlinger* § 125 Rn. 24). Eine wesentl. Änd. liegt vor, wenn entgegen dem Interessenausgleich keine oder eine völlig andere Betriebsänd. durchgeführt wird (s. BAG 12.3.2009 NZA 2009, 1023 Rn. 20; GK-BetrVG/*Oetker* §§ 112, 112a Rn. 118 mwN; zu § 125 I 2 InsO BAG 18.10.2012 NZA-RR 2013, 68 Rn. 38). Es muss sich praktisch um einen Fall des Wegfalls der Geschäftsgrdl. handeln (BAG 12.3.2009 NZA 2009, 1023 Rn. 20; 15.12.2011 NZA 2012, 1044 Rn. 36; 24.10.2013 NZA 2014, 46 Rn. 24). Hierzu zählt zB eine Änd. der Planung oder ein unvorhergesehenes Ausscheiden anderer AN. Das alleinige Freiwerden eines anderen Arbeitsplatzes nach Abschluss des Interessenausgleichs reicht für die Anwendung von S. 3 indes nicht aus (BAG 23.10.2008 AP KSchG 1969 § 1 Namensliste Nr. 18). Andererseits läge eine wesentl. Änd. vor, wenn der Interessenausgleich im Hinblick auf eine Betriebsstilllegung vereinbart worden wäre und nach Ausspruch der Kündigung ein Interessent den Betrieb erwirbt und fortführt (*Schwedes* BB 1996 Beil. 17, 2, 4) oder sich die Zahl der zur Kündigung vorgesehenen AN im Vergleich zu der Zahl im Interessenausgleich erhebl. verringert hat (BAG 18.10.2012 NZA-RR 2013, 68 Rn. 38). Für die Wirksamkeit einer Kündigung sind die Umstände maßgebend, die zum Zpkt. des Zugangs der Kündigungserkl. bestanden (s. Rn. 91 ff.). Diesen Grds. hebt S. 2 nicht auf, dieser macht vielmehr nur eine Aussage zur Vermutung der Betriebsbedingtheit und zum Umf. der Überprüfungsmöglichkeit bzgl. der sozialen Auswahl. Darlegungs- und beweispflichtig für die wesentl. Änd. der Sachlage ist der AN (KR/*Griebeling/Rachor* Rn. 704; *Lakies* RdA 1997, 145, 151). Zu der Frage, ob AN, denen wirksam gekündigt worden ist, ein Wiedereinstellungsanspruch zusteht (so HKInsO/*Irschlinger* § 125 Rn. 27), s. BGB § 611 Rn. 323 ff. Sind die Voraussetzungen für eine wesentl. Änd. der Sachlage zu bejahen, dann muss der AG uneingeschränkt den Maßstab des § 1 beachten; eine Berufung auf die privilegierende Wirkung des Interessenausgleichs ist ihm verwehrt (s. APS/*Kiel* Rn. 726).

Nach Abs. 5 S. 4 ersetzt der Interessenausgleich gem. Abs. 5 die **Stellungn. des BR nach § 17 III 2,** **368**
s. § 17 Rn. 30.

VIII. Beweislastfragen

Die Darlegungs- und Beweislast dafür, dass soziale Gesichtpunkte iSd. Abs. 3 S. 1 nicht oder nicht **369**
ausreichend berücksichtigt worden sind, obliegt nach § 1 III 3 dem AN (BAG 18.3.2010 NZA 2010, 1059 Rn. 14; 27.9.2012 NZA 2013, 559 Rn. 46; 20.6.2013 NZA 2013, 837 Rn. 14). Demggü. ist Abs. 3 S. 2 als Ausnahmevorschr. zu verstehen. Danach findet nicht etwa hins. bestimmter Personen überhaupt keine Sozialauswahl statt, sondern es wird vielmehr als sozial verträgl. erachtet, dass bestimmte Personen im Rahmen einer allg. Sozialauswahl aus im G festgelegten Gründen einen Vorrang genießen. Für den Nachw. eines betriebl. Interesses, das die Herausnahme bestimmter AN rechtfertigt, ist deshalb der AG beweispflichtig (BAG 18.3.2010 NZA 2010, 1059 Rn. 14). Durch die materiell-rechtl. Regelung in § 1 III 1 Hs. 2, wonach der AG dem AN auf Verlangen die Gründe anzugeben hat, die zu der getroffenen sozialen Auswahl geführt haben, wird die Darlegungslast beeinflusst. Es gilt eine abgestufte Darlegungs- und Beweislast, die das BAG aus § 138 ZPO entwickelt hat und die eine Konkretisierung der in dieser Norm bereits enthaltenen Regelung ist (s. dazu BAG 24.5.2005 NZA 2005, 1302, 1306; 27.9.2012 NZA 2013, 559 Rn. 46; 21.5.2015 NZG 2016, 35 Rn. 62; SPV/*Preis* Rn. 1135).

In größeren Betrieben wird der AN die maßgebenden Daten seiner Mitarbeiter nicht kennen. Ihm **370**
steht daher nach § 1 III 1 aE ein **materiell-rechtl. Auskunftsanspruch** zur Vfg. (s. a. Rn. 339 f.). Er muss diesen nicht durch eine eigene Klage realisieren. Der AG hat ihn vielmehr im Kündigungsschutzprozess oder vorher zur Vermeidung von Rechtsnachteilen zu erfüllen. Er muss nicht eine Gesamtübersicht der Daten seiner Belegschaft vorlegen. Nach dem GWortlaut erstreckt sich die Auskunftspflicht auf die tats. getroffenen Erwägungen und nicht auf diejenigen, die richtigerweise hätten getroffen werden müssen. Die gegenseitige Vortragslast der Parteien entspricht § 138 ZPO. Jede Partei muss das substantiiert vortragen, was sie aus ihrem Kenntnisbereich genau weiß (s. dazu iE HHL/*Krause* Rn. 1125 ff.; SPV/*Preis* Rn. 1134 ff.). Hat der AG eine unvollständige Auskunft erteilt, indem er die Namen der von ihm für vergleichbar angesehenen AN nicht nennt, hat der AN im Kündigungsschutzprozess seiner Darlegungslast bereits dadurch genügt, dass er pauschal die soziale Auswahl bestreitet (BAG 27.9.2012 NZA 2013, 559 Rn. 47; 19.12.2013 NZA-RR 2014, 185 Rn. 53; 21.5.2015 NZG 2016, 35 Rn. 62).

Unter Zugrundelegung von § 138 ZPO ergibt sich folgendes abgestuftes System der Darlegungs- **371**
und Beweislast (stRspr.; zB BAG 24.5.2005 NZA 2005, 1302, 1306; 31.5.2007 NZA 2008, 33 Rn. 34; zul. 21.5.2015 NZG 2016, 35 Rn. 62):

- Der AN muss behaupten, die soziale Auswahl sei fehlerhaft. Soweit er meint die Mängel zu kennen, muss er die Tatsachen dazu vortragen. Kennt der AN selbst die Zahl und die Namen der vergleichbaren AN sowie deren Sozialdaten, genügt es nicht, wenn er seine Rüge allein damit begr., die Mehrheit der vergleichbaren AN sei zB hins. ihres Alters und der Dauer der Betriebszugehörigkeit weniger schutzbedürftig als er. Er muss in diesem Fall vielmehr unter Angabe der individuellen Sozialdaten der **AN** diejenigen **namentl. benennen,** die nach seiner Meinung die Kündigung weniger hart treffen würde als ihn.
- Ist der AN nicht in der Lage, substantiiert zur sozialen Auswahl Stellung zu nehmen, hat er den AG zur Auskunft aufzufordern; die Darlegungslast geht damit auf den AG über. Legt der AG die von ihm angestellten Auswahlüberlegungen nicht oder nicht vollständig dar, ist der AN von der ihm gem. Abs. 3 S. 3 obliegenden Darlegungs- und Beweislast insoweit befreit, als er ihr gerade aus diesem Grund nicht genügen kann. **Schweigt der AG** völlig und ergänzt er seinen Vortrag auch nicht im Prozess, ist es unstr., dass der AG soziale Gesichtspunkte nicht ausreichend berücksichtigt hat (BAG 27.9.2012 NZA 2013, 559 Rn. 48).

- Gibt der AG Auskunft, hat der **AN wieder die Darlegungslast**. Er muss nunmehr konkret vortragen, inwiefern die vom AG benannten Personen weniger schutzwürdig sein sollen als er und damit die Sozialauswahl fehlerhaft ist. Ergibt sich aus der Auskunft des AG, dass er die Sozialauswahl nicht auf nach dem Vortrag des AN weitere vergleichbare AN erstreckt hat, und ergänzt der AG seinen Vortrag hins. dieser AN nicht, ist die Behauptung des AN, der AG habe soziale Gesichtspunkte insoweit nicht ausreichend berücksichtigt, als unstr. anzusehen. Der AG muss dann näher darlegen, dass trotz Durchführung eines gegen § 1 III verstoßenden Auswahlverfahrens gleichwohl der gekündigte AN auch nach dem Maßstab des G nicht fehlerhaft ausgewählt worden ist. Für den Fall eines Interessenausgleichs mit Namensliste iSd. § 1 V hat der AN die Darlegungs- und Beweislast für deren grobe Fehlerhaftigkeit iSd. § 1 V 2 (BAG 27.9.2012 NZA 2013, 559 Rn. 48; 19.12.2013 NZA-RR 2014, 185 Rn. 53).
- Hat der AG seiner Auskunftspflicht genügt und bleiben letzte Zweifel, gehen diese zu Lasten des beweispflichtigen AN.

H. Widerspruchsgründe

I. Allgemeines

372 Nach Abs. 2 S. 2 ist die Kündigung auch sozial ungerechtfertigt, wenn
- die Kündigung gegen eine **AuswahlRL** nach § 95 BetrVG verstößt,
- der AN an einem anderen Arbeitsplatz in demselben Betrieb oder in einem anderen Betrieb des Unternehmens beschäftigt werden kann,
- der AN nach einer einverständl. **Umschulung oder Fortbildung** im Betrieb oder in einem anderen Betrieb des Unternehmens eingesetzt werden kann,
- und in allen Fällen, in denen der **BR oder PR** der Kündigung **widersprochen hat**, s. Rn. 382.

373 Nach S. 1 werden die gerade **aktuell innegehabte Beschäftigungsmöglichkeit** und die durch Weisungsrecht (s. § 2 Rn. 14) iVm. freien Arbeitsplätzen zu realisierende Beschäftigungsmöglichkeit erfasst. S. 2 konkretisiert die Dringlichkeit, und zwar abschl. Liegen die Voraussetzungen nach S. 2 vor, ist auch – individualrechtl. betrachtet – eine Kündigung nicht erforderl. (so richtig *Wank* RdA 1987, 129, 137 ff.). Das Wort „auch" verknüpft die Individualseite mit dem kollektivrechtl. Bereich. Besteht die bisherige Beschäftigungsmöglichkeit nicht mehr, ist zu prüfen, ob nicht eine solche nach S. 2 gegeben ist.

374 Die kündigungsrechtl. **Funktion der Widerspruchstatbestände** besteht in einer Verbesserung der inhaltl. Ausgestaltung des individuellen Kündigungsschutzes durch die Einbeziehung kollektiver Elemente. Der AN soll sich im Kündigungsschutzprozess wehren können, wenn der AG sich über die berechtigten Einwendungen des BR hinwegsetzt (BAG 6.6.1984 NZA 1985, 93; DDZ/*Deinert* Rn. 380). Die Widerspruchsregelung gilt für die personen-, die verhaltens- und die betriebsbedingte Kündigung.

375 Voraussetzung für den erweiterten Kündigungsschutz ist ein **frist- und ordnungsgemäß** erhobener Widerspruch des BR. Dieser wirkt in zweifacher Hinsicht: Er begr. eine vorl. Weiterbeschäftigungspflicht (§ 102 V BetrVG) und er schränkt die Überprüfungsmöglichkeiten ein, wenn sich der Widerspruch iRd. Wertung des Kündigungsgrunds durch den AG bewegt. Er gibt dem BR nicht das Recht, den Kündigungsgrund mitbestimmen zu können. Kündigt der AG einem AN mit der Begr., er sei im Außendienst nicht einsetzbar, weil er nicht mit Kunden umgehen könne, kann der BR auf eine freie Stelle im Innendienst, nicht jedoch auf einen anderen Posten im Außendienst verweisen, auf dem noch keine Konflikte mit Kunden aufgetreten seien. Bei der personen- und verhaltensbedingten Kündigung bedarf es nicht mehr der sonst notwendigen Interessenabwägung (DDZ/*Deinert* Rn. 386). Die Widerspruchstatbestände des § 1 II 2 und 3 sind deckungsgleich mit denen in § 102 III Nr. 2 bis 5 BetrVG bzw. § 79 I Nr. 2 bis 5 BPersVG und in entspr. LPVG. Bei § 1 II 2 Nr. 1b muss der Arbeitsplatz konkret bezeichnet werden (s. BAG 11.5.2000 NZA 2000, 1055, 1056). Wegen weiterer Einzelheiten s. Erl. zu § 102 BetrVG.

376 **Besteht ein BR nicht** oder ist ein bestehender BR untätig geblieben, sind dennoch die Beschäftigungsmöglichkeiten nach § 1 III 2 und 3 zu berücksichtigen. Der individualrechtl. Kündigungsschutz hängt weder vom Bestehen noch vom Belieben eines BR ab (einhellige Meinung: BAG 5.8.1976 AP KSchG 1969 § 1 Krankheit Nr. 1; 22.7.1982 NJW 1983, 700; 17.5.1984 NZA 1985, 489; s. a. Rn. 248). § 1 II 2 enthält in den Nummern 1b und 2b sowie in S. 3 Tatbestände, die schon vor deren Einfügung in das G iRd. allg. Prüfung der Sozialwidrigkeit nach Abs. 2 S. 1 und Abs. 3 berücksichtigt worden sind. Der fehlende Widerspruch wirkt sich dahin aus, dass dem AN insoweit die Darlegungs- und Beweislast obliegt (s. Rn. 264).

377 Die Regelung in Abs. 2 S. 2 und 3 beinhaltet nicht einen anderen Unwirksamkeitsgrund iSv. § 13 III. Verstöße kann der AN nur im Rahmen einer nach §§ 4 bis 6 erhobenen **Kündigungsschutzklage** geltend machen. Hins. einer Weiterbeschäftigungsmöglichkeit besteht keine vorherige formelle Prüfungspflicht des AG iS einer Wirksamkeitsvoraussetzung der Kündigung. Besteht eine Weiterbeschäf-

tigungsmöglichkeit, muss der AG dem AN vor der Kündigung den freien Platz auch nicht als Wirksamkeitsvoraussetzung der Kündigung zunächst mit einer Bedenkzeit anbieten (s. näher Rn. 254).

II. Verstoß gegen Auswahlrichtlinie

Nach Abs. 2 S. 2 Nr. 1a ist die Kündigung sozial ungerechtfertigt, wenn diese gegen eine personelle AuswahlRL gem. § 95 BetrVG verstößt und der BR oder eine andere nach dem BetrVG zust. Vertretung der AN aus diesem Grund der beabsichtigten Kündigung frist- und ordnungsgemäß widersprochen hat. Das gilt gem. Nr. 2a entspr. für den öffentl. Dienst. Beide Regelungen entsprechen dem Widerspruchstatbestand in § 102 III Nr. 2 BetrVG, § 79 I Nr. 2 BPersVG. Bei einem **Verstoß gegen eine wirksame AuswahlRL** ist die Kündigung sozialwidrig (BAG 13.9.1973 AP KSchG 1969 § 1 Nr. 2; KR/*Griebeling/Rachor* Rn. 712) und schon allein auf Grund des wirksamen Widerspruchs unwirksam. Eine gesonderte Interessenabwägung entfällt. 378

III. Weiterbeschäftigung des Arbeitnehmers

1. Allgemeines. Die Weiterbeschäftigungsmöglichkeiten des AN, bei der eine Kündigung auch sozial ungerechtfertigt ist, sind im G nicht gerade verständl. formuliert. Bei einer „Übersetzung" stellt sich der erste Teil der Vorschr. des § 1 II 2 und 3 wie folgt dar: 379

Dringende betriebl. Erfordernisse liegen nicht vor, wenn eine Weiterbeschäftigung mögl. ist 379a
- S. 2 Nr. 1b (1): auf einem anderen Arbeitsplatz in demselben Betrieb (s. Rn. 386).
- S. 2 Nr. 1b (2): auf einem anderen Arbeitsplatz in einem anderen Betrieb des Unternehmens (s. Rn. 387).
- S. 3 (Hs. 2): unter geänd. Arbeitsbedingungen, wenn der AN sein Einverständnis erklärt hat (s. Rn. 388).
- S. 3 (Hs. 1): nach zumutbaren Umschulungs- oder Fortbildungsmaßnahmen, wenn der AN sein Einverständnis erklärt hat (s. Rn. 389).

Nach dem KSchG ist nicht zu prüfen, ob eine **Beschäftigung in einem anderen Betrieb des Konzerns** mögl. ist, zu dem das Unternehmen gehört. Ein Konzernbezug ist nur in Ausnahmefällen anzuerkennen (s. näher Rn. 246, 286). 380

2. Bedeutung des Widerspruchs des Betriebsrats oder Personalrats. In allen Fällen setzt das G einen Widerspruch des BR oder PR voraus. Die Möglichkeiten sind aber auch zu berücksichtigen, wenn der AN auf sie hinweist (s. Rn. 376). Bei den Fällen des S. 3 muss der AN mit den Änd. einverstanden sein. Für Betriebe und Verw. des ÖffR gilt das Gleiche (§ 1 II 2 Nr. 2). Das Widerspruchsrecht des BR **umfasst alle Kündigungsgründe** (BAG 22.7.1982 NJW 1983, 700). Es werden aber nur solche Gründe berücksichtigt, auf die der BR seinen Widerspruch gestützt hat (HHL/*Krause* Rn. 1091). Widerspricht der BR ordnungsgemäß einer Kündigung nach § 102 III Nr. 3 BetrVG, schlägt er damit dem AG gleichzeitig vor, den AN auf den anderen Arbeitsplatz zu versetzen, sofern die Voraussetzungen nach § 95 III BetrVG erfüllt sind. Geht der AG auf diesen Vorschlag ein, ist die Zust. nach § 99 BetrVG nicht mehr einzuholen. Diese liegt in dem wirksam erhobenen Widerspruch bereits vor (SPV/*Preis* Rn. 1282). Die Beschäftigungsmöglichkeiten auf anderen Arbeitsplätzen können durch Regelungen im Arbeitsvertrag abgedeckt sein. Dann hat der AG die Möglichkeit, dem AN im Weg des Weisungsrechts einen anderen Tätigkeitsbereich zuzuweisen. 381

Der AG kann sich nach § 102 V 2 BetrVG von der Weiterbeschäftigungspflicht durch einstweilige Vfg. entbinden lassen. Erklärt er eine weitere vorsorgl. Kündigung auf Grund des im Wesentlichen gleichen Kündigungssachverhalts, kann das die Rechtsposition des AN beim Weiterbeschäftigungsanspruch nach § 102 V BetrVG nicht verbessern. Ist der AG durch einstweilige Vfg. im Anschluss an die erste Kündigung von seiner Weiterbeschäftigungspflicht entbunden worden, beseitigt dies seine Pflicht zur Weiterbeschäftigung des AN. Er ist nicht verpflichtet, erneut ein Verfahren auf Erlass einer einstweiligen Vfg. einzuleiten, wenn der BR der zweiten Kündigung ebenfalls widerspricht (BAG 18.9.2003 AP BetrVG 1972 § 102 Nr. 15). 382

3. Freie Beschäftigungsmöglichkeiten. Die in allen Fallvarianten angesprochenen Weiterbeschäftigungsmöglichkeiten betreffen nur freie Arbeitsplätze (s. Rn. 250). Diese müssen genau bestimmbar angegeben sein, wenn der BR nach § 102 V BetrVG wirksam widersprechen will. Als frei sind solche Arbeitsplätze anzusehen, die mit der bisherigen Beschäftigungsmöglichkeit vergleichbar und zum Zpkt. des Zugangs der Kündigungserkl. unbesetzt sind (s. Rn. 250). Der AG ist nicht verpflichtet, „einen Platz frei zu kündigen" (s. Rn. 251). Freie Arbeitsplätze auch im Sinn dieser Regelung sind nur solche, die hierarchisch gesehen auf der bisherigen Beschäftigungsebene liegen. Nach stRspr. gibt es **keinen Anspruch auf „Beförderung"** (dazu Rn. 252). Bewerben sich mehrere zu kündigende AN auf zu wenig vorhandene freie Arbeitsplätze, hat unter ihnen eine Auswahl zu erfolgen (s. Rn. 253). Stimmt der BR einer Versetzung gem. § 99 BetrVG **nicht zu** und ersetzt das Gericht die fehlende Zust. nicht, wobei der AG nicht verpflichtet ist, das ArbG anzurufen (s. Rn. 257), ist der betr. Arbeitsplatz 383 nicht frei. Das gilt sowohl für Versetzungen in demselben Betrieb als auch für solche in einen anderen Betrieb des Unternehmens (BAG 22.1.1991 AP BetrVG 1972 § 99 Nr. 86).

384 **4. Weiterbeschäftigung auf einem anderen Arbeitsplatz in demselben Betrieb.** Die Regelung gilt für die personen-, die verhaltens- und die betriebsbedingte ordentl. Kündigung (BAG 22.7.1982 AP KSchG 1969 § 1 Verhaltensbedingte Kündigung Nr. 5). Der andere Arbeitsplatz in demselben Betrieb ist eine noch arbeitsvertragl. angebundene Beschäftigungsmöglichkeit, die im Wege des **Direktionsrechts** realisiert werden könnte (s. Rn. 249). Müssen die Arbeitsbedingungen geänd. werden, greift Abs. 3 S. 3 Hs. 2 (s. Rn. 388). Gemeint sind die Arbeitsplätze aller AN, die in die betriebl. Auswahl einzubeziehen sind (s. Rn. 318 ff.). Die Zuweisung kraft Direktionsrechts setzt keine Änd. der Arbeitsbedingungen voraus. Müssen die Arbeitsbedingungen geänd. werden, greift Abs. 2 S. 3 Hs. 2.

385 **5. Weiterbeschäftigung auf einem anderen Arbeitsplatz in einem anderen Betrieb des Unternehmens.** Die Weiterbeschäftigung zu geänd. Bedingungen ist nach dieser Vorschr. nicht auf den Betrieb beschränkt, sondern erstreckt sich auch auf einen anderen Arbeitsplatz im Unternehmen. Dabei ist es ohne Bedeutung, ob der Arbeitsvertrag bereits eine solche Umsetzungsmöglichkeit vorsieht, so dass der AG im Weg des Weisungsrechts vorgehen kann. Müssen die Arbeitsbedingungen geänd. werden, greift Abs. 2 S. 3 Hs. 2. Eine Weiterbeschäftigungsmöglichkeit besteht nicht, wenn der BR des aufnehmenden Betriebs seine Zust. zur vorgesehenen Einstellung des AN verweigert hat (BAG 22.1.1991 NZA 1991, 569). Wird eine Dienststelle aufgelöst, ist zu prüfen, ob für den AN eine Beschäftigungsmöglichkeit auf einer neu geschaffenen Dienststelle innerhalb des gleichen Verwaltungszweigs besteht (BAG 6.2.1997 BeckRS 2010, 74723: Auflösung einer Technikerfachschule und Neuaufbau eines berufl. Schulzentrums mit Fachabt. Technik). War der AN neben seinem urspr. Arbeitsvertrag vertragsgemäß auch bei einem Konzernunternehmen tätig, obliegt dem kündigenden AG eine gesteigerte Darlegungslast dafür, dass bei zum Konzern gehörenden Unternehmen eine Beschäftigungsmöglichkeit nicht besteht, wenn der AN sich hierauf beruft (BAG 21.1.1999 NZA 1999, 539). Erhebt der BR Widerspruch, ist dieser nur wirksam, wenn der Arbeitsplatz, auf dem der AN eingesetzt werden soll, bestimmbar angegeben wird; allg. Hinweise genügen nicht (s. BetrVG § 102 Rn. 20).

386 **6. Weiterbeschäftigung unter geänderten Arbeitsbedingungen bei Einverständnis des Arbeitnehmers.** Voraussetzung ist ein entspr. freier Arbeitsplatz. Eine Beschäftigungsmöglichkeit zu geänd. Bedingungen liegt auch bei geringerer Vergütung vor (LAG K 22.7.2004 LAGE KSchG § 1 Betriebsbedingte Kündigung Nr. 70). In Betracht kommt auch eine Kürzung übertarifl. Zulagen, von Gratifikationen und Prämien, ebenso eine TZBeschäftigung (näher BetrVG § 102 Rn. 22). Liegt kein Einverständnis des AN vor oder ist der AG insoweit unwissend, kommt eine Änderungskündigung in Betracht, s. dazu § 2.

387 **7. Weiterbeschäftigung nach Umschulung oder Fortbildung.** Die ordentl. Kündigung ist nach Abs. 2 S. 3 Hs. 1 auch sozial ungerechtfertigt, wenn der AN nach zumutbaren Umschulungs- oder Fortbildungsmaßnahmen im Betrieb oder in einem anderen Betrieb des Unternehmens eingesetzt werden kann und der BR frist- und ordnungsgemäß widersprochen hat. Der Regelungsgehalt deckt sich mit den Tatbeständen in § 102 III Nr. 4 BetrVG und § 79 I Nr. 4 BPersVG (s. BetrVG § 102 Rn. 21).

388 Die Frage, was unter **zumutbaren Umschulungs- oder Fortbildungsmaßnahmen** zu verstehen ist, ist str. Insb. ergibt sich aus dem G nicht, wer die Maßnahme zu finanzieren hat, zumal wenn sich diese nicht innerbetriebl. durchführen lässt. Keine Bedeutung haben die in § 1 IV, V BBiG genannten Ziele (dazu BBiG § 1 Rn. 5), da das KSchG eine andere Zielsetzung verfolgt (s. a. BAG 7.2.1991 NZA 1991, 806, 807 f.). Es will erreichen, eine weitere Beschäftigung im bisherigen Betrieb nach Durchführung der Maßnahmen zu ermöglichen. Zieht man die Überlegungen zur Weiterbeschäftigung hins. der hierarchischen Ebenen hinzu, kann Umschulung oder Fortbildung nur eine solche sein, die eine Weiterbeschäftigung auf gleicher Ebene ermöglichen wird. Die Bestimmung einer zumutbaren Umschulungs- oder Fortbildungsmaßnahme hat daher unter Heranziehung arbeitsvertragl. sowie betriebs- und unternehmensbezogener Umstände zu erfolgen. Gleiche Ebene heißt nicht unbedingt gleiche Funktion, sondern betrifft die allg. Qualifikationsanforderungen. Die kündigungsrechtl. relevanten begriffl. Unterschiede zwischen Umschulung und Fortbildung werden am besten quantitativ und nicht qualitativ erfasst. Die **Umschulung** zielt auf den Erwerb eines Bündels anderer Verrichtungsfähigkeiten ab, die – ab einem bestimmten Zpkt. – zeitl. gerafft zur Vfg. stehen müssen. Die **Fortbildung** bezieht sich auf die Beibehaltung der gleichen Funktion bei kontinuierl. inhaltl. Änd. der zu verrichtenden Tätigkeiten, jedoch immer noch iRd. bestehenden Arbeitsvertrags. Sie betrifft die in jedem Beruf bestehende Notwendigkeit, die Fortentwicklung geistiger und technischer Bereiche in der ausgeübten Tätigkeit umzusetzen.

389 Umschulungs- oder Fortbildungsmaßnahmen kommen nur in Betracht, wenn der AN nach Beendigung der Maßnahme auf einem dann freien Arbeitsplatz eingesetzt werden kann (BAG 7.2.1991 NZA 1991, 806, 807). Steht zum Zpkt. des Kündigungsausspruchs fest, dass nach zeitl. Ablauf von Umschulungs- oder Fortbildungsmaßnahmen keine Beschäftigungsmöglichkeit für den umgeschulten oder fortgebildeten AN besteht, hindern solche Maßnahmen keine Kündigung. Der absehbare Zeitraum

richtet sich nach der konkreten Personalplanung des kündigenden Betriebs (BAG 7.2.1991 NZA 1991, 806, 807). Die Zumutbarkeit kann sich nicht auf Umstände beziehen, die allein aus der Sicht des AN relevant sind, denn dieser kann frei ablehnen (*Ascheid* Rn. 313; *Preis* Prinzipien S. 164, 169). Deshalb setzen **Umschulungsmaßnahmen** die Zust. des AN voraus (KR/*Griebeling/Rachor* Rn. 724; *Galperin/Löwisch* § 102 Rn. 7; *Heinze,* Personalplanung, Einstellung und Kündigung, 1982 Rn. 558: spätestens im Kündigungsschutzprozess).

Die **Zumutbarkeit** einer Umschulung oder Fortbildung für den AG ergibt sich aus einer Abwägung, 390
bei der technische und wirtschaftl. Möglichkeiten des AG dem Qualifikationsbedarf des AN gegenüberzustellen sind. Hierbei ist die wirtschaftl. Leistungsfähigkeit des AG von bes. Bedeutung, kann aber nicht allein den Ausschlag geben. Zu beachten ist vordringl. auch die Tatsache, wer die Notwendigkeit der angesprochenen Maßnahmen verursacht hat. Der Fall, dass der AG alle Maschinen austauscht und durch neue, anders zu bedienende ersetzt, ist bzgl. der Zumutbarkeit anders zu beurteilen als der eines AN, der sich durch riskante Sportausübung und entspr. Verletzungen außerstande gesetzt hat, die bisher ausgeübte Tätigkeit zu verrichten. Ebenso ist die Lage eines AN anders zu beurteilen, der sich die Untauglichkeit durch die bisherige berufl. Tätigkeit zugezogen hat. Zudem ist der Umstand, ob der AN gerade sieben Monate im Betrieb tätig war oder 20 Jahre, bei der Abwägung von Bedeutung. Demggü. erscheint eine Operationalisierung der Norm dahingehend, die Zumutbarkeit an feste finanzielle Beträge und Zeitgrenzen binden zu wollen, nicht gangbar. Maßnahmen kommen in Betracht, wenn bereits anges. der Art des Arbeitsgeräts davon auszugehen ist, dass st. Neuerungen eintreten werden. Wirtschaftl. zumutbar ist die Maßnahme regelm., wenn diese im Betrieb des AG durchgeführt werden kann. Bei einer außerbetriebl. Fortbildungs- oder Umschulungsmaßnahme spielen die Kosten eine erhebl. Rolle.

IV. Beweislastfragen

Hins. einer **fehlenden Weiterbeschäftigung** auf einem anderen Arbeitsplatz gilt für die Darlegungs- 391
und Beweislast die Regelung in § 1 II 4. Zur Unmöglichkeit der Weiterbeschäftigung auf einem anderen Arbeitsplatz, § 1 II 2 u. 3, obliegt die Beweislast, dass keine Beschäftigungsmöglichkeit auf einer anderen freien Stelle besteht, auch hier dem AG (s. näher Rn. 264). Der AG ist auch darlegungs- und beweispflichtig dafür, dass die Kündigung in Übereinstimmung mit bestehenden personellen **AuswahlRL** steht.

§ 1a Abfindungsanspruch bei betriebsbedingter Kündigung

(1) [1]**Kündigt der Arbeitgeber wegen dringender betrieblicher Erfordernisse nach § 1 Abs. 2 Satz 1 und erhebt der Arbeitnehmer bis zum Ablauf der Frist des § 4 Satz 1 keine Klage auf Feststellung, dass das Arbeitsverhältnis durch die Kündigung nicht aufgelöst ist, hat der Arbeitnehmer mit dem Ablauf der Kündigungsfrist Anspruch auf eine Abfindung.** [2]**Der Anspruch setzt den Hinweis des Arbeitgebers in der Kündigungserklärung voraus, dass die Kündigung auf dringende betriebliche Erfordernisse gestützt ist und der Arbeitnehmer bei Verstreichenlassen der Klagefrist die Abfindung beanspruchen kann.**

(2) [1]**Die Höhe der Abfindung beträgt 0,5 Monatsverdienste für jedes Jahr des Bestehens des Arbeitsverhältnisses.** [2]**§ 10 Abs. 3 gilt entsprechend.** [3]**Bei der Ermittlung der Dauer des Arbeitsverhältnisses ist ein Zeitraum von mehr als sechs Monaten auf ein volles Jahr aufzurunden.**

1. Normzweck. Die Vorschr. wurde durch das G zu Reformen auf dem Arbeitsmarkt (s. § 1 Rn. 2) 1
in das KSchG eingefügt (s. *Nägele* ArbRB 2004, 80; *Wolf* BB 2003, 378; Übersicht zur Rspr.: *Hergenröder* RdA 2008, 364 ff.). Da es in Kündigungsschutzprozessen häufig zu vergleichsweisen Regelungen mit Abfindungsvereinb. kommt, soll § 1a eine „einfach zu handhabende, moderne und unbürokratische Alt. zum Kündigungsschutzprozess" schaffen (so Begr. GE BT-Drs. 15/1204 S. 12; BAG 13.12.2007 NZA 2008, 696 Rn. 46; 20.8.2009 NZA 2009, 1197 Rn. 10; 16.12.2010 NZA-RR 2011, 421, 423; 19.7.2016 NZA 2017, 121 Rn. 20; MüKoBGB/*Hergenröder* Rn. 3; krit. SPV/*Preis* Rn. 1173 f.). Die Besonderheit des § 1a besteht in der Begr. eines eigenständigen Anspruchs auf Abfindung, der allein vom Angebot des AG abhängt und keiner Annahme durch den AN bedarf (s. Rn. 13).

2. Verhältnis zur Vertragsfreiheit. § 1a beschränkt auf Grund seines Zwecks (s. Rn. 1) nicht die 2
Vertragsfreiheit. Den Arbeitsvertragsparteien bleibt es neben § 1a unbenommen, durch **einvernehml. Abrede** das ArbVerh. gegen Zahlung einer Abfindung aufzulösen (BAG 19.6.2007 NZA 2007, 1357; 10.7.2008 NZA 2008, 1292 Rn. 15). Das gilt selbst dann, wenn bereits eine Kündigung erklärt worden ist. Bei einer einvernehml. Abrede müssen die Parteien für die Höhe der Abfindung nicht den Rahmen des § 1a II beachten, vertragl. kann auch eine niedrigere Abfindung angeboten werden (BAG 10.7.2008 NZA 2008, 1292 Rn. 15). In diesem Fall muss der AG den AN jedoch unmissverständl. darauf hinweisen, dass sein Angebot nicht ein solches nach § 1a II ist (BAG 19.6.2007 NZA 2007, 1357 Rn. 18; 13.12.2007 NZA 2008, 528 Rn. 21; 10.7.2008 NZA 2008, 1292 Rn. 18; 19.7.2016 NZA 2017,

121 Rn. 14). Ebenso kann der AG dem AN bei einer personen- oder verhaltensbedingten Kündigung für die Nichterhebung einer Klage eine Abfindung anbieten (*Grobys* DB 2003, 2174, 2175; s. a. § 1 Rn. 14). Außerhalb des Prozederes nach § 1a setzt der Anspruch auf Zahlung einer Abfindung übereinstimmende Willenserkl. von AG und AN voraus, insb. muss der AN das Angebot des AG angenommen haben. Allein das Verstreichenlassen der Klagefrist in § 4 S. 1 ist nicht als konkludente Annahmeerkl. des AN zu bewerten. Selbst wenn die Erkl. der Annahme ggü. dem AG nach § 151 BGB entbehrl. ist, kann auf eine Betätigung des Annahmewillens durch den AN nicht verzichtet werden. Untätigkeit allein reicht hierfür nicht aus (unzutr. deshalb LAG BW 26.6.2006 LAGE KSchG § 1a Nr. 4: Verzicht auf Klageerhebung als Betätigung des Annahmewillens). Anders ist zu entscheiden, wenn der AN eine Handlung vornimmt, aus der auf seinen Annahmewillen geschlossen werden kann (zB Verbrauch der auf seinem Konto gutgeschriebenen Abfindungszahlung in Kenntnis des AGAngebots). Zum **Klageverzicht** s. § 1 Rn. 14. Zu **Abfindungen im Rahmen eines Sozialplans**, die mit dem Unterlassen einer Kündigungsschutzklage verbunden werden, s. BetrVG §§ 112, 112a Rn. 23. Bzgl. der **Sperrzeit nach § 159 I 2 Nr. 1 SGB III** entfaltet § 1a II eine Ausstrahlung; es kommt eine Privilegierung als „wichtiger Grund" in Betracht, wenn die Höhe der Abfindung den Betrag nach § 1a II nicht übersteigt (s. SGB III § 159 Rn. 10, 34); zudem ist eine in den Grenzen des § 1a II gewährte Abfindung keine **Entlassungsentschädigung iSd. § 158 I 1 SGB III** (= § 143a I 1 SGB III aF) (BSG 8.12.2016 NZS 2017, 310).

3 **3. Anwendungsbereich.** Die Entstehung des Abfindungsanspruchs nach § 1a setzt die **Anwendbarkeit des KSchG** nach Maßgabe von § 23 voraus (*Däubler* NZA 2004, 177, 178; SPV/*Preis* Rn. 1175; *Rolfs* ZIP 2004, 333, 334; MüKoBGB/*Hergenröder* Rn. 8). Außerdem muss der AG die **Kündigung** auf dringende **betriebl. Erfordernisse** iSd. § 1 II 1 stützen und diese auch so bezeichnen (§ 1a I 2). Die Erkl. kann nur der AG oder eine für Kündigungen bevollmächtigte Person wirksam abgeben (KR/*Spilger* Rn. 43). Wird später nur über die Abfindung gestritten, wird nicht nachgeprüft, ob die Voraussetzungen für eine betriebsbedingte Kündigung tats. vorlagen (*Däubler* NZA 2004, 177, 178; *Preis* DB 2004, 70, 73; DDZ/*Zwanziger* Rn. 4). Bei mehreren Kündigungen muss der Hinweis für jede Kündigung wiederholt werden (*Maschmann* AuA 2003, 6, 10; **aA** SES/*Schwarze* Rn. 9). Da § 1a auf § 1 aufbaut, ist der Weg zu § 1a nur eröffnet, wenn die **sechsmonatige Wartezeit** (s. § 1 Rn. 32 ff.) erfüllt ist (*Kögel* RdA 2009, 358, 360; *Thüsing/Wege* JuS 2006, 97, 100; **aA** bei Zweifelsfällen KR/*Spilger* Rn. 62). Zuvor besteht jedoch die Möglichkeit einer einvernehml. vertragl. Abrede (s. Rn. 2).

4 Bei einer Kündigung aus **personen- oder verhaltensbedingten Gründen** ist § 1a nicht anwendbar; die Arbeitsvertragsparteien können sich aber vertragl. auf eine Beendigung des ArbVerh. und die Zahlung einer Abfindung einigen (s. Rn. 2). Kündigt der AG betriebsbedingt und zugleich personen- und/oder verhaltensbedingt, greift § 1a ein, wenn der AG eine Erkl. nach § 1a I 2 abgegeben hat und der AN insg. keine Kündigungsschutzklage erhebt.

5 Wegen seiner systematischen Stellung greift § 1a nur bei ordentl. Kündigungen ein. Für die **außerordentl. Kündigung** ist § 1a wegen § 13 grds. nicht anwendbar (KR/*Spilger* Rn. 24); eine **hilfsweise** erklärte **ordentl. Kündigung** genügt nur, wenn die außerordentl. Kündigung unwirksam ist, da die Kündigung nur in diesem Fall als ordentl. Kündigung gelten soll (KR/*Spilger* Rn. 24). Ansonsten müssen die Parteien des ArbVerh. eine einvernehml. Abrede treffen (s. Rn. 2). Eine **Ausnahme** gilt allein bei einzel- oder tarifvertragl. ordentl. unkündbaren AN, wenn die außerordentl. Kündigung mit einer (notwendigen) Auslauffrist versehen werden muss (s. BGB § 626 Rn. 74 f.); in diesem Fall ist die außerordentl. Kündigung wie eine ordentl. Kündigung zu behandeln und § 1a analog anwendbar (HHL/*Krause* Rn. 5; KR/*Spilger* Rn. 25; MüKoBGB/*Hergenröder* Rn. 9; SPV/*Preis* Rn. 1176; *Raab* RdA 2005, 1, 5; **aA** DDZ/*Zwanziger* Rn. 6; *Maschmann* AuA 2003, 6, 7).

6 § 1a gilt ferner für die **(betriebsbedingte) Änderungskündigung**, wenn die Abfindung für den Fall versprochen wird, dass der AN das Angebot vorbehaltlos ablehnt und es somit um die Beendigung des ArbVerh. geht (BAG 13.12.2007 NZA 2008, 528 Rn. 16; KR/*Spilger* Rn. 27; MüKoBGB/*Hergenröder* Rn. 10; SPV/*Preis* Rn. 1177).

7 **4. Anspruchsvoraussetzungen. a) Entstehen des Anspruchs.** Die Entstehung des Anspruchs setzt neben einer Kündigung aus betriebsbedingten Gründen voraus, dass der AG in der – schriftl. – Kündigungserkl. den **Hinweis** gegeben hat, die Kündigung werde auf dringende betriebl. Erfordernisse gestützt und der AN könne bei Verstreichenlassen der Klagefrist die Abfindung beanspruchen (§ 1a I). Fehlt in der Erkl. dieser Hinweis, entsteht mit Ablauf der Klagefrist kein Anspruch auf Zahlung einer Abfindung (LAG ST 28.9.2005 LAGE KSchG § 1a Nr. 2). Liegt auf Seiten des AN jedoch eine Betätigung des Annahmewillens vor, kommt die Begr. eines Anspruchs auf Grund einvernehml. Abrede in Betracht (s. Rn. 2).

8 Die **Erkl. des AG** ist **rechtsgeschäftl. Natur** (so a. *Rolfs* ZIP 2004, 333, 335; *Löwisch* BB 2004, 154, 157; **aA** HHL/*Krause* Rn. 6) und auf Begr. eines im G näher umschriebenen (§ 1 II) Anspruchs gerichtet. Bzgl. der Erkl. des AG sind Fragen der Geschäftsfähigkeit, Irrtumsanfechtung uä. nach allg. zivilrechtl. Grds. zu beantworten (*Bauer/Krieger* NZA 2004, 77; *Löwisch* NZA 2003, 689, 694). Das gilt auch, wenn der Hinweis des AG abw. als geschäftsähnl. Handlung (so zB SES/*Schwarze* Rn. 3; KR/*Spilger* Rn. 38) qualifiziert wird (s. KR/*Spilger* Rn. 42; SES/*Schwarze* Rn. 11). Selbst wenn eine

rechtsgeschäftl. Erkl. angenommen wird, weil der Eintritt der im G umschriebenen Rechtsfolge vom Willen des AG umfasst sein muss, kann der AG bei Willensmängeln eine Anfechtung nur einheitl. für Kündigung und Abfindungsangebot erklären (KR/*Spilger* Rn. 45). Andernfalls ergäben sich kaum lösbare Probleme im Hinblick auf § 5 II 2.

Der Hinweis des AG muss „in der Kündigungserkl." enthalten sein, so dass ein **Formerfordernis** 9 für die Kündigung (insb. § 623 BGB) ebenfalls für den Hinweis iRd. § 1a I 2 gilt (*Giesen/Besgen* NJW 2004, 185, 186; HHL/*Krause* Rn. 7; KR/*Spilger* Rn. 44). Bei der von § 623 BGB geforderten **Schriftform** (s. § 126 I BGB) muss sich die **Abschlussfunktion der Unterschrift** deshalb auch auf den Hinweis nach § 1a I 2 erstrecken. Bei einem außerhalb der Kündigungserkl. befindl. oder formwidrigen Hinweis ist jedoch zu erwägen, diesen als Angebot auf Abschluss einer Vereinb. außerhalb des § 1a auszulegen (MüKoBGB/*Hergenröder* Rn. 13, 23). In diesem Fall führt der Ablauf der Klagefrist für sich allein aber nicht zur Entstehung des Anspruchs (s. Rn. 2). Zudem erstreckt das BAG das Formerfordernis des § 623 BGB auch auf Klageverzichtsvereinb., die in einem unmittelbaren zeitl. und sachl. Zusammenhang mit einer vom AG erklärten Kündigung stehen (s. BGB § 623 Rn. 8).

Der **Hinweis des AG** muss sich neben der Angabe des Kündigungsgrunds auch auf die **Rechtsfolge** 10 beziehen, so dass der AN als Erklärungsempfänger ohne weiteres ersehen kann, dass der Anspruch auf die Abfindung allein davon abhängt, dass er die Klagefrist verstreichen lässt. Ein Hinweis auf die „Rechtskraft der Kündigung" genügt deshalb nicht den Anforderungen des Abs. 1 (LAG HM 7.6.2005 NZA 2005, 1123, 1124; zust. *Thüsing/Wege* JuS 2006, 97, 102).

Der AG muss die **Höhe** der **Abfindung** nicht bereits in seinem Hinweis betragsmäßig angeben 11 (BAG 19.6.2007 NZA 2007, 1357; KR/*Spilger* Rn. 58; *Raab* RdA 2005, 1, 6). Das G spricht in § 1a in Abs. 1 S. 1 davon, dass der AN Anspruch auf eine Abfindung habe, und in Abs. 1 S. 2 davon, dass ein Hinweis auf die Abfindung erfolgen müsse. Gemeint ist damit die Abfindung, deren Höhe sich aus Abs. 2 errechnet. Enthält das Kündigungsschreiben nicht nur einen Hinweis auf die Abfindung nach § 1a, sondern hierzu konkrete Angaben, ist durch **Auslegung** zu ermitteln, ob der AG über die ges. Regelung hinaus ein (konstitutives) Angebot auf eine höhere oder niedrigere Abfindung unterbreiten wollte, das der Annahme durch den AN bedürfte, oder ob er nur einen (deklaratorischen) Hinweis auf die Berechnung nach § 1a II geben wollte (BAG 19.6.2007 NZA 2007, 1357; 10.7.2008 NZA 2008, 1292 Rn. 16; DDZ/*Zwanziger* Rn. 11; ähnl. KR/*Spilger* Rn. 59 f.; s. a. LAG BW 26.6.2006 LAGE KSchG § 1a Nr. 4; LAG HM 12.12.2005 – 16 Sa 5/05 –; 7.5.2015 BeckRS 2015, 71658; LAG N 4.4.2006 BeckRS 2009, 68127). Ein derartiger Hinweis auf die ges. Regelung ist zB anzunehmen, wenn im Kündigungsschreiben ausgeführt wird, dass sich die Abfindung nach § 1a II etwa auf den Betrag von x Euro beläuft (s. a. BAG 19.7.2016 NZA 2017, 121 Rn. 14: vollständiger Hinweis auf § 1a I 2). Soll sich die Höhe der Abfindung nicht nach § 1a II bemessen, so muss der AG den entspr. Rechtsbindungswillen in seinem Angebot unmissverständl. erklären (BAG 13.12.2007 AP KSchG 1969 § 1a Nr. 6; 10.7.2008 NZA 2008, 1292 Rn. 16), zB durch die Formulierung „wir bieten an" (BAG 10.7.2008 NZA 2008, 1292) und/oder das Anbieten einer Abfindung, deren Höhe deutl. von einer nach § 1a II berechneten Abfindung abweicht (BAG 10.7.2008 NZA 2008, 1292 Rn. 20). Entspr. gilt für pauschale (gerundete) Beträge, die keinen ersichtl. Bezug zu einer mtl. Vergütung haben. Wegen der vom AN auf Grund der Kündigungserkl. vorzunehmenden Reaktion sind für die Auslegung allein die Umstände bei Zugang der Kündigungserkl. maßgebend (BAG 19.7.2016 NZA 2017, 121 Rn. 17).

An seine Erkl. nach § 1a I ist der **AG** mit deren Zugang beim AN **gebunden** (DDZ/*Zwanziger* 12 Rn. 8; KR/*Spilger* Rn. 45; *Thüsing/Wege* JuS 2006, 97, 99 f.; **aA** *Raab* RdA 2005, 1, 7). Dies ergibt sich aus dem rechtsgeschäftl. Charakter der Erkl. (§ 130 I 1 BGB; SES/*Schwarze* Rn. 10) und dem Zweck der Klagefrist. Könnte der AG bis zu deren Ablauf sein Angebot jederzeit widerrufen, so wäre dem AN die Möglichkeit entzogen, mit hinreichender Überlegungsfrist die notwendigen Schritte für die Erhebung einer Kündigungsschutzklage einzuleiten.

Unterschiedl. wird die vom G vorgesehene **Reaktion des AN** rechtl. bewertet (HaKo/*Nägele* Rn. 7; 13 KR/*Spilger* Rn. 39, 72; *Däubler* NZA 2004, 177, 179; *Grobys* DB 2003, 2174: Realakt; *Löwisch* NZA 2003, 689, 694; *Preis* DB 2004, 70, 72; AR/*Kaiser* Rn. 2; *Kögel* RdA 2009, 358, 359 f.; *Thüsing/Stelljes* BB 2003, 1673, 1677: konkludente Annahme; *Rolfs* ZIP 2004, 333, 337: Annahmefiktion durch Schweigen; unentschieden BAG 16.12.2010 NZA-RR 2011, 421, 424). Der Anspruch entsteht nicht durch Vertrag zwischen AG und AN, sondern durch die mit der Kündigung verbundene Erkl. des AG und das anschließende prozessuale Verhalten des AN, näml. dem „Verstreichenlassen der Klagefrist". Eine rechtsgeschäftl. Annahme durch AN setzt das G nicht voraus und fingiert diese auch nicht (iE ebenso *Bader* NZA 2004, 65, 70; HHL/*Krause* Rn. 6; SES/*Schwarze* Rn. 3; *Raab* RdA 2005, 1, 3: Parallele zur Auslobung; *Thüsing/Wege* JuS 2006, 97, 98 f.; s. a. LAG HM 7.6.2005 NZA 2005, 1123, 1123 f.). Auch eine Klagebereitschaft des AN ist keine Anspruchsvoraussetzung (LAG B 10.7.2015 NZA-RR 2016, 139). Für eine „Vertragskonstruktion" hätte es – wie in § 516 II 2 BGB, § 362 I 1 HGB aE – einer ausdr. Regelung (Fiktion) im G bedurft („gilt als angenommen"). Hins. des **„Verstreichenlassens der Klagefrist"** durch den AN ist nicht notwendig, dass sich dieser final auf die Nichterhebung einer Kündigungsschutzklage einstellt (*Bader* NZA 2004, 65, 71). Auch wenn er den Abfindungshinweis im Kündigungsschreiben gar nicht liest, aber gegen die Kündigung nicht vorgeht, sind die Voraussetzungen des § 1a I erfüllt (HHL/*Krause* Rn. 8; **aA** LSW/*Löwisch* Rn. 10).

14 Nach dem Zweck des § 1a (s. Rn. 1) steht der Anspruch auf die Abfindung unter der **auflösenden Bedingung,** dass der AN nach Ablauf der Klagefrist keine prozessualen Schritte einleitet, um die Rechtswirksamkeit der Kündigung im Rahmen einer Kündigungsschutzklage überprüfen zu lassen. Deshalb ist der Anspruch nicht bleibend entstanden, wenn die Klagefrist verstrichen ist, der AN aber später einen **Antrag nach § 5** stellt (BAG 13.12.2007 NZA 2008, 696 Rn. 46; 20.8.2009 NZA 2009, 1197 Rn. 10; MüKoBGB/*Hergenröder* Rn. 17; HHL/*Krause* Rn. 11; SPV/*Preis* Rn. 1184; **aA** DDZ/*Zwanziger* Rn. 12; KR/*Spilger* Rn. 76: erst bei nachträgl. Zulassung der Klage). Das gilt auch, wenn dieser ohne Erfolg bleibt (*Raab* RdA 2005, 1, 9) oder die Klage verspätet erhoben und nicht mit einem Antrag nach § 5 verbunden wird (BAG 20.8.2009 NZA 2009, 1197 Rn. 15). Auch im letztgenannten Fall wird die Kündigung – wenn auch wegen § 7 nur eingeschränkt – auf ihre Rechtswirksamkeit überprüft und der AG muss sich entgegen dem Zweck des § 1a auf die vom AN erhobene Klage einlassen. Ficht der AN seine Erkl. an, kann sich diese nicht auf die „Annahme" der Kündigung erstrecken, da diese keiner Annahme bedarf. Den Anspruch auf Abfindung verliert der AN aber nur, wenn er die Relevanz seiner Willensvorstellungen über § 5 abwickelt (s. Rn. 15). Hat der AN fristgerecht **Klage** erhoben, diese aber wieder **zurückgenommen,** ist ein Anspruch ebenfalls nicht bleibend entstanden (BAG 13.12.2007 NZA 2008, 696 Rn. 48; 20.8.2009 NZA 2009, 1197 Rn. 11; KR/*Spilger* Rn. 79; SPV/*Preis* Rn. 1183; MüKoBGB/*Hergenröder* Rn. 16). Die Klagerücknahme ist auf Grund des prozessualen Charakters der Erkl. auch nicht als neuer Antrag auf Abschluss eines Klageverzichtsvertrags auszulegen, den der AG durch sein Einverständnis mit der Rücknahme annimmt (SES/*Schwarze* Rn. 16; **aA** AR/*Kaiser* Rn. 11; LSW/*Löwisch* Rn. 13).

14a Erhebt der AN zwar keine Klage, macht aber später einen **Wiedereinstellungsanspruch** geltend, so kann das nach § 313 BGB einen Rücktritt des AG rechtfertigen (*Rolfs* ZIP 2004, 333, 339; iE ebenso AR/*Kaiser* Rn. 12; KR/*Spilger* Rn. 121; **aA** DDZ/*Zwanziger* Rn. 23; SES/*Schwarze* Rn. 33: nachträgl. Wegfall des Anspruchs; LSW/*Löwisch* Rn. 19: Rücktritt des AN); nach erfolgter Zahlung kommt in diesem Fall eine Rückforderung nach § 812 I 2 Alt. 1 BGB in Betracht (**aA** SES/*Schwarze* Rn. 33: § 812 I 2 Alt. 2 BGB; LSW/*Löwisch* Rn. 19: § 346 BGB). Ungeachtet dessen rechtfertigt der Zweck der durch § 1a privilegierten Abfindung die Annahme eines der Wiedereinstellung entgegenstehenden Interesses des AG (treffend ArbG Krefeld 28.1.2010 BeckRS 2010, 67595; **aA** DDZ/*Zwanziger* Rn. 23; *Kortstock* NZA 2007, 297, 300), selbst dann, wenn der Weiterbeschäftigungsanspruch gegen den Betriebserwerber geltend gemacht wird, da der mit der Abfindung verfolgte Bereinigungszweck auch auf ihn ausstrahlt.

15 Ein **Grund für die nachträgl. Zulassung** einer verspäteten Kündigungsschutzklage ist nicht gegeben, wenn sich der AN falsche Vorstellungen über die Höhe der Abfindung gemacht hat oder wenn es Schwierigkeiten bei der Realisierung des Abfindungsanspruchs gibt (**aA** DDZ/*Zwanziger* Rn. 38: bei Nichtzahlung nachträgl. Klagezulassung). Anders ist es, wenn der AG den AN arglistig über die zu erwartende Höhe der Abfindung getäuscht hat. Stellt der AN in diesem Fall einen Antrag auf nachträgl. Zulassung der Klage, entfällt der zuvor auflösend bedingt entstandene Anspruch wieder (*Bader* NZA 2004, 65, 71; *Löwisch* NZA 2003, 689, 694). Da der Abfindungsanspruch auflösend bedingt ist, der freiwillig zahlen wollende AG aber nicht wissen kann, ob der AN nicht doch noch einen Antrag stellen wird, empfiehlt es sich, dass sich der AG mit der Auszahlung der Abfindung vorsorgl. einen formgerechten (s. BGB § 623 Rn. 8) Verzicht auf eine Klageerhebung erklären lässt.

16 Dem Entstehen des Anspruchs steht nur die Erhebung der **Klage iSd. § 4 S. 1** entgegen, der AN also festgestellt wissen will, dass das ArbVerh. nicht aufgelöst ist. Eine **Feststellungsklage**, dass das ArbVerh. zu einem anderen als dem in der Kündigung angegebenen **Zpkt.** endet, ist für den Anspruch nach § 1a I unschädl. (SPV/*Preis* Rn. 1186; KR/*Spilger* Rn. 67; SES/*Schwarze* Rn. 15), da § 4 S. 1 diese Klage nicht erfasst (s. § 4 Rn. 36 ff.) und § 1a I 1 ausschl. auf die Erhebung einer Kündigungsschutzklage abstellt. Entspr. gilt für eine **Zahlungsklage,** wenn deren Begründetheit nicht inzident voraussetzt, dass die Kündigung rechtsunwirksam ist (KR/*Spilger* Rn. 63). Ebenso wird der gegen einen Betriebsveräußerer entstandene Anspruch auf die Abfindung nicht dadurch berührt, dass der AN gegen den Betriebserwerber einen Wiedereinstellungsanspruch geltend macht (ArbG Krefeld 28.1.2010 BeckRS 2010, 67595; **aA** LSW/*Löwisch* Rn. 19; s. a. Rn. 14a aE). Entspr. gilt, wenn der AN (ggf. auch bei dem bisherigen AG) ein AnschlussArbVerh. begründet, da der Zweck des § 1a auch in diesem Fall erreicht wird (LAG HE 2.10.2015 BeckRS 2016, 65654).

17 Abgesehen von der Sonderregelung in § 4 S. 4 entsteht der Anspruch nicht bereits mit Ablauf der Drei-Wochen-Frist des § 4 S. 1 (so aber *Däubler* NZA 2004, 177, 178; AR/*Kaiser* Rn. 14; wohl a. *Kögel* RdA 2009, 358, 363), sondern erst mit **Ablauf der Kündigungsfrist** (BAG 10.5.2007 NZA 2007, 1043 Rn. 17; 20.8.2009 NZA 2009, 1197 Rn. 17; HHL/*Krause* Rn. 14; KR/*Spilger* Rn. 87; MüKoBGB/*Hergenröder* Rn. 18). Hierfür streitet der Wortlaut des G, wonach der AN die Abfindung mit Ablauf der Kündigungsfrist „beanspruchen" kann. Für eine Aufspaltung von Entstehung des Anspruchs und Fälligkeit besteht kein Bedürfnis. Bzgl. der Fristberechnung sind keine anderen Grds. als bei der Kündigungsfrist anzuwenden; es gelten die §§ 187 I, 188 II BGB, nicht aber § 193 BGB (s. BGB § 622 Rn. 11). Endet das ArbVerh. aus anderen Gründen vor Ablauf der Kündigungsfrist (zB Tod des AN), entsteht der Anspruch nicht (BAG 10.5.2007 NZA 2007, 1043 Rn. 17 ff.; HHL/*Krause* Rn. 14; MüKoBGB/*Hergenröder* Rn. 18). Zahlt der AG nicht freiwillig, muss der AN die Abfindung einklagen (*Maschmann* AuA 10/2003, 6, 12).

b) Höhe der Abfindung. Die Höhe der Abfindung regelt § 1a II. Das für jedes Jahr des Bestehens des ArbVerh. ein halber Monatsverdienst, der sich nach § 10 III errechnet (s. § 10 Rn. 3), zugrunde zu legen ist, entspricht dem, was die Gerichte weitgehend bereits vor Schaffung von § 1a im Rahmen von § 10 angenommen hatten. Für die Einbeziehung weiterer Berechnungsfaktoren besteht kein Raum. Nur so kann sich der AN hinreichend Klarheit über die Folgen verschaffen, wenn er von einer Klageerhebung absieht. Bei Zweifeln über die genaue Höhe des Anspruchs, können sich AG und AN rechtswirksam auf einen entspr. Betrag einigen (*Grobys* DB 2003, 2174, 2175). 18

5. Rechtliche Behandlung der Abfindung. Der Anspruch unterliegt der regelm. **Verjährung** nach § 195 BGB. **Ausschlussfristen** im Arbeitsvertrag oder TV finden auch auf den nach § 1a entstandenen Anspruch Anwendung (MüKoBGB/*Hergenröder* Rn. 22; *Rolfs* ZIP 2004, 333, 340; **aA** DDZ/*Zwanziger* Rn. 120; SES/*Schwarze* Rn. 26). Die **Anrechnung** eines Anspruchs nach § 1a auf anderweitige Abfindungen kann in einem TV oder Sozialplan vorgesehen werden (BAG 19.6.2007 NZA 2007, 1357; 19.7.2016 NZA 2017, 121 Rn. 21; LAG B 10.7.2015 NZA-RR 2016, 139, 140; näher *Hergenröder* RdA 2008, 364, 368 ff.); uU ergibt sich dies erst aus einer erg. Auslegung, die jedoch eine Zweckidentität der Abfindungsansprüche voraussetzt (s. BAG 16.12.2010 NZA-RR 2011, 421, 423). Bei Sozialplanleistungen zum Ausgleich der mit einer Betriebsänd. verbundenen wirtschaftl. Nachteile tritt wegen fehlender Zweckidentität keine Erfüllung des Anspruchs aus § 1a I ein, sofern der Sozialplan nicht ausdr. eine Anrechnungsklausel enthält (BAG 19.7.2016 NZA 2017, 121 Rn. 19 ff.). 19

Auf die Abfindung finden die Regelungen in § 10 Anwendung (s. § 10 Rn. 11 ff.; *Peters-Lange/Gagel* NZA 2005, 740). Die Abfindung unterliegt nicht dem **Pfändungsschutz** nach § 850c ZPO, da es sich nicht um eine wiederkehrende Leistung handelt (KR/*Spilger* Rn. 97). Maßgebend ist § 850i ZPO (AR/*Kaiser* Rn. 19; KR/*Spilger* Rn. 97). Die Abfindung ist **nicht insolvenzgeschützt**, wenn nach Ablauf der Kündigungsfrist das Insolvenzverfahren eröffnet wird (LAG SH 12.1.2011 BeckRS 2011, 69322; MüKoBGB/*Hergenröder* Rn. 32). Auch die spätere Zust. des InsV genügt nicht, um den Abfindungsanspruch als Masseverbindlichkeit iSv. § 55 I Nr. 1 InsO zu bewerten, da der Anspruch bereits vor der Verfahrenseröffnung entstanden ist. Zur **Sperrzeit iSd. § 159 I 2 Nr. 1 SGB III** s. SGB III § 159 Rn. 10, 34). 20

§ 2 Änderungskündigung

[1] Kündigt der Arbeitgeber das Arbeitsverhältnis und bietet er dem Arbeitnehmer im Zusammenhang mit der Kündigung die Fortsetzung des Arbeitsverhältnisses zu geänderten Arbeitsbedingungen an, so kann der Arbeitnehmer dieses Angebot unter dem Vorbehalt annehmen, daß die Änderung der Arbeitsbedingungen nicht sozial ungerechtfertigt ist (§ 1 Abs. 2 Satz 1 bis 3, Abs. 3 Satz 1 und 2). [2] Diesen Vorbehalt muß der Arbeitnehmer dem Arbeitgeber innerhalb der Kündigungsfrist, spätestens jedoch innerhalb von drei Wochen nach Zugang der Kündigung erklären.

I. Allgemeines

§ 2 schützt indirekt den Arbeitsplatz, indem er dem AG die Möglichkeit gibt und ihn auch indirekt dazu verpflichtet, dem AN die Fortsetzung des ArbVerh. unter geänd. Arbeitsbedingungen anzubieten (s. Rn. 4). Eine Änderungskündigung ist nur berechtigt, wenn **der AG die Arbeitsbedingungen nicht einseitig ändern kann** (s. Rn. 14 ff.). Die Änderungskündigung ist nicht nur das geeignete rechtl. Instrumentarium, wenn es um die Umgestaltung von Einzelarbeitsverträgen geht, sondern kommt auch zur Anwendung, wenn kollektivrechtl. Regelungen, wie TV und BV, nur noch kraft Nachwirkung gelten (§ 4 V TVG, § 77 VI BetrVG) und durch andere Abmachungen ersetzt werden sollen (für TV s. TVG § 4 Rn. 63). Ebenso genießt die Änderungskündigung Vorrang ggü. einer Anpassung des Arbeitsvertrags nach **§ 313 BGB**. Das ergibt sich indirekt aus § 313 III 2 BGB, wonach das Kündigungsrecht an die Stelle des Rücktrittsrechts tritt. Das gilt nicht nur im Hinblick auf die Beendigung des ArbVerh. (s. BGB § 620 Rn. 40), sondern auch für die Anpassung des Vertrags an die infolge des **Wegfalls der Geschäftsgrdl.** veränderten Umstände. Diesbzgl. ist die Änderungskündigung das speziellere Anpassungsinstrument (BAG 8.10.2009 NZA 2010, 465 Rn. 32; 20.6.2013 NZA 2013, 1409 Rn. 14; 5.6.2014 NZA 2015, 40 Rn. 23; 21.4.2016 NZA 2016, 941 Rn. 19). Wie bei der Beendigungskündigung (s. BGB § 620 Rn. 40) ist den mit der Geschäftsgrundlagenlehre erfassten Sachverhalten jedoch iRd. Anwendung von § 2 Rechnung zu tragen (BAG 8.10.2009 NZA 2009, 465 Rn. 32; s. a. 20.6.2013 NZA 2013, 1409 Rn. 26; 5.6.2014 NZA 2015, 40 Rn. 23). Dabei kommen Sachverhalte, die nach § 313 BGB zu einer Vertragsanpassung führen, grds. auch für eine betriebsbedingte Änderungskündigung in Betracht (s. BAG 5.6.2014 NZA 2015, 40 Rn. 23). 1

Als Kündigung unterliegt auch die Änderungskündigung den bes. Schutzbestimmungen in § 17 MuSchG (bis 1.1.2018: § 9 MuSchG), § 21 BEEG, § 5 PflegeZG und § 168 SGB IX (bis 1.1.2018: § 85 SGB IX). Ist eine ordentl. **Kündigung** durch TV oder einzelvertragl. **ausgeschlossen** (s. § 1 Rn. 21 f.), gilt das idR auch für die Änderungskündigung (BAG 28.10.2010 NZA-RR 2011, 155, 157). In Betracht 2 kommt in diesem Fall jedoch eine außerordentl. Änderungskündigung mit Auslauffrist (s. BAG 28.10.2010 NZA-RR 2011, 155, 157). Zur Beteiligung des BR s. Rn. 17 ff.

3 Die verbreitete Auff., § 2 diene dem **Vertragsinhaltsschutz** (s. BAG 19.5.1993 NZA 1993, 1075; 23.6.2005 NZA 2006, 92; KR/*Kreft* Rn. 6; MüKoBGB/*Hergenröder* Rn. 1) ist missverständl. Der Inhaltsschutz besteht bei Verträgen darin, dass sie zu halten sind und nicht, dass sie zu Lasten einer Partei geänd. werden können. Der Zweck des § 2 besteht allein darin, dem AN, dem die Beendigungskündigung droht, eine gerichtl. Überprüfung zu gewähren, ob ihm die zur Vermeidung der Beendigungskündigung angebotenen Ersatzbedingungen zumutbar sind, sofern überhaupt andere Möglichkeiten einer weiteren Beschäftigung bestehen (s. *Hromadka* NZA 1996, 1, 3).

4 Es gibt keinen **Vorrang der Änderungskündigung** vor der Beendigungskündigung in dem Sinn, dass eine Beendigungskündigung allein deshalb unwirksam ist, weil zuvor **kein Änderungsangebot** erfolgt ist (so jetzt im Grds. a. BAG 21.4.2005 NZA 2005, 1307; 21.4.2005 NZA 2005, 1297; s. dazu zB *Lelley/Sabin* DB 2006, 1110; *Merzhauser* FS Leinemann 2006 S. 341 ff.; **aA** früher BAG 27.9.1984 NZA 1985, 455; krit. dazu KR/*Kreft* Rn. 22 ff.; *Annuß* NZA 2005, 443; s. a. MüKoBGB/*Hergenröder* Rn. 17 f.). Grds. ist der AG nicht verpflichtet, von sich aus vor Erkl. einer Kündigung ein Änderungsangebot zu unterbreiten. Vielmehr kann er auch ohne vorherige Verh. mit dem AN eine Änderungskündigung erklären. Ebenso muss eine Änderungskündigung grds. auch erfolgen, wenn der AN ein Änderungsangebot abgelehnt hat. Bei einer derartigen Ablehnung ist eine sofortige Beendigungskündigung nur ausnahmsweise zulässig, wenn der AN unmissverständl. zum Ausdruck gebracht hat, er werde die geänd. Arbeitsbedingungen im Fall einer Änderungskündigung nicht, auch nicht unter Vorbehalt ihrer sozialen Rechtfertigung, annehmen (BAG 21.4.2005 NZA 2005, 1307; 3.4.2008 NZA 2008, 812 Rn. 17; s. a. BAG 21.9.2006 NZA 2007, 431 Rn. 34). Dabei ist jedoch auch zu berücksichtigen, ob dem AN die Möglichkeit bewusst war, die unbedingte Beendigungskündigung durch die Annahme der geänd. Arbeitsbedingungen unter dem Vorbehalt ihrer sozialen Rechtfertigung abzuwenden (s. BAG 21.4.2005 NZA 2005, 1297). Zw. ist die Rechtslage, wenn der AN obj. zu geänd. Arbeitsbedingungen weiterbeschäftigt werden kann. In diesem Fall kann er sich ggü. einer Beendigungskündigung stets darauf berufen, dass eine Änderungskündigung dem Interesse des AG ausreichend Rechnung getragen hätte. Einer zusätzl. hypothetischen Prüfung, ob der AN im Zpkt. der Kündigungserkl. mit den geänd. Vertragsbedingungen unter Vorbehalt einverstanden gewesen wäre, bedarf es in diesem Fall nicht (s. BAG 21.4.2005 NZA 2005, 1307; **aA** noch 27.9.1984 NZA 1985, 455). Eine Ausnahme gilt nur, wenn konkrete Anhaltspunkte die Annahme rechtfertigen, der AN hätte ein entspr. Angebot definitiv abgelehnt (BAG 3.4.2008 NZA 2008, 812 Rn. 17). Ein Verhalten des AN nach der Kündigungserkl. reicht hierfür nicht aus (BAG 3.4.2008 NZA 2008, 812 Rn. 17).

II. Begriff der Änderungskündigung

5 **1. Kündigung.** Die Änderungskündigung bedarf der **Schriftform** (§ 623 BGB; s. BGB § 623 Rn. 3) und ist in zwei Formen mögl.: Der AG kann unbedingt kündigen und im Zusammenhang damit neue Arbeitsbedingungen anbieten oder der AG kündigt unter der Bedingung, dass der AN das ihm unterbreitete Änderungsangebot nicht annimmt (s. grdl. *Wallner,* Die ordentl. Änderungskündigung des AG, 2001 S. 29; *Berkowsky* NZA-RR 2003, 449). Der AN kann das Angebot vorbehaltlos annehmen (s. Rn. 28 ff.), ganz ablehnen (s. Rn. 31 f.) oder unter Vorbehalt annehmen (s. Rn. 33 ff.).

6 Die Änderungskündigung besteht nach § 2 immer aus **zwei Elementen** (s. zB BAG 10.9.2009 NZA 2010, 333 Rn. 15; 16.12.2010 AP KSchG 1969 § 2 Nr. 150 Rn. 21; 22.10.2015 NZA 2016, 225 Rn. 29; 17.2.2016 BeckRS 2016, 67744 Rn. 18): der Kündigung des ArbVerh. und dem Angebot des AG auf dessen Fortsetzung zu geänd. Arbeitsbedingungen. Will der AG das ArbVerh. beenden, mit dem bisherigen AN aber in andere zivilrechtl. Beziehungen treten, die nicht dem ArbR unterliegen (zB Dienstvertrag, Werkvertrag), muss er eine Beendigungskündigung erklären, ohne daran gehindert zu sein, im Zusammenhang damit die anderen Vertragsbedingungen anzubieten. Dieses Angebot unterliegt aber nicht dem Prüfungsmaßstab des § 2, so dass bei einer Klage allein zu prüfen ist, ob die Voraussetzungen für eine Beendigungskündigung vorliegen. Auch der AN kann ggü. dem AG eine Änderungskündigung erklären. Ob der AG hierauf eingeht, steht jedoch in seinem freien Ermessen und unterliegt keiner gerichtl. Nachprüfung im Hinblick auf einen sachl. Grund (s. *Ascheid* in Hromadka, Änd. von Arbeitsbedingungen, 1990 S. 109, 137). Änderungskündigung iSd. KSchG ist daher nur die vom AG erklärte Kündigung (KR/*Kreft* Rn. 10).

7 Unerlässl. Voraussetzung für eine Änderungskündigung ist eine **echte Kündigung,** die das gesamte Vertragsverhältnis umfasst. Es muss eindeutig feststehen, dass das ArbVerh. endet, wenn der AN das Änderungsangebot nicht, auch nicht unter Vorbehalt, annimmt (BAG 30.5.1980 NJW 1981, 646; 27.5.1982 DB 1984, 620; DDZ/*Zwanziger* Rn. 162; KR/*Kreft* Rn. 12; SPV/*Preis* Rn. 1288, 1290). Die Kündigungsabsicht, dh. der Wille zur Vertragsauflösung, muss für den AN klar erkennbar sein. Allein die Ankündigung des AG, er werde den Lohn um 5 Prozent senken, reicht hierfür nicht aus. Eine **vorsorgl. Änderungskündigung** für den Fall, dass eine bereits erfolgte Maßnahme nicht wirksam ist, ist hingegen zulässig (BAG 17.12.2015 NZA 2016, 568 Rn. 16). Relevant ist dies insb., wenn eine Änd. der Arbeitsbedingungen durch das Direktionsrecht eintreten soll, der AG durch eine entspr. Weisung

die arbeitsvertragl. Grenzen aber überschreitet (s. Rn. 14; BAG 17.12.2015 NZA 2016, 568 Rn. 16; LAG HH 3.2.2016 BeckRS 2016, 68939).

Es ist nicht str., dass eine Änderungskündigung auch **als außerordentl. Kündigung** gem. § 626 BGB erklärt werden kann (s. zB BAG 26.3.2009 NZA 2009, 679; 28.5.2009 NZA 2009, 954; KR/*Kreft* Rn. 54 sowie BGB § 626 Rn. 191). Aus dem G ergibt sich jedoch nicht, ob auf diese § 2 anzuwenden ist, da die Vorschr. nur die ordentl. Änderungskündigung regelt und § 13 I nicht auf § 2 verweist. Der Gesetzgeber hat offensichtl. übersehen, dass die in § 2 geregelte Problematik auch im Zusammenhang mit einer außerordentl. Kündigung auftreten kann. Deshalb ist mit der hM § 2 auf eine außerordentl. Änderungskündigung analog anzuwenden (zul. BAG 28.10.2010 NZA-RR 2011, 155 Rn. 12; KR/*Kreft* Rn. 56; MüKoBGB/*Hergenröder* Rn. 7; SPV/*Preis* Rn. 533), ohne jedoch die inhaltl. Anforderungen für deren Rechtswirksamkeit zu übernehmen (s. BAG 28.5.2009 NZA 2009, 954 Rn. 20 ff.). Zur **Frist** für die Vorbehaltserkl. s. Rn. 38. Die entspr. Anwendung erstreckt sich auch auf § 4 S. 2 (BAG 19.7.2012 NZA 2012, 1038 Rn. 19) 8

2. Abgrenzung zur Teilkündigung. Ist dem AG im Arbeitsvertrag unter bestimmten Umständen eine **„Teilkündigung" vorbehalten,** handelt es sich um einen Widerrufs- oder Änderungsvorbehalt, nicht jedoch um die Vereinb. einer Änderungskündigung (s. BGB § 620 Rn. 50 sowie § 2 Rn. 16). Die Änderungskündigung darf nicht verwechselt werden mit der **Teilkündigung** (dazu BGB § 620 Rn. 49). Im Unterschied zur Änderungskündigung berührt diese nicht das ArbVerh. als Ganzes, sondern ledigl. einzelne Vertragsbedingungen. 9

3. Änderungsangebot. Im Zusammenhang mit der schriftl. Kündigung muss der AG ein **Angebot iSd. § 145 BGB** zur Fortsetzung des ArbVerh. unter geänd. Bedingungen erklären (BAG 10.9.2009 NZA 2010, 333 Rn. 15; 17.2.2016 BeckRS 2016, 67744 Rn. 18). Auch dieses Angebot hat schriftl. zu erfolgen (BAG 10.9.2009 NZA 2010, 333 Rn. 16; 28.10.2010 NZA-RR 2011, 155, 156; 16.12.2010 AP KSchG 1969 § 2 Nr. 150 Rn. 22; s. a. BGB § 623 Rn. 12), so dass bei dessen **Auslegung** nur der in der Urkunde zum Ausdruck gelangte Wille maßgebl. ist (Andeutungstheorie; s. BAG 28.10.2010 NZA-RR 2011, 155, 156; 16.12.2010 AP KSchG 1969 § 2 Nr. 150 Rn. 22 f.; 29.9.2011 NZA 2012, 628 Rn. 31). Hierbei handelt es sich nicht um einen Neuabschluss des Arbeitsvertrags, sondern um die Änd. des bisherigen Arbeitsvertrags (**aA** *Niemann* RdA 2016, 339, 340). 10

Zudem muss das Angebot den allg. zivilrechtl. Anforderungen an die **Bestimmtheit** genügen, wobei die Bestimmbarkeit des Angebots ausreicht (BAG 10.9.2009 NZA 2010, 333 Rn. 15; 28.10.2010 NZA-RR 2011, 155, 156; 29.9.2011 NZA 2012, 628 Rn. 29; 20.6.2013 NZA 2013, 1409 Rn. 18; 5.6.2014 NZA 2015, 40 Rn. 25; 17.2.2016 BeckRS 2016, 67744 Rn. 18). Hieran fehlt es, wenn der AG dem AN zwei Änderungsangebote unterbreitet und ihm die Wahl überlässt (BAG 15.1.2009 NZA 2009, 957 Rn. 17 ff.; LAG ST 3.8.2011 – 4 Sa 26/11; **aA** LAG HM 7.9.2007 LAGE KSchG § 2 Nr. 60; *Wagner* NZA 2008, 1333, 1334 f.), er verschiedene Änd. der Arbeitsbedingungen mittels mehrerer zeitgleicher Änderungskündigungen durchsetzen will (BAG 10.9.2009 NZA 2010, 333 Rn. 17 ff.) oder dem Änderungsangebot nicht zweifelsfrei entnommen werden kann, ab welchem Zpkt. die geänd. Arbeitsbedingungen gelten sollen (BAG 29.9.2011 NZA 2012, 628 Rn. 30; LAG B 17.10.2012 BeckRS 2012, 75577); die Angabe der Kündigungsfrist genügt hierfür jedoch idR (LAG SH 20.6.2013 BeckRS 2013, 71683). Das Bestimmtheitsgebot gilt insb. für die angebotenen neuen Arbeitsbedingungen (BAG 28.10.2010 NZA-RR 2011, 155, 156; 25.6.2016 NZA 2016, 1140 Rn. 38; 16.1.2017 NZA 2017, 499 Rn. 14). Diese müssen dem schriftl. Angebot entnommen werden können, da der AN nur so eine Entsch. über die Annahme des Angebots treffen kann. An der notwendigen Bestimmtheit des Angebots fehlt es in diesem Fall zB, wenn der AG an die Stelle einer festen Zulage eine Leistungsprämie treten lassen will, ohne deren Inhalt in dem Angebot zu konkretisieren (LAG RP 10.12.2009 BeckRS 2010, 67048), die Änd. der Arbeitsbedingungen unvollständig angegeben werden (LAG RP 3.9.2012 BeckRS 2013, 65179) oder bei zwei Angeboten eines nicht dem Bestimmtheitserfordernis genügt (LAG MV 27.11.2013 BeckRS 2014, 66082). Probl. ist auch das Unterbreiten eines bedingten Alternativangebots (s. BAG 20.6.2013 NZA 2013, 1409 Rn. 21). Bei dem Angebot eines veränderten Tätigkeitsbereichs müssen jedoch nicht sämtl. neuen Einsatzbedingungen angegeben werden (LAG N 13.9.2005 NZA-RR 2006, 133, 134). Für die Bestimmbarkeit der geänd. Arbeitsbedingungen kann es jedoch ausreichen, wenn diese aus einem für das ArbVerh. geltenden und bei Zugang der Kündigungserkl. bereits formwirksam zustandegekommenen TV entnommen werden können (BAG 17.2.2016 BeckRS 2016, 67744 Rn. 20 ff.). Die fehlende Bestimmtheit des Änderungsangebots führt zur Unwirksamkeit der Änderungskündigung (BAG 15.1.2009 NZA 2009, 957 Rn. 16; 10.9.2009 NZA 2010, 333 Rn. 15; 29.9.2011 NZA 2012, 628 Rn. 29; 20.6.2013 NZA 2013, 1409 Rn. 18). Hat der AG für den AN ersichtl. keine von einem Änderungsangebot abhängige Beendigung des ArbVerh. gewollt, liegt eine Beendigungskündigung vor (s. a. BAG 21.4.2005 NZA 2005, 1307). Ob die Erkl. eine Verknüpfung von Beendigung des ArbVerh. mit einem Änderungsangebot enthält, ist dieser im Wege der Auslegung (§§ 133, 157 BGB) zu entnehmen (BAG 21.4.2005 NZA 2005, 1307). Inhalt des Änderungsangebots soll nach neuerer Ansicht auch die **befristete Fortsetzung des ArbVerh.** sein, da § 2 keine entspr. Einschränkung enthalte (dazu Rn. 50). 10a

11 Das Angebot muss im Zusammenhang mit der Kündigung stehen. Der Wortlaut des § 2 S. 1 („kündigt ... und bietet er") spricht zwar dafür, dass das Angebot rechtl. selbständig mit der Kündigung erklärt werden muss. Zwgd. notwendig ist dies aber nicht. Eine Änderungskündigung liegt auch vor, wenn der AG **unter der Bedingung kündigt**, dass der AN die vorgeschlagenen Bedingungen ablehnt. Eine solche Bedingung ist zulässig, weil ihr Eintritt allein vom Willen des AN abhängt (KR/*Kreft* Rn. 15; MüKoBGB/*Hergenröder* Rn. 4). Der Zusammenhang verlangt ebenfalls nicht, dass Kündigung und Änderungsangebot „begriffsnotwendig" gleichzeitig erfolgen müssten (LSW/*Löwisch*/*Wertheimer* Rn. 25; **aA** BAG 10.12.1975 AP BAT §§ 22, 23 Nr. 90). Das Änderungsangebot kann bereits vor Ausspruch der Kündigung erklärt werden (*Krois* ZfA 2009, 575, 590 mwN). In diesem Fall muss der AG allerdings bei der späteren Erkl. der Kündigung klarstellen, dass das Änderungsangebot fort gilt (BAG 27.9.1984 NZA 1985, 455; 21.4.2005 NZA 2005, 1307). Fehlt ein Änderungsangebot im vorst. Sinne, ist die Erkl. des AG nicht als Änderungs-, sondern als Beendigungskündigung zu bewerten (BAG 21.4.2005 NZA 2005, 1307).

12 Keine Änderungskündigung iSd. § 2 liegt vor, wenn der AG eine Kündigung erklärt und **erst nach deren Zugang ein Änderungsangebot** unterbreitet (BAG 10.12.1975 AP BAT §§ 22, 23 Nr. 90; SPV/*Preis* Rn. 1258; krit. KR/*Kreft* Rn. 32 ff.; *Löwisch* NZA 1988, 633, 634). Die Beendigungskündigung ist zu beurteilen nach den Umständen, die zum Zpkt. ihres Zugangs, prognostiziert auf den Zpkt. des Kündigungstermins, vorlagen (s. § 1 Rn. 91 ff.). Bestand zu diesem Zpkt. bereits die Möglichkeit, dass der AN in Zukunft anderweitig beschäftigt werden kann, ist die Beendigungskündigung sozialwidrig. Zu prüfen ist allerdings, ob das spätere Angebot nicht als **„Rücknahme" der ersten Kündigung** und Ausspruch einer erstmaligen – neuen – Änderungskündigung auszulegen ist (KR/*Kreft* Rn. 34; MüKoBGB/*Hergenröder* Rn. 21; **aA** LSW/*Löwisch*/*Wertheimer* Rn. 25). Bejahendenfalls laufen alle Fristen erst ab diesem späteren Zpkt. (LAG RP 6.2.1987 DB 1987, 1098; DDZ/*Zwanziger* Rn. 165; *Löwisch* NZA 1988, 634; *Adomeit* DB 1969, 2179). Bedenken ggü. einer solchen Vorgehensweise bestehen nicht, wenn der AG einer neuen Sachlage Rechnung tragen will, zB weil infolge plötzl. Ausscheidens eines AN eine Beschäftigungsmöglichkeit frei geworden ist.

13 **4. Nicht erfasste Bereiche. a) Einvernehmliche Vertragsänderung.** AG und AN können gem. § 311 I BGB jederzeit die Arbeitsbedingungen einvernehml. ändern (s. BGB § 611 Rn. 375). Ein entspr. Angebot des AG, das dieser statt einer ansonsten notwendigen Änderungskündigung unterbreitet, verstößt selbst dann nicht gegen Treu und Glauben (§ 242 BGB), wenn der AN zuvor zu erkennen gegeben hat, er werde ein Angebot nur unter Vorbehalt annehmen (LAG NI 29.5.2006 BeckRS 2006, 30806156).

14 **b) Einseitiges Leistungsbestimmungsrecht – Direktionsrecht – § 106 GewO.** Das Leistungsbestimmungsrecht des AG kann in dem Recht bestehen, eine rahmenmäßig umschriebene Arbeitsbedingung näher zu bestimmen (konkretisierendes Leistungsbestimmungsrecht) oder in dem Recht, eine konkret umschriebene Arbeitsbestimmung zu ändern (änderndes Leistungsbestimmungsrecht) (s. *Hromadka* DB 1995, 1609). Das Direktionsrecht kann **arbeitsvertragl.** und insb. **tarifvertragl. erweitert** sein durch sog. Umsetzungs- und Versetzungsklauseln (s. BAG 26.1.2012 NZA 2012, 856 Rn. 16 ff.; 22.9.2016 NZA 2016, 1461 Rn. 12 sowie BGB § 611 Rn. 233). Dann ist eine Änderungskündigung nicht angezeigt (KR/*Kreft* Rn. 61 ff.). Eine Änderungskündigung ist nicht berechtigt, wenn der AG die Arbeitsbedingungen durch Ausübung des Direktionsrechts nach Ort, Zeit und Art der Tätigkeit einseitig ändern kann (BAG 6.9.2007 NZA-RR 2008, 291; 26.8.2008 NZA-RR 2009, 300; 26.1.2012 NZA 2012, 856 Rn. 12; 23.2.2012 AP KSchG 1969 § 2 Nr. 154 Rn. 12; 19.7.2012 NZA 2012, 1038 Rn. 19; 28.8.2013 NZA-RR 2014, 181 Rn. 48; 17.12.2015 NZA 2016, 568 Rn. 16; 22.9.2016 NZA 2016, 1461 Rn. 10; KR/*Kreft* Rn. 40; SPV/*Preis* Rn. 19 ff., 1294).

14a In einem derartigen Fall ist die **(„überflüssige") Änderungskündigung** schon nicht geeignet, das erstrebte Ziel zu erreichen, denn was durch die Änderungskündigung erreicht werden soll, liegt schon vor, da der bisherige Vertragsinhalt die geänd. Arbeitsbedingungen einschließt. Eine Umdeutung der aus diesem Grunde unwirksamen Änderungskündigung in eine wirksame Ausübung des Direktionsrechts ist jedoch idR nicht mögl. (LAG K 1.8.2007 BeckRS 2007, 248505; LAG NI 2.12.2010 BeckRS 2011, 69355; *Reuter/Sagan/Witschen* NZA 2013, 935, 940; **aA** *Hromadka* NZA 2008, 1338, 1340; *Hunold* NZA 2008, 860, 862 f.), da der AN aus der Kündigungserkl. nicht erkennen kann, dass der AG die neuen Arbeitsbedingungen mittels des Direktionsrechts durchsetzen will (BAG 28.5.2009 NZA 2009, 954 Rn. 18). Besteht zwischen den Parteien kein Streit über den Umf. des Direktionsrechts des AG (s. Rn. 15), macht der AG hiervon jedoch keinen Gebrauch, sondern bedient sich zur Umsetzung seines unternehmerischen Wollens einer Änderungskündigung, kann der AN sich hiergegen durch Klage wehren (BAG 6.9.2007 NZA-RR 2008, 291). Gleichwohl wäre eine Änderungsschutzklage des AN in diesem Fall unbegründet, da der AN auf anderer Rechtsgrdl. (Direktionsrecht) verpflichtet ist, seine Arbeitsleistung zu den im Änderungsangebot genannten Bedingungen zu erbringen, ohne dass dies eine Änd. der arbeitsvertragl. Vereinb. erfordert (BAG 29.9.2011 NZA 2012, 628 Rn. 14; 26.1.2012 NZA 2012, 856 Rn. 14; 19.7.2012 NZA 2012, 1038 Rn. 19; 28.8.2013 NZA-RR 2014, 181 Rn. 48; abl. *Preis/Schneider* FS v. Hoyningen-Huene 2014 S. 395, 400 ff.; *Preis* NZA 2015, 1, 7 ff.). Die „Änd. der Arbeitsbedingungen" in den §§ 2 S. 1, 4 S. 2 sind nicht in einem rein tats. Sinne zu verstehen, sondern gemeint sind die in den vertragl. Vereinb. geregelten Arbeitsbedingungen (BAG 19.7.2012 NZA 2012, 1038 Rn. 19, 21; 28.8.2013 NZA-RR 2014, 181 Rn. 48). Die genannten Vorschr. sind deshalb so zu lesen als ob dort „Änd. der vertragl. vereinbarten Arbeitsbedingungen" stünde. Bei diesem Verständnis kann die von § 8 geforderte Feststellung, dass das ArbVerh. mit dem früheren Inhalt fortbesteht, nicht getroffen werden, da die arbeitsvertragl. vereinbarten Arbeitsbedingungen durch das Angebot des AG nicht verändert wurden (BAG 23.2.2012 AP KSchG 1969 § 2 Nr. 154 Rn. 12; 19.7.2012 NZA 2012, 1038 Rn. 21; näher *Oetker* Anm. AP BGB § 626 Nr. 222). Zu den Schranken des Direktionsrechts s. GewO § 106 Rn. 4.

Der AG handelt nicht unverhältnismäßig, wenn er **in Zweifelsfällen**, in denen eine gerichtl. Aus- 15
einandersetzung über den Inhalt des Direktionsrechts abzusehen ist, statt der einseitigen Leistungsbestimmung den Weg der Änderungskündigung beschreitet, denn in beiden Fällen prüft das Gericht die Berechtigung der Änd. in gleichem Umf. nach (wie hier wohl a. BAG 26.1.1995 NZA 1995, 626; LAG K 20.1.2006 LAGE KSchG § 2 Nr. 55; s. jedoch § 2 Rn. 14; **aA** BAG 28.4.1982 NJW 1982, 2687; 9.2.1989 RzK I 7a Nr. 15; s. a. BAG 24.8.2004 NZA 2005, 51). Der AG setzt insb. nicht den Bestand des ArbVerh. aufs Spiel, denn der AN kann die Änd. unter Vorbehalt annehmen. Sind die Arbeitsbedingungen, die der AG durch die Änderungskündigung herbeiführen will, bereits vorhanden, wobei es gleichgültig sein dürfte, aus welchem Rechtsgrund (**aA** wohl *Benecke* NZA 2005, 1092), und nimmt der AN das an sich überflüssige Änderungsangebot dennoch nur unter Vorbehalt an, kann er nach zutr. Ansicht des BAG den Kündigungsrechtsstreit nicht gewinnen (BAG 24.8.2004 NZA 2005, 51; LAG HE 13.1.2006 – 17 Sa 883/05 –; zurückhaltend BAG 6.9.2007 NZA-RR 2008, 291; offen 28.5.2009 NZA 2009, 954; s. a. Rn. 14 aE). Eine Ausnahme ist allenfalls für den Fall anzuerkennen, dass der AN den AG vor Ausspruch der Änderungskündigung auf die zutr. Rechtslage hingewiesen und zugleich erklärt hat, er werde zu den „geänd." Arbeitsbedingungen auch arbeiten. Der AN kann dann die Änderungsschutzklage mit einer Feststellungsklage dahingehend verbinden, dass die angestrebten Arbeitsbedingungen bereits vor Erkl. der Änderungskündigung bestanden. Dem AG wären in diesem Fall die Kosten über § 92 ZPO allein aufzuerlegen. Der AN muss die Möglichkeit haben, sich gegen Missbrauch wehren zu können. Entspr. gilt, wenn der AN ein Änderungsangebot des AG abgelehnt hat und eine Respektierung des Direktionsrechts durch den AN nicht zu erwarten ist; auch in diesem Fall handelt der AG mit der Erkl. einer Änderungskündigung nicht unverhältnismäßig (LAG K 20.1.2006 LAGE KSchG § 2 Nr. 55). Anders ist zu entscheiden, wenn der AN die geänd. Arbeitsbedingungen nicht unter Vorbehalt angenommen, sondern endgültig abgelehnt hat (BAG 6.9.2007 NZA-RR 2008, 291). Mögl. ist zudem, die Änderungskündigung nur für den Fall zu erklären, dass die Ausübung des Direktionsrechts unwirksam ist (BAG 17.12.2015 NZA 2016, 568 Rn. 16; *Hromadka* NZA 2008, 1338, 1339 f.; *Reuter/Sagan/Witschen* NZA 2013, 935, 940; s. a. Rn. 7). In diesem Fall muss der AN den Änderungsschutzantrag unter die auflösende Bedingung stellen, dass die einseitige Ausübung des Direktionsrechts durch den AG rechtsunwirksam ist (BAG 17.12.2015 NZA 2016, 568 Rn. 20, 24).

c) Änderungsvorbehalt. Eine Änd. des Arbeitsvertrags ist denkbar auf Grund eines wirksam ver- 16
einbarten Widerrufs- oder Änderungsvorbehalts. Dessen Vereinb. soll nach neuerer Rspr. jedoch ohne Bedeutung sein, wenn der AN bei einer trotzdem erklärten Änderungskündigung diese unter Vorbehalt annimmt (BAG 15.11.1995 NZA 1996, 603). Eine Änderungskündigung ist idR unverhältnismäßig, wenn der AG sich eine Änd. der Arbeitsbedingungen vorbehalten hat (s. dazu *Berkowsky* NZA 1999, 293). Zu den Voraussetzungen für die rechtswirksame Vereinb. eines Änderungs- oder Widerrufsvorbehalts ausf. BGB §§ 305 bis 310 Rn. 51 ff.

5. Beteiligungsrechte des Betriebsrats. a) Anhörung nach § 102 BetrVG. Auch vor einer ordentl. 17
Änderungskündigung ist der BR nach § 102 I 1 BetrVG anzuhören (BAG 12.8.2010 NZA 2011, 460 Rn. 17 ff.; 16.12.2010 AP KSchG 1969 § 2 Nr. 150 Rn. 11). Zur Ordnungsmäßigkeit der Anhörung s. BetrVG § 102 Rn. 3 ff.; insb. muss der AG die geänd. Arbeitsbedingungen dem BR mitteilen (BAG 12.8.2010 NZA 2011, 460 Rn. 18; 19.7.2012 NZA 2012, 1038 Rn. 29). Greift der AG Einwände des BR auf und modifiziert zugunsten des AN das Änderungsangebot, so ist eine erneute Anhörung des BR entbehrl. (LAG B 15.2.2008 NZA-RR 2009, 71, 72). Hat der PR fristgerecht Einwendungen gegen eine beabsichtigte (Änderungs-)Kündigung erhoben und unterlässt der AG eine nach dem einschlägigen PersVG vorgeschriebene Erörterung mit dem PR, ist eine dennoch erklärte Kündigung unwirksam (BAG 20.1.2000 NZA 2000, 367).

Zielt die Änderungskündigung auf eine **Versetzung iSd. § 95 III BetrVG** oder eine **Umgruppie-** 18
rung ab, ist der BR zusätzl. nach § 99 I BetrVG zu unterrichten und seine Zust. einzuholen. Diese ist jedoch keine Voraussetzung für die Rechtswirksamkeit der Änderungskündigung (BAG 22.4.2010 NZA 2010, 1235 Rn. 15; 12.8.2010 NZA 2011, 460 Rn. 27). Wird die nach § 99 BetrVG erforderl. Zust. vom BR nicht erteilt und auch nicht durch das ArbG ersetzt (§ 99 IV BetrVG), ist die mit der Änderungskündigung bezweckte Vertragsänd. idR auch nicht dauernd unmögl. iSd. § 275 I BGB, da dem AG zumeist die Möglichkeit verbleibt, den BR erneut um eine Zust. zu der beabsichtigten Versetzung zu ersuchen. Das Verfahren nach § 102 BetrVG und das nach § 99 BetrVG müssen unabhängig voneinander durchgeführt werden (BAG 3.11.1977 AP BPersVG § 75 Nr. 1). Das gilt auch für die außerordentl. Änderungskündigung (BAG 29.6.1988 AP LPVG NW § 72 Nr. 2).

19 Nimmt der AN das **Änderungsangebot vorbehaltlos an**, kommt der Änderungsvertrag wirksam zustande. Hierfür ist die Ordnungsmäßigkeit der Anhörung des BR ohne Bedeutung. Ob der AN zu den neuen Arbeitsbedingungen arbeiten muss, hängt davon ab, ob die Maßnahme nicht gleichzeitig eine solche nach § 99 BetrVG darstellt. In diesem Fall müssen für die Durchführung des geänd. Vertrags auch die Voraussetzungen nach § 99 BetrVG erfüllt sein (BAG 2.7.1980 NJW 1981, 703). Aus Sicht beider Parteien wird idR davon auszugehen sein, dass die Änd. gewollt ist ohne Rücksicht auf die Wirksamkeit der Kündigung, so dass diese nicht mehr relevant ist. Es kommt daher auch nicht darauf an, ob der BR zu dieser ordnungsgemäß nach § 102 BetrVG angehört worden ist.

20 **Lehnt der AN das Änderungsangebot ab** und war der BR nicht oder nicht ordnungsgemäß nach § 102 I BetrVG angehört worden, ist die Kündigung nach § 102 I 3 BetrVG unwirksam, was innerhalb der Frist des § 4 S. 1 gerichtl. geltend zu machen ist (s. § 4 Rn. 4).

21 **Nimmt der AN das Angebot unter Vorbehalt an**, ist der Änderungsvertrag auflösend bedingt durch die rkr. Feststellung der Unwirksamkeit der geänd. Arbeitsbedingungen. Der AN kann bei nicht oder nicht ordnungsgemäß erfolgter Anhörung die Unwirksamkeit der Kündigung nach § 102 I 3 BetrVG geltend machen. Wird die Unwirksamkeit der Kündigung rkr. festgestellt, entfällt auf Grund der auflösenden Bedingung der Änderungsvertrag und der AN ist zu den vorherigen Arbeitsbedingungen weiterzubeschäftigen.

22 Das in § 102 V BetrVG dem BR und in den entspr. PersVG dem PR eingeräumte **Widerspruchsrecht** (s. § 1 Rn. 372 ff.) gilt auch für die Änderungskündigung. Es ist jedoch danach zu diff., wie der AN reagiert hat. Hat er das Änderungsangebot abgelehnt, ist die Bestimmung zum Widerspruchsrecht ohne Einschränkungen anzuwenden. Nimmt er hingegen das Änderungsangebot unter Vorbehalt an, entfaltet ein vom BR gegen die Kündigung erhobener Widerspruch keine Wirkungen mehr. Ebenso scheidet ein Anspruch auf vorl. Weiterbeschäftigung zu den alten Vertragsbedingungen aus (BAG 18.1.1990 NZA 1990, 734; 28.3.1985 NZA 1985, 709; LAG HE 19.6.2012 BeckRS 2012, 72686; GK-BetrVG/*Raab* § 102 Rn. 201; KR/*Kreft* Rn. 218 f.; LSW/*Löwisch/Wertheimer* Rn. 144; s. a. Rn. 72).

23 **b) Mitbestimmung nach § 87 BetrVG.** Soll ein auf einer vertragl. Einheitsregelung beruhender Vergütungsbestandteil abgeändert werden, bedarf dies kollektivrechtl. der Mitbestimmung nach § 87 I Nr. 10 BetrVG. Weder das kollektivrechtl. noch das individualrechtl. Erfordernis soll vorrangig sein. Eine nicht mitbestimmte, aber sozial gerechtfertigte Änd. der Vertragsbedingungen soll der AG ledigl. nicht durchsetzen können, bis das Mitbestimmungsverfahren durchgeführt ist (BAG 17.6.1998 NZA 1998, 1225; *Henssler* SAE 2000, 238; s. zur Kritik Rn. 27). Soll durch die Änderungskündigung hingegen eine veränderte Lage der AZ eingeführt werden, ist das Bedürfnis zu einer Beschäftigung nach den bisherigen Arbeitsbedingungen erst entfallen, wenn der BR der geänd. Lage der AZ zugestimmt hat (LAG B 21.5.2010 BeckRS 2011, 66633).

24 **c) Mitwirkung nach § 99 BetrVG.** Ist mit der Durchführung der Änderungskündigung eine Versetzung iSd. § 95 III BetrVG oder eine Umgruppierung verbunden und stimmt der BR beiden Maßnahmen (§ 102 und § 99 BetrVG) zu oder gilt die Zust. nach §§ 102 II, 99 III BetrVG als erteilt, kann der AN sich nur noch auf die Sozialwidrigkeit der Kündigung oder solche Unwirksamkeitsgründe berufen, die nicht im Bereich der BetrVerf. liegen. Stimmt der BR nach § 99 BetrVG zu, widerspricht er aber der Kündigung und hat der AN das Änderungsangebot abgelehnt, kann er bei rechtzeitiger Erhebung der Kündigungsschutzklage uU einen Weiterbeschäftigungsanspruch nach § 102 V BetrVG geltend machen.

25 Der Widerspruch kann im Rahmen von § 1 II 2 und 3 zur Sozialwidrigkeit der Änderungskündigung nach allg. Grds. führen (s. § 1 Rn. 372 ff.). Ein Verstoß gegen KündigungsRL nach § 95 BetrVG (§ 79 II Nr. 8 BPersVG) kann nur eintreten, wenn diese auch für Änderungskündigungen Geltung beanspruchen.

26 **Verweigert der BR** die **Zust.** nach § 99 BetrVG und nimmt der AN das Änderungsangebot unter Vorbehalt an, berührt das im Fall der sozialen Rechtfertigung der Kündigung nicht die Wirksamkeit des Eintritts der individualrechtl. Änd. des Arbeitsvertrags. Der AG kann die geänd. Arbeitsbedingungen aber aus kollektivrechtl. Gründen nicht umsetzen (BAG 30.9.1993 NZA 1994, 615; 22.4.2010 NZA 2010, 1235 Rn. 15; 22.10.2015 NZA-RR 2016, 243 Rn. 51; weitergehend LAG HE 1.6.2006 BeckRS 2007, 40549: Unwirksamkeit der Änderungskündigung, wenn Antrag auf Ersetzung der Zust. rkr. zurückgewiesen worden ist [dazu a. BAG 28.8.2008 NZA 2009, 505 Rn. 34 ff.]). Wird die Zust. nicht durch das Gericht ersetzt, sollen nach tw. vertretener Ansicht beide Parteien von ihren eingegangenen vertragl. Pflichten frei werden (*Wlotzke* Anm. AP KSchG 1969 § 2 Nr. 33; *Waltermann* SAE 1995, 367). Dem ist im Hinblick auf § 275 I BGB jdf. dann zuzustimmen, wenn feststeht, dass die Zust. des BR zur Versetzung endgültig nicht mehr erteilt wird bzw. werden kann (s. a. Rn. 13). Das führt allerdings zu kaum lösbaren Konflikten. Es ist jdf. unrichtig, dass der AN dann zu den alten Arbeitsbedingungen weiterzuarbeiten hat (so aber BAG 30.9.1993 NZA 1994, 615), da der alte Arbeitsvertrag wegen der vom AN erklärten Annahme nicht mehr existiert.

27 Zur Lösung dieses Konflikts bieten sich zwei Wege an: Entweder wird angenommen, bei Mitberührung des Bereichs nach § 99 BetrVG könne der AG individualrechtl. nicht wirksam ein Angebot unterbreiten (DDZ/*Zwanziger* Rn. 246). Hiergegen spricht, dass die Versetzung eine tats. Maßnahme

und kein Rechtsgeschäft ist. Oder es wird vertreten, dass eine **Änderungskündigung nicht dringl.** sein kann, wenn nicht feststeht, dass sie später umgesetzt werden kann (so LAG HE 1.6.2006 BeckRS 2007, 40549). Wird hingegen die Wirksamkeit der Änderungskündigung bejaht, bleibt dem AG bei Weigerungshaltung des AN nur die Möglichkeit einer Beendigungskündigung, wenn die alte Beschäftigungsmöglichkeit von dem AN nicht mehr ausgeübt werden kann oder eine weitere Änderungskündigung, mit der die früheren Arbeitsbedingungen wiederhergestellt werden sollen.

III. Annahme des Änderungsangebots ohne Vorbehalt

Nimmt der AN das Änderungsangebot ohne Vorbehalt an, wird die Änd. des Arbeitsvertrags zu dem Zpkt. wirksam, zu dem sie nach dem Änderungsangebot in Kraft treten soll. War die Kündigung unbedingt erklärt, kommt ein neuer Arbeitsvertrag mit geänd. Inhalt zustande. War die Kündigung bedingt erklärt, wird sie hinfällig und das alte ArbVerh. entspr. dem Änderungsangebot geänd. (aA *Niemann* RdA 2016, 339, 341: Abschluss eines neuen Arbeitsvertrags). 28

Die Annahme ist eine **empfangsbedürftige Willenserkl.** (KR/*Kreft* Rn. 114; SPV/*Preis* Rn. 1297). 29
Sie kann ausdr. erklärt werden, was zur Vermeidung von Missverständnissen empfehlenswert ist, kann aber auch konkludent erfolgen, was jedoch nicht stets anzunehmen ist, wenn der AN widerspruchslos unter geänd. Bedingungen weiterarbeitet (großzügiger KR/*Kreft* Rn. 117ff.). Eine konkludente Annahme kann nur in Ausnahmefällen bejaht werden, wenn sich die Änd. der Arbeitsbedingungen unmittelbar und nachhaltig auf das ArbVerh. auswirkt und der AN widerspruchslos die neue Tätigkeit verrichtet, zB an einem weit von der bisherigen Arbeitsstelle gelegenen Ort (BAG 19.6.1986 NZA 1987, 94; 27.3.1987 NZA 1988, 737; weiter gehend 1.8.2001 NZA 2003, 924 bei einvernehml. Vertragsänd.; DDZ/*Zwanziger* Rn. 170). Von einer konkludenten Annahme wird jedoch idR nicht auszugehen sein, solange noch die Frist für die Erkl. des Vorbehalts nach § 2 S. 2 läuft. Ist die Kündigungsfrist kürzer als die Drei-Wochen-Frist des § 4 S. 1, ist in der vorbehaltlosen Weiterarbeit nach Ablauf der Kündigungsfrist eine konkludente Annahme zu sehen (**aA** BAG 12.1.1961 NJW 1961, 939 vor Inkrafttreten des § 2).

Die vorbehaltlose Annahme des Angebots ist nicht an die Höchstfrist des § 2 S. 2 von drei Wochen 30
nach Zugang der Kündigungserkl. gebunden. Die Frist bestimmt sich vielmehr nach § 147 II BGB (BAG 6.2.2003 NZA 2003, 659; KR/*Kreft* Rn. 135). Der AG kann die Annahme seines Änderungsangebots aber auch ausdr. mit einer Frist versehen. Für diese gilt § 2 S. 2 zwar nicht unmittelbar, wohl aber entspr. idS, dass die dortige ges. Mindestfrist eine Untergrenze bildet (BAG 18.5.2006 NZA 2006, 1092 Rn. 19; 1.2.2007 NZA 2007, 925 Rn. 16). Bei zu kurzer Bemessung der Frist in dem Änderungsangebot, ist die Änderungskündigung nicht unwirksam (KR/*Kreft* Rn. 136), sondern vielmehr tritt an die Stelle der zu kurzen Frist die ges. Mindestfrist des § 2 S. 2 (BAG 18.5.2006 NZA 2006, 1092 Rn. 20; 1.2.2007 NZA 2007, 925 Rn. 19).

IV. Ablehnung des Änderungsangebots

Lehnt der AN das Änderungsangebot ab, ist ihm eine gegen die Änd. der Arbeitsbedingungen 31
gerichtete Klage verschlossen. Im Streit steht ausschl. die Rechtswirksamkeit der **Beendigung des ArbVerh.**, so dass der AN die „Änderungskündigung“ mit der **Kündigungsschutzklage nach § 4** angreifen muss (BAG 10.4.2014 NZA 2014, 653 Rn. 19; KR/*Kreft* Rn. 134; SPV/*Preis* Rn. 1302). Hierbei steht ihm auch die Möglichkeit offen, gem. § 9 die **Auflösung des ArbVerh.** gegen Zahlung einer Abfindung zu beantragen (BAG 29.1.1981 NJW 1982, 1118; 24.10.2013 NZA 2014, 486 Rn. 9).

Für die Prüfung der Sozialwidrigkeit ist auf § 1 zurückzugreifen. Danach ist die Änderungskündi- 32
gung als (Beendigungs-)Kündigung sozialwidrig, wenn sie nicht durch Gründe in der Person oder im Verhalten des AN oder durch dringende betriebl. Erfordernisse bedingt ist. Hierbei ist allerdings das **Änderungsangebot** in die Prüfung der Sozialwidrigkeit mit einzubeziehen und unterliegt den selben Prüfungsmaßstäben, die gelten, wenn der AN das Angebot unter Vorbehalt angenommen hätte (s. BAG 23.6.2005 NZA 2006, 92; 12.8.2010 NZA 2011, 460 Rn. 29; 20.1.2015 NZA 2015, 805 Rn. 36; 22.10.2015 NZA-RR 2016, 243 Rn. 23; MüKoBGB/*Hergenröder* Rn. 70f.; SPV/*Preis* Rn. 1303; *Krois* ZfA 2009, 575, 597f. sowie Rn. 39ff.). Die als Beendigungskündigung zu behandelnde Änderungskündigung ist auch in diesem Fall rechtswirksam, wenn sich der AG bei einem anerkennenswerten Anlass darauf beschränkt hat, ledigl. solche Änd. anzubieten, die der AN hinnehmen muss (s. Rn. 42). Hat der AG gemessen an diesem Maßstab nicht sozialwidrig gehandelt, wird die vom AN gegen die Beendigungskündigung erhobene Kündigungsschutzklage abgewiesen.

V. Annahme des Änderungsangebots unter Vorbehalt

Nimmt der AN das Angebot unter Vorbehalt an, bewirkt dies kraft G gem. § 2 iVm. § 4 S. 2 und 33
§ 8, dass der durch die Annahme zustande gekommene **Änderungsvertrag unter der mit Rückwirkung ausgestatteten auflösenden Bedingung** steht, dass die Sozialwidrigkeit der Änd. der Arbeitsbedingungen rkr. gerichtl. festgestellt wird (BAG 28.4.1982 NJW 1982, 2687; 27.9.1984 NZA 1985, 455; LAG SH 20.1.2005 NZA-RR 2005, 248, 249). Die Nicht-Beendigung des ArbVerh. steht in

diesem Fall damit außer Streit. Hat der AG mehrere Änderungsangebote unterbreitet, ist jeder Änderungsvorschlag einzeln unter den Voraussetzungen des § 2 S. 1 zu prüfen (DDZ/*Zwanziger* Rn. 193; s. Rn 39). Den vom AN zu erklärenden Vorbehalt beschränkt § 2 S. 1 zwar ausschl. auf die soziale Rechtfertigung der geänd. Arbeitsbedingungen, wegen der Erweiterung in § 4 S. 2 auf andere Gründe, die zur Rechtsunwirksamkeit der Änd. der Arbeitsbedingungen führen, wird aber auch die inhaltl. Reichweite des Vorbehalts über die soziale Rechtfertigung hinaus auf weitere Rechtsunwirksamkeitsgründe ausgedehnt (*Niemann* RdA 2016, 339, 341; s. Rn. 44a).

34 Die Erkl. des AN ist wegen ihrer zur Vertragsänd. führenden Rechtswirkung eine privatrechtsgestaltende **Willenserkl.** (BAG 27.9.1984 NZA 1985, 455; LAG SH 20.1.2005 NZA-RR 2005, 248, 249; KR/*Kreft* Rn. 109; DDZ/*Zwanziger* Rn. 176). Es liegt nicht etwa ein Einigungsmangel nach §§ 154 I, 155 BGB vor oder eine modifizierte Annahme nach § 150 II BGB, die als Ablehnung, verbunden mit einem neuen Vertragsangebot, zu qualifizieren wäre (s. a. BAG 22.10.2015 NZA 2016, 225 Rn. 31). Der Zweck des § 2 S. 1 besteht gerade darin, diese allg. Regelungen des Vertragsrechts zu durchbrechen (DDZ/*Zwanziger* Rn. 173; SES/*Schwarze* Rn. 14; *Niemann* RdA 2016, 339, 340 f.).

35 Nach § 2 S. 2 ist die Erkl. des Vorbehalts **fristgebunden**. Der AN muss diesen innerhalb der Kündigungsfrist, spätestens jedoch innerhalb von drei Wochen nach Zugang der Kündigung erklären (KR/*Kreft* Rn. 123; SPV/*Preis* Rn. 1298). Soweit keine abw. Kündigungsfrist vereinbart ist, gilt die des § 622 BGB. Entscheidend für die Wahrung der Frist ist der Zugang der Vorbehaltserkl., § 130 BGB (KR/*Kreft* Rn. 126).

35a Die Frist des § 2 S. 2 ist keine prozessuale Frist, so dass auf sie § 46 II ArbGG iVm. §§ 495, 167 ZPO nach früherem Verständnis nicht anzuwenden ist (BAG 17.6.1998 NZA 1998, 1225; MüKoBGB/*Hergenröder* Rn. 60; KR/*Kreft* Rn. 128; SES/*Schwarze* Rn. 15; s. a. Rn. 36). Dies ist durch die aktuelle Rspr. des BGH in Frage gestellt, da hiernach **§ 167 ZPO** auch in den Fällen anwendbar ist, in denen durch die Zustellung eine Frist eingehalten werden soll, die ebenfalls durch außergerichtl. Geltendmachung gewahrt werden kann (BGH 17.7.2008 NJW 2009, 765; s. nunmehr auch BAG 22.5.2014 NZA 2014, 924 Rn. 11 ff.). Die tragenden Erwägungen des BGH sind auch auf den Fall übertragbar, dass der AN die Annahme des Vorbehalts nicht unmittelbar ggü. dem AG, sondern im Rahmen einer fristgerecht bei dem ArbG eingegangenen Änderungsschutzklage erklärt (*Nägele/Gertler* NZA 2010, 1377, 1378; iE auch KR/*Kreft* Rn. 129 f.; **aA** *Gelhaar* NZA-RR 2011, 169, 171 ff.; APS/*Künzl* Rn. 228; LSW/*Löwisch/Wertheimer* Rn. 38; SPV/*Preis* Rn. 1298; DDZ/*Zwanziger* Rn. 178). Der Zweck der Annahmefrist ist kein anderer als bei der Klagefrist des § 4 S. 1, so dass dieser nicht im Widerspruch zu der in § 167 ZPO angeordneten Rückwirkung steht.

35b Die Fristberechnung erfolgt nach den §§ 187 ff. BGB, s. § 4 Rn. 30. Ist die Kündigungsfrist, abw. von § 622 BGB, kürzer als drei Wochen, ist nach dem klaren Wortlaut des G diese verkürzte Frist maßgebend, auch wenn dadurch zwangsläufig die Überlegungsfrist des AN verkürzt wird (BAG 18.5.2006 NZA 2006, 1092 Rn. 17). Die Frist in § 2 S. 2 ist einseitig zwgd., sie kann weder einvernehml. zum Nachteil des AN verkürzt werden noch ist der AG einseitig hierzu berechtigt (BAG 18.5.2006 NZA 2006, 1092). Bei einer **außerordentl. Änderungskündigung** ist der Vorbehalt unverzügl., also ohne schuldhaftes Zögern, zu erklären (BAG 19.6.1986 NZA 1987, 94; 27.3.1987 NZA 1988, 737). Es ist eine Frage des Einzelfalls, ob dies geschehen ist. Dem AN ist in jedem Fall zuzubilligen, sich zunächst mit einem RA zu beraten.

36 **Versäumt der AN die Frist** zur Erhebung der Kündigungsschutzklage, verliert er das Recht zur Annahme unter Vorbehalt (DDZ/*Zwanziger* Rn. 180). Das gilt allerdings nicht, wenn die Änderungsschutzklage wegen § 167 ZPO fristgerecht erhoben worden ist, weil die letztgenannte Vorschr. auch für die Frist zur Annahme des Änderungsangebots gilt (s. Rn. 35a). Bei einem gegenteiligen Verständnis gilt die verspätete Annahme des AN wegen § 150 II BGB als neues Angebot, das jedoch vom AG angenommen werden muss, um zu einer rechtswirksamen Änd. der Arbeitsbedingungen führen zu können (s. BAG 28.10.2010 NZA-RR 2011, 155, 156; MüKoBGB/*Hergenröder* Rn. 61). Solange die Drei-Wochen-Frist des § 4 nicht verstrichen ist mit der Rechtsfolge des § 7, bleibt es dem AG unbenommen, sich außergerichtl. auf den verspäteten Vorbehalt einzulassen. Nach Ablauf der Drei-Wochen-Frist ist der Abschluss eines neuen Arbeitsvertrags notwendig, was auch konkludent geschehen kann, indem der AG den AN zu den Bedingungen des Änderungsangebots beschäftigt.

37 Die Erkl. des Vorbehalts ist an **keine bestimmte Form gebunden**. Eine ausdr. Erkl. ist in jedem Fall zweckmäßig, damit zB aus der bloßen Weiterarbeit nicht auf eine vorbehaltlose Annahme des Angebots geschlossen werden kann. Allein die Fortsetzung des ArbVerh. kann jedoch nur unter außergewöhnl. Umständen als vorbehaltlose Annahme gewertet werden (s. Rn. 29). Jedoch ist eine schlüssige Annahme unter Vorbehalt in der Erhebung der Änderungsschutzklage mit dem Antrag des § 4 S. 2 zu sehen (KR/*Kreft* Rn. 122). Soll der Vorbehalt zusammen mit der Kündigungsschutzklage erklärt werden, kommt es für den Zugang der Vorbehaltserkl. nach bislang hM (s. aber Rn. 35 a) nicht auf den Eingang der Klage bei Gericht, sondern auf den Tag der Zustellung an den AG an (LSW/*Löwisch/Wertheimer* Rn. 38; KR/*Kreft* Rn. 126). Eine Rücknahme des Vorbehalts ist rechtl. nicht mögl. (LAG RP 2.5.1994 LAGE KSchG § 2 Nr. 14).

38 Erklärt der AN die Annahme unter Vorbehalt, steht der Bestand des ArbVerh. außer Streit. Der AN muss mit Ablauf der Kündigungsfrist zu den vom AG angebotenen neuen Arbeitsbedingungen

arbeiten (BAG 28.3.1985 NZA 1985, 709; 27.3.1987 NZA 1988, 737; 18.1.1990 NZA 1990, 734). Er hat **keinen vorl. Weiterbeschäftigungsanspruch**, vorerst zu den alten Arbeitsbedingungen weiter eingesetzt zu werden (s. Rn. 72).

VI. Materiellrechtliche Prüfung

1. Allgemeines. Wird die Sozialwidrigkeit der Änderungskündigung materiell-rechtl. beurteilt, ist zu prüfen, ob die Änd. der Arbeitsbedingungen sozial gerechtfertigt ist, nicht die Beendigung des ArbVerh. Das Änderungsangebot des AG ist daher als Prüfungsgegenstand maßgebend zu berücksichtigen (BAG 3.11.1977 AP BPersVG § 75 Nr. 1; 23.6.2005 NZA 2006, 92; LAG RP 23.9.2010 LAGE KSchG § 2 Nr. 66; *Wallner,* Die ordentl. Änderungskündigung des AG, Diss. 2001 S. 161 ff.; KR/*Kreft* Rn. 139, 142; krit. LSW/*Löwisch*/*Wertheimer* Rn. 49; SPV/*Preis* Rn. 1270; *Hromadka* NZA 1996, 1). Es kann nicht außer Betracht bleiben, dass der AG nicht bezweckte, den AN zu entlassen. Der AN muss es deshalb hinnehmen, dass dies in die Prüfung der Sozialwidrigkeit einfließt. Das gilt für **die personen-, die verhaltens- und die betriebsbedingte Kündigung** (s. Rn. 45 ff.). Bei allen drei Arten der Änderungskündigung ist Voraussetzung für deren soziale Rechtfertigung, dass der geltend gemachte Kündigungsgrund geeignet ist, die angestrebte Vertragsänd. zu rechtfertigen (s. BAG 23.6.2005 NZA 2006, 92; 2.3.2006 NZA 2006, 985 Rn. 21; 3.4.2008 NZA 2008, 812 Rn. 12; 8.10.2009 NZA 2010, 465 Rn. 17; 20.6.2013 NZA 2013, 1409 Rn. 16). Zudem sind alle vom AG vorgeschlagenen Vertragsänd. am Verhältnismäßigkeitsgrds. zu messen (stRspr. s. BAG 9.9.2010 AP KSchG 1969 § 2 Nr. 149 Rn. 29; 16.12.2010 AP KSchG 1969 § 2 Nr. 150 Rn. 30; 29.9.2011 NZA 2012, 628 Rn. 28; 20.6.2013 NZA 2013, 1409 Rn. 17; 10.4.2014 NZA 2014, 653 Rn. 24; 5.6.2014 NZA 2015, 40 Rn. 24). Sieht eine Änderungskündigung zugleich mehrere Änd. vor, ist sie bereits dann sozial ungerechtfertigt, wenn nur eine der angestrebten Änd. sozialwidrig ist (BAG 21.9.2006 NZA 2007, 435 Rn. 26; 10.9.2009 NZA 2010, 333 Rn. 22, 24; 8.10.2009 NZA 2010, 465 Rn. 18; 5.6.2014 NZA 2015, 40 Rn. 24). Ebenso ist die Änderungskündigung unwirksam, wenn die vom AG angebotene Änd. der Arbeitsbedingungen bereits vor Ablauf der Kündigungsfrist in Kraft treten soll (BAG 21.9.2006 NZA 2007, 435 Rn. 21 ff.; 29.9.2011 NZA 2012, 628 Rn. 40); auch eine Auslegung der Kündigung dahin, dass die Änd. der Arbeitsbedingungen erst zum Ablauf der Kündigungsfrist eintreten soll, kommt nicht in Betracht (BAG 21.9.2006 NZA 2007, 435 Rn. 28 ff.; s. a. LAG K 2.11.2007 BeckRS 2008, 50680). Entspr. gilt, wenn eine außerordentl. Änderungskündigung mit sozialer Auslauffrist erklärt wird (LAG B 24.7.2008 BeckRS 2011, 67016). Weist das Gericht die Klage gegen eine Änderungskündigung als unzulässig zurück, gelten die geänd. Arbeitsbedingungen (BAG 24.3.2004 AP EntgeltFG § 3 Nr. 22; *Berkowsky* NZA 2004, 1140). Unterblieb die Annahme des Angebots durch den AN (s. Rn. 31), so besteht das ArbVerh. zunächst mit unverändertem Inhalt fort. 39

Die Berechtigung der **modifizierten Prüfung** ergibt sich aus dem Wortlaut des § 2 (KR/*Kreft* Rn. 139). Dort heißt es nicht: „Kündigt der AG sozialgemäß iSv. § 1 und …“, sondern: „Kündigt der AG und bietet er, …, so kann der AN … unter dem Vorbehalt annehmen, dass die Änd. der Arbeitsbedingungen nicht sozial ungerechtfertigt ist (§ 1 II 1 bis 3, III 1 und 2)“. Die Kündigung im Eingangssatz bezieht sich auf alle Fallvarianten. Änderungsangebot und Kündigung sind nach dem Willen des G tats. und rechtl. so miteinander verknüpft, dass sie eine innere Einheit bilden und deshalb zusammen betrachtet werden müssen (BAG 7.6.1973 NJW 1973, 1819; 28.4.1982 NJW 1982, 2839). 40

Die Einheit zwischen Kündigung und Angebot kann in keinem Fall dazu führen, dass ein nicht vorhandener Kündigungsgrund deshalb zu einem hinzunehmenden wird. Die einheitl. Prüfung wirkt sich nur aus, wenn die Ermittlung der Sozialwidrigkeit Freiraum für Abwägungskriterien bietet, was nur bei der personen- und verhaltensbedingten Kündigung relevant werden dürfte. Da vom AG nur eine Änd. der Arbeitsbedingungen angestrebt wird, sind keine so hohen Anforderungen zu stellen, wie bei einer Beendigungskündigung (BAG 7.6.1973 NJW 1973, 1819; 3.11.1977 AP BPersVG § 75 Nr. 1; KR/*Kreft* Rn. 154: die Änderungskündigung ist sozial gerechtfertigt, wenn die Änd. der bisherigen Arbeitsbedingungen aus verhaltensbedingten oder personenbedingten Gründen oder wegen dringender betriebl. Erfordernisse iSd. § 1 unvermeidbar ist und die neuen Bedingungen für den AN unter Berücksichtigung des Verhältnismäßigkeitsgrds. verhältnismäßig sind). 41

Aus der Berücksichtigung des Änderungsangebots bei der Prüfung der Sozialwidrigkeit ergibt sich ein **zweistufiges Prüfungsverfahren** (s. BAG 23.6.2005 NZA 2006, 92; 2.3.2006 NZA 2006, 985 Rn. 21; 12.8.2010 NZA 2011, 460 Rn. 29; DDZ/*Zwanziger* Rn. 189; KR/*Kreft* Rn. 151; SPV/*Preis* Rn. 1306). Zunächst ist zu prüfen, ob für die Vertragsänd. ein Grund in der Person oder dem Verhalten des AN liegt oder ob dringende betriebl. Erfordernisse das Änderungsangebot nach § 1 II bedingen. Liegt insoweit überhaupt kein Kündigungsgrund vor, erübrigt sich eine nähere Prüfung des Änderungsangebots. Liegt ein **Kündigungsgrund** vor, ist zu prüfen, ob der AG sich darauf beschränkt hat, nur solche Änd. vorzuschlagen, die der AN „billigerweise“ hinnehmen muss (BAG 12.8.2010 NZA 2011, 460 Rn. 29; 16.12.2010 AP KSchG 1969 § 2 Nr. 150 Rn. 30; 29.9.2011 NZA-RR 2012, 158 Rn. 17; 29.9.2011 NZA 2012, 628 Rn. 28; 20.6.2013 NZA 2013, 1409 Rn. 16; 10.4.2014 NZA 2014, 653 Rn. 24; 5.6.2014 NZA 2015, 40 Rn. 24; 20.1.2015 NZA 2015, 805 Rn. 36; 24.9.2015 AP KSchG 1969 § 2 Nr. 165 Rn. 13; 22.10.2015 NZA-RR 2016, 243 Rn. 23; 2.3.2017 NZA 2017, 905 Rn. 19). 42

42a Diese **zweite Stufe** hat das BAG dahin präzisiert, dass keine allg. Billigkeitsprüfung, sondern eine am **Verhältnismäßigkeitsgrds.** orientierte Prüfung vorzunehmen ist (s. für die stRspr. BAG 28.10.2010 NZA-RR 2011, 155, 157; 16.12.2010 AP KSchG 1969 § 2 Nr. 150 Rn. 30; 29.9.2011 NZA-RR 2012, 158 Rn. 17; 29.9.2011 NZA 2012, 628 Rn. 28; 20.6.2013 NZA 2013, 1409 Rn. 17; 10.4.2014 NZA 2014, 653 Rn. 24; 5.6.2014 NZA 2015, 40 Rn. 24; 24.9.2015 AP KSchG 1969 § 2 Nr. 165 Rn. 13; 22.10.2015 NZA-RR 2016, 243 Rn. 23; 2.3.2017 NZA 2017, 905 Rn. 19). Danach müssen die geänd. Arbeitsbedingungen im Hinblick auf den Kündigungsgrund geeignet sowie erforderl. sein und dürfen sich nicht weiter vom bisherigen Inhalt des ArbVerh. entfernen, als dies zur Erreichung des mit der Änderungskündigung angestrebten Ziels erforderl. ist (BAG 12. 8. 2010 NZA 2011, 460 Rn. 29; 28.10.2010 NZA-RR 2011, 155, 157; 16.12.2010 AP KSchG 1969 § 2 Nr. 150 Rn. 30; 29.9.2011 NZA-RR 2012, 158 Rn. 17; 20.6.2013 NZA 2013, 1409 Rn. 17; 10.4.2014 NZA 2014, 653 Rn. 24; 5.6.2014 NZA 2015, 40 Rn. 24; 24.9.2015 AP KSchG 1969 § 2 Nr. 165 Rn. 13; 22.10.2015 NZA-RR 2016, 243 Rn. 23; 2.3.2017 NZA 2017, 905 Rn. 19). Das gilt für alle mit der Änderungskündigung unterbreiteten Vertragsänd. (BAG 9.9.2010 ZTR 2011, 296, 299; 29.9.2011 NZA 2012, 628 Rn. 28; 20.6.2013 NZA 2013, 1409 Rn. 17; 10.4.2014 NZA 2014, 653 Rn. 24; 5.6.2014 NZA 2015, 40 Rn. 24; 22.10.2015 NZA-RR 2016, 243 Rn. 23), insb. kann das Gericht die Kündigung nicht in einzelnen Teilen für wirksam erklären (BAG 10.9.2009 NZA 2010, 333 Rn. 22; LAG K 16.8.2011 BeckRS 2011, 77686 Rn. 48).

43 Verletzt ein Änderungsangebot den **arbeitsrechtl. Gleichbehandlungsgrds.**, muss der AN dies nicht hinnehmen; der Verstoß bewirkt die Unwirksamkeit der Änderungskündigung (BAG 3.7.2003 AP KSchG 1969 § 2 Nr. 73; s. a. BAG 26.6.2008 NZA 2008, 1182 Rn. 28). Während das BAG dies urspr. noch mit der Erwägung begr. hat, dass ein derartiges Angebot vom AN billigerweise nicht angenommen werden müsse (BAG 3.7.2003 AP KSchG 1969 § 2 Nr. 73), sieht es in einem derartigen Änderungsangebot nunmehr einen Verstoß gegen den Verhältnismäßigkeitsgrds. (BAG 23.6.2005 NZA 2006, 92).

44 Eine Änderungskündigung ist unzulässig, wenn der AN auch anders als bisher eingesetzt werden kann, ohne dass deshalb die Arbeitsbedingungen geänd. werden müssten. Spricht der AG in diesem Fall eine **„überflüssige Änderungskündigung"** aus (s. Rn. 14), und kommt es zu einem Streit über den Inhalt der Arbeitspflicht, kann der AN nicht mit Erfolg über § 4 vorgehen; er muss vielmehr eine Feststellungsklage nach § 256 ZPO erheben (BAG 24.8.2004 NZA 2005, 51; 21.9.2006 NZA 2007, 435 Rn. 19), eine Änderungsschutzklage iSd. § 2 S. 2 wäre in diesem Fall unbegründet (BAG 21.9.2006 NZA 2007, 435 Rn. 19; 26.1.2012 NZA 2012, 856 Rn. 12, 14). Der AN kann dies jedoch vermeiden, indem er den Änderungsschutzantrag unter der auflösenden Bedingung stellt, dass die vom AG erstrebte einseitige Veränderung der Arbeitsbedingungen nicht bereits aus anderen Gründen rechtsunwirksam ist (BAG 17.12.2015 NZA 2016, 568 Rn. 20, 24). Nach § 2 S. 1 sind außerdem § 1 II 2 und 3 entspr. anzuwenden. Bei allen Kündigungen ist hins. der Frage der Weiterbeschäftigung auf einem anderen freien Arbeitsplatz zu geänd. Arbeitsbedingungen zu unterscheiden, ob in etwa gleichwertige Beschäftigungsmöglichkeiten vorhanden sind oder nicht (s. Rn. 49). Eine Versetzung darf zudem nicht gegen eine AuswahlRL verstoßen.

44a Der Prüfungsmaßstab eines unter dem Vorbehalt soz. Rechtfertigung vom AN angenommenen Änderungsangebots beschränkt sich nicht darauf, ob die Änderungskündigung den Anforderungen des § 1 II genügt. Durch die Annahme verzichtet der AN nicht auf eine **Überprüfung anhand anderer Unwirksamkeits- oder Nichtigkeitsgründe** (BAG 22.10.2015 NZA 2016, 225 Rn. 29 f.; *Niemann* RdA 2016, 339, 341). Dies folgt aus § 4 S. 2, nach dem die Änderungsschutzklage auch auf die Feststellung bezogen werden kann, dass die Änd. der Arbeitsbedigungen auch aus anderen Gründen rechtsunwirksam ist, was denknotwendig auf den Überprüfungsvorbehalt in § 2 ausstrahlt (treffend *Niemann* RdA 2016, 339, 341). Auch im Rahmen einer Änderungsschutzklage kann der AN deshalb geltend machen, dass die Kündigung bei Ablehnung des Änderungsangebots gegen ein ges. Verbot verstoßen hätte oder mangels ordnungsgemäßer BRAnhörung nach § 102 I 3 BetrVG rechtsunwirksam gewesen wäre (BAG 22.10.2015 NZA 2016, 225 Rn. 30). Trifft dies zu, ist die Änderungskündigung rechtsunwirksam (BAG 22.10.2015 NZA 2016, 225 Rn. 32).

45 **2. Personenbedingte Änderungskündigung.** Eine personenbedingte Kündigung ist in Betracht zu ziehen, wenn der AN seine bisherige Tätigkeit nicht mehr wie früher fortsetzen kann und ein anderer freier Arbeitsplatz, dem er genügen würde, vorhanden ist. In der Praxis spielt das eine Rolle, wenn wegen zunehmenden Alters die **Leistungsfähigkeit** abnimmt, aber andere, dem angemessene Arbeitsplätze vorhanden sind (BAG 20.7.1989 NZA 1990, 614; 21.1.1993 NZA 1993, 1099). Ist kein freier Arbeitsplatz vorhanden, wäre dem AG vor einer Beendigungskündigung je nach Alter und Betriebszugehörigkeit des AN uU ein längeres Hinnehmen der nicht mehr vollen Leistungsfähigkeit zuzumuten (s. § 1 Rn. 167). Nicht geeignet ist idR eine Reduzierung der AZ, um eine Verbesserung der Leistungsbereitschaft des AN zu erreichen (LAG MV 17.6.2009 NZA-RR 2010, 74, 75). In Betracht kommt eine personenbedingte Änderungskündigung auch als mildere Alt. zur **krankheitsbedingten** Beendigungskündigung (s. dazu a. *Horcher* RdA 2009, 31 ff.). Für eine wegen krankheitsbedingter Leistungsminderung erklärte ordentl. Änderungskündigung gelten in diesem Fall keine anderen Maßstäbe als für eine krankheitsbedingte Beendigungskündigung (BAG 22.10.2015 NZA-RR 2016, 243 Rn. 24).

3. Verhaltensbedingte Änderungskündigung. Die Erwägungen zur personenbedingten Änderungskündigung gelten in ähnl. Weise bei einer verhaltensbedingten Änderungskündigung (BAG 22.7.1982 NJW 1983, 700; 10.11.1988 NZA 1989, 633). Die verhaltensbedingte Kündigung ist zu erwägen, wenn durch eine Änd. der Arbeitsbedingungen mit dem Ende eines vertragswidrigen Verhaltens gerechnet werden kann, zB Versetzung bei dauernden Streitereien mit einem bestimmten Kollegen (BAG 22.7.1982 NJW 1983, 700; 10.11.1988 NZA 1989, 633). Grds. bedarf es auch bei einer verhaltensbedingten Änderungskündigung einer vorherigen Abmahnung, da andernfalls die erforderl. negative Zukunftsprognose nicht getroffen werden kann (LAG N 6.8.2012 NZA-RR 2012, 631, 633). 46

4. Betriebsbedingte Änderungskündigung. a) Allgemeines. Hauptanwendungsbereich des § 2 ist in der Praxis die betriebsbedingte Änderungskündigung. Es müssen zunächst sachl. Gründe vorliegen, die überhaupt ein Änderungsangebot rechtfertigen (BAG 19.5.1993 NZA 1993, 1075; 16.5.2002 NZA 2003, 147; s. *Fischermeier* NZA 2000, 737 sowie Rn. 42). Bei einer betriebsbedingten Änderungskündigung ist deshalb zu prüfen, ob das Beschäftigungsbedürfnis für den gekündigten AN zu den bisherigen Vertragsbedingungen entfallen ist (stRspr., s. BAG 12.8.2010 NZA 2011, 460 Rn. 31; 29.9.2011 NZA-RR 2012, 158 Rn. 28; 29.9.2011 NZA 2012, 628 Rn. 28; 23.2.2012 AP KSchG 1969 § 2 Nr. 154 Rn. 34; 24.5.2012 NZA-RR 2013, 74 Rn. 13 f.; 24.9.2015 AP KSchG 1969 § 2 Nr. 165 Rn. 13; 2.3.2017 NZA 2017, 905 Rn. 19). Notwendig ist auf der ersten Stufe ein organisatorisches Konzept, aus dem sich das Bedürfnis nach Änd. der Arbeitsbedingungen ergibt, also eine „konzeptionelle Unternehmerentsch." (BAG 23.6.2005 NZA 2006, 91). 47

Auch bei der betriebsbedingten Änderungskündigung unterliegt die ihr zugrunde liegende **Unternehmerentsch.** nur einer Rechts- und Missbrauchskontrolle (BAG 26.3.2009 NZA 2009, 679; 12.8.2010 NZA 2011, 460 Rn. 31; 12.8.2010 NJW 2011, 251, 252; 24.5.2012 NZA-RR 2013, 74 Rn. 18 f.; s. a. § 1 Rn. 239 f.). Es ist jedoch zu prüfen, ob die tats. vorliegende Organisationsänd. eine Beendigungs- oder Änderungskündigung unabwendbar macht und ob das unternehmerische Konzept nicht mit anderen Maßnahmen realisiert werden kann (BAG 22.4.2004 AP KSchG 1969 § 2 Nr. 74; 17.3.2005 AP KSchG 1969 § 15 Nr. 58), ohne dass hierdurch die Organisationsentsch. selbst einer inhaltl. Überprüfung unterliegt (s. BAG 2.3.2006 AP KSchG 1969 § 2 Nr. 84; 23.6.2005 NZA 2006, 92, 94 f.). Das gilt auch, wenn diese von einem öffentl. AG getroffen wurde (BAG 12.8.2010 NJW 2011, 251, 252). Jedoch ist das tats. Vorliegen der Organisationsentsch. und deren Ursächlichkeit für die erstrebte Vertragsänd. vom AG darzulegen und vom Gericht zu überprüfen (s. a. § 1 Rn. 242). So fehlt es zB an einer notwendigen Organisationsentsch., wenn der AG die AZ in der Weise flexibilisieren will, dass der Beschäftigungsanspruch künftig nur iHv. 75% besteht und eine darüber hinausgehende Beschäftigung nur nach Bedarf erfolgt (LAG TH 25.4.2006 NZA-RR 2007, 295, 296). Anders ist zu entscheiden, wenn ein Bundesland zukünftig den Vertretungsbedarf an Grundschulen grds. mit pädagogischen Mitarbeitern und nicht mit Lehrern abdecken will (BAG 29.11.2007 NZA 2008, 523 Rn. 24 ff.). Zur Anwendbarkeit von § 1 V im Rahmen einer betriebsbedingten Änderungskündigung s. Rn. 52. 47a

Liegt ein anerkennenswerter Anlass für das Änderungsangebot vor, ist die betriebsbedingte Änderungskündigung nur als sozial gerechtfertigt anzusehen, wenn die betriebl. Erfordernisse so dringend sind, dass diese die Maßnahme unter Abwägung des Interesses des AG an der erstrebten Änd. und des Interesses des AN an der Aufrechterhaltung der bisherigen Arbeitsbedingungen als **billigenswert und angemessen** erscheinen lassen. Der AG kann verpflichtet sein, dem AN einen anderen freien Arbeitsplatz selbst dann anzubieten, wenn die Vergütung für diesen Platz erhebl. geringer ist (LAG K 26.8.2004 LAGE KSchG § 2 Nr. 46a), wobei das BAG hins. des hierbei anzulegenden Maßstabes eine am **Verhältnismäßigkeitsgrds.** orientierte Prüfung vornimmt (s. Rn. 42). Änderungskündigungen zur Anpassung vertragl. Nebenabreden (zB kostenlose Beförderung zum Betriebssitz, Fahrtkostenzuschuss, Mietzuschuss) an geänd. Umstände unterliegen nicht den gleichen strengen Maßstäben wie Änderungskündigungen zur Entgeltabsenkung (s. BAG 23.6.2005 NZA 2006, 92, 96; 20.6.2013 NZA 2013, 1409 Rn. 26). 48

Die strikte Bindung an den Verhältnismäßigkeitsgrds. erfordert auch die Prüfung, ob sich die der urspr. Vereinb. zugrunde liegenden Umstände so stark geänd. haben, dass sie eine Änd. der Arbeitsbedingungen erforderl. machen und sich der AG darauf beschränkt hat, dem AN nur solche Änd. vorzuschlagen, die dieser billigerweise hinnehmen muss (BAG 29.9.2011 NZA-RR 2012, 158 Rn. 17; 29.9.2011 NZA 2012, 628 Rn. 28; 23.2.2012 AP KSchG 1969 § 2 Nr. 154 Rn. 34; 24.5.2012 NZA-RR 2013, 74 Rn. 12; 20.6.2013 NZA 2013, 1409 Rn. 16; 5.6.2014 NZA 2015, 40 Rn. 24; 20.1.2015 NZA 2015, 805 Rn. 36; 2.3.2017 NZA 2017, 905 Rn. 19). IRd. Verhältnismäßigkeitsprüfung ist das Änderungsangebot insg. und damit hins. aller seiner Bestandteile zu messen (s. Rn. 42). Dabei darf sich keine der angebotenen Änd. weiter vom Inhalt des bisherigen ArbVerh. entfernen, als dies zur Anpassung an die geänd. Beschäftigungsmöglichkeiten erforderl. ist (BAG 29.9.2011 NZA-RR 2012, 158 Rn. 17; 29.9.2011 NZA 2012, 628 Rn. 28; 23.2.2012 AP KSchG 1969 § 2 Nr. 154 Rn. 34; 20.6.2013 NZA 2013, 1409 Rn. 17; 5.6.2014 NZA 2015, 40 Rn. 24; 2.3.2017 NZA 2017, 905 Rn. 19). Verneint wurde dies zB, wenn das Änderungsangebot neben der geänd. Tätigkeit zugleich die Verpflichtung enthielt, eine Dienstwohnung zu beziehen (BAG 26.6.2008 AP BAT § 55 Nr. 8) oder eine im bisherigen Vertrag nicht vorgesehene doppelte Schriftformklausel umfasste (LAG HE 8.3.2013 BeckRS 2013, 68870). 48a

Wenn durch das Änderungsangebot neben dem Tätigkeitsbereich auch die Vergütung geänd. werden soll, sind beide Elemente am Verhältnismäßigkeitsgrds. zu messen (BAG 23.6.2005 NZA 2006, 92, 94; 29.3.2007 NZA 2007, 855, 858; 29.11.2007 NZA 2008, 523 Rn. 41; 3.4.2008 NZA 2008, 812 Rn. 26; 24.5.2012 NZA-RR 2012, 74 Rn. 37). Bzgl. der Vergütung gilt nur dann eine Ausnahme, wenn sich die entspr. Änd. aus der Anwendung eines im Betrieb geltenden Vergütungssystems ergibt (BAG 29.11.2007 NZA 2008, 523 Rn. 41; 3.4.2008 NZA 2008, 812 Rn. 26; 24.5.2012 NZA-RR 2013, 74 Rn. 37; 24.9.2015 AP KSchG 1969 § 2 Nr. 165 Rn. 28).

49 Bei der **betriebsbedingten Änderungskündigung** ist zu unterscheiden, ob gleichwertige Beschäftigungsmöglichkeiten bestehen oder nicht. Ist die bisherige Beschäftigungsmöglichkeit ersatzlos weggefallen und kommt nur die Weiterbeschäftigung in einem anderen angebotenen, nicht gleichwertigen Tätigkeitsbereich in Betracht – und ist auch die Sozialauswahl nicht zu beanstanden (s. Rn. 52), ist es unerhebl., ob die Beschäftigung in dem anderen Bereich zumutbar ist oder nicht. Der AG kann in einem solchen Fall dem AN nur den Platz anbieten, den er hat, selbst wenn die Vergütung dort erhebl. geringer ist (LAG K 22.7.2004 LAGE KSchG § 1 Betriebsbedingte Kündigung Nr. 70; s. jedoch im Hinblick auf die mit Veränderungen der Arbeitsleistungsseite verbundene Änd. der Entgeltseite BAG 23.6.2005 NZA 2006, 92, 94 sowie § 2 Rn. 54). Ein anerkennenswerter Anlass für eine Änderungskündigung liegt vor, wenn das Bedürfnis für die Weiterbeschäftigung des AN zu den bisherigen Bedingungen entfallen ist. Hieran kann es wegen § 1 II 2 Nr. 1b auch fehlen, wenn die arbeitsvertragl. geschuldete Tätigkeit zwar zT weggefallen ist, die Arbeitsleistung aber auf einem anderen freien Arbeitsplatz erbracht werden kann (LAG MV 17.1.2017 BeckRS 2017, 104842). Ob der AN die vorgeschlagenen Änd. billigerweise hinnehmen muss, richtet sich nach dem Verhältnismäßigkeitsgrds. (s. Rn. 48).

50 Eine betriebsbedingte Änderungskündigung soll nicht nur mit dem Ziel zulässig sein, dass weiterhin ein, wenn auch ein geänd., aber unbefristetes ArbVerh. besteht. Wenn entspr. sachl. Voraussetzungen vorliegen, soll der AG mit der Änderungskündigung nach der Rspr. des BAG auch eine **Befristung des ArbVerh.** anbieten können (BAG 25.4.1996 NZA 1996, 1197 [unter Aufgabe 17.5.1984 AP KSchG 1969 § 1 Betriebsbedingte Kündigung Nr. 21]; 16.12.2010 AP KSchG 1969 § 2 Nr. 150 Rn. 36; **aA** *Ascheid* Rn. 467). In derartigen Fällen dürfte es, sofern nicht ganz bes. Umstände vorliegen, an der Dringlichkeit der Kündigung fehlen. Die Umwandlung des unbefristeten in ein befristetes ArbVerh. mag geeignet sein, das ArbVerh. zu beenden. Es ist jedoch schon fragl., ob diese Maßnahme auch erforderl. ist, denn der gleiche Zweck kann verfolgt werden, wenn zu geeigneter Zeit eine Beendigungskündigung erklärt wird. Fehlen dürfte es jdf. an der Verhältnismäßigkeit im engeren Sinn. Durch ein derartiges Vorgehen des AG wird dem AN näml. die je nach Kündigungsfrist zu realisierende Möglichkeit einer ordentl. Eigenkündigung genommen, wenn mit den Änderungsbedingungen nicht nur eine Höchstbefristung verbunden ist. Eine nachträgl. Befristung, auch durch Änderungskündigung, ist jdf. nur für zulässig zu erachten, wenn hierfür die Voraussetzungen nach dem TzBfG vorliegen (BAG 8.7.1998 NZA 1999, 81, 82; 16.12.2010 AP KSchG 1969 § 2 Nr. 150 Rn. 36). Fehlt eine derartige sachl. Rechtfertigung für die Befristung, muss der AN die Änd. der Arbeitsbedingungen billigerweise nicht hinnehmen (BAG 16.12.2010 AP KSchG 1969 § 2 Nr. 150 Rn. 36).

51 Dem KSchG lässt sich **nicht** die Wertung entnehmen, der AG müsse auf Grund einer Rationalisierungsmaßnahme im Dienstleistungsbereich ohne Rücksicht auf eine einschlägige Organisationsentsch. in jedem Fall **anstelle mehrerer Änderungskündigungen** (mit dem Ziel von Halbtagsbeschäftigungen) eine geringere Anzahl von Beendigungskündigungen aussprechen. Maßgebend ist allein, wie der AG sein unternehmerisches Konzept gestaltet hat (BAG 19.5.1993 NZA 1993, 1075, 1076 f.; LAG D 7.10.2004 LAGE KSchG § 2 Nr. 47).

52 Auch bei einer betriebsbedingten Änderungskündigung ist eine **Sozialauswahl** vorzunehmen (für die stRspr. BAG 18.1.2007 AP KSchG 1969 § 1 Soziale Auswahl Nr. 89; 12.8.2010 NZA 2011, 460 Rn. 41; 24.5.2012 NZA-RR 2013, 74 Rn. 31; 29.1.2015 NZA 2015, 426 Rn. 10). Diesbzgl. finden ebenfalls § 1 IV und V Anwendung. Zwar erwähnt § 2 S. 1 in der Klammer nur § 1 III 1 und 2. Der Verweisung ist aber nicht die Entsch. zu entnehmen, **§ 1 IV und V** von der Anwendung für die Änderungskündigung auszunehmen. Vielmehr sind die Abs. 4 und 5 des § 1 als Vorschr. zu verstehen, die auf § 1 III aufbauen und deren Anwendung ergänzen. Der Verweis in § 2 S. 1 erstreckt sich deshalb auch auf § 1 IV und V (BAG 19.6.2007 NZA 2008, 103 Rn. 21 ff.; 28.5.2009 NZA 2009, 954 Rn. 15; 12.8.2010 NZA 2011, 460 Rn. 43; 23.2.2012 AP KSchG 1969 § 2 Nr. 154 Rn. 35), ohne jedoch von den Anforderungen in § 1 III an die Sozialauswahl zu entbinden (BAG 12.8.2010 NZA 2011, 460 Rn. 41). Bei der Änderungskündigung kommt es darauf an, welchem AN die angebotene Änd. der Arbeitsbedingungen in sozialer Hinsicht am ehesten zumutbar ist (BAG 18.1.2007 AP KSchG 1969 § 1 Soziale Auswahl Nr. 89; 12.8.2010 NZA 2011, 460 Rn. 46; 29.1.2015 NZA 2015, 426 Rn. 12; LSW*Löwisch/Wertheimer* Rn. 98). Konkurrieren dabei mehrere AN um eine geringere Zahl von Weiterbeschäftigungsmöglichkeiten, hat der AG – wie bei einer Beendigungskündigung (s. § 1 Rn. 253) – analog § 1 III zwischen den AN eine soziale Auswahl vorzunehmen (BAG 12.8.2010 NZA 2011, 460 Rn. 41; 24.5.2012 NZA-RR 2013, 74 Rn. 31). Bei der Beurteilung der Auswahlkriterien ist zu beachten, dass die soziale Schutzbedürftigkeit des AN nicht in Bezug auf eine Beendigung des ArbVerh. zu prüfen ist, sondern im Hinblick auf die Veränderung der Arbeitsbedingungen (BAG 12.8.2010 NZA 2011, 460 Rn. 46; 24.5.2012 NZA-RR 2013, 74 Rn. 31; 29.1.2015 NZA 2015, 426 Rn. 12; *Fischermeier* NZA 1997,

1089, 1100). Deshalb ist bei der Sozialauswahl nicht fiktiv zu prüfen, wer von den vergleichbaren AN am härtesten von einem Verlust des Arbeitsplatzes betroffen wäre. Vielmehr kommt es allein darauf an, wie sich die vorgeschlagene Vertragsänd. auf den sozialen Status vergleichbarer AN auswirkt (BAG 18.1.2007 AP KSchG 1969 § 1 Soziale Auswahl Nr. 89; 12.8.2010 NZA 2011, 460 Rn. 46; 29.1.2015 NZA 2015, 426 Rn. 12). Hierfür sind die in § 1 III 1 aufgezählten Kriterien in gleicher Weise anzuwenden, wie bei einer Beendigungskündigung (BAG 12.8.2010 NZA 2011, 460 Rn. 46), ohne dass diese um weitere, den Besonderheiten einer Änderungskündigung Rechnung tragende Kriterien ergänzt werden dürfen (BAG 12.8.2010 NZA 2011, 460 Rn. 46; 29.1.2015 NZA 2015, 426 Rn. 12; SES/*Schwarze* Rn. 51).

b) Änderung des Tätigkeitsbereichs. Die Änderungskündigung ist notwendig, wenn eine vertragl. Anbindung neu geschaffen werden soll (zu der vertragl. Anbindung s. § 1 Rn. 215). Ggü. einem Angebot auf geänd. vertragl. Fortsetzung des ArbVerh. wie Außen- statt Innendienst stellt eine mögl. **freie Mitarbeit** kein milderes Mittel dar (BAG 21.2.2002 EzA KSchG § 2 Nr. 45). Hat der AG hierarchisch und in Bezug auf das Entgelt vergleichbare andere Beschäftigungsmöglichkeiten zur Besetzung frei, wird es idR dem AN nicht zuzumuten sein, auf einem hierarchisch schlechter eingestuften und entlohnten Arbeitsplatz zu arbeiten. 53

Die freien anderen Arbeitsplätze sind immer im Zusammenhang mit der ihnen zugeordneten Entgelthöhe zu sehen (BAG 23.6.2005 NZA 2006, 92, 96). Ist der AN bereit, einen hierarchischen Abstieg hinzunehmen (zB der Referatsleiter, der nur noch als Referent eingesetzt werden kann), ist die angebotene Tätigkeit nicht etwa deshalb stets unzumutbar, weil das dafür üblicherweise gezahlte Entgelt geringer ist. Ergibt sich die geänd. Vergütung für die neue Tätigkeit jedoch aus einem im Betrieb angewandten Vergütungssystem, so ist eine Rechtfertigung der vorgeschlagenen Vergütung entbehrl. (BAG 23.6.2005 NZA 1996, 92, 96; 3.4.2008 NZA 2008, 812 Rn. 26; 27.11.2008 NZA 2009, 481 Rn. 31; 9.9.2010 AP KSchG 1969 § 2 Nr. 149 Rn. 35; 28.10.2010 NZA-RR 2011, 155, 157f.; 24.9.2015 AP KSchG 1969 § 2 Nr. 165 Rn. 28). Allenfalls bei krassen Unterschieden kann eine sukzessive Gehaltsanpassung in Betracht kommen. Ergibt sich die im Hinblick auf die veränderte Tätigkeit neu festgelegte Vergütungshöhe nicht aus einem im Betrieb angewandten Vergütungssystem, so bedarf es in Bezug auf die veränderte Entgeltseite einer Rechtfertigung, die sich aus dem veränderten Wert der Arbeitsleistung ergibt (BAG 23.6.2005 NZA 2006, 92, 97; 3.4.2008 NZA 2008, 812 Rn. 26). Hat der AG die Gehälter vergleichbarer AN frei ausgehandelt, so besteht kein Zwang, dem AN die höchste für vergleichbare Tätigkeiten gezahlte Vergütung anzubieten, vielmehr genügt das Angebot einer dem Durchschnitt entspr. Vergütung (BAG 3.4.2008 NZA 2008, 812 Rn. 33). Bei einer deutl. Unterschreitung der durchschnittl. Vergütung muss der AG die Hinnehmbarkeit für den AN bes. darlegen, ebenso wie umgekehrt den AN die Darlegungslast für eine hinnehmbare deutl. überdurchschnittl. Vergütung trifft (BAG 3.4.2008 NZA 2008, 812 Rn. 33). Sind überhaupt, bezogen auf die bisherige Tätigkeit, **nur minderwertige Beschäftigungsmöglichkeiten vorhanden** und bietet der AG diese an (zB dem Buchhalter eine Beifahrertätigkeit), ist die Kündigung nicht wegen Unzumutbarkeit der Änderungsbedingungen unwirksam. Es mag aus der Sicht des AN berechtigt eine Unzumutbarkeit vorliegen. Hierauf kommt es indessen nicht an, da die Unzumutbarkeit an den Möglichkeiten des AG zu messen ist. Soweit die Änd. der Arbeitsbedingungen eine Versetzung notwendig macht, sind die Rechte des BR nach den §§ 95, 99 BetrVG zu beachten (s. Rn. 17ff.). 54

Zur Freiheit der unternehmerischen Entsch. gehört die **freie Wahl des Betriebsstandorts** (BAG 27.9.2001 EzA KSchG § 2 Nr. 41; s.a. 2.3.2006 NZA 2006, 985 Rn. 32; 12.8.2010 NJW 2011, 251 Rn. 17; 24.5.2012 NZA-RR 2013, 74 Rn. 18; § 1 Rn. 293). Eine Zumutbarkeit wäre zu verneinen bei der Aufteilung einer einheitl. Chefarztabt. auf zwei Chefärzte mit entspr. Entgeltminderung, wenn der urspr. Chefarzt nicht in gleichem Umf., auch was seine Einnahmemöglichkeiten angeht, arbeiten könnte (*Hromadka* NZA 1996, 1). Ein Grund wurde verneint, nur weil eine organisatorische Änd. bei im Wesentlichen gleichartigem Tätigkeitsbereich erfolgen soll (BAG 6.3.1986 NZA 1987, 102). Bejaht wurde von der Rspr. die Zuweisung einer anderen Tätigkeit (Schwimmmeisterfall, BAG 13.6.1986 NZA 1987, 155); Zuweisung einer Tätigkeit als Verkäuferin mit Kassiererfunktion wegen Wegfalls der bisher innegehabten höheren Position (BAG 26.1.1995 NZA 1995, 626; 23.6.2005 NZA 2006, 92, 95). Soll die Zuweisung einer anderen Tätigkeit an einem anderen Beschäftigungsort zukünftig über eine **Versetzungsklausel** ermöglicht werden, so kann der AG zu diesem Zweck eine Änderungskündigung aussprechen, die Erg. der bisherigen Arbeitsbedingungen um die Versetzungsklausel bedarf jedoch ebenfalls einer sozialen Rechtfertigung (s. LAG RP 6.6.2006 BeckRS 2007, 40651). Entspr. gilt, wenn der AN nach Ausübung seines Widerspruchsrechts von dem Betriebsveräußerer bei dem Erwerber eingesetzt werden soll (BAG 29.3.2007 NZA 2007, 855, 858f.). 55

c) Änderung der Arbeitszeit. Eine Änderungskündigung kann in Betracht kommen, wenn die AZ geänd. werden soll (s. dazu *Gaul* DB 1998, 1913). Es ist einmal mögl., dass die vorhandene Arbeitsmenge in geringerer Zeit erledigt werden kann. Eine vertragl. vereinbarte AZ kann so herabgesetzt werden, wenn die Berechnung der Arbeitsbelastung ergibt, dass die AZ bisher zu hoch angesetzt war (BAG 26.6.1975 AP KSchG 1969 § 1 Betriebsbedingte Kündigung Nr. 1). Sind von der Änd. der AZ Voll- und TZKräfte betroffen, kann eine Änd. der Arbeitsbedingungen sozialwidrig sein, weil der AG 56 gegen Regelungen des TzBfG verstößt (BAG 24.4.1997 NZA 1997, 1047). Erfolgt ein Änderungsangebot unter Verletzung tarifvertragl. Vorschr., ist eine dennoch ausgesprochene Änderungskündigung sozialwidrig (so zutr. BAG 18.12.1997 NZA 1998, 304). Es erscheint nicht gerechtfertigt, die Kündigung als unwirksam iSd. § 134 BGB zu qualifizieren (BAG 10.2.1999 NZA 1999, 657; abl. *Berkowsky* DB 1999, 1606; s. a. *Adam* ZTR 2001, 112). Soll die AZ von einer TZ- in eine Vollzeitstelle erhöht werden, kann dies durch dringende betriebl. Gründe gerechtfertigt sein. Etwas anderes gilt jedoch, wenn der AG ggü. einem späteren TZBegehren des AN keine betriebl. Gründe iSd. § 8 IV 1 TzBfG vorbringen kann (LAG N 23.2.2006 NZA-RR 2006, 294) oder die Änderungskündigung zu dem Zweck erklärt wird, eine im Wege der Fiktion (§ 8 V 2 u. 3 TzBfG) verringerte Arbeitszeit zu revidieren (BAG 20.1.2015 NZA 2015, 805 Rn. 37, 39).

57 Eine Änd. der AZ kann auch gerechtfertigt sein, wenn der AG eine unternehmerische Entsch. zur **Gestaltung der Arbeitsstruktur** geschaffen hat, die dazu führt, dass die anders zu erledigende Arbeit sinnvoll nur mit einer geänd. AZ erledigt werden kann (BAG 19.5.1993 NZA 1993, 1075; DDZ/*Zwanziger* Rn. 209). Auch wenn im öffentl. Dienst eine Tätigkeit hauptamtl. auszuüben ist, kann der Beschl. des Stadtrats einer Gemeinde, die Vollzeitstelle einer Gleichstellungsbeauftragten in eine halbe Stelle umzuwandeln, eine Änderungskündigung zur Reduzierung der AZ rechtfertigen (BAG 23.11.2000 NZA 2001, 500). Der AG hat hierbei tarifl. AZRegelungen zu beachten (BAG 18.12.1997 NZA 1998, 304). Eine Zeitänd. kann erfolgen wegen zukünftiger Anrechnung und Kürzung sog. Beizeiten (BAG 23.6.1993 RzK I 7b Nr. 15). Unternehmerische Entsch. können ebenso dazu führen, dass von einem Einschichtbetrieb in einen Mehrschichtenbetrieb übergegangen werden muss (BAG 18.1.1990 NZA 1990, 734; LAG D 15.8.2012 BeckRS 2012, 76232; DDZ/*Zwanziger* Rn. 211). Eine Änderungskündigung kann auch berechtigt sein, wenn der AG anordnen will, dass Arbeiten, die außerhalb der übl. AZ mit Überstundenvergütung erledigt wurden, jetzt während der regulären AZ erledigt werden, sofern hierdurch keine unzulässige „Arbeitsverdichtung" während der NormalAZ eintritt (BAG 16.1.1997 BeckRS 1997, 30922871). Wurden bei TZBeschäftigten Beginn- und Endzeiten für bestimmte Tage fest vereinbart, kann eine vollständige Flexibilisierung der Einsatzzeiten durch dringende betriebl. Erfordernisse bedingt sein, es bedarf aber der Darlegung, warum die bisherigen Bindungen der Einsatzzeiten ersatzlos entfallen müssen (LAG RP 19.10.2012 BeckRS 2013, 67486).

58 Es ist denkbar, dass eine **Vertragskorrektur** nur dadurch erfolgen kann, dass entweder die momentane AZ gleich bleibt und das Entgelt verringert wird oder dass bei Aufrechterhaltung des Entgelts die AZ erhöht wird. Hierbei sind zwei Fallkonstellationen zu unterscheiden: Beinhaltet der Arbeitsvertrag eine Verpflichtung, gegen entspr. Entgelt eine bestimmte Arbeitsmenge zu erledigen, wurde diese aber in der Vergangenheit nicht angefordert (Musikschullehrer während der allg. Schulferien, sog. Ferienüberhang) und will oder muss der AG auf Grund haushaltsrechtl. Gegebenheiten jetzt die Arbeitspflichten voll realisieren, ist eine Änderungskündigung mit dem Ziel der Stundenreduzierung und entspr. weniger Entgelt nur zulässig, wenn er in dem von ihm allein zu verantwortenden unternehmerischen Bereich die Schule weiter während der allg. Ferien geschlossen hält und auch sonst keine „Mehr"-Stunden anbieten kann, weil es an einer entspr. Nachfrage fehlt (BAG 22.3.1990 BeckRS 1990, 30733646; 26.1.1995 NZA 1995, 626). Liegen diese Voraussetzungen nicht vor, kann er nicht das Entgelt den Schulferien entspr. durch Änderungskündigung mindern, denn er muss den Vertrag, in dem er eine dem Entgelt entspr. Stundenzahl oder nur eine entspr. Stundenzahl angeboten hat, halten (BAG 26.1.1995 NZA 1995, 628). Verringert sich die zu leistende Stundenzahl, bleibt das Entgelt aber gleich, kann der Vertrag durch Änderungskündigung entspr. angepasst werden (BAG 21.2.1991 BeckRS 2009, 69342).

59 Eine Änderungskündigung kann auch berechtigt sein, wenn der AG dringende betriebl. Gründe aufzeigen kann, die es rechtfertigen, **zwei Halbtagsstellen in eine Ganztagsstelle umzuwandeln** und wenn er den Halbtagsbeschäftigten diese Stelle anbietet (BAG 19.5.1993 NZA 1993, 1075). Will der AG wegen der Ausdehnung des Arbeitsvolumens statt einer TZKraft zukünftig eine Ganztagskraft einsetzen, hat er zunächst der beschäftigten TZKraft eine Vertragsänd. im Hinblick auf eine Ganztagsbeschäftigung anzubieten (LAG BE 10.9.1996 LAGE KSchG § 2 Nr. 20). Der AG kann bei einem tragenden unternehmerischen Konzept auch eine Vollzeitstelle in zwei Halbtagsstellen umwandeln. Eine derartige Möglichkeit entfällt nicht deshalb, weil der AG auf die Umorganisation auch ganz verzichten könnte (BAG 22.4.2004 NZA 2004, 1158).

60 **d) Änderung des Entgelts.** Besteht der bisherige Tätigkeitsbereich fort und werden auch alle AN in der bisherigen Einsatzweise weiter benötigt, kann eine Änderungskündigung zur **Minderung der Entgelte** wegen wirtschaftl. Existenzgefährdung des Betriebs sozial gerechtfertigt sein (BAG 23.6.2005 NZA 2006, 92, 96; 1.3.2007 NZA 2007, 1445 Rn. 26; 26.6.2008 NZA 2008, 1182 Rn. 20). Hierbei ist zunächst zu beachten, dass Verträge zu halten sind und dass das ArbVerh. durch den Grds. geprägt wird, dass der AG das Wirtschaftsrisiko trägt (BAG 1.3.2007 NZA 2007, 1445 Rn. 27; SPV/*Preis* Rn. 1310; *Hromadka* RdA 1992, 255); Geldmangel allein kann den Schuldner nicht entlasten (BAG 16.5.2002 NZA 2003, 147; 23.6.2005 NZA 2006, 92, 96; 1.3.2007 NZA 2007, 1445 Rn. 27). Ein Abweichen von diesem Grds. lässt sich nur durch das Prinzip der Verhältnismäßigkeit rechtfertigen. Es ist zu fragen, ob der Arbeitsplatz mit der Folge einer Beendigungskündigung wegfällt, wenn die

Arbeitsentgelte nicht gemindert werden (BAG 23.6.2005 NZA 2006, 92, 96; 1.3.2007 NZA 2007, 1445 Rn. 26; 26.6.2008 NZA 2008, 1182 Rn. 20; 20.6.2013 NZA 2013, 1409 Rn. 31; DDZ/*Zwanziger* Rn. 213 ff.; KR/*Kreft* Rn. 181 ff.; *Hromadka* RdA 1992, 255). Dabei kommt eine betriebsbedingte Änderungskündigung zur Senkung der Personalkosten nicht nur in Betracht, um eine Stilllegung des Betriebs abzuwenden. Vielmehr lässt es das BAG bereits ausreichen, wenn hierdurch eine deutl. Reduzierung der Belegschaft verhindert werden kann (BAG 10.9.2009 NZA 2010, 333 Rn. 25). Allein die Unrentabilität eines Betriebs oder Betriebsteils rechtfertigt indes weder eine Änderungs- noch eine Beendigungskündigung (BAG 10.9.2009 NZA 2010, 333 Rn. 25). Zur Darlegungslast des AG s. Rn. 75. Erleichtert ist diese jedoch, wenn die Vermutung in § 1 V 1 eingreift (s. Rn. 52).

Sieht eine ges. Regelung die Möglichkeit vor, durch Parteivereinb. einen geringeren tarifl. Lohn festzulegen, als er dem AN bisher zustand, ist eine Änderungskündigung zur Entgeltsenkung nicht schon allein deshalb gerechtfertigt (BAG 12.1.2006 NZA 2006, 587 Rn. 21 ff.; krit. *Junker* SAE 2006, 219 ff.). Nimmt der AN das mit einer Änderungskündigung verbundene Angebot des bisher tarifgebundenen AG zur Reduzierung von bisher tarifl. gewährleisteten Sonderzahlungen unter Vorbehalt an, kommt eine die Nachwirkung nach § 4 V TVG beendende einzelvertragl. Abmachung unter der Bedingung zustande, dass sich die Änd. der Arbeitsbedingungen als sozial gerechtfertigt erweist (BAG 27.9.2001 AP TVG § 4 Nachwirkung Nr. 40). Ist die Änd. der Entgeltseite mit einer Änd. der Arbeitsleistungsseite verbunden, so bedarf die Vergütungsänd. grds. einer Rechtfertigung; eine Ausnahme gilt nur, wenn sich die vorgeschlagene Vergütung aus einem im Betrieb angewandten Vergütungssystem ergibt (s. Rn. 48a). 61

Bevor eine Entgeltminderung in Betracht kommt, muss feststehen, dass alle Ressourcen ausgeschöpft sind und die Kosten auch nicht durch andere Einnahmen oder Maßnahmen gedeckt werden können (BAG 20.3.1986 NZA 1986, 824; 11.11.1993 BeckRS 1993, 30746712: Streichung einer Zulage; 23.6.2005 NZA 2006, 92, 96; 1.3.2007 NZA 2007, 1445 Rn. 26; 10.9.2009 NZA 2010, 333 Rn. 25; 20.6.2013 NZA 2013, 1409 Rn. 31; DDZ/*Zwanziger* Rn. 216; zur Kritik an den Anforderungen s. *Stoffels* ZfA 2002, 401). Aufgrund eines **Sanierungskonzepts**, das die Unternehmerentsch. darstellt (krit. *Stoffels* ZfA 2002, 401, 412), muss nachvollziehbar sein, dass die angestrebten Einsparungen unumgängl. sind (BAG 23.6.2005 NZA 2006, 92, 96; 26.6.2008 NZA 2008, 1182 Rn. 20; 10.9.2009 NZA 2010, 333 Rn. 25; 20.6.2013 NZA 2013, 1409 Rn. 31). Hierfür muss der AG die Finanzlage des Betriebs, den Anteil der Personalkosten sowie die Auswirkungen der angestrebten Kostensenkung für den Betrieb und für die AN und ferner darlegen, warum andere Maßnahmen zur Kostensenkung nicht in Betracht kommen (BAG 26.6.2008 NZA 2008, 1182 Rn. 20; 10.9.2009 NZA 2010, 333 Rn. 25; 20.6.2013 NZA 2013, 1409 Rn. 31). Maßgebend ist immer die wirtschaftl. Situation des gesamten Betriebs, nicht die einer Betriebsabt. (BAG 20.3.1986 NZA 1986, 284; 11.10.1989 NZA 1990, 607). Ist nur die Arbeit in einem Betriebsteil defizitär, können nicht die dort tätigen AN allein durch Lohnminderung einen Ausgleich schaffen (BAG 20.8.1998 NZA 1999, 255). Die Unrentabilität einer unselbständigen Betriebsabt. stellt ein dringendes betriebl. Erfordernis zur Änd. von Arbeitsbedingungen nur dar, wenn sie auf das wirtschaftl. Erg. des Gesamtbetriebs durchschlägt und ohne Anpassung der Personalkosten Beendigungskündigungen nicht zu vermeiden wären (BAG 12.11.1998 NZA 1999, 471). 62

Ist nach diesen Grds. eine Entgeltminderung in Betracht zu ziehen, muss die vorgesehene Kürzung von Entgeltbestandteilen dem Grds. der Verhältnismäßigkeit genügen (BAG 26.6.2008 NZA 2008, 1182 Rn. 17). Die Änderungskündigung ist nicht geeignet, das angestrebte Ziel zu erreichen, wenn die durchzusetzende Einsparung so gering ist, dass sie letztendl. nichts verbessert (BAG 12.1.1961 NJW 1961, 939; 25.3.1976 AP BGB § 626 Ausschlussfrist Nr. 10). Ausgeschlossen ist eine Änderungskündigung mit dem Ziel der Entgeltminderung, wenn der Betrieb wirtschaftl. nicht gefährdet ist, der AG aber die Rentabilität erhöhen will. Will der AG die Lohnstrukturen ändern, soll das Verfahren nach § 87 I Nr. 10 BetrVG nicht vorrangig sein (BAG 17.6.1998 NZA 1998, 1225). Entschließt sich der AG, Mehrarbeit verstärkt durch Freizeitausgleich abzugelten, kann dies je nach den Umständen eine Änderungskündigung mit dem Ziel sozial rechtfertigen, von der vereinbarten pauschalierten Mehrarbeitsvergütung zur „Spitzabrechung" der tats. geleisteten Mehrarbeit überzugehen (BAG 23.11.2000 NZA 2001, 492). Sollen nur Nebenabreden (zB Fahrtkostenzuschuss, Mietzuschuss) infolge veränderter Umstände durch Änderungskündigung wegfallen oder verändert werden, unterliegt die Prüfung nicht den gleichen strengen Maßstäben wie Änderungskündigungen zur Entgeltabsenkung (BAG 27.3.2003 NZA 2003, 1029; 20.6.2013 NZA 2013, 1409 Rn. 31). 63

Bejaht wurde die Möglichkeit der Einstellung eines Kohledeputats aus Ersparnisgründen (BAG 25.4.1963 AP BGB § 620 Änderungskündigung Nr. 17), die Kürzung von Provisionssätzen wegen erhebl. Verluste (BAG 20.3.1986 NZA 1986, 824), zusätzl. unentgeltl. Tätigkeit bei gleichzeitiger Streichung eines zusätzl. Urlaubsgeldes und einer Sonderzuwendung (BAG 26.6.2008 NZA 2008, 1182 Rn. 21 ff.), die **Umgruppierung in eine niedrigere Entgeltgruppe** auf Grund einer neuen Schlüsselbewertung (BAG 15.3.1991 NZA 1992, 120) oder fehlerhaft vorgenommenen Eingruppierung, sog. korrigierende Eingruppierung (BAG 9.7.1997 RzK I 7a Nr. 40). Nicht zulässig ist die Minderung des vereinbarten Entgelts allein mit der Begr., es werde eine neue Lohnfindungsmethode eingeführt (LAG RP 9.1.1997 LAGE KSchG § 2 Nr. 24: Übergang von einem Grundlohn mit Gewinnbeteiligung zu 64 einem leistungsbezogenen Entgelt) oder eine ges. Regelung die Möglichkeit eröffnet, durch Parteivereinb. eine geringere Vergütung festzulegen (BAG 12.1.2006 NZA 2006, 587 Rn. 21 ff.). Ebenso wurde entschieden für die Veränderung einer Vergütungsabrede, die von einer pauschalen AZ zu einer tats. erbrachten AZ umstellte (BAG 20.6.2013 NZA 2013, 1409) sowie die kompensationslose Erhöhung der Abführungspflicht für einen Chefarzt von 10% auf 40% der Liquidationserlöse (LAG BW 20.6.2013 BeckRS 2013, 71157). Soll eine Änderungskündigung die Vergütungsstruktur verändern, um dem **ges. Mindestlohn** zu entsprechen (zB Streichung eines zusätzl. Urlaubsgelds bei gleichzeitiger Anhebung des Stundenlohns auf die ges. Mindesthöhe), kommen die Grds. zur Entgeltkürzung zur Anwendung (LAG B 11.8.2015 NZA-RR 2016, 125, 127; 2.10.2015 LAGE KSchG § 2 Nr. 76), da der AN ohne die Änderungskündigung den ges. Mindestlohn unter Fortbestand der mit diesem funktionell nicht gleichwertigen Vergütungsbestandteilen (s. MiLoG § 1 Rn. 11 ff.) erhalten hätte. Erklärt der AG die Änderungskündigung in Bezug auf einen funktionell gleichwertigen Vergütungsbestandteil, liegt eine „überflüssige" Änderungskündigung vor (s. a. Rn. 14 f.), da dieser bereits ohne Vertragsänd. bei der Erfüllung des Mindestlohns zu berücksichtigen ist.

65 Das BAG (28.4.1982 AP KSchG 1969 § 2 Nr. 3) vertritt die Auff., der AG könne bei einer entgeltl. Besserstellung einer Gruppe von AN wirksam eine Änderungskündigung nicht zur **Herbeiführung einer Lohngleichheit** unter Berufung auf den Gleichbehandlungsgrds. rechtfertigen (BAG 16.5.2002 NZA 2003, 147; s. a. 26.6.2008 NZA 2008, 1182 Rn. 28; 8.10.2009 NZA 2010, 465 Rn. 27; 29.9.2011 NZA 2012, 628 Rn. 40; ebenso LAG NI 21.9.2012 BeckRS 2012, 75714). Das soll auch gelten, wenn der AG sich im Hinblick auf die angestrebte Neuregelung auf eine (Gesamt-)BV (s. BAG 20.1.2000 NZA 2000, 592) oder TV (s. BAG 8.10.2009 NZA 2010, 465 Rn. 27) berufen kann. Diese Überlegung ist nur akzeptabel, wenn der AG die Ungleichheit selbst herbeigeführt hat (vgl. *Stoffels* ZfA 2002, 401, 420). Entsteht jedoch infolge eines Betriebsübergangs eine unterschiedl. Lohnstruktur, lässt sich schon aus dem Regelungsgehalt von § 613a I 3 BGB herleiten, dass es geradezu erwünscht ist, die Arbeitsbedingungen zu vereinheitlichen. Das kann nicht nur derart geschehen, dass alle Entgelte auf den Höchstsatz angehoben oder auf den Mindestsatz gesenkt werden. Der AG wird vielmehr eine neue Lohnstruktur erarbeiten müssen (s. a. SES/*Schwarze* Rn. 46; **aA** DDZ/*Zwanziger* Rn. 220). Ist die Entgeltungleichheit auf eigenes Handeln des AG zurückzuführen, können allenfalls Umstände, die die Annahme eines Wegfalls der Geschäftsgrdl. rechtfertigen, Änderungsmaßnahmen rechtfertigen (s. dazu *Ascheid* in Hromadka, Änd. von Arbeitsbedingungen, 1990 S. 109; s. a. Rn. 1).

66 Eine **irrtüml. Eingruppierung** kann durch eine Änderungskündigung korrigiert werden (BAG 15.3.1991 NZA 1992, 120; krit. KR/*Kreft* Rn. 188 ff.). Bei der Prüfung der Zumutbarkeit kann insb. entscheidend sein, dass der AG von dritter Seite, zB Rechnungshof, gehalten ist, Fehlvergütungen zu korrigieren. Sieht ein TV bei sonst gleicher Tätigkeit die Eingruppierung nach Schwellenwerten vor, bedarf es keiner Änderungskündigung, wenn der AG bei Unterschreitung des Schwellenwerts die Vergütung herabsetzt (BAG 19.3.2003 NZA 2004, 1232).

VII. Verfahrensfragen

67 **1. Allgemeines.** Der **Klageantrag** war früher dem Wortlaut des § 2 gem. dahin zu fassen, festzustellen, dass die Änd. der Arbeitsbedingungen sozial ungerechtfertigt ist, sog. Änderungsschutzklage (zum Streitgegenstand der betriebsbedingten Änderungskündigung s. *Berkowsky* NZA 2000, 1129), nach der jetzt geltenden Fassung ist der Antrag um den Zusatz „oder aus einem anderen Grunde rechtsunwirksam" zu ergänzen (s. BAG 19.7.2012 NZA 2012, 1038 Rn. 19). Wie bei der allg. Kündigungsschutzklage wird die Berechtigung der Kündigung nicht nur unter dem Gesichtspunkt der Sozialwidrigkeit geprüft (s. § 4 Rn. 27). Es werden vielmehr alle denkbaren Unwirksamkeitsgründe in die Prüfung einbezogen (BAG 23.3.1983 AP KSchG 1969 § 6 Nr. 1; SES/*Schwarze* Rn. 58; DDZ/*Zwanziger* Rn. 259; KR/*Kreft* Rn. 282), zu den sonstigen Unwirksamkeitsgründen s. § 4 Rn. 2 f. Im Hinblick auf die §§ 4 und 6 empfiehlt sich deshalb, den Antrag auf alle Unwirksamkeitsgründe zu erstrecken (*Bader* NZA 2004, 65, 68). Entspr. dem von § 4 S. 2 vorgegebenen Antrag wird der Streitgegenstand der Änderungsschutzklage durch den Inhalt der für das ArbVerh. geltenden vertragl. Arbeitsbedingungen gebildet (BAG 23.2.2012 AP KSchG 1969 § 2 Nr. 154 Rn. 12; 19.7.2012 NZA 2012, 1038 Rn. 20).

68 Der AN kann **neben der Änderungsschutzklage** vorsorgl. eine allg. Kündigungsschutzklage erheben, wenn er befürchtet, mit der Änderungsschutzklage deshalb zu unterliegen, weil die Annahme des Vorbehalts nicht wirksam erfolgt ist, insb. die Frist des § 2 S. 2 nicht gewahrt wurde.

69 Zum **Streitwert** im Änderungsschutzverfahren s. ArbGG § 12 Rn. 18.

70 **2. Obsiegen des Arbeitgebers.** Wird die Änderungsschutzklage abgewiesen, wird der Vorbehalt wirkungslos. Es steht fest, dass die Änd. der vertragl. Arbeitsbedingungen wirksam ist. Der AN muss endgültig nach den neuen Arbeitsbedingungen arbeiten. Gleiches gilt nach § 7 Hs. 2, wenn die Klage nicht rechtzeitig erhoben oder die rechtzeitig erhobene Klage zurückgenommen wird (§ 269 ZPO; LAG SH 20.1.2005 NZA-RR 2005, 248, 249 f.; s. a. § 7 Rn. 5). Es kommt hier nicht darauf an, ob die Rücknahme vor oder nach Ablauf der Drei-Wochen-Frist erfolgt. In der Klagerücknahme ist, soweit

nicht ausdr. ein entspr. Vorbehalt erfolgt, konkludent das Einverständnis mit den geänd. Arbeitsbedingungen zu sehen. Will der AN nicht zu den geänd. Bedingungen arbeiten, bleibt ihm nur die Möglichkeit einer Eigenkündigung.

3. „Rücknahme" der Änderungskündigung. Hat der AN die Änd. der Arbeitsbedingungen unter Vorbehalt angenommen, bietet er damit gleichzeitig dem AG an, unter den urspr. Arbeitsbedingungen arbeiten zu wollen. Nimmt der AG die Änderungskündigung zurück, ist darin die **Annahme des Angebots des AN** zu sehen. Die Situation ist eine völlig andere als die bei der allg. Kündigungsschutzklage (KR/*Kreft* Rn. 259). Durch die Rücknahme der Kündigung erledigt sich die Hauptsache. Die Kosten hat gem. § 46 II ArbGG iVm. § 91a ZPO der AG zu tragen, wenn die Parteien den Rechtsstreit übereinstimmend für erledigt erklären. Der AN hat hier im Fall der Kündigungsrücknahme auch kein Rechtsschutzinteresse mehr, ein Urt. über die Rechtmäßigkeit der Änderungskündigung zu erhalten, denn die Stellung eines Auflösungsantrags ist ausgeschlossen (KR/*Kreft* Rn. 266 ff.). 71

4. Obsiegen des Arbeitnehmers. Gibt das Gericht der Änderungsschutzklage statt, gilt die Änderungskündigung als von Anfang an rechtsunwirksam, § 8. Die auflösende Bedingung tritt ein und die alten Arbeitsbedingungen werden rückwirkend wiederhergestellt. Zudem hat die Annahme des Änderungsangebots durch den AN zur Abänderung des Arbeitsvertrages geführt, so dass den AN die Pflicht trifft, diesen geänd. Vertrag zu erfüllen, bis die mit der Annahme verbundene auflösende Bedingung (s. Rn. 33) eingetreten ist. Aus diesen Gründen steht dem AN auch nach einer obsiegenden Entsch. kein materiell-rechtl. Anspruch während des Änderungsschutzprozesses zu, zu den bisherigen Arbeitsbedingungen weiterbeschäftigt zu werden (BAG 18.1.1990 NZA 1990, 734; 28.5.2009 NZA 2009, 954 Rn. 26; 22.10.2015 NZA 2016, 225 Rn. 33; LAG N 6.8.2012 NZA-RR 2012, 631, 636; **aA** ArbG HH 17.9.2009 LAGE KSchG § 2 Nr. 64). Hatte die Änderungskündigung Auswirkungen auf die Höhe des Arbeitsentgelts, muss der AG dem AN die Differenz zwischen dem urspr. Entgelt und dem tats. gezahlten nachleisten (DDZ/*Zwanziger* Rn. 263; s. a. § 8 Rn. 2). Eine **Rückwirkung** kommt nur in Betracht, wenn sie tats. durchführbar ist. War der AN in eine andere Abt. versetzt worden bei gleichem Entgelt, kann er allenfalls Ersatzansprüche geltend machen, wenn ihm materiell ein Schaden entstanden ist (s. § 8 Rn. 2). Wegen der Rückwirkung können jedoch aus den vorübergehend für den AN maßgebenden geänd. Arbeitsbedingungen keine für ihn negativen Rechtsfolgen abgeleitet werden (LAG BW 25.6.2010 BeckRS 2011, 65977). 72

Der AN kann im Fall der Änderungsschutzklage **nicht die Auflösung des ArbVerh.** gegen Zahlung einer Abfindung gem. § 9 erreichen. Der Bestand des ArbVerh. stand bei Annahme unter Vorbehalt außer Streit und kann nicht über den Umweg des Auflösungsantrags wieder in Frage gestellt werden (BAG 24.10.2013 NZA 2014, 486 Rn. 12 ff.; KR/*Kreft* Rn. 266 ff.; DDZ/*Zwanziger* Rn. 261; SES/*Schwarze* Rn. 65). Ebenso scheidet aus diesem Grund eine Anwendung von § 12 aus. 73

VIII. Beweislastfragen

Die Änderungskündigung ist eine echte Kündigung. Die Beweislastverteilung richtet sich bei ihr nach den Grds., die für die Beendigungskündigung gelten (KR/*Kreft* Rn. 260). 74

Der **AG** hat die Tatsachen darzulegen und zu beweisen, die die Änderungskündigung bedingen. Bei einer betriebsbedingten Änderungskündigung zur **Entgeltminderung** gehört hierzu auch, dass der AG die Finanzlage des Betriebs, den Anteil der Personalkosten und die Auswirkungen der erstrebten Kostensenkungen für den Betrieb und für die AN darstellt; ferner muss er darlegen, warum andere Maßnahmen nicht in Betracht kommen (s. BAG 23.6.2005 NZA 2006, 92, 96; 26.6.2008 NZA 2008, 1182 Rn. 20; 10.9.2009 NZA 2010, 333 Rn. 25). Entspr. gilt bei einer Änderungskündigung zur **Verringerung der AZ** (s. LAG K 10.2.2006 BeckRS 2006, 42734; LAG MV 20.7.2006 – 1 Sa 97/06 –; 2.3.2006 – 1 Sa 302/05). Die Darlegungslast des AG ist in den Fällen des § 1 V 1 erleichtert (s. Rn. 52), die Vermutung erstreckt sich allerdings nicht auf die Angemessenheit des Änderungsangebots (LAG HE 19.5.2011 BeckRS 2011, 78176). 75

Dem **AN** hingegen obliegt die Beweislast für die fehlerhafte **soziale Auswahl.** Etwas anderes ist nicht daraus abzuleiten, dass § 2 S. 1 nicht § 1 II 4 und III S. 3 erwähnt (DDZ/*Zwanziger* Rn. 260: ist durch Verweis auf § 1 II gedeckt; KR/*Kreft* Rn. 261; SES/*Schwarze* Rn. 63). 76

§ 3 Kündigungseinspruch

[1]Hält der Arbeitnehmer eine Kündigung für sozial ungerechtfertigt, so kann er binnen einer Woche nach der Kündigung Einspruch beim Betriebsrat einlegen. [2]Erachtet der Betriebsrat den Einspruch für begründet, so hat er zu versuchen, eine Verständigung mit dem Arbeitgeber herbeizuführen. [3]Er hat seine Stellungnahme zu dem Einspruch dem Arbeitnehmer und dem Arbeitgeber auf Verlangen schriftlich mitzuteilen.

Nach § 3 kann der AN, der eine ordentl. Kündigung für sozial ungerechtfertigt hält, binnen **einer Woche** beim BR **Einspruch** einlegen. Die Vorschr. erfasst Beendigungs- und Änderungskündigungen. 1

Sie gilt nicht für ArbVerh. von GF, Betriebsleitern, Kapitänen uä. ltd. Ang., soweit diese zur selbständigen Einstellung oder Entlassung von AN berechtigt sind, § 14 II 1. Nach § 13 III findet § 3 auf außerordentl. Kündigungen, die aus anderen Gründen unwirksam sind, keine Anwendung. Es ist allerdings niemand gehindert, sich dennoch um Vermittlung an den BR zu wenden.

2 Die **Wochenfrist** stellt keine Ausschlussfrist dar. Behandelt der BR einen verspäteten Einspruch, kann der AG seine Mitwirkung nicht unter Berufung auf die Nichteinhaltung der Wochenfrist verweigern. Erachtet der BR den Einspruch für begr., hat er zu **versuchen**, eine **Verständigung mit dem AG herbeizuführen.** Die Verständigung umfasst jede denkbare Art der Bereinigung des Streits, nicht etwa nur die Rücknahme der Kündigung (dazu § 4 Rn. 3). Der BR kann sich für eine Abfindung oder eine Verlängerung der Kündigungsfrist einsetzen. Eine Stellungn. zu dem Einspruch hat der BR dem AN und dem AG auf Verlangen schriftl. mitzuteilen. Das gilt auch, wenn dem AN durch den AG bereits eine Abschrift der Stellungn. des BR iRd. Anhörung gem. § 102 BetrVG zugeleitet wurde (HHL/*Linck* Rn. 9).

3 § 3 hat **individualrechtl. Bedeutung** und gilt unbeschadet der Beteiligung des BR vor Kündigungen nach §§ 102, 103 BetrVG. Im Hinblick auf § 102 I 1 und II BetrVG ist die Vorschr. in der Praxis jedoch weitgehend bedeutungslos. Ein zusätzl. Schutz kommt einem Einspruch allenfalls zu, wenn der BR den AN nach § 102 II 4 BetrVG nicht angehört hat. Außerdem kann der AN mit dem Einspruch erreichen, dass der BR zur Kündigung schriftl. Stellung nehmen muss, selbst wenn er dies im Rahmen von § 102 BetrVG nicht beabsichtigte (KR/*Rost* Rn. 24). Für den AN ist es wichtig zu beachten, dass die Einlegung des Einspruchs den Ablauf der Drei-Wochen-Frist des § 4 nicht hemmt.

4 Das G sieht für den Einspruch keine bes. Form und keine Begr. vor. Er kann daher mdl. eingelegt werden (KR/*Rost* Rn. 11). Macht der AN von dem Einspruchsrecht Gebrauch, liegt darin **keine Vollmachterteilung an den BR**, für den AN rechtsverbindl. zu handeln (HHL/*Linck* Rn. 8). Dem BR kommt nur eine Vermittlerrolle zu (KR/*Rost* Rn. 22). Abschl. Übereinkünfte sind zwischen AG und AN zu treffen. Unterbreitet der AG dem BR ein „Bereinigungsangebot", kann der BR als Empfangsbote fungieren und das Angebot an den AN weiterleiten (APS/*Künzl* Rn. 32).

5 Befasst sich der BR mit dem Einspruch, erfolgt die **Entsch. durch Beschl.**, § 33 BetrVG. Die schriftl. Stellungn. nach § 3 S. 3 muss eine Begr. des Erg. der Verständigung zwischen BR und AG enthalten. Eine einfache Mitt. reicht nicht aus (KR/*Rost* Rn. 25). Der BR ist nicht an eine frühere Stellungn. iRd. Anhörung nach § 102 BetrVG gebunden. Er kann insb. neue Umstände berücksichtigen (HHL/*Linck* Rn. 4). Die Regelung in § 3 S. 3 wird ergänzt durch § 4 S. 3, wonach der Klage im Fall des Einspruchs beim BR die **Stellungn. des BR beigefügt** werden soll. Es bleibt allerdings rechtl. folgenlos, wenn dies nicht geschieht. § 3 ist kein SchutzG iSv. § 823 II BGB. Die Regelung konkretisiert ledigl. Pflichten des BR (KR/*Rost* Rn. 35 ff.). Die Beifügung empfiehlt sich, wenn der BR im Widerspruch substantielle Gründe nach § 1 II 2, 3 dargelegt hat (SES/*Schrader* Rn. 69).

§ 4 Anrufung des Arbeitsgerichtes

[1] Will ein Arbeitnehmer geltend machen, dass eine Kündigung sozial ungerechtfertigt oder aus anderen Gründen rechtsunwirksam ist, so muss er innerhalb von drei Wochen nach Zugang der schriftlichen Kündigung Klage beim Arbeitsgericht auf Feststellung erheben, dass das Arbeitsverhältnis durch die Kündigung nicht aufgelöst ist. [2] Im Falle des § 2 ist die Klage auf Feststellung zu erheben, daß die Änderung der Arbeitsbedingungen sozial ungerechtfertigt oder aus anderen Gründen rechtsunwirksam ist. [3] Hat der Arbeitnehmer Einspruch beim Betriebsrat eingelegt (§ 3), so soll er der Klage die Stellungnahme des Betriebsrates beifügen. [4] Soweit die Kündigung der Zustimmung einer Behörde bedarf, läuft die Frist zur Anrufung des Arbeitsgerichtes erst von der Bekanntgabe der Entscheidung der Behörde an den Arbeitnehmer ab.

I. Normzweck

1 Will der AN eine ordentl. Kündigung wegen deren **Sozialwidrigkeit** oder **aus anderen Unwirksamkeitsgründen** angreifen, muss er gem. § 4 S. 1 innerhalb von drei Wochen nach ihrem Zugang Klage beim ArbG auf Feststellung erheben, dass das ArbVerh. durch die (genau zu bezeichnende) Kündigung nicht aufgelöst worden ist. Die Erweiterung des § 4 I auf „sonstige Unwirksamkeitsgründe" durch das G zu Reformen am Arbeitsmarkt v. 24.12.2003 erfolgte im Interesse einer raschen Klärung der Frage, ob die vom AG ausgesprochene Kündigung das ArbVerh. beendet hat oder nicht (BR-Drs. 421/03 S. 11 und 19). Der AG soll nach Ablauf von drei Wochen nach Zugang der Kündigung darauf vertrauen dürfen, dass seine Kündigung das ArbVerh. aufgelöst hat (BAG 6.9.2012 NZA 2013, 524 Rn. 13). Bei Versäumung der Frist ist die Klage zwar zulässig, wegen der Wirkung des § 7 ist sie jedoch als unbegr. abzuweisen. Bei der Klagefrist handelt es sich deshalb um eine **prozessuale Frist**, an deren Versäumung sich **materiell-rechtl. Folgen** anschließen (BAG 26.6.1986 AP KSchG 1969 § 4 Nr. 14; HHL/*Linck* Rn. 145). Die Einhaltung der Frist ist nicht dispositiv; sie kann weder vertragl. noch durch BV oder TV verlängert werden.

Die Regelung gilt nach § 4 iVm. § 13 III und § 23 I auch für schriftl. Kündigungen, wenn das KSchG keine Anwendung findet (BAG 28.6.2007 NZA 2007, 972). Nach § 4 S. 2 ist die Sozialwidrigkeit einer Änderungskündigung oder deren Unwirksamkeit aus anderen Gründen innerhalb von drei Wochen geltend zu machen (Rn. 27), ebenso wie die Unwirksamkeit der außerordentl. Kündigung nach § 13 I 2 (§ 13 Rn. 2). Die Klagefrist ist auf Kündigungen von Berufsausbildungsverhältnissen anzuwenden, sofern keine Ausschussverh. nach § 111 II ArbGG stattfinden muss (dazu § 13 Rn. 2; BBiG § 22 Rn. 9). Es besteht keine Pflicht des AG, den AN auf die Notwendigkeit einer Klageerhebung oder auf die dafür maßgebl. Frist hinzuweisen (HHL/*Linck* Rn. 3; dazu § 5 Rn. 11). Das Gericht hat vAw. zu prüfen, ob die Klagefrist eingehalten ist. Hat der AN im Prozess geltend gemacht, eine Kündigung sei sozialwidrig und darüber hinaus aus bestimmten weiteren Gründen unwirksam, ist das Gericht nicht an eine bestimmte Reihenfolge der Prüfung der Rechtsfragen gebunden (BAG 23.2.2010 NZA 2010, 1123 Rn. 54). Steht fest, dass eine Kündigung sozialwidrig ist, kommt es nicht mehr darauf an, ob die Erkl. auch aus anderen Gründen rechtl. nicht haltbar ist. Macht der AN nur Gründe der Sozialwidrigkeit geltend, weil ihm andere zunächst nicht bekannt sind, erstreckt sich die Rechtskraft des Urt. gleichwohl auf alle denkbaren Unwirksamkeitsgründe. Bei § 9 kommt es beim Antrag des AN darauf an, ob die Kündigung jdf. **auch sozialwidrig** ist, vgl. § 9 Rn. 2. 2

§ 4 S. 1 findet Anwendung, wenn eine schriftl. Erkl. abgegeben wurde, die als Kündigung bezeichnet oder eindeutig auf eine einseitige Beendigung des ArbVerh. gerichtet ist (vgl. § 1 Rn. 18; BGB § 620 Rn. 19). Die dreiwöchige Klagefrist läuft auch dann, wenn der ANStatus nicht abschl. geklärt ist (so für die entspr. Frist in § 17 S. 1 TzBfG BAG 20.1.2010 AP BGB § 611 Abhängigkeit Nr. 119 Rn. 23; 15.2.2012 NZA 2012, 733 Rn. 40). Sogar Kündigungen, die offensichtl. rechtsunwirksam sind, gelten damit von Anfang an als rechtswirksam, wenn sich der betroffene AN dagegen nicht rechtzeitig mit einer Kündigungsschutzklage wehrt. Eine Klageerhebung wird nicht von vornherein dadurch überflüssig, dass der AG mitteilt, er wolle an der von ihm ausgesprochenen Kündigung nicht festhalten. Als einseitiges Rechtsgeschäft kann die Gestaltungswirkung der zugegangenen Kündigung nicht mehr einseitig zurückgenommen werden. Die Wirkungen können nur durch eine Vereinb. beseitigt werden, durch die der gekündigte AN ein Fortsetzungsangebot des AG annimmt. Steht nicht endgültig fest, ob der AN das Angebot des AG auf Fortsetzung des ArbVerh. annehmen will, muss er vorsorgl. Kündigungsschutzklage erheben, um die Wirkungen des § 7 zu vermeiden (BAG 17.10.2013 NZA 2014, 303 Rn. 32). 3

II. Andere Unwirksamkeitsgründe nach § 4 S. 1

Andere Unwirksamkeitsgründe nach § 4 S. 1, § 13 III sind zB: Verstoß gegen die **guten Sitten** (§ 138 BGB, dazu § 13 Rn. 6); Kündigung unter **Verletzung des Maßregelungsverbotes** (§ 612a BGB; dazu § 13 Rn. 9), unter Verstoß gegen **Treu und Glauben** (§ 242 BGB, dazu § 13 Rn. 10) oder gegen das Verbot einer Kündigung wegen der Weigerung eines Wechsels von oder in TZ (§ 11 TzBfG); Unwirksamkeit wegen Nichtvorlegens einer **Vollmachtsurkunde** nach §§ 172, 174 BGB durch den Kündigenden, sofern der Vertretungswille eindeutig ist (dazu Rn. 6a); Nichtbeachtung von ges. **Sonderkündigungsschutz** (zB § 9 MuSchG, § 18 BEEG, §§ 85, 91 SGB IX, § 2 ArbPlSchG, BVSG), sofern die Zust. nach § 4 S. 4 vorliegt (dazu Rn. 24 ff.); Nichtbeachtung von **vertragl. oder tarifvertragl. Kündigungsschutz** (BAG 8.11.2007 NZA 2008, 936); **Ausspruch einer ordentl. Kündigung** während eines **befristeten ArbVerh.** nach § 15 III TzBfG, weil der befristete Vertrag weder die Möglichkeit vorsieht, dieses ordentl. zu kündigen, noch die Anwendbarkeit eines TV vereinbart ist, der ein solches Kündigungsrecht enthält (BAG 22.7.2010 NZA 2010, 1142); Kündigung **wegen Betriebsübergangs** nach § 613a IV BGB (dazu BGB § 613a Rn. 153 ff.) – nicht anzuwenden ist die Frist auf die gerichtl. Geltendmachung des Wiedereinstellungsanspruchs ggü. dem Betriebserwerber, der weiterhin allein der Verwirkung unterliegt (vgl. BAG 18.12.2003 NZA 2004, 791); Kündigung ohne ordnungsgem. **Anhörung des BR oder PR**, § 102 BetrVG, §§ 79, 108 BPersVG (BAG 9.2.2006 NZA 2006, 1207); Kündigung von **Funktionsträgern** ohne Beachtung der Voraussetzungen des **§ 15**; Kündigung unter Verstoß gegen spezialges. Benachteiligungsverbote von AN mit bes. Aufgaben., zB gegen den Schutz von betriebl. **Datenschutzbeauftragten** (§ 4 f III 3, 6 BDSG), Betriebsbeauftragten für Immissionsschutz (§ 58 BImSchG), der Sicherheitsbeauftragten (§ 22 III SGB VII) sowie von TZBeschäftigten (§ 5 TzBfG); Kündigung unter Verstoß gegen einen vom **Insolvenzgericht** angeordneten Vorbehalt, wonach Vfg. des Schuldners nur mit Zust. des vorl. InsV wirksam sind (BAG 10.10.2002 NZA 2003, 909); Kündigung ohne ordnungsgem. **Massenentlassungsanzeige** nach **§§ 17, 18** (dazu § 17 Rn. 39); diskriminierende Kündigung nach **AGG** (BAG 19.12.2013 NZA 2014, 372 Rn. 14 f.; 23.7.2015 NZA 2015, 1380 Rn. 23; **aA** *Bertelsmann* NZA 2016, 855). 4

Ob bei einer ordentl. Kündigung die **Nichteinhaltung der obj. richtigen Kündigungsfrist** mit der fristgebundenen Klage nach § 4 S. 1 geltend gemacht werden muss, hängt davon ab, ob sich die mit zu kurzer Frist ausgesprochene Kündigung als eine solche mit der rechtl. gebotenen Frist **auslegen** lässt. Ist dies der Fall und bedarf es dazu keiner **Umdeutung** (§ 140 BGB), beruht die fehlerhafte Frist ersichtl. auf einem Irrtum des AG. Die falsche Frist soll dann nicht integraler Bestandteil der Gestaltungserkl. sein. Sie hat den Charakter einer Wissenserkl., die nicht in der Frist des § 4 S. 1 angegriffen 5 werden müsste. So ist eine vom AG mit zu kurzer Kündigungsfrist zu einem bestimmten Datum erklärte ordentl. Kündigung, die den Zusatz „fristgemäß zum" enthält, als Kündigung zum richtigen Termin zu verstehen, wenn das in der Kündigungserkl. aufgenommene Datum erkennbar ledigl. das Erg. einer fehlerhaften Berechnung der zutr. Kündigungsfrist ist. Eine solche Auslegung der Kündigung zum „richtigen" fristgemäßen Termin ist – ohne Verletzung des Bestimmtheitsgebots (dazu Rn. 5a) – anzustellen, wenn unstr. (nur) die ges. Kündigungsfristen Anwendung finden und der AN anhand von § 622 II 1 BGB die maßgebl. Kündigungsfrist in einem einfachen Rechenschritt selbst ermitteln kann (BAG 15.5.2013 NZA 2013, 1076 Rn. 15 ff.). Ob aber grds. angenommen werden kann, dass der AG grds. zum nächtsmögl. zul. Termin kündigen will, ist nicht abschl. geklärt (vgl. BAG 2. Sen. 15.12.2005 NZA 2006, 791; 9.9.2010 NZA 2011, 343 Rn. 16; ebenso 6. Sen. 9.2.2006 NZA 2006, 1207; 22.7.2010 NZA 2010, 1142 Rn. 10; offenlassend, ob diese Regelbetrachtung anzustellen ist 8. Sen. 21.8.2008 NZA 2009, 29 Rn. 31 und diese tendenziell abl. 5. Sen. 1.9.2010 NZA 2010, 1409 Rn. 26; 15.5.2013 NZA 2013, 1076 Rn. 16 f.). Zwar mag es eher fernliegend erscheinen, dass der AG wider besseren Wissens an der zu kurzen Frist festhalten will, selbst wenn er dadurch die Unwirksamkeit der Kündigung in Kauf nimmt (krit. zur Rspr. des 5. Sen. deshalb *Eisemann* NZA 2011, 608; *ders.* jM 2014, 201 ff.). Jedoch würde ein solcher Erfahrungssatz zu einem Wertungswiderspruch führen, weil damit das Risiko, einen ausdr. genannten Kündigungstermin rechtl. zutr. bestimmt zu haben, auf den AN als Empfänger der Kündigungserkl. abgewälzt würde (BAG 15.5.2013 NZA 2013, 1076 Rn. 16 f.; eine „salvatorische Auslegung" grds. abl. *Schwarze* Anm. AP KSchG 1969 § 4 Nr. 71 unter III. 2). Außerdem ist eine Kündigung zu einem bestimmten Datum ein anderes Rechtsgeschäft als eine Kündigung zu einem anderen Datum. Dies spricht dafür, eine Auslegung nicht grds. für mögl. zu halten, sondern die Kündigung zum falschen Termin in eine solche zum richtigen Zpkt. umzudeuten (konsequent HaKo/*Gallner* § 6 Rn. 18 ff.). Dabei steht die Überzeugung des AG, er habe mit zutr. Frist gekündigt, nicht der Annahme entgegen, das ArbVerh. bei Kenntnis der obj. Fehlerhaftigkeit der Frist zum nächstmögl. Termin beenden zu wollen (BAG 1.9.2010 NZA 2010, 1409 Rn. 29; 29.1.2015 NZA 2015, 673 Rn. 25). Im Falle einer umzudeutenden Kündigung muss sich der AN aber in jedem Fall innerhalb der Fristen nach § 4 S. 1, § 6 S. 1 auf den zutr. Beendigungstermin berufen. Beruft er sich darauf nicht rechtzeitig, gilt die Kündigung nach § 7 als wirksam und beendet das ArbVerh. zum „falschen Termin". Der Praxis ist die **Einhaltung der Drei-Wochen-Frist** daher sicherheitshalber **anzuraten**, wenn geltend gemacht werden soll, dass das ArbVerh. nicht mit der zu kurzen, sondern mit der rechtl. zutr. Frist geendet hat (so *Fuhlrott* ArbR 2010, 529; *Krügermeyer-Kalthoff* MDR 2011, 83; *Christ* BB 2012, 128; *Laws* AuR 2013, 436; *Muthers* RdA 2012, 177; *Schwarze* Anm. AP KSchG 1969 § 4 Nr. 71 unter V).

5a Für die Anwendung des § 4 S. 1 auf eine unter einer **unzulässigen Bedingung** erklärte oder – nach gebotener Auslegung – insg. **unbestimmte** Kündigung ist generell kein Raum. Nur wenn die Kündigung unbedingt ausgesprochen und ausreichend bestimmt ist, muss der AN dagegen mit der fristgebundenen Kündigungsschutzklage vorgehen. Die Kündigung ist als Gestaltungsrecht bedingungsfeindl. Sie darf nicht von einem zukünftigen, ungewissen Ereignis abhängig gemacht werden. Bei einem Eingreifen der Präklusion nach § 7 bliebe offen, ob und wann das ArbVerh. beendet ist (vgl. *Fornasier/Werner* NJW 2007, 2729, 2733). Dies gilt auch bei einer unbestimmten Erkl., die nicht zweifelsfrei als Kündigung verstanden werden muss (*Genenger* RdA 2010, 276), etwa wenn die Parteien um die Änd. des Inhalts des ArbVerh. oder seine Beendigung in anderer Weise als durch Kündigung streiten. Ist die Erkl. als Kündigung zu verstehen, muss sich für den gekündigten AN weiter zweifelsfrei ergeben, ob sie **fristgemäß oder fristlos** gelten und zu welchem Termin das ArbVerh. enden soll (BAG 23.5.2013 NZA 2013, 1197 Rn. 46; 20.6.2013 NZA 2013, 1137 Rn. 14; 10.4.2014 NZA 2015, 162 Rn. 18). Der **Beendigungszpkt.** ist **notwendiger Bestandteil** einer Kündigung. Die Kündigung kann nicht in ein „ob" und „wann" getrennt werden (HHL/*Linck* Rn. 22a). Die an eine ordentl. Kündigung zu stellenden Bestimmtheitsanforderungen verlangen dazu nicht die Angabe eines konkreten kalendarischen Datums. Der AG muss aber den Wirkungszpkt. seiner Willenserkl. so bestimmen, dass der AN als Erklärungsempfänger diesen unschwer – also ohne umfassende tats. Ermittlungen oder Beantwortung schwieriger Rechtsfragen – feststellen kann. Der AN darf nicht darüber „rätseln" müssen, zu welchem Termin der AG eine Beendigung des ArbVerh. genau gewollt haben könnte (BAG 15.5.2013 NZA 2013, 1076 Rn. 20; 23.5.2013 NZA 2013, 1197 Rn. 47, 49). Bei Angabe des Kündigungstermins oder der Kündigungsfrist entstehen regelm. keine Zweifel. Nach Lage des Einzelfalls kann auch ein Hinweis auf die maßgebl. ges. oder tarifl. Regelungen den Bestimmtheitsanforderungen genügen. Kündigt der AG das ArbVerh. nicht nur außerordentl. fristlos, sondern zugleich „ordentl. zum nächst zulässigen Termin", ist die ordentl. Kündigung ebenfalls weder in unzulässiger Weise bedingt noch zu unbestimmt, wenn dem AN die Dauer der Kündigungsfrist bekannt oder diese für ihn bestimmbar ist (vgl. BAG 23.5.2013 NZA 2013, 1197 Rn. 49; 20.6.2013 NZA 2013, 1137 Rn. 15; 10.4.2014 NZA 2015, 162 Rn. 16; 20.1.2016 NZA 2016, 485 Rn. 15). Typischerweise ist eine Kündigung „zum nächst mögl. Termin" dahin auszulegen, dass der Kündigende die Auflösung des ArbVerh. zu dem Zpkt. erreichen will, der sich bei Anwendung der einschlägigen ges., tarifvertragl. und/oder vertragl. Regelungen als rechtl. frühestmögl. Beendigungstermin ergibt (vgl. BAG 9.9.2010 NZA 2011, 343 Rn. 12; 23.5.2013 NZA 2013, 1197 Rn. 49; 20.1.2016 NZA 2016, 485 Rn. 16). Nicht auslegungsfähig und damit nicht hinreichend bestimmt ist eine Erkl., in der mehrere Termine für die Beendigung des ArbVerh. genannt werden und für den AN nicht erkennbar ist, welcher Termin gelten soll (BAG 20.6.2013 NZA 2013, 1137 Rn. 15). Wird die ordentl. Kündigung hingegen nur hilfsweise für den Fall der Unwirksamkeit einer außerordentl. fristlosen Kündigung erklärt, ist der AN nicht im Unklaren darüber, wann das ArbVerh. nach Vorstellung des AG enden soll. Die Beendigung soll bereits mit Zugang der fristlosen Kündigung erfolgen (BAG 20.1.2016 NZA 2016, 485 Rn. 18).

§ 4 S. 1 erfasst alle Unwirksamkeitsgründe, die den AN **einseitig schützen** (zB aus § 102 BetrVG, § 9 MuSchG usw.), nicht aber solche, die den kündigenden AG materiellrechtl. schützen. Die Klagefrist war urspr. auf den allg. Kündigungsschutz des AN beschränkt. Bei der Ausweitung des § 4 S. 1 auf „andere Gründe" wurde übersehen, dass sich auch der AG auf bestimmte Unwirksamkeitsgründe berufen kann. Da die Kündigungsschutzklage aber eine Rechtsschutzmöglichkeit für den AN eröffnet, kann und sollte ihn die Wirksamkeitsanordnung des § 7 nicht treffen. Die Vorschr. ist deshalb insoweit teleologisch zu reduzieren (vgl. *Ulrici* FS v. Hoyningen-Huene 2014 S. 516 mwN). Dies gilt grds. auch für **Unwirksamkeitsgründe**, die der **Kündigungserkl. anhaften** und gleichermaßen von AN und AG geltend gemacht werden können. Diese muss der AG nicht fristgebunden geltend machen, woraus allerdings nicht zwgd. der Umkehrschluss zu ziehen ist, diese Gründe unterlägen damit generell für den AN nicht der kündigungsrechtl. Präklusion (**aA** *Raab* RdA 2004, 323 f.; *Ulrici* FS v. Hoyningen-Huene 2014 S. 517 ff.). Vielmehr bedarf es hierfür einer insb. auf den Normzweck bezogenen Auslegung des § 4 S. 1 iVm. dem jeweils in Rede stehenden Unwirksamkeitsgrund. 6

IdR nicht erfasst werden Unwirksamkeitsgründe, die bereits den Tatbestand als Willenserkl. betreffen (vgl. *Bender/J. Schmidt* NZA 2004, 362; *Genenger* RdA 2010, 275 ff.; *Ulrici* FS v. Hoyningen-Huene 2014 S. 504 ff.). Die dreiwöchige Klagefrist ist zu wahren, wenn der AG oder ein **Vertreter** mit Wirkung für und gegen ihn gekündigt hat, § 167 BGB (vgl. BAG 5.2.2009 AP KSchG 1969 § 4 Nr. 69 Rn. 22; 6.9.2012 NZA 2013, 524 Rn. 13). Die Kündigung durch einen Dritten, die nicht von dem Willen des AG getragen ist, fällt nicht in den Schutzzweck des § 4 S. 1. Würde der AN die Einhaltung der Klagefrist versäumen, träte anderenfalls die Wirksamkeitsfiktion des § 7 ein, ohne dass der AG die Möglichkeit gehabt hätte, dies zu verhindern. Er wäre also darauf angewiesen, dass der AN die ohne Befugnis ausgesprochene Kündigung nicht akzeptieren und deshalb klageweise angreifen würde (vgl. BAG 26.3.2009 NZA 2009, 1146; 24.2.2011 NZA 2011, 708 Rn. 20; 6.9.2012 NZA 2013, 524 Rn. 13). Zudem würde der AN bei einer Kündigung, die dem AG nicht zugerechnet werden kann, durch den Beginn der Präklusionsfrist schlechter gestellt, als wenn die Kündigung überhaupt nicht (formwirksam) abgegeben und die Klagefrist aus diesem Grund nicht einzuhalten wäre (*Stiebert* NZA 2013, 657 f.). Die Frist muss daher bei einer Kündigung durch den **„falschen" AG** oder durch einen **Vertreter ohne Vertretungsmacht** grds. nicht eingehalten werden, wobei zwischen diesen Fällen zu unterscheiden ist (näher *Berkowsky* BB 2010, 1149; *Stiebert* NZA 2013, 658 ff.). Kündigt ein Nichtberechtigter im eigenen Namen, kann die beabsichtigte Beendigungswirkung von vornherein nicht eintreten; in diesem Fall ist generell nur eine allg. Feststellungsklage in Betracht zu ziehen, sollte hierfür ein entspr. Feststellungsinteresse bestehen. Eine Kündigung durch den Vertreter ohne Vertretungsmacht ist hingegen zwar als einseitiges Rechtsgeschäft nach § 180 S. 1 BGB grds. unzulässig, kann aber vom AG nach Maßgabe des § 180 S. 2, § 177 I BGB genehmigt werden. Bei einer **Genehmigung** muss der AN die Präklusionsfrist des § 4 S. 1 beachten, weil eine dem AG zurechenbare Erkl. vorliegt. Nach § 180 S. 2 BGB findet die für Verträge geltende Genehmigungsmöglichkeit nach § 177 I BGB entspr. Anwendung, sofern nicht der AN die vom Vertreter behauptete Vertretungsmacht „bei der Vornahme des Rechtsgeschäfts" beanstandet hat. Nutzt der AN diese zivilrechtl. Schutzmechanismen nicht, hat es also der AG in der Hand, die Zurechenbarkeit der Kündigung durch eine Genehmigung herbeizuführen. Der Fristenlauf nach § 4 S. 1 berechnet sich in diesem Fall mit dem **Zugang der Genehmigung** beim AN. Die materiellrechtl. Rückwirkung der Genehmigung (§ 184 BGB), die ggü. dem Vertreter und ggü dem Erklärungsempfänger erklärt werden kann, ist indes für den Lauf der Klagefrist ohne Bedeutung (vgl. BAG 26.3.2009 NZA 2009, 1146 Rn. 21; 6.9.2012 NZA 2013, 524 Rn. 14; 13.12.2012 AP BGB § 620 Kündigungserklärung Nr. 23 Rn. 65 ff.). Eine von vornherein **fehlerfreie Kündigungserkl.** liegt dagegen vor, wenn ein bevollmächtigter Vertreter die Kündigung ausspricht, der AN diese aber wegen **Nichtvorlage einer Vollmachtsurkunde** nach § 174 S. 1 BGB zurückweist. Der AN muss deshalb in diesem Fall nach § 4 S. 1 klagen, selbst wenn er ohne Vorlage der Vollmachtsurkunde nicht unterscheiden kann, ob der Kündigende bevollmächtigt ist oder nicht, sofern die Kündigung auf den AG zurückführbar ist (APS/*Hesse* Rn. 10c; KR/*Friedrich/Treber* § 13 Rn. 225; *Genenger* RdA 2010, 279; HWK/*Quecke* Rn. 7; *Stiebert* NZA 2013, 658; DDZ/*Zwanziger/Callsen* Rn. 11; **aA** *Raab* RdA 2004, 325). 6a

Durch die Fiktion des § 7 kann dem AG nicht der Schutz wegen **Geschäftsunfähigkeit** oder **Minderjährigkeit** genommen werden (*Bender/J. Schmidt* NZA 2004, 362; *Fornasier/Werner* NJW 2007, 2732; *Genenger* RdA 2010, 277; KR/*Friedrich/Treber* § 13 Rn. 236; *Raab* RdA 2004, 323). Die Frist muss nicht eingehalten werden, wenn der AG den AV wegen **Irrtums** (§ 119 BGB) oder wegen **arglistiger Täuschung** (§ 123 BGB) nach § 142 I BGB angefochten hat und der AN ein bestehendes ArbVerh. nach § 256 I ZPO geltend macht. Der Rechtssicherheit wird durch die Fristen in §§ 121, 123 BGB Rechnung getragen (APS/*Hesse* Rn. 16; *Fornasier/Werner* NJW 2007, 2732). § 4 S. 1 greift nicht, wenn ein **faktisches ArbVerh.** für beendet erklärt wird (BAG 24.6.1981 – 7 AZR 198/79). 7

8 Da § 4 S. 1 auf den Zugang der schriftl. Kündigung abstellt, kann der **Mangel der Schriftform** (§ 623 BGB) noch nach Fristablauf geltend gemacht werden (BAG 9.2.2006 NZA 2006, 1207; 28.6.2007 NZA 2007, 972 Rn. 10; 6.9.2012 NZA 2013, 524 Rn. 11), jedoch nur bis zur Grenze der **Verwirkung** (BAG 9.9.2010 NZA 2011, 343 Rn. 13). Hat der AG eine **mdl. Kündigung** ausgesprochen, ist diese unwirksam. Eine formnichtige Kündigung löst die Frist des § 4 S. 1 nicht aus. Gerade die Stärkung der Rechtssicherheit war ein Motiv für das Formerfordernis des § 623 BGB. Durch die Wirksamkeitsfiktion des § 7 würde dieser Zweck umgangen (*Stiebert* NZA 2013, 658). Will der AN die Unwirksamkeit einer nicht formgerechten Kündigung festgestellt wissen, muss er Leistungsklage oder allg. Feststellungsklage erheben. Ein solches Klagerecht kann jedoch verwirkt werden. Davon ist zB auszugehen, wenn der AN mit einer Klage sieben Monate wartet (Zeitmoment) und er in dieser Zeit mehrfach die Herausgabe der Arbeitspapiere verlangt hat (Umstandsmoment), vgl. LAG B 16.8.2010 BB 2010, 2956.

III. Klage

9 **1. Klageart.** Für den Kündigungsschutzprozess sind nach § 2 I Nr. 3b, V ArbGG die **Vorschr. über das UrtV** maßgebend. **Die Kündigungsschutzklage** ist eine Feststellungs- und keine Gestaltungsklage. Die Kündigung ist nicht etwa zunächst wirksam und wird später durch richterl. Gestaltungsakt aufgeh. (BAG [GS] 27.2.1985 AP BGB § 611 Beschäftigungspflicht Nr. 14). Die Klage nach § 4 zielt auf die Feststellung, eine bestimmte schriftl. Kündigung habe das ArbVerh. nicht aufgelöst. Sie erfordert nicht die Darlegung eines bes. Feststellungsinteresses. Dieses ergibt sich aus der zwgd. Folgeregelung in § 7. Das Sonderkündigungsrecht des AN in § 12 zeigt, dass dies auch gilt, wenn der AN inzwischen ein neues ArbVerh. eingegangen ist und er das alte ArbVerh. nicht fortsetzen will. Die Frist des § 4 S. 1 wird nicht gewahrt, wenn der AN eine **Lohnzahlungsklage** oder eine **Klage auf Weiterbeschäftigung** über den Kündigungstermin hinaus erhebt, selbst wenn die Wirksamkeit der Kündigung inzident zu prüfen ist (BAG 21.7.2005 NZA 2006, 162; 22.7.2010 NZA 2010, 1142; zul. offenlassend BAG 26.9.2013 NZA 2014, 443 Rn. 37, 41). Hat der AN aber innerhalb der Frist des § 4 S. 1 mit einer Leistungsklage Entgeltansprüche geltend gemacht, die eine Unwirksamkeit der Kündigung voraussetzen, oder beantragt er Weiterbeschäftigung über den Kündigungstermin (Ablauf der Kündigungsfrist) hinaus, kann § 6 analog die Möglichkeit eröffnen, den fehlenden Feststellungsantrag bis zum Schluss der mdl. Verh. erster Instanz nachzuholen (dazu § 6 Rn. 3). Entscheidend ist, dass der AN durch die Anrufung des Gerichts seinen Willen, die Wirksamkeit der Kündigung zu bekämpfen, klar zum Ausdruck gebracht hat. Der AG muss erkennen können, dass der AN die Kündigung nicht als wirksam erachtet (BAG 23.4.2008 AP KSchG 1969 § 4 Nr. 65; 26.9.2013 NZA 2014, 443).

10 **2. Inhalt der Klageschrift.** Die Anforderungen ergeben sich aus § 253 II ZPO. **§ 253 II Nr. 1 ZPO: Die Bezeichnung der Parteien und des Gerichts**. Eine zulässige Klageerhebung darf allerdings nicht an unvollständigen oder fehlerhaften Bezeichnungen der Parteien scheitern, solange die Mängel in Anbetracht der jeweiligen Umstände keine vernünftigen Zweifel an dem tats. Gewollten aufkommen lassen (BVerfG 9.8.1991 NJW 1992, 3140). Ist eine Partei unklar, ungenau oder falsch bezeichnet, kann sie durch **Auslegung** ermittelt werden. Selbst bei äußerl. eindeutiger, aber offenkundig unrichtiger Bezeichnung ist diejenige Person als Partei angesprochen, die erkennbar betroffen werden soll. Dafür ist entscheidend, welchen Sinn die Erkl. aus der Sicht des Gerichts und des Prozessgegners hat. Hierbei ist das tats. Vorbringen der Klagepartei zugrunde zu legen. Auf deren Auff. kommt es nicht an. Maßgebl. für die Beurteilung sind die gesamten erkennbaren Umstände, insb. die der Klageschrift beigefügten Unterlagen (BAG 20.1.2010 NZA 2010, 636 Rn. 13). Der AN muss insb. den richtigen AG als Partei bezeichnen (dazu Rn. 18). Erweitert der AN die Kündigungsschutzklage nachträgl. vorsorgl. gegen den „richtigen" AG, liegt kein Parteiwechsel vor, sondern eine unzulässige nachträgl. Klagehäufung (dazu Rn. 19).

11 **§ 253 II Nr. 2 ZPO:** Die **bestimmte Angabe des Gegenstandes und des Grundes** des erhobenen Anspruchs, sowie einen **bestimmten Antrag.** Will der AN geltend machen, dass eine Kündigung sozial ungerechtfertigt oder aus anderen Gründen rechtsunwirksam ist, muss er innerhalb von drei Wochen nach Zugang der schriftl. Kündigung beim ArbG Klage auf Feststellung erheben, dass das ArbVerh. durch diese – genau zu bezeichnende – Kündigung nicht aufgelöst ist (§ 4 S. 1). Als Prozesshandlung ist eine Klageschrift ebenso wie eine private Willenserkl. aus Sicht eines obj. Erklärungsempfängers **auslegungsfähig**. Entscheidend ist, welchen Inhalt die Erkl. unter Berücksichtigung ihres Wortlauts, ihres Sinnzusammenhangs und einer etwaigen Erl. aus Sicht des Prozessgegners und des Gerichts hat. IZw. ist der Inhalt gewollt, der nach den Maßstäben der Rechtsordnung „vernünftig" ist und den wohlverstandenen Interessen des Erklärenden entspricht (BAG 11.7.2013 NZA 2014, 331 Rn. 16). Geboten ist ein großzügiger Maßstab. Dies entspricht dem Zweck der weit auszulegenden Vorschr. des § 6, der einerseits im Zusammenspiel mit § 4 frühzeitig Rechtsklarheit schaffen und andererseits den AN vor einem unnötigen Verlust seines Kündigungsschutzes aus formalen Gründen schützen soll. Unklare Anträge können iSv. § 4 S. 1 ausgelegt werden, wenn aus der Begr. der rechtzeitig erhobenen

Klage oder aus den beigefügten Unterlagen eindeutig erkennbar ist, dass der AN eine bestimmte Kündigung nicht hinnehmen will (BAG 13.12.2007 NZA 2008, 589). Unschädl. ist es, wenn sich eine Kündigungsschutzklage unrichtigerweise gegen eine vermeintl. fristlose Kündigung anstatt gegen eine tats. ausgesprochene ordentl. Kündigung richtet (BAG 21.5.1981 AP KSchG 1969 § 4 Nr. 7). Kündigt der AG das ArbVerh. **außerordentl. fristlos und hilfsweise fristgemäß** und erhebt der AN unter Beifügung des Kündigungsschreibens Klage auf Feststellung, „dass das ArbVerh. der Parteien nicht durch die schrifl., außerordentl. Kündigung der Bekl. … aufgelöst worden ist“ sowie auf Weiterbeschäftigung, ist das Klagebegehren dahin zu verstehen, dass es sich auch gegen die hilfsweise ausgesprochene ordentl. Kündigung richtet, wenn die Klagebegr. keinen Hinweis enthält, dass die ordentl. Kündigung gelten soll. Denn der Weiterbeschäftigungsantrag kann nur dann Erfolg haben, wenn das ArbVerh. auch nicht fristgemäß endet (BAG 11.7.2013 NZA 2014, 331 Rn. 18 f.). Hat der AG eine **Tatkündigung** und am selben Tag mit weiterem Schreiben eine **Verdachtskündigung** – jeweils außerordentl., hilfsweise ordentl. – erklärt, kann uU im Wege der vorzunehmenden Auslegung eine Klage gegen „die (nach Datum bezeichnete) Kündigung“ ausreichend sein (BAG 23.6.2009 NZA 2009, 1136). Erforderl. ist in aller Regel die genaue **Angabe des Kündigungsdatums**. Fehlt sie, lässt sich das Datum aber aus anderen Umständen zweifelsfrei ermitteln, bleibt die Klagefrist gewahrt. Das gilt insb., wenn nur eine einzige Kündigung ausgesprochen worden ist, gegen die sich der AN wehrt (BAG 21.5.1981 AP KSchG 1969 § 4 Nr. 7).

3. Klageerhebung. Die Klage kann **schriftl.** eingereicht oder zu **Prot. der Geschäftsstelle** des ArbG erklärt werden, §§ 46 II ArbGG, 496 ZPO. Damit wird der Rechtsstreit anhängig und mit Zustellung der Klageschrift an den Bekl. rechtshängig (§ 261 ZPO). Sofern der Klage die erforderl. Abschriften nicht beigefügt sind, werden sie durch die Geschäftsstelle auf Kosten des Kl. gefertigt (Kostenverzeichnis Nr. 9000 Anl. 1 zum GKG). Die Klageschrift kann nicht ausschl. durch Übermittlung einer beglaubigten Abschrift zugestellt werden. Wird sie vom Gericht im Original übermittelt, ist die Zustellung – auch ohne Beglaubigung – wirksam (BAG 25.2.2015 NZA 2015, 701 Rn. 34 ff.). Die Klageschrift muss in dt. Sprache abgefasst sein, denn dies ist die Gerichtssprache, § 184 GVG (BAG 17.2.1982 AP SchwbG § 15 Nr. 1; eine Ausnahme gilt für Sorben). Sie muss vom Kl. oder von seinem PV eigenhändig unterschrieben sein, §§ 253 IV, 130 Nr. 6 ZPO. Dies soll einerseits die Identifizierung des Urhebers der schriftl. Prozesshandlung ermöglichen und andererseits dessen unbedingten Willen zum Ausdruck bringen, die volle Verantwortung für den Schriftsatzinhalt zu übernehmen und diesen bei Gericht einzureichen (BGH 17.11.2009 MDR 2010, 226). Die eigenhändige Unterschrift setzt einen individuellen Schriftzug voraus, der – ohne lesbar sein zu müssen – sich als Wiedergabe eines Namens darstellt und die Absicht einer vollen Unterschriftsleistung erkennen lässt. Unter diesen Voraussetzungen kann selbst ein vereinfachter, von einem starken Abschleifungsprozess gekennzeichneter Namenszug als Unterschrift anzuerkennen sein (BAG 25.2.2015 NZA 2015, 701 Rn. 19; BGH 16.7.2013 – VII ZB 62/12 – Rn. 11). Ein Schriftzug, der als bewusste und gewollte Namensabkürzung erscheint (**Handzeichen, Paraphe**) sowie ein Faksimilestempel (BAG 5.8.2009 NZA 2009, 1165) stellen keine formgültige Unterschrift dar (BAG 27.3.1996 AP ZPO § 518 Nr. 67). Ob ein Schriftzug als Unterschrift oder ledigl. als Abkürzung anzusehen ist, beurteilt sich nach dem äußeren Erscheinungsbild. In Anbetracht der Variationsbreite, die selbst Unterschriften ders. Person aufweisen, ist insoweit ein großzügiger Maßstab anzulegen, wenn die Autorenschaft gesichert ist (BAG 30.8.2000 AP ZPO § 130 Nr. 17; 25.4.2007 NZA-RR 2007, 528; zur gerichtl. Hinweispflicht Rn. 14). Dies gebietet der Anspruch auf einen wirkungsvollen Rechtsschutz nach Art. 2 I iVm. 19 IV und 103 I GG (vgl. BVerfG 25.2.2000 AP KSchG § 5 Nr. 32; BAG 6.10.2009 NZA 2011, 477 Rn. 12; BGH 7.5.2009 MDR 2009, 948). Bei **Doppelnamen** ist es ausreichend, mit einem der Namen zu unterzeichnen und den zweiten abzukürzen (BAG 15.12.1987 AP ZPO § 130 Nr. 6). Soweit es bei einem Massenverf. ausnahmsweise akzeptiert wurde, beim Fehlen einer Unterschrift die Urheberschaft mit der Einreichung anderer unterzeichneter Klagen festzustellen (BAG 14.2.1978 AP GG Art. 9 Nr. 60), ist von diesem Vorgehen abzuraten, weil es vermeidbare Rechtsunsicherheiten schafft. 12

Lässt sich der AN durch einen PV vertreten, muss der Unterzeichner der Klage die volle Verantwortung für deren Inhalt übernehmen. Ob die Unterzeichnung mit dem Zusatz „i. A.“ dazu ausreicht (für einen bestimmenden Schriftsatz idR verneinend BGH 19.6.2007 FamRZ 2007, 1638), hängt von den Umständen des Einzelfalls ab. Dabei ist zu beachten, dass der Weg zu den Gerichten wegen Art. 19 IV 1 GG nicht in unzumutbarer Weise erschwert werden darf (BVerfG 26.1.1972 E 32, 305). Maßgebl. ist, ob das Gericht nach Würdigung der gesamten Umstände von einer **ordnungsgem. Vertretung** ausgehen durfte. Ein Mangel durch fehlende oder unzureichende Unterzeichnung kann uU durch ein entspr. Begleitschreiben behoben werden, wenn sich aus einem beigefügten unterschriebenen Schriftstück ergibt, dass die Klage mit Wissen und Wollen des AN erhoben wurde (LAG RP 31.1.1990 LAGE KSchG § 4 Nr. 45). Hierfür reicht allerdings eine vom Kl. unterschriebene Vollmachtsurkunde, die dem Klageentw. beigefügt ist, nicht aus (BAG 26.6.1986 AP KSchG 1969 § 4 Nr. 14). Das Unterschrifterfordernis ist hingegen gewahrt, wenn gleichzeitig beglaubigte Abschriften eingereicht werden und diese durch den RA unterzeichnet sind (BAG 30.5.1978 AP ZPO § 518 Nr. 42; BGH 7.5.2009 MDR 2009, 882), ein unterzeichneter Schriftsatz eingereicht wird, der auf den nicht 12a unterzeichneten Schriftsatz Bezug nimmt (BGH 10.3.2009 NJW-RR 2009, 933) oder der Beglaubigungsvermerk handschriftl. vollzogen ist (BGH 2.4.2008 FamRZ 2008, 1243).

13 Zu den schriftl. Dok. zählt das G eine durch **Telefax** (Telekopie) eingereichte Klage, sofern nur der als Vorlage für die Übermittlung dienende Schriftsatz eigenhändig unterschrieben ist. Maßgebl. für die Wirksamkeit eines auf diesem Wege übermittelten Schriftsatzes ist die auf Veranlassung des Absenders am Empfangsort (Gericht) erstellte körperl. Urkunde (BGH 15.7.2008 NJW 2008, 2649 Rn. 9ff.; 14.1.2010 NJW 2010, 437; vgl. bereits GmS-OGB 5.4.2000 AP ZPO § 129 Nr. 2). Gewahrt ist das Erfordernis einer eigenhändigen Unterschrift danach, wenn ein bestimmender Schriftsatz durch elektronische Übertragung einer **Textdatei mit eingescannter Unterschrift** auf ein Faxgerät des Gerichts übermittelt wird (BGH 15.7.2008 NJW 2008, 2649 für eine PDF-Datei). Der **Faksimile-Stempel** eines PV genügt den Anforderungen des § 130 Nr. 6 ZPO hingegen ebenso wenig (BAG 5.8.2009 NZA 2009, 1165; vgl. BVerfG 18.4.2007 NJW 2007, 3117) wie die Einlegung der Klage durch Telefon oder durch einfache **E-Mail** (BGH 15.7.2008 NJW 2008, 2649; vgl. auch BAG 11.7.2013 NZA 2013, 983 Rn. 9ff.) oder gar durch „SMS". Die notwendige Form der Klageschrift wird aber bei elektronischen Dok. unter den Voraussetzungen des § 46c ArbGG (neu gefasst ab 1.1.2018) gewahrt. § 46c III ArbGG bestimmt, dass ein **elektronisches Dok.** eingereicht ist, sobald die für den Empfang bestimmte Einrichtung des Gerichts es aufgezeichnet hat. Wie das BGB (§§ 126, 126a BGB) unterscheiden ZPO und ArbGG zwischen der Schriftform und der elektronischen Form. Wo die Schriftform vorgeschrieben ist, wie für die Klage nach § 254 IV iVm § 130 Nr. 6 ZPO, „genügt" dieser Form nach § 46c I 1 ArbGG (§ 130a I 1 ZPO) die Aufzeichnung als **elektronisches Dok.**, wenn dieses für die Bearbeitung durch das Gericht geeignet ist. Während die schriftl. Form durch die vom Aussteller unterzeichnete Urkunde gekennzeichnet wird, besteht das elektronische Dok. aus der in einer elektronischen Datei enthaltenen Datenfolge selbst; an die Stelle der Unterschrift tritt demgemäß die (qualifizierte) **elektronische Signatur** (§ 126a BGB, § 130a I 2 ZPO, § 46c ArbGG), die unverzichtbar ist (BGH 14.1.2010 NJW 2010, 437 Rn. 15ff.; GMP/*Germelmann* § 46c Rn. 12).

14 Eine nicht unterschriebene Klageschrift wahrt die Frist des § 4 nicht, da sie ledigl. als Entw. zu werten ist. Die Unterzeichnung des Schriftsatzes kann grds. nur mit ex-nunc-Wirkung nachgeholt werden; bei rügeloser Einlassung tritt allerdings eine fristwahrende Heilung ein (BAG 26.6.1986 AP KSchG 1969 § 4 Nr. 14). Der **Grds. des fairen Verf.** verbietet es, eine mit einer Paraphe unterzeichnete Klage als unzulässig zu verwerfen, wenn diese Art der Unterzeichnung bei dem betr. Gericht wiederholt unbeanstandet geblieben ist (vgl. BAG 18.6.1997 AP TVG § 1 Kündigung Nr. 2). In jedem Fall ist das Gericht verpflichtet, auf eine nicht ausreichende Unterschrift unverzügl. hinzuweisen, nachdem es die fehlende oder mangelhafte Unterschrift bemerkt hat. Bei fristgebundenen Schriftsätzen kann – je nach zur Vfg. stehender Zeit – eine fernmdl. Benachrichtigung geboten sein. Ist der Hinweis pflichtwidrig unterblieben oder nicht rechtzeitig erfolgt, kann eine hierauf gestützte Wiedereinsetzung oder nachträgl. Zulassung nach § 5 geboten sein.

15 Die Klage nach § 4 S. 1 muss **unbedingt** erhoben werden. Grds. unzulässig ist eine Klage, die nur unter der aufschiebenden Bedingung als erhoben gelten soll, dass **PKH** bewilligt wird (LAG N 23.10.2003 LAGE ZPO 2002 § 114 Nr. 1; LAG SH 24.5.2007 – 4 Ta 147/07 –; LAG SH 16.5.2011 – 3 Ta 85/11 –; **aA** LAG HM 14.6.2011 – 14 Ta 295/11 –; *Gravenhorst* FA 2012, 297). Davon ist auszugehen, wenn ein PKH-Gesuch und ein als „Klageentw." oder als „bedingte Klage" bezeichneter Schriftsatz eingereicht werden und in der Begr. ledigl. von einer beabsichtigten Klage die Rede ist (BGH 10.7.2003 NJW-RR 2003, 1558), ebenso dann, wenn der PKH-Antrag mit einem nicht unterschriebenen Klageentw. zugeht (LAG SN 23.12.2005 – 3 Ta 362/05). Aufgrund des durch das Rechtsstaatsprinzip nach Art. 2 I iVm. 19 IV und 103 I GG garantierten **Anspruchs auf Gewährung wirkungsvollen Rechtsschutzes** darf den Parteien der Zugang zu den Gerichten allerdings durch eine strenge prozessuale Auslegung nicht in unzumutbarer, aus Sachgründen nicht mehr zu rechtfertigender Weise erschwert werden (vgl. BVerfG 25.2.2000 AP KSchG 1969 § 5 Nr. 13; BAG 6.10.2010 NZA 2011, 477 Rn. 12; vgl. Rn. 8). Die Gerichte dürfen die Anforderungen an das, was der AN im Zusammenhang mit einer wirksamen Klageerhebung bei einem gleichzeitigen PKH-Antrag veranlassen muss, deshalb nicht überspannen (vgl. BGH 17.12.2008 NJW-RR 2009, 433 Rn. 7). Wird eine **unterschriebene Klage** mit einem vollständigen PKH-Gesuch verbunden, gleichzeitig bei Gericht eingereicht und in ein Hilfsverhältnis gestellt, ist eine echte Rechtsbedingung **(innerprozessuale Bedingung)** anzunehmen. Es spricht vieles dafür, dass ein solches Hilfsverhältnis auch bei einer Kündigungsschutzklage mögl. ist (*Gravenhorst* FA 2012, 297; **aA** LAG SH 16.5.2011 – 3 Ta 85/11). In diesem Fall dürfte die Klage in der Frist des § 4 S. 1 wirksam erhoben sein, ledigl. ihre „Durchführung" wird von der PKH-Gewährung abhängig gemacht. Jedoch empfiehlt es sich wegen des strikt bedingungsfeindl. Verständnisses einer Kündigungsschutzklage aus Gründen anwaltl. Vorsicht, die Klagefrist durch unbedingte Klageerhebung zu wahren. Verbleiben Zweifel, ob die Klage schon mit dem Antrag auf PKH eingelegt werden soll, ist anzunehmen, dass der AN eher das (nach § 12a I ArbGG erstinstanzl. geringe) Kostenrisiko einer Klage auf sich nehmen will, als zu riskieren, dass die unterschriebene Klage als unzulässig verworfen wird. Erfüllt ein mit „Klage und Prozesskostenhilfegesuch" überschriebener Schriftsatz die formellen ges. Anforderungen an eine Klageschrift, kommt die Deutung, dass der Schriftsatz nicht als unbedingt erhobene Klage bestimmt war, nur in Betracht, wenn sich dies aus den

Begleitumständen mit einer jeden vernünftigen Zweifel ausschließenden Deutlichkeit ergibt (vgl. BGH 17.12.2008 NJW-RR 2009, 433; LAG HM 23.11.2009 – 14 Ta 357/09). Unterbleibt ein in dieser Situation jdf. gebotener rechtl. Hinweis des Gerichts, wird die Klage nachträgl. zuzulassen sein (vgl. § 5 Rn. 15). Zur hilfsweisen Kündigungsschutzklage gegen den „richtigen" AG Rn. 18.

4. Örtlich zuständiges Gericht. Die Klage ist beim örtl. zust. ArbG zu erheben. Die örtl. Zust. ergibt sich für natürl. Personen aus deren Wohnsitz, bei jur. aus deren Sitz, § 46 II ArbGG iVm. §§ 12 bis 37 ZPO. Nach § 48 I a ArbGG ist auch das ArbG zust., in dessen Bezirk der AN gewöhnl. seine Arbeit verrichtet oder verrichtet hat (vgl. ArbGG § 48 Rn. 19). Wird die Klage beim unzust. Gericht eingereicht, finden nach der zwgd. Vorschr. des § 48 I ArbGG für die örtl. Zust. die §§ 17 bis 17b GVG entspr. Anwendung. Das zu Unrecht angerufene Gericht hat seine Unzust. auszusprechen und den Rechtsstreit förml. an das örtl. zust. Gericht zu verweisen. In einem solchen Fall bleiben die Wirkungen der Rechtshängigkeit nach § 17b I S. 2 GVG bestehen. Die Klagefrist bleibt also gewahrt, auch wenn die Verweisung nach der Drei-Wochen-Frist erfolgt (KR/*Friedrich/Klose* Rn. 233). Rkr. Verweisungsbeschlüsse sind – mit Ausnahme krasser Rechtsverletzungen – nach § 48 I 1 ArbGG iVm § 17a II 3 GVG bindend (BAG 2.7.2014 AP ZPO § 36 Nr. 63). 16

5. Höchstpersönliches Klagerecht. Eine Klage auf Feststellung der Unwirksamkeit der Kündigung nach § 4 kann grds. **nur der gekündigte AN** erheben. Es handelt sich um ein höchstpers. Recht. Dritte, insb. Körperschaften, auf die Ansprüche durch Abtretung oder kraft G, zB § 115 SGB X, übergegangen sind, können die Unwirksamkeit einer Kündigung nicht geltend machen. Sie müssen abwarten, ob der AN Klage erhebt oder nicht (HHL/*Linck* Rn. 61 f.). **Stirbt der AN** vor Ablauf der Kündigungsfrist, endet das ArbVerh. mit seinem Tod. Der Erbe kann die Unwirksamkeit der Kündigung nicht geltend machen, weil diese das ArbVerh. nicht beendet hat. Bei Todeseintritt nach Ablauf der Kündigungsfrist, aber vor Verstreichen der Klagefrist nach § 4 oder der nach §§ 5, 6 verlängerten Fristen, können die Erben als Gesamtrechtsnachfolger (§ 1922 I 1 BGB) dagegen Kündigungsschutzklage erheben. Hier besteht kein Grund, dass der AG aus der sozialwidrigen Kündigung Vorteile ziehen sollte. Die Erben können naturgemäß nicht die Fortsetzung des ArbVerh. verlangen. Sie haben aber die Möglichkeit, Klage nach § 4 zu erheben oder eine bereits eingelegte Klage aufzunehmen und dann die Vergütung bis zum Tode zu verlangen (vgl. HHL/*Linck* Rn. 63 f.; HaKo/*Gallner* Rn. 97; vgl. BAG 18.1.2012 NZA 2012, 575 Rn. 14 zur entspr. Rechtslage bei Befristungen). 17

6. Person des Beklagten. Richtiger Bekl. im Kündigungsschutzprozess ist der AG als Vertragspartner des AN. Bei mittelbaren ArbVerh. ist dies der Mittelsmann (BAG 21.2.1990 AP BGB § 611 Abhängigkeit Nr. 57). Die Zulässigkeit der Klage setzt die Parteifähigkeit und somit nach § 50 I ZPO dessen Rechtsfähigkeit voraus. Die gegen eine nicht (mehr) existente Partei erhobene Klage ist unwirksam (BGH 12.6.2002 NJW 2002, 3110 – GmbH). Streiten die Parteien gerade über die Existenz oder Parteifähigkeit des AG oder über die sich aus deren Erlöschen ergebenden Folgen, ist die Parteifähigkeit als Prozessvoraussetzung zu unterstellen (BAG 21.11.2013 AP SGB V § 164 Nr. 1 Rn. 26). Handelt es sich um eine jur. Person, muss der AN diese verklagen. Zu beachten ist, dass eine jur. Person als pers. haftende Gesellschafterin und die Gesellschaft zwei voneinander unabhängige Rechtssubjekte sind, der zu trennende Haftungsmassen entsprechen. Ist AG ein nicht rechtsfähiger **Verein,** muss die Klage nach § 50 II ZPO gegen den Verein gerichtet werden (HHL/*Linck* Rn. 70). Bei einer **OHG** oder einer **KG** ist die Gesellschaft unter ihrer Firma zu verklagen, § 124 HGB. Wenn eine **Erbengemeinschaft** AG ist, muss sich die Klage gegen alle Erben richten (HHL/*Linck* Rn. 71). Gem. § 7 II PartGG iVm. § 124 HGB sind die Partner einer Partnerschaftsgesellschaft unter dem Namen ihrer Partnerschaft (§ 2 PartGG) zu verklagen (BAG 1.3.2007 NZA 2007, 1013). Eine **Außengesellschaft BürgerlR,** die AN beschäftigt, tritt nach außen auf und ist aktiv und passiv parteifähig (BAG 1.12.2004 NZA 2005, 318; 17.7.2007 NZA 2008, 118 Rn. 14; BGH 29.1.2001 NJW 2001, 1056). Die Umstellung der Klage auf eine andere Person ist nur im Wege des **Parteiwechsels** mögl. Eine **ungenaue oder erkennbar falsche Parteibezeichnung** kann hingegen jederzeit vAw. ber. werden, solange damit keine Parteiänd. einhergeht. Dies gebietet der Justizgewährleistungsanspruch, Art. 19 IV GG. Eine **Rubrumsber.** ist selbst bei äußerl. eindeutiger, aber offenbar unrichtiger Bezeichnung vorzunehmen, wenn erkennbar ist, welche Partei durch die Parteibezeichnung angesprochen werden soll. Es kommt darauf an, welcher Sinn der vom Kl. gewählten Parteibezeichnung bei obj. Würdigung beizulegen ist. Dafür ist va. ein der Klageschrift beigefügtes Kündigungsschreiben heranzuziehen. Entscheidend ist, dass nach der Auslegung die rechtl. Identität gewahrt bleibt (vgl. BAG 13.12.2012 AP BGB § 620 Kündigungserklärung Nr. 23 Rn. 36; 25.4.2013 AP InsO § 343 Nr. 1 Rn. 74 f.). Eine Ber. kommt deshalb nach Lage der Umstände zB in Betracht, wenn der AN statt der Trägerstiftung eines Krankenhauses, auf die das Kündigungsschreiben hinweist, deren Rechtsvorgänger verklagt, der den Arbeitsvertrag abgeschlossen hat (BAG 28.8.2008 NZA 2009, 221), wenn er statt einer OHG deren pers. haftende GmbH verklagt (BAG 27.11.2003 NZA 2004, 452) oder in der Klageschrift irrtüml. nicht seinen AG, sondern dessen Bevollmächtigten als Bekl. benennt (vgl. BAG 15.3.2001 NZA 2001, 1267; 12.2.2004 AP KSchG 1969 § 4 Nr. 50), ebenso wenn sich die Klage gegen die einzelnen Partner statt gegen die Partnerschaftsgesellschaft (BAG 1.3.2007 NZA 2007, 1013) richtet. Bei ArbVerh. mit **Statio-** 18

nierungsstreitkräften ist nach Art. 56 VIII 2 ZA-NTS Kündigungsschutzklage gegen die BRD als Prozessstandschafterin zu erheben. Ergeben sich aus der Klageschrift oder aus den beigefügten Anl. deutl. Anhaltspunkte dafür, dass der Kl. zivile Arbeitskraft iSv. Art. 56 ZA-NTS ist, bestehen keine vernünftigen Zweifel daran, dass er seine Klage trotz einer auf den Entsendestaat lautenden Parteibezeichnung gegen die Prozessstandschafterin richten wollte (BAG 20.2.2014 AP KSchG 1969 § 4 Nr. 78 Rn. 19 ff.; 26.3.2015 NZA 2015, 866 Rn. 12, 15).

18a Befindet sich der AG in der **Insolvenz**, muss grds. der InsV verklagt werden, der auch dann Partei kraft Amtes wird, wenn die Kündigung noch vom Insolvenzschuldner erklärt wurde. Aus Sicht des AN kann die Passivlegitimation insb. im Insolvenzeröffnungsverf. schwer zu beurteilen sein, weil die AGStellung vom Schuldner auf den vorl. InsV und von diesem auf den InsV wechseln kann (dazu *Meyer* NZA 2014, 642). Es empfiehlt sich, dass der Kl. den Beschl. des Insolvenzgerichts der Klage beifügt, um iZw. eine Auslegung des richtigen Bekl. zu ermöglichen (vgl. BAG 17.1.2002 EzA KSchG § 4 nF Nr. 62; 27.3.2003 NZA 2003, 1391). Die Kündigungsschutzklage ist nach Eröffnung des Insolvenzverf. gegen den Schuldner zu richten, wenn dieser eine selbständige Tätigkeit ausübt und der InsV das Vermögen aus dieser Tätigkeit gem. § 35 II InsO aus der Masse freigegeben hat. Mit Zugang der Freigabeerkl. beim Schuldner fällt die Verw.- und Verfügungsbefugnis über die zu diesem Zpkt. bestehenden ArbVerh. ohne gesonderte Kündigung an diesen zurück (BAG 21.11.2013 NZA 2014, 276). Im Fall der **Sonderliquidation öffentl. Unternehmen** nach griechischem Recht rückt der Liquidator, der das Unternehmen vertritt, nicht in die AG-Stellung ein, die bei dem zu verklagenden Schuldnerunternehmen verbleibt (BAG 13.12.2012 AP BGB § 620 Kündigungserklärung Nr. 23 Rn. 24 f.; 25.4.2013 AP InsO § 343 Nr. 1 Rn. 25).

19 Hält der AN die Kündigung für sozialwidrig nach § 1 II, weil der Arbeitsplatz infolge eines **Betriebsübergangs** nicht weggefallen sei, oder macht er die Unwirksamkeit der Kündigung nach § 613a IV BGB geltend, ist die Klage innerhalb der Frist des § 4 gegen den alten AG zu richten, wenn dieser die Kündigung ausgesprochen hat und diese dem AN vor Betriebsübergang zugegangen ist. Der betriebsveräußernde AG bleibt für den Kündigungsschutzprozess passivlegitimiert, selbst wenn die Klage erst nach dem Betriebsübergang erhoben wird. Der neue Betriebsinhaber muss dieses Urt. entspr. §§ 265, 325 ZPO gegen sich gelten lassen (BAG 24.5.2005 NZA 2005, 1178; 24.10.2013 NZA 2014, 46 Rn. 14; zum Auflösungsantrag durch den bisherigen *AG* § 9 Rn. 22). Stützt der AN eine Kündigungsschutzklage nach § 4 S. 1 gegen den bisherigen AG allerdings auf die Behauptung, der Betrieb sei bereits vor der Kündigung auf einen Erwerber übergegangen, ist die Klage mangels Passivlegitimation unschlüssig (BAG 20.3.2003 NZA 2003, 1338). Ist der Übergang des ArbVerh. nach § 613a BGB str., kann der AN neben dem Antrag nach § 4 gegen den Erwerber zusätzl. die Feststellung des Fortbestandes des ArbVerh. durch Feststellungsklage nach § 256 ZPO geltend machen (dazu BGB § 613a Rn. 174 f.). Mit einer gegen beide AG (§ 62 ZPO) gerichteten „Betriebsübergangs-Feststellungsklage" nach § 256 ZPO könnte etwa geklärt werden, ob das ArbVerh. vor Zugang der Kündigung durch den alten AG auf den neuen AG übergegangen ist (BAG 24.9.2015 NZA 2016, 366 Rn. 22). Durch eine **eventuale Klageerhebung** gegen einen am Prozess bisher nicht Beteiligten wird die Frist des § 4 hingegen nicht gewahrt. Will der AN erreichen, dass, falls er mit dem Feststellungsantrag gegen den in erster Linie bekl. alten AG unterliegt, das Bestehen eines ArbVerh. mit dem vorsorgl. verklagten neuen AG anerkannt wird, handelt es sich um eine eventuale Klagehäufung. Hilfsanträge sind aber nur statthaft, wenn sie unter einer innerprozessualen Bedingung stehen. Das ist bei einer eventualen subj. Klagehäufung nicht der Fall. Es darf nicht bis zum Ende des Rechtsstreits in der Schwebe bleiben, ob gegen einen von mehreren mögl. Bekl. überhaupt Klage erhoben wird (BAG 23.2.2010 Rn. 35 EzA ZPO 2002 § 59 Nr. 1). Allerdings kann der AN eine subj. Eventualklage „bescheidungsfähig" machen, indem er sie in einer unbedingte „umstellt", also die Bedingung nachträgl. entfallen lässt (BAG 24.9.2015 NZA 2016, 366 Rn. 23).

20 **7. Drei-Wochen-Frist.** Die Klage muss binnen drei Wochen **nach Zugang** der schriftl. Kündigung beim ArbG eingegangen sein (zum Zugang BAG 26.3.2015 NZA 2015, 1183; BGB § 620 Rn. 53 ff.). Für die **Berechnung der Frist** gelten die §§ 187 bis 193 BGB, § 222 II ZPO. Die mit Zugang der Kündigung nach § 130 I BGB in Lauf gesetzte Frist endet nach § 188 II BGB mit dem Ablauf des gleichen Wochentages der dritten Woche. Ist dieser Tag ein Samstag, Sonntag oder ges. Feiertag, tritt an die Stelle eines solchen Tages der nächste Werktag, § 193 BGB. Bei ges. Feiertagen ist die Feiertagsregelung maßgebend, die in dem Land gilt, in dem die Klage zu erheben ist. Die ggü. einem Geschäftsunfähigen oder beschränkt Geschäftsfähigen ausgesprochene Kündigung geht erst mit der Zustellung an den ges. Vertreter zu, § 131 I, II 1 BGB. Von diesem Zpkt. an läuft die Frist des § 4 S. 1 (*Genenger* RdA 2010, 279). Klagt der AN bereits vor Zugang der Kündigung, soll eine nochmalige Klageerhebung nach deren Ausspruch ausnahmsweise entbehrl. sein, wenn die Kündigung dem AN als sicher in Aussicht gestellt war (vgl. BAG 4.3.1980 AP GG Art. 140 Nr. 3; 14.9.1994 AP KSchG 1969 § 4 Nr. 32). Zur Vermeidung von Rechtsrisiken ist von einem solchen Vorgehen jedoch dringend abzuraten. Zugunsten der AN in der **Seeschifffahrt** und im **Luftverkehr** verdrängt § 24 III die Drei-Wochen-Frist. Für die Rechtzeitigkeit der Erhebung der Klage ist idR der Zpkt. maßgebend, zu dem die Klage beim ArbG eingeht. Die **Rechtshängigkeit** tritt zwar erst ein, wenn das Gericht die Klage

dem Bekl. zustellt. Die Frist des § 4 ist jedoch gewahrt, wenn dies **„demnächst"** geschieht, also innerhalb einer nach den jeweiligen Umständen noch angemessenen Frist, § 46 II ArbGG iVm. §§ 495, 167 ZPO. Ob die Zustellung „demnächst" erfolgt, ist durch eine wertende Betrachtung festzustellen. Mit dem Begriff „demnächst" ist keine absolut bestimmte, aber doch eine vorhandene zeitl. Grenze bezeichnet, bei deren Überschreitung der bekl. Partei die Verzögerung der Zustellung nicht mehr zugemutet werden kann (BAG 15.2.2012 NZA 2012, 760 Rn. 46). Die Beurteilung hängt nicht von einer rein zeitl. Betrachtung, sondern insb. davon ab, ob die Partei die Verspätung durch **Unterlassung zumutbarer Handlungen** verschuldet hat. Bei der Berechnung der Dauer ist auf die Zeitspanne abzustellen, um die sich die ohnehin erforderl. Zustellung der Klage als Folge der Nachlässigkeit des Kl. verzögert. Als ausreichend werden 14 Tage angesehen, selbst wenn den Kl. ein Verschulden an der Verzögerung trifft (vgl. BAG 17.1.2002 NZA 2002, 999). Der auf vermeidbare **Verzögerungen im Geschäftsablauf** oder **fehlerhafte Sachbehandlung des Gerichts** zurückzuführende Zeitraum wird hingegen nicht angerechnet, selbst wenn es sich dabei um einen längeren Zeitraum handelt (vgl. BAG 15.2.2012 NZA 2012, 760 Rn. 47). Das Gebot des fairen Verf., den Zugang zu den Gerichten nicht in unzumutbarer, aus Sachgründen nicht mehr zu rechtfertigender Weise zu erschweren, verbietet es, etwaige Fristversäumnisse, die auf Verzögerungen durch das Gericht beruhen, dem Bürger anzulasten (BVerfG 29.8.2005 NJW 2005, 3346). Der Kl., der seinerseits alles für eine ordnungsgem. Klagezustellung Erforderliche getan hat, darf erwarten, dass das Gericht im Weiteren das Zustellungsverf. in eigener Zust. ordnungsgem. betreibt (BAG 23.8.2012 NZA 2013, 227 Rn. 36). Ein unterbliebener Hinweis nach § 139 III ZPO auf vAw. zu berücksichtigende prozessuale Voraussetzungen (zB auf die Prozessführungsbefugnis) ist der gerichtl. Sphäre zuzuordnen (BAG 20.2.2014 AP KSchG 1969 § 4 Nr. 78 Rn. 35). Bei **Auslandszustellungen** liegt die Verantwortung für die sachgerechte Zustellung im Ausland allein bei den Justizbehörden, nachdem der Kl. die Klageschrift eingereicht und eine Adresse im Ausland angegeben hat. Steht nur der diplomatische Weg zur Vfg. (§ 6 II ZRHO), kann eine Zustellung mehrere Monate nach Ablauf der Frist des § 4 noch „demnächst" iSv. § 167 ZPO erfolgt sein (vgl. BAG 23.8.2012 NZA 2013, 227 Rn. 40 ff.), nicht aber, wenn sie zunächst unterbleibt, weil der Kl. bei Klageeinreichung beantragt hatte, die Klage wegen **schwebender Vergleichsverh.** vorerst nicht zuzustellen (HHL/*Linck* Rn. 96). Auf die Folgen hat das Gericht hinzuweisen. Lässt sich der AG auf eine nicht „demnächst" zugestellte Klage rügelos ein, wird der Mangel fristwahrend geheilt (SES/*Schrader* Rn. 21).

Für den **rechtzeitigen Zugang** genügt es, wenn die Klage bis 24 Uhr des letzten Tages der Klagefrist 21 in den Machtbereich der Gerichtsverw. gelangt. Auch wenn ein **Nachtbriefkasten** vorhanden ist, genügt der Einwurf in den regulären Briefkasten des Gerichts. Der AN muss dann allerdings beweisen, dass dies vor 24 Uhr geschehen ist (BAG 22.2.1980 AP KSchG 1969 § 1 Krankheit Nr. 6). Für die Beurteilung der Rechtzeitigkeit des Eingangs eines per **Telefax** übersandten Schriftsatzes kommt es allein darauf an, ob die gesendeten Signale noch vor Ablauf des letzten Tages der Frist vom Telefaxgerät des Gerichts vollständig empfangen worden sind, nicht hingegen darauf, ob der Ausdruck vollständig vor Fristablauf erfolgte. Der Eingangszpkt. bestimmt sich nach dem Uhrzeitaufdruck des Telefaxgeräts des Gerichts (BAG 14.7.2010 – 10 AZR 781/08 – Rn. 4; BGH 25.4.2006 NJW 2006, 2263; 4.12.2008 MDR 2009, 359). Der als **elektronisches Dok.** übermittelte Schriftsatz ist erst vollständig bei Gericht eingegangen, wenn die gesendeten Signale innerhalb der Frist von dem Empfangsgerät des Gerichts vollständig gespeichert worden sind (BGH 25.4.2006 NJW 2006, 2263; 4.12.2008 MDR 2009, 359 Rn. 11; dazu § 46c ArbGG sowie GMP/*Germelmann* § 46 Rn. 45).

Durch die Klagefrist soll dem AG alsbald Klarheit darüber verschafft werden, ob der AN eine 22 Kündigung hinnimmt oder ihre Unwirksamkeit gerichtl. geltend machen will. Erfüllt das prozessuale Vorgehen des AN diesen Zweck, soll er nicht aus formalen Gründen den Kündigungsschutz verlieren. Dementspr. sind an Inhalt und Form der Kündigungsschutzklage keine hohen Anforderungen zu stellen (BAG 23.6.2009 NZA 2009, 1136; zur Antragsauslegung Rn. 11). Kündigt der AG dem AN schriftl. per Einschreiben/Rückschein sowie auf einfachem Postweg, so wahrt dessen Klage auf Feststellung, das ArbVerh. sei nicht durch die Kündigung aufgelöst worden, die Frist des § 4 S. 1 für beide Zugangsformen (LAG K 30.1.2006 LAGE § 1 KSchG Betriebsbedingte Kündigung Nr. 76). Dies gilt ebenso für „doppelt verlautbarte" Kündigungen durch Übergabe des Schreibens und Zustellung per Post (BAG 7.7.2011 NZA 2011, 1108 Rn. 10).

Bei **mehreren Kündigungen** hat der AN nach dem **punktuellen Streitgegenstandsbegriff** (dazu 23 Rn. 30) grds. jede der einzelnen Kündigungen fristgerecht anzugreifen (zur Haftung eines RA, der das unterlässt BGH 11.2.1999 EzA BGB § 675 Nr. 1). Geht eine **weitere Kündigung** im Laufe eines Rechtsstreits zu, kann der Kl. innerhalb der Drei-Wochen-Frist die Klage auf diese Kündigung erweitern (BAG 9.3.1961 AP KSchG § 3 Nr. 31). **Trotz- und Wiederholungskündigungen** (zur Rechtskraft Rn. 35) sind neue Kündigungen, die nach § 4 S. 1 angegriffen werden müssen (BAG 20.12.2012 NZA 2013, 1003 Rn. 27). Gegen eine **vorsorgl. erklärte weitere Kündigung** kann sich der AN vorsorgl. wehren für den Fall, dass nicht schon eine zeitl. vorrangige Kündigung wirksam und das ArbVerh. im Zpkt. der späteren Kündigung beendet ist. Der gegen eine später wirkende Kündigung gerichtete Antrag ist als **uneigentl. Hilfsantrag** zu verstehen. Ein solcher iSd. § 158 II BGB auflösend bedingter Antrag entspricht dem Kosteninteresse des AN und trägt dem Umstand Rechnung, dass die

Unwirksamkeit der Kündigung nicht festgestellt werden kann, wenn die Auflösung des ArbVerh. aufgrund eines anderen – vor oder gleichzeitig mit Ablauf der Kündigungsfrist wirkenden – Beendigungstatbestandes zwischen den Parteien unstr. oder rkr. festgestellt ist (dazu Rn. 31). Der Antrag steht unter einer **innerprozessualen Bedingung** und wahrt – rechtzeitig gestellt – die Klagefrist des § 4 S. 1 (BAG 21.11.2013 AP SGB V § 164 Nr. 1 Rn. 19 f. und AP SGB V § 164 Nr. 3 Rn. 17 ff.; 10.4.2014 NZA 2015, 162 Rn. 12). Folgekündigungen können außerdem mit einem zusätzl. allg. Feststellungsantrag fristwahrend erfasst werden (zur Kombination der Klage nach § 4 mit einer solchen nach § 256 ZPO Rn. 36 ff.), wobei der AN gehalten ist, diese weitere Kündigung nach Kenntnis in den Prozess einzuführen und unter Einschränkung des Antrags nach § 256 ZPO einen dem Wortlaut des § 4 angepassten konkreten Antrag zu formulieren (dazu Rn. 37). Will der AN die Unwirksamkeit einer **Kündigung** geltend machen, die ihm **nach Schluss erster Instanz** zugegangen ist, ist er grds. auf eine weitere Klage nach § 4 S. 1 verwiesen. Kündigt der AG nach einer der Klage stattgebenden Entsch. jedoch „vorsorgl." erneut im Berufungsverf., kann der AN einen klageerweiternden „hilfsweisen" Antrag nach § 4 S. 1 im Weg der **Anschlussberufung** nach § 524 ZPO stellen, ohne dass es einer Beschwer durch das erstinstanzl. Urt. bedarf (BAG 24.5.2012 NZA 2012, 1223 Rn. 11; 31.7.2014 BB 2015, 500 Rn. 18).

24 **8. Die Sonderregelung in § 4 S. 4.** § 4 S. 4 modifiziert den Beginn der Drei-Wochen-Frist des § 4 S. 1. Bedarf die Kündigung der Zust. einer Behörde, läuft die Frist erst mit Bekanntgabe der Entsch. der Behörde an den AN. Der Gesetzgeber hat damit die Fälle, in denen der Schutz des AN durch ein behördl. Verf. verstärkt wird, von der generellen Regelung der Klagefrist in § 4 S. 1 ausgenommen und zwar unabhängig davon, ob die Wirksamkeit der Kündigung von einer nachträgl. Zust. abhängt oder ob diese zuvor erklärt sein muss. Die Klagefrist beginnt in diesen Fällen erst mit Bekanntgabe des Bescheids und nicht schon mit Zugang der Kündigung zu laufen. Auf die Bestandskraft des Bescheids kommt es dagegen nicht an (BAG 17.6.2003 NZA 2003, 1329). S. 4 gleicht das Informationsdefizit des AN im Hinblick auf die erforderl. behördl. Zust. aus. Nach dem GZweck ist eine unterschiedl. Behandlung der Kenntnis und der Unkenntnis des AG von Umständen geboten, die den Sonderkündigungsschutz begründen. Hat der AG trotz Kenntnis von dem ges. Sonderkündigungsschutz kein entspr. behördl. Verf. eingeleitet, kann der AN daher außerhalb der Drei-Wochen-Frist bis zur Grenze der Verwirkung nach § 4 S. 4 Klage erheben (BAG 13.2.2008 NZA 2008, 1055; 9.2.2011 NZA 2011, 854). S. 4 setzt seinem Sinn und Zweck nach voraus, dass dem AG die Umstände, die das Erfordernis einer behördl. Zust. zur Kündigung auslösen, **zum Kündigungszpkt. bekannt** waren. Erlangt der AG erst nach Zugang der Kündigung Kenntnis von den Umständen, die den ges. Sonderkündigungsschutz begründen, ist § 4 S. 4 nicht mehr anwendbar. In diesem Fall besteht für den AN kein Schutzbedarf, weil ihm klar sein muss, dass der AG kein Zustimmungsverf. beschreiten konnte (vgl. BAG 19.2.2009 NZA 2009, 980 Rn. 27).

25 Der Beginn der Klagefrist nach § 4 S. 1 ist daher vom AN zu beachten, wenn der AG nicht wissen konnte, dass er die **Zust. des Integrationsamtes zur Kündigung eines Schwerbehinderten** nach § 85 SGB IX einholen musste, weil ein schwerbehinderter AN die entspr. Anerkennung oder einen Antrag auf Anerkennung **verschwiegen** hat. Kennt der AG hingegen die Schwerbehinderung, beginnt die Frist nach § 4 S. 1 erst mit Bekanntgabe der Zust. des Integrationsamtes an den AN. In den Fällen der ges. Zustimmungsfiktionen nach § 91 III 2 SGB IX (zwei Wochen nach Antragseingang bei außerordentl. Kündigungen) und nach § 88 V 2 SGB IX (einen Monat nach Antragseingang bei Auflösung von Betrieben oder Dienststellen) muss das Integrationsamt den AN über den Zpkt. des Antragseingangs informieren, um die dreiwöchige Klagefrist in Lauf zu setzen (Hako/*Gallner* Rn. 117). Hat der AN die Feststellung der Schwerbehinderung spätestens drei Wochen vor Zugang der Kündigung beantragt (dazu BAG 1.3.2007 AP SGB IX § 90 Nr. 2 Rn. 43), muss er innerhalb einer **Regelfrist von drei Wochen** nach Zugang der Kündigung dem AG zusätzl. zur fristgem. Klageerhebung seine bereits festgestellte oder zur Feststellung beantragte Schwerbehinderung anzeigen. Unterlässt der AN diese Mitt., **verwirkt** er den bes. Kündigungsschutz als Schwerbehinderter; der eigentl. nach § 134 BGB iVm. § 85 SGB IX gegebene Nichtigkeitsgrund wird nach § 7 geheilt. Verwirkung tritt nicht ein, wenn der AG nicht schutzbedürftig ist, weil der AN ihm vor Zugang der Kündigung entweder mitgeteilt hat, er habe beim Versorgungsamt die Feststellung einer Behinderung beantragt, oder die den Sonderkündigungsschutz begr. Eigenschaften offensichtl. vorliegen (vgl. BAG 13.2.2008 NZA 2008, 1055; 19.2.2009 NZA 2009, 980; 23.2.2010 AP SGB IX § 85 Nr. 8 Rn. 16, 20 f.; 9.6.2011 NZA-RR 2011, 516 Rn. 22 ff.; *Joussen* RdA 2009, 183 ff.). Nach den Umständen des Einzelfalls, etwa wegen länger bestehender und auf einen Arbeitsunfall zurückzuführender Erkrankung, soll ein Überschreiten der dreiwöchigen Regelfrist um drei Tage unschädl. sein (LAG M 23.7.2009 NZA-RR 2010, 19). Dieses Bsp. offenbart die Rechtsunsicherheiten einer Regelfrist im Einzelfall. Sie ist damit für die Praxis nicht unprobl.

26 Die **schwangere AN** ist grds. gehalten, den ges. Unwirksamkeitsgrund des § 9 I MuSchG innerhalb der dreiwöchigen Klagefrist des § 4 S. 1 geltend zu machen. Nur dann führt die fehlende Zust. der obersten Landesbehörde nach § 9 III MuSchG zur Nichtigkeit der Kündigung (BAG 17.10.2013 NZA 2014, 303 Rn. 31). Weiß der AG bei Kündigungszugang von der Schwangerschaft der AN und hängt die Wirksamkeit von der vorherigen behördl. Zust. ab, läuft die Klagefrist nach § 4 S. 4 ab Bekanntgabe

der behördl. Entsch. ggü. der AN. Die Anwendung des § 4 S. 4 setzt damit praktisch voraus, dass die schwangere AN den AG über ihren Zustand mögl. frühzeitig unterrichtet, obwohl das MuSchG vor Ausspruch der Kündigung keine solche Verpflichtung, sondern in § 5 MuSchG nur eine Obliegenheit enthält (vgl. dazu MuSchG § 5 Rn. 2; krit. *Nebe* EuZA 2010, 394 f.). Hat eine AN dem AG ihre Schwangerschaft nicht vor Kündigungsausspruch mitgeteilt und ist die Schwangerschaft nicht offensichtl., muss sie nach § 4 S. 1 binnen drei Wochen ab Zugang der schriftl. Kündigung klagen und innerhalb von zwei Wochen ihrer Mitteilungsfrist nach § 9 I 1 MuSchG nachkommen. Der Schwangeren muss bei Erhalt der Kündigung bewusst sein, dass für den AG in diesem Fall kein Anlass besteht, die behördl. Zulässigerkl. zu beantragen (BAG 19.2.2009 NZA 2009, 980 Rn. 27). Durch das Zusammenspiel der Zweiwochenfrist nach § 9 I MuSchG und der Klagefrist nach § 4 S. 1 gestaltet sich das G allerdings nicht nur für den jur. Laien wenig transparent und kann im Einzelfall schwierig zu handhaben sein. Erfährt die AN erst kurz vor Ablauf der zweiwöchigen Mitteilungsfrist nach Zugang der Kündigung von ihrer Schwangerschaft, verkürzt sich die tats. Frist zur Klageerhebung auf bis zu einer Woche. Hat die schwangere AN die Zweiwochenfrist unentschuldigt überschritten, verliert sie zwar den bes. Kündigungsschutz nicht, wenn die Mitt. unverzügl. nachholt (§ 9 I 1 Hs. 1 2. Alt MuSchG, dazu § 9 Rn. 6 f.). An der Notwendigkeit, die Dreiwochenfrist ab Kündigungszugang einzuhalten, ändert das allerdings nichts. Dies hat zur Folge, dass sich die Überlegungs- und Beratungsfrist mit jedem Tag späterer Kenntnis von der Schwangerschaft verkürzt und die Kündigung nach drei Wochen gem. § 7 als wirksam gilt (dazu grdl. *Nebe* EuZA 2010, 391 ff.). Bei nicht zu vertretender Unkenntnis der AN von ihrer Schwangerschaft kommt allerdings – innerhalb der Frist von zwei Wochen nach § 5 III – eine **nachträgl. Klagezulassung** nach § 5 I 2 in Betracht (dazu § 5 Rn. 18). Mit diesen Rechtsschutzmöglichkeiten dürfte den unionsrechtl. gebotenen Anforderungen an einen effektiven Rechtsschutz vor mutterschutzrechtl. Kündigungen nach Art. 10 und 12 RL 92/85/EWG jdf. dann Rechnung getragen sein, wenn der AN iRd. nachträgl. Zulassung eine kurze, nicht unangemessene Überlegungs- und Beratungszeit eingeräumt wird (*Nebe* EuZA 2010, 395). Zur Zulässigerkl. bei EZ § 18 BEEG.

IV. Änderungskündigung

Nach § 4 S. 2 ist die Klage im Fall der Änderungskündigung (§ 2) auf die Feststellung zu richten, die **Änd. der Arbeitsbedingungen sei sozial ungerechtfertigt oder aus anderen Gründen rechtsunwirksam** (zu Streitgegenstand und Antragstellung iRd. Änderungsschutzklage *Künzl/von der Ehe* NZA 2015, 1217). Auf eine außerordentl. Änderungskündigung ist § 4 S. 2 trotz des einschränkenden Wortlauts von § 13 I 2 entspr. anzuwenden (BAG 19.7.2012 NZA 2012, 1038 Rn. 19). Wird die Frist nicht eingehalten, gilt die Änderungskündigung als von Anfang an rechtswirksam, § 7. Hat der AN das **Änderungsangebot unter Vorbehalt akzeptiert** und Änderungsschutzklage nach § 4 S. 2 erhoben, streiten die Parteien nicht über die Beendigung des ArbVerh. und damit über die Wirksamkeit der ausgesprochenen Kündigung, sondern nur noch über die Berechtigung des Angebots auf Änd. der Arbeitbedingungen. Streitgegenstand der Änderungsschutzklage ist damit nicht die Wirksamkeit der Kündigung, sondern der Inhalt des ArbVerh. (BAG 26.1.2012 NZA 2012, 856 Rn. 13; 19.7.2012 NZA 2012, 1038 Rn. 20). Dieses muss im Kündigungstermin zu unveränderten Bedingungen bestanden haben (BAG 24.8.2004 NZA 2005, 51). Eine Änderungsschutzklage nach § 4 S. 2 hat nur Erfolg, wenn die angetragene Änd. der Arbeitsbedingungen nicht bereits aufgrund anderer Umstände (insb. Ausübung des Direktionsrechts) eingetreten und die Änderungskündigung deshalb unverhältnismäßig ist. Soll der bestehende Vertragsinhalt nicht geänd. werden, liegt in Wirklichkeit kein Änderungsangebot vor, da die vermeintl. erst herbeizuführenden Vertragsbedingungen bereits gelten. In diesem Fall einer **„überflüssigen Änderungskündigung“** kann nicht festgestellt werden, die Änd. der Vertragsbedingungen sei sozial ungerechtfertigt oder aus einem anderen Grund rechtsunwirksam (BAG 19.7.2012 NZA 2012, 1038 Rn. 19, 21). Dieses Resultat erscheint prozessual zwgd., wenngleich eine Klageabweisung in der Sache unbefriedigend ist, wenn der AG gekündigt und damit zu erkennen gegeben hat, er halte eine Kündigung für erforderl. Will der AN in einem solchen Fall nicht das Risiko der Fiktionswirkung des § 7 eingehen, bleibt ihm nicht anderes übrig, als fristgerecht Änderungsschutzklage zu erheben. Nimmt der AG nach Klageerhebung die Änderungskündigung zurück, bietet er dem AN damit an, das ArbVerh. unverändert und ununterbrochen fortzusetzen. Hat der AN fristgerecht Änderungsschutzklage erhoben, kann er noch nach Fristablauf geltend machen, die Kündigung sei als Beendigungskündigung unwirksam (BAG 17.5.2001 EzA BGB § 620 Kündigung Nr. 3). IÜ gelten die Ausführungen zur Beendigungskündigung grds. auch für die schriftl. Änderungskündigung nach § 2 (vgl. dazu HHL/*Linck* 82 ff.; KR/*Friedrich/Klose* Rn. 348 ff.). 27

V. Klageverzicht, Klagerücknahme, Prozessverwirkung

Eine **Klage** kann **unzulässig** sein, wenn der AN nach Ausspruch der Kündigung vertragl. auf eine Klageerhebung **verzichtet** hat (pactum de non petendo BAG 25.9.2014 NZA 2015, 350 Rn. 14; 12.3.2015 NZA 2015, 676 Rn. 18). Weder untersagt das KSchG den Verzicht auf Kündigungsschutz, noch ist der AN aus Rechtsgründen gehalten, eine ihm ausgesprochene schriftl. Kündigung mit der 28

Kündigungsschutzklage anzugreifen (vgl. BAG 6.9.2007 NZA 2008, 219). Klageverzichtsvereinb., die im unmittelbaren zeitl. und sachl. Zusammenhang mit dem Ausspruch einer Kündigung getroffen werden, sind jedoch **Auflösungsverträge** und bedürfen deshalb der **Schriftform** nach § 623 BGB. Der Zusammenhang muss die Annahme rechtfertigen, Kündigung und Klageverzicht seien gemeinsam nur ein anderes Mittel, um das ArbVerh. in Wirklichkeit im gegenseitigen Einvernehmen zu lösen. Der gesamte Vertragsinhalt muss dann von beiden Parteien auf ders. Urkunde unterzeichnet sein, § 126 II 1 BGB. Eine einseitig vom AN unterschriebene Verzichtserkl., auch in Form einer **Ausgleichsquittung**, ist nach § 125 BGB nichtig. Fehlt es hingegen an dem erforderl. Zusammenhang, wird das ArbVerh. nicht durch Vertrag aufgelöst, sondern durch Kündigung (BAG 19.4.2007 NZA 2007, 1227; 25.9.2014 NZA 2015, 350 Rn. 16 f.). Durch eine vor Ablauf der Frist des § 4 S. 1 iVm. § 13 I 2 eingegangene Verpflichtung, auf die Kündigungsschutzklage zu verzichten, wird von der ges. Regelung abgewichen, wonach dem AN drei Wochen für die Überlegung zur Verf. steht, ob er Klage erheben will. Der Klageverzicht in einer Abwicklungsvereinb. unterliegt deshalb nach Auffassung des BAG einer **Inhaltskontrolle** nach § 307 I 1 BGB, wenn die Bedingungen nicht nach § 305b BGB ausgehandelt sind (**aA** *Rolfs/Marcelli* Anm. zu BAG AP KSchG 1969 § 4 Nr. 83: keine AGB-Kontrolle). Ausgehandelt ist eine Vertragsbedingung, wenn der AG die betr. Klausel ernsthaft zur Disposition stellt. Ist dies nicht der Fall, liegt ein **formularmäßiger Verzicht** des AN auf die Erhebung einer Kündigungsschutzklage vor. Dieser benachteiligt ihn iSv. § 307 I 1 BGB unangemessen, wenn die Vereinb. keine ausreichend **kompensatorische Gegenleistung** des AG enthält, etwa in Bezug auf den Beendigungszpkt., die Zahlung einer Entlassungsentschädigung oder den Verzicht auf eigene Ersatzansprüche (BAG 6.9.2007 NZA 2008, 219; 25.9.2014 NZA 2015, 350 Rn. 22 ff.; 24.9.2015 NZA 2016, 351 Rn. 15). Die in einer **Abwicklungsvereinb.** vom AG übernommene Verpflichtung, dem AN ein überdurchschnittl. Zeugnis zu erteilen, stellt keinen Vorteil dar, der geeignet wäre, die mit dem vor Ablauf der Frist des § 4 S. 1 erklärten Klageverzicht verbundene unangemessene Benachteiligung auszugleichen (BAG 24.9.2015 NZA 2016, 351 Rn. 20 ff.). Wird ein formularmäßiger Verzicht in einem Aufhebungsvertrag erklärt, der zur Vermeidung einer vom AG **angedrohten außerordentl. Kündigung** geschlossen wird, benachteiligt dieser Verzicht den AN unangemessen iSv. § 307 I, II Nr. 1 BGB, wenn ein verständiger AG die Kündigung nicht ernsthaft in Erwägung ziehen durfte (BAG 12.3.2015 NZA 2015, 676 Rn. 27). Eine mit „Arbeitspapiere" überschriebene Klageverzichtserkl. stellt sich zudem als überraschende Klausel dar, die gem. § 305c I BGB nicht Bestandteil des Vertrags wird (BAG 25.9.2014 NZA 2015, 350 Rn. 16 f.). Ist der AN der Ansicht, der Verzicht sei überraschend oder unausgewogen, muss er dennoch innerhalb der Frist des § 4 S. 1 Kündigungsschutzklage erheben (vgl. *Bauer/Günther* NJW 2008, 1621).

29 Solange noch nicht in der Sache verhandelt ist, kann der AN die Klage ohne Zust. des AG zurücknehmen, § 269 I ZPO. Nach Beginn der mdl. Verh., die nach § 137 I ZPO dadurch eingeleitet wird, dass die Parteien ihre Anträge stellen, bedarf die Klagerücknahme der Zust. des AG. Mit der **wirksamen Klagerücknahme** nach Ablauf der Drei-Wochen-Frist tritt die Wirkung des § 7 ein, denn nach § 269 III 1 ZPO ist der Rechtsstreit nicht mehr anhängig. War die Drei-Wochen-Frist noch nicht abgelaufen, kann mangels Eintritts der Fiktionswirkung nach § 7 erneut Klage erhoben werden (KR/*Friedrich/Klose* Rn. 359). Nach § 54 V 4 ArbGG iVm. § 269 III ZPO wird die Klagerücknahme **fingiert**, wenn in der Güteverh. oder im Anschluss daran das Ruhen des Verf. angeordnet wird, weil beide Parteien nicht erschienen sind oder nicht verhandelt haben, und wenn binnen sechs Monaten kein Terminsantrag gestellt wird. Hat jedoch eine dem Zweck der Güteverh. entspr. Erörterung stattgefunden, wird die Fiktion der Klagerücknahme nicht dadurch ausgelöst, dass zunächst die Entwicklung eines vom AN begr. neuen ArbVerh. abgewartet werden soll und deshalb das terminlos gestellte Verf. sechs Monate nicht betrieben wird (BAG 25.11.2010 NZA 2011, 821 Rn. 16 f.). Jedoch kann auch die Befugnis zur Fortsetzung eines anhängigen Verf., das längere Zeit nicht betrieben wurde, verwirken (BAG 25.11.2010 NZA 2011, 821 Rn. 20 f.). Allerdings ist für eine sog. Prozessverwirkung allenfalls in engen Grenzen Raum. Da die Parteien jederzeit die Möglichkeit haben, einem faktisch ruhenden Verf. durch Terminsantrag Fortgang zu geben, hat der bekl. AG selbst bei langjährigem Verfahrensstillstand regelm. keinen Anlass, darauf zu vertrauen, er werde vom AN nicht mehr durch die Feststellung der Unwirksamkeit der Kündigung in Anspruch genommen. Für die **Prozessverwirkung** müssen bes. Umstände unzweifelhaft darauf hindeuten, er werde trotz der Möglichkeit der Verfahrensaufnahme auf Dauer von der Durchführung des Rechtsstreits absehen (BAG 25.11.2010 NZA 2011, 821 Rn. 26 ff.).

VI. Streitgegenstand und Rechtskraft

30 Der Umf. der Rechtskraft bestimmt sich nach dem (zweigliedrigen) Streitgegenstand, der sich aus dem Klageantrag und dem zugrundeliegenden Sachverhalt zusammensetzt (stRspr. BGH 16.9.2008 NJW 2008, 3570). Die Kündigungsschutzklage ist darauf gerichtet, dass jede schriftl. Kündigung einzeln darauf überprüft wird, ob sie das ArbVerh. aus Anlass einer bestimmten Kündigung zu dem von ihr vorgesehenen Termin beendet hat. Mit der erfolgreichen Kündigungsschutzklage steht fest, dass das ArbVerh. durch die angegriffene Kündigung nicht aufgelöst ist (stRspr. seit BAG 13.11.1958 AP KSchG § 3 Nr. 17 zum sog. **punktuellen Streitgegenstandsbegriff**). Nach der Rspr. des BAG

zum sog. **erweiterten Streitgegenstandsbegriff** enthält die einer Kündigungsschutzklage stattgebende Entsch. idR zugleich die Feststellung, dass im Zpkt. des Zugangs der Kündigung ein ArbVerh. bestanden hat (BAG 26.9.2013 NZA 2014, 443 Rn. 29; 20.3.2014 NZA 2014, 1131 Rn. 17f.; 18.12.2014 NZA 2015, 635 Rn. 22; **aA** *Schwab* RdA 2013, 359ff.). Handelt es sich um kein ArbVerh., sondern um ein sonstiges Rechtsverhältnis, etwa um einen Dienst- oder Werkvertrag, unterliegt die Klage der Abweisung (BAG 20.9.2000 NZA 2001, 210). Unbegr. ist die Klage nach § 4 S. 1 auch dann, wenn das ArbVerh. bei Kündigungszugang **bereits aufgrund anderer Beendigungstatbestände** (etwa aufgrund einer Befristung, einer vorgreifl. Kündigung oder eines Auflösungsurt.) **aufgelöst** war (BAG 24.10.2013 NZA 2014, 540 Rn. 20; 29.1.2015 NZA 2015, 1022 Rn. 8). Hat der AG neben einer ordentl. Kündigung die Anfechtung des Arbeitsvertrags erklärt, hängt der Erfolg einer gegen die Kündigung gerichteten Klage zunächst von. der Wirksamkeit der Anfechtung ab, wenn diese auf einen Zpkt. wirken würde, der vor dem Auflösungstermin der Kündigung liegt. Die Klage kann nur Erfolg haben, wenn nicht schon die Anfechtung des Arbeitsvertrags durchgreift und das ArbVerh. vor Ablauf der Kündigungsfrist beendet hat (BAG 20.3.2014 NZA 2014, 1131 Rn. 19f.). Besteht hingegen bei Zugang der Kündigung ein ArbVerh., gibt das Gericht der Klage nach § 4 statt, wenn es die schriftl. Kündigung für sozialwidrig oder aus anderen Gründen für unwirksam erachtet.

Das BAG hat seine **Rspr. zum erweiterten Streitgegenstand** dahin **weiterentwickelt**, dass in der 31
Klage nach § 4 S. 1 gegen eine Kündigung regelm. zugleich der – fristwahrende – Angriff gegen solche späteren Folgekündigungen zu sehen ist, die dem AN noch während des Laufs der von der ersten Kündigung ausgelösten Frist zugehen und vor dem oder zeitgl. mit dem Auflösungstermin Wirkung entfalten sollen. Nur wenn sich aus der Klagebegr., aus sonstigen Erkl. des AN oder in das Verf. eingeführten Umständen ergibt, dass er den Gegenstand der Klage auf die Wirksamkeit der konkret angegriffenen Kündigung beschränken will, kann der AG davon ausgehen, der AN wende sich mit seiner Klage nicht zugleich gegen die Beendigung des ArbVerh. durch mögl. andere Tatbestände bis zu dem in der angegriffenen Kündigung vorgesehenen Auflösungstermin (BAG 18.12.2014 NZA 2015, 635 Rn. 23, 29; vgl. bereits BAG 26.9.2013 NZA 2014, 443 Rn. 29). Noch nicht abschl. geklärt ist, ob der Kl. gehalten ist, die Unwirksamkeit der Folgekündigung analog § 6 vor Schluss der mdl. Verh. erster Instanz explizit zu konkretisieren (so LSW/*Spinner* Rn. 105ff.; **aA** *Gallner* FS Wank 2014 S. 117, 125). Dies entspricht zumindest dem bisherigen Verständnis zum allg. Feststellungsantrag (Rn. 37).

Steht mit **Rechtskraft** eines der **Kündigungsschutzklage stattgebenden Urt.** (§ 322 ZPO) fest, dass 32
jdf. im **Zpkt. des Zugangs** der Kündigung zwischen den streitenden Parteien ein **ArbVerh. bestanden** hat, ist eine hiervon abw. gerichtl. Feststellung in einem späteren Verf. im Verhältnis der Parteien zueinander ausgeschlossen (BAG 27.1.2011 NZA 2011, 804 Rn. 13; 22.11.2012 NZA 2013, 665 Rn. 19 mwN; 23.5.2013 NZA 2013, 1416 Rn. 13; 11.7.2013 NZA 2014, 250 Rn. 37; 21.11.2013 AP SGB V § 164 Nr. 1 Rn. 19). Die Rechtskraft ist in jeder Lage des Verf. vAw. zu berücksichtigen. Der AG kann sich grds. in einem späteren Prozess nicht darauf berufen, das ArbVerh. sei bereits zuvor aufgrund anderer Beendigungstatbestände aufgelöst worden. Er ist, wenn er diese Rechtsfolge vermeiden will, gehalten, den anderen – etwa in den Lauf der Kündigungsfrist fallenden – Beendigungstatbestand von sich aus in den Kündigungsrechtsstreit einzuführen (vgl. BAG 18.12.2014 NZA 2015, 635 Rn. 22; *Vossen* RdA 2015, 291, 293f.). Einzelne Begründungselemente nehmen allerdings grds. nicht an der materiellen Rechtskraft teil; andererseits können in einem Vorprozess rkr. entschiedene Vorfragen für den nachf. Kündigungsschutzprozess nach § 322 ZPO bindend sein (vgl. BAG 29.8.2013 NJW 2014, 1323 Rn. 22f.; zur „Wiederholungskündigung" Rn. 35).

Prozessual ist es nicht ausgeschlossen, den **Streitgegenstand** einer punktuellen Kündigungsschutz- 33
klage im Urt. – und damit den Umf. seiner Rechtskraft – auf die konkret angegriffene Kündigung **zu beschränken**. So kann in einer Entsch. die Frage **ausgeklammert** werden, ob das ArbVerh. bereits durch eine vorhergehende und zu einem früheren Zpkt. wirkende Kündigung aufgelöst worden ist. Es bedarf jedoch deutl. Anhaltspunkte, dass das Gericht über eine vorgreifl. Kündigung nicht entscheiden sollte und entschieden hat (vgl. BAG 22.11.2012 NZA 2013, 665 Rn. 20f.; 18.12.2014 NZA 2015, 635 Rn. 22). Für die Bestimmung des Streitgegenstands und Umf. der Rechtskraft können Umstände herangezogen werden, die mit der Entscheidungsfindung zusammenhängen. Entscheidet dies. Kammer am selben Tag über mehrere Kündigungen, wollen idR weder der AN noch das Gericht das Bestehen eines ArbVerh. bei Zugang der späteren Kündigung zum Gegenstand des über deren Wirksamkeit geführten Rechtsstreits machen (BAG 23.5.2013 NZA 2013, 1416 Rn. 14). Die Wirkungen der materiellen Rechtskraft unterliegen zwar nicht der Parteidisposition. Die Parteien können sich aber darauf verständigen, dass das Bestehen eines ArbVerh. zum Zpkt. der noch str. früheren Kündigung nicht bereits mit der rkr. Unwirksamkeit der späteren Kündigung feststeht. In der Rücknahme der Berufung eines AG gegen ein obsiegendes Kündigungsschutzurt. des AN kann zugleich die materiellrechtl. Abrede zu sehen sein, den Streit über eine vorgreifl. Kündigung weiter auszutragen. Dadurch verfügen die Parteien nicht über die Rechtskraft einer Entsch., sondern nur über deren Folgen (BAG 23.5.2013 NZA 2013, 1416 Rn. 16f.).

Es ist ratsam, dass die Parteien das Gericht auf etwaige weitere Beendigungsstreitigkeiten hinweisen, 34
um widerstreitende Urt. zu vermeiden. Diese Gefahr besteht va. dann, wenn **nacheinander erhobene Klagen** gegen verschiedene punktuell angegriffene Kündigungen unterschiedl. Kammern zugeteilt

werden. Prozessual lassen sich widersprechende Entsch. vermeiden, indem das Gericht den Rechtsstreit über eine spätere Kündigung nach § 148 ZPO **aussetzt** bis über die Wirksamkeit der früheren Kündigung rkr. entschieden worden ist. Die Aussetzung kann von den Parteien jedoch nicht erzwungen werden. Weist das ArbG einen Aussetzungsantrag zurück, kann dagegen zwar nach § 252 ZPO sofortige Beschwerde beim LAG eingelegt werden. Jedoch handelt es sich in der Sache um eine nach pflichtgemäßem Ermessen zu treffende Entsch., bei der der arbeitsgerichtl. Grds. der Verfahrensbeschleunigung nicht unbeachtet bleiben darf. Erfolgt keine Aussetzung, könnten einander widersprechende Urt. wohl nicht ausgeschlossen werden. Bei **divergierenden rkr. Entsch.** verbleibt letztl. die Möglichkeit der Wiederaufnahme im Wege einer Restitutionsklage unter den Voraussetzungen der §§. 578, 580 ff. ZPO. Unprobl. ist hingegen der Fall, dass **mehrere Kündigungen** in **demselben Prozess** – ggf. im Wege der Klageerweiterung – angegriffen werden (dazu Rn. 23). In dieser Prozesskonstellation kann es nicht zu einander widersprechenden Entsch. kommen.

35 Ist die Klage fristgerecht erhoben, sind in diesem Verf. **sämtl. Unwirksamkeitsgründe** zu prüfen. Der AN muss daher alle in Betracht kommenen Unwirksamkeitsgründe vortragen. Wird die **Klage abgewiesen**, steht damit rkr. fest, dass die Kündigung wirksam war. Der AN kann mit zurückgehaltenen Tatsachen, die nicht die Sozialwidrigkeit betreffen, keinen zweiten Prozess führen (BAG 12.6.1986 AP KSchG 1969 § 4 Nr. 17; HHL/*Linck* Rn. 143). Wegen der Rechtskraftwirkung einer **stattgebenden Kündigungsschutzklage** kann andererseits der AG eine erneute Kündigung **(sog. Wiederholungs- oder Trotzkündigung)** nicht wirksam auf **Tatsachen** stützen, die der AG schon ohne Erfolg zur Begr. einer vorhergehenden Kündigung vorgebracht hat. Gegenstand eines Antrags nach § 4 S. 1 ist zwar grds., ob ein ArbVerh. durch eine bestimmte Kündigung aufgelöst worden ist. Bei einer Klage gegen eine Wiederholungskündigung handelt es sich um keinen identischen Streitgegenstand (dazu Rn. 30). Zur Vermeidung der Wirkungen des § 7 ist die erneute Kündigung deshalb nach § 4 S. 1 anzugreifen (dazu Rn. 23). Die Würdigung, dass ein bestimmter Lebenssachverhalt eine Kündigung materiell nicht begründen kann, entfaltet dennoch präjudizielle Wirkung, weil diese Feststellung an der Rechtskraft des Urt. teilnimmt. Wird eine erneute Kündigung auf einen Sachverhalt gestützt, der bereits die vorherige Kündigung begründen sollte, und sind die erneut vorgebrachten Gründe im vorherigen Prozess materiell als nicht ausreichend gewertet worden, ist der zweiten Klage daher ohne weitere Sachgrundprüfung stattzugeben. Das Urt. entfaltet hingegen keine Präklusionswirkung, wenn die frühere Kündigung allein aus formellen Gründen (etwa wegen fehlender Vollmachtsurkunde nach § 174 S. 1 BGB oder fehlender behördl. Zust. nach § 9 MuSchG, § 85 SGB IX) für unwirksam erklärt worden ist. Der AG ist nicht gehindert, unter Behebung dieses urspr. Mangels erneut zu kündigen. Das Verbot der Wiederholungskündigung gilt ferner nur bei identischem Kündigungssachverhalt. Der AG kann eine neue Kündigung auf andere Tatsachen stützen, wenn sich der Sachverhalt wesentl. geänd. und, etwa bei **Dauertatbeständen** zu einem Kündigungsgrund verdichtet hat (vgl. BAG 25.3.2004 NZA 2004, 1216; 22.11.2012 NZA 2013, 665 Rn. 35; 20.12.2012 NZA 2013, 1003 Rn. 26 ff.; 20.3.2014 NZA 2014, 1415 Rn. 13). Kein identischer Sachverhalt liegt vor, wenn der AG mit Zust. des vorl. InsV unter Einhaltung der ordentl. Kündigungsfrist gekündigt hatte und der InsV dann seinerseits mit der kurzen Frist des § 113 InsO kündigt (BAG 13.5.2004 AP BetrVG 1972 § 102 Nr. 140).

VII. Verhältnis der Kündigungsschutzklage zu anderen Klagen

36 **1. Allgemeine Feststellungsklage nach § 256 ZPO.** Der AN kann neben dem punktuellen Kündigungsschutzantrag nach § 4 S. 1 eine Klage nach § 256 ZPO gerichtet auf die Feststellung erheben, dass das ArbVerh. zu unveränderten Bedingungen über den Kündigungsendtermin hinaus fortbestehe. Er macht auf diese Weise **zwei selbständige prozessuale Ansprüche** mit unterschiedl. Gegenstand geltend. Diese kann er gem. § 260 ZPO in einer Klage verbinden. Gegenstand des Antrags nach § 4 S. 1 ist die Beendigung des ArbVerh. durch die konkrete, mit dieser Klage angegriffene Kündigung zu dem in ihr vorgesehenen Termin. Gegenstand der allg. Feststellungsklage nach § 256 ZPO ist der Fortbestand des ArbVerh. bis zum Schluss der letzten mdl. Verh. in der Tatsacheninstanz (BAG 18.12.2014 NZA 2015, 635 Rn. 24). In der Praxis wird der allg. Feststellungsantrag idR vorsorgl. gestellt, um möglicherweise übersehene weitere Beendigungstatbestände sowie Prozesskündigungen „einzufangen" (sog. „Schleppnetzantrag", *Bitter* DB 1997, 1407) und den dadurch drohenden Eintritt der Fiktionswirkung nach § 7 zu verhindern. Der zusätzl. gestellte allg. Feststellungsantrag bewirkt keine Unklarheit, die berechtigte Interessen des AG berühren könnten. Durch den Antrag nach § 256 ZPO muss sich der AG darauf einstellen, dass sich der AN gegen jeden Beendigungstatbestand wehren wird, auf den er sich im Laufe des Prozesses beruft. Der AN kann im Rahmen eines allg. Feststellungsantrags sonstige Kündigungen noch nach Ablauf der Dreiwochenfrist in den Prozess einführen und sich auf deren Unwirksamkeit berufen. Dies entspricht dem Rechtsgedanken des § 6 (BAG 12.5.2005 NZA 2005, 1259; 26.9.2013 NZA 2014, 443 Rn. 31 ff.). Der Antrag bedarf einer **Auslegung**, wenn der AN sein Feststellungsbegehren weder vollständig ausformuliert noch als gesonderten Antrag vom Kündigungsschutzantrag abgesetzt hat. Beschränkt sich der AN darauf, seinen Antrag nach § 4 S. 1 um den Hs. zu ergänzen **„... sondern unverändert fortbesteht"**, ist der Sachstand im Zpkt. der letzten mdl. Verh. in der Tatsacheninstanz maßgebl. dafür, ob es sich nur um eine floskelhafte, redaktionelle

Bekräftigung des Kündigungsschutzantrags handelt, oder ob der AN damit eine „allg. Feststellungsklage" erheben will. Von Letzterem ist auszugehen, wenn bereits die Klageschrift den Hinweis enthält, es sei nicht auszuschließen, dass sich der AG auf weitere Beendigungstatbestände berufen werde (zur Abgrenzung vgl. BAG 13.3.1997 NZA 1997, 844; 15.3.2001 NZA 2001, 1267; 26.9.2013 NZA 2014, 443 Rn. 39; 18.12.2014 NZA 2015, 635 Rn. 20). Bei unklarem Antrag hat das Gericht nach § 139 ZPO auf eine Klarstellung hinzuwirken.

Die Feststellungsklage nach § 256 ZPO setzt ein **bes. Feststellungsinteresse** voraus, das zum **Zpkt. der letzten mdl. Verh. erster Instanz** bestehen muss. Dies ist nicht schon gegeben, weil eine bestimmte Kündigung ausgesprochen worden und ihretwegen ein Rechtsstreit anhängig ist. Der Antrag nach § 256 ZPO ist nur zulässig, wenn der AN weitere str. Beendigungstatbestände darlegen kann, zB einen zwischenzeitl. geschlossenen Aufhebungsvertrag. Nach Kenntnis von einer weiteren Kündigung ist der AN gehalten, diese nunmehr eigens in den Prozess einzuführen und unter entspr. Einschränkung des allg. Feststellungsantrags iSv. § 264 Nr. 2 ZPO einen dem Wortlaut des § 4 S. 1 angepassten konkreten Antrag zu stellen (BAG 13.3.1997 NZA 1997, 844; 26.9.2013 NZA 2014, 443 Rn. 33 f.; 18.12.2014 NZA 2015, 635 Rn. 28). Tragen die Parteien, ggf. auf die nach § 139 ZPO gebotene Nachfrage des Gerichts, keine Kündigungen oder sonstigen Beendigungstatbestände vor, ist der Antrag nach § 256 ZPO als unzulässig abzuweisen. Eine dagegen gerichtete Berufung ist nach § 520 III S. 2 Nr. 2 ZPO nur zulässig, wenn der AN Umstände bezeichnen kann, aus denen sich die Rechtsverletzung und deren Erheblichkeit für das angefochtene Urt. ergibt. Gelangt der allg. Feststellungsantrag in die Berufungsinstanz, können nach bisheriger Rspr. Kündigungen, die schon bis zum Schluss der mdl. Verh. erster Instanz ausgesprochen worden sind, erstmals im zweiten Rechtszug in den Prozess eingeführt werden (vgl. BAG 13.3.1997 NZA 1997, 844). Ob an dieser Rspr. nach der Neufassung des § 6 festgehalten werden kann, hat das BAG zuletzt ausdr. offen gelassen (BAG 26.9.2013 NZA 2014, 443 Rn. 34; bejahend HaKo/*Gallner* Rn. 52; LSW/*Spinner* Rn. 105 ff., § 6 Rn. 14; *Lingemann*/*Groneberg* NJW 2013, 2809 f.; **aA** HHL/*Linck* Rn. 127 ff.; *Bayreuther* ZfA 2005, 391). Bei der allg. **Feststellungsklage** lautet der stattgebende **Urteilstenor**, dass zwischen den Parteien ein ArbVerh. besteht oder zu einem bestimmten Zpkt. bestanden hat. Ergibt sich aus dem Tenor oder aus den zur Auslegung heranzuziehenden Entscheidungsgründen kein bestimmter Termin, bezieht sich die Feststellung auf den Zpkt. der letzten mdl. Verh. in der Tatsacheninstanz (BAG 13.3.1997 AP KSchG 1969 § 4 Nr. 38). 37–39

2. Andere Klagen. Ggü. einer **Wiedereinstellungsklage** kann der AG nicht die Rechtskraft einer abgewiesenen Kündigungsschutzklage einwenden. Es handelt sich um einen **anderen Streitgegenstand.** Der **Antrag auf Wiedereinstellung** zielt idR darauf, dass der AG ein Angebot des AN auf Abschluss eines AV annimmt. Nach § 894 S. 1 ZPO gilt die entspr. Willenserkl. des AG mit Rechtskraft des Urt. als abgegeben (vgl. BAG 21.8.2008 NZA 2009, 29 Rn. 54). Zwgd. ist das aber nicht. Es kann im Interesse des AN liegen, nicht schon mit Rechtskraft des seiner Klage stattgebenden Urt. vertragl. gebunden zu sein, sondern unter Berücksichtigung der konkreten Umstände entscheiden zu können, ob er das Vertragsangebot des AG annimmt. Dafür spricht ua., dass im Fall einer Wiedereinstellungsklage eine Regelung fehlt, die § 12 S. 1 entspricht. Der AN kann sich nicht durch bes. Erkl. einseitig von einem ArbVerh. lösen, das durch die Fiktion der Abgabe der Annahmeerkl. nach § 894 S. 1 ZPO entsteht. Ihm bleibt nur sein – idR ordentl. – Kündigungsrecht, wenn er inzwischen ein anderes ArbVerh. eingegangen ist. Seit Inkrafttreten des § 311a I BGB kommt die Verurteilung zur Abgabe einer Willenserkl. in Betracht, die auf einen in der Vergangenheit liegenden Zpkt. gerichtet ist (BAG 9.2.2011 NZA-RR 2012, 232 Rn. 20, 26). 40

Eine Kündigungsschutzklage hindert, selbst wenn sie nach Ablauf der Frist des § 4 erhoben worden ist, die Entstehung des **Abfindungsanspruchs** nach § 1a; eine entspr. Leistungsklage ist als unbegr. abzuweisen (BAG 20.8.2009 NZA 2009, 1197; § 1a Rn. 14). Dagegen wahrt der AN mit einer Kündigungsschutzklage nach der gebotenen verfassungskonformen Auslegung beide Stufen einer **tarifl. Ausschlussfrist**, die auf der zweiten Stufe eine „gerichtl. Geltendmachung" verlangt. Es bedarf dazu ausnahmsweise keiner bezifferten Geltendmachung. Mit einer solchen Klage erstrebt der AN nicht nur die Erhaltung seines Arbeitsplatzes, sondern bezweckt darüber hinaus, sich die Vergütungsansprüche wegen Annahmeverzugs zu erhalten, die vom Ausgang dieses Rechtsstreits abhängig sind (BAG 19.9.2012 NZA 2013, 101 Rn. 14; 24.9.2014 NZA 2015, 35 Rn. 27; 24.6.2015 NZA 2015, 1256 Rn. 28). Diese Grds. können auf die in § 204 I 1 BGB geregelte Hemmung der Verjährung nicht übertragen werden. Hierfür ist eine positive Feststellungsklage erforderl. Die Klage nach § 4 betrifft ihrem Streitgegenstand nach nur eine für das Bestehen von Vergütungsansprüchen bedeutsame Vorfrage. Die Verjährung will nicht nur eine Inanspruchnahme aus unerwarteten Forderungen vermeiden, sie dient auch dem Schutz vor unbegründeten Forderungen, vor denen sich der AG schützen können muss. Sähe man die Erhebung einer Kündigungsschutzklage als genügend an, um eine Verjährung wegen Annahmeverzugs zu hemmen, würde sich das Risiko der Unaufklärbarkeit etwa zur Feststellung anderweitig erzielten oder böswillig unterlassenen Verdienstes oder der Leistungsfähigkeit oder Leistungswilligkeit des AN (§ 297 BGB) einseitig zu Lasten des AG erhöhen (BAG 24.6.2015 NZA 2015, 1256 Rn. 24). 41

VIII. Weiterbeschäftigung

42 Nach § 102 V 1 BetrVG (§ 79 II BPersVG und den entspr. landesrechtl. Vorschr.) muss der AG den AN auf dessen Verlangen nach Ablauf der Kündigungsfrist bis zum rkr. Abschluss des Kündigungsschutzprozesses zu unveränderten Arbeitsbedingungen weiterbeschäftigen, wenn der BR (PR) der Kündigung fristgerecht und ordnungsgem. widersprochen hat. Diesen Anspruch kann der AN gerichtl. durchsetzen, vgl. BetrVG § 102 Rn. 36. Nach der vom BAG ([GS] 27.2.1985 AP BGB § 611 Beschäftigungspflicht Nr. 14) im Wege der Rechtsfortbildung entwickelten Grds. kann der AN verlangen, **vorl. weiterbeschäftigt** zu werden, wenn er ein stattgebendes Urt. im Kündigungsschutzprozess erlangt hat und die Interessen des AN an der Weiterbeschäftigung die des AG an einer Nichtbeschäftigung überwiegen. Der AN soll als Ausdruck der Achtung seiner Persönlichkeit und seines Entfaltungsrechts tats. arbeiten dürfen (BAG 24.6.2015 NZA 2016, 108; dazu APS/*Koch* BetrVG § 102 Rn. 185 ff.; BetrVG § 102 Rn. 31 ff.)

43 Der AN kann die Klage auf vorl. Weiterbeschäftigung bereits mit der Kündigungsschutzklage erheben. Der Weiterbeschäftigungsantrag wird als **unechter Hilfsantrag** nur für den Fall des Obsiegens gestellt (BAG 8.4.1988 NZA 1988, 741; 13.8.2014 NZA 2014, 1359). Der Kl. muss im Antrag die Tätigkeit genau umschreiben, die er vorl. ausüben will, denn andernfalls wäre ein stattgebendes Urt. nicht vollstreckbar (dazu Rn. 49). Der Weiterbeschäftigungsantrag ist auf die tats. Weiterbeschäftigung gerichtet. Es steht dem insoweit obsiegenden AN frei, ob er von dem Recht Gebrauch machen will oder nicht. Aus der ausgeurteilten Weiterbeschäftigung erwächst keine Arbeitspflicht des AN (SPV/*Vossen* Rn. 2284); ein Nichtgebrauchmachen kann aber zur Annahme böswilligen Unterlassens anderweitigen Erwerbs führen (vgl. § 11). Hat der AN bei einer **Änderungskündigung** das Änderungsangebot des AG unter Vorbehalt der sozialen Rechtfertigung der Änd. angenommen, ist er verpflichtet, zunächst zu den geänd. Bedingungen weiterzuarbeiten. Er hat dann keinen vorl. Weiterbeschäftigungsanspruch zu den bisherigen Arbeitsbedingungen (BAG 18.1.1990 NZA 1990, 734).

44 Hat das Gericht die Unwirksamkeit der Kündigung festgestellt und will der AG den vorl. Weiterbeschäftigungsanspruch abwehren, muss er zusätzl., über die Ungewissheit des Prozessausgangs hinausgehende Umstände vortragen, aus denen sich im Einzelfall sein überw. Interesse an der Nichtbeschäftigung des AN ergeben soll (SPV/*Vossen* Rn. 2246 ff.). Das Interesse des AG überwiegt, wenn eine weitere **Beschäftigung unmögl.** oder **unzumutbar** ist oder der AG eine weitere Kündigung ausgesprochen hat, die nicht offensichtl. unwirksam ist (vgl. BAG 19.12.1985 NZA 1986, 566). Hat der AG im Kündigungsschutzprozess eines ltd. Ang. zulässig einen Auflösungsantrag gestellt, überwiegt sein Interesse an der Nichtbeschäftigung (BAG 16.11.1995 NZA 1996, 589).

45 Die Pflicht des AG, den AN vorl. weiterzubeschäftigen, erstreckt sich nur auf den **Zeitraum bis zum rkr. Abschluss** des Kündigungsschutzprozesses. Es ist daher nicht mögl., ein auf die Frage der vorl. Weiterbeschäftigungspflicht beschränktes **Rechtsmittel** einzulegen. Die Verurteilung des AG auf tats. Beschäftigung für einen vergangenen Zeitraum ist unzulässig. Hat die erste Instanz einem Weiterbeschäftigungsanspruch nicht stattgegeben, kann der AN in der Berufung, sofern er dafür ein entspr. Rechtsschutzinteresse hat, für den vergangenen Zeitraum ggf. einen entspr. Feststellungsantrag stellen.

46 Die Durchsetzung des Weiterbeschäftigungsanspruchs im **Weg der einstweiligen Vfg.** setzt als Verfügungsgrund ein bes. obj. bestehendes Beschäftigungsinteresse voraus, das sich aus dem Schutz des allg. Persönlichkeitsrechts des AN ergibt. Ein „wesentl. Nachteil" iSv. §§ 935, 940 ZPO ist nicht allein deshalb gegeben, weil der AN einen Rechtsverlust erleidet, wenn er nicht beschäftigt wird. Entscheidend sind die Auswirkungen der Nichtbeschäftigung. Nicht hinnehmbare Folgen können sich aus dem drohenden Verlust berufl. Qualifikationen ergeben, wenn die Beschäftigung im Hauptsacheverf. nicht in angemessener Zeit durchzusetzen ist und die Kündigung mit hoher Wahrscheinlichkeit als unwirksam zu erachten sein wird (vgl. zu den uneinheitl. Anforderungen in der Rspr. *Rudolf* ArbR 2014, 239 mwN).

47 Wird der AG zur Weiterbeschäftigung für die Dauer des Prozesses verurteilt, kann er den AN auffordern, seine Tätigkeit bis zur Entsch. über die Kündigungsschutzklage fortzuführen und ihm ein **ProzessArbVerh.** anbieten (zur Ausgestaltung *Ricken* NZA 2005, 327). Die Vereinb. über eine befristete Weiterbeschäftigung bedarf der **Schriftform** (TzBfG § 14 Rn. 76 und § 21 Rn. 8). Der AG kann den AN aber auch ohne Vertrag zur Abwendung der ZV bis zum rkr. Abschluss des Kündigungsrechtsstreits weiterbeschäftigen, wenn er damit ledigl. die von der Rspr. im Wege der Rechtsfortbildung entwickelte Rechtspflicht erfüllen will (vgl. BAG 13.8.2014 NZA 1993, 177). Ob einer tats. Weiterbeschäftigung ein befristeter Vertrag zugrunde liegt oder nicht, ist durch Auslegung der ausdr. oder konkludenten Erkl. der Parteien zu ermitteln. Keine auf Abschluss eines Arbeitsvertrags gerichtete Willenserkl. ist gegeben, wenn der AG deutl. zum Ausdruck bringt, dass die Weiterbeschäftigung „ausschl. und nur aufgrund des nach der Rspr. des GS des BAG bestehenden allg. Weiterbeschäftigungsanspruchs" erfolgt und damit „kein eigenständiges ArbVerh. begr." wird (vgl. BAG 22.7.2014 NZA 2014, 1330 Rn. 16). Allerdings kann eine vertragl. Bindung durch einen einseitigen Vorbehalt nur ausgeschlossen werden, soweit die Rechtspflicht tats. besteht. Ein (formbedüftiger) Vertrag ist deshalb erforderlich, wenn der AG den AN bereits vor einer der Kündigungsschutzklage stattgebenden Entsch.

eines Gerichts auffordert, seine Tätigkeit nach Ablauf der Kündigungsfrist fortzuführen (BAG 19.1.2005 – 7 AZR 113/04), oder wenn der AG den AN trotz des Wegfalls der Verpflichtung weiterbeschäftigt, zB trotz Urt. des LAG, das die klagestattgebende Entsch. des ArbG abgeändert und die Klage abgewiesen hat (BAG 8.4.2014 – 9 AZR 856/11 – Rn. 38).

Nach Ablauf der Kündigungsfrist besteht grds. kein **Weisungsrecht** nach § 106 GewO mehr. 48
Kommt zwischen den Parteien eine Vereinb. über ein ProzessArbVerh. zu Stande, erwächst daraus ein auf die Prozessbeschäftigung bezogenes Direktionsrecht (BAG 22.2.2012 NZA 2012, 858 Rn. 28). Bei erzwungener Weiterbeschäftigung richtet sich das Weisungsrecht weiterhin nach dem Arbeitsvertrag des gekündigten AN, der einen hinreichend bestimmten Antrag zu stellen hat. Der Vollstreckungstitel muss verdeutlichen, um welche **Art von Beschäftigung** es geht. Für den AG muss einerseits aus rechtsstaatl. Gründen erkennbar sein, in welchen Fällen er mit einem Zwangsmittel zu rechnen hat. Andererseits erfordert das Gebot des effektiven Rechtsschutzes, dass materiell-rechtl. Ansprüche effektiv durchgesetzt werden können. Bei im Arbeitsvertrag nur rahmenmäßig umschriebener Arbeitspflicht kann der Titel aus materiell-rechtl. Gründen nicht so genau sein, dass er auf eine ganz bestimmte im Einzelnen beschriebene Tätigkeit oder Stelle zugeschnitten ist. Darauf hat der AN regelm. keinen Anspruch, weil das Weisungsrecht nach § 106 GewO dem AG zusteht. IdR reicht es aus, wenn sich das Berufsbild, mit dem der AN beschäftigt werden soll, aus dem Titel ergibt oder diesem zu entnehmen ist, worin die ihm zuzuweisende Tätigkeit bestehen soll (BAG 27.5.2015 NZA 2015, 1053 Rn. 44). Zudem kann es geboten sein, im Antrag auf Schriftstücke nach § 313 II ZPO zu verweisen, insb. auf den Arbeitsvertrag, der damit Teil des Titels wird („zu unveränderten Bedingungen").

Nach § 62 I 1 ArbGG stellt das auf Weiterbeschäftigung gerichtete Urt. einen **vorl. vollstreckbaren** 49
Titel dar. Gründe, die bereits Gegenstand des Erkenntnisverf. bis zum Erl. des Titels waren, können im Vollstreckungsverf. nicht herangezogen werden. Im Vollstreckungsverf. geht es nur um die Feststellung, welche Verpflichtungen tats. tituliert wurden. Die Beschäftigung ist eine **unvertretbare Handlung**, zu der der AG, wenn er sie nicht vornimmt, durch Zwangsgeld nach § 888 ZPO angehalten werden kann, das in einem einheitl. Betrag gegen den AG anzudrohen und festzusetzen ist (LAG M 11.9.1993 LAGE ZPO § 888 Nr. 34). § 890 ZPO findet keine Anwendung (*Fleddermann* ArbR 2010, 136). Lässt sich ein Zwangsgeld nicht beitreiben, kann nach § 888 I 3, 901 ZPO ein Haftbefehl erlassen werden, soweit der Grds. der Verhältnismäßigkeit gewahrt ist (BAG 7.9.2009 NZA 2010, 61). Dem AG bleibt die Möglichkeit, nach Berufungseinlegung gem. § 719 und § 707 ZPO iVm. § 62 I 2 und 3 ArbGG geltend zu machen, die ZV führe zu einem nicht zu ersetzenden Nachteil (BAG 15.4.2009 NZA 2009, 917). Zu Vollstreckungsfragen ferner § 62 ArbGG Rn. 7 ff. Kommt der AG seiner Beschäftigungspflicht nicht nach und macht der AN von der ZV eines Weiterbeschäftigungsurt. keinen Gebrauch, kann der AN den entgangenen Verdienst nicht als Schaden geltend machen. Die finanzielle Absicherung bei Nichtbeschäftigung ist in § 615 S. 1 BGB geregelt, der dem AN unter den Voraussetzungen der §§ 293 ff. BGB den Entgeltanspruch trotz Nichtarbeit aufrechterhält (BAG 24.6.2016 NZA 2016, 108 Rn. 35, 38).

§ 5 Zulassung verspäteter Klagen

(1) [1]War ein Arbeitnehmer nach erfolgter Kündigung trotz Anwendung aller ihm nach Lage der Umstände zuzumutenden Sorgfalt verhindert, die Klage innerhalb von drei Wochen nach Zugang der schriftlichen Kündigung zu erheben, so ist auf seinen Antrag die Klage nachträglich zuzulassen. [2]Gleiches gilt, wenn eine Frau von ihrer Schwangerschaft aus einem von ihr nicht zu vertretenden Grund erst nach Ablauf der Frist des § 4 Satz 1 Kenntnis erlangt hat.

(2) [1]Mit dem Antrag ist die Klageerhebung zu verbinden; ist die Klage bereits eingereicht, so ist auf sie im Antrag Bezug zu nehmen. [2]Der Antrag muß ferner die Angabe der die nachträgliche Zulassung begründenden Tatsachen und der Mittel für deren Glaubhaftmachung enthalten.

(3) [1]Der Antrag ist nur innerhalb von zwei Wochen nach Behebung des Hindernisses zulässig. [2]Nach Ablauf von sechs Monaten, vom Ende der versäumten Frist an gerechnet, kann der Antrag nicht mehr gestellt werden.

(4) [1]Das Verfahren über den Antrag auf nachträgliche Zulassung ist mit dem Verfahren über die Klage zu verbinden. [2]Das Arbeitsgericht kann das Verfahren zunächst auf die Verhandlung und Entscheidung über den Antrag beschränken. [3]In diesem Fall ergeht die Entscheidung durch Zwischenurteil, das wie ein Endurteil angefochten werden kann.

(5) [1]Hat das Arbeitsgericht über einen Antrag auf nachträgliche Klagezulassung nicht entschieden oder wird ein solcher Antrag erstmals vor dem Landesarbeitsgericht gestellt, entscheidet hierüber die Kammer des Landesarbeitsgerichts. [2]Absatz 4 gilt entsprechend.

I. Normzweck

§ 7 fingiert die Wirksamkeit der Kündigung, wenn der AN nicht binnen drei Wochen Klage erhoben 1
hat. Diese Rechtsfolge erscheint unbillig, wenn der AN trotz Anwendung der gebotenen Sorgfalt an

der rechtzeitigen Klageerhebung gehindert war. Dem trägt § 5 Rechnung, indem er die Möglichkeit eröffnet, auf Antrag **verspätete Klagen zuzulassen.** Über den Antrag musste das ArbG nach § 5 IV aF in einem gesonderten Zwischenverf. durch Beschl. entscheiden. Zum 1.4.2008 wurde das Verf. gestrafft und durch die Neuregelung beschleunigt. Nunmehr entscheidet nach Abs. 4 das ArbG bzw. ggf. das LAG über die Klage und deren nachträgl. Zulassung stets durch Urt. Erscheint zunächst eine Klärung über die nachträgl. Zulassung geboten, kann ausnahmsweise ein Zwischenurt. ergehen (Rn. 29). Wird die Rev. zugelassen, kann auch das BAG über die nachträgl. Zulassung urteilen (Rn. 32). Die Änd. hat den materiell-rechtl. Kündigungsschutz unverändert gelassen. Trotz der regelungstechnischen Unterschiede bleiben die Anforderungen an die nachträgl. Zulassung denen für die Wiedereinsetzung in den vorigen Stand nach § 233 ZPO verwandt. Wie § 234 III ZPO enthält § 5 III 2 eine absolute Frist (dazu Rn. 27).

II. Verhinderung an der rechtzeitigen Klageerhebung

2 Die nachträgl. Zulassung einer verspäteten Klage setzt voraus, dass der AN nach erfolgter schriftl. Kündigung trotz Anwendung aller ihm nach der Lage der Umstände zuzumutenden Sorgfalt verhindert war, die Klage innerhalb von drei Wochen nach Zugang der Kündigung zu erheben. Hierbei darf den AN **kein Verschulden** an der verspäteten Klageerhebung treffen, ihm darf noch nicht einmal leichte Fahrlässigkeit vorwerfbar sein. Damit gilt ein strenger, subj. ausgerichteter Maßstab. Auszugehen ist von der individuellen Situation und den pers. Fähigkeiten des konkret betroffenen AN (vgl. KR/*Friedrich*/*Bader* Rn. 24; HHL/*Linck* Rn. 4).

3 **Einzelfälle verspäteter Klageerhebung:**

4 **AG:** Ist ein Kündigungsschreiben, das in Kopf- und Schlusszeile verschiedene Rechtspersonen ausweist, so verwirrend gestaltet, dass nicht klar ist, wer der Erklärende ist, kann ein Grund zur nachträgl. Zulassung gegeben sein, wenn infolge dessen ein falscher AG verklagt wurde (LAG K 20.12.2001 LAGE KSchG § 5 Nr. 105; *Schrader* NJW 2009, 1546; **aA** LAG SH 11.1.2006 LAGE KSchG § 5 Nr. 114). Zur Antragsauslegung § 4 Rn. 10.

5 **ArbG:** Erhebt der AN eine mangelhafte Klage (zB fehlende Unterschrift) so rechtzeitig, dass der Mangel noch hätte behoben werden können, wenn das Gericht einen Hinweis gegeben hätte, ist die Klage nachträgl. zuzulassen (LAG MV 27.7.1999 RzK I 10d Nr. 98). Ist die Rechtsantragsstelle eines ArbG am letzten Tag der Frist nicht besetzt, liegt darin ebenfalls ein Grund für die nachträgl. Zulassung der Klage (LAG HE 29.9.1993 RzK I 10d Nr. 55). Gleiches gilt, wenn die Klage am letzten Tag der Frist vor 24 Uhr in den regulären Briefkasten des Gerichts eingeworfen wird, weil ein Nachtbriefkasten nicht vorhanden ist oder ein vorhandener nicht richtig funktioniert (HHL/*Linck* Rn. 20).

6 **Bevollmächtigter:** Das Verschulden eines Prozessbevollmächtigten (PV) an der Versäumung der ges. Klagefrist ist dem klagenden AN nach § 85 II ZPO zuzurechnen, nicht aber das eines Dritten, etwa eines Ang. seines PV (BAG 11.12.2008 NZA 2009, 692; 28.5.2009 AP KSchG 1969 § 5 Nr. 15; 24.11.2011 NZA 2012, 413 Rn. 15; 22.3.2012 AP KSchG 1969 § 5 Nr. 19 Rn. 45 f.; 25.4.2013 AP InsO § 343 Nr. 1 Rn. 87, 96). Eine Fristversäumnis wird dem AN zugerechnet, wenn der **Rechtssekretär** einer Einzelgewerkschaft vom AN überreichte Unterlagen nicht an die bevollmächtigte DGB-Rechtsschutz GmbH weiterleitet. Die Einzelgewerkschaft wird nicht nur als – zu überwachender – Bote tätig. Der AN will seine Angelegenheit mit der Beauftragung der Einzelgewerkschaft „in sichere Hände" legen und sich um die Klageerhebung nicht mehr kümmern müssen. Die Gewerkschaften genießen aufgrund ihrer internen Organisation keine Sonderstellung. Die Verbände sind der Anwaltschaft nach § 11 II 2 ArbGG weitestgehend gleichgestellt. Die mit den entspr. Befugnissen ausgestatteten Mitarbeiter der Einzelgewerkschaft müssen Vorkehrungen treffen, dass Klageanträge rechtzeitig an die DGB-Rechtsschutz GmbH weitergeben werden (BAG 28.5.2009 NZA 2009, 1052). Im Falle einer schuldhaften Fristversäumung durch den Bevollmächtigten ist der AN auf **Regressansprüche** verwiesen, die nur auf Schadensersatz in Geld gerichtet und oft in Bezug auf Kausalität und Schaden schwer zu beweisen sind (BAG 11.12.2008 NZA 2009, 692).

7 Die Partei muss nicht schlechthin für jeden Fehler ihres PV einstehen, sondern nur für dessen Verschulden iSv. § 276 II BGB. Für das Vertretenmüssen, das jede Form von Vorsatz und Fahrlässigkeit umfasst, ist die üblicherweise zu erwartende Sorgfalt einer ordentl. Prozesspartei entscheidend. Für Anwaltsverschulden kommt es auf den Maßstab der von einem ordentl. RA zu erwartende Sorgfalt an (stRspr. BAG 28.5.2009 AP KSchG 1969 § 5 Nr. 15; 24.11.2011 NZA 2012, 413 Rn. 16). Der PV muss dafür sorgen, dass ein fristgebundener Schriftsatz rechtzeitig aufgesetzt wird und innerhalb der vorgeschriebenen Frist beim zust. Gericht eingeht. Dabei anfallende einfache Verrichtungen, die keine jur. Schulung verlangen, dürfen seinem geschulten und zuverlässigen **Büropersonal** zur selbständigen Erledigung übertragen werden. Versehen des Personals bei der Ausführung einfacher Tätigkeiten hat die Partei nicht zu vertreten. Nur wenn der PV Aufgaben, die er selbst wahrnehmen musste, auf Kanzleikräfte übertragen hat, oder wenn er die Fehlleistung seiner Ang. mit verursacht hat, weil diese nicht hinreichend sorgfältig ausgewählt, angewiesen oder überwacht worden sind, liegt darin ein eigenes Verschulden des PV, das sich die klagende Partei über § 85 II ZPO zurechnen lassen muss (vgl.

BAG 28.5.2009 AP KSchG 1969 § 5 Nr. 15 Rn. 19; 25.4.2013 AP InsO § 343 Nr. 1 Rn. 96). Trifft den PV insb. bei der Auswahl oder Überwachung der Hilfsperson kein Verschulden, darf er darauf vertrauen, dass eine zuverlässige Bürokraft einen ihr zum Einwurf übergebenen Brief tats. einwirft (LAG RP 5.5.2003 NZA-RR 2004, 495); ebenso muss er nicht damit rechnen, dass ein Kurierdienst einen Brief im falschen Briefkasten ablegt (LAG TH 10.12.2004 LAGE KSchG § 5 Nr. 110). Der PV ist nicht verpflichtet, sich anschließend über die Ausführung seiner Anweisungen zu vergewissern. Er muss aber eine zuverlässige **Fristen-** und **Ausgangskontrolle** organisieren. Dafür reicht es nicht aus sicherzustellen, dass ihm Akten von Verf., in denen Rechtsmittelfristen laufen, rechtzeitig zur Bearbeitung vorgelegt werden. Durch begleitende organisatorische Maßnahmen muss gewährleistet sein, dass diese Fristen beachtet werden (BGH 20.12.2006 FamRZ 2007, 1637; BAG 7.7.2011 NJW 2012, 1021 Rn. 16). Die Vorkehrungen müssen so beschaffen sein, dass die Einhaltung der Fristen bei unerwarteten Störungen im Geschäftsablauf (zB durch Überlastung, Erkrankung der zust. Ang., Verzögerungen bei der anwaltl. Bearbeit. oä) gewährleistet ist; dabei ist ein **äußerster Sorgfaltsmaßstab** anzulegen (BGH 13.7.2010 NJW 2011, 151). Die erforderl. Maßnahmen können insb. in der Führung eines **Fristenkalenders** (BAG 24.11.2011 NZA 2012, 413 Rn. 17) und der allg. Anweisung bestehen, dass dieser aE eines jeden Arbeitstages von der hierfür beauftragten zuverlässigen Bürokraft selbständig kontrolliert wird (BAG 19.7.2007 NZA 2007, 1126 Rn. 10; 2.11.2010 – 5 AZR 456/10 (F) – Rn. 4; 7.7.2011 NJW 2012, 1021 Rn. 17; BGH 27.10.1998 NJW 1999, 429). Sie muss dazu feststellen, welche fristwahrenden Schriftsätze erstellt, unterschrieben und abgesandt oder jdf. versandfertig gemacht worden sind und ob diese mit den im Fristenkalender vermerkten Sachen übereinstimmen (BAG 7.7.2011 NJW 2012, 1021 Rn. 17; BGH 5.7.2000 – XII ZB 112/99). Zu den einfachen Tätigkeiten, die der RA seinem sorgfältig ausgewählten und geschulten Personal übertragen darf, gehört die Überprüfung bestimmender Schriftsätze auf die erforderl. Unterschrift und das Absenden eines **Telefaxes**. Durch allg. Anweisung muss allerdings Vorsorge dafür getroffen haben, dass bei normalem Lauf der Dinge Fristversäumnisse wegen fehlender Unterschrift vermieden werden (BVerfG 14.12.2001 – 1 BvR 1009/01; BAG 25.4.2013 AP InsO § 343 Nr. 1 Rn. 96). S. auch „Post" Rn. 16 und „Telefax" Rn. 19. Diese Grds. gelten entspr. für die **DGB-Rechtsschutz GmbH**. In der Geschäftsstelle müssen Vorkehrungen getroffen sein, um die rechtzeitige Bearbeitung fristgebundener Klageaufträge sicherzustellen. Dazu genügt es nicht, wenn in der Geschäftsstelle der beauftragten Einzelgewerkschaft die Frist allein in der angelegten Klageakte notiert wird. Es muss sichergestellt werden, dass die Sache fristgerecht bearbeitet wird, wenn die Akte dem Bearb. nicht ohnehin vorliegt (BAG 28.5.2009 NZA 2009, 1052).

Auf Mängel in der Kanzleiorganisation kommt es nicht an, wenn der PV eine **klare und präzise** 8
Anweisung für den **konkreten Fall** erteilt hat, deren Befolgung die Fristwahrung normalerweise sichergestellt hätte. Da der PV grds. darauf vertrauen darf, dass einer zuverlässigen Person erteilte Einzelanweisungen befolgt werden, ist für die Fristversäumung dann nicht die Büroorganisation, sondern der Fehler des Mitarbeiters ursächl. (BGH 13.7.2010 NJW 2011, 151). Jedoch kann nur eine konkrete Einzelanweisung den PV entlasten (vgl. BAG 7.7.2011 NJW 2012, 1021 Rn. 25; BGH 25.6.2009 NJW 2009, 3026). Überlässt der PV dem Mitarbeiter zB einen zeitl. Spielraum zur Erledigung der aufgetragenen Arbeit, besteht die Gefahr, dass der Auftrag im Drang der sonstigen Geschäfte vergessen wird. Der PV muss daher auf geeignete Weise Vorkehrungen treffen, wenn er nicht die sofortige Ausführung der Einzelanweisung anordnet.

Hausbriefkasten: Gelangt ein Kündigungsschreiben in den Hausbriefkasten des AN, geht es ihm 9
dort nach § 130 I BGB zu, wenn für den Empfänger unter gewöhnl. Verhältnissen die Möglichkeit der Kenntnisnahme bestand. Grds. ist es unerhebl., ob und wann er die Erkl. tats. zur Kenntnis genommen hat und ob er daran durch **Krankheit** (Rn. 12 ff.), **Urlaub** (Rn. 20) oder andere Umstände vorübergehend gehindert war. Als Empfänger dieser verkörperten Erkl. kann der AN eine nachträgl. Kündigungszulassung nicht allein darauf stützen, dieses Schreiben sei aus ungeklärten Gründen nicht zu seiner Kenntnis gelangt. Der Inhaber eines Hausbriefkastens muss nach den Gepflogenheiten des Verkehrs grds. dafür Sorge tragen, dass er von Sendungen Kenntnis nehmen kann, die an ihn adressiert sind. (BAG 26.3.2015 NZA 2015, 1183 Rn. 37). Die Unaufklärbarkeit, ob und warum ein in den Hausbriefkasten eingeworfenes Schreiben abhanden gekommen ist, geht grds. zu Lasten des Empfängers. Zur Darlegung einer unverschuldeten Fristversäumnis reicht es nicht aus, dass sich ein AN pauschal darauf beruft, ein Kündigungsschreiben sei weder von ihm noch von seiner Ehefrau oder einem Kind im Hausbriefkasten vorgefunden worden. Vielmehr muss durch eine nähere Darlegung und Glaubhaftmachung ein verschuldeter Verlust des Kündigungsschreibens in der Sphäre des AN ausgeschlossen werden. Zu einem entspr. Vortrag gehört zumindest die Darlegung, wer von den in Betracht kommenden Personen im fragl. Zeitraum den Briefkasten geleert hat, ob – und ggf. welche – anderen Postsendungen oder Reklame sich im Briefkasten befanden und wie mit diesen verfahren wurde. Musste der AN mit dem Zugang einer Kündigung rechnen, kann von ihm ein gesteigertes Maß an Aufmerksamkeit erwartet werden (BAG 28.5.2009 NZA 2009, 1229).

Hilfspersonen, die nicht prozessbevollmächtigt sind (zu PV Rn. 7 ff.): Deren Verschulden ist dem 10
AN grds. nicht zuzurechnen, und zwar weder über § 85 II ZPO noch über § 278 BGB (LAG K 28.12.2004 NZA-RR 2005, 384: kein zurechenbares Verschulden der Tochter, die während einer Reha-Maßnahme zum Empfang von Post bevollmächtigt war und diese weisungswidrig nicht wei-

tergeleitet hat, oder der Ehefrau, die die Abholung einer niedergelegten Sendung vergisst LAG M 18.5.1987 NJW 1987, 2542; vgl. *Schrader* NJW 2009, 1546). Trifft den AN aber ein Organisations- oder Informationsverschulden, indem er die Hilfsperson nicht sorgfältig auswählt oder unvollständig oder unklar instruiert hat, handelt er selbst schuldhaft. Wer zB einen Freund während einer längeren Ortsabwesenheit beauftragt, seinen Briefkasten zu leeren, aber nur Behördenpost zu öffnen, genügt seiner Sorgfaltspflicht nicht; er verschuldet die verspätete Klageerhebung, wenn der Beauftragte ein per Einschreiben zugegangenes Kündigungsschreiben nicht öffnet (LAG HB 30.6.2005 NZA-RR 2005, 633).

11 **Kenntnis der Klagefrist:** Nicht entschuldigen kann den AN die Unkenntnis der Klagefrist (LAG SH 18.4.2005 – 2 Ta 94/05). Der AG ist nicht verpflichtet, den AN auf die einzuhaltende Frist hinzuweisen, die Kündigung also gleichsam mit einer Art RMB zu versehen. Es gehört zu den an jeden AN zu stellenden Sorgfaltsanforderungen, dass er sich zumindest nach Ausspruch einer Kündigung unverzügl. darum kümmert, ob und wie er dagegen vorgehen kann (BAG 26.8.1993 AP LPVG NW § 72 Nr. 8; 22.3.2012 AP KSchG 1969 § 5 Nr. 19 Rn. 44). Deshalb ist die verspätete Klageerhebung verschuldet, wenn ein schwerbehinderter AN die Rechtsbehelfsbelehrung des Integrationsamtes fehlerhaft dahin versteht, mit einem Widerspruch ließen sich die Rechte ggü. einer Kündigung wahren (LAG K 14.5.2005 AuR 2005, 237). Vgl. zur Schwangerschaft jedoch Rn. 18. Kennt der AN zwar die Frist, bedient er sich aber keines Rechtskundigen, sondern fertigt er selbst eine nicht den Anforderungen des § 253 ZPO genügende Klageschrift, entschuldigt ihn das nicht. Es darf erwartet werden, dass der AN von der Möglichkeit Gebrauch macht, die **Klage zu Prot. der Geschäftsstelle** des ArbG zu erklären, § 46 II ArbGG iVm. § 496 ZPO. Andernfalls handelt er auf eigenes Risiko. Anders ist die Situation, wenn das Gericht trotz zeitl. mögl. Aufklärung keinen Hinweis auf die Unzulänglichkeit des Vorgehens gibt. Nimmt der AN eine rechtzeitig erhobene Klage wieder zurück, ist ein Zulassungsgrund für eine neue – verspätete – Klage regelm. nicht gegeben (LAG MV 9.12.1993 RzK I 10 dNr. 57). Für **ausl. AN** gilt grds. nichts Anderes (LAG HH 6.7.1990 LAGE BGB § 130 Nr. 16). Mangelnde Sprachkenntnisse hindern nicht den Zugang der Kündigung (DDZ/*Zwanziger/Callsen* Rn. 13). Erkennt der AN, dass ihm ein Schreiben seines AG zugegangen ist, hat er sich unverzügl. um eine Übersetzung zu bemühen (KR/*Friedrich/Bader* Rn. 88, 108). Wird ihm allerdings im Betrieb zum Inhalt des Schreibens eine falsche Auskunft erteilt, kommt eine Zulassung in Betracht.

12 **Krankheit:** Krankheit rechtfertigt die nachträgl. Zulassung nur ausnahmsweise. Kein Verschulden trifft den AN, wenn er aus medizinischen Gründen verhindert war, selbst Klage zu erheben, etwa weil er die Wohnung nicht verlassen oder keinen Rechtsrat einholen konnte und nicht über die Möglichkeit verfügte, Klage durch dritte Personen (Ehegatte, Verwandte, Freunde) einzureichen. Ob diese Voraussetzungen vorliegen, hängt somit von der Schwere der Erkrankung des AN und seinen pers. Verhältnissen sowie davon ab, wie der AN seine anderen pers. Angelegenheiten in dieser Zeit besorgt hat. War er etwa in der Lage, in eine neue, eigene Wohnung umzuziehen (LAG NI 6.9.2005 NZA-RR 2007, 219), sich Zeitschriften zu besorgen, Toto- und Lottogeschäfte zu tätigen, im Internet zu surfen oder zu telefonieren, konnte ihm die Einholung von Rechtsrat zugemutet werden (vgl. zB LAG HM 31.1.1990 LAGE KSchG 1969 § 5 Nr. 45; LAG K 28.12.2007 – 8 Ta 355/07 –; LAG RP 3.8.2007 – 4 Ta 182/07). Bei **psychischer Erkrankung** muss der AN glaubhaft machen, während welcher Zeit und in welchem Umf. eine erhebl. Einschränkung des Urteilsvermögens bestand (LAG RP 1.3.2007 – 7 Ta 27/07 –; LAG K 28.12.2007 – 3 Ta 305/07). Erkrankt der AN erst aE der Drei-Wochen-Frist so schwer, dass ihm die Klageerhebung nicht mögl. ist, muss die Klage zugelassen werden (HHL/*Linck* Rn. 18). In diesen Fällen verlängert sich die Drei-Wochen-Frist nicht um den Zeitraum der Erkrankung. Der AN muss unverzügl. tätig werden (LAG HM 5.8.1981 EzA KSchG § 5 Nr. 11; LAG TH 19.4.2001 RzK I 10d Nr. 108: Kurze Überlegungsfrist von drei Tagen).

13 **Erkrankt** der AN während einer **urlaubsbedingten Ortsabwesenheit** und kehrt er deshalb nicht zum vorgesehenen Zpkt. an seinen Wohnort zurück, geht die Kündigung idR dennoch nach § 130 I 1 BGB durch Einwurf des Kündigungsschreibens in den Hausbriefkasten zu. Da der AN seinem AG entspr. § 5 II 1 EFZG die Adresse seines Aufenthaltsortes so genau mitteilen muss, dass ihn der AG am Aufenthaltsort erreichen kann, ist eine verspätete Klageerhebung idR nur dann unverschuldet, wenn ihm das nicht mögl. war (LAG HH 11.11.2005 LAGE KSchG § 5 Nr. 111; LAG NI 8.11.2002 LAGE KSchG § 4 Nr. 48; **aA** LAG BE 23.8.2001 LAGE KSchG § 4 Nr. 46; LAG HB 30.6.2005 NZA-RR 2005, 633). Hat der AN seine Fax- oder Postanschrift im Urlaub mitgeteilt, ist die Klage jdf. nachträgl. zuzulassen, wenn der AG die Kündigung dennoch nur an die Heimatadresse sendet (LAG K 30.5.2007 NZA-RR 2007, 521). Es dürfte dem AG nach § 242 BGB verwehrt sein, sich auf den Zugang des Kündigungsschreibens zu berufen (offen gelassen BAG 22.3.2012 AP KSchG 1969 § 5 Nr. 19 Rn. 39, 44). Ist der AN **nach Aushändigung der Kündigung in den Urlaub gefahren** und dort erkrankt, kommt es nach allg. Grds. darauf an, ob er obj. gehindert war, eine Klage zu formulieren oder seine Rechte auf andere Weise, zB durch Beauftragung eines RA in Deutschland, wahrzunehmen (LAG M 29.11.2006 – 11 Ta 379/06).

14 **Krankenhausaufenthalt/Reha:** Allein der Umstand eines Krankenhaus- oder Klinikaufenthalts rechtfertigt keine nachträgl. Zulassung (KR*Friedrich/Bader* Rn. 74). Entscheidend ist, wie der AN seine sonstigen Angelegenheiten besorgt hat (LAG HM 12.9.1985 LAGE KSchG 1969 § 5 Nr. 20). Er

muss obj. daran gehindert sein, seine Rechte unter Einschaltung dritter Personen (RA bzw. Rechtssekretär, Ehegatte, Verwandte, Freunde) wahrzunehmen (LAG M 29.11.2006 – 11 Ta 379/06). Bei einer **Entziehungskur** ist dies nur dann der Fall, wenn dem AN in der Behandlungssituation jedwede Außenkontakte (auch telefonischer Art) untersagt oder in unzumutbarer Weise erschwert waren (LAG K 1.3.2006 NZA-RR 2006, 492; LAG SH 5.2.2008 LAGE § 5 KSchG Nr. 118). Kein Verschulden trifft den AN, wenn ein während des Krankenhausaufenthalts bzw. einer Reha-Maßnahme mit der Entgegennahme der Post betrautes Familienmitglied ein zugegangenes Kündigungsschreiben verspätet aushändigt (LAG RP 13.2.2004 AuR 2004, 317; LAG K 28.12.2004 NZA-RR 2005, 384; zum Verschulden von Hilfspersonen Rn. 10).

Mittellosigkeit/PKH/Rechtsschutzversicherung: Ist der AN mittellos, kommt dieser Umstand als Hindernis für eine rechtzeitige Klageerhebung regelm. nicht in Betracht, denn § 4 stellt nur geringe Anforderungen. Jdf. kann die rechtzeitige Klageerhebung mit Hilfe der Rechtsantragsstelle ohne Gerichtskostenvorschuss erfolgen. Deshalb ist es dem AN zuzumuten, Klage vor der Entsch. über einen PKH-Antrag zu erheben (LAG K 11.3.1996 LAGE KSchG § 4 Nr. 34; LAG HM 23.11.2009 – 14 Ta 357/09 –; LAG SH 16.5.2011 – 3 Ta 85/11 –; **aA** LAG HM 14.6.2011 – 14 Ta 295/11 –; *Gravenhorst* FA 2012, 297). Der AN darf nicht abwarten, bis er eine Deckungszusage seiner Rechtsschutzvers. erhalten hat (LAG RP 23.1.1972 BB 1972, 839). Nachträgl. Zulassung kommt nur in Betracht, wenn eine unterschriebene Klage mit einem vollständigen PKH-Antrag verbunden bei Gericht eingereicht ist und das Gericht nicht in gebotener Weise auf Zweifel hingewiesen hat, ob eine zulässige echte Rechtsbedingung (innerprozessuale Bedingung) von PKH-Gesuch und unterzeichneter Klage vorliegt (dazu § 4 Rn. 15). 15

Post: Der AN muss zur Begr. der nachträgl. Zulassung bei verzögerter oder nicht zugegangener Päckchen- bzw. Briefbeförderung darlegen, dass der Schriftsatz mit dem Klageantrag rechtzeitig zur Post gelangt ist. Parteien und deren PV dürfen auf die regelm. Postbeförderungszeiten vertrauen. Ist ein Schriftstück genügend adressiert und frankiert rechtzeitig zur Post gegeben und damit alles Erforderliche zur Wahrung der ges. Frist veranlasst worden, besteht grds. keine Pflicht, sich nach dem Eingang des Schriftsatzes bei Gericht zu erkundigen (BVerfG 28.3.1994 NJW 1994, 1854; BAG 6.10.2010 Rn. 13 mwN NZA 2011, 477). Eine Erkundigungspflicht nach dem (rechtzeitigen) Eingang des Schriftsatzes bei Gericht wird nur ausgelöst, wenn ein eindeutiger Grund zu der Annahme besteht, dass etwas fehlgelaufen ist (vgl. BVerfG 11.1.1991 NJW 1992, 38). Bestehen bei bekannten Streikmaßnahmen obj. Zweifel daran, dass die Post wie übl. zugestellt wird, muss die Unsicherheit des Zugangs ausnahmsweise durch Nachfrage bei Gericht aufgeklärt werden (vgl. BVerfG 29.12.1994 EzA ZPO § 233 Nr. 28). Dies wird jdf. zu verlangen sein, wenn die Klage so knapp vor Fristablauf abgesandt wird, dass der rechtzeitige Eingang nicht mehr ohne weiteres unterstellt werden kann (*Schrader* NJW 2009, 1546). Die Frist darf zwar voll ausgeschöpft werden. Der AN trägt jedoch das Risiko der rechtzeitigen Klageerhebung, wenn entweder ihm oder zurechenbar seinem PV im letzten Augenblick nicht mehr korrigierbare Fehler unterlaufen. Bei **Einschreibesendungen** zur Fristwahrung ist zu bedenken, dass empfangsberechtigte Personen nur während der Bürostunden des Gerichts zur Vfg. stehen (SPV/*Vossen* Rn. 1969). Ein PV muss **keine zusätzl. Fristen notieren**, um die Zeiträume im Auge zu behalten, innerhalb derer bei jeder Sache erfahrungsgemäß mit einer Rückäußerung des Gerichts zu rechnen ist. In **vermeidbarer Weise gleichgültig** und damit nach § 5 I 1 sorgfaltswidrig verhält sich der PV aber, wenn er die Sache dauerhaft wiedervorlagefrei stellt. Welche Frist der PV zur Wiedervorlage als angemessen erachtet, liegt in seinem pflichtgemäß unter Berücksichtigung von Erfahrungswerten der gerichtl. Arbeitsweise sowie Zweckmäßigkeitserwägungen auszuübenden Ermessen. Der in § 61a II ArbGG normierte – in der Praxis nur schwer erfüllbare – Grds., wonach eine Güteverh. bei Streitigkeiten über den Bestand eines ArbVerh. zwei Wochen nach Klageerhebung stattfinden soll, führt zu keinem anderen Erg. Ein Grund, sich zu einem bestimmten Zpkt. nach Einreichung der Klage über deren Schicksal zu erkundigen, kann aber etwa gegeben sein, wenn die Akte dem PV vier Wochen nach Absenden einer Beendigungsschutzklage vorgelegt wird und er feststellt, dass er in der Sache keine gerichtl. Mitt. erhalten hat, obwohl damit nach den übl. Erfahrungen zu rechnen war (BAG 6.10.2010 NZA 2011, 477 Rn. 13; vgl. Rn. 26). 16

Rechtsrat: Erkennt der AN die Notwendigkeit einer fristgebundenen Klageerhebung, trifft ihn ein Verschulden, wenn er die mögl. Klage nicht fristgemäß einreicht, weil er zunächst Rechtsrat einholen will (LAG HM 19.9.1985 LAGE KSchG 1969 § 5 Nr. 20; LAG HE 6.4.1990 LAGE KSchG 1969 § 5 Nr. 49; LAG HH 7.5.2004 – 8 Ta 6/04). Hat der AN Rechtsrat eingeholt, trifft ihn bei einer Falschauskunft über die einzuhaltende Frist kein Verschulden, wenn er von der Kompetenz des um Rat Befragten ausgehen durfte (vgl. APS/*Hesse* Rn. 30; *Schrader* NJW 2009, 1545). Als **zur Auskunftserteilung geeignet** ist eine Stelle anzusehen, die über die notwendige Fachkunde verfügt und zur Auskunft in rechtserhebl. Fragen berufen ist: RA, Rechtsantragsstelle des ArbG, Rechtsschutzstelle der Gewerkschaft (LAG D 26.7.1976 LAGE KSchG 1969 § 5 Nr. 1; LAG K 13.9.1982 LAGE KSchG 1969 § 5 Nr. 16); bei Auszubildenden die zur Auskunft zust. Kammer (vgl. dazu BBiG § 22 Rn. 9; LAG K 10.3.2006 NZA-RR 2006, 319). Hält sich ein AN in einem südeurop. Land (im Fall: Rumänien) auf, ist die dt. Botschaft als geeignete Stelle anzusehen (LAG HB 31.10.2001 NZA 2002, 580; zu 17

Botschaftsauskünften *Schrader* NJW 2009, 1545). **Nicht zur Auskunft geeignet** sind: Kanzleipersonal von Gericht und Anwälten (HHL/*Linck* Rn. 10; LAG K 28.11.1985 LAGE KSchG § 5 Nr. 21), InsV (LAG K 18.8.2006 ZIP 2006, 2231), BR (LAG RP 19.9.1984 NZA 1985, 430, 431; LAG HH 10.4.1987 DB 1987, 1744; LAG BE 17.6.1991 DB 1991, 1887) bzw. PR. Beim BR kann die Situation anders zu beurteilen sein, wenn es sich um einen Großbetrieb handelt und aufgrund bestimmter Umstände von dessen Fachkompetenz auszugehen ist (zB LAG K 15.4.2005 AuR 2005, 387: freigestelltes BRMitglied, das als ehrenamtl. Gewerkschaftsfunktionär in einer Anlaufstelle der Gewerkschaft Rechtsschutzanträge bearbeitet; KR/*Friedrich/Bader* Rn. 47, 49; *Schrader* NJW 2009, 1545). Der AN kann sich nicht mit Erfolg darauf berufen, er habe es als ausreichend erachtet, beim BR Einspruch nach § 3 einzulegen. Als nicht berufene Stelle ist auch die Schadensabt. der Rechtsschutzvers. des AN anzusehen (HHL/*Linck* Rn. 10; **aA** DDZ/*Zwanziger/Callsen* Rn. 8; KR/*Friedrich/Bader* Rn. 51).

18 **Schwangerschaft:** Nach § 4 gilt die Drei-Wochen-Frist ua. für die Geltendmachung der Unwirksamkeit einer Kündigung gem. § 9 I MuSchG (§ 4 Rn. 26). Daher stellt § 5 I 2 klar, dass die Klage einer Schwangeren nachträgl. zuzulassen ist, wenn diese von ihrer Schwangerschaft aus einem von ihr nicht zu vertretenden Grund (näml. aufgrund schlichter Unkenntnis) erst nach Ablauf der Drei-Wochen-Frist Kenntnis erlangt hat. Durch diese Regelung sollen individuelle Härten ausgeglichen werden (BAG 19.2.2009 NZA 2009, 980; *Hergenröder/v. Wickede* RdA 2008, 364, 370). Für die nachträgl. Zulassung muss die AN durch Vorlage einer ärztl. Bescheinigung glaubhaft machen, dass sie schwanger ist (**aA** LAG N 4.12.2006 – 7 Ta 207/06: Glaubhaftmachung nur bei Bestreiten). Ob sie bereits im Zpkt. der Kündigung schwanger war und die Kündigung nach § 9 I MuSchG unwirksam ist, bleibt der Prüfung im Hauptsacheverf. vorbehalten (LAG D 10.2.2005 NZA-RR 2005, 382). Die Klage kann ferner dann nachträgl. zuzulassen sein, wenn die AN, die dem AG ihre Schwangerschaft binnen 2 Wochen nach der Kündigung mitgeteilt hat, im glaubhaft gemachten Vertrauen auf den Wortlaut in § 4 S. 4 davon Abstand nahm, innerhalb der Frist des § 4 S. 1 Klage zu erheben. Die Zulassungsfrist beginnt spätestens dann, wenn Zweifel an der Rechtsauff. veranlasst sind, zB wenn aufgrund einer Gehaltsmitt. auf eine Kündigung zu schließen ist (LAG NI 5.12.2006 – 15 Ta 581/06) oder wenn sich der AG auf die Fiktion nach § 7 beruft (BAG 19.2.2009 NZA 2009, 980; ferner Rn. 26). Schließl. kommt eine nachträgl. Zulassung in Betracht, wenn die AN von ihrer Schwangerschaft erst unmittelbar vor Ablauf der Frist des § 4 S. 1 erfahren hat und danach unverzügl. Klage mit einem Zulassungsantrag einreicht. Der AN muss eine angemessene Überlegungs- und Beratungszeit eingeräumt werden, um entscheiden zu können, ob sie anges. der für sie neuen Situation und des nun entstandenen Sonderkündigungsschutzes Klage erheben will (vgl. *Nebe* EuZA 2010, 383, 395). Die Frist hierfür ist grds. mit drei Tagen anzusetzen (LAG SH 13.5.2008 NZA-RR 2009, 132).

19 **Telefax:** Bei einem Telefaxanschluss des Gerichts muss dessen Funktion bis Mitternacht gewährleistet sein (BVerfG 25.2.2000 EzA KSchG § 5 Nr. 32; BAG 11.7.2013 NZA 2013, 983 Rn. 17; *Roth* NJW 2008, 785 ff.). Wird die Klage per Telefax übermittelt und scheitert die Übertragung allein aus Gründen, die der Sphäre des Gerichts zuzuordnen sind (zB Störungen des Empfangsgeräts oder des behördl. Leitungsnetzes), ist regelm. nachträgl. Zulassung zu gewähren. Hat der Nutzer eines Telefaxgeräts durch ordnungsgem. Verwendung eines funktionsfähigen Sendegeräts und korrekte Eingabe der Empfängernummer das seinerseits Erforderliche zur Versendung des Telefaxes getan, geht ein für ihn nicht erkennbares Scheitern der Faxsendung nicht zu seinen Lasten (BAG 20.2.2001 AP BetrVG 1972 § 87 Lohngestaltung Nr. 107). Dies gilt jdf. dann, wenn der Bevollmächtigte so rechtzeitig mit der Übermittlung beginnt, dass unter normalen Umständen mit ihrem Abschluss bis zum Fristablauf (24.00 Uhr) zu rechnen ist (BVerfG 25.2.2000 AP KSchG 1969 § 5 Nr. 13; BAG 11.7.2013 NZA 2013 Rn. 7; zum Nachw. der fristgerechten Übermittlung BGH 24.7.2003 MDR 2004, 46). Der PV muss nicht für jedes, sondern nur für **vermeidbares Versagen der** von ihm **eingesetzten technischen Gerätschaften** einstehen (BGH 25.11.2004 NJW 2005, 678). Er darf sich, solange keine Anhaltspunkte für Fehleranfälligkeiten vorliegen, auf deren Funktion verlassen (BAG 24.11.2011 NZA 2012, 413 Rn. 20). Der PV muss den Sendebericht des Telefaxes bei einer ansonsten sichergestellten Ausgangskontrolle nicht selbst überprüfen (BAG 21.9.2000 AP ZPO 1977 § 233 Nr. 70; Rn. 8). Es stellt grds. kein Verschulden dar, wenn er sich bei der Klage durch **Telefax** auf die von der Dt. Telekom über Tonband angegebene (falsche) Faxnr. eines LAG verlässt (vgl. BAG 25.1.2001 AP ZPO 1977 § 233 Nr. 71). Mit Rücksicht auf die Risiken beim Telefaxverkehr entspricht der PV seiner Sorgfaltspflicht allerdings nur, wenn er die zust. Mitarbeiter – allg. oder im Einzelfall – anweist, sich nach Übersendung einen Einzelnachw. ausdrucken zu lassen, auf der Grdl. des Sendeberichts die Vollständigkeit der Übermittlung zu prüfen (näml. die Übereinstimmung der Zahl der übermittelten S. mit derjenigen des Originalschriftsatzes) und erst dann die Notfrist im Fristenkalender zu streichen (vgl. BAG 19.7.2007 AP ZPO 1977 § 233 Nr. 84; 24.11.2011 NZA 2012, 413 Rn. 17; BGH 20.7.2011 MDR 2011, 1195; BVerwG 9.1.2008 DÖV 2008, 337). Übernimmt der PV generell oder im Einzelfall selbst die Ausgangskontrolle, muss er selbst für deren Wirksamkeit Sorge tragen.

20 **Urlaub:** Geht dem AN die Kündigung während des Urlaubs **im Ausland** zu, ist er verpflichtet, sich der neuen Kommunikationsmittel zwecks Einreichung einer Kündigungsschutzklage zu bedienen. Wartet er mit der Klageerhebung bis zur Rückkehr nach Deutschland, ist die Verspätung verschuldet

(LAG HB 31.10.2001 LAGE ZPO § 233 Nr. 28). Geht ihm das Kündigungsschreiben während der urlaubsbedingten Ortsabwesenheit **an der Wohnanschrift** nach § 130 I BGB zu (zum Hausbriefkasten Rn. 9), ist für eine Ausnahme von den allg. Zugangsregelungen schon im Hinblick auf die vom AG nach § 626 II BGB zu wahrende Erklärungsfrist kein Raum. Selbst dann, wenn der AG die Urlaubsanschrift des AN kannte, ist es ihm idR nicht nach § 242 BGB verwehrt, sich auf den Zugang zu berufen (offengelassen BAG 22.3.2012 AP KSchG 1969 § 5 Nr. 19 , 39). Das gebotene Korrektiv ist die nachträgl. Klagezulassung. Sie kommt bei Urlaubsabwesenheit in Betracht, wenn der AN unverschuldet an einer rechtzeitigen Klageerhebung nach § 4 S. 1 gehindert war (BAG 22.3.2012 AP KSchG 1969 § 5 Nr. 19 Rn. 20 ff.; 24.6.2004 NZA 2004, 1330). Ohne Vorliegen bes. Umstände (zB. Krankheit Rn. 13) kann vom AN nicht verlangt werden, Vorsorge dafür zu treffen, dass ihm die Post an seinen Urlaubsort nachgesandt wird, insb. bei einem Auslandsaufenthalt. Das gilt auch für einen mehrwöchigen Bootsurlaub auf See, wenn der AN während dieser Zeit keine Kenntnis von Posteingängen erlangen kann. Daran ändert sich nichts, wenn durch konkrete Umstände eine Kündigung nicht auszuschließen war, jdf. sofern der AN den AG über die Ortsabwesenheit vorher unterrichtet hat (LAG K 4.3.1996 LAGE KSchG 1969 § 5 Nr. 74; **aA** bei außergewöhnl. langem Urlaub von über 6 Wochen LAG HE 17.2.2005 – 15 Ta 578/04). Erhält der AN von der Kündigung erst nach seiner Rückkehr und Ablauf der Drei-Wochen-Frist Kenntnis, ist die Klage nachträgl. zuzulassen (LAG HM 30.7.1981 EzA BGB § 130 Nr. 11; LAG K 4.3.1996 LAGE KSchG 1969 § 5 Nr. 74; LAG N 23.8.2005 BB 2005, 2696 selbst für den Fall, dass AN mit Kündigung rechnen musste). Kehrt der AN noch innerhalb der Drei-Wochen-Frist aus dem Urlaub zurück, muss er sich unverzügl. beraten lassen und Klage erheben.

Vergleichsverhandlungen/angekündigte Kündigungsrücknahme/Arglist: Kein Entschuldigungsgrund für eine unterlassene Klageerhebung sind schwebende Vergleichsverh. zwischen AG und AN (BAG 19.2.2009 NZA 2009, 980), selbst wenn der AG im Kündigungsschreiben erklärt hat, er „behalte sich vor", die Kündigung „zurückzunehmen" (LAG K 26.11.1999 LAGE KSchG § 5 Nr. 97; 19.4.2004 LAGE KSchG § 5 Nr. 108; LAG SH 18.4.2005 – 2 Ta 94/05), oder wenn er am letzten Tag der Klagefrist äußert, man werde am nächsten Tag über die Fortsetzung des ArbVerh. reden (vgl. LAG BE 2.11.2012 – 6 Sa 1754/12). Anders ist es, wenn der AG erklärt, die Kündigung sei „noch nicht verbindl.", um den AN zu veranlassen, vorerst von einer Klage abzusehen. Der AN handelt nicht schuldhaft, wenn ihn der AG **arglistig von der Klage abgehalten** hat (BAG 19.2.2009 NZA 2009, 980). Hat der AN von einer rechtzeitigen Klageerhebung abgesehen, weil ihm von einem anderen Unternehmen mit demselben GF die nahtlose Weiterbeschäftigung zugesagt worden ist, scheidet eine nachträgl. Klagezulassung aus; der AN ist auf die Durchsetzung des Einstellungsanspruchs angewiesen (LAG BE 17.12.2002 LAGE ZPO § 139 Nr. 1). 21

III. Antrag auf Zulassung

1. Inhalt des Antrags. Die nachträgl. Zulassung setzt einen Antrag des AN voraus. Das Gericht wird **nicht vAw.** tätig. Obwohl an die Form des Antrags keine hohen Anforderungen gerichtet werden, ist eine sorgfältige Antragsfassung anzuraten. Ist ein Antrag nicht ausdr. gestellt, muss aus der Eingabe zweifelsfrei erkennbar sein, dass die Zulassung der verspäteten Klage angestrebt wird (BAG 2.3.1989 AP BGB § 130 Nr. 17; LAG M 4.4.2006 – 3 Ta 64/06 –: zB Antrag auf „Wiedereinsetzung in den vorigen Stand"). Allein die Tatsache einer verspäteten Klageerhebung genügt als Zulassungsantrag nicht (BAG 19.2.2009 NZA 2009, 980). Mit dem Antrag ist die Klageerhebung grds. zu verbinden. Ist bereits Klage eingereicht, muss der AN darauf Bezug nehmen, § 5 II 1. Die Klage kann andererseits nach Antragseinreichung erhoben werden, wenn dies innerhalb der Zwei-Wochen-Frist geschieht (LAG BW 8.3.1988 LAGE KSchG 1969 § 5 Nr. 37). 22

Der Antrag ist **beim zust. ArbG** zu stellen. Er kann nebst Begr. und evtl. Glaubhaftmachung schriftsätzl. oder zu Prot. (§ 160 II ZPO) gestellt werden (LAG N 5.1.2004 NZA-RR 2004, 631; *Schrader* NJW 2009, 1542). Ein beim örtl. unzust. ArbG eingereichter Antrag ist fristwahrend, wenn dieser an das zust. Gericht verwiesen und demnächst (dazu § 4 Rn. 20) zugestellt wird (KR/*Friedrich* Rn. 150). Wird ein Antrag an ein unzust. Gericht gefaxt und von dort mit normaler Post weitergeleitet, so dass er verspätet beim zust. Gericht eingeht, ist ein Zulassungsgrund nicht gegeben (LAG K 14.3.2003 LAGE KSchG § 5 Nr. 106a). Ein bei einem Gericht einer anderen Gerichtsbarkeit eingereichter Antrag wahrt die Frist nur, wenn die Sache entspr. §§ 48 ArbGG, 17 ff. GVG innerhalb der Frist an das ArbG verwiesen wird (*Berkowsky* NZA 1997, 354; *Schrader* NJW 2009, 1542). Wird der Antrag an das richtige Gericht adressiert, aber bei einem nicht zum Rechtsweg gehörenden Gericht eingereicht, darf darauf vertraut werden, dass das unzust. Gericht die Sache an das zust. Gericht weiterleitet, sofern die Zeit noch ausreicht (LAG HE 30.5.1996 LAGE KSchG § 5 Nr. 82). 23

Nach § 5 II 2 muss der Antrag auf nachträgl. Klagezulassung die Angabe der die Zulassung begründenden Tatsachen und die Mittel der Glaubhaftmachung enthalten. Zu den anzugebenden **Tatsachen** gehören der Zpkt., an dem das Hindernis für die Klageerhebung beseitigt war, sowie die Umstände, aus denen zu schließen ist, dass kein Verschulden vorliegt (KR/*Friedrich/Kreft* Rn. 134 ff.; 24

Schrader NJW 2009, 1542). Dem AN obliegt insoweit die volle Darlegungs- und Beweislast, wobei strenge, aber keine unzumutbaren Anforderungen gestellt werden dürfen (BAG 28.5.2009 NZA 2009, 1229). Weiter müssen die **Mittel zur Glaubhaftmachung** der die nachträgl. Zulassung begründenden Umstände angegeben werden. Die Glaubhaftmachung selbst muss nicht bereits dem Antrag beigefügt werden. Es handelt sich um eine bes. Art der Beweisführung, die noch im Laufe des Verf. erfolgen kann (BAG 25.4.2013 AP InsO § 343 Nr. 1 Rn. 91), spätestens im BeschwV (LAG HH 18.5.2005 NZA-RR 2005, 489; KR/*Friedrich/Kreft* Rn. 148). Nur bestr. Umstände müssen glaubhaft gemacht werden. Der AG hat durch den Zulassungsantrag nach § 5 II 1 die Möglichkeit, von den Zulassungstatsachen Kenntnis zu nehmen und sie zu bestreiten, anders als dies zB bei einem Arrestantrag nach § 920, § 922 III ZPO der Fall ist (BAG 25.4.2013 AP InsO § 343 Nr. 1 Rn. 101). Entbehrl. ist eine Glaubhaftmachung, soweit die Tatsachen, auf die der AN sich beruft, durch die Akten des Gerichts zu beweisen sind (BAG 9.12.1954 AP ZPO § 182 Nr. 1). Die Glaubhaftmachung muss dem Richter nicht die volle Überzeugung des § 286 I 1 ZPO vermitteln, sondern lässt mit der überw. Wahrscheinlichkeit einen geringeren Grad ausreichen. Sie liegt vor, wenn bei umfassender Würdigung der Umstände des Einzelfalls mehr für als gegen die Behauptung spricht (BAG 7.11.2012 NZA 2013, 1035 Rn. 40). Der AN kann sich nach § 294 I ZPO aller Beweismittel bedienen, zu denen die Vers. an Eides statt zählt (BAG 25.4.2013 AP InsO § 343 Nr. 1 Rn. 101).

25 **2. Antragsfrist.** Der Antrag ist nach § 5 III 1 nur innerhalb von **zwei Wochen** nach Behebung des Hindernisses zulässig. Die Gründe des Nichtverschuldens und die Mittel zur Glaubhaftmachung müssen innerhalb dieser Frist benannt werden. Sind die Mittel zur Glaubhaftmachung in der Frist nicht ausreichend bezeichnet, hat das Gericht idR auch der anwaltl. vertretenen Partei einen entspr. Hinweis nach § 139 I ZPO zu erteilen (vgl. LAG BW 11.1.2008 – 7 Ta 1/08). Ergänzungen, Konkretisierungen oder Vervollständigungen fristgerecht benannter Mittel der Glaubhaftmachung können noch nach der Zwei-Wochen-Frist vorgetragen werden (LAG M 27.11.2013 ArbR 2014, 501).

26 Die Zwei-Wochen-Frist des § 5 III 1 beginnt mit der **Behebung des Hindernisses** für die Einhaltung der Klagefrist. Darunter ist der Zpkt. zu verstehen, in dem der AN bzw. sein Bevollmächtigter von der Fristversäumung Kenntnis erhalten hat oder bei ordnungsgem. Verfolgung der Rs. hätte haben können. Die Frist des § 5 III 1 wird also nicht erst durch die positive Kenntnis von der Versäumung der Klagefrist in Lauf gesetzt. Sie wird ausgelöst, wenn der AN aufgrund konkreter Anhaltspunkte bei gehöriger Sorgfalt erkennen muss, dass die Frist möglicherweise versäumt ist (BAG 25.4.2013 AP InsO § 343 Nr. 1 Rn. 87). War das Hindernis etwa durch eine unverschuldet falsche Rechtsauskunft verursacht (Rn. 17), ist es behoben, wenn der AN Kenntnis von der Drei-Wochen-Frist erhält oder hätte erlangen können. Konnte der AN Rechtsangelegenheiten wegen schwerer Erkrankung nicht erledigen, ist maßgebl., wann er rechtl. Schritte unternehmen kann und nicht, wann er genesen ist (*Schrader* NJW 2009, 1544). Das Hindernis ist behoben, wenn dem AN eine bei der AA vorzulegende Arbeitsbescheinigung ausgehändigt wird und er daraus auf eine Kündigung schließen kann (LAG RP 14.7.2004 NZA-RR 2005, 274) oder wenn das ArbG dem AN mit der Ladung zum Termin den Zpkt. des Eingangs der Klage bei Gericht mitteilt und er daraus die Fristversäumung errechnen kann (LAG K 23.3.2005 AE 2006, 197). Liegen Umstände vor, die zu Zweifeln führen, ob die Klage verzögert bzw. überhaupt zugegangen ist, beginnt die Frist des § 5 III 1 spätestens in dem Zpkt. zu laufen, in dem der AN bzw. sein PV durch Nachfrage Gewissheit über die Rechtzeitigkeit der Klageerhebung hätte erlangen können (vgl. BVerfG 11.1.1991 NJW 1992, 38). Hierfür sind die zur **Wiedereinsetzung in den vorigen Stand** nach § 234 II ZPO entwickelten Grds. zu übertragen. Die mögl. Probleme, die durch eine Verzögerung oder den Verlust bei der Übermittlung fristwahrender Schriftsätze entstehen können, sind in den Fällen der Wiedereinsetzung in den vorigen Stand und der nachträgl. Klagezulassung gleich gelagert (vgl. BVerfG 25.2.2000 AP KSchG 1969 § 5 Nr. 13; BAG 6.10.2010 NZA 2011, 477 Rn. 10). Bei der Beurteilung, wann der AN oder sein PV bei ordnungsgem. Verfolgung der Rechtssache Kenntnis von der Fristversäumung hätte haben können, ist zu beachten, dass den Parteien nach dem durch Art. 2 I, 19 IV, 103 I GG garantierten Anspruch auf Gewährung wirkungsvollen Rechtsschutzes der Zugang zu einer in der Verfahrensordnung vorgesehenen Instanz nicht in unzumutbarer, aus Sachgründen nicht mehr zu rechtfertigender Weise erschwert werden darf. Die Anforderungen an das, was der Betroffene veranlasst haben muss, um Kenntnis von der verspäteten Klage zu erlangen, dürfen deshalb einerseits nicht überspannt werden (BVerfG 25.2.2000 AP KSchG 1968 § 5 Nr. 13); andererseits schützt die Rechtsstaatsgarantie nicht denjenigen, der der Wahrung seines Rechts mit vermeidbarer Gleichgültigkeit gegenübersteht. Vielmehr ist von dem Prozessbeteiligten bzw. seinem Bevollmächtigten zu verlangen, von sich aus zum Wegfall des Hindernisses beizutragen und entspr. zumutbare Anstrengungen zu unternehmen (BVerfG 11.1.1991 NJW 1992, 38; BAG 6.10.2010 NZA 2011, 477 Rn. 12).

27 Nach Ablauf von sechs Monaten, vom Ende der versäumten Frist an gerechnet, kann der Antrag nicht mehr mit Erfolg gestellt werden, § 5 III 2. Es handelt sich um keine Not- oder Rechtsmittelfrist, sondern um eine § 234 III ZPO vergleichbare **absolute Frist.** Ist sie verstrichen, kommt eine nachträgl. Zulassung allenfalls in Betracht, wenn die Ursache der Fristüberschreitung nicht in der Sphäre der Partei liegt, sondern allein dem Gericht zuzurechnen ist (vgl. zu § 234 III ZPO BGH 20.2.2008

NJW-RR 2008, 878; **aA** *Schader* NJW 2009, 1544: „Klagezulassung unter keinen Umständen"). Bezogen auf die Fristen, in denen die Kündigungsschutzklage nachträgl. zugelassen werden kann, stellt § 5 eine abschl. Regelung dar. Eine **Wiedereinsetzung** in die abgelaufene Frist des § 5 III 2 in analoger Anwendung des § 233 ZPO ist ausgeschlossen, weil sich andernfalls ein Wertungswiderspruch zu der absoluten Frist des § 234 III ZPO ergäbe, der diese Möglichkeit gerade nicht vorsieht (BAG 28.1.2010 NZA 2010, 1373 Rn. 25 ff.). § 5 III 2, der den potentiellen Vorrang der Gewährung von Rechtsschutz auf sechs Monate begrenzt, um den AN in dieser Zeit vom Risiko einer unverschuldeten Versäumung der Frist des § 4 S. 1 zu entlasten, schafft einen angemessenen Ausgleich zwischen dem Interesse an materieller Gerechtigkeit einerseits und dem Interesse an Rechtssicherheit andererseits und ist deshalb, gemessen an Art. 19, IV, 103 I GG, verfassungsgem. (BAG 28.1.2010 NZA 2010, 1373 Rn. 28 ff.).

Für die **Berechnung der Fristen** gelten die allg. Vorschr., §§ 187 ff. BGB (BAG 28.1.2010 NZA 2010, 1373 Rn. 19). Die Antragsfrist läuft ab mit dem gleichen Tag nach zwei Wochen, an dem das Hindernis fortgefallen ist (dazu KR/*Friedrich/Kreft* Rn. 156 ff.). Das gilt entspr. für den Ablauf der sechsmonatigen Frist des § 5 III 2. Nach § 193 BGB verschiebt sich das Fristende, wenn es nach der reglulären Berechnung auf einen Samstag, Sonntag oder ges. Feiertag fallen würde. Der Lauf der prozessualen Frist endet durch Ruhensanordnung (§ 251 ZPO) und beginnt ab Beendigung des Ruhens erneut zu laufen (LAG SN 5.10.2000 LAGE KSchG § 5 Nr. 101). 28

IV. Entscheidung über den Antrag – Verfahrensfragen

Nach dem bis zum 31.3.2008 geltenden Abs. 4 hatte das ArbG über den Antrag gesondert durch Beschl. zu entscheiden. Es war unzulässig, über eine verspätete Klage und einen hierzu gestellten Zulassungsantrag zusammen im Urt. zu befinden (BAG 14.10.1982 AP ArbGG 1979 § 72 Nr. 2). Fasste das ArbG einen Beschl. über die Zulassung, betrieb es das Hauptverf. über die Kündigungsschutzklage zweckmäßigerweise erst nach Rechtskraft seines Beschl. weiter. Abs. 4 in der ab 1.4.2008 geltenden Fassung verzichtet auf das vormals obligatorische Zwischenverf. **Das ArbG** entscheidet seit diesem Zpkt. über die nachträgl. Klagezulassung und Klage durch Urt. Es kann das Verf. jedoch zunächst auf die Verh. und Entsch. über den Antrag auf nachträgl. Zulassung beschränken. In diesem Fall ergeht eine Entsch. durch **Zwischenurt.**, das wie ein Endurt. angefochten werden kann, § 5 IV 3 (dazu *Roloff* NZA 2009, 761, 765 f.). Entspr. gilt für eine Entsch. durch das LAG (Rn. 33). 29

Der Zulassungsantrag ist ein **Hilfsantrag** für den Fall, dass das Gericht die Klage für verspätet erachtet (BAG 22.3.2012 AP KSchG 1969 § 5 Nr. 19 Rn. 14). Voraussetzung für die Entsch. über den Hilfsantrag ist die tats. Versäumung der Klagefrist. Gegenstand des Verf. nach § 5 ist somit nicht mehr nur die Frage des Verschuldens (so die überw. Auff. zur vormaligen Rechtslage). Ist das Vorliegen einer Kündigung, deren Zugang oder der Zugangszpkt. str. ist, darf das Gericht über die nachträgl. Klagezulassung nur entscheiden, wenn es die Überzeugung gewonnen hat, die Klagefrist sei versäumt. Für dieses Verständnis der Norm spricht neben dem Wortlaut, der die Verspätung der Klage zur Antragsvoraussetzung macht, der Umstand, dass eine „Verfristung" für den Kündigungsschutzantrag präjudizielle Bindungswirkung hat. Hinzu kommen prozessökonomische Gründe, die nach dem Sinn und Zweck der ges. Neuregelung zu beachten sind (vgl. BT-Drs. 16/7716 S. 33 f.). Der Gesetzgeber hat durch die Einf. des Verbundverf. als Regelfall eine Beschleunigung des Kündigungsrechtsstreits beabsichtigt (vgl. BT-Drs. 16/7716 S. 14). Entscheidet das Gericht abw. davon durch Zwischenurt., ließe es sich nicht rechtfertigen, einen Streit zur Frage der nachträgl. Klagezulassung über drei Instanzen zu führen, ohne dass deren Grdl. geklärt ist, näml. ob die Klage überhaupt verspätet erhoben wurde. Das – isolierte – nachträgl. Klagezulassungsverf. würde ins Leere laufen, wenn erst danach festgestellt würde, dass die Klagefrist gar nicht versäumt wurde (BAG 28.5.2009 NZA 2009, 1229). 30

Die **verspätete Klage** ist abzuweisen, wenn der Antrag auf nachträgl. Zulassung unzulässig oder unbegr. ist. Unzulässigkeit liegt vor, wenn der Antrag nicht innerhalb der Zwei-Wochen-Frist bzw. erst nach Ablauf der Sechs-Monats-Frist gestellt ist oder wenn im Fall der Wahrung der Zwei-Wochen-Frist die Tatsachen, die die Verspätung entschuldigen sollen, nicht angegeben oder die Mittel der Glaubhaftmachung nicht bezeichnet wurden. Kann die Einhaltung der Antragsfrist (Angabe des Zpkt. der Kenntnis vom verspäteten Eingang der Klageschrift) nicht festgestellt werden, ist der Antrag ebenfalls unzulässig (LAG TH 5.3.2001 LAGE KSchG § 5 Nr. 100). Er ist dagegen unbegr., wenn die vorgetragenen Tatsachen eine Entschuldigung nicht ausweisen oder nicht als glaubhaft erachtet werden können. Die Angaben sind glaubhaft, wenn eine überw. Wahrscheinlichkeit für ihre Richtigkeit spricht. Darüber hat das Gericht unter Würdigung aller im Antrag angegebenen und in der mdl. Verh. verfügbaren Beweismittel zu entscheiden. Ist ein Beweismittel nicht verfügbar, geht dies nach § 294 II ZPO zu Lasten des AN (LAG M 3.11.1975 DB 1976, 732; LAG BW 8.3.1988 LAGE KSchG 1969 § 5 Nr. 37). Die Beweiserleichterung der Glaubhaftmachung betrifft nicht die Frage der Verspätung, sondern nur das Verschulden. Der Zugang der Kündigung unterliegt weiterhin dem Vollbeweis. 31

Gegen den Beschl., durch den das ArbG die verspätete Klage nach altem Recht zuließ oder die Zulassung ablehnte, war nach § 5 IV 2 aF die sofortige Beschwerde zulässig, über die das LAG durch 32

Beschl. gem. § 78 ArbGG iVm. § 572 IV ZPO entschied. Auch nach der Änd. des Beschwerderechts ab 1.1.2002 blieb eine RB zum BAG unzulässig (BAG 20.8.2002 AP KSchG 1969 § 5 Nr. 14; 15.9.2005 NZA-RR 2006, 211). Nunmehr ist unter den ges. Voraussetzungen die **Rev. zum BAG** eröffnet, weil über die nachträgl. Zulassung stets durch Urt. zu entscheiden ist. Diese begrüßenswerte GÄnd. ermöglicht eine bundeseinheitl. Rechtsanwendung und verbessert damit nicht nur den Rechtsschutz des Einzelnen, sondern trägt erhebl. zur Rechtssicherheit bei (vgl. BR-Drs. 820/07 S. 35).

33 Die Rechtsänd. zum 1.4.2008 wirkt sich ferner aus, wenn die Frage, ob die Kündigungsschutzklage verspätet ist, erstmals in zweiter oder dritter Instanz relevant wird (zB weil das ArbG die Kündigung unzutr. aus anderen Gründen als unwirksam ansah) und der AN rechtzeitig Zulassung beantragte. Nach altem Recht musste stets das ArbG entscheiden. Das LAG hatte das erstinstanzl. Urt. selbst dann aufzuheben und den Rechtsstreit zur erneuten Verh. und Entsch. an das ArbG zurückzuverweisen, wenn die Frist des § 5 III 2 offensichtl. verstrichen war. Der damit einhergehende Verstoß gegen § 68 ArbGG wurde mit der funktionellen Zust. begr. (umstr., s. 9. Aufl. Rn. 32). Nach dem ab 1.4.2008 geltenden § 5 V 1 urteilt das **LAG** über den Antrag auf nachträgl. Zulassung. Die Neuregelung vermeidet eine Zurückverweisung an das ArbG, die das Verf. verzögert. Das LAG befindet über die nachträgl. Zulassung und über die Kündigungsschutzklage stets durch Urt. Es kann zunächst ein Zwischenurt. zur nachträgl. Zulassung sprechen und Rev. zulassen, wenn es zB eine grds. Rechtsfrage zur nachträgl. Zulassung vorab klären will.

§ 6 Verlängerte Anrufungsfrist

[1]Hat ein Arbeitnehmer innerhalb von drei Wochen nach Zugang der schriftlichen Kündigung im Klagewege geltend gemacht, dass eine rechtswirksame Kündigung nicht vorliege, so kann er sich in diesem Verfahren bis zum Schluss der mündlichen Verhandlung erster Instanz zur Begründung der Unwirksamkeit der Kündigung auch auf innerhalb der Klagefrist nicht geltend gemachte Gründe berufen. [2]Das Arbeitsgericht soll ihn hierauf hinweisen.

1 **1. Normzweck.** § 6 idF des seit dem 1.1.2004 geltenden G zu Reformen am Arbeitsmarkt (BGBl. I S. 3002) trägt der Ausdehnung der dreiwöchigen Klagefrist des § 4 S. 1 auf alle Unwirksamkeitsgründe einer schriftl. Kündigung Rechnung. § 6 soll einerseits im Zusammenspiel mit § 4 frühzeitig Rechtsklarheit schaffen und andererseits den AN vor einem unnötigen Verlust seines Kündigungsschutzes aus formalen Gründen schützen. Der „meist nicht rechtskundige“ AN soll in diesen Fällen vor dem Verlust des Kündigungsschutzes bewahrt werden, wenn er nur durch rechtzeitige Anrufung des Gerichts seinen Willen, die Wirksamkeit der Kündigung zu bekämpfen, genügend klar zum Ausdruck gebracht hat. Notwendig für die Anwendung des § 6 ist, dass sich der AN innerhalb von drei Wochen durch Klage gegen die schriftl. Kündigung gewehrt hat (vgl. dazu Rn. 3). § 6 verlangt ein **aktives gerichtl. Vorgehen**. Danach muss sich der AG darauf einstellen, den AN je nach Ausgang des Prozesses weiterzubeschäftigen. Weiß er, dass sich der AN mit einer rechtzeitig erhobenen Kündigungsschutzklage gegen die ausgesprochene Kündigung gewandt hat, mutet ihm das KSchG zu, sich auch außerhalb der Frist mit erstinstanzl. geltend gemachten Unwirksamkeitsgründen auseinanderzusetzen (*Eylert* NZA 2012, 9, 11). Zugleich wollte der Gesetzgeber diese Rügemöglichkeit aber für die Zeit bis zum **Schluss der mdl. Verh. erster Instanz** beschränken, um dem AG alsbald Klarheit über den Bestand oder die Beendigung des ArbVerh. zu verschaffen (BT-Drs. 15/1204 S. 13). § 6 S. 1 ist damit eine über § 67 ArbGG hinausgehende **Präklusionsvorschr.** (BAG 18.1.2012 NZA 2012, 817 Rn. 12; *Raab* RdA 2004, 321, 329). Sie dient der Konzentration des Kündigungsschutzprozesses und in diesem Zusammenhang auch dem Schutz des AG. Dieser soll sich nicht erstmals in zweiter Instanz auf einen anderen Unwirksamkeitsgrund einlassen und dementspr. langfristig Beweise sichern müssen. Mit Unwirksamkeitsgründen, die der AN nicht bis zum Schluss der mdl. Verh. erster Instanz eingeführt hat, ist er grds. in der Berufung ausgeschlossen (BAG 24.5.2012 NZA 2013, 137 Rn. 50; 20.1.2016 NZA 2016, 490 Rn. 14). Die Präklusion wird jedoch nur ausgelöst, wenn das Gericht seiner **Hinweispflicht** nach S. 2 und § 139 ZPO gerecht geworden ist. Nur dann stehen die Funktionen, den Zugang zu den Gerichten für den AN nicht unnötig zu erschweren (Art. 103 GG) und zugleich für den AG alsbaldige Klarheit zu gewährleisten, in einem ausgewogenen und verfassungskonformen Verhältnis (vgl. *Eylert* NZA 2012, 9f.; § 6 Rn. 6f.). Hat das ArbG seiner Hinweispflicht nicht genügt, kann der AN den weiteren Unwirksamkeitsgrund noch in zweiter Instanz geltend machen (BAG 25.10.2012 NZA 2013, 900 Rn. 35). Für die **außerordentl. Kündigung** gilt § 6 über § 13 I 2 entspr.

2 Folgt ein bestimmter Unwirksamkeitsgrund nicht schon aus dem Vortrag, den der AN innerhalb der Frist des § 4 S. 1 gehalten hat, und beruft er sich darauf bis zum Schluss der mdl. Verh. erster Instanz, führt dies nicht zum Wechsel des **Streitgegenstandes**, sondern nur zu einer Erweiterung des Sachvortrags im Kündigungsschutzprozess iS einer mehrfachen Begr. desselben Klageanspruchs. Das Gericht hat nach dem allg. zivilprozessualen Grds. „iura novit curia“ **alle Unwirksamkeitsgründe vAw. zu berücksichtigen**, die sich aus dem **unstr. Vortrag** der Parteien ergeben. Danach ist es an sich nicht in das Belieben des Kl. gestellt, auf welche materiell-rechtl. Vorschr. er sein Begehren stützt. Der Kl.

bestimmt ledigl. den Streitgegenstand, die rechtl. Subsumtion ist grds. Sache des Gerichts. Im Interesse der Erlangung schneller Rechtsklarheit trifft § 6 S. 1 eine hiervon abw. spezielle Regelung. Unwirksamkeitsgründe, die sich aus dem Sachvortrag der Parteien nicht ergeben, dürfen danach im Kündigungsschutzverf. vom Gericht nicht berücksichtigt werden (dazu *Moll/Kattendahl* Anm. AP KSchG § 17 Nr. 48). Diese für den Zivilprozess untypische Besonderheit führt dazu, dass der AN eine Beschränkung des Prüfprogramms vornehmen kann, indem er im Verlauf des Prozesses zweifelsfrei erklärt, sich auf bestimmte, rechtl. eigenständige Unwirksamkeitsgründe nicht mehr zu berufen. Selbst in zweiter Instanz kann er somit bestimmte Gründe jederzeit fallen lassen (BAG 24.5.2012 NZA 2013, 137 Rn. 50; 20.6.2013 NZA 2014, 143 Rn. 50; 26.9.2013 NZA-RR 2014, 236 Rn. 17 f.). Hält der AN etwa an der Rüge einer fehlerhaften BR-Anhörung nicht mehr fest, ist die Wirksamkeit der Kündigung unter dem Aspekt des § 102 I BetrVG nicht (mehr) zu überprüfen. Das Urt. darf dann darauf nicht mehr gestützt werden. Diese Rspr. kann sich aber wohl nur auf **str. Sachvortrag** beziehen. § 6 bezweckt nicht, unstr. Vortrag der Prüfung des Gerichts zu entziehen und dieses auf einen bestimmten anderen Lösungsweg zu verweisen.

2. Berufung auf weitere Unwirksamkeitsgründe, § 6 S. 1: Eine Erweiterung der Prüfung auf weitere Unwirksamkeitsgründe setzt voraus, dass der AN die Kündigung überhaupt innerhalb der Frist des § 4 S. 1 angegriffen hat. Dies geschieht regelm. durch eine **Kündigungsschutzklage**, mit der die Kündigung punktuell angegriffen wird (vgl. dazu § 4 Rn. 9, 30 ff.). Dazu genügt es, dass aus der Klage ersichtl. ist, gegen wen sie sich richtet, wo der Kl. tätig war und va., dass er seine Kündigung nicht als berechtigt anerkennen will (BAG 18.7.2013 NZA 2014, 109 Rn. 19). Der Schutzzweck des § 6 kann eine entspr. Anwendung bei anderen Klagearten erfordern. Nach altem Recht genügte eine innerhalb der Drei-Wochen-Frist erhobene **Leistungsklage**, mit der der AN **Lohnansprüche** oder **Weiterbeschäftigung** für die Zeit nach Zugang der Kündigung bzw. Ablauf der Kündigungsfrist innerhalb von drei Wochen gerichtl. geltend gemacht hat, wenn die Ansprüche die Unwirksamkeit einer Kündigung voraussetzten. Entspr. § 6 aF konnte der AN den Antrag bis zum Ende der mdl. Verh. erster Instanz auf einen Kündigungsschutzantrag (um-)stellen (dazu 3. Aufl. § 6 Rn. 6 f.). Dies ist nach der Neufassung des § 6 weiter anzunehmen, obwohl die Vorschr. nach ihrer (zu) engen Formulierung nunmehr allein auf einen Austausch oder auf eine Erweiterung des Grundes einer Klage nach § 4 abstellt. Nach der Neufassung des § 6 soll aber die bisherige Regelung ledigl. auf die Änd. des § 13 I 2 Bedacht nehmen (BT-Drs. 15/1509, 15/1204 S. 13). Nur durch eine entspr. Anwendung des § 6 kann somit dem unveränderten GZweck entsprochen werden, den häufig nicht rechtskundigen AN vor einem Verlust des Kündigungsschutzes aus formalen Gründen zu schützen. Das Interesse des AG an einer schnellen Klärung der Rechtslage und sein Vertrauen in den Bestand der ausgesprochenen Kündigung wird dadurch nicht stärker berührt als im unmittelbaren Anwendungsbereich des § 6 S. 1 (BAG 23.4.2008 AP KSchG 1969 § 4 Nr. 65 Rn. 23 f.; 15.5.2012 NZA 2012, 1148 Rn. 23; 26.9.2013 NZA 2014, 443 Rn. 35; 18.12.2014 NZA 2015, 635 Rn. 29). Diese Erwägungen treffen entspr. auf eine **allg. Feststellungsklage** zu, mit der sich der AN innerhalb der Frist des § 4 S. 1 gegen jegl. Folgekündigungen oder späteren Beendigungstatbestände wendet, die von einem bereits gestellten punktuellen Antrag nicht erfasst sind. Dabei macht es keinen Unterschied, ob die Kündigungsschutzklage im Zpkt. des Zugangs der weiteren Beendigungstatbestände bereits anhängig war (BAG 26.9.2013 NZA 2014, 443 Rn. 37). Die Bestimmung gilt ferner bei der Klage gegen eine **Änderungskündigung** (HHL/*Linck* Rn. 9 mwN). Hat der AN sich zunächst darauf berufen, die Änd. der Arbeitsbedingungen sei sozial ungerechtfertigt, § 4 S. 2, und stellt sich im Verlauf des Prozesses heraus, dass eine wirksame Annahme des Änderungsangebots nicht vorlag, kann der AN in entspr. Anwendung von § 6 bis zum Schluss der mdl. Verh. erster Instanz auf eine Beendigungsschutzklage übergehen (BAG 23.3.1983 AP KSchG 1969 § 6 Nr. 1). Hingegen lässt sich eine **Klage auf Abfindungszahlung** ebenso wenig auf eine Kündigungsschutzklage erweitern (APS/*Hesse* Rn. 16; HaKo/*Gallner* Rn. 25) wie eine Klage auf Wiedereinstellung. 3

§ 6 erfasst sowohl den Fall, dass der AN die Kündigung zunächst aus anderen Gründen als denen der Sozialwidrigkeit angefochten hat, als auch denjenigen, dass er sich zunächst auf andere Unwirksamkeitsgründe (zB nach § 102 I BetrVG, §§ 79 IV, 108 BPersVG, §§ 138, 242 BGB, § 174 BGB, § 9 I MuSchG, § 85 SGB IX) berufen hat (vgl. BAG 8.11.2007 NZA 2008, 936 Rn. 16; 24.5.2012 NZA 2013, 137 Rn. 50). Der vertragl. oder tarifl. Ausschluss der ordentl. Kündigung ist ein sonstiger Unwirksamkeitsgrund, auf den sich der AN rechtzeitig berufen muss. Es genügt dafür nicht, dass die Anwendung des einschlägigen TV im Prozess erwähnt, der darin geregelte Kündigungsausschluss aber nicht geltend gemacht wird (BAG 8.11.2007 NZA 2008, 936 Rn. 17). § 6, der weit auszulegen ist (BAG 31.3.1993 AP KSchG 1969 § 4 Nr. 27), findet Anwendung, wenn der AN zunächst die Unwirksamkeit einer ihm ggü. erklärten schriftl. fristlosen Kündigung geltend gemacht und sich erst später auf die Sozialwidrigkeit der vorsorgl. erklärten ordentl. Kündigung berufen hat, ebenso bei **Umdeutung** einer außerordentl. in eine ordentl. Kündigung (HaKo/*Gallner* Rn. 14 f.; KR/*Friedrich/Treber* Rn. 12). Hat der AN aber eine ordentl. Kündigung hingenommen oder nach einer fristlosen und hilfsweise ordentl. Kündigung ausdr. nur die Unwirksamkeit der fristlosen geltend gemacht, ist für eine Verlängerung der Klagefrist kein Raum (vgl. BAG 13.8.1987 AP KSchG 1969 § 6 Nr. 3; HaKo/*Gallner* Rn. 17). Ein AN, 4 der die Unwirksamkeit nach § 17 fristgemäß geltend gemacht hat, kann sich nach Ablauf der Frist des § 4 S. 1 bis zum Schluss der mdl. Verh. erster Instanz auf Sozialwidrigkeit und andere Gründe berufen. Hat der AN fristgemäß Klage erhoben, muss er sich jdf. dann in den zeitl. Grenzen des § 6 S. 1 auf die **Nichteinhaltung der Kündigungsfrist** berufen, wenn die Kündigung einer **Umdeutung** nach § 140 BGB bedarf (BAG 29.1.2015 NZA 2015, 673 Rn. 24). Str. ist allerdings, ob der AN überhaupt nach § 4 S. 1 klagen muss, wenn er nur die Einhaltung der zutr. Kündigungsfrist geltend macht und sich die Kündigungserkl. dahin auslegen lässt, dass eine ordentl. Kündigung mit zutr. Kündigungsfrist gemeint ist (dazu § 4 Rn. 5). Ob es dem AN in diesem Fall mögl. ist, sich bei einer innerhalb der Frist des § 4 S. 1 ausdr. nur gegen die Nichteinhaltung der ges., tarifl. oder vertragl. **Kündigungsfrist** gerichteten Klage im verlängerten Anrufungszeitraum auf sonstige Unwirksamkeitsgründe zu berufen, erscheint zw., weil der AN die Beendigung des ArbVerh. in diesem Fall dem Grunde nach nicht mehr in Frage stellt (*Eylert* NZA 2012, 9, 11, **aA** HaKo/*Gallner* Rn. 18 ff.; LSW/*Spinner* Rn. 4; KR/*FriedrichTreber* Rn. 11). Hat der AN die Nichteinhaltung der Frist bei einer „hilfsweise zum nächstmögl. Termin" ausgesprochenen Kündigung bereits in der Klage gerügt, ist es ihm jdf. nicht verwehrt, sein Feststellungsbegehren darauf im Berufungsverf. zu erweitern (BAG 9.9.2010 NZA 2011, 343 Rn. 14).

5 Die anderen Gründe, die die Unwirksamkeit oder Sozialwidrigkeit der Kündigung begründen sollen, müssen **bis zum Schluss der mdl. Verh. erster Instanz** (§ 136 IV ZPO) geltend gemacht werden. Hat der AN eine Kündigungsschutzklage erhoben, mit der er anfängl. nur andere Unwirksamkeitsgründe geltend gemacht hat, muss er sich bis dahin auf die Sozialwidrigkeit der Kündigung ausdr. berufen. War eine Leistungs-, Weiterbeschäftigungs- oder allg. Feststellungsklage rechtshängig, muss er bis zum Schluss der mdl. Verh. einen Kündigungsschutzantrag stellen (Rn. 3). In der **Berufungsinstanz** ist der AN aufgrund der ausdr. ges. Anordnung des S. 1 mit der nachträgl. Rüge nicht rechtzeitig geltend gemachter Unwirksamkeitsgründe grds. ausgeschlossen (BAG 4.5.2011 NZA 2011, 1178 Rn. 19; 18.1.2012 NZA 2012, 817 Rn. 13; 20.1.2016 NZA 2016, 490 Rn. 14). Hat das ArbG aber einen nach § 6 S. 2 gebotenen Hinweis nicht erteilt, liegt ein Verfahrensverstoß vor, der vom AN zu rügen ist. In einem solchen Fall muss es dem AN mögl. sein, sich noch in der Berufungsinstanz auf andere Unwirksamkeitsgründe zu berufen, die er in erster Instanz auf einen gebotenen Hinweis des Gerichts vorgetragen hätte. Stellt das Berufungsgericht einen Verfahrensfehler fest, hat es selbst in der Sache zu entscheiden, ggf. nach einem von ihm analog § 6 S. 2 zu erteilenden Hinweis. Eine Zurückverweisung nach Aufhebung des erstinstanzl. Urt. widerspricht dem arbeitsgerichtl. Beschleunigungsgrds. in Bestandsschutzstreitigkeiten (§ 61a ArbGG) und ist gem. § 68 ArbGG unzulässig. Dem kann nicht entgegengehalten werden, die Parteien verlören durch eine erstmalige Sachentsch. eine Tatsacheninstanz (vgl. BAG 26.4.2011 NZA 2011, 1178 Rn. 30; 13.12.2012 AP KSchG 1969 § 17 Nr. 43 Rn. 57). Das Rechtsstaatsprinzip verlangt nicht zwgd. einen mehrstufigen Instanzenzug. Das GG garantiert in Art. 19 IV und iRd. allg. Justizgewährleistungsanspruchs nur, dass der Zugang zu den Gerichten eröffnet ist (BVerfG 30.4.2003 – 1 PBvU 1/02). Ist ein Hinweis nach S. 2 unterblieben und hat der AN die **Klage zurückgenommen,** kann eine erneut eingelegte – verspätete – Kündigungsschutzklage bei Vorliegen der entspr. Voraussetzungen nachträgl. zuzulassen sein (KR/*Friedrich/Treber* Rn. 34).

6 **3. Hinweispflicht, § 6 S. 2:** Das ArbG soll den AN „hierauf", also darauf, dass er nach S. 1 weitere Unwirksamkeitsgründe (nur) bis zum Schluss der mdl. Verh. erster Instanz geltend machen kann, hinweisen. S. 2 sieht im Unterschied etwa zu den Präklusionsvorschr. des § 277 II ZPO oder des § 56 II 2 ArbGG keine gerichtl. Belehrung vor (BAG 18.1.2012 NZA 2012, 817 Rn. 22). Die Sollvorschr. des S. 2 ist aber aus verfassungsrechtl. Gründen als **gerichtl. Pflicht** auszulegen. Das Verfahrensrecht dient der Herbeiführung gesetzmäßiger, gerechter Entsch. Sind dem Richter im Interesse einer angemessenen Verfahrensgestaltung Ermessensbefugnisse eingeräumt, hat er diese Befugnisse so auszulegen und anzuwenden, dass es nicht zu einer Verkürzung des grundrechtl. gesicherten Anspruchs auf effektiven Rechtsschutz kommt (BAG 18.1.2012 NZA 2012, 817 Rn. 23). Der Hinweispflicht ist genügt, wenn das Gericht den klagenden AN in der **Ladung zum Gütetermin** entspr. dem Wortlaut des S. 1 darauf hinweist, dass er sich bis zum Schluss der mdl. Verh. erster Instanz zur Begr. der Unwirksamkeit der Kündigung auch auf innerhalb der Klagefrist nicht geltend gemachte Gründe berufen könne. Eine prozessleitende Anordnung nach § 61a IV ArbGG, auf die zu erwartende Klageerwiderung binnen bestimmter Fristen abschl. vorzutragen, erfüllt die Hinweispflicht dagegen nicht (BAG 25.10.2012 NZA 2013, 900 Rn. 36). S. 2 verlangt andererseits nicht, dass das ArbG von sich aus alle denkbaren Unwirksamkeitsgründe vAw. abfragt. Hinweise auf konkrete Unwirksamkeitsgründe sind selbst dann nicht geboten, wenn im Laufe des Verf. deutl. wird, dass Gründe in Betracht kommen, auf die sich der AN bisher nicht berufen hat. Die Pflicht zu derartigen Hinweisen kann sich allerdings aus der in **§ 139 ZPO** geregelten allg. materiellen Prozessleitungspflicht des ArbG ergeben. Der AN muss in einer mit Art. 103 I GG zu vereinbarenden Weise Gelegenheit haben, sich zu den wichtigen Punkten in arbeitsgerichtl. Verf. zu äußern und sein Rechtsschutzbegehren effektiv zu verfolgen. Grds. ist danach ein Hinweis auf konkrete Unwirksamkeitsgründe geboten, wenn sich nach dem bisherigen Sachvortrag nicht hinreichend klar ergibt, ob sich eine Partei auf einen bestimmten Unwirksamkeitsgrund berufen will (BAG 18.1.2012 NZA 2012, 817 Rn. 14 ff., 22 ff.; 26.9.2013 NZA-RR 2014, 236 Rn. 16).

Die Hinweispflicht bezieht sich auf tats. und rechtl. Aspekte. Dazu gehört es, unklares Parteivorbringen zu erhellen, laienhaften Parteivortrag in den Prozess zu integrieren und mit den Parteien ein Rechtsgespräch zu führen, um gebotene Erkl. und erhebl. Tatsachenvortrag zu veranlassen. Sie markiert dabei eine „sensible Schnittstelle" zwischen zivilprozessualer Parteiherrschaft und Gewährung effektiven Rechtsschutzes (vgl. *Eylert* NZA 2012, 9, 11) und kann deshalb nicht schon durch eine Art „Schleppnetzrüge" ausgelöst werden, mit der ein AN „die Unwirksamkeit der Kündigung unter allen denkbaren rechtl. Aspekten geltend macht" (*Eylert* NZA 2012, 9, 12). Das Gericht muss und darf nur aufklären, ob sich eine Partei mit seinem Vorbringen auf einen bestimmten Unwirksamkeitsgrund berufen will, wenn der aus seinem Vortrag nicht hinreichend deutl. wird oder die Partei einen Gesichtspunkt erkennbar übersehen hat (vgl. BAG 18.1.2012 NZA 2012, 817 Rn. 25). Trägt der AN zB die Anwendbarkeit eines TV vor, ohne sich auf den dort geregelten Kündigungsausschluss zu berufen, ist ein Hinweis nach S. 2 geboten (BAG 8.11.2007 NZA 2008, 936). Ergibt sich aus dem Vortrag der Parteien, dass obj. eine Schwerbehinderung des AN vorliegt, kann die Frage veranlasst sein, ob sich der AN auf den Kündigungsschutz nach § 85 ff. SGB IX berufen will. Ist nach dem Sachvortrag der Parteien im Betrieb ein BR gebildet, wird sich das ArbG idR zu erkundigen haben, ob der AN die ordnungsgem. Anhörung nach § 102 I BetrVG rügt. Hat eine soziale Auswahl stattgefunden, können Zweifel auszuräumen sein, ob sich der AN auf etwaige Auswahlfehler berufen will. 7

§ 7 Wirksamwerden der Kündigung

Wird die Rechtsunwirksamkeit einer Kündigung nicht rechtzeitig geltend gemacht (§ 4 Satz 1, §§ 5 und 6), so gilt die Kündigung als von Anfang an rechtswirksam; ein vom Arbeitnehmer nach § 2 erklärter Vorbehalt erlischt.

§ 7 ergänzt die §§ 4, 5 und 6, indem er die Folgen der nicht rechtzeitigen Klageerhebung regelt. Wird die Rechtsunwirksamkeit einer schriftl. Kündigung nicht rechtzeitig geltend gemacht, gilt sie als von Anfang an rechtswirksam. Rechtzeitig ist die Klageerhebung nach § 4 S. 1 innerhalb von drei Wochen einschl. der Modifizierung in § 4 S. 4, die verspätet erhobene, aber nach § 5 nachträgl. zugelassene Klage und die in der verlängerten Anrufungsfrist des § 6 umgestellte Klage (KR/*Rost* Rn. 12 ff.). In § 7 Hs. 1 wird im Hinblick auf die Rechtzeitigkeit nur § 4 S. 1 erwähnt; die Nichtzitierung des § 4 S. 4 ist offenbar ein redaktionelles Versehen (HaKo/*Gallner* Rn. 3; HHL/*Linck* Rn. 3). § 7 greift, wenn eine zunächst rechtzeitig erhobene Klage nach Ablauf der Drei-Wochen-Frist zurückgenommen wird (HHL/*Linck* Rn. 4). Gem. § 269 III 1 ZPO gilt der Rechtsstreit in einem solchen Fall als nicht anhängig geworden. Die Wirkungen der Klagerücknahme treten rückwirkend ein, und zwar auf den Tag des Zugangs der Kündigung. Wird eine **verspätet erhobene Klage nachträgl. zugelassen**, beseitigt § 5 die nach Ablauf der Drei-Wochen-Frist zunächst eingetretenen Rechtsfolgen des § 7 wieder. Nicht von der Fiktionswirkung erfasst sind Gründe, die nicht innerhalb der Frist des § 4 geltend gemacht werden müssen. Dies betrifft den Unwirksamkeitsgrund der fehlenden Schriftform (§ 4 Rn. 8) sowie unter best. Vorauss. die Rüge der unzutr. Kündigungsfrist (vgl. § 4 Rn. 5). 1

Als Folge der Wirkung des § 7 ist für alle aus dem ArbVerh. folgenden **Vergütungsansprüche** davon auszugehen, dass eine bestimmte schriftl. Kündigung als rechtswirksam gilt. Der AN kann sich in Folgeprozessen mit seinem AG daher nicht auf die Unwirksamkeit der Kündigung berufen. Ob der Kündigungsgrund tats. vorlag, ist dagegen nicht Gegenstand der Fiktion. Wurde dem AN zB mit der Begr. gekündigt, er habe seinem AG einen schweren Schaden zugefügt, kann der AN sich im nachf. Schadensersatzprozess ohne irgendeine Rechtskraftbindung durch das Urt. im Kündigungsschutzprozess darauf berufen, er habe den Schaden nicht verursacht, zumindest treffe ihn kein Verschulden. Die Fiktion des § 7 kann allerdings rechtl. Folgewirkungen haben, wenn die Beendigung des ArbVerh. Rückzahlungsverpflichtungen oder Vertragsstrafen auslöst (BAG 23.5.1984 AP BGB § 339 Nr. 9; KR/*Rost* Rn. 30). Die Wirkung des § 7 gilt auch Dritten ggü., wie dem **Lohnpfändungsgläubiger** oder einem **Sozialversicherungsträger** (KR/*Rost* Rn. 31; vgl. BAG 20.8.1980 AP LohnFG § 6 Nr. 14). Nach Hs. 2 bezieht sich das Wirksamwerden der Kündigung entspr. auf eine unter Vorbehalt angenommene **Änderungskündigung**. Ein von dem AN erklärter Vorbehalt erlischt; der AN hat zu den geänd. Bedingungen zu arbeiten (KR/*Rost* Rn. 24). Dies gilt auch für die Rücknahme der Änderungsschutzklage; dadurch endet nicht etwa das ArbVerh. insg. (LAG SH 20.1.2005 NZA-RR 2005, 248). Nach § 13 I 2 sind die §§ 4, 7 auf außerordentl. Kündigungen und Änderungskündigungen anzuwenden. 2

§ 8 Wiederherstellung der früheren Arbeitsbedingungen

Stellt das Gericht im Falle des § 2 fest, daß die Änderung der Arbeitsbedingungen sozial ungerechtfertigt ist, so gilt die Änderungskündigung als von Anfang an rechtsunwirksam.

§ 8 ergänzt § 2 auf der Rechtsfolgenseite. Die Vorschr. ist nicht klar gefasst. Bei Annahme unter Vorbehalt ist das mit der Kündigung unterbreitete Änderungsangebot, nicht jedoch die Kündigung 1 als solche streitbefangen (KR/*Kreft* Rn. 6). Die Annahme unter Vorbehalt ist rechtl. als Annahme des Angebots des AG unter der rückwirkend auflösenden Bedingung gerichtl. festzustellender Sozialwidrigkeit der geänd. Arbeitsbedingungen zu verstehen, § 158 II BGB (BAG 24.3.2004 AP EntgeltFG § 3 Nr. 22; KR/*Kreft* Rn. 3), vgl. § 2 Rn. 33. Obsiegt der AN, tritt die Bedingung ein. Die Annahme des Änderungsangebots gilt als nicht erfolgt. Der AG hat den AN in Anwendung von § 159 BGB so zu stellen, wie er stünde, wenn er von vornherein zu nicht geänd. Bedingungen weitergearbeitet hätte (HHL/*Linck* § 2 Rn. 209). Nimmt der AN bei einer Änderungskündigung die geänd. Arbeitsbedingungen unter Vorbehalt an und obsiegt er im Kündigungsschutzprozess, gilt der Arbeitsvertragsinhalt von Anfang an als unverändert fortbestehend. Die rechtl. Bedeutung der Vorschr. liegt somit in der Begr. einer Rückwirkung des Bedingungseintritts (KR/*Kreft* Rn. 4). Mit Klageabweisung erlischt hingegen der Vorbehalt. Das ArbVerh. besteht zu den geänd. Bedingungen fort. § 8 bezieht sich **auf alle Unwirksamkeitsgründe**, nicht nur auf die Sozialwidrigkeit (KR/*Kreft* Rn. 8). § 8 ist auf eine außerordentl. Änderungskündigung entspr. anwendbar (KR/*Kreft* Rn. 15), vgl. § 2 Rn. 8.

2 Hat der AN eine Änderungskündigung unter Vorbehalt angenommen, muss er zunächst zu den geänd. Bedingungen arbeiten (BAG 18.1.1990 AP KSchG 1969 § 2 Nr. 27; KR/*Kreft* § 2 Rn. 216). Durch ein obsiegendes Urt. kann er den unveränderten Erfüllungsanspruch für Vergangenheit und Zukunft durchsetzen, soweit dem nicht Unmöglichkeit entgegensteht. Wurde durch das Änderungsangebot das **Arbeitsentgelt verringert**, ist dem AN die Differenz zwischen dem tats. gezahlten Entgelt und dem urspr. vor Vertragsänd. festgelegten Entgelt nachzuvergüten (HHL/*Linck* § 2 Rn. 209). Wurde die AZ verkürzt, hat der AN für die Vergangenheit Anspruch auf Lohnersatz für die Zeit, in der er nicht gem. dem urspr. Arbeitsvertrag eingesetzt worden ist. Dabei sind solche Entgelte voll anzurechnen, die der AN anderweitig erzielt hat, die er aber nicht erzielt hätte, wenn er den urspr. Arbeitsbedingungen entspr. gearbeitet hätte, § 159 BGB (KR/*Kreft* Rn. 11: der Anspruch bemisst sich entspr. § 11). Ersatzansprüche kommen in Frage, wenn tats. vollzogene Änd. wie Versetzung oder Verkürzung der AZ rückwirkend nicht zu korrigieren sind (DDZ/*Zwanziger/Callsen* Rn. 2). Die Nachzahlungspflicht bewirkt nicht, dass zugleich rückwirkend Verzug fingiert wird (aA SES/*Schwarze* Rn. 3). Wegen der Einzelheiten hins. des Verdienstes, den der AN sich anrechnen lassen muss, vgl. § 11. Tarifl. Ausschlussfristen und Verjährungsfristen laufen hins. der Ansprüche, die erst mit dem obsiegenden Urt. zu realisieren sind, erst ab Rechtskraft dieser Entsch. (KR/*Kreft* Rn. 13).

§ 9 Auflösung des Arbeitsverhältnisses durch Urteil des Gerichts; Abfindung des Arbeitnehmers

(1) [1] Stellt das Gericht fest, daß das Arbeitsverhältnis durch die Kündigung nicht aufgelöst ist, ist jedoch dem Arbeitnehmer die Fortsetzung des Arbeitsverhältnisses nicht zuzumuten, so hat das Gericht auf Antrag des Arbeitnehmers das Arbeitsverhältnis aufzulösen und den Arbeitgeber zur Zahlung einer angemessenen Abfindung zu verurteilen. [2] Die gleiche Entscheidung hat das Gericht auf Antrag des Arbeitgebers zu treffen, wenn Gründe vorliegen, die eine den Betriebszwecken dienliche weitere Zusammenarbeit zwischen Arbeitgeber und Arbeitnehmer nicht erwarten lassen. [3] Arbeitnehmer und Arbeitgeber können den Antrag auf Auflösung des Arbeitsverhältnisses bis zum Schluß der letzten mündlichen Verhandlung in der Berufungsinstanz stellen.

(2) Das Gericht hat für die Auflösung des Arbeitsverhältnisses den Zeitpunkt festzusetzen, an dem es bei sozial gerechtfertigter Kündigung geendet hätte.

I. Normzweck

1 Unter bestimmten Voraussetzungen räumt § 9 den Vertragsparteien das Recht ein, das **ArbVerh. durch Urt. auflösen zu lassen**, wenn gerichtl. festgestellt wird, dass die Kündigung das ArbVerh. nicht beendet hat. Damit wird der Grds., dass das KSchG vornehml. den Bestand des ArbVerh. schützt und kein AbfindungsG ist (BAG 10.7.2008 NZA 2009, 312), durchbrochen, wenn die Fortsetzung des ArbVerh. den Interessen einer Partei trotz der Sozialwidrigkeit evident widerspricht (APS/*Biebl* Rn. 2). Der Auflösungsantrag kann nicht getrennt von einem Kündigungsschutzprozess verfolgt werden. Die gerichtl. Auflösung eines Ausbildungsverhältnisses ist nicht mögl. (BAG 29.11.1984 AP KSchG 1969 § 13 Nr. 6). Für ltd. Ang. gilt eine Sonderregelung. Gem. § 14 II 2 ist § 9 I 2 mit der Maßgabe anzuwenden, dass der Antrag des AG auf Auflösung des ArbVerh. keiner Begr. bedarf. Diese Lösungsmöglichkeit sieht das G aufgrund der bes. Vertrauensbeziehung zu ltd. Ang. vor (dazu § 14 Rn. 19). Eine weitere Spezialregelung enthält Art. 56 II a ZA-NTS, geänd. durch Änderungsabk. v. 18.3.1993 (BGBl. II S. 2594, 2598). § 9 I 2 gilt danach mit der Maßgabe, dass eine Auflösung des ArbVerh. auch mögl. ist, wenn seiner Fortsetzung bes. schutzwürdige militärische Interessen entgegenstehen.

II. Auflösungsantrag des Arbeitnehmers, § 9 I 1

1. Sozialwidrigkeit der Kündigung. Eine Auflösung des ArbVerh. nach § 9 I 1 kommt nur in Betracht, wenn die Kündigung sozialwidrig ist. Erweist sich die Kündigung aus weiteren Gründen als unwirksam, hat das Gericht festzustellen, dass die Kündigung **auch sozial ungerechtfertigt** ist (stRspr., BAG 29.1.1981 AP KSchG 1969 § 9 Nr. 6; 28.8.2008 NZA 2009, 279). War die Kündigung dagegen ausschl. aus anderen Gründen unwirksam, kann das Gericht das ArbVerh. nicht auf Antrag auflösen und keine Abfindung zuerkennen. Das G lässt keine andere Auslegung zu. Nach § 9 II hat das Gericht das ArbVerh. zu dem Zpkt. aufzulösen, an dem es bei sozial gerechtfertigter Kündigung geendet hätte. § 13 II sieht für **sittenwidrige Kündigungen** eine entspr. Anwendung der §§ 9 I 1, II und 10 bis 12 vor (§ 13 Rn. 6). Eine Sonderregelung enthält daneben § 13 I 3 für den Fall der unbegr. außerordentl. Kündigung, wenn dem AN die Fortsetzung des ArbVerh. nicht zumutbar ist (§ 13 Rn. 4). Für die übrigen Unwirksamkeitsgründe stellt § 13 III klar, dass die Vorschr. über den Auflösungsantrag nur auf Kündigungen anzuwenden sind, die nach § 1 II, III unwirksam sind. Eine gerichtl. Auflösung des ArbVerh. gegen Abfindung bleibt bei sozial gerechtfertigter Kündigung durch Vergleich mögl., und zwar unbeschadet der Gestaltungsmöglichkeit nach § 1a. Bei einer **Änderungskündigung**, gegen die der AN nach § 4 S. 2 Klage erhoben hat, ist die Auflösung nur für den Fall denkbar, dass der AN das Änderungsangebot des AG endgültig ablehnt und Kündigungsschutzklage nach § 4 S. 1 erhebt (HHL/*Linck* Rn. 9; KR/*Spilger* Rn. 30). Dagegen kommt die gerichtl. Auflösung eines ArbVerh. nach § 9 I 1 nicht in Betracht, wenn der AN ein Änderungsangebot unter dem Vorbehalt des § 2 angenommen und Änderungsschutzklage nach § 4 S. 2 erhoben hat (BAG 24.10.2013 NZA 2014, 486). 2

2. Antrag. Die Auflösung des ArbVerh. gegen Abfindung nach § 9 I 1 setzt einen Antrag des AN voraus. Eine Auflösung vAw. kommt nicht in Betracht (BAG 28.1.1961 AP KSchG § 7 Nr. 8; HHL/*Linck* Rn. 23; KR/*Spilger* Rn. 18). Der Antrag des AN muss als sog. **unechter Hilfsantrag** neben dem Antrag, dass das ArbVerh. durch die Kündigung nicht aufgelöst ist, gestellt werden (BAG 23.6.1993 NZA 1994, 264; APS/*Biebl* Rn. 19). Fordert der AN im Hinblick auf einen Antrag des AG eine höhere Abfindungszahlung, liegt darin kein eigenständiger Auflösungsantrag. Im Falle eines vom AG gestellten und zurückgezogenen Auflösungsantrags muss der AN einen eigenen Antrag stellen, wenn er ein entspr. Urt. erwirken will (BAG 28.1.1961 AP KSchG § 7 Nr. 8). Ein Antrag hins. der Festsetzung der Abfindung ist nicht erforderl., weil das ArbG darüber vAw. zu entscheiden hat (Rn. 27). 3

Ein Auflösungsantrag bedarf weder einer Zulassung als Klageänd. nach §§ 263, 525 S. 1 ZPO, noch kann er gem. § 67 ArbGG als nachträgl. oder verspätetes Vorbringen zurückgewiesen werden (HHL/*Linck* Rn. 32). Die Stellung des Antrags ist eine **Prozesshandlung**, die bis zum Schluss der mdl. Verh. in der Berufungsinstanz vorgenommen werden kann, § 9 I 3 (dazu Rn. 30 ff.). Es kommt nicht darauf an, ob die Gründe vorher vorgelegen haben (KR/*Spilger* Rn. 23). Nimmt der AG die „Kündigung zurück", liegt darin nur ein Angebot, das ArbVerh. als ungekündigtes ununterbrochen fortzusetzen (dazu BGB § 620 Rn. 73 ff.), auf das der AN nicht eingehen muss. Er kann auch bei einer „Rücknahme" eine Entsch. nach § 9 I 1 über die Sozialwidrigkeit der Kündigung und die Auflösung des ArbVerh. gegen Abfindung verlangen (BAG 19.8.1982 AP KSchG 1969 § 9 Nr. 9; KR/*Spilger* Rn. 24). Wird die Kündigung aber „aus der Welt geschafft", indem die Parteien die Kündigung in einem Teilvergleich ohne Vorbehalt als gegenstandslos erklärt haben, darf dem Auflösungsantrag nicht mehr entsprochen werden (LAG M 21.4.2005 – 3 Sa 1140/04). 4

Hat das ArbVerh. vor dem in § 9 II vorgeschriebenen Auflösungszpkt. durch den **Tod des AN**, das Erreichen der **Altersgrenze** oder durch **sonstige Beendigungstatbestände** geendet, kann eine Auflösung nicht mehr mit Erfolg beantragt werden (HHL/*Linck* Rn. 40; ebenso geht ein Abfindungsanspruch nach § 1a nach dem Tod des AN nicht auf den Erben über, da ein solcher Anspruch dann schon nicht mehr zur Entstehung gelangt BAG 10.5.2007 NZA 2007, 1043). Die Erben können allerdings den von AN bereits gestellten Antrag auf Verurteilung zur Abfindungszahlung weiterverfolgen, wenn der AN nach dem Auflösungszpkt. gem. § 9 II verstorben ist (**aA** SPV/*Vossen* Rn. 2151). Entspr. gilt, wenn der AN während des Rechtsstreits zB die **Altersgrenze** erreicht. Es würde nicht nur zu einem unbilligen Erg. führen, sondern widerspräche dem ges. Sanktionszweck des § 10 (dort Rn. 9), wenn der AG nach Erreichen des Auflösungszpkt. von der Dauer des Kündigungsschutzprozesses profitieren würde. Das Gericht muss in einem solchen Fall Beendigungstatbestände nach Ablauf der Kündigungsfrist bei der Prognose, ob die Fortsetzung des ArbVerh. dem AN nicht mehr zugemutet werden kann, ausblenden. Das schließt selbst eine unterstützende Heranziehung von. Vorfällen aus, die sich erst nach der anderweitigen Beendigung ereignet haben. Die Entsch. ergeht somit aufgrund eines hypothetischen Sachverhalts (vgl. BAG 23.2.2010 NZA 2010, 1123). Hat das ArbVerh. nach dem Auflösungsurt., aber vor dem nach § 9 II bestimmten Zpkt. geendet, fällt die Verpflichtung zur Zahlung der Abfindung ebenfalls nicht weg, sofern das Urt. rkr. wird. Dieser Fall kann vorkommen, wenn lange Kündigungsfristen gelten und der AN den Auflösungszpkt. nach erfolgreichem Prozess nicht mehr erlebt. Der rkr. festgestellte Abfindungsanspruch geht auf den Erben über (KR/*Spilger* Rn. 43, § 10 Rn. 20). Dies gilt auch für den in einem Prozessvergleich vereinbarten Abfindungs- 5 anspruch, wenn der AN vor dem im Abfindungsvergleich festgelegten Auflösungszpkt. verstirbt, es sei denn, die Auslegung der Parteivereinb. ergibt, dass das Erleben des vereinbarten Beendigungszpkt. Vertragsinhalt geworden ist (BAG 22.5.2003 AP ZPO § 767 Nr. 8). Zum Auflösungsantrag bei mehreren Kündigungen Rn. 29.

6 Hat nach Klageerhebung und vor der letzten mdl. Verh. in der Tatsacheninstanz ein dem AN bekannter **Betriebsübergang** stattgefunden, muss der Auflösungsantrag damit begr. werden, die Fortsetzung des ArbVerh. beim Betriebsübernehmer sei dem AN nicht zuzumuten. Der Betriebserwerber hat die Rechtswirkungen eines Auflösungsantrags mit Abfindung gegen sich gelten zu lassen (BAG 20.3.1997 AP KSchG 1969 § 9 Nr. 30; BGB § 613a Rn. 79). Der AN kann zur Begr. seines Auflösungsantrags nur dann ausschl. auf eine Unzumutbarkeit der Fortsetzung beim alten AG abstellen, wenn er Widerspruch gegen den Übergang des ArbVerh. erhebt. Kennt der AN den Betriebsübergang nicht oder wird ein solcher bei bestr. Vortrag vom Gericht nicht festgestellt, wird der Prozess allein mit dem alten AG weitergeführt. Zum AG-Antrag bei Betriebsübergang Rn. 22.

7 **3. Unzumutbarkeit der Fortsetzung des Arbeitsverhältnisses für den AN.** Stellt das Gericht fest, dass die Kündigung sozial nicht gerechtfertigt ist, kann der AN die Auflösung nur verlangen, wenn ihm die Fortsetzung des ArbVerh. mit dem AG auf Dauer nicht mehr zuzumuten ist. Bei der Unzumutbarkeit der Fortsetzung des ArbVerh. handelt es sich um einen unbestimmten Rechtsbegriff. Das Gericht hat dessen Voraussetzungen voll nachzuprüfen und ist nicht an Wertungen der Parteien gebunden. Jedoch hat das Gericht eine Unzumutbarkeit anzunehmen, wenn auch der AG die Fortsetzung des ArbVerh. nicht mehr für sinnvoll durchführbar hält. Der AN muss die Umstände, aus denen er die Unzumutbarkeit herleiten will, konkret vortragen und ggf. beweisen. Pauschale Behauptungen genügen nicht. Die Frage der Unzumutbarkeit ist unter Zugrundelegung der Tatsachen zu beurteilen, die zum **Zpkt. der letzten mdl. Verh.** vor dem Tatsachengericht über den Auflösungsantrag vorliegen (BAG 11.7.2013 NZA 2013, 1259 Rn. 15 ff.). Die Vorschr. ist damit lex specialis ggü. den Verspätungsvorschr. der ZPO und des ArbGG. § 6 steht einer Antragstellung in zweiter Instanz nicht entgegen. Die Umstände müssen im Zusammenhang mit der Kündigung oder dem Kündigungsschutzprozess stehen (BAG 24.9.1992 AP Einigungsvertrag Anl. I Kap. XIX Nr. 3). § 9 gewährt dem AN keinen eigenständigen Kündigungsgrund mit Abfindungsanspruch (BAG 11.7.2013 NZA 2013, 1259 Rn. 42). Der Maßstab für die Unzumutbarkeit in § 9 I entspricht nicht demjenigen in § 626 I BGB (BAG 11.7.2013 NZA 2013, 1259 Rn. 15). Dem AN muss die Fortsetzung des ArbVerh. **auf unbestimmte Zeit unzumutbar** sein (BAG 11.7.2013 NZA 2013, 1259 Rn. 15). Die Feststellung der Unzumutbarkeit erfordert eine **Abwägung**, die der Grundkonzeption des KSchG als Bestandsschutz gewährendes G und dessen Ausnahmecharakter Rechnung trägt. Der im Interesse des AN geschaffene Bestandsschutz soll zwar, wie § 7 und § 12 zeigen, nicht gegen seinen Willen durchsetzbar sein. Grds. geht das G bei sozialwidriger Kündigung aber von der Fortsetzung des ArbVerh. aus. Für die Unzumutbarkeit iSd. § 9 I 1 bedarf es deshalb **zusätzl. Umstände**, die im **Zusammenhang mit der Kündigung oder dem Kündigungsschutzprozess** stehen müssen und messbar über die bloße Rechtsunwirksamkeit der Kündigung nach § 1 hinausgehen (BAG 11.7.2013 NZA 2013, 1259 Rn. 39).

8 Stellen die Gründe, die die Unzumutbarkeit begründen, solche iSv. § 626 I BGB dar, steht dem AN alternativ der Weg offen, das ArbVerh. fristlos zu kündigen und eine **Entschädigung** nach **§ 628 II BGB** zu verlangen. Der Ersatz des sog. Auflösungsschadens geht auf das Erfüllungsinteresse. Er umfasst grds. die Pflicht, den Anspruchsberechtigten so zu stellen, wie er bei Fortbestand des ArbVerh. stünde. Dem AN ist nicht nur der entgangene Verdienst bis zum Ablauf der ordentl. Kündigungsfrist zu ersetzen. Hinzutreten kann eine den Verlust des Bestandsschutzes ausgleichende Entschädigung. Die Lage des wegen schuldhafter Vertragspflichtverletzung des AG selbst kündigenden AN ist näml. derjenigen des unberechtigt Gekündigten vergleichbar, der einen Auflösungsantrag nach § 9 oder § 13 gestellt hat. Eine Entschädigung nach § 628 II BGB analog iVm. §§ 9, 10, 13 ist damit immer dann zu zahlen, wenn der durch das KSchG vermittelte Bestandsschutz verloren geht und der AG das ArbVerh. im Zpkt. der Kündigung durch den AN nicht selbst hätte kündigen dürfen (BAG 26.7.2001 NZA 2002, 325; 26.7.2007 NZA 2007, 1419; 21.5.2008 NZA-RR 2009, 244). Ein „Wahlrecht" des AN zwischen Eigenkündigung mit Entschädigung nach § 628 II BGB und gerichtl. Auflösung des ArbVerh. nach § 9 I 1 besteht somit nur, wenn zwischen dem rechtswidrigen Verhalten des AG und der Kündigung oder dem Kündigungsschutzprozess ein Zusammenhang gegeben ist (BAG 11.7.2013 NZA 2013, 1259 Rn. 42).

9 Auflösungsgründe können sich aus den Modalitäten der Kündigung als solcher und aus weiteren Handlungen des AG ergeben, die mit der Kündigung einhergehen (BAG 11.7.2013 NZA 2013, 1259 Rn. 15). Unzumutbarkeit ist bspw. zu bejahen, wenn die Kündigung mit einer gänzl. ungerechtfertigten Suspendierung einhergeht (BAG 24.9.1992 NZA 1993, 362), wenn der AG eine Kündigung mit beleidigenden, ehrverletzenden oder diskriminierenden – etwa ausländerfeindl. – Äußerungen ausspricht (LAG HM 27.5.1993 RzK I 11b Nr. 12), oder wenn er den AN leichtfertig einer Straftat verdächtigt (LAG SH 25.2.2004 NZA-RR 2005, 132; LAG NI 4.6.2004 LAGReport 2005, 103). Schikanöses Verhalten, insb. weitere rechtswidrige Personalmaßnahmen etwa durch Verweigerung von

Urlaub bzw. Freistellung begründen die Auflösung des ArbVerh. (LAG NI 18.4.2008 – 16 Sa 1249/07 –; *Bauer* ArbR 2010, 4). Dabei muss nicht unbedingt eine Maßregelung iSv. § 612a BGB oder eine Diskriminierung vorliegen. Ausreichend ist eine rücksichtslose Verfolgung eigener Interessen, die keinen Schutz verdient und sich als Missbrauch darstellt (*Adam* MDR 2012, 444). Allein die Tatsache, dass die – nicht beleidigenden oder sonst zu beanstandenden – Behauptungen des AG zum Kündigungsgrund nicht zutreffen, genügt nur dann für die Auflösung, wenn diese **bewusst wahrheitswidrig** erhoben werden (vgl. LAG K 26.1.1995 LAGE KSchG § 9 Nr. 25). Unbeachtl. sind idR unzutr. Rechtsansichten (vgl. Rn. 15). Die Unzumutbarkeit kann insb. auf Umständen beruhen, die **nach Ausspruch der Kündigung** liegen, etwa wenn der AG den AN im Verlauf des Kündigungsschutzprozesses beleidigt. Dabei können dem AG **Äußerungen eines PV** zuzurechnen sein (vgl. dazu die entspr. geltenden Grds. unter Rn. 14). Ein AN muss es nicht hinnehmen, dass sich sein AG während des Kündigungsschutzprozesses an den behandelnden Arzt wendet und die AU-Bescheinigung des AN ungerechtfertigt bezweifelt (BAG 20.11.1997 – 2 AZR 803/96). Das Verhalten Dritter ist als Auflösungsgrund nur geeignet, wenn der AG dieses Verhalten durch eigenes Verhalten entscheidend veranlasst hat (BAG 14.5.1987 AP KSchG 1969 § 9 Nr. 18).

Umstände nach § 9 können in konkret zu besorgenden Sachverhalten nach **Rückkehr des AN in den Betrieb** liegen. Ist ein Kündigungsschutzverf. über eine offensichtl. sozialwidrige Kündigung seitens des AG mit solcher Schärfe geführt worden, dass der AN mit einem schikanösen Verhalten rechnen muss, ist Unzumutbarkeit zu bejahen. Zu denken ist insb. an den Fall, dass sich der AG „um jeden Preis" von dem AN trennen will und deshalb feststellbar beabsichtigt, mit ders. oder einer beliebigen anderen Begr. solange Kündigungen auszusprechen, bis er sein Ziel erreicht hat (BAG 27.3.2003 NZA 2004, 512; 11.7.2013 NZA 2013, 1259). Allerdings liegt ein Auflösungsgrund nicht automatisch vor, wenn der AG die Berechtigung der von ihm ausgesprochenen Kündigung im Prozess sachl. verteidigt oder nach einem verlorenen Prozess erneut kündigt, um eine aus seiner vertretbaren Sicht nunmehr sozial gerechtfertigte Kündigung durchzusetzen. Das ArbVerh. kann aufzulösen sein, wenn der AN mit einer inkorrekten Behandlung durch Kollegen rechnen müsste. Denkbar ist der Fall, dass er die Kündigung wegen falscher Sozialauswahl angegriffen hat und dadurch nun Kollegen die Kündigung droht, die sich gegen ihn stellen (vgl. KR/*Spilger* Rn. 51). Kein Auflösungsgrund iSd. § 9 I 1 ist anzunehmen, wenn die einer Weiterarbeit entgegenstehenden Tatsachen im Einfluss- oder Risikobereich des AN liegen. Die **psychische Erkrankung** des AN infolge einer sozialwidrigen Kündigung ist kein Grund zur Auflösung des ArbVerh. nach §§ 9, 10, wenn der AG die Krankheit weder zielgerichtet herbeigeführt, noch mit einer offensichtl. unbegr. Kündigung oder ehrverletzenden Äußerungen eine Verschlechterung des Gesundheitszustandes als mögl. angesehen und bewusst in Kauf genommen hat (BAG 11.7.2013 NZA 2013, 1259 Rn. 40 offenlassend, ob und inwieweit ein unverschuldetes Verhalten des AG zur Auflösung auf Antrag des AN führen kann; dazu KR/*Spilger* § 9 Rn. 41; APS/*Biebl* § 9 Rn. 44). Der AN kann einen Auflösungsantrag nicht auf Gründe stützen, die er entspr. § 162 BGB in **rechtsmissbräuchl. Weise provoziert** hat (KR/*Spilger* Rn. 56). Kein ausreichender Grund liegt vor, wenn der AN inzwischen ein **neues ArbVerh.** eingegangen ist. Dieser Konflikt wird über § 12 gelöst (BAG 19.10.1972 AP KSchG 1969 § 12 Nr. 1; HHL/*Linck* Rn. 51; KR/*Spilger* Rn. 54). 9a

III. Antrag des Arbeitgebers, § 9 I 2

1. Sozialwidrigkeit der Kündigung. Während der AN den Antrag mit Erfolg stellen kann, wenn die Kündigung zumindest auch sozialwidrig war, erfordert der Antrag des AG, dass die Klage des AN aufgrund des vom AG unterbreiteten Kündigungssachverhalts **ausschl. wegen der fehlenden sozialen Rechtfertigung** und nicht aus anderen Gründen iSv. § 13 III Erfolg hat. Ist die Kündigung zB nach § 17 MuSchG, §§ 168, 174 SGB IX; § 15 KSchG, §§ 102, 103 BetrVG unwirksam, sieht das G somit keinen Anlass, dem AG eine Auflösungsmöglichkeit zuzubilligen. Er muss die Fortsetzung des ArbVerh. hinnehmen (stRspr., BAG 23.2.2010 NZA 2010, 1123 Rn. 54; 24.11.2011 NZA 2012, 610 Rn. 19; 31.7.2014 NZA 2014, 684 Rn. 44; 22.9.2016 NZA 2017, 304 Rn. 34; **aA** KR/*Friedrich/Treber* § 13 Rn. 250 für eine restriktive Auslegung). Gegen die Rspr. des BAG lässt sich einwenden, dass es der AN damit in der Hand hat, dem AG durch die Geltendmachung weiterer Gründe die Auflösungsmöglichkeit zu nehmen (APS/*Biebl* Rn. 11; KR/*Spilger* Rn. 31 ff.; SPV/*Vossen* Rn. 2098 f.). Jdf. dann, wenn die Norm, aus der der AN die Unwirksamkeit der Kündigung neben der Sozialwidrigkeit herleitet, nicht den Zweck verfolgt, ihm einen zusätzl. Schutz zu verschaffen, sondern die Interessen Dritter wahrt, steht die sich daraus ergebende Unwirksamkeit der Kündigung dem Auflösungsantrag des AG nicht entgegen (vgl. BAG 27.9.2001 NZA 2002, 1171; 24.11.2011 NZA 2012, 610 Rn. 19). Unschädl. ist es für den Auflösungsantrag ferner, wenn der AG **weitere Kündigungssachverhalte** geltend macht, die aus anderen Gründen nicht zur Wirksamkeit der Kündigung führen können (BAG 21.9.2000 NZA 2001, 102). Nach § 13 I 3 können **Auflösungsanträge** bei einer unbegr. **außerordentl. Kündigung** allerdings nur vom AN gestellt werden (BAG 29.8.2013 NZA 2014, 660 Rn. 25). Ein Auflösungsantrag des AG scheidet somit aus, wenn der **AN unkündbar** ist. Der Ausschluss ordentl. Kündigungen würde durch eine Auflösung gegen Abfindung unterlaufen (*Adam* MDR 2012, 445; 10

einschränkend *Hertzfeld* NZA-RR 2012, 1 ff., 5; dazu Rn. 20). Hat der AG jedoch außerordentl. und nur hilfsweise ordentl. gekündigt oder beruft er sich auf die **Umdeutung** einer außerordentl. in einer ordentl. Kündigung (vgl. § 13 Rn. 5), kann der AG die Auflösung begehren, wenn die außerordentl. Kündigung unwirksam und die ordentl. sozialwidrig ist (BAG 26.10.1979 AP KSchG 1969 § 9 Nr. 5). Zur Änderungskündigung Rn. 2.

11 **2. Antrag.** Der Antrag des AG ist, anders als der des AN, ein **echter Eventualantrag**, über den nur entschieden wird, wenn der AG mit seinem Klageabweisungsantrag unterliegt (BAG 18.12.1980 AP BetrVG 1972 § 102 Nr. 22; 25.10.1989 AP BGB § 611 Direktionsrecht Nr. 36; *Adam* MDR 2012, 445 f.; APS/*Biebl* Rn. 46). Ein Auflösungsantrag muss eindeutig gestellt, also nach § 297 I ZPO entweder aus den vorbereitenden Schriftsätzen bzw. aus einer dem Prot. als Anl. beizufügenden Schrift verlesen oder zu Prot. erklärt werden. Bei einer Bezugnahme auf die Schriftsätze nach § 297 II ZPO darf kein Zweifel bestehen, dass diese zum Zwecke der Antragstellung und nicht nur zur Erörterung der Sach- und Rechtslage erfolgt. Verliest der AG aus dem vorbereitenden Schriftsatz zwar den Abweisungs-, nicht jedoch den dort hilfsweise angekündigten Auflösungsantrag und wird dieser in der mdl. Verh. nicht anderweitig gestellt, kann nicht mit der gebotenen Eindeutigkeit darauf geschlossen werden, dass der AG diesen Antrag zur Entsch. des Gerichts stellen will, selbst wenn dieser vom Vors. referiert wird und Gegenstand der Erörterung ist (BAG 28.8.2008 NZA 2009, 275). Befindet sich ein AN mit mehreren AG in einem sog. **einheitl. ArbVerh.**, können die AG ihr Antragsrecht nur gemeinsam ausüben. Das ArbVerh. kann in einem solchen Fall nur einheitl. aufgelöst werden. Allerdings reicht ein Auflösungsgrund hins. eines AG aus (BAG 27.3.1981 AP BGB § 611 Arbeitgebergruppe Nr. 1; KR/*Spilger* Rn. 16). Der Antrag des AG kann, wie der des AN, bis zum Zpkt. der letzten mdl. Verh. in der Berufungsinstanz gestellt und zurückgenommen werden (Rn. 30).

12 **3. Keine den Betriebszwecken dienliche weitere Zusammenarbeit.** Der Auflösungsantrag des AG unterliegt anderen Anforderungen als der Antrag des AN. Er setzt nach § 9 I 2 voraus, dass eine den **Betriebszwecken dienl. weitere Zusammenarbeit** zwischen AG und AN **nicht zu erwarten** ist. Die Verpflichtung des AG, eine angemessene Abfindung zu zahlen, ist darin gerechtfertigt, dass der AN seinen Arbeitsplatz zu Unrecht und gegen seinen Willen verliert (BVerfG 12.5.1976 AP AFG § 117 Nr. 1; BAG 15.2.1973 AP KSchG 1969 § 9 Nr. 2). Obwohl § 9 damit den Grds. des Bestandsschutzes im KSchG durchbricht, ist die Regelung verfassungsrechtl. nicht zu beanstanden. Jedoch ist die Entsch., ob ein ArbVerh. iSd. § 9 zerrüttet ist, insb. unter Abwägung der wechselseitigen, jeweils durch Art. 12 GG geschützten Interessen des AG und des AN zu treffen (BVerfG 22.10.2004 NZA 2005, 41; 15.12.2008 – 1 BvR 347/08 –; BAG 19.11.2015 NZA 2016, 540 Rn. 63 ff.). Das KSchG ist in seiner grds. Konzeption ein Bestandsschutz- und kein AbfindungsG. Deshalb sind an die Auflösungsgründe nach § 9 I **strenge Anforderungen** zu stellen (BAG 23.2.2010 NZA 2010, 1123 Rn. 28; 29.8.2013 NZA 2014, 660 Rn. 18), ohne dass dazu die Voraussetzungen der Unzumutbarkeit iSv. § 626 BGB erfüllt sein müssen. Diese Aussage lässt nicht den Schluss zu, das BAG nehme mit den „strengen Anforderungen" nur einen „rhetorischen Verweis" vor, während es in Wirklichkeit geringere Anforderungen als an die Kündigungsgründe stelle (so aber *Gravenhorst* NZA-RR 2007, 57, 61). Beruft der AG sich näml. auf Auflösungsgründe, die mit den Kündigungsgründen im Zusammenhang stehen, muss er **zusätzl. greifbare Tatsachen** dafür vortragen, weshalb ein konkreter Kündigungssachverhalt, obwohl er die Kündigung selbst nicht zu begründen vermag, so beschaffen sein soll, dass er eine weitere Zusammenarbeit nicht erwarten lässt (vgl. BAG 24.5.2005 NZA 2005, 1178; 23.6.2005 NZA 2006, 363; ferner Rn. 23). Gründe, die im Kündigungsschutzprozess nicht berücksichtigt werden dürfen, weil der BR über sie nicht gem. **§ 102 BetrVG** unterrichtet wurde, können im Verf. nach § 9 nachgeschoben werden, denn das G sieht insoweit keine Beteiligung des BR vor (BAG 10.10.2002 AP KSchG 1969 § 9 Nr. 45; **aA** *Adam* MDR 2012, 443; KR/*Spilger* Rn. 71).

13 Als **Auflösungsgründe** für den AG kommen Umstände in Betracht, die das pers. Verhältnis zum AN, die Wertung seiner Persönlichkeit, seiner Leistung oder seiner Eignung für die ihm gestellten Aufgaben und sein Verhältnis zu den übrigen Mitarbeitern betreffen. Die Gründe, die eine den Betriebszwecken dienl. weitere Zusammenarbeit zwischen den Vertragspartnern nicht erwarten lassen, müssen nicht im Verhalten, insb. **nicht im schuldhaften Verhalten** des AN angelegt sein. Vielmehr kommt es darauf an, ob die obj. Lage am **Schluss der mdl. Verh. in der Tatsacheninstanz** beim AG die Besorgnis aufkommen lassen kann, dass die weitere Zusammenarbeit mit dem AN gefährdet ist (BAG 10.6.2010 NJW 2010, 3796 Rn. 11; 11.7.2013 NZA 2013, 1259 Rn. 40; 11.7.2013 NZA 2014, 250 Rn. 56; 29.8.2013 NZA 2014, 660 Rn. 19; 19.11.2015 NZA 2016, 540 Rn. 60). Eine den Betriebszwecken dienl. Zusammenarbeit ist umso weniger zu erwarten, je höher die **Position des AN im Betrieb** ist, arg. § 14 II. Ein AN unterliegt allerdings keiner bes. Zurückhaltungspflicht nur deshalb, weil er als Minderheitsgesellschafter gesellschaftsrechtl. Befugnisse wahrnimmt (BAG 24.3.2011 NZA-RR 2012, 243 Rn. 32). Das Gericht muss in einer **Gesamtabwägung** sämtl. Umstände würdigen, die vor und nach der Kündigung eingetreten sind, und zwar unabhängig davon, wann der AG den Auflösungsantrag gestellt hat. Der Anlass der Kündigung kann die Negativprognose verstärken und den Auflösungsgründen bes. Gewicht verleihen. Der **Beurteilungszpkt.** dokumentiert die ges. Erwägung, dass sich während des Kündigungsschutzprozesses zusätzl. Spannungen zwischen den Parteien

aufbauen können, die eine Fortsetzung des ArbVerh. sinnlos erscheinen lassen. Erreichen etwaige Auflösungsgründe das Gewicht eines Kündigungsgrundes, steht es dem AG frei, eine weitere Kündigung auszusprechen. Der Sinn des § 9 I 2 besteht nicht darin, diese Kündigung dem AG zu ersparen. Vielmehr bietet die Norm eine zusätzl. Lösungsmöglichkeit. Nach dem im G verankerten **Prognoseprinzip** („nicht erwarten lassen") hängt die Begründetheit des Antrags trotz seiner nach § 9 II ges. angeordneten Rückwirkung nicht von einer rückschauenden Bewertung ab. Dies schließt es aus, der Betriebszugehörigkeit als solcher, ohne nähere Betrachtung der mit ihr verbundenen Einschätzungen des künftigen betriebsdienl. Zusammenwirkens, Bedeutung beizumessen (BAG 9.9.2010 NJW 2010, 3798 Rn. 16). Vielmehr kann der Fall eintreten, dass zwischenzeitl. gegebene Auflösungsgründe ihr Gewicht aufgrund der zeitl. Entwicklung und damit veränderter tats. oder rechtl. Umstände wieder verlieren, bspw. bei einem Vorgesetztenwechsel, wenn der Konflikt mit dem AN die Person des ausgeschiedenen Vorgesetzten betrifft (BAG 6.11.2003 AP KSchG 1969 § 1 Verhaltensbedingte Kündigung Nr. 46), oder nach einer **reibungslosen Weiterbeschäftigung** über mehrere Monate während des Kündigungsschutzprozesses (LAG HH 20.6.2005 – 7 Sa 88/04). Endet das ArbVerh. aufgrund eines anderweitigen Tatbestands, kann nur der verbleibende Zeitraum beurteilt werden. Ist der anderweitige Beendigungszpkt. vor der letzten mdl. Verh. eingetreten, sind die Umstände zwischen dem Auflösungszpkt. nach § 9 II und dem anderweitigen Beendigungstermin maßgebl. (BAG 23.2.2010 NZA 2010, 1123 Rn. 23; 29.8.2013 NZA 2014, 660 Rn. 20; zum Auflösungsantrag bei mehreren Kündigungen Rn. 29).

Als Tatsachen, die eine Auflösung tragen, kommen va. **bewusst wahrheitswidrige**, insb. **verleumderische Tatsachenbehauptungen, Beleidigungen, üble Nachrede** oder sonstige ehrverletzende Angriffe oder Drohungen ggü. dem AG, Vorgesetzten, Kollegen oder dem BR in Betracht (BAG 27.9.2012 AP BGB § 626 Nr. 240; 29.8.2013 NZA 2014, 660 Rn. 35; 19.11.2015 NZA 2016, 540 Rn. 74). Falsche Tatsachenbehauptungen sind nicht vom Schutzbereich der **Meinungsfreiheit** des Art. 5 I GG umfasst, anders als Äußerungen, die durch ein Werturt. in Form einer Stellungn., eines Dafürhaltens oder Meinens geprägt sind. In diesem Fall ist die Meinungsfreiheit des AN gegen die betroffenen Grundrechte des AG abzuwägen und mit diesen in ein ausgeglichenes Verhältnis zu bringen. IRd. Abwägung fällt die Richtigkeit des Tatsachengehalts, der dem Werturt. zugrunde liegt, ins Gewicht (BVerfG 25.10.2012 NJW 2013, 217 Rn. 19 ff.). Kritik am AG und den betriebl. Verhältnissen stehen einer den betriebl. Zwecken dienl. Zusammenarbeit idR nicht entgegen, selbst wenn diese überspitzt und polemisch geäußert wird. Meinungsäußerungen, die auf einer gesicherten Tatsachenbasis beruhen, hat der AG eher hinzunehmen als solche, bei denen sich der AN auf unzutreff. Tatsachen stützt. Beklagt der Bewerber für den BR in einem Wahlaufruf „Mobbing" des AG und begr. dies mit willkürl. Abmahnungen und Kündigungen, kommt es maßgebl. auf den Wahrheitgehalt dieser Behauptungen an, ob danach noch eine den Betriebszwecken dienl. Zusammenarbeit zu erwarten ist (BAG 29.8.2013 NZA 2014, 660 Rn. 41, 47). Die Meinungsfreiheit muss regelm. zurücktreten, wenn sich das in der Äußerung enthaltene Werturt. als **Formalbeleidigung** oder **Schmähkritik** erweist (BAG 27.9.2012 AP BGB § 626 Nr. 240 Rn. 22; 29.8.2013 NZA 2014, 660 Rn. 36 f.; 18.12.2014 NZA 2015, 797 Rn. 20; 19.11.2015 NZA 2016, 540 Rn. 37, 73; BVerfG 8.5.2007 – 1 BvR 193/05 – Rn. 23). Keine Zerrüttungstatsache stellen dagegen Äußerungen dar, bei denen der AN darauf vertrauen durfte, sie würden nicht nach außen getragen. Die **vertraul. Kommunikation** in der Privatsphäre ist Ausdruck des Persönlichkeitsrechts und grundrechtl. gewährleistet. Hebt der Gesprächspartner die Vertraulichkeit auf, geht dies nicht zu Lasten des AN (vgl. BAG 10.10.2002 AP KSchG 1969 § 9 Nr. 45). 14

Auflösungsgründe ergeben sich häufig durch das **Verhalten des AN im Kündigungsschutzverf.** Erkl. oder Rechtsausführungen im Prozess können jedoch durch ein berechtigtes Interesse des AN gedeckt sein. Parteien dürfen zur Verteidigung ihrer Rechte im Hinblick auf den Anspruch auf Gewährung rechtl. Gehörs (Art. 103 I GG) alles vortragen, was als rechts-, einwendungs- oder einredebegründender Umstand prozesserhebl. sein kann. Vortrag muss dazu in gebotener Schärfe („starke, eindringl. Ausdrücke und sinnfällige Schlagworte") mögl. sein, selbst wenn der Standpunkt vorsichtiger hätte formuliert werden können. Das gilt allerdings nur in den **Grenzen der Wahrheitspflicht**. Parteien dürfen nicht leichtfertig Tatsachenbehauptungen aufstellen, deren Unhaltbarkeit ohne Weiteres auf der Hand liegt (BAG 29.8.2013 NZA 2014, 660 Rn. 37; vgl. bereits 23.2.2010 NZA 2010, 1123 Rn. 32; 9.9.2010 NJW 2010, 3798 Rn. 11 f.; 24.3.2011 NZA-RR 2012, 243 Rn. 22). Der AN muss sich dabei die **Ausführungen** seines PV **zurechnen lassen**, wenn diese über die Wahrnehmung berechtigter Interessen im Rechtsstreit deutl. hinausgehen und der AN sich diese zu Eigen macht oder ihnen nachträgl. nicht in geeigneter Weise entgegentritt (BAG 23.6.2005 NZA 2006, 363; 10.7.2008 NZA 2009, 312; 23.2.2010 NZA 2010, 1123 Rn. 30; 10.6.2010 NJW 2010, 3796 Rn. 13; **aA** *Adam* MDR 2012, 442, 445). „Rein prozessuales" Verhalten – etwa ein vom PV unternommener ZVVersuch – ist, wie die Wertung aus § 85 II ZPO zeigt, nicht von vornherein von einer Zurechung ausgeschlossen. Es kommt auf die obj. Lage an (BAG 9.9.2010 NJW 2010, 3798 Rn. 14 f.; **aA** KR/*Spilger* § 9 Rn. 67: Zurechung nur, wenn vom AN veranlasst; DDZ/*Zwanziger/Callsen* Rn. 21). Nach Lage des Einzelfalls muss es vom AG hingenommen werden, dass der AN, der zuvor vergebl. versucht hat, sein Anliegen vorzubringen, im Prozess uU auf eine „härtere Gangart" umschaltet, etwa einen **Mobbingvorwurf** als Reaktion auf die Zurückweisung einer substantiierten Überstundenforderung von erhebl. 15

Umf. erhebt (LAG SH 3.4.2007 – 2 Sa 442/06). Eine Auflösung ist weder durch den Vortrag des AN gerechtfertigt, ihm sei „durch eine als betriebsbedingt vorgeschobene Kündigung ganz erhebl. Unrecht geschehen" (BAG 10.7.2008 NZA 2009, 312) noch genügt die pauschale Behauptung, die vom AG vorgebrachten betriebsbedingten Gründe seien nur vorgeschoben (LAG K 13.6.2007 – 7 Sa 1299/06). Zur Auflösung reichte nicht der Vortrag eines zum Sachbearbeiter degradierten Abteilungsleiters, er solle durch eine Vielzahl unwirksamer Versetzungen und Kündigungen „weichgekocht" und „mürbe gemacht" werden (BAG 9.9.2010 NJW 2010, 3798 Rn. 20). Wirft ein AN dagegen dem AG im Kündigungsschutzprozess vor, er decke Manipulationen des Vorgesetzten und wolle innerbetriebl. Kritiker „mundtot machen", obwohl er weiß, dass der AG den Vorwürfen sofort nachgegangen ist, kann dies ebenso zur Auflösung führen (LAG K 22.5.2006 BB 2007, 51) wie die Bezeichnung des Vorgesetzten in der mdl. Verh. als „dumme Nuss" (LAG RP 8.4.2008 – 3 Sa 442/07). Eine den Betriebszwecken dienende Zusammenarbeit ist nicht zu erwarten, wenn unternehmensexterne Personen von schriftl. Vorwürfen eines ltd. AN erfahren, sein AG sei „nicht sonderl. an einer wahrheitsgem. Klärung von Vergütungsansprüchen interessiert" (LAG K 14.9.2005 – 7 Sa 242/05). Grenzwertig ist die unsubstantiierte Behauptung des AN, der AG drohe anderen Mitarbeitern mit ihrer Entlassung, sollten sie als Zeugen vor dem ArbG zugunsten des gekündigten AN aussagen (zu nachsichtig, sofern die Äußerung nicht wiederholt wird LAG HM 21.12.2007 LAGE KSchG § 1 Betriebsbedingte Kündigung Nr. 81). Zu weit geht in jedem Fall der Versuch, Zeugen oder Sachverständige zu beeinflussen (KR/*Spilger* Rn. 67), und **vorsätzl. falscher** (nicht durch ein Missverständnis begr.) **Prozessvortrag** (LAG HM 14.4.2004 – 15 Sa 77/05). Ob die Herabwürdigung eines Zeugen des AG als „Lügner" das ArbVerh. zerrüttet, hängt von den Umständen des Einzelfalls ab (LAG MV 29.4.2008 – 5 Sa 181/07).

16 Ob eine gedeihl. Zusammenarbeit in den Fällen eines sog. **„Whistleblowings"** zu erwarten ist, hängt von den Umständen des Einzelfalls ab. Dabei ist grds. zu bedenken, dass ein AN trotz der Verpflichtung zu Loyalität und Vertraulichkeit berechtigt sein kann, sich zur Aufdeckung **unternehmensinterner Missstände** an Behörden, Medien, Gewerkschaften oder ähnl. unternehmensexterne Institutionen zu wenden (vgl. EGMR 21.7.2011 NZA 2011, 1269). Allerdings rechtfertigt ein solches Verhalten allemal dann die Auflösung des ArbVerh. auf Antrag des AG, wenn das Verhalten des AN nach Ausspruch der Kündigung die Voraussetzungen einer erneuten Kündigung wegen „Whistleblowings" erfüllen würde (vgl. BAG 3.7.2003 NZA 2004, 427). Für einen Auflösungsantrag reicht nicht nur das Erstatten einer Strafanzeige gegen den AG oder dessen Repräsentanten mit wissentl. falschem oder leichtfertig falschen Inhalt, sondern auch eine **unverhältnismäßige Reaktion** auf ein dem AG zurechenbares Verhalten. Für den Auflösungsantrag können Indizien aus der Motivation des AN beachtl. sein. Eine weitere Zusammenarbeit dürfte zB dann nicht mehr in Betracht kommen, wenn sich ein AN mit einer – jdf. haltlosen – Anzeige wegen unberechtigter Inanspruchnahme von Kug. bei der AA **für eine Kündigung revanchiert**. Eine den Betriebszwecken dienl. weitere Zusammenarbeit ist kaum zu erwarten, wenn der AG befürchten muss, dass zukünftig jede Meinungsverschiedenheit zur Einschaltung von Behörden führen wird (LAG SH 20.3.2012 – 2 Sa 331/11). Die schriftsätzl. Androhung strafrechtl. Folgen genügte zwar nicht zur Auflösung, wenn der AN damit auf den Vorwurf eines Vermögensdelikts reagiert (LAG RP 9.1.2004 – 8 Sa 1003/04), jedoch reichte dafür die Drohung eines Fertigungsleiters ggü. dem Vorstand der Konzernmutter, Strafanzeige zu erstatten und die Presse einzuschalten, falls dieser nicht dafür Sorge trägt, dass die Tochtergesellschaft seine str. Ansprüche anerkennt (LAG RP 17.3.2016 LAGE KSchG § 9 Nr. 51 Rn. 73). In diese Kategorie fällt die Ankündigung des alkoholkranken Chefbuchhalters „auszupacken", um einer höheren Abfindungsforderung Nachdruck zu verleihen (LAG HM 8.2.2005 – 19 Sa 2287/04). Einen Auflösungsgrund setzt, wer wider besseren Wissens gegen andere Anschuldigungen erhebt, um den Verdacht von sich selbst abzulenken (*Adam* MDR 2012, 442, 444) oder auf Nachfragen über einen fahrlässig verursachten Sachschaden pflichtwidrig nicht informiert, sondern unwahre Auskünfte gibt (LAG K 12.1.2009 LAGE KSchG § 9 Nr. 42). Trägt der AG im Zusammenhang mit aufgetretenen Krankheitszeiten Umstände vor, die für einzelne Zeiträume Zweifel an der AU-Bescheinigung aufkommen lassen, könnte dem Antrag auf Auflösung des ArbVerh. zu entsprechen sein (BAG 23.6.2005 NZA 2006, 363).

17 Bereits der Verdacht einer schwerwiegenden Pflichtverletzung kann den Auflösungsantrag des AG begründen. Eine solche **„Verdachtsauflösung"** (dazu *Link/Girstmair* AuA 2014, 408) ist aber nur unter den strengen Voraussetzungen, die das BAG für die Verdachtskündigung entwickelt hat (BAG 29.11.2007 AP BGB § 626 Verdacht strafbarer Handlung Nr. 40), verfassungsrechtl. unbedenkl. (BVerfG 15.12.2008 – 1 BvR 347/08). Will der AG die Auflösung eines ArbVerh. auf den Verdacht einer schwerwiegenden Pflichtverletzung stützen, darf nicht schon die Kündigung mit diesem Verdacht begr. sein. Die Beurteilung von Kündigungs- und Auflösungsgrund führten anderenfalls zu widersprüchl. Erg. (BVerfG 22.10.2004 NZA 2005, 41).

18 Ein ArbVerh. kann aufzulösen sein, wenn der Leitungskonflikt einer Kindergartenleiterin mit Belegschaft und Eltern eskaliert (LAG TH 26.2.2008 LAGE KSchG § 9 Nr. 39). Der Umstand, dass ein AN bei dem Versuch, die Wahl eines **BR** zu initiieren, die ihm gesetzten Grenzen verkannt hat und deshalb vom AG als „probl. AN" betrachtet wird, bildet hingegen für sich genommen keinen Grund, das ArbVerh. aufzulösen. Erfolglose Anträge beim ArbG und ein schwieriges Verhältnis des

AN zu seiner **Gewerkschaft** spielen bei einer Gesamtabwägung keine Rolle (BAG 8.10.2009 ZTR 2010, 163). Grdl. Meinungsverschiedenheiten zwischen AG und AN reichen für eine Auflösung ebenfalls nicht aus (LAG HH 27.1.2005 – 2 Sa 51/04: Auseinandersetzung mit Chefredakteur, solange kein obj. Verstoß gegen den Tendenzschutz festzustellen ist). Eine **Tendenzträgereigenschaft** rechtfertigt nicht allein die Auflösung. Jedoch können in einem TendenzArbVerh. Sachverhalte für eine Auflösung ausreichen, die in einem anderen ArbVerh. nicht hinreichend wären (BAG 23.10.2008 NJW 2009, 1897: Gegendarst. in der eigenen Zeitung). **Wirtschaftl. Schwierigkeiten** und betriebl. Gegebenheiten, die keinen Bezug zur Person oder zum Verhalten des AN haben, sind kein Auflösungsgrund. Eine den Betriebszwecken dienl. weitere Zusammenarbeit kann aber zu verneinen sein, wenn infolge der Unterbrechung des ArbVerh. der AN den Kontakt zum Betrieb und zu seiner Arbeit in solchem Maße verloren hat, dass er seine Aufgaben selbst nach angemessener Einarbeitungszeit nicht mehr sachgerecht erledigen kann (vgl. BAG 25.11.1982 AP KSchG 1969 § 9 Nr. 10; KR/*Spilger* Rn. 67). In einem solchen Fall muss das Gericht die Abfindung angemessen erhöhen (Sanktionswirkung). Wie sich aus der Wertung des § 12 ergibt, genügt die Tatsache, dass der AN ein anderes ArbVerh. eingegangen ist, nicht für eine Auflösung. Ebenso kann der AG sich nicht darauf berufen, er habe den Arbeitsplatz des AN inzwischen anders besetzt. § 9 I 2 soll nicht mithilfe eines Umwegs über die Auflösung die Kündigungsvoraussetzungen nach § 1 II erleichtern (BAG 14.10.1954 AP KSchG § 3 Nr. 6).

Bes. probl. sind Fälle, in denen sich **Kollegen weigern**, mit dem gekündigten AN weiterzuarbeiten. 19
Dem AG ist es hier entspr. § 162 BGB nicht gestattet, sich auf Auflösungsgründe zu berufen, die entweder von ihm selbst oder von Personen, für die er nach § 278 BGB einzustehen hat, geradezu **provoziert** wurden. Die dem AG zuzurechnenden Anteile an der Verursachung der Spannungen dürfen ggü. den Anteilen des AN nicht überwiegen (BAG 23.6.2005 NZA 2006, 363; 11.7.2013 NZA 2014, 250 Rn. 59; LAG N 9.12.2003 RzK I 11a Nr. 39: Auflösung, wenn der AG ernsthaft mit Konsequenzen dieser Kollegen rechnen muss und Vermittlungsbemühungen erfolglos waren; LAG HM 24.1.2008, 15 Sa 876/07: keine Auflösung, wenn krankheitsbedingte Defizite im Bereich der Anpassungs- und Teamfähigkeit durch Therapie verbessert werden können und Konflikte wechselseitig gefördert wurden; KR/*Spilger* Rn. 67). Gerichte haben deshalb die oft schwierige Feststellung zu treffen, ob der Auflösungsgrund überw. dem AG zuzurechnen ist. Liegt die Verantwortung für den Konflikt nicht hauptsächl. beim AG, ist sein Anteil iRd. Gesamtabwägung zu würdigen.

Der bes. Schutz des ArbVerh. von **Funktionsträgern** nach § 15 I 1, III 1 iVm. § 103 I 1 BetrVG 20
bzw. § 108 BPersVG geht als lex specialis der Auflösungsmöglichkeit nach § 9 I 2 vor (vgl. dazu KR/*Spilger* Rn. 76). Die Regelungen schließen zugleich eine Auflösung des ArbVerh. nach § 9 I 2 auf Antrag des AG im Zusammenhang mit einer Kündigung aus, die in dem geschützten Zeitraum erklärt wird. Stellt das Gericht fest, dass eine in diesem Zeitraum erklärte außerordentl. Kündigung unwirksam ist, steht die Möglichkeit, eine Auflösung des ArbVerh. zu beantragen, nach § 13 I 3 ausschl. dem AN zu. Kandidiert der (gekündigte) AN zum BR oder PR oder wird er während des lfd. Prozesses gewählt (BAG 7.12.1972 AP KSchG 1969 § 9 Nr. 1) und besteht der Sonderkündigungsschutz noch im Zpkt. der gerichtl. Entsch. über die Auflösung, kann das ArbVerh. daher nur aus wichtigem Grund iSd. § 626 I BGB und zudem nur unter Einhaltung der kollektivrechtl. Voraussetzungen gekündigt werden. Außerhalb des Schutzzeitraums ist der Funktionsträger dagegen jedem anderen AN ohne Mandat gleichgestellt. Hat der AG vor Eintritt des Sonderkündigungsschutzes eine – sozial nicht gerechtfertigte – ordentl. Kündigung erklärt und hierauf bezogen einen Auflösungsantrag gestellt und hat der Sonderkündigungsschutz im Zpkt. der Entsch. über den Auflösungsantrag bereits wieder geendet, kommt eine analoge Anwendung von § 15 III, § 103 BetrVG nicht in Betracht. Ob etwas anderes zu gelten hat, wenn der Sonderkündigungsschutz zu dem nach § 9 II festzusetzenden Auflösungszpkt. schon bestand, hat das BAG offen gelassen (BAG 29.8.2013 NZA 2014, 660 Rn. 26). Der von § 15 III bezweckte Schutz der Unabhängigkeit des Wahlbewerbers verlangt es nicht, **während des Sonderkündigungsschutzes entstandene Sachverhalte** gar nicht oder nur dann als Auflösungsgrund zu berücksichtigen, wenn sie geeignet wären, einen wichtigen Grund iSv. § 626 I BGB abzugeben. Kann eine ordentl. Kündigung nach Ablauf des Nachwirkungszeitraums grds. auch auf Pflichtverletzungen des AN gestützt werden, die in den Schutzzeitraum fallen, kann für die Heranziehung von Auflösungsgründen nicht anderes gelten. Allerdings sind Umstände, die mit der Kandidatur und insb. mit **Wahlwerbung** im Zusammenhang stehen, bei der materiellen Bewertung des vom AG geltend gemachten Auflösungsgrundes angemessen zu berücksichtigen (zu einem unternehmensöffentl. Mobbingvorwurf Rn. 15). Wirkt sich die Pflichtverletzungen ausschl. im kollektiven Bereich aus, liegt von vornherein kein tragfähiger Auflösungsgrund nach § 9 I 2 aus. Im anderen Fall muss berücksichtigt werden, dass AN durch die Wahrnehmung betriebsverfassungsrechtl. Funktionen leichter mit ihren arbeitsvertragl. Pflichten in Konflikt geraten (BAG 29.8.2013 NZA 2014, 660 Rn. 31 ff.). Im Wahlkampf muss der AG weder Beleidigungen noch Schmähungen hinnehmen. Kritik ist nicht mehr akzeptabel, wenn sie nicht mehr einer Auseinandersetzung in der Sache dient, sondern auf Diffamierung abzielt (vgl. BAG 7.7.2011 NZA 2011, 1412 Rn. 17; 29.8.2013 NZA 2014, 660 Rn. 37; 18.12.2014 NZA 2015, 797 Rn. 20). Wird das ArbVerh. eines BR oder PR nach § 15 IV, V ordentl. betriebsbedingt gekündigt, scheidet ein Auflösungsantrag des AG aus. Es handelt sich letztl. um eine Unwirksamkeit der Kündigung aus

anderen als den in § 1 II, III bezeichneten Gründen (APS/*Biebl* Rn. 58; *Hertzfeld* NZA-RR 2012, 3; KR/*Spilger* Rn. 76; aA LSW/*Spinner* Rn. 64).

21 Bei **sonstigen kündigungsschutzrechtl. bes. geschützten Personen** (Mutterschutz, EZ, Schwerbehindertenschutz) besteht keine Sperre für die arbeitgeberseitig beantragte Auflösung, wenn eine behördl. zugelassene Kündigung sozial ungerechtfertigt ist. Dem bes. Kündigungsschutz ist durch die Zust. Rechnung getragen (*Bauer* ArbR 2010, 5). Der vom AG gestellte Auflösungsantrag bedarf deshalb bei schwerbehinderten Menschen keiner Zust. des Integrationsamtes (BVerwG 11.5.2006 – 5 B 24/06 –; *Hertzfeld* NZA-RR 2012, 4; HHL/*Linck* Rn. 63). Die Schwerbehinderung muss jedoch bei der Auflösungsentsch., ob eine den Betriebszwecken dienl. weitere Zusammenarbeit nicht zu erwarten ist, zugunsten d. AN berücksichtigen (BAG 7.3.2002 NZA 2003, 261; KR/*Spilger* Rn. 77). Dies gilt entspr. für AN in Mutterschutz oder EZ (HHL/*Linck* Rn. 62).

22 Dem Antrag des AG kann nur stattgegeben werden, wenn das ArbVerh. nicht bereits vor dem Auflösungszpkt. nach § 9 II sein Ende gefunden hat (KR/*Spilger* Rn. 41). Wird der **Betrieb** während des Prozesses **veräußert,** kann der bekl. ehem. AG den Auflösungsantrag trotz Verlustes der AG-Stellung noch nach dem Betriebsübergang stellen, wenn der Auflösungszpkt. davor liegt. Der Betriebsübergang würde andernfalls praktisch zu einem vom G nicht beabsichtigten Verlust des Auflösungsrechts führen, weil der AG gezwungen würde, trotz Unzumutbarkeit die Pflichten aus dem ArbVerh. bis zum Betriebsübergang zu erfüllen (BAG 24.5.2005 NZA 2005, 1178).

23 Für das Vorliegen der Tatsachen, die die Auflösung rechtfertigen sollen, trägt der AG die volle **Darlegungs- und Beweislast** (BAG 30.9.1976 AP KSchG 1969 § 9 Nr. 3). Das Gericht darf in seine Entsch. keine unsubstantiierten Behauptungen einbeziehen, selbst wenn es diese nach dem Prozessverlauf für mögl. hält. Jedoch hat es nach allg. Grds. (§ 139 ZPO) auf Mängel im Prozessvortrag hinzuweisen. Beruft sich der AG zur Auflösung auf Gründe, die die Kündigung nicht sozial rechtfertigen konnten, muss er präzise erklären, auf welche Tatsachen er sich stützen will und überzeugend erläutern, weshalb dieser Sachverhalt jetzt so beschaffen sein soll, dass er eine weitere Zusammenarbeit nicht erwarten lässt. Globale und pauschale Erkl. reichen dazu nicht aus (vgl. BAG 14.1.1993 NZA 1994, 311; 23.6.2005 NZA 2006, 363). Tritt der AN dem Vortrag des AG nicht entgegen, stellt er aber dennoch selbst keinen eigenen Antrag, hat das Gericht in vollem Umf. zu prüfen, ob die Voraussetzungen nach § 9 I 2 vorliegen. Allerdings kann das Gericht je nach Sachlage in dem AN-Verhalten ein Indiz sehen, dass eine den Betriebszwecken dienl. weitere Zusammenarbeit auch aus dessen Sicht besteht (BAG 29.3.1960 AP KSchG § 7 Nr. 7).

IV. Beiderseitiger Auflösungsantrag

24 Stellen AN und AG Auflösungsanträge, ist davon auszugehen, dass beide Parteien aus ihrer Sicht eine Fortsetzung des ArbVerh. nicht mehr für durchführbar halten. Das Gericht hat in einem solchen Fall das ArbVerh. aufzulösen und eine angemessene Entschädigung festzusetzen. Es gibt keinen Grund, die Parteien gegen ihren Willen am ArbVerh. festzuhalten (HHL/*Linck* Rn. 74; **aA** KR/*Spilger* Rn. 81). Die Gewichtung der gegenseitigen Gründe hat in die Bemessung der Entschädigung einzufließen. Wird das ArbVerh. aufgrund des Antrags des AG gegen Festsetzung einer Abfindung beendet, kann der AN nicht zulässig Berufung mit dem Ziel einlegen, seinen Auflösungsantrag in der Berufungsinstanz zurücknehmen zu wollen. Er ist durch das angefochtene Urt. nicht beschwert (BAG 23.6.1993 AP KSchG 1969 § 9 Nr. 23). Zur Änderungskündigung Rn. 2.

V. Gerichtliche Entscheidungen

25 **1. Abweisung.** Ein Auflösungsantrag ist unbegr., wenn das Gericht die Kündigung als sozial gerechtfertigt beurteilt. Es bedarf dann keiner Abweisung des Auflösungsantrags, denn sowohl der Antrag des AN als auch der des AG werden nur hilfsweise für den Fall der Sozialwidrigkeit der Kündigung gestellt (BAG 21.3.1959 AP KSchG § 1 Nr. 55; KR/*Spilger* Rn. 98). Hält das Gericht dagegen die Kündigung für sozialwidrig, verneint aber die Voraussetzungen für einen Auflösungsantrag, weist es den Antrag auf Auflösung im Tenor ab (KR/*Spilger* Rn. 99). Diese Entsch. ergeht auch, wenn das ArbVerh. vor dem Auflösungszpkt. beendet ist und somit gerichtl. nicht mehr aufgelöst werden kann.

26 Über die Wirksamkeit der Kündigung muss **vor dem Auflösungsantrag entschieden werden.** Getrennte Entsch., einmal durch Teilurt. über die Wirksamkeit der Kündigung, das andere Mal durch Schlussurt. über die Auflösung des ArbVerh., sind wegen der Gefahr widersprüchl. Entsch. regelm. unzulässig (BAG 12.5.2010 NZA-RR 2011, 15 Rn. 11). Ausnahmen sind denkbar, etwa bei einem Anerkenntnisurt. (BAG 29.1.1981 AP KSchG 1969 § 9 Nr. 6), das sich nicht nur auf den Feststellungsantrag, sondern auf den Unwirksamkeitsgrund der Sozialwidrigkeit beziehen muss. Hierfür kommt es darauf an, wie die Anerkenntniserkl. nach einer gebotenen Auslegung zu verstehen ist. Eine einheitl. Entsch. ist jdf. empfehlenswert. Stellt das Gericht in einem Teilurt. die Sozialwidrigkeit der Kündigung fest, hat es klarzustellen, dass die Entsch. vorbehaltl. der Entsch. über den Auflösungsantrag ergeht.

Zur Möglichkeit einer Wiederaufnahmeklage BAG 2.12.1999 NZA 2000, 733. Vgl. Rn. 29 zu mehreren Kündigungen und Auflösungsanträgen.

2. Stattgabe. Bejaht das Gericht die **Sozialwidrigkeit der Kündigung** und will es dem Auflösungsantrag stattgeben, genügt es, wenn es auf Auflösung und Abfindung erkennt und in den Gründen feststellt, dass das ArbVerh. durch die Kündigung nicht aufgelöst wurde (BAG 28.11.1968 AP KSchG § 1 Betriebsbedingte Kündigung Nr. 19; KR/*Spilger* Rn. 101; **aA** *Sieweke* NZA 2011, 1324 ff.). Eine entspr. Feststellung ist aber im Tenor unschädl.; sie hat jedoch nur klarstellende Funktion, die insb. zum Tragen kommt, wenn der AG den Klageantrag anerkennt. Bei stattgebender Entsch. ist eine **Abfindung vAw. festzusetzen.** Es bedarf hins. der Höhe der zu zahlenden Abfindung keines Antrags. Bei der Festsetzung der Abfindung ist das Gericht an bezifferte Anträge nicht gebunden. Es kann auch eine höhere als die beantragte Abfindung festsetzen. Stellt der AN den Auflösungsantrag unter der Bedingung, dass ihm eine Abfindung in einer bestimmten Mindesthöhe gewährt wird, ist dieser als unzulässig abzuweisen. Wird einem Auflösungsantrag stattgegeben, tritt die Gestaltungswirkung der Auflösung erst mit Rechtskraft des Urt. ein (BAG 3.4.2008 NZA 2008, 1258). Jedoch ist ein Urt. auf Zahlung einer Abfindung gem. § 62 I ArbGG vorl. vollstreckbar. Eine ZV gegen den AG ist also schon vor Rechtskraft des Urt. mögl. (BAG 9.12.1987 AP ArbGG 1979 § 62 Nr. 4; APS/*Biebl* Rn. 98). Zur Fälligkeit und Verzinsung vgl. § 10 Rn. 13. 27

3. Auflösungszeitpunkt. Das Gericht muss in dem Urt., in dem es die Auflösung ausspricht, den **Zpkt. festsetzen,** zu dem das ArbVerh. endet. Das ist nach § 9 II der Termin, zu dem das ArbVerh. bei sozial gerechtfertigter Kündigung nach der vertragl. oder ges. Frist (§ 622 BGB) geendet hätte (BAG 23.2.2010 NZA 2010, 1123 Rn. 23). Zum Ende der regulären Kündigungsfrist ist das ArbVerh. aufzulösen, wenn der AG diese nicht eingehalten und der AN dagegen im Prozess keine Rüge erhoben hat (BAG 21.6.2012 NZA 2013, 199 Rn. 36) sowie bei der **Umdeutung** einer außerordentl. in eine ordentl. Kündigung. Befinden sich dagegen eine außerordentl. und eine ordentl. Kündigung im Streit, kann der AN einen Auflösungsantrag sowohl nach § 13 I 4 (Auflösung zum Zpkt. des Kündigungsausspruchs) als auch nach § 9 I (Auflösung zum Zpkt. des Ablaufs der Frist) stellen. Hier hängt es von seinem Begehren ab, zu welchem Zpkt. das ArbVerh. beendet werden soll (BAG 26.8.1993 AP BGB § 626 Nr. 113; 21.5.2008 NZA-RR 2009, 75). Bei Unwirksamkeit einer außerordentl. Kündigung ist Auflösungszpkt. der Termin, zu dem die außerordentl. Kündigung ausgesprochen wurde, § 13 I 4. Das Gericht hat bei Festsetzung des Auflösungszpkt. nach dem klaren Wortlaut des G kein Ermessen. Ausnahmen aus Billigkeitsgründen sind unzulässig (BAG 25.11.1982 AP KSchG 1969 § 9 Nr. 10; HHL/*Linck* Rn. 82). Dies könnte einen AN bei einer fristlosen Kündigung dazu veranlassen, von einem Auflösungsantrag keinen Gebrauch zu machen, weil er wegen des Zpkt. der Trennung Nachteile bei Bewerbungen fürchten muss, obwohl er keine (hinreichende) Veranlassung zur außerordentl. Kündigung gegeben hat (*Adam* MDR 2012, 443). § 9 II ist verfassungsgemäß (BVerfG 29.1.1990 NZA 1990, 535; 2.2.1990 NJW 1990, 2053). Den Nachteil, dass durch die rkr. Auflösung des ArbVerh. der Annahmeverzug, der ein bestehendes ArbVerh. voraussetzt, nachträgl. entfällt, nimmt das G in Kauf, wenn die Fortsetzung des ArbVerh. den Interessen einer Vertragspartei evident widerspricht und kompensiert dies durch die Verpflichtung des AG zur Zahlung einer Abfindung (BAG 24.5.2015 NZA 2016, 108 Rn. 32). 28

4. Mehrere Kündigungen und Auflösungsanträge. Auflösungsanträge, die auf unterschiedl. Kündigungen bezogen sind, bilden eigenständige Streitgegenstände. Werden mehrere Kündigungen ausgesprochen und Auflösungsanträge gestellt, sollte das Gericht über alle Streitgegenstände gleichzeitig entscheiden. Die Anträge sind inhaltl. miteinander verzahnt, weil die Gewichtung der Auflösungsgründe und die Höhe der Abfindung von der voraussichtl. weiteren Dauer des ArbVerh. abhängen. Deshalb hat das BAG urspr. angenommen, vor der Entsch. über einen Auflösungsantrag müsse rkr. entschieden sein, ob und ggf. zu welchem Zpkt. nachgehende Kündigungen zur Auflösung von ArbVerh. geführt hätten (17.9.1987 RzK I 11a Nr. 16). Diese Rspr. ist inzwischen aufgegeben. Beruft sich der AG neben der Kündigung, auf die sich ein Antrag des AN nach §§ 9, 10 bezieht, noch auf andere, später wirksam werdende Beendigungstatbestände, hindert dies die Entsch. über den zeitl. vorgehenden Auflösungsantrag selbst dann nicht, wenn der Eintritt der anderweitigen Beendigung umstr. ist und die Parteien hierüber einen Prozess führen. Das BAG sieht es nunmehr als ausreichend an, den wahrscheinl. Ausgang des nachf. Rechtsstreits bei der Feststellung des zeitl. vorrangigen Auflösungsantrags vorausschauend zu würdigen (BAG 27.4.2006 NZA 2007, 229; 28.5.2009 NZA 2009, 966; 11.7.2013 NZA 2013, 1259 Rn. 18). Sind die Streitgegenstände in **verschiedenen Verf.** anhängig und erfolgt keine Verbindung nach § 147 ZPO oder scheidet aufgrund des Sachstandes eine gleichzeitige Entsch. aus, muss jedoch in jedem Fall zunächst über den vorgreifl. Streitgegenstand entschieden werden. Die pflichtgem. Ausübung des Ermessens nach § 148 ZPO lässt eine Aussetzung des Nachfolgeprozesses nicht zu. Anderenfalls würde die Gefahr widersprüchl. Entsch. begr. (BAG 27.4.2006 NZA 2007, 229). Es ist regelm. ausgeschlossen, über einen Kündigungsschutzantrag, der eine spätere Kündigung betrifft, eher zu entscheiden als über einen zeitl. vorhergehenden Auflösungsantrag. Mit einer stattgebenden Kündigungsschutzklage stünde näml. fest, dass ein ArbVerh. bei Ausspruch (Zugang) der str. Kündigung bestanden hat (dazu § 4 Rn. 30), obwohl die Parteien darüber im 29

Zusammenhang mit dem zu der vorzeitigen Kündigung gestellten Auflösungsantrag noch streiten. Es wäre außerdem mit dem arbeitsgerichtl. Beschleunigungsgrds. nicht zu vereinbaren, den zeitl. vorhergehenden Auflösungsantrag auf die „lange Bank" zu schieben (BAG 27.4.2006 NZA 2007, 229; 28.5.2009 NZA 2009, 966). Mehrere Auflösungsanträge sollten ausdr. in ein Hilfsverhältnis gestellt werden.

30 **5. Berufung.** Wer durch das Auflösungsurt. des ArbG **beschwert** ist, kann dagegen Berufung einlegen. Das LAG trifft eine neue, eigene Ermessensentsch. § 9 I 3 ist lex specialis ggü. den verfahrensrechtl. Beschränkungen der Klageerweiterung in der Berufungsinstanz. Bei § 9 handelt es sich um ein eigenständiges prozessuales Institut. Einem AG oder AN, der durch ein erstinstanzl. Urt. **nicht beschwert** ist, steht für die erstmalige Stellung eines Auflösungsantrags im Berufungszug nur der Weg der Anschlussberufung offen. Der Antrag kann bis zum Schluss der mdl. Verh. in der Berufungsinstanz zu Prot. erklärt und auch mit neuem Sachvortrag begr. werden (BAG 19.11.2015 NZA 2016, 540 Rn. 61). Einer ausdr. Bezeichnung des Begehrens als Anschlussberufung bedarf es nicht (BAG 11.7.2013 NZA 2013, 1259 Rn. 13). Mangels Beschwer ist eine Berufung jedoch unzulässig, die allein das Ziel verfolgt, einen zutr. positiv beschiedenen Auflösungsantrag in der Berufungsinstanz zurückzunehmen (BAG 23.6.1993 AP KSchG 1969 § 9 Nr. 23; APS/*Biebl* Rn. 103). Der im Rahmen einer zulässigen Berufung gestellte Auflösungsantrag kann dagegen bis zum **Schluss der letzten mdl. Verh.** in der Berufungsinstanz zurückgenommen werden. Die Gestaltungswirkung des Auflösungsurt. entfaltet sich erst mit Eintritt der Rechtskraft der Entsch. (KR/*Spilger* Rn. 27). Der AN kann einen zurückgenommenen Antrag grds. bis zum Schluss der mdl. Verh. in der Berufungsinstanz erneut stellen. Ob in der Rücknahme eines Auflösungsantrags ausnahmsweise ein Verzicht entspr. § 306 ZPO zu sehen ist, entscheiden die Umstände des Einzelfalls.

31 Der **AN ist beschwert**, wenn sein Auflösungsantrag insg. zurückgewiesen wurde oder wenn das Gericht einen Antrag auf eine Mindest-Abfindungssumme unterschritten hat (LAG K 21.3.2005 LAGE KSchG § 10 Nr. 5: ausreichend, wenn es hinter der erkennbaren Erwartung zurückbleibt), wenn der AN zwar keinen Antrag hins. der Höhe gestellt hat, das Gericht aber unter der Höchstgrenze nach § 10 I geblieben ist (*Bauer* ArbR 2010, 5), oder wenn das Gericht das ArbVerh. gegen seinen Antrag auf Antrag des AG aufgelöst hat (DDZ/*Zwanziger/Callsen* Rn. 47). Die Zurückweisung des AG-Antrags mit der Begr., es lägen keine anderen Unwirksamkeitsgründe nach § 13 III vor, es fehle aber an einem Auflösungsgrund nach § 9 I 2, beschweren den AN nicht (BAG 23.2.2010 NZA 2010, 1123 Rn. 54). Ebenso fehlt es an einer Beschwer des AN, wenn das ArbG das ArbVerh. auf Antrag des AG aufgelöst und eine Abfindung in der vom AN begehrten Höhe festgesetzt hat (HHL/*Linck* Rn. 93). Hat der mit seinem Feststellungsbegehren obsiegende AN in erster Instanz keinen Auflösungsantrag gestellt, kann er nicht Berufung mit dem Ziel einlegen, in zweiter Instanz erstmals einen solchen Antrag stellen zu wollen (BAG 3.4.2008 NZA 2008, 1258; APS/*Biebl* Rn. 103; KR/*Spilger* Rn. 115). Geht hingegen der AG in die zweite Instanz, ermöglicht dies dem AN, erstmals einen Auflösungsantrag zu stellen. Allerdings kann der AG diesem Antrag bis zur Verkündung des Berufungsurt. durch Berufungsrücknahme die Grdl. entziehen, weil der vom AN erstmals durch **Anschlussberufung** verfolgte Auflösungsantrag dann unzulässig wird (BAG 3.4.2008 NZA 2008, 1258).

32 Der **AG ist beschwert**, wenn dem Auflösungsantrag des AN entgegen dem Antrag des AG insg. stattgegeben wurde, das Gericht seinen Antrag zurückgewiesen hat oder über eine von ihm beantragte Höchstsumme hinausgegangen ist. Der AG kann die Berufung auf die Anfechtung der Entsch. über den Auflösungsantrag beschränken (BAG 21.6.2012 NZA 2013, 199 Rn. 35). Wurde in der Vorinstanz die Klage des AN auf Feststellung der Unwirksamkeit der Kündigung abgewiesen und hatte der AG hilfsweise einen Auflösungsantrag gestellt, über den das ArbG zwangsläufig nicht entscheiden musste, fällt der Hilfsantrag in der Rechtsmittelinstanz an, wenn der AN gegen die Abweisung der Klage ein Rechtsmittel einlegt. Der AG muss den Auflösungsantrag in der Berufung nicht erneut in den Prozess einführen (BAG 25.10.1989 AP BGB § 611 Direktionsrecht Nr. 36). Hat das ArbG den Auflösungsantrag des AG zurückgewiesen, weil die ordentl. Kündigung des AG nach § 1 sowie aus anderen Gründen unwirksam ist, kann das Berufungsgericht auch bei einer auf den Auflösungsantrag beschränkten Berufung des AG die anderen Gründe erneut prüfen (BAG 27.9.2001 NZA 2002, 1171).

33 **6. Revision.** In der Revisionsinstanz kann die Auflösung nicht erstmals beantragt werden (APS/*Biebl* Rn. 106). Auch ohne Anschlussrev. fällt aber der vom AG hilfsweise gestellte Auflösungsantrag dem BAG zur Entsch. an, wenn sich der AN mit der Rev. erfolgreich gegen die Abweisung der Klage wendet (vgl. BAG 18.12.1980 AP BetrVG 1972 § 102 Nr. 22). Dasselbe gilt für den vom AG vorinstanzl. hilfsweise gestellten, beim LAG nicht beschiedenen Auflösungsantrag. Das BAG kann über den erstmals in der Rev. anfallenden Antrag allerdings nur ausnahmsweise selbst befinden, wenn die zu würdigenden Umstände feststehen und die Parteien die Abfindungshöhe unstr. stellen. IdR wird es den Rechtsstreit insoweit an das LAG zurückverweisen müssen, da es sich bei den Auflösungsgründen um **unbestimmte Rechtsbegriffe** handelt. Die Wertung, ob im Einzelfall die Auflösung gerechtfertigt ist, obliegt damit in erster Linie dem Tatsachengericht. Dies gilt auch für die Beurteilung der angemessenen Abfindungshöhe. Soweit der Auflösungsantrag vom LAG beschieden wurde, ist das BAG an den eingeschränkten Revisionsmaßstab gebunden. Das BAG hat zu prüfen, ob das LAG die rechtl. Voraus-

setzungen für den Auflösungsgrund verkannt und ob es alle wesentl. Umstände widerspruchsfrei berücksichtigt hat (BAG 10.7.2008 NZA 2009, 312; 8.10.2009 ZTR 2010, 163; 21.6.2012 NZA 2013, 199 Rn. 39). Mangels Beschwer kann ein AN mit der (Anschluss-)Rev. nicht die Änd. der Gründe für die Abweisung eines Auflösungsantrags des AG verlangen (BAG 23.2.2010 NZA 2010, 1123 Rn. 56).

7. Kosten. Hat der AG Abweisung der Kündigungsschutzklage und Auflösung des ArbVerh. beantragt und unterliegt er dann in beiden Fällen, trägt er nach § 91 I ZPO die Kosten des Rechtsstreits. 34
Verliert der AN den Kündigungsschutzprozess, trägt dieser die Kosten; über den Auflösungsantrag wird nicht entschieden. Gibt das Gericht der Kündigungsschutzklage statt und löst es zugleich das ArbVerh. auf Antrag des AN auf, sind die Kosten des Rechtsstreits dem AG aufzuerlegen (KR/*Spilger* Rn. 106). Diese Kostenfolge tritt auch ein, wenn der AG einen Auflösungsantrag gestellt hat und der AN dem nicht mit einem Abweisungsantrag entgegengetreten ist. Stellt das Gericht fest, dass das ArbVerh. durch die Kündigung nicht aufgelöst ist und weist es den Auflösungsantrag des AN ab, hat es über die Kosten nach § 92 ZPO zu befinden, denn beide Parteien haben tw. obsiegt (HHL/*Linck* Rn. 86). Den Hauptstreitpunkt bildet idR die Frage nach der Wirksamkeit der Kündigung. Dem mit dem Auflösungsantrag unterlegenen AN sind allenfalls Kosten von einem Drittel oder einem Viertel aufzuerlegen (KR/*Spilger* Rn. 106). Wird das ArbVerh. auf Antrag des AG bei Gegenwehr des AN aufgelöst, kommt es ebenfalls zur Kostenaufteilung. Ist der AN mit seinem Auflösungsantrag durchgedrungen, hat er aber gleichzeitig einen der Höhe nach **bestimmten Abfindungsbetrag** verlangt, den das Gericht unterschritten hat, muss er anteilsmäßig die Kosten tragen (BAG 26.6.1986 AP KSchG 1969 § 10 Nr. 3; KR/*Spilger* Rn. 109). Haben **beide Parteien die Auflösung beantragt** (Rn. 24), trägt bei einer stattgebenden Entsch. der AG die Kosten, denn der AN hat obsiegt. Etwas anderes gilt nur, wenn eine andere Quotierung durch die Anträge zur Abfindungshöhe gerechtfertigt ist (HHL/*Linck* Rn. 88). Zum Streitwert ArbGG § 12 Rn. 21.

VI. Konkurrenz von Abfindungsregelungen

Ist in einem **Sozialplan** (§ 112 I 2 BetrVG), die Zahlung einer Abfindung vorgesehen oder liegen die 35
Voraussetzungen für einen **Nachteilsausgleich** nach § 113 BetrVG vor, hat das Gericht auf Zahlung einer Abfindung zu erkennen, ohne dass das ArbVerh. durch gerichtl. Akt aufgelöst wird. In einem solchen Fall findet § 9 keine Anwendung. Die §§ 111 ff. BetrVG gehen von der Wirksamkeit der AGKündigung aus und nicht von einem unberechtigten Verlust des Arbeitsplatzes. Die Abfindungsansprüche nach § 9 und nach §§ 112 ff. BetrVG können **nicht kumulativ** zugesprochen werden (APS/*Biebl* Rn. 110; HHL/*Linck* Rn. 96; KR/*Spilger* Rn. 85). Es betrifft eine andere Frage, ob einerseits eine Kündigung dringend betriebl. erforderl. war bzw. ob der AN sozialgerecht ausgewählt wurde oder ob andererseits der AG ohne dringenden Grund von einem Interessenausgleich abgewichen ist. Das Gericht darf in einem solchen Fall die Verurteilung zu einer Abfindungszahlung nicht alternativ aus § 9 oder § 113 BetrVG begründen, denn § 9 setzt die Sozialwidrigkeit der Kündigung und die Auflösung des ArbVerh. voraus, § 113 BetrVG geht hingegen von der Zulässigkeit der Kündigung aus. Der AN kann jedoch hilfsweise eine Abfindung nach § 113 BetrVG mit der Begr. verlangen, es habe kein dringender Grund für eine Abweichung vom Interessenausgleich vorgelegen. Diese Verbindung als Haupt- und Hilfsantrag ist – im Gegensatz zu einer kumulativen Geltendmachung – zulässig (HHL/*Linck* Rn. 96). Entscheidet der AN sich, in erster Linie den Anspruch aus § 113 BetrVG zu verfolgen, bedarf es nur dann einer Feststellung der Sozialwidrigkeit der Kündigung, wenn sich der auf § 113 BetrVG gerichtete Antrag als unbegr. erweist und die soziale Rechtfertigung der Kündigung als Vorfrage im Hinblick auf den hilfsweise gestellten Anspruch aus §§ 9, 10 zu klären ist. Bei einem stattgebenden Urt. über den als Hauptantrag gestellten Auflösungsantrag nach § 9 bedarf es wiederum keiner Entsch. über den hilfsweise gestellten Antrag nach § 113 BetrVG. Die Abfindungshöhe richtet sich in beiden Fällen nach § 10 (vgl. APS/*Biebl* Rn. 112; KR/*Spilger* Rn. 87).

Obsiegt ein AN, der in den Geltungsbereich eines **Sozialplans** fällt, mit einer Kündigungsschutz- 36
klage, muss er entweder das ArbVerh. fortsetzen oder durch Auflösung eine Entschädigung nach § 9 erreichen. Dann erhält er aber idR nicht die Abfindung nach dem Sozialplan. Eine **Ausschlussklausel,** wonach der AN seinen Sozialplananspruch verliert, falls er gegen die Kündigung klagt, ist unwirksam (BAG 20.12.1983 AP BetrVG 1972 § 112 Nr. 17). Zulässig ist aber eine Regelung in einem Sozialplan, nach der die Fälligkeit der Abfindung auf den Zpkt. des rkr. Abschlusses eines Kündigungsrechtsstreits hinausgeschoben und bestimmt wird, dass eine Abfindung gem. §§ 9, 10 auf die Sozialplanabfindung anzurechnen ist (BAG 20.6.1985 AP BetrVG 1972 § 112 Nr. 33).

§ 10 Höhe der Abfindung

(1) Als Abfindung ist ein Betrag bis zu zwölf Monatsverdiensten festzusetzen.

(2) [1]Hat der Arbeitnehmer das fünfzigste Lebensjahr vollendet und hat das Arbeitsverhältnis mindestens fünfzehn Jahre bestanden, so ist ein Betrag bis zu fünfzehn Monatsverdiensten, hat der Arbeitnehmer das fünfundfünfzigste Lebensjahr vollendet und hat das Arbeitsverhältnis

mindestens zwanzig Jahre bestanden, so ist ein Betrag bis zu achtzehn Monatsverdiensten festzusetzen. [2]Dies gilt nicht, wenn der Arbeitnehmer in dem Zeitpunkt, den das Gericht nach § 9 Abs. 2 für die Auflösung des Arbeitsverhältnisses festsetzt, das in der Vorschrift des Sechsten Buches Sozialgesetzbuch über die Regelaltersrente bezeichnete Lebensalter erreicht hat.

(3) **Als Monatsverdienst gilt, was dem Arbeitnehmer bei der für ihn maßgebenden regelmäßigen Arbeitszeit in dem Monat, in dem das Arbeitsverhältnis endet (§ 9 Abs. 2), an Geld und Sachbezügen zusteht.**

1 **1. Höhe der Abfindung. a) Höchstgrenzen.** Nach § 10 I ist bei der gerichtl. Auflösung des ArbVerh. als Abfindung ein **Betrag von bis zu zwölf Monatsverdiensten** festzusetzen. Diese Höchstgrenze der Abfindung darf nur im Rahmen von § 10 II überschritten werden (KR/*Spilger* Rn. 30). Nach § 10 II 1 erhöht sich die Höchstgrenze für die Abfindung auf 15 Monatsverdienste, wenn der AN bereits das 50. Lebensjahr vollendet und das ArbVerh. mind. 15 Jahre bestanden hat. 18 Monatsverdienste können zuerkannt werden, wenn der AN das 55. Lebensjahr vollendet und das ArbVerh. mind. 20 Jahre bestanden hat. Beide Voraussetzungen müssen kumulativ vorliegen. Maßgebend ist der Zpkt., zu dem das Gericht gem. § 9 II das ArbVerh. aufzulösen hat. Die Begrenzung der Abfindungshöhe dient dem Schutz des AG.

2 Das Gericht ist bei Festsetzung der Abfindung an den ges. Bewertungsmaßstab gebunden. Es kann nicht nach freiem Ermessen entscheiden (KR/*Spilger* Rn. 29), sondern muss sein pflichtgem. Ermessen iRd. ges. Höchstgrenzen ausüben (HHL/*Linck* Rn. 8; vgl. auch Rn. 5). Als Monatsverdienst gilt nach Abs. 3, was dem AN bei der für ihn maßgebenden regelm. AZ in dem Monat, in dem das ArbVerh. endet (§ 9 II), an Geld und Sachbezügen zusteht. Bemessungsgrdl. ist die für den AN regelm. individuelle AZ, nicht die betriebsübl. (KR/*Spilger* Rn. 28). Es kommt nicht darauf an, ob der nach § 10 III maßgebende Kalendermonat über- oder unterdurchschnittl. Arbeitstage aufweist (HHL/*Linck* Rn. 11 ff.).

3 Dem AN stehen alle Bestandteile des Arbeitsentgelts zu, die er regulär erhalten hätte. Zu diesen rechnen neben dem Lohn oder Gehalt auch **Zulagen**, der Wert von **Naturalleistungen, Tantiemen, Gratifikationen** und **Urlaubsgeld** (HHL/*Linck* Rn. 15 f. mit **aA** zu Urlaubsgeld; KR/*Spilger* Rn. 38 mit **aA** zu Gratifikationen). Für längere Zeiträume berechnete Leistungen müssen auf den Gesamtzeitraum umgelegt werden, so dass auf den maßgebenden Monat nur ein entspr. Bruchteil entfällt. Nicht zu berücksichtigen sind Leistungen, die nicht dem Entgelt zuzurechnen sind, wie zB Aufwandsentschädigungen und Spesen (HHL/*Linck* Rn. 16; KR/*Spilger* Rn. 38). Es ist vom **Bruttoverdienst** auszugehen. Lohnsteuer und Sozialversicherungsbeiträge sind nicht abzuziehen. Verdienstminderungen, die durch Urlaub oder Krankheit in dem betr. Monat eintreten, sind ebenfalls nicht zu berücksichtigen (KR/*Spilger* Rn. 32).

4 Für die Berechnung der **Dauer des ArbVerh.** ist der vom Gericht im Urt. festzulegende Auflösungszpkt. maßgebend (KR/*Spilger* Rn. 41). Die in § 10 geforderten Bestandszeiten gehen von einem ununterbrochenen Bestand des ArbVerh. aus. Für die Berechnung der Beschäftigungsjahre gelten die gleichen Grds. wie für die der Wartezeit nach § 1 I. Verschiedene, rechtl. völlig getrennte ArbVerh. bei demselben AG können nicht addiert werden. Anders ist es allerdings, wenn sich das rechtl. neue ArbVerh. nahtlos an das vorangegangene anschließt oder wenn nur eine ganz unerhebl. Unterbrechung vorlag, vgl. iÜ § 1 Rn. 39 ff. Frühere Beschäftigungszeiten werden außerdem angerechnet, wenn hierfür eine ges. oder eine vertragl. Grdl. besteht (KR/*Spilger* Rn. 42). § 10 II 1 gilt gem. S. 2 nicht, wenn der AN im Auflösungszpkt. das im SGB VI festgelegte Renteneintrittsalter erreicht hat. Der Grds. der Angemessenheit der Abfindung in § 9 I 1 und die Bemessungsfaktoren in § 10 gelten unmittelbar nur für vom Gericht festzusetzende Abfindungen. Einzelvertragl. Abmachungen, insb. Vergleiche, brauchen die Faktoren des § 10 nicht zu berücksichtigen. Die Abfindung entschädigt für den Verlust des Arbeitsplatzes, der eingetreten ist, obwohl die Kündigung ungerechtfertigt war. Sie ist Arbeitsentgelt und kein Ersatz für Arbeitsentgelt (BAG 22.4.1971 AP KSchG § 7 Nr. 24; 9.11.1988 AP KSchG 1969 § 10 Nr. 6).

5 **b) Bemessungsfaktoren.** Rspr. und Schrifttum billigen dem ArbG bei Festsetzung der Abfindung ein **pflichtgemäßes Ermessen** zu. Es ist hierbei an die Anträge der Parteien nicht gebunden (BAG 26.8.1976 AP BGB § 626 Nr. 68; HHL/*Linck* Rn. 8). Eine Schematisierung würde dem Charakter einer notwendigen Einzelfallprüfung widersprechen (KR/*Spilger* Rn. 31). Dies gilt auch für Abfindungen an **ltd. Ang.** Entgegen der Auff. des LAG HM (14.12.2000 LAGE § 9 KSchG Nr. 35) enthält das G keine Anhaltspunkte dafür, dass bei einem Auflösungsantrag des AG bzgl. des ArbVerh. eines ltd. Ang. grds. die Obergrenze von einem Bruttomonatsverdienst pro Beschäftigungsjahr zu wählen ist. § 14 II 2 modifiziert ledigl. die Tatbestandsvoraussetzungen des § 9 I 2. Allerdings ist der Schwächung des ges. Bestandsschutzes für ltd. Ang. bei der Bemessung der Abfindung angemessen Rechnung zu tragen (LAG K 20.6.2008 AuR 2009, 185). Das Gericht darf die sich aus § 10 I und II ergebenden **Höchstgrenzen** nicht überschreiten. Die Angemessenheit der Abfindung hat sich an ihrem Zweck zu orientieren. Er besteht in erster Linie darin, dem AN einen Ausgleich für die Vermögens- und Nichtvermögensschäden zu gewähren, die sich aus dem an sich nicht gerechtfertigten Verlust des Arbeitsplatzes ergeben. Die Abfindung beinhaltet außerdem eine **Sanktionswirkung** (Rn. 9), indem sie den

AG davon abhalten soll, in Zukunft sozial ungerechtfertigte Kündigungen auszusprechen (BAG 15.2.1973 AP KSchG 1969 § 9 Nr. 2). Das G gibt nicht unmittelbar eine Rangordnung bestimmter Umstände vor. Zpkt. für die Bewertung aller abfindungsrelevanten Faktoren ist die letzte mdl. Verh. der Tatsacheninstanz (BAG 25.11.1982 AP KSchG 1969 § 9 Nr. 10).

Die wichtigsten Faktoren sind die **Dauer der Betriebszugehörigkeit** und das **Lebensalter des AN.** 6
Das Verbot der Diskriminierung wegen des Alters nach § 1 AGG steht nicht entgegen. Soweit § 2 IV AGG den Kündigungsschutz vom Anwendungsbereich des AGG ausnimmt, wurden zwar die RL 2000/43/EG, 2000/78/EG und 2002/73/EG nicht ordnungsgem. umgesetzt. Bei einer deshalb vorzunehmenden unionsrechtskonformen Auslegung des § 9 müssen die Wertentsch. des AGG daher herangezogen werden. § 10 Nr. 6 AGG ist zu entnehmen, dass die vom Alter abhängigen Chancen auf dem Arbeitsmarkt bei der Bemessung der Abfindungshöhe berücksichtigt werden können (vgl. HHL/*Linck* Rn. 19; *Annuß* BB 2006, 326). Nach der ges. Regelung vergrößert sich der Abfindungsrahmen nach § 10 II bei höherem Lebensalter und längerer Betriebszugehörigkeit. Die Gerichte gewähren weitgehend ein halbes Monatseinkommen pro Beschäftigungsjahr (vgl. zur arbeitsgerichtl. Praxis umfassend *Hümmerich* NZA 1999, 342). Das BAG hat dahinstehen lassen, ob § 10 II es erlaubt, von einer solchen „Regelabfindung" auszugehen. Jdf. ist dies nicht zu beanstanden, wenn ein Gericht diesen Wert unter Berücksichtigung der konkreten Umstände des Streitfalls als angemessen erachtet (BAG 21.6.2012 NZA 2013, 199 Rn. 42). Es kann danach angemessen sein, pro Beschäftigungsjahr bis zu einem Monatsverdienst zuzuerkennen (vgl. HHL/*Linck* Rn. 17). Die Bemessung hat weiter auf das Lebensalter des AN Rücksicht zu nehmen. Das folgt aus § 10 II, ist aber auch darin begr., dass der Verlust des Arbeitsplatzes den AN in fortgeschrittenem Alter idR härter trifft. Andererseits wird die Abfindung geringer sein, wenn der AN kurz vor dem Ruhestandsalter steht (DDZ/*Zwanziger/Callsen* Rn. 8). Das Lebensalter hat somit eine ambivalente Auswirkung. Der erhöhte Abfindungsrahmen gilt nicht bei einem Anspruch auf Regelaltersrente, § 10 II 2.

Zu berücksichtigen ist in erster Linie, welche Chancen der AN besitzt, auf dem **Arbeitsmarkt** eine 7
neue Stelle zu finden, denn die Abfindung soll den AN für den Verlust seines Arbeitsplatzes entschädigen (BAG 15.2.1973 AP KSchG 1969 § 9 Nr. 2; KR/*Spilger* Rn. 60). Hat der AN bereits eine neue, gleichwertige Stelle erhalten, wird sich dieser Umstand idR mindernd auf die Abfindungssumme auswirken (KR/*Spilger* Rn. 61); jdf. bei einem unbefristeten Arbeitsverhältnis nach Ablauf der Probezeit.

Das Gericht kann **weitere Sozialdaten** wie Familienstand, die Anzahl der unterhaltspflichtigen 8
Personen, den Gesundheitszustand des AN in die Bemessung der Abfindung einbeziehen (BAG 25.11.1982 AP KSchG 1969 § 9 Nr. 10; KR/*Spilger* Rn. 58). Die Berücksichtigung der Vermögensverhältnisse ist nur in Ausnahmefällen angezeigt. Es darf keinem AN ein Nachteil daraus erwachsen, dass er mit seinem früheren Arbeitseinkommen sparsam umgegangen ist (HHL/*Linck* Rn. 22; KR/*Spilger* Rn. 59). Wesentl. Gewicht kann bei der Bemessung der Abfindung dem Umstand zukommen, dass der AN eine verfallbare Anwartschaft auf Ruhegeld verliert (BAG 28.11.1968 AP KSchG 1951 § 1 Betriebsbedingte Kündigung Nr. 19; 24.10.1974 AP BGB § 242 Ruhegehalt-Unverfallbarkeit Nr. 6; LAG K 20.2.2002 LAGE KSchG § 10 Nr. 4; KR/*Spilger* Rn. 64). Daher kann bei Zuerkennung einer Abfindung der Verlust der Anwartschaft nicht als Schadensersatz verlangt werden (BAG 12.6.2003 AP BGB § 628 Nr. 16).

Die **Sanktionsfunktion** der Abfindung verlangt, dass das Gericht den Grad der Sozialwidrigkeit der 9
Kündigung würdigt. Hat der AG eine grob sozialwidrige Kündigung ausgesprochen, erhöht sich die Abfindung (BAG 15.2.1973 AP KSchG 1969 § 9 Nr. 2; 20.11.1997 RzK I 11c Nr. 13). Von grober Sozialwidrigkeit ist auszugehen, wenn sich aufgrund von Tatsachen die Annahme bestätigt, der AG habe bewusst den Weg über eine unwirksame Kündigung gewählt, um den AN „loszuwerden". Ein solcher Schluss ist gerechtfertigt, wenn der AG dem AN leichtfertig, dh. ohne belastbare Tatsachen, ein Vermögensdelikt vorwirft, diesen Vorwurf sorglos über das Intranet verbreitet und damit die bisherige berufl. Existenz vernichtet sowie sein soziales Umfeld belastet. Hier ist die Festsetzung der „Regelabfindung" von einem halben Gehalt pro Beschäftigungsjahr nicht ausreichend (LAG SH 25.2.2004 NZA-RR 2005, 132). Ähnl. dem Schmerzensgeld hat die Abfindung bei Persönlichkeitsverletzungen Genugtuungsfunktion (APS/*Biebl* Rn. 28). Versucht dagegen der AN durch falsche Angaben im Prozess zu einem Zwischenerwerb eine höhere Abfindung zu erreichen, ist dies abfindungsmindernd zu bewerten (BAG 25.11.1982 AP KSchG 1969 § 9 Nr. 10).

Die **wirtschaftl. Lage des AG** ist nur beachtl., wenn durch die Abfindungszahlung die Existenz des 10
Unternehmens gefährdet wird und damit andere Arbeitsplätze ernsthaft bedroht sind. Dies folgt aus der Wertung des § 112 V Nr. 3 BetrVG, die ihrem Rechtsgedanken nach auch im Kündigungsschutzprozess zu beachten ist (APS/*Biebl* Rn. 29; SES/*Schwarze* Rn. 23; LSW/*Spinner* Rn. 66; **aA** HHL/*Linck* Rn. 23; KR/*Spilger* Rn. 66). Bei kleinen Betrieben kann die wirtschaftl. Leistungsfähigkeit abfindungsmindernd berücksichtigt werden. Umgekehrt kann die „Sicherheit des Arbeitsplatzes" die Abfindung erhöhen (BAG 20.11.1997 RzK I 11c Nr. 13).

2. Rechtliche Behandlung des Abfindungsanspruchs. a) Lohnpfändungs- und Insolvenzschutz. 11
Abfindungen nach §§ 9, 10 gehören zum Arbeitseinkommen nach § 850 ZPO. Sie unterliegen jedoch

nicht dem Pfändungsschutz des § 850c ZPO, denn es handelt sich um kein Arbeitseinkommen, das für einen fest umrissenen Zeitraum gezahlt wird. Abfindungen sind vielmehr nicht wiederkehrende zahlbare Vergütungen nach § 850i I ZPO (BAG 12.9.1976 AP ZPO § 850 Nr. 10; 13.11.1991 RzK I 11c Nr. 8; HHL/*Linck* Rn. 32). Sie stellen **Insolvenzforderungen** nach §§ 38, 108 III InsO dar. Löst das Gericht das ArbVerh. aufgrund einer vom InsV ausgesprochenen Kündigung auf, handelt es sich um Masseverbindlichkeiten nach § 55 I Nr. 1 InsO (KR/*Spilger* Rn. 23; SPV/*Vossen* Rn. 2148).

12 **b) Steuer und Sozialversicherung.** Abfindungen nach §§ 9, 10 gelten als Einkünfte aus nicht selbständiger Tätigkeit. Bes. zu beachten sind die Änd. der Höchstgrenzen im HaushaltsbegleitG v. 29.12.2003 (BGBl. I S. 3076) sowie der Wegfall der Freibeträge nach § 3 Ziff. 9 EStG ab 1.1.2006 durch das steuerl. Sofortprogramm v. 22.12.2005 (BGBl. I Nr. 76). Abfindungen, die wegen der Auflösung des ArbVerh. gezahlt werden, sind in keinem Fall mehr steuerfrei, sondern nach §§ 2 I, 19, 24 Nr. 1 a EStG steuerpflichtig. Nach der sog. „Fünftel-Regelung" in § 34 I, II Nr. 2 EStG soll jedoch der Progressionseffekt, der durch die Kumulierung steuerpflichtiger Einnahmen entsteht, abgemildert werden (dazu *Balsmann/Maaß* ArbR 2011, 285; SES/*Schwarze* Rn. 35). Wird die Abfindung wegen (und nicht nur anlässl.) der Beendigung des ArbVerh. gezahlt, stellt sie kein sozialversicherungspflichtiges Arbeitsentgelt gem. § 14 I 1 SGB IV dar (vgl. BSG 21.2.1990 NZA 1990, 751; SES/*Schwarze* Rn. 33). Zum Ruhen des Anspruchs auf Alg. bei Entlassungsentschädigung SGB III § 158 Rn. 3 ff.

13 **c) Zivilrechtl. Probleme.** Der **Anspruch auf Abfindung entsteht** durch die Festsetzung im Urt. und wird bereits damit, frühestens jedoch zum Zpkt. des festgesetzten Endes des ArbVerh., **fällig** (BAG 13.5.1969 AP ArbGG 1979 § 62 Nr. 4; **aA** APS/*Biebl* Rn. 41: erst ab Rechtskraft des Urt.). Ab diesem Zpkt. kommt eine Verzinsung entspr. §§ 286 I 2, 288 I BGB in Betracht (BAG 13.5.1969 AP KSchG § 8 Nr. 2). Der verurteilte AG weiß, dass er sofort zur Zahlung verpflichtet ist. Ist in einem **Abfindungsvergleich** der Zpkt. der Fälligkeit für die Abfindung nicht bestimmt, kann sich der Fälligkeitszpkt. aus den Umständen ergeben, § 271 I Hs. 1 BGB. Beim Auflösungsvertrag ist der Parteiwille maßgebl. Der Abfindungsanspruch entsteht grds. erst zum vereinbarten Ausscheidenstermin, wenn keine abw. Regelung getroffen ist (BAG 26.8.1997 AP BGB § 620 Aufhebungsvertrag Nr. 8; 15.7.2004 NZA 2005, 293). **Tarifl. Ausschlussfristen** finden auf durch Urt. oder gerichtl. Vergleich festgesetzte Abfindungen keine Anwendung, wenn dies nicht ausdr. in einem TV anders geregelt ist (BAG 13.1.1982 AP KSchG 1969 § 9 Nr. 7; DDZ/*Zwanziger/Callsen* Rn. 29; vgl. aber BAG 27.10.2005 NZA 2006, 259: Prüfung von Ausschlussfristen bzgl. der vereinbarten Abfindung bei gleichzeitiger Aufrechnung). Abfindungen **verjähren** grds. nach § 195 BGB in 3 Jahren, rkr. ausgeurteilte Abfindungen aber erst in 30 Jahren (§ 197 I Nr. 3 BGB; KR/*Spilger* Rn. 26).

14 Der Anspruch auf Abfindung ist – anders als die Entsch., Kündigungsschutzklage zu erheben und einen Auslösungsantrag zu stellen – nicht höchstpers. Natur und damit **abtretbar** und **vererbl.** (HHL/*Linck* Rn. 40). Eine Vorausabtretung wird als zulässig erachtet (APS/*Biebl* Rn. 42). Voraussetzung für die Vererblichkeit ist, dass der AN selbst noch einen Auflösungsantrag gestellt hat und erst nach der letzten mdl. Verh. verstorben ist. Der Anspruch geht ebenfalls auf die Erben über, wenn der AN vor einem bereits durch Urt. oder Abfindungsvergleich zwischen den Parteien festgesetzten Auflösungszpkt. verstirbt (BAG 25.6.1987 EzA KSchG 1969 § 9 Nr. 23; 22.5.2003 AP ZPO § 767 Nr. 8; § 9 Rn. 5). Ist in einem **Aufhebungsvertrag** vereinbart, dem AN bei Inanspruchnahme des vorgezogenen Altersruhegeldes zur Milderung der Einkommenseinbuße eine Abfindung zu zahlen, entsteht der Anspruch regelm. nur, wenn der AN das vertragl. vereinbarte Ende des ArbVerh. erlebt (BAG 16.5.2000 NZA 2000, 1236). Der AG kann gegen die Abfindungsforderung **mit Gegenansprüchen aufrechnen**, soweit der Abfindungsanspruch der Höhe nach der Pfändung unterliegt (BAG 20.8.1996 AP ZPO § 767 Nr. 7; KR/*Spilger* Rn. 17). Dies gilt auch für die vertragl. vereinbarte Abfindung (BAG 27.10.2005 NZA 2006, 259). Eine sozial ungerechtfertigte Kündigung kann uU eine schuldhafte Pflichtverletzung darstellen, die den AG zum Schadensersatz verpflichtet. Die Zuerkennung einer Abfindung nach §§ 9, 10 schließt Schadensersatz wegen Verdienstausfalls für die Zeit nach der Auflösung des ArbVerh. aus. Soweit der Auflösungsantrag des AG nach § 14 II keiner Begr. bedarf, ist dieses Erg. gesetzesimmanent. Die **Geltendmachung weiterer Schäden**, die nicht unmittelbar mit dem Verlust des Arbeitsplatzes in Verbindung stehen, wird durch die Gewährung einer Abfindung nicht berührt (BAG 15.2.1973 AP KSchG 1969 § 9 Nr. 2; KR/*Spilger* Rn. 79).

15 **d) Verfahrensfragen.** Der AN braucht keinen Antrag hins. der Höhe der Abfindung zu stellen (§ 9 Rn. 27). Zur Kostenentsch. § 9 Rn. 34 f., zu Rechtsmittelfragen § 9 Rn. 30 ff.

§ 11 Anrechnung auf entgangenen Zwischenverdienst

Besteht nach der Entscheidung des Gerichts das Arbeitsverhältnis fort, so muß sich der Arbeitnehmer auf das Arbeitsentgelt, das ihm der Arbeitgeber für die Zeit nach der Entlassung schuldet, anrechnen lassen,

1. was er durch anderweitige Arbeit verdient hat,

2. was er hätte verdienen können, wenn er es nicht böswillig unterlassen hätte, eine ihm zumutbare Arbeit anzunehmen,

3. was ihm an öffentlich-rechtlichen Leistungen infolge Arbeitslosigkeit aus der Sozialversicherung, der Arbeitslosenversicherung, der Sicherung des Lebensunterhalts nach dem Zweiten Buch Sozialgesetzbuch oder der Sozialhilfe für die Zwischenzeit gezahlt worden ist. Diese Beträge hat der Arbeitgeber der Stelle zu erstatten, die sie geleistet hat.

1. Normzweck. Macht der AN, der eine Klage nach § 4 oder nach § 256 ZPO gewonnen hat, **Ansprüche aus Annahmeverzug** geltend, muss er sich die in § 11 bezeichneten Leistungen auf das Arbeitsentgelt, das ihm der AG für die Zeit nach der Entlassung schuldet, anrechnen lassen. Unter der unscharfen Formulierung „Zeit nach der Entlassung" ist die Zeitspanne zwischen der Beendigung des ArbVerh. (idR Ablauf der Kündigungsfrist) und der Wiederaufnahme der Arbeit beim alten AG zu verstehen. Wird der AN vor dem Zpkt. der rechtl. Beendigung des ArbVerh. von der Verpflichtung zur Arbeitsleistung vom AG freigestellt, richtet sich die Abwicklung nach § 615 S. 1 BGB (BAG 6.2.1964 AP BGB § 615 Nr. 24; KR/*Spilger* Rn. 10). 1

§ 11 findet gem. § 13 I 5 auf eine innerhalb der Drei-Wochen-Frist des § 4 angegriffene **außerordentl. Kündigung** entspr. Anwendung. Ebenso gilt § 11 gem. § 13 II für den Fall einer gerichtl. festgestellten sittenwidrigen Kündigung und gem. § 12 S. 5, wenn der AN sich entschließt, ein inzwischen neu eingegangenes ArbVerh. fortzusetzen. § 11 ist hingegen nicht anzuwenden, wenn das ArbVerh. nach § 9 aufgelöst wird. Befand sich der AG bis zu dem Auflösungszpkt. im Annahmeverzug, richtet sich die Anrechnung anderweitiger Verdienste ausschl. nach § 615 S. 2 BGB (dazu § 9 Rn. 28). Haben die Arbeitsvertragsparteien eine einvernehml. Regelung der Weiterbeschäftigung bis zur Rechtskraft des Urt. im Kündigungsschutzprozess in finanzieller Hinsicht getroffen, besteht für § 11 kein Raum (KR/*Spilger* Rn. 6). Zu den Folgen bei einvernehml. Fortsetzung des ArbVerh. s. Rn. 13. 2

2. Annahmeverzug. Wird der AN aufgrund einer unwirksamen Kündigung nicht mehr beschäftigt, gerät der AG ohne ein Verschulden in Annahmeverzug. Der AN kann für die infolge des Verzugs nicht geleisteten Dienste Arbeitsentgelt verlangen, ohne zur Nachleistung verpflichtet zu sein, § 615 S. 1 BGB. § 11 ist keine Anspruchsgrdl., sondern als **Anrechungsvorschr.** eine **Spezialregelung zu § 615 S. 2 BGB** (BAG 21.2.2012 NZA 2012, 793 Rn. 20). Sie setzt voraus, dass das Gericht die Sozialwidrigkeit der Kündigung festgestellt und das ArbVerh. nicht nach § 9 aufgelöst hat. § 11 bestimmt die Voraussetzungen des Annahmeverzugs nicht eigenständig. Diese regelt § 615 BGB (zu den Voraussetzungen BAG 27.8.2008 NZA 2008, 1410; ausf. BGB § 615 Rn. 9 ff.). Der AN muss **leistungsfähig** und **leistungswillig** iSd. § 297 BGB sein. Hat der AG ihn freigestellt und damit eine Annahme seiner Arbeitsleistung generell angelehnt, gerät er nach § 296 S. 1 BGB in Annahmeverzug, ohne dass es eines – über die Erhebung einer Kündigungsschutzklage hinausgehenden – tats. oder wörtl. Angebots des AN bedarf (BAG 20.6.2013 NZA 2014, 139 Rn. 42; 24.6.2015 NZA 2016, 108 Rn. 17; BGB § 611 Rn. 571). Ein AG gerät nicht in Annahmeverzug, wenn der AN zB durch div. Straftaten in ungewöhnl. starkem Maße gegen seine arbeitsvertragl. Verhaltenspflichten verstoßen hat und der AG deshalb nach Treu und Glauben berechtigt wäre, seine Dienste als unzumutbar abzulehnen (vgl. BAG 16.4.2014 NZA 2014, 1082 Rn. 17). Wird dem AN fristlos gekündigt und obsiegt er im anschließenden Kündigungsschutzprozess, steht ihm für die Zeit vom Zugang der Kündigung bis zur Verkündung des die Unwirksamkeit der Kündigung feststellenden Urt. keine Vergütung zu, wenn er sich in diesem Zeitraum an einem **Streik** beteiligt hat (BAG 17.7.2012 NZA 2012, 1432). Nach dem **Sinn und Zweck** der Anrechungsvorschr. in § 11 soll der AN für den Fall des Obsiegens im Kündigungsrechtsstreit weder besser noch schlechter, sondern grds. so gestellt werden, als hätte keine Unterbrechung des ArbVerh. stattgefunden (BAG 21.2.2012 NZA 2012, 793 Rn. 22). § 11 ist zwgd. Natur. Anrechnungsregelungen zum Nachteil des AN können nicht wirksam vereinbart werden (KR/*Spilger* Rn. 7). 3

§ 11 bestimmt unter den Ziff. 1 bis 3, welche Beträge der AN sich aus Gründen der Billigkeit auf seine Verzugslohnforderung anrechnen lassen muss (vgl. BAG 6.9.1990 AP BGB § 615 Nr. 47): 4

Nr. 1: Dasjenige, das er durch **anderweitige Arbeit** verdient hat. Es muss sich um **Einkommen** handeln, das der AN nur deshalb erzielen konnte, weil er die Leistung beim AG nicht erbracht hat (BAG 21.2.2012 NZA 2012, 793 Rn. 22). Soweit Einkünfte erst nach Beendigung des Annahmeverzugs erzielt werden, die auf Tätigkeiten im Verzugszeitraum beruhen, sind diese (ggf. ant.) anzurechnen (BAG 16.6.2004 NZA 2004, 1155). Verdienst iSd. Vorschr. ist nicht nur Arbeitsentgelt, sondern sind auch Einnahmen aus freier Geschäftstätigkeit, wenn diese nur deshalb mögl. war, weil der AN nicht seinem alten AG zur Vfg. stehen musste (BBAKNS/*Suckow* Rn. 29). Nicht anzurechnen ist der Wert von **Arbeitsleistungen**, die der AN auch ohne die Nichtbeschäftigung beim AG **unentgeltl.** erbracht hätte, zB „echter" Nachbarschaftshilfe (KR/*Spilger* Rn. 42). Unberücksichtigt bleiben Einnahmen, die der AN ohne Beeinträchtigung seiner Tätigkeit beim alten AG hätte erzielen können, wie **Nebenverdienste**, die außerhalb der regulären AZ erzielt wurden (BAG 6.9.1990 AP BGB § 615 Nr. 47; APS/*Biebl* Rn. 17). Stellt der AG den AN in einer Vereinb. von der Arbeit unter Fortzahlung des Arbeitsentgelts frei, ist es eine Frage der Vertragsauslegung, ob der AG zugleich darauf verzichtet hat, anderweitigen Verdienst des AN anzurechnen (vgl. LAG K 21.8.1991 NZA 1992, 123; LAG TH 21.11.2000 LAGE BGB § 615 Nr. 62). Der AN muss sich analog § 11 Nr. 1 den vom neuen AG

gewährten Urlaub auf den Urlaubsanspruch gegen den alten AG anrechnen lassen, wenn er während des Kündigungsprozesses ein neues ArbVerh. eingeht, deshalb nicht gleichzeitig weiter seine Pflichten aus dem alten ArbVerh. erfüllen kann und vom dem neuen AG Urlaub erhält. Die Verpflichtung zur Gewährung von Urlaub beruht zwar nicht auf Annahmeverzug nach § 615 S. 1 BGB, sondern folgt unabhängig von den erbrachten Arbeitsleistungen unmittelbar aus dem BUrlG. Der anderweitig bewilligte Urlaub wird jedoch analog § 11 Nr. 1 wie anrechenbares Einkommen behandelt. Der Umstand, dass es sich bei dem Urlaubsanspruch nicht um einen im Gegenseitigkeitsverhältnis stehenden Entgeltanspruch handelt, rechtfertigt es nicht, den AN nach Unwirksamkeit der Kündigung dadurch besser zu stellen, dass er den Urlaubsanspruch doppelt erhält, obwohl dem Erholungszweck durch Freistellung des AN in vollem Umf. Genüge getan ist (BAG 21.2.2012 NZA 2012, 793 Rn. 20 ff.).

5 Der anderweitige Verdienst ist auf die vertragsgem. Vergütung für die gesamte Dauer des Annahmeverzugs anzurechnen und nicht nur bezogen auf denjenigen Zeitabschn., in dem der anderweitige Arbeitsverdienst erzielt worden ist. Es gilt das **Prinzip der Gesamtberechnung**. Zum Zwecke der dafür erforderl. Vergleichsberechnung ist zunächst die Vergütung für die infolge des Verzugs nicht geleisteten Dienste zu ermitteln. Dieser Gesamtvergütung ist ggü. zu stellen, was der AN in der betr. Zeit anderweitig verdient hat. Aufgrund der zivilprozessualen Dispositionsmaxime bestimmen die Parteien mit ihren Anträgen und Einwendungen den der Gesamtberechnung zugrunde zu legenden Zeitraum (vgl. BAG 22.11.2005 NZA 2006, 736; 16.5.2012 NZA 2012, 971 Rn. 29; 24.6.2015 NZA 2015, 1256 Rn. 12). Macht der AN mehrere Vergütungsansprüche mit einer Gesamtforderung geltend, sind diese, um den Anforderungen des § 253 II 2 ZPO zu genügen, individualisiert nach Einzelpositionen aufgeschlüsselt in beziffferter Höhe zu benennen. Diese Aufschlüsselung ist nicht im Hinblick auf die bei Anrechung anderweitigen Verdienstes gem. § 11 Nr. 1 vorzunehmende Gesamtberechnung entbehrl. (BAG 24.9.2014 NZA 2015, 35 Rn. 23). Der Umf. der Anrechnung bestimmt sich nach der für den AN beim alten AG maßgebenden AZ. Der teilzeitbeschäftigte AN muss sich nur den Verdienst anrechnen lassen, der durch das Freiwerden der Arbeitskraft ermöglicht worden ist (BAG 6.9.1990 AP BGB § 615 Nr. 47; KR/*Spilger* Rn. 41). Die vollständige Anrechnung des gesamten anderweitigen Erwerbs setzt die Beendigung des Annahmeverzugs voraus. Dauert der Annahmeverzug zZ der Entsch. über eine Vergütungsklage des AN noch an, kann der AG nur aus denjenigen Zeitabschn. Auskunft über die Höhe des anderweitigen Verdienstes verlangen, für die der AN fortlfd. seit Beginn des Annahmeverzugs Entgelt geltend gemacht hat (BAG 24.8.1999 NZA 2000, 818). Aufwendungen, die dem AN im Rahmen anderweitiger Tätigkeit entstehen, kann er nach §§ 683, 679, 670 BGB von seinem alten AG fordern (LAG D 1.9.2005 LAGE § 615 BGB 2002 Nr. 4).

6 Besteht Streit über die Frage, ob der AN Einnahmen erzielt hat, ist der **AG beweispflichtig** (BAG 19.7.1978 AP BGB § 242 Auskunftspflicht Nr. 16; 6.9.1990 AP BGB § 615 Nr. 47; HHL/*Linck* Rn. 31). Der AN ist hins. der Höhe der erzielten Einnahmen ggü. dem AG **auskunftspflichtig**, da dieser idR nicht informiert sein wird, ob und wie sich der AN anderweitig betätigt hat (BAG 19.7.1978 AP BGB § 242 Auskunftspflicht Nr. 16; KR/*Spilger* Rn. 45). Erteilt der AN die Auskunft nicht oder nicht vollständig, hat der AG ein Leistungsverweigerungsrecht bis zur Erteilung der Auskunft (BAG 29.7.1993 AP BGB § 615 Nr. 52).

7 **Nr. 2:** Was der AN hätte verdienen können, wenn er es nicht **böswillig unterlassen** hätte, eine ihm zumutbare Arbeit anzunehmen. Inhaltl. besteht zwischen § 11 Nr. 2 und § 615 S. 2 BGB trotz des nicht völlig identischen Wortlauts kein Unterschied (HHL/*Linck* Rn. 35). Die Zumutbarkeitsfestlegung erfordert unter Beachtung des Grundrechts auf freie Arbeitsplatzwahl (Art. 12 GG) nach Treu und Glauben (§ 242 BGB) eine Gesamtabwägung aller Umstände des konkreten Arbeitsangebots und der Gründe des AN, dieses abzulehnen (vgl. BAG 11.1.2006 NZA 2006, 314; 11.10.2006 NJW 2007, 2060; 17.1.2011 NZA 2012, 260 Rn. 17). Die Unzumutbarkeit der Arbeit kann ihren Grund in der Person des AG, der Art der Arbeit und den sonstigen Arbeitbedingungen haben (HHL/*Linck* Rn. 36). Auch vertragsrechtl. Umstände sind zu berücksichtigen, wobei die nichtvertragsgem. Arbeit nicht ohne weiteres unzumutbar ist. Der AN handelt böswillig, wenn ihm ein Vorwurf daraus gemacht werden kann, dass er während des Annahmeverzugs trotz Kenntnis aller obj. Umstände **vorsätzl. untätig bleibt** oder die Aufnahme der Arbeit bewusst verhindert. Eine direkte Absicht, dem AG einen Schaden zuzufügen, ist nicht erforderl. (BAG 17.1.2011 NZA 2012, 260 Rn. 17; 22.3.2017 NZA 2017, 988 Rn. 17). **Ör. Vorschr.** verfolgen mit dem Schutz der Sozialgemeinschaft einen anderen Regelungszweck und sind bei der Zumutbarkeitsfestlegung nicht unmittelbar maßgebl. Die Zumutbarkeitskriterien des SGB III beziehen sich auf die Abwägung der Interessen der Arbeitslosen mit denen der Gesamtheit der Beitragszahler, während iRd. § 11 Nr. 2 allein die Interessen der Vertragspartner von Bedeutung sind (BAG 7.2.2007 NZA 2007, 561). Allerdings ist *Fritz/Erren* (NZA 2009, 1245 ff.) zuzustimmen, dass der Katalog in § 140 SGB III den Parteien eine Orientierungshilfe dafür bietet, welche anderweitigen Tätigkeiten dem AN zumutbar sind.

7a Grds. zumutbar sind Tätigkeiten, die den Kenntnissen, Fähigkeiten und Erfahrungen des AN sowie seiner bisherigen Lebensstellung entsprechen (*Schier* BB 2006, 2578, 2581; *Spirolke* NZA 2001, 707). Eine längere **Fahrtzeit** kann dem AN nach Lage des Einzelfalls zugemutet werden (LAG K 21.6.2005 NZA-RR 2006, 14; LAG HM 24.5.2007 NZA-RR 2008, 175). Eine deutl. **Statusverschlechterung** ist ihm idR unzumutbar, **Aushilfsarbeiten** sind ihm nur dann zumutbar, wenn er solche zu Zeiten des ungekündigten ArbVerh. verrichtet hat (KR/*Spilger* Rn. 50). Das BAG verlangt von einem AN allerdings nach Lage der Umstände nicht unbeträchtl. Einschnitte in Gehalt und Tätigkeit (BAG 26.9.2007 NZA 2008, 1063: Gehaltsreduzierung des Spielbankleiters um ein Drittel, zusätzl. Übertragung von Aufsichts- und Kassiertätigkeit nach Schließung des Roulettes und Fortführung des Automatenspiels zumutbar). Schlägt der AN ein Angebot auf **TZBeschäftigung** aus, muss er sich den mögl. Arbeitsverdienst nicht nach § 11 Nr. 2 anrechnen lassen, wenn er damit seinen Lebensunterhalt nicht bestreiten kann (LAG BW 26.2.2008 – 14 Sa 90/07). Zu Arbeitsbedingungen nach einer Änderungskündigung Rn. 9a.

Der AN hat sich bei der AA arbeitslos zu melden und mit ihm unterbreiteten Angeboten zu befassen 8
(APS/*Biebl* Rn. 23; KR/*Spilger* Rn. 48; HHL/*Linck* Rn. 45; sofern mit Arbeitsangeboten zu rechnen ist SES/*Schwarze* Rn. 24; aA BAG 16.5.2000 NZA 2001, 26). Unwilligkeit zur Ausübung zumutbarer Arbeit liegt vor, wenn sich der AN der **Arbeitsvermittlung** nicht zur Vfg. stellt, sofern ihm über diesen Weg Arbeit hätte zugewiesen werden können. Es ist auch nicht hinzunehmen, wenn der AN andere Möglichkeiten, die eine Beschäftigung ausweisen könnten, unbeachtet lässt, zB wenn er eine Tageszeitung bezieht, die Stellenanzeigen aber nicht zur Kenntnis nimmt. Die Ablehnung eines angebotenen Arbeitsplatzes begr. keine Böswilligkeit, wenn der AN einen sachl. Grund aufweisen kann. Er ist nicht verpflichtet, ein ArbVerh. von einer Dauer einzugehen, die die Rückkehr in das alte ArbVerh. erschweren könnte (BAG 18.6.1965 AP BGB § 615 Böswilligkeit Nr. 2). Hält der AN sich nach der Kündigung im **Ausland** auf, kann darin ein böswilliges Verhalten nur gesehen werden, wenn im Inland Beschäftigungsmöglichkeiten bestanden hätten (BAG 11.7.1985 AP BGB § 615 Nr. 35a). Keine Böswilligkeit liegt vor, wenn der AN ein Angebot ausschlägt, weil der anbietende AG die erforderl. Zust. des BR nicht eingeholt hat (BAG 7.11.2002 AP BGB § 615 Nr. 98).

Bietet der AG dem AN bis zur Rechtskraft des Urt. im Kündigungsschutzprozess ein befristetes 9
ProzessArbVerh. an, kann in der Ablehnung eines solchen Angebots ein böswilliges Unterlassen anderweitigen Erwerbs gesehen werden. Der AN handelt hingegen nicht immer schon dann böswillig, wenn er es unterlässt, ein obsiegendes Urt. über die Weiterbeschäftigung für die Dauer des Kündigungsschutzprozesses zu vollstrecken oder die Vollstreckung anzudrohen (BAG 22.2.2000 NZA 2000, 817). Bietet der AG aber eine Prozessbeschäftigung an oder verlangt der AN diese, bedingt der Anspruch auf eine bestimmte Beschäftigung im bestehenden ArbVerh. nicht die Unzumutbarkeit einer dem AN zugewiesenen anderen Tätigkeit, selbst wenn dringende Gründe für das nicht „vertragsgerechte" Angebot fehlen. § 11 S. 1 Nr. 2 regelt nicht Rechte und Pflichten aus dem AV, sondern die nach anderen Maßstäben zu beurteilende Obliegenheit, aus Rücksichtnahme ggü. dem AG einen zumutbaren Zwischenverdienst zu erzielen. Die Zumutbarkeit anderweitiger Arbeit iSv. S. 1 Nr. 2 und der Beschäftigungsanspruch aus dem ArbVerh. sind rechtl. nicht zwgd. miteinander verknüpft. Das zeigt gerade der ges. Regelfall der böswillig bei einem anderen AG unterlassenen Arbeit, die notwendigerweise auf einer anderen vertragl. Grdl. stattgefunden hätte (BAG 17.11.2011 NZA 2012, 260 Rn. 20). Der AN darf aber den Abschluss eines ProzessArbVerh. ohne nachteilige Folgen für seine Ansprüche aus Annahmeverzug verweigern, solange ihm ein Zurückbehaltungsrecht nach § 273 BGB wegen offener Gehaltsforderungen zusteht (LAG K 11.9.2006 LAGE BGB 2002 § 615 Nr. 5: ein Monatsgehalt). Böswilligkeit ist ferner anzunehmen, wenn der AG eine vorl. Weiterbeschäftigung anbietet, der AN sich aber weigert, darüber eine schriftl. Vereinb. zu treffen (LAG NI 30.9.2003 LAGE BGB 2002 § 615 Nr. 2). Auf eine dauerhafte Änd. des AV braucht sich der AN hingegen nicht einzulassen (BAG 11.1.2006 NZA 2006, 314), weil ein AN im Kündigungsschutzprozess nicht zur Annahme eines vorbehaltlosen DauerArbVerh. gezwungen sein kann (*Schulze* NZA 2006, 1146). Hat der AN beim ArbG die **vorl. Weiterbeschäftigung** erstritten, hat er die Zumutbarkeit einer entspr. Tätigkeit idR konkludent anerkannt. Ausnahmen müssen sich aus seinem Vortrag ergeben. Unabhängig von einem Weiterbeschäftigungsurt. kann es dem AN obliegen, der Aufforderung zur Arbeitsaufnahme nachzukommen, wenn der AG gegen ihn keine unbewiesenen Vorwürfe erhoben, sondern die Kündigung auf einen unstr. Sachverhalt gestützt hat. Auch nach einer **verhaltensbedingten Kündigung** ist es dem AN nicht grds. unzumutbar, auf ein entspr. Angebot für den AG vorübergehend weiterzuarbeiten (BAG 24.9.2003 NZA 2004, 90; LAG HE 9.11.2015 – 16 Sa 561/15 –; anders bei Androhung von Schadensersatzforderungen durch den AG: LAG HM 4.11.2004 NZA-RR 2005, 416). Stellt der AG den AN vor Beendigung des ArbVerh. von der Verpflichtung zur Arbeit frei, gilt § 615 S. 2 BGB (vgl. Rn. 1). Böswilliges Unterlassen anderweitigen Verdienstes scheidet in diesem Fall in aller Regel aus (LAG K 27.4.2005 LAGE BGB 2002 § 615 Nr. 3).

Wer eine **Änderungskündigung** nach § 2 unter Vorbehalt akzeptiert, muss es sich regelm. als 9a
böswillig unterlassenen Zwischenverdienst anrechnen lassen, wenn er die Arbeit zu den geänd. Bedingungen nach Ablauf der Änderungskündigungsfrist nicht aufnimmt (LAG K 15.10.2007 AE 2008, 213). Die Unzumutbarkeit der Arbeit ist nicht automatisch zu bejahen, wenn sich die **Änderungskündigung** als **unwirksam** erweist. Sie folgt zB nicht allein daraus, dass der AG die Fortsetzung ders. Tätigkeit zu einer verminderten Vergütung (BAG 16.6.2004 NZA 2004, 1155) oder einen Arbeitsplatz mit längerem Anfahrtsweg anbietet (LAG K 21.6.2005 NZA-RR 2006, 14); zu TZ Rn. 7a. Der Maßstab des § 2 S. 1 ist ein anderer als der des § 11 S. 1 Nr. 2. Letztere Vorschr. stellt in erster Linie auf die

Verhältnisse des gekündigten AN ab (BAG 11.10.2006 NJW 2007, 2060). Lehnt der AN nach Ausspruch einer Änderungskündigung die Fortsetzung des ArbVerh. zu geänd. Arbeitsbedingungen vorbehaltlos ab, kann hierin ebenfalls eine böswillige Weigerung liegen, zumutbare Arbeit anzunehmen. Dies ist nach den gesamten Umständen des konkreten Falls zu beurteilen. Der AN muss eine deutl. Verschlechterung seiner Arbeitsbedingungen nicht hinnehmen, solange er berechtigte Aussichten hat, vorteilhaftere Arbeit zu finden. Je länger Arbeitsangebot und vorgesehene Arbeitsaufnahme auseinander liegen, desto weniger wird es ihm im Regelfall vorzuwerfen sein, wenn er das Änderungsangebot ablehnt und sich stattdessen um eine für ihn günstigere Arbeit bemüht (BAG 11.10.2006 NJW 2007, 316). Dem AN kann es im Falle einer langen Kündigungsfrist nach § 615 S. 2 BGB zuzumuten sein, eine vertragl. nicht geschuldete Arbeit bei dem urspr. AG bereits vor Ablauf der Kündigungsfrist anzunehmen (BAG 7.2.2007 NZA 2007, 561). Im Gegensatz zu einer reinen Beendigungskündigung (BAG 11.1.2006 NZA 2006, 314) muss der AG dem AN nicht explizit die befristete Prozessbeschäftigung antragen. Der AG stellt mit der Änderungskündigungserkl. einen bestimmten Arbeitsplatz für die Zeit nach Ablauf der Kündigungsfrist zur Vfg. Der AN kann faktisch ein ProzessArbVerh. durch Vorbehaltsannahme begründen. Der Charakter einer vorl. Beschäftigung ergibt sich hinreichend deutl. aus § 2, die Folge bei einem Obsiegen aus § 8. Deshalb liegt Böswilligkeit hins. eines unterlassenen anderweitigen Verdienstes vor, wenn der AN bei einer Änderungskündigung abwartet, ob ihm der AG für die Zeit nach Ablauf der Kündigungsfrist erneut eine zumutbare Arbeit anbietet (BAG 26.9.2007 NZA 2008, 1063; *Fritz/Erren* NZA 2009, 1245; **aA** *Schulze* NZA 2006, 1147). Erklärt der AG eine Beendigungskündigung im Anschluss an eine Änderungskündigung, ohne die Arbeitsmöglichkeit zu veränderten Bedingungen ausdr. weiter anzubieten, endet das böswillige Unterlassen mit dem Ablauf der Änderungskündigungsfrist (BAG 26.9.2007 NZA 2008, 1063).

10 Die Obliegenheit zur Annahme einer zumutbaren Arbeit erstreckt sich im Einzelfall auf die **Aufnahme einer selbständigen**, nicht auf einem Dauerschuldverhältnis beruhenden **Erwerbstätigkeit** (BAG 11.1.2006 NZA 2006, 314; 25.10.2007 AP KSchG 1969 § 12 Nr. 3), etwa wenn der AN bereits selbständig im Nebenberuf tätig war. Die Annahme eines böswilligen Unterlassens kann ausgeschlossen sein, wenn der AN während des Annahmeverzugs des AG vorbereitende Arbeiten für eine selbständige Berufsausübung aufnimmt. Dabei ist allerdings zu beachten, dass § 11 Nr. 2 keine Ausnahme vom **Wettbewerbsverbot** nach § 60 II HGB begr. Ein AN, der eine Kündigung gerichtl. angreift, wird von dem während der Dauer des ArbVerh. geltenden Wettbewerbsverbot nicht befreit. Bei einem Verstoß kommt deshalb eine weitere, ggf. fristlose Kündigung in Betracht. Der AN handelt hingegen evtl. nicht schuldhaft, wenn es ihm nur um eine Übergangslösung geht und er am gekündigten ArbVerh. festhält. Zu berücksichtigen ist, ob er in einer ausweglosen Situation auf die Erzielung anderweitigen Verdienstes angewiesen und ihm eine Tätigkeit außerhalb des Handelszweiges des AG nicht mögl. oder nicht zumutbar war (BAG 25.4.1991 NZA 1992, 212; 13.12.2007 – 2 AZR 196/06) und ob er den AG zuvor um Einwilligung ersucht hat (*Fischer* NJW 2009, 333 f.; KR/*Fischermeier* § 626 BGB Rn. 480).

11 Von dem AN wird nicht verlangt, dass er außergewöhnl. Anstrengungen unternimmt, um eine Beschäftigung zu erhalten (KR/*Spilger* Rn. 48). Der AN handelt nicht böswillig, wenn er sich nach viermonatiger Beschäftigung mit dem neuen AG im Anschluss an eine von diesem ausgesprochene außerordentl. Kündigung auf eine einvernehml. Beendigung einigt (LAG RP 18.1.2005 LAGReport 2005, 168). Er ist nicht gezwungen, ein Urt. des ArbG auf vorl. Weiterbeschäftigung gegen den AG zu vollstrecken oder dem AG die Vollstreckung anzudrohen (BAG 22.2.2000 NZA 2000, 817; HHL/*Linck* Rn. 42). Nr. 2 setzt zwar kein AG-Angebot voraus, sondern beinhaltet grds. eine Obliegenheit zu eigenem Tätigwerden (22.3.2017 NZA 2017, 988 Rn. 27). Geht es aber um eine Arbeitsmöglichkeit bei dem bisherigen AG, kann der AN regelm. abwarten, ob ihm eine zumutbare Arbeit angeboten wird (BAG 11.1.2006 NZA 2006, 314). Dies gilt auch nach „Rücknahme der Kündigung" durch den AG (BAG 19.1.1999 AP BGB § 615 Nr. 79; *Schier* BB 2006, 2578, 2579). Im Unterschied zu § 615 S. 2 sieht § 11 Nr. 2 **keine Anrechung der ersparten Aufwendungen** vor, wie zB Fahrt- oder Reinigungskosten. Solche konkreten Umstände des Einzelfalls werden damit nicht berücksichtigt. Die im RegE zum KSchG 1951 urspr. vorgesehene Anrechnungspflicht hat der Gesetzgeber gestrichen, um „nicht kleinl. zu verfahren" (APS/*Biebl* Rn. 31; KR/*Spilger* Rn. 59; krit. HHL/*Linck* Rn. 48).

12 **Nr. 3: Bezogene Sozialleistungen**. Anzurechnen ist der jeweilige Nettobetrag (BAG 24.9.2003 NZA 2003, 1332). Die Regelung stellt klar, was ohnehin gilt, und ist daher rein deklaratorischer Natur (SES/*Schwarze* Rn. 25; *Maul-Sartori* NZA 2017, 91, 92). Den subsidiären Sozialleistungen vorgehende Ansprüche gehen näml. idR auf die öffentl. Stelle, die geleistet hat, kraft G über, zB nach § 115 SGB X. Der AN hat derartige ör. Leistungen letztl. zu Unrecht bezogen, weil ihm infolge der Unwirksamkeit der Kündigung ein Lohnanspruch zustand. Die dem AG nach § 11 Nr. 3 S. 2 obliegende Erstattungspflicht an die zust. öffentl. Stelle ändert nichts an der Rechtsnatur des Nachzahlungsanspruchs (BAG 17.4.1986 AP BGB § 615 Nr. 40; KR/*Spilger* Rn. 58). § 11 Nr. 3 erfasst die Beträge, die die AA für den AN an die ges. Krankenkasse gezahlt hat (BAG 9.4.1981 AP KSchG 1969 § 11 Nr. 1). Bezieht der AN während des Annahmeverzuges **Alg.** und unterlässt er es zugleich böswillig, eine ihm zumutbare Erwerbstätigkeit anzunehmen, hat eine proportionale Zuordnung der Anrechnung nach § 11 Nr. 2, 3 zu erfolgen (BAG 11.1.2006 NZA 2006, 314).

3. Fortsetzung des Arbeitsverhältnisses nach Vereinbarung. Erklärt der AG nach Klageerhebung, „er nehme die Kündigung zurück“, und nimmt der AN seine Tätigkeit wieder auf, sind sich die Parteien darüber einig, das ArbVerh. als ungekündigtes ununterbrochen fortzusetzen. Auf einen solchen Fall ist § 11 analog anzuwenden, denn der AG erkennt damit konkludent die Sozialwidrigkeit der Kündigung an (BAG 26.7.1995 – 2 AZR 665/94). Das Gleiche gilt, wenn die Parteien sich in einem **Vergleich** entspr. einigen (BAG 17.4.1986 AP BGB § 615 Nr. 40; KR/*Spilger* Rn. 8). 13

§ 12 Neues Arbeitsverhältnis des Arbeitnehmers; Auflösung des alten Arbeitsverhältnisses

[1]Besteht nach der Entscheidung des Gerichts das Arbeitsverhältnis fort, ist jedoch der Arbeitnehmer inzwischen ein neues Arbeitsverhältnis eingegangen, so kann er binnen einer Woche nach der Rechtskraft des Urteils durch Erklärung gegenüber dem alten Arbeitgeber die Fortsetzung des Arbeitsverhältnisses bei diesem verweigern. [2]Die Frist wird auch durch eine vor ihrem Ablauf zur Post gegebene schriftliche Erklärung gewahrt. [3]Mit dem Zugang der Erklärung erlischt das Arbeitsverhältnis. [4]Macht der Arbeitnehmer von seinem Verweigerungsrecht Gebrauch, so ist ihm entgangener Verdienst nur für die Zeit zwischen der Entlassung und dem Tage des Eintritts in das neue Arbeitsverhältnis zu gewähren. [5]§ 11 findet entsprechende Anwendung.

1. Normzweck. § 12 löst den Konflikt, der entsteht, wenn der AN in Unkenntnis des Ausgangs des Kündigungsschutzprozesses und in Wahrung seiner Interessen ein neues ArbVerh. eingegangen ist, sich die Kündigung aber im Nachhinein als unwirksam erweist. Die Vorschr. zeigt, dass allein in dem Abschluss eines Arbeitsvertrags mit einem anderen AG keine kündigungsrelevante Verletzung einer Pflicht aus dem bestehenden ArbVerh. liegt (BAG 5.11.2009 AP BGB § 626 Nr. 224). Nach S. 1 kann der AN binnen einer Woche nach Rechtskraft des Urt. durch Erkl. ggü. dem früheren AG die Fortsetzung des ArbVerh. bei diesem verweigern. Hierdurch soll eine Kollision von Pflichten des AN aufgelöst werden, näml. einerseits der Pflicht, sich um eine zumutbare anderweitige Beschäftigung zu bemühen, und andererseits der Pflicht, nach gewonnenem Prozess die Arbeit wieder aufzunehmen (KR/*Rost* Rn. 2). Die Formulierung in § 12 ist terminologisch unscharf. Soweit das G von „verweigern“ spricht, handelt es sich rechtl. um ein fristgebundenes **Sonderkündigungsrecht** des AN mit der Wirkung einer fristlosen Kündigung (HHL/*Linck* Rn. 5; KR/*Rost* Rn. 24) und nicht um ein Leistungsverweigerungsrecht bei Fortbestehen der urspr. Vertragsbeziehungen. Ein neues ArbVerh. liegt nicht vor, wenn der AG den AN bis zur Klärung der Wirksamkeit der Kündigung befristet beschäftigt (vgl. BAG 21.5.1981 AP BGB § 615 Nr. 32). § 12 gewährt dem AN ein **Wahlrecht**. Die Möglichkeit, das alte ArbVerh. nicht fortsetzen zu müssen, bietet sich dem AN in Form eines einseitigen Gestaltungsrechts (BAG 19.10.1972 AP KSchG 1969 § 12 Nr. 1). Dieses steht nur dem AN, nicht aber dem AG zu. Macht der AN von dem Sonderkündigungsrecht Gebrauch, kann er Verdienst nur vom Ende der Kündigungsfrist bis zur Aufnahme des neuen ArbVerh. verlangen. 1

2. Voraussetzungen des Wahlrechts. Voraussetzung für die Ausübung des Wahlrechts ist ein gerichtl. Urt. in einem Kündigungsschutzprozess nach §§ 4, 13 I und II, in dem festgestellt wird, dass das ArbVerh. durch die mit der Klage angegriffene ordentl. Kündigung **nicht aufgelöst** worden ist. Einem solchen Urt. steht die Abweisung eines Auflösungsantrags des AN gleich (HHL/*Linck* Rn. 12). § 12 ist auch anwendbar, wenn die Unwirksamkeit einer außerordentl. Kündigung festgestellt wird, § 13 I 5 (KR/*Rost* Rn. 6). Wird das ArbVerh. gem. § 9 durch Urt. aufgelöst, ist für ein Wahlrecht nach § 12 kein Raum (KR/*Rost* Rn. 8). Eine erfolgreiche Klage nach § 13 III eröffnet dagegen trotz des Wortlauts die Möglichkeit nach § 12. Die Interessenlage bei obsiegendem Urt. ist gleich (KR/*Rost* Rn. 38; vgl. bereits BAG 19.7.1978 AP BGB § 242 Auskunftspflicht Nr. 16). Der **neue Arbeitsvertrag** muss nach Zugang der Kündigung (DDZ/*Deinert/Callsen* Rn. 8) und vor Rechtskraft des Urt. im Kündigungsschutzprozess abgeschlossen sein (HHL/*Linck* Rn. 3; KR/*Rost* Rn. 11 ff.). Geht der AN erst nach Rechtskraft des Urt. ein neues ArbVerh. ein, greift § 12 nicht. Er muss dann das alte ArbVerh. fortsetzen, um nicht in Schuldnerverzug zu geraten. Ein Abschluss iSv. § 12 liegt auch vor, wenn die Arbeit in dem neuen ArbVerh. erst später angetreten werden soll. Das neue ArbVerh. muss länger dauern als bis zum Tag der Rechtskraft des Urt. im Kündigungsschutzprozess. Dessen Ausgestaltung spielt hingegen keine Rolle: befristet, unbefristet, Probe-, Aushilfs- oder LeihArbVerh. Auch ein Berufsausbildungsverhältnis kommt in Betracht (DDZ/*Deinert/Callsen* Rn. 6). Ebenso löst ein Dienstvertrag als Organmitglied einer jur. Person das Wahlrecht aus. Nicht genügend ist indessen die **Aufnahme einer freiberufl. Tätigkeit** während des Kündigungsschutzprozesses, auch nicht für eine analoge Anwendung des § 12. Es mag in einem solchen Fall zwar eine ähnl. Interessenlage gegeben sein, doch fehlt es an einer planwidrigen Gesetzeslücke. Das G verlangt für die Ausübung des Sonderkündigungsrechts ausdr. das Eingehen eines ArbVerh. und korrespondiert so mit § 11 Nr. 1, 2. Dort wird gerade nicht auf den in einem „ArbVerh.“ erlangten bzw. zu erzielenden Verdienst abgestellt, sondern auf das, was der gekündigte AN nach Ablauf der Kündigungsfrist durch „Arbeit“ verdient hat oder hätte verdienen können (BAG 25.10.2007 NJW 2008, 1466; APS/*Biebl* Rn. 5; HHL/ 2

Linck Rn. 2; **aA** DDZ/*Deinert* Rn. 6; KR/*Rost* Rn. 10 *Schier* BB 2006, 2581). Beruft sich der inzwischen selbständige AN zu Unrecht auf § 12, ist diese Erkl. regelm. nach § 140 BGB in eine ordentl. Kündigung zum nächstmögl. Zpkt. umzudeuten (HHL/*Linck* Rn. 11). Bis zum Ablauf der Kündigungsfrist muss der AN das vertragl. **Wettbewerbsverbot** nach § 60 HGB beachten (BAG 25.10.2007 NJW 2008, 1466, vgl. § 11 Rn. 10).

3 **3. Ausübung des Wahlrechts.** Der AN muss sich **binnen Wochenfrist entscheiden**, das einseitige Gestaltungsrecht bzgl. des alten ArbVerh. auszuüben (BAG 19.10.1972 AP KSchG 1969 § 12 Nr. 1). Das Recht erlischt, wenn der AN die Frist verstreichen lässt oder wenn er die Erkl. nicht rechtzeitig abgibt (KR/*Rost* Rn. 27; SES/*Schwarze* Rn. 9). Während der dem AN eingeräumten Überlegungszeit von einer Woche ist die Weigerung, die Arbeit beim alten AG wieder aufzunehmen, nicht schuldhaft. Der AN gerät insoweit nicht in Schuldnerverzug. Will der AN das urspr. ArbVerh. fortsetzen, bedarf es keiner Abgabe irgendeiner Erkl. (DDZ/*Deinert/Callsen* Rn. 9; KR/*Rost* Rn. 15). Der AN kann sich gem. § 12 bereits vorsorgl. im Kündigungsschutzprozess schriftsätzl. festlegen (BAG 19.10.1972 AP KSchG 1969 § 12 Nr. 1; 25.10.2007 NJW 2008, 1466; HHL/*Linck* Rn. 8; KR/*Rost* Rn. 29). Die Erklärungsfrist von einer Woche beginnt mit der Rechtskraft des der Feststellungsklage stattgebenden Urt. zu laufen (HHL/*Linck* Rn. 8). Der Tag, an dem das Urt. rkr. geworden ist, wird nach § 187 I BGB nicht mitgerechnet (KR/*Rost* Rn. 25). Sie endet nach § 188 I BGB am entspr. Tag der folgenden Woche mit den Modifizierungen nach § 193 BGB.

4 Die Erkl. des AN bedarf gem. § 623 BGB der **Schriftform** (BAG 17.12.2015 NZA 2016, 361 Rn. 41). Eine mdl. Äußerung genügt nicht. Es reicht, wenn die schriftl. Erkl. innerhalb einer Woche zur Post gegeben wird, § 12 S. 2. Nicht von § 12 S. 2 erfasst ist die Übersendung der Erkl. durch einen Boten; diese muss dem AG daher innerhalb der Frist zugehen (HHL/*Linck* Rn. 9; KR/*Rost* Rn. 26). Eine hinreichende Erkl. liegt vor, wenn der AN innerhalb der Wochenfrist eine **Eigenkündigung** erklärt. Die Erklärungsfrist ist eine materiell-rechtl. Ausschlussfrist. Gegen ihre Versäumung ist eine Wiedereinsetzung in den vorigen Stand nicht vorgesehen (HHL/*Linck* Rn. 11; KR/*Rost* Rn. 25). Das **bisherige ArbVerh. erlischt**, wenn die Erkl. dem AG zugeht, S. 3 (BAG 19.7.1978 AP BGB § 242 Auskunftspflicht Nr. 16), frühestens jedoch zu dem Zpkt., zu dem es bei Rechtswirksamkeit der Kündigung geendet hätte (KR/*Rost* Rn. 24). Hatte der AN die Erkl. bereits vor Rechtskraft des Urt. abgegeben, endet das ArbVerh. mit Rechtskraft des Urt. Ungeachtet der Gestaltungsmöglichkeit nach § 12 können die Parteien das bisherige ArbVerh. auch anderweitig beenden, namentl. durch Aufhebungsvertrag.

5 Der AN ist nicht gehalten, den neuen Arbeitsvertrag so auszugestalten, dass er im Fall des Obsiegens sofort zum alten AG zurückkehren kann. Eine entspr. Verpflichtung dürfte die Aussicht des AN auf eine andere Beschäftigung idR vereiteln und würde damit in der Realität dem Rechtsgedanken des § 11, den Verzugsschaden durch anderweitige Arbeit zu mindern, entgegenwirken. Der AN wird den ihm angebotenen Arbeitsvertrag idR zu akzeptieren haben. Willigt der neue AG nicht in eine vorzeitige Beendigung des neuen ArbVerh. ein, nachdem sich der AN für die Fortsetzung des alten ArbVerh. entschieden hat, kommt für den AN nur die **ordentl. Kündigung des neuen ArbVerh.** in Betracht (KR/*Rost* Rn. 18). Allein die Tatsache, dass der AN den Kündigungsschutzprozess gegen seinen AG gewonnen hat, gibt ihm noch kein Recht nach § 626 BGB zur fristlosen Beendigung des neuen ArbVerh.

6 **4. Nachzahlung und Anrechnung von Verdienst.** Beendet der AN das urspr. ArbVerh., kann er an sich Annahmeverzugsansprüche bis zum **Termin der rechtl. Beendigung** des ArbVerh. geltend machen. Hat der AN die anderweitige Beschäftigung bereits vor Rechtskraft des Urt. aufgenommen, wird der Nachzahlungszeitraum begrenzt. Gem. § 12 S. 4 ist dem AN entgangener Verdienst nur für die Zeit zwischen der Entlassung und dem Tag des Eintritts in das neue ArbVerh. zu gewähren (BAG 19.7.1978 AP BGB § 242 Auskunftspflicht Nr. 1; LAG RP 30.11.2007 DB 2008, 592). Tag des Eintritts ist der Tag der Arbeitsaufnahme, nicht der des Vertragsschlusses (HHL/*Linck* Rn. 7). Der AN kann nicht verlangen, dass der alte AG einen niedrigeren Verdienst im neuen ArbVerh. ausgleicht (DDZ/*Deinert/Callsen* Rn. 20). Das G schließt eine Verrechnung der Entgelte zwischen dem alten und dem neuen ArbVerh. ausdr. aus. Wenn der AN diese nachteilige Folge vermeiden will, muss er eine Beendigung des ArbVerh. in anderer Weise (Aufhebungsvertrag) als durch die Wahl nach § 12 herbeiführen. § 12 S. 4 verpflichtet den AG nicht, über den Zpkt. des Erlöschens des alten ArbVerh. hinaus weiter Arbeitsentgelt zu zahlen, bis die neue Tätigkeit tats. aufgenommen wird (**aA** HHL/*Linck* Rn. 7). Nach S. 5 ist § 11 auf den bis zur Beendigung des alten ArbVerh. begr. Entgeltanspruch entspr. anzuwenden. Hatte der AN also **vor** Eintritt in das neue ArbVerh. **anderweitige Einkünfte** oder hat er es böswillig unterlassen, solche zu erzielen, muss er sich diese anrechnen lassen (KR/*Rost* Rn. 22). Diese Grds. erstrecken sich auf ör. Leistungen.

7 Der AN kann den Anspruch auf Zahlung von Vergütungsansprüchen aus Annahmeverzug bereits **während des Kündigungsschutzprozesses** geltend machen. Die Feststellung, ob das ArbVerh. durch die streitgegenständl. Kündigung beendet wurde, ist dabei vorgreifl. Es liegt im Ermessen des Gerichts, entweder die Zahlungsklage mit dem Feststellungsverf. zu verbinden, um nach § 147 ZPO gleichzeitig entscheiden zu können, oder die Verf. unverbunden zu lassen, aber darüber zeitnah (uU am selben Tag) zu urteilen. Eine **Aussetzung** des Rechtsstreits über Vergütungsansprüche bis zur rkr. Erledigung

des Kündigungsschutzprozesses kommt dagegen regelm. wegen § 9 I, § 9 II 2 ArbGG, § 198ff. GVG nicht in Betracht. Der Anwendung des § 148 ZPO steht grds. entgegen, dass der AN typischerweise auf seine Vergütung angewiesen ist und sich nicht auf die Inanspruchnahme von Sozialleistungen verweisen lassen muss. Für eine ermessensfehlerfreie Aussetzungsentsch. müssen bes. Gründe des Einzelfalls vorliegen, die ausnahmsweise das schützenswerte Interesse des AN an einer vorl. Existenzsicherung überwiegen. Der Gesichtspunkt der Prozesswirtschaftlichkeit, den Rechtsstreit über die Vergütung zu vereinfachen, kann dabei keine Rolle spielen. Die Gefahr widerstreitender Entsch. führt zu keinem anderen Erg., weil der AG in diesen Fällen nicht schutzlos gestellt ist (BAG 16.4.2014 NZA 2015, 183 Rn. 11). Hängt das Berufungsurt. über Annahmeverzugslohn vom Erfolg eines beim BAG anhängigen Kündigungsschutzantrags ab, muss das LAG entweder Rev. gegen seine Sachentsch. zulassen oder kann den Rechtsstreit – unter Berücksichtigung der Umstände des Einzelfalls – bis zur Entsch. des BAG aussetzen (vgl. BAG 11.1.2006 NZA 2006, 314).

5. Fortsetzung des alten Arbeitsverhältnisses. Gibt der AN innerhalb der Wochenfrist des S. 1 8
keine Erkl. ggü. dem „alten" AG ab, ist er, auch bei entgegenstehender innerer Willensrichtung, zur Fortsetzung des ArbVerh. verpflichtet. Vor Ablauf der Wochenfrist besteht keine Erklärungspflicht. Ist der AN bereits ein neues ArbVerh. eingegangen und nimmt er seine vertragl. geschuldete Tätigkeit beim „alten" AG deshalb nach der Wochenfrist nicht wieder auf, kann darin eine beharrl. **Arbeitsverweigerung** liegen, die nach den Umständen des Einzelfalls eine Kündigung nach § 1 II rechtfertigen kann (BAG 23.5.2013 NZA 2013, 1197 Rn. 39f.). Der AN wird jedoch nicht zum Vertragsbruch gezwungen, sondern muss seine Arbeitskraft erst nach Ablauf der Kündigungsfrist beim neuen AG anbieten. Immerhin lag die Zwischenbeschäftigung auch im Interesse des alten AG, der zu Unrecht gekündigt hatte (APS/*Biebl* Rn. 10). Entscheidet sich der AN für die Fortsetzung des alten ArbVerh. und lässt er die Wochenfrist des § 12 S. 1 verstreichen, muss er den alten AG allerdings unverzügl. über die bei dem neuen AG einzuhaltenden Fristen informieren (vgl. LAG SN 19.5.2004 – 5 Sa 873/03). Nur wenn der AN eine langfristige Bindung eingegangen ist, bei der abzusehen war, dass sie das Ende des Kündigungsschutzprozesses bei Weitem überschreitet, kommt eine betriebsbedingte Kündigung durch den alten AG in Betracht, wenn dem AG ein Freihalten der Stelle nicht zugemutet werden kann (vgl. APS/*Biebl* Rn. 11; KR/*Rost* Rn. 20). Steht der AN in einem anderen ArbVerh., gerät er bei einer entspr. Aufforderung seines „alten" AG, bei ihm die Arbeit wieder aufzunehmen, nicht in Schuldnerverzug, sofern er das neue ArbVerh. unverzügl. gekündigt hat. Das Nicht-Leisten-Können beruht auf einem Umstand (der ungerechtfertigten Kündigung), den nicht der AN, sondern der AG zu vertreten hat. Der AN behält ggü. seinem „alten" AG in einem solchen Fall den Vergütungsanspruch nach § 615 S. 1 BGB, denn der AG hat die mangelnde Leistungsbereitschaft des AN selbst herbeigeführt. Anders ist es, wenn der AN keinen Leistungswillen hat (§ 297 BGB) oder sich unangemessen lang vertragl. gebunden hat (dazu SES/*Schwarze* Rn. 17). Ist das neue ArbVerh. beendet, muss der AN die alte Tätigkeit unverzügl. aufnehmen. Andernfalls riskiert er eine verhaltensbedingte Kündigung (KR/*Rost* Rn. 21).

§ 13 Außerordentliche, sittenwidrige und sonstige Kündigungen

(1) [1]**Die Vorschriften über das Recht zur außerordentlichen Kündigung eines Arbeitsverhältnisses werden durch das vorliegende Gesetz nicht berührt.** [2]**Die Rechtsunwirksamkeit einer außerordentlichen Kündigung kann jedoch nur nach Maßgabe des § 4 Satz 1 und der §§ 5 bis 7 geltend gemacht werden.** [3]**Stellt das Gericht fest, dass die außerordentliche Kündigung unbegründet ist, ist jedoch dem Arbeitnehmer die Fortsetzung des Arbeitsverhältnisses nicht zuzumuten, so hat auf seinen Antrag das Gericht das Arbeitsverhältnis aufzulösen und den Arbeitgeber zur Zahlung einer angemessenen Abfindung zu verurteilen.** [4]**Das Gericht hat für die Auflösung des Arbeitsverhältnisses den Zeitpunkt festzulegen, zu dem die außerordentliche Kündigung ausgesprochen wurde.** [5]**Die Vorschriften der §§ 10 bis 12 gelten entsprechend.**

(2) **Verstößt eine Kündigung gegen die guten Sitten, so finden die Vorschriften des § 9 Abs. 1 Satz 1 und Abs. 2 und der §§ 10 bis 12 entsprechende Anwendung.**

(3) **Im Übrigen finden die Vorschriften dieses Abschnitts mit Ausnahme der §§ 4 bis 7 auf eine Kündigung, die bereits aus anderen als den in § 1 Abs. 2 und 3 bezeichneten Gründen rechtsunwirksam ist, keine Anwendung.**

1. Normzweck. Mit der Umgestaltung der Vorschrift durch das G zu Reformen am Arbeitsmarkt v. 1
24.12.2003 (BGBl. I 3002) wurde dem Interesse an einer raschen Klärung der Wirksamkeit einer Kündigung Rechung getragen (dazu APS/*Biebl* Rn. 4). § 13 I behandelt die Anwendung des KSchG bei außerordentl. Kündigung, § 13 II bei Nichtigkeit wegen Sittenwidrigkeit und § 13 III bei sonstigen Unwirksamkeitsgründen. In allen Fällen finden nunmehr die Vorschriften der §§ 4 bis 7 Anwendung.

2. Außerordentliche Kündigung. Nach § 13 I 2 können AN die Rechtsunwirksamkeit der außer- 2
ordentl. Kündigung nur innerhalb der **Drei-Wochen-Frist** des § 4 S. 1 geltend machen. Die Vorschrif-

ten über die Klagefrist finden auch auf **ltd. Ang.** iSv. § 14 II Anwendung. Sie gelten aber nicht für die in § 14 I bezeichneten **Organmitglieder** (KR/*Rost* Rn. 9), wobei GF abhängiger GmbH AN der Muttergesellschaft sein können (DDZ/*Däubler* Rn. 4; § 14 Rn. 7). Die Frist ist auch bei außerordentl. Kündigungen von **Berufsausbildungsverhältnissen** zu beachten (HHL/*v. Hoyningen-Huene* Rn. 28), es sei denn, dass nach § 111 II ArbGG ein Ausschuss zur Beilegung von Streitigkeiten gebildet ist. Die im Falle des Bestehens eines solchen Ausschusses in § 111 II 5 ArbGG vorgeschriebene Verh. vor dem Schlichtungsausschuss ist eine unverzichtbare, vAw. zu beachtende Prozessvoraussetzung für die Klage (BAG 12.2.2015 NZA 2015, 741 Rn. 24). Besteht kein Schlichtungsausschuss, muss sich der Auszubildende fristgem. gegen die Kündigung zur Wehr setzen (BAG 26.1.1999 AP KSchG 1969 § 4 Nr. 43; dazu BBiG § 22 Rn. 9). Auf Berufsausbildungsverhältnisse ist § 13 I 3 (Auflösung des ArbVerh.) nicht anzuwenden (BAG 29.11.1984 AP KSchG 1969 § 13 Nr. 6). Im Insolvenzfall kann das Ausbildungsverhältnis für den Regelfall nicht außerordentl., sondern nur unter Einhaltung einer ordentl. Kündigungsfrist gekündigt werden (BAG 27.5.1993 AP KO § 22 Nr. 9; vgl. InsO § 113 Rn. 6).

3 Der AN muss sich innerhalb dieser Frist auf das Fehlen eines wichtigen Grundes oder auf die Nichteinhaltung der Zwei-Wochen-Frist gem. § 626 II BGB berufen. Außerordentl. Kündigungen iSd. Vorschr. sind solche, bei denen die Vertragsbeziehungen **ohne Einhaltung einer ordentl. Kündigungsfrist** oder eines vereinbarten Beendigungstermins aufgelöst werden können: zB § 626 BGB, § 22 II Nr. 1 BBiG, § 67 SeeArbG. Die Kündigung nach § 113 InsO ist ein bes. ges. Kündigungsrecht, vgl. InsO § 113 Rn. 9. Eine außerordentl. Kündigung liegt auch vor, wenn der AG aus wichtigem Grund unter Einhaltung einer **notwendigen („sozialen") Auslauffrist** kündigt (zur Umdeutung einer außerordentl. fristlosen Kündigung in eine außerordentl. mit notwendiger Auslauffrist BGB § 620 Rn. 62 ff.). Sieht ein TV vor, dass sog. „unkündbaren" AN unter bestimmten Umständen fristgemäß gekündigt werden kann, handelt es sich ebenfalls um eine außerordentl. Kündigung (zB BAG 5.2.1998 AP BGB § 626 Nr. 143; 24.6.2004 AP BGB § 626 Nr. 180). § 13 I ist ferner anzuwenden, wenn ein **befristetes ArbVerh.** aus wichtigem Grund gekündigt wird. Die Vorschr. erfasst die **außerordentl. Änderungskündigung**, insb. eine solche mit notwendiger Auslauffrist, die der ordentl. Änderungskündigung in den Rechtsfolgen angenähert ist. § 4 S. 2 findet trotz des einschränkenden Wortlauts des § 13 I 2 entspr. Anwendung (BAG 28.10.2010 NZA-RR 2011, 155 Rn. 12; 19.7.2012 NZA 2012, 1038 Rn. 19). Die Änderungsschutzklage ist begr., wenn es für die Änd. der Arbeitsbedingungen an einem wichtigen Grund fehlt oder sie aus anderen Gründen unwirksam ist. Diese Feststellung scheidet aus, wenn der Vertrag in Wirklichkeit nicht geänd. werden soll, sondern die vom AG vorgesehenen „neuen" Bedingungen schon durch Ausübung des Direktionsrechts durchgesetzt werden können (BAG 19.7.2012 NZA 2012, 1038 Rn. 21; vgl. dazu § 2 Rn. 14, § 4 Rn. 27). Für die Änd. des Klagegrundes bei einer **außerordentl. Kündigung** ist § 6 über § 13 I 2 anwendbar (BAG 24.5.2012 NZA 2013, 137 Rn. 50). 13 I 1 u. 2 gilt schon bei außerordentl. Kündigungen in der **Wartezeit** des § 1 I und für AN in **Kleinbetrieben** nach § 23 I 2 (BAG 28.6.2007 NZA 2007, 972; 19.12.2013 NZA 2014, 372 Rn. 14 f.; 23.7.2015 NZA 2015, 1380 Rn. 23).

4 Stellt das Gericht den Fortbestand des ArbVerh. fest, kann der AN gem. § 13 I 3 wie bei der sozialwidrigen Kündigung bei Unzumutbarkeit der Fortsetzung des ArbVerh. dessen **Auflösung** entspr. § 9 verlangen; dabei ist es unschädl., wenn sich die Kündigung auch aus einem weiteren Grund als dem Verstoß gegen § 626 BGB als unwirksam erweist. Dieses Recht steht dem AG nicht zu (dazu § 9 Rn. 10). Eine analoge Anwendung von § 9 I 2 auf Fälle der für unwirksam erklärten fristlosen arbeitgeberseitigen Kündigung kommt mangels planwidriger Regelungslücke nicht in Betracht. Der Gesetzgeber hat sich mit der eindeutigen Regelung des § 13 I 3 vielmehr bewusst und ausnahmslos dagegen entschieden, dem AN ein Antragsrecht einzuräumen, weil er eine unwirksame außerordentl. Kündigung als eine bes. schwerwiegende Pflichtverletzung des AG ansieht (Begr. zum Entw. eines KSchG, BT-Drs. I/2090 S. 15; BAG 30.9.2010 NZA 2011, 349 Rn. 15 ff.). Deshalb gilt selbst in Fällen, in denen das Recht des AG zur ordentl. Kündigung des ArbVerh, tarifl. ausgeschlossen ist, und eine unwirksame außerordentl. Kündigung unter Einhaltung der ordentl. Kündigungsfrist ausgesprochen worden ist, keine Ausnahme. Die mit rechtl. gebotener Auslauffrist erklärte außerordentl. Kündigung ist zwar in den Rechtsfolgen weitgehend der ordentl. Kündigung angenähert, bleibt ihrer Art nach aber eine außerordentl. Kündigung und kann deshalb einer sozialwidrigen Kündigung nach § 9 I 2 nicht gleichgestellt werden (BAG 26.3.2009 Rn. 67 NZA 2009, 679; 30.9.2010 NZA 2011, 349 Rn. 19). Einschränkungen haben allein die TVParteien in der Hand, in deren Gestaltungsermessen die Regelung von Voraussetzungen eines zusätzl. Kündigungsschutzes liegen. Sie können Beschränkungen des Rechts zur ordentl. Kündigung vorsehen und die Bedingungen für die Auflösung der davon betroffenen Arbeitsverträge festlegen. Wegen dieser tarifautonomen Gestaltungsmöglichkeit ist für eine verfassungskonforme Einschränkung der §§ 9 I 2, 13 I 3 für AN in Vertrauenspositionen kein Raum (offen BAG 30.9.2010 NZA 2011, 349 Rn. 20; **aA** *Trappehl/Lambrich* RdA 1999, 245 ff.). Hingegen kann mit Organmitgliedern, die an sich nach § 14 I von der Auflösungsmöglichkeit ausgenommen sind, die entspr. Anwendbarkeit des § 9 I 2 vereinbart werden (dazu § 14 Rn. 8). Das Gericht hat nach § 13 I 4 für die Auflösung den Zpkt. festzulegen, zu dem die außerordentl. Kündigung ausgesprochen wurde. Das ist nach der Neuregelung der Tag, an dem das ArbVerh. durch die außerordentl. Kündigung enden sollte, dh. idR der Tag des Zugangs der außerordentl. Kündigung (HHL/*v. Hoyningen-Huene* Rn. 19). Wird einem Auflösungsantrag stattgegeben,

gilt für die Höhe der Abfindung gem. § 13 I 5 der § 10 entspr. zum **Auflösungszpkt.**, wenn der AG außerordentl. und hilfsweise ordentl. gekündigt hat, vgl. § 9 Rn. 28.

Eine **außerordentl. Kündigung** kann gem. § 140 BGB in eine **ordentl. Kündigung umgedeutet** werden, vgl. dazu BGB § 620 Rn. 61 ff. Probleme mit der Drei-Wochen-Frist ergeben sich aus der Umdeutung nach § 140 BGB nicht. Die urspr. ausgesprochene Kündigung ist auch die umgedeutete. Obsiegt der AN im Fall der Umdeutung, steht fest, dass das ArbVerh. weder fristlos noch fristgerecht beendet worden ist (BAG 15.11.1984 AP BGB § 626 Nr. 87; HHL/*v. Hoyningen-Huene* Rn. 51). Der AG kann außerordentl. kündigen und ausdr. erklären, dass er, falls die außerordentl. Kündigung unwirksam sei, – mit der abgegebenen Erkl. – **hilfsweise ordentl. kündige**. Dann wird zunächst die außerordentl. und im Fall ihrer Unwirksamkeit die ordentl. Kündigung geprüft. Dies ist kein Fall der Umdeutung. Anges. mögl. Unklarheiten empfiehlt es sich für den AG, im Prozess zweifelsfrei zu erklären, ob die Umdeutung in seinem Interesse liegt. Anderenfalls wird iZw. davon auszugehen sein, dass sich der AG in jedem Fall von dem AN trennen will, wenn er ihm außerordentl. kündigt, so dass mutmaßl. auch eine ordentl. Kündigung in seinem Interesse liegt (KR/*FriedrichRinck* Rn. 101). Ist eine außerordentl. in eine ordentl. Kündigung umgedeutet, finden die allg. Vorschr. über die Sozialwidrigkeit Anwendung. Damit können AN und AG einen **Auflösungsantrag** nach § 9 stellen (BAG 26.10.1979 AP KSchG 1969 § 9 Nr. 5; HHL/*v. Hoyningen-Huene* Rn. 17, 32 ff.). 5

3. Sittenwidrige Kündigung. Eine sittenwidrige Kündigung ist nach § 138 BGB nichtig. Sie ist in § 13 II ausdr. genannt, hat aber in der Praxis nur geringe Bedeutung. Wenn die Voraussetzungen der Unwirksamkeit nach § 1 KSchG oder nach § 626 BGB vorliegen, besteht kein Bedürfnis, zusätzl. eine Sittenwidrigkeit der Kündigung festzustellen. Für § 138 BGB müssen weitere Umstände dazukommen (BAG 2.4.1987 AP BGB § 612a Nr. 1; vgl. KR/*Friedrich* Rn. 113). Sittenwidrigkeit ist mehr als Treuwidrigkeit nach § 242 BGB. Es muss ein „krasser Verstoß" gegen eine Verhaltens- oder Rücksichtnahmepflicht des AG festgestellt werden. Als sittenwidrig ist eine Kündigung zu qualifizieren, wenn die sie tragenden Gründe, die hinter ihr stehenden Motive oder die Umstände, unter denen sie ausgesprochen wurde, **den allg. Wertvorstellungen grob widersprechen** (BAG 23.11.1961 AP BGB § 138 Nr. 22; 24.4.1997 AP BGB § 611 Kirchendienst Nr. 27; dazu KR/*Friedrich/Rinck* Rn. 115 ff. mwN) und den Kündigenden ein subj. Vorwurf zumindest in Form eines **leichtfertigen Verhaltens** trifft (BGH 27.1.1994 NJW 1994, 2289, 2291). Dieser Vorwurf kann grds. nur in extremen Fällen erhoben werden, in denen die Kündigung, ausgehend von dem Anstandsgefühl aller billig und gerecht Denkenden, ein „ethisches Minimum" nicht mehr wahrt (BAG 21.2.2001 NZA 2001, 833). Eine Kündigung ist sittenwidrig, wenn das **Motiv des AG oder des kündigungsberechtigten Vertreters missbilligt** wird. Das Motiv von bloßen Hilfspersonen, die der AG nicht kennt und sich nicht zu Eigen gemacht hat, ist unbeachtl. (KR/*Friedrich/Rinck* Rn. 116). Die zivilrechtl. Generalklausel des § 138 BGB ist am Maßstab der Wertvorstellungen des GG zu konkretisieren. Zu den Grundrechten, die bei der Auslegung und Anwendung als „RL" zu beachten sind, gehört das **informationelle Selbstbestimmungsrecht** als Ausprägung des durch Art. 2 I iVm. Art. 1 I GG geschützten allg. Persönlichkeitsrechts (BVerfG 16.1.1991 NJW 1991, 1530; BAG 15.11.2012 NZA 2013, 429 Rn. 16). Eine Kündigung ist daher sittenwidrig, wenn der AG beabsichtigt, mit ihr die sexuelle Privatsphäre des AN zu sanktionieren (BAG 23.6.1994 AP BGB § 242 Kündigung Nr. 9). Eine Kündigung, die auf eine vom AN bei der Einstellung unwahr beantwortete Frage gestützt wird, ist nichtig, wenn sich der AG in einem Formular unspezifiziert nach **eingestellten Ermittlungsverf.** erkundigt hat, ohne dass an dieser Inf. ein berechtigtes Interesse bestand (BAG 15.11.2012 NZA 2013, 429 Rn. 15 ff.). Eine Kündigung wegen **gewerkschaftl. Betätigung** ist nach §§ 134, 138 BGB unwirksam (vgl. BAG 5.3.1987 RzK I 8l Nr. 6; GG Art. 9 Rn. 30 f.), wie auch die Kündigung nur wegen des Geschlechts oder unter Verstoß gegen eines der in Art. 3 III 1 GG genannten **Diskriminierungsverbote**. Keine diskriminierende Kündigung liegt vor, wenn ein AN eine Tätigkeit zusagt, diese später aber aus Gewissensgründen ablehnt und ihm dann gekündigt wird (BAG 22.5.2003 AP KSchG 1969 § 1 Wartezeit Nr. 18). 6

Klagt der AN innerhalb der Drei-Wochen-Frist des § 4, steht ihm nach § 13 II das Recht zu, die Auflösung des ArbVerh. gegen Zahlung einer Abfindung in entspr. Anwendung von §§ 9 I 1 und II, 10 zu verlangen oder das ArbVerh. nach § 12 zu beenden. Das gilt auch, wenn die sittenwidrige Kündigung nicht zugleich sozialwidrig ist, was in der Praxis kaum denkbar ist. **Auflösungszpkt.** ist bei der sittenwidrigen ordentl. Kündigung das Ende der ordentl. Kündigungsfrist. 7

4. Sonstige Unwirksamkeitsgründe. Nach § 13 III finden die Vorschr. des Ersten Abschn. des KSchG auf Kündigungen, die aus anderen als den in § 1 II und III bezeichneten Gründen rechtsunwirksam sind, mit der Ausnahme der §§ 4 bis 7 keine Anwendung. Daraus folgt, dass die Klage gegen eine Kündigung hins. aller Unwirksamkeitsgründe innerhalb der Drei-Wochen-Frist des § 4 erhoben werden muss (vgl. dazu der Überbl. unter § 4 Rn. 4). Zu den anderen Unwirksamkeitsgründen nach § 13 III zählen in erster Linie die **ges. Verbote** nach § 134 BGB. Nichtig sind danach zB außerordentl. Kündigungen von BRMitgliedern ohne die nach § 15 I, 103 BetrVG gebotene Zust. des BR (dazu § 15 Rn. 27) ebenso wie Kündigungen ohne eine erforderl. wirksame Massenentlassungsanzeige nach § 17 I, III (BAG 20.2.2014 NZA 2014, 1069 Rn. 10; dazu § 17 Rn. 35). Eine wichtige Fallgruppe, auf die § 4 anzuwenden ist (aA Bertelsmann NZA 2016, 855), bilden **diskriminierende** 8

Kündigungen, va. solche, die gegen das AGG verstoßen. So kann die Kündigung eines an einer symptomlosen HIV-Infektion erkrankten AN als Verstoß gegen § 134 BGB iVm. §§ 1, 3, 7 I AGG unwirksam sein, weil eine solche Infektion zu einer chronischen Erkrankung führt, die sich auf die Teilhabe des AN an der Gesellschaft auswirkt, solange die darauf beruhenden **Stigmatisierungen** andauern (BAG 19.12.2013 NZA 2014, 372; EGMR 3.10.2013 Nr. 552/10). Eine Kündigung wegen Adipositas (Fettleibigkeit) kann sich als diskriminierend erweisen, wenn sie eine Einschränkung mit sich bringt, die den AN in Wechselwirkung mit verschiedenen Barrieren an der vollen und wirksamen Teilhabe am Berufsleben gleichberechtigt mit anderen AN hindern können (EuGH 18.12.2014 NZA 2015, 33). Die kündigungsrechtl. unterschiedl. Behandlung von AN mit einem GdB von weniger als 50 und schwerbehinderten AN iSv. § 2 II SGB IX ist nicht schon eine Diskriminierung der weniger stark behinderten AN nach Art. 2 I der RL 2000/78/EG (BAG 10.4.2014 NZA 2015, 162 Rn. 41). Wegen Geschlechtsdiskriminierung nach § 1, 3, 7 I AGG iVm 134 BGB unwirksam ist die ohne behördl. Zust. ausgesprochene Kündigung einer AN, weil diese sich einer Behandlung zur In-vitro-Fertilisation unterzogen hat (BAG 26.3.2015 NZA 2015, 734; EuGH 26.2.2008 NZA 2008, 345). Nach § 134 BGB iVm. §§ 85, 88 III SGB IX unwirksam ist die Kündigung eines schwerbehinderten AN, wenn der AG sie nicht binnen eines Monats nach dem Zustimmungsbescheid des Integrationsamtes erklärt (BAG 24.11.2011 NZA 2012, 610 Rn. 22). Keinen Bestand hat auch eine altersdiskriminierende Kündigung im Kleinbetrieb (BAG 23.7.2015 NZA 2015, 1380 Rn. 23 mit abl. Anm. *Urban-Crell* AP AGG § 7 Nr. 7).

9 Der AN soll durch das **Maßregelungsverbot** des **§ 612a BGB** unabhängig davon, ob für ihn der Schutz des KSchG oder des BetrVG gilt, hins. seiner freien Entsch. geschützt werden, ob er ein Recht ausüben will oder nicht. Kündigungen sind eine Maßregelung nach § 612a BGB, wenn sie als Reaktion auf eine zulässige Rechtsausübung des AN erfolgen, zB als Antwort auf eine Lohnklage. Die zulässige Rechtsausübung darf aber nicht nur der äußere Anlass, sondern muss das wesentl. Motiv für die benachteiligende Maßnahme gewesen sein (BAG 21.9.2011 NZA 2012, 317 Rn. 32; 15.11.2012 NZA 2013, 429 Rn. 13; § 25 Rn. 3; BGB § 612a Rn. 11; BEEG § 18 Rn. 9). Eine solche „Maßnahme" iSd. G führt zur Nichtigkeit der Kündigung nach § 612a BGB iVm. § 134 BGB (BAG 15.11.2012 NZA 2013, 429 Rn. 13; 19.4.2012 NZA 2012, 1449 Rn. 47; 10.4.2014 NZA 2015, 162 Rn. 34; BGB § 612a Rn. 23). Als verbotene Maßregel ist es anzusehen, wenn der AG einem kranken AN in der Probezeit nicht wegen krankheitsbedingter Fehlzeiten, sondern ausdr. deshalb kündigt, weil der AN sich wegen seiner Erkrankung geweigert hat zu arbeiten (LAG ST 27.7.1999 LAGE BGB § 612a Nr. 6).

10 § 13 III erfasst Kündigungen, die gegen **Treu und Glauben nach § 242 BGB** verstoßen (BAG 16.2.1989 AP BGB § 138 Nr. 46; 9.2.2006 AP KSchG 1969 § 4 Nr. 56). Durch § 242 BGB darf der Kündigungsschutz nicht über § 1 I und § 23 hinaus ausgedehnt werden (HHL/*v. Hoyningen-Huene* Rn. 82 ff.). Die Schwelle für eine treuwidrige Kündigung ist ggü. den nach § 1 II vorausgesetzten Gründen daher deutl. höher angesetzt; sie liegt aber unter der einer sittenwidrigen Kündigung. So setzt eine Kündigung außerhalb des Anwendungsbereichs des KSchG aus Gründen im Verhalten des AN idR keine vorherige Abmahnung voraus (BAG 21.2.2001 NZA 2001, 951). Ein auf konkreten Umständen beruhender Vertrauensverlust rechtfertigt eine ordentl. Kündigung durch den AG im Kleinbetrieb grds. auch dann, wenn die Umstände obj. nicht verifizierbar sind (BAG 25.4.2001 NZA 2002, 87). Als treuwidrig könnte sich eine Kündigung im Kleinbetrieb aber erweisen, wenn sie einem Beschäftigen, der seit Jahrzehnten beanstandungsfrei gearbeitet hat, wegen eines nicht ins Gewicht fallenden einmaligen Fehlers erklärt wird (BAG 28.8.2003 AP BGB § 242 Kündigung Nr. 17). Durch verfassungskonforme Auslegung von § 23 sind selbst bei einer Kündigung im Kleinbetrieb soziale Erwägungen anzustellen (BAG 21.2.2001 NZA 2001, 833). Nicht treuwidrig ist eine Kündigung, die **kurz vor Ablauf der Wartefrist des § 1 I** erklärt wird, um den Eintritt des Kündigungsschutzes zu verhindern. Dieses Recht steht dem AG zu. Weder die fehlende Angabe eines Kündigungsgrundes begr. eine Treuwidrigkeit (BAG 16.1.2003 AP KSchG 1969 § 1 Gemeinschaftsbetrieb Nr. 1) noch reicht dafür der Umstand aus, dass der AN vor der Kündigung – außer bei einer Verdachtskündigung – nicht angehört worden ist (BAG 10.4.2014 NZA 2015, 162 Rn. 33). Einen Sonderfall des Verstoßes gegen Treu und Glauben stellen die **ungehörige Kündigung** und die **Kündigung zur Unzeit** dar. Hier leitet sich die Unwirksamkeit aus der Art und Weise sowie den Umständen ab, aus denen heraus sie ausgesprochen wird. Eine Kündigung erfolgt zB „zur Unzeit", wenn der AG bewusst einen Zugangszpkt. wählt, der den Empfänger der Kündigung bes. beeinträchtigen muss, wie etwa auf dem Weg ins Krankenhaus, wo eine schwangere AN einen artifiziellen Abort vornehmen lassen muss (BAG 12.12.2013 NZA 2014, 722 Rn. 33). Dagegen soll der zeitl. Zusammenhang des Kündigungsausspruchs mit einer Fehlgeburt der AN nach der Rspr. nicht treuwidrig sein (BAG 12.7.1990 NJW 1991, 247). Kein Unwirksamkeitsgrund liegt in dem Zugang der Kündigung an einem kirchl. Feiertag oder am Heiligabend (BAG 14.11.1984 AP BGB § 626 Nr. 88) oder nach dem Tod eines nahen Angehörigen (BAG 5.4.2001 AP BGB § 242 Kündigung Nr. 13). Die Kündigung kann während einer Erkrankung des AN ausgesprochen werden, und zwar selbst dann, wenn dieser im Krankenhaus liegt (LAG K 13.2.2006 LAGE BGB 2002 § 242 Kündigung Nr. 1). Treuwidrig ist hingegen eine dort nach einem schweren Arbeitsunfall am gleichen Tag unmittelbar vor der Operation ausgehändigte Kündigung (LAG HB 29.10.1985 LAGE BGB § 242 Nr. 1).

§ 14 Angestellte in leitender Stellung

(1) Die Vorschriften dieses Abschnitts gelten nicht

1. in Betrieben einer juristischen Person für die Mitglieder des Organs, das zur gesetzlichen Vertretung der juristischen Person berufen ist,

2. in Betrieben einer Personengesamtheit für die durch Gesetz, Satzung oder Gesellschaftsvertrag zur Vertretung der Personengesamtheit berufenen Personen.

(2) [1] Auf Geschäftsführer, Betriebsleiter und ähnliche leitende Angestellte, soweit diese zur selbständigen Einstellung oder Entlassung von Arbeitnehmern berechtigt sind, finden die Vorschriften dieses Abschnitts mit Ausnahme des § 3 Anwendung. [2] § 9 Abs. 1 Satz 2 findet mit der Maßgabe Anwendung, daß der Antrag des Arbeitgebers auf Auflösung des Arbeitsverhältnisses keiner Begründung bedarf.

1. Normzweck. Nach § 14 I Nr. 1 und 2 gilt der allg. Kündigungsschutz nicht für **ges. Vertreter** 1, 2
von jur. Personen. Die Vorschr. bezieht sich auf die unmittelbaren Organvertreter (BAG 15.4.1982 AP KSchG 1969 § 14 Nr. 1; KR/*Rost* Rn. 9). Sie nimmt die dort bezeichneten Personengruppen ohne Rücksicht darauf, ob der Bestellung schuldrechtl. ein Dienst- oder ausnahmsweise ein ArbVerh. zugrunde liegt, allein wegen ihrer organschaftl. Stellung aus dem Anwendungsbereich des allg. Kündigungsschutzes heraus (BAG 25.10.2007 NZA 2008, 168; *Bauer/Arnold* DB 2008, 350 ff.). Für Kündigungsstreitigkeiten der Organvertreter nach § 14 I sind die **ordentl. Gerichte** zust., sofern nicht aus einem daneben bestehenden ArbVerh. geklagt wird (DDZ/*Deinert/Callsen* Rn. 37). Die nicht vertretungsberechtigten Gesellschafter, Kommanditisten oder Vereinsmitglieder können dagegen AN sein und damit dem Kündigungsschutz unterfallen. Nach Abs. 2 wird der Kündigungsschutz auf die dort bezeichneten Personen mit Einschränkungen (kein Einspruch beim BR, § 3, Modifizierung des Verf. bei Auflösungsantrag, § 9) angewendet. Für die sog. **ltd. Ang.** wirkt das G ledigl. als AbfindungsG, wenn der AG einen Auflösungsantrag stellt, den er nicht zu begründen braucht. Mit dem Aufstieg in die Leitungsebene des Unternehmens verschlechtert sich der ges. Bestandsschutz, wenn nicht bes. vereinbart ist, dass das urspr. ArbVerh. nur ruhen soll (Rn. 6; BAG 19.7.2007 NZA 2007, 1095). § 14 ist **einseitig zwgd. Recht,** so dass vertragl. Abweichungen zugunsten der Organmitglieder bzw. ltd. Ang. mögl. sind (dazu Rn. 8).

2. Mitglieder von Vertretungsorganen und sonstige organschaftliche Vertreter – § 14 I Nr. 1. 3
Nach § 14 I Nr. 1 gilt der Kündigungsschutz nicht für Organmitglieder jur. Personen, die einen oder mehrere Betriebe führen. Organvertreter sind: Vorstandsmitglieder einer **AG** (§ 78 I AktG), und zwar unabhängig davon, ob ein Vorstandsvors. bestellt ist (KR/*Rost* Rn. 15), Vorstandsmitglieder einer **Genossenschaft** (§ 24 I GenG), eines rechtsfähigen Vereins (§ 26 II BGB) sowie die einer **rechtsfähigen Stiftung** (§ 86 iVm. § 26 II BGB), GF einer **GmbH** (§ 35 I GmbHG). Wegen der Vergleichbarkeit der Sach- und Rechtslage gilt § 14 I Nr. 1 auch für die nicht beamteten organschaftl. Vertreter der **jur. Personen des ÖffR**, zB Gemeinden, Kreise (HHL/*v. Hoyningen-Huene* Rn. 16; KR/*Rost* Rn. 14), selbst wenn die ges. Vertretungsbefugnis gegenständl. (Vorschr. einer GO) beschränkt ist (BAG 17.1.2002 AP KSchG 1969 § 14 Nr. 8). Der zum st. Vertreter des HauptGF bestellte GF einer Handwerkskammer ist ebenfalls Organvertreter iSd. § 14 I Nr. 1 (BAG 25.7.2002 AP KSchG 1969 § 14 Nr. 9). § 14 I Nr. 1 gilt nicht für die **Mitglieder des AR** (HHL/*v. Hoyningen-Huene* Rn. 15). Der AR ist, abgesehen von § 112 AktG, kein Vertretungsorgan. Vertreter der AN im AR verlieren also nicht durch § 14 I Nr. 1 den allg. Kündigungsschutz (KR/*Rost* Rn. 15).

Für GF einer GmbH in einer **GmbH & Co. KG** ist das KSchG nach bisheriger Rspr. nur auf ein 4
neben dem Anstellungsverhältnis zur Komplementär-GmbH bestehendes ArbVerh. zur KG anwendbar (BAG 15.4.1982 AP KSchG 1969 § 14 Nr. 1). Zu § 5 I 3 ArbGG vertritt das BAG inzwischen die Auff., der GF der Komplementärin einer KG gelte in keinem Fall als AN. Hausstreitigkeiten im AGLager gehörten nicht in den Anwendungsbereich der weit auszulegenden Vorschr. (BAG 20.8.2003 AP ArbGG 1979 § 5 Nr. 58). Es erscheint folgerichtig, diese Auslegung auf § 14 I Nr. 1 zu übertragen (*Zimmer/Rupp* GmbHR 2006, 576; zweifelnd KR/*Rost* § 14 Rn. 18). Jdf. mutiert das organschaftl. Anstellungsverhältnis des GF einer GmbH durch deren Umwandlung in eine GmbH & Co. KG und seine Bestellung zum GF der Komplementär-GmbH nicht in ein dem allg. Kündigungsschutz unterliegendes ArbVerh. (BGH 8.1.2007 NZA 2007, 1174).

Hat eine der in § 14 I Nr. 1 bezeichneten Personen die **Organstellung bei Zugang der Kündigung** 5
noch inne, sind die Vorschr. des Ersten Abschn. des KSchG, unabhängig von dem schuldrechtl. Grundverhältnis, nicht anzuwenden. Der AN hat bis zu diesem Zpkt. keinen Vorteil von einem etwaig bestehenden ArbVerh., das der Bestellung zugrunde liegt oder parallel besteht (BAG 25.10.2007 NZA 2008, 168). Die negative Fiktion in § 14 I Nr. 1 besteht hingegen nicht bei Streitigkeiten über die Wirksamkeit von Kündigungen **nach Beendigung der Organstellung.** Widerrufen die Gesellschafter die Bestellung mit sofortiger Wirkung und lassen sie das Schicksal des Anstellungsvertrags zunächst offen, was in der Praxis nicht selten der Fall ist, ermöglicht diese Vorgehensweise dem abberufenen Organmitglied, Kündigungsschutzklage mit der Begr. zu erheben, das schuldrechtl. Grundverhältnis

sei ein ArbVerh. Diese Folge kann das Organmitglied durch Amtsniederlegung selbst herbeiführen (vgl. *Bauer/Arnold* DB 2008, 353). Wirksam wird der Widerruf der Organstellung mit der Bekanntgabe des Beschl. der Gesellschafter an das Organmitglied bzw. zu einem bestimmten späteren Termin. Die Frage des Kündigungsschutzes hängt dann von dem schuldrechtl. Grundverhältnis ab. Dieses ist ein ArbVerh., wenn die Parteien mit dem Anstellungsvertrag neben dem ArbVerh. ein zweites Schuldverhältnis begr. oder ein ArbVerh. als einziges Rechtsverhältnis bewusst beibehalten haben.

6 Im Zusammenhang mit der **„Beförderung" zum GF** stellt sich praktisch häufig die Frage, ob die Parteien ein zuvor bestehendes ArbVerh. ledigl. ruhend gestellt haben, oder ob das ArbVerh. durch einen Anstellungsvertrag endgültig abgelöst wurde (instruktiv *Diller* Anm. BAG 25.10.2007 NJW 2008, 1019). § 14 I Nr. 1 erfasst nur den der GFTätigkeit zugrundeliegenden Anstellungsvertrag. Auf das ruhende ArbVerh. findet die Vorschr. keine Anwendung. Es kann nach Beendigung des Anstellungsvertrags und der Organtätigkeit wieder aufleben mit der Konsequenz, dass die Kündigung des ArbVerh. nach §§ 1 ff. auf ihre soziale Rechtfertigung zu prüfen ist. Das BAG nahm früher an, iZw. werde das ArbVerh. eines früheren AN mit dessen „Beförderung" zum GF nur ruhen (BAG 12.3.1987 AP ArbGG 1979 § 5 Nr. 6). Heute prüft das BAG zutr., ob mit Abschluss des GFAnstellungsvertrags der vormalige Arbeitsvertrag aufgeh. wurde. Wird darüber bei Bestellung zum Organvertreter keine ausdr. Regelung getroffen, ist von einer konludenten Beendigung des bis dahin bestehenden ArbVerh. auszugehen, wenn die Parteien des Arbeitsvertrags einen schriftl. GFAnstellungsvertrag schließen. Dieser wahrt das Schriftformerfordernis nach § 623 BGB für die darin gleichzeitig zu erblickende Auflösungsvereinb. des ArbVerh. (BAG 19.7.2007 NZA 2007, 1095 Rn. 23; 5.6.2008 NZA 2008, 1002 Rn. 22; 15.3.2011 NZA 2011, 874 Rn. 12; 26.10.2012 NZA 2013, 54 ferner BGB § 623 Rn. 5 mwN). Eine schriftl. GFAnstellung, den eine von der AG verschiedene Gesellschaft mit dem AN vereinbart, vermag die Formerfordernisse hingegen nicht zu erfüllen (BAG 24.10.2013 NZA 2014, 540 Rn. 24 f.). Behauptet der gekündigte GF, es bestünden mit dem GFAnstellungs- und dem ruhenden ArbVerh. zwei schuldrechtl. Rechtsbeziehungen nebeneinander, hat er die Tatsachen darzulegen, aus denen sich dieses ergeben soll (BAG 25.10.2007 NZA 2008, 168).

7 Besteht das ArbVerh. neben einem Anstellungsvertrag ruhend weiter, lebt es **nach Beendigung der Organstellung** wieder auf mit der Folge, dass das KSchG Anwendung findet. Schließen die Parteien hingegen im Zuge der Bestellung zum Organmitglied einer anderen Konzerngesellschaft einen neuen Vertrag, der das bisherige ArbVerh. ablöst, ist für die Anwendung des § 14 I Nr. 1 entscheidend, ob dieser neue Vertrag als Anstellungs- oder als Arbeitsvertrag zu qualifizieren ist. Dies hängt wiederum vom Grad der gesellschaftsrechtl. Weisungsabhängigkeit ab (BAG 26.5.1999 AP GmbHG § 35 Nr. 10). Der BGH geht demggü. davon aus, dass der entgeltl. Anstellungsvertrag des GF einer GmbH ein Dienstvertrag ist (vgl. BGH 8.1.2007 NZA 2007, 1174). Tats. wird gegen die Konstruktion eines AN-GF idR sprechen, dass dieser das arbeitgeberseitige Weisungsrecht ggü. den Beschäftigten ausübt. Allerdings gibt es Ausnahmen. Bei einer **Drittanstellung im Konzern** können sich die Parteien ausdr. für eine Beibehaltung eines einzigen ArbVerh. und gegen den Abschluss eines Dienstvertrags entscheiden (insoweit dem BAG zust. *Bauer/Arnold* DB 2008, 351). So ist allein der Arbeitsvertrag mit der Konzernobergesellschaft für die GFBestellung bei der Tochtergesellschaft maßgebl., wenn die Leitung des Konzernunternehmens unselbständiger Bestandteil der arbeitsvertragl. Beziehung ist und kein weiterer Anstellungsvertrag geschlossen wird. Rechtl. begegnet es keinen Bedenken, den schuldrechtl. Vertrag nicht mit der jur. Person abzuschließen, zu deren Organvertreter der AN bestellt wird (BAG 25.10.2007 NZA 2008, 168).

8 Die rechtl. Einstufung des GFAnstellungsvertrags als freier Dienstvertrag schließt es nach der Rspr. des BGH nicht aus, dass die Parteien in Ausübung ihrer privatautonomen Gestaltungsfreiheit den Regelungsgehalt des KSchG zum Vertragsinhalt erheben, sofern sie damit nicht in die ges. oder statutarische Ausgestaltung des Organverhältnisses eingreifen (BGH 10.5.2010 NZA 2010, 889 Rn. 8; dazu *Stagat* NZA 2010, 975). § 14 I Nr. 1 steht einer **abw. vertragl. Abrede zu Gunsten des GF** nicht entgegen (BGH 10.5.2010 NZA 2010, 889 Rn. 8; **aA** *Bauer/Arnold* ZIP 2010, 712 f.). Auch die Vertragsauflösung durch richterl. Entsch. ist damit einer modifizierenden Parteivereinb. zugängl. Zwar können die Parteien die richterl. Auflösungsbefugnis nicht unmittelbar vereinbaren, weil Gestaltungsklagen nur in den ges. vorgesehenen Fällen zulässig sind; sie können aber iRd. in § 14 II 2 iVm. § 9 I 2 geregelten Möglichkeit der Vertragsauflösung übereinstimmend dem AG das Recht einräumen, im Falle einer wegen fehlender materieller Rechtfertigung nach § 1 I unwirksamen Kündigung durch einseitige Erkl. das Anstellungsverhältnis gegen Gewährung einer angemessenen Abfindung, deren Höhe iRd. § 10 nach Maßgabe der §§ 315 ff. BGB zu bestimmen ist, aufzuheben (BGH 10.5.2010 NZA 2010, 889 Rn. 15). Da für GF nach § 14 I Nr. 1 die Auflösungsmöglichkeit nach § 14 II 2, § 9 I 2 an sich gar keine Anwendung findet, können die Parteien – anders als bei AN (dazu § 13 Rn. 4) – eine Abfindungsmöglichkeit auch für eine außerordentl. Kündigung nach § 626 BGB vereinbaren.

9 **3. Zur Vertretung einer Personengesamtheit berufene Personen – § 14 I Nr. 2.** Zu dem Personenkreis nach Nr. 2 gehören Personen, die in Betrieben einer Personengesamtheit durch G, Satzung oder Gesellschaftsvertrag zur **Vertretung der Personengesamtheit** berufen sind. Erfasst werden nur die unmittelbaren Organvertreter: die – vertretungsberechtigten – Gesellschafter einer offenen Handels-

gesellschaft (§ 105 HGB), die Komplementäre einer KG (§ 161 HGB), die vertretungsberechtigten Gesellschafter einer Gesellschaft des BürgerlR (§ 705 BGB), die Partner einer PartG (§ 7 III PartGG) sowie die Vorstandsmitglieder eines nicht rechtsfähigen Vereins (§ 54 BGB). Die nicht organschaftl. Vertreter der Personengesamtheit, wie Prokuristen, Generalbevollmächtigte, Handlungsbevollmächtigte fallen nicht unter § 14 I Nr. 2.

4. Leitende Angestellte nach § 14 II. a) Allg. Im Gegensatz zu den organschaftl. Vertretern nach § 14 I sind die in Abs. 2 bezeichneten ltd. Ang. (echte) AN. § 14 II 1 legt die Merkmale des ltd. Ang. begriffl. nicht genau fest. Beispielhaft wird auf GF und Betriebsleiter verwiesen. Ähnl. ltd. Ang. müssen in ihrer Funktion für das Unternehmen **ähnl. Merkmale** aufweisen **und** darüber hinaus über die Berechtigung zur **selbständigen Einstellung oder Entlassung** verfügen. Der **Begriff des ltd. Ang.** iSd. § 14 II 1 KSchG deckt sich **nicht** mit dem des § 5 III BetrVG. Er ist im Hinblick auf die unterschiedl. normative Zwecksetzung einerseits weiter, andererseits enger gefasst (dazu KR/*Rost* Rn. 35 f.). Einerseits muss die Einstellungs- und Entlassungsbefugnis anders als nach § 5 III 2 Nr. 1 BetrVG **nicht** kumulativ vorliegen. Andererseits ist der tatbestandl. Anwendungsbereich des § 14 zusätzl. auf GF, Betriebsleiter uä. ltd. Ang. und die damit verbundenen Befugnisse beschränkt (zum systematischen Verhältnis *Schulze/Hintzen* ArbR 2012, 137; *Rinsdorf/Kiedrowski* NZA 2012, 185). Dies führt zu schwer vermittelbaren Ungereimtheiten, wenn der AG zB einen Auflösungsantrag ohne Begr. nur für den ltd. Ang. iSd. § 14 II stellen kann, nicht aber für dessen Vorgesetzten, weil dieser über beschränkte Einstellungs- und Entlassungskompetenzen verfügt. Daraus werden im Hinblick auf Art. 3 I GG verfassungsrechtl. Bedenken abgeleitet (vgl. *Hromadka* FS 50 Jahre BAG 2004 S. 395, 407; *Rost* FS Wißmann 2005 S. 61, 72). Es gibt AN, die nach § 5 III BetrVG, nicht jedoch nach § 14 II als ltd. Ang. anzusehen sind. Da der umgekehrte Fall selten eintreten dürfte (HHL/*v. Hoyningen-Huene* Rn. 18), erscheint es in Zweifelsfällen zweckmäßig, zunächst von dem weiteren Begriff des § 5 III BetrVG auszugehen, wobei auf die hierfür entwickelten Abgrenzungskriterien zurückgegriffen werden kann, und im zweiten Schritt die in § 14 II 1 beschriebene Funktionsebene zu prüfen (DDZ/*Deinert/Callsen* Rn. 17). 10

b) Voraussetzungen. Unter **GF iSd. Abs. 2** sind nicht etwa GmbH-GF zu verstehen, denn diese werden von Nr. 1 erfasst. Der ltd. Ang. nimmt kraft seiner Funktion für Bestand und Entwicklung des Betriebs **Aufgaben mit bes. Bedeutung** und Verantwortung wahr, dh. unternehmerische Teilaufgaben. Er muss maßgebl. Einfluss auf die wirtschaftl., technische, kaufmännische, organisatorische oder personelle Führung des Unternehmens oder eines Betriebs ausüben (BAG 25.11.1993 AP KSchG 1969 § 14 Nr. 3; HHL/*v. Hoyningen-Huene* Rn. 20; DDZ/*Deinert/Callsen* Rn. 19; *Rinsdorf/Kiedrowski* NZA 2012, 183; KR/*Rost* Rn. 39). Entscheidend ist nicht, dass ihm die genannten Aufgaben kumulativ übertragen sind, sondern dass er wesentl. eigenverantwortl. handeln darf. Das erfordert einen erhebl. Entscheidungsspielraum. Es kommt weder auf bestimmte Einkommensgrenzen an noch darauf, auf welcher Leitungsebene im Unternehmen die Tätigkeit ausgeübt wird (BAG 23.1.1986 AP BetrVG 1972 § 5 Nr. 32; DDZ/*Deinert/Callsen* Rn. 18). Die Bezeichnung ist unerhebl. Ungeklärt ist die Frage, ob ein AN die Voraussetzungen eines ltd. Ang. erfüllt, wenn er unternehmerische Aufgaben von wesentl. Bedeutung nicht bei seinem AG, sondern ausschl. bei einer Tochtergesellschaft ausübt und nur dort über die erforderl. Einstellungs- oder Entlassungsbefugnis verfügt. Nach Auff. von *Rinsdorf/Kiedrowski* (NZA 2012, 183) findet ein „Auflösungsdurchgriff" nach § 14 II generell nicht statt, selbst wenn der Einsatzbetrieb wirtschaftl. die Bedeutung einer Abt. des AG hat. 11

Betriebsleiter sind AN, die einen Betrieb oder einen Betriebsteil eines Unternehmens eigenverantwortl. führen (BAG 28.9.1961 AP KSchG 1951 § 1 Personenbedingte Kündigung Nr. 1). Sie müssen ggü. anderen Beschäftigten eine **Vorgesetztenstellung** einnehmen und das Weisungsrecht ausüben. Eine bloße Aufsichtsfunktion ggü. AN über den Betriebsablauf genügt nicht (HHL/*v. Hoyningen-Huene* Rn. 22). Betriebsleiter müssen ebenfalls eine bedeutungsvolle unternehmerische Teilaufgabe eigenverantwortl. wahrnehmen. Dies ist bei einem Filialleiter, dessen Filialbetrieb im Wesentlichen von der Zentrale geleitet wird, nicht der Fall (DDZ/*Deinert/Callsen* Rn. 20). Dagegen kann der Leiter des einzelnen Restaurants einer Restaurantkette bei entspr. Organisation Betriebsleiter iSv. § 14 II sein (BAG 25.11.1993 NZA 1994, 837). 12

Die sog. **ähnl. ltd. Ang.** müssen ihrer Stellung nach den im G genannten GF oder Betriebsleitern entsprechen (dazu *Horn* NZA 2012, 186; *Schulze/Hintzen* ArbR 2012, 137, 140). Dazu müssen sie eine vergleichbare **Schlüsselfunktion** bekleiden und **Führungsfunktion** wahrnehmen. Dies setzt eine Vorgesetztenstellung im personellen, kaufmännischen oder technischen Bereich ggü. einer bedeutsamen Zahl von AN voraus. Typischerweise werden ähnl. ltd. Ang. nach § 14 II 1 zentrale Abt. oder „Querschnittbereiche" leiten (SES/*Schwarze* Rn. 12). Der Leiter eines Zentralbereichs eines Unternehmens mit über 2000 Beschäftigten ist ebenso ein ähnl. ltd. Ang. iSv. § 14 II 1 (BAG 27.9.2001 NZA 2002, 1277) wie der Gesamtpersonalleiter für etwa 1000 AN (LAG NI 8.1.2004 NZA-RR 2004, 524), nicht aber ein auf der dritten Führungsebene tätiger Zentraleinkäufer eines Warenhausunternehmens (BAG 25.10.2001 EzA BetrVG 1972 § 5 Nr. 64). Dabei kommt es auf die formale Ebene letztl. nicht entscheidend an. Der Chefarzt muss zB nicht Mitglied der Krankenhausverw. sein. Um ltd. Ang. iSv. § 14 II 1 zu sein, muss ein Chefarzt nach dem Arbeitsvertrag und der tats. Stellung in der Klinik der 13

Leitungs- und Führungsebene zuzurechnen sein, indem er unternehmens- oder betriebsleitende Entsch. (zB die selbständige Verw. eines nicht ganz unerhebl. Budgets oder die zwgd. Mitsprache bei Investitionsentsch.) trifft (vgl. zu § 5 III BetrVG BAG 5.5.2010 NZA 2010, 955 Rn. 17). Die zusätzl. erforderl. Personalverantwortung ist nicht gegeben beim Chefarzt einer Krankenhausabt., der weniger als ein Prozent der Gesamtbelegschaft angehören (vgl. zu § 5 III BetrVG BAG 10.10.2007 AP BetrVG 1972 § 5 Nr. 72).

14, 15 Die ähnl. ltd. Ang. iSd. § 14 II 1 müssen darüber hinaus zur **selbständigen Einstellung oder Entlassung von AN berechtigt** sein (BAG 18.10.2000 NZA 2001, 437; 27.9.2001 NZA 2002, 1277; 14.4.2011 AP KSchG 1969 § 14 Nr. 12 Rn. 18; 19.4.2012 NZA 2013, 27 Rn. 31 ff.). Daran fehlt es, wenn entspr. Maßnahmen nur von Fall zu Fall von der Unternehmensleitung toleriert werden. Die Befugnis muss im Innen- und im Außenverhältnis bestehen. Sie fehlt, wenn die personelle Maßnahme der Zust. anderer Personen bedarf (HHL/*v. Hoyningen-Huene* Rn. 27; KR/*Rost* Rn. 40). Von einer selbständigen Einstellungs- oder Entlassungsbefugnis iSv. § 14 II 1 kann nicht ausgegangen werden, wenn sich die Berechtigung des Ang. (zB Chefarzt oder Geschäftsbereichsleiter) darauf beschränkt, intern Vorschläge zu unterbreiten oder rein tats. Einfluss zu nehmen (vgl. BAG 14.4.2011 AP KSchG 1969 § 14 Nr. 12 Rn. 13, 18; 19.4.2012 NZA 2013, 27 Rn. 32). Die formelle Rechtsmacht, den AG selbständig im Außenverhältnis zu verpflichten, besteht nicht, wenn die Entsch. von der Zust. des Fachvorgesetzten oder der Geschäftsführung abhängt (vgl. LAG NI 8.1.2004 NZA-RR 2004, 524), oder wenn sie notwendig von zwei Personen ausgeübt wird, zB von dem Leiter der Personalabt. und dem jeweiligen Leiter der Fachabt. Selbst der Ang. im „oberen Führungskreis", der ggü. Niederlassungsleitern zwar allg., nicht aber in Fragen der Einstellung und Entlassung weisungsbefugt ist, verfügt nicht über die Befugnis nach § 14 II 1 (BAG 14.4.2011 AP KSchG 1969 § 14 Nr. 12 Rn. 23 f.). Unschädl. ist es dagegen, wenn Betriebsleiter oder ltd. Ang. interne RL beachten, Beratungspflichten einhalten oder zu Kontrollzwecken Zweitunterschriften einholen müssen, die abschl. Entscheidungsfreiheit dadurch jedoch nicht beschränkt wird (vgl. BAG 27.9.2001 NZA 2002, 1277). Die Berechtigung zur selbständigen Einstellung oder Entlassung muss sich nicht zwgd. auf alle AN des Betriebs erstrecken. Es genügt, wenn sie sich auf eine bedeutende Anzahl nachgeordneter AN bezieht oder eine gewisse – nicht unerhebl. – Anzahl von AN erfasst, die für das Unternehmen von wesentl. Bedeutung sind (vgl. BAG 14.4.2011 AP KSchG 1969 § 14 Nr. 12 Rn. 14; 19.4.2012 NZA 2013, 27 Rn. 31).

16, 17 Die Einstellungs- oder Entlassungsbefugnis ist Ausdruck der ltd. Funktion des Ang. Sie muss dauerhaft, dh. nicht nur vertretungshalber, ausgeübt werden (*Horn* NZA 2012, 189; KR/*Rost* Rn. 40) und einen **wesentl. Teil der Tätigkeit** ausmachen. Die Befugnis darf nicht „nur auf dem Papier stehen". Von ihr darf nicht nur gelegentl. in geringem Umf. Gebrauch gemacht worden sein (BAG 14.4.2011 AP KSchG 1969 § 14 Nr. 12 Rn. 15, 22; 19.4.2012 NZA 2013, 27 Rn. 33). Das alleinige Vorliegen der Außenvertretung (Titularprokura) reicht ebenso wenig (BAG 11.3.1982 AP BetrVG 1972 § 5 Nr. 28) wie das Tätigwerden im Vertretungsfall des nur vorübergehend verhinderten, eigentl. Berechtigten. Selbst bei einer längeren Freistellung der berechtigten Stammkraft soll dies nicht der Fall sein (ArbG M 26.8.2004 NZA-RR 2005, 194). Anders kann die Rechtslage aber zu beurteilen sein bei einem sog. st. Vertreter, der die Vertretungsaufgabe nicht nur wegen zeitweiser Verhinderung des Vertretenen wahrnimmt.

18 c) **Rechtsfolgen.** Nach § 14 II 1 finden die Vorschr. des allg. Kündigungsschutzes mit der Einschränkung Anwendung, dass Ang. iSd. § 5 BetrVG die Rechte aus § 3, Einspruch beim BR einzulegen, nicht beanspruchen können (KR/*Rost* Rn. 45 f.). Ltd. Ang. iSd. KSchG, die nicht ltd. Ang. iSd. BetrVG sind und damit voll zur Belegschaft gehören, unterfallen dagegen § 3 und nicht der entspr. Zust. des SprAu. Der **Sonderkündigungsschutz** nach §§ 85 SGB IX, 9 MuSchG gilt auch für ltd. Ang. nach § 14 II 1 (DDZ/*Deinert*/*Callsen* Rn. 33). Vor der Kündigung eines ltd. Ang. ist gem. § 31 II SprAuG der SprAu. zu hören (vgl. dazu *Hromadka* § 31 Rn. 21 ff.; DDZ/*Deinert*/*Callsen* Rn. 35).

19 **Besonderheiten** gelten hins. der gerichtl. Auflösung des ArbVerh. eines ltd. Ang. gem. § 14 II 2. § 9 I 2 findet mit der Maßgabe Anwendung, dass der **Antrag des AG auf Auflösung des ArbVerh. keiner Begr. bedarf.** Voraussetzung ist zwar auch hier, dass das Gericht die Sozialwidrigkeit der Kündigung feststellt. Der AG ist aber von der Darlegungs- und Beweislast dafür befreit, dass eine den Betriebszwecken dienl. weitere Zusammenarbeit nicht mehr erwartet werden kann. Wenn das mit einem ltd. Ang. bestehende ArbVerh. so gestört ist, dass es zu einer Kündigung gekommen ist, soll der AG letztl. die Möglichkeit haben, durch einen Auflösungsantrag die Beendigung der Vertragsbeziehungen zu erzwingen (HHL/*v. Hoyningen-Huene* Rn. 34; DDZ/*Deinert*/*Callsen* Rn. 27; KR/*Rost* Rn. 47). Der AG hat allerdings eine vom Gericht festzusetzende Entschädigung zu zahlen, bei deren Bemessung dem Umstand Rechnung zu tragen ist, dass der Bestandsschutz ltd. Ang. durch § 14 II schwächer ausgestaltet ist (dazu § 10 Rn. 5). Bei einem ltd. Ang. ist der AG nicht zu einer **Weiterbeschäftigung** bis zum Abschluss des Kündigungsschutzprozesses verpflichtet, sofern der AG einen Auflösungsantrag gestellt hat (BAG 16.11.1995 NZA 1996, 589). **Stellt** hingegen **der ltd. Ang. einen Auflösungsantrag,** muss er diesen nach § 9 I 1 begründen (KR/*Rost* Rn. 52). In die Abwägung ist der mögl. Verlust des für das BeschVerh. mit ltd. Ang. unabdingbare Vertrauen einzubeziehen (*Rost* FS Wißmann

2005 S. 61, 77). Bei einem **beiderseitigen Auflösungsantrag** kann das Gericht das ArbVerh. auflösen, ohne die von dem ltd. Ang. vorgebrachten Tatsachen prüfen zu müssen (DDZ/*Deinert*/*Callsen* Rn. 30; KR/*Rost* Rn. 54). Sozialrechtl. folgt aus der durch § 14 II 2 eröffneten Option, dass sich ein ltd. Ang. selbst bei Abschluss eines Aufhebungsvertrags auf einen die Sperrzeit nach § 159 I 1 SGB III ausschließenden wichtigen Grund berufen kann, wenn ihm ohne Abschluss des Aufhebungsvertrags die fristgerechte Kündigung und für den Fall der Sozialwidrigkeit der Kündigung die Auflösung des ArbVerh. gedroht hätte (BSG 17.11.2005 AP SGB III § 144 Nr. 7).

Zweiter Abschnitt. Kündigungsschutz im Rahmen der Betriebsverfassung und Personalvertretung

§ 15 Unzulässigkeit der Kündigung

(1) 1 Die Kündigung eines Mitglieds eines Betriebsrats, einer Jugend- und Auszubildendenvertretung, einer Bordvertretung oder eines Seebetriebsrats ist unzulässig, es sei denn, daß Tatsachen vorliegen, die den Arbeitgeber zur Kündigung aus wichtigem Grund ohne Einhaltung einer Kündigungsfrist berechtigen, und daß die nach § 103 des Betriebsverfassungsgesetzes erforderliche Zustimmung vorliegt oder durch gerichtliche Entscheidung ersetzt ist. 2 Nach Beendigung der Amtszeit ist die Kündigung eines Mitglieds eines Betriebsrats, einer Jugend- und Auszubildendenvertretung oder eines Seebetriebsrats innerhalb eines Jahres, die Kündigung eines Mitglieds einer Bordvertretung innerhalb von sechs Monaten, jeweils vom Zeitpunkt der Beendigung der Amtszeit an gerechnet, unzulässig, es sei denn, daß Tatsachen vorliegen, die den Arbeitgeber zur Kündigung aus wichtigem Grund ohne Einhaltung einer Kündigungsfrist berechtigen; dies gilt nicht, wenn die Beendigung der Mitgliedschaft auf einer gerichtlichen Entscheidung beruht.

(2) 1 Die Kündigung eines Mitglieds einer Personalvertretung, einer Jugend- und Auszubildendenvertretung oder einer Jugendvertretung ist unzulässig, es sei denn, daß Tatsachen vorliegen, die den Arbeitgeber zur Kündigung aus wichtigem Grund ohne Einhaltung einer Kündigungsfrist berechtigen, und daß die nach dem Personalvertretungsrecht erforderliche Zustimmung vorliegt oder durch gerichtliche Entscheidung ersetzt ist. 2 Nach Beendigung der Amtszeit der in Satz 1 genannten Personen ist ihre Kündigung innerhalb eines Jahres, vom Zeitpunkt der Beendigung der Amtszeit an gerechnet, unzulässig, es sei denn, daß Tatsachen vorliegen, die den Arbeitgeber zur Kündigung aus wichtigem Grund ohne Einhaltung einer Kündigungsfrist berechtigen; dies gilt nicht, wenn die Beendigung der Mitgliedschaft auf einer gerichtlichen Entscheidung beruht.

(3) 1 Die Kündigung eines Mitglieds eines Wahlvorstands ist vom Zeitpunkt seiner Bestellung an, die Kündigung eines Wahlbewerbers vom Zeitpunkt der Aufstellung des Wahlvorschlags an, jeweils bis zur Bekanntgabe des Wahlergebnisses unzulässig, es sei denn, daß Tatsachen vorliegen, die den Arbeitgeber zur Kündigung aus wichtigem Grund ohne Einhaltung einer Kündigungsfrist berechtigen, und daß die nach § 103 des Betriebsverfassungsgesetzes oder nach dem Personalvertretungsrecht erforderliche Zustimmung vorliegt oder durch eine gerichtliche Entscheidung ersetzt ist. 2 Innerhalb von sechs Monaten nach Bekanntgabe des Wahlergebnisses ist die Kündigung unzulässig, es sei denn, daß Tatsachen vorliegen, die den Arbeitgeber zur Kündigung aus wichtigem Grund ohne Einhaltung einer Kündigungsfrist berechtigen; dies gilt nicht für Mitglieder des Wahlvorstands, wenn dieser durch gerichtliche Entscheidung durch einen anderen Wahlvorstand ersetzt worden ist.

(3a) 1 Die Kündigung eines Arbeitnehmers, der zu einer Betriebs-, Wahl- oder Bordversammlung nach § 17 Abs. 3, § 17a Nr. 3 Satz 2, § 115 Abs. 2 Nr. 8 Satz 1 des Betriebsverfassungsgesetzes einlädt oder die Bestellung eines Wahlvorstands nach § 16 Abs. 2 Satz 1, § 17 Abs. 4, § 17a Nr. 4, § 63 Abs. 3, § 115 Abs. 2 Nr. 8 Satz 2 oder § 116 Abs. 2 Nr. 7 Satz 5 des Betriebsverfassungsgesetzes beantragt, ist vom Zeitpunkt der Einladung oder Antragstellung an bis zur Bekanntgabe des Wahlergebnisses unzulässig, es sei denn, dass Tatsachen vorliegen, die den Arbeitgeber zur Kündigung aus wichtigem Grund ohne Einhaltung einer Kündigungsfrist berechtigen; der Kündigungsschutz gilt für die ersten drei in der Einladung oder Antragstellung aufgeführten Arbeitnehmer. 2 Wird ein Betriebsrat, eine Jugend- und Auszubildendenvertretung, eine Bordvertretung oder ein Seebetriebsrat nicht gewählt, besteht der Kündigungsschutz nach Satz 1 vom Zeitpunkt der Einladung oder Antragstellung an drei Monate.

(4) Wird der Betrieb stillgelegt, so ist die Kündigung der in den Absätzen 1 bis 3 genannten Personen frühestens zum Zeitpunkt der Stillegung zulässig, es sei denn, daß ihre Kündigung zu einem früheren Zeitpunkt durch zwingende betriebliche Erfordernisse bedingt ist.

(5) [1]**Wird eine der in den Absätzen 1 bis 3 genannten Personen in einer Betriebsabteilung beschäftigt, die stillgelegt wird, so ist sie in eine andere Betriebsabteilung zu übernehmen.** [2]**Ist dies aus betrieblichen Gründen nicht möglich, so findet auf ihre Kündigung die Vorschrift des Absatzes 4 über die Kündigung bei Stillegung des Betriebs sinngemäß Anwendung.**

I. Normzweck

1 Durch die Regelung in § 15 werden die **Organe der BetrVerf.** (Abs. 1) der **Personalvertretung,** Abs. 2, die Mitglieder des **Wahlvorstands** und die **Wahlbewerber** (Abs. 3) sowie AN, die in den Abs. 3a genannten Fällen eine **Wahl initiieren**, geschützt. Diesen AN soll die erforderl. Unabhängigkeit bei der Ausübung ihres Amtes gewährt und die Stetigkeit der Arbeit der ANVertretung gesichert werden (BAG 26.11.2009 NZA 2010, 443). Der Sonderkündigungsschutz, der dem Funktionsträger nicht um seiner selbst willen, sondern wegen seines Amtes gewährt wird, ist eine Spezialregelung zu § 78 S. 2 BetrVG. Er wird einerseits durch das Erfordernis der Zust. des BR nach § 103 BetrVG ergänzt und andererseits durch § 15 IV, V für den Fall eingeschränkt, dass der den Funktionsträger beschäftigende Betrieb bzw. die Betriebsabt. aufgelöst wird (*Eylert* AuR 2014, 300 f.). Der Schutz nach § 15 soll zu keiner Besserstellung eines durch § 15 geschützten AN führen. Hat dieser sein ArbVerh. wegen eines durch vertragswidriges Verhalten seines AG veranlassten Grundes gekündigt, hat er nach § 628 II BGB iVm. §§ 9, 10, 13 (dazu § 9 Rn. 20) keinen weitergehenden Anspruch auf Schadensersatz wegen Verlustes seines Arbeitsplatzes als ein AN ohne den Sonderkündigungsschutz (BAG 21.5.2008 NZA-RR 2009, 75).

2 Maßgebl. für die Beurteilung, ob und inwieweit der AN Sonderkündigungsschutz genießt, ist der Zpkt., in dem die Kündigungserkl. zugeht. § 15 entfaltet **keine Rückwirkung** für die bereits ausgesprochene Kündigung, wenn der Betreffende während der Kündigungsfrist zum BRMitglied gewählt wird. Die Wahl eines AN während eines lfd. Kündigungsschutzprozesses ist unerhebl. (*Eylert* AuR 2014, 300, 302) Tarifvertragl. oder einzelvertragl. vereinbarte Kündigungsrechte können den **zwgd. Schutz** nicht einschränken. Es ist allerdings mögl., das ArbVerh. einvernehml. aufzuheben oder auf Kündigungsschutz nach Zugang der Kündigung in einer sog. **Ausgleichsquittung** zu verzichten (BAG 17.3.2005 NZA 2005, 1064; § 4 Rn. 28). Der Schutz bezieht sich nur auf Kündigungen. Eine **Abmahnung** ggü. einer nach § 15 geschützten Person zur Vorbereitung einer verhaltensbedingten Kündigung nach Ablauf der Schutzfrist ist während der Schutzzeit zulässig (BAG 19.7.1983 AP BetrVG 1972 § 87 Betriebsbuße Nr. 5; HHL/*v. Hoyningen-Huene* Rn. 81). Mit der Beendigung des ArbVerh. endet grds. das Amt des BR nach § 24 Nr. 3 BetrVG. Eine Ausnahme gilt ledigl. für Aufgaben im restmandatierten BR nach § 21b BetrVG, solange nach Vertragsbeendigung im Zusammenhang mit dem Betriebsuntergang bestehende Mitwirkungs- und MBR wahrzunehmen sind (BAG 5.5.2010 NZA 2010, 102). Nicht von § 15 erfasst werden die **Anfechtung** sowie die **wirksame Befristung** des ArbVerh., so dass trotz Wahl in ein Organ das Ende des ArbVerh. eintritt (BAG 17.2.1983 AP KSchG 1969 § 15 Nr. 14; 5.12.2012 NZA 2013, 515 Rn. 45; 25.6.2014 NZA 2014, 1209 Rn. 16). § 15 ist kein SchutzG iSv. § 823 II BGB (BAG 14.2.2002 NZA 2002, 1027).

3 Der bes. Kündigungsschutz des § 15 wird durch die **Kleinbetriebsklausel** in § 23 I 2 **nicht eingeschränkt** (*Eylert/Sänger* RdA 2010, 25). Maßgebend ist allein, dass ein betriebsratsfähiger Betrieb besteht (*Löwisch* BB 1997, 782). Ein AG, der ggü. dem BR und seinen Mitgliedern nach einer **Betriebsspaltung** so auftritt, als betreibe er zusammen mit anderen Unternehmen einen Gemeinschaftsbetrieb, muss sich im Hinblick auf den Sonderkündigungsschutz der BRMitglieder so behandeln lassen, als träfe dies zu (BAG 18.10.2000 NZA 2001, 321). In **Tendenzbetrieben** (§ 118 I BetrVG) ist zu unterscheiden: Eine ordentl. Kündigung ist nur unter den Voraussetzungen des § 15 IV, V mögl. Die Kontinuität der Amtsführung schließt eine erleichterte Lösung des ArbVerh. aus Gründen des Tendenzschutzes aus (SPV/*Vossen* Rn. 1679). Die außerordentl. Kündigung aus nicht tendenzbezogenen Gründen (etwa wegen des OP-Fehlers eines Arztes) setzt das Vorliegen eines wichtigen Grundes sowie die Zust. des BR bzw. deren Ersetzung durch das ArbG voraus. Stützt der AG die außerordentl. Kündigung dagegen auf tendenzbezogene Kündigungsgründe, bedarf es weder einer Zust. des BR noch einer ersetzenden Zust. des ArbG. Der BR ist in diesen Fällen vor Kündigungsausspruch nur nach § 102 BetrVG anzuhören. Eine Tendenzbezogenheit liegt vor, wenn der Pflichtverstoß dem Tendenzzweck zumindest mittelbar zuwiderläuft (vgl. BAG 3.11.1982 AP KSchG 1969 § 15 Nr. 12; 28.8.2003 NZA 2004, 501).

4 Die Unwirksamkeit der Kündigung nach § 15 muss beim ArbG innerhalb der **Drei-Wochen-Frist** nach § 4 S. 1 geltend gemacht werden. Bei einer auf § 15 beruhenden Unwirksamkeit der Kündigung kann das ArbVerh. nach §§ 9, 10 nicht auf Antrag des AG aufgelöst werden. § 13 I 3 eröffnet ledigl. dem AN das Recht, bei einer unwirksamen außerordentl. Kündigung die Auflösung des ArbVerh. zu beantragen (§ 9 Rn. 20). Neben § 15 sind die sonstigen kündigungsrechtl. Vorschr. anzuwenden. Dazu zählen zB § 85 SGB IX, § 9 MuSchG, § 2 ArbPlSchG (Rn. 9).

5 Der Schutz der Amts- und Funktionsträger beschränkt sich nicht nur auf ihre unmittelbare Amtszeit oder (im Falle von Wahlvorständen und -bewerbern) auf die Wahlphase, sondern wirkt für einen befristeten Zeitraum nach. Während der Amtszeit bzw. Wahlphase besteht ein voller Schutz vor

ordentl. Kündigungen (jeweils S. 1 der Abs. 1–3); eine außerordentl. Kündigung ist in dieser Zeit nur mit Zust. des BR oder PR nach §§ 103 BetrVG, 47 I, 108 I BPersVG oder bei Verweigerung mit einer ersetzenden Zust. des ArbG/VG zulässig (Rn. 28). In dem befristeten Nachwirkungszeitraum ist eine Kündigung zwar nur bei Vorliegen eines wichtigen Grundes mögl., sie bedarf aber nicht mehr der Zust. des BR oder PR (jeweils S. 2 der Abs. 1–3). Es sind nur noch die Anhörungspflichten nach §§ 102 I BetrVG, 79 III BPersVG zu beachten (BAG 30.5.1978 AP KSchG 1969 § 15 Nr. 4; HHL/*v. Hoyningen-Huene* Rn. 44). Scheidet ein BRMitglied während des Zustimmungsersetzungsverf. aus dem BR aus, besteht fortan nur noch nachwirkender Kündigungsschutz (BAG 5.11.2009 NZA-RR 2010, 236; dazu Rn. 18). Wahlinitiatoren sind einheitl. nur durch den Ausschluss der ordentl. Kündigung geschützt (Abs. 3a, Rn. 13). Im Fall einer vollständigen Betriebsschließung (vgl. Rn. 35) oder der Schließung einer Betriebsabt. (vgl. Rn. 40) besteht eine Kündigungsmöglichkeit unter den in Abs. 4 und 5 geregelten Voraussetzungen. Der AN, der sich auf einen Sonderkündigungsschutz nach § 15 beruft, hat die dafür erforderl. Tatsachen **darzulegen** und ggf. zu **beweisen** (BAG 31.7.2014 NZA 2015, 245 Rn. 23).

II. Geschützter Personenkreis

1. Mitglieder der Vertretungen. Der geschützte Personenkreis umfasst Mitglieder des BR, der JAV, einer Bordvertretung oder eines SeeBR. Da nur Mitglieder des BR Mitglied im GBR oder KBR sein können, sind auch diese geschützt, ebenso Mitglieder der GesamtJAV (HHL/*v. Hoyningen-Huene* Rn. 10). Für Auszubildende, die ein Amt im Betrieb oder in der Dienststelle innehaben, wird der Kündigungsschutz nach den §§ 15 ff. durch § 78a BetrVG und die entspr. Vorschr. des Personalvertretungsrechts ergänzt (SES/*Eylert* Rn. 14). Besteht der BR aus nur einer Person und fehlt ein Ersatzmitglied, muss der AG vor der außerordentl. Kündigung (vgl. dazu *Oetker* AuR 1987, 224) entspr. § 103 II BetrVG die Zust. des ArbG einholen (BAG 16.12.1982 AP KSchG 1969 § 15 Nr. 13). 6

Für Funktionsträger der **Personalvertretungen** im öffentl. Dienst gilt nach Abs. 2 das Entspr. wie für die der BetrVerf. Die Vorschr. schließt die ordentl. Kündigung von Mitgliedern einer Personalvertretung sowie JAV in der Personalverf. aus. Sie gilt für die Personalvertretungen der Dienststellen des Bundes, der Länder, Körperschaften, Anstaltungen und Stiftungen im Anwendungsbereich des jeweiligen PersVG (dazu HHL/*v. Hoyningen-Huene* Rn. 16; DDZ/*Deinert* Rn. 11; LSW/*Wertheimer* Rn. 28). Über den Wortlaut hinaus findet § 15 II für Funktionsträger der **Alliierten Streitkräfte** nach Art. 56 IX ZA-NTS Anwendung (BAG 22.9.2005 NZA 2006, 558). Inländische Mitglieder eines **Europ. BR** sowie Mitglieder des bes. Verhandlungsgremiums und ANVertreter im Rahmen eines Anhörungs- und Unterrichtungsverf. können den bes. Kündigungsschutz nach Abs. 1 und Abs. 3 bis 5 über § 40 EBRG in Anspruch nehmen (DDZ/*Deinert* Rn. 13). 7

Nicht dem bes. Kündigungsschutz unterliegen Mitglieder von **Einigungsstellen**, betriebl. Schlichtungsstellen und des Wirtschaftsausschusses. Sie sind über § 78 BetrVG geschützt. Nicht erfasst sind die Mitglieder des **SprAu.** der ltd. Ang. (HHL/*v. Hoyningen-Huene* Rn. 12) sowie Vertreter der **AN im AR**, sofern sie nicht gleichzeitig BRMitglieder sind (BAG 4.4.1974 AP BGB § 626 Arbeitnehmervertreter im Aufsichtsrat Nr. 1; DDZ/*Deinert* Rn. 14). Für Mitglieder einer gem. § 117 II BetrVG errichteten Vertretung für AN im **Flugbetrieb** gilt § 15. Eine durch TV nach § 3 I Nr. 1 bis 3 BetrVG oder BV nach § 3 II BetrVG errichtete Vertretung der AN tritt an die Stelle des BR, so dass deren Mitglieder die Rechtsstellung wie BR-Mitglieder haben. Nicht nach § 15 geschützt sind Mitglieder einer zusätzl. ANVertretung nach § 3 I Nr. 4, 5 BetrVG (HHL/*v. Hoyningen-Huene* Rn. 13, sowie nicht stimmberechtigte Mitglieder des Wahlvorstands nach § 16 I S. 6 BetrVG und Wahlhelfer nach § 1 II 2 WO (*Eylert* AuR 2014, 300, 301). 8

§ 15 KSchG und § 103 BetrVG gelten nach §§ 96 III 1 SGB IX entspr. für Mitglieder der **Schwerbehindertenvertretung** und deren Stellvertreter (§ 96 III 2 SGB IX). Die Regelung, dass die Vertrauenspersonen die „gleiche pers. Rechtsstellung" wie Mitglieder des BR und PR besitzen, enthält eine Rechtsfolgenverweisung. Ihnen kann demnach nur aus wichtigem Grund und nur mit Zust. des BR oder PR gekündigt werden. Dagegen bedarf es nach § 96 III 1 SGB IX keiner Zust. der Schwerbehindertenvertretung (BAG 19.7.2012 NZA 2013, 143 Rn. 18 ff.). Sind Funktionsträger schwerbehindert, ist zusätzl. zur Zust. des BR die Zust. des Integrationsamtes einzuholen (HHL/*v. Hoyningen-Huene* Rn. 33 f.). Für **Heimarbeiter** regelt § 29a HAG einen entspr. Kündigungsschutz unter Einbeziehung von § 103 BetrVG (HHL/*v. Hoyningen-Huene* Rn. 15; DDZ/*Deinert* Rn. 19). 9

2. Mitglieder des Wahlvorstands, Wahlbewerber nach Abs. 3 und AN nach Abs. 3a. Nach § 15 III 1 ist die Kündigung eines **Mitglieds des Wahlvorstands** vom Zpkt. seiner Bestellung an sowie die Kündigung eines **Wahlbewerbers** vom Zpkt. der Aufstellung des Wahlvorschlags an bis zur Bekanntgabe des Wahlerg. unzulässig, es sei denn, dass Tatsachen vorliegen, die den AG zur Kündigung aus wichtigem Grund ohne Einhaltung einer Kündigungsfrist berechtigen und die nach § 103 BetrVG erforderl. Zust. vorliegt oder durch gerichtl. Entsch. ersetzt ist. Dieser ges. Schutz vor ordentl. Kündigungen soll verhindern, dass diese AN durch eine Beendigungskündigung schon vor ihrer Wahl aus dem Betrieb gedrängt oder sie durch verschlechternde Änderungskündigung von der Amtsaus- 10 übung abgehalten werden. In betriebsratslosen Betrieben soll die Regelung dazu beitragen, AN für eine Initiative zur BRWahl zu gewinnen (BT-Drs. 14/5741 S. 55). Das G schützt unabhängig davon, ob eine Beeinträchtigung vom AG bewusst herbeigeführt wird (vgl. BAG 12.3.2009 NZA 2009, 1264 Rn. 25).

11 Besteht noch kein BR und kann der **Wahlvorstand** deshalb nicht nach § 16 BetrVG bestellt werden, und ist auch kein GBR oder KBR gebildet, der dafür nach § 17 I BetrVG verantwortl. ist, wird der Wahlvorstand nach § 17 II BetrVG in einer Betriebsversammlung (§ 42 ff. BetrVG) von der Mehrheit der anwesenden AN gewählt. Zu dieser Betriebsversammlung kann nach § 17 III BetrVG ua. eine im Betrieb vertretene Gewerkschaft einladen und Vorschläge für die Zusammensetzung des Gremiums unterbreiten. War die **Wahl des Wahlvorstands nichtig**, können die Wahlvorstandsmitglieder den bes. Kündigungsschutz nicht in Anspruch nehmen. Da es sich um bloße Vorbereitungshandlungen zur Wahl eines BR handelt, ist bei der Prüfung auf Wahlfehler zwar „übertriebener Formalismus" fehl am Platz. Jedoch darf gegen die Grundprinzipien einer demokratischen Wahl nicht verstoßen werden. Unverzichtbare Mindestanforderung ist, dass jedes Wahlvorstandsmitglied mit der Mehrheit der Stimmen der bei der Betriebsversammlung anwesenden AN gewählt worden ist; die Mehrheit der abgegebenen Stimmen genügt nicht (BAG 31.7.2014 NZA 2015, 245 Rn. 21 f.). Die Wahl des Wahlvorstands ist auch dann nichtig, wenn die Einladung zu einer Betriebsversammlung weder so bekannt gemacht worden ist, dass alle AN des Betriebs hiervon Kenntnis nehmen konnten, noch in anderer Weise tats. hiervon erfahren haben und durch das Fernbleiben der nicht unterrichteten AN das Wahlerg. beeinflusst werden konnte (BAG 7.5.1986 AP KSchG 1969 § 15 Nr. 18). Verfolgt der AG aber mit der Kündigung eines AN, der nicht oder nicht mehr den Schutz des § 15 III, § 103 BetrVG genießt, das Ziel, dessen Wahl oder Bestellung zum Mitglied eines Wahlvorstands zu verhindern, stellt dies eine verbotene Wahlbehinderung dar, die nach § 134 BGB iVm. § 20 I BetrVG zur Nichtigkeit der Kündigung führt (BAG 31.7.2014 NZA 2015, 245 Rn. 37).

12 Der Schutz des § 15 III 1 2. Alt. verlangt für **Wahlbewerber** die Einhaltung einer bestimmten Form. Er wird ausgelöst, wenn das Wahlverf. durch die Bestellung eines Wahlvorstands eröffnet und der Wahlbewerber auf einem gültigen Wahlvorschlag mit der ausreichenden Zahl von Stützunterschriften verzeichnet ist (§ 14 III bis V BetrVG). Für den Kündigungsschutz ist weder die Einreichung des Wahlvorschlags beim Wahlvorstand noch der Erl. des Wahlausschreibens nötig. Die aus der Kandidatur erwachsende Gefährdung des ArbVerh. eines Wahlbewerbers entsteht bereits mit einem **formwirksamen Wahlvorschlag**, der den AN für den AG erkennbar als Kandidaten ausweist (BAG 7.7.2011 NZA 2012, 107 Rn. 14 ff. mwN; 19.4.2012 AP KSchG 1969 § 15 Nr. 71 Rn. 12 ff.). Der Wahlberwerber muss mit seiner Aufstellung einverstanden und nach § 8 BetrVG wählbar sein, dh. insb. im Zpkt. der BRWahl eine sechsmonatige Beschäftigungszeit im Unternehmen besitzen. Es kommt nicht darauf an, dass er schon zum Zpkt. des Zugangs der Kündigung sechs Monate dem Betrieb angehört hat (BAG 7.7.2011 NZA 2012, 107 Rn. 40). Sind diese Voraussetzungen gegeben, greift der Sonderkündigungsschutz für Wahlbewerber auch dann ein, wenn im Zpkt. der Anbringung der erforderl. Stützunterschrift die Frist zur Einreichung von Wahlvorschlägen noch nicht angelaufen war. Selbst wenn der Wahlvorstand den – nicht rechtsmissbräuchl. vorzeitigen – Vorschlag zurückweist, der nach Anlaufen der Frist erneut eingereicht werden kann, verliert er nicht seine kündigungsschutzrechtl. Relevanz (BAG 7.7.2011 NZA 2012, 107 Rn. 28 f.; 19.4.2012 AP KSchG 1969 § 15 Nr. 71 Rn. 14). Das G begrenzt die Zahl der Wahlbewerber nicht. § 6 II WO regelt nur, dass jede Vorschlagsliste doppelt so viele Bewerber/innen aufweisen soll, wie BRMitglieder zu wählen sind. Wird diese Sollgröße erhebl. überschritten, liegt noch nicht ohne weiteres Rechtsmissbrauch vor (LAG K 29.3.2001 MDR 2001, 1176: 80 vH der wahlberechtigten AN; **aA** *Grau/Schaut* BB 2014, 757). Wahlbewerber für die Schwerbehindertenvertretungen verfügen über eine entspr. Absicherung (§ 94 VI 2 SGB IX, vgl. Rn. 9). **Bewerber für das Amt des Wahlvorstands** zur Durchführung einer BRWahl genießen noch keinen bes. Kündigungsschutz nach § 15 III, § 103 BetrVG (BAG 31.7.2014 NZA 2015, 245 Rn. 29 ff.).

13 Abs. 3a dehnt den bes. Kündigungsschutz auf **Wahlinitiatoren** aus, die zu einer Betriebs-, Wahl- oder Bordversammlung nach § 17 III BetrVG (Bestellung eines Wahlvorstands in einer Betriebsversammlung in Betrieben ohne BR), § 17a Nr. 3 S. 2 BetrVG (Bestellung eines Wahlvorstands für Kleinbetriebe nach § 14a BetrVG), § 115 II Nr. 8 S. 1 BetrVG (entspr. Regelung für Bordvertretung) einladen oder die Bestellung eines Wahlvorstands nach § 16 II 1, § 17a Nr. 4, § 63 III, § 115 II Nr. 8 S. 2 und § 116 II Nr. 7 S. 5 BetrVG beim ArbG beantragen. Voraussetzung für den bes. Schutz nach § 15 III a ist, dass die Einladung korrekt erfolgt (ArbG F 9.4.2002 AuR 2002, 394). Eine ordnungsgem. Einladung liegt vor, wenn Zpkt., Ort und Thema der Betriebsversammlung sowie die Namen der Einladenden angegeben sind und alle AN im Betrieb die Möglichkeit der Kenntnisnahme und Teilnahme haben (*Eylert* AuR 2014, 300, 302). Dann gilt der bes. Kündigungsschutz für die ersten drei in der Einladung oder Antragstellung aufgeführten AN. Hierdurch wird eine missbräuchl. Handhabung der Vorschr. verhindert.

14 **3. Ersatzmitglieder.** Der bes. Kündigungsschutz nach § 15 I 1 erstreckt sich trotz fehlender ausdr. Erwähnung im G auf Ersatzmitglieder, die nach § 25 I 2 BetrVG wegen der **zeitweiligen Verhin-**

derung eines regulären BRMitglieds tätig geworden sind. Das Zust.erfordernis nach § 103 I BetrVG besteht, wenn das Ersatzmitglied für ein ausgeschiedenes Mitglied nach § 25 I 1 BetrVG voll eingerückt ist oder wenn und solange es ein zeitweilig verhindertes Mitglied nach § 25 I 2 BetrVG vertritt (BAG 5.11.2009 NZA-RR 2010, 236; 27.9.2012 NZA 2013, 425 Rn. 18). Für die Frage, ob der Sonderkündigungsschutz besteht, ist auf den Zpkt. des Zugangs der Kündigung nach § 130 I 1 BGB abzustellen. Der Schutz des Gremiums erfordert das Eingreifen des Zustimmungserfordernisses nach § 103 I BetrVG in Vertretungsfällen unabhängig davon, ob der Vertretungsfall schon zu dem Zpkt. vorlag, zu dem die Kündigung den Machtbereich des AG verlassen hat (BAG 27.9.2012 NZA 2013, 425 Rn. 20 ff. mwN). Eine zeitweilige Verhinderung idS liegt vor, wenn ein BRMitglied aus rechtl. oder aus tats. Gründen nicht in der Lage ist, sein Amt auszuüben. Ein Vertretungsfall liegt danach vor, wenn das ordentl. BRMitglied **erkrankt** oder aufgrund der zu erbringenden Arbeitsleistung verhindert ist (HHL/*v. Hoyningen-Huene* Rn. 30). Während des **Erholungsurlaubs** wird dem ordentl. BRMitglied die Verrichtung seiner Amtspflichten zwar nicht obj. unmögl., grds. aber unzumutbar. Es gilt in diesem Fall als zeitweilig verhindert iSv. § 25 I 2 BetrVG, solange es seine Bereitschaft, während des Urlaubs BRTätigkeiten zu verrichten, nicht positiv anzeigt (BAG 8.9.2011 NZA 2012, 400 Rn. 29; 27.9.2012 NZA 2013, 425 Rn. 19). Die Vertretung durch Ersatzmitglieder ist nicht auf einzelne Amtsgeschäfte (zB BRSitzungen) beschränkt, sondern erstreckt sich auf die gesamte Dauer der Verhinderung. Das Ersatzmitglied tritt automatisch mit der Verhinderung des ordentl. Mitglieds ein und erlangt in diesem Moment den Kündigungsschutz nach § 15 I 1, ohne dass es einer bes. Erkl. der Übernahme der Amtsgeschäfte bedarf (zust. für dauerhafte Vertretung HHL/*v. Hoyningen-Huene* Rn. 29). Der Vertretungsfall hängt nicht einmal davon ab, ob dem BRVors. oder dem betr. Ersatzmitglied die Verhinderung des ordentl. Mitglieds bekannt ist (BAG 12.2.2004 NZA 2005, 600; 18.5.2006 NZA 2006, 1037; 8.9.2011 NZA 2012, 400 Rn. 34; 19.4.2012 NZA 2012, 1449 Rn. 44). Der bes. Schutz steht ihm selbst dann zu, wenn während der Vertretungszeit keine BRTätigkeit anfällt. Es genügt die Möglichkeit, dass dem Ersatzmitglied BRAufgaben zufallen können (BAG 8.9.2011 NZA 2012, 400 Rn. 35; § 25 BetrVG Rn. 8; **aA** SES/*Eylert* Rn. 28). Wird jedoch ein Verhinderungsfall kollusiv zu dem Zweck herbeigeführt, dem Ersatzmitglied den bes. Kündigungsschutz zu verschaffen, liegt ein Fall des Rechtsmissbrauchs vor, dem mit Hilfe des § 242 BGB begegnet werden kann (BAG 5.9.1986 AP KSchG 1969 § 15 Nr. 26; 12.2.2004 NZA 2005, 600; 8.9.2011 NZA 2012, 400 Rn. 39; 27.9.2012 NZA 2013, 425 Rn. 24 mwN).

Ersatzmitglieder, die **nach Beendigung der Vertretungszeit** wieder **aus dem BR ausgeschieden** 15 sind, genießen **nachwirkenden Kündigungsschutz** nach § 15 I 2 bzw. II 2 für die Dauer eines Jahres nach dem Ende der Tätigkeit. Dieser nachwirkende Kündigungsschutz tritt allerdings nur ein, wenn das Ersatzmitglied in der Vertretungszeit **konkrete BRAufgaben tats. wahrgenommen** hat. Auf den Umf. der Tätigkeit kommt es nicht an. Dies entspricht dem Schutzzweck der Regelung, eine „Abkühlungsphase" in der Beziehung vom ehem. BRMitglied und AG zu gewährleisten und erst danach die Möglichkeit einer ordentl. Kündigung wieder zu eröffnen. Hat das BRMitglied während der Zeit, in der es in den BR nachgerückt war, hingegen weder an Sitzungen des BR teilgenommen noch sonstige konkreten BRAufgaben erfüllt, fehlt es an einer Situation, in der Konflikte mit dem AG hätten entstehen können; einer „Abkühlung" bedarf es dann nicht (BAG 18.5.2006 NZA 2006, 1037; 8.9.2011 NZA 2012, 400 Rn. 40). Fiktive Tätigkeiten lösen den nachwirkenden Kündigungsschutz nicht aus. Selbst wenn der BRVors. die Nachrückerregelung des § 25 I, II BetrVG bewusst ignoriert hat, ist allein entscheidend, dass das Ersatzmitglied weder an den Sitzungen des Gremiums teilgenommen noch sonstige BRAufgaben ausgeführt hat (BAG 19.4.2012 NZA 2012, 1449 Rn. 41). Wird für das verhinderte Ersatzmitglied ein weiteres Ersatzmitglied tätig, genießt dies für die Dauer des Vertretungsfalls den bes. Kündigungsschutz (DDZ/*Deinert* Rn. 27).

III. Ausschluss der ordentlichen Kündigung

Ggü. allen in § 15 geschützten Personen sind ordentl. Kündigungen ausgeschlossen, auch in der 16 Insolvenz. § 125 InsO stellt ggü. § 15 kein lex specialis dar (BAG 17.11.2005 NZA 2006, 370). Erst nach Ende des Nachwirkungszeitraums (dazu Rn. 31) kann der AG dem AN ordentl. kündigen. Eine Ausnahme bilden die ordentl. Kündigungen nach den Abs. 4 und 5 bei Betriebs- und Betriebsteilstilllegung (Rn. 35 ff., 40 f). Eine gegen § 15 verstoßende Kündigung ist gem. § 134 BGB nichtig. Der Sonderkündigungsschutz erfasst die **Änderungskündigung** (BAG 12.3.2009 NZA 2009, 1264 Rn. 17) und die ordentl. **Massenänderungskündigung** (BAG 9.4.1987 AP KSchG 1969 § 15 Nr. 28; 7.10.2004 NZA 2005, 156; 23.2.2010 NZA 2010, 1288 Rn. 45). Zum Auflösungsantrag § 9 Rn. 20.

IV. Dauer des Schutzes

1. Beginn. Der bes. Kündigungsschutz nach § 15 III 1 beginnt für **Wahlbewerber** mit der **Auf-** 17 **stellung des gültigen Wahlvorschlags** (Rn. 12), für **Mitglieder des Wahlvorstands** mit der **Bestellung**, die sich nach den Vorschr. des BetrVG bzw. PersVG bestimmt (Rn. 11) und für **gerichtl. bestellte Mitglieder** mit Verkündung des Einsetzungsbeschl. durch das ArbG. Die formelle Rechtskraft des Beschl. kommt es nicht an; vielmehr ist von einer „Bestellung“ des Wahlvorstands in dem Zpkt. auszugehen, zu dem erstmals eine nach außen verlautbarte gerichtl. Entsch. vorliegt, derzufolge der AN als Mitglied des Wahlvorstands eingesetzt wird (BAG 26.11.2009 NZA 2010, 443). Die Erstreckung des bes. Kündigungsschutzes auf die Mitglieder des Wahlvorstands und auf die Wahlbewerber nach § 15 III sowie auf die Initiatoren der BRWahl nach § 15 III a dient der Erleichterung der Wahl der Organe und der Sicherung der Kontinuität ihrer Arbeit. Der Gesetzgeber hält die in diesem Zusammenhang aktiv werdenden AN im Hinblick auf mögl. Interessenkonflikte und Repressalien des AG für in gleicher Weise schutzbedürftig wie die Mitglieder der gewählten Organe selbst. Für **Wahlinitiatoren** nach § 15 IIIa beginnt der Kündigungsschutz mit ordnungsgem. Einladung (Rn. 13) oder mit dem Eingang des Antrags beim Gericht. Der bes. Kündigungsschutz für **BRMitglieder** gilt ab Beginn der Amtszeit nach § 21 S. 2 Hs. 1 BetrVG. War bisher kein BR vorhanden, läuft die Amtszeit nach § 21 S. 2 Hs. 1 BetrVG ab der Bekanntgabe des Wahlerg. Erfolgt die Wahl während der regulären Amtszeit des vorhergehenden BR, beginnt sie mit deren Ablauf. Klafft zwischen dem Ende des Kündigungsschutzes als Wahlbewerber mit der Bekanntgabe des Wahlerg. und dem bes. Kündigungsschutz als Mandatsträger mit Beginn der Amtszeit eine (zumeist kurze) zeitl. Lücke, ist der Gewählte nach § 15 III 2 nur durch den eingeschränkten nachwirkenden Schutz des Wahlbewerbers gesichert. Jedoch bedarf eine außerordentl. Kündigung nach zutr. Ansicht in diesem Zeitraum analog § 103 BetrVG einer Zust. des BR, weil insoweit eine planwidrige Schutzlücke besteht (SPV/*Vossen* Rn. 1681; KR/*Etzel/Rinck* § 103 BetrVG Rn. 25).

18 **2. Ende.** Der bes. Kündigungsschutz endet mit dem **Ablauf der Amtszeit** oder der **Auflösung des BR** bzw. mit dem **Ausscheiden des einzelnen Mitglieds** aus dem BR (§§ 21 bis 24 BetrVG). Beschließt der BR seinen **Rücktritt**, bleibt er nach § 13 II Nr. 3 iVm. § 22 BetrVG geschäftsführend im Amt bis der neue BR gewählt und das Wahlerg. bekanntgegeben ist (BAG 27.1.2011 NZA-RR 2011, 348 Rn. 21). Seine Geschäftsführung endet jedoch spätestens mit **Ablauf der regulären** – vierjährigen – **Amtszeit**, selbst wenn bis dahin noch keine Neuwahl stattgefunden hat. Unterbleibt die Bekanntgabe des Wahlerg., so endet die Amtszeit des geschäftsführenden BR spätestens mit der konstituierenden Sitzung des neu gewählten Gremiums, selbst wenn die reguläre Amtszeit zu diesem Zpkt. noch nicht abgelaufen ist; die zeitl. Dauer des Sonderkündigungsschutzes nach § 15 I 1, § 103 BetrVG kann nicht länger sein als die reguläre Amtszeit oder die Weiterführung der Geschäfte (BAG 5.11.2009 NZA-RR 2010, 236). Endet die Mitgliedschaft durch gerichtl. Entsch., § 24 Nr. 5 und 6 BetrVG, besteht der Kündigungsschutz bis zu deren Rechtskraft. Ein BRMitglied behält den bes. Kündigungsschutz, wenn seine Nichtwählbarkeit als ltd. Ang. zwar bereits vor Ausspruch der Kündigung festgestellt wurde, die gerichtl. Entsch. aber erst später rkr. wird (BAG 29.9.1983 AP KSchG 1969 § 15 Nr. 15). Mit der Versetzung in einen anderen Betrieb des Unternehmens verliert es diesen Schutz (BAG 21.9.1989 AP BetrVG 1972 § 99 Nr. 72). Zum nachwirkenden bes. Kündigungsschutz Rn. 31.

19 **Mitglieder des Wahlvorstands** genießen den vollen Kündigungsschutz nach Abs. 3 S. 1 bis zur Bekanntgabe des Wahlerg., § 18 III BetrVG, § 23 II BPersVG (BAG 30.5.1978 AP KSchG 1969 § 15 Nr. 4). Das Wahlerg. gilt spätestens mit der zeitl. danach liegenden konstituierenden Sitzung als bekannt gegeben (BAG 5.11.2009 NZA-RR 2010, 236). Bei **Wahlbewerbern** endet der volle Kündigungsschutz nach Abs. 3 S. 1 vor Bekanntgabe des Wahlerg. mit der Rücknahme der Kandidatur (BAG 17.3.2005 NZA 2005, 1064). Der Kündigungsschutz **entfällt nachträgl.**, wenn der Wahlvorschlag durch Streichung von Unterschriften nach § 8 II Nr. 3 WO ungültig wird, weil somit von vornherein kein wirksamer Wahlvorschlag vorlag (APS/*Linck* Rn. 19; LSW/*Wertheimer* Rn. 48; **aA** BAG 5.12.1980 AP KSchG § 15 Nr. 9; *Fitting* § 103 BetrVG Rn. 10a; DDZ/*Deinert* Rn. 22). § 15 IIIa gewährt **Wahlinitiatoren** vollen Schutz bis zur Bekanntgabe des Wahlerg. Wird ein BR, eine AV, eine Bordvertretung oder ein SeeBR nicht gewählt, besteht der Kündigungsschutz vom Zpkt. der Einladung oder Antragstellung an drei Monate. Eine Nachwirkung oder Verlängerung des bes. Kündigungsschutzes über die Funktionsausübung als Initiator sieht das G selbst für den Fall nicht vor, dass die Gewerkschaft ein Verf. auf gerichtl. Bestellung eines Wahlvorstands anstrengt, nachdem die AN gegen die Einsetzung des Wahlvorstands gestimmt haben (dazu *Nebeling/Tüx* BB 2014, 1402).

20 **3. Mängel der Wahl.** Bei der wegen eines bes. schweren Mangels **nichtigen BRWahl** hat der Gewählte von vornherein keinen bes. Kündigungsschutz erworben, weil er nie BRMitglied geworden ist. Die betr. AN können nur den nachwirkenden Kündigungsschutz als Wahlbewerber in Anspruch nehmen (BAG 27.4.1976 AP BetrVG 1972 § 19 Nr. 4; HHL/*v. Hoyningen-Huene* Rn. 43). Die Nichtigkeit der Wahl kann auch im Kündigungsschutzprozess festgestellt werden (BAG 7.5.1986 AP KSchG 1969 § 15 Nr. 18). Wurde eine **Wahl angefochten,** besteht der Kündigungsschutz bis zur rkr. Entsch. über die Wirksamkeit der Wahl fort (BAG 12.3.2009 NZA-RR 2010, 180 Rn. 23; 27.1.2011 NZA-RR 2011, 348 Rn. 20).

V. Außerordentliche Kündigung

21 Ggü. den geschützten Funktionsträgern sind außerordentl. Kündigungen unter der Voraussetzung zulässig, dass ein wichtiger Grund für eine Kündigung ohne Einhaltung einer Kündigungsfrist vorliegt

und nachdem der BR nach §§ 15 I, 103 I BetrVG bzw. der PR gem. § 15 II 1, §§ 47 I, 108 I BPersVG der Kündigung zugestimmt hat oder die Zust. durch das ArbG/VG ersetzt ist.

Die außerordentl. Kündigung erfordert einen **wichtigen Grund** iSv. § 626 I BGB und die Wahrung der Frist des § 626 II BGB (dazu Rn. 29). Dafür gelten grds. dies. Regeln wie für die außerordentl. Kündigung ggü. jedem anderen AN, da Amts- und Mandatsträger durch ihre bes. Stellung weder bevorzugt noch benachteiligt werden dürfen (BAG 17.3.2005 NZA 2005, 949, *Eylert/Sänger* RdA 2010, 28); zugleich ist jedoch bei der Prüfung des wichtigen Grundes den Besonderheiten des § 15 I Rechnung zu tragen. Bei der Beurteilung der außerordentl. Kündigung von AN, die nicht den bes. Schutz von Funktionsträgern genießen, ist gem. § 626 I BGB zu prüfen, ob Tatsachen vorliegen, aufgrund derer dem Kündigenden unter Berücksichtigung aller Umstände des Einzelfalls und unter Abwägung der Interessen beider Vertragsteile die Fortsetzung des ArbVerh. bis zum Ablauf der Kündigungsfrist oder bis zu dessen vereinbarter Beendigung nicht zugemutet werden kann. Dafür kommt es darauf an, ob der Sachverhalt ohne seine bes. Umstände „an sich", dh. typischerweise als wichtiger Grund geeignet ist. Alsdann bedarf es der weiteren Prüfung, ob dem Kündigenden die Fortsetzung des ArbVerh. unter Berücksichtigung der konkreten Umstände des Falls und unter Abwägung der Interessen beider Vertragsteile – jdf. bis zum Ablauf der Kündigungsfrist – zumutbar ist oder nicht (stRspr., vgl. nur BAG 19.7.2012 NZA 2013, 143 Rn. 38). Dieser Abwägungszeitraum in § 626 I BGB ist bei der fristlosen Kündigung von Funktionsträgern nicht ohne weiteres anwendbar, weil ihnen nicht ordentl. gekündigt werden kann. Das G enthält insoweit aber eine Regelungslücke. Nach der Rspr. ist bei der Zumutbarkeitsprüfung **fiktiv die Kündigungsfrist** zugrunde zu legen, die gelten würde, wenn dem Funktionsträger ordentl. gekündigt werden könnte. Dadurch wird eine § 78 BetrVG widersprechende Benachteiligung des geschützten Personenkreises ausgeschlossen und der volle Schutz des § 15 I gewährleistet. Ist eine Beschäftigung bis dahin zumutbar, ist die Kündigung insg. unwirksam (BAG 17.1.2008 NZA 2008, 777; 12.5.2009 NZA-RR 2011, 15 Rn. 17; 21.6.2012 NZA 2013, 224 Rn. 11; 19.7.2012 NZA 2013, 143 Rn. 44). Liegt ein wichtiger Grund wegen Verletzung von Vertragspflichten vor, muss der AG **nicht** in Anlehnung an die Rspr. zu tarifl. Unkündbaren eine **außerordentl. Kündigung mit Auslauffrist** in Betracht ziehen. Sie führte in Fällen, in denen die Fortsetzung des ArbVerh. zwar bis zum Ablauf der fiktiven Kündigungsfrist, nicht aber bis zum Auslaufen des Sonderkündigungsschutzes – also bis zum Ende der voraussichtl. verbleibenden Amtszeit nebst Nachwirkungszeitraum – zumutbar ist, zur Zulässigkeit einer Kündigung, die iE der ausgeschlossenen ordentl. Kündigung gleichkäme. Damit realisierte sich für das BRMitglied genau die Benachteiligungsgefahr, die der Gesetzgeber durch § 15 I ausschalten wollte. Sinn des G ist es aber, das BRMitglied – abgesehen von den Fällen der betriebsbedingten Kündigung nach § 15 IV, V – von dieser Bedrohung durch eine ordentl. Kündigung auszunehmen (BAG 17.1.2008 NZA 2008, 777 Rn. 28; 12.52010 NZA-RR 2011, 15 Rn. 17; 21.6.2012 NZA 2013, 224 Rn. 13). Aus diesem Grund scheidet nach § 140 BGB die **Umdeutung** einer außerordentl. fristlosen Kündigung wegen Fehlverhaltens des Mandatsträgers in eine ordentl. Kündigung oder in eine außerordentl. Kündigung mit Auslauffrist aus (BAG 21.6.2012 NZA 2013, 224 Rn. 12, 21). 22

Hingegen ist eine **außerordentl. betriebsbedingte Massenänderungskündigung** auch ggü. BRMitgliedern nur mit Auslauffrist zulässig (BAG 21.6.1995 AP KSchG 1969 § 15 Nr. 36; 7.10.2004 NZA 2005, 156). Solange mehrere geeignete und beiden Parteien zumutbare Möglichkeiten der Änd. der Arbeitsbedingungen zur Vfg. stehen, muss nach dem Verhältnismäßigkeitsgrds. der AG dem geschützten AN diejenigen mit den geringsten Belastungen bzw. Einschnitten anbieten. Da der Mandatsträger aber nicht dauerhaft bessergestellt werden soll, ist es dem AG in Fällen der sog. Tarifautomatik (dazu BAG 23.6.2005 NZA 2006, 92) nicht zumutbar, ledigl. die Tätigkeit des betr. Funktionsträgers den neuen Gegebenheiten anzupassen und es bei der übertarifl. Bezahlung zu belassen (BAG 17.3.2005 NZA 2005, 949). Das BAG will durch diese Auslegung und Anwendung des wichtigen Grundes im Zusammenhang mit dem Schutz der Mandatsträger die benachteiligungsfreie Ausübung des Mandats gewährleisten, ohne den AN deshalb dauerhaft zu bevorzugen. Das BRMitglied ist vom Betriebsrisiko, das sich in einer betriebsbedingten Kündigung realisiert, wie alle anderen Betriebsangehörigen betroffen (BAG 21.6.2012 NZA 2013, 224 Rn. 14; KR/*Etzel/Kreft* Rn. 38). 22a

Eine außerordentl. Kündigung hat va. bei **schweren arbeitsvertragl. Pflichtverletzungen** Bedeutung. Dabei ist zu unterscheiden, ob die Verfehlungen aus dem ArbVerh. **oder** aus dem BRAmt stammen, oder ob sie dem ArbVerh. **und** dem BRAmt zuzurechnen sind. Verletzt der sonst geschützte Funktionsträger ausschl. arbeitsvertragl. Pflichten, steht er jedem anderen AN gleich, so dass die Wirksamkeit der Kündigung allein davon abhängt, ob die Voraussetzungen nach § 626 BGB vorliegen (BAG 16.10.1986 AP BGB § 626 Nr. 95; DDZ/*Deinert* Rn. 45). Ledigl. iRd. Interessenabwägung erlangt das BRAmt als kollektives Interesse der Belegschaft am Erhalt ihrer gewählten Vertretung Bedeutung (HHL/*v. Hoyningen-Huene* Rn. 96). Ein wichtiger Grund zur Kündigung kann in einer schuldhaften Verletzung von arbeitsvertragl. Nebenpflichten liegen. Dazu gehört nach § 241 II BGB die während einer Freistellung bestehende Pflicht des AN, auf die berechtigten Interessen des AG und seiner Vertragspartner Rücksicht zu nehmen (vgl. BAG 12.5.2010 NZA-RR 2011, 15 Rn. 19). Die Rspr. hat bei Funktionsträgern als hinreichende arbeitsvertragl. Pflichtverletzung für eine fristlose Kündigung zB anerkannt: unrichtige Spesenabrechnung (BAG 22.8.1974 AP BetrVG 1972 § 103 23

Nr. 1), Manipulationen bei der Zeiterfassung (BAG 27.1.1977 AP BetrVG 1972 § 103 Nr. 7), Bereitschaft zur Falschaussage gegen den AG (BAG 16.10.1986 AP BGB § 626 Nr. 95), vorsätzl. falsche eidesstattl. Vers. in einem Verf. gegen den AG (BAG 20.11.1987 RzK II 1b Nr. 4), bewusst wahrheitswidrig ehrenrührige Behauptungen über einen Vorgesetzten (BAG 25.5.1982 – 7 AZR 155/80), Vermögensdelikte (BAG 10.2.1999 AP KSchG 1969 § 15 Nr. 42), vorgetäuschte AUB bzw. schwerwiegendes genesungswidriges Verhalten (LAG BE 3.8.1998 NZA-RR 1999, 523; LAG HM 16.9.2005 – 10 Sa 2425/04), heiml. Mitschnitt von Personalgesprächen, wobei es nicht auf die strafrechtl. Relevanz dieses Verhaltens ankommt (BAG 19.7.2012 NZA 2013, 143 Rn. 40 ff.), Verstoß gegen ein Rauchverbot in einem Betrieb mit hoher Brandgefahr (BAG 27.9.2012 NZA 2013, 425 Rn. 35). Führt ein BRMitglied unerlaubt und heiml. auf Kosten des AG erhebl. Privattelefonate, kann dies eine außerordentl. Kündigung rechtfertigen (BAG 4.3.2004 NZA 2004, 717). Hingegen verletzt ein BR-Mitglied seine arbeitsvertragl. Pflichten nach § 241 BGB nicht schon durch die Wahrnehmung des Amts als Beisitzer von Einigungsstellen anderer Betriebe des AG, selbst wenn er über die zu erteilende Nebentätigkeitserlaubnis noch nicht verfügt (BAG 13.5.2015 NZA 2016, 116 Rn. 31 ff).

24 Verletzt das BRMitglied **allein kollektivrechtl.** Pflichten aus dem **BRAmt**, kann dem nicht wirksam mit dem individualrechtl. Mittel der Kündigung begegnet werden. Der AG ist auf das **Amtsenthebungsverf.** nach § 23 I BetrVG (bzw. § 28 I BPersVG) verwiesen (BAG 12.5.2010 NZA-RR 2011, 15 Rn. 15 f.; 19.7.2012 NZA 2013, 143 Rn. 39). Ist in dem Verhalten dagegen **zugleich eine Vertragspflichtverletzung** zu sehen, kommt eine Abberufung nach § 23 I BetrVG und eine außerordentl. Kündigung in Betracht, wenn die Verletzung der arbeitsvertragl. Pflicht die Voraussetzungen nach § 15 I, § 626 BGB erfüllt. Verstößt das BRMitglied gegen eine Amts- und gegen eine für alle AN gleichermaßen geltende vertragl. Pflicht, liegt jdf. auch eine Vertragspflichtverletzung vor. Hier ist iRd. Interessenabwägung zu werten, ob ein Funktionsträger gerade in Ausübung seines Amtes in Konflikt mit den arbeitsvertragl. Pflichten geraten ist. Allein die Beachtung dieses Gesichtspunkts hat das BAG mit der Anforderung vor Augen, an den wichtigen Grund einen **„strengeren" Maßstab** anzulegen als bei einem AN, der dem BR nicht angehört (klarstellend BAG 19.7.2012 NZA 2013, 143 Rn. 49; vgl. bereits 5.11.2009 Rn. 30 AP KSchG 1969 § 15 Nr. 65; 12.5.2010 NZA-RR 2011, 15 Rn. 15). Bei den sog. **Mischsachverhalten** hat die Rspr. in folgenden Fällen die Wirksamkeit einer außerordentl. Kündigung in Betracht gezogen: beleidigende Äußerungen eines BRMitglieds ggü. dem Werksleiter in einer Sitzung: „KZ-Methoden" (BAG 2.4.1987 AP BGB § 626 Nr. 96); bewusst wahrheitswidrige öffentl. Äußerungen, die den Betriebsfrieden stören können (BAG 26.5.1977 AP BGB § 611 Beschäftigungspflicht Nr. 5); schwerwiegende Ehrverletzung anderer AN im BRWahlkampf mit zugleich verfassungsfeindl. Zielsetzung (BAG 15.12.1977 AP BGB § 626 Nr. 69); vorsätzl. Falschaussage als Vertragspflichtverletzung (BAG 5.11.2009 NZA-RR 2010, 236); Öffnen eines an den BRVors. gerichteten Briefs bei vorsätzl. und nach § 202 StGB strafbewehrter Verletzung des Briefgeheimnisses (BAG 12.5.2010 NZA-RR 2011, 15 Rn. 19). **Wahlbewerber**, die noch **nicht** oder nicht mehr den **Sonderkündigungsschutz** des § 15 III, § 103 BetrVG **genießen**, dürfen unternehmensöffentl. Kritik am AG und den betriebl. Verhältnissen üben und sich ggf. überspitzt oder polemisch äußern. Die Meinungsfreiheit muss jedoch regelm. dann zurücktreten, wenn sich das in der Äußerung enthaltene Werturt. als Formalbeleidigung oder Schmähkritik erweist (vgl. BAG 29.8.2013 NZA 2014, 660 Rn. 36). Auch im Zusammenhang mit einer gepl. BRWahl darf ein AN nicht wissentl. falsche, geschäftsschädigende Tatsachenbehauptungen über betriebl. Verhältnisse aufstellen und über digitale Medien verbreiten oder verbreiten lassen. Sachbezogene Kritik an betriebl. Gegebenheiten kann jedoch von der Meinungsäußerungsfreiheit gedeckt sein (BAG 31.7.2014 NZA 2015, 245 Rn. 40 ff.).

25 Wird ein BRMitglied wegen **Krankheit dauernd arbeitsunfähig**, ist es dem AG regelm. zumutbar, das Ende des nachwirkenden Kündigungsschutzes abzuwarten, um dann ordentl. zu kündigen (BAG 15.3.2001 EzA KSchG § 15 nF Nr. 52). Für eine außerordentl. (Änderungs-)Kündigung eines nach § 15 geschützten AN wegen **krankheitsbedingter Leistungsminderung** hat es das BAG offengelassen, ob ein wichtiger Grund überhaupt in Betracht kommt, und ob in einem solchen Fall auf die Länge der fiktiven Kündigungsfrist abzustellen ist oder auf das (voraussichtl.) Ende des Bestandsschutzes. Das für einen wichtigen Grund vorauszusetzende, in hohem Maße gravierende Missverhältnis zwischen Leistung und Gegenleistung wird im Einzelfall kaum zu bejahen sein, selbst wenn man die Belastungen für die Dauer des voraussichtl. Bestandsschutzes zugrunde legt (vgl. BAG 20.3.2014 NZA 2014, 1089 Rn. 21 f.).

26 Die außerordentl. Kündigung eines **amtierenden Funktionsträgers** setzt, mit Ausnahme der in Abs. 3a aufgeführten Wahlinitiatoren, nach § 15 III 1 die **Zust. des BR** bzw. **PR** voraus (zur Kündigung im Nachwirkungszeitraum Rn. 31). Im Anwendungsbereich des BetrVG liegt die Zust. beim BR, selbst wenn der Mandatsträger einem anderen Gremium angehört, etwa der JAV oder der Schwerbehindertenvertretung. Nur iRd. SeeBetrVerf. hat die Bordvertretung nach § 115 VII Nr. 1 BetrVG zuzustimmen, soweit der Kapitän zur Kündigung ermächtigt ist. Im Geltungsbereich des Personalvertretungsrechts ist der PR zust., dessen Mitglied der zu Kündigende ist (HHL/*v. Hoyningen-Huene* Rn. 108 ff.). Die Zust. des BR bzw. PR kann auf einen Betriebsausschuss (§ 27 II 2 BetrVG) oder auf einen bes. Ausschuss (§ 28 BetrVG) übertragen werden. Der BR entäußert sich mit einer Delegierung „aller mitbestimmungsrelevanten Personalmaßnahmen der §§ 99 bis 103 BetrVG" nicht aller wesentl.

Befugnisse. Die Übertragung der Befugnisse hat ausdr. (schriftl.) zu erfolgen (BAG 17.3.2005 NZA 2005, 1064). Zuständig für die Zust. zur außerordentl. Kündigung von Wahlvorstandsmitgliedern ist der BR. In einem noch betriebsratslosen Betrieb muss der AG sogleich einen Antrag beim AG auf Zust. zur außerordentl. Kündigung des Wahlvorstands stellen (*Eylert* AuR 2014, 300, 306 f.).

Der AG kann einem BRMitglied erst dann wirksam eine außerordentliche Kündigung aussprechen, 27 wenn der BR nach § 15 I, § 103 I BetrVG bzw. der PR gem. § 15 II 1, §§ 47 I, 108 I BPersVG **zugestimmt** hat oder der Beschl. des ArbG bzw. VG über die Ersetzung der verweigerten Zust. rkr. ist. Durch das **Zustimmungserfordernis** soll der Amtsträger geschützt und gleichzeitig verhindert werden, dass ein demokratisch gewähltes Gremium durch den Verlust einzelner Mitglieder in seiner Funktionsfähigkeit und Kontinuität seiner Amtsführung beeinträchtigt wird (BAG 19.7.2012 NZA 2013, 143 Rn. 26). Eine vor diesem Zpkt. erklärte Kündigung ist nicht nur schwebend unwirksam, sondern nach **§ 134 BGB unheilbar nichtig**. Die Zust. muss also vor Ausspruch der Kündigung vorliegen und kann nicht durch eine Genehmigung nachgeholt werden (BAG 9.7.1988 NZA 1998, 1273). Bei der Einl. des Zustimmungsverf. hat der AG die für die Anhörung nach § 102 BetrVG bzw. § 79 BPersVG geltenden Anforderungen an eine ordnungsgem. Unterrichtung zu beachten. Dazu muss er die Tatsachen mitteilen, die nach seiner Auff. eine außerordentl. Kündigung rechtfertigen. Die ordnungsgem. Unterrichtung ist unabhängig von der Zust. Wirksamkeitsvoraussetzung (BAG 17.3.2005 NZA 2005, 1064). Die Anhörung nach § 102 BetrVG ersetzt nicht die Einl. des Zustimmungsersetzungsverf. Ausnahmsweise kann etwas anderes gelten, wenn der BR/PR in Kenntnis des Vorliegens des Sonderkündigungsschutzes seine Zust. erteilt hat (BAG 17.3.2005 NZA 2005, 1064). Bis zum rkr. Abschluss des Ersetzungsverf. kann der AG **Kündigungsgründe nachschieben**, selbst wenn ihm diese bei Einl. des Zustimmungsverf. bekannt waren. Voraussetzung dafür ist, dass der AG dem BR vor der Einf. der neuen Tatsachen und Umstände Gelegenheit gibt, seine Stellungn. im Lichte der neuen Tatsachen zu überprüfen. Dafür genügt es nicht, dass der BRVors. von den zusätzl. Gründen durch Teilnahme am gerichtl. BeschlV erfährt (BAG 23.4.2008 NZA 2008, 1081). Die Zust. durch das zust. Organ ist innerhalb der analog anzuwendenden **Drei-Tage Frist** des § 102 II 3 BetrVG bzw. § 47 I 2, § 108 I 2 BPersVG zu erklären (*Eylert/Sänger* RdA 2010, 29). Ein ungenutztes Verstreichenlassen der Frist ist nicht als Zust., sondern als Zustimmungsverweigerung zu werten. Ist allerdings die Zust. rechtzeitig beantragt worden, kann der BR noch nachträgl. zustimmen (BAG 17.9.1981 AP BetrVG 1972 § 103 Nr. 14; HHL/*v. Hoyningen-Huene* Rn. 121 f.). Ein bereits eingeleitetes Zustimmungsersetzungsverf. wird damit gegenstandslos. Für die Zust. besteht **kein Schriftformzwang**. Daher kann der Mandatsträger die Kündigung nicht nach §§ 182 III, 111 S. 2 BGB zurückweisen, weil ihm der AG die vom BR erteilte Zust. nicht in schriftl. Form vorlegt. § 103 BetrVG enthält eine in sich geschlossene, den Schutz des BR und des BRMitglieds umfassend ausgestaltende Sonderregelung (BAG 4.3.2004 NZA 2004, 717).

Verweigert der BR die nach Abs. 1 und 3 (jeweils S. 1) erforderl. Zust. oder gilt sie wegen Ablaufs 28 der Drei-Tage-Frist als verweigert, kann das ArbG nach § 103 II BetrVG auf Antrag des AG die **Zust. ersetzen.** Entspr. gilt nach Abs. 2 S. 1 für den öffentl. Dienst, wobei hier das VerwG zust. ist, §§ 47 I, 108 I BPersVG. Die vorherige ordnungsgem. Beteiligung des BR ist Zulässigkeitsvoraussetzung für das gerichtl. Ersetzungsverf. Der AG kann also nicht bereits vor der Entsch. des BR einen Zustimmungsersetzungsantrag stellen (BAG 24.10.1996 AP BetrVG 1972 § 103 Nr. 32; KR/*Etzel/Rinck* BetrVG § 103 Rn. 120; einschränkend HHL/*v. Hoyningen-Huene* Rn. 134). Wird das ArbVerh. mit dem Mandatsträger während des lfd. Ersetzungsverf. anderweitig beendet (BAG 27.6.2002 NZA 2003, 229) oder hält der AG an dem Zustimmungsersuchen nicht mehr fest (BAG 27.1.2011 NZA-RR 2011, 348 Rn. 23), erledigt sich das Ersetzungsverf. Unzulässig wird der Antrag auch, wenn das BRAmt aufgrund einer erfolgreichen Wahlanfechtung endet. Schließt sich jedoch ohne Unterbrechung eine neue Amtszeit an, besteht die Zustimmungsverweigerung fort und das Verf. nach § 103 II BetrVG ist weiterzuführen (BAG 12.3.2009 NZA-RR 2010, 180). Eine vorsorgl. Kündigung für den Fall, dass es einer Zust. des BR nicht (mehr) bedarf, lässt das Verf. ebenfalls unberührt (BAG 27.1.2011 NZA-RR 2011, 348 Rn. 24).

Da eine außerordentl. Kündigung nach **§ 626 II BGB** nur binnen **zwei Wochen** erklärt werden kann, 29 muss der AG die notwendige Zust. des BR innerhalb dieser Frist einholen. Die Fristeinhaltung und die Notwendigkeit der Zust. des BR sind schwer miteinander in Einklang zu bringen. Nach der Rspr. muss der AG innerhalb der Zwei-Wochen-Frist die Zust. des BR nach § 103 BetrVG eingeholt – und nicht nur beantragt – haben. Praktisch bedeutet dies, dass er die Frist von drei Tagen, in denen der BR nach § 102 II 3 BetrVG schriftl. Bedenken mitteilen kann, einplanen und folgl. spätestens am 10. Tag nach Kenntnis des Grundes die Zust. des BR beantragen muss (*Eylert* AuR 2014, 300, 307). Wird die Zust. verweigert, hat der AG noch innerhalb der Zwei-Wochen-Frist den Antrag auf Ersetzung der Zust. beim ArbG zu stellen (BAG 24.10.1996 AP BetrVG 1972 § 103 Nr. 32; für Zust. durch PR BAG 2.2.2006 NZA-RR 2006, 440). Teilt der BR dem AG seine Zust. zur Kündigung nicht innerhalb der zweiwöchigen Äußerungs-, aber noch innerhalb der zweiwöchigen Ausschlussfrist mit, muss der AG vor Ablauf der Frist des § 626 II BGB kündigen. Ist dies wegen der Kürze des verbleibenden Zeitraums nicht mehr mögl., muss der AG entspr. dem Rechtsgedanken des § 91 V SGB IX unverzügl. nach Zugang der Zust. des BR kündigen (KR/*Etzel/Kreft* Rn. 54). Hat der AG bei Verweigerung der Zust.

des BR die Zust. gerichtl. ersetzen lassen, muss er das gerichtl. Zustimmungsersetzungsverf. einleiten und die fristlose Kündigung analog § 91 V SGB IX **unverzügl. nach der rkr. Zustimmungsersetzung** erklären (BAG 9.7.1998 NZA 1998, 1273; 24.11.2011 NZA-RR 2012, 333; KR/*Etzel/Kreft* Rn. 55; *Eylert/Sänger* RdA 2010, 29).

30 Ist die Zust. gerichtl. ersetzt, entfaltet der Beschl. im späteren Kündigungsschutzprozess bindende Wirkung. Der AN kann sich danach nur auf Tatsachen berufen, die er im Zustimmungsersetzungsverf. nicht vorgebracht hat und nicht hätte geltend machen können (BAG 11.5.2000 NZA 2000, 1106). Nicht von der Präklusionswirkung erfasst ist zB die fehlende Zust. zur Kündigung eines Schwerbehinderten (*Eylert/Sänger* RdA 2010, 30). Ebenso ist eine auf denselben Sachverhalt gestützte weitere ordentl. Kündigung, die der AG nach Beendigung des bes. Kündigungsschutzes ausgesprochen hat, nicht präkludiert (BAG 15.8.2002 NZA 2003, 430).

VI. Nachwirkender Kündigungsschutz

31 Nach Abs. 1 S. 2 bzw. Abs. 2 S. 2 wirkt der bes. Kündigungsschutz über die Amtszeit des BR bzw. PR hinaus für die **Dauer eines Jahres,** bei Mitgliedern der Bordvertretung für sechs Monate, fort. Die Nachwirkung dient einer „Abkühlung" evtl. während der betriebsverfassungsrechtl. Tätigkeit aufgetretener Spannungen mit dem AG. Im Nachwirkungszeitraum ist die ordentl. Kündigung, vorbehaltl. der Regelung in den Abs. 4 und 5, weiterhin ausgeschlossen. Liegen jedoch Tatsachen vor, die den AG nach § 626 BGB zur **Kündigung aus wichtigem Grund** ohne Einhaltung einer Kündigungsfrist berechtigen, ist der AG ohne **Zust. des BR** gem. § 103 BetrVG zur außerordentl. Kündigung berechtigt. Im **Nachwirkungszeitraum** genügt die Anhörung nach § 102 BetrVG. Es besteht somit kein „Vollschutz" mehr (KR/*Etzel/Kreft* Rn. 73, 97; *Eylert* AuR 2014, 300, 304).

32 Für Mitglieder des BR oder PR beginnt die Nachwirkung nach Abs. 1 S. 2 bzw. Abs. 2 S. 2 mit dem **Ende der Amtszeit** (Rn. 18 ff.). Die Nachwirkung gilt nicht nur, wenn das Ende des Amtes als Organmitglied durch die Beendigung der Amtszeit des ganzen Organs herbeigeführt wird, sondern auch dann, wenn ein einzelnes Mitglied vor Ablauf der Amtszeit ausscheidet (BAG 5.7.1979 AP KSchG 1969 § 15 Nr. 6; HHL/*v. Hoyningen-Huene* Rn. 51). Besteht der BR aus nur einer Person, genießt diese den nachwirkenden Schutz, wenn die Zahl der wahlberechtigten Mitarbeiter unter fünf sinkt. Wird ein **Betrieb** nach dem UmwG **abgespalten,** endet damit für ein BRMitglied die Mitgliedschaft im BR; hins. des Übergangsmandats vgl. §§ 21a, 21b BetrVG. Nach § 323 I UmwG behält das BRMitglied für zwei Jahre den Schutz als BRMitglied. Insoweit geht § 323 I UmwG dem § 15 I 2 vor (APS/*Steffan* Rn. 12; Lutter/*Joost* § 323 UmwG Rn. 12; **aA** Kallmeyer/*Willemsen* Rn. 13). Ein nachwirkender Kündigungsschutz ehem. PRMitglieder besteht nicht, wenn ein auf Probe beschäftigter Dienstordnungsang. eines Sozialversicherungsträgers, für dessen Dienstverhältnis nach der Dienstordnung die Vorschr. für Beamte auf Probe gelten, wegen mangelnder Bewährung nach § 34 I Nr. 2 BBG entlassen wird (BAG 5.9.1986 AP KSchG 1969 § 15 Nr. 27). Hat ein **Ersatzmitglied** im Vertretungsfall eine BRFunktion wahrgenommen, genießt es nachwirkenden Kündigungsschutz, wobei jeder Vertretungsfall erneut den nachwirkenden Schutz auslöst (vgl. BAG 19.4.2012 NZA 2012, 1449 Rn. 41; 20.3.2014 NZA 2014, 1089 Rn. 17). Unerhebl. ist, ob dem AG bekannt ist, dass das Ersatzmitglied in den letzten zwölf Monaten amtiert hat.

33 Für Mitglieder des **Wahlvorstands und für Wahlbewerber** beginnt der sechsmonatige nachwirkende Schutz nach Abs. 3 S. 2 mit der **Bekanntgabe des Wahlerg.** oder vorzeitig mit **Amtsniederlegung.** Eine Zust. des BR gem. § 103 BetrVG ist für eine weiterhin zul. außerordentl. Kündigung jedoch nicht mehr erforderl. (HHL/*v. Hoyningen-Huene* Rn. 106). Wahlbewerber verlieren ihre Funktion vor Bekanntgabe des Wahlerg., wenn die Wahlbewerbung vorzeitig wegfällt. Dies ist zB der Fall, wenn vom Wahlvorstand beanstandete Mängel nicht fristgerecht beseitigt werden und der Wahlvorschlag damit ungültig wird, § 8 II WahlO (BAG 9.10.1986 AP KSchG 1969 § 15 Nr. 23). Kraft ausdr. Regelung in Abs. 1 bis 3 (jeweils S. 2 aE) ist eine Nachwirkung ausgeschlossen, wenn die Mitgliedschaft durch **Gerichtsentscheid** beendet wird, zB gem. § 23 II BetrVG. Eine Nachwirkung entfällt ebenfalls, wenn eine Wahl erfolgreich angefochten wurde (HHL/*v. Hoyningen-Huene* Rn. 60).

34 Nach **Ablauf des Nachwirkungszeitraums** kann der AG dem vorher geschützten wie jedem anderen AN kündigen. Der AG ist nicht gehindert, die Kündigung auf Pflichtverletzungen zu stützen, die der AN während der Schutzfrist begangen hat und die erkennbar nicht in einem Zusammenhang mit seiner Amtstätigkeit stehen (BAG 13.6.1996 AP KSchG 1969 § 15 Wahlbewerber Nr. 2). Aus einer Kündigung nach Ablauf des Nachwirkungszeitraums kann der Funktionsträger einen Schadensersatzanspruch nicht auf die frühere Verletzung der Übernahmeverpflichtung nach § 15 V 1 stützen (BAG 14.2.2002 NZA 2002, 1027).

VII. Kündigung bei Betriebsstillegung

35 Der bes. Kündigungsschutz ist wesentl. eingeschränkt, wenn der Betrieb stillgelegt wird, Abs. 4. Liegt eine endgültige Betriebsstillegung vor, darf ggü. dem in § 15 Abs. 1 bis 3a geschützten Personenkreis grds. ledigl. **ordentl. gekündigt** werden (zu tarifl. ordentl. Unkündbaren Rn. 22, 38). § 15 IV, V

senken nicht etwa die Anforderungen an eine außerordentl. Kündigung ab. Sie erklären vielmehr unter bestimmten Voraussetzungen eine ordentl. Kündigung für zulässig. Der Sonderkündigungsschutz für ArbVerh. schwerbehinderter Menschen nach § 85 SGB IX gilt neben § 15 IV, V (BAG 23.1.2014 NZA 2014, 895 Rn. 24). Der bei Neufassung des KSchG in § 15 neu eingefügte Abs. 3a für Wahlinitiatoren wird zwar in Abs. 4 und 5 nicht erwähnt. Dabei handelt es sich jedoch um ein Redaktionsversehen (BAG 4.11.2004 AP KSchG 1969 § 15 Nr. 57; *Eylert/Sänger* RdA 2010, 24, 27). Deshalb sind die Abs. 4 und 5 auch hins. der in Abs. 3a bezeichneten AN anwendbar. Der in Abs. 4 verwendete Begriff der Betriebsstilllegung entspricht dem der §§ 106 III Nr. 6, 111 S. 3 Nr. 1 BetrVG (HHL/*v. Hoyningen-Huene* Rn. 155). Unter **Betriebsstilllegung** ist die Auflösung der zwischen AG und AN bestehenden Betriebs- und Produktionsgemeinschaft zu verstehen, die ihre Veranlassung und ihren unmittelbaren Ausdruck darin findet, dass der Unternehmer die bisherige wirtschaftl. Betätigung in der ernstl. Absicht einstellt, die Verfolgung des bisherigen Betriebszwecks dauernd oder für eine ihrer Dauer nach unbestimmte, wirtschaftl. nicht unerhebl. Zeitspanne nicht weiter zu verfolgen. Mit der Stilllegung des gesamten Betriebs entfallen alle Beschäftigungsmöglichkeiten. Es genügt, dass der AG endgültig zur Stilllegung des Betriebs entschlossen ist und die betr. betriebl. Umstände greifbare Formen angenommen haben. Diese liegen vor, wenn im Zpkt. des Ausspruches der Kündigung aufgrund einer vernünftigen, betriebswirtschaftl. Betrachtung davon auszugehen ist, zum Zpkt. des Kündigungstermins sei mit einiger Sicherheit der Eintritt eines die Entlassung erforderl. machenden betriebl. Grundes gegeben. Davon kann auszugehen sein, wenn der AG seine Stilllegungsabsicht unmissverständl. äußert, allen AN kündigt, etwaige Mietverträge zum nächstmögl. Zpkt. auflöst, die Betriebsmittel, über die er verfügen kann, veräußert und die Betriebstätigkeit vollständig einstellt (vgl. zB BAG 28.5.2009 NZA 2009, 1267 Rn. 29; zur Betriebsstilllegung § 1 Rn. 277 ff.). Die Vorschr. über den Kündigungsschutz bei **Massenentlassungen**, §§ 17 ff., sind neben § 15 IV, V anwendbar (HHL/*v. Hoyningen-Huene* Rn. 164). Ebenso bleibt der Sonderkündigungsschutz nach den §§ 85 ff. SGB IX, § 9 MuSchG, § 2 ArbPlSchG unberührt (vgl. BAG 23.1.2014 NZA 2014, 895 Rn. 26).

Keine Betriebsstilllegung ist die **Betriebsveräußerung oder -verpachtung**. Der Erwerber tritt nach 36
§ 613a I BGB in die Rechte und Pflichten aus dem ArbVerh. ein (BAG 28.5.2009 NZA 2009, 1267 Rn. 30; § 1 Rn. 282 ff). Bei **Umwandlungen** nach dem UmwG bleibt der Betrieb ebenfalls erhalten. **Widerspricht** ein BRMitglied jedoch dem Übergang seines ArbVerh., ergibt sich für den AG eine Situation, wie sie bei Stilllegung des Betriebs eingetreten wäre. Das ArbVerh. besteht zwar mit dem bisherigen AG fort, der Arbeitsplatz ist jedoch entfallen. Bei Übergang des gesamten Betriebs kann der AG analog § 15 IV ohne Zust. der ANVertretung kündigen (vgl. BAG 18.9.1997 NZA 1998, 189; 25.5.2000 NZA 2000, 1115). Eine Betriebsstilllegung kann vorliegen, wenn unter Auflösung der alten Belegschaft und Fortsetzung des bisherigen Betriebszwecks eine räuml. nicht unerhebl. **Verlegung des Betriebs** erfolgt (vgl. BAG 12.2.1987 NZA 1988, 170; *Horcher* ArbR 2014, 272; HHL/*v. Hoyningen-Huene* Rn. 161; KR/*Etzel/Kreft* Rn. 108). Der Zweck des G erfordert keinen Schutz des BR als Organ, wenn es den „alten" Betrieb nicht mehr gibt. Die Beantwortung der Frage, ob die Identität des Betriebs bei einer Verlegung des Betriebs erhalten bleibt, kann insb. bei betriebsmittelarmen Betrieben davon abhängen, ob im Zpkt. der Kündigung feststeht, dass der den Betrieb nicht kennzeichnende Teil der Belegschaft nicht an den neuen Standort wechseln würde. Dazu muss feststehen, dass im Hinblick auf die Möglichkeit einer Weiterbeschäftigung im Unternehmen erforderl. betriebsbedingten Änderungskündigung (BAG 29.8.2013 NJW 2014, 1323 Rn. 22) nicht einmal unter Vorbehalt angenommen wurden (*Horcher* ArbR 2014, 273 will insoweit eine Prognose ausreichen lassen).

Abs. 4 lässt im Fall der Betriebsstilllegung eine **ordentl. Kündigung** der nach Abs. 1–3 geschützten 37
Personen zu. Eine Kündigung, die nach Abs. 4 ausgesprochen wurde, obwohl keine Betriebsstilllegung vorliegt, ist unwirksam. Diese Rechtsfolge tritt auch ein, wenn eine Weiterbeschäftigung auf einem freien Arbeitsplatz in einem anderen Betrieb des Unternehmens mögl. ist. Durch den ges. Sonderkündigungsschutz ist mind. das allg. Kündigungsschutzniveau gewährleistet. Insoweit ist § 15 IV nicht abschl. (BAG 22.9.2005 NZA 2006, 558 für die Weiterbeschäftigung an einem anderen Arbeitsplatz in ders. oder in einer anderen Dienststelle desselben Verwaltungszweigs in Betrieben und Verw. des öffentl. Dienstes; APS/*Linck* Rn. 171; KR/*Etzel/Kreft* Rn. 117; zu Fragen der anderweitigen Beschäftigung Rn. 41 ff.). Kann nur ein Teil der nach § 15 bes. geschützten Personen weiterbeschäftigt werden, finden die Grds. zur sozialen Auswahl entspr. Anwendung (BAG 24.5.2012 NZA-RR 2013, 74 Rn. 31). Die auf § 1 II, III bezogenen Beweiserleichterungen in § 125 InsO gelten nicht für eine betriebsbedingte Kündigungen nach § 15 IV, V (*Eylert* AuR 2014, 300, 311).

Das G sieht eine **betriebsbedingte Kündigungsmöglichkeit** des AG in § 15 IV in dem Sonderfall 38
einer Betriebsstilllegung als **ordentl. Kündigung** frühestens **zum Zpkt. der Stilllegung** vor. Der durch § 15 geschützte Personenkreis darf grds. erst mit der letzten Gruppe entlassen werden. Eine Kündigung ist zu einem früheren Zpkt. nur zulässig, wenn sie durch zwgd. betriebl. Erfordernisse bedingt ist. Dazu darf für den betroffenen AN überhaupt keine Beschäftigungsmöglichkeit mehr bestehen (KR/*Etzel/Kreft* Rn. 129). Dies gilt zumal dann, wenn die ordentl. Kündigung **tarifvertragl. ausgeschlossen** und nach § 15 IV nicht gekündigt werden kann. In diesem Fall kann bei einer Betriebsstilllegung ausnahmsweise eine außerordentl. Kündigung aus wichtigem Grund gerechtfertigt sein, wenn der AG den Funktionsträger überhaupt nicht mehr sinnvoll beschäftigen kann, aber für lange Zeit zur Zahlung

des Entgelts verpflichtet bleibt. Zur Vermeidung einer Benachteiligung der durch den Ausschluss der ordentl. Kündigung bes. geschützten AN ist dabei zwgd. zumindest eine der ordentl. Kündigungsfrist entspr. Auslauffrist einzuhalten (BAG 17.3.2005 NZA 2005, 949 Rn. 27; 21.6.2012 NZA 2013, 224 Rn. 18 mwN).

39 Vor Ausspruch einer ordentl. Kündigung nach Abs. 4 muss zu deren Wirksamkeit ein vorhandener BR nach **§ 102 BetrVG ordnungsgem. gehört** werden. Einer Zust. des BR nach § 103 BetrVG bedarf es nicht, weil es sich um keine außerordentl. Kündigung handelt (BAG 21.6.2001 NZA 2002, 212). Es gelten die zu § 102 BetrVG entwickelten allg. Grds., nach denen die Mitteilungspflicht subj. determiniert ist. Der AG muss dem BR nicht alle obj. kündigungsrechtl. erhebl. Tatsachen, sondern nur die aus seiner Sicht für die Kündigung ausschlaggebenden Umstände mitteilen. Eine aus Sicht des AG bewusst unrichtige oder unvollständige und damit irreleitende Darst. führt zu einer fehlerhaften Anhörung des BR (BAG 23.6.2009 AP BGB § 626 Verdacht strafbarer Handlung Nr. 47; 23.2.2010 NZA 2010, 1288 Rn. 21; BetrVG § 102 Rn. 8).

VIII. Kündigung bei Stilllegung einer Betriebsabteilung

40 Wird eine der in den Abs. 1 bis 3a geschützten Personen in einer Betriebsabt. beschäftigt, die stillgelegt werden soll, ist sie in eine andere Betriebsabt. zu übernehmen, Abs. 5 S. 1 (ausdr. auch für Wahlbewerber BAG 12.3.2009 NZA 2009, 1264 Rn. 15 ff.). Ist eine Übernahme aus betriebl. Gründen nicht mögl., erlaubt Abs. 5 S. 2 grds. nur die ordentl. Kündigung. Will der AG einem Funktionsträger unter Berufung auf Abs. 5 S. 2 kündigen, muss er darlegen, dass der Betrieb aus mehreren voneinander abgrenzbaren Abt. besteht und die Abt., in der der geschützte AN beschäftigt wird, stillgelegt werden soll. Zudem ist der AG verpflichtet, von sich aus alle denkbaren Übernahmemöglichkeiten eingehend zu prüfen und Umf. und Erg. der Prüfung im Prozess substantiiert darzulegen (vgl. BAG 23.2.2010 NZA 2010, 1288 Rn. 37). Ist der Betrieb nicht in Abt. untergliedert, kann § 15 V nicht zur Anwendung gelangen. Eine ordentl. betriebsbedingte Kündigung ist dann nur unter der Voraussetzung einer Betriebsstilllegung nach § 15 IV mögl. Unter einer **Betriebsabt.** wird ein organisatorisch abgegrenzter Teil eines Betriebs verstanden. Sie erfordert eine personelle Einheit, eigene Betriebsmittel und einen eigenen Betriebszweck, der in einem Hilfszweck für den arbeitstechnischen Zweck des Gesamtbetriebs bestehen kann (BAG 12.3.2009 NZA 2009, 1264 Rn. 21; 23.2.2010 NZA 2010, 1288 Rn. 29). Ein **Betriebsteilübergang** stellt idR keine Abteilungsstilllegung iSd. § 15 V dar, die zu einer Kündigung nach § 15 V berechtigt. Vielmehr geht das ArbVerh. des in dem Betriebsteil beschäftigten AN nach § 613a I BGB auf den neuen Betriebsinhaber über. Mit dem Übergang entfällt jedoch die Wählbarkeit (§ 8 BetrVG) des dort beschäftigten Mandatsträgers. Damit erlischt das Amt nach § 24 Nr. 4 BetrVG, sofern der Betriebsteil nicht einen eigenen BR hatte, der insg. im Amt verbleibt. Mit dem Übergang beginnt ggü. dem Erwerber der nachwirkende Kündigungsschutz nach § 15 I 2 (BBAKNS/*Suckow* Rn. 76). **Widerspricht** das BRMitglied bei einem Betriebsteilübergang dem **Übergang seines ArbVerh.**, kann sich für den bisherigen AG eine Situation ergeben, wie sie bei Stilllegung des Betriebs oder der Betriebsabt. eingetreten wäre. Das ArbVerh. besteht mit ihm fort, der Arbeitsplatz ist jedoch entfallen. In diesem Fall findet § 15 V entspr. Anwendung. Eine ordentl. Kündigung ist unter der Voraussetzung mögl., dass das BRMitglied aus betriebl. Gründen nicht in eine andere Betriebsabt. übernommen werden kann (vgl. BAG 18.9.1997 NZA 1998, 189; 25.5.2000 NZA 2000, 1115).

41 Die Übernahmepflicht des § 15 V verlangt vom AG, dass er bei Stilllegung einer Betriebsabt. für eine **gleichwertige Beschäftigung** des Mandatsträgers in einer anderen Betriebsabt. sorgt. Das Angebot einer Beschäftigung mit geringerer Entlohnung reicht grds. nicht aus. In erster Linie muss der AG dem AN im Rahmen seines Direktionsrechts nach § 106 GewO eine Tätigkeit auf einem **gleichwertigen Arbeitsplatz** zuweisen. Ermöglicht das Direktionsrecht nicht die Zuweisung eines anderen Arbeitsplatzes und ist es nicht zu einer einvernehml. Regelung gekommen, muss der AG eine mögl. Weiterbeschäftigung in einer anderen Betriebsabt. im Rahmen einer Änderungskündigung anbieten (BAG 2.3.2006 NZA 2006, 988; 23.2.2010 NZA 2010, 1288 Rn. 37). Davon darf er nur in „Extremfällen" absehen, weil der AN grds. selbst entscheiden soll, ob er eine Weiterbeschäftigung unter ggf. erhebl. verschlechterten Arbeitsbedingungen annimmt oder nicht. Ein Extremfall liegt vor, wenn der AG bei vernünftiger Betrachtung nicht mit einer Annahme des neuen Vertragsangebots rechnen konnte, ein derartiges Angebot vielmehr beleidigenden Charakter gehabt hätte. Beruft sich der AN nicht zeitnah nach Ausspruch einer Beendigungskündigung oder während des Prozesses auf eine ihm bekannte Beschäftigungsmöglichkeit, spricht dies dafür, dass er ein entspr. Angebot auch nicht vor Ausspruch der Kündigung akzeptiert hätte (BAG 23.2.2010 NZA 2010, 1288 Rn. 57). Hingegen besteht idR keine Verpflichtung, dem Mandatsträger zur Vermeidung einer Kündigung die Beschäftigung auf einem höherwertigen Arbeitsplatz anzubieten, selbst wenn das BRMitglied das Anforderungsprofil einer **Beförderungsstelle** erfüllt. Gegen eine solche Pflicht sprechen der Rechtscharakter des § 15 als nur bestandssichernde Bestimmung und das Verbot nach § 78 S. 2 Hs. 1 BetrVG, BRMitglieder wegen ihres Amtes zu begünstigen (BAG 23.2.2010 NZA 2010, 1288 Rn. 39).

§ 15 V stellt auf die Übernahme in andere Betriebsabt., nicht dagegen auf die Weiterbeschäftigung in anderen Betrieben ab. Daraus ergeben sich zwei Folgerungen. Erstens: Anders als im Falle des § 1 II 2 muss der gleichwertige Arbeitsplatz im Betrieb nicht frei sein. Sind in einer anderen Betriebsabt. gleichwertige, aber mit anderen AN besetzte Beschäftigungsmöglichkeiten vorhanden, muss der AG versuchen, einen dieser Arbeitsplätze durch Umorganisation, Versetzung und notfalls durch Kündigung eines nicht bes. geschützten AN **freizumachen,** um den mit § 15 verfolgten Schutzzweck der Kontinuität des BRMandats zu gewährleisten (BAG 2.3.2006 NZA 2006, 988; 12.3.2009 NZA 2009, 1264 Rn. 27; 23.2.2010 NZA 2010, 1288 Rn. 37). Zweitens: Eine Beschäftigung in einem anderen Betrieb des Unternehmens kann der nach § 15 geschützte AN nur nach denselben Grds. verlangen wie jeder andere AN mit allg. Kündigungsschutz auch. Der Arbeitsplatz in einem anderen Betrieb des Unternehmens muss also frei sein. 42

Die innerbetriebl. Weiterbeschäftigungspflicht entfällt, wenn dem AG die **Übernahme** in eine andere Betriebsabt. **aus betriebl. Gründen nicht mögl.** ist. Das ist der Fall, wenn der Mandatsträger auf dem anderen Arbeitsplatz nicht in wirtschaftl. vertretbarer Weise eingesetzt werden kann (BAG 12.3.2009 NZA 2009, 1264 Rn. 28). Für die im Einzelfall stets erforderl. Abwägung erscheint es sachgerecht, nicht den Maßstab des § 1 III 2 anzulegen, sondern mit der strengeren Wertung des § 15 IV „zwgd. betriebl. Erfordernisse" zu verlangen. Das BAG stellt an die Ausnahme nach § 15 V 2 jdf. hohe Anforderungen, um das Kollegialorgan nach Möglichkeit vor einer Auszehrung zu schützen und um die personelle Kontinuität des BR zu gewährleisten (BAG 2.3.2006 NZA 2006, 988). 43

Steht nach Stilllegung einer Betriebsabt. nur eine begrenzte Zahl von Weiterbeschäftigungsmöglichkeiten in einer anderen Abt. des Betriebs zur Vfg., ergibt sich eine vielschichtige Konkurrenzsituation. Das BAG hat bisher weitgehend offen gelassen, ob und in welchem Umf. der AG diese durch eine Abwägung der vorrangigen Interessen der geschützten Personen mit den Weiterbeschäftigungsinteressen der übrigen AN bzw. mit betriebl. Interessen aufzulösen hat (vgl. BAG 12.3.2009 NZA 2009, 1264 Rn. 29; 18.10.2000 NZA 2001, 321; für eine Interessenabwägung: LAG D 25.11.1997 LAGE KSchG § 15 Nr. 16; *Bröhl* RdA 2010, 173; APS/*Linck* Rn. 163; SPV/*Vossen* Rn. 1715; für einen grds. Vorrang des BR *Eylert* AuR 2014, 300, 310; DDZ/*Deinert* Rn. 95; HWK/*Quecke* Rn. 63; *Schorb* ArbR 2010, 491; dagegen *Schleusener* DB 1998, 2368; TLL/*Thüsing* Rn. 125). Aus der Systematik vom allg. und bes. Kündigungsschutz ergibt sich, inwieweit dem Mandatsträger ggü. anderen AN grds. ein Vorrang für die Weiterbeschäftigung eingeräumt ist. In die nach § 1 III 1 betriebsbezogen (§ 1 Rn. 318) durchzuführende soziale Auswahl sind nach § 15 bes. bestandsgeschützte Personen mangels Vergleichbarkeit mit allg. bestandsgeschützten AN nicht einzubeziehen (§ 1 Rn. 311; BAG 21.4.2005 NZA 2005, 1307; 17.11.2005 NZA 2006, 370). Das aktive BRMitglied kann auf betriebl. Ebene deshalb grds. den für ihn vertragsgerechten Arbeitsplatz eines anderen, ordentl. kündbaren AN beanspruchen. Für eine Interessenabwägung ist kein Raum (Rn. 42; KR/*Etzel/Kreft* Rn. 118; *Eylert* AuR 2014, 300, 310). Durch die Verdrängung des ordentl. Kündbaren verschiebt sich der Verteilungsmaßstab nach § 1 III. Der bes. Kündigungsschutz nach § 15 rechtfertigt diesen Vorrang hingegen nicht ohne weiteres, wenn dem BRMitglied selbst im Wege des Freikündigens keine andere vertragsgerechte Tätigkeit in einer anderen Abt. desselben Betriebs zugewiesen werden kann. Bedarf es einer **Änderungskündigung,** kollidiert der bes. Schutz der Mandatsträger mit dem allg. Kündigungsschutz anderer AN. Dies ist iSd. spezialges. Mandatsschutzes nach § 15 aufzulösen. Allerdings kann die nach § 15 geschützte Person nicht verlangen, dass für sie die Beschäftigung mit den geringsten Belastungen freigekündigt wird, insb. wenn die Beschäftigung auf einem freien Arbeitsplatz zu veränderten Bedingungen mögl. ist. Wird zB eine Betriebsabt. stillgelegt und kann ein dort tätiges BRMitglied nach entspr. Änderungskündigung auf einem freien Arbeitsplatz in einer anderen, räuml. entfernt liegenden Betriebsabt. beschäftigt werden, so ist der AG grds. nicht verpflichtet, einen örtl. näher gelegenen und deshalb das BRMitglied weniger belastenden Arbeitsplatz freizukündigen (vgl. BAG 28.10.1999 NZA 2000, 825; *Eylert* AuR 2014, 300, 310 f.). Nicht freizukündigen ist der Arbeitsplatz eines tarifl. **„unkündbaren" AN,** weil das nach Abs. 4, 5 ordentl. kündbare BR-Mitglied mit diesem nicht vergleichbar ist (KR/*Etzel/Kreft* Rn. 155; APS/*Linck* Rn. 163: weil kein wichtiger Grund besteht). 44

Muss der AG entscheiden, welchem **innerhalb desselben Betriebs** nach § 15 geschützten AN er kündigt, weil nach der Stilllegung einer Betriebsabt. nur eine begrenzte Zahl an Weiterbeschäftigungsmöglichkeiten in einer anderen Abt. des Betriebs zur Vfg. steht, findet eine Auswahlentsch. nach dem Maßstab des § 1 III statt (BAG 24.5.2012 NZA-RR 2013, 74 Rn. 31). Dabei genießen die aktiven Mandatsträger bei der Besetzung von Stellen im Hinblick auf das Bestands- und Funktionsinteresse des BR Vorrang vor den im Nachwirkungszeitraum sonderkündigungsgeschützten Ersatzmitgliedern (BAG 2.3.2006 NZA 2006, 988; *Eylert/Sänger* RdA 2010, 28). Ggü. Wahlbewerbern sind aktive BR-Mitglieder dagegen nicht grds. vorzuziehen. Dem G sind keine Unterschiede in der Intensität des Kündigungsschutzes für die einzelnen Gruppen zu entnehmen. Ledigl. die Dauer des Schutzes ist unterschiedl. lang (vgl. BAG 12.3.2009 NZA 2009, 1264 Rn. 25). Im Verhältnis zu AN mit ges. Sonderkündigungsschutz muss der AG vorrangig die behördl. Zust. zur Kündigung beantragen und im Falle ihrer Erteilung diesem AN (zB einem Schwerbehinderten) kündigen (vgl. *Fischer* DB 2004, 2752, 2754; DDZ/*Deinert* Rn. 95; **aA** APS/*Linck* Rn. 163; HHL/*v. Hoyningen-Huene* Rn. 183). Der Schwerbehindertenschutz eines zugleich nach § 15 geschützten AN wird iRd. sozialen Gesichtspunkte 45 nach § 1 III berücksichtigt (vgl. BAG 22.9.2005 NZA 2006, 558). Wird die behördl. Zust. zur Kündigung nicht erteilt, braucht der AG gegen den abl. Bescheid nicht zu klagen. In diesem Fall ist zwischen allen AN mit Sonderkündigungsschutz eine soziale Auswahl vorzunehmen (vgl. *Kiel* NZA Beil. 1/2005, 18, 28; *Schorb* ArbR 2010, 491). Besteht Beschäftigungsbedarf nur in einem **anderen Betrieb des Unternehmens**, ist für ein Freikündigen kein Raum, da das betroffene BRMitglied durch eine entspr. Versetzung nach §§ 24 I Nr. 4, 8 I 1 BetrVG sein Amt verlieren würde und aufgrund des Mandatsschutzes keinen Vorrang mehr beanspruchen könnte. In dieser Situation greift allerdings das iRd. allg. Kündigungsschutzes nach § 1 II zu beachtende ultima-ratio-Prinzip. Da das betroffene BRMitglied durch § 15 V 1 nicht schlechter gestellt werden darf als ein AN mit allg. Kündigungsschutz, ist mit einer teleologischen Reduktion des § 15 IV, V auch ein freier Arbeitsplatz in einem anderen Betrieb desselben Unternehmens zu berücksichtigen (vgl. Rn. 37). Dies gilt nach den Grds. des Vorrangs einer Änderungskündigung vor Beendigungskündigung ggf. auch zu geänd. Bedingungen (BAG 21.4.2005 NZA 2005, 1289 sowie NZA 2005, 1294).

46 Da es sich bei der auf Abs. 5 gestützten Kündigung um eine ordentl. Kündigung handelt, genügt eine Anhörung nach § 102 I BetrVG. Die Grds. zu Abs. 4 gelten entspr. (Rn. 39). Zu einer ordnungsgem. Anhörung gehört die Unterrichtung über das Fehlen von Beschäftigungsalt. in einer anderen Betriebsabt. Besteht aus der Sicht des AG keine Möglichkeit zur Weiterbeschäftigung in einem anderen Betrieb, genügt er den Anforderungen des § 102 I BetrVG regelm. durch einen entspr. Hinweis. Aus dem BRMandat ergeben sich insoweit keine Besonderheiten (BAG 23.2.2010 NZA 2010, 1288 Rn. 21).

§ 16 Neues Arbeitsverhältnis; Auflösung des alten Arbeitsverhältnisses

[1]Stellt das Gericht die Unwirksamkeit der Kündigung einer der in § 15 Abs. 1 bis 3a genannten Personen fest, so kann diese Person, falls sie inzwischen ein neues Arbeitsverhältnis eingegangen ist, binnen einer Woche nach Rechtskraft des Urteils durch Erklärung gegenüber dem alten Arbeitgeber die Weiterbeschäftigung bei diesem verweigern. [2]Im übrigen finden die Vorschriften des § 11 und des § 12 Satz 2 bis 4 entsprechende Anwendung.

1 § 16 gewährt den durch § 15 geschützten Personen nach rkr. gewonnenem Prozess ein Wahlrecht zwischen der **Rückkehr in den alten Betrieb** und der Aufrechterhaltung eines inzwischen eingegangenen neuen ArbVerh. Will der AN an dem neuen ArbVerh. festhalten, muss er binnen einer Woche nach Rechtskraft des Urt. durch Erkl. ggü. dem alten AG die Weiterbeschäftigung bei diesem verweigern. § 16 ergänzt die Regelungen in § 12. § 16 gilt für alle Fälle der Kündigung nach § 15 I bis V (HHL/*v. Hoyningen-Huene* Rn. 1).

2 § 16 setzt voraus, dass das Gericht festgestellt hat, dass eine entspr. **Kündigung unwirksam** oder dass das ArbVerh. durch die Kündigung nicht aufgelöst worden ist. Der Antrag auf eine solche Feststellung muss Streitgegenstand des Prozesses gewesen sein (KR/*Etzel/Kreft* Rn. 3). Aus der in S. 2 angeordneten entspr. Anwendung von § 12 S. 2 bis 4 folgt, dass der AN die Erkl., am alten ArbVerh. nicht festhalten zu wollen, auch durch eine vor Fristablauf zur Post gegebene schriftl. Mitt. abgeben kann. Mit dem Zugang der Erkl. erlischt das alte ArbVerh, §§ 16 S. 2, 12 S. 3. **Verweigert der AN die Fortsetzung** des alten ArbVerh., ist ihm entgangener Verdienst nur für die Zeit zwischen der Entlassung und dem Tag des Eintritts in das neue ArbVerh. zu gewähren, §§ 16 S. 2, 12 S. 4, vgl. iÜ § 11.

Dritter Abschnitt. Anzeigepflichtige Entlassungen

§ 17 Anzeigepflicht

(1) [1]Der Arbeitgeber ist verpflichtet, der Agentur für Arbeit Anzeige zu erstatten, bevor er
1. in Betrieben mit in der Regel mehr als 20 und weniger als 60 Arbeitnehmern mehr als 5 Arbeitnehmer,
2. in Betrieben mit in der Regel mindestens 60 und weniger als 500 Arbeitnehmern 10 vom Hundert der im Betrieb regelmäßig beschäftigten Arbeitnehmer oder aber mehr als 25 Arbeitnehmer,
3. in Betrieben mit in der Regel mindestens 500 Arbeitnehmern mindestens 30 Arbeitnehmer

innerhalb von 30 Kalendertagen entläßt. [2]Den Entlassungen stehen andere Beendigungen des Arbeitsverhältnisses gleich, die vom Arbeitgeber veranlaßt werden.

(2) [1]Beabsichtigt der Arbeitgeber, nach Absatz 1 anzeigepflichtige Entlassungen vorzunehmen, hat er dem Betriebsrat rechtzeitig die zweckdienlichen Auskünfte zu erteilen und ihn schriftlich insbesondere zu unterrichten über
1. die Gründe für die geplanten Entlassungen,
2. die Zahl und die Berufsgruppen der zu entlassenden Arbeitnehmer,
3. die Zahl und die Berufsgruppen der in der Regel beschäftigten Arbeitnehmer,

4. den Zeitraum, in dem die Entlassungen vorgenommen werden sollen,
5. die vorgesehenen Kriterien für die Auswahl der zu entlassenden Arbeitnehmer,
6. die für die Berechnung etwaiger Abfindungen vorgesehenen Kriterien.

[2]Arbeitgeber und Betriebsrat haben insbesondere die Möglichkeiten zu beraten, Entlassungen zu vermeiden oder einzuschränken und ihre Folgen zu mildern.

(3) **[1]Der Arbeitgeber hat gleichzeitig der Agentur für Arbeit eine Abschrift der Mitteilung an den Betriebsrat zuzuleiten; sie muß zumindest die in Absatz 2 Satz 1 Nr. 1 bis 5 vorgeschriebenen Angaben enthalten. [2]Die Anzeige nach Absatz 1 ist schriftlich unter Beifügung der Stellungnahme des Betriebsrates zu den Entlassungen zu erstatten. [3]Liegt eine Stellungnahme des Betriebsrates nicht vor, so ist die Anzeige wirksam, wenn der Arbeitgeber glaubhaft macht, daß er den Betriebsrat mindestens zwei Wochen vor Erstattung der Anzeige nach Absatz 2 Satz 1 unterrichtet hat, und er den Stand der Beratungen darlegt. [4]Die Anzeige muß Angaben über den Namen des Arbeitgebers, den Sitz und die Art des Betriebes enthalten, ferner die Gründe für die geplanten Entlassungen, die Zahl und die Berufsgruppen der zu entlassenden und der in der Regel beschäftigten Arbeitnehmer, den Zeitraum, in dem die Entlassungen vorgenommen werden sollen und die vorgesehenen Kriterien für die Auswahl der zu entlassenden Arbeitnehmer. [5]In der Anzeige sollen ferner im Einvernehmen mit dem Betriebsrat für die Arbeitsvermittlung Angaben über Geschlecht, Alter, Beruf und Staatsangehörigkeit der zu entlassenden Arbeitnehmer gemacht werden. [6]Der Arbeitgeber hat dem Betriebsrat eine Abschrift der Anzeige zuzuleiten. [7]Der Betriebsrat kann gegenüber der Agentur für Arbeit weitere Stellungnahmen abgeben. [8]Er hat dem Arbeitgeber eine Abschrift der Stellungnahme zuzuleiten.**

(3a) **[1]Die Auskunfts-, Beratungs- und Anzeigepflichten nach den Absätzen 1 bis 3 gelten auch dann, wenn die Entscheidung über die Entlassungen von einem den Arbeitgeber beherrschenden Unternehmen getroffen wurde. [2]Der Arbeitgeber kann sich nicht darauf berufen, daß das für die Entlassungen verantwortliche Unternehmen die notwendigen Auskünfte nicht übermittelt hat.**

(4) **[1]Das Recht zur fristlosen Entlassung bleibt unberührt. [2]Fristlose Entlassungen werden bei Berechnung der Mindestzahl der Entlassungen nach Absatz 1 nicht mitgerechnet.**

(5) **Als Arbeitnehmer im Sinne dieser Vorschrift gelten nicht**
1. in Betrieben einer juristischen Person die Mitglieder des Organs, das zur gesetzlichen Vertretung der juristischen Person berufen ist,
2. in Betrieben einer Personengesamtheit die durch Gesetz, Satzung oder Gesellschaftsvertrag zur Vertretung der Personengesamtheit berufenen Personen,
3. Geschäftsführer, Betriebsleiter und ähnliche leitende Personen, soweit diese zur selbständigen Einstellung oder Entlassung von Arbeitnehmern berechtigt sind.

I. Normzweck

1. Übersicht. Der Dritte Abschn. regelt den bes. Kündigungsschutz bei **Massenentlassungen.** Die 1
Vorschr. setzt die RL 98/59/EG in nationales Recht um. Aufgrund der sozioökonomischen Auswirkungen müssen Massenentlassungen Konsultationen mit ANVertretern und die Unterrichtung der Behörde vorangehen (EuGH 15.2.2007 NZA 2007, 319 Rn. 28 und 10.12.2009 NZA 2010, 151 Rn. 44). Entgegen der Überschrift beschränkt sich der Kündigungsschutz nicht auf Anzeigepflichten. Es handelt sich vielmehr um sachl. Einschränkungen der Entlassungsmöglichkeiten. Das G verfolgt dabei in erster Linie arbeitsmarktpolitische Ziele. Die AA soll in die Lage versetzt werden, Massenentlassungen (etwa durch Beschaffung von Krediten) zu verhindern oder sich rechtzeitig auf bevorstehende Entlassungen größeren Umf. einzustellen. Ihr soll die Möglichkeit eröffnet werden, frühzeitig Maßnahmen zur Vermeidung oder wenigstens zur Verzögerung von Belastungen des Arbeitsmarktes einzuleiten, indem sie für anderweitige Beschäftigungen oder für Umschulungen der zu Entlassenden sorgt (vgl. BAG 24.2.2005 NZA 2005, 766; 7.7.2011 NZA 2011, 1108 Rn. 27; 18.1.2012 NZA 2012, 817 Rn. 45; 21.3.2012 NZA 2012, 1058 Rn. 21; 20.1.2016 NZA 2016, 490 Rn. 27; 22.9.2016 NZA 2017, 175). Die Wirksamkeit der einzelnen Kündigungen prüft sie hingegen nicht. Die Anzeige einer Massenentlassung löst die Sperrfrist des § 18 aus, die zwar letztl. keine Entlassungen verhindert, sie aber hinauszögert.

Urspr. sollten sich die §§ 17 ff. wegen der arbeitsmarktpolitischen Ausrichtung nicht auf die Wirk- 2
samkeit der Kündigungen auswirken. Schon nach Erl. der RL 75/129/EWG wurde jedoch mit Recht bemängelt, dass diese Massenentlassungs-RL (MERL) in Deutschland nicht hinreichend in nationales Recht umgesetzt worden ist (vgl. *Wißmann* RdA 1998, 221). Die Vorschr. im Dritten Abschn. müssen deshalb unter Berücksichtigung der nunmehr geltenden RL 98/59/EG (zur Geschichte *Alber* FS Wißmann 2005 S. 507) unionsrechtskonform ausgelegt und angewendet werden. Dabei ist zu beachten, dass die MERL die betroffenen AN **auch individualrechtl. schützt** (BAG 21.3.2013 NZA 2013, 966 Rn. 22; APS/*Moll* vor § 17 Rn. 10 ff.). Eine grdl. **Zäsur** stellt dabei die Entsch. des EuGH v. 27.1.2005 (NZA 2005, 213) dar, nach der die **Kündigungserkl. als Entlassung** iSd. MERL anzusehen ist. Der Gesetzgeber bleibt aufgerufen, §§ 17, 18 KSchG aus Gründen der Rechtsklarheit und Rechtssicherheit

an die Anforderungen der RL im Verständnis des EuGH anzupassen (vgl. *Bauer/Krieger* NZA 2009, 174, 175; *Hohenstatt/Naber* NZA 2014, 637, 640; *Hützen* ZinsO 2012, 1811: „Minenfeld für den InsV"; *Morgenbrodt* ZESAR 2017, 17, 26; *Schmidt/Wilkening* NZA-RR 2017, 169; *v.Steinau-Steinrück/Bertz* NZA 2017, 145, 151; *Weber* NZA 2016, 727, 732).

3 Die §§ 17 ff. enthalten **zwgd. Recht** und können auch nicht durch kollektivvertragl. Regelungen ausgeschlossen werden (KR/*Weigand* Rn. 24). Die Vorschr. finden neben den Kündigungsbeschränkungen des allg. und bes. Kündigungsschutzes auch dann Anwendung, wenn der AG beabsichtigt, den **Betrieb stillzulegen** (BAG 26.2.2015 NZA 2015, 881 Rn. 14; 22.9.2016 NZA 2017, 175 Rn. 22) und gelten uneingeschränkt bei Massenentlassungen in der **Insolvenz** (BAG 22.4.2010 NZA 2010, 1754 Rn. 15; 7.7.2011 NZA 2011, 1108 Rn. 19; 18.1.2012 NZA 2012, 817 Rn. 29; 21.3.2012 NZA 2012, 1058 Rn. 13; vgl. EuGH 3.3.2011 NZA 2011, 337 Rn. 55).

4 § 17 I legt die Schwellenwerte für eine Anzeigepflicht ggü. der AA fest (Rn. 11 ff.). Abs. 2 schreibt die Konsultation des BR vor und konkretisiert diesbzgl. die Unterrichtungspflicht des AG (Rn. 19 ff.). Abs. 3 sichert, dass die Auskünfte, die der BR erhält, der AA übermittelt werden (Rn. 27 ff.). Abs. 3a stellt klar, dass die Auskunftspflicht nicht dadurch entfällt oder eingeschränkt wird, dass der AG in einem Konzernverbund steht und das herrschende Unternehmen die maßgebenden Entsch. trifft (Rn. 38). Die Pflicht zur **Konsultation des BR** nach § 17 II und die in § 17 I, III geregelte **Anzeigepflicht ggü. der AA** sind **getrennt durchzuführende Verf.**, die in unterschiedl. Weise der Erreichung des mit dem Massenentlassungsschutz nach § 17 verfolgten Ziels dienen und jeweils eigene Wirksamkeitsvoraussetzungen enthalten (BAG 20.1.2016 NZA 2016, 490 Rn. 15; 9.6.2016 NZA 2016, 1198 Rn. 20 und NZA 2016, 1202 Rn. 16; zu prozessualen Konsequenzen Rn. 35). Sollen in einem Betrieb nacheinander **mehrere Massenentlassungen** iSv. § 17 I durchgeführt werden, kann das Konsultationsverf. und das Anzeigeverf. uU bezogen auf alle beabsichtigten Kündigungen zusammengefasst werden. Der Wortlaut des G verlangt nicht zwgd. gesonderte Verf. Eine Unterrichtung auch bezogen auf nachfolgende Entlassungswellen ermöglicht vielmehr einen vollständigen Überblick des BR sowie der AA über die beabsichtigten Kündigungswellen. Dies entspr. § 17 II 1 Nr. 4, III 4, wonach Angaben über den Zeitraum zu machen sind, in dem die Entlassungen erfolgen. Ggf. bedarf es nach § 18 IV allerdings einer erneuten Anzeige, wenn die Kündigungen nicht innerhalb der 90-Tage-Frist erklärt werden (BAG 9.6.2016 NZA 2016, 1202 Rn. 17).

5 2. Der **betriebl. Geltungsbereich** des § 17 verlangt, dass **mehr als 20 AN** beschäftigt werden, so dass Kleinbetriebe, in denen dieser Schwellenwert nicht erreicht wird, von der Anzeigepflicht ausgenommen sind. Nach § 22 I finden die Vorschr. der §§ 17 ff. auf Saison- und Kampagnebetriebe keine Anwendung, wenn es sich um Entlassungen handelt, die durch die Eigenart dieser Betriebe bedingt sind. Art. 1 II lit. a MERL legitimiert die Bereichsausnahme allerdings nur, wenn das ArbVerh. am Ende der Saison bzw. Kampagne durch Auslaufen der Befristung endet (EUArbR/*Spelge* RL 98/59/EG Art. 1 Rn. 11 f.; vgl. § 22 Rn. 2). **Betriebe der öffentl. Hand** fallen nach § 23 II 1 nur dann in den betriebl. Geltungsbereich, wenn sie wirtschaftl. Zwecke verfolgen, dh. wenn die dort ausgeführten Aufgaben auch von Privatpersonen durchgeführt werden könnten. Unter diesen Voraussetzungen soll die öffentl. Verwaltung nicht anders behandelt werden als Unternehmen der Privatwirtschaft (BAG 15.12.2016 NZA 2017, 518 Rn. 25; dazu § 23 Rn. 20). Dieser eingeschränkte Anwendungsbereich widerspricht nicht der MERL. Art. 1 II b AN nimmt öffentl. Verw. oder Einrichtungen des ÖffR vom Anwendungsbereich ausdr. aus (EUArbR/*Spelge* RL 98/59/EG Art. 1 Rn. 3). **Streitkräfte** unterfallen nach Art. 1 II lit. a MERL der Bereichsausnahme, wenn sie mit der Landesverteidigung hoheitl. Aufgaben wahrnehmen. Dazu zählen Tätigkeiten, bei denen in hinreichend qualifizierter Weise von Sonderechten, Hoheitsprivilegien oder Zwangsbefugnissen Gebrauch gemacht wird. Dies gilt auch für die Zivilbeschäftigten der Streitkräfte. §§ 17 ff. sind aber auf Betriebe der Streitkräfte anzuwenden, die mit wirtschaftl. Zwecksetzung am privaten Wirtschaftsleben teilnehmen (vgl. EuGH 18.10.2012 – C-583/10 – Rn. 34; BAG 22.9.2005 NZA 2006, 558; 15.12.2016 NZA 2017, 518 Rn. 25 ff.). Auf **kirchl. AG**, die als **ör. Körperschaft** organisiert sind, finden die Vorschr. nach § 23 II 1 und Art. 1 II lit. b MERL ebenfalls keine Anwendung. Nehmen kirchl. AG, die keine Körperschaften des ÖffR sind, aber Massenentlassungen vor, kennt jedoch weder das dt. Recht noch das Unionsrecht eine allg. Ausnahme. Insoweit besteht die Anzeigepflicht des § 17 III (EUArbR/*Spelge* RL 98/59/EG Art. 1 Rn. 18). Zudem spricht einiges für die Auff. von *Spelge*, dass in diesem Fall bei einer unionsrechtskonformen Auslegung und Anwendung des § 17 II eine Konsultationspflicht ggü. der **Mitarbeitervertretung** besteht (EU-ArbR/*Spelge* RL 98/59/EG Art. 1 Rn. 17). Die in § 17 II geregelten Pflichten gelten zwar nur ggü. BR (Rn. 19 ff.) und erfassen daher nach dem eindeutigen Wortlaut nicht Mitarbeitervertretungen, denen nach Maßgabe von § 27a MAVO 2011 bzw. § 34 MVG-EKD 2013 bei höheren Schwellenwerten ledigl. Informations- und keine Beratungsrechte zustehen. Darin dürfte jedoch ein unbeabsichtigtes Umsetzungsdefizit der MERL liegen, weil nicht davon auszugehen ist, dass der Gesetzgeber bei der Umsetzung der MERL bewusst keine Regelung getroffen hat, soweit eine solche unionsrechtl. geboten wäre und das nach Art. 140 GG iVm. Art. 137 III WRV zu gewährleistende kirchl. Selbstbestimmungsrecht nicht entgegenstünde. Ein anderer Schluss lässt sich nicht aus der Bereichsausnahme des § 118 II BetrVG ziehen, der Religionsgemeinschaften und ihre karitativen und erzieherischen Einrichtungen

aus dem Geltungsbereich des BetrVG ausnimmt. Der Anwendungsbereich des § 118 II kann nicht auf Vorschr. außerhalb des BetrVG ausgedehnt werden. Eine unionsrechtskonform gebotene Anwendung des § 17 II auf kirchl. AG, die nicht als ör. Körperschaft organisiert sind, steht mit dem verfassungsrechtl. garantierten kirchl. Selbstbestimmungsrecht im Einklang, weil die Konsultationspflicht nur auf Kooperation ausgerichtet ist und kein Einigungszwang besteht (ausf. EUArbR/*Spelge* RL 98/59/EG Art. 1 Rn. 17).

3. Arbeitnehmerbegriff. Die Vorschr. setzt für die Beteiligungsrechte und Anzeigepflichten voraus, dass in dem Betrieb eine bestimmte Anzahl von AN beschäftigt wird, von denen eine bestimmte Anzahl entlassen werden soll. Es gilt nach der ausdr. Klarstellung des EuGH der **unionsrechtl. ANBegriff** iSv. Art. 1 I lit. a RL 98/59/EG, der innerhalb der Unionsrechtsordnung autonom und einheitl. ausgelegt werden muss (EuGH 9.7.2015 NZA 2015, 861 Rn. 33; 11.11.2015 NZA 2015 Rn. 28; so schon *Wißmann* RdA 1998, 221, 223; **aA** *Hohenstatt/Naber* NZA 2014, 637, 639; *Vielmeier* NJW 2014, 2678). Auf die Definitionen in der RL 2002/14/EG kann nicht zurückgegriffen werden (EUArbR/*Spelge* RL 98/59/EG Art. 1 Rn. 45). Wer AN ist, bestimmt sich anhand obj. Kriterien, die das ArbVerh. im Hinblick auf Rechte und Pflichten der Betroffenen kennzeichnen. Das wesentl. Merkmal des ArbVerh. besteht nach der Rspr. des EuGH darin, dass jemand während einer bestimmten Zeit für einen anderen nach dessen Weisungen Leistungen erbringt, für die er als Gegenleistung eine Vergütung erhält (EuGH 9.7.2015 NZA 2015, 861 Rn. 34; 11.11.2015 NZA 2015 Rn. 29). Die RL steht damit generell einer nationalen Regelung entgegen, die eine bestimmte Gruppe von AN – und sei es nur zeitweilig – bei der Berechnung der Beschäftigtenzahl unberücksichtigt lässt (EuGH 18.1.2007 NZA 2007, 193; APS/*Moll* Rn. 15 ff.). Erfasst werden alle Beschäftigten, die Arbeit in pers. Abhängigkeit leisten, also Arbeiter und Ang. einschl. der Kurzarbeiter, ferner die zur Berufsbildung Beschäftigten (Auszubildende), Volontäre und Familienangehörige, die im Rahmen eines ArbVerh. tätig sind (KR/*Weigand* Rn. 47). Anders als nach § 1 sind AN mitzuzählen, die dem Betrieb oder Unternehmen noch nicht sechs Monate angehören (BAG 13.4.2000 NZA 2001, 144) sowie **TZBeschäftigte**, die nicht wie in § 23 I 2 nur ant. unter Beachtung ihrer AZ berücksichtigt werden, weil dies für die Arbeitsvermittlung unerhebl. ist (*Niklas/Koehler* NZA 2010, 914). **LeihAN** sind dem Verleiherbetrieb zugeordnet (§ 14 I AÜG) und bzgl. der Zahl der zu entlassenden AN nur dort zu berücksichtigen, da ihnen bei einem Personalabbau im Betrieb des Entleihers keine Kündigung droht (Lingemann/Steinhauser NJW 2017, 2245, 2246 KR/*Weigand* Rn. 44, 48 aA APS/Moll Rn. 18a). Sie können aber für die Betriebsgröße zu berücksichtigen sein (*Fuhlrott/Fabritius* NZA 2014, 122, 126; dazu Rn. 11). Nicht mitzurechnen sind Franchisenehmer (KR/*Weigand* Rn. 48) und selbständige Handelsvertreter iSv. § 92a HGB. Hingegen fallen **Praktikanten** unter den ANBegriff der MERL. Dies sind nicht nur Personen, die unter den Bedingungen einer tats. und echten Tätigkeit unter Weisung des AG gegen Entgelt einen praktischen Vorbereitungsdienst ableisten oder in einem Beruf Ausbildungszeiten absolvieren, ohne dass es darauf ankommt, dass die Produktivität des Betreffenden noch gering ist und er ggf. nur eine verringerte Anzahl von Wochenstunden arbeitet (BAG 9.7.2015 NZA 2015, 861 Rn. 50). Erfasst werden auch Praktikanten, die ohne Vergütung durch den AG, jedoch finanziell gefördert und anerkannt durch die für die Arbeitsförderung zust. Stellen praktisch mitarbeiten, um Kenntnisse zu erwerben oder zu vertiefen oder eine Berufsausbildung zu absolvieren (EuGH 9.7.2015 NZA 2015, 861 Rn. 49, 51). Ferner können sozialrechtl. geprägte Rechtsverhältnisse, die im allg. arbeitsrechtl. Sinn keine ArbVerh. sind (vgl. zB BAG 8.11.2006 NZA 2007, 53; 26.9.2007 NZA 2007, 1422), bei unionsrechtskonformer Auslegung dem pers. Geltungsbereich des § 17 unterfallen. Dies betrifft zB Personen, die aufgrund eines Eingliederungsverhältnisses (§ 16d SGB II) im Betrieb tätig sind, „Ein-Euro-Jobber" (§ 16 III 2 SGB II) und im konkreten Fall AN, die sich in einer nach § 81 SGB III von der AA geförderten berufl. Weiterbildungsmaßnahme befinden. 6

Gravierende Unterschiede zum dt. ANBegriff ergeben sich va. im Hinblick auf „abhängige" Mitglieder der Unternehmensleitung einer Kapitalgesellschaft. Dies sind insb. **FremdGF** einer GmbH, die in die Gesellschaft eingegliedert sind, eine Tätigkeit nach Weisung oder unter Aufsicht eines anderen Organs dieser Gesellschaft ausüben (§ 37 I GmbHG) und jederzeit ohne Einschränkung von ihrem Amt abberufen werden können (§ 38 I GmbHG). Nach der *Balkaya*-Entsch. des EuGH v. 9.7.2015 (NZA 2015, 861, dazu krit. *Giesen* ZfA 2016, 47, 55, 65 f.; *Hohenstatt/Naber* EuZA 2016, 22, 25 f.; *Lunk/Hildebrand* NZA 2016, 129; *Morgenbrodt* ZESAR 2017, 17, 19; *Weber* NZA 2016, 727, 731 f.; *Weber/Zimmer* EuZA 2016, 129, 130 f.; zust. *Klein* AuR 2016, 79; *Lindemann* EWiR 2015, 553 f.) sind GF bei Bestehen eines **Unterordnungsverhältnisses** AN iSd. Unionsrechts, ohne dass es darauf ankommt, ob dem BeschVerh. ein Arbeitsvertrag zugrunde liegt oder der EuGH zwischen gesellschaftsrechtl. und arbeitsrechtl. Weisungen unterscheidet. Maßgebl. für das Vorliegen eines Unterordnungsverhältnisses kommt es auf die Bedingungen an, unter denen das Mitglied des Leitungsorgans bestellt wurde, die Art der übertragenen Aufgaben, der Rahmen, in dem diese Aufgaben ausgeführt werden, der Umf. der Befugnisse des Mitglieds und die Kontrolle, der es innerhalb der Gesellschaft unterliegt. Weder steht ein weiter Ermessensspielraum des GF einer Weisungsgebundenheit grds. entgegen, noch kommt es allein auf den Umstand an, ob ein GF Gesellschaftsanteile hält. Auch ein GF, der Minderheitsgesellschafter ist, kann grds. AN iSd. MERL sein (EuGH 9.7.2015 NZA 2015, 861 6a

Rn. 35 ff.; vgl. schon EuGH 11.11.2010 NZA 2011, 143). Nicht durchgesetzt hat sich damit die Auff., dass Mitglieder eines Organs schon deshalb nicht AN sind, weil sie in der Stellung als sozialer Gegenspieler der AN die ges. Pflichten der ordnungsgem. Konsultation der ANVertretung und Anzeige der Massenentlassung zu erfüllen haben (*Hohenstatt/Naber* NZA 2014, 637, 639 ff.; *Vielmeier* NJW 2014, 2678, 2680 f.; EUArbR/*Spelge* RL 98/59/EG Art. 1 Rn. 47). Ledigl. ein „selbständiger GF" mit bestimmendem Einfluss auf die Gesellschafterversammlung, der ab einer Beteiligung an der Gesellschaft von 50 vH der Anteile oder im Falle einer Sperrminorität gegeben ist, ist auch unionsrechtl. weiterhin nicht als AN anzusehen (EUArbR/*Spelge* RL 98/59/EG Art. 1 Rn. 47 f.; *Klein* AuR 2016, 77, 78; *Lunk/Hildebrand* NZA 2016, 129, 135; *Morgenrodt* ZESAR 2017, 17, 24; *Preis/Sagan* ZGR 2013, 26, 43, 58). Vorstandsmitglieder von AG werden nicht erfasst, weil sie weisungsfrei handeln (§ 76 I AktG) und ihre vorzeitige Abberufung nach § 84 III AktG nur aus wichtigem Grund mögl. ist (*Bauer/Arnold* NZG 2012, 921, 923; *Lunk/Hildebrand* NZA 2016, 129, 135; **aA** *Fischer* NJW 2011, 2329, 2331). Für Direktoren einer SE gelten dagegen entspr. Grds. wie bei abhängigen FremdGF (*Lunk/Hildebrand* NZA 2016, 129, 135; *Schubert* ZESAR 2013, 5, 9).

7 Durch den nach der MERL maßgebl. unionsrechtl. ANBegriff bestehen Friktionen zu den Ausnahmetatbeständen in § 17 V. Danach gelten in Betrieben einer jur. Person die **Mitglieder des Organs,** das zur ges. Vertretung der jur. Person berufen ist (Nr. 1), in Betrieben einer Personengesamtheit die durch G, Satzung oder Gesellschaftsvertrag zur Vertretung der Personengesamtheit berufenen Personen, zB OHG-Gesellschafter, Komplementär der KG (Nr. 2) sowie **GF, Betriebsleiter uä. ltd. Personen,** soweit sie zur selbständigen Einstellung oder Entlassung von AN berechtigt sind (Nr. 3) nicht als AN. Der unionsrechtl. ANBegriff lässt sich mit der Regelung in § 17 V Nr. 1 nur eingeschränkt und mit der in § 17 V Nr. 3 insg. nicht in Einklang bringen. Nach Art. 1 I lit. a MERL ist nicht nur die Nichtanwendung des § 17 auf abhängige FremdGF einer Kapitalgesellschaft unionsrechtswidrig (EuGH 9.7.2015 NZA 2015, 861). **Nicht gestattet** ist die Herausnahme der in Nr. 3 genannten **ltd. Ang.** mit Einstellungs- und Entlassungsbefugnis (EuGH 13.2.2014 – C-596/12 – Rn. 22 ff.; *Klein* AuR 2016, 77, 79; APS/*Moll* Rn. 15; EUArbR/*Spelge* RL 98/59/EG Art. 1 Rn. 49; vgl. schon *Wißmann* RdA 1998, 221, 222 zur RL 75/129 EWG). Aufgrund der Absicht des Gesetzgebers, den sich aus der MERL ergebenden Verpflichtungen in vollem Umf. nachzukommen, sind § 17 V Nr. 1 und Nr. 3 teleologisch zu reduzieren, soweit die dort bezeichneten AN sowie „abhängige GF" dem unionsrechtl. ANBegriff unterfallen. Dadurch ist eine **unionsrechtskonforme Rechtsanwendung** zu gewährleisten, bis der Gesetzgeber die dringend gebotenen Korrekturen herbeiführt (*Lunk/Hildebrand* NZA 2016, 129, 132; *Morgenrodt* ZESAR 2017, 17, 24; EUArbR/*Spelge* RL 98/59/EG Art. 1 Rn. 50). Sie führt dazu, auch abhängige FremdGF der Anzahl der idR Beschäftigten (Rn. 11) und bei der Anzeige ggü. der AA mitzählen (Rn. 35), nicht aber in das Konsultationsverf. mit dem BR einzubeziehen sind (Rn. 36). Nach **aA** sollen § 17 V Nr. 1 und Nr. 3 auf „abhängige GF" und ltd. Ang. uneingeschränkt weiter anwendbar sein, weil nur Sekundärrecht verletzt sei und der Ausnahmefall einer Direktwirkung nicht vorliege. Wegen nicht ordnungsgem. Umsetzung der MERL sollen Schadensersatzansprüche gegen die BRD in Betracht kommen (*Hohenstatt/Naber* NZA 2014, 637, 640; *Weber* NZA 2016, 727, 732; *Vielmeier* NJW 2014, 2678, 2682; vgl. auch *Klein* AuR 2016, 77, 79).

8 Der **sachl. Geltungsbereich** erfasst alle Entlassungen aufgrund ordentl. Kündigungen des AG. Er bezieht sich auch auf Änderungskündigungen (dazu Rn. 15). Fristlose Kündigungen sind gem. § 17 IV nicht erfasst und werden nach Abs. 4 S. 2 bei der Berechnung der Mindestzahl der Entlassungen nach Abs. 1 nicht mitgerechnet. Entlassungen, die **Maßnahmen des Arbeitskampfs** sind, unterfallen nach § 25 nicht dem Geltungsbereich des § 17. Nach der Bestimmung in § 17 I 2, die durch Art. 5 Nr. 1a des „G zur Anpassung arbeitsrechtl. Bestimmungen an das EG-Recht" v. 20.7.1995 (BGBl. I S. 946) eingefügt wurde, stehen andere Beendigungen des ArbVerh., die vom AG veranlasst wurden, Entlassungen gleich (dazu Rn. 12).

II. Voraussetzungen der Anzeigepflicht

9 **1. Betrieb.** Eine anzeigepflichtige Massenentlassung liegt vor, wenn die Schwellenwerte in § 17 I 1 Nr. 1 bis 3 erreicht sind. Die Anzeigepflicht richtet sich nach dem Verhältnis der Anzahl der in einem Betrieb zu entlassenden AN zu den dort idR beschäftigten AN. Bezugsgröße ist der Betrieb. Der in der MERL nicht definierte Begriff „Betrieb" ist ein unionsrechtl. Begriff. Sein Inhalt kann nicht anhand der Rechtsvorschr. der Mitgliedstaaten bestimmt werden. Er ist daher in der Unionsrechtsordnung autonom und einheitl. auszulegen, wobei der EuGH die Unterscheidung zwischen Betrieb und Unternehmen betont (EuGH 30.4.2015 NZA 2015, 601 Rn. 49 ff.; 11.11.2015 NZA 2015, 1441 Rn. 31; dazu *Kocher* ZESAR 2016, 86; *Weber* NZA 2016, 727, 732). Das BAG geht von dem **Betriebsbegriff** nach **§§ 1, 4 BetrVG** aus, wie er modifiziert durch die MERL zu verstehen ist. Das entspricht dem Umstand, dass es sich hins. der Konsultation des BR nach § 17 wesentl. um ein **betriebsverfassungsrechtl. geprägtes Verf.** handelt (BAG 22.9.2016 NZA 2017, 175 Rn. 37). Der Betrieb ist die organisatorische Einheit, innerhalb derer ein AG allein oder mit seinen AN mit Hilfe von technischen und immateriellen Mitteln bestimmte arbeitstechnische Zwecke fortgesetzt verfolgt. Entlassungen in verschiedenen selbständigen Betrieben eines Unternehmers müssen gesondert behandelt werden (BAG

15.12.2011 NZA-RR 2012, 570 Rn. 74; 18.12.2012 NZA 2013, 1007 Rn. 33; 14.3.2013 AP KSchG 1969 § 1 Betriebsbedingte Kündigung Nr. 199 Rn. 47; 25.4.2013 AP InsO § 343 Nr. 1 Rn. 149 f.). Während nach diesem Betriebsbegriff für die organisatorische Einheit grds. das Bestehen einer einheitl. Leitung kennzeichnend ist, der die Regelung der arbeitstechnischen Zwecksetzung obliegt (vgl. BAG 9.12.2009 NZA 2010, 906), kommt es bei einer **unionsrechtskonformen Auslegung** der §§ 17 ff. nicht darauf an, ob die Einheit über eine Leitung verfügt, die selbständig Massenentlassungen vornehmen kann. Betrieb ist danach im Gegensatz zum Unternehmen oder AG die Einheit, der die von der Entlassung betroffenen AN zur Erfüllung ihrer Aufgaben angehören. Ein **Betrieb** liegt vor, wenn in einem Unternehmen eine **unterscheidbare Einheit** von einer **gewissen Dauerhaftigkeit und Stabilität** besteht, die zur Erledigung einer oder mehrerer **konkreter Aufgaben bestimmt** ist und über eine **Gesamtheit von AN, technische Mittel und eine organisatorische Struktur** zur Erfüllung dieser Aufgaben verfügt. Da die RL insb. sozioökonomische Auswirkungen betrifft, die in einem bestimmten örtl. Kontext und in einer bestimmten sozialen Umgebung durch Massenentlassungen hervorgerufen werden können, muss die Einheit weder notwendigerweise rechtl. noch wirtschaftl., finanzielle, verwaltungsmäßige oder technologische Autonomie besitzen, um als Betrieb qualifiziert zu werden (EuGH 15.2.2007 NZA 2007, 319; 30.4.2015 NZA 2015, 601; 13.5.2015 NZA 2015, 669 Rn. 42 ff.; 13.5.2015 NZA 2015, 731 Rn. 26 ff.). Von dem nach der RL 98/59/EG zugrunde liegenden unionsrechtl. Betriebsbegriff darf durch Rechtsvorschr. eines Mitgliedstaates nicht abgewichen werden. Da somit iZw. das Begriffsverständnis der MERL maßgebend ist, können die betriebsverfassungsrechtl. Zust. der BR und der für die Berechung der Schwellenwerte maßgebl. Betriebsbegriff der MERL zwar auseinanderfallen. Das BAG hat den Betriebsbegriff des § 17 allerdings schon bisher unionsrechtskonform ausgelegt und angenommen, es komme nicht zwgd. auf eine Leitung an, die selbständig Entlassungen vornehmen könne (BAG 13.12.2012 NZA 2013, 669 Rn. 84; 25.4.2013 AP InsO § 343 Nr. 1 Rn. 151; EUArbR/*Spelge* RL 98/59/EG Art. 1 Rn. 58). Eine Weiterentwicklung der Rspr. wird daher nur in best. Fällen bei Betriebsteilen geboten sein.

Kein Unterschied des Betriebsbegriffs der MERL zum BetrVG ist gegeben, wenn die Einheiten zugleich als Betriebe iSd. § 1 BetrVG anzusehen sind (zu den verschiedenen Fallgestaltungen *Kleinebrink/Commadeur* NZA 2015, 853, 855 ff.). Das ist jdf. der Fall, wenn ein AG nur einen einheitl. Betrieb unterhält. Besteht ein Betrieb aber aus mehreren Einheiten, ist der Grad der Verselbständigung entscheidend, der in dem Umf. der Leistungsmacht zum Ausdruck kommt. Ein „qualifizierter" Betriebsteil iSv. § 4 I S. 1 BetrVG (dazu BetrVG § 4 Rn. 3) erfüllt idR ohne Weiteres die Anforderungen einer Einheit nach Maßgabe der MERL. Gilt ein Betriebsteil aufgrund der räuml. Entfernung nach § 4 I S. 1 Nr. 1 BetrVG als selbständig, müssen die Schwellenwerte des § 17 I S. 1 in diesem Betriebsteil überschritten sein, um dort die Anzeigepflicht auszulösen (vgl. BAG 15.12.2011 NZA-RR 2012, 570 Rn. 74; 13.12.2012 NZA 2013, 669 Rn. 85; vgl. *Hützen* ZInsO 2012, 1801 f.). Entspr. ist bei einem durch seinen Aufgabenbereich und Organisation selbständigen Betriebsteil nach § 4 I S. 1 Nr. 2 BetrVG anzunehmen. Es ist jedoch nicht ausgeschlossen, dass der Betriebsteil auch dann eine eigenständige Einheit iSd. MERL ist, wenn er weder räuml. weit vom Hauptbetrieb entfernt und noch durch seinen Aufgabenbereich und Organisation selbständig ist. Unter Zugrundelegung der Rspr. des EuGH (dazu Rn. 9) ist der Betriebsbegriff iSd. MERL bereits erfüllt, wenn ein Mindestmaß an organisatorischer Selbständigkeit und eine Leitungsperson, die arbeitstechnische Weisungsrechte ausübt, vorhanden sind (*Salamon* NZA 2015, 789, 790). Für den unionsrechtl. Betriebsbegriff kommt es nicht auf die Möglichkeit einer Betriebsratswahl aufgrund eines Zuordnungsbeschl. der Belegschaft nach § 4 II BetrVG an. Nicht maßgebl. ist ferner ein durch einen ZuordnungsTV oder BV nach § 3 BetrVG gebildeter Betrieb, der von dem unionsrechtskonformen Begriff abweicht. Zwar haben die Mitgliedstaaten nach Art. 5 der RL die Möglichkeit, für AN günstigere Rechts- oder Verwaltungsvorschr. anzuwenden oder zu erlassen oder für die AN günstigere tarifvertragl. Vereinb. zuzulassen oder zu fördern (EuGH 30.4.2015 NZA 2015, 601). Der Gesetzgeber hat die Fiktionswirkung des § 3 V 1 BetrVG aber auf das BetrVG begrenzt (vgl. *Kleinebrink/Commadeur* NZA 2015, 853, 857; APS/*Moll* Rn. 7; *Salamon* NZA 2015, 789, 790; KR/*Weigand* Rn. 37; EUArbR/*Spelge* RL 98/59/EG Art. 1 Rn. 64; **aA** HaKo/*Pfeiffer* Rn. 18; **diff.** *Walser* AuR 2016, 119, 120). 10

Unterhalten mehrere AG einen **gemeinsamen Betrieb** (dazu BetrVG § 1 Rn. 13 ff.), kommt es auf die Zahl der insg. von allen beteiligten AG zu Entlassenden im Verhältnis zur Zahl der im Gemeinschaftsbetrieb idR Beschäftigten an. Das gilt auch dann, wenn einer der beteiligten AG seine betriebl. Tätigkeit einstellen und damit den Gemeinschaftsbetrieb auflösen will (BAG 14.8.2007 NZA 2007, 1431 Rn. 35), wobei das Bestehen eines einheitl. Leitungsapparats nach § 1 II BetrVG vermutet wird (BAG 22.6.2005 NZA 2005, 1248 Rn. 24). Erstattet nur einer der am Gemeinschaftsbetrieb beteiligten AG eine Massenentlassungsanzeige für die von ihm zu Entlassenden, während der Andere dies für die von ihm zu Kündigenden – wegen Nichterreichens der Verhältniszahlen des § 17 I bezogen auf „seine AN" – unterlässt, stellt dies einen Verstoß gegen § 17 dar (LAG NI 18.12.2013 ZIP 2014, 696). Den AG eines gemeinsamen Betriebs steht nur ein BR als betriebsverfassungsrechtl. Ansprechpartner ggü. (EUArbR/*Spelge* RL 98/59/EG Art. 1 Rn. 60). Zwar wird diese Auff. tw. als nicht mehr ohne weiteres haltbar angesehen, weil im Gemeinschaftsbetrieb aufgrund des unionsrechtl. Betriebsbegriffs regelm. die Verhältnisse der Einheit und des entlassenden AG maßgebl. sein sollen (so *Kleinebrink/Comman-* 10a *deur* NZA 2015, 853, 857 f. mit der Empfehlung, bis zur Klärung iZw. „zweigleisig" vorgehen, indem das Konsultations- und Anzeigeverf. sowohl unter Zugrundelegung des unionsrechtl. als auch des abw. betriebsverfassungsrechtl. Betriebsbegriffs durchzuführen). Demggü. wird allerdings weiterhin vertreten, dass der unionsrechtl. Betriebsbegriff der Anwendung der nur aus dem dt. Recht heraus verständl. Konstruktion des Gemeinschaftsbetriebs nicht entgegen steht (EUArbR/*Spelge* RL 98/59/EG Art. 1 Rn. 63; *Salamon* NZA 2015, 789, 790).

11 **2. Gesamtzahl der Arbeitnehmer.** Die Anzeigepflicht hängt ab von der Anzahl der idR beschäftigten sowie der zu entlassenden AN (zum ANBegriff Rn. 6 ff.). Maßgebend für die Ermittlung der Anzahl der **idR** beschäftigten AN ist nicht mehr der Zpkt., zu dem das ArbVerh. enden soll (so noch BAG 24.2.2005 NZA 2005, 766), sondern derjenige des **Zugangs der Kündigungserkl.** Dies ist die Konsequenz der unionsrechtskonformen Angleichung der Begriffe „Kündigung" und „Entlassung" (BAG 13.7.2006 NZA 2007, 25; 26.1.2017 NZA 2017, 577). Für abhängige **FremdGF**, die nach der MERL als AN gelten (Rn. 6a) und deshalb mitzählen (*Klein* AuR 2016, 77, 79; einschränkend *Lunk/Hildebrand* NZA 2016, 129, 132, soweit § 17 I ggü. der MERL strengere Schwellenwerte regelt), gilt als Entlassung die Beendigung des Anstellungsverhältnisses und nicht die gesellschaftsrechtl. Abberufung (*Lunk/Hildebrand* NZA 2016, 129, 132). Die Berechnungsmodalitäten für die „in der Regel" beschäftigten AN richten sich nach der MERL und ist der Disposition der Mitgliedstaaten entzogen (EuGH 11.11.2015 NZA 2015, 1441 Rn. 31). Unter Zahl der **idR** beschäftigten AN wird bisher die Zahl der im **Normalfall beschäftigten AN** verstanden, dh. die Personalstärke, die für den Betrieb im Allg. kennzeichnend ist. Sie ist durch einen Rückblick auf die bisherige Personalstärke des Betriebs und eine Einschätzung seiner künftigen Entwicklung festzustellen (BAG 31.7.1986 AP KSchG 1969 § 17 Nr. 5). Maßgebend ist weder die zufällige gegenwärtige Beschäftigtenzahl im Zpkt. der Kündigung noch die Jahresdurchschnittszahl der Beschäftigten. Der EuGH hat klargestellt, dass die MERL keine Unterscheidung nach der Dauer der Beschäftigung der AN zulässt. Deshalb sind **befristet Beschäftigte** für die Betriebsgröße zu berücksichtigen, auch wenn sie bei der Berechnung der Entlassungen nicht mitzählen (EuGH 11.11.2015 NZA 2015, 1441 Rn. 31 ff.; dazu Rn. 13). Erfasst werden aber nur die auf diese Weise regelm. besetzten Arbeitsplätze, selbst wenn der EuGH dies nicht ausdr. entschieden hat (vgl. *Franzen* NZA 2016, 26 f.; *Hütter* ZESAR 2015, 27, 29; *Weber* NZA 2016, 727, 732). Es spricht einiges dafür, dass Entsprechendes für **LeihAN** im Entleiherbetrieb gilt, nachdem das BAG (24.1.2013 NZA 2013, 726 Rn. 20; dazu § 23 Rn. 19) für die Betriebsgröße nicht mehr maßgebl. auf das Vorliegen eines ArbVerh., sondern auf die tats. Beschäftigung abstellt. Sie zählen zwar nicht bei der Zahl der zu entlassenden AN, können aber für die Betriebsgröße zu berücksichtigen sein (*Fuhlrott/Fabritius* NZA 2014, 122, 126). Jdf. müssen AN, bei denen im Zpkt. der Anzeige noch nicht feststeht, ob sie in eine **Transfergesellschaft** wechseln werden, bei der Berechnung der Betriebsgröße berücksichtigt werden (BAG 28.6.2012 NZA 2012, 1029 Rn. 44). Bei **schwankender Personalstärke** ist auf den während des überw. Teils eines Jahres beschäftigten Personalbestand abzustellen. Dies gilt auch bei Saison- und Kampagnebetrieben (§ 22 Rn. 2 ff.), die jeweils für einige Wochen oder Monate im Jahr einen erhöhten Arbeitskräftebedarf aufweisen. Im Fall einer **Betriebsstilllegung** ist nur noch ein Rückblick auf die bisherige regelm. Belegschaftsstärke mögl. Auch bei einer Betriebsstilllegung in mehreren Entlassungswellen ist der Zpkt. der letzten „normalen" Betriebstätigkeit für die Betriebsgröße maßgebl. (BAG 24.2.2005 NZA 2005, 766, 9.6.2016 NZA 2016, 1202 Rn. 14). Dafür kommt es iZw. auf die Verhältnisse im Zpkt. des Stilllegungsbeschlusses an. Maßgebl. ist für diesen Fall nicht der verringerte Personalbestand aufgrund einer **späteren Entlassungswelle.** Für die Betriebsgröße zählen damit nicht nur AN, denen bereits aufgrund einer „ersten Entlassungswelle" gekündigt wurde und über deren Kündigungsschutzklagen noch nicht rkr. entschieden wurde (so aber *Aschmoneit* FA 2016, 194 ff.). Die Kündigungswellen können ggf. in einem Anzeige- und Konsultationsverf. zusammengefasst werden (dazu Rn. 4).

12 **3. Zahl der beabsichtigten Entlassungen.** Entlassung ist jede vom AN nicht gewollte, also ohne seine Zust. erfolgte Beendigung des ArbVerh. (EuGH 12.10.2004 NZA 2004, 1265 Rn. 50; 11.11.2015 NZA 2015, 1441 Rn. 48). Es kommt daher für die Berechnung nicht auf den Grund der Entlassung (Kündigung) im Einzelfall an. Für die Anzeigepflicht ist entscheidend, dass die Beendigung des ArbVerh. **durch den AG veranlasst** ist. Dies ist sie, wenn der AG dem AN zu verstehen gegeben hat, es bestehe keine Beschäftigungsmöglichkeit mehr und er werde das ArbVerh. beenden (BAG 28.6.2012 NZA 2012, 1029). Dazu reicht es, wenn der AG dem AN zu verstehen gibt, er werde das ArbVerh. beenden, weil nach Durchführung des beabsichtigten unternehmerischen Konzepts keine Beschäftigungsmöglichkeit mehr bestehe. **Eigenkündigungen** sind zu berücksichtigen, wenn der AN damit einer betriebsbedingten Kündigung zuvorkommt, ebenso unter dem Eindruck einer beabsichtigten Kündigung geschlossene **Auflösungsverträge** (BAG 28.6.2012 NZA 2012, 1029 Rn. 48; 19.3.2015 EzA KSchG § 17 Nr. 34 Rn. 46 Rn. 45 ff.). Hierbei ist es unerhebl., ob dem AN eine Abfindung gezahlt wird oder nicht (KR/*Weigand* Rn. 68). Schließen die Parteien nach einer Kündigung des AG einen **Vergleich**, ist das darauf zurückzuführende Ausscheiden eines AN aus dem Betrieb als Entlassung iSv. § 17 I anzusehen (BAG 13.3.1969 AP KSchG 1951 § 15 Nr. 10; HHL/*v. Hoyningen-Huene* Rn. 33). Das gilt auch, wenn die Kündigung auf personen- und verhaltensbedingten Gründen beruht (EUArbR/*Spelge* RL 98/59/EG Art. 1 Rn. 43).

13 Keine Entlassungen sind dagegen Beendigungen infolge des Abschlusses von Auflösungsverträgen, die **allein auf Initiative der AN** geschlossen werden. § 17 ff. findet deshalb keine Anwendung, wenn wirksam **befristete** oder **auflösend bedingte ArbVerh.** durch Zeitablauf oder Bedingungseintritt enden, es sei denn, dass diese Entlassungen vor Ablauf oder Erfüllung dieser Verträge erfolgen und die Betroffenen sich deshalb in der gleichen Lage befinden wie unbefristet beschäftige AN (EuGH 13.5.2015 NZA 2015, 669 Rn. 68 ff.; 11.11.2015 NZA 2015, 1441 Rn. 39). Diese Grds. wirken sich insb. in Betrieben aus, in denen die Befristung von ArbVerh. der Normalfall ist (dazu *Hüter* ZESAR 2015, 27, 28). Dabei liegt kein Widerspruch darin, dass befristet beschäftigte AN zwar der Schutz der MERL versagt ist, sie aber bei der Anzahl der „in der Regel" im Betrieb beschäftigten Personen zu berücksichtigen sind (EuGH 11.11.2015 NZA 2015, 1441 Rn. 37; dazu Rn. 11). Die Geltungsbereichsausnahme des Art. 1 II lit. a MERL bezieht sich nur auf die Reichweite des durch die MERL vermittelten ANSchutzes. Es bedarf keines Informations- und Anzeigeverf., weil das Ende der Verträge von vornherein feststeht und daher kein entspr. Schutzbedarf existiert. Das Vertragsende fällt ledigl. zufällig in die Phase eines größeren Personalabbaus (*Franzen* NZA 2016, 26, 27; *Weber* NZA 2016, 727, 730). Etwas anderes gilt nur dann, wenn gerade die Tatsache der Stilllegung des Betriebs(-teils) als auflösende Bedingung vereinbart wird und dadurch § 17 umgangen werden soll (vgl. HHL/*v. Hoyningen-Huene* Rn. 34; LSW/*Wertheimer* Rn. 37; KR/*Weigand* Rn. 71; **aA** APS/*Moll* Rn. 35). Nicht von § 17 ff. erfasst werden ferner Tatbestände, bei denen eine Beschäftigung wegen Nichtigkeit der Vertragsbeziehungen oder nach wirksamer Anfechtung einer auf den Vertragsschluss gerichteten Willenserkl. endet (KR/*Weigand* Rn. 72). Nimmt der AG im rechtserhebl. Zeitraum **Neueinstellungen** vor, wirkt sich dies auf seine Pflichten aus § 17 nicht aus. Dies gilt selbst dann, wenn dadurch die Anzahl der AN im Betrieb unverändert bleibt. Der Grund hierfür liegt darin, dass die Entlassenen neu vermittelt werden müssen und der Arbeitsmarkt dadurch beunruhigt ist (BAG 13.3.1969 AP KSchG 1951 § 15 Nr. 10; HHL/*v. Hoyningen-Huene* Rn. 39; KR/*Weigand* Rn. 78).

14 Bei der Gesamtzahl zu entlassender AN nicht mitzuzählen sind AN, die durch den Abschluss sog. **Vorruhestandsvereinb.** dem **Arbeitsmarkt nicht mehr zur Vfg. stehen** (vgl. HHL/*v. Hoyningen-Huene* Rn. 32; KR/*Weigand* Rn. 48; *Krieger/Ludwig* NZA 2010, 922); dazu gehören insb. AN, die ATZ im Blockmodell vereinbart haben und sich in der Freistellungsphase befinden (*Hützen* ZInsO 2012, 1802). Es muss sich bei der Entlassung um eine endgültige Beendigung des ArbVerh. handeln. Nicht erfasst wird das vorübergehende Aussetzen der Arbeitsleistung bei Fortbestand des ArbVerh., zB bei **unbezahltem Urlaub**. AN, die vorübergehend in eine **Transfergesellschaft** (Beschäftigungs- bzw. Qualifizierungsgesellschaft) wechseln und den Arbeitsmarkt – wenngleich verzögert – absehbar belasten, dürften nach dem Wortlaut des § 17 I 2 mitzuzählen sein, weil die Entlassung durch den AG veranlasst ist (vgl. APS/*Moll* Rn. 29; *Niklas/Koehler* NZA 2010, 914; **aA** HHL/*v. Hoyningen-Huene* Rn. 31; EUArbR/*Spelge* RL 98/59/EG Art. 1 Rn. 39 unter Hinweis auf eine ggf. gebotene Anrufung des EuGH; offen gelassen BAG 19.3.2015 EzA KSchG § 17 Nr. 34 Rn. 50; dazu *Lingemann/Otte* DB 2015, 2640 ff.).

15 Da im Falle einer **Änderungskündigung** ungewiss ist, ob der AN auf die geänd. Vertragsbedingungen eingeht oder ob sie für ihn bei Annahme unter Vorbehalt als zumutbar erachtet werden, muss der AG entgegen der früheren Rechtslage (BAG 10.3.1982 AP KSchG 1969 § 2 Nr. 2) bei beabsichtigten Änderungskündigungen eine vorsorgl. Anzeige erstatten. Der Begriff „Entlassung" in § 17 I erfasst Änderungskündigungen, die somit bei der Berechnung der für die Anzeige maßgebl. Anzahl der AN mitzählen. Dafür kommt es nicht darauf an, ob von einer Änderungskündigung betroffene AN das ihnen unterbreitete Änderungsangebot bei oder nach Zugang der Kündigungserkl. abgelehnt oder – ggf. unter dem Vorbehalt des § 2 – angenommen haben (BAG 20.2.2014 NZA 2014, 1069 Rn. 36 ff.). Die Anzeigepflicht wird bereits durch das Beendigungsrisiko ausgelöst, das durch die nach § 17 I erforderl. Anzahl an Beendigungstatbeständen geschaffen wird. Weder entfällt die durch Änderungskündigungen ausgelöste Anzeigepflicht nachträgl., wenn infolge einer ausreichenden Zahl von Annahmeerkl. die massenhafte Beendigung von ArbVerh. ausbleibt noch wird die Unwirksamkeitsfolge nach § 134 BGB nachträglich geheilt (*Schwarze* RdA 2015, 426 ff.; dazu ferner *Franzen* NZA 2016, 26, 27 f.).

16 Kraft der ausdr. Regelung in Abs. 4 S. 2 zählen **fristlose Kündigungen** bei der Berechnung der Mindestzahl der Entlassungen nach Abs. 1 nicht mit. Erfasst werden nur außerordentl. Kündigungen, nicht hingegen durch tarifvertragl. Regelung ermöglichte „entfristete" ordentl. Kündigungen (KR/*Weigand* Rn. 56 f.). Abs. 4 S. 2 muss im Zusammenhang mit S. 1 interpretiert werden. Da nach S. 1 das Recht zur fristlosen Entlassung unberührt bleibt, sind außerordentl. Entlassungen mit sozialer Auslauffrist nicht anzeigepflichtig. Es würde einen Wertungswiderspruch darstellen, dem AG wegen dieses Entgegenkommens weitere Pflichten aufzuerlegen (APS/*Moll* Rn. 42). Um keine **soziale Auslauffrist** idS handelt es sich, wenn der AG ein ArbVerh., das aufgrund eines (Tarif-)Vertrags nicht ordentl. kündbar ist, aus wichtigem Grund betriebsbedingt kündigt und zur Vermeidung von Wertungswidersprüchen eine Frist einhält (dazu BGB § 626 Rn. 89). Diese außerordentl. Kündigung mit notwendiger Auslauffrist unterfällt nicht Abs. 4, wohl aber der Regelung des Abs. 1. Ob der Sinn des G die Berücksichtigung fristloser Kündigungen, die allein auf wirtschaftl. Gründen beruhen, erfordert (so APS/*Moll* Rn. 42: KR/*Weigand* Rn. 59; **aA** SPV/*Vossen* Rn. 1644), kann unentschieden bleiben, weil eine fristlose

Kündigung aus betriebsbedingten Gründen kaum denkbar erscheint (vgl. dazu BGB § 626 Rn. 89; KR/*Fischermeier* § 626 BGB Rn. 162 ff.). Jdf. werden Kündigungen in einer **Insolvenz**, § 113 InsO, bei denen eine ges. Kündigungsfrist einzuhalten ist, von der Anzeigepflicht erfasst (vgl. Rn. 3; HHL/*v. Hoyningen-Huene* Rn. 44). Ebenso verhält es sich, wenn der AG trotz eines außerordentl. Kündigungsgrundes nur ordentl. kündigt (vgl. KR/*Weigand* Rn. 59).

17 **4. Zeitraum der Kündigungen.** Weitere Voraussetzung für die Anzeigeverpflichtung ist, dass die Beendigungen der ArbVerh. innerhalb von **30 Kalendertagen** wirksam werden. Maßgebl. für den Massenentlassungsschutz ist also, ob der AG innerhalb dieses Zeitraums mind. die in Abs. 1 S. 1 Nr. 1 bis 3 genannte Anzahl von Kündigungen erklärt. Dabei sind alle Entlassungstatbestände zusammenzurechnen (BAG 22.4.2010 NZA 2010, 1057 Rn. 19; 20.1.2016 NZA 2016, 490 Rn. 25). Die 30-Tage-Frist beginnt mit dem Tag des Zugangs der Kündigung nach § 130 I BGB und endet nach §§ 187 II, 188 I BGB (BAG 25.4.2013 AP InsO § 343 Nr. 1 Rn. 155). Da es auf den Zugang der Kündigung ankommt, lässt sich erst im Nachhinein feststellen, ob tats. eine Massenentlassung erfolgt ist und sich der gekündigte AN auf den Schutz berufen kann (BAG 26.1.2017 NZA 2017, 577 Rn. 24). § 17 lässt sich nicht dadurch umgehen, dass die AN in dem relevanten Zeitraum sukzessive entlassen werden. Hatte der AG urspr. Entlassungen in einer für § 17 nicht relevanten Anzahl gepl., entsteht die Anzeigepflicht nachträgl. auch für die zunächst wirksam ausgesprochenen Kündigungen, wenn die nach § 17 I erforderl. Gesamtzahl an Kündigungen innerhalb von 30 Kalendertagen erreicht wird. Die bereits ausgeprochenen, nicht angezeigten Kündigungen sind nach § 134 BGB unheilbar nichtig (Rn. 35 ff.). Deshalb muss der AG bei Ausspruch der ersten Kündigungen bedenken, ob die Schwellenwerte des § 17 I 1 voraussichtl. durch weitere Kündigungen überschritten werden. Erfolgen in der 30-Tage-Frist weitere Kündigungen, ist **vor jeder „Nachkündigung“** eine eigenständige Entlassungsanzeige erforderl., der ggf. durch eine „Nachmeldung“ an die zust. AA Rechnung getragen werden kann (BAG 20.1.2016 NZA 2016, 490 Rn. 28). Kann der AG hingegen sicher ausschließen, dass AN nicht innerhalb des 30-Tage-Zeitraums gekündigt werden, etwa weil er ihre Entlassung erst in einer „zweiten Kündigungswelle“ plant, muss er diese nicht nach § 17 I berücksichtigen. Geht diesen AN die Kündigung erst außerhalb des 30-Tage-Zeitraums zu, können sie sich grds. nicht auf etwaige Fehler im Anzeige- und Konsultationsverf. berufen, das sie noch nicht betraf (BAG 26.1.2017 NZA 2017, 577 Rn. 25 f.). Das gilt allerdings nicht uneingeschränkt für AN, deren Kündigung einer **behördl. Zust.** bedarf. Nach Art. 3 I iVm. Art. 6 I GG sowie Art. 3 II, III GG muss insb. eine Benachteiligung von Frauen wegen des Geschlechts infolge eines behördl. Verf. ausgeschlossen sein (etwa nach § 18 I BEEG, § 17 II MuSchG BVerfG 8.6.2016 NZA 2016, 939 Rn. 25). Nach der gebotenen **verfassungskonformen Auslegung** sind AN, deren Kündigung allein deshalb außerhalb des 30-Tage-Zeitraums erfolgt, weil zuvor ein behördl. Verf. durchgeführt werden muss, so zu behandeln wie AN, für deren Kündigung § 17 gilt. Der 30-Tage-Zeitraum ist in diesen Fällen bereits durch den **Eingang des Antrags auf Zust.** der zust. Behörde gewahrt (BAG 26.1.2017 NZA 2017, 577 Rn. 28 f. und Rn. 36 zu offenen Folgefragen).

18 **5. Verhältnis der Entlassungen zur Anzahl der AN.** Die Anzeigepflicht wird nur ausgelöst bei einem bestimmten Verhältnis der Anzahl der Entlassungen zu der Anzahl der idR beschäftigten AN. Durch Abs. 1 S. 1 Nr. 1 werden Betriebe mit zwischen 21 und 59 AN, durch Nr. 2 solche mit zwischen 60 und 499 AN, nach Nr. 3 Betriebe mit mind. 500 AN erfasst.

III. Konsultation des Betriebsrats

19 Die Abs. 2 und 3 des § 17 enthalten **betriebsverfassungsrechtl. Regelungen.** § 17 II 1 setzt Art. 2 III UAbs. 1 lit. b MERL um. Kündigungen im Rahmen einer Massenentlassung dürfen vom AG erst ausgesprochen werden, wenn das nach Art. 2 MERL erforderl. Konsultationsverf. mit dem BR durchgeführt ist. Die Konsultationspflicht enthält damit eine **individualschützende Komponente**, die jedoch zugunsten der AN als Gemeinschaft und nicht als individuelles Recht der einzelnen AN ausgestaltet ist (vgl. EuGH 16.7.2009 AP Richtlinie 98/59/EG Nr. 5 Rn. 38 ff.; BAG 20.9.2012 NZA 2013, 32 Rn. 50, 61; 21.3.2013 NZA 2013, 966 Rn. 22). Beabsichtigt der AG Massenentlassungen, muss er den BR deshalb nach Maßgabe des § 17 II konsultieren, um anschließend eine Massenentlassung wirksam bei der AA anzeigen zu können. Die AA soll beurteilen können, ob die Betriebsparteien auf der Grdl. ausreichender Informationen tats. über die geplanten Massenentlassungen und insb. deren Vermeidung beraten haben. Daneben soll sie Kenntnis von einer – evtl. dem AG ungünstigen – Sichtweise des BR erlangen. Ist das Konsultationsverf. mit dem dafür zust. Gremium nicht ordnungsgem. durchgeführt worden oder hat der AG eine Stellungn. des BR nicht beigefügt (§ 17 III 2), Darlegungen nach § 17 III 3 unterlassen oder den Stand der Beratungen irreführend dargestellt, liegt eine Verletzung der dem AG nach § 17 II obliegenden Pflichten vor, die zur Unwirksamkeit der Massenentlassungsanzeige führt und die Unwirksamkeit der ausgesprochenen Kündigung nach sich zieht (BAG 22.9.2016 NZA 2017, 175 Rn. 27).

1. Zuständiges betriebsverfassungsrechtl. Gremium. Die **Zust.** für die **Konsultationen** liegt primär beim **BR**, sie kann gem. § 50 I BetrVG auf den **GBR** sowie gem. § 58 I BetrVG auf den **KBR** verlagert sein, wenn der Personalabbau auf einem unternehmenseinheitl. bzw. konzerneinheitl. Konzept beruht. Der für das Interessenausgleichsverf. nach §§ 111ff. BetrVG originär zust. GBR bzw. KBR ist dann zugleich nach § 17 II zu beteiligen (vgl. *Dzida/Hohenstatt* NJW 2012, 29; *Moll/Katerndahl* RdA 2013, 161f.; *Niklas/Koehler* NZA 2010, 916). Sind mehrere Betriebe von einem **einheitl. Unternehmenskonzept** betroffen, kann eine Lösung zur Vermeidung oder Einschränkung, gepl. Massenentlassungen oder zur Abmilderung deren sozialer Folgen regelm. nur in einem mit dem GBR durchgeführten Konsultationsverf. angemessen entwickelt werden. Die erforderl. Kenntnisse des GBR über die regionalen Verhältnisse sind dadurch gewährleistet, dass jeder BR mind. ein Mitglied in den GBR entsendet (vgl. BAG 7.7.2011 NZA 2011, 1108 Rn. 24ff.; 20.9.2012 NZA 2013, 32 Rn. 32ff.; 13.12.2012 AP KSchG 1969 § 17 Nr. 44 Rn. 44). Betrifft die Änd. mehrere Betriebe verschiedener Unternehmen desselben **Konzerns**, kommt die Zust. des KBR in Betracht (offenlassend BAG 22.11.2012 NZA 2013, 845 Rn. 23; **aA** LAG D 25.4.2013 LAGE KSchG § 17 Nr. 9; *Welkoborsky* ArbR 2014, 199). Bis zur Klärung dieser Rechtsfrage durch das BAG empfiehlt es sich, einen vom KBR vereinbarten Interessenausgleich vorsorgl. auch auf Unternehmensebene durch den GBR bzw. auf Betriebsebene durch die örtl. BR abzuschließen (*Görg* ArbR 2013, 399). Nur bei einer originären Zust. des GBR oder KBR aufgrund eines betriebs- oder unternehmensübergreifenden Konzepts erstreckt sich die Konsultation auf **betriebsratslose Betriebe** (*Hützen* ZInsO 2012, 1804). Daneben können die örtl. BR die Zust. **delegieren.** Bei einem Auftrag an den GBR nach § 50 II BetrVG bzw. an den KBR § 58 II BetrVG, die Rechte nach §§ 111ff. BetrVG wahrzunehmen, muss das Beteiligungsrecht des § 17 II ausdr. mitdelegiert werden (BAG 20.9.2012 NZA 2013, 32 Rn. 41). Die Beteiligung des falschen betriebsverfassungsrechtl. Gremiums führt zur Unwirksamkeit der Massenentlassungsanzeige und und damit zur Unzulässigkeit der ausgesprochenen Kündigungen (vgl. Rn. 36). Eine unklare Zust. zieht praktische Probleme nach sich. IZw. sollte der AG alle in Betracht kommenden Gremien rechtzeitig in die Beratungen einbinden (*Ginal/Raif* ArbR 2013, 95) oder diese auffordern, ihre Zust. intern zu klären (so bei unklarer Zust. im Interessenausgleichsverf., *Fitting* § 111 BetrVG Rn. 15). 19a

Nach dem Wortlaut des § 17 II ist das Konsultationsverf. auf Organe der BetrVerf. beschränkt. Es gilt nicht für **PR**. Wegen der unterschiedl. Ausgestaltung der Beteiligungsrechte für BR und PR wird nicht von einem Redaktionsversehen und nicht von einer planwidrigen Gesetzeslücke ausgegangen (APS/*Moll* Rn. 59; HaKo/*Pfeiffer* Rn. 52; LSW/*Wertheimer* Rn. 57). Allerdings dürfte der Begriff BR idF des § 15 KSchG 1951 alle ANVertretungen in öffentl. und privaten Betrieben erfasst haben, weil das KontrollratsG Nr. 22 v. 10.4.1946 auch für den Bereich des öffentl. Dienstes die Wahl von BR gestattete (RDW/*Richardi* Einl. Rn. 10) und das BetrVG 1952 sowie PersVG 1955 noch nicht galten. Jedoch kann nicht ohne weiteres unterstellt werden, dass eine Anpassung des Begriffs „BR" bei späteren Änd. des KSchG vergessen wurde, insb. im Zuge der Anpassungen des KSchG 1969 durch das BetrVG 1972 und das BPersVG 1974. Unionsrechtl. ist eine Beteiligung von PR aufgrund der Bereichsausnahme in Art. 1 II b der MERL nicht geboten. Etwas anderes gilt, soweit der Wortlaut **Mitarbeitervertretungen** kirchl. AG nicht erfasst, die nicht als ör. Körperschaft organisiert sind. Hier spricht einiges für eine analoge Anwendung der Konsultationspflicht (Rn. 5). Ungeklärt ist, ob bei von der Massenentlassung betroffenen ltd. Ang. der BR (APS/*Moll* Rn. 57) oder der **SprAu.** der ltd. Ang. (KR/*Weigand* Rn. 88; HHL/*v. Hoyningen-Huene* Rn. 59) zust. ist. Bei Schaffung des SprAuG v. 20.12.1988 wurde möglicherweise vergessen, eine Regelung für **ltd. Ang. iSd. § 5 III BetrVG**, die nicht unter die Ausnahmevorschr. des § 17 V Nr. 3 fallen, zu treffen. Abs. 2 könnte daher gegen den Wortlaut dahin auszulegen sein, dass für die Personengruppe nach § 5 III 2 BetrVG der **SprAu.** nach § 31 II, § 32 II SprAuG zu beteiligen ist. Allerdings **gestattet** die MERL die **Herausnahme** der dort genannten **ltd. Ang. unzweifelhaft nicht** (Rn. 7). Da die Beteiligung nach dem SprAuG auf eine Anhörung beschränkt ist und somit hinter der Konsulationspflicht des § 17 zurückbleibt, spricht mehr dafür, den BR in Bezug auf die in Abs. 5 Nr. 3 bezeichneten AN zu konsultieren. Vorsorgl. sollte der AG beide Gremien einbeziehen (*Krieger/Ludwig* NZA 2010, 919, 923). Dies gilt auch in Bezug auf zu entlassende abhängige **FremdGF** nach Abs. 5 Nr. 1, die AN iSd. MERL sind (Rn. 6af.). Insoweit ist ungeklärt und zw., ob sich die Pflicht zur Konsultation des BR oder des SprAu. auf diese überhaupt erstreckt. Sie sind als Verhandlungspartner für die Konsultation zust. und werden ihrerseits weder durch den BR noch durch den SprAu. vertreten (*Lunk/Hildebrand* NZA 2016, 129, 132; *Morgenbrodt* NZA 2017, 17, 26 **aA** *Forst* EuZW 2015, 664, 666f.). Keinen Einfluss auf das Verf. nach § 17 II hat die Unterrichtungspflicht des **Euro-BR** nach § 29 II Nr. 10, § 30 I 2 Nr. 3 EBRG über die beabsichtigte Massenentlassung (DDZ/*Deinert/Callsen* § 17 Rn. 49; LSW/*Wertheimer* Rn. 56). 19b

2. Zeitpunkt der Unterrichtung des BR. Der EuGH definiert in der RS Keskusliitto (EuGH 10.9.2009 NZA 2010, 1083) einen frühen Zpkt. zur Durchführung des Konsultationsverf. Das Verf. muss danach unverzügl. eröffnet werden, sobald eine strategische und betriebswirtschaftl. Entsch. getroffen wurde, die den AG zwingt, Massenentlassungen ins Auge zu fassen (*Ginal/Raif* ArbR 2013, 95). Der AG darf auch bei einer gepl. Betriebsstilllegung bei Einleitung des Konsultationsverf. noch keine unumkehrbaren Maßnahmen getroffen und damit vollendete Tatsachen geschaffen haben (BAG 20

26.1.2017 NZA 2017, 577 Rn. 25). Nach Art. 2 IV RL 98/59/EG ist nicht erforderl., dass der AG selbst die unternehmerische Entsch. trifft. Schon eine Entsch. der Konzernmutter kann genügen (EuGH 10.9.2009 NZA 2010, 1083 Rn. 63). § 17 III lit. a sieht vor, dass Auskunfts-, Beratungs- und Anzeigepflichten nach den Abs. 1 bis 3 auch dann gelten, wenn die Entsch. über die Entlassungen von einem den AG beherrschenden Unternehmen getroffen werden (dazu Rn. 38). Die Absicht des AG, ArbVerh. in einem anzeigepflichtigen Maß zu beenden, muss andererseits so konkret sein, dass ein Konsultationsverf. erfolgreich durchgeführt werden kann (vgl. BAG 26.2.2015 NZA 2015, 881 Rn. 18). Der Zpkt., in dem die Entsch. konkret beabsichtigt, jedoch noch nicht abschl. beschlossen ist (*Grau/Sittard* BB 2011, 1846), wird in der Praxis häufig schwer festzustellen sein (*Forst* NZA 2010, 146, 147). Sinnvoll erscheint eine Konsultation erst, wenn das **unternehmerische Konzept** vorbehaltl. der Zust. des BR **tats. und rechtl. umgesetzt werden könnte** (*Hützen* ZInsO 2012, 1805). Dies dürfte idR der Fall sein, wenn über einen Interessenausgleich zu verhandeln ist (vgl. *Schramm/Kuhnke* NZA 2011, 1072). Erleichtet wird das Konsultationsverf. dadurch, dass der AG nicht alle Auskünfte unbedingt bereits im Zpkt. der Eröffnung der Konsultationen erteilen muss. Nach Art. 2 III UAbs. 1 MERL muss der AG der ANVertretung die betr. Auskünfte rechtzeitig im Verlauf der Konsultationen geben, damit diese konstruktive Vorschläge unterbreiten kann (EuGH 10.9.2009 NZA 2010, 1083 Rn. 51 ff.; BAG 26.2.2015 NZA 2015, 881 Rn. 29; 20.1.2016 NZA 2016, 490 Rn. 15). Der AG hat dem BR daher die relevanten Inf. während der gesamten Konsultationen bereitzustellen. Da diese zu unterschiedl. Zpkt. zur Vfg. stehen können, hat er einerseits die Pflicht, die Auskünfte im Laufe des Verf. zu vervollständigen, und andererseits die Möglichkeit, diesen Prozess dem BR unmittelbar vor Schluss der Konsultationen nach § 17 II 1 schriftl. zu dokumentieren (BAG 20.9.2012 NZA 2013, 32 Rn. 45 ff.; vgl. zur Erfüllung der Anzeigepflicht Rn. 30). Zur Verbindung mit einem Interessenausgleich Rn. 26a.

21 **3. Inhalt der Unterrichtung des BR.** Beabsichtigt der AG die Vornahme anzeigepflichtiger Entlassungen, hat er dem BR nach Abs. 2 S. 1 rechtzeitig auf der Grdl. seines unternehmerischen Konzeptes die zweckdienl. Auskünfte zu erteilen. Die Unterrichtung soll es dem BR ermöglichen, konstruktive Vorschläge zur Vermeidung oder Einschränkung der Massenentlassungen zu unterbreiten. Sie soll eine sachgerechte Beratung ermöglichen, die sich nicht zwgd. nur auf die Vermeidung der Massenentlassung beziehen muss, sondern auf alle Möglichkeiten erstrecken kann, die Entlassungsfolgen durch soziale Begleitmaßnahmen zu mildern. Dazu zählen Hilfen für eine anderweitige Verwendung oder Umschulung der entlassenen AN (BAG 13.12.2012 AP KSchG 1969 § 17 Nr. 44 Rn. 42). Der AG hat den BR dazu nach § 17 II 1 Nr. 1 bis 6 schriftl. zu unterrichten. Nach Nr. 1 gehört zu den **Gründen der gepl. Entlassungen zwgd.** die Angabe des Sachverhalts, mit dem der AG die Kündigung begründen will (KR/*Weigand* Rn. 95). Eine prozessualen Anforderungen genügende Substantiierung ist nicht zu verlangen, jedoch ist die pauschale Angabe „betriebl. Gründe" nicht ausreichend (*Krieger/Ludwig* NZA 2010, 921). Es spricht viel dafür, hier einen Maßstab wie bei der Unterrichtung zur Betriebsänd. nach § 111 BetrVG anzulegen (APS/*Moll* Rn. 63; *Salamon* NZA 2015, 789, 790).

22 Nach Nr. 2 hat der AG die Zahl und Berufsgruppen der zu entlassenden AN mitzuteilen, die anschließend auf dem Arbeitsmarkt zur Vfg. stehen. Ebenso muss der AG über etwaige Entlassungen infolge von Änderungskündigungen informieren, wenn nicht eingeschätzt werden kann, wie AN auf Änderungsangebote reagieren, die der AG im Wege einer Änderungskündigung unterbreitet hat. Nr. 3 verlangt die Angabe der Zahl und Berufsgruppen der idR beschäftigten AN. Ein Unterrichtungsfehler nach Nr. 2, 3 wird ausnahmsweise geheilt, wenn dem BR mitgeteilt wurde, dass alle AN wg. Betriebsstilllegung entlassen werden sollen und er dazu abschließend Stellung genommen hat (BAG 9.6.2016 NZA 2016, 1198 Rn. 28 ff.). Für den nach Nr. 4 anzugebenden Zeitraum, in dem die Entlassungen vorgenommen werden sollen, kommt es bei unionsrechtskonformer Auslegung auf den Monat an, in dem der AG den Ausspruch der Kündigung beabsichtigt (BAG 28.5.2009 NZA 2009, 1267 Rn. 57 **aA** APS/*Moll* Rn. 66; *Salamon* NZA 2015, 789, 791: Zugang der Kündigung), und nicht mehr auf den Kündigungstermin. Dieser sollte aber weiterhin angegeben werden, weil er uU zu den mitzuteilenden Gründen zählt (**aA** *Krieger/Ludwig* NZA 2010, 922). Zu den nach Nr. 5 vorgesehenen Kriterien rechnen fachl., pers., soziale und betriebl. Gesichtspunkte. Zu den sozialen Kriterien zählen Lebensalter, Dauer der Betriebszugehörigkeit, Unterhaltsverpflichtungen und eine evtl. Schwerbehinderung. Es kann im Wesentlichen auf die Kriterien nach § 1 III zurückgegriffen werden (KR/*Weigand* Rn. 99). Nr. 6: Hat der AG keine Abfindungszahlungen vorgesehen, muss er dies dem BR ebenfalls mitteilen.

23 Der AG hat dem BR die Auskünfte nach § 17 II 1 Hs. 2 Nr. 1 bis 6 **„schriftl."** zu erteilen. Die Unterrichtung als rechtsgeschäftsähnl. Handlung muss nicht den formellen Anforderungen des § 126 I BGB genügen (BAG 22.9.2016 NZA 2017, 175 Rn. 42; offengelassen noch BAG 9.6.2016 NZA 2016, 1198 Rn. 27). Ausreichend ist die Wahrung der **Textform** entspr. § 126b BGB. Die Textform ist für Formerfordernisse vorgesehen, bei denen nach dem Normzweck eine ausreichende Rechtssicherheit auch gegeben ist, wenn zB ledigl. eine Kopie einer Erkl. (zB **Telefax**), ein nicht unterschriebenes Papierdokument herkömml. postalisch oder die Erkl. überhaupt nur mittels telekommunikativer Einrichtungen per **E-Mail** übermittelt wird. Sie genügt va. für Formtatbestände, bei denen keiner der Beteiligten und kein Dritter ein ernsthaftes Interesse an einer Fälschung der Erkl. haben kann (BT-Drs.

14/4987 S. 18; dazu BAG 27.7.2016 NZA-RR 2017, 84 Rn. 37, 43). Für den Zweck der Auskunftserteilung, es dem BR zu ermöglichen, konstruktive Vorschläge zu unterbreiten, bietet das Erfordernis des Unterrichtungsschreibens keinen funktionalen Mehrwert. Der BR kann die durch Textform übermittelten Angaben auf Vollständigkeit, inhaltl. Abschluss und Urheberschaft prüfen und verfügt damit dauerhaft über die für seine Stellungn. erforderl. Informationen. Ein Interesse Dritter, die Angaben des AG zu fälschen, ist nicht ernsthaft zu besorgen. Die Einhaltung der dem AG obliegenden Pflicht, der AA eine Abschrift der Mitt. zuzuleiten (§ 17 III 1) wird dadurch nicht beeinträchtigt (BAG 22.9.2016 NZA 2017, 175 Rn. 44 ff.). Das Schriftformerfordernis gilt nicht bzgl. etwaig weitergehender Auskünfte, die der AG freiwillig erteilt (*Krieger/Ludwig* NZA 2010, 922).

4. Beratung. Ist der BR in gebotener Weise unterrichtet, hat der AG nach § 17 II 2 mit ihm oder mit dem entspr. Ausschuss (§§ 27, 28 BetrVG) über die Möglichkeiten zu **beraten**, Entlassungen zu vermeiden oder einzuschränken und ihre Folgen zu mildern. Beratungen müssen mit dem BR als Kollegialorgan erfolgen. Es genügen weder Gespräche mit dem Wirtschaftsausschuss, noch reichen pers. Äußerungen des BRVors. (BAG 26.2.2015 NZA 2015, 881). Primär zielt die Vorschr. auf Maßnahmen, die die von einer gepl. Massenentlassung betroffenen AN vor Arbeitslosigkeit bewahren sollen. Nach Art. 2 II MERL sind ua. „soziale Begleitmaßnahmen, die insb. Hilfen für eine anderweitige Verwendung oder Umschulung der zu entlassenden AN zum Ziel haben", zu prüfen, um Beschäftigung möglichst auf Dauer zu sichern (vgl. § 92a BetrVG), zumindest aber vorübergehend durch die Überführung der AN in eine **Transfergesellschaft** zu gewährleisten (vgl. EuGH 3.3.2011 NZA 2011, 337 Rn. 56; BAG 13.12.2012 AP KSchG 1969 § 17 Nr. 44 Rn. 42 f.; 21.3.2013 NZA 2013, 966 Rn. 22, 28); daneben kommt aber auch die Zahlung von Abfindungen in Betracht. Die Beratung mit dem BR nach ordnungsgem. Unterrichtung ist **Wirksamkeitsvoraussetzung** für die Massenentlassungsanzeige (Rn. 36). Sie muss ernsthaft und ausdr. angeboten werden. Der Zweck des Beteiligungsrechts kann nur erreicht werden, wenn die Betriebsparteien über die Sachverhalte der Massenentlassungsanzeige mit einem **ernsthaften Willen zur Einigung** verhandeln. Die Konsultationspflicht erschöpft sich nicht nur in einer Auskunftserteilung und Anhörung. Der AG kann die Vermeidung oder Einschränkung von Entlassungen zwar von bestimmten Voraussetzungen abhängig machen, er muss aber dazu bereit sein, sich mit den abw. Vorstellungen des BR auseinanderzusetzen (BAG 21.3.2013 NZA 2013, 966 Rn. 15; 26.2.2015 NZA 2015, 881 Rn. 15; 22.9.2016 NZA 2017, 175 Rn. 50). Lässt sich der BR allerdings innerhalb angemessener Frist nicht auf die vom AG konkret angebotenen Verh. ein, indem er etwa niemanden zu einem vereinbarten Termin entsendet, muss der AG keine Beratungen durchführen (BAG 22.9.2016 NZA 2017, 175 Rn. 60). 24

Die **Beratungspflicht ist erfüllt**, sobald eine ausreichende und **abschl. Stellungn.** des BR zu den beabsichtigten Kündigungen vorliegt. Dann kann der AG die Massenentlassungsanzeige erstatten, und zwar bereits vor Ablauf der Zwei-Wochen-Frist des § 17 III 3 (BAG 9.6.2016 NZA 2016, 1198 Rn. 36). Mit einer abschl. Stellungn. (ohne einschränkende und weiterführende Zusätze) macht der BR deutl., dass er sich für ausreichend unterrichtet hält und die Frist des § 17 III 3 nicht ausschöpfen will, um noch weitere Vorschläge zur Abwendung oder Beschränkung der Massenentlassung zu unterbreiten. Weder § 17 III noch die AA, der die Stellungn. nach S. 2 mitzuteilen ist, stellen an Form und Inhalt der Stellungn. des BR bes. Anforderungen (vgl. BAG 21.3.2012 NZA 2012, 1058 Rn. 28). Daraus folgt jedoch nicht, dass jede Äußerung des BR unabhängig von ihrem Inhalt den Anforderungen des § 17 III 2 genügt. Erforderl. ist eine eindeutige und abschl. Meinungsäußerung zu den angezeigten Kündigungen (BAG 28.6.2012 NZA 2012, 1029 Rn. 59). Sie muss erkennen lassen, dass der BR sich für ausreichend unterrichtet hält und seinen Beratungsanspruch als erfüllt ansieht (BAG 26.2.2015 NZA 2015, 881 Rn. 38; 9.6.2016 NZA 2016, 1198 Rn. 36; Textempfehlung bei *Moll/Katendahl* RdA 2013, 165). Ist der BR der Auffassung, er könne mangels vollständiger Information keine Vorschläge einbringen, darf er daher keine Erkl. abgeben, dass er seinen Beratungsanspruch als erfüllt ansieht (*Dimisc* Anm. zu BAG AP KSchG 1969 § 17 Nr. 51 aE). Dem BR ist über diese formgerechte Stellungn. hinaus anzuraten, nicht nur zuzustimmen oder abzulehnen, sondern detailliert auf die Folgen der Entlassungen für die einzelnen AN einzugehen. Nur so kann der Zweck der Massenentlassungsanzeige erfüllt werden, evtl. Möglichkeiten zur Vermeidung der angezeigten Kündigungen aufzuzeigen und gleichzeitig zu dokumentieren, dass soziale Maßnahmen beraten und getroffen worden sind. Ausreichend ist allerdings auch die eindeutige Äußerung des BR, **keine Stellung nehmen zu wollen**. Sie muss nicht ausdr. als Stellungn. bezeichnet werden, aber erkennen lassen, dass sich der BR für ausreichend unterrichtet hält, keine (weiteren) Vorschläge unterbreiten kann und die Zwei-Wochen-Frist des § 17 III 3 nicht ausschöpfen will (BAG 28.6.2012 NZA 2012, 1029 Rn. 53; 20.9.2012 NZA 2013, 32 Rn. 60; 13.12.2012 AP KSchG 1969 § 17 Nr. 44 Rn. 53; 26.2.2015 NZA 2015, 881 Rn. 38). Gibt der BR **keine (ausreichende) abschl. Stellungn.** ab, eröffnet § 17 III 3 die Möglichkeit, die Anzeige zwei Wochen nach ordnungsgem. Unterrichtung zu erstatten (dazu Rn. 32). 25

Das Konsultationsverf. endet auch, sobald die Betriebsparteien bei einer Betriebsänd. nach §§ 111 ff. BetrVG einen **Interessenausgleich** abschl. (BAG 18.9.2003 NZA 2004, 375; 30.3.2004 NZA 2004, 931). Verständigen sich AG und BR auf einen Interessenausgleich mit Namensliste nach § 1 V 1, § 125 InsO, ersetzt dieser die Stellungn. des BR nach § 17 III 2 (vgl. § 1 V 4, § 125 II InsO). Ein Interessen- 25a ausgleich ohne Namensliste genügt den Anforderungen des § 17 III 2, wenn der BR damit zur beabsichtigten Massenentlassung abschl. Stellung genommen hat (dazu Rn. 31). Nicht erforderl. ist es, dass die Betriebsparteien eine Einigung über den Interessenausgleich und den **Sozialplan** erzielt haben. Das BAG hat daran festgehalten, dass mit der Konsultationspflicht nach Abs. 2 keine Pflicht zur Verständigung über Umf. und Folgen der Massenentlassung verbunden ist. Der AG unterliegt **keinem Einigungszwang** (BAG 13.7.2006 NZA 2007, 25; 21.5.2008 NZA 2008, 753; 22.9.2016 NZA 2017, 175 Rn. 50). Scheitern die Verh., wird weder von § 17 II noch zur Erfüllung der Konsultationspflicht nach Art. 2 II MERL die Anrufung einer **Einigungsstelle** nach § 112 II BetrVG verlangt (BAG 21.5.2008 NZA 2008, 753 Rn. 48; *Dzida/Hohenstatt* DB 2006, 1900; *Ferme/Lipinski* NZA 2006, 946; *Franzen* ZfA 2006, 437, 454; *Klumpp* NZA 2006, 703, 709; *Krieger/Ludwig* NZA 2010, 922; *Lindemann/Trebeck* ArbR 2011, 217; *Niklas/Koehler* NZA 2010, 916; *Salamon* NZA 2015, 789, 791; **aA** *Wolter* AuR 2005, 135, 139; für eine Vorlage beim EuGH DDZ/*Deinert* Rn. 48). Diese Rspr. hält das BVerfG ohne vorherige Anrufung des EuGH für vertretbar (BVerfG 25.2.2010 NZA 2010, 1268 Rn. 32). Erzielt der AG mit dem BR **keine Einigung** über die von ihm beabsichtigte Massenentlassung, darf er den Beratungsanspruch des BR im Rahmen seiner Beurteilungskompetenz als erfüllt ansehen, wenn der BR nicht binnen zumutbarer Frist auf die letzte Unterrichtung reagiert hat, oder wenn seine Äußerung aus verständiger Sicht keinen Ansatz für weitere, zielführende Verh. bietet (vgl. BAG 26.2.2015 NZA 2015, 881 Rn. 29). Das setzt voraus, dass er dem BR zuvor unter Berücksichtigung des Beratungsverlaufs alle zweckdienl. Auskünfte iSd. § 17 II 2 Hs. 1 erteilt hat (BAG 22.9.2016 NZA 2017, 175 Rn. 50). Auf während des Konsultationsverf. erteilte Inf. muss er erneut eine abschl. Stellungn. des BR erbitten.

26 **5. Verbindung mit sonstigen Beteiligungsrechten. Andere Mitwirkungsrechte** des BR (bzw. des zust. GBR oder KBR) bleiben von den Beteiligungsrechten nach Abs. 2 unberührt (dazu APS/*Moll* Rn. 82 ff.; KR/*Weigand* Rn. 110 ff.): §§ 92 I, 102 I, 106 III Nr. 6, 111, 112 BetrVG. Bei der **Anhörung des BR** vor Kündigungsausspruch nach § 102 I BetrVG verlängert sich trotz der Vielzahl von Kündigungen weder die Anhörungsfrist (BAG 14.8.1986 AP BetrVG 1972 § 102 Nr. 43) noch sind an sie geringere Anforderungen zu stellen (BAG 16.9.1993 AP BetrVG 1972 § 102 Nr. 62; **aA** *Temming* NZA 2016, 599: § 102 I BetrVG tritt hinter § 17 II zurück). Schon während der Beratungen nach § 17 II 2 soll aber die Anhörung nach § 102 I BetrVG wirksam erfolgen können (so wohl BAG 18.1.2012 NZA 2012, 817 Rn. 34; 20.9.2012 NZA 2013, 32 Rn. 47; 13.12.2012 AP KSchG 1969 § 17 Nr. 44 Rn. 46; *Krieger/Ludwig* NZA 2010, 923; offenlassend, inwieweit eine gleichzeitige Erfüllung der Beteiligungspflichten praktisch durchführbar ist BAG 21.3.2013 NZA 2013, 966 Rn. 16). Dagegen wird zu Recht eingewandt, dass die Gründe für die beabsichtigte Kündigung idR noch nicht hinreichend feststehen und mithin nicht in der gebotenen Weise mitgeteilt werden können. Außerdem dokumentiert der AG damit, dass das Konsultationsverf. in den meisten Fällen nur noch „pro forma" durchgeführt wird, weil die unternehmerische Entsch. bereits getroffen ist. Dem AG ist daher anzuraten, den BR nicht schon parallel zu der Unterrichtung nach § 17 II nach § 102 I BetrVG zu den beabsichtigten Kündigungen anzuhören, sondern erst dann, wenn die Anzeige bei der AA nachweisbar eingegangen ist (*Ginal/Raif* ArbR 2013, 94; *Grau/Sittard* BB 2011, 1848; als Pflicht: APS/*Moll* Rn. 85). Bei der Anhörung nach § 102 I BetrVG ist in aller Regel der örtl. BR zu beteiligen, selbst wenn der GBR für das Konsultationsverf. zust. ist, weil die der Kündigung zugrunde liegende Unternehmerentsch. betriebsübergreifenden Charakter hat (dazu Rn. 19a). Eine originäre Zust. des GBR ist bei einer Kündigung als personeller Einzelmaßnahme grds. nicht begr. Sie kommt nur in Betracht, wenn eine ArbVerh. zugleich mehreren Betrieben des Unternehmens zuzuordnen ist (BAG 18.10.2012 NZA 2013, 1007 Rn. 50; 13.12.2012 AP KSchG 1969 § 17 Nr. 44 Rn. 46). Sollen die Pflichten aus § 17 II 1 und aus § 102 I BetrVG gleichzeitig erfüllt werden, hat der AG dies nicht nur klarzustellen. Er muss dem BR ausdr. Gelegenheit geben, über eine Vermeidung der gepl. Entlassungen mit dem AG zu beraten. Anders als das Konsultationsverf. erfordern Anhörungen nach § 102 I BetrVG keine Beratung zwischen AG und BR (dazu Rn. 24).

26a Die Konsultation mit dem BR ist nicht nach § 17 II entbehrl., wenn der **Betrieb stillgelegt** wird (Rn. 3) und die Folgen der Entlassung bereits **Gegenstand eines Sozialplans** sind. Selbst wenn alle AN entlassen werden sollen und die Zahlung von Abfindungen oder die Einrichtung eines Transfersozialplans, der von der BA nach § 110 SGB III gefördert wird, beschlossen ist, handelt es sich bei der Konsultation nach § 17 II ggü. der Beteiligung nach §§ 111 ff. BetrVG um ein eigenständig durchzuführendes Verf. Es erübrigt sich nur, wenn kein AG mehr vorhanden ist, der als Ansprechpartner für Verh. dienen könnte (BAG 13.12.2012 AP KSchG 1969 § 17 Nr. 44 Rn. 43). Die verschiedenen Beteiligungsrechte können allerdings zur Erfüllung übereinstimmender Pflichten miteinander verbunden werden (dazu *Moll/Katerndahl* RdA 2013, 161 ff. mwN). Ein einheitl. Verf. setzt voraus, dass der BR klar erkennbar mit den einzelnen Komplexen seiner Zust. befasst wird und ihm die dafür jeweils notwendigen Tatsachen mitgeteilt werden. Zur Vermeidung von Unklarheiten muss der AG unbedingt ggü. dem BR verdeutlichen, welche Beteiligungspflichten er mit seinen Inf. jeweils erfüllen will (vgl. BAG 18.1.2012 NZA 2012, 817 Rn. 34; 20.9.2012 NZA 2013, 32 Rn. 47 ff.; 13.12.2012 AP KSchG 1969 § 17 Nr. 44 Rn. 43 ff.; 21.3.2013 NZA 2013, 966 Rn. 15; **krit.** *v. Steinau-Steinrück/Bertz* NZA 2017,

145, 148: entscheidend ist, dass die Konsultationen tats. durchgeführt werden). Die Einl. des Konsultationsverf. erfordert zumindest, dass dem BR die Absicht des AG erkennbar ist, Massenentlassungen vorzunehmen. Daran fehlt es, wenn die AN nach dem Interessenausgleich andernorts unterkommen sollen (BAG 26.2.2015 NZA 2015, 881 Rn. 17f.). Die Verbindung des **Interessenausgleichsverf. nach § 111 BetrVG** mit der **schriftl. Unterrichtung** nach § 17 II 1 ist richtlinienkonform. Der Entw. des Interessenausgleichs dokumentiert ggü. dem BR die Bemühungen des AG, Massenentlassungen zumindest zu beschränken (EuGH 10.9.2009 NZA 2010, 1083 Rn. 64; 3.3.2011 NZA 2011, 337 Rn. 56).

6. Änderung der Sachlage, Folgekündigungen. Nach Abschluss der Beratungen wird durch eine nachträgl. Veränderung der Sachlage nur dann eine erneute Konsultationspflicht ausgelöst, wenn dadurch zusätzl. Kündigungen innerhalb der 30-Tage-Frist des § 17 I ausgesprochen werden sollen. Der BR muss in diesem Fall Gelegenheit haben, über die Veränderungen mit dem AG zu beraten (ähnl. *Grau/Sittard* BB 2011, 1847: zB für den Fall der Ausdehnung einer Maßnahme auf zunächst nicht betroffene Betriebsbereiche). Vor **Folgekündigungen** ders. AN ist das Konsultationsverf. nochmals durchzuführen, wenn erneut ein Massenentlassungstatbestand vorliegt und ein BR – etwa aufgrund eines **Restmandats** nach § 21b BetrVG – noch besteht (BAG 22.4.2010 NZA 2010, 1057 Rn. 20; 22.9.2016 NZA 2017, 175 Rn. 37). Dieser Fall kann insb. eintreten, wenn sich der AG zur Wiederholung von Kündigungen entschließt, die wegen Verstoßes gegen die Anzeigepflicht bei der AA formal unwirksam sind (zur Wiederholung des Anzeigeverf. Rn. 34). Daraus, dass es schon eine „erste Kündigungswelle" gab und für die entspr. Betriebsänd. bereits ein Sozialplan aufgestellt war, folgt zB nicht, dass eine „Wiedereröffnung" des Betriebs unter allen Umständen ausgeschlossen ist. Sie kommt etwa in Betracht, wenn der AG dessen Fortführung weiterhin von einer zeitnahen Absenkung der Vergütung der Beschäftigten auf das Niveau eines Flächen-TV abhängig macht. Ergebnisoffene Konsultationen dürften nach Einstellung des Geschäftsbetriebs jedoch kaum zu erwarten sein (*v. Steinau-Steinrück/Bertz* NZA 2017, 145, 149). Realistischer ist es, dass auch der BR nach der erneut erteilten obligatorischen Auskünfte nach § 17 II 1 Hs. 2 Nr. 1 bis 6 durch den AG an den bereits iRd. „ersten Kündigungswelle" geäußerten Grundbedingungen festhält. Da dann keine neue Sachlage besteht, darf der AG den Konsultationsanspruch als erfüllt ansehen (BAG 22.9.2016 NZA 2017, 175 Rn. 54). 26b

IV. Anzeige bei der AA

Das **betriebsinterne Beteiligungsverf.** nach § 17 II ist von dem sich **anschließenden Anzeigeverf. ggü. der AA** nach § 17 III zu trennen. Beide Verf. stehen selbständig nebeneinander (BAG 21.3.2013 NZA 2013, 966 Rn. 28; 20.1.2016 NZA 2016, 490 Rn. 15). Liegen die Voraussetzungen anzeigepflichtiger Entlassungen vor und ist der BR entspr. beteiligt worden, hat der AG der zust. AA eine schriftl. Anzeige zu erstatten, der eine Stellungn. des BR, sofern diese vorliegt, beizufügen ist (§ 17 III 1, 2). Beide Verf. dienen auf unterschiedl. Weise dem ANSchutz. Die Konsultation mit dem BR zielt in erster Linie auf Maßnahmen, aufgrund derer die gepl. Entlassungen vermieden werden können. Durch die korrekte Erfüllung der Anzeigepflicht soll die AA in die Lage versetzt werden, die Folgen der Entlassungen für die Betroffenen möglichst zu mildern. Der AG darf Massenentlassungen erst nach dem Ende des Konsultationsverf. und Erstattung der Anzeige vornehmen. Zeigt der AG die Massenentlassung nicht an, beginnen weder die Sperrfrist noch die Freifrist nach § 18 zu laufen. Zur Rechtsfolge einer ohne bzw. nach fehlerhafter Anzeige ausgesprochenen Kündigung Rn. 35. 27

1. Zuständigkeit der Agentur für Arbeit und Form der Anzeige. Der AG muss eine Abschrift der schriftl. Unterrichtung des BR nach § 17 III 1 **„gleichzeitig"**, also grds. am selben Tag (KR/*Weigand* Rn. 93) der AA zuleiten. Sie muss nach § 17 III 1 Hs. 1 zumindest die in § 17 II 2 Nr. 1 bis 5 vorgeschriebenen Angaben enthalten. Die Unterrichtung der AA bezieht sich hingegen nicht auf die Angaben nach Abs. 2 Nr. 6 (Berechnungskriterien für Abfindungen). Ein Verstoß gegen diese Pflicht führt deshalb **nicht** zur **Unwirksamkeit der Kündigung** (*Krieger/Ludwig* NZA 2010, 923). Die Anzeige bei der AA nach § 17 I ist **schriftl.** unter Beifügung der Stellungn. des BR zu den Entlassungen vom AG zu erstatten. Eine mdl. oder telefonische Anzeige genügt nicht. Die Anzeige bedarf hins. der ges. vorgeschriebenen Angaben wohl aber nicht zwgd. der **Schriftform** iSv. § 126 BGB. Der Zweck des § 17 III 2 und die Interessenlage der Beteiligten verlangen nicht die Übermittlung eines vom AG oder seinem Bevollmächtigten eigenhändig unterzeichneten Schriftstücks. Sieht man das Schriftformerfordernis als Erkl. im Verwaltungsverf. an, wäre eine Anzeige per **Telefax** oder Telegramm zu verlangen (so APS/*Moll* Rn. 97). Handelte es sich hingegen um eine rechtsgeschäftsähnl. Handlung, die nicht auf Herbeiführung einer Rechtsfolge kraft rechtsgeschäftl. Willens gerichtet ist, wäre die Schriftlichkeit schon durch Einhaltung der **Textform** nach § 126b BGB gewahrt, weil ein Fälschungsrisiko der Anzeige nicht erkennbar ist. Dann reichte eine Anzeige durch E-Mail aus. Selbst wenn viel dafür spricht, das Merkmal der Schriftlichkeit nicht anders zu verstehen als bei der Unterrichtung des BR nach § 17 II S. 1 (dazu BAG 22.9.2016 NZA 2017, 175 Rn. 43ff.; s.o. Rn. 23), ist AG bis zu einer Entsch. des BAG unbedingt zu raten, das von der AA bereitgestellte **Formular** zur formgerechten und vollständigen Anzeige der Massenentlassung zu nutzen (*Ginal/Raif* ArbR 2013, 95; *Krieger/Ludwig* NZA 2010, 924). 28

29 Die Anzeige ist an die AA zu richten, in deren Bezirk der Betrieb liegt. Nicht maßgebend ist der Sitz des Unternehmens (KR/*Weigand* Rn. 122; *Niklas/Koehler* NZA 2010, 917). Die **Zust. der AA** ergibt sich aus den Festlegungen des Verwaltungsrats der BA. Die Anzeige wird mit Eingang bei der zust. AA gem. § 130 I, III BGB, § 18 I wirksam. Die Einreichung einer Massenentlassungsanzeige bei der örtl. unzust. AA führt grds. zur Unwirksamkeit der Kündigung nach § 134 BGB (BAG 14.3.2013 AP KSchG 1969 § 1 Betriebsbedingte Kündigung Nr. 199 Rn. 47). Etwas anderes gilt allerdings, wenn der AG nach der Einstellung der Betriebstätigkeit die Massenentlassung bei zwei unterschiedl. AA anzeigt, auf den Umstand der mehrfachen Einreichung hinweist und jeweils die Angaben der für die örtl. Zust. maßgebl. Umstände zutr. mitteilt. Dann ist es Sache der angerufenen Behörden, sich über die örtl. Zust. für die Entsch. nach §§ 18, 20 abzustimmen (BAG 22.9.2016 NZA 2016 NZA 2017, 175 Rn. 70).

29a **2. Inhalt der Anzeige.** Abs. 3 unterscheidet zwischen Angaben, die in der Anzeige enthalten sein **müssen,** und solchen, die in ihr enthalten sein **sollen.** Nach § 17 III 4 **muss die Anzeige beinhalten:** Name des AG, Sitz und Art des Betriebs, die Zahl und die Berufsgruppen der zu kündigenden und idR beschäftigten AN, die Gründe für die gepl. Kündigungen, der Zeitraum – nach Kalendertagen –, in dem die Kündigungen vorgenommen werden sollen, und die vorgesehenen Kriterien für die Auswahl der zu entlassenden AN. Bei unionsrechtskonformer Auslegung des Entlassungsbegriffs als Kündigungserkl. muss der Tag des Kündigungszugangs angegeben werden, nicht der Tag ihres Wirksamwerdens (*Niklas/Koeher* NZA 2010, 917). Sicherheitshalber sollte der AG beide Daten mitteilen. Es ist zu empfehlen, das von der BA herausgegene Formular für die Massenentlassungszeige zu nutzen (dazu *Wolff/Köhler* BB 2017, 1078). Fehler und Unvollständigkeiten der zwgd. Angaben (sog. **Muss-Angaben**) führen grds. unmittelbar zur Unwirksamkeit der Massenentlassungsanzeige (BAG 28.6.2012 NZA 2012, 1029 Rn. 50) und dadurch mittelbar zur Unwirksamkeit der Kündigung. Für die Erfüllung der Kriterien des § 17 III 4 genügt es nicht, sich ausschl. auf eine **Namensliste** zu berufen, die einem Interessenausgleich beigefügt ist. Die Namensliste bildet nur das Erg. der durchgeführten Sozialauswahl ab. Selbst wenn eine vollständige Darstellung der Sozialauswahl einschl. der Bildung von Altersgruppen iRd. Beratung nach § 17 I zwar zweckmäßig, aber nicht zu verlangen sein dürfte (umstr., vgl. *Lingemann/Steinhauser* NJW 2017, 2245, 2247 *Salamon* NZA 2015, 789, 791 mwN), muss ablesbar sein, auf welchen sozialen Kriterien die Sozialauswahl beruht. Die AA hat den Sachverhalt nach § 20 SGB X **vAw.** zu ermitteln und dabei zu prüfen, ob die formellen Voraussetzungen der Anzeige erfüllt sind. Ergeben sich Zweifel oder bestehen erkennbare Unvollständigkeiten, muss die AA beim AG nachfragen (BAG 21.3.2012 Rn. 27 NZA 2012, 1058; 13.12.2012 AP KSchG 1969 § 17 Nr. 44 Rn. 69 f.). Eine falsche Angabe des AG in der Anzeige über die Anzahl der idR Beschäftigten blieb nach vormaligem Rechtsverständnis folgenlos, wenn die AA dadurch bei ihrer sachl. Prüfung nicht beeinflusst wurde (BAG 22.3.2001 AP GG Art. 101 Nr. 59). Bei zutr. unionsrechtl. Verständnis führen zwar Fehler bei zwgd. Angaben nach § 17 III 4 zur Unwirksamkeit der Massenentlassungsanzeige. Auf eine zu niedrige Angabe der Zahl der zu entl. AN können sich aber nur diejenigen AN berufen, die von der Anzeige nicht erfasst sind. Mit dem Zweck der Massenentlassungsanzeige stünde es nicht im Einklang, wenn die fehlende Angabe einer einzigen Entlassung auch die Auflösung der ArbVerh. aller anderen von der Anzeige erfassten AN hinderte (BAG 28.6.2012 NZA 2012, 1029 Rn. 50). Nach § 17 III 5 **soll die Anzeige** im Einvernehmen mit dem BR **enthalten:** Angaben über Geschlecht, Alter, Beruf und Staatsangehörigkeit der zu entlassenden AN. Der AG kann diese Daten ohne Einvernehmen mit dem BR angeben. Die Nichtbeachtung dieser Sollvorschr. hat keine rechtl. Folgen für die Wirksamkeit der Anzeige (HHL/*v. Hoyningen-Huene* Rn. 96; **aA** ArbG Bochum 17.3.2005 NZA 2005, 587).

30 Nach § 17 III 2 ist der Anzeige eine **Stellungn. des BR** beizufügen, ersatzweise eine Glaubhaftmachung nach § 17 III 3. Dadurch soll mitgeteilt werden, ob und welche Möglichkeiten der BR sieht, die angezeigten Kündigungen zu vermeiden. Die beigefügte Stellungn. belegt zugleich, dass soziale Maßnahmen mit dem BR beraten und ggf. getroffen worden sind. Schließl. verhindern die Angaben, dass der AG die für ihn ungünstige Stellungn. des BR verschweigt, um eine iRd. § 18 für ihn günstige Zust. zu erwirken (BAG 18.1.2012 NZA 2012, 817 Rn. 45; 21.3.2012 NZA 2012, 1058 Rn. 22; 28.6.2012 NZA 2012, 1029 Rn. 53; 22.11.2012 NZA 2013, 845 Rn. 41; 13.12.2012 AP KSchG 1969 § 17 Nr. 44 Rn. 64; 21.3.2013 NZA 2013, 966 Rn. 44; 22.9.2016 NZA 2017, 175 Rn. 24). Die urspr. Auff. des BAG, eine zunächst **fehlende Stellungn.** des nach § 17 II 1 ordnungsgem. unterrichteten BR könne **nachgereicht** werden mit der Folge, dass die Voraussetzungen des § 17 ab Vorlage der Stellungn. an die AA erfüllt seien (BAG 21.5.2008 NZA 2008, 753), hat beim BVerfG ohne vorherige Durchführung eines Vorabentscheidungsverf. gem. Art. 267 AEUV zu dieser Frage keinen Bestand gehabt (BVerfG 25.2.2010 NZA 2010, 1268). Die Konsultation der ANVertreter und die Anzeige der gepl. Massenentlassung an die zust. Behörde dürften zumindest grds. als **„aufeinanderfolgende Phasen"** anzusehen sein mit der Folge, dass der AG die Massenentlassungsanzeige erst nach dem Ende der Beratungen wirksam erstatten kann (vgl. *Grau/Sittard* BB 2011, 1849; *Klumpp* NZA 2006, 706 f.; *Rehwald* AiB 2010, 201; *Wißmann* RdA 1998, 221, 226; **aA** *Giesen* SAE 2006, 138 f.; *Kerwer* SAE 2009, 144 f.; *Franzen* ZfA 2006, 456; KR/*Weigand* Rn. 143). Das BAG konnte nach der Entsch. des BVerfG bisher offen lassen, ob die MERL einen bestimmten zeitl. Ablauf von Beteiligung des BR und Anzeigeerstattung verlangt (BAG 26.2.2015 NZA 2015, 881 Rn. 30). Dem BAG erscheint es im Hinblick auf

die Mitt. des Beratungsstandes in § 17 III 3 weiterhin nicht ausgeschlossen zu sein, dass ein AG die Anzeige wirksam erstatten kann, ohne zuvor oder zumindest vor Ausspruch der Kündigung das Konsultationsverf. nach § 17 II abgeschlossen zu haben (BAG 21.3.2013 NZA 2013, 966 Rn. 28 f.). Noch nicht abschl. entschieden ist auch, ob und unter welchen Voraussetzungen eine ordnungsgem. Anzeige vorliegt, wenn der BR seine abschl. Stellungn. direkt an die AA schickt (offenlassend BAG 28.6.2012 NZA 2012, 1029 Rn. 52; bejahend KR/*Weigand* Rn. 142). Dem AG ist aber dringend anzuraten, der AA in jedem Fall die Stellungn. des BR nach § 17 III 2 mit der Anzeige der Massenentlassung vorzulegen.

Die in einem beigefügten Interessenausgleich integrierte Stellungn. des BR zu den beabsichtigten Entlassungen genügt den Anforderungen des § 17 III 2. Selbst ein **Interessenausgleich ohne Namensliste**, der im Unterschied zu einem Interessenausgleich mit Namensliste mangels ges. Anordnung die Stellungn. des BR nicht ersetzen kann, erfüllt die Anzeigepflicht, wenn der BR damit zu der beabsichtigten Massenentlassung abschl. Stellung genommen hat (BAG 21.3.2012 NZA 2012, 1058 Rn. 14 ff.; 28.6.2012 NZA 2012, 1029 Rn. 56; 20.9.2012 NZA 2013, 32 Rn. 41; 22.11.2012 NZA 2013, 845 Rn. 24). § 17 III 2 verlangt keine Stellungn. des BR in einem eigenständigen Dok. Dies gilt umso mehr, als die Unterrichtungspflichten nach § 111 BetrVG und § 17 II 1 weitgehend übereinstimmen. Die Regelungen des Interessenausgleichsverf. gewährleisten eine umfangr. Inf. des BR und ernsthafte Beratungen über Alternativlösungen iSd. MERL. Mit seiner Unterschrift unter einen Interessenausgleich, der die nach § 17 III 2 gebotene Stellungn. beinhaltet, dokumentiert der BR seinen Standpunkt zu der anstehenden Massenentlassung und bringt zum Ausdruck, dass er das Konsultationsverf. als abgeschlossen ansieht. Eine etwa aus dem Interessenausgleich herauskopierte und auf einem gesonderten Dok. ausgedruckte Stellungn. brächte keinen zusätzl. Informationsgewinn für die AA. Der Vorgang wäre reiner Formalismus. Der Beifügung einer separaten Stellungn. des BR bedarf es daher nicht, wenn der Interessenausgleich den Passus enthält, dass mit seiner Vereinb. die Beteiligung des BR abgeschlossen sei, der AG diesen Interessenausgleich der zust. AA zuleiten werde und er als Stellungn. des BR zu der beabsichtigten Massenentlassung gelte (Formulierungsvorschläge bei *Krieger/Ludwig* NZA 2010, 921; *Mückl* ArbR 2011, 240 f.; *Schramm/Kuhnke* NZA 2011, 1074). Klarstellend bietet sich eine entspr. Präambel im Interessenausgleich an, dass der BR nach Abwägung sämtl. Alt. keine Möglichkeit sieht, Entlassungen zu verhindern. Mehrdeutige Formulierungen sind allerdings zu vermeiden, eine gesonderte Kennzeichnung der Äußerungen des BR als „Stellungn. zu Massenentlassungen gem. § 17 III 2" erscheint vorsorgl. geboten (*Moll/Katendahl* RdA 2013, 166). Diese Grds. gelten entspr. für einen mit dem zust. GBR abgeschlossenen Interessenausgleich (BAG 21.3.2012 NZA 2012, 1058 Rn. 14 ff., 34). Selbst ein **noch nicht formwirksamer Interessenausgleich** mit Namensliste, der bislang nur vom BR unterzeichnet wurde, kann den Zweck des § 17 III 2 erfüllen. Ein Interessenausgleich iSd. § 125 II InsO kommt bereits zustande, wenn sich die Betriebsparteien geeinigt haben und der BR dies durch die Unterschrift eines vertretungsberechtigten Mitglieds dokumentiert hat. § 112 I 1 BetrVG, der den Interessenausgleich regelt, unterscheidet zwischen dem Zustandekommen – also der Einigung der Betriebsparteien – und der formgerechten Niederlegung. Diese Auslegung entspricht dem Zweck des § 17 III 2, durch die Beifügung der Stellungn. des BR ggü. der AA zu belegen, ob und welche Möglichkeiten dieser sieht, die angezeigten Entlassungen zu vermeiden (vgl. BAG 18.1.2012 NZA 2012, 817 Rn. 41 ff.). Existiert in einem Betrieb kein BR, hat der AG dies der AA mitzuteilen. 31

Gibt der BR **keine ausreichende oder abschl. Stellungn.** ab, muss der AG gem. § 17 III 3 mit seiner Anzeige ggü. der AA glaubhaft machen, dass er den BR mind. zwei Wochen vor Erstattung der Anzeige nach Abs. 2 S. 1 unterrichtet hat, und selber den **Stand der Beratungen mitteilen.** Auch wenn der BR – bewusst oder unbewusst – eine den ges. Anforderungen nicht genügende Stellungn. abgibt (Rn. 25), kann der AG rechtssicher kündigen, wenn er vorsorgl. nach § 17 III 3 verfährt (BAG 28.6.2012 NZA 2012, 1029 Rn. 57 f.; 13.12.2012 AP KSchG 1969 § 17 Nr. 44 Rn. 53; 9.6.2016 NZA 2016, 1198 Rn. 36). Voraussetzung ist aber in jedem Fall, dass es dem BR durch ausreichende Unterrichtung mögl. war, konstruktive Vorschläge zur Vermeidung der Massenentlassung zu unterbreiten (dazu Rn. 21 ff.). Will der AG nach § 17 III 3 vorgehen, muss er vor Erstattung der Anzeige unbedingt die Zwei-Wochen-Frist verstreichen lassen (*Bauer/Krieger* NZA 2009, 175; *Schramm/Kuhnke* NZA 2011, 1074). Die ordnungsgem. Unterrichtung des BR wird idR durch Vorlage einer Durchschrift der Mitt. an den BR und einer Empfangsbestätigung des BRVors. glaubhaft gemacht (*Grau/Sittard* BB 2011, 1849; *Niklas/Koehler* NZA 2010, 917; *Krieger/Ludwig* NZA 2010, 922). Daneben kommen die nach § 294 ZPO zulässigen Beweismittel (Zeugen-, Urkundenbeweis, Parteivernehmung, eidesstattl. Vers.) in Betracht (*Mückl* ArbR 2011, 239). Vor Fristablauf ist die Anzeige in diesem Fall nicht wirksam. Der AG muss den Stand der Beratungen mit eigenen Worten darlegen, wenn der BR sich gar nicht geäußert hat oder die AA mit einem Konglomerat aus Unterlagen den letzten Beratungsstand selbst herausfinden müsste. Die Darstellung darf keinen potentiell falschen Eindruck von der Einschätzung des BR vermitteln (BAG 22.9.2016 NZA 2017, 175 Rn. 24, 28). Urspr. hat das BAG angenommen, die nicht erfolgte oder irreführende Darlegung des Stands der Beratungen sei keine Wirksamkeitsvoraussetzung, weil sich die AA aufgrund der Anzeige selbst ein Bild verschaffen könne und nach dem Amtsermittlungsgrds. dazu verpflichtet sei (vgl. BAG 28.5.2009 NZA 2009, 1267 Rn. 63). Das BAG geht aber inzwischen davon aus, dass die Kündigung nach § 134 BGB unwirksam ist, wenn die Voraus- 32 setzungen des § 17 III 3 nicht vorlagen (BAG 26.2.2015 NZA 2015, 881 Rn. 33; 22.9.2016 NZA 2017, 175 Rn. 33; dazu Rn. 36). Die ges. Verpflichtung, den Beginn und Stand der Beratungen durch einen glaubhaften Vortrag zu dokumentieren, dient der Effektivität des Verf. Diese Verpflichtung würde um ihre bezweckte Wirkung gebracht, wenn eine Verletzung nicht die Nichtigkeit der Kündigung nach sich zöge (vgl. BAG 22.11.2012 NZA 2013, 845 Rn. 39 ff., 45).

33 Die Pflicht des AG, dem BR nach § 17 III 6 eine Abschrift seiner Anzeige an die AA zuzuleiten, dient der Feststellung, in welchem Umf. der AG auf seine Vorschläge eingegangen ist. Im Bedarfsfall kann der BR ggü. der AA nach § 17 III 7 **weitere Stellungn.** abgeben. Diese allerdings ersetzen nicht die erste Stellungn., die der AG der Anzeige nach § 17 III 2 beizufügen hat (KR/*Weigand* Rn. 142). Damit der AG entspr. unterrichtet bleibt, hat der BR diesem nach § 17 III 8 eine Abschrift der weiteren Stellungn. zuzuleiten. Ein Verstoß gegen die in § 17 III 6 bis 8 vorgesehenen Verpflichtungen führt nicht zur Unwirksamkeit der Anzeige (HHL/*v. Hoyningen-Huene* Rn. 104).

34 **3. Zeitpunkt der Anzeige.** Nach der Rspr. des EuGH v. 27.1.2005 (NZA 2005, 213) darf der AG Massenentlassungen erst nach Ende des Konsultationsverf. iSd. Art. 2 und nach Anzeige der Massenentlassung nach Art. 3 und 4 der RL 98/59/EG vornehmen. §§ 17, 18 sind unionsrechtskonform dahin auszulegen, dass die Anzeige nach Durchführung des erforderl. Beteiligungsverf. und **vor Ausspruch der Kündigung** oder einer vom AG beabsichtigten anderen Beendigung des ArbVerh. zu erstatten ist. Darum muss vor jeder Kündigung, die Teil einer Massenentlassung ist, für alle von dieser Entlassung erfassten AN eine Anzeige bei der zust. AA erfolgen. Ist die Kündigung ausgesprochen, kann keine wirksame Anzeige mehr erstattet und ohne Anzeige nicht wirksam gekündigt werden (iE Rn. 17). Bei **stufenweisen Beendigungen** von ArbVerh. im Rahmen einer sich länger hinziehenden Betriebseinschränkung entsteht gem. § 17 I **nach Ablauf** von 30 Kalendertagen stets eine **neue Anzeigepflicht**, sofern durch die weiteren Kündigungen der Schwellenwert des § 17 überschritten wird. Keine Besonderheiten gelten dabei in der **Insolvenz**. Die von der Schuldnerin mit Zust. des vorl. schwachen InsV erstattete Massenentlassungsanzeige wirkt nach Insolvenzeröffnung für den nach § 108 I 1 InsO in die AG-Stellung eingerückten InsV, solange die angezeigte Kündigung noch nicht erklärt worden ist. Will der InsV aber ein nach ordnungsgem. Massenentlassungsanzeige gekündigtes ArbVerh. innerhalb der Freifrist des § 18 IV ein zweites Mal kündigen, muss er die Massenentlassung erneut anzeigen. Nach Erstattung der angezeigten Kündigung ist das Recht verbraucht. Andernfalls liefe der von § 17 verfolgte Zweck leer, Massenentlassungen zu verhindern und deren Folgen abzumildern (BAG 22.4.2010 NZA 2010, 1754 Rn. 20; vgl. EuGH 10.9.2009 NZA 2010, 1083; § 18 Rn. 7). Das gilt auch dann, wenn die Kündigung später einvernehml. zurückgenommen wird (BAG 20.1.2016 NZA 2016, 490 Rn. 31). Wiederholt der AG Kündigungen, die aus formalen Gründen unwirksam sind, hat er das Anzeigeverf. nach § 17 I, III erneut durchzuführen, wenn erneut ein Massenentlassungstatbestand vorliegt (BAG 22.9.2016 NZA 2017, 175 Rn. 38; zu Folgekündigungen im Konsultationsverf. Rn. 26b). **Vorratsanzeigen** laufen grds. dem Zweck des G zuwider, die AA über das tats. Ausmaß der Beendigung von ArbVerh. zu informieren (BAG 23.2.2010 NZA 2010, 944 Rn. 33; 20.1.2016 NZA 2016, 490 Rn. 28, 33; 9.6.2016 NZA 2016, 1201 Rn. 27; § 18 Rn. 7). Das unternehmerische Konzept sollte nach der Konsultation des BR weitgehend feststehen, so dass die Anzahl zu entlassender AN ermittelt werden kann. Jedoch sind Vorratsanzeigen ausnahmsweise zulässig, wenn die Zahl der Entlassungen allein von dem Verhalten der AN abhängt und der AG deshalb nicht absehen kann, ob der ges. Schwellenwert überschritten wird (APS/*Moll* Rn. 127). Lässt sich etwa für den **Betriebsveräußerer** nicht vorhersehen, wie viele AN einem **Übergang ihres ArbVerh.** auf den Betriebserwerber nach § 613a VI BGB **widersprechen** werden, und sieht er definitiv keine Möglichkeit zur Weiterbeschäftigung möglicherweise widersprechender AN, kann er vorsorgl. die Massenentlassung anzeigen. Dies gilt bei fehlender Weiterbeschäftigungsmöglichkeit auch für **Änderungskündigungen,** selbst wenn noch unklar ist, ob AN die ihnen unterbreiteten Änderungsangebote zumindest unter Vorbehalt annehmen (ausf. *Grau/Sittard* BB 2011, 1845, 1848; vgl. Rn. 13). Die **Rücknahme der Anzeige** beseitigt deren Wirkungen und kann jederzeit erfolgen (HHL/*v. Hoyningen-Huene* Rn. 109 f.).

V. Rechtsfolgen einer fehlenden oder unwirksamen Anzeige

35 Da es sich bei der Pflicht zur **Konsultation des BR** nach § 17 II und der in § 17 I, III geregelten **Anzeigepflicht ggü. der AA** um **getrennt durchzuführende Verf.** handelt, kann sich aus jedem dieser beiden Verf. ein eigenständiger Unwirksamkeitsgrund für die im Zusammenhang mit einer Massenentlassung erfolgte Kündigung ergeben (BAG 20.1.2016 NZA 2016, 490 Rn. 15). Darum ist der AN, der erstinstanzl. ledigl. Mängel hins. des einen Verf. rügt, bei ordnungsgem. erteiltem Hinweis (dazu § 6 Rn. 6 f.) in zweiter Instanz mit Rügen von Mängeln hins. des anderen Verf. nach § 6 S. 1 präkludiert. Erforderl. ist daher, dass der AN bereits erstinstanzl. Mängel rügt, die sich eindeutig erkennbar dem Verf. hins. der Anzeigepflicht und/oder dem Konsultationsverf. zuordnen lassen. Es genügt, wenn die „Stoßrichtung“ der Rüge erkennbar wird (BAG 20.1.2016 NZA 2016, 490 Rn. 13 f., 16; 26.1.2017 NZA 2017, 577 Rn. 19). Danach ist es etwa ausreichend und erforderl., wenn der AN vorträgt, der AG habe seine Anzeigepflicht verletzt, da er die Entlassungen trotz Erreichens der Schwellenwerte nicht

angezeigt oder den BR nicht oder nicht ordnungsgemäß konsultiert habe (dazu *Moll/Kathendahl* Anm. AP KSchG 1969 § 17 Nr. 48).

Eine wirksame Kündigung setzt voraus, dass der AG **zuvor** eine wirksame Massenentlassungs- 35a anzeige bei der AA erstattet hatte. In seiner früheren Rspr. hat das BAG das Fehlen der Anzeige nur als Entlassungshindernis, nicht jedoch als Unwirksamkeitsgrund angesehen (BAG 16.6.2005 AP KSchG 1969 § 17 Nr. 21). Daran war nach der Entsch. des EuGH v. 27.1.2005 (NZA 2005, 213), dass die in der MERL vorgesehene Massenentlassungsanzeige vor Ausspruch der Kündigung erstattet werden müsse, nicht mehr festzuhalten. Nach der nunmehr geänd. Rspr. des BAG sind die §§ 17, 18 unionsrechtskonform dahin auszulegen, dass der Begriff der „Entlassung" dem der „Kündigung" gleichzusetzen ist (Rspr. des BAG seit 23.3.2006 NZA 2006, 971). Mit Blick auf den GZweck ist § 17 näml. als ges. Verbot zu verstehen, Kündigungen vor einer wirksamen Erstattung einer den Anforderungen der Vorschr. genügenden Anzeige auszusprechen. **Kündigungen,** die der AG ohne eine nach § 17 I, III wirksame Massenentlassungsanzeige ausgesprochen hat, sind **nach § 134 BGB nichtig** (BAG 22.9.2016 NZA 2017, 175 Rn. 21). Diese Folgerung wurde mit letzter Klarheit durch die Entsch. v. 22.11.2012 (NZA 2013, 845 Rn. 31 ff., insb. Rn. 37 ff.) gezogen (zur Rechtsentwicklung 14. Aufl. mwN). Unwirksam ist die Kündigung etwa, wenn der Anzeige entgegen § 17 III 2 keine ausreichende Stellungn. des BR beigefügt ist (BAG 26.2.2015 NZA 2015, 881) oder wenn die Voraussetzungen einer Glaubhaftmachung der rechtzeitigen Unterrichtung nach § 17 III 3 nicht erfüllt sind. Würde das Fehlen oder die Unvollständigkeit einer Massenentlassungsanzeige ledigl. ein vorübergehendes Hindernis für die (faktische) Wirkung der Kündigungen darstellen und könnte der AG durch Erg. oder Berichtung der Anzeige bis zum Ablauf der Kündigungsfrist deren Wirksamkeit noch herbeiführen, wäre nicht gewährleistet, dass die Betriebsparteien iSd. MERL tats. „ergebnisoffen" über Maßnahmen zur Vermeidung von Kündigungen beraten. Für den BR wäre es sehr viel schwieriger, die „Rücknahme" einer bereits ausgesprochenen Kündigung zu erreichen als nur den Verzicht auf einen gepl. Ausspruch (BAG 22.11.2012 NZA 2013, 845 Rn. 37 ff., 46). Die Unwirksamkeitsfolge dürfte allenfalls dann nicht eintreten, wenn die Massenentlassungsanzeige geringfügige Fehler bzw. Ungenauigkeiten aufweist, die den gekündigten AN nicht betreffen und keine Auswirkungen auf die sachl. Prüfung der AA haben können (*von Bernuth* DB 2017, 1027, 1030; *Schramm/Kuhnke* NZA 2011, 1074; APS/*Moll* Rn. 133c; vgl. Rn. 29). Sie tritt andererseits grds. auch dann ein, wenn die Anzeige unterbleibt, weil der zu entlassende abhängige FremdGF nicht mitgezählt oder die Anzeige im Hinblick auf eine der Muss-Angaben des § 17 III 4 fehlerhaft durchgeführt wurde. Der selbstbetroffene abhängige FremdGF kann sich in seiner Eigenschaft als AN iSd. Unionsrechts darauf berufen (*Klein* AuR 2016, 77, 78), sofern er den Fehler nicht rechtsmissbräuchl. herbeigeführt hat (*Lunk/Hildebrand* NZA 2016, 129, 133 f.; *Morgenrodt* ZESAR 2017, 17, 26). Der AG sollte auf die Anzeige größte Sorgfalt verwenden. Schon die Einreichung einer Massenentlassungsanzeige bei der örtl. unzust. AA kann die Unwirksamkeit der Kündigung nach sich ziehen (dazu Rn. 28).

Die Kündigung ist wegen Verstoßes nach § 134 BGB unwirksam, wenn das **Konsultationsverf.** 36 nach § 17 II KSchG nicht oder nicht ordnungsgem. durchgeführt wurde. Beteiligt der AG den BR nicht, nicht rechtzeitig oder fehlerhaft, kann er die Massenentlassung grds. nicht wirksam anzeigen und daher das **ArbVerh. nicht wirksam kündigen** (BAG 21.3.2013 NZA 2013, 966 Rn. 19 ff.; 22.9.2016 NZA 2017, 175 Rn. 24; 26.1.2017 NZA 2017, 577 Rn. 9; dazu Rn. 19). Ob dies auch für abhängige FremdGF gilt, die unionsrechtl. als AN (Rn. 6a f.) anzusehen sind, ist ungeklärt, wohl aber zu verneinen, weil der BR nach § 5 II 1 BetrVG nicht zust. ist (*Lunk/Hildebrand* NZA 2016, 129, 133; *Morgenrodt* ZESAR 2017, 17, 26). Die Unwirksamkeitsfolge tritt etwa ein, wenn der AG den unzust. BR konsultiert hat (vgl. *Schramm/Kuhnke* NZA 2011, 1074), wenn er dem zust. BR nicht die zweckdienl. Auskünfte erteilt oder ihn nicht schriftl. über die im G näher bestimmten Umstände („Muss-Angaben") unterrichtet hat (dazu Rn. 29). In Fällen einer vor Abschluss der fehlerfreien Konsultationen ausgesprochenen Kündigung ist der AG somit auf eine erneute Kündigung nach fehlerfreier Durchführung des Verf. gem. §§ 17 ff. verwiesen. Offengelassen hat das BAG ledigl., ob eine partiell in einem Nebenpunkt unvollständige Inf. ausnahmsweise keine nachteiligen Folgen nach sich zieht (BAG 13.12.2012 AP KSchG 1969 § 17 Nr. 44 Rn. 63). Das dürfte zu verneinen sein. Auch spricht viel dafür, dass sich nur diejenigen AN auf die Unwirksamkeit der Kündigung berufen können, auf deren Kündigung sich Fehler bei der Unterrichtung nach § 17 II Nr. 1–6 tats. auswirken können (*Lunk/Hildebrand* NZA 2016, 129, 133; **aA** *Krieger/Ludwig* NZA 2010, 919, 924). Für eine wirksame Anzeige muss der AG mit dem BR vor Ausspruch der Kündigung über die Möglichkeit beraten haben, die Entlassungen zu vermeiden bzw. einzuschränken und ihre Folgen zu mildern, oder diesem zumindest Gelegenheit hierzu gegeben haben (BAG 21.3.2013 NZA 2013, 966 Rn. 14 ff.); erforderl. ist eine ausreichende Stellungn. (Rn. 30 f.) oder Glaubhaftmachung ordnungsgem. Unterrichtung des BR (Rn. 32). Die Beifügung der Stellungn. des BR bzw. das Vorbringen des AG nach § 17 III 3 ist Teil der Anzeige und damit unmittelbar **Wirksamkeitsvoraussetzung** für die Massenentlassungsanzeige (BAG 28.6.2012 NZA 2012, 1029 Rn. 45 ff.; 13.12.2012 AP KSchG 1969 § 17 Nr. 44 Rn. 64; 26.2.2015 NZA 2015, 881 Rn. 34) und mittelbar für die Kündigung (BAG 22.11.2012 NZA 2013, 845 Rn. 31 ff., 45; 21.3.2013 NZA 2013, 966 Rn. 31 ff., 42; 20.1.2016 NZA 2016, 490 Rn. 17).

37 **Vertrauensschutz.** Nach „alter" Rechtslage sollte nach Auff. des BAG zu entscheiden sein, bis die zust. AA ihre der früheren stRspr. des BAG (zul. 18.9.2003 NZA 2004, 375) entspr. Auff. entspr. der der Junk-Entsch. des EuGH v. 27.1.2005 (NZA 2005, 213) geänd. hatte und dies dem AG bekannt sein musste. Bis dahin habe sich der AG auf die stRspr. des BAG und auf die durchgängige Verwaltungspraxis der AA verlassen dürfen (BAG 23.3.2006 NZA 2006, 971; 8.11.2007 AP KSchG 1969 § 17 Nr. 28). Diese mit dem Rechtsstaatprinzip und Vertrauensschutz nach dem GG begr. Rspr. hat beim BVerfG keinen Bestand gehabt. Danach wird der unionsrechtl. Vertrauensschutz für maßgebl. erachtet. Das BAG muss daher zunächst durch den EuGH nach Art. 267 I, III AEUV klären lassen, ob die Gewährung von Vertrauensschutz auf der Grdl. der früheren Auslegung des § 17 f. mit der unionrechtl. Pflicht zur richtlinienkonformen Auslegung des nationalen Rechts (Art. 288 III, IV AEUV) und die damit einhergehende Beschränkung der Wirkung der Junk-Entsch. mit dem Unionsrecht vereinbar ist (BVerfG 10.12.2014 NZA 2015, 375 Rn. 32; dazu *Sagan* NZA 2015, 341). Der Vertrauensschutz hat jdf. spätestens mit Bekanntgabe der internen Handlungsempfehlung v. 21.2.2005 geendet, mit der die BA die nachgeordneten Behörden angewiesen hat, eine Anzeige könne wirksam nur nach Abschluss des innerbetriebl. Konsultationsverf. und vor Ausspruch der Kündigung erstattet werden. Zum Vertrauensschutz ferner § 20 Rn. 6.

VI. Beherrschungsklausel nach Absatz 3a

38 Durch Abs. 3a ist sichergestellt, dass sich der AG, der durch ein anderes Unternehmen beherrscht wird, der Unterrichtung nicht dadurch entziehen kann, dass er auf den maßgebenden Einfluss des herrschenden Unternehmens und seine evtl. nicht ausreichende Kenntnis verweist. Die ergebnisoffenen Konsultationen mit dem BR sollen nicht dadurch leerlaufen, dass ihm die tats. Gründe für die beabsichtigte Massenentlassung vorenthalten werden. Die Pflicht zur Konsultation der ANVertretung nach Art. 2 I und IV RL 98/59/EG besteht bereits dann, wenn innerhalb des Konzerns strategische Entsch. getroffen und Änd. der Geschäftstätigkeit ins Auge gefasst werden, die den AG in der Folge veranlassen, Massenentlassungen in Erwägung zu ziehen (EuGH 10.9.2009 NZA 2010, 1083; dazu Rn. 20). Hins. des Begriffs des herrschenden Unternehmens ist auf **§§ 17, 18 AktG** abzustellen (KR/*Weigand* Rn. 150). Dabei kann die Möglichkeit der Einflussnahme genügen, wenn diese beständig und gesellschaftsrechtl. abgesichert ist (*Wißmann* RdA 1998, 225). Angaben zu einer „konzerninternen Kalkulation" können daher nur dann verlangt werden, wenn der AG bindende Vorgaben einzuhalten hat (vgl. BAG 22.9.2016 NZA 2017, 175 Rn. 54).

VII. Verfahrensfragen

39 Soweit die §§ 17 ff. die Rechtsbeziehungen zwischen AG und AN regeln, insb. die Wirksamkeit der Entlassungen, sind solche Streitigkeiten dem **IndividualArbR** zuzuordnen. Sie werden im UrtV entschieden, § 2 I Nr. 3b, V ArbGG. Streiten die Betriebsparteien um die Mitbestimmung des BR beim Anzeigeverf., § 17 II und III, ist das BeschlV die zutr. Verfahrensart, § 2a I Nr. 1, II ArbGG (HHL/*v. Hoyningen-Huene* vor § 17 Rn. 21). Geht es um Streitigkeiten zwischen AG und AA, sind die SG zust., § 51 I Nr. 4 SGG. Bei unterlassener oder mangelhafter Anzeige muss der AN **rechtzeitig Klage nach § 4 S. 1** erheben (BAG 26.1.2017 NZA 2017, 577 Rn. 15 ff.; APS/*Moll* § 18 Rn. 47 ff.; *Forst* EWiR 2009, 656; *Krieger/Ludwig* NZA 2010, 919, 925; *Niklas/Koehler* NZA 2010, 919; *Reinhard* RdA 2007, 215). Die danach zu beachtende Drei-Wochen-Frist verstößt weder gegen die MERL noch gegen den unionsrechtl. Grds. effektiven Rechtsschutzes (EuGH 16.7.2009 AP Richtlinie 98/59/EG 1999 Nr. 5; *Forst* NZA 2010, 144, 146). Nach § 6 S. 1 kann sich der AN bei rechtzeitiger Klageerhebung bis zum Schluss der mdl. Verh. erster Instanz zusätzl. auf die Unwirksamkeit der Kündigung wegen eines nicht bzw. fehlerhaft durchgeführten Verf. nach § 17 berufen, selbst wenn er zunächst andere Unwirksamkeitsgründe geltend gemacht hat. Das ArbG soll ihn nach § 6 S. 2 auf die verlängerte Anrufungsmöglichkeit hinweisen (dazu § 6 Rn. 6). Hat das ArbG einen solchen gebotenen Hinweis unterlassen, muss das LAG selbst prüfen, ob der AG seinen Pflichten aus § 17 genügt hat (BAG 13.12.2012 AP KSchG 1969 § 17 Nr. 43 Rn. 57).

40 Der **AN** ist für die tats. Voraussetzungen der Anzeigepflicht nach § 17 **darlegungs- und beweispflichtig**, da es sich bei dieser Vorschr. (anders als bei § 23 I 2) um keinen Ausnahmetatbestand handelt (BAG 22.3.2001 AP GG Art. 101 Nr. 59). Er muss daher die erforderl. Zahlen der beschäftigten sowie der entlassenen AN darlegen und im Streitfall beweisen (BAG 26.1.2017 NZA 2017, 577 Rn. 27). Allerdings dürfen an die Darlegungslast keine überzogenen Anforderungen gestellt werden. Der AN genügt ihr, wenn er die äußeren Umstände schlüssig vorträgt, die für ein Erreichen der Schwellenwerte sprechen. Es obliegt dann dem AG, hierauf nach § 138 II ZPO substantiiert und ggf. unter Beweisantritt zu erwidern. So muss der AG zB darlegen, dass es sich bei sukzessive vorgenommenen Entlassungen um mehrere nacheinander gepl. und vollzogene Entlassungen und nicht um eine auf einheitl. Beschl. beruhende Massenentlassung handelt (vgl. BAG 15.12.2011 NZA-RR 2012, 570 Rn. 72; 21.3.2012 AP KSchG 1969 § 17 Nr. 43 Rn. 31). Sind die Voraussetzungen für das Erfordernis einer Massenentlassungsanzeige schlüssig vorgetragen, ist es Sache des AG, die ordnungsgem. Durchführung des Kon-

sultationsverf. nach § 17 II darzulegen und zu beweisen. Ergibt sich aus seinem Vortrag, mit welchem Inhalt er den BR konsultiert und der AA die Massenentlassung angezeigt hat, darf sich der AN nicht darauf beschränken, die ordnungsgem. Durchführung des Massenentlassungsverf. pauschal zu bestreiten. Er muss sich vielmehr vollständig über den vom AG vorgetragenen Sachverhalt erklären und iE darlegen, welche Angaben er für unzutr. erachtet. Trägt jedoch der AG **ohne Rüge des AN** zu dem von ihm durchgeführten Massenentlassungsverf. vor und ist daraus oder aus den in das Verf. eingeführten Unterlagen eindeutig ersichtl., dass den Anforderungen des § 17 nicht genügt ist, hat das Gericht derartige Unwirksamkeitsgründe vAw. zu berücksichtigen. Allerdings kann in einem solchen Fall unter dem Gesichtspunkt der Wahrung rechtl. Gehörs ein entspr. Hinweis des Gerichts nach § 139 ZPO geboten sein (BAG 18.1.2012 NZA 2012, 817 Rn. 26; 13.12.2012 AP KSchG 1969 § 17 Nr. 43 Rn. 43).

§ 18 Entlassungssperre

(1) **Entlassungen, die nach § 17 anzuzeigen sind, werden vor Ablauf eines Monats nach Eingang der Anzeige bei der Agentur für Arbeit nur mit deren Zustimmung wirksam; die Zustimmung kann auch rückwirkend bis zum Tage der Antragstellung erteilt werden.**

(2) **Die Agentur für Arbeit kann im Einzelfall bestimmen, daß die Entlassungen nicht vor Ablauf von längstens zwei Monaten nach Eingang der Anzeige wirksam werden.**

(3) ***(aufgeh.)***

(4) **Soweit die Entlassungen nicht innerhalb von 90 Tagen nach dem Zeitpunkt, zu dem sie nach den Absätzen 1 und 2 zulässig sind, durchgeführt werden, bedarf es unter den Voraussetzungen des § 17 Abs. 1 einer erneuten Anzeige.**

1. Normzweck. § 18 regelt eine **zeitl. begrenzte Entlassungssperre.** Durch die angeordnete Sperrfrist soll der AA Gelegenheit gegeben werden, rechtzeitig Maßnahmen zur anderweitigen Vermittlung der freiwerdenden Arbeitskräfte zu treffen (BAG 23.3.2006 NZA 2006, 971; 6.11.2008 NZA 2009, 1013; *Bauer/Krieger* NZA 2009, 175). Sie trägt damit nicht nur öffentl. Belangen Rechnung, sondern dient auch dem Individualinteresse der betroffenen AN. Gem. § 45 SGB III können umfangr. Maßnahmen zur Aktivierung und berufl. Eingliederung vorgenommen werden; gem. §§ 44, 88 bis 94 SGB III kann zudem die Anbahnung oder Aufnahme einer Beschäftigung bzw. einer Selbständigkeit gefördert werden. Während der Sperrfrist kann die BA nach § 19 Kurzarbeit anordnen. Zum andern regelt Abs. 4 die **Freifrist**, innerhalb der die Entlassungen durchzuführen sind. 1

Nach § 18 I werden Entlassungen, die nach § 17 anzuzeigen sind, vor Ablauf eines Monats nach Eingang der Anzeige nur mit Zust. der AA wirksam. Aufgrund der unionsrechtl. Vorgaben ist unter „Entlassung" in § 18 I, II wie in § 17 die Erkl. der Kündigung zu verstehen (EuGH 27.1.2005 NZA 2005, 213 Rn. 39). Eine Kündigung kann deswegen schon unmittelbar nach Eingang der Massenentlassungsanzeige bei der AA erklärt werden. Die betroffenen AN dürfen allerdings nicht vor Ablauf der Fristen des § 18 I oder II ausscheiden (BAG 6.11.2008 NZA 2009 Rn. 25 ff.; 25.4.2013 AP InsO § 343 Nr. 1 Rn. 153). Damit stellt die Vorschr. für Kündigungen, bei denen der AG eine Kündigungsfrist unterhalb der Regelsperrzeit von einem Monat oder einer verlängerten Sperrzeit von zwei Monaten zu beachten hat, quasi eine **ör. Mindestkündigungsfrist** dar. 2

2. Sperrfrist. Die Frist nach § 18 I beginnt mit Eingang der Anzeige bei der zust. AA (dazu § 17 Rn. 28). Geht die Anzeige bei einer unzust. AA ein, läuft die Sperrfrist erst mit erfolgreicher Weitergabe an die zust. AA (KR/*Weigand* Rn. 12). Die Monatsfrist endet, falls sie nicht verlängert wird, nach § 188 BGB mit dem Ablauf des Tages des Folgemonats, der durch seine Zahl dem Tag entspricht, an dem die Anzeige bei der örtl. zust. AA eingegangen ist. Auch bei einem privaten Luftfahrtunternehmen ist die Anzeige an die örtl. zust. AA zu richten, nicht an die BA (BAG 4.3.1993 AP KSchG 1969 § 1 Betriebsbedingte Kündigung Nr. 60). Stimmt die AA der Kündigung innerhalb der Sperrfrist zu, ohne ein Datum festzusetzen, läuft die Frist ab der Bekanntgabe der Entsch. an den AG. Äußert sich die AA überhaupt nicht oder bestätigt sie ledigl. den Eingang der Anzeige, wird die Kündigung nach Ablauf eines Monats, frühestens aber nach Ablauf der einzuhaltenden Kündigungsfrist, wirksam (KR/*Weigand* Rn. 14). 3

Vor Ablauf der Sperrfrist kann der AG den AN entlassen, wenn die AA zugestimmt hat. Dies setzt einen Antrag des AG voraus. Dieser Antrag liegt nicht ohne weiteres bereits konkludent in der Anzeige. Gibt die AA dem Antrag statt, erlässt sie einen begünstigenden VA. Der AG ist gehalten, die Entsch. der AA, die idR nur ihm bekannt gemacht wird, den betroffenen AN mitzuteilen (KR/*Weigand* Rn. 15). Alle sonstigen Erfordernisse für eine wirksame Kündigung bleiben von dem VA unberührt, insb. die Einhaltung der Kündigungsfrist. Wird in dem VA kein Beendigungsdatum genannt, läuft die Sperrfrist frühestens ab dessen Bekanntgabe (KR/*Weigand* Rn. 13). Die Zust. zur Entlassung kann von bestimmten Voraussetzungen, zB Zahlung einer Abfindung oder Wiedereinstellung, abhängig gemacht werden (HHL/*v. Hoyningen-Huene* Rn. 15). Verwaltungsrechtl. handelt es sich dabei um einen **VA** unter einer **aufschiebenden Bedingung** (§ 32 Nr. 2 SGB X), der bes. dann in 4

Betracht zu ziehen ist, wenn der Antrag anderenfalls vollständig abzulehnen wäre (KR/*Weigand* Rn. 29). Der AG hat dann die Wahl, ob er die Bedingungen erfüllt, um die AN vorzeitig entlassen zu können, oder ob er den Ablauf der Sperrfrist abwarten will. Die Zust. kann aber auch **rückwirkend** bis zum Tag der Antragstellung erteilt werden, § 18 I. Eine solche Entsch. bietet sich an, wenn die Ereignisse, die die Massenkündigung notwendig machen, unvorhersehbar waren. Gerät ein Unternehmen durch die Sperrzeit in wirtschaftl. Schwierigkeiten, kann eine Zust. nach Abwägung der Belange der AN sowie der öffentl. Belange geboten sein. Beschäftigt der AG die AN trotz rückwirkender Zust. der AA vorsorgl. weiter, bleibt er verpflichtet, das **Arbeitsentgelt** über den Tag der rückwirkenden Zust. hinaus bis zur tats. Beendigung des ArbVerh. zu zahlen.

5 § 18 II ermöglicht eine **Verlängerung der Sperrzeit** vAw. Danach kann die AA im Einzelfall bestimmen, dass die Entlassungen nicht vor Ablauf von längstens zwei Monaten nach Eingang der Anzeige bei der AA wirksam werden. Die Anordnung einer Verlängerung muss dem AG vor Ablauf der Monatsfrist des § 18 I zugegangen sein. Geht sie erst danach zu, sind die Kündigungen bereits wirksam geworden (HHL/*v. Hoyningen-Huene* Rn. 5; KR/*Weigand* Rn. 31). Die AA ist nicht auf einen Zeitraum von zwei Monaten beschränkt; sie kann auch eine kürzere Verlängerung, zB sechs Wochen, anordnen. Ob die Voraussetzungen für eine Verlängerung der Sperrfrist vorliegen, hat der zust. Entscheidungsträger (§ 20) unter sorgfältiger **Abwägung aller Umstände des Einzelfalls** nach pflichtgem. Ermessen zu entscheiden. § 18 ist keine Schutzvorschr. für die BA zur Vermeidung von Leistungen an Arbeitslose, sondern dient dazu, eine Klärung des Sachverhalts sowie Hilfsmaßnahmen zur Vermeidung oder Einschränkung von Kündigungen oder die alsbaldige anderweitige Unterbringung von AN zu ermöglichen. Nur zur Erreichung dieser Ziele darf die Sperrfrist angeordnet werden. Die Verlängerung oder Abkürzung der Sperrfrist kann auf bestimmte Gruppen der zu entlassenden AN beschränkt werden.

6 Das aus der Verletzung der Anzeigepflicht herrührende Entlassungsverbot wirkt nur **zugunsten des AN**. Die Sperrfrist führt nicht dazu, dass ein AN bei fristgerechter Kündigung verpflichtet wird, über den Zpkt. des Kündigungstermins hinaus bis zu dem Ablauf der Sperrfrist zu arbeiten. Der AG kann den AN nicht etwa unter Berufung auf eine selbst veranlasste Unwirksamkeit der Entlassung am ArbVerh. festhalten (KR/*Weigand* Rn. 37). Das Entlassungsverbot richtet sich allein an den AG und enthält kein Beschäftigungsgebot für den AN.

7 **3. Freifrist.** Ist die einmonatige oder verlängerte Sperrfrist abgelaufen, hat der AG nach § 18 IV 90 **Tage Zeit**, die beabsichtigten Entlassungen durchzuführen. Die sog. Freifrist beginnt mit dem Tag des Ablaufs der Sperrfrist bzw. bei rückwirkender Zust. mit Beginn des Tages, auf den die Rückwirkung festgesetzt wurde (aA Merkblatt 5 – Anzeigepfl. Entlassungen der BA unter 5.2: 90 Tage nach Eingang der wirks. Anzeige; vgl. *Lingemann/Steinhauser* NJW 2017, 2245, 2247). Unter „Durchführung" der Entlassung innerhalb der Freifrist ist bei unionsrechtskonformer Auslegung der §§ 17, 18 der Ausspruch der Kündigung zu verstehen. Dauern die Kündigungsfristen über die Entlassungssperre nach Abs. 1, 2 oder über die Freifrist nach Abs. 4 hinaus an, muss der AG vor der tats. Beendigung des ArbVerh. keine erneute Entlassungsanzeige erstatten (BAG 6.11.2008 NZA 2009, 1013; 23.2.2010 NZA 2010, 944 Rn. 32; 9.6.2016 NZA 2016, 1202 Rn. 27). Innerhalb der Freifrist kann der AG dem von der Massenentlassungsanzeige erfassten AN kündigen, auch wenn er davon (etwa wegen fehlender Zust. einer Behörde) zunächst Abstand genommen hat. Er ist aber nicht dazu berechtigt, eine erneut nach § 17 I anzeigepflichtige Kündigung innerhalb der „Freifrist" zu wiederholen (BAG 22.4.2010 NZA 2010, 1754 Rn. 18 ff.; 25.4.2013 AP InsO § 343 Nr. 1 Rn. 154). Nach Ablauf der Freifrist muss er eine erneute Anzeige erstatten, wenn er bis dahin von der Möglichkeit des Ausspruchs der Kündigung keinen Gebrauch gemacht hat. Auf diese Weise werden „Vorratsanzeigen" verhindert, die dem Zweck des G zuwiderliefen, die AA über das Ausmaß der Beendigungen von ArbVerh. ins Bild zu setzen (BAG 23.2.2010 NZA 2010, 944 Rn. 33; 9.6.2016 NZA 2016, 1198 Rn. 27). Bei dieser unionsrechtskonformen Auslegung begrenzt die „Freifrist" die Umsetzung der Massenentlassung im Hinblick auf die arbeitsmarktpolitische Bedeutung des § 18 IV weiterhin in sinnvoller Weise (*Clemens* Anm. EzA KSchG § 18 Nr. 2).

§ 19 Zulässigkeit von Kurzarbeit

(1) Ist der Arbeitgeber nicht in der Lage, die Arbeitnehmer bis zu dem in § 18 Abs. 1 und 2 bezeichneten Zeitpunkt voll zu beschäftigen, so kann die Bundesagentur für Arbeit zulassen, daß der Arbeitgeber für die Zwischenzeit Kurzarbeit einführt.

(2) Der Arbeitgeber ist im Falle der Kurzarbeit berechtigt, Lohn oder Gehalt der mit verkürzter Arbeitszeit beschäftigten Arbeitnehmer entsprechend zu kürzen; die Kürzung des Arbeitsentgelts wird jedoch erst von dem Zeitpunkt an wirksam, an dem das Arbeitsverhältnis nach den allgemeinen gesetzlichen oder den vereinbarten Bestimmungen enden würde.

(3) Tarifvertragliche Bestimmungen über die Einführung, das Ausmaß und die Bezahlung von Kurzarbeit werden durch die Absätze 1 und 2 nicht berührt.

1. Allg. § 19 ergänzt § 18. Nach § 19 I kann die BA dem AG für den Zeitraum nach § 18 I und II die Einf. von **Kurzarbeit** erlauben, wenn der AG die AN bis zu dem in § 18 I und II bezeichneten Zeitraum nicht voll beschäftigen kann. Die praktische Bedeutung der Vorschr. ist gering, da bis zum Ende der jeweiligen Kündigungsfrist der volle Lohn zu zahlen ist, vgl. Rn. 10, tarifl. Regelungen bleiben unberührt, vgl. Rn. 6, die Mitbestimmung des BR bleibt bestehen, vgl. Rn. 5. Betroffen sind daher nur nicht tarifgebundene AN in betriebsratslosen Betrieben (HHL/*v. Hoyningen-Huene* Rn. 13 ff.). 1

Die **Zulassung von Kurzarbeit** durch die BA ist bei einer wirtschaftl. Krise nicht generell zulässig. Vielmehr müssen für die Zust. zur Kurzarbeit die gleichen Voraussetzungen vorliegen wie bei § 17 (HHL/*v. Hoyningen-Huene* Rn. 3). Der AG darf darüber hinaus nicht in der Lage sein, die AN bis zum Ablauf der Sperrfrist voll zu beschäftigen. Dies erfordert keine obj. Unmöglichkeit; es genügt, dass dem AG nach der wirtschaftl. Lage seines Betriebs die **Vollbeschäftigung nicht zuzumuten** ist (DDZ/*Deinert*/*Callsen* Rn. 3). Nach dem Sinn der Vorschr. betrifft die Kurzarbeit nicht nur die von der Entlassung betroffenen, sondern alle AN. Dabei können auch AN, die einen Sonderkündigungsschutz genießen (zB nach § 9 MuSchG oder nach § 85 SGB IX) einbezogen werden, weil keine Kündigung erfolgt (APS/*Moll* Rn. 28). Die BA entscheidet nach pflichtgem. Ermessen. Die Bewilligung von Kurzarbeit kommt va. bei einer Verlängerung der Sperrfrist in Frage (KR/*Weigand* Rn. 9). Für die Überprüfung der Zulassungsentsch. sind die **SG** zust. (HHL/*v. Hoyningen-Huene* Rn. 4). 2

2. Zulassung der Kurzarbeit. Die Zulassung der Kurzarbeit durch die BA setzt einen **Antrag** des AG voraus. Die Zulassungsentsch. der BA ist ein begünstigender privatrechtsgestaltender VA (HHL/*v. Hoyningen-Huene* Rn. 6). Ihm wird ein einseitiges Gestaltungsrecht eingeräumt. Die Entsch. wird durch Bekanntgabe an den AG wirksam (KR/*Weigand* Rn. 15). Die Kurzarbeit darf zeitl. die Dauer der Sperrfrist nicht übersteigen. Weitere Einschränkungen hins. des Umf. der Zulassung der Kurzarbeit enthält das G nicht. Die BA kann festlegen, ob sie Kurzarbeit nur für einen Teil der Sperrfrist, für die gesamte Belegschaft oder nur für eine bestimmte Betriebsabt. oder eine bestimmte Gruppe von AN bewilligt oder mit inhaltl. Beschränkung gestattet (DDZ/*Deinert*/*Callsen* Rn. 8). Eine rückwirkende Zulassung von Kurzarbeit vor den Zeitpkt. der Antragstellung ist im Rahmen von § 19 unzulässig. Mit Ablauf der Sperrfrist tritt die Zulassung von selbst außer Kraft (HHL/*v. Hoyningen-Huene* Rn. 12). 3

§ 19 erweitert die Individualrechte des AG. Er wird durch die Zulassung ermächtigt, bei fehlender tarifvertragl. oder einzelvertragl. Regelung Kurzarbeit anzuordnen. Die Zulassung der Kurzarbeit durch die BA führt jedoch nicht automatisch zu einer Änd. der individualrechtl. Vereinb. Der AG ist nicht verpflichtet, von der Zulassung Gebrauch zu machen, sondern kann frei entscheiden, ob er in dem zugelassenen Umf. die Kurzarbeit anordnen will oder nicht (HHL/*v. Hoyningen-Huene* Rn. 16). Entscheidet sich der AG zur Einf. von Kurzarbeit, hat er die **Mitwirkungsrechte des BR** nach § 87 I Nr. 3 BetrVG zu beachten. Auch im Rahmen von § 19 hat der AG nicht nur bei dem „Wie" (dazu Rn. 9), sondern auch bei dem „Ob" der Einf. der Kurzarbeit mitzubestimmen (KR/*Weigand* Rn. 31). 4, 5

Besteht eine **tarifl. Regelung**, ist § 19 III zu beachten. Danach werden tarifvertragl. Bestimmungen über die Einf., das Ausmaß und die Bezahlung von Kurzarbeit durch die Abs. 1 und 2 nicht berührt. Verbietet ein TV die Einf. von Kurzarbeit, ist für die Zulassung durch die BA kein Raum. Ebenso sind von den TVParteien aufgestellte bes. Erfordernisse zu beachten (HHL/*v. Hoyningen-Huene* Rn. 18; KR/*Weigand* Rn. 22 ff.). § 19 III gilt nur, wenn AG und AN tarifgebunden sind (KR/*Weigand* Rn. 28). Es ist mögl., Kurzarbeit für den tarifl. nicht gebundenen Teil der AN nach § 19 I anzuordnen, den tarifl. gebundenen Teil aber nach § 19 III voll zu beschäftigen (vgl. HHL/*v. Hoyningen-Huene* Rn. 19; KR/*Weigand* Rn. 28). Der Vorrang des Tarifrechts gilt auch für die Bezahlung der Kurzarbeit (KR/*Weigand* Rn. 25). 6, 7

Die Zulassung von Kurzarbeit durch die BA nach § 19 umfasst nicht zugleich die **Bewilligung von Kug**. Dieses wird auf gesonderten Antrag des AG an die von der Kurzarbeit betroffenen AN bezahlt. Hierfür müssen die nach dem SGB III festgelegten Voraussetzungen erfüllt sein (HHL/*v. Hoyningen-Huene* Rn. 21; KR/*Weigand* Rn. 34). 8

3. Durchführung der Kurzarbeit. Kurzarbeit tritt erst ein, wenn der AG von der Zulassung Gebrauch gemacht hat. Will er Kurzarbeit einführen, muss er **Zpkt. und Ausmaß der Kurzarbeit** ggü. den betroffenen AN ankündigen. Dadurch werden die Arbeitspflicht des jew. AN und die Beschäftigungspflicht des AG zu dem mitgeteilten Zpkt. entspr. eingeschränkt (HHL/*v. Hoyningen-Huene* Rn. 24; KR/*Weigand* Rn. 37). Die Änd. des Arbeitsvertragsinhalts tritt ein, ohne dass es einer Zust. des betr. AN bedarf. Wie der AG die verbleibende AZ aufteilt, ist grds. ihm überlassen. Er muss bei der Verteilung der Arbeitsstunden jedoch die MBR des BR nach § 87 I Nr. 2 und 3 BetrVG beachten. AG und BR beschließen gemeinsam, wann und in welchem Umf. die verbleibende AZ auf die Kurzarbeitsperiode verteilt werden soll (HHL/*v. Hoyningen-Huene* Rn. 28). Da es sich bei dem Gebrauch von der Zulassung nicht um eine Kündigung handelt, kann der AN nicht mit einer Kündigungsschutzklage dagegen vorgehen (KR/*Weigand* Rn. 38). Der betr. AN kann jedoch gerichtl. überprüfen lassen, ob die Kurzarbeitsanordnung wirksam ist (DDZ/*Deinert* Rn. 12) oder das ArbVerh. selbst ordentl. kündigen. Ein Grund zu einer außerordentl. Kündigung wird idR nicht vorliegen (HHL/*v. Hoyningen-Huene* Rn. 25). Die alten Arbeitsbedingungen leben nach Ablauf der Sperrfrist wieder auf. 9

10 Nach § 19 II Hs. 1 ist der AG im Fall der Kurzarbeit berechtigt, Lohn oder Gehalt der mit verringerter AZ beschäftigten AN entspr. zu kürzen. Nach Hs. 2 wird die Kürzung des Arbeitsentgelts jedoch erst von dem **Zpkt.** an wirksam, zu dem das ArbVerh. nach den allg. ges. oder den vereinbarten Bestimmungen enden würde. Unter den allg. ges. Bestimmungen sind die Vorschr. zu verstehen, die für alle AN gelten, § 622 BGB. Den allg. ges. Bestimmungen stehen die vereinbarten Bedingungen gleich. Es kommt nicht darauf an, ob diese länger oder kürzer als die ges. sind (HHL/*v. Hoyningen-Huene* Rn. 34 f.; KR/*Weigand* Rn. 40).

§ 20 Entscheidungen der Agentur für Arbeit

(1) [1]**Die Entscheidungen der Agentur für Arbeit nach § 18 Abs. 1 und 2 trifft deren Geschäftsführung oder ein Ausschuß (Entscheidungsträger).** [2]**Die Geschäftsführung darf nur dann entscheiden, wenn die Zahl der Entlassungen weniger als 50 beträgt.**

(2) [1]**Der Ausschuß setzt sich aus dem Geschäftsführer, der Geschäftsführerin oder dem oder der Vorsitzenden der Geschäftsführung der Agentur für Arbeit oder einem von ihm oder ihr beauftragten Angehörigen der Agentur für Arbeit als Vorsitzenden und je zwei Vertretern der Arbeitnehmer, der Arbeitgeber und der öffentlichen Körperschaften zusammen, die von dem Verwaltungsausschuss der Agentur für Arbeit benannt werden.** [2]**Er trifft seine Entscheidungen mit Stimmenmehrheit.**

(3) [1]**Der Entscheidungsträger hat vor seiner Entscheidung den Arbeitgeber und den Betriebsrat anzuhören.** [2]**Dem Entscheidungsträger sind, insbesondere vom Arbeitgeber und Betriebsrat, die von ihm für die Beurteilung des Falles erforderlich gehaltenen Auskünfte zu erteilen.**

(4) **Der Entscheidungsträger hat sowohl das Interesse des Arbeitgebers als auch das der zu entlassenden Arbeitnehmer, das öffentliche Interesse und die Lage des gesamten Arbeitsmarktes unter besonderer Beachtung des Wirtschaftszweiges, dem der Betrieb angehört, zu berücksichtigen.**

1 Die nach § 18 I und II notwendigen Entsch. werden nach § 20 I im Wege der Selbstverw. von der Geschäftsführung der AA oder von einem Ausschuss (Entscheidungsträger) getroffen. Die Geschäftsführung der AA ist nur zust., wenn die Zahl der Entlassungen weniger als 50 AN beträgt. Der Ausschuss besteht aus sieben Mitgliedern: Neben dem GF oder dem Vors. der AA oder einem von ihm beauftragten Angehörigen der AA als Vors. gehören ihm noch je zwei Vertreter der AN, der AG und der öffentl. Körperschaften, die von dem Verwaltungsausschuss der AA benannt werden, an. Der Ausschuss ist ein unabhängiges Gremium. Die Zust. der Entscheidungsträger nach § 20 erfasst nur die Erteilung der Zust. zu den Entlassungen während der Sperrfrist sowie die **Verlängerung der Sperrfrist**, nicht jedoch die Bewilligung von Kurzarbeit.

2 Außer den in § 20 enthaltenen Regelungen schreibt das G kein Verf vor. Soweit das SGB X keine Verfahrensregeln enthält, kann der Entscheidungsträger das Verf. gem. § 9 SGB X nach Zweckmäßigkeit bestimmen. Er hat nach § 20 III zwgd. den AG und den BR anzuhören. Dies ist Ausdruck des Amtsermittlungsgrds., dem die Regelungen des § 20 III unterliegen (BAG 21.3.2012 NZA 2012, 1058 Rn. 27). Dadurch kann sich die AA selbst ein Bild vom Stand der Beratungen verschaffen (BAG 28.5.2009 NZA 2009, 1267 Rn. 63). Der Ausschuss darf von einer **Anhörung**, die schriftl. oder mdl. erfolgen kann, nicht mit der Begr. absehen, er habe die nötigen Kenntnisse bereits durch die Anzeige des AG und die Stellungn. des BR nach § 17 erlangt. AG und BR dürfen sich durch Vertreter (AGVerband/Gewerkschaft) vertreten lassen (HHL/*v. Hoyningen-Huene* Rn. 13; KR/*Weigand* Rn. 43). Der Ausschuss kann außerdem weitere Personen anhören. Nach § 20 III 2 sind dem Entscheidungsträger für die Auskünfte, die für die Beurteilung des Falles als notwendig ansieht, von allen angehörten Personen lückenlos zu erteilen. Zwangsmittel stehen dem Entscheidungsträger nicht zu. Er kann jedoch bei Verweigerung der Mitwirkung je nach den Umständen des Einzelfalls entspr. Schlüsse ziehen (KR/*Weigand* Rn. 47). Der Ausschuss trifft seine Entsch. mit einfacher Mehrheit. Die Mitglieder des Ausschusses unterliegen der **Verschwiegenheitspflicht** (vgl. KR/*Weigand* Rn. 33 ff.).

3 Liegen die Voraussetzungen nach § 17 vor, hat der Entscheidungsträger nach pflichtgem. Ermessen zu entscheiden (BSG 21.3.1978 NJW 1980, 2430). Nach Abs. 4 hat er bei einer Entlassung die Interessen des AG mit denen der zu entlassenden AN abzuwägen, außerdem das öffentl. Interesse sowie die Lage des gesamten Arbeitsmarktes unter bes. Beachtung des Wirtschaftszweigs, dem der Betrieb angehört, zu berücksichtigen (KR/*Weigand* Rn. 59). Der Entscheidungsträger hat insb. zu prüfen, ob die Beschäftigung der zu entlassenden AN während der Sperrfrist wirtschaftl. noch zumutbar ist, wobei auch die Möglichkeit einer Kurzarbeit nach § 19 zu erwägen ist, und ob der Betrieb die bei Verweigerung der Zust. zur Entlassung und bei Verlängerung der Sperrfrist eintretenden Lohnkosten tragen kann (HHL/*v. Hoyningen-Huene* Rn. 19; KR/*Weigand* Rn. 60). Eine rückwirkende Zust. kommt in Frage, wenn der AG durch **unvorhersehbare Ereignisse** zu Massenentlassungen gezwungen war, so dass er die in § 18 I vorgesehene Sperrfrist von einem Monat bei seiner Arbeitsplanung nicht berücksichtigen konnte (§ 18 Rn. 3; HHL/*v. Hoyningen-Huene* Rn. 9, 11). Weil das

öffentl. Interesse auf die Verhinderung von Arbeitslosigkeit zielt, ist in die Abwägung einzubeziehen, ob die zu entlassenden AN wieder Aussicht auf eine Beschäftigung haben. Der Entscheidungsträger kann auch helfend und vermittelnd tätig werden (HHL/*v. Hoyningen-Huene* Rn. 22).

Sind die Voraussetzungen nach § 17 gegeben und ist kein Grund ersichtl., eine Entlassung während der Sperrfrist zu gestatten oder umgekehrt die Sperrfrist zu verlängern, lehnt der Entscheidungsträger die betr. Anträge ab. In den übrigen Fällen trifft er eine positive Entsch. Die Entsch. ist ein VA gem. § 31 SGB X. Dieser wird nach § 39 SGB X wirksam, wenn er dem AG bekannt gemacht wird. Dies geschieht idR schriftl., kann jedoch auch mdl. erfolgen (HHL/*v. Hoyningen-Huene* Rn. 24; KR/*Weigand* Rn. 66). Wird der Bescheid schriftl. erteilt, ist er nach §§ 35, 36 SGB X mit einer ausreichenden Begr. und mit einer RMB zu versehen. Liegen die Voraussetzungen des § 17 nicht vor, teilt der Entscheidungsträger dem AG mit, dass eine Zust. zu den beabsichtigten Entlassungen nicht nötig ist, sog. **Negativattest**. Diese Mitt. ist selbst kein VA und kann daher nicht mit Rechtsmitteln angegriffen werden (KR/*Weigand* Rn. 67). Das Negativattest des Entscheidungsträgers berechtigt den AG, die Entlassungen nunmehr durchzuführen. Ob dies wie bisher auch gilt, wenn die Auff. des Entscheidungsträgers unrichtig ist, erscheint im Hinblick auf den individuellen Rechtsschutz der AN zw. (dazu Rn. 6). Eine wirksame Entlassungszust. ist idR unwiderrufl. (§ 47 SGB X), da sie auf erfolgte Entlassungen rechtsgestaltend gewirkt hat. Eine abl. Entsch. bindet den Entscheidungsträger nicht. Er kann bei Änd. der Verhältnisse und bei neuen Anträgen anders entscheiden. 4

Gegen die Entsch. des Entscheidungsträgers kann nach §§ 51 ff. SGG vor den **SG** Klage auf Aufhebung oder Abänderung des VA sowie auf Verurteilung zum Erl. eines abgelehnten oder unterlassenen VA erhoben werden. Klageberechtigt ist der AG, sofern er in seinen Rechten verletzt ist. Die Klage ist gegen die BA zu richten (BSG 21.3.1978 NJW 1980, 2430). AN oder BR sind hingegen nicht klagebefugt (BSG 30.10.1959 AP KSchG § 18 Nr. 1; HHL/*v. Hoyningen-Huene* Rn. 27; KR/*Weigand* Rn. 73; **aA** DDZ/*Deinert/Callsen* Rn. 22). Vor Einreichung der Klage muss ein Vorverfahren durchgeführt werden, §§ 77 ff. SGG. Der AG hat innerhalb eines Monats nach Bekanntgabe des VA gem. § 84 SGG Widerspruch einzulegen (KR/*Weigand* Rn. 73). 5

Streiten AG und AN im **Kündigungsschutzprozess** darüber, ob eine Entlassung nach §§ 17 ff. anzeigepflichtig war oder die Anzeige fehlerhaft bzw. unvollständig erfolgte, müssen darüber die ArbG befinden. Sie sind iÜ an die Auff. der AA nicht gebunden. Fehler des AG bei der Erstattung einer nach § 17 III erforderl. Anzeige werden nicht durch einen bestandskräftigen Bescheid nach §§ 18, 20 geheilt. Die Bindungswirkung umfasst nur den Regelungsgehalt des Bescheids der AA, bspw. die Dauer der Sperrfrist, den Zpkt. ihres Ablaufs oder die Genehmigung, Entlassungen vor Ablauf der Sperrfrist vorzunehmen, nicht jedoch die Einhaltung der formalen Anforderungen des § 17. Dabei handelt es sich ledigl. um eine Vorfrage des Bescheids, die nach allg. verwaltungsrechtl. Grds. nicht zu dessen Regelungsinhalt gehört (BAG 28.6.2012 NZA 2012, 1029 Rn. 73 ff.; 20.9.2012 NZA 2013, 32 Rn. 28; 22.11.2012 NZA 2013, 845 Rn. 30; 13.12.2012 AP KSchG 1969 § 17 Nr. 44 Rn. 66 ff.; 21.3.2013 NZA 2013, 966 Rn. 30, 40; 26.2.2015 NZA 2015, 881 Rn. 42). Der urspr. Auff. des BAG lag zugrunde, dass die Prüfung der Wirksamkeit der Anzeige iRd. §§ 18, 20 den AA zugewiesen ist, die im Verwaltungsverf. inzident entscheiden, bevor sie einen Bescheid über die Dauer der Sperrfrist erlassen. Diese Rspr. war unionsrechtskonform nicht aufrechtzuerhalten, weil anderenfalls der AN unzureichend vor einer fehlerhaften oder unvollständigen Anzeige geschützt würde. Die Folge, dass der AN die Entsch. der Behörde nicht anfechten konnte, obwohl der VA für ihn drittbelastend wirkt, verstieß gegen Art. 6 MERL. Danach sind die Mitgliedstaaten verpflichtet wirksam sicherzustellen, dass dem betr. AN administrative und/oder gerichtl. Verf. zur Durchsetzung der von der MERL vorgesehenen Verpfl. zur Vfg. stehen (EuGH 16.7.2009 AP Richtlinie 98/59/EG 1999 Nr. 5 Rn. 34, 36). Weder die AN noch der BR sind am Verwaltungsverf. beteiligt. Würde ein Bescheid nach §§ 18, 20 dem AN die Möglichkeit nehmen, sich im Kündigungsrechtsstreit auf Formfehler bei den Anforderungen des § 17 III zu berufen, wäre das von Art. 6 MERL geforderte Schutzniveau unterschritten (BAG 28.6.2012 NZA 2012, 1029 Rn. 76 ff.; 20.9.2012 NZA 2013, 32 Rn. 29; 13.12.2012 AP KSchG 1969 § 17 Nr. 44 Rn. 68). **Vertrauensschutz** durch die nicht erfolgte Beanstandung einer unzulängl. Massenentlassungsanzeige kann einem AG aber **nicht** zuteil werden, wenn er selbst die ges. Anforderungen der §§ 17 ff. missachtet hat (**aA** *Moll* Anm. zu AP KSchG 1969 § 17 Nr. 40 unter II 2; krit. auch *Sittard/Knoll* BB 2013, 2040 f.). Der AG darf nicht darauf vertrauen, dass die AA ungeachtet ihrer Verpflichtung, im Wege der Amtsermittlung die Vollständigkeit der Anzeige zu prüfen und den AG auf formelle Unvollständigkeiten hinzuweisen, eine gesetzwidrige Handhabung der Vorschr. zur Massenentlassung hinnehmen würde. Dies gilt insb. für das offensichtl. Fehlen einer Stellungn. des BR (BAG 13.12.2012 AP KSchG 1969 § 17 Nr. 44 Rn. 69 f.). Ein Irrtum des Entscheidungsträgers kann dem AG allenfalls dann nicht zum Nachteil gereichen, wenn der Fehler weder durch ihn verursacht noch für ihn erkennbar war. Berechtigterweise konnte er sich unter dem Gesichtspunkt des Art. 20 III GG aber nicht mehr auf die frühere Rspr. des BAG zu § 17 im Allg. und zur Heilungswirkung von VA der AA im Besonderen verlassen, nachdem der EuGH dieser durch die Junk-Entsch. v. 27.1.2005 (NZA 2005, 213) die Grdl. entzogen hat. Auch wurden ihm nicht nachträgl. unabsehbare Handlungspflichten auferlegt, weil es nach dem Wortlaut des G ohne Weiteres mögl. ist, die Handlungspflichten nach § 17 im Einklang mit der Rspr. des EuGH zu erfüllen (vgl. BAG 13.12.2012 AP KSchG 1969 § 17 Nr. 44 Rn. 71). 6

§ 21 Entscheidungen der Zentrale der Bundesagentur für Arbeit

[1]**Für Betriebe, die zum Geschäftsbereich des Bundesministers für Verkehr oder des Bundesministers für Post und Telekommunikation gehören, trifft, wenn mehr als 500 Arbeitnehmer entlassen werden sollen, ein gemäß § 20 Abs. 1 bei der Zentrale der Bundesagentur für Arbeit zu bildender Ausschuß die Entscheidungen nach § 18 Abs. 1 und 2.** [2]**Der zuständige Bundesminister kann zwei Vertreter mit beratender Stimme in den Ausschuß entsenden.** [3]**Die Anzeigen nach § 17 sind in diesem Falle an die Zentrale der Bundesagentur für Arbeit zu erstatten.** [4]**Im übrigen gilt § 20 Abs. 1 bis 3 entsprechend.**

1 § 21 enthält eine Sonderregelung für Massenentlassungen in Betrieben des Verkehrswesens und der Post, sofern sie unmittelbar der BReg. unterstehen. Die Vorschr. ist nach der Privatisierung der in der Vorschr. genannten Geschäftsbereiche (Dt. Post AG, die Dt. Postbank AG, Dt. Telekom AG, Dt. Bahn AG) heute weitgehend obsolet (vgl. KR/*Weigand* Rn. 1). Das Bundesministerium für Post und Telekommunikation wurde zum 1.1.1998 aufgelöst. Der Regelung unterfallen nur Betriebe mit wirtschaftl. Zwecken, § 23 II (HHL/*v. Hoyningen-Huene* Rn. 2; DDZ/*Deinert/Callsen* Rn. 2). Erforderl. ist mehr als eine bloße ministerielle Zust. (des Verkehrsministeriums). Es muss eine dem Eigentum vergleichbare Rechtsposition gegeben sein, die in der Ausübung der Dienstaufsicht zum Ausdruck gelangt und sich nicht in der vom Bundesministerium weiterhin zu erteilenden Betriebsgenehmigung erschöpft (vgl. BAG 4.3.1993 AP KSchG 1969 § 1 Betriebsbedingte Kündigung Nr. 60). Voraussetzung für die Anwendung der Vorschr. ist, dass es sich um eine **Entlassung von mehr als 500 AN** innerhalb von 30 Tagen handelt. Erreichen die Entlassungen diese Anzahl nicht, gelten die allg. Vorschr. Bei S. 1 kommt es auf den jeweiligen Betrieb an. **Mehrere Betriebe** sind nicht zusammenzurechnen (APS/*Moll* Rn. 8; HHL/*v. Hoyningen-Huene* Rn. 4; **aA** DDZ/*Deinert/Callsen* Rn. 3; KR/*Weigand* Rn. 6).

§ 22 Ausnahmebetriebe

(1) **Auf Saisonbetriebe und Kampagne-Betriebe finden die Vorschriften dieses Abschnitts bei Entlassungen, die durch diese Eigenart der Betriebe bedingt sind, keine Anwendung.**

(2) [1]**Keine Saisonbetriebe oder Kampagne-Betriebe sind Betriebe des Baugewerbes, in denen die ganzjährige Beschäftigung nach dem Dritten Buch Sozialgesetzbuch gefördert wird.** [2]**Das Bundesministerium für Arbeit und Soziales wird ermächtigt, durch Rechtsverordnung Vorschriften zu erlassen, welche Betriebe als Saisonbetriebe oder Kampagne-Betriebe im Sinne des Absatzes 1 gelten.**

1 Die Vorschr. des Dritten Abschn., §§ 17ff., finden auf Saisonbetriebe und Kampagnebetriebe bei Entlassungen, die durch die Eigenart der Betriebe bedingt sind, keine Anwendung. § 22 II 2 ermächtigt das BMAS durch VO Vorschr. zu erlassen, welche Betriebe als Saison- oder Kampagnebetriebe iSd. Abs. 1 gelten. Solange eine solche VO nicht existiert, kann an den Begriffsbestimmungen des früheren Rechts (§ 20 IV AOG, mit Ausnahme der Drei-Monats-Frist) festgehalten werden (HHL/*v. Hoyningen-Huene* Rn. 2).

2 § 22 schränkt den betriebl. Geltungsbereich nur hins. des Dritten Abschn. des KSchG ein. Daher gilt der allg. Kündigungsschutz (§§ 1 bis 14) sowie der bes. Schutz betriebsverfassungsrechtl. Funktionsträger (§§ 15, 16) uneingeschränkt (KR/*Weigand* Rn. 12). Betriebe, in denen idR nicht **mehr als 20 AN** beschäftigt werden, unterfallen generell nicht den Regelungen des Dritten Abschn. (KR/*Weigand* Rn. 14). § 17 I Nr. 1 gilt nicht, soweit es sich um durch die Eigenart des Betriebs geprägte Entlassungen des Saison- und Kampagnebetriebs handelt (§ 17 Rn. 5). Die Bereichsausnahme ist allerdings nach Art. 1 II lit. a der RL unionsrechtl. nur unbedenkl., soweit sie befristete ArbVerh. erfasst, die das ArbVerh. am Ende der Saison bzw. Kampagne durch Auslaufen der Befristung beenden. Die Vorschr. ist iÜ unionsrechtskonform zu reduzieren (ausf. dazu EUArbR/*Spelge* RL 98/59/EG Art. 1 Rn. 11f. mwN; § 17 Rn. 5). Soweit das BAG der Vorschr. keine große praktische Bedeutung beigemessen hat, weil den bezeichneten Besonderheiten dieser Betriebe weitgehend durch zulässig befristete ArbVerh. begegnet wird (vgl. BAG 29.1.1987 AP BGB § 620 Saisonarbeit Nr. 1), darf dieser zutr. Umstand im Hinblick auf die Unwirksamkeitsfolgen bei einer Verletzung der Pflichten des § 17 (§ 17 Rn. 35) nicht dazu verleiten, die unionsrechtl. Bedenken zu unterschätzen.

3 Das G regelt die Besonderheiten der **Saison- und Kampagnebetriebe** gleich, so dass es auf scharfe begriffl. Abgrenzung nicht ankommt (KR/*Weigand* Rn. 8). **Saisonbetriebe** sind Betriebe, die ganzjährig arbeiten, bei denen aber die Tätigkeit regelm. in einer bestimmten Jahreszeit verstärkt ist. Dies kann wetterbedingt sein, zB Kies- und Sandgruben, Betrieb von Seilbahnen während der Skisaison, oder auf sonstige Gründe zurückzuführen sein, die sich regelm. in einer bestimmten Jahreszeit wiederholen, zB Hotels und Gaststätten in Fremdenverkehrsgebieten, Herstellung von Feuerwerkskörpern für Sylvester (HHL/*v. Hoyningen-Huene* Rn. 4). Kraft der ausdr. Regelung in Abs. 2 S. 1 zählen Betriebe des Baugewerbes, in denen die ganzjährige Beschäftigung nach dem SGB III gefördert wird,

nicht zu den Saison- oder Kampagnebetrieben (vgl. die Legaldefinition in § 101 II SGB III). **Kampagnebetriebe** sind solche, die regelm. nur einige Monate im Jahr arbeiten, wie zB Spargelanbau, Zuckerfabriken, nicht beheizte Freibäder. Ein Kampagnebetrieb kann auch dann vorliegen, wenn außerhalb der Kampagne Stammarbeiter weiterbeschäftigt werden, zB zum Instandhalten der Maschinen. Die Festlegung der Kampagnefrist hängt von den bes. Umständen des Einzelfalls ab (HHL/*v. Hoyningen-Huene* Rn. 7 f.; KR/*Weigand* Rn. 11). § 22 findet auch Anwendung, wenn zwar nicht der ganze Betrieb, wohl aber **einzelne abgrenzbare Abt.** Saison- oder Kampagnearbeiten verrichten. Die Betriebstätigkeit muss sich daher trennen lassen.

Bei den bezeichneten Betrieben sind nur solche Entlassungen ausgenommen, die durch die Eigenart des Betriebs bedingt sind und nicht auch durch die Konjunktur bedingt sein (HHL/*v. Hoyningen-Huene* Rn. 9; KR/*Weigand* Rn. 6, 14). Der Nachw., dass die Entlassungen saison- oder kampagnebedingt sind, ist vom AG zu führen. Beruft sich der AG im Streitfall auf die Ausnahmeregelung des § 22, ist er für die Tatsachen, die diese Vorschr. ausfüllen, **darlegungs- und beweispflichtig** (HHL/*v. Hoyningen-Huene* Rn. 10). **Entlassungen während der Saison oder Kampagne** sind anzeigepflichtig nach § 17. Das gilt auch, wenn der Unternehmer aus anderen Gründen, zB der Rentabilität oder der Konjunktur, den Betrieb vorzeitig schließt, also das übl. Ende der Saison oder Kampagne nicht abwartet (HHL/*v. Hoyningen-Huene* Rn. 8), da es in diesen Fällen an der Kausalität zwischen dem Ausnahmetatbestand und dem Betriebsbeendigungsgrund fehlt. 4

§ 22a *(aufgehoben)*

Vierter Abschnitt. Schlußbestimmungen

§ 23 Geltungsbereich

(1) [1] Die Vorschriften des Ersten und Zweiten Abschnitts gelten für Betriebe und Verwaltungen des privaten und des öffentlichen Rechts, vorbehaltlich der Vorschriften des § 24 für die Seeschiffahrts-, Binnenschiffahrts- und Luftverkehrsbetriebe. [2] Die Vorschriften des Ersten Abschnitts gelten mit Ausnahme der §§ 4 bis 7 und des § 13 Abs. 1 Satz 1 und 2 nicht für Betriebe und Verwaltungen, in denen in der Regel fünf oder weniger Arbeitnehmer ausschließlich der zu ihrer Berufsbildung Beschäftigten beschäftigt werden. [3] In Betrieben und Verwaltungen, in denen in der Regel zehn oder weniger Arbeitnehmer ausschließlich der zu ihrer Berufsbildung Beschäftigten beschäftigt werden, gelten die Vorschriften des Ersten Abschnitts mit Ausnahme der §§ 4 bis 7 und des § 13 Abs. 1 Satz 1 und 2 nicht für Arbeitnehmer, deren Arbeitsverhältnis nach dem 31. Dezember 2003 begonnen hat; diese Arbeitnehmer sind bei der Feststellung der Zahl der beschäftigten Arbeitnehmer nach Satz 2 bis zur Beschäftigung von in der Regel zehn Arbeitnehmern nicht zu berücksichtigen. [4] Bei der Feststellung der Zahl der beschäftigten Arbeitnehmer nach den Sätzen 2 und 3 sind teilzeitbeschäftigte Arbeitnehmer mit einer regelmäßigen wöchentlichen Arbeitszeit von nicht mehr als 20 Stunden mit 0,5 und nicht mehr als 30 Stunden mit 0,75 zu berücksichtigen.

(2) Die Vorschriften des Dritten Abschnitts gelten für Betriebe und Verwaltungen des privaten Rechts sowie für Betriebe, die von einer öffentlichen Verwaltung geführt werden, soweit sie wirtschaftliche Zwecke verfolgen.

1. Übersicht. § 23 wurde durch das G zu Reformen am Arbeitsmarkt v. 24.12.2003 (BGBl. I S. 3002) geänd. Die Herausnahme der Kleinbetriebe aus dem Anwendungsbereich des KSchG soll der engen pers. Zusammenarbeit, ihrer zumeist geringen Finanzausstattung und dem Umstand Rechnung tragen, dass der Verwaltungsaufwand, den ein Kündigungsschutzprozess mit sich bringt, die Inhaber kleinerer Betriebe typischerweise stärker belastet (vgl. BT-Drs. 13/4612, S. 9; dazu Rn. 3). Für die betriebl. Anwendbarkeit des KSchG ist zu unterscheiden zwischen ArbVerh., die bis zum 31.12.2003 begr. wurden, und solchen, die ab 1.1.2004 zu Stande gekommen sind (dazu Rn. 9). Bei den früheren ArbVerh. bleibt der Kündigungsschutz nach § 23 I 2 erhalten, wenn idR mehr als fünf AN ausschl. der Auszubildenden beschäftigt werden. Hat das **ArbVerh. nach dem 31.12.2003 begonnen**, gelten die Vorschr. des Ersten Abschn. mit Ausnahme der §§ 4 bis 7 und des § 13 I 1 und 2 nur, wenn idR mehr als zehn AN beschäftigt werden. In § 23 I 4 sind die Anrechnungsfaktoren für TZKräfte geregelt. Der in § 23 definierte **betriebl. Geltungsbereich des KSchG** ist außerdem in §§ 17 I, 22, 24 I angesprochen. Der pers. Geltungsbereich wird in §§ 1 I, 14, 17 V und 24 V erfasst, der gegenständl. in §§ 1, 2, 13, 15, 17 II und 25. Das G unterscheidet zwischen Betrieben und Verw. des privaten und des ÖffR. Dadurch sollen alle Organisationen erfasst werden, in denen AN beschäftigt werden. Es kommt nicht darauf an, ob wirtschaftl. Zwecke verfolgt werden. Sondervorschr. gelten für die Seeschifffahrts-, Binnenschifffahrts- und Luftverkehrsbetriebe, vgl. § 24. 1

2. Erfasste Betriebe. § 23 I erfasst nur auf dem Gebiet der **Bundesrepublik Deutschland gelegene Betriebe.** Diese Auslegung des BAG, die mit verfassungsrechtl. Vorgaben in Einklang steht (BVerfG 2

12.3.2009 – 1 BvR 1250/08), beruht wesentl. auf dem Umstand, dass die Gewährung von Kündigungsschutz ggü. einem AN Auswirkungen auf die ArbVerh. des AG mit anderen AN haben kann. Das ist widerspruchsfrei nur mögl., wenn im Zpkt. der Kündigung für alle mögl. betroffenen AN und für den AG das Kündigungsschutzrecht desselben Staates angewendet und durchgesetzt werden kann. Die geforderte Mindestzahl der idR beschäftigten AN muss danach in einem Betrieb im Inland erreicht sein; die Sozialauswahl ist auf Mitarbeiter des inländischen Betriebs beschränkt (vgl. BAG 17.1.2008 NZA 2008, 872; 26.3.2009 AP KSchG 1969 § 23 Nr. 45 Rn. 15 ff.; 8.10.2009 DB 2010, 230 Rn. 13; 7.7.2011 NZA 2012, 148 Rn. 28 f.; KR/*Bader* Rn. 22 mwN zum Streitstand; **aA** DDZ/*Deinert* Rn. 27 ff.; *Schütte* ArbR 2010, 67; *Straube* DB 2009, 1409; vgl. ferner *Junker* FS Konzen 2006 S. 377 f.; zu ArbVerh. mit Auslandsberührung vgl. ferner Rn. 13; zur ROM-I-VO dort ua. Rn. 10). Bildet eine ausl. Arbeitsstätte mit der Niederlassung eines dt. Unternehmens einen **Gemeinschaftsbetrieb**, findet der Erste Abschn. des KSchG nach § 23 I 2, 3 keine Anwendung, wenn der Schwellenwert nicht schon durch die inländischen AN, sondern erst unter Berücksichtigung im ausl. Betriebsteil Beschäftigten erreicht wird (BAG 9.10.1997 NZA 1998, 141; 3.6.2004 NZA 2004, 1380; 26.3.2009 AP KSchG 1969 § 23 Nr. 45 Rn. 22; APS/*Moll* Rn. 37; *Günther/Pfister* ArbR 2014, 532 f.; **aA** *Gravenhorst* RdA 2007, 287; DDZ/*Deinert* Rn. 31). Bei einer inländischen jur. Person in Form einer sog. „Briefkastenfirma", die ohne jegl. betriebl. Struktur und nennenswerte Leitungsfunktion des GF Arbeitsverträge abgeschlossen hat, handelt es sich nicht um einen Betrieb iSv. § 23 (BAG 3.6.2004 NZA 2004, 1380). Eine Betriebstätigkeit kann jedoch schon darin bestehen, dass AN an andere Unternehmen innerhalb oder außerhalb des Konzerns überlassen werden. Eine verf.konforme Auslegung des Betriebsbegriffs ist geboten, wenn sich nur die Betriebsleitung im Ausland befindet, die Arbeitsleistung aber von mehr als zehn AN iSv. § 23 I 3, die den Betrieb iÜ bilden, in Deutschland erbracht wird (BVerfG 12.3.2009 – 1 BvR 1250/08; BAG 17.1.2008 NZA 2008, 872; KR/*Bader* Rn. 23; vgl. auch Rn. 11, 12).

3 § 23 I stellt auf den **Betrieb** und **nicht auf das Unternehmen** ab. Bei keiner der Gesetzesnovellen wurde der Begriff des Betriebs in § 23 I durch den des Unternehmens ersetzt (krit. dazu etwa *Richardi* DB 2004, 486). Da das KSchG beide Begriffe verwendet, kann der Begriff des Betriebs in § 23 I mit dem des Unternehmens nicht gleichgesetzt werden (BAG 17.1.2008 NZA 2008, 872 Rn. 17; 28.10.2010 AP KSchG 1969 § 23 Nr. 48 Rn. 19 f.; 19.7.2016 NZA 2016, 1196 Rn. 12; 2.3.2017 NZA 2017, 859 Rn. 15). Das BVerfG hat den Ausschluss von Kleinbetrieben aus dem Geltungsbereich des KSchG nach § 23 I 2 aF (mit dem niedrigeren Schwellenwert) als mit dem GG vereinbar angesehen. Allerdings hat es verlangt, den Betriebsbegriff durch **verfassungskonforme Auslegung** auf solche Einheiten zu beschränken, für deren Schutz die Benachteiligung der AN durch die Kleinbetriebsklausel sachl. begr. ist. Durch eine am Sinn und Zweck orientierte Interpretation des kündigungsschutzrechtl. Betriebsbegriffs lässt sich die Einbeziehung solcher Einheiten vermeiden, auf die der Schutzgedanke der Bereichsausnahme nicht zutrifft. Als schutzwürdiges Interesse des Kleinunternehmers hat das BVerfG die für einen Kleinbetrieb typische Art der Zusammenarbeit herausgestellt. Diese zeichnet sich durch Teamarbeit im kleinen Kreis aus, bei der AG sowie Mitarbeiter untereinander in bes. Maße auf wechselseitiges Vertrauen und ein ungestörtes Betriebsklima angewiesen sind. Neben den engen pers. Beziehungen soll durch § 23 der typischerweise geringeren verwaltungsmäßigen und wirtschaftl. Belastbarkeit von Kleinbetrieben Rechnung getragen werden. Soweit damit in Einzelfällen auch Kleinbetriebe größerer Unternehmen unter den Betriebsbegriff des § 23 fielen, für die diese Gesichtspunkte nicht zutreffen, ist dem durch verfassungskonforme Auslegung zu begegnen (BVerfG 27.1.1998 NZA 1998, 470). Diese Erwägungen gelten auch für die aktuelle Fassung des § 23 I 2 (BVerfG 12.3.2009 – 1 BvR 1250/08 –; BAG 21.9.2006 NZA 2007, 438; 28.10.2010 AP KSchG 1969 § 23 Nr. 48 Rn. 22; 24.1.2013 NZA 2013, 726; 2.3.2017 NZA 2017, 859 Rn. 27; **aA** *Bepler* AuR 1997, 58; *Gragert/Kreutzfeldt* NZA 1998, 569; DDZ/*Deinert* Rn. 13; krit. auch *Bader* Rn. 19c; *Berkowsky* NJW 2009,114; SPV/*Preis* 852 ff.). Die gebotene verfassungskonforme Auslegung verlangt nicht, den Betriebsbezug des Schwellenwerts immer schon dann zu überwinden, wenn sich das Unternehmen zwar in mehrere kleine, organisatorisch verselbständigte Einheiten gliedert, insg. aber mehr als zehn AN beschäftigt. Das liefe auf die vom G nicht beabsichtigte generelle Gleichsetzung von Betrieb und Unternehmen hinaus und ließe unberücksichtigt, dass auch das BVerfG ledigl. von solchen Bsp. ausgegangen ist, die dem gesetzgeberischen Leitbild nicht entsprechen. Auch müssen nicht sämtl. vom BVerfG als charakteristisch benannten Merkmale eines Kleinbetriebs erfüllt sein. Maßgebl. ist vielmehr eine alle Umstände des Einzelfalls einbeziehende, wertende **Gesamtbetrachtung** dahingehend, ob die Anwendung der Kleinbetriebsklausel nach Maßgabe des allg. Betriebsbegriffs unter Berücksichtigung der tats. Verhältnisse dem mit ihr verbundenen Sinn und Zweck (noch) hinreichend gerecht wird. Ein „Berechnungsdurchgriff" auf andere betriebl. Einheiten kommt nur in Betracht, wenn anges. der vom AG geschaffenen konkreten Organisation die gesetzgeberischen Erwägungen für die Privilegierung des Kleinbetriebs bei verständiger Betrachtung ins Leere gehen und die Bestimmung des Betriebsbegriffs nach herkömml. Definition unweigerl. zu einer sachwidrigen Benachteiligung betroffener AN führte (BAG 28.10.2010 AP KSchG 1969 § 23 Nr. 48 Rn. 25; 19.7.2016 NZA 2016, 1196 Rn. 20; 2.3.2017 NZA 2017, 859 Rn. 27).

4 § 23 I enthält ebenso wie das gesamte KSchG keine Definition des Betriebsbegriffs. Für den Begriff des Betriebs in § 23 I ist im Wesentlichen auf den durch das BetrVG geprägten Begriff abzustellen. **Als Betrieb** wird danach die organisatorische Einheit bezeichnet, innerhalb derer der AG mit seinen AN

durch Einsatz technischer und immaterieller Mittel bestimmte arbeitstechnische Zwecke fortgesetzt verfolgt, die über die Befriedigung von Eigenbedarf hinausgehen (BAG 17.1.2008 NZA 2008, 872 Rn. 15; 28.10.2010 AP KSchG 1969 § 23 Nr. 48 Rn. 15; 19.7.2016 NZA 2016, 1196 Rn. 12). Kein Betrieb ist somit der **Familienhaushalt**, weil er nur der Befriedigung privater Bedürfnisse dient (KR/*Bader* Rn. 37). Da mit einem Betrieb mehrere Zwecke verfolgt werden können, ist in erster Linie auf die **Einheit der Organisation** und nicht auf die Einheit der arbeitstechnischen Zweckbestimmung abzustellen. Erforderl. ist ein **Leitungsapparat**, der insb. wesentl. Entsch. in personellen und sozialen Angelegenheiten selbständig trifft. Entscheidend ist insoweit, wo schwerpunktmäßig über Arbeitsbedingungen und Organisationsfragen entschieden wird und in welcher Weise Einstellungen, Entlassungen und Versetzungen vorgenommen werden (BAG 28.10.2010 AP KSchG 1969 § 23 Nr. 48 Rn. 16; 2.3.2017 NZA 2017, 859 Rn. 15). Von Betrieben zu unterscheiden sind **Betriebsteile**, die über keinen eigenen Leitungsapparat verfügen. Während im Betriebsverfassungsrecht nach § 4 I BetrVG Betriebsteile mit mind. fünf st. wahlberechtigten AN, von denen drei wählbar sind, als selbständige Betriebe gelten, wenn sie räuml. weit vom Hauptbetrieb entfernt (Nr. 1) oder durch Aufgabenbereich und Organisation eigenständig sind (Nr. 2), gilt diese Fiktionswirkung im Kündigungsschutzrecht grds. nicht. Ebenso scheidet eine Anwendung des § 4 II BetrVG aus (APS/*Moll* Rn. 11 ff.). Der betriebsverfassungsrechtl. unionsrechtskonform zu verstehende Betriebsbegriff liegt nur der betriebsverfassungsrechtl. geprägten Vorschr. des § 17 zugrunde (BAG 15.12.2011 NZA-RR 2012, 570 Rn. 73 ; dazu § 17 Rn. 9). Ein **Betrieb im kündigungsschutzrechtl. Sinn** setzt **keine räuml. Einheit** voraus. Anlagen, Maschinen und Personen müssen sich nicht an ders. Stelle befinden. Selbst eine vom Hauptbetrieb weit entfernt gelegene Betriebsstätte (auch Filiale, Geschäfts- und Zweigstelle) ist somit bei der Berechnung der Betriebsgröße nach § 23 I 2 dem Hauptbetrieb zuzurechnen, wenn die wesentl. Entsch. in personellen und sozialen Angelegenheiten im Hauptbetrieb getroffen werden (BAG 28.10.2010 AP KSchG 1969 § 23 Nr. 48 Rn. 17; 7.7.2011 NZA 2012, 148 Rn. 38). Mehrere jeweils nur mit fünf oder weniger AN zentral gelenkte und möglicherweise über das gesamte Bundesgebiet verteilte Verkaufsstellen eines AG können in ihrer Gesamtheit einen einzigen Betrieb iSd. KSchG darstellen (BAG 25.11.1993 AP KSchG 1969 § 14 Nr. 3). Maßgebend ist stets, ob das Personal von zentraler Stelle verwaltet wird, oder ob jede Einheit selbständig über Einstellungs- und Entlassungsfragen entscheidet. Hingegen ist es weitgehend irrelevant, von wo aus kaufmännische oder technische Entsch. getroffen werden (APS/*Moll* Rn. 13).

Durch das Abstellen auf die **Leitungsstrukturen** kann ein Betrieb arbeitgeberübergreifend organisiert sein. Haben sich die beteiligten AG (Unternehmer) hins. des Kerns der AG-Funktionen auf eine einheitl. institutionelle Leitung im sozialen und personellen Bereich geeinigt und damit einen sog. Gemeinschaftsbetrieb gebildet, erfolgt eine über den Einzelbetrieb hinausgehende Berechnung der Anzahl der AN. Die von der Rspr. entwickelte Rechtsfigur des **gemeinsamen Betriebs mehrerer Unternehmer** wird nicht schon durch eine unternehmerische, wirtschaftl. Zusammenarbeit begr. Vielmehr müssen die in den Betriebsstätten vorhandenen materiellen und immateriellen Betriebsmittel für einen einheitl. arbeitstechnischen Zweck zusammengefasst, geordnet und gezielt eingesetzt werden; zudem muss der Einsatz der menschl. Arbeitskraft von einem einheitl. Leitungsapparat gesteuert werden. Die einheitl. Leitung muss sich auf die wesentl. AG-Funktionen in personellen und sozialen Angelegenheiten erstrecken. Hierzu bedarf es einer ausdr. oder stillschweigenden rechtl. Leitungsvereinb., die sich aus den Umständen des Einzelfalls konkludent ergeben und durch die tats. Ausübung von Leitungsbefugnissen indiziert sein kann. Das Vorliegen einer einheitl. Leitung hins. wesentl. AGFunktionen beurteilt sich nach der tats. innerbetriebl. Entscheidungsfindung und deren Umsetzung. Maßgebend ist va., ob ein arbeitgeberübergreifender Personaleinsatz praktiziert wird, der für den normalen Betriebsablauf charakteristisch ist (vgl. BAG 24.5.2012 NZA 2013, 277 Rn. 20; 24.10.2013 NZA 2014, 725 Rn. 51; 10.4.2014 NZA 2015, 162 Rn. 30). Dabei steht der Annahme einer konkludenten Leitungsvereinb. zur Führung eines gemeinschaftl. Betriebs mehrerer Unternehmen die formale Ausübung von AGBefugnissen durch den jeweiligen VertragsAG nicht entgegen. Bei einem int. Gemeinschaftsbetrieb zählen für § 23 I 2 nur die Betriebsteile im Inland (Rn. 2). Das **Ende der Leitungsvereinb.** löst die „gemeinsame Klammer" zwischen den Betrieben auf. Ist im Zpkt. der Kündigung eines ArbVerh. einer der Betriebe des Gemeinschaftsbetriebs stillgelegt, sind idR die AG-Funktionen im Bereich der wirtschaftl. Angelegenheiten dem vormals einheitl. Leitungsapparat der beteiligten Unternehmen entzogen. Dies gilt grds. schon ab dem Zpkt., zu dem die ernsthaft beabsichtigte Stilllegung greifbare Formen angenommen hat, es sei denn, die „gemeinsame Klammer" bleibt für die Stilllegungsphase ausnahmsweise unverändert bestehen (BAG 24.2.2005 NZA 2005, 867). Die Regeln über den Gemeinschaftsbetrieb gelten auch, wenn sich kirchl. Einrichtungen des Privatrechts bedienen (BAG 16.1.2003 AP KSchG 1969 § 1 Gemeinschaftsbetrieb Nr. 1). Ein Gemeinschaftsbetrieb wird häufig im **Konzern** anzutreffen sein. Dennoch ist ein genereller „Berechnungsdurchgriff" zu der Konzernobergesellschaft im Wege verfassungskonformer Auslegung des § 23 I 2 nicht geboten (BAG 13.6.2002 NZA 2002, 1147; APS/*Moll* Rn. 8a; **aA** *Bepler* AuR 1997, 58). Die Befugnis der Holding, aufgrund ihrer konzernrechtl. Leitungsmacht ggü. den zust. Organen der Tochtergesellschaften in bestimmten Bereichen Anordnungen zu treffen, genügt noch nicht zur Bildung eines gemeinsamen Betriebs iSd. §§ 1 I 2, II BetrVG, § 23 I 2. Vielmehr sind die AN unterschiedl. Konzerngesellschaften 5 nur bei Vorliegen eines einheitl., rechtl. gesicherten betriebsbezogenen Leitungsapparats zusammenzuzählen (BAG 29.4.1999 AP KSchG 1969 § 23 Nr. 21). Andernfalls genießt ein AN der Holding nur Kündigungsschutz, wenn der Betrieb der Holding selbst die nach § 23 I 2, 3 erforderl. Anzahl von AN beschäftigt (BAG 13.6.2002 NZA 2002, 1147).

6 Behauptet ein AN, es liege ein gemeinsamer Betrieb vor, ist er hierfür grds. **darlegungs- und beweispflichtig** (dazu allg. Rn. 21). Mit Rücksicht auf seine typischerweise mangelnde Kenntnis vom Inhalt der zwischen den beteiligten Unternehmen getroffenen vertragl. Vereinb. kommen ihm dabei Erleichterungen zugute. Der AN genügt seiner Darlegungslast im ersten Schritt, wenn er äußere Umstände aufzeigt, die für die Annahme sprechen, dass sich mehrere Unternehmen über die gemeinsame Führung eines Betriebs unter einheitl. Leitung geeinigt haben. Darauf hat der AG nach § 138 II ZPO iE zu erwidern und darzulegen, welche rechtserhebl. Umstände gegen die Annahme eines einheitl. Betriebs sprechen sollen (BAG 24.5.2012 NZA 2013, 277 Rn. 21; 24.10.2013 NZA 2014, 725 Rn. 52; 10.4.2014 NZA 2015, 162 Rn. 31).

7 Im **öffentl. Dienst** muss der Schwellenwert des § 23 in der Verwaltungseinheit überschritten werden, in der der AN beschäftigt ist. Eine Einheit, die als AG eine eigene Rechtspersönlichkeit aufweist, ist jdf. als Verw. anzusehen (BAG 21.2.2001 NZA 2001, 951; 5.11.2009 NZA-RR 2010, 325; APS/*Moll* Rn. 20). Für die Verw. ist nicht auf den personalvertretungsrechtl. Begriff der Dienststelle abzustellen, sondern auf die Gesamtheit der nachgeordneten Dienststellen einer größeren öffentl. Verw. (BAG 29.10.1998 – 2 AZR 759/97; DDZ/*Deinert* Rn. 13; vgl. auch BAG 29.8.1996 AP Einigungsvertrag Anl. I Kap. XIX Nr. 62: Schulamtsbezirk statt Schule; 17.7.1997 AP Einigungsvertrag Art. 20 Nr. 43). Ob durch (stillschweigende) Führungsvereinb. in Analogie zu der für die Privatwirtschaft anerkannten Rechtsfigur des Gemeinschaftsbetriebs mehrerer Unternehmen eine „Gemeinschaftsverw." mehrerer Verw. gebildet werden kann, hat das BAG offen gelassen (BAG 5.11.2009 NZA-RR 2010, 325 Rn. 15).

8 Der beim Veräußerer erwachsene Kündigungsschutz bleibt dem AN im **Falle eines Betriebsübergangs** nach § 613a I 1 BGB nur erhalten, wenn der Betrieb des Erwerbers die nach § 23 I 2, 3 geforderte AN-Mindestanzahl aufweist, da das Erreichen des Schwellenwertes nach § 23 I und der dadurch entstehende Kündigungsschutz keine Rechte des übergehenden ArbVerh. sind. § 323 I UmwG findet keine entspr. Anwendung (BAG 15.2.2007 NZA 2007, 739; *Müller-Bonanni* RdA 2008, 114).

9 **3. Geltungsbereich des Ersten und Zweiten Abschn.** Nach Abs. 1 S. 1 gelten die Vorschr. des Ersten Abschn. (allg. Kündigungsschutz) und des Zweiten Abschn. (Kündigungsschutz iRd. BetrVerf. und Personalvertretung) für Betriebe und Verw. des privaten und ÖffR, vorbehaltl. der in § 24 bezeichneten Betriebe. Einbezogen sind Bedienstete der **Religionsgemeinschaften,** soweit diese ArbVerh. abschließen (BAG 7.2.1990 AP GG Art. 140 Nr. 37; 12.11.1998 AP KSchG 1969 § 23 Nr. 20; 21.2.2001 NZA 2001, 951; 16.1.2003 AP KSchG 1969 § 1 Gemeinschaftsbetrieb Nr. 1). Für die Entstehung des Kündigungsschutzes ist **ab 1.1.2004** zu unterscheiden: Waren in einem „Altbetrieb" am 31.12.2003 mehr als 10 AN beschäftigt, besteht Kündigungsschutz wie in einem „Neubetrieb". Waren in einem „Altbetrieb" bis 31.12.2003 nicht mehr als 5 AN beschäftigt, entsteht der Kündigungsschutz wie im „Neubetrieb" erst, wenn mehr als 10 AN beschäftigt werden. Mit der **Anhebung des Schwellenwertes** für die Geltung des KSchG sollten AG von mögl. Einstellungshemmnissen bis zur Grenze von 10 AN befreit werden. Der Gesetzgeber ging davon aus, auf diese Weise die Entsch. zur Schaffung neuer Arbeitsplätze zu erleichtern (BT-Drs. 15/1204, S. 1 f., 13). Zugleich sollte aber Alt-AN solange unbefristeter Kündigungsschutz gewährleistet werden, wie ihre Anzahl nicht auf 5 oder weniger absinkt (BAG 23.5.2013 NZA 2013, 1197 Rn. 23). Waren in einem „Altbetrieb" am 31.12.2003 mehr als 5 AN, aber nicht mehr als 10 AN beschäftigt, greift deshalb die **Bestandsschutzregelung** in § 23 I 3 Hs. 2. Ab 1.1.2004 AN entsteht der Kündigungsschutz für die neu eingestellten AN erst, wenn der Schwellenwert von 10 AN überschritten wird, während es für die Alt-AN bei dem bisherigen Schwellenwert von mehr als 5 AN bleibt. Ist die Anzahl der Alt-AN aber auf 5 oder darunter gesunken, erlischt der Kündigungsschutz auch für diese Gruppe und entsteht bei Neueinstellungen erst dann wieder, wenn der Schwellenwert von mehr als 10 AN überschritten wird (BAG 21.9.2006 NZA 2007, 438 Rn. 14 ff.; 23.5.2013 NZA 2013, 1197 Rn. 16, 23). Als Neueinstellung gilt dabei auch die Wiederbesetzung des durch Ausscheiden eines Altbeschäftigten freigewordenen Arbeitsplatzes. **Ersatzeinstellungen** für ausgeschiedene Alt-AN reichen in diesem Fall also nicht aus, um eine Weitergeltung des Kündigungsschutzes zu bewirken (vgl. BAG 21.9.2006 NZA 2007, 438; 27.11.2008 NZA 2009, 484; 5.11.2009 NZA-RR 2010, 325; 23.5.2013 NZA 2013, 1197 Rn. 23). Es stellt auch keine rechtsmissbräuchl. Umgehung des § 23 I 3 Hs. 2 dar, wenn der AG mehrere vor dem 1.1.2004 begr. befristete ArbVerh. auslaufen lässt, so dass weniger als 5 AN im Betrieb beschäftigt werden und wenig später in entspr. Anzahl Neueinstellungen vornimmt (vgl. BAG 17.1.2008 NZA 2008, 944). Der abgesenkte Schwellenwert in § 23 I 3 Hs. 2 kann andererseits maßgebl. sein, wenn es nach dem 31.12.2003 zwar **rechtl. Unterbrechungen** des zuvor begr. ArbVerh. gegeben hat, der AN aber, zusammen mit einer ausreichenden Anzahl anderer Alt-AN, ununterbrochen in den Betrieb eingegliedert war. Selbst in Fällen, in denen es an einer nahtlosen Beschäftigung des AN im Betrieb fehlt, kann eine rechtl. Unterbrechung – entspr. der Grds. zu einem „ununterbrochenen" ArbVerh. als Voraussetzung zur

Wartezeit (BAG 7.7.2011 – 2 AZR 476/10 – Rn. 19, 29; dazu § 1 Rn. 32 ff.) – unschädl. sein, wenn sie verhältnismäßig kurz war und zwischen den aufeinanderfolgenden ArbVerh. ein enger sachl. Zusammenhang besteht. Der vom G bezweckte Bestandsschutz wäre deutl. abgeschwächt, wenn rechtl. Unterbrechungen unabhängig von ihrem Anlass und ungeachtet einer – im Rechtssinne – durchgehenden Weiterbeschäftigung des AN im Betrieb geeignet wären, dessen Zugehörigkeit zum „virtuellen Altbetrieb" (BT-Drs. 15/1204 S. 14) aufzuheben (BAG 23.5.2013 NZA 2013, 1197 Rn. 19 ff.).

Nach § 23 I 2 gelten die §§ 4 bis 7 sowie § 13 I 1 und 2 auch in Kleinbetrieben. Dadurch muss der AN jdf. binnen drei Wochen nach Kündigungszugang gem. § 4 S. 1 gegen diskriminierende, treu- und sittenwidrige oder gegen höherrangiges Recht verstoßende Kündigungen im Anwendungsbereich des § 23 I Kündigungsschutzklage erheben, und zwar selbst dann, wenn er nicht die Wartezeit nach § 1 I erfüllt. Eine ordentl. Kündigung, die einen AN, auf den das KSchG keine Anwendung findet, aus einem der in § 1 AGG genannten Gründe diskriminiert, ist nach § 134 BGB iVm. § 7 I, §§ 1, 3 AGG unwirksam. § 2 IV AGG steht dem nicht entgegen (BAG 23.7.2015 NZA 2015, 1380 Rn. 23). 10

Das G spricht in § 23 I 3 von **Beschäftigten**. Gemeint sind AN, die **„in" dem Betrieb beschäftigt** werden. Nicht erforderl. ist hierfür, dass die AN in der Betriebsstätte arbeiten. Unerhebl. ist, ob AN im Betrieb selbst oder zB vorwiegend im Außendienst oder auf Montage eingesetzt werden oder von einem „Home-Office" aus ihre Arbeitsleistung für den Betrieb erbringen. Maßgebl. ist, dass sie in die Struktur des Betriebs eingebunden sind. Dafür ist erforderl. und ausreichend, dass sie ihre Tätigkeit für diesen Betrieb erbringen und die Weisungen zu ihrer Durchführung im Wesentlichen von dort erhalten. Für eine Einbindung in die Struktur einer betriebl. Einheit reicht es nicht aus, wenn einem Betrieb zugeordnete AN in einen anderen Betrieb gelegentl. im Rahmen von Meetings und Präsentationen aufsuchen. Dadurch zählen sie nicht schon in dem anderen Betrieb mit (BAG 19.7.2016 NZA 2017, 1196 Rn. 15). **Im Ausland beschäftigte AN** zählen bei der Berechnung des Schwellenwertes des Inlandsbetriebs grds. nicht mit. In jedem Fall muss deren ArbVerh. dt. Recht unterliegen (BAG 7.7.2011 NZA 2012, 148 Rn. 28; 26.3.2009 AP KSchG 1969 § 23 Nr. 45 Rn. 22; dazu auch Rn. 2). Der Kündigungsschutz setzt auch bei **Auslandsberührung** die **Eingliederung in einen inländischen Betrieb** voraus. Mitzuzählen sind deshalb AN, die von dort aus ihre Tätigkeit **vorübergehend im Ausland** ausüben (APS/*Moll* Rn. 27; KR/*Bader* Rn. 23; s. auch *Gimmy/Hügel* NZA 2013, 764, 767 ff.). An einer Eingliederung in den inländischen Betrieb fehlt es hingegen, wenn in Deutschland angestellte AN dauerhaft im Ausland eingesetzt werden und somit über keine „Einsatzbasis" in Deutschland verfügen. Unbeachtl. für § 23 I 3 ist, ob das ArbVerh. vorübergehend ruht, oder ob AN ltd. Ang. iSv. § 14 II sind (APS/*Moll* Rn. 27; HHL/*v. Hoyningen-Huene* Rn. 43 f.). **GF** bleiben dagegen außer Betracht (DDZ/*Deinert* Rn. 35). **Familienangehörige** sind nur mitzuzählen, wenn sie sich in einem ArbVerh. mit dem Inhaber des Kleinbetriebs befinden (KR/*Bader* Rn. 55). 11, 12

Der betriebl. Geltungsbereich des KSchG kann durch **arbeitsvertragl. Vereinb.** auf solche Kleinbetriebe **ausgedehnt** werden, deren regelm. Beschäftigtenzahl unter der in § 23 I 2, 3 genannten Grenze liegt (KR/*Bader* Rn. 33). Für betriebsratsfähige Kleinbetriebe iSv. §§ 1, 4 BetrVG mit mind. 5 AN, von denen drei wählbar sein müssen (einschl. der zu ihrer Berufsausbildung Beschäftigten), gilt der Zweite Abschn., also der Kündigungsschutz iRd. BetrVerf. und der Personalvertretung nach §§ 15, 16 (DDZ/*Deinert* Rn. 16). Auch eine tarifvertragl. Ausdehnung auf die AN in Kleinbetrieben wird für mögl. gehalten (APS/*Moll* Rn. 33; KR/*Bader* Rn. 33; **aA** LSW/*Löwisch* Rn. 7). 13

Für die Feststellung der maßgebl. Beschäftigtenzahl ist auf die Verhältnisse im Zpkt. des Zugangs der Kündigung abzustellen, nicht hingegen auf die Verhältnisse bei Beendigung des ArbVerh. Mitzuzählen sind AN, soweit mit ihnen ein **regelm. Beschäftigungsbedarf** abgedeckt wird. Es kommt also nicht auf eine Zufallszahl am Tag des Kündigungszugangs an. Die den Betrieb kennzeichnende Beschäftigtenlage wird vielmehr wie bei den Regelungen der §§ 17 ff. und §§ 111 ff. BetrVG durch einen Rückblick auf die bisherige personelle Situation und eine Einbeziehung der zukünftigen Entwicklung festgestellt. Zeiten außergewöhnl. hohen oder niedrigen Geschäftsanfalls sind nicht zu berücksichtigen (BAG 22.1.2004 NZA 2004, 479; 24.1.2013 NZA 2013, 726 Rn. 24). Dabei ist – auch zur Verhinderung von Missbräuchen und zur Vermeidung willkürl. Erg. – entscheidend, ob ein Personalabbau auf einer einheitl. unternehmerischen Planung beruht (BAG 8.10.2009 DB 2010, 230). IRd. § 23 I 2, 3 sind gekündigte AN selbst dann zu berücksichtigen, wenn Kündigungsgrund die unternehmerische Entsch. ist, den Arbeitsplatz nicht neu zu besetzen. Wird in einem Betrieb mit bisher regelm. mind. 5,25 bzw. 10,25 AN einem AN gekündigt, um zukünftig den Kündigungsschutz auszuschließen, genießt daher der gekündigte AN noch Kündigungsschutz (BAG 22.1.2004 NZA 2004, 479; zust. *Otto* RdA 2005, 185). 14

AushilfsAN im Betrieb sind für die regelm. Anzahl der bei Kündigungszugang Tätigen zu berücksichtigen, soweit sie regelm. beschäftigt werden und mit einer derartigen Beschäftigung auch zukünftig zu rechnen ist Eine vorübergehende Veränderung der Personalstärke zum Zpkt. der Kündigung ist daher unbeachtl. Auch kommt es auf die Dauer der einzelnen Aushilfsbeschäftigungen nicht an (KR/*Bader* Rn. 53). Eine Doppelzählung findet in Vertretungsfällen nicht statt (KR/*Bader* Rn. 54), auch nicht bei doppelter Besetzung des Arbeitsplatzes, wenn die Ersatzkraft eingearbeitet oder für einen ausgeschiedenen AN eingestellt wird (LAG K 13.1.2005 LAGE KSchG § 23 Nr. 23). Bei EZ wird nur der oder die EZ-Berechtigte oder die dafür eingestellte **Ersatzkraft** mitgerechnet, § 21 VII BEEG 15

(BAG 31.1.1991 AP KSchG 1969 § 23 Nr. 11). AN in ATZ im Blockzeitmodell sind während der Freistellungsphase nicht mitzuzählen, wenn die Wiederbesetzung des Arbeitsplatzes erfolgt oder zumindest beabsichtigt ist; anderenfalls käme es zu einer Doppelzählung. Dazu muss sich der AG im Prozess substantiiert erklären.

16 Auf **Kampagnebetriebe** (vgl. § 22 Rn. 3) findet der Erste Abschn. Anwendung, wenn in ihnen während der Betriebszeit idR mehr als fünf AN ausschl. der zu ihrer Berufsbildung Beschäftigten tätig sind. Bei **Saisonbetrieben** (vgl. § 22 Rn. 3) kommt es für die regelm. Beschäftigung darauf an, wie viele AN normalerweise während des größten Teils des Jahres beschäftigt werden. Die für die Zeiten des erhöhten Arbeitskräftebedarfs zusätzl. eingestellten AN zählen nur dann mit (BAG 16.11.2004 AP BetrVG 1972 § 111 Nr. 58; KR/*Bader* Rn. 53).

17 **TZBeschäftigte** werden zur Festlegung der Betriebsgröße nach § 23 I 4, nach dem Umf. ihrer Beschäftigung berücksichtigt. AN mit einer regelm. wöchentl. AZ von nicht mehr als 20 Stunden sind mit dem Faktor 0,5, und von nicht mehr als 30 Stunden mit dem Faktor 0,75 zu berücksichtigen. Entscheidend ist insoweit die vereinbarte regelm. wöchentl. und nicht die tats. geleistete AZ; Überstunden bleiben regelm. außer Betracht. Bei unregelm. AZ ist auf die im Jahresdurchschnitt geleistete AZ abzustellen (KR/*Bader* Rn. 49). Findet das KSchG Anwendung, erfasst es alle TZBeschäftigte ungeachtet des Umf. ihrer Arbeitsverpflichtung. Die Regelung für die TZBeschäftigten gilt auch für AN, die im Rahmen eines **Job-sharing**-ArbVerh. regelm. mit verkürzter AZ beschäftigt werden.

18 Nicht mitgerechnet werden nach Abs. 1 S. 2, 3 die zu ihrer **Berufsbildung** Beschäftigten. Die Legaldefinition des § 1 I BBiG kann zur Auslegung herangezogen werden, während zu dem entspr. Begriff iSv. § 5 BetrVG keine Kongruenz besteht (HHL/*v. Hoyningen-Huene* Rn. 38 f.). Maßgebendes Kriterium für die Abgrenzung ist, dass nicht das Erbringen einer Arbeitsleistung, sondern die Berufsbildung den Schwerpunkt des Vertragsverhältnisses darstellt. Zur Berufsbildung zählen die Berufsausbildung iSv. § 1 BBiG, die berufl. Fortbildung und die berufl. Umschulung (DDZ/*Deinert* Rn. 25; zur Umschulung vgl. BAG 7.9.1983 AP KSchG 1969 § 23 Nr. 3). Auszubildende iSd. §§ 3 ff. BBiG, Anlernlinge, Volontäre, Praktikanten und Umschüler sind also nur mitzurechnen, wenn der Schwerpunkt des Vertragsverhältnisses die Erledigung von Arbeit und der Ausbildungsaspekt von untergeordneter Bedeutung ist (KR/*Bader* Rn. 58).

19 Nicht als Beschäftigte nach § 23 I 2, 3 zählen **Heimarbeiter**, Hausgewerbetreibende, aufgrund eines Werkvertrags Tätige und arbeitnehmerähnl. Personen (DDZ/*Deinert* Rn. 34). Bei der Berechnung der Betriebsgröße nach § 23 I 3 sind dagegen auch **LeihAN im Entleiherbetrieb** zu berücksichtigen, wenn ihr Einsatz auf einem „in der Regel" vorhandenen Personalbedarf beruht. Dem steht nicht entgegen, dass LeihAN kein ArbVerh. zum Betriebsinhaber haben. Der GZweck rechtfertigt keine Unterscheidung danach, ob die den Betrieb kennzeichnende regelm. Personalstärke auf dem Einsatz eigener oder entliehener AN beruht. Entscheidend ist allein, ob im Kündigungszpkt. bestimmte Arbeitsplätze über einen Referenzzeitraum stets besetzt werden, und zwar unabhängig davon, ob es sich hierbei um eigene AN des Betriebsinhabers oder um (wechselnde) LeihAN handelt. Werden LeihAN zur Vertretung zur Vertretung von StammAN oder zur Bewältigung von Auftragsspitzen eingesetzt, sind sie somit nicht zu berücksichtigen (BAG 24.1.2013 NZA 2013, 726 Rn. 20; abl. zB. *Wolf* AuA 2013, 160). **LeihAN** rechnen in jedem Fall zu den AN im **Stammbetrieb.**

20 **4. Geltungsbereich des Dritten Abschn.** Nach Abs. 2 S. 1 gelten die Vorschr. des Dritten Abschn. (anzeigepflichtige Entlassungen) für Betriebe und Verw. des privaten Rechts sowie für Betriebe, die von einer öffentl. Verw. geführt werden, soweit sie **wirtschaftl. Zwecke** verfolgen. Unter diesen Umständen soll die öffentl. Verwaltung ggü. Unternehmen der Privatwirtschaft nicht privilegiert werden (BAG 15.12.2016 NZA 2017, 518 Rn. 25). Ein Betrieb wird von einer öffentl. Verw. auch dann geführt, wenn zwar sein Träger eine jur. Person des Privatrechts ist, deren Anteile jedoch von einer jur. Person des ÖffR gehalten werden (BAG 24.8.2006 NZA 2007, 1287). Ein wirtschaftl. Zweck wird verfolgt, wenn die Einrichtung der öffentl. Verw. den wirtschaftl. Bedürfnissen des Einzelnen zu dienen bestimmt ist, wobei es unerhebl. ist, ob sie die Absicht der Gewinnerzielung hat oder nicht. Hierzu rechnen zB Krankenhäuser, Theater und Sportstätten ebenso wie Versorgungsbetriebe (Gas-, Wasser- und Elektrizitätsbetriebe), Verkehrsbetriebe (HHL/*v. Hoyningen-Huene* Rn. 53). Der 3. Abschn. gilt dagegen nicht für Körperschaften des ÖffR (zB Polizei, Bundeswehr und Behörden) sowie für Einrichtungen, die einen gemeinnützigen erzieherischen oder wiss. Zweck verfolgen, zB Schulen, Universitäten, Einrichtungen der reinen Wohlfahrtspflege, Kirchen, Sozialversicherungsträger (HHL/*v. Hoyningen-Huene* Rn. 52; vgl. zu Einrichtungen der Kirche aber auch § 17 Rn. 5). ArbVerh. mit Zivilbeschäftigten der **Stationierungsstreitkräfte** werden von der Bereichsausnahme erfasst, wenn in der Dienststelle hoheitl. Befugnisse in Form von Sonderrechten, Hoheitsprivilegien oder Zwangsbefugnissen ausgeübt werden. Das ist gem. Art. 67 ZA-NTS der Fall, wenn dort unter Inanspruchnahme von Sonderrechten und Privilegien in Bezug auf Einfuhrabgaben und Umsatzsteuer Lieferungen und Leistungen an die Mitglieder der Truppe und deren Angehörige erbracht werden (BAG 15.12.2016 NZA 2017, 518 Rn. 30; dazu auch § 17 Rn. 5.

21 **5. Beweislast.** Die Geltung des KSchG ist eine anspruchsbegründende Tatsache. Daher muss der AN darlegen und beweisen, dass er als AN in einem Betrieb oder einer Verw. des privaten oder des ÖffR

beschäftigt ist. Da Abs. 1 S. 2 hingegen als Ausnahmevorschr. zu S. 1 gefasst ist, obliegt es nach den allg. Regeln des Beweisrechts an sich dem AG, die Voraussetzungen der Kleinbetriebsklausel und damit die Zahl der zu berücksichtigenden AN darzulegen und zu beweisen (*Berkowsky* DB 2009, 1126; KR/*Bader* Rn. 77 ff.; SPV/*Preis* Rn. 864). Demggü. vertritt das BAG zwar die Auff., die Darlegungs- und Beweislast für das Vorliegen des betriebl. Geltungsbereichs obliege grds. dem AN (BAG 26.6.2008 AP KSchG 1969 § 23 Nr. 42; 24.5.2012 NZA 2013, 277 Rn. 21; 24.1.2013 NZA 2013, 726 Rn. 27; 19.7.2016 NZA 2016, 1196 Rn. 13; 2.3.2017 NZA 2017, 859 Rn 12). In der Praxis wirkt sich der Meinungsstreit kaum aus. Wegen der hohen Bedeutung des obj. Gehalts des Grundrechts aus Art. 12 I GG auch im Verfahrensrecht (BVerfG 27.1.1998 NZA 1998, 470) dürfen nach der Auff. des BAG für die Darlegung und den Beweis der betriebl. Anwendungsvoraussetzungen des KSchG keine unzumutbar strengen Anforderungen erhoben werden. Deshalb ist die Darlegungs- und Beweislast wie folgt abzustufen: Der AN genügt regelm. seiner primären Darlegungslast, wenn er schlüssig vorträgt, dass zum Kündigungszpkt. idR mehr als fünf bzw. zehn AN im Betrieb beschäftigt wurden. Dazu muss er die Personen und ihre Tätigkeiten konkret benennen. Ist er dazu mangels eigener Kenntnismöglichkeiten nicht in der Lage, genügt er seiner Darlegungspflicht durch die bloße Behauptung, der AG beschäftige mehr als zehn AN. Der AG muss dann nach § 138 II ZPO zum Umf. und zur Struktur des Betriebs sowie zu den konkret beschäftigten Personen und ihren arbeitsvertragl. Vereinb. substantiierte Angaben machen und zB Vertragsunterlagen, Auszüge aus der Lohnbuchhaltung etc. vorlegen oder Zeugen benennen. Das ArbG hat nach § 139 ZPO darauf hinzuweisen, dass sich der AN dieser vom sekundär darlegungspflichtigen AG benannten Beweismittel bedienen kann. Der AN ist nicht verpflichtet, zunächst seinerseits außerhalb des Gerichts an Zeugen heranzutreten und diese nach ihren Rechtsverhältnissen zu der Gegenpartei zu befragen (BAG 24.2.2005 NZA 2005, 764; 26.6.2008 AP KSchG 1969 § 23 Nr. 42). Zu Lasten des AN gehen nur solche Zweifel, die dem Gericht bleiben, nachdem es iRd. § 139 ZPO Hinweise gegeben, sachgerechte Aufl. erteilt und ggf. eine Beweisaufnahme (non liquet) durchgeführt hat (MüKoZPO/*Prütting* § 286 Rn. 100). Zur Darlegungs- und Beweislast dafür, dass im Kündigungszpkt. ein **gemeinsamer Betrieb** bestanden hat Rn. 5.

§ 24 Anwendung des Gesetzes auf Betriebe der Schifffahrt und des Luftverkehrs

(1) Die Vorschriften des Ersten und Zweiten Abschnitts finden nach Maßgabe der Absätze 2 bis 4 auf Arbeitsverhältnisse der Besatzung von Seeschiffen, Binnenschiffen und Luftfahrzeugen Anwendung.

(2) Als Betrieb im Sinne dieses Gesetzes gilt jeweils die Gesamtheit der Seeschiffe oder der Binnenschiffe eines Schifffahrtsbetriebs oder der Luftfahrzeuge eines Luftverkehrsbetriebs.

(3) Dauert die erste Reise eines Besatzungsmitglieds eines Seeschiffes oder eines Binnenschiffes länger als sechs Monate, so verlängert sich die Sechsmonatsfrist des § 1 Absatz 1 bis drei Tage nach Beendigung dieser Reise.

(4) [1]Die Klage nach § 4 ist binnen drei Wochen zu erheben, nachdem die Kündigung dem Besatzungsmitglied an Land zugegangen ist. [2]Geht dem Besatzungsmitglied eines Seeschiffes oder eines Binnenschiffes die Kündigung während der Fahrt des Schiffes zu, ist die Klage innerhalb von sechs Wochen nach dem Dienstende an Bord zu erheben. [3]An die Stelle der Dreiwochenfrist in § 5 Absatz 1 und § 6 treten die hier in den Sätzen 1 und 2 genannten Fristen.

(5) [1]Die Vorschriften des Dritten Abschnitts finden nach Maßgabe der folgenden Sätze Anwendung auf die Besatzungen von Seeschiffen. [2]Bei Schiffen nach § 114 Absatz 4 Satz 1 des Betriebsverfassungsgesetzes tritt, soweit sie nicht als Teil des Landbetriebsgelten, an die Stelle des Betriebsrats der Seebetriebsrat. [3]Betrifft eine anzeigepflichtige Entlassung die Besatzung eines Seeschiffes, welches unter der Flagge eines anderen Mitgliedstaates der Europäischen Union fährt, so ist die Anzeige an die Behörde des Staates zu richten, unter dessen Flagge das Schiff fährt.

Für die „mobilen" Betriebe der See- und Binnenschifffahrt sowie des Luftverkehrs enthält § 24 1
Sonderbestimmungen, die mit dem am 1.8.2013 in Kraft getretenen SeeArbG novelliert wurden (§ 24 idF des Art. 3 II des G zur Umsetzung des Seeübk. 2006 der ILO v. 20.4.2013, BGBl. 2013 I Nr. 19, S. 868, 914). § 24 I stellt klar, dass die Vorschr. des Ersten und Zweiten Abschn. auf ArbVerh. der Besatzungen von Seeschiffen, Binnenschiffen und Luftfahrzeugen nach Maßgabe des § 24 II bis IV anzuwenden sind. §§ 65 ff. SeeArbG enthalten daneben Spezialbestimmungen für die Kündigung und Beendigung des Heuerverhältnisses.

1. Betriebsbegriff. Nach § 24 II gilt als **Betrieb** die Gesamtheit der Seeschiffe oder der Binnenschiffe 2
eines Schifffahrtsbetriebs oder der Luftfahrzeuge eines Luftverkehrsbetriebs. Nach dieser Definition kommt es nicht darauf an, ob die einzelnen Schiffe oder Luftfahrzeuge tats. in arbeitstechnischer oder organisatorischer Hinsicht eine Einheit darstellen (KR/*Bader* Rn. 17). Der aus der Gesamtheit der Schiffe oder Luftfahrzeuge gebildete Betrieb steht selbständig neben dem Landbetrieb (HHL/*v. Hoyningen-Huene* Rn. 4). Im Wortverständnis des G gehört zur Binnenschifffahrt auch der Hafentransportverkehr

(zB Hafenbarkassen, -fähren, -schlepper). Aus der Gesamtregelung des § 24 in seinen Abs. 2 bis 4 ist jedoch ersichtl., dass die Sonderregelung nur den bes. Erschwernissen längerer Ortsabwesenheit Rechnung tragen soll. Die Vorschr. des Ersten und Zweiten Abschn. gelten daher für den Hafentransportverkehr ohne die Maßgaben des § 24 II bis IV (HHL/*v. Hoyningen-Huene* Rn. 6). Schiffe, die idR binnen 24 Stunden nach dem Auslaufen an den Sitz des Landbetriebs zurückkehren, sind nach § 114 IV 2 BetrVG dem Landbetrieb zuzurechnen. Diese Regelung ist zwar auf die BetrVerf. bezogen; ihre Wertung kann insoweit aber auf das KSchG entspr. übertragen werden (BBAKNS/*Suckow* Rn. 3). Für Landbetriebe der Schifffahrt und des Luftverkehrs gelten die übl. Kündigungsschutzregelungen. Nicht zum Schiffs- bzw. Luftbetrieb, sondern zum Landbetrieb gehören sonstige mit dem Schiffs- oder Luftverkehr verbundene Einrichtungen wie Verw., Kai-Betriebe, Werften oder Lagerhäuser.

3 **2. Verlängerung der Sechsmonatsfrist des § 1 I.** Für Besatzungsmitglieder gilt grds. die allg. Wartezeitregelung des § 1 I. Dauert allerdings die **erste Reise** eines Besatzungsmitglieds im Dienst einer Reederei oder eines Luftverkehrsbetriebs länger als sechs Monate, **verlängert** sich die **Sechsmonatsfrist** nach § 1 I gem. § 24 III bis **drei Tage** nach Beendigung dieser Reise. Der Tag der Beendigung der Reise rechnet nicht mit, § 187 I BGB. Durch die Regelung soll zum einen vermieden werden, dass während der Reise eine Kündigung ausgesprochen werden muss, um die Erfüllung der Wartezeit zu verhindern. Zum anderen soll der Reeder Gelegenheit erhalten, sich erst aufgrund eines Berichts des Kapitäns über die Tätigkeit des zu Kündigenden zu informieren. **Reise** ist die Zeit, in der das Besatzungsmitglied auf einem Schiff vom Sitz des Landbetriebs der Reederei, oder, wenn ein solcher nicht vorhanden ist, vom Heimathafen abwesend ist (HHL/*v. Hoyningen-Huene* Rn. 9). Die Vorschr. findet auch Anwendung, wenn die Reise nicht am ersten Tag der Begr. des ArbVerh. angetreten wird, sondern erst später. Voraussetzung ist allein, dass bei Reiseantritt die Wartezeit noch nicht abgelaufen war und die erste Reise länger als sechs Monate dauert. Hatte ein Besatzungsmitglied schon vor Antritt der ersten Reise die Wartefrist des § 1 I erreicht, ist Abs. 3 erfüllt. Die Reise muss nicht notwendig auf demselben Schiff verbracht werden. Sind die Voraussetzungen des § 24 III erfüllt, finden auf eine Kündigung, die innerhalb von drei Tagen nach Beendigung der ersten Reise dem AN zugegangen ist, die §§ 1 ff. keine Anwendung. Der Reeder kann das ArbVerh. frei lösen.

4 Für den **Begriff des Besatzungsmitglieds** nimmt das SeeArbG nunmehr eine spezifizierte Begriffsbestimmung vor. Nach dem weit gefassten Begriff in § 3 I SeeArbG sind Besatzmitglieder (Seeleute) iSd. SeeArbG grds. alle Personen, die an Bord des Schiffes tätig sind, unabhängig davon, ob sie vom Reeder oder einer anderen Person beschäftigt werden oder als Selbständige tätig sind, einschl. der zu ihrer Berufsbildung Beschäftigten. Auf **selbständige Besatzungsmitglieder** (zB Friseure, Ladenbesitzer) sind allerdings nach § 148 II Nr. 1e SeeArbG kündigungsschutzrechtl. Vorschr., also auch § 24, nicht anzuwenden. Der Besatzung gehören nach § 5 I SeeArbG der vom Reeder zur Schiffsführung bestellte Kapitän und nach § 6 SeeArbG die Schiffsoffiziere des nautischen oder des technischen Dienstes sowie Schiffsärzte, Seefunker, Schiffselektrotechniker und Zahlmeister an. § 3 III SeeArbG nimmt unter den dort iE bestimmten Voraussetzungen Personen von der Besatzung aus. Nicht zur Besatzung gehören zB Personen, die eine ör. Beratungs- oder Kontrolltätigkeit an Bord ausüben oder dort vorübergehend als Wissenschaftler tätig sind, oder die als Praktikanten, Schüler und Studenten ausgebildet werden bzw. Erfahrungen sammeln, ferner Mitarbeiter von Werften und Anlagenherstellern, die nicht länger als 96 Stunden unaufschiebbare Reparaturen oder Wartungsarbeiten durchführen, oder die als Künstler zur Unterhaltung nicht länger als 72 Stunden an Bord tätig sind.

5 **3. Frist für Erhebung der Kündigungsschutzklage.** Nach § 24 IV soll die Kündigungsschutzklage fristgebunden erhoben werden, ohne ein Besatzungsmitglied, das sich nicht st. an seinem Wohnort aufhält, durch die Drei-Wochen-Frist des § 4 in unnötigen Zugzwang zu versetzen. Die Kündigungsschutzklage ist gem. § 24 IV 1 binnen drei Wochen zu erheben, nachdem die Kündigung dem Besatzungsmitglied eines Schiffes oder eines Binnenschiffes **an Land zugegangen** ist. In diesem Fall gilt die Sechs-Wochen-Frist nach § 24 IV 2 selbst dann nicht, wenn es unmittelbar im Anschluss daran eine neue Reise mit dem Schiff antritt. Abw. von § 4 regelt § 24 IV 2 die Frist zur Erhebung der Kündigungsschutzklage, wenn die Kündigung **während der Fahrt des** Seeschiffes oder eines Binnenschiffes erfolgt. An die Stelle der Dreiwochenfrist in § 5 I und § 6 treten die in den S. 1 und 2 genannten Fristen. Die Klage ist innerhalb von sechs Wochen nach dem Dienstende an Bord zu erheben. Die Bestimmung unterscheidet nicht mehr danach, wann und wohin das Besatzungsmitglied oder Schiff zurückkehrt. Wird die Frist versäumt, kommt eine nachträgl. Zulassung der Klage nach Maßgabe des § 5 in Betracht. § 24 IV erfasst auch die Änderungsschutzklage. Das Besatzungsmitglied muss den Vorbehalt nach § 2 S. 1 ungeachtet des § 24 IV spätestens innerhalb von drei Wochen nach Zugang der Kündigung erklären.

§ 25 Kündigung in Arbeitskämpfen

Die Vorschriften dieses Gesetzes finden keine Anwendung auf Kündigungen und Entlassungen, die lediglich als Maßnahmen in wirtschaftlichen Kämpfen zwischen Arbeitgebern und Arbeitnehmern vorgenommen werden.

§ 25 bezieht sich ausschl. auf Kündigungen und Entlassungen als **Maßnahmen in Arbeitskämpfen** und nimmt solche Kündigungen vom Kündigungsschutz aus. Arbeitskampfmaßnahmen sind in erster Linie Streik und Aussperrung, vgl. insoweit Art. 9 GG. 1

Die Vorschr. hat **kaum noch praktische Bedeutung**. Der AG verfügt mit der Aussperrung über ein geeignetes Kampfmittel (BAG 26.4.1988 AP GG Art. 9 Arbeitskampf Nr. 101; GG Art. 9 Rn. 230 ff.). Er bedarf deshalb keiner „Kampfkündigungen". § 25 bezieht sich auf die zZ der Verabschiedung des KSchG 1951 herrschende individualrechtl. Arbeitskampftheorie (KR/*Bader* Rn. 3), nach der aus Arbeitskampfgründen einem AN fristlos gekündigt werden durfte, wenn er seine Arbeit aufgrund eines Streiks verweigerte, ohne zuvor selbst ordentl. gekündigt zu haben. Durch § 25 wird nicht die Durchführung von Arbeitskämpfen ges. geregelt. § 25 beschränkt vielmehr den gegenständl. Geltungsbereich des KSchG und setzt rechtmäßige Arbeitskämpfe in der Form von Streiks und Aussperrungen voraus (BAG [GS] 21.4.1971 AP GG Art. 9 Arbeitskampf Nr. 43; 10.6.1980 AP GG Art. 9 Arbeitskampf Nr. 64 und 65). Nach der heute herrschenden Arbeitskampftheorie ist die Aussperrung, auch in Form der sog. lösenden Aussperrung, nicht mehr als individualrechtl. Kündigung des ArbVerh., sondern als kollektivrechtl. Arbeitskampfmaßnahme zu verstehen (vgl. BAG [GS] 28.1.1955 AP GG Art. 9 Arbeitskampf Nr. 1 und zur Modifizierung der früheren Entsch. [GS] 21.4.1971 AP GG Art. 9 Arbeitskampf Nr. 43, insb. zur lösenden Aussperrung; ferner 26.4.1988 AP GG Art. 9 Arbeitskampf Nr. 101). AN, die streikbedingt ihre Arbeit verweigern, verstoßen nicht gegen vertragl. Pflichten, denn die Arbeitspflicht wird infolge des rechtmäßigen Streiks suspendiert, sobald sich der AN dem Streik anschließt. Zur Annahmeverzugsvergütung bei Streikteilnahme nach unberechtigter fristl. Kündigung BAG 17.7.2012 NZA 2012, 1432. 2

§ 25 setzt voraus, dass eine **Kündigung als Maßnahme in wirtschaftl. Kämpfen** zwischen AG und AN ausgesprochen wird. Solche Kündigungen sind nach der kollektiven Arbeitskampftheorie schlechthin unzulässig, weil sich AN durch die Beteiligung an einem legitimen Streik nicht vertrags- oder rechtswidrig verhalten (BAG 17.12.1976 AP GG Art. 9 Arbeitskampf Nr. 51; KR/*Bader* Rn. 9; vgl. GG Art. 9 Rn. 192 ff.). § 25 findet keine Anwendung, wenn der AG entgegen der kollektiven Arbeitskampftheorie statt Aussperrungen vorzunehmen zu sog. Massenänderungskündigungen greift, indem er allen oder bestimmten Gruppen von AN eine außerordentl. oder ordentl. Kündigung erklärt, um geänd. Arbeitsbedingungen durchzusetzen. Vielmehr gilt in solchen Fällen das KSchG uneingeschränkt (BAG 1.2.1957 AP BetrVG 1952 § 56 Nr. 4; [GS] 21.4.1971 AP GG Art. 9 Arbeitskampf Nr. 43 unter III D 2b; HHL/*v. Hoyningen-Huene* Rn. 15; KR/*Bader* Rn. 19 f.) und erfasst auch den Fall, dass der AG anlässl. eines Arbeitskampfs einigen ganz bestimmten AN kündigt. Derartige Kündigungen können ferner nach §§ 138, 612a BGB nichtig sein. 3

Nehmen AN die Arbeit bei einem **rechtswidrigen (sog. wilden) Streik** (dazu GG Art. 9 Rn. 162) trotz wiederholter Aufforderung nicht auf, können ordentl. und außerordentl. Kündigungen zulässig sein. Auf diese Kündigungen ist das KSchG anzuwenden (BAG 14.2.1978 AP GG Art. 9 Arbeitskampf Nr. 58; 29.11.1983 AP BGB § 626 Nr. 78; BBAKNS/*Suckow* Rn. 8; GG Art. 9 Rn. 233, 244). Deshalb muss der AG stets eine Abmahnung in Betracht ziehen. Bei der gerichtl. Interessenabwägung ist zu berücksichtigen, ob der AG seinerseits im Arbeitskampf rechtswidrig gehandelt hat und ob sich die AN in einem entschuldbaren Rechtsirrtum befunden haben. Deren rechtswidriges Verhalten kann in einem anderen Licht erscheinen, wenn sie dem Streikaufruf der Gewerkschaft aus reiner Solidarität gefolgt sind oder aufgrund einer psychologischen Drucksituation „schlicht teilgenommen" haben. Dann näml. kann nicht generell der Schluss gezogen werden, dass für die Zukunft kein Vertrauen mehr vorhanden ist, um das ArbVerh. fortzusetzen (vgl. SPV/*Preis* Rn. 585; ferner GG Art. 9 Rn. 223). Die Beteiligung von AN an einem von der Gewerkschaft geführten Streik, mit dem der Abschluss eines FirmenTV erzwungen werden soll, rechtfertigt selbst dann nicht ohne weiteres fristlose oder ordentl. Kündigungen, wenn die AN mit der Möglichkeit rechnen mussten, dass die Gewerkschaft für den Streik nicht zust. und er deswegen rechtswidrig sein könnte (BAG 29.11.1983 AP BGB § 626 Nr. 78). Ebenso sind Kündigungen, die wegen sog. Arbeitskampfexzesse erfolgen, nach allg. kündigungsrechtl. Bestimmungen zu behandeln (BAG 21.10.1969 AP GG Art. 9 Arbeitskampf Nr. 41; HHL/*v. Hoyningen-Huene* Rn. 19; vgl. auch BAG 21.6.1988 AP GG Art. 9 Arbeitskampf Nr. 108; 8.11.1988 AP GG Art. 9 Arbeitskampf Nr. 111). 4

§ 25a Berlin-Klausel (gegenstandslos)

§ 26 Inkrafttreten

Dieses Gesetz tritt am Tage nach seiner Verkündung in Kraft.

Die Vorschr. betrifft das Inkrafttreten des KSchG idF v. 10.8.1951 (BGBl. I S. 499), das am 13.8.1951 verkündet worden und demgem. am 14.8.1951 in Kraft getreten ist. 1

460. Gesetz zur Regelung eines allgemeinen Mindestlohns (Mindestlohngesetz – MiLoG)

Vom 11. August 2014 (BGBl. I S. 1348)

Geänd. durch Gesetz vom 18. Juli 2017 (BGBl. I S. 2739)

(FNA 802-5)

Abschnitt 1. Festsetzung des allgemeinen Mindestlohns

Unterabschnitt 1. Inhalt des Mindestlohns

§ 1 Mindestlohn

(1) Jede Arbeitnehmerin und jeder Arbeitnehmer hat Anspruch auf Zahlung- eines Arbeitsentgelts mindestens in Höhe des Mindestlohns durch den Arbeitgeber.

(2) [1]Die Höhe des Mindestlohns beträgt ab dem 1. Januar 2015 brutto 8,50 Euro je Zeitstunde.* [2]Die Höhe des Mindestlohns kann auf Vorschlag einer ständigen Kommission der Tarifpartner (Mindestlohnkommission) durch Rechtsverordnung der Bundesregierung geändert werden.

(3) [1]Die Regelungen des Arbeitnehmer-Entsendegesetzes, des Arbeitnehmerüberlassungsgesetzes und der auf ihrer Grundlage erlassenen Rechtsverordnungen gehen den Regelungen dieses Gesetzes vor, soweit die Höhe der auf ihrer Grundlage festgesetzten Branchenmindestlöhne die Höhe des Mindestlohns nicht unterschreitet. [2]Der Vorrang nach Satz 1 gilt entsprechend für einen auf der Grundlage von § 5 des Tarifvertragsgesetzes für allgemeinverbindlich erklärten Tarifvertrag im Sinne von § 4 Absatz 1 Nummer 1 sowie §§ 5 und 6 Absatz 2 des Arbeitnehmer-Entsendegesetzes.

I. Allgemeines

1 Mit dem MiLoG wird erstmals in Deutschland ab 2015 ein **flächendeckender ges. Mindestlohn für AN** festgesetzt. Das MiLoG ist zentraler Bestandteil und Art. 1 des sog. G zur Stärkung der Tarifautonomie, das am 16.8.2014 in Kraft getreten ist (GE BReg. BT-Drs. 18/1558; Beschlussempfehlung und Bericht BT-Ausschuss für Arbeit und Soziales BT-Drs. 18/2010). Der Mindestlohn ergänzt die bereits bestehenden tarifl. Mindestentgelte nach dem AEntG bzw. AÜG und bildet die untere Grenze zulässiger Arbeitsvergütung (§ 1 III; dazu Rn. 21). Neben dem allg. ges. Mindestlohn bleibt die Rspr. des BAG zur Sittenwidrigkeit von Arbeitsentgelten nach Maßgabe von § 138 BGB uneingeschränkt anwendbar (ebenso *Däubler* NJW 2014, 1924, 1927), weil diese Rspr. auf erhebl. Störungen des Äquivalenzverhältnisses von Leistung und Gegenleistung reagiert (§ 612 BGB Rn. 3 ff.; vgl. auch BAG 18.11.2015 NZA 2016, 494 Rn. 40). Demggü. soll der ges. Mindestlohn AN vor Niedrigstlöhnen schützen, die branchenübergreifend generell als unangemessen empfunden werden (BT-Drs. 18/1558, S. 28). Ferner will der Gesetzgeber verhindern, dass nicht existenzsichernde Arbeitsentgelte vereinbart werden, welche durch Leistungen der Grundsicherung für Arbeitsuchende „aufgestockt" werden müssen, und dadurch die Sozialversicherungssysteme entlasten (BT-Drs. 18/1558, S. 28). Mit dem MiLoG wurde das MiArbG aufgeh. Dieses G hatte bislang seit 1952 die Möglichkeit geboten, staatl. Mindestentgelte branchenbezogen festzusetzen, war aber niemals angewandt worden (näher Erl. zum MiArbG in ErfK 14. Aufl. 2014).

II. Anspruch auf Mindestlohn (Abs. 1 und 2)

2 **1. Höhe und Zweck des Mindestlohns.** Der ges. festgelegte unabdingbare (§ 3) Mindestlohn beträgt **für jeden AN 8,50 € pro Stunde**, und zwar als **Bruttostundenlohn** (BT-Drs. 18/1558, S. 28) einschl. aller ges. Abzüge. Nach Auff. des Gesetzgebers ist dieser Betrag zum Zpkt. des Inkrafttretens des G im Jahr 2014 geeignet, einen angemessenen Mindestschutz für AN zu gewährleisten (BT-Drs. 18/1558, S. 34). Jeder AN muss – vorbehaltl. des pers. Anwendungsbereichs des G nach § 22 und der Übergangsregelung nach § 24 – ab dem 1.1.2015 eine Arbeitsvergütung mind. in dieser Höhe erhalten. Dies bedeutet, dass das G für alle unter seinen Geltungsbereich fallenden Personen Mindestbedingungen im Hinblick auf das Arbeitsentgelt aufstellt und nicht nur für solche AN gilt, welche ledigl. den ges.

* Gemäß der Mindestlohnanpassungsverordnung v. 15.11.2016 (BGBl I S. 2530) beträgt der Mindestlohn mWv 1.1.2017 brutto 8,84 Euro je Zeitstunde.

Mindestlohn erhalten (ganz hM; vgl. BAG 25.5.2016 NZA 2016, 1327 Rn. 23; *Lembke* NZA 2015, 70, 73; *Sittard* NZA 2014, 951, 952; *Waltermann* AuR 2015, 166; s. a. BAG 22.7.2014 NZA 2014, 1151 Rn. 32 für PflegeArbbV; aA *Lakies* AuR 2014, 360, 364 f.). Anderenfalls könnten die Vorgaben des G relativ leicht umgangen werden. § 1 I fungiert demnach als Anspruchsgrdl. für den einzelnen AN, mit der die Verpflichtung des AG nach § 20 korrespondiert. § 20 stellt klar, dass das MiLoG auch für ausl. AG gilt, sofern sie AN im Inland beschäftigen.

Nach Einschätzung des Gesetzgebers ermöglicht es die Höhe des Mindestlohns von 8,50 € pro Zeitstunde einem alleinstehenden Vollzeitbeschäftigten, bei durchschnittl. WochenAZ ein Monatseinkommen oberhalb der Pfändungsfreigrenze nach § 850c I 1 ZPO zu erzielen. Die Pfändungsfreigrenze stellt nach Auff. des Gesetzgebers ein auf die Situation der AN zugeschnittenes pauschaliertes Existenzminimum dar, welches den AN einen moderaten Selbstbehalt sichert; dabei seien zusätzl. Sonderkosten berücksichtigt, die AN typischerweise durch die Erwerbstätigkeit entstünden (BT-Drs. 18/1558, S. 28). Demnach muss ein AN nicht für jede einzelne geleistete Arbeitsstunde 8,50 € erhalten. Vielmehr muss ledigl. sichergestellt sein, dass das mtl. ausbezahlte Bruttoarbeitsentgelt das Produkt aus tats. geleisteten Arbeitsstunden pro Monat und ges. Mindestlohn pro Stunde erreicht oder übersteigt (vgl. BAG 25.5.2016 NZA 2016, 1327 Rn. 26; *Bayreuther* NZA 2014, 865, 867; *Schweibert/Leßmann* DB 2014, 1866, 1868; *Sittard* NZA 2014, 951). Über die Anpassung des Mindestlohns an die weitere wirtschaftl. Entwicklung entscheidet nach § 1 II nicht mehr der Gesetzgeber, sondern eine Mindestlohnkom., deren Beschl. (§ 9) durch VO der BReg. nach Maßgabe von § 11 in Kraft gesetzt werden kann. Unter den Kriterien, anhand derer die Mindestlohnkom. ihre Entsch. zu treffen hat, findet sich die skizzierte Orientierung an der Pfändungsfreigrenze erstaunlicherweise nicht mehr (§ 9 II). Entspr. dem Vorschlag dieser Kommission wurde der Mindestlohn ab 1.1.2017 auf 8,84 € erhöht. 3

2. Bezugspunkt des Mindestlohns: „Zeitstunde" (Abs. 2 S. 1). a) Grundsatz. Der ges. Anspruch auf den Mindestlohn bezieht sich nach § 1 II auf eine „Zeitstunde"; iHd. Mindestlohns vergütet werden muss eine Stunde Arbeitsleistung. Was hiervon umfasst ist, sagt das G nicht ausdr. Es nimmt daher die bislang anerkannten Kategorien des AZRechts in vergütungsrechtl. Hinsicht in Bezug (**Grds. der „AZNeutralität" des MiLoG**). IHd. Mindestlohns vergütet werden muss also jede Stunde, die nach bisherigen Kriterien als AZ gilt. Dies richtet sich nach allg. Grds. und den auf das jeweilige ArbVerh. anwendbaren Rechtsquellen TV, BV, arbeitsvertragl. Abrede und ges. Regelung (§ 611 BGB Rn. 652 ff.). Ebenso werden die arbeitzeitrechtl. Kategorien der Arbeitsbereitschaft, Rufbereitschaft und Bereitschaftsdienst in Bezug genommen (näher § 2 ArbZG Rn. 20 ff.). Nur soweit diese Formen der Arbeitsleistung wie AZ zu vergüten sind, entsteht die Pflicht zur Zahlung des ges. Mindestlohns (vgl. LAG K 15.10.2015 BeckRS 2015, 72909; im Ansatz auch BAG 29.6.2016 NJW 2016, 3675). Dies richtet sich primär nach dem Arbeitsvertrag bzw. einschl. TV; gibt es keine Regelungen, sind Arbeitsbereitschaft und Bereitschaftsdienst grds. wie AZ zu behandeln und daher im Ganzen mindestlohnrelevant, nicht aber Rufbereitschaft (LAG HE 21.11.2016 BeckRS 2016, 116469; ähnl. *Däubler* NJW 2014, 1924, 1926; *Kocher* AuR 2015, 173; *Lakies* MiLoG Rn. 28; *Lembke* NZA 2015, 70, 73). Demggü. halten *Riechert/Nimmerjahn* (Rn. 66 ff.; in der Sache wohl auch *Thüsing/Hütter* NZA 2015, 970) Bereitschaftsdienst als solchen generell nicht für mindestlohnpflichtig, weil dieser im Verhältnis zur Vollarbeit ein „aliud" darstelle. 4

Bewerten also insb. die TVParteien manche Zeiten minderer Arbeitsanspannung nicht als Vollarbeit – etwa Bereitschaftszeiten nach TVL – und setzen insoweit für solche Zeiten ein geringeres Arbeitsentgelt an, hat dies das MiLoG zu akzeptieren (**aA** *Kocher* AuR 2015, 173; *Lakies* MiLoG Rn. 32; *SJD* Rn. 96 ff.; diff. *Bayreuther* NZA 2015, 385, 388 f.; *Riechert/Nimmerjahn* Rn. 63 ff.). Es kann keinen Unterschied machen, ob die TVParteien nur aktive Zeiten von Bereitschaftsdiensten als vergütungspflichtige AZ einstufen, was anges. des Grds. der AZNeutralität des MiLoG (Rn. 4) zulässig wäre (ebenso in der Sache *Riechert/Nimmerjahn* Rn. 66 ff.; *Thüsing/Hütter* NZA 2015, 970), oder ob sie pauschal für sämtl. Bereitschaftszeiten eine niedrigere Vergütung ansetzen. Dieser Auff. hat sich das BAG (29.6.2016 NJW 2016, 3675) nicht angeschlossen. Vielmehr muss Bereitschaftsdienst danach stets unabhängig davon, ob der AN tats. eingesetzt wurde, mit dem ges. Mindestlohn vergütet werden (BAG 29.6.2016 NJW 2016, 3675 Rn. 27 ff.). Damit verlässt das BAG den vorstehend herausgearbeiteten Grds. der AZNeutralität des MiLoG, ohne dies hinreichend teleologisch abzusichern (krit. auch *Wank* Anm. AP BAG 29.6.2016 MiLoG § 1 Nr. 2). 4a

b) Andere Vergütungsformen als nach Stunden berechneter Zeitlohn. § 1 II stellt für den Mindestlohn auf eine **Stundenvergütung in Geld** ab (nach Stunden berechneter **Zeitlohn**). Andere Vergütungsformen – Naturallohn, Leistungslohn oder nach anderen Zeitabschnitten berechneter Zeitlohn – will das G allerdings nicht verbieten. Nach der GBegr. bleibt die Vereinb. von Stück- und Akkordlöhnen weiterhin zulässig, wenn gewährleistet ist, dass der Mindestlohn für die geleisteten Arbeitsstunden erreicht wird (BT-Drs. 18/1558, S. 34). IÜ würde jedes andere Erg. Vertragsfreiheit und Tarifautonomie unverhältnismäßig einschränken. Das G will mithin nur sicherstellen, dass AN pro Stunde mit dem Mindestlohn vergütet werden. Daher müssen andere Vergütungsformen auf die Maßeinheit des jeweiligen ges. Mindestlohns pro Stunde AZ umgerechnet werden, damit dem AN iE das unabdingbare Mindestarbeitsentgelt in Geld erhalten bleibt. Das G gibt für diese Umrechnung 5 allerdings keine weitere Hilfestellung. Die entspr. Grds. zur Umrechnung müssen daher aus dem GZweck und anderen ges. Wertungskriterien entwickelt werden.

6 **aa) Naturallohn. Sachbezüge** sind Teil des Arbeitsentgelts, soweit sie nach § 107 II 1 GewO zulässig sind, und können daher grds. Bestandteil des Mindestlohns sein (**aA** *Lembke* NZA 2015, 70, 75; *Riechert/Nimmerjahn* Rn. 79 ff.: Mindestlohn könne nur mit Bar- oder Buchgeld erfüllt werden). Allerdings dürfte hierfür wegen § 107 II 5 GewO jdf. für dt. Recht unterliegende InlandsArbVerh. rein tats. wenig Raum bleiben, weil der unpfändbare Teil des Arbeitseinkommens in Geld ausbezahlt werden muss (näher § 107 GewO Rn. 7 f.; ebenso *Lakies* MiLoG Rn. 57 f.) und sich der Mindestlohn jdf. derzeit ausweisl. der GBegr. an den Pfändungsfreigrenzen orientieren soll (Rn. 3). Davon abgesehen kann man für die Umrechnung des Werts der Sachbezüge in Geld die SvEV heranziehen. BMAS, BMF und BMEL planen entspr. Leitlinien zu erarbeiten, die auch für die Kontrollen der Zollbehörden verbindl. sein sollen (vgl. Bericht BT-Ausschuss Arbeit und Soziales BT-Drs. 18/2010, S. 16). Ein Rückgriff auf die Rspr. zum AEntG und der AN-EntsendeRL 96/71/EG (s. näher Rn. 11 f.) kommt hins. der Einbeziehung von Naturalleistungen des AG nicht in Betracht, weil Art. 3 VII RL 96/71/EG insoweit eine Sonderregelung enthält (s. dazu etwa BayObLG 27.11.2002 AP AEntG § 1 Nr. 13).

7 In der Gastronomie oder im Friseurhandwerk übl. **Trinkgelder** stellen vorbehaltl. anderweitiger vertragl. Vereinb. keinen Teil des Arbeitsentgelts in Form eines Sachbezugs dar, wenn und soweit ein Dritter das Trinkgeld dem AN ohne rechtl. Verpflichtung zusätzl. zu einer dem AG geschuldeten Leistung bezahlt (§ 107 III GewO). Solche Trinkgelder können die AN somit ohne Anrechnung auf den Mindestlohn steuerfrei (§ 3 Nr. 51 EStG) vereinnahmen (vgl. BAG 28.6.1995 NZA 1996, 1012 für die Berechnung des Arbeitsentgelts für arbeitsfreie Zeiten wie Urlaub, AU und BRTätigkeit; ebenso *Däubler* NJW 2014, 1924, 1926). Aufgrund einer ausdr. vertragl. Vereinb. können Trinkgelder dagegen Teil des Arbeitslohns werden und sind dann wie Sachbezüge zu behandeln, weil der AG dem AN eine Gelegenheit zur Vereinnahmung der entspr. Geldbeträge verschafft und damit einen Sachbezug gewährt (näher *Dommermuth-Alhäuser/Heup* NZA 2015, 406). Dies gilt bspw. für andere Arten von Bedienungsgeldern, insb. im Spielbankbereich anzutreffende **Troncsysteme** (BGB § 611 Rn. 507 ff.).

8 **bb) Nicht auf Stunden bezogener Zeitlohn.** Nach anderen **Zeiteinheiten – etwa Monaten – vereinbarter Zeitlohn** muss man folgendermaßen umrechnen: Die vereinbarte Bruttomonatsvergütung einschl. aller berücksichtigungsfähigen Vergütungsbestandteile (dazu Rn. 11 ff.) geteilt durch die individuelle regelm. mtl. AZ des betr. AN in Stunden ergibt den fiktiven Bruttostundensatz des betr. AN. Dieser muss den ges. Mindestlohnsatz pro Stunde erreichen oder überschreiten (ähnl. *Lakies* MiLoG Rn. 39). Hier kann sich die Frage stellen, ob längere Zeiträume als ein Monat zugrundegelegt werden können, etwa bei schwankenden Arbeitsvergütungen. Einen Anhaltspunkt im G enthält die Fälligkeitsregelung des § 2 I 1 Nr. 2. Danach muss der Mindestlohn spätestens aE des auf die Arbeitsleistung folgenden Monats bezahlt werden. Dies kann auf einen Zweimonatsrhythmus hindeuten (ebenso *Lembke* NZA 2015, 70, 74; *Waltermann* AuR 2015, 166, 171; **aA** BAG 25.5.2016 NZA 2016, 1327 Rn. 25; *Kocher* AuR 2015, 173, 175). Ein längerer Zeitraum kommt grds. nicht in Betracht, da § 2 II ledigl. für AZKonten auf ein Jahr abstellt und sich daher als Ausnahmevorschr. darstellen wird. Bei **diskontinuierl. Arbeitsanfall** – etwa Abrufarbeit nach § 12 TzBfG – muss das in diesem Zwei-Monats-Zeitraum bezahlte Bruttoarbeitsentgelt durch die in diesem Zeitraum geleisteten Arbeitsstunden dividiert werden. Der so ermittelte fiktive Stundensatz muss mind. den ges. Mindestlohn erreichen (ähnl. zum AEntG OLG KA 5.2.2002 NStZ-RR 2002, 277). Bei der Vereinb. eines **Jahresarbeitsentgelts** wird man entspr. verfahren können: Jahresarbeitsentgelt einschl. aller berücksichtigungsfähigen Vergütungsbestandteile (Rn. 11 ff.) dividiert durch individuelle regelm. JahresAZ in Stunden ergibt den fiktiven Stundensatz des AN, der den aktuellen Mindestlohn erreichen muss.

9 **cc) Leistungslohn.** Ein vereinbarter Leistungslohn muss ebenfalls der Höhe des Mindestlohns nach § 1 I entsprechen. Die Arbeitsleistung wird grds. stets in der Zeit geschuldet (näher *Franzen* RdA 2014, 1). Daher liegt auch einem vereinbarten Leistungslohn eine wenn auch möglicherweise nur gedachte Leistungszeit zugrunde, innerhalb derer die Arbeitsleistung nur erfüllungstaugl. ist. Der jeweilige Geldfaktor muss nun so bemessen sein, dass für eine „Normalleistung" die Höhe des Mindestlohns pro Stunde erreicht wird (ebenso *SJD* Rn. 129 f.). Für den Leistungsmaßstab einer solchen „Normalleistung" gelten die allg. Grds. (BGB § 611 Rn. 643 ff.); es kommt auf das individuelle Leistungsvermögen des AN an. So kann man bei dem häufig diskutierten Bsp. der **Zeitungszusteller** von folgendem ausgehen (s. dazu auch die Übergangsregelung des § 24 II): Zeitungszusteller werden regelm. nach eingeworfener Stückzahl bezahlt, um Anreize für eine möglichst vollständige und rasche Verteilung der Publikationen zu setzen. Allerdings gibt es auch für diese Zustellung einen Erfüllungszeitraum, der bei Tageszeitungen in den frühen Morgenstunden des jeweiligen Tages liegt. Der Geldfaktor (Preis pro verteiltes Stück) muss nun so bemessen werden, dass eine Normalleistung iE mit 8,50 € in der Stunde vergütet wird. Diese Überlegung wird man auf andere **Leistungslohnsysteme wie Akkordlöhne** übertragen können (zu Akkordlöhnen näher BGB § 611 Rn. 391 ff.).

10 Bei **Provisionen** und vergleichbaren **leistungsbezogenen Entgeltbestandteilen** (näher BGB § 611 Rn. 493 ff.) stellt sich wie bei einer nach Monaten berechneten Vergütung die Frage (Rn. 8), welche Zeiträume für die Umrechnung in den Mindestlohn auf Stundenbasis zugrundezulegen sind. Durch

Provisionen wird ein AN am Wert von Geschäften beteiligt, die auf seine Tätigkeit zurückzuführen sind. Diese können erhebl. schwanken, weshalb der grds. zugrundezulegende Zwei-Monats-Zeitraum (Rn. 8) für die Umrechnung in den Mindestlohn zu knapp bemessen sein kann. Für die Lösung ist wiederum zu berücksichtigen, dass das MiLoG anerkannte Vergütungsformen nicht beseitigen will. Für Provisionen kommt hinzu, dass der Gesetzgeber mit den §§ 87 ff. HGB Regelungen zum Schutz der provisionsberechtigten AN erlassen hat. Als ges. Wertungskriterium kann man hierbei auf den Abrechnungszeitraum abstellen, den § 87c I HGB mit bis zu drei Monaten zzgl. eines weiteren Monats angibt. Sofern der AG diese ges. Regelung auf das ArbVerh. mit seinem AN anwendet, gilt dieser Zeitraum ebenso für die Umrechnung in den Mindestlohn. Dies führt zu einem Zeitraum von max. vier Monaten (§ 87c I1 Hs. 2 und S. 2 HGB; abl. *Kocher* AuR 2015, 173, 175).

3. Erfüllung des Anspruchs auf den Mindestlohn durch Anrechnung von Zahlungen des AG. 11
a) Grundsätze. Darüber hinaus gibt das G keine ausdr. Anhaltspunkte für die Frage, welche Zahlungen des AG als mindestlohnwirksam betrachtet werden können. Allerdings kann man insoweit zumindest im Ausgangspunkt auf **Rspr. des EuGH zur AN-EntsendeRL 96/71/EG** zurückgreifen (ebenso Gegenäußerung BReg. BT-Drs. 18/1558, S. 67; *Däubler* NJW 2014, 1924, 1926; **aA** *Bayreuther* NZA 2014, 865, 868 f.; Thüsing/*Bayreuther* MiLoG/AEntG Rn. 87 ff.). Der Mindestlohn erfasst nach § 20 auch ausl. AG, die im Inland AN beschäftigten. Daher stellt der Mindestlohn einen Mindestentgeltsatz iSv. § 2 Nr. 1 AEntG (BT-Drs. 18/1558, S. 42) und von Art. 3 I lit. c RL 96/71/EG dar. Für die Auslegung des Begriffs des Mindestlohns und damit die Frage, welche Zahlungen des AG auf den Mindestlohn angerechnet werden können, kann daher grds. die AN-EntsendeRL 96/71/EG und die diese konkretisierende Rspr. des EuGH zugrundegelegt werden (zurückhaltender aber *Bepler/Hanau*, Stellungn. BT-Ausschuss Arbeit und Soziales Ausschuss-Drs. 18[11]133, S. 143).

12 Der EuGH hat in zwei Urt. die Formel geprägt, dass **Vergütungsbestandteile in den Mindestlohn einbezogen werden können, wenn sie das Verhältnis zwischen der Leistung des AN auf der einen und der Gegenleistung, die er dafür erhält, auf der anderen Seite nicht verändern** (EuGH 14.4.2005 NZA 2005, 573; 7.11.2013 NZA 2013, 1359). Für die Subsumtion, also die Beantwortung der Frage, ob dieser Obersatz auf den jeweiligen Vergütungsbestandteil zutrifft, sind allerdings nach Auff. des EuGH die innerstaatl. Gerichte zust. (EuGH 7.11.2013 NZA 2013, 1359 Rn. 45). Damit dürften sich weitere Vorlagefragen zu diesem Problemkreis regelm. erübrigen. Das BAG geht in Urt. zum AEntG von einer Anrechnung aus, wenn der Zweck der Leistung des AG mit dem Zweck des Mindestlohns **„funktionell gleichwertig"** ist (BAG 18.4.2012 NZA 2013, 392; 16.4.2014 NZA 2014, 1277; ebenso Gegenäußerung BReg. BT-Drs. 18/1558 S. 67), wenn die Zahlung des AG also die „Normalleistung" des AN abgelten möchte (BAG 18.4.2012 NZA 2013, 392).

12a Das BAG (21.12.2016 NZA 2017, 378) scheint diese Grds. unter dem Eindruck eines EuGH-Urt. (12.2.2015 NZA 2015, 345) zu modifizieren und nur solchen Vergütungsbestandteilen des AG Erfüllungswirkung im Hinblick auf das MiLoG abzusprechen, die der AG ohne Rücksicht auf eine tats. Arbeitsleistung bezahlt oder die wie etwa § 6 V ArbZG auf einer bes. ges. Zweckbestimmung beruhen (BAG 21.12.2016 NZA 2017, 378 Rn. 23). Allerdings war es in dem entspr. Urt. des EuGH nicht um die Erfüllungswirkung von tats. Zahlungen des AG gegangen, sondern um die umgekehrte Perspektive, die Frage, inwieweit der Empfangsstaat einer Dienstleistung seinen eigenen Regelungen auf aus einem anderen Mitgliedstaat entsandte AN anwenden darf (vgl. *Franzen* NZA 2015, 338, 340).

13 **b) Zulagen und Zuschläge.** Vor dem Hintergrund der vorstehend entwickelten (Rn. 11 f.) Obersätze lassen sich einzelne Vergütungsbestandteile folgendermaßen einordnen: Nach überw. Auff. zum AEntG können **Überstunden und Überstundenzuschläge** für die Erfüllung der Pflicht des AG zur Zahlung des Mindestlohns nicht herangezogen werden, ua. deshalb, weil das Mindestlohnregime (§ 2 Nr. 1 AEntG) selbst eine ausdr. Regelung zu Überstundensätzen vorsieht und daher das Verhältnis von Leistung und Gegenleistung verändert würde (*Koberski* § 5 AEntG Rn. 13; *Bayreuther* EuZA 2014, 189, 197). Diese Auff. wäre für den ges. Mindestlohn zu undiff.: Zum einen wird der Zusammenhang von Arbeitsvergütung und AZ nicht hinreichend beachtet. Zum anderen ist es aus Sicht des Mindestlohns irrelevant, wie bestimmte Vergütungsbestandteile bezeichnet werden, solange ein vollzeitbeschäftigter AN bei durchschnittl. WochenAZ den ges. Stundenmindestlohn erzielt (vgl. Begr. des RegE BT-Drs. 18/1558 S. 28; ähnl. Thüsing/*Bayreuther* MiLoG/AEntG Rn. 38 ff.). Die Ableistung von Überstunden und Vergütung mit entspr. Zuschlägen ist daher insoweit berücksichtigungsfähig, als das **Zeitmaß des vollzeitbeschäftigten AN mit durchschnittl. WochenAZ nicht überschritten wird** (ebenso *Bayreuther* EuZA 2004, 189, 196 f.; **aA** *Riechert/Nimmerjahn* Rn. 125). Die durchschnittl. AZ in Deutschland liegt bei ca. 41 Arbeitsstunden pro Woche und ca. 176 Arbeitsstunden pro Monat. Arbeitsentgelt, welches für Überstunden entrichtet wird, die innerhalb dieser Zeitvorgaben liegen, kann dann noch mindestlohnwirksam angerechnet werden.

14 Für **Erschwerniszulagen** und andere an **bes. Umstände anknüpfende Zuschläge wie Sonntags- und Nachtarbeitszuschläge** gilt im Grds. folgendes: Solche Zulagen sollen regelm. bes. Umstände der Arbeitserbringung ausgleichen, gehen daher über die Normalleistung des AN hinaus und wären insoweit nicht berücksichtigungsfähig (ebenso Gegenäußerung BReg. BT-Drs. 18/1558 S. 67; ArbG Bautzen 25.6.2015 BeckRS 2015, 70083; **aA** BAG 21.12.2016 NZA 2017, 378 Rn. 26). Etwas anderes

gilt aber dann, wenn der Zweck der Leistung des AN gerade darin besteht, solche Arbeiten auszuführen, dies also zu seiner „Normalleistung“ gehört. In diesem Fall sind entspr. Zahlungen des AG funktionell gleichwertig mit dem Mindestlohn und daher auf diesen anzurechnen (ebenso BAG 18.4.2012 NZA 2013, 392; 16.4.2014 NZA 2014, 1277 für Spätschichtzulage; LAG B 11.8.2015 NZA-RR 2016, 125; LAG MV 31.1.2017 BeckRS 2017, 104849 für Leistungszulage). Dasselbe muss für Akkordlöhne gelten, wenn der AN im Akkordsystem arbeitet (LAG HM 22.4.2016 BeckRS 2016, 68881; **aA** ArbG Herford 11.9.2015 BeckRS 2015, 73137), sofern Grundlohn zusammen mit den Zeit- und Geldfaktoren zu einem über dem ges. Mindestlohn liegenden Stundenentgelt führen (s. Rn. 9). **Anwesenheitsprämien** sind ebenfalls geeignet, den Mindestlohnanspruch zu erfüllen (LAG MV 22.11.2016 – 5 Sa 298/15; LAG HB 10.8.2016 BeckRS 2016, 111556). Demggü. sind **Leistungs- und Qualitätsprämien**, die tats. davon abhängen, dass die geschuldete Arbeitsleistung bes. gut erbracht wird, nicht berücksichtigungsfähig, weil sie eine über das Normalmaß hinausgehende Arbeitsleistung entgelten sollen (EuGH 14.4.2005 NZA 2005, 573 Rn. 38 ff.). Der **ges. Nachtarbeitszuschlag nach § 6 V ArbZG** kann ebenfalls nicht auf den Mindestlohn angerechnet werden (BAG 25.5.2016 NZA 2016, 1327 Rn. 32; Thüsing/*Bayreuther* MiLoG/AEntG Rn. 113).

15 **c) Einmalzahlungen (Weihnachts-/Urlaubsgeld).** Nach der Auff. der BReg. im Gesetzgebungsverfahren können Einmalzahlungen wie Weihnachts- und Urlaubsgeld iRd. Entsenderechts nur dann als Bestandteil des Mindestlohns gewertet werden, wenn der AN den auf den Entsendezpkt. entfallenden ant. Betrag jeweils zu dem für den Mindestlohn maßgebl. Fälligkeitsdatum tats. und unwiderrufl. ausbezahlt erhält (Gegenäußerung BReg. BT-Drs. 18/1558 S. 67). Diese Auff. beruht allerdings auf einer fehlerhaften Interpretation des Urt. des EuGH v. 14.4.2005 (NZA 2005, 573). Der EuGH hat dies dort nicht ausgesprochen, sondern in der entscheidenden Passage nur den Prozessvortrag der BReg. wiedergegeben (EuGH 14.4.2005 NZA 2005, 573 Rn. 31; ähnl. die Bewertung von *Ulber* RdA 2014, 176, 178). In dem Folgeurt. „Isbir“ hat der EuGH auch Einmalzahlungen, die der AG aufgrund einer Tariflohnerhöhung geleistet hatte, als berücksichtigungsfähig eingestuft, obwohl diese Zahlungen nicht im selben Monat wie die Arbeitsleistung des AN erbracht wurden, weil eine solche Lohnerhöhung eine Gegenleistung für die Arbeitsleistung darstelle (EuGH 7.11.2013 NZA 2013, 1359 Rn. 42; ähnl. die Bewertung von *Däubler* NJW 2014, 1924, 1927). Vor diesem Hintergrund wird man auch **Einmalzahlungen, die ledigl. den Wert der Arbeitsleistung entgelten sollen, grds. auf den Mindestlohn anrechnen** können (ebenso grds. BAG 25.5.2016 NZA 2016, 1327). Dabei spielt es keine Rolle, ob es sich bei diesen Zahlungen ledigl. um in der Fälligkeit hinausgeschobenes Arbeitsentgelt handelt oder ob diese noch zusätzl- oder ausschl. die Betriebstreue honorieren sollen (*Sittard* NZA 2014, 951, 952; **aA** insoweit LAG SN 12.4.2016 – 3 Sa 542/15; *Koberski* § 5 AEntG Rn. 15; Thüsing/*Bayreuther* MiLoG/AEntG Rn. 89; *Ulber* RdA 2014, 176, 178). In beiden Fällen handelt es sich um Arbeitsentgelt, welches die Arbeitsleistung des AN entlohnen soll (ähnl. *Bepler/Hanau*, Stellungn. BT-Ausschuss Arbeit und Soziales Ausschuss-Drs. 18[11]133, S. 143).

16 Nicht vereinbar mit der vorst. Arg. erscheint allerdings die Regelung des § 2 I 1 Nr. 2. Danach muss der Mindestlohn spätestens aE des auf die Arbeitsleistung folgenden Monats bezahlt werden, anderenfalls der AG den Bußgeldtatbestand des § 21 I Nr. 9 verwirklicht. Diese Regelung hat jedoch primär bußgeldrechtl. Bedeutung und soll sicherstellen, dass der AN den Mindestlohn zeitnah zu der erbrachten Arbeitsleistung erhält. Für die Frage, welche Vergütungsbestandteile auf den Mindestlohn angerechnet werden können, wenn sie denn tats. bezahlt wurden, trägt diese Vorschr. nichts bei. Bei diesem Verständnis würde sich der AG, wenn es auf die Einmalzahlung für die Erfüllung seiner Pflichten aus dem MiLoG ankommt, zwar ordnungswidrig verhalten, weil der AG den Mindestlohn insoweit nicht rechtzeitig gezahlt hat; der AN könnte aber Nachzahlung von Arbeitsentgelt nicht verlangen, wenn und soweit er die Einmalzahlung vereinnahmt hat. Diese Interpretation beruht darauf, dass das G anerkannte und akzeptierte Vergütungsformen nicht beseitigen möchte, und unionsrechtl. Gründe gegen die Anrechnung von Einmalzahlungen tats. nicht bestehen. Um zu vermeiden, dass der Bußgeldtatbestand verwirklicht wird, werden allerdings AG im eigenen Interesse solche Einmalzahlungen aufspalten, sofern diese Zahlung für die Erfüllung des Mindestlohnanspruchs erforderl. ist, oder die Problematik über AZKonten lösen (§ 2 II). Im Falle einer solchen Aufspaltung und monatl. Auszahlung kann Weihnachtsgeld vollständig auf den Mindestlohnanspruch angerechnet werden, weil eine Rückforderung des AG wegen § 3 S. 1 ausscheidet (BAG 25.5.2016 NZA 2016, 1327 Rn. 33). Ferner erscheint es denkbar, dass die Einmalzahlung im Voraus geleistet wird, weil dann § 2 I 1 Nr. 2 nicht entgegensteht (ähnl. *Waltermann* AuR 2015, 166, 172). Ein zusätzl. Urlaubsgeld ist nach Auff. des LAG B (2.10.2015 BeckRS 2015, 73252; 11.8.2015 BeckRS 2015, 73298) wegen fehlender funktioneller Gleichwertigkeit allerdings nicht mindestlohnrelevant.

17 **d) Sonstige Zahlungen. Aufwandsentschädigungen** können nicht auf den Mindestlohn angerechnet werden, weil sie keine Gegenleistung für die Arbeitsleistung darstellen. Dasselbe gilt für **Erstattung von Reisekosten** und **Fortbildungskosten** und sonstigem Aufwendungsersatz durch den AG. Sog. **Wegegelder** können auf den Mindestlohn angerechnet werden, wenn sie die für die Zurücklegung des Wegs erforderl. Zeit vergüten sollen (vgl. Bericht BT-Ausschuss Arbeit und Soziales BT-Drs. 18/2010 S. 15). Ebenso angerechnet werden können sog. „Sozialzulagen“ (*Riechert/Nimmerjahn* Rn. 127)

wie bspw. der steuerfreie (§ 3 Nr. 33 EStG) Kindergartenzuschuss, wobei dann allerdings die Voraussetzungen für die Steuerfreiheit entfallen (vgl. BFH 19.9.2012 NZA-RR 2013, 93; 19.9.2012 NZA-RR 2013, 91). **Beiträge des AG zur betriebl. AV** und **vermögenswirksame Leistungen** bleiben unberücksichtigt (EuGH 7.11.2013 NZA 2013, 1359 Rn. 44). Eine Ausnahme hiervon muss allerdings die **Entgeltumwandlung nach § 1a BetrAVG** bilden: Nach der GBegr. fällt eine derartige Vereinb. nicht unter § 3 S. 2 (BT-Drs. 18/1558 S. 35; näher § 3 Rn. 4). Eine Vereinb. über Entgeltumwandlung soll also auch im Mindestlohnbereich zulässig bleiben und gilt nicht als Schmälerung des ges. Mindestlohns. Dann müssen die entspr. Zahlungen aber folgerichtig auf den Mindestlohn angerechnet werden können.

4. Arbeitsentgelt für Nichtarbeit. Die Frage, ob **der AG den Mindestlohn auch für Zeiträume schuldet, in denen der AN keine Arbeitsleistung erbracht hat,** obwohl der **arbeitsvertragl. Vergütungsanspruch** etwa nach **§ 615 BGB, § 1 BUrlG oder § 3 EFZG aufrechterhalten bleibt,** beantwortet das G ebenfalls nicht ausdr. Einen Hinweis kann § 2 I 1 Nr. 2 geben. Diese Regelung legt die spätestmögl. Fälligkeit des Mindestlohns fest und knüpft dabei an die „erbrachte" Arbeitsleistung an. Dies kann darauf hindeuten, dass der Anspruch auf Mindestlohn entfällt, wenn der AN tats. nicht gearbeitet hat (dafür *Greiner/Strippelmann* BB 2015, 949; *Lembke* NZA 2015, 70, 77; *Riechert/Nimmerjahn* Rn. 32; *Vogelsang/Wensing* NZA 2016, 141; iE auch Thüsing/*Bayreuther* MiLoG/AEntG Rn. 57 ff.; generell für die Geltung des MiLoG *Kocher* AuR 2015, 173, 176; *Lakies* MiLoG Rn. 81 ff.; *Waltermann* AuR 2015, 166, 170). Gilt das MiLoG insoweit nicht, könnten diese Anspruchsgrdl., soweit iÜ ges. zulässig, zu einem Arbeitsentgelt unterhalb des Mindestlohns führen – etwa durch vertragl. oder tarifl. Vereinb. Außerdem wären die Kontroll- und Sanktionsnormen der §§ 15 ff. nicht anwendbar. Diese Rechtsfolge würde der Rechtslage nach dem AEntG entsprechen. Danach ist der Mindestlohn nur für die tats. geleistete AZ zu zahlen (allgA *Koberski* § 5 AEntG Rn. 17 mwN). Dies wird damit begr., dass die Grdl. für eine entspr. EFZ Teil des Arbeitsvertragsstatuts seien und nicht int. zwgd. ausgestaltet sind (vgl. BAG 12.1.2005 AP AEntG § 1a Nr. 2; diff. für das EFZG aber BAG 18.4.2012 AP EntgeltFG § 2 Nr. 14). Diese Arg. setzt also einen grenzüberschreitenden Sachverhalt und die Anwendung ausl. Rechts auf den Arbeitsvertrag voraus. Auf den Mindestlohn nach dem MiLoG und damit auf InlandsArbVerh. mit einem gewöhnl. Arbeitsort in Deutschland (Art. 8 II Rom I-VO) kann diese Arg. nicht ohne weiteres übertragen werden. IÜ wird die Rechtslage nach dem AEntG auch als „missl." eingeschätzt (*Koberski* § 5 AEntG Rn. 17). 18

Die Rechtslage nach dem AEntG kann somit zwar nicht ohne weiteres übertragen werden, hat aber ebenso wie der Wortlaut von § 2 I 1 Nr. 2 Gewicht (Rn. 18). Damit gilt das G nicht für Zeiten, in denen der AN keine Arbeitsleistung erbracht hat, mit der Folge, dass der AG keinen Bußgeldtatbestand verwirklicht, wenn er das Arbeitsentgelt nicht oder nicht rechtzeitig bezahlt. Davon zu unterscheiden ist die Frage, ob einem AN in solchen Fällen Anspruch auf Arbeitsentgelt mind. iHd. Mindestlohns zusteht (ebenso *Lakies* AuR 2016, 14, 18; *Lembke* NZA 2016, 1, 5; *Vogelsang/Wensing* NZA 2016, 141, 143). Dies ist zu bejahen, wenn die entspr. EFZTatbestände zwgd. ausgestaltet sind und dem Lohnausfallprinzip folgen. Unter diesen Voraussetzungen ist der AN so zu stellen, wie wenn er gearbeitet hätte. Dann aber wäre seine AZ mind. iHd. Mindestlohns zu vergüten gewesen (vgl. BAG 13.5.2015 NZA 2015, 1127 für Mindestlohn nach AEntG; *Riechert/Nimmerjahn* Rn. 33 ff.). 19

Aus diesen Grds. ergibt sich: Ein **Anspruch auf EFZ im Fall der AU wegen Krankheit** nach **EFZG** besteht wegen § 4 I, § 12 I EFZG mind. iHd. ges. Mindestlohns, weil der Anspruch aufgrund EFZG zwgd. ausgestaltet ist und für die Berechnung das Lohnausfallprinzip gilt (ebenso BAG 13.5.2015 NZA 2015, 1127 zum Mindestlohn nach AEntG). Wenn der AN gearbeitet hätte, wäre seine Arbeitsleistung mind. mit dem ges. Mindestlohn zu vergüten gewesen (BAG 13.5.2015 NZA 2015, 1127 zum Mindestlohn nach AEntG; Thüsing/*Bayreuther* MiLoG/AEntG Rn. 66). Dasselbe gilt für das **fortzuzahlende Urlaubsentgelt nach dem BUrlG** wegen §§ 1 I, 11, 13 I BUrlG (BAG 13.4.2015 BeckRS 2015, 70071 Rn. 31 zum Mindestlohn nach AEntG; Thüsing/*Bayreuther* MiLoG/AEntG Rn. 62 f.). Demggü. besteht ein Anspruch auf den ges. Mindestlohn bei **Annahmeverzug des AG nach § 615 BGB** grds. nicht, weil dieser Anspruch dispositiv ist und daher abbedungen werden könnte. Fehlt es an einer solchen Vereinb., muss der AN allerdings so gestellt werden, wie wenn er gearbeitet hätte. Dann hätte er auch im Rahmen von § 615 BGB wenigstens den ges. Mindestlohn verdient (ebenso *Lakies* AuR 2016, 14, 18). Dasselbe gilt für EFZ nach § 616 BGB. 20

III. Vorrangige Regelungen (Abs. 3)

Das G tritt hinter **andere Mindestlohnregelungen** zurück. Es sind dies die auf der Grdl. des AEntG und des AÜG ergangenen VO zur Etablierung tarifl. Mindestlöhne bzw. Lohnuntergrenzen sowie nach § 5 TVG für allgemeinverbindl. erklärte TV iSv. § 4 I Nr. 1 AEntG sowie §§ 5, 6 AEntG. Damit haben alle anderen Rechtsgrdl., welche einen verbindl. Mindestlohn etablieren, Vorrang vor dem MiLoG. Allerdings gilt dies nur insoweit, als diese Rechtsgrdl. den ges. Mindestlohn erreichen oder überschreiten. Falls dies nicht der Fall ist, gilt insoweit für die Höhe des Mindestlohns das MiLoG. Hins. der übrigen Regelungen bleiben die anderen Regelwerke – AEntG und AÜG – aber anwendbar. 21

Dies ergibt sich aus der ges. Formulierung „soweit" in § 1 III 1. Daher folgen etwa die Kontrollbefugnisse der Zollbehörden stets den für diese Mindestlohnregelungen anwendbaren Rechtsgrdl., insb. AEntG und AÜG. Bis Ende 2017 ist darüber hinaus die Übergangsregelung des § 24 zu beachten, wobei der derzeitige Mindestlohn von 8,50 € Ende 2016 erreicht sein muss.

§ 2 Fälligkeit des Mindestlohns

(1) [1] **Der Arbeitgeber ist verpflichtet, der Arbeitnehmerin oder dem Arbeitnehmer den Mindestlohn**

1. zum Zeitpunkt der vereinbarten Fälligkeit,

2. spätestens am letzten Bankarbeitstag (Frankfurt am Main) des Monats, der auf den Monat folgt, in dem die Arbeitsleistung erbracht wurde,

zu zahlen. [2] **Für den Fall, dass keine Vereinbarung über die Fälligkeit getroffen worden ist, bleibt § 614 des Bürgerlichen Gesetzbuchs unberührt.**

(2) [1] **Abweichend von Absatz 1 Satz 1 sind bei Arbeitnehmerinnen und Arbeitnehmern die über die vertraglich vereinbarte Arbeitszeit hinausgehenden und auf einem schriftlich vereinbarten Arbeitszeitkonto eingestellten Arbeitsstunden spätestens innerhalb von zwölf Kalendermonaten nach ihrer monatlichen Erfassung durch bezahlte Freizeitgewährung oder Zahlung des Mindestlohns auszugleichen, soweit der Anspruch auf den Mindestlohn für die geleisteten Arbeitsstunden nach § 1 Absatz 1 nicht bereits durch Zahlung des verstetigten Arbeitsentgelts erfüllt ist.** [2] **Im Falle der Beendigung des Arbeitsverhältnisses hat der Arbeitgeber nicht ausgeglichene Arbeitsstunden spätestens in dem auf die Beendigung des Arbeitsverhältnisses folgenden Kalendermonat auszugleichen.** [3] **Die auf das Arbeitszeitkonto eingestellten Arbeitsstunden dürfen monatlich jeweils 50 Prozent der vertraglich vereinbarten Arbeitszeit nicht übersteigen.**

(3) [1] **Die Absätze 1 und 2 gelten nicht für Wertguthabenvereinbarungen im Sinne des Vierten Buches Sozialgesetzbuch.** [2] **Satz 1 gilt entsprechend für eine im Hinblick auf den Schutz der Arbeitnehmerinnen und Arbeitnehmer vergleichbare ausländische Regelung.**

1 **1. Allgemeines.** Die Vorschr. regelt die Fälligkeit des Mindestlohns und enthält eine Sonderregelung für AZKonten. Sie ist nur verständl. vor dem Hintergrund der **Erfahrungen mit den branchenbezogenen Mindestlöhnen auf tarifl. Grdl. nach dem AEntG.** Diese enthalten durchweg derartige Regelungen zu Fälligkeit und AZKonten (Übersicht auf der Homepage der Zollverw.) und dienten als Vorbild für § 2. Allerdings hatten die tarifl. Regelungen einen wesentl. engeren Anwendungsbereich. Sie gelten nur für diejenigen AN, welche die Tätigkeitsmerkmale der Mindestlohngruppe des jeweiligen Mindestlohn-TV erfüllen und daher tats. nur den Mindestlohn als Arbeitsentgelt beanspruchen können. Darüber hinaus sind die tarifl. Regelungen über die AZKonten mit den entspr. AZKonten für diejenigen AN, deren Arbeitsvergütung den tarifl. Mindestlohn überschreitet, kompatibel, regelm. sogar identisch, weil dies. Branchentarifwerke Anwendung finden.

2 Dies alles trifft auf einen branchenübergreifenden ges. Mindestlohn nicht mehr zu. Die Anwendung von § 2 auf alle ArbVerh., die unter das MiLoG fallen (§ 1 Rn. 2), könnte dazu führen, dass grds. von einer zweigeteilten Rechtslage auszugehen wäre: Für den Vergütungsbestandteil bis zur Höhe des Mindestlohns gilt § 2, für den darüber hinausreichenden Vergütungsbestandteil gelten die jeweiligen Vereinb. auf vertragl., tarifl. oder sonstiger Grdl. (so wohl das Verständnis von *Spielberger/Schilling* NZA 2014, 414, 416). Diese Interpretation würde insb. im Hinblick auf die weit verbreiteten AZ-Konten zu einem erhebl. bürokratischen Aufwand der AG führen, weil sie die Verw. der AZKonten aufspalten und für jeden AN zwei verschiedene AZKonten führen müssten (so *Spielberger/Schilling* NZA 2014, 414, 416). Diese Rechtsfolgen wollte der Gesetzgeber vermeiden. Dies kommt in der nicht ganz leicht zu verstehenden Regelung des § 2 II 1 2. Hs. zum Ausdruck. Danach gilt die **Vorgabe über die AZKonten nicht,** wenn und soweit der **Anspruch auf den Mindestlohn für die geleisteten Arbeitsstunden nach § 1 I durch Zahlung des „verstetigten Arbeitsentgelts" erfüllt ist.** Damit will der Gesetzgeber alle Fälle ausnehmen, in denen der AN bereits ein Arbeitsentgelt iHd. Mindestlohns aufgrund gewöhnl. Zahlungen unabhängig vom AZKonto erhalten hat („verstetigtes Arbeitsentgelt"). Diese Voraussetzung liegt vor, wenn die lfd. Auszahlung des Arbeitsentgelts ggf. unter Umrechnung anderer Zeiteinheiten (§ 1 Rn. 5 ff.) und Einrechnung relevanter Entgeltbestandteile (§ 1 Rn. 11 ff.) über dem ges. Mindestlohn pro Stunde liegt. In solchen Fällen ist § 2 II überhaupt nicht anzuwenden (vgl. Bericht BT-Ausschuss Arbeit und Soziales BT-Drs. 18/2010 S. 22).

3 **2. Fälligkeit (Abs. 1).** Für die Fälligkeit des Mindestlohns gilt grds. die jeweilige Vereinb., in Ermangelung einer solchen § 614 BGB. Unabhängig davon muss der AG den Mindestlohn spätestens am letzten Bankarbeitstag – bezogen auf Frankfurt a. M. – des Monats bezahlen, der auf den Monat folgt, in dem die Arbeitsleistung erbracht wurde. Eine spätere Zahlung des Mindestlohns durch den AG stellt nach § 21 I Nr. 9 eine bußgeldbewehrte Ordnungswidrigkeit dar. Die Vorschr. ist allerdings nicht so zu verstehen, dass damit Vereinb. über die Fälligkeit des Arbeitsentgelts, welche hiervon abweichen –

etwa 13. Monatsgehalt etc. – unzulässig würden (aA wohl *Lembke* NZA 2015, 70, 76). Dies stellte einen erhebl. Eingriff in gewachsene und zT durch TV geregelte Vergütungsstrukturen der ArbVerh. dar. Die Fälligkeitsregelung des Abs. 1 ist den entspr. Regelungen der tarifl. Mindestlöhnen nachgebildet (Rn. 1) und soll andere Vergütungssysteme nicht verbieten. Daher wird man § 2 I 1 Nr. 2 nur bußgeldrechtl. Bedeutung zuerkennen können (s. a. § 1 Rn. 16).

3. Arbeitszeitkonten (Abs. 2). Die Fälligkeitsregelung des Abs. 1 S. 1 gilt nach Abs. 2 nicht, wenn die AZ des AN auf einem schriftl. vereinbarten AZKonto geführt wird. Dies kann auf TV, BV oder schriftl. Arbeitsvertrag beruhen. In solchen Fällen können die über die vereinbarte AZ hinaus geleisteten Arbeitsstunden auf diesem AZKonto geführt und müssen nicht spätestens aE des auf die Arbeitsleistung folgenden Monats bezahlt werden. Vielmehr beträgt der Ausgleichszeitraum zwölf Kalendermonate. Nach Ablauf dieses Zeitraums muss der AG dann bezahlte Freizeit iHd. aufgelaufenen Arbeitsstunden gewähren oder für diese den Mindestlohn bezahlen. Wird das ArbVerh. beendet, muss der AG nach Abs. 2 S. 2 die auf dem AZKonto enthaltenen und noch nicht bezahlten Arbeitsstunden spätestens aE des auf die Beendigung des ArbVerh. folgenden Monats durch Zahlung des Mindestlohns ausgleichen. Nach Abs. 2 S. 3 darf pro Monat allerdings höchstens die Hälfte der vereinbarten mtl. AZ auf das AZKonto eingestellt werden; bei einer 30-Stunden-Woche wären dies 64 Std. im Monat (30x 4,33/2; ebenso HaKoMiLoG/*Kloppenburg* Rn. 54). Damit will der Gesetzgeber sicherstellen, dass dem AN ein substantieller Teil des Mindestlohns auch tats. ausbezahlt wird. Überschreitet der AG diese 50%-Grenze oder verstößt er in anderer Weise gegen die Vorgaben des Abs. 2, wird der Mindestlohn auf die darauf bezogenen Arbeitsstunden nach Abs. 1 S. 1 fällig. Der AG muss diese spätestens aE des auf die Arbeitsleistung folgenden Monats mit dem Mindestlohn vergüten, anderenfalls er eine bußgeldbewehrte Ordnungswidrigkeit begeht. Die Regelung des Abs. 2 über AZKonten ist nach S. 1 Hs. 2 generell nicht anwendbar, wenn das tats. ausgezahlte Arbeitsentgelt über dem Mindestlohn liegt und der Anspruch auf den Mindestlohn damit bereits erfüllt ist (Rn. 2). Dieser tats. auszuzahlende Betrag, der die Anwendung von Abs. 2 entbehrl. macht, ist folgendermaßen zu berechnen: Tats. geleistete AZ des AN pro Monat in Stunden multipliziert mit dem ges. Bruttomindestlohnsatz pro Stunde ergibt den mind. an den AN auszukehrenden Bruttomonatslohn. Ein sich gesetzeskonform verhaltender AG kann daher bei Ausschöpfung des arbeitszeitrechtl. zulässigen Arbeitsvolumens Abs. 2 in jedem Fall außer Acht lassen, wenn das ausgezahlte Bruttoarbeitsentgelt ca. 2220 € übersteigt (261 Arbeitsstunden pro Monat als nach ArbZG max. zulässige AZ x 8,50 €). In solchen Fällen kann der AG vollumfängl. bei ihm geltende AZKontenmodelle anwenden. 4

Nicht ganz eindeutig dem Wortlaut des § 2 II zu entnehmen ist die Antwort auf die Frage, ob AZKonten nach § 2 II auch die **Verrechnung von Plus- mit Minusstunden** vorsehen können. Diese Frage wird man bejahen müssen, weil ein AZKonto anders nicht sinnvoll funktionieren kann. Zwar erlaubt dies § 2 II nicht ausdr. Dies ist allerdings vor dem Hintergrund des Regelungszwecks des MiLoG nicht erwartbar: Minusstunden des AN sind nichts anderes als eine Vorleistung des AG auf das Arbeitsentgelt. Eine Erfüllung vor Fälligkeit ist nach § 271 II BGB iZw. stets zulässig. Daran hat das MiLoG nichts geänd., weil dieses nur sicherstellen will, dass der AN den Mindestlohn jdf. zum Fälligkeitstag erhält. Dann aber erscheint es vor dem Hintergrund des Zwecks des MiLoG unprobl., wenn diese vorzeitige Bezahlung des Mindestlohns in einer späteren Abrechnungsperiode wieder ausgeglichen wird (vgl. *Lambrich/Mitius* DB 2015, 126, 129 ff.; *Riechert/Nimmerjahn* Rn. 47). 4a

4. Wertguthabenvereinbarungen (Abs. 3). Die Regelung der Abs. 1 und 2 gilt nach Abs. 3 nicht für Wertguthabenvereinb. nach dem SGB IV (dazu SGB IV § 7b Rn. 1 ff.). Damit folgen derartige Vereinb. über Wertguthaben einem ganz eigenen Regime und müssen die Vorgaben des MiLoG weder im Hinblick auf die Fälligkeit des Mindestlohns noch auf AZKonten beachten. Der Gesetzgeber geht davon aus, dass diese Wertguthaben aufgrund der Regelung im SGB IV hinreichend gesichert sind und bezieht dies ausdr. auch auf ATZVereinb. nach dem ATZG (BT-Drs. 18/1558 S. 35). Dasselbe soll für vergleichbare ausl. Regelungen gelten. 5

§ 3 Unabdingbarkeit des Mindestlohns

[1] Vereinbarungen, die den Anspruch auf Mindestlohn unterschreiten oder seine Geltendmachung beschränken oder ausschließen, sind insoweit unwirksam. [2] Die Arbeitnehmerin oder der Arbeitnehmer kann auf den entstandenen Anspruch nach § 1 Absatz 1 nur durch gerichtlichen Vergleich verzichten; im Übrigen ist ein Verzicht ausgeschlossen. [3] Die Verwirkung des Anspruchs ist ausgeschlossen.

1. Ausgeschlossene Vereinbarungen (S. 1). § 3 stellt klar, dass der Anspruch auf den Mindestlohn nicht durch anderweitige Vereinb. abbedungen werden darf, er also **nicht dispositiv** ist. Die Vorschr. will den Anspruch auf den Mindestlohn sichern und ist § 4 IV TVG, § 9 AEntG und § 8 III MiArbG nachgebildet (s. dazu TVG § 4 Rn. 43 ff.), enthält aber nicht unerhebl. Modifikationen. Nach § 3 S. 1 sind alle **Vereinb., die den Anspruch auf den Mindestlohn unterschreiten, insoweit unwirksam.** Der 1

Mindestlohn markiert also die untere Grenze zulässiger Entgeltgestaltung im ArbR. Bis Ende 2017 steht diese Vorschr. allerdings noch unter dem Vorbehalt der Übergangsregelung des § 24. Zu den Vereinb. nach S. 1 gehören alle im ArbR denkbaren Abreden, etwa im Arbeitsvertrag, TV, BV bzw. DV, allg. Arbeitsbedingungen. Neben eigentl. Entgeltabreden gehören hierher alle weiteren Vereinb., welche den Anspruch auf den Mindestlohn beschränken bzw. seine Geltendmachung und Durchsetzung erschweren, bspw. Abgeltungsklauseln in Aufhebungsverträgen (dazu *Bayreuther* NZA 2015, 385; zu Ausschlussfristen Rn. 2 ff.).

1a Unwirksam ist nur die den Mindestlohn unterschreitende Entgeltabrede als solche, an deren Stelle der Anspruch auf den ges. Mindestlohn tritt (§ 1 II, § 20). Ein Rückgriff auf § 612 BGB scheidet aus, weil das die Unwirksamkeit der Vereinb. anordnende G, das MiLoG, selbst die angemessene Vergütungshöhe festsetzt, die Höhe der Vergütung also „bestimmt" ist (ebenso *Lembke* NZA 2015, 70, 77; *Riechert/Nimmerjahn* Rn. 5; *Waltermann* AuR 2015, 166, 170; wohl auch BAG 25.5.2016 NZA 2016, 1327 Rn. 22: „Differenzanspruch"; **aA** *Bayreuther* NZA 2014, 865, 866; *Däubler* NJW 2014, 1924, 1927; *Nebel/Kloster* BB 2014, 2933; Thüsing/*Bayreuther* MiLoG/AEntG Rn. 24 ff.). Ferner spricht für die hier vertretene Auff. der Wortlaut des § 3 S. 1, wonach entgegenstehende Vereinb. nur „insoweit" unwirksam sind. Damit reicht die Unwirksamkeit nicht weiter, als dies zum Schutz des Mindestlohnanspruchs erforderl. ist. Das aus dem AGB-Recht bekannte Verbot der geltungserhaltenden Reduktion ist hier nicht einschlägig, weil § 3 insoweit die speziellere Vorschr. darstellt (ebenso *Lembke* NZA 2016, 1, 8 f.; **aA** wohl *Bayreuther* NZA 2015, 385, 387; *Pötters/Krause* NZA 2015, 398). § 612 BGB ist allerdings anwendbar, wenn die abw. Entgeltabrede nicht nur gegen §§ 1, 3, sondern zusätzl. gegen § 138 BGB verstößt; in solchen Fällen muss der AG ein über dem ges. Mindestlohn liegendes übl. Arbeitsentgelt bezahlen (**aA** *Forst* DB 2015, 863).

2 **a) Insbesondere: Ausschlussfristen.** Ferner sind unwirksam **Vereinb., welche die Geltendmachung des Anspruchs ausschließen oder beschränken.** Hierher gehören insb. **Ausschlussfristen.** Allerdings sagt das G im Gegensatz zu § 8 III 3 MiArbG nicht eindeutig und ausdr., dass Ausschlussfristen hins. des Mindestlohnanspruchs unzulässig sind. Der Wortlaut lässt eine solche Interpretation zwanglos zu, da Ausschlussfristen zu den Vereinb. gehören, welche die Geltendmachung des Anspruchs in zeitl. Hinsicht einschränken – unabhängig davon, dass Ausschlussfristen dogmatisch den jeweiligen Anspruch nach Ablauf der vorgesehen Zeit zum Erlöschen bringen. Unter systematischen Aspekten ist folgendes zu bedenken: Die Vorbildvorschr. der § 4 IV 3 TVG bzw. § 9 S. 3 AEntG verbieten ausdr. Ausschlussfristen, die auf anderer niederrangiger Grdl. als auf der jeweiligen Regelungsebene – TV oder erstreckter TV nach AEntG – ergangen sind. Überträgt man diesen Gedanken auf den ges. Mindestlohn, könnte der Gesetzgeber zwar Ausschlussfristen durch G normieren oder zulassen; dies hat er jedoch gerade nicht getan.

3 Insg. wird man daher **§ 3 S. 1 auch auf Ausschlussfristen anwenden** müssen (ebenso ohne Problematisierung *Däubler* NJW 2014, 1924, 1927 f.; *Spielberger/Schilling* NZA 2014, 414, 416). Damit unterliegt der Anspruch eines AN auf die Arbeitsvergütung bis zur Höhe des Mindestlohns nur der regelm. dreijährigen Verjährung nach §§ 195, 199 BGB. Da das G vorbehaltl. des pers. Geltungsbereichs auf alle AN unabhängig von der Höhe ihres individuellen Arbeitsentgeltanspruchs anwendbar ist (§ 1 Rn. 2), können Ausschlussfristen auf der Grdl. von TV, BV oder Arbeitsvertrag nur wirken oberhalb des ges. Mindestlohns. IE bedeutet dies, dass in allen ArbVerh. ein „Mindestlohnsockel" von 8,50 € pro Stunde AZ bestehen bleibt, der nicht einer etwa vereinbarten Ausschlussfrist, sondern nur der Regelverjährung nach Maßgabe von §§ 194 ff. BGB unterliegt. Allerdings unterminiert dies den Zweck solcher Ausschlussfristen, schnell Klarheit über das Bestehen von Ansprüchen aus dem ArbVerh. zu schaffen, erhebl. Außerdem geht diese Rechtsfolge weit über die Vorbildregelungen der § 4 IV TVG bzw. § 9 AEntG hinaus. Anges. der weiten Verbreitung von Ausschlussfristen in TV erscheint die skizzierte Rechtsfolge mit Blick auf die Tarifautonomie nicht unprobl., da sie den TVParteien die Gestaltung von Modalitäten des auf den Mindestlohn entfallenden Teils des Arbeitsentgelt vollständig und des darüber hinaus reichenden Teils faktisch entzieht (krit. auch *Henssler* RdA 2015, 43, 48).

3a In **TV enthaltene Ausschlussfristen** bleiben allerdings iÜ wirksam, auch wenn sie den Anspruch auf den Mindestlohn nicht ausdr. ausnehmen. Anders ist dies im Hinblick auf **arbeitsvertragl. Ausschlussfristen** zu beurteilen: Vor Inkrafttreten des MiLoG am 16.8.2014 in Arbeitsverträgen vereinbarte Ausschlussfristen sind nicht vollständig unwirksam, weil § 3 S. 1 die Unwirksamkeit von Ausschlussfristen nur „insoweit" anordnet (ArbG N 9.2.2017 NZA-RR 2017, 182; *Bayreuther* NZA 2014, 865, 870; *Preis/Ulber* S. 55 ff.). Diese Rechtsfolge reicht nicht weiter, als dies zum Schutz des Mindestlohnanspruchs erforderl. ist. Demggü. verstoßen Ausschlussfristen in Arbeitsverträgen, die nach diesem Zpkt. abgeschlossen bzw. geänd. wurden, gegen § 307 I 2 BGB, wenn sie nicht den Anspruch auf den Mindestlohn ausdr. ausnehmen, weil solche Ausschlussklauseln die Rechtslage nach Inkrafttreten des MiLoG nicht mehr zutr. abbilden (BAG 24.8.2016 NZA 2016, 1539 für tarifl. Mindestentgelte nach PflegeArbbV; ArbG BE 6.11.2015 BeckRS 2016, 66758; **aA** *Lingemann/Otte* NZA 2016, 519, 522; *Stoffels* Rn. 1127: § 3 S. 1 sei spezieller und verdränge § 307 I 2 BGB; iE ebenso *Bayreuther* NZA 2015, 385, 387).

b) Ausnahme: Vereinbarung über Entgeltumwandlung. Nach der GBegr. erfasst § 3 S. 1 Vereinb. über die Entgeltumwandlung nach § 1a BetrAVG nicht, weil hierdurch der Mindestlohn weder unterschritten noch beschränkt werde (BT-Drs. 18/1558 S. 35). Der Gesetzgeber will damit sicherstellen, dass auch im Mindestlohnbereich noch Entgeltumwandlung nach § 1a BetrAVG betrieben werden kann. Diese gesetzgeberische Intention kommt allerdings im Text des § 3 S. 2 nicht hinreichend zum Ausdruck. Man kann sie verwirklichen, in dem man Entgeltumwandlungen nach § 1a BetrAVG mindestlohnwirksam berücksichtigt (§ 1 Rn. 17). 4

2. Verzicht und Verwirkung (S. 2 und 3). Nach § 3 S. 2 kann der AN wirksam auf den entstandenen Anspruch auf den Mindestlohn nur **verzichten aufgrund eines gerichtl. Vergleichs.** Damit sollen die AN vor den Gefahren, die mit einem außergerichtl. Vergleich einhergehen können, geschützt werden. Dies entspricht § 9 S. 1 AEntG. Erfasst ist auch ein Prozessvergleich iSv. § 278 VI ZPO. Die Rspr. verlangt im Rahmen von § 14 I S. 2 Nr. 8 TzBfG eine aktive Mitwirkung des Gerichts, weshalb dort nur Vergleiche nach § 278 VI 1 ZPO Var. 2, nicht aber Var. 1 erfasst sein sollen. Dies wird va. auf Schutzzweck- und unionsrechtl. Erwägungen gestützt (näher TzBfG § 14 Rn. 77; BAG 12.11.2014 NZA 2015, 380 Rn. 22 ff.). Auf das MiLoG kann diese Einschränkung nicht übertragen werden (ebenso *Riechert/Nimmerjahn* Rn. 39 ff.; aA HaKoMiLoG/*Trümner* Rn. 53; *Lakies* AuR 2016, 14, 19). Die Verwirkung des Anspruchs des AN auf den Mindestlohn ist nach § 3 S. 3 ausgeschlossen. Damit wird dem AG der Einwand der illoyal verspäteten Rechtsausübung durch den AN abgeschnitten (vgl. TVG § 4 Rn. 47). 5

Unterabschnitt 2. Mindestlohnkommission

§ 4 Aufgabe und Zusammensetzung

(1) Die Bundesregierung errichtet eine ständige Mindestlohnkommission, die über die Anpassung der Höhe des Mindestlohns befindet.

(2) [1]Die Mindestlohnkommission wird alle fünf Jahre neu berufen. [2]Sie besteht aus einer oder einem Vorsitzenden, sechs weiteren stimmberechtigten ständigen Mitgliedern und zwei Mitgliedern aus Kreisen der Wissenschaft ohne Stimmrecht (beratende Mitglieder).

§ 5 Stimmberechtigte Mitglieder

(1) [1]Die Bundesregierung beruft je drei stimmberechtigte Mitglieder auf Vorschlag der Spitzenorganisationen der Arbeitgeber und der Arbeitnehmer aus Kreisen der Vereinigungen von Arbeitgebern und Gewerkschaften. [2]Die Spitzenorganisationen der Arbeitgeber und Arbeitnehmer sollen jeweils mindestens eine Frau und einen Mann als stimmberechtigte Mitglieder vorschlagen. [3]Werden auf Arbeitgeber- oder auf Arbeitnehmerseite von den Spitzenorganisationen mehr als drei Personen vorgeschlagen, erfolgt die Auswahl zwischen den Vorschlägen im Verhältnis zur Bedeutung der jeweiligen Spitzenorganisationen für die Vertretung der Arbeitgeber- oder Arbeitnehmerinteressen im Arbeitsleben des Bundesgebietes. [4]Übt eine Seite ihr Vorschlagsrecht nicht aus, werden die Mitglieder dieser Seite durch die Bundesregierung aus Kreisen der Vereinigungen von Arbeitgebern oder Gewerkschaften berufen.

(2) Scheidet ein Mitglied aus, wird nach Maßgabe des Absatzes 1 Satz 1 und 4 ein neues Mitglied berufen.

§ 6 Vorsitz

(1) Die Bundesregierung beruft die Vorsitzende oder den Vorsitzenden auf gemeinsamen Vorschlag der Spitzenorganisationen der Arbeitgeber und der Arbeitnehmer.

(2) [1]Wird von den Spitzenorganisationen kein gemeinsamer Vorschlag unterbreitet, beruft die Bundesregierung jeweils eine Vorsitzende oder einen Vorsitzenden auf Vorschlag der Spitzenorganisationen der Arbeitgeber und der Arbeitnehmer. [2]Der Vorsitz wechselt zwischen den Vorsitzenden nach jeder Beschlussfassung nach § 9. [3]Über den erstmaligen Vorsitz entscheidet das Los. § 5 Absatz 1 Satz 3 und 4 gilt entsprechend.

(3) Scheidet die Vorsitzende oder der Vorsitzende aus, wird nach Maßgabe der Absätze 1 und 2 eine neue Vorsitzende oder ein neuer Vorsitzender berufen.

§ 7 Beratende Mitglieder

(1) [1]Die Bundesregierung beruft auf Vorschlag der Spitzenorganisationen der Arbeitgeber und Arbeitnehmer zusätzlich je ein beratendes Mitglied aus Kreisen der Wissenschaft. [2]Die Bundesregierung soll darauf hinwirken, dass die Spitzenorganisationen der Arbeitgeber und Arbeitneh-

mer eine Frau und einen Mann als beratendes Mitglied vorschlagen. [3]Das beratende Mitglied soll in keinem Beschäftigungsverhältnis stehen zu
1. **einer Spitzenorganisation der Arbeitgeber oder Arbeitnehmer,**
2. **einer Vereinigung der Arbeitgeber oder einer Gewerkschaft oder**
3. **einer Einrichtung, die von den in der Nummer 1 oder Nummer 2 genannten Vereinigungen getragen wird.**

[4]§ 5 Absatz 1 Satz 3 und 4 und Absatz 2 gilt entsprechend.

(2) [1]Die beratenden Mitglieder unterstützen die Mindestlohnkommission insbesondere bei der Prüfung nach § 9 Absatz 2 durch die Einbringung wissenschaftlichen Sachverstands. [2]Sie haben das Recht, an den Beratungen der Mindestlohnkommission teilzunehmen.

§ 8 Rechtsstellung der Mitglieder

(1) Die Mitglieder der Mindestlohnkommission unterliegen bei der Wahrnehmung ihrer Tätigkeit keinen Weisungen.

(2) Die Tätigkeit der Mitglieder der Mindestlohnkommission ist ehrenamtlich.

(3) [1]Die Mitglieder der Mindestlohnkommission erhalten eine angemessene Entschädigung für den ihnen bei der Wahrnehmung ihrer Tätigkeit erwachsenden Verdienstausfall und Aufwand sowie Ersatz der Fahrtkosten entsprechend den für ehrenamtliche Richterinnen und Richter der Arbeitsgerichte geltenden Vorschriften. [2]Die Entschädigung und die erstattungsfähigen Fahrtkosten setzt im Einzelfall die oder der Vorsitzende der Mindestlohnkommission fest.

1 **1. Zusammensetzung der Mindestlohnkommission.** Die BReg. errichtet eine Mindestlohnkom., die über die Anpassung der Höhe des Mindestlohns entscheidet. Die Amtszeit der Kom. beträgt fünf Jahre. Sie besteht aus einem **Vors. und sechs weiteren stimmberechtigten Mitgliedern** sowie zwei Mitgliedern aus dem Kreis der Wiss. ohne Stimmrecht, sog. beratende Mitglieder (§ 4 II). Bei der Besetzung der Kom. sind die **Spitzenorganisationen der AG und AN paritätisch beteiligt**. Jeder Seite stehen somit drei Mitglieder zu, welche die jeweiligen Spitzenorganisation der BReg. aus dem Kreis der Gewerkschaften bzw. AGVerbände vorschlagen (§ 5 I). Damit will man den Sachverstand der Tarifpartner für die Frage der Höhe des Mindestlohns gewinnen. Werden mehr Personen vorgeschlagen, als jeder Seite zustehen, wählt die BReg. unter den vorgeschlagenen Personen nach der Bedeutung der jeweiligen Spitzenorganisation für die Vertretung der AG- und ANInteressen im Arbeitsleben in Deutschland aus. Für den Begriff der Spitzenorganisation wird man auf § 12 TVG zurückgreifen können. Wenn eine Seite ihr Vorschlagsrecht nicht ausübt, beruft die BReg. die Mitglieder dieser Seite aus dem Kreis der AGVerbände bzw. Gewerkschaften. Eine Vertretungsregelung enthält das G nicht. Bei Ausscheiden eines Mitglieds aus der Kom. gilt das zur Berufung Gesagte entspr. (§ 5 II).

2 Darüber hinaus beruft die BReg. auf Vorschlag der Spitzenorganisationen zusätzl. jeweils ein beratendes Mitglied aus Kreisen der Wiss. Neben tarifpolitischem Sachverstand soll hierdurch auch wiss. Sachverstand in die Beratung und Beschlussfassung der Mindestlohnkom. eingebracht werden. Daher haben die beratenden Mitglieder das Recht, an den Beratungen der Mindestlohnkom. teilzunehmen.

3 **2. Vorsitz.** Die Person des Vors. ist in einer paritätisch besetzten Kom. deshalb wichtig, weil dessen Stimme bei Stimmengleichheit den Ausschlag gibt (näher § 10 II). Dementspr. geht das G davon aus, dass sich die Spitzenorganisationen der AG und AN auf einen gemeinsamen Vors. einigen. In diesem Fall wird die vorgeschlagene Person berufen (§ 6 I). Fehlt es an einem gemeinsamen Vorschlag, beruft die BReg. jeweils einen Vors. auf Vorschlag der Spitzenorganisationen der AN und einen auf Vorschlag der Spitzenorganisationen der AG. Der **Vorsitz wechselt nach jeder Beschlussfassung der Mindestlohnkom.**, also in **zweijährigem Turnus** (§ 6 II 2 iVm. § 9 I 2). Über den erstmaligen Vorsitz entscheidet das Los (§ 6 II 3). Dieses Verfahren soll dazu führen, dass keine der beiden Seiten die berechtigten Interessen der jeweils anderen Seite bei der Beschlussfassung außer Acht lässt, weil die jeweilige Mehrheit mit jeder Beschlussfassung wechselt. Andererseits gehört der Vors., dessen Amt in der jeweiligen Zwei-Jahres-Periode ruht, in diesem Zeitraum der Kom. nicht an, was der Kontinuität der Amtsführung schaden kann.

4 **3. Rechtsstellung der Mitglieder.** Das MiLoG stellt anders als das MiArbG keine Anforderungen an die Qualifikation der Mitglieder. Die beratenden Mitglieder der Kom. sollen allerdings nicht in einem BeschVerh. zu einer Spitzenorganisation der AG oder AN, eines AGVerbands oder einer Gewerkschaft bzw. einer Einrichtung stehen, die von derartigen Organisationen getragen wird (§ 7 I). Bei dem Amt des Mitglieds der Mindestlohnkom. handelt es sich um ein **Ehrenamt** (§ 8 II); die Mitglieder erhalten somit für ihre Tätigkeit keine Vergütung. Die Tätigkeit ist **weisungsfrei** (§ 8 I). Die unabhängige Stellung der Mitglieder der Mindestlohnkom. wird dadurch unterstrichen, dass die für ehrenamtl. Richter der Arbeitsgerichtsbarkeit geltenden Vorschr. über Verdienstausfall und Aufwandsentschädigung entspr. anwendbar sind (§ 8 III 1) und der Vors. die Entschädigung im Einzelfall festsetzt (§ 8 III 2).

§ 9 Beschluss der Mindestlohnkommission

(1) [1]Die Mindestlohnkommission hat über eine Anpassung der Höhe des Mindestlohns erstmals bis zum 30. Juni 2016 mit Wirkung zum 1. Januar 2017 zu beschließen. [2]Danach hat die Mindestlohnkommission alle zwei Jahre über Anpassungen der Höhe des Mindestlohns zu beschließen.

(2) [1]Die Mindestlohnkommission prüft im Rahmen einer Gesamtabwägung, welche Höhe des Mindestlohns geeignet ist, zu einem angemessenen Mindestschutz der Arbeitnehmerinnen und Arbeitnehmer beizutragen, faire und funktionierende Wettbewerbsbedingungen zu ermöglichen sowie Beschäftigung nicht zu gefährden. [2]Die Mindestlohnkommission orientiert sich bei der Festsetzung des Mindestlohns nachlaufend an der Tarifentwicklung.

(3) Die Mindestlohnkommission hat ihren Beschluss schriftlich zu begründen.

(4) Die Mindestlohnkommission evaluiert laufend die Auswirkungen des Mindestlohns auf den Schutz der Arbeitnehmerinnen und Arbeitnehmer, die Wettbewerbsbedingungen und die Beschäftigung im Bezug auf bestimmte Branchen und Regionen sowie die Produktivität und stellt ihre Erkenntnisse der Bundesregierung in einem Bericht alle zwei Jahre gemeinsam mit ihrem Beschluss zur Verfügung.

1. Anpassung des Mindestlohns (Abs. 1, 3). Die **Mindestlohnkom.** beschließt erstmals bis Ende Juni 2016 über die **Anpassung des Mindestlohns mit Wirkung zum 1. Januar 2017** (§ 9 I 1). Danach gilt nach § 9 I 2 ein zweijähriger Turnus. Der Beschl. muss schriftl. begr. werden (§ 9 III). Zusammen mit dem Beschl. muss die Mindestlohnkom. einen Bericht über die lfd. Evaluation des Mindestlohns der BReg. vorlegen (§ 9 IV). Die Kom. hat bei der Festsetzung des Mindestlohns die **Kriterien des § 9 II zugrundezulegen.** Dies bedeutet zunächst, dass die Kom. ledigl. über die Höhe des Mindestlohns zu entscheiden hat. Dabei ist die bisherige Höhe von 8,50 € ges. durch § 1 II vorgegeben und darf nicht unterschritten werden. Differenzierungen nach der Art der Tätigkeit, der Qualifikation der AN oder nach regionalen Gesichtspunkten kann die Kom. ebenso wenig vornehmen wie die Aufstellung von Entgeltgittern. Das G spricht durchweg von Anpassung. Dies wird regelm., aber nicht zwgd. bedeuten, dass der Mindestlohn erhöht wird. Eine Verringerung kann grds. bei schweren Wirtschaftskrisen in Betracht kommen, allerdings nur bis zur ges. festgelegten Grenze von 8,50 € (§ 1 II). 1

2. Von der Mindestlohnkommission zu berücksichtigende Kriterien (Abs. 2). Die Mindestlohnkom. muss prüfen, ob ihre Entsch. zu einem **angemessenen Mindestschutz der AN beitragen** sowie **faire und funktionierende Wettbewerbsbedingungen ermöglichen** kann und die **Höhe des Mindestlohns Beschäftigung nicht gefährdet** (§ 9 II 1). Die Vorgabe „angemessener Mindestschutz der AN" ist dabei etwas irreführend. Diese Vorgabe kann nicht iS eines „angemessenen" oder gar „gerechten" Arbeitsentgelts verstanden werden, da dies mit einem Mindestlohn nicht zu erreichen ist. Mindestarbeitsbedingungen sollen nicht wie der TV den „angemessenen, sondern nur den notwendigen Lohn sichern" (*Herschel* BArbBl. 1952, 36 zu § 4 IV MiArbG aF). Dem MiLoG geht es nur um eine unterste Entgeltgrenze (s. o. § 1 Rn. 1). Zwischen den genannten Kriterien bestehen ferner gewisse Zielkonflikte: Je höher der Mindestlohn ausfällt, desto eher wird man aus ANSicht von einem „angemessenen Mindestschutz" sprechen können. Allerdings kann dies dazu führen, dass „Beschäftigung" gefährdet wird, weil dann in manchen Bereichen wegen der damit verbundenen Steigerung der Arbeitskosten Nachfragerückgang oder Abwanderung in die Schwarzarbeit drohen kann. Letzteres aber würde die Wettbewerbsbedingungen zum Nachteil derjenigen Marktteilnehmer verzerren, die sich rechtstreu verhalten. Nach der GBegr. soll der Mindestlohn dann faire und funktionierende Wettbewerbsbedingungen ermöglichen, wenn er einem Verdrängungswettbewerb über Lohnkosten entgegenwirkt (BT-Drs. 18/1558 S. 38). Diese Vorstellung dürfte allerdings eher an einer geschlossenen Volkswirtschaft ausgerichtet sein und trifft in erster Linie auf Dienstleistungen zu, bei denen die Personalkosten einen erhebl. Anteil an der Kostenkalkulation haben. Der Mindestlohn gilt aber in allen Wirtschaftszweigen. 2

Die Kom. orientiert sich bei der Festsetzung des Mindestlohns **nachlaufend an der Tarifentwicklung (§ 9 II 2).** Nach der GBegr. bilden die Tariflöhne in der Vergangenheit einen wichtigen Richtwert für die Anpassung des Mindestlohns (BT-Drs. 18/1558 S. 38). Die Mindestlohnkom. muss den Mindestlohn alle zwei Jahre anpassen (§ 9 I 2). Dies entspricht nach Auff. des Gesetzgebers den übl. tarifl. Entgeltanpassungen und trägt dem Umstand Rechnung, dass für kürzere Zeiträume entspr. Daten zur Lohnentwicklung regelm. nicht zur Vfg. stehen (Bericht BT-Ausschuss Arbeit und Soziales BT-Drs. 18/2010 S. 22). Allerdings dürften TVParteien aus Branchen in mindestlohnnahen Bereichen generell geneigt sein, den jeweiligen Beschl. der Mindestlohnkom. abzuwarten, bevor sie tarifl. Entgelterhöhungen vereinbaren. Noch längere Zeiträume als der ges. vorgesehene Zwei-Jahres-Rhythmus könnten auf der Basis des geltenden Rechts dann zugrundegelegt werden, wenn die Mindestlohnkom. in manchen Jahren beschließt, den Mindestlohn nicht zu erhöhen, was zulässig ist. Zur Regelung in der GeschO s. § 10 Rn. 3. 3

3. Evaluation (Abs. 4). Die Mindestlohnkom. hat darüber hinaus die Aufgabe, den **Mindestlohn fortlaufend zu evaluieren (§ 9 IV).** Sie muss lfd. darstellen, wie sich der Mindestlohn auf den Schutz der AN, die Wettbewerbsbedingungen, die Beschäftigung – va. in bestimmten Branchen und Regionen 4

– und die Produktivität auswirkt. Der Gesetzgeber will mit dieser Evaluation zu einem frühen Zpkt. fortlaufend sicherstellen, dass die Auswirkungen des Mindestlohns transparent und nachvollziehbar beleuchtet werden (Bericht BT-Ausschuss Arbeit und Soziales BT-Drs. 18/2010 S. 23). Das G verlangt nicht, die Auswirkungen des Mindestlohns auf die Tarifpolitik und die Entwicklung der Tariflöhne zu untersuchen, was vor dem Hintergrund der Begrenzung der Tarifautonomie durch einen ges. Mindestlohn erstaunt. Die Kom. muss ihre Erkenntnisse alle zwei Jahre gemeinsam mit dem Beschl. über den Mindestlohn der BReg. vorlegen.

§ 10 Verfahren der Mindestlohnkommission

(1) Die Mindestlohnkommission ist beschlussfähig, wenn mindestens die Hälfte ihrer stimmberechtigten Mitglieder anwesend ist.

(2) [1]Die Beschlüsse der Mindestlohnkommission werden mit einfacher Mehrheit der Stimmen der anwesenden Mitglieder gefasst. [2]Bei der Beschlussfassung hat sich die oder der Vorsitzende zunächst der Stimme zu enthalten. [3]Kommt eine Stimmenmehrheit nicht zustande, macht die oder der Vorsitzende einen Vermittlungsvorschlag. [4]Kommt nach Beratung über den Vermittlungsvorschlag keine Stimmenmehrheit zustande, übt die oder der Vorsitzende ihr oder sein Stimmrecht aus.

(3) [1]Die Mindestlohnkommission kann Spitzenorganisationen der Arbeitgeber und Arbeitnehmer, Vereinigungen von Arbeitgebern und Gewerkschaften, öffentlich-rechtliche Religionsgesellschaften, Wohlfahrtsverbände, Verbände, die wirtschaftliche und soziale Interessen organisieren, sowie sonstige von der Anpassung des Mindestlohns Betroffene vor Beschlussfassung anhören. [2]Sie kann Informationen und fachliche Einschätzungen von externen Stellen einholen.

(4) [1]Die Sitzungen der Mindestlohnkommission sind nicht öffentlich; der Inhalt ihrer Beratungen ist vertraulich. [2]Die übrigen Verfahrensregelungen trifft die Mindestlohnkommission in einer Geschäftsordnung.

1 § 10 regelt das Verfahren der Mindestlohnkom. Sie ist **beschlussfähig**, wenn die Hälfte der stimmberechtigten Mitglieder anwesend ist (§ 10 I), also vier von sieben. Die Kom. fasst ihre Beschlüsse mit **einfacher Mehrheit der Stimmen der anwesenden Mitglieder**, wobei sich der Vors. zunächst zu enthalten hat (§ 10 II 2). Ein Beschl. ist somit gefasst, wenn für ihn mehr stimmberechtigte Mitglieder gestimmt haben als gegen ihn, wobei Enthaltungen, die zulässig sind, damit faktisch als Nein-Stimmen zählen (*Riechert/Nimmerjahn* Rn. 8). Kommt ein Beschl. bei diesem Prozedere nicht zustande, muss der Vors. einen Vermittlungsvorschlag unterbreiten. Daran schließt sich eine weitere Beratung und Abstimmung an, in der sich der Vors. ebenfalls der Stimme enthält (§ 10 II 3). Kommt wiederum keine Mehrheit zustande, kann der Vors. mitstimmen und damit das Patt auflösen. Er ist selbstverständl. nicht an seinen Vermittlungsvorschlag gebunden.

2 Die Mindestlohnkom. kann die in § 10 III 1 genannten Institutionen anhören. Dazu zählen: Spitzenorganisationen der AG und AN, Vereinigungen von AG und Gewerkschaften, Kirchen, Wohlfahrtsverbände, Verbände, die wirtschaftl. und soziale Interessen organisieren, sowie sonstige von der Anpassung des Mindestlohns Betroffene. Vom Mindestlohn betroffen können einzelne AN, AG und auch Arbeitslose sein (BT-Drs. 18/1558 S. 38). Ferner kann die Kom. Inf. und fachl. Einschätzungen von externen Stellen und Sachverständigen einholen. Zu den einzuholenden Inf. gehören die benötigten Daten zur Beschäftigungssituation und der Entwicklung der Arbeitsentgelte, insb. der Tariflöhne. Die Mindestlohnkom. kann auch iRd. zugewiesenen Haushaltsmittel (§ 12 IV) Gutachten einholen. Die Behörden des Bundes und der Länder sind zu Amtshilfe verpflichtet. Die Sitzungen der Mindestlohnkom. sind nach § 10 IV nicht öffentl.; der Inhalt der Beratungen ist vertraul.

3 Die Mindestlohnkom. hat sich in ihrer Sitzung am 27.1.2016 eine GeschO gegeben (§ 10 IV 2). § 3 GeschO enthält Verfahrensregelungen über die Anpassung des Mindestlohns nach § 9. Danach orientiert sich die Mindestlohnkom. bei der Festsetzung des Mindestlohns nachlaufend an der Tarifentwicklung. Dies wird nach § 3 I GeschO dadurch sichergestellt, dass die Mindestlohnkom. den Mindestlohn im Regelfall anhand der Entwicklung des Tarifindex des Statistischen Bundesamts ohne Sonderzahlungen auf Basis der Stundenverdienste in den beiden vorhergehenden Kalenderjahren anpasst. Von diesem Prinzip kann die Mindestlohnkom nach § 3 II GeschO mit einer 2/3-Mehrheit der stimmberechtigten Mitglieder abweichen, wenn bes., gravierende Umstände auf Grund der Konjunktur- oder Arbeitsmarktentwicklung vorliegen und daher eine nachlaufende Orientierung am Tarifindex nicht geeignet erscheint, die Ziele des § 9 II 2 zu erreichen.

§ 11 Rechtsverordnung

(1) [1]Die Bundesregierung kann die von der Mindestlohnkommission vorgeschlagene Anpassung des Mindestlohns durch Rechtsverordnung ohne Zustimmung des Bundesrates für alle Arbeitgeber sowie Arbeitnehmerinnen und Arbeitnehmer verbindlich machen. [2]Die Rechtsverordnung

tritt am im Beschluss der Mindestlohnkommission bezeichneten Tag, frühestens aber am Tag nach Verkündung in Kraft. [3]Die Rechtsverordnung gilt, bis sie durch eine neue Rechtsverordnung abgelöst wird.

(2) [1]**Vor Erlass der Rechtsverordnung erhalten die Spitzenorganisationen der Arbeitgeber und Arbeitnehmer, die Vereinigungen von Arbeitgebern und Gewerkschaften, die öffentlich-rechtlichen Religionsgesellschaften, die Wohlfahrtsverbände sowie die Verbände, die wirtschaftliche und soziale Interessen organisieren, Gelegenheit zur schriftlichen Stellungnahme. [2]Die Frist zur Stellungnahme beträgt drei Wochen; sie beginnt mit der Bekanntmachung des Verordnungsentwurfs.**

Der Beschl. der Mindestlohnkom. erzeugt für sich genommen keine Rechtswirkungen im Außen- 1
verhältnis zu AG und AN. Hierfür muss der **Beschl. der Mindestlohnkom. durch VO der BReg. umgesetzt werden**. Dies bedarf eines Beschl. der BReg. ohne Mitwirkung des BMAS und ohne, dass die Zust. des BR erforderl. ist. Die BReg. kann den Beschl. der Mindestlohnkom. als VO übernehmen, muss dies aber nicht. Insoweit steht der BReg. ein weitgehendes politisches Ermessen zu. Die BReg. kann den Beschl. der Kom. aber inhaltl. nicht ändern; es gilt das „Alles-oder-Nichts"-Prinzip (vgl. GBegr. BT-Drs. 18/1558 S. 39). Mit Inkrafttreten der VO an dem im Beschl. der Mindestlohnkom. bezeichneten Tag bzw. am Tag nach der Verkündung wird der von der Kom. festgesetzte Mindestlohn verbindl. für alle AG, die im Inland AN beschäftigen (§ 20). Die VO gilt bis zur Ablösung durch eine neue VO. IRd. Beschlussfassungsverfahrens der BReg. erhalten die Spitzenorganisationen der AG und AN, AGVerbände und Gewerkschaften, Kirchen und Wohlfahrtsverbände sowie weitere Verbände, die wirtschaftl. und soziale Interessen organisieren, Gelegenheit zur Stellungn. Die Frist hierfür beträgt drei Wochen und beginnt mit der Bekanntmachung des VOEntw. (§ 11 II).

Gegen die VO kann nach allg. Grds. **verwaltungsgerichtl. Rechtsschutz** begehrt werden, wenn ein 2
Rechtsunterworfener die Verletzung eigener Rechte durch die VO geltend macht. Dies kann bspw. auf AG zutreffen, deren Belange bei der Festsetzung des Mindestlohns nicht hinreichend berücksichtigt wurden, oder auf AN, die wegen der Höhe des Mindestlohns nachweisl. ihren Arbeitsplatz verlieren. Außerdem kommt eine Inzidentkontrolle der VO über den Mindestlohn in Betracht im Rahmen arbeitsrechtl., sozialrechtl., finanzrechtl. oder bußgeldrechtl. Streitigkeiten (näher *Löwisch* NZA 2014, 948). Die Vorschr. des § 98 ArbGG zur Aussetzungspflicht und Durchführung eines Kontrollverfahrens bei der Arbeitsgerichtsbarkeit gilt für die VO über den Mindestlohn – anders als für AVE und VO nach AEntG bzw. AÜG – nicht.

§ 12 Geschäfts- und Informationsstelle für den Mindestlohn; Kostenträgerschaft

(1) [1]**Die Mindestlohnkommission wird bei der Durchführung ihrer Aufgaben von einer Geschäftsstelle unterstützt. [2]Die Geschäftsstelle untersteht insoweit fachlich der oder dem Vorsitzenden der Mindestlohnkommission.**

(2) **Die Geschäftsstelle wird bei der Bundesanstalt für Arbeitsschutz und Arbeitsmedizin als selbständige Organisationeinheit eingerichtet.**

(3) **Die Geschäftsstelle informiert und berät als Informationsstelle für den Mindestlohn Arbeitnehmerinnen und Arbeitnehmer sowie Unternehmen zum Thema Mindestlohn.**

(4) **Die durch die Tätigkeit der Mindestlohnkommission und der Geschäftsstelle anfallenden Kosten trägt der Bund.**

Abschnitt 2. Zivilrechtliche Durchsetzung

§ 13 Haftung des Auftraggebers

§ 14 des Arbeitnehmer-Entsendegesetzes findet entsprechende Anwendung.

§ 13 verweist auf § 14 AEntG. Damit normiert § 13 eine **Haftung des Auftraggebers von Werk-** 1
oder Dienstleistungen für den Fall, dass ein Sub- oder Nachunternehmer oder ein von diesen beauftragtes ANÜberlassungsunternehmen seinen AN den Mindestlohn nach § 1 I nicht bezahlt. Der Auftraggeber haftet dem betroffenen AN, der den Mindestlohn von seinem AG nicht erhalten hat, wie ein Bürge, der auf die Einrede der Vorausklage verzichtet hat. Die Vorschr. soll die tats. Wirksamkeit des Mindestlohns verstärken, indem sie den Auftraggeber veranlasst darauf zu achten, dass die von ihm beauftragten Unternehmen den Mindestlohn bezahlen. Dies gilt nach dem Wortlaut der Vorschr. für die ges. Nachunternehmerkette. Die Verweisung soll nach dem Willen des Gesetzgebers die Ausgestaltung der Haftung einschl. der Rspr. so für das MiLoG übernehmen, wie sie sich iRd. AEntG entwickelt hat (BT-Ausschuss Arbeit und Soziales BT-Drs. 18/2010 S. 23.).

2 Urspr. galt die Vorschr. iRd. AEntG ledigl. im Bereich der Baubranche und war beschränkt auf **Generalunternehmer** (ebenso die GBegr. BT-Drs. 18/1558 S. 40), aber nicht auf bloße Bauherren als Unternehmer iSd. § 14 BGB anwendbar (AEntG § 14 Rn. 3). Aufgrund der Öffnung des AEntG für alle Branchen und Ausdehnung des § 14 AEntG auf Werk- und Dienstleistungen dürfte diese Begrenzung zu eng sein (AEntG § 14 Rn. 3); sie kann auch für § 13 so nicht gelten. Andererseits hat dieser Ansatz einer Generalunternehmer- und nicht einer Auftraggeberhaftung einen zutr. Kern (ebenso *Bissels/Falter* DB 2015, 65, 66; *Kühn/Reich* BB 2014, 951, 953; *Riechert/Nimmerjahn* Rn. 19; **aA** HaKoMiLoG/*Reinfelder* Rn. 12 f.; *SJD* Rn. 228): Nach § 13 soll sich ein Unternehmer nicht dadurch seinen eigenen Verpflichtungen aus dem MiLoG entziehen können, dass er eine Werk- oder Dienstleistung nicht mit eigenen AN erbringt, sondern Nachunternehmer einsetzt, die er nicht weiter kontrolliert (vgl. für das AEntG BAG 6.11.2002 AP AEntG § 1a Nr. 1; 12.1.2005 AP AEntG § 1a Rn. 2; 16.5.2012 AP AEntG § 1a Nr. 6; ebenso für § 13 *Bayreuther* NZA 2015, 961, 962; *Sittard/Sassen* NJW 2016, 364, 366 f.). Dieses gesetzgeberische Ziel trifft nur zu, wenn sich der Unternehmer zur Erfüllung eigener Pflichten ggü. Dritten Nachunternehmen bedient (Thüsing/*Mohr* MiLoG/AEntG § 14 AEntG Rn. 17) und gilt nicht für Werk- oder Dienstleistungen, die ledigl. der Befriedigung des betriebl. Eigenbedarfs des Unternehmers dienen (AEntG § 14 Rn. 3). Mangels Unternehmereigenschaft ist § 13 nicht auf Einrichtungen der öffentl. Hand anwendbar, es sei denn, diese sind privatwirtschaftl. organisiert (§ 14 AEntG Rn. 3).

Abschnitt 3. Kontrolle und Durchsetzung durch staatliche Behörden

§ 14 Zuständigkeit

Für die Prüfung der Einhaltung der Pflichten eines Arbeitgebers nach § 20 sind die Behörden der Zollverwaltung zuständig.

1 Für die Kontrolle der Einhaltung des Mindestlohns sind wie für die Kontrolle der tarifl. Mindestarbeitsbedingungen nach dem AEntG die Behörden der Zollverw. (Finanzkontrolle Schwarzarbeit) zust. Dabei sind die Vorschr. der §§ 15–18 den §§ 17–20 AEntG nachgebildet. Allerdings bestehen gewisse Unterschiede: Nach § 16 ist die Meldepflicht für ausl. AG und nach § 17 die Pflicht zur Führung und Bereithaltung von genauen AZNachw. für alle AG abw. von den entspr. Vorschr. der §§ 18, 19 AEntG beschränkt auf AG mit AN, die geringfügig iSv. § 8 I SGB IV oder in Wirtschaftsbereichen nach § 2a SchwarzArbG beschäftigt sind. Hierzu gehören folgende Wirtschaftszweige: Bau, Gaststätten und Beherbergung, Personenbeförderung, Spedition, Transport, Logistik, Schaustellergewerbe, Forstwirtschaft, Gebäudereinigung, Messen und Aussteller, Fleischwirtschaft. Wegen der fehlenden Inbezugnahme von § 8a SGB IV unterliegt die Beschäftigung in Privathaushalten nicht der Pflicht zur Führung von AZNachw. nach dieser Vorschr. (BT-Drs. 18/1558 S. 41).

2 Ferner kann das BMAS durch VO nach § 17 III die Pflichten der AG nach §§ 16, 17 hins. der betroffenen ANGruppen oder Wirtschaftszweige erweitern oder einschränken. Der Gesetzgeber hat diese VOErmächtigung für erforderl. gehalten, wenn und soweit dem BMAS Anhaltspunkte dafür vorliegen, dass in weiteren Bereichen eine Kontrolle der Einhaltung des Mindestlohns wegen fehlender Aufzeichnungs-, Dokumentations- und Meldepflichten erschwert ist (BT-Drs. 18/1558 S. 41). Außerdem kann das BMF durch VO nach § 17 IV im Einvernehmen mit dem BMAS Vorgaben für die Durchführung der AZKontrolle mit dem Ziel aufstellen, diese für den AG zu vereinfachen. Von diesen Verordnungsermächtigungen ist Gebrauch gemacht worden durch die MindestlohnaufzeichnungsVO (MiLoAufzV) und die MindestlohnmeldevO (MiLoMeldV) jeweils v. 26.11.2014 sowie durch die Mindestlohndokumentationspflichten-VO v. 18.12.2014 (MiLoDokV). Nach der MiLoAufzV müssen AG bei „ausschl. mobil beschäftigten" AN ledigl. die Dauer der tats. tägl. AZ aufzeichnen, nicht aber zusätzl. Beginn und Ende der tägl. AZ, wie dies § 17 I 1 an sich verlangt. Derartige Tätigkeiten sind nicht an Einsatzorte gebunden; es handelt sich insb. um die Zustellung von Briefen, Paketen und Druckerzeugnissen, Abfallsammlung, Straßenreinigung, Güter- und Personentransport. Nach der MiLoDokV ist der AG abw. von § 17 I 1 nicht zur Dokumentation der AZ derjenigen AN verpflichtet, die mehr als 2958 € brutto „verstetigtes Arbeitsentgelt" pro Monat erhalten oder in den letzten zwölf Monaten 2000 € brutto monatlich erhalten haben.

3 Die Zollbehörden haben bei der Kontrolle folgende Befugnisse (ausf. *Maschmann* NZA 2014, 929 ff.; *Zieglmeier* DStR 2015, Beil. zu H. 17, S. 78 ff.): Nach wohl hM dürfen sie anlasslos kontrollieren. Sie können Geschäftsräume und Grundstücke des zu kontrollierenden Unternehmens betreten, AN befragen und ihre Identität feststellen. Die betroffenen Personen sind zur Mitwirkung verpflichtet (§ 5 I SchwArbG). Außerdem darf der Zoll Unterlagen einsehen, die das Unternehmen zur Vfg. stellt. Im Falle der Weigerung kann die Behörde die Herausgabe von Unterlagen verlangen und Zwangsmittel androhen, nicht aber selbst nach Unterlagen suchen. Die rechtl. Grdl. des Einsichtsrechts bildet § 15 MiLoG iVm. SchwArbG.

§ 15 Befugnisse der Behörden der Zollverwaltung und anderer Behörden; Mitwirkungspflichten des Arbeitgebers

[1] Die §§ 2 bis 6, 14, 15, 20, 22 und 23 des Schwarzarbeitsbekämpfungsgesetzes sind entsprechend anzuwenden mit der Maßgabe, dass

1. die dort genannten Behörden auch Einsicht in Arbeitsverträge, Niederschriften nach § 2 des Nachweisgesetzes und andere Geschäftsunterlagen nehmen können, die mittelbar oder unmittelbar Auskunft über die Einhaltung des Mindestlohns nach § 20 geben, und
2. die nach § 5 Absatz 1 des Schwarzarbeitsbekämpfungsgesetzes zur Mitwirkung Verpflichteten diese Unterlagen vorzulegen haben.

[2] § 6 Absatz 3 sowie die §§ 16 bis 19 des Schwarzarbeitsbekämpfungsgesetzes finden entsprechende Anwendung.

§ 16 Meldepflicht

(1) [1] Ein Arbeitgeber mit Sitz im Ausland, der eine Arbeitnehmerin oder einen Arbeitnehmer oder mehrere Arbeitnehmerinnen oder Arbeitnehmer in den in § 2a des Schwarzarbeitsbekämpfungsgesetzes genannten Wirtschaftsbereichen oder Wirtschaftszweigen im Anwendungsbereich dieses Gesetzes beschäftigt, ist verpflichtet, vor Beginn jeder Werk- oder Dienstleistung eine schriftliche Anmeldung in deutscher Sprache bei der zuständigen Behörde der Zollverwaltung nach Absatz 6 vorzulegen, die die für die Prüfung wesentlichen Angaben enthält. [2] Wesentlich sind die Angaben über

1. den Familiennamen, den Vornamen und das Geburtsdatum der von ihm im Geltungsbereich dieses Gesetzes beschäftigten Arbeitnehmerinnen und Arbeitnehmer,
2. den Beginn und die voraussichtliche Dauer der Beschäftigung,
3. den Ort der Beschäftigung,
4. den Ort im Inland, an dem die nach § 17 erforderlichen Unterlagen bereitgehalten werden,
5. den Familiennamen, den Vornamen, das Geburtsdatum und die Anschrift in Deutschland der oder des verantwortlich Handelnden und
6. den Familiennamen, den Vornamen und die Anschrift in Deutschland einer oder eines Zustellungsbevollmächtigten, soweit diese oder dieser nicht mit der oder dem in Nummer 5 genannten verantwortlich Handelnden identisch ist.

[3] Änderungen bezüglich dieser Angaben hat der Arbeitgeber im Sinne des Satzes 1 unverzüglich zu melden.

(2) Der Arbeitgeber hat der Anmeldung eine Versicherung beizufügen, dass er die Verpflichtungen nach § 20 einhält.

(3) [1] Überlässt ein Verleiher mit Sitz im Ausland eine Arbeitnehmerin oder einen Arbeitnehmer oder mehrere Arbeitnehmerinnen oder Arbeitnehmer zur Arbeitsleistung einem Entleiher, hat der Entleiher in den in § 2a des Schwarzarbeitsbekämpfungsgesetzes genannten Wirtschaftsbereichen oder Wirtschaftszweigen unter den Voraussetzungen des Absatzes 1 Satz 1 vor Beginn jeder Werk- oder Dienstleistung der zuständigen Behörde der Zollverwaltung eine schriftliche Anmeldung in deutscher Sprache mit folgenden Angaben zuzuleiten:

1. den Familiennamen, den Vornamen und das Geburtsdatum der überlassenen Arbeitnehmerinnen und Arbeitnehmer,
2. den Beginn und die Dauer der Überlassung,
3. den Ort der Beschäftigung,
4. den Ort im Inland, an dem die nach § 17 erforderlichen Unterlagen bereitgehalten werden,
5. den Familiennamen, den Vornamen und die Anschrift in Deutschland einer oder eines Zustellungsbevollmächtigten des Verleihers,
6. den Familiennamen, den Vornamen oder die Firma sowie die Anschrift des Verleihers.

[2] Absatz 1 Satz 3 gilt entsprechend.

(4) Der Entleiher hat der Anmeldung eine Versicherung des Verleihers beizufügen, dass dieser die Verpflichtungen nach § 20 einhält.

(5) Das Bundesministerium der Finanzen kann durch Rechtsverordnung im Einvernehmen mit dem Bundesministerium für Arbeit und Soziales ohne Zustimmung des Bundesrates bestimmen,

1. dass, auf welche Weise und unter welchen technischen und organisatorischen Voraussetzungen eine Anmeldung, eine Änderungsmeldung und die Versicherung abweichend von Absatz 1 Satz 1 und 3, Absatz 2 und 3 Satz 1 und 2 und Absatz 4 elektronisch übermittelt werden kann,
2. unter welchen Voraussetzungen eine Änderungsmeldung ausnahmsweise entfallen kann, und
3. wie das Meldeverfahren vereinfacht oder abgewandelt werden kann, sofern die entsandten Arbeitnehmerinnen und Arbeitnehmer im Rahmen einer regelmäßig wiederkehrenden Werk-

oder Dienstleistung eingesetzt werden oder sonstige Besonderheiten der zu erbringenden Werk- oder Dienstleistungen dies erfordern.

(6) Das Bundesministerium der Finanzen kann durch Rechtsverordnung ohne Zustimmung des Bundesrates die zuständige Behörde nach Absatz 1 Satz 1 und Absatz 3 Satz 1 bestimmen.

§ 17 Erstellen und Bereithalten von Dokumenten

(1) [1]Ein Arbeitgeber, der Arbeitnehmerinnen und Arbeitnehmer nach § 8 Absatz 1 des Vierten Buches Sozialgesetzbuch oder in den in § 2a des Schwarzarbeitsbekämpfungsgesetzes genannten Wirtschaftsbereichen oder Wirtschaftszweigen beschäftigt, ist verpflichtet, Beginn, Ende und Dauer der täglichen Arbeitszeit dieser Arbeitnehmerinnen und Arbeitnehmer spätestens bis zum Ablauf des siebten auf den Tag der Arbeitsleistung folgenden Kalendertages aufzuzeichnen und diese Aufzeichnungen mindestens zwei Jahre beginnend ab dem für die Aufzeichnung maßgeblichen Zeitpunkt aufzubewahren. [2]Satz 1 gilt entsprechend für einen Entleiher, dem ein Verleiher eine Arbeitnehmerin oder einen Arbeitnehmer oder mehrere Arbeitnehmerinnen oder Arbeitnehmer zur Arbeitsleistung in einem der in § 2a des Schwarzarbeitsbekämpfungsgesetzes genannten Wirtschaftszweige überlässt. [3]Satz 1 gilt nicht für Beschäftigungsverhältnisse nach § 8a des Vierten Buches Sozialgesetzbuch.

(2) [1]Arbeitgeber im Sinne des Absatzes 1 haben die für die Kontrolle der Einhaltung der Verpflichtungen nach § 20 in Verbindung mit § 2 erforderlichen Unterlagen im Inland in deutscher Sprache für die gesamte Dauer der tatsächlichen Beschäftigung der Arbeitnehmerinnen und Arbeitnehmer im Geltungsbereich dieses Gesetzes, mindestens für die Dauer der gesamten Werk- oder Dienstleistung, insgesamt jedoch nicht länger als zwei Jahre, bereitzuhalten. [2]Auf Verlangen der Prüfbehörde sind die Unterlagen auch am Ort der Beschäftigung bereitzuhalten.

(3) Das Bundesministerium für Arbeit und Soziales kann durch Rechtsverordnung ohne Zustimmung des Bundesrates die Verpflichtungen des Arbeitgebers oder eines Entleihers nach § 16 und den Absätzen 1 und 2 hinsichtlich bestimmter Gruppen von Arbeitnehmerinnen und Arbeitnehmern oder der Wirtschaftsbereiche oder den Wirtschaftszweigen einschränken oder erweitern.

(4) Das Bundesministerium der Finanzen kann durch Rechtsverordnung im Einvernehmen mit dem Bundesministerium für Arbeit und Soziales ohne Zustimmung des Bundesrates bestimmen, wie die Verpflichtung des Arbeitgebers, die tägliche Arbeitszeit bei ihm beschäftigter Arbeitnehmerinnen und Arbeitnehmer aufzuzeichnen und diese Aufzeichnungen aufzubewahren, vereinfacht oder abgewandelt werden kann, sofern Besonderheiten der zu erbringenden Werk- oder Dienstleistungen oder Besonderheiten des jeweiligen Wirtschaftsbereiches oder Wirtschaftszweiges dies erfordern.

§ 18 Zusammenarbeit der in- und ausländischen Behörden

(1) Die Behörden der Zollverwaltung unterrichten die zuständigen örtlichen Landesfinanzbehörden über Meldungen nach § 16 Absatz 1 und 3.

(2) [1]Die Behörden der Zollverwaltung und die übrigen in § 2 des Schwarzarbeitsbekämpfungsgesetzes genannten Behörden dürfen nach Maßgabe der datenschutzrechtlichen Vorschriften auch mit Behörden anderer Vertragsstaaten des Abkommens über den Europäischen Wirtschaftsraum zusammenarbeiten, die diesem Gesetz entsprechende Aufgaben durchführen oder für die Bekämpfung illegaler Beschäftigung zuständig sind oder Auskünfte geben können, ob ein Arbeitgeber seine Verpflichtungen nach § 20 erfüllt. [2]Die Regelungen über die internationale Rechtshilfe in Strafsachen bleiben hiervon unberührt.

(3) Die Behörden der Zollverwaltung unterrichten das Gewerbezentralregister über rechtskräftige Bußgeldentscheidungen nach § 21 Absatz 1 bis 3, sofern die Geldbuße mehr als zweihundert Euro beträgt.

§ 19 Ausschluss von der Vergabe öffentlicher Aufträge

(1) Von der Teilnahme an einem Wettbewerb um einen Liefer-, Bau- oder Dienstleistungsauftrag der in den §§ 99 und 100 des Gesetzes gegen Wettbewerbsbeschränkungen genannten Auftraggeber sollen Bewerberinnen oder Bewerber für eine angemessene Zeit bis zur nachgewiesenen Wiederherstellung ihrer Zuverlässigkeit ausgeschlossen werden, die wegen eines Verstoßes nach § 21 mit einer Geldbuße von wenigstens zweitausendfünfhundert Euro belegt worden sind.

(2) Die für die Verfolgung oder Ahndung der Ordnungswidrigkeiten nach § 21 zuständigen Behörden dürfen öffentlichen Auftraggebern nach § 99 des Gesetzes gegen Wettbewerbsbeschränkungen und solchen Stellen, die von öffentlichen Auftraggebern zugelassene Präqualifikations-

verzeichnisse oder Unternehmer- und Lieferantenverzeichnisse führen, auf Verlangen die erforderlichen Auskünfte geben.

(3) [1]Öffentliche Auftraggeber nach Absatz 2 fordern im Rahmen ihrer Tätigkeit beim Wettbewerbsregister Auskünfte über rechtskräftige Bußgeldentscheidungen wegen einer Ordnungswidrigkeit nach § 21 Absatz 1 oder Absatz 2 an oder verlangen von Bewerberinnen oder Bewerbern eine Erklärung, dass die Voraussetzungen für einen Ausschluss nach Absatz 1 nicht vorliegen. [2]Im Falle einer Erklärung der Bewerberin oder des Bewerbers können öffentliche Auftraggeber nach Absatz 2 jederzeit zusätzlich Auskünfte des Wettbewerbsregisters anfordern.

(4) Bei Aufträgen ab einer Höhe von 30000 Euro fordert der öffentliche Auftraggeber nach Absatz 2 für die Bewerberin oder den Bewerber, die oder der den Zuschlag erhalten soll, vor der Zuschlagserteilung eine Auskunft aus dem Gewerbezentralregister nach § 150a der Gewerbeordnung an.

(5) Vor der Entscheidung über den Ausschluss ist die Bewerberin oder der Bewerber zu hören.

Die Vorschr. entspricht § 21 AEntG. Allerdings wurde § 21 I 2 AEntG nicht in das MiLoG übernommen. 1

§ 20 Pflichten des Arbeitgebers zur Zahlung des Mindestlohns

Arbeitgeber mit Sitz im In- oder Ausland sind verpflichtet, ihren im Inland beschäftigten Arbeitnehmerinnen und Arbeitnehmern ein Arbeitsentgelt mindestens in Höhe des Mindestlohns nach § 1 Absatz 2 spätestens zu dem in § 2 Absatz 1 Satz 1 Nummer 2 genannten Zeitpunkt zu zahlen.

§ 20 begr. die Pflicht für AG mit Sitz im In- oder Ausland, ihren im Inland beschäftigten AN ein Arbeitsentgelt mind. iHd. Mindestlohns spätestens aE des auf die Arbeitsleistung folgenden Monats (§ 2 I 1 Nr. 2) zu bezahlen. Der Mindestlohn nach § 1 II stellt damit einen Mindestentgeltsatz iSv. § 2 Nr. 1 AEntG und Art. 3 I lit. c RL 96/71/EG dar und gilt mithin unabhängig von der auf den Arbeitsvertrag des einzelnen AN anwendbaren Rechtsordnung – vorbehaltl. des pers. Geltungsbereichs des G nach § 22 – für jede Beschäftigung von AN im Inland. Es handelt sich daher um eine sog. **Eingriffsnorm iSv. Art. 9 Rom I-VO.** Erfüllt der AG die Pflicht nach § 20 schuldhaft nicht oder nicht rechtzeitig, verwirklicht er den Bußgeldtatbestand des § 21 I Nr. 9 und kann mit einer Geldbuße bis zu 500 000,– € belegt werden (§ 21 III). Für die Beschäftigung von AN im Ausland gilt § 20 nicht, auch wenn das ArbVerh. dt. Recht unterliegt. In diesem Fall ist der AG allerdings aufgrund seiner Fürsorgepflicht gehalten, für einen gleichwertigen Schutz zu sorgen. 1

Zw. erscheint, ob **sehr kurze Beschäftigungen im Inland**, welche durch einen ausl. AG veranlasst wurden – bspw. der Transit von Lkw ausl. Speditionen durch Deutschland oder sonstige kurzzeitige Arbeitseinsätze im Inland, etwa zu Schulungszwecken –, unter den Tatbestand des „im Inland beschäftigten" AN nach § 20 fallen (dazu *Moll/Katerndahl* DB 2015, 555; *Sittard* NZA 2015, 78 ff.; s. auch BVerfG 25.6.2015 NJW 2015, 2242 Rn. 12 ff.). Dagegen spricht der Umstand, dass es sich bei § 20 zwar um eine Eingriffsnorm iSv. Art. 9 Rom I-VO handelt, solche Eingriffsnormen aber einen hinreichenden Bezug zu dem normsetzenden Staat aufweisen müssen (vgl. MüKoBGB/*Martiny* Art. 9 Rom I-VO Rn. 122 ff. mwN). Daran fehlt es im Hinblick auf § 20, wenn die konkrete Beschäftigung Deutschland zeitl. oder sachl. nur am Rande berührt (ebenso Österreichischer OGH 29.11.2016 NZA-RR 2017, 180; *Sittard* NZA 2015, 78, 80; **aA** *Däubler*, Legal Tribune online, 3.2.2015). Diese Wertung entspricht § 6 I AEntG, wonach kurzzeitige Entsendungen unter bestimmten Voraussetzungen von der Anwendung des AEntG ausgenommen sind. Außerdem wäre die Dienstleistungsfreiheit des AG mit Sitz im EU-Ausland unverhältnismäßig beeinträchtigt, wenn dieser für jede kurzzeitige Arbeitserbringung in Deutschland den dt. Mindestlohn einschl. der damit verbundenen Dokumentationspflichten beachten müsste (vgl. EuGH 15.3.2001 NZA 2001, 554 – Mazzoleni). 2

§ 21 Bußgeldvorschriften

(1) Ordnungswidrig handelt, wer vorsätzlich oder fahrlässig

1. entgegen § 15 Satz 1 in Verbindung mit § 5 Absatz 1 Satz 1 des Schwarzarbeitsbekämpfungsgesetzes eine Prüfung nicht duldet oder bei einer Prüfung nicht mitwirkt,

2. entgegen § 15 Satz 1 in Verbindung mit § 5 Absatz 1 Satz 2 des Schwarzarbeitsbekämpfungsgesetzes das Betreten eines Grundstücks oder Geschäftsraums nicht duldet,

3. entgegen § 15 Satz 1 in Verbindung mit § 5 Absatz 3 Satz 1 des Schwarzarbeitsbekämpfungsgesetzes Daten nicht, nicht richtig, nicht vollständig, nicht in der vorgeschriebenen Weise oder nicht rechtzeitig übermittelt,

4. entgegen § 16 Absatz 1 Satz 1 oder Absatz 3 Satz 1 eine Anmeldung nicht, nicht richtig, nicht vollständig, nicht in der vorgeschriebenen Weise oder nicht rechtzeitig vorlegt oder nicht, nicht richtig, nicht vollständig, nicht in der vorgeschriebenen Weise oder nicht rechtzeitig zuleitet,
5. entgegen § 16 Absatz 1 Satz 3, auch in Verbindung mit Absatz 3 Satz 2, eine Änderungsmeldung nicht, nicht richtig, nicht vollständig, nicht in der vorgeschriebenen Weise oder nicht rechtzeitig macht,
6. entgegen § 16 Absatz 2 oder 4 eine Versicherung nicht, nicht richtig oder nicht rechtzeitig beifügt,
7. entgegen § 17 Absatz 1 Satz 1, auch in Verbindung mit Satz 2, eine Aufzeichnung nicht, nicht richtig, nicht vollständig oder nicht rechtzeitig erstellt oder nicht oder nicht mindestens zwei Jahre aufbewahrt,
8. entgegen § 17 Absatz 2 eine Unterlage nicht, nicht richtig, nicht vollständig oder nicht in der vorgeschriebenen Weise bereithält oder
9. entgegen § 20 das dort genannten Arbeitsentgelt nicht oder nicht rechtzeitig zahlt.

(2) Ordnungswidrig handelt, wer Werk- oder Dienstleistungen in erheblichem Umfang ausführen lässt, indem er als Unternehmer einen anderen Unternehmer beauftragt, von dem er weiß oder fahrlässig nicht weiß, dass dieser bei der Erfüllung dieses Auftrags
1. entgegen § 20 das dort genannte Arbeitsentgelt nicht oder nicht rechtzeitig zahlt oder
2. einen Nachunternehmer einsetzt oder zulässt, dass ein Nachunternehmer tätig wird, der entgegen § 20 das dort genannte Arbeitsentgelt nicht oder nicht rechtzeitig zahlt.

(3) Die Ordnungswidrigkeit kann in den Fällen des Absatzes 1 Nummer 9 und des Absatzes 2 mit einer Geldbuße bis zu fünfhunderttausend Euro, in den übrigen Fällen mit einer Geldbuße bis zu dreißigtausend Euro geahndet werden.

(4) Verwaltungsbehörden im Sinne des § 36 Absatz 1 Nummer 1 des Gesetzes über Ordnungswidrigkeiten sind die in § 14 genannten Behörden jeweils für ihren Geschäftsbereich.

(5) Für die Vollstreckung zugunsten der Behörden des Bundes und der bundesunmittelbaren juristischen Personen des öffentlichen Rechts sowie für die Vollziehung des Vermögensarrestes nach § 111e der Strafprozessordnung in Verbindung mit § 46 des Gesetzes über Ordnungswidrigkeiten durch die in § 14 genannten Behörden gilt das Verwaltungs-Vollstreckungsgesetz des Bundes.

1 Die Vorschr. ist § 23 AEntG nachgebildet. § 21 II entspricht dabei § 23 II AEntG. Diese Vorschr. wird dort in Zusammenhang mit § 14 AEntG gesehen und einschränkend iS einer **Generalunternehmerbußgeldhaftung** interpretiert (§ 23 AEntG Rn. 5). Dies muss für das MiLoG in gleicher Weise gelten (ebenso *Bayreuther* NZA 2015, 961, 963; *Riechert/Nimmerjahn* Rn. 52). Eine wortlautgetreue Anwendung dieses Bußgeldtatbestands auf jeden Auftraggeber, der Werk- oder Dienstleistungen in erhebl. Umf. bestellt, würde vielfältige Dokumentations- und Überwachungsobliegenheiten mit sich bringen, die der Gesetzgeber des MiLoG nicht gewollt haben kann. Man wird daher § 21 II wie auch § 14 auf eine reine Generalunternehmerhaftung beschränken müssen. Eine Dienst- oder Werkleistung von erhebl. Umf. soll bei einem Auftragsvolumen von ca. 10.000 EUR vorliegen (§ 23 AEntG Rn. 5).

Abschnitt 4. Schlussvorschriften

§ 22 Persönlicher Anwendungsbereich

(1) [1]Dieses Gesetz gilt für Arbeitnehmerinnen und Arbeitnehmer. [2]Praktikantinnen und Praktikanten im Sinne des § 26 des Berufsbildungsgesetzes gelten als Arbeitnehmerinnen und Arbeitnehmer im Sinne dieses Gesetzes, es sei denn, dass sie
1. ein Praktikum verpflichtend auf Grund einer schulrechtlichen Bestimmung, einer Ausbildungsordnung, einer hochschulrechtlichen Bestimmung oder im Rahmen einer Ausbildung an einer gesetzlich geregelten Berufsakademie leisten,
2. ein Praktikum von bis zu drei Monaten zur Orientierung für eine Berufsausbildung oder für die Aufnahme eines Studiums leisten,
3. ein Praktikum von bis zu drei Monaten begleitend zu einer Berufs- oder Hochschulausbildung leisten, wenn nicht zuvor ein solches Praktikumsverhältnis mit demselben Ausbildenden bestanden hat, oder
4. an einer Einstiegsqualifizierung nach § 54a des Dritten Buches Sozialgesetzbuch oder an einer Berufsausbildungsvorbereitung nach §§ 68 bis 70 des Berufsbildungsgesetzes teilnehmen.
[3]Praktikantin oder Praktikant ist unabhängig von der Bezeichnung des Rechtsverhältnisses, wer sich nach der tatsächlichen Ausgestaltung und Durchführung des Vertragsverhältnisses für eine begrenzte Dauer zum Erwerb praktischer Kenntnisse und Erfahrungen einer bestimmten betrieblichen Tätigkeit zur Vorbereitung auf eine berufliche Tätigkeit unterzieht, ohne dass es sich dabei

um eine Berufsausbildung im Sinne des Berufsbildungsgesetzes oder um eine damit vergleichbare praktische Ausbildung handelt.

(2) Personen im Sinne von § 2 Absatz 1 und 2 des Jugendarbeitsschutzgesetzes ohne abgeschlossene Berufsausbildung gelten nicht als Arbeitnehmerinnen und Arbeitnehmer im Sinne dieses Gesetzes.

(3) Von diesem Gesetz nicht geregelt wird die Vergütung von zu ihrer Berufsausbildung Beschäftigten sowie ehrenamtlich Tätigen.

(4) [1] Für Arbeitsverhältnisse von Arbeitnehmerinnen und Arbeitnehmern, die unmittelbar vor Beginn der Beschäftigung langzeitarbeitslos im Sinne des § 18 Absatz 1 des Dritten Buches Sozialgesetzbuch waren, gilt der Mindestlohn in den ersten sechs Monaten der Beschäftigung nicht. [2] Die Bundesregierung hat den gesetzgebenden Körperschaften zum 1. Juni 2016 darüber zu berichten, inwieweit die Regelung nach Satz 1 die Wiedereingliederung von Langzeitarbeitslosen in den Arbeitsmarkt gefördert hat, und eine Einschätzung darüber abzugeben, ob diese Regelung fortbestehen soll.

1. Grundsatz: Geltung des MiLoG für AN. § 22 regelt den pers. Geltungsbereich des G. Den Mindestlohn können zunächst nur **AN iSd. allg. ANBegriffs** (BGB § 611 Rn. 34 ff.), **nicht aber ANähnl. Personen** beanspruchen. Daher findet das MiLoG keine Anwendung auf Strafgefangene (OLG HH 15.7.2015 NStZ 2016, 239) sowie auf Personen, die im Rahmen eines Werkstattverhältnisses in einer Werkstatt für behinderte Menschen nach §§ 136 SGB IX tätig sind (LAG SH 11.1.2016 NZA-RR 2016, 291). Ebenso sind ausgenommen **Personen, die zu ihrer Berufsausbildung beschäftigt sind,** sowie **ehrenamtl. Tätige (§ 22 III)** und **Personen unter 18 Jahren ohne abgeschlossene Berufsausbildung (§ 22 II).** Für **Praktikanten** gibt es eine relativ komplexe Regelung (§ 22 I 2 und 3). **Langzeitarbeitslose** haben in den ersten sechs Monaten ihrer Beschäftigung keinen Anspruch auf den Mindestlohn **(§ 22 IV).** 1

2. Ausnahmen vom Anwendungsbereich (Abs. 2 und 3). a) Beschäftigte in Berufsausbildung (Abs. 3). Der Ausnahmetatbestand des Abs. 3 hins. **zu ihrer Berufsausbildung Beschäftigte** ist weitgehend überflüssig und stellt grds. ledigl. die Rechtslage klar. So sind **Berufsausbildungsverhältnisse** nach §§ 10 ff. BBiG nach überw. Auff. bereits keine ArbVerh., weil bei ihnen der Ausbildungszweck im Vordergrund steht. Dementspr. stellt § 10 II BBiG klar, dass die für den Arbeitsvertrag geltenden Rechtsvorschr. nur Anwendung finden, wenn sich aus dem BBiG nichts Abweichendes ergibt. Eine solche abw. Vorschr. enthält § 17 I 1, wonach Auszubildende eine angemessene Vergütung beanspruchen können. Insoweit handelt es sich bei § 22 III ledigl. um eine Klarstellung der Rechtslage (ebenso BT-Drs. 18/1558 S. 43). 2

Der Ausnahmetatbestand des § 22 III ist allerdings weiter und erfasst **alle zu ihrer Berufsausbildung Beschäftigte, unabhängig davon, ob das BBiG Anwendung findet.** Dies gilt insb. für Studierende in sog. dualen Studiengängen, in denen betriebspraktische Phasen eingebaut sind. Auf solche Tätigkeiten ist das BBiG wegen § 3 II Nr. 1 BBiG nicht anwendbar (BH/*Benecke* § 3 Rn. 5). Gleichwohl fallen solche Personen nach der GBegr. unter den Ausnahmetatbestand des § 22 III (vgl. Bericht BT-Ausschuss Arbeit und Soziales BT-Drs. 18/2010 S. 21; ebenso *Koch-Rust/Kolb/Rosentreter* NZA 2015, 402). Vor diesem Hintergrund wird man den Personenkreis der zu „ihrer Berufsausbildung Beschäftigten" genauso weit verstehen müssen wie im Rahmen vergleichbarer ges. Tatbestände, etwa nach § 5 I 1 ArbGG, § 5 III 1 BetrVG oder § 2 S. 1 BUrlG. Dort ist anerkannt, dass alle Bereiche der Berufsbildung iSv. § 1 I BBiG erfasst werden, sofern der betr. Person aufgrund eines privatrechtl. Rechtsverhältnisses auf betriebl. Ebene Kenntnisse und Fähigkeiten vermittelt werden und sie einem Weisungsrecht des Ausbildenden unterliegt (vgl. BAG 24.9.2002 AP ArbGG 1979 § 5 Nr. 56; BetrVG § 5 Rn. 6; ArbGG § 5 Rn. 3). Dieses Verständnis des § 22 III steht allerdings bzgl. des Mindestlohns unter dem **Vorbehalt des § 22 I 2 und 3, der Sonderregelung für Praktikanten iSv. § 26 BBiG** (Rn. 6 ff.). 3

b) Ehrenamtlich Tätige (Abs. 3). Ehrenamtl. Tätige stehen generell nicht in einem ArbVerh., weil ein ehrenamtl. Tätiger idR nicht pers. abhängig gegen Entgelt beschäftigt ist (vgl. BAG 29.8.2012 NZA 2012, 1433). Ehrenamtl. Tätigkeit kann allerdings vom äußeren Erscheinungsbild her nur schwer von Arbeitsleistung abgegrenzt werden, wenn eine Aufwandsentschädigung bezahlt wird, wie das in solchen Konstellationen bisweilen der Fall ist (dazu *Greiner* NZA 2015, 285). Je höher die Aufwandsentschädigung, desto weniger wird es sich um eine ehrenamtl. Tätigkeit handeln; daher empfehlen sich als Orientierungshilfen die Freibeträge der § 3 Nr. 26, 26a, 26b EStG (krit. *Greiner* NZA 2015, 285, 286) bzw. § 1 II VO über die ehrenamtl. Betätigung von Arbeitslosen. Ferner wird eine Rolle spielen, ob die betr. Person den am Gemeinwohl orientierten Zweck selbst fördert, etwa durch Vereinsmitgliedschaft. Zw. ist allerdings, ob eine ehrenamtl. Tätigkeit noch vorliegen kann, wenn die betr. Person als geringfügig Beschäftigte iSv. § 8 SGB IV angemeldet wurde, weil die Parteien dann wohl doch übereinstimmend von einer Beschäftigung und damit einem ArbVerh. ausgehen (näher *Zieglmeier* DStR 2015, Beil. zu H. 17, S. 81 ff.). 4

4a Der Gesetzgeber wollte va. ausschließen, dass Personen, die einen Freiwilligendienst iSd. § 32 IV 1 Nr. 2d EStG ableisten, unter das G fallen (BT-Drs. 18/1558 S. 43). Dazu gehören: freiwilliges soziales bzw. ökologisches Jahr, sonstiger Freiwilligendienst im Rahmen europ. Programme oder der Entwicklungszusammenarbeit sowie der Bundesfreiwilligendienst. Ferner sollte das G keine Anwendung finden auf ehrenamtl. Übungsleiter und Mitarbeiter in Sportvereinen, die für ihre Tätigkeit regelm. eine Aufwandsentschädigung erhalten (Bericht BT-Ausschuss Arbeit und Soziales BT-Drs. 18/2010 S. 15). Dabei geht der Gesetzgeber von einer ehrenamtl. Tätigkeit regelm. dann aus, wenn „die Tätigkeit nicht von der Erwartung einer adäquaten finanziellen Gegenleistung, sondern von dem Willen geprägt sei, sich für das Gemeinwohl einzusetzen". Dasselbe soll für „Amateur- und Vertragssportler" gelten (Bericht BT-Ausschuss Arbeit und Soziales BT-Drs. 18/2010 S. 15). Dies kann grds. auf andere Bereiche außerhalb des Sports übertragen werden, etwa bei ehrenamtl. Mitarbeit in Kirchengemeinden, Sozialeinrichtungen (zum Pflegebereich *Hoffmeister/Hille* NJW 2015, 3753) oder im kulturellen Bereich (zu Theater *Nix* NZA 2015, 974).

5 **c) Personen unter 18 Jahren ohne Berufsausbildung (Abs. 2).** Personen unter 18 Jahren ohne Berufsausbildung nimmt § 22 II vom Geltungsbereich aus. Das G will solche Personen nicht dazu verleiten, auf eine Berufsausbildung zu verzichten, um stattdessen einer abhängigen Beschäftigung nachzugehen, damit sie den vielfach über einer Ausbildungsvergütung liegenden Mindestlohn nach dem MiLoG erzielen können (BT-Drs. 18/1558 S. 42). Dieser gesetzgeberische Zweck stellt ein legitimes Ziel iSv. Art. 6 I RL 2000/78/EG dar. Zw. erscheint allerdings die Altersgrenze 18 Jahre, weil das Durchschnittsalter, in dem eine Berufsausbildung üblicherweise aufgenommen wird, höher ist, und eine etwaige „Verführung" durch einen höheren Mindestlohn ohnehin für die gesamte Zeit der Berufsausbildung bis zu einem erfolgreichen Abschluss wirken würde. Vor diesem Hintergrund wäre eine höhere Altersgrenze sachgerechter. Daher erscheint die Eignung der Regelung für die Zielerreichung nach Art. 6 I RL 2000/78/EG fragl. Überdies besteht auch bei solchen Personen grds. das grdl. Schutzbedürfnis, das die Einf. eines Mindestlohns rechtfertigen kann (§ 1 Rn. 1). Daher dürfte es insg. vorzugswürdiger sein, insoweit keine Ausnahmen, sondern ledigl. Abschläge vom Mindestlohn zu normieren – einen Weg, den der Gesetzgeber für eine Übergangszeit hins. der Zeitungszusteller in § 24 II beschritten hat.

6 **3. Praktikanten (Abs. 1 S. 2 und 3). a) Grundsatz: Praktikanten als AN iSd. MiLoG.** Für Praktikanten **iSv. § 26 BBiG** gilt folgendes: Solche **Personen fallen nach § 22 I 2 grds. unter das G, obwohl sie keine AN sind.** Praktikanten iSv. § 26 BBiG sind Personen, die sich ohne eine systematische Berufsausbildung zu absolvieren, zeitweilig einer bestimmten betriebl. Tätigkeit und Ausbildung im Rahmen einer Gesamtausbildung unterziehen (BAG 13.3.2003 EzB BBiG § 26 Nr. 18). Bei (echten) Praktikanten steht also der Ausbildungszweck im Vordergrund, weshalb sie an sich eher § 22 III zuzuordnen und generell aus dem Geltungsbereich des MiLoG auszunehmen wären (Rn. 2 f.). Der Gesetzgeber hat sich jedoch anders entschieden: Mit der grds. Einbeziehung von Praktikanten soll vermeintl. Missbrauch des an sich sinnvollen Instruments des Praktikums eingeschränkt werden (BT-Drs. 18/1558 S. 42). Allerdings ordnet die ganz überw. Auff. BeschVerh. von Personen mit bereits abgeschlossener Berufsausbildung oder Studium ohnehin nicht als Praktikum iSv. § 26 BBiG, sondern als ArbVerh. ein, wenn diese Personen übl. Arbeitsaufgaben von AN wahrnehmen (BBiG § 26 Rn. 4). Eine etwaige Missbrauchskontrolle findet demnach bereits nach allg. Grds. (§§ 138, 612 BGB) statt (vgl. etwa BAG 13.3.2003 EzB BBiG § 26 Nr. 18). Andere unter § 26 BBiG fallende Vertragsverhältnisse sind entspr. dem Grds., wonach der Mindestlohn nur für AN gilt, demggü. vom Geltungsbereich des G ausgenommen (ebenso GBegr. BT-Drs. 18/1558 S. 42); dies trifft insb. auf **Anlernlinge** und **Volontäre** zu (dazu BH/*Benecke* § 26 Rn. 16 ff.; ebenso Bericht BT-Ausschuss Arbeit und Soziales BT-Drs. 18/2010 S. 24).

7 Erschwert wird die Beurteilung der Rechtslage im Hinblick auf Praktikanten dadurch, dass der Gesetzgeber in § 22 I 3 den **Begriff des Praktikanten mit einer Definition** versehen hat, welche von den bislang geläufigen Begriffsbestimmung etwas abweicht und diese wohl erweitert. Danach ist ein Praktikant eine Person, die sich „für eine begrenzte Dauer zum Erwerb praktischer Kenntnisse und Erfahrungen einer bestimmten betriebl. Tätigkeit zur Vorbereitung auf eine berufl. Tätigkeit unterzieht, ohne dass es sich dabei um eine Berufsausbildung nach dem BBiG oder eine vergleichbare praktische Ausbildung handelt" (§ 22 I 3). Für die Beurteilung des Vertragsverhältnisses kommt es dabei nach der ausdr. GFassung wie stets auf die praktische Durchführung und nicht auf die Bezeichnung an. Die genannte Definition orientiert sich an Erwägungsgrund 27 der Empfehlung der EU v. 10.3.2014 zu einem Qualitätsrahmen für Praktika. Damit dürfte der Gesetzgeber von dem bisherigen Verständnis eines Praktikums jdf. im GText insoweit abgerückt sein, als die Einbettung in eine Gesamtausbildung für den Begriff entbehrl. zu sein scheint. Andererseits lässt sich der GBegr. entnehmen, dass die Definition die bisherige Rechtslage ledigl. klarstellen sollte; insb. sollen **Volontäre und andere Vertragsverhältnisse nach § 26 BBiG nicht unter das MiLoG fallen** (Bericht BT-Ausschuss Arbeit und Soziales BT-Drs. 18/2010 S. 24). Diese gesetzgeberische Absicht kommt im GText dadurch zum Ausdruck, dass nach der ges. Definition ein Praktikantenverhältnis nicht vorliegt, wenn es sich um eine „vergleichbare praktische Tätigkeit" wie eine Berufsausbildung handelt. Dies kann man bei

Volontären, insb. im kulturellen Bereich (dazu *Nix* NZA 2015, 974), und Anlernlingen annehmen. Insg. wird man daher davon ausgehen können, dass die in § 22 I 3 aufgenommene Definition des „Praktikanten" die Rechtslage ggü. § 26 BBiG nicht verändert hat (ebenso BAG 29.4.2015 NJOZ 2015, 1816).

b) Ausnahmen. Zur Erreichung des Ziels, das Instrument „Praktikum" nicht einzuschränken, hat der Gesetzgeber **vier Ausnahmetatbestände normiert**, weil anderenfalls die Bereitschaft der Unternehmen, Praktika anzubieten, unterminiert würde (§ 22 I 2). Die Darlegungs- und Beweislast für das Vorliegen eines Ausnahmetatbestands trägt dabei der Vertragspartner des Praktikanten, wie die ges. Formulierung „es sei denn, dass" anzeigt (Bericht BT-Ausschuss Arbeit und Soziales BT-Drs. 18/2010 S. 24). Insg. handelt es sich um folgende Ausnahmetatbestände: Pflichtpraktika (Nr. 1), Orientierungs- (Nr. 2) und Ausbildungs- bzw. studienbegleitende Praktika (Nr. 3) jeweils bis zu drei Monaten sowie Praktika zur Einstiegsqualifizierung (Nr. 4). 8

aa) Pflichtpraktika (Nr. 1). Pflichtpraktika sind von der Pflicht zur Zahlung des Mindestlohns für die in der jeweiligen Rechtsgrdl. festgesetzten Zeit ausgenommen. Solche Praktika müssen aufgrund einer schul- oder hochschulrechtl. Bestimmung oder einer Ausbildungsordnung vorgeschrieben sein oder iRd. Ausbildung an einer ges. geregelten Berufsakademie abgeleistet werden. Der Begriff der **Ausbildungsordnung** ist weit zu verstehen und bezieht alle generellen Regelungen zur Strukturierung der Lerninhalte ein, ohne dass es sich hierbei um eine anerkannte Berufsausbildung handeln und/oder diese im Verzeichnis des Bundesinstituts für Berufsbildung aufgeführt sein müsste (vgl. dazu BAG 29.4.2015 NJOZ 2015, 1816 für Rettungsassistent). 9

Ferner sollen alle Pflichtpraktika erfasst werden, die auf **schul- oder hochschulrechtl. Bestimmungen** beruhen. Dieser Tatbestand wurde im Gesetzgebungsverfahren noch erweitert und ist weit auszulegen (Bericht BT-Ausschuss Arbeit und Soziales BT-Drs. 18/2010 S. 24). Dazu gehören Praktika, die zur Erlangung eines schulischen Abschlusses erforderl. sind, ebenso wie Praktika aufgrund von Studien- und Prüfungsordnungen einschl. Zulassungsordnungen. Damit sind Pflichtpraktika, welche für die Aufnahme eines Studiums vorgeschrieben sind, erfasst. Einbezogen sind ferner Kooperationsverträge zwischen Hochschulen und Unternehmen. Somit werden Praktika im Rahmen sog. dualer Studiengänge vollumfängl. von der Zahlung des Mindestlohns befreit (Bericht BT-Ausschuss Arbeit und Soziales BT-Drs. 18/2010 S. 24). Im Hinblick auf Pflichtpraktika in Zusammenhang mit der Hochschulausbildung dient dieser Ausnahmetatbestand ledigl. der Klarstellung der Rechtslage, weil Pflichtpraktika insoweit nach ganz überw. Auff. ohnehin nicht unter § 26 BBiG fallen (BBiG § 26 Rn. 4). 10

bb) Freiwillige Praktika (Nr. 2 und 3). Außerdem werden ausgenommen sog. **Berufspraktika von bis zur Dauer von drei Monaten**, mit denen sich die Praktikanten hins. Beruf oder Aufnahme eines Studiums orientieren wollen (Nr. 2). Wegen des Orientierungszwecks muss dieses Praktikum zeitl. vor der Aufnahme der darauf bezogenen Berufsausbildung bzw. Studium liegen. Ebenso bis zur Dauer von drei Monaten mindestlohnfrei ist ein Praktikum, das **begleitend zu einer Berufs- oder Hochschulausbildung** absolviert wird, allerdings nicht bei demselben Ausbilder, dh. im selben Unternehmen (Nr. 3). Dabei sind die Begriffe „Berufs- und Hochschulausbildung" nach der GBegr. weit zu verstehen (BT-Drs. 18/1558 S. 42). Nr. 3 erfasst ferner die vielfach abgeleisteten Praktika zwischen dem Abschluss eines Bachelor- und vor Aufnahme eines Masterstudiums, da die Hochschulausbildung insoweit als eine Einheit gesehen werden muss, sofern ein solches Praktikum nicht bereits unter Nr. 1 fällt, weil die Masterstudienordnung dies verpflichtend vorschreibt. Praktika nach den Nrn. 1, 2 bzw. 3 können ferner hintereinandergeschaltet werden, so dass sich insg. eine längere Dauer des Praktikums ergeben kann. Allerdings löst das zweite begleitende Praktikum nach Nr. 3 bei demselben ausbildenden Unternehmen die Mindestlohnpflicht aus. 11

In Fällen der Nr. 2 und Nr. 3 stellt sich ferner die Frage, zu welchem **Zpkt. die Mindestlohnpflicht einsetzt**, wenn das entspr. Praktikum den ges. festgelegten Zeitraum von drei Monaten überschreitet. Der Wortlaut des G regelt diese Frage nicht eindeutig. Einen Hinweis kann man Nr. 3 entnehmen: Ein Begleitpraktikum nach Nr. 3 wird mindestlohnpflichtig, wenn der Praktikant bereits vorher beim selben Ausbilder ein solches Begleitpraktikum nach Nr. 3 absolviert hat. Die Mindestlohnpflicht setzt somit nicht schon beim ersten, sondern erst beim zweiten Praktikum ein, das beim selben Ausbilder abgeleistet wird. Dieser Fall des Aufspaltens eines Praktikums auf zwei Zeiträume von je drei Monaten kann aber nicht anders behandelt werden, als die Konstellation, dass das Praktikum von vornherein an einem Stück länger als drei Monate dauert. Ferner entspricht dies der Zielsetzung des G, das Instrument Praktikum nicht über Gebühr einzuschränken (BT-Drs. 18/1558 S. 42). Insg. entsteht somit die Pflicht zur Zahlung des Mindestlohns erst nach Ablauf des festgesetzten Zeitraums von drei Monaten, wenn das Praktikum von vornherein auf einen längeren Zeitraum angelegt ist (ebenso *Bayreuther* NZA 2015, 385, 387 f.; *Lembke* NJW 2016, 3617, 3618; **aA** ArbG BE 17.6.2016 BeckRS 2016, 72997 ohne Begr.; *Riechert/Nimmerjahn* Rn. 63; *SJD* Rn. 169; diff. *Ulber* AuR 2014, 404, 405). 12

cc) Einstiegsqualifizierung (Nr. 4). Schließl. privilegiert der Gesetzgeber nach § 22 I 3 Nr. 4 eine **Einstiegsqualifizierung nach § 54a SGB III**. Diese Ausnahme rechtfertigt sich vor folgendem Hintergrund: Maßnahmen der Einstiegsqualifizierung sollen Menschen mit Vermittlungshemmnissen helfen, 13 in den Arbeits- oder Ausbildungsmarkt integriert zu werden. Vielfach dienen solche Maßnahmen überhaupt dazu, die Ausbildungsfähigkeit herzustellen (vgl. § 54a IV Nr. 2 SGB III). Wenn aber schon Berufsausbildungsverhältnisse, wie § 22 III klarstellt, nicht vom Mindestlohn erfasst werden, muss dies erst recht für Rechtsverhältnisse gelten, welche eine solche Berufsausbildung ledigl. vorbereiten sollen. Deshalb hat der Gesetzgeber klargestellt, dass auch **Berufsausbildungsvorbereitungsmaßnahmen nach §§ 68 ff. BBiG** nicht unter den Mindestlohn fallen. Damit wollte der Gesetzgeber Rechtssicherheit für Integrations- und Förderprogramme schaffen, die aufgrund von TV oder von AGVerbänden durchgeführt werden (Bericht BT-Ausschuss Arbeit und Soziales BT-Drs. 18/2010 S. 24). Nicht erforderl. ist, dass die jeweilige Maßnahme von der BA gefördert wird (Bericht BT-Ausschuss Arbeit und Soziales BT-Drs. 18/2010 S. 21 f.).

14 **4. Langzeitarbeitslose (Abs. 4).** Der Mindestlohn ist ferner nicht zu bezahlen für die **ersten sechs Monate der Beschäftigung eines Langzeitarbeitslosen iSv. § 18 I SGB III.** Dieser Ausnahmetatbestand soll den Wiedereinstieg von Langzeitarbeitslosen erleichtern und deren Beschäftigungschancen verbessern. Dabei handelt es sich um **Personen, die ein Jahr oder länger grds. ununterbrochen arbeitslos** waren (§ 18 I SGB III). Die für die Berechnung dieses Zeitraums unschädl. Unterbrechungstatbestände des § 18 II SGB III bleiben für das MiLoG außer Betracht, weil der Mindestlohn keine Leistung iSd. § 18 II SGB III darstellt. Im Ausland zurückgelegte Zeiten der Arbeits- bzw. Beschäftigungslosigkeit müssen grds. auf die Berechnung der Jahresfrist angerechnet werden, da der GZweck auf alle Personen zutrifft, die aktuell Zugang zum dt. Arbeitsmarkt begehren und für längere Zeit ohne Beschäftigung gewesen sind. § 22 IV verlangt, dass die Arbeitslosigkeit der betr. einzustellenden Person dem Abschluss des Arbeitsvertrags und der Einstellung beim AG unmittelbar vorausgeht. Nach Ablauf von sechs Monaten muss der AG den Mindestlohn nach § 20 bezahlen. Die Frist beginnt mit der nach dem Arbeitsvertrag vorgesehenen Arbeitsaufnahme nach Inkrafttreten des MiLoG.

15 Nach dem ges. Tatbestand ist allein maßgebl., dass die betr. Person langzeitarbeitslos war; nicht erforderl. ist, dass der Umstand der Langzeitarbeitslosigkeit durch Bescheinigungen oder Bescheide der BA belegt wird. Unklar ist allerdings, wie **ein einstellungsbereiter AG feststellen kann, ob die betr. Person die Voraussetzung des § 22 IV erfüllt.** Man wird dem AG insoweit ein Fragerecht zubilligen müssen, weil anderenfalls die Regelung völlig leerliefe. Allerdings würde eine unzutr. Auskunft den AG nicht von den Pflichten nach dem MiLoG entbinden, da es nach Abs. 4 allein auf die obj. Lage ankommt. Daher wird sich ein einstellungsbereiter AG auf eine Auskunft der arbeitsuchenden Person allein rein faktisch nicht verlassen können. Eine Auskunft durch die BA wird datenschutzrechtl. nur mit Einwilligung der arbeitssuchenden Person zul. sein, da §§ 394 ff. SGB III eine derartige Informationsübermittlung wohl nicht decken. Schließl. müsste der Umstand, dass eine langzeitarbeitslose Person nach Maßgabe von § 22 IV Arbeitsentgelt nur unterhalb des Mindestlohns erzielen kann, iRd. Zumutbarkeit nach § 140 SGB III berücksichtigt werden.

16 Nach § 22 IV 2 muss die BReg. dem Gesetzgeber bereits zum 1.6.2016 berichten, ob diese Regelung die Integration Langzeitarbeitsloser in den Arbeitsmarkt verbessert hat, und ob die Regelung fortbestehen soll. Vorerst sieht die BReg. keinen gesetzgeberischen Handlungsbedarf, weil von § 22 IV nur in geringem Umfang Gebrauch gemacht werde. Demggü. stützt der BR gerade auf diesen Umstand seine Forderung, die Vorschrift aufzuheben (BR-Drs. 130/17).

§ 23 Evaluation

Dieses Gesetz ist im Jahr 2020 zu evaluieren.

§ 24 Übergangsregelung

(1) [1]**Bis zum 31. Dezember 2017 gehen abweichende Regelungen eines Tarifvertrages repräsentativer Tarifvertragsparteien dem Mindestlohn vor, wenn sie für alle unter den Geltungsbereich des Tarifvertrages fallenden Arbeitgeber mit Sitz im In- oder Ausland sowie deren Arbeitnehmerinnen und Arbeitnehmer verbindlich gemacht worden sind; ab dem 1. Januar 2017 müssen abweichende Regelungen in diesem Sinne mindestens ein Entgelt von brutto 8,50 Euro je Zeitstunde vorsehen.** [2]**Satz 1 gilt entsprechend für Rechtsverordnungen, die auf der Grundlage von § 11 des Arbeitnehmer-Entsendegesetzes sowie § 3a des Arbeitnehmerüberlassungsgesetzes erlassen worden sind.**

(2) [1]**Zeitungszustellerinnen und Zeitungszusteller haben ab dem 1. Januar 2015 einen Anspruch auf 75 Prozent und ab dem 1. Januar 2016 auf 85 Prozent des Mindestlohns nach § 1 Absatz 2 Satz 1.** [2]**Vom 1. Januar 2017 bis zum 31. Dezember 2017 beträgt der Mindestlohn für Zeitungszustellerinnen und Zeitungszusteller brutto 8,50 Euro je Zeitstunde.** [3]**Zeitungszustellerinnen und Zeitungszusteller im Sinne der Sätze 1 und 2 sind Personen, die in einem Arbeitsverhältnis ausschließlich periodische Zeitungen oder Zeitschriften an Endkunden zustellen; dies umfasst auch Zustellerinnen und Zusteller von Anzeigenblättern mit redaktionellem Inhalt.**

§ 24 enthält **zwei Übergangsregelungen für die Jahre 2015 bis 2017** – eine allg. und grds. für alle Branchen geltende nach Abs. 1 und eine spezielle für die ANGruppe der Zeitungszusteller nach Abs. 2. Nach Abs. 1 gelten bis Ende 2017 die auf der Grdl. des AEntG festgesetzten tarifl. Mindestlöhne sowie die nach § 3a AÜG festgesetzte Lohnuntergrenze in der Leiharbeit auch dann, wenn sie den Mindestlohn nach dem MiLoG unterschreiten. Allerdings müssen diese tarifl. Mindestlöhne bzw. Lohnuntergrenze in der Leiharbeit ab dem 1.1.2017 den zum Zpkt. des Inkrafttretens des G geltenden Mindestlohn iHv. 8,50 € erreichen. Aufgrund dieser Regelung sollen die bisherigen tarifl. Mindestlöhne schrittweise an das Mindestlohnniveau des MiLoG herangeführt werden können. Die Übergangsregelung gilt nicht nur für bereits existierende MindestlohnTV, sondern ebenso für alle MindestlohnTV, die noch während der Übergangszeit bis Ende 2017 nach Maßgabe des AEntG durch VO oder AVE auf AG mit Sitz im In- und Ausland erstreckt werden. Für alle anderen TV wird der Mindestlohn bereits am 1.1.2015 verbindl. (§ 1 II iVm. § 3). Ferner gilt die Regelung nur für TV repräsentativer TVParteien. Damit knüpft das G an den Begriff der Repräsentativität in § 7 II AEntG an, der iÜ dem TVRecht fremd ist, und ist hier so zu verstehen wie dort (AEntG § 7 Rn. 8 f.). 1

Die **Übergangsregelung für Zeitungszusteller** nach Abs. 2 ist folgendem Umstand geschuldet: Nach Einschätzung des Gesetzgebers hätte die sofortige Einf. des Mindestlohns die Versorgung mit Zeitungen und weiteren Presseprodukten insb. im ländl. und strukturschwachen Raum erschwert. Die verlässl. Zustellung von Zeitungen und Zeitschriften durch Austräger stellt aber nach Einschätzung des Gesetzgebers eine wesentl. Funktionsbedingung der grundrechtl. geschützten Pressefreiheit (Art. 5 I 2 GG) dar. Wegen der bes. Situation der Beschäftigten und der Entgeltstrukturen in diesem Bereich war nach Einschätzung des Gesetzgebers eine tarifl. Übergangsregelung nicht in Betracht gekommen (zu diesen Überlegungen insg. Bericht BT-Ausschuss Arbeit und Soziales BT-Drs. 18/2010 S. 25). Aus diesen Gründen lässt das G Abschläge vom Mindestlohn für diese Personengruppe der Zeitungszusteller zu. Der Mindestlohn für diese ANGruppe beträgt ab 1.1.2015 75% von 8,50 € (= 6,38 €). Ab 1.1.2016 steigt der Mindestlohn auf 85% von 8,50 € (= 7,23 €). Vom 1.1. bis zum 31.12.2017 können die Zeitungszusteller dann den bereits jetzt allg. geltenden Mindestlohn von 8,50 € beanspruchen. Danach endet die Übergangsregelung. Ab 1.1.2018 kann auch diese Personengruppe den dann geltenden Mindestlohn vollumfängl. beanspruchen. Zur Berechnung des Mindestlohns bei Stücklohnvereinb. s. § 1 Rn. 9. 2

§ 24 II enthält neben der Übergangsregelung eine **Begriffsbestimmung der Zeitungszusteller**. Es handelt sich um Personen, die in einem ArbVerh. ausschl. periodisch erscheinende Zeitungen, Zeitschriften oder Anzeigenblätter mit redaktionellem Inhalt an Endkunden zustellen (§ 24 II 3). Das Austragen reiner Werbeprospekte ist nicht erfasst, weil insoweit der Schutz der Pressefreiheit keine Rolle spielt. Als Zeitungszusteller iSd. Vorschr. gelten nicht AN, die aufgrund desselben ArbVerh. noch weitere Arbeitsaufgaben außer dem Verteilen der Presseerzeugnisse erledigen. Diese AN können bereits jetzt in vollem Umf. den Mindestlohn beanspruchen. Verteilt der Zeitungsausträger gleichzeitig Presseerzeugnisse und reines Werbematerial, wird man die Sonderregelung wegen des vom Gesetzgeber betonten Schutzes der Pressefreiheit ebenfalls anwenden müssen (vgl. *Weberling* AfP 2014, 417, 419 f.; **aA** ArbG Nienburg 13.8.2015 LSK 2015, 480749). Das Einlegen einzelner Werbebeilagen in ein nach § 24 II privilegiertes Trägerprodukt wird vom Begriff des „Zustellens" noch umfasst (LAG NI 27.4.2016 NZA-RR 2016, 400; *Thüsing/Pötters* BB 2016, 1333). 3

470. Gesetz über die Mitbestimmung der Arbeitnehmer (Mitbestimmungsgesetz – MitbestG)

Vom 4. Mai 1976 (BGBl. I S. 1153)

Zul. geänd. durch Gesetz vom 24. April 2015 (BGBl. I S. 642)

(FNA 801-8)

Einleitung

1 **1. Allgemeines.** Das G hat die Mitbestimmung der AN, wie sie zuvor durch das BetrVG 1952, das Montan-MitbestG und das MitbestErgG errichtet wurde, in den vom G erfassten Unternehmen ausgeweitet. Um die ANInteressen bei der Unternehmensführung stärker als zuvor zu berücksichtigen, führte das G die (formelle) paritätische Besetzung des AR mit Vertretern der AE und der AN ein (§ 7 I; s. a. BGH 30.1.2012 NZG 2012, 347 Rn. 17). Eine Abschwächung bewirkt das Zweitstimmrecht des ARVorsitzenden (§§ 29 II, 31 IV), den idR die Vertreter der AE stellen. Zudem bezieht das G abw. von den anderen Mitbestimmungsmodellen (s. § 3 I DrittelbG) auch die ltd. Ang. ein (§ 3), denen § 15 I 2 einen Sitz im AR als Vertreter der AN vorbehält. Auf ein neutrales Mitglied im AR entspr. dem Montan-MitbestG wurde verzichtet. Dagegen ist nach dem G ebenfalls ein Mitglied des ges. Vertretungsorgans speziell für Arbeits- und Sozialfragen verantwortl. (Arbeitsdirektor, § 33; ferner § 13 Montan-MitbestG, § 13 MitbestErgG, § 38 II 2 SEBG), dessen Wahl ist jedoch auch gegen die Mehrheit der ANVertreter im AR mögl. (§ 33 Rn. 2; anders § 13 Montan-MitbestG).

2 **2. Entstehung.** Das G beruht auf einer umfassenden Diskussion über Erfordernis und Berechtigung der Mitbestimmung in den Unternehmen, die 1970 in dem **Bericht der Mitbestimmungskommission** (sog. Biedenkopf-Kommission) aufbereitet wurde (BT-Drs. VI/334). Am 18.1.1973 kündigte die BReg. die Weiterentwicklung des Unternehmensrechts nach dem Grds. der Gleichberechtigung und Gleichgewichtigkeit der AN und der AE an und verabschiedete am 20.2.1974 einen RegE. (BT-Drs. 7/2172). Er löste erhebl. Kritik des BR (BT-Drs. 7/2172 S. 31), der betroffenen Verbände und der Wiss. aus. Trotz der Interessengegensätze zwischen den Koalitionsparteien SPD und FDP verabschiedete der BT den Entw. in der vom BTAusschuss für Arbeit und Sozialordnung beschlossenen Fassung am 18.3.1976 mit großer Mehrheit. Das am 8.5.1976 verkündete G trat am 1.7.1976 in Kraft (s. § 41).

3 **3. Verfassungsrechtliche Bedenken.** Bereits vor Inkrafttreten des G wurden gegen eine paritätische ANMitbestimmung verfassungsrechtl. Bedenken geäußert (*Badura* ZfA 1974, 357; *Raiser,* GG und paritätische Mitbestimmung, 1975; *Schwerdtfeger,* Unternehmerische Mitbestimmung und GG, 1972). Sie setzten sich anschließend fort (umfassende Zusammenstellung des Schrifttums bei *Raiser/Veil* Einl. vor Rn. 40). Gerügt wurde insb. die Verletzung der **Eigentumsgarantie** (Art. 14 I GG), der **Berufsfreiheit** (Art. 12 I GG) sowie der **Koalitionsfreiheit** (Art. 9 III GG); s. näher *Badura/Rittner/Rüthers,* MitbestG 1976 und GG, 1977; dagegen jedoch *Kübler/Schmidt/Simitis,* Mitbestimmung als gesetzgebungspolitische Aufgabe, 1978.

4 In seiner Entsch. v. 1.3.1979 hat das **BVerfG** die Verfassungsmäßigkeit des G, soweit in dem Verfahren angegriffen (s. Rn. 5), festgestellt (BVerfG 1.3.1979 E 50, 290 ff.; näher dazu *Badura,* Paritätische Mitbestimmung und Verf., 1985; *Hanau* ZGR 1979, 524 ff.; *Richardi* AöR Bd. 104, 1979, 546 ff.; *Säcker* RdA 1979, 380 ff.). Insb. hob das BVerfG hervor, dass das G nicht zu einer Überparität der AN führt. Die Zweitstimme des ARVorsitzenden, den idR die Vertreter der AE stellen, wahre ein leichtes Übergewicht ders. (BVerfG 1.3.1979 E 50, 290, 324 ff.). Wegen des sozialen Bezugs und der sozialen Funktion des Anteilseigentums am Unternehmen überschreite das G nicht die Grenze einer verhältnismäßigen Inhalts- und Schrankenbestimmung iSv. Art. 14 I GG (BVerfG 1.3.1979 E 50, 290, 339 ff.; s. a. BVerfG 9.1.2014 ZIP 2014, 464 Rn. 18 ff. [zum DrittelbG]). Auch die Beeinträchtigung der Berufsausübungsfreiheit sei weder unsachl. noch unverhältnismäßig (BVerfG 1.3.1979 E 50, 290, 361 ff.). Hins. der Koalitionsfreiheit führte das BVerfG aus, dass diese nur in einem Kernbereich geschützt sei, den das G nicht berühre (BVerfG 1.3.1979 E 50, 290, 368). Diese Begr. ist zwar durch die aktuelle Rspr. des BVerfG zum Schutzbereich des Art. 9 III GG überholt (s. GG Art. 9 Rn. 41), der Eingriff in die Koalitionsfreiheit der AGVerbände, insb. im Hinblick auf die Gegnerfreiheit, findet seine Rechtfertigung aber im Erfordernis einer sozial ausgestalteten Wirtschaftsordnung (Art. 20 I, 28 I 1 GG; zust. NK-GA/*Heither/v. Morgen* Rn. 3). Auch ein Verstoß gegen Art. 9 I GG (Vereinigungsfreiheit) und Art. 2 I GG (Wirtschaftsfreiheit) verneinte das Gericht (BVerfG 1.3.1979 E 50, 290, 353 ff., 361 ff.).

Das BVerfG hat sich nicht abschl. zur Verfassungsmäßigkeit des G geäußert. So blieb insb. offen, ob die unterbliebene Einbeziehung des **VVaG** in § 1 gegen **Art. 3 I GG** verstößt. Er unterliegt auch dann, wenn er regelm. mehr als 2000 AN beschäftigt, ausschl. dem DrittelbG (s. DrittelbG § 1 Rn. 22, 29). Einen sachl. Grund für diese Ungleichbehandlung nennen die GMaterialien nicht (BT-Drs. 7/2172, 19), er ist auch nicht erkennbar (s. WKS/*Wißmann* § 1 Rn. 14; *Latzel,* Gleichheit in der Unternehmensmitbestimmung, 2010 S. 181 ff.; NK-GA/*Heither/v. Morgen* Rn. 3; *Naendrup* BlStSozArbR 1976, 164, 165; **aA** HWK/*Seibt* § 1 Rn. 2). Zur Verfassungsmäßigkeit der **Wahlvorschlagsquoren** in den §§ 12 I, 15 II s. §§ 10 bis 17 Rn. 3, 7; zur Konformität des **Wahlvorschlagsrechts für Gewerkschaften** mit dem GG s. § 7 Rn. 1. 5

4. Unionsrecht. Die Vereinbarkeit des G mit dem Unionsrecht wird im Schrifttum tw. wegen des Ausschlusses derjenigen AN, die in im Ausland gelegenen Betrieben und Unternehmen beschäftigt sind, von dem aktiven und passiven Wahlrecht in Frage gestellt. Dies sei weder mit dem **Diskriminierungsverbot** (Art. 18 AEUV) noch der **ANFreizügigkeit** (Art. 45 AEUV) vereinbar (so va. *Hellwig/Behme* AG 2009, 261, 262 ff.; *dies.* ZIP 2010, 871 ff.; *dies.* AG 2011, 740, 742 f.; *dies.* FS Hommelhoff 2012 S. 343, 355 ff.; ebenso *Rieble/Latzel* EuZA 2011, 145 ff.; SL/*Drygala* § 96 Rn. 28; *Wansleben* WM 2017, 785, 786 ff.; s. a. *Latzel,* Gleichheit in der Unternehmensmitbestimmung, 2010 S. 57 ff., 160 ff.; UHH/*Ulmer/Habersack* Rn. 75) und soll sogar dazu führen, dass eine Mitbestimmung nach dem G wegen des Vorrangs des Unionsrechts nicht durchgeführt werden dürfe (*Wansleben* WM 2017, 785, 792 f.; s. jedoch UHH/*Henssler* § 3 Rn. 40 ff., der die Zubilligung des aktiven und passiven Wahlrechts als unionsrechtl. geboten ansieht [abl. *Wansleben* WM 2017, 785, 790 f.]; unhaltbar SL/*Drygala* § 96 Rn. 29 f., der die Bestimmungen des MgVG und des SEBG über die Einleitung eines Statusverfahrens zur Anwendung bringen will [abl. a. *Wansleben* WM 2017, 785, 791 f.]). Dem steht entgegen, dass die Beschränkung des Wahlrechts auf AN, die in im Inland gelegenen Betrieben beschäftigt sind, auf der fehlenden Rechtsmacht des dt. Gesetzgebers beruht, verbindl. das Wahlverfahren im Ausland auszugestalten (abl. deshalb ua. LG B 1.6.2015 ZIP 2015, 1291 ff.; LG Landau 18.9.2013 ZIP 2013, 2107 f.; *Gebhardt* FA 2016, 73, 75 ff.; *Heuschmidt/Ulber* NZG 2016, 102, 105; *Klein/Leist* ZESAR 2016, 421 ff.; *Krause* AG 2012, 485 ff.; *ders.* ZHR Beiheft 78, 2016, 46 ff.; *Rödl* JZ 2016, 980, 981 ff.; Spindler/Stilz/*Spindler* § 96 Rn. 7; EUArbR/*Steinmeyer* AEUV Art. 45 Rn. 68; NK-GA/*Heither/v.Morgen* Rn. 7 f., 12 f.; *Teichmann* ZIP 2009, Beil. Heft 48, S. 10 ff.; WKS/*Wißmann* Vorbem. Rn. 71; s. a. *Hommelhoff* ZGR 2010, 48, 60 ff.). Die vermeintl. Offenheit des GWortlauts von § 7 (so OLG Z 20.2.2014 NZG 2014, 740 f.) kann diese Schranke nicht überwinden (treffend *Fischer* NZG 2014, 737, 738; ferner *Wißmann* FS Wank 2014 S. 695, 697 ff.). Eine abschl. Klärung der Unionsrechtskonformität blieb dem EuGH vorbehalten, den das KG (16.10.2015 NZA-RR 2015, 661 [dazu *Behme* EuZA 2016, 411 ff.; *Klein/Leist* ZESAR 2016, 421 ff.]: s. a. OLG M 20.2.2017 ZIP 2017, 476 f.) um eine Entsch. ersucht hat (RS *Erzberger* – C-566/15). Nach dem Schlussantrag des GA v. 4.5.2017 (s. dazu *Kort* NZG 2017, 703; *Kruchen* AG 2017, 385 f.) ist bereits ein Verstoß gegen die ANFreizügigkeit (Art. 45 AEUV) zu verneinen, jdf. aber sei eine Beeinträchtigung der ANFreizügigkeit durch das Ziel gerechtfertigt, die Mitwirkung der AN im Einklang mit den nationalen sozialen, wirtschaftl. und kulturellen Besonderheiten zu gewährleisten. Dem hat sich der EuGH mit Urteil vom 18.7.2017 (NZA 2017, 1000 = BeckRS 2017, 117251) angeschlossen, zur Begründung jedoch darauf abgestellt, dass bereits eine Beeinträchtigung der AN Freizügigkeit zu verneinen sei. Zur Berücksichtigung der AN in im Ausland gelegenen Betrieben und Unternehmen bei den **Schwellenwerten** s. § 1 Rn. 8. 6

5. Gesetzesänderungen. Das G erfuhr zunächst keine Änderungen. Erst das **ArbGG-ÄndG** v. 26.6.1990 (BGBl. I S. 1206) ersetzte in den §§ 9 bis 16, 18, 21, 23, 34, 39 das Wort „Wahlmänner" durch das Wort „Delegierte". § 40 wurde durch das **Sechste ÜberleitungsG** v. 25.9.1990 (BGBl. I S. 2106) gegenstandslos. Das UmwandlungsrechtsbereinigungsG v. 28.10.1994 (BGBl. I S. 3210) strich in § 32 die Angabe „Verschmelzung". Bedeutsamer ist, dass Art. 12 des BetrVerf-ReformG v. 23.7.2001 das nach Arbeitern und Ang. diff. Gruppenprinzip aufhob, ohne aber die Sonderstellung der ltd. Ang. anzutasten. Darüber hinaus wurde § 3 neu gefasst und neben der Definition des ANBegriffs zusätzl. für den Betriebsbegriff auf das BetrVG verwiesen (§ 3 II). Die gleichfalls erfolgten Änd. in § 1 II und III waren ledigl. redaktioneller Art. Des Weiteren wurde das G durch das **G zur Vereinfachung der Wahl der ANVertreter in den AR** v. 23.3.2002 (BGBl. I S. 1130) geänd. (s. dazu *B. Gaul* ArbRB 2002, 169 ff.; *Sieg/Siebels* NZA 2002, 697 ff.; *Wolff* DB 2002, 790 ff.). In dessen Mittelpunkt stand die Verkleinerung der Delegiertenversammlung sowie die Straffung des Wahlverfahrens bzgl. des von den ltd. Ang. zu wählenden ARMitglieds durch Einbeziehung der SprAu in das Wahlverfahren. Ferner strich das G in § 1 I Nr. 1 die bergrechtl. Gewerkschaften aus dem Kreis der in das G einbezogenen Rechtsformen, da das BBergG diese Rechtsform aufgeh. hatte und die letzte Bestandsschutzregelung am 1.1.1994 auslief (s. 4. Aufl. BetrVG 1952 § 77 Rn. 17). Geringfügige Anpassungen führte Art. 3 des **Zweiten G zur Vereinfachung der Wahl der ANVertreter in den AR** v. 18.5.2004 (BGBl. I S. 974, s. DrittelbG Einl. Rn. 2) herbei; Art. 4 des Zweiten ÄndG zum SeemannsG v. 8.6.2005 (BGBl. I S. 1530) nahm die durch den Beschl. des BVerfG v. 12.10.2004 (E 111, 289 ff.) in **§ 12** notwendig gewordene Korrektur vor (s. BT-Drs. 15/4744 S. 8; §§ 10 bis 17 Rn. 3 aE). Mit Art. 18 des G v. 14.8.2006 (BGBl. I S. 1911, 1953) wurde das G an die veränderte Terminologie im **GenG** angepasst; das G v. 30.7.2009 (BGBl. I S. 2479) glich § 25 redaktionell an den durch das G veränderten 7

§ 118 AktG an; Art. 2 Abs. 113 des G v. 22.12.2011 (BGBl. I S. 3044) strich in den §§ 19 S. 1, 22 II 2 das Wort „elektronisch". Zul. wurde das G durch das G für die gleichberechtigte Teilhabe von Frauen und Männern an Führungspositionen in der Privatwirtschaft und im öffentl. Dienst v. 24.4.2015 (BGBl. I 642) geänd., das für den Fall einer Getrenntterfüllung des Mindestanteilsgebots der Geschlechter im AR (§ 96 II 1 AktG) die Quote auf jeweils 30% festlegt (§ 7 III) und zudem mit § 18a eine Korrekturvorschr. schuf, wenn der danach erforderl. Geschlechteranteil durch die Wahl nicht erreicht wird. Zur **Reformdiskussion** *Raiser*, Verh. des 66. DJT Bd. I, 2006 Gutachten B; *Oetker* RdA 2005, 337 ff.; WKS/*Wißmann* Vorbem. Rn. 60, 72 ff.; Arbeitskreis „Unternehmerische Mitbestimmung" ZIP 2009, 885 ff. (dazu ZIP 2009 Beil. zu Heft 48 mit Beiträgen von *Habersack, Hanau, Teichmann, Jacobs* und *Veil*) sowie zuletzt *Bayer* NJW 2016, 1930 ff. Parlamentarische Initiativen, das G auf Gesellschaften, die nach dem Recht anderer EU-Mitgliedstaaten gegründet wurden, zu erstrecken (s. BT-Drs. 17/1413, 17/2122), haben sich nicht durchgesetzt (s. *Merkt* ZIP 2011, 1237 ff.; *Sick* GmbHR 2011, 1196 ff.; *Schockenhoff* AG 2012, 185 ff.; *Weller* FS Hommelhoff 2012 S. 1275, 1285 ff. sowie nachfolgend *Teichmann* ZIP 2016, 899 ff.) und wurden auf Empfehlung des BT-Ausschusses für Arbeit und Soziales vom BT ausdrückl. verworfen (Sten. Prot. 17. Legislaturperiode, 187. Sitzung, 22356 [B u. C]).

8 **6. Unternehmensumwandlungen. a) Allgemeines.** Für die Auswirkungen einer Unternehmensumwandlung auf die Mitbestimmung im Unternehmen fehlt eine geschlossene Regelung. Das gilt sowohl für die erstmalige Anwendung des G auf ein Unternehmen als auch für das Entfallen der Voraussetzungen (dazu umfassend *Schupp*; zur Mitbestimmungssicherung kraft Vereinb. *Hanau* ZGR 2001, 75 ff.). Neben **§ 1 III Montan-MitbestG** (s. Montan-MitbestG § 1 Rn. 16 ff.) ordnet va. **§ 325 I UmwG** eine Beibehaltung der Unternehmensmitbestimmung für den Fall einer **Abspaltung** oder **Ausgliederung** an, wenn diese Vorgänge dazu führen würden, dass die Beteiligung der AN im AR entfallen müsste (s. UmwG § 325 Rn. 1 ff.). Zum **MitbestBeiG** im Überbl. UHH/*Ulmer/Habersack* § 1 Rn. 46 ff.; WKS/*Wißmann* § 1 Rn. 93 ff. sowie ausf. GroßK/*Oetker* Vorbem. MitbestG Rn. 52 ff.; *Schupp* S. 137 ff.; WM/*Wißmann* § 325 Anh. 2 Rn. 126 ff. Schwierige Rechtsfragen wirft darüber hinaus die erstmalige Anwendung des G auf, wenn eine **formwechselnde Umwandlung** des Unternehmens voranging oder das Unternehmen im Anschluss nicht mehr dem G unterfällt (s. UmwG § 190 Rn. 2 f.).

9 **b) Errichtung einer Europäischen Gesellschaft (SE).** Dem MitbestG unterliegenden AG eröffnet Art. 2 SE-VO die Möglichkeit, sich an der Gründung einer SE durch **Verschmelzung** oder Errichtung einer **Holding- bzw. Tochter-SE** zu beteiligen (Art. 2 I bis III SE-VO), oder durch **formwechselnde Umwandlung** die Rechtsform einer SE anzunehmen (Art. 2 IV SE-VO). Für GmbH kommt nur die Beteiligung an der Gründung einer Holding- bzw. Tochter-SE in Betracht. Ob und in welcher Weise sich die bisherige Beteiligung der AN im AR nach dem MitbestG in der monistisch oder dualistisch verfassten SE fortsetzt, richtet sich nach dem SEBG v. 22.12.2004 (BGBl. I S. 3675), das die Vorgaben der RL 2001/86/EG v. 8.10.2001 (ABl. EG Nr. L 294, S. 22) umsetzt. Erg. bestimmen §§ 17 II, 24 III SEAG für die Zusammensetzung des Aufsichts- bzw. Verwaltungsorgan der SE einen Mindestanteil von 30% für jedes Geschlecht, wenn das Organ aus einer gleich großen Anzahl von AE- und ANVertretern besteht und die Gesellschaft börsennotiert ist (s. AktG § 96 Rn. 2, 4).

10 Das SEBG geht vom **Vorrang einer Vereinb.** aus, die zwischen den Leitungen der beteiligten Gesellschaften und dem auf ANSeite gebildeten **bes. Verhandlungsgremium (bVG)** abzuschließen ist. Bildung und Arbeitsweise des bVG regeln die §§ 4 bis 19 SEBG, den Inhalt der Vereinb. gestaltet § 21 SEBG aus, der in Abs. 3 die Mitbestimmung der AN im Aufsichts- oder Verwaltungsorgan der SE anspricht (s. *Oetker* FS Konzen 2006 S. 235 ff.). Bei Gründung einer SE durch formwechselnde Umwandlung darf die Vereinb. das bisherige Ausmaß der Mitbestimmung nicht zum Nachteil der AN verschlechtern (§§ 21 VI 1, 15 V SEBG); der Anteil der ANVertreter muss in diesem Fall beibehalten werden, nicht aber deren Anzahl im Aufsichts- oder Verwaltungsorgan der SE (s. *Oetker* FS Birk 2008 S. 557, 568 ff.). Bei Gründung der SE durch Verschmelzung oder Errichtung einer Holding- bzw. Tochter-SE kann demggü. auch eine **Minderung der Mitbestimmung** vereinbart werden; ein entspr. Beschl. des bVG bedarf jedoch einer qualifizierten doppelten Mehrheit, wenn der bisherige Anteil von ANVertretern im AR bei einer Verschmelzung mind. 25% der AN oder bei Errichtung einer Holding- bzw. Tochter-SE 50% der AN bei den beteiligten Gesellschaften und den betroffenen Tochtergesellschaften erfasst (§ 15 III SEBG).

11 Kommt es innerhalb der Verhandlungsfrist von sechs bzw. zwölf Monaten (§ 20 SEBG) nicht zum Abschluss einer Vereinb., greift die **ges. Auffangregelung** ein (§§ 34 bis 38 SEBG). Bzgl. des Umf. der Mitbestimmung im Aufsichts- oder Verwaltungsorgan der SE ist zwischen den verschiedenen Gründungsvarianten zu unterscheiden. Bei formwechselnder Umwandlung in eine SE mit Sitz im Inland bleibt die Mitbestimmung im bisherigen Umf. erhalten (§ 35 I SEBG); das Aufsichts- oder Verwaltungsorgan besteht unverändert zur Hälfte bzw. zu einem Drittel aus ANVertretern, wenn die AG zuvor dem MitbestG bzw. dem DrittelbG unterlag. Die ARGröße gibt § 35 I SEBG nicht zwgd. vor (*Oetker* FS Birk 2008 S. 557, 562 ff.). Bei Gründung einer SE durch Verschmelzung oder Errichtung einer Holding- bzw. Tochter-SE hängt die Fortsetzung der Mitbestimmung nach dem **höchsten Anteil an ANVertretern** in den Organen der beteiligten Gesellschaften (§ 35 II SEBG) von der Zahl der AN ab, für die eine oder mehrere Formen der Mitbestimmung bestanden. Wird der notwendige **Schwellen-**

wert von 25% (Verschmelzung) oder 50% (Holding- bzw. Tochter-SE) der AN nicht erreicht, ist der höchste Anteil für das Aufsichts- oder Verwaltungsorgan der SE nur maßgebl., wenn das bVG einen befürwortenden Beschl. fasst (§ 34 I Nr. 2 und 3 SEBG). Die Einzelheiten zur Verteilung der den ANVertretern zustehenden Sitze sowie zur Bestellung regelt § 36 SEBG; zwgd. Vorschr. zur **inneren Ordnung des Aufsichts- oder Verwaltungsorgans** der SE trifft § 38 SEBG, insb. muss ein Mitglied des Leitungsorgans für den Bereich Arbeit und Soziales zust. sein (§ 38 II 2 SEBG).

c) **Grenzüberschreitende Verschmelzung.** Ist eine dem MitbestG (oder dem DrittelbG) unterlie- 12
gende Gesellschaft an einer grenzüberschreitenden Verschmelzung beteiligt, dann gilt bzgl. der Mitbestimmung im Aufsichts- oder Verwaltungsorgan das G über die Mitbestimmung der AN bei einer grenzüberschreitenden Verschmelzung (MgVG) v. 21.12.2006 (BGBl. I S. 3332; dazu zB *Kolb/Rothenfußer* GmbHR 2014, 130ff.; *Krause/Janko* DB 2007, 2194ff.; *Lunk/Hinrichs* NZA 2007, 773ff.; *Morgenroth/Salzmann* NZA-RR 2013, 449ff.; *Schubert* RdA 2007, 9ff.; *Teichmann* Der Konzern 2007, 89ff.). Unter den Voraussetzungen in § 5 MgVG ist über die Mitbestimmung binnen der Verhandlungsfrist von sechs bzw. zwölf Monaten (§ 21 MgVG) eine Vereinb. abzuschließen (§ 22 MgVG), sofern sich die an der Verschmelzung beteiligten Gesellschaften nicht für die Anwendung der ges. Auffangregelung (§§ 24 bis 27 MgVG) entscheiden (§ 23 I 1 Nr. 3 MgVG). Dies setzt jedoch – wie bei einem ergebnislosen Ablauf der Verhandlungsfrist (§ 23 I 1 Nr. 2 MgVG) – voraus, dass bei den an der Verschmelzung beteiligten Gesellschaften eine Mitbestimmung der AN bestand und sich diese auf mind. **ein Drittel der Gesamtzahl** der AN erstreckte (§ 23 I 2 Nr. 1 MgVG). Kommt es zum Eingreifen der ges. Auffangregelung, so bemisst sich die Zahl der ANVertreter nach dem **höchsten Anteil,** der bei den an der Verschmelzung beteiligten Gesellschaften besteht (§ 24 I 2 MgVG). Die Sicherung der Mitbestimmung nach dem MgVG greift jedoch nur ein, wenn an der Verschmelzung eine mitbestimmte Gesellschaft mit durchschnittl. mehr als 500 AN beteiligt ist und die aus der Verschmelzung hervorgehende Gesellschaft nicht einem Rechtsstatut unterliegt, das die Mitbestimmung mind. im gleichen Umf. wie bei den an der Verschmelzung beteiligten Gesellschaften vorsieht (§ 5 Nr. 1 und 2 MgVG). Erg. erstreckt § 96 III AktG das **Mindestanteilsgebot** für die Zusammensetzung des Aufsichts- oder Verwaltungsorgans nach Maßgabe des **Geschlechts** auch auf die aus einer grenzüberschreitenden Verschmelzung hervorgegangene Gesellschaft (s. näher AktG § 96 Rn. 11).

Erster Teil. Geltungsbereich

§ 1 Erfaßte Unternehmen

(1) In Unternehmen, die
1. in der Rechtsform einer Aktiengesellschaft, einer Kommanditgesellschaft auf Aktien, einer Gesellschaft mit beschränkter Haftung oder einer Genossenschaft betrieben werden und
2. in der Regel mehr als 2000 Arbeitnehmer beschäftigen,
haben die Arbeitnehmer ein Mitbestimmungsrecht nach Maßgabe dieses Gesetzes.

(2) Dieses Gesetz ist nicht anzuwenden auf die Mitbestimmung in Organen von Unternehmen, in denen die Arbeitnehmer nach
1. dem Gesetz über die Mitbestimmung der Arbeitnehmer in den Aufsichtsräten und Vorständen der Unternehmen des Bergbaus und der Eisen und Stahl erzeugenden Industrie vom 21. Mai 1951 (Bundesgesetzbl. I S. 347) – Montan-Mitbestimmungsgesetz –, oder
2. dem Gesetz zur Ergänzung des Gesetzes über die Mitbestimmung der Arbeitnehmer in den Aufsichtsräten und Vorständen der Unternehmen des Bergbaus und der Eisen und Stahl erzeugenden Industrie vom 7. August 1956 (Bundesgesetzbl. I S. 707) – Mitbestimmungsergänzungsgesetz –,
ein Mitbestimmungsrecht haben.

(3) Die Vertretung der Arbeitnehmer in den Aufsichtsräten von Unternehmen, in denen die Arbeitnehmer nicht nach Absatz 1 oder nach den in Absatz 2 bezeichneten Gesetzen ein Mitbestimmungsrecht haben, bestimmt sich nach den Vorschriften des Drittelbeteiligungsgesetzes (BGBl. 2004 I S. 974).

(4) [1]Dieses Gesetz ist nicht anzuwenden auf Unternehmen, die unmittelbar und überwiegend
1. politischen, koalitionspolitischen, konfessionellen, karitativen, erzieherischen, wissenschaftlichen oder künstlerischen Bestimmungen oder
2. Zwecken der Berichterstattung oder Meinungsäußerung, auf die Artikel 5 Abs. 1 Satz 2 des Grundgesetzes anzuwenden ist,
dienen. [2]Dieses Gesetz ist nicht anzuwenden auf Religionsgemeinschaften und ihre karitativen und erzieherischen Einrichtungen unbeschadet deren Rechtsform.

1. **Anwendungsvoraussetzungen. a) Rechtsform.** Das G erfasst nur Unternehmen in der Rechts- 1
form der **AG, KGaA, GmbH** oder der **Genossenschaft** (§ 1 I Nr. 1; zur bergrechtl. Gewerkschaft s.

Einl. Rn. 6). Die **Unternehmergesellschaft (UG)** ist eine GmbH und unterliegt zumindest theoretisch dem G (*Forst* GmbHR 2009, 1131, 1132 ff.; UHH/*Ulmer/Habersack* Rn. 41). Das G greift auch ein, wenn sich die Mitgliedschaftsrechte (ggf. vollständig) im Eigentum der **öffentl. Hand** befinden (RVJ/*Raiser* Rn. 11 f.; UHH/*Ulmer/Habersack* Rn. 4; HWK/*Seibt* Rn. 3). Der Konflikt der paritätischen Mitbestimmung der AN in Unternehmen in öffentl. Trägerschaft, die der Wahrnehmung öffentl. Zwecke dienen, mit der kommunalen Selbstverw. steht dem nicht entgegen (BGH 3.7.1975 NJW 1975, 1657; *Raiser* RdA 1972, 65, 69; krit. *Ossenbühl* ZGR 1996, 504 ff.; *Scholz* ZBR 1980, 297, 302). Dem **Unternehmensbegriff** in § 1 I kommt keine eigenständige rechtl. Bedeutung zu (UHH/*Ulmer/Habersack* Rn. 35; RVJ/*Raiser* Rn. 9; MüKoAktG/*Gach* Rn. 4).

2 Die Aufzählung der Rechtsformen in § 1 I Nr. 1 ist abschl. und einer analogen Anwendung auf andere Gesellschaftsformen nicht zugängl. (UHH/*Ulmer/Habersack* Rn. 31; RVJ/*Raiser* Rn. 10; NK-GA/*Heither/v. Morgen* Rn. 2). Das gilt auch für den VVaG, den § 1 I Nr. 1 abw. von § 1 I Nr. 5 DrittelbG nicht einbezieht (Einl. Rn. 5). Verlegt eine von § 1 I Nr. 1 erfasste Gesellschaft mit Satzungssitz im Inland ihren Verwaltungssitz in das Ausland, ändert dies nach den durch das MoMiG neu gefassten § 4 AktG und § 4a GmbHG nicht deren Rechtspersönlichkeit; das Mitbestimmungsstatut der dt. Gesellschaft bleibt unverändert (*Habersack* AG 2007, 641, 644; UHH/*Ulmer/Habersack* Rn. 6; WKS/*Wißmann* Rn. 24; NK-GA/*Heither/v. Morgen* Rn. 8). **Gesellschaften ausl. Rechts,** die den in § 1 I Nr. 1 genannten Rechtsformen entsprechen, unterliegen hingegen selbst dann nicht dem MitbestG, wenn sie ihren Verwaltungssitz in der Bundesrepublik haben, ohne hierdurch wegen der Maßgeblichkeit der Gründungstheorie (so für EU-Auslandsgesellschaften EuGH 9.3.1999 EuZW 1999, 216 – Centros –; 5.11.2002 EuZW 2002, 754 – Überseering –; 30.9.2003 EuZW 2003, 687 – Inspire Art – sowie BGH 13.3.2003 NJW 2003, 1461; 12.7.2011 NJW 2011, 3372 Rn. 15 ff.; für US-Gesellschaften BGH 29.1.2003 NJW 2003, 1607 f.; 5.7.2004 NZG 2004, 1001; für EFTA-Gesellschaften BGH 19.9.2005 EuZW 2005, 733, 733 f.) ihre rechtl. Existenz zu verlieren (s. a.§ 1 Rn. 5). Das gilt erst Recht, wenn wegen der unverändert maßgebl. Sitztheorie die Gesellschaft wegen der Verlegung des Verwaltungssitzes in das Inland hier ledigl. als GbR oder OHG anzuerkennen ist (s. BGH 27.10.2008 NJW 2009, 289 Rn. 21 f.; 8.10.2009 ZIP 2009, 2385, 2386; 15.3.2010 ZIP 2010, 1003 Rn. 15). Aufgrund der abschl. Aufzählung der Rechtsformen in § 1 I Nr. 1 und wegen § 47 I SEBG findet das G auch auf eine **SE** keine Anwendung, selbst dann nicht, wenn diese ohne Regelung zur ANMitbestimmung gegründet wurde (Einl. Rn. 9) und die ANZahl später den Schwellenwert in § 1 I Nr. 2 überschreitet (s. a. § 47 I Nr. 1 SEBG).

3 **b) Anwendung auf ausländische Unternehmen.** Das G beschränkt sich auf Grund des Territorialitätsprinzips grds. auf inländische Unternehmen; es erfasst somit nicht solche, die nach ausl. Recht errichtet wurden und ihren **Verwaltungssitz** im Ausland haben (s. OLG S 30.3.1995 ZIP 1995, 1004; MüKoAktG/*Gach* Rn. 14). Dies gilt selbst dann, wenn sie unselbstständige Betriebsstätten im Inland unterhalten (zur abw. Ansicht *Großfeld/Erlinghagen* JZ 1993, 221 ff.) oder zusammen mit inländischen Unternehmen einer einheitl. Leitung unterliegen (UHH/*Ulmer/Habersack* Rn. 6). Umstr. ist die Rechtsstellung von Unternehmen, die nach **ausl. Recht gegründet** sind und ihren Sitz formal im Ausland, den **tats. Verwaltungssitz** aber im **Inland** haben. Diese Konstellation tritt va. bei einer inländischen KG auf, deren Komplementär eine ausl. Gesellschaft ist (rechtstats. *Sick/Pütz* WSI-Mitt. 2011, 34, 36 f.).

4 Die überw. Ansicht verneint die Anwendbarkeit des G (*Bellstedt* BB 1977, 1327; WWKK/*Koberski* Rn. 19 ff.; RVJ/*Raiser* Rn. 13 ff.; *Meilicke/Meilicke* BB 1977, 1063). Nach der zT überholten **„Sitztheorie“** (s. DrittelbG Einl. Rn. 4 mwN), die für die Bestimmung des Rechts herangezogen wird, nach dem sich das Personalstatut der Gesellschaft beurteilt (*Ebenroth* DB 1988, Beil. Nr. 2 S. 4), ist auf die nach ausl. Recht gegründete Gesellschaft das Recht anzuwenden, das an ihrem Verwaltungssitz gilt, also das dortige nationale Recht (*K. Schmidt* GesR, 4. Aufl. 2002 S. 27). Nach diesem Ansatz fehlt bereits eine nach dt. Recht wirksam gegründete Gesellschaft, auf die das G Anwendung finden könnte (*Großfeld/Erlinghagen* JZ 1993, 223; *Meilicke/Meilicke* BB 1977, 1063; abw. *Zimmer*, Internationales GesR, 1996 S. 146 ff.).

5 Zu einem anderen Erg. kommt die **„eingeschränkte Gründungstheorie“**, die hins. des Personalstatuts der Gesellschaft auf das Recht des Gründungsstaats abstellt, zwgd. Vorschr. des Staats des Verwaltungssitzes aber für anwendbar erklärt (hierfür *Birk* RIW 1975, 595; *Hanau/Ulmer* Rn. 7). Das MitbestG als im öffentl. Interesse zwgd. Vorschr. (*Ebenroth/Sura* RabelsZ Bd. 43 [1979], 319; *Hanau/Ulmer* Einl. Rn. 36; **aA** *Paefgen* DB 2003, 487, 492; *Sandrock* AG 2004, 57 ff.) wäre danach auch auf ausl. Gesellschaften mit Verwaltungssitz im Inland anwendbar (ebenso unter Rückgriff auf Art. 9 I Rom I-VO [Art. 34 EGBGB aF] analog *Franzen* RdA 2004, 257 ff.; *Kindler* ZHR 179 [2015], 330, 374 ff.; dagegen *Behme* ZIP 2008, 351, 355; *Borsutzky* EuZA 2014, 437, 441 f.; *Stehle* Jura 2009, 8, 12 f.). Der hiermit verbundenen Vermischung aus- und inländischen Rechts stehen jedoch rechtl. Vollzugsschwierigkeiten entgegen, die insb. die Bestimmung der zust. Gerichte, die Vollstreckung innerstaatl. Gerichtsbeschl. ggü. ausl. Kapitalgesellschaften sowie die Eintragung der Vertretungsorgane in das Handelsregister betreffen (*Bellstedt* BB 1977, 1327; *Meilicke/Meilicke* BB 1977, 1063; UHH/*Ulmer/Habersack* Rn. 8 a; HWK/*Seibt* Rn. 8; *Sigle* FS Peltzer 2001 S. 539, 552; *Thüsing* ZIP 2004, 381, 383; *W.-H. Roth* ZGR 2000, 311, 333; WKS/*Wißmann* Rn. 23; *Zimmer* NJW 2003, 3585, 3591; **aA** *Franzen*

RdA 2004, 257, 260; *Henssler* GS Heinze 2005 S. 333, 343 ff.). Diese Bedenken bestehen ebenfalls, wenn die ausl. Gesellschaft trotz **Verlegung des Verwaltungssitzes** in das Inland ihre nach ausl. Recht begr. **Rechtsfähigkeit** entspr. der **Gründungstheorie** in der Bundesrepublik Deutschland **behält** (s. § 1 Rn. 2); insb. scheidet eine analoge Anwendung des MitbestG aus. Der Gesetzgeber wollte mit diesem ausschl. die nach dt. Recht errichteten Gesellschaften erfassen (*Junker* ZfA 2005, 1, 7; *Paefgen* DB 2003, 487, 491; NK-GA/*Heither/v. Morgen* Rn. 6; *Schwark* AG 2004, 173, 177 f.; *Thüsing* ZIP 2004, 381, 382; *Veit/Wichert* AG 2004, 14, 16 f.; WKS/*Wißmann* Rn. 23; *Zimmer* GS Heinze 2005 S. 1123, 1128; **aA** *Franzen* RdA 2004, 257 ff.; *Henssler* GS Heinze 2005 S. 333, 343 ff.; *Kindler* ZHR 179 [2015], 330, 374 ff.; wohl a. *Bayer* AG 2004, 534, 535; ferner Einl. Rn. 6 aE). Bestätigt wird diese Sichtweise durch die Ablehnung gegenläufiger Gesetzesinitiativen im BT (s. Einl. Rn. 7 aE).

c) **Arbeitnehmerzahl.** § 1 I Nr. 2 beschränkt das G auf Unternehmen, die idR mehr als 2000 AN beschäftigen (zum ANBegriff s. § 3). Hat das Unternehmen mit einem anderen Unternehmen einen **Gemeinschaftsbetrieb** errichtet, so sind jdf. die im Gemeinschaftsbetrieb eingesetzten AN, die zu dem jeweiligen Trägerunternehmen in einem ArbVerh. stehen, für die Beschäftigtenzahl dieses Unternehmens zu berücksichtigen (LG HB 4.2.2005 BeckRS 2010, 17611; *Annuß* FS v. Hoyningen-Huene 2014 S. 17, 25 ff.; *Hohenstatt/Schramm* NZA 2010, 846, 847 f.; RVJ/*Raiser/Jacobs* § 3 Rn. 44; *Lüers/Schomaker* BB 2013, 565, 567 ff.; Spindler/Stilz/*Spindler* § 96 Rn. 9a; im Grds. a. *Rentschler,* Arbeitnehmerzuordnung und Wahlberechtigung in Gemeinschaftsbetrieben, 2015 S. 87 ff., 155 ff.; weitergehend für Berücksichtigung aller AN bei jedem Trägerunternehmen *Abend* DB 2017, 607, 608 f.; *Däubler* FS Zeuner 1994 S. 19, 31; *Hanau* ZfA 1990, 115, 127; *Hjort* NZA 2001, 696, 697 ff.; NK-GA/*Heither/v. Morgen* Rn. 17; HWK/*Seibt* Rn. 11; WKS/*Wißmann* § 3 Rn. 66; *Thüsing/Forst* FS Kreutz 2010 S. 867 ff. [einschr. wohl *Thüsing/Pötters* FS Wank 2014 S. 599, 606 ff.]; für eine anteilige Zurechnung noch BAG 1.12.1961 AP BetrVG [1952] § 77 Nr. 1; *Säcker* Wahlordnungen Rn. 215, 195; s. ferner *Bonanni,* Der gemeinsame Betrieb mehrerer Unternehmen, 2003 S. 285 ff.; *Wanhöfer,* Gemeinschaftsbetrieb und Unternehmensmitbestimmung, 1994 S. 80 f., 110 f.; offen zum DrittelbG BAG 13.3.2013 NZA 2013, 853 Rn. 16, das jedoch ein Wahlrecht zu allen Trägerunternehmen bejaht [Rn. 24 ff.]). Wegen der einheitl. Leitung des Gemeinschaftsbetriebs (s. BetrVG § 1 Rn. 14) sind entspr. der inzwischen vorherrschenden Ansicht auch die nicht zu dem jeweiligen Trägerunternehmen arbeitsvertragl. verbundenden AN bei dem maßgebl. Schwellenwert des Trägerunternehmens zu berücksichtigen, da diese AN in gleicher Weise von den unternehmerischen Entsch. des Trägerunternehmens betroffen sind. Der Zweck des Schwellenwerts gebietet in dieser Konstellation die Einbeziehung von AN, die nicht mit dem Unternehmen arbeitsvertragl. verbunden sind, gleichwohl aber vermittelt durch die auf den Gemeinschaftsbetrieb bezogene einheitl. Leitung dessen Einfluss unterliegen. 6

Bzgl. **AN mit aufgespaltener AGStellung** war bislang umstr., ob diese bei der Errechnung des Schwellenwerts in § 1 I Nr. 2 zu berücksichtigen sind, wenn sie nicht mit dem Unternehmen arbeitsvertragl. verbunden sind. Insb. für **LeihAN** lehnte dies die bislang wohl vorherrschende Ansicht bei dem entleihenden Unternehmen ab, da sie dort nicht zu den AN iSd. G (s. § 3 Rn. 2) zählen (so noch OLG D 12.5.2004 GmbHR 2004, 1081; OLG HH 29.10.2007 DB 2007, 2762; 31.1.2014 NZG 2014, 787; OLG SL 2.3.2016 NZG 2016, 941; ebenso im Schrifttum ua. *Künzel/Schmid* NZA 2013, 300 ff.; *Lambrich/Reinhard* NJW 2014, 2229, 2231; *Lunk* NZG 2014, 778, 779 f.; RVJ/*Raiser/Veil* § 3 Rn. 11; HWK/*Seibt* § 3 Rn. 2; *Zimmermann* BB 2015, 1205 ff.). Nach Aufgabe der Zwei-Komponenten-Lehre für die Sachverhalte einer aufgespaltenen AGStellung durch den 7. Senat des BAG (grdl. BAG 5.12.2012 NZA 2013, 793 Rn. 20 ff.) und der Hinwendung zu einer **„normzweckorientierten Auslegung"** der jeweiligen Schwellenwerte (s. BAG 13.3.2013 NZA 2013, 789 Rn. 22), nahmen die Stimmen zu, die im Hinblick auf den Zweck des Schwellenwerts in § 1 I Nr. 2 für die Einbeziehung der LeihAN bei der Errechnung des Schwellenwerts im entleihenden Unternehmen plädierten (hierfür *Hay/Grüneberg* NZA 2014, 814, 815 ff.; NK-GA/*Heither/v. Morgen* Rn. 14; WWKK/*Koberski* Rn. 29; *Krause* ZIP 2014, 2209 ff.; Schaub/*Koch* § 260 Rn. 3; *Schubert/Liese* NZA 2016, 1297, 1299 ff.; s. a. 16. Aufl. Rn. 7 sowie in dieser Richtung bereits BAG 1.12.1961 AP BetrVG [1952] § 77 Nr. 1; ausdr. offen BAG 4.11.2015 NZA 2016, 559 Rn. 30). 7

Durch § 14 II 5 AÜG ist diese Streitfrage nunmehr für **LeihAN** entschieden (s. a. AÜG § 14 Rn. 31 ff.) und damit zugleich grds. anerkannt, dass AN auch ohne arbeitsvertragl. Beziehung zu dem Unternehmen bei dem für dieses nach § 1 I Nr. 2 maßgebl. Schwellenwert zu berücksichtigen sind, wenn sie in dem Unternehmen wie die arbeitsvertragl. mit diesem verbundenen AN tätig sind. Wegen der mit LeihAN vergleichbaren Eingliederung in das Unternehmen gilt dies nicht nur für die von § 14 II 5 AÜG erfassten LeihAN, sondern auch in den Fällen einer **erlaubnisfreien ANÜberlassung** (nichtwirtschaftl. ANÜberlassung, nach § 1 III AÜG privilegierte ANÜberlassung), ohne dass es hierfür einer entspr. Anwendung des § 14 II 5 AÜG bedarf (s. näher *Oetker* NZA 2017, 29, 31 f.; iE a. WKS/*Wißmann* Rn. 42; **aA** *Löwisch/Wegmann* BB 2017, 373, 377 f.). Nicht ausdr. geregelt ist der Einsatz von LeihAN in einem Gemeinschaftsbetrieb. Da dort beschäftigte AN für den Schwellenwert in § 1 I Nr. 2 jedem Trägerunternehmen zugerechnet werden (s. § 1 Rn. 6), sprechen gute Gründe dafür, bei jedem Trägerunternehmen die im Gemeinschaftsbetrieb tätigen LeihAN unabhängig davon zuzurechnen, ob es sich bei diesem auch um das entleihende Unternehmen handelt (diff. *Abend* DB 2017, 607, 609). 7a

7b Da der Schwellenwert in § 1 I Nr 2 die Anwendung des G auf ein Unternehmen betrifft, sind nach § 14 II 6 AÜG nur solche LeihAN bei dem Schwellenwert zu berücksichtigen, deren **Einsatzdauer** in dem entleihenden Unternehmen sechs Monate übersteigt. Die Wahlberechtigung der überlassenen AN ist iRv. § 1 I Nr. 2 ebenso unerhebl. wie die Beschäftigung auf einem Stammarbeitsplatz (*Oetker* NZA 2017, 29, 31). Da § 14 II 6 AÜG auf den einzelnen LeihAN abstellt, besteht für eine arbeitsplatzbezogene Gesamtschau keine Grdl. (*Löwisch/Wegmann* BB 2017, 373, 377; BeckOK/*Motz* § 14 AÜG Rn. 26; *Oetker* NZA 2017, 29, 33; *Schubert/Liese* NZA 2016, 1297, 1303; *Ulrici* § 14 Rn. 42; idS a. *Aszmons/Homborg/Gerum* GmbHR 2017, 130, 131 f.; **aA** WKS/*Wißmann* 3 Rn. 41b ff.; *Fuchs/Köstler/Pütz* AG 2017, R 104, 105). Hierfür spricht zudem die Anlehnung der mind. sechsmonatigen Einsatzdauer an die Judikatur des BAG zur Berücksichtigung von ledigl. vorübergehend beschäftigten AN bei Schwellenwerten des BetrVG, die auf idR beschäftigte AN abstellen. Die insoweit geforderte Beschäftigung während des größten Teils des Jahres (BAG 7.5.2008 NZA 2008, 1142 Rn. 17; 12.11.2008 BeckRS 2009, 58799) ist bei einer mehr als sechsmonatigen Einsatzdauer erfüllt. Einen ununterbrochenen Einsatz fordert § 14 II 6 AÜG nicht. Unterbrechungen sind jedoch vor dem Hintergrund von § 1 Ib 2 AÜG nur dann unschädl., wenn sie nicht länger als drei Monate dauern (*Löwisch/Wegmann* BB 2017, 373, 377; BeckOK/*Motz* § 14 AÜG Rn. 27; *Oetker* NZA 2017, 29, 33 f.; idS a. *Schubert/Liese* NZA 2016, 1297, 1303; kürzer *Ulrici* § 14 Rn. 43: höchstens zwei Wochen).

7c Auch § 14 II 5 AÜG entbindet nicht von der weiteren Voraussetzung in § 1 I Nr. 2, dass für die Errechnung des Schwellenwerts in dem Entleiherunternehmen nur die **regelm. Zahl** (s. Rn. 9) der dort tätigen überlassenen AN zu berücksichtigen ist (s. Begr. RegE, BR-Drs. 294/18, 25 f.; *Löwisch/Wegmann* BB 2017, 373, 377 BeckOK/*Motz* § 14 AÜG Rn. 24). Das gilt jdf., wenn LeihAN bereits nach § 14 II 5 AÜG bei dem Schwellenwert zu berücksichtigen sind (§§ 7 I, 9 I u. II). Ob dies auch gilt, wenn wegen § 14 II 6 AÜG für die Berücksichtigung des LeihAN bei dem Schwellenwert zusätzl. eine mind. sechsmonatige Einsatzdauer erfüllt sein muss, ist zw., da diese Voraussetzung untrennbar mit der Judikatur des BAG zur Berücksichtigung vorübergehend beschäftiger AN bei der regelm. ANZahl verbunden ist (s. § 1 Rn. 7b). Wegen der längeren Dauer der Referenzperiode (s. § 1 Rn 9) ist dies jedoch zu bejahen, so dass auch die Erfüllung der Mindesteinsatzzeit nicht von der Prüfung der weiteren Voraussetzung entbindet, ob die danach zu berücksichtigenden LeihAN die ANZahl im Unternehmen prägen (wohl auch *Fuchs/Köstler/Pütz* AG 2017, R 104, 105 f.).

8 Bes. Probleme treten bei der Ermittlung der ANZahl auf, wenn das Unternehmen **grenzüberschreitend** agiert, sei es durch einzelne AN, unselbstständige Betriebsstätten oder verbundene Unternehmen. Die Staatsangehörigkeit eines AN ist für das G ohne Bedeutung (UHH/*Henssler* § 3 Rn. 40). Sind AN auf Grund ihres in Deutschland begr. ArbVerh. befristet oder bedingt durch den Arbeitsort im Ausland tätig, ohne dabei in ein ausl. Unternehmen eingegliedert zu sein, bleibt deren Zugehörigkeit zum inländischen Unternehmen bestehen (s. BetrVG § 1 Rn. 4). Das gilt auch, wenn eine Ausstrahlung im eigentl. Sinn nicht vorliegt, auf Grund eines Weisungsrechts des inländischen AG aber eine enge Bindung an das Unternehmen sowie ein unmittelbares Betroffensein der AuslandsAN von den unternehmerischen Planungen und Entsch. besteht (LG F 1.4.1982 DB 1982, 1312; ebenso MüKoAktG/*Gach* Rn. 22). Auf AN, die in ausl. Tochterunternehmen beschäftigt und dort nicht nur vorübergehend eingegliedert sind, findet das G, insb. § 5, nach hM keine Anwendung, so dass sie bei dem auf die Zahl der AN bezogenen Schwellenwert nicht zu berücksichtigen sind (**aA** LG F 16.2.2015 ZIP 2015, 634; abl. dazu *Gebhardt* FA 2016, 73, 74 f.; *Hellwig/Behme* AG 2015, 333, 339 f.; *Hüffer/Koch* § 96 Rn. 4a; *Krause* ZIP 2015, 636 f.; NK-GA/*Heither/v. Morgen* Rn. 19; *Rehberg* EuZA 2015, 369; *Seibt* DB 2015, 913 f.; *Wansleben* EWiR 2015, 245; WKS/*Wißmann* § 3 Rn. 26 ff.; *Winter/Marx/De Decker* NZA 2015, 1111; *Zimmermann* BB 2015, 1792; s. ferner LG B 1.6.2015 ZIP 2015, 1291 ff.). Das gilt auch für unselbstständige Niederlassungen im Ausland (LG D 5.6.1979 DB 1979, 1451; *Birk* RIW 1975, 589, 595; *Ebenroth/Sura* ZHR Bd. 144 [1980], 610, 618; WKS/*Wißmann* § 3 Rn. 26 ff.; GK-MitbestG/*Matthes* § 3 Rn. 18 ff.; UHH/*Ulmer/Habersack* § 5 Rn. 55; **aA** *Däubler* RabelsZ 39 [1975], 451; RVJ/*Raiser* Rn. 27; *Reich/Lewerenz* AuR 1976, 264) oder die Gesellschaft ihren Verwaltungssitz in das Ausland verlegt (*Waldenmaier/Ley* BB 2009, 1694, 1697 f.). Zur Zurechnung im Konzern s. § 5 Rn. 14.

9 Die Beschäftigtenzahl muss „idR" erfüllt sein und ist deshalb nicht durch Abzählen an einem bestimmten Stichtag, sondern unter Berücksichtigung der Vergangenheit und der zukünftigen Entwicklung festzulegen (BAG 4.11.2015 NZA 2016, 559 Rn. 36; OLG SL 2.3.2016 NZG 2016, 941; LG Nürnberg-Fürth 11.6.1982 BB 1982, 1625). Der dafür angemessene Bemessungszeitraum **(Referenzperiode)** muss dem Zweck dienen, dass bei Schwankungen der ANZahl kein häufiger Wechsel der Mitbestimmungsform eintritt (OLG SL 2.3.2016 NZG 2016, 941). Eine Berücksichtigung der Unternehmensplanung über 17 bis 20 Monate ist nach OLG D 9.12.1994 (DB 1995, 277, 278) und OLG SL 2.3.2016 (NZG 2016, 941) erforderl. und ausreichend (s. a. BAG 4.11.2015 NZA 2016, 559 Rn. 36; LG Nürnberg-Fürth 10.11.1983 DB 1983, 2675; LG D 19.8.2011 ZIP 2011, 1712; enger *Ulmer* FS Heinsius 1991 S. 855, 863 f.). Sinkt die ANZahl nur vorübergehend unter 2000, führt dies ebenso wenig zur Beendigung der Mitbestimmung nach dem MitbestG (OLG F 7.6.1985 EWiR 1985, 607; OLG HH 31.1.2014 NZG 2014, 787; OLG SL 2.3.2016 NZG 2016, 941) wie das erstmalige Überschreiten des Schwellenwerts die Anwendung des MitbestG erzwingt (*Lambrich/Reinhard* NJW 2014, 2229, 2233). Zu weiteren Einzelheiten s. *Rittner* AG 1983, 99; *Ulmer* FS Heinsius 1991 S. 855 ff. sowie BetrVG § 9 Rn. 1.

2. Verhältnis zu anderen Mitbestimmungsmodellen. Nach § 1 II ist der Anwendungsbereich des G insoweit eingeschränkt, als dem **Montan-MitbestG** sowie dem **MitbestErgG** der Vorrang gebührt, wenn deren Anwendungsvoraussetzungen vorliegen. Greift eine Mitbestimmung der AN nach den vorgenannten G nicht ein, steht den AN ein MBR unter den Voraussetzungen des DrittelbG zu. Dies stellt § 1 III ausdr. klar (s. a. § 1 II 1 Nr. 1 DrittelbG). 10

3. Tendenzunternehmen. Das MBR der AN nach dem G schließt § 1 IV für Tendenzunternehmen und **Religionsgemeinschaften** sowie deren erzieherische und karitative Einrichtungen aus, um va. die Entfaltung der Grundrechte in Unternehmen zu gewährleisten, die politischen und geistig-ideellen Zielen dienen (BT-Drs. 7/2172 S. 20; UHH/*Ulmer/Habersack* Rn. 56). Dem entspricht auf tatbestandl. Ebene § 118 I und II BetrVG, allerdings mit dem Unterschied, dass der Ausschluss nach § 1 IV generell und nicht nur bei tendenzbezogenen Entsch. gilt (**absoluter Tendenzschutz**; BAG 14.12.2010 NZA 2011, 473 Rn. 16). Auf die Erl. zu § 118 BetrVG kann verwiesen werden. Dies gilt insb. hins. der Anforderungen an karitative Einrichtungen (BayObLG 10.8.1995 AP MitbestG § 4 Nr. 1; OLG BB 5.2.2013 GmbHR 2013, 1145, 1146; OLG DD 15.4.2010 AG 2011, 88, 89; LG F 25.3.2010 AE 2010, 197; LG Meiningen 30.4.2013 MedR 2013, 795; zum DrittelbG LG D 30.4.2013 BeckRS 2013, 08310; ferner *Lorenzen* RdA 2016, 186, 187 ff.); auch für das MitbestG liegt ein Unternehmen mit karitativer Bestimmung nur vor, wenn sich dieses ohne Gewinnerzielungsabsicht betätigt. Unschädl. ist hierfür die Erzielung eines Bilanzgewinns, wenn dieser ausschl. für gemeinnützige Zwecke verwendet werden darf (LG F 25.3.2010 AE 2010, 197). Zu gemeinsamen Einrichtungen der TVParteien s. *Oetker* GS Heinze 2005 S. 597 ff. Zum Tendenzkonzern s. § 5 Rn. 15 f. 11

§ 2 Anteilseigner

Anteilseigner im Sinne dieses Gesetzes sind je nach der Rechtsform der in § 1 Abs. 1 Nr. 1 bezeichneten Unternehmen Aktionäre, Gesellschafter oder Mitglieder einer Genossenschaft.

§ 2 definiert den Begriff des AE. Diesen verwendet das G als Sammelbegriff, der nur gesetzestechnische Bedeutung hat (BT-Drs. 7/2172 S. 20). Je nach Unternehmensform sind AE die Aktionäre der AG oder KGaA, die Gesellschafter der GmbH oder die Mitglieder von Genossenschaften. 1

§ 3 Arbeitnehmer und Betrieb

(1) [1]Arbeitnehmer im Sinne dieses Gesetzes sind

1. die in § 5 Abs. 1 des Betriebsverfassungsgesetzes bezeichneten Personen mit Ausnahme der in § 5 Abs. 3 des Betriebsverfassungsgesetzes bezeichneten leitenden Angestellten,

2. die in § 5 Abs. 3 des Betriebsverfassungsgesetzes bezeichneten leitenden Angestellten.

[2]Keine Arbeitnehmer im Sinne dieses Gesetzes sind die in § 5 Abs. 2 des Betriebsverfassungsgesetzes bezeichneten Personen.

(2) [1]Betriebe im Sinne dieses Gesetzes sind solche des Betriebsverfassungsgesetzes. [2]§ 4 Abs. 2 des Betriebsverfassungsgesetzes ist anzuwenden.

1. Arbeitnehmerbegriff. Da das G sowohl für seine Anwendbarkeit (§ 1 I Nr. 2) als auch die Zahl der ARMitglieder (§ 7) sowie die Wahlmodalitäten (§ 9) auf die Zahl der im Unternehmen beschäftigten AN abstellt und der Gesetzgeber den ANBegriff nicht Lit. und Rspr. zur Konkretisierung überlassen wollte, umschreibt § 3 I den ANBegriff iSd. MitbestG. Danach sind AN des Unternehmens die Arbeiter und Ang. (I 1 Nr. 1), mit Ausnahme der in § 5 II BetrVG bezeichneten Personen (I 2; zu diesen BetrVG § 5 Rn. 12 ff.), unter Einbeziehung der ltd. Ang. (I 1 Nr. 2). 1

Mit der Verweisung auf § 5 I BetrVG für den ANBegriff und § 5 III BetrVG für den der ltd. Ang. übernimmt § 3 die Legaldefinitionen des BetrVG in das MitbestG. Auf die Erl. zu § 5 BetrVG kann insoweit zurückgegriffen werden (zu den auf Grund eines Gestellungsvertrags tätigen Mitgliedern einer Schwesternschaft OLG HH 29.10.2007 DB 2007, 2762, 2765). Zu den AN des Unternehmens zählen wegen der Fiktion in § 5 I 3 BetrVG auch in dem Unternehmen tätige Beamte und AN des öffentl. Dienstes (s. a. BAG 12.9.2012 NZA-RR 2013, 197 Rn. 16; 5.12.2012 NZA 2013, 690 ff.), nicht hingegen die im Unternehmen eingesetzten LeihAN, da sich § 7 S. 2 BetrVG für diese Personengruppe auf die Begr. eines aktiven Wahlrechts beschränkt, ohne diese jedoch zu AN des Betriebs zu erklären. Da § 3 I 1 Nr. 1 ausdr. auf § 5 I BetrVG verweist, folgt aus der jüngsten Änd. der Rspr. des BAG (s. BAG 13.3.2013 NZA 2013, 789 ff.) kein gegenteiliges Erg. (OLG HH 31.1.2014 NZG 2014, 787 ff.; OLG SL 2.3.2016 BeckRS 2016, 08163; iE ebenso RVJ/*Raiser/Jacobs* Rn. 11; *Künzel/Schmid* NZA 2013, 300 ff.; MüKoAktG/*Gach* § 1 Rn. 20; *Lambrich/Reinhard* NJW 2014, 2229, 2231; *Lunk* NZG 2014, 778, 779 f.). Gleichwohl sind LeihAN bei den maßgebl. Schwellenwerten im Entleiherunternehmen nach § 14 II 5 u. 6 AÜG – entspr. der bereits zuvor im Vordringen befindl. Auffassung (s. *Krause* ZIP 2014, 2209, 2210 ff.; *Köstler/Pütz* EWiR 2014, 347; *Hay/Grüneberg* NZA 2014, 814, 815 ff.; NK-GA/*Heit-* 2 *her/v. Morgen* Rn. 14) – zu berücksichtigen (s. § 1 Rn. 7a). Da § 5 IV BetrVG die nach den dortigen Kriterien eingruppierten ltd. Ang. als solche iSv. § 5 III 2 Nr. 3 BetrVG bezeichnet, findet auch § 5 IV BetrVG im Rahmen von § 3 I 1 Nr. 2 Anwendung (KölnK-AktG/*Mertens/Cahn* § 117 Anh. B § 3 MitbestG Rn. 18; RVJ/*Raiser/Jacobs* Rn. 22; UHH/*Henssler* Rn. 76; WKS/*Wißmann* Rn. 40). Dafür spricht ferner die Verzahnung des MitbestG (s. § 22 II Nr. 3 und 5) mit dem SprAuG, das für die Begriffsbestimmung ebenfalls nur auf § 5 III BetrVG Bezug nimmt (s. § 1 I SprAuG).

3 **2. Betriebsbegriff.** Die Verweisung in § 3 II 1 für die Definition des Betriebsbegriffs gilt nicht nur für den allg. Betriebsbegriff, sondern auch für die **Vermutung eines gemeinsamen Betriebs** in § 1 II BetrVG (dazu BetrVG § 1 Rn. 15; wie hier UHH/*Henssler* Rn. 119; WKS/*Wißmann* Rn. 63; KölnK-AktG/*Mertens/Cahn* § 117 Anh. B § 3 MitbestG Rn. 25; iE a. MüKoAktG/*Gach* Rn. 35 ff. sowie inzidenter OLG HH 29.10.2007 DB 2007, 2762, 2765). Entspr. gilt wegen § 3 V BetrVG für die auf Grund TV oder BV gebildeten **betriebsverfassungsrechtl. Organisationseinheiten.** Wegen § 3 II 1 gelten diese auch für das MitbestG als Betrieb (RVJ/*Raiser/Jacobs* Rn. 46; UHH/*Henssler* Rn. 115; WKS/*Wißmann* Rn. 67; KölnK-AktG/*Mertens/Cahn* § 117 Anh. B § 3 MitbestG Rn. 27).

4 Durch § 3 II 1 zählen ferner solche **Betriebsteile** zu den Betrieben iSd. MitbestG, die die Voraussetzungen des § 4 I 1 BetrVG erfüllen (UHH/*Henssler* Rn. 117; s. BetrVG § 4 Rn. 3 f.). Ein nach § 4 I 2 BetrVG gefasster Beschl. der AN ist für den Betriebsbegriff ohne Bedeutung, da er nur die Wahl zum BR betrifft (**aA** WKS/*Wißmann* Rn. 68). Die Zuordnungsvorschr. für **Kleinstbetriebe** (§ 4 II BetrVG) gilt wegen § 3 II 2 auch für das MitbestG (UHH/*Henssler* Rn. 117; WKS/*Wißmann* Rn. 69; NK-GA/*Heither/v. Morgen* Rn. 5).

§ 4 Kommanditgesellschaft

(1) [1]**Ist ein in § 1 Abs. 1 Nr. 1 bezeichnetes Unternehmen persönlich haftender Gesellschafter einer Kommanditgesellschaft und hat die Mehrheit der Kommanditisten dieser Kommanditgesellschaft, berechnet nach der Mehrheit der Anteile oder der Stimmen, die Mehrheit der Anteile oder der Stimmen in dem Unternehmen des persönlich haftenden Gesellschafters inne, so gelten für die Anwendung dieses Gesetzes auf den persönlich haftenden Gesellschafter die Arbeitnehmer der Kommanditgesellschaft als Arbeitnehmer des persönlich haftenden Gesellschafters, sofern nicht der persönlich haftende Gesellschafter einen eigenen Geschäftsbetrieb mit in der Regel mehr als 500 Arbeitnehmern hat.** [2]**Ist die Kommanditgesellschaft persönlich haftender Gesellschafter einer anderen Kommanditgesellschaft, so gelten auch deren Arbeitnehmer als Arbeitnehmer des in § 1 Abs. 1 Nr. 1 bezeichneten Unternehmens.** [3]**Dies gilt entsprechend, wenn sich die Verbindung von Kommanditgesellschaften in dieser Weise fortsetzt.**

(2) **Das Unternehmen kann von der Führung der Geschäfte der Kommanditgesellschaft nicht ausgeschlossen werden.**

1 **1. Allgemeines.** § 4 erstreckt die Mitbestimmung mittelbar auf die **KG,** wenn diese als Kapitalgesellschaft (AG, GmbH) & Co. KG verfasst ist (s. Rn. 2). Rechtstechnisch werden die bei der KG beschäftigten AN unter den Voraussetzungen des § 4 bei der Komplementärgesellschaft hinzugerechnet, wenn diese eine in § 1 I Nr. 1 genannte Rechtsform hat und selbst nicht mehr als 500 AN beschäftigt. Von dem Grds., dass das G nur für Kapitalgesellschaften iSv. § 1 I Nr. 1 gilt (§ 1 Rn. 4), stellt dies keine Ausnahme dar, da die Mitbestimmung über die Komplementärkapitalgesellschaft erfolgt (UHH/*Ulmer/Habersack* Rn. 1; HWK/*Seibt* Rn. 1). § 4 ist unabhängig davon anzuwenden, ob in der KG weitere natürl. oder jur. Personen pers. haftende Gesellschafter sind (vgl. BT-Drs. 7/2172 S. 21; UHH/*Ulmer/Habersack* Rn. 9; s. a. § 4 Rn. 3). Auf die Komplementärkapitalgesellschaft einer **KGaA** ist § 4 analog anzuwenden (*Joost* ZGR 1998, 334, 344 ff.; NK-GA/*Heither/v. Morgen* Rn. 4; RV/*Raiser* Rn. 6; *Ullrich,* Unternehmensmitbestimmung in der kapitalistischen KGaA, 2002 S. 87 ff.; im Grds. a. UHH/*Ulmer/Habersack* § 1 Rn. 40 f.; WKS/*Wißmann* Rn. 34; **aA** OLG Celle 9.10.2014 GmbHR 2015, 317 [ebenso als Vorinstanz LG Hannover 7.5.2014 BeckRS 2014, 21494]; *Henssler* 50 Jahre BGH Bd. II 2000 S. 387, 406; *Hoffmann-Becking/Herfs* FS Sigle 2000 S. 273, 279; HWK/*Seibt* Rn. 2; *Sigle* FS Peltzer 2001 S. 539, 553). Entspr. gilt nach verbreiteter Auff., wenn der Gesellschafter einer **OHG** in einer der in § 1 I Nr. 1 genannten Rechtsformen verfasst ist (so RV/*Raiser* Rn. 5; GK-MitbestG/*Naendrup* Rn. 31; *Wiesner* GmbHR 1981, 36, 37; NK-GA/*Heither/v. Morgen* Rn. 3; WKS/*Wißmann* Rn. 33; **aA** *Säcker* DB 2003, 2535, 2536 f.; *Schneider* ZGR 1977, 335, 344; HWK/*Seibt* Rn. 2). Ist der pers. haftende Gesellschafter eine **ausl. Kapitalgesellschaft,** so ist das MitbestG auf diese nicht anwendbar (*Müller-Bonanni* GmbHR 2003, 1235, 1238 f.; RVJ/*Raiser* Rn. 7; UHH/*Ulmer/Habersack* Rn. 11; HWK/*Seibt* Rn. 4; *Werner* GmbHR 2005, 288, 293 f.; WKS/*Wißmann* Rn. 10; näher § 1 Rn. 2 ff.). Zur **Einheitsgesellschaft** § 4 Rn. 4.

2 **2. Die einfache Kapitalgesellschaft & Co. KG.** Der ANZurechnung liegt der Gedanke zugrunde, dass bei einer Unternehmenseinheit von KG und Komplementärkapitalgesellschaft und der damit verbundenen einheitl. Willensbildung die Mitbestimmung nicht auf Grund der Wahl der für die

Personalgesellschaft atypischen Gesellschaftsform entfallen soll (vgl. BT-Drs. 7/2172 S. 20; *Reich/Lewerenz* AuR 1976, 261, 267; HWK/*Seibt* Rn. 1).

a) **Mehrheitsidentität.** Eine Unternehmenseinheit erfordert nach § 4 I 1 eine Mehrheitsidentität zwischen den Kommanditisten der KG und der Mehrheit in der Komplementärkapitalgesellschaft. Dabei kann es sich um eine Stimm- oder eine Anteilsmehrheit handeln (UHH/*Ulmer/Habersack* Rn. 13; RVJ/*Raiser* Rn. 11). Gehören der KG neben der Kapitalgesellschaft **weitere pers. haftende Gesellschafter** an, sind diese entgegen dem Wortlaut des § 4 I 1 bei der Mehrheitsberechnung mitzuzählen. Nur so werden die für die Annahme einer Unternehmenseinheit mit der Komplementärkapitalgesellschaft maßgebl. Beteiligungsverhältnisse zutr. wiedergegeben (UHH/*Ulmer/Habersack* Rn. 16; *Hölters* DB 1977, 2232, 2234; RVJ/*Raiser* Rn. 9; HWK/*Seibt* Rn. 3). 3

Nach dem Zweck des § 4 I 1 liegt eine Mehrheitsidentität auch vor, wenn die Beteiligten durch bes. Vereinb. oder Gestaltungsmöglichkeiten eine rechtl. verankerte einheitl. **Willensbildung und Entsch. in der KG** herbeiführen (OLG CE 30.8.1979 AG 1980, 161, 162; **aA** OLG HB 30.4.1980 DB 1980, 1332, 1334). So findet § 4 I 1 entspr. Anwendung auf die sog. **Einheitsgesellschaft,** bei der die KG die Anteile an der Komplementärkapitalgesellschaft mehrheitl. oder alleine hält (vgl. OLG CE 30.8.1979 AG 1980, 161, 162; UHH/*Ulmer/Habersack* Rn. 17; *Kunze* ZGR 1978, 321, 335; NK-GA/*Heither/v. Morgen* Rn. 11; WKS/*Wißmann* Rn. 17). Von einem fremdnützigen Treuhänder oder Strohmann gehaltene Anteile sind für die Feststellung der Mehrheitsverhältnisse dem Treugeber zuzurechnen (OLG CE 30.8.1979 AG 1980, 161, 162; UHH/*Ulmer/Habersack* Rn. 18; WKS/*Wißmann* Rn. 19). Sofern **Stimmbindungsverträge** für die Mehrheitsbestimmung außer Betracht bleiben, können sie ein Treuhandverhältnis ebenso indizieren wie enge **familiäre Bindungen** (OLG HB 30.4.1980 DB 1980, 1332, 1334; UHH/*Ulmer/Habersack* Rn. 15; HWK/*Seibt* Rn. 6). Werden Anteile von verbundenen Unternehmen gehalten oder bestehen eigene Anteile der Gesellschaften, finden die Grds. in § 16 II bis IV AktG entspr. Anwendung (UHH/*Ulmer/Habersack* Rn. 14; RVJ/*Raiser* Rn. 12; s. *Hanau/Wackerbarth* FS Lutter 2000 S. 425, 434 f.). Zum **Konzernverhältnis** zwischen KG und ihrer Komplementärkapitalgesellschaft s. § 5 Rn. 4. 4

b) Kein eigener Geschäftsbetrieb mit idR mehr als 500 Arbeitnehmern. Eine Zurechnung der bei der KG beschäftigten AN scheidet trotz Mehrheitsidentität aus, wenn die pers. haftende Kapitalgesellschaft einen eigenen Geschäftsbetrieb mit idR mehr als 500 AN hat, der einer ggü. den wirtschaftl. Zielen der KG selbständigen, im Eigeninteresse ausgeübten Tätigkeit dient (UHH/*Ulmer/Habersack* Rn. 19). Bei der Bestimmung der ANZahl werden nur solche AN berücksichtigt, die in dem Geschäftsbetrieb beschäftigt sind. Das gilt nach Maßgabe von § 14 II 5 u. 6 AÜG auch für im Geschäftsbetrieb eingesetze LeihAN (*Oetker* NZA 2017, 29, 35). Mit der Wahrnehmung der Komplementärfunktion betraute AN bleiben hingegen unberücksichtigt (UHH/*Ulmer/Habersack* Rn. 20; WKS/*Wißmann* Rn. 21). AN der von der Kapitalgesellschaft iRd. eigenen Geschäftsbetriebs abhängigen Unternehmen sind ihr dagegen zuzurechnen (UHH/*Ulmer/Habersack* Rn. 20; MüKoAktG/*Gach* Rn. 14; HWK/*Seibt* Rn. 9; **aA** RVJ/*Raiser* Rn. 19; WKS/*Wißmann* Rn. 21; NK-GA/*Heither/v. Morgen* Rn. 13). 5

c) Rechtsfolge. Unter den Voraussetzungen des § 4 I 1 werden der Komplementärkapitalgesellschaft die AN der KG zugerechnet und bei der **Ermittlung der ANZahl** im Rahmen von § 1 I Nr. 2 berücksichtigt. Ist die Kapitalgesellschaft an mehreren KG sternförmig als pers. haftender Gesellschafter beteiligt, so werden ihr alle AN der KG, bei denen die Voraussetzungen des § 4 I 1 vorliegen, zugerechnet (UHH/*Ulmer/Habersack* Rn. 10; MüKoAktG/*Gach* Rn. 11). Hat eine KG mehrere Kapitalgesellschaften als pers. haftende Gesellschafter, werden jeder von ihnen alle AN der KG zugerechnet (UHH/*Ulmer/Habersack* Rn. 24; NK-GA/*Heither/v. Morgen* Rn. 14; RVJ/*Raiser* Rn. 20). Obwohl der Wortlaut die Zurechnung der AN auf die „Anwendung des Gesetzes" beschränkt, gilt diese auch für **andere Schwellenwerte** des G, insb. für die Größe des AR (WKS/*Wißmann* Rn. 23; NK-GA/*Heither/v. Morgen* Rn. 14). Darüber hinaus steht den AN der KG das **aktive und passive Wahlrecht** zu dem bei der Komplementärkapitalgesellschaft zu bildenden mitbestimmten AR zu (RVJ/*Raiser* Rn. 20; WKS/*Wißmann* Rn. 24). 6

3. Doppel- und mehrstöckige Kapitalgesellschaft & Co. KG. § 4 I 2 und 3 erstrecken § 4 I 1 auf die doppel- oder mehrstöckige Kapitalgesellschaft & Co. KG. Das sind solche, bei denen eine Kapitalgesellschaft & Co. KG pers. haftender Gesellschafter einer KG ist bzw. sich dies fortsetzt. Die Zurechnung der AN der nachf. KG erfolgt jedoch ledigl. bei der pers. haftenden Kapitalgesellschaft als pers. haftender Gesellschaft der obersten KG. Eine Zurechnung auf die Komplementär-KG der zweiten oder dritten Stufe und damit eine unmittelbare Einbeziehung in die Mitbestimmung unterbleibt. Entspr. dem Wortlaut des § 4 I 2 müssen die Voraussetzungen in § 4 I 1 nur für die Komplementärkapitalgesellschaft und nicht auch für die Komplementär-KG vorliegen (WKS/*Wißmann* Rn. 31; GK-MitbestG/*Naendrup* Rn. 28; UHH/*Ulmer/Habersack* Rn. 22; **aA** RVJ/*Raiser* Rn. 17). 7

4. Geschäftsführung der Komplementärkapitalgesellschaft. Um zu verhindern, dass die mittelbare Mitbestimmung in der KG nach § 4 I 1 dadurch unterlaufen wird, dass die dem MitbestG unterworfene Komplementärkapitalgesellschaft von der Geschäftsführung (§§ 114 I, 161 II HGB) ausgeschlossen wird, erklärt § 4 II dies für unzulässig (s. BT-Drs. 7/2172 S. 21). Gleichwohl kann die Geschäfts- 8 führungsbefugnis va. bei der Existenz mehrerer Komplementäre iRd. dispositiven GesR ausgestaltet werden, sofern sichergestellt bleibt, dass der Mitbestimmungseinfluss in der KG entspr. dem Normzweck des § 4 I 1 (§ 4 Rn. 1) erhalten bleibt (s. UHH/*Ulmer/Habersack* Rn. 28; WKS/*Wißmann* Rn. 40). So kann den Komplementären zB Gesamtgeschäftsführungsbefugnis oder auch Einzelgeschäftsführungsbefugnis mit Widerspruchsrecht der übrigen Komplementäre eingeräumt werden. Nach überw. Meinung findet § 4 II auch auf die Vertretungsmacht der Komplementärgesellschaft Anwendung (§§ 125 I, 161 II HGB; WKS/*Wißmann* Rn. 39; UHH/*Ulmer/Habersack* Rn. 27; RVJ/*Raiser* Rn. 28; NK-GA/*Heither/v. Morgen* Rn. 16; MüKoAktG/*Gach* Rn. 15; **aA** *Bäumer*, Die Anwendung des MitbestG auf die KG, 1978 S. 74; HWK/*Seibt* Rn. 12).

§ 5 Konzern

(1) [1]Ist ein in § 1 Abs. 1 Nr. 1 bezeichnetes Unternehmen herrschendes Unternehmen eines Konzerns (§ 18 Abs. 1 des Aktiengesetzes), so gelten für die Anwendung dieses Gesetzes auf das herrschende Unternehmen die Arbeitnehmer der Konzernunternehmen als Arbeitnehmer des herrschenden Unternehmens. [2]Dies gilt auch für die Arbeitnehmer eines in § 1 Abs. 1 Nr. 1 bezeichneten Unternehmens, das persönlich haftender Gesellschafter eines abhängigen Unternehmens (§ 18 Abs. 1 des Aktiengesetzes) in der Rechtsform einer Kommanditgesellschaft ist.

(2) [1]Ist eine Kommanditgesellschaft, bei der für die Anwendung dieses Gesetzes auf den persönlich haftenden Gesellschafter die Arbeitnehmer der Kommanditgesellschaft nach § 4 Abs. 1 als Arbeitnehmer des persönlich haftenden Gesellschafters gelten, herrschendes Unternehmen eines Konzerns (§ 18 Abs. 1 des Aktiengesetzes), so gelten für die Anwendung dieses Gesetzes auf den persönlich haftenden Gesellschafter der Kommanditgesellschaft die Arbeitnehmer der Konzernunternehmen als Arbeitnehmer des persönlich haftenden Gesellschafters. [2]Absatz 1 Satz 2 sowie § 4 Abs. 2 sind entsprechend anzuwenden.

(3) Stehen in einem Konzern die Konzernunternehmen unter der einheitlichen Leitung eines anderen als eines in Absatz 1 oder 2 bezeichneten Unternehmens, beherrscht aber die Konzernleitung über ein in Absatz 1 oder 2 bezeichnetes Unternehmen oder über mehrere solcher Unternehmen andere Konzernunternehmen, so gelten die in Absatz 1 oder 2 bezeichneten und der Konzernleitung am nächsten stehenden Unternehmen, über die die Konzernleitung andere Konzernunternehmen beherrscht, für die Anwendung dieses Gesetzes als herrschende Unternehmen.

1 **1. Normzweck.** In Unternehmensverbindungen werden vielfach maßgebl. Entscheidungsprozesse auf andere Unternehmen und deren Organe übertragen. Der Gefahr, dass hierdurch die gleichberechtigte und gleichgewichtige Beteiligung der AN leer läuft, wirkt § 5 entgegen, indem er die AN abhängiger Unternehmen dem Unternehmen der Konzern- oder Teilkonzernspitze zurechnet. Dies räumt den AN der abhängigen Unternehmen ein Wahl- und Mitspracherecht im AR der Konzernobergesellschaft ein bzw. ermöglicht dort die Bildung eines mitbestimmten AR.

2 **2. Mitbestimmung in der Konzernspitze. a) Unterordnungskonzern.** Die Zurechnung der AN von Konzernunternehmen zur Konzernobergesellschaft setzt voraus, dass diese in einer der in § 1 I Nr. 1 genannten Rechtsformen verfasst und herrschendes Unternehmen eines Konzerns ist. Für den Konzernbegriff verweist § 5 I 1 auf § 18 I AktG. Die aktienrechtl. Definition des **Unterordnungskonzerns** gilt damit grds. auch für das MitbestG (BT-Drs. 7/2172 S. 21). Da dieses anders als die aktienrechtl. Konzernvorschr. nicht dem Minderheitsgesellschafter- und Gläubigerschutz dient, sondern die Mitbestimmung der AN sichern soll, sind im Einzelfall Abweichungen bei einzelnen Elementen des aktienrechtl. Konzernbegriffs erforderl. (BayObLG 24.3.1998 DB 1998, 973, 974; OLG D 30.1.1979 DB 1979, 699; 4.7.2013 AG 2013, 720, 721; *Gessler* BB 1977, 1313, 1314; UHH/*Ulmer/Habersack* Rn. 11; RVJ/*Raiser* Rn. 5; WKS/*Wißmann* Rn. 10). Zum Begriff des Konzerns und zu dem des abhängigen und des herrschenden Unternehmens s. die Erl. zu §§ 17, 18 AktG.

3 **aa) Herrschendes Unternehmen.** Herrschendes Unternehmen iSv. § 5 I 1 kann jedes Unternehmen sein, das in einer der in § 1 I Nr. 1 genannten Rechtsformen verfasst ist. Zw. ist, ob diese Gesellschaft für den Unternehmensbegriff in § 5 I 1 über eine **anderweitige wirtschaftl. Interessenbindung** in Form eigener Unternehmenstätigkeit oder maßgebl. Beteiligung an anderen Gesellschaften verfügen muss (so für den aktienrechtl. Konzernunternehmensbegriff AktG § 15 Rn. 3; für das MitbestG OLG HB 30.4.1980 DB 1980, 1332, 1334; *Meilicke/Meilicke* BB 1978, 406, 409). Des Erfordernisses einer anderweitigen wirtschaftl. Interessenbindung bedarf es im Aktienkonzernrecht wegen des dortigen Schutzzwecks; eine Gefährdung der Minderheitsgesellschafter und Gesellschaftsgläubiger besteht nur, wenn das herrschende Unternehmen andere Interessen als die des abhängigen Unternehmens verfolgt. Die Gefahr einer Verringerung des Einflusses der ANVertreter im AR des abhängigen Unternehmens auf maßgebl. Entscheidungsprozesse besteht demggü. bereits, wenn die Leitungsmacht von einem anderen Unternehmen mit Herrschaftsmacht ausgeübt wird. Daher bedarf es iRd. § 5 I 1 keiner eigenen Unternehmenstätigkeit und keiner maßgebl. Beteiligung des herrschenden Unternehmens an

weiteren Gesellschaften (BayObLG 24.3.1998 DB 1998, 973, 975; OLG F 21.4.2008 ZIP 2008, 880, 881; OLG S 3.5.1989 BB 1989, 1005, 1006; WKS/*Wißmann* Rn. 16; UHH/*Ulmer/Habersack* Rn. 16; HWK/*Seibt* Rn. 4; NK-GA/*Heither/v. Morgen* Rn. 13). Auch eine **arbeitnehmerlose Gesellschaft** kann deshalb herrschendes Unternehmen iSv. § 5 I 1 sein (BayObLG 24.3.1998 DB 1998, 973, 975; OLG S 3.5.1989 BB 1989, 1005, 1006; UHH/*Ulmer/Habersack* Rn. 16; WKS/*Wißmann* Rn. 16; **aA** OLG HB 30.4.1980 DB 1980, 1332, 1334).

Ob die Grds. in Rn. 3 auch für das Verhältnis einer **Kapitalgesellschaft & Co. KG** zu ihrer 4 Komplementärkapitalgesellschaft (GmbH, AG) gelten, wenn die KG von dieser auf Grund entspr. Ausgestaltung des Gesellschaftsvertrags abhängig ist und unter der einheitl. Leitung der Kapitalgesellschaft steht, ist umstr. (zur Möglichkeit eines solchen Konzernverhältnisses BGH 5.6.1975 Z 65, 15, 20). Dabei geht es in erster Linie um das Verhältnis zwischen § 4 und § 5. Tw. wird § 4 ggü. § 5 als speziellere Regelung bewertet, so dass eine Anwendung des § 5 I 1 auf die Kapitalgesellschaft & Co. KG, bei der die Komplementärkapitalgesellschaft keine eigenen wirtschaftl. Interessen verfolgt, von vornherein ausscheidet (so *Hölters* RdA 1979, 335, 338; *Joost* ZGR 1998, 334, 346 ff.; *Sigle* FS Peltzer 2001 S. 539, 550). Eine solche Spezialität lässt sich dem G jedoch nicht entnehmen. Die §§ 4 und 5 regeln nebeneinander die Mitbestimmung bei der Verbindung mehrerer selbständiger Unternehmen und stellen jeweils unterschiedl. Voraussetzungen auf (so a. OLG CE 30.8.1979 BB 1979, 1577, 1578; UHH/*Ulmer/Habersack* Rn. 9; RVJ/*Raiser* Rn. 21; HWK/*Seibt* § 4 Rn. 8; NK-GA/*Heither/v. Morgen* Rn. 18; WKS/*Wißmann* Rn. 50). Weist die Komplementärkapitalgesellschaft keine anderweitige wirtschaftl. Interessenbindung auf, so lehnt die Rspr. dennoch ein Konzernverhältnis und damit die Anwendung des § 5 I 1 ab, weil andernfalls § 4 I seinen Sinn verliere (so OLG CE 30.8.1979 BB 1979, 1577, 1578; 9.10.2014 GmbHR 2015, 317 [ebenso als Vorinstanz LG Hannover 7.5.2014 BeckRS 2014, 21494]; OLG HB 30.4.1980 DB 1980, 1332, 1335). Für diese Einschränkung des § 5 besteht jedoch kein Grund. Entscheidend ist, ob die gesellschaftsvertragl. Stellung der Komplementärkapitalgesellschaft so ausgestaltet ist, dass die KG zu dieser in einem Abhängigkeitsverhältnis und unter ihrer einheitl. Leitungsmacht steht. Auf eine eigene Unternehmenstätigkeit der Komplementärkapitalgesellschaft oder die maßgebl. Beteiligung an mehreren Gesellschaften kommt es dabei nicht an (UHH/*Ulmer/Habersack* Rn. 9, RVJ/*Raiser* Rn. 21; **aA** jüngst OLG CE 9.10.2014 GmbHR 2015, 317).

bb) Abhängiges Unternehmen. Eine bes. Rechtsform für das abhängige Unternehmen schreibt § 5 5 I 1 nicht vor, so dass nicht nur die in § 1 I aufgezählten, sondern **alle Rechtsformen des Privatrechts**, insb. auch **Personengesellschaften**, in Betracht kommen (WKS/*Wißmann* Rn. 19; RVJ/*Raiser* Rn. 7; UHH/*Ulmer/Habersack* Rn. 18; HWK/*Seibt* Rn. 5). Als abhängiges Unternehmen kommen ferner eine **Europ. Aktiengesellschaft (SE)** (UHH/*Ulmer/Habersack* Rn. 18; MüArbR/*Wißmann* § 279 Rn. 11; WKS/*Wißmann* Rn. 20) sowie **Auslandsgesellschaften** mit tats. Verwaltungssitz im Inland in Betracht (*Habersack* AG 2007, 641, 645). Bzgl. **Körperschaften und Anstalten des ÖffR** ist im Grds. deren Eignung als abhängiges Unternehmen zu bejahen, ledigl. die Ausgestaltung der Leitungsmacht kann im Einzelfall ör. Vorgaben widersprechen (UHH/*Ulmer/Habersack* Rn. 18; RVJ/*Raiser* Rn. 9; *KMS* Rn. 222; WKS/*Wißmann* Rn. 21; **aA** LAG BE 27.10.1995 AG 1996, 140 ff.; ausf. VerfGH BE 21.10.1999 DVBl. 2000, 51 ff.; *Fett*, Ör. Anstalten als abhängige Konzernunternehmen, 2000; *Schuster* FS Bezzenberger 2000 S. 757 ff.).

cc) Einheitliche Leitung. Abw. vom Aktienrecht (zum Streitstand s. AktG § 18 Rn. 2) gilt auf 6 Grund der verschiedenen GZwecke für den Bereich des MitbestG nach hM ein weiter Begriff der einheitl. Leitung. Danach genügt es, wenn das herrschende Unternehmen **einzelne Unternehmensbereiche** (Funktionen, Sparten) des abhängigen Unternehmens leitet (so BayObLG 24.3.1998 DB 1998, 973, 974; OLG D 30.1.1979 DB 1979, 699; 4.7.2013 AG 2013, 720, 721; LG K 3.4.1984 AG 1985, 252, 253; UHH/*Ulmer/Habersack* Rn. 23; RVJ/*Raiser* Rn. 13; WKS/*Wißmann* Rn. 30). Bei **abhängigen Unternehmen** wird die einheitl. Leitung durch das herrschende Unternehmen vermutet (§ 18 I 3 AktG), allerdings können feststehende Tatsachen die Vermutung widerlegen (s. BAG 15.12.2011 NZA 2012, 633 Rn. 52; BayObLG 6.3.2002 NZA 2002, 691, 693 f.; OLG D 4.7.2013 AG 2013, 720, 721 f.). Kompetenzeinschränkungen auf Grund des Energiewirtschaftsrechts, die dem herrschenden Unternehmen partiell das Weisungsrecht entziehen (§§ 8 II, 10b EnWG = § 8 IV EnWG aF), stehen der ANZurechnung jedoch nicht entgegen (LG D 19.8.2011 ZIP 2011, 1712; WKS/*Wißmann* Rn. 35). Entspr. gilt für kommunalrechtl. Aufsichtsrechte (OLG D 4.7.2013 AG 2013, 720, 722).

dd) Rechtsfolge. Liegen die Konzernvoraussetzungen vor, so gelten die AN der abhängigen Unter- 7 nehmen zugleich als AN des herrschenden Unternehmens und sind bei der Feststellung der ANZahl des herrschenden Unternehmens iRd. §§ 1 I Nr. 2, 7 I, 9 zu berücksichtigen. Liegen die Voraussetzungen für die Bildung eines AR nach dem MitbestG auch im abhängigen Unternehmen vor, bleibt dieser neben dem KonzernAR bestehen, so dass die dortigen AN ein doppeltes Wahlrecht haben. Ist das abhängige Unternehmen eine KG in Form der Kapitalgesellschaft & Co. KG, sind die AN der Komplementärgesellschaft ebenfalls dem herrschenden Unternehmen zuzurechnen (§ 5 I 2). Hierfür müssen die Voraussetzungen des § 4 I zwischen der KG und ihrer Komplementärkapitalgesellschaft nicht vorliegen. § 5 I 2 greift jedoch nur ein, wenn nicht auch die Komplementärkapitalgesellschaft abhängiges Unternehmen der Konzernspitze ist, da in diesem Fall bereits § 5 I 1 Anwendung findet.

8 **b) Sonderfälle. aa) Konzern im Konzern.** Im mehrstufigen Konzern werden die AN der Enkelunternehmen unter den Voraussetzungen des § 5 I 1 ebenso wie die des Tochterunternehmens der Muttergesellschaft zugerechnet. Diskutiert wird jedoch, ob dann, wenn die Konzernspitze einer Konzernzwischengesellschaft Entscheidungsspielräume überlässt und diese insoweit Leitungsmacht über die nachgeordneten Konzernunternehmen ausübt (Konzern im Konzern), die AN dieser Unternehmen zusätzl. der Konzernzwischengesellschaft zuzurechnen sind. Rspr. und Schrifttum erkennen die Rechtsfigur des Konzerns im Konzern für den Bereich des MBR überw. an (BAG 21.10.1980 AP BetrVG 1972 § 54 Nr. 1; OLG F 10.11.1986 BB 1986, 2288; 19.12.1985 WM 1986, 885, 886; OLG D 30.1.1979 DB 1979, 699; OLG M 19.11.2008 NZG 2009, 112, 113; OLG Z 9.11.1983 DB 1984, 107; *Gessler* BB 1977, 1313, 1318; UHH/*Ulmer/Habersack* Rn. 38 ff.; *Konzen* ZIP 1984, 269, 270; *FKP* Rn. 116 ff.; WKS/*Wißmann* Rn. 37; RVJ/*Raiser* Rn. 23; MüKoAktG/*Gach* Rn. 24 f.; KölnK-AktG/*Mertens/Cahn* § 117 Anh. B § 5 MitbestG Rn. 32; HWK/*Seibt* Rn. 8; ausf. *Schweisfurth*, Konzern im Konzern als Mitbestimmungsproblem, 2001 S. 174 ff.; offen OLG D 27.12.1996 ZIP 1997, 546, 547; **aA** zB *Meilicke/Meilicke* BB 1978, 406, 409; wohl a. *Säcker* ZfA 2008, 51, 59 f.). Dies folgt abw. vom Aktienrecht (s. AktG § 18 Rn. 3) aus dem Zweck des § 5, die ANMitbestimmung im mehrstufigen Konzern dort anzusiedeln, wo vom Einfluss Dritter freie Unternehmensentsch. getroffen werden (vgl. OLG D 30.1.1979 DB 1979, 699; *Konzen* ZIP 1984, 269, 270 f.; NK-GA/*Heither/v. Morgen* Rn. 19; RVJ/*Raiser* Rn. 23).

9 Ob eine **Verlagerung einheitl. Leitungsmacht** auf eine Zwischenobergesellschaft und damit ein Konzern im Konzern vorliegt, hängt von den Umständen des Einzelfalls ab (s. *Schweisfurth*, Konzern im Konzern als Mitbestimmungsproblem, 2001 S. 207 ff.). Eine dezentralisierte Unternehmensstruktur oder ein eigener Konzernabschluss bzw. Konzerngeschäftsbericht der Zwischengesellschaft ist kein Indiz für eine Aufspaltung der Leitungsmacht (OLG Z 9.11.1983 DB 1984, 107, 108; LG HH 26.6.1995 AG 1996, 89, 90; LG M I 29.8.1995 AG 1996, 186, 187). Selbst wenn die Konzernspitze sich ggü. der Zwischengesellschaft auf die Festlegung bestimmter Unternehmensgrds. beschränkt und ihr innerhalb dieses Rahmens einen großzügigen Entscheidungsspielraum einräumt, verbleibt die einheitl. Leitungsmacht regelm. bei der Konzernobergesellschaft (OLG F 10.11.1986 BB 1986, 2288; 19.12.1985 WM 1986, 885, 886; LG Nürnberg-Fürth 10.11.1983 DB 1983, 2675). Es kommt vielmehr darauf an, ob die Konzernspitze ihre zentrale Leitungsbefugnis in vollem Umf. abgegeben hat, so dass zwischen ihr und der Zwischengesellschaft nur noch eine lose Rechtsbeziehung verbleibt und der AR des herrschenden Unternehmens seine Aufsichtsfunktion hins. des „ausgelagerten" Geschäftsbereichs nicht mehr wahrzunehmen vermag (OLG D 27.12.1996 ZIP 1997, 546, 547; OLG Z 9.11.1983 DB 1984, 107, 108), weil zB das Zwischenunternehmen mittels eigener Weisungen, Leitlinien, Empfehlungen und von ihm selbst gesetzten Rahmenbedingungen die Geschäftspolitik der nachgeordneten Unternehmen beeinflusst, ohne dass diese der Kontrollbefugnis des herrschenden Mutterunternehmens unterliegen. Deren Fehlen kann sich daraus ergeben, dass in Beherrschungsverträgen mitbestimmungspflichtige Bereiche nicht der Obergesellschaft zugeordnet sind oder wenn bei Abhängigkeit infolge von Mehrheitsbeteiligung keine Bindung des Tochterunternehmens veranlasst ist (s. BAG 21.10.1980 AP BetrVG 1972 § 54 Nr. 1; LG HH 26.6.1995 AG 1996, 89, 90). Bei Zweifeln, wo im Unternehmen einheitl. Leitungsmacht ausgeübt wird, ist vom Regelfall einer Ausübung durch die Konzernspitze auszugehen (OLG M 19.11.2008 NZG 2009, 112, 113; UHH/*Ulmer/Habersack* Rn. 42; *Kort* NZG 2009, 81, 83; RVJ/*Raiser* Rn. 24; *Seibt* ZIP 2008, 1301, 1303 f.); die Vermutung des § 18 I 3 AktG findet insoweit keine Anwendung (OLG M 19.11.2008 NZG 2009, 112, 113; zust. *Kort* NZG 2009, 81, 83; RVJ/*Raiser* Rn. 24; WKS/*Wißmann* Rn. 40).

10 **bb) Gemeinschaftsunternehmen.** Sind mehrere Muttergesellschaften an einem Tochterunternehmen in der Weise beteiligt, dass nicht jede für sich, sondern alle auf Grund gemeinsamer Willensbildung auf das Gemeinschaftsunternehmen Einfluss nehmen, stellt sich die Frage, ob das abhängige Tochterunternehmen mehreren Konzernen angehört. Für die Unternehmensmitbestimmung wird dies überw. bejaht (BAG 18.6.1970 AP BetrVG [1952] § 76 Nr. 20; LAG HM 17.8.1977 DB 1977, 2052; OLG D 30.10.2006 ZIP 2006, 2375, 2378; WKS/*Wißmann* Rn. 44 f.; UHH/*Ulmer/Habersack* Rn. 48; *Lutter*, Mitbestimmung im Konzern, 1975 S. 11; RVJ/*Raiser* Rn. 26 f.; GK-MitbestG/*Schneider* Rn. 95; *Löwisch* FS Schlechtriem 2003 S. 833, 845 ff.; **aA** *Duden* ZHR Bd. 141 [1977], 145, 164; *Meilicke/Meilicke* BB 1978, 406, 407; *Richardi*, Konzernzugehörigkeit eines Gemeinschaftsunternehmens nach dem MitbestG, 1977 S. 30; zur aktienrechtl. Beurteilung s. AktG § 17 Rn. 10 f.). Das Vorliegen einer mehrfachen Konzernzugehörigkeit ist nicht allein nach den Beteiligungsverhältnissen der Muttergesellschaften zu beurteilen. Vielmehr ist zu prüfen, ob die einheitl. Leitungsmacht tats. von allen Mutterunternehmen gemeinsam ausgeübt wird (WKS/*Wißmann* Rn. 46).

11 Bei einer **paritätischen Beteiligung** zweier Mutterunternehmen (50 : 50) ergibt sich auf Grund der Pattsituation hins. des Gemeinschaftsunternehmens ein „Kooperationszwang", der faktisch dazu führt, dass die Mutterunternehmen dauerhaft einheitl. auf das Gemeinschaftsunternehmen einwirken; damit liegt die in § 17 I AktG vorausgesetzte Abhängigkeit vor. Für diese Fälle greift die Konzernvermutung in § 18 I 3 AktG ein (s. *Klinkhammer*, Mitbestimmung in Gemeinschaftsunternehmen, 1977 S. 68; *Säcker* NJW 1980, 801, 804; *ders.* ZfA 2008, 51, 60; NK-GA/*Heither/v. Morgen* Rn. 20; iE a. OLG

D 30.10.2006 ZIP 2006, 2375, 2378; WKS/*Wißmann* Rn. 47; anders die hM, s. AktG § 17 Rn. 5). Fehlt es aber tats. an der Bildung und Ausübung eines gemeinsamen Beherrschungswillens, ist die Konzernvermutung widerlegt (MüArbR/*Wißmann* § 279 Rn. 16; *Säcker* NJW 1980, 801, 806).

12 Sind **mehr als zwei Mutterunternehmen** an dem Gemeinschaftsunternehmen beteiligt **oder** liegt eine **imparitätische Beteiligung** vor, so ist das Gemeinschaftsunternehmen von jedem Mutterunternehmen nur dann iSv. § 17 I AktG abhängig, wenn jedes Mutterunternehmen eine gesicherte Beherrschungsmöglichkeit ggü. dem Gemeinschaftsunternehmen hat. Diese ergibt sich nicht bereits aus den Beteiligungsverhältnissen. Vielmehr bedarf es vertragl. oder sonstiger Ausgestaltungen, die eine st. einheitl. Einflussnahme aller oder mehrerer Mutterunternehmen sicherstellen (s. *Löwisch* FS Schlechtriem 2003 S. 833, 845 ff.; WKS/*Wißmann* Rn. 48). Dafür kommen Konsortialverträge, Poolbildung und die Vereinb. des Einstimmigkeitsprinzips für Leitungsentsch. der Mutterunternehmen hins. des Gemeinschaftsunternehmens in Betracht (UHH/*Ulmer/Habersack* Rn. 52; *Säcker* NJW 1980, 801, 805; RVJ/*Raiser* Rn. 27; GK-MitbestG/*Schneider* Rn. 95; *Böttcher/Liekefett* NZG 2003, 701, 703 ff.).

13 Liegen die Voraussetzungen des § 5 I 1 im Verhältnis zu mehreren Mutterunternehmen vor, sind die AN des Gemeinschaftsunternehmens jeder Muttergesellschaft zuzurechnen; die AN erhalten also ein mehrfaches Mitwirkungsrecht (OLG HM 17.8.1977 DB 1977, 2052; UHH/*Ulmer/Habersack* Rn. 54; GK-MitbestG/*Schneider* Rn. 95; WKS/*Wißmann* Rn. 57; krit. aber iE ebenso RVJ/*Raiser* Rn. 27). Besteht die Beherrschungsmöglichkeit nur für einzelne Trägerunternehmen, so beschränkt sich die Mitwirkung der AN des Gemeinschaftsunternehmens auf die beherrschenden Trägerunternehmen (UHH/*Ulmer/Habersack* Rn. 50; iE a. *Löwisch* FS Schlechtriem 2003 S. 833, 845 ff.).

14 **cc) Sachverhalte mit Auslandsbezug.** Da sich der Geltungsbereich des G auf das Inland beschränkt, werden AN ausl. Tochtergesellschaften der Konzernspitze nicht zugerechnet (§ 1 Rn. 8; **aA** jüngst LG Frankfurt a. M. 16.2.2015 ZIP 2015, 634 f. [zur Aussetzung des Verf. OLG F 17.6.2016 BeckRS 2016, 16507]; abl. dazu *Hammen* Der Konzern 2016, 105, 107 ff.; *Hellwig/Behme* AG 2015, 333, 339 f.; *Krause* ZIP 2015, 636; *Seibt* DB 2015, 913 f.; HWK/*Seibt* Rn. 14; *Wansleben* EWiR 2015, 245; s. ferner LG B 1.6.2015 BeckRS 2015, 11838). Einer Zurechnung von AN eines inländischen Enkelunternehmens nach § 5 I steht es jedoch nicht entgegen, wenn dieses über eine ausl. Tochtergesellschaft einer inländischen Konzernspitze angehört (UHH/*Ulmer/Habersack* Rn. 55; RVJ/*Raiser* Rn. 31; GK-MitbestG/*Schneider* Rn. 87; WKS/*Wißmann* Rn. 23). Hat die Konzernspitze ihren Sitz im Ausland, entfällt eine ANZurechnung nach § 5 I (LG S 11.5.1993 BB 1993, 1541; UHH/*Ulmer/Habersack* Rn. 55; WKS/*Wißmann* Rn. 17), jedoch findet die Teilkonzernregelung in § 5 III Anwendung (s. § 5 Rn. 18 ff.; BAG 14.2.2007 NZA 2007, 999; *Henssler* ZfA 2005, 289 ff.). Fallen Gründungs- und Verwaltungssitz der ausl. Konzernspitze auseinander, gelten die Ausführungen zu § 1 Rn. 4. Bisher ungeklärt ist, ob **Beherrschungsverträge** zugunsten ausl. Mutterunternehmen auf Grund der Umgehungsmöglichkeit des MBR zulässig sind. Tw. werden diese für unwirksam erklärt, wenn dem nationalen Recht vergleichbare Mitbestimmungsregelungen fehlen (so *Däubler* RabelsZ Bd. 39 [1975], 444, 473; *Duden* ZHR Bd. 141 [1977], 145, 188). Nach hM sind entspr. Beherrschungsverträge zulässig (s. BAG 14.2.2007 NZA 2007, 999 Rn. 46; OLG D 30.10.2006 ZIP 2006, 2375, 2376; *Henssler* ZfA 2005, 289, 304 f. und *Bayer*, Der grenzüberschreitende Beherrschungsvertrag, 1989 S. 96 ff., 142 m. umfassender Darst. des Diskussionsstandes S. 85 ff.; **aA** *Mayer* AuR 2006, 303, 305, wonach Beherrschungsverträge mit einer ausl. Konzernobergesellschaft die faktische Konzernstruktur im Inland nicht auflösen). Das Recht des herrschenden Unternehmens, durch doppelte Weisung den Zustimmungsvorbehalt des AR des abhängigen Unternehmens (§ 111 IV 3 AktG) zu umgehen (§ 308 III 2 AktG), entfällt jedoch im Wege teleologischer Reduktion (so *Hanau/Ulmer* Rn. 56; **aA** KölnK-AktG/*Mertens/Cahn* § 117 Anh. B § 5 MitbestG Rn. 41; *Bayer* aaO S. 106 ff.; *Habersack* AG 2007, 641, 646; RVJ/*Raiser* Rn. 32; UHH/*Ulmer/Habersack* Rn. 56; wohl a. *Henssler* ZfA 2005, 289, 306 f.).

15 **dd) Tendenzkonzern.** Hat das herrschende Konzernunternehmen selbst Tendenzcharakter iSv. § 1 IV, scheidet auch eine ANZurechnung nach § 5 I aus (OLG BB 5.2.2013 GmbHR 2013, 1145, 1146; OLG HH 3.5.1980 DB 1980, 635; LG HH 24.6.1999 NZA-RR 2000, 209, 210; LG Meiningen 30.4.2013 MedR 2013, 795 [abl. im konkreten Fall]; UHH/*Ulmer/Habersack* Rn. 59); zur Anwendbarkeit des § 5 III s. § 5 Rn. 22. Umgekehrt steht der Tendenzcharakter eines abhängigen Unternehmens einer ANZurechnung zur tendenzfreien Konzernspitze nicht entgegen (WKS/*Wißmann* § 1 Rn. 67; UHH/*Ulmer/Habersack* Rn. 58).

16 Umstr. ist die Rechtslage, wenn im Konzern der Tendenzcharakter insg. überwiegt, das herrschende Unternehmen die Tendenzvoraussetzungen selbst aber nicht erfüllt, insb., wenn die Konzernspitze als Holding oder Wirtschaftsunternehmen die abhängigen Tendenzunternehmen ausschl. verwaltet. In der Rspr. wurde eine Anwendung des § 1 IV auf die Konzernspitze in dieser Konstellation mehrfach abgelehnt (OLG S 3.5.1989 BB 1989, 1005; LG S 29.11.1988 AG 1989, 445, 446; LG HH 24.9.1979 DB 1979, 2279; ebenso *Wiedemann* BB 1978, 5, 10; *KMS* Rn. 161). Ausschlaggebend sei entspr. dem Wortlaut des § 1 IV, ob die Tätigkeit des herrschenden Unternehmens selbst unmittelbar einer dem Tendenzschutz unterliegenden Tätigkeit diene. Eine analoge Anwendung des § 1 IV scheide aus, da eine Ausweitung auf vom Gesetzgeber nicht vorgesehene Fälle wegen des Ausnahmecharakters der Vorschr. unzulässig sei (LG HH 24.9.1979 DB 1979, 2279). Dieses Erg. wird dem Schutzzweck des

§ 1 IV nicht gerecht. Eine Mitbestimmung der AN im AR des herrschenden Unternehmens bei der Leitung der abhängigen Tendenzunternehmen widerspricht dem Ziel, die Leitung solcher Unternehmen aus verfassungsrechtl. Gründen vom Einfluss der ANSeite freizuhalten (s. § 1 Rn. 9; OLG BB 5.2.2013 GmbHR 2013, 1145, 1147; *Lorenzen* RdA 2016, 186, 193 f.), so dass § 1 IV auf die Konzernspitze des Tendenzunternehmens analog anzuwenden ist und eine ANZurechnung nach § 5 I ausscheidet (WKS/*Wißmann* § 1 Rn. 69; UHH/*Ulmer/Habersack* Rn. 60; KölnK-AktG/*Mertens/Cahn* § 117 Anh. B § 5 MitbestG Rn. 39; RVJ/*Raiser* Rn. 19; *Scholz,* Pressefreiheit und Arbeitsverf., 1978 S. 205; ebenso für kirchl. „Einrichtungen" *Thüsing* ZTR 2002, 56, 64). Zum selben Erg. kommt das OLG HH, wendet § 1 IV aber direkt an, indem es den Tendenzcharakter des herrschenden und allein in der Konzernverw. tätigen Unternehmens aus der Ausübung der Leitungsmacht für einen Tendenzkonzern ableitet (3.5.1980 DB 1980, 635, 636; ebenso OLG BB 5.2.2013 GmbHR 2013, 1145, 1146; OLG DD 15.4.2010 AG 2011, 88 f.; LG F 25.3.2010 AE 2010, 197; LG HH 24.6.1999 NZA-RR 2000, 209, 210; zust. KölnK-AktG/*Mertens/Cahn* § 117 Anh. B § 1 MitbestG Rn. 18; HWK/*Seibt* § 1 Rn. 16; wohl a. *Lorenzen* RdA 2016, 186, 193 f.). Dabei ist eine Pluralität von Zielen des herrschenden Unternehmens für dessen Tendenzschutz unschädl., solange nicht dem Tendenzschutz dienende Zielsetzungen nicht als das maßgebl. Unternehmensziel erscheinen (OLG BB 5.2.2013 GmbHR 2013, 1145, 1146; s. a. *Rieble* AG 2014, 224, 230). Dagegen nimmt ein **abhängiges Unternehmen,** das selbst keiner dem Tendenzschutz unterliegenden Tätigkeit dient, nicht am Tendenzcharakter des Tendenzkonzerns teil, dem es angehört (BAG 30.6.1981 AP BetrVG 1972 § 118 Nr. 20; s. BVerfG 29.4.2003 NZA 2003, 864, wonach die Mitbestimmung bei dem abhängigen Unternehmen nicht gegen Art. 5 I GG verstößt).

17 **3. Einbeziehung der Kapitalgesellschaft & Co. KG als Konzernspitze.** § 5 II 1 bestimmt für den Fall, dass eine Kapitalgesellschaft & Co. KG herrschendes Unternehmen eines Konzerns ist, dass die AN der abhängigen Unternehmen nach § 5 I 1 der Komplementärkapitalgesellschaft zuzurechnen sind. Dies gilt jedoch nur, wenn die Voraussetzungen des § 4 I zwischen der herrschenden KG und ihrer Komplementärkapitalgesellschaft gegeben sind. Gem. § 5 II 2 Hs. 1 iVm. § 5 I 2 sind der Komplementärkapitalgesellschaft die AN von Komplementärkapitalgesellschaften abhängiger Kapitalgesellschaften & Co. KG zuzurechnen. Ist die Komplementärkapitalgesellschaft der abhängigen KG selbst abhängiges Unternehmen der herrschenden KG, greift aber bereits § 5 II 1 ein. Zudem bestimmt § 5 II 2 Hs. 2 durch Verweis auf § 4 II, dass die mitbestimmte Komplementärkapitalgesellschaft nicht von der Geschäftsführung der herrschenden KG ausgeschlossen werden darf (s. § 4 Rn. 8).

18 **4. Mitbestimmter Teilkonzern. a) Voraussetzungen.** Der Grds., dass im Konzern die Mitbestimmung im herrschenden Konzernunternehmen stattzufinden hat, scheitert, wenn dieses selbst nicht mitbestimmungspflichtig ist (BayObLG 6.3.2002 NZA 2002, 691, 694; OLG D 4.7.2013 AG 2013, 720, 723; LG HH 12.8.2016 BeckRS 2016, 20967). Um diese Lücke zu schließen, fingiert § 5 III das abhängige Unternehmen, das dem herrschenden Unternehmen am nächsten steht und in der Form von Abs. 1 oder 2 verfasst ist, als herrschendes Unternehmen iSv. § 5 I und II, sofern die Konzernspitze über dieses die Konzernleitung über weitere abhängige Unternehmen ausübt (s. BAG 14.2.2007 NZA 2007, 999). IE wird damit die Mitbestimmung auf die Teilkonzernspitze verlagert, indem dort der mitbestimmte AR zu bilden ist und die AN der untergeordneten Unternehmen dieser nach § 5 I oder II zuzurechnen sind. Die Mitbestimmungsfreiheit der Konzernspitze kann darauf beruhen, dass das Unternehmen nicht in einer in § 1 I Nr. 1 genannten Rechtsform verfasst ist, sondern eine Personengesellschaft, natürl. Person (BayObLG 6.3.2002 NZA 2002, 691, 694; OLG F 21.4.2008 ZIP 2008, 880, 881 [abl. *Seibt* ZIP 2008, 1301, 1306 f.]) oder ör. Körperschaft (OLG D 4.7.2013, AG 2013, 720, 723) ist, die Gesellschaft ihren Sitz im Ausland hat (OLG F 21.4.2008 ZIP 2008, 878, 879; LH HH 12.8.2016 BeckRS 2016, 20967; s. a. § 1 Rn. 2, 3) oder bei einer Kapitalgesellschaft & Co. KG die Voraussetzungen des § 4 I 1 nicht vorliegen.

19 Für die Anwendung des § 5 III muss das herrschende Unternehmen gerade über das ihm am nächsten stehende Unternehmen andere Konzernunternehmen beherrschen. Welche Anforderungen an die Einschaltung des Zwischenunternehmens in die Ausübung der Konzernleitungsmacht zu stellen sind, ist umstr. Sofern für dieses in Bezug auf nachf. Konzernunternehmen die Voraussetzungen der §§ 17 II, 18 I 3 AktG vorliegen und die Vermutung nicht widerlegt wird, ist § 5 III anwendbar. Unabhängig von den Konzernvermutungsvorschr. ist fragl., ob es für die Ausübung einheitl. Leitungsmacht über das Zwischenunternehmen einer kapitalmäßigen Verflechtung zwischen Konzernspitze und Zwischenunternehmen bedarf (so *Lutter* ZGR 1977, 195, 213; *Meilicke/Meilicke* BB 1978, 406, 410; GK-MitbestG/*Schneider* Rn. 107; wohl a. BayObLG 6.3.2002 NZA 2002, 691, 694) oder ob es genügt, wenn das Zwischenunternehmen auf sonstige Weise Konzernleitungsmacht ausüben kann (so RVJ/*Raiser* Rn. 42; UHH/*Ulmer/Habersack* Rn. 70; WKS/*Wißmann* Rn. 69).

20 Ausgehend vom Zweck des § 5 III (s. § 5 Rn. 18) bedeutet es keinen Unterschied, ob ein Zwischenunternehmen, dem von der Konzernspitze die Möglichkeit zur Ausübung von Leitungsmacht auf untergeordnete Konzernunternehmen eingeräumt ist, mit diesen Unternehmen kapitalmäßig verflochten ist oder nicht. Maßgebl. ist allein, dass das herrschende Konzernunternehmen seine Leitungsmacht unter Einbeziehung des Zwischenunternehmens auf weitere Konzernunternehmen ausübt. Die Anforderungen an die Ausübung von Leitungsfunktionen durch die Teilkonzernspitze sind dabei geringer

als an die Ausübung einheitl. Leitungsmacht in den Fällen des Konzerns im Konzern (§ 5 Rn. 9; UHH/*Ulmer/Habersack* Rn. 70; wohl a. WKS/*Wißmann* Rn. 69; **aA** HWK/*Seibt* Rn. 12).

Die **bloße Beteiligung einer Zwischengesellschaft,** deren Aufgabe sich auf das Halten und Verwalten von Beteiligungen an weiteren Konzernunternehmen ohne Einflussnahme auf die Geschäftsführung dieser Konzernunternehmen beschränkt, genügt nicht (LG S 11.5.1993 BB 1993, 1541, 1542; *Habersack* AG 2007, 641, 647 f.; *Henssler* ZfA 2005, 289, 308; AR/*Dornbusch* Rn. 10; NK-GA/*Heither/v. Morgen* Rn. 27; *Säcker* ZfA 2008, 51, 60; *Seibt* ZIP 2008, 1301, 1305 f.). Die gegenteilige Ansicht der OLG lässt es für die Anwendung des § 5 III hingegen ausreichen, wenn die Konzernzwischengesellschaft auf Grund ihrer Beteiligung an nachf. Unternehmen die Leitungsmacht der Konzernspitze vermittelt; eigene Leitungsmacht müsse sie nicht ausüben (OLG S 30.3.1995 JZ 1995, 795; OLG D 30.10.2006 ZIP 2006, 2375, 2377 f.; 4.7.2013 AG 2013, 720, 723 f.; OLG F 21.4.2008 ZIP 2008, 880, 882; 21.4.2008 ZIP 2008, 878, 879 f.; KG 21.12.2015 NZG 2016, 349; zust. MüKoAktG/*Gach* Rn. 38; WKS/*Wißmann* Rn. 70; RVJ/*Raiser* Rn. 42; *Trittin/Gilles* AuR 2008, 136, 138 f.; KölnK-AktG/*Mertens/Cahn* § 117 Anh. B § 5 MitbestG Rn. 48; wohl a. *Mayer* AuR 2006, 303, 304; *Zimmer* NJW 2003, 3585, 3591; s. BayObLG 6.3.2002 NZA 2002, 691, 694; ohne eigene Stellungn. BAG 14.2.2007 NZA 2007, 999 Rn. 63; LG HH 12.8.2016 BeckRS 2016, 20967). Allerdings soll auch nach dieser Auff. auf die Ausübung von Leitungsmacht nicht gänzl. verzichtet werden; es genüge, wenn diese durch eine andere Gesellschaft iS eines „zweiten Leitungsstrangs" ausgeübt werde (OLG D 4.7.2013 AG 2013, 720, 724; offen insoweit KG 21.12.2015 NZG 2016, 349, 350). Gegen die vorst. Ansicht spricht der Zweck des § 5 III, der darin besteht, die Mitbestimmung, die an sich im herrschenden Konzernunternehmen stattfinden würde, auf ein nachgeordnetes, an der Leitungsmacht teilhabendes Konzernunternehmen zu verlagern, um sie zumindest auf dieser Ebene stattfinden zu lassen. Die Ansicht der OLG kann dazu führen, dass ein mitbestimmter AR auch in solchen Zwischenunternehmen zu bilden ist, die keine maßgebl. Entsch. für nachf. Unternehmen treffen. Die Bildung des AR hat in diesem Fall nur eine formale Funktion für die beherrschten Unternehmen (**aA** KG 21.12.2015 NZG 2016, 349, 350). Die Sicherstellung einer funktionslosen Mitbestimmung wird von § 5 III indes nicht bezweckt (s. zur Kritik a. *Hanau/Wackerbarth* FS Lutter 2000 S. 425, 440 f.; *Habersack* AG 2007, 641, 647 f.; *Kort* NZG 2009, 81, 84 f.; NK-GA/*Heither/v. Morgen* Rn. 27; HWK/*Seibt* Rn. 12; *ders.* ZIP 2008, 1301, 1305 f.). Das gilt auch bei der Existenz eines „zweiten Leitungsstrangs" (OLG D 4.7.2013 AG 2013, 720, 724), da die Mitbestimmung gerade nicht bei dem Unternehmen angesiedelt wird, das die Leitungsmacht ausübt. 21

b) Entsprechende Anwendung des § 5 III. Ist ein herrschendes Unternehmen iSv. § 1 I Nr. 1 nach **§ 1 IV** nicht mitbestimmungspflichtig, so scheidet eine unmittelbare Anwendung des § 5 III aus, da es sich bei diesem um ein in § 5 I 1 genanntes Unternehmen handelt. Sofern nachgeordnete Unternehmen selbst keinen **Tendenzcharakter** aufweisen, kommt jedoch auf Grund des Zwecks des § 5 (Rn. 1) eine entspr. Anwendung des § 5 III in Betracht (so a. UHH/*Ulmer/Habersack* Rn. 73; RVJ/*Raiser* Rn. 39; HWK/*Seibt* Rn. 13; NK-GA/*Heither/v. Morgen* Rn. 28; WKS/*Wißmann* Rn. 65; **aA** *Hölters* RdA 1979, 335, 339; *Loritz* ZfA 1985, 497, 528 f.; GK-MitbestG/*Schneider* Rn. 114). Unterliegt das herrschende Unternehmen dem **Montan-MitbestG,** scheidet eine analoge Anwendung des § 5 III aus (GK-MitbestG/*Schneider* Rn. 112; *Hölters* RdA 1979, 335, 339; KölnK-AktG/*Mertens/Cahn* § 117 Anh. B § 5 MitbestG Rn. 52; RVJ/*Raiser* Rn. 39; WKS/*Wißmann* Rn. 66). Die gegenteilige Ansicht (*Hanau/Ulmer* Rn. 74) kann sich nach der Einf. der Konzernzurechnung in § 1 IV Montan-MitbestG durch G v. 21.5.1981 (BGBl. I S. 441) nicht mehr auf den Zweck des § 5 III stützen, da § 1 IV Montan-MitbestG die Teilnahme der AN abhängiger Unternehmen an der Unternehmensmitbestimmung sicherstellt (KölnK-AktG/*Mertens/Cahn* § 117 Anh. B § 5 MitbestG Rn. 52; NK-GA/*Heither/v. Morgen* Rn. 29; UHH/*Ulmer/Habersack* Rn. 74; WKS/*Wißmann* Rn. 66). 22

Zweiter Teil. Aufsichtsrat

Erster Abschnitt. Bildung und Zusammensetzung

§ 6 Grundsatz

(1) Bei den in § 1 Abs. 1 bezeichneten Unternehmen ist ein Aufsichtsrat zu bilden, soweit sich dies nicht schon aus anderen gesetzlichen Vorschriften ergibt.

(2) [1]Die Bildung und die Zusammensetzung des Aufsichtsrats sowie die Bestellung und die Abberufung seiner Mitglieder bestimmen sich nach den §§ 7 bis 24 dieses Gesetzes und, soweit sich dies nicht schon aus anderen gesetzlichen Vorschriften ergibt, nach § 96 Absatz 4, den §§ 97 bis 101 Abs. 1 und 3 und den §§ 102 bis 106 des Aktiengesetzes mit der Maßgabe, daß die Wählbarkeit eines Prokuristen als Aufsichtsratsmitglied der Arbeitnehmer nur ausgeschlossen ist, wenn dieser dem zur gesetzlichen Vertretung des Unternehmens befugten Organ unmittelbar unterstellt und zur Ausübung der Prokura für den gesamten Geschäftsbereich des Organs ermächtigt ist. [2]Ande-

re gesetzliche Vorschriften und Bestimmungen der Satzung (des Gesellschaftsvertrags, des Statuts) über die Zusammensetzung des Aufsichtsrats sowie über die Bestellung und die Abberufung seiner Mitglieder bleiben unberührt, soweit Vorschriften dieses Gesetzes dem nicht entgegenstehen.

(3) [1]**Auf Genossenschaften sind die §§ 100, 101 Abs. 1 und 3 und die §§ 103 und 106 des Aktiengesetzes nicht anzuwenden.** [2]**Auf die Aufsichtsratsmitglieder der Arbeitnehmer ist § 9 Abs. 2 des Genossenschaftsgesetzes nicht anzuwenden.**

1 **1. Allgemeines.** Eigenständige Bedeutung hat § 6 I nur für die GmbH, da die Bildung eines AR bei der AG und der KGaA obligatorisch ist (§§ 95, 278 III AktG), was auch für Genossenschaften gilt (§ 9 I GenG). Für Bildung und Zusammensetzung dieses AR sowie Bestellung und Abberufung seiner Mitglieder gelten nach § 6 II 1 die §§ 7 bis 24 und daneben die §§ 96 IV, 97 bis 101 I und III, 102 bis 106 AktG. Bei börsennotierten AG werden diese durch § 96 II AktG ergänzt, der diese Gesellschaften ausdr. einbezieht, wenn für sie das MitbestG gilt. Für nicht börsennotierte AG sowie Gesellschaften in anderer Rechtsform findet § 96 II AktG keine Anwendung (AktG § 96 Rn. 2). § 6 III schränkt die Anwendung einzelner aktienrechtl. Vorschr. für Genossenschaften ein (s. § 6 Rn. 5).

2 **2. Bildung des ersten mitbestimmten Aufsichtsrats.** Wann der mitbestimmte AR zu bilden ist, regelt § 6 nicht. Sofern das Unternehmen iSv. § 1 I bereits besteht, aber noch keinen AR hat, was mangels ARPflicht nur bei der GmbH in Betracht kommt, ist er ohne Weiteres nach den maßgebl. Vorschr. des MitbestG und des AktG zu bilden. Da § 6 II für die Bildung des AR auf die §§ 96 ff. AktG verweist, ist aber zunächst das Statusverfahren der §§ 96 II bis 99 AktG durchzuführen (so auch UHH/*Ulmer/Habersack* Rn. 11). Zur **formwechselnden Umwandlung** s. UmwG § 325 Rn. 12 f.

3 Befindet sich das **Unternehmen im Gründungsstadium,** ist nach der Rechtsform des Unternehmens zu differenzieren. Bei der **AG und KGaA** (§ 278 III AktG) findet gem. § 30 II AktG das MitbestG, abgesehen vom Fall der Sachgründung bei der AG für die Bestimmung der Zahl der ARMitglieder der AE nach § 31 AktG, keine Anwendung (s. WKS/*Wißmann* § 7 Rn. 15 ff.; UHH/*Ulmer/Habersack* Rn. 5; *FKP* Rn. 180 f.). Die Bildung des mitbestimmten AR wird erst durch die Bek. des Vorstands nach § 97 I AktG über die Neuzusammensetzung des AR, die rechtzeitig iSv. § 30 III 2 AktG zu erfolgen hat, eingeleitet. Wegen § 36 II UmwG gelten die vorst. Grds. auch, wenn eine AG durch **Verschmelzung** gegründet wird (LG Berlin 30.10.2007 BeckRS 2009, 11392; RVJ/*Raiser* § 1 Rn. 30; **aA** *Heither* DB 2008, 109 ff.), unabhängig davon, ob es sich bei dem verschmolzenen Unternehmen um ein solches handelte, das den G zur Mitbestimmung unterlag. In Betracht kommt allerdings auf Grund vergleichbarer Interessenlage eine analoge Anwendung des § 31 AktG, so dass bereits mit Wirksamwerden der Verschmelzung das Statusverfahren (§ 31 III AktG) einzuleiten ist (zust. WKS/*Wißmann* § 7 Rn. 20; *FKP* Rn. 183; nicht erwogen von LG Berlin 30.10.2007 BeckRS 2009, 11392; ähnl. wie hier über eine einschränkende Auslegung von § 30 II AktG *Heither* DB 2008, 109, 110 ff.; NK-GA/*Heither/v. Morgen* Rn. 7; **aA** KölnK-AktG/*Arnold* § 30 Rn. 12; *Kuhlmann* NZG 2010, 46, 47 ff.). Den §§ 30, 31 AktG entspr. Vorschr. existieren für die Gründung einer **GmbH** oder **Genossenschaft** nicht. Da § 6 I mit dem Verweis auf § 1 I Nr. 1 ein bereits entstandenes Unternehmen voraussetzt, gelten für die Gründung dieser Unternehmen nur die einschlägigen gesellschaftsrechtl. Vorschr. Die **Gründung der GmbH** erfolgt deshalb ohne Bestellung eines AR (BayObLG 9.6.2000 Z 2000, 173; UHH/*Ulmer/Habersack* Rn. 7; *Eisenbeis/Meckert* FA 2002, 167, 168 f.; **aA** GK-MitbestG/*Fabricius* Rn. 39 ff.; *Halm* BB 2000, 1849; NK-GA/*Heither/v. Morgen* Rn. 9; RVJ/*Raiser* § 1 Rn. 29; WKS/*Wißmann* § 7 Rn. 21; *FKP* Rn. 184); auch der erste AR einer **Genossenschaft** bleibt mitbestimmungsfrei. Erst nach Eintragung des Unternehmens in das Handels- bzw. Genossenschaftsregister ist das Statusverfahren nach § 97 AktG zur Bildung des mitbestimmten AR einzuleiten (UHH/*Ulmer/Habersack* Rn. 8; WKS/*Wißmann* § 7 Rn. 22; *FKP* Rn. 184; **aA** GK-MitbestG/*Fabricius* Rn. 38, 39 ff.; RVJ/*Raiser* § 1 Rn. 29).

4 **3. Änd. der Aufsichtsratszusammensetzung.** Ändern sich die für die Zusammensetzung des AR maßgebl. ges. Vorschr., ist das Statusverfahren nach § 6 II 1 iVm. §§ 96, 97 AktG durchzuführen (s. AktG §§ 97 bis 99 Rn. 2 ff. Das gilt auch für den Übergang zu einer mitbestimmungsfreien Gesellschaft, selbst, wenn bei ihr nicht kraft G ein AR zu bilden ist (OLG F 2.10.2010 NZG 2011, 353, 354).

5 **4. Bestellung und Abberufung der Aufsichtsratsmitglieder.** Sofern die §§ 7 ff. keine abw. Regelungen treffen, finden für die Bestellung und Abberufung der ARMitglieder die §§ 100, 101 I und III, 102 bis 106 AktG Anwendung (§ 6 II 1). Bei **Genossenschaften** gilt dies gem. § 6 III 1 jedoch nur für die §§ 102, 104 und 105 AktG; daneben finden die §§ 9, 36, 37 GenG Anwendung. Abw. von § 9 II GenG müssen nur die ARMitglieder der AE zugleich Mitglieder der Genossenschaft sein (§ 6 III 2). Ferner bestimmt § 6 II 1 Hs. 2 entgegen § 105 I AktG zugunsten der ltd. Ang., dass **Prokuristen** der Unternehmen als ARMitglieder der AN nur dann ausscheiden, wenn sie dem zur ges. Vertretung des Unternehmens befugten Organ unmittelbar unterstellt sind und die Prokura sich auf den gesamten Geschäftsbereich des Organs erstreckt. Hierfür muss die Prokura auch im Innenverhältnis alle Organmitglieder und deren Geschäftsbereiche, also die Vertretung des gesamten Unternehmens umfassen; ob es sich um eine Einzel- oder Gesamtprokura handelt, ist unerhebl. (s. UHH/*Ulmer/Habersack* Rn. 52; RVJ/*Raiser* Rn. 54; MüKoAktG/*Gach* Rn. 7).

§ 7 Zusammensetzung des Aufsichtsrats

(1) [1]Der Aufsichtsrat eines Unternehmens

1. mit in der Regel nicht mehr als 10 000 Arbeitnehmern setzt sich zusammen aus je sechs Aufsichtsratsmitgliedern der Anteilseigner und der Arbeitnehmer;

2. mit in der Regel mehr als 10 000, jedoch nicht mehr als 20 000 Arbeitnehmern setzt sich zusammen aus je acht Aufsichtsratsmitgliedern der Anteilseigner und der Arbeitnehmer;

3. mit in der Regel mehr als 20 000 Arbeitnehmern setzt sich zusammen aus je zehn Aufsichtsratsmitgliedern der Anteilseigner und der Arbeitnehmer.

[2]Bei den in Satz 1 Nr. 1 bezeichneten Unternehmen kann die Satzung (der Gesellschaftsvertrag) bestimmen, daß Satz 1 Nr. 2 oder 3 anzuwenden ist. [3]Bei den in Satz 1 Nr. 2 bezeichneten Unternehmen kann die Satzung (der Gesellschaftsvertrag) bestimmen, daß Satz 1 Nr. 3 anzuwenden ist.

(2) Unter den Aufsichtsratsmitgliedern der Arbeitnehmer müssen sich befinden

1. in einem Aufsichtsrat, dem sechs Aufsichtsratsmitglieder der Arbeitnehmer angehören, vier Arbeitnehmer des Unternehmens und zwei Vertreter von Gewerkschaften;

2. in einem Aufsichtsrat, dem acht Aufsichtsratsmitglieder der Arbeitnehmer angehören, sechs Arbeitnehmer des Unternehmens und zwei Vertreter von Gewerkschaften;

3. in einem Aufsichtsrat, dem zehn Aufsichtsratsmitglieder der Arbeitnehmer angehören, sieben Arbeitnehmer des Unternehmens und drei Vertreter von Gewerkschaften.

(3) Unter den Aufsichtsratsmitgliedern der Arbeitnehmer eines in § 1 Absatz 1 genannten, börsennotierten Unternehmens müssen im Fall des § 96 Absatz 2 Satz 3 des Aktiengesetzes Frauen und Männer jeweils mit einem Anteil von mindestens 30 Prozent vertreten sein.

(4) [1]Die in Absatz 2 bezeichneten Arbeitnehmer des Unternehmens müssen das 18. Lebensjahr vollendet haben und ein Jahr dem Unternehmen angehören. [2]Auf die einjährige Unternehmensangehörigkeit werden Zeiten der Angehörigkeit zu einem anderen Unternehmen, dessen Arbeitnehmer nach diesem Gesetz an der Wahl von Aufsichtsratsmitgliedern des Unternehmens teilnehmen, angerechnet. [3]Diese Zeiten müssen unmittelbar vor dem Zeitpunkt liegen, ab dem die Arbeitnehmer zur Wahl von Aufsichtsratsmitgliedern des Unternehmens berechtigt sind. [4]Die weiteren Wählbarkeitsvoraussetzungen des § 8 Abs. 1 des Betriebsverfassungsgesetzes müssen erfüllt sein.

(5) Die in Absatz 2 bezeichneten Gewerkschaften müssen in dem Unternehmen selbst oder in einem anderen Unternehmen vertreten sein, dessen Arbeitnehmer nach diesem Gesetz an der Wahl von Aufsichtsratsmitgliedern des Unternehmens teilnehmen.

1. Allgemeines. § 7 I 1 bindet die Zahl der ARMitglieder an die regelm. ANZahl, die nach den §§ 1, 3, 4 und 5 zu ermitteln ist. Im Entleiherunternehmen tätige **LeihAN** sind nach § 14 II 5 AÜG bei der ANZahl zu berücksichtigen (s. § 1 Rn. 7a; WKS/*Wißmann* Rn. 5a), ohne dass es auf deren Einsatzzeit im Unternehmen (§ 14 II 6 AÜG) ankommt (*Oetker* NZA 2017, 29, 35; WKS/*Wißmann* Rn. 5a). Die Vorschr. ist mit Ausnahme der Erhöhung der Mitgliederzahl durch Satzung, Gesellschaftsvertrag oder Statut im Rahmen von § 7 I 2 und 3 zwgd. (WKS/*Wißmann* Rn. 2; UHH/*Henssler* Rn. 1). Eine über 20 Mitglieder hinausgehende Zahl von ARMitgliedern steht hierzu selbst dann im Widerspruch, wenn dies in der Satzung einer GmbH geschieht (BGH 30.1.2012 NZG 2012, 347 Rn. 12). Gleichzeitig führt § 7 I 1 den Grds. der paritätischen Besetzung des AR durch Mitglieder der AE und der AN ein. Darüber hinaus legt § 7 II für die ARMitglieder der AN ein Gruppenprinzip fest, wonach diese der Gruppe der vom Unternehmen beschäftigten AN (§ 3) und der Gruppe der Vertreter von Gewerkschaften entstammen müssen. Das **Vorschlagsrecht der Gewerkschaften** und die damit verbundene Sitzgarantie hat das BVerfG im Hinblick auf **Art. 9 I GG** nicht beanstandet (E 50, 290, 361; mit weitreichenden Bedenken *Buchner* ZfA 2006, 597 ff.; *Velten,* Gewerkschaftsvertreter im AR, 2010 S. 46 ff.; dagegen jedoch *Kühling*, Gewerkschaftsvertreter im AR, 2006; WKS/*Wißmann* Rn. 3 sowie LG F 10.11.2005 – 2 – 06 O 369/04). 1

2. Zusammensetzung der Arbeitnehmervertreter nach dem Geschlecht. Zusätzl. zu § 7 II gilt für börsennotierte AG, die dem MitbestG unterliegen, die Vorgabe in § 96 II 1 AktG, dass dem AR Frauen und Männer mit einem Anteil von jeweils mind. 30% angehören müssen. Wegen der fehlenden Möglichkeit einer Börsennotierung gilt dies nicht für GmbH und Genossenschaften (AktG § 96 Rn. 2). Widerspricht die AE- oder die ANSeite der durch § 96 II 2 AktG vorgegebenen Gesamterfüllung (s. AktG § 96 Rn. 8 f.), ist das Mindestanteilsgebot getrennt von jeder Seite zu erfüllen **(Getrennterfüllung,** § 96 II 3 AktG). Für diesen Fall verlängert § 7 III das Mindestanteilsgebot von 30% auf die nach dem MitbestG zu wählenden ANVertreter. Abhängig von der Größe des AR müssen sich unter den ANVertretern mind. jeweils zwei (12 ARMitglieder) oder drei (20 ARMitglieder) Frauen und Männer befinden. Wegen der Rundungsvorschr. in § 96 II 4 AktG (für deren Anwendung a. WKS/*Wißmann* Rn. 23) bleibt es bei einem AR aus 16 Mitgliedern bei dem Mindestanteilsgebot von jeweils zwei 2

Frauen und Männern. Für die Erfüllung des Mindestanteilsgebots stellt § 7 III ohne Einschränkungen auf die **ARMitglieder der AN** ab. Ob es sich bei ihnen um unternehmensangehörige AN oder Gewerkschaftsvertreter handelt, ist für die Erfüllung des Mindestanteilsgebots ohne Bedeutung (*Röder/Arnold* NZA 2015, 279, 281; Spindler/Stilz/*Spindler* § 96 Rn. 34; WKS/*Wißmann* Rn. 24). Anders ist dies erst, wenn der von § 7 III vorgegebene Geschlechteranteil durch die Wahl nicht erreicht wird (s. § 18a I). Bei der Erfüllung des Mindestanteilsgebots ist auch der auf Vorschlag der ltd. Ang. wegen § 15 I 2 gewählte ltd. Ang. zu berücksichtigen (ebenso *Herb* DB 2015, 964, 965; *Oetker* ZHR 179 [2015], 707, 731; *Röder/Arnold* NZA 2015, 279, 281; WKS/*Wißmann* Rn. 24); etwas anderes gilt wegen § 18a I Nr. 1 und 2, wenn der notwendige Geschlechteranteil durch die Wahl nicht erreicht wird (s. § 18a Rn. 3).

3 **3. Wählbarkeit der Arbeitnehmervertreter des Unternehmens.** Die im Unternehmen beschäftigten AN sind neben den Anforderungen in den §§ 100 I, II, 105 AktG iVm. § 6 II 1 nur unter den Voraussetzungen in § 7 IV in den AR wählbar. Insb. muss der AN zu **Beginn der Amtszeit** des AR in einem ArbVerh. zu dem an der Wahl beteiligten Unternehmen stehen (WKS/*Wißmann* Rn. 28; UHH/*Henssler* Rn. 35; s. a. LAG N 12.6.2006 NZA-RR 2006, 358, 360 sowie Erl. zu § 24) und die Unternehmenszugehörigkeit seit mind. einem Jahr vorliegen. AN, die sich in der **Freistellungsphase der ATZ** befinden, sind nicht wählbar (LAG N 12.6.2006 NZA-RR 2006, 358, 360; s. a. DrittelbG § 4 Rn. 8). **LeihAN** steht im entleihenden Unternehmen wegen des fehlenden ArbVerh. zu diesem kein passives Wahlrecht zu (s. § 14 II 1 AÜG; UHH/*Henssler* Rn. 35; WKS/*Wißmann* Rn. 31 f.; s. a. BAG 17.2.2010 NZA 2010, 832 Rn. 25 ff.); auch § 14 II 5 u. 6 AÜG begründen dieses nicht, da LeihAN hiernach nur für die Schwellenwerte zu berücksichtigen sind. Anders ist dies wegen der über § 3 I 1 Nr. 1 anzuwendenden Fiktion in **§ 5 I 3 BetrVG** für im Unternehmen tätige Beamte und AN des öffentl. Dienstes. Sie gelten als AN des Betriebs und sind deshalb unternehmensangehörigen AN gleichgestellt (WKS/*Wißmann* Rn. 35). Entspr. gilt wegen § 5 I für **AN abhängiger Konzernunternehmen,** wenn bei dem herrschenden Unternehmen ein mitbestimmter AR zu bilden ist. Bzgl. der Wirkung von Unterbrechungen der Tätigkeit und der Kündigung des ArbVerh. s. die Erl. zu § 8 BetrVG. Besteht das Unternehmen weniger als ein Jahr, gilt § 8 II BetrVG entspr. (UHH/*Henssler* Rn. 39; iE a. WKS/*Wißmann* Rn. 36, jedoch über eine teleologische Reduktion von Abs. 3 S. 1). In Anlehnung an § 8 I BetrVG legt § 7 IV 2 und 3 fest, unter welchen Voraussetzungen die Angehörigkeit zu einem anderen Unternehmen auf den von § 7 IV 1 geforderten Zeitraum von einem Jahr anzurechnen ist. Damit reagiert das G insb. auf Eingliederungen in einen Konzernverbund (BT-Drs. 14/8214 S. 10), um sicherzustellen, dass die AN neu eingegliederter Unternehmen nicht nur aktiv, sondern auch passiv wahlberechtigt sind. § 7 IV 3 stellt klar, dass die zwischenzeitl. Begr. eines ArbVerh. zu einem anderen Unternehmen der Anrechnung entgegensteht. Das 18. Lebensjahr muss erst zum Amtsantritt des AR vollendet sein (UHH/*Henssler* Rn. 45; RVJ/*Raiser/Jacobs* Rn. 12; HWK/*Seibt* Rn. 11; WKS/*Wißmann* Rn. 27). Zu den weiteren Wählbarkeitsvoraussetzungen in § 8 I BetrVG, auf die § 7 IV 4 verweist, s. die dortigen Erl.

4 **4. Wählbarkeit der Gewerkschaftsvertreter.** Die Gewerkschaftsvertreter, die nach § 16 II ausschl. durch die Gewerkschaften zur Wahl vorgeschlagen werden, müssen nicht in den an der Wahl beteiligten Unternehmen beschäftigt oder in der Gewerkschaft organisiert sein (WKS/*Wißmann* Rn. 45; UHH/*Henssler* Rn. 33, 78; RVJ/*Raiser/Jacobs* Rn. 21). Für sie gelten aber die allg. aktienrechtl. Wählbarkeitsvoraussetzungen der §§ 100 I, II, 105 AktG iVm. § 6 II 1 (UHH/*Henssler* Rn. 77; NK-GA/*Heither/v. Morgen* Rn. 51). Das Wahlvorschlagsrecht steht nur solchen Gewerkschaften zu, die in einem Unternehmen, dessen AN an der Wahl teilnehmen, vertreten sind. Hierfür müssen sie dort zumindest ein Mitglied haben (BayObLG 14.12.2004 AG 2005, 350, 351; WKS/*Wißmann* Rn. 56; UHH/*Henssler* Rn. 70; RVJ/*Raiser/Jacobs* Rn. 19). Entfällt diese Voraussetzung während der Amtszeit des AR, so erlischt das Amt des Gewerkschaftsvertreters, wobei tw. eine Analogie zu § 24 I befürwortet wird (UHH/*Henssler* Rn. 76; HWK/*Seibt* Rn. 12; s. § 24). Zum Gewerkschaftsbegriff s. BAG 22.3.2017 NZA 2017, 805 Rn. 22; LAG D 22.3.2017 BeckRS 2017, 110954; LAG HE 20.10.2016 BeckRS 2016, 116559 sowie BetrVG § 2 Rn. 4.

Zweiter Abschnitt. Bestellung der Aufsichtsratsmitglieder

Erster Unterabschnitt. Aufsichtsratsmitglieder der Anteilseigner

§ 8 [Aufsichtsratsmitglieder der Anteilseigner]

(1) **Die Aufsichtsratsmitglieder der Anteilseigner werden durch das nach Gesetz, Satzung oder Gesellschaftsvertrag zur Wahl von Mitgliedern des Aufsichtsrats befugte Organ (Wahlorgan) und, soweit gesetzliche Vorschriften dem nicht entgegenstehen, nach Maßgabe der Satzung oder des Gesellschaftsvertrags bestellt.**

(2) **§ 101 Abs. 2 des Aktiengesetzes bleibt unberührt.**

1. Allgemeines. § 8 I iVm. § 6 lässt für die Wahl der Mitglieder der AE im AR das geltende Recht, wie es das rechtsformspezifische GesR, Satzung oder Gesellschaftsvertrag bestimmen, unverändert zwgd. Wahlorgan für die Vertreter der AE ist bei der **AG** und der **KGaA** die HV (§§ 101 I, 278 III AktG) und bei der **Genossenschaft** die General- oder Vertreterversammlung (§§ 36, 43a GenG, § 6 III). Bei der **GmbH** obliegt die Wahl nach § 6 II iVm. § 101 I AktG der Gesellschafterversammlung, sofern nach dem Gesellschaftsvertrag nicht ein anderes Gremium zust. ist (§ 8 I iVm. § 52 GmbHG; UHH/*Ulmer/Habersack* Rn. 3; Scholz/*Schneider* § 52 Rn. 239; WKS/*Wißmann* Rn. 2). 1

2. Wahlverfahren. Die AE sind bei der Wahl frei, insb. nicht an Wahlvorschläge gebunden (§ 101 I 2 AktG; zur analogen Anwendung im Genossenschaftsrecht s. *Müller* § 36 GenG Rn. 10). Das Wahlverfahren richtet sich bei der **AG** und der **KGaA** (§ 278 III AktG) nach § 8 I iVm. §§ 124, 127, 133 bis 137 AktG (näher AktG § 101 Rn. 3). Bei der **GmbH** sind die Regelungen des Gesellschaftsvertrags (§ 8 I iVm. § 45 II GmbHG) und hilfsweise die §§ 47 bis 51 GmbHG, bei der **Genossenschaft** die §§ 36 I, 43 bis 47 GenG anzuwenden. 2

3. Entsendungsrechte. Nach § 8 II bleibt § 101 II AktG unberührt, findet jedoch nur bei der **AG** und der **KGaA** (§ 278 III AktG) Anwendung (s. AktG § 101 Rn. 3). Auf die **GmbH** und die **Genossenschaft** ist § 101 II AktG weder nach § 6 II u. III noch nach den Regelungen des GesR (s. § 52 I GmbHG sowie § 36 I GenG, aus dem ein Verbot der Beschränkung der Wahlfreiheit der General-/Vertreterversammlung hergeleitet wird; LW/*Holthaus/Lehnhoff* § 36 Rn. 17) anzuwenden (UHH/*Ulmer/Habersack* Rn. 6 f.; RVJ/*Raiser* Rn. 7 ff.; WKS/*Wißmann* Rn. 4). 3

Zweiter Unterabschnitt. Aufsichtsratsmitglieder der Arbeitnehmer, Grundsatz

§ 9 [Aufsichtsratsmitglieder der Arbeitnehmer, Grundsatz]

(1) **Die Aufsichtsratsmitglieder der Arbeitnehmer (§ 7 Abs. 2) eines Unternehmens mit in der Regel mehr als 8000 Arbeitnehmern werden durch Delegierte gewählt, sofern nicht die wahlberechtigten Arbeitnehmer die unmittelbare Wahl beschließen.**

(2) **Die Aufsichtsratsmitglieder der Arbeitnehmer (§ 7 Abs. 2) eines Unternehmens mit in der Regel nicht mehr als 8000 Arbeitnehmern werden in unmittelbarer Wahl gewählt, sofern nicht die wahlberechtigten Arbeitnehmer die Wahl durch Delegierte beschließen.**

(3) [1]**Zur Abstimmung darüber, ob die Wahl durch Delegierte oder unmittelbar erfolgen soll, bedarf es eines Antrags, der von einem Zwanzigstel der wahlberechtigten Arbeitnehmer des Unternehmens unterzeichnet sein muß.** [2]**Die Abstimmung ist geheim.** [3]**Ein Beschluß nach Absatz 1 oder 2 kann nur unter Beteiligung von mindestens der Hälfte der wahlberechtigten Arbeitnehmer und nur mit der Mehrheit der abgegebenen Stimmen gefaßt werden.**

§ 9 enthält den Grds., dass sämtl. Vertreter der AN im AR durch die AN des Unternehmens zu wählen sind (Reg. Begr. BT-Drs. 7/2172 S. 22). Die Wahl ist abhängig von der regelm. ANZahl des Unternehmens oder einem Beschl. der AN (§ 9 III) als unmittelbare Wahl (Urwahl, § 18) oder mittelbare Wahl (Wahl durch Delegierte, §§ 10 bis 17) durchzuführen (§ 9 I und II; zum Normzweck der Delegiertenwahl BAG 4.11.2015 NZA 2016, 559 Rn. 35). § 9 I und II sind zwgd. (UHH/*Henssler* Rn. 7; RVJ/*Raiser/Jacobs* Rn. 6). Ob das Unternehmen idR mehr oder weniger als 8000 AN hat, bestimmt sich im Ausgangspunkt nach den Grds. zu § 1 (§ 1 Rn. 7 ff.). AN einer KG oder abhängiger Unternehmen sind unter den Voraussetzungen der §§ 4, 5 mitzuzählen (WKS/*Wißmann* Rn. 7). 1

Wenngleich es für den Schwellenwert nicht auf die Wahlberechtigung der AN ankommt (UHH/*Henssler* Rn. 8; RVJ/*Raiser/Jacobs* Rn. 5), hat sich das BAG wegen des Normzwecks mit Recht dafür ausgesprochen nach § 10 iVm. § 7 S. 2 BetrVG wahlberechtigte **LeihAN** auf Stammarbeitsplätzen bei dem Schwellenwert zu berücksichtigen (BAG 4.11.2015 NZA 2016, 559 Rn. 35; s. ferner 16. Aufl. Rn. 1 mwN; abl. *Künzel/Schmid* NZA 2016, 531, 533 f.). Dies wird nunmehr durch **§ 14 II 5 AÜG** zwgd. vorgegeben werden, jedoch ordnet die Vorschrift die Berücksichtigung der LeihAN in entleihenden Unternehmen unabhängig davon an, ob ihnen das aktive Wahlrecht zusteht, da § 14 II 6 AÜG der für die Einbeziehung der LeihAN eine Mindesteinsatzdauer von sechs Monaten voraussetzt, nur für die Anwendung des G auf die in § 1 genannten Unternehmen gilt. Eine teleologische Reduktion von § 14 II 5 AÜG auf wahlberechtigte LeihAN kommt im Rahmen der Schwellenwerte in § 9 nicht in Betracht, da auch die in einem ArbVerh. zum Unternehmen stehenden AN unabhängig davon zu berücksichtigen sind, ob sie wahlberechtigt sind (*Oetker* NZA 2017, 29, 35; **aA** WKS/*Wißmann* Rn. 8a; iE a. *Schubert/Liese* NZA 2016, 1297, 1302). Zu den idR im Unternehmen beschäftigten LeihAN zählen insb. LeihAN, die auf Stammarbeitsplätzen beschäftigt werden. Die in § 14 II 5 AÜG zum Ausdruck gelangten Grds. sind auch bei einer **nichterlaubnispflichtigen ANÜberlassung** (nichtwirtschaftl. ANÜberlassung, nach § 1 III AÜG privilegierte ANÜberlassung) maßgebend (s. § 1 Rn. 7a). 2

3 Nach § 9 III können die AN des Unternehmens **beschließen,** entgegen § 9 I und II die Vertreter der AN in Urwahl oder durch Delegierte zu wählen. Die Modalitäten hierfür regeln die WO (§§ 12 ff. 1. WO, §§ 13 ff. 2. WO, §§ 13 ff. 3. WO). Die Vorabstimmung nach § 9 III setzt einen Antrag voraus, den ein Zwanzigstel der wahlberechtigten AN (§§ 10 III, 18 S. 1; zur ANZahl s. § 9 Rn. 1) des Unternehmens unterzeichnen muss (§ 9 III 1). Der Beschl. ist in geheimer Abstimmung und mit der Mehrheit der abgegebenen Stimmen zu fassen (§ 9 III 2 und 3) und nur wirksam, wenn mind. die Hälfte der wahlberechtigten AN durch die Abgabe von Stimmzetteln, die auch Enthaltungen beinhalten oder unwirksam sein können, mitwirken (§ 9 III 3; UHH/*Henssler* Rn. 20; RVJ/*Raiser/Jacobs* Rn. 8; WKS/*Wißmann* Rn. 59).

4 **Streitigkeiten,** die § 9 betreffen, sind nach § 2a I Nr. 3 ArbGG vor dem ArbG anhängig zu machen. Ihre Geltendmachung setzt eine Anfechtung der Wahl nach § 22 nicht voraus (BAG 25.8.1982 AP ArbGG 1979 § 83 Nr. 2; 4.11.2015 NZA 2016, 559 Rn. 17); ein Verfügungsgrund für den Erlass einer einstweiligen Vfg. auf Untersagung der Wahl liegt idR nur bei schwerwiegenden Fehlern vor, die zur Nichtigkeit einer gleichwohl durchgeführten Wahl führen würden (s. ArbG D 8.9.2004 AuR 2004, 338; WKS/*Wißmann* § 22 Rn. 89 [hohe Wahrscheinlichkeit der Anfechtbarkeit]; schwächer UHH/*Habersack* Rn. 62, der einen wahrscheinl. GVerstoß ausreichen lässt). In Betracht kommt der Erlass einer einstweiligen Vfg. deshalb va., wenn ledigl. berichtigende Eingriffe in das Wahlverfahren begehrt werden (LAG N 16.2.2006 NZA-RR 2006, 358, 359).

Dritter Unterabschnitt. Wahl der Aufsichtsratsmitglieder der Arbeitnehmer durch Delegierte

§ 10 Wahl der Delegierten

(1) In jedem Betrieb des Unternehmens wählen die Arbeitnehmer in geheimer Wahl und nach den Grundsätzen der Verhältniswahl Delegierte.

(2) [1] Wahlberechtigt für die Wahl von Delegierten sind die Arbeitnehmer des Unternehmens, die das 18. Lebensjahr vollendet haben. [2] § 7 Satz 2 des Betriebsverfassungsgesetzes gilt entsprechend.

(3) Zu Delegierten wählbar sind die in Absatz 2 Satz 1 bezeichneten Arbeitnehmer, die die weiteren Wählbarkeitsvoraussetzungen des § 8 des Betriebsverfassungsgesetzes erfüllen.

(4) [1] Wird für einen Wahlgang nur ein Wahlvorschlag gemacht, so gelten die darin aufgeführten Arbeitnehmer in der angegebenen Reihenfolge als gewählt. [2] § 11 Abs. 2 ist anzuwenden.

§ 11 Errechnung der Zahl der Delegierten

(1) [1] In jedem Betrieb entfällt auf je 90 wahlberechtigte Arbeitnehmer ein Delegierter. [2] Ergibt die Errechnung nach Satz 1 in einem Betrieb mehr als

1. 25 Delegierte, so vermindert sich die Zahl der zu wählenden Delegierten auf die Hälfte; diese Delegierten erhalten je zwei Stimmen;

2. 50 Delegierte, so vermindert sich die Zahl der zu wählenden Delegierten auf ein Drittel; diese Delegierten erhalten je drei Stimmen;

3. 75 Delegierte, so vermindert sich die Zahl der zu wählenden Delegierten auf ein Viertel; diese Delegierten erhalten je vier Stimmen;

4. 100 Delegierte, so vermindert sich die Zahl der zu wählenden Delegierten auf ein Fünftel; diese Delegierten erhalten je fünf Stimmen;

5. 125 Delegierte, so vermindert sich die Zahl der zu wählenden Delegierten auf ein Sechstel; diese Delegierten erhalten je sechs Stimmen;

6. 150 Delegierte, so vermindert sich die Zahl der zu wählenden Delegierten auf ein Siebtel; diese Delegierten erhalten je sieben Stimmen.

[3] Bei der Errechnung der Zahl der Delegierten werden Teilzahlen voll gezählt, wenn sie mindestens die Hälfte der vollen Zahl betragen.

(2) [1] Unter den Delegierten müssen in jedem Betrieb die in § 3 Abs. 1 Nr. 1 bezeichneten Arbeitnehmer und die leitenden Angestellten entsprechend ihrem zahlenmäßigen Verhältnis vertreten sein. [2] Sind in einem Betrieb mindestens neun Delegierte zu wählen, so entfällt auf die in § 3 Abs. 1 Nr. 1 bezeichneten Arbeitnehmer und die leitenden Angestellten mindestens je ein Delegierter; dies gilt nicht, soweit in dem Betrieb nicht mehr als fünf in § 3 Abs. 1 Nr. 1 bezeichnete Arbeitnehmer oder leitende Angestellte wahlberechtigt sind. [3] Soweit auf die in § 3 Abs. 1 Nr. 1 bezeichneten Arbeitnehmer und die leitenden Angestellten lediglich nach Satz 2 Delegierte entfallen, vermehrt sich die nach Absatz 1 errechnete Zahl der Delegierten des Betriebs entsprechend.

(3) [1] Soweit nach Absatz 2 auf die in § 3 Abs. 1 Nr. 1 bezeichneten Arbeitnehmer und die leitenden Angestellten eines Betriebs nicht mindestens je ein Delegierter entfällt, gelten diese für die Wahl der Delegierten als Arbeitnehmer des Betriebs der Hauptniederlassung des Unterneh-

mens. [2]Soweit nach Absatz 2 und nach Satz 1 auf die in § 3 Abs. 1 Nr. 1 bezeichneten Arbeitnehmer und die leitenden Angestellten des Betriebs der Hauptniederlassung nicht mindestens je ein Delegierter entfällt, gelten diese für die Wahl der Delegierten als Arbeitnehmer des nach der Zahl der wahlberechtigten Arbeitnehmer größten Betriebs des Unternehmens.

(4) Entfällt auf einen Betrieb oder auf ein Unternehmen, dessen Arbeitnehmer nach diesem Gesetz an der Wahl von Aufsichtsratsmitgliedern des Unternehmens teilnehmen, kein Delegierter, so ist Absatz 3 entsprechend anzuwenden.

(5) Die Eigenschaft eines Delegierten als Delegierter der Arbeitnehmer nach § 3 Abs. 1 Nr. 1 oder § 3 Abs. 1 Nr. 2 bleibt bei einem Wechsel der Eigenschaft als Arbeitnehmer nach § 3 Abs. 1 Nr. 1 oder § 3 Abs. 1 Nr. 2 erhalten.

§ 12 Wahlvorschläge für Delegierte

(1) [1]Zur Wahl der Delegierten können die wahlberechtigten Arbeitnehmer des Betriebs Wahlvorschläge machen. [2]Jeder Wahlvorschlag muss von einem Zwanzigstel oder 50 der jeweils wahlberechtigten in § 3 Abs. 1 Nr. 1 bezeichneten Arbeitnehmer oder der leitenden Angestellten des Betriebs unterzeichnet sein.

(2) Jeder Wahlvorschlag soll mindestens doppelt so viele Bewerber enthalten, wie in dem Wahlgang Delegierte zu wählen sind.

§ 13 Amtszeit der Delegierten

(1) [1]Die Delegierten werden für eine Zeit gewählt, die der Amtszeit der von ihnen zu wählenden Aufsichtsratsmitglieder entspricht. [2]Sie nehmen die ihnen nach den Vorschriften dieses Gesetzes zustehenden Aufgaben und Befugnisse bis zur Einleitung der Neuwahl der Aufsichtsratsmitglieder der Arbeitnehmer wahr.

(2) In den Fällen des § 9 Abs. 1 endet die Amtszeit der Delegierten, wenn
1. die wahlberechtigten Arbeitnehmer nach § 9 Abs. 1 die unmittelbare Wahl beschließen;
2. das Unternehmen nicht mehr die Voraussetzungen für die Anwendung des § 9 Abs. 1 erfüllt, es sei denn, die wahlberechtigten Arbeitnehmer beschließen, daß die Amtszeit bis zu dem in Absatz 1 genannten Zeitpunkt fortdauern soll; § 9 Abs. 3 ist entsprechend anzuwenden.

(3) In den Fällen des § 9 Abs. 2 endet die Amtszeit der Delegierten, wenn die wahlberechtigten Arbeitnehmer die unmittelbare Wahl beschließen; § 9 Abs. 3 ist anzuwenden.

(4) Abweichend von Absatz 1 endet die Amtszeit der Delegierten eines Betriebs, wenn nach Eintreten aller Ersatzdelegierten des Wahlvorschlags, dem die zu ersetzenden Delegierten angehören, die Gesamtzahl der Delegierten des Betriebs unter die im Zeitpunkt ihrer Wahl vorgeschriebene Zahl der auf den Betrieb entfallenden Delegierten gesunken ist.

§ 14 Vorzeitige Beendigung der Amtszeit oder Verhinderung von Delegierten

(1) Die Amtszeit eines Delegierten endet vor dem in § 13 bezeichneten Zeitpunkt
1. durch Niederlegung des Amtes,
2. durch Beendigung der Beschäftigung des Delegierten in dem Betrieb, dessen Delegierter er ist,
3. durch Verlust der Wählbarkeit.

(2) [1]Endet die Amtszeit eines Delegierten vorzeitig oder ist er verhindert, so tritt an seine Stelle ein Ersatzdelegierter. [2]Die Ersatzdelegierten werden der Reihe nach aus den nicht gewählten Arbeitnehmern derjenigen Wahlvorschläge entnommen, denen die zu ersetzenden Delegierten angehören.

§ 15 Wahl der unternehmensangehörigen Aufsichtsratsmitglieder der Arbeitnehmer

(1) [1]Die Delegierten wählen die Aufsichtsratsmitglieder, die nach § 7 Abs. 2 Arbeitnehmer des Unternehmens sein müssen, geheim und nach den Grundsätzen der Verhältniswahl für die Zeit, die im Gesetz oder in der Satzung (im Gesellschaftsvertrag) für die durch das Wahlorgan der Anteilseigner zu wählenden Mitglieder des Aufsichtsrats bestimmt ist. [2]Dem Aufsichtsrat muss ein leitender Angestellter angehören.

(2) [1]Die Wahl erfolgt auf Grund von Wahlvorschlägen. [2]Jeder Wahlvorschlag für
1. Aufsichtsratsmitglieder der Arbeitnehmer nach § 3 Abs. 1 Nr. 1 muss von einem Fünftel oder 100 der wahlberechtigten Arbeitnehmer des Unternehmens unterzeichnet sein;

2. das Aufsichtsratsmitglied der leitenden Angestellten wird auf Grund von Abstimmungsvorschlägen durch Beschluß der wahlberechtigten leitenden Angestellten aufgestellt. Jeder Abstimmungsvorschlag muß von einem Zwanzigstel oder 50 der wahlberechtigten leitenden Angestellten unterzeichnet sein. Der Beschluß wird in geheimer Abstimmung gefaßt. Jeder leitende Angestellte hat so viele Stimmen, wie für den Wahlvorschlag nach Absatz 3 Satz 2 Bewerber zu benennen sind. In den Wahlvorschlag ist die nach Absatz 3 Satz 2 vorgeschriebene Anzahl von Bewerbern in der Reihenfolge der auf sie entfallenden Stimmenzahlen aufzunehmen.

(3) [1]Abweichend von Absatz 1 findet Mehrheitswahl statt, soweit nur ein Wahlvorschlag gemacht wird. [2]In diesem Fall muss der Wahlvorschlag doppelt so viele Bewerber enthalten, wie Aufsichtsratsmitglieder auf die Arbeitnehmer nach § 3 Abs. 1 Nr. 1 und auf die leitenden Angestellten entfallen.

§ 16 Wahl der Vertreter von Gewerkschaften in den Aufsichtsrat

(1) Die Delegierten wählen die Aufsichtsratsmitglieder, die nach § 7 Abs. 2 Vertreter von Gewerkschaften sind, in geheimer Wahl und nach den Grundsätzen der Verhältniswahl für die in § 15 Abs. 1 bestimmte Zeit.

(2) [1]Die Wahl erfolgt auf Grund von Wahlvorschlägen der Gewerkschaften, die in dem Unternehmen selbst oder in einem anderen Unternehmen vertreten sind, dessen Arbeitnehmer nach diesem Gesetz an der Wahl von Aufsichtsratsmitgliedern des Unternehmens teilnehmen. [2]Wird nur ein Wahlvorschlag gemacht, so findet abweichend von Absatz 1 Mehrheitswahl statt. [3]In diesem Falle muß der Wahlvorschlag mindestens doppelt so viele Bewerber enthalten, wie Vertreter von Gewerkschaften in den Aufsichtsrat zu wählen sind.

§ 17 Ersatzmitglieder

(1) [1]In jedem Wahlvorschlag kann zusammen mit jedem Bewerber für diesen ein Ersatzmitglied des Aufsichtsrats vorgeschlagen werden. [2]Für einen Bewerber, der Arbeitnehmer nach § 3 Abs. 1 Nr. 1 ist, kann nur ein Arbeitnehmer nach § 3 Abs. 1 Nr. 1 und für einen leitenden Angestellten nach § 3 Abs. 1 Nr. 2 nur ein leitender Angestellter als Ersatzmitglied vorgeschlagen werden. [3]Ein Bewerber kann nicht zugleich als Ersatzmitglied vorgeschlagen werden.

(2) Wird ein Bewerber als Aufsichtsratsmitglied gewählt, so ist auch das zusammen mit ihm vorgeschlagene Ersatzmitglied gewählt.

(3) Im Fall des § 96 Absatz 2 Satz 3 des Aktiengesetzes ist das Nachrücken eines Ersatzmitgliedes ausgeschlossen, wenn dadurch der Anteil von Frauen und Männern unter den Aufsichtsratsmitgliedern der Arbeitnehmer nicht mehr den Vorgaben des § 7 Absatz 3 entspricht; § 18a Absatz 2 Satz 2 gilt ensprechend.

1 Das Verfahren der Wahl der ARMitglieder der AN durch Delegierte ist in den §§ 10 bis 17 zwgd. geregelt. Erg. Vorschr. enthalten die WO (§§ 50 ff. 1. WO, §§ 54 ff. 2. WO, §§ 54 ff. 3. WO).

2 **1. Wahl der Delegierten. a) Wahlverfahren.** Bei einer Wahl der ARMitglieder der AN in mittelbarer Wahl sind zunächst im Verfahren nach den §§ 10 bis 12 iVm. den Bestimmungen der WO die Delegierten zu wählen. Deren Wahl findet nach § 10 I 1 in den einzelnen Betrieben des Unternehmens, dh. in für die AN überschaubaren Bereichen statt (s. Reg. Begr. BT-Drs. 7/2172 S. 22). Die Zuordnung von **Betriebsteilen** und **Kleinstbetrieben** erfolgt nach § 3 II iVm. den §§ 4, 3 I Nr. 1 bis 3 BetrVG (s. § 3 Rn. 4). Auch hins. des Betriebsbegriffs gelten die betriebsverfassungsrechtl. Grds. (§ 3 II 1), so dass AN in **Gemeinschaftsbetrieben** ebenfalls an den ARWahlen teilnehmen, soweit sie wahlberechtigt sind (UHH/*Henssler* § 10 Rn. 7; WKS/*Wißmann* § 10 Rn. 10). Die Delegierten der einzelnen Gruppen werden in getrennter Wahl von den jeweiligen Gruppenangehörigen gewählt (§ 10 I 1). Die Wahl der Delegierten folgt den Grds. der Verhältniswahl (§ 10 I 1; näher BetrVG § 14 Rn. 6). Wurde nur ein Wahlvorschlag aufgestellt, so gelten die benannten AN in der dortigen Reihenfolge nach § 10 IV 1 als gewählt (sog. Friedenswahl).

3 **b) Aktives und passives Wahlrecht; Wahlvorschläge.** Wahlberechtigt für die Wahl der Delegierten sind alle AN des Unternehmens, die das 18. Lebensjahr vollendet haben (§ 10 II). Nach hM zu den §§ 7, 8 BetrVG steht das Wahlrecht nur AN zu, die in einem **ArbVerh.** mit dem Unternehmen stehen (s. BetrVG § 7 Rn. 2). Eine Ausnahme gilt für **LeihAN,** wenn sie die Voraussetzungen des § 7 S. 2 BetrVG erfüllen (s. BetrVG § 7 Rn. 6), sowie für im Unternehmen tätige Beamte und AN des öffentl. Dienstes wegen der über § 3 I 1 Nr. 1 geltenden Fiktion in § 5 I 3 BetrVG (UHH/*Henssler* § 10 Rn. 20; WKS/*Wißmann* § 10 Rn. 16). Nach diesen Grds. sind in **Gemeinschaftsbetrieben** nur diejenigen dort eingesetzten AN bei dem Trägerunternehmen wahlberechtigt, die zu diesem in einem ArbVerh. stehen (*Annuß* FS v. Hoyningen-Huene 2014 S. 17, 25 ff.; *Hohenstatt/Schramm* NZA 2010, 846, 847 f.; RVJ/*Raiser/Jacobs* § 10 Rn. 11; für eine Wahlberechtigung aller AN jedoch LG HH 21.10.2008

ZIP 2008, 2364, 2366; *Däubler* FS Zeuner 1994 S. 19, 31; *Hjort* NZA 2001, 696, 700 f.; *Säcker* Wahlordnungen Rn. 213; *ders.* ZfA 2008, 51, 61; WKS/*Wißmann* § 10 Rn. 26; *Thüsing/Forst* FS Kreutz 2010 S. 867 ff.; im Grds. a. *Hanau* ZfA 1990, 115, 127; UHH/*Henssler* § 10 Rn. 21; ebenso zu der Parallelnorm in § 5 II DrittelbG BAG 13.3.2013 NZA 2013, 853 Rn. 24 ff. [krit. dazu *Prinz* SAE 2013, 90 ff.]; 14.8.2013 AP DrittelbG § 5 Nr. 2 Rn. 25; diff. *Wanhöfer,* Gemeinschaftsbetrieb und Unternehmensmitbestimmung, 1994 S. 80 ff., 110 ff.; *Zöllner* FS Semler 1993 S. 1012 f.).

Das **passive Wahlrecht** steht den wahlberechtigten AN des Unternehmens zu, die zudem die 4
Voraussetzungen des § 8 BetrVG erfüllen. Das gilt auch im Hinblick auf die Länge der Betriebszugehörigkeit; § 7 III 2 und 3 gelten nicht für das passive Wahlrecht bei der Delegiertenwahl (UHH/*Henssler* § 10 Rn. 28; WKS/*Wißmann* § 10 Rn. 40; **aA** RVJ/*Raiser/Jacobs* § 10 Rn. 13, die § 7 III 2 analog anwenden wollen). **LeihAN** sind im entleihenden Unternehmen selbst dann nicht wählbar, wenn sie nach § 7 S. 2 BetrVG wahlberechtigt sind (MüKoAktG/*Gach* § 10 MitbestG Rn. 15; s. BAG 17.2.2010 NZA 2010, 832 Rn. 25 ff.); ihre Wahlberechtigung im Verleiherunternehmen bleibt von § 7 S. 2 BetrVG unberührt (BAG 20.4.2005 NZA 2005, 1006, 1007). Zur Wählbarkeit von AN iSd. § 5 I 3 BetrVG s. BAG 12.9.2012 NZA-RR 2013, 197 Rn. 28).

Die **Wahlvorschläge** werden von den wahlberechtigten AN des Betriebs (§ 10 II) unterbreitet. 5
Dabei können 50 bzw. 5% der AN iSv. § 3 I die von ihrer Gruppe zu wählenden Delegierten vorschlagen (§ 12 I 2), wobei ein Wahlvorschlag nach § 12 II mind. doppelt so viele Bewerber enthalten soll, wie nach § 11 Delegierte zu wählen sind. Das nunmehr geltende Quorum beruht auf Art. 4 des Zweiten ÄndG zum SeemannsG (s. Einl. Rn. 7) und trägt dem Beschl. des BVerfG v. 12.10.2004 (E 111, 289 ff.) Rechnung, der das frühere Quorum (ein Zehntel oder 100 Wahlberechtigte) als mit Art. 3 I GG unvereinbar erklärt hatte. Für die notwendige Unterstützung des Wahlvorschlags stellt § 12 I 2 ausdr. auf die in § 3 I Nr. 1 genannten AN ab. Trotz § 14 II 5 AÜG sowie ungeachtet ihres aktiven Wahlrechts sind im entleihenden Unternehmen eingesetzte LeihAN nach dem GWortlaut hierbei nicht zu berücksichtigen, was mit § 6 I 2 DrittelbG nicht übereinstimmt, der auf die „Wahlberechtigten" abstellt. Diese Diskrepanz legt eine korrigierende Auslegung von § 12 I 2 nahe, durch die jdf. die wahlberechtigen LeihAN berechtigt sind, einen Wahlvorschlag zu unterstützen.

c) Zahl der Delegierten. Die Zahl der in jedem Betrieb zu wählenden Delegierten hängt von der 6
ANZahl ab und berechnet sich nach § 11 I. Das Verhältnis von AN iSv. § 3 I 1 Nr. 1 und ltd. Ang. muss sich bei der Verteilung der Delegierten widerspiegeln (§ 11 II 1, 2). Ein nachträgl. Gruppenwechsel lässt nach § 11 V das Amt des Delegierten unberührt (s. LAG NI 25.5.1988 DB 1988, 1760; UHH/*Henssler* § 11 Rn. 33). Ist auf Grund der geringen ANZahl einer Gruppe im Betrieb kein Delegierter zu wählen (§ 11 II 3), werden diese AN für die Wahl der Delegierten den AN ihrer Gruppe der Hauptniederlassung des Unternehmens bzw. dem nach der ANZahl größten Betrieb des Unternehmens zugerechnet (§ 11 III). Das gilt auch, wenn auf einen Betrieb oder ein nach § 5 zuzurechnendes Unternehmen kein Delegierter entfällt (§ 11 IV). Diese Vorschr. dienen ebenso wie § 11 II 2 und 3, wonach in einem Betrieb, in dem nach § 11 I mind. neun Delegierte zu wählen sind, auf jede Gruppe mind. ein Delegierter entfällt, dem Minderheitenschutz für bes. kleine ANGruppen. Ob das unter den AN im Betrieb befindl. Geschlecht in der Minderheit entspr. seinem zahlenmäßigen Anteil unter den Delegierten vertreten ist, spielt keine Rolle; eine mit § 15 II BetrVG vergleichbare Bestimmung kennt das MitbestG nicht.

d) Amtszeit der Delegierten. Die Amtszeit der Delegierten des Unternehmens ist gleich lang und 7
orientiert sich an der Amtszeit der von ihnen zu wählenden ARMitglieder (§ 13 I 1), endet aber nicht mit dieser. Die Delegierten bleiben so lange im Amt, bis eine Neuwahl der ARMitglieder der AN durch die Einberufung der Delegiertenversammlung eingeleitet wird (§ 13 I 2; RVJ/*Raiser/Jacobs* § 13 Rn. 4). Damit stehen die Delegierten nach Abschluss der ARWahl für Nachwahlen oder Abberufungen (§ 23) zur Vfg. Die Amtsperiode beginnt mit der Einl. der Wahl der ARMitglieder, dh. mit der Einberufung der Delegiertenversammlung (WKS/*Wißmann* § 13 Rn. 7; UHH/*Henssler* § 13 Rn. 9; RVJ/*Raiser/Jacobs* § 13 Rn. 4; NK-GA/*Heither/v. Morgen* § 13 Rn. 2; **aA** GK-MitbestG/*Matthes* § 13 Rn. 16, der auf die Wahl abstellt). In den in § 13 II bis IV geregelten Fällen sowie bei Niederlegung des Amts (§ 14 I Nr. 1), bei Beendigung der Beschäftigung des Delegierten im Betrieb (§ 14 I Nr. 2) und bei Verlust der Wählbarkeit (§ 14 I Nr. 3) endet die Amtszeit der Delegierten vorzeitig. Dabei betrifft § 13 II bis IV die Amtszeit aller Delegierten des Betriebs, während nach § 14 I nur die Amtszeit desjenigen Delegierten endet, in dessen Person die bes. Gründe eingetreten sind. Die Amtszeit der Delegierten endet ferner, wenn der Betrieb aufgelöst (BAG 13.5.1998 NZA 1999, 276, 277), stillgelegt oder an ein Unternehmen veräußert wird, dessen AN nicht an der Wahl der ARMitglieder teilnehmen (UHH/*Henssler* § 13 Rn. 58; RVJ/*Raiser/Jacobs* § 13 Rn. 14; HWK/*Seibt* Rn. 25). Die Beschäftigung eines Delegierten im Betrieb und damit auch dessen Delegiertenamt kann nicht nur auf Grund einer Kündigung enden, sondern auch mit dem Übergang in ein ruhendes ArbVerh., wenn feststeht, dass der AN keine Tätigkeit mehr erbringen wird (BAG 25.10.2000 NZA 2001, 461 für die ATZ nach dem Blockmodell; zust. UHH/*Henssler* § 14 Rn. 19).

Nach § 14 II tritt an die Stelle eines vorzeitig ausscheidenden oder eines aus tats. oder rechtl. 8
Gründen vorübergehend verhinderten Delegierten ein Ersatzdelegierter. Dies sind die dem ausscheidenden oder verhinderten Delegierten auf der Wahlliste Folgenden, aber nicht Gewählten (§ 14 II 2).

Ist die Wahlliste erschöpft, kann nicht auf eine andere Liste zurückgegriffen werden; nach § 13 IV endet die Amtszeit aller Delegierten. Eine Verhinderung iSv. § 14 II 1 liegt, da sich die Tätigkeit der Delegierten während ihrer Amtszeit auf nur wenige Akte beschränkt und der Einhaltung des Gruppenproporzes und des Minderheitenschutzes in § 11 II bis IV große Bedeutung beigemessen wird, nach hM bereits vor, wenn der Delegierte an nur einer Sitzung nicht teilnehmen kann (UHH/*Henssler* § 14 Rn. 30; RVJ/*Raiser/Jacobs* § 14 Rn. 6; zur Verhinderung s. a. BetrVG § 25 Rn. 4).

9 **2. Wahl der Aufsichtsratsmitglieder. a) Unternehmensangehörige ARMitglieder.** Die ARMitglieder der AN, die nach § 7 II dem Unternehmen angehören müssen, werden nach § 15 iVm. den Bestimmungen der WO (§§ 68 ff. 1. WO, §§ 74 ff. 2. WO, §§ 74 ff. 3. WO) durch die **Delegiertenversammlung** des Unternehmens gewählt. Die Wahl ist geheim und folgt den Grds. der **Verhältniswahl** (§ 15 I). Abw. davon findet in den Fällen des § 15 III eine **Mehrheitswahl** statt, wenn nur ein Wahlvorschlag aufgestellt wurde und dieser doppelt so viele Bewerber wie zu bestellende ARMitglieder der betr. Gruppe (§ 15 III 2) enthält. Die Verteilung der ARSitze der unternehmensangehörigen AN muss das Verhältnis sämtl. AN iSv. § 3 I 1 Nr. 1 und ltd. Ang. im Unternehmen widerspiegeln, wobei im AR mind. ein Angehöriger jeder Gruppe vertreten sein muss (§ 15 I 2). Die Wahl der unternehmensangehörigen ARMitglieder der AN erfolgt auf Grund von **Wahlvorschlägen,** die nach § 15 II 20% oder 100 der wahlberechtigten AN iSv. § 3 I 1 Nr. 1 unterzeichnen müssen, bzw. auf Grund von Abstimmungsbeschl. der ltd. Ang. (§ 15 II Nr. 2). Die im Hinblick auf das Quorum für die Wahl von Delegierten vorgetragenen Bedenken (s. BVerfG 12.10.2004 E 111, 289 ff.) lassen sich auf das Quorum für Wahlvorschläge zur Wahl der unternehmensangehörigen ANVertreter im AR nicht übertragen (UHH/*Henssler* § 15 Rn. 43; *Stück* DB 2004, 2582, 2583; NK-GA/*Heither/v. Morgen* § 15 Rn. 7; WKS/*Wißmann* § 15 Rn. 44 f.). Zur Unterstützung durch im entleihenden Unternehmen tätige LeihAN s. Rn. 5.

10 **b) Vertreter von Gewerkschaften.** ARMitglieder der AN, die nach § 7 II Vertreter der Gewerkschaften sein müssen, werden nach § 16 I sowie den Bestimmungen der WO von den Delegierten des Unternehmens in gemeinsamer Wahl gewählt. Diese ist geheim und folgt den Grds. der **Verhältniswahl,** sofern mehr als ein Wahlvorschlag aufgestellt wurde; ansonsten findet nach § 16 II 2 eine **Mehrheitswahl** statt, wenn der Vorschlag mind. doppelt so viele Bewerber wie zu bestellende Vertreter enthält. Vorschlagsberechtigt sind die Gewerkschaften, die in dem Unternehmen oder einem Unternehmen, dessen AN an der Wahl beteiligt sind, vertreten sind, dh., denen mind. ein AN des Unternehmens als Mitglied angehört (§ 7 Rn. 3). Allerdings soll die Mitgliedschaft mit dem von der Gewerkschaft selbst gewählten Betätigungsbereich vereinbar sein müssen (ArbG Stuttgart 13.8.2008 – 12 BVGa 4/08).

11 **c) Ersatzmitglieder.** Nach § 17 I kann über § 6 II iVm. § 101 III 2 AktG hinaus für jedes ARMitglied der AN ein Ersatzmitglied bestellt werden. Diese müssen zur Wahrung des Gruppenverhältnisses zwischen den ARMitgliedern der AN nach § 11 II ders. Gruppe angehören wie die ARMitglieder selbst (§ 17 I 2). Ein Bewerber und das für ihn vorgeschlagene Ersatzmitglied müssen nicht demselben Geschlecht angehören (*Röder/Arnold* NZA 2015, 279, 281); das Geschlecht des Ersatzmitglieds ist erst für den Fall des Nachrückens von Bedeutung (§ 17 III). Ein Vorschlag sowohl zur Wahl als ARMitglied als auch zum Ersatzmitglied ist nach § 17 I 3 ausgeschlossen, damit Kandidaten, die die erforderl. Mehrheit für die Bestellung zum ARMitglied verfehlen, nicht nachträgl. als Ersatzmitglied in den AR gelangen (WKS/*Wißmann* § 17 Rn. 7; RVJ/*Raiser/Jacobs* § 17 Rn. 2). Entspr. dem Wortlaut des § 17 I 1 kann für jedes ARMitglied der AN nur ein Ersatzmitglied bestellt werden (WKS/*Wißmann* § 17 Rn. 6; UHH/*Henssler* § 17 Rn. 9). Die Bestellung eines Ersatzmitglieds für mehrere ARMitglieder der AN ist dagegen mögl. (**aA** WKS/*Wißmann* § 17 Rn. 9; NK-GA/*Heither/v. Morgen* § 17 Rn. 6), wobei jedoch die Bewerbung auf konkurrierenden Wahllisten unzulässig ist (UHH/*Henssler* § 17 Rn. 11; RVJ/*Raiser/Jacobs* § 17 Rn. 3). Mit der Wahl eines Bewerbers ist auch das mit ihm vorgeschlagene Ersatzmitglied gewählt (§ 17 II); ein gesondertes Wahlverfahren findet nicht statt.

12 Die Rechtsstellung der Ersatzmitglieder bestimmt sich nach § 6 II iVm. § 101 III AktG (s. AktG § 101 Rn. 8). Es wird Mitglied des AR, wenn das gewählte ARMitglied vor Ablauf seiner Amtszeit wegfällt (§ 101 III 2 AktG). Das Nachrücken des Ersatzmitglieds schließt § 17 III 1. Hs. aus, wenn auf Grund seines Geschlechts im Anschluss im AR unter den ANVertretern nicht mehr das Mindestanteilsgebot gewahrt ist. Diese Sperre sieht § 17 III 1. Hs. nur für den Fall einer **Getrennterfüllung** vor, da das G ausdr. auf § 96 II 3 AktG Bezug nimmt. Gehört das Ersatzmitglied aus Sicht des Mindestanteilsgebots dem falschen Geschlecht an, ist der freigewordene Sitz wegen der Bezugnahme in § 17 III 2. Hs. auf § 18a II 2 mittels Nachwahl oder gerichtl. Ersatzbestellung (§ 104 II AktG) zu besetzen. Im letztgenannten Fall hat das Gericht das Mindestanteilsgebot zu beachten (§ 104 V; s. AktG § 104 Rn. 6 sowie § 18a Rn. 5). Eine allg. ges. Regelung fehlt für den Fall, dass sich die Wahrung des Mindestanteilsgebots nach dem Prinzip der **Gesamterfüllung** (§ 96 II 2 AktG) richtet; § 96 II 5 AktG erfasst ledigl. den Sonderfall, dass sich der höhere Frauenanteil einer Seite nachträgl. verringert. Während bei AEVertretern die Regelungslücke durch eine entspr. Anwendung von § 104 V AktG geschlossen werden kann, liegt für die ANVertreter eine Analogie zu § 17 III nahe (**aA** WKS/*Wißmann* § 17 Rn. 20). Beruht der von § 96 II 5 AktG erfasste Sonderfall auf der Zusammensetzung der ANVertreter, steht das Nachrücken des Ersatzmitglieds allerdings unter dem Vorbehalt, dass die verbliebenen ARMitglieder der AN keinen Widerspruch gegen die Gesamterfüllung beschließen.

3. **Wahlvorstand.** Die rechtzeitige Einl. der Wahl, deren Durchführung sowie die Feststellung der Wahlergebnisse obliegen dem Wahlvorstand. Daneben hat dieser über die Einhaltung der Verfahrensvorschr. zu wachen und Verstöße iRd. Möglichen zu berichtigen. Die **Kompetenz** hierzu unterliegt keinen Einschränkungen (BAG 20.2.1991 NZA 1992, 33, 34). Der Wahlvorstand ist unmittelbar nach der Bek. des Unternehmens, dass ARMitglieder der AN zu wählen sind, abhängig vom Anwendungsbereich der WO als Betriebs-, Unternehmens- oder Hauptwahlvorstand zu bilden; der Wahrnehmung von Doppelfunktionen in verschiedenen Wahlvorständen stehen rechtl. Bedenken nicht entgegen (*Stück* DB 2004, 2582, 2582). Unterbleibt die Bestellung eines Wahlvorstands, kann diese nicht durch das ArbG ersetzt werden (LAG HE 21.8.2008 NZA-RR 2009, 305 f.). Zusammensetzung, Bestellung, innere Ordnung und Beschlussfassung regeln die WO (§§ 3 ff. 1. WO, §§ 3 ff. 2. WO, §§ 3 ff. 3. WO). Die **Amtszeit** beginnt mit der Wahl und endet mit Abschluss der ARWahl (BAG 25.8.1981 AP ArbGG 1979 § 83 Nr. 2; LAG HH 31.1.1979 DB 1979, 899, 900). 13

Vierter Unterabschnitt. Unmittelbare Wahl der Aufsichtsratsmitglieder der Arbeitnehmer

§ 18 [Unmittelbare Wahl]

[1] Sind nach § 9 die Aufsichtsratsmitglieder der Arbeitnehmer in unmittelbarer Wahl zu wählen, so sind die Arbeitnehmer des Unternehmens, die das 18. Lebensjahr vollendet haben, wahlberechtigt. [2] § 7 Satz 2 des Betriebsverfassungsgesetzes gilt entsprechend. [3] Für die Wahl sind die §§ 15 bis 17 mit der Maßgabe anzuwenden, daß an die Stelle der Delegierten die wahlberechtigten Arbeitnehmer des Unternehmens treten.

Sind ARMitglieder der AN unmittelbar durch die AN des Unternehmens zu wählen (Urwahl), ist das Verfahren der §§ 15 bis 17 nach § 18 S. 2 entspr. anzuwenden, mit dem Unterschied, dass an die Stelle der Delegierten die Gruppen der wahlberechtigten AN treten. § 18 ist zwgd.; erg. Vorschr. enthalten die §§ 37 ff. 1. WO, §§ 39 ff. 2. WO, §§ 39 ff. 3. WO. Wahlberechtigt sind nach § 18 S. 1 alle AN des Unternehmens, die das 18. Lebensjahr vollendet haben. 1

Fünfter Unterabschnitt. Nichterreichen des Geschlechteranteils durch die Wahl

§ 18a [Nichterreichen des Geschlechteranteils]

(1) Ergibt im Fall des § 96 Absatz 2 Satz 3 des Aktiengesetzes die Auszählung der Stimmen und ihre Verteilung auf die Bewerber, dass die Vorgaben des § 7 Absatz 3 nicht erreicht worden sind, ist folgendes Geschlechterverhältnis für die Aufsichtsratssitze der Arbeitnehmer herzustellen:

1. **in Aufsichtsräten nach § 7 Absatz 2 Nummer 1 und 2 müssen unter den Aufsichtsratsmitgliedern der Arbeitsnehmer nach § 3 Absatz 1 Nummer 1 jeweils mindestens eine Frau und mindestens ein Mann und unter den Aufsichtsratsmitgliedern der Gewerkschaften jeweils eine Frau und ein Mann vertreten sein;**
2. **in einem Aufsichtsrat nach § 7 Absatz 2 Nummer 3 müssen unter den Aufsichtsratsmitgliedern der Arbeitnehmer nach § 3 Absatz 1 Nummer 1 mindestens zwei Frauen und mindestens zwei Männer und unter den Aufsichtsratsmitgliedern der Gewerkschaften eine Frau und ein Mann vertreten sein.**

(2) [1] Um die Verteilung der Geschlechter nach Absatz 1 zu erreichen, ist die Wahl derjenigen Bewerber um einen Aufsichtsratssitz der Arbeitnehmer unwirksam, deren Geschlecht in dem jeweiligen Wahlgang nach der Verteilung der Stimmen auf die Bewerber mehrheitlich vertreten ist und die

1. **bei einer Mehrheitswahl in dem jeweiligen Wahlgang nach der Reihenfolge der auf die Bewerber entfallenden Stimmenzahlen die niedrigsten Stimmenzahlen erhalten haben oder**
2. **bei einer Verhältniswahl in dem jeweiligen Wahlgang nach der Reihenfolge der auf die Bewerber entfallenden Höchstzahlen die niedrigsten Höchstzahlen erhalten haben.**

[2] Die durch unwirksame Wahl nach Satz 1 nicht besetzten Aufsichtsratssitze werden im Wege der gerichtlichen Ersatzbestellung nach § 104 des Aktiengesetzes oder der Nachwahl besetzt.

1. **Anwendungsbereich.** Wegen der Bezugnahme in § 18a I auf § 96 II 3 AktG gilt die Vorschr. nur, wenn für die Wahrung des Mindestanteilsgebots die **Getrennterfüllung** maßgebl. ist. Sie greift nur ein, wenn nach Abschluss der Wahl durch Auszählung der Stimmen der nach § 7 III notwendige Geschlechteranteil unter den ANVertretern nicht erreicht ist (s. § 7 Rn. 2). Solange dieser gewahrt ist, ist das in Abs. 1 umschriebene Geschlechterverhältnis unerhebl. Wird der nach § 7 III notwendige Geschlechteranteil bereits allein durch die Vertreter der Gewerkschaften sowie den ltd. Ang. erfüllt, so ist die Wahl der ARMitglieder der AN nach § 3 I Nr. 1 unabhängig davon wirksam, ob bei diesen die 1

Vorgaben in Abs. 1 gewahrt sind (s. § 46c II 1. WO, § 50c II 2. WO, § 50c II 3. WO). Entspr. gilt, wenn das Mindestanteilsgebot bereits durch die ARMitglieder der AN nach § 3 I Nr. 1 (zB Wahl von zwei bzw. drei Frauen) gewahrt ist. Darüber hinaus regelt § 18a ausschl. die Zusammensetzung der ANVertreter infolge der Wahl. **Veränderungen nach der Wahl** (zB durch Ausscheiden eines ARMitgliedes) trägt § 18a nicht Rechnung (WKS/*Wißmann* Rn. 7). Auch eine Änderung des Geschlechts nach der Wahl, die dazu führt, dass der von § 7 III geforderte Geschlechteranteil nicht mehr erreicht wird, berührt nicht das Amt der rechtswirksam gewählten ARMitglieder.

2 **2. Ermittlung des nicht gewählten Bewerbers.** Wird durch die Wahl der ARMitglieder der AN das nach § 7 III zu ermittelnde Mindestanteilsgebot nicht gewahrt, so ordnet § 18a II 1 die **Unwirksamkeit der Wahl** an und legt zugleich fest, dass der hierdurch freie Sitz im Wege der Nachwahl oder einer gerichtl. Ersatzbestellung (§ 104 II AktG) zu besetzen ist (§ 18a II 2, s. § 18a Rn. 5). Damit hat sich das G bewusst gegen die Mechanismen in den §§ 15 V, 22 WO-BetrVG entschieden. Wegen der Unwirksamkeit der Wahl als Rechtsfolge ist eine Regelung zur **Konkretisierung des nicht gewählten Bewerbers** notwendig. Diese trifft § 18 II 1, der jedoch auf § 18 I aufbaut und die auf die ANVertreter im AR entfallenden Sitze auf die verschiedenen Gruppen aufteilt.

3 Für das **Geschlechterverhältnis unter den ANVertretern im AR** bleibt der nach § 15 I 2 dem AR angehörende ltd. Ang. unberücksichtigt, da § 18a I Nr. 1 und 2 ausschl. auf die ARMitglieder der AN iSv. § 3 I Nr. 1 abstellen (Begr. RegE, BT-Drs. 18/3784, 137; *Röder/Arnold* NZA 2015, 279, 281; Spindler/Stilz/*Spindler* § 96 Rn. 34; WKS/*Wißmann* Rn. 10). Gehören dem AR 6 oder 8 ANVertreter an, so müssen sich unter den unternehmensangehörigen ANVertretern sowie unter den Vertretern der Gewerkschaften jeweils mind. eine Frau und ein Mann befinden (§ 18a I Nr. 1). Bei einem AR aus 10 ANVertretern erhöht sich die Zahl der unternehmensangehörigen ANVertreter, die einem bestimmten Geschlecht angehören müssen, auf zwei Frauen und zwei Männer (s. a. § 7 Rn. 2). Eine Übererfüllung des Mindestanteilsgebots kann hierdurch zwar eintreten, wenn der dem AR angehörende Vertreter der ltd. Ang. dem unterrepräsentierten Geschlecht angehört, dies setzt aber zusätzl. voraus, dass das Mindestanteilsgebot nach § 7 III nicht erfüllt wird (s. a. NK-GA/*Heither/v.Morgen* Rn. 6 ff.; WKS/*Wißmann* Rn. 11 f.). Genügt die Wahl der ANVertreter einer Gruppe den Vorgaben in § 18a I, dann ist deren Wahl uneingeschränkt rechtswirksam. Die Rechtsfolge der Rechtsunwirksamkeit beschränkt sich auf die ANVertreter derjenigen Gruppe, die nicht § 18a I entspr. zusammengesetzt ist. Deshalb ist die Wahl des Vertreters der ltd. Ang. stets rechtswirksam (*Wißmann* FS Höland 2015 S. 600, 605).

4 Werden die Anforderungen in § 18a I an das Geschlechterverhältnis in der jeweiligen Gruppe nicht erfüllt, beschränkt § 18 II 1 die **Rechtsfolge der Unwirksamkeit** auf diejenigen Bewerber, deren Geschlecht unter den Bewerbern mehrheitl. vertreten ist. Die Wahl der Bewerber, die dem anderen Geschlecht angehören, ist uneingeschränkt rechtswirksam (s. § 46c III 1 1. WO, § 50c III 1 2. WO, § 50c III 1 3. WO; WKS/*Wißmann* Rn. 15), was uU zur Übererfüllung des Mindestanteilsgebots führen kann (s. *Röder/Arnold* NZA 2015, 279, 282; NK-GA/*Heither/v. Morgen* Rn. 6 ff.). Bzgl. der Bewerber des mehrheitl. vertretenen Geschlechts diff. § 18a I 1 nach dem Wahlmodus. Fand eine **Mehrheitswahl** statt (§ 15 III 1, § 16 II 2), dann ist die Wahl des Bewerbers mit der niedrigsten Stimmenzahl unwirksam (§ 18a II 1 Nr. 1); bei einer **Verhältniswahl** (§ 15 I, § 16 I) richtet sich die Unwirksamkeit der jeweiligen Wahl nach der niedrigsten Höchstzahl (§ 18a II 1 Nr. 2).

5 **3. Besetzung des freigewordenen Aufsichtsratssitzes.** Für die **Besetzung** des infolge der Unwirksamkeit **freien ARSitzes** ist nicht automatisch auf die nicht gewählten Bewerber zurückzugreifen, deren Geschlecht sich unter den Bewerbern in der Minderheit befindet, sondern § 18a II 2 gibt ausdr. und zwgd. vor, dass der entspr. Sitz mittels einer Nachwahl oder einer gerichtl. Ersatzbestellung zu besetzen ist. Dies schließt ein abw. und den §§ 15 V, 22 WO-BetrVG entlehntes Vorgehen aus. Welches Procedere für die Besetzung des freien Platzes zur Anwendung gelangt, hängt von den nach § 15 II 1 Nr. 1 bzw. § 16 II 1 Vorschlagsberechtigten bzw. den nach § 104 II 3 iVm. § 104 I AktG Antragsberechtigten ab. Die Nachwahl eines Bewerbers ist analog § 18a II 1 nur rechtswirksam, wenn im Anschluss das Geschlechterverhältnis innerhalb der jeweiligen Gruppe den Anforderungen in § 18a I genügt (*Oetker* ZHR 179 [2015], 707, 733; ähnl. WKS/*Wißmann* Rn. 21; *ders* FS Höland 2014 S. 600, 605, der die Zulassung der Wahlvorschläge auf solche Bewerber beschränkt, die dem Minderheitsgeschlecht angehören). Der freie Sitz ist deshalb mit einer Person zu besetzen, die dem in der Minderheit befindl. Geschlecht angehört (Begr. RegE, BT-Drs. 18/3784, 137). Bei einer gerichtl. Ersatzbestellung hat das Gericht diesen Anforderungen zu entsprechen. Für die Ausübung seines Ermessens kann es sich an der Wertentsch. in den §§ 15 V, 22 WO-BetrVG orientieren (iE auch Begr. RegE, BT-Drs. 18/3784, 138; *Oetker* ZHR 179 [2015], 707, 733; *Röder/Arnold* NZA 2015, 279, 281; *FKP* Rn. 762). Bis zum Abschluss der Nachwahl bzw. rkr. Abschluss des Verfahrens nach § 104 II AktG bleibt der infolge der unwirksamen Wahl freie Sitz unbesetzt (Begr. RegE, BT-Drs. 18/3784, 137 f.; *Röder/Arnold* NZA 2015, 279, 281; *Schulz/Ruf* BB 2015, 1155, 1158; WKS/*Wißmann* Rn. 20); insoweit entspricht die Rechtslage derjenigen bei den AEVertretern (AktG § 96 Rn. 7; Begr. RegE, BT-Drs. 18/3784, 128).

Sechster Unterabschnitt. Weitere Vorschriften über das Wahlverfahren sowie über die Bestellung und Abberufung von Aufsichtsratsmitgliedern

§ 19 Bekanntmachung der Mitglieder des Aufsichtsrats

[1]Das zur gesetzlichen Vertretung des Unternehmens befugte Organ hat die Namen der Mitglieder und der Ersatzmitglieder des Aufsichtsrats unverzüglich nach ihrer Bestellung in den Betrieben des Unternehmens bekanntzumachen und im Bundesanzeiger zu veröffentlichen. [2]Nehmen an der Wahl der Aufsichtsratsmitglieder des Unternehmens auch die Arbeitnehmer eines anderen Unternehmens teil, so ist daneben das zur gesetzlichen Vertretung des anderen Unternehmens befugte Organ zur Bekanntmachung in seinen Betrieben verpflichtet.

1. Bekanntmachungspflicht. Nach § 19 S. 1 hat das ges. Vertretungsorgan des Unternehmens die Namen der Mitglieder und Ersatzmitglieder des AR unverzügl. (§ 121 BGB) nach ihrer Bestellung im Betrieb und durch Veröff. im BAnz. bekanntzumachen. Die Bek. in den Betrieben muss nicht durch einen Aushang, sondern kann auch mittels anderer Formen erfolgen, bei denen die moderne Informations- und Kommunikationstechnik eingesetzt wird. Daneben ist die Bek. mit Ausnahme bei der Genossenschaft in den Gesellschaftsblättern und durch Einreichung zum HReg. nach § 6 II, III iVm. § 106 AktG notwendig. Die Pflicht zur Bek. im Betrieb trifft nach § 19 S. 2 auch die ges. Vertretungsorgane von Unternehmen, deren AN an der Wahl der ARMitglieder zu beteiligen waren. 1

2. Inhalt und Wirkung der Bekanntmachung. Bekanntzumachen sind nur die Namen der ARMitglieder und Ersatzmitglieder (UHH/*Henssler* Rn. 5; RVJ/*Raiser/Jacobs* Rn. 1), dies jedoch bei jeder Bestellung, dh. auch bei Nachwahlen, gerichtl. Ersatzbestellung sowie Eintritt eines Ersatzmitglieds in den AR (UHH/*Henssler* Rn. 4; RVJ/*Raiser/Jacobs* Rn. 1). Beim Ausscheiden von ARMitgliedern findet § 19 entspr. seinem Wortlaut im Gegensatz zu § 106 AktG keine Anwendung (UHH/*Henssler* Rn. 4; RVJ/*Raiser/Jacobs* Rn. 3; WKS/*Wißmann* Rn. 5). Die Bek. nach § 19 hat für die Bestellung nur deklaratorische Bedeutung und ist von der Bek. des Wahlergebnisses zu unterscheiden. Allerdings beginnt die Wahlanfechtungsfrist des § 22 II 2 nicht zu laufen, wenn die Bek. iSv. § 19 unterbleibt. 2

§ 20 Wahlschutz und Wahlkosten

(1) [1]Niemand darf die Wahlen nach den §§ 10, 15, 16 und 18 behindern. [2]Insbesondere darf niemand in der Ausübung des aktiven und passiven Wahlrechts beschränkt werden.

(2) Niemand darf die Wahlen durch Zufügung oder Androhung von Nachteilen oder durch Gewährung oder Versprechen von Vorteilen beeinflussen.

(3) [1]Die Kosten der Wahlen trägt das Unternehmen. [2]Versäumnis von Arbeitszeit, die zur Ausübung des Wahlrechts oder der Betätigung im Wahlvorstand erforderlich ist, berechtigt den Arbeitgeber nicht zur Minderung des Arbeitsentgelts.

Die Vorschr. entspricht inhaltl. § 20 BetrVG; auf die dortige Kommentierung wird verwiesen. Eine von § 20 I untersagte **Wahlbehinderung** kann zB auch darin liegen, dass sich ein BR jahrelang weigert, für den Hauptwahlvorstand Mitglieder zu bestellen (LAG HE 29.7.2010 BeckRS 2011, 66077) oder das Unternehmen unter Verletzung der Neutralitätspflicht eine Vorschlagsliste unterstützt (s. ArbG Essen 7.9.2010 LAGE MitbestG § 20 Nr. 1 [im konkreten Fall verneint]). Zur Erstattung der **Anwaltskosten** für ein EilbeschlV im Zusammenhang mit einer ARWahl s. LAG HE 1.7.2004 AuR 2004, 477 (LS). Die **Kosten** infolge der Hinzuziehung eines Verfahrensbevollmächtigten zur Durchführung des im Zusammenhang mit der Wahl stehenden BeschlV sind vom AG nicht zu tragen, wenn die Rechtsverfolgung offensichtl. aussichtslos oder die Hinzuziehung eines Verfahrensbevollmächtigten rechtsmissbräuchl. ist (BAG 25.5.2005 NZA 2005, 1250, 1251). Die Erstattung von **Schulungskosten** hängt von der Erforderlichkeit der Maßnahme ab und kommt va. für die Mitglieder des weisungsberechtigten Unternehmens- bzw. Hauptwahlvorstands in Betracht (zurückhaltend a. *Stück* DB 2004, 2582, 2584). 1

§ 21 Anfechtung der Wahl von Delegierten

(1) Die Wahl der Delegierten eines Betriebs kann beim Arbeitsgericht angefochten werden, wenn gegen wesentliche Vorschriften über das Wahlrecht, die Wählbarkeit oder das Wahlverfahren verstoßen worden und eine Berichtigung nicht erfolgt ist, es sei denn, daß durch den Verstoß das Wahlergebnis nicht geändert oder beeinflußt werden konnte.

(2) [1]Zur Anfechtung berechtigt sind

1. mindestens drei wahlberechtigte Arbeitnehmer des Betriebs,

2. der Betriebsrat,

3. der Sprecherausschuss,
4. das zur gesetzlichen Vertretung des Unternehmens befugte Organ.
[2]Die Anfechtung ist nur binnen einer Frist von zwei Wochen, vom Tage der Bekanntgabe des Wahlergebnisses an gerechnet, zulässig.

1 **1. Regelungszweck.** § 21 regelt die Anfechtung der Delegiertenwahl (§ 10). Die Möglichkeit der isolierten Anfechtung der Delegiertenwahl soll verhindern, dass deren Fehlerhaftigkeit zur Anfechtung der Wahl der ARMitglieder führt (Reg. Begr. BT-Drs. 7/2172 S. 25). Deshalb können Gründe, die eine Anfechtung der Delegiertenwahl rechtfertigen, gegen die Wahl der ARMitglieder nicht mehr geltend gemacht werden, wenn eine Anfechtung nach § 21 innerhalb der Frist von zwei Wochen (§ 21 II 2) unterblieben ist (UHH/*Henssler* § 22 Rn. 2; KölnK-AktG/*Mertens/Cahn* § 117 Anh. B § 21 MitbestG Rn. 1; RVJ/*Raiser/Jaocbs* Rn. 1; HWK/*Seibt* Rn. 1; s. a. § 22 Rn. 2). § 21 ist § 19 BetrVG und § 10k MitbestErgG nachgebildet. Eine Geltendmachung von Fehlern im Wege der Anfechtung nach § 21 I ist ausgeschlossen, wenn der Einfluss des Wahlfehlers auf das Wahlergebnis durch eine Berichtigung beseitigt wurde (UHH/*Henssler* Rn. 25; HWK/*Seibt* Rn. 2). Diese ist nicht auf bestimmte Verfahrensfehler beschränkt und richtet sich nach der Art des zu korrigierenden Fehlers. Sie kann insb. auch darin bestehen, fehlerhafte Verfahrensabschnitte zu wiederholen (BAG 20.2.1991 NZA 1992, 33, 34; näher BetrVG § 19 Rn. 6).

2 **2. Anfechtungsgründe.** Die Anfechtung der Wahl von Delegierten ist aus denselben Gründen mögl. wie die Anfechtung der Wahl von BRMitgliedern (§ 19 I BetrVG), auf die dortigen Erl. kann deshalb verwiesen werden. Hins. eines einzelnen Delegierten kann die Wahlanfechtung jedoch nur auf solche Gründe gestützt werden, die ausschl. in dessen Person vorliegen (BAG 11.6.1997 NZA 1998, 162, 163; UHH/*Henssler* Rn. 17; WKS/*Wißmann* Rn. 10).

3 **3. Anfechtungsberechtigte und Anfechtungsgegner.** Die Anfechtungsberechtigten zählt § 21 II 1 abschl. auf. Die Delegiertenwahl können mind. drei nach § 10 II wahlberechtigte AN des Betriebs, der BR, der SprAu sowie das ges. Vertretungsorgan des Unternehmens anfechten. Anfechtungsgegner sind die Delegierten, deren Wahl angefochten wird (UHH/*Henssler* Rn. 13; RVJ/*Raiser/Jacobs* Rn. 9). Haben drei wahlberechtigte AN die Wahl der Delegierten angefochten und fällt ein AN während des Verfahrens nach Ablauf der Anfechtungsfrist fort, so kann an seiner Stelle nicht ein anderer AN die Anfechtung weiter betreiben (BAG 12.2.1985 NZA 1985, 786, 787 f.; aA UHH/*Henssler* Rn. 11). Die Anfechtung kann sich auf die Wahl eines einzelnen Delegierten, eine Gruppe von Delegierten oder sämtl. Delegierte beziehen (WKS/*Wißmann* Rn. 10; UHH/*Henssler* Rn. 2; RVJ/*Raiser/Jacobs* Rn. 7; s. § 22 Rn. 3). Sie erfolgt durch Anrufung des ArbG nach den §§ 2a I Nr. 3, 80 ArbGG.

4 **4. Rechtswirkung der Anfechtung.** Die Rechtswirkung der Anfechtung folgt den Grds. zu § 19 BetrVG (s. dort). Haben fehlerhaft bestellte Delegierten trotz erfolgreicher Anfechtung nach § 21 an der Wahl der ARMitglieder mitgewirkt und war ihre Mitwirkung für das Wahlergebnis entscheidend, ist auch die Wahl der ARMitglieder nach § 22 anfechtbar.

5 **5. Nichtigkeit der Wahl.** Verstößt die Wahl grob und offensichtl. gegen grdl. Wahlregeln, kommt neben der Anfechtbarkeit auch die ges. nicht geregelte Nichtigkeit der Wahl in Betracht. So zB, wenn ein Delegierter die Wählbarkeitsvoraussetzungen des § 10 III nicht erfüllt (WKS/*Wißmann* Rn. 4; RVJ/*Raiser/Jacobs* Rn. 13; NK-GA/*Heither/v. Morgen* Rn. 11; aA UHH/*Henssler* Rn. 21; zum Streitstand bei § 22 s. UHH/*Henssler* § 22 Rn. 10 ff.; GK-MitbestG/*Matthes* Rn. 45), gegen den Grds. der geheimen Wahl verstoßen (näher BetrVG § 19 Rn. 15 ff.) oder eine Wahl ohne vorherige Durchführung eines Statusverfahrens (§§ 97 ff. AktG) durchgeführt wird (*Säcker* ZfA 2008, 51, 70).

§ 22 Anfechtung der Wahl von Aufsichtsratsmitgliedern der Arbeitnehmer

(1) Die Wahl eines Aufsichtsratsmitglieds oder eines Ersatzmitglieds der Arbeitnehmer kann beim Arbeitsgericht angefochten werden, wenn gegen wesentliche Vorschriften über das Wahlrecht, die Wählbarkeit oder das Wahlverfahren verstoßen worden und eine Berichtigung nicht erfolgt ist, es sei denn, daß durch den Verstoß das Wahlergebnis nicht geändert oder beeinflußt werden konnte.

(2) [1]Zur Anfechtung berechtigt sind
1. mindestens drei wahlberechtigte Arbeitnehmer des Unternehmens,
2. der Gesamtbetriebsrat des Unternehmens oder, wenn in dem Unternehmen nur ein Betriebsrat besteht, der Betriebsrat sowie, wenn das Unternehmen herrschendes Unternehmen eines Konzerns ist, der Konzernbetriebsrat, soweit ein solcher besteht,
3. der Gesamt- oder Unternehmenssprecherausschuss des Unternehmens oder, wenn in dem Unternehmen nur ein Sprecherausschuss besteht, der Sprecherausschuss sowie, wenn das Unternehmen herrschendes Unternehmen eines Konzerns ist, der Konzernsprecherausschuss, soweit ein solcher besteht,

4. der Gesamtbetriebsrat eines anderen Unternehmens, dessen Arbeitnehmer nach diesem Gesetz an der Wahl der Aufsichtsratsmitglieder des Unternehmens teilnehmen, oder, wenn in dem anderen Unternehmen nur ein Betriebsrat besteht, der Betriebsrat,
5. der Gesamt- oder Unternehmenssprecherausschuss eines anderen Unternehmens, dessen Arbeitnehmer nach diesem Gesetz an der Wahl der Aufsichtsratsmitglieder des Unternehmens teilnehmen, oder, wenn in dem anderen Unternehmen nur ein Sprecherausschuss besteht, der Sprecherausschuss,
6. jede nach § 16 Abs. 2 vorschlagsberechtigte Gewerkschaft,
7. das zur gesetzlichen Vertretung des Unternehmens befugte Organ.

[2]Die Anfechtung ist nur binnen einer Frist von zwei Wochen, vom Tage der Veröffentlichung im Bundesanzeiger an gerechnet, zulässig.

1. Allgemeines. § 22 regelt die Anfechtbarkeit der Wahl der ARMitglieder oder eines Ersatzmitglieds der AN zwgd. und abschl. (RVJ/*Raiser/Jacobs* Rn. 4). Die Anfechtung der Wahl der **ARMitglieder der AE** erfolgt bei der **AG** und der **KGaA** nach § 6 II iVm. den §§ 243, 251 AktG und bei der **Genossenschaft** nach § 6 II iVm. § 51 GenG. Auf die **GmbH** findet § 251 AktG entspr. Anwendung (Scholz/*Schneider* § 52 Rn. 244, 248). Die Vorschr. des § 22 ist § 19 BetrVG und § 10l MitbestErgG nachgebildet. Zur Berichtigungsmöglichkeit s. § 21 Rn. 1, BetrVG § 19 Rn. 6. Bei groben und offensichtl. Verstößen kommt neben der Anfechtbarkeit auch die Nichtigkeit der Wahl in Betracht (s. § 21 Rn. 5; BetrVG § 19 Rn. 15 ff.). Ausschl. dann besteht für einen Eingriff in die lfd. Wahlen mittels einer einstweiligen Vfg. ein Verfügungsanspruch (ArbG D 8.9.2004 AuR 2005, 338). 1

2. Verhältnis von § 21 und § 22. Das Verhältnis der Anfechtungsmöglichkeiten nach § 21 und § 22 ist umstr. Wenn die Anfechtungsgründe, die im Verfahren nach § 21 geltend gemacht werden können, auch nach § 22 zur Anfechtung berechtigen würden (so wohl WKS/*Wißmann* Rn. 43 f.), verlöre das eigenständige Verfahren nach § 21, insb. die Anfechtungsfrist des § 21 II 2, jede Bedeutung (RVJ/*Raiser/Jacobs* Rn. 3). Systematik und Zweck des § 21 (§ 21 Rn. 1) entspricht es besser, wenn die Gründe, die zur Anfechtung nach § 21 berechtigen, nur dann nach § 22 gegen die Wahl der ARMitglieder und Ersatzmitglieder vorgebracht werden können, wenn das Verfahren nach § 21 erfolgreich durchgeführt wurde (UHH/*Henssler* Rn. 2; *Matthes* DB 1978, 635, 636; RVJ/*Raiser/Jacobs* Rn. 3; HWK/*Seibt* Rn. 2). Entgegen einer tw. im Schrifttum vertretenen Ansicht (s. RVJ/*Raiser/Jacobs* Rn. 3; zust. NK-GA/*Heither/v. Morgen* Rn. 3; *Velten* NZA-RR 2016, 623) gilt dies nicht nur für die nach § 21 II 1 Anfechtungsberechtigten. Die gesetzgeberische Entsch., die Anfechtungsbefugnis nach § 21 auf den dortigen Personenkreis zu beschränken, spricht dafür, dass nur dieser zur Geltendmachung von Fehlern bei der Bestellung der Delegierten berechtigt sein soll (UHH/*Henssler* Rn. 2; *Matthes* DB 1978, 635, 636; MüKoAktG/*Gach* Rn. 3). Wird auf eine Anfechtung nach § 21 verzichtet, werden wesentl. Belange der AN und BR anderer Betriebe des Unternehmens sowie der Gewerkschaften nicht berührt (UHH/*Henssler* Rn. 2). Bei einer Urwahl (§ 9) kann die Anfechtung dagegen auf sämtl. Anfechtungsgründe gestützt werden (RVJ/*Raiser/Jacobs* Rn. 5). 2

3. Anfechtungsberechtigte und Anfechtungsgegner. Die **Anfechtungsberechtigten** zählt § 22 II 1 abschl. auf. Dazu gehören die auch nach § 21 II 1 Anfechtungsberechtigten. Da die Wahl der ARMitglieder und Ersatzmitglieder entgegen der Delegiertenwahl nicht betriebs-, sondern unternehmensbezogen erfolgt, genügt es, wenn drei AN (§ 22 II 1 Nr. 1) dem Unternehmen und nicht demselben Betrieb angehören. Deshalb sind nach § 22 II 1 Nr. 2 neben dem BR eines Betriebs auch der GBR und der KBR anfechtungsberechtigt. Ferner steht das Anfechtungsrecht nach § 22 II 1 Nr. 4 dem (G)BR eines Unternehmens, dessen AN nach den §§ 4, 5 an der Wahl beteiligt sind, sowie den nach § 16 II vorschlagsberechtigten Gewerkschaften zu (§ 22 II 1 Nr. 6). § 22 II 1 Nr. 3 und 5 erweitert den Kreis der Anfechtungsberechtigten auf den SprAu. **Anfechtungsgegner** sind die ARMitglieder und Ersatzmitglieder, deren Wahl angefochten wird (UHH/*Henssler* Rn. 7; RVJ/*Raiser/Jacobs* Rn. 15; HWK/*Seibt* Rn. 3). Dabei ist ein auf einzelne ARMitglieder begrenzter Antrag nur zulässig, wenn der **Anfechtungsgrund** auf diese beschränkt ist (BAG 11.6.1997 NZA 1998, 162, 163; LAG K 27.4.2012 BeckRS 2012, 73134; UHH/*Henssler* Rn. 3; WKS/*Wißmann* Rn. 23). Betrifft dieser hingegen die Wahl aller ANVertreter (zB das Gebot der öffentl. Stimmauszählung [dazu LAG K 20.4.2015 NZA-RR 2015, 513, 515 f.]), dann muss deren Wahl insg. einschl. der nach § 17 II gewählten Ersatzmitglieder angefochten werden (BAG 11.6.1997 NZA 1998, 162, 163; UHH/*Henssler* Rn. 3; WKS/*Wißmann* Rn. 23). Unterbleibt dies oder geschieht dies hins. einzelner ANVertreter nicht innerhalb der Anfechtungsfrist, ist die Anfechtung insg. unzulässig (LAG K 27.4.2012 BeckRS 2012, 73134). 3

4. Anfechtungsfrist, -gründe und Wirkung der Anfechtung. Die Anfechtung ist nach § 22 nur innerhalb von zwei Wochen nach Veröff. des Wahlergebnisses im BAnz. (§ 19) zulässig. Für die Fristwahrung sind die Grds. zu § 19 II BetrVG (s. BetrVG § 19 Rn. 9) unter Einschluss der Rückwirkungsfiktion (§ 167 ZPO) maßgebend (LAG K 27.4.2012 BeckRS 2012, 73134; **aA** LAG K 20.4.2015 NZA-RR 2015, 513, 515, das den Eingang der Antragsschrift beim ArbG stets für die Fristwahrung ausreichen lässt; ebenso *Velten* NZA-RR 2016, 623, 625 f.). Einzelne Entsch. und Maß- 4 nahmen des **Wahlvorstands** können bereits vor Abschluss der Wahl während des Wahlverfahrens selbständig angegriffen werden (BAG 4.11.2015 NZA 2016, 559 Rn. 17, 19 ff.; LAG BW 15.2.1988 BB 1988, 1344, 1345; LAG D 19.12.1977 DB 1978, 255; WKS/*Wißmann* Rn. 70 f.; RVJ/*Raiser/Jacobs* Rn. 24). Sie hat im Verfahren nach den §§ 2a Nr. 3, 80 I ArbGG zu erfolgen. Zu den Anfechtungsgründen und der Wirkung der Anfechtung s. § 21 Rn. 2, 4 und BetrVG § 19 Rn. 2 ff., 7.

§ 23 Abberufung von Aufsichtsratsmitgliedern der Arbeitnehmer

(1) [1] Ein Aufsichtsratsmitglied der Arbeitnehmer kann vor Ablauf der Amtszeit auf Antrag abberufen werden. [2] Antragsberechtigt sind für die Abberufung eines

1. Aufsichtsratsmitglieds der Arbeitnehmer nach § 3 Abs. 1 Nr. 1 drei Viertel der wahlberechtigten Arbeitnehmer nach § 3 Abs. 1 Nr. 1,

2. Aufsichtsratsmitglieds der leitenden Angestellten drei Viertel der wahlberechtigten leitenden Angestellten,

3. Aufsichtsratsmitglieds, das nach § 7 Abs. 2 Vertreter einer Gewerkschaft ist, die Gewerkschaft, die das Mitglied vorgeschlagen hat.

(2) [1] Ein durch Delegierte gewähltes Aufsichtsratsmitglied wird durch Beschluß der Delegierten abberufen. [2] Dieser Beschluss wird in geheimer Abstimmung gefasst; er bedarf einer Mehrheit von drei Vierteln der abgegebenen Stimmen.

(3) [1] Ein von den Arbeitnehmern unmittelbar gewähltes Aufsichtsratsmitglied wird durch Beschluß der wahlberechtigten Arbeitnehmer abberufen. [2] Dieser Beschluss wird in geheimer, unmittelbarer Abstimmung gefasst; er bedarf einer Mehrheit von drei Vierteln der abgegebenen Stimmen.

(4) Die Absätze 1 bis 3 sind für die Abberufung von Ersatzmitgliedern entsprechend anzuwenden.

1 § 23 regelt die Abberufung der ARMitglieder der AN sowie nach § 23 IV die ihrer Ersatzmitglieder (§ 17) zwgd. Die Abberufung der ARMitglieder der AE erfolgt nach § 6 II, III iVm. § 103 I, II AktG bzw. § 36 III GenG. Eines bes. Grundes bedarf es neben der 3/4-Mehrheit der Abberufungsberechtigten, anders als bei der uneingeschränkt neben § 23 anwendbaren gerichtl. Abberufung nach § 6 II iVm. § 103 III AktG, für die Abberufung nach § 23 nicht. § 23 I legt den Kreis der Antragsberechtigten für den Abberufungsantrag fest. Dies ist jeweils die Gruppe der AN, der das ARMitglied zuzuordnen ist. Antragsberechtigt sind danach je 3/4 der wahlberechtigten AN iSv. § 3 I 1 Nr. 1 oder ltd. Ang. sowie die Gewerkschaft, die das betr. ARMitglied vorgeschlagen hat. Der Beschl. über die Abberufung ist nach § 23 II, III ebenfalls mit 3/4-Mehrheit zu fassen. Zust. ist das Gremium, das das ARMitglied nach den §§ 15 III, 18 gewählt hat (§ 23 II und III). Das Erlöschen des Mandats, das mit Bekanntgabe der Beschl. eintritt, ist nach § 6 II iVm. § 106 AktG mitzuteilen. Das nähere Verfahren regeln die WO (§§ 82 ff. 1. WO, §§ 88 ff. 2. WO, §§ 88 ff. 3. WO).

§ 24 Verlust der Wählbarkeit und Änderung der Zuordnung unternehmensangehöriger Aufsichtsratsmitglieder

(1) Verliert ein Aufsichtsratsmitglied, das nach § 7 Abs. 2 Arbeitnehmer des Unternehmens sein muß, die Wählbarkeit, so erlischt sein Amt.

(2) Die Änderung der Zuordnung eines Aufsichtsratsmitglieds zu den in § 3 Abs. 1 Nr. 1 oder § 3 Abs. 1 Nr. 2 genannten Arbeitnehmern führt nicht zum Erlöschen seines Amtes.

1 Nach § 24 I, der § 24 Nr. 4 BetrVG entspricht (dazu BetrVG § 24 Rn. 6), verliert ein ARMitglied sein Amt mit Verlust der Wählbarkeit. Das gilt nur für Mitglieder, die nach § 7 II dem Unternehmen als AN angehören müssen, also nicht für Vertreter der Gewerkschaften (RVJ/*Raiser/Jacobs* Rn. 2; GK-MitbestG/*Matthes* Rn. 4; NK-GA/*Heither/v. Morgen* Rn. 1; WKS/*Wißmann* Rn. 8; aA UHH/*Henssler* Rn. 5; HWK/*Seibt* Rn. 1, wonach § 24 I entspr. anzuwenden ist). Da sich diese Rechtsfolge bei Verlust der Voraussetzungen in § 100 I, II AktG iVm. § 6 II bereits aus den aktienrechtl. Regeln ergibt (s. AktG § 103 Rn. 7), sind die Hauptanwendungsfälle des § 24 I der Verlust der ANEigenschaft (§ 3 I iVm. § 5 BetrVG) sowie das Ausscheiden des ARMitglieds aus dem Unternehmen. Dies liegt aber nicht vor, wenn ein ARMitglied in ein anderes Unternehmen wechselt, dessen AN nach den §§ 4, 5 an der Wahl beteiligt waren (RVJ/*Raiser/Jacobs* Rn. 2; HWK/*Seibt* Rn. 2; WKS/*Wißmann* Rn. 6). Zu einem Verlust der Wählbarkeit kann es auch kommen, wenn das ArbVerh. ruht und der AN nach Beendigung des Ruhenstatbestandes keine Tätigkeiten mehr für das Unternehmen erbringen wird (BAG 25.10.2000 NZA 2001, 461 für die ATZ im Blockmodell; LAG N 16.2.2006 NZA-RR 2006, 358, 360; *Windbichler* SAE 2001, 210). Der Wechsel der Gruppenzugehörigkeit (AN wird ltd. Ang. bzw. umgekehrt) lässt das Amt des ARMitglieds nach § 24 II unberührt (zust. NK-GA/*Heither/v.Morgen* Rn. 4). § 24 ist über seinen Wortlaut hinaus auf Ersatzmitglieder (§ 17) entspr. anzuwenden (UHH/*Henssler* Rn. 6; RVJ/*Raiser/Jacobs* Rn. 3; WKS/*Wißmann* Rn. 7).

Dritter Abschnitt. Innere Ordnung, Rechte und Pflichten des Aufsichtsrats

§ 25 Grundsatz

(1) [1]Die innere Ordnung, die Beschlußfassung sowie die Rechte und Pflichten des Aufsichtsrats bestimmen sich nach den §§ 27 bis 29, den §§ 31 und 32 und, soweit diese Vorschriften dem nicht entgegenstehen,

1. für Aktiengesellschaften und Kommanditgesellschaften auf Aktien nach dem Aktiengesetz,

2. für Gesellschaften mit beschränkter Haftung nach § 90 Abs. 3, 4 und 5 Satz 1 und 2, den §§ 107 bis 116, 118 Abs. 3, § 125 Abs. 3 und 4 und den §§ 170, 171 und 268 Abs. 2 des Aktiengesetzes,

3. für Genossenschaften nach dem Genossenschaftsgesetz.

[2]§ 4 Abs. 2 des Gesetzes über die Überführung der Anteilsrechte an der Volkswagenwerk Gesellschaft mit beschränkter Haftung in private Hand vom 21. Juli 1960 (Bundesgesetzbl. I S. 585), zuletzt geändert durch das Zweite Gesetz zur Änderung des Gesetzes über die Überführung der Anteilsrechte an der Volkswagenwerk Gesellschaft mit beschränkter Haftung in private Hand vom 31. Juli 1970 (Bundesgesetzbl. I S. 1149), bleibt unberührt.

(2) Andere gesetzliche Vorschriften und Bestimmungen der Satzung (des Gesellschaftsvertrags) oder der Geschäftsordnung des Aufsichtsrats über die innere Ordnung, die Beschlußfassung sowie die Rechte und Pflichten des Aufsichtsrats bleiben unberührt, soweit Absatz 1 dem nicht entgegensteht.

1. Allgemeines. Für die innere Ordnung, die Beschlussfassung sowie die Rechte und Pflichten des AR finden nach § 25 I 1 primär die Bestimmungen des MitbestG (§§ 27 bis 29, 31, 32) Anwendung und daneben, abhängig von der Rechtsform, in unterschiedl. Umf. die Normen des AktG und des GenG, sofern mitbestimmungsrechtl. Regelungen dem nicht entgegenstehen. Hierdurch sollen die wesentl. Bestimmungen für die ARArbeit aller mitbestimmten Unternehmensformen einheitl. geregelt sein und sich der AR trotz der verschiedenen rechtl. Anforderungen auf Grund der unterschiedl. Rechtsform auch weiterhin in die rechtl. Struktur des Unternehmens einfügen (s. Reg. Begr. BT-Drs. 7/2172 S. 27). Weitere in § 25 I 1 nicht benannte ges. Vorschr. sowie nach den gesellschaftsrechtl. Rahmendaten zulässige Bestimmungen in Satzung, Statut oder Gesellschaftsvertrag sowie der GeschO des AR gelten nur, sofern diesen nicht die in § 25 I 1 genannten Normen entgegenstehen. 1

2. Verhältnis von Mitbestimmungs- und Gesellschaftsrecht. Trotz der scheinbar eindeutigen Verweisungen in § 25 I 1 ergeben sich im Verhältnis von Mitbestimmungs- und GesR tw. Widersprüche und Lücken. Wie diese zu lösen bzw. zu schließen und die Regelungen des MitbestG auszulegen sind, wird im Schrifttum lebhaft diskutiert (s. zB *Ballerstedt* ZGR 1977, 133; *Martens* AG 1976, 113; *Rittner* JZ 1975, 457; *Säcker* ZHR 148 [1984], 153 ff.; *Ulmer* BB 1979, 398; weitere Nachw. bei RVJ/*Raiser* vor Rn. 7). 2

Die Begr. des RegE ist hierfür unergiebig, da sowohl auf den Zweck des G, die Herbeiführung einer gleichberechtigten und gleichgewichtigen Teilnahme von AE und AN an den Entscheidungsprozessen im Unternehmen, als auch auf die Beibehaltung des geltenden GesR Bezug genommen wird (BT-Drs. 7/2172 S. 17). Sofern gesellschaftsrechtl. Normen im Widerspruch zu den Regelungen des MitbestG stehen, sind letztere wegen der in § 25 I 1 zum Ausdruck kommenden Entsch. für die Subsidiarität des GesR vorrangig (BGH 30.1.2012 NZG 2012, 347 Rn. 14; WKS/*Schubert* Rn. 9; RVJ/*Raiser* Rn. 9). 3

Ob und in welchem Umf. Regelungslücken im G bestehen, hängt zunächst davon ab, welche **Interpretationsmaximen** die klassischen Auslegungskriterien beeinflussen. Nicht durchgesetzt hat sich die Ansicht, dass der dem G innewohnende Mitbestimmungsgedanke die maßgebl. InterpretationsRL bildet (so *Reich/Lewerenz* AuR 1976, 261, 264). Das gilt gleichfalls für die entgegengesetzte Auff., nach der das G eng auszulegen sei und iÜ uneingeschränkt die gesellschaftsrechtl. Vorschr. gelten (so *Mertens* ZGR 1983, 189, 190 ff.). Nach einer dritten (vermittelnden) Ansicht ist es Aufgabe der Rechtsanwendung, Mitbestimmungs- und GesR zu harmonisieren (UHH/*Ulmer/Habersack* Rn. 6; RVJ/*Raiser* Rn. 12; WKS/*Schubert* Rn. 8). Die Begr. strenger Vorrangregeln kann dies nicht erreichen (RVJ/*Raiser* Rn. 12). Auf Grund der Systematik der Verweisungsnorm in § 25 finden die geltenden gesellschaftsrechtl. Normen dort Anwendung, wo Regelungen des MitbestG fehlen, wobei jedoch die Interessen der AE und AN gleichermaßen zu berücksichtigen sind (RVJ/*Raiser* Rn. 12). 4

Dem letztgenannten Ansatz ist der BGH insoweit gefolgt, als der Regelungszweck des G nicht herangezogen werden kann, um die nur partikulären Bestimmungen in den §§ 27 bis 29, 31, 32 über ihren Regelungsbereich hinaus auszudehnen. Vielmehr gelangen die gesellschaftsrechtl. Vorschr. bei fehlender mitbestimmungsrechtl. Regelung zur Anwendung (BGH 25.2.1982 Z 83, 144, 148). Diese stehen zwar nicht unter dem Vorbehalt gleichmäßiger Berücksichtigung der Interessen der AE und AN, andererseits darf deren Anwendung aber auch nicht dazu führen, dass zwgd. MBR unterlaufen wird (BGH 25.2.1982 Z 83, 144, 149; s. a. BGH 30.1.2012 NZG 2012, 347 Rn. 17). 5

6 **3. Gestaltungsfreiheit in Satzung und Geschäftsordnung.** Im Zusammenhang mit der in Rn. 2 bis 5 erörterten Problematik steht die Frage, inwieweit die Arbeit des AR in der Satzung (Gesellschaftsvertrag, Statut) oder der GeschO des AR geregelt werden kann. § 25 schließt weder die Regelungsbefugnis der AE noch die des AR generell aus (vgl. § 25 II; BGH 25.2.1982 Z 83, 144, 148; 25.2.1982 Z 83, 106 ff.; UHH/*Ulmer/Habersack* Rn. 9, 10; *Mertens* ZGR 1977, 270, 287; WKS/*Schubert* Rn. 14). Dies kann auch nicht aus einem „Mitbestimmungstelos" (so *Naendrup* AuR 1977, 225, 226 ff. und 268, 270 ff.) bzw. der Erwägung, dass jedem Gremium die Entsch. über die Art seiner Arbeit überlassen bleiben soll (*Säcker/Theisen* AG 1980, 29, 30), gefolgert werden. Ebenso wie durch gesellschaftsrechtl. Vorschr. (s. §§ 23 V AktG, 18 GenG; näher AktG § 107 Rn. 2) wird die Regelungsbefugnis der AE und des AR durch das MitbestG eingeschränkt (WKS/*Schubert* Rn. 17). Dies gilt zunächst, soweit die §§ 27 bis 29, 31, 32 den Bestimmungen entgegenstehen (§ 25 II). Tw. wird aus dem Verweis in § 25 II auf § 25 I 1 Nr. 2 geschlossen, dass die aktienrechtl. Beschränkungen der Satzungsautonomie in § 23 V AktG auch für die **GmbH** gelten (UHH/*Ulmer/Habersack* Rn. 9). Einen Verweis auf § 23 V AktG enthält § 25 I 1 Nr. 2 aber gerade nicht (s. *Raiser* BB 1977, 1461, 1465 Fn. 30). Dennoch kann die Gesellschafterversammlung oder der AR der GmbH nach § 25 II nicht von den in § 25 I 1 Nr. 2 aufgezählten Regelungen abweichen. Auch über die §§ 27 bis 29, 31, 32 hinaus ergeben sich aus dem MitbestG Beschränkungen der Satzungs- und GeschOAutonomie, soweit dadurch zwgd. MBR unterlaufen würde (s. BGH 25.2.1982 Z 83, 144, 149). Das betrifft va. solche Regelungen, die die Funktionsfähigkeit des AR vermindern (s. § 28 Rn. 2) oder mittelbar die Beteiligung der AN bei der Entscheidungsfindung beseitigen würden (*Canaris* DB 1981, Beil. 14, 3 ff.; UHH/*Ulmer/Habersack* Rn. 11; RVJ/*Raiser* Rn. 15; *Rittner* DB 1980, 2493, 2499 ff.; *Wiedemann* ZGR 1977, 160, 167). Zum Grds. der Gleichbehandlung aller ARMitglieder sowie zum Verhältnis von Satzungsregelungen und GeschO des AR s. AktG § 107 Rn. 2.

7 **4. Innere Ordnung und Beschlussfassung des Aufsichtsrats.** Die innere Ordnung und Beschlussfassung des AR bestimmt sich bei der **AG,** der **KGaA** und der **GmbH** einheitl. nach § 25 I 1 Nr. 1, 2 iVm. §§ 107 bis 110 AktG und den §§ 27, 28, 29 (s. die dortigen Erl.). Auch für die Satzung einer GmbH ist die Verweisung auf die §§ 107 bis 110 AktG bindend, so dass von ihnen nur abgewichen werden darf, wenn und soweit sie zur Disposition stehen (BGH 30.1.2012 NZG 2012, 347 Rn. 15) Auf den mitbestimmten AR der **Genossenschaft** finden nach § 25 I 1 Nr. 3 neben den §§ 27 bis 29, 31, 32 die §§ 36 ff. GenG Anwendung. Wesentl. Abweichungen von den anderen Rechtsformen ergeben sich dadurch nicht. Wegen der geringen Regelungsdichte des GenG für die innere Ordnung und Beschlussfassung des AR kommt der General-/Vertreterversammlung bzw. dem AR größere Gestaltungsfreiheit zu. Mangels eines Verweises in § 25 auf § 101 III AktG besteht für die ARMitglieder kein Vertretungsverbot. Dies ist insoweit von Bedeutung, da eine Stimmbotenschaft iSv. § 108 III AktG für die Mitglieder des AR und insb. für die Ausübung des Zweitstimmrechts des ARVorsitzenden nach den §§ 29 II, 31 IV nicht zulässig ist (WKS/*Schubert* § 29 Rn. 34; UHH/*Ulmer/Habersack* Rn. 42; *Müller* § 36 Rn. 4, 92; RVJ/*Raiser* Rn. 48). Fehlen im Statut oder der GeschO des AR entspr. Regelungen, so finden die allg. Verfahrensgrds. über die Einberufung von Sitzungen, die Erstellung einer Niederschrift und die Sitzungsleitungsbefugnis entspr. Anwendung (UHH/*Ulmer/Habersack* Rn. 42).

8 **5. Rechte und Pflichten des Aufsichtsrats.** Die **Kompetenzen** des AR bestimmen sich nach § 25 I 1 iVm. dem rechtsformspezifischen GesR sowie den §§ 31, 32. Soweit das MitbestG keine Sonderregelungen trifft, bleiben die **Kompetenzen der Gesellschaftsorgane** unberührt (UHH/*Ulmer/Habersack* Rn. 44). Das gilt insb. für die Geschäftsführungskompetenz des zust. Gesellschaftsorgans (s. § 76 I AktG, § 27 I 1 GenG), wobei für die **GmbH** iRd. Satzungsautonomie die Möglichkeit besteht, die Ausübung von Rechten, die der Gesellschafterversammlung auf Grund des Weisungsrechts ggü. den GF zustehen (§ 37 I GmbHG; BGH 6.3.1997 Z 135, 48, 53; s. § 25 Rn. 10), auf den AR zu übertragen (UHH/*Ulmer/Habersack* Rn. 46). Andernfalls bleiben die Zust. der Gesellschafterversammlung für die Prüfung und Überwachung der Geschäftsführung bestehen (BGH 6.3.1997 Z 135, 48 ff., insb. a. zu § 51a GmbHG). Zu den wichtigsten Kompetenzen des AR gehört nach § 31, mit Ausnahme bei der KGaA (§ 31 I 2), die **Personalkompetenz** hins. des Vorstands (GF).

9 Der AR ist auch nach dem MitbestG in erster Linie **Überwachungsorgan** im Verhältnis zum Geschäftsführungsorgan des Unternehmens (§ 25 I 1 Nr. 1 bis 3 iVm. § 111 I AktG bzw. § 38 I 1 GenG). Zum Umf. und den Mitteln der Überwachung s. AktG § 111 Rn. 9 ff. Anders als bei der AG und der KGaA sind GmbH-GF mangels Verweises auf § 90 I, II AktG in § 25 I 1 Nr. 2 nicht zur selbständigen periodischen Berichterstattung verpflichtet (WKS/*Schubert* Rn. 220; UHH/*Ulmer/Habersack* Rn. 55; RVJ/*Raiser* Rn. 90; HWK/*Seibt* Rn. 12; **aA** GK-MitbestG/*Naendrup* Rn. 151; bzgl. Jahresabschluss und Lagebericht verweist § 25 I 1 Nr. 2 auch auf § 170 AktG und verpflichtet den GF der GmbH zu deren Vorlage an den AR). Informationslücken kann der AR entgegentreten, indem er sein Berichtsverlangen nach § 25 I 1 Nr. 2 iVm. § 90 III AktG entspr. ausgestaltet (UHH/*Ulmer/Habersack* Rn. 55; HWK/*Seibt* Rn. 12). Das gilt auch für die **Genossenschaft,** da eine Berichtspflicht des Vorstands nach § 25 I 1 Nr. 3 iVm. § 38 I GenG ebenfalls nicht besteht (UHH/*Ulmer/Habersack* Rn. 55). Der AR ist unabhängig von der Rechtsform des Unternehmens nach § 25 I 1 Nr. 1 bis 3 iVm. § 171 I AktG bzw. § 38 I 3 GenG zur Prüfung des Jahresabschlusses, des Lageberichts etc. verpflich-

tet. Abw. von der Kompetenz des AR der mitbestimmten AG nach § 25 I 1 Nr. 1 iVm. § 172 I AktG obliegt die **Feststellung des Jahresabschlusses** bei der KGaA nach § 25 I 1 Nr. 1 iVm. § 286 I AktG sowie bei der GmbH und der Genossenschaft mangels Verweises in § 25 I 1 Nr. 2 und 3 auf § 172 AktG der AEVersammlung (s. § 46 Nr. 6 GmbHG; § 48 I GenG).

Weiterhin stehen dem AR im Verhältnis zum Geschäftsführungsorgan der Gesellschaft vereinzelte 10
Mitsprache- und Mitentscheidungsrechte zu, so neben **§ 32** va. das Recht in **§ 111 IV 2 AktG,** wonach bestimmte Geschäftsführungsmaßnahmen von der Zust. des AR abhängig sind. § 111 IV 2 AktG findet auf die Genossenschaft nach § 25 I 1 Nr. 3 keine Anwendung. Gleiches gilt für die KGaA (§ 278 II AktG). Bei der **GmbH** kann das Zustimmungsrecht des AR in Konflikt mit dem Weisungsrecht der Gesellschafterversammlung ggü. den GF (s. Rn. 8) geraten (s. *Redlich,* Die Kompetenzen von Gesellschafterversammlung und AR in der mitbestimmten GmbH, 2003 S. 40 ff. sowie *Oetker* ZIP 2015, 1461 ff.). Eine Einschränkung des Zustimmungsrechts im Gesellschaftsvertrag ist aus denselben Gründen wie bei der AG nicht mögl. (*Ballerstedt* ZGR 1977, 133, 152; UHH/*Ulmer/Habersack* Rn. 64; *Immenga* ZGR 1977, 249, 264; RVJ/*Raiser* Rn. 95 ff.; *Säcker* DB 1977, 1845, 1848; HWK/*Seibt* Rn. 12; **aA** *Hölters* BB 1975, 797, 799). Tw. wird vertreten, dass bei entgegenstehender Weisung der Gesellschafterversammlung der Zustimmungsvorbehalt des AR unbeachtl. ist (*Zöllner* ZGR 1977, 319, 327; *Streyl/Schaper* ZIP 2017, 410, 415). Andererseits soll nach den allg. Auslegungsregeln für das MitbestG (s. § 25 Rn. 4) kein Raum für eine einschränkende Auslegung der eindeutigen Regelung in § 25 I 1 Nr. 2 iVm. § 111 IV 2 AktG auf Grund gesellschaftsrechtl. Strukturabweichungen bestehen (RVJ/*Raiser* Rn. 92 ff.; *Oetker* ZIP 2015, 1461, 1465 ff.). Verweigert der AR die Zust., kann die Gesellschafterversammlung durch Beschl., der nach § 25 I 1 Nr. 2 iVm. § 111 IV 4 AktG an sich der 3/4-Mehrheit bedarf, die Geschäftsführungsmaßnahme durchsetzen (UHH/*Ulmer/Habersack* Rn. 66; GK-MitbestG/*Naendrup* Rn. 139; NK-GA/*Heither/v. Morgen* Rn. 23; *Oetker* ZIP 2015, 1461, 1468 ff.; RVJ/*Raiser* Rn. 92; *Säcker* DB 1977, 1845, 1848; *Streicher* GmbHR 2014, 1188, 1192; WKS/*Schubert* Rn. 215; schwächer diejenigen Autoren, die wegen des Weisungsrechts der Gesellschafter eine einfache Mehrheit ausreichen lassen, so zB *Deilmann* BB 2004, 2253, 2256; *Streyl/Schaper* ZIP 2017, 410, 415; *Zöllner* ZGR 1977, 319, 328). Abw. von § 111 IV 3 AktG ist die Gesellschafterversammlung nicht auf das Verlangen der GF angewiesen, da die Kompetenz der Gesellschafterversammlung zur Geschäftsführung iRd. MitbestG, abw. von § 119 II AktG, fortbesteht (s. Rn. 8; UHH/*Ulmer/Habersack* Rn. 67; NK-GA/*Heither/v. Morgen* Rn. 23; *Oetker* ZIP 2015, 1461, 1467 f.; RVJ/*Raiser* Rn. 93; *Säcker* DB 1977, 1845, 1849; iE a. BGH 6.3.1997 Z 135, 48, 55 f.; **aA** *Reich/Lewerenz* AuR 1976, 261, 272).

6. Rechtsstellung der Aufsichtsratsmitglieder. Die Rechtsstellung der ARMitglieder bestimmt sich 11
über § 26 hinaus für die AG, KGaA und GmbH wegen § 25 I 1 Nr. 1 und 2 nach den aktienrechtl. Vorschr.; s. näher AktG § 111 Rn. 16 ff. Für die ARMitglieder von Genossenschaften gelten neben dem MitbestG nach § 25 I 1 Nr. 3 die §§ 36 ff. GenG. Sofern insoweit spezifische Regelungen fehlen, sind die aktienrechtl. Grds. entspr. anzuwenden (UHH/*Ulmer/Habersack* Rn. 71; GK-MitbestG/*Naendrup* Rn. 162).

7. Aufsichtsratsausschüsse. Neben der Bildung des st. Ausschusses iSv. § 27 III richtet sich die 12
Einsetzung weiterer Ausschüsse durch den AR in der AG, KGaA und GmbH nach allg. Aktienrecht, insb. nach § 25 I 1 Nr. 1, 2 iVm. § 107 III AktG. Zu Errichtung, Zusammensetzung, innerer Ordnung sowie Aufgaben dieser Ausschüsse s. AktG § 107 Rn. 8 ff. sowie § 31 Rn. 9, § 32 Rn. 5. Das **GenG,** das nach § 25 I 1 Nr. 3 auf die Genossenschaften Anwendung findet, enthält hins. der Bildung von Ausschüssen des AR keine speziellen Regelungen. Die Kompetenz, über die Einsetzung weiterer Ausschüsse zu entscheiden, steht dem AR zu (UHH/*Ulmer/Habersack* Rn. 137; LW/*Holthaus/Lehnhoff* § 38 Rn. 42; NK-GA/*Heither/v. Morgen* Rn. 15), wobei die aktienrechtl. Grds. bzgl. ihrer Zusammensetzung zu beachten sind.

§ 26 Schutz von Aufsichtsratsmitgliedern vor Benachteiligung

[1] Aufsichtsratsmitglieder der Arbeitnehmer dürfen in der Ausübung ihrer Tätigkeit nicht gestört oder behindert werden. [2] Sie dürfen wegen ihrer Tätigkeit im Aufsichtsrat eines Unternehmens, dessen Arbeitnehmer sie sind oder als dessen Arbeitnehmer sie nach § 4 oder § 5 gelten, nicht benachteiligt werden. [3] Dies gilt auch für ihre berufliche Entwicklung.

1. Allgemeines. § 26 enthält für die ARMitglieder der AN ein Behinderungs- und Benachteiligungs- 1
verbot zum Schutz ihrer Tätigkeit im AR sowie vor pers. und berufl. Nachteilen. Die Vorschr. ist ein VerbotsG iSv. § 134 BGB (UHH/*Henssler* Rn. 19; HWK/*Seibt* Rn. 1), das sich gegen jedermann richtet (WKS/*Wißmann* Rn. 5, 15; UHH/*Henssler* Rn. 1; RVJ/*Raiser/Jacobs* Rn. 2). Ein Verbot von Begünstigungen auf Grund der ARTätigkeit stellt § 26 nicht auf; sachl. ungerechtfertigte Begünstigungen verbietet jedoch der arbeitsrechtl. Gleichbehandlungsgrds. (UHH/*Henssler* Rn. 2; HWK/*Seibt* Rn. 1; RVJ/*Raiser/Jacobs* Rn. 13; einschränkend WKS/*Wißmann* Rn. 3).

2 **2. Verbot von Behinderungen.** Nach § 26 S. 1 ist jedes Handeln oder Unterlassen verboten, das die Tätigkeit der ARMitglieder der AN in obj. feststellbarer Weise beeinträchtigt (WKS/*Wißmann* Rn. 7).

3 **a) Arbeitsfreistellung und -entgelt.** Die Wahl in den AR und deren Annahme begründen ein eigenständiges Rechtsverhältnis zwischen ARMitglied und Unternehmen (s. AktG § 101 Rn. 2). Dieses steht bei im Unternehmen beschäftigten AN neben dem ArbVerh. Grds. sind die Pflichten aus beiden Rechtsverhältnissen nebeneinander zu erfüllen. Ein ges. Anspruch auf entgeltl. Arbeitsfreistellung zur Erfüllung der ARPflichten besteht nicht (UHH/*Henssler* Rn. 5; RVJ/*Raiser/Jacobs* Rn. 6; HWK/*Seibt* Rn. 3).

4 Kollidieren beide Verpflichtungen, weil die Wahrnehmung der ARTätigkeit nur während der AZ mögl. ist, geht das ARMandat wegen § 26 S. 1 vor (WKS/*Wißmann* Rn. 8; UHH/*Henssler* Rn. 5; RVJ/*Raiser/Jacobs* Rn. 6; *Schönhöft/Oelze* NZA 2016, 145, 145 f.). Dies befreit den AN gem. § 275 I BGB von seiner Arbeitspflicht, so dass nach § 326 I BGB der arbeitsvertragl. Entgeltanspruch entfällt (UHH/*Henssler* Rn. 8; RVJ/*Raiser/Jacobs* Rn. 6; HWK/*Seibt* Rn. 3; *Schönhöft/Oelze* NZA 2016, 145, 146; abl. WKS/*Wißmann* Rn. 10). Nach aA besteht der Entgeltanspruch aus dem ArbVerh. analog § 37 II BetrVG fort (GK-MitbestG/*Naendrup* Rn. 17; *Reich/Lewerenz* AuR 1976, 353, 366; iE a. WKS/*Wißmann* Rn. 11). Mangels planwidriger Regelungslücke scheidet ein Analogieschluss aber aus (*Jacklofsky* S. 98 ff.; *Schönhöft/Oelze* NZA 2016, 145, 146; NK-GA/*Heither/v. Morgen* Rn. 4). Fehlt eine ARVergütung (§ 113 I AktG) oder schafft diese keinen angemessenen Ausgleich, bleibt der Arbeitsentgeltanspruch nach § 26 S. 2 bestehen, da die ARTätigkeit ansonsten einen Nachteil für die ARMitglieder der AN schaffen würde (UHH/*Henssler* Rn. 8; RVJ/*Raiser/Jacobs* Rn. 6; im Grds. a. NK-GA/*Heither/v. Morgen* Rn. 4; **aA** *Jacklofsky* S. 87 ff.; *Schönhöft/Oelze* NZA 2016, 145, 148). Da auch die ANVertreter im AR im Interesse des Unternehmens tätig werden, erscheint es ebenfalls denkbar, den Ausfall der Arbeitsleistung dem Risikobereich des AG zuzurechnen (**aA** UHH/*Henssler* Rn. 9; *Jacklofsky* S. 82 ff.), so dass der Anspruch auf das Arbeitsentgelt nach § 615 S. 3 BGB bestehen bliebe (**aA** *Schönhöft/Oelze* NZA 2016, 145, 146; NK-GA/*Heither/v. Morgen* Rn. 4). Sofern die ARTätigkeit auf Grund Satzung oder HVBeschl. eine angemessene Vergütung erfährt (§ 113 I AktG), wird der Arbeitsentgeltanspruch verdrängt, da sowohl das Arbeitsentgelt als auch die ARVergütung die im Interesse des Unternehmens erbrachte Tätigkeit vergüten sollen (*Schönhöft/Oelze* NZA 2016, 145, 147; diff. MüKoAktG/*Gach* Rn. 7; s. HWK/*Seibt* Rn. 3).

5 **b) Schulungsveranstaltungen.** Das G räumt den ARMitgliedern der AN keinen Anspruch auf entgeltl. Arbeitsfreistellung zum Besuch von Schulungs- und Informationsveranstaltungen ein. Eine analoge Anwendung des § 37 VI BetrVG scheidet aus, da das Bedürfnis der ARMitglieder der AN auf Fortbildung bei Schaffung des G bekannt war, eine planwidrige GLücke somit fehlt (WKS/*Wißmann* Rn. 13 f.; UHH/*Henssler* Rn. 6; RVJ/*Raiser/Jacobs* Rn. 7; *Jacklofsky* S. 116 ff.). Sofern die ARTätigkeit bes. fachl. Anforderungen stellt, die eine Schulung zwgd. notwendig machen (s. zB § 25d IV KWG), steht dem ARMitglied aber ein Aufwendungsersatzanspruch gem. den §§ 675, 670 BGB gegen das Unternehmen aus dem auf Grund der ARMitgliedschaft bestehenden Rechtsverhältnis zu (UHH/*Henssler* Rn. 7; *Säcker* NJW 1979, 1521, 1526; HWK/*Seibt* Rn. 4; WKS/*Wißmann* Rn. 14; *Leyendecker-Langner/Huthmacher* NZG 2012, 1415, 1416 f.; **aA** *Faude* DB 1983, 2249, 2251).

6 **3. Verbot von Benachteiligungen.** Das Benachteiligungsverbot in § 26 S. 2 und 3 schützt die ARMitglieder der AN während der gesamten Amtszeit des AR vor obj. Schlechterstellungen, die nicht durch sachl. Gründe gerechtfertigt sind (WKS/*Wißmann* Rn. 16). Darüber hinaus entfaltet § 26 S. 2 und 3 Vor- und Nachwirkung hins. einer zukünftigen bzw. beendeten ARMitgliedschaft (RVJ/*Raiser/Jacobs* Rn. 11; NK-GA/Heither/*v. Morgen* Rn. 6; WKS/*Wißmann* Rn. 15). Bei einem schuldhaften Verstoß gegen das Benachteiligungsverbot steht dem ARMitglied ein Schadensersatzanspruch gegen das Unternehmen nach § 823 II BGB zu (WKS/*Wißmann* Rn. 31; UHH/*Henssler* Rn. 19; RVJ/*Raiser/Jacobs* Rn. 14).

7 **4. Kündigungsschutz.** Ein absoluter Kündigungsschutz für ARMitglieder der AN ergibt sich aus § 26 nicht. Eine analoge Anwendung des § 15 KSchG scheidet mangels planwidriger Regelungslücke aus (UHH/*Henssler* Rn. 13; *Jacklofsky* S. 201 ff.; RVJ/*Raiser/Jacobs* Rn. 8; WKS/*Wißmann* Rn. 18; **aA** *Reich/Lewerenz* AuR 1976, 353, 365). Das gilt auch für § 103 I BetrVG. Soweit die Kündigung allein wegen der Stellung als ARMitglied erfolgt, begr. § 26 jedoch einen relativen Kündigungsschutz (UHH/*Henssler* Rn. 12; RVJ/*Raiser/Jacobs* Rn. 8; WKS/*Wißmann* Rn. 19). Zudem ist die ARMitgliedschaft bei der Abwägung im Rahmen von § 1 KSchG, § 626 BGB zugunsten des AN zu berücksichtigen (UHH/*Henssler* Rn. 14; RVJ/*Raiser/Jacobs* Rn. 10; WKS/*Wißmann* Rn. 20). Ein die Kündigung rechtfertigender wichtiger Grund iSv. § 626 BGB liegt nicht vor, wenn der AN ausschl. gegen Pflichten aus dem ARVerhältnis verstoßen hat (BAG 23.10.2008 NZA 2009, 855 Rn. 20; WKS/*Wißmann* Rn. 22; HWK/*Seibt* Rn. 6). In diesem Fall kommt allein eine Abberufung gem. § 6 II iVm. § 103 III AktG in Betracht (BAG 23.10.2008 NZA 2009, 855 Rn. 20; UHH/*Henssler* Rn. 15; RVJ/*Raiser/Jacobs* Rn. 9). Verstößt die Handlung dagegen auch oder ausschl. gegen arbeitsvertragl. Pflichten, ist § 626 BGB anwendbar (dazu BAG 4.4.1974 AP BGB § 626 Arbeitnehmervertreter im Aufsichtsrat Nr. 1; 22.8.1974 NJW 1975, 181; 23.10.2008 NZA 2009, 855 Rn. 20). Dabei ist nach hM ein bes. strenger Maßstab anzulegen (WKS/*Wißmann* Rn. 24; UHH/*Henssler* Rn. 16; zur Parallele bei der außerordentl. Kündigung von BRMitgliedern s. BetrVG § 103 Rn. 12).

§ 27 Vorsitz im Aufsichtsrat

(1) Der Aufsichtsrat wählt mit einer Mehrheit von zwei Dritteln der Mitglieder, aus denen er insgesamt zu bestehen hat, aus seiner Mitte einen Aufsichtsratsvorsitzenden und einen Stellvertreter.

(2) [1] Wird bei der Wahl des Aufsichtsratsvorsitzenden oder seines Stellvertreters die nach Absatz 1 erforderliche Mehrheit nicht erreicht, so findet für die Wahl des Aufsichtsratsvorsitzenden und seines Stellvertreters ein zweiter Wahlgang statt. [2] In diesem Wahlgang wählen die Aufsichtsratsmitglieder der Anteilseigner den Aufsichtsratsvorsitzenden und die Aufsichtsratsmitglieder der Arbeitnehmer den Stellvertreter jeweils mit der Mehrheit der abgegebenen Stimmen.

(3) Unmittelbar nach der Wahl des Aufsichtsratsvorsitzenden und seines Stellvertreters bildet der Aufsichtsrat zur Wahrnehmung der in § 31 Abs. 3 Satz 1 bezeichneten Aufgabe einen Ausschuß, dem der Aufsichtsratsvorsitzende, sein Stellvertreter sowie je ein von den Aufsichtsratsmitgliedern der Arbeitnehmer und von den Aufsichtsratsmitgliedern der Anteilseigner mit der Mehrheit der abgegebenen Stimmen gewähltes Mitglied angehören.

1. Allgemeines. Nach der Neuwahl des AR bzw. nach Beendigung der Amtsdauer der bisherigen Amtsinhaber hat der AR zur Herbeiführung seiner Arbeitsfähigkeit alsbald seinen Vorsitzenden und dessen Stellvertreter zu wählen (§ 27 I, II) sowie im Anschluss den st. ARAusschuss nach § 27 III zu bilden. Die Vorschr. ist zwgd., abw. Regelungen in Satzung oder GeschO des AR sind unwirksam (UHH/*Ulmer/Habersack* Rn. 5; RVJ/*Raiser* Rn. 14, 35). Diese können aber Wahlmodalitäten festlegen, die das G ergänzen (UHH/*Ulmer/Habersack* Rn. 5; RVJ/*Raiser* Rn. 14; WKS/*Schubert* Rn. 7). 1

2. Aufsichtsratsvorsitzender und Stellvertreter (§ 27 I, II). Der ARVorsitzende und dessen Stellvertreter sind aus der Mitte des AR zu wählen (§ 27 I). Das gilt auch bei einer Wahl nach § 27 II im 2. Wahlgang. Wer für die Ämter in Betracht kommt, obliegt der freien Entsch. der ARMitglieder. Beschränkungen in der Satzung oder der GeschO des AR sind nicht mögl. (BGH 25.2.1982 Z 83, 106, 112 für die Bestellung eines weiteren Stellvertreters; UHH/*Ulmer/Habersack* Rn. 3; WKS/*Schubert* Rn. 8). Welcher Gruppe der AN das betr. ARMitglied angehört, ist sowohl im 1. als auch im 2. Wahlgang unerhebl. (UHH/*Ulmer/Habersack* Rn. 3; *Säcker* S. 60; WKS/*Schubert* Rn. 12; **aA** HWK/*Seibt* Rn. 3). 2

Der 1. Wahlgang ist nur erfolgreich, wenn Vorsitzender und Stellvertreter gleichermaßen die erforderl. $^2/_3$-Mehrheit der Mitgliederzahl des AR (§ 7 I) auf sich vereinen. Scheitert die Wahl, so kann der 1. Wahlgang im Einverständnis aller Teilnehmer wiederholt werden (UHH/*Ulmer/Habersack* Rn. 6; RVJ/*Raiser* Rn. 12; WKS/*Schubert* Rn. 11). Ist ein 2. Wahlgang gem. § 27 II erforderl., genügt die einfache Mehrheit der Mitglieder der AE für die Wahl des Vorsitzenden und der Mitglieder der AN für die Wahl des Stellvertreters. Die jeweiligen Gruppen sind entspr. § 28 beschlussfähig, wenn mind. die Hälfte ihrer Mitglieder (§ 7 I) anwesend ist (WKS/*Koberski* Rn. 13; UHH/*Ulmer/Habersack* Rn. 8; RVJ/*Raiser* Rn. 13). Die Namen des Vorsitzenden und des Stellvertreters sind nach § 25 I 1 Nr. 1 und 2 iVm. § 107 I 2 AktG vom Vorstand/GF zur Eintragung in das Handelsregister anzumelden. Das gilt nicht für die Genossenschaft, weil das GenG keine Eintragung vorsieht. Bei verzögerter Wahl besteht analog § 6 II iVm. § 104 II AktG ein Notbestellungsrecht, da ansonsten die Funktionsfähigkeit des AR erhebl. eingeschränkt wäre (UHH/*Ulmer/Habersack* Rn. 4; RVJ/*Raiser* Rn. 8; *Rittner* FS Fischer 1979 S. 632; WKS/*Schubert* Rn. 15; HWK/*Seibt* Rn. 5; s. § 107 AktG Rn. 5; **aA** WWKK/*Koberski* Rn. 7; MüArbR/*Wißmann* § 282 Rn. 2; GK-MitbestG/*Naendrup* Rn. 22). 3

Die Bestellung ist jederzeit frei widerrufl. (s. AktG § 107 Rn. 5). Der Beschl. bedarf ders. Mehrheit wie die Bestellung **(Spiegelbildtheorie)**. Der mit qualifizierter Mehrheit nach § 27 I gewählte Vorsitzende des AR (bzw. dessen Stellvertreter) kann deshalb nach hM nur mit dieser Mehrheit abberufen werden (UHH/*Ulmer/Habersack* Rn. 13 KölnK-AktG/*Mertens/Cahn* § 117 Anh. B § 27 MitbestG Rn. 9); nach aA soll eine 2. Abstimmung nach Maßgabe von § 27 II durchgeführt werden können, wenn im 1. Wahlgang die $^2/_3$-Mehrheit verfehlt wird (so *Säcker* DB 2008, 2252, 2253 f.; zust. *Döring/Grau* NZG 2010, 1328, 1329 f.; idR a. WKS/*Schubert* Rn. 25 f.). Erfolgte die Wahl nach § 27 II, so ist nur die urspr. wahlberechtigte Gruppe widerrufsberechtigt, da ansonsten die jeweils andere Gruppe die Wahl der Gegengruppe durch sofortigen Widerruf der Bestellung behindern könnte (WKS/*Schubert* Rn. 27; UHH/*Ulmer/Habersack* Rn. 13a; GK-MitbestG/*Naendrup* Rn. 20; *Döring/Grau* NZG 2010, 1328, 1330; **aA** bzgl. der Stimmenerfordernisse *Meyer-Landrut* DB 1978, 443, 444). 4

Die **Dauer des Amtes** bestimmt sich mangels ges. Regelung nach der Satzung bzw. der GeschO des AR oder einem entspr. ARBeschl. (UHH/*Ulmer/Habersack* Rn. 10). Wegen der Einheitlichkeit des Wahlverfahrens muss die Amtsdauer des Vorsitzenden und des Stellvertreters einheitl. sein (UHH/*Ulmer/Habersack* Rn. 10; RVJ/*Raiser* Rn. 16; WKS/*Schubert* Rn. 19; **aA** HWK/*Seibt* Rn. 6). Fehlt eine Festlegung, gilt die Bestellung iZw. für die gesamte Amtszeit des AR. Scheidet das Mitglied vor Ablauf der Amtszeit aus, entfällt auch das Amt als Vorsitzender oder Stellvertreter. In diesem und in anderen Fällen vorzeitiger Amtsbeendigung ist eine Nachwahl durchzuführen, die sich ebenfalls nach 5

§ 27 I und II richtet (UHH/*Ulmer/Habersack* Rn. 11; *Paefgen* S. 274; RVJ/*Raiser* Rn. 21 ff.). Endet nur das Amt eines Inhabers vorzeitig, erlischt im Interesse der Arbeitsfähigkeit des AR nicht automatisch die Amtsstellung des verbleibenden, falls sich für den Nachfolger keine 2/3-Mehrheit ergibt (so aber die sog. „Tandem"-Theorie, s. *Fitting/Wlotzke/Wißmann* Rn. 16, 17 [aufgegeben in WWKK/*Koberski* Rn. 16]; GK-MitbestG/*Naendrup* Rn. 18). Vielmehr steht das Wahlrecht nach § 27 II derjenigen Gruppe zu, die den ausscheidenden Amtsinhaber urspr. bestellt hat (RVJ/*Raiser* Rn. 22; *Meyer-Landrut* DB 1978, 443, 444; MüArbR/*Wißmann* § 282 Rn. 2; UHH/*Ulmer/Habersack* Rn. 12; WKS/*Schubert* Rn. 21). Satzungsregelungen, die eine präventive Ersatzwahl oder die Bestellung eines Ersatzmitglieds bei der urspr. Wahl vorsehen, sind mit § 27 nicht vereinbar (UHH/*Ulmer/Habersack* Rn. 11; RVJ/*Raiser* Rn. 21; *Säcker* DB 1977, 1791, 1796 Fn. 38; WKS/*Schubert* Rn. 21; **aA** *Philipp* ZGR 1978, 60, 74).

6 Zu den Rechten und Funktionen des Vorsitzenden und seines Stellvertreters s. AktG § 107 Rn. 5 f.; darüber hinaus gehören sie nach § 27 III kraft Amtes dem st. Ausschuss an. Der Vorsitzende hat daneben bei Stimmengleichheit im AR in den Fällen der §§ 29 II, 31 IV bei wiederholter Abstimmung ein Zweitstimmrecht.

7 § 27 I und II regelt nur die Wahl des 1. Stellvertreters des ARVorsitzenden. Ob § 27 abschl. ist, so dass **weitere Stellvertreter** nicht bestellt werden können, war zunächst umstr. Die Rspr. hat die Bestellung weiterer Stellvertreter und entspr. Satzungsregelungen anerkannt (BGH 25.2.1982 Z 83, 106, 111 f.; OLG HH 23.7.1982 AG 1983, 21, 22; zust. UHH/*Ulmer/Habersack* Rn. 18). Die Wahl erfolgt nach überw. Ansicht durch Beschl. (§ 29), sofern anderweitige Bestimmungen in der Satzung fehlen (OLG HH 23.7.1982 AG 1983, 21, 22; UHH/*Ulmer/Habersack* Rn. 19; *Hönig* DB 1979, 744, 745; HWK/*Seibt* Rn. 4; WKS/*Schubert* Rn. 18; **aA** RVJ/*Raiser* Rn. 15; *Wank* AG 1980, 148, 153, die § 27 I bzw. I und II analog anwenden wollen).

8 **3. Ständiger Ausschuss (Vermittlungsausschuss).** Nach § 27 III hat der AR unmittelbar nach der Wahl des Vorsitzenden und seines Stellvertreters einen st. Ausschuss zu bilden, dem die Vermittlung bei einer gescheiterten Wahl der Mitglieder des ges. Vertretungsorgans gem. § 31 III 1 obliegt. Diesem gehören der Vorsitzende und sein Stellvertreter kraft Amtes sowie jeweils ein von den ARMitgliedern der AE und der AN gewähltes weiteres Mitglied an. Satzungsregelungen, die den Kreis der zu wählenden Mitglieder einschränken, sind mit Rücksicht auf die Entscheidungsfreiheit des AR unzulässig (LG München I 16.1.1980 DB 1980, 678). Die Zusammensetzung regelt § 27 III abschl. und zwgd. (UHH/*Ulmer/Habersack* Rn. 21). Neben der Vermittlungsfunktion nach § 31 III 1 kann der AR dem Ausschuss in den Grenzen von § 25 I 1 iVm. § 107 III 3 AktG weitere Aufgaben zuweisen (UHH/*Ulmer/Habersack* Rn. 25; RVJ/*Raiser* Rn. 37; WKS/*Schubert* Rn. 43). In diesen Fällen wird der Ausschuss als normaler ARAusschuss tätig, so dass die allg. Grds. für ARAusschüsse in mitbestimmten Unternehmen Anwendung finden (s. AktG § 107 Rn. 8 ff.). Abw. hiervon ist der ARAusschuss für einen Vorschlag nach § 31 III 1 nur beschlussfähig, wenn alle Mitglieder anwesend sind; nur dann wird er seiner Vermittlungsfunktion tats. gerecht (WKS/*Schubert* Rn. 42; UHH/*Ulmer/Habersack* Rn. 23; *Säcker/Theisen* AG 1980, 29, 41). Die Beschlussfassung erfolgt nach den Grds. des Mehrheitsprinzips, ein Zweitstimmrecht des ARVorsitzenden besteht bei Abstimmungen im Vermittlungsausschuss nicht (UHH/*Ulmer/Habersack* Rn. 24; NK-GA/*Heither/v. Morgen* Rn. 12; WKS/*Schubert* Rn. 42; **aA** *Säcker/Theisen* AG 1980, 29, 41).

§ 28 Beschlußfähigkeit

[1] Der Aufsichtsrat ist nur beschlußfähig, wenn mindestens die Hälfte der Mitglieder, aus denen er insgesamt zu bestehen hat, an der Beschlußfassung teilnimmt. [2] § 108 Abs. 2 Satz 4 des Aktiengesetzes ist anzuwenden.

1 Der AR ist gem. § 28 beschlussfähig, wenn mind. die Hälfte seiner Mitglieder, aus denen er nach § 7 I zu bestehen hat, an der Beschlussfassung teilnimmt. Damit kann keine der Gruppen die ARArbeit blockieren und die Gefahr von Zufallsmehrheiten ist weitgehend ausgeschlossen (UHH/*Ulmer/Habersack* Rn. 1; RVJ/*Raiser* Rn. 1). Unerhebl. ist für die Beschlussfähigkeit deshalb auch, ob bei den teilnehmenden ARMitgliedern das nach § 7 I maßgebl. Verhältnis gewahrt ist (OLG F 2.11.2010 NZG 2011, 353, 355). Zum Begriff der Teilnahme s. AktG § 108 Rn. 3 ff. Die Verweisung in § 28 S. 2 auf § 108 II 4 AktG hat im Zusammenhang mit § 25 I 1 nur für die Genossenschaft eigenständige Bedeutung. § 28 S. 2 iVm. § 108 II 4 AktG stellt klar, dass bei einer unvollständigen Besetzung die Beschlussfähigkeit nach § 28 S. 1 auch dann gegeben ist, wenn das durch § 7 I vorgegebene Zahlenverhältnis zwischen den Gruppen nicht gewahrt ist (UHH/*Ulmer/Habersack* Rn. 3; RVJ/*Raiser* Rn. 2).

2 § 28 S. 1 ist zwgd. Recht, soweit er die Mindestanforderungen für die Beschlussfähigkeit regelt. Umstr. ist, ob eine Verschärfung der Voraussetzungen ebenfalls gegen § 28 S. 1 verstößt. Nach überw. Meinung im Schrifttum entfaltet § 28 S. 1 auch insoweit zwgd. Wirkung (WKS/*Schubert* Rn. 9; UHH/*Ulmer/Habersack* Rn. 4a; MüArbR/*Wißmann* § 282 Rn. 7; GK-MitbestG/*Naendrup* Rn. 11; NK-

GA/*Heither/v. Morgen* Rn. 3; *Oetker* BB 1984, 1766, 1769; RVJ/*Raiser* Rn. 3; *Säcker* JZ 1980, 82, 85; *Wiesner* AG 1979, 205, 206; s. a. OLG KA 20.6.1980 NJW 1980, 2137, 2139; **aA** OLG HH 4.4.1984 DB 1984, 1616, 1617; *Feldmann* DB 1985, 29; *Lieder* ZHR 172 [2008], 306, 329 f.; *Preusche* AG 1980, 125, 126). In der Rspr. wurden nach Inkrafttreten des G dagegen Klauseln gebilligt, die für die Beschlussfähigkeit strengere Voraussetzungen als § 28 aufstellten (LG HH 29.6.1979 NJW 1980, 235; LG F 3.10.1978 NJW 1978, 2398, 2399). Unabhängig vom zwgd. Charakter des § 28 sind aber auch nach der Rspr. Satzungsregelungen unwirksam, die gegen den Grds. der Gleichbehandlung aller ARMitglieder (s. AktG § 111 Rn. 16) verstoßen oder die Funktionsfähigkeit des AR beeinträchtigen. Das ist der Fall, wenn die Beschlussfähigkeit davon abhängig gemacht wird, dass mind. die Hälfte der an der Beschlussfassung Teilnehmenden ARMitglieder der AE sind oder der AR nur bei Teilnahme des ARVorsitzenden beschlussfähig ist (BGH 25.2.1982 Z 83, 151, 154 ff.; LG HH 17.3.1980 WM 1980, 688; **aA** OLG HH 4.4.1984 DB 1984, 1616, 1618 für eine Satzungsregelung, nach der der AR beschlussfähig ist, wenn 3/4 seiner Mitglieder oder die Hälfte und darunter der ARVorsitzende anwesend sind).

Unter Berücksichtigung des Grds. der Gleichbehandlung aller ARMitglieder (s. AktG § 111 Rn. 16) 3 sind Klauseln, nach denen die Sitzung zu unterbrechen oder zu vertagen ist, wenn nicht die Hälfte der Mitglieder der AE anwesend ist, unwirksam (UHH/*Ulmer/Habersack* Rn. 7; RVJ/*Raiser* Rn. 4; WKS/*Schubert* Rn. 10). Satzungsregelungen, die dem ARVorsitzenden das Recht einräumen, die Sitzung nach pflichtgemäßem Ermessen zu vertagen, sind dagegen mit § 28 vereinbar (**aA** WKS/*Schubert* Rn. 7). Die Ermessensausübung ist aber pflichtwidrig, wenn durch mehrfache Vertagung § 28 S. 1 umgangen wird (s. UHH/*Ulmer/Habersack* Rn. 7; RVJ/*Raiser* Rn. 4).

§ 29 Abstimmungen

(1) **Beschlüsse des Aufsichtsrats bedürfen der Mehrheit der abgegebenen Stimmen, soweit nicht in Absatz 2 und in den §§ 27, 31 und 32 etwas anderes bestimmt ist.**

(2) [1] **Ergibt eine Abstimmung im Aufsichtsrat Stimmengleichheit, so hat bei einer erneuten Abstimmung über denselben Gegenstand, wenn auch sie Stimmengleichheit ergibt, der Aufsichtsratsvorsitzende zwei Stimmen.** [2] **§ 108 Abs. 3 des Aktiengesetzes ist auch auf die Abgabe der zweiten Stimme anzuwenden.** [3] **Dem Stellvertreter steht die zweite Stimme nicht zu.**

1. Verhältnis zum Aktienrecht. § 29 regelt die Beschlussfassung des AR. Daneben finden nach 1 § 25 I die Vorschr. des AktG und des GenG Anwendung. Entspr. den Grds. zu § 108 AktG (s. AktG § 108 Rn. 13) steht deshalb auch für den Bereich des MitbestG weder der Minderheit noch einzelnen ARMitgliedern ein Recht zur Anfechtung von ARBeschl. entspr. den §§ 241 ff. AktG zu (BGH 17.5.1993 Z 122, 342, 346 ff.; OLG F 22.1.1988 BB 1988, 364). Bei Verstößen gegen G oder Satzung verbleibt aber die Möglichkeit, die Feststellung der Nichtigkeit des Beschl. zu begehren (BGH 17.5.1993 Z 122, 342, 351; s. AktG § 108 Rn. 19 f.). ARBeschl., die unter Verstoß gegen § 29 zustande kommen, sind unwirksam (UHH/*Ulmer/Habersack* Rn. 21; WKS/*Schubert* Rn. 38).

2. Abstimmung im Aufsichtsrat. Ein ARBeschl. bedarf nach § 29 I zu seiner Wirksamkeit der 2 Mehrheit der abgegebenen Stimmen. Enthaltungen und ungültige Stimmen zählen bei der Mehrheitsberechnung nicht mit (UHH/*Ulmer/Habersack* Rn. 6; RVJ/*Raiser* Rn. 6; NK-GA/*Heither/v. Morgen* Rn. 2; s. AktG § 108 Rn. 8). Gegenteilige Regelungen in der Satzung oder der GeschO sind zulässig (WKS/*Schubert* Rn. 11; MüArbR/*Wißmann* § 282 Rn. 8; RVJ/*Raiser* Rn. 6; **aA** UHH/*Ulmer/Habersack* Rn. 6). Das Erfordernis der einfachen Stimmenmehrheit soll durch den davon ausgehenden faktischen Einigungszwang die Kooperation zwischen den ARMitgliedern der AE und der AN fördern (Begr. RegE BT-Drs. 7/2172 S. 28), ohne die Parität in Frage zu stellen oder einer Gruppe ein Vetorecht einzuräumen (WKS/*Schubert* Rn. 5; UHH/*Ulmer/Habersack* Rn. 3). § 29 I gilt zwgd. für alle ARBeschl., sofern nicht Abs. 2 und die §§ 27, 31, 32 etwas anderes festlegen. Bestimmungen in der Satzung oder der GeschO, die höhere Mehrheitserfordernisse aufstellen oder einzelnen ARMitgliedern unterschiedl. Stimmrechte oder Zustimmungsbefugnisse einräumen, sind unwirksam (WKS/*Schubert* Rn. 11; UHH/*Ulmer/Habersack* Rn. 8; RVJ/*Raiser* Rn. 7; *Säcker* DB 1977, 1791, 1797 Fn. 41).

3. Die Zweitstimme des Aufsichtsratsvorsitzenden. Nach § 29 II 1 hat der ARVorsitzende eine 2. 3 Stimme, wenn sowohl die 1. als auch die 2. Abstimmung über denselben Gegenstand Stimmengleichheit ergibt. Dadurch sollen Pattsituationen infolge der paritätischen Zusammensetzung des AR im Interesse der Funktionsfähigkeit aufgelöst werden (UHH/*Ulmer/Habersack* Rn. 4; RVJ/*Raiser* Rn. 1, 8; WKS/*Schubert* Rn. 5). Darüber hinaus stellt die Zweitstimme des ARVorsitzenden idR ein leichtes Übergewicht der ARMitglieder der AE sicher (s. a. Einl. Rn. 4). § 29 II enthält zwgd. Recht, steht aber erg. Regelungen in der Satzung oder der GeschO nicht entgegen (UHH/*Ulmer/Habersack* Rn. 18; RVJ/*Raiser* Rn. 14).

4 Die Anwendung des § 29 II 1 setzt Stimmengleichheit bei der 1. Abstimmung voraus, dh. eine identische Zahl von Ja- und Nein-Stimmen. Unerhebl. ist deren Ursache (UHH/*Ulmer/Habersack* Rn. 11; RVJ/*Raiser* Rn. 9). Der Antrag ist in diesem Fall entgegen allg. Grds. nicht abgelehnt, sofern über ihn alsbald nochmals abgestimmt wird (UHH/*Ulmer/Habersack* Rn. 9; HWK/*Seibt* Rn. 5). Dabei muss es sich um eine Beschlussfassung iSd. § 29 I handeln, denn nur in dessen Anwendungsbereich gilt § 29 II (WKS/*Schubert* Rn. 15; UHH/*Ulmer/Habersack* Rn. 9; RVJ/*Raiser* Rn. 9). Eine Beschränkung auf bestimmte Beschlussgegenstände besteht nicht (WKS/*Schubert* Rn. 16; UHH/*Ulmer/Habersack* Rn. 10; RVJ/*Raiser* Rn. 10; *Säcker* DB 1977, 2031, 2034; **aA** *Reich/Lewerenz* AuR 1976, 261, 269, 271). Keine Anwendung findet § 29 II auf Beschl. von ARAusschüssen (AktG § 107 Rn. 13, § 27 Rn. 9); zur Möglichkeit entspr. Satzungsregelungen s. AktG § 107 Rn. 13.

5 Der AR ist zur nochmaligen Abstimmung über den Beschlussgegenstand nicht verpflichtet. Belässt er es bei dem 1. Beschlussergebnis, ist der Antrag abgelehnt (WKS/*Schubert* Rn. 17; UHH/*Ulmer/Habersack* Rn. 13; RVJ/*Raiser* Rn. 11; HWK/*Seibt* Rn. 6). Satzungsregelungen, die die erneute Abstimmung vorschreiben, sind mit dem zwgd. Charakter des § 29 II nicht vereinbar (UHH/*Ulmer/Habersack* Rn. 20; RVJ/*Raiser* Rn. 11; GK-MitbestG/*Schneider* Rn. 110). Ob eine 2. Abstimmung stattfindet, entscheidet der ARVorsitzende im Rahmen seiner Sitzungsleitungskompetenzen, sofern der AR mehrheitl. keinen anderen Beschl. fasst (WKS/*Schubert* Rn. 20 f.; UHH/*Ulmer/Habersack* Rn. 13; RVJ/*Raiser* Rn. 11; *Säcker* DB 1977, 1791, 1797 Fn. 42). Gleiches gilt für den Zpkt. der 2. Abstimmung (UHH/*Ulmer/Habersack* Rn. 14; RVJ/*Raiser* Rn. 12). Seine Entsch. hat sich am Unternehmensinteresse zu orientieren. Ein Anspruch einzelner ARMitglieder oder des Vorstands auf nochmalige Abstimmung des Antrags besteht nicht (UHH/*Ulmer/Habersack* Rn. 13; RVJ/*Raiser* Rn. 11), kann jedoch durch Satzung oder GeschO begr. werden (UHH/*Ulmer/Habersack* Rn. 19; RVJ/*Raiser* Rn. 16; *Paefgen* S. 243). Das gilt aber nicht für den Vorstand, da hierdurch die Beschlussautonomie des AR unangemessen eingeschränkt würde (*Säcker/Theisen* AG 1980, 29, 38; *Paefgen* S. 244). Bestimmungen über den Zpkt. der 2. Abstimmung sind zulässig, sofern sie die Entscheidungsautonomie des AR angemessen berücksichtigen. Sie können zB festlegen, dass die nochmalige Abstimmung in ders. oder in der nächsten ARSitzung stattzufinden hat oder im zeitl. Zusammenhang mit der 1. Abstimmung stehen muss (UHH/*Ulmer/Habersack* Rn. 19; RVJ/*Raiser* Rn. 17).

6 Für die 2. Abstimmung muss der Beschlussantrag unverändert aufrechterhalten werden, andernfalls hat erneut eine 1. Beschlussfassung nach § 29 I stattzufinden. Bei Beschlussanträgen des Vorstands besteht an Stelle der Zweitabstimmung nach § 29 II 1 auch die Möglichkeit, die Beschlussfassung der HV zuzuweisen (§ 25 I 1 iVm. § 111 IV 3 AktG). Zieht das antragstellende ARMitglied den Antrag zurück, ist eine 2. Beschlussfassung nur mögl., wenn sich ein anderes ARMitglied den Antrag zu Eigen macht (UHH/*Ulmer/Habersack* Rn. 12). Der AR kann vor der 2. Abstimmung eine erneute Aussprache durchführen; Satzung oder GeschO dürfen ihm diese nicht entziehen (UHH/*Ulmer/Habersack* Rn. 19; RVJ/*Raiser* Rn. 17). Ein Aussprachezwang besteht dagegen nicht. Die ARMitglieder sind bei der 2. Abstimmung nicht an ihre 1. Stimmabgabe gebunden (WKS/*Schubert* Rn. 28). Auch der Kreis der Abstimmenden muss nicht identisch sein (UHH/*Ulmer/Habersack* Rn. 15).

7 Erst wenn die nochmalige Abstimmung über den Beschlussgegenstand Stimmengleichheit ergibt, steht dem ARVorsitzenden eine 2. Stimme zu (§ 29 II 1; WKS/*Schubert* Rn. 29; UHH/*Ulmer/Habersack* Rn. 16). In der Ausübung der Zweitstimme ist er nach hM nicht gebunden. Es obliegt seiner Entsch., ob und wie er die Stimme abgibt (WKS/*Schubert* Rn. 30; UHH/*Ulmer/Habersack* Rn. 16; NK-GA/*Heither/v. Morgen* Rn. 3; RVJ/*Raiser* Rn. 14; *H. P. Westermann* FS Fischer 1979 S. 847; **aA** *Paefgen* S. 261; *Säcker/Theisen* AG 1980, 29, 38, die von einer automatischen Doppelzählung der Stimme in der 2. Abstimmung ausgehen). Insb. ist er nicht verpflichtet, die Zweitstimme im Interesse der AE auszuüben (NK-GA/*Heither/v. Morgen* Rn. 3). Abw. Regelungen in der Satzung oder der GeschO, die ihn zB zum Einsatz der Zweitstimme verpflichten, eine bestimmte Abgabe vorschreiben oder anordnen, dass die zuerst abgegebene Stimme doppelt zählt, sind nach hM unwirksam (UHH/*Ulmer/Habersack* Rn. 20; RVJ/*Raiser* Rn. 18; GK-MitbestG/*Schneider* Rn. 115; WKS/*Schubert* Rn. 32; **aA** *Paefgen* S. 261; *Säcker/Theisen* AG 1980, 29, 38).

8 Ist der ARVorsitzende bei der Beschlussfassung abwesend, kann er die Zweitstimme nach § 108 III AktG mittels Stimmboten abgeben. Das gilt mangels Verweisung auf § 108 III AktG in § 25 I 1 Nr. 3 nicht für die Genossenschaft, sofern eine Regelung im Statut oder der GeschO des AR fehlt (s. § 25 Rn. 7; WKS/*Schubert* Rn. 34; widersprüchl. UHH/*Ulmer/Habersack* Rn. 17, § 25 Rn. 42; RVJ/*Raiser* Rn. 15, § 25 Rn. 44). Zur generellen Möglichkeit der schriftl. Stimmabgabe s. AktG § 108 Rn. 4 f. Der ARVorsitzende kann sein Stimmrecht nicht Dritten, insb. seinen Stellvertreter, zur Ausübung überlassen (WKS/*Koberski* Rn. 36; UHH/*Ulmer/Habersack* Rn. 17, § 27 Rn. 19; *Wank* AG 1980, 148, 151). Auch wenn der ARVorsitzende verhindert ist, ohne dass er seine Zweitstimme iSv. § 108 III AktG schriftl. niedergelegt hat, oder sein Amt vorzeitig beendet ist, steht die Zweitstimme nicht dem Stellvertreter zu (§ 29 II 3).

Dritter Teil. Gesetzliches Vertretungsorgan

§ 30 Grundsatz

Die Zusammensetzung, die Rechte und Pflichten des zur gesetzlichen Vertretung des Unternehmens befugten Organs sowie die Bestellung seiner Mitglieder bestimmen sich nach den für die Rechtsform des Unternehmens geltenden Vorschriften, soweit sich aus den §§ 31 bis 33 nichts anderes ergibt.

1. Allgemeines. Neben den Vorschr. über den AR bestehen auch für die Zusammensetzung (§ 33) und die Rechte und Pflichten (§ 32) des zur ges. Vertretung des Unternehmens befugten Organs sowie für die Bestellung seiner Mitglieder (§ 31) bes. Regelungen. Die Grundsatznorm des § 30 stellt ähnl. wie die §§ 6, 25 klar, dass das für die jeweilige Rechtsform geltende Gesellschafts- und Unternehmensrecht anwendbar bleibt, sofern sich nicht aus den mitbestimmungsrechtl. Vorschr. etwas anderes ergibt. 1

2. Einzelne Unternehmensformen. a) Aktiengesellschaften. Die Bestimmungen für den Vorstand der AG finden sich insb. in den §§ 76 bis 94 AktG, weitere sind über das gesamte AktG verstreut (ua. §§ 119 II, 131, 172 AktG). Abweichungen auf Grund der §§ 30 bis 33 ergeben sich insb. für die Zahl der Vorstandsmitglieder nach § 76 II AktG (§ 33 Rn. 3) sowie den Umf. der Vertretungsmacht nach § 78 I AktG (§ 32 Rn. 3, § 33 Rn. 6). Bestellung und Abberufung der Vorstandsmitglieder regelt § 31 mit Bezug auf die §§ 84 und 85 AktG abschl. (§ 31 Rn. 2). 2

b) Kommanditgesellschaften auf Aktien. Vertretungsberechtigtes Organ der KGaA sind nach § 278 II AktG iVm. den §§ 125 I, 161 II, 170 HGB die pers. haftenden Gesellschafter. Ihre Rechte und Pflichten sowie der Umf. ihrer Geschäftsführungs- und Vertretungsbefugnis ergeben sich maßgebl. aus dem Gesellschaftsvertrag iVm. den §§ 114 ff., 125, 161 II HGB. Diese Strukturen lässt das MitbestG weitgehend unberührt, da sich die §§ 31, 33 nicht auf die KGaA erstrecken (§§ 31 I 2, 33 I 2), weil eine Bestellung des geschäftsführenden und vertretungsbefugten Organs durch den AR wegen des Grds. der Selbstorganschaft nicht in Betracht kommt (*Joost* ZGR 1998, 334, 340). Dem Komplementär obliegt immer die Geschäftsführung und Vertretung der Gesellschaft (Begr. RegE, BT-Drs. 7/2172, 28). Zur Geltung von § 32 s. § 32 Rn. 2. Eine teleologische Reduktion der §§ 31 I 2, 33 I 2 bei einer **kapitalistischen KGaA** ist nicht gerechtfertigt (*Ullrich,* Unternehmensmitbestimmung in der kapitalistischen KGaA, 2002 S. 70 ff.; NK-GA/*Heither/v. Morgen* § 31 Rn. 18; **aA** WKS/*Schubert* § 31 Rn. 131). 3

c) Gesellschaft mit beschränkter Haftung. Wesentl. stärkere Änd. als bei der AG ergeben sich nach den §§ 31 bis 33 für Stellung und Funktion der GF der GmbH. Die Kompetenz zu ihrer Bestellung steht nach § 31 I dem AR zu (§ 31 Rn. 1). Gleiches gilt für den Abschluss der Anstellungsverträge mit der Gesellschaft (s. § 31 Rn. 10). Zur Zahl der GF s. § 33 Rn. 3; zur Befugnis der Gesellschafter, den Umf. der Geschäftsführungs- und Vertretungsbefugnis zu regeln, s. § 32 Rn. 2, § 33 Rn. 6. 4

d) Genossenschaften. Den Vorstand der Genossenschaft (§§ 24 ff. GenG) wählt nach § 31 I nicht die Generalversammlung, sondern der AR. Dieser schließt auch die Anstellungsverträge mit den Vorstandsmitgliedern ab (§ 31 Rn. 11). Für den Vorstand und sein Verhältnis zur Generalversammlung gilt wegen § 25 I 1 Nr. 3 das Genossenschaftsrecht. 5

§ 31 Bestellung und Widerruf

(1) [1]**Die Bestellung der Mitglieder des zur gesetzlichen Vertretung des Unternehmens befugten Organs und der Widerruf der Bestellung bestimmen sich nach den §§ 84 und 85 des Aktiengesetzes, soweit sich nicht aus den Absätzen 2 bis 5 etwas anderes ergibt.** [2]**Dies gilt nicht für Kommanditgesellschaften auf Aktien.**

(2) **Der Aufsichtsrat bestellt die Mitglieder des zur gesetzlichen Vertretung des Unternehmens befugten Organs mit einer Mehrheit, die mindestens zwei Drittel der Stimmen seiner Mitglieder umfaßt.**

(3) [1]**Kommt eine Bestellung nach Absatz 2 nicht zustande, so hat der in § 27 Abs. 3 bezeichnete Ausschuß des Aufsichtsrats innerhalb eines Monats nach der Abstimmung, in der die in Absatz 2 vorgeschriebene Mehrheit nicht erreicht worden ist, dem Aufsichtsrat einen Vorschlag für die Bestellung zu machen; dieser Vorschlag schließt andere Vorschläge nicht aus.** [2]**Der Aufsichtsrat bestellt die Mitglieder des zur gesetzlichen Vertretung des Unternehmens befugten Organs mit der Mehrheit der Stimmen seiner Mitglieder.**

(4) [1]**Kommt eine Bestellung nach Absatz 3 nicht zustande, so hat bei einer erneuten Abstimmung der Aufsichtsratsvorsitzende zwei Stimmen; Absatz 3 Satz 2 ist anzuwenden.** [2]**Auf die Abgabe der zweiten Stimme ist § 108 Abs. 3 des Aktiengesetzes anzuwenden.** [3]**Dem Stellvertreter steht die zweite Stimme nicht zu.**

(5) Die Absätze 2 bis 4 sind für den Widerruf der Bestellung eines Mitglieds des zur gesetzlichen Vertretung des Unternehmens befugten Organs entsprechend anzuwenden.

1 **1. Allgemeines.** § 31 überträgt die Kompetenz zur Bestellung und Abberufung der Mitglieder des Vertretungsorgans auf den AR. Das gilt nicht für die KGaA (§ 31 I 2; s. § 30 Rn. 3). Die Personalkompetenz des AR gewährleistet, dass die Unternehmensleitung sowohl durch die AE als auch die AN legitimiert ist (vgl. Begr. RegE BT-Drs. 7/2172, 28). Das dreistufige Bestellungsverfahren in § 31 II bis IV soll erreichen, dass sich die Mitglieder des Vertretungsorgans auf eine möglichst breite Mehrheit im AR stützen können (UHH/*Ulmer/Habersack* Rn. 1).

2 Die Vorschr. ist zwgd. Änd. durch die Satzung oder Beschl. des AR sind im Unterschied zu bloß erg. Satzungsregelungen unwirksam (UHH/*Ulmer/Habersack* Rn. 2). Die Personalkompetenz des AR kann insb. nicht auf Ausschüsse des AR übertragen werden (§ 25 I 1 iVm. § 107 III 2 AktG). Trotz fehlender Verweisung gilt dies auch bei der Genossenschaft, da keine Gründe für eine abw. Behandlung bestehen (UHH/*Ulmer/Habersack* Rn. 5; RVJ/*Raiser* Rn. 6 Fn. 14; WKS/*Schubert* Rn. 11). Unangemessene Einschränkungen der Wahlfreiheit des AR verstoßen ebenfalls gegen § 31. Das gilt va. für Satzungsregelungen, die die Stimmrechtsausübung der ARMitglieder unmittelbar oder mittelbar an die Entsch. Dritter binden (WKS/*Schubert* Rn. 17; RVJ/*Raiser* Rn. 8). Pers. Eignungsvoraussetzungen für die Person des zu Wählenden kann die Satzung dagegen festlegen, sofern diese die MBR der AN und die Wahlfreiheit des AR nicht unangemessen beeinträchtigen (UHH/*Ulmer/Habersack* Rn. 13; MüArbR/*Wißmann* § 281 Rn. 4; RVJ/*Raiser* Rn. 9; WKS/*Schubert* Rn. 22 ff.; **aA** *Säcker* DB 1977, 1791, 1792: generell unzulässig). Das ist zB der Fall, wenn die Eignungsvoraussetzungen nicht durch sachl., am Unternehmensinteresse orientierte Kriterien gerechtfertigt sind, sondern den AE die Wahl bestimmter Personen in das Vertretungsorgan sichern sollen (MüArbR/*Wißmann* § 281 Rn. 4; RVJ/*Raiser* Rn. 10, 11; WKS/*Schubert* Rn. 26) bzw. der Kreis der wählbaren Personen so stark eingeschränkt wird, dass dem AR keine Auswahlfreiheit verbleibt (UHH/*Ulmer/Habersack* Rn. 13; RVJ/*Raiser* Rn. 9; WKS/*Schubert* Rn. 26).

3 **2. Bestellung. a) Allgemeines.** Die Bestellung der Mitglieder des Vertretungsorgans richtet sich nach § 31 I iVm. den §§ 84, 85 AktG, sofern § 31 II bis IV keine abw. Bestimmungen trifft. Das gilt auch für die Bestellung des Arbeitsdirektors (§ 33) sowie für die kraft G zu bestellenden Stellvertreter der Mitglieder des Vertretungsorgans (§ 94 AktG, § 44 GmbHG, § 35 GenG). Der Bestellungszeitraum beträgt höchstens fünf Jahre (§ 84 I 1 AktG). Über jeden zu besetzenden Sitz des Vertretungsorgans wird anders als bei § 27 II (§ 27 Rn. 3) selbständig im Verfahren nach § 31 II bis IV abgestimmt. Dementspr. können die Kandidaten in unterschiedl. Verfahrensabschnitten erfolgreich sein. Vorschlagsberechtigt sind alle Mitglieder des AR (UHH/*Ulmer/Habersack* Rn. 17; NK-GA/*Heither/v. Morgen* Rn. 6; RVJ/*Raiser* Rn. 13).

4 **b) Erster Wahlgang.** Im 1. Wahlgang ist nach § 31 II gewählt, wer mind. $^2/_3$ der Stimmen auf sich vereinigt. Wegen des von § 27 I abw. Wortlauts ist die tats. Mitgliederzahl des AR ausschlaggebend (WKS/*Schubert* Rn. 37; UHH/*Ulmer/Habersack* Rn. 19; RVJ/*Raiser* Rn. 14). Da es sich um einen Akt körperschaftl. Willensbildung handelt, sind Mitglieder des AR, welche selbst kandidieren, nicht von der Abstimmung ausgeschlossen (WKS/*Schubert* Rn. 36; RVJ/*Raiser* Rn. 13; MüKoAktG/*Gach* Rn. 9; NK-GA/*Heither/v. Morgen* Rn. 6; HWK/*Seibt* Rn. 4; **aA** UHH/*Ulmer/Habersack* Rn. 18a).

5 **c) Vermittlungsverfahren und zweiter Wahlgang.** Für diejenigen Sitze, die mangels $^2/_3$-Mehrheit nicht im 1. Wahlgang besetzt werden, hat der st. Ausschuss (§ 27 III) innerhalb eines Monats einen Wahlvorschlag zu unterbreiten (§ 31 III 1). Zur Beschlussfähigkeit des Vermittlungsausschusses s. § 27 Rn. 8. Auf die Einschaltung des st. Ausschusses innerhalb der Monatsfrist kann nicht verzichtet werden (WKS/*Schubert* Rn. 38; UHH/*Ulmer/Habersack* Rn. 20; RVJ/*Raiser* Rn. 16). Liegt nach Ablauf der Monatsfrist kein Vorschlag vor, ist der AR an der weiteren Beschlussfassung nicht gehindert (UHH/*Ulmer/Habersack* Rn. 21; RVJ/*Raiser* Rn. 16; HWK/*Seibt* Rn. 5; *Bernhardt/Bredol* NZG 2015, 419, 420). Besteht ein Vorschlag des st. Ausschusses, hat der AR hierüber nach § 31 III 2 abzustimmen. Er ist an den Vorschlag nicht gebunden (§ 31 III 1 Hs. 2), sondern kann auch über wiederholte oder neue Vorschläge beschließen. Ein Kandidat ist im 2. Wahlgang gewählt, wenn er die Mehrheit der Stimmen auf sich vereint (§ 31 III 2; absolute Mehrheit). Dabei ist die tats. Mitgliederzahl des AR maßgebend (s. § 31 Rn. 4).

6 **d) Dritter Wahlgang.** Wird die absolute Mehrheit im 2. Wahlgang verfehlt, kann ein 3. Wahlgang durchgeführt werden, bei dem der ARVorsitzende über zwei Stimmen verfügt (§ 31 IV 1). Eine Pflicht hierzu besteht nicht, auch die Satzung kann diese nicht begründen (UHH/*Ulmer/Habersack* Rn. 22). Bzgl. des Ob des 3. Wahlgangs gelten die Grds. zu § 29 II entspr. (§ 29 Rn. 5). Bei der nochmaligen Abstimmung nach § 31 IV ist der AR nicht an die Vorschläge der vorherigen Wahlgänge gebunden. Die zweite Stimme steht dem ARVorsitzenden anders als bei § 29 II sofort zu. Nach verbreiteter Meinung soll er diese nur zur Herbeiführung der nach § 31 IV 1 erforderl. absoluten Mehrheit (§ 31 IV 1, III 2) einsetzen können (MüArbR/*Wißmann* § 282 Rn. 9; NK-GA/*Heither/v. Morgen* Rn. 11; RVJ/*Raiser* Rn. 17; WKS/*Schubert* Rn. 46). Diese Einschränkung ist dem Wortlaut des § 31 IV nicht

zu entnehmen und ergibt sich auch nicht aus dem Normzweck, da die Zweitstimme des ARVorsitzenden nicht nur der Herbeiführung einer Entsch. dient, sondern auch das Übergewicht der AE im Konfliktfall sichern soll (UHH/*Ulmer/Habersack* Rn. 22; zust. HWK/*Seibt* Rn. 6). Zur Möglichkeit der Stimmbotenschaft nach § 108 III AktG bei Verhinderung des ARVorsitzenden s. § 29 Rn. 8. Wird auch im 3. Wahlgang die absolute Mehrheit verfehlt, bleibt die Besetzung des Sitzes des Vertretungsorgans ergebnislos. Das Verfahren nach § 31 II hat von vorn zu beginnen. In dringenden Fällen besteht nach § 31 I iVm. § 85 I AktG die Möglichkeit der gerichtl. Notbestellung (UHH/*Ulmer/Habersack* Rn. 24, 26; HWK/*Seibt* Rn. 7; WKS/*Schubert* Rn. 119).

3. Widerruf der Bestellung. Nach § 31 V findet auf den Widerruf der Bestellung § 31 II bis IV 7
entspr. Anwendung sowie nach § 31 I subsidiär § 84 III AktG. Danach bedarf es zur Abberufung – unabhängig von der Rechtsform des Unternehmens – eines wichtigen Grundes (**aA** für GmbH *Bernhardt/Bredol* NZG 2015, 419, 423 mittels einer teleologischen Reduktion). Die Grds. zu § 84 III AktG sind auf das MitbestG entspr. anwendbar (UHH/*Ulmer/Habersack* Rn. 30; WKS/*Schubert* Rn. 53). Im Falle eines Vertrauensentzugs durch die AE ist jedoch den mitbestimmungsrechtl. Besonderheiten Rechnung zu tragen. Danach legitimiert allein die ANNähe eines Mitglieds des Vertretungsorgans nicht den Entzug des Vertrauens, vielmehr bedarf es sachl. Gründe, auf Grund derer die Organmitgliedschaft für das Unternehmen unzumutbar ist (UHH/*Ulmer/Habersack* Rn. 30; RVJ/*Raiser* Rn. 40). Das Erfordernis des wichtigen Grundes ist zwgd., weder Satzung noch ARBeschl. können dieses beseitigen oder einschränken (UHH/*Ulmer/Habersack* Rn. 29; RVJ/*Raiser* Rn. 38). Die Übertragung der Entsch. auf einen Ausschuss des AR ist unzulässig (§ 25 I 1 iVm. § 107 III 3 AktG; s. Rn. 2). Das Verfahren und die erforderl. Abberufungsmehrheit ergeben sich aus § 31 II bis IV. Wird bei der ersten Abstimmung die qualifizierte Mehrheit (§ 31 II) verfehlt, hat der Vermittlungsausschuss innerhalb der Monatsfrist zur Abberufung Stellung zu nehmen (UHH/*Ulmer/Habersack* Rn. 33; RVJ/*Raiser* Rn. 35; WKS/*Schubert* Rn. 79). Erreicht der Antrag in der 1. Abstimmung nicht einmal die einfache Mehrheit, ist das Verfahren auf Grund der Eindeutigkeit des Ergebnisses zugunsten des Mitglieds des Vertretungsorgans nicht fortzusetzen (UHH/*Ulmer/Habersack* Rn. 33; RVJ/*Raiser* Rn. 35; *Säcker* BB 1979, 1321, 1322 Fn. 8; WKS/*Schubert* Rn. 79; nach LG Ravensburg 4.3.1985 EWiR § 31 MitbestG 1/85 gilt dies nur, wenn im 1. Wahlgang eine Minderheit für die Abberufung gestimmt hat, die die Abberufung auch im 3. Wahlgang nicht erreichen könnte; diff. *Riegger* NJW 1988, 2991; *Wiesner* EWiR § 31 MitbestG 1/85).

4. Bestellung und Abberufung des Vorstandsvorsitzenden. In der AG wird der Vorsitzende des 8
Vertretungsorgans nach § 84 II, III AktG durch den AR bestellt und abberufen. Diese Kompetenz gilt entspr. § 31 I iVm. § 84 II, III AktG auch für die übrigen mitbestimmten Unternehmensformen (UHH/*Ulmer/Habersack* Rn. 28; **aA** für die GmbH *Henssler* GmbHR 2004, 321 ff.). Zwar beschränkt sich die Verweisung auf die Bestellung und Abberufung der Mitglieder des Vertretungsorgans, wegen des engen Zusammenhangs ist eine getrennte Zust. für die Wahl der Mitglieder des Vertretungsorgans und dessen Vorsitzenden zwischen AR und AEVersammlung aber nicht sachgerecht (WKS/*Schubert* § 30 Rn. 7; UHH/*Ulmer/Habersack* Rn. 28, § 30 Rn. 9; RVJ/*Raiser* Rn. 31; HWK/*Seibt* Rn. 9; **aA** *Werner* FS Fischer 1979 S. 821, 826). Die Beschlussfassung erfolgt hingegen nicht nach § 31 II bis IV, sondern nach § 29 (WKS/*Schubert* § 30 Rn. 7; UHH/*Ulmer/Habersack* Rn. 28, § 30 Rn. 8; RVJ/*Raiser* Rn. 36; MüKoAktG/*Gach* Rn. 21; HWK/*Seibt* Rn. 9; **aA** *Säcker* S. 61).

5. Anstellungsvertrag. Grds. zu unterscheiden ist nach hM zwischen körperschaftl. Bestellung der 9
Organmitglieder und dem Anstellungsvertrag mit der Gesellschaft (§ 37 III). § 84 I 5 AktG ist über die Verweisung in § 31 I hinaus wegen gleicher Interessenlage auf den Anstellungsvertrag anwendbar (UHH/*Ulmer/Habersack* Rn. 36), da sich für dessen Abschluss im MitbestG keine Regelung findet. Unprobl. ist dies für die **AG,** da § 25 I 1 Nr. 1 auch auf § 84 I 5 AktG verweist, so dass kraft G der AR zust. ist. Der Abschluss des Anstellungsvertrags kann, da die Sperrwirkung in § 25 I 1 Nr. 1 iVm. § 107 III 3 AktG nur für Bestellung und Abberufung gilt, auf einen ARAusschuss übertragen werden (BGH 23.10.1975 Z 65, 190, 193). Ausgenommen sind hiervon jedoch die Entsch. zur Vergütung, da § 107 III 3 die nach § 87 I und II 1 und 2 AktG zu treffenden Entsch, in das Delegationsverbot einbezieht.

Da in der **GmbH** die Anstellungskompetenz der Gesellschafterversammlung zusteht (s. BGH 10
3.7.2000 ZIP 2000, 1442, 1443; BAG 20.9.2016 NZG 2017, 69 Rn. 42 ff. sowie DrittelbG § 1 Rn. 17), war zunächst umstr., ob es nach Inkrafttreten des MitbestG hierbei bleiben sollte. Tw. wurde dies mangels entgegenstehender mitbestimmungsrechtl. Regelung bejaht (*Werner* FS Fischer 1979 S. 821, 834; *Rittner* DB 1979, 973, 978). Auf Grund des engen sachl. Zusammenhangs zwischen Bestellung und Anstellungsvertrag obliegt der Vertragsabschluss zwischen GmbH und GF jedoch ebenfalls und abw. zur Rechtslage nach dem DrittelbG (s. DrittelbG § 1 Rn. 17) dem AR (BGH 14.11.1983 Z 89, 48, 57; *Henssler* FS 50 Jahre BGH Bd. II 2000 S. 387, 402; MüArbR/*Wißmann* § 281 Rn. 4; UHH/*Ulmer/Habersack* Rn. 39; RVJ/*Raiser* Rn. 25). Der Gesellschafterversammlung fehlt insoweit nicht nur die Kompetenz zum Abschluss der Anstellungsverträge, sie ist auch nicht befugt, die Anstellungskompetenz mittels Satzung oder Beschl. auf Dritte, insb. die Konzernobergesellschaft, zu übertragen

(Hachenburg/*Stein* § 35 Rn. 183; UHH/*Ulmer/Habersack* § 30 Rn. 15, 25; Scholz/*Schneider/Hohenstatt* § 35 Rn. 310). Zw. ist die Reichweite des Plenarvorbehalts in § 107 III 4 AktG für den Anstellungsvertrag des GmbH-GF. Auch wenn eine entspr. Anwendung von § 87 I und II 1 und 2 AktG bzgl. der Entsch. zur Vergütung ausscheiden sollte (s. dazu *Oetker* FS Säcker 2011 S. 443, 450 f. mwN; RVJ/*Raiser* Rn. 27), läuft hierdurch das Delegationsverbot in § 107 III 4 AktG nicht leer (so aber *Greven* BB 2009, 2154, 2159; *Habersack* ZHR 174 [2010], 2, 9 f.). Vielmehr ist die Verweisung in § 25 I 1 Nr. 2 MitbestG auf § 107 III AktG dahin zu verstehen, dass die in S. 4 umschriebenen Aufgaben dem Plenum des AR vorbehalten bleiben (ebenso HS/*Henssler* § 52 GmbHG Rn. 40; *Baeck/Götze/Arnold* NZG 2009, 1121, 1126; *Gaul/Janz* GmbHR 2009, 959, 962 f.; *Lunk/Stolz* NZA 2010, 121, 127 f.; WKS/*Schubert* Rn. 94; Scholz/*Schneider/Hohenstatt* § 35 Rn. 318; ausf. *Oetker* FS Säcker 2011 S. 443, 453 ff.; *Spindler* FS Schneider 2011 S. 1294 ff.).

11 Für die **Genossenschaft** ist die Zuordnung der Anstellungskompetenz ebenfalls probl. Nach § 39 I GenG ist der AR bei der Schließung von Verträgen mit dem Vorstand zur Vertretung der Genossenschaft ermächtigt. Dies beantwortet aber nicht die Frage, wem die genossenschaftsinterne Entscheidungskompetenz zusteht. Wie bei der GmbH (s. DrittelbG § 1 Rn. 17) wird auch für das Genossenschaftsrecht aus der Bestellungskompetenz der Generalversammlung (§ 24 II 1 GenG) die Annexkompetenz für die Entsch. über das Ob und den Inhalt des Anstellungsvertrages hergeleitet (LW/*Holthaus/Lehnhoff* § 24 Rn. 48). Da § 31 I die Bestellungskompetenz auf den AR überträgt, ist dieser aus demselben Grund wie bei der GmbH auch für den Abschluss der Anstellungsverträge zust. (iE ebenso UHH/*Ulmer/Habersack* Rn. 38; MüArbR/*Wißmann* § 281 Rn. 4; RVJ/*Raiser* Rn. 24; WKS/*Schubert* Rn. 90).

§ 32 Ausübung von Beteiligungsrechten

(1) [1]**Die einem Unternehmen, in dem die Arbeitnehmer nach diesem Gesetz ein Mitbestimmungsrecht haben, auf Grund von Beteiligungen an einem anderen Unternehmen, in dem die Arbeitnehmer nach diesem Gesetz ein Mitbestimmungsrecht haben, zustehenden Rechte bei der Bestellung, dem Widerruf der Bestellung oder der Entlastung von Verwaltungsträgern sowie bei der Beschlußfassung über die Auflösung oder Umwandlung des anderen Unternehmens, den Abschluß von Unternehmensverträgen (§§ 291, 292 des Aktiengesetzes) mit dem anderen Unternehmen, über dessen Fortsetzung nach seiner Auflösung oder über die Übertragung seines Vermögens können durch das zur gesetzlichen Vertretung des Unternehmens befugte Organ nur auf Grund von Beschlüssen des Aufsichtsrats ausgeübt werden.** [2]**Diese Beschlüsse bedürfen nur der Mehrheit der Stimmen der Aufsichtsratsmitglieder der Anteilseigner; sie sind für das zur gesetzlichen Vertretung des Unternehmens befugte Organ verbindlich.**

(2) **Absatz 1 ist nicht anzuwenden, wenn die Beteiligung des Unternehmens an dem anderen Unternehmen weniger als ein Viertel beträgt.**

1 **1. Regelungszweck.** Ist ein mitbestimmtes Unternehmen an einem anderen mitbestimmten Unternehmen beteiligt, so stehen der Obergesellschaft zahlr. Gesellschafterrechte in der Untergesellschaft zu. Bei deren Ausübung besteht die Gefahr, dass sich neben dem Einfluss der AN über ihre Vertreter im AR der Untergesellschaft auch der Einfluss der Mitglieder der AN im AR der Obergesellschaft maßgebl. auswirkt. Eine solche Potenzierung der Mitbestimmung soll § 32 I verhindern. Daneben bezweckt die Vorschr. Entsch. auch nicht mittelbar über den mitbestimmten AR der Obergesellschaft dem ANEinfluss auszusetzen, wenn diese in unabhängigen Unternehmen den AE vorbehalten sind (UHH/*Ulmer/Habersack* Rn. 2; RVJ/*Raiser* Rn. 1).

2 **2. Anwendungsbereich.** § 32 I 1 setzt voraus, dass sowohl die Ober- als auch die Untergesellschaft der Mitbestimmung nach dem MitbestG unterliegt. Das ist auch gegeben, wenn die Mitbestimmungspflicht auf Grund der ANZurechnung nach § 5 besteht. Dagegen findet § 32 I im Wege teleologischer Reduktion keine Anwendung, wenn es sich bei der Obergesellschaft um eine **KGaA** handelt, da bei dieser auf Grund der §§ 31 I 2, 33 I 2 der ANEinfluss so gering ist, dass die § 32 zugrunde liegende Gefährdung der AE nicht zu befürchten ist (UHH/*Ulmer/Habersack* Rn. 5; RVJ/*Raiser* Rn. 5; NK-GA/*Heither/v. Morgen* Rn. 4; WKS/*Schubert* Rn. 7; **aA** WWKK/*Koberski* Rn. 14; HWK/*Seibt* Rn. 2). Ist die Obergesellschaft eine **Kapitalgesellschaft & Co. KG** iSv. § 4 I, so werden die ihr zustehenden Beteiligungsrechte durch die geschäftsführende und mitbestimmte Komplementärkapitalgesellschaft ausgeübt. Die Gefahr der Potenzierung des ANEinflusses in der Untergesellschaft besteht hier ebenfalls, eine direkte Anwendung des § 32 scheidet jedoch aus, da die an der Untergesellschaft beteiligte KG selbst nicht mitbestimmungspflichtig ist. Auf Grund der vergleichbaren Interessenlage findet § 32 I aber entspr. Anwendung (UHH/*Ulmer/Habersack* Rn. 8; RVJ/*Raiser* Rn. 6; HWK/*Seibt* Rn. 2). Eine Mitbestimmung nach anderen G führt nicht zur Anwendbarkeit des § 32 (WKS/*Schubert* Rn. 9; UHH/*Ulmer/Habersack* Rn. 9; RVJ/*Raiser* Rn. 5). Nach § 32 II muss die Beteiligung der Obergesellschaft an der Untergesellschaft mind. 25% betragen, dh., der Obergesellschaft muss entweder ein Viertel der Anteile oder der Stimmen zustehen. § 16 II bis IV AktG findet keine Anwendung

(WKS/*Schubert* Rn. 13; UHH/*Ulmer/Habersack* Rn. 7; RVJ/*Raiser* Rn. 7; HWK/*Seibt* Rn. 3; **aA** GK-MitbestG/*Schneider* Rn. 19).

3. Rechtsfolgen. a) Weisungsrecht des Aufsichtsrats. Liegen die Voraussetzungen des § 32 vor, kommt es zu einer Durchbrechung des Grds., dass die Wahrnehmung von Beteiligungsrechten durch die Obergesellschaft zu den Geschäftsführungsaufgaben zählt und damit in die Kompetenz des ges. Vertretungsorgans fällt. Die Entscheidungsbefugnis für die Ausübung der in § 32 I 1 genannten Beteiligungsrechte weist § 32 I 1 dem AR zu, indem die Ausübung durch das vertretungsberechtigte Gesellschaftsorgan an einen entspr. Beschl. des AR gebunden wird. Dadurch wird das Vertretungsorgan der Gesellschaft abw. von § 82 I AktG, § 37 II GmbHG, § 27 II GenG nach hM zugleich in seiner Vertretungsmacht beschränkt (WKS/*Schubert* Rn. 28; UHH/*Ulmer/Habersack* Rn. 15; RVJ/*Raiser* Rn. 24; HWK/*Seibt* Rn. 4; **aA** *Säcker* DB 1977, 2031, 2035). Fehlt ein Beschl. oder weicht das Vertretungsorgan unberechtigt von diesem ab, so ist die Wahrnehmung der Beteiligungsrechte in der Untergesellschaft nach § 180 S. 1 BGB unwirksam (RVJ/*Raiser* Rn. 24, 25; HWK/*Seibt* Rn. 4). Die betroffenen Rechte der Obergesellschaft müssen gerade auf Grund der Beteiligung an der Untergesellschaft bestehen; die Aufzählung in § 32 I 1 ist abschl. (RVJ/*Raiser* Rn. 17; WKS/*Schubert* Rn. 15). 3

b) Beschlussfassung. Abw. von § 29 beschließt nicht das gesamte Organ, sondern es genügt ein Beschl. der Vertreter der AE. Dadurch wird die Fortsetzung des ANEinflusses in der Obergesellschaft auf die Untergesellschaft unterbrochen (s. Rn. 1). Die ARMitglieder der AE sind entspr. § 28 beschlussfähig, wenn mind. die Hälfte der Mitglieder der AE, aus denen der AR nach § 7 I zu bestehen hat, an der Beschlussfassung teilnimmt (UHH/*Ulmer/Habersack* Rn. 26; RVJ/*Raiser* Rn. 20; *Spieker* FS Däubler 1999 S. 406, 415). Der Beschl. bedarf der absoluten Mehrheit der Stimmen, dh. der Mehrheit der im AR tats. vertretenen Mitglieder der AE (WKS/*Schubert* Rn. 22; UHH/*Ulmer/Habersack* Rn. 27; RVJ/*Raiser* Rn. 21; NK-GA/*Heither/v. Morgen* Rn. 9; HWK/*Seibt* Rn. 5). Die Gegenansicht, die auf die Mehrheit der tats. abgegebenen Stimmen abstellt (*Säcker* DB 1977, 2031, 2035), ist mit dem Wortlaut und der GSystematik nicht vereinbar (s. § 31 II 2 und § 32 I 2). Die ARMitglieder der AN sind von der Teilnahme an der Sitzung nach hM nicht ausgeschlossen (WKS/*Schubert* Rn. 20; UHH/*Ulmer/Habersack* Rn. 24; RVJ/*Raiser* Rn. 18; GK-MitbestG/*Schneider* Rn. 40; **aA** *Kallmeyer* DB 1978, Beil. 11, 7) und in die Beratung einzubeziehen. Eine Mitwirkung an der Verfahrensentsch. und das Recht zur Stellung von GeschOAnträgen steht ihnen jedoch nicht zu (UHH/*Ulmer/Habersack* Rn. 25; GK-MitbestG/*Schneider* Rn. 39; MüKoAktG/*Gach* Rn. 24; WKS/*Schubert* Rn. 20; HWK/*Seibt* Rn. 5; **aA** RVJ/*Raiser* Rn. 18; *Spieker* FS Däubler 1999 S. 406, 414; NK-GA/*Heither/v. Morgen* Rn. 10; WWKK/*Koberski* Rn. 16). 4

Der AR kann die Zust. nach § 32 auf einen ARAusschuss (Beteiligungsausschuss) übertragen, § 107 III 3 AktG steht dem nicht entgegen (UHH/*Ulmer/Habersack* Rn. 28; RVJ/*Raiser* Rn. 21; *Säcker* DB 1977, 2031, 2035; GK-MitbestG/*Schneider* Rn. 47; HWK/*Seibt* Rn. 6; **aA** *Phillipp* DB 1976, 1622, 1628). Dieser ist entspr. dem Mehrheitserfordernis in § 32 I 2 zu besetzen, so dass ihm die Mehrheit der ARMitglieder der AE angehört (UHH/*Ulmer/Habersack* Rn. 28; MüKoAktG/*Gach* Rn. 27; NK-GA/Heither/*v. Morgen* Rn. 11). 5

§ 33 Arbeitsdirektor

(1) [1] **Als gleichberechtigtes Mitglied des zur gesetzlichen Vertretung des Unternehmens befugten Organs wird ein Arbeitsdirektor bestellt.** [2] **Dies gilt nicht für Kommanditgesellschaften auf Aktien.**

(2) [1] **Der Arbeitsdirektor hat wie die übrigen Mitglieder des zur gesetzlichen Vertretung des Unternehmens befugten Organs seine Aufgaben im engsten Einvernehmen mit dem Gesamtorgan auszuüben.** [2] **Das Nähere bestimmt die Geschäftsordnung.**

(3) **Bei Genossenschaften ist auf den Arbeitsdirektor § 9 Abs. 2 des Genossenschaftsgesetzes nicht anzuwenden.**

1. Allgemeines. Nach § 33 ist die Bestellung eines Arbeitsdirektors als Mitglied des vertretungsberechtigten Organs, mit Ausnahme bei der KGaA (§ 33 I 2), **zwgd.** Er ist im Wesentlichen für **Sozial- und Personalfragen** zust. (s. § 33 Rn. 12). Gegen den zwgd. Charakter des § 33 verstößt es zB, wenn der AR von der Bestellung eines Arbeitsdirektors absieht und die Personal- und Sozialangelegenheiten von einem Vorstandsmitglied neben dessen eigentl. Aufgabenbereich wahrgenommen werden; allenfalls die kommissarische Wahrnehmung des Ressorts bis zur Neubestellung eines Arbeitsdirektors ist mit § 33 vereinbar (s. *Henssler* FS Säcker 2011 S. 365, 377 sowie § 33 Rn. 14). 1

Die Vorschr. unterlag im Gesetzgebungsverfahren kontroversen Diskussionen (s. *Hoffmann* BB 1976, 1233), wobei va. die Beziehung des Arbeitsdirektors zu den AN des Unternehmens im Mittelpunkt stand. Auf die Möglichkeit eines ANVetos ähnl. § 13 I 2 Montan-MitbestG wurde verzichtet. Dennoch ging man davon aus, dass der Arbeitsdirektor entspr. der Praxis zu § 13 MitbestErgG auf das Vertrauen der AN angewiesen sei (s. *Arendt* BArbBl. 1976, 43, 44). Tats. ist der Einfluss der AN und der Gewerkschaften auf die Bestellung des Arbeitsdirektors geringer als iRd. Montan-MitbestG und 2 des MitbestErgG (*Henssler* FS Säcker 2011 S. 365, 366). Zwar wird im Unternehmensinteresse die Bestellung des Arbeitsdirektors gegen den ausdr. Widerstand der AN kaum erfolgen, ein bes. Vertrauen der AN benötigt der Arbeitsdirektor aber nicht (WKS/*Schubert* Rn. 23; abw. WWKK/*Koberski* Rn. 19).

3 **2. Bestellung und Abberufung.** Der Arbeitsdirektor ist im Verfahren nach § 31 II bis IV zu bestellen. Dies gilt auch, wenn ein bereits früher bestelltes Mitglied des Vertretungsorgans die Funktion des Arbeitsdirektors übernehmen soll (*Hanau/Ulmer* Rn. 6). In der Entsch., wen er als Arbeitsdirektor wählt, ist der AR grds. frei (s. § 31 Rn. 2). Beschränkt die Satzung die Zahl der Mitglieder des vertretungsberechtigten Organs, kann dies durch § 33 Modifizierungen erfahren. Da der Arbeitsdirektor den ihm zugeordneten Kernbereich der Personal- und Sozialfragen effektiv ausüben soll, ist die Besetzung des Vertretungsorgans mit mind. zwei Mitgliedern erforderl. (UHH/*Henssler* Rn. 2; MüArbR/*Wißmann* § 281 Rn. 5; RVJ/*Raiser* Rn. 6; HWK/*Seibt* Rn. 2; ebenso § 38 II SEBG; im Grds. a. *Henssler* FS Säcker 2011 S. 365, 367 ff., 373). Das Erfordernis des § 9 II GenG, wonach die Vorstandsmitglieder einer Genossenschaft Mitglieder ders. sein müssen, gilt nach § 33 III nicht für den Arbeitsdirektor (UHH/*Henssler* Rn. 18).

4 Das G konzipiert den Arbeitsdirektor als **gleichberechtigtes Mitglied des ges. Vertretungsorgans** und sieht ihn als unerlässl. für die Verwirklichung des Mitbestimmungsgedankens an. Deshalb ist das zur ges. Vertretung berufene Organ bis zur Bestellung des Arbeitsdirektors noch nicht vollständig und ordnungsgemäß besetzt. Trotzdem ist das Vertretungsorgan handlungsfähig, selbst wenn der Arbeitsdirektor noch nicht bestellt ist; es muss nur die zur ges. Vertretung des Unternehmens erforderl. Mitgliederzahl vorhanden sein. Kommt es nicht zur Bestellung eines Arbeitsdirektors, kann in entspr. Anwendung des § 85 I AktG **gerichtl.** ein **Notvorstand** als Arbeitsdirektor bestellt werden. **Voraussetzung** ist ein **„dringender Fall"**, der insb. anzunehmen ist, wenn der Vorstand wegen des Fehlens eines Arbeitsdirektors zur Erfüllung der ihm obliegenden Aufgaben nicht in der Lage ist (s. *Henssler* FS Säcker 2011 S. 365, 378 f.; *Hoffmann* BB 1977, 17, 21 mwN). Deshalb liegt ein dringender Fall für eine Notbestellung nicht vor, wenn die anderen Organmitglieder hinreichende Kenntnisse haben, um die anstehenden Aufgaben aus dem Geschäftsbereich des Arbeitsdirektors (vorübergehend) zu erfüllen (UHH/*Henssler* Rn. 19; *Hoffmann* BB 1977, 17, 21; **aA** *Müller/Lehmann* § 13 Rn. 6; MüKoAktG/*Gach* Rn. 14, die das Fehlen des Arbeitsdirektors als Mitglied des Vertretungsorgans und damit der Geschäftsführung stets als einen „dringenden Fall" bewerten).

5 Für den **Widerruf der Bestellung** des Arbeitsdirektors gelten die allg. Grds. (§ 31 Rn. 7). Eine schwerwiegende Störung des Vertrauensverhältnisses zwischen dem Arbeitsdirektor und den AN des Unternehmens stellt nicht ohne weiteres einen wichtigen Grund für seine Abberufung als Organmitglied dar, es sei denn, dass Unternehmensinteressen auf andere Weise nicht mehr gewahrt werden können (UHH/*Henssler* Rn. 27; RVJ/*Raiser* Rn. 15). Das Widerrufsverfahren ist auch dann einzuhalten, wenn der Arbeitsdirektor auf Grund der Zuweisung eines anderen Ressorts ledigl. seine Funktion, nicht aber seine Mitgliedschaft im Vertretungsorgan verlieren soll (HWK/*Seibt* Rn. 2). Eines wichtigen Grunds iSv. § 84 III AktG bedarf es hierfür nicht (UHH/*Henssler* Rn. 25).

6 **3. Gleichberechtigte Stellung im Vertretungsorgan. a) Normzweck.** Der Arbeitsdirektor ist gleichberechtigtes Mitglied des ges. Vertretungsorgans. Damit bezweckt § 33 I 1, dass der Arbeitsdirektor die **gleichen Rechte** wie jedes andere Organmitglied hat. Das G will sicherstellen, dass die Vorstandsmitglieder bzw. GF aus einer gleichwertigen Stellung heraus die gestellten Aufgaben erfüllen. Daher hat der Arbeitsdirektor grds. auch die **gleichen Pflichten** wie die übrigen Mitglieder des Vertretungsorgans, er trägt die **gleiche Verantwortung**. So ist er ua. mitverantwortl. für die ordnungsgemäße Erstattung der Berichte an den AR nach § 90 AktG, die Feststellung des Jahresabschlusses und seine Vorlage nach § 170 AktG bei der AG und zB für die ordnungsgemäße Buchführung gem. § 41 I GmbHG bei der GmbH. Soweit Satzung bzw. Gesellschaftsvertrag Angelegenheiten abw. von den Vorschr. des anzuwendenden AktG und GmbHG regeln können (zB die Vertretungsbefugnis nach § 78 III AktG bzw. § 37 I GmbHG), muss die Rechtsstellung des Arbeitsdirektors als gleichberechtigtes Mitglied des Vertretungsorgans unangetastet bleiben; andernfalls sind entspr. Bestimmungen nach § 134 BGB nichtig (UHH/*Henssler* Rn. 29).

7 **b) Vertretungsbefugnis.** Hins. der Vertretungsbefugnis sehen die G vor, dass – vorbehaltl. entspr. Ausnahmeregelungen – sämtl. Mitglieder des geschäftsführenden Organs zusammenwirken müssen; als abw. Regelung durch Satzung bzw. Gesellschaftsvertrag sind grds. Gesamtvertretung durch je zwei Organmitglieder oder Alleinvertretungsbefugnis für ein oder mehrere Organmitglieder denkbar. Bereits nach allg. aktienrechtl. Grds. darf dem Arbeitsdirektor wie auch jedem anderen Organmitglied die Vertretungsbefugnis nicht völlig entzogen werden, da ihm dies die Stellung als verantwortl. Vorstandsmitglied nehmen würde. Ist einzelnen Mitgliedern des Vertretungsorgans die Befugnis zur Einzelvertretung verliehen, so hat der Arbeitsdirektor grds. keinen Anspruch darauf, ebenfalls **alleinvertretungsberechtigt** zu sein (*Hoffmann* BB 1977, 17, 21; *Kötter* § 13 Anm. 8b; *Möhring* MDR 1951, 513, 515; *Müller/Lehmann* § 13 Rn. 3), es sei denn, Organmitglieder erhalten in dem konkreten Unternehmen die Alleinvertretungsbefugnis üblicherweise, so dass ihre Nichteinräumung an den Arbeitsdirektor

als Diskriminierung zu bewerten wäre (*Hoffmann* BB 1977, 17, 21). Zulässig ist auch eine Regelung, nach der die Einzelvertretungsbefugnis den Organmitgliedern erst nach einer bestimmten Zeit der Mitgliedschaft im Vertretungsorgan verliehen wird, selbst wenn dies für den konkreten Fall bedeutet, dass nur der Arbeitsdirektor auf die Mitwirkung eines zweiten Vorstandsmitglieds angewiesen bleibt (UHH/*Henssler* Rn. 36; *Hoffmann* BB 1977, 17, 21). Nicht zulässig ist dagegen eine isolierte Bestimmung, nach der nur der Arbeitsdirektor **im Zusammenwirken mit einem anderen Organmitglied** zeichnungsberechtigt ist (*Kötter* § 13 Anm. 8b a). Ist vorgesehen, dass der Arbeitsdirektor nur zusammen mit einem weiteren Mitglied vertretungsberechtigt ist, bei anderen Organmitgliedern aber die Mitwirkung eines Prokuristen ausreicht, so liegt darin keine Beeinträchtigung der Rechtsstellung des Arbeitsdirektors, sondern eine bloße Bindung des zeichnungsberechtigten Prokuristen, die zulässig ist (*Kötter* § 13 Rn. 8b–g).

c) Wahl eines Vorstandsvorsitzenden und dessen Befugnisse. Gem. § 84 II AktG kann der AR 8
einer AG ein Mitglied des Vertretungsorgans zum Vorstandsvorsitzenden berufen. Diese grds. Möglichkeit besteht auch, wenn das Unternehmen dem MitbestG unterliegt (LG F 26.4.1984 AG 1984, 276, 277 sowie § 31 Rn. 8); allerdings ergeben sich Abweichungen hins. der Befugnisse des Vorsitzenden, wie Satzung oder GeschO sie ausformen können. So ist eine Bestimmung mit der angeordneten gleichberechtigten Stellung des Arbeitsdirektors nicht vereinbar, die dem Vorsitzenden iRd. Beschlussfassung ein **allg. Vetorecht** einräumt (BGH 14.11.1983 Z 89, 49, 58 ff.; *Säcker* DB 1977, 1993, 1999 Fn. 52; *Hüffer/Koch* § 77 Rn. 13 mwN; iE ebenso *Henssler* FS 50 Jahre BGH Bd. II 2000 S. 387, 401; **aA** wohl *Hoffmann* BB 1977, 17, 22) oder nach der seine Stimme bei Meinungsverschiedenheiten immer den Ausschlag gibt (so noch § 70 II AktG aF; wie hier UHH/*Henssler* Rn. 40; *Müller/Lehmann* § 13 Rn. 3; **aA** *Möhring* MDR 1951, 513, 515). Ein dem Arbeitsdirektor zugestandenes Widerspruchsrecht für seinen Geschäftsbereich führt zu keiner abw. Würdigung, da dieses nach Reichweite und Gewicht mit einem allg. Vetorecht des Vorsitzenden nicht vergleichbar ist und die Einschränkung der Stellung des Arbeitsdirektors nicht ausgleicht (BGH 14.11.1983 Z 89, 49, 60 mwN). Der Arbeitsdirektor unterliegt wie jedes andere Mitglied des Vertretungsorgans den **Mehrheitsentsch. des Gesamtorgans** (BGH 14.11.1983 Z 89, 49, 59). Zulässig ist daher ein nur die Funktionsfähigkeit des Organs sicherndes **Stichentscheidungsrecht des Vorsitzenden** zur Auflösung von Pattsituationen, sofern dem Gesamtorgan mehr als zwei Mitglieder angehören (UHH/*Henssler* Rn. 40; *Hoffmann* BB 1977, 17, 22; *Säcker* DB 1977, 1993, 1999 Fn. 52). Andernfalls wäre der Arbeitsdirektor stets der Unterlegene, was sich mit seiner gleichberechtigten Stellung nicht vereinbaren lässt (*Hoffmann* BB 1977, 17, 21).

d) Ausgestaltung durch Geschäftsordnung. Auch iRd. **GeschO** sind die durch die ges. Bestim- 9
mung vorgegebenen Maßgaben hins. der Rechtsstellung des Arbeitsdirektors einzuhalten. Sie dürfen ebenfalls nicht zu einer Benachteiligung ggü. den übrigen Organmitgliedern führen. Eine Bestimmung, die vorsieht, dass ein Organmitglied zum **Sprecher des Vertretungsorgans** bestellt wird, ist grds. nicht zu beanstanden, sofern das Vertretungsorgan aus mehr als zwei Mitgliedern besteht (LG F 26.4.1984 AG 1984, 276, 277). Der Arbeitsdirektor darf bei der Erfüllung seiner Aufgaben jedoch nicht im Unterschied zu den übrigen Organmitgliedern allein von einer vorherigen Abstimmung mit dem Sprecher abhängig sein (LG F 26.4.1984 AG 1984, 276, 278). Hins. der Repräsentation des Unternehmens nach außen enthalten die einschlägigen G und idR auch die Statuten keine bes. Bestimmungen, so dass dem Vorstand die Entsch. überlassen bleibt, welches seiner Mitglieder das Unternehmen im konkreten Fall repräsentiert (*Spieker* BB 1968, 1089). Das Prinzip der gleichberechtigten Stellung des Arbeitsdirektors bedeutet in diesem Zusammenhang, dass grds. jedes Vorstandsmitglied, also auch der Arbeitsdirektor, geeignet ist, für das Unternehmen nach außen aufzutreten (*Spieker* BB 1968, 1089; *Hoffmann* BB 1977, 17, 22; näher § 33 Rn. 15).

e) Besonderheit: § 46 GmbHG. Bei einer mitbestimmten GmbH unterliegen die GF nach § 46 Nr. 5 10
GmbHG dem Weisungsrecht der Gesellschafter. So kann der Arbeitsdirektor uU auf seinen Geschäftsbereich bezogene Entsch. nicht so treffen, wie es ihm in einer AG mögl. wäre. Da dieses Weisungsrecht jedoch alle GF der GmbH gleichermaßen trifft, liegt hierin kein Verstoß gegen die gleichberechtigte Stellung des Arbeitsdirektors (*Hoffmann* BB 1977, 17, 22; NK-GA/*Heither/v. Morgen* Rn. 7).

4. Geschäftsbereich des Arbeitsdirektors. a) Unabdingbare Mindestzuständigkeit. Das G um- 11
schreibt den Aufgabenbereich des Arbeitsdirektors nicht. Nach seiner Konzeption handelt es sich um ein Mitglied des ges. Vertretungsorgans, das sich insb. mit den **Fragen der AN des Unternehmens** zu befassen hat; sein Arbeitsbereich sind die **sozialen Angelegenheiten des Unternehmens.** Eine Bestätigung hierfür liefert der auf den Arbeitsdirektor zugeschnittene § 38 II 2 SEBG, der nicht den „Arbeitsdirektor" benennt, sondern auf den Zuständigkeitsbereich („Arbeit und Soziales") abstellt. Anders als den übrigen Vorstandsmitgliedern wird dem Arbeitsdirektor durch die Bestellung kraft G zugleich ein unabdingbarer Mindestzuständigkeitsbereich (Kernbereich) zugewiesen, den ihm weder die Satzung noch eine GeschO des Vorstands entziehen kann (*Hammacher* RdA 1993, 163, 164; UHH/*Henssler* Rn. 44; *Säcker* DB 1977, 1993, 1994; HWK/*Seibt* Rn. 3; *Weck,* Der Arbeitsdirektor, Diss. Münster 1994 S. 77; **aA** *Hoffmann* BB 1977, 17, 19, nach dem der Aufgabenbereich erst im Rahmen eines

Geschäftsverteilungsplans zugewiesen werden muss). Der autonomen Regelung der Geschäftsverteilung in der GeschO sind damit Grenzen gesetzt, anderslautende Bestimmungen sind bei einem Eingriff in den Kernbereich unwirksam (*Säcker* DB 1977, 1993, 1994 Fn. 14 mwN).

12 Der Mindestzuständigkeitsbereich umfasst die Angelegenheiten, deren Fehlen unter den dem Arbeitsdirektor zugewiesenen Zust. den Eindruck erwecken würde, dass das in nicht mitbestimmten Unternehmen dem Arbeitsdirektor vergleichbare Amt eines Personal- und Sozialdirektors entwertet ist (*Hoffmann* BB 1977, 17, 18). Dies sind va. die **Personal- und Sozialangelegenheiten der AN** des Unternehmens (s. BT-Drs. 7/4845 S. 9 f. sowie BVerfG 1.3.1979 E 50, 290, 378; BGH 14.11.1983 Z 89, 48, 59; *Hoffmann* BB 1977, 17, 21; s. a. § 38 II 2 SEBG), zB das Personalwesen, das Gesundheitswesen, der Arbeitsschutz, die Berufsaus- und Weiterbildung sowie die Sozial- und Altersfürsorge (nach *Spieker* BB 1968, 1089, 1090; s. a. LG F 26.4.1984 AG 1984, 276, 277 sowie *Säcker* DB 1979, 1925). Zu Besonderheiten im divisionalisierten Unternehmen sowie im Konzern s. GroßK/*Oetker* Rn. 25 ff. mwN; UHH/*Henssler* Rn. 50 ff. Der Personal- und Sozialbereich **der ltd. Ang.** gehört nach vorherrschender Auff. nicht zur unabdingbaren Kernzust. des Arbeitsdirektors (UHH/*Henssler* Rn. 47; *Haake* BB 1983, 1490, 1492; *Hoffmann* BB 1976, 1233, 1234; *Martens* S. 69; RVJ/*Raiser* Rn. 20; HWK/*Seibt* Rn. 3; **aA** *Reich/Lewerenz* AuR 1976, 353, 368; *Säcker* DB 1977, 1993, 1994 f., die den Bereich der ltd. Ang. ledigl. der fakultativen Zust. des Arbeitsdirektors zurechnen; grds. sollen die ltd. Ang. wegen ihrer unternehmerischen Bedeutung der ressortgebundenen Verantwortlichkeit desjenigen Organmitglieds unterliegen, für das sie funktionell tätig sind [*Martens* S. 69]). Weiterhin gehört zum Kernbereich der Zust. des Arbeitsdirektors grds. auch die **Repräsentation des Unternehmens** nach außen, die ihm auf Grund seiner gleichberechtigten Stellung ebenso wie den anderen Vorstandsmitgliedern zukommt (UHH/*Henssler* Rn. 37; *Spieker* BB 1968, 1089, 1090; HWK/*Seibt* Rn. 6; s. dazu weiter Rn. 15). Ist die Geschäftsführung arbeitsteilig unter den Vorstandsmitgliedern aufgeteilt, so bestimmt sich danach auch die notwendige Repräsentationsmacht des Arbeitsdirektors (*Hoffmann* BB 1977, 17, 22; *Spieker* BB 1968, 1089, 1090).

13 Die Wahrung des Mindestzuständigkeitsbereichs des Arbeitsdirektors setzt **nicht** voraus, dass ihm die **Alleinzust.** zukommt, da eine sachgerechte Regelung häufig das Zusammenwirken verschiedener Ressorts erfordert. In die Beurteilung der Zust. des Arbeitsdirektors sind deshalb auch **institutionell abgesicherte Mitzust.** einzubeziehen (*Hoffmann* BB 1977, 17, 18). Es ist auch nicht generell die Entscheidungsbefugnis des Arbeitsdirektors erforderl., das Letztentscheidungsrecht steht grds. dem Gremium als solchem zu. Jedoch ist der Kernbereich des Arbeitsdirektors angetastet, wenn ihm die Entscheidungsbefugnis bereits für relativ unbedeutende Angelegenheiten fehlt (*Hoffmann* BB 1977, 17, 19). Eine Entsch. über die Mindestzust. kann stets nur unter Berücksichtigung des konkreten Einzelfalls getroffen werden. So ist eine Regelung nicht wirksam, nach der der Arbeitsdirektor die Geschäftsführung im Hinblick auf seinen Aufgabenbereich ledigl. ständig zu unterrichten und zu beraten hat, eine **Beschränkung auf eine reine Informations- und Beratungstätigkeit** nimmt ihm die Stellung als gleichberechtigtes Vorstandsmitglied (LG F 26.4.1984 AG 1984, 276, 277 f.).

14 **b) Zuweisung zusätzlicher Aufgabenbereiche.** Die **Zuweisung zusätzl. Aufgaben** neben dem unentziehbaren Mindestzuständigkeitsbereich ist grds. nicht mögl. (*Spieker* BB 1968, 1089 f.; **aA** UHH/*Henssler* Rn. 42; *ders.* FS Säcker 2011 S. 365, 374; wohl a. *Kötter* § 13 Rn. 8). Bei dem Mindestzuständigkeitsbereich handelt es sich um Angelegenheiten, die eine **ausschl. Zust.** auf der Ebene der Unternehmensführung erfordern. Deshalb ist die Zuweisung zusätzl. Aufgabenbereiche an den Arbeitsdirektor nur ausnahmsweise, zB als Stellvertreter, mögl. und dies auch nur, soweit hierunter nicht die eigentl. Aufgabenerfüllung des Arbeitsdirektors leidet (allg. Ansicht; dazu *Müller/Lehmann* § 13 Rn. 7; *Reich/Lewerenz* AuR 1976, 353, 368; MüKoAktG/*Gach* Rn. 31; zurückhaltender *Hoffmann* BB 1977, 17, 21; *Säcker* DB 1977, 1993, 1995, die von einer grds. Möglichkeit der Zuweisung zusätzl. Kompetenzen ausgehen, solange das Personal- und Sozialwesen durch den Arbeitsdirektor nicht bloß nebensächl. betrieben wird [*Säcker* DB 1977, 1993, 1995] und er seine Kernbereichszuständigkeiten sachgerecht wahrnehmen kann [*Hoffmann* BB 1977, 17, 21]; s. HWK/*Seibt* Rn. 5; *Henssler* FS Säcker 2011 S. 365, 374 ff.; WKS/*Schubert* Rn. 51; NK-GA/*Heither/v. Morgen* Rn. 16; KölnK-AktG/*Mertens/Cahn* § 117 Anh. B § 33 MitbestG Rn. 16). Mit den Aufgaben eines Arbeitsdirektors ist es demggü. unvereinbar, diesen zugleich zum Vorstandsvorsitzenden zu bestellen (**aA** UHH/*Henssler* Rn. 42; WKS/*Schubert* Rn. 53). Andererseits hängt der zulässige Umf. weiterer Aufgabenbereiche von dem Ausmaß der Personal- und Sozialangelegenheiten in dem konkreten Unternehmen ab (HWK/*Seibt* Rn. 3). Insb. bei einer dezentralen Konzernorganisation ist der Aufgabenbereich des Arbeitsdirektors einer Konzernobergesellschaft kleiner (*Buchner* FS Wlotzke 1996 S. 227, 253; MüKoAktG/*Gach* Rn. 40 ff.), so dass zusätzl. Aufgabenbereiche, insb. bei Konzerntöchtern, eher übernommen werden können (*Henssler* FS Säcker 2011 S. 365, 376 f.; WKS/*Schubert* Rn. 56; HWK/*Seibt* Rn. 5).

15 **c) Repräsentation des Unternehmens.** Grds. ist der Arbeitsdirektor wie jedes andere Vorstandsmitglied berufen, für das Unternehmen hins. seines Geschäftsbereichs nach außen aufzutreten (s. Rn. 9, 12). Dabei kommt insb. die Repräsentation in AGVerbänden und Sozialversicherungskörperschaften in Betracht (*Spieker* BB 1968, 1089, 1090). Da der Arbeitsdirektor abw. von § 13 II 2 Montan-MitbestG auch gegen die Stimmen der ANVertreter im AR bestellt werden kann, verletzt die Repräsenta-

tion des Unternehmens im **AGVerband** durch den Arbeitsdirektor nicht die Grds. der Unabhängigkeit und Gegnerfreiheit der TVParteien (dazu § 2 TVG Rn. 7f.), da dieser hier für die AGSeite tätig wird (UHH/*Henssler* Rn. 49; *Spieker* BB 1968, 1089, 1090 mwN). Diese Auff. wird verbreitet dadurch gestützt, dass der Arbeitsdirektor als Angehöriger der AGSeite weder betriebsverfassungsrechtl. noch gewerkschaftl. Organfunktionen wahrnehmen kann (*Müller/Lehmann* § 13 Rn. 7 aE; *Spieker* BB 1968, 1089, 1090 Fn. 12). Die Organe der **Sozialversicherungskörperschaften** setzen sich unter anderem aus Vertretern der AN und AG zusammen. Als AG gelten dabei die ges. Vertreter der Mitgliedsunternehmen, so dass auch in den Organen der Sozialversicherungskörperschaften die Repräsentation durch den Arbeitsdirektor zulässig ist (*Spieker* BB 1968, 1089, 1092).

5. Zusammenwirken im Vorstand. Der Arbeitsdirektor soll im **engsten Einvernehmen** mit dem Gesamtorgan tätig werden, er ist nicht dessen Gegenspieler. Seine Aufgabenerfüllung steht demgemäß unter der gesamten Verantwortung des Vertretungsorgans. Einzelheiten über die Zusammenarbeit im Vorstand sind Gegenstand der GeschO, die diesen Vorgaben Rechnung tragen muss. 16

Vierter Teil. Seeschiffahrt

§ 34 [Schiffe]

(1) Die Gesamtheit der Schiffe eines Unternehmens gilt für die Anwendung dieses Gesetzes als ein Betrieb.

(2) [1] Schiffe im Sinne dieses Gesetzes sind Kauffahrteischiffe, die nach dem Flaggenrechtsgesetz die Bundesflagge führen. [2] Schiffe, die in der Regel binnen 48 Stunden nach dem Auslaufen an den Sitz eines Landbetriebs zurückkehren, gelten als Teil dieses Landbetriebs.

(3) Leitende Angestellte im Sinne des § 3 Abs. 1 Nr. 2 dieses Gesetzes sind in einem in Absatz 1 bezeichneten Betrieb nur die Kapitäne.

(4) Die Arbeitnehmer eines in Absatz 1 bezeichneten Betriebs nehmen an einer Abstimmung nach § 9 nicht teil und bleiben für die Errechnung der für die Antragstellung und für die Beschlußfassung erforderlichen Zahl von Arbeitnehmern außer Betracht.

(5) [1] Werden die Aufsichtsratsmitglieder der Arbeitnehmer durch Delegierte gewählt, so werden abweichend von § 10 in einem in Absatz 1 bezeichneten Betrieb keine Delegierten gewählt. [2] Abweichend von § 15 Abs. 1 nehmen die Arbeitnehmer dieses Betriebs unmittelbar an der Wahl der Aufsichtsratsmitglieder der Arbeitnehmer teil mit der Maßgabe, daß die Stimme eines dieser Arbeitnehmer als ein Neunzigstel der Stimme eines Delegierten zu zählen ist; § 11 Abs. 1 Satz 3 ist entsprechend anzuwenden.

Fünfter Teil. Übergangs- und Schlußvorschriften

§ 35 *(aufgehoben)*

§ 36 Verweisungen

(1) Soweit in anderen Vorschriften auf Vorschriften des Betriebsverfassungsgesetzes 1952 über die Vertretung der Arbeitnehmer in den Aufsichtsräten von Unternehmen verwiesen wird, gelten diese Verweisungen für die in § 1 Abs. 1 dieses Gesetzes bezeichneten Unternehmen als Verweisungen auf dieses Gesetz.

(2) Soweit in anderen Vorschriften für das Gesetz über die Mitbestimmung der Arbeitnehmer in den Aufsichtsräten und Vorständen der Unternehmen des Bergbaus und der Eisen und Stahl erzeugenden Industrie vom 21. Mai 1951 (Bundesgesetzbl. I S. 347) die Bezeichnung „Mitbestimmungsgesetz“ verwendet wird, tritt an ihre Stelle die Bezeichnung „Montan-Mitbestimmungsgesetz“.

§ 37 Erstmalige Anwendung des Gesetzes auf ein Unternehmen

(1) [1] Andere als die in § 97 Abs. 2 Satz 2 des Aktiengesetzes bezeichneten Bestimmungen der Satzung (des Gesellschaftsvertrags), die mit den Vorschriften dieses Gesetzes nicht vereinbar sind, treten mit dem in § 97 Abs. 2 Satz 2 des Aktiengesetzes bezeichneten Zeitpunkt oder, im Falle einer gerichtlichen Entscheidung, mit dem in § 98 Abs. 4 Satz 2 des Aktiengesetzes bezeichneten Zeitpunkt außer Kraft. [2] Eine Hauptversammlung (Gesellschafterversammlung, Generalversamm-

lung), die bis zu diesem Zeitpunkt stattfindet, kann an Stelle der außer Kraft tretenden Satzungsbestimmungen mit einfacher Mehrheit neue Satzungsbestimmungen beschließen.

(2) Die §§ 25 bis 29, 31 bis 33 sind erstmalig anzuwenden, wenn der Aufsichtsrat nach den Vorschriften dieses Gesetzes zusammengesetzt ist.

(3) [1]Die Bestellung eines vor dem Inkrafttreten dieses Gesetzes bestellten Mitglieds des zur gesetzlichen Vertretung befugten Organs eines Unternehmens, auf das dieses Gesetz bereits bei seinem Inkrafttreten anzuwenden ist, kann, sofern die Amtszeit dieses Mitglieds nicht aus anderen Gründen früher endet, nach Ablauf von fünf Jahren seit dem Inkrafttreten dieses Gesetzes von dem nach diesem Gesetz gebildeten Aufsichtsrat jederzeit widerrufen werden. [2]Für den Widerruf bedarf es der Mehrheit der abgegebenen Stimmen der Aufsichtsratsmitglieder, aller Stimmen der Aufsichtsratsmitglieder der Anteilseigner oder aller Stimmen der Aufsichtsratsmitglieder der Arbeitnehmer. [3]Für die Ansprüche aus dem Anstellungsvertrag gelten die allgemeinen Vorschriften. [4]Bis zum Widerruf bleiben für diese Mitglieder Satzungsbestimmungen über die Amtszeit abweichend von Absatz 1 Satz 1 in Kraft. [5]Diese Vorschriften sind entsprechend anzuwenden, wenn dieses Gesetz auf ein Unternehmen erst nach dem Zeitpunkt des Inkrafttretens dieses Gesetzes erstmalig anzuwenden ist.

(4) Absatz 3 gilt nicht für persönlich haftende Gesellschafter einer Kommanditgesellschaft auf Aktien.

1 **1. Allgemeines.** Für die erstmalige Anwendung des MitbestG auf ein Unternehmen ordnet § 37 verschiedene Erg. bzgl. des nach § 6 II iVm. §§ 97, 98 AktG durchzuführenden Statusverfahrens an. Weitere Verfahrensvorschr. enthalten die WO.

2 **2. Außerkrafttreten von Satzungsvorschriften.** Die Vorschr. in § 97 II 2 AktG über das Außerkrafttreten von Satzungsvorschr. erweitert § 37 I 1 auf solche, die § 97 II 2 AktG nicht erfasst, die dem MitbestG aber entgegenstehen. Dazu gehören va. Vorschr., die den §§ 25 bis 31 widersprechen. Sie treten zu dem in den §§ 97 II 2, 98 IV 2 AktG bestimmten Zpkt. außer Kraft. Die AEVersammlung hat nach § 37 I 2 die Möglichkeit, die Satzungsbestimmungen, die nach § 37 I 1 ihre Geltung verlieren, vor Ablauf der Frist durch andere Vorschr. zu ersetzen. Der Beschl. bedarf entgegen den gesellschaftsrechtl. Regelungen (§ 179 I und II AktG, § 53 I und II GmbHG, § 16 IV GenG) nur der einfachen Mehrheit. Dem MitbestG widersprechende Vorschr. im Gesellschaftsvertrag einer KG, die in den Anwendungsbereich des § 4 fällt, erfasst § 37 I nicht, da das Verfahren nach § 6 II iVm. den §§ 97, 98 AktG nur auf die Komplementärkapitalgesellschaft Anwendung findet (UHH/*Ulmer/Habersack* Rn. 11; RVJ/*Raiser* Rn. 5). Sie sind jedoch nach § 134 BGB nichtig, sobald der mitbestimmte AR in der Komplementärkapitalgesellschaft gebildet ist (UHH/*Ulmer/Habersack* Rn. 12; RVJ/*Raiser* Rn. 5).

3 **3. Anwendbarkeit der §§ 25 bis 29, 31 bis 33.** Die Vorschr. über die innere Ordnung des AR und die Rechte und Pflichten seiner Mitglieder (§§ 25 bis 29) sowie über das ges. Vertretungsorgan des Unternehmens (§§ 31 bis 33) finden nach § 37 II erstmalig Anwendung, wenn der mitbestimmte AR gebildet ist. Seine GeschORegeln, die den §§ 25 bis 29 widersprechen, treten mit diesem Zpkt. nach § 25 II außer Kraft. Bestimmungen in der GeschO des Vertretungsorgans sind nach § 134 BGB nichtig, wenn sie gegen die §§ 31 bis 33 verstoßen. Umstr. ist der Zpkt. der erstmaligen Bestellung eines Arbeitsdirektors nach den §§ 33, 31. Durch § 37 III wird den Mitgliedern des ges. Vertretungsorgans, die bereits vor der Bildung des mitbestimmten AR bestellt wurden, Bestandsschutz gewährt (Begr. RegE BT-Drs. 7/2172, 30). Zudem haben die Mitglieder des Vertretungsorgans aus dem Anstellungsvertrag einen Anspruch auf Wahrnehmung des ihnen zugewiesenen Ressorts (*Mertens* AG 1979, 334, 337; *Säcker* DB 1977, 1993, 1996). Sofern bereits ein Mitglied des ges. Vertretungsorgans mit der Zust. für Personal- und Sozialfragen gesondert betraut ist, verdrängen die §§ 33, 37 II nicht den Bestandsschutz in § 37 III, denn das Amt des Arbeitsdirektors zielt nicht auf die Schaffung eines neuen Ressorts ab, sondern soll den gesonderten Kompetenzbereich der Arbeits- und Sozialangelegenheiten im Vertretungsorgan sichern (*Ballerstedt* ZGR 1977, 133, 147; *Säcker* DB 1977, 1993, 1996). Ist ein Mitglied des ges. Vertretungsorgans bereits vor der Bildung des mitbestimmten AR mit dem Ressort für Arbeits- und Sozialfragen betraut worden, bedarf es nach hM nicht der Bestellung des Arbeitsdirektors nach den §§ 33, 31, es gilt § 37 III (*Ballerstedt* ZGR 1977, 133, 147; UHH/*Ulmer/Habersack* Rn. 21; *Mertens* AG 1979, 334, 337; RVJ/*Raiser* Rn. 7; *Säcker* DB 1977, 1993, 1996; WKS/*Schubert* Rn. 20; aA AG HB 5.12.1978 WM 1979, 154, 155; LG Kreuznach 3.10.1979 BB 1979, 1680, 1681; WWKK/*Koberski* Rn. 18).

4 **4. Mitglieder des gesetzlichen Vertretungsorgans.** Die Amtszeit der Mitglieder des ges. Vertretungsorgans des Unternehmens bleibt von der erstmaligen Bildung eines mitbestimmten AR unberührt. Das ergibt sich aus § 37 III. Sie endet bei der AG wegen § 84 I AktG spätestens nach fünf Jahren. Bei der GmbH und der Genossenschaft ist jedoch eine längere Bestellung mögl. Für diese Fälle bestimmt § 37 III, dass die Bestellung nach fünf Jahren widerrufen werden kann. Nach § 37 IV findet § 37 III auf die pers. haftenden Gesellschafter einer KGaA keine Anwendung, da diese nach § 31 I 2

nicht durch den mitbestimmten AR bestellt werden. Bedeutung hat § 37 III heute nur noch für die Fälle des § 37 III 5. Wächst ein Unternehmen erst nachträgl. in den Anwendungsbereich des G hinein, ist umstr., ab welchem Zpkt. die Fünfjahresfrist zu bestimmen ist. Die hM stellt auf das erstmalige Vorliegen der Voraussetzungen in den §§ 1 bis 5 ab (WKS/*Schubert* Rn. 29; RVJ/*Raiser* Rn. 12). Da die Feststellung dieses Zpkt. erhebl. Schwierigkeiten bereitet, soll nach aA die Unanfechtbarkeit der Bek. nach § 97 I AktG oder die Rechtskraft der Entsch. nach § 98 I AktG (so UHH/*Ulmer/Habersack* Rn. 29) bzw. der Zpkt. des Außerkrafttretens von Satzungsbestimmungen nach § 97 II 2 AktG (so GK-MitbestG/*Fabricius* Rn. 67) ausschlaggebend sein. Der Widerruf bedarf nach Ablauf der Frist keines wichtigen Grundes und ist nicht fristgebunden. Er ist mit der in § 37 III 2 bestimmten Mehrheit durch den AR zu beschließen, also der einfachen Mehrheit seiner Mitglieder oder sämtl. Stimmen der tats. vorhandenen Mitglieder der AE oder AN (RVJ/*Raiser* Rn. 19). Der Widerruf lässt den Anstellungsvertrag unberührt (§ 37 III 4). Die Aufhebung dieses Vertrags ist nur nach den allg. Vorschr. mögl., wobei der Widerruf kein wichtiger Grund iSv. § 626 I BGB ist (UHH/*Ulmer/Habersack* Rn. 34; RVJ/*Raiser* Rn. 19).

§ 38 *(aufgehoben)*

§ 39 Ermächtigung zum Erlaß von Rechtsverordnungen

Die Bundesregierung wird ermächtigt, durch Rechtsverordnung Vorschriften über das Verfahren für die Wahl und die Abberufung von Aufsichtsratsmitgliedern der Arbeitnehmer zu erlassen, insbesondere über

1. **die Vorbereitung der Wahl oder Abstimmung, die Bestellung der Wahlvorstände und Abstimmungsvorstände sowie die Aufstellung der Wählerlisten,**
2. **die Abstimmungen darüber, ob die Wahl der Aufsichtsratsmitglieder in unmittelbarer Wahl oder durch Delegierte erfolgen soll,**
3. **die Frist für die Einsichtnahme in die Wählerlisten und die Erhebung von Einsprüchen,**
4. **die Errechnung der Zahl der Aufsichtsratsmitglieder der Arbeitnehmer sowie ihre Verteilung auf die in § 3 Abs. 1 Nr. 1 bezeichneten Arbeitnehmer, die leitenden Angestellten und die Gewerkschaftsvertreter sowie das Verfahren zur Berücksichtigung der Geschlechter,**
5. **die Errechnung der Zahl der Delegierten,**
6. **die Wahlvorschläge und die Frist für ihre Einreichung,**
7. **die Ausschreibung der Wahl oder der Abstimmung und die Fristen für die Bekanntmachung des Ausschreibens,**
8. **die Teilnahme von Arbeitnehmern eines in § 34 Abs. 1 bezeichneten Betriebs an Wahlen und Abstimmungen,**
9. **die Stimmabgabe,**
10. **die Feststellung des Ergebnisses der Wahl oder der Abstimmung und die Fristen für seine Bekanntmachung,**
11. **die Aufbewahrung der Wahlakten und der Abstimmungsakten.**

Entspr. der VOErmächtigung in § 39 hatte die BReg. am 23.6.1977 zunächst drei WO erlassen. Die 1. WO regelt die Wahl in Unternehmen mit nur einem Betrieb (BGBl. 1977 I S. 861 ff.). Die 2. WO gilt für Unternehmen mit mehreren Betrieben (BGBl. 1977 I S. 893 ff.) und die 3. WO für mehrere Unternehmen eines Konzerns oder einer GmbH & Co. KG (BGBl. 1977 I S. 934 ff.). Nach dem Inkrafttreten der Änd. des MitbestG durch Art. 12 BetrVerf-ReformG (s. Einl. Rn. 6) und des G zur Vereinfachung der Wahl der ANVertreter in den AR (s. Einl. Rn. 6) bedurften die WO einer grdl. Überarbeitung; am 27.5.2002 hat die BReg. alle drei WO neu erlassen (BGBl. I S. 1682 ff. [1. WO], S. 1708 ff. [2. WO], S. 1741 ff. [3. WO]), die durch VO v. 10.10.2005 (BGBl. I S. 2927 ff.) geringfügig geänd. wurden. Die wegen des G für die gleichberechtigte Teilhabe von Frauen und Männern an Führungspositionen in der Privatwirtschaft und im öffentl. Dienst v. 24.4.2015 erforderl. Überarbeitung der WO (s. § 39 Nr. 4) erfolgte durch Art. 2–4 der ÄndVO vom 26.8.2015 (BGBl. I S. 1443, 1447 ff.). 1

§ 40 Übergangsregelung

(1) **Auf Wahlen von Aufsichtsratsmitgliedern der Arbeitnehmer, die bis zum 31. Dezember 2015 abgeschlossen sind, ist das Mitbestimmungsgesetz vom 4. Mai 1976 (BGBl. S. 1153) in der Fassung des Artikels 2 Absatz 113 des Gesetzes vom 22. Dezember 2011 (BGBl. S. 3044) anzuwenden.**

(2) **Auf Wahlen von Aufsichtsratsmitgliedern der Arbeitnehmer, die bis zum 31. Dezember 2015 nicht abgeschlossen sind, ist im Fall des § 96 Absatz 2 Satz 3 des Aktiengesetzes das Mitbestim-**

mungsgesetz in der durch Artiekl 7 des Gesetzes vom 24. April 2015 (BGBl. I S. 642) geänderten Fassung anzuwenden.

(3) Eine Wahl von Aufsichtsratsmitgliedern der Arbeitnehmer gilt als abgeschlossen, wenn die Bekanntmachung der Mitglieder des Aufsichtsrates nach § 19 Satz 1 durch das zur gesetzlichen Vertretung des Unternehmens befugte Organ erfolgt ist.

1 Die Vorschr. enthält die notwendige Übergangsregelung im Hinblick auf die Zusammensetzung des AR nach Maßgabe des Geschlechterverhältnisses. Danach bleiben die Vorgabe in § 7 III sowie der hierauf bezogene § 18a unangewendet, wenn die Wahl der ANVertreter bis zum 31.12.2015 abgeschlossen ist, wobei § 40 III die Bekanntgabe nach § 19 S. 1 als maßgebl. ansieht. Auch in dieser Konstellation gilt jedoch für die dem MitbestG unterliegenden börsennotierten AG ab dem 1.1.2016 die Übergangsregelung in § 25 II EGAktG (s. AktG § 96 Rn. 12), Erfolgt die Bekanntgabe nach § 19 S. 1 nicht bis zu dem Stichtag, dann muss bei der Wahl der Geschlechteranteil in § 7 III erreicht werden, andernfalls tritt die Rechtsfolge des § 18a II 1 ein, selbst dann, wenn die Wahl der ANVertreter noch vor dem Stichtag eingeleitet wurde. Keine Bedeutung hat die Vorschr. für die Wahl von ANVertreter, wenn wegen eines fehlenden Widerspruchs für die Wahrung des Mindestanteilsgebots das Prinzip der Gesamterfüllung (§ 96 II 2 AktG) gilt.

§ 41 Inkrafttreten

Dieses Gesetz tritt am 1. Juli 1976 in Kraft.

490. Gesetz über die Mitbestimmung der Arbeitnehmer in den Aufsichtsräten und Vorständen der Unternehmen des Bergbaus und der Eisen und Stahl erzeugenden Industrie [Montan-Mitbestimmungsgesetz]

Vom 21. Mai 1951 (BGBl. I S. 347)

Zul. geänd. durch G vom 24. April 2015 (BGBl. I S. 642)

(BGBl. III/FNA 801-2)

Einleitung

Das G regelt die Mitbestimmung der AN in Unternehmen der Bergbau- und Stahlindustrie mit Sitz im Bundesgebiet (*Boldt* § 1 Anm. 2a). **Anlass** für **das G** war die sich nach 1945 unter dem Druck alliierter Entflechtungspläne entwickelnde Praxis, in den letztl. doch entflochtenen Gesellschaften der Stahlindustrie (s. Anhang D zum G Nr. 27 der AHK) paritätisch besetzte AR mit 11 Mitgliedern festzulegen. Da dies dem geltenden Aktienrecht, das auch für neu zu gründende Unternehmen (Kern- und Einheitsgesellschaften, s. G Nr. 27 der AHK) anzuwenden war, widersprach, forderten insb. die Gewerkschaften, Einrichtung und Fortbestand derart zusammengesetzter AR ges. abzusichern (*Boldt* RdA 1951, 169, 170). 1

Als Erg. der Diskussionen wurden Ende Januar 1951 **„Richtlinien über die Mitbestimmung in der Kohle und Eisen schaffenden Industrie"** (s. *Kötter* Anhang I. 1) von Sachverständigen und Vertretern des DGB vorgestellt und in ihren wesentl. Inhalten von der BReg. als GE in den BT eingebracht (BT-Drs. I/1858) sowie den BTAusschüssen für Arbeit und für Wirtschaftspolitik zugeleitet (*Boldt* RdA 1951, 169, 170). Der von ihnen gebildete Arbeitskreis „Mitbestimmung Bergbau und Eisen" erarbeitete eine Stellungn., auf der die späteren Ausschussbeschlüsse beruhten (BT-Drs. I/2042) und die inhaltl. bis auf die §§ 6 und 8 in das G Eingang fanden (vgl. *Kötter* Einf. S. XII). Die §§ 6 und 8 sind demggü. ein Kompromiss zwischen den RL und den Beschlüssen der Ausschüsse (*Kötter* Einf. S. XII). 2

Um das Ausscheiden von Unternehmen mit verändertem Betriebszweck aus der Montan-Mitbestimmung zu erschweren, wurden seit Inkrafttreten des G mehrere **Sicherungsgesetze** verabschiedet. Hierzu zählt als erstes das MitbestErgG v. 7.8.1956 (BGBl. I S. 707), das ein Unterlaufen der Montan-Mitbestimmung durch „montanfreie" Holding-Gesellschaften verhindern soll (s. § 1 Rn. 21 f.). Die anschließenden G zur Absicherung der Montan-Mitbestimmung, ausgelöst vornehml. durch die Ausdehnung „montanfreier" Betriebszwecke, wurden eingeleitet durch die das MitbestErgG betr. „lex Rheinstahl" v. 27.5.1967 (BGBl. I S. 505; hierzu BVerfG 7.5.1969 E 25, 372 ff.). Dem folgte das G über die befristete Fortgeltung der Mitbestimmung v. 29.11.1971 (BGBl. I S. 1857; s. a. Begr. RegE BT-Drs. VI/1785), dessen Geltung bis zum 31.12.1975 befristet war. Das G zur Änd. des Montan-MitbestG und des MitbestErgG v. 21.5.1981 (BGBl. I S. 441; dazu BT-Drs. 9/235) fügte insb. die Bestimmung zur Fortgeltung der Montan-Mitbestimmung bei Wegfall der ges. Anwendungsvoraussetzungen (§ 1 III) ein, auf die sich auch das dritte ÄndG v. 23.7.1987 (BGBl. I S. 1676) bezog und den vorl. Schlusspunkt setzte. Eine weitere, allerdings nicht auf Montan-Unternehmen beschränkte Absicherung schuf das MitbestBeiG v. 23.8.1994 (BGBl. I S. 2228; s. MitbestG Einl. Rn. 8). 3

Gegen die Montan-Mitbestimmung werden **verfassungsrechtl. Bedenken** erhoben, insb. sei die Unterschiedlichkeit der Regelungssysteme zum MitbestG 1976 und zum BetrVG 1952 (= DrittelbG) nicht (mehr) zu rechtfertigen und verstoße gegen **Art. 3 I GG** (*von Zezschwitz* BB 1971, 479, 483; zusf. *Spindler* AG 1994, 258, 262 ff.). Dem wird traditionell entgegengehalten, dass sich ein sachl. Grund für diese Sonderregelung aus der Schlüsselrolle dieses Industriezweigs ergibt (*Preis* AuR 1983, 161, 165 f.), die auch nicht abgenommen habe, sondern nur insofern modifiziert sei, als vergleichbare Unternehmen anderer Industriezweige unabhängig davon an Bedeutung gewonnen haben (*Kittner* BB 1971, 1057, 1059). Das BVerfG hat diese Arg. im Grds. bestätigt und zusätzl. die bes. Anpassungsprobleme der Montan-Industrie hervorgehoben (BVerfG 2.3.1999 E 99, 367, 392 ff.; s. *Büdenbender* ZIP 2000, 385, 395 ff. sowie § 1 Rn. 21). 4

Die Verfassungsmäßigkeit der Montan-Mitbestimmung ist im Anschluss an das Urt. des BVerfG v. 1.3.1979 (E 50, 290 ff.) im Hinblick auf **Art. 14 I GG** zw. Das dort in den Vordergrund gerückte **Letztentscheidungsrecht der AEVertreter** bei der Wahl des ARVorsitzenden sowie sein Zweitstimmrecht zur Auflösung von Pattsituationen bei Abstimmungen im AR (BVerfG 1.3.1979 E 50, 290, 350 ff.) löst verfassungsrechtl. Bedenken aus (**aA** NK-GA/*Heither/v. Morgen* § 1 Rn. 8), da das Verfahren zur Wahl des „neutralen Mitgliedes" (§ 8) tendenziell auf Kompromiss und nicht auf Durch- 5 setzung des von den Vertretern der AE unterbreiteten Personalvorschlags angelegt ist (s. § 8 Rn. 1; HWK/*Seibt*[2] § 1 Rn. 1). Das Letztentscheidungsrecht des Wahlorgans in § 8 III 7 (zB Hauptversammlung) erweist sich wegen seiner Voraussetzungen als ein theoretisches denn praktikables Instrument, um das Letztentscheidungsrecht der AESeite zu sichern (s. aber a. zum MitbestErgG BVerfG 2.3.1999 E 99, 367, 390 f.). Zudem sprechen die auf Unabhängigkeit abzielenden Wählbarkeitsvoraussetzungen in § 4 II (s. § 4 Rn. 3) gegen eine Indienstnahme des „neutralen Mitglieds" zur Absicherung eines leichten Übergewichts der AESeite.

6 In neuerer Zeit wurde das G va. durch Art. 8 BetrVerf-ReformG geänd., der die bisherige Aufteilung der ARSitze der ANSeite auf die Gruppen der Arbeiter und der Ang. entspr. den Änd. im BetrVG aufhob (Reg. Begr. BT-Drs. 14/5741 S. 55 f.). Art. 4 des Zweiten G zur Vereinfachung der Wahl der ANVertreter in den AR v. 18.5.2004 (BGBl. I S. 974) trug durch Streichung der bergrechtl. Gewerkschaft in den §§ 1 II, 3 I dem Auslaufen dieser Rechtsform Rechnung. Das G für die gleichberechtigte Teilhabe von Frauen und Männern an Führungspositionen in der Privatwirtschaft und im öffentl. Dienst v. 24.4.2015 (BGBl. I S. 642) setzte durch Einfügung von § 5a sowie des neugefassten § 6 VI das Anliegen um, den Anteil der Geschlechter unter den ARMitgliedern für den Fall einer Getrennterfüllung (§ 96 II 3 AktG) auf jeweils mind. 30 Prozent festzulegen. Soweit § 6 II 3 das BMAS für zust. erklärt, beruht dies auf Art. 220 der 9. ZuständigkeitsanpassungsV v. 31.10.2006 (BGBl. I S. 2407, 2434; zu früheren ZustÄnd. s. 7. Aufl. Rn. 9).

Erster Teil. Allgemeines

§ 1 [Arbeitnehmermitbestimmung in den Aufsichtsräten. Anwendungsbereich]

(1) [1]Die Arbeitnehmer haben ein Mitbestimmungsrecht in den Aufsichtsräten und in den zur gesetzlichen Vertretung berufenen Organen nach Maßgabe dieses Gesetzes in

a) den Unternehmen, deren überwiegender Betriebszweck in der Förderung von Steinkohle, Braunkohle oder Eisenerz oder in der Aufbereitung, Verkokung, Verschwelung oder Brikettierung dieser Grundstoffe liegt und deren Betrieb unter der Aufsicht der Bergbehörden steht,

b) den Unternehmen der Eisen und Stahl erzeugenden Industrie in dem Umfang, wie er in Gesetz Nr. 27 der Alliierten Hohen Kommission vom 16. Mai 1950 (Amtsblatt der Alliierten Hohen Kommission für Deutschland S. 299) bezeichnet ist, soweit diese Unternehmen in „Einheitsgesellschaften" im Sinne des Gesetzes Nr. 27 überführt oder in anderer Form weiterbetrieben und nicht liquidiert werden,

c) den Unternehmen, die von einem vorstehend bezeichneten oder nach Gesetz Nr. 27 der Alliierten Hohen Kommission zu liquidierenden Unternehmen abhängig sind, wenn sie die Voraussetzungen nach Buchstabe a erfüllen oder überwiegend Eisen und Stahl erzeugen.

[2]Die Herstellung von Walzwerkserzeugnissen einschließlich Walzdraht, Röhren, Walzen, rollendem Eisenbahnmaterial, Freiformschmiedestücken und Gießereierzeugnissen aus Eisen oder Stahl ist als Erzeugung von Eisen und Stahl im Sinne von Satz 1 Buchstabe b und c anzusehen

1. in einem Unternehmen, dessen Aufsichtsrat am 1. Juli 1981 nach § 4 oder § 9 zusammengesetzt ist, oder

2. in einem anderen Unternehmen nach der Verschmelzung mit einem in Nummer 1 bezeichneten Unternehmen oder nach dem Übergang von Betrieben oder Betriebsteilen eines in Nummer 1 bezeichneten Unternehmens, die die genannten Erzeugnisse herstellen oder Roheisen oder Rohstahl erzeugen, auf das andere Unternehmen, wenn dieses mit dem in Nummer 1 bezeichneten Unternehmen verbunden ist (§ 15 des Aktiengesetzes) und solange nach der Verschmelzung oder dem Übergang der überwiegende Betriebszweck des anderen Unternehmens die Herstellung der genannten Erzeugnisse oder die Erzeugung von Roheisen oder Rohstahl ist.

[3]Satz 2 Nr. 2 gilt entsprechend für die weitere Verschmelzung sowie für den weiteren Übergang von Betrieben oder Betriebsteilen.

(2) Dieses Gesetz findet nur auf diejenigen in Absatz 1 bezeichneten Unternehmen Anwendung, welche in Form einer Aktiengesellschaft oder einer Gesellschaft mit beschränkter Haftung betrieben werden und in der Regel mehr als eintausend Arbeitnehmer beschäftigen oder „Einheitsgesellschaften" sind.

(3) Erfüllt ein Unternehmen die in Absatz 1 bezeichneten Voraussetzungen nicht mehr oder beschäftigt es nicht mehr die nach Absatz 2 erforderliche Zahl von Arbeitnehmern, so sind die Vorschriften dieses Gesetzes über das Mitbestimmungsrecht erst dann nicht mehr anzuwenden, wenn in sechs aufeinanderfolgenden Geschäftsjahren eine dieser Voraussetzungen nicht mehr vorgelegen hat.

(4) [1]Ist ein Unternehmen, dessen Aufsichtsrat nach § 4 oder § 9 zusammenzusetzen ist, herrschendes Unternehmen eines Konzerns (§ 18 Abs. 1 des Aktiengesetzes) und ist für diesen Konzern ein Konzernbetriebsrat errichtet, so gelten für die Anwendung der §§ 4, 6 und 9 auf das herr-

schende Unternehmen die Arbeitnehmer der Konzernunternehmen als Arbeitnehmer des herrschenden Unternehmens und die in Konzernunternehmen vertretenen Gewerkschaften als im herrschenden Unternehmen vertreten. [2]Liegen die Voraussetzungen des Satzes 1 vor, so tritt für die Anwendung der §§ 6 und 11 auf das herrschende Unternehmen der Konzernbetriebsrat an die Stelle der Betriebsräte.

1. Allgemeines. § 1 legt die Voraussetzungen für die ANMitbestimmung fest und grenzt die erfassten Unternehmen aus drei Richtungen ein: Der Verfolgung eines bestimmten Betriebszwecks (§ 1 I 1 und 2; § 1 Rn. 2ff.), einer bestimmten Rechtsform (§ 1 II; Rn. 13) sowie idR einer bestimmten ANZahl (§ 1 II; § 1 Rn. 14ff.). Darüber hinaus bestimmt § 1 I 1, dass sich die Mitbestimmung der AN über die Zusammensetzung des AR und des Organs zur ges. Vertretung verwirklicht. Wegen der im G angelegten Verknüpfung mit den Organen der Betriebsverf. (s. § 1 IV, § 6) findet der ANBegriff des BetrVG Anwendung; erfasst sind deshalb die abhängig Beschäftigten mit Ausnahme der ltd. Ang. (MüArbR/*Wißmann* § 283 Rn. 1; NK-GA/*Heither/v. Morgen* Rn. 24; **aA** HWK/*Seibt*[2] Rn. 15: Einbeziehung ltd. Ang.). Da das G hins. Zweck und Größe mitbestimmter Unternehmen bes. Anforderungen aufstellt (§ 1 Rn. 2ff.), fallen **Betriebsführungsgesellschaften,** die den Betrieb für ein der Montan-Mitbestimmung unterliegendes Unternehmen in dessen Namen und für dessen Rechnung führen, nicht unter das G (*Zöllner* ZfA 1983, 93, 103f.; **aA** WKS/*Wißmann* Rn. 5). Im Hinblick auf die Verlagerung mitbestimmungspflichtiger Entsch. kommt nur eine **analoge Anwendung des Montan-MitbestG** in Betracht, da das G die paritätische Beteiligung der AN in den Verwaltungsorganen sichern soll (dazu *Zöllner* ZfA 1983, 93, 105; **aA** HWK/*Seibt*[2] Rn. 8). 1

2. Unternehmenszweck. a) Bergbauunternehmen nach § 1 I 1 lit. a. aa) Betriebszweck. Der Betriebszweck der Bergbauunternehmen muss entweder in der Förderung oder in der Verarbeitung der in § 1 I 1 lit. a genannten Rohstoffe liegen. Hierzu gehören Unternehmen, die Steinkohle, Braunkohle oder Eisenerz gewinnen, einschl. der **Förderung** von Pechkohle und Schwelkohle als bes. Arten der Braunkohle (so *Kötter* Anm. 9; **aA** *Boldt* Anm. 3a aa; *Müller/Lehmann* Rn. 7). Eisenerze sind nach dem maßgebl. technischen Sprachgebrauch nur eisenhaltige Mineralien, die der Gewinnung von Roheisen dienen (*Kötter* Anm. 9). Bei der **Aufbereitung** werden die Bergwerkserzeugnisse auf mechanischem Wege gereinigt, zerkleinert und in ihrem Gehalt an nutzbaren Teilen konzentriert (*Boldt* Anm. 3a bb). Anl., in denen ein chemischer Prozess stattfindet, gehören nicht dazu (RG 28.1.1920 ZfB 61 [1920], 226f.). **Verkokung** ist die Umsetzung von Steinkohlenklein in Koksöfen unter Luftabschluss bei Temperaturen über 1000 °C, **Verschwelung** die Umsetzung von Brennstoffen bei Temperaturen von 500 bis 600 °C (*Boldt* Anm. 3a bb). In Abgrenzung zur chemischen Industrie ist die Behandlung der Produkte beider Verfahren diesen selbst nicht mehr zuzurechnen, so dass ausschl. weiterverarbeitende Unternehmen nicht dem G unterliegen (*Kötter* Anm. 10). **Brikettierung** ist die Vermischung von Feinkohlenklein mit Teerpech als Bindemittel und die Formung zu Briketts in Pressen (*Boldt* Anm. 3a bb). 2

Für die Einbeziehung in den Anwendungsbereich des G muss der **überw. Betriebszweck** auf die in Rn. 2 genannten Verfahren gerichtet, dh. das „wirtschaftl. den Betrieb beherrschende Element" (*Boldt* Anm. 3a cc; HWK/*Seibt*[2] Rn. 9) sein. Da in diesem Fall das gesamte Unternehmen dem G unterliegt, ist der Betriebszweck nicht getrennt nach Betriebsabteilungen zu beurteilen, die Bestimmung bezieht sich auf das gesamte Unternehmen (*Kötter* Anm. 8). Demzufolge werden, wenn der überw. Betriebszweck des Unternehmens § 1 I 1 lit. a entspricht, auch die diesem Zweck nicht dienenden unselbständigen Abteilungen des Unternehmens vom G miterfasst (*Boldt* Anm. 3a cc). 3

Als Kriterium zur **Ermittlung des überw. Betriebszwecks** ist die Anzahl der mit den genannten Verfahren im Betrieb beschäftigten AN nicht taugl. (*Boldt* Anm. 3a cc; **aA** WKS/*Wißmann* Rn. 6; NK-GA/*Heither/v. Morgen* Rn. 14). § 1 II lässt sich hierfür nicht anführen, da dieser ledigl. sicherstellt, dass das G nur auf Unternehmen ab einer bestimmten Größenordnung Anwendung findet (*Kötter* Anm. 8). Gegenteiliges folgt auch nicht aus § 3 II 1 Nr. 2 MitbestErgG. Dieser zieht die ANZahl als ausschl. Kriterium nur heran, um zu beurteilen, ob die der Montan-Mitbestimmung unterliegenden Konzernunternehmen und abhängigen Unternehmen den unternehmerischen Zweck des Konzerns kennzeichnen. Zur Feststellung des überw. Betriebszwecks ist vielmehr auf das in den Unternehmenszweig investierte Kapital und dessen Anteil am Gesamtertrag des Unternehmens abzustellen (*Boldt* Anm. 3a cc; *Kötter* Anm. 8; insoweit a. WKS/*Wißmann* Rn. 6). Hierbei sind wegen des Territorialitätsprinzips nur Betriebsstätten im **Geltungsbereich des G** zu berücksichtigen (zust. WKS/*Wißmann* Rn. 6 aE), da auch nur die dort tätigen AN das Erreichen der maßgebl. Schwellenwerte beeinflussen (s. § 1 Rn. 14). Zudem reagiert das G auf die spezifischen Rahmenbedingungen der Montanindustrie in Deutschland (s. Einl. Rn. 2, 4), so dass dessen Anwendung nicht gerechtfertigt ist, wenn erst bei **Berücksichtigung im Ausland gelegener Betriebe** der Montancharakter im Gesamtunternehmen überwiegt. 4

bb) Aufsicht der Bergbehörden. Das Unternehmen muss unter der Aufsicht der für die Ausübung des Berghoheitsrechts **zust. Behörden** stehen (s. § 69 BBergG). Allerdings ist dies nicht für alle 5

Abteilungen des Unternehmens erforderl.; die Unterstellung bzgl. des überw. Betriebszwecks genügt (*Boldt* Anm. 3a dd).

6 **b) Unternehmen der Eisen und Stahl erzeugenden Industrie. aa) Unternehmen gem. § 1 I 1 lit. b.** Die Einbeziehung der Unternehmen der Eisen und Stahl **erzeugenden** Industrie in das G ist als **Gegensatz** zur Eisen und Stahl **verarbeitenden** Industrie gestaltet (*Boldt* Anm. 3b; *Kötter* Anm. 13). Dabei wird auf das G Nr. 27 der AHK (ABl. des AHK S. 299) Bezug genommen. Für das **SL** sowie das Gebiet der **ehem. DDR** gilt eine abw. Fassung des G, die ausschl. einen überw. Betriebszweck des Unternehmens in der Eisen- und Stahlerzeugung verlangt (dazu MüArbR/*Wißmann* § 283 Rn. 2).

7 Gestützt auf die Entstehungsgeschichte (s. Einl. Rn. 2) wurde zT angenommen, dass die **Bezugnahmeklausel** ledigl. die bereits praktizierte Mitbestimmung in den in der Anl. zum G Nr. 27 der AHK aufgeführten Unternehmen sichern soll, so dass § 1 I 1 lit. b nur die dort tats. genannten Unternehmen erfassen würde (so OLG KA 7.7.1976 AuR 1978, 95 und als Vorinstanz LG Mannheim 11.8.1975 AG 1975, 302; krit. dazu *Wiesner* AuR 1978, 72; s. a. *Boldt* Einl. S. 21 und Anm. 3b; *Kötter* Anm. 13; *Müller/Lehmann* Rn. 14). Die Bezugnahme ist jedoch ein „zeitgemäßer Definitionsersatz" für Unternehmen der Eisen und Stahl erzeugenden Industrie (BGH 28.2.1983 Z 87, 52; ihm folgend OLG D 27.7.1988 AG 1989, 63 f.; ebenso *Konzen* AG 1983, 289; *Reinhardt* FS Nipperdey Bd. II 1965 S. 517; MüArbR/*Wißmann* § 283 Rn. 4 mwN). Deshalb können auch später gegründete und nicht im Anh. zum G Nr. 27 der AHK aufgezählte Unternehmen dem G unterfallen. **Maßgebendes Kriterium** ist allein, ob die Erzeugung von Eisen und Stahl nach den Kriterien in Rn. 4 als Betriebszweck überwiegt (OLG D 27.7.1988 AG 1989, 63 f.; WKS/*Wißmann* Rn. 8). Bestätigt wird dies durch die im SL und dem Gebiet der ehem. DDR geltende Fassung des G (s. § 1 Rn. 6 aE).

8 **bb) Unternehmen gem. § 1 I 1 lit. c.** Dem G können auch **Tochterunternehmen** unterliegen, die von Unternehmen nach § 1 I 1 lit. b oder nach dem G Nr. 27 der AHK zu liquidierenden Unternehmen **abhängig** sind. Die Abhängigkeit bestimmt sich nach den §§ 15 ff. AktG, so dass ein rechtl. selbstständiges Unternehmen unter dem beherrschenden Einfluss eines anderen Unternehmens stehen muss (*Müller/Lehmann* Rn. 16). Darüber hinaus muss das abhängige Unternehmen einen § 1 I 1 lit. a entspr. Betriebszweck verfolgen oder überw. Eisen und Stahl erzeugen (näher *Boldt* Anm. 3c bb).

9 **cc) Walzwerkklausel (§ 1 I 2 und 3).** Nach der sog. Walzwerkklausel gehört zur Eisen- und Stahlerzeugung iSd. G auch die **erzeugungsnahe Weiterverarbeitung (Warmverarbeitung).** Erfasst werden nach **§ 1 I 2 Nr. 1** jedoch nur solche Unternehmen, die am Stichtag (1.7.1981) tats. montanmitbestimmt waren, so dass die Bestimmung bzgl. dieser Unternehmen den Status quo aufrechterhalten will (*Wißmann* NJW 1982, 423, 424 mwN). Unerhebl. ist, ob in dem Unternehmen bereits am Stichtag oder erst später Warmverarbeitung stattfindet (*Engels* BB 1981, 1349, 1355).

10 **§ 1 I 2 Nr. 2** erfasst zusätzl. Unternehmen, die am Stichtag nicht montanmitbestimmt waren, unter bestimmten Voraussetzungen jedoch dem G unterfallen können. Einbezogen werden Unternehmen nach Verschmelzung mit einem nach § 1 I 2 Nr. 1 montanmitbestimmten Unternehmen. Darüber hinaus löst der Übergang von montanmitbestimmten Betrieben oder Teilen eines Unternehmens iSd. § 1 I 2 Nr. 1 auf ein anderes in diesem die Montan-Mitbestimmung aus, wenn beide Unternehmen miteinander verbunden sind (§ 15 AktG) und der überw. Betriebszweck in der Warmverarbeitung nach § 1 I 2 oder der Erzeugung von Eisen und Stahl besteht. In diesen Fällen ist der überw. Betriebszweck nicht beschränkt auf das übergehende oder aufnehmende Unternehmen, sondern einheitl. für das gesamte Unternehmen zu ermitteln (*Engels* BB 1981, 1349, 1355 f.; HWK/*Seibt*[2] Rn. 12).

11 Nach **§ 1 I 3** ist § 1 I 2 entspr. anzuwenden, wenn der betr. Betrieb oder Betriebsteil infolge weiterer **Verschmelzungen** oder **Betriebsübergänge** über mehrere Unternehmen „wandert". Dies lockert die Voraussetzungen für die Legaldefinition auf, die auch dann erfüllt sind, wenn sich unter den verschiedenen weiter übertragenden Unternehmen eines befindet, das nicht der Montan-Mitbestimmung unterliegt. Um eine Umgehung der Vorschr. zu verhindern, ist auf das Erfordernis der unmittelbaren Übernahme durch montanmitbestimmte Unternehmen zu verzichten (*Engels* BB 1981, 1349, 1356; *Wlotzke/Wißmann* DB 1981, 623, 630). Ebenso ist § 1 I 2 bei einer Übernahme durch ein Unternehmen entspr. anzuwenden, das am Stichtag noch nicht montanmitbestimmt war (*Engels* BB 1981, 1349, 1356). Gleiches gilt, wenn nach einer Zwischenübertragung auf ein Unternehmen, das mit dem übertragenden Unternehmen nicht verbunden ist, die betroffenen Betriebe oder Betriebsteile wieder zu einem Unternehmen gelangen, das mit einem der übertragenden Unternehmen verbunden ist (*Engels* BB 1981, 1349, 1356).

12 **3. Rechtsform und Arbeitnehmerzahl. a) Rechtsform.** Das G findet nur Anwendung auf Unternehmen in einer der in § 1 II genannten Rechtsformen (AG oder GmbH). **Personengesellschaften** und **KGaA** sind von § 1 II nicht erfasst (näher dazu *Boldt* Anm. 4; *Kötter* Anm. 21). Zu Gesellschaften in einer Rechtsform ausl. Rechts s. MitbestG § 1 Rn. 2, 3 ff.

13 **b) Arbeitnehmerzahl.** Unternehmen in einer von § 1 II erfassten Rechtsform unterliegen dem G nur, wenn sie **idR mehr als 1000 AN** (zum ANBegriff § 1 Rn. 1) beschäftigen. Dafür muss die ANZahl nach den allg. Verhältnissen des Unternehmens normalerweise erreicht werden (*Boldt* Anm. 5a; *Kötter* Anm. 24; dazu a. MitbestG § 1 Rn. 27). Um Umgehungen dieser Vorschr. zu vermeiden, ist das G auch

anzuwenden, wenn die Belegschaftsgröße des Unternehmens nur deshalb unter dem Schwellenwert gehalten wird, um der Montan-Mitbestimmung zu entgehen (**aA** HWK/*Seibt*[2] Rn. 15). Bei nachweisbarer Herabsetzung der ANZahl infolge dauernder Strukturveränderung des Unternehmens ist das aber nicht der Fall (*Müller/Lehmann* Rn. 29). **AN in abhängigen Konzernunternehmen** sind – anders als bei § 5 MitbestG u. § 2 DrittelbG – nicht einzubeziehen, selbst wenn nach § 1 IV die Voraussetzungen für eine Konzernwahl (dazu § 1 Rn. 20) vorliegen, da § 1 II dort nicht in Bezug genommen ist (*Engels* BB 1981, 1349, 1354; HWK/*Seibt*[2] Rn. 16; *Wlotzke/Wißmann* DB 1981, 623, 628). Bzgl. der AN in Betriebsstätten, die **im Ausland** gelegen sind, gelten die allg. Grds. (s. MitbestG § 1 Rn. 7). Zur Berücksichtigung von AN, die – wie zB LeihAN – wegen einer **aufgespaltenen AGStellung** dem arbeitsvertragl. Weisungsrecht des Montan-Unternehmens unterliegen, gelten die Grds. zu § 1 MitbestG und § 1 DrittelbG entspr. (s. MitbestG § 1 Rn. 7, DrittelbG § 1 Rn. 27a). Für im Montan-Unternehmen als Entleiher beschäftigte **LeihAN** stellt dies § 14 II 5 AÜG nunmehr ausdr. klar, jedoch betrifft § 1 II die Anwendbarkeit des G auf ein Unternehmen, so dass nur diejenigen LeihAN bei dem Schwellenwert zu berücksichtigen sind, deren Einsatzdauer im Unternehmen sechs Monate übersteigt (§ 14 II 6 AÜG; s näher MitbestG § 1 Rn. 7b)

c) Einheitsgesellschaften. Bei Einheitsgesellschaften ist die Beschäftigung von idR mehr als 1000 AN nicht erforderl., da mit dem Begriff „Einheitsgesellschaft" nicht eine bes. Rechts- oder Unternehmensform, sondern die Entstehung des Unternehmens nach dem G Nr. 27 der AHK umschrieben wird (näher HWK/*Seibt*[2] Rn. 17; *Wlotzke/Wißmann* DB 1981, 623, 628). 14

4. Verlängerungsklausel. § 1 III wurde durch das ÄndG v. 21.5.1981 (BGBl. I S. 441) eingefügt, um die Anwendung des G für einen Übergangszeitraum zu sichern, wenn die Voraussetzungen in § 1 I und II weggefallen sind (zu früheren G Einl. Rn. 3). Der **Übergangszeitraum** beträgt sechs Jahre, die aufeinander folgen müssen. Werden die Voraussetzungen des G zwischenzeitl. wieder erfüllt und entfallen sie daraufhin erneut, so beginnt ein neuer Zeitraum von sechs Jahren (HWK/*Seibt*[2] Rn. 20; WKS/*Wißmann* Rn. 18). Nach Ablauf des Übergangszeitraums ist der AR durch **Einl. des Statusverfahrens** (§§ 97 ff. AktG) den veränderten ges. Rahmenbedingungen anzupassen (WKS/*Wißmann* Rn. 18; NK-GA/*Heither/v. Morgen* Rn. 29). 15

Von § 1 III wird nur der **Wegfall der Voraussetzungen nach § 1 I und II** erfasst, bzgl. Abs. 2 aber nur die ANZahl im Unternehmen (s. erg. § 325 Abs. 1 UmwG). Den Wechsel in **eine Rechtsform,** die nicht nach § 1 II der Montan-Mitbestimmung unterliegt, regelt § 1 III nicht (*Engels* BB 1981, 1349, 1354; HWK/*Seibt*[2] Rn. 20; WKS/*Wißmann* Rn. 18). Weiterhin sind solche Unternehmen nicht in § 1 III einbezogen, die bereits vor Inkrafttreten des ÄndG am 1.7.1981 infolge des Wegfalls der Voraussetzungen aus der Montan-Mitbestimmung ausgeschieden waren. Sie werden dem G nicht erneut für einen Übergangszeitraum unterworfen (HWK/*Seibt*[2] Rn. 20). 16

Gegen § 1 III, den der Sache nach bereits das G v. 29.11.1971 (BGBl. I S. 1857) in das Montan-MitbestG eingefügt hatte, werden tw. **verfassungsrechtl. Bedenken** geltend gemacht (*von Zezschwitz* BB 1971, 479 ff. einerseits und *Kittner* BB 1971, 1057 ff.; *Preis* AuR 1983, 161 ff. andererseits). Dabei wird insb. der Vorwurf einer verfassungswidrigen Einzelfallregelung (s. die Nachweise bei *Preis* AuR 1983, 161, 162 Fn. 15 und *Kittner* BB 1971, 1057, 1060 Fn. 5), des Überschreitens gesetzgeberischer Legitimation (zur Problemstellung *Preis* AuR 1983, 161, 162), des Verstoßes gegen das Rechtsstaatsprinzip (so *Scholz* AG 1972, 195, 201 f. schon zum ÄndG v. 1971 für den Fall einer erneuten Übergangsregelung; abl. *Preis* AuR 1983, 161, 163 f.) sowie der verfassungswidrigen Ungleichbehandlung (*von Zezschwitz* BB 1971, 479, 483) erhoben. Hiergegen spricht jedoch, dass kein schutzwürdiges Vertrauen besteht, dass die Mitbestimmung der AN nach dem G zukünftig entfällt. Die während der Übergangszeit bestehende Ungleichbehandlung ist sachl. gerechtfertigt, da nicht jedes auch nur vorübergehende Unterschreiten der Montanquote zum Wegfall der Montan-Mitbestimmung führen soll (s. näher 17. Aufl. § 1 Rn. 19). 17

5. Konzernwahlklausel. Die Konzernwahlklausel (§ 1 IV) regelt die Voraussetzungen für die Beteiligung von AN der Tochterunternehmen an der Wahl zum AR im Konzern. Hierfür muss das dem G unterliegende Unternehmen **herrschendes Konzernunternehmen iSv. § 18 I AktG** sein und bei diesem ein KBR bestehen. Einen unzulässigen Eingriff in die Regelungskompetenz der BR und damit auch in das BetrVG bewirkt § 1 IV nicht, da die Bildung eines KBR unverändert fakultativ ist. Dessen Vorhandensein als Voraussetzung für die Beteiligung aller AN des Konzerns bei ARWahlen ist ledigl. vom GBR bei seiner Entsch. über die Bildung eines KBR zu berücksichtigen, ohne dessen Entscheidungsfreiheit aber unzulässig zu beschränken (*Engels* BB 1981, 1349, 1359; NK-GA/*Heither/v. Morgen* Rn. 32). 18

6. Die montanmitbestimmte Konzernobergesellschaft. Eine Sonderregelung für Konzernobergesellschaften trifft das **MitbestErgG,** wenn abhängige Montanunternehmen dem Konzern sein Gepräge verleihen. Für diesen Fall ist nach diesem G auch bei der Konzernobergesellschaft ein montanmitbestimmter AR zu bilden (näher MüArbR/*Wißmann* § 284). Das G hatte vorübergehend keine **praktische Bedeutung,** da die letzten Unternehmen mit der Entsch. des BVerfG v. 2.3.1999 (E 99, 367 ff.; *Oetker* ZGR 2000, 19, 26; *Loritz* SAE 2000, 56 ff.) aus dem Anwendungsbereich des G fielen (HWK/ 19

Seibt[2] Rn. 23; s aber WKS/*Wißmann* § 1 MitbestErgG Rn. 2: ein Konzern). Dieses war auf sie nur wegen § 16 II Nr. 1 iVm. § 3 II 1 Nr. 2 MitbestErgG aF anwendbar; die letztgenannte Vorschr. hat das BVerfG indes für verfassungswidrig erklärt. Durch Art. 3 Nr. 2 des Zweiten G zur Vereinfachung der Wahl der ANVertreter in den AR v. 18.5.2004 (BGBl. I S. 974) wurde § 3 II 1 Nr. 2 MitbestErgG dahin geänd., dass die AN in montanmitbestimmten Konzernunternehmen oder abhängigen Unternehmen einen bestimmten Anteil an der Konzernbelegschaft ausmachen müssen. Das in § 3 II 1 Nr. 2 MitbestErgG geforderte Quorum (1/5) trägt den verfassungsgerichtl. Anforderungen (s. BVerfG 2.3.1999 E 99, 367, 397; ferner Begr. RegE, BT-Drs. 15/2542 S. 14 f.) Rechnung, dürfte sich aber im Hinblick auf die maßgebl. Quote an der Untergrenze des verfassungsrechtl. Zulässigen bewegen (krit. *Huke/Prinz* BB 2004, 2633, 2638). Praktisch relevant wird dies jedoch erst, wenn ein Unternehmen neu in das MitbestErgG hineinwächst. Dafür ist zu unterscheiden, ob die Konzernobergesellschaft zuvor bereits dem Montan-MitbestG unterlag oder nicht.

20 Für **bislang nicht montanmitbestimmte Konzernobergesellschaften** findet das G erst Anwendung, wenn der Umsatz der von ihr beherrschten Montanunternehmen in sechs aufeinander folgenden Geschäftsjahren mehr als 50% des Gesamtumsatzes des Konzerns ausmacht (§ 16 I Nr. 1 MitbestErgG; vgl. 1. Aufl. § 1 Rn. 33). Abhängige Unternehmen mit Sitz im Ausland bleiben dabei außer Betracht (MüArbR/*Wißmann* § 284 Rn. 4 mwN). Das gilt auch für ein mit einer ausl. Gesellschaft errichtetes **Gemeinschaftsunternehmen** mit Sitz außerhalb des Geltungsbereichs des Montan-MitbestG. Die ANZahl in beherrschten Montanunternehmen ist für das Hineinwachsen einer bislang nicht montanmitbestimmten Konzernobergesellschaft in die Montan-Mitbestimmung unerhebl., solange diese die erhöhte Umsatzquote in § 16 I Nr. 1 MitbestErgG nicht erfüllt.

21 Die Notwendigkeit einer auf den Umsatz bezogenen Montanquote iHv. mehr als 50% während sechs aufeinander folgenden Geschäftsjahren ist bei solchen Unternehmen nicht erforderl., die **bislang dem Montan-MitbestG unterlagen,** infolge einer Ausgliederung des Montanbereichs aber den Status eines herrschenden Unternehmens erlangen, ohne selbst noch in den Anwendungsbereich des Montan-MitbestG zu fallen. In diesem Fall kommt das G nach **§ 16 I Nr. 2 MitbestErgG** sofort zur Anwendung, wenn die in § 3 II MitbestErgG alternativ genannten Voraussetzungen vorliegen. Auf das herrschende Unternehmen ist das G deshalb auch dann anzuwenden, wenn die ANZahl in den dem Montan-MitbestG unterliegenden abhängigen Unternehmen den Schwellenwert in § 3 II 1 Nr. 2 MitbestErgG erreicht. Hierin liegt die praktische Bedeutung der mit G v. 18.5.2004 (BGBl. I S. 974) erfolgten Neufassung der Vorschr. (s. § 1 Rn. 19). Zur Anwendung des G auf das herrschende Unternehmen kommt es aber nur, wenn das Montan-MitbestG auf dieses nicht mehr anwendbar ist. Nach einer Ausgliederung des Montanbereichs auf ein ggf. neu errichtetes abhängiges Unternehmen ist dies jedoch nach § 1 III Montan-MitbestG der Fall, so dass die Obergesellschaft erst nach Ablauf von sechs aufeinander folgenden Geschäftsjahren über § 16 I Nr. 2 MitbestErgG dem Anwendungsbereich des G unterliegt.

§ 2 [Vorrang des Montan-Mitbestimmungsgesetzes]

Auf die in § 1 bezeichneten Unternehmen finden die Vorschriften des Aktiengesetzes, des Gesetzes betreffend die Gesellschaften mit beschränkter Haftung, der Berggesetze und des Betriebsverfassungsrechts insoweit keine Anwendung, als sie den Vorschriften dieses Gesetzes widersprechen.

Zweiter Teil. Aufsichtsrat

§ 3 [Aufsichtsrat bei der GmbH]

(1) Betreibt eine Gesellschaft mit beschränkter Haftung ein Unternehmen im Sinne des § 1, so ist nach Maßgabe dieses Gesetzes ein Aufsichtsrat zu bilden.

(2) Auf den Aufsichtsrat, seine Rechte und Pflichten finden die Vorschriften des Aktienrechts sinngemäß Anwendung.

§ 4 [Zusammensetzung; Rechte und Pflichten der Mitglieder]

(1) [1]Der Aufsichtsrat besteht aus elf Mitgliedern. [2]Er setzt sich zusammen aus

a) vier Vertretern der Anteilseigner und einem weiteren Mitglied,

b) vier Vertretern der Arbeitnehmer und einem weiteren Mitglied,

c) einem weiteren Mitglied.

(2) Die in Absatz 1 bezeichneten weiteren Mitglieder dürfen nicht

a) Repräsentant einer Gewerkschaft oder einer Vereinigung der Arbeitgeber oder einer Spitzenorganisation dieser Verbände sein oder zu diesen in einem ständigen Dienst- oder Geschäftsbesorgungsverhältnis stehen,
b) im Laufe des letzten Jahres vor der Wahl eine unter Buchstabe a bezeichnete Stellung innegehabt haben,
c) in den Unternehmen als Arbeitnehmer oder Arbeitgeber tätig sein,
d) an dem Unternehmen wirtschaftlich wesentlich interessiert sein.

(3) [1] **Alle Aufsichtsratsmitglieder haben die gleichen Rechte und Pflichten.** [2] **Sie sind an Aufträge und Weisungen nicht gebunden.**

§ 5 [Wahl der Vertreter der Anteilseigner]

Die in § 4 Abs. 1 Buchstabe a bezeichneten Mitglieder des Aufsichtsrats werden durch das nach Gesetz, Satzung oder Gesellschaftsvertrag zur Wahl von Aufsichtsratsmitgliedern berufene Organ (Wahlorgan) nach Maßgabe der Satzung oder des Gesellschaftsvertrags gewählt oder entsandt.

§ 5a [Anteil der Geschlechter unter den Aufsichtsratsmitgliedern]

Unter den in § 4 Absatz 1 Buchstabe b bezeichneten Mitgliedern des Aufsichtsrates eines in § 1 genannten, börsennotierten Unternehmens müssen im Fall des § 96 Absatz 2 Satz 3 des Aktiengesetzes Frauen und Männer jeweils mit einem Anteil von mindestens 30 Prozent vertreten sein.

§ 6 [Wahl der Vertreter der Arbeitnehmer]

(1) [1] **Unter den in § 4 Abs. 1 Buchstabe b bezeichneten Mitgliedern des Aufsichtsrats müssen sich zwei Arbeitnehmer befinden, die in einem Betriebe des Unternehmens beschäftigt sind.** [2] **Diese Mitglieder werden durch die Betriebsräte der Betriebe des Unternehmens in geheimer Wahl gewählt und dem Wahlorgan nach Beratung mit den in den Betrieben des Unternehmens vertretenen Gewerkschaften und deren Spitzenorganisationen vorgeschlagen.**

(2) [1] **Die nach Absatz 1 gewählten Personen sind vor Weiterleitung der Vorschläge an das Wahlorgan innerhalb von zwei Wochen nach der Wahl den Spitzenorganisationen mitzuteilen, denen die in den Betrieben des Unternehmens vertretenen Gewerkschaften angehören.** [2] **Jede Spitzenorganisation kann binnen zwei Wochen nach Zugang der Mitteilung Einspruch bei den Betriebsräten einlegen, wenn der begründete Verdacht besteht, daß ein Vorgeschlagener nicht die Gewähr bietet, zum Wohle des Unternehmens und der gesamten Volkswirtschaft verantwortlich im Aufsichtsrat mitzuarbeiten.** [3] **Lehnen die Betriebsräte den Einspruch mit einfacher Stimmenmehrheit ab, so können die Betriebsräte oder die Spitzenorganisation, welche den Einspruch eingelegt hat, das Bundesministerium für Arbeit und Soziales anrufen; dieses entscheidet endgültig.**

(3) [1] **Zwei der in § 4 Abs. 1 Buchstabe b bezeichneten Mitglieder werden von den Spitzenorganisationen nach vorheriger Beratung mit den im Betriebe vertretenen Gewerkschaften den Betriebsräten vorgeschlagen.** [2] **Die Spitzenorganisationen sind nach dem Verhältnis ihrer Vertretung in den Betrieben vorschlagsberechtigt; sie sollen bei ihren Vorschlägen die innerhalb der Belegschaften bestehenden Minderheiten in angemessener Weise berücksichtigen.**

(4) **Für das in § 4 Abs. 1 Buchstabe b bezeichnete weitere Mitglied gilt Absatz 3 entsprechend.**

(5) [1] **Die Mitglieder der Betriebsräte der Betriebe des Unternehmens wählen in geheimer Wahl auf Grund der nach den Absätzen 3 und 4 gemachten Vorschläge die Bewerber und schlagen diese dem Wahlorgan vor.** [2] **Wird von einer Spitzenorganisation nur ein Bewerber für ein Aufsichtsratsmitglied vorgeschlagen, so bedarf der Vorschlag gegenüber dem Wahlorgan der Mehrheit der Stimmen der Mitglieder der Betriebsräte.**

(6) **Bei börsennotierten Unternehmen kann im Fall des § 96 Absatz 2 Satz 3 des Aktiengesetzes ein Vorschlag an das Wahlorgan nur erfolgen, wenn die Vorgaben des § 5a durch eine Wahl nach den Absätzen 1 und 5 erfüllt worden sind.**

(7) **Das Wahlorgan ist an die Vorschläge der Betriebsräte gebunden.**

1. Zusammensetzung der ARMitglieder. Dem AR montanmitbestimmter Unternehmen gehören eine **gleich große Zahl** von Vertretern der AE und der AN an. Darüber hinaus ist bei der personellen Zusammensetzung § 96 II AktG Rechnung zu tragen, dass **Frauen und Männern** mit einem Anteil von mind. 30 Prozent vertreten sein müssen. Wegen der Verknüpfung dieser Voraussetzung mit der Börsennotierung des Unternehmens (s. § 3 II AktG) gilt dies nicht für Montanunternehmen in der Rechtsform der **GmbH.** Bei ihnen trifft den AR wegen § 3 II jedoch die Verpflichtung in § 111 V AktG, für den Frauenanteil im AR Zielgrößen festzulegen (s. AktG § 111 Rn. 11 ff.). Bleibt es für die 1

Zusammensetzung der ARMitglieder nach dem Geschlecht bei dem Grds. der **Gesamterfüllung** (§ 96 II 2 AktG) soll nach verbreiteter Auff. auch das **weitere Mitglied iSv. § 4 I 2 lit.** c zu berücksichtigen sein (so SL/*Drygala* § 96 AktG Rn. 51; *Grobe* AG 2015, 389, 394; *Hüffer/Koch* § 96 Rn. 17; *Schulz/Ruf* BB 2015, 91155; *Stüber* CCZ 2015, 38, 39; WKS/*Wißmann* § 5a Rn. 2; **aA** *Oetker* ZHR 179 [2015], 707, 734); etwas anderes gilt jdf. bei einer Getrennterfüllung (§ 96 II 3 AktG), da das weitere Mitglied iSv. § 4 I 2 lit. c weder der AE- noch der ANSeite zuzurechnen ist (Begr. RegE, BT-Drs. 18/3784 S. 127). Bei einer Berücksichtigung des weiteren Mitgliedes iSv. § 4 I 2 lit. c für die Wahrung des Mindestanteilsgebots ist die 30-Prozent-Vorgabe erfüllt, wenn einem 11köpfigen AR mind. vier Mitglieder jeden Geschlechts angehören; im Fall des § 9 erhöht sich diese Zahl auf fünf bzw. sechs Mitglieder, während sich diese Zahl bei der Getrennterfüllung auf vier bzw. sechs Mitglieder beläuft. Die besseren Gründe sprechen dafür, die bei einer Getrennterfüllung maßgebende Berechnung auch bei einer Gesamterfüllung anzuwenden, da weder die AE- noch die ANSeite, die die ARMitglieder auswählt, auf das Geschlecht Einfluss nehmen kann, dem das weitere Mitglied iSv. § 4 I 2 lit. c angehört. Über dieses bestimmen im Grds. ausschl. die von der HV gewählten Mitglieder des AR (s. § 8 Rn. 2), an die das Mindestanteilsgebot jedoch nicht adressiert ist.

2 Die Sonderbestimmung in **§ 5a** betrifft ausschl. den Fall, dass die AE- oder ANVertreter durch Mehrheitsbeschl. der Gesamterfüllung der Geschlechterquote widersprechen und für diese die **Getrennterfüllung** maßgebl. ist. Deshalb nimmt § 5a auf § 96 II 3 AktG Bezug und beschränkt sich mittels (unpräziser) In-Bezugnahme von § 4 I lit. b auf die Zusammensetzung der ANVertreter, die durch den auf den Wahlvorschlag bezogenen § 6 VI ergänzt wird (s. Rn. 11). Für die Getrennterfüllung müssen sich unter den ANVertretern im Grundfall zwei Mitglieder jeden Geschlechts befinden, bei einer Vergrößerung des AR auf 15 Mitglieder verändert sich diese Zahl nicht, bei einer Vergrößerung des AR auf 21 Mitglieder (§ 9 II) müssen den ANVertretern im AR von jedem Geschlecht drei Vertreter angehören (s. Begr. RegE, BT-Drs. 18/3784 S. 132). Da § 4 I 2 lit. b in § 5a insg. in Bezug genommen wird, bezieht sich die Geschlechtervorgabe sowohl auf die in § 4 I 2 lit. b genannten Vertreter der AN als auch auf das der ANSeite zuzurechnende weitere Mitglied.

3 **2. Vertreter der Anteilseigner.** § 5 betrifft insb. die Wahl der nach § 4 I 2 lit. a dem AR angehörenden Vertreter der AE sowie des von ihnen zu wählenden „weiteren Mitglieds" durch das Wahlorgan. Dieses ist in seiner Entsch. nur hins. der AEVertreter völlig frei, bzgl. des „weiteren Mitglieds" unterliegt es den Beschränkungen in § 4 II (HWK/*Seibt*² § 8 Rn. 4). **Wahlorgan** für die Vertreter der AE ist das nach G, Satzung oder Gesellschaftsvertrag zur Wahl berufene Organ. Das ist nach aktienrechtl. Vorschr. die Versammlung der AE (dazu *Kötter* § 5 Rn. 2). Wegen § 3 II, wonach Aktienrecht auf den nach § 3 I zwgd. zu bildenden AR sowie seine Rechte und Pflichten Anwendung findet, könnte für die GmbH zw. sein, ob dieses auch für den noch nicht vollständig konstituierten AR, also auch im Hinblick auf seine Wahl, gilt. Da § 3 II sicherstellen soll, dass bei Unternehmen, die dem Montan-MitbestG unterliegen, ein AR nach aktienrechtl. Vorschr. gebildet werden kann, erfolgt auch bei der GmbH die Wahl nach Aktienrecht durch die Versammlung der AE. Bei der **AG** ist dies gem. § 101 I 1 AktG die **Hauptversammlung.** Bei der **GmbH** erfolgt die Wahl entspr. § 101 I 1 AktG durch die **Gesellschafterversammlung,** soweit die Satzung keine andere Bestimmung trifft (§ 52 I GmbHG). Darüber hinaus können AEVertreter auf Grund einer **Entsendung** (§ 101 II AktG) dem AR angehören. Dies stellt § 5 entspr. der bislang hM ausdr. klar (s. Begr. RegE, BT-Drs. 18/3784 S. 131).

4 **3. Wahl der Vertreter der Arbeitnehmer.** Gem. § 4 I 2 lit. b sind vier ANVertreter sowie ein „weiteres Mitglied" auf Vorschlag der BR zu wählen, die hierfür einen gemeinsamen Wahlkörper bilden. Die eigentl. Wahl in den AR erfolgt durch das **Wahlorgan,** das mit dem in § 5 bezeichneten identisch ist, bei dem Wahlakt aber an die Vorschläge des Wahlkörpers gebunden ist (s. § 6 Rn. 13 f.).

5 **a) Belegschaftsangehörige Arbeitnehmervertreter.** Nach § 6 I sind zwei AN durch die BR des Unternehmens nach Beratung mit den im Unternehmen vertretenen Gewerkschaften und deren Spitzenorganisationen vorzuschlagen. Ist das Unternehmen herrschendes Unternehmen eines Konzerns und besteht ein KBR, fingiert § 1 IV für die AN der Konzernunternehmen die Zugehörigkeit zur Belegschaft des herrschenden Unternehmens. Auch gelten danach die im Konzernunternehmen vertretenen Gewerkschaften als im herrschenden Unternehmen vertreten. Das G setzt voraus, dass die nach § 6 I Vorgeschlagenen der Belegschaft des Unternehmens angehören. Ferner muss die Beschäftigung des später Gewählten im Unternehmen während seiner Mitgliedschaft im AR andauern (HWK/*Seibt*² § 8 Rn. 8). Allerdings besteht mangels ausdr. Vorschr. **kein bes. Kündigungsschutz** für betriebsangehörige ARMitglieder (*Müller/Lehmann* Rn. 7).

6 Nachdem die BR Kandidaten gewählt haben, sind diese den **Spitzenorganisationen,** denen die in den Betrieben des Unternehmens vertretenen Gewerkschaften angehören, mitzuteilen (§ 6 II). Spitzenorganisationen sind nach § 2 II TVG, der mangels einer spezialges. Umschreibung im G Anwendung findet (so die hM vgl. *Hueck/Nipperdey* Bd. II/1, § 20 IV 1 Fn. 65 S. 438; HWK/*Seibt*² § 8 Rn. 9), Zusammenschlüsse von Gewerkschaften. Der Rechtsgedanke des § 12 TVG (dort insb. S. 2), wonach eine nicht einer Spitzenorganisation angehörende Gewerkschaft einer solchen gleich stehen kann, ist

nicht heranzuziehen, da das G ausdr. zwischen Gewerkschaften und deren Spitzenorganisationen unterscheidet (HWK/*Seibt*[2] § 8 Rn. 9; WKS/*Wißmann* Rn. 10 mwN; **aA** *Kötter* Rn. 8; *Müller/Lehmann* Rn. 12). Die **Mitt.** ist **fristgebunden**, ohne dass deren Überschreitung zur Unwirksamkeit der Wahlen führt (*Kötter* Rn. 12; HWK/*Seibt*[2] § 8 Rn. 9).

Gegen den Vorschlag der BR können die Spitzenorganisationen nach § 6 II 2 **Einspruch** einlegen, der eine **begr. Ablehnung** enthalten muss (*Kötter* Rn. 14; HWK/*Seibt*[2] § 8 Rn. 9). Als mögl. Grund hierfür nennt das G allein die Gefährdung des Unternehmensinteresses unter gesamtwirtschaftl. Gesichtspunkten (dazu *Kötter* Rn. 14). Ein Einspruch ohne Begr. oder mit formelhafter Wiedergabe des GWortlauts ist unbeachtl. (*Kötter* § 6 Rn. 14, 15; HWK/*Seibt*[2] § 8 Rn. 9). Bei ordnungsgemäß begr. Einspruch beginnt das Verfahren mit der Aufstellung von Vorschlägen durch die BR nach § 6 I erneut, falls diese nicht den Einspruch mit einfacher Stimmenmehrheit ablehnen. In diesem Fall können die BR sowie die Spitzenorganisationen nach § 6 II 3 das BMAS anrufen, das endgültig über den Einspruch entscheidet. Legt eine Spitzenorganisation keinen Einspruch ein, kann der Vorschlag dem Wahlorgan zugeleitet werden (HWK/*Seibt*[2] § 8 Rn. 9). 7

b) **Gewerkschaftsvertreter.** Den Spitzenorganisationen der Gewerkschaften steht kein Entsendungs- (s. Einl. Rn. 3), sondern ledigl. ein Vorschlagsrecht ggü. den BR zu (§ 6 III 1). Die Vorschlagsberechtigung richtet sich nach dem zahlenmäßigen Verhältnis der Vertretung der jeweiligen Spitzenorganisation in den Betrieben des Unternehmens. Hierbei ist das **d'Hondtsche Höchstzahlenverfahren** anzuwenden (LAG SL 19.4.1967 BB 1967, 1042 f.; HWK/*Seibt*[2] § 8 Rn. 10), so dass konkurrierende Wahlvorschläge der Spitzenorganisationen für ein und denselben ARSitz ausgeschlossen sind (HWK/*Seibt*[2] § 8 Rn. 10; WKS/*Wißmann* Rn. 11). Die BR wählen die Bewerber auf Grund der Vorschläge nach § 6 V 1 und schlagen die Gewählten sodann dem Wahlorgan vor. Schlägt eine Spitzenorganisation nur einen Bewerber vor, dann bedarf dessen Wahl nach § 6 V 2 der absoluten Mehrheit der Stimmen. 8

Die Vorschlagsberechtigung ist auch bei einer infolge des Ausscheidens eines Gewerkschaftsvertreters aus dem AR erforderl. werdenden **Nachwahl** nach dem Verhältnis der Vertretung der Spitzenorganisationen zu bestimmen, wobei es auf den Zpkt. des Ausscheidens des ARMitglieds ankommt (HWK/*Seibt*[2] § 8 Rn. 10), so dass einer Spitzenorganisation, die das ausscheidende Mitglied vorgeschlagen hatte, iRd. Nachwahl kein Vorschlagsrecht mehr zustehen kann (LAG SL 19.4.1967 BB 1967, 1042 f.). Die Möglichkeit, einen Vorschlag zur Abberufung eines ARMitglieds mit einem Nachwahlvorschlag zu verbinden, steht dem nicht entgegen (so aber *Kötter* § 6 Rn. 5), da die bloße Möglichkeit einer Vorschlagsverbindung keine Aussage über die Vorschlagsberechtigung beinhaltet (LAG SL 19.4.1967 BB 1967, 1042 f.; HWK/*Seibt*[2] § 8 Rn. 10). 9

c) **„Weiteres Mitglied".** Nach § 6 IV gilt § 6 III für die Wahl des „weiteren Mitglieds" iSd. § 4 I 2 lit. b entspr. Damit ist die **Vorschlagsberechtigung** den Spitzenorganisationen und nicht den BR zugewiesen (*Kötter* Rn. 28; HWK/*Seibt*[2] § 8 Rn. 11). 10

d) **Geschlechterquote.** Zur Wahrung des Mindestanteilsgebots von 30% für jedes Geschlecht trifft § 6 VI eine auf § 5a aufbauende Sonderregelung, die an die dem Wahlorgan zu unterbreitenden Wahlvorschläge anknüpft und damit auch die Bindung des Wahlorgans an die Wahlvorschläge (§ 6 VII) davon abhängig macht, dass diese den Vorgaben in § 5a genügen. Wegen des diff. Vorschlagsrechts (s. § 6 I-V) ist die Vorgabe praktikabel, wenn es im Vorfeld der jeweiligen Wahlen durch die BR zu einer konsensualen Abstimmung unter den Beteiligten kommt (s. a. Begr. RegE, BT-Drs. 18/3784 S. 132). Ein ges. Konfliktlösungsmechanismus fehlt, wenn es hierzu nicht kommt. Da die BR dem Wahlorgan die Wahlvorschläge unterbreiten, obliegt es ihnen, für die Erfüllung der Vorgabe in § 5a Sorge zu tragen. Sollte dies nicht mögl. sein, weil die unterschiedl. Vorschläge § 5a nicht ausreichend Rechnung tragen, würde es der Wertentsch. in § 18a I MitbestG und § 10f I MitbestErgG widersprechen, wenn der Geschlechteranteil ausschl. von den Bewerbern der AN oder denen der Gewerkschaften erfüllt werden müsste. Die in § 6 VI verbliebene Lücke ist deshalb durch entspr. Anwendung von § 10f MitbestErgG zu füllen (näher *Oetker* ZHR 179 [2015], 707, 734 ff.; zust. WKS/*Wißmann* Rn. 19), so dass sich vorbehaltl. einer anderen einvernehml. Verständigung mind. eine Frau und ein Mann unter den Vorschlägen iSv. § 6 I befinden müssen (bei einem 21köpfigen AR erhöht sich diese Zahl auf zwei); während unter den nach § 6 III Vorgeschlagenen stets eine Frau und ein Mann vertreten sein müssen (s. MitbestG § 18a Rn. 3). 11

e) **Verletzung von Verfahrensvorschriften.** Sind Vorschläge der BR an das Wahlorgan unter Verletzung von Verfahrensvorschr. zustande gekommen, so sind nur die Vorschläge unwirksam, welche Personen benennen, die überhaupt nicht oder nicht für die vorgeschlagene Position in den AR gewählt werden können. Das gilt insb. auch für den Fall, dass die Wahlvorschläge des BR nicht den Vorgaben in § 5a genügen, da der Wahlvorschlag nach § 6 VI nur unter dieser Voraussetzung an das Wahlorgan weitergeleitet werden darf (Begr. RegE, BT-Drs. 18/3784 S. 132). Die Verletzung anderer Verfahrensvorschr. begr. ansonsten grds. die Anfechtbarkeit der Wahl (§ 251 I 2 AktG). Ausnahmsweise liegt trotzdem eine wirksame und unanfechtbare Wahl vor, wenn die Aufstellung der Vorschläge materiell, trotz der Nichtbeachtung formeller Voraussetzungen, unter der Berücksichtigung der Willensrichtung der dabei Beteiligten und insoweit fehlerfrei erfolgt ist (*Kötter* Rn. 9). 12

13 **f) Entscheidung des Wahlorgans.** Nach § 6 I 2 wählt das in § 5 genannte **Wahlorgan** die ANVertreter. Es ist in seiner Entsch. nicht frei, sondern an die Wahlvorschläge der BR **gebunden** (§ 6 VIII). Hierfür muss dem Wahlorgan ein rechtswirksamer Wahlvorschlag unterbreitet worden sein. Hieran kann es fehlen, wenn ein Bewerber nicht die ges. Wählbarkeitsvoraussetzungen erfüllt oder ein Wahlvorschlag nicht den Anforderungen in § 5a genügt. In diesem Fall wird das Wahlorgan von der Bindung durch § 6 VII frei und kann den Wahlvorschlag zurückweisen (zust. WKS/*Wißmann* Rn. 23). Andernfalls würde das Wahlorgan gezwungen, eine Wahl zu vollziehen, die nach § 96 II 6 AktG nichtig ist (*Hüffer/Koch* § 96 Rn. 20) und mit der Nichtigkeitsklage (§ 250 I Nr. 5 AktG) angegriffen werden kann (s. *Oetker* ZHR 179 [2015], 707, 737). Einigkeit besteht, dass kein Bewerber durch das Wahlorgan gewählt werden kann, der von den BR nicht vorgeschlagen wurde (§ 250 I Nr. 2 AktG). Wegen der Bindung des Wahlorgans an die Vorschläge der BR handelt es sich nicht um eine Wahl der ANVertreter im eigentl. Sinn (*Kötter* Rn. 29).

14 Im Unterschied zur Wahl des „neutralen" Mitglieds (§ 8 II) sieht das G **kein Ablehnungsrecht** des Wahlorgans vor, wenn der Kandidat zwar die ges. Wählbarkeitsvoraussetzungen erfüllt, das Wahlorgan ihn aber nicht für geeignet hält. Hins. der Eignung der Kandidaten kommt es ausschl. auf die Beurteilung der ANSeite an, deren „Vertreter" der Vorgeschlagene im AR sein soll (WKS/*Wißmann* Rn. 23 mwN; **aA** *Boldt* § 6 Anm. 5; *Kötter* § 6 Rn. 29, nach denen die Bindung des Wahlorgans an die Vorschläge iSv. § 6 VII nicht mit einem Zwang zur Vornahme der Vorschlagswahl gleichzusetzen sei und das Wahlorgan damit ein Ablehnungsrecht habe; s. HWK/*Seibt*² § 8 Rn. 6: Entbindung von der Pflicht bei fehlender Gewähr für ordnungsgemäße Erfüllung der Organpflichten).

15 **g) Gerichtliche Bestellung von Arbeitnehmervertretern.** Gem. § 3 II iVm. § 104 AktG kann das Registergericht fehlende ANVertreter bestellen. Dabei ist es nach § 104 IV 4 AktG zwar gehalten, die **Vorschläge** vorschlagsberechtigter Spitzenorganisationen oder BR zu berücksichtigen, in seiner Entsch. aber **nicht** an diese **gebunden** (HWK/*Seibt*² § 8 Rn. 12; s. jedoch BayObLG 20.8.1997 ZIP 1997, 1883, 1884; LAG SL 19.4.1967 BB 1967, 1042 f.). Bei unterschiedl. Vorschlägen der BR und der Spitzenorganisationen ist derjenige der Spitzenorganisationen entspr. dem Rechtsgedanken des § 6 III, IV u. VI vorrangig (**aA** HWK/*Seibt*² § 8 Rn. 12; WKS/*Wißmann* Rn. 25: abhängig von dem frei gewordenen ARSitz). Ist für die Erfüllung des Geschechteranteils unter den ARMitgliedern das Prinzip der Getrennterfüllung maßgebl. (§ 96 II 3 AktG), hat auch das Registergericht die Vorgabe in § 5a zu beachten (§ 104 V AktG) und ist hierdurch in seinem Ermessensspielraum eingeschränkt (s. AktG § 104 Rn. 6).

§ 7 *(aufgehoben)*

§ 8 [Wahl des weiteren Mitglieds; Vermittlungsausschuss]

(1) ¹Das in § 4 Abs. 1 Buchstabe c bezeichnete weitere Mitglied des Aufsichtsrats wird durch das Wahlorgan auf Vorschlag der übrigen Aufsichtsratsmitglieder gewählt. ²Der Vorschlag wird durch diese Aufsichtsratsmitglieder mit Mehrheit aller Stimmen beschlossen. ³Er bedarf jedoch der Zustimmung von mindestens je drei Mitgliedern, die nach § 5 und die nach § 6 gewählt sind.

(2) ¹Kommt ein Vorschlag nach Absatz 1 nicht zustande oder wird eine vorgeschlagene Person nicht gewählt, so ist ein Vermittlungsausschuß zu bilden, der aus vier Mitgliedern besteht. ²Je zwei Mitglieder werden von den nach § 5 und den nach § 6 gewählten Aufsichtsratsmitgliedern gewählt.

(3) ¹Der Vermittlungsausschuß schlägt innerhalb eines Monats dem Wahlorgan drei Personen zur Wahl vor, aus denen das Wahlorgan das Aufsichtsratsmitglied wählen soll. ²Kommt die Wahl auf Grund des Vorschlages des Vermittlungsausschusses aus wichtigen Gründen nicht zustande, insbesondere dann, wenn keiner der Vorgeschlagenen die Gewähr für ein gedeihliches Wirken für das Unternehmen bietet, so muß die Ablehnung durch Beschluß festgestellt werden. ³Dieser Beschluß muß mit Gründen versehen sein. ⁴Über die Berechtigung der Ablehnung der Wahl entscheidet auf Antrag des Vermittlungsausschusses das für das Unternehmen zuständige Oberlandesgericht. ⁵Im Falle der Bestätigung der Ablehnung hat der Vermittlungsausschuß dem Wahlorgan drei weitere Personen vorzuschlagen; für diesen zweiten Vorschlag gilt die vorstehende Regelung (Sätze 2 bis 4) entsprechend. ⁶Wird die Ablehnung der Wahl von dem Gericht für unberechtigt erklärt, so hat das Wahlorgan einen der Vorgeschlagenen zu wählen. ⁷Wird die Ablehnung der Wahl aus dem zweiten Wahlvorschlag von dem Gericht für berechtigt erklärt, oder erfolgt kein Wahlvorschlag, so wählt das Wahlorgan von sich aus das weitere Mitglied.

(4) Wird die in Absatz 2 vorgesehene Anzahl von Mitgliedern des Vermittlungsausschusses nicht gewählt, oder bleiben Mitglieder des Vermittlungsausschusses trotz rechtzeitiger Einladung ohne genügende Entschuldigung einer Sitzung fern, so kann der Vermittlungsausschuß tätig werden, wenn wenigstens zwei Mitglieder mitwirken.

1. Normzweck. Die Wahl des elften, sog. neutralen Mitglieds obliegt dem Wahlorgan. Das **Verfahren** in § 8 soll sicherstellen, dass dieses Mitglied des AR das Vertrauen sowohl der AN als auch der AE genießt und in der vom G unterstellten Normalsituation nicht gegen den Willen der Mehrheit der AE- bzw. ANVertreter gewählt werden kann. Zugleich gewährleistet § 8, dass diese Position bei fehlender Einigung nicht unbesetzt bleibt (WKS/*Wißmann* Rn. 1). 1

2. Vorschlagsrecht. Das Recht zum Vorschlag weist § 8 I 1 den Mitgliedern des AR zu, die bereits bestellt sind. Dieser ist von ihnen wegen seiner bes. Bedeutung und mangels ausdr. dafür vorgesehener Frist unverzügl. zu unterbreiten (*Müller/Lehmann* Rn. 3a; HWK/*Seibt*² Rn. 15). Der Vorschlag benötigt die Mehrheit aller Stimmen. Zustimmen muss die Mehrheit der ges. vorgesehenen Zahl von ARMitgliedern. Nicht ausreichend ist die Mehrheit der Stimmen der Mitglieder, die nach § 10 an der Beschlussfassung teilnehmen müssen, um die Beschlussfähigkeit des AR zu gewährleisten (*Boldt* Anm. 6a aa; HWK/*Seibt*² Rn. 14). Die zur Annahme eines Vorschlags erforderl. Mehrheit ist weiterhin dadurch qualifiziert, dass mind. **jeweils drei AE- und ANVertreter** einschl. des jeweiligen weiteren Mitglieds zustimmen müssen (*Müller/Lehmann* Rn. 8). Das gilt unabhängig von der Größe des AR, denn in § 8 I 3 wie auch in § 9 fehlen entspr. Vorschr., die Abweichendes für einen nach § 9 gebildeten AR mit 15 bzw. 21 Mitgliedern vorsehen. Etwas anderes ergibt sich auch nicht bei sinngemäßer Anwendung des § 8 I 3 (HWK/*Seibt*² Rn. 14; WKS/*Wißmann* Rn. 2; **aA** *Boldt* Anm. 6a bb; *Kötter* Anm. 6). Erhält ein Vorschlag nicht die erforderl. Mehrheit der Stimmen, können die ARMitglieder nochmals zusammentreten, wenn die Möglichkeit einer unverzügl. Beratung und Entsch. gewahrt bleibt (*Kötter* NJW 1951, 417, 418; HWK/*Seibt*² Rn. 15). 2

3. Vermittlungsausschuss. Einigen sich die Mitglieder des AR nicht auf einen Vorschlag oder wird eine ordnungsgemäß vorgeschlagene Person von dem Wahlorgan nicht gewählt, ist nach § 8 II ein Vermittlungsausschuss zu bilden. Er besteht aus **zwei jeweils von der AN- und der AESeite gewählten Mitgliedern,** die nicht selbst dem AR angehören müssen (*Kötter* NJW 1951, 417, 418 Fn. 15; HWK/*Seibt*² Rn. 16; WKS/*Wißmann* Rn. 6). Im Hinblick auf den auch hierin zum Ausdruck kommenden Paritätsgedanken trifft § 8 II keine Bestimmung über ein fünftes Mitglied oder die Bestellung eines Vorsitzenden (dazu *Müller/Lehmann* Rn. 12). Der Vermittlungsausschuss kann gem. § 8 IV bereits tätig werden, wenn wenigstens zwei Mitglieder mitwirken, so dass keine Seite dessen Bildung blockieren kann (HWK/*Seibt*² Rn. 16; WKS/*Wißmann* Rn. 4). Da § 8 II hierfür keine Frist vorsieht, hat diese unverzügl. zu geschehen (HWK/*Seibt*² Rn. 16; s. Rn. 2) und ist erst abgeschlossen, wenn die künftigen Mitglieder die **Wahl angenommen** haben (HWK/*Seibt*² Rn. 16), was auch konkludent in der Aufnahme der Ausschusstätigkeit zum Ausdruck kommen kann. Den gewählten Kandidaten steht wegen den mit der Tätigkeit verbundenen bes. Pflichten ein Ablehnungsrecht zu (*Boldt* Anm. 8c; HWK/*Seibt*² Rn. 16; **aA** jdf. für ARMitglieder, die in den Vermittlungsausschuss gewählt werden *Kötter* NJW 1951, 417, 418 Fn. 15). Wird die Wahl nicht innerhalb angemessener Frist angenommen, ist diese aus Gründen der Rechtssicherheit als abgelehnt anzusehen (*Müller/Lehmann* Rn. 10). 3

Der Vermittlungsausschuss hat nach § 8 III ggü. dem Wahlorgan ein **Vorschlagsrecht.** Ein ordnungsgemäßer Vorschlag liegt nur vor, wenn innerhalb eines Monats ab erstmals mögl. Tätigkeit des Vermittlungsausschusses (*Kötter* Anm. 13) dieser dem Wahlorgan mind. drei wählbare Personen benannt hat (*Boldt* Anm. 8d; *Kötter* Anm. 14; *ders.* NJW 1951, 417, 419). Schlägt er mehr Personen vor, so führt dies nicht zur Ungültigkeit des gesamten Vorschlags (zust. HWK/*Seibt*² Rn. 20). Zwar dient die Begrenzung auf drei Personen der Konzentration und Beschleunigung des Wahlverfahrens, dessen Verwirklichung bei der Benennung von mehr als drei Kandidaten in Frage gestellt ist. Folge einer angenommenen Ungültigkeit wäre aber das Freiwerden des Wahlorgans in der Bestellung des elften Mitglieds, obwohl dieses eine Auswahlentsch. aus den benannten Personen treffen kann (*Müller/Lehmann* Rn. 15). Der Vermittlungsausschuss darf in seinem Vorschlag keine **Rangfolge unter den Bewerbern** festlegen (*Kötter* NJW 1951, 417, 419; HWK/*Seibt*² Rn. 20), die Auswahl obliegt allein dem Wahlorgan (*Boldt* Anm. 8d). Für das Zustandekommen des Vorschlags ist eine **Stimmenmehrheit** im Vermittlungsausschuss erforderl.; bei Stimmengleichheit ist dieser abgelehnt (*Kötter* NJW 1951, 417, 419 Fn. 36; HWK/*Seibt*² Rn. 18). Kommt kein Vorschlag zustande, kann innerhalb der Monatsfrist des § 8 III 1 ein neuer Vermittlungsausschuss gewählt werden (*Kötter* NJW 1951, 417, 419; **aA** *Müller/Lehmann* Rn. 35). Geschieht dies nicht, wird das Wahlorgan nach § 8 III 7 in seiner Entsch. frei (*Boldt* Anm. 8d; HWK/*Seibt*² Rn. 20). 4

4. Entscheidung des Wahlorgans. Falls ein Vorschlag der ARMitglieder vorliegt, bestellt das Wahlorgan das elfte Mitglied nach § 8 I 1. Liegt kein Vorschlag der übrigen ARMitglieder vor oder wurde die Wahl auf Grund dieses Vorschlags nach § 8 II 1 von dem Wahlorgan abgelehnt, so muss sich dieses mit dem Vorschlag des Vermittlungsausschusses auseinandersetzen. Im letzteren Fall kann das Wahlorgan nicht auf den zuvor abgelehnten Wahlvorschlag der ARMitglieder zurückgreifen, da das G nur eine einmalige Auswahlmöglichkeit unter den drei vorgeschlagenen Personen vorsieht (*Müller/Lehmann* Rn. 17; **aA** *Boldt* Anm. 9a; *Kötter* NJW 1951, 417, 418). 5

Das Wahlorgan ist an den Vorschlag des Vermittlungsausschusses nicht gebunden und kann die Wahl einer der vorgeschlagenen Personen auch ablehnen. Dies folgt aus § 8 III 2, wonach das OLG die 6

Ablehnung des Vorschlags überprüfen kann (*Müller/Lehmann* Rn. 16). Allerdings ist das Wahlorgan hierzu nur aus **wichtigem Grund berechtigt,** da es hierdurch seiner an sich bestehenden Auswahlpflicht (*Kötter* Anm. 15) nicht nachkommt. Das G nennt als Bsp. für einen wichtigen Grund (*Boldt* Anm. 9b; *Kötter* Anm. 16) die fehlende Gewähr für das gedeihl. Wirken iSd. Unternehmens (näher HWK/*Seibt*[2] Rn. 22). Das Wahlorgan kann darüber hinaus zur Wahrung der Interessen der AE die Wahl wegen mangelnder Neutralität trotz Wahrung der Grenzen des § 4 II ablehnen (dazu und zum Missbrauch des Ablehnungsrechts *Kötter* Anm. 16). Dagegen ist die Ablehnung des Vorschlags nicht gerechtfertigt, wenn das Wahlorgan eine seiner Meinung nach besser geeignete Persönlichkeit wählen will, da das Vorschlagsrecht des Vermittlungsausschusses auf diese Weise leer laufen würde (*Müller/Lehmann* Rn. 18; HWK/*Seibt*[2] Rn. 22; **aA** *Kötter* NJW 1951, 417, 420).

7 Wählt das Wahlorgan keinen der vorgeschlagenen Kandidaten, kann nach § 8 III 4 **die Entsch. des OLG** über die Berechtigung der Wahlablehnung eingeholt werden (dazu § 8 Rn. 8 ff.). Der Ablehnungsbeschl. des Wahlorgans muss nach § 8 III 3 eine Begr. enthalten. An sich müsste ein Beschl., der dem nicht genügt, den Vorschlag des Vermittlungsausschusses trotz dessen Ablehnung durch das Wahlorgan für dieses verbindl. werden lassen. Dafür ist aber allein die Entsch. des OLG maßgebend, so dass § 8 III 3 nur als Sollvorschr. wirkt (*Kötter* Anm. 18; *ders.* NJW 1951, 417, 420; *Müller/Lehmann* Rn. 22).

8 **5. Entscheidung des OLG.** Nach § 8 III 4 entscheidet das OLG, ob die Ablehnung des Wahlvorschlags des Vermittlungsausschusses durch das Wahlorgan berechtigt war. Die Entsch. ergeht im **Verfahren der freiwilligen Gerichtsbarkeit** (*Kötter* Anm. 21). Das OLG wird nur auf Antrag des Vermittlungsausschusses tätig, den dieser unverzügl. (*Müller/Lehmann* Rn. 25) nach der Ablehnung des Wahlvorschlags durch das Wahlorgan stellen muss (näher *Kötter* Anm. 19). Unterbleibt dieser, ist das Wahlorgan in seiner Entsch. frei (HWK/*Seibt*[2] Rn. 23). Falls dieses weder einen Vorgeschlagenen bestellt, noch einen Ablehnungsbeschl. fasst, tritt keine Wahlfreiheit nach § 8 III 7 ein, auch wenn der Vermittlungsausschuss keinen Überprüfungsantrag beim OLG stellt. Dieser soll nicht gezwungen werden, seinen Wahlvorschlag vor dem OLG iRd. Verfahrens nach § 8 III 4 rechtfertigen zu müssen. Es ist deshalb so zu verfahren, als habe das OLG eine Wahlablehnung für unberechtigt erklärt (s. § 8 Rn. 10; *Kötter* Anm. 17; HWK/*Seibt*[2] Rn. 23).

9 Ergeht die Entsch., dass die **Ablehnung der Wahl** durch das Wahlorgan berechtigt war, sieht § 8 III 5 ein nochmaliges Tätigwerden des Vermittlungsausschusses vor. Wegen der vergleichbaren Situation gilt hierfür die Frist von einem Monat (§ 8 III 1) entspr. (*Müller/Lehmann* Rn. 27; HWK/*Seibt*[2] Rn. 25; **aA** *Boldt* Anm. 11a). Der Vermittlungsausschuss hat erneut mind. drei Personen vorzuschlagen. Der Vorschlag ist unwirksam, wenn eine Person aus dem ersten Vorschlag nochmals aufgenommen wird, deren Ablehnung als berechtigt anerkannt wurde (*Kötter* Anm. 23). Eine Ausnahme gilt nur, wenn mehr als drei Personen vorgeschlagen werden, so dass dem Wahlorgan die vom G vorgesehene Auswahlmöglichkeit auch tats. zusteht (s. § 8 Rn. 4 sowie HWK/*Seibt*[2] Rn. 25).

10 Entscheidet das OLG, dass die **Ablehnung** des Wahlvorschlags **unbegründet** war, so hat das Wahlorgan nach § 8 III 6 einen der Vorgeschlagenen zu wählen (*Boldt* Anm. 11b; *Kötter* Anm. 25). Da das G keine Frist für das Tätigwerden des Wahlorgans vorsieht, ist die Wahl unverzügl. durchzuführen (so wohl *Müller/Lehmann* Rn. 3; HWK/*Seibt*[2] Rn. 25; **aA** *Kötter* Anm. 17, der analog § 14 II eine Frist von zwei Monaten gewähren will; hiergegen *Boldt* Anm. 7b).

11 **6. Wahlfreiheit des Wahlorgans.** Wird auch der zweite Vorschlag des Vermittlungsausschusses durch das Wahlorgan berechtigt abgelehnt (festgestellt durch entspr. Entsch. des OLG), stellt der **Vermittlungsausschuss keinen Antrag** an das OLG auf Überprüfung der Ablehnungsentsch. oder kommt überhaupt kein Wahlvorschlag zustande, so wird das Wahlorgan nach § 8 III 7 in seiner Entsch. frei, dh. es kann nach eigenem Ermessen das elfte Mitglied des AR wählen, muss aber auch in diesem Fall § 4 II beachten (*Kötter* NJW 1951, 417, 420; *Müller/Lehmann* Rn. 33; HWK/*Seibt*[2] Rn. 26).

§ 9 [Größerer Aufsichtsrat]

(1) [1]Bei Gesellschaften mit einem Nennkapital von mehr als zehn Millionen Euro kann durch Satzung oder Gesellschaftsvertrag bestimmt werden, daß der Aufsichtsrat aus fünfzehn Mitgliedern besteht. [2]Die Vorschriften der §§ 4 bis 8 finden sinngemäß Anwendung mit der Maßgabe, daß die Zahl der gemäß § 6 Abs. 1 und 2 zu wählenden Arbeitnehmer und die Zahl der in § 6 Abs. 3 bezeichneten Vertreter der Arbeitnehmer je drei beträgt.

(2) [1]Bei Gesellschaften mit einem Nennkapital von mehr als fünfundzwanzig Millionen Euro kann durch Satzung oder Gesellschaftsvertrag bestimmt werden, daß der Aufsichtsrat aus einundzwanzig Mitgliedern besteht. [2]Die Vorschriften der §§ 4 bis 8 finden sinngemäß Anwendung mit der Maßgabe, daß die Zahl der in § 4 Abs. 1 Buchstaben a und b bezeichneten weiteren Mitglieder je zwei, die Zahl der gemäß § 6 Abs. 1 und 2 zu wählenden Arbeitnehmer und die Zahl der in § 6 Abs. 3 bezeichneten Vertreter der Arbeitnehmer je vier beträgt.

§ 10 [Beschlußfähigkeit]

[1]Der Aufsichtsrat ist beschlußfähig, wenn mindestens die Hälfte der Mitglieder, aus denen er nach diesem Gesetz oder der Satzung insgesamt zu bestehen hat, an der Beschlußfassung teilnimmt. [2]§ 108 Abs. 2 Satz 4 des Aktiengesetzes findet Anwendung.

§ 11 [Abberufung eines Aufsichtsratsmitglieds]

(1) Auf die in § 5 bezeichneten Mitglieder des Aufsichtsrats findet § 103 des Aktiengesetzes Anwendung.

(2) [1]Auf die Abberufung eines in § 6 bezeichneten Mitglieds des Aufsichtsrats durch das Wahlorgan findet Absatz 1 entsprechende Anwendung mit der Maßgabe, daß die Abberufung auf Vorschlag der Betriebsräte der Betriebe des Unternehmens erfolgt. [2]Die Abberufung eines in § 6 Abs. 3 oder 4 bezeichneten Mitglieds kann nur auf Antrag der Spitzenorganisation, die das Mitglied vorgeschlagen hat, von den Betriebsräten vorgeschlagen werden.

(3) Eine Abberufung des in § 8 bezeichneten Mitgliedes des Aufsichtsrats kann auf Antrag von mindestens drei Aufsichtsratsmitgliedern durch das Gericht aus wichtigem Grunde erfolgen.

Dritter Teil. Vorstand

§ 12 [Bestellung durch den Aufsichtsrat]

Die Bestellung der Mitglieder des zur gesetzlichen Vertretung berufenen Organs und der Widerruf ihrer Bestellung erfolgen nach Maßgabe des § 76 Abs. 3 und des § 84 des Aktiengesetzes durch den Aufsichtsrat.

Kernstück der Beteiligung der AN ist die Möglichkeit, über die ANVertreter im AR auf die **Zusammensetzung des ges. Vertretungsorgans** Einfluss nehmen zu können. Rechtsstellung und Aufgaben des Organs ändern sich ggü. dem Aktienrecht hierdurch indes nicht (*Boldt* Anm. 3; *Müller/Lehmann* Rn. 9). Zur ges. Vertretung berufenes Organ, dessen Mitglieder der AR bestellen und ggf. abberufen kann, sind bei der AG der Vorstand, bei der GmbH die GF. Nicht erfasst sind andere Organe, die in ges. vorgesehenen bes. Fällen zur Vertretung berufen sind (*Boldt* Anm. 2). 1

Die Bezugnahme auf die **§§ 76 III, 84 AktG** sichert die Anwendung aktienrechtl. Anforderungen, die in personeller Hinsicht an die Mitglieder des Vertretungsorgans sowie das durchzuführende Verfahren zu stellen sind. Das bedeutet jedoch nicht, dass die GmbH einen aktienrechtl. Vorstand erhält (*Kötter* Anm. 1; HWK/*Seibt*[2] Rn. 1). Zur Anwendung des § 112 AktG bei der GmbH s. BGH 28.4.1997 DB 1997, 1455; 1.12.2003 NZA 2004, 173, 174. Da der Arbeitsdirektor nach § 13 gleichberechtigtes Mitglied des Vertretungsorgans sein soll, muss dieses aus **mind. zwei Personen** bestehen (*Müller/Lehmann* Rn. 2 sowie § 13 Rn. 7; LG F 26.4.1984 AG 1984, 276, 277). Bei der GmbH schließt dies einen Alleingeschäftsführer als Vertretungsorgan aus (*Boldt* RdA 1951, 169, 173; *Reich/Lewerenz* AuR 1976, 353, 369; **aA** *Kötter* § 13 Rn. 1). 2

Bestellung ist der körperschaftsrechtl. Akt der Einsetzung als Mitglied des Vertretungsorgans. Davon ist die **Anstellung** als schuldrechtl. Vereinb. zu unterscheiden, die infolge der Verweisung auf § 84 I 5 AktG ebenfalls in die Mitbestimmung der AN einbezogen ist (OLG N 20.3.1990 NJW-RR 1992, 230, 231; WKS/*Wißmann* Rn. 2). **Widerruf der Bestellung** ist das Verbot an den Bestellten, das ihm übertragene Amt weiterhin auszuüben; dessen Wirksamkeit hängt nicht davon ab, ob gleichzeitig auch der Anstellungsvertrag gelöst wird (*Kötter* Anm. 4), wofür wegen des Sachzusammenhangs ebenfalls der AR zust. ist. 3

§ 13 [Arbeitsdirektor]

(1) [1]Als gleichberechtigtes Mitglied des zur gesetzlichen Vertretung berufenen Organs wird ein Arbeitsdirektor bestellt. [2]Der Arbeitsdirektor kann nicht gegen die Stimmen der Mehrheit der nach § 6 gewählten Aufsichtsratsmitglieder bestellt werden. [3]Das gleiche gilt für den Widerruf der Bestellung.

(2) [1]Der Arbeitsdirektor hat wie die übrigen Mitglieder des zur gesetzlichen Vertretung berufenen Organs seine Aufgaben im engsten Einvernehmen mit dem Gesamtorgan auszuüben. [2]Das Nähere bestimmt die Geschäftsordnung.

1. Allgemeines. Das G sieht als zwgd. zu bestellendes Mitglied des ges. Vertretungsorgans einen Arbeitsdirektor vor, so dass ein Vorstandsmitglied speziell mit dem **Personal- und Sozialwesen** im 1

Unternehmen betraut ist. Es muss nicht die vom G gewählte Bezeichnung „Arbeitsdirektor" führen (*Kötter* Anm. 3); entscheidend ist der ihm zugewiesene Geschäftsbereich. Damit sieht das G eine ausschl. Zust. für diese Bereiche auf der Führungsebene als erforderl. an, wodurch diese auf die Ebene der übrigen Vorstandsaufgaben angehoben werden (*Reich/Lewerenz* AuR 1976, 353, 368; *Säcker* DB 1977, 1993).

2 Spätere G zur Unternehmensmitbestimmung sehen ebenfalls die Bestellung von Arbeitsdirektoren zu Mitgliedern des ges. Vertretungsorgans vor (§ 13 MitbestErgG, § 33 MitbestG; s. auch § 38 II 2 SEBG: Zust. eines Mitglieds des Leitungsorgans für den Bereich „Arbeit und Soziales"), deren rechtl. Stellung unterscheidet sich aber tw. vom Arbeitsdirektor des Montan-MitbestG. So kann nur der Arbeitsdirektor iSv. § 13 I nicht gegen die Stimmen der Mehrheit der ANVertreter im AR bestellt werden. In den anderen G fehlt eine vergleichbare Vorschr. Dieser Unterschied hat aber keine wesentl. Auswirkungen auf **Rechtsstellung** und **Geschäftsbereich** des Arbeitsdirektors (zust. HWK/*Seibt*² Rn. 1). Deshalb lassen sich die hierzu entwickelten Grds. wechselseitig auf die nach den verschiedenen G bestellten Arbeitsdirektoren übertragen (s. a. *Henssler* FS Säcker 2011 S. 365, 373 f.); zur gleichberechtigten Stellung im Vertretungsorgan MitbestG § 33 Rn. 6 ff., zum Geschäftsbereich MitbestG § 33 Rn. 11 ff.

3 **2. Bestellung des Arbeitsdirektors.** Mögl. ist die Bestellung jeder ihren Fähigkeiten nach überhaupt geeigneten Persönlichkeit, sofern den Wahlerfordernissen in § 13 I 2 genügt wird: eine Bestellung ist nicht mögl. gegen die Mehrheit der Stimmen der ANVertreter im AR. Hierbei kommt es nicht auf die Mehrheit der dem AR angehörenden (so aber WKS/*Wißmann* Rn. 4), sondern auf die Mehrheit der an der Abstimmung teilnehmenden ANVertreter an (zust. HWK/*Seibt*² Rn. 3). Die Stimmenthaltung eines Mitglieds ist nicht als Gegenstimme anzusehen; das G verlangt nicht die ausdr. Zust. der ANVertreter, sondern stellt auf die Gegenstimmen ab (*Kötter* Anm. 5; HWK/*Seibt*² Rn. 3; NK-GA/*Heither/v. Morgen* Rn. 3). Das **Abstimmungsverhalten** der ANVertreter ist stets verbindl. Selbst eine missbräuchl. Ausübung, soll nicht für unbeachtl. erklärt und eine gegen ihre Stimmen erfolgte Bestellung des Arbeitsdirektors als wirksam angesehen werden können (WKS/*Wißmann* Rn. 4; NK-GA/*Heither/v. Morgen* Rn. 3; **aA** HWK/*Seibt*² Rn. 3). Die Satzung des Unternehmens kann vorschreiben, dass zur Bestellung des Arbeitsdirektors die ausdr. Zust. der ANVertreter erforderl. ist, da die ges. Vorschr. eine Mindestbestimmung zum Schutz der ANInteressen ist (*Müller/Lehmann* Rn. 9; HWK/*Seibt*² Rn. 3). Zur Möglichkeit einer gerichtl. **Notbestellung** nach § 85 I AktG s. MitbestG § 33 Rn. 4.

4 Der Arbeitsdirektor wird, wie die übrigen Mitglieder des ges. Vertretungsorgans, gem. § 12 iVm. § 84 I 1 AktG auf längstens fünf Jahre bestellt; eine kürzere **Bestellungsdauer** ist mögl. (*Herschel* RdA 1962, 413). Wirksam ist im Hinblick auf eine etwaige Einschränkung des Unternehmens oder Änd. des Unternehmenszwecks auch eine **bedingte Bestellung** des Arbeitsdirektors (wegen § 13 I 1 allerdings nicht nur des Arbeitsdirektors allein [*Herschel* RdA 1962, 413, 415]), die aber nicht zu einer Umgehung oder Erleichterung der Widerrufsmöglichkeit führen darf: auch der Widerruf der Bestellung des Arbeitsdirektors kann nicht gegen die Stimmenmehrheit der ANVertreter erfolgen (*Herschel* RdA 1962, 413, 415; s. § 13 Rn. 5). Die Bestellung des Arbeitsdirektors kann, wie bei den übrigen Mitgliedern des Vertretungsorgans, aus **wichtigem Grund** widerrufen werden (§ 12 iVm. § 84 III AktG); es gelten die Grds. für die Bestellung entspr. (§ 13 Rn. 3 f.). Dabei kann der AR nach hM trotz des Vorliegens eines wichtigen Grundes von dem Widerruf absehen (*Kötter* Anm. 7). Der Widerruf kann nicht wirksam gegen die Mehrheit der Stimmen der ANVertreter erfolgen.

Vierter Teil. Schlußvorschriften

§ 14 [Ermächtigung zum Erlass von Rechtsverordnungen]

Die Bundesregierung wird ermächtigt, durch Rechtsverordnung Vorschriften zu erlassen über
a) die Anpassung von Satzungen und Gesellschaftsverträgen an die Vorschriften dieses Gesetzes,
b) das Verfahren für die Aufstellung der in § 6 bezeichneten Wahlvorschläge.

500. Gesetz zur Neuregelung des Mutterschutzrechts – Regierungsentwurf nach 2./3. Lesung BT

Abschnitt 1. Allgemeine Vorschriften

§ 1 Anwendungsbereich, Ziel des Mutterschutzes

(1) [1]Dieses Gesetz schützt die Gesundheit der Frau und ihres Kindes am Arbeits-, Ausbildungs- und Studienplatz während der Schwangerschaft, nach der Entbindung und in der Stillzeit. [2]Das Gesetz ermöglicht es der Frau, ihre Beschäftigung oder sonstige Tätigkeit in dieser Zeit ohne Gefährdung ihrer Gesundheit oder der ihres Kindes fortzusetzen und wirkt Benachteiligungen während der Schwangerschaft, nach der Entbindung und in der Stillzeit entgegen. [3]Regelungen in anderen Arbeitsschutzgesetzen bleiben unberührt.

(2) [1]Dieses Gesetz gilt für Frauen in einer Beschäftigung im Sinne von § 7 Absatz 1 des Vierten Buches Sozialgesetzbuch. [2]Unabhängig davon, ob ein solches Beschäftigungsverhältnis vorliegt, gilt dieses Gesetz auch für

1. Frauen in betrieblicher Berufsbildung und Praktikantinnen im Sinne von § 26 des Berufsbildungsgesetzes,
2. Frauen mit Behinderung, die in einer Werkstatt für behinderte Menschen beschäftigt sind,
3. Frauen, die als Entwicklungshelferinnen im Sinne des Entwicklungshelfer-Gesetzes tätig sind, jedoch mit der Maßgabe, dass die §§ 18 bis 22 auf sie nicht anzuwenden sind,
4. Frauen, die als Freiwillige im Sinne des Jugendfreiwilligendienstegesetzes oder des Bundesfreiwilligendienst-gesetzes tätig sind,
5. Frauen, die als Mitglieder einer geistlichen Genossenschaft, Diakonissen oder Angehörige einer ähnlichen Gemeinschaft auf einer Planstelle oder aufgrund eines Gestellungsvertrages für diese tätig werden, auch während der Zeit ihrer dortigen außerschulischen Ausbildung,
6. Frauen, die in Heimarbeit beschäftigt sind, und ihnen Gleichgestellte im Sinne von § 1 Absatz 1 und 2 des Heimarbeitsgesetzes, soweit sie am Stück mitarbeiten, jedoch mit der Maßgabe, dass die §§ 10 und 14 auf sie nicht anzuwenden sind und § 9 Absatz 1 bis 5 auf sie entsprechend anzuwenden ist,
7. Frauen, die wegen ihrer wirtschaftlichen Unselbstständigkeit als arbeitnehmerähnliche Person anzusehen sind, jedoch mit der Maßgabe, dass die §§ 18, 19 Absatz 2 und § 20 auf sie nicht anzuwenden sind, und
8. Schülerinnen und Studentinnen, soweit die Ausbildungsstelle Ort, Zeit und Ablauf der Ausbildungsveranstaltung verpflichtend vorgibt oder die ein im Rahmen der schulischen oder hochschulischen Ausbildung verpflichtend vorgegebenes Praktikum ableisten, jedoch mit der Maßgabe, dass die §§ 17 bis 24 auf sie nicht anzuwenden sind.

(3) [1]Das Gesetz gilt nicht für Beamtinnen und Richterinnen. [2]Das Gesetz gilt ebenso nicht für Soldatinnen, auch sowcit dic Voraussetzungen des Absatzes 2 erfüllt sind, es sei denn, sie werden aufgrund dienstlicher Anordnung oder Gestattung außerhalb des Geschäftsbereiches des Bundesministeriums der Verteidigung tätig.

(4) [1]Dieses Gesetz gilt für jede Person, die schwanger ist, ein Kind geboren hat oder stillt. [2]Die Absätze 2 und 3 gelten entsprechend.

1. Neuregelung des Mutterschutzrechts. Zweck der Regelung ist eine Neujustierung der Abwägung zwischen den Belangen des Gesundheitsschutzes einerseits und einer Flexibilisierung zur Fortsetzung der Berufstätigkeit andererseits. Dem Entwurf zufolge wird bes. Wert auf die **Prävention** von Gefahren gelegt, die möglichst frühzeitig erkannt und beseitigt werden sollen, um Schwangeren und stillenden Müttern eine Fortsetzung ihrer Tätigkeit ungefährdet zu ermöglichen. Durch eine frühzeitige Gefährdungsbeurteilung und eine entspr. Unterrichtung über mögl. Gefährdungen und dagegen vorgesehene Schutzmaßnahmen soll eine Prävention auch für die Zeit verbessert werden, in der eine Schwangerschaft ggf. auch unerkannt ist. Schutzmaßnahmen sollen effektiv sein, Gefährdungen ausschließen oder minimieren und zugleich die berufl. Teilhabe von Schwangeren und stillenden Frauen weitestmögl. zu sichern (*Nebe*, juris PR-ArbR 25/2017 Anm. 1). Inhaltl. soll die Wirksamkeit des G verbessert werden. Dazu werden die Vorgaben an die veränderte Gefährdungslage angepasst; die Rechte und Pflichten sollen zudem verständlicher gestaltet und übersichtlicher gefasst werden. Dafür werden auch die Vorgaben der MuSchArbV in den Entwurf integriert, denen bislang eine unzureichende Sichtbarkeit bescheinigt worden ist. Die bisher im MuSchG verankerten Bestimmungen werden überw. übernommen, teils auch noch besser an das Unionsrecht angepasst. **Zeitl.** ersetzt das G ab dem 1.1.2018 das alte MuschG. Für die Übergangszeit erklärt Art. 8 der Neuregelung Vorschriften des neuen Rechts für sofort anwendbar: den erweiterten 1

Kündigungsschutz nach einer Fehlgeburt, die verlängerte Schutzfrist nach der Geburt eines behinderten Kindes, sowie die Aktualisierung der Beschäftigung mit Gefahrstoffen und biologischen Arbeitsstoffen. Das Inkrafttreten der Bußgeldvorschriften zu § 32 I Nr. 6 ist auf den 1.1.2019 hinausgeschoben.

2 **2. Zweck des Mutterschutzrechts im BeschVerh.** Der Schutz der erwerbstätigen Mutter setzt an drei Punkten an: dem Schutz vor Gefahren für Leben und Gesundheit v. Mutter und Kind, dem Schutz vor mutterschaftsbedingten Entgelteinbußen, sowie dem Schutz vor Verlust des Arbeitsplatzes (MüArbR/*Heenen* § 305 Rn. 1 ff.) und der weiteren Teilhabe an der Erwerbstätigkeit. Die Vorschr. des MuSchG sind insg. so auszulegen, dass sie die Wertentsch. der Verf. verwirklichen, das Gebot staatl. Fürsorge für Mütter (Art. 6 IV GG; vgl. BAG 20.8.2002 NZA 2003, 333) und das Diskriminierungsverbot, Art. 3 III 1 GG (BVerfG 18.11.2009 NZA 2004, 33; 28.4.2011 NZA 2011, 857) umzusetzen. Zugleich sind die Vorgaben des Unionsrechts zu beachten, insb. Art. 23 GRC und die MutterschutzRL 92/85/EWG (v. 19.10.1992 ABl. EG 1992 L 348 S. 1 ff.; vgl. *Zmarzlik* DB 1994, 96 f.) sowie die Diskriminierungsverbote (EuGH 18.3.2014 NZA 2014, 525).

3 **3. Sachlicher Anwendungsbereich (Abs. 1). a)** Geschützt wird die **Gesundheit** „der Frau und ihres Kindes" **(S. 1)**. Gemeint sind die Schwangere und das ungeborene Kind sowie Mütter und Kinder in der Zeit nach der Entbindung und während einer etwaigen Stillzeit. Der Schutz bezieht sich im 1. Abschnitt des G auf die Gesundheit; davon sind alle körperl. und seel. Beeinträchtigungen erfasst, denen eine Schwangere bzw. Mutter nach der Entbindung und in der Stillzeit am Arbeitsplatz, in der Ausbildung oder während des Studiums ausgesetzt ist oder sein kann. Ein bes. Schutz der Gebärfähigkeit ist im Mutterschutz nicht geregelt, sondern bleibt dem Arbeitsschutzrecht vorbehalten. Da auch Frauen „nach der Entbindung" bes. erwähnt werden, sind für diesen Zeitraum auch Mütter erfasst, die ihr Kind nicht stillen. Das geht auf die parallele Bestimmung in Art. 1 (1), Art. 2b) RL 92/85/EWG zurück; einen sachl. Anwendungsbereich für die Belange des betriebl. Gesundheitsschutzes besitzt diese Bestimmung jedoch nicht, da keine bes. gesundheitl. Belastungen bekannt sind, die nach Ablauf der Schutzfrist generell auftreten. Bei individuellen Belastungssituationen bleibt das ärztl. Beschäftigungsverbot maßgebl. (§ 16).

4 **b)** Zusätzl. zum Gesundheitsschutz soll **S. 2** der Frau ermöglichen, in der Schwangerschaft oder den ausschl. Zeiträumen weiter zu arbeiten, ohne benachteiligt zu werden. Die Formulierung impliziert ein Diskriminierungsverbot, das grds. bereits im AGG verankert ist. S. 2 nimmt dies aber zusätzl. noch einmal auf, um damit den in der Neuregelung vollzogenen **Leitbildwechsel** zu dokumentieren. Mutterschutz hängt unionsrechtl. eng mit dem Verbot der Geschlechtsdiskriminierung zusammen (Art. 2 II lit. c) RL 2006/54/EG), muss also auch so weit wie mögl. eine Benachteiligung v. schwangeren/stillenden Frauen im Beruf vermeiden. Die Möglichkeit der Weiterbeschäftigung erhält die Betroffene aber nicht unter allen Umständen, da Beschäftigungsverbote für die Gewährleistung des Gesundheitsschutzes erforderlich sein können. S. 2 macht allerdings deutlich, dass solche Verbote nur als letztes Mittel in Betracht kommen, wenn alle vorrangigen Mittel den erforderl. Gesundheitsschutz nicht gewährleisten können.

5 **c) S. 3** lässt anderweitige Regelungen des **Arbeitsschutzes** unberührt. Umfasst sind insb. Sonderregelungen für den Jugendarbeitsschutz, aber auch auf mutterschutzspezifische Bestimmungen beim StrlSchV/ RöV. Zusätzl. sind die **unionsrechtl. Vorgaben** zum europäischen Arbeitsschutzrecht zu beachten, insb. die ArbeitsschutzrahmenRL 89/391/EWG als deren zehnte EinzelRL die MutterschutzRL 92/85/EWG erlassen worden ist. Primärrechtl. sind die Art. 21, 23, 33 GRC zu beachten. Anwendbar ist die jeweils strengere Regelung m. dem höchsten Schutzniveau.

6 **4. Persönlicher Anwendungsbereich (Abs. 2).** Generell anwendbar ist das G auf Beschäftigte gem. § 7 I 1 SGB IV; das erweitert den Anwendungsbereich über den nach altem Recht vorgesehenen Verweis auf das nicht selbständige Arbeitsverhältnis hinaus, das aber nach wie vor umfasst ist.

a) Arbeitsverhältnis. ArbVerh. ist jedes privatrechtl. Rechtsverhältnis zwischen AN und AG, auf Grund dessen sich der AN gegen Entgelt zur Leistung v. weisungsgebundener Arbeit verpflichtet (§ 611a BGB Rn. 14). Die Anknüpfung an ein ArbVerh. ist wegen der bes. Schutzbedürftigkeit der weisungsabhängig Tätigen nach innerstaatl. Recht sachl. gerechtfertigt (BVerwG 27.5.1993 NJW 1994, 401). Auf die Gültigkeit des Vertrages kommt es nicht an, auch ein fehlerhaftes ArbVerh. genügt (BAG 19.12.1966 NJW 1967, 1102). V. MuSchG erfasst werden daher Arbeiterinnen und Ang., auch Aushilfen, unst. Beschäftigte, HausAng., nebenberufl. Beschäftigte, Mehrfachbeschäftigte, AN im GruppenarbVerh., in mittelbarem oder im LeiharbVerh. und in ABM Beschäftigte. Wird eine AN über die Kündigungsfrist hinaus weiterbeschäftigt, wird damit das ursprl. ArbVerh. fortgesetzt; daher ist das MuSchG anwendbar (BAG 12.9.1985 NZA 1986, 424). Weiterbeschäftigungsverhältnisse (gem. § 102 V BetrVG bzw. allg. Weiterbeschäftigungsanspruch) unterliegen den Schutzpflichten des MuSchG, nicht aber § 9 (MüArbR/*Heenen* § 305 Rn. 6 f.).

7 **b) BeschVerh.** Anhaltspunkte für eine Beschäftigung sind eine Tätigkeit nach Weisung, sowie eine Eingliederung in die Arbeitsorganisation des Weisungsgebers. Auf die arbeitsvertragl. Fundierung des Weisungsrechts kommt es nicht an. Damit sollen die unionsrechtl. Vorgaben umgesetzt werden. Da das MutterschutzR im Anwendungsbereich des Unionsrechts liegt und die RL 92/85/EWG den unionsrechtl. AN-Begriff zugrunde legt, wie er für Art. 45 AEUV entwickelt wurde (vgl. Art. 45 AEUV Rn. 7 ff.), ist

die Begriffsbestimmung des EuGH zugrunde zu legen, soweit die Vorschr. auch zur Umsetzung des Unionsrechts dienen. Nach **Unionsrecht** schließt der Umstand, dass ein Rechtsverhältnis innerstaatl. als Vertrag m. einer Selbst. eingestuft wird, wie zB die GF einer Gesellschaft, die unionsrechtl. Eigenschaft als AN iSd. RL 92/85/EWG nicht aus (EuGH 11.11.2010 NZA 2011, 143). Auch eine gesellschaftsrechtl. begr. Weisungsgebundenheit genügt, den unionsrechtl. ANBegriff zu erfüllen; dies wird auf ein Vorstandsmitglied einer AktG idR nicht, auf einen GmbH-GF jedoch solange zutreffen, wie er nicht einen bestimmenden Einfluss auf die Gesellschaft ausüben kann (*Oberthür* NZA 2011, 253, 255). Ob ein BeschVerh vorliegt, kann der AG oder die Betroffene im Anfrageverf. gem. § 7a SGB IV prüfen lassen.

c) Unabhängig vom Vorliegen eines Beschäftigungsverhältnisses ist das G pers. anwendbar auf Frauen, die in **Abs. 2 S. 2 Nr. 1–8** gesondert aufgeführt sind: 8

Nr. 1 nennt ausdr. Frauen in betriebl. Berufsbildung (§ 1 BBiG), d. h. neben den Auszubildenden auch die in der Ausbildungsvorbereitung, m. der Fortbildung oder Umschulung Beschäftigten. Sind diese Frauen zugleich Beschäftigte iSd. S. 1, werden sie nach dieser Norm geschützt. Dass das G auch für die freiwilligen Praktika iSd. § 26 BBiG gilt, wird ausdr. klargestellt. Für die von § 26 BBiG ausgenommenen Pflichtpraktika gilt stattdessen Nr. 8. Von **Nr. 2** werden Tätigkeiten erfasst, die in einer Werkstatt für behinderte Menschen gem. § 136 SGB IX beschäftigt sind. Damit gilt das G auch für Frauen, bei deren Tätigkeit die soziale Betreuung die Arbeitsleistung überwiegt, so dass es an einer „Beschäftigung" fehlt. **Nr. 3** erfasst Entwicklungshelferinnen, denen ggü die Träger der Dienste bereits zur Übernahme der AG-Pflichten nach dem MuSchG verpflichtet sind, § 4 I Nr. 4 EFZG. Ledigl. die finanziellen Leistungen nach dem MuSchG sind auf sie nicht anwendbar, da diese im EFZG speziell geregelt sind. **Nr. 4** bezieht Freiwillige nach dem BFDG und dem JFDG ein, auf die das MuSchG auch zuvor bereits angewendet worden ist. **Nr. 5** erstreckt das G auf weibl. Mitglieder in religiösen Gemeinschaften bzw, Diakonissen, die nach früherer Rechtslage nicht erfasst worden sind (BAG 25.4.1978 NJW 1978, 2116). Angesprochen sind aber nur diejenigen Frauen, die entweder auf Planstellen innerhalb der Einrichtung beschäftigt werden oder aufgrund eines Gestellungsvertrages bei externen AG tätig werden; dasselbe gilt für in Ausbildung stehende Frauen im Rahmen eines Postulats oder Noviziats (BT-Drs. 18/8963 S. 51). Bei religiös motivierten Tätigkeiten im Rahmen des klösterl. Zusammenlebens gelten arbeitsrechtl. Regelungen nicht, In **Nr. 6** ist wie bisher die Einbeziehung von Heimarbeiterinnen und Gleichgestellten gem. § 1 II HAG geregelt. Ausgenommen von der Anwendbarkeit ist die Gestaltung der Arbeitsbedingungen gem. §§ 10, 14, weil Heimarbeiterinnen diese wesentl. selbst gestalten, § 16 HAG. Soweit die Arbeitsbedingungen dennoch vom Auftraggeber/Zwischenmeister beeinflusst werden können, bleibt er zur Beachtung des Mutterschutzes jedoch verpflichtet; das bezieht sich insb. auf § 9 I-V. 9

Einbezogen werden durch **Nr. 7** auch weibl. arbeitnehmerähnl. Personen gem. § 5 I 2 ArbGG, die auch im Unionsrecht zwecks Umsetzung der GleichbehandlungsRL 2006/54/EG geschützt werden. Die Anwendung des Mutterschutzes wurde v. den Aufsichtsbehörden nach Maßgabe des § 4 Nr. 6 ArbSchG für schwangere und stillende arbeitnehmerähnl. Personen ermöglicht, wonach spezielle Gefahren für bes. schutzbedürftige Gruppen vom AG berücksichtigt werden müssen. Durch Nr. 7 wird jedoch klargestellt, dass die Betroffenen nicht nur vom betriebl. Gesundheitsschutz, sondern im Einklang m. dem Unionsrecht auch vom Kündigungsrecht erfasst werden. Leistungsrechtl, Regelungen sind unanwendbar, außer bei freiwilliger ges. Versicherung der Anspruch auf Mutterschaftsgeld gem. § 19 I. Durch **Nr. 8** werden erstmals Schülerinnen und Studentinnen einbezogen, soweit die Schule/Hochschule für Ort, Zeit und Ablauf von Veranstaltungen verpflichtende Regelungen aufstellt. Das gilt auch für Pflichtpraktika als Bestandteil der schulischen/universitären Ausbildung, nicht aber, wenn das Praktikum nur auf die Aufnahme eines Studiums vorbereitet. Soweit Teilnahmepflichten nicht geregelt sind, die Betroffenen also frei entscheiden können, ob sie eine Tätigkeit durchführen wollen, trifft die Ausbildungsinstitution keine mutterschutzrechtl. Pflichten. Für Pflichtkurse und Prüfungen müssen jedoch Gefährdungsbeurteilungen erstellt werden und dabei erkennbar gewordene unverantwortbare Gefährdungen ausgeschlossen werden, § 9. Die Ausbildung soll nach Möglichkeit fortgesetzt werden (§ 9 I 3), Nachteile sollen ausgeglichen werden (§ 9 I 4). Das erfordert ggf. die Einräumung einer Nachholung von Prüfungsleistungen an einem späteren Prüfungstermin. Von den leistungsrechtl. Regelungen sind Schülerinnen/Studentinnen ausgenommen; Ansprüche erwerben insoweit ledigl. Werksstudentinnen, die nach § 6 I Nr. 3 SGB V in der Krankenversicherung in ihrem parallel bestehenden BeschVerh versicherungsfrei sind. 10

5. Beamtinnen, Richterinnen und Soldatinnen (Abs. 3). Das G ist auf diese Gruppen nach wie vor nicht anwendbar, auch nicht, soweit sie zugleich Studentinnen gem. S. 2 Nr. 8 sind. Der Mutterschutz wird aber aber zur Wahrung unionsrechtl. Vorgaben durch die VO zum Mutterschutz inhaltl. übertragen. 11

6. In **Abs. 4** wird für den pers. Geltungsbereich klargestellt, dass die in Abs. 2, 3 genannten Frauen vom G erfasst werden, soweit sie schwanger sind, gerade ein Kind geboren haben oder stillen. 12

7. Räumlicher Geltungsbereich. Das MuSchG ist anzuwenden auf alle im Bundesgebiet liegenden Arbeitsorte (BAG 9.5.1959 NJW 1959, 1702; 24.8.1989 NZA 1990, 841), unabhängig v. der Staatsangehörigkeit oder dem Wohnort v. AG oder AN. Die Schutzvorschr. sind zwgd. iSd. Art. 8 I 2 Rom I, gelten also bei inländischem **Arbeitsort** unabhängig v. der Anwendbarkeit ausl. Rechts iÜ (MüArbR/*Oetker* § 11 Rn. 92). Entspr. gilt bei ausl. Arbeitsort ausl. Mutterschutzrecht. Liegt der Beschäf- 13 tigungsort nur vorübergehend im Ausland (Entsendung), bleibt das MuSchG im Wege der Ausstrahlung umfassend anwendbar (BSG 4.7.1962 NJW 1962, 2124); ausl. Grenzgängerinnen werden v. MuSchG erfasst. Ist arbeitsvertragl. wirksam ausl. Recht gewählt worden (Rom I Rn. 5), so kann dadurch der Schutz des MuSchG solchen AN nicht entzogen werden, deren Arbeitsort in Deutschland liegt. Befindet sich der Beschäftigungsort im Ausland, findet das MuSchG keine Anwendung, wenn nach obj. Anknüpfung (vgl. Rom I Rn. 8) ausl. Recht auf das ArbVerh. anzuwenden ist. Gilt das ausl. Recht dagegen nur kraft Rechtswahl, kann es einem Günstigkeitsvergleich m. den Bestimmungen des MuSchG unterzogen werden. Ist das dt. MuSchG im konkreten Falle günstiger, kann sich die AN auch bei ausl. Arbeitsort darauf berufen (Rom I Rn. 19). Zwgd. Wirkung iSd. Art. 9 I Rom I kann Normen des Mutterschutzes nicht zugesprochen werden, soweit diese vorrangig Individualschutz bezwecken (Beschäftigungsverbote, Entgeltsicherung); zu den mutterschutzrechtl. Regelungen der Arbeitsbedingungen vgl. § 2 Nr. 6 AEntG. Soweit § 17 darüber hinausgehende Grundwertungen zu entnehmen sind, die einen gesteigerten Anwendungswillen begründen können, bleibt dieser jdf. auf das Gebiet der Bundesrepublik begrenzt; eine Befreiung v. Kündigungsverbot etwa kann die dt. Behörde einem AG m. Wirkung für das Ausland eben nicht wirksam erteilen.

§ 2 Begriffsbestimmungen

(1) [1]Arbeitgeber im Sinne dieses Gesetzes ist die natürliche oder juristische Person oder die rechtsfähige Personengesellschaft, die Personen nach § 1 Absatz 2 Satz 1 beschäftigt. [2]Dem Arbeitgeber stehen gleich:

1. die natürliche oder juristische Person oder die rechtsfähige Personengesellschaft, die Frauen im Fall von § 1 Absatz 2 Satz 2 Nummer 1 ausbildet oder für die Praktikantinnen im Fall von § 1 Absatz 2 Satz 2 Nummer 1 tätig sind,

2. der Träger der Werkstatt für behinderte Menschen im Fall von § 1 Absatz 2 Satz 2 Nummer 2,

3. der Träger des Entwicklungsdienstes im Fall von § 1 Absatz 2 Satz 2 Nummer 3,

4. die Einrichtung, in der der Freiwilligendienst nach dem Jugendfreiwilligendienstegesetz oder nach dem Bundesfreiwilligendienstgesetz im Fall von § 1 Absatz 2 Satz 2 Nummer 4 geleistet wird,

5. die geistliche Genossenschaft und ähnliche Gemeinschaft im Fall von § 1 Absatz 2 Satz 2 Nummer 5,

6. der Auftraggeber und der Zwischenmeister von Frauen im Fall von § 1 Absatz 2 Satz 2 Nummer 6,

7. die natürliche oder juristische Person oder die rechtsfähige Personengesellschaft, für die Frauen im Sinne von § 1 Absatz 2 Satz 2 Nummer 7 tätig sind, und

8. die natürliche oder juristische Person oder die rechtsfähige Personengesellschaft, mit der das Ausbildungs- oder Praktikumsverhältnis im Fall von § 1 Absatz 2 Satz 2 Nummer 8 besteht (Ausbildungsstelle).

(2) Eine Beschäftigung im Sinne der nachfolgenden Vorschriften erfasst jede Form der Betätigung, die eine Frau im Rahmen eines Beschäftigungsverhältnisses nach § 1 Absatz 2 Satz 1 oder die eine Frau im Sinne von § 1 Absatz 2 Satz 2 im Rahmen ihres Rechtsverhältnisses zu ihrem Arbeitgeber nach § 2 Absatz 1 Satz 2 ausübt.

(3) [1]Ein Beschäftigungsverbot im Sinne dieses Gesetzes ist nur ein Beschäftigungsverbot nach den §§ 3 bis 6, 10 Absatz 3, § 13 Absatz 1 Nummer 3 und § 16. [2]Für eine in Heimarbeit beschäftigte Frau und eine ihr Gleichgestellte tritt an die Stelle des Beschäftigungsverbots das Verbot der Ausgabe von Heimarbeit nach den §§ 3, 8, 13 Absatz 2 und § 16. [3]Für eine Frau, die wegen ihrer wirtschaftlichen Unselbstständigkeit als arbeitnehmerähnliche Person anzusehen ist, tritt an die Stelle des Beschäftigungsverbots nach Satz 1 die Befreiung von der vertraglich vereinbarten Leistungspflicht; die Frau kann sich jedoch gegenüber der dem Arbeitgeber gleichgestellten Person oder Gesellschaft im Sinne von Absatz 1 Satz 2 Nummer 7 dazu bereit erklären, die vertraglich vereinbarte Leistung zu erbringen.

(4) Alleinarbeit im Sinne dieses Gesetzes liegt vor, wenn der Arbeitgeber eine Frau an einem Arbeitsplatz in seinem räumlichen Verantwortungsbereich beschäftigt, ohne dass gewährleistet ist, dass sie jederzeit den Arbeitsplatz ver-lassen oder Hilfe erreichen kann.

(5) [1]Arbeitsentgelt im Sinne dieses Gesetzes ist das Arbeitsentgelt, das nach § 14 des Vierten Buches Sozialgesetz-buch in Verbindung mit einer aufgrund des § 17 des Viertes Buches Sozialgesetzbuch erlassenen Verordnung be-stimmt wird. [2]Für Frauen im Sinne von § 1 Absatz 2 Satz 2 gilt als Arbeitsentgelt ihre jeweilige Vergütung.

1 **1. Arbeitgeber und Gleichgestellte (Abs. 1).** Alle natürl./jur. Personen oder rechtsfähigen Personengesellschaften, die Frauen beschäftigen (§ 1 II 1) sind als AG Adressaten von Schutzpflichten aus dem G. Ihnen gleichgestellt sind Personen oder Einrichtungen, bei denen Frauen tätig sind, die durch § 1 II 2 den Beschäftigten gleichgestellt werden, unabhängig davon, ob sie der Beschäftigtendefinition

in § 1 II 1 unterfallen oder nicht. Die Gleichstellung beruht jeweils auf dem Umstand, dass für die als AG behandelte Person/Stelle Frauen tätig sind, für die sie die Verantwortung tragen. Für die Tätigkeiten von Schülerinnen/Studentinnen, die durch § 1 II 2 Nr. 8 erstmals dem Mutterschutzrecht unterstellt werden, enthält § 1 II 2 Nr. 8 zudem eine Legaldefinition der **Ausbildungsstelle.** Eine Ausbildungsstelle im mutterschutzrechtl. Sinne liegt danach nur vor, wenn eine natürl. oder jur. Person ein Ausbildungsverhältnis gem. § 1 II Nr. 8 unterhält. Davon erfasst sind Einrichtungen, die Ort, Zeit und Ablauf einer Ausbildungsveranstaltung verpflichtend vorgeben; zudem Einrichtungen, bei denen ein verpflichtend vorgegebenes Praktikum geleistet wird.

2. Beschäftigung (Abs. 2). Spiegelbildl. zum Umfang des AGBegriffes gem. Abs. 1 ordnet Abs 2 an, 2
dass eine Beschäftigung vorliegt, wenn eine Frau eine Beschäftigung gem. § 1 II 1 ausübt oder eine gleichgestellte Person iSd. § 1 II 2 bei ihrem AG iSd. § 2 I 2 im Rahmen eines der dort genannten Rechtsverhältnisse tätig wird. Die Einbeziehung von Schülerinnen/Studentinnen zeigt, dass es auf eine Tätigkeit im Verantwortungsbereich des AG ankommt, aber nicht stets eine Tätigkeit in seinem wirtschaftl. Interesse erforderl. ist.

3. Beschäftigungsverbot (Abs. 3). a) Für die Zwecke des G gelten nur die in **Abs. 3 S. 1** ausdr. 3
aufgezähltes Verbot als „Beschäftigungsverbote". Auf anderweitiger Rechtsgrdl. (JArbSchG) erlassene Verbote fallen somit nicht unter das MuSchG, die Sanktionen wegen Verletzung des MuSchG sind darauf nicht anwendbar. S. 1 bezieht die Verbote in den Schutzfristen vor und nach der Entbindung, der Mehr-, Nacht-, Sonn- und Feiertagsarbeit (§§ 3–6), sowie das vorl. (§ 10 III), das betriebl. (§ 13 I Nr. 3) und das ärztl. Beschäftigungsverbot (§ 16) ein, also alle vorgesehenen Anwendungsfälle. Das Verbot bezieht sich jeweils auf eine Beschäftigung iSd. Abs. 2, hängt also vom Vorliegen eines Beschäftigungsverhältnisses gem. § 7 SGB IV nicht ab, sondern lässt jede Betätigung in einem Abs. 2 unterfallenden Rechtsverhältnis genügen.

b) **Abs. 3 S. 2** verdeutlicht, dass für in **Heimarbeit** Beschäftigte/Gleichgestellte anstelle des Beschäfti- 4
gungsverbotes das Verbot der Ausgabe von Heimarbeit, wie es in den §§ 3, 8, 13 II und 16 vorgesehen ist, gilt. IÜ gilt für diesen Personenkreis aber ein dem Beschäftigungsverbot nach Art und Umfang entspr. Verbot. Anders ist dies für die **arbeitnehmerähnl. Person** (Abs. 2 S. 3) geregelt: da diese Personen formal selbständig erwerbstätig sind und nur ihrer wirtschaftl. Abhängigkeit wegen wie Beschäftigte geschützt werden, geht es in ihrem Fall um die Befreiung von der vertragl. übernommenen Leistungspflicht. In den in Abs. 3 S. 1 durch Beschäftigungsverbote geregelten Fällen müssen arbeitnehmerähnl. Personen ihr Leistungsversprechen nicht erfüllen, verlieren damit aber auch den Anspruch auf die vertragl. Gegenleistung. Dementspr. bleibt es in der Entscheidung der Betroffenen, sich ihrem Vertragspartner ggü. zur Leistung bereit zu erklären; ein „Verbot" der selbständigen Betätigung besteht nicht.

4. Alleinarbeit (Abs. 4). Eine der ges. Neuerungen besteht in Sonderbestimmungen für den zuvor 5
nicht verwendeten Begriff der Alleinarbeit (§§ 5 II 2 Nr. 3, 6 I 2 Nr. 4, II 2 Nr. 4, 29 III 2 Nr. 1 lit. c). Vorausgesetzt ist eine Beschäftigung iSd. Abs. 2, die im räuml. Verantwortungsbereich des AG ausgeübt wird. Ausgenommen sind also insb. die Heimarbeit oder alle Formen von Telearbeit, bei denen die Beschäftigte ihren Arbeitsplatz jederzeit verlassen kann, da sie Präsenzzeiten nicht gewährleisten muss. Ob sich der Arbeitsplatz auf dem Betriebsgelände oder anderen Ortes befindet, ist unerhebl., es kommt allein auf die Weisungsbefugnis des AG hins. der Besetzung des Arbeitsplatzes an. Eine Alleinarbeit liegt nicht vor, wenn die Betroffene ihren Arbeitsplatz jederzeit frei verlassen kann oder wenn sie tats. nicht allein tätig ist, sodass jederzeit die Erreichbarkeit einer anderen Person gewährleistet ist, die ggf. Hilfe leisten kann.

5. Arbeitsentgelt (Abs. 5). Die Bestimmung des Arbeitsentgelts folgt grds. den Regelungen des 6
§ 14 SGB IV und den zu § 17 SGB IV erlassenen VO. Damit soll die Berechnung der Entgeltersatzansprüche im Mutterschutzfall derjenigen im Krankheitsfall angeglichen werden. Für diejenigen, die nach § 1 II 2 wie Beschäftigte in das G einbezogen werden, ist eine solche Angleichung nicht zweckentspr.; daher wird für die Berechnung der ihnen ggf. nach den §§ 18–20 zustehenden Leistungen nicht auf ein „Arbeitsentgelt", sondern auf die vereinbarte Vergütung abgestellt, sofern ihnen ein Anspruch auf Mutterschutzleistungen zusteht.

Abschnitt 2. Gesundheitsschutz

Unterabschnitt 1. Arbeitszeitlicher Gesundheitsschutz

§ 3 Schutzfristen vor und nach der Entbindung

(1) [1]**Der Arbeitgeber darf eine schwangere Frau in den letzten sechs Wochen vor der Entbindung nicht beschäftigen (Schutzfrist vor der Entbindung), soweit sie sich nicht zur Arbeitsleistung ausdrücklich bereit erklärt.** [2]**Sie kann die Erklärung nach Satz 1 jederzeit mit Wirkung für die**

Zukunft widerrufen. [3]Für die Berechnung der Schutzfrist vor der Entbindung ist der voraussichtliche Tag der Entbindung maßgeblich, wie er sich aus dem ärztlichen Zeugnis oder dem Zeugnis einer Hebamme oder eines Entbindungspflegers ergibt. [4]Entbindet eine Frau nicht am voraussichtlichen Tag, verkürzt oder verlängert sich die Schutzfrist vor der Entbindung entsprechend.

(2) [1]Der Arbeitgeber darf eine Frau bis zum Ablauf von acht Wochen nach der Entbindung nicht beschäftigen (Schutzfrist nach der Entbindung). [2]Die Schutzfrist nach der Entbindung verlängert sich auf zwölf Wochen
1. bei Frühgeburten,
2. bei Mehrlingsgeburten und,
3. wenn vor Ablauf von acht Wochen nach der Entbindung bei dem Kind eine Behinderung im Sinne von § 2 Absatz 1 Satz 1 des Neunten Buches Sozialgesetzbuch ärztlich festgestellt wird.

[3]Bei vorzeitiger Entbindung verlängert sich die Schutzfrist nach der Entbindung nach Satz 1 oder nach Satz 2 um den Zeitraum der Verkürzung der Schutzfrist vor der Entbindung nach Absatz 1 Satz 4. [4]Nach Satz 2 Nummer 3 verlängert sich die Schutzfrist nach der Entbindung nur, wenn die Frau dies beantragt.

(3) [1]Die Ausbildungsstelle darf eine Frau im Sinne von § 1 Absatz 2 Satz 2 Nummer 8 bereits in der Schutzfrist nach der Entbindung im Rahmen der schulischen oder hochschulischen Ausbildung tätig werden lassen, wenn die Frau dies ausdrücklich gegenüber ihrer Ausbildungsstelle verlangt. [2]Die Frau kann ihre Erklärung jederzeit mit Wirkung für die Zukunft widerrufen.

(4) [1]Der Arbeitgeber darf eine Frau nach dem Tod ihres Kindes bereits nach Ablauf der ersten zwei Wochen nach der Entbindung beschäftigen, wenn
1. die Frau dies ausdrücklich verlangt und
2. nach ärztlichem Zeugnis nichts dagegen spricht.

[2]Sie kann ihre Erklärung nach Satz 1 Nummer 1 jederzeit mit Wirkung für die Zukunft widerrufen.

1 **1. Normzweck.** Beschäftigungsverbote dienen dem Gesundheitsschutz v. Mutter und Kind anges. unverantwortbarer Gefährdungen durch für die Schwangere konkret ungeeignete, körperl. schwere oder sonst gefährdende Erwerbsarbeit; grds. ist die Erwerbsarbeit während der Schwangerschaft aber nicht untersagt, und ein Verbot medizinisch auch nicht erforderl. Ziel der Gesetzesreform ist es gerade, auch im Mutterschutz den Betroffenen eine fortgesetzte Teilhabe an der Erwerbstätigkeit zu ermöglichen, soweit sie dies wünschen und medizinische Bedenken bzgl. der Gesundheit von Mutter oder (ungeborenem) Kind nicht entgegenstehen (BT-Drs. 18/8963 S. 34). Dadurch soll die Vereinbarkeit von Mutterschaft und Beruf gefördert und etwaige negative Wirkungen einer Schwangerschaft auf die berufl. Entwicklung vermieden werden, ohne den erforderl. Gesundheits- und Arbeitsschutz zu beeinträchtigen.

2 **2. Rechtswirkungen der Beschäftigungsverbote. a) Privatrechtl. Wirkung.** Beschäftigungsverbote beseitigen nicht das ArbVerh., sondern untersagen eine konkrete Beschäftigung m. der verbotenen Arbeit. Darauf gerichtete vertragl. Hauptpflichten ruhen während der Verbotsdauer (BAG 11.10.2000 NZA 2001, 445; BGH 7.11.2016 NJW 2017, 745); die Nebenpflichten sowie die Betriebszugehörigkeit bleiben aufrechterhalten. Ohne ges. zugelassene (§§ 3 II, 6 I) oder aufsichtsbehördl. gestattete (§§ 4 III, 8 VI) Ausnahme ist das Verbot auch m. Einverständnis der AN nicht abdingbar. Sie hat einen vertragl. Anspruch auf Beachtung der Verbote, bei deren Missachtung ihr ein Leistungsverweigerungsrecht zusteht (*Buchner/Becker* vor §§ 3 bis 8 Rn. 26). Besteht die Schwangerschaft bereits bei **Vertragsschluss**, ist die Pflicht zur Leistung verbotener Arbeit während der Geltung des Verbotes nichtig (§ 134 BGB); die Wirksamkeit des Vertrages iÜ wird nicht berührt. Bei den generellen Beschäftigungsverboten des § 3 bleibt es, sofern nicht gem. Abs. 1 eine Einwilligung der Betroffenen zur weiteren Tätigkeit vorliegt, bei der Untersagung der Beschäftigung. Bei individuellen Beschäftigungsverboten ist seit der Neuregelung dagegen eine abgestufte Maßnahmenabfolge des betriebl. Gesundheitsschutzes vorgeschrieben (§§ 9–15) die den AG in § 13 zur Umgestaltung des Arbeitsplatzes, hilfsweise zur Umsetzung der Betroffenen und erst letzthilfsweise zur Aussetzung der Beschäftigung verpflichtet. Auch unionsrechtl. ist der AG nur berechtigt, der Schwangeren einen anderen Arbeitsplatz zuzuweisen, sofern die vorrangige Umgestaltung der Arbeitsbedingungen nicht mögl. oder unzumutbar ist (EuGH 1.7.2010 NZA 2010, 1284; 1.7.2010 NZA 2010, 1113).

3 Durch ein Beschäftigungsverbot bedingte Fehlzeiten haben keine nachteiligen **Auswirkungen** auf das Arbeitsentgelt und die anderen Leistungen nach dem MuSchG (§§ 18 ff,) und können sie nicht haben, ohne dadurch gegen das Benachteiligungsverbot zu verstoßen (BAG 2.8.2006 NZA 2006, 1411 m. Anm. *Schlachter*; *Nebe* ZESAR 2011, 10, 15); sie müssen nicht nachgeholt werden. Unionsrechtl. haben gem. Art. 11 Nr. 2b RL 92/85/EWG Mütter nur Anspruch auf Fortzahlung eines Entgelts sowie auf **angemessene** Sozialleistung, wenn sie während eines Beschäftigungsverbotes nicht oder nicht zu den bisherigen Arbeitsbedingungen arbeiten können; die im MuSchG vorgesehene Weitergewährung in **vollem** Umf. ist daher unionsrechtl. nicht verpflichtend (EuGH 8.9.2005 NZA 2005, 1105; 1.7.2010

NZA 2010, 1284). Grds. sind ledigl. alle leistungsbezogenen Entgeltbestandteile iSd. Art. 157 AEUV (EuGH 13.2.1996 BeckRS 2004, 76582; 21.10.1999 NZA 1999, 1325) weiter zu gewähren. Der Anspruch auf **Erholungsurlaub** wird durch die Fehlzeiten nicht berührt, sondern besteht weiter, auch wenn die AN im Urlaubsjahr nur geringfügige Leistungen erbracht hat (BAG 8.3.1984 NZA 1984, 197; BVerwG 28.5.1986 NJW 1987, 671), vgl. § 24 S. 1. Eine Verrechnung der Freistellung wegen eines generellen Beschäftigungsverbots m. dem Erholungsurlaub kommt wegen der unterschiedl. Zwecksetzung nicht in Betracht (BAG 25.1.1994 NZA 1994, 652; 20.5.2008 NZA 2008, 1237). Das gilt auch, wenn die kollektivvertragl. festgelegten Betriebsferien in die Zeit mutterschutzrechtl. Arbeitsbefreiung fallen (EuGH 18.3.2004 NZA 2004, 535).

b) Öffentlich-rechtliche Wirkung; Verhältnis zur Sozialversicherung. Die Beschäftigungsverbote hindern den AG an der tats. Beschäftigung; ihre Einhaltung wird v. den Aufsichtsbehörden überwacht, ihre Missachtung ist sanktionsbewehrt gem. §§ 32f. Die sozialversicherungsrechtl. Stellung der AN wird durch die Beschäftigungsverbote nicht berührt: Die Krankenvers bleibt (beitragsfrei, § 224 SGB V) bestehen (§ 192 I Nr. 2 SGB V); in der Rentenvers. zählen die Schutzfristen beitragsfrei als Anrechnungszeiten (§ 58 I Nr. 2 SGB VI), in der Arbeitslosenvers. als Beschäftigungszeit (§§ 24f. SGB III); auch bei Berechnung der Anwartschaftszeiten für die ges. Arbeitslosenvers. sind Unterbrechungszeiten wegen eines Beschäftigungsverbotes mit einzubeziehen (BVerfG 28.3.2006 NJW 2006, 1721). 4

3. Schutzfristen vor der Entbindung (Abs. 1). a) Voraussetzungen. Sechs Wochen vor dem mutmaßl. Tag der Entbindung besteht ein generelles, jedoch nicht zwgd. Beschäftigungsverbot, das jede Art v. Tätigkeit im Betrieb umfasst (S. 1). Auf dessen Einhaltung kann die Schwangere verzichten, kann ihre Erkl. aber jederzeit m. Wirkung für die Zukunft widerrufen (S. 2). Das Verbot ist nicht v. der Vorlage eines Attestes abhängig, setzt aber Kenntnis seitens des AG voraus, die im Regelfall durch Mitt. gem. § 15 entsteht. 5

b) Rechtsfolgen. Das Beschäftigungsverbot gilt unabhängig v. einer Gefährdung für Mutter oder Kind allein auf Grund der Fristerreichung. Es richtet sich aber nur an den AG, nicht an Dritte; eine selbst. Tätigkeit oder BRTätigkeit sind daher nicht untersagt (ArbG Gießen 26.2.1986 NZA 1986, 614f.; *Meisel/Sowka* Rn. 34). Da während des ges. Beschäftigungsverbots keine Freistellung zu Urlaubszwecken mehr erfolgen kann, liegt darin ein in der Person begr. Grund zur Übertragung des Resturlaubs in das nächste Urlaubsjahr, § 7 III BUrlG (BAG 9.8.2016 NZA 2016, 1392). Die Schwangere kann sich jedoch – jederzeit m. Wirkung für die Zukunft widerrufl. – wirksam **zur Weiterarbeit bereit erklären.** Damit soll die Wahlfreiheit der Schwangeren gestärkt und ihre berufl. Entwicklung unterstützt werden. Die Entsch. für die Inanspruchnahme der Ausnahme darf aber nicht durch Anreiz oder Druckmittel, wie etwa den Verlust tarifl. Urlaubsgeldansprüche bei Nichtarbeit, beeinflusst werden (BAG 20.8.2002 NZA 2003, 333). Die Erkl. der Schwangeren hat ausdr. zu erfolgen und muss eindeutig sein; der AG muss sie über die finanziellen Folgen ihrer Erkl. (§ 24i IV SGB V: Anrechnung auf das Mutterschaftsgeld, § 20: Wegfall des Zuschusses) unterrichten. Auch wenn S. 2 keine Pflicht des AG zur Annahme des Angebots festschreibt, ist der in § 13 ausgedrückte Regelungszweck des ReformG zu beachten, iRd. gesundheitl. Unbedenklichen die Dispositionsfreiheit der Schwangeren zu stärken. Eine Weigerung des AG kommt daher nur im Ausnahmefall in Betracht, § 242 BGB. Während der Dauer der Nichtbeschäftigung hat die Schwangere Anspruch auf Mutterschaftsgeld nach § 24i SGB V sowie ggf. auf den Zuschuss gem. § 20. Die Einhaltung v. Mutterschutzzeiten darf sich nicht anspruchsmindernd auf die Berechnung v. Entgeltbestandteilen auswirken (BAG 24.2.1999 NZA 1999, 772; 2.8.2006 NZA 2006, 1411); dies gilt auch für einzelvertragl. und tarifl. Ansprüche auf Sonderleistungen. Ruht das ArbVerh. aus anderen Gründen während der gesamten Dauer der Schutzfristen gem. § 3 II bzw. § 6 I, fehlt es an der Kausalität des Beschäftigungsverbots für den Verdienstausfall, ein Anspruch gem. § 24i SGB V, § 20 entsteht nicht (LAG D 23.1.2003 BeckRS 2004, 42536). Sobald der Ruhenstatbestand endet, entsteht der Leistungsanspruch der AN. 6

c) Berechnung der Schutzfrist gem. S. 1. Die letzten 6 Wochen vor der Entbindung werden vom Zpkt. des voraussichtl Tages der Entbindung an zurückgerechnet (S. 3). Dieser ergibt sich aus einem ärztl. oder gleichgestelltem Zeugnis. Das Zeugnis kann jeder Arzt oder eine Hebamme/Entbindungspfleger ausstellen. Hat die Schwangere nicht bereits ihrer Mitt. gem. § 15 I ein solches Zeugnis beigefügt, kann der AG gem. § 15 II dessen Vorlage verlangen, weil er es für die Berechnung der Frist gem. S. 1 benötigt. Entspr. hat der AG die Untersuchung und die Erstellung des Zeugnisses zu übernehmen. Das Zeugnis ist vorl. verbindl. Grdl. für die Berechnung des 6-Wochen Zeitraums, S. 4: Sollte es den voraussichtl Entbindungszpkt. fehlerhaft zu früh angesetzt haben, verlängert sich die Schutzfrist gem. S. 1 bis zum Zpkt. des tats. Geburtstermins. Wurde der voraussichtl. Entbindungszpkt. irrtüml. zu spät angesetzt, führt dies zu einer entspr. Verkürzung der Frist des S. 1; dies wird jedoch nachgeburtl. ausgeglichen, Abs. 2 S. 3. 7

4. Schutzfrist nach der Entbindung (Abs. 2). a) Generelles Beschäftigungsverbot (S. 1). Die grds. zwgd. ausgestaltete Schutzfrist nach der Entbindung beträgt im Regelfall 8 Wochen nach der Entbindung. In Sonderfällen (S. 2) verlängert sie sich auf 12 Wochen, im Falle einer vorzeitigen Entbindung 8 verlängert sie sich individuell um den Zeitraum, um den sie vorgeburtl. gem. Abs. 1 S. 4 verkürzt wurde. Die nachgeburtl. Schutzfrist rechtfertigt sich durch die Schonungsbedürftigkeit einer Mutter nach der Geburt. Sie steht deshalb auch sog. „Leihmüttern" zu, nach Ansicht der Rspr. jedoch nicht den Adoptivmüttern (EuGH 18.3.2014 BeckRS 2014, 80565; BSG 3.6.1981 NJW 1981, 2719). Dabei soll der Mutter Gelegenheit gegeben werden, den Kontakt zum Kind herzustellen und zu vertiefen (BAG 16.6.2005 NZA 2006, 283).

9 **b) Entbindung.** Als **Entbindung** gilt zumindest jede Lebendgeburt v. der „Trennung der Leibesfrucht v. Mutterleib" an (BAG 16.2.1973 NJW 1973, 1431; 12.12.2013 NZA 2014, 722). Ob auch eine anderweitige Beendigung der Schwangerschaft „Entbindung" ist, kann gem. § 31 II PStV (BGBl. I 2008 S. 2263; dazu *Ullmann* NJW 1994, 1575) beurteilt werden. Danach gilt die Leibesfrucht als (tot geb. oder in der Geburt verstorbenes) Kind, wenn sie mind. 500g wiegt (BAG 15.12.2005 NZA 2006, 994). Eine Entbindung ist in diesen Fällen zu bejahen (BAG 12.12.2013 NZA 2014, 722). Dagegen gilt eine tot geb. Leibesfrucht v. geringerem Körpergewicht als Fehlgeburt (§ 31 III PStV), die gerade keine Entbindung iSd. MuSchG bedeutet (*Buchner/Becker* § 1 Rn. 137; *Ullmann* NJW 1994, 1575; **aA** *Heilmann* Rn. 7). Ebenso wenig ist ein Schwangerschaftsabbruch der Entbindung gleichzustellen (LAG M 14.7.2004 BeckRS 2009, 68218), sofern das Geburtsgewicht der Leibesfrucht die angegebenen Grenzen nicht erreicht (BAG 15.12.2005 NZA 2006, 994). Eine **Frühgeburt** liegt vor, wenn das Kind (bei Mehrlingsgeburten: das schwerste) bei der Geburt weniger als 2500g wiegt (BAG 12.3.1997 NZA 1997, 764), oder die medizinisch festgelegten Reifezeichen noch nicht ausgebildet sind (*Marburger* BB 1997, 522). Die erforderl. Feststellungen sind v. Arzt oder der Hebamme zu treffen (**aA** *Heilmann* Rn. 17, der auf eine Geburt vor Ablauf der 38. Schwangerschaftswoche abstellt). Totgeburten werden, wenn sie Frühgeburten sind, dem bes. Schutz nach Nr. 1 unterstellt (BSG 15.5.1974 BeckRS 1974, 00285), obwohl das Schutzbedürfnis der Mutter bei einer verfrühten Totgeburt nicht höher ist als bei einer späteren. Die **Mehrlingsgeburt** liegt vor, wenn in einem Geburtsakt mehr als ein Kind geb. wurde, unabhängig ob es sich um Lebend- oder Totgeburten handelt.

10 **c) Verbotsinhalt.** Die Beschäftigung einer Mutter während der Schutzfristen des Abs. 1 ist zwgd. verboten, eine Einwilligung der Betroffenen ändert daran nichts (BAG 14.10.1954 NJW 1955, 39). Der BGH hatte im Falle einer Richterin daraus geschlossen, diese sei während des Beschäftigungsverbots nicht mehr „ges. Richter" (BGH 7.11.2016 NJW 2017, 745).

11 **d) Dauer der Schutzfrist in Sonderfällen (S. 2).** Die Dauer der Schutzfrist nach der Entbindung verlängert sich in den Fällen des S. 2 von 8 auf 12 Wochen. Das betrifft die Mehrlings- und Frühgeburten gem. S. 2 Nr. 1, 2 (Rn. 3), unabhängig vom Gesundheitszustand der Mutter. Damit soll die erhöhte körperl. und seel. Belastung der Mutter ausgeglichen werden, die in diesen Sonderfällen regelmäßig zu unterstellen ist. Auf einen dadurch ausgelösten erhöhten Pflegebedarf stellt Abs. 2 nicht ab, deshalb ist dessen Vorliegen auch nicht gesondert festzustellen. Dasselbe gilt grds., allerdings nur auf gesonderten **Antrag der Mutter (S. 4) beim AG**, im Falle der Geburt eines Kindes, bei dem eine Behinderung (§ 2 I SGB IX) ärztl. festgestellt worden ist, **S. 2 Nr. 3**. Ein förml. Verf. gem. § 69 SGB IX ist dafür nicht erforderl., eine einfache ärztl. Feststellung genügt (BT-Drs. 18/8963 S. 56). Die Feststellung ist darauf gerichtet, dass bei dem Neugeborenen m. hoher Wahrscheinlichkeit körperl. Funktionen, geistige Fähigkeiten oder seelische Gesundheit länger als 6 Monate von dem für das Lebensalter typischen Zustand abweichen und dadurch eine Teilhabebeeinträchtigung besteht. Die hohe Wahrscheinlichkeit ist zu bejahen, wenn das Vorliegen einer Beeinträchtigung zu erwarten ist. Dies muss allerdings während der Dauer der regelmäßigen achtwöchigen Schutzfrist nach S. 1 festgestellt werden. Ist diese Schutzfrist beendet, kommt ihre nachträgl. Verlängerung nicht in Betracht. Die Verlängerung setzt einen Antrag der Mutter beim AG voraus (S. 4). Für den Antrag besteht keine gesonderte Frist, er muss ledigl. bis zum Ablauf der allg. Schutzfrist nach S. 1 beim AG zugegangen sein. Der Betroffenen steht es frei, ob sie diesen Antrag stellen und damit die Verlängerung der Schutzfrist beanspruchen möchte oder nicht. Will sie dies nicht tun, bleibt es auch bei Vorliegen der Voraussetzungen des S. 2 Nr. 3 bei der allg. Dauer der Schutzfrist. Eine individuelle Verlängerung der generellen Schutzfrist nach der Entbindung erfolgt als Ausgleich einer evtl. Verkürzung der vorgeburtl. Schutzfrist, **S. 3.**

12 Bei **vorzeitigen Entbindungen** aller Art verlängert sich zusätzl. die Schutzfrist um den Zeitraum, der gem. § 3 II nicht in Anspruch genommen werden konnte, Abs. 1 S. 2. RechenBsp.: Hat die Schwangere tats. 30 Tage früher als gem. § 5 II v. Arzt geschätzt wurde entbunden, dann verlängert sich die Schutzfrist v. 12 Wochen nach der Entbindung um weitere 30 Tage (*Marburger* BB 1997, 521). Die Mutter erhält den Fristanteil zurück, der ihr durch die früher als errechnet erfolgte Entbindung verloren gegangen ist. In Übereinstimmung m. den Anforderungen der RL 92/85/EWG ist die Verlängerung auf alle vorzeitigen Entbindungen anwendbar. Dadurch wird sichergestellt, dass die unionsrechtl. geforderte Dauer des Beschäftigungsverbotes v. 14 Wochen stets erreicht werden kann (dazu *Joussen* NZA 2002, 702 ff.; *Friese* NJW 2002, 3208 ff.). Die Schutzfrist beginnt am auf die Entbindung folgenden Tage (§ 187 I BGB), der durch Vorlage der Geburtsurkunde oder einer ärztl. Bescheinigung nachzuweisen ist. Während der Schutzfrist **ruhen die Hauptpflichten** aus dem ArbVerh., auch die Pflicht zur Zahlung v. Sozialversicherungsbeiträgen (BAG 11.10.2000 NZA 2001, 445; ZZVV/*Viethen/*

Wascher Rn. 28; **aA** noch BAG 10.5.1989 NZA 1989, 759). Rechte und Pflichten aus anderem Rechtsgrund (Besuch der Berufsschule, Teilnahme an Ausbildungsprüfungen) unterliegen dem Verbot nicht (EuGH 6.3.2014 NZA 2014, 715). Nachf. sozialrechtl. Nachteile, wie bei der Berechnung v. Anwartschaftszeiten in der Arbeitslosenvers., hat der Gesetzgeber möglichst auszugleichen, Art. 6 IV GG (BVerfG 28.3.2006 NJW 2006, 1721 ff.).

5. Ausbildungsstelle von Schülerinnen und Studentinnen (Abs. 3). Im Fall von Schülerinnen/ 13
Studentinnen soll der Anspruch auf die Schutzfrist nach der Entbindung gem. Abs. 2 grds. ebenso gewährleistet werden wie bei anderen Frauen in einem Rechtsverhältnis nach § 1 II. Einbezogen sind nach § 1 II Nr. 8 jedoch nur Schülerinnen/Studentinnen, soweit ihnen die Ausbildungsstelle Ort, Zeit und Ablauf der Veranstaltungen verpflichtend vorgibt bzw. ihnen die Ableistung eines Praktikums im Rahmen dieser Ausbildung verpflichtend vorgeschrieben ist. Allerdings sollen sie individuell die Möglichkeit haben, die Schutzfrist des Abs. 2 nicht zu beanspruchen oder vorzeitig zu beenden, wenn sie dies ausdr. bei der Ausbildungsstelle beantragen. Die umgekehrte Regelung, dass die Gewährung von Schutzfristen eines bes. Antrages bedarf, ist dem Wortlaut und Zweck des Abs. 3 entspr. künftig unzulässig. Die Betroffene kann den Antrag nach S. 1 jederzeit m. Wirkung für die Zukunft widerrufen (S. 2), sich also auch erneut auf die Schutzfristen berufen. Insb. bei der Erbringung von Prüfungsleistungen ist jedoch zu beachten, dass dies wegen der ausschl. zukunftsgerichteten Wirkung des Widerrufs nur mögl. ist, bevor die Prüfung angetreten worden ist; für einen etwaigen Prüfungsabbruch gilt das allg. Prüfungsrecht.

6. Beschäftigung nach dem Tod des Kindes (Abs. 4). Eine Ausnahme von der achtwöchigen Dauer 14
des allg. Beschäftigungsverbotes gem. Abs. 2 S. 1 sieht Abs. 4 vor. Danach kann die Mutter – jederzeit frei widerrufl. (S. 2) – verlangen nach dem Tod ihres Kindes vorzeitig wieder beschäftigt zu werden. In diesem Falle ist der zwgd. Anteil der Schutzfrist nach der Entbindung auf mind. 2 Wochen begrenzt. Eine zweiwöchige Schutzfrist ist auch im Falle des Todes des Kindes obligatorisch, um den Anforderungen v. Art. 8 II der MutterschutzRL 92/85/EWG zu entspr. Die Mutter kann die vorzeitige Beschäftigung nur verlangen, wenn nach ärztl. Zeugnis nichts dagegen spricht. Der AG ist indessen nicht verpflichtet, das Angebot der Mutter anzunehmen; er braucht auch die Kosten für das ärztl. Zeugnis nicht zu übernehmen.

§ 4 Verbot der Mehrarbeit; Ruhezeit

(1) [1]**Der Arbeitgeber darf eine schwangere oder stillende Frau, die 18 Jahre oder älter ist, nicht mit einer Arbeit beschäftigen, die die Frau über achteinhalb Stunden täglich oder über 90 Stunden in der Doppelwoche hinaus zu leisten hat.** [2]**Eine schwangere oder stillende Frau unter 18 Jahren darf der Arbeitgeber nicht mit einer Arbeit beschäftigen, die die Frau über acht Stunden täglich oder über 80 Stunden in der Doppelwoche hinaus zu leisten hat.** [3]**In die Doppelwoche werden die Sonntage eingerechnet.** [4]**Der Arbeitgeber darf eine schwangere oder stillende Frau nicht in einem Umfang beschäftigen, der die vertraglich vereinbarte wöchentliche Arbeitszeit im Durchschnitt des Monats übersteigt.** [5]**Bei mehreren Arbeitgebern sind die Arbeitszeiten zusammenzurechnen.**

(2) **Der Arbeitgeber muss der schwangeren oder stillenden Frau nach Beendigung der täglichen Arbeitszeit eine ununterbrochene Ruhezeit von mindestens elf Stunden gewähren.**

1. Verbot der Mehrarbeit (Abs. 1). a) Verbot. Zum Schutz der Gesundheit von Schwangeren und 1
stillenden Müttern sollen sie vor übermäßig belastender Dauer der Arbeitszeit geschützt werden. Dafür wird die Zulässigkeit der Anordnung von Mehrarbeit umfangmäßig durch ein generelles Beschäftigungsverbot für eine bes. belastende Dauer der Beschäftigungszeit beschränkt. Verboten ist damit nicht nur das Anordnen, sondern auch das Entgegennehmen v. Arbeit in den genannten Zeiträumen; sie begründen für die AN Umstände, die sie an der Erbringung der Arbeitsleistung hindern, § 297 BGB (BAG 24.6.1960 NJW 1960, 2163). Die Beschäftigungsverbote sind zwgd. und werden auch durch Einverständnis der AN nicht beseitigt (BAG 24.6.1960 NJW 1960, 2163; zu vor Beginn der Schwangerschaft getroffenen Absprachen BAG 8.8.1990 NZA 1990, 974). Die zulässigen Ausnahmen gem. § 29 III Nr. 1 kann die Aufsichtsbehörde nur im Einzelfall treffen; sie sollen den Interessen solcher Betriebe gerecht werden, in denen traditionell so viele Frauen beschäftigt werden, dass m. häufigen Mutterschaftsfällen gerechnet wird. Vor einer Überlastung der Betroffenen schützt das in § 29 III Nr. 1 vorausgesetzte ärztl Zeugnis; das Dispositionsrecht wird durch das danach ebenfalls erforderl. Einverständnis der Frau geschützt. Dass ein solches Einverständnis tats. freiwillig erteilt wird, ist ggf. von der Aufsichtsbehörde zu prüfen. Darf eine werdende/stillende Mutter wegen der Verbote des § 4 nicht auf ihrem bisherigen Arbeitsplatz oder nicht während der vereinbarten Zeit oder Dauer beschäftigt werden, hat sie in diesem Umf. Anspruch auf Mutterschutzlohn gem. § 18 in Höhe ihres Durchschnittsverdienstes.

b) Mehrarbeit (S. 1 und 2). Abs. 1 enthält eine eigenst. mutterschutzrechtl. Definition der Mehr- 2
arbeit; abw. tarifl. oder vertragl. AZRegelungen sind für das Beschäftigungsverbot daher nicht maß-

gebend. Mehrarbeit ist grds. untersagt. Sie liegt vor, wenn die AN AZ v. 8,5 Stunden tägl. oder 90 Stunden in der Doppelwoche überschreitet (S. 1). Ist die schwangere oder stillende Frau jünger als 18 Jahre liegt Mehrarbeit bereits bei einer Tätigkeit von mehr als 8 Stunden/Tag bzw. 80 Stunden/ Doppelwoche vor (S. 2). Die alternative Formulierung der Zeitgrenze soll die alte Rspr. (BAG 24.6.1960 NJW 1960, 2163) übernehmen, die die Einhaltung beider Grenzen parallel verlangt. Hat die Frau bei mehreren AG parallel Arbeit zu leisten, werden die Zeiten zusammengerechnet (S. 5). Einen eigenen Begriff der AZ definiert das G nicht; hier ist auf § 2 I ArbZG zurückzugreifen, also Bereitschaftsdienst und Arbeitsbereitschaft einzubeziehen. Sonntagsarbeit ist in dem Umf., in dem sie geleistet wurde, einzurechnen (S. 3). Diese HöchstAZ kann aber nur in den Grenzen des ArbZG und des JArbSchG ausgeschöpft werden. Dass die wegen eines ges. Feiertages ausgefallene AZ auf die zulässige HöchstAZ anzurechnen ist, ist nur in § 4 IV 2 JArbSchG bestimmt; nach hM ist daraus für erwachsene AN der Umkehrschluss zu ziehen (*Meisel/Sowka* Rn. 16; *Buchner/Becker* Rn. 20; ZZVV/ *Viethen/Wascher* Rn. 20; **aA** *Heilmann* Rn. 11). Danach dürfte die infolge eines Feiertages ausgefallene AZ für erwachsene AN nicht auf die wöchentl. AZ angerechnet werden. Krankheits- oder Urlaubstage werden auf die AZ angerechnet. Das Mehrarbeitsverbot ist auch zu beachten, wenn gem. § 3 ArbZG eine ungleichmäßige Verteilung der betriebl. AZ vorgenommen wird; ggf. ist den AN ein späterer Dienstbeginn, ein früheres Dienstende oder längere unbezahlte Pausen zu gewähren, um die Grenze v. § 8 II einzuhalten.

3 **c) Grenze der vertraglichen Arbeitszeit (S. 4).** Mehrarbeit soll für Schwangere und stillende Frauen in Abhängigkeit von der vertragl. vereinbarten Dauer der AZ begrenzt werden. Damit wird erreicht, dass Teilzeitbeschäftigte nicht in einem Umf. zur Mehrarbeit herangezogen werden können, der im Vergleich zu Vollzeitbeschäftigten unverhältnismäßig hoch ist (BT-Drs. 18/11782 S. 32). Daher bildet die vertragl. vereinbarte Wochenarbeitszeit jeweils im Durchschnitt eines Kalendermonats die zulässige Höchstgrenze für Mehrarbeit. Nach S. 1 und 2 grds. zulässige Mehrarbeit kann damit nur in dem Umf. angeordnet werden, dass die vertragl. individuell vereinbarte AZ im Durchschnitt jedes Kalendermonats nicht überschritten wird.

4 **2. Ruhezeit (Abs. 2).** Zu Abs. 2 wird für die Belange des MuSchG auf die Pflicht zur Gewährung einer ununterbrochenen Ruhezeit von mind. 11 Stunden/Tag hingewiesen, die sich so bereits aus § 5 I ArbZG ergibt (ArbZG § 5 Rn. 1). Die Ausnahmen nach § 5 II, III ArbZG gelten für schwangere/ stillende Frauen jedoch nicht.

§ 5 Verbot der Nachtarbeit

(1) [1]**Der Arbeitgeber darf eine schwangere oder stillende Frau nicht zwischen 20 Uhr und 6 Uhr beschäftigen.** [2]**Er darf sie bis 22 Uhr beschäftigen, wenn die Voraussetzungen des § 28 erfüllt sind.**

(2) [1]**Die Ausbildungsstelle darf eine schwangere oder stillende Frau im Sinne von § 1 Absatz 2 Satz 2 Nummer 8 nicht zwischen 20 Uhr und 6 Uhr im Rahmen der schulischen oder hochschulischen Ausbildung tätig werden lassen.** [2]**Die Ausbildungsstelle darf sie an Ausbildungsveranstaltungen bis 22 Uhr teilnehmen lassen, wenn**
1. **sich die Frau dazu ausdrücklich bereit erklärt,**
2. **die Teilnahme zu Ausbildungszwecken zu dieser Zeit erforderlich ist und**
3. **insbesondere eine unverantwortbare Gefährdung für die schwangere Frau oder ihr Kind durch Alleinarbeit ausgeschlossen ist.**

[3]**Die schwangere oder stillende Frau kann ihre Erklärung nach Satz 2 Nummer 1 jederzeit mit Wirkung für die Zukunft widerrufen.**

1 **1. Beschäftigungsverbot (Abs. 1).** Abs. 1 regelt ein generelles Beschäftigungsverbot für die bes. anstregende und belastende Tätigkeit in Nachtarbeit. Verboten ist damit nicht nur das Anordnen, sondern auch das Entgegennehmen v. Arbeit in den genannten Zeiträumen; sie begründen für die AN Umstände, die sie an der Erbringung der Arbeitsleistung hindern, § 297 BGB (BAG 24.6.1960 NJW 1960, 2163). Die Beschäftigungsverbote sind zwgd. und werden auch durch Einverständnis der AN nicht beseitigt (BAG 24.6.1960 NJW 1960, 2163; zu vor Beginn der Schwangerschaft getroffenen Absprachen BAG 8.8.1990 NZA 1990, 974).

2 **a) Nachtarbeit (S. 1).** Im mutterschutzrechtl. Sinne ist Nachtarbeit – abw. v. § 2 III ArbZG – jede Arbeit zwischen 20.00 und 6.00 Uhr. Während dieser Zeit dürfen werdende/stillende Mütter grds. nicht beschäftigt werden, auch nicht in TZ oder in mehrschichtigen Betrieben. Das Nachtarbeitsverbot dient dem bes. Gesundheitsschutz werdender/stillender Mütter und ist somit zulässig, obwohl es nur Frauen v. der Nachtarbeit ausschließt (EuGH 25.7.1991 BeckRS 2004, 76599; 5.5.1994 NZA 1994, 609). Darf eine werdende/stillende Mutter wegen der Verbote des § 5 nicht auf ihrem bisherigen Arbeitsplatz oder nicht während der vereinbarten Zeit oder Dauer beschäftigt werden, hat sie in diesem Umf. Anspruch auf Mutterschutzlohn gem. § 18 in Höhe ihres Durchschnittsverdienstes.

b) Ausnahmen (S. 2). Die zulässige Ausnahme vom Nachtarbeitsverbot, die eine Beschäftigung auch zwischen 20 und 22 Uhr ermöglicht, wurde ggü. der bisherigen Rechtslage erweitert: sie ist nicht mehr auf bestimmte Branchen beschränkt, sondern kommt grds. bei jeder Tätigkeit in Betracht und darf grds. für die gesamte Dauer der Schwangerschaft zugelassen werden. Diese Flexibilisierung stützt sich auf den Umstand, dass keine medizinische Begründung dafür vorliegt, nur in den ersten vier Schwangerschaftsmonaten eine Ausnahme zuzulassen. Bes. Gesundheitsgefahren sollen im konkreten Fall vom Arzt festgestellt werden, der die nach § 28 I erforderl. Bescheinigung dann nicht erteilen darf. Statt abstrakten Vorgaben müssen für jeden Einzelfall die speziellen Voraussetzungen des § 28 I erfüllt sein. Danach muss ein ärztl. Zeugnis die gesundheitl. Unbedenklichkeit der Beschäftigung zu dieser Nachtzeit bescheinigen, eine Gefährdung durch Alleinarbeit muss ausgeschlossen sein und die Betroffene muss sich zur Nachtarbeit ausdr. bereit erklärt haben. Letzteres entspricht den Vorgaben aus Art. 7 RL 92/85/EWG und ermöglicht der Betroffenen, neben den vom Arzt berücksichtigten gesundheitl. Aspekten auch ihre pers. und private Situation in die Entscheidung einzubeziehen, einschl. einer etwaigen Belastung durch nächtl. Arbeitswege. Eine Beschäftigung nach 22 Uhr wird von der Ausnahme in S. 2 nicht ermöglicht. In bes. begr. Fällen kann dafür eine Ausnahme gem. § 29 III 2 Nr. 1 beantragt werden. 3

2. Verbot ggü. Schülerinnen und Studentinnen (Abs. 2). Auch Schülerinnen und Studentinnen iSd. § 1 II 2 Nr. 8 dürfen zwischen 20 Uhr und 6 Uhr grds. nicht einer verpflichtend vorgeschriebenen Tätigkeit nachgehen (S. 1). Die Tätigkeiten umfassen alle zwgd. vorgegebenen Ausbildungsveranstaltungen einschl. der Prüfungen. Die Beteiligung an vorgeschriebenen Ausbildungsveranstaltungen ist jedoch zulässig, wenn sich die Betroffene ausdr. dazu bereit erklärt, die Teilnahme zu dieser Zeit für die Ausbildungszwecke erforderl. ist und Alleinarbeit (§ 2 IV) ausgeschlossen ist (S. 2 Nr. 1–3). Diese Voraussetzungen müssen nebeneinander erfüllt sein, insb. genügt das Einverständnis der Frau (Nr. 1) allein nicht, auch wenn diese nach S. 3 ausdr. widerrufl. ausgestaltet worden ist. Der Normzweck, schwangere und stillende Frauen gegen die bes. Belastungen von Nachtarbeit zu schützen, verlangt daneben dass die Ausbildungsveranstaltung gerade zu Ausbildungszwecken erforderl. ist; das wird nur selten der Fall sein, ggf. bei der Ableistung von Praktika. 4

§ 6 Verbot der Sonn- und Feiertagsarbeit

(1) [1]Der Arbeitgeber darf eine schwangere oder stillende Frau nicht an Sonn- und Feiertagen beschäftigen. [2]Er darf sie an Sonn- und Feiertagen nur dann beschäftigen, wenn

1. sich die dazu Frau ausdrücklich bereit erklärt,
2. eine Ausnahme vom allgemeinen Verbot der Arbeit an Sonn- und Feiertagen nach § 10 des Arbeitszeitgesetzes zugelassen ist,
3. der Frau in jeder Woche im Anschluss an eine ununterbrochene Nachtruhezeit von mindestens elf Stunden ein Ersatzruhetag gewährt wird und
4. insbesondere eine unverantwortbare Gefährdung für die schwangere Frau oder ihr Kind durch Alleinarbeit ausgeschlossen ist.

[3]Die schwangere oder stillende Frau kann ihre Erklärung nach Satz 2 Nummer 1 jederzeit mit Wirkung für die Zukunft widerrufen.

(2) [1]Die Ausbildungsstelle darf eine schwangere oder stillende Frau im Sinne von § 1 Absatz 2 Satz 2 Nummer 8 nicht an Sonn- und Feiertagen im Rahmen der schulischen oder hochschulischen Ausbildung tätig werden lassen. [2]Die Ausbildungsstelle darf sie an Ausbildungsveranstaltungen an Sonn- und Feiertagen teilnehmen lassen, wenn

1. sich die Frau dazu ausdrücklich bereit erklärt,
2. die Teilnahme zu Ausbildungszwecken zu dieser Zeit erforderlich ist,
3. die Frau in jeder Woche im Anschluss an eine ununterbrochene Nachtruhezeit von mindestens elf Stunden ein Ersatzruhetag gewährt wird und
4. insbesondere eine unverantwortbare Gefährdung für die schwangere Frau oder ihr Kind durch Alleinarbeit ausgeschlossen ist.

[3]Die schwangere oder stillende Frau kann ihre Erklärung nach Satz 2 Nummer 1 jederzeit mit Wirkung für die Zukunft widerrufen.

1. Beschäftigungsverbot (Abs. 1). Das generelle Verbot, schwangere/stillende Frauen an Sonn-und Feiertagen zu beschäftigten (S. 1) wird von ebenfalls generell anwendbaren Ausnahmen (S. 2) begleitet, die nicht mehr nur auf bestimmte Branchen beschränkt sind. Gründe dafür, dass die Tätigkeit an diesen Tagen für schwangere/stillende Frauen stärkere Belastungen mit sich bringen als für andere, sind nicht ersichtl. Soweit eine Frau wegen Abs. 1 S. 1 nicht auf ihrem bisherigen Arbeitsplatz während der vereinbarten Zeit oder Dauer beschäftigt werden darf, hat sie in diesem Umf. Anspruch auf Mutterschutzlohn (BT-Drs. 18/8963 S. 61). 1

2 **a) Sonn- und Feiertagsarbeit (S. 1).** An Sonn- und Feiertagen dürfen werdende und stillende Mütter grds. v. 0 bis 24 Uhr nicht beschäftigt werden. Der AG darf auch die ihm angebotene Arbeitsleistung nicht entgegen nehmen, soweit nicht auch die übrigen Voraussetzungen des S. 2 vorliegen.

3 **b) Ausnahmen (S. 2).** Die zulässigen Ausnahmen ermöglichen eine Beschäftigung von werdenden/stillenden Müttern in jeder Branche, sofern die Voraussetzungen in Nr. 1–4 parallel erfüllt werden. Damit wird der Arbeitszeitschutz sichergestellt, der eine Gefährdung von Mutter und Kind ausschließen und zugleich die Dispositionfreiheit der Betroffenen stärken soll. Daher ist die Beschäftigung v. einem ausdr. erklärten Einverständnis der Betroffenen abhängig (Nr. 1), das von ihr jederzeit m. Wirkung für die Zukunft widerrufen werden kann (S. 3). Das Einverständnis m. Sonn- und Feiertagsarbeit kann verweigert werden, wenn es der Betroffenen auf eine regelmäßige Regeneration am Wochenende ankommt, wo auch das soziale Umfeld überw. arbeitsfrei ist. Zudem muss eine gem. § 10 ArbZG zugelassene Ausnahme vorliegen (Nr. 2), also eine Gleichbehandlung von werdenden/stillenden Müttern m. allen anderen Beschäftigten sichergestellt sein. Weiterhin muss der Betroffenen in jeder Woche und im Anschluss an eine ununterbrochene Nachtruhezeit von 11 Stunden ein Ersatzruhetag gewährt werden (Nr. 3). Damit weicht das G von den Vorgaben des Arbeitszeitrechts zugunsten der schwangeren/stillenden Frau in mehrfacher Hinsicht ab: Ausnahmen gem. § 5 II, III ArbZG von der tägl. 11-stündigen Ruhezeit sind nicht zulässig, die Ruhezeit muss in der Nachtzeit gewährt werden, der Ersatztag muss, abw. von § 11 III ArbZG, in jeder Kalenderwoche gewährt werden. Damit ist sichergestellt, dass Sonn- und Feiertagsarbeit ledigl. in Form einer Verschiebung der freien Tage geleistet werden darf; zu weitergehender Arbeitsverdichtung darf es wegen des gesteigerten Erholungsbedürfnisses der Betroffenen nicht kommen. Schließlich muss Alleinarbeit (§ 2 IV) ausgeschlossen sein, damit die Betroffene in Fällen plötzl. Unwohlseins Hilfe holen bzw. den Arbeitsplatz verlassen kann.

4 **2. Verbot ggü Schülerinnen und Studentinnen (Abs. 2).** Auch Schülerinnen und Studentinnen (§ 1 II 2 Nr. 8) dürfen Sonn- und Feiertags grds. keiner verpflichtend vorgeschriebenen Tätigkeit nachgehen (S. 1). Die Beteiligung an vorgeschriebenen Ausbildungsveranstaltungen in Schule/Hochschule/Praktikum ist jedoch unter den Voraussetzungen des S. 2 generell mögl. Da die Betroffenen nicht unter den sachl. Anwendungsbereich des ArbZG fallen, ist die Voraussetzung der zulässigen Ausnahme nach § 10 ArbZG (Abs. 1 S. 2 Nr. 2) ersetzt worden durch die „Erforderlichkeit" der Teilnahme an Sonn- und Feiertagsbetätigungen für die Ausbildung, Nr. 2 (§ 5 Rn. 4). Weiter sind dieselben Voraussetzungen wie für die Ausnahmen vom Beschäftigungsverbot gem. Abs. 1 zu beachten.

§ 7 Freistellung für Untersuchungen und zum Stillen

(1) [1]**Der Arbeitgeber hat eine Frau für die Zeit freizustellen, die zur Durchführung der Untersuchungen im Rahmen der Leistungen der gesetzlichen Krankenversicherung bei Schwangerschaft und Mutterschaft erforderlich sind.** [2]**Entsprechendes gilt zugunsten einer Frau, die nicht in der gesetzlichen Krankenversicherung versichert ist.**

(2) [1]**Der Arbeitgeber hat eine stillende Frau auf ihr Verlangen während der ersten zwölf Monate nach der Entbindung für die zum Stillen erforderliche Zeit freizustellen, mindestens aber zweimal täglich für eine halbe Stunde oder einmal täglich für eine Stunde.** [2]**Bei einer zusammenhängenden Arbeitszeit von mehr als acht Stunden soll auf Verlangen der Frau zweimal eine Stillzeit von mindestens 45 Minuten oder, wenn in der Nähe der Arbeitsstätte keine Stillgelegenheit vorhanden ist, einmal eine Stillzeit von mindestens 90 Minuten gewährt werden.** [3]**Die Arbeitszeit gilt als zusammenhängend, wenn sie nicht durch eine Ruhepause von mehr als zwei Stunden unterbrochen wird.**

1 **1. Freistellung für Untersuchungen (Abs. 1).** Der Anspruch auf Freistellung zum Zwecke medizinischer Untersuchungen soll sicherstellen, dass die medizinisch erforderl. oder empfohlene Vorsorge nicht wegen drohender wirtschaftl. Nachteile für die geschützten Personen leer läuft. Daher wurde eine ör. Verpflichtung des AG geschaffen, die v. der Aufsichtsbehörde überwacht (§ 29 III) und m. einer Sanktionsdrohung versehen (§ 32 I Nr. 4) wird. Alle schwangeren/stillenden Frauen sind freizustellen für die medizinischen Untersuchungen, die ihnen gem. § 24d SGB V zustehen. Dies entspricht den Anforderungen v. Art. 9 RL 92/85/EWG. Die Bezugnahme auf die Leistungen der ges. Krankenversicherung (S. 1) dient ledigl. dazu den sachl. Anwendungsbereich des Freistellungsanspruchs zu umschreiben, der neben den vor- und nachgeburtl. Untersuchungen, einschl. der Feststellung der Schwangerschaft, auch die sonstige ärztl. Betreuung/Hebammenhilfe abdeckt. Auch nicht stillende Mütter haben nach der Entbindung Anspruch auf die Feststellung für ges. vorgesehene ärztl. Betreuung. Der Anspruch steht deshalb ausdr. (S. 2) nicht ges. Versicherten genauso zu; auch auf das Bestehen einer Versicherung kommt es nicht an.

2 **a) Inhalt.** Für die Dauer der mutterschutzrechtl. erforderl. Untersuchungen, einschl. Warte- und Wegezeit, hat die Frau Anspruch auf **bezahlte Freistellung** v. der Arbeit. Der Anspruch auf Freistellung berechtigt die Schwangere nicht, ohne Absprache m. dem AG fernzubleiben. Sie muss

vielmehr bei der Terminvereinb. soweit wie mögl. auf die Belange des Betriebes Rücksicht nehmen (BAG 25.4.1960 BeckRS 9998, 116837), eine ordnungsgem. Abmeldung am Arbeitsplatz ist erforderl. Gewährte Freizeit muss nicht vor- oder nachgearbeitet werden; auch auf die Ruhepausen darf sie nicht angerechnet werden. Die AN ist während der Freistellung genauso zu vergüten als wenn sie gearbeitet hätte, § 23 I. Fahrtkosten sind nicht zu erstatten, nicht in Anspruch genommene betriebl. Leistungen (Essenszuschuss) oder aufgewendete arbeitsfreie Zeit sind nicht abzugelten.

b) **Durchsetzung.** Wird der Schwangeren eine erforderl. Freistellung verweigert, steht ihr ein Zu- 3
rückbehaltungsrecht zu, um die Untersuchungen durchführen lassen zu können; die notwendige Abstimmung m. betriebl. Belangen muss allerdings zuvor vergebens versucht worden sein. Der Entgeltanspruch ist im Wege der Leistungsklage durchsetzbar. Die Verweigerung der Freistellung ist Ordnungswidrigkeit gem. § 32 I Nr. 4.

2. Freistellung zum Stillen (Abs. 2). Die Vorschr. soll aus gesundheitl. Gründen die Ernährung des 4
Kindes m. Muttermilch fördern. Ein Anspruch auf Stillzeit ist dafür nur erforderl., wenn die Mutter wieder erwerbstätig ist (BAG 3.7.1985 NZA 1986, 131) und die Stillzeiten innerhalb der AZ liegen (BVerwG 30.6.1988 NJW 1988, 3030). Bei vereinbarter Gleitzeit hat die Mutter Anspruch auf gesondert zu vergütende Stillzeiten, wenn ihr die Ausschöpfung des Gleitzeitrahmens aufgrund der Stillzeiten nicht mögl. oder nicht zumutbar ist (VGH BW 19.12.2016 NZA-RR 2017, 274).

Abw. v. der früheren Regelung beschränkt Abs. 2 die Pflicht zur Freistellung zum Stillen auf 12 5
Monate seit der Entbindung. Dies ist Folge des Normzweckes „Gesundheitsschutz" für das Neugeborene und der aus medizinischer Sicht erforderl. Dauer der Stillperiode (LAG NI 29.10.1987 NZA 1988, 312). Die Neuregelung will damit einen Ausgleich m. den Interessen des AG erreichen, die Kosten und den Organisationsaufwand für die Freistellung zu begrenzen ohne Gesundheit und Entwicklungschancen des Kindes zu beeinträchtigen (BT-Drs. 18/8963 S. 63)

Anspruchsberechtigt sind nur stillende Mütter, die während der AZ ihr eigenes Kind tats. stillen. 6
Verlangt der AG einen Nachw., hat er die Kosten für die Bescheinigung zu tragen (ZZVV/*Viethen/Wascher* Rn. 3; **aA** *Meisel/Sowka* Rn. 4). Die Stillzeit braucht nur auf **Verlangen** der Mutter gewährt zu werden. Die **Dauer der Stillzeit** orientiert sich am konkreten Fall („erforderl." Zeit), ist also abhängig v. betriebl. Kinderbetreuungseinrichtungen oder dem Weg zwischen Wohnung und Betrieb und dem Zeitbedarf beim Stillen, Säubern und Umkleiden des Kindes. Die Mutter ist verpflichtet, zumutbare organisatorische Maßnahmen zu ergreifen, die die Belastung des Betriebes zeitl. im Rahmen halten (BAG 3.7.1985 NZA 1986, 131). Die Mindeststillzeit beträgt zweimal tägl. eine halbe oder einmal tägl. eine Stunde (Abs. 1 S. 2). V. der Dauer der vertragl. AZ hängt dieser Anspruch nicht ab, auch Teilzeitbeschäftigte sind berechtigt. Ledigl. bei einer zusammenhängenden (vgl. aber Abs. 1 S. 3) AZ v. mehr als 8 Stunden soll die verlängerte Stillzeit des Abs. 1 S. 2 gewährt werden. In die maßgebl. AZ sind Pausen nicht einzurechnen (OVG ST 22.7.2014 NVwZ-RR 2014, 929). Hierbei handelt es sich um eine Soll-Vorschr., dh. nicht um eine pauschal gewährte Zeitspanne, sondern eine Verlängerung, die im konkreten Fall auch zum Stillen benötigt werden muss. Das Fehlen dieser Voraussetzung ist v. AG nachzuweisen, wenn er die Verlängerung verweigert. Stillzeiten müssen in jeder Hinsicht auf die AZ angerechnet werden; daher dürfen sie weder vor- noch nachgearbeitet oder auf Ruhepausen angerechnet werden. Auf Wunsch der Mutter oder des AG kann die **Aufsichtsbehörde** Zahl, Lage oder Dauer der Stillzeiten näher bestimmen oder die Einrichtung v. Stillräumen vorschreiben (**§ 29 III 2 Nr. 3). Sanktionsdrohungen** bestehen nach Maßgabe des § 32 I Nr. 4. Wird ihr die erforderl. Stillzeit nicht gewährt, ist ein Leistungsverweigerungsrecht ohne Minderung des Entgelts begr.

§ 8 Beschränkung von Heimarbeit

(1) Der Auftraggeber oder Zwischenmeister darf Heimarbeit an eine schwangere in Heimarbeit beschäftigte Frau oder an eine ihr Gleichgestellte nur in solchem Umfang und mit solchen Fertigungsfristen ausgeben, dass die Arbeit werktags während einer achtstündigen Tagesarbeitszeit ausgeführt werden kann.

(2) Der Auftraggeber oder Zwischenmeister darf Heimarbeit an eine stillende in Heimarbeit beschäftigte Frau oder an eine ihr Gleichgestellte nur in solchem Umfang und mit solchen Fertigungsfristen ausgeben, dass die Arbeit werktags während einer siebenstündigen Tagesarbeitszeit ausgeführt werden kann.

Die Beschränkungen für die Ausgabe von Heimarbeit sollen ein gleiches Schutzniveau wie für andere 1
Beschäftigte auch den Heimarbeiterinnen gewährleisten. Da Heimarbeiterinnen und Gleichgestellten die Lage ihrer AZ nicht vorgeschrieben ist, kann eine Einschränkung der Beschäftigung nur über die Menge der zugeteilten Arbeit erfolgen. Diese ist v. der Normalleistung in der NormalAZ abhängig, also im konkreten Fall schwer festzustellen. Dazu kann die Aufsichtsbehörde eingeschaltet werden (§ 29 III 2 Nr. 4). **Abs. 1** legt den zulässigen Arbeitsumfang für schwangere Heimarbeiterinnen täglich auf 8 Stunden fest; ggf. ist zusätzl. das JArbSchG zu beachten.

2 Für stillende Heimarbeiterinnen (**Abs. 2**) ist eine Reduzierung auf eine tägl. siebenstündige Arbeitsdauer bestimmt worden. Damit wird bei einer vollzeitäquivalenten Beschäftigung von 8 Stunden/Tag eine Einhaltung der in § 7 II 1 vorgegebenen Verpflichtung zur Freistellung im Umfang von 60 Minuten ermöglicht. Darf eine werdende/stillende Mutter wegen der Verbote des § 8 nicht während der vereinbarten Zeit oder Dauer beschäftigt werden, hat sie in diesem Umf. Anspruch auf Mutterschutzlohn gem. § 18 in Höhe ihres Durchschnittsverdienstes.

Unterabschnitt 2. Betrieblicher Gesundheitsschutz

§ 9 Gestaltung der Arbeitsbedingungen; unverantwortbare Gefährdung

(1) [1]Der Arbeitgeber hat bei der Gestaltung der Arbeitsbedingungen einer schwangeren oder stillenden Frau alle aufgrund der Gefährdungsbeurteilung nach § 10 erforderlichen Maßnahmen für den Schutz ihrer physischen und psychischen Gesundheit sowie der ihres Kindes zu treffen. [2]Er hat die Maßnahmen auf ihre Wirksamkeit zu überprüfen und erforderlichenfalls den sich ändernden Gegebenheiten anzupassen. [3]Soweit es nach den Vorschriften dieses Gesetzes verantwortbar ist, ist der Frau auch während der Schwangerschaft, nach der Entbindung und in der Stillzeit die Fortführung ihrer Tätigkeiten zu ermöglichen. [4]Nachteile aufgrund der Schwangerschaft, der Entbindung oder der Stillzeit sollen vermieden oder ausgeglichen werden.

(2) [1]Der Arbeitgeber hat die Arbeitsbedingungen so zu gestalten, dass Gefährdungen einer schwangeren oder stillenden Frau oder ihres Kindes möglichst vermieden werden und eine unverantwortbare Gefährdung ausgeschlossen wird. [2]Eine Gefährdung ist unverantwortbar, wenn die Eintrittswahrscheinlichkeit einer Gesundheitsbeeinträchtigung angesichts der zu erwartenden Schwere des möglichen Gesundheitsschadens nicht hinnehmbar ist. [3]Eine unverantwortbare Gefährdung gilt als ausgeschlossen, wenn der Arbeitgeber alle Vorgaben einhält, die aller Wahrscheinlichkeit nach dazu führen, dass die Gesundheit einer schwangeren oder stillenden Frau oder ihres Kindes nicht beeinträchtigt wird.

(3) [1]Der Arbeitgeber hat sicherzustellen, dass die schwangere oder stillende Frau ihre Tätigkeit am Arbeitsplatz, soweit es für sie erforderlich ist, kurz unterbrechen kann. [2]Er hat darüber hinaus sicherzustellen, dass sich die schwangere oder stillende Frau während der Pausen und Arbeitsunterbrechungen unter geeigneten Bedingungen hinlegen, hinsetzen und ausruhen kann.

(4) [1]Alle Maßnahmen des Arbeitgebers nach diesem Unterabschnitt sowie die Beurteilung der Arbeitsbedingungen nach § 10 müssen dem Stand der Technik, der Arbeitsmedizin und der Hygiene sowie den sonstigen gesicherten wissenschaftlichen Erkenntnissen entsprechen. [2]Der Arbeitgeber hat bei seinen Maßnahmen die vom Ausschuss für Mutterschutz ermittelten und nach § 30 Absatz 4 im Gemeinsamen Ministerialblatt veröffentlichten Regeln und Erkenntnisse zu berücksichtigen; bei Einhaltung dieser Regeln und bei Beachtung dieser Erkenntnisse ist davon auszugehen, dass die in diesem Gesetz gestellten Anforderungen erfüllt sind.

(5) Der Arbeitgeber kann zuverlässige und fachkundige Personen schriftlich damit beauftragen, ihm obliegende Aufgaben nach diesem Unterabschnitt in eigener Verantwortung wahrzunehmen.

(6) [1]Kosten für Maßnahmen nach diesem Gesetz darf der Arbeitgeber nicht den Personen auferlegen, die bei ihm beschäftigt sind. [2]Die Kosten für Zeugnisse und Bescheinigungen, die die schwangere oder stillende Frau auf Verlangen des Arbeitgebers vorzulegen hat, trägt der Arbeitgeber.

1 **1. Normzweck.** Die Bestimmungen zum betriebl. Gesundheitsschutz verpflichten den AG, erforderl. Maßnahmen zum Schutz v. schwangeren und stillenden Frauen und ihres Kindes zu treffen. Damit sollen einerseits Gefährdungen weitestmögl. ausgeschlossen werden, eine verantwortbare Weiterbeschäftigung der Frau aber auch in der Schwangerschaft/Stillzeit beibehalten und Nachteile für die Betroffenen vermieden werden. Dabei handelt es sich um eine ges. Ausgestaltung der Fürsorgepflicht, die vertragl. nicht abdingbar ist. Sie bezieht sich ledigl. auf schwangere/stillende Frauen; Mütter, die nach der Entbindung nicht stillen, werden nicht durch § 9, sondern durch § 3 II bzw. ggf. § 16 geschützt.

2 **2. Erforderliche Maßnahmen (Abs. 1 S. 1)** sind solche, die sich nach einer Gefährdungsbeurteilung (§ 10) als notwendig erweisen, um nach dem Stand der Arbeitswissenschaft, der Medizin und der Technik die physische und psychische Gesundheit v. Mutter und Kind zu gewährleisten. Das bezieht insb. den Arbeitsschutz ein. Der AG hat Arbeitsbedingungen so zu gestalten, dass alle technisch, medizinisch oder ergonomisch mögl. und konkret gebotenen Maßnahmen zum Schutz der Mütter getroffen werden. Das schließt den betriebl. Arbeitsplatz einschl. Verkehrswegen und Nebenräumen und den betriebl. technischen Hilfsmitteln (MüArbR/*Heenen* § 306 Rn. 2) ein. Daher muss die bisherige **Arbeitsstätte** den physiologischen Gegebenheiten Schwangerer gerecht werden; das Gebot umfasst ua. angemessene Beleuchtung und Belüftung, trittsicheren Fußbodenbelag, Arbeitstische in

richtiger Höhe und Stühle m. verstellbarer Rückenlehne, Schutz vor Staub, Gasen, Lärm und Zugluft. Das gilt auch für Nebenräume (Toiletten, Waschräume), Treppen, Gänge und Kantinen, nicht jedoch für das Betriebsgelände, das die AN nicht dienstl. aufsuchen muss. Das Schutzgebot umfasst die **Arbeitsorganisation,** insb. AZ, Pausen, Arbeitstempo, Schichteinteilung und bes. Schutzmaßnahmen. Das soll sicherstellen, dass sich die AN nicht überanstrengt und auf die bes. psychische Situation v. schwangeren und stillenden Frauen Rücksicht genommen wird. Die Arbeitsbedingungen umfassen daher nicht nur die technischen, physikalischen, chemischen oder biologischen Arbeitsumstände, sondern auch die organisatorischen, einschl. der Ausgestaltung v. Arbeitszeit und -dauer. Die Maßnahmen müssen wie im Arbeitsschutzrecht überprüft und ggf. angepasst werden (S. 2), da die Gesundheit v. Mutter/Kind sich rasch ändern kann. **S. 3** verdeutlicht, dass grds. eine weitere Beschäftigung der schwangeren/stillenden Frau ermöglicht werden soll, wenn keine unverantwortbare Gefährdung droht. Um die weitere Tätigkeit zu ermöglichen, muss der AG alle zumutbaren und erforderl. Maßnahmen ergreifen. Das gilt auch für Schülerinnen/Studentinnen, denen die Fortsetzung ihrer Ausbildung zu ermöglichen ist. Nach **S. 4** muss der AG Nachteile der Betroffenen wegen Schwangerschaft/Stillzeit verhindern oder ausgleichen. Dafür müssen ggf. organisatorische Maßnahmen ergriffen werden, um die Arbeitsabläufe an die bes. Bedingungen anzupassen.

3. Gefährdungen (Abs. 2). Der betriebl. Gesundheitsschutz baut maßgebl. auf der Vermeidung bzw. Verhinderung v. Gefährdungen für Mutter/Kind auf. **S. 1** regelt das Ziel der erforderl. Maßnahmen nach Abs. 1, die in Abhängigkeit vom Grad der Gefährdung diese entweder vermeiden oder effektiv ausschließen sollen. Der Grds. der Risikominimierung gebietet, Gefährdungen ganz zu vermeiden und, wo dies nicht mögl. ist, sie möglichst gering zu halten. Unverantwortbare Gefährdungen sind auszuschließen. Ist dies nicht mögl., ergreift der AG die Maßnahmen in der Reihenfolge des § 13 I. 3

a) Gefährdung (S. 1). Eine Gefährdung im arbeitschutzrechtl. Sinne liegt vor, wenn eine gesundheitl. Beeinträchtigung mögl. ist; bes. Anforderungen an das Ausmaß der Gefährdung oder die Wahrscheinlichkeit ihres Eintritts bestehen nicht (BAG 12.8.2008 NZA 2009, 102). Dabei geht es nur um mutterschutzspezifische Gefährdungen, die gerade die Gesundheit während der Schwangerschaft/Stillzeit beeinträchtigen können. Eine durch die Schwangerschaft/Stillzeit maßgebl. erhöhte Eintrittswahrscheinlichkeit einer gesundheitl. Beeinträchtigung oder deren schwerwiegender Verlauf genügen, ebenso wie jede Art der Gefährdung des Kindes. Die Gefährdung muss einen engen Bezug zur Tätigkeit oder zu den Arbeitsbedingungen aufweisen, unter denen sie ausgeübt wird. Gefährdungen, in denen sich ein allg. Lebensrisiko verwirklicht, sind nicht erfasst. Die Gefährdung setzt mind. die Möglichkeit voraus, dass Arbeitsbedingungen die Gesundheit der Frau/des Kindes beeinträchtigen; auch die bloße Möglichkeit der Beschäftigung der schwangeren/stillenden Frauen unter solchen Arbeitsbedingungen genügt. 4

b) Unverantwortbare Gefährdung (S. 2). Eine Gefährdung ist unverantwortbar und mithin durch den AG auszuschließen, wenn eine Eintrittswahrscheinlichkeit so hoch ist, dass sie wegen der Schwere des mögl. Gesundheitsschadens nicht hinnehmbar ist. Vorausgesetzt ist also eine hinreichende Wahrscheinlichkeit des Eintritts im Zusammenwirken m. einer erhöhten Schwere der mögl. Gesundheitsbeeinträchtigung. Die Eintrittswahrscheinlichkeit muss umso größer sein, je geringer der mögl. Gesundheitsschaden ist, während bei einem schwerwiegenden mögl. Gesundheitsschaden bereits eine geringe Eintrittswahrscheinlichkeit genügt (BVerwG 27.5.1993 NJW 1994, 401). Letztere ist angesichts des hochrangigen Schutzgutes v. Leben und Gesundheit v. Mutter/Kind regelmäßig gegeben. **S. 3** definiert eine unverantwortbare Gefährdung unter bestimmten Voraussetzungen als ausgeschlossen. Das setzt voraus, dass etwaige einschlägige Vorgaben eingehalten werden, wie sie etwa im Gefahrstoffrecht durch die Einhaltung v. arbeitsplatzbezogenen Grenzwerten bestehen. 5

4. Unterbrechungszeiten (Abs. 3). Zusätzl. zu den nach ArbZG vorgeschriebenen Pausen stehen schwangeren/stillenden Frauen erforderlichenfalls kurze Unterbrechungszeiten zu. Währenddessen bleibt der Entgeltanspruch erhalten, auch eine Anrechnung auf die Pausenzeiten ist unzulässig. Die Erforderlichkeit der Unterbrechung ist in Abhängigkeit von den individuellen Umständen zu bemessen bis zur Grenze treuwidriger Inanspruchnahme. In den Unterbrechungszeiten ist ihnen die Möglichkeit zu geben, sich zu setzen, hinzulegen und auszuruhen. Zweck der Regelung ist die Schaffung einer Abwechslung an Arbeitsplätzen, an denen ständiges Stehen oder Sitzen verlangt wird, zB die Veränderung einseitiger Körperhaltung. 6

5. Anforderungen an die Maßnahmen des Arbeitgebers (Abs. 4). Maßnahmen nach Abs. 1 müssen wissenschaftl. Erkenntnissen entsprechen, insb. dem Stand der Technik, Hygiene und Arbeitsmedizin. Dabei sind die Regeln und Erkenntnisse zu berücksichtigen (S. 2), die der Ausschuss für Mutterschutz ermittelt und veröffentlicht. Diesen Regeln kommt eine Vermutungswirkung zu, dass sie alle ges. Anforderungen erfüllen. Auf aktuelle Veränderungen muss der AG aber dennoch selbständig reagieren. 7

6. Beauftragung (Abs. 5). Hat der AG die notwendigen Kenntnisse über den betriebl. Gesundheitsschutz von schwangeren/stillenden Frauen nicht selbst, kann er eine fachkundige Person damit beauf- 8 tragen. Die Beauftragung erfolgt schriftl. Sie überträgt die Verantwortung für die Wahrnehmung der Aufgaben des betriebl. Gesundheitsschutzes auf den Dritten; der AG muss diesen jedoch beaufsichtigen und überwachen, dass die Pflichten auch tats. umgesetzt werden.

9 **7. Kostentragung (Abs. 6).** Für sämtl. Maßnahmen nach dem MuSchG, nicht nur für solche des betriebl. Gesundheitsschutzes, gilt, dass der AG dafür anfallende Kosten nicht den Betroffenen auferlegen darf; S. 1 verbietet eine Kostenverlagerung auf alle Beschäftigten des AG. S. 2 regelt ausdr. die Kostentragung durch den AG bei allen Zeugnissen und Bescheinigungen, die auf sein Verlangen vorzulegen sind. Das erfasst etwa § 15 II, aber auch andere im Zusammenhang m. Schwangerschaft/Stillzeit stehende Nachw., sofern sie auf Verlangen des AG vorgelegt werden.

§ 10 Beurteilung der Arbeitsbedingungen; Schutzmaßnahmen

(1) [1]Im Rahmen der Beurteilung der Arbeitsbedingungen nach § 5 des Arbeitsschutzgesetzes hat der Arbeitgeber für jede Tätigkeit

1. die Gefährdungen nach Art, Ausmaß und Dauer zu beurteilen, denen eine schwangere oder stillende Frau oder ihr Kind ausgesetzt ist oder sein kann, und

2. unter Berücksichtigung des Ergebnisses der Beurteilung der Gefährdung nach Nummer 1 zu ermitteln, ob für eine schwangere oder stillende Frau oder ihr Kind voraussichtlich

a) keine Schutzmaßnahmen erforderlich sein werden,

b) eine Umgestaltung der Arbeitsbedingungen nach § 13 Absatz 1 Nummer 1 erforderlich sein wird oder

c) eine Fortführung der Tätigkeit der Frau an diesem Arbeitsplatz nicht möglich sein wird.

[2]Bei gleichartigen Arbeitsbedingungen ist die Beurteilung eines Arbeitsplatzes oder einer Tätigkeit ausreichend.

(2) [1]Sobald eine Frau dem Arbeitgeber mitgeteilt hat, dass sie schwanger ist oder stillt, hat der Arbeitgeber unverzüglich die nach Maßgabe der Gefährdungsbeurteilung nach Absatz 1 erforderlichen Schutzmaßnahmen festzulegen. [2]Zusätzlich hat der Arbeitgeber der Frau ein Gespräch über weitere Anpassungen ihrer Arbeitsbedingungen anzubieten.

(3) Der Arbeitgeber darf eine schwangere oder stillende Frau nur diejenigen Tätigkeiten ausüben lassen, für die er die erforderlichen Schutzmaßnahmen nach Absatz 2 Satz 1 getroffen hat.

1 **1. Normzweck.** Die Vorschr. verpflichtet zu einer generellen, anlassunabhängigen Gefährdungsbeurteilung der Arbeitsbedingungen unter mutterschutzrechtl. Aspekten. Parallel zu § 5 ArbSchG soll damit der Bedarf nach etwaigen Schutzmaßnahmen vorab ermittelt werden, die sofort umgesetzt werden, sobald eine Beschäftigte schwanger wird. Die zeitnahe Umsetzung ggf. erforderl. Schutzmaßnahmen soll dadurch ermöglicht werden, dass eine Gefährdungsbeurteilung auch unabhängig davon erfolgt, ob der AG überhaupt Frauen beschäftigt. Da gem. §§ 1, 7 AGG grds. alle Arbeitsplätze m. Frauen besetzt werden könnten, ist eine Gefährdungsbeurteilung auch dann nicht entbehrl., wenn das aktuell nicht der Fall ist. Der BR ist bei der Durchführung von Gefährdungsbeurteilungen einzubeziehen (BAG 30.9.2014 NZA 2015, 314).

2 **2. Generelle Gefährdungsbeurteilung (Abs. 1).** Da der AG arbeitsschutzrechtl. ohnehin zur Gefährdungsbeurteilung verpflichtet ist, regelt S. 1, dass bei dieser Gelegenheit eine mutterschutzrechtl. Beurteilung mit einzubeziehen ist. Dabei sind die Arbeitsbedingungen an den Vorgaben des MuSchG zu überprüfen. Das schließt vornehml. die Prüfung auf unzulässige Tätigkeiten gem. §§ 12, 13 ein, aber auch den Arbeitszeitschutz durch Verbot v. Mehr-, Nacht- und Sonntagsarbeit, §§ 4–6. Anhand der ges. Kriterien ist zu bestimmen, ob über den allg. Arbeitsschutz hinaus für schwangere/stillende Frauen bes. Arbeitsbedingungen vorgesehen werden müssen, um eine Gefährdung v. Mutter/Kind zu vermeiden oder auszuschließen. Dazu werden die Tätigkeiten, die auf einem bestimmten Arbeitsplatz anfallen, auf ihre potentielle Gefährlichkeit für Mutter/Kind überprüft. Dafür wird die Gefährdung nach Art, Umfang und Dauer festgestellt, um zu dokumentieren, ob bestimmte Tätigkeiten v. schwangeren/stillenden Frauen nur unter weiteren Schutzmaßnahmen, zeitl. begrenzt oder gar nicht ausgeführt werden dürfen (S. 1 Nr. 1).

3 Anschließend wird der Bedarf nach Schutzmaßnahmen in 3 Kategorien **(S. 1 Nr. 2 lit. a–c)** eingeteilt. Soweit die generelle Beurteilung ergibt, dass für die geforderten Tätigkeiten auch unter Berücksichtigung des Mutterschutzes keine zusätzl. Schutzmaßnahmen notwendig werden (S. 1 Nr. 2 lit. a), muss der AG diesen Befund ledigl. dokumentieren (§ 14 I). Tritt an diesem Arbeitsplatz später eine Schwangerschaft auf, kann die Frau lückenlos weiterbeschäftigt werden, ohne dass eine Unterbrechung nach Abs. 3 in Kraft tritt. Soweit die Beurteilung ergeben hat, dass Arbeitsbedingungen gem. § 13 umgestaltet werden müssen, weil für schwangere/stillende Frauen oder ihr Kind eine Gefährdung mögl. ist (S. 1 Nr. 2 lit. b), hat der AG auch dies zu dokumentieren. Reproduktionsrisiken sind bereits im Vorfeld weitestmögl. zu verringern. Tritt eine Schwangerschaft ein, ist zumindest abstrakt schon bekannt, welche Maßnahmen erforderl. sind, um eine möglichst lückenlose Weiterbeschäftigung am

bisherigen Arbeitsplatz zu ermöglichen. Ergibt die Beurteilung, dass an dem Arbeitsplatz Tätigkeiten m. unverantwortbarer Gefährdung (§ 9) für schwangere/stillende Frauen oder ihr Kind anfallen (S. 1 Nr. 2 lit. c), die nicht durch eine Schutzmaßnahme sicher ausgeschlossen werden können, ist zu dokumentieren, dass eine Fortführung dieser Tätigkeit durch schwangere/stillende Frauen nicht mögl. ist. In S. 2 wird zudem klargestellt, dass eine generelle Gefährdungsbeurteilung nicht stets für jeden Arbeitsplatz gesondert vorzunehmen ist. Entspr. den Vorgaben in § 5 II 2 ArbSchG genügt eine einmalige Beurteilung bei allen Arbeitsplätzen m. gleichartigen Arbeitsbedingungen. Damit ist es auch zulässig, Standardbeurteilungen für bestimmte Arbeitsplätze heranzuziehen (BT-Drs. 18/8963 S. 70).

3. Konkrete Gefährdungsbeurteilung (Abs. 2). Die generelle Festlegung v. Schutzmaßnahmen, die 4
zur Verringerung von Gefährdungen in einer Schwangerschaft/Stillzeit erforderl. werden (Abs. 1), ist gem. Abs. 2 S. 2 auf die bes. Umstände des konkreten Falles hin anzupassen, sobald eine Frau dem AG mitgeteilt hat, dass sie schwanger ist/stillt. Die Mitt. erfolgt gem. § 15 I, dh. grds. in jeder beliebigen Form; wenn der AG einen förml. Nachw. gem. § 15 II verlangt, muss er die entstehenden Kosten übernehmen. Wenn der AG v. anderer Seite über die Schwangerschaft informiert wird, werden die Schutzpflichten des Abs. 2 ebenfalls ausgelöst, sobald die Richtigkeit der Information geklärt ist. Der AG hat unverzügl. die im konkreten Fall erforderl. Schutzmaßnahmen festzulegen, also in den Fällen des Abs. 1 Nr. 2 lit. b), lit. c) die abstrakt veranlassten Maßnahmen unter Berücksichtigung der Bedürfnisse der Betroffenen und der Umstände ihrer Beschäftigung anzupassen. Dass hierbei auch die individuellen Umstände und Fähigkeiten der konkret Betroffenen zu berücksichtigen sind, ist Folge der nach Unionsrecht gebotenen arbeitsschutzgerechten Gestaltung von Arbeitsbedingungen (Art. 6 II lit. d) RL 89/391/EWG). Bei einer unverantwortbaren Gefährdung kann damit die Versetzung auf einen anderen, der Betroffenen individuell zumutbaren Arbeitsplatz verbunden sein. Bevor die Konkretisierung nicht erfolgt ist, darf die Frau m. den vertragl. Tätigkeiten nicht beschäftigt werden. Etwas anderes gilt nur, wenn die generelle Beurteilung ergeben hat, dass Schutzmaßnahmen nicht erforderl. sind (Abs. 1 Nr. 2 lit. a). Gem. Abs. 2 S. 2 hat der AG der Frau ein Gespräch darüber anzubieten, zusätzl. Anpassungen der Arbeitsbedingungen vorzunehmen. Das beruht auf dem Konzept der Stärkung der Entscheidungsfreiheit der Betroffenen, die zudem etwaige schwangerschaftsbedingte Schwierigkeiten bei der Ausübung der bisherigen Tätigkeit schneller und sicherer erkennt als der AG. IS einer Einschränkung, derzufolge das Gesprächsangebot die im Einzelfall zu verändernden Maßnahmen ersetzen könnte, ist das nicht zu verstehen. Das Niveau des allg. Arbeitsschutzrechts darf unionsrechtl. nicht unterschritten werden.

4. Unterbrechung der Tätigkeit (Abs. 3). Hat die generelle Gefährdungsbeurteilung nach Abs. 1 5
ergeben, dass im Falle von Schwangerschaft/Stillzeit bes. Maßnahmen erforderl. sein werden, dann darf v. einer Betroffenen die fragl. Tätigkeit nur ausgeübt werden, sofern die auf den konkreten Fall angepassten (Abs. 2) Schutzmaßnahmen getroffen worden sind. Die Verpflichtung ist an den AG adressiert, der die Betroffene nicht tätig werden lassen darf, also ihre Arbeitsleistung auch dann nicht annehmen kann, wenn sie sich dazu bereit erklärt. Zuwiderhandlungen sind gem. § 32 I Nr. 8 bußgeldbewehrt. Eine Beschäftigung der Betroffenen m. Tätigkeiten, für die die generelle Beurteilung ergeben hat, dass keine Schutzmaßnahmen erforderl. sein werden, bleibt jedoch zulässig. In der Abstufung des § 13 I kann die Betroffene daher ggf. auch zeitweilig versetzt werden, falls die auf ihrem Arbeitsplatz erforderl. Schutzmaßnahmen für ihre Konkretisierung oder Umsetzung mehr Zeit erfordern.

§ 11 Unzulässige Tätigkeiten und Arbeitsbedingungen für schwangere Frauen

(1) [1]Der Arbeitgeber darf eine schwangere Frau keine Tätigkeiten ausüben lassen und sie keinen Arbeitsbedingungen aussetzen, bei denen sie in einem Maß Gefahrstoffen ausgesetzt ist oder sein kann, dass dies für sie oder für ihr Kind eine unverantwortbare Gefährdung darstellt. [2]Eine unverantwortbare Gefährdung im Sinne von Satz 1 liegt insbesondere vor, wenn die schwangere Frau Tätigkeiten ausübt oder Arbeitsbedingungen ausgesetzt ist, bei denen sie folgenden Gefahrstoffen ausgesetzt ist oder sein kann:

1. Gefahrstoffen, die nach den Kriterien des Anhangs I zur Verordnung (EG) Nr. 1272/2008 des Europäischen Parlaments und des Rates vom 16. Dezember 2008 über die Einstufung, Kennzeichnung und Verpackung von Stoffen und Gemischen, zur Änderung und Aufhebung der Richtlinie 67/548/EWG und 1999/45/EG und zur Änderung der Verordnung (EG) Nr. 1907/2006 (ABl. L 353 vom 31.12.2008, S. 1) zu bewerten sind
   a) als reproduktionstoxisch nach der Kategorie 1A, 1B oder 2 oder nach der Zusatzkategorie für Wirkungen auf oder über die Laktation,
   b) als keimzellmutagen nach der Kategorie 1A oder 1B,
   c) als karzinogen nach der Kategorie 1A oder 1B,
   d) als spezifisch zielorgantoxisch nach einmaliger Exposition nach der Kategorie 1 oder
   e) als akut toxisch nach der Kategorie 1, 2 oder 3,

2. Blei und Bleiderivaten, soweit die Gefahr besteht, dass diese Stoffe vom menschlichen Körper aufgenommen werden, oder

3. Gefahrstoffen, die als Stoffe ausgewiesen sind, die auch bei Einhaltung der arbeitsplatzbezogenen Vorgaben möglicherweise zu einer Fruchtschädigung führen können.

[3]Eine unverantwortbare Gefährdung im Sinne von Satz 1 oder 2 gilt insbesondere als ausgeschlossen,

1. wenn

a) für den jeweiligen Gefahrstoff die arbeitsplatzbezogenen Vorgaben eingehalten werden und es sich um einen Gefahrstoff handelt, der als Stoff ausgewiesen ist, der bei Einhaltung der arbeitsplatzbezogenen Vorgaben hinsichtlich einer Fruchtschädigung als sicher bewertet wird, oder

b) der Gefahrstoff nicht in der Lage ist, die Plazentaschranke zu überwinden, oder aus anderen Gründen ausgeschlossen ist, dass eine Fruchtschädigung eintritt, und

2. wenn der Gefahrstoff nach den Kriterien des Anhangs I zur Verordnung (EG) Nr. 1272/2008 nicht als reproduktionstoxisch nach der Zusatzkategorie für Wirkungen auf oder über die Laktation zu bewerten ist.

[5]Die vom Ausschuss für Mutterschutz ermittelten wissenschaftlichen Erkenntnisse sind zu beachten.

(2) [1]Der Arbeitgeber darf eine schwangere Frau keine Tätigkeiten ausüben lassen und sie keinen Arbeitsbedingungen aussetzen, bei denen sie in einem Maß mit Biostoffen der Risikogruppe 2, 3 oder 4 im Sinne von § 3 Absatz 1 der Biostoffverordnung in Kontakt kommt oder kommen kann, dass dies für sie oder für ihr Kind eine unverantwortbare Gefährdung darstellt. [2]Eine unverantwortbare Gefährdung im Sinne von Satz 1 liegt insbesondere vor, wenn die schwangere Frau Tätigkeiten ausübt oder Arbeitsbedingungen ausgesetzt ist, bei denen sie mit folgenden Biostoffen in Kontakt kommt oder kommen kann:

1. mit Biostoffen, die in die Risikogruppe 4 im Sinne von § 3 Absatz 1 der Biostoffverordnung einzustufen sind, oder

2. mit Rötelnvirus oder mit Toxoplasma.

[3]Die Sätze 1 und 2 gelten auch, wenn der Kontakt mit Biostoffen im Sinne von Satz 1 oder 2 therapeutische Maßnahmen erforderlich macht oder machen kann, die selbst eine unverantwortbare Gefährdung darstellen. [4]Eine unverantwortbare Gefährdung im Sinne von Satz 1 oder 2 gilt insbesondere als ausgeschlossen, wenn die schwangere Frau über einen ausreichenden Immunschutz verfügt.

(3) [1]Der Arbeitgeber darf eine schwangere Frau keine Tätigkeiten ausüben lassen und sie keinen Arbeitsbedingungen aussetzen, bei denen sie physikalischen Einwirkungen in einem Maß ausgesetzt ist oder sein kann, dass dies für sie oder ihr Kind eine unverantwortbare Gefährdung darstellt. [2]Als physikalische Einwirkungen im Sinne von Satz 1 sind insbesondere zu berücksichtigen:

1. ionisierende und nicht ionisierende Strahlungen,

2. Erschütterungen, Vibrationen und Lärm sowie

3. Hitze, Kälte und Nässe.

(4) [1]Der Arbeitgeber darf eine schwangere Frau keine Tätigkeiten ausüben lassen und sie keinen Arbeitsbedingungen aussetzen, bei denen sie einer belastenden Arbeitsumgebung in einem Maß ausgesetzt ist oder sein kann, dass dies für sie oder für ihr Kind eine unverantwortbare Gefährdung darstellt. [2]Der Arbeitgeber darf eine schwangere Frau insbesondere keine Tätigkeiten ausüben lassen

1. in Räumen mit einem Überdruck im Sinne von § 2 der Druckluftverordnung,

2. in Räumen mit sauerstoffreduzierter Atmosphäre oder

3. im Bergbau unter Tage.

(5) [1]Der Arbeitgeber darf eine schwangere Frau keine Tätigkeiten ausüben lassen und sie keinen Arbeitsbedingungen aussetzen, bei denen sie körperlichen Belastungen oder mechanischen Einwirkungen in einem Maß ausgesetzt ist oder sein kann, dass dies für sie oder für ihr Kind eine unverantwortbare Gefährdung darstellt. [2]Der Arbeitgeber darf eine schwangere Frau insbesondere keine Tätigkeiten ausüben lassen, bei denen

1. sie ohne mechanische Hilfsmittel regelmäßig Lasten von mehr als 5 Kilogramm Gewicht oder gelegentlich Lasten von mehr als 10 Kilogramm Gewicht von Hand heben, halten, bewegen oder befördern muss,

2. sie mit mechanischen Hilfsmitteln Lasten von Hand heben, halten, bewegen oder befördern muss und dabei ihre körperliche Beanspruchung der von Arbeiten nach Nummer 1 entspricht,

3. sie nach Ablauf des fünften Monats der Schwangerschaft überwiegend bewegungsarm ständig stehen muss und wenn diese Tätigkeit täglich vier Stunden überschreitet,

4. sie sich häufig erheblich strecken, beugen, dauernd hocken, sich gebückt halten oder sonstige Zwangshaltungen einnehmen muss,
5. sie auf Beförderungsmitteln eingesetzt wird, wenn dies für sie oder ihr Kind eine unverantwortbare Gefährdung darstellt,
6. Unfälle, insbesondere durch Ausgleiten, Fallen oder Stürzen, oder Tätlichkeiten zu befürchten sind, die für sie oder für ihr Kind eine unverantwortbare Gefährdung darstellen,
7. sie eine Schutzausrüstung tragen muss und das Tragen eine Belastung darstellt oder
8. eine Erhöhung des Drucks im Bauchraum zu befürchten ist, insbesondere bei Tätigkeiten mit besonderer Fußbeanspruchung.

(6) Der Arbeitgeber darf eine schwangere Frau folgende Arbeiten nicht ausüben lassen:
1. Akkordarbeit und sonstigen Arbeiten, bei denen durch ein gesteigertes Arbeitstempo ein höheres Entgelt erzielt werden kann,
2. Fließarbeit oder
3. getaktete Arbeit mit vorgeschriebenem Arbeitstempo, wenn die Art der Arbeit oder das Arbeitstempo für die schwangere Frau oder für ihr Kind eine unverantwortbare Gefährdung darstellt.

1. Normzweck. Die Vorschr. legt Tätigkeiten und Arbeitsbedingungen fest, mit denen Schwangere nicht beschäftigt werden dürfen. Verboten ist die Ausführung gerade der verbotenen Tätigkeit oder die Beschäftigung zu gerade den unzulässigen Arbeitsbedingungen; die Nichtigkeit des Arbeitsvertrages oder ein generelles Beschäftigungsverbot ist damit nicht verbunden. Das Verbot hat der AG von sich aus zu beachten, die Schwangere muss sich nicht erst darauf berufen. Ges. wird die unverantwortbare Gefährdung (§ 9 II 2) m. Blick auf Gefahrstoffe (Abs. 1), Biostoffe (Abs. 2), physikalische Einwirkungen (Abs. 3), belastende Arbeitsumgebung (Abs. 4), körperl. Belastungen und mechanische Einwirkungen (Abs. 5) oder Akkord- und Fließarbeit (Abs. 6) verboten. Diese Vorgaben sind für die Beurteilung der Arbeitsbedingungen (§ 10) und die Festlegung erforderl. Schutzmaßnahmen heranzuziehen. Dennoch führt der Umstand, dass die Vertragspflicht der Schwangeren (auch) in der Ausübung von Tätigkeiten gem. § 11 besteht, nicht in jedem Fall zu einem Beschäftigungsverbot aus § 13 I Nr. 3. Schutzrechte nach dem MuSchG dürfen keine Nachteile beim Zugang zur Beschäftigung oder während des ArbVerh. zur Folge haben (EuGH 3.2.2000 NZA 2000, 255). Vielmehr ist die in § 13 I vorgesehene Reihenfolge v. Maßnahmen zum Ausschluss einer unverantwortbaren Gefährdung einzuhalten. Auch die vertragl. Leistungspflicht der Schwangeren wird nur insoweit beseitigt, wie eine unverantwortbare Gefährdung durch Schutzmaßnahmen des AG nicht ausgeschlossen werden kann. 1

2. Gefahrstoffe (Abs. 1). Die Vorschr. definiert in S. 2 unverantwortbare Gefährdungen für Mütter/ Kinder durch Tätigkeiten/Arbeitsbedingungen, bei denen die Schwangere bestimmten **Gefahrstoffen** ausgesetzt ist oder sein kann. Damit wird zunächst festgelegt, dass bei Exposition ggü. den aufgelisteten Stoffen zu vermuten ist, dass eine unverantwortbare Gefährdung vorliegt. Daher hat der AG nur noch zu prüfen, ob diese Gefährdung ausgeschlossen werden kann. Dies hat er im Rahmen der Gefährdungsbeurteilung nach § 10 im Einzelnen zu ermitteln und dann zu dokumentieren, welche Schutzmaßnahmen erforderl. sind. Soweit mögl. Gesundheitsgefahren durch die Exposition bes. schwerwiegend sind, ist auch bei im Verhältnis zum regelmäßigen Hintergrundniveau ledigl. geringfügig erhöhter Exposition die mögl. Gefährdung auszuschließen. Um diese Abwägung für die Praxis handhabbarer zu machen, nennt S. 2 Gefahrstoffen, bei denen eine unverantwortbare Gefährdung grds. zu bejahen ist. Die Liste gem. S. 2 ist nicht abschl. („insbesondere"), sondern nennt beispielhaft solche Gefahrstoffe, die nicht im allg. Arbeitsschutz, sondern spezifisch in der Schwangerschaft bes. gefährl. sein können. Am Maßstab dieser Festlegung soll auch über die Klassifizierung dort nicht genannter Gefahrstoffe entschieden werden. Umgekehrt nennt S. 3 Voraussetzungen, unter denen eine unverantwortbare Gefährdung als ausgeschlossen gilt. Die in S. 2 Nr. 1 genannten Stoffen entsprechen den in Anh. I, II RL 92/85/EWG aufgelisteten Stoffen. Soweit das Unionsrecht (Anh. I VO (EG) Nr. 1272/2008) über S. 2 hinausgehende industrielle Verf. benennt, bei denen Arbeitsschutz gegen Karzinogene und Mutagene vorgeschrieben ist, ist die Prüfung auf das Vorliegen einer unverantwortbaren Gefährdung für Schwangere ebenfalls durchzuführen. 2

Die Exposition ggü. den in S. 2 Nr. 2 erfassten Stoffen, Blei und Bleiderivate, gilt als unverantwortbare Gefährdung, falls sie vom menschl. Körper aufgenommen werden können, auch soweit sie nicht bereits als karzinogen von S. 2 Nr. 1 lit. c) erfasst werden. In Nr. 3 werden solche Gefahrstoffe eingeschlossen, die möglicherweise zu einer Fruchtschädigung führen können, selbst wenn die arbeitsplatzbezogenen allg. Vorgaben erfüllt sind. Entspr. kommt bei diesen Stoffen eine Widerlegung der Vermutung gem. S. 3 nicht in Betracht. In allen anderen Fällen gilt eine unverantwortbare Gefährdung trotz Exposition ggü. Stoffen nach S. 2 Nr. 1 als ausgeschlossen, wenn die Voraussetzungen des **S. 3** vorliegen. Das betrifft die Einhaltung arbeitsplatzbezogener Vorgaben der Arbeitsplatzgrenzwerte (§ 2 VIII GefStoffV) und der biologischen Grenzwerte (§ 2 IX GefStoffV), oder wenn ein Gefahrstoff die Plazentaschranke nicht überwinden kann oder sonst die Fruchtschädigung ausgeschlossen werden kann. Zusätzl. wird in S. 4 betont, dass die wissenschaftl. Erkenntnisse des Ausschusses für Mutter- 3 schutz bei der Beurteilung der Gefährdung und der Ausgestaltung von Schutzmaßnahmen zu beachten sind, § 9 IV 2.

4 **3. Biostoffe (Abs. 2).** Gem. S. 1 darf eine Schwangere weder Tätigkeiten ausüben noch Arbeitsbedingungen ausgesetzt sein, bei denen sie in einem Maße den Biostoffen gem. Risikogruppen 2–4 (§ 3 I BioStoffV) ausgesetzt ist, dass dies eine unverantwortbare Gefährdung (§ 9 II) darstellt. Die Norm enthält in S. 2 eine nicht erschöpfende Auflistung von Biostoffen der Risikogruppe 4, bei denen eine unverantwortbare Gefährdung zu vermuten ist, sobald eine Schwangere damit in Kontakt kommen kann. Bei der Überprüfung des Vorliegens solcher Stoffe sind die unionsrechtl. Vorgaben aus Anh. I RL 92/85/EWG zu beachten. Einbezogen sind auch das Rötelnvirus oder Toxoplasmose, Anh. II RL 92/85/EWG. Als unverantwortbar gilt die Gefährdung weiterhin, wenn der Kontakt m. Biostoffen eine Therapie nach sich zieht, die ihrerseits als unverantwortbare Gefährdung einzustufen ist. Ausnahmen v. der Vermutung gem. S. 2 liegen nur vor, sofern die Schwangere bereits über ausreichenden Immunschutz verfügt. Eine Verpflichtung, sich nachträgl. impfen zu lassen, kann damit nicht begr. werden.

5 **4. Physikalische Einwirkungen (Abs. 3).** Auch die Exposition ggü. physikalischen Einwirkungen kann eine unverantwortbare Gefährdung darstellen. Nicht abschl. für die Beurteilung gem. § 9 zu berücksichtigen (S. 2) sind entspr. den unionsrechtl. Vorgaben (Anh. I RL 92/85/EWG): ionisierende und nicht ionisierende Strahlungen, Erschütterungen, Vibration, Lärm, Hitze, Kälte und Nässe.

6 **5. Belastende Arbeitsumgebung (Abs. 4).** Weiterhin können unverantwortbare Gefährdungen dadurch entstehen, dass die Tätigkeit oder die Arbeitsbedingungen für Schwangere in bes. Maße eine belastende Arbeitsumgebung darstellen (S. 1). Das wird dahingehend konkretisiert, dass insb. die in S. 2 genannten Arbeitsumstände für Schwangere grds. unzulässig sind: Tätigkeiten in Räumen m. Überdruck, m. sauerstoffreduzierter Atmosphäre oder im Bergbau unter Tage.

7 **6. Körperliche Belastungen oder mechanische Einwirkungen (Abs. 5).** Unverantwortbare Gefährdungen können daraus hervorgehen, dass die Schwangere bes. körperl. Belastungen oder mechanischen Einwirkungen ausgesetzt ist (S. 1). Das wird dahingehend konkretisiert, dass sie nicht m. Tätigkeiten gem. S. 2 beschäftigt werden darf. Ledigl. in den Fällen des S. 2 Nr. 5 und 6 ist eine zusätzl. Prüfung im Einzelfall erforderl., ob bei Tätigkeiten auf Beförderungsmitteln (Nr. 5), oder Tätigkeiten m. erhöhter Unfallgefahr (Nr. 6) konkret eine unverantwortbare Gefährdung zu bejahen ist. Die Beschäftigung auf Beförderungsmitteln (BAG 22.4.1998 NZA 1998, 936) ist damit zwar nicht mehr in jedem Falle unzulässig, der Schutz ist aber bereits in jedem Stadium der Schwangerschaft zu gewährleisten. Die Unfallgefahren gem. Nr. 6 sind durch eine nicht abschl. Aufzählung v. Bsp. konkretisiert, die nunmehr auch die Gefahr von Tätlichkeiten ggü. der Schwangeren einschließt, die bei Personenkontakten in bes. Berufsgruppen (Krankenhäuser, Wachdienst) möglich ist. Die anderen aufgezählten Arbeitsumstände sind für Schwangere stets unzulässig, sofern die vermutete Gefährdung nicht ausnahmsweise durch Schutzmaßnahmen ausgeschlossen werden kann.

8 **7. Akkord- und Fließarbeit (Abs. 6).** Verboten sind Tätigkeiten, bei denen sich ein erhöhtes Arbeitstempo unmittelbar auf die Entlohnung auswirkt, um die Schwangere vor einer Überforderung ihrer Kräfte zu schützen.

9 **a) Akkordarbeit und sonstige tempoabhängige Arbeit (Nr. 1).** Durch Nr. 1 sollen **Entlohnungsformen** untersagt werden, für die nicht die Dauer der AZ, sondern die erbrachte Arbeitsmenge Berechnungsgrdl. ist. Jede Art v. Akkord (Stück-, Zeit-, Geld-, Einzel-, Gruppenakkord) ist demnach für Schwangere unzulässig. Neben dem Akkord sind auch alle vergleichbaren tempoabhängigen Entlohnungsformen verboten, insb. Prämiensysteme, sofern sie einen Anreiz zur Steigerung der Arbeitsmenge oder der Arbeitsgeschwindigkeit setzen (BAG 25.5.1983 DB 1984, 52), nicht aber Qualitätsprämien. Die Vereinb. einer unzulässigen Entlohnungsform führt nicht gem. § 134 BGB zur Nichtigkeit des Arbeitsvertrages, der Schwangeren ist vielmehr die (oder eine andere) Tätigkeit im Zeitlohn zu vergüten (BAG 9.8.1963 NJW 1964, 467).

10 **b) Fließarbeit und getaktete Arbeit (Nr. 2, 3).** Verboten ist für Schwangere die Tätigkeit am Laufband, dh. örtl. fortschreitende, zeitl. vorgegebene, aufeinander abgestimmte Folge v. Arbeitsschritten, bei denen jeder Beschäftigte auf die planmäßige Erledigung der vorangegangenen Teilschritte unmittelbar angewiesen ist. Hat die technische Einrichtung dagegen ledigl. Transportfunktion ohne Einfluss auf das Arbeitstempo, ist kein Beschäftigungsverbot angezeigt. Das Verbot gilt auch für getaktete Arbeit m. vorgeschriebenem Arbeitstempo, allerdings nur, wenn aufgrund der Gefährdungsbeurteilung feststeht, dass darin eine unverantwortbare Gefährdung liegt. Davon ist dann nicht auszugehen, wenn die getaktete Arbeit individuell an die Bedürfnisse der Schwangeren angepasst werden kann oder wenn der Takt nicht auf straffe Durchführung des Arbeitsprozesses gerichtet ist, sondern Zeit für Pausen ermöglicht. Hat die Aufsichtsbehörde gegen die konkrete Anpassungsmaßnahme Bedenken, kann sie die weitere Tätigkeit der Schwangeren gem. § 29 III 2 Nr. 7 verbieten. In allen anderen Fällen des Abs. 6 ist die Beschäftigung v. Schwangeren grds. unzulässig, falls nicht die Arbeitsbehörde gem. § 29 III 2 Nr. 8 eine Ausnahme bewilligt.

§ 12 Unzulässige Tätigkeiten und Arbeitsbedingungen für stillende Frauen

(1) [1]Der Arbeitgeber darf eine stillende Frau keine Tätigkeiten ausüben lassen und sie keinen Arbeitsbedingungen aussetzen, bei denen sie in einem Maß Gefahrstoffen ausgesetzt ist oder sein kann, dass dies für sie oder für ihr Kind eine unverantwortbare Gefährdung darstellt. [2]Eine unverantwortbare Gefährdung im Sinne von Satz 1 liegt insbesondere vor, wenn die stillende Frau Tätigkeiten ausübt oder Arbeitsbedingungen ausgesetzt ist, bei denen sie folgenden Gefahrstoffen ausgesetzt ist oder sein kann:

1. Gefahrstoffen, die nach den Kriterien des Anhangs I zur Verordnung (EG) Nr. 1272/2008 als reproduktionstoxisch nach der Zusatzkategorie für Wirkungen auf oder über die Laktation zu bewerten sind oder

2. Blei und Bleiderivaten, soweit die Gefahr besteht, dass diese Stoffe vom menschlichen Körper aufgenommen werden.

(2) [1]Der Arbeitgeber darf eine stillende Frau keine Tätigkeiten ausüben lassen und sie keinen Arbeitsbedingungen aussetzen, bei denen sie in einem Maß mit Biostoffen der Risikogruppe 2, 3 oder 4 im Sinne von § 3 Absatz 1 der Biostoffverordnung in Kontakt kommt oder kommen kann, dass dies für sie oder für ihr Kind eine unverantwortbare Gefährdung darstellt. [2]Eine unverantwortbare Gefährdung im Sinne von Satz 1 liegt insbesondere vor, wenn die stillende Frau Tätigkeiten ausübt oder Arbeitsbedingungen ausgesetzt ist, bei denen sie mit Biostoffen in Kontakt kommt oder kommen kann, die in die Risikogruppe 4 im Sinne von § 3 Absatz 1 der Biostoffverordnung einzustufen sind. [3]Die Sätze 1 und 2 gelten auch, wenn der Kontakt mit Biostoffen im Sinne von Satz 1 oder 2 therapeutische Maßnahmen erforderlich macht oder machen kann, die selbst eine unverantwortbare Gefährdung darstellen. [4]Eine unverantwortbare Gefährdung im Sinne von Satz 1 oder 2 gilt als ausgeschlossen, wenn die stillende Frau über einen ausreichenden Immunschutz verfügt.

(3) [1]Der Arbeitgeber darf eine stillende Frau keine Tätigkeiten ausüben lassen und sie keinen Arbeitsbedingungen aussetzen, bei denen sie physikalischen Einwirkungen in einem Maß ausgesetzt ist oder sein kann, dass dies für sie oder für ihr Kind eine unverantwortbare Gefährdung darstellt. [2]Als physikalische Einwirkungen im Sinne von Satz 1 sind insbesondere ionisierende und nicht ionisierende Strahlungen zu berücksichtigen.

(4) [1]Der Arbeitgeber darf eine stillende Frau keine Tätigkeiten ausüben lassen und sie keinen Arbeitsbedingungen aussetzen, bei denen sie einer belastenden Arbeitsumgebung in einem Maß ausgesetzt ist oder sein kann, dass dies für sie oder für ihr Kind eine unverantwortbare Gefährdung darstellt. [2]Der Arbeitgeber darf eine stillende Frau insbesondere keine Tätigkeiten ausüben lassen

1. in Räumen mit einem Überdruck im Sinne von § 2 der Druckluftverordnung oder

2. im Bergbau unter Tage.

(5) Der Arbeitgeber darf eine stillende Frau folgende Arbeiten nicht ausüben lassen:

1. Akkordarbeit und sonstige Arbeiten, bei denen durch ein gesteigertes Arbeitstempo ein höheres Entgelt erzielt werden kann,

2. Fließarbeit oder

3. getaktete Arbeit mit vorgeschriebenem Arbeitstempo, wenn die Art der Arbeit oder das Arbeitstempo für die stillende Frau oder für ihr Kind eine unverantwortbare Gefährdung darstellt.

1. Normzweck. § 12 trifft eine parallele Regelung zu den für Schwangere unzulässigen Tätigkeiten und Arbeitsbedingungen (§ 11) auch für stillende Mütter. Die Tatsache des Stillens soll dem AG gem. § 15 I 2 so früh wie möglich mitgeteilt werden, um ihm die Beachtung der Schutzvorgaben zu ermöglichen. Die Mitt. löst die Schutzpflicht aus, selbst wenn kein ärztl. Nachw. vorgelegt wird. Dasselbe muss grds. gelten, wenn der AG auf andere Weise als durch Mitt. der Betroffenen Kenntnis erlangt. Die Normstruktur des § 12, die auf der Vermutung für das Vorliegen einer unverantwortbaren Gefährdung aufbaut, dies durch konkrete Regelungsbsp. verdeutlicht und ggf. Ausnahmen regelt, folgt dem Vorbild von § 11. Auch hier soll eine Abwägung getroffen werden zwischen dem erforderl. Gesundheitsschutz von Mutter/Kind einerseits und der fortgesetzten Beschäftigung am gewohnten Arbeitsplatz andererseits. Stillende Mütter sind Frauen, die ein Kind stillen. Die zeitl. Begrenzung auf 12 Monate, die gem. § 7 II für die Freistellung getroffen wurde, ist nicht ausdr. in Bezug genommen. Sollte eine Frau länger als 12 Monate stillen, obwohl sie dann keinen Anspruch auf Freistellung mehr hat, müssen die Vorschr. zum Gesundheitsschutz dennoch für sie gelten, begrenzt durch die allg. Vertragspflicht zur Rücksichtnahme. Soweit eine Stillende wegen der Unzulässigkeit einer Tätigkeit einem Beschäftigungsverbot unterliegt (§ 13 I Nr. 3), erhält sie Mutterschutzlohn gem. § 18. 1

2. Gefahrstoffe (Abs. 1). Die Tätigkeit in Exposition ggü. Gefahrstoffen darf auch von einer stillenden Frau nicht ausgeübt werden, soweit dies eine unverantwortbare Gefährdung darstellt (S. 1). In S. 2 2 werden die Gefahrstoffe aufgeführt, bei denen eine solche Gefährdung gerade während der Stillzeit anzunehmen ist. Ausnahmebestimmungen sind hier nicht vorgesehen, weil arbeitsplatzbezogene Vorgaben fehlen, bei deren Beachtung Auswirkungen auf die Laktation sicher ausgeschlossen sind. Die Aufzählung ist nicht abschl., sondern konzentriert sich auf Stoffe, die über die Muttermilch die Gesundheit des Kindes gefährden könnten.

3 **3. Biostoffe (Abs. 2).** Die Norm verbietet Tätigkeiten, bei denen die unverantwortbare Gefährdung durch Biostoffe (§ 11 I 2 Nr. 2) ausgelöst werden kann. Die Gefährdung wird in S. 2 dahingehend konkretisiert, dass Biostoffe der Risikogruppe 4 nach § 3 I BioStoffV betroffen sind. Auch hier ist die Vermutung auf Biostoffe erstreckt, wenn der Kontakt m. ihnen eine Therapie erforderl. macht, die ihrerseits eine unverantwortbare Gefährdung darstellt (S. 3). Ausgeschlossen wird eine unverantwortbare Gefährdung durch das Vorhandensein eines ausreichenden Immunschutzes (S. 4).

4 **4. Physikalische Einwirkungen (Abs. 3).** Die Norm entspricht § 11 III und schafft die entspr. Verbote für die Dauer der Stillzeit (S. 1). Zur Konkretisierung verweist S. 2 insb. auf ionisierende und nicht ionisierende Strahlungen, die Auswirkungen auf die Laktation haben können (Art. 10 II RL 2013/59/Euratom). Ausnahmeregelungen werden nicht gesondert getroffen.

5 **5. Belastende Arbeitsumgebung (Abs. 4).** Die Norm schafft parallel zu § 11 IV ein entspr. Verbot einer belastenden Arbeitsumgebung in der Stillzeit. S. 2 konkretisiert das im Hinblick auf Tätigkeiten in Räumen m. Überdruck und im Bergbau unter Tage. Ausnahmen sind nicht vorgesehen, die Gefährdung durch die aufgeführten Tätigkeiten gilt stets als unverantwortbar.

6 **6. Akkord- und Fließarbeit, getaktete Arbeit (Abs. 5).** Die Norm verbietet parallel zu § 11 VI Arbeiten in bes. Entlohnungsformen, die stillende Frauen unverantwortbar belasten können. Ausnahmen sind grds. nicht vorgesehen, doch können sie von der Aufsichtsbehörde gem. § 29 III 2 Nr. 8 ggf. bewilligt werden.

§ 13 Rangfolge der Schutzmaßnahmen: Umgestaltung der Arbeitsbedingungen, Arbeitsplatzwechsel und betriebliches Beschäftigungsverbot

(1) Werden unverantwortbare Gefährdungen im Sinne von § 9, § 11 oder § 12 festgestellt, hat der Arbeitgeber für jede Tätigkeit einer schwangeren oder stillenden Frau Schutzmaßnahmen in folgender Rangfolge vorzusehen:

1. **Der Arbeitgeber hat die Arbeitsbedingungen für die schwangere oder stillende Frau durch Schutzmaßnahmen nach Maßgabe des § 9 Absatz 2 umzugestalten.**
2. **Kann der Arbeitgeber unverantwortbare Gefährdungen für die schwangere oder stillende Frau nicht durch die Umgestaltung der Arbeitsbedingungen nach Nummer 1 ausschließen oder ist eine Umgestaltung wegen des nachweislich unverhältnismäßigen Aufwandes nicht zumutbar, hat der Arbeitgeber die Frau an einem anderen geeigneten Arbeitsplatz einzusetzen, wenn er einen solchen Arbeitsplatz zur Verfügung stellen kann und dieser Arbeitsplatz der schwangeren oder stillenden Frau zumutbar ist.**
3. **Kann der Arbeitgeber unverantwortbare Gefährdungen für die schwangere oder stillende Frau weder durch Schutzmaßnahmen nach Nummer 1 noch durch einen Arbeitsplatzwechsel nach Nummer 2 ausschließen, darf er die schwangere oder stillende Frau nicht weiter beschäftigen.**

(2) Der Auftraggeber oder Zwischenmeister darf keine Heimarbeit an schwangere oder stillende Frauen ausgeben, wenn unverantwortbare Gefährdungen nicht durch Schutzmaßnahmen nach Absatz 1 Nummer 1 ausgeschlossen werden können.

1 **1. Normzweck.** Die Vorschr. stellt klar, dass aus dem Vorliegen einer unverantwortbaren Gefährdung (§ 9 II) für schwangere/stillende Frauen oder ihr Kind nicht stets automatisch ein Beschäftigungsverbot folgt. Entspr. dem generellen Anliegen des ReformG, betroffenen Frauen das Weiterarbeiten zu ermöglichen solange das ohne Gesundheitsgefahr möglich ist, wird der AG auf eine Reihenfolge der denkbaren Schutzmaßnahmen verwiesen, die einzuhalten ist: grds. soll auch bei unverantwortl. Gefährdung vorrangig versucht werden diese durch Änd. der Arbeitsbedingungen auszuschließen, die Betroffene also möglichst auf ihrem gewohnten Arbeitsplatz weiter zu beschäftigen. Ist das nicht mögl. oder nicht hinreichend sicher, ist ein Arbeitsplatzwechsel vorzunehmen, der eine Beschäftigung ohne die entspr. Gefährdung ermöglicht. Ist ein solcher Arbeitsplatz nicht vorhanden kommt letzthilfsweise das Beschäftigungsverbot in Betracht. Statt des Arbeitsentgelts ist dann Mutterschutzlohn gem. § 18 zu zahlen.

2 **2. Rangfolge (Abs. 1).** Sobald die Beurteilung der Arbeitsbedingungen ergibt, dass für schwangere/stillende Frauen oder ihre Kind die Weiterarbeit auf ihrem Arbeitsplatz oder zu ihren Arbeitsbedingungen eine unverantwortbare Gefährdung darstellt, muss der AG die erforderl. Schutzmaßnahmen vorsehen, die diese Gefährdung ausschließen. Diese Maßnahmen müssen für einen wirksamen Gesund-

heitsschutz so früh wie mögl. ergriffen werden. Jedenfalls für organisatorische Änd. wie einen Arbeitsplatzwechsel ist jedoch eine Mitt. der Frau (§ 15 I) erforderl. Die Aufzählung in Nr. 1–3 legt eine Reihenfolge der in Betracht kommenden Schutzmaßnahmen fest, die der AG einzuhalten hat. Danach ist vorrangig (Nr. 1) eine Umgestaltung der Arbeitsbedingungen iSd. § 9 II 3 vorzunehmen, also die für einen effektiven Mutterschutz bestehenden technischen und arbeitsmedizinischen Vorgaben einzuhalten. Erst wenn solche Vorgaben nicht bestehen oder am Arbeitsplatz nicht eingehalten werden können, wegen eines dam. verbundenen unverhältnismäßigen Aufwandes, kommt nach Nr. 2 ein Arbeitsplatzwechsel in Betracht. Das setzt voraus, dass der AG einen solchen Arbeitsplatz zur Verfügung stellen kann, weil dieser frei ist oder in zumutbarer Weise frei gemacht werden kann, etwa weil sich vorübergehend ein Tauschpartner findet. In die Betrachtung einzubeziehen sind alle Arbeitsplätze, die der AG besetzen kann, auch solche in anderen Betriebsteilen. Der anderweitige Arbeitsplatz muss der Betroffenen allerdings zumutbar sein unter Beachtung aller Umstände des Einzelfalls (BAG 22.4.1998 NZA 1998, 936). Eine mangelnde Zumutbarkeit kann aus allen maßgebl. Arbeitsumständen folgen, auch aus notwendig werdenden Änd. der AZ, die ggf. m. privaten Betreuungspflichten der Betroffenen unvereinbar sein können. Erst wenn auch eine Versetzung nicht mögl. ist, löst die unverantwortbare Gefährdung ein Beschäftigungsverbot aus (Nr. 3). Dieses Verbot ist v. AG selbst zu erteilen und durchzusetzen. Er hat die schwangere/stillende Frau von der Arbeitsleistung zu befreien und sicherzustellen, dass sie tats. nicht tätig wird; der vertragl. Entgeltanspruch wird durch § 18 ersetzt. Ist nur ein Teil der vertragl. geschuldeten Arbeitsleistung als unverantwortbare Gefährdung einzustufen, erstreckt sich das Beschäftigungsverbot auch nur auf diesen Teil.

3. Heimarbeit (Abs. 2). Da für Heimarbeiterinnen kein „Arbeitsplatzwechsel" iSd. Abs. 1 Nr. 2 3
mögl. ist, müssen unverantwortbare Gefährdungen für schwangere/stillende Frauen oder ihr Kind durch Schutzmaßnahmen gem. Abs. 1 Nr. 1 ausgeschlossen werden können. Ist das nicht mögl., ist die Ausgabe v. Heimarbeit an die Betroffenen untersagt.

§ 14 Dokumentation und Information durch den Arbeitgeber

(1) [1]Der Arbeitgeber hat die Beurteilung der Arbeitsbedingungen nach § 10 durch Unterlagen zu dokumentieren, aus denen Folgendes ersichtlich ist:

1. das Ergebnis der Gefährdungsbeurteilung nach § 10 Absatz 1 Satz 1 Nummer 1 und der Bedarf an Schutzmaßnahmen nach § 10 Absatz 1 Satz 1 Nummer 2,

2. die Festlegung der erforderlichen Schutzmaßnahmen nach § 10 Absatz 2 Satz 1 sowie das Ergebnis ihrer Überprüfung nach § 9 Absatz 1 Satz 2 und

3. das Angebot eines Gesprächs mit der Frau über weitere Anpassungen ihrer Arbeitsbedingungen nach § 10 Absatz 2 Satz 2 oder der Zeitpunkt eines solchen Gesprächs.

[2]Wenn die Beurteilung nach § 10 Absatz 1 ergibt,

dass die schwangere oder stillende Frau oder ihr Kind keiner Gefährdung im Sinne von § 9 Absatz 2 ausgesetzt ist oder sein kann, reicht es aus, diese Feststellung in einer für den Arbeitsplatz der Frau oder für die Tätigkeit der Frau bereits erstellten Dokumentation der Beurteilung der Arbeitsbedingungen nach § 5 des Arbeitsschutzgesetzes zu vermerken.

(2) Der Arbeitgeber hat alle Personen, die bei ihm beschäftigt sind, über das Ergebnis der Gefährdungsbeurteilung nach § 10 Absatz 1 Satz 1 Nummer 1 und über den Bedarf an Schutzmaßnahmen nach § 10 Absatz 1 Satz 1 Nummer 2 zu informieren.

(3) Der Arbeitgeber hat eine schwangere oder stillende Frau über die Gefährdungsbeurteilung nach § 10 Absatz 1 Satz 1 Nummer 1 und über die damit verbundenen für sie erforderlichen Schutzmaßnahmen nach § 10 Absatz 2 Satz 1 in Verbindung mit § 13 zu informieren.

1. Normzweck. Durch die Dokumentation von Schutzbedarf und vorgesehenen Schutzmaßnahmen 1
wird der Aufsichtsbehörde (§ 29) eine wirkungsvollere Überprüfung der Durchführung des Mutterschutzrechts ermöglicht. Zugleich sollen alle Beschäftigten über Gefährdungsbeurteilung und erforderl. Schutzmaßnahmen informiert werden. Damit soll zum einen künftig schwanger werdenden Frauen gezeigt werden, auf welchen Arbeitsplätzen gefahrlos eine Weiterbeschäftigung mögl. ist und auf welchen ein Veränderungsbedarf bei den Arbeitsbedingungen feststeht. Das könnte einen Anreiz setzen, eine etwaige Schwangerschaft möglichst frühzeitig feststellen zu lassen und dem AG Mitt. zu machen. Zum anderen sollen Vorgesetzte und Kollegen für einen Anpassungsbedarf nach einer Schwangerschaftsmeldung sensibilisiert werden.

2. Dokumentationspflicht (Abs. 1). a) Gem. § 10 ist der AG verpflichtet bei einer generellen Beur- 2
teilung der Arbeitsbedingungen die Art und das Ausmaß mögl. Gefährdungen zu beurteilen, die davon für schwangere/stillende Frauen oder ihr Kind ausgehen können. Das Ergebnis dieser Beurteilung ist gem. Abs. 1 S. 1 Nr. 1 ebenso zu dokumentieren wie der dadurch ggf. ausgelöste Bedarf von Schutzmaßnahmen. Dazu müssen Unterlagen erstellt werden, die alle Elemente der Beurteilung gem. § 10 I

enthalten. Auch wenn die Beurteilung ergibt, dass eine Gefährdung zwar mögl., aber hinnehmbar ist, sodass keine Schutzmaßnahmen ergriffen werden sollen, muss dies dokumentiert werden. Nur so kann die Aufsichtsbehörde prüfen, ob sie die Einschätzung des AG teilt oder abweichend doch Schutzmaßnahmen für geboten hält. Entspr. Nr. 2 müssen die Schutzmaßnahmen festgelegt und ihrerseits dokumentiert werden, die dem zuvor dokumentierten Schutzbedarf entsprechen (konkretisierte Gefährdungen). Die Dokumentationspflicht erstreckt sich weiter auf das Ergebnis der Wirksamkeitsprüfung der angeordneten Schutzmaßnahmen gem. § 9 I 2. Nr. 3 verlangt zudem eine Dokumentation des Angebots an die schwangere/stillende Frau, m. ihr ein Gespräch über weitere Änd. der Arbeitsbedingungen zu führen, § 10 II 2. Da der Betroffenen ein solches Gespräch nur angeboten werden muss, es aber nicht zwgd. durchzuführen ist, falls die Betroffene dafür keinen Bedarf hat, ist eine Dokumentation nur des Angebots oder alternativ des Zeitpunkts des Gesprächs vorgeschrieben.

3 **b)** In Abs. 1 S. 2 ist der Sonderfall geregelt, dass die Beurteilung ergeben hat, dass schwangere/stillende Frauen oder ihr Kind keiner unverantwortbaren Gefährdung ausgesetzt sind. In diesem Fall wird die Dokumentationspflicht aus Abs. 1 S. 1 dahingehend eingeschränkt, dass die allg. Beurteilung der Arbeitsbedingungen gem. § 5 ArbSchG um die entspr. Feststellung ergänzt wird.

4 **3. Generelle Informationspflicht (Abs. 2).** Alle bei dem AG Beschäftigten, nicht nur die weibl., sind über das Ergebnis der generellen Gefährdungsbeurteilung und den dadurch ausgelösten Bedarf an Schutzmaßnahmen zu informieren. Die für den Einzelfall konkretisierte Beurteilung ist von dieser Verpflichtung nicht erfasst, um den Persönlichkeitsschutz der Betroffenen zu gewährleisten. Die Informationen dürfen keinen Rückschluss auf die ggf. betroffenen Frauen zulassen. Die Information muss in geeigneter Form vorgenommen werden, kann in Abhängigkeit vom Grad der Komplexität der Information also durchaus die Einsicht in Unterlagen umfassen. Grds. ist aber keine Form vorgeschrieben, bei einfachen Sachverhalten kommt auch eine formlose Unterrichtung in Betracht. Ein bes. Informationsrecht des BR/PersR ist nicht geregelt; es ergibt sich jedoch bereits aus den Mitbestimmungsrechten zum betriebl. Gesundheitsschutz (§ 87 I Nr. 7 BetrVG).

5 **4. Informationspflicht gegenüber der Betroffenen (Abs. 3).** Über die allg. an alle Beschäftigten adressierte Information zur generellen Gefährdungsbeurteilung hinaus hat die schwangere/stillende Frau selbst das Recht, über die konkrete Gefährdungsbeurteilung und die für sie selbst nach § 13 I vorgesehenen Schutzmaßnahmen informiert zu werden. Damit ist nicht die Pflicht zu weiteren Schutzmaßnahmen verbunden, sondern die Information zu den bereits aufgrund der Beurteilung für sie vorgesehenen Maßnahmen. Auf diese Information hin kann die Betroffene selbst m. Nachfragen oder Vorschlägen reagieren, um ihre Interessen bei der vorgesehenen Änd. der Arbeitsbedingungen zu verdeutlichen. Ein Recht, die vom AG vorgesehenen Maßnahmen einseitig umzugestalten, erhält sie dadurch nicht.

§ 15 Mitteilungen und Nachweise der schwangeren und stillenden Frauen

(1) [1]Eine schwangere Frau soll ihrem Arbeitgeber ihre Schwangerschaft und den voraussichtlichen Tag der Entbindung mitteilen, sobald sie weiß, dass sie schwanger ist. [2]Eine stillende Frau soll ihrem Arbeitgeber so früh wie möglich mitteilen, dass sie stillt.

(2) [1]Auf Verlangen des Arbeitgebers soll eine schwangere Frau als Nachweis über ihre Schwangerschaft ein ärztliches Zeugnis oder das Zeugnis einer Hebamme oder eines Entbindungspflegers vorlegen. [2]Das Zeugnis über die Schwangerschaft soll den voraussichtlichen Tag der Entbindung enthalten.

1 **1. Normzweck.** Die AN „soll" den AG v. ihrer Schwangerschaft unterrichten, sobald sie sie kennt. Dadurch wird am ehesten gewährleistet, dass der AG tats. v. den nunmehr einsetzenden Schutzpflichten nach dem MuSchG erfährt. Die Schutzpflichten bestehen zwar unabhängig v. der konkreten Mitt., doch können sie nur bei Kenntnis erfüllt, bzw. kann ihre Nichterfüllung nur dann sanktioniert werden. § 15 normiert dennoch **keine** erzwingbare, sanktionsbewehrte **Mitteilungspflicht** der Schwangeren, sondern eine dringende ges. Empfehlung (BAG 13.6.1996 NZA 1996, 1154). Als arbeitsvertragl. Nebenpflicht folgt im Einzelfall die Verpflichtung, die Dispositionsinteressen des AG zu berücksichtigen. Daraus ergibt sich weiter die Pflicht, ein vorzeitiges Ende der Schwangerschaft ebenfalls mitzuteilen (BAG 18.1.2000 NZA 2000, 2276); den Einwand unzulässiger Rechtsausübung gegen die Forderung der AN aus § 615 BGB gesteht das BAG dem AG, der wegen unterbliebener Mitt. nicht gekündigt hatte, aber dennoch nicht zu (krit. dazu: *Bittner* RdA 2001, 336 ff.). Für eine Schadensersatzpflicht der AN bei unterl. Mitt.: *Meisel/Sowka* Rn. 19; *Buchner/Becker* Rn. 73. Trotz des beachtl. Gewichtes, das dem Interesse der Schwangeren an der Entsch. zukommt, ob sie ihre persönl. Verhältnisse offenbaren will, ist eine vertragl. Nebenpflicht bei gesteigertem Interesse des AG an frühzeitiger Inf. anzunehmen, zB bei Beschäftigten in herausgehobener Position.

2. Mitteilung der Schwangeren (Abs. 1). a) Mitteilung der Schwangerschaft (S. 1). Innerhalb eines bestehenden ArbVerh. soll die AN dem AG v. der Schwangerschaft Mitt. machen. Eine Inf. an einen Vorgesetzten m. Personalverantwortung, an die Personalabt. oder einen Vertreter des AG genügt. Eine bestimmte Form ist nicht einzuhalten; auch eine Bekanntgabe durch von der AN beauftragte Dritte genügt (LAG ST 9.12.2014 NZA 2015, 1076). Mitgeteilt werden soll die Schwangerschaft sowie der voraussichtl. Entbindungstermin, auch die Mitt. einer nur vermuteten Schwangerschaft genügt. Da es um eine Mitt. zur Aktualisierung der Schutzpflichten des AG geht, ist S. 1 nicht abschl. Die ges. Schutzrechte können weitergehende Mitt. erforderl. machen wie die Mitt. einer Mehrlingsschwangerschaft oder der Geburt eines Kindes m. Behinderung, § 3 II 2 Nr. 2, 3. Als Zpkt. der Mitt. sieht S. 1 die Kenntnis der Schwangeren vor; kann eine Mitteilungspflicht aus dem Vertragsverhältnis abgeleitet werden (Rn. 1), müssen die betriebl. Erfordernisse auch hins. des Zpkt. beachtet werden. 2

b) Mitteilung des Stillens (S. 2). Eine stillende Frau soll ihren AG ebenfalls v. diesem Umstand informieren. Im Interesse eines umfassenden Mutterschutzes soll auch diese Information so früh wie mögl. erfolgen. Das schließt bereits die Schutzfrist nach der Entbindung (§ 3 II) mit ein oder ggf. eine sich anschl. Elternzeit, damit dem AG die Organisation einer erforderl. Schutzmaßnahme erleichtert wird. Als vertragl. Nebenpflicht kann sich auch eine Pflicht zur Inf. des AG über die Beendigung der Stillzeit ergeben, soweit sich an deren Fortdauer Schutzpflichten des AG knüpfen. 3

c) Mitteilung einer Schwangerschaft vor Vertragsschluss. Eine mutterschutzrechtl. oder m. der Treuepflicht begr. Verpflichtung zur ungefragten Offenbarung einer bestehenden Schwangerschaft kommt vor Vertragsschluss idR nicht in Betracht. Vor Vertragsschluss enthält die Frage des AG nach einer Schwangerschaft der Bewerberin idR eine unmittelbare Benachteiligung wegen des Geschlechts (BAG 15.10.1992 NZA 1993, 257), da sie spezifisch die Einstellungschancen v. Frauen vermindert (BAG 20.2.1986 NZA 1986, 739). Danach ist die Frage unzulässig; zu den Anforderungen des Unionsrechts vgl. § 3 I 2 AGG. Das BAG erkannte eine Ausnahme an, wenn die Beschäftigung gesundheitl. Risiken für Mutter oder Kind bedeuten würde (BAG 1.7.1993 NZA 1993, 933). Eine Ausnahme iSd. Art. 28 I RL 2006/54/EG ist das jedoch nicht; Mutterschutz vor gefährdenden Tätigkeiten wird durch die Schutzmaßnahmen gem. § 13 bei Bestand des ArbVerh. verwirklicht. 4

3. Vorlage eines Zeugnisses (Abs. 2). Ist die Mitt. nicht bereits selbst durch Vorlage eines ärztl. Zeugnisses erfolgt, ist dies auf Verlangen des AG nachzureichen (S. 1). Auch diese Vorschr. ist als Sollbestimmung gefasst, begr. also keine Rechtspflicht (BAG 6.6.1974 DB 1974, 2355), doch kann der Nachw. zugleich Nebenpflicht aus dem Arbeitsvertrag sein, zB bei Beschäftigungsverboten oder bei Kündigung. Das Zeugnis kann jeder Arzt oder ein/e Hebamme/Entbindungspfleger ausstellen. Das Zeugnis ist gem. Abs. 2 **verbindl.** für die Berechnung des 6-Wochen-Zeitraums gem. § 3 I 3, selbst wenn sich der Arzt oder die Hebamme über den Entbindungstermin getäuscht haben sollte (BAG 27.1.1966 DB 1966, 868; LAG K 21.1.2000 NZA-RR 2001, 303). Damit wird das Risiko der nicht hinreichend sicheren Bestimmbarkeit des Geburtstermins abschl. zwischen den Arbeitsvertragsparteien verteilt. Die Kosten der Zeugnisse trägt der AG (§ 9 VI 2); ges. krankenversicherte Frauen haben vorrangig Anspruch auf Leistungen zur Feststellung der Schwangerschaft gegen die Krankenkassen, dh. auf Übernahme der Kosten für Untersuchung und Bescheinigung. Hat die schwangere/stillende Frau den AG v. der Schwangerschaft/Stillzeit informiert, muss der AG unverzügl. die Aufsichtsbehörde davon benachrichtigen, § 27 I. 5

Unterabschnitt 3. Ärztlicher Gesundheitsschutz

§ 16 Ärztliches Beschäftigungsverbot

(1) Der Arbeitgeber darf eine schwangere Frau nicht beschäftigen, soweit nach einem ärztlichen Zeugnis ihre Gesundheit oder die ihres Kindes bei Fortdauer der Beschäftigung gefährdet ist.

(2) Der Arbeitgeber darf eine Frau, die nach einem ärztlichen Zeugnis in den ersten Monaten nach der Entbindung nicht voll leistungsfähig ist, nicht mit Arbeiten beschäftigen, die ihre Leistungsfähigkeit übersteigen.

1. Normzweck. Die ärztl. Beschäftigungsverbote vor (Abs. 1) und nach (Abs. 2) der Entbindung ergänzen das betriebl. Beschäftigungsverbot (§ 13 I Nr. 3). Es stellt, anders als das betriebl. Beschäftigungsverbot, nicht in erster Linie auf die Gefährdungen ab, die durch eine Tätigkeit oder die Arbeitsbedingungen für eine schwangere/kürzl. entbundene Frau oder ihr Kind ausgelöst werden. Es geht vielmehr um den individuellen Gesundheitszustand der Betroffenen (BAG 11.11.1998 NZA 1999, 763; 9.10.2002 NZA 2004, 257), der im Zusammenwirken m. einer fortgesetzten Beschäftigung gefährdet sein kann. 1

Das individuelle Beschäftigungsverbot ist Folge des spezifischen Gesundheitszustandes einer konkreten AN bzw. ihres Kindes. Gem. § 16 können Gefährdungen berücksichtigt werden, die im Katalog der §§ 11, 12 nicht enthalten sind; ggf. sind aber auch beide Vorschr. nebeneinander anwendbar (BAG 2

11.11.1998 NZA 1999, 763). Wird das ärztl. Beschäftigungsverbot allerdings einer **arbeitslosen** Schwangeren erteilt, soll nach Auff. der BA die Verfügbarkeit für den Arbeitsmarkt dadurch ausgeschlossen werden m. der Folge eines Verlusts des Anspruchs auf Alg., § 138 I Nr. 3 SGB III. Das BSG (BSG 30.11.2011 NZS 2012, 475; 22.2.2012 NZA 2012, 1146) lehnt es zwar ab, diese Verfügbarkeit zu fingieren, will aber bei Beschäftigungsverbot nicht automatisch v. ihrem Wegfall ausgehen. Der persönl. Geltungsbereich des MuschG (§ 1 Rn. 6 ff.) erfasst V, die durch eine „Fortdauer der Beschäftigung" auch nicht gefährdet werden können. Erst wenn die Schwangere für keinerlei zumutbare Tätigkeit mehr eingesetzt werden könnte, also durch alle ihrer Arbeitsfähigkeit entspr. Tätigkeiten gefährdet würde, steht sie dem Arbeitsmarkt nicht zur Vfg. (*Schmidt* SGb 2014, 242, 244).

3 **2. Rechtswirkungen der Verbote. a) Privatrechtl. Wirkung.** Beschäftigungsverbote beseitigen nicht das ArbVerh., sondern untersagen eine konkrete Beschäftigung m. der verbotenen Arbeit. Darauf gerichtete vertragl. Hauptpflichten ruhen während der Verbotsdauer (BAG 11.10.2000 NZA 2001, 445); die Nebenpflichten sowie die Betriebszugehörigkeit bleiben aufrechterhalten. Besteht die Schwangerschaft bereits bei **Vertragsschluss,** ist die Pflicht zur Leistung verbotener Arbeit während der Geltung des Verbotes nichtig (§ 134 BGB); die Wirksamkeit des Vertrages iÜ wird nicht berührt.

4 Durch ein Beschäftigungsverbot bedingte Fehlzeiten haben keine nachteiligen **Auswirkungen** auf das Arbeitsentgelt (§§ 18 ff.) und können sie nicht haben, ohne dadurch gegen das Benachteiligungsverbot zu verstoßen (BAG 2.8.2006 NZA 2006, 1411 m. Anm. *Schlachter*; *Nebe* ZESAR 2011, 10, 15); sie müssen nicht nachgeholt werden. Besteht das Beschäftigungsverbot bereits vom ersten Tag des ArbVerh an, richtet sich der Entgeltanspruch nach dem regelmäßigen Entgelt für die vertragl vereinbarte ArbZ (LAG B 30.9.2016 BeckRS 2016, 73258); eine Wartefrist für das Entstehen des Entgeltanspruchs (wie § 3 III EFZG) ist im MuSchG nicht vorgesehen. Fehlzeiten während der Schutzfristen/Beschäftigungsverbote sind für die Zahlung v. **Gratifikationen,** deren Höhe v. Fortbestehen des ArbVerh. abhängt, wie tats. Arbeitsleistung zu behandeln (EuGH 21.10.1999 NZA 1999, 1325; LAG SL 22.4.2015 BeckRS 2015, 71672), ihre Kürzung ist m. der Sicherung des Lebensstandards gegen schwangerschaftsbedingte Verdienstminderungen nicht vereinbar (BAG 12.5.1993 NZA 1993, 1002; **aA** 12.7.1995 NZA 1995, 1165; *Sowka* NZA 1993, 783 ff.). Tarifl. Ansprüche dürfen nicht v. Voraussetzungen abhängen, die auf die AN Druck ausüben können, die Schutzfrist aus Abs. 2 nicht zu beanspruchen, Art. 6 IV GG (BAG 20.8.2002 NZA 2003, 333). Weiter zu gewähren ist ein zum Privatgebrauch überlassenes Firmenfahrzeug (BAG 11.10.2000 NZA 2001, 445) und andere Sachbezüge, sofern sie nicht frei widerrufl. gewährt wurden. Auch für den Erwerb v. Anwartschaftszeiten in der Zusatzversorgung ist Mutterschaftsurlaub anzurechnen (EuGH 13.1.2005 NZA 2005, 347; BAG 16.6.2005 NZA 2006, 283). Unionsrechtl. haben gem. Art. 11 Nr. 2 b RL 92/85/EWG Mütter nur Anspruch auf Fortzahlung eines Entgelts sowie auf **angemessene** Sozialleistung, wenn sie während eines Beschäftigungsverbotes nicht oder nicht zu den bisherigen Arbeitsbedingungen arbeiten können; die im MuSchG vorgesehene Weitergewährung in **vollem** Umf. ist daher unionsrechtl. nicht verpflichtend (EuGH 8.9.2005 NZA 2005, 1105; 1.7.2010 NZA 2010, 1284).

5 Der Anspruch auf **Erholungsurlaub** wird durch die Fehlzeiten nicht berührt, sondern besteht weiter, auch wenn die AN im Urlaubsjahr nur geringfügige Leistungen erbracht hat (BAG 8.3.1984 NZA 1984, 197; BVerwG 28.5.1986 NJW 1987, 671), vgl. § 17 S. 1. Eine Verrechnung der Freistellung wegen eines Beschäftigungsverbots m. dem Erholungsurlaub kommt wegen der unterschiedl. Zwecksetzung nicht in Betracht (BAG 25.1.1994 NZA 1994, 652; 20.5.2008 NZA 2008, 1237). Das gilt auch, wenn die kollektivvertragl. festgelegten Betriebsferien in die Zeit mutterschutzrechtl. Arbeitsbefreiung fallen (EuGH 18.3.2004 NZA 2004, 535). Umgekehrt zählen die Zeiten eines Beschäftigungsverbotes für die Berechnung des Urlaubsanspruchs als Beschäftigungszeiten, § 24 S. 1. Kann der Urlaubsanspruch wegen Mutterschutzes nicht erfüllt werden, besteht er gem. § 24 S. 2 nach Ablauf des Beschäftigungsverbotes weiter.

6 **b) Öffentlich-rechtliche Wirkung; Verhältnis zur Sozialversicherung.** Die Beschäftigungsverbote hindern den AG an der tats. Beschäftigung; ihre Einhaltung wird v. den Aufsichtsbehörden überwacht. Die sozialversicherungsrechtl. Stellung der AN wird durch die Beschäftigungsverbote nicht berührt: Die Krankenvers bleibt (beitragsfrei, § 224 SGB V) bestehen (§ 192 I Nr. 2 SGB V); in der Rentenvers. zählen die Schutzfristen beitragsfrei als Anrechnungszeiten (§ 58 I Nr. 2 SGB VI), in der Arbeitslosenvers. als Beschäftigungszeit (§§ 24 f. SGB III); auch bei Berechnung der Anwartschaftszeiten für die ges. Arbeitslosenvers. sind Unterbrechungszeiten wegen eines Beschäftigungsverbotes m. einzubeziehen (BVerfG 28.3.2006 NJW 2006, 1721).

7 **3. Individuelles Beschäftigungsverbot vor der Entbindung (Abs. 1). a) Voraussetzungen.** Die AN muss **schwanger** sein. Eine Schwangerschaft liegt vor m. der Befruchtung der Eizelle (BAG 26.3.2015 NZA 2015, 734). Im Falle einer In-vitro-Fertilisation beginnt die Schwangerschaft m. Einsetzung der befruchteten Eizelle in die Gebärmutter (BAG 26.3.2015 NZA 2015, 734; 26.10.2016 NZA 2017, 240). Das BAG stellt wegen der Unsicherheit der Bestimmung des Zpkt. auf einen fiktiven Beginn ab, der 280 Tage vor dem errechneten Geburtstermin liegt (BAG 7.5.1998 NZA 1998, 1049). Auch eine Bauchhöhlenschwangerschaft löst die Schutzrechte des MuSchG aus. Dem AG muss ein

ärztl. Zeugnis über das Bestehen einer Schwangerschaft vorgelegt werden. Eine – auch mdl. – vorl. Bescheinigung genügt, bis eine endgültige Feststellung mögl. wird (BAG 1.10.1997 NZA 1998, 194).

b) Ein **ärztl. Zeugnis** muss ergeben, dass bei Fortsetzung der derzeitigen Beschäftigung eine Gefahr für Leben oder Gesundheit für Mutter oder Kind droht. Sie ist für das Beschäftigungsverbot konstitutiv (BAG 9.10.2002 NZA 2004, 257; 7.11.2007 NZA 2008, 551). Ein amts- oder fachärztl. Zeugnis kann zwar nicht verlangt werden, das **Zeugnis einer/eines Hebamme/Entbindungspflegers genügt hier aber nicht.** Das Zeugnis muss das Beschäftigungsverbot genau bezeichnen und diejenigen Umstände der Beschäftigung angeben, auf denen es beruht. Damit wird dem AG die Möglichkeit eröffnet, gefährdende Umstände zu beseitigen. Gelingt dies, ist eine neue Gefährdungsbeurteilung vorzunehmen und zu dokumentieren; für die neue (geeignete und zumutbare) Tätigkeit gilt das zuvor erteilte Beschäftigungsverbot nicht. Die bloße Möglichkeit eines Schadenseintritts infolge weiterer Beschäftigung genügt (BAG 11.11.1998 NZA 1999, 763); die Voraussetzungen sind also deutl. eher erfüllt als die einer krankheitsbedingten AU. Das BAG lässt auch psychisch bedingten Stress am Arbeitsplatz genügen (BAG 7.11.2007 NZA 2008, 551), selbst wenn die v. der AN wahrgenommene „Mobbing"-Situation obj. nicht vorgelegen hat (BAG 21.3.2001 NZA 2001, 1017; LAG K 13.12.2001 NZA-RR 2002, 569). 8

c) Das Verbot selbst muss die **Ursache** für die Nichtleistung der Arbeit sein. An dieser Kausalität fehlt es, während die AN in unbezahltem Sonderurlaub ist (LAG HM 10.1.2001 BeckRS 2001, 30789100). Ist bei einer arbeitsbedingten Gesundheitsgefährdung einer Schwangeren unklar, ob die Gefährdung allein auf die Schwangerschaft zurückzuführen ist oder ob sie auch ohne Schwangerschaft bestünde, so ist nicht eine AU iSv. §§ 3, 5 EFZG (so aber *Meisel/Sowka* Rn. 8), sondern ein Beschäftigungsverbot iSv. § 16 zu bescheinigen (ZZVV/*Viethen/Wascher* Rn. 4; MüArbR/*Schlachter* § 73 Rn. 32; **aA** LSG HH 7.2.2013 – L 1 KR 31/11), um den Gesundheitsschutz der Schwangeren möglichst umfassend zu gestalten. An der (Mit-)Ursächlichkeit der Schwangerschaft fehlt es schließl. auch in diesen Fällen nicht. Fehlt der Zusammenhang zwischen Schwangerschaft und Gefährdung dagegen, kommt ein Beschäftigungsverbot nicht in Betracht (*Lembke* NZA 1998, 349 f.; **aA** LAG M 23.10.1967 DB 1968, 762; LAG HM 12.9.1969 AuR 1970, 190). Nach Ansicht des BAG (5.7.1995 NZA 1996, 137; 1.10.1997 NZA 1998, 194; ebenso BSG 9.9.1999 NZA-RR 2000, 44 ff.; *Schliemann/König* NZA 1998, 1030 ff.) kann ein Beschäftigungsverbot demggü. nur ausgesprochen werden, solange die Schwangere **arbeitsfähig** ist. Führen die (auch schwangerschaftsbedingten) Beschwerden dagegen zur AU, gilt die AUBescheinigung dem Beschäftigungsverbot ggü. als vorrangig (BAG 13.2.2002 NZA 2002, 738; **aA** ArbG BE 31.8.2012 BeckRS 2012, 73255; LAG SH 7.12.1999 NZA-RR 2000, 118 ff.). 9

d) **Rechtsfolgen.** Mit Vorlage des Zeugnisses wird das Beschäftigungsverbot wirksam, m. dort bezeichneten Arbeiten darf die Schwangere nicht betraut werden, solange es besteht (BAG 11.11.1998 NZA 1999, 763). Umf. und Dauer des Verbotes richten sich nach dem Zeugnis. Ist die Beschäftigung ganz untersagt, darf sie – sobald das Attest vorliegt – auch m. Einverständnis der Betroffenen nicht erfolgen (LAG BW 27.1.2012 BeckRS 2012, 76218). Hat die AN allerdings dennoch verbotswidrig gearbeitet, ist sie entspr. zu entlohnen; das Verbot richtet sich gegen die Arbeitsleistung, nicht gegen deren Bezahlung. Soweit eine Beschäftigung nicht oder nicht m. der vertragl. vereinbarten Tätigkeit erfolgt, ist Mutterschutzlohn gem. § 18 zu zahlen. Dem Zeugnis kommt hoher **Beweiswert** zu (BAG 31.7.1996 NZA 1997, 29; 1.10.1997 NZA 1998, 194). Solange das Zeugnis besteht und dem AG der grds. mögl. (BAG 21.3.2001 NZA 2001, 1017; 7.11.2007 NZA 2008, 551) Nachw. der Unrichtigkeit nicht gelungen ist, entfaltet es Bindungswirkung. Hat der AG Zweifel an der Richtigkeit des Zeugnisses, kann er den Arzt zur Aufhebung des Verbots zu bewegen suchen, zB durch Klarstellung der tats. Arbeitsbedingungen der AN oder deren Anpassung an die Gefährdungssituation. Der AG kann aber auch den Beweiswert der Bescheinigung zu erschüttern suchen, und Inf. über die tats. Umstände verlangen, auf deren Annahme es gestützt wurde. Der Arzt hat die Auskunft zu erteilen, ausgehend v. welchen tats. Arbeitsbedingungen der AN er das Beschäftigungsverbot ausgesprochen hat (BAG 13.2.2002 NZA 2002, 738; LAG HM 5.9.2006 BeckRS 2006, 45078). Ist der Beweiswert der Bescheinigung erschüttert, muss die AN die Voraussetzungen des Beschäftigungsverbotes anderweitig beweisen, zB durch Entbindung des Arztes v. der Schweigepflicht (BAG 9.10.2002 NZA 2004, 257; 7.11.2007 NZA 2008, 551; LAG RP 17.6.2013 BeckRS 2013, 71277). Außerdem kann der AG eine Nachuntersuchung verlangen (BAG 31.7.1996 NZA 1997, 29; LAG K 13.12.2001 NZA-RR 2002, 569 ff.); welcher Arzt die Nachuntersuchung vornimmt, entscheidet die Schwangere selbst. Lässt sie sich nicht untersuchen, ist das Verbot zwar zu beachten, doch kann die Geltendmachung des Mutterschutzlohnes rechtsmissbräuchl. sein (LAG HB 25.1.1991 E MuSchG § 11 Nr. 1). Die Kosten der Nachuntersuchung trägt ggf. der AG, in dessen Interesse sie veranlasst wird. Bei begr. Zweifel an der Richtigkeit des Zeugnisses darf der AG jedoch nicht die Lohnzahlung einstellen (LAG K 26.2.1996 BeckRS 1996, 30462392; **aA** LAG D 1.4.1999 NZA-RR 1999, 348). 10

4. Individuelles Beschäftigungsverbot nach der Entbindung (Abs. 2). Ist die AN nach Ablauf der Schutzfrist (§ 3 II) nicht arbeitsfähig, sind die Vorschr. über Krankheit im ArbVerh. einschlägig. Ist sie dagegen zwar arbeitsfähig, aber nach ärztl. Zeugnis noch nicht voll leistungsfähig, darf sie nicht m. 11

Arbeiten beschäftigt werden, die ihre Fähigkeit übersteigen; zum Umsetzungsrecht in solchen Fällen vgl. § 10. Durch ein Verbot nach § 16 können auch Mütter geschützt werden, die nach der Entbindung nicht stillen und deswegen nicht unter § 12 fallen, falls ihr individueller Gesundheitszustand die volle Leistungsfähigkeit ausschließt. Die Leistungsminderung muss im Zusammenhang m. der Mutterschaft stehen. Das ärztl. (nicht ausreichend: Hebamme/Entbindungungspfleger) Zeugnis soll nicht nur die Leistungseinschränkung, sondern auch die nicht zulässigen Tätigkeiten bescheinigen (*Buchner/Becker* Rn. 47). Die Dauer des Beschäftigungsverbots soll sich am individuellen gesundheitl. Zustand der Betroffenen orientieren. Eine zeitl. Konkretisierung des Verbotsumf. wird durch ärztl. Entsch. darüber getroffen, inwieweit die Entbindung für die andauernde Minderleistungsfähigkeit noch ursächl. ist; sie muss freil. den im Wortlaut verankerten engen zeitl. Zusammenhang zur Entbindung wahren (*Meisel/Sowka* Rn. 19: vier Monate; ZZVV/*Viethen/Wascher* Rn. 49: sechs Monate nach der Entbindung).

Abschnitt 3. Kündigungsschutz

§ 17 Kündigungsverbot

(1) [1]Die Kündigung gegenüber einer Frau ist unzulässig

1. während ihrer Schwangerschaft,

2. bis zum Ablauf von vier Monaten nach einer Fehlgeburt nach der zwölften Schwangerschaftswoche und

3. bis zum Ende ihrer Schutzfrist nach der Entbindung, mindestens jedoch bis zum Ablauf von vier Monaten nach der Entbindung,

wenn dem Arbeitgeber zum Zeitpunkt der Kündigung die Schwangerschaft, die Fehlgeburt nach der zwölften Schwangerschaftswoche oder die Entbindung bekannt ist oder wenn sie ihm innerhalb von zwei Wochen nach Zugang der Kündigung mitgeteilt wird. [2]Das Überschreiten dieser Frist ist unschädlich, wenn die Überschreitung auf einem von der Frau nicht zu vertretenden Grund beruht und die Mitteilung unverzüglich nachgeholt wird. [3]Die Sätze 1 und 2 gelten entsprechend für Vorbereitungsmaßnahmen des Arbeitgebers, die er im Hinblick auf eine Kündigung der Frau trifft.

(2) [1]Die für den Arbeitsschutz zuständige oberste Landesbehörde oder die von ihr bestimmte Stelle kann in besonderen Fällen, die nicht mit dem Zustand der Frau in der Schwangerschaft, nach einer Fehlgeburt nach der zwölften Schwangerschaftswoche oder nach der Entbindung in Zusammenhang stehen, ausnahmsweise die Kündigung für zulässig erklären. [2]Die Kündigung bedarf der Schriftform und muss den Kündigungsgrund angeben.

(3) [1]Der Auftraggeber oder Zwischenmeister darf eine in Heimarbeit beschäftigte Frau in den Fristen nach Absatz 1 Satz 1 nicht gegen ihren Willen bei der Ausgabe von Heimarbeit ausschließen; die §§ 3, 8, 11, 12, 13 Absatz 2 und § 16 bleiben unberührt. [2]Absatz 1 gilt auch für eine Frau, die der in Heimarbeit beschäftigten Frau gleichgestellt ist und deren Gleichstellung sich auch auf § 29 des Heimarbeitsgesetzes erstreckt. [3]Absatz 2 gilt für eine in Heimarbeit beschäftigte Frau und eine ihr Gleichgestellte entsprechend.

1 **1. Normzweck.** § 17 erhält der AN während der Mutterschutzzeiten ihren Arbeitsplatz und die wirtschaftl. Existenzgrdl. und schützt die Gesundheit v. Mutter und Kind vor seelischen Zusatzbelastungen durch einen Kündigungsprozess (BAG 26.4.1956 NJW 1956, 1454; 31.3.1993 NJW 1993, 2334). Ein ausnahmsloses Verbot jeder Beendigung v. ArbVerh. folgt daraus jedoch nicht (BAG 23.10.1991 NZA 1992, 925). Der **bes. Kündigungsschutz** ist Ausdruck der Wertentsch. in Art. 6 IV GG und **europarechtl.** in Art. 10 RL 92/85/EWG vorgeschrieben. In unionsrechtskonformer Auslegung ist dieser Schutz auch auf weisungsabhängige Selbständige (EuGH 11.11.2011 NZA 2011, 143) zu erstrecken, § 1 II 2 Nr. 7. Verboten ist jede Kündigung, die nicht durch einen rkr. VA gem. § 17 II 1 gestattet worden ist. Das Verbot ist zwgd., auf seine Einhaltung kann die AN nicht im Voraus verzichten; sie kann jedoch jederzeit selbst kündigen, so dass ein nachträgl. erklärter Verzicht nicht ausgeschlossen ist (LAG BE 31.10.1988 BeckRS 1988, 30453987). Daneben treten die sonstigen Kündigungsschutzrechte zB für Schwerbehinderte (§ 85 SGB IX) sowie das KSchG. Hat die Mutter während der Schutzfristen Erziehungsurl. genommen, sind bei einer Kündigung die Erlaubnisse gem. § 17 II 1 **und** § 18 BEEG parallel einzuholen (BAG 31.3.1993 NZA 1993, 646). Diese Pflicht bleibt auch in der Insolvenz des AG bestehen (LAG B 6.4.2011 BeckRS 2011, 72994). Das VG Darmstadt (26.3.2012 BeckRS 2012, 53528) stellt darauf ab, dass während der v. § 17 I MuSchG belegten Zeiten eine Erlaubnis gem § 18 BEEG nicht erteilt werden dürfe, um den strengeren Voraussetzungen der EU-Mutterschutz RL zu genügen.

2 **2. Persönlicher Geltungsbereich.** Das Kündigungsverbot gilt seinem Wortlaut nach für Frauen, die einen AG haben, dem der Ausspruch der Kündigung (Abs. 1 S. 1) bzw. das Treffen von Vorberei-

tungsmaßnahmen (Abs. 1 S. 3) verboten wird. Systematisch ist davon auszugehen, dass weibl. Beschäftigte oder ihnen gleichgestellte Frauen iSv. § 1 II mit einbezogen sind, ebenso wie die AN gem. § 2 I. Eine Sonderregel für in Heimarbeit Beschäftigte (§ 1 II 2 Nr. 6) trifft Abs. 3. Eine Ausnahme vom Geltungsbereich des Kündigungsverbotes wird in § 1 II Nr. 8 für Schülerinnen/Studentinnen vorgeschrieben, die nicht in einem Rechtsverhältnis stehen, das von der Gegenseite gekündigt werden könnte. Ein faktisches ArbVerh. kann jederzeit ohne Kündigung beendet werden (§ 611a BGB Rn. 145 ff.). Ist ein Arbeitsvertrag m. mehreren Beschäftigten einheitl. derart geschlossen, dass er nur allen ggü. gemeinsam beendet werden kann („Eigengruppe", Hausmeisterehepaar), wirkt § 9 I im Falle der Schwangerschaft einer Beteiligten auch zugunsten der nicht v. Geltungsbereich des § 9 erfassten Person (BAG 21.10.1971 DB 1972, 244; ArbG Marburg 9.8.1966 DB 1967, 1507; **aA** *Meisel/Sowka* Rn. 60). Dasselbe gilt für Job-Sharing-ArbVerh.

3. Voraussetzungen des Kündigungsverbots (Abs. 1). a) Schwangerschaft, Fehlgeburt oder 3
Schutzfrist nach der Entbindung (S. 1). Die Schwangerschaft muss zeitlich vor dem Kündigungsausspruch (S. 1) oder den Vorbereitungsmaßnahmen (S. 3) des AG bereits bestehen. Eine erst später eintretende Schwangerschaft kann den Sonderkündigungsschutz nicht auslösen. Das gilt auch, falls die Betroffene ledigl. irrtüml. angenommen hatte, schwanger zu sein (BAG 13.6.1996 NZA 1996, 1154). Der Beginn der Schwangerschaft (Nr. 1) und damit das Einsetzen des Verbots ergibt sich nach Meinung des BAG infolge widerlegl. Vermutung aus dem ärztl. bescheinigten Tag der Niederkunft abzgl. 280 Tagen (BAG 7.5.1998 NZA 1998, 1049; krit. dazu APS/*Rolfs* Rn. 53; KR/*Gallner* Rn. 82). Sofern die Empfängnis, dh. der tats. Schwangerschaftsbeginn nachweisbar ist, kommt es auf die Vermutungsregel nicht an (LAG NI 12.5.1997 NZA-RR 1997, 460; HaKo-MuSchG/*Schöllmann* Rn. 22). Das Vorhandensein in-vitro befruchteter Eizellen, die noch nicht in die Gebärmutter eingesetzt worden sind, ist noch nicht als „Schwangerschaft" iSd. RL 92/85/EWG anzusehen (EuGH 26.2.2008 NZA 2008, 345), löst also kein Kündigungsverbot aus, wohl aber das Einsetzen des Embryos (BAG 26.3.2015 NZA 2015, 734; *Brose* NZA 2016, 604). Dieser Zeitpunkt ist maßgebl., weil Regelungsziel der RL 92/85/EWG ausschl. ihres ErwGr. Nr. 15 gerade der Gesundheitsschutz ist, der durch das extrakorporale Vorhandensein befruchteter Eizellen nicht aktiviert wird; etwaigen Repressionen des AG entgegenzutreten, ist Aufgabe der Diskriminierungsverbote. Endet eine Schwangerschaft nicht durch Entbindung, endet damit auch der Kündigungsschutz; das Zustimmungserfordernis entfällt (BAG 16.2.1973 NJW 1973, 1431; LAG HH 26.11.2003 NZA-RR 2005, 72).

Im Falle einer Fehlgeburt (Nr. 2) ist das Eingreifen des Mutterschutzes präzisiert worden, da nach 4
früherer Rechtslage, die allein auf einen Zeitraum nach der Entbindung abstellte, dieser Fall nicht für alle Konstellationen vollständig in den Schutz der Kündigung einbezogen wurde. Nr. 2 bezieht nunmehr ausdr. solche Fehlgeburten ein, die nach dem Ablauf der 12. Schwangerschaftswoche auftreten. Jedenfalls ab diesem Zpkt., in dem die Schwangerschaft im allg. Sprachgebrauch als „sicher" eingeordnet wird (BT-Drs. 18/8963 S. 87 f.), tritt bei Fehlgeburten eine vergleichbare Belastung ein wie bei den stets bereits einbezogenen Totgeburten. Um hier einen gleichwertigen Schutz zu gewährleisten, gilt das Kündigungsverbot für die Dauer von 4 Monaten ab dieser zeitl. qualifizierten Fehlgeburt.

Das Kündigungsverbot gilt weiterhin bis zum Ende der Schutzfrist nach der Entbindung (§ 3 II), 5
mind. jedoch bis zum **Ablauf von 4 Monaten nach der Entbindung (Nr. 3).** Für die Berechnung des Ablaufs der 4-Monats-Frist ist § 188 II BGB maßgebl., gerechnet ab dem Tag der Entbindung. Die Formulierung trägt der Möglichkeit Rechnung, dass sich in Kombination einer Geburt vor Einsetzen der vorgeburtl. Schutzfrist (§ 3 I) und einer verlängerten nachgeburtl. Schutzfrist (§ 3 II 2) eine Schutzlücke bei dem Kündigungsverbot ergeben konnte, wenn dieses nur auf 4 Monate nach der Entbindung ausgelegt ist. Vom Begriff der Entbindung, die den Beginn des 4-Monats-Zeitraums für den nachgeburtl. Kündigungsschutz markiert, werden daher umfasst: eine Lebendgeburt (§ 31 I PStV) und eine Totgeburt (§ 31 II PStV). Die Fehlgeburt wird nach Nr. 2 geschützt; ein Schwangerschaftsabbruch müsste dem – im selben zeitl. Rahmen – grds. gleichstehen (BAG 15.12.2005 NZA 2006, 994).

b) Kündigung durch den Arbeitgeber. Alle Arten v. Kündigungen durch den AG sind untersagt, 6
auch die Änderungskündigung (BAG 7.4.1970 BeckRS 2011, 72994), die Kündigung im Rahmen v. Massenentlassung (MüArbR/*Heenen* § 306 Rn. 43), Betriebsstilllegung oder Insolvenz (LAG B 6.4.2011 BeckRS 2011, 72994) bzw. die Kündigung vor Aufnahme der Beschäftigung (LAG D 30.9.1992 NZA 1993, 1041). Da das Verbot auch bestimmte Arbeitnehmerähnliche erfasst (§ 1 II 2 Nr. 7), ist neben der Kündigung auch eine wegen der Schwangerschaft erfolgende gesellschaftsrechtl. Abberufung unzulässig (*Oberthür* NZA 2011, 253 f.; VG Darmstadt 26.3.2012, NZA 2011, 253 f.).

c) Kenntnis des Arbeitgebers. Das Verbot greift ein, wenn der AG bei der Abgabe der Kündigungs- 7
erklär. positive Kenntnis v. der Schwangerschaft/Fehlgeburt/Entbindung hatte oder eine nachträgl. Mitt. rechtzeitig erfolgt. Eine bloße Vermutung des AG genügt nicht, auch umlaufenden „Gerüchten" braucht er nicht nachzugehen (APS/*Rolfs* Rn. 35). Eine Erkundigungspflicht kann sich ausnahmsweise bei vorhandener, aber inhaltl. nicht genügend eindeutiger eigener Wahrnehmung des AG ergeben, zB auf Grund AUBescheinigung m. Hinweisen auf die Schwangerschaft (BAG 13.4.1956 NJW 1956, 1124; **aA** ZZVV/*Viethen/Wascher* Rn. 16; KR/*Gallner* Rn. 41; *Buchner/Becker* Rn. 98; *Meisel/Sowka*

Rn. 84). Der EuGH (11.11.2010 NZA 2011, 143) hat es bereits als normzweckwidrig angesehen, den Kündigungsschutz zu verweigern, falls der AG zwar nicht v. der AN über die Schwangerschaft informiert worden ist, aber dennoch davon Kenntnis hatte. Die Vorlage einer ärztl. Schwangerschaftsbescheinigung löst das Verbot aus, auch wenn der Tag der Niederkunft tats. später liegt als errechnet (LAG K 30.9.1993 E MuSchG § 9 Nr. 20). Kenntnis eines Vertreters des AG oder eines personalverantwortl. Vorgesetzten der Schwangeren genügt (BAG 18.2.1965 DB 1965, 824; LAG M 23.8.1990 ZTR 1991, 212), nicht aber die Kenntnis v. Kollegen, BR oder Betriebsarzt (MüArbR/*Heenen* § 306 Rn. 40; *Linck* AuA 1992, 176, 178), solange diese die Inf. nicht tats. an den AG weiterleiten (LAG ST 9.12.2014 BeckRS 2015, 67220). Die Beweislast für eine Kenntnis im entscheidenden Zpkt. trägt die AN (BAG 13.1.1982 NJW 1982, 2574).

8 **d) Nachträgliche Mitteilung.** Die ohne Kenntnis v. der Schwangerschaft/Entbindung erklärte Kündigung wird gleichwohl unzulässig, wenn die AN den AG davon noch innerhalb v. zwei Wochen nach Zugang der Kündigung informiert (nicht: Nachw., BAG 6.6.1974 NJW 1975, 229). Aus der Mitt. muss sich entnehmen lassen, dass die Schwangerschaft schon bei Zugang der Kündigung bestand (BAG 15.11.1990 NZA 1991, 669; **aA** LAG K 28.3.1990 NZA 1990, 746); doch ist dies bei engem zeitl. Zusammenhang v. Kündigung und Erkl. zu vermuten. Ausdr. auf die Inanspruchnahme des Kündigungsschutzes braucht die Mitt. nicht gerichtet zu sein (BAG 15.11.1990 NZA 1991, 669). Die Einhaltung einer bes. Form wird nicht verlangt, die Erkl. muss auch nicht v. der AN selbst stammen. Geht die rechtzeitig abgesandte Schwangerschaftsbescheinigung auf dem Postweg verloren, hängt eine Pflicht zur Wiederholung der Inf. ggü. dem AG davon ab, ob die AN das Fehlen des Zugangs hätte bemerken müssen (BAG 16.5.2002 NZA 2003, 217). Eine Erkundigungspflicht trifft die AN nicht, solange keine Anhaltspunkte für einen Verlust des Briefes bestehen. Für die Rechtzeitigkeit der Mitt. kommt es auf ihren Zugang beim AG an. Die Mitt. kann auch in einer Kündigungsschutzklage enthalten sein, sofern diese rechtzeitig zugestellt wird. Auf Verlangen des AG und auf seine Kosten ist innerhalb einer angemessenen weiteren Frist eine ärztl. Bescheinigung über Schwangerschaft/Entbindung beizubringen, § 15 II 1. Eine Verletzung der Nachweispflicht führt nicht zum Verlust des Schutzes aus Abs. 1.

9 Auf die Kenntnis der Beschäftigten v. ihrer Schwangerschaft kommt es für die Fristberechnung (zwei Wochen ab Zugang der Kündigung) nicht an. Hat die AN entgegen § 15 I 1 den AG nicht sofort informiert, geht ihr der Kündigungsschutz dadurch allein nicht verloren (BAG 13.6.1996 NZA 1996, 1154). Jedoch ist bei **Fristüberschreitung** (S. 2) Kenntnis oder Kennenmüssen entscheidend, da eine **unverzügl.** nachgeholte Mitt. den Kündigungsschutz nur aufrechterhält, wenn die Fristüberschreitung nicht zu vertreten ist. Anderenfalls bewirkt die Frist als **Ausschlussfrist** die Folge des endgültigen Verlustes des bes. Kündigungsschutzes. Bei fehlender positiver Kenntnis der Schwangeren v. ihrem Zustand ist die Fristüberschreitung grds. nicht zu vertreten. Etwas anderes gilt nur, wenn zwgd. Anhaltspunkte für das Bestehen einer Schwangerschaft vorlagen, die die Schwangere veranlassen konnten, sich Gewissheit zu verschaffen (BAG 6.10.1983 NJW 1984, 1418; LAG D 10.2.2005 NZA-RR 2005, 382). Zwar verletzt die Schwangere, die eine ihr bekannte Schwangerschaft dem AG schuldhaft nicht rechtzeitig mitteilt, keine diesem ggü. bestehende Vertragspflicht, es handelt sich aber um ein „Verschulden gegen sich selbst", das ebenfalls einen Rechtsverlust rechtfertigt (BAG 16.5.2002 NZA 2003, 217; 26.9.2002 BeckRS 2003, 40757). Trotz Kenntnis v. der Schwangerschaft kann die Schwangere unverschuldet an der rechtzeitigen Mitt. gehindert sein, zB weil sie bei Zugang urlaubsbedingt abwesend war (BAG 13.6.1996 NZA 1996, 1154). Erfährt die AN während des Laufs der Mitteilungsfrist v. ihrer Schwangerschaft, verlängert sich die Frist dadurch nicht automatisch um den abgelaufenen Zeitraum (so ArbG K 8.10.1981 DB 1982, 441). Die – v. Art. 6 IV GG gebotene – Einräumung einer Überlegungsfrist kann aber dazu führen, dass die damit einhergehende Fristüberschreitung als nicht zu vertreten zu werten ist (BAG 26.9.2002 BeckRS 2003, 40757). Wann eine Mitt. als „unverzügl." und damit fristwahrend anzusehen ist, ist wie gem. § 121 BGB v. den Umständen des Einzelfalles abhängig (BAG 20.5.1988 NZA 1988, 799 ff.; vgl. dazu *Linck* AuA 1992, 176, 178); ein Zeitraum v. einer Woche wurde akzeptiert (BAG 6.10.1983 NJW 1984, 1418; 26.9.2002 BeckRS 2003, 40757), ebenso 13 Kalendertage (LAG HM 17.10.2006 BeckRS 2006, 44800), 16 Tage dagegen nicht (BAG 27.10.1983 DB 1984, 1203).

10 **e) Erstreckung auf Vorbereitungsmaßnahmen (S. 3).** In Übereinstimmung m. dem Unionsrecht schützt das Kündigungsverbot nicht allein vor der Abgabe einer Kündigungserklärung durch den AG, sondern auch vor anderen Maßnahmen, die ein AG während der Schutzfrist zur Vorbereitung einer Kündigung trifft. Art. 10 RL 92/85/EWG wird v. EuGH dahingehend verstanden, dass nicht nur die Kündigungserkl. bzw. ihr Zugang bei der AN während der Verbotsdauer untersagt sind, sondern auch dass Vorbereitungen für die Kündigung getroffen werden wie die Suche nach einer dauerhaften Ersatzarbeitskraft (EuGH 11.10.2007 NZA 2007, 1271). Die MutterschutzRL verbietet nicht nur Kündigungen „wegen" der Schwangerschaft, sondern „während" der Schwangerschaft. Erfasst werden damit jdf. rechtl. vor einer Kündigung vorzunehmende Maßnahmen wie Anhörung des BR, Anzeige einer Massenentlassung. Dasselbe dürfte für ledigl. tats. im Vorfeld einer Kündigung liegende Maßnahmen wie Personalgespräche oder Ausschreibungen gelten.

4. Inhalt und Wirkung des Kündigungsverbots. Bei dem Verbot des Abs. 1 handelt es sich um ein **absolutes Kündigungsverbot,** das in Abs. 2 m. einem Erlaubnisvorbehalt versehen wurde. Das Verbot greift, wenn der Zugang (BAG 23.10.1991 NZA 1992, 925) der Kündigungserkl. bzw. das Ergreifen der Vorbereitungsmaßnahme in den geschützten Zeitraum fällt, auf den Moment des Wirksamwerdens der Kündigung kommt es nicht an (BAG 18.2.1977 DB 1977, 1194). Eine verbotswidrig erklärte Kündigung ist **nichtig** (§ 134 BGB), der AN steht ein Weiterbeschäftigungsanspruch (BAG 27.2.1985 NZA 1985, 702) zu. Die nicht beschäftigte AN hat ggf. Ansprüche auf Verzugslohn (LAG HM 14.3.1995 BeckRS 1995, 30460390). Ein verzugsbegründendes Leistungsangebot liegt nach der Rspr. nicht vor, wenn die AN ungewöhnl. schwer gegen generelle Vertrags- und Verhaltenspflichten verstoßen hat, so dass dem AG ihre Beschäftigung auch unter Berücksichtigung der Zwecke des MuSchG nicht zumutbar ist (BAG 26.4.1956 AP MuSchG § 9 Nr. 5; LAG BW 21.8.1975 DB 1975, 2330). Die nichtige Kündigung kann nicht geheilt oder zu einem Termin nach Ablauf der Schutzfrist aufrechterhalten werden; mögl. ist aber eine Bestätigung oder Neuvornahme nach Ablauf der Schutzfrist. Die Frist des § 626 II BGB wird durch das mutterschutzrechtl. Kündigungsverbot gehemmt, kann also nach dessen Ablauf noch eingehalten werden. Das Kündigungsverbot ist Schutzgesetz iSd. § 823 II BGB, seine schuldhafte Verletzung verpflichtet zum Ersatz aller kündigungsbedingten Vermögensbeeinträchtigungen (ZZVV/*Viethen/Wascher* Rn. 51; APS/*Rolfs* Rn. 84). Die Missachtung von § 17 I kann ein Indiz für eine Benachteiligung wegen der Schwangerschaft bilden (BAG 17.10.2013 NZA 2014, 303) und bei einer bes. schwerwiegenden Benachteiligung Ersatzansprüche aus § 15 II AGG auslösen (BAG 12.12.2013 NZA 2014, 722; LAG B 16.9.2015 BeckRS 2015, 71755). 11

Durch einen **Arbeitskampf** wird das ArbVerh. v. AN in der Schutzfrist des § 17 I nicht aufgelöst, auch nicht bei lösender Aussperrung (BAG 21.4.1971 DB 1971, 1061; 22.10.1986 NZA 1987, 494) oder Kampfkündigung durch den AG (BAG 14.2.1978 NJW 1979, 236 ff.). Reagiert der AG auf rechtswidrige Kampfmaßnahmen der AN m. Kündigungen, so ist dies ggü. einer unter Mutterschutz stehenden Frau nur gem. § 17 II zulässig. Eine ledigl. suspendierende Aussperrung ist auch der Schwangeren ggü. zulässig. Während des Arbeitskampfes ruhen die Hauptpflichten aus dem ArbVerh. Mit der Entgeltzahlungspflicht entfällt auch der Anspruch auf Mutterschaftslohn gem. § 18 und auf Zuschuss zum Mutterschaftsgeld gem. § 20 (BAG 22.10.1986 NZA 1987, 494). Für die Abhängigkeit des Zuschusses v. einer erklärten Beteiligung der AN am Arbeitskampf (LAG BE 28.7.1992 BeckRS 1992, 30929158). Dem ist zuzustimmen, wenn der AG aus dem bloßen Fernbleiben v. der Arbeit die Erkl. der Streikbeteiligung nicht entnehmen kann, zB im Falle v. Beschäftigungsverboten. Die AN behält aber Anspruch auf Mutterschaftsgeld nach § 19 iVm. § 24i SGB V, die ledigl. den rechtl. Bestand des ArbVerh. voraussetzen. 12

5. Zulassung durch die oberste Landesbehörde (Abs. 2). a) Ausnahmecharakter. In bes. Fällen kann die zust. Landesbehörde v. dem absoluten Kündigungsverbot eine Ausnahme zulassen. Im Dauerschuldverhältnis soll die außerordentl. Kündigung nicht – auch nicht zeitweilig – vollst. ausgeschlossen werden (BVerwG 2.7.1981 NJW 1982, 62; *Buchner/Becker* Rn. 131). Da dies dem Grundanliegen des Mutterschutzes im Prinzip widerspricht, wird die Ausnahme nur in solchen Fällen angenommen, in denen eine Aufrechterhaltung des ArbVerh. für den AG unerträgl. wäre (BVerwG 30.9.2009 NJW 2010, 2074; OVG B 27.8.2015 NZA-RR 2015, 638; APS/*Rolfs* Rn. 89; *Kittner* NZA 2010, 198, 200 f.). Der bes. Fall iSd. Abs. 2 ist also nicht identisch m. dem wichtigen Grund gem. § 626 I BGB (BVerwG 18.8.1977 BeckRS 2010, 51208), sondern nur gegeben, wenn die Kündigung zweifelsfrei **nicht mit der Schwangerschaft/Fehlgeburt/Entbindung zusammenhängt** (Art. 10 Nr. 1 RL 92/85/EWG; EuGH 4.10.2001 NZA 2001, 1241; 11.11.2010 NZA 2011, 143; OVG B 27.8.2015 NZA-RR 2015, 638). Die Einschätzung eines Sachverhalts als „bes. Fall" ist nachprüfbare Tat- oder Rechtsfrage (*Wiebauer* BB 2013, 1784). Gründe in der Person der AN sind dafür regelm. nicht ausreichend (EuGH 30.6.1998 NZA 1998, 871), wohl aber **verhaltensbedingte** Gründe, wenn sie schwere oder wiederholte Pflichtverletzungen betr. (BAG 17.6.2003 NZA 2003, 1329; VGH BY 29.2.2012 NZA-RR 2012, 302). Selbst eine Kündigung wegen eines „zerrütteten Verhältnisses" zwischen den Parteien des Arbeitsvertrages wurde für zulässig erklärt (VGH BY 29.3.2007 BeckRS 2007, 29582). Indiskretionen über das Privatleben des AG genügen nicht (VGH BW 7.12.1993 BeckRS 1993, 05717). **Betriebsbedingte** Gründe bilden einen „bes. Fall", wenn keinerlei Weiterbeschäftigungsmöglichkeit besteht (BVerwG 18.8.1977 BeckRS 2010, 51208; VG Ansbach 7.10.2010 BeckRS 2010, 34770; KR/*Gallner* Rn. 146), wie bei einer dauerhaften Betriebsstilllegung oder -verlagerung; eine Gefährdung der wirtschaftl. Existenz ist als Kündigungsfall seit Einführung des Verf. gem. § 1 III AAG nicht mehr denkbar. Bei Zulassung der Kündigung sollte die Schwangere unabhängig vom Zpkt. des Zugangs der Kündigungserklärung in die Massenentlassungsanzeige an die Behörde einbezogen werden. Der für die Entscheidung des BVerfG zur Elternzeit (BVerfG 8.6.2016 NZA 2016, 939; dem folgend BAG 26.1.2017 BeckRS 2017, 105169) maßgebl. Gedanke einer anderenfalls dohenden Benachteiligung wegen des Geschlechts dürfte in das Mutterschutzrecht übertragbar sein. Die Zulassung der Kündigung ist Ermessensentsch. der Behörde (BAG 31.3.1993 NZA 1993, 646; BVerwG 29.10.1958 NJW 1959, 690). Die Vereinbarkeit dieser Ausnahme m. dem **Übk. Nr. 3 der IAO** (20.11.1919 RGBl. 1927 II S. 497; abgedr. bei *DKL* Nr. 253) ist bestr, (*Beitzke* RdA 1983, 141 ff.), doch zeigt die Rev. durch 13

Übk. 183/2000, dass die IAO kein ausnahmsloses Verbot mehr vorschreiben will. Ein Verstoß gegen die EG-RL zu Mutterschutz bzw. zur Gleichbehandlung ist ausgeschlossen (APS/*Rolfs* Rn. 89), weil die Zulassung gerade nicht auf Gründe gestützt werden kann, die m. der Schwangerschaft zusammenhängen.

14 **b) Wirkung der Zulässigkeitserklärung.** Die Wirkung besteht in der Aufhebung der Kündigungssperre. Doch besagt die Erkl. nichts über die arbeitsrechtl. Wirksamkeit der Kündigung, auch eine diesbzgl. Vermutung wird nicht begr. Die Kündigungserkl. ist erst nach positiver Entsch. der Behörde mögl. (BAG 31.3.1993 NZA 1993, 646; LAG K 12.3.2012 BeckRS 2012, 70645. Die Kündigung kann nicht unter der Bedingung der nachträgl. Zulässigkeitserkl. ausgesprochen werden (*Buchner/Becker* Rn. 199). Anders als § 88 III SGB IX regelt das MuSchG keine Frist, innerhalb derer die Kündigung v. AG nach Erhalt der behördl. Zust. erklärt werden muss. Eine entspr. Anwendung der SGB X-Regelung auf § 18 BEEG hat das BAG abgelehnt (22.6.2011 NZA-RR 2012, 119). Ein hinreichend enger zeitl. Zusammenhang zur Zustimmungserkl. muss dennoch gewahrt werden. Leidet die zulässige Kündigung an einem Formfehler (wie: mangelnde Schriftform, Zurückweisung gem. § 174 S. 1 BGB) kann auf denselben Sachverhalt eine wiederholte Kündigung gestützt werden, ohne eine erneute Zulässigkeitserkl. zu beantragen. Dies beruht auf einer Parallelwertung zu § 85 SGB IX (BAG 8.11.2007 NZA 2008, 471), da die Behörde dem zugrunde liegenden Sachverhalt zugestimmt hat, nicht der konkreten Kündigungserkl.

15 **c) Kündigungserklärung.** Gem. Abs. 2 S. 2 bedarf die Kündigung der **Schriftform** sowie der Angabe des zulässigen **Kündigungsgrundes**; die Beachtung der Schriftform ist zwgd., ob dasselbe auch für die Angabe des Grundes gilt, war strittig. Eine systematische Auslegung der dieser Bestimmung zugrunde liegenden Norm des Art. 10 Nr. 2 RL 92/85/EWG ergibt jedoch, dass gerade die Gründe der AN schriftl. mitgeteilt werden müssen (KR/*Gallner* Rn. 10; ArbG Nürnberg 22.2.2010 AE 2010, 165; *Eylert/Sänger* RdA 2010, 24, 31). Dass die Gründe ggf. zuvor im Verwaltungsverf. über die Zulässigkeit bekannt geworden sind, genügt nicht, denn Adressat der Mitt. muss die Schwangere selbst sein. Auf die Wiedergabe der für die Beurteilung der Kündigung wesentl. Tatsachen darf sich die Begr. jedoch beschränken, ohne sich in Schlagworten („betriebsbedingt“) zu erschöpfen (BAG 10.2.1999 NZA 1999, 603). Nachgeschobene Begr. heilen den Fehler nicht (BAG 25.11.1976 AP BBiG § 15 Nr. 4).

16 **d) Verfahren.** Der AG muss vor Ausspruch der Kündigung einen Antrag bei der zust. Behörde stellen; der Antrag ist nicht formgebunden. Eine Frist ist nur bei der außerordentl. Kündigung wegen § 626 II BGB zu beachten (LAG HM 3.10.1986 BeckRS 1986, 30459608). Beantragt der AG die Zulässigkeitserkl. innerhalb dieser Zwei-Wochen-Frist, ist diese gewahrt; bei behördl. Zust. ist die Kündigung (entspr. dem Rechtsgedanken des § 91 V SGB IX) unverzügl. zu erklären. Entfällt das Zustimmungserfordernis, zB wegen Zeitablaufs oder Fehlgeburt, ist die Kündigung unverzügl. nach Kenntniserlangung zu erklären (LAG K 21.1.2000 NZA-RR 2001, 303). Gegen die Entsch. der Behörde ist der Verwaltungsrechtsweg eröffnet (*Wiebauer* ZfA 2012, 507): Der AG kann gegen die Versagung der Zulässigkeitserkl. klagen, die AN gegen deren Erteilung (BAG 31.3.1993 NZA 1993, 646, 648). Zur Wahrung der Frist des § 4 KSchG muss die AN neben der Zulässigkeitserkl. auch die Kündigung selbst angreifen, also vor das VG und das ArbG parallel ziehen (HaKo-MuSchG/*Schöllmann* Rn. 82). Der Rechtsbehelf der Schwangeren gegen die Zulässigkeitserkl. kann wegen widersprüchl. Verhaltens unzulässig sein, wenn sie zuvor eine Sozialplanabfindung wegen Arbeitsplatzverlustes durch Betriebsstilllegung angenommen hatte (OVG NW 8.8.1997 NZA-RR 1998, 159 f.). Widerspruch und Anfechtungsklage haben bei rechtsgestaltenden VA grds. aufschiebende Wirkung (§ 80 I VwGO), wenn die Behörde nicht **sofortige Vollziehung** anordnet, § 80 II VwGO. Diese Wirkung wird durch Widerspruch oder Anfechtungsklage der Schwangeren nicht beseitigt, da eine § 88 IV SGB IX entspr. Regelung im Mutterschutzrecht fehlt (BAG 17.6.2003 NZA 2003, 1329). Eine analoge Anwendung dieser Vorschr. (so: LAG HM 27.11.2002 NZA-RR 2003, 529) kommt mangels unbewusster Regelungslücke im MuSchG nicht in Betracht (BAG 17.6.2003 NZA 2003, 1329; KR/*Gallner* Rn. 153). Doch wird die Bestandskraft des VA zum Kündigungszpkt. nicht vorausgesetzt, da bis zur rkr. Entsch. über Widerspruch/Anfechtungsklage die Kündigung „schwebend wirksam“ ist (BAG 17.6.2003 NZA 2003, 1329; 25.3.2004 NZA 2004, 1064; krit. *Schäfer* NZA 2004, 833; *Rolfs* EzA MuSchG § 9 Nr. 39). Die Kündigung kann somit bei Vorliegen einer – angegriffenen – Zulässigkeitserkl. v. AG erklärt werden, wird aber erst rechtswirksam, sobald der VA bestandskräftig wird. Diese Möglichkeit soll dem Schutzbedürfnis der Schwangeren ausreichend entspr. (BAG 17.6.2003 NZA 2003, 1329; 25.3.2004 NZA 2004, 1064; zust. ZZVV/*Viethen/Wascher* Rn. 71; krit. KR/*Gallner* Rn. 152). Selbst eine spätere Aufhebung der Zulässigkeitserkl. hebt nach Ansicht des LAG SH die Kündigungsbefugnis solange nicht auf, wie sie selbst noch anfechtbar ist (LAG SH 24.6.2009 BeckRS 2009, 72249).

17 Die Unwirksamkeit einer Kündigung wegen Verstoßes gegen § 17 muss die AN grds. innerhalb der **Dreiwochenfrist des § 4 S. 1 KSchG** gerichtl. geltend machen (BAG 19.2.2009 NZA 2009, 980; LAG B 2.11.2012 BeckRS 2012, 76084). § 4 S. 4 KSchG ist nicht einschlägig, falls die AN wusste, dass der AG die Behörde mangels Kenntnis v. der Schwangerschaft nicht beteiligt hat (BAG 19.2.2009 NZA

2009, 980; LAG N 4.12.2006 NZA-RR 2007, 194; LAG SH 13.5.2008 NZA-RR 2009, 132). Erfährt die AN unverschuldet erst nach Zugang der Kündigung v. ihrer Schwangerschaft, muss ihr eine Überlegungsfrist eingeräumt werden, um sich für oder gegen die Klageerhebung zu entscheiden; wird dadurch die Frist des § 4 S. 1 KSchG überschritten, kommt jedoch nur eine nachträgl. Zulassung in Betracht (LAG SH 13.5.2008 NZA-RR 2009, 132). Durch die nachträgl. Mitt. der AN v. der Schwangerschaft wird die Klagefrist weder gehemmt noch unterbrochen; ihr Ablauf löst grds. die Wirksamkeitsfiktion des § 7 KSchG aus. Das ist anges. des unionsrechtl. gebotenen effektiven Rechtsschutzes nicht unprobl. (KR/*Gallner* Rn. 211). Der EuGH hat die Zulässigkeit einer Ausschlussfrist für die Klageerhebung wegen Verstoßes gegen das mutterschutzrechtl. Kündigungsverbot zwar grds. gebilligt (EuGH 29.10.2009 NZA 2009, 1327), allerdings eine 15-tägige Ausschlussfrist für unangemessen erklärt, die bereits m. Abgabe der Kündigungserkl. zu laufen beginnt. Insb. hat die Entsch. schwer verständl., intransparente Verfahrensregelungen beanstandet; als solche ließe sich die Kombination v. § 4 S. 1 und S. 4, § 5 KSchG ebenfalls einordnen (vgl. § 5 KSchG Rn. 18; krit. daher *Nebe* EuZA 2010, 383, 394 f.).

6. Beendigung des ArbVerh. aus anderen Gründen. § 17 verbietet ledigl. AGseitige Kündigungen, 18
anderweitige Beendigungstatbestände werden nicht erfasst (EuGH 4.10.2001 NZA 2001, 1241; BAG 23.10.1991 NZA 1992, 925; BSG 16.2.2005 NZA-RR 2005, 542). Die v. LAG SN (12.4.1996 NZA-RR 1997, 9 ff.) erwogene Unzulässigkeit eines Auflösungsantrages gem. § 9 KSchG wegen nach der Kündigung eingetretener Schwangerschaft ist v. Wortlaut der Vorschr. nicht gedeckt. Auf die **Nichtigkeit** des Arbeitsvertrages darf sich der AG daher berufen (LAG HE 8.6.1966 DB 1967, 251). Jedoch liegt Vertragsnichtigkeit nicht bereits deshalb vor, weil eine Schwangere in einem unbefristeten ArbVerh. m. Arbeiten beschäftigt werden sollte, die mutterschutzrechtl. verboten sind (EuGH 5.5.1994 NZA 1994, 609; 3.2.2000 NZA 2000, 255; krit. SPV/*Stahlhacke* Rn. 1373 ff.). Das Kündigungsverbot erfasst nicht die **Anfechtung** (BAG 21.2.1991 NZA 1991, 719; 11.11.1993 NZA 1994, 407). Eingeschränkt ist das Anfechtungsrecht jedoch für Gründe, die m. der Schwangerschaft zusammenhängen, weil hier das Verbot der Benachteiligung wegen des Geschlechts gilt, §§ 1, 7 AGG. Eine Täuschungsanfechtung idR abl. BAG 15.10.1992 NZA 1993, 257, ausnahmsweise zulassend BAG 1.7.1993 NZA 1993, 933 ff. Eine Irrtumsanfechtung grds. abl. EuGH 3.2.2000 NZA 2000, 255; BAG 8.9.1988 NZA 1989, 178). Eine Offenbarungspflicht der Schwangeren besteht ebenfalls nicht, selbst wenn ein Beschäftigungsverbot die tats. Vertragsdurchführung tw. ausschließt (EuGH 4.10.2001 NZA 2001, 1241; LAG HM 1.3.1999 BeckRS 1999, 30777852). Schließt die Schwangere in Unkenntnis ihrer Schwangerschaft m. dem AG einen Aufhebungsvertrag bzw. kündigt sie selbst, kommt eine Anfechtung gem. § 119 II BGB mangels verkehrswesentl. Eigenschaft ebenfalls nicht in Betracht (BAG 6.2.1992 NZA 1992, 790; 30.9.1993 NZA 1994, 209).

Rechtswirksam **befristete** bzw. auflösend bedingte (ArbG Marburg 11.5.2000 BeckRS 9998, 04141) 19
Arbeitsverträge enden, ohne dass § 17 eingreift (BAG 23.10.1991 NZA 1992, 925; ebenso zu Art. 10 RL 92/85/EWG: EuGH 4.10.2001 NZA 2001, 1241). Werden jedoch andere vergleichbare ArbVerh. verlängert, darf sich der AG nicht gerade der Schwangeren ggü. auf Fristablauf berufen (EuGH 4.10.2001 NZA 2001, 1241; BAG 16.3.1989 NZA 1989, 719; 6.2.1992 NZA 1992, 790). Die Annahme, eine generell vorgeschaltete Befristung sei als Umgehung des Frageverbotes unzulässig (LAG K 26.5.1994 NZA 1995, 1105), geht indessen zu weit. Die Vereinb. einer weiteren Befristung während der bereits bestehenden Schwangerschaft ist zulässig, wenn der dauerhaften Beschäftigung der AN obj. Umstände entgegenstehen (BAG 6.11.1996 NZA 1997, 1222). Der EuGH (4.10.2001 NZA 2001, 1241) beurteilt die Nichterneuerung eines wirksam beendeten Arbeitsvertrages m. einer Schwangeren als unmittelbare Benachteiligung wegen Schwangerschaft (vgl. § 3 I AGG), wenn diese Entsch. **wegen** der Schwangerschaft getroffen wurde. **ProbearbVerh.** sind iZw. unbefristete Arbeitsverträge m. vorgeschalteter Probezeit (BAG 22.7.1971 NJW 1971, 2190), auf die § 17 anwendbar ist. Ledigl. im Falle einer ausdr. vereinbarten automatischen Beendigung des Vertragsverhältnisses m. Ablauf der Probezeit (LAG D 9.11.1965 DB 1965, 1862) sind stattdessen die Befristungsgrds. anwendbar.

Aufhebungsverträge unterliegen nicht § 17 (BAG 8.12.1955 AP MuSchG § 9 Nr. 4; BSG 16.2.2005 20
NZA-RR 2005, 542; APS/*Rolfs* Rn. 86 f.; **aA** ArbG HH 14.10.1994 AuR 1995, 29; *Buchner/Becker* Rn. 291); die Umdeutung einer unwirksamen AGseitigen Kündigung in das Angebot zum Abschluss eines Aufhebungsvertrages wäre zwar mögl., doch unterliegt die Annahme dem Schriftformerfordernis des § 623 BGB (gem. § 126 II 1 BGB: Verkörperung beider Erkl. in ders. Urkunde; *Preis/Gotthardt* NZA 2000, 348, 354).

7. In Heimarbeit Beschäftigte (Abs. 3). Das Kündigungsverbot des Abs. 1 gilt auch für Heim- 21
arbeiterinnen. Der Auftraggeber/Zwischenmeister darf sie während der Zeiten des Abs. 1 S. 1 ´nicht gegen ihren Willen von der Vergabe von Heimarbeit ausschließen, um dadurch nicht das Kündigungsverbot zu entwerten. Vielmehr ist der Betroffenen grds. dieselbe Auftragsmenge zuzuweisen, die sie während der letzten Wochen vor Beginn der Schwangerschaft erhalten hat, Rechtsgedanke des § 18. Eine proportionale Beteiligung an einem Auftragsrückgang ist dadurch nicht verwehrt. Dabei bleiben die ges. Vorschr. zum Gesundheitsschutz unberührt, die – im Falle der Erfolglosigkeit oder Unzumutbarkeit anderer Maßnahmen – ebenfalls die Ausgabe von Heimarbeit begrenzen oder ausschließen

können. Die Frauen, die den in Heimarbeit Beschäftigten gleichgestellt sind (§ 29 HAG), unterliegen dem Kündigungsschutz dann, wenn die Gleichstellung auch den Kündigungsschutz einbezieht, S. 2. Die Ausnahmebestimmung des Abs 2 ist auf Heimarbeiterinnen und Gleichgestellte entr. anwendbar (S. 3).

Abschnitt 4. Leistungen

§ 18 Mutterschutzlohn

[1]Eine Frau, die wegen eines Beschäftigungsverbots außerhalb der Schutzfristen vor oder nach der Entbindung teilweise oder gar nicht beschäftigt werden darf, erhält von ihrem Arbeitgeber Mutterschutzlohn. [2] Als Mutterschutzlohn wird das durchschnittliche Arbeitsentgelt der letzten drei abgerechneten Kalendermonate vor dem Eintritt der Schwangerschaft gezahlt. [3]Dies gilt auch, wenn wegen dieses Verbots die Beschäftigung oder die Entlohnungsart wechselt. [4]Beginnt das BeschVerh erst nach Eintritt der Schwangerschaft, ist das durchschnittliche Arbeitsentgelt aus dem Arbeitsentgelt der ersten drei Monate der Beschäftigung zu berechnen.

1 **1. Normzweck.** AN sollen vor wirtschaftl. Nachteilen infolge der Beschäftigungsverbote geschützt werden (BAG 11.10.2000 NZA 2001,445). Durch Verhinderung v. Einkommenseinbußen wird zugleich der Anreiz genommen, trotz bestehender Verbote weiterzuarbeiten (BAG 8.8.1990 NZA 1990, 974; BSG 17.4.1991 NZA 1991, 909ff.). Daher wird die AN wirtschaftl. so gestellt, wie sie ohne Eingreifen der Verbote stünde. Gemeinschaftsrechtskonform ist § 18 nicht nur auf die Gewährung v. Entgeltersatz während Nichtleistung infolge Beschäftigungsverbote zu begrenzen, sondern muss dem Grunde nach auch mögl. Einbußen wegen Anpassungsmaßnahmen bei Arbeitsbedingungen/Arbeitsplatz m. einbeziehen (EuGH 1.7.2010 NZA 2010, 1113; 1.7.2010 NZA 2010, 1284; *Nebe* ZESAR 2011, 10, 16). Der Höhe nach ließe das Unionsrecht Differenzierungen zu, da Art. 11 Nr. 2, 3 RL 92/85/EWG keine umfassende Aufrechterhaltung des zuvor gezahlten Entgelts fordert; die Leistungen sollen sich grds. an der Höhe der EFZ im Krankheitsfall orientieren, dürfen dabei aber nicht so weit reduziert werden, dass sie den Zweck der Arbeitsfreistellung gefährden (EuGH 14.7.2016 NZA 2016, 933). Die **Verfassungsmäßigkeit der Zahlungspflicht iSv. §§ 18 und § 20** ist mehrfach bezweifelt worden; anders entschieden dagegen: BVerfG 3.7.1985 NJW 1986, 422; BAG 8.9.1978 AP MuSchG 1968 § 11 Nr. 8; BSG 24.6.1992 NZA 1992, 1103). Zur geänd. Sichtweise unter Berücksichtigung v. Art. 3 III 1 GG vgl. BVerfG 28.4.2011 NZA 2011, 857; näher: § 14 Rn. 12.

2 **2. Mutterschutzlohn.** Der Anspruch gem. § 18 beruht zwar auf dem G, ist aber nicht ör. Natur, sondern ein privatrechtl. Lohnersatzanspruch (BT-Drs. 18/8963 S. 88; BSG 17.4.1991 NZA 1991, 909, 911); er unterliegt daher sowohl der Steuerpflicht wie der Beitragspflicht zur Sozialvers. und wird im Anschluss an BAG 28.6.1963 NJW 1963, 2142, als Mutterschutzlohn bezeichnet.

3 **a) Anspruchsberechtigte.** Grds. sind alle Frauen, die v. § 2 in den pers. Geltungsbereich des G einbezogen werden, anspruchsberechtigt nach § 18, wenn und soweit sie außerhalb der Schutzfristen des § 3 I, II ganz oder tw. nicht beschäftigt werden dürfen. Für die Schutzfristen gem. § 3 I, II gelten stattdessen die §§ 19, 20. Eine in Heimarbeit Beschäftigte hat den Anspruch aus § 18, sofern ihr gem. § 2 III 2 keine oder nur in verringertem Umf. Heimarbeit ausgegeben werden darf. Entwicklungshelferinnen sind von den Leistungsansprüchen ausgeschlossen (§ 1 II 2 Nr. 3), da das EntwicklungshelferG in § 8 speziellere Regelungen enthält. Eine arbeitnehmerähnl. Selbstständige hat gem. § 2 II 2 Nr. 7 keinen Leistungsanspruch gegen die beschäftigende Person oder Gesellschaft, sondern muss eine gewünschte finanzielle Absicherung ggf. selbst organisieren. Schülerinnen und Studentinnen haben auf der Grdl. dieses Rechtsverhältnisses keinen Anspruch auf Leistungen nach dem G, § 1 II 2 Nr. 8. Etwas anderes gilt, wenn sie als Werkstudentinnen Mitglied einer Krankenkasse sind, § 24i I 2 SGB V.

4 **b) Beschäftigungsverbot.** Nur solchen Frauen steht Mutterschutzlohn zu, die außerhalb der Schutzfristen nicht beschäftigt werden dürfen. Unter Beachtung der Rangfolge der ges. Schutzmaßnahmen gem. § 13 I kommt das nur letzthilfsweise in Betracht, wenn alle anderen Schutzmaßnahmen eine unverantwortbare Gefährdung nicht ausschließen können. Dasselbe gilt für ärztl. Beschäftigungsverbote gem. § 16. Wenn die Betroffene aufgrund solcher Verbote ganz oder tw. nicht arbeitet (S. 1) oder die Art der Beschäftigung wechselt und deshalb einen geringeren Verdienst erzielt (S. 3), besteht Anspruch auf Mutterschutzlohn. Beruht die Verdienstminderung auf dem Beschäftigungsverbot, bemisst sich der vertragl. Arbeitslohn nach der vorübergehend ausgeübten Tätigkeit; bei bestehender Differenz zum Anspruch nach S. 2 wird diese Einbuße durch den ges. Anspruch aufgestockt. Steht ein anderer Arbeitsplatz zur Vfg., auf dem die geschützte AN ihr nicht verbotene Arbeit leisten könnte, hat sie einen Anspruch aus § 18 trotz Nichtleistung, wenn sie die Umsetzung zu Recht verweigern durfte (BAG 22.4.1998 NZA 1998, 936; 15.11.2000 NZA 2001, 386). Der Umf., in dem die Schwangere

m. der Arbeit aussetzt, hängt v. konkreten Beschäftigungsverbot ab; setzt sie die Arbeit noch zeitweise fort, besteht der Anspruch aus § 18 in entspr. reduziertem Umf.

c) **Kausalität.** Ein Anspruch gem. S. 1 besteht nach Ansicht des BAG nur, wenn das Aussetzen m. der Arbeit und die dadurch bedingte Verdienstminderung ausschl. durch ein Beschäftigungsverbot verursacht wurden (BAG 31.7.1996 NZA 1997, 29; 9.10.2002 NZA 2004, 257; BSG 22.2.2012 BeckRS 2012, 68586; **aA** LAG HB 28.8.1996 NZA-RR 1997, 201; ArbG HH 15.8.1996 BeckRS 1996, 30852995; krit. *Gutzeit* NZA 2003, 81 ff.). Die Rspr. prüft dies nach denselben Grds. wie bei Entgeltfortzahlung „wegen" eines Feiertages ausgefallener Arbeit, § 2 EFZG Rn. 8 (BAG 14.11.1984 NZA 1985, 501; BSG 17.4.1991 NZA 1991, 909 f.). Daher wird Kausalität verneint, wenn die AN aus pers. Gründen die Arbeit einschränkt/aussetzt, wenn sie Urlaub nimmt oder wenn sie arbeitsunfähig krank ist (ZZVV/*Zipperer/Vieß* Rn. 16 f.). Eine Weigerung der AN, einer zumutbaren Umsetzung nachzukommen, beseitigt ebenfalls die Kausalität, so dass der Anspruch aus § 18 entfällt. Selbst bei zeitl. Zusammentreffen v. Beschäftigungsverbot und Krankheit besteht nach hM kein Anspruch gem. § 18, da das Beschäftigungsverbot nicht die ausschl. Ursache für die Nichtleistung ist (BAG 22.3.1995 NZA 1995, 837; BSG 17.4.1991 NZA 1991, 909; *Buchner/Becker* Rn. 49 ff.; **aA** ArbG Hameln 30.1.1992 BB 1992, 354; *Weyand* BB 1994, 1852; *Heilmann* Rn. 28). Da indessen auch im Rahmen v. § 3 EFZG der Grds. der ausschl. Kausalität vertreten wird (BAG 5.7.1995 NZA 1996, 137), müsste dies konsequenterweise zum vollst. Wegfall eines Zahlungsanspruchs führen. Zu diesem Erg. kommt es jedoch nicht, denn das BAG (12.3.1997 NZA 1997, 882; 13.2.2002 NZA 2002, 738) verneinte zunächst sogar die Möglichkeit eines Zusammentreffens v. Beschäftigungsverbot und AU. Doch hat der EuGH (19.11.1998 NZA 1999, 757 ff.) entschieden, dass das Entgeltgleichheitsgebot verletzt ist, wenn eine schwangerschaftsbedingt erkrankte AN trotz vorhandener ärztl. Bescheinigung keinen Anspruch auf volle Entgeltfortzahlung gegen ihren AG habe, sondern nur Anspruch gegen eine Behörde in geringerem Umf. An der Kausalität fehlt es, wenn die Entgelteinbuße durch nicht m. der Schwangerschaft zusammenhängende **betriebl.** Gründe veranlasst ist: Bei Kurzarbeit (BAG 7.4.1970 DB 1970, 1134), Betriebsstörung, Inventur ist die Schwangere ebenso zu stellen wie sie ohne das Beschäftigungsverbot gestanden hätte (BAG 9.9.1971 NJW 1971, 2325). Dasselbe gilt, wenn sich die Schwangere am Streik beteiligt oder ausgesperrt wird (BAG 21.4.1971 DB 1971, 1061; LAG BE 28.7.1992 BeckRS 1992, 30929158; vgl. auch § 17 Rn. 12). Die **Darlegungslast** für die anspruchsbegründenden Tatsachen trifft grds. die AN. Durch Vorlage des ärztl. Zeugnisses genügt die AN der Darlegungslast idR (EuGH 19.11.1998 NZA 1999, 757); der AG kann den Beweiswert des Zeugnisses jedoch entkräften. In diesem Falle muss die AN den vollen Beweis für die Anspruchsvoraussetzungen erbringen (LAG NI 20.1.2003 NZA-RR 2003, 517). 5

3. Umfang des Leistungsanspruchs (S. 2). Der AG hat während des Beschäftigungsverbots mind. den Durchschnittsverdienst der letzten abgerechneten Kalendermonate vor Eintritt der Schwangerschaft zu zahlen (Referenz- oder Bezugsmethode, BAG 28.6.1963 NJW 1963, 2142). Da jedoch jeder wirtschaftl. Anreiz für die Ausführung verbotswidriger Arbeiten vermieden werden soll, ist der Durchschnittsverdienst in § 21 näher konkretisiert. Besteht bereits ab dem ersten Tag des ArbVerh. ein Beschäftigungsverbot, richtet sich die Anspruchshöhe nach dem durchschnittl. Arbeitsentgelt der ersten drei Beschäftigungsmonate, S. 2. Die Berechnungsvorgaben in § 21 schließen es aus, dass in diesem Zeitraum ggf. bereits eintretende schwangerschaftsbedingte Fehlzeiten den Anspruch herabsetzen. Der allg. vorgeschriebene Zeitraum der letzten drei Monate vor Eintritt der Schwangerschaft (S. 2) bezieht sich ebenfalls auf Zeiten, in denen der Verdienst der Betroffenen noch nicht von schwangerschaftsbedingten Beeinträchtigungen geprägt sein kann. 6

§ 19 Mutterschaftsgeld

(1) Eine Frau, die Mitglied einer gesetzlichen Krankenkasse ist, erhält für die Zeit der Schutzfristen vor und nach der Entbindung sowie für den Entbindungstag Mutterschaftsgeld nach den Vorschriften des Fünften Buches Sozialgesetzbuch oder nach den Vorschriften des Zweiten Gesetzes über die Krankenversicherung der Landwirte.

(2) [1] Eine Frau, die nicht Mitglied einer gesetzlichen Krankenkasse ist, erhält für die Zeit der Schutzfristen vor und nach der Entbindung sowie für den Entbindungstag Mutterschaftsgeld zu Lasten des Bundes in entsprechender Anwendung der Vorschriften des Fünften Buches Sozialgesetzbuch über das Mutterschaftsgeld, jedoch insgesamt höchstens 210 Euro. [2] Das Mutterschaftsgeld wird dieser Frau auf Antrag vom Bundesversicherungsamt gezahlt. [3] Endet das Beschäftigungsverhältnis nach Maßgabe von § 17 Absatz 2 durch eine Kündigung, erhält die Frau Mutterschaftsgeld in entsprechender Anwendung der Sätze 1 und 2 für die Zeit nach dem Ende des Beschäftigungsverhältnisses.

1. Normzweck. Das Mutterschaftsgeld soll AN den wirtschaftl. Anreiz nehmen, während der Schutzfristen aus § 3 I, II abhängig erwerbstätig zu sein. Die Aufteilung der Leistungspflichten unter 1 verschiedene Träger dient nicht der Übersichtlichkeit, ist aber durch die sozialrechtl. Strukturen bedingt: Besteht Versicherungsschutz in der ges. Krankenvers., ist diese Krankenkasse auch Leistungsträger für das Mutterschaftsgeld; Anspruchsvoraussetzungen und -abwicklung bestimmen sich nach § 24i SGB V bzw. § 14 KVLG. Besteht dagegen kein Versicherungsschutz in der ges. Krankenvers., besteht auf Grund § 19 II ein Leistungsanspruch gegen den Bund, Auszahlungsstelle ist das Bundesversicherungsamt; zwar werden die SGB V-Bestimmungen für entspr. anwendbar erklärt, doch ist die Leistungspflicht auf insg. 210,– € begrenzt und damit nicht mehr geeignet, die bezweckte wirtschaftl. Sicherung zu übernehmen. Zu den Ansprüchen gegen den AG vgl. § 20.

2 **2. Mutterschaftsgeld für Versicherte (Abs. 1).** Voraussetzungen des Bezuges v. Mutterschaftsgeld für Mitglieder der ges. Krankenkasse gem. § 24i SGB V (vgl. dort Rn. 2 ff.): Bei Beginn der Schutzfrist des § 3 I muss die Schwangere in einem ArbVerh. stehen (oder in Heimarbeit beschäftigt oder ihr ArbVerh. muss aufgelöst worden sein) und Mitglied einer ges. Krankenkasse sein. Der Schwangeren muss im Krankheitsfall Anspruch auf Krankengeld zustehen oder sie darf wegen der Schutzfristen gem. § 3 I, II kein Arbeitsentgelt erhalten. Wenn bei Beginn der Schutzfrist kein Vergütungsanspruch bestand (wegen unbezahlten Sonderurlaubs), ist das unerhebl. (BAG 25.2.2004 NZA 2004, 537). Das Mutterschaftsgeld wird für Mitglieder, deren ArbVerh. vor oder nach der Entbindung beginnt, ab Beginn des ArbVerh. gezahlt, § 24i III 6 SGB V nF. Das gilt auch, falls die Betroffene aus einem Beamtenverh. In ein ArbVerh. gewechselt ist. Auch eine Wartefrist (EuGH 21.5.2015 NZA 2015, 795) sieht das dt. Recht nicht vor. Unter diesen Voraussetzungen erhält die AN für die Dauer der Schutzfristen sowie den Entbindungstag Mutterschaftsgeld in Höhe ihres Nettoarbeitsentgelts, davon jedoch höchstens 13,– € kalendertägl. zu Lasten der Krankenkasse; iÜ vgl. § 20.

3 **3. Mutterschaftsgeld für Nichtversicherte (Abs. 2).** Anders als Abs. 1 enthält Abs. 2 eine eigenst. Anspruchsgrdl. (BSG 9.11.1977 AP MuSchG 1968 § 13 Nr. 2) für solche dem Geltungsbereich des MuSchG unterfallenden Beschäftigten, die nicht Mitglied der ges. Krankenvers. sind. Die Verfassungsmäßigkeit der Herabsetzung des Mutterschaftsgeldes für diesen Personenkreis auf ledigl. 210,– € während der gesamten Schutzfrist ist mehrfach bestr., v. BVerfG jedoch bestätigt worden (BVerfG 23.4.1974 NJW 1974, 1461; 16.11.1984 BeckRS 1984, 30984239; krit. *Buchner* NJW 1982, 800 ff.). Doch wird die Rechtsstellung nicht versicherter Frauen damit den Versicherten ggü. erhebl. geschwächt, obwohl nichts für ihre geringere Schutzbedürftigkeit spricht (ZZVV/*Zipperer/Vieß* Rn. 12: „rechtspolitisch höchst bedenkl.").

4 **a) Anspruchsberechtigung.** Wer nicht Mitglied der ges. Krankenvers. ist, hat Anspruch aus Abs. 2 (AN m. über der Versicherungspflichtgrenze liegendem Entgelt, aus sozialen oder karitativen Gründen Tätige, geringfügig Beschäftigte, gem. § 8 SGB V v. der Versicherungspflicht Befreite, Familienversicherte gem. § 10 SGB V); dasselbe gilt gem. Abs. 2 S. 3 für AN, deren ArbVerh. gem. § 17 II beendet worden ist. Beamtinnen, Richterinnen und Soldatinnen sind v. Geltungsbereich des MuSchG überhaupt ausgenommen. Der Anspruch aus Abs. 2 besteht, wenn die Frau zu Beginn der Schutzfrist nicht Mitglied war. Wird sie während einer Schutzfrist nachträgl. noch Mitglied, hat sie ab diesem Zeitpunkt den Anspruch aus Abs. 1. Die Voraussetzungen v. Abs. 2 entspr. denen gem. § 24i I SGB V, dessen Bestimmungen entspr. anzuwenden sind. Anspruchsberechtigt nach **S. 3** sind solche Frauen iSv. § 1 II, deren BeschVerh ausnahmsweise durch Kündigung beendet worden ist, § 17 II. Für Mitglieder einer Krankenkasse folgt dies bereits aus § 24i II 1 SGB V, für Nichtmitglieder aus S. 3. Für Heimarbeiterinnen und Gleichgestellte gilt dasselbe unter den Voraussetzungen von § 17 III.

5 **b) Berechnung und Bezugsdauer.** Grds. ist das Mutterschaftsgeld gem. Abs. 2 nach § 24i II, III SGB V zu berechnen, doch ist die Leistung der Höhe nach insg. begrenzt (BSG 12.3.1985 NZA 1985, 605). Der Gesamtbetrag verteilt sich nicht gleichmäßig auf alle Kalendertage der Schutzfrist, sondern wird nach den Berechnungsgrds. für das Mutterschaftsgeld ausbezahlt; er wird deshalb vielfach nach 16 Tagen erschöpft sein. Die Leistungen gem. Abs. 2 setzen einen Antrag der AN voraus. Wird der Antrag abgelehnt, ist der Sozialrechtsweg eröffnet (BSG 9.9.1971 AP MuSchG 1968 § 13 Nr. 1).

6 **4. Verhältnis zu anderen Leistungen.** Arbeitsentgelt hat Vorrang vor Mutterschaftsgeld, sofern es sich nicht ledigl. um einmalig gezahlte Beträge handelt, § 24i IV 2 SGB V. Wenn und soweit Arbeitsentgelt gezahlt wird, ruht das Mutterschaftsgeld. Entgeltfortzahlung im Krankheitsfalle kann neben Mutterschaftsgeld nicht beansprucht werden. Hat die AN EZ genommen, wird das Mutterschaftsgeld m. Ausnahme der Ansprüche gem. Abs. 2 auf das Elterngeld angerechnet, § 3 I BEEG (BSG 20.12.2012 BeckRS 2013, 67185).

§ 20 Zuschuss zum Mutterschaftsgeld

(1) [1] **Eine Frau erhält während ihres bestehenden Beschäftigungsverhältnisses für die Zeit der Schutzfristen vor und nach der Entbindung sowie für den Entbindungstag von ihrem Arbeitgeber einen Zuschuss zum Mutterschaftsgeld.** [2] **Als Zuschuss zum Mutterschaftsgeld wird der Unterschiedsbetrag zwischen 13 Euro und dem um die gesetzlichen Abzüge verminderten durchschnitt-**

lichen kalendertäglichen Arbeitsentgelt der letzten drei abgerechneten Kalendermonate vor Beginn der Schutzfrist vor der Entbindung gezahlt. [3]Für Frauen, deren Beschäftigungsverhältnis während der Schutzfristen vor oder nach der Entbindung beginnt, wird der Zuschuss zum Mutterschaftsgeld von Beginn des Beschäftigungsverhältnisses an gezahlt.

(2) **[1]Ist eine Frau für mehrere Arbeitgeber tätig, sind für die Berechnung des Arbeitgeberzuschusses nach Absatz 1 die durchschnittlichen kalendertäglichen Arbeitsentgelte aus diesen Beschäftigungsverhältnissen zusammenzurechnen. [2]Den sich daraus ergebenden Betrag zahlen die Arbeitgeber anteilig im Verhältnis der von ihnen gezahlten durchschnittlichen kalendertäglichen Arbeitsentgelte.**

(3) **[1]Endet das Beschäftigungsverhältnis der Frau nach Maßgabe von § 17 Absatz 2 durch eine Kündigung, erhält die Frau für die Zeit nach dem Ende des Beschäftigungsverhältnisses den Zuschuss zum Mutterschaftsgeld nach Absatz 1 von der für die Zahlung des Mutterschaftsgeldes zuständigen Stelle. [2]Satz 1 gilt entsprechend, wenn der Arbeitgeber wegen eines Insolvenzereignisses im Sinne von § 165 Absatz 1 Satz 2 des Dritten Buches Sozialgesetzbuch den Zuschuss nach Absatz 1 nicht zahlen kann.**

1. Normzweck. Grundgedanke des ersten MuSchG war es, dass während der Schutzfristen das bisherige Nettoeinkommen der geschützten Frau gesichert sein sollte (BAG 14.12.1995 NZA 1996, 996). Damit sollten Mütter den ges. vorgesehenen Schutz ohne Sorge vor wirtschaftl. Nachteilen tats. in Anspruch nehmen können (BVerfG 18.11.2003 NZA 2004, 33; BAG 14.12.2011 NJW 2012, 1900). Seit dem 21.12.1967 (BGBl. I S. 1259) wurde die Verpflichtung der Krankenkassen und des Bundes zur Zahlung des Mutterschaftsgeldes gem. § 24i SGB V auf höchstens 13,– € tägl. beschränkt, und zur Sicherung des Einkommens der AN ein AGZuschuss zum Mutterschaftsgeld eingeführt. Der Zuschuss berechnet sich aus der Differenz zwischen kalendertägl. Nettoeinkommen der AN und 13,– €. Da diese Summe seit Einf. des Zuschusses nicht erhöht worden ist, die Arbeitseinkommen aber gestiegen sind, handelt es sich derzeit oft nicht nur um einen Zuschuss des AG, sondern um den wesentl. Bestandteil des Mutterschaftsgeldes (*Thomas* FS Buchner 2009 S. 875, 878). Das BVerfG (23.4.1974 NJW 1974, 1461) hatte zunächst die Zuschusspflicht als verfassungsgem. angesehen, da trotz Art. 6 IV GG die Lasten des Mutterschutzes nicht ausschl. v. Staat getragen werden müssten, sondern auf mehrere Träger verteilt werden könnten. Mit der Begr., dass § 14 I aF eine verfassungswidrige Benachteiligung v. Frauen begünstigt und dadurch in die Berufsfreiheit unzulässig eingreift (BVerfG 18.11.2003 NZA 2004, 33; dazu krit. *Buchner* NZA 2004, 1121; *Aubel* RdA 2004, 141), verlangte das BVerfG eine Neuregelung, vgl. das Lohnausgleichsverf. 1

2. Rechtsnatur. Der Zuschuss zum Mutterschaftsgeld ist ges. Anspruch, unterliegt jedoch den arbeitsrechtl. Bestimmungen über das „Entgelt". Das BAG versteht ihn als ges. begr. arbeitsvertragl. Anspruch auf tw. Fortzahlung des Arbeitsentgelts (BAG 24.2.1999 NZA 1999, 772; 29.1.2003 BeckRS 2003, 40744); daraus werden insb. Arg. für die Gewährung tarifl. Jahressonderzahlungen während der Mutterschutzfristen abgeleitet (dazu EuGH 21.10.1999 NZA 1999, 1325). Auch die Anspruchsverjährung richtet sich nach den Bestimmungen für den Entgeltanspruch (LAG BE 14.1.2000 NZA RR 2000, 362). 2

3. Zuschussgewährung (Abs. 1). a) Anspruchsberechtigte (S. 1). Alle Frauen, die nach § 1 II in den Geltungsbereich des G einbezogen sind, haben während eines bestehenden Beschäftigungsverhältnisses Anspruch auf den Zuschuss für die Dauer der Schutzfristen gem. § 3 I, II und den Entbindungstag. Ob das BeschVerh vor oder nach Eintritt der Schwangerschaft beginnt, ist unerhebl. **S. 3** stellt insoweit klar, dass der Zuschuss ab dem Beschäftigungsbeginn zu zahlen ist, falls die Betroffene während der Dauer einer Schutzfrist eingestellt worden ist. Da die Anspruchsberechtigung m. dem Geltungsbereich gem. § 1 II übereinstimmt, sind Entwicklungshelferinnen (§ 1 II 2 Nr. 3) und arbeitnehmerähnliche Selbständige (§ 1 II 2 Nr. 7) ausgenommen (§ 18 Rn. 3). Anspruchsverpflichtet ist der AG gem. § 2 I, bei dem die Frau während der Schutzfristen aktuell beschäftigt ist. Für mehrere parallele Beschäftigungsverhältnisse sind alle AG verpflichtet, Abs. 2. 3

b) Kausalität. Da Mutterschaftsgeld und der Zuschuss gem. § 20 Lohnersatzfunktion haben, besteht ein Anspruch nur, wenn und soweit nicht gleichzeitig Arbeitsentgelt bezogen wird. Wird die Frau während der Schutzfristen zulässig (§ 3 I) beschäftigt, kann sie einen amt. Zuschuss beanspruchen, wenn sie ihre AZ aus schwangerschaftsbedingten Gründen reduziert hat, um insg. den durchschnittl. Tagesverdienst im Referenzzeitraum wieder zu erreichen. Doch muss eine mutterschutzrechtl. Beschäftigungseinschränkung ursächl. für den Verdienstausfall sein: Hatten die Vertragsparteien zuvor vereinbart, dass die AN generell ihre AZ verringert, verringert sich dementspr. auch der Zuschuss (BAG 11.6.1986 NZA 1987, 97). Dasselbe gilt im Falle einer zuvor vereinbarten Beurlaubung ohne Entgelt, § 28 TVöD/TVL. Fehlt es sogar an einer Genehmigung, die Tätigkeit überhaupt ausüben zu dürfen, ist das Beschäftigungsverbot nicht kausal für den Verdienstausfall, der Anspruch auf Zuschuss entfällt (LAG RP 6.1.1999 NZA-RR 1999, 622 ff.). Der Rspr. zufolge (BAG 25.2.2004 NZA 2004, 537) wird in allen Fällen, in denen das ArbVerh. v. einem Beschäftigungsverbot betroffen ist, der Leistungs- 4 anspruch gem. § 24i SGB V und damit auch der Zuschuss gem. § 20 ausgelöst; dies gilt auch, wenn das ArbVerh. bei Beginn des Beschäftigungsverbots wegen Sonderurlaubs geruht hat. Dasselbe gilt bei einem zu Beginn der Schutzfristen ruhenden Entgeltanspruch wegen EZ, sobald die Hauptpflichten wieder aufleben (EuGH 13.2.2014 NZA 2014, 316; BAG 22.8.2012 NZA 2012, 1277). Kommt es während der Schutzfristen zu einem Arbeitskampf, ruht der Anspruch auf Zuschuss, falls sich die AN am Streik aktiv beteiligt (Arbeitsniederlegung vor Beginn der Schutzfrist) oder rechtmäßig ausgesperrt werden konnte, weil damit die vertragl. Hauptpflichten suspendiert sind (BAG 22.10.1986 NZA 1987, 703; LAG BE 28.7.1992 BeckRS 1992, 30929158; aA LAG BW 7.6.1985 NZA 1986, 198 f.; LAG HM 24.10.1985 NZA 1986, 199); dasselbe gilt bei arbeitskampfbedingter Stilllegung des Betriebes. Zu erwägen ist in diesen Fällen ein Anspruch auf Mutterschaftsgeld iHd. Krankengeldes, § 24i II 7 SGB V (ZZVV/Zipperer/Vieß Rn. 35).

5 c) **Unterschiedsbetrag (S. 2).** Ein Anspruch auf Zuschuss besteht, sobald das durchschnittl. kalendertägl. Arbeitsentgelt der Frau (§ 21) im Bezugszeitraum mehr als 13,– €/Tag betragen hat. Die Höhe des Zuschusses bemisst sich nach der Differenz zwischen dem durchschnittl. kalendertägl. Entgelt und 13,– €. Wird rückwirkend für den Referenzzeitraum eine Erhöhung des Tarifentgelts wirksam, ist auch der Zuschuss nachträgl. zu erhöhen (BAG 6.4.1994 NZA 1994, 793); dasselbe gilt, wenn sich die Bezüge erst während der Schutzfristen erhöhen, § 21 IV (EuGH 13.2.1996 BeckRS 2004, 76582; 30.3.2004 NZA 2004, 839; BAG 31.7.1996 NZA 1996, 1205). Musste die AN im Referenzzeitraum anderweitige Einkünfte erzielen, weil sich der AG ihr ggü. in Annahmeverzug befand, verringert sich der Anspruch gem. § 20 dadurch nicht (LAG K 13.10.1993 NZA 1994, 320 f.). Der Zuschuss ist umso höher, je weniger ges. Abzüge v. Bruttoarbeitsentgelt darauf entfallen, ist also durch die Wahl der Steuerklasse und den Ansatz v. Freibeträgen beeinflussbar. Eine Steuerklassenwahl ledigl. zum Zwecke der Erhöhung der Zuschusspflicht ist rechtsmissbräuchl. (BAG 22.10.1986 NZA 1987, 703 ff.; 18.9.1991 NZA 1992, 411 ff.). Ob dies auch dann zu bejahen ist, falls der Steuerklassenwechsel zur Erzielung eines höheren Anspruchs auf Elterngeld vorgenommen wurde (für die Zulässigkeit: Croissant, NZA 2013, 713, 717), ist fraglich.

6 d) **Bezugsdauer.** Der Zuschuss wird während der Dauer der Schutzfristen gem. § 3 I, II gezahlt und ist v. Anspruch auf Mutterschaftsgeld abhängig, den er ergänzt. Bei Frühgeburten verkürzt sich zwar die vorgeburtl. Bezugsdauer, dafür verlängert sich die nachgeburtl. dementspr., § 3 II 3. Wird das Mutterschaftsgeld gem. § 19 II gezahlt, ist der Zuschuss bei Erschöpfung des Höchstbetrages v. 210,– € weiterzugewähren, allerdings nur in der urspr. ermittelten Höhe. Diese Auslegung ist allerdings m. Art. 11 Nr. 2b RL 92/85/EWG nicht vereinbar, der die Fortzahlung des Arbeitsentgelts oder einer Sozialleistung iHd. Entgeltfortzahlung im Krankheitsfalle vorschreibt. Vorzeitige Erlöschensgründe sind der Tod der Anspruchsberechtigten, eine Fehlgeburt, sowie eine Beendigung des ArbVerh., die nicht die Voraussetzungen des Abs. 3 erfüllt.

7 e) **Geltendmachung.** Der Zuschuss gem. Abs. 1 wird v. AG berechnet und ausgezahlt. Der AG kann dazu einen Nachw. verlangen, dass ein Anspruch auf Mutterschaftsgeld besteht, der durch entspr. Bescheinigung der Krankenkasse oder des Bundesversicherungsamtes geführt wird. Fälligkeit und Auszahlungszpkt. entspr. den für das Arbeitsentgelt maßgebl. Vereinb. Für den Anspruch aus § 14 I gilt der Pfändungsschutz gem. §§ 850 ff. ZPO wie für vertragl. Entgeltansprüche (LAG HE 14.5.2007 BeckRS 2007, 47213). Der Zuschuss gem. Abs. 2, 3 ist ein ör. Anspruch, bei dem Fälligkeit, Auszahlungszpkt., Pfändungsschutz usw. den sozialversicherungsrechtl. Bestimmungen entspr., die für das Mutterschaftsgeld gelten.

8 **4. Anspruch gegen mehrere AG (Abs. 2).** Ist eine Frau parallel in mehreren Beschäftigungsverhältnissen tätig, ergibt sich der Unterschiedsbetrag aus der Differenz zwischen 13,– € und dem tägl. Verdienst, den sie insg. in allen Beschäftigungsverhältnissen erzielt (S. 1). Anspruchsverpflichtet sind alle AG (S. 2) ant. entspr. dem Verhältnis des von ihnen geschuldeten kalendertägl. Entgelts.

9 **5. Beendigung des Beschäftigungsverhältnisses durch Kündigung (Abs. 3).** Ist das ArbVerh. gem. § 17 II durch Kündigung beendet worden, richtet sich der Anspruch gem. Abs. 3 gegen die Krankenkasse, wenn die AN in der ges. Krankenvers. Mitglied ist, anderenfalls gegen das Bundesversicherungsamt. Das setzt eine Kündigung durch den AG voraus, die nach § 17 II für zulässig erklärt wurde, oder einen diese ersetzenden Aufhebungsvertrag; andernfalls entsteht kein Anspruch auf Zuschuss. Der Anspruch besteht bis zum Ende der Schutzfrist, um die AN abzusichern, zu deren Nachteil eine Ausnahme v. Verbot des § 17 I gemacht worden ist. Durch eine Insolvenz des AG (S. 2) wird zwar der Bestand des ArbVerh. nicht unmittelbar berührt, bei Zahlungsunfähigkeit wechselt aber der Anspruchsverpflichtete als ob das ArbVerh. bereits iSd. S. 1 beendet worden wäre. Der Anspruch auf Zuschuss richtet sich dann gegen die Krankenkasse bzw. das Bundesversicherungsamt, da m. Insolvenzeröffnung die Zahlungsunfähigkeit des AG feststeht; die Leistung wird zu Lasten des Bundes erbracht. Auslöser der Leistungspflicht ist jedes „Insolvenzereignis" gem. § 165 I 2 SGB III. Die Leistungspflicht endet m. Ablauf der Schutzfrist gem. § 3 II.

§ 21 Ermittlung des durchschnittlichen Arbeitsentgelts

(1) [1]Bei der Bestimmung des Berechnungszeitraumes für die Ermittlung des durchschnittlichen Arbeitsentgelts für die Leistungen nach den §§ 18 bis 20 bleiben Zeiten unberücksichtigt, in denen die Frau infolge unverschuldeter Fehlzeiten kein Arbeitsentgelt erzielt hat. [2]War das Beschäftigungsverhältnis kürzer als drei Monate, ist der Berechnung der tatsächliche Zeitraum des Beschäftigungsverhältnisses zugrunde zu legen.

(2) Für die Ermittlung des durchschnittlichen Arbeitsentgelts für die Leistungen nach den §§ 18 bis 20 bleiben unberücksichtigt:
1. einmalig gezahltes Arbeitsentgelt im Sinne von § 23a des Vierten Buches Sozialgesetzbuch,
2. Kürzungen des Arbeitsentgelts, die im Berechnungszeitraum infolge von Kurzarbeit, Arbeitsausfällen oder unverschuldetem Arbeitsversäumnis eintreten, und
3. im Fall der Beendigung der Elternzeit nach dem Bundeselterngeld- und Elternzeitgesetz das Arbeitsentgelt aus Teilzeitbeschäftigung, das vor der Beendigung der Elternzeit während der Elternzeit erzielt wurde, soweit das durchschnittliche Arbeitsentgelt ohne die Berücksichtigung der Zeiten, in denen dieses Arbeitsentgelt erzielt wurde, höher ist.

(3) Ist die Ermittlung des durchschnittlichen Arbeitsentgelts entsprechend den Absätzen 1 und 2 nicht möglich, ist das durchschnittliche kalendertägliche Arbeitsentgelt einer vergleichbar beschäftigten Person zugrunde zu legen.

(4) Bei einer dauerhaften Änderung der Arbeitsentgelthöhe ist die geänderte Arbeitsentgelthöhe bei der Ermittlung des durchschnittlichen Arbeitsentgelts für die Leistungen nach den §§ 18 bis 20 zugrunde zu legen, und zwar
1. für den gesamten Berechnungszeitraum, wenn die Änderung während des Berechnungszeitraums wirksam wird,
2. ab Wirksamkeit der Änderung der Arbeitsentgelthöhe, wenn die Änderung der Arbeitsentgelthöhe nach dem Berechnungszeitraum wirksam wird.

1. Normzweck. Die Vorschr. fasst für die Zwecke der Entgeltleistungen gem. §§ 17–20 die Vorgaben zusammen, nach denen das „durchschnittl. Arbeitsentgelt" zu berechnen ist. Damit werden alle Mutterschutzleistungen nach denselben Maßstäben ermittelt. 1

2. Berechnungszeitraum (Abs. 1). Der Berechnungszeitraum wird für § 18 auf die letzten drei abgerechneten Kalendermonate vor Eintritt der Schwangerschaft festgelegt. Für §§ 19, 20 wird der Berechnungszeitraum durch die Schutzfristen des § 3 und den Entbindungstag bestimmt. Diese Grundsätze werden allerdings im Interesse eines effektiven Mutterschutzes für bestimmte Sonderfälle geändert. Liegen im Berechnungszeitraum auch Zeiten, in denen die Frau unverschuldet kein Arbeitsentgelt erzielt hat, fallen diese Zeiten aus der Berechnung heraus. Zugunsten der AN sind Zeiten aus dem Berechnungszeitraum ganz auszuschließen, in denen sie kein Entgelt erzielt hat (S. 1). Dadurch wird der Bemessungszeitraum nicht verschoben oder verlängert (aA *Jorkowski* ZTR 2003, 275, 277), sondern die zu berücksichtigenden Zeiteinheiten, durch die der maßgebl. Gesamtarbeitsverdienst geteilt wird, werden verringert: Mutterschutzlohn pro Zeiteinheit ist gleich Gesamtverdienst geteilt durch die bezahlten Zeiteinheiten. Daraus folgt, dass Zeiten verschuldeten Entgeltausfalls in den Teiler einzubeziehen sind; dadurch mindert sich iE der Durchschnittsverdienst der AN (zust. *Meisel/Sowka* Rn. 60; ZZVV/*Zipperer/Vieß* Rn. 55; abl. *Heilmann* Rn. 69). Dass über den Entgeltausfall bei vertragswidrigem Arbeitsversäumnis hinaus auch die Berechnung des Mutterschutzlohnes nachteilig beeinflusst werden soll, ist m. dem Zweck des Gesetzes nicht vereinbar, das Durchschnitts-Entgelt der Schwangeren zu gewährleisten. Auseinandersetzungen über die Frage des Verschuldens sollten ihr danach gerade erspart bleiben. Als „verschuldet" darf der Arbeitsausfall somit nur gewertet werden, wenn sie den Ausfall zumindest in Kauf genommen hat. Hat das BeschVerh insg. weniger als 3 Monate bestanden, ist nur dieser kürzere Zeitraum Berechnungsgrdl. (S. 2). 2

3. Ermittlung des tatsächlichen Arbeitsentgelts (Abs. 2). Hat die AN während des Berechnungszeitraums gleich bleibenden Zeitlohn (Wochen- oder Monatsverdienst) erzielt, ist dieser grds. weiter zu zahlen. Hat die AN unterschiedl. hohe Bezüge erhalten, ist zunächst der Gesamtverdienst des maßgebl. Berechnungszeitraums zu ermitteln (Rn. 7 f.). Diese Summe ist durch die Anzahl der maßgebl. Zeiteinheiten (Monate/Wochen/Stunden) zu teilen, in der die AN den Verdienst erreicht hat; Zeiten, in denen kein Verdienst erzielt wurde, bleiben außer Betracht (Abs. 1 S. 1). 3

Für die Berechnung aller Ansprüche gem. §§ 18–20 bleiben jedoch bestimmte Zahlungen unberücksichtigt, selbst wenn sie im maßgebl. Zeitraum tats. erbracht worden sind. Das umfasst einmalig gezahltes Arbeitsentgelt gem. § 23a SGB IV (Nr. 1), bestimmte Kürzungen des Arbeitsentgelts im Berechnungszeitraum (Nr. 2), sowie bestimmte Fälle von Teilzeitentgelt aus Elternzeit (Nr. 3). Zu den Fällen der Nr. 2 bleiben Kürzungen des Arbeitsentgelts für die Berechnung außer Betracht, wenn sie auf Kurzarbeit, Arbeitsausfällen oder unverschuldetem Arbeitsversäumnis beruhen. Rechnerisch ist also so zu verfahren, als habe die AN in der fragl. Zeit die genannten Verdienstausfälle nicht erlitten; 4

damit können sie sich auf das für Abs. 1 maßgebl. Durchschnittseinkommen nicht auswirken, auch wenn die AN im Berechnungszeitraum real weniger verdient hatte. Dauerhafte Verdienstkürzungen (Abs. 4), zB Verminderung der zuvor vereinbarten Vergütung (etwa: Neubewertung v. Bereitschaftsdiensten), wirken sich zu Lasten der AN aus (BAG 20.9.2000 NZA 2001, 657; *Joussen* NZA 2002, 702, 705), selbst wenn sie erst nach Ablauf des Berechnungszeitraumes eintreten. Das gilt auch für eine zuvor vereinbarte befristete Verringerung der vertragl. AZ (ArbG HH 13.12.2016 BeckRS 2016, 74988). Die Berücksichtigung solcher Kürzungen ist vereinbar m. dem Normzweck, die AN nicht wegen des Aussetzens m. der Arbeit finanziell schlechter zu stellen als weiterhin tätige AN; ihre bei Außerachtlassung dauerhafter Verdienstminderungen zu erwartende Besserstellung im Vergleich zu weiterhin tätigen AN ist v. Normzweck des § 20 näml. nicht geboten. Gem. Nr. 3 bleibt Teilzeitarbeitsentgelt unberücksichtigt, das während einer vorangegangenen, aber nun beendeten Elternzeit erzielt worden ist, wenn die Betroffene von dieser Berechnungsart profitiert. Der Ausschluss des Teilzeitarbeitsentgelts steht insoweit unter dem Vorbehalt, dass das durchschnittl. Arbeitsentgelt ohne die Berücksichtigung der Zeiten, in denen Teilzeitarbeitsentgelt bezogen wurde, höher ist. Damit soll den Vorgaben des EuGH (20.9.2007 NZA 2007, 1274) entsprochen werden, dass die Inanspruchnahme von Elternzeit keine Nachteile für die Betroffenen auslösen darf. Entspr. ist der Günstigkeitsvergleich durchzuführen und die Leistungen gem. §§ 18–20 nach der günstigeren Variante zu gewähren. Wurde die Elternzeit nicht beendet, richten sich die Ansprüche nach § 22 S. 2.

5 IE ist das so ermittelte Bruttoarbeitsentgelt um etwaige Einmalbezüge zu vermindern, sodann um die ges. Abzüge (Lohnsteuer, Solidaritätszuschlag, ggf. Kirchensteuer, ANAnteil zu den Sozialversicherungsbeiträgen). Dieses Nettoentgelt wird durch die Zahl der Kalendertage des Referenzzeitraums geteilt, wobei der Monat zu 30, die Woche zu sieben Kalendertagen anzusetzen ist, § 191 BGB (BAG 22.8.2012 NZA 2012, 1277; dh. bei mtl. Abrechnung ist durch 90, bei wöchentl. Abrechnung durch 91 zu teilen, ggf. verringert um Tage, die gem. Abs. 1 S. 5 außer Betracht bleiben). Konnte die AN im Referenzzeitraum kein oder nur noch vermindertes Entgelt beziehen, werden diese Zeiten nicht eingerechnet, sondern der Referenzzeitraum wird entspr. zurückverlegt; ist eine Durchschnittsberechnung nicht mögl., ist das Entgelt einer Vergleichsperson heranzuziehen (Abs. 3). Weiterzugewähren sind Sachbezüge (BAG 11.10.2000 NZA 2001, 445; vgl. § 16 Rn. 3), wenn sie im Referenzzeitraum Teil des Entgelts waren.

6 **4. Ermittlung des fiktiven Arbeitsentgelts (Abs. 3).** Das durchschnittl. Arbeitsentgelt ist grds. anhand des tats. gezahlten Entgelts der Betroffenen selbst zu bestimmen. Nur wenn dies ausnahmsweise nicht mögl. ist, ist das durchschnittl. kalendertägl. Arbeitsentgelt einer vergleichbar beschäftigten Person nach denselben Grundsätzen zu ermitteln und dann auch für die Anspruchsberechtigte zugrunde zu legen.

7 **5. Berücksichtigung dauerhafter Änderungen der Entgelthöhe (Abs. 4).** Die Betroffene hat grds. Anspruch auf Leistung in Höhe des Verdienstes, den sie im Berechnungszeitraum (Abs. 1) erzielt hat. Treten jedoch später Änd. beim Verdienst ein, die einen wirtschaftl. Anreiz schaffen könnten, trotz unverantwortbarer Gefährdungen oder während der Schutzzeiten zu arbeiten, wird diesem Anreiz entgegengewirkt, indem dauerhafte Entgelterhöhungen unter bestimmten Voraussetzungen bei der Berechnung berücksichtigt werden. Auch das BAG hatte festgestellt, dass die Frauen, die wegen mutterschutzrechtl. Beschäftigungsverbote ganz oder tw. m. der Arbeit aussetzen, hinsichtl. des Entgeltanspruchs weder besser noch schlechter gestellt werden dürfen als wenn sie gearbeitet hätten (BAG 20.9.2000 NZA 2001, 657). Dies wird durch eine Anpassung des Zeitraums ermittelt, ab dem die dauerhafte Verdienständerung eingerechnet wird: Die geänderte Höhe des Arbeitsentgelts, dh. sowohl Verbesserungen wie Verschlechterungen des geschuldeten Arbeitsentgelts, wird für den gesamten Berechnungszeitraum herangezogen, falls die Veränderung noch während des Berechnungszeitraums wirksam wird (Nr. 1). Wird die Änd. dagegen erst nach dem Berechnungszeitraum wirksam, ist sie ab diesem Zeitraum für die Berechnung des durchschnittl. Entgelts maßgebl. (Nr. 2). Damit ist gewährleistet, dass die Betroffene zur selben Zeit an einer Entgeltveränderung teilnimmt als wenn sie weiterhin gearbeitet hätte. Dauerhafte Verdiensterhöhungen korrigieren die Berechnungsgrdl. zugunsten der Frau, und zwar abhängig von dem Zeitpunkt, zu dem sie wirksam werden, entweder für den gesamten Bezugszeitraum (Nr. 1) oder ab Wirksamkeit (Nr. 2). Für dauerhafte Verdienstkürzungen gilt dasselbe.

§ 22 Leistungen während der Elternzeit

[1] Während der Elternzeit sind Ansprüche auf Leistungen nach den §§ 18 und 20 aus dem wegen der Elternzeit ruhenden Arbeitsverhältnis ausgeschlossen. [2] Übt die Frau während der Elternzeit eine Teilzeitarbeit aus, ist für die Ermittlung des durchschnittlichen Arbeitsentgelts nur das Arbeitsentgelt aus dieser Teilzeitarbeit zugrunde zu legen.

1 **1. Anspruchsausschluss (S. 1).** Die Vorschr. regelt das Zusammentreffen von mutterschutzrechtl. Beschäftigungsverboten oder Schutzfristen m. der Elternzeit. S. 1 legt fest, dass Leistungsansprüche aus den §§ 18 und 20 während der Elternzeit grds. ausgeschlossen sind. Da die Hauptleistungspflichten

aus dem ArbVerh. in diesen Zeiträumen ruhen, besteht weder ein Entgeltanspruch noch ein Anspruch auf Ersatzleistungen (BAG 29.1.2003 BeckRS 2003, 40744). Endet die Elternzeit während der Laufzeit von Beschäftigungsverbot/Schutzfristen, entsteht der Anspruch auf Arbeitsentgelt und Zuschuss ab diesem Zeitpunkt (BAG 25.2.2004 NZA 2004, 537; 22.8.2012 NZA 2012, 1277). Die Betroffene ist zudem berechtigt, die Elternzeit vorzeitig zu beenden (§ 16 III 3 BEEG), um die mutterschutzrechtl. Leistungen bei erneuter Schwangerschaft beanspruchen zu können.

2. Anspruch bei Teilzeitbeschäftigung (S. 2). Falls die Frau während der Elternzeit weiterhin in Teilzeit tätig ist (S. 2), hat sie während dieser Zeit einen – umfangmäßig entspr. reduzierten – Entgeltanspruch, also auch einen mutterschutzrechtl. Leistungsanspruch aus §§ 18, 20. Berechnungsgrdl. für das durchschnittl. Arbeitsentgelt zur Bemessung dieser Leistungen ist dann nicht § 21 I, II Nr. 3, sondern ausschl. das während der Elternzeit erzielte Teilzeitentgelt. Das gilt auch, falls die Teilzeitbeschäftigung vor Einsetzen der mutterschutzrechtl. relevanten Zeiten kürzer als die für die Berechnung vorausgesetzten (§ 21 I 1) drei Monate gedauert hat, § 21 I 2 (BT-Drs. 18/8963 S. 94 f.). Sollte die während der Elternzeit ausgeübte Tätigkeit nicht ausnahmsweise zu deutl. höheren Entgeltansprüchen geführt haben als die vertragl. geschuldete Tätigkeit, stellt sich die Frau finanziell daher günstiger, wenn sie die Elternzeit vorzeitig beendet (Rn. 1); in diesem Fall werden die Mutterschutzleistungen wieder nach dem Arbeitsentgelt berechnet, das vor der Elternzeit bezogen worden ist. 2

§ 23 Entgelt bei Freistellung für Untersuchungen und zum Stillen

(1) [1]**Durch die Gewährung der Freistellung nach § 7 darf bei der schwangeren oder stillenden Frau kein Entgeltausfall eintreten.** [2]**Freistellungszeiten sind weder vor- noch nachzuarbeiten.** [3]**Sie werden nicht auf Ruhepausen angerechnet, die im Arbeitszeitgesetz oder in anderen Vorschriften festgelegt sind.**

(2) [1]**Der Auftraggeber oder Zwischenmeister hat einer in Heimarbeit beschäftigten Frau und der ihr Gleichgestellten für die Stillzeit ein Entgelt zu zahlen, das nach der in Höhe des durchschnittlichen Stundenentgelts für jeden Werktag zu berechnen ist.** [2]**Ist eine Frau für mehrere Auftraggeber oder Zwischenmeister tätig, haben diese das Entgelt für die Stillzeit zu gleichen Teilen zu zahlen.** [3]**Auf das Entgelt finden die Vorschriften der §§ 23 bis 25 des Heimarbeitsgesetzes über den Entgeltschutz Anwendung.**

1. Entgelt für Freistellungen gem. § 7 (Abs. 1). Die Inanspruchnahme der Freistellungszeiten gem. § 7 soll nicht dadurch gefährdet werden, dass die Frauen wegen wirtschaftl. Nachteile darauf verzichten. Deshalb ist der AG verpflichtet, die Freistellung nicht nur überhaupt zu gewähren, sondern sie auch wie Arbeitszeit zu vergüten (S. 1). Die Freistellungszeiten sind weder vor- noch nachzuarbeiten (S. 2), und dürfen auch nicht auf ges./tarifl. geregelte Pausen angerechnet werden (S. 3). Ein Anspruch auf Fahrtkostenersatz folgt daraus nicht. Ebenso wenig entstehen Erstattungsansprüche für nicht beanspruchte betriebl. Leistungen (Essenszuschuss) oder aufgewendete arbeitsfreie Zeit. 1

2. Entgelt für in Heimarbeit Beschäftigte (Abs. 2). In Heimarbeit Beschäftigte haben bei Inanspruchnahme der medizinischen Untersuchungen/Stillzeiten gem. § 7 keinen Anspruch auf „Freistellung", weil sie sich grds. ihre Arbeitszeit selbst einteilen können. Entgeltschutz muss ihnen dafür aber ebenfalls gewährt werden. Dieser berechnet sich nach der durchschnittl. Höhe des pro Stunde erzielten Entgelts pro Werktag (S. 1), um auch den Heimarbeiterinnen und Gleichgestellten eine Entgeltsicherung zur gewährleisten. Wird das erzielte Entgelt bei mehreren Auftraggebern/Zwischenmeistern parallel erwirtschaftet, sind diese zu gleichen Teilen zur Zahlung des Entgeltschutzes für die Anlässe nach § 7 verpflichtet (S. 2). Der Entgeltschutz in §§ 23–25 HAG bleibt anwendbar. 2

§ 24 Fortbestehen des Erholungsurlaubs bei Beschäftigungsverboten

[1]**Für die Berechnung des Anspruchs auf bezahlten Erholungsurlaub gelten die Ausfallzeiten wegen eines Beschäftigungsverbots als Beschäftigungszeiten.** [2]**Hat eine Frau ihren Urlaub vor Beginn eines Beschäftigungsverbots nicht oder nicht vollständig erhalten, kann sie nach dem Ende eines Beschäftigungsverbots den Resturlaub im laufenden oder im nächsten Urlaubsjahr beanspruchen.**

S. 1 dient der Klarstellung, dass durch Beschäftigungsverbote bedingter Arbeitsausfall sich nicht nachteilig auf den ges. Urlaubsanspruch der AN auswirken darf. Dem EuGH zufolge (18.3.2004 NZA 2004, 535) schützt Art. 11 Nr. 2 a RL 92/85/EWG auch den über den Mindesturlaub hinausgehenden ges. Urlaubsanspruch vor einer Anrechnung auf die Mutterschutzfreistellungen; ob dies auch für weitergehende tarifl./vertragl. Ansprüche gilt, wurde nicht entschieden, ist aber nach dem Regelungszweck der RL zu erwarten und wird v. § 17 S. 1 auch zugelassen (vgl. LAG RP 29.1.2009 BeckRS 2009, 64348). Um eine unionswidrige Benachteiligung wegen der Schwangerschaft auszuschließen, müssen 1 durch Beschäftigungsverbote verursachte Ausfallzeiten zum Zwecke der Berechnung des Urlaubsanspruches als tats. Beschäftigungszeiten gerechnet werden.

2 Die AN hat Urlaub „erhalten" iSd S. 2, wenn der AG den Urlaubszeitpunkt festgelegt hat (Leistungshandlung) und der Leistungserfolg, dh. die vollständige Befreiung von der Arbeitspflicht eingetreten ist (BAG 9.8.2016 NZA 2016, 1392). Besteht die Arbeitspflicht aus anderen Gründen nicht, wie zB wegen Beschäftigungsverboten, kann die Urlaubsgewährung den Leistungserfolg nicht herbeiführen, selbst wenn der Urlaubszweck (Erholung) währenddessen erreicht werden könnte. S. 2 stellt klar, dass der Urlaubsanspruch während der Beschäftigungsverbote nicht erlöschen kann, auch nicht nach § 275 I BGB durch Unmöglichkeit der Urlaubsnahme während eines Zeitraums, der bereits vor Einsetzen des Beschäftigungsverbotes vom AG als Urlaub genehmigt worden war (BAG 9.8.2016 NZA 2016, 1392). Der nicht erhaltene Urlaub kann übertragen und nach Ablauf der Mutterschutzzeiten genommen werden. S. 2 regelt keine bloße Verlängerung des Übertragungszeitraums gem. § 7 III 3 BUrlG, sondern verlängert das „Urlaubsjahr" selbst um die Dauer der Schutzzeiten (BAG 15.12.2015 NZA 2016, 433). Der Urlaub kann anschließend übertragen werden. Übertragbar sind Urlaubstage, die infolge v. generellen oder individuellen Beschäftigungsverboten nicht genommen werden konnten. Schließt sich eine Elternzeit unmittelbar an, ist der Urlaub nachf. gem. § 17 II BEEG zu gewähren. Urlaubsansprüche erlöschen nicht vor Ablauf v. 15 Monaten nach Ende des Urlaubsjahrs, wenn die AN sie krankheitsbedingt nicht nehmen konnte (BAG 15.1.2013 NZA-RR 2013, 585; 15.12.2015 NZA 2016, 433). Normzweck ist es, den Untergang des Urlaubsanspruchs wegen Ablaufs des Kj. bzw. des Übertragungszeitraums zu verhindern. In der Freistellung der AN wegen eines Beschäftigungsverbotes liegt auch nicht selbst eine Urlaubserteilung (LAG RP 29.1.2009 BeckRS 2009, 64348). Auch bei einem späteren Wechsel in TZ sind die in Vollzeit verdienten und übertragenen Ansprüche in urspr. Höhe zu erfüllen (EuGH 13.6.2013 NZA 2013, 775).

§ 25 Beschäftigung nach dem Ende des Beschäftigungsverbots

Mit dem Ende eines Beschäftigungsverbots im Sinne von § 2 Absatz 3 hat eine Frau das Recht, entsprechend den vertraglich vereinbarten Bedingungen beschäftigt zu werden.

1 Der neu geschaffene § 25 dient der Verdeutlichung der Rechtslage für eine Frau, deren Beschäftigungsverbot (§ 2 III) endet. Da das Beschäftigungsverbot den bestehenden Vertrag weder abändert noch beendet, sondern ledigl. die Leistungspflicht der Beschäftigten zeitweilig suspendiert, werden m. Ablauf des Verbotszeitsraums die urspr. Vertragspflichten wieder aktualisiert. Dementspr. hat die Betroffene das Recht, den Vertragsbedingungen gem. beschäftigt zu werden. Dies ergibt sich bereits aus den Vorgaben der RL 92/85/EWG und aus Art. 15 RL 2006/54/EG, die ein Rückkehrrecht auf den bisherigen oder einen gleichwertigen Arbeitsplatz zu den früheren Bedingungen vorsehen, da aus der Anwendung zwgd. Schutzrechte keine Nachteile für Frauen im Erwerbsleben folgen dürfen. Ob der Frau eine andere als die zuvor ausgeübte Tätigkeit zugewiesen werden kann, hängt v. Inhalt des Arbeitsvertrages und den bestehenden Weisungsrechten ab.

Abschnitt 5. Durchführung des Gesetzes

§ 26 Aushang des Gesetzes

(1) [1]In Betrieben und Verwaltungen, in denen regelmäßig mehr als drei Frauen beschäftigt werden, hat der Arbeitgeber eine Kopie dieses Gesetzes an geeigneter Stelle zur Einsicht auszulegen oder auszuhängen. [2]Dies gilt nicht, wenn er das Gesetz für die Personen, die bei ihm beschäftigt sind, in einem elektronischen Verzeichnis jederzeit zugänglich gemacht hat.

(2) [1]Für eine in Heimarbeit beschäftigte Frau oder eine ihr Gleichgestellte muss der Auftraggeber oder Zwischenmeister in den Räumen der Ausgabe oder Abnahme von Heimarbeit eine Kopie dieses Gesetzes an geeigneter Stelle zur Einsicht auslegen oder aushängen. [2]Absatz 1 Satz 2 gilt entsprechend.

1 **1. Normzweck.** Die AN sollen die Rechtsgrdl. ihrer Ansprüche und Verpflichtungen aus dem MuSchG jederzeit kennen können. Um dieses Regelungsziel zu erreichen, müssen auch Frauen informiert werden, denen die Arbeit per Post/EDV zu Hause zugewiesen wird.

2 **2. Betriebe und Verwaltungen (Abs. 1 S. 1); Heimarbeit (Abs. 2 S. 1).** Der Betriebsbegriff im mutterschutzrechtl. Sinne erfasst alle Einrichtungen, die AG gem. § 2 I sein können, aber auch Freiberufler, Land- und Forstwirtschaft, Schifffahrt, Nebenbetriebe und Betriebsteile. Verw. sind die staatl. und kommunalen Dienststellen, Ämter und Behörden sowie die Verwaltungsstellen v. ör. Körperschaften. Die Auslagepflicht nach Abs. 1 setzt voraus, dass an der Arbeitsstelle regelm. mehr als drei Frauen beschäftigt werden; saisonale Schwankungen bleiben außer Betracht. Die Aushangpflicht

kann bei **Heimarbeiterinnen** oder Gleichgestellten sinnvoll nicht an der Arbeitsstätte bestehen, daher besteht sie in den Räumen der Ausgabe oder Abnahme der Heimarbeit. Eine Mindestbeschäftigtenzahl ist für Abs. 2 nicht Voraussetzung der Aushangpflicht.

3. Aushang an geeigneter Stelle. Der Gesetzestext ist im Betrieb so auszulegen oder auszuhängen, dass jede AN seinen Inhalt zur Kenntnis nehmen kann, ohne jemanden um Vorlage bitten zu müssen. Geeignet sind daher Pausen- oder Aufenthaltsräume, ein betriebl. schwarzes Brett oder das BRBüro. Ein Hinweis auf die mögl. Einsichtnahme beim AG oder der Personalabt. genügt nicht. Das G muss vollst. und lesbar ausgehängt werden, dh. insb. im Falle einer umfängl. Gesetzesänd. in einer vollst. Fassung verfügbar sein. Aus § 26 lässt sich zwar nicht unmittelbar die Verpflichtung herleiten, bei einer entspr. Anzahl v. deutschunkundigen Ausländerinnen das MuSchG in fremdsprachiger Übersetzung auszuhängen, aus der Fürsorgepflicht ergibt sich jedoch zumindest eine Informationspflicht in den Fällen, in denen v. Gewerkschaften, Berufsgenossenschaften oder Behörden fremdsprachiges Informationsmat. hrsg. wird (ZZVV/*Viethen/Wascher* Rn. 7; umfassender *Buchner/Becker* Rn. 36; *Heilmann* Rn. 20; abl. *Meisel/Sowka* Rn. 11). 3

4. Elektronisch zugängliche Informationen (Abs. 1 S. 2, Abs. 2 S. 2). Sowohl ggü. Beschäftigten (Abs. 1 S. 2) wie ggü. Heimarbeiterinnen und Gleichgestellten (Abs. 2 S. 2) kann auf das Aushängen des G verzichtet werden, falls alle Beschäftigten/Heimarbeiter stattdessen auf den Normtext in elektronischer Fassung im Intranet des AG/Auftraggebers zugreifen können. Das dient der Verwaltungsvereinfachung und entspricht den Üblichkeiten bei sonst verbreiteter elektronischer Kommunikation. 4

5. Rechtsverstoß. Die Vorschr. ist primär Ordnungsvorschr. (LAG BW 30.11.1967 DB 1968, 624; ArbG Ulm 13.4.1954 AP MuSchG § 17 Nr. 1), demzufolge kein Schutzgesetz iSd. § 823 II BGB: Individualschutz kann nicht der überw. Normzweck sein, da anderenfalls die Beschäftigtenmindestzahl nicht zu rechtfertigen wäre. Teils wird die Aushangpflicht auch als Konkretisierung der vertragl. Fürsorgepflicht angesehen (*Heilmann* Rn. 24; aA *Meisel/Sowka* Rn. 13). 5

§ 27 Mitteilungs- und Aufbewahrungspflichten des Arbeitgebers, Offenbarungsverbot der mit der Überwachung beauftragten Personen

(1) [1]Der Arbeitgeber hat die Aufsichtsbehörde unverzüglich zu benachrichtigen,

1. wenn eine Frau ihm mitgeteilt hat,
  a) dass sie schwanger ist oder
  b) dass sie stillt, es sei denn, er hat die Aufsichtsbehörde bereits über die Schwangerschaft dieser Frau benachrichtigt, oder

2. wenn er beabsichtigt, eine schwangere oder stillende Frau zu beschäftigen
  a) bis 22 Uhr nach den Vorgaben des § 5 Absatz 2 Satz 2 und 3,
  b) an Sonn- und Feiertagen nach den Vorgaben des § 6 Absatz 1 Satz 2 und 3 oder Absatz 2 Satz 2 und 3 oder
  c) mit getakteter Arbeit im Sinne von § 11 Absatz 6 Nummer 3 oder § 12 Absatz 5 Nummer 3.

[2]Er darf diese Informationen nicht unbefugt an Dritte weitergeben.

(2) [1]Der Arbeitgeber hat der Aufsichtsbehörde auf Verlangen die Angaben zu machen, die zur Erfüllung der Aufgaben dieser Behörde erforderlich sind. [2]Er hat die Angaben wahrheitsgemäß, vollständig und rechtzeitig zu machen.

(3) Der Arbeitgeber hat der Aufsichtsbehörde auf Verlangen die Unterlagen zur Einsicht vorzulegen oder einzusenden, aus denen Folgendes ersichtlich ist:

1. die Namen der schwangeren oder stillenden Frauen, die bei ihm beschäftigt sind,
2. die Art und der zeitliche Umfang ihrer Beschäftigung,
3. die Entgelte, die an sie gezahlt worden sind,
4. die Ergebnisse der Beurteilung der Arbeitsbedingungen nach § 10 und
5. alle sonstigen nach Absatz 2 zu machenden Angaben.

(4) [1]Die auskunftspflichtige Person kann die Auskunft auf solche Fragen oder die Vorlage derjenigen Unterlagen verweigern, deren Beantwortung oder Vorlage sie selbst oder einen ihrer in § 383 Absatz 1 Nummer 1 bis 3 der Zivilprozessordnung bezeichneten Angehörigen der Gefahr der Verfolgung wegen einer Straftat oder Ordnungswidrigkeit aussetzen würde. [2]Die auskunftspflichtige Person ist darauf hinzuweisen.

(5) Der Arbeitgeber hat die in Absatz 3 genannten Unterlagen mindestens bis zum Ablauf von zwei Jahren nach der letzten Eintragung aufzubewahren.

(6) [1]Die mit der Überwachung beauftragten Personen der Aufsichtsbehörde dürfen die ihnen bei ihrer Überwachungstätigkeit zur Kenntnis gelangten Geschäfts- und Betriebsgeheimnisse nur in den gesetzlich geregelten Fällen oder zur Verfolgung von Rechtsverstößen oder zur Erfüllung

von gesetzlich geregelten Aufgaben zum Schutz der Umwelt den dafür zuständigen Behörden offenbaren. [2]Soweit es sich bei Geschäfts- und Betriebsgeheimnissen um Informationen über die Umwelt im Sinne des Umweltinformationsgesetzes handelt, richtet sich die Befugnis zu ihrer Offenbarung nach dem Umweltinformationsgesetz.

1 **1. Benachrichtigung der Aufsichtsbehörde (Abs. 1–3, 5).** Die Bestimmung soll der Aufsichtsbehörde (§ 29) eine wirkungsvolle Kontrolle der Schutzpflichten nach dem MuSchG ermöglichen. Auskunftspflichtig ist grds. der AG, ggf. aber auch ein Beauftragter (§ 9 V); die betroffene Frau ist dagegen nicht auskunftspflichtig ggü. der Behörde. Die Benachrichtigungspflicht ist unverzügl., dh. ohne schuldhaftes Zögern, zu erfüllen, ohne dass auf ein Auskunftsverlangen der Behörde gewartet werden dürfte. Die Benachrichtigung betrifft die Mitt. einer Schwangerschaft oder Stillzeit, sofern zuvor die Schwangerschaft noch nicht mitgeteilt worden ist (Abs. 1 Nr. 1). Weiter soll die Mitt. den Fall der Beschäftigung schwangerer oder stillender Frauen nachts und an Feiertagen, oder m. getakteter Arbeit enthalten (Abs. 1 Nr. 2), die durch §§ 11 VI Nr. 3, 12 V Nr. 3 zugelassen werden können. Damit erhält die Behörde die Inf., die ihr eine Entscheidung über die Erforderlichkeit eines Verbotes gem. § 29 III 2 Nr. 7 ermöglicht. Über die Benachrichtigung der Behörde hinaus darf der AG die Mitt. der Frau nicht **unbefugt an Dritte weitergeben (Abs. 1 S. 2).** Eine zulässige Bekanntgabe setzt das Einverständnis der Betroffenen voraus, oder ein berechtigtes Interesse des AG, etwa an der Durchsetzung von Schutzmaßnahmen durch einen Beauftragten oder Vorgesetzten. Der BR hat grds. ein Informationsrecht aus § 89 II BetrVG, das Persönlichkeitsrecht der Betroffenen ist aber vorrangig, sodass sie diese Inf. ausdr. ausschließen können muss.

2 **Nach Abs. 2** kann die Behörde weitergehende Angaben verlangen, soweit sie zur Durchführung ihrer Aufgaben erforderl. sind. Der AG muss die Angaben wahrheitsgem. und vollständig machen, darf also nichts Wesentliches verschweigen, auch wenn nach der konkreten Einzelheit nicht gefragt worden ist. Die Angaben sind zudem rechtzeitig zu machen, angesichts des Handlungsbedarfs bei der Erfüllung v. Schutzpflichten also so schnell wie möglich. Auf Verlangen der Behörde sind zudem die Unterlagen zur Einsicht vorzulegen oder einzusenden, die die Informationen gem. Abs. 3 Nr. 1–5 enthalten. Es geht um „die", also die bereits bei AG geführten Unterlagen. Eine Pflicht zur Herstellung v. Unterlagen besteht nur im Rahmen der Dokumentationspflichten gem. § 14. Die Unterlagen gem. Abs. 3 müssen bis zum Ablauf von 2 Jahren nach der letzten Eintragung aufbewahrt werden (Abs. 5), damit Gesetzesverstöße ggf. auch noch nachträgl. erkennbar sind. Sind erforderl. Eintragungen pflichtwidrig unterblieben, beginnt die Frist zu der Zeit, zu der die letzte Eintragung hätte vorgenommen werden müssen. Werden die Pflichten nach Abs. 1–3 nicht oder nicht ordnungsgem. erfüllt, kommt eine Ordnungswidrigkeit gem. § 32 I Nr. 11–14 in Betracht. Die Verletzung der Aufbewahrungspflicht gem. Abs. 5 unterfällt § 32 I Nr. 15.

3 **2. Auskunftsverweigerungsrecht (Abs. 4).** Parallel zu der Regelung in § 22 I 2, 3 ArbSchG hat jede auskunftspflichtige Person ggf. ein Auskunftsverweigerungsrecht, um sich selbst oder einen Angehörigen nicht der Gefahr der Strafverfolgung auszusetzen.

4 **3. Offenbarungsverbot (Abs. 6).** Die m. der Überwachung betrauten Beschäftigten der Aufsichtsbehörde können bei ihrer Tätigkeit Geschäfts- und Betriebsgeheimnisse des AG erfahren. Offenbaren dürfen sie diese Kenntnisse jedoch nur in den ges. zugelassenen Fällen, entspr. § 23 II ArbSchG.

§ 28 Behördliches Genehmigungsverfahren für eine Beschäftigung zwischen 20 Uhr und 22 Uhr

(1) [1]Die Aufsichtsbehörde kann abweichend von § 5 Absatz 1 Satz 1 auf Antrag des Arbeitgebers genehmigen, dass eine schwangere oder stillende Frau zwischen 20 Uhr und 22 Uhr beschäftigt wird, wenn

1. sich die Frau dazu ausdrücklich bereit erklärt,
2. nach ärztlichem Zeugnis nichts gegen die Beschäftigung der Frau bis 22 Uhr spricht und
3. insbesondere eine unverantwortbare Gefährdung für die schwangere Frau oder ihr Kind durch Alleinarbeit ausgeschlossen ist.

[2]Dem Antrag ist die Dokumentation der Beurteilung der Arbeitsbedingungen nach § 14 Absatz 1 beizufügen. [3]Die schwangere oder stillende Frau kann ihre Erklärung nach Satz 1 Nummer 1 jederzeit mit Wirkung für die Zukunft widerrufen.

(2) [1]Solange die Aufsichtsbehörde den Antrag nicht ablehnt oder die Beschäftigung zwischen 20 Uhr und 22 Uhr nicht vorläufig untersagt, darf der Arbeitgeber die Frau unter den Voraussetzungen des Absatzes 1 beschäftigen. [2]Die Aufsichtsbehörde hat dem Arbeitgeber nach Eingang des Antrags unverzüglich eine Mitteilung zu machen, wenn die für den Antrag nach Absatz 1 erforderlichen Unterlagen unvollständig sind. [3]Die Aufsichtsbehörde kann die Beschäftigung vorläufig untersagen, soweit dies erforderlich ist, um den Schutz der Gesundheit der Frau oder ihres Kindes sicherzustellen.

(3) [1]Lehnt die Aufsichtsbehörde den Antrag nicht innerhalb von sechs Wochen nach Eingang des vollständigen Antrags ab, gilt die Genehmigung als erteilt. [2]Auf Verlangen ist dem Arbeitgeber der Eintritt der Genehmigungsfiktion (§ 42a des Verwaltungsverfahrensgesetzes) zu bescheinigen.

(4) Im Übrigen gelten die Vorschriften des Verwaltungsverfahrensgesetzes.

1. Normzweck. Um die Weiterbeschäftigung einer schwangeren oder stillenden Frau auf ihrem urspr. Arbeitsplatz möglichst zu fördern, soll grds. auch eine Beschäftigung zwischen 20 Uhr und 22 Uhr weiterhin mögl. sein, wenn keine konkreten gesundheitl. Umstände dagegen sprechen. Anders als bei der Beschäftigung nach 22 Uhr, die grds. als unverantwortbare Gefährdung gilt und deshalb nur ausnahmsweise nach § 29 III 2 Nr. 1 genehmigungsfähig ist, geht das G davon aus, dass eine Beschäftigung zwischen 20 Uhr und 22 Uhr m. Einverständnis der Betroffenen generell akzeptabel ist, wenn gesundheitl. Belange nicht entgegenstehen. 1

2. Antrag an die Aufsichtsbehörde (Abs. 1). Die Beschäftigung von schwangeren/stillenden Frauen zwischen 20 Uhr und 22 Uhr setzt einen Antrag des AG an die Aufsichtsbehörde voraus. Der Antrag kann in allen Branchen gestellt werden. Das Genehmigungsverf. umfasst eine formelle und materielle Einzelfallprüfung durch die Behörde, die auf der Grdl. der v. AG einzureichenden Unterlagen erfolgt. Auch die Dokumentation der Beurteilung der Arbeitsbedingungen ist beizufügen (Abs. 1 S. 2). Die Genehmigung setzt weiter eine ausdr. Bereiterklärung der Frau voraus, die diese jederzeit m. Wirkung für die Zukunft widerrufen kann (Abs. 1 S. 3). Damit hat die Betroffene die Möglichkeit, eine Beschäftigung zur fragl. Zeit für die Zukunft auszuschließen. Zudem ist ein ärztl. Zeugnis über die Unbedenklichkeit dieser Beschäftigungszeiten beizufügen. 2

3. Vorläufige Zulässigkeit (Abs. 2). Entspricht der Antrag des AG den Voraussetzungen des Abs. 1, ist grds. davon auszugehen, dass eine Beschäftigung der Frau zwischen 20 Uhr und 22 Uhr möglich ist. Die Aufsichtsbehörde nimmt zunächst eine formelle Prüfung der Voraussetzungen des Abs. 1 vor. Sind die Unterlagen unvollständig, kann die Behörde die Beschäftigung ggf. vorl. untersagen (S. 1), muss den AG auf dies jedoch unverzügl. hinweisen (Abs. 2 S. 2), damit er die Besorgnis der Gefährdung beheben kann. Eine vorl. Untersagung kommt in Betracht, solange die Aufsichtsbehörde dies für den Gesundheitsschutz für Mutter/Kind als erforderl. ansieht. Ist eine vorl. Untersagung dagegen nicht erforderl., kann die Frau weiter beschäftigt werden (Abs. 2 S. 1). 3

4. Genehmigungsfiktion (Abs. 3). Innerhalb von 6 Wochen nach Eingang des vollständigen Antrages auf Genehmigung hat die Aufsichtsbehörde die materielle Prüfung der Zulässigkeit einer Beschäftigung der schwangeren/stillenden Frau abzuschließen. Sind keine weiteren Schutzmaßnahmen geboten, muss die Behörde nichts Zusätzliches veranlassen. Daher gilt idR m. Ablauf der 6 Wochen die Genehmigung als erteilt. Nur wenn die Behörde eine unverantwortbare Gefährdung der Gesundheit der Frau/des Kindes bejaht, muss sie den Antrag ablehnen; damit wird die Beschäftigung zu den genannten Zeiten unzulässig. Die Rücknahme oder der Widerruf einer erteilten Genehmigung sind nur unter den Voraussetzungen der §§ 48, 49, 51 VwVfG mögl. (Abs. 4); der Widerruf des Einverständnisses der Betroffenen ist jederzeit möglich. 4

§ 29 Zuständigkeit und Befugnisse der Aufsichtsbehörden, Jahresbericht

(1) Die Aufsicht über die Ausführung der Vorschriften dieses Gesetzes und der aufgrund dieses Gesetzes erlassenen Vorschriften obliegt den nach Landesrecht zuständigen Behörden (Aufsichtsbehörden).

(2) [1]Die Aufsichtsbehörden haben dieselben Befugnisse wie die nach § 22 Absatz 2 und 3 des Arbeitsschutzgesetzes mit der Überwachung beauftragten Personen. [2]Das Grundrecht der Unverletzlichkeit der Wohnung (Artikel 13 des Grundgesetzes) wird insoweit eingeschränkt.

(3) [1]Die Aufsichtsbehörde kann in Einzelfällen die erforderlichen Maßnahmen anordnen, die der Arbeitgeber zur Erfüllung derjenigen Pflichten zu treffen hat, die sich aus Abschnitt 2 dieses Gesetzes und den aufgrund des § 31 Nummer 1 bis 5 erlassenen Rechtsverordnungen ergeben. [2]Insbesondere kann die Aufsichtsbehörde […]

1. in besonders begründeten Einzelfällen Ausnahmen vom Verbot der Mehrarbeit nach § 4 Absatz 1 Satz 1, 2 oder 4 sowie vom Verbot der Nachtarbeit auch zwischen 22 Uhr und 6 Uhr nach § 5 Absatz 1 Satz 1 oder Absatz 2 Satz 1 bewilligen, wenn
   a) sich die Frau dazu ausdrücklich bereit erklärt,
   b) nach ärztlichem Zeugnis nichts gegen die Beschäftigung spricht und
   c) in den Fällen des § 5 Absatz 1 Satz 1 oder Absatz 2 Satz 1 insbesondere eine unverantwortbare Gefährdung für die schwangere Frau oder ihr Kind durch Alleinarbeit ausgeschlossen ist,

2. verbieten, dass ein Arbeitgeber eine schwangere oder stillende Frau
   a) nach § 5 Absatz 2 Satz 2 zwischen 20 Uhr und 22 Uhr beschäftigt oder

b) nach § 6 Absatz 1 Satz 2 oder nach § 6 Absatz 2 Satz 2 an Sonn- und Feiertagen beschäftigt,

3. Einzelheiten zur Freistellung zum Stillen nach § 7 Absatz 2 und zur Bereithaltung von Räumlichkeiten, die zum Stillen geeignet sind, anordnen,

4. Einzelheiten zur zulässigen Arbeitsmenge nach § 8 anordnen,

5. Schutzmaßnahmen nach § 9 Absatz 1 bis 3 und nach § 13 anordnen,

6. Einzelheiten zu Art und Umfang der Beurteilung der Arbeitsbedingungen nach § 10 anordnen,

7. bestimmte Tätigkeiten oder Arbeitsbedingungen nach § 11 oder nach § 12 verbieten,

8. Ausnahmen von den Vorschriften des § 11 Absatz 6 Nummer 1 und 2 und des § 12 Absatz 5 Nummer 1 und 2 bewilligen, wenn die Art der Arbeit und das Arbeitstempo keine unverantwortbare Gefährdung für die schwangere oder stillende Frau oder für ihr Kind darstellen, und

9. Einzelheiten zu Art und Umfang der Dokumentation und Information nach § 14 anordnen.

[3] Die schwangere oder stillende Frau kann ihre Erklärung nach Satz 2 Nummer 1 Buchstabe a jederzeit mit Wirkung für die Zukunft widerrufen.

(4) Die Aufsichtsbehörde berät den Arbeitgeber bei der Erfüllung seiner Pflichten nach diesem Gesetz sowie die bei ihm beschäftigten Personen zu ihren Rechten und Pflichten nach diesem Gesetz; dies gilt nicht für die Rechte und Pflichten nach den §§ 18 bis 22.

(5) Für Betriebe und Verwaltungen im Geschäftsbereich des Bundesministeriums der Verteidigung wird die Aufsicht nach Absatz 1 durch das Bundesministerium der Verteidigung oder die von ihm bestimmte Stelle in eigener Zuständigkeit durchgeführt.

(6) [1] Die zuständigen obersten Landesbehörden haben über die Überwachungstätigkeit der ihnen unterstellten Behörden einen Jahresbericht zu veröffentlichen. [2] Der Jahresbericht umfasst auch Angaben zur Erfüllung von Unterrichtungspflichten aus internationalen Übereinkommen oder Rechtsakten der Europäischen Union, soweit sie den Mutterschutz betreffen.

1 **1. Aufsichtsbehörden (Abs. 1).** Die Länder führen das MuSchG gem. Art. 83 GG als eigene Angelegenheit aus und regeln die Einrichtung der Behörden und des Verwaltungsverf. Die zuvor einheitl. den Gewerbeaufsichtsämtern (für bergbaul. Betriebe: die bes. Bergämter) übertragene Zust. ist mittlerweile sehr uneinheitl. geregelt (Nachw. bei *Springer/Kamppeter* BB 2010, 2960 Fn. 1). Die örtl. Zust. liegt bei dem Amt, in dessen Bezirk das Unternehmen betrieben oder die Tätigkeit ausgeübt wird, dh. regelm. das Amt des Betriebssitzes.

2 **2. Befugnisse der Aufsichtsbehörde (Abs. 2).** Die Behörden überwachen in Betrieben, Verw. und Familienhaushalten die ordnungsgem. Beachtung des MuSchG. Dazu können sie Betriebsbegehungen vornehmen, Auskünfte einholen, Beschwerden überprüfen, Anträge bescheiden sowie beratend und aufklärend tätig werden, vgl. § 22 II, III ArbSchG. Das umfasst insb. die jederzeitige Rev. der betriebl. Anl., zu denen der AG den Zutritt zu gestatten hat; Art. 13 GG ist insoweit ausdr. eingeschränkt. Die Rev. können unangekündigt stattfinden, allerdings ist der AG bei Beginn der Kontrolle zu informieren, seine Anwesenheit ist zu gestatten. Werden Rechtsverstöße festgestellt, können entspr. Hinweise erfolgen. IRd. polizeil. Befugnisse können schriftl. Vfg. zunächst angedroht, sodann erl. werden, die auch für sofort vollziehbar erklärt werden können und m. Mitteln des VerwZwangs durchsetzbar sind. Als äußerstes Mittel käme daher die Einstellung des Betriebes/eines Betriebsteils in Betracht, falls weniger belastende Mittel zum Schutz v. Mutter oder Kind nicht ausreichen. Das Verf. der Aufsichtsbehörde folgt den Vorschr. der Landes-VwVfG. Der AG kann gegen einen VA m. der Anfechtungsklage, gegen die Versagung einer Ausnahmebewilligung (zB § 4 III, 8 VI) m. der Verpflichtungsklage vorgehen.

3 **3. Erforderliche betriebliche Maßnahmen (Abs. 3).** Die Aufsichtsbehörde kann erforderl. Maßnahmen anordnen, die der AG zur Gewährleistung des Gesundheitsschutzes ergreifen muss, oder wenn Maßnahmen zur Umsetzung von RechtsVO nach § 31 ergriffen werden müssen (S. 1). Die Anordnung dient der Konkretisierung der genannten Vorschr. für den Anlassfall, ist also Gesundheitsschutz. Die AGPflichten iRv. Kündigungsschutz und Leistungen werden nicht erfasst. In S. 2 werden beispielhaft und nicht abschl. die wichtigsten Befugnisse der Aufsichtsbehörde genannt; ledigl. die ausnahmsweise Zulässigkeit einer Kündigung bleibt als Sonderbestimmung in die Vorschr. zum Kündigungsschutz integriert (§ 16 II). Die aufgezählten Befugnisse der Aufsichtsbehörde betreffen: ausnahmsweise Ausnahmen vom Verbot der Mehrarbeit und vom Verbot der Nachtarbeit bewilligen (Nr. 1); verbieten, dass schwangere und stillende Frauen zwischen 20 Uhr und 22 Uhr oder an Sonn- und Feiertagen beschäftigt werden (Nr. 2); Bestimmungen über die Freizeit zum Stillen und das Bereithalten von Stillräumen treffen (Nr. 3); die zulässige Arbeitsmenge für Heimarbeiterinnen und Gleichgestellte konkretisieren (Nr. 4); Schutzmaßnahmen für schwangere und stillende Frauen konkretisieren (Nr. 5); Art und Umf. der Beurteilung der Arbeitsbedingungen festlegen (Nr. 6); bestimmte Tätigkeiten oder Arbeitsbedingungen untersagen (Nr. 7); Ausnahmen vom Verbot der Fließarbeit oder der Akkordarbeit zulassen (Nr. 8); Art und Umf. der vom AG vorzunehmenden Dokumentation festlegen (Nr. 9).

4. Beratungspflichten (Abs. 4). Die Behörde muss den AG über die Umsetzung seiner mutterschutzrechtl. Pflichten beraten, und seine Beschäftigten über ihre diesbzgl. Rechte und Pflichten. Die Beratung zu Fragen des Leistungsrechts (§§ 18–22), ist grds. Aufgabe der Krankenkassen. 4

5. Geschäftsbereich des Bundesministeriums der Verteidigung (Abs. 5). Entspr. der Regelung in § 21 V ArbSchG soll das Ministerium auch die Kontrolle und Überwachung des Mutterschutzes selbst vornehmen. Das gilt auch für zivile Beschäftigte in dessen Geschäftsbereich. 5

6. Jahresbericht (Abs. 6). Die zust. obersten Landesbehörden müssen über ihre mutterschutzrechtl. Kontroll- und Überwachungsaufgaben jährl. berichten. Das entspricht § 23 IV ArbSchG. Umfasst sind nicht nur Aufgaben bei der Überwachung von Pflichten nach dem MuSchG, sondern auch bei Pflichten des Mutterschutzes nach int. Übereinkommen und Rechtsakten der EU. 6

Abschnitt 6. Bußgeldvorschriften, Strafvorschriften

§ 32 Bußgeldvorschriften

(1) Ordnungswidrig handelt, wer vorsätzlich oder fahrlässig

1. entgegen § 3 Absatz 1 Satz 1, auch in Verbindung mit Satz 4, entgegen § 3 Absatz 2 Satz 1, auch in Verbindung mit Satz 2 oder 3, entgegen § 3 Absatz 3 Satz 1, § 4 Absatz 1 Satz 1, 2 oder 4 oder § 5 Absatz 1 Satz 1, § 6 Absatz 1 Satz 1, § 13 Absatz 1 Nummer 3 oder § 16 eine Frau beschäftigt,

2. entgegen § 4 Absatz 2 eine Ruhezeit nicht, nicht richtig oder nicht rechtzeitig gewährt,

3. entgegen § 5 Absatz 2 Satz 1 oder § 6 Absatz 2 Satz 1 eine Frau tätig werden lässt,

4. entgegen § 7 Absatz 1 Satz 1, auch in Verbindung mit Satz 2, oder entgegen § 7 Absatz 2 Satz 1 eine Frau nicht freistellt,

5. entgegen § 8 oder § 13 Absatz 2 Heimarbeit ausgibt,

6. entgegen § 10 Absatz 1 Satz 1, auch in Verbindung mit einer Rechtsverordnung nach § 31 Nummer 3, eine Gefährdung nicht, nicht richtig oder nicht rechtzeitig beurteilt oder eine Ermittlung nicht, nicht richtig oder nicht rechtzeitig durchführt,

7. entgegen § 10 Absatz 2 Satz 1, auch in Verbindung mit einer Rechtsverordnung nach § 31 Nummer 3, eine Schutzmaßnahme nicht, nicht richtig oder nicht rechtzeitig festlegt,

8. entgegen § 10 Absatz 3 eine Frau eine andere als die dort bezeichnete Tätigkeit ausüben lässt,

9. entgegen § 14 Absatz 1 Satz 1 in Verbindung mit einer Rechtsverordnung nach § 31 Nummer 5 eine Dokumentation nicht, nicht richtig, nicht vollständig oder nicht rechtzeitig erstellt,

10. entgegen § 14 Absatz 2 oder 3, jeweils in Verbindung mit einer Rechtsverordnung nach § 31 Nummer 5, eine Information nicht, nicht richtig, nicht vollständig oder nicht rechtzeitig gibt,

11. entgegen § 27 Absatz 1 Satz 1 die Aufsichtsbehörde nicht, nicht richtig oder nicht rechtzeitig benachrichtigt,

12. entgegen § 27 Absatz 1 Satz 2 eine Information weitergibt,

13. entgegen § 27 Absatz 2 eine Angabe nicht, nicht richtig, nicht vollständig oder nicht rechtzeitig macht,

14. entgegen § 27 Absatz 3 eine Unterlage nicht, nicht richtig oder nicht rechtzeitig vorlegt oder nicht oder nicht rechtzeitig einsendet,

15. entgegen § 27 V eine Unterlage nicht oder nicht mindestens zwei Jahre aufbewahrt,

16. einer vollziehbaren Anordnung nach § 29 Absatz 3 Satz 1 zuwiderhandelt oder

17. einer Rechtsverordnung nach § 31 Nummer 4 oder einer vollziehbaren Anordnung aufgrund einer solchen Rechtsverordnung zuwiderhandelt, soweit die Rechtsverordnung für einen bestimmten Tatbestand auf diese Bußgeldvorschrift verweist.

(2) Die Ordnungswidrigkeit kann in den Fällen des Absatzes 1 Nummer 1 bis 5, 8, 16 und 17 mit einer Geldbuße bis zu dreißigtausend Euro, in den übrigen Fällen mit einer Geldbuße bis zu fünftausend Euro geahndet werden.

§ 33 Strafvorschriften

Wer eine in § 32 Absatz 1 Nummer 1 bis 5, 8, 16 und 17 bezeichnete vorsätzliche Handlung begeht und dadurch die Gesundheit der Frau oder ihres Kindes gefährdet, wird mit Freiheitsstrafe bis zu einem Jahr oder mit Geldstrafe bestraft.

510. Gesetz über den Nachweis der für ein Arbeitsverhältnis geltenden wesentlichen Bedingungen (Nachweisgesetz – NachwG)

Vom 20. Juli 1995 (BGBl. I S. 946)

Zul. geänd. durch Gesetz vom 11. August 2014 (BGBl. I S. 1348)

(FNA 800-25)

§ 1 Anwendungsbereich

Dieses Gesetz gilt für alle Arbeitnehmer, es sei denn, daß sie nur zur vorübergehenden Aushilfe von höchstens einem Monat eingestellt werden. Praktikanten, die gemäß § 22 Absatz 1 des Mindestlohngesetzes als Arbeitnehmer gelten, sind Arbeitnehmer im Sinne dieses Gesetzes.

1 **1. Zweck des NachwG.** Das NachwG, das die Vorgaben der RL 91/533/EWG (ABlEG 1991 Nr. L 288 S. 32 v. 18.10.1991) über die Pflicht des AG zur Unterrichtung des AN über die für seinen Arbeitsvertrag oder sein ArbVerh. geltenden Bedingungen (NachwRL) im Wesentlichen inhaltsgleich umsetzt, soll durch die Verpflichtung zur schriftl. Fixierung der wesentl. Arbeitsbedingungen mehr **Rechtssicherheit** und **Rechtsklarheit** im ArbVerh. schaffen (BT-Drs. 13/668 S. 8). Der RLGeber wollte durch die RL 91/533/EWG primär diejenigen AN schützen, die keinem TV unterliegen und im Ausland tätig sind (EuGH 18.12.2008 NZA 2009, 95).

2 **2. Inhalt und systematische Stellung des Gesetzes.** Das G verpflichtet den AG zwgd., den Inhalt der vereinbarten wesentl. Vertragsbedingungen schriftl. niederzulegen, und zwar nicht nur im Falle der **erstmaligen Aufnahme des ArbVerh.** (§ 2), sondern auch für alle nachf. Änd. (§ 3). Das NachwG ist im Kern eine Formvorschr. für arbeitsvertragl. Abreden. Sowohl die materielle Begr. des ArbVerh. als auch die Änd. der Arbeitsbedingungen wird jedoch **keinem konstitutiven Formerfordernis** unterworfen (BAG 21.8.1997 NZA 1998, 37; *Müller-Glöge* RdA Sonderbeil. 5/2001, 46, 49). Der Nachw. dient der Beweissicherung über die vereinbarten Arbeitsbedingungen. Deshalb bleibt im Grds. der materielle Nachw. anderer Arbeitsbedingungen im Prozess mögl. Die Nichterteilung des Nachw. hat aber erhebl. prozessuale Konsequenzen hins. der Beweislage (§ 2 Rn. 41 ff.). Deshalb ist auf die Erstellung entspr. Nachw. die gleiche Sorgfalt zu verwenden wie auf die Arbeitsvertragsgestaltung selbst. Vor vorschnellen Musterformularen zur Erstellung eines Nachw. ist zu warnen. Gerade der nicht sorgfältig abgefasste Nachw. ohne Bezug zum konkreten ArbVerh. kann ungewollte Bindungen, insb. im Vergütungsbereich (Eingruppierung, Sonderzahlungen), hervorrufen. Ferner entbindet das G nicht von der Notwendigkeit zu sorgfältiger Gestaltung der Vertragsbedingungen, die bei gestellten Formularverträgen einer **Inhaltskontrolle nach §§ 307 ff. BGB** unterliegen (hierzu BGB §§ 305 bis 310 Rn. 35 ff.).

3 Auch bei der Einbeziehung von außerhalb des Arbeitsvertrags liegenden AGB – wozu auch TV zählen können – ist der Nachw. **keine Wirksamkeitsvoraussetzung** für den Arbeitsvertrag und kann auch nach der Schuldrechtsreform nicht als solche angesehen werden (vgl. EuGH 8.2.2001 NZA 2001, 381; BAG 21.8.1997 NZA 1998, 37; *Müller-Glöge* RdA Sonderbeil. 5/2001, 46, 49; *Thüsing/Lambrich* NZA 2002, 1361, 1367; anders, soweit ersichtl., allein *Zwanziger* DB 1996, 2027 f.; hins. Überstundenvereinb. in diese Richtung wohl a. *Buschmann* AuR 2001, 109, 110). Im ArbR gilt die allg. Regelung des § 305 II und III BGB nicht, wonach der AG den AN auf die AGB hinweisen und ihm eine zumutbare Kenntnismöglichkeit verschaffen muss. Der Gesetzgeber hat diese Sonderregelung zwar mit dem ausreichenden Schutz des AN durch das NachwG begr. Das bedeutet jedoch nicht, dass das NachwG die gleichen Anforderungen stellt wie § 305 II BGB. Weder das NachwG noch die NachwRL, die dem NachwG zugrunde liegt und in deren Licht dessen Bestimmungen auszulegen sind, stellen formale Anforderungen an den Arbeitsvertrag (vgl. zur Einbeziehung von AGB BGB §§ 305 bis 310 Rn. 29 ff.).

4 **3. Regelungen in anderen Gesetzen.** Im Zuge der Verabschiedung des NachwG wurden in dem G zur Anpassung arbeitsrechtl. Bestimmungen an das EG-Recht v. 20.7.1995 (BGBl. I S. 946) Formvorschr. des AÜG (vgl. hierzu § 11 AÜG), des BBiG (vgl. hierzu § 11 BBiG) und des SeeArbR (§§ 28, 29 SeeArbG) angepasst. Mit wenigen Änd. wurden die Inhalte des NachwG in diese Sonderformvorschr. übernommen. § 105 S. 2 GewO, der Regelungen über die Gestaltung des Arbeitsvertrags enthält, verweist hins. des Nachw. der Arbeitsbedingungen auf das NachwG.

5 **4. Geltungsbereich.** § 1 regelt den pers. und sachl. Geltungsbereich. Das NachwG gilt nach § 1 für alle AN, also Arbeiter, Ang. und ltd. Ang. Es findet auf **alle abhängig Beschäftigten** der Privatwirtschaft und des öffentl. Dienstes Anwendung. Für den Begriff des AN gelten die allg. Grds. (BGB

§ 611a Rn. 1 ff.). Der Begriff des AN richtet sich nach dem Recht der Mitgliedstaaten und nicht nach dem unionsrechtl. ANBegriff (hierzu BGB § 611a Rn. 18). Die RL 91/533/ EWG knüpft an den jeweiligen mitgliedstaatl. ANBegriff an (*Wank* RdA 1996, 22; *Friese* EAS B 3050 Rn. 11). Erfasst werden **auch TZAN einschl. der geringfügig Beschäftigten iSd. § 8 SGB IV**. Das G erfasst auch die Gruppe der ltd. Ang. (abw. Vorstellungen des BR, BT-Drs. 13/668 Anl. 2 Ziff. 2, konnten sich nicht durchsetzen). Das G erfasst nur AN, so dass Personen, die in einem ör. Dienstverhältnis stehen, nicht erfasst werden. Ebenfalls nicht erfasst werden mithelfende Familienangehörige, wenn ihre Arbeitsleistungen ausschl. aufgrund familienrechtl. Beziehung erfolgen und sie nicht als AN anzusehen sind (hierzu BGB § 611a Rn. 137 ff.). Spezialges. Regelungen gelten für die zur Berufsbildung Beschäftigten nach dem BBiG, für LeihAN nach dem AÜG und für Seeleute nach dem SeeArbG (vgl. Einf. Rn. 10), die mit der Verabschiedung des NachwG angepasst wurden. Eine Nachweispflicht des Entleihers ggü. den LeihAN über die beim **Entleiher** geltenden Arbeitsbedingungen besteht nicht; doch muss der Entleiher dem entliehenen AN nach § 13 I AÜG **Auskunft** erteilen (BAG 25.3.2015 NZA 2015, 877).

Arbeitnehmerähnl. Personen (hierzu BGB § 611a Rn. 80 ff.) werden vom Anwendungsbereich des 6
NachwG nicht erfasst, obwohl gerade für diese Personengruppe ein Schutzbedürfnis nicht zu verneinen ist. Es kann hier jedoch von einer bewussten Entsch. des Gesetzgebers ausgegangen werden, da andere arbeitsrechtl. SchutzG eine entspr. Erstreckung vorsehen (zB § 2 S. 2 BUrlG). Außerdem gelten für den Bereich des HeimArbR bes. Unterrichtungspflichten (vgl. §§ 7a, 9 HAG).

Das G gilt nicht für ArbVerh., die nur zu vorübergehender Aushilfe von höchstens einem Monat 7
begr. werden. Mit dieser engen Ausnahmeregelung gilt das NachwG praktisch für alle ArbVerh.; insb. ist auch die Ausnahme für geringfügige BeschVerh. entfallen. Die Monatsfrist entspricht der Vorgabe in Art. 1 II RL 91/533/EWG, begrenzt die Ausnahme aber auf AN, die zur **vorübergehenden Aushilfe** eingestellt werden. Dadurch hat der Gesetzgeber die Ausnahmemöglichkeit der RL nur zT ausgeschöpft, denn in der RL können alle Arbeitsverträge mit einer Gesamtdauer von höchstens einem Monat von der Nachweispflicht befreit werden, Art. 1 II RL 91/533/ EWG. Für den Begriff der vorübergehenden Aushilfe gelten die gleichen Anforderungen wie für § 622 V 1 Nr. 1 BGB (vgl. BGB § 622 Rn. 16). Die in der RL vorgesehenen weiteren Ausnahmemöglichkeiten (WochenAZ bis zu 8 Stunden, Gelegenheitsarbeiten) hat der dt. Gesetzgeber iRd. Reform der geringfügigen BeschVerh. nicht übernommen mit dem Hinweis, dass durch die vorliegende Normfassung eine mittelbare Diskriminierung weibl. AN vermieden werden sollte (BT-Drs. 14/280).

Das G begr. eine Nachweispflicht für **Praktikanten**, die nach § 22 I MiLoG als AN gelten (näher 8
§ 22 MiLoG Rn. 6 ff.). Für sie gilt das NachwG so wie für alle AN. Der neue Abs. 1a gilt dann wohl nur für im Ausgangspunkt „echte" Praktikanten. Wenn der AN nachweisen kann, dass die Dreimonatsfrist überschritten oder das Praktikum nicht in einer (hoch-)schulrechtl. Bestimmung nach Maßgabe des § 22 I 2 Nr. 1 enthalten ist, dann greift die Fiktion des § 22 I 2 MiLoG: Er ist dann AN iSd. MiLoG und damit auch des NachwG. Ferner greift die Fiktion, wenn die erforderl. Lern- und Ausbildungsziele in der tats. Durchführung nicht nachgewiesen werden (s. Rn. 27b).

§ 2 Nachweispflicht

(1) [1]**Der Arbeitgeber hat spätestens einen Monat nach dem vereinbarten Beginn des Arbeitsverhältnisses die wesentlichen Vertragsbedingungen schriftlich niederzulegen, die Niederschrift zu unterzeichnen und dem Arbeitnehmer auszuhändigen.** [2]**In die Niederschrift sind mindestens aufzunehmen:**

1. **der Name und die Anschrift der Vertragsparteien,**
2. **der Zeitpunkt des Beginns des Arbeitsverhältnisses,**
3. **bei befristeten Arbeitsverhältnissen: die vorhersehbare Dauer des Arbeitsverhältnisses,**
4. **der Arbeitsort oder, falls der Arbeitnehmer nicht nur an einem bestimmten Arbeitsort tätig sein soll, ein Hinweis darauf, daß der Arbeitnehmer an verschiedenen Orten beschäftigt werden kann,**
5. **eine kurze Charakterisierung oder Beschreibung der vom Arbeitnehmer zu leistenden Tätigkeit,**
6. **die Zusammensetzung und die Höhe des Arbeitsentgelts einschließlich der Zuschläge, der Zulagen, Prämien und Sonderzahlungen sowie anderer Bestandteile des Arbeitsentgelts und deren Fälligkeit,**
7. **die vereinbarte Arbeitszeit,**
8. **die Dauer des jährlichen Erholungsurlaubs,**
9. **die Fristen für die Kündigung des Arbeitsverhältnisses,**
10. **ein in allgemeiner Form gehaltener Hinweis auf die Tarifverträge, Betriebs- oder Dienstvereinbarungen, die auf das Arbeitsverhältnis anzuwenden sind.**

[3]**Der Nachweis der wesentlichen Vertragsbedingungen in elektronischer Form ist ausgeschlossen.**

(1a) **Wer einen Praktikanten einstellt, hat unverzüglich nach Abschluss des Praktikumsvertrages, spätestens vor Aufnahme der Praktikantentätigkeit, die wesentlichen Vertragsbedingungen**

schriftlich niederzulegen, die Niederschrift zu unterzeichnen und dem Praktikanten auszuhändigen. In die Niederschrift sind mindestens aufzunehmen:
1. der Name und die Anschrift der Vertragsparteien,
2. die mit dem Praktikum verfolgten Lern- und Ausbildungsziele,
3. Beginn und Dauer des Praktikums,
4. Dauer der regelmäßigen täglichen Praktikumszeit,
5. Zahlung und Höhe der Vergütung,
6. Dauer des Urlaubs,
7. ein in allgemeiner Form gehaltener Hinweis auf die Tarifverträge, Betriebs- oder Dienstvereinbarungen, die auf das Praktikumsverhältnis anzuwenden sind.
Absatz 1 Satz 3 gilt entsprechend.

(2) Hat der Arbeitnehmer seine Arbeitsleistung länger als einen Monat außerhalb der Bundesrepublik Deutschland zu erbringen, so muß die Niederschrift dem Arbeitnehmer vor seiner Abreise ausgehändigt werden und folgende zusätzliche Angaben enthalten:
1. die Dauer der im Ausland auszuübenden Tätigkeit,
2. die Währung, in der das Arbeitsentgelt ausgezahlt wird,
3. ein zusätzliches mit dem Auslandsaufenthalt verbundenes Arbeitsentgelt und damit verbundene zusätzliche Sachleistungen,
4. die vereinbarten Bedingungen für die Rückkehr des Arbeitnehmers.

(3) [1] Die Angaben nach Absatz 1 Satz 2 Nr. 6 bis 9 und Absatz 2 Nr. 2 und 3 können ersetzt werden durch einen Hinweis auf die einschlägigen Tarifverträge, Betriebs- oder Dienstvereinbarungen und ähnlichen Regelungen, die für das Arbeitsverhältnis gelten. [2] Ist in den Fällen des Absatzes 1 Satz 2 Nr. 8 und 9 die jeweilige gesetzliche Regelung maßgebend, so kann hierauf verwiesen werden.

(4) Wenn dem Arbeitnehmer ein schriftlicher Arbeitsvertrag ausgehändigt worden ist, entfällt die Verpflichtung nach den Absätzen 1 und 2, soweit der Vertrag die in den Absätzen 1 bis 3 geforderten Angaben enthält.

1 **1. Allgemeines. a) Normzweck.** Mit Abschluss des Arbeitsvertrags wird durch § 2 ein zwgd., aber **kein konstitutives Formerfordernis** begr. Die Niederschrift dient der Inf. des AN, die ihm sichere Auskunft über den Inhalt des Arbeitsvertrags geben soll. Dieser eindeutige Normzweck hat Auswirkungen auf die Interpretation des in § 2 II niedergelegten Mindestkatalogs, der iZw. zugunsten eines präzise formulierten Nachw. zu interpretieren ist.

2 Dem Normzweck entspr. entfällt die Nachweispflicht nach § 2 IV, wenn bereits ein schriftl. Arbeitsvertrag ausgehändigt worden ist, der im ges. geforderten Umf. die entspr. Angaben enthält. In Deutschland werden ohnehin die meisten ArbVerh. durch schriftl. Arbeitsvertrag begr. Davon ging auch der Gesetzgeber im Erlasszpkt. aus (BT-Drs. 13/668 S. 8). Das NachwG hat primär für solche AN einen bes. Klarstellungseffekt, die bislang keinen schriftl. Arbeitsvertrag besitzen. Dies dürfte überw. in kleineren Unternehmen sowie bei atypischen BeschVerh. der Fall sein. Insoweit kann der Zweck des NachwG uU auch darin gesehen werden, illegale BeschVerh. zu bekämpfen (BT-Drs. 13/668 S. 8). Die Vorschr. intendiert nicht, schriftl. Arbeitsverträge auf den im G bezeichneten Umf. zu reduzieren, vielmehr wird die Pflicht begr., alle „wesentl." Vertragsbedingungen schriftl. niederzulegen, um Streit über deren Inhalt zu vermeiden.

3 **b) Inhalt der Nachweispflicht (Abs. 1 S. 1). aa) Aushändigung der unterzeichneten Niederschrift.** Die Erfüllung der Nachweispflicht erfolgt durch Unterzeichnung der mit allen wesentl. Vertragsbedingungen versehenen Niederschrift und Aushändigung an den AN. Eigenhändige Unterzeichnung durch den Aussteller nach § 126 I BGB ist notwendig. Es handelt sich um eine rechtsgeschäftsähnl. Handlung, auf die die allg. Regelungen über Willenserkl. entspr. Anwendung finden.

4 Das G begr. keinen Anspruch ausl. AN, einen Nachw. in ihrer Muttersprache zu erhalten (s. a. BAG 19.3.2014 NZA 2014, 1076. Erfüllungsort für die Aushändigung des Nachw. ist der Betriebssitz des AG, der regelm. als Leistungsort für arbeitsvertragl. Ansprüche gilt (vgl. zum Zeugnis BAG 8.3.1995 NZA 1995, 671).

5 **bb) Frist.** Der Nachw. ist **spätestens einen Monat** nach dem vereinbarten Beginn des ArbVerh. zu erteilen. Gemeint ist nicht der Vertragsabschluss, sondern der Zpkt. der effektiven Arbeitsaufnahme, wie Art. 3 I NachwRL erkennen lässt („nach Aufnahme der Arbeit"; **aA** HWK/*Kliemt* Rn. 8: Beginn der Vertragslaufzeit maßgebl.). Der gesetzgeberische Wille ist eindeutig, obwohl nach der Gesetzesintention nicht zweckmäßig, weil eine möglichst frühzeitige Inf. nach Vertragsabschluss zur Streitvermeidung sinnvoll ist. Für nachträgl. Änd. von wesentl. Arbeitsbedingungen gilt § 3; für Altfälle findet die Übergangsvorschr. nach § 4 Anwendung. Strengere, für den AN günstigere tarifvertragl. Formvorschr., die zT eine sofortige Ausfertigung eines schriftl. Arbeitsvertrags verlangen, gehen vor. Die Fristberechnung richtet sich nach den allg. Regelungen (§§ 186 ff. BGB).

6 In den Sonderfällen, in denen nach § 1 eine Nachweispflicht zunächst nicht besteht, der AN aber in das G „hineinwächst", besteht eine Regelungslücke. Diese ist durch zweckgerechte Auslegung zu

schließen. Da der AG die Nachweispflicht spätestens einen Monat nach dem vereinbarten Beginn des ArbVerh. zu erfüllen hat, ist es in diesen Fällen gerechtfertigt, die Nachweispflicht sofort mit Erfüllen der Anwendungsvoraussetzungen zu bejahen, wenn das ArbVerh. bereits mind. einen Monat bestanden hat und es sich um ein ununterbrochenes ArbVerh. handelt (ebenso *Feldgen* Rn. 139). Hauptfall wird hier sein, dass ein kurzzeitig befristetes Aushilfs- oder ProbeArbVerh. verlängert bzw. fortgesetzt wird.

2. Umfang der Nachweispflicht. a) Die wesentlichen Vertragsbedingungen (Abs. 1 S. 1). § 2 I 2 enthält nur den Kernbestand der vom RLGeber für wesentl. erachteten Vertragsbedingungen. Eine Beschränkung der Nachweispflicht auf die essentialia negotii (Vergütung und AZ) erscheint ausgeschlossen, weil schon der Mindestkatalog darüber hinausgeht. Entscheidend ist, was nach dem Inhalt des jeweiligen ArbVerh. als wesentl. anzusehen ist. Das können auch bestimmte Nebenpflichten (zB Verschwiegenheitspflichten, Nebentätigkeitsbeschränkungen) oder Nebenleistungen (zB betriebl. AV, Vers. uam.) sein. Unerhebl. ist, wo die Bedingungen geregelt sind. Abs. 1 S. 1 enthält keine Differenzierung zwischen einzelvertragl. und kollektivvertragl. geregelten Vertragsbedingungen. 7

Wesentl. ist alles, was üblicherweise in Arbeitsverträgen bestimmter AN vereinbart wird s. a. *Linde/Lindemann* NZA 2003, 649, 651, wonach wesentl. alle Vertragsbedingungen sind, deren Kenntnis für den AN zur Geltendmachung seiner Rechte notwendig ist und deren Unkenntnis zu erhebl., idR finanziellen Nachteilen führen kann). Der Normtext lässt es nicht zu, die in § 2 I 2 aufgelisteten Mindestbedingungen als abschl. definierte wesentl. Vertragsbedingungen anzusehen (widersprüchl. *Birk* NZA 1996, 281, 285). Wenn über den Mindestkatalog hinausgehende wesentl. Vertragsbedingungen denkbar sind, unterliegen sie ebenfalls der Nachweispflicht (ebenso *Feldgen* Rn. 124; MüKoBGB/*Müller-Glöge* § 611 Rn. 649; anders *Wank* RdA 1996, 23). Entscheidend ist, ob eine wesentl. Regelung, die Haupt- oder Nebenpflichten der Vertragsparteien berührt, vereinbart worden ist. Hauptbsp. sind nachvertragl. **Wettbewerbsverbote**, die im Mindestkatalog nicht niedergelegt sind, aber zweifellos wesentl. sind. Nach dt. Recht stellt sich die Problematik nicht, weil derartige Abreden ohnehin nach § 74 HGB einer bes. schriftl. Vereinb. bedürfen. Vertragl. **Ausschlussfristen** bedürfen schon wegen ihres rechtsbeschneidenden Inhalts einer klaren und bestimmten schriftl. Regelung. Sie gehören zu den nachweispflichtigen wesentl. Vertragsbedingungen (BAG 23.1.2002 NZA 2002, 800; *Lörcher* AuR 1994, 450, 452; diff. *Friese* EAS B 3050 Rn. 23; anders *Feldgen* Rn. 129). In der Praxis wird der AG schwerl. die Vereinb. einer Ausschlussfrist nachweisen können, die er nicht auch schriftl. dokumentiert hat. Fragl. ist, ob die schriftl. Fassung einer Ausschlussfrist in einem einbezogenen TV ausreicht (Rn. 25 ff.). 8

Überdies sind zahlr. vertragl. Vereinb. denkbar, die im Zusammenhang mit den Hauptpflichten aus dem ArbVerh. (Entgelt, AZ) stehen. Auch hier ist es ratsam, nicht ledigl. die Minimalerfordernisse des Mindestkataloges nachzuweisen, wenn darüber hinausgehende Vereinb. getroffen worden sind (zB flexible AZRegelungen). 9

b) Mindestens aufzunehmende Vertragsbedingungen (Abs. 1 S. 2 und 4). aa) Allgemeines. Die in § 2 I 2 aufgezählten Bedingungen stellen Bsp. für nachweispflichtige Vertragsbedingungen dar. Die Pflicht zum Nachw. selbst dagegen folgt allein aus Abs. 1 S. 1 und bestünde in der gleichen Weise, wenn Abs. 1 S. 2 nicht vorhanden wäre. Durch Abs. 1 S. 2 werden die in Abs. 1 S. 1 genannten Bedingungen ledigl. konkretisiert. Dieser systematische Aufbau ist insb. für das Verständnis der Nachweispflicht bei kollektivvertragl. geregelten Arbeitsbedingungen von Bedeutung (dazu Rn. 23 ff.). 10

bb) Vertragsparteien (Nr. 1). Die Angabe von Name und Anschrift der Vertragsparteien soll sicherstellen, dass der AN über die Identität seines Vertragspartners in Kenntnis gesetzt wird. Unklarheiten über den richtigen Klagegegner bzw. den Schuldner in der ZV sollen vermieden werden (s. LAG K 9.1.1998 LAGE NachwG § 2 Nr. 4). Die Angabe der Rechtsform des AG wird nicht ausdr. verlangt; die Verpflichtung kann sich jedoch aus gesellschafts- und handelsrechtl. Vorschr. ergeben (§ 4 GmbHG, § 4 AktG, §§ 17 ff. HGB). Die durch die Rspr. herausgearbeiteten Grds. zu § 613a V Nr. 3 BGB zur Unterrichtung über die Person des Erwerbers können herangezogen werden (vgl. § 613a Rn. 88). Hier wie dort geht es darum, dass der AG „identifizierbar" ist. Die Anerkennung der Teilrechtsfähigkeit der GbR durch die Rspr. (BAG 1.12.2004 NZA 2005, 318; BGH 29.1.2001 NZA 2001, 408; 18.2.2002 NZA 2002, 405) hat die Angabe der Vertragsparteien bei BGB-Gesellschaften erhebl. vereinfacht. Die BGB-Gesellschaft als solche kann AG sein. Im Nachw. müssen daher nicht mehr Namen und Anschrift aller Gesellschafter enthalten sein, es genügt die Angabe des Namens und der Anschrift der GbR. 11

cc) Beginn des Arbeitsverhältnisses (Nr. 2). Anzugeben ist der Beginn des ArbVerh. Damit ist nicht der Zpkt. des Vertragsabschlusses, sondern der Beginn der Vertragslaufzeit gemeint. Entscheidend ist damit nicht der Zpkt. der tats. Arbeitsaufnahme, die nicht identisch sein muss mit dem Beginn der Vertragslaufzeit (Bsp.: Feiertag, Erkrankung des AN). 12

dd) Dauer des Arbeitsverhältnisses (Nr. 3). Nr. 3 ist durch das seit dem 1.1.2001 geltende zwgd. konstitutive Schriftformerfordernis für Befristungen nach § 14 IV TzBfG praktisch bedeutungslos. § 14 IV TzBfG und § 2 I Nr. 3 stimmen insofern überein, als bei zeitbefristeten Verträgen die Dauer 13 des befristeten ArbVerh. nach Tagen, Wochen, Monaten oder Jahren bzw. kalendarischen Befristungen schriftl. niederzulegen ist, nicht aber der Befristungsgrund (APS/*Greiner* § 14 TzBfG Rn. 487f.). Grds. zulässig sind aber auch zweckbefristete und auflösend bedingte ArbVerh. (hierzu §§ 15 und 21 TzBfG), bei denen sich eine genaue Dauer bisweilen nicht vorhersehen lässt. Da das NachwG nichts an dieser prinzipiell zulässigen Vertragsgestaltung ändern will, muss die Angabe der Zweckbefristung bzw. der auflösenden Bedingung ausreichen. Die Nachweispflicht folgt der materiellen Rechtslage. Dies gilt auch für bes. Befristungsgründe (§ 21 I BEEG, WZVG). Die Formulierung in Nr. 3 ist vor diesem Hintergrund irreführend. Da die Wirksamkeit einer Zweckbefristung davon abhängt, dass der Zpkt. der Zweckerfüllung für den AN frühzeitig erkennbar ist und eine Vertragsabrede über den Befristungszweck getroffen worden ist, gehört bei zweckbefristeten Verträgen zur Angabe der vorhersehbaren Dauer die Angabe des Befristungsgrundes.

14 **ee) Arbeitsort (Nr. 4).** Nr. 4 verlangt die Angabe des Arbeitsortes oder einen Hinweis darauf, dass der AN an verschiedenen Orten beschäftigt werden kann (zum Leistungsort vgl. BGB § 611a Rn. 650; *Schaefer* Rn. D 35ff.). Transparenz wird durch diese Angabe kaum erreicht, da die Verpflichtung zur Tätigkeit in anderen Betrieben des Unternehmens regelm. Vertragsbestandteil ist. Andererseits ist probl., wenn im Nachw. ledigl. ein bestimmter Arbeitsort ohne Versetzungsmöglichkeit angegeben wird. Bei fester Vereinb. eines bestimmten Arbeitsortes ist ein abw. örtl. Einsatz nur im Wege der Änderungskündigung mögl., weil das arbeitgeberseitige Direktionsrecht nur iRd. vertragl. Vereinb. gilt (GewO § 106 Rn. 5). Wird weder ein Arbeitsort noch eine Versetzungsmöglichkeit angegeben, kann dies – trotz § 106 GewO – dazu führen, dass der Ort des ersten Einsatzbereiches maßgebl. ist, wenn der AN sich auf eine entspr. mdl. Abrede beruft. Diese Konsequenzen sind bei der Gestaltung des Arbeitsvertrags sowie des Nachw. zu beachten (näher Preis/*Preis* II D 30, Rn. 97ff.).

15 **ff) Tätigkeitsbeschreibung (Nr. 5).** Die zu leistende Tätigkeit unterliegt freier vertragl. Disposition. Die Beschreibung der geschuldeten Tätigkeit als auch der übertragenen Aufgabe oder Funktion kann jedoch Konsequenzen für die tarifl. Eingruppierung haben. Je enger und je spezifischer die Tätigkeitsbeschreibung erfolgt, umso eingeschränkter ist uU das Direktionsrecht. Auch insoweit bedarf es sorgfältiger Überlegung bei der Vertragsgestaltung (näher Preis/*Preis* II D 30, Rn. 5ff., 145ff.).

16 Nr. 5 verlangte in der urspr. Fassung ledigl. die Bezeichnung oder eine allg. Beschreibung der vom AN zu leistenden Tätigkeit. Demggü. verlangt Art. 2 II c RL 91/533/EWG präziser die Angabe der dem AN bei der Einstellung zugewiesenen Amtsbezeichnung, seines Dienstgrads sowie ggf. der Art oder Kategorie seiner Stelle (ausf. *Krause* AR-Blattei SD 220.2.2 Rn. 137ff.). Erkennbar zielt die RL damit auf eine konkrete Einstufung des AN ab, weil Tätigkeitsbeschreibung und Arbeitsentgelt in Tarifgefügen voneinander abhängen. Nr. 5 war daher nicht ordnungsgemäß in nationales Recht umgesetzt worden (EuGH 4.12.1997 NZA 1998, 137). Durch die Übernahme des Wortlauts der RL („kurze Charakterisierung oder Beschreibung der Arbeit") hat der Gesetzgeber auf die Entsch. des EuGH reagiert (ÄndG v. 29.6.1998 BGBl. I S. 1694). Insb. in den komplexen Tarifwerken des öffentl. Dienstes bedarf es deshalb einer präzisen Eingruppierung nach Vergütungs- wie nach Tätigkeitsmerkmalen (**aA** BAG 8.6.2005 NZA 2006, 53: im Anwendungsbereich des BAT/TVöD sei nicht die Angabe des Eingruppierungsmerkmals erforderl., sondern es reiche der Nachw. mittels einer dem AN übergebenen Arbeitsplatz- oder Stellenbeschreibung aus, diese könne auch in einer Stellenausschreibung enthalten sein). Unklarheiten im schriftl. Nachw. gehen hier zu Lasten des AG, da das NachwG eine Verbesserung der Beweislage des AN intendiert. Beruft sich der AN auf eine ihm günstige Eingruppierung im schriftl. Arbeitsvertrag, hat nicht mehr der AN, sondern der AG darzulegen und zu beweisen, dass der AN nicht die tats. Voraussetzungen der angegebenen Vergütungsgruppe erfüllt (vgl. LAG HM 2.7.1998 AuR 1998, 331; HWK/*Kliemt* Rn. 26; **aA** *Schwarze* RdA 1997, 343, 351).

17 **gg) Arbeitsentgelt (Nr. 6).** § 2 Nr. 6 verlangt detaillierte Angaben zur Zusammensetzung des Arbeitsentgelts. Neben der Grundvergütung sind alle Zusatzentgelte wie Überstunden-, Sonn- und Feiertagszuschläge, Zulagen, Prämien, Sonderzahlungen, Auslösungen, Provisionen und Tantiemen, aber auch entgeltwirksame Leistungen aus betriebl. AV und vermögenswirksamer Leistung niederzulegen. Allerdings können die Angaben nach § 2 III ersetzt werden durch einen **qualifizierten Hinweis** auf die einschlägigen TV, BV oder DV (vgl. hierzu Rn. 34). Von der Ersetzung umfasst sind aber nicht solche Entgeltbestandteile, die in derartigen kollektiven Regelungswerken nicht geregelt sind.

18 Auch sog. **„freiwillige" Leistungen** unterliegen der Nachweispflicht (unzutr. *Schaefer* Rn. D 86; wie hier HWK/*Kliemt* Rn. 32). Nach dem Normtext sind Zulagen und Sonderzahlungen – unabhängig von ihrer rechtl. Ausgestaltung – erfasst. Schon die Gewährung des Zusatzentgeltes mit dem entspr. Vorbehalt kann unter § 2 Nr. 6 subsumiert werden, weil jdf. einmalig ein wesentl. Vertragsbestandteil geregelt wird. Auch bei einer einmaligen Zahlung tritt spätestens mit der Zahlung und deren Annahme eine punktuelle Vertragsänd. ein, die nachweispflichtig ist (vgl. *Preis/Sagan* NZA 2012, 697, 704). Gewährt der AG Sonderzahlungen, ohne dem AN einen nach §§ 2 oder 3 geforderten schriftl. Nachw. zu erteilen, sind Konsequenzen aus dem Gesichtspunkt der Unklarheitenregelung bzw. der Beweislastverteilung nicht ausgeschlossen. Wird in dem Arbeitsvertragsnachw. nicht verdeutlicht, ob und inwieweit es sich um freiwillige oder widerrufl. Entgeltbestandteile handelt, wird es dem AG wegen der Beweiskraft des Nachw. (Einl. Rn. 9) kaum gelingen, die mdl. Vereinb. eines Vorbehalts nachzuweisen

(die Nachweispflicht ebenfalls bejahend *Müller-Glöge* RdA Sonderbeil. 5/2001, 46, 48). Bei Nichtangabe von Sonderzahlungen, die effektiv geleistet werden, ist der Nachw. unvollständig erstellt; der AG wäre dann für einen geltend gemachten Vorbehalt beweispflichtig. An der Rechtslage ändert sich auch nichts dadurch, wenn der AG sich erst nach einer bestimmten Dauer des ArbVerh. zu Sonderleistungen entschließt, weil er nach § 3 zu einer schriftl. Mitt. der geänd. wesentl. Vertragsbedingungen verpflichtet ist. Diesem Erfordernis kann uU die bloße Gehaltsmitt. genügen.

Erforderl. ist ferner die Angabe der Fälligkeit der Arbeitsvergütung ebenso wie der (ggf. jährl. oder halbjährl.) geleisteten Sonderzahlungen. Von § 614 BGB abw. Fälligkeitszpkt. sind idR in TV enthalten, auf die nach § 2 III verwiesen werden kann. Nicht erforderl. ist für die Vergütung im öffentl. Dienst die Angabe des für die Vergütung des AN maßgebenden Eingruppierungsmerkmals (BAG 8.6.2005 NZA 2006, 53). 19

hh) Arbeitszeit (Nr. 7). Notwendig ist die Angabe der vereinbarten AZ, wobei der Normtext offen lässt, ob nicht nur die Dauer, sondern auch die Lage der AZ mitgeteilt werden muss (anders *Müller-Glöge* RdA Sonderbeil. 5/2001, 46, 48). Dagegen fällt die Verpflichtung zur Leistung von Überstunden und Kurzarbeit nicht unter Nr. 7, sondern ist nach I 1 nachweispflichtig (EuGH 8.2.2001 NZA 2001, 381). Die AZRegelungen sind derart vielgestaltig und komplex, dass idR von der Verweisungsmöglichkeit nach § 2 III 1 Gebrauch gemacht werden sollte. Allerdings gilt auch in diesem Falle, dass die Nachweispflicht dem vereinbarten materiellen Regelungsinhalt folgt. Nr. 7 enthält keine weitergehenden Vorgaben. 20

ii) Dauer des jährlichen Erholungsurlaubs (Nr. 8). Die Regelung verlangt nur die Angabe der Dauer des jährl. Erholungsurlaubs, nicht jedoch die Angabe weiterer Modalitäten der Urlaubsgewährung oder die Angabe von Sonderurlauben. Die Beschränkung auf die bloße Angabe der Dauer des Jahresurlaubs ist mit Art. 2 II g RL 91/533/EWG vereinbar. § 2 III eröffnet die Möglichkeit, die konkrete Angabe der Urlaubsdauer durch Verweis auf die einschlägigen ges. oder kollektivvertragl. Regelungen zu ersetzen. Erfolgt ledigl. der Verweis auf den ges. Mindesturlaub nach § 3 I BUrlG, sind darüber hinaus ggf. noch Sonderregelungen für bestimmte Personengruppen zu beachten (§ 19 JArbSchG, § 125 SGB IX; ab 1.1.2018 § 208 SGB IV). 21

jj) Kündigungsfristen (Nr. 9). Die Angabe der Kündigungsfristen gehört zu den zwgd. aufzunehmenden Mindestangaben. Regelungen über Kündigungsfristen sind jedoch detailliert in § 622 BGB und anderen ges. Vorschr. (§ 22 BBiG, § 86 SGB IX ab 1.1.2018 § 169 SGB IX, § 29 III HAG, § 66 SeeArbG) sowie TV geregelt. Empfehlenswert ist daher, in weitgehendem Umf. von der Verweisungsmöglichkeit nach § 2 III Gebrauch zu machen. Aufgrund der Unanwendbarkeit von § 622 II 2 BGB (EuGH 19.1.2010 NZA 2010, 85; *Preis/Temming* NZA 2010, 185, 188; iE BGB § 622 Rn. 9) ist diese Bestimmung bei einem Verweis nach § 2 III auszunehmen. 22

kk) Hinweis auf Kollektivvereinbarungen (Nr. 10). Nach Nr. 10 ist in den Nachw. auch ein Hinweis zu den auf das ArbVerh. anzuwendenden Tarifvereinb., BV und DV aufzunehmen. Verlangt ist ledigl. ein **in allg. Form gehaltener Hinweis** (typische Formel: „Im Übrigen finden auf das ArbVerh. die einschlägigen TV sowie BV Anwendung."). Eine detaillierte Angabe aller auf das ArbVerh. anwendbaren TV soll nach dem Willen des Gesetzgebers nicht erforderl. sein (vgl. BT-Drs. 13/668 S. 10 f.; krit. *Höland* AuR 1996, 87, 91; *Wank* RdA 1996, 23). Der Wortlaut der RL (Art. 2 II j) legt allerdings nahe, dass ein Hinweis auf die konkret auf das ArbVerh. anzuwendenden Kollektivverträge bzw. eine Auflistung erforderl. ist (so *Lörcher* AuR 1994, 454; *Schaefer* Rn. D 138). 23

Mit den „anzuwendenden" Kollektivvereinb. sind die gemeint, die unmittelbar und zwgd. gelten (zB TV bei beiderseitiger Tarifgebundenheit) oder nachwirken (§§ 4 V TVG, 77 VI BetrVG). Regelungsgehalt der Nr. 10 ist daher ausschl., dass die **normative Geltung** einer Kollektivvereinb. eine nachweispflichtige Tatsache ist (**aA** BAG 23.1.2002 NZA 2002, 800: § 2 I 2 Nr. 10 unterscheide nicht nach dem Grund der Anwendbarkeit des TV, der Hinweis sei unabhängig von der Rechtsgrdl. der Tarifgeltung oder Tarifanwendung zu erteilen; *Friese* EAS B 3050 Rn. 42 f.). Über die Pflicht zum Nachw. der in dieser Kollektivvereinb. enthaltenen wesentl. Vertragsbedingungen sagt Nr. 10 nichts aus. Insoweit bleibt es bei dem Grds. des I 1, dass Vertragsbedingungen immer dann nachzuweisen sind, wenn sie wesentl. sind. Das Gleiche gilt, wenn eine Kollektivvereinb. konstitutiv in Bezug genommen wird, zB wenn bei fehlender beiderseitiger Tarifgebundenheit auf einen TV verwiesen wird. 24

Der weit verbreiteten Annahme in Rspr. und Lit. (vgl. BAG 29.5.2002 EzA NachwG § 2 Nr. 4; 17.4.2002 NZA 2002, 1096; 23.1.2002 NZA 2002, 800; LAG RP 16.7.2002 NZA-RR 2003, 30; LAG K 7.3.2002, NZA-RR 2002, 591; HWK/*Kliemt* Rn. 41 ff.; MüKoBGB/*Müller-Glöge* § 611 Rn. 662; *Bepler* ZTR 2001, 241, 243 ff.), durch einen allg. Hinweis nach Nr. 10 sei auch der Inhalt der Kollektivvereinb. ausreichend nachgewiesen, kann nicht gefolgt werden (ausf. dazu *Linde/Lindemann* NZA 2003, 649, 653 ff.; *dies.* Anm. EAS RL 91/533/EWG Art. 2 Nr. 2; *Oetker* SAE 2002, 161, 16; *Friese* EAS B 3050 Rn. 23; krit. und nach normativer und nicht normativer Geltung des TV diff., aber iE ebenso *Lambrich* Anm. EzA NachwG § 2 Nr. 3 S. 27). Sie steht weder mit Systematik und Zweck des NachwG noch mit der Konzeption des Gesetzgebers der Schuldrechtsreform in Einklang. 25

Die Nachweispflicht knüpft allein an das Merkmal „wesentl." an. Dies ist nach dem Inhalt des ArbVerh. zu bestimmen und nicht danach, ob die Vertragsbedingung im Arbeits-, einem Kollektiv- 26 vertrag oder auch im G enthalten ist. Am Grds. der Nachweispflicht änderte sich auch nichts, wären die in I 2 aufgeführten Bsp. nicht ausdr. genannt. **Nr. 10 ist daher ledigl. einer von vielen Anwendungsfällen der Nachweispflicht.** Ein Anwendungsfall kann jedoch keinesfalls den Grds. modifizieren oder gar außer Kraft setzen. Ausnahmen von der Nachweispflicht kollektivvertragl. geregelter Arbeitsbedingungen enthält allein § 2 III, der iÜ sonst überflüssig wäre (vgl. *Friese* EAS B 3050 Rn. 23). Als Ausgleich zwischen dem Informationsinteresse des AN und dem Praktikabilitätsinteresse des AG ist ein qualifizierter Hinweis auf den TV gem. § 2 III analog angemessen (*Linde/Lindemann* NZA 2003, 654 f.; *dies.* Anm. EAS RL 91/533/EWG Art. 2 Nr. 2; ausf. *Voltolini*, Die Nachweispflicht des AG im Hinblick auf tarifl. Ausschlussfristen, 2013; ähnl. *Bepler* ZTR 2001, 241, 244, der annimmt, § 2 III gelte für andere [allerdings nur für nicht tarifvertragl. geregelte] wesentl. Vertragsbedingungen, die mit den dort genannten im Zusammenhang stehen; *Oetker* SAE 2002, 161, 166; *Schwarze* ZfA 1997, 34, 52 f.; in diese Richtung a. *Thüsing/Lambrich* NZA 2002, 1361, 1370).

27 **ll) Form des Nachweises (Abs. 1 S. 3).** S. 3 schließt für den Nachw. die elektronische Form ausdr. aus. Der Nachw. muss daher den Anforderungen des § 126 BGB genügen.

27a **3. Praktikumsverträge (Abs. 1a).** Für alle Praktikanten, gleichgültig ob sie unter das MiLoG fallen oder nicht (siehe § 22 I 2 Nr. 1 bis 3 MiLoG), begr. Abs. 1a eine Nachweispflicht, die bisher für Praktikanten nach der fortbestehenden Regelung des § 26 BBiG nicht bestand, und weiterhin für Anlernlinge und Volontäre nach dem Willen des Gesetzgebers (vgl. Bericht BT-Ausschuss Arbeit und Soziales BT-Drs. 18/2010 S. 26) nicht bestehen soll. Das im Prinzip löbl. Unterfangen des Gesetzgebers wird damit tw. konterkariert. Schon die Abgrenzung von Anlernlingen, Volontären und Praktikanten ist im Lichte der jetzt in § 22 I 3 MiLoG niedergelegten Definition des Praktikanten nicht einfach (s. § 22 MiLoG Rn. 7; ausf. *Orlowski*, Praktikanten und Volontärverträge, 2014, S. 215 ff.). Richtiger wäre es deshalb gewesen, die Lösung in § 26 BBiG für alle Praktikanten und Volontäre vorzusehen.

27b Schließen die Parteien ausdr. einen Praktikumsvertrag, ist der AG gehalten, **unverzügl.**, spätestens aber **vor Aufnahme der Praktikantentätigkeit**, die wesentl. Vertragsbedingungen schriftl. niederzulegen. Der Gesetzgeber sieht hier offenbar – anders als bei Abs. 1 – Gefahr im Verzuge, denn dort reicht die Aushändigung der Niederschrift einen Monat nach dem vereinbarten Beginn. Bes. Konsequenzen hat die verspätete Erteilung nicht (s. zu den allg. Rechtsfolgen Einf. Rn. 11). Analog anwenden können wird man § 2 IV: Selbstredend reicht es aus, wenn ein **schriftl. Praktikumsvertrag** mit den geforderten Inhalten ausgefertigt wird. Bes. wesentl. sind im Unterschied zu Abs. 1 folgende Angaben: **§ 2 Ia Nr. 2**: Die mit dem Praktikum verfolgten Lern- und Ausbildungsziele. Diese stehen im Zentrum des Praktikantenbegriffs, sind gewissermaßen konstitutiv. Nach § 22 I 3 MiLoG ist vorausgesetzt, dass der Praktikant nur „für eine begrenzte Dauer zum Erwerb praktischer Kenntnisse und Erfahrungen einer bestimmten berufl. Tätigkeit zur Vorbereitung auf eine betriebl. Tätigkeit“ tätig wird. Dabei muss die Angabe im Vertrag mit der praktischen Durchführung der Tätigkeit übereinstimmen. Liegen die Voraussetzungen nicht vor, ist der Beschäftigte ein „Scheinpraktikant“, also ein AN, und erlangt die Rechtsstellung eines AN, insb. das Recht auf den ges. Mindestlohn, ggf. auch die übl. Vergütung nach § 612 BGB bei höherwertigen Dienstleistungen (BGB § 612 Rn. 16). Werden die Lern- und Ausbildungsziele vertragl. nicht festgelegt, greift zugunsten des Praktikanten die Erleichterung der Beweisführungslast (vgl. Rn. 48). **§ 2 Ia Nr. 3: Beginn und Dauer des Praktikums**, weil hieraus die Einhaltung der Dreimonatsfrist bei freiwilligen Praktika (§ 22 I 2 Nr. 2 und 3 MiLoG) erschlossen werden kann; bei Überschreitung gilt der Praktikant als AN und der AG hat den ges. Mindestlohn zu zahlen.

28 **4. Umfang der Nachweispflicht bei Auslandseinsatz (Abs. 2).** § 2 II regelt zusätzl. Mindestangaben im Arbeitsvertrag, wenn der AN seine Arbeitsleistung länger als einen Monat im Ausland zu erbringen hat. Die Vorschr. entspricht Art. 4 RL 91/533/EWG. Die zusätzl. Mindestangaben müssen dem AN vor seiner Abreise ausgehändigt werden. Das G verlangt in dem vor der Abreise auszuhändigenden Nachw. die Angabe der **Dauer des Auslandseinsatzes** (Nr. 1), die Währung, in der das Arbeitsentgelt ausgezahlt wird (Nr. 2), die Angabe von Zusatzentgelten und Sachleistungen (Nr. 3) und die Rückkehrbedingungen (Nr. 4). Die Regelungen der Nr. 1 und 2 sind in jedem Falle mitzuteilen. Angaben zu Nr. 3 und 4 hängen davon ab, ob entspr. Bedingungen (die allerdings übl. sind) vereinbart worden sind.

29 **5. Teilersetzung der Angaben durch Verweisung (Abs. 3). a) Umfang der Ersetzungsmöglichkeit.** § 2 III 1 regelt die Möglichkeit, den ausdr. Nachw. nach § 2 I 1 in bestimmten Fällen durch Verweis auf die **einschlägigen Kollektivvereinb.** zu ersetzen. Kollektivvereinb. sind einschlägig, wenn sie normativ auf das ArbVerh. einwirken, ferner nach dem Willen des Gesetzgebers auch dann, wenn sie nur aufgrund arbeitsvertragl. Verweisung auf das ArbVerh. Anwendung finden (BT-Drs. 13/1753 S. 5, 14; BAG 23.1.2002 NZA 2002, 800). Ausdr. erfasst sind die in § 2 I 2 Nr. 6 bis 9 genannten Angaben (Arbeitsentgelt, AZ, Erholungsurlaub, Kündigungsfristen). Nach § 2 III 2 kann der Nachw. der Urlaubsdauer sowie der Kündigungsfrist auch durch einen Verweis auf die jeweilige ges. Regelung ersetzt werden. An diesen Regelungen sowie an § 3 S. 2 ist die Wertung des Gesetzgebers erkennbar, für ges. oder kollektivvertragl. geregelte wesentl. Vertragsbedingungen eine erleichterte Nachweis-

möglichkeit zu schaffen und die Praktikabilität für den AG in diesem Bereich zu erhöhen (BT-Drs. 13/668 S. 11). Diese Privilegierung wird von einer tw. vertretenen Ansicht nicht berücksichtigt, die auch für tarifl. geregelte Arbeitsbedingungen den gleichen Umf. des Nachw. fordert wie für einzelvertragl. geregelte Bedingungen (LAG SH 8.2.2000 NZA-RR 2000, 196; **aA** LAG SH 3.6.2002 LAGReport 2002, 325; 6.11.2001 BeckRS 2001, 307 93777 –; *Koch* FS Schaub 1998 S. 421, 438).

Inhaltl. sind an diesen **qualifizierten Hinweis** folgende Anforderungen zu stellen: Er muss nicht den gesamten Inhalt der wesentl. Vertragsbedingung enthalten. Ausreichend – aber auch erforderl. – ist, dass die Vertragsbedingung selbst im Nachw. genannt wird. Hins. des genauen Inhalts kann auf den einschlägigen Kollektivvertrag verwiesen werden. Ein solcher qualifizierter Hinweis kann bspw. lauten: „Die Arbeitszeit/Die Ausschlussfrist/Die Pflicht zur Leistung von Überstunden/... richtet sich nach Tarifvertrag X.“. Neben der Nennung der wesentl. Vertragsbedingungen muss der AG den einschlägigen Kollektivvertrag so genau angeben, dass der AN ihn auch unter mehreren Verträgen identifizieren kann, dh. beim TV Branche und Tarifgebiet (fachl. und räuml. Geltungsbereich) kennzeichnen. Soll die Klausel als große dynamische Verweisungsklausel (hierzu Preis/*Preis* II V 40 Rn. 24) angesehen werden, muss dies aus der Klausel deutl. hervorgehen (BAG 30.8.2000 NZA 2001, 510). Es ist daher hinreichend klarzustellen, dass die jeweiligen fachl./betriebl. einschlägigen TV in ihrer jeweiligen Fassung anzuwenden sein sollen. Zu beachten ist darüber hinaus, dass auch ein qualifizierter Hinweis nur dann als ausreichender Nachw. angesehen werden kann, wenn der AN die betr. TV tats. einsehen kann (**aA** HWK/*Kliemt* Rn. 54). Voraussetzung hierfür ist, dass der AN tats. Zugang zum TV hat. Dazu genügt es nicht, dass der TV ledigl. in einem Ordner mit der allg. Aufschrift „Info“ abgeheftet ist (vgl. BAG 11.11.1998 NZA 1999, 605). Aus Gründen des ANSchutzes gilt dies unabhängig davon, ob die Vertragsparteien tarifgebunden sind oder nicht (vgl. aber LAG RP 16.7.2002 NZA-RR 2003, 30, wonach der AN gehalten ist, sich selbst über den Inhalt des TV zu informieren und auch ein Verstoß des AG gegen § 8 TVG keine Schadensersatzansprüche begr.; ähnl. LAG SH 3.6.2002 LAGReport 2002, 325; krit. zu dieser Rechtslage *Bepler* FS Düwell 2011 S. 307 ff.). 30

b) Bezugnahmeobjekte (Abs. 3 S. 1). aa) Tarifverträge. Wichtigste Bezugnahmeobjekte sind TV. Dabei empfiehlt sich in aller Regel keine statische Verweisung, sondern eine dynamische Verweisung auf den TV in seiner jeweiligen Fassung. Eine Änd. der Inhalte der TV muss dem AN nach § 3 S. 2 nicht gesondert mitgeteilt werden. 31

bb) Betriebs- und Dienstvereinbarungen. Zulässig ist auch die Ersetzung der Angaben durch Hinweise auf BV oder DV Regelungen über Erholungsurlaub oder Kündigungsfristen sind in derartigen Regelungswerken selten, allerdings sind in BV häufig zusätzl. Arbeitsentgelte (§ 2 I 2 Nr. 6) geregelt, im Zeichen betriebsnaher Tarifpolitik auch ggf. nachzuweisende Modifikationen zur Dauer der AZ. 32

cc) Ähnliche Regelungen. Im Gesetzgebungsverf. ist in § 2 III über die typischen kollektivrechtl. Regelungen hinaus eine Ersetzungsbefugnis durch Verweisung auf „ähnl. Regelungen“ aufgenommen worden. Mit dieser äußerst unbestimmten Regelung sollte insb. die Verweisungsmöglichkeit auf ArbeitsvertragsRL im kirchl. Bereich sichergestellt werden (zust. BAG 14.1.2004 ZTR 2004, 643), die nicht in jeder Hinsicht den TV und BV oder DV gleichgestellt werden (näher *Richardi* § 15). Probl. ist allerdings, ob der GBegriff der „ähnl. Regelungen“ auf kirchl. ArbeitsvertragsRL beschränkt werden kann, so dass fragl. ist, ob der AG insoweit die Nachweispflicht nicht auch durch den Verweis auf allg. Arbeitsbedingungen ersetzen kann. Damit würde indes die Intention des NachwG vollständig ausgehöhlt. In richtlinienkonformer Auslegung des Art. 2 III RL 91/533/EWG können nur allg. Regelungen mit normativem Charakter (Rechts- und Verwaltungsvorschr. bzw. Satzungs- oder TVBestimmungen) als Surrogat für die unmittelbare Nachweispflicht dienen. Allg. Arbeitsbedingungen können daher nicht „ähnl. Regelungen“ idS sein (ebenso *Schaefer* Rn. D 146). 33

dd) Gesetzliche Regelungen (Abs. 3 S. 2). Für die Fälle der Urlaubs- und der Kündigungsfristen (Nr. 8 und 9) genügt der allg. Hinweis auf die ges. Bestimmungen (§ 3 BUrlG, § 622 BGB), sofern keine weitergehenden vertragl. Absprachen getroffen worden sind. 34

6. Wegfall der Verpflichtung durch Arbeitsvertrag. Entspr. der Intention des NachwG entfällt die Nachweispflicht, sofern die notwendigen Mindestangaben in einem schriftl. Arbeitsvertrag enthalten sind. Die Nachweispflicht entfällt aber nur, „soweit“ der Vertrag die in § 2 I bis III geforderten Angaben enthält. Soweit dies nicht der Fall ist, bleibt der Anspruch auf Nachw. bestehen (vgl. a. § 4 S. 2). In der Praxis kann dies insb. für Altfälle Bedeutung haben, in denen Mitarbeiter noch mit sog. „Einstellungsschreiben“ eingestellt wurden. Allerdings ist zu beachten, dass die Nachweispflicht nicht unbedingt in einem Dok. erfolgen muss. So ist denkbar, dass der AG seine Nachweispflicht durch Übersendung anderer Dok. erfüllt hat. Überdies ergibt sich zumeist auch ein Anspruch aus § 3, weil nach dieser Vorschr. die Änd. der wesentl. Vertragsbedingungen dem AN einen Monat nach der Änd. schriftl. mitzuteilen ist. 35

7. Rechtsfolgen. Das G enthält keine bes. Sanktionsvorschr., so dass die allg. Regelungen des Zivil- und Zivilprozessrechts Anwendung finden (zul. bestätigt durch EuGH 8.2.2001 NZA 2001, 381). Allerdings sind die im Zusammenhang mit dem NachwG geregelten, vergleichbaren Sondervorschr. zT bußgeldbewehrt (vgl. § 16 I Nr. 8 AÜG, § 102 I Nr. 1 und 2 BBiG). Sanktionen, die der AG gegen 36 den AN ergreift, weil er die Erfüllung der Nachweispflicht geltend macht, unterfallen § 612a BGB (vgl. ArbG D 9.9.1992 BB 1992, 2364). Der Gesetzgeber hat bewusst keine speziellen Sanktionsregelungen geschaffen. Fragl. ist, ob damit dem Gebot der effektiven RLUmsetzung genügt wird (zweifelnd *Friese* EAS B 3050 Rn. 72). Art. 8 I RL 91/533/EWG verlangt von den Mitgliedstaaten den Erlass innerstaatl. Vorschr., die notwendig sind, damit jeder AN, der sich durch die Nichterfüllung der Verpflichtungen aus der RL für beschwert hält, nach etwaiger Befassung anderer Stellen seine Rechte gerichtl. geltend machen kann. Dies verlangt kein bestimmtes Normprogramm. Entscheidend ist, ob das jeweilige Rechtssystem hinreichende Instrumente zur Vfg. stellt. Das ist im dt. Rechtssystem prinzipiell der Fall.

37 **a) Erfüllungs- und vertragliche Schadensersatzansprüche.** Der AN kann vor den ArbG im UrtV (§ 2 I Nr. 3 lit. a ArbGG) Erfüllungsansprüche aus §§ 2 und 3 auf Niederlegung, Unterzeichnung und Aushändigung der Niederschrift geltend machen (Einzelheiten *Feldgen* Rn. 73 ff.). Auch kann im Wege der Leistungsklage auf Berichtigung der unrichtig erteilten Niederschrift geklagt werden (LAG B 5.11.2015 NZA-RR 2016, 242). Vollstreckung erfolgt nach § 888 ZPO. Der AN kann aber auch nach § 61 II 1 ArbGG vorgehen und den AG zur Zahlung einer Entschädigung verurteilen lassen. Schon dieser Anspruch dürfte Art. 8 I RL 91/533/EWG genügen, obwohl eine Klage im bestehenden ArbVerh. aus § 2 wenig praxisgerecht erscheint. In aller Regel wird die isolierte Klage auf Erteilung des Nachw. kaum erhoben werden. Größere Bedeutung wird das NachwG erlangen, wenn der AN einen Anspruch – gleich welcher Art – aus dem ArbVerh. einklagt und der Nachw. nicht oder nicht vollständig erteilt wurde. Hier können sich durch die Nichterteilung des Nachw. Modifikationen in der Beweislast ergeben (Rn. 41 ff.).

38 Die Nachweispflicht aus §§ 2 und 3 ist eine selbständig einklagbare **Nebenpflicht** des AG, die innerhalb eines Monats nach Beginn des ArbVerh. zu erfüllen ist, die aber bei Nichterfüllung während des gesamten ArbVerh. besteht. Deren Verletzung kann prinzipiell Schadensersatzansprüche aus § 280 I BGB begründen (LAG BB 10.8.2001 NZA-RR 2003, 314; HWK/*Kliemt* Vorb. Rn. 32; *Bepler* ZTR 2001, 241, 244; *Gaul* NZA Sonderbeil. 3/2000, 51, 53; *Müller-Glöge* RdA Sonderbeil. 5/2001, 46, 53; *Schaefer* Rn. D 184; *Benecke* SAE 2003, 141; anders nur *Feldgen* Rn. 66 f.). Das gilt insb. bei schuldhaft fehlerhaft erteilten Nachw. (*Höland* AuR 1996, 87, 92). Allerdings wird es idR an einem konkret bezifferbaren Schaden fehlen, weil dem AN der Nachw. günstiger Vertragsbedingungen nicht abgeschnitten ist. Ein denkbarer Schaden kann die Nichtgeltendmachung günstiger Vertragsabreden (zB Zusatzentgelte) sein. Gelingt dem AN der Beweis der getroffenen Vertragsabrede im Prozess, fehlt es jedoch an einem Schaden. Wenn aber dieser Beweis nicht geführt werden kann, dann ist es dem AN im Schadensersatzprozess zugleich kaum mögl., einen Schaden nachzuweisen. Ein Schadensersatzanspruch kann in der Praxis daher nur entstehen, wenn eine günstige Vertragsabrede nicht geltend gemacht werden kann und zB wegen der Anwendbarkeit einer Ausschlussfrist in einem TV oder einer BV verfällt, die der AN aber nicht kennen konnte, weil ein Nachw., der auf die anwendbaren Bestimmungen hinwies, nicht erteilt wurde. Insoweit prüft das BAG einen Schadensersatzanspruch aus Verzug, §§ 280 II, 286 BGB (BAG 17.4.2002 NZA 2002, 1096; 5.11.2003 NZA 2004, 102; 5.11.2003 NZA 2005, 64). Der AG kommt, wenn er den Nachw. nicht innerhalb eines Monats nach dem vereinbarten Arbeitsbeginn erteilt, nach § 286 II Nr. 1 BGB ohne Mahnung in Verzug. Nach § 280 II BGB ist dann der durch den eingetretenen Verzug adäquat verursachte Schaden zu ersetzen. Beim fehlenden Hinweis auf tarifvertragl. Ausschlussfristen besteht der Schaden gem. § 249 BGB im Erlöschen der Vergütungsansprüche des AN (BAG 17.4.2002 NZA 2002, 1096; LAG K 3.7.2006 BeckRS 2006, 44460; zum Mitverschulden bei anwaltl. Vertretung des AN LAG D 20.4.2005 BeckRS 2005, 41645). Da der Schadensersatzanspruch auf Naturalrestitution gerichtet ist, kann der AN verlangen, so gestellt zu werden, als sei der Vergütungsanspruch nicht untergegangen (BAG 21.2.2012 NZA 2012, 750). Bei der Prüfung der adäquaten Verursachung des Schadens durch den verspäteten Nachw. kommt dem AN die Vermutung eines aufklärungsgemäßen Verhaltens zugute (BAG 17.4.2002 NZA 2002, 1096; 21.2.2012 NZA 2012, 750; krit. *Friese* EAS B 3050 Rn. 71). Danach ist grds. davon auszugehen, dass jedermann bei ausreichender Inf. seine Eigeninteressen in vernünftiger Weise wahrt. Bei einem Verstoß des AG gegen § 2 I 2 Nr. 10 ist zu vermuten, dass der AN die tarifl. Ausschlussfrist beachtet hätte, wenn er auf die Geltung des TV hingewiesen worden wäre. Diese Auslegung des NachwG ist nach Auff. des BAG geboten, um den Zweck der RL 91/533/EWG wirksam zur Geltung zu bringen (BAG 17.4.2002 NZA 2002, 1096). Dem AG bleibt die Möglichkeit, diese tats. Vermutung zu widerlegen (BAG 17.4.2002 NZA 2002, 1096). Der AN muss aber zumindest die Kausalität zwischen der Pflichtverletzung und dem eingetretenen Schaden darlegen (BAG 20.4.2011 NZA 2011, 1173). Über eine fehlende Darlegung hilft die Vermutung des aufklärungsgemäßen Verhaltens nicht hinweg, da Beweisregeln den Parteivortrag nicht ersetzen (BAG 5.11.2003 NZA 2005, 64). Weiß der AN auch nur vom Bestehen des geltenden TV, kommt es nach Ansicht des BAG auf die Kenntnis der Ausschlussfrist nicht mehr an, der fehlende Nachw. ist dann nicht mehr kausal für den eingetretenen Schaden (BAG 5.11.2003 NZA 2004, 102; 21.2.2012 NZA 2012, 750; zum str. Umf. der Nachweispflicht nach § 2 I 2 Nr. 10 s. § 2 Rn. 23 f.). Allein der Verstoß gegen die aus §§ 2, 3 folgenden Pflichten begr. nicht den Einwand rechtsmissbräuchl. Verhaltens (BAG 17.4.2002 NZA 2002, 1096; 5.11.2003 NZA 2004, 102; **aA** LAG D 17.5.2001 NZA-RR 2002, 477 für den Fall des fehlenden Hinweises nach § 2 I 2 Nr. 10;

LAG K 15.3.2001 ARSt. 2001, 186 (LS) für den Fall eines nicht ausgehändigten Arbeitsvertrags; *Weber* NZA 2002, 641, 643).

b) Deliktsrechtliche Ansprüche. Ansprüche aus § 823 I BGB scheiden tatbestandl. aus. Die Voraussetzungen des § 826 BGB dürften in aller Regel nicht gegeben sein. Denkbar ist ein Schadensersatzanspruch aus § 823 II BGB iVm. § 2 I oder § 3. Das setzt voraus, dass diese Vorschr. SchutzG iSd. § 823 II BGB sind. Tw. wird dies bejaht (ArbG F 25.8.1999 NZA-RR 1999, 648; *Birk* NZA 1996, 289; *Franke* DB 2000, 274; *Schaefer* Rn. D 189), weil die zwgd. Vorschr. des NachwG dem Individualschutz dienen (vgl. zum BBiG BAG 21.8.1997 NZA 1998, 37). Das BAG hat dies nunmehr zu Recht für die §§ 2 und 3 abgelehnt (BAG 17.4.2002 NZA 2002, 1096; 5.11.2003 NZA 2004, 102; *Krause* AR-Blattei SD 220.2.2 Rn. 262; *Müller-Glöge* RdA Sonderbeil. 5/2001, 46, 54; *Schwarze* ZfA 1997, 43, 55; jegl. Schadensersatz verneinend *Weber* NZA 2002, 642, 643). Nicht jede zwgd. Norm kann als ein SchutzG angesehen werden, das deliktsrechtl. Schadensersatzansprüche nach sich zieht (vgl. hierzu ausf. TzBfG § 4 Rn. 6). Das BAG folgert aus dem Fehlen jegl. Sanktionen im NachwG, dass die Begr. eines SchutzG den gesetzgeberischen Intentionen nicht entspricht. 39

c) Zurückbehaltungsrechte. Die nicht rechtzeitige bzw. die Nichterfüllung der Nachweispflicht begr. ein Zurückbehaltungsrecht (§ 273 BGB) des AN mit der Arbeitsleistung (hierzu BGB § 611 Rn. 458). Es handelt sich bei der Nachweispflicht nicht um eine geringfügige oder unbedeutende Nebenpflicht, die das Zurückbehaltungsrecht nach § 242 BGB ausschlösse (anders *Feldgen* Rn. 69; *Krause* AR-Blattei SD 220.2.2 Rn. 217; wie hier *Schaefer* Rn. D 190). Schon mit der Existenz des NachwG macht der Gesetzgeber deutl., dass diese Pflicht nicht unbedeutend ist. Das Zurückbehaltungsrecht kann überdies eine recht effektive Sanktion für die Nichterfüllung der zwgd. Rechtspflicht sein. Eine Kündigung wegen Ausübung des Zurückbehaltungsrechts verstößt gegen § 612a BGB. 40

d) Beweislast. Bedeutung kommt den zivilprozessualen Folgen des NachwG im ArbGV zu, wenn der AG den Nachw. nicht, nicht vollständig oder nicht richtig erteilt hat. Regelungen hierzu enthält das NachwG nicht. Nach Art. 6 NachwRL bleiben einzelstaatl. Rechtsvorschr. für einschlägige Verfahrensregeln unberührt, so dass unionsrechtl. Fragen der Beweislastverteilung nicht präjudiziert sind. Es finden daher die allg. Grds. des Zivilprozessrechts Anwendung (vgl. EuGH 4.12.1997 NZA 1998, 137; 8.2.2001 NZA 2001, 381). 41

Bei dem arbeitgeberseitig erstellten Nachw. handelt es sich um eine Privaturkunde iSd. § 416 ZPO. Vollen Beweis erbringt die echte (§ 440 ZPO) Privaturkunde nur in formeller Hinsicht, nicht jedoch bzgl. des materiellen Inhalts. Prinzipiell unterliegt die Beweiskraft von Privaturkunden der freien Beweiswürdigung (Zöller/*Geimer* § 416 Rn. 9). 42

Nur eine von beiden Seiten unterzeichnete Vertragsurkunde, so auch der Arbeitsvertrag, hat nach der Rspr. **die Vermutung der Vollständigkeit und Richtigkeit** (BAG 9.2.1995 NZA 1996, 249, 250). Der jeweilige Vertragspartner müsste in diesem Fall den Gegenbeweis abw. mdl. Abrede führen, wozu die Behauptung einer unrichtigen oder unvollständigen Niederlegung des Vertragstextes gehört. Eine beiderseits unterzeichnete Vertragsurkunde liegt noch nicht vor, wenn sich der AG vom AN ledigl. den Empfang des Nachw. quittieren lässt. 43

Hins. der **Beweislage für den AG** führt der Nachw. zu keinen anderen wesentl. Konsequenzen als die Vertragsurkunde. Bei einer vom Aussteller unterzeichneten Urkunde, wie dies die Niederschrift nach § 2 ist, gilt Folgendes: Behauptet der Aussteller mdl. Vereinb. gegen den Inhalt der Urkunde, muss er beweisen, dass die Urkunde unrichtig oder unvollständig ist bzw. das mdl. Besprochene Gültigkeit haben soll. Der Aussteller kann nicht mit der bloßen Behauptung gehört werden, er habe die Urkunde unterschrieben, ohne sie genauer zu lesen. Mit der Erteilung der Niederschrift unterwirft sich der AG den in dem Nachw. ausgedrückten Verpflichtungen, welche immer darin auch niederlegt sein mögen (vgl. BGH 11.7.1968 NJW 1968, 2102). Daraus folgt: Ist im Nachw. eine dem AN günstige Vereinb. niedergelegt, an der sich der AG nicht festhalten lassen will, weil er eine andere Individualvereinb. behauptet, so obliegt ihm hierfür die Beweislast. Er kann und muss den Beweis des Gegenteils führen (EuGH 4.12.1997 NZA 1998, 137; *Müller-Glöge* RdA Sonderbeil. 5/2001, 46, 51). Der Konstruktion des sog. Prima-facie-Beweises (so *Feldgen* Rn. 91; *Hold* AuA 1995, 290; *ders.* ZTR 2000, 540, 544) bedarf es nicht. In der Sache führt die Anwendung des Anscheinsbeweises jedoch zu keinem abw. Resultat, weil es auch in diesem Fall Sache des AG ist, durch substantiierte Behauptung den Anschein zu erschüttern, dass der Vertrag mit dem von ihm bescheinigten Inhalt geschlossen worden ist. 44

Zu seinen Gunsten kann sich der AG dagegen nicht auf den von ihm ausgestellten Nachw. mit beweisrechtl. Privilegierung berufen. Insb. greift **kein Anscheinsbeweis** zu seinen Gunsten, dass er den vereinbarten Vertragsinhalt richtig und vollständig wiedergegeben hat (verfehlt deshalb *Feldgen* Rn. 92 ff.; *Hold* AuA 1995, 290; wie hier *Schaefer* Rn. F 80). Einen Erfahrungssatz, dass ein AG den Vertragsinhalt in der nach § 2 geregelten Niederschrift richtig und vollständig festhält, gibt es nicht. Die Nachweispflicht begr. das G zum Schutz des AN, nicht zum Schutz des AG. Ferner ist der vom AG erstellte Nachw. als Privaturkunde (§ 416 ZPO) ledigl. formell zum Beweis geeignet. Eine weitergehende materielle Beweiswirkung ist dem Nachw. zugunsten des AG nicht beizumessen, weil dieser Nachw. eben nicht vom AN unterzeichnet zu werden braucht. Vor diesem Hintergrund ist es in der Tat auch für den AG günstiger, einen formalen Arbeitsvertrag mit beidseitiger Unterschrift zu 45 schließen, als ledigl. den einseitigen Nachw. zu erteilen (nur insoweit kann *Feldgen* Rn. 95 gefolgt werden). Denn nur die Vertragsurkunde begr. die Vermutung der Vollständigkeit und Richtigkeit.

46 Praktizieren beide Vertragsparteien entgegen dem Nachw. oder in Übereinstimmung mit dem Nachw. bestimmte Vertragsbedingungen, ändert sich an der allg. Beweislage nichts. Um eine ggf. von einer getroffenen Vereinb. abw. Regelung durch konkludentes Verhalten annehmen zu können, müssen sich nach der Rspr. des BAG die Änd. auch effektiv auf das ArbVerh. ausgewirkt haben (BAG 20.5.1976 AP BGB § 305 Nr. 4; 1.8.2001 NZA 2003, 924). Nur dann kann ggf. ein bestimmter Vertragsinhalt bestätigt oder durch konkludentes Verhalten geänd. werden. Für den von dem schriftl. Nachw. **abw. Vertragsinhalt** hat die Partei, die sich darauf beruft, die Darlegungs- und Beweislast (vgl. a. BAG 9.2.1995 NZA 1996, 249, 250). Das gilt für AG und AN grds. gleichermaßen.

47 Bei Nichterteilung des Nachw. stellt sich anges. der fehlenden speziellen Sanktionen die Frage, ob und inwieweit eine Beweislastumkehr zugunsten des AN greift. Der BR hat eine entspr. ges. Regelung für diesen Fall vorgeschlagen (BR-Drs. 353/1/94, dagegen die BReg. BT-Drs. 13/668 S. 24), die nicht umgesetzt wurde. Gleichwohl wird eine **Umkehr der Beweislast** zugunsten des AN zT befürwortet, weil andernfalls der Rechtsverstoß in der Praxis zumeist ohne Folgen bliebe (ArbG Celle 9.12.1999 LAGE NachwG § 2 Nr. 7a; *Berscheid* WPRax 1994, 6, 11; *Birk* NZA 1996, 289; *Däubler* NZA 1992, 577, 578; *Gaul* NZA Sonderbeil. 3/2000, 45, 53; *Höland* AuR 1996, 87, 93; *Stückemann* BB 1995, 1848; *Wank* RdA 1996, 24). Allerdings sind nach allg. Grds. die Voraussetzungen für eine Beweislastumkehr nicht gegeben; eine Beweislastumkehr wurde vom Gesetzgeber ganz bewusst nicht ins NachwG aufgenommen. Auch aus dem Fehlen einer ausdr. Sanktionsregelung im NachwG iVm. dem Gebot richtlinienkonformer Auslegung und der Rspr. des EuGH (10.4.1984 NZA 1984, 157) folgt keine Beweislastumkehr, zumal die RL ausdr. keine Beweisregeln enthält (EuGH 4.12.1997 NZA 1998, 137; 8.2.2001 NZA 2001, 381). Als Begr. für eine Beweislastumkehr reicht nicht aus, dass Klagen gegen den AG auf Erteilung des Nachw. nicht realistisch sind (so *Wank* RdA 1996, 11).

48 Vielmehr handelt es sich im Falle der Nichterteilung des Nachw. um eine **Beweisvereitelung** durch den AG, zumal das NachwG die erleichterte Beweisführung für den AN intendiert (s. LAG K 25.7.1997 BB 1998, 590 [LS]; 9.1.1998 NZA-RR 1998, 513; 31.7.1998 NZA 1999, 545; LAG D 17.5.2001 NZA-RR 2002, 477; LAG N 9.4.2002 LAGE NachwG § 2 Nr. 12; LAG NI 21.2.2003 NZA-RR 2003, 520; LAG RP 1.6.2012 BeckRS 2012, 71656; HWK/*Kliemt* Vorb. Rn. 44; *Bergwitz* BB 2001, 2316; *Franke* DB 2000, 274, 276; *Hold* ZTR 2000, 540, 544; *Friese* EAS B 3050 Rn. 67; *Müller-Glöge* RdA Sonderbeil. 5/2001, 46, 53; Richardi NZA 2001, 57, 60; *Stückemann* BB 1995, 1846, 1848; *Schaefer* Rn. F 84; *Weber* NZA 2002, 641, 644; einschränkend LAG HM 14.8.1998 NZA-RR 1999, 210, wonach eine Beweisvereitelung nur dann in Betracht kommt, wenn weitere Indizien für die Richtigkeit der vom AN behaupteten Arbeitsbedingungen sprechen). Nach der Rspr. des BGH ist anerkannt, dass die Verletzung einer bestehenden Dokumentationspflicht zu Beweiserleichterungen bis hin zur Beweislastumkehr zugunsten des Geschädigten gehen kann (BGH 15.11.1984 NJW 1986, 59; hierzu a. BAG 31.1.1996 NZA 1996, 819). Nach den allg. zivilprozessualen Grds. für den Fall der Beweisvereitelung in entspr. Anwendung der §§ 427, 444 ZPO kann auch die fahrlässige (BGH 6.11.1962 NJW 1963, 389; 15.11.1984 NJW 1986, 59) Beseitigung von Beweismitteln, so auch die Zurückhaltung von Beweisurkunden (Zöller/*Greger* § 286 Rn. 14a), eine Beweisvereitelung darstellen. Die Beweisvereitelung führt noch nicht zur Umkehr der Beweislast; sie ist aber iRd. Beweiswürdigung durch den Richter nach § 286 ZPO zu berücksichtigen und kann zu einer erhebl. **Erleichterung der Beweisführungslast** für den AN führen. IE kann dies einer Beweislastumkehr nahe kommen (hierzu iE BGH 15.11.1984 NJW 1986, 59; für den Fall des non liquet: LAG NI 21.2.2003 NZA-RR 2003). Sie tritt ein, wenn es unzumutbar ist, den Kl. mit der Beweisführung zu belasten. Ein solcher Fall liegt hier vor, weil der Gesetzgeber dem AG die Dokumentationspflicht zwgd. auferlegt hat (*Franke* DB 2000, 274, 278). Unzumutbar ist dem AN die Beweisführung insb., wenn der AN die Erteilung des Nachw. verlangt, aber nicht erhalten hat (hierzu a. LAG HM 14.8.1998 NZA-RR 1999, 210). Auch die fahrlässige Verletzung der Nachweispflicht kann eine Beweisvereitelung darstellen. Vorsatz ist nicht erforderl. (wie hier LAG K 31.7.1998 NZA 1999, 545; **aA** LAG HM 14.8.1998 NZA-RR 1999, 210; diff. LAG RP 10.5.2007 BeckRS 2007, 46012). Mit dieser Erleichterung der Beweisführungslast unter dem Gesichtspunkt der Beweisvereitelung stellt das dt. Prozessrecht ein hinreichendes und der Beweislastumkehr nahe kommendes Instrumentarium zur Vfg. Nach einer Entsch. des BAG aus 2000 ergeben sich jedoch iRd. BAT für die sog. korrigierende Rückgruppierung weder eine weitergehende Darlegungs- oder Beweislast des AG noch weitergehende Erleichterungen der Darlegungs- und Beweislast für den AN (BAG 16.2.2000 NZA-RR 2000, 196). Die Erleichterung der Beweisführungslast wegen Beweisvereitelung greift nur hins. der nachzuweisenden Vertragsbedingungen, nicht hins. des Vertragsschlusses als solchem (zutr. LAG SH 19.6.2006 BeckRS 2006, 42942).

49 **8. Betriebsverfassungsrechtliche Sanktionen.** Im Rahmen seiner allg. Überwachungspflicht nach § 80 I Nr. 1 BetrVG (bzw. § 68 I Nr. 2 BPersVG) kann der BR bzw. PR darüber wachen, dass das NachwG im Betrieb durchgeführt wird. Der AG ist allerdings nicht verpflichtet, dem BR Auskunft über den Inhalt des Vertrags zu geben (BAG 18.10.1988 NZA 1989, 355). Es besteht kein genereller Anspruch des BR auf Herausgabe der Arbeitsverträge. Der Anspruch auf Herausgabe von Unterlagen

ist vielmehr von der konkreten Kontrollaufgabe abhängig (näher BetrVG § 80 Rn. 24). Es besteht jdf. dann kein Anspruch auf Herausgabe konkreter Arbeitsverträge, wenn die verwendeten Formulare mit dem BR nach § 94 II BetrVG abgestimmt sind (BAG 19.10.1999 NZA 2000, 837). Ebenso gibt § 80 I Nr. 1 BetrVG keinen Anspruch des BR auf Feststellung der Unwirksamkeit von Vertragsklauseln (BAG 10.6.1986 NZA 1987, 28). Der BR kann nach § 80 II BetrVG Unterrichtung und ggf. auch Unterlagen verlangen. Er kann die im Betrieb verwendeten Formularverträge daraufhin prüfen, ob sie den Vorgaben des NachwG gerecht werden (BAG 19.10.1999 NZA 2000, 837; hierzu *Buschmann* AuR 2000, 269 ff.; *Schaefer* Rn. F 21 ff.). Er kann aber nicht aus eigenem Recht vom AG die Durchführung des NachwG verlangen. Dies bleibt den einzelnen AN selbst überlassen.

9. Verjährung des Nachweisanspruchs. Der Anspruch des AN auf Ausstellung des Nachw. unterliegt der **dreijährigen Regelverjährung** gem. § 195 BGB. Während des bestehenden ArbVerh. kann der Anspruch nicht verjähren, da die Pflicht zur Erteilung des Nachw. eine **Dauerpflicht** ist und im Grunde immer wieder neu entsteht; die Verjährung beginnt erst nach Beendigung des ArbVerh. (zur Verjährung von Ansprüchen aus Dauerpflichten vgl. BGH 28.9.1973 NJW 1973, 2285; MüKoBGB/ *Grothe* § 199 Rn. 13; *Neu* GRUR 1985, 335, 338 ff.; s. a. BGH 26.1.1984 NJW 1985, 1023; 14.1.1999 NJW-RR 1999, 984; 17.4.2002 NJW-RR 2002, 1256). 50

§ 3 Änderung der Angaben

[1]Eine Änderung der wesentlichen Vertragsbedingungen ist dem Arbeitnehmer spätestens einen Monat nach der Änderung schriftlich mitzuteilen. [2]Satz 1 gilt nicht bei einer Änderung der gesetzlichen Vorschriften, Tarifverträge, Betriebs- oder Dienstvereinbarungen und ähnlichen Regelungen, die für das Arbeitsverhältnis gelten.

Bes. weitreichend ist die Verpflichtung nach § 3 S. 1, jede Änd. der wesentl. Vertragsbedingungen dem AN spätestens einen Monat nach der Änd. schriftl. mitzuteilen. Der AN kann die Berichtigung eines schriftl. Nachw. geltend machen, wenn er schlüssig darlegt, dass die tats. Arbeitsbedingungen dem von ihm gewünschten Nachweisinhalt entsprechen (LAG B 5.11.2015 NZA-RR 2016, 242). Auch hier ist – wie bei § 2 I 3 – nach Sinn und Zweck des Schriftformgebots die **elektronische Form ausgeschlossen** (*Gotthardt/Beck* NZA 2002, 876, 877). Ein übermäßiger bürokratischer Aufwand wird nur durch S. 2 vermieden, wonach diese Mitteilungspflicht nicht gilt bei der Änd. der ges. Vorschr., TV, BV oder DV und ähnl. Regelungen, die für das ArbVerh. gelten (BAG 14.1.2004 ZTR 2004, 643). Voraussetzung für die Entbehrlichkeit der Änd. der Angaben ist aber, dass in dem zuerst erstellten Nachw. auch weitgehend von dieser Verweisungsmöglichkeit Gebrauch gemacht worden ist. § 3 S. 2 ergänzt insoweit die Ersetzungsbefugnis nach § 2 III, geht aber noch darüber hinaus (krit. daher *Friese* EAS B 3050 Rn. 58). Nach § 3 S. 1 greift die Nachweispflicht aber dann, wenn aufgrund eines TVAbschlusses erstmals ein TV auf das ArbVerh. Anwendung findet, da auf das ArbVerh. anwendbare TV wesentl. Vertragsbedingungen sind (BAG 5.11.2003 NZA 2004, 102). Der erstmalige Abschluss ist keine Änd. eines TV iSv. § 3 S. 2, da eine Änd. das Bestehen einer TVRegelung voraussetzt (BAG 5.11.2003 NZA 2004, 102; vgl. a. 3.5.2006 NZA 2006, 1420). § 3 S. 2 findet jedoch Anwendung, wenn ein MantelTV ohne zeitl. Unterbrechung von einem weiteren MantelTV abgelöst wird, der denselben räuml., fachl. und pers. Geltungsbereich hat (LAG K 11.9.2009 AuR 2010, 30 [LS]; **aA** LAG HM 18.10.2007 BeckRS 2008, 50301). Wird nur die zwgd. Wirkung einer Kollektivvereinb. beendet, liegt bereits keine Änd. der Vertragsbedingungen iSv. § 3 S. 1 vor (offen gelassen für den Wechsel in die OT-Mitgliedschaft eines AGVerbands BAG 20.5.2009 NZA 2010, 102). 1

Zwar wird durch diese Regelung die Transparenz der Vertragsbedingungen nicht gefördert. Jedoch kann es dem einzelnen AN unter bestimmten Voraussetzungen zugemutet werden, sich über die für ihn geltenden Vertragsbedingungen zu informieren: Erforderl. ist ein **qualifizierter Hinweis** nach § 2 III (ggf. analog) und zusätzl. das **Zugänglichmachen** der betr. in Bezug genommenen Regelungen im Betrieb (vgl. § 2 Rn. 30 ff.). Auch der Gesetzgeber des neuen SchuldR bestätigt diese Sicht. Die im allg. ZivilR bestehende Pflicht zur Kenntnisverschaffung bei Einbeziehung und Änd. allg. Geschäftsbedingungen nach § 305 II und III BGB ist im ArbR ausdr. nicht anwendbar, § 310 IV 2 BGB. 2

§ 4 Übergangsvorschrift

[1]Hat das Arbeitsverhältnis bereits bei Inkrafttreten dieses Gesetzes bestanden, so ist dem Arbeitnehmer auf sein Verlangen innerhalb von zwei Monaten eine Niederschrift im Sinne des § 2 auszuhändigen. [2]Soweit eine früher ausgestellte Niederschrift oder ein schriftlicher Arbeitsvertrag die nach diesem Gesetz erforderlichen Angaben enthält, entfällt diese Verpflichtung.

S. 1 regelt den Anspruch auf Nachw. der wesentl. Vertragsbedingungen für die ArbVerh., die bei Inkrafttreten des G bereits begr. waren (für saisonal unterbrochene ArbVerh.: LAG M 10.3.2005 FA 2005, 219 [LS]). Der Nachw. iSd. § 2 muss **nur auf Verlangen des AN innerhalb von zwei Monaten** 1 erteilt werden. Die Norm hat für alle sog. „Altfälle" Bedeutung, da diese Übergangsvorschr. in Umsetzung von Art. 9 II RL 91/533/EWG sicherstellen will, dass jeder AN den Anspruch aus § 2 geltend machen kann. Die Interpretation von *Birk* (NZA 1996, 281, 287), wonach der Anspruch innerhalb von zwei Monaten nach Inkrafttreten des NachwG hätte geltend gemacht werden müssen, findet weder im Wortlaut der Norm noch nach deren Sinn und Zweck eine Stütze. Es handelt sich in § 4 nicht um eine zweimonatige Übergangsfrist, sondern um eine Übergangsregelung, die jedem AN jdf. die erstmalige Erteilung eines Nachw. unabhängig vom Zpkt. der Begr. des ArbVerh. sichern soll (ebenso *Schaefer* Rn. D 152). Davon unberührt bleibt, dass bei Änd. der Vertragsbedingungen nach § 3 ohnehin ein neuer Nachw., wenn auch nur über die geänd. Vertragsbedingungen, auszustellen ist.

2 S. 2 regelt eine Selbstverständlichkeit, dessen Inhalt sich bei sachgerechter Interpretation bereits aus § 2 IV bzw. aus allg. Rechtsgedanken ergibt. Hat ein AN bereits eine Niederschrift oder einen schriftl. Arbeitsvertrag erhalten, ist der Anspruch aus § 2 bereits befriedigt. Dies gilt aber nur, soweit die nach dem G erforderl. Angaben darin enthalten waren. Hins. der nicht niedergelegten Vertragsbedingungen besteht der Anspruch fort. Die Regelung des § 2 IV gilt insoweit entspr. (*Feldgen* Rn. 220).

3 Fragl. ist, ob und inwieweit die Nichtangabe wesentl. Vertragsbedingungen beweisrechtl. Konsequenzen haben kann (§ 2 Rn. 41 ff.). Da nach der Übergangsbestimmung dem AN nur auf sein Verlangen hin innerhalb von zwei Monaten eine Niederschrift iSd. § 2 auszuhändigen ist, nicht aber wie bei Neufällen kraft G, ist es gerechtfertigt, negative beweisrechtl. Konsequenzen unter dem Gesichtspunkt der Beweisvereitelung für den AG nur dann in Betracht zu ziehen, wenn er dem Verlangen innerhalb von zwei Monaten nicht nachkommt.

§ 5 Unabdingbarkeit

Von den Vorschriften dieses Gesetzes kann nicht zuungunsten des Arbeitnehmers abgewichen werden.

1 Die Vorschr. dieses G sind **einseitig zwgd.** zugunsten des AN. Günstigere Regelungen auf einzel- oder kollektivvertragl. Ebene sind mögl. Das stellt Art. 7 RL 91/533/EWG ausdr. klar. Günstiger für den AN ist insb. eine über § 2 hinausgehende Informationspflicht.

2 Eine Tarifdispositivität zum Nachteil des AN sieht das G nicht vor, obwohl Art. 9 RL 91/533/EWG die Möglichkeit der Umsetzung der RL durch die Sozialpartner offen ließ. Die fehlende Tarifdispositivität ist vertretbar, weil die Mitgliedstaaten auch im Falle der (im dt. Tarifsystem ohnehin kaum durchführbaren) Umsetzung durch die Sozialpartner alle erforderl. Vorkehrungen treffen müssen, um jederzeit gewährleisten zu können, dass die in der RL vorgeschriebenen Erg. erzielt werden (Art. 9 I RL 91/533/EWG).

530. Gesetz über die Pflegezeit (Pflegezeitgesetz – PflegeZG)

Vom 28. Mai 2008 (BGBl. I S. 874, 896)
Geänd. durch Gesetz vom 21. Dezember 2015 (BGBl. I S. 2424)

(FNA 860-11-4)

§ 1 Ziel des Gesetzes

Ziel des Gesetzes ist, Beschäftigten die Möglichkeit zu eröffnen, pflegebedürftige nahe Angehörige in häuslicher Umgebung zu pflegen und damit die Vereinbarkeit von Beruf und familiärer Pflege zu verbessern.

1. Normzweck und Rechtsentwicklung. Mit dem am 1.7.2008 in Kraft getretenen PflegeZG sollen die arbeitsrechtl. Rahmenbedingungen geschaffen werden, um Beschäftigten die **Pflege und Sterbebegleitung** naher Angehöriger in häusl. Umgebung zu ermöglichen (BR-Drs. 718/07 S. 217 und 219). Die GBegr. geht davon aus, dass die Mehrheit pflegebedürftiger Menschen so lange wie mögl. durch vertraute Angehörige in gewohnter Umgebung oder zumindest ambulant und nicht in einem Pflegeheim versorgt werden möchte (BR-Drs. 718/07 S. 1, 82, 85, 217). Beschäftigte iSd. PflegeZG sind nicht nur AN, sondern auch die zu ihrer Berufsbildung Beschäftigten und arbeitnehmerähnl. Personen einschl. der in Heimarbeit Beschäftigten und der ihnen Gleichgestellten (§ 7 I; zum Auslandsbezug des Beschäftigten oder des Pflegebedürftigen *Hilgenfeld/Krogull* AuA Sonderbeil. 2009, 44 ff.; zur PZ bei BlockATZ *Langer/Straßenburg* AuA 2009, 92, 93 ff.). Für arbeitnehmerähnl. Personen tritt an die Stelle des AG der Auftraggeber oder Zwischenmeister (§ 7 II 2). Das am 1.1.2012 in Kraft getretene FPfZG (v. 6.12.2011, BGBl. I S. 2564) verleiht AN, die ihre Angehörigen pflegen wollen, andere Rechte als das PflegeZG. Das FPfZG sieht eine neue Art darlehensgeförderter PflegeTZ – die FPZ – vor (FPfZG Rn. 1). Das FPfZG ist mWv. 1.1.2015 grdl. geändert. worden. Durch das am 1.1.2015 in Kraft getretene G zur besseren Vereinbarkeit von Familie, Pflege und Beruf v. 23.12.2014 sind die beiden Freistellungsformen koordiniert worden (BGBl. I S. 2462; näher FPfZG Rn. 1). Beschäftigte können in der Gesamtdauer höchstens 24 Monate PZ und FPZ je pflegebedürftigem Angehörigen in Anspruch nehmen (§ 4 I 4; s. auch § 4 III 3). Innerhalb dieser zwei Jahre können auch Angehörige in der letzten Lebensphase während der Dauer von bis zu drei Monaten begleitet werden (§ 3 VI 1, § 4 III 2). Auf die FPZ besteht nun ein Rechtsanspruch (§ 2 I 1 FPfZG). Das G ist im Wesentlichen wirkungsgleich im Beamten- und Soldatenbereich nachvollzogen worden (zu dem gesetzgeberischen Ziel BT-Drs. 18/8517). 1

2. Gesetzessystematik. Die vom PflegeZG angestrebte Verbesserung der **Vereinbarkeit von familiärer Pflege und Erwerbstätigkeit** beruht auf zwei Säulen: Bei einer akut aufgetretenen Pflegesituation sind Beschäftigte berechtigt, kurzzeitig der Arbeit fernzubleiben, um eine bedarfsgerechte Pflege zu organisieren oder eine pflegerische Versorgung in dieser Zeit sicherzustellen (§ 2 I, „KurzPZ“: BAG 15.11.2011 NZA 2012, 323). Mit der in §§ 3 und 4 geregelten PZ („LangPZ“: BAG 15.11.2011 NZA 2012, 323) wurde ein bes. Recht auf vollständige oder tw. Freistellung von der Arbeitsleistung zur Pflege eines nahen Angehörigen begr. Die PZ und die PflegeTZ sind an die Regelungen der Eltern(-teil)zeit in §§ 15 f. BEEG angelehnt (BT-Drs. 16/7439 S. 91; BAG 15.11.2011 NZA 2012, 323). Das Fernbleiberecht bei kurzzeitiger Arbeitsverhinderung und das Recht auf PZ sind nicht an eine Wartezeit gebunden. Das Recht auf PZ hängt von der Überschreitung eines Schwellenwerts ab. Es besteht nicht ggü. AG mit idR 15 oder weniger Beschäftigten (§ 3 I 2). Das PflegeZG selbst sieht nach wie vor keinen EFZAnspruch vor (s. für die kurzzeitige Arbeitsverhinderung aber § 2 Rn. 4, auch zum Anspruch auf Pflegeunterstützungsgeld). Eine solche Verpflichtung kann sich für die kurzzeitige Arbeitsverhinderung jedoch aus anderen ges. oder kollektivrechtl. Normen oder aus individuellen Vereinb. ergeben (§ 2 III). Die Regelungen der kurzzeitigen Arbeitsverhinderung und der PZ werden von einem Sonderkündigungsschutz (§ 5) und einem bes. Befristungsgrund (§ 6) flankiert. Die gefundenen Lösungen – insb. der auf arbeitnehmerähnl. Personen erstreckte Kündigungsschutz, seine Dauer, die fehlende Wartezeit und die Weite des Angehörigenbegriffs – riefen schon im Gesetzgebungsverf. heftige Kritik hervor (*Bauer* NJW 2008 Heft 8 Editorial; *Berger-Delhey* ZTR 2007, 604, 605 mit Entgegnung *Kreutz* ZTR 2008, 246; *Freihube/Sasse* DB 2008, 1320, 1322; *Preis/Weber* NZA 2008, 82, 83 ff.; *Schwerdle* ZTR 2007, 655, 661; zu den Einzelheiten des Gesetzgebungsverf. und der Kritik im BR *Düwell* FA 2008, 108; *von Schwanenflügel* ZRP 2008, 4; KR/*Treber* §§ 1 bis 8 PflegeZG Rn. 2; zum verabschiedeten G *Bauer* AuA 2008, 321; *Grobys* NJW 2008 Heft 31 Editorial; *Preis/Nehring* NZA 2008, 729; *Rose/Dörstling* DB 2008, 2137). *Waldenmaier/Langenhan-Komus* sehen die Gefahr einer faktisch mittelbar diskriminierenden Wirkung der Schutz- 2 normen des PflegeZG bei der Einstellung von Frauen (RdA 2008, 312, 314). Sie empfehlen AG im Hinblick auf das AGG, in Bewerbungsgesprächen auf Fragen zur Pflegebedürftigkeit naher Angehöriger zu verzichten. Die durch das PflegeZG begr. Rechte sind zugunsten des Beschäftigten einseitig zwgd. (§ 8).

3 **3. Sozialversicherungsrechtl. Absicherung.** Seit 1.1.2015 haben Beschäftigte während der Dauer der Akutfreistellung nach § 2 Anspruch auf Pflegeunterstützungsgeld aus § 44a III SGB XI. Die kurzzeitige Arbeitsverhinderung (§ 2) und die PZ (§§ 3, 4) unterscheiden sich sozial- und arbeitslosenversicherungsrechtl. Während der kurzzeitigen Arbeitsverhinderung besteht das versicherungspflichtige BeschVerh. unverändert und ununterbrochen fort. Nach § 7 III 1 SGB IV gilt das BeschVerh. im sozialversicherungsrechtl. Sinn für die Dauer eines Monats auch ohne Anspruch auf Arbeitsentgelt als fortbestehend. Diese Fiktion tritt für die PZ (§ 3) nach § 7 III 4 SGB IV nicht ein. Das ausgeübte Recht auf PZ mit einer „AZ Null" lässt die Pflichtmitgliedschaft nicht beitragsfrei iSv. § 7 III 1 SGB IV fortbestehen. Mit Wegfall des Anspruchs auf Arbeitsentgelt entfällt nach § 7 III 4 SGB IV der Tatbestand der entgeltl. Beschäftigung. In der Kranken- und Pflegevers. wird die Mitgliedschaft daher nicht aufrechterhalten, wenn keine Familienvers. iSv. § 10 SGB V besteht. Sofern Beiträge zu entrichten sind, um den Kranken- und Pflegeversicherungsschutz durch freiwillige Mitgliedschaft aufrechtzuerhalten, bestehen nach § 44a I 1 SGB XI Ansprüche auf Zuschüsse zur Kranken- und Pflegevers. Pflegende sind rentenversicherungspflichtig, wenn sie eine pflegebedürftige Person mit mind. Pflegegrad 2 wenigstens zehn Stunden wöchentl., verteilt auf regelm. mind. zwei Tage in der Woche, in ihrer häusl. Umgebung nicht erwerbsmäßig pflegen und der Pflegebedürftige Anspruch auf Leistungen aus der sozialen Pflegevers. oder einer privaten Pflege-Pflichtvers. hat (§ 3 S. 1 Nr. 1 a SGB VI). Sie sind arbeitslosenversicherungspflichtig, wenn sie von einer Pflegekasse, einem privaten Versicherungsunternehmen, der Festsetzungsstelle für die Beihilfe oder dem Dienstherrn Pflegeunterstützungsgeld beziehen (§ 26 II Nr. 2b SGB III). Der Arbeitslosenversicherungsbeitrag wird idR von der Pflegekasse übernommen (§ 347 Nr. 10 lit. a) SGB III). In der UV besteht die Pflichtvers. nach § 2 I Nr. 17 SGB VII während der PZ bei zu pflegenden Personen mit mind. Pflegegrad 2 unverändert fort. Bei PflegeTZ verringert sich das Arbeitsentgelt. Dadurch kann ein bislang nicht kranken- und pflegeversicherungspflichtiger Beschäftigter versicherungspflichtig werden. Der Versicherte kann sich jedoch nach § 8 I Nr. 2 a SGB V für die Dauer der PZ von der Krankenversicherungspflicht befreien lassen. Das gilt auch für die FPZ (näher zu den sozial- und arbeitslosenversicherungsrechtl. Auswirkungen der PZ *Brose* NZS 2012, 499, 500 f.; *Gabke* AiB 2009, 360, 361 f.; *Igl* NJW 2008, 2214, 2218; *Joussen* NZA 2009, 69, 72; *Kossens* WzS 2009, 34, 37 ff.; *Marburger* PersV 2008, 377, 380 f.; *Nielebock* AiB 2008, 363, 367; *Roßbruch* PflR 2008, 465, 472 f.; Küttner/*Ruppelt* Pflegezeit Rn. 49 ff.; *Schumacher* öAT 2011, 34, 35 f.; *Stuhlmann* AuA 2008, 332 f.).

§ 2 Kurzzeitige Arbeitsverhinderung

(1) **Beschäftigte haben das Recht, bis zu zehn Arbeitstage der Arbeit fernzubleiben, wenn dies erforderlich ist, um für einen pflegebedürftigen nahen Angehörigen in einer akut aufgetretenen Pflegesituation eine bedarfsgerechte Pflege zu organisieren oder eine pflegerische Versorgung in dieser Zeit sicherzustellen.**

(2) [1]**Beschäftigte sind verpflichtet, dem Arbeitgeber ihre Verhinderung an der Arbeitsleistung und deren voraussichtliche Dauer unverzüglich mitzuteilen.** [2]**Dem Arbeitgeber ist auf Verlangen eine ärztliche Bescheinigung über die Pflegebedürftigkeit des nahen Angehörigen und die Erforderlichkeit der in Absatz 1 genannten Maßnahmen vorzulegen.**

(3) [1]**Der Arbeitgeber ist zur Fortzahlung der Vergütung nur verpflichtet, soweit sich eine solche Verpflichtung aus anderen gesetzlichen Vorschriften oder auf Grund einer Vereinbarung ergibt.** [2]**Ein Anspruch der Beschäftigten auf Zahlung von Pflegeunterstützungsgeld richtet sich nach § 44a Absatz 3 des Elften Buches Sozialgesetzbuch.**

1 **1. Rechtsinhalt.** § 2 I gibt dem Beschäftigten ein von einer Mitwirkungshandlung des AG unabhängiges **Leistungsverweigerungsrecht** für bis zu zehn Arbeitstage (die Rechtsnatur ist durch BAG 15.11.2011 NZA 2012, 323 nicht geklärt; wie hier *Grobys/von Steinau-Steinrück* NJW-Spezial 2010, 178; *Fröhlich* ArbRB 2008, 84, 85; *Karb* öAT 2016, 248; *Linck* BB 2008, 2738, 2739 unter Hinweis auf die GBegr. in BT-Drs. 16/7439 S. 59: „Recht auf Arbeitsverweigerung"; *Joussen* NZA 2009, 69, 70; *Müller* BB 2008, 1058, 1059; *Preis/Nehring* NZA 2008, 729, 730; APS/*Rolfs* § 5 Rn. 12; *Rose/Dörstling* DB 2008, 2137, 2138; *Roßbruch* PflR 2008, 465, 467; *Schiefer* NZA Beil. 4/2012, 132, 136; KR/*Treber* §§ 1 bis 8 PflegeZG Rn. 6). Berufstätigen Personen soll ermöglicht werden, bei Akutereignissen die sofortige pflegerische Versorgung eines nahen Angehörigen sicherzustellen (BT-Drs. 16/7439 S. 90). § 2 I ist als Leistungsverweigerungsrecht abw. von § 45 III und V SGB V konzipiert, der bei Erkrankung eines Kindes einen Freistellungsanspruch vorsieht. Dieser Anspruch ist an strengere Voraussetzungen gebunden als § 2. Das Kind muss nach § 45 SGB V im Haushalt des Versicherten leben. Der

Anspruch aus § 45 SGB V scheidet aus, wenn eine andere in diesem Haushalt lebende Person das Kind pflegen kann (§ 45 I 1 SGB V; *Linck* BB 2008, 2738, 2739). Die Leistungsverweigerungsrechte des § 2 I und des § 275 III BGB stehen nebeneinander (*Linck* BB 2008, 2738, 2739; an der Notwendigkeit des § 2 I zweifelnd *Berger-Delhey* ZTR 2007, 604, 605). § 2 I verdrängt § 275 III BGB nicht als speziellere Norm (**aA** *Müller* BB 2008, 1058, 1063; s. auch *Berger-Delhey* ZTR 2009, 128; *Joussen* NZA 2009, 69, 70: § 2 als Konkretisierung von § 275 III BGB; zu dem Verh. von § 45 III SGB V und § 275 III, § 616 BGB *Treichel* NZA 2016, 459, 460). § 2 I hat teils engere, andernteils weiter gehende Voraussetzungen und Rechtsfolgen als § 275 III BGB (*Preis/Nehring* NZA 2008, 729, 731). § 275 III BGB begr. zB ein Abwägungserfordernis, während der AG dem Leistungsverweigerungsrecht des Beschäftigten aus § 2 I keine eigenen Interessen entgegensetzen kann (*Kreutz* ZTR 2008, 246). Das nicht an eine Wartezeit gebundene Leistungsverweigerungsrecht des § 2 I besteht auch ggü. KleinAG mit idR bis zu 15 Beschäftigten (vgl. im Unterschied dazu den Schwellenwert des § 3 I 2 für die PZ; § 3 Rn. 1). TZBeschäftigte, die nur an bestimmten Wochentagen arbeiten, haben nach dem Zweck der Regelung, der ein kurzzeitiges Fernbleiben von der Arbeit ermöglichen soll, nur ein ant. gekürztes Recht (*Linck* BB 2008, 2738, 2740; APS/*Rolfs* § 5 Rn. 14; *Karb* ZTR 2015, 427; *dies.* öAT 2016, 248, 249; **aA** *Oberthür/Becker* ArbRB 2009, 77, 78; KR/*Treber* §§ 1 bis 8 PflegeZG Rn. 27). Es gelten die Grds. für die Berechnung der Urlaubsdauer TZBeschäftigter (BUrlG § 3 Rn. 13, dort auch zum Wechsel von Vollzeit in TZ und umgekehrt). TZBeschäftigte werden dadurch nicht ohne Sachgrund anders als Vollzeitkräfte behandelt und damit benachteiligt (§ 4 I 1 TzBfG). Ein TZBeschäftigter, der bspw. zwei Tage in der Woche arbeitet, ist iE ebenso wie eine Vollzeitkraft, die an fünf oder sechs Wochentagen zur Arbeit verpflichtet ist, berechtigt, der Arbeit zwei Wochen lang fernzubleiben. Bleibt der Beschäftigte der Arbeit fern und sind weder die Erfordernisse des § 2 I noch die des § 275 III BGB gewahrt, kann er sich unter den Voraussetzungen der § 280 I und III, § 281 I und III BGB schadensersatzpflichtig machen. Bei einem wiederholten unberechtigten Fernbleiben kommt jdf. nach Abmahnung eine verhaltensbedingte Kündigung in Betracht.

2. Voraussetzungen. Das Leistungsverweigerungsrecht ist im Unterschied zur PZ nicht an einen 2
Schwellenwert gebunden (§ 3 Rn. 1). Es setzt die Pflegebedürftigkeit eines nahen Angehörigen in einer **akut aufgetretenen Pflegesituation** voraus (vgl. zu den Begriffen des nahen Angehörigen und der Pflegebedürftigkeit die Legaldefinitionen in § 7 III, IV und ihre Erl. in § 7 Rn. 2). Akut aufgetreten ist die Pflegesituation, wenn sie plötzl., also unerwartet und unvermittelt aufgetreten ist (BT-Drs. 16/7439 S. 90; BAG 15.11.2011 NZA 2012, 323; *Freihube/Sasse* DB 2008, 1320). Nur dann besteht ein Bedürfnis der berufstätigen nahen Angehörigen, ihrer Tätigkeit sofort – ohne Ankündigungsfrist – fernzubleiben (BR-Drs. 718/07 S. 217 und 220; BAG 15.11.2011 NZA 2012, 323; *Müller* BB 2008, 1058, 1059; *ders.* Anm. EzA PflegeZG § 4 Nr. 1; *Freihube* Anm. AP PflegeZG § 3 Nr. 1). Akut ist die Pflegesituation ua. dann, wenn die bisherige Pflegekraft bei häusl. Pflege unerwartet ausfällt (*Preis/Nehring* NZA 2008, 729, 730; APS/*Rolfs* § 5 Rn. 10; *Schwerdle* ZTR 2007, 655, 657). Eine bereits bestehende Pflegebedürftigkeit, die unverändert ist, genügt nicht (*Linck* BB 2008, 2738, 2739). Das Erfordernis der akut aufgetretenen Pflegesituation in § 2 I und § 7 IV 2 stehen in einem Spannungsverhältnis. Nach § 7 IV 2 sind pflegebedürftig iSv. § 2 auch Personen, die die Voraussetzungen nach den §§ 14 und 15 SGB XI **voraussichtl. erfüllen,** dh. bei denen mind. Pflegegrad 1 festgestellt werden wird (§ 15 I 1, III 4 SGB XI). Der Pflegebedürftigkeitsbegriff des § 14 SGB XI wurde mWv. 1.1.2017 durch das zweite PflegestärkungsG reformiert (PSG II). Ziel ist, Menschen in der früheren Pflegestufe 0, va. Demenzkranke oder Menschen mit kognitiven und psychischen Erkrankungen, in die Pflegevers. einzubeziehen und sie Menschen mit körperl. Einschränkungen gleichzustellen (§ 14 I 2 SGB XI idF vom 21.12.2015, in Kraft seit 1.1.2017; s. auch das PSG III, das die Beratung von Pflegebedürftigen und Angehörigen in den Kommunen verbessern soll: BT-Drs. 18/9518). Die drei Pflegestufen des § 15 SGB XI in der bis 31.12.2016 geltenden Fassung wurden durch differenziertere fünf Pflegegrade abgelöst (§ 15 SGB XI in der seit 1.1.2017 geltenden Fassung). Die Anforderungen an die nötige Prognose der Pflegebedürftigkeit lassen sich GWortlaut und -begr. des PflegeZG nicht unmittelbar entnehmen. Das Merkmal der „voraussichtl." Feststellung einer der drei früheren Pflegestufen setzt nach seinem Zweck – der Bewältigung eines Akutereignisses (BT-Drs. 16/7439 S. 91) – nicht nur die Möglichkeit der Feststellung eines der jetzigen Pflegegrade voraus, sondern verlangt ihre überw. Wahrscheinlichkeit (*Müller* BB 2008, 1058, 1059). Nach der GBegr. besteht die Notwendigkeit der Freistellung „regelm. nur einmal je pflegebedürftigem Angehörigen …, sodass dieses Recht regelm. auch nur einmal pro Pflegefall ausgeübt wird" (BR-Drs. 718/07 S. 220). Damit wird ein **weiteres Akutereignis** mit der Folge eines Leistungsverweigerungsrechts für dies. pflegebedürftige Person nicht ausgeschlossen, sondern ledigl. eine empirische Einschätzung getroffen. Der GWortlaut ist nicht auf einen einmaligen akuten Vorfall beschränkt (ähnl. *Liebscher* ArbR 2011, 189, 190; *Notzon* öAT 2013, 136, 138; *Preis/Nehring* NZA 2008, 729, 730 f.; APS/*Rolfs* § 5 Rn. 15). Um das Merkmal der akut aufgetretenen Pflegesituation einzugrenzen, bietet es sich an, wie bei § 616 S. 1 BGB zwischen Fortsetzungs- und Wiederholungserkrankungen zu unterscheiden. Nur bei einer wiederholt aufgrund anderer Ursachen akut aufgetretenen Pflegesituation entsteht das Leistungsverweigerungsrecht des § 2 I erneut (*Schwerdle* ZTR 2007, 655, 657). Die Leistungsverweigerung muss **erforderl.** sein. Das trifft nicht zu, wenn

schon eine andere Person die bedarfsgerechte pflegerische Versorgung sicherstellt. Wird ein Dritter tätig, schließt das die Erforderlichkeit des Fernbleibens des Beschäftigten jedoch dann nicht aus, wenn der Dritte obj. oder subj. nicht pflegefähig ist (SGB V § 45 Rn. 5). Der Beschäftigte kann von seinem Leistungsverweigerungsrecht nach § 2 I Gebrauch machen, wenn der Dritte zB aufgrund seiner gesundheitl. Konstitution nicht zur Pflege geeignet ist oder der Pflegebedürftige von dem Dritten nicht gepflegt werden will (*Müller* BB 2008, 1058, 1059). Auch die Dauer der Leistungsverweigerung muss erforderl. sein (*Kossens* AuA 2008, 328; *Preis/Nehring* NZA 2008, 729, 731). Der Beschäftigte muss die Höchstfrist von zehn Arbeitstagen nicht ausschöpfen (zu der Anzeige der Dauer der Arbeitsverhinderung Rn. 3).

3 **3. Anzeige- und Nachweispflicht.** § 2 II begr. eine Anzeige- und ggf. eine Nachweispflicht, wenn das Leistungsverweigerungsrecht des § 2 I ausgeübt wird. Die nicht formgebundene Anzeige ggü. dem AG muss unverzügl., also ohne schuldhaftes Zögern (§ 121 I 1 BGB) erfolgen. Maßgebl. ist der **Zugang der Mitt.** (*Müller* BB 2008, 1058, 1060; EFZG § 5 Rn. 6). In diesem Zpkt. beginnt der Sonderkündigungsschutz des § 5 I (APS/*Rolfs* § 5 Rn. 16). Der AG soll den Ausfall des Beschäftigten mithilfe der Anzeige planen und überbrücken können. Der Beschäftigte hat deshalb seine Verhinderung an der Arbeitsleistung und ihre voraussichtl. Dauer mitzuteilen (*Düwell* FA 2008, 108, 109; *Linck* BB 2008, 2738, 2740). Zu der Anzeige der Verhinderung gehört die Mitt., dass eine Pflegesituation bei einem namentl. benannten nahen Angehörigen akut aufgetreten ist. Ohne diesen Hinweis kann der AG sein Recht aus § 2 II 2, eine ärztl. Bescheinigung über die Pflegebedürftigkeit des nahen Angehörigen und die Erforderlichkeit der zu treffenden Maßnahmen zu verlangen, nicht ausüben. Art und Ursache der Pflegebedürftigkeit muss der Beschäftigte dagegen nicht mitteilen (*Linck* BB 2008, 2738, 2740; KR/*Treber* §§ 1 bis 8 PflegeZG Rn. 32). Der approbierte Arzt hat die Pflegebedürftigkeit auf Verlangen des AG ebenfalls nicht näher zu begründen (*Freihube/Sasse* DB 2008, 1320). Es genügt, wenn er die Tatsache der Pflegebedürftigkeit des namentl. zu benennenden nahen Angehörigen und die Erforderlichkeit der Maßnahmen nach § 2 I **bescheinigt** (*Müller* BB 2008, 1058, 1060). Der Arzt muss die voraussichtl. erforderl. Dauer des Fernbleibens anders als in einer AUB nicht attestieren. Während der Beschäftigte die voraussichtl. Dauer seiner Verhinderung an der Arbeitsleistung anzeigen muss, sind die Überprüfungsmöglichkeiten des AG hins. der Zeitangabe begrenzt (*Preis/Nehring* NZA 2008, 729, 731). Der ärztl. Bescheinigung nach § 2 II 2 kommt wie einer AUB der Beweis des ersten Anscheins zu, den der AG erschüttern kann (*Freihube/Sasse* DB 2008, 1320; *Gabke* AiB 2009, 360; *Langer/Damm* AuA 2008, 536, 537; **aA** *Linck* BB 2008, 2738, 2740 f. mit dem Arg., dass die Bescheinigung typischerweise nicht aufgrund eigener Untersuchungen und medizinischer Sachkunde ausgestellt werde, sondern ihr Inhalt regelm. auf die Schilderung des Beschäftigten hins. der erforderl. pflegerischen Versorgung zurückgehe). Der Beschäftigte hat die Kosten der Bescheinigung nach § 2 II abw. von § 5 II 2 EFZG und § 73 II Nr. 9 SGB V selbst zu tragen, wenn keine EFZPflicht aufgrund anderer ges. Vorschr. oder vertragl. Vereinb. (§ 2 III) besteht (*Linck* BB 2008, 2738, 2740 f.). Die Erfüllung der Anzeige- und Nachweispflicht ist keine Voraussetzung des Leistungsverweigerungsrechts aus § 2 I. Der Beschäftigte kann sich mit einer Verletzung der Nebenpflichten jedoch unter den Voraussetzungen der § 241 II, § 280 I und III, § 281 I und III BGB schadensersatzpflichtig machen (*Müller* BB 2008, 1058, 1060). Ein solcher Nebenpflichtverstoß kann jdf. nach Abmahnung dazu beitragen, eine verhaltensbedingte Kündigung zu rechtfertigen. Der bes. Kündigungsschutz des § 5 I setzt die Ankündigung der kurzzeitigen Arbeitsverhinderung voraus (KR/*Treber* §§ 1 bis 8 PflegeZG Rn. 35).

4 **4. Entgeltfortzahlung.** Übt der Beschäftigte sein Leistungsverweigerungsrecht aus § 2 I aus, entfällt sein Vergütungsanspruch nach § 326 I 1 Hs. 1 BGB. Das PflegeZG selbst sieht noch immer **keinen EFZAnspruch** vor. Eine Vergütungsfortzahlungspflicht kann sich nach § 2 III aber aus anderen ges. Regelungen (etwa aus § 616 S. 1 BGB oder aus dem nach § 25 BBiG unabdingbaren § 19 I Nr. 2 lit. b) BBiG) sowie aus TV (zB § 29 I 1 lit. e) TVöD-AT/TV-L; näher *Gabke* AiB 2009, 360; *Schumacher* öAT 2011, 34, 35; *Schwerdle* ZTR 2007, 655, 657; *Treichel* NZA 2016, 459, 460), BV oder Individualvertrag ergeben (BR-Drs. 718/07 S. 220). Der in der GBegr. ua. genannte – dispositive – § 616 S. 1 BGB unterscheidet sich abgesehen von der anderen Rechtsfolge in seinen ausdr. und von der Rspr. ausgeformten Voraussetzungen von § 2 I (*Sasse* DB 2015, 310, 312). Auf der Grdl. von § 616 S. 1 BGB wird im Fall der Betreuung eines schwer erkrankten nahen Angehörigen ein Vergütungsfortzahlungsanspruch für eine verhältnismäßig unerhebl. Zeit bejaht (BAG 20.7.1977 AP BGB § 616 Nr. 47; 20.6.1979 AP BGB § 616 Nr. 49; 20.6.1979 AP BGB § 616 Nr. 50; vgl. iE BGB § 616 Rn. 8 f.; *Preis/Nehring* NZA 2008, 729, 732; Staudinger/*Oetker* BGB § 616 Rn. 99). Dabei handelt es sich nicht um einen festen Zeitraum. Außerhalb der Pflege erkrankter Kinder wurde er jedoch bisher überw. mit fünf Arbeitstagen konkretisiert (BAG 19.4.1978 AP BGB § 616 Nr. 48). Dauert die Verhinderung länger an, entfällt der Anspruch aus § 616 S. 1 BGB insg., nicht nur hins. des Teils, der die Verhältnismäßigkeit übersteigt (BAG GS 18.12.1959 AP BGB § 616 Nr. 22). Trotz der unterschiedl. Voraussetzungen des EFZAnspruchs aus § 616 S. 1 BGB und des Leistungsverweigerungsrechts aus § 2 I ist regelm. davon auszugehen, dass die Verhinderung „verhältnismäßig nicht erhebl." iSv. § 616 S. 1 BGB ist, wenn das Fernbleiben des Beschäftigten für volle zehn Arbeitstage erforderl. iSv. § 2 I ist und die weiteren Voraussetzungen des § 616 S. 1 BGB erfüllt sind (BGB § 616 Rn. 10 und 10a mwN zu der

Kontroverse; ähnl. *Joussen* NZA 2009, 69, 71; aA zB *Linck* BB 2008, 2738, 2741 mit dem Arg. einer Rechtsfolgenverweisung in § 2 III). Der **Angehörigenbegriff** des § 616 S. 1 BGB ist deutl. enger als der des § 7 III. Er erfasst nur Ehepartner, Eltern, Abkömmlinge, Geschwister und eingetragene Lebenspartner (*Freihube/Sasse* DB 2008, 1320, 1321; *Liebscher* ArbR 2011, 189, 190; *Linck* BB 2008, 2738, 2741; Staudinger/*Oetker* BGB § 616 Rn. 59 f.). § 616 S. 1 BGB, der abw. von § 19 I Nr. 2 lit. b) BBiG dispositiv ist, nimmt nicht über § 2 III an der von § 8 vorgesehenen Unabdingbarkeit der Regelungen des PflegeZG teil. § 2 III stellt klar, dass das PflegeZG (bisher) keinen eigenständigen und damit unabdingbaren EFZAnspruch kennt (*Freihube/Sasse* DB 2008, 1320, 1321; *Fröhlich* ArbRB 2008, 84, 85). Beschäftigte können seit 1.1.2015 während der kurzzeitigen Arbeitsverhinderung nach § 2 Pflegeunterstützungsgeld aus § 44a III SGB XI beanspruchen (§ 2 III 2). Der Bezug von Pflegeunterstützungsgeld führt zur Versicherungspflicht in allen Zweigen der Sozialvers. Beschäftigte können sich nach § 8 I Nr. 2a SGB V von der Krankenversicherungspflicht befreien lassen (*Oberthür* ArbRB 2015, 49, 50). Die kurzzeitige Arbeitsverhinderung nach § 2 hat keine Auswirkungen auf die Stufenzuordnung iSv. §§ 16 f. TVöD-AT/TV-L. Sie kann aber das Leistungsentgelt (§ 18 TVöD-AT) und die Jahressonderzahlung (§ 20 TVöD-AT/TV-L) vermindern, wenn die Tage der Arbeitsverhinderung ohne EFZ im jeweiligen Bemessungszeitraum liegen (*Schumacher* öAT 2011, 34, 36).

§ 3 Pflegezeit und sonstige Freistellungen

(1) [1] Beschäftigte sind von der Arbeitsleistung vollständig oder teilweise freizustellen, wenn sie einen pflegebedürftigen nahen Angehörigen in häuslicher Umgebung pflegen (Pflegezeit). [2] Der Anspruch nach Satz 1 besteht nicht gegenüber Arbeitgebern mit in der Regel 15 oder weniger Beschäftigten.

(2) [1] Die Beschäftigten haben die Pflegebedürftigkeit des nahen Angehörigen durch Vorlage einer Bescheinigung der Pflegekasse oder des Medizinischen Dienstes der Krankenversicherung nachzuweisen. [2] Bei in der privaten Pflege-Pflichtversicherung versicherten Pflegebedürftigen ist ein entsprechender Nachweis zu erbringen.

(3) [1] Wer Pflegezeit beanspruchen will, muss dies dem Arbeitgeber spätestens zehn Arbeitstage vor Beginn schriftlich ankündigen und gleichzeitig erklären, für welchen Zeitraum und in welchem Umfang die Freistellung von der Arbeitsleistung in Anspruch genommen werden soll. [2] Wenn nur teilweise Freistellung in Anspruch genommen wird, ist auch die gewünschte Verteilung der Arbeitszeit anzugeben. [3] Enthält die Ankündigung keine eindeutige Festlegung, ob die oder der Beschäftigte Pflegezeit oder Familienpflegezeit nach § 2 des Familienpflegezeitgesetzes in Anspruch nehmen will, und liegen die Voraussetzungen beider Freistellungsansprüche vor, gilt die Erklärung als Ankündigung von Pflegezeit. [4] Beansprucht die oder der Beschäftigte nach der Pflegezeit Familienpflegezeit oder eine Freistellung nach § 2 Absatz 5 des Familienpflegezeitgesetzes zur Pflege oder Betreuung desselben pflegebedürftigen Angehörigen, muss sich die Familienpflegezeit oder die Freistellung nach § 2 Absatz 5 des Familienpflegezeitgesetzes unmittelbar an die Pflegezeit anschließen. [5] In diesem Fall soll die oder der Beschäftigte möglichst frühzeitig erklären, ob sie oder er Familienpflegezeit oder eine Freistellung nach § 2 Absatz 5 des Familienpflegezeitgesetzes in Anspruch nehmen wird; abweichend von § 2a Absatz 1 Satz 1 des Familienpflegezeitgesetzes muss die Ankündigung spätestens drei Monate vor Beginn der Familienpflegezeit erfolgen. [6] Wird Pflegezeit nach einer Familienpflegezeit oder einer Freistellung nach § 2 Absatz 5 des Familienpflegezeitgesetzes in Anspruch genommen, ist die Pflegezeit in unmittelbarem Anschluss an die Familienpflegezeit oder die Freistellung nach § 2 Absatz 5 des Familienpflegezeitgesetzes zu beanspruchen und abweichend von Satz 1 dem Arbeitgeber spätestens acht Wochen vor Beginn der Pflegezeit schriftlich anzukündigen.

(4) [1] Wenn nur teilweise Freistellung in Anspruch genommen wird, haben Arbeitgeber und Beschäftigte über die Verringerung und die Verteilung der Arbeitszeit eine schriftliche Vereinbarung zu treffen. [2] Hierbei hat der Arbeitgeber den Wünschen der Beschäftigten zu entsprechen, es sei denn, dass dringende betriebliche Gründe entgegenstehen.

(5) [1] Beschäftigte sind von der Arbeitsleistung vollständig oder teilweise freizustellen, wenn sie einen minderjährigen pflegebedürftigen nahen Angehörigen in häuslicher oder außerhäuslicher Umgebung betreuen. [2] Die Inanspruchnahme dieser Freistellung ist jederzeit im Wechsel mit der Freistellung nach Absatz 1 im Rahmen der Gesamtdauer nach § 4 Absatz 1 Satz 4 möglich. [3] Absatz 1 Satz 2 und die Absätze 2 bis 4 gelten entsprechend. [4] Beschäftigte können diesen Anspruch wahlweise statt des Anspruchs auf Pflegezeit nach Absatz 1 geltend machen.

(6) [1] Beschäftigte sind zur Begleitung eines nahen Angehörigen von der Arbeitsleistung vollständig oder teilweise freizustellen, wenn dieser an einer Erkrankung leidet, die progredient verläuft und bereits ein weit fortgeschrittenes Stadium erreicht hat, bei der eine Heilung ausgeschlossen und eine palliativmedizinische Behandlung notwendig ist und die lediglich eine begrenzte Lebenserwartung von Wochen oder wenigen Monaten erwarten lässt. [2] Beschäftigte haben diese

gegenüber dem Arbeitgeber durch ein ärztliches Zeugnis nachzuweisen. [3]Absatz 1 Satz 2, Absatz 3 Satz 1 und 2 und Absatz 4 gelten entsprechend. [4]§ 45 des Fünften Buches Sozialgesetzbuch bleibt unberührt.

(7) **Ein Anspruch auf Förderung richtet sich nach den §§ 3, 4, 5 Absatz 1 Satz 1 und Absatz 2 sowie den §§ 6 bis 10 des Familienpflegezeitgesetzes.**

1 **1. Normzweck und Voraussetzungen.** Die Regelung der Pflege(-teil)zeit in §§ 3f. ist mit beachtl. Unterschieden im Detail an die EZ- und Elternteilzeitbestimmungen der §§ 15f. BEEG angelehnt (BT-Drs. 16/7439 S. 91; BAG 15.11.2011 NZA 2012, 323; vgl. zum Normzweck und zur ges. Systematik § 1 Rn. 1f.). Der von § 3 I 1 begr. sog. Anspruch auf vollständige oder tw. Freistellung von der Arbeitsleistung, der als Gestaltungsrecht zu verstehen ist (näher Rn. 4; zu der redaktionellen Unschärfe des G BAG 15.11.2011 NZA 2012, 323; 5.5.2015 AP BetrVG 1972 § 112 Nr. 229), setzt voraus, dass der Beschäftigte einen pflegebedürftigen nahen Angehörigen in häusl. Umgebung pflegt. Das Recht ist nicht an eine Wartezeit, aber – im Unterschied zum Leistungsverweigerungsrecht des § 2 – an einen **Schwellenwert** gebunden. Ggü. AG mit höchstens 15 Beschäftigten besteht kein Recht auf PZ (§ 3 I 2). Der Schwellenwert entspricht hins. der Kopfzahl den Schwellenwerten für die EZ in § 15 VII 1 Nr. 1 BEEG und für den TZAnspruch in § 8 VII TzBfG. Zu berücksichtigen sind jedoch nicht nur AN, sondern alle Beschäftigten iSv. § 7 I (§ 7 Rn. 1). Zu ihnen gehören neben AN und – abw. von § 15 VII 1 Nr. 1 BEEG und § 8 VII TzBfG – den zu ihrer Berufsbildung Beschäftigten (*Fröhlich* ArbRB 2008, 84, 86; *Kossens* AuA 2008, 28; **aA** *Düwell* FA 2008, 108, 109) arbeitnehmerähnl. Personen einschl. der in Heimarbeit Beschäftigten und der ihnen Gleichgestellten. Für die Berechnung nach Köpfen – nicht nach AZAnteilen wie in § 23 I 4 KSchG (BT-Drs. 16/7486 S. 4; *Fröhlich* ArbRB 2008, 84, 86; *Kossens* AuA 2008, 328; *Linck* BB 2008, 2738, 2739; KR/*Treber* §§ 1 bis 8 PflegeZG Rn. 43; *Waldenmaier/Langenhan-Komus* RdA 2008, 312, 313) – kommt es auf den AGBegriff des § 7 II, nicht auf einen davon zu unterscheidenden Betriebsbegriff an (KR/*Treber* §§ 1 bis 8 PflegeZG Rn. 42). Die Darlegungslast für die Überschreitung des Schwellenwerts ist abgestuft (§ 138 ZPO). Auf der ersten und letzten Stufe trifft sie – wie auch die Beweislast – den Beschäftigten, der den ihm günstigen Tatbestand letztendl. darzulegen und zu beweisen hat (*Linck* BB 2008, 2738, 2739; *Sievers* jM 2015, 160, 161; **aA** *Böggemann* FA 2008, 357 mit dem Arg., der Schwellenwert in § 3 I 2 sei im Unterschied zu § 15 VII 1 Nr. 1 BEEG und § 8 VII TzBfG nicht als Voraussetzung des Anspruchs, sondern als Ausnahmeregelung formuliert; iE wie *Böggemann Hexel/Lüders* NZS 2009, 264, 268; *Müller* BB 2008, 1058, 1059; *Müller* BB 2014, 3125, 3126). Gegen die Behauptungslast des AG auf der letzten Stufe und seine Beweislast für den nicht überschrittenen Schwellenwert sprechen dies. Gründe wie iRd. betriebl. Geltungsbereichs des KSchG. Auch § 23 I 2 und 3 KSchG ist als Ausnahmeregelung konzipiert (stRspr., zB BAG 2.3.2017 NZA 2017, 859). § 3 I 1 verlangt abw. von § 2 I, § 7 IV 2 die **bereits eingetretene Pflegebedürftigkeit** eines nahen Angehörigen nach §§ 14 und 15 SGB XI (§ 7 IV 1; zu den früheren Pflegestufen *Joussen* NZA 2009, 69, 71; *Marburger* PersV 2008, 377). Der pflegebedürftige nahe Angehörige iSv. § 7 III hat zumindest die Voraussetzungen des Pflegegrads 1 zu erfüllen (zu der Reform des Pflegebedürftigkeitsbegriffs und der Pflegestufen § 2 Rn. 2). Das Recht auf Freistellung aus § 3 I 1 hängt im Unterschied zum Leistungsverweigerungsrecht des § 2 I nicht von einer akut aufgetretenen Pflegesituation ab. Für jeden pflegebedürftigen nahen Angehörigen besteht jeweils ein Recht auf PZ. Danach ist das einmalige Gestaltungsrecht verbraucht (BAG 15.11.2011 NZA 2012, 323; *Müller* BB 2008, 1058, 1061; APS/*Rolfs* § 5 Rn. 20). Ggf. kommt auch die Pflege eines Pflegebedürftigen durch mehrere nahe Angehörige in Betracht (näher *Müller* BB 2008, 1058, 1061; *ders.* Anm. EzA PflegeZG § 4 Nr. 1; zu den Missbrauchsmöglichkeiten *Preis/Nehring* NZA 2008, 729, 733f.; *Preis/Weber* NZA 2008, 82, 84). Steht ein AN in mehreren ArbVerh., kommt ihm das Recht auf PZ ggü. allen AG zu (*Müller* Anm. EzA PflegeZG § 4 Nr. 1). Wechselt der AN das ArbVerh. während der PZ, besteht sein Recht auf PZ nach dem GZweck beim neuen AG fort (*Müller* Anm. EzA PflegeZG § 4 Nr. 1). Die Pflegebedürftigkeit muss zu Beginn der gewünschten Freistellung tats. vorliegen. Es ist unschädl., wenn sie erst später rückwirkend auf diesen Zpkt. festgestellt wird (*Nielebock* AiB 2008, 363, 365). Auch der sog. Anspruch auf vollständige Freistellung setzt ledigl. die Pflegebedürftigkeit eines nahen Angehörigen, dh. die Feststellung des Pflegegrads 1 voraus (*Preis/Nehring* NZA 2008, 729, 734; APS/*Rolfs* § 5 Rn. 8). Die Versicherungspflichten in den verschiedenen Zweigen der Sozialvers. bestehen allerdings erst ab Pflegegrad 2 (§ 1 Rn. 3). Die für das Leistungsverweigerungsrecht des § 2 I ausreichende voraussichtl. zu erwartende Pflegebedürftigkeit (§ 7 IV 2) führt dagegen nicht zu einem Recht auf PZ. Zwischen den Begriffen der Pflegebedürftigkeit und der Pflege ist zu unterscheiden. Der Beschäftigte braucht die Pflege bei Zugang der Anzeige nach § 3 III 1 nur **ernsthaft zu beabsichtigen** (vgl. BR-Drs. 718/07 S. 218; *Novara* DB 2010, 503, 504). Der nahe Angehörige muss zu diesem Zpkt. nach Wortlaut und Zweck des § 3 I 1 aber schon pflegebedürftig sein (zum Begriff der Pflege *Joussen* NZA 2009, 69, 72). Obj. und subj. Pflegefähigkeit müssen hinzukommen (*Müller* BB 2008, 1058, 1060; zu den Begriffen § 2 Rn. 2). Die Pflege ist in **häusl. Umgebung** iSv. § 36 I SGB XI durchzuführen (APS/*Rolfs* § 5 Rn. 29). Danach haben Pflegebedürftige der Pflegegrade 2 bis 5 bei häusl. Pflege Anspruch auf körperbezogene Pflegemaßnahmen und pflegeri-

sche Betreuungsmaßnahmen sowie auf Hilfen bei der Haushaltsführung als Sachleistung (häusl. Pflegehilfe). Der Anspruch umfasst pflegerische Maßnahmen in den in § 14 II SGB XI genannten Bereichen Mobilität, kognitive und kommunikative Fähigkeiten, Verhaltensweisen und psychische Problemlagen, Selbstversorgung, Bewältigung von und selbständiger Umgang mit krankheits- oder therapiebedingten Anforderungen und Belastungen sowie Gestaltung des Alltagslebens und sozialer Kontakte. Der Pflegebedürftige muss nicht in seiner eigenen häusl. Umgebung gepflegt werden. Nach der GBegr. soll mit dem PflegeZG dem Wunsch vieler Menschen entsprochen werden, „durch vertraute Angehörige in gewohnter Umgebung gepflegt zu werden" (BR-Drs. 718/07 S. 217). Deshalb kann auf die Begriffsbestimmungen des Pflegeversicherungsrechts zurückgegriffen werden. Danach ist häusl. Umgebung als der eigene Haushalt des Pflegebedürftigen oder als anderer Haushalt zu verstehen, in den der Pflegebedürftige aufgenommen wurde (*Joussen* NZA 2009, 69, 72). Wesentl. Merkmale eines Haushalts sind eine eigene Kochmöglichkeit und ein eigener Sanitärbereich. Der Pflegebedürftige kann auch in einer Wohngemeinschaft oder einer betreuten Wohneinheit einen eigenen Haushalt führen (*Müller* BB 2008, 1058, 1061 mwN). Beschäftigte, die PZ in Anspruch nehmen, haben Anspruch auf ein zinsloses Darlehen des BAFzA (*Herion* ZTR 2015, 193).

2. Ankündigungsform und -frist. Die PZ ist dem AG grds. spätestens zehn Arbeitstage vor ihrem 2
Beginn schriftl. anzukündigen. Zugleich ist zu erklären, für welchen Zeitraum und in welchem Umf. die Freistellung von der Arbeitsleistung in Anspruch genommen werden soll (§ 3 III 1). Wird nur tw. Freistellung verlangt, ist auch die gewünschte Verteilung der AZ anzugeben (§ 3 III 2). Das bedeutet, dass PflegeTZ abw. vom Recht der ElternTZ in § 15 V bis VII BEEG **nur gleichzeitig** mit der PZ angekündigt werden kann (vgl. für EZ und ElternTZ dagegen zB BAG 15.4.2008 NZA 2008, 998; BEEG § 15 Rn. 13 ff.). IZw. gilt die Erkl. als Ankündigung von PZ, wenn die Ankündigung unklar ist und die Voraussetzungen sowohl einer PZ als auch einer FPZ erfüllt sind (§ 3 III 3). Nach einer PZ muss sich eine FPZ oder eine Freistellung nach § 2 V FPfZG unmittelbar an die Pflegezeit anschließen, wenn derselbe nahe Angehörige gepflegt oder betreut werden soll (§ 3 III 4). In diesem Fall soll möglichst frühzeitig erklärt werden, ob FPZ oder eine Freistellung nach § 2 V FPfZG in Anspruch genommen werden soll. Abw. von § 2a I 1 FPfZG muss die Ankündigung spätestens drei Monate vor Beginn der FPZ erfolgen (§ 3 III 5). Schließt umgekehrt eine PZ an eine FPZ oder eine Freistellung nach § 2 V FPfZG an, beträgt die Ankündigungsfrist keine zehn Tage, sondern acht Wochen (§ 3 III 6). Das G verlangt für die Ankündigung va. wegen der Warnfunktion die konstitutive **Schriftform** des § 126 I BGB, die durch notarielle Beurkundung (§ 126 IV BGB) und elektronische Form (§ 126 III, § 126a I BGB) ersetzt werden kann (zu § 16 I 1 BEEG BAG 10.5.2016 NZA 2016, 1137; BEEG § 16 Rn. 2; *Müller* BB 2008, 1058, 1063; APS/*Rolfs* § 5 Rn. 14; *Sievers* jM 2015, 160, 162; KR/*Treber* §§ 1 bis 8 PflegeZG Rn. 48; an der ges. Schriftform zweifelnd *Preis/Nehring* NZA 2008, 729, 735; zum Normzweck des § 126 BGB: BGB §§ 125 bis 127 Rn. 13). Textform nach § 126b BGB genügt nicht. Die „Inanspruchnahme" von PZ ist die Ausübung eines einseitigen Gestaltungsrechts (BAG 15.11.2011 NZA 2012, 323; 12.11.2013 – 1 AZR 628/12), keine bloße rechtsgeschäftsähnl. Handlung (zu der Unterscheidung zB BAG 10.3.2009 NZA 2009, 622; 27.1.2010 NZA 2010, 645). Deshalb kann das Recht auf PZ nicht durch eine auf Abgabe einer Willenserkl. des AG gerichtete Leistungsklage iSv. § 894 S. 1 ZPO ausgeübt werden. Der AN kann Feststellungsklage erheben (BAG 15.11.2011 NZA 2012, 323; zum Gebührenstreitwert eines auf „Bewilligung von PZ" gerichteten Antrags auf Erl. einer einstweiligen Vfg. LAG BW 14.9.2010 – 5 Ta 180/10 – BeckRS 2010, 72950; zum einstweiligen Rechtsschutz *Böhm* ArbRB 2011, 320, 322). Für die Ankündigung dieses Rechtsgeschäfts gilt die ges. Schriftform des § 126 I BGB (*Novara* DB 2010, 503 mwN; APS/*Rolfs* § 5 Rn. 26; iE auch *Hexel/Lüders* NZS 2009, 264, 268). Hält der Beschäftigte das Schriftformerfordernis nicht ein, ist die PZ nicht ordnungsgemäß angekündigt. Die Rechtsfolgen der §§ 3 ff. treten nicht ein (*Linck* BB 2008, 2738, 2741). Der Beschäftigte genießt insb. noch nicht den Sonderkündigungsschutz des § 5 I. Erscheint er nicht zur Arbeit, bleibt er ihr unberechtigt fern (*Müller* BB 2008, 1058, 1061). Versäumt der Beschäftigte dagegen die **Ankündigungsfrist** von zehn Arbeitstagen (s. aber oben zu den abw. Fristen bei Übergang von PZ zu Freistellung nach dem FPfZG oder umgekehrt), verschiebt sich ledigl. der Beginn der PZ (*Liebscher* ArbR 2011, 189, 190; *Novara* DB 2010, 503, 504 mwN). Der Zugang der Ankündigung ist ein Ereignis iSv. § 187 I BGB. Der Tag des Zugangs wird deshalb nicht mitgerechnet. Geht die Ankündigung dem AG bspw. am 10.10.2017 zu, endet die Frist von zehn Arbeitstagen bei einem AG, dessen Beschäftigte idR in der Fünftagewoche von Montag bis Freitag arbeiten, am 24.10.2017, 24:00 Uhr (§ 188 I BGB). Die PZ kann ab 25.10.2017 in Anspruch genommen werden. Probl. ist, ob die Ankündigungsfrist an die individuelle WochenAZ des Vollzeit- oder TZBeschäftigten anknüpft oder aber an die beim AG regelm. geltende WochenAZ einer Vollzeitkraft in der Fünf- oder Sechstagewoche. Würde die Ankündigungsfrist bei TZBeschäftigten, die nur an einzelnen Tagen arbeiten, individuell berechnet, verlängerte sie sich ggü. Vollzeitkräften in ihrer Gesamtdauer erhebl. Das liefe § 4 I 1 TzBfG zuwider, weil ein Sachgrund für die unterschiedl. Behandlung fehlte. § 3 III 1 ist daher ohne Verstoß gegen das Benachteiligungsverbot so auszulegen, dass die beim AG geltende regelm. AZ einer Vollzeitkraft – in der Fünf- oder Sechstagewoche – zugrunde zu legen ist (*Hexel/Lüders* NZS 2009, 264, 268; *Karb* öAT 2016, 248, 249; APS/*Rolfs* § 5 Rn. 21; ähnl., aber einheitl. für eine Berech-

nung anhand der Fünftagewoche *Linck* BB 2008, 2738, 2742; *Rose/Dörstling* DB 2008, 2137, 2138; **aA** *Kossens* PersR 2009, 195, 197: individuelle AZ). Gibt es beim AG keine regelm. VollAZ oder ist der Pflegewillige eine arbeitnehmerähnl. Person, beträgt die Frist zwei Wochen iSv. §§ 187 I, 188 II Alt. 1 BGB. Sie verlängert sich ggf. um die Zahl der im Zweiwochenzeitraum liegenden Wochenfeiertage (einheitl. für diese Berechnungsweise *Novara* DB 2010, 503, 504). Die als Schutzfrist für den AG zu verstehende Ankündigungsfrist von zehn Arbeitstagen wurde in der rechtspolitischen Auseinandersetzung über das PflegeZG vielfach für zu kurz gehalten, um dem AG die nötigen personellen und organisatorischen Maßnahmen zu ermöglichen (*Bauer* NJW 2008 Heft 8 Editorial; *Berger-Delhey* ZTR 2007, 604, 605 mit Entgegnung *Kreutz* ZTR 2008, 246, 247; *Freihube/Sasse* DB 2008, 1322; *Preis/Nehring* NZA 2008, 729, 733; *Schwerdle* ZTR 2007, 655, 660; vgl. dagegen die GBegr. in BT-Drs. 16/7439 S. 91). Die Frist unterschreitet die Siebenwochenfrist des § 16 I 1 Nr. 1 BEEG bei Ausübung des Rechts auf EZ erhebl. Der PZ von höchstens sechs Monaten kann bei einem Akutereignis das nicht von der Einhaltung einer Ankündigungsfrist abhängige Leistungsverweigerungsrecht des § 2 I „vorgeschaltet" werden (*Schwerdle* ZTR 2007, 655, 660).

3 **3. Nachweispflicht.** Der GWortlaut lässt nicht erkennen, **wann** die Bescheinigung der Pflegekasse, des MDK oder der privaten Pflegevers. über die Pflegebedürftigkeit des nahen Angehörigen (§ 3 II) vorzulegen ist. Der GBegr. lässt sich entnehmen, dass die Bescheinigung weder bei Zugang der Ankündigung noch bei Antritt der PZ vorliegen muss. Sie verweist nur darauf, dass nach Ankündigung der PZ spätestens innerhalb von zwei Wochen nach Eingang des Antrags eine Begutachtung nach § 18 III 3 Nr. 2, III 5 SGB XI durch den MDK durchzuführen ist. Entsprechendes gilt für die FPZ (§ 18 III 3 Nr. 3 SGB XI). Der Antragsteller ist unverzügl. schriftl. über die Empfehlung des MDK für die Pflegekasse zu informieren. Die BReg. geht davon aus, dass diese Verfahrensweise auch bei privat Pflegeversicherten praktiziert wird (BT-Drs. 16/7439 S. 92). Aus den Gesetzesmat. lässt sich schließen, dass es für das Recht auf PZ unschädl. ist, wenn die Nachweispflicht erst nach Beginn der PZ erfüllt wird (vgl. für die PZ und die FPZ auch § 18 III 5 SGB XI; ähnl. *Karb* ZTR 2015, 427; *Müller* BB 2008, 1058, 1063; *Nielebock* AiB 2008, 363, 363; *Preis/Nehring* NZA 2008, 729, 733; KR/*Treber* §§ 1 bis 8 PflegeZG Rn. 40). Die Ankündigung ist also keine Wirksamkeitsvoraussetzung der PZ (*Novara* DB 2010, 503, 504). Die Verletzung der Nachweispflicht kann unter den Voraussetzungen des § 280 I BGB jedoch zu einem Schadensersatzanspruch des AG und zu kündigungsrechtl. Konsequenzen führen.

4 **4. Vollständige und teilweise Freistellung von der Arbeitspflicht.** Nach der Rspr. des BAG zu §§ 15 und 16 BEEG übt der AN bei „Inanspruchnahme" von EZ – nicht ElternTZ – ein Gestaltungsrecht aus (BAG 15.12.2009 NZA 2010, 447; 10.5.2016 NZA 2016, 1137). Auch die „Inanspruchnahme" von PZ ist die Ausübung eines einseitigen Gestaltungsrechts (BAG 15.11.2011 NZA 2012, 323; 5.5.2015 – 1 AZR 826/13; *Freihube* Anm. AP PflegeZG § 3 Nr. 1; *Fröhlich* ArbRB 2008, 84, 86; *Joussen* NZA 2009, 69, 71; *Müller* Anm. EzA PflegeZG § 4 Nr. 1; *Schiefer* NZA Beil. 4/2012, 132, 136; *Schwerdle* ZTR 2007, 655, 659; zu der gerichtl. Durchsetzung *Sievers* jM 2015, 160, 166). *Preis/Nehring* wenden gegen die Übertragung dieser Begrifflichkeit auf die PZ ein, die **vollständige Freistellung** sei als Anspruch ausgestaltet, der § 45 SGB V ähnele (NZA 2008, 729, 734: „von der Arbeitsleistung vollständig oder tw. freizustellen ist"). Das BAG nimmt dagegen eine redaktionelle Ungenauigkeit des Gesetzgebers an. Eine Freistellungserkl. des AG ist entbehrl. (BAG 15.11.2011 NZA 2012, 323; für die EZ BEEG § 16 Rn. 2). Während der vollständigen Freistellung ruhen die Hauptleistungspflichten (BAG 7.8.2012 NZA 2012, 1216; 6.5.2014 NZA 2014, 959). Der Beschäftigte braucht nicht zu arbeiten, der AG schuldet keine lfd. Vergütung (BAG 15.11.2011 NZA 2012, 323; *Nielebock* AiB 2008, 363, 365). Knüpfen Sonderzahlungen ledigl. an den Bestand des Arbeits-/BeschVerh. an, entsteht trotz der PZ ein Anspruch des Beschäftigten auf ungekürzte Zahlung (zum Fortbestand einer tarifl. Einkommenssicherungszulage LAG M 3.12.2015 – 3 Sa 526/15 –; durch Rücknahme der Rev. – 6 AZR 36/16 – rkr.). Andere Sonderzahlungsansprüche verringern sich ant. um die Dauer der PZ (*Linck* BB 2008, 2738, 2742). Das gilt insb. für die Jahressonderzahlung aus § 20 TVöD-AT/TV-L. Für die PZ fehlt eine Regelung, wie sie § 20 IV 2 Nr. 1 lit. c) TVöD-AT/TV-L für die EZ trifft. Das Leistungsentgelt aus § 18 TVöD-AT kann vollständig verloren gehen, wenn im Bemessungszeitraum keine Vergütung gezahlt wird. Unterbrechungen der Beschäftigung durch PZ werden auf die Stufenlaufzeiten des TVöD-AT und des TV-L angerechnet (*Schumacher* öAT 2011, 34, 36). Wird nur **tw. Freistellung** (PflegeTZ) verlangt, haben der AG und der Beschäftigte eine schriftl. Vereinb. (§ 126 II, III, IV, § 126a BGB) über die Verringerung und die Verteilung der AZ zu treffen (§ 3 IV 1). Textform iSv. § 126b BGB reicht nicht aus (*Karb* ZTR 2015, 427; vgl. für die Ankündigung Rn. 2). Der Gesetzgeber wählt damit eine Vereinbarungslösung, die dem Recht der ElternTZ nach § 15 V 2, VII BEEG ähnelt, aber abw. ausgestaltet ist (vgl. für die ElternTZ BEEG § 15 Rn. 13; zu den Bestimmtheitsanforderungen zB BAG 15.12.2009 NZA 2010, 447; *Karb* öAT 2016, 248, 249; weiter gehend *Joussen* NZA 2009, 69, 72, der für das „Ob" der PflegeTZ ein Gestaltungsrecht und nur für ihre Ausgestaltung eine sog. Vereinbarungspflicht annimmt). Verstoßen die Vertragsparteien gegen das konstitutive Schriftformerfordernis des § 3 III 1, ist die Vereinb. nach § 125 S. 1 BGB nichtig (**aA** *Düwell* jurisPR-ArbR 51/2007 Anm. 6; *Joussen* NZA 2009, 69, 73). Wortlaut, Zweck und Begr. des § 3 III 1 lassen eine Abweichung

von § 125 S. 1 BGB nicht hinreichend klar erkennen. Der Gesetzgeber begr. die Schriftform „im Interesse der Rechtssicherheit und mit Blick auf das NachwG" (BT-Drs. 16/7439 S. 92). Der Bezug auf Rechtssicherheitsbelange macht deutl., dass dem Schriftformgebot Warn- und Beweisfunktion zukommen soll. Auch bei der erst nach einer Wartezeit von sechs Monaten mögl. ElternTZ (§ 15 VII 1 Nr. 2 BEEG) kann der AN inzwischen unter bestimmten Voraussetzungen ebenso wie der Beschäftigte nach § 3 IV 2 eine bestimmte Verteilung der AZ erzwingen (anders noch nach bisherigem Recht *Schwerdle* ZTR 2007, 655, 660). Ohne die Vereinb. oder die im Klageweg rkr. fingierte Abgabe der Annahmeerkl. des AG (§ 894 S. 1 ZPO) beginnt die PflegeTZ nicht. Wegen der kurzen Fristen kann der Beschäftigte eine einstweilige Vfg. entspr. § 940 ZPO beantragen, wenn er auf die TZBeschäftigung dringend angewiesen ist (*Preis/Nehring* NZA 2008, 729, 735). Der AG muss dem Verringerungs- und Neuverteilungswunsch des Beschäftigten entsprechen, wenn ihm keine dringenden betriebl. Gründe entgegenstehen (§ 3 IV 2). Den Ausnahmetatbestand dieses unbestimmten Rechtsbegriffs muss der AG darlegen und beweisen (*Joussen* NZA 2009, 69, 73; *Liebscher* ArbR 2011, 189, 191). Nach der GBegr. ist § 3 IV 2 dem § 15 BEEG nachgebildet (BR-Drs. 718/07 S. 222). Deshalb kann auf die zu § 15 VII 1 Nr. 4 BEEG entwickelten Grds. zurückgegriffen werden (*Waldenmaier/Langenhan-Komus* RdA 2008, 312, 313). An das Gewicht der Ablehnungsgründe sind erhebl. Anforderungen zu stellen. Mit dem Begriff „dringend" wird ausgedrückt, dass eine Angelegenheit notwendig, erforderl. oder sehr wichtig ist. Die entgegenstehenden betriebl. Interessen müssen zwgd. Hindernisse für die beantragte Verkürzung der AZ sein (zur ElternTZ BAG 15.12.2009 NZA 2010, 447 mwN; vgl. auch BT-Drs. 16/8525 S. 118; BEEG § 15 Rn. 17; *Düwell* FA 2008, 108, 110; ähnl. *Joussen* NZA 2009, 69, 73). Bei der PflegeTZ muss es sich um gewichtige Gründe des AG handeln, die Vorrang vor dem Interesse des Beschäftigten an der häusl. Pflege verdienen. Der Einsatz von Ersatzkräften, ggf. von LeihAN, ist zu prüfen und – soweit mögl. – zu realisieren (BR-Drs. 718/07 S. 218 f.). Im öffentl. Dienst kann neben dem Anspruch aus § 3 IV ein Anspruch aus § 11 TVöD-AT/TV-L stehen (*Schumacher* öAT 2011, 34, 35).

5. Minderjährige pflegebedürftige nahe Angehörige. Beschäftigte sind nach § 3 V 1 von der Arbeitsleistung vollständig oder tw. freizustellen, wenn sie einen minderjährigen pflegebedürftigen nahen Angehörigen in häusl. oder außerhäusl. Umgebung betreuen. Das Freistellungsrecht geht weiter als das aus § 3 I 1, weil es auch die Pflege in **außerhäusl. Umgebung** erfasst (*Karb* öAT 2016, 248, 249; *Oberthür* ArbRB 2015, 49, 50). Diese Freistellung kann jederzeit im Wechsel mit dem Recht aus § 3 I 1 oder an seiner Stelle in Anspruch genommen werden (§ 3 V 2, 4). Sie ist wie das Recht aus § 3 I 1 auf die Höchstdauer von 24 Monaten begrenzt (§ 3 V 2, § 4 I 4). Für das bes. Freistellungsrecht aus § 3 V 1 gilt § 3 I 2, II bis IV entspr. (§ 3 V 3). 5

6. Sterbebegleitung. § 3 VI 1 begründet ein Recht auf vollständige oder tw. Freistellung von der Arbeitspflicht, wenn ein naher Angehöriger iSv. § 7 III an einer Erkrankung leidet, die progredient verläuft und bereits ein weit fortgeschrittenes Stadium erreicht hat, bei der eine **Heilung ausgeschlossen** und eine palliativmedizinische Behandlung notwendig ist und die ledigl. eine begrenzte Lebenserwartung von Wochen oder wenigen Monaten erwarten lässt (*Karb* öAT 2016, 248, 249). Dieses Freistellungsrecht besteht auch dann, wenn für den nahen Angehörigen kein Pflegegrad anerkannt ist (*Oberthür* ArbRB 2015, 49, 50). Es ist auf die Dauer von drei Monaten je pflegebedürftigem nahen Angehörigen beschränkt (§ 4 III 2; *Müller* BB 2014, 3125; *v. Steinau-Steinrück/Reiter* NJW-Spezial 2015, 242 f.). Die Erkrankung des nahen Angehörigen ist durch ärztl. Zeugnis nachzuweisen (§ 3 VI 2). Für das Recht gilt § 3 I 2, III 1 und 2 entspr. (§ 3 VI 3). Das Recht aus § 3 VI 1 steht neben dem Recht aus § 45 SGB V (§ 3 VI 4; § 2 Rn. 1). 6

§ 4 Dauer der Inanspruchnahme

(1) [1] Die Pflegezeit nach § 3 beträgt für jeden pflegebedürftigen nahen Angehörigen längstens sechs Monate (Höchstdauer). [2] Für einen kürzeren Zeitraum in Anspruch genommene Pflegezeit kann bis zur Höchstdauer verlängert werden, wenn der Arbeitgeber zustimmt. [3] Eine Verlängerung bis zur Höchstdauer kann verlangt werden, wenn ein vorgesehener Wechsel in der Person des Pflegenden aus einem wichtigen Grund nicht erfolgen kann. [4] Pflegezeit und Familienpflegezeit nach § 2 des Familienpflegezeitgesetzes dürfen gemeinsam die Gesamtdauer von 24 Monaten je pflegebedürftigem nahen Angehörigen nicht überschreiten. [5] Die Pflegezeit wird auf Berufsbildungszeiten nicht angerechnet.

(2) [1] Ist der nahe Angehörige nicht mehr pflegebedürftig oder die häusliche Pflege des nahen Angehörigen unmöglich oder unzumutbar, endet die Pflegezeit vier Wochen nach Eintritt der veränderten Umstände. [2] Der Arbeitgeber ist über die veränderten Umstände unverzüglich zu unterrichten. [3] Im Übrigen kann die Pflegezeit nur vorzeitig beendet werden, wenn der Arbeitgeber zustimmt.

(3) [1] Für die Betreuung nach § 3 Absatz 5 gelten die Absätze 1 und 2 entsprechend. [2] Für die Freistellung nach § 3 Absatz 6 gilt eine Höchstdauer von drei Monaten je nahem Angehörigen.

[3]Für die Freistellung nach § 3 Absatz 6 gelten Absatz 1 Satz 2, 3 und 5 sowie Absatz 2 entsprechend; bei zusätzlicher Inanspruchnahme von Pflegezeit oder einer Freistellung nach § 3 Absatz 5 oder Familienpflegezeit oder einer Freistellung nach § 2 Absatz 5 des Familienpflegezeitgesetzes dürfen die Freistellungen insgesamt 24 Monate je nahem Angehörigen nicht überschreiten.

(4) Der Arbeitgeber kann den Erholungsurlaub, der der oder dem Beschäftigten für das Urlaubsjahr zusteht, für jeden vollen Kalendermonat der vollständigen Freistellung von der Arbeitsleistung um ein Zwölftel kürzen.

1 **1. Höchstdauer und Verlängerung der Pflegezeit.** Die PZ für jeden einzelnen nahen Angehörigen endet nach § 4 I 1 spätestens sechs Monate nach ihrem Beginn (BAG 15.11.2011 NZA 2012, 323; krit. zu dieser Höchstdauer wegen der durchschnittl. Pflegedauer von rd. drei Jahren *Schwerdle* ZTR 2007, 655, 659; die Höchstdauer wegen des nicht zu langen Eingriffs in die Erwerbsbiographie verteidigend *Nielebock* AiB 2008, 363, 366; zu der hohen Zahl mögl. PZ für verschiedene Angehörige *Preis/Weber* NZA 2008, 82, 84). Die Gesamtdauer der Freistellungen (PZ und FPZ) darf 24 Monate je pflegebedürftigem nahen Angehörigen nicht überschreiten (§ 4 I 4; s. auch § 4 III 3). Das Recht auf PZ entsteht in jedem neuen ArbVerh. – auch für denselben Angehörigen – neu (offengelassen von BAG 15.11.2011 NZA 2012, 323; **aA** *Notzon* öAT 2013, 136, 137f.). Dafür spricht der von §§ 3, 4 beabsichtigte Ausgleich des Pflegeinteresses des AN und des Interesses des konkreten AG an einer geordneten Personalplanung (zu diesem Interessenausgleich im Rahmen von § 4 I 1 BAG 15.11.2011 NZA 2012, 323). Jeder einzelne AG soll nur, aber doch wenigstens einmal für denselben Angehörigen mit dem Ausfall des AN belastet werden können (*Müller* Anm. EzA PflegeZG § 4 Nr. 1: Überforderungsschutz). § 4 I 2 und 3 regelt ausdr. nur die Verlängerung der PZ, nicht die Aufteilung auf mehrere Zeitabschnitte, zwischen denen eine Unterbrechung liegt. Der Wortlaut des § 4 I 1 („längstens sechs Monate") deutet auf einen einheitl. Zeitraum hin (*Müller* Anm. EzA PflegeZG § 4 Nr. 1; die BReg. schließt eine Aufteilung der PZ dagegen in der Beantwortung einer Anfrage nicht aus: BT-Drs. 17/584 S. 29). Hinzu kommt, dass der AN dem AG nach § 3 III 1 den Zeitraum – nicht die Zeiträume – einer beabsichtigten PZ mitteilen muss. Der GWortlaut kennt nur eine Höchst-, keine Mindestdauer der PZ. Entscheidend gegen eine Aufteilung der PZ spricht, dass das PflegeZG die Regelung des § 16 I 6 BEEG nicht übernommen hat. Danach kann die EZ auf mehrere Zeitabschnitte verteilt werden. Das BAG hat offengelassen, ob es mit § 3 I vereinbar ist, dass der AN die PZ durch einmalige Erkl. auf mehrere getrennte Abschn. verteilt (15.11.2011 NZA 2012, 323). Danach ist das Recht aber jdf. verbraucht, wenn der AN zwei Erkl. abgibt. Für ein generelles Splittingverbot spricht ua. der Wortlaut des § 4 I 1 („längstens sechs Monate", „Zeitraum": *Müller* Anm. EzA PflegeZG § 4 Nr. 1; *Müller* BB 2014, 3125, 3128; s. auch das BAG 15.11.2011 NZA 2012, 323 zugrunde liegende Berufungsurt. LAG BW 31.3.2010 LAGE PflegeZG § 4 Nr. 1; *Freihube* Anm. AP PflegeZG § 3 Nr. 1; Schaub/*Linck* § 107 Rn. 44; *Schmitz-Witte* SAE 2013, 9, 10; krit. dazu *Kossens* jurisPR-ArbR 26/2010 Anm. 2; zust. *Geiselhart* BB 2010, 1542f.; *Notzon* öAT 2013, 136, 137; wie hier schon *Müller* BB 2010, 705f.; *Preis/Nehring* NZA 2008, 729, 734; **aA** *Joussen* NZA 2009, 69, 73; *Kossens* Basiskommentar PflegeZG § 4 Rn. 2). Das Wortlautargument wird von der GBegr. gestützt. Die PZ und die PflegeTZ sind an die Regelungen der Eltern(-teil)zeit in §§ 15f. BEEG angelehnt (BT-Drs. 16/7439 S. 91). Bei einem auf die Möglichkeit einer Aufteilung gerichteten gesetzgeberischen Willen wäre zu erwarten gewesen, dass eine § 16 I 6 BEEG entspr. Regelung in § 4 aufgenommen worden wäre. § 16 III 4 BEEG wird in der GBegr. demggü. ausdr. zit. (BT-Drs. 16/7439 S. 92; *Beyer/Stüwe* SdL 2009, 53). Hat der Beschäftigte die Höchstdauer nicht ausgeschöpft, kann die PZ regelm. nur mit formfreier und nicht fristgebundener Zust. des AG verlängert werden, § 4 I 2 (näher BAG 15.11.2011 NZA 2012, 323; *Müller* BB 2008, 1058, 1062; *ders.* BB 2010, 705, 706f.; ähnl. *Kossens* WzS 2009, 34, 37; *Weinbrenner* AiB 2013, 468, 469f.). Die PZ muss sonst zusammenhängend geltend gemacht werden (**aA** wohl *Grobys/von Steinau-Steinrück* NJW-Spezial 2010, 178, 179). Der AG ist in seiner Entsch. über die Verlängerung während der Sechsmonatsfrist des § 4 I 1 frei. Es handelt sich nicht um die Ausübung eines Leistungsbestimmungsrechts iSv. § 315 BGB. Ein auf Ausübung billigen Ermessens beschränkter Kontrahierungszwang lässt sich Wortlaut, Zusammenhang und Zweck des G nicht entnehmen (ebenso *Freihube/Sasse* DB 2008, 1320, 1322; **aA** *Schwerdle* ZTR 2007, 655, 659). Der Beschäftigte hat ausnahmsweise Anspruch auf Verlängerung der PZ, wenn ein vorgesehener Wechsel in der Person des Pflegenden aus einem **wichtigen Grund** nicht erfolgen kann (§ 4 I 3). Diese Regelung ist § 16 III 4 BEEG nachgebildet. Zur Bestimmung des Begriffs des wichtigen Grundes kann auf die für die EZ entwickelten Grds. zurückgegriffen werden (BEEG § 16 Rn. 11). In der GBegr. ist beispielhaft ausgeführt, dass ein wichtiger Grund vorliegt, wenn die Person, die die Pflege des nahen Angehörigen übernehmen sollte, selbst schwer erkrankt (BR-Drs. 718/07 S. 222). Soweit im Ausbildungsvertrag eine bestimmte Ausbildungszeit vorgesehen ist, verlängert sich das Berufsausbildungsverhältnis um die Dauer der PZ, § 4 I 5 (*Berger-Delhey* ZTR 2009, 128, 129; krit. zu der von der GBegr. angenommenen, im Wortlaut anders als in § 21 III BBiG nicht ausgedrückten automatischen Verlängerung *Düwell* FA 2008, 108, 110).

2. Vorzeitige Beendigung der Pflegezeit. Die PZ endet kraft G vorzeitig vier Wochen nach Eintritt der veränderten Umstände, wenn der nahe Angehörige nicht mehr pflegebedürftig oder seine häusl. Pflege **unmögl. oder unzumutbar** ist (§ 4 II 1). Die GBegr. nennt für die Unmöglichkeit der häusl. Pflege beispielhaft die Aufnahme des nahen Angehörigen in eine stationäre Pflegeeinrichtung oder seinen Tod (BR-Drs. 718/07 S. 223). Unmögl. ist die häusl. Pflege auch, wenn die obj. Pflegefähigkeit entfällt, der Pflegende zB selbst schwer erkrankt (*Müller* BB 2008, 1058, 1062). Akzeptiert der Pflegebedürftige die Pflegeperson nicht mehr, entfällt die subj. Pflegefähigkeit. Die weitere häusl. Pflege ist jdf. unzumutbar. Nach der GBegr. soll Unzumutbarkeit auch anzunehmen sein, wenn die Finanzierung der PZ aufgrund unvorhergesehener pers. Umstände nicht mehr gesichert und der Pflegende auf die regelm. Arbeitsvergütung angewiesen ist (BR-Drs. 718/07 S. 223). Der Beschäftigte ist darlegungs- und beweisbelastet für die Voraussetzungen der vorzeitigen Beendigung der PZ. Die Vierwochenfrist berechnet sich nach § 187 I, § 188 II Alt. 1 BGB. Stirbt der Pflegebedürftige am Freitag, 6.10.2017, endet die Frist am Freitag, 3.11.2017, 24:00 Uhr. Die PZ endet auch vorzeitig nach § 4 I 1, wenn der Beschäftigte die Unterrichtungspflicht des § 4 II 2 nicht (formfrei) erfüllt. Neben kündigungsrechtl. Konsequenzen kommt jedoch unter den Voraussetzungen des § 280 I BGB ein Schadensersatzanspruch in Betracht. Ein Schaden des AG kann zB darin liegen, dass er eine Vertretungskraft länger vergüten muss und bei ordnungsgemäßer Unterrichtung von seinem Sonderkündigungsrecht aus § 6 III 1 Gebrauch gemacht hätte (*Müller* BB 2008, 1058, 1062). Liegen keine veränderten Umstände iSv. § 4 II 1 vor, ist der Beschäftigte an den angekündigten Zeitraum gebunden, wenn der AG einer vorzeitigen Beendigung nicht zustimmt (§ 4 II 3). 2

3. Sterbebegleitung. Das Recht auf Freistellung von der Arbeitspflicht aus § 3 VI 1, das es ermöglichen soll, einen nahen Angehörigen in den letzten Wochen oder Monaten seines Lebens zu begleiten, ist nach § 4 III 2 auf die Dauer von **drei Monaten** begrenzt (§ 3 Rn. 6). Die Gesamtdauer aller ausgeübten Freistellungsrechte aus dem PflegeZG und dem FPfZG darf 24 Monate je nahem Angehörigen nicht überschreiten (§ 4 III 3, s. auch § 4 I 4). 3

4. Urlaub. Das PflegeZG enthält seit 1.1.2015 eine **§ 17 I 1 BEEG** entspr. bes. Urlaubsregelung in § 4 IV (zu der früheren GLücke krit. *Berger-Delhey* ZTR 2009, 128, 129). Der AG kann den Erholungsurlaub für jeden vollen Kalendermonat der vollständigen Freistellung von der Arbeitsleistung um ein Zwölftel kürzen (BEEG § 17 Rn. 2 ff.). IÜ gelten die allg. Regeln des BUrlG. Seit der Entsch. des EuGH v. 20.1.2009 in der Sache Schultz-Hoff (NZA 2009, 135) stellt sich die Frage, ob entstandene Urlaubs- oder Urlaubsabgeltungsansprüche verfallen, wenn die Urlaubsansprüche wegen einer PZ nicht bis zum Ende des ges. Übertragungszeitraums für den Vollurlaubsanspruch nach § 7 III 3 BUrlG am 31. 3. des dem Urlaubsjahr folgenden Jahres verwirklicht werden können. Das ist zu verneinen. Die Ansprüche bestehen über das Fristende hinaus bis zu 15 Monate nach dem Ende des Urlaubsjahrs fort (zu dem 15-Monatszeitraum BAG 7.8.2012 NZA 2012, 1216; s. nun aber die Schlussanträge v. GA Tancher in der Sache King – C-214/16 – v. 8.6.2017 BeckRS 2017, 112268). § 7 III und IV BUrlG sind anhand von Art. 7 I und II AZRL 2003/88/EG unionsrechtskonform fortzubilden (Einzelheiten: BUrlG § 1 Rn. 6 ff.). Anders als bei krankheitsbedingter AU tritt bei Ausübung des Rechts auf PZ ein willentl. Akt des Beschäftigten hinzu, weil er nicht selbst pflegebedürftig ist. Die Freiheit seines Entschl. ist durch die Pflegenotwendigkeit jedoch beeinträchtigt. Sein Schutzbedürfnis ist vor dem Hintergrund des nationalen GZwecks, die Pflege und Sterbebegleitung naher Angehöriger in häusl. Umgebung zu ermöglichen (BR-Drs. 718/07 S. 217 und 219), ähnl. stark ausgeprägt wie das eines erkrankten AN (iE ebenso *Grobys/von Steinau-Steinrück* NJW-Spezial 2010, 178; *Linnartz* jurisPR-ArbR 52/2009 Anm. 2 zu D). Der AG kann den Urlaub wegen PZ nach dem Ende des ArbVerh. nicht mehr kürzen. Der Abgeltungsanspruch bleibt als Geldanspruch ungekürzt (BAG 19.5.2015 NJW 2015, 2604; näher BEEG § 17 Rn. 13). 4

§ 5 Kündigungsschutz

(1) Der Arbeitgeber darf das Beschäftigungsverhältnis von der Ankündigung, höchstens jedoch zwölf Wochen vor dem angekündigten Beginn, bis zur Beendigung der kurzzeitigen Arbeitsverhinderung nach § 2 oder der Freistellung nach § 3 nicht kündigen.

(2) [1]In besonderen Fällen kann eine Kündigung von der für den Arbeitsschutz zuständigen obersten Landesbehörde oder der von ihr bestimmten Stelle ausnahmsweise für zulässig erklärt werden. [2]Die Bundesregierung kann hierzu mit Zustimmung des Bundesrates allgemeine Verwaltungsvorschriften erlassen.

1. Voraussetzungen des Sonderkündigungsschutzes. Das nicht an eine Wartezeit gebundene Kündigungsverbot des § 5 I schützt alle Beschäftigten iSv. § 7 I, auch Auszubildende in der Probezeit des § 20 BBiG. In den pers. Geltungsbereich fallen ua. **arbeitnehmerähnl. Personen** (§ 7 Rn. 1), also wirtschaftl. abhängige Selbständige, die sonst weder allg. noch bes. Kündigungsschutz genießen (BAG 20.1.2004 NZA 2004, 1058; 8.5.2007 AP BGB § 611 Arbeitnehmerähnlichkeit Nr. 15; krit. zu dieser Neuheit in der dt. ArbRGeschichte *Freihube/Sasse* DB 2008, 1320, 1322 f.; *Linck* BB 2008, 2738; *Preis/* 1

Nehring NZA 2008, 729, 735 f.; *Preis/Weber* NZA 2008, 82, 83 f.). Eine für best. Heimarbeiter (BRMitglieder, Mitglieder des Wahlvorstands sowie Jugend- und Auszubildendenvertreter) ähnl. Regelung findet sich in § 29a HAG. §§ 9 MuSchG/17 MuSchG nF, 18 BEEG, 2 ArbPlSchG und 85 SGB IX/168 SGB IX nF schützen arbeitnehmerähnl. Personen demggü. nicht (*Böggemann* FA 2008, 357). Auszubildende (§ 7 Rn. 1) genießen nach der Probezeit „doppelten Kündigungsschutz", wenn sie einen der Tatbestände des § 5 I erfüllen (APS/*Rolfs* Rn. 36). Eine ordentl. Kündigung durch den Ausbildenden ist gelöst von § 5 nach § 22 II Nr. 1 BBiG ausgeschlossen (*Linck* BB 2008, 2738). Das Kündigungsverbot des § 5 I ist bei einer Leistungsverweigerung nach § 2 I (§ 2 Rn. 2) – anders als bei der Ankündigung von PZ (§ 3 I 2; näher § 3 Rn. 1) – nicht an eine bestimmte Beschäftigtenzahl gebunden. Eine § 18 II Nr. 2 BEEG vergleichbare Regelung fehlt. Beschäftigte, die, ohne Pflege(-teil)zeit in Anspruch zu nehmen, in TZ tätig sind, fallen deshalb nicht in den pers. Geltungsbereich des Sonderkündigungsschutzes (*Düwell* FA 2008, 108, 110; *Kossens* AuA 2008, 328, 329). Ordentl., außerordentl. und arbeitskampfbedingte Änderungs- oder Beendigungskündigungen sind bei der Leistungsverweigerung nach § 2 I vom Zugang der formfrei mögl. Anzeige nach § 2 II 1 (*Böhm* ArbRB 2011, 320, 321, 322) bis zum Ende der kurzzeitigen Arbeitsverhinderung nichtig (§ 5 I PflegeZG, § 134 BGB). Das Kündigungsverbot des § 5 I gilt auch in der Insolvenz des AG. Bei berechtigter Inanspruchnahme von Pflege(-teil)zeit oder eines anderen Freistellungsrechts aus § 3 wirkt das Kündigungsverbot vom **Zugang der schriftl. Ankündigung** nach § 3 III 1 bis zum Ende der PZ (*Grobys/von Steinau-Steinrück* NJW-Spezial 2010, 178). Es wirkt jedoch höchstens zwölf Wochen vor dem angekündigten Beginn der Freistellung (§ 5 I; zu der Rechtslage vor dem 1.1.2015 *Rose/Dörstling* DB 2008, 2137, 2138). Zusammengefasst setzt der Sonderkündigungsschutz aus § 5 für das Recht auf PZ nach § 3 I 1 voraus, dass der das Recht Ausübende Beschäftigter iSv. § 7 I ist, die Beschäftigtenzahl des AG den Schwellenwert des § 3 I 2 von 15 Beschäftigten überschreitet, einer der nahen Angehörigen des Beschäftigten (§ 7 III) pflegebedürftig iSv. § 7 IV ist, der Beschäftigte ernsthaft beabsichtigt, den nahen Angehörigen in häusl. Umgebung zu pflegen (§ 3 I 1), und die schriftl. Ankündigung der PZ dem AG zugeht (§ 3 III 1). Das Leistungsverweigerungsrecht aus § 2 I hängt im Unterschied dazu nicht davon ab, dass der AG einen Schwellenwert überschreitet. Für das Recht aus § 2 I genügt der Zugang einer formlosen Anzeige der Arbeitsverhinderung (§ 2 Rn. 3). Beide Rechte sind nicht an eine Wartezeit gebunden (KR/*Treber* §§ 1 bis 8 PflegeZG Rn. 15; krit. dazu *Linck* BB 2008, 2738, 2742 f., der ua. in Betracht zieht, die PZ nicht auf die Wartezeit des § 1 I KSchG anzurechnen oder diese um die Dauer der PZ und der Ankündigungsfrist zu verlängern). Der AG kann dem kündigungsschutzrechtl. Risiko, das bei AN mit der fehlenden Wartezeit verbunden ist, mit dem Abschluss befristeter Arbeitsverträge für die Dauer der Probe- und/oder Wartezeit begegnen (*Waldenmaier/Langenhan-Komus* RdA 2008, 312, 313).

2 **2. Zeitl. und inhaltl. Grenzen des Sonderkündigungsschutzes.** Der Sonderkündigungsschutz wirkt schon vor Beginn der PZ mit dem Zugang der schriftl. Ankündigung nach § 3 III 1. Das Kündigungsverbot besteht nur, wenn im Zpkt. des Zugangs der Kündigung alle **Voraussetzungen** für die PZ erfüllt sind (zu § 18 BEEG BAG 12.5.2011 NZA 2012, 208; 10.5.2016 NZA 2016, 1137; zu den Voraussetzungen der PZ BAG 15.11.2011 NZA 2012, 323). Das Kündigungsverbot wirkt höchstens zwölf Wochen vor dem angekündigten Beginn der Freistellung (§ 5 I; zu der Rechtslage vor dem 1.1.2015 § 5 Rn. 2 der 15. Aufl. mwN; LAG TH 2.10.2014 – 6 Sa 345/13). Dem bes. Kündigungsschutz aus § 5 kann auch heute noch im Einzelfall der Einwand des **Rechtsmissbrauchs** entgegenstehen (*Waldenmaier/Langenhan-Komus* RdA 2008, 312, 313 f.; **aA** *Rose/Dörstling* DB 2008, 2137, 2140: einschränkende Anwendung; zu den Strategien, dem Missbrauchspotenzial entgegenzuwirken: *Novara* DB 2010, 503 ff., der auf S. 505 ff. nicht nur Rechtsmissbrauch, sondern auch die Verwirkung des Sonderkündigungsschutzes bei Verstößen gegen die Nachweispflicht des § 3 II diskutiert: regelm. Verwirkung bei unterbliebenem Nachw. binnen zwei Monaten nach Ankündigung, ausnahmsweise keine Verwirkung bei fehlendem Verschulden des Beschäftigten an der Versäumung). Wegen des nötigen Akutereignisses tritt im Fall des § 2 I regelm. kein Rechtsmissbrauchsproblem iSv. § 242 BGB auf (*Novara* DB 2010, 503; **aA** *Rose/Dörstling* DB 2008, 2137, 2139). Anderes gilt für die Pflege(-teil)zeit (näher *Fröhlich* ArbRB 2008, 84, 86; *Preis/Nehring* NZA 2008, 729, 735; *Schwerdle* ZTR 2007, 655, 661). Rechtsmissbrauch ist nur anzunehmen, wenn für ihn obj. Anhaltspunkte bestehen. Für Rechtsmissbrauch spricht indiziell die zeitl. Nähe der Ankündigung der PZ zu einer zuvor in Aussicht gestellten Kündigung. Bei einer anstehenden betriebsbedingten Kündigung bspw. liegt es nahe, dass der Beschäftigte den Pflegebedarf vorschiebt, um mithilfe des bes. Kündigungsschutzes von der Sozialauswahl ausgenommen zu werden (*Rose/Dörstling* DB 2008, 2137: „Flucht in die Pflege"). Anzeichen für Rechtsmissbrauch gibt es dagegen nur im Ausnahmefall, wenn der Beschäftigte die Pflege bei wechselnder Betreuung durch mehrere Personen zu einem bestimmten Zpkt. in der Zukunft übernehmen will, die häusl. Pflege erst nach einer längeren stationären Heilbehandlung erfolgen kann oder zunächst Umbauten nötig sind, um eine häusl. Pflege zu ermöglichen. Der AG muss in solchen Fällen substantiiert vortragen und ggf. beweisen, weshalb die in der Zukunft liegenden Gründe lediglich vorgeschoben sein sollen, um den bes. Kündigungsschutz des § 5 zu erlangen (*Böggemann* FA 2008, 357, 358). Die Würdigung der für und gegen Rechtsmissbrauch sprechenden Anhaltspunkte ist vorrangig Aufgabe der Tatsachengerichte.

Ihnen kommt ein Beurteilungsspielraum zu, der nur beschränkt revisibel ist (zu denkbaren Rechtsmissbrauchskonstellationen *Böggemann* FA 2008, 357, 358 f.). Der AN ist unabhängig von seinem Recht auf PZ nach § 275 III BGB berechtigt, seine Arbeitsleistung zu verweigern, wenn die Betreuung des nahen Angehörigen nicht anders sichergestellt werden kann. Mit der Ausübung dieses Leistungsverweigerungsrechts ist jedoch kein Sonderkündigungsschutz nach § 5 verbunden (*Müller* BB 2010, 705, 707). Der bes. Kündigungsschutz des § 5 wirkt nicht nach. Er endet mit dem Ende der kurzzeitigen Arbeitsverhinderung (§ 2 I) oder der Pflege(-teil)zeit nach §§ 3, 4 (APS/*Rolfs* Rn. 28; *Rose/Dörstling* DB 2008, 2137, 2140; KR/*Treber* §§ 1 bis 8 PflegeZG Rn. 65). Der AG darf das BeschVerh aber nicht aus Anlass der Wahrnehmung der Rechte aus § 2 I und § 3 I 1 nach dem Ende der Arbeitsverhinderung oder der PZ kündigen, § 612a BGB (*Nielebock* AiB 2008, 363, 364).

3. Auswirkungen des Sonderkündigungsschutzes auf Dritte. Besteht bes. Kündigungsschutz nach 3
§ 5, ist der beschäftigte AN in der für eine betriebsbedingte Kündigung zu treffenden Sozialauswahl nach § 1 III KSchG **nicht vergleichbar mit ordentl. kündbaren AN** (vgl. BAG 21.4.2005 NZA 2005, 1307; iE *Rose/Dörstling* DB 2008, 2137, 2141). Das gilt selbst dann, wenn der Sonderkündigungsschutz des AN in PZ im Zpkt. der beabsichtigten Kündigung des ArbVerh. des ordentl. kündbaren AN voraussichtl. bald enden wird und das ArbVerh. des bes. geschützten AN aufgrund einer kurzen Kündigungsfrist zu demselben Termin beendet werden könnte (BAG 21.4.2005 NZA 2005, 1307). Der AG ist aus Gründen der Rechtssicherheit nicht gezwungen, den Ausspruch der Kündigung zu verschieben. Im früheren Zpkt. des Zugangs der Kündigung des ArbVerh. des ordentl. kündbaren AN kann allenfalls der Wegfall des Sonderkündigungsschutzes vorausgesehen werden. Die rechtl. Wirksamkeit der Kündigung in ihrer Gesamtheit ist nicht zu prognostizieren. Unwägbar ist zB, wie der auswahlrelevante Personenkreis in dem späteren Zpkt. des Wegfalls des bes. Kündigungsschutzes zu bestimmen sein wird und ob andere vergleichbare AN zu diesem Zpkt. unter ein Verbot der ordentl. Kündigung fallen werden (BAG 21.4.2005 NZA 2005, 1307).

4. Befreiung vom Kündigungsverbot. Das Kündigungsverbot des § 5 I unterliegt einem **Erlaubnisvorbehalt.** 4
Die für den Arbeitsschutz zust. oberste Landesbehörde oder die von ihr bestimmte Stelle kann eine Kündigung in bes. Fällen ausnahmsweise für zulässig erklären, § 5 I 1 (zu den zust. Behörden BEEG § 18 Rn. 15). Die GBegr. nennt als bes. Fall beispielhaft eine beabsichtigte Betriebsstilllegung (BR-Drs. 718/07 S. 224; BEEG § 18 Rn. 11 ff.). Eine Verwaltungsvorschr. hierzu gibt es im Unterschied zu § 18 I 4 BEEG (noch) nicht (BEEG § 18 Rn. 11). Geht der AG davon aus, dass die Voraussetzungen des bes. Kündigungsschutzes nicht erfüllt sind, kann er bei der zust. Behörde ein sog. Negativattest einholen, dh. die Feststellung, dass die Kündigung nicht für zulässig erklärt werden muss. Er kann diesen Antrag vorsorgl. mit dem Antrag verbinden, die Kündigung für zulässig zu erklären (Antragsformulierungen bei *Novara* DB 2010, 503, 505). Nach Bekanntgabe eines solchen noch nicht bestandskräftigen privatrechtsgestaltenden VA mit Doppelwirkung darf der AG kündigen (zu § 9 MuSchG [§ 17 MuSchG nF] BAG 25.3.2004 AP MuSchG 1968 § 9 Nr. 36; zu dem Problem „doppelten" Sonderkündigungsschutzes 24.11.2011 NZA 2012, 610; verfassungsrechtl. gebilligt v. BVerfG 28.6.2014 – 1 BvR 1157/12 –; BEEG § 18 Rn. 11 und 14). Stellt sich später heraus, dass der Bescheid rechtswidrig ist, kann der Beschäftigte Restitutionsklage nach § 580 Nr. 6 ZPO erheben (zu § 9 MuSchG [§ 17 MuSchG nF] BAG 17.6.2003 NZA 2003, 1329). Mängel der Zulässigkeitserkl. können nur im Widerspruchsverf. geltend gemacht werden (zu § 18 BErzGG BAG 20.1.2005 NZA 2005, 687). Anderes gilt bei einer nichtigen Zulässigkeitserkl. Auf ihrer Grdl. darf keine Kündigung erklärt werden (BAG 20.1.2005 NZA 2005, 687). In der Zulässigkcitserkl. der außerordentl. Kündigung ist keine konkludente Zulässigkeitserkl. der ordentl. Kündigung enthalten. Die Entsch. kann auch nicht entspr. umgedeutet werden (zu § 85 SGB IX [§ 168 SGB IX nF] BAG 7.7.2011 NZA 2011, 1412). Das Recht, sich auf das Fehlen der Zulässigkeitserkl. zu berufen, kann verwirken. Dem AG kann es unzumutbar sein, sich auf die nach mehrjähriger Prozessdauer in der letzten mdl. Verh. erhobene Rüge eines Mangels der Zulässigkeitserkl. einzulassen (BAG 25.3.2004 AP MuSchG 1968 § 9 Nr. 36). Fehlen die Zulässigkeitserkl. oder das Negativattest vor Zugang der Kündigung und kennt der AG die Umstände, die den Sonderkündigungsschutz begründen, gilt **§ 4 S. 4 KSchG** (zu §§ 85 SGB IX und 9 I MuSchG in den bisherigen Fassungen [§§ 168 SGB IX nF, 17 MuSchG nF] BAG 13.2.2008 NZA 2008, 1055; 19.2.2009 NZA 2009, 980; für § 17 S. 1 TzBfG analog zu § 4 S. 4 KSchG BAG 9.2.2011 NZA 2011, 854; APS/*Rolfs* Rn. 33).

§ 6 Befristete Verträge

(1) [1]**Wenn zur Vertretung einer Beschäftigten oder eines Beschäftigten für die Dauer der kurzzeitigen Arbeitsverhinderung nach § 2 oder der Freistellung nach § 3 eine Arbeitnehmerin oder ein Arbeitnehmer eingestellt wird, liegt hierin ein sachlicher Grund für die Befristung des Arbeitsverhältnisses.** [2]**Über die Dauer der Vertretung nach Satz 1 hinaus ist die Befristung für notwendige Zeiten einer Einarbeitung zulässig.**

(2) **Die Dauer der Befristung des Arbeitsvertrages muss kalendermäßig bestimmt oder bestimmbar sein oder den in Absatz 1 genannten Zwecken zu entnehmen sein.**

(3) [1]Der Arbeitgeber kann den befristeten Arbeitsvertrag unter Einhaltung einer Frist von zwei Wochen kündigen, wenn die Freistellung nach § 4 Abs. 2 Satz 1 vorzeitig endet. [2]Das Kündigungsschutzgesetz ist in diesen Fällen nicht anzuwenden. [3]Satz 1 gilt nicht, soweit seine Anwendung vertraglich ausgeschlossen ist.

(4) [1]Wird im Rahmen arbeitsrechtlicher Gesetze oder Verordnungen auf die Zahl der beschäftigten Arbeitnehmerinnen und Arbeitnehmer abgestellt, sind bei der Ermittlung dieser Zahl Arbeitnehmerinnen und Arbeitnehmer, die nach § 2 kurzzeitig an der Arbeitsleistung verhindert oder nach § 3 freigestellt sind, nicht mitzuzählen, solange für sie auf Grund von Absatz 1 eine Vertreterin oder ein Vertreter eingestellt ist. [2]Dies gilt nicht, wenn die Vertreterin oder der Vertreter nicht mitzuzählen ist. [3]Die Sätze 1 und 2 gelten entsprechend, wenn im Rahmen arbeitsrechtlicher Gesetze oder Verordnungen auf die Zahl der Arbeitsplätze abgestellt wird.

1 **1. Besonderer Befristungsgrund.** § 6 I 1 gibt dem AG einen bes. Befristungsgrund, der zT § 21 BEEG nachgebildet ist (vgl. die dortigen Erl. und *Willikonsky* FS Etzel 2011 S. 467 ff.). Die Befristung eines Arbeitsvertrags (§ 6 II) ist sachl. gerechtfertigt, wenn ein AN zur **Vertretung** eines Beschäftigten für die Dauer der kurzzeitigen Arbeitsverhinderung nach § 2 oder der PZ nach § 3 eingestellt wird. Es kommt für die Wirksamkeit der Befristung nicht darauf an, ob der vertretene Beschäftigte zu Recht freigestellt wurde (im EZRecht BEEG § 21 Rn. 7). Der Sachgrund erlaubt Zeit- und Zweckbefristungen (§ 6 II) zur unmittelbaren oder mittelbaren Vertretung (näher BEEG § 21 Rn. 6). Im Fall der Zweckbefristung gilt § 15 II TzBfG. Die auflösende Bedingung unterfällt § 6 I 1, II nicht. Sie kann jedoch auf §§ 21, 14 I TzBfG gestützt werden (BEEG § 21 Rn. 5). Die Befristungsregelung des § 6 I 1 dürfte § 14 I 2 Nr. 3 TzBfG konkretisieren (zu § 21 I BEEG BAG 29.4.2015 NZA 2015, 928; BEEG § 21 Rn. 2; KR/*Treber* §§ 1 bis 8 PflegeZG Rn. 71; aA *Müller* BB 2008, 1058, 1064). § 6 I 1 ist insofern weiter als § 14 I 2 Nr. 3 TzBfG, als § 6 I 1 nicht nur die Vertretung von AN, sondern von allen Beschäftigten iSv. § 7 I – zB von arbeitnehmerähnl. Personen – zulässt (KR/*Treber* §§ 1 bis 8 PflegeZG Rn. 71; eine gesetzgeberische Notwendigkeit für den bes. Befristungsgrund dagegen verneinend *Freihube/Sasse* DB 2008, 1320, 1323; *Preis/Weber* NZA 2008, 82, 84 f.). Die übrigen allg. Befristungsregeln – insb. das Schriftformerfordernis des § 14 IV TzBfG und die Klagefrist des § 17 S. 1 TzBfG – sind in ArbVerh. zu beachten (*Müller* BB 2008, 1058, 1064). § 6 enthält kein Zitiergebot. Die Befristungsdauer kann die Dauer der kurzzeitigen Arbeitsverhinderung oder der PZ überschreiten, wenn eine Einarbeitung notwendig ist (§ 6 I 2; § 21 II BEEG). Die notwendige Einarbeitungsdauer hängt von der zu besetzenden Stelle und den Vorkenntnissen der Vertretungskraft ab. § 6 I 2 selbst nennt keine Höchstdauer. Die Einarbeitung darf bei kurzzeitiger Arbeitsverhinderung aber nicht deren zehntägige Höchstdauer (§ 2 I) oder im Fall der PZ ihre sechsmonatige Höchstdauer (§ 4 I 1) überschreiten. Sonst käme es zu einem Missverhältnis von Vertretungsbedarf und Einarbeitungsdauer. Allerdings bedarf es bei dem Befristungsgrund des § 6 I 1 wie bei § 14 I 2 Nr. 3 TzBfG nur der Prognose des künftigen Wegfalls des Vertretungsbedarfs. Die Dauer der Befristung braucht nicht prognostiziert zu werden (BEEG § 21 Rn. 8).

2 **2. Sonderkündigungsrecht des Arbeitgebers.** § 6 III 1 verleiht dem AG ein dispositives (§ 6 III 3) außerordentl. Kündigungsrecht, wenn die PZ des Vertretenen nach § 4 II 1 vorzeitig endet. Das Sonderkündigungsrecht soll eine Belastung des AG mit doppelter Vergütung vermeiden (BR-Drs. 718/07 S. 224). Wird es ausgeübt, gilt für die Kündigung abw. von § 622 BGB eine Kündigungsfrist von **zwei Wochen.** Sie berechnet sich nach § 187 I, § 188 II Alt. 1 BGB. Geht die Kündigung dem AN bspw. am 10.10.2017 zu, endet die Kündigungsfrist am 24.10.2017, 24:00 Uhr. Nach § 6 III 2 ist das KSchG auf die Kündigung des ArbVerh. der Vertretungskraft nicht anzuwenden. Die Norm entspricht § 21 V BEEG. Ausgeschlossen ist nicht nur die Überprüfung der sozialen Rechtfertigung nach § 1 KSchG, sondern auch die Geltung der Klagefrist des § 4 S. 1 KSchG. Andere Unwirksamkeitsgründe wie zB § 102 BetrVG sind zu untersuchen (BEEG § 21 Rn. 9). Das Sonderkündigungsrecht besteht nicht, wenn die PZ vorzeitig endet, weil der AG der vorzeitigen Beendigung zustimmt (§ 4 II 3).

3 **3. Keine Doppelzählung.** Die Einstellung einer Vertretungskraft iSv. § 6 I soll nach § 6 IV nicht dazu führen, dass der AG **Schwellenwerte** für die beschäftigten AN (§ 6 IV 1) oder die Zahl der Arbeitsplätze (§ 6 IV 3) in anderen arbeitsrechtl. G oder VO überschreitet, insb. nach § 23 I 2 bis 4 KSchG in den allg. Kündigungsschutz „hineinwächst" (*Düwell* FA 2008, 108, 110; *Müller* BB 2008, 1058, 1064). Eine Doppelzählung soll vermieden werden (BR-Drs. 718/07 S. 225). Zu ihr kommt es nicht, wenn der Vertreter seinerseits nicht mitzuzählen ist (§ 6 IV 2). § 6 IV entspricht § 21 VII BEEG (BEEG § 21 Rn. 11).

§ 7 Begriffsbestimmungen

(1) Beschäftigte im Sinne dieses Gesetzes sind

1. Arbeitnehmerinnen und Arbeitnehmer,

2. die zu ihrer Berufsbildung Beschäftigten,

3. Personen, die wegen ihrer wirtschaftlichen Unselbständigkeit als arbeitnehmerähnliche Personen anzusehen sind; zu diesen gehören auch die in Heimarbeit Beschäftigten und die ihnen Gleichgestellten.

(2) [1]Arbeitgeber im Sinne dieses Gesetzes sind natürliche und juristische Personen sowie rechtsfähige Personengesellschaften, die Personen nach Absatz 1 beschäftigen. [2]Für die arbeitnehmerähnlichen Personen, insbesondere für die in Heimarbeit Beschäftigten und die ihnen Gleichgestellten, tritt an die Stelle des Arbeitgebers der Auftraggeber oder Zwischenmeister.

(3) Nahe Angehörige im Sinne dieses Gesetzes sind

1. Großeltern, Eltern, Schwiegereltern, Stiefeltern,

2. Ehegatten, Lebenspartner, Partner einer eheähnlichen oder lebenspartnerschaftsähnlichen Gemeinschaft, Geschwister, Ehegatten der Geschwister und Geschwister der Ehegatten, Lebenspartner der Geschwister und Geschwister der Lebenspartner,

3. Kinder, Adoptiv- oder Pflegekinder, die Kinder, Adoptiv- oder Pflegekinder des Ehegatten oder Lebenspartners, Schwiegerkinder und Enkelkinder.

(4) [1]Pflegebedürftig im Sinne dieses Gesetzes sind Personen, die die Voraussetzungen nach den §§ 14 und 15 des Elften Buches Sozialgesetzbuch erfüllen. [2]Pflegebedürftig im Sinne von § 2 sind auch Personen, die die Voraussetzungen nach den §§ 14 und 15 des Elften Buches Sozialgesetzbuch voraussichtlich erfüllen.

1. Beschäftigte. Die Legaldefinitionen des § 7 sind abschl. (*Joussen* NZA 2009, 69, 72). Beschäftigte 1 iSd. PflegeZG sind AN, die zu ihrer Berufsbildung Beschäftigten, arbeitnehmerähnl. Personen einschl. der in Heimarbeit Beschäftigten und der ihnen Gleichgestellten (§ 1 HAG; zu den Pflegerechten im Ausland Beschäftigter *Hilgenfeld/Krogull* AuA Sonderausgabe 2009, 44 ff.; zu PZ und BlockATZ *Langer/Straßenburg* AuA 2009, 92, 93 ff.; LAG D 8.1.2009 ZTR 2009, 261 zieht das Leistungsverweigerungsrecht des § 2 I bei akutem Pflegebedarf als Arg. für zu Recht abgelehnte BlockATZ heran). Beamte fallen nicht in den pers. Anwendungsbereich des G. Der ANBegriff entspricht der allg. individualarbeitsrechtl. Begriffsbestimmung und setzt pers. Abhängigkeit voraus (näher BGB § 611a Rn. 8 ff.). AN sind deshalb pers. abhängige Vollzeit- und TZBeschäftigte, auch wenn sie ltd. Ang. sind (*Linck* BB 2008, 2738). Zu den zu ihrer Berufsbildung Beschäftigten gehören nicht nur die Auszubildenden iSv. § 1 III, § 10 I BBiG, sondern auch die zur Berufsausbildungsvorbereitung, zur berufl. Fortbildung und zur berufl. Umschulung Beschäftigten (§ 1 I, II, IV und V BBiG) sowie die in sog. anderen Vertragsverhältnissen nach § 26 BBiG Beschäftigten. Beschäftigte iSd. PflegeZG sind ferner Personen, die **nicht pers. abhängig**, wegen ihrer wirtschaftl. Unselbständigkeit aber als arbeitnehmerähnl. Personen anzusehen sind (§ 5 Rn. 1; krit. zu der Einbeziehung dieser Personengruppe *Linck* BB 2008, 2738). Nach § 12a I Nr. 1 lit. a) TVG gelten die Vorschr. des TVG entspr. für Personen, die wirtschaftl. abhängig und vergleichbar einem AN sozial schutzbedürftig sind (arbeitnehmerähnl. Personen), wenn sie aufgrund von Dienst- oder Werkverträgen für andere Personen tätig sind, die geschuldeten Leistungen pers. und im Wesentlichen ohne Mitarbeit von AN erbringen und überw. für eine Person tätig sind. Mithilfe des Merkmals der sozialen Schutzbedürftigkeit in § 12a I Nr. 1 lit. a) TVG wird versucht, die Weite des Beschäftigtenbegriffs in § 7 I einzuengen (*Müller* BB 2008, 1058). Herangezogen wird die GBegr., wonach arbeitnehmerähnl. Personen wegen ihrer wirtschaftl. Abhängigkeit sozial ebenso schutzbedürftig sind wie AN (BR-Drs. 718/07 S. 225; BAG 30.8.2000 NZA 2000, 1359; 17.1.2006 EzA BUrlG § 2 Nr. 6). *Preis/Nehring* (NZA 2008, 729, 732; dies. auch zu § 11 HAG) machen dagegen zu Recht darauf aufmerksam, dass der Wortlaut des § 7 I Nr. 3 Hs. 1 kein solches einschränkendes Merkmal enthält. Er stellt nur auf wirtschaftl. Abhängigkeit und nicht auch auf soziale Schutzbedürftigkeit ab (**aA** *Linck* BB 2008, 2738).

2. Arbeitgeber, nahe Angehörige und Pflegebedürftigkeit. Der in § 7 II definierte Begriff des AG, 2 also nicht des Betriebs, bestimmt den für die PZ des § 3 I 1 maßgebl. **Schwellenwert** des § 3 I 2 von idR über 15 Beschäftigten. Das Leistungsverweigerungsrecht aus § 2 I ist nicht an einen Schwellenwert gebunden. Der Begriff des **nahen Angehörigen** nach § 7 III ist durch die am 1.1.2015 und 1.1.2016 in Kraft getretenen Neufassungen des G erweitert worden. Er erfasst nun über die bisherigen Personengruppen hinaus auch Stiefeltern, Partner einer lebenspartnerschaftsähnl. Gemeinschaft, Ehegatten der Geschwister und Geschwister der Ehegatten, Lebenspartner der Geschwister und Geschwister der Lebenspartner. Er erfasst trotz seiner Weite nicht Onkel und Tanten, Nichten und Neffen (§ 7 III Nr. 2; krit. *Karb* öAT 2016, 248) sowie Kinder-, Adoptiv- oder Pflegekinder des Partners einer ehe- oder lebenspartnerschaftsähnl. Gemeinschaft (§ 7 III Nr. 3; ebenso *Joussen* NZA 2009, 69, 72, der verfassungsrechtl. Bedenken äußert, eine verfassungskonforme Auslegung wegen des ersichtl. abschl. Charakters der Aufzählung jedoch für nicht mögl. hält; Analogiefähigkeit verneinend, aber krit. *Liebscher* ArbR 2011, 189; wie hier *Linck* BB 2008, 2738, 2739; *Rose/Dörstling* DB 2008, 2137, 2139; *Grobys/von Steinau-Steinrück* NJW-Spezial 2010, 178; KR/*Treber* §§ 1 bis 8 PflegeZG Rn. 25; ähnl. *Berger-Delhey* ZTR 2009, 128). **Pflegebedürftig** sind Personen, die wegen einer körperl., geistigen oder seelischen Krankheit oder Behinderung für die gewöhnl. und regelm. wiederkehrenden Verrichtungen im Ablauf des tägl. Lebens auf Dauer, voraussichtl. für mind. sechs Monate, in erhebl. oder höherem Maß die Voraussetzungen eines der fünf Pflegegrade der §§ 14 f. SGB XI erfüllen (§ 7 IV 1). Für das Leistungsverweigerungsrecht des § 2 I genügt die voraussichtl. Erfüllung der Voraussetzungen der §§ 14 f. SGB XI (dazu und zu der Reform des Pflegebedürftigkeitsbegriffs § 2 Rn. 2).

§ 8 Unabdingbarkeit

Von den Vorschriften dieses Gesetzes kann nicht zuungunsten der Beschäftigten abgewichen werden.

1 Die Normen des PflegeZG sind zugunsten des Beschäftigten einseitig zwgd. Sie können zu seinen Lasten weder durch Kollektivrecht (TV, BV oder Dienstvereinb.) noch durch Arbeitsvertrag abbedungen werden.

535. Verordnung (EG) Nr. 593/2008 des Europäischen Parlaments und des Rates vom 17. Juni 2008 über das auf vertragliche Schuldverhältnisse anzuwendende Recht („Rom I")

(ABl. Nr. L 177 S. 6, ber. ABl. Nr. L 309 S. 87)

– Auszug –

Art. 3 Freie Rechtswahl

(1) [1]Der Vertrag unterliegt dem von den Parteien gewählten Recht. [2]Die Rechtswahl muss ausdrücklich erfolgen oder sich eindeutig aus den Bestimmungen des Vertrags oder aus den Umständen des Falles ergeben. [3]Die Parteien können die Rechtswahl für ihren ganzen Vertrag oder nur für einen Teil desselben treffen.

(2) [1]Die Parteien können jederzeit vereinbaren, dass der Vertrag nach einem anderen Recht zu beurteilen ist als dem, das zuvor entweder aufgrund einer früheren Rechtswahl nach diesem Artikel oder aufgrund anderer Vorschriften dieser Verordnung für ihn maßgebend war. [2]Die Formgültigkeit des Vertrags im Sinne des Artikels 11 und Rechte Dritter werden durch eine nach Vertragsschluss erfolgende Änderung der Bestimmung des anzuwendenden Rechts nicht berührt.

(3) Sind alle anderen Elemente des Sachverhalts zum Zeitpunkt der Rechtswahl in einem anderen als demjenigen Staat belegen, dessen Recht gewählt wurde, so berührt die Rechtswahl der Parteien nicht die Anwendung derjenigen Bestimmungen des Rechts dieses anderen Staates, von denen nicht durch Vereinbarung abgewichen werden kann.

(4) Sind alle anderen Elemente des Sachverhalts zum Zeitpunkt der Rechtswahl in einem oder mehreren Mitgliedstaaten belegen, so berührt die Wahl des Rechts eines Drittstaats durch die Parteien nicht die Anwendung der Bestimmungen des Gemeinschaftsrechts – gegebenenfalls in der von dem Mitgliedstaat des angerufenen Gerichts umgesetzten Form –, von denen nicht durch Vereinbarung abgewichen werden kann.

(5) Auf das Zustandekommen und die Wirksamkeit der Einigung der Parteien über das anzuwendende Recht finden die Artikel 10, 11 und 13 Anwendung.

Art. 8 Individualarbeitsverträge

(1) [1]Individualarbeitsverträge unterliegen dem von den Parteien nach Artikel 3 gewählten Recht. [2]Die Rechtswahl der Parteien darf jedoch nicht dazu führen, dass dem Arbeitnehmer der Schutz entzogen wird, der ihm durch Bestimmungen gewährt wird, von denen nach dem Recht, das nach den Absätzen 2, 3 und 4 des vorliegenden Artikels mangels einer Rechtswahl anzuwenden wäre, nicht durch Vereinbarung abgewichen werden darf.

(2) [1]Soweit das auf den Arbeitsvertrag anzuwendende Recht nicht durch Rechtswahl bestimmt ist, unterliegt der Arbeitsvertrag dem Recht des Staates, in dem oder andernfalls von dem aus der Arbeitnehmer in Erfüllung des Vertrags gewöhnlich seine Arbeit verrichtet. [2]Der Staat, in dem die Arbeit gewöhnlich verrichtet wird, wechselt nicht, wenn der Arbeitnehmer seine Arbeit vorübergehend in einem anderen Staat verrichtet.

(3) Kann das anzuwendende Recht nicht nach Absatz 2 bestimmt werden, so unterliegt der Vertrag dem Recht des Staates, in dem sich die Niederlassung befindet, die den Arbeitnehmer eingestellt hat.

(4) Ergibt sich aus der Gesamtheit der Umstände, dass der Vertrag eine engere Verbindung zu einem anderen als dem in Absatz 2 oder 3 bezeichneten Staat aufweist, ist das Recht dieses anderen Staates anzuwenden.

Art. 9 Eingriffsnormen

(1) Eine Eingriffsnorm ist eine zwingende Vorschrift, deren Einhaltung von einem Staat als so entscheidend für die Wahrung seines öffentlichen Interesses, insbesondere seiner politischen, sozialen oder wirtschaftlichen Organisation, angesehen wird, dass sie ungeachtet des nach Maßgabe dieser Verordnung auf den Vertrag anzuwendenden Rechts auf alle Sachverhalte anzuwenden ist, die in ihren Anwendungsbereich fallen.

(2) Diese Verordnung berührt nicht die Anwendung der Eingriffsnormen des Rechts des angerufenen Gerichts.

(3) [1]Den Eingriffsnormen des Staates, in dem die durch den Vertrag begründeten Verpflichtungen erfüllt werden sollen oder erfüllt worden sind, kann Wirkung verliehen werden, soweit diese Eingriffsnormen die Erfüllung des Vertrags unrechtmäßig werden lassen. [2]Bei der Entscheidung, ob diesen Eingriffsnormen Wirkung zu verleihen ist, werden Art und Zweck dieser Normen sowie die Folgen berücksichtigt, die sich aus ihrer Anwendung oder Nichtanwendung ergeben würden.

1 **1. Internationales Privatrecht.** Mit der Globalisierung der Wirtschaft erhält das ArbVerh. entsandter AN Berührung zu mind. zwei Rechtsordnungen (Entsende- und Empfangsstaat); im Konfliktfall ist zu entscheiden, welcher Rechtsordnung die Vertragsbeziehungen unterliegen, dh. welche Wirksamkeitsvoraussetzungen für Begr., Änd. oder Beendigung des ArbVerh. beachtet werden müssen. Einschlägig kann hierfür zwischenstaatl. Recht (Arbeitsvölkerrecht) sein (Übk. und Empfehlungen der ILO, Europ. Sozialcharta usw., vgl. MüArbR/*Oetker* §§ 10, 11; *Birk* ZIAS 2007, 91, 94; *Krebber* JZ 2008, 53 ff.) oder das primäre und sekundäre Recht der EU (Europ. ArbR). Fehlt es jedoch an solchen, auch materiell „internationalen" Normen, muss eine nationale Rechtsordnung zur Regelung der grenzüberschreitenden Vertragsbeziehung zust. sein; welche das ist, bzw. welche Teilgebiete welcher Rechtsordnung im konkreten Falle angewendet werden müssen, bestimmt sich nach den Vorschr. des IPR des Gerichtsstaates, für Verträge, die seit dem 17.12.2009 „geschlossen" wurden, nach der Rom I-VO (BAG 19.3.2014 NZA 2014, 1076; *Magnus* IPRax 2010, 27). Der Zpkt des Vertragsschlusses (Art. 28 Rom I) wird autonom unionsrechtl. bestimmt, nicht nach den Kriterien des nationalen Rechts (EuGH 18.10.2016 NZA 2016, 1389; *Schlachter* ZVglRWiss 2016, 610, 611). Danach ist der Vertrag geschlossen, sobald die Parteien ihre Einigung manifestiert haben; Vertragsänderungen zählen im Regelfall nicht zur Geltung der Rom I-VO; anderes gilt nur, wenn die Veränderung so nachhaltig ist, dass sie einem Neuabschluss gleichkommt (*Duden* EuZW 2016, 943).

2 Tw. ist die **int. Zust.** dt. Gerichte durch höherrangiges Recht geregelt, seit dem 1.1.2015: Art. 20 bis 23 VO (EU) 1215/2012, die im Verhältnis zu allen Mitgliedstaaten der EU anwendbar ist (auf vorher anhängig gewordene Klagen ist VO (EG) 44/2001 anwendbar, BAG 22.10.2015 NZA 2016, 473). Im Verhältnis zu Norwegen, Island, Schweiz gilt weiterhin das Luganer Übk. v. 1988 (vgl. BAG 20.8.2003 NZA 2004, 58;18.12.2016 NZA 2017, 502; *Mankowski* IPRax 2003, 21; *Däubler* NZA 2003, 1297 ff.). Die VO (EU) 1215/2012 sieht vor, dass die int. Zust. der Gerichte bei Ansprüchen aus Arbeitsverträgen (kollektivarbeitsrechtl. Streitigkeiten fallen nicht unter Art. 20 ff. VO (EU) 1215/2012, *Mankowski* IPRax 2011, 93, 94; **aA** *Boemke* DB 2012, 802, 804) sich bei Klagen des AN vorrangig nach dem gewöhnl. Arbeitsort des AN oder der Niederlassung des AG richtet, Art. 20, 21 VO (EU) 1215/2012 (EuGH 22.5.2008 NZA 2008, 724; BAG 27.1.2011 NZA 2011, 1309; 25.6.2013 NZA-RR 2014, 46). Der gewöhnl. Arbeitsort v. AN, die in mehreren Mitgliedstaaten tätig sind, liegt dort, wo oder v. wo aus der AN den wesentl. Teil seiner Vertragspflichten erfüllt (BAG 20.12.2012 NZA 2013, 925). Bei jur. Personen ist der „Wohnsitz" durch den satzungsgem. Sitz, die HauptVerw. oder die Hauptniederlassung bestimmt, Art. 63 I VO (EU) 1215/2012 (BAG 24.9.2009 NZA-RR 2010, 604). Hat der AG keinen Wohnsitz in einem Mitgliedstaat der EU, wohl aber eine Zweigniederlassung, Agentur usw. wird er für Streitigkeiten aus diesen Betrieben (EuGH 19.7.2012 NZA 2012, 935; BAG 13.11.2007 NZA 2008, 761) so behandelt, als läge dort auch der „Wohnsitz", Art. 20 II VO (EU) 1215/2012 (vgl. LAG D 17.3.2008 BeckRS 2008, 55434). Bei Klagen des AG richtet sich die Zust. ausschl. nach dem Wohnsitz des AN, Art. 22 VO (EU) 1215/2012 (LAG SH 26.9.2007 BeckRS 2007, 48739) oder dem gewöhnl. Arbeitsort (BAG 20.12.2012 NZA 2013, 925; 24.9.2015 NZA 2016, 102). Maßgebl. ist nicht der Wohnsitz bei Vertragsschluss, sondern der bei Klageerhebung bestehende. Eine abw. Gerichtsstandsvereinb. ist unwirksam, falls sie nicht nach Entstehen der Streitigkeit abgeschlossen wurde oder einen zusätzlichen Gerichtsstand eröffnet (EuGH 19.7.2012 NZA 2012, 935; BAG 10.4.2014 BeckRS 2014, 71952). Ist der Anwendungsbereich der EU-Regelungen nicht eröffnet, kommen Spezialregelungen wie § 15 AEntG in Betracht, anderenfalls folgt nachrangig die int. der örtl. Zust., ist also in Deutschland anzunehmen, sobald ein dt. Gericht örtl. zust. ist (BAG 15.2.2005 NZA 2005, 1117; 8.12.2010 NZA-RR 2012, 320; 26.5.2011 NZA 2011, 1143).

3 Das bei Zust. dt. Gerichte anwendbare Int. ArbR war für Verträge, die bis zum 17.12.2009 geschlossen wurden, nach Art. 30 EGBGB, der auf die Umsetzung des EG-Übk. über das auf vertragl. Schuldverhältnisse anzuwendende Recht v. 19.6.1980 (ABl. EG 1980 L-266/1) zurückgeht (BAG 28.5.2014 NZA 2014, 1264; 22.10.2015 NZA 2016, 473; vgl. Rn. 1). Mit Wirkung für Verträge, die ab dem 17.12.2009 abgeschlossen werden, gilt mit der Rom I-VO ein unionseinheitl. IPR der Schuldverhältnisse – einschl. des ArbR (*Martiny* ZEuP 2008, 79; *Leible/Lehmann* RIW 2008, 528 ff.; *Mauer/Sadtler* RIW 2008, 544 ff.). Ausgenommen ist nur noch Dänemark; dieser Staat wendet mithin weiterhin das EVÜ an (*Magnus* IPRax 2010, 27, 30), während die Mitgliedstaaten ihrerseits auch auf Fälle mit Berührung zu Dänemark die Rom I-VO anwenden (Rauscher/*v. Hein* Einl. Rom I-VO Rn. 32 f.; *Schneider* NZA 2010, 1380). Gem. Art. 23 bleiben solche Vorschr. des Unionsrechts unberührt, die in „bes. Bereichen" Kollisionsnormen für vertragl. Schuldverhältnisse regeln. Für das ArbR bes. bedeutsam ist die EntsendeRL (vgl. § 1 AEntG).

2. Geltungsbereich. Pers. Anwendungsvoraussetzungen bestehen nicht, insb. kommt es nicht darauf an, dass die Vertragsparteien Staatsangehörige eines Mitgliedstaates der EU sind (LAG K 18.9.2013 NZA-RR 2014, 214; *Günther/Pfister* ArbR 2014, 215, 217). Die VO gilt gem. Art. 1 I grds. aber nur für Sachverhalte mit Auslandsberührung. Die dafür notwendige Verbindung zum Recht eines anderen Staates können die Vertragsparteien begrenzt selbst herstellen, indem sie vertragl. die Geltung einer – beliebigen – ausl. Rechtsordnung vereinbaren (MüArbR/*Oetker* § 11 Rn. 11). Das gilt grds. auch für Arbeitsverträge, vgl. aber Rn. 15 ff. Während die VO allgemein auf vertragl. Schuldverhältnisse in Zivil- und Handelssachen abstellt, Art. 1 I, II, regelt die individuellen Arbeitsverträge Art. 8; speziell freie Dienstverträge werden v. dieser Sonderregel nicht erfasst, für sie gelten Art. 3, 4. Die Regelung über Arbeitsverträge erstreckt sich jedoch auf „Scheinselbständige", falls sie tats. den Kriterien für eine abhängige Beschäftigung genügen, sowie auf bereits in Vollzug gesetzte unwirksame ArbVerh.; der primärrechtl. ANBegriff stellt auf die Weisungsgebundenheit, aber nicht auf die pers. Abhängigkeit ab (EuGH 11.11.2010 NZA 2011, 143; 9.7.2015 NZA 2015, 861). Der **Begriff des Arbeitsvertrages** wird wegen der notwendigen Einheitlichkeit der Auslegung (Rn. 3) unter Berücksichtigung der Rspr. des EuGH zu Art. 45 AEUV autonom ausgelegt (EuGH 9.1.1997 NZA 1997, 225; 15.12.2005 NZA 2006, 311; 10.9.2015 NZA 2016, 183; 9.7.2015 NZA 2015, 861; *Deinert* RdA 2009, 144, 154; *Lüttringhaus* RabelsZ 77, 31, 51; **aA** *Knöfel* IPRax 2006, 552, 556). Für schwierige Abgrenzungsfragen kann grds. nicht mehr auf das am Gerichtsstand geltende Recht (lex fori) zurückgegriffen werden (EuGH 8.11.2005 NJW 2006, 491). Obwohl die „ArbVerh." nicht mehr ausdr. einbezogen sind, werden nichtige Arbeitsverträge jdf. über Art. 12 I lit. e) erfasst. Auf KollektivVereinb. (TV, BV) ist Art. 8 nicht anwendbar (Rn. 28). 4

3. Rechtswahl. Welche Rechtsordnung auf das ArbVerh. anwendbar ist, kann grds. v. den Parteien festgelegt werden, Art. 3 I, 8 I; nur wenn sie keine Wahl getroffen haben, ist eine obj. Anknüpfung vorzunehmen (Rn. 8 ff.). Die Rechtswahl ist bei Arbeitsverträgen allerdings in ihrer Wirkung **eingeschränkt**, Art. 8 I 2 (EuGH 15.3.2011 NZA 2011, 625; vgl. Rn. 20 f.). Die Parteien des Arbeitsvertrages dürfen das für ihr Rechtsverhältnis maßgebl. Recht ansonsten **frei bestimmen.** Sie können nach Belieben auch eine „neutrale" Rechtsordnung wählen, die keinerlei sachl. Bezug zur Vertragsdurchführung besitzt. Selbst bei einem reinen Inlandsfall (*Gravenhorst* RdA 2007, 283, 284), der keinen Bezug zu irgendeiner ausl. Rechtsordnung aufweist, ist die Rechtswahl in den Grenzen des Art. 3 III zulässig (Rn. 20). Die Wahl ist ein selbständiger (kollisionsrechtl.) Vertrag. Sie kann zugleich mit Abschluss des Arbeitsvertrages oder später getroffen werden (BGH 19.1.2000 NJW-RR 2000, 1002; BAG 19.3.2014 NZA 2014, 1076) und ist nachträgl. abänderbar, Art. 3 II. Ob eine Änd. zeitl. zurückwirkt, richtet sich nach dem Parteiwillen (Rauscher/*v. Hein* Art. 3 Rn. 95). Zustandekommen und Wirksamkeit des Rechtswahlvertrages werden anhand der gewählten Rechtsordnung beurteilt, Art. 11 I. Einer bes. Form bedarf er nicht. § 2 II NachwG sieht erg. bei über einmonatigem Auslandseinsatz v. Beschäftigten vor, dass die dem AN auszuhändigende Niederschrift wesentl. Vertragsbedingungen ausdr. die Dauer der Auslandstätigkeit, Währung des Entgelts und Bedingungen für die Rückkehr des AN regeln muss (*Birk* NZA 1996, 281). Durch Verweis auf Art. 3 übernimmt auch Art. 8 die Zulässigkeit einer **Teilrechtswahl,** die nur einzelne Vertragsteile der gewählten Rechtsordnung zuweist (vgl. BAG 20.4.2004 NZA 2005, 297; Däubler/*Däubler* Einl. Rn. 721). Dem Schutzanliegen wird dabei durch die Einschränkung entsprochen, dass jede Rechtswahl (auch die Teilrechtswahl) nur iRd. Günstigkeitsvergleichs gem. Art. 8 II zulässig ist. 5

Die Rechtswahl braucht nicht ausdr. getroffen zu werden, sondern kann **stillschweigend** erfolgen, solange sie eindeutig ist, Art. 3 I (BAG 15.12.2016 NZA 2017, 502). Die bloße Anknüpfung an den hypothetischen Parteiwillen genügt allerdings nicht, um eine stillschweigende Wahl anzunehmen (BGH 26.7.2004 NJW-RR 2005, 206; MüArbR/*Oetker* § 11 Rn. 15; *Markowska* RdA 2007, 352, 353), da Art. 3 I 2 eindeutige Anhaltspunkte für die Vereinb. vorschreibt (Rauscher/*v. Hein* Art. 3 Rn. 13; *Jauernig/Mansel* Vor Art. 1 Rom I Rn. 15). Indizien können die Gerichtsstandsvereinb. sein (BAG 10.4.2014 BeckRS 2014, 71952; LAG B 8.2.2011 BeckRS 2011, 71722), die im ArbR nur in der Form des Art. 23 VO (EU) 1215/2012 bzw. Art. 17 V LugÜ (BAG 8.12.2010 NZA-RR 2012, 320) zulässig ist (EuGH 19.7.2012 NZA 2012, 935); ebenso die Bezugnahme auf bestimmte Normen des materiellen Rechts, insb. auch auf Tarifnormen (BAG 26.7.1995 NZA 1996, 30; 1.7.2010 BeckRS 2010, 75729; 28.5.2014 NZA 2014, 1264; *E. Lorenz* RIW 1992, 697, 700 ff.) oder BV. Unklare Rechtswahlvereinb. sind unwirksam. Lässt sich ein realer Parteiwille nicht feststellen, ist die maßgebl. Rechtsordnung „obj." (Rn. 8 ff.) zu bestimmen. Eine gesonderte **Klauselkontrolle** für vorformulierte Rechtswahlklauseln kommt nicht in Betracht. Insoweit wird über Art. 8 I ein spezifisch kollisionsrechtl. Schutz vor den Folgen einer Rechtswahl verwirklicht (*Reithmann/Martiny* Rn. 62864). Eine stillschweigende **nachträgl.** Rechtswahl kann durch Prozessverhalten zustande kommen, insb. durch übereinstimmendes Einlassen auf eine Rechtsordnung (EuGH 20.5.2010 BeckRS 2010, 90599; BAG 15.12.2016 NZA 2017, 502; MüArbR/*Oetker* § 11 Rn. 15 ff.; MüKoBGB/*Martiny* Art. 8 Rn. 29); eine Einlassung im arbeitsgerichtlichen Gütetermin wirkt jedoch nicht zust.begr. (BAG 24.9.2009 NZA-RR 2010, 604). Die Aussagefähigkeit des Prozessverhaltens ist gering, sofern nicht klar zum Ausdruck kommt, dass es nicht ledigl. auf Unkenntnis beruht (*Schack* NJW 1984, 2736; *Schlachter* NZA 2000, 57, 59; Staudinger/ 6

Magnus Art. 3 Rn. 82; vgl. auch BGH 19.1.2000 NJW-RR 2000, 1002). Prozessverhalten kann zudem nur dann zur Auslegung des Vertragswillens herangezogen werden, wenn die Prozessparteien mit den Vertragsparteien identisch sind (BAG 23.3.2016 NZA 2017, 78).

7 Zulässig ist auch die Wahl der anwendbaren Rechtsordnung **durch TV** (LAG B 8.2.2011 BeckRS 2011, 71722; *Däubler* NZA 1990, 673; *Gamillscheg* KollArbr I S. 493; HWK/*Tillmanns* Rn. 14; EUArbR/*Krebber* Art. 3, 8 Rn. 9; **aA** *Thüsing* NZA 2003, 1303, 1304; JKOS/*Krause* § 1 Rn. 185). Die Notwendigkeit tarifl. Schutzes kann bei grenzüberschreitenden Unternehmenstätigkeiten nicht als geringer eingeschätzt werden als bei rein nationalen Sachverhalten. Die anwendbare Rechtsordnung kann die ArbVerh. in so erhebl. Ausmaß gestalten, dass sie als tarifl. regelbare Arbeitsbedingung einzuordnen ist. Soweit inländische TVParteien jedoch ausschl. im Ausland durchzuführende ArbVerh. regeln, tritt der TV hinter zwgd. ausl. Recht zurück (BAG 11.9.1991 NZA 1992, 321). IÜ unterliegt auch die durch TV getroffene Rechtswahl den Günstigkeitsschranken des Art. 8 (Staudinger/*Magnus* Art. 8 Rn. 64).

8 **4. Objektive Anknüpfung.** Ist eine Rechtswahl nicht zustande gekommen oder unwirksam, legt Art. 8 I 2, II bis IV die anwendbare Rechtsordnung nach obj. Kriterien fest. Das ArbVerh. unterliegt dann dem Recht des **gewöhnl. Arbeitsortes** (Abs. 2 S. 1), selbst wenn der AN vorübergehend in einen anderen Staat entsandt ist, oder bei Fehlen eines einheitl. Arbeitsortes dem Recht am Ort der **einstellenden Niederlassung** (Abs. 3). Ausnahmsweise kann v. beiden Anknüpfungsgesichtspunkten abgewichen werden, wenn das ArbVerh. **engere Verbindungen** zu einem anderen Staat besitzt, Abs. 4.

9 **a) Gewöhnlicher Arbeitsort (Art. 8 II Rom I).** Der Begriff des **„gewöhnl. Arbeitsortes"** ist unionsrechtsautonom auszulegen und orientiert sich an der Auslegung der entspr. Bestimmungen des Prozessrechts (EuGH 15.3.2011 NZA 2011, 625). Er ist maßgebl. Anknüpfungspunkt in allen Fällen, in denen der AN typischerweise **in ein und demselben Staat** tätig wird. Die Beschäftigung auf seewärtigen Gebieten, für die bes. Regelungsbefugnisse der Mitgliedstaaten völkerrechtl. anerkannt sind, wird als gewöhnl. Arbeitsort im Mitgliedstaat anerkannt (EuGH 27.2.2002 NJW 2002, 1635; 17.1.2012 BeckRS 2012, 80087; *Bayreuther* RIW 2011, 446, 450). Dabei kommt es nicht nur auf den relativen Schwerpunkt des ArbVerh. an, sondern auf den absoluten Mittelpunkt der Arbeit; dieser wird idR übereinstimmen mit dem Staat, in dem der AN mehr als die Hälfte seiner AZ tätig ist. Ob innerhalb dieses Staates ein oder mehrere Einsatzorte vorhanden sind, ist unerhebl. (BAG 9.7.2003 BeckRS 2003, 41472; 20.6.2007 NZA-RR 2008, 24). Auch auf die Eingliederung in einen bestimmten Betrieb (LAG HB 17.4.1996 NZA-RR 1997, 107) kommt es nicht zwgd. an. Liegt eine solche Eingliederung allerdings vor, ist der Betriebssitz zugleich der „gewöhnl. Arbeitsort" (BAG 29.10.1992 NZA 1993, 743; 15.2.2005 NZA 2005, 1117). Findet ein grenzüberschreitender Betriebsübergang statt, ist die Anwendbarkeit des Rechts des bisherigen Arbeitsortes (§ 613a BGB) auf den Vorgang der Übertragung nicht dadurch ausgeschlossen, dass der Arbeitsort künftig im Ausland liegt (BAG 26.5.2011 NZA 2011, 1143).

10 Probl. war die Einordnung für die Rspr. zur Anwendung des KSchG auf grenzüberschreitende Sachverhalte. Während das BAG früher ohne Anknüpfung an den gewöhnl. Arbeitsort die Anwendbarkeit des KSchG stets unter Berufung auf das Territorialitätsprinzip scheitern ließ, wenn der Betrieb nicht in Deutschland lag (BAG 3.6.2004 NZA 2004, 1380), was selbst durch Wahl dt. Rechts nicht überwunden werden konnte (BAG 17.1.2008 NZA 2008, 872), hat dies in der Lit. erhebl. Kritik hervorgerufen (*Junker* FS Konzen 2006 S. 367, 372; Staudinger/*Magnus* Art. 8 Rn. 237; *Straube* DB 2009, 1406). Mit Entsch. v. 26.3.2009 (BeckRS 2009, 66019) hat das BAG das Erg. bestätigt, wenn auch unter Aufgabe des Territorialitätsprinzips. IE ist das KSchG jedoch (ohne eine Rechtswahl) immer anwendbar, sofern der gewöhnl. Arbeitsort in Deutschland liegt. Ob für die Anwendung des § 23 KSchG auch AN eingerechnet werden dürfen, die im Ausland arbeiten, ist gesondert festzustellen. Dass das BAG (26.3.2009 BeckRS 2009, 66019) eine Zusammenrechnung selbst dann ablehnt, wenn es sich um einen gemeinsamen Betrieb handelt, überzeugt jdf. nicht, auch wenn das BVerfG (12.3.2009 BeckRS 2009, 45869) keine Verf.rechtl. Bedenken dagegen geäußert hat.

11 **Vor Arbeitsaufnahme** kommt es auf den für die Arbeitsleistung vorgesehenen Ort an. Wird der AN nicht in einem Betrieb tätig, muss der zeitl. oder inhaltl. überw. Leistungsort maßgebl. sein. Für Heimarbeit, Leiharbeit oder Telearbeit ist dies dann der Ort der Tätigkeit, nicht der Ort der Ablfg. des Ergebnisses, der Erteilung der Weisung oder der Standort des Servers.

12 Für AN, die ihre **Tätigkeit in mehreren Staaten** ausüben, ergeben sich der Art ihrer Tätigkeit wegen Probleme bei der Ermittlung eines gewöhnl. Arbeitsortes. Gibt es keinen Ort, „an dem" gewöhnl. gearbeitet wird, ist der Ort maßgebl., „v. dem" aus gearbeitet wird (sog. „base"); der EuGH interpretiert dies großzügig, und hält deswegen eine Anknüpfung an die „einstellende Niederlassung" (Abs. 3) nur dann („nachrangig") für zulässig, wenn auch bei weitester Auslegung kein gewöhnl. Arbeitsort feststellbar ist (EuGH 15.3.2011 NZA 2011, 625; 15.12.2011 NZA 2012, 227; 12.9.2013 NZA 2013, 1163; *Mankowski/Knöfel* EuZA 2011, 521, 526; *Lüttringhaus* EuZW 2013, 821; krit. *Knöfel* IPRax 2014, 130, 134 ff.). Eine „engere Verbindung" (Rn. 17) zu einer anderen Rechtsordnung kann sich aber durchsetzen. Kriterien zur Bestimmung des gewöhnl. Arbeitsortes können sein: der Ort, v. dem aus der AN seine Arbeitstätigkeit aufnimmt oder wohin er zurückkehrt (BAG 19.3.2014 NZA

2014, 1076), in dem der Schwerpunkt der tatsächl. Arbeitsleistung liegt oder v. dem aus er Weisungen erhält oder v. dem die Arbeit organisiert wird. Letzteres ist probl., weil es zur Bestimmung des Arbeitsortes des AN Tätigkeiten des AG heranzieht. Für das ortsfeste Bodenpersonal v. Fluggesellschaften bieten diese Kriterien eine Lösung, da die AN einen festen Einsatzort an ihrer jeweiligen Basis haben. Strittig war lange das Vorhandensein eines „gewöhnl. Arbeitsortes" bei fliegendem Personal, das gerade keinen festen Einsatzort hat (MüKoBGB/*Martiny* Art. 8 Rn. 58). Das BAG (29.10.1992 NZA 1993, 743) hatte zunächst nur entschieden, dass bei Einsatz ausschl. auf Inlandsflügen auch v. Inlandsbeschäftigung auszugehen ist; für int. Flüge blieb das offen. Abs. 2 behandelt aber den Ort als „gewöhnl. Arbeitsort", *v. dem aus* der AN vertragsgem. seine Arbeit zu verrichten hat. Das bezweckt eine Anknüpfung an den Ort, v. dem aus der regelm. Arbeitseinsatz ausgeht, das ist der regelm. Abflugort, aber auch die Organisation und Einsatzplanung v. AN, die für mehrere Gebiete in verschiedenen Ländern zust. sind. Im SeearbR wurde nach hM früher über Art. 30 II Nr. 1 EGBGB an das Recht des Staates angeknüpft, dessen Flagge das **Seeschiff** führt (BAG 24.9.2009 NZA-RR 2010, 604; *Franzen AR-Blattei* SD 1450.2 Rn. 8ff.; *Mankowski* IPRax 2003, 21, 26f.; *Junker* FS Heldrich 2005 S. 719, 730). Ob dies immer noch maßgebl. ist (*Magnus* IPRax 2010, 27, 41; *Wurmnest* EuZA 2009, 497; *Gräf* ZfA 2012, 557, 583), ist eher zw. (zweifelnd BAG 22.10.2015 NZA 2016, 473). Jedenfalls wenn int. verkehrende Schiffe regelm. an einen bestimmten Ort zurückkehren (Fähren, Kreuzfahrtschiffe), sollte Art. 8 II 1, 2. Alt. herangezogen werden (**aA** *Mankowski/Knöfel* EuZA 2011, 521, 530; Rauscher/*v. Hein* Art. 8 Rn. 43). Die Flagge als Anknüpfungspunkt genügt auch bei ohne „base" verkehrenden int. Seeschiffen nicht allein; es muss nach den Kriterien v. Art. 8 IV (Rn. 17) eine tats. Bindung zum Flaggenstaat bestehen (*Magnus* FS Posch 2011 S. 443, 451). Jedenfalls kann aber wegen des Vorrangs der Rom I-VO nicht mehr auf § 21 IV 1 FlaggenrechtsG abgestellt werden (*Deinert* RdA 2009, 144, 147; Rauscher/*v. Hein* Art. 8 Rn. 44), sondern den Maßstab bildet ausschl. Art. 8.

Der gewöhnl. Arbeitsort wird nicht durch die Verhältnisse zzt. des Vertragsschlusses dauerhaft festgeschrieben, sondern kann dynamisch im Verlaufe der Durchführung des ArbVerh. wechseln (BAG 26.5.2011 NZA 2011, 1143; MüArbR/*Oetker* § 11 Rn. 37; NK-BGB/*Doehner* Art. 8 Rom I-VO Rn. 24; *Reithmann/Martiny* Rn. 62882). Mit dem dauerhaften Wechsel des Arbeitsorts wechselt grds. das anwendbare Recht. Das gilt auch, falls der Wechsel des Arbeitsortes auf einem Betriebsübergang ins Ausland beruht (aA *Feudner* NZA 1999, 1184, 1185); auf den Betriebsübergang selbst ist jedoch noch das bisherige Arbeitsvertragsstatut anwendbar, bei dt. Recht also auch § 613a BGB (BAG 26.5.2011 NZA 2011, 1143). Eine nur **vorübergehende Entsendung** ins Ausland ändert an der Maßgeblichkeit des bisherigen gewöhnl. Arbeitsortes nichts, Abs. 2 S. 2 (BAG 21.9.2016 BeckRS 2016, 74223). Die Verbindung mit dem urspr. Arbeitsort bleibt nach Unionsrecht (vgl. ErwGr. 36 Rom I-VO) bei zeitl. beschränktem Auslandseinsatz maßgebl., wenn die Rückkehr und spätere Weiterbeschäftigung am urspr. Ort beabsichtigt ist. In diesem Falle würde selbst eine Eingliederung in die Arbeitsorganisation im Aufnahmeland einen Wechsel der Rechtsordnung nicht rechtfertigen. Der Begriff der Entsendung ist hier nicht deckungsgleich mit dem des AEntG, da Art. 8 nicht voraussetzt, dass ein ArbVerh. zwischen Entsendeunternehmen und dem entsandten AN weiter besteht. Abzugrenzen sind die entsandten AN v. den ausschl. für eine Auslandsbeschäftigung auf dem dortigen Arbeitsmarkt angeworbenen „Ortskräften", bei denen eine Rückkehr an einen Stammarbeitsort nie gepl. war, so dass es an einer Entsendung fehlt (*Däubler* RIW 1987, 249, 251; *Franzen* IPRax 1999, 278, 279). Der Umstand allein, dass der AN an einem Stammarbeitsplatz vorher noch nicht eingesetzt wurde, sondern im Ausland eingestellt worden ist, hindert den Tatbestand der Entsendung nicht, sofern eine Rückkehr an den Stammarbeitsplatz gepl. ist (*Mankowski* IPRax 2006, 101, 107). Für Zwecke der Sozialvers. ordnet der EuGH auch ein für die Entsendung begr. ArbVerh. dem Entsendebegriff zu (EuGH 5.12.1967 Slg. 1967, 462). 13

Abzugrenzen ist die vorübergehende Entsendung ledigl. v. der dauerhaften. Wenn die Zuordnung der Weisungsbefugnis wechselt, und der „entsendende" AG keine Dispositionsbefugnis über den AN mehr behält, wechselt auch die maßgebl. Rechtsordnung (BR/*Spickhoff* Art. 8 Rn. 23).Wie lange die Entsendung dauern darf, um noch als **vorübergehend** bezeichnet werden zu können, ist nicht abschl. bestimmt (so BAG 25.4.1978 DB 1978, 1840, zum alten Recht). Daher kommt es auf die Umstände des konkreten Falles an: Eine „vorübergehende" Entsendung liegt vor, wenn keine „endgültige" gewollt ist (*Deinert* § 9 Rn. 102ff.), doch genügt die bloße Vereinb. einer Rückkehrmöglichkeit (dafür: *Junker* ZIAS 1995, 565; *Mauer* DB 2007, 1586, 1588) allein nicht, um zu belegen, dass eine solche, ggf. vor Jahren vereinbarte, Option dem Vertragsdurchführungswillen der Parteien konkret noch entspricht (vgl. BAG 7.12.1989 NZA 1990, 658). Ledigl. im Falle einer konzerninternen ANÜberlassung gem. § 1 III Nr. 2 AÜG genügt jede Rückkehrklausel, um die Überlassung als „vorübergehende" erlaubnisfrei zu ermöglichen (vgl. § 1 AÜG Rn. 86ff.). Haben die Vertragsparteien einen kurzfristigen Auslandseinsatz des AN gepl., wird im Regelfall ein konkreter **Zweck** der Auslandsbeschäftigung oder die Entsendedauer **zeitl. begrenzt** vereinbart. Die im Schrifttum vertretenen Vorschläge, wie lange eine vereinbarte zeitl. Begrenzung als noch „vorübergehende" Befristung eingeordnet werden kann, liegen zwischen einem (*v. Hoffmann/Thorn* IPR § 10 Rn. 81) und drei Jahren (*Gamillscheg* ZfA 1983, 307, 333; *Franzen AR-Blattei* SD 920 Rn. 62). Haben die Parteien weder eine Zweckbefristung noch eine 14 bestimmte Dauer des Auslandseinsatzes ausdr. vereinbart, spricht viel dafür, dass er nicht als nur vorübergehend eingestuft werden kann, da sie sich ersichtl. auf einen für sie selbst nicht überschaubaren Zeitraum verständigt haben. In diesem Falle dürfte sich der Schwerpunkt der Vertragsdurchführung auf den ausl. Arbeitsort verlagern. Da eine präzise Festlegung durch Auslegung erhebl. Schwierigkeiten begegnet, sollten die Parteien das gewünschte Recht ausdr. wählen, wenn sie den Wechsel der maßgebl. Rechtsordnung bei mehrjährigem Auslandseinsatz sicher vermeiden wollen.

15 In vielen Fällen wird bei einer mittel- bis längerfristigen Entsendung ins Ausland ein **zweites ArbVerh.** begr., das die während des Auslandseinsatzes maßgebl. Rechte und Pflichten des entsandten AN tw. abändert (vgl. EuGH 10.4.2003 NZA 2003, 711; BAG 21.1.1999 NZA 1999, 539). Es kann entweder mit dem ausl. (Tochter-)Unternehmen direkt oder als Zusatzvereinb. mit dem entsendenden AG abgeschlossen werden. Typischerweise werden die im Ursprungsarbeitsvertrag enthaltenen Rechte und Pflichten während der Dauer der Entsendung ausgesetzt, ledigl. Bestimmungen über die Rückkehr ins Inland, die Gewährung v. Zusatzleistungen über das Ortsübliche hinaus, sowie die soziale Absicherung des AN bleiben trotz Auslandseinsatz anwendbar (vgl. *Junker* ZIAS 1995, 565; *Mankowski* RIW 2004, 133, 134; *Kettenberger* RIW 2013, 702, 707). Dieses **RestarbVerh.** kann – bei fehlender Rechtswahl – nur schwer obj. angeknüpft werden, da in diesem Verhältnis selbst keine Arbeitspflicht mehr zu erfüllen ist. Das ändert allerdings an der einmal erfolgten Qualifikation als ArbVerh. nichts, die durch den Tatbestand des Ruhens der Hauptpflicht allein nicht erlischt (Rauscher/*v. Hein* Art. 8 Rn. 54). Auch die Interessenlage der Parteien – fortdauernde Anbindung des AN an sein „Stammhaus" – widerspricht der Lösung, den Restvertrag wie das LokalarbVerh. anzuknüpfen. Art. 8 II 2 ist im Lichte v. Erwägungsgrund Nr. 36 Rom I-VO so auszulegen, dass sich das Vertragsstatut des ruhenden ArbVerh durch eine Entsendung und ein zusätzl. LokalarbVerh. gerade nicht ändert (*Mauer* RIW 2007, 92, 96; *Mauer/Sadtler* RIW 2008, 546). Die Bestimmungen, die die Vertragspflichten während des Auslandseinsatzes regeln, sind davon unabhängig in einem **Zusatzvertrag** enthalten. Dieser untersteht bei fehlender Rechtswahl dem Recht des Einsatzortes. Beide Verträge stehen selbständig nebeneinander und können unterschiedl. Rechtsordnungen unterliegen; das kann auch gem. Abs. 4 eintreten, wenn eine Rechtswahl fehlt. Ob sich eine „engere Verbindung" iSd. Vorschr. ergibt (Rn. 17), wird durch die Gestaltung der Zusatzvereinb. beeinflusst: Wird diese zwischen den urspr. Vertragsparteien geschlossen, so werden leichter beide Verträge gemeinsam inländischem Recht zu unterstellen sein, weil ihr Bezug aufeinander als „engere Verbindung" zur heimischen Rechtsordnung eingestuft werden kann. Ist dagegen der weitere Vertrag mit dem ausl. AG abgeschlossen worden, spricht dies für die Maßgeblichkeit des Ortsrechts in dieser Vertragsbeziehung. Wird ein LeihAN grenzüberschreitend überlassen, unterliegt der Arbeitsvertrag zwischen AN und Verleiher weiterhin dem Recht des gewöhnl. Arbeitsortes (*Reichel/Spieler* BB 2011, 2741, 2742). Durch einen zeitweiligen Einsatz im Ausland ändert sich nichts. Allenfalls in ArbVerh, die an st. wechselnden Einsatzorten in verschiedenen Ländern durchgeführt werden, unterliegen Art. 8 III (Recht der einstellenden Niederlassung). Das Recht des aktuellen Einsatzortes kommt über Art. 9 zur Anwendung, soweit int. zwgd. Eingriffsnormen des Ortsrechts betroffen sind, insb. auch im Geltungsbereich der EntsendeRL.

16 **b) Einstellende Niederlassung, Art. 8 III Rom I.** Hat der AN keinen „gewöhnl. Arbeitsort", weil die Arbeitsleistung üblicherweise nicht in ein und demselben Staat zu erbringen ist (Fahrpersonal, Reisebegleiter, Auslandsmonteure usw.) und besteht auch keine „Basis", v. der aus die Arbeitsleistung erbracht wird (Rn. 12), muss – bei fehlender Rechtswahl – ausnahmsweise an ein anderes obj. Merkmal angeknüpft werden. Für Hochseebohrinseln wird jetzt die Zuordnung zu dem Staat vorgeschlagen, der sie errichtet hat (*Block* EuZA 2013, 20, 30); folgt man dem, liegt darin ein „gewöhnlicher Arbeitsort" gem. Abs. 2. Wollte man auf die tatsächl. Arbeitsorte abstellen, müsste die anwendbare Rechtsordnung dauernd wechseln. Im Interesse der Stetigkeit eines einheitl. ArbVerh. wird durch Abs. 3 als maßgebl. die **einstellende Niederlassung** des AG festgelegt. Gemeint ist nicht der zentrale Hauptsitz des Unternehmens, sondern der jeweils einstellende Betrieb; entscheidend ist die Befugnis, über den Abschluss v. Arbeitsverträgen zu entscheiden, nicht das Vorhandensein einer Rechtspersönlichkeit (EuGH 15.12.2011 NZA 2012, 227). Also kommen auch unselbständige Betriebsstätten oder Teilbetriebe in Betracht, wenn sie nur AN selbst einstellen und einsetzen können (BAG 19.3.2014 NZA 2014, 1076); das Vorhandensein eines Beauftragten/Agenten des AG in einem anderen Land bildet dagegen keine maßgebl. Niederlassung (*Reithmann/Martiny* Rn. 62889). Unter „Einstellung" ist der Vertragsschluss zu verstehen, nicht die „Eingliederung" in einen Betrieb (EuGH 15.12.2011 NZA 2012, 227; LAG HE 16.11.1999 NZA-RR 2000, 401; *Schlachter* NZA 2000, 57, 60; *Lüttringhaus/Schmidt-Westphal* EuZW 2012, 139, 140; MüKoBGB/*Martiny* Art. 8 Rn. 73; EUArbR/*Krebber* Art. 3, 8 Rn. 39; offen gelassen v. BAG 12.12.2001 NZA 2002, 734;), trotz der hiergegen vorgebrachten Bedenken in der Lit. (*Deinert* § 9 Rn. 122; *Junker* FS 50 Jahre BAG S. 1197, 1204; *Knöfel* IPRax 2014, 130, 132 ff.; *Däubler* RIW 1987, 249, 251; *Gamillscheg* ZfA 1983, 307, 334). Zwar trifft es zu, dass sich der Ort des Vertragsschlusses leicht beeinflussen lässt, doch stellt Abs. 3 eben gerade nicht auf den Einsatzort ab. Damit soll eine Verstetigung des Vertragsstatuts erreicht werden, damit dieses sich bei wechselndem Einsatzort nicht regelm. ändert. Eine Niederlassung, an der der AN tätig ist oder in die der AN eingegliedert ist (zB ein Ort, an den er regelm. zurückkehrt), wird sich zudem in Fällen des Abs. 3 nicht feststellen

lassen. Der Gerichtshof stellt zudem auf den „tats. AG" ab, wenn dieser eine andere Gesellschaft nur formal als Vertragspartner auftreten lässt; zumind. wird eine Anknüpfung an das Recht der engsten Verbindung (Rn. 17) das sachgerechte Erg. erreichen (EuGH 15.12.2011 NZA 2012, 227; Rauscher/*v. Hein* Art. 8 Rn. 65; krit. *Lüttringhaus/Schmidt-Westphal* EuZW 2012, 139, 141).

c) Engere Verbindung, Art. 8 IV Rom I. Als Ausnahme zu den Abs. 2 und 3 ist diejenige Rechtsordnung berufen, zu der das ArbVerh. die **engere Verbindung** aufweist. Das ermöglicht im Falle grob unverhältnismäßiger und unangemessener Erg. der Regelanknüpfung ein Ausweichen auf eine andere Rechtsordnung, sofern die Gesamtheit aller Umstände des Vertrages und der Vertragsdurchführung auf die andere Rechtsordnung verweisen. Ob eine „engere Verbindung" vorliegt, bestimmt sich nach den Umständen des Einzelfalles, die allerdings ein erhebl. Gewicht besitzen müssen, um die Regel durchbrechen zu können (EuGH 12.9.2013 NZA 2013, 1163; BAG 13.11.2007 NZA 2008, 761; 22.10.2015 NZA 2016, 473; *Deinert* § 9 Rn. 126 ff.; *Ramrath* SAE 2016, 7, 15). Als Gesichtspunkte wurden regelm. herangezogen: Primär die gemeinsame Staatsangehörigkeit (BAG 13.11.2007 NZA 2008, 761) oder ein gemeinsamer gewöhnl. Aufenthalt/Wohnort der Parteien, nachrangig der Abschlussort, Vertragssprache und die für die Entgeltzahlung vereinbarte Währung (BAG 9.7.2003 BeckRS 2003, 41472; LAG NI 20.11.1998 E EGBGB Art. 30 Nr. 3). Ob anges. der AN-Freizügigkeit in der EU tats. noch prominent auf eine gemeinsame Staatsangehörigkeit abgestellt werden kann, ist probl.; dagegen kann unionsrechtl. unprobl. ein gewöhnl. Aufenthalt herangezogen werden, wie zB in Art. 4 II Rom II. Der EuGH (12.9.2013 NZA 2013, 1163) will vornehml. arbeitsvertragsbezogene Kriterien als Indizien heranziehen; dazu sollten die Vertragsbedingungen und ihr Bezug zu zwgd. Bestimmungen einer Rechtsordnung zählen, aber auch die Bezugnahme auf einen TV. Dass die Versteuerung der Arbeitseinkünfte und die Abführung der Sozialversicherungsbeiträge auch zu diesen Indizien zählen, ist wenig konsequent, da sie regelm. nichts über die Verbindung des ArbVerh. zu einem Staat aussagen (krit. *Lüttringhaus* EuZW 2013, 821, 823; *Fornasier* IPRax 2015, 517, 520). Eine „engere Verbindung" besteht nicht bereits deshalb, weil die Erg. der einen Rechtsordnung im konkreten Fall für den AN günstiger sind als die der anderen (EuGH 12.9.2013 NZA 2013, 1163). Andererseits kann man daraus nicht schließen, dass es auf materielle Gesichtspunkte wie die Interessen der Vertragsparteien überhaupt nicht ankommen dürfe. 17

5. Einschränkungen der Rechtswahl. Der Grds. der Parteiautonomie (Rn. 5) ermöglicht es den Arbeitsvertragsparteien, die bei obj. Anknüpfung (Rn. 8 ff.) an sich für ihr Rechtsverhältnis maßgebl. Rechtsordnung insg. abzuwählen. Dadurch werden allerdings auch die zwgd. Bestimmungen dieser Ordnung unanwendbar. Aus Gründen des Schutzes der schwächeren Vertragspartei wird dieser Grds. in der Rom I-VO mehrfach durchbrochen: Hat das Vertragsverhältnis ausschl. Verbindung zu einem einzigen Staat, so kann eine abw. Rechtswahl die zwgd. Bestimmungen der dort maßgebl. Rechtsordnung nicht ausschließen, Art. 3 III (Rn. 20). Gem. Art. 3 IV gilt das entspr. auch für sog. „Binnenmarktsachverhalte", so dass durch Rechtswahl zwgd. Unionsrecht nicht mehr abgewählt werden kann, wenn der Sachverhalt allein mit dem Gebiet der EU verbunden ist (*R. Wagner* IPRax 2008, 377, 380). Weiter darf die Rechtswahl solche zwgd. arbeitnehmerschützenden Vorschr. nicht ausschließen, die bei obj. Anknüpfung maßgebl. wären, Art. 8 I 2 (Rn. 19), sofern die gewählte Rechtsordnung insoweit nicht günstiger ist (EuGH 15.3.2011 NZA 2011, 625; BAG 25.4.2013 BeckRS 2013, 72907; LAG D 31.7.2014 BeckRS 2014, 72697). Sowohl gewähltes wie obj. maßgebl. Recht werden „überlagert" durch diejenigen zwgd. inländischen Normen, die als „int. zwgd." gelten, Art. 9 (Rn. 21). Schließl. wird die Anwendung solcher ausl. Normen ausgeschlossen, Art. 21, die gegen den Kernbereich der dt. öffentl. Ordnung, „ordre public", verstoßen (Rn. 26). 18

a) Art. 8 I 2 Rom I. In **grenzüberschreitenden ArbVerh.** darf die Rechtswahl arbeitnehmerschützende zwgd. Vorschr. nicht ausschalten, die ohne diese Wahl anwendbar wären, Art. 8 I 2; das sind alle Bestimmungen der Rechtsordnung des Arbeitsortes, der einstellenden Niederlassung oder der Rechtsordnung der engsten Verbindung, Art. 8 II bis IV, die die Rechtsstellung des AN verbessern (BAG 10.4.2014 BeckRS 2014, 71952; 15.12.2016 NZA 2017, 502; *Junker* IPRax 1989, 69, 73). Neben den genuin arbeitsrechtl. Normen schließt dies auch das im ArbVerh. relevante zwgd. allg. Vertragsrecht oder ör. Arbeitsschutznormen (BAG 19.3.2014 NZA 2014, 1076; *Deinert* § 9 Rn. 53; Rauscher/*v. Hein* Art. 8 Rn. 28) ein, wie zB die AGB-Kontrolle oder das Verjährungsrecht; auch Regeln des Richterrechts zum Schutz eines Vertragspartners vor dem anderen zählen zu den zwgd. Bestimmungen (BGH 25.1.2005 NJW-RR 2005, 1071 zum Verbraucherschutz). Das BAG weist nach § 130 BGB das Sprachrisiko bei der Unterzeichung eines ArbV auch dem sprachunkundigen AN zu (19.3.2014 NZA 2014, 1076). IÜ ist die Rechtswahl jedoch wirksam, sie wird ledigl. für die genannten Bereiche „überlagert" durch die günstigeren Bestimmungen des bei obj. Anknüpfung maßgebl. Rechts. Das ArbVerh. unterliegt dann iE einem „Mischrecht" aus beiden anwendbaren Rechtsordnungen. Welche Vorschr. des obj. maßgebl. Rechts nicht abgewählt werden kann, ergibt sich nach folgenden Grds.: Es muss sich um vertragl. nicht abdingbare, zwgd. Vorschr. handeln, die dem ANSchutz zu dienen bestimmt sind (*Junker* IPRax 1989, 69); dazu zählen auch *Tarifnormen* (BAG 9.7.2003 BeckRS 2003, 41472; *Gamillscheg* ZfA 1983, 307, 336), sofern sie für das ArbVerh. konkret gelten. Solche Vorschr. sind einem Günstigkeitsvergleich mit den Bestimmungen der gewählten Rechtsordnung zu unterziehen, die den- 19 selben Sachverhalt regeln sollen (LAG BW 15.10.2002 BeckRS 2002, 31015928). Die gewählte Rechtsordnung ist nur soweit maßgebl., wie sie für den AN mind. gleich günstige Schutznormen enthält (BAG 13.11.2007 NZA 2008, 761; *Schlachter* NZA 2000, 57, 60; *Markovska* RdA 2007, 352, 355). Der Günstigkeitsvergleich ist weder zwischen den Gesamtrechtsordnungen mögl. (*Gamillscheg* ZfA 1983, 307, 338), noch sinnvoll zwischen Einzelvorschriften vorzunehmen (*E. Lorenz* RIW 1987, 577; EUArbR/*Krebber* Art. 3, 8 Rn. 21; anders jedoch *Streithofer* DRdA 2012, 191, 195; *Däubler* RIW 1987, 249, 253), sondern zwischen Gruppen sachl. zusammenhängender Vorschr. (BAG 10.4.2014 BeckRS 2014, 71952; BR/*Spickhoff* Art. 8 Rom I-VO Rn. 18; *Reithmann/Martiny* Rn. 62876; *Deinert* § 9 Rn. 58). Damit sind logisch abtrennbare Rechtsfragen gemeint, die ggf. einer vom sonstigen Rechtsverhältnis abweichenden Rechtsordnung unterstellt werden könnten. Eine Kumulation v. Vorteilen mehrerer Rechte, die iE mehr bietet als jede der beteiligten Rechtsordnungen für sich betrachtet, wird dadurch ausgeschlossen.

20 **b) Art. 3 III Rom I.** Hat das ArbVerh. **keinerlei Auslandsbezug** (Art. 3 III), so bleibt die Wahl einer ausl. Rechtsordnung dennoch zulässig (Rn. 5), wird aber weitergehend eingeschränkt als in Fällen mit Auslandsbezug (Rn. 19): Trotz Rechtswahl darf v. allen **einfach zwgd.** Normen des Staates nicht abgewichen werden, mit dem der Vertrag allein verbunden ist. Ebenso wenig kann die Wahl eines Drittstaats-Rechts die Anwendung zwgd. Unionsrechts ausschließen **(Art. 3 IV).** Ob die fragl. Norm zugleich dem ANSchutz dient, ist unerhebl. Welche Vorschr. idS „zwgd." sind, bestimmt die „abgewählte" Rechtsordnung. Als zwgd. idS sind alle nicht dispositiven Normen einzuordnen; auf einen Günstigkeitsvergleich kommt es grds. nicht an. Erfasst werden nicht nur staatl., sondern auch Richterrecht und nicht staatl. Normen, sofern sie für das fragl. ArbVerh. unabdingbar gelten (*Birk* RdA 1989, 201; *Däubler* AuR 1990, 1; **aA** *Hönsch* NZA 1988, 113, 117). Eine diese Rechtsfolge ausschließende „Auslandsberührung" bekommt das ArbVerh. nicht schon dadurch, dass ein ausl. Gerichtsstand vereinbart wird; das ArbVerh. muss einen Bezug zum Ausland tats. aufweisen. Dabei sind aber keine strengen Anforderungen zu stellen, da Art. 8 I bereits den erforderl. ANSchutz gewährleistet. Auslandsberührung kann also zB hergestellt werden durch unterschiedl. Staatsangehörigkeit der Parteien (krit. Staudinger/*Magnus* Art. 8 Rn. 55), ausl. Arbeitsort oder einen Betriebssitz des AG im Ausland; dass der rechtl. selbständige inländische Betrieb einer ausl. Konzernmutter gehört, genügt nicht. Handelt es sich jedoch bei den verdrängten Normen des gewählten Rechts um solche, die iSd. Art. 8 I günstiger sind als die des nach Art. 3 III vorgehenden Rechts, so ist wegen des Schutzzweckes des Art. 8 I dieser als die speziellere Vorschr. vorrangig (*Schurig* RabelsZ 54 (1990), 217, 226; Staudinger/*Magnus* Art. 8 Rn. 54). Eine unbedingte Durchsetzung des Ortsrechts auch ggü. günstigerem gewähltem Recht kann nicht iSv. Art. 8 liegen.

21 **c) Art. 9 Rom I-VO.** Schließl. kann durch Wahl eines fremden Rechts bzw. durch dessen obj. Anknüpfung v. **int. zwgd.** Vorschr. des dt. Rechts nicht abgewichen werden, Art. 9, und zwar unabhängig v. Vorhandensein eines Auslandsbezuges des ArbVerh. Auf spezifisch arbeitsrechtl. Vorschr. ist Art. 9 II nicht begrenzt, alle Normen v. der Art. 9 I entspr. grdl. Bedeutung setzen sich durch (*Block,* Die kollisionsrechtl. Anknüpfung v. Individualarbeitsverträgen im staatsfreien Raum (2012) 128). Allerdings muss es sich um Vorschr. des Gerichtsorts handeln, die Eingriffsnormen anderer Staaten werden gem. Abs. 3 nur begrenzt berücksichtigt. Auf einen Günstigkeitsvergleich kommt es für Art. 9 nicht an, die inländische Norm setzt sich stets durch. Voraussetzung ist allerdings, dass das ArbVerh. noch einen Bezug zur dt. Rechtsordnung besitzt (vgl. BGH 19.3.1997 JZ 1997, 612; *E. Lorenz* RdA 1989, 220, 227; Rauscher/*Thorn* Art. 9 Rn. 15); dass dafür der Wohnsitz einer Partei allein ausreicht, wird mit Recht bestr. (*Junker* RIW 2001, 94, 103 f.; **aA** LAG HE 16.11.1999 NZA-RR 2000, 401). Solche, als Eingriffsnormen bezeichneten Vorschr., widerstehen nicht nur jeder Abwahl, sondern verlangen ihre Anwendbarkeit unmittelbar selbst. Ihr Normzweck liegt in der Durchsetzung inländischer ordnungspolitischer Vorstellungen, die nicht zur Disposition der Parteiautonomie stehen (BAG 1.7.2010 BeckRS 2010, 75729; 18.4.2012 NZA 2012, 1152). Wenn eine Vorschr. also ihren v. sonst anwendbaren Recht unabhängigen Geltungsanspruch nicht selbst ausdr. formuliert (so zB § 2 AEntG; vgl. BAG 22.10.2015 NZA 2016, 473), muss er nach dem Gesetzeszweck ermittelt werden (BGH 1.12.2005 NJW 2006, 230; MüKoBGB/*Martiny* Art. 9 Rn. 9; Rauscher/*Thorn* Art. 9 Rn. 9)). Die auf EU-RL beruhenden Diskriminierungsverbote des AGG erfüllen diese Anforderungen (*Martiny* ZEuP 2008, 79, 99; **aA** Rauscher/*v. Hein* Art. 8 Rn. 38). Ob dasselbe auch für die zivilrechtl. Lohnwuchergrenze aus § 138 BGB gilt (BAG 22.4.2009 NZA 2009, 837), ist noch nicht abschl. geklärt (ArbG Bielefeld 2.12.2008 BeckRS 2008, 58340; MüKoBGB/*Martiny* Art. 9 Rn. 47 ff.). Das BAG (24.3.1992 NZA 1992, 1129) stellt darauf ab, ob Eingriffsnormen zumind. *auch* im Interesse des Gemeinwohls und nicht nur im Individualinteresse getroffen worden sind (BAG 12.1.2005 NZA 2005, 627; 18.4.2012 NZA 2012, 1152; zust. BGH 13.12.2005 NJW 2006, 762; BR/*Spickhoff* Art. 9 Rn. 11). Ein bloß reflexartiger Schutz v. Gemeinwohlinteressen, wie bei Normen zum Schutz bestimmter Bevölkerungsgruppen genügt dafür nicht (BAG 13.11.2007 NZA 2008, 761; BGH 13.12.2005 NJW 2006, 762). Als positive Anzeichen gelten, dass Gerichte oder Behörden an der Durchführung oder Überwachung beteiligt sind (BAG 24.8.1989 NZA 1990, 841; 3.5.1995 NZA 1995, 1191) oder dass die Vorschr. Verbots- oder Gebotsgesetz bzw. sanktionsbewehrt ist (*Junker* FS 50 Jahre BAG S. 1197,

1213; *Gräf* ZfA 2012, 557, 610). Daraus hat das LAG HE (16.11.1999 NZA-RR 2000, 401) den Umkehrschluss gezogen, dass Normen keinen int. zwgd. Charakter besitzen, sobald ihre Durchsetzung dem AN selbst überlassen ist. Das überzeugt allerdings nicht (*Mankowski AR-Blattei* ES 920 Nr. 7 und 8): Das formale Kriterium der Rechtsdurchsetzung durch öffentl. Institutionen schafft ledigl. ein Indiz dafür, dass eine Vorschr. v. hoher Bedeutung für ein staatl. Interesse ist. Das staatl. Interesse kann sich aber auch aus anderen Gesichtspunkten begr., und ist jeweils gesondert zu prüfen. Im Einzelfall ist die Abgrenzung freil. probl., da im ArbR auch individualschützenden Normen in aller Regel ein allg. sozialpolitischer Zweck (darauf stellt maßgebl. ab: *v. Hoffmann* IPRax 1989, 261, 263) zugrunde liegt (vgl. *Gamillscheg* ZfA 1983, 307, 344; *Beitzke* RabelsZ 48 (1984) 644 f.; *Schlachter* NZA 2000, 57, 61 f.; *Stoll*, Eingriffsnormen im IPR, Diss. Mannheim 2001 S. 26 ff.). Daher scheint es insg. praktikabler, ANSchutzvorschriften ua. Individualansprüche Art. 8 zu unterstellen, solange der Gemeinwohlbezug nicht deutl. überw.; Art. 9 sollte demggü. restriktiv ausgelegt werden (BGH 24.9.2014 NJW 2015, 1690; *Freitag/Leible* ZIP 1999, 1296; BR/Spickhoff Art. 9 Rn. 12; HWK/*Tillmanns* Rn. 35;*Jauernig/Mansel* Vor Art. 1 Rom I Rn. 53).

Zwingende Bestimmungen ausl. Rechts wurden nach früherer Rechtslage in Deutschland nicht 22 angewendet, da die Möglichkeit genutzt worden war, einen dahingehenden Vorbehalt zu erklären (*Deinert* RdA 2009, 144, 151). Art. 9 III enthält keine Vorbehaltsmöglichkeiten mehr, hat aber einen inhaltl. stark eingeschränkten Regelungsbereich. Berücksichtigt werden nur die (int. zwgd.) Eingriffsnormen des Staates, in dem die Vertragspflichten erfüllt wurden/zu erfüllen sind, soweit diese Normen die Vertragserfüllung unrechtmäßig werden lassen. Ob auch anderweitige ausl. Eingriffsnormen berücksichtigt werden dürfen, wurde bezweifelt (BAG 25.2.2015 NZA 2015, 542), und zwar sowohl für Verbote wie für Gebote, die nur Verträge mit einem bestimmten Inhalt erfüllbar werden lassen (*Freitag* IPRax 2009, 109, 115). Ausl. Eingriffsnormen werden nur dann als Rechtsnormen angewendet, wenn sie entweder dem Gerichtsstaat oder dem Staat zuzurechnen sind, in dem die Vertragspflichten erfüllt werden (BAG 25.2.2015 NZA 2015, 542; EuGH 18.10.2016 NZA 2016, 1389). Lediglich eine materiell-rechtl. Berücksichtigung kommt in Betracht (*Deinert* § 10 Rn. 161; *Mankowski* RiW 2016, 815, 816). Als Fakten werden die Umstände der fremden Eingriffsnormen auch unter Geltung des gewählten Rechts berücksichtigt (MüKoBGB/*v. Hein* Einl. IPR Rn. 289, 291). An der bislang v. der Rspr. verwendeten „faktischen Berücksichtigung" zwgd. Bestimmungen eines auf den Vertrag anwendbaren ausl. Rechts kann daher festgehalten werden (Palandt/*Thorn* Art. 9 Rn. 13).

Entschiedene Fälle: Die dt. Regelungen zum Betriebsübergang (§ 613a BGB) sowie die Normen des 23 Ersten Abschn. (§§ 1 bis 14) des KSchG werden v. der Rspr. nicht als int. zwgd. angesehen (BAG 24.8.1989 NZA 1990, 841; 22.10.2015 NZA 2016, 473; *Deinert* RdA 2009, 144; **aA** *Birk* RdA 1989, 201, 207; *Däubler* RIW 1987, 249, 255; *Krebber,* IPR des Kündigungsschutzes, Diss. Trier 1997 S. 312 ff.); demggü. unterfallen die Vorschr. zur Massenentlassung, §§ 17 ff. KSchG, dem Art. 9 (so wohl BAG 24.8.1989 NZA 1990, 841), da sie den dt. Arbeitsmarkt schützen. Der betriebsverfassungsrechtl. Kündigungsschutz gem. §§ 102, 103 BetrVG und § 15 KSchG wird v. der Rspr. auf Betriebe begrenzt, die ihren Sitz in Deutschland haben (BAG 9.11.1977 NJW 1978, 1124; 7.12.1989 NZA 1990, 658; krit. *Deinert* RIW 2008, 148), sofern kein Fall der „Ausstrahlung" vorliegt, vgl. Rn. 30.

Die Kündigungs- und Entgeltschutzvorschriften zugunsten v. Schwangeren und Müttern werden v. 24 der Rspr. ebenfalls auf alle Betriebe mit Sitz in Deutschland angewendet (BAG 24.8.1989 NZA 1990, 841). Die int. zwgd. Wirkung iSd. Art. 9 wird ausdr. betont (BAG 12.12.2001 NZA 2002, 734; LAG HE 16.11.1999 NZA-RR 2000, 401; KR/*Weigand,* Int. Arbeitsvertragsrecht, Rn. 103 f.; vgl. auch MuSchG § 1 Rn. 13). § 2 EFZG wird nicht als Eingriffsnorm verstanden (BAG 18.4.2012 NZA 2012, 1152), da öffentl. Interesse zwar an der Feiertagsruhe, nicht aber an deren Entgeltlichkeit bestehe. Abgelehnt hat das LAG HE (16.11.1999 NZA-RR 2000, 401; anders: BAG 12.12.2001 NZA 2002, 734) eine Sonderanknüpfung v. § 3 EFZG, wiederum mit der unzureichenden (Rn. 21) Begr. der Durchsetzung durch den AN persönl. Überw. wird das in der Lit. anders gesehen (Soergel/*v. Hoffmann* Art. 30 EGBGB Rn. 24; MüArbR/*Oetker* § 11 Rn. 78; *Benecke* IPRax 2001, 449; **aA** *Franzen AR-Blattei* SD 920 Rn. 143). Gegen eine Einbeziehung in Art. 9 spricht der Umstand, dass es sich trotz der Einbettung des EFZG-Anspruches in das tw. sozialrechtl. organisierte (Krankengeld) Gesamtsystem um einen ges. angeordneten Ersatz des Vergütungsanspruches handelt. Das BAG (18.4.2012 NZA 2012, 1152) erkennt mittlerweile § 3 EFZG als Eingriffsnorm an, sofern der AN dt. Sozialversicherungsrecht unterliegt; für eine weitere Einbeziehung BAG 12.12.2001 NZA 2002, 734; *Deinert* § 12 Rn. 37). Als Eingriffsnormen wurden (LAG HE 16.11.1999 NZA-RR 2000, 401) dagegen §§ 15, 18 BErzGG aF angesehen, sowie die Schutzvorschriften zugunsten v. Schwerbehinderten (BAG 10.12.1964 E 17, 1). Für die Zustimmung des Integrationsamts gilt das nur (BAG 22.10.2015 NZA 2016, 473) bei Beschäftigung im Inland. Das BAG (24.3.1992 NZA 1992, 1129) hatte auch die materiell-rechtl. Insolvenzvorschriften Art. 9 unterstellt, da sie so eng mit den verfahrensrechtl. Vorschr. verknüpft sind, dass das Recht am Ort des Verfahrens maßgebl. sein muss. Der Anspruch auf Mindestlohn, §§ 1, 20 MiLoG ist als Eingriffsnorm ausgestaltet (*Franzen* EuZW 2015, 449). Der AZVerringerungsanspruch gem. § 8 TzBfG ist dagegen keine Eingriffsnorm (BAG 13.11.2007 NZA 2008, 761; zust. *Junker* EuZA 2008, 88).

25 Ob **Tarifnormen** Eingriffsnormen iSd. Art. 9 darstellen *(Deinert* § 10 Rn. 37), ist einzelfallabhängig: Das AEntG schafft Eingriffsnormen, indem es die zwgd. Geltung v. Tarifnormen auf ausl. AG erstreckt (BAG 28.9.2005 NZA 2006, 379, 382; 3.5.2006 NZA-RR 2007, 641; 21.9.2016 BeckRS 2016, 74223). Dass die hiermit umgesetzte EntsendeRL primärrechtswidrig gegen die Dienstleistungsfreiheit verstoße (Rauscher/*Thorn* Art. 9 Rn. 27), ist vom EuGH nicht bestätigt worden. Tarifl. Bestimmungen, die nicht durch gesetzl. Anwendungsbefehl wirken, können zwar ebenfalls eine wirtschafts- oder arbeitsmarktpolitische Steuerung bezwecken, ihre int. Durchsetzungsfähigkeit bleibt aber auch dann begründungsbedürftig, wenn sie ausdr. festlegen, dass sie int. angewendet werden wollen. Das BAG hatte (vor der IPR-Neuregelung, 4.5.1977 NJW 1977, 2039) selbst allgemeinverbindl. erklärte TV nicht als Ausdruck des ordre public anerkannt. Das lässt zumind. den Schluss zu, dass entgegen der Lit. (*Hönsch* NZA 1987, 113; *Däubler* AuR 1990, 1) ein TV nicht wegen Allgemeinverbindlichkeit bereits als int. zwgd. angesehen werden wird (BAG 12.1.2005 NZA 2005, 627). Für die dort aufgenommenen Branchen ist das Problem aber nunmehr über das AEntG zu lösen.

26 Gem. **Art. 21** ist eine ausl. Rechtsnorm im Inland nicht anwendbar, wenn dies mit wesentl. Grdl. des dt. Rechts, insb. den Grundrechten, unvereinbar wäre. Art. 21 zielt auf den Schutz absolut unverzichtbarer Rechtsprinzipien gegen ausländ. Normen, die auch v. ausl. (entwickelten) Rechtsordnungen nur selten angegriffen zu werden pflegen. Die Bedeutung des **ordre public-Vorbehalts** ist daher im ArbR gering (BAG 26.2.1985 NJW 1985, 2910; vgl. aber BAG 3.5.1995 NZA 1995, 1191), zumal die Zulassung ausl. ArbR ohnehin durch Art. 3 III, 8 I und 9 stark eingeschränkt ist (Staudinger/*Magnus* Art. 8 Rn. 24 f.).

27 **6. Umfang des Vertragsstatuts.** Das nach obigen Grds. bestimmte materielle Recht gilt gem. Art. 10 I für das **Zustandekommen** und die Wirksamkeit des Arbeitsvertrages und gem. Art. 12 ua. für die Vertragsauslegung, die **Vertragserfüllung,** die Folgen der **Nichterfüllung und das Erlöschen** der Verpflichtungen. Aufhebungsverträge werden ebenso dem Vertragsstatut unterstellt (MüArbR/*Oetker* § 11 Rn. 110; Staudinger/*Magnus* Art. 8 Rn. 240; **aA** *Knöfel* ZfA 2006, 397, 415) wie der privatrechtl. Kündigungsschutz; zur Beschränkung des Geltungsbereichs des KSchG auf das Inland (so: BAG 3.6.2004 NZA 2004, 1380; 17.1.2008 NZA 2008, 872; krit.: *Junker* FS Konzen 2006 S. 376; *Deinert* RIW 2008, 148; KR/*Bader* KSchG § 23 Rn. 24; APS/*Moll* KSchG § 23 Rn. 37). Zu nachvertragl. Wettbewerbsverboten (*Thomas/Weidmann* DB 2004, 2694). Damit werden grds. alle Rechtsfragen zu Begr., Inhalt, Durchführung und Beendigung v. Arbeitsverträgen v. Vertragsstatut erfasst (*Reithmann/Martiny* Rn. 62948 f.). Auf bestimmte Normgruppen ist das nicht beschränkt; auch öffentl. rechtl. und tarifl. Normen sind erfasst, wenn sie den Inhalt von ArbVerh. regeln (EUArbR/*Krebber* Art. 3, 8 Rn. 46). Die **deliktische Haftung** zwischen den Arbeitsvertragsparteien beurteilt sich seit Januar 2009 nach der Rom II-VO (EG-VO 864/2007 v. 11.7.2007 ABl. EU 2007 L-199/40).

28 **7. Kollektives Internationales Arbeitsrecht.** Art. 8 ist auf das kollektive ArbR (Betriebsverfassungsrecht, Tarifrecht, Arbeitskampfrecht) nicht anwendbar; im Arbeitskampfrecht ist die Rom II-VO zu beachten, die die Schadensfolgen aus Kampfmaßnahmen unionseinheitl. regelt (vgl. unten Nr. 536). Die iÜ geltenden Anknüpfungsregeln sind in Rspr. und Lit. entwickelt worden. Ledigl. für die Seebetriebsverfassung ist eine Anknüpfung an die Bundesflagge in § 114 IV BetrVG ausdr. geregelt. Zur kollisionsrechtlichen Einordnung „europ. BV" vgl. *Rehberg* NZA 2013, 73 ff.

29 **a) Internationales Betriebsverfassungsrecht.** Ob BR, GesamtBR oder KonzernBR in grenzüberschreitenden Unternehmen zu wählen sind, oder ob entsandte AN v. BR vertreten werden, bestimmt das **Internationale Betriebsverfassungsrecht.** Die Rspr. leitet dessen Inhalt aus dem „räuml. Anwendungsbereich" des BetrVG her, der v. **Territorialitätsprinzip** bestimmt werde (BAG 22.7.2008 NZA 2008, 1248; *Mückl/Kaueroff* ArbR 2013, 567, 568). Daher wird an den Betriebssitz (MüArbR/*Oetker* § 11 Rn. 128; *Richardi* IPRax 1983, 217; **aA** *Gamillscheg*, Internationales ArbR, 1959 S. 370) angeknüpft: Alle in Deutschland gelegenen Betriebe unterliegen dem BetrVG (BAG 7.12.1989 NZA 1990, 658; 21.11.1996 NZA 1997, 493), auf das Vertragsstatut der Arbeitsvertragsparteien, ihre Staatsangehörigkeit, ihren Wohnsitz usw. kommt es nicht an (BAG 9.11.1977 NJW 1978, 1124; 22.3.2000 NZA 2000, 1119; 20.2.2001 NZA 2001, 1033). Zur Begr. wird angeführt, dass die Mitwirkungsrechte des BR nicht aus dem ArbVerh. abgeleitet werden, sondern in den Organisationseinheiten gelten, in denen wirksam ANVertretungen nach dem BetrVG gebildet werden können. Im Ausland gelegene Betriebe, Betriebsteile oder Nebenbetriebe unterliegen somit nicht dem BetrVG (BAG 25.4.1978 DB 1978, 1840), selbst wenn sie Teil eines dt. Unternehmens sind, während im Inland gelegene Betriebe ausl. Unternehmen der BetrVerf. unterstehen; für das Personalvertretungsrecht gilt Entspr. (BAG 21.11.1996 NZA 1997, 493). In ausl. Betrieben beschäftigten ausl. AN soll daher kein Wahlrecht zu einem dt. BR zuerkannt werden (LAG D 27.7.2005 BeckRS 2005, 42587). Dass die Unternehmensleitung im Ausland sitzt, hindert die Bildung v. GesamtBR, Wirtschaftsausschuss oder KonzernBR nicht (BAG 22.7.2008 NZA 2008, 1248; MüArbR/*Oetker* § 11 Rn. 128), sofern die Voraussetzungen ihrer Errichtung im Inland erfüllt sind; ausl. Betriebe können auch für diesen Zweck nicht einbezogen werden (vgl. BetrVG § 106 Rn. 2; Richardi/*Annuß* § 106 Rn. 14; MüArbR/*Joost* § 231 Rn. 10; **aA** DKKW/*Däubler* § 106 Rn. 28 f.). Die Rechtslehre folgt dem idR iE, kritisiert jedoch die Begr. mit dem

Territorialitätsprinzip als überholt (*Franzen AR-Blattei* SD 920 Rn. 186 ff.; *Junker* RIW 2001, 94, 105; *Däubler* AiB 2000, 392, 393 f.; *Fischer* RdA 2002, 160, 162 f.).

Davon wird der (int.) „pers. Anwendungsbereich" des BetrVG abgegrenzt: Grds. ist das Gesetz zwar auf AN, die im Ausland beschäftigt werden, nicht anwendbar (BAG 21.10.1980 NJW 1981, 1175), außer in den sog. **Ausstrahlungs**fällen, in denen ein AN nur vorübergehend ins Ausland entsandt wird (Rn. 13). Wer einem inländischen Betrieb angehört, soll der BetrVerf. nicht wegen seiner Auslandstätigkeit entzogen werden (*Birk* FS K. Molitor 1988 S. 19 ff.): bei der Kündigung ist § 102 BetrVG zu beachten (BAG 9.11.1977 NJW 1978, 1124), Lohnzulagen für ins Ausland Entsandte sind mitbestimmungspflichtig (BAG 30.1.1990 NZA 1990, 571). Eine spezifisch kollisionsrechtl. Regelung ist dies freil. nicht, vielmehr geht es um die schlichte Auslegung des Betriebszugehörigkeitsbegriffs (*Franzen AR-Blattei* SD 920 Rn. 203; *Schlachter* NZA 2000, 57, 63). Dementspr. endet die Zust. des BR mit dem Verlust der Zugehörigkeit zu einem inländischen Betrieb: Wer auf unbestimmte Zeit ins Ausland entsandt ist, ohne dass eine Anschlussbeschäftigung im Inland gepl. ist, scheidet aus der BetrVerf. aus (BAG 20.2.2001 NZA 2001, 1033; krit. *Däubler* AuR 1990, 1). Entscheidend kommt es dafür auf den Fortbestand einer Bindung zum Inlandsbetrieb an, wodurch auch immer diese vermittelt wird (BAG 7.12.1989 NZA 1990, 658). Vielfach wird es sich um die andauernde Ausübung des Direktionsrechts durch den Inlandsbetrieb handeln (BAG 20.2.2001 NZA 2001, 1033), einschl. der Kompetenzen in personellen Angelegenheiten, wie zB bei grenzüberschreitender ANÜberlassung, auch innerhalb desselben Konzerns (BAG 22.3.2000 NZA 2000, 1119); die Rspr. erkennt aber auch einem vertragl. Rückrufsrecht starke Indizwirkung zu (BAG 20.2.2001 NZA 2001, 1033). Der BR bleibt für diese AN weiterhin zust., ist also insb. bei personellen Maßnahmen zu beteiligen. Umgekehrt ist nach Ansicht der Rspr. das BetrVG nicht anwendbar auf AN, die ausschl. für den Auslandseinsatz eingestellt werden, ohne je einem inländischen Betrieb zugeordnet gewesen zu sein (BAG 21.10.1980 NJW 1981, 1175; **aA** *Junker,* Internationales ArbR im Konzern, 1992 S. 385) oder für im Ausland eingestellte AN („Ortskräfte") (BAG 21.10.1980 NJW 1981, 1175); zugunsten dieser AN kann der BR nicht tätig werden. Gerade umgekehrt argumentiert BVerwG (10.11.2005 PersV 2006, 144) für das Personalvertretungsrecht. Maßgebend sollte allerdings auch für AuslandsarbVerh. die Betriebszugehörigkeit der AN sein (Richardi/*Richardi* Einl. Rn. 72, 74). „Ortskräfte" in ausl. Dienststellen des Bundes werden v. den dort gem. § 91 I Nr. 1 BPersVG zu bildenden Personalvertretungen ebenfalls nicht repräsentiert, da diese – insoweit gleichlfd. mit der BetrVerf – kein Wahlrecht zum PR besitzen (BAG 21.11.1996 NZA 1997, 493). Soweit im Ausland beschäftigte AN dem BetrVG unterfallen, sind sie zum BR wahlberechtigt und wählbar (BAG 22.3.2000 NZA 2000, 1119); werden sie in den BR gewählt, gelten sie jedoch als zeitweilig verhindert, § 25 I 2 BetrVG (Richardi/*Richardi* Einl. Rn. 80). 30

Ob der BR für solche vorübergehend entsandten AN aber auch Teilbetriebsversammlungen abhalten darf (zust. LAG HM 15.11.1979 E ArbGG 1979 § 61 Nr. 1; abl. BAG 27.5.1982 NJW 1983, 413), ist demggü. strittig. Die Rspr. beschränkt die Anwendbarkeit v. Organisationsvorschriften des BetrVG idR auf das Inland; in der Lit. wird dies überw. anders gesehen (Richardi/*Annuß* vor § 42 Rn. 9; MüArbR/*Oetker* § 11 Rn. 129), Kostenerstattung für die Teilnahme eines Mitglieds der französischen ANVertretung der Schwestergesellschaft an einer Betriebsversammlung in Deutschland ist jedoch bereits gewährt worden (LAG BW 16.1.1998 NZA-RR 1998, 306), wenn auch ohne Auseinandersetzung mit dem Auslandsbezug unmittelbar aus § 40 BetrVG. Weiterhin hat das BAG aus dem Territorialitätsprinzip abgeleitet, dass die **Mitbestimmungssperre** aus § 87 I Eingangssatz BetrVG nur v. dt., nicht aber v. ausl. Normen ausgelöst werden kann (BAG 22.7.2008 NZA 2008, 1248; krit. *Boemke* DB 2010, 843, 845). Die Begr. ist erneut zw.: Ob eine Sperrwirkung ausgelöst werden kann, hängt v. der Anwendbarkeit der fragl. Rechtsnorm auf die ArbVerh. ab, und ob der Regelungsinhalt zwgd. und abschl. ist. Die Anwendbarkeit der Rechtsnorm auf die ArbVerh. folgt dabei aus der Rom I-VO, nicht aus dem Territorialitätsprinzip. 31

b) Internationales Tarifvertragsrecht. Das **Internationale TVRecht** entscheidet zunächst darüber, welche Rechtsordnung für das Zustandekommen, die Wirkungen und die Beendigung v. TV zust. ist (TVStatut). Weiter wird festgelegt, welche ArbVerh. mit Auslandsbezug v. einem TV normativ geregelt werden können. Dabei ist die Wahl des auf den TV anwendbaren Rechts in Fällen mit Auslandsberührung zulässig (BAG 11.9.1991 NZA 1992, 321; MüKoBGB/*Martiny* Art. 8 Rn. 154; *Franzen* AR-Blattei SD Nr. 920 Rn. 307 mN; krit. Wiedemann/*Thüsing* § 1 Rn. 108; *Gamillscheg* KollArbR I S. 492; *Hergenröder AR-Blattei* SD 1550.15 Rn. 57). Dies ist konsequente Anwendung der Entsch. in Art. 3, wenn man den TV zumind. als auch schuldrechtl. Vertrag gelten lässt; schließl. ist die Rechtswahl bei Beteiligung überstaatl. Zusammenschlüsse an der Vereinb. die einzige Möglichkeit, den Schwierigkeiten einer sonst notwendigen obj. Anknüpfung zu entgehen. Fehlt es an einer ausdr. Rechtswahl, kann aus der Unterstellung etwaiger Rechtsstreitigkeiten unter die dt. Arbeits-/Sozialgesetzgebung auf eine konkludente Rechtswahl geschlossen werden (BAG 16.2.2000 NZA 2001, 331). Weitere Anhaltspunkte sind Bezugnahme auf ein bestimmtes Tarifrecht oder die Anmeldung zu nur einem Tarifregister. Haben die Tarifparteien eine Rechtswahl nicht getroffen, ist die für ihre Vertragsbeziehung maßgebl. Rechtsordnung obj., dh gem. Art. 4 II, III zu bestimmen (BAG 16.2.2000 NZA 2001, 331; LAG NI 4.4.2003 BeckRS 2003, 30798426; *Deinert*, FS Bepler 2012, S. 75, 84; *Zachert* NZA 32

2000, 121, 122), was für den schuldrechtl. Teil des TV weitgehend unstrittig ist (vgl. BAG 16.2.2000 NZA 2001, 331; *Hergenröder AR-Blattei* SD 1550.15 Rn. 50; Wiedemann/*Thüsing* § 1 Rn. 108). Für den normativen Teil wird zT an das Arbeitsvertragsstatut der v. TV erfassten ArbVerh. angeknüpft (so wohl BAG 20.8.2003 BeckRS 2003, 41773; *Löwisch/Rieble* Grdl. Rn. 404, 415), da die Tarifwirkung dem staatl. Recht zu entnehmen sei. Für eine Gleichbehandlung v. normativem und schuldrechtl. Teil des TV spricht indessen va. die Praktikabilität, die eine Beachtung des Zusammenhanges beider Teile gebietet. Gem. Art. 4 II wird vermutet, dass die maßgebl. engste Verbindung des TV zu der Rechtsordnung desjenigen besteht, der die vertragscharakteristische Leistung erbringt. Diese zu bestimmen, ist für TV nicht ohne weiteres mögl. (*Hergenröder AR-Blattei* SD 1550.15 Rn. 78; *Schlachter* NZA 2000, 57, 64). Doch kann der Schwerpunkt der Mehrheit der v. TV erfassten ArbVerh. herangezogen werden, oder, wenn ein solcher nicht feststellbar ist, der Verwaltungssitz der TVParteien.

33 Nach dem Tarifstatut bestimmt sich neben dem Zustandekommen, der Wirksamkeit und der Beendigung des TV selbst insb. die Tariffähigkeit der vertragschließenden Parteien (BAG 16.2.2000 NZA 2001, 331). Die Voraussetzungen des § 2 TVG müssen daher auch v. überstaatl. Zusammenschlüssen erfüllt werden, wenn sie Vereinb. mit der normativen Wirkung des § 4 I TVG abschl. wollen (LAG NI 4.4.2003 BeckRS 2003, 30798426; *Franzen* EzA TVG § 4 Seeschifffahrt Nr. 1). Die Rechtsfähigkeit einer TVPartei bestimmt sich nach dem Recht am Sitz der Vereinigung. Nach dem Tarifstatut bestimmen sich der Umf. der Tarifbindung sowie die Wirkungen der Tarifregeln auf die tarifgebundenen ArbVerh. (*Birk* RabelsZ 46 (1982), 384, 405; *Hauschka/Henssler* NZA 1988, 597, 599).

34 Ob der normative Teil des **TV auf ArbVerh. anwendbar** ist, die (auch) im Ausland durchgeführt werden, wird unterschiedl. beurteilt: Nach der Rspr. wird die normative Wirkung eines inländischen TV auf einen Auslandsmitarbeiter gem. § 4 TVG durch die Unterstellung des TV unter das dt. Recht erreicht (BAG 20.8.2003 BeckRS 2003, 41773). Der TV ist dann nur anwendbar, wenn TVStatut und ArbV-Statut übereinstimmen. TV können bei entspr. Inlandsbezug jedoch grds. auch solche ArbVerh. erfassen, die ausl. Recht unterstehen, – sofern nur Tarifgebundenheit besteht (*Birk* RdA 1984, 136; *Hauschka/Henssler* NZA 1988, 597, 599; Däubler/*Däubler* Einl. Rn. 729 ff.; **aA** Wiedemann/*Wiedemann* § 1 Rn. 69, 73; *Junker*, Internationales ArbR im Konzern, 1992 S. 430 ff.; *Thüsing* BB 2004, 1333). Fehlt eine erkennbare Bestimmung über die Anwendbarkeit des TV auf Auslandsarbeit, sind entspr. den auf die BetrVerf. anwendbaren Grds. (Rn. 29) die ArbVerh. vorübergehend entsandter AN erfasst. Anders sieht dies freil. das BAG (9.7.2003 BeckRS 2003, 41472), das dt. Tarifparteien die Regelungskompetenz nur für solche ArbVerh. zuerkennt, die dt. ArbR unterliegen. Die **AVE** eines inländischen TV kann sich ggü. der Bindung der Parteien an einen ausl. TV nur dann durchsetzen, wenn die Arbeit im Inland geleistet wird und der zugrundeliegende TV diese ArbVerh. überhaupt erfassen will (*Däubler* AuR 1990, 1, 10; *Franzen* DZWIR 1996, 89, 91). Anders wiederum BAG (4.5.1977 NJW 1977, 2039; 9.7.2003 BeckRS 2003, 41472): Danach unterstehen auch Normen eines allgemeinverbindl. TV dem Arbeitsvertragsstatut, gelten also für ausl. Recht unterliegende ArbVerh. nicht; dem Rechtsgedanken v. § 1 I 1 AEntG aF entspricht dieses Erg. jedoch nicht (*Schlachter* RdA 2004, 179, 181; *Franzen AR-Blattei* SD 920 Rn. 321). Inländische TV gelten weiterhin für die ArbVerh. tarifgebundener AN im Ausland im Falle der Entsendung oder wenn es sich um TV zur Regelung v. Auslandssachverhalten handelt (BAG 11.9.1991 NZA 1992, 321), solange diese nicht mit zwgd. Ortsrecht in Konflikt geraten.

536. Verordnung (EG) Nr. 864/2007 des Europäischen Parlaments und des Rates vom 11. Juli 2007 über das auf außervertragliche Schuldverhältnisse anzuwendende Recht („Rom II")

(ABl. Nr. L 199 S. 40, ber. 2012 Nr. L 310 S. 52)

– Auszug –

Art. 9 Arbeitskampfmaßnahmen

Unbeschadet des Artikels 4 Absatz 2 ist auf außervertragliche Schuldverhältnisse in Bezug auf die Haftung einer Person in ihrer Eigenschaft als Arbeitnehmer oder Arbeitgeber oder der Organisationen, die deren berufliches Interesse vertreten, für Schäden, die aus bevorstehenden oder durchgeführten Arbeitskampfmaßnahmen entstanden sind, das Recht des Staates anzuwenden, in dem die Arbeitskampfmaßnahme erfolgen soll oder erfolgt ist.

1 Der Arbeitskampf ist nicht automatisch eine unerlaubte Handlung, deren Schadensfolgen sich Art. 9 zuordnen lassen. Wann dies tats. der Fall ist, wird ges. nicht festgelegt: Ob ein Arbeitskampf rechtmäßig ist, sich zulässiger Mittel bedient oder v. kampfbefugten Beteiligten geführt wird bestimmt grds. das Recht am Arbeitskampfort (*Hergenröder* FS Birk 2008 S. 206 ff.; *Deinert* § 16 Rn. 21). So hat der EuGH (18.12.2007 NZA 2008, 159) eine Betriebsblockade als rechtmäßiges Kampfmittel akzeptiert, weil die nationale (schwedische) Rechtsordnung dies, ebenso wie den Sympathiestreik, anerkennt. Kollisionsrechtl. Fragen bei der Beurteilung v. Arbeitskämpfen stellen sich erst, wenn ein relevanter Auslandsbezug vorhanden ist, Art. 1 I. Dieser Bezug wird dadurch vermittelt, dass der Arbeitskampf grenzüberschreitend geführt wird bzw. dass an ihm auch Ausländer oder transnational organisierte Parteien beteiligt sind. Ledigl. für die **Geltendmachung v. deliktischen Schadensersatzansprüchen** trifft Art. 9 nunmehr eine ausdr. Regelung, die in der EU auf alle schadensbegr. Ereignisse seit dem 11.1.2009 unmittelbar anwendbar ist (EuGH 17.11.2011 NZA 2012, 441; *v. Hein* VersR 2007, 440, 442; *Deinert* § 16). Die VO verdrängt in ihrem Anwendungsbereich entgegenstehendes nationales Recht und entfaltet unmittelbare Rechtswirkungen, ohne dass es eines Umsetzungsgesetzes bedarf. V. dem **räuml. Anwendungsbereich** ist die Verpflichtung zur **universellen Anwendung** unterschieden, die sich die VO beigelegt hat: Sie regelt alle außervertragl. Schuldverhältnisse, die eine Verbindung zum Recht verschiedener Staaten aufweisen, auch wenn es sich nicht um Mitgliedstaaten der EU handelt. Dabei hat der Richter auch Drittstaatenrecht anzuwenden, falls es nach der VO als einschlägig erwiesen ist. V. einem außervertragl. Schuldverhältnis iSd. Rom II-VO ist auszugehen, wenn keine Partei der anderen ggü. freiwillig eine Verpflichtung übernommen hat; durch Art. 9 ist festgelegt, dass arbeitskampfbedingte Schäden eine Rechtsbeziehung idS begr. **Zeitl.** anwendbar ist die VO auf alle schadensbegr. Ereignisse, die ab dem 11.1.2009 eintreten. Auf den Zpkt. des Eintritts des Schadens bzw. Folgeschadens selbst kommt es nicht an. **Pers.** ist Art. 9 anwendbar auf Personen in ihrer Rolle als AN oder AG und auf Organisationen, die deren berufl. Interessen vertreten, wenn sie durch Arbeitskampfmaßnahmen Schäden verursacht haben. Der AN/AG-Begriff ist unionsrechtl. zu bestimmen, ergänzt durch das Recht am Ort der Maßnahme. Erfasst werden Arbeitskampfmaßnahmen danach sowohl, wenn sie kollektiv (v. Organisationen), wie auch, wenn sie individuell (v. AN und AG) durchgeführt werden. Auch die persönl. Haftung v. Funktionsträgern der Interessenorganisationen ist einbezogen. Geregelt wird die Haftung für bereits eingetretene und für bevorst. Schäden, damit auch der im Arbeitskampfrecht verbreitete vorl. Rechtsschutz (Unterlassungsklagen) erfasst werden kann (Art. 2 II, III, Art. 15c; *Knöfel* EuZA 2008, 228, 236; MüKoBGB/*Junker* Rn. 22). Die Voraussetzungen für die Durchführung v. Arbeitskämpfen oder die Rechtsstellung der zum Arbeitskampf berechtigten AN-Organisationen regelt die VO nicht, vgl. Erwägungsgrund Nr. 28. Da Art. 9 die mögl. Anspruchsteller nicht einschränkt, sollten alle Schadensersatzansprüche gegen die genannte Anspruchsgegner erfasst werden, auch die Dritter (*Deinert* § 16 Rn. 35; *Leible/Lehmann* RiW 2007, 721, 731; EUArbR/*Krebber* Rn. 10).

2 Auf Arbeitskampfmaßnahmen zurückgehende Schäden unterliegen grds. dem Recht des Staates, das die Parteien nachträgl. gewählt haben, Art. 14 (*Wagner* IPRax 2008, 10; BR/*Spickhoff* Rn. 3; MüKoBGB/*Junker* Rn. 7). Fehlt es an einer solchen Rechtswahl, gilt wegen des Verweises auf Art. 4 II das Recht des gemeinsamen gewöhnl. Aufenthaltes der Parteien vorrangig. Maßgebend ist der Sitz v. AN/Gewerkschaft und AG oder dessen Niederlassung. Ist ein gemeinsamer gewöhnl. Aufenthalt feststellbar, bestimmt er die maßgebl. Rechtsordnung auch dann, wenn die schadensstiftende Kampfmaßnahme im Ausland ergriffen wurde. Erst wenn es auch an diesem gemeinsamen gewöhnl. Aufenthaltsort fehlt, sind die Arbeitskampfmaßnahmen nach dem Recht des Staates zu beurteilen, in dem

die Maßnahme ergriffen wurde oder erfolgen soll. Dabei ist jede weitere Kampfmaßnahme gesondert zu betrachten. Würden also in mehreren Staaten Maßnahmen ergriffen, unterläge jede der Rechtmäßigkeitsprüfung nach ihrem jeweiligen Heimatrecht, (MüKoBGB/*Junker* Rn. 29) denn eine einheitl. Betrachtung nach dem Schwerpunkt (so: *Leible/Lehmann* RIW 2007, 721, 731) ist in Art. 9 nicht angedeutet (*Knöfel* EuZA 2008, 228, 237; EUArbR/*Krebber* Rn. 6). Die Haftung für einen rechtswidrigen Arbeitskampf bestimmt sich daher nach dem Recht des Ortes, an dem die jeweilige rechtswidrige Maßnahme ergriffen wurde. Kampfmaßnahmen, die am Durchführungsort rechtmäßig sind, sollen nicht nach anderem Recht zur Haftung führen können (*Kadner-Graziano* RabelsZ 73 (2009), 458; *C. Heinze* RabelsZ 73 (2009), 770, 781; *Deinert* § 16 Rn. 2). Die Anwendung der Ordnungsvorstellungen des Handlungsortes könnte anderenfalls v. den Gerichten als Bestandteil des ordre public durchzusetzen versucht werden. Insb. die v. einem Schiffsboykott im Hafen begleiteten Seeleutestreiks unterstehen dem Recht des Hafenstaats, in dem oder v. dem aus die Boykottmaßnahmen jeweils erfolgen (*Magnus* FS Posch 2011 S. 443, 459). Welche Handlungen unter den **Begriff der Arbeitskampfmaßnahme** fallen, bestimmt die VO nicht unionsrechtsautonom, sondern verweist auf die Definitionen im Recht der Mitgliedstaaten, vgl. Erwägungsgrund Nr. 27 (*Deinert* § 16 Rn. 4). Daher kann in den Mitgliedstaaten unterschiedl. beurteilt werden, ob eine Maßnahme in den Anwendungsbereich der VO fällt oder nicht; maßgebl. hierfür kann das Recht des Mitgliedstaates am Sitz des angerufenen Gerichts (BR/*Spickhoff* Rn. 1) sein, naheliegender allerdings das Recht an dem Ort, an dem die Maßnahme ergriffen wurde (*Deinert* § 16 Rn. 4; EUArbR/ *Krebber* Rn. 5; *C. Heinze* RabelsZ 73 (2009), 770, 782). Da Art. 9 nur Ansprüche aus unerlaubter Handlung regelt (MüKoBGB/*Junker* Rn. 11), werden Ansprüche wegen Verletzung des Arbeitsvertrages oder der tarifl. Friedenspflicht nicht erfasst; diese unterliegen stattdessen Art. 2, 4, 8 Rom I.

540. Sozialgesetzbuch (SGB) Drittes Buch (III) – Arbeitsförderung –

Vom 24. März 1997 (BGBl. I S. 594)
Zul. geänd. durch Gesetz vom 17. Juli 2017 (BGBl. I S. 2581)*

(FNA 860-3)

– Auszug –

§ 38 Rechte und Pflichten der Ausbildung- und Arbeitsuchenden

(1) [1] **Personen, deren Ausbildungs- oder Arbeitsverhältnis endet, sind verpflichtet, sich spätestens drei Monate vor dessen Beendigung persönlich bei der Agentur für Arbeit arbeitsuchend zu melden.** [2] **Liegen zwischen der Kenntnis des Beendigungszeitpunktes und der Beendigung des Ausbildungs- oder Arbeitsverhältnisses weniger als drei Monate, haben sie sich innerhalb von drei Tagen nach Kenntnis des Beendigungszeitpunktes zu melden.** [3] **Zur Wahrung der Frist nach den Sätzen 1 und 2 reicht eine Anzeige unter Angabe der persönlichen Daten und des Beendigungszeitpunktes aus, wenn die persönliche Meldung nach terminlicher Vereinbarung nachgeholt wird.** [4] **Die Pflicht zur Meldung besteht unabhängig davon, ob der Fortbestand des Ausbildungs- oder Arbeitsverhältnisses gerichtlich geltend gemacht oder vom Arbeitgeber in Aussicht gestellt wird.** [5] **Die Pflicht zur Meldung gilt nicht bei einem betrieblichen Ausbildungsverhältnis.** [6] **Im Übrigen gelten für Ausbildung- und Arbeitsuchende die Meldepflichten im Leistungsverfahren nach den §§ 309 und 310 entsprechend.**

(2), (3), (4) …

1. Normzweck. Die nicht rechtzeitige Arbeitsuchendmeldung stellt versicherungsdogmatisch eine **Obliegenheitsverletzung** (Brand/*Brand* Rn. 9 f.; KKW/*Mutschler* § 159 Rn. 64) in Form einer **Risikoerhöhung** dar. Erfahrungsgemäß sind AN, die noch in einem ArbVerh. stehen, leichter zu vermitteln als Arbeitslose. Teilt der AN nicht unverzügl. nach Erlangung der Kenntnis von der bevorstehenden Beendigung seines BeschVerh. dies der AA mit, verzögert er die Einleitung der Vermittlungs- und Eingliederungsbemühungen und nimmt der AA die Möglichkeit, den Eintritt der Arbeitslosigkeit zu vermeiden bzw. den Umf. der Versicherungsleistung zu reduzieren (BT-Drs. 15/25 S. 86). 1

2. Meldepflicht. Meldepflichtig sind Personen, deren (außerbetriebl., Abs. 1 S. 5) **Ausbildungs- oder ArbVerh. endet**. Andere Versicherungspflichtige sind nicht meldepflichtig (*Preis/Schneider* NZA 2006, 177, 179). Nach § 38 I 1 besteht die Obliegenheit unabhängig davon, ob eine Vermittlung wahrscheinl. ist (LSG NW 25.9.2014 NZS 2015, 77) und ob das Ausbildungs- oder ArbVerh. die Versicherungspflicht begr. (§ 25) oder ob es, zB wegen Geringfügigkeit (§ 27 II iVm. § 8 SGB IV, Einzelheiten dort Rn. 1 ff.), versicherungsfrei war. Mangels Anspruchs des Versicherungsfreien auf Alg. ist dies zwar für die Sperrzeit nach § 159 I 2 Nr. 7 ohne Belang, wohl aber für die Absenkung des Alg. II gem. § 31 II Nr. 3 iVm. § 31a SGB II. Allerdings ist bei einem Versicherungsfreien bes. sorgfältig zu prüfen, ob er die Obliegenheitsverletzung zu vertreten hat (§ 159 Rn. 43). 2

Die Meldung hat **spätestens drei Monate** vor der Beendigung des Ausbildungs- oder ArbVerh. zu erfolgen (Abs. 1 S. 1). Maßgebl. ist der Zpkt., zu dem das privatrechtl. Rechtsverhältnis beendet wird, auf das ör. BeschVerh. (§ 7 SGB IV) kommt es ebenso wenig an wie darauf, wann der AN (durch Zugang der Kündigung etc.) von der bevorstehenden Beendigung Kenntnis erlangt hat (*Preis/Schneider* NZA 2006, 177, 179). § 193 BGB findet keine Anwendung, der AN muss daher seiner Obliegenheit ggf. am letzten Werktag vor Ablauf der Drei-Monats-Frist nachkommen. Die Meldung kann auch früher erfolgen; selbst eine deutl. (hier: um neun Monate) verfrühte Meldung ist mögl. (BSG 28.8.2007 NZA-RR 2008, 93). Liegen zwischen der Kenntnis des Beendigungszeitpunktes und der Beendigung des Ausbildungs- oder ArbVerh. weniger als drei Monate, muss sich der AN **innerhalb von drei Kalendertagen** nach Kenntnis des Beendigungszeitpunktes arbeitsuchend melden **(Abs. 1 S. 2)**. Erforderl. ist die sichere Kenntnis der Beendigung des eigenen ArbVerh. einschl. des Beendigungszeitpunkts (BSG 18.8.2005 rv 2006, 17; 17.10.2007 NZS 2008, 609), zB infolge Zugangs der Kündigungserkl. oder Abschluss des Aufhebungsvertrages. „Kennen können" oder „kennen müssen" begr. die Meldepflicht ebenso wenig wie die bloße Kenntnis von einem beabsichtigten Stellenabbau oder vom Abschluss eines Interessenausgleichs oder Sozialplans (**aA** hins. fahrlässiger Unkenntnis Brand/*Brand* Rn. 7). Die Frist läuft kalendermäßig ab. Nur wenn ihr letzter Tag auf einen Sonnabend, Sonntag oder 3

* Die Kommentierung ist auf dem Stand der Gesetzgebung v. 1.1.2018. Für die Rechtslage bis 31.12.2017 ist auf die Voraufl. zu verweisen.

ges. Feiertag fällt oder die AA an diesem Tag nicht dienstbereit ist, läuft sie erst am nächsten darauffolgenden Werktag ab, § 26 III 1 SGB X.

4 Die Pflicht zur Meldung besteht nach **Abs. 1 S. 4** unabhängig davon, ob der Fortbestand des Ausbildungs- oder ArbVerh. gerichtl. geltend gemacht oder vom AG in Aussicht gestellt wird. Nur wenn der oder ein anderer AG bereits die rechtsverbindl. vertragl. Verpflichtung eingegangen ist, den AN nahtlos in ein neues Beschäftigungs- oder sonstiges Versicherungspflichtverhältnis zu übernehmen, ist eine Arbeitsuchendmeldung entbehrl. (zur bloßen Aussicht einer Anschlussbeschäftigung § 159 Rn. 44).

5 Der AN muss sich **pers.** bei der AA arbeitsuchend melden. Eine schriftl. Meldung genügt ebenso wenig wie die Entsendung eines Vertreters (SpE/*Voelzke* § 12 Rn. 497; vgl. a. BSG 23.10.2014 NZA-RR 2015, 217 zur Meldung als arbeitslos). Eine fernmdl. oder anderweitige Anzeige unter Angabe der pers. Daten und des Beendigungszeitpunktes reicht gem. Abs. 1 S. 4 nur aus, wenn die pers. Meldung nach terminl. Vereinb. nachgeholt wird. Nicht erforderl. ist aber, dass der AN sich bei der *zust.* AA arbeitsuchend gemeldet hat; die Meldung bei einer **unzust. AA** genügt (Brand/*Brand* Rn. 13; **aA** Gagel/*Winkler* Rn. 38).

6 Die Pflicht zur Meldung besteht nicht bei einem betriebl. Ausbildungsverhältnis, **Abs. 1 S. 5.** Auszubildende in betriebl. Ausbildung werden idR in ihrem Ausbildungsbetrieb weiterbeschäftigt und daher nicht arbeitslos (BT-Drs. 15/25 S. 27). Ob der Betrieb tats. zur Übernahme bereit ist, entscheidet sich aber zumeist erst unmittelbar nach der Abschlussprüfung.

7 **3. Rechtsfolgen einer Verletzung der Meldepflicht.** Die Verletzung der Obliegenheit zu frühzeitiger Arbeitsuche (Abs. 1) zieht gem. § 159 I Nr. 7 eine **Sperrzeit** von einer Woche nach sich, dazu § 159 Rn. 42 ff. Eine Verletzung der allg., durch Abs. 1 S. 6 in Bezug genommenen Meldepflicht nach § 309 wird nicht von § 159 I Nr. 7, sondern von § 159 I Nr. 6 erfasst. Auch hier beträgt die Dauer der Sperrzeit eine Woche, § 159 VI. Die Verletzung der **Meldepflicht nach § 310** ist demggü. nicht sanktioniert, § 310 ist eine reine Ordnungsvorschr. (Gagel/*Thommes* § 310 Rn. 7 ff.).

§ 110 Transfermaßnahmen

(1) [1]Nehmen Arbeitnehmerinnen und Arbeitnehmer, die auf Grund einer Betriebsänderung oder im Anschluss an die Beendigung eines Berufsausbildungsverhältnisses von Arbeitslosigkeit bedroht sind, an Transfermaßnahmen teil, wird diese Teilnahme gefördert, wenn

1. sich die Betriebsparteien im Vorfeld der Entscheidung über die Einführung von Transfermaßnahmen, insbesondere im Rahmen ihrer Verhandlungen über einen die Integration der Arbeitnehmerinnen und Arbeitnehmer fördernden Interessenausgleich oder Sozialplan nach § 112 des Betriebsverfassungsgesetzes, von der Agentur für Arbeit beraten lassen haben,

2. die Maßnahme von einem Dritten durchgeführt wird,

3. die Maßnahme der Eingliederung der Arbeitnehmerinnen und Arbeitnehmer in den Arbeitsmarkt dienen soll und

4. die Durchführung der Maßnahme gesichert ist.

[2]Transfermaßnahmen sind alle Maßnahmen zur Eingliederung von Arbeitnehmerinnen und Arbeitnehmern in den Arbeitsmarkt, an deren Finanzierung sich Arbeitgeber angemessen beteiligen. [3]Als Betriebsänderungen gilt eine Betriebsänderung im Sinne des § 111 des Betriebsverfassungsgesetzes, unabhängig von der Unternehmensgröße und unabhängig davon, ob im jeweiligen Betrieb das Betriebsverfassungsgesetz anzuwenden ist.

(2) [1]Die Förderung wird als Zuschuss geleistet. [2]Der Zuschuss beträgt 50 Prozent der erforderlichen und angemessenen Maßnahmekosten, jedoch höchstens 2500 Euro je geförderter Arbeitnehmerin oder gefördertem Arbeitnehmer.

(3) [1]Eine Förderung ist ausgeschlossen, wenn die Maßnahme dazu dient, die Arbeitnehmerin oder den Arbeitnehmer auf eine Anschlussbeschäftigung im gleichen Betrieb oder in einem anderen Betrieb des gleichen Unternehmens vorzubereiten oder, falls das Unternehmen einem Konzern angehört, auf eine Anschlussbeschäftigung in einem Betrieb eines anderen Konzernunternehmens des Konzerns vorzubereiten. [2]Durch die Förderung darf der Arbeitgeber nicht von bestehenden Verpflichtungen entlastet werden. [3]Von der Förderung ausgeschlossen sind Arbeitnehmerinnen und Arbeitnehmer des öffentlichen Dienstes mit Ausnahme der Beschäftigten von Unternehmen, die in selbständiger Rechtsform erwerbswirtschaftlich betrieben werden.

(4) Während der Teilnahme an Transfermaßnahmen sind andere Leistungen der aktiven Arbeitsförderung mit gleichartiger Zielsetzung ausgeschlossen.

1 **1. Normzweck.** § 110 verfolgt das Ziel, einen Anreiz dafür zu schaffen, den von Arbeitslosigkeit bedrohten AN anstelle von Abfindungen beschäftigungswirksame Maßnahmen, also **Transfermaßnahmen**, zu gewähren. Damit sollen den AN der direkte Übergang aus ihren alten in ein neues ArbVerh. ohne eine Zwischenphase der Arbeitslosigkeit erleichtert (**„job to job"**; HWK/*Nimscholz* Rn. 8) und die Kosten für das Alg. verringert werden (BT-Drs. 15/1515 S. 91).

2. Überblick. Abs. 1 regelt zum einen, wer zum Kreis der Förderungsberechtigten zählt und legt zum anderen die Mindestvoraussetzungen fest, die die Transfermaßnahme erfüllen muss, um förderungsfähig zu sein. Die Berechnung sowie die max. Höhe des Zuschusses ergeben sich aus Abs. 2. Abs. 3 nennt drei Fälle, in denen der Anspruch auf Förderung ausgeschlossen ist: Wenn der AN durch die Maßnahme auf eine Anschlussbeschäftigung in einem Betrieb desselben Unternehmens bzw. eines Unternehmens desselben Konzerns vorbereitet werden soll (S. 1) oder wenn der AG durch sie von bestehenden Verpflichtungen entlastet würde (S. 2). Schließl. nimmt S. 3 AN des öffentl. Dienstes von der Förderung aus, es sei denn, das sie beschäftigende Unternehmen wird in selbständiger Rechtsform erwerbswirtschaftl. betrieben. Abs. 4 enthält das Verbot, während der Teilnahme an Transfermaßnahmen andere Leistungen der aktiven Arbeitsförderung mit gleichartiger Zielsetzung zu gewähren. 2

3. Anspruchsvoraussetzungen (Abs. 1, Abs. 3 S. 3). a) Kreis der Förderungsberechtigten. Förderungsberechtigt sind AN, die auf Grund von Betriebsänd. oder im Anschluss an die Beendigung eines Berufsausbildungsverhältnisses von Arbeitslosigkeit bedroht sind. 3

aa) Durch Betriebsänderungen von Arbeitslosigkeit bedroht (Abs. 1 S. 1 Alt. 1). Zur Bestimmung des Begriffs **„Betriebsänderung"** verweist § 110 auf § 111 BetrVG. Eine Betriebsänd. liegt gem. § 111 S. 3 BetrVG vor, wenn es zur Einschränkung oder Stilllegung des ganzen Betriebes oder von wesentl. Betriebsteilen (Nr. 1), zur Verlegung des ganzen Betriebes oder von wesentl. Betriebsteilen (Nr. 2), zum Zusammenschluss mit anderen Betrieben oder zur Spaltung von Betrieben (Nr. 3), zu grdl. Änd. der Betriebsorganisation, des Betriebszwecks oder der Betriebsanlagen (Nr. 4) oder zur Einführung grdl. neuer Arbeitsmethoden und Fertigungsverf. (Nr. 5) kommt (BetrVG § 111 Rn. 11 ff.). 4

Anders als von § 111 BetrVG vorausgesetzt, ist eine Betriebsänd. iSd. § 110 jedoch **unabhängig von der Unternehmensgröße** und der Anwendbarkeit des BetrVG im jeweiligen Betrieb (Abs. 1 S. 3). Auch Betriebsänd. in Kleinunternehmen mit 20 oder weniger beschäftigten AN können also dazu führen, dass ein Anspruch auf Förderung einer Transfermaßnahme entsteht. Dabei kann es ausreichen, wenn einem einzigen AN betriebsbedingt gekündigt wird, solange dies zB Auswirkungen auf die Betriebsorganisation als solche hat (Gagel/*Bepler* Rn. 28). 5

Kommt es zu einem **bloßen Personalabbau,** ohne dass damit eine Veränderung der betriebl. Organisation oÄ einhergeht, kann dies eine Betriebsänd. nach § 111 S. 3 Nr. 1 BetrVG darstellen, wenn wesentl. Teile der Belegschaft entlassen werden (BAG 6.12.1988 NZA 1989, 399). Zur Bestimmung der Frage, ab wann wesentl. Teile der Belegschaft betroffen sind, orientiert sich die Rspr. an § 17 I KSchG mit der Maßgabe, dass mind. 5% der Belegschaft betroffen sein müssen (BAG 10.12.1996 NZA 1997, 787; 9.11.2010 NZA 2011, 466); dies gilt auch für die Anwendung des § 110 (HWK/*Nimscholz* Rn. 3; *Welkoborsky* NZS 2004, 509, 510). Wann ein **reiner Personalabbau bei Kleinbetrieben,** die nicht von § 17 KSchG erfasst sind, eine Betriebsänd. darstellt, ist umstritten. Tw. wird diese Möglichkeit ganz abgelehnt, überw. wird sie mit Blick auf Abs. 1 S. 3 zugelassen (Brand/*Kühl* Rn. 5). Nach Überzeugung des BAG kann in Kleinbetrieben mit bis zu 20 AN eine Betriebsänd. durch alleinigen Personalabbau nur angenommen werden, wenn hiervon mind. 6 AN betroffen sind (BAG 9.11.2011 NZA 2011, 466; ebenso *Fitting* § 111 Rn. 48; *Löwisch* BB 2001, 1790, 1797; **aA** *Gillen/Vahle* NZA 2005, 1385, 1387; HWK/*Nimscholz* Rn. 3: mind. 30% der AN). 6

Der Verweis des § 110 auf § 111 BetrVG ist unabhängig von der **Anwendbarkeit des BetrVG** im jeweiligen Betrieb (§ 110 I 3). Förderungsfähig sind damit auch die von Religionsgemeinschaften und ihren karitativen und erzieherischen Einrichtungen Beschäftigten, die gem. § 118 II BetrVG aus dem Geltungsbereich des BetrVG ausgenommen sind, sowie die im Flugbetrieb eingesetzten AN von Luftfahrtunternehmen, die gem. § 117 I BetrVG nicht erfasst werden. Für AN von Tendenzbetrieben (§ 118 I BetrVG) gilt § 110 schon deshalb, weil die Norm dem Ausgleich bzw. der Milderung wirtschaftl. Nachteile infolge von Betriebsänd. dient (§ 118 I 2 BetrVG). 7

Der AN muss infolge der Betriebsänd. **von Arbeitslosigkeit bedroht** sein. § 17 enthält die Legaldefinition des von Arbeitslosigkeit bedrohten AN. Es muss sich um einen **versicherungspflichtig beschäftigten** AN handeln (Nr. 1). Versicherungspflichtig Beschäftigte sind diejenigen, die gegen Arbeitsentgelt oder zu ihrer Berufsausbildung beschäftigt sind (§ 25 I). Nicht zu dem Kreis der versicherungspflichtig Beschäftigten gehören die sonstigen Versicherungspflichtigen iSd. § 26 (**aA** *Welkoborsky* NZS 2004, 509, 511) sowie die gem. §§ 27, 28 versicherungsfreien Personen. 8

Nach § 17 Nr. 2 muss der versicherungspflichtig beschäftigte AN **alsbald mit der Beendigung seiner Beschäftigung rechnen.** Dazu muss es nicht bereits zum Ausspruch einer Kündigung oder zum Abschluss eines Aufhebungsvertrages gekommen sein. Andererseits reicht die generelle Gefahr, die Beschäftigung zu verlieren, nicht aus (großzügig SG Mannheim 15.2.2011 NZS 2011, 398). Entscheidend ist, inwieweit sich der AG darauf festgelegt hat, einen konkreten AN zu kündigen. Ausreichend ist zB, wenn eine Anhörung des BR gem. § 102 BetrVG stattgefunden hat (Gagel/*Bepler* Rn. 34) oder sich der AN iSd. § 1 V KSchG auf der Namensliste eines Interessenausgleichs (§ 112 I 1 BetrVG) befindet. Auch die Aufnahme in die Teilnehmerliste einer Transfermaßnahme (Brand/*Kühl* Rn. 7; HN/*Petzold* Rn. 4) oder die Benennung des AG in der Anzeige bei Massenentlassungen gem. § 17 KSchG spricht für die Bedrohung des Verlustes des Arbeitsplatzes. 9

10 AN, die aufgrund Arbeits- oder TV **ordentl. unkündbar** sind, können zum Kreis derer gehören, die mit der Beendigung ihrer Beschäftigung rechnen müssen, sobald ein entspr. Kündigungswille des AG deutl. geworden ist (BSG 18.6.2013 BeckRS 2013, 70406; LSG BW 1.8.2012 NZS 2012, 956; *Welkoborsky* NZS 2004, 509, 511 f.). In diesen Fällen ist es näml. nicht ausgeschlossen, dass eine außerordentl. Kündigung wirksam ist, wenn durch die Betriebsänd. der Arbeitsplatz des AN wegfällt und keine andere Einsatzmöglichkeit besteht (BAG 30.9.2004 NZA 2005, 43; 10.5.2007 NZA 2007, 1278; näher BGB § 626 Rn. 89a). IdR ist es dem AG unzumutbar, ein auf Dauer sinnentleertes ArbVerh. aufrecht zu erhalten.

11 Ist die geplante oder bereits ausgesprochene Kündigung **offensichtl. unwirksam,** kann dies der alsbaldigen Beendigung des ArbVerh. entgegenstehen. Dabei sind an die Offensichtlichkeit strenge Anforderungen zu stellen, um die AA nicht mit der tw. schwierigen tats. und rechtl. Prüfung der Wirksamkeit der Kündigung zu belasten. Offensichtl. unwirksame Kündigungen idS liegen etwa dann vor, wenn einer Schwangeren oder einem schwerbehinderten AN ohne Zust. (§ 17 III MuSchG [bis 31.12.2017: § 9 III MuSchG] bzw. § 168 SGB IX [bis 31.12.2017: § 85 SGB IX]) gekündigt wurde. IÜ ist die Wirksamkeit der Kündigung keine Voraussetzung für die Förderungsfähigkeit (Gagel/*Bepler* Rn. 35).

12 § 17 verlangt weiterhin, dass der AN nach Beendigung seiner Beschäftigung **voraussichtl. arbeitslos** wird. Die drohende Arbeitslosigkeit ist mit Hilfe einer Prognoseentsch. festzustellen, wobei ein völlig nahtloser Übergang in ein neues ArbVerh. nicht erforderl. ist (Brand/*Kühl* § 17 Rn. 9). Handelt es sich zB um einen AN, bei dem aufgrund seiner guten Qualifikation und der tats. Lage auf dem Arbeitsmarkt davon auszugehen ist, dass er ohne Probleme in ein neues ArbVerh. zu vermitteln ist, fällt diese Prognose negativ aus. Gleiches gilt, wenn dem AN bereits das Angebot vorliegt, auf einem anderen, ihm **zumutbaren Arbeitsplatz** weiterzuarbeiten. Unerhebl. ist, ob dieses Angebot von seinem bisherigen oder einem anderen AG stammt. Zur Bestimmung der Zumutbarkeit ist der Maßstab des § 112 V 2 Nr. 2 BetrVG und nicht der des § 140 SGB III heranzuziehen, da noch keine Arbeitslosigkeit gegeben ist (Brand/*Kühl* Rn. 9; **aA** *Löwisch* RdA 1997, 287, 289).

13 Ist in dem Betrieb, in dem der AN bisher beschäftigt ist, oder in einem anderen Betrieb desselben Unternehmens ein **zumutbarer freier Arbeitsplatz** vorhanden, der dem AN jedoch nicht angeboten wird, ist der AN nicht dazu verpflichtet, seinen Anspruch auf Weiterbeschäftigung gerichtl. durchzusetzen, um förderungsfähig zu sein. Eine entspr. Rechtspflicht des AN existiert ebenso wenig wie die Pflicht, sich gegen eine Kündigung zu wehren (Gagel/*Bepler* Rn. 38 f.). Nur dann, wenn der AN das Angebot des AG auf Weiterbeschäftigung ablehnt, entfällt der Anspruch auf die Förderung.

14 Handelt es sich bei dem angebotenen ArbVerh. um ein **befristetes,** kommt es für die Frage, ob mit der alsbaldigen Beendigung der Beschäftigung zu rechnen ist, auf die Dauer der Befristung im Einzelfall an. Ist diese kurz (bis zu 6 Monate), kann trotz des neuen ArbVerh. eine alsbaldige Beendigung der Beschäftigung gegeben sein, da es auf die dauerhafte Eingliederung in den Arbeitsmarkt ankommt (Brand/*Kühl* Rn. 9). Plant der AN, sich nach Beendigung des ArbVerh. **selbständig zu machen,** ist er dadurch nicht automatisch von der Förderung ausgeschlossen. Allerdings sind ihm nur Maßnahmen zu gewähren, die ihm im Hinblick auf seine Selbständigkeit von Nutzen sind (Brand/*Kühl* Rn. 8).

15 **bb) Drohende Arbeitslosigkeit im Anschluss an die Beendigung eines Berufsausbildungsverhältnisses (Abs. 1 S. 1 Alt. 2).** Gefördert wird auch, wer seine **Berufsausbildung** gem. § 57 in einem nach dem BBiG, der HandwO oder dem SeeArbG staatl. anerkannten Ausbildungsberuf **beendet** (Brand/*Kühl* Rn. 10). Wann eine Beendigung idS vorliegt, richtet sich nach § 21 BBiG (Gagel/*Bepler* Rn. 44). Danach endet das Berufsausbildungsverhältnis automatisch mit dem Ablauf der Ausbildungszeit, welche sich aus der jeweiligen Ausbildungsordnung ergibt. Es ist also nicht zwgd. erforderl., dass auch die Abschlussprüfung bestanden wird, bzw. dass der Auszubildende überhaupt zu ihr zugelassen wird oder sich ihr stellt (vgl. BBiG § 21 Rn. 2). Besteht der Auszubildende die Abschlussprüfung nicht, kann sich das Ausbildungsverhältnis auf sein Verlangen hin um bis zu ein Jahr verlängern (§ 21 Nr. 3 BBiG). Eine Verkürzung der Ausbildungszeit tritt dann ein, wenn der Auszubildende vor ihrem Ablauf die Abschlussprüfung bestanden hat (§ 21 Nr. 2 BBiG). Keine Beendigung iSd. § 110 liegt hingegen vor, wenn das Berufsausbildungsverhältnis gem. § 22 BBiG vorzeitig gekündigt wird (Gagel/*Bepler* Rn. 44). Auch ein anderweitiger Abbruch, etwa durch Abschluss eines Aufhebungsvertrages, stellt keine Beendigung im geforderten Sinne dar (Gagel/*Bepler* Rn. 42, 44). Die Beendigung muss in keinem Zusammenhang zu einer mögl. Betriebsänd. stehen.

16 Wann der Auszubildende nach Beendigung seines Ausbildungsverhältnisses **von Arbeitslosigkeit bedroht** ist, richtet sich nach § 17 (Brand/*Kühl* Rn. 10). Die zu ihrer Berufsausbildung Beschäftigten gehören gem. § 25 I zum Kreis der versicherungspflichtig Beschäftigten iSd. § 17 Nr. 1. Mit der alsbaldigen Beendigung ihrer Beschäftigung ist zu rechnen (Nr. 2), wenn die Beendigung ihres Berufsausbildungsverhältnisses bevorsteht (vgl. Rn. 15). Von Arbeitslosigkeit bedroht sind Auszubildende, wenn ihr Ausbilder ihnen die Übernahme in ein ArbVerh. ernstl. verweigert, und zwar selbst dann, wenn ein Übernahmeanspruch besteht (Gagel/*Bepler* Rn. 49). Unschädl. ist, wenn der Auszubildende nach Beendigung seiner Ausbildung eine befristete Zwischenbeschäftigung eingeht, um die Zeit bis zum Beginn der Transfermaßnahme zu überbrücken (Brand/*Kühl* Rn. 10). Vgl. iÜ Rn. 8 ff.

Auszubildende, die **Mitglied der Jugend- und Auszubildendenvertretung**, des BR, der Bordvertretung oder des SeeBR sind, können für den Fall, dass ihr AG sie nicht übernehmen will, in den letzten 3 Monaten ihrer Ausbildung ihre Weiterbeschäftigung schriftl. mit der Folge verlangen, dass ein auf unbegrenzte Zeit abgeschlossenes ArbVerh. als begr. gilt (§ 78a II BetrVG). Aufgrund dieser bes. Stellung liegt im Regelfall keine Bedrohung mit Arbeitslosigkeit vor. Etwas anderes gilt nur, wenn der AG eine gerichtl. Entsch. gem. § 78a IV BetrVG erwirkt hat, so dass das ArbVerh. entweder gar nicht erst begr. oder aber aufgelöst wird (Gagel/*Bepler* Rn. 50). 17

cc) Arbeitnehmer des öffentl. Dienstes (Abs. 3 S. 3). Von der Förderung ausgeschlossen sind AN des öffentl. Dienstes. Das G geht davon aus, dass im öffentl. Dienst aufgrund der bes. Fürsorgepflicht des Staates für seine AN sinnvolle Transfermaßnahmen auch ohne zusätzl. finanzielle Anreize der BA durchgeführt werden (BT-Drs. 15/3674 S. 9). Etwas anderes gilt für AN ör. Unternehmen, die in selbständiger Rechtsform erwerbswirtschaftl. betrieben werden. Diese sind förderungsfähig, da sich ihre AG in einer Wettbewerbssituation mit privatwirtschaftl. Unternehmen befinden und es andernfalls zu einer Wettbewerbsverzerrung käme (BT-Drs. 15/3674 S. 9). Zu den Betroffenen gehören bspw. AN von Stadtwerken GmbH oder Verkehrsgesellschaften in öffentl. Hand. 18

b) Maßnahmevoraussetzungen. aa) Vorherige Beratung durch die AA (Abs. 1 S. 1 Nr. 1). Die Beratung seitens der AA ist verpflichtende Voraussetzung des Anspruchs auf die Förderung. Sie soll dazu beitragen, dass die Fördervoraussetzungen nach § 110 im Interessenausgleich und Sozialplan berücksichtigt werden. Darüber hinaus kann über die Höhe der Leistungen nach § 110 sowie das Verf. informiert werden (BT-Drs. 17/1945 S. 15). Zur Beratung verpflichtet ist jeweils die AA, in deren Bezirk sich der betroffene Betrieb befindet. Anspruchsberechtigt als Betriebspartei sind AG und BR. Darüber hinaus ist auch dem einzelnen AN als eigentl. Anspruchsberechtigten der Beratungsanspruch zuzugestehen (**aA** HN/*Petzold* Rn. 11). Der Beratungsanspruch soll dazu beitragen, mit der Förderung verbundene Risiken rechtzeitig zu vermeiden (BT-Drs. 15/1515 S. 91; *Hoehl/Grimmke* NZS 2004, 345, 350). Inhaltl. umfasst die Beratung generelle Inf. über Transfermaßnahmen und ihre Auswirkungen sowie auf den Einzelfall bezogene konkrete Empfehlungen hins. der Wahl der Maßnahme und des sie ausführenden Dritten. Eine bestimmte Form ist nicht vorgeschrieben. 19

Die Beratung ist **schlicht-hoheitl. Verwaltungshandeln** (HN/*Petzold* Rn. 12). Eine fehlerhafte Beratung kann einen **Amtshaftungsanspruch** des betroffenen AN nach § 839 BGB iVm. Art. 34 GG gegen die AA begründen. Ein sozialrechtl. Herstellungsanspruch entsteht dagegen nicht (Gagel/*Bepler* Rn. 56; **aA** HN/*Petzold* Rn. 12), da dieser nur zu einer richtigen Beratung, nicht aber zu der eigentl. gewünschten Transfermaßnahme führen würde. 20

bb) Art der Transfermaßnahme (Abs. 1 S. 1 Nr. 3, S. 2). Transfermaßnahmen sind alle Maßnahmen zur Eingliederung von AN in den Arbeitsmarkt, an deren Finanzierung sich der AG angemessen beteiligt. Welche konkreten Maßnahmen förderungsfähig sind, ist nicht vorgeschrieben. Das G will es den Handelnden ermöglichen, die für den Einzelfall beste Lösung zu finden (*Rolfs* NZA 1998, 17, 20). Zu den **mögl. Maßnahmen** gehören sog. Profilingmaßnahmen, mit deren Hilfe die Leistungsfähigkeit, die Arbeitsmarktchancen und der Qualifikationsbedarf der AN festgestellt werden soll (vgl. § 111 Rn. 21). Auch Angebote wie Bewerbungstraining oder Inf. über Arbeitsmarkt und Stellensuche werden erfasst. Weiterhin sind Maßnahmen, die dabei helfen, eine bereits begonnene Berufsausbildung fortzuführen oder der berufl. Weiterbildung dienen, förderungsfähig. Das gilt auch für Maßnahmen, die die Aufnahme einer Beschäftigung fördern, wozu etwa Mobilitätshilfen, Einstellungszuschüsse oder zeitl. begrenzte Tätigkeiten bei anderen AG gehören (vgl. *Hoehl/Grimmke* NZS 2004, 345, 349; *Mengel/Ullrich* BB 2005, 1109, 1110; *Welkoborsky* NZS 2004, 509, 512). Soll dem AN durch eine Maßnahme dabei geholfen werden, eine selbständige Existenz zu gründen bzw. soll er dabei begleitet werden, ist auch dieses förderungsfähig. Weitere förderungsfähige Maßnahmen sind denkbar. Entscheidend ist jeweils, dass die Maßnahme darauf ausgerichtet ist, die Eingliederungsaussichten des AN zu verbessern. **Nicht förderungsfähig** sind demggü. zB AGDarlehen, die der Schuldentilgung dienen, Erziehungsbeihilfen oder Früh- bzw. Teilverrentungsprogramme (Brand/*Kühl* Rn. 14). 21

Inwieweit die AA die gewählte Maßnahme auf ihre **Zweckmäßigkeit** hins. der Eingliederung der AN in den Arbeitsmarkt **überprüfen** kann, ist str. Nach der Praxis der BA ist die Zweckmäßigkeit anhand eines vom AN vorzulegenden Konzeptes zu überprüfen, obwohl eine grds. Einzelfallprüfung abgelehnt wird. Richtigerweise steht der AA jedoch nur das Recht zu, zu überprüfen, ob eine Maßnahme grds. der Eingliederung des AN in den Arbeitsmarkt dient, also eine Art Plausibilitätsprüfung (Gagel/*Bepler* Rn. 59 f.). Eine **angemessene finanzielle Beteiligung** des AG ist gegeben, wenn der AG mind. 50% der Maßnahmekosten bei vorherigem Abzug evtl. Leistungen Dritter trägt (vgl. Rn. 25 f.). 22

cc) Durchführung durch einen Dritten (Abs. 1 S. 1 Nr. 2). Die Maßnahme muss von einem Dritten (sog. Transfer-Agentur, vgl. BAG 15.4.2015 NZA 2015, 1388; Gagel/*Bepler* Rn. 62) durchgeführt werden, damit sie förderungsfähig ist. Dritter ist jeder vom AG verschiedene, also rechtl. selbständige Rechtsträger. Eine finanzielle Abhängigkeit des Dritten vom AG ist unerhebl. (Brand/*Kühl* Rn. 13), so dass es sich zB auch um ein mit dem AG konzernverbundenes Unternehmen handeln kann (*Mengel/Ullrich* BB 2005, 1109, 1111). Maßnahmen zur Förderung der Eingliederungschancen, die der AG selbst durchführt, sind nicht förderungsfähig. Die Betriebsparteien können frei entscheiden, 23 von wem sie die Transfermaßnahme durchführen lassen wollen. Die AA stehen ihnen jedoch beratend zur Seite (BT-Drs. 15/1515 S. 91).

24 **dd) Sicherung der Durchführung (Abs. 1 S. 1 Nr. 4).** Voraussetzung für die Förderung ist, dass die Durchführung der Maßnahme gesichert ist. Erforderl. ist zum einen, dass der Dritte sowohl fachl. als auch in räuml. und personeller Hinsicht dazu in der Lage ist, die Maßnahme bis zu ihrem geplanten Ende durchzuführen. Um dies zu gewährleisten, benötigt der **Träger eine Zulassung** nach den §§ 176 ff., die zugleich der Sicherung der Qualität dient. Zum anderen ist der AG verpflichtet, ein **Gesamtfinanzierungskonzept** aufzustellen, anhand dessen seine Fähigkeit, die Transfermaßnahme unter Berücksichtigung der beantragten Zuschüsse bis zum geplanten Ende finanzieren zu können, überprüft werden kann. Er hat insb. dafür Sorge zu tragen, dass die Finanzierung der geplanten Maßnahmen über sein eigenes Bestehen hinaus – etwa durch einen Finanzierungsvertrag – gewährleistet ist (Brand/*Kühl* Rn. 15). Zur Umsetzung in der Praxis näher *Mengel/Ullrich* BB 2005, 1109, 1114 ff.; zur **pers. Haftung** der geschäftsführenden Gesellschafter einer Beschäftigungs- und Qualifizierungsgesellschaft **wegen fehlender Insolvenzsicherung** der sog. Remananzkosten BGH 28.4.2008 NJW 2008, 2437.

25 **4. Höhe der Förderung (Abs. 2).** Die Förderung der Transfermaßnahme wird als **Zuschuss** gewährt (Abs. 2 S. 1). Dessen Höhe beträgt 50% der Maßnahmekosten. Max. darf der Zuschuss jedoch nur 2500 € je gefördertem AN betragen (Abs. 2 S. 2). Bezuschusst werden die tats. angefallenen Maßnahmekosten, soweit sie **erforderl. und angemessen** sind. Der Betrag, der dem AG von dem beauftragten Dritten in Rechnung gestellt wird, ist also nur erstattungsfähig, soweit keine günstigere Maßnahme verfügbar war, durch die das verfolgte Ziel gleichermaßen erreicht werden konnte, und die eingesetzten Mittel ggü. dem verfolgten Ziel verhältnismäßig waren (BT-Drs. 17/1945 S. 15). Keine Berücksichtigung finden sonstige Kosten des AG, wie sie zB durch die Bereitstellung von Räumen oder Verwaltungspersonal entstehen können. Nicht bezuschusst werden ferner Kosten, die der Finanzierung des Lebensunterhalts des AN während der Maßnahme dienen (BT-Drs. 15/1515 S. 91). Umsatzsteuerbeträge werden nur dann gefördert, wenn der AG nicht vom Vorsteuerabzug Gebrauch macht.

26 Beteiligen sich auch **Dritte** an der Finanzierung der Maßnahmekosten – etwa in Form von Länderprogrammen oder überbetriebl. Fonds – wird dieser Betrag bei der Berechnung der Maßnahmekosten nicht berücksichtigt. Von den erforderl. und angemessenen Maßnahmekosten wird also zunächst der durch den Dritten finanzierte Betrag abgezogen. Der Zuschuss umfasst dann 50% des Restbetrages (**aA** wohl Gagel/*Bepler* Rn. 73).

27 **5. Ausschluss der Förderung (Abs. 3). a) Vorbereitung auf Anschlussbeschäftigung (S. 1).** Möchte der AG seine AN durch die Maßnahme auf eine Anschlussbeschäftigung im gleichen Betrieb oder einem anderen Betrieb des Unternehmens bzw. in einem Betrieb eines anderen Konzernunternehmens vorbereiten, scheidet die Förderung aus. Unternehmen sollen die Förderung nicht dazu ausnutzen können, **im Eigeninteresse stehende Fortbildungen** durchzuführen (BT-Drs. 15/1515 S. 91). Regelm. ist die Förderung in diesen Fällen auch deshalb ausgeschlossen, weil es an der Bedrohung mit Arbeitslosigkeit fehlt (Brand/*Kühl* Rn. 18). Eine Maßnahme dient nur dann der Vorbereitung auf eine Anschlussbeschäftigung, wenn der AG von vornherein die Absicht hatte, seinen AN in einem Unternehmens- oder Konzernbetrieb weiterzubeschäftigen. Bestand eine solche Absicht nicht und beschäftigt der AG den geförderten AN anschließend gleichwohl weiter – etwa weil betriebl. Planungsänd. dieses ermöglichen – ist eine **Rückforderung** des Förderungszuschusses ausgeschlossen (Gagel/*Bepler* Rn. 85).

28 **b) Entlastung von bestehenden Verpflichtungen (S. 2).** Eine Förderung von Transfermaßnahmen ist nicht mögl., wenn der AG dadurch von einer bestehenden Verpflichtung entlastet würde. Eine solche Verpflichtung kann sich aus ges. oder vertragl. Regelungen (BT-Drs. 15/1515 S. 91), also etwa aus TV, BV oder Sozialplänen ergeben. Der AG muss sich darin zur alleinigen Finanzierung der Maßnahme verpflichtet haben, was dann nicht der Fall ist, wenn die Regelung Bezug auf § 110 nimmt. Auch wenn eine ausdr. Bezugnahme fehlt, kann die Auslegung ergeben, dass nur eine Verpflichtung zur hälftigen Übernahme der Maßnahmekosten begr. werden sollte, etwa wenn die Regelung in Kenntnis des § 110 und aus Anlass der Betriebsänd. aufgestellt wurde (Gagel/*Bepler* Rn. 89).

29 **6. Durchsetzung des Anspruchs (§§ 323 ff.).** Auch wenn es sich bei der Förderung um einen Individualanspruch des AN handelt, erfolgt seine **Geltendmachung durch den AG.** Damit wird dem regelm. bestehenden kollektiven Bezug Rechnung getragen und eine Verfahrensvereinfachung erreicht (BT-Drs. 15/1515 S. 91). Erforderl. ist ein schriftl. Antrag des AG (§ 323 II). Zust. ist die AA, in deren Bezirk der Betrieb des AG liegt (§ 327 III 3), es sei denn, die Zuständigkeit ist gem. § 327 VI auf eine andere AA übertragen. Auch die **Betriebsvertretung** ist gem. § 323 II 2 antragsbefugt (aA Brand/*Kühl* Rn. 4). Als Betriebsvertretung gelten neben BR und GBR, Bordvertretung (§ 115 BetrVG) und SeeBR (§ 116 BetrVG) auch ANVertretungen iSd. § 117 II BetrVG sowie die Mitarbeitervertretungen in kirchl. und kirchennahen Einrichtungen (Gagel/*Bepler* Rn. 18). Der Antrag muss innerhalb einer Ausschlussfrist von 3 Monaten gestellt werden, wobei die Frist mit Ablauf des Monats beginnt, in dem die zu fördernde Maßnahme beginnt (§ 325 V).

30 Transfermaßnahmen können auch gegen den Willen des AG durchgesetzt werden, wenn ein Sozialplan nicht zustande kommt und die **Einigungsstelle** entscheidet, da diese gem. § 112 V Nr. 2a BetrVG die im SGB III vorgesehenen Förderungsmöglichkeiten zur Vermeidung von Arbeitslosigkeit zu berücksichtigen hat. Allerdings sind Maßnahmen ausgeschlossen, durch die das ArbVerh. aufrechterhalten bliebe (näher BetrVG §§ 112, 112a Rn. 37a ff.).

31 **7. Ausschluss gleichartiger Leistungen (Abs. 4).** Zur Vermeidung einer **Doppelförderung** sind AN, die eine Förderung gem. § 110 erhalten, von anderen Leistungen der aktiven Arbeitsförderung (§ 3 II) mit gleicher Zielsetzung ausgeschlossen. Insb. ist eine gleichzeitige Förderung nach § 110 und § 111 nicht mögl. Der Ausschluss bezieht sich nur auf die tats. geförderten AN und endet im Anschluss an die Transfermaßnahme (Gagel/*Bepler* Rn. 93).

§ 111 Transferkurzarbeitergeld

(1) [1]Um Entlassungen von Arbeitnehmerinnen und Arbeitnehmern zu vermeiden und ihre Vermittlungsaussichten zu verbessern, haben diese Anspruch auf Kurzarbeitergeld zur Förderung der Eingliederung bei betrieblichen Restrukturierungen (Transferkurzarbeitergeld), wenn

1. und solange sie von einem dauerhaften unvermeidbaren Arbeitsausfall mit Entgeltausfall betroffen sind,
2. die betrieblichen Voraussetzungen erfüllt sind,
3. die persönlichen Voraussetzungen erfüllt sind,
4. sich die Betriebsparteien im Vorfeld der Entscheidung über die Inanspruchnahme von Transferkurzarbeitergeld, insbesondere im Rahmen ihrer Verhandlungen über einen die Integration der Arbeitnehmerinnen und Arbeitnehmer fördernden Interessenausgleich oder Sozialplan nach § 112 des Betriebsverfassungsgesetzes, von der Agentur für Arbeit beraten lassen haben und
5. der dauerhafte Arbeitsausfall der Agentur für Arbeit angezeigt worden ist.

[2]Die Agentur für Arbeit leistet Transferkurzarbeitergeld für längstens zwölf Monate.

(2) [1]Ein dauerhafter Arbeitsausfall liegt vor, wenn auf Grund einer Betriebsänderung im Sinne des § 110 Absatz 1 Satz 3 die Beschäftigungsmöglichkeiten für die Arbeitnehmerinnen und Arbeitnehmer nicht nur vorübergehend entfallen. [2]Der Entgeltausfall kann auch jeweils 100 Prozent des monatlichen Bruttoentgelts betragen.

(3) [1]Die betrieblichen Voraussetzungen für die Gewährung von Transferkurzarbeitergeld sind erfüllt, wenn

1. in einem Betrieb Personalanpassungsmaßnahmen auf Grund einer Betriebsänderung durchgeführt werden,
2. die von Arbeitsausfall betroffenen Arbeitnehmerinnen und Arbeitnehmer in einer betriebsorganisatorisch eigenständigen Einheit zusammengefasst werden, um Entlassungen zu vermeiden und ihre Eingliederungschancen zu verbessern,
3. die Organisation und Mittelausstattung der betriebsorganisatorisch eigenständigen Einheit den angestrebten Integrationserfolg erwarten lassen und
4. ein System zur Sicherung der Qualität angewendet wird.

[2]Wird die betriebsorganisatorisch eigenständige Einheit von einem Dritten durchgeführt, tritt an die Stelle der Voraussetzung nach Satz 1 Nummer 4 die Trägerzulassung nach § 178.

(4) [1]Die persönlichen Voraussetzungen sind erfüllt, wenn die Arbeitnehmerin oder der Arbeitnehmer

1. von Arbeitslosigkeit bedroht ist,
2. nach Beginn des Arbeitsausfalls eine versicherungspflichtige Beschäftigung fortsetzt oder im Anschluss an die Beendigung eines Berufsausbildungsverhältnisses aufnimmt,
3. nicht vom Kurzarbeitergeldbezug ausgeschlossen ist und
4. vor der Überleitung in die betriebsorganisatorisch eigenständige Einheit aus Anlass der Betriebsänderung
   a) sich bei der Agentur für Arbeit arbeitsuchend meldet und
   b) an einer arbeitsmarktlich zweckmäßigen Maßnahme zur Feststellung der Eingliederungsaussichten teilgenommen hat; können in berechtigten Ausnahmefällen trotz Mithilfe der Agentur für Arbeit die notwendigen Feststellungsmaßnahmen nicht rechtzeitig durchgeführt werden, sind diese im unmittelbaren Anschluss an die Überleitung innerhalb eines Monats nachzuholen.

[2]§ 98 Absatz 2 bis 4 gilt entsprechend.

(5) Arbeitnehmerinnen und Arbeitnehmer des Steinkohlenbergbaus, denen Anpassungsgeld nach § 5 des Steinkohlefinanzierungsgesetzes gezahlt werden kann, haben vor der Inanspruchnahme des Anpassungsgeldes Anspruch auf Transferkurzarbeitergeld.

(6) [1]Für die Anzeige des Arbeitsausfalls gilt § 99 Absatz 1, 2 Satz 1 und Absatz 3 entsprechend. [2]Der Arbeitsausfall ist bei der Agentur für Arbeit anzuzeigen, in deren Bezirk der personalabgebende Betrieb seinen Sitz hat.

(7) [1]Während des Bezugs von Transferkurzarbeitergeld hat der Arbeitgeber den geförderten Arbeitnehmerinnen und Arbeitnehmern Vermittlungsvorschläge zu unterbreiten. [2]Stellt der Arbeitgeber oder die Agentur für Arbeit fest, dass Arbeitnehmerinnen oder Arbeitnehmer Qualifizierungsdefizite aufweisen, soll der Arbeitgeber geeignete Maßnahmen zur Verbesserung der Eingliederungsaussichten anbieten. [3]Als geeignet gelten insbesondere
1. Maßnahmen der beruflichen Weiterbildung, für die und für deren Träger eine Zulassung nach dem Fünften Kapitel vorliegt, oder
2. eine zeitlich begrenzte, längstens sechs Monate dauernde Beschäftigung zum Zwecke der Qualifizierung bei einem anderen Arbeitgeber.

[4]Bei der Festlegung von Maßnahmen nach Satz 3 ist die Agentur für Arbeit zu beteiligen. [5]Nimmt die Arbeitnehmerin oder der Arbeitnehmer während der Beschäftigung in einer betriebsorganisatorisch eigenständigen Einheit an einer Qualifizierungsmaßnahme teil, deren Ziel die anschließende Beschäftigung bei einem anderen Arbeitgeber ist, und wurde das Ziel der Maßnahme nicht erreicht, steht die Rückkehr der Arbeitnehmerin oder des Arbeitnehmers in den bisherigen Betrieb dem Anspruch auf Transferkurzarbeitergeld nicht entgegen.

(8) [1]Der Anspruch ist ausgeschlossen, wenn Arbeitnehmerinnen und Arbeitnehmer nur vorübergehend in der betriebsorganisatorisch eigenständigen Einheit zusammengefasst werden, um anschließend einen anderen Arbeitsplatz in dem gleichen oder einem anderen Betrieb des Unternehmens zu besetzen, oder, falls das Unternehmen einem Konzern angehört, einen Arbeitsplatz in einem Betrieb eines anderen Konzernunternehmens des Konzerns zu besetzen. [2]§ 110 Absatz 3 Satz 3 gilt entsprechend.

(9) Soweit nichts Abweichendes geregelt ist, sind die für das Kurzarbeitergeld geltenden Vorschriften des Ersten Unterabschnitts anzuwenden, mit Ausnahme der ersten beiden Titel und des § 109 Absatz 1 Nummer 2 und Absatz 2 bis 4.

1 **1. Normzweck.** Beim Transfer-Kug. handelt es sich um eine **bes. Form des Kug.** zur Begleitung betriebl. Restrukturierungsprozesse (BT-Drs. 15/1515 S. 92). Wie auch beim Struktur-Kug. steht die Erleichterung der Schaffung neuer Arbeitsplätze und damit die Vermeidung von Arbeitslosigkeit im Vordergrund. Betroffene AN werden zeitweise in einer betriebsorganisatorisch eigenständigen Einheit **(beE)** weiterbeschäftigt, in denen ihnen Qualifikations- und Vermittlungsangebote gemacht werden. Dies dient der Erhöhung ihrer Vermittlungsaussichten bzw. hilft durch die Erweiterung der Entlassungsphase zumindest, ihren Ausstieg sozial verträgl. zu gestalten. Während dieser Zeit erhalten sie zum tw. Ausgleich des Nettoentgeltverlustes (BAG 16.12.2015 NZA 2016, 439) Transfer-Kug.

2 Vom Kug. (§§ 95 ff.) unterscheidet sich das Transfer-Kug. durch seine **Zielsetzung.** Beim Kug. soll der konkrete Arbeitsplatz dadurch erhalten werden, dass bei vorübergehendem Arbeitsausfall der damit verbundene Entgeltausfall kompensiert wird, um sowohl AG als auch AN von Kündigungen abzuhalten. Das Transfer-Kug. hingegen erfordert einen dauerhaften Arbeitsausfall und zielt durch die vorübergehende Beschäftigung in einer beE auf die Verbesserung der Eingliederungsaussichten in einem anderen Betrieb ab.

3 **2. Überblick und Durchsetzung des Anspruchs.** Abs. 1 S. 1 enthält neben der Legaldefinition des Transfer-Kug. die einzelnen Anspruchsvoraussetzungen, die in den nachf. Abs. konkretisiert werden. Danach erfordert der Anspruch auf Transfer-Kug., dass der AN von einem dauerhaften unvermeidbaren Arbeitsausfall mit Entgeltausfall betroffen ist (Abs. 1 S. 1 Nr. 1, Abs. 2), betriebl. (Abs. 1 S. 1 Nr. 2, Abs. 3) sowie pers. (Abs. 1 S. 1 Nr. 3, Abs. 4, 5) Voraussetzungen erfüllt sind, die Betriebsparteien eine Beratung seitens der AA in Anspruch genommen haben (Abs. 1 S. 1 Nr. 4) und der Arbeitsausfall der AA angezeigt worden ist (Abs. 1 S. 1 Nr. 5, Abs. 6). Abs. 7 verpflichtet den AG sowohl dazu, den betroffenen AN Vermittlungsvorschläge zu unterbreiten, als auch, AN, die Qualifizierungsdefizite aufweisen, Maßnahmen zur Verbesserung ihrer Eingliederungsaussichten anzubieten. Ausgeschlossen ist das Transfer-Kug. nach Abs. 8, wenn nur zeitweise in beE zusammengefasste AN anschließend in einem Unternehmens- oder Konzernbetrieb weiterbeschäftigt werden sollen, sowie für AN des öffentl. Dienstes. Abs. 9 verpflichtet den AG zur Auskunft ggü. der AA und Abs. 10 verweist insb. hins. Höhe, Berechnung und Verfahrensfragen auf den dritten Titel der Vorschr. über das Kug., §§ 104 ff.

4 Als Sonderform des Kug. ist auch das Transfer-Kug. eine **Pflichtleistung** (§ 3 III Nr. 7) **an den AN,** die indessen nur von dem AG oder der Betriebsvertretung geltend gemacht werden kann (§ 323 II). Der schriftl. Antrag ist nachträgl. (§ 324 II 2) innerhalb einer Ausschlussfrist von 3 Monaten (§ 325 III) an die AA zu richten, in deren Bezirk die für den AG zust. Lohnabrechnungsstelle liegt (§ 327 III 1).

3. Anspruchsvoraussetzungen. a) Dauerhafter unvermeidbarer Arbeitsausfall mit Entgeltausfall auf Grund einer Betriebsänderung (Abs. 1 S. 1 Nr. 1, Abs. 2). Die in beE zusammengefassten AN müssen von einem Wegfall ihrer Beschäftigungsmöglichkeit und einem damit verbundenen Arbeitsausfall betroffen sein (*Peters-Lange* AuR 2009, 378, 379; **aA** zum früheren § 175 BSG 29.1.2008 SozR 4–4300 § 175 Nr. 1). Sie dürfen also nicht mehr voll beschäftigt werden. Das G verlangt nicht, dass Arbeits- und Entgeltausfall erhebl. sein müssen, sodass ein Mindestwert hins. der Zahl der betroffenen AN und der Höhe des Entgeltausfalls nicht eingehalten werden muss. Abs. 2 S. 2 stellt (wie a. § 96 I Nr. 4) ggü. der Rspr. des BSG (14.9.2010 NZA-RR 2011, 319; 14.9.2010 SGb 2010, 647; dagegen schon *Bieback* NZS 2011, 241, 242 ff.) klar, dass auch **„Kurzarbeit Null"** mögl. ist und gefördert wird. 5

Im Unterschied zum Kug. darf der Arbeitsausfall nicht nur vorübergehend gegeben sein, sondern muss **dauerhaft** vorliegen. Ein dauerhafter Arbeitsausfall erfordert, dass unter Berücksichtigung der Gesamtumstände des Einzelfalls davon auszugehen ist, dass der betroffene Betrieb in absehbarer Zeit die aufgebauten Arbeitskapazitäten nicht mehr im bisherigen Umf. benötigt (BT-Drs. 15/1515 S. 92). Eine strikte zeitl. Grenze für die Absehbarkeit ist nicht vorgesehen. In Anlehnung an die Bezugsfrist für Kug., die bei nur vorübergehendem Arbeitsausfall gem. § 104 I 1 regelm. bei längstens 6 Monaten liegt, dürfte eine negative Prognose für einen Zeitraum von länger als 6 Monaten ausreichen (Brand/*Kühl* Rn. 5). Tw. wird aufgrund der max. Bezugsgrenze des Abs. 1 S. 2 eine negative Prognose für etwa 12 Monate verlangt (Gagel/*Bieback* Rn. 37). 6

Der Arbeitsausfall muss **unvermeidbar** sein. Auch wenn davon idR auszugehen ist (BT-Drs. 15/1515 S. 92), muss die Unvermeidbarkeit in jedem Einzelfall geprüft werden (Gagel/*Bieback* Rn. 38). Sie liegt zB dann nicht vor, wenn unbefristete Einstellungen erfolgt sind, obwohl offensichtl. nur von einem vorübergehenden Personal(mehr)bedarf auszugehen war (BT-Drs. 15/1515 S. 92; HN/*Petzold* Rn. 7). Durch diese Voraussetzung sollen Wettbewerbsverzerrungen verhindert werden, die dadurch entstehen können, dass AG das Transfer-Kug. für ihre betriebl. Personalpolitik missbrauchen. Auch soll das Transfer-Kug. dem AG sein Wirtschafts- und Betriebsrisiko nur in bestimmten Ausnahmefällen nehmen. Die Unvermeidbarkeit muss während der gesamten Bezugsdauer gegeben sein. Mitwirkungs- und Schadensminderungsobliegenheiten bestehen dabei nicht nur für den AG, sondern auch für AN und BR (Gagel/*Bieback* Rn. 41 ff.). 7

Der Arbeitsausfall muss auf einer **Betriebsänderung** iSd. § 110 I 3 beruhen (dazu § 110 Rn. 4 ff.). Die Abweichungen des § 110 von § 111 BetrVG (Unbeachtlichkeit der Unternehmensgröße und der Anwendbarkeit des BetrVG im Betrieb) gelten auch iRd. § 111. 8

Eine Betriebsänd., die auf einem **bloßen Personalabbau** beruht und nicht mit einer Veränderung der betriebl. Organisation oÄ zusammenhängt, reicht iRd. § 111 nicht aus. Das ergibt sich aus Abs. 3 S. 1 Nr. 1, der fordert, dass auf Grund der Betriebsänd. Personalanpassungsmaßnahmen durchgeführt werden. Es muss also ein Unterschied zwischen der Betriebsänd. und der Personalanpassungsmaßnahme bestehen (Brand/*Kühl* Rn. 8; Gagel/*Bieback* Rn. 52). 9

b) Betriebliche Voraussetzungen (Abs. 1 S. 1 Nr. 2, Abs. 3 S. 1). aa) Betriebliche Personalanpassungsmaßnahmen (Abs. 3 S. 1 Nr. 1). Auf Grund der Betriebsänd. müssen Personalanpassungsmaßnahmen durchgeführt werden. Dazu zählen neben betriebsbedingten Kündigungen auch Aufhebungsverträge sowie vom AG veranlasste Eigenkündigungen (Gagel/*Bieback* Rn. 53). Verhaltens- oder personenbedingte Kündigungen fallen nicht darunter, da sie nicht durch die Betriebsänd., sondern durch die Störung des individuellen ArbVerh. begr. sind. Die umstr. Frage, ob die Nichtverlängerung befristeter Verträge eine Personalanpassungsmaßnahme iSd. § 111 darstellt (bejahend Brand/*Kühl* Rn. 9; verneinend Gagel/*Bieback* Rn. 53), ist zu bejahen. 10

§ 111 fordert nicht, dass die Personalanpassungsmaßnahmen in erhebl. Umf. erfolgen, so dass es auf die Anzahl der betroffenen AN nicht ankommt (Brand/*Kühl* Rn. 9). Auch wird nicht verlangt, dass sie auf **Strukturveränderungen** basieren. Damit wird die betriebl. Ebene in den Vordergrund gestellt und das Transfer-Kug. zur Begleitung aller betriebl. Restrukturierungsprozesse bereitgestellt (BT-Drs. 15/1515 S. 92). 11

bb) Zusammenfassung in betriebsorganisatorisch eigenständiger Einheit (Abs. 3 S. 1 Nr. 2, S. 2). Die vom Arbeitsausfall betroffenen AN müssen in einer beE zusammengefasst und übergangsweise weiterbeschäftigt werden (*Gaul/Otto* NZA 2004, 1301, 1306; *Hoehl/Grimmke* NZS 2004, 345, 348 f.). Dadurch soll der Entlassungsprozess in die Länge gezogen und sozial verträgl. gemacht werden. Außerdem sollen die Eingliederungschancen der beteiligten AN verbessert werden. BeE können **vom AG gebildet** werden (*Gaul/Otto* NZA 2004, 1301, 1302 ff.). Da beE keine Betriebsabteilungen im eigentl. Sinn sind, ist es nicht erforderl., dass sie einen selbständigen Arbeitszweck erfüllen oder mit eigenen technischen Arbeitsmitteln ausgestattet sind (HN/*Petzold* Rn. 11). Belässt der AG die zur beE zusammengefassten AN in ihrem Ausgangsbetrieb, müssen sie jedoch klar von den anderen AN abgegrenzt werden können. Entscheidend ist dafür, dass die beE nicht denselben Arbeitszweck erfüllt wie der übrige Betrieb und eine erkennbare räuml. und organisatorische Trennung vorhanden ist. Die betroffenen AN dürfen nicht an ihrem urspr. Arbeitsplatz beschäftigt werden, so dass es idR eines **Änderungsvertrages oder einer Änderungskündigung** bedarf (vgl. BAG 15.2.2007 NZA 2007, 614; LAG HH 7.9.2005 NZA-RR 2005, 658). Der AG kann sich auch mit anderen AG zusammenschließen 12 und eine gemeinsame beE gründen oder mehrere beE nacheinander oder gleichzeitig gründen. Die Bezugsfrist des § 104 gilt dann gesondert für jede beE. Treten AN nachträgl. in eine bereits bestehende beE ein, läuft die Bezugsfrist auch für sie eigenständig, da das Transfer-Kug. als Individualanspruch ausgestaltet ist (Gagel/*Bieback* Rn. 57).

13 Dass der alte AG überhaupt an der beE beteiligt ist, ist nicht vorausgesetzt. Mögl. ist, dass die beE von externen Gesellschaften getragen wird, zB von **Transfergesellschaften** (Gagel/*Bieback* Rn. 60; HWK/*Nimscholz* Rn. 14). Diese bedürfen der Zulassung nach § 178 (Abs. 3 S. 2). Erforderl. ist dann sowohl, dass sich der alte AG mit der externen Gesellschaft über die Übernahme der AN einig ist, als auch, dass die AN mit dem Ausscheiden aus ihrem alten und der Begr. eines neuen ArbVerh. mit der externen Gesellschaft einverstanden sind (Brand/*Kühl* Rn. 12). Demggü. brauchen keine AGPflichten bei dem alten AG zu verbleiben (Gagel/*Bieback* Rn. 60). Der Übergang zu der externen Gesellschaft stellt idR keinen **Betriebsübergang nach § 613a BGB** dar, da die AN in der beE andere Tätigkeiten als in ihrem urspr. Betrieb ausüben (*Gaul/Kliemt* NZA 2000, 674, 675; *Gaul/Otto* NZA 2004, 1301, 1302 f.; *Mengel/Ullrich* BB 2005, 1109).

14 Die Bildung der beE muss der **Vermeidung von Entlassungen** dienen. Gemeint ist damit nicht, dass die Entlassungen auf Dauer vermieden werden müssen. Es geht vielmehr darum, die Entlassungsphase zu strecken. Ausreichend, aber auch erforderl. ist also, dass die betroffenen AN durch Eintritt in die beE länger als nur bis zum Ablauf ihrer ordentl. Kündigungsfrist beschäftigt werden. Tw. werden in den Fällen, in denen die Kündigungsfrist sehr lang ist, bes. Vermittlungsanstrengungen und Qualifizierungsmaßnahmen des AG anstelle einer Verlängerung der Kündigungsfrist für ausreichend erachtet (Gagel/*Bieback* Rn. 62). Die AN müssen aus ihrem ArbVerh. unmittelbar in die beE übergehen. Sind sie einmal arbeitslos geworden, sind sie vom Anspruch auf Transfer-Kug. ausgeschlossen. Gekündigte AN haben wegen Abs. 4 Nr. 2 keinen Anspruch auf Transfer-Kug.

15 **cc) Ausreichende Ausstattung der beE (Abs. 3 S. 1 Nr. 3).** Organisation und Mittelausstattung der beE müssen ausreichend sein. Dadurch soll gewährleistet werden, dass erfolgreiche Eingliederungsarbeit tats. geleistet werden kann. Eine angemessene Infrastruktur verlangt bspw. die Gewährleistung eines Betreuungsschlüssels von mind. 1:50, den Einsatz von qualifizierten Beratern und die Anwendung von Anreizsystemen zur frühzeitigen Arbeitsaufnahme (BT-Drs. 17/1945 S. 15). Zudem ist durch das Zulassungsverf. des § 178 sichergestellt, dass der beauftragte Transferanbieter über ausreichende Mittel verfügt, um seinen Verbindlichkeiten nachkommen und insb. die übernommene Eingliederungsaufgabe erfüllen zu können.

16 **dd) Qualitätssicherung (Abs. 3 S. 1 Nr. 4).** Erforderl. ist ferner, dass ein internes Qualitätssicherungssystem angewendet wird. Dabei soll zum einen am Ende der Maßnahmen die Zufriedenheit der Teilnehmer und des ehem. AG systematisch erhoben werden. Zum anderen sollen die Beratungsinhalte und Aktivitäten sowie Vermittlungserfolge und die Verbleibequote 6 Monate nach Abschluss der Maßnahmen dokumentiert werden (BT-Drs. 17/1945 S. 15). Die Daten zum Maßnahmeerfolg sollen sowohl dem ehem. AG als auch der BA zur Vfg. gestellt werden, um die Transparenz und Vergleichbarkeit der angebotenen Maßnahmen zu verbessern und einen effektiveren Einsatz der Mittel zu ermöglichen.

17 **c) Persönliche Voraussetzungen (Abs. 1 S. 1 Nr. 3, Abs. 4). aa) Bedrohung mit Arbeitslosigkeit (Abs. 4 S. 1 Nr. 1).** Der AN muss von Arbeitslosigkeit bedroht sein. Insoweit gelten iRd. § 111 keine anderen Maßstäbe als bei § 110, s. daher dort Rn. 8 ff.

18 **bb) Fortsetzung einer versicherungspflichtigen Beschäftigung (Abs. 4 S. 1 Nr. 2).** Der AN muss nach Beginn des Arbeitsausfalls eine versicherungspflichtige Beschäftigung fortsetzen. Wann eine Beschäftigung versicherungspflichtig ist, ergibt sich aus den §§ 24 ff. (vgl. *Welkoborsky* NZS 2004, 509, 511). Mit Fortsetzung ist gemeint, dass der AN, der ja urspr. versicherungspflichtig beschäftigt ist, auch mit dem Träger der beE, also seinem alten AG oder der Transfergesellschaft, ein versicherungspflichtiges BeschVerh. eingeht (BSG 4.7.2012 NZA-RR 2013, 103). Eine Befristung dieses ArbVerh. ist mögl. (Brand/*Kühl* Rn. 18). Gleiches gilt gem. Abs. 4 S. 1 Nr. 2 für AN, die zu ihrer Berufsausbildung beschäftigt sind.

19 **cc) Kein Ausschluss vom Kurzarbeitergeldbezug (Abs. 4 S. 1 Nr. 3 iVm. S. 2).** Um einen doppelten Leistungsbezug zu verhindern, ist der Anspruch auf Kug. gem. § 98 II bis IV in den Fällen ausgeschlossen, in denen der AN anderweitige Leistungen erhält. Durch die Verweisung in Abs. 4 S. 1 Nr. 3 iVm. S. 2 gelten diese Ausschlussgründe auch für den Anspruch auf Transfer-Kug. Ausgeschlossen ist das Transfer-Kug. damit dann, wenn der AN als Teilnehmer einer berufl. Weiterbildungsmaßnahme **Alg.** bei berufl. Weiterbildung oder **Übergangsgeld** bezieht (§ 98 III Nr. 1), wobei es auf den tats. Bezug und nicht auf den bloßen Anspruch ankommt (Gagel/*Bieback* Rn. 84). Der Anspruch ist ferner ausgeschlossen, solange der AN **Krankengeld** bezieht (§ 98 III Nr. 2). Erkrankt ein AN, der bereits Kug. bezieht, wird das Kug. fortgezahlt, wenn und solange ein EFZAnspruch nach § 4 II EFZG besteht (§ 98 II). Krankengeld wird erst im Anschluss an die EFZ gewährt (Gagel/*Bieback* Rn. 85).

20 AN sind vom Transfer-Kug. ferner ausgeschlossen, wenn sie nicht in der von der AA verlangten Weise **an ihrer Vermittlung mitwirken** (§ 98 IV 1). Zu den Mitwirkungshandlungen zählt zB die

Pflicht zur Auskunftserteilung und zur Vorlage von Unterlagen. Der Ausschluss endet in dem Moment, in dem der AN die Mitwirkung wieder aufnimmt. Nach § 98 IV 3 kann schließl. entspr. § 159 eine **Sperrzeit** verhängt werden, wenn der AN eine ihm von der AA angebotene zumutbare Beschäftigung ohne wichtigen Grund nicht annimmt.

dd) Meldung als arbeitsuchend und Vorschaltung einer Profiling-Maßnahme (Abs. 4 S. 1 Nr. 4). 21
Die AN müssen sich vor ihrer Überleitung in die beE arbeitsuchend melden (§ 38 I), sie müssen ferner zuvor an einer Profiling-Maßnahme teilnehmen (*Gaul/Otto* NZA 2004, 1301, 1307; *Hoehl/Grimmke* NZS 2004, 345, 349). Diese dient der Feststellung der Eingliederungsaussichten auf dem Arbeitsmarkt. Sie kann mit einem Zuschuss nach § 110 gefördert werden, wenn sie von einem Dritten durchgeführt wird (*Mengel/Ullrich* BB 2005, 1109, 1110). Indem die individuellen Fähigkeiten sowie das Leistungs- und Entwicklungsvermögen des einzelnen AN ermittelt werden, kann entschieden werden, welche Qualifikationsmaßnahmen am sinnvollsten sind. Durchgeführt werden die Qualifikationsmaßnahmen dann in der beE. Mögl. ist auch, dass sich der AN auf Grund des Ergebnisses ganz gegen den Eintritt in eine beE ausspricht und stattdessen Transfermaßnahmen (§ 110) in Anspruch nimmt oder sich direkt um eine neue Arbeitsstelle bemüht (BT-Drs. 15/1515 S. 92). In berechtigten Ausnahmefällen kann die Profiling-Maßnahme innerhalb eines Monats nach Überleitung in die beE nachgeholt werden.

d) AN des Steinkohlenbergbaus (Abs. 5). Abs. 5 beruht auf dem sog. „Kohlekompromiss", der ein 22
Auslaufen des subventionierten Steinkohlebergbaus bis zum Jahre 2018 vorsieht. AN des Steinkohlenbergbaus haben hiernach für die Dauer von bis zu 12 Monaten (Abs. 1 S. 2) auch ohne Erfüllung der Voraussetzungen des Abs. 4 Anspruch auf Transfer-Kug., wenn sie im Anschluss Anpassungsgeld gem. § 5 SteinkohlefinanzierungsG (v. 20.12.2007, BGBl. I S. 3086) beziehen können (BT-Drs. 16/11233 S. 16).

e) Vorherige Beratung durch die AA (Abs. 1 S. 1 Nr. 4). Wie bei § 110 (dort Rn. 19ff.) ist auch 23
beim Transfer-Kug. die Inanspruchnahme vorheriger Beratung durch die AA erforderl. Die AA sollen die Betriebsparteien so früh wie mögl. über die Fördermöglichkeiten und Fördervoraussetzungen des § 111 beraten können, zB darüber, ob der für die Durchführung in Aussicht genommene Transferanbieter die betriebl. Voraussetzungen erfüllt. Sofern ein Interessenausgleich oder Sozialplan ausgehandelt wird, ist gewährleistet, dass die Beratung durch die AA vor Abschluss der Verhandlungen erfolgt. Damit verbessern sich die Möglichkeiten der AA, auf Interessenausgleich und Sozialplan Einfluss zu nehmen und darauf zu achten, dass dem Eingliederungsgedanken Rechnung getragen wird (BT-Drs. 17/1945 S. 15).

f) Anzeige des Arbeitsausfalls (Abs. 1 S. 1 Nr. 5, Abs. 6). Der Arbeitsausfall muss der AA entspr. 24
§ 99 I, II 1, III angezeigt werden. Zust. ist die AA, in deren Bezirk der das Personal abgebende Betrieb seinen Sitz hat. Übernimmt eine Transfergesellschaft AN von Betrieben unterschiedl. Bezirke, sind mehrere AA für eine beE zuständig. Zusammen mit der Anzeige müssen der dauerhafte Arbeitsausfall sowie die betriebl. Voraussetzungen des Transfer-Kug. **glaubhaft gemacht** werden (§ 99 I 4). Das kann durch die Vorlage der Verträge erfolgen, in denen der Übergang der AN in beE vereinbart ist. Die Gründung der beE muss zum Zpkt. der Anzeige noch nicht vollzogen sein (Gagel/*Bieback* Rn. 97).

4. Bezugsfrist (Abs. 1 S. 2). Transfer-Kug. kann **für max. 12 Monate** gewährt werden. Für welchen 25
Zeitraum Transfer-Kug. bewilligt wird, entscheidet die AA nach pflichtgemäßem Ermessen.

5. Vermittlungsangebote und Qualifizierungsmaßnahmen (Abs. 7). Der AG der beE hat den AN 26
Vermittlungsvorschläge zu unterbreiten (S. 1; näher *Gaul/Bonanni/Otto* DB 2005, 2386, 2389). Der Gesetzgeber will damit dem in § 4 normierten Vermittlungsvorrang stärkere Bedeutung beimessen und erhofft sich durch äußere Vermittlungsimpulse und intensivere Betreuung auch eine stärkere Eigeninitiative der AN. Zusätzl. soll durch die Einbindung des AG, der sich seinerseits wieder eines Dritten bedienen kann, die Anzahl der Arbeitsplatzangebote erhöht werden, da der AA regelm. nicht alle freien Stellen gemeldet werden (BT-Drs. 15/1515 S. 93).

Hat die vorgeschaltete Profiling-Maßnahme ergeben, dass Qualifizierungsdefizite bestehen, sollen 27
dem AN schon während des Bezugs von Transfer-Kug. und möglichst frühzeitig geeignete **Maßnahmen zur Verbesserung der Eingliederungsaussichten** angeboten werden (S. 2 und 3). Die Geeignetheit einer Maßnahme richtet sich nach dem jeweiligen Einzelfall. Geeignet sind zB betriebl. und betriebsnahe Weiterbildungs- und Qualifizierungsangebote, wenn sowohl für die Maßnahme als auch den sie durchführenden Bildungsträger die nach den §§ 178ff. erforderl. Zulassungen vorliegen (S. 3 Nr. 1). Mögl. ist auch, dass die AN zum Zwecke der Qualifizierung max. 6 Monate bei einem anderen AG beschäftigt werden (S. 3 Nr. 2). Dafür darf der AN jedoch kein Arbeitsentgelt enthalten, da es sich andernfalls um eine versicherungspflichtige Zweitbeschäftigung handeln würde (Brand/*Kühl* Rn. 25; *Hoehl/Grimmke* NZS 2004, 345, 349). Bei der Festlegung der Maßnahme ist die AA zu beteiligen (S. 4). Das G sieht keine **Sanktionsmöglichkeiten** für den Fall vor, dass der AG seiner Verpflichtung nicht nachkommt. Der AA ist es jedoch unbenommen, die Verpflichtung in ihrem Bewilligungsbescheid zu konkretisieren und mit Sanktionsmöglichkeiten zu versehen (Gagel/*Bieback* Rn. 101).

28 Nach S. 5 ist es für den Anspruch auf Transfer-Kug. unschädl., wenn ein AN, der an einer Qualifikationsmaßnahme teilgenommen hat, **anschließend** wieder von seinem **urspr. AG beschäftigt** wird. In Abgrenzung zum Anspruchsausschluss nach Abs. 8 S. 1 ist jedoch Voraussetzung, dass die Qualifikationsmaßnahme auf die Eingliederung bei einem anderen AG abzielte und dieses Ziel nicht erreicht wurde (*Gaul/Otto* NZA 2004, 1301, 1307). Die Möglichkeit einer sanktionslosen Rückführung bei missglückter Eingliederung soll den Beteiligten die Entsch. für einen Übergang in eine beE erleichtern. Probl. ist, dass der AG zu beweisen hat, dass der AN im Betrieb eines anderen AG eingegliedert werden sollte.

29 **6. Anspruchsausschluss (Abs. 8).** Ein Anspruch auf Transfer-Kug. besteht nicht, wenn die Bildung der beE zu dem Zweck erfolgt, die AN für einen Arbeitsplatz in dem Betrieb oder einem anderen Betrieb des Unternehmens oder Konzerns zu qualifizieren und sie anschließend dort zu beschäftigen. Regelm. fehlt es in diesen Fällen schon an dem endgültigen Abbau von Arbeitsplätzen. Der AG muss **Vorsatz** hins. der Qualifizierung der AN für den eigenen oder den Konzernbetrieb haben. Unschädl. ist daher, wenn sich im Nachhinein – also nach Bewilligung des Transfer-Kug. – die betriebl. Planung ändert und der Arbeitsplatz erhalten bleibt. Gleiches gilt für den Fall, dass die angestrebte Eingliederung des AN in einem anderen Betrieb fehlschlägt (Abs. 7 S. 5). Erfolgt die Weiterbeschäftigung im Ausgangsbetrieb nur übergangsweise und für einen sehr kurzen Zeitraum, dürfte kein Fall des Abs. 8 S. 1 gegeben sein. Die Anforderungen an diese Ausnahme sind auf Grund der starken Missbrauchsgefahr hoch anzusetzen (Gagel/*Bieback* Rn. 106).

30 **AN des öffentl. Dienstes** gehören auf Grund der Verweisung des Abs. 8 S. 2 auf § 110 III 3 nicht zum Kreis der Anspruchsberechtigten. Dieser Ausschluss gilt nicht für die Beschäftigten von Unternehmen, die in selbständiger Rechtsform erwerbswirtschaftl. betrieben werden (näher § 110 Rn. 18).

31 **7. Informationspflichten des Arbeitgebers (Abs. 9).** Den AG trifft eine bes. **Auskunftspflicht,** die über die allg. Auskunftspflicht des § 320 IV hinausgeht, diese aber nicht verdrängt (Gagel/*Bieback* Rn. 109). Der AG hat der AA mtl. statistische Meldungen zu wirkungsrelevanten Daten zu erstatten. Darüber hinaus werden mit dem ersten Antrag Daten zur beE und zum personalabgebenden Betrieb übermittelt. Daten, die während des Bezugs des Transfer-Kug. unverändert bleiben, müssen nur einmalig mit dem ersten Antrag mitgeteilt werden. Die Informationspflicht dient der Markttransparenz und Qualitätskontrolle sowie der Ermittlung bes. erfolgreicher Konzepte (BT-Drs. 15/1515 S. 93; 17/1945 S. 16).

32 **8. Anwendbarkeit der Kug.-Vorschriften (Abs. 10).** Das Transfer-Kug. ist eine Sonderform des Kug. Abs. 10 verweist daher auf die Regelungen für das Kug., soweit dort nichts dem § 111 Widersprechendes geregelt ist. Bes. bedeutsam ist der Verweis auf die §§ 105, 106 hins. Höhe und Berechnung des Transfer-Kug., auf § 107 zum Ruhen des Anspruchs, auf § 108 zur Vfg. über das Transfer-Kug., auf § 320 I, IV zu Aufzeichnungs- und Anzeigepflichten des AG und auf § 323 II, § 325 III zum Antragserfordernis.

§ 111a Förderung der beruflichen Weiterbildung bei Transferkurzarbeitergeld

(1) [1] Arbeitnehmerinnen und Arbeitnehmer, die einen Anspruch auf Transferkurzarbeitergeld nach § 111 haben, können bei Teilnahme an Maßnahmen der beruflichen Weiterbildung durch die Übernahme der Weiterbildungskosten nach § 83 gefördert werden, wenn
1. ihnen im Sinne des § 81 Absatz 2 ein Berufsabschluss fehlt oder sie bei Beginn der Teilnahme das 45. Lebensjahr vollendet haben,
2. die Agentur für Arbeit sie vor Beginn der Teilnahme beraten hat,
3. der Träger der Maßnahme und die Maßnahme für die Förderung zugelassen sind,
4. die Maßnahme während des Bezugs von Transferkurzarbeitergeld endet und
5. der Arbeitgeber mindestens 50 Prozent der Lehrgangskosten trägt.
[2] Die Grundsätze für die berufliche Weiterbildung nach § 81 Absatz 1 Satz 2 und Absatz 3 bis 4 gelten entsprechend.

(2) [1] Arbeitnehmerinnen und Arbeitnehmer, die einen Anspruch auf Transferkurzarbeitergeld nach § 111 haben und denen im Sinne des § 81 Absatz 2 ein Berufsabschluss fehlt, können bei Teilnahme an Maßnahmen der beruflichen Weiterbildung, die zu einem Abschluss in einem Ausbildungsberuf führen, nach § 81 gefördert werden, wenn der Arbeitgeber mindestens 50 Prozent der Lehrgangskosten während des Bezugs von Transferkurzarbeitergeld trägt. [2] Ein Anspruch auf Arbeitslosengeld bei beruflicher Weiterbildung nach § 144 ruht während der Zeit, für die ein Anspruch auf Transferkurzarbeitergeld zuerkannt ist.

(3) Wenn ein Insolvenzereignis im Sinne des § 165 Absatz 1 Satz 2 vorliegt, kann die Agentur für Arbeit abweichend von Absatz 1 Satz 1 Nummer 5 oder Absatz 2 Satz 1 eine niedrigere Beteiligung des Arbeitgebers an den Lehrgangskosten festlegen.

1. Normzweck. § 111a regelt die Förderung der berufl. Weiterbildung während der Beschäftigung in einer Transfergesellschaft. Grds. dient eine solche der Vermittlung in eine neue Beschäftigung (§ 110 Rn. 1). Ist dieses Ziel jedoch nur durch die Beseitigung von Qualifizierungsdefiziten erreichbar, soll der Bezug von Transfer-Kug auch für die gezielte Weiterbildung und Qualifizierung der von Restrukturierungen betroffenen AN genutzt werden, um deren Übergang in eine andere Beschäftigung zu erleichtern und Arbeitslosigkeit zu vermeiden (BT-Drs. 18/8042 S. 25). Mit § 111a sollen Anreize für verstärkte Weiterbildungsaktivitäten während des Bezugs von Transfer-Kug geschaffen werden. 1

2. Allgemeine Förderung (Abs. 1). Die **Voraussetzungen** für eine Förderung zielen va. auf ältere AN und solche mit geringerer Qualifikation. Ein Berufsabschluss fehlt iSv. Nr. 1, wenn der AN nicht über einen Abschluss verfügt, für den nach bundes- oder landesrechtl. Vorschriften eine Ausbildungsdauer von mindestens zwei Jahren festgelegt ist (§ 81 II Nr. 2). Auch AN, die zwar über einen Berufsabschluss verfügen, jedoch seit mehr als vier Jahren eine an- oder ungelernte Tätigkeit ausüben (§ 81 II Nr. 1), können gefördert werden, wenn sie eine dem Abschluss entspr. Beschäftigung voraussichtl. nicht mehr ausüben können (BT-Drs. 18/8042 S. 25). Die **Leistung** steht im **Ermessen** der AA (§ 39 SGB I). Sie kann bis zur Hälfte der Lehrgangskosten (in der Insolvenz des AG auch mehr, Abs. 3) sowie vollständig die Kosten für Unterbringung, Verpflegung und Kinderbetreuung sowie die Fahrkosten übernehmen. Die Ermessensentsch. berücksichtigt die Fähigkeiten der zu fördernden Personen, die Aufnahmefähigkeit des Arbeitsmarktes, den über die Ergebnisse der Beratungs- und Vermittlungsgespräche ermittelten arbeitsmarktpolitischen Handlungsbedarf, die bes. Förderung von Problemgruppen, den Inhalt der Eingliederungsvereinb. sowie die Grds. der Wirtschaftlichkeit und Sparsamkeit (Gagel/*Bieback* Rn. 21). Während der Qualifizierungsmaßnahme iRd. Transfergesellschaft wird das Transfer-Kug weitergezahlt. Wegen weiterer Einzelheiten der Maßnahme verweist Abs. 1 S. 2 auf § 81 I 2, III und IV (näher Gagel/*Bieback* Rn. 11 ff.). 2

3. Spezielle Ausbildungsförderung (Abs. 2). Abs. 2 regelt die Fördermöglichkeit für eine berufl. Weiterbildung, wenn diese zu einem Abschluss in einem Ausbildungsberuf führt und während der Beschäftigung in der Transfergesellschaft begonnen wird, absehbar aber über das Ende der dortigen Beschäftigung hinaus andauert. **Berechtigt** sind AN, denen iSv. § 81 ein Berufsabschluss fehlt (s. Rn. 2). Die **Leistung** entspricht derjenigen des Abs. 1. Der AG muss grds. mind. die Hälfte der Lehrgangskosten während des Bezugs von Transfer-Kug tragen. **Abs. 3** ermöglicht es der AA, in Insolvenzfällen eine geringere Beteiligung des AA an den Lehrgangskosten vorzusehen oder hierauf sogar ganz zu verzichten. Während der Maßnahme kann der AN grds. Alg.bei berufl. Weiterbildung erhalten (§ 144). Allerdings ruht dieser Anspruch, solange Transfer-Kug gewährt wird (Abs. 2 S. 2). 3

§ 157 Ruhen des Anspruchs bei Arbeitsentgelt und Urlaubsabgeltung

(1) Der Anspruch auf Arbeitslosengeld ruht während der Zeit, für die die oder der Arbeitslose Arbeitsentgelt erhält oder zu beanspruchen hat.

(2) [1] Hat die oder der Arbeitslose wegen Beendigung des Arbeitsverhältnisses eine Urlaubsabgeltung erhalten oder zu beanspruchen, so ruht der Anspruch auf Arbeitslosengeld für die Zeit des abgegoltenen Urlaubs. [2] Der Ruhenszeitraum beginnt mit dem Ende des die Urlaubsabgeltung begründenden Arbeitsverhältnisses.

(3) [1] Soweit die oder der Arbeitslose die in den Absätzen 1 und 2 genannten Leistungen (Arbeitsentgelt im Sinne des § 115 des Zehnten Buches) tatsächlich nicht erhält, wird das Arbeitslosengeld auch für die Zeit geleistet, in der der Anspruch auf Arbeitslosengeld ruht. [2] Hat der Arbeitgeber die in den Absätzen 1 und 2 genannten Leistungen trotz des Rechtsübergangs mit befreiender Wirkung an die Arbeitslose, den Arbeitslosen oder an eine dritte Person gezahlt, hat die Bezieherin oder der Bezieher des Arbeitslosengeldes dieses insoweit zu erstatten.

1. Normzweck, Anwendungsbereich. a) Normzweck. Die Regelung des § 157 I ist erforderl., weil **ArbVerh. und** sozialversicherungsrechtl. **BeschVerh. nicht identisch** sind (vgl. SGB IV § 7 Rn. 2 f.) und der AN daher trotz Beschäftigungslosigkeit wegen Fortbestehens des ArbVerh. noch Anspruch auf Arbeitsentgelt haben kann. Derartige Doppelzahlungen von Arbeitsentgelt und Alg. soll die Vorschr. verhindern (BSG 13.3.1990 NZA 1990, 829), weil Lohnersatzleistungen nach dem SGB III nicht benötigt werden, solange trotz Arbeitslosigkeit kein Verdienstausfall eintritt (BSG 12.12.1984 NZA 1985, 302). In ähnl. Weise bestimmt § 157 II, dass der Anspruch auf Alg. ruht, wenn der Arbeitslose Urlaubsabgeltung beanspruchen kann. Sowohl nach Abs. 1 als auch nach Abs. 2 genügt für den **Eintritt des Ruhens** die **Existenz des Anspruchs.** Es ist nicht erforderl., dass er auch erfüllt wird (Gagel/*Winkler* Rn. 6). Wird er nicht oder nicht rechtzeitig erfüllt, erhält der Arbeitslose das Alg. trotz des in Abs. 1 und 2 angeordneten Ruhens, § 157 III (sog. „Gleichwohlgewährung"). 1

b) Ruhen. Ruhen bedeutet, dass der Anspruch zwar besteht, aber während des Ruhenszeitraums nicht mit Erfolg geltend gemacht werden kann. Das Stammrecht bleibt hiervon unberührt (Brand/*Düe* Rn. 3). Die Dauer des Anspruchs auf Alg. wird nicht verbraucht. Die Ruhensregelung in § 157 entzieht 2 dem Versicherten den Anspruch auf Alg. nicht. Der Anspruch erlischt nicht, sondern bestimmt im Zusammenhang mit anderen Vorschr. erst den Eintritt der Versicherungsleistung (BSG 17.2.1981 SozR 4100 § 119 Nr. 14). Das Einsetzen eines Anspruchs wird um die Ruhenszeit hinausgeschoben (SpE/*Voelzke* § 12 Rn. 45). Nach Ablauf des Ruhens lebt der gesamte Anspruch wieder auf.

3 c) **Anwendungsbereich.** § 157 gilt unmittelbar nur für das Alg. Kraft der Verweisung in § 162 II ist er jedoch auch auf das **Teil-Alg.** anzuwenden.

4 **2. Ruhen bei Anspruch auf Arbeitsentgelt (Abs. 1). a) Allgemeines.** Voraussetzung des Anspruchs auf Alg. ist nach § 137 I, dass der AN vorübergehend nicht in einem BeschVerh. steht und eine versicherungspflichtige, mind. 15 Stunden wöchentl. umfassende Beschäftigung sucht. **Beschäftigungslosigkeit** idS tritt insb. ein, wenn das bisherige BeschVerh. sein **tats. Ende** gefunden hat und eine Beschäftigung noch nicht wieder aufgenommen worden ist oder der AG seine Verfügungsgewalt über den AN nicht mehr beansprucht. Praktisch handelt es sich bei dieser „faktischen Beschäftigungslosigkeit" (BSG 9.9.1993 E 73, 90, 94 ff.; 28.9.1993 NZS 1994, 140) zumeist um Fälle der Freistellung während der Kündigungsfrist, der Insolvenz des AG, der unwirksamen Kündigung oder ähnl. Tatbestände, bei denen der AG trotz rechtl. fortbestehenden ArbVerh. sein Direktionsrecht nicht mehr beansprucht (vgl. BSG 14.7.1994 AP SGB X § 115 Nr. 8; *Schweiger* NZS 2013, 767). Die Vorschr. ist aber auch dann anzuwenden, wenn die Zeit der faktischen Beschäftigungslosigkeit am Beginn des ArbVerh. liegt (BSG 20.6.2002 NZA 2003, 92; HWK/*Peters-Lange* Rn. 5).

5 **b) Arbeitsentgelt.** Der Begriff des **Arbeitsentgelts** ist nach **arbeitsrechtl. Regeln** zu bestimmen, nicht nach §§ 14 ff. SGB IV (Brand/*Düe* Rn. 9). Ein Entgeltanspruch besteht zB bei Freistellung des AN von der Arbeitsleistung oder – nach Maßgabe der Arbeitskampfrisikolehre (BAG 22.12.1980 NJW 1981, 937; näher GG Art. 9 Rn. 141 ff.) – bei mittelbar streikbetroffenen AN, er kann nach Maßgabe (kollektiv-) vertragl. Vereinb. zB auch in Bezug auf Sonderzahlungen trotz lang dauernder Erkrankung gegeben sein (BAG 14.3.2006 NZA 2006, 1232). Im Falle einer **unberechtigten Kündigung** gerät der AG regelm. in Annahmeverzug (vgl. BGB § 615 Rn. 27 ff., 39 ff.) und löst damit einen gem. § 157 I das Ruhen des Alg.-Anspruchs bewirkenden Entgeltanspruch aus (Brand/*Düe* Rn. 9). Allerdings wird hier häufig die Gleichwohlgewährung des Abs. 3 eingreifen. Ein das Ruhen bewirkender Anspruch besteht auch dann, wenn der Entgeltanspruch durch andere Weise, zB durch **Aufrechnung,** erfüllt worden ist, sodass er nicht zur Auszahlung gelangt ist. Dagegen fehlt es an einem solchen Anspruch, wenn dem AN aus in seiner Person liegenden (zB AU, Leistungsverweigerung) oder sonstigen Gründen (Kurzarbeit, Schlechtwetter, Arbeitskampf) keine Vergütung zusteht; in diesen Fällen ruht der Alg.-Anspruch nicht nach Abs. 1. Entgeltansprüche bestehen ebenso nicht, wenn zB eine außerordentl. Kündigung wirksam war oder wenn sich in einem bestehenden ArbVerh. der AG nicht in Annahmeverzug befand (BAG 28.4.1983 NJW 1984, 76; vgl. a. BAG 19.8.2015 NZA 2015, 1460).

6 Die Gewährung von dem Arbeitsentgelt ähnl. Leistungen führt nach § 157 – anders als nach § 158 – nicht zum Ruhen des Anspruchs (BSG 20.6.2002 SozR 3–4300 § 143 Nr. 4). Eine **Karenzentschädigung** nach § 74 II HGB ist kein Arbeitsentgelt iSv. § 157 I, da sie für Zeiträume nach der Beendigung des ArbVerh. gezahlt wird (KDZ/*Söhngen* Rn. 5). Dasselbe gilt für den **Schadensersatzanspruch** des AN aus § 628 II BGB; er fällt jedoch unter § 158 (BSG 14.2.1978 E 46, 20, 30; 13.3.1990 NZA 1990, 829). Ebenso wenig werden von Abs. 1 **Lohnnachzahlungen,** die bereits zurückliegende Zeiträume betreffen (HN/*Valgolio* Rn. 19), sowie **Sonderzahlungen** uÄ erfasst. Bestehen andere Lohn- oder Gehaltsansprüche über das Ende des ArbVerh. hinaus, handelt es sich nicht um Arbeitsentgelt, sondern um eine Form der Abfindung, die in den Grenzen des § 157 zum Ruhen des Alg. führt (BSG 14.2.1978 E 46, 20, 32).

7 **c) Verfügungen über den Entgeltanspruch.** Da § 157 I Doppelleistungen verhindern will, greift die Vorschr. grds. **nicht bei anspruchsvernichtenden Ereignissen,** die dazu führen, dass Lohnansprüche für eine rückwirkende Zeit nicht mehr bestehen, zB Anfechtung, verspätete Geltendmachung, Nichtwahrung einer Ausschlussfrist oder Vergleich (KR/*Link* Rn. 24). Dabei ist jedoch zunächst erforderl., dass der AN im Zpkt. des privatrechtl. Rechtsgeschäfts noch die Verfügungsbefugnis über den Entgeltanspruch innehatte. Soweit der AN Alg. bereits bezogen hat, ist der Verzicht auf das Arbeitsentgelt unwirksam, da der Entgeltanspruch bereits gem. § 115 SGB X auf die BA übergegangen ist und dem AN folgl. die **Verfügungsbefugnis** fehlt (BAG 28.4.1983 NJW 1984, 76).

8 Ähnl. gilt für den **Zpkt. der Beendigung** des ArbVerh. Grds. steht den Arbeitsvertragsparteien die Dispositionsfreiheit hins. des Endes des ArbVerh. zu. Besteht Streit über den Bestand und die Dauer des ArbVerh., sind AG und AN befugt, im Voraus das Ende des ArbVerh. mit der Folge zu bestimmen, dass Entgeltansprüche nicht mehr in Betracht kommen (vgl. Gagel/*Winkler* Rn. 38 ff.). Die Beteiligten überschreiten auch dann nicht den Rahmen der ihnen eingeräumten Gestaltungsmöglichkeiten, wenn sie das Ende des ArbVerh. so festlegen, dass keine Ansprüche auf Arbeitsentgelt mehr anfallen, die sich zeitl. mit dem Leistungsbezug nach Abs. 3 decken. Die sozialversicherungsrechtl. Vorschr. hindern AG und AN an einer solchen Vertragsgestaltung nicht, denn das SozR knüpft, soweit nicht Sonderregelungen bestehen, an legitime privatrechtl. Akte an (BAG 17.4.1986 NZA 1987, 17; 9.10.1996 NZA 1997, 376; BSG 14.2.1978 E 46, 20, 24).

Ist allerdings unstreitig, dass das ArbVerh. bestanden hat, kann nicht mit Wirkung ggü. dem Sozialversicherungsträger nachträgl. frei **über das Ende des ArbVerh. verfügt werden** (vgl. Brand/*Düe* Rn. 17 f.; HWK/*Peters-Lange* Rn. 12). Soweit bereits Ansprüche auf die BA oder auf andere Sozialversicherungsträger übergegangen sind, werden diese durch eine solche Vertragsgestaltung nicht berührt. Mit Wirkung ggü. der BA kann die Beendigung des ArbVerh. ledigl. noch für die Zukunft vereinbart werden (BAG 17.4.1986 NZA 1987, 17). Ist ein Verf. durch **Urteil oder Vergleich** rechtskräftig abgeschlossen, können AG und AN den Vergleich nicht zu Lasten der BA rückwirkend durch Festlegung eines früheren Beendigungstermins ändern (BSG 14.7.1994 AP SGB X § 115 Nr. 8; BAG 17.4.1986 NZA 1987, 17). 9

Greift der AN eine Kündigung nicht an oder nimmt er eine erhobene Klage zurück, ist **§ 7 KSchG** zu beachten. Das Ende des ArbVerh. kann mit Wirkung ggü. der BA nicht abw. festgesetzt werden. Der Beendigungstermin wirkt auch ggü. der BA. Der AN ist andererseits nicht verpflichtet, materiell-rechtl. ungerechtfertigte Kündigungen durch Kündigungsschutzklage anzugreifen (Gagel/*Winkler* Rn. 39). 10

Nach **§§ 9, 10 KSchG** kann das ArbVerh. auf Antrag jeder der Vertragsparteien aufgelöst werden. Die Auflösung erfolgt bei der ordentl. Kündigung rückwirkend zu dem Zpkt. des Ablaufs der ordentl. Kündigungsfrist, bei der außerordentl. Kündigung bei entspr. Antrag zu dem Zpkt. des Ausspruchs der Kündigung (KSchG § 9 Rn. 28). Erfolgt eine Auflösung nach §§ 9, 10 KSchG, ist dieser Zpkt. auch für das SozR maßgebend. 11

d) Rechtsfolgen und Dauer des Ruhens. Das Ruhen des Anspruchs auf Alg. nach Abs. 1 ist begrenzt auf die Zeit zwischen dem Ende der Beschäftigung und der rechtl. Beendigung des ArbVerh. Der Ruhenszeitraum wird auf die Anspruchsdauer nicht angerechnet (vgl. § 148). Die Rechtsfolge des Ruhens nach Abs. 1 tritt nur ein, wenn die Voraussetzungen des Anspruchs auf Alg. erfüllt sind und der AN Vergütungsansprüche für die Zeit der Arbeitslosigkeit hat (vgl. Gagel/*Winkler* Rn. 15). 12

Die **Zahlung des Arbeitsentgelts und** die von **Alg.** müssen sich für den Zeitraum, für den ein Ruhen nach Abs. 1 in Betracht kommt, überschneiden (BSG 29.10.1986 NZA 1987, 324; KKW/*Mutschler* Rn. 9). Abs. 1 erfasst nicht die Lohn- und Gehaltsansprüche für Zeiten vor der tats. Beendigung der Beschäftigung. Bei lfd. Lohn oder Gehalt ist der Zeitraum maßgebend, für den das Arbeitsentgelt geschuldet wird. Das ist die Zeitspanne, in der es erarbeitet worden wäre, wenn der AN beschäftigt worden wäre. Steht dem AN für die Zeit zwischen dem Ende der tats. Beschäftigung und dem Ende des ArbVerh. kein Arbeitsentgelt zu, zB wegen AU oder Beteiligung am Arbeitskampf, tritt kein Ruhen ein (HN/*Valgolio* Rn. 25). 13

Der Arbeitslose, dessen Anspruch auf Alg. nach § 157 I ruht, ist nach Ablauf des nachgehenden einmonatigen Versicherungsschutzes (§ 19 II SGB V) **nicht mehr ges. krankenversichert,** da er keine Leistungen bezieht und § 5 I Nr. 2 SGB V folgl. nicht einschlägig ist (KK/*Peters* § 5 SGB V Rn. 43). Zur Aufrechterhaltung des Versicherungsschutzes ist daher die freiwillige Weitervers. erforderl. 14

3. Ruhen bei Anspruch auf Urlaubsabgeltung (Abs. 2). Steht dem AN bei Beendigung des ArbVerh. noch ein Urlaubsanspruch zu, der wegen der Beendigung ganz oder tw. nicht mehr erfüllt werden kann, ist der Urlaub gem. § 7 IV BUrlG abzugelten. Der parallele Bezug von Urlaubsabgeltung und Alg. ist jedoch nicht gerechtfertigt (BT-Drs. 9/846 S. 44). Daher ruht der Alg.-Anspruch wegen einer Urlaubsabgeltung für den Zeitraum nach dem Ende des ArbVerh., der der Dauer des abzugeltenden Urlaubs entspricht. Das BeschVerh. wird aus arbeitsförderungsrechtl. Sicht praktisch **um die abzugeltenden Urlaubstage verlängert** (BAG 17.11.2010 NZA 2011, 288; s. aber a. BSG 4.3.2014 NZS 2014, 418). 15

Voraussetzung des Ruhens nach Abs. 2 ist, dass der AN die Urlaubsabgeltung erhalten oder zu beanspruchen hat. Ähnl. Leistungen, zB eine Entschädigung für bereits erloschene Urlaubsansprüche, sind unbeachtl. (BSG 21.6.2001 NZA-RR 2002, 275), sie können jedoch Arbeitsentgelt iSv. Abs. 1 sein (Rn. 5). Dagegen können Abgeltungsansprüche nach ausl. Rechtsordnungen auch dann unter Abs. 2 fallen, wenn sie im Detail anders strukturiert sind als der dt. § 7 IV BUrlG (BSG 17.3.2016 NZS 2016, 670: Dänemark). Hat der AN **die Urlaubsabgeltung tats. erhalten,** kommt es nicht darauf an, ob er einen Rechtsanspruch auf die Zahlung hatte (BSG 23.1.1997 NZS 1997, 530; APS/*Steinmeyer* Rn. 14). Erforderl. ist jedoch ein ursächl. Zusammenhang zwischen der Leistung des Alg. und der Beendigung des BeschVerh. (Brand/*Düe* Rn. 25). Entspr. § 158 III ist § 157 II allerdings auch dann anzuwenden, wenn ledigl. das sozialrechtl. BeschVerh., nicht jedoch das ArbVerh. beendet und dem AN bei dieser Gelegenheit die Urlaubsabgeltung gewährt worden ist (BSG 23.1.1997 NZS 1997, 530). Ist in die Urlaubsabgeltung Urlaubsentgelt einbezogen, ist dies vorher abzuziehen, denn das Urlaubsentgelt bewirkt ein Ruhen nach Abs. 1, nicht nach Abs. 2. Der Ruhenszeitraum läuft kalendermäßig ab, und zwar unabhängig davon, ob Alg. beantragt ist oder nicht (Brand/*Düe* Rn. 26). Das Ruhen kann nicht dadurch vermieden werden, dass der Arbeitslose auf seinen Urlaubsabgeltungsanspruch „verzichtet" (vgl. § 13 I 3 BUrlG). Der Ruhenszeitraum endet mit dem Ende des letzten (fiktiven) Urlaubstags. 16

Hat der AN (noch) keine Urlaubsabgeltung erhalten, ruht der Alg.-Anspruch nur, wenn ihm ein **arbeitsrechtl. Anspruch** auf diese Leistung zusteht. Daran fehlt es, wenn der Anspruch verfallen ist (vgl. BSG 23.1.1997 NZS 1997, 530). 17

4. Gleichwohlgewährung (Abs. 3). Wegen der Gleichwohlgewährung und des Anspruchsübergangs auf die BA vgl. § 158 Rn. 38 ff. 18

§ 158 Ruhen des Anspruchs bei Entlassungsentschädigung

(1) [1]Hat die oder der Arbeitslose wegen der Beendigung des Arbeitsverhältnisses eine Abfindung, Entschädigung oder ähnliche Leistung (Entlassungsentschädigung) erhalten oder zu beanspruchen und ist das Arbeitsverhältnis ohne Einhaltung einer der ordentlichen Kündigungsfrist des Arbeitgebers entsprechenden Frist beendet worden, so ruht der Anspruch auf Arbeitslosengeld von dem Ende des Arbeitsverhältnisses an bis zu dem Tag, an dem das Arbeitsverhältnis bei Einhaltung dieser Frist geendet hätte. [2]Diese Frist beginnt mit der Kündigung, die der Beendigung des Arbeitsverhältnisses vorausgegangen ist, bei Fehlen einer solchen Kündigung mit dem Tag der Vereinbarung über die Beendigung des Arbeitsverhältnisses. [3]Ist die ordentliche Kündigung des Arbeitsverhältnisses durch den Arbeitgeber ausgeschlossen, so gilt bei
1. zeitlich unbegrenztem Ausschluss eine Kündigungsfrist von 18 Monaten,
2. zeitlich begrenztem Ausschluss oder Vorliegen der Voraussetzungen für eine fristgebundene Kündigung aus wichtigem Grund die Kündigungsfrist, die ohne den Ausschluss der ordentlichen Kündigung maßgebend gewesen wäre.

[4]Kann der Arbeitnehmerin oder dem Arbeitnehmer nur bei Zahlung einer Entlassungsentschädigung ordentlich gekündigt werden, so gilt eine Kündigungsfrist von einem Jahr. [5]Hat die oder der Arbeitslose auch eine Urlaubsabgeltung (§ 157 Absatz 2) erhalten oder zu beanspruchen, verlängert sich der Ruhenszeitraum nach Satz 1 um die Zeit des abgegoltenen Urlaubs. [6]Leistungen, die der Arbeitgeber für eine arbeitslose Person, deren Arbeitsverhältnis frühestens mit Vollendung des 50. Lebensjahres beendet wird, unmittelbar für deren Rentenversicherung nach § 187a Absatz 1 des Sechsten Buches aufwendet, bleiben unberücksichtigt. [7]Satz 6 gilt entsprechend für Beiträge des Arbeitgebers zu einer berufsständischen Versorgungseinrichtung.

(2) [1]Der Anspruch auf Arbeitslosengeld ruht nach Absatz 1 längstens ein Jahr. [2]Er ruht nicht über den Tag hinaus,
1. bis zu dem die oder der Arbeitslose bei Weiterzahlung des während der letzten Beschäftigungszeit kalendertäglich verdienten Arbeitsentgelts einen Betrag in Höhe von 60 Prozent der nach Absatz 1 zu berücksichtigenden Entlassungsentschädigung als Arbeitsentgelt verdient hätte,
2. an dem das Arbeitsverhältnis infolge einer Befristung, die unabhängig von der Vereinbarung über die Beendigung des Arbeitsverhältnisses bestanden hat, geendet hätte, oder
3. an dem der Arbeitgeber das Arbeitsverhältnis aus wichtigem Grund ohne Einhaltung einer Kündigungsfrist hätte kündigen können.

[3]Der nach Satz 2 Nummer 1 zu berücksichtigende Anteil der Entlassungsentschädigung vermindert sich sowohl für je fünf Jahre des Arbeitsverhältnisses in demselben Betrieb oder Unternehmen als auch für je fünf Lebensjahre nach Vollendung des 35. Lebensjahres um je 5 Prozent; er beträgt nicht weniger als 25 Prozent der nach Absatz 1 zu berücksichtigenden Entlassungsentschädigung. [4]Letzte Beschäftigungszeit sind die am Tag des Ausscheidens aus dem Beschäftigungsverhältnis abgerechneten Entgeltabrechnungszeiträume der letzten zwölf Monate; § 150 Absatz 2 Satz 1 Nummer 3 und Absatz 3 gilt entsprechend. [5]Arbeitsentgeltkürzungen infolge von Krankheit, Kurzarbeit, Arbeitsausfall oder Arbeitsversäumnis bleiben außer Betracht.

(3) Hat die oder der Arbeitslose wegen Beendigung des Beschäftigungsverhältnisses unter Aufrechterhaltung des Arbeitsverhältnisses eine Entlassungsentschädigung erhalten oder zu beanspruchen, gelten die Absätze 1 und 2 entsprechend.

(4) [1]Soweit die oder der Arbeitslose die Entlassungsentschädigung (Arbeitsentgelt im Sinne des § 115 des Zehnten Buches) tatsächlich nicht erhält, wird das Arbeitslosengeld auch für die Zeit geleistet, in der der Anspruch auf Arbeitslosengeld ruht. [2]Hat der Verpflichtete die Entlassungsentschädigung trotz des Rechtsübergangs mit befreiender Wirkung an die Arbeitslose, den Arbeitslosen oder an eine dritte Person gezahlt, hat die Bezieherin oder der Bezieher des Arbeitslosengeldes dieses insoweit zu erstatten.

I. Ruhen wegen einer Entlassungsentschädigung (Abs. 1 und 2)

1 **1. Zweck des Ruhens.** Zweck des § 158 ist es, **Doppelleistungen** zu vermeiden (KKW/*Mutschler* Rn. 2). Lohnersatzleistungen nach dem SGB III werden nicht benötigt, solange trotz Arbeitslosigkeit kein Verdienstausfall eintritt (BSG 29.1.2001 NZA-RR 2002, 441). Außerdem gilt es, **Manipulationen zum Nachteil der Arbeitslosenvers.** zu verhindern. Ohne § 158 könnten AG und AN das ArbVerh. zu einem frühen Termin beenden und anstelle des – nach § 157 I zum Ruhen des Alg.-Anspruches führenden – Arbeitsentgelts bis zu einem späten Termin eine erhöhte als Abfindung ausgewiesene AG-Leistung vereinbaren (BSG 14.2.1978 E 46, 20, 29; 3.3.1993 NZS 1993, 462). Die Vorschr. greift allerdings nur ein, wenn dem AN bei Beendigung des ArbVerh. eine Abfindung oder ähnl. Leistung gewährt und die für die ordentl. AGseitige Kündigung geltende Frist nicht eingehalten worden ist.

2 Von der – verfassungsrechtl. unbedenkl. (BVerfG 14.12.1981 SozR 4100 § 117 Nr. 8; BSG 8.2.2001 NZA-RR 2002, 385; vgl. a. BVerfG 12.5.1976 E 42, 176, 182 ff.) – Regelung **nicht betroffen** sind daher

die praktisch wichtigsten Abfindungszahlungen, die nach fristgerechter AGseitiger Kündigung, bei oder nach Abschluss eines diese Frist einhaltenden Aufhebungsvertrages oder zur gütl. Beilegung des Kündigungsschutzprozesses vereinbart werden. Ebenso betrifft § 158 nicht Entlassungsentschädigungen, die bei Beendigung eines Berufsausbildungsverhältnisses gezahlt werden (LSG BY 28.8.2008 NZA 2009, 1010).

2. Voraussetzungen des Ruhens. a) Entlassungsentschädigung. Nach § 158 führt eine Abfindung, Entschädigung oder ähnl. Leistung, die der Arbeitslose wegen der Beendigung des ArbVerh. erhalten oder zu beanspruchen hat, unter den im G genannten Voraussetzungen zum Ruhen des Anspruchs auf Alg. (Gagel/*Bender* Rn. 39). Anges. dieser Zwecke der Abs. 1 und 2 des § 158 spielt es keine Rolle, wie die Zuwendung bezeichnet, auf welcher Rechtsgrdl. sie gewährt und ob sie in Raten oder in einer Summe gezahlt wird. Entlassungsentschädigung ist **jede Leistung, die für die Zeit nach der Tätigkeit des AN wegen deren Beendigung gezahlt wird** (*Niesel* NZA 1997, 580, 583). Unerhebl. ist, ob der AN auf die Leistung einen Rechtsanspruch hatte, ob sie bereits im Einzelarbeitsvertrag vereinbart war, ob sie auf einem gerichtl. Vergleich (BSG 21.9.1995 NZA-RR 1996, 311), Sozialplan (BSG 29.8.1991 NZA 1992, 387; 29.1.2001 NZA-RR 2002, 441), TV, Festsetzung des Gerichts nach §§ 9, 10 KSchG (BAG 13.1.1982 NJW 1982, 2207; *Schaub* BB 1999, 1059, 1061) oder einer anderen Rechtsgrdl. beruht. 3

Der **Zpkt. der Entstehung** oder der **Fälligkeit** der Leistung sind nicht von Belang, sofern nur zwischen der Beendigung des ArbVerh. und der Abfindung ein ursächl. Zusammenhang besteht (HN/*Valgolio* Rn. 29). Ist der AN vorzeitig ausgeschieden und ist der ursächl. Zusammenhang der Leistungsgewährung mit dem Ausscheiden gegeben, wertet § 158 einen Teil der Leistung als „Arbeitsentgelt" für die Zeit nach dem Ausscheiden, wann immer der Anspruch auf die Zuwendung entsteht und fällig wird. Dementspr. hat die Rspr. Abfindungen, die in Kündigungsschutzprozessen vergleichsweise vereinbart worden sind, ungeachtet des Umstandes, dass der Abfindungsanspruch erst längere Zeit nach dem Ausscheiden vereinbart oder fällig geworden ist, unter § 158 subsumiert (BSG 13.3.1990 NZA 1990, 829; 3.3.1993 NZS 1993, 462). 4

Abfindungen, die erst später oder in Raten **fällig werden,** sind zu kapitalisieren (vgl. BSG 22.2.1984 SozR 4100 § 118 Nr. 13; Gagel/*Bender* Rn. 43). Soweit der AN die Leistung tats. noch nicht erhält, ist Abs. 4 anzuwenden: Soweit die Abfindung noch nicht fällig ist, wird das Alg. abzgl. der dem AN vom AG jeweils zu zahlenden Leistungen gewährt. Der Anspruch auf die später fällig werdenden Leistungen geht auf die BA über und wird jeweils am Fälligkeitstag realisiert. 5

Ein **tats. Zufluss** der Entlassungsentschädigung beim AN ist nicht erforderl.; der Alg.-Anspruch ruht schon dann, wenn der AN die Leistung nur zu beanspruchen hat. Allerdings muss die BA das Alg. unter den Voraussetzungen des § 158 IV 1 trotz des Ruhens gewähren. Der AN hat die Entlassungsentschädigung allerdings auch dann iSd. G „erhalten", wenn sie mit befreiender Wirkung an einen Gläubiger von ihm geleistet worden ist (BSG 24.6.1999 NZA-RR 2000, 270) oder der AG mit einer Gegenforderung gegen sie aufgerechnet hat (SG Karlsruhe 7.5.2014 NZS 2014, 635). 6

Die Entlassungsentschädigung führt jedoch nur dann zum Ruhen des Alg.-Anspruchs, wenn sie **wegen** (und nicht nur „anlässl.") **der Beendigung des ArbVerh.** gezahlt wird (BSG 29.8.1991 NZA 1992, 235; 21.9.1995 NZA-RR 1996, 308). Erforderl. ist, dass die Ansprüche überhaupt erst mit der Beendigung des ArbVerh. entstanden oder wegen der Beendigung zugebilligt worden sind, und dass sie ihrer Art nach einen Zusammenhang mit dem Verlust des Arbeitsplatzes haben (Gagel/*Bender* Rn. 39; KR/*Link* Rn. 27). Zwischen der Beendigung des ArbVerh. und der dadurch angefallenen Leistung muss ein Kausalzusammenhang bestehen (*Niesel* NZA 1997, 580, 583). Es muss sich um Ansprüche handeln, die erst mit und nur wegen der Beendigung dieser Verhältnisse entstehen. Unerhebl. ist demggü., ob die Entlassungsentschädigung nur wegen der *vorzeitigen* Beendigung versprochen oder geleistet worden ist oder ob sie bei ordentl. Beendigung in gleicher Weise angefallen wäre (BSG 21.9.1995 NZA-RR 1996, 308); ebenso, ob die Parteien subj. davon ausgegangen sind, eine gewährte Abfindung habe keinen Entgeltcharakter (vgl. BSG 25.10.1989 SozR 4100 § 117 Nr. 26). Entlassungsentschädigung iSd. Abs. 1 ist der **Gesamtbruttobetrag** der Leistung; die auf die Entlassungsentschädigung zu entrichtenden Steuern werden nicht in Abzug gebracht. 7

Einzelfälle: Entlassungsentschädigung idS ist neben der echten **Abfindung** (die selbst dann unter § 158 fällt, wenn es wegen bes. Umstände noch nicht zu einer Arbeitsaufnahme gekommen war, BSG 14.2.1978 E 46, 20 ff.) zB auch „Arbeitsentgelt", das über das Ende des Arbeits- oder BeschVerh. hinaus gezahlt wird (Gagel/*Bender* Rn. 32), eine **„vorzeitige Rente"**, auf die sonst kein Anspruch besteht (BSG 22.2.1984 SozR 4100 § 118 Nr. 13; 15.11.1984 NZA 1985, 438), die Gewährung eines **„Darlehens"**, von dessen Nicht-Tilgung stillschweigend ausgegangen wird (BSG 3.3.1993 NZS 1993, 462), die Abfindung einer Anwartschaft aus betriebl. Altersversorgung, wenn und soweit gar kein Rechtsanspruch auf die Betriebsrente bestand (KDZ/*Söhngen* Rn. 11). Ebenso rechnen hierzu **Schadensersatzansprüche** des AN wegen der Beendigung des ArbVerh. nach § 628 II BGB (BSG 14.2.1978 E 46, 20, 30; 13.3.1990 NZA 1990, 829; APS/*Rolfs* § 628 BGB Rn. 70). Auch **Sozialplanabfindungen** (zu ihnen ausf. *Gagel* NZS 2000, 327 ff.) werden „wegen Beendigung des ArbVerh." gezahlt (BSG 13.3.1990 NZA 1990, 829; *Bauer/Röder* BB 1997, 834, 835). 8

9 Leistungen, die der AG für den AN unmittelbar für dessen ges. **Rentenvers.** nach § 187a SGB VI oder für eine vergleichbare berufsständische Versorgung aufwendet, stellen zwar Entlassungsentschädigungen iSd. § 158 dar. Sie bleiben aber gem. § 158 I 6, 7 gleichwohl unberücksichtigt, wenn das ArbVerh. frühestens mit Vollendung des 55. Lebensjahres des AN beendet wird (KR/*Link* Rn. 28).

10 **Keine Entlassungsentschädigungen** sind demggü. Leistungen auf Forderungen, die bereits vor der Beendigung des ArbVerh. erdient worden sind und ledigl. anlässl. der Beendigung ausgezahlt werden, und zwar auch dann nicht, wenn sie von den Vertragsparteien fälschl. als „Abfindung" bezeichnet werden. **Einzelfälle:** Dazu zählen zB rückständiger Arbeitslohn (*Johannsen* ZTR 1999, 241, 244; vgl. a. BSG 14.7.1994 AP SGB X § 115 Nr. 8), bis zum Ende des ArbVerh. aufgelaufene Sonderleistungen wie Weihnachtsgeld, Gewinnanteile, Jubiläumszuwendungen, Beihilfen, ferner Erfindervergütungen oder Anl. der Vermögensbildung. Ebenso nicht zu den Entlassungsentschädigungen rechnen Leistungen, die erst nach dem Ende des ArbVerh. erworben werden, wie eine Karenzentschädigung (SpE/*Voelzke* § 12 Rn. 191). Auch eine Abfindung nach § 1a KSchG ist trotz ihres Namens keine Entlassungsentschädigung, da der Anspruch auf sie erst nach Ablauf der Klagefrist des § 4 S. 1 KSchG entsteht (BSG 8.12.2016 NZS 2017, 310). Zur Urlaubsabgeltung vgl. § 157 Rn. 15 ff.

11 **b) Vorzeitige Beendigung des Arbeitsverhältnisses.** Eine Abfindung führt nur zum Ruhen nach Abs. 1 und 2, wenn das ArbVerh. vorzeitig, also zu einem Zpkt. beendet wurde, zu dem der AG es nicht einseitig (durch Kündigung) hätte beenden können (Gagel/*Bender* Rn. 23). Eine Anrechnung der Abfindung erfolgt daher nur dann, wenn das ArbVerh. vor der für den AG geltenden ordentl. Kündigungsfrist, Abs. 1 S. 2, vor Ablauf einer Befristung, Abs. 2 Nr. 2, oder vor dem Zpkt. beendet worden ist, zu dem der AG aus wichtigem Grund hätte kündigen können, Abs. 2 Nr. 3 (zu einer außerordentl. Kündigung mit sozialer Auslauffrist bei ordentl. Unkündbarkeit BSG 17.12.2013 NZA-RR 2014, 327). **Vorzeitiger Beendigungsgrund** kann sowohl eine **Eigenkündigung** (BSG 29.8.1991 NZA 1992, 387) ein **Aufhebungsvertrag** (auch im Zusammenhang mit dem Streit über einen Betriebsübergang: BSG 29.8.1991 NZA 1992, 235), ein **Vergleich** nach einem Streit über die Wirksamkeit einer Kündigung, als auch eine ungerechtfertigte, vom AN aber nicht angegriffene **AGKündigung** sein (Gagel/*Bender* Rn. 23 ff.), wobei unerhebl. ist, von wem die Initiative für eine Abfindungsregelung ausgegangen ist (BSG 29.8.1991 NZA 1992, 235). Ein **Abwicklungsvertrag** führt dagegen nicht zur Abfindungsanrechnung, wenn die vorausgegangene Kündigung des AG die Kündigungsfrist gewahrt hat (*Hümmerich* NZA 2001, 1280, 1281; *ders.* NJW 2004, 2291, 2296).

12 Auf den **Beendigungsgrund** kommt es nicht an; § 158 erfasst in gleicher Weise personen-, verhaltens- und betriebsbedingte Beendigungstatbestände. Auch eine **Auflösung** des ArbVerh. nach §§ 9, 10 KSchG nach unwirksamer *außerordentl.* AGKündigung führt zum Ruhen des Alg.-Anspruchs (BSG 8.12.1987 NZA 1988, 443; LSG NW 11.12.2014 NZA 2015, 600), weil das ArbG in diesen Fällen als Auflösungszeitpunkt den Tag festsetzt, zu dem die fristlose Kündigung erfolgt ist (§ 13 I 4 KSchG). Der Anspruch ruht schließl. bei vorzeitiger Beendigung des ArbVerh. selbst dann, wenn dem AN wegen anhaltender AU kein Anspruch auf Arbeitsentgelt mehr zugestanden hätte (BSG 20.1.2000 NZS 2000, 568).

13 Der **Zpkt. des Ausspruchs der Kündigung** oder des Abschlusses eines Auflösungsvertrages bleibt für die Berechnung, ob die „für den AG geltende Kündigungsfrist" eingehalten wurde, auch dann der Ausgangspunkt, wenn die Kündigung oder die Vereinb. später durch eine andere Vereinb., die Einigung über eine neue Kündigung oder durch eine Auflösung nach §§ 9, 10 KSchG ersetzt wird (BSG 8.6.1989 SozR 4100 § 117 Nr. 25).

14 Die Gewährung einer Abfindung führt dagegen **nicht zum Ruhen** des Anspruchs auf Alg., wenn der AG wirksam (ordentl. oder außerordentl.) gekündigt hat (§ 158 I 1, II Nr. 3), das ArbVerh. nach unwirksamer *ordentl.* Kündigung gem. §§ 9, 10 KSchG durch das ArbG aufgelöst worden ist, es mit Ablauf einer Befristung (§ 15 I, II TzBfG) oder infolge des Eintritts einer auflösenden Bedingung (§ 21 TzBfG) beendet wurde (§ 158 II Nr. 1). Ein **Aufhebungsvertrag** ist unschädl., wenn er entweder an die Stelle einer sonst zulässigen fristlosen AGKündigung tritt oder – in Ermangelung eines außerordentl. Kündigungsrechts des AG – das ArbVerh. mind. unter Einhaltung derjenigen Frist beendet, die für die ordentl. AGKündigung gelten würde (HN/*Valgolio* Rn. 48). Eine **Rückdatierung** der Auflösungsvereinbarung ist der BA ggü. freil. unwirksam (vgl. LAG BW 25.4.1991 LAGE BGB § 611 Aufhebungsvertrag Nr. 5).

15 Eine **ordentl. Eigenkündigung** mit Abfindung führt nur dann zum Ruhen des Alg.-Anspruchs, wenn die Kündigungsfrist für den AN (wie nach § 622 I, II BGB allerdings regelm.) kürzer ist als die ordentl. Kündigungsfrist für den AG. Dabei ist unerhebl., ob der AN ein Recht zur fristlosen Kündigung hatte (BSG 29.8.1991 NZA 1992, 387). Dementspr. ist § 158 bei Inanspruchnahme eines tarifvertragl. Optionsrechts anzuwenden, das eine vorzeitige Beendigung des ArbVerh. durch den AN unter Zahlung einer Abfindung und Verkürzung der ANseitigen Kündigungsfrist ermöglicht (BSG 21.9.1995 NZA-RR 1996, 311).

16 Auch bei **vorzeitiger Beendigung eines befristeten ArbVerh.** gegen Zahlung einer Abfindung ruht der Alg.-Anspruch nach § 158 (BSG 12.12.1984 NZA 1985, 302). Ob die Befristung rechtl. zulässig war, ist unerhebl., wenn die Parteien übereinstimmend von der Wirksamkeit ausgehen (Gagel/*Bender*

Rn. 77). Besteht jedoch über die Wirksamkeit der Befristung Streit und wird dieser vergleichsweise gegen Zahlung einer Abfindung beigelegt, ist dagegen zu prüfen, wann das ArbVerh. ohne Vergleich geendet hätte (KDZ/*Söhngen* Rn. 22).

3. Dauer des Ruhens. Der Ruhenszeitraum **beginnt** in jedem Falle mit der Beendigung des ArbVerh. (dh. an dem auf die Beendigung folgenden Tag: BSG 15.2.2000 NZA-RR 2001, 328) unabhängig davon, ob der AN überhaupt Anspruch auf Alg. hat (BSG 29.10.1986 NZA 1987, 324), ob er dieses beantragt hat (BSG 21.1.1987 EWiR 1987, 629) und insb. auch dann, wenn der Alg.-Anspruch zugleich wegen eines Sperrzeittatbestandes (§ 159) ruht (Gagel/*Bender* Rn. 31). Selbst dann, wenn die Parteien im Anschluss an das vorzeitig beendete ArbVerh. ein weiteres (befristetes) ArbVerh. oder eine Beschäftigung in einer Transfergesellschaft anschließen, beginnt der Ruhenszeitraum am Tag nach dem Ende des gegen Zahlung der Abfindung aufgelösten ArbVerh. und nicht erst mit dem Ende der befristeten Tätigkeit (BSG 15.2.2000 NZA-RR 2001, 328), es sei denn, dass diese Vertragsgestaltung als rechtsmissbräuchl. anzusehen ist. 17

Die **Ruhensdauer** ist in § 158 I, II sehr unübersichtl. geregelt. Vorbehaltl. der bes. Begrenzungen des Abs. 2 ruht der Anspruch bis zum Ende der tats. (Abs. 1 S. 1) oder fiktiven (Abs. 1 S. 3) Kündigungsfrist. Er ruht gem. Abs. 2 S. 1 längstens ein Jahr und nach Abs. 2 Nr. 3 längstens bis zu dem Tag, zu dem der AG das ArbVerh. aus wichtigem Grund ohne Einhaltung einer Kündigungsfrist hätte kündigen können. Wird der Ruhenszeitraum durch **mehrere Tatbestände begrenzt,** ist die für den AN günstigste Alternative maßgebend. Die BA muss deshalb die Ruhenszeiträume nach den verschiedenen Kriterien errechnen und dann den kürzesten zugrunde legen. IE: 18

a) Beendigung vor Ablauf der ordentlichen Kündigungsfrist des Arbeitgebers (Abs. 1 S. 1). Der Grundfall des § 158 I 1 ist derjenige, dass das ArbVerh. eines gewöhnl., dh. unbefristet und ordentl. kündbaren Beschäftigten – auf welche Weise auch immer (Rn. 11 f.) – ohne Einhaltung der für die ordentl. AG-Kündigung geltenden Frist beendet worden ist, der AN aber zugleich eine Abfindung, Entschädigung oder ähnl. Leistung (Rn. 3 ff.) erhalten oder zu beanspruchen hat (BSG 29.1.2001 NZA-RR 2002, 441). In diesem Fall ruht der Alg.-Anspruch bis zu dem Tage, an dem das ArbVerh. bei Einhaltung der für die ordentl. **Kündigung des AG** geltenden Frist geendet hätte. 19

Entscheidend ist allein, wann das ArbVerh. geendet hätte, wenn eine ordentl. Kündigung des AG ausgesprochen worden wäre. Maßgebl. ist die **obj.** nach G, TV, BV oder Einzelarbeitsvertrag **geltende Frist** (SpE/*Voelzke* § 12 Rn. 212), dazu zählt auch die in der Insolvenz des AG verkürzte Frist des § 113 InsO (vgl. BAG 16.6.1999 NZA 1999, 1331). Dieser obj. Maßstab ist selbst dann anzuwenden, wenn die Parteien übereinstimmend irrtüml. von einer kürzeren Frist ausgegangen sind (BSG 25.10.1989 SozR 4100 § 117 Nr. 26). Ob die Voraussetzungen einer ordentl. Kündigung vorlagen und ob der AN mit Erfolg die Unwirksamkeit der Kündigung hätte geltend machen können, ist unerhebl. Ebenso unerhebl. ist, ob der AN für die Zeit nach Beendigung des ArbVerh. noch Entgeltansprüche gehabt hätte. 20

b) Vorzeitige Beendigung eines befristeten Arbeitsverhältnisses (Abs. 2 S. 2 Nr. 2). Stand der AN in einem befristeten ArbVerh. und wurde dieses vorzeitig beendet, endet der Ruhenszeitraum **spätestens mit dem Ablauf des Befristungszeitraums** (§ 15 I TzBfG) bzw. mit der Erreichung des Zwecks, auf den das ArbVerh. befristet war (§ 15 II TzBfG), § 158 II Nr. 2. Hatten die Parteien sich die Möglichkeit der ordentl. Kündigung vorbehalten (§ 15 III TzBfG), kann der Ruhenszeitraum allerdings auch schon früher, näml. nach Maßgabe des Abs. 1 S. 1, enden. 21

c) Berechtigung zur außerordentlichen fristlosen Kündigung (Abs. 2 S. 2 Nr. 3). Der Ruhenszeitraum endet gem. § 158 II 2 Nr. 3 ferner zu dem Zpkt., zu dem der AG das ArbVerh. ohne Einhaltung einer Kündigungsfrist **aus wichtigem Grund fristlos hätte kündigen können.** Ob und wann der AG materiell-rechtl. zur außerordentl. Kündigung berechtigt gewesen wäre, ergibt sich aus § 626 BGB, dessen Voraussetzungen von der BA vAw. geprüft werden (BSG 17.3.1981 SozR 1700 § 31 Nr. 1). Bei einem **ordentl. unkündbaren AN** ist zu diff.: Wird er aus einem Grund außerordentl. gekündigt, aus dem auch jedem anderen AN gekündigt werden könnte, erfolgt die Kündigung in aller Regel fristlos und ist daher unter § 158 II 2 Nr. 3 zu subsumieren. Wird er dagegen aus einem Grund entlassen, der bei ordentl. kündbaren AN nur die fristgerechte Kündigung gestattet (Betriebsstilllegung, lang andauernde Erkrankung ua.), ist § 158 I 3 Nr. 2 Fall 2 einschlägig, vgl. Rn. 27. Auf das Vorliegen weiterer Kündigungsvoraussetzungen (zB die Zust. des BR nach § 103 BetrVG oder des Integrationsamts nach § 174 SGB IX [bis 31.12.2017: § 91 SGB IX]) kommt es ebenso wenig an wie auf die Berechtigung des AN, eine fristlose Eigenkündigung zu erklären (BSG 29.8.1991 NZA 1992, 387; 8.2.2001 NZA-RR 2002, 385). 22

Die Regelung bewirkt uU einen „fiktiven Kündigungsprozess" im sozialrechtl. Verf. mit umgekehrten Vorzeichen: Hatte zB der AG außerordentl. gekündigt und hatten die Parteien sich anschließend im Prozess oder außergerichtl. gegen Zahlung einer Abfindung auf einen anderen Beendigungstermin geeinigt, der noch vor Ablauf der ordentl. Kündigungsfrist lag, kann der AN dem Ruhen des Alg.-Anspruchs nur entgehen, indem er behauptet, dass die fristlose Kündigung wirksam gewesen sei 23 (womit er sich freil. zugleich der Gefahr einer Sperrzeit nach § 159 aussetzt, vgl. BSG 17.2.1981 SozR 4100 § 117 Nr. 5).

24 **d) Zeitlich unbegrenzter Ausschluss der ordentlichen Kündigung (Abs. 1 S. 3 Nr. 1).** Ist eine Kündigung kraft TV, BV oder Arbeitsvertrag auf Dauer ausgeschlossen, insb. bei sog. **unkündbaren AN,** wird vom G eine Kündigungsfrist fingiert. Ob ein Ausschluss auf Dauer vorliegt, ist anhand des konkreten ArbVerh. und der übl. Lebensarbeitszeit zu bestimmen. Sieht der TV zB vor, dass AN ab einem bestimmten Lebensalter und/oder einer bestimmten Dauer der Unternehmens- oder Betriebszugehörigkeit ordentl. nicht mehr kündbar sind, wenn nicht ein bestimmter Tatbestand (Betriebsänd., volle Erwerbsminderung etc.) vorliegt, ist die fiktive Kündigungsfrist von 18 Monaten nicht bei denjenigen AN anzuwenden, die auf Grund eines solchen, auf sie zutreffenden Sachverhalts entlassen werden (KDZ/*Söhngen* Rn. 26). Für sie gilt auf Grund der konkreten Betrachtungsweise dann die tats. einzuhaltende Kündigungsfrist. War arbeitsrechtl. eine außerordentl. Kündigung mit sozialer Auslauffrist (BGB § 626 Rn. 49 ff.) zul., ist diese Frist zugrunde zu legen, wenn sie kürzer als 18 Monate ist (BSG 17.12.2013 NZA-RR 2014, 327). Wird die im TV vereinbarte Unkündbarkeit nachträgl. rückwirkend durch die TVParteien beseitigt, verbleibt es nach der Praxis der BA aus Gründen des Vertrauensschutzes bei der fiktiven Kündigungsfrist von 18 Monaten.

25 Der Alg.-Anspruch ruht längstens für denjenigen Zeitraum, der sich bei **einer fiktiven Kündigungsfrist von 18 Monaten** ergeben würde, § 158 I 3 Nr. 1. Diese 18-Monats-Frist verstößt nicht gegen die Gleichbehandlungsgebote der RL 2000/78/EG (LSG BW 26.7.2006 NZS 2006, 609); sie wird vom Zpkt. der Kündigung oder der Beendigungsvereinb. an berechnet, die der Vereinb. der Abfindung voranging (KDZ/*Söhngen* Rn. 27). Ob iE allerdings diese 18-Monats-Frist oder die Jahresfrist des § 158 II 1 (Rn. 34) den Ruhenszeitraum begrenzt, hängt von der im konkreten Fall tats. eingehaltenen Kündigungsfrist ab. Haben AG und AN ihr ArbVerh. mit einer Frist von bis zu sechs Monaten beendet, kommt nur § 158 II 1 zum Tragen (Beispiel: Aufhebungsvertrag v. 31.1. mit Wirkung zum 31.3.: Ruhenszeitraum höchstens ein Jahr gem. § 158 II 1, also v. 1.4. bis zum 31.3. des Folgejahres); nur bei einer Frist von mehr als sechs Monaten greift § 158 I 3 Nr. 1 (Beispiel: Aufhebungsvertrag v. 31.1. mit Wirkung zum 30.11.: Ruhenszeitraum gem. der fiktiven Kündigungsfrist des § 158 I 3 Nr. 1 vom 1.12. bis zum Ablauf der 18-Monats-Frist am 31.7. des Folgejahres, also nur acht Monate).

26 **e) Zeitlich begrenzter Ausschluss der ordentlichen Kündigung (Abs. 1 S. 3 Nr. 2 Fall 1).** Ist die ordentl. Kündigung nur für einen begrenzten Zeitraum ausgeschlossen (zB für Mitglieder des BR [§ 15 KSchG], werdende Mütter und Wöchnerinnen [§ 17 MuSchG; bis 31.12.2017: § 9 MuSchG] oder auf Grund eines RationalisierungsschutzTV) ist gem. § 158 I 3 Nr. 2 diejenige Kündigungsfrist maßgebl., die ohne den Ausschluss der ordentl. Kündigung einschlägig wäre. Erfasst sind insb. die Fälle der **Betriebsstillegung,** in denen zB nach § 15 IV KSchG zum Zpkt. der Stilllegung ordentl. (vgl. KSchG § 15 Rn. 35 ff.) gekündigt werden kann (KKW/*Mutschler* Rn. 18).

27 **f) Fristgebundene außerordentliche Kündigung (Abs. 1 S. 3 Nr. 2 Fall 2).** Die ordentl. Kündigungsfrist gilt auch dann als fiktive Frist, wenn die Voraussetzungen für eine fristgebundene Kündigung aus wichtigem Grund vorliegen. Hierzu zählen insb. diejenigen Fälle, in denen dem AG die Weiterbeschäftigung eines unkündbaren AN nicht mehr zumutbar ist, der Beendigungsgrund aber nicht so schwer wiegt, dass er die fristlose Kündigung rechtfertigen könnte (vgl. zB BSG 12.12.1984 SozR 4100 § 117 Nr. 14; 8.12.1987 EzA AFG § 117 Nr. 5). Kann solchen an sich „unkündbaren" AN (ohne Abfindungszwang) außerordentl. gekündigt werden, ist nach § 158 I 3 Nr. 2 die ordentl. Kündigungsfrist zugrunde zu legen, die für den AG gegolten hätte, wenn die ordentl. Kündigung nicht ausgeschlossen gewesen wäre (vgl. BSG 29.1.2001 NZA-RR 2002, 441; LSG BW 24.1.2002 NZS 2002, 608).

28 **g) Ordentliche Kündigung nur bei Zahlung einer Entlassungsentschädigung (Abs. 1 S. 4).** Die fiktive Kündigungsfrist beträgt ein Jahr, wenn dem AN nur bei Zahlung einer Entlassungsentschädigung ordentl. gekündigt werden kann (vgl. BSG 19.12.2001 NZA-RR 2002, 217; 17.12.2012 NZS 2013, 313). Das gilt auch dann, wenn die tats. Kündigungsfrist kürzer ist (BSG 8.12.2016 NZS 2017, 310). Erfasst werden va. Fälle, in denen ein TV unter bestimmten Voraussetzungen ausnahmsweise die ordentl. Kündigung iÜ ordentl. unkündbarer AN gegen Abfindung (BSG 9.2.2006 NZA-RR 2006, 663) oder **bei Vorliegen eines Sozialplans ermöglicht** (vgl. BSG 5.2.1998 NZA-RR 1998, 519) oder in denen die ordentl. Kündigung nur bei Vorliegen einer Betriebsänd. iSv. § 111 BetrVG zulässig ist und diese einen Interessenausgleich mit Sozialplan nach sich zieht. Allerdings ist die in diesem Fall einzuhaltende einjährige Kündigungsfrist teleologisch auf die Dauer der ordentl. Kündigungsfrist des AG zu reduzieren, wenn ohne die Möglichkeit der ordentl. Kündigung wegen des Sozialplans zugleich die Voraussetzungen für eine fristgebundene Kündigung aus wichtigem Grund (§ 158 I 3 Nr. 2 Fall 2) vorgelegen hätten (BSG 29.1.2001 NZA-RR 2002, 441; dort auch zu den verfassungsrechtl. Bedenken gegen diese Regelung, die *Gagel* NZS 2000, 327 ff. geäußert hatte; BSG 9.2.2006 NZA-RR 2006, 663).

29 **h) Obergrenze: 60% der Entlassungsentschädigung (Abs. 2 S. 2 Nr. 1).** Der Ruhenszeitraum ist gem. § 158 II Nr. 1 ferner durch dasjenige Datum begrenzt, bis zu dem der Arbeitslose bei Weiterzahlung des während des letzten BeschVerh. kalendertägl. verdienten Arbeitsentgelts einen Betrag iHv.

60% der nach Abs. 1 zu berücksichtigenden Entlassungsentschädigung als Arbeitsentgelt verdient hätte. Diese Regelung trägt in pauschalierter Form dem Gedanken Rechnung, dass mit einer Abfindung usw. typischerweise **nicht allein eine Entschädigung für den Verlust des sozialen Besitzstandes** geleistet werden soll, sondern in ihr auch eine Gegenleistung für erbrachte Dienste, also Arbeitsentgelt bzw. eine Vergütung für den Lohnausfall, enthalten ist (BT-Drs. 8/857 S. 9; BSG 29.8.1991 NZA 1992, 387; BAG 20.2.1997 NZA 1997, 834). Diese – unwiderlegbare – Vermutung des G mag zwar nicht auf jeden Einzelfall zutreffen, ist aber bei der zul. und gebotenen pauschalierten Betrachtung des Gesetzgebers verfassungsrechtl. unbedenkl. (BVerfG 14.12.1981 SozR 4100 § 117 Nr. 8; 15.7.1982 SozR 4100 § 117 Nr. 10).

Zur Bestimmung des Ruhenszeitraums ist zunächst das **Arbeitsentgelt aus dem letzten ArbVerh.** 30
zu ermitteln, wobei dies allein auf der Grdl. der vor der tats. Beendigung der Beschäftigung bereits abgerechneten Lohnabrechnungszeiträume der letzten 12 Monate erfolgt (§ 158 II 4). Zum Arbeitsentgelt gehören auch Einmalzahlungen wie Weihnachts- und Urlaubsgeld etc. Dagegen bleiben rückwirkende Tariflohnerhöhungen ebenso unberücksichtigt wie gem. § 158 II 5 Arbeitsentgeltkürzungen infolge von Teilzeitarbeit und anderen Tatbeständen (§ 150 II, III). Sind in dem hiernach maßgebl. Zeitraum nicht mind. 150 Tage mit Anspruch auf Arbeitsentgelt enthalten, wird der Bemessungszeitraum auf zwei Jahre erweitert (§ 158 II 4 iVm. § 150 III). Sind selbst bei Berücksichtigung der gesamten Dauer des ArbVerh. keine 150 abgerechneten Tage zu ermitteln, ist allein auf die tats. abgerechneten Zeiträume zurückzugreifen (Gagel/*Bender* Rn. 100). Ist noch nicht ein einziger Lohnabrechnungszeitraum tats. abgerechnet gewesen, ist das kalendertägl. verdiente Arbeitsentgelt fiktiv anhand der arbeits- oder tarifvertragl. Regelungen zu ermitteln (BSG 14.2.1978 E 46, 20, 31).

Das auf diese Weise im Bemessungszeitraum verdiente Arbeitsentgelt ist **auf Kalendertage** (nicht 31
Werktage) **umzurechnen** und abschl. zu bestimmen, in welchem Zeitraum (beginnend mit dem Tag nach dem Ende des BeschVerh.) ein Betrag iHv. 60% der Entlassungsentschädigung als Arbeitsentgelt verdient worden wäre (HN/*Valgolio* Rn. 125; HWK/*Peters-Lange* Rn. 32 ff.). Der so errechnete Ruhenszeitraum läuft kalendermäßig ab, unabhängig davon, ob für die Zwischenzeit Alg. überhaupt beansprucht werden konnte oder der Anspruch aus anderen Gründen, insb. einer Sperrzeit, ohnehin geruht hat.

i) Verminderte Obergrenzen für ältere Arbeitnehmer (Abs. 2 S. 3 bis 5). Der Prozentsatz der 32
höchstens anzurechnenden Abfindung vermindert sich gem. § 158 II 3 sowohl für je fünf Jahre des ArbVerh. in demselben Betrieb oder Unternehmen als auch für je fünf Lebensjahre nach Vollendung des 35. Lebensjahres des AN um je fünf Prozent; er beträgt jedoch mind. 25% der zu berücksichtigenden Entlassungsentschädigung. Daraus ergeben sich folgende Anrechnungsprozentsätze:

Betriebs- oder Unternehmenszugehörigkeit	Lebensalter am Ende des Arbeitsverhältnisses					
	unter 40 Jahre	ab 40 Jahre	ab 45 Jahre	ab 50 Jahre	ab 55 Jahre	ab 60 Jahre
weniger als 5 Jahre	60%	55%	50%	45%	40%	35%
5 und mehr Jahre	55%	50%	45%	40%	35%	30%
10 und mehr Jahre	50%	45%	40%	35%	30%	25%
15 und mehr Jahre	45%	40%	35%	30%	25%	25%
20 und mehr Jahre	40%	35%	30%	25%	25%	25%
25 und mehr Jahre	35%	30%	25%	25%	25%	25%
30 und mehr Jahre		25%	25%	25%	25%	25%
35 und mehr Jahre			25%	25%	25%	25%

IÜ gelten für die Berechnung des kalendertägl. verdienten Arbeitsentgelts und die Dauer des 33
Ruhenszeitraums die Ausführungen in Rn. 31 entspr.

j) Absolute Ruhenshöchstgrenze: Ein Jahr (Abs. 2 S. 1). Schließl. dauert der Ruhenszeitraum gem. 34
§ 158 II 1 max. ein Jahr. Dies gilt auch und insb. in denjenigen Fällen, in denen die fiktive Kündigungsfrist nach § 158 I 3 Nr. 1 18 Monate beträgt, weil diese 18-Monats-Frist vom Tag der Kündigung bzw. des Aufhebungsvertrages an berechnet wird, die Jahresfrist des Abs. 2 S. 1 dagegen von der tats. Beendigung an. Vgl. a. das Bsp. Rn. 25.

k) Verlängerung des Ruhenszeitraums bei Urlaubsabgeltung (Abs. 1 S. 5). Hat der Arbeitslose 35
zusätzl. zu der Entlassungsentschädigung eine Urlaubsabgeltung erhalten oder zu beanspruchen, so ruht der Alg.-Anspruch sowohl nach § 157 II als auch nach § 158. Für diesen Fall ordnet § 158 I 5 an, dass beide Ruhenszeiträume addiert werden. Über ihren Wortlaut hinaus findet die Vorschr. nicht nur in den Fällen des § 158 I 1, sondern auch des § 158 II Anwendung (so wohl a. BSG 14.7.1994 AP SGB X § 115 Nr. 8).

4. Wirkungen des Ruhens. Ruhen des Anspruchs bedeutet, dass der Anspruch iSd. Stammrechts 36
zwar bestehen bleibt, die aus dem Stammrecht resultierenden Einzelleistungsansprüche aber während

dieses Zeitraums nicht mit Erfolg geltend gemacht werden können und nicht erfüllt zu werden brauchen (BSG 10.10.1978 SozR 4100 § 151 Nr. 10). Die Ruhenswirkung tritt zwar kraft G ein, gleichwohl darf die Zahlung von (irrtüml.) gleichwohl bewilligtem Alg. erst eingestellt werden, wenn der Bewilligungsbescheid gem. §§ 45, 48 SGB X iVm. § 330 aufgeh. worden ist. Der Ruhenszeitraum wird – anders als bei der Sperrzeit – nicht auf die Anspruchsdauer angerechnet, sodass sich die gem. §§ 147 ff. errechnete Anspruchsdauer infolge des Ruhens nicht verkürzt, sondern der Anspruchszeitraum ledigl. zeitl. verschoben wird. Dies folgt aus der Nichterwähnung des § 158 in § 148 (APS/*Steinmeyer* Rn. 12; HWK/*Peters-Lange* Rn. 12).

II. Entschädigungen bei fortbestehendem Arbeitsverhältnis (Abs. 3)

37 Abs. 3 stellt sicher, dass Entlassungsentschädigungen auch dann zum Ruhen des Anspruchs auf Alg. führen, wenn das ArbVerh. formal aufrechterhalten wird, der Arbeitslose aber aus dem sozialversicherungsrechtl. BeschVerh. ausgeschieden ist (zur Unterscheidung von Arbeits- und BeschVerh. vgl. SGB IV § 7 Rn. 2 f.). Abs. 3 greift nur, wenn die nach § 158 I zu beachtenden Fristen nicht eingehalten worden sind (vgl. BT-Drs. 12/441 S. 91 f.).

III. Gleichwohlgewährung und Anspruchsübergang (Abs. 4)

38 **1. Gleichwohlgewährung (Abs. 4 S. 1).** Abs. 4 erfasst den Fall, dass der Arbeitslose die ihm zustehende Entlassungsentschädigung nicht oder noch nicht erhält (*Niesel* NZA 1997, 580, 583; *Schmidt* NZA 2002, 1380 ff.). In diesem Fall wird das Alg. auch für die Zeit geleistet, in der der Anspruch auf Alg. (eigentl.) ruht. Die BA tritt praktisch in Vorleistung für den AG. Sie zahlt aber nicht die Entlassungsentschädigung, sondern Alg. Diese sog. Gleichwohlgewährung trägt einem **bes. Sicherungsbedürfnis des Arbeitslosen** Rechnung. Alg. wird in diesen Fällen nicht nur vorl. oder vorbehaltl. der Zahlung des Arbeitsentgelts, sondern endgültig gewährt. Die Gewährung bleibt rechtmäßig, auch wenn der Empfänger des Alg. später das Arbeitsentgelt erhält oder die BA hins. des auf sie übergegangenen Anspruchs befriedigt wird (BSG 3.12.1998 NZS 1999, 468).

39 **Voraussetzung der Gleichwohlgewährung** ist ledigl., dass der AN die Entlassungsentschädigung tats. noch nicht erhalten hat. Unerhebl. ist demggü., ob der AG die Entschädigung infolge von Zahlungsschwierigkeiten, Rechtsstreitigkeiten, Stundungsabreden, langfristigen Abrechnungsverf. oder aus anderen Gründen (noch) nicht zahlt (KDZ/*Söhngen* Rn. 43). Die Gleichwohlgewährung ändert nichts an der **Rechtsfolge**, dass der Anspruch des AN für die entspr. Anzahl von Tagen ruht. Erhält aber die BA Ersatz vom AG, indem dieser den auf die BA übergegangenen Anspruch auf Entlassungsentschädigung (Rn. 40 ff.) erfüllt, entfällt die Minderung der Anspruchsdauer des Alg. für die entspr. Anzahl von Tagen unbeschadet des Umstandes, dass der BA die Sozialversicherungsbeiträge aus dem Alg. vom AG nicht erstattet werden (BSG 29.1.2008 NZS 2009, 239).

40 **2. Forderungsübergang auf die Bundesagentur für Arbeit (§ 115 SGB X).** Nach § 115 I SGB X erfolgt in den Fällen der Gleichwohlgewährung ein Forderungsübergang auf die BA (BAG 22.10.2009 NZA-RR 2010, 660; 29.4.2015 NZA 2015, 938). Soweit der AG den Anspruch des AN auf Arbeitsentgelt nicht erfüllt und deshalb ein Sozialleistungsträger Sozialleistungen erbringt, geht der Anspruch des AN gegen den AG bis zur Höhe der vom Leistungsträger erbrachten Leistungen auf diesen über (BSG 21.6.2001 NZA-RR 2002, 275; KKW/*Mutschler* Rn. 34). Dieser Forderungsübergang vollzieht sich kraft Gesetzes, ohne dass es eines Überleitungsbescheides der BA oder dgl. bedürfte (BSG 14.7.1994 AP SGB X § 115 Nr. 8); auch einer Mitwirkung des AN bedarf es nicht. Mit dem Zpkt. der Zahlung verliert der AN die Verfügungsbefugnis. Annahmeverzugslohn von seinem AG kann er daher nur noch abzgl. des Alg. beanspruchen, wobei der Entgeltanspruch auf einen Bruttobetrag gerichtet ist, das Alg. aber netto gewährt wird (§ 3 Nr. 2 lit. a EStG). Die **Rechtsstellung der BA** entspricht der des AN. Der Anspruch bleibt mit Gegenrechten behaftet (§§ 412, 404 BGB). Dementspr. können auch bereits übergegangene Ansprüche wegen tarifl. Ausschlussfristen erlöschen (BSG 22.6.1994 NZA 1995, 704). Die BA kann dem AN das Recht einräumen, im Wege der gewillkürten Prozessstandschaft den auf sie übergegangenen Anspruch im eigenen Namen geltend zu machen (BAG 19.3.2008 NZA 2008, 900; 23.9.2009 NZA 2010, 781).

41 Wollen AG und AN im Innenverhältnis von der ges. Regel der Anrechenbarkeit abweichen, müssen sie dies vereinbaren. Eine allg. Ausgleichsklausel in einem Vergleich reicht dazu nicht (BAG 25.3.1992 NZA 1992, 1081; 9.10.1996 NZA 1997, 376). Wird dem Arbeitslosen nach Beendigung des BeschVerh. jedoch von einer ihm zustehenden mtl. betriebl. Sozialleistung, auf die gezahltes Alg. anzurechnen ist, nur der das Alg. übersteigende Betrag ausgezahlt, kann die Zahlung von gleichwohl gezahltem Alg. insoweit nicht zu einem Übergang der Forderung auf die BA führen (BSG 4.11.1999 E 85, 116, 119).

42 Der Forderungsübergang setzt voraus, dass der AG die dem AN zustehende Entlassungsentschädigung im Zpkt. der Auszahlung des Alg. **tats. noch nicht geleistet** hatte. War die Zahlung dagegen bereits erfolgt und hat die BA in Unkenntnis dessen gleichwohl Alg. gezahlt, war diese Gleichwohlgewährung in Ermangelung der Voraussetzungen des § 158 IV 1 rechtswidrig, sodass ihr nur die

Aufhebung des Bewilligungsbescheides und die Rückforderung des Alg. bleibt (BSG 3.3.1993 NZS 1993, 462).

Der Übergang des Anspruchs auf Arbeitsentgelt vom AN auf den Sozialleistungsträger ist nur gerechtfertigt, soweit dem AN die Sozialleistung belassen bleibt, die ihm anstelle des nicht erfüllten Anspruchs auf Arbeitsentgelt bewilligt worden ist. § 115 SGB X soll ledigl. bewirken, dass der Arbeitslose durch die Versicherungsleistung, Arbeitsentgelt, Abfindungen usw. letztl. nicht mehr erhält, als er ohne Eintritt des Versicherungsfalls als Arbeitsentgelt erhalten hätte (BSG 24.7.1986 E 60, 168, 173). Der **Übergang entfällt daher rückwirkend**, soweit die Bewilligung der Sozialleistung mit Wirkung für die Vergangenheit aufgeh. und damit ein Erstattungsanspruch nach § 50 SGB X begr. wird. Infolgedessen entfällt mit der Aufhebung der Bewilligung auch ein etwaiger Anspruch der BA gegen den AN nach § 158 IV 2, soweit die Aufhebung reicht (BSG 14.9.1990 NZA 1991, 365). Dasselbe gilt, wenn in Verkennung des Vorrangs der in § 158 IV 2 getroffenen Regelung eine Bewilligung des Alg. fehlerhaft, aber für die Beteiligten bindend gem. § 48 SGB X aufgeh. worden ist, weil dem AN inzwischen Arbeitsentgelt bzw. die Abfindung ausgezahlt wurde. 43

3. Erstattungspflicht des Arbeitnehmers (Abs. 4 S. 2). Trotz des Anspruchsübergangs auf die BA kann es vorkommen, dass der AG in Unkenntnis ders. **mit befreiender Wirkung** (§§ 412, 407 BGB) die Entlassungsentschädigung an den AN zahlt. Der Erstattungsanspruch aus § 158 IV 2 dient dann dazu, die infolgedessen eingetretene Doppelleistung an den AN rückgängig zu machen (BSG 3.3.1993 E 72, 111, 115). Dabei erstattet der AN nicht eigentl. Alg., sondern zahlt in Wirklichkeit das Arbeitsentgelt usw. iHd. Alg. an die BA, das dieser auf Grund des ges. Übergangs des Arbeitsentgeltanspruchs infolge der Alg.-Zahlung zugestanden hat (BSG 29.8.1991 NZA 1992, 387). Die Vorschr. ist auch dann anzuwenden, wenn der AG die Entlassungsentschädigung nicht unmittelbar an den AN, sondern an einen Gläubiger des AN gezahlt hat. In einem solchen Fall hat der AN der BA den durch die Schuldtilgung erlangten Vorteil iHd. Alg. zu erstatten (BSG 24.6.1999 NZA-RR 2000, 270). Dies setzt aber voraus, dass dem AN die Entlassungsentschädigung tats. zugeflossen ist; ein bloßer Anspruch auf sie reicht nicht aus (BSG 8.2.2001 NZA-RR 2002, 385). 44

Die befreiende Wirkung des § 407 BGB tritt nicht ein, wenn der AG **vom Forderungsübergang wusste**. Da es dafür ausreicht, dass er Kenntnis von den Umständen hatte, von denen allg. bekannt ist, dass sie den Versicherungsschutz des AN in der Arbeitslosenvers. begründen (BGH 20.9.1994 NJW 1994, 3097), muss der AG idR davon ausgehen, dass ein Anspruchsübergang auf die BA stattgefunden hat (BAG 20.8.1980 NJW 1981, 1061; 28.4.1983 NJW 1984, 76). In diesen Fällen hat die BA die Wahl, ob sie gem. § 115 I SGB X gegen den AG vorgeht (der dann seinerseits die Entlassungsentschädigung beim AN als indebitum gem. § 812 I 1 BGB kondizieren muss) oder ob sie die Vfg. genehmigt (§ 185 II BGB) und sich nach § 158 IV 2 an den AN wendet. Entscheidet sie sich für den zweiten Weg, so setzt dies grds. nicht voraus, dass sie ihren Anspruch auf Arbeitsentgelt zunächst in angemessener Weise ggü. dem AG durchzusetzen versucht hat (BSG 22.10.1998 NZS 1999, 354; 24.6.1999 NZA-RR 2000, 270). 45

Leisten **Dritte** Zahlungen an den AN gegen Abtretung der offen stehenden Lohn- oder Abfindungsansprüche, sind das keine für § 158 IV 2 relevanten Zahlungen mit befreiender Wirkung, weil es sich nicht um Zahlungen des AG handelt (BSG 13.3.1990 NZA 1990, 959). Die Rechte der BA werden durch solche Abtretungen nicht betroffen. 46

§ 159 Ruhen bei Sperrzeit

(1) [1]**Hat die Arbeitnehmerin oder der Arbeitnehmer sich versicherungswidrig verhalten, ohne dafür einen wichtigen Grund zu haben, ruht der Anspruch für die Dauer einer Sperrzeit.** [2]**Versicherungswidriges Verhalten liegt vor, wenn**

1. **die oder der Arbeitslose das BeschVerh gelöst oder durch ein arbeitsvertragswidriges Verhalten Anlass für die Lösung des Beschäftigungsverhältnisses gegeben und dadurch vorsätzlich oder grob fahrlässig die Arbeitslosigkeit herbeigeführt hat (Sperrzeit bei Arbeitsaufgabe),**
2. **die bei der Agentur für Arbeit als arbeitsuchend gemeldete (§ 38 Absatz 1) oder die arbeitslose Person trotz Belehrung über die Rechtsfolgen eine von der Agentur für Arbeit unter Benennung des Arbeitgebers und der Art der Tätigkeit angebotene Beschäftigung nicht annimmt oder nicht antritt oder die Anbahnung eines solchen Beschäftigungsverhältnisses, insbesondere das Zustandekommen eines Vorstellungsgespräches, durch ihr Verhalten verhindert (Sperrzeit bei Arbeitsablehnung),**
3. **die oder der Arbeitslose trotz Belehrung über die Rechtsfolgen die von der Agentur für Arbeit geforderten Eigenbemühungen nicht nachweist (Sperrzeit bei unzureichenden Eigenbemühungen),**
4. **die oder der Arbeitslose sich weigert, trotz Belehrung über die Rechtsfolgen an einer Maßnahme zur Aktivierung und beruflichen Eingliederung (§ 45) oder einer Maßnahme zur beruflichen Ausbildung oder Weiterbildung oder einer Maßnahme zur Teilhabe am Arbeitsleben teilzunehmen (Sperrzeit bei Ablehnung einer beruflichen Eingliederungsmaßnahme),**

5. die oder der Arbeitslose die Teilnahme an einer in Nummer 4 genannten Maßnahme abbricht oder durch maßnahmewidriges Verhalten Anlass für den Ausschluss aus einer dieser Maßnahmen gibt (Sperrzeit bei Abbruch einer beruflichen Eingliederungsmaßnahme),
6. die oder der Arbeitslose einer Aufforderung der Agentur für Arbeit, sich zu melden oder zu einem ärztlichen oder psychologischen Untersuchungstermin zu erscheinen (§ 309), trotz Belehrung über die Rechtsfolgen nicht nachkommt oder nicht nachgekommen ist (Sperrzeit bei Meldeversäumnis),
7. die oder der Arbeitslose der Meldepflicht nach § 38 Absatz 1 nicht nachgekommen ist (Sperrzeit bei verspäteter Arbeitsuchendmeldung).

[3]Die Person, die sich versicherungswidrig verhalten hat, hat die für die Beurteilung eines wichtigen Grundes maßgebenden Tatsachen darzulegen und nachzuweisen, wenn diese Tatsachen in ihrer Sphäre oder in ihrem Verantwortungsbereich liegen.

(2) [1]Die Sperrzeit beginnt mit dem Tag nach dem Ereignis, das die Sperrzeit begründet, oder, wenn dieser Tag in eine Sperrzeit fällt, mit dem Ende dieser Sperrzeit. [2]Werden mehrere Sperrzeiten durch dasselbe Ereignis begründet, folgen sie in der Reihenfolge des Absatzes 1 Satz 2 Nummer 1 bis 7 einander nach.

(3) [1]Die Dauer der Sperrzeit bei Arbeitsaufgabe beträgt zwölf Wochen. [2]Sie verkürzt sich
1. auf drei Wochen, wenn das Arbeitsverhältnis innerhalb von sechs Wochen nach dem Ereignis, das die Sperrzeit begründet, ohne eine Sperrzeit geendet hätte,
2. auf sechs Wochen, wenn
   a) das Arbeitsverhältnis innerhalb von zwölf Wochen nach dem Ereignis, das die Sperrzeit begründet, ohne eine Sperrzeit geendet hätte oder
   b) eine Sperrzeit von zwölf Wochen für die arbeitslose Person nach den für den Eintritt der Sperrzeit maßgebenden Tatsachen eine besondere Härte bedeuten würde.

(4) [1]Die Dauer der Sperrzeit bei Arbeitsablehnung, bei Ablehnung einer beruflichen Eingliederungsmaßnahme oder bei Abbruch einer beruflichen Eingliederungsmaßnahme beträgt
1. im Fall des erstmaligen versicherungswidrigen Verhaltens dieser Art drei Wochen,
2. im Fall des zweiten versicherungswidrigen Verhaltens dieser Art sechs Wochen,
3. in den übrigen Fällen zwölf Wochen.

[2]Im Fall der Arbeitsablehnung oder der Ablehnung einer beruflichen Eingliederungsmaßnahme nach der Meldung zur frühzeitigen Arbeitsuche (§ 38 Absatz 1) im Zusammenhang mit der Entstehung des Anspruchs gilt Satz 1 entsprechend.

(5) Die Dauer einer Sperrzeit bei unzureichenden Eigenbemühungen beträgt zwei Wochen.

(6) Die Dauer einer Sperrzeit bei Meldeversäumnis oder bei verspäteter Arbeitsuchendmeldung beträgt eine Woche.

I. Normzweck und Anwendungsbereich

1 Die ges. Anordnung der Sperrzeit hat versicherungsrechtl. Gründe. Die Arbeitslosenvers. ist eine Vers. gegen unverschuldete Arbeitslosigkeit (*Kreßel* NZS 1993, 292, 294; *Rolfs* Versicherungsprinzip S. 521) und die in § 159 I bezeichneten Tatbestände sind, wie Abs. 1 S. 1 klarstellt, **Obliegenheitsverletzungen des Versicherten** iRd. Versicherungspflichtverhältnisses (BSG 26.3.1998 NZS 1998, 537; *Estelmann* VSSR 1997, 313, 324). Die Sperrzeit beruht auf dem Grundgedanken, dass sich die Versichertengemeinschaft gegen Risikofälle wehren muss, deren Eintritt der Versicherte selbst zu vertreten hat oder an deren Behebung er unbegründet nicht mithilft (BSG 25.4.2002 NZA-RR 2003, 105; 17.11.2005 AP SGB III § 144 Nr. 7). Sie soll die Gemeinschaft der Beitragszahler davor schützen, dass das Risiko der Arbeitslosigkeit manipuliert wird, indem sie dem Versicherten einen Teil der Aufwendungen aufbürdet, die er der Versichertengemeinschaft durch sein Verhalten zugefügt hat (BSG 29.4.1998 NZS 1998, 581). Unter den sieben in § 159 I genannten Sperrzeittatbeständen stehen nur Nr. 1, Sperrzeit wegen Arbeitsaufgabe, und Nr. 7, Sperrzeit bei verspäteter Arbeitsuchendmeldung, im Zusammenhang mit der Beendigung des ArbVerh. Auf sie beschränkt sich daher die folgende Darst.

2 § 159 ist mit höherrangigem Recht, insb. dem aus Art. 14 I GG resultierenden Schutz des Eigentums, vereinbar (BSG 25.8.2011 NZA-RR 2012, 216; *Rolfs* Versicherungsprinzip S. 515 ff.; tw. **aA** HN/*Valgolio* Rn. 28 ff.). Die Belastung des AN mit einer Sperrzeit ist unter Abwägung mit den Erfordernissen der Funktionsfähigkeit der Arbeitslosenvers. verhältnismäßig und verletzt nicht den Grundsatz der Gleichbehandlung aller Versicherten. Gleichwohl sind bei der Norminterpretation, insb. des „wichtigen Grundes" (Abs. 1 S. 1) die **verfassungsrechtl. geschützten Rechte des AN,** darunter die Freiheit der Wahl des Ausbildungsplatzes und des Berufs (Art. 12 I GG; insoweit **aA** *Kunze* VSSR 1997, 259, 277), die Religions- und Gewissensfreiheit (Art. 4 I GG; dazu BVerfG 13.6.1983 NJW 1984, 912), der Schutz von Ehe und Familie (Art. 6 I GG) sowie ggf. die freie Wahl des Wohnortes (Art. 11 I GG) zu beachten (HWK/*Peters-Lange* Rn. 28).

§ 159 gilt über § 31 II Nr. 3 SGB II auch für das **Alg. II.** Für die Bezieher von **Kug.** ist § 159 über § 98 IV 3 entspr. anzuwenden, wenn der AN eine von der BA angebotene Beschäftigung nicht angenommen oder angetreten hat. 3

II. Voraussetzungen der Sperrzeit wegen Arbeitsaufgabe (Abs. 1 Nr. 1)

Nach Nr. 1 tritt eine Sperrzeit ein, wenn **(1)** der AN das BeschVerh. gelöst, dh. entweder selbst gekündigt oder einen Aufhebungsvertrag abgeschlossen oder durch arbeitsvertragswidriges Verhalten den AG zur Kündigung veranlasst hat; **(2)** der AN infolgedessen arbeitslos geworden ist; **(3)** er die Arbeitslosigkeit vorsätzl. oder grob fahrlässig herbeigeführt hat und **(4)** er für sein Verhalten keinen wichtigen Grund hatte. 4

Beschäftigung ist die nichtselbständige Arbeit, insb. in einem ArbVerh. (§ 7 I 1 SGB IV). Arbeits- und BeschVerh. sind jedoch nicht identisch (SGB IV § 7 Rn. 2 f.), insb. kann das BeschVerh. trotz rechtl. fortbestehendem ArbVerh. beendet, der AN also arbeitslos sein. So hindert etwa die formale Aufrechterhaltung eines seit längerer Zeit in seinen Hauptpflichten ruhenden ArbVerh. nicht die Annahme, dass das BeschVerh. geendet hat, auch wenn die Parteien entgegenstehende Erkl. zur „Verfügungsbefugnis" ggü. der AA abgegeben haben (BSG 9.9.1993 E 73, 90, 95; 28.9.1993 NZS 1994, 140). Das **Ausbildungsverhältnis** ist gem. § 7 II SGB IV ebenfalls ein BeschVerh.; die Aufgabe einer Berufsausbildung durch den Auszubildenden kann jedoch durch einen wichtigen Grund gerechtfertigt sein (vgl. Rn. 38). 5

1. Arbeitsaufgabe. a) Eigenkündigung des Arbeitnehmers; Widerspruch gegen einen Betriebsübergang. Der AN löst das BeschVerh. iSv. § 159 I Nr. 1, wenn er das ArbVerh. selbst (fristlos oder fristgerecht) kündigt. Bei einer wegen Verletzung von § 623 BGB formunwirksamen Kündigung kann gleichwohl eine Lösung des BeschVerh. vorliegen, wenn beide Vertragsparteien das ArbVerh. nicht fortsetzen (LSG HE 11.10.2006 NJW 2007, 1837; LSG BY 11.6.2015 NZA 2015, 1500; *Schweiger* NZS 2001, 519, 520 f.). **Keine Lösung** stellen der Nichtantritt einer Arbeitsstelle (hier greift uU § 159 I Nr. 2), eine Auflösung des ArbVerh. auf Antrag des AN gem. § 9 KSchG (HWK/*Peters-Lange* Rn. 8), die Anfechtung des Arbeitsvertrages und die Berufung auf seine Nichtigkeit, das Auslaufen lassen einer Befristung, selbst wenn der AG eine Verlängerung angeboten hat, und die Ablehnung einer Änderungskündigung des AG dar (ausf. *Rolfs* FS 50 Jahre BAG 2004 S. 445, 450 ff.). Auch der **Widerspruch gegen einen Betriebsübergang** (§ 613a VI BGB) löst das BeschVerh. nicht, er hat im Gegenteil zur Folge, dass das BeschVerh. mit dem Veräußerer aufrecht erhalten bleibt, das der AN vertragl. eingegangen war. Er tritt damit ledigl. einer vom Veräußerer veranlassten Lösung dieses BeschVerh. entgegen. Wenn dieser ihm anschließend mangels Beschäftigungsbedarfs kündigt, ist es erneut nicht der AN, sondern der AG, der das BeschVerh. löst (BSG 8.7.2009 NJW 2010, 2459; *Klumpp* NZA 2009, 354, 355 ff.; **aA** *Engesser Means/Klebeck* NZA 2008, 143, 144 ff.; *Kühl*, Die Sperrzeit bei Arbeitsaufgabe, 2006, S. 108 ff.). 6

b) Aufhebungs- und Abwicklungsvertrag; Vergleich ua. Eine Lösung des BeschVerh. durch den AN liegt bei Abschluss eines Aufhebungsvertrages (Auflösungsvertrag iSv. § 623 BGB) vor. Die Missachtung der Schriftform des § 623 BGB ist unerhebl., wenn die Parteien das BeschVerh. tats. nicht fortsetzen (*Schweiger* NZS 2001, 519, 521). Ob die Initiative für den Vertragsabschluss vom AG oder vom AN ausging, ist ohne Belang (vgl. BSG 25.10.1988 NJW 1989, 3036; 5.6.1997 NZA-RR 1998, 184; *Germelmann* NZA 1997, 236, 242). Die einvernehml. Abkürzung von Kündigungsfristen steht einem Aufhebungsvertrag gleich (vgl. BSG 5.8.1999 NZA-RR 2000, 552). Eine Sperrzeit soll nach Ansicht des BSG auch dann eintreten können, wenn das ArbVerh. durch (Abfindungs-)**Vergleich auf Vorschlag des ArbG** im Kündigungsschutz- oder sonstigem Bestandsschutzprozess aufgelöst wurde (BSG 17.10.2007 NZA-RR 2008, 383; s. a. BSG 8.6.1989 E 46, 20, 24). Dem ist allerdings zu widersprechen: Wesentl. Bedingung für die Beendigung des BeschVerh. ist allein die AGseitige Kündigung. Ob der AN anschließend Klage erhebt, sie zurücknimmt (Rn. 9) oder sich im Prozess vergleicht, ist – solange dieser Weg nicht von vornherein abgesprochen war und damit rechtsmissbräuchl. gewählt wurde – unerhebl. Auch nach Ansicht des BSG kann dem AN für den Abschluss eines Aufhebungsvertrages aber ein **wichtiger Grund** (Rn. 27 ff.) zustehen. 7

Abwicklungsverträge stellen nach der Rspr. des BSG regelm. eine Lösung des BeschVerh. dar (BSG 18.12.2003 NZA 2004, 661; dazu *Bauer/Krieger* NZA 2004, 640 ff.; *Hümmerich* NJW 2004, 2921, 2922 ff.). Soweit das BSG sich zur Begr. auf das Vorliegen eines „Scheingeschäfts" beruft, vermag dies freil. schon deshalb nicht zu überzeugen, weil eine bloß mdl. Vereinb. wegen § 623 BGB ohnehin nicht zur Beendigung des ArbVerh. führen und daher die später tats. erklärte, wenn auch zuvor „vereinbarte" Kündigung, nicht dissimuliert sein kann (vgl. BAG 28.6.2005 NZA 2006, 48; krit. daher ua. *Rolfs* FS 50 Jahre BAG 2004 S. 445, 453 f.; *Schweiger* SGb 2007, 84, 90). Allerdings tritt eine Sperrzeit trotz der „Lösung" nicht ein, wenn die vereinbarte Abfindungshöhe 0,5 Monatsgehälter pro Beschäftigungsjahr nicht überschreitet (Rn. 29). 8

Sperrzeitunschädl. ist das bloße **Unterlassen der Klageerhebung** gegen eine Kündigung des ArbVerh. (BSG 25.4.2002 NZA-RR 2003, 105; 25.4.2002 NZA-RR 2003, 162), ebenso die Rücknahme 9 einer erhobenen Kündigungsschutzklage (HN/*Valgolio* Rn. 60). Die vom BSG zeitweilig erwogene „offenere Interpretation des Lösungsbegriffs" (BSG 9.11.1995 NZA-RR 1997, 109) hat das Gericht zu Recht wieder verworfen (BSG 25.4.2002 NZA-RR 2003, 162; *Spellbrink* BB 2006, 1274, 1275).

10 Dies gilt auch im Falle der **betriebsbedingten Kündigung gegen Abfindung** (§ 1a KSchG). Zur Annahme des AGseitigen Angebots auf die Abfindung genügt es hier näml., dass der AN die dreiwöchige Klagefrist des § 4 KSchG verstreichen lässt, also schlicht nichts unternimmt. Dies stellt ein rein passives Verhalten dar, das gerade keine „Lösung" darstellt (*Giesen/Besgen* NJW 2004, 185, 189; *Rolfs* ZIP 2004, 333, 341). Daran ändert der Umstand, dass der AN durch seine Untätigkeit finanzielle Vorteile erlangt, nichts (*Rolfs* FS 50 Jahre BAG 2004 S. 445, 455; *v. Steinau-Steinrück/Hurek* ZIP 2004, 1486, 1488 ff.). Dies sieht auch die BA so (DA 159.13).

11 **Wiedereinstellungszusagen,** wie sie insb. in witterungsabhängigen Branchen (Baugewerbe, Hotel- und Gaststättengewerbe) häufig übl. sind, sollen eine Sperrzeit nur dann zur Folge haben, wenn sie entweder verbindl. abgegeben worden sind oder bei der Beendigung des BeschVerh. finanzielle Leistungen gewährt wurden (wobei im letzteren Fall ein „wichtiger Grund" für die Lösung in Betracht kommen kann). Bei unverbindl. Wiedereinstellungszusagen ohne Abfindung tritt dagegen keine Sperrzeit ein. Dieser Verwaltungspraxis wird jedoch zu Recht entgegengehalten, dass sie den AN mit einer verbindl. Wiedereinstellungszusage in einen Rechtsstreit um die Wirksamkeit der Kündigung zwingt und ihn damit dem Risiko aussetzt, seinen Arbeitsplatz endgültig zu verlieren (Brand/*Karmanski* Rn. 36; *Vogel* NZS 1997, 249, 250). Allerdings muss bei verbindl. Wiedereinstellungszusagen auch geprüft werden, ob der AN überhaupt verfügbar (§ 138 I Nr. 3), dh. bereit ist, einen anderen Arbeitsplatz anzunehmen (*Sauer* NZA 1997, 798, 803; vgl. a. BSG 30.11.2011 NZS 2012, 475). IÜ löst die **Nichtdurchsetzung** einer (verbindl.) Wiedereinstellungszusage durch den AN keine (weitere) Sperrzeit aus (*Boewer* NZA 1999, 1177, 1181).

12 Erteilt der AG dem AN – wenn auch ohne rechtl. Verpflichtung – **Auskünfte oder Ratschläge,** müssen diese richtig, eindeutig und vollständig sein. Anderenfalls liegt eine Pflichtverletzung vor, die nach § 280 I, § 241 II BGB zum Ersatz des durch sie kausal (dazu BAG 19.8.2003 NZA 2004, 664) verursachten Schadens verpflichtet (BAG 21.5.2015 NZA-RR 2015, 588; 15.12.2016 NZA 2017, 528). IÜ, also wenn der AG keine unzutr. Auskünfte erteilt, kommt eine **Schadensersatzhaftung** wegen der Sperrzeit idR nicht in Betracht. Der AG braucht, wenn er dies nicht ausnahmsweise ausdr. zugesichert hat, nicht umfassend die Aufgaben eines Sachwalters der wirtschaftl. Interessen des AN zu übernehmen (BAG 11.12.2001 NZA 2002, 1150; 22.1.2009 NZA 2009, 608). Hins. der Folgen eines Aufhebungsvertrages stehen dem AN zur sachkundigen und kompetenten Beratung die entspr. Leistungsträger bzw. berufl. ausgebildete Sachverständige zur Vfg. (LAG BE 18.1.1999 NZA-RR 1999, 179; 13.1.2006 NZA-RR 2006, 327). Nur unter atypischen Bedingungen, wenn etwa der AG den AN unvorbereitet mit einem Aufhebungsvertrag konfrontiert, er den Eindruck vermittelt, er werde bei der Beendigung des ArbVerh. auch die Interessen des AN wahren oder er erkennt, dass der AN sich bestimmter, nahe liegender Risiken offensichtl. nicht bewusst ist, kann eine Aufklärungspflicht des AG bestehen (vgl. *Rolfs* Anm. AP BGB § 611 Fürsorgepflicht Nr. 116). Soweit dem AG hiernach ausnahmsweise eine Aufklärungspflicht obliegt, erfüllt er diese, indem er den AN an die AA verweist, und zwar auch dann, wenn er ihm nicht in allen Einzelheiten erläutert, welche Fragen er dort stellen und welche Auskünfte er genau einholen muss. Es genügt, wenn er ihm hinreichend Zeit einräumt, um sich in jedweder Hinsicht umfassend informieren zu können (BAG 10.3.1988 NZA 1988, 837; *Becker-Schaffner* BB 1993, 1281).

13 **c) Veranlassung der arbeitgeberseitigen Kündigung durch vertragswidriges Verhalten.** Der AN verletzt seine Obliegenheiten aus dem Versicherungsverhältnis, wenn er durch vertragswidriges Verhalten den AG zur Kündigung des ArbVerh. veranlasst. Vertragswidriges Verhalten iSv. Nr. 1 ist vorwerfbares Verhalten, das eine **verhaltensbedingte Kündigung** rechtfertigt (LSG BY 2.12.2014 NZS 2015, 119; Gagel/*Winkler* Rn. 107). Personen- und betriebsbedingte Kündigungen lösen die Sperrzeit demggü. idR nicht aus (Brand/*Karmanski* Rn. 42). Etwas anderes kann gelten, wenn eine in Wahrheit verhaltensbedingte Kündigung in eine betriebsbedingte umbenannt wird. Derartige Vereinb. der Parteien binden die BA nicht, und zwar auch dann nicht, wenn sie vergleichsweise vor dem ArbG vereinbart wurden (BSG 25.4.1991 NZA 1992, 95). Eine **personenbedingte Kündigung** kann nach der Rspr. ausnahmsweise dann sperrzeitrelevant sein, wenn sie auf einem außerdienstl. Fehlverhalten des AN beruht, zB im Falle der Trunkenheitsfahrt eines Berufskraftfahrers nach Arbeitsschluss mit der Folge des Entzugs der Fahrerlaubnis (BSG 6.3.2003 NZS 2004, 165; LSG BW 31.3.2009 NZA 2009, 889; *Bengelsdorf* NZA 1999, 1304, 1308; **aA** zu Recht HWK/*Peters-Lange* Rn. 18; s. a. BSG 15.12.2005 NZA 2006, 534). Ob der AG außerordentl. oder ordentl. kündigt, ist unerhebl. (BSG 25.4.1990 NZA 1990, 791).

14 **Verhaltensbedingte Gründe** sind alle Verletzungen der Vertragspflichten, gleichgültig, ob durch Verzögerung der Leistung, Nicht- oder Schlechterfüllung, einschl. der vertragl. Nebenpflichten (Brand/*Karmanski* Rn. 41; Gagel/*Winkler* Rn. 110 ff.). Eine Sperrzeit tritt nur ein, wenn ein schwerwiegendes vertragswidriges Verhalten vorgelegen hat, das die Kündigung des BeschVerh. zu dem Zpkt. rechtfertigte, zu dem die Arbeitslosigkeit eingetreten ist (BSG 25.4.1990 NZA 1990, 791). Rechtfertigte

ein bloß leichter Vertragsverstoß die Kündigung arbeitsrechtl. nicht, wurde diese aber vom AN nicht angegriffen, tritt keine Sperrzeit ein (LSG BW 11.5.2011 NZS 2011, 918).

2. Kausalität. § 159 setzt voraus, dass die Lösung des BeschVerh. oder die Veranlassung der Lösung **die Arbeitslosigkeit herbeigeführt** hat, sie also Ursache der Arbeitslosigkeit war (vgl. BSG 25.4.1990 NZA 1990, 791). Dies gilt auch bei der Eigenkündigung. Umstr. ist die Behandlung derjenigen Fälle, in denen ein **sicherer Arbeitsplatz in** einen **gefährdeten eingetauscht** wird (zB Wechsel in ein befristetes ArbVerh.). Hier soll im Grds. eine Sperrzeit mögl. sein (BSG 21.7.2009 NZA-RR 2010, 323; *Sauer* NZS 1996, 415, 420; *Schweiger* NZS 2002, 79, 82). Anders hat das BSG aber entschieden, wenn der AN die konkrete Aussicht hatte, dass das befristete ArbVerh. später in ein unbefristetes umgewandelt werden könnte (BSG 26.10.2004 NJW 2005, 381; ähnl. BSG 12.7.2006 AP SGB III § 144 Nr. 9) oder wenn mit dem Wechsel in ein anderes Berufsfeld eine Erweiterung der berufl. Einsatzmöglichkeiten verbunden war (BSG 12.7.2006 NZA 2006, 1362). Die auf das Vorliegen eines „wichtigen Grundes" gestützte Begr. (Rn. 35) geht jedoch nicht weit genug, weil sie außer Betracht lässt, dass ein solcher Arbeitsplatzwechsel zwar eine **Risikoerhöhung** im Hinblick auf das versicherte Risiko „Arbeitslosigkeit" darstellt, der Gesetzgeber eine solche aber – anders als die Lösung des BeschVerh. – gerade nicht als Obliegenheitsverletzung eingestuft hat. Dies ist anges. des Umstandes, dass der Beitragssatz in allen BeschVerh. unabhängig vom Risiko des Verlustes des Arbeitsplatzes gleich hoch ist (§ 341 II), auch folgerichtig (iE wie hier *Ricken* NJW 2006, 3519, 3520). 15

Maßgebl. ist allein der **tats. Geschehensablauf** (BSG 5.6.1997 NZA-RR 1998, 184; 17.10.2002 AuB 2003, 56); anderweitige hypothetische Kausalverläufe bleiben außer Betracht. Eine „Lösung" des BeschVerh. liegt damit auch dann vor, wenn der AN mit seiner Eigenkündigung ledigl. einer konkret drohenden AGKündigung zuvorgekommen ist, die das ArbVerh. zum gleichen Zpkt. beendet hätte (BSG 25.4.2002 NZA-RR 2003, 105). Allerdings kann der AN in solchen Fällen für sein Verhalten einen „wichtigen Grund" haben, wenn er zB davon ausgehen durfte, dass sein berufl. Fortkommen durch eine Eigenkündigung weniger beeinträchtigt wird als durch eine AGKündigung (BSG 25.4.2002 NZA-RR 2003, 105; näher Rn. 34). 16

Wird durch ein von § 159 sanktioniertes Verhalten eine **ohnehin eintretende Arbeitslosigkeit zeitl. vorverlagert**, weil zB ein befristetes ArbVerh. vom AN ohne wichtigen Grund kurz vor seinem Ablauf gekündigt wird, so berührt dies den Tatbestand der Arbeitsaufgabe nicht. Unter den Voraussetzungen des Abs. 3 kann jedoch eine Verkürzung der Sperrzeit auf sechs oder sogar drei Wochen in Betracht kommen (Rn. 51 ff.). Der AN kann die Sperrzeit jedoch auch in diesen Fällen nicht gänzl. dadurch vermeiden, dass er den Antrag auf Alg. erst zu dem Zpkt. stellt, in dem die Arbeitslosigkeit ohnehin eingetreten wäre (BSG 5.8.1999 NZA-RR 2000, 552; 20.1.2000 AP AFG § 119 Nr. 6). 17

Kommen mehrere Bedingungen für eine Verursachung der Arbeitslosigkeit in Betracht, ist auf die **wesentl. Bedingung** abzustellen (BSG 28.6.1991 NZA 1992, 285; APS/*Steinmeyer* Rn. 46; Brand/*Karmanski* Rn. 25). Wird dem AN gekündigt, hat er sich rechtzeitig mit der AA in Verbindung gesetzt und nimmt diese ihre Vermittlungsaufgabe nicht ausreichend wahr, stellt die Kündigung keine wesentl. Bedingung der Arbeitslosigkeit dar (BSG 28.6.1991 NZA 1992, 285). 18

Dies gilt auch beim **Aufhebungsvertrag.** Hat ein AN sein ArbVerh., das der AG bereits gekündigt hatte, durch Abschluss eines Aufhebungsvertrages zu einem Zpkt. vor Ablauf der Kündigungsfrist gelöst, ohne hierfür einen wichtigen Grund zu haben, tritt eine Sperrzeit für die Gewährung von Alg. auch dann ein, wenn er Alg. erst für die Zeit beansprucht, in der er ohnedies auf Grund der Kündigung arbeitslos geworden wäre (BSG 5.8.1999 NZA-RR 2000, 552; 20.1.2000 AP AFG § 119 Nr. 6). 19

Bei der **vom AN veranlassten Kündigung** muss eine doppelte Kausalität, näml. einerseits zwischen dem vertragswidrigen Verhalten und der Kündigung und andererseits zwischen dieser und der Arbeitslosigkeit gegeben sein. Sowohl bei der fristlosen als auch der fristgerechten Kündigung muss daher geprüft werden, ob diese arbeitsrechtl. zu Recht erfolgt ist, weil es anderenfalls an der Kausalität zwischen arbeitsvertragswidrigem Verhalten und Arbeitslosigkeit fehlt (BSG 25.4.1990 NZA 1990, 791). Hat der AN sich also zB vertragswidrig verhalten und hat der AG deshalb fristlos gekündigt, obwohl nur eine ordentl. Kündigung berechtigt gewesen wäre, tritt keine Sperrzeit ein, wenn der fristlos gekündigte AN Alg. nur für die Zeit bis zum Ablauf der ordentl. Kündigungsfrist begehrt (BSG 25.4.1990 NZA 1990, 791). Entspr. gilt im Falle einer fehlenden **Abmahnung,** soweit diese arbeitsrechtl. als Kündigungsvoraussetzung erforderl. gewesen wäre (LSG BW 11.5.2011 NZS 2011, 918; Gagel/*Winkler* Rn. 113; diff. APS/*Steinmeyer* Rn. 43). Ob bei der außerordentl. Kündigung die zweiwöchige Ausschlussfrist des § 626 II BGB beachtet worden sein muss, ist str. (bejahend HN/*Valgolio* Rn. 157; **aA** Brand/*Karmanski* Rn. 45 und wohl a. BSG 15.12.2005 NZA 2006, 534). Unerhebl. ist jedoch, ob die Kündigung infolge der Nichtbeachtung anderer formeller Kündigungsschranken (§ 102 BetrVG, § 17 MuSchG [bis 31.12.2017: § 9 MuSchG], § 18 BEEG usw.) unwirksam ist. 20

3. Grobes Verschulden. a) Allgemeines. Das grobe Verschulden ist für jeden der in § 159 I genannten Sperrzeittatbestände selbständig zu prüfen. Dementspr. tritt eine Sperrzeit nicht ein, wenn der AN für die (vorsätzl.) Lösung des BeschVerh. einen wichtigen Grund hatte und anschließend leicht fahrlässig unzureichende Eigenbemühungen (§ 159 I Nr. 3) unternommen hat (BSG 27.5.2003 NZS 2004, 275). **Vorsätzl. oder grob fahrlässig** die Arbeitslosigkeit herbeigeführt hat der AN, wenn er keine 21 konkrete Aussicht auf einen Anschlussarbeitsplatz hatte (BSG 12.11.1981 E 52, 276, 281; 25.10.1988 NJW 1989, 3036). Grobe Fahrlässigkeit liegt allerdings nicht schon dann vor, wenn der AN bei Abgabe der Eigenkündigung noch keinen Arbeitsvertrag mit dem neuen AG abgeschlossen oder zumindest dessen feste Zusicherung hatte, sondern erst dann, wenn keine ernst zu nehmenden Aussichten auf einen neuen Arbeitsplatz bestanden haben. Die Arbeitslosigkeit ist dem AN erst dann vorzuwerfen, wenn er auf Grund der allg. Verhältnisse auf dem für ihn in Betracht kommenden Arbeitsmarkt vernünftigerweise mit einem Anschlussarbeitsplatz nicht rechnen konnte (BSG 18.2.1987 E 61, 158, 161). Der Wechsel von einem ArbVerh., das dem Kündigungsschutz unterliegt, in ein ProbeArbVerh. ist dann nicht grob fahrlässig im Hinblick auf eine drohende Arbeitslosigkeit, wenn der AN auf Grund konkreter Umstände annehmen durfte, er werde den Anforderungen genügen und es werde ihm auch nicht aus anderen Gründen gekündigt (vgl. BSG 26.10.2004 NJW 2005, 381; 12.7.2006 NZA 2006, 1362 und Rn. 15).

22 **Grobe Fahrlässigkeit** liegt vor, wenn der AN die erforderl. Sorgfalt in bes. schwerem Maße verletzt und dasjenige außer Acht gelassen hat, was jedem vernünftigen Menschen anges. der gegebenen Situation hätte einleuchten müssen (BGH 10.10.2013 NJW-RR 2014, 90). Voraussetzung ist, dass der AN die Folgen hätte voraussehen und er anders hätte handeln können und müssen. Bei der Feststellung des Verschuldens gilt ein subj. Fahrlässigkeitsbegriff. Es kommt auf die pers. Urteils- und Kritikfähigkeit, das Einsichtsvermögen und das Verhalten des AN sowie auf die bes. Umstände des Falles an (BSG 1.8.1978 E 47, 28, 33; 12.2.1980 SozR 4100 § 152 Nr. 10).

23 Im Falle der **Veranlassung einer Kündigung durch arbeitsvertragswidriges Verhalten** besteht Streit über die Frage, ob eine Sperrzeit auch im Falle eines nur leicht fahrlässigen Fehlverhaltens, das zum Kündigungsanlass genommen worden ist, eintritt. Kündigungsrechtl. ist anerkannt, dass ausnahmsweise sogar schuldlose Pflichtverletzungen die (ggf. auch außerordentl.) verhaltensbedingte Kündigung rechtfertigen können (BAG 21.1.1999 NZA 1999, 863). Das BSG hat angenommen, dass auch in derartigen Fällen der Tatbestand des § 159 I Nr. 1 verwirklicht sei, weil sich das grobe Verschulden nur auf die Verursachung der Arbeitslosigkeit, nicht aber auf den Arbeitsvertragsverstoß zu beziehen brauche (BSG 25.8.1981 BB 1982, 559; 12.12.1984 NZA 1986, 141). Dem wird entgegengehalten, dass eine verschuldete Verursachung der Arbeitslosigkeit ein Verschulden für die Kündigungsgründe zwgd. voraussetze (LSG BW 8.6.2011 NZS 2011, 715; HWK/*Peters-Lange* Rn. 23; *Schweiger* NZS 2002, 79, 81; vgl. a. LSG NI 26.10.1999 NZA-RR 2000, 163 f.). Für § 159 I Nr. 5 hat das BSG dieser Kritik Rechnung getragen und erkannt, dass den AN ein subj. vorwerfbares Verhalten und eine Vorhersehbarkeit des sich daraus ergebenden Ausschlusses aus der Maßnahme (Verschulden) treffen muss (BSG 16.9.1999 NZS 2000, 367; **aA** für § 159 I Nr. 2 aber BSG 14.7.2004 NZA 2005, 346).

24 Dieser Auff. ist beizutreten; sie ist uneingeschränkt auf die Sperrzeit wegen Arbeitsaufgabe zu übertragen. Zwar verlangt – wie das BSG iÜ zu Recht erkennt – § 159 I Nr. 1 ein grobes Verschulden nur hins. der Herbeiführung der Arbeitslosigkeit, jedoch kann dieses im Falle der AGseitigen Kündigung nur darin liegen, dass der AN **gerade die Vertragsverletzung** grob fahrlässig begangen hat. Da näml. in der geforderten Kausalkette Pflichtverletzung – AGseitige Kündigung – Arbeitslosigkeit ein weiteres Handlungselement des AN nicht existiert, also kein weiterer Bezugspunkt für eine mögl. grobe Pflichtverletzung besteht, kann die Arbeitslosigkeit nur dann vorsätzl. oder grob fahrlässig „herbeigeführt" worden sein, wenn den AN hins. der Pflichtverletzung ein derartiger Vorwurf trifft. Eine Sperrzeit tritt daher nicht ein, wenn der AN die obj. Pflichtverletzung nicht zu vertreten oder er nur leicht fahrlässig gehandelt hat, ihm aber dennoch gekündigt wird, weil zB ein hoher Schaden eingetreten ist (so iE wohl a. Brand/*Karmanski* Rn. 48 f.).

25 Die **Auflösung des BeschVerh.** ist demggü. nur vorsätzl. denkbar. Dieses ist jedoch nur dann vorwerfbar, wenn der AN nicht durch Täuschung oder Drohung zur Aufhebung veranlasst worden ist (Gagel/*Winkler* Rn. 137). Ein vorsätzl. Handeln scheidet ebenfalls aus, wenn der AN infolge Irrtums die Tragweite seiner Handlungsweise nicht erkannt hat. Hätte er sie erkennen können, stellt sich die Frage der groben Fahrlässigkeit.

26 **b) Bindungswirkung arbeitsgerichtlicher Entscheidungen.** Bestreitet der AN ein schuldhaftes vertragswidriges Verhalten, hat die AA den Sachverhalt vAw. aufzuklären. IRd. Ermittlungen muss dem AN rechtl. Gehör gewährt werden. Insb. muss er Gelegenheit erhalten, sich zu negativen Äußerungen anderer Personen gegenäußern zu können. Es besteht keine Bindung an arbeitsgericht1. Entsch. Dabei kommt es nicht darauf an, ob das ArbG die Klage des AN abgewiesen oder ob es ihr stattgegeben hat (BSG 15.5.1985 AP AFG § 119 Nr. 1; 25.4.1990 NZA 1990, 791). Das gilt auch für **arbeitsgerichtl. Vergleiche.** Maßgebend sind allein die tats. Umstände. Es ist deshalb unerhebl., welcher Grund als Kündigungsgrund in dem Vergleich aufgeführt ist (BSG 25.4.1991 NZA 1992, 95).

27 **4. Kein wichtiger Grund.** Eine Sperrzeit tritt nicht ein, wenn der AN für sein Verhalten einen wichtigen Grund hatte. Damit trägt das G dem Umstand Rechnung, dass eine Obliegenheitsverletzung nur dann sanktioniert werden kann, wenn dem Versicherten unter Berücksichtigung aller Umstände des Einzelfalles und unter Abwägung seiner Interessen mit denjenigen der Versichertengemeinschaft ein anderes Verhalten hätte zugemutet werden können (BSG 13.8.1986 NZA 1987, 180; *Kühl*, Die Sperrzeit bei Arbeitsaufgabe, 2006, S. 124 ff.). Dabei muss der wichtige Grund nicht nur die Lösung

des BeschVerh., sondern gerade auch den konkreten Zpkt. der Lösung decken (BSG 17.10.2002 info also 2003, 77). Erforderl., aber auch ausreichend ist, dass der wichtige Grund **obj. vorgelegen** hat. Ob der AN ihn gekannt hat, ist ebenso unerhebl. (BSG 28.6.1991 NZA 1992, 285) wie umgekehrt die irrtüml. Annahme des AN, ein wichtiger Grund sei gegeben, ihn vor einer Sperrzeit nicht bewahrt (BSG 25.4.2002 NZA-RR 2003, 105; 17.10.2007 NZA-RR 2008, 383; LSG BY 11.6.2015 NZS 2015, 677). Allerdings muss der AN, soweit ihm dies zumutbar war, zunächst einen erfolglosen Versuch unternommen haben, den **Grund zu beseitigen** (BSG 29.11.1988 NJW 1989, 1628; 6.2.2003 NZA-RR 2003, 662). Fällt der wichtige Grund nach Abgabe der Erkl., die zur Auflösung geführt haben, weg, muss der Versicherte alle ihm zumutbaren Maßnahmen treffen, um den Arbeitsplatz dennoch zu erhalten (BSG 20.4.1977 E 43, 269, 274).

Insoweit ist zu Recht allg. anerkannt, dass **jeder Grund**, der iSv. § 626 I BGB schwer genug wiegt, 28
um die fristlose Kündigung des ArbVerh. durch den AN zu rechtfertigen (vgl. BGB § 626 Rn. 158 ff.), zugleich **„wichtig"** iSv. § 159 I ist (BSG 17.7.1964 E 21, 205, 207; LSG RP 25.2.2005 NZS 2005, 610: Lohnrückstände von mehr als sechs Monaten trotz Abmahnung des AN; Einzelfälle bei *Spellbrink* BB 2006, 1274, 1276 f.). Auf die Wahrung der zweiwöchigen Ausschlussfrist des § 626 II BGB kommt es dabei nicht an, weil ein AN, der zunächst versucht, trotz Vorliegens eines fristlosen Kündigungsgrundes am Arbeitsplatz festzuhalten und der später resignierend aufgibt, nicht schlechter gestellt werden darf als einer, der sofort kündigt.

In der Rspr. anerkannt ist jedoch, dass darüber hinaus auch **die fristlose Eigenkündigung nicht** 29
rechtfertigende Gründe „wichtig" iSv. § 159 I 1 sein können. So ist anges. von § 1a II KSchG insb. anerkannt, dass jede vergleichsweise Beendigung des BeschVerh. durch einen wichtigen Grund getragen ist, wenn die in ihr vereinbarte **Abfindungssumme den Betrag von 0,5 Monatsverdiensten** je Beschäftigungsjahr **nicht übersteigt** (BSG 12.7.2006 NZA 2006, 1359; 2.5.2012 NZS 2012, 874; LSG BW 19.10.2011 NZS 2012, 160). Einer weiteren Rechtfertigung für sein Verhalten bedarf der AN in diesen Fällen nicht, insb. bedarf es keiner Prüfung, ob eine zum gleichen Zpkt. ausgesprochene Kündigung rechtmäßig gewesen wäre (zust. *Gagel* NZA 2005, 1328, 1330; *Lilienfeld/Spellbrink* RdA 2005, 88, 96 f.; *Voelzke* NZS 2005, 281, 286 ff.; **aA** *Eicher* SGb 2005, 553, 557 ff.; *Ricken* NJW 2006, 3516, 3517). Nur bei rechtsmissbräuchl. Gestaltung (§ 242 BGB) kann eine Sperrzeit eintreten. Beim Aufhebungsvertrag eines AN, der über bes. Kündigungsschutz verfügt, liegt Rechtsmissbrauch jdf. dann nicht vor, wenn nach den Umständen des Falles eine behördl. Zust. zur Kündigung mögl. gewesen wäre (BSG 2.5.2012 NZS 2012, 874). Die BA hat dieser Judikatur Rechnung getragen (*Fuhlrott* NZA 2017, 225 f.; *Kleinebrink* DB 2017, 1212 f.). Bei einem **gerichtl. Vergleich** darf die genannte Summe auch über- oder unterschritten werden, wenn keine Anhaltspunkte dafür vorliegen, dass mit dem abgeschlossenen Vergleich das Risiko zu Lasten der Versichertengemeinschaft manipuliert werden sollte (BSG 17.10.2007 NZA-RR 2008, 383). Demggü. stellt es keinen „wichtigen Grund" für die (vorzeitige) Beendigung des ArbVerh. dar, dass der AN durch sein Einverständnis in die frühzeitige Auflösung eine (uU deutl.) höhere Abfindung (sog. **Turbo-Prämie**, dazu BetrVG §§ 112, 112a Rn. 23) beanspruchen konnte (LSG HE 22.6.2012 AuR 2012, 398).

Darüber hinaus hat die Rspr. zB fehlende Aufstiegschancen (BSG 13.8.1986 NZA 1987, 180: 30
Beschäftigung eines Facharbeiters mit Aufgaben für ungelernte Arbeiter; LSG BY 5.6.2014 NZS 2014, 876: Aufgabe einer Beschäftigung, um die unterbrochene Ausbildung fortzusetzen), die Beschäftigung eines Wehrdienstverweigerers mit der unmittelbaren Produktion oder Wartung von Kriegswaffen (BSG 18.2.1987 E 61, 158, 161 ff.), die Anfeindung des Trainers einer Profifußballmannschaft durch das Fanumfeld des Vereins (LSG RP 22.12.2011 NZS 2012, 356), und sogar die Vermeidung des Passivrauchens durch einen Nichtraucher (LSG HE 11.10.2006 NJW 2007, 1837) als einen die Sperrzeit ausschließenden „wichtigen Grund" für die Eigenkündigung anerkannt, ebenso den Kirchenaustritt eines bei der Caritas Beschäftigten, dem daraufhin gekündigt wurde (SG München 26.5.2011 NZS 2011, 877; *Seifert* AuR 2006, 450 f.; *ders.* AuR 2009, 31 f.; das gegenteilige Urt. des LSG RP 30.3.2006 NZS 2006, 666 ist nicht in Rechtskraft erwachsen, nachdem die BA auf Anregung des BSG die Berufung gegen die erstinstanzl. Entsch. zurückgenommen hat). Die **Verwaltungspraxis** der BA erkennt uU auch den Wechsel in eine abschlussorientierte Qualifizierungsmaßnahme als „wichtigen Grund" zur Aufgabe des Arbeitsplatzes an (DA 159.100d, bei *Ricken* NZA 2015, 90).

Dasselbe gilt für die Herstellung der **ehel. Lebensgemeinschaft** (oder eingetragenen Lebenspart- 31
nerschaft nach dem LPartG), wenn der AN seine Arbeitsstelle von der gemeinsamen Wohnung aus nicht in zumutbarer Weise erreichen kann (dazu BSG 20.4.1977 E 43, 269, 271), und zwar unabhängig davon, ob die Gemeinschaft erstmals hergestellt (BSG 29.11.1988 NJW 1989, 1628; 27.5.2003 NZS 2004, 275), fortgesetzt (BSG 25.10.1988 NJW 1989, 3036) oder nach zeitweiser räuml. Trennung vom Partner wiederhergestellt werden soll. Erforderl. ist dabei im erstgenannten Fall nicht, dass die Ehe im Zpkt. der Eigenkündigung bereits bestand; es genügt, dass sie bis zum Ablauf der Kündigungsfrist geschlossen werden sollte und geschlossen wurde (BSG 26.3.1998 NZS 1998, 537; 27.5.2003 NZS 2004, 275).

Demggü. kann eine **nichtehel. Lebensgemeinschaft**, die idR ein mind. dreijähriges Zusammenle- 32
ben (BSG 29.4.1998 NZS 1998, 581; 17.10.2002 NZA 2003, 1018) in einer gemeinsamen Wohnung (BSG 17.10.2007 SozR 4–4300 § 144 Nr. 16) erfordert, einen wichtigen Grund nur darstellen, wenn

sie – zB bei einer Versetzung des Partners – fortgeführt (BSG 29.4.1998 NZS 1998, 581 unter Aufgabe der gegenteiligen älteren Rspr.), nicht aber, wenn sie erstmals begr. werden soll (BSG 5.11.1998 NZA-RR 1999, 267; 17.10.2002 E 90, 90, 94), und zwar auch dann nicht, wenn die Partner später – nach Ablauf der Kündigungsfrist – die Ehe eingehen (BSG 26.3.1998 NZS 1998, 537; 17.10.2002 E 90, 90, 94). Allerdings kann die spätere Heirat die Ernsthaftigkeit der nichtehel. Lebensgemeinschaft bezeugen, auch wenn diese im Zpkt. der Lösung noch keine drei Jahre bestanden hat (BSG 17.10.2002 NZS 2003, 667; 17.11.2005 NZA 2006, 780). Großzügiger ist die Praxis, wenn aus der Beziehung **Kinder** hervorgegangen sind, dann tritt auch bei der erstmaligen Herstellung der Lebens- und Erziehungsgemeinschaft idR keine Sperrzeit ein (BSG 12.11.1988 E 52, 276, 277; 25.10.1988 NJW 1989, 3036; s. aber a. BSG 29.11.1988 NJW 1989, 1628). Selbst die erstmalige Herstellung einer ernsthaften und auf Dauer angelegten Erziehungsgemeinschaft durch Zuzug mit dem minderjährigen Kind zum nichtehel. Partner bildet einen wichtigen Grund iS des Sperrzeitrechts, wenn Gründe des Kindeswohls dies erfordern, und zwar nach Auff. des BSG unabhängig davon, ob es sich bei dem Partner um ein leibl. Elternteil handelt oder nicht (BSG 17.10.2007 SozR 4–4300 § 144 Nr. 16).

33 **Mobbing** am Arbeitsplatz kann für den hiervon betroffenen AN einen wichtigen Grund zur Lösung des BeschVerh. darstellen, wenn feindselige Handlungen obj. festgestellt werden können und der AN ernsthaft, aber erfolglos versucht hat, die gegen ihn gerichteten Maßnahmen zu beenden (BSG 21.10.2003 NZS 2004, 382). Bei behaupteter **sexueller Belästigung** ist die BA relativ großzügig, hier soll vielfach der plausible Vortrag der/des AN genügen, nach ihrem/seinem subj. Empfinden Opfer einer derartigen Belästigung gewesen zu sein (vgl. APS/*Steinmeyer* Rn. 72 ff.). Demggü. ist das Ziel der **Erhaltung eines längeren Leistungsanspruchs** anlässl. einer GÄnd. nicht als wichtiger Grund anerkannt worden (BSG 14.9.2010 NZS 2011, 713).

34 Eine Eigenkündigung des AN oder der Abschluss eines Aufhebungsvertrages **zur Vermeidung einer AGseitigen Kündigung** ist nach der Verwaltungspraxis der BA nur dann durch einen wichtigen Grund gerechtfertigt, wenn eine Kündigung durch den AG mit Bestimmtheit in Aussicht gestellt war, diese auf personen- oder betriebsbedingte Gründe gestützt würde, der Aufhebungsvertrag das ArbVerh. nicht vor Ablauf der AG-seitigen Kündigungsfrist beendet, der AN nicht ordentl. unkündbar war und der AN keine Abfindung erhält, die den sich aus § 1a II KSchG ergebenden Betrag übersteigt (vgl. *Fuhlrott* NZA 2017, 225, 226). Dementspr. kann in Einzelfällen ein wichtiger Grund auch bei einer drohenden oder feststehenden, aber noch nicht erfolgten Kündigung vorliegen (BSG 17.10.2002 SozR 3–4300 § 144 Nr. 12; LSG BY 28.2.2013 NZS 2013, 674; weitere Einzelfälle bei *Schweiger* NZS 2015, 328, 329 ff.). Ein solcher ist stets in der **Insolvenz des AG** (DA 159.87; dazu *Pohlmann-Weide/Ahrendt* ZIP 2008, 589 ff.), außerhalb ders. bspw. anzunehmen, wenn die bevorstehende Kündigung offensichtl. rechtmäßig wäre (BSG 17.11.2005 NZA 2006, 422; 12.7.2006 NZA 2006, 1359) oder der AN in die **Namensliste** nach § 1 V KSchG aufgenommen worden ist, weil er infolge der daraus resultierenden Vermutung der sozialen Rechtfertigung der Kündigung in seinen Möglichkeiten, die drohende Kündigung gerichtl. anzugreifen, praktisch äußerst beschränkt ist (vgl. BSG 25.4.2002 NZA-RR 2003, 105; *Bauer/Hümmerich* NZA 2003, 1076, 1078).

35 Beim **Wechsel von einem unbefristeten in ein befristetes ArbVerh.** erkennt die BA in Übereinstimmung mit der Rspr. des BSG (Rn. 15) einen wichtigen Grund für die Lösung des BeschVerh. an, wenn **(1)** im Zpkt. der Auflösung des alten BeschVerh. eine konkrete Aussicht bestand, dass die neue Beschäftigung in ein dauerhaftes BeschVerh. umgewandelt wird oder **(2)** zeitnah (nicht abwendbare max. einen Monat andauernde Unterbrechung) in eine befristete Beschäftigung gewechselt wird und **(a)** der AN die Tätigkeit in einem anderen Berufsfeld ausübt, in dem er zusätzl. berufl. Fertigkeiten erlangen kann, oder **(b)** die befristete Beschäftigung der erworbenen bisherigen berufl. Qualifikation entspricht oder **(c)** der AN in der befristeten Beschäftigung ein um mind. 10% höheres Arbeitsentgelt erzielen kann (SG Speyer 17.2.2016 NZA-RR 2016, 275) oder **(d)** die unbefristete Beschäftigung ein LeihArbVerh. war und zugunsten einer regulären Beschäftigung von mind. zweimonatiger Dauer aufgegeben wird (DA 159.100).

36 Insb. kann bei **älteren AN** ein wichtiger Grund vorliegen, wenn sie anlässl. eines **drastischen Personalabbaus** das BeschVerh. lösen und dadurch andere AN des Betriebes vor der Entlassung bewahren (BSG 17.2.1981 SozR 4100 § 119 Nr. 14; *Holthöwer/Rolfs* DB 1995, 1074). Dafür reicht es freil. nicht aus, dass die Entlassung nur zum Zwecke der Verjüngung der Belegschaft und zur Steigerung der Wettbewerbsfähigkeit des Unternehmens erfolgt ist. Erforderl. ist vielmehr eine **krisenhafte Situation** in einem größeren Betrieb, die zu einem drastischen und kurzfristig durchzuführenden Personalabbau zwingt, um den Betrieb und damit auch die Arbeitsplätze zu erhalten und die drohende Arbeitslosigkeit der freizusetzenden AN durch den örtl. Arbeitsmarkt nicht ohne weiteres aufgefangen werden kann (BSG 17.2.1981 SozR 4100 § 119 Nr. 14; 13.3.1997 NZA-RR 1997, 495). Ein Personalabbau im Umf. von weniger als einem Viertel der AN innerhalb eines Jahres (BSG 29.11.1989 NZA 1990, 628; 13.3.1997 NZA-RR 1997, 495) genügt ebenso wenig, die Sperrzeit zu vermeiden, wie der bloße Umstand, dass der AN bei Abschluss des Aufhebungsvertrages eine Abfindung erhalten hat, die er sonst nicht hätte beanspruchen können (BSG 13.8.1986 NZA 1987, 180; 5.6.1997 NZA-RR 1998, 184). Zur **ATZ** s. ATG § 10 Rn. 11.

AN, die **keinen allg. Kündigungsschutz** genießen, haben einen wichtigen Grund für den Abschluss eines Aufhebungsvertrages, wenn dieser das ArbVerh. nicht zu einem früheren Zpkt. beendet, als es bei einer fristgemäßen Kündigung des AG zum gleichen Zpkt. geendet hätte. Das gilt auch für GF, Betriebsleiter und ähnl. ltd. Ang. iSv. § 14 II KSchG. Der AG könnte näml. in Bezug auf sie selbst dann, wenn sich seine Kündigung als sozialwidrig erweisen würde, eine Auflösung des ArbVerh. nach § 9 KSchG erreichen, ohne hierzu einer Begr. zu bedürfen (BSG 17.11.2005 NZA 2006, 422; *Schweiger* NZS 2015, 328, 334 f.). 37

Bei der **Lösung eines Berufsausbildungsverhältnisses** ist ein wichtiger Grund überall dort anzuerkennen, wo das Grundrecht des Auszubildenden auf freie Wahl des Berufs nach Art. 12 I GG berührt wird. Entspr. gilt, wenn der Auszubildende aus berufl. Gründen beschließt, die Ausbildung zu wechseln oder zu beenden (§ 22 II Nr. 2 BBiG). Diese Konstruktion des G räumt dem Jugendlichen den erforderl. Freiraum dafür ein, sich auch gegen eine nicht sachgerecht erscheinende oder für ihn ungeeignete Ausbildung zu wehren oder diese deshalb abzubrechen. Insoweit ist im Hinblick auf Art. 12 I GG eine Auslegung geboten, die dem Einzelnen einen weiten Spielraum in seiner Ausbildungsentsch. ermöglicht. IÜ muss auch der bes. Situation des Ausbildungsverhältnisses und einem jugendtypischen Verhalten Rechnung getragen werden (BSG 13.3.1990 NZA 1990, 956). 38

5. Feststellungslast. Die BA hat gem. § 20 SGB X den Sachverhalt mit Ausnahme derjenigen Gegenstände, für deren Bestehen die Umstände des Einzelfalles keine Anhaltspunkte bieten (BSG 17.12.1997 E 81, 259, 263; 21.9.2000 NZS 2001, 392), **vAw. zu ermitteln**, und zwar sowohl diejenigen Umstände, die dem AN günstig sind, als auch solche, die zu seinen Lasten gehen. Dabei hat die AA alle verfügbaren Erkenntnisquellen auszuschöpfen (BSG 31.10.1969 NJW 1970, 775; 26.11.1992 E 71, 256, 259). Liegen nach den so getroffenen Feststellungen die Voraussetzungen für die Gewährung von Alg. vor, so trifft die BA die obj. Feststellungslast für die Voraussetzungen des § 159 I, wenn sie ein Ruhen des Anspruchs geltend macht. 39

S. 3 macht hiervon jedoch hins. der in der Sphäre des AN liegenden Umstände eine praktisch bedeutsame **Ausnahme,** die va. für den **wichtigen Grund** von Bedeutung ist. Sie korrigiert unter Hinweis auf den Versicherungsgedanken die gegenteilige Rspr. (BSG 26.11.1992 E 71, 256, 262). Der AN trägt die obj. Feststellungslast insb. für Umstände aus seinem pers. Bereich, die er leichter nachweisen kann als die AA, sowie zB dann, wenn er sich nachträgl. auf Gründe beruft, für deren Aufklärung die AA mangels entspr. zeitnaher Abgaben zunächst keinen Anlass hatte (BT-Drs. 15/25 S. 31). 40

Ein Sperrzeitbescheid ist **vAw. aufzuheben,** wenn sich erweist, dass seine Voraussetzungen nicht gegeben waren. Auch Verfahrensfehler und Beratungsmängel können zum Wegfall der Sperrzeit führen (BSG 12.12.1984 NZA 1986, 141). 41

III. Voraussetzungen der Sperrzeit bei verspäteter Arbeitsuchendmeldung (Abs. 1 Nr. 7)

1. Verletzung der Meldepflicht. Der AN muss die Meldepflicht aus § 38 **obj.** verletzt haben, also sich nicht spätestens drei Monate vor der Beendigung des Ausbildungs- oder ArbVerh. (bei späterer Kenntniserlangung innerhalb von drei Tagen) pers. bei der AA arbeitsuchend gemeldet haben (näher § 38 Rn. 2 ff.). Daran fehlt es, wenn der AN einen obj. **wichtigen Grund** (§ 159 I 1) hatte, sich nicht zu melden, zB Krankheit oder Auslandsaufenthalt (*Giesen* NJW 2006, 721, 726). Eine Verletzung der Meldepflicht liegt in den Fällen des § 38 I 2 auch dann schon obj. nicht vor, wenn die AA während der drei auf die Kenntniserlangung folgenden Tage **nicht dienstbereit** war (BSG 18.8.2005 NZA-RR 2006, 48; LSG BW 26.1.2007 NZA-RR 2007, 384; *Rolfs* DB 2006, 1009, 1010). 42

Dem AN muss auch **subj.** ein Vorwurf (Fahrlässigkeit) zu machen sein. Dies hatte das BSG bereits zu § 37b aF zu Recht erkannt (BSG 25.5.2005 NJW 2005, 3803; 18.8.2005 NZA-RR 2006, 48; 17.10.2007 NZS 2008, 609). Zugleich hatte es eine Wissenszurechnung Dritter abgelehnt: Für eine analoge Anwendung des § 166 BGB oder des § 278 BGB sei kein Raum (BSG 18.8.2005 NZA-RR 2006, 215). Zwar verwendet § 38 den Begriff der „Unverzüglichkeit" heute nicht mehr. Allerdings hat das BSG zusätzl. darauf hingewiesen, dass sowohl die **verhaltenssteuernde Funktion** der Vorschr. (BT-Drs. 15/25 S. 27) als auch verfassungsrechtl. Erwägungen dafür sprechen, nur fahrlässige Obliegenheitsverletzungen zu sanktionieren (vgl. insb. BVerfG 10.2.1987 E 74, 203, 216 f.). Diese Erwägungen tragen auch für § 38, sodass nach wie vor nur (vorsätzl. und) fahrlässiges Verhalten zu sanktionieren ist (BSG 25.8.2011 NZA-RR 2012, 216; *Giesen* NJW 2006, 721, 727; KKW/*Mutschler* Rn. 70; *Preis/Schneider* NZA 2006, 177, 181; vgl. Rn. 23 f.). 43

Eine Sperrzeit tritt daher nicht ein, wenn der AN die Meldung als arbeitsuchend unterlässt, weil er bereits ein **AnschlussArbVerh.** eingegangen ist (SG BE 26.3.2004 info also 2004, 112; auf den Einzelfall abstellend Gagel/*Winkler* § 38 Rn. 20). Nach der **Weisungslage der BA** liegt ein wichtiger Grund auch dann vor, wenn eine berufl. Integration im Anschluss an das ArbVerh. selbst bei frühzeitiger Meldung idR nicht hätte realisiert werden können. Von einem solchen wichtigen Grund sei insb. dann auszugehen, wenn die rechtzeitige Meldung nicht erfolgen konnte, weil der Betreffende im Anschluss an das ArbVerh. Wehr- oder Zivildienst leistet, eine selbständige Tätigkeit aufnimmt, eine Aus- oder 44

Weiterbildung beginnt oder wegen Pflege-, Erziehungs- und Betreuungszeiten oder innerhalb der Schutzfristen nach dem MuSchG der Vermittlung nicht zur Vfg. steht (DA 159.120b). **Nicht entscheidend** ist dagegen, ob der AN, der keine Anschlussbeschäftigung in Aussicht hat, tats. gewillt ist, sich vermitteln zu lassen. Die Eigenschaft als „arbeitsuchend" hat idS keine subj. Komponente (BSG 18.8.2005 NZA-RR 2006, 48).

45 **2. Keine Aufklärungspflicht der Bundesagentur für Arbeit und des Arbeitgebers.** Der AN hat sich über seine arbeitsförderungsrechtl. Obliegenheiten selbst zu informieren. Die BA ist nicht verpflichtet, ihn individuell auf § 38 und die Konsequenzen seiner Verletzung hinzuweisen (BSG 17.10.2007 NZS 2008, 609). Allerdings soll gem. § 2 II 2 Nr. 3 der AG den AN vor der Beendigung des ArbVerh. frühzeitig über die Notwendigkeit eigener Aktivitäten bei der Suche nach einer anderen Beschäftigung sowie über die Verpflichtung zur Meldung nach § 38 informieren, ihn hierzu freistellen und die Teilnahme an erforderl. Qualifizierungsmaßnahmen ermöglichen. Damit soll ua. gewährleistet werden, dass der AN von seiner Obliegenheit zur Arbeitsuchendmeldung Kenntnis erlangt (BSG 25.5.2005 NJW 2005, 3803). Die Verletzung der Informationspflicht durch den AG begr. aber **keine Schadensersatzansprüche** des AN (BAG 29.9.2005 NZA 2005, 1406; LAG SH 15.6.2005 NZA-RR 2005, 552; *Hanau* ZIP 2003, 1573, 1574). Entweder war der AN näml. infolge der unterbliebenen Inf. in Unkenntnis über seine versicherungsrechtl. Obliegenheit, dann fehlt es schon an einem ersatzfähigen Schaden, weil die Sperrzeit mangels Vertretenmüssens (Rn. 43) gar nicht eintritt. Oder der AN wusste um seine Obliegenheit auch ohne die Inf. des AG, dann fehlt es an der Kausalität zwischen der Informationspflichtverletzung und dem Schaden des AN, der die Obliegenheit trotzdem verletzt (LAG D 29.9.2004 NZA-RR 2005, 104).

IV. Rechtsfolgen der Sperrzeit

46 **1. Wirkungen der Sperrzeit (Abs. 1 S. 1).** Die Sperrzeit bewirkt gem. § 159 I 1, dass der Anspruch auf das Alg. während der Dauer der Sperrzeit ruht und das Alg. II nach Maßgabe von § 31 II Nr. 3, § 31a SGB II abgesenkt wird. Das **Stammrecht** bleibt erhalten, ledigl. die Einzelleistungsansprüche können während des Ruhenszeitraums nicht durchgesetzt werden (BSG 21.6.2001 NZS 2002, 326). Die Sperrzeit führt jedoch nicht ledigl. zu einer Verschiebung des Anspruchszeitraums, vielmehr **vermindert sich die Anspruchsdauer** um die Dauer der Sperrzeit (§ 148 I Nr. 3); im Falle einer Sperrzeit von zwölf Wochen jedoch mind. **um ein Viertel** der Anspruchsdauer, die dem Arbeitslosen bei erstmaliger Erfüllung der Voraussetzungen für den Anspruch auf Alg. nach dem Ereignis, das die Sperrzeit begr., zusteht (§ 148 I Nr. 4; dazu BSG 4.9.2001 AP AFG § 119 Nr. 7).

47 Im Falle **wiederholter Sperrzeiten** (zB wegen wiederholter Arbeitsablehnung) kann der Anspruch auf das Alg. sogar vollständig erlöschen, § 161 I Nr. 2 (vgl. HN/*Valgolio* Rn. 494). Dies setzt allerdings voraus, dass die BA den AN schon im ersten Sperrzeitbescheid über den Eintritt und die Rechtsfolgen einer zweiten Sperrzeit belehrt hatte (BSG 16.10.1990 NZA 1991, 327). Die Sperrzeit tritt auch dann ein, wenn zusätzl. **Entlassungsentschädigungen** nach den §§ 157, 158 anzurechnen sind (BSG 25.4.1991 NZA 1992, 95; 4.9.2001 AP AFG § 119 Nr. 7).

48 Einer bes. Feststellung der Sperrzeit durch die AA bedarf es grds. nicht, die **Sperrzeit tritt kraft Gesetzes ein** (BSG 11.12.1979 E 49, 197, 199; 5.11.1998 NZS 1999, 356). Allerdings muss die BA, wenn sie eine Leistungsbewilligung bereits ausgesprochen hat, diese durch Bescheid aufheben, weil anderenfalls das Alg. auf der Grdl. des – wenn auch rechtswidrigen – Bewilligungsbescheids weiter zu zahlen wäre (BSG 9.9.1999 NZS 2000, 210). Dabei hat sie die Voraussetzungen der §§ 45, 47 SGB X an eine Rücknahme bzw. einen Widerruf zu beachten.

49 **2. Beginn der Sperrzeit (Abs. 2).** Die Sperrzeit beginnt am Tag nach dem sie auslösenden Ereignis, soweit nicht bereits eine Sperrzeit läuft, in diesem Falle beginnt sie am Tag nach dem Ende der lfd. Sperrzeit. Das **auslösende Ereignis** idS ist nicht die Eigenkündigung des AN usw., sondern das Ende des BeschVerh., weil erst dadurch die Arbeitslosigkeit herbeigeführt wird (BSG 5.8.1999 NZA-RR 2000, 325; 17.11.2005 AP SGB III § 144 Nr. 7; **aA** für die Fälle der verspäteten Arbeitsuchendmeldung SG Dortmund 13.10.2014 NZS 2015, 35). Auf die Antragstellung und eine Arbeitslosmeldung kommt es nicht an. Bei einer Freistellung des AN am Ende des ArbVerh. kann das leistungsrechtl. BeschVerh. schon mit dem letzten Tag der tats. Arbeitsleistung enden, so dass die Sperrzeit ganz oder tw. in die Freistellungsphase und damit einen Zeitraum fallen kann, in dem der AN ohnehin noch Arbeitsentgelt bezieht (BSG 25.4.2002 NZA-RR 2003, 105). Das gilt jedoch nicht in Fällen der ATZ, hier beginnt die Sperrzeit erst nach Ablauf der Freistellungsphase (BSG 21.7.2009 NZA-RR 2010, 323; *Rolfs/Heikel* SGb 2010, 307, 308 f.). Etwas anderes gilt auch im Falle der durch arbeitsvertragswidriges Verhalten veranlassten **unwirksamen außerordentl. AGKündigung,** die aber als ordentl. Kündigung wirksam gewesen wäre. Hier beginnt die Sperrzeit erst am Tag nach Ablauf der ordentl. Kündigungsfrist (BSG 25.4.1990 NZA 1990, 791). Eine bereits verhängte Sperrzeit entfällt jedoch nicht dadurch rückwirkend, dass die Arbeitsvertragsparteien sich im Kündigungsschutzprozess vergleichsweise auf einen (noch) späteren Beendigungstermin einigen.

3. Dauer der Sperrzeit bei Arbeitsaufgabe (Abs. 3). a) Regeldauer (S. 1). Die Dauer der Sperrzeit ist pauschal geregelt und von den Besonderheiten des Einzelfalls weitgehend abstrahiert (vgl. *Schweiger* NZS 2002, 79, 84 f.). Sie beträgt im Falle der Arbeitsaufgabe (Abs. 1 Nr. 1) regelm. **zwölf Wochen.** Sie läuft kalendermäßig ab, und zwar ohne Rücksicht auf das Bestehen eines Anspruchs auf Alg. Sie endet mit dem Datum, das sich kalendermäßig anhand der Zahl der Sperrzeitwochen errechnet. Für jede Woche werden 7 Tage dem Datum des Tages hinzugerechnet, an dem der Sperrzeittatbestand begr. wurde. Diese Berechnung erfolgt ohne Rücksicht auf Feiertage oder das Verhalten des Arbeitslosen in dieser Zeit. 50

b) Verkürzung auf sechs Wochen (S. 2 Nr. 2). In bestimmten Härtefällen dauert die Sperrzeit nur sechs Wochen. Lit. a erfasst den Fall, dass das BeschVerh. innerhalb eines Zeitraums von **mehr als sechs, aber höchstens zwölf Wochen** nach dem Ereignis, das die Sperrzeit begr. hat, ohne eine Sperrzeit geendet hätte. Dies trifft zB zu, wenn der AN ein befristetes ArbVerh. innerhalb der genannten Zeitraums vor seinem kalendermäßigen Ablauf gelöst oder durch vertragswidriges Verhalten Anlass zu dessen Lösung gegeben hat. 51

Eine **bes. Härte** iSv. lit. b liegt vor, wenn nach den Umständen des Einzelfalls die Regeldauer im Hinblick auf die für den Eintritt der Sperrzeit maßgebenden Tatsachen obj. als unverhältnismäßig anzusehen ist (BSG 4.9.2001 AP AFG § 119 Nr. 7; Gagel/*Winkler* Rn. 356 ff.). Der Begriff Härte ist ein unbestimmter Rechtsbegriff, der vom Gericht voll nachzuprüfen ist. Der BA steht kein Ermessen und kein Beurteilungsspielraum zu (BSG 13.3.1997 NZS 1997, 583). Zur Annahme einer Härte können nicht nur die für den Eintritt der Sperrzeit maßgebenden Tatsachen, sondern auch **Umstände pers. bzw. wirtschaftl. Art** gehören, die zwar von ihrem Gewicht her nicht den Eintritt der Sperrzeit hindern, jedoch auf Grund der Besonderheiten des Einzelfalles eine Sperrzeit von einer Regeldauer als bes. hart erscheinen lassen (BSG 13.3.1997 NZS 1997, 583; 26.3.1998 NZS 1998, 537; tw. **aA** LSG BY 18.7.2016 NZS 2016, 754; Brand/*Karmanski* Rn. 161). Zu den für den Eintritt der Sperrzeit maßgebenden Tatsachen kann bei Vorliegen der vorstehend genannten Voraussetzungen auch der unverschuldete (Rechts-)Irrtum des AN gehören, für die Ablehnung eines Arbeitsangebotes einen wichtigen Grund zu haben (BSG 17.10.2002 SozR 3–4300 § 144 Nr. 12). Das setzt allerdings voraus, dass der Rechtsirrtum des AN durch die konkrete Auskunft einer hiermit vertrauten Stelle – idR einer Dienststelle der BA – hervorgerufen oder gestützt wurde (BSG 5.6.1997 NZA-RR 1998, 184; großzügiger noch BSG 22.3.1979 E 48, 109, 114). 52

Als Härtefälle kommen zB in Betracht: eine unzureichende oder bewusst **falsche Inf.** durch eine ansonsten zuverlässige Stelle (BSG 13.3.1997 NZS 1997, 583; 22.4.1997 NJW 1998, 1093); die **Fehlbeurteilung der eigenen gesundheitl. Leistungsfähigkeit,** soweit der AN keine entspr. Belehrung erfahren hat; Geringfügigkeit der Verfehlungen, die zur Kündigung geführt haben (BSG 21.7.1988 SozR 4100 § 119 Nr. 32); bes. Umstände, den Arbeitsplatz aufzugeben, wie unbefriedigende Wohnverhältnisse. Das Fehlen von Bemühungen um einen Arbeitsplatz während des Laufs der Kündigungsfrist steht einer bes. Härte nicht entgegen (BSG 29.11.1988 NJW 1989, 1628). 53

c) Verkürzung auf drei Wochen (S. 2 Nr. 1). Die nochmalige Halbierung der Sperrzeitdauer auf drei Wochen trägt dem Umstand Rechnung, dass selbst eine Sperrzeitdauer von sechs Wochen gegen das **verfassungsrechtl. Übermaßverbot** verstoßen kann (vgl. BSG 9.2.1995 NZA-RR 1996, 69; 15.11.1995 NZA 1997, 344). So liegen die Dinge insb. dann, wenn das ArbVerh. auch ohne den die Sperrzeit auslösenden Tatbestand kurze Zeit später sein Ende gefunden hätte. Damit ist aber **keine abschl. Regelung** getroffen. Auch in vergleichbaren Fällen kann Art. 20 III GG gebieten, die Sperrzeit auf nur drei Wochen zu verkürzen (*Niesel* NZA 1997, 580, 587). Die umstr. Frage, ob das Rechtsstaatsprinzip es darüber hinaus gebietet, die Sperrzeit sogar auf weniger als drei Wochen zu verkürzen, wenn das die Sperrzeit auslösende Ereignis die Arbeitslosigkeit nur um weniger als 21 Tage verlängert hat (*Estelmann* VSSR 1997, 313 ff.), ist vom BSG verneint worden (BSG 5.2.2004 NZS 2005, 219). 54

4. Dauer der Sperrzeit bei verspäteter Arbeitsuchendmeldung (Abs. 6). Im Falle des Abs. 1 Nr. 7 dauert die Sperrzeit eine Woche. Dies gilt unabhängig davon, um wie viel verspätet die Arbeitsuchendmeldung erfolgte, in welchem Umf. dem AN ein Verschuldensvorwurf zu machen ist und in welcher Höhe er Anspruch auf Alg. hat. Die Sperrzeit beginnt mit dem auf die Beendigung des BeschVerh. folgenden Tag (Rn. 49); vorher – also nach Verletzung der Meldepflicht, aber während des noch bestehenden BeschVerh. – können nachteilige leistungsrechtl. Folgen nicht eintreten (Brand/*Brand* § 38 Rn. 14). Darauf, ob der Alg.-Anspruch auf diesem BeschVerh. beruhte oder ob es sich um einen noch nicht erschöpften Restanspruch aus einem früheren Versicherungsverhältnis handelt, kommt es nicht an (BSG 20.10.2005 E 95, 191, 197). Hat der AN durch dasselbe Ereignis mehrere Sperrzeiten verwirkt, folgen diese einander in der Reihenfolge der Nr. 1 bis 7 des Abs. 1 nach **(Abs. 2 S. 2).** 55

§ 160 Ruhen bei Arbeitskämpfen

(1) [1]**Durch die Leistung von Arbeitslosengeld darf nicht in Arbeitskämpfe eingegriffen werden.** [2]**Ein Eingriff in den Arbeitskampf liegt nicht vor, wenn Arbeitslosengeld Arbeitslosen geleistet wird, die zuletzt in einem Betrieb beschäftigt waren, der nicht dem fachlichen Geltungsbereich des umkämpften Tarifvertrags zuzuordnen ist.**

(2) Ist die Arbeitnehmerin oder der Arbeitnehmer durch Beteiligung an einem inländischen Arbeitskampf arbeitslos geworden, so ruht der Anspruch auf Arbeitslosengeld bis zur Beendigung des Arbeitskampfes.

(3) [1]Ist die Arbeitnehmerin oder der Arbeitnehmer durch einen inländischen Arbeitskampf arbeitslos geworden, ohne an dem Arbeitskampf beteiligt gewesen zu sein, so ruht der Anspruch auf Arbeitslosengeld bis zur Beendigung des Arbeitskampfes nur, wenn der Betrieb, in dem die oder der Arbeitslose zuletzt beschäftigt war,

1. dem räumlichen und fachlichen Geltungsbereich des umkämpften Tarifvertrags zuzuordnen ist oder

2. nicht dem räumlichen, aber dem fachlichen Geltungsbereich des umkämpften Tarifvertrags zuzuordnen ist und im räumlichen Geltungsbereich des Tarifvertrags, dem der Betrieb zuzuordnen ist,

a) eine Forderung erhoben worden ist, die einer Hauptforderung des Arbeitskampfes nach Art und Umfang gleich ist, ohne mit ihr übereinstimmen zu müssen, und

b) das Arbeitskampfergebnis aller Voraussicht nach in dem räumlichen Geltungsbereich des nicht umkämpften Tarifvertrags im Wesentlichen übernommen wird.

[2]Eine Forderung ist erhoben, wenn sie von der zur Entscheidung berufenen Stelle beschlossen worden ist oder auf Grund des Verhaltens der Tarifvertragspartei im Zusammenhang mit dem angestrebten Abschluss des Tarifvertrags als beschlossen anzusehen ist. [3]Der Anspruch auf Arbeitslosengeld ruht nach Satz 1 nur, wenn die umkämpften oder geforderten Arbeitsbedingungen nach Abschluss eines entsprechenden Tarifvertrags für die Arbeitnehmerin oder den Arbeitnehmer gelten oder auf sie oder ihn angewendet würden.

(4) Ist bei einem Arbeitskampf das Ruhen des Anspruchs nach Absatz 3 für eine bestimmte Gruppe von Arbeitslosen ausnahmsweise nicht gerechtfertigt, so kann der Verwaltungsrat bestimmen, dass ihnen Arbeitslosengeld zu leisten ist.

(5) [1]Die Feststellung, ob die Voraussetzungen nach Absatz 3 Satz 1 Nummer 2 Buchstabe a und b erfüllt sind, trifft der Neutralitätsausschuss (§ 380). [2]Er hat vor seiner Entscheidung den Fachspitzenverbänden der am Arbeitskampf beteiligten Tarifvertragsparteien Gelegenheit zur Stellungnahme zu geben.

(6) [1]Die Fachspitzenverbände der am Arbeitskampf beteiligten Tarifvertragsparteien können durch Klage die Aufhebung der Entscheidung des Neutralitätsausschusses nach Absatz 5 und eine andere Feststellung begehren. [2]Die Klage ist gegen die Bundesagentur zu richten. [3]Ein Vorverfahren findet nicht statt. [4]Über die Klage entscheidet das Bundessozialgericht im ersten und letzten Rechtszug. [5]Das Verfahren ist vorrangig zu erledigen. [6]Auf Antrag eines Fachspitzenverbandes kann das Bundessozialgericht eine einstweilige Anordnung erlassen.

1 **1. Allgemeines.** Der **„Streikparagraf"** des § 160 stellt mit dem **Partizipationstatbestand** in Abs. 3 S. 1 Nr. 2 darauf ab, dass die Früchte des Arbeitskampfs auf Grund der erforderl. Prognose mit Sicherheit auch dem drittbetroffenen AN zufallen (*Löwisch* NZA 1986, 345, 347). Die Zielsetzung des § 160 besteht allein darin, Sachverhalte in sozialrechtl. Hinsicht abzuwickeln, die aus arbeitskampfrechtl. Wertentsch. herrühren (BSG 5.6.1991 NZA 1991, 982; 4.10.1994 NZA 1995, 320; 24.7.1996 NZA 1997, 285). Die Vorschr. gestaltet zwar nicht unmittelbar die Koalitionsrechte der Gegner im Arbeitskampf, sie ist jedoch im Zusammenhang mit Art. 9 III GG zu sehen. Der Staat darf sich nicht steuernd in Arbeitskämpfe einmischen, sondern muss sich passiv neutral verhalten (vgl. GG Art. 9 Rn. 148 ff.; ausf. *Seiter* Staatsneutralität).

2 **a) Verfassungsrechtliche Grundlagen.** Die Neufassung des § 116 AFG/§ 160 SGB III (G zur Änd. der Neutralität der BA bei Arbeitskämpfen v. 15.5.1986, BGBl. I S. 740) ist Gegenstand intensiver **verfassungsrechtl. Auseinandersetzungen** gewesen. Geltend gemacht worden war, die Vorschr. verstoße va. gegen die aus Art. 9 III GG resultierende Koalitionsfreiheit, ferner gegen Art. 2 I iVm. Art. 20 GG, gegen Art. 3 I GG, Art. 14 I und III GG, Art. 19 I 2 GG und das ILO-Abkommen Nr. 87; schließl. verletze die Rechtsschutzregelung des Abs. 6 Art. 3 I GG und Art. 19 IV 1 GG (ausf. *Benda,* Sozialrechtl. Eigentumspositionen im Arbeitskampf, 1986). Das BVerfG hat die Verfassungsbeschwerde der IG Metall und die Normenkontrollanträge zurückgewiesen. Art. 9 III GG sei nicht verletzt. Die Kampfstärke einer ANKoalition hänge von einer iE kaum überschaubaren Fülle von Faktoren ab, die in ihren Wirkungen schwer abschätzbar seien. In einer solchen Lage treffe den Gesetzgeber die politische Verantwortung für eine zutreffende Erfassung und Bewertung der maßgebenden Faktoren. Auch eine Verletzung der übrigen Grundrechtsnormen liege iE nicht vor (BVerfG 4.7.1995 E 92, 365, 393 ff.; dazu zul. *Deinert* AuR 2010, 290, 294 f.; aA *Kocher/Kädtler/Voskamp/Krüger,* Noch verfassungsgemäß?, HSI-Schriftenreihe Bd. 19, 2017).

3 **b) Anwendungsbereich.** § 160 gilt außer für das Alg. – praktisch bes. bedeutsam – gem. § 100 I auch für das **Kug.,** soweit der AN nicht selbst durch Beteiligung an einem inländischen Arbeitskampf arbeitslos ist.

2. Anspruchsvoraussetzungen. Der AN muss die Anspruchsvoraussetzungen für die in Betracht kommende Leistung der BA (Alg., Kug., vgl. Rn. 3) erfüllen. Auch AN, die an einem suspendierend wirkenden Arbeitskampf beteiligt sind, sind arbeitslos iSv. § 136. Für die Verfügbarkeit genügt eine arbeitskampfbedingte begrenzte Vermittelbarkeit (Brand/*Düe* Rn. 8). Beansprucht der AG weiter die Dispositionsbefugnis über den AN, kommt nur Kug. in Betracht (*Jülicher* RdA 1979, 340, 344 ff.). Erfüllt der AN schon die Anspruchsvoraussetzungen nicht, kommt ein Ruhen des Anspruchs nicht in Betracht. 4

3. Eingriffsverbot (Abs. 1). § 160 I 1 normiert den Neutralitätsgrds. Aufgrund ihrer traditionellen Stellung als Mittlerin zwischen AG und AN trifft die BA eine **passive,** keine fördernde **Neutralitätspflicht** (BSG 5.6.1991 NZA 1991, 982; 4.10.1994 NZA 1995, 320; *Deinert* AuR 2010, 290, 298; *Seiter* NJW 1987, 1, 3). Sie hat die bestehenden Kräfteverhältnisse der TVParteien im Arbeitskampf zu respektieren und ist nicht berechtigt, durch die Gewährung oder Versagung von Leistungen ein tats. oder vermeintl. bestehendes Ungleichgewicht zu kompensieren (BSG 5.6.1991 NZA 1991, 982). Die BA besitzt jedoch hins. der Einzelheiten ihrer Neutralitätspflicht keinen Entscheidungsspielraum. Dieser ist ihr vielmehr nahezu vollständig durch die legislativen Konkretisierungen in § 160 I 2, II, III genommen, ledigl. in eng begrenzten Ausnahmefällen gestattet Abs. 4 eine Leistung des Alg./Kug. trotz Ruhens nach § 160 III, wenn das Ruhen für eine bestimmte Gruppe von AN ausnahmsweise nicht gerechtfertigt ist. Von dieser Ausnahme abgesehen besteht die Neutralität der BA im **strikten Gesetzesvollzug:** Sie muss ihre Leistungen erbringen, wenn einer der in Abs. 2 und 3 geregelten Ruhenstatbestände nicht vorliegt (BSG 5.6.1991 NZA 1991, 982). Abs. 1 S. 2 hat nur klarstellende Funktion. Die BA trägt durch Gewährung der Leistung (kein Ruhen) den Teil des Arbeitskampfrisikos, den anderenfalls die AG in Folge der arbeitskampfbedingten Produktionseinstellungen in branchen*fremden* Betrieben gem. § 615 S. 3 BGB tragen müssten. Wird allerdings in dem fachfremden Betrieb ein Sympathiearbeitskampf geführt, ruht der Anspruch, Abs. 2 (*Seiter* NJW 1987, 1, 6). 5

4. Beteiligung am Arbeitskampf (Abs. 2). Der Leistungsanspruch ruht, wenn der AN durch Beteiligung an einem inländischen Arbeitskampf arbeitslos geworden ist. **Arbeitskampf ist im arbeitsrechtl. Sinn zu verstehen,** dazu näher GG Art. 9 Rn. 94 ff. Nicht entscheidend für die Anwendung der Vorschr. ist, ob es sich um eine rechtl. zulässige Kampfmaßnahme handelt, schon weil die BA praktisch völlig überfordert wäre, die Rechtmäßigkeit einer jeden Kampfmaßnahme zu überprüfen (HWK/*Peters-Lange* Rn. 11 f.). Anderes kann nur in den Fällen einer offensichtl. rechtswidrigen Aussperrung gelten. Hier bleibt der Entgeltanspruch des AN nach § 615 BGB bestehen. Wird dieser nicht erfüllt, ist die BA unter den Voraussetzungen des § 157 III zur Gleichwohlgewährung verpflichtet (MüArbR/*Ricken* § 207 Rn. 18). 6

Eine **Beteiligung am Arbeitskampf** liegt vor, wenn die betroffenen AN selbst streiken oder ausgesperrt werden. Neben den Gewerkschaftsangehörigen sind auch die kampfbeteiligten Außenseiter (Nicht- oder Andersorganisierte) vom Ruhen betroffen. Es muss ein **Kausalzusammenhang** zwischen der Beteiligung am Arbeitskampf und der Arbeitslosigkeit bestehen (Brand/*Düe* Rn. 18; HN/*Valgolio* Rn. 17). Ein Anspruch ruht jdf. nach § 160 nicht, wenn der AN aus anderen Gründen (zB Ablauf der Befristung) aus dem ArbVerh. ausscheidet. Das Ruhen tritt mit dem Zpkt. der Arbeitsniederlegung bzw. der Wirkung der Aussperrung ein. Es endet mit der Beendigung des Arbeitskampfes, nicht schon mit der Beendigung der Beteiligung. 7

5. Mittelbar betroffene Arbeitnehmer (Abs. 3). a) Allgemeines. § 160 III erfasst die am Arbeitskampf nicht beteiligten AN, bei denen durch Fernwirkung in ihrem Bereich die Arbeit ausfällt. Nach § 615 S. 3 BGB trägt der AG zwar grds. das Betriebs- und Wirtschaftsrisiko (BAG 9.3.1983 AP BGB § 615 Betriebsrisiko Nr. 31), muss also das Arbeitsentgelt auch dann leisten, wenn er die Unmöglichkeit der Beschäftigung nicht zu vertreten hat. Dies gilt jedoch nicht uneingeschränkt bei Störungen, die auf einem Streik in einem anderen Betrieb beruhen und die Fortsetzung des Betriebes ganz oder tw. unmögl. oder wirtschaftl. unzumutbar machen. Können diese Fernwirkungen eines Streiks das Kräfteverhältnis der kampfführenden Parteien beeinflussen, tragen beide Seiten das Arbeitskampfrisiko. Das bedeutet für die betroffenen AN, dass sie für die Dauer der Störung keine Beschäftigungs- und Vergütungsansprüche haben. Einen solchen Fall nimmt die Rspr. dann an, wenn die für den mittelbar betroffenen Betrieb zust. Verbände mit den unmittelbar kampfführenden Verbänden identisch oder doch organisatorisch eng verbunden sind, idR also bei Arbeitskämpfen **im selben fachl. Geltungsbereich** (BAG 22.12.1980 NJW 1981, 937; 22.12.1980 NJW 1981, 942; BSG 5.6.1991 NZA 1991, 982). 8

Der **Partizipationstatbestand** des § 160 III geht davon aus, dass die Ansprüche auf Lohnersatzleistungen bei denjenigen AN ruhen sollen, die von einem Arbeitskampf mittelbar betroffen sind, von dessen Erg. sie aller Voraussicht nach profitieren werden, weil das in dem umkämpften Tarifgebiet erzielte Erg. aller Erfahrung nach im Wesentlichen unverändert auch in ihrem Tarifbezirk von den dortigen TVParteien übernommen wird. 9

b) Gemeinsame Voraussetzungen der Nrn. 1 und 2. Gemeinsame Voraussetzung beider Alternativen von § 160 III 1 ist, dass die Arbeitslosigkeit (bzw. Kurzarbeit) Folge eines **inländischen Arbeitskampfes** ist. Dafür ist erforderl., aber auch ausreichend, dass ein ursächl. Zusammenhang zwischen 10 dem von anderen geführten Arbeitskampf und der Arbeitslosigkeit besteht. Der Arbeitskampf muss wesentl. Bedingung für die Arbeitslosigkeit sein (SG Frankfurt/Main 29.7.1988 NZA 1989, 326). Die Ursächlichkeit muss sich nicht nur auf den Beginn, sondern auch auf die Dauer der Arbeitslosigkeit erstrecken (Brand/*Düe* Rn. 26). An ihr fehlt es, wenn die Arbeitslosigkeit zwar ohne den Arbeitskampf nicht eingetreten, aber trotz des Arbeitskampfs vermeidbar gewesen wäre (vgl. *Seiter* Staatsneutralität S. 275 ff.).

11 Der AN darf an dem Arbeitskampf **nicht selbst beteiligt** gewesen sein, also nicht selber gestreikt haben oder ausgesperrt worden sein. Hatte der AN sich an dem Arbeitskampf beteiligt, ruht der Anspruch gem. § 160 II. Unerhebl. ist demggü., ob er Mitglied der kampfführenden oder einer mit dieser Gewerkschaft organisatorisch eng verbundenen anderen Gewerkschaft oder ob er sog. „Außenseiter" ist (Brand/*Düe* Rn. 27). Das G geht zutreffend davon aus, dass die Tarifnormen wenn nicht (zB kraft einzelvertragl. Inbezugnahme des TV) von Rechts wegen gelten, so doch zumindest faktisch in aller Regel auch auf nicht organisierte AN angewendet werden. Ist dies ausnahmsweise nicht der Fall, gelangen die Ansprüche auf Alg. bzw. Kug. auch nicht zum Ruhen, § 160 III 3.

12 Schließl. verlangen beide Alternativen des § 160 III 1 die **Gleichheit des fachl. Geltungsbereichs.** Mit dem fachl. Geltungsbereich ist der betriebl.-branchenmäßige Bereich gemeint (Eisen und Stahl, Bau, Chemie etc.). Anknüpfungspunkt ist der Betriebszweck, nicht die Tätigkeit der einzelnen AN. Der fachl. Geltungsbereich entspricht praktisch den Zuständigkeiten der TVParteien (Brand/*Düe* Rn. 31). Bei mittelbar Betroffenen anderer Fachbereiche kommen Lohnersatzleistungen nicht zum Ruhen (§ 160 I 2), und zwar selbst dann nicht, wenn der Abschluss in dem branchenfremden Tarifgebiet „Signalwirkung" für den Fachbereich des mittelbar betroffenen AN hat.

13 **c) Mittelbar Betroffene im Kampfbereich (S. 1 Nr. 1).** Da mittelbar betroffene AN in dem umkämpften Tarifbezirk selbst von dem Tarifabschluss profitieren, ruht ihr Anspruch auf Alg. bzw. Kug. während des Arbeitskampfes, § 160 III 1 Nr. 1 (*Deinert* AuR 2010, 290, 294). Dafür kommt es nicht darauf an, ob die Anwendung des TV kraft dessen unmittelbarer und zwgd. Wirkung (§ 4 I TVG), kraft einzelvertragl. Inbezugnahme oder infolge einer zwar nicht rechtl. geforderten, aber vom AG praktisch vollzogenen Gleichstellung der Außenseiter mit den Tarifgebundenen erfolgt (vgl. § 160 III 3). Voraussetzung ist jedoch, dass der Beschäftigungsbetrieb des AN im **räuml. Geltungsbereich** des umkämpften TV liegt; hierfür ist die jeweils tarifvertragl. vereinbarte Abgrenzung der räuml. Geltungsbereiche maßgebend. Nicht zum räuml. Geltungsbereich gehören Außenseiterbetriebe, die dem kampfbeteiligten Verband nicht angehören, oder Betriebe, für die FirmenTV abgeschlossen werden (Brand/*Düe* Rn. 30), was anges. der Rspr. des BAG zur zulässigen Einbeziehung auch dieser Betriebe in den Flächenarbeitskampf (BAG 18.2.2003 NZA 2003, 866) nicht unzweifelhaft ist. Zum **fachl. Geltungsbereich** vgl. Rn. 12.

14 **d) Mittelbar Betroffene im gleichen fachl., nicht jedoch räuml. Geltungsbereich des Tarifvertrages (S. 1 Nr. 2).** Wenn die Teilhabe am Arbeitskampfergebnis der ausschlaggebende Gesichtspunkt für das Ruhen der Leistungsansprüche der mittelbar betroffenen AN im räuml. und fachl. Geltungsbereich des umkämpften TV ist (BSG 9.9.1975 NJW 1976, 689), liegt es nahe, dieser Überlegung auch für die mittelbar Betroffenen außerhalb des räuml., aber innerhalb des fachl. Geltungsbereichs des umkämpften TV Bedeutung zuzumessen (BSG 5.6.1991 NZA 1991, 982; *Seiter* Staatsneutralität S. 67 ff.; *ders.*, Staatl. Neutralität im Arbeitskampf, S. 55 ff.). Dies ist der Grundgedanke des § 160 III 1 Nr. 2.

15 Erste Voraussetzung des Ruhens ist, dass in dem Tarifbezirk, in dessen räuml. Geltungsbereich der Beschäftigungsbetrieb des AN fällt, eine Forderung erhoben worden ist, die einer **Hauptforderung** des Arbeitskampfs nach Art und Umf. gleich ist, ohne mit ihr übereinstimmen zu müssen.

16 Als Hauptforderung des Arbeitskampfes ist nur diejenige in Betracht zu ziehen, mit der die Gewerkschaft ihre Mitglieder für den Arbeitskampf mobilisiert (BT-Drs. 10/4989 S. 7; *Denck* BB 1986, 252; *Schmidt-Preuß* DB 1986, 2488, 2491), die als **zentrale Forderung den Arbeitskampf geprägt** hat. Unerheblich ist, ob der Arbeitskampf rechtmäßig ist. § 160 ist keine Norm des Arbeitskampfrechts, sondern eine die Folgen eines Arbeitskampfes auffangende Sozialrechtsnorm. Für ihre Anwendung kommt es deshalb allein darauf an, dass faktisch ein Arbeitskampf geführt wird, nicht aber auf dessen arbeitsrechtl. Bewertung (BSG 4.10.1994 NZA 1995, 320).

17 **„Erhoben"** ist eine Forderung, wenn sie von dem nach der Satzung des jeweiligen Verbandes zust. Gremium (*Schmidt-Preuß* DB 1986, 2488, 2489) der TVPartei beschlossen worden ist. Der Zugang des Beschl. bei der gegnerischen Partei ist nicht erforderl. Alternativ genügt es, dass die Forderung auf Grund des Verhaltens der TVPartei im Zusammenhang mit dem angestrebten Abschluss als beschlossen anzusehen ist, § 160 III 2. Um eine in die Verfassungswidrigkeit führende Verletzung des Selbstbestimmungsrechts der Gewerkschaften (nur für sie, nicht aber für die AGVerbände gilt § 160 III 2, *Bieback/Mayer/Mückenberger/Zachert/Seegert* BB 1987, 676, 677) zu verhindern, darf diese Alternative nur im Falle des **missbräuchl. Zurückhaltens** einer Forderung angewendet werden (BVerfG 4.7.1995 E 92, 365, 403 ff.; **aA** *Seiter* NJW 1987, 1, 5). Voraussetzung ist damit auch in diesem Falle, dass die Willensbildung durch die zust. Organe abgeschlossen ist; allg. Äußerungen und Erläuterungen der Tarifziele ggü. der Öffentlichkeit genügen nicht (Brand/*Düe* Rn. 34; **aA** *Löwisch* NZA 1986, 345, 348).

Nach **Art und Umf. gleich** müssen die Hauptforderungen (nur diese: HN/*Valgolio* Rn. 35) in den beiden zu vergleichenden Tarifgebieten sein. Beides ist getrennt voneinander zu vergleichen (*Seiter* NJW 1987, 1, 5). Nach ihrer Art gleich sind Tarifforderungen, die sich auf dies. Sachgruppe (Lohn, AZ, Urlaubstage, Rationalisierungsschutz) beziehen, vgl. zur Sachgruppenbildung TVG § 4 Rn. 36ff. 18

Große Unsicherheit besteht demggü. hins. der **Umfangsgleichheit.** Schon zu dem im Zuge der Novellierung des § 116 AFG 1986 aufgehobenen § 4 Nr. 2 NeutrAnO reichten die Interpretationen des Gleichheitsbegriffs von „ähnlich", über „im Wesentlichen gleich", „im Erg. gleich" und „nahezu gleich" bis „identisch" (vgl. BSG 4.10.1994 NZA 1995, 320). Der Gesetzgeber wollte diesen Streit beenden und hat durch die Gesetzesfassung in jedem Fall ausgeschlossen, dass der Begriff „gleich" iSv. „identisch" gewertet werden muss. Das BSG hat sich gleichwohl für eine **enge Auslegung** entschieden und dabei sowohl die amtl. Begr. (BT-Drs. 10/4989 S. 6) als auch den Eigentumsschutz des Art. 14 I GG (BVerfG 12.2.1986 E 72, 9, 18ff.) bemüht. Das BSG fordert daher, dass die zu vergleichenden Forderungen **„nahezu gleich"** sind, dh. so dicht beieinander liegen, dass sie fast übereinstimmen (BSG 5.6.1991 NZA 1991, 982; 4.10.1994 NZA 1995, 320). 19

Außerdem verlangt § 160 III 1 Nr. 2 als weitere Voraussetzung des Ruhens, dass das **Arbeitskampfergebnis** aller Voraussicht nach **in den räuml. Geltungsbereich des nicht umkämpften TV im Wesentlichen übernommen** wird (näher *Schmidt-Preuß* DB 1986, 2488, 2492f.). Die Prognose, ob das Arbeitskampfergebnis aller Voraussicht nach übernommen wird, ist auf den Zpkt. des Beginns des Arbeitskampfes in diesem Tarifgebiet abzustellen, solange keine Änd. in den Verhältnissen festzustellen ist (*Seiter* NJW 1987, 1, 6). Dies folgt daraus, dass die erhobene Forderung mit der Forderung des Arbeitskampfes, also derjenigen, die Anlass zu diesem Kampf war, zu vergleichen ist. Im Rahmen einer solchen Prognose sind nur die Tatsachen zu berücksichtigen, die im Zpkt. der Ex-ante-Betrachtung erkennbar sind. Endet der Arbeitskampf mit einem der Prognose widersprechenden Erg., wird die Prognoseentsch. damit nicht rechtswidrig. Es liegt im Wesen einer Prognose, dass ihre Richtigkeit zu einem bestimmten Zpkt. durch spätere Entwicklungen nicht rückschauend widerlegt werden kann. Eine Prognose, die unter Berücksichtigung aller verfügbaren Daten in einer der Angelegenheit angemessenen und methodisch einwandfreien Weise erarbeitet worden sei, bleibt rechtmäßig, auch wenn sie sich auf Grund später zur Vfg. stehender Daten als unrichtig herausstellt (BT-Drs. 10/5214 S. 12). Der spätere tats. Ausgang der Tarifauseinandersetzungen hat danach grds. außer Betracht zu bleiben, jedoch kann ihm indizielle Bedeutung beizumessen sein (BSG 4.10.1994 NZA 1995, 320). 20

Das Ruhen von Ansprüchen kann frühestens mit Beginn des Arbeitskampfes eintreten und endet nach dem eindeutigen Gesetzeswortlaut in jedem Fall mit der Beendigung des Arbeitskampfs (BSG 4.10.1994 NZA 1995, 320). 21

e) Verfahren zur Erhebung der Partizipationsprognose (Abs. 5). Die Feststellung, ob die Voraussetzungen nach § 160 III 1 Nr. 2 erfüllt sind, trifft nach Abs. 5 der **Neutralitätsausschuss,** § 380. Er hat vor seiner Entsch. den Fachspitzenverbänden der am Arbeitskampf beteiligten TVParteien Gelegenheit zur Stellungn. zu geben. Fachspitzenverbände sind alle AN- und AG-Organisationen, die für das Arbeitsleben des gesamten Bundesgebiets bedeutsam sind, und zwar immer bezogen auf einen bestimmten Fachbereich. 22

Im Rahmen seiner Entscheidungskompetenz nach § 160 V 1 hat der Neutralitätsausschuss **festzustellen,** 23

1. ob ein inländischer Arbeitskampf gegeben ist,
2. in welchem räuml. und fachl. Geltungsbereich der Arbeitskampf um den Abschluss eines TV geführt wird,
3. wann der Arbeitskampf begonnen hat und – sofern dies bereits feststellbar ist – wann er beendet worden ist,
4. ob im Arbeitskampf eine Hauptforderung erhoben worden und welche das ist,
5. ob außerhalb des räuml., aber innerhalb des fachl. Geltungsbereiches des umkämpften TV ebenfalls eine tarifvertragl. Forderung erhoben worden ist,
6. ob die in Ziff. 5 genannte Forderung der Hauptforderung des Arbeitskampfes (Ziff. 4) nach Art und Umf. gleich ist, und
7. ob das in dem unter Ziff. 2 genannten Tarifgebiet erzielte Arbeitskampfergebnis aller Voraussicht nach in dem unter Ziff. 5 genannten Tarifgebiet im Wesentlichen übernommen wird (BSG 24.7.1996 NZA 1997, 285).

Alle weiteren Voraussetzungen für ein Ruhen nach § 160 III 1 Nr. 2 beurteilen sich dagegen nach den Umständen des Einzelfalles und sind damit **nicht vom Neutralitätsausschuss**, sondern ausschl. in dem Verf. über den einzelnen Leistungsanspruch von der AA und ggf. den Gerichten festzustellen (BSG 24.7.1996 NZA 1997, 285). Hierzu zählen die Feststellungen, 24

1. ob der AN, der einen Leistungsanspruch geltend macht, an dem – inländischen – Arbeitskampf nicht beteiligt ist,
2. ob der Betrieb, in dem er zul. beschäftigt gewesen ist, zwar nicht dem räuml., aber dem fachl. Geltungsbereich des umkämpften TV zuzuordnen ist, für den der Neutralitätsausschuss seine Feststellung getroffen hat,

3. ob seine Arbeitslosigkeit bzw. der Arbeitsausfall in seinem Betrieb durch Fernwirkungen des Arbeitskampfes in dem anderen – umkämpften – Tarifgebiet verursacht worden ist, und schließt.
4. ob die geforderten Arbeitsbedingungen nach Abschluss eines entspr. TV für den AN gelten oder auf ihn angewendet würden (§ 160 III 3).

25 **6. Härteregelung (Abs. 4).** § 160 IV enthält eine Härteregelung. Ist bei einem Arbeitskampf das Ruhen des Anspruchs nach Abs. 3 für eine bestimmte Gruppe von AN ausnahmsweise nicht gerechtfertigt, kann der Verwaltungsrat bestimmen, dass ihnen Alg. zu gewähren ist. Die Vorschr. greift nur bei atypischen Situationen, wenn ganz bestimmte ANGruppen wesentl. härter als andere betroffen sind.

26 **7. Rechtsschutz (Abs. 6).** Nach § 160 VI können die Fachspitzenverbände der am Arbeitskampf beteiligten TVParteien durch Klage die Aufhebung der Entsch. des Neutralitätsausschusses nach Abs. 5 und eine andere Feststellung begehren. Die Klage richtet sich gegen die BA. In dem Klageverf. vor dem BSG sind nur die in Abs. 6 genannten Fachspitzenverbände beteiligt (BSG 4.10.1994 NZA 1995, 320). Über die Klage entscheidet das BSG im ersten und letzten Rechtszug. Auf Antrag des Fachspitzenverbandes kann das BSG eine einstweilige Anordnung erlassen (HWK/*Peters-Lange* Rn. 37). Durch die Regelung in Abs. 6 wird das Recht des einzelnen mittelbar betroffenen AN auf Klage vor dem SG gegen das Ruhen des Alg. bzw. des Kug. nicht berührt. Jedoch ist die Feststellung des Neutralitätsausschusses und die Überprüfungsentscheidung. des BSG in dem Individualverf. als bindend hinzunehmen (BSG 4.10.1994 NZA 1995, 320).

545. Sozialgesetzbuch (SGB) Viertes Buch (IV) – Gemeinsame Vorschriften für die Sozialversicherung –

Vom 12. November 2009

(BGBl. I S. 3710, ber. S. 3973 und 2011 S. 363)

Zul. geänd. durch Gesetz vom 17. Juli 2017 (BGBl. I S. 2575)

(FNA 860-4-1)

– Auszug –

§ 7 Beschäftigung

(1) [1]Beschäftigung ist die nichtselbständige Arbeit, insbesondere in einem Arbeitsverhältnis. [2]Anhaltspunkte für eine Beschäftigung sind eine Tätigkeit nach Weisungen und eine Eingliederung in die Arbeitsorganisation des Weisungsgebers.

(1a) [1]Eine Beschäftigung besteht auch in Zeiten der Freistellung von der Arbeitsleistung von mehr als einem Monat, wenn

1. während der Freistellung Arbeitsentgelt aus einem Wertguthaben nach § 7b fällig ist und

2. das monatlich fällige Arbeitsentgelt in der Zeit der Freistellung nicht unangemessen von dem für die vorausgegangenen zwölf Kalendermonate abweicht, in denen Arbeitsentgelt bezogen wurde.

[2]Satz 1 gilt entsprechend, wenn während einer bis zu dreimonatigen Freistellung Arbeitsentgelt aus einer Vereinbarung zur flexiblen Gestaltung der werktäglichen oder wöchentlichen Arbeitszeit oder dem Ausgleich betrieblicher Produktions- und Arbeitszyklen fällig ist. [3]Beginnt ein Beschäftigungsverhältnis mit einer Zeit der Freistellung, gilt Satz 1 Nummer 2 mit der Maßgabe, dass das monatlich fällige Arbeitsentgelt in der Zeit der Freistellung nicht unangemessen von dem für die Zeit der Arbeitsleistung abweichen darf, mit der das Arbeitsentgelt später erzielt werden soll. [4]Eine Beschäftigung gegen Arbeitsentgelt besteht während der Zeit der Freistellung auch, wenn die Arbeitsleistung, mit der das Arbeitsentgelt später erzielt werden soll, wegen einer im Zeitpunkt der Vereinbarung nicht vorhersehbaren vorzeitigen Beendigung des Beschäftigungsverhältnisses nicht mehr erbracht werden kann. [5]Die Vertragsparteien können beim Abschluss der Vereinbarung nur für den Fall, dass Wertguthaben wegen der Beendigung der Beschäftigung auf Grund verminderter Erwerbsfähigkeit, des Erreichens einer Altersgrenze, zu der eine Rente wegen Alters beansprucht werden kann, oder des Todes des Beschäftigten nicht mehr für Zeiten einer Freistellung von der Arbeitsleistung verwendet werden können, einen anderen Verwendungszweck vereinbaren. [6]Die Sätze 1 bis 4 gelten nicht für Beschäftigte, auf die Wertguthaben übertragen werden. [7]Bis zum 31. Dezember 2024 werden Wertguthaben, die durch Arbeitsleistung im Beitrittsgebiet erzielt werden, getrennt erfasst; sind für die Beitrags- oder Leistungsberechnung im Beitrittsgebiet und im übrigen Bundesgebiet unterschiedliche Werte vorgeschrieben, sind die Werte maßgebend, die für den Teil des Inlandes gelten, in dem das Wertguthaben erzielt worden ist.

(1b) Die Möglichkeit eines Arbeitnehmers zur Vereinbarung flexibler Arbeitszeiten gilt nicht als eine die Kündigung des Arbeitsverhältnisses durch den Arbeitgeber begründende Tatsache im Sinne des § 1 Absatz 2 Satz 1 des Kündigungsschutzgesetzes.

(2) Als Beschäftigung gilt auch der Erwerb beruflicher Kenntnisse, Fertigkeiten oder Erfahrungen im Rahmen betrieblicher Berufsbildung.

(3) [1]Eine Beschäftigung gegen Arbeitsentgelt gilt als fortbestehend, solange das Beschäftigungsverhältnis ohne Anspruch auf Arbeitsentgelt fortdauert, jedoch nicht länger als einen Monat. [2]Eine Beschäftigung gilt auch als fortbestehend, wenn Arbeitsentgelt aus einem der Deutschen Rentenversicherung Bund übertragenen Wertguthaben bezogen wird. [3]Satz 1 gilt nicht, wenn Krankengeld, Krankentagegeld, Verletztengeld, Versorgungskrankengeld, Übergangsgeld, Pflegeunterstützungsgeld oder Mutterschaftsgeld oder nach gesetzlichen Vorschriften Erziehungsgeld oder Elterngeld bezogen oder Elternzeit in Anspruch genommen oder Wehrdienst oder Zivildienst geleistet wird. [4]Satz 1 gilt auch nicht für die Freistellung nach § 3 des Pflegezeitgesetzes.

(4) Beschäftigt ein Arbeitgeber einen Ausländer ohne die nach § 284 Absatz 1 des Dritten Buches erforderliche Genehmigung oder ohne die nach § 4 Absatz 3 des Aufenthaltsgesetzes erforderliche Berechtigung zur Erwerbstätigkeit, wird vermutet, dass ein Beschäftigungsverhältnis gegen Arbeitsentgelt für den Zeitraum von drei Monaten bestanden hat.

I. Normzweck

1 Die „Beschäftigung“ ist in allen Bereichen der Sozialvers. die **praktisch wichtigste Voraussetzung** für die Zugehörigkeit zum Kreis der versicherungspflichtigen Personen. Hierdurch wird die historische Zielsetzung, den Schutz der abhängig arbeitenden Bevölkerung durch eine Zwangsvers. sicherzustellen, umgesetzt (*Schlegel* NZA-Beil 2016, 13). § 7 gilt einheitl. für alle Bereiche der Sozialvers., also zB auch für die ges. UV und das Insolvenzgeld (BSG 30.6.1999 NZS 2000, 147; 19.8.2003 NZA 2004, 200; 4.7.2007 SozR 4–2400 § 7 Nr. 8).

II. Arbeitsrechtliche Bedeutung

2 § 7 I hat **keine Auswirkungen auf das ArbR.** Beschäftigten- und ANBegriff sind nicht identisch, sondern zwei selbständige Rechtsinstitute (BSG 27.7.2011 SozR 4–2400 § 28e Nr. 4), die ledigl. wegen der überw. gleichartigen Voraussetzungen der von § 611a I BGB und der sozialrechtl. Rspr. zugrunde gelegten Kriterien zumeist zusammenfallen. Der namentl. von *Wank* (AuR 2001, 291, 297 ff.; ebenso *Greiner* NZS 2009, 657, 663 ff.) vertretenen gegenteiligen Auff., nach der § 7 nicht nur den Beschäftigten-, sondern auch den ANBegriff betreffen soll, ist zum 1.4.2017 durch § 611a BGB der Boden entzogen worden; sie wurde bereits zuvor von Rspr. (BSG 10.8.2000 NJW 2001, 1965; vgl. a. BAG 26.5.1999 NZA 1999, 987; 26.5.1999 NZA 1999, 983) und überw. Lit. (ausf. *Wilke,* Das Verhältnis des sozialversicherungsrechtl. BeschVerh. zum zivilrechtl. Arbeitsverhältnis, 2009) nicht geteilt.

3 Dementspr. existieren eine Reihe von Fallgruppen, in denen Arbeits- und BeschVerh. nicht deckungsgleich sind. Das betrifft namentl. **GmbH-GF,** die in aller Regel nicht in einem Arbeits-, sondern in einem freien Dienstverhältnis stehen (vgl. BAG 26.5.1999 NZA 1999, 987; BGH 10.5.2010 NZA 2010, 889; **aA** *Wank/Maties* NZA 2007, 353, 353 f. und jdf. für manche Fallgestaltungen a. *Reinfelder* RdA 2016, 87, 92 f.), während das BSG jdf. FremdGF (BSG 13.12.1960 NJW 1961, 1134; 31.7.1974 E 38, 53, 57), aber auch am Stammkapital nur gering beteiligte geschäftsführende Gesellschafter regelm. als Beschäftigte einordnet (näher Rn. 22).

III. Beschäftigung (Abs. 1)

4 **1. Grds. Bedeutung von Abs. 1.** § 7 I ist die Grundsatznorm zur Abgrenzung des versicherungspflichtigen Personenkreises. Das G bedient sich bei den Tatbeständen der Versicherungs- und Beitragspflicht eines tatbestandl. zwar nicht ganz scharf konturierten, aber durch Abs. 1 S. 2 und die Rspr. des BSG mit Blick auf das aus dem Rechtsstaatsprinzip des Art. 20 III GG resultierende Bestimmtheitsgebot hinreichend präzisierten Begriffs (BVerfG 20.5.1996 NZA 1996, 1063).

5 **2. Voraussetzungen der Beschäftigung. a) Arbeit.** Arbeit ist jede planmäßige Betätigung der körperl. und geistigen Kräfte. Der Begriff der Arbeit ist wirtschaftl. zu verstehen, wobei wirtschaftl. nicht ieS von erwerbswirtschaftl. gemeint ist. Es genügt jede Tätigkeit, die der Befriedigung eines fremden Bedürfnisses dient (BAG 22.4.2009 NZA-RR 2010, 231). Welcher Art dieses Bedürfnis ist, ist gleichgültig. Der Zweck der Arbeit braucht kein materieller zu sein, er kann auch rein ideeller Natur sein, wobei die Betonung des wirtschaftl. Moments vornehml. der Abgrenzung von ehrenamtl. Tätigkeiten (LSG SH 11.1.2006 NZS 2006, 320) sowie von Sport und Spiel dient (BSG 12.7.1979 SozR 2200 § 539 Nr. 60). Auch die ggü. einer Beschäftigungs- und Qualifizierungsgesellschaft bestehende Pflicht, sich um ein neues ArbVerh. zu bemühen, ist idS Arbeit (BSG 14.12.2006 NZS 2007, 552).

6 Ausgegrenzt wird dabei va. die nicht frei gewählte Arbeit (KKW/*Berchtold* Rn. 15), weshalb **Strafgefangene** nicht als Beschäftigte (wohl aber kraft ausdr. Anordnung gegen Arbeitslosigkeit, § 26 I Nr. 4 SGB III, und gegen Arbeitsunfall, § 2 II 2 SGB VII; ausf. zum Sozialversicherungsschutz Gefangener *Schäfersküpper* NZS 2013, 446) versichert sind, es sei denn, dass sie als Freigänger mit einem AG außerhalb der Anstalt ein wirksames Arbeits- und damit BeschVerh. begr. haben (BSG 16.10.1990 NZA 1991, 282). Dagegen schließt die **Sittenwidrigkeit** der Arbeit eine Beschäftigung und damit die Beitragspflicht zur Sozialvers. nicht aus (BSG 10.8.2000 NJW 2001, 1965 mit Bespr. *Felix* NZS 2002, 225 ff.; vgl. a. BGH 8.11.2007 NJW 2008, 140).

7 **b) Unselbständigkeit (Abs. 1 S. 2).** Nach st., schon auf das RVA („Anleitung über den Kreis der nach der RVO gegen Invalidität und Krankheit versicherten Personen“, AN 1912, 721) zurückzuführender Rspr. setzt eine unselbständige Beschäftigung voraus, dass der AN vom AG pers. abhängig ist, was in der **Verfügungsbefugnis des AG und der Dienstbereitschaft des AN** seinen Ausdruck findet (BSG 20.3.2013 SozR 4–2400 § 7 Nr. 19; 11.3.2014 NZS 2014, 436: tats. Beschäftigung von Bühnenkünstlern bzw. Grafikern nur an einzelnen Tagen, aber mit Dienstbereitschaft in den dazwischen liegenden Zeiträumen).

8 Bei einer Beschäftigung in einem fremden Betrieb ist dies der Fall, wenn der Beschäftigte in den Betrieb eingegliedert ist und dabei einem Art, Zeit, Dauer und Ort der Ausführung umfassenden Weisungsrecht des AG unterliegt. Diese Weisungsgebundenheit kann – vornehml. bei Diensten höherer Art – eingeschränkt und zur **„funktionsgerecht dienenden Teilhabe am Arbeitsprozess“** (BSG 14.12.1999 NZA-RR 2000, 434; 18.12.2001 NZA 2000, 550; *Schlegel* NZA-Beil 2016, 13, 15) verfeinert

sein. Demggü. ist eine selbständige Tätigkeit vornehml. durch das eigene Unternehmerrisiko (BSG 25.4.2012 SozR 4–2400 § 7 Nr. 15; *Greiner* SGb 2016, 301, 308 f.), das Vorhandensein einer eigenen Betriebsstätte, die Verfügungsmöglichkeit über die eigene Arbeitskraft und die im Wesentlichen frei gestaltete Tätigkeit und AZ gekennzeichnet (BSG 18.11.2015 E 120, 99, 104).

aa) Tätigkeit nach Weisungen. Charakteristisches Merkmal für die Annahme einer abhängigen Beschäftigung ist die Tätigkeit nach Weisungen, also die Unterwerfung unter ein fremdes Direktionsrecht (*Hanau/Strick* DB 1998, Beil. 14, S. 1, 6 ff.; *dies.* AuA 1998, 185, 187; *Neumann* NZS 2001, 14, 15). Der hinreichende Grad pers. Abhängigkeit zeigt sich va. darin, dass der Beschäftigte einem **Direktionsrecht seines Vertragspartners** unterliegt, welches Inhalt, Durchführung, Zeit, Dauer, Ort oder sonstige Modalitäten der zu erbringenden Tätigkeit betreffen kann (BSG 28.1.1999 E 83, 246, 251; 14.12.1999 NZA-RR 2000, 434; 19.6.2001 NZA-RR 2002, 494). Sind hingegen zwar die Ziele der Tätigkeit durch Regeln und Normen, die die Grenzen der Handlungsfreiheit mehr in generell-abstrakter Weise umschreiben, vorgegeben, bleibt aber die Art und Weise, wie diese Ziele erreicht werden, der Entsch. des Arbeitenden überlassen, sind solche Tätigkeiten weisungsfrei und damit selbständig (BSG 27.3.1980 SozR 2200 § 165 Nr. 45). Unselbständigkeit scheitert demggü. nicht daran, dass der Betreffende bei seinen Sachentsch. kaum Beschränkungen unterliegt, zB nur für bestimmte bedeutsamere Maßnahmen die Zust. eines Dritten einholen muss. Ausschlaggebend ist vielmehr, ob der Erwerbstätige im Wesentlichen frei seine Tätigkeit gestalten und seine AZ bestimmen kann, wie § 84 I 2 HGB die Selbständigkeit des Handelsvertreters unter Verwertung eines allg. Rechtsgedankens umschreibt (BSG 13.12.1960 NJW 1961, 1134). 9

Beschränkungen des Direktionsrechts durch individual- oder kollektivrechtl. Regeln, insb. auch das MBR des BR, sind unbeachtl. (BAG 25.5.2005 AP BGB § 611 Abhängigkeit Nr. 117). Nicht vorausgesetzt ist ferner, dass dem Dienstherrn ein ins Einzelne gehende Weisungsrecht zusteht oder der Dienstnehmer eine untergeordnete Tätigkeit ausübt. Ebenso wenig ist entscheidend, in welchem Umf. das Direktionsrecht ausgeübt wird. Es genügt vielmehr, dass dem anderen Teil auf Grund der vertragl. Vereinb. das Recht zusteht und er nach den tats. Gegebenheiten die Möglichkeit hat, die Durchführung der Beschäftigung entscheidend zu bestimmen. 10

Die Eigenverantwortlichkeit des Dienstleistenden ist va. bei **Diensten höherer Art** noch kein Beweis für seine pers. Unabhängigkeit. Dementspr. hat das BSG zB den Lehrbeauftragten an einer Fachhochschule (BSG 27.3.1980 SozR 2200 § 165 Nr. 44), den Prediger einer freien evangelischen Gemeinde (BSG 29.3.1962 E 16, 289, 294), den freien, aber st. Mitarbeiter einer Rundfunkanstalt (BSG 22.11.1973 E 36, 262, 263 ff.), den Vorstandsvorsitzenden einer ör. Körperschaft (BSG 30.11.1978 E 47, 201, 204) und – abhängig von der durch das Landesrecht bestimmten kommunalverfassungsrechtl. Stellung – sogar ehrenamtl. Bürgermeister einer Gemeinde und Landräte (BSG 25.1.2006 SozR 4–2400 § 7 Nr. 6; 27.1.2010 NZS 2011, 28) als fremden Weisungen unterworfen angesehen (zu Ehrenbeamten zusf. BSG 15.7.2009 NZS 2010, 568). **Berufssportler** in Mannschaftssportarten sind regelm. abhängig beschäftigt, Individualsportler nur in Ausnahmefällen (vgl. BSG 30.6.2009 NZA-RR 2010, 370 – Jockey; LSG BY 17.1.2012 SpuRt 2013, 81 – Ringer; *Burmann/Jahnke* NZS 2017, 52, 53). 11

bb) Eingliederung in die Arbeitsorganisation. Ihre Bestätigung findet die Fremdbestimmtheit der Arbeit durch die Eingliederung des Dienstleistenden in den Betrieb (BSG 9.12.2003 NZS 2004, 548; 24.1.2007 NZS 2007, 648; LSG HE 31.7.2008 NZS 2009, 628). Diese drückt sich durch den betriebsorganisatorischen Zusammenhang aus, in dem eine bestimmte Tätigkeit steht; entscheidend ist, ob die tätig werdende Person Glied eines fremden Betriebes ist (worunter jede und nicht nur eine gewerbl. Arbeitsorganisation zu verstehen ist, BSG 12.11.1975 E 41, 24, 25; 1.2.1979 SozR 2200 § 165 Nr. 36). Die Eingliederung setzt nicht notwendig die Einordnung in eine betriebl. Organisationseinheit, eine Betriebsstätte, eine Verw. oder einen Haushalt voraus, sondern kann sich in der Ausübung einer **dem Betriebszweck dienenden und ihm untergeordneten Tätigkeit** erschöpfen. Auch Arbeit zB an häusl. Arbeitsplätzen kann, wenn sie durch technische Maßnahmen organisatorisch mit dem Betrieb verbunden ist und weitgehend vom betriebl. Organisationsablauf geprägt ist, ein abhängiges BeschVerh. begründen (HWK/*Ricken* Rn. 10; s. aber a. BSG 30.10.2013 BeckRS 2014, 66942). Die bloße **Inanspruchnahme einer fremden Betriebsorganisation** genügt für eine Eingliederung nicht, selbst wenn sie zur Ausübung des Berufs notwendig ist (LSG BW 19.4.2016 KrV 2016, 116: Bereitschaftsarzt, der auf Honorarbasis in einer Klinik tätig ist, über seine Einsätze selbst bestimmen kann, aber bei seiner Tätigkeit auf die Infrastruktur der Klinik und das Pflegepersonal zurückgreifen muss). 12

Selbst wenn es an einer derartigen organisatorischen Einbindung fehlt, ist in Bezug auf **Heimarbeiter** (die iSd. ArbR Selbständige sind, vgl. BGB § 611a Rn. 85) immer noch die Fiktion des § 12 II zu beachten, wonach diese Personen auch dann, wenn sie Roh- oder Hilfsstoffe selbst beschaffen, als Beschäftigte gelten. 13

cc) Weitere Kriterien. Neben der Weisungsgebundenheit und der Eingliederung hat die Rspr. eine Vielzahl weiterer Kriterien und Indizien entwickelt, die im Rahmen einer Gesamtabwägung erg. für bzw. gegen eine unselbständige Tätigkeit sprechen (BSG 18.11.2015 E 120, 99, 103 f.; Zusammenstellungen bei *Dieckmann* NZS 2013, 647, 648 ff.; *Schlegel* NZA-Beil 2016, 13, 15 ff.; *Sommer* NZS 2003, 169, 171 f.; Überblick über die Rspr. bei *Mette* NZS 2015, 721, 723 ff.). Für eine **abhängige Beschäfti-** 14

gung sprechen ua. die Nichtbeschäftigung von Hilfskräften, Berichtspflichten des Erwerbstätigen (BSG 28.10.1960 AP RVO § 165 Nr. 1), die mangelnde Verfügungsmöglichkeit über die eigene Arbeitskraft und das Fehlen einer eigenen Betriebsstätte (BSG 19.6.2001 NZA-RR 2002, 494), die Gestellung wesentl. Arbeitsmittel durch den Weisungsgeber (LSG BY 13.8.2012 NZS 2013, 67), die feste Entlohnung anstelle einer Gewinn- und Verlustbeteiligung (BSG 29.3.1961 E 14, 142, 146), die Gewährung von Entgeltfortzahlung bei Urlaub und im Krankheitsfall (BSG 29.8.2012 NZA-RR 2013, 252; LSG BY 13.8.2012 NZS 2013, 67), das Verbot, ggü. Kunden mit eigenem Kennzeichen („Logo"), im eigenen Namen oder für eigene Rechnung aufzutreten (*Brand* DB 1999, 1162, 1163; ähnl. *Giesen* SGb 2012, 305, 306), die Abführung von Lohnsteuer (BSG 28.1.1960 E 11, 257, 262; 29.3.1962 E 16, 289, 295; 28.4.1964 E 21, 57, 60), ausnahmsweise auch die bisherige Stellung im Berufsleben (BSG 24.10.1978 AP BGB § 611 Abhängigkeit Nr. 30). Demggü. sprechen der Einsatz von eigenem Kapital (BSG 1.12.1977 AP BGB § 611 Abhängigkeit Nr. 27), die (weitgehend) freie Wahl der AZ (BSG 30.10.2013 BeckRS 2014, 66942), eine erfolgsabhängige Vergütung (Provision: LSG BW 26.7.2016 NZS 2016, 789) oder eine solche, die weit über dem für Ang. Üblichen liegt und Eigenvorsorge ermöglicht (BSG 31.3.2017 SGB 2017, 326), das Recht, sich durch Dritte vertreten zu lassen (BSG 30.10.2013 BeckRS 2014, 66942; LSG SH 20.11.2001 NZS 2002, 650; KK/*Seewald* Rn. 69) oder die Möglichkeit, auch für andere Auftraggeber tätig zu werden (LSG BE 14.8.1996 NZS 1997, 31 f.), eher für die **Selbständigkeit.**

15 **dd) Unerhebliche Kriterien.** Die **wirtschaftl. Abhängigkeit** ist für die Frage nach der Unselbständigkeit iSv. § 7 nicht entscheidend und vermag das Hauptmerkmal der pers. Abhängigkeit nicht zu ersetzen (BSG 29.1.1981 AP HGB § 92 Nr. 4). Dasselbe gilt für Zweck und Motiv der Tätigkeit, die ebenfalls keine maßgebenden Kriterien darstellen (BSG 12.11.1975 E 41, 24, 25). Ebenso wenig Aussagekraft haben die sog. **formalen Merkmale** wie die Anmeldung eines Gewerbes (BSG 10.8.2000 NJW 2001, 1965; LSG BY 13.8.2012 NZS 2013, 67), die Abrechnung von Umsatzsteuer (BSG 22.6.2005 NZS 2006, 318), die Nichtabführung von Sozialversicherungsbeiträgen (BSG 4.7.2007 SozR 4–2400 § 7 Nr. 8) und die vertragl. Bezeichnung der Tätigkeit (BSG 28.10.1960 AP RVO § 165 Nr. 1; 17.5.1973 E 36, 7, 8), da die formale Behandlung des Vertragsverhältnisses durch die Parteien falsch sein kann.

16 Kein geeignetes Abgrenzungskriterium ist **auch die soziale Schutzbedürftigkeit:** Zwar schließen der bes. Schutzzweck der Sozialvers. und ihre Natur als eine Einrichtung des ÖffR, über dessen Normen grds. nicht im Wege der Privatautonomie verfügt werden kann, es aus, dass über die rechtl. Einordnung einer Person allein die von den Vertragschließenden getroffenen Vereinb. entscheiden können (BSG 29.1.1981 AP HGB § 92 Nr. 4). Jedoch belegt bereits der Umstand, dass der Gesetzgeber auch bestimmte Gruppen von Selbständigen zu Versicherungspflichtigen erklärt (zB § 2 SGB VI, Künstlersozialvers., Kranken- und Altersvers. der Landwirte), dass die soziale Schutzbedürftigkeit kein Kriterium des Beschäftigtenbegriffes ist (BSG 24.10.1978 AP BGB § 611 Abhängigkeit Nr. 30; 13.3.2001 NZA-RR 2002, 261; krit. *Brand* NZS 1997, 552, 555).

17 **ee) Bedeutung vertraglicher Vereinbarungen.** Nicht selten widerspricht die tats. Durchführung des Vertrages den Vereinb.; der Tätigwerdende unterliegt engeren Weisungen und ist stärker in die Organisation des Weisungsgebers einbezogen, als es vertragl. fixiert ist. Dann bedarf es einer Gesamtbetrachtung, bei der das BSG aber stärker als § 611a I 5, 6 BGB (vgl. BGB § 611a Rn. 43 ff.) von den Vereinb. der Parteien ausgeht (BSG 10.8.2000 NJW 2001, 1965; 17.10.2007 NZS 2008, 499; BGH 27.9.2011 NJW 2012, 471; *Dieckmann* NZS 2013, 647, 648 f.; *Greiner* SGb 2016, 301, 303; *Schnapp* NZS 2014, 41, 47 f.). Das Gericht formuliert: Ob eine Beschäftigung vorliegt, ergibt sich aus dem Vertragsverhältnis der Beteiligten, so wie es iRd. rechtl. Zulässigen tats. vollzogen wird. Ausgangspunkt ist daher zunächst das Vertragsverhältnis, die von ihnen getroffenen Vereinb. und ihre „gelebte Rechtsbeziehung". Eine im Widerspruch zu der urspr. getroffenen Vereinb. stehende tats. Beziehung und die hieraus gezogene Schlussfolgerung auf die tats. gewollte Natur der Rechtsbeziehung geht der formellen Vereinb. nur vor, soweit eine – formlose – Abbedingung rechtl. mögl. ist (BSG 24.1.2007 NZS 2007, 648). Umgekehrt gilt, dass die Nichtausübung eines Rechts unbeachtl. ist, solange diese Rechtsposition nicht wirksam abbedungen ist. Zu den tats. Verhältnissen idS gehört daher unabhängig von ihrer Ausübung auch die einem Beteiligten zustehende Rechtsmacht (LSG RP 10.12.2013 NZS 2014, 269). Maßgebl. ist die Rechtsbeziehung, so wie sie praktiziert wird, und die praktizierte Beziehung, so wie sie rechtl. zulässig ist (BSG 29.8.2012 NZA-RR 2013, 252). Eine etwaige **Sittenwidrigkeit** des Arbeitsvertrages berührt die Wirksamkeit des BeschVerh. nicht (vgl. Rn. 6 aE).

18 **ff) Gesamtwürdigung.** Ob eine Tätigkeit abhängig oder selbständig verrichtet wird, entscheidet sich im Rahmen einer Gesamtabwägung danach, welche Merkmale überwiegen (BSG 29.8.2012 NZA-RR 2013, 252; 20.3.2013 SozR 4–2400 § 7 Nr. 19; 18.11.2015 E 120, 99, 104). Keinesfalls ist erforderl., dass stets sämtl. als idealtypisch erkannten Merkmale vorliegen. Diese können vielmehr in unterschiedl. Maße und verschiedener Intensität gegeben sein; je für sich genommen haben sie nur die Bedeutung von Indizien. Entscheidend ist jeweils ihre Verbindung, die Intensität und Häufigkeit ihres Auftretens im konkreten Einzelfall (BVerfG 20.5.1996 NZA 1996, 1063). Dementspr. kommt es nicht entscheidend darauf an, ob zahlenmäßig mehr Indizien für oder gegen die Abhängigkeit sprechen. Maßgebl. ist vielmehr, dass alle nach Lage des Falles als Indizien in Betracht kommenden Umstände festgestellt, in

ihrer Tragweite zutr. erkannt und gewichtet, in die **Gesamtschau** mit diesem Gewicht eingestellt und nachvollziehbar, den Gesetzen der Logik entspr. und widerspruchsfrei gegeneinander abgewogen werden (BSG 22.6.2005 NZS 2006, 318; 4.7.2007 SozR 4–2400 § 7 Nr. 8; 29.8.2012 NZA-RR 2013, 252).

3. Typische Problemkonstellationen. a) Persönlich haftende Gesellschafter. Pers. haftende Gesellschafter von Personenhandelsgesellschaften (OHG, KG; dazu BSG 24.11.1964 E 22, 87, 90; zur **GbR** BSG 26.5.1966 NJW 1966, 2186; SG Schleswig 15.8.2000 NZA-RR 2001, 656) sind als solche keine Beschäftigten (Brand/*Brand* § 25 SGB III Rn. 23), während der **Kommanditist**, wenn er keinen maßgebenden Einfluss auf die Gestaltung seiner Tätigkeit bzw. die Geschicke der Gesellschaft besitzt, durchaus in einem BeschVerh. zu ihr stehen kann (ebenso BSG 24.1.2007 NZS 2007, 648 für eine atypische GbR). Der Komplementär bzw. OHG-Gesellschafter kann allerdings in Ausnahmefällen zu seiner Gesellschaft in einem Verhältnis pers. Abhängigkeit und damit als Beschäftigter dann stehen, wenn er sich *außerhalb* seiner gesellschaftsrechtl. Verpflichtung Weisungen der Gesamthand unterwirft, insb. ANtypische Tätigkeiten verrichtet, die *jenseits* der Geschäftsführung liegen (BSG 26.5.1966 NJW 1966, 2186; vgl. a. BSG 4.6.2009 NJW 2010, 1836). Besitzt bei einer **GmbH & Co. KG** die GmbH als geschäftsführende Komplementärin einen beherrschenden Einfluss auf die KG, steht derjenige, der wenigstens zur Hälfte an der GmbH beteiligt ist, nicht in einem BeschVerh. zur KG (BSG 20.3.1984 SozR 4100 § 168 Nr. 16). 19

b) GmbH-Geschäftsführer. GF (zu ihnen *Fabritius/Markgraf* NZS 2016, 808; *Reiserer* BB 1999, 2026; *Schiefer/Worzalla* ZfA 2013, 41, 72) unterliegen gem. § 37 GmbHG dem Weisungsrecht der Gesellschafter. Ob ein **FremdGF** Beschäftigter der GmbH ist, hängt dementspr. davon ab, ob er – wie regelm. – nach seinem Anstellungsvertrag oder nach den tats. Verhältnissen (vgl. Rn. 17) einem Direktionsrecht der Gesellschafter bzw. eines Aufsichtsrats (§ 52 GmbHG) hins. Art, Ort, Zeit und Dauer der zu leistenden Arbeit unterliegt (BSG 18.12.2001 NZA-RR 2003, 325) oder ob er – ausnahmsweise – ohne Bindung an Weisungen und unter freier Gestaltung des Ablaufs seiner Tätigkeit die Geschicke der Gesellschaft maßgebend bestimmt und die Unternehmensleitung wahrnimmt (BSG 31.7.1974 E 38, 53, 57; 14.12.1999 BB 2000, 674; LSG HE 23.11.2006 ZIP 2007, 545). Dabei genügt es für die Begr. einer selbständigen Tätigkeit des FremdGF nicht, dass er über besonderes „know-how" verfügt, solange er den Weisungen der Gesellschafter gleichwohl unterliegt (BSG 30.6.1999 NZS 2000, 147; LSG RP 31.3.2010 NZS 2011, 106; zu einem Grenzfall LSG BW 26.6.2012 ZIP 2013, 381). 20

Eine bes. Beurteilung kann die Situation in **Familiengesellschaften,** bei denen der GF mit den Gesellschaftern familiär verbunden ist, erfordern (*Bross* DB 2014, 2651 ff.). Entgegen der älteren Rspr. (BSG 30.1.1990 NZA 1990, 950; 14.12.1999 BB 2000, 674; 17.5.2001 NZS 2001, 644) wird ein GF heute allerdings nicht schon dann als selbständig angesehen, wenn die Gesellschafter aufgrund familiärer Verbundenheit ihre Weisungsrechte faktisch nicht wahrnehmen. Eine solche Abhängigkeit der Statuszuordnung vom rein faktischen, nicht rechtl. gebundenen und daher jederzeit änderbaren Verhalten der Beteiligten („Schönwetter-Selbständigkeit") ist mit dem Erfordernis der Vorhersehbarkeit sozialversicherungs- und beitragsrechtl. Tatbestände nicht in Einklang zu bringen (BSG 29.8.2012 NZA-RR 2013, 252; 29.7.2015 SozR 4–2400 § 7 Nr. 24). Nur dann, wenn der GF auch (gesellschafts-)rechtl. unwiderrufl. (BSG 11.11.2015 SGb 2017, 54; dazu *Thees* DB 2016, 352 f.) weitgehend weisungsfrei handeln kann, ist er kein Beschäftigter. Auch iÜ vermag der Umstand allein, dass der (Fremd-)GF mit dem (Allein-)Gesellschafter familiär verbunden ist, seine selbständige Stellung noch nicht zu begründen; er kann also, wenn er im Wesentlichen wie ein gewöhnl. FremdGF weisungsabhängig ist, Beschäftigter iSv. § 7 I sein (BSG 10.5.2007 AuR 2007, 227; 29.8.2012 NZA-RR 2013, 252; 30.4.2013 DB 2014, 728). 21

Bei **geschäftsführenden Gesellschaftern** stellt die Rspr. vorwiegend auf die Beteiligung am Gesellschaftskapital ab (ausf. BSG 14.12.1999 BB 2000, 674). Verfügt der GF über eine Mehrheitsbeteiligung (mehr als 50%) oder eine im Gesellschaftsvertrag vereinbarte Sperrminorität, ist er nicht Beschäftigter der GmbH, weil er die Möglichkeit hat, jeden Beschl., also jede nicht genehme Weisung, der Gesellschafter zu verhindern (BSG 11.6.1990 NZA 1990, 960; 4.6.2009 NJW 2010, 1836). Dies gilt selbst dann, wenn er von seinen Rechten tats. keinen Gebrauch macht und die Entsch. anderen überlässt (BSG 8.8.1990 NZA 1991, 324; 25.1.2006 ZIP 2006, 678; **aA** LAG SH 14.1.2010 NZS 2011, 184). Demggü. führen Minderheitsbeteiligungen bis zu 10% in aller Regel nicht zu einem maßgebl. Einfluss auf die Gesellschaft, sodass der so an der GmbH beteiligte GF Beschäftigter iSd. § 7 I ist. Die frühere Ausnahme für GF, die „Kopf und Seele" der Gesellschaft sind, hat das BSG aufgegeben (BSG 29.7.2015 SozR 4–2400 § 7 Nr. 24; 11.11.2015 SGb 2017, 54; dazu *Legde* SGb 2017, 25 ff.). Bei höheren Minderheitsbeteiligungen kommt es – wie bei FremdGF (Rn. 20) – maßgebl. auf die Umstände des Einzelfalles an (zB BSG 4.7.2007 SozR 4–2400 § 7 Nr. 8), wobei eine qualifizierte Minderheitsbeteiligung von über 25% eher gegen ein BeschVerh. spricht, weil zur Abänderung des Gesellschaftsvertrages eine Dreiviertelmehrheit benötigt wird (§ 53 II GmbHG; vgl. BSG 13.3.2001 NZA-RR 2002, 261; 6.3.2003 SozR 4–2400 § 7 Nr. 1; s. aber a. SG Dortmund 21.3.2014 ZIP 2014, 1681). Der nach diesen Grds. nicht als Beschäftigter versicherungspflichtige GF kann aber gem. § 2 I Nr. 9 SGB VI gleichwohl **rentenversicherungspflichtig** sein (dazu SGB VI § 2 Rn. 3). Ist er landwirtschaftl. tätig, kommt auch in der UV 22

Versicherungspflicht in Betracht (SGB VII § 2 Rn. 10). Um der Einzugsstelle eine frühzeitige Prüfung zu ermöglichen, ist bei der Anmeldung des BeschVerh. bei der Krankenkasse nach § 28a III 2 Nr. 1 lit. e anzugeben, dass es sich um eine Tätigkeit als geschäftsführender Gesellschafter einer GmbH handelt.

23 c) **Vorstandsmitglieder.** Ob Vorstandsmitglieder einer AG oder eines großen VVaG (zum Begriff vgl. § 210 VAG) Beschäftigte sind, wird – auch in der Rspr. des BSG – uneinheitl. beurteilt. Wohl überw. wird angenommen, dass sie grds. Beschäftigte (BSG 31.5.1989 NZA 1990, 668; 6.10.2010 SozR 4–2600 § 1 Nr. 5; KKW/*Berchtold* § 1 SGB VI Rn. 11) und nur wegen der ausdr. Anordnung in § 1 S. 4 SGB VI, § 27 I Nr. 5 SGB III bzw. bei Überschreiten der Versicherungspflichtgrenze (§ 6 I Nr. 1 SGB V, § 23 I SGB XI) versicherungsfrei seien. Konsequenz dieser Auff. ist, dass Mitglieder des Vorstandes von ör. Körperschaften und eingetragenen Genossenschaften ebenso wie diejenigen rechtsfähiger oder nicht rechtsfähiger Vereine abhängig beschäftigt und bei Bezug von Arbeitsentgelt (§ 14 SGB IV) – da § 1 S. 4 SGB VI, § 27 I Nr. 5 SGB III für sie nicht einschlägig sind – jdf. renten- und arbeitslosenversichert, je nach der Höhe ihres Einkommens uU auch kranken- und pflegeversicherungspflichtig sind (BSG 30.11.1978 E 47, 201, 204; 15.12.1983 SozR 2200 § 165 Nr. 73; 19.6.2001 NZA-RR 2002, 494; **aA** *Bösche* NZS 2004, 466, 467 f.; zum Vorstand einer kirchl. Stiftung LSG SN 15.10.2015 NZS 2016, 110; zu Vereinsvorständen *Plagemann/Plagemann/Hesse* NJW 2015, 439 ff.). Während **ARMitglieder** weithin unbestritten keine Beschäftigten sind (*Giesen* ZfA 2017, 25, 28 ff.), können die **Organwalter einer SE** danach versicherungspflichtig sein (ausf. *Forst* NZS 2012, 801 ff.). Andererseits hat das BSG im Bereich der ges. UV eine „Beschäftigung" von Vorstandsmitgliedern verneint, obwohl der Begriff in § 2 I Nr. 1 SGB VII kein anderer als in § 7 SGB IV ist (BSG 12.12.1999 NZA-RR 2000, 434). Deshalb wird tw. angenommen, dass Vorstandsmitglieder generell keine Beschäftigten seien (KK/*Seewald* Rn. 99; *Sagan/Hübner* AG 2011, 852, 853), § 1 S. 4 SGB VI und § 27 I Nr. 5 SGB III haben nach dieser Auff. nur klarstellende Wirkung.

24 d) **Organmitglieder von Gesellschaften mit ausländischer Rechtsform.** Der in Rn. 23 beschriebene Streit hat Auswirkungen auch auf die Behandlung der Organmitglieder von Gesellschaften mit ausl. Rechtsform. Nach Auff. des BSG betreffen § 1 S. 4 SGB VI und § 27 I Nr. 5 SGB III nur dt. AG, sodass die Mitglieder des Vorstands einer schweizerischen AG (BSG 6.10.2010 SozR 4–2600 § 1 Nr. 5) ebenso als Beschäftigte versicherungspflichtig sind wie die Mitglieder des boards einer irischen **private limited company** (plc) (BSG 27.2.2008 E 100, 62, 64 ff.; **aA** *Dünchheim/Joppich/Hermann* DB 2013, 2210, 2211 ff.) oder einer plc nach dem Recht des Staates Delaware/USA (BSG 12.1.2011 NZS 2011, 783). Ledigl. in der Kranken- und Pflegevers. können sie bei Überschreiten der Versicherungspflichtgrenze versicherungsfrei sein. Die mitarbeitenden Gesellschafter einer englischen plc mit Verwaltungssitz in Deutschland werden von den Sozialversicherungsträgern in gleicher Weise behandelt wie GmbH-GF (Besprechungsergebnis der Spitzenverbände v. 17./18.3.2005 bei *Giesen/Ricken* NZA 2005, 806).

25 e) **Mitarbeitende Familienangehörige.** Wenn und soweit Personen auf familienrechtl. Grdl. Arbeitsleistungen im Haushalt oder im Geschäft des Ehepartners bzw. der Eltern erbringen (§ 1353 I 2, §§ 1360, 1619 BGB), sind sie in Ermangelung eines die pers. Abhängigkeit begründenden Arbeitsvertrages keine Beschäftigten. Freil. ist nicht ausgeschlossen, dass auch mit dem Ehepartner oder den Kindern ein BeschVerh. begr. wird (BSG 5.4.1956 NJW 1957, 155; 29.6.2016 BeckRS 2016, 74221; LSG NW 7.1.2011 NZS 2011, 906). Auf welcher Rechtsgrdl. die von diesen Personen erbrachten Leistungen letztl. beruhen, muss durch eine **wertende Betrachtungsweise** entschieden werden, bei der die übrigen Kriterien der Beschäftigtentypologie – zB die Eingliederung in den Betrieb, die Höhe der Bezüge im Verhältnis zu der verrichteten Tätigkeit und der Vergleich mit fremden Arbeitskräften (BSG 21.4.1993 NJW 1994, 341; 30.4.2013 SozR 4–2400 § 7 Nr. 21) – entscheidende Bedeutung gewinnen können. Dabei steht der Annahme eines BeschVerh. nicht entgegen, dass die Abhängigkeit unter Ehegatten – wie iÜ auch unter eingetragenen oder nichtehel. Lebenspartnern – im Allgemeinen weniger stark ausgeprägt und deshalb das Weisungsrecht möglicherweise mit bestimmten Einschränkungen ausgeübt wird (BSG 9.12.2003 NZS 2004, 548; LAG RP 28.1.2002 DB 2002, 2050). Die Spitzenverbände der Sozialversicherungsträger haben unter dem 13.4.2010 ein **RdSchr. „Statusfeststellung von Erwerbstätigen"** veröffentlicht, das sie ihrer Verwaltungspraxis zugrunde legen (dazu *Grimm* DB 2012, 175 ff.). Wird das BeschVerh. bei der Krankenkasse angemeldet, ist nach § 28a III 2 Nr. 1 lit. d anzugeben, ob zum AG eine Beziehung als Ehegatte oder Lebenspartner besteht, um der Einzugsstelle eine frühzeitige Prüfung zu ermöglichen.

26 Sowohl bei Ehegatten (BSG 23.6.1994 NZS 1995, 31) als auch bei nahen Verwandten (BSG 19.2.1987 NJW 1988, 843) ist jedoch stets in Erwägung zu ziehen, ob der Arbeitsvertrag nicht möglicherweise **nur zum Schein** abgeschlossen wurde, der Angehörige in Wahrheit Mitunternehmer oder Mitgesellschafter des Anderen ist oder seine Tätigkeit ledigl. familienhafte Mithilfe darstellt. Zu berücksichtigen sind insoweit neben der Eingliederung des Beschäftigten in den Betrieb und dem ggf. abgeschwächten Weisungsrecht des AG insb. die Zahlung eines angemessenen Entgelts, das über freien Unterhalt, Taschengeld oder eine Anerkennung hinausgeht und dem Angehörigen zur freien Vfg. ausgezahlt wird (BSG 17.5.2001 NZS 2001, 644). Weitere Abgrenzungskriterien sind der Abschluss eines schriftl.

Arbeitsvertrages, die Lohnsteuerentrichtung auf das Entgelt, seine Verbuchung als Betriebsausgabe und der Umstand, dass der Angehörige eine fremde Arbeitskraft ersetzt. Dass der Angehörige nicht wirtschaftl. auf das Entgelt angewiesen ist, schließt das Vorliegen einer Beschäftigung nicht aus (BSG 29.3.1962 E 17, 1, 3; 19.2.1987 NJW 1988, 843; 21.4.1993 NJW 1994, 341).

f) Vereinsmitglieder. Vereinsmitglieder, die auf Grund der Satzung des Vereins, des Beschl. eines zust. Organs oder schlicht der Üblichkeit des Vereinslebens Tätigkeiten für den Verein verrichten, sind als solche in Ermangelung eines ein Weisungsrecht begründenden ArbVerh. keine Beschäftigten (BSG 29.9.1992 SozR 3–2200 § 539 Nr. 18). Daran ändert auch die Zahlung einer Aufwandsentschädigung nichts, solange eine weisungsgebundene Eingliederung des Sportlers in den Verein nicht gegeben ist (BSG 27.10.2009 SpuRt 2010, 172). Zu den auf allg. Übung beruhenden Mitgliedspflichten zählen geringfügige Tätigkeiten, die ein Verein von jedem seiner Mitglieder erwarten kann und die von den Mitgliedern dieser Erwartung entspr. auch verrichtet werden. Dabei wird eine allg. Vereinsübung, Mitglieder zu Arbeitsleistungen heranzuziehen, nicht dadurch in Frage gestellt, dass nicht alle Vereinsmitglieder, sondern nur ein Teil davon die für bestimmte Tätigkeiten erforderl. pers. oder fachl. Eignung besitzen. Wesentl. ist allein, ob der Verein erwarten kann, dass bestimmte Aufgaben von geeigneten Mitgliedern wahrgenommen werden und Geeignete der Erwartung des Vereins regelm. entsprechen (BSG 27.6.1984 NZA 1985, 133; 29.9.1992 SozR 3–2200 § 539 Nr. 18). Darüber hinaus kann ein Verein in seiner Satzung bestimmen, dass die Mitglieder **Dienste** in pers. Abhängigkeit **als Mitgliedsbeitrag** (§ 58 Nr. 2 BGB) zu leisten haben. Soweit derartige Vereinb. nicht gegen §§ 134, 138 BGB verstoßen, legitimieren sie sich aus der Vereinsautonomie und haben zur Folge, dass die entspr. Arbeitsleistung außerhalb eines BeschVerh. erbracht wird (BSG 4.6.2009 NJW 2010, 1836; vgl. a. BAG 26.9.2002 NZA 2002, 1412; **aA** *Mestwerdt* NZA 2014, 281, 282 ff.). Indessen schließt die Mitgliedschaft in einem – rechtsfähigen oder nicht rechtsfähigen – Verein die Annahme eines BeschVerh. ebenso wenig wie die eines ArbVerh. iSd. § 611a BGB von vornherein aus (BSG 24.3.1998 NJW 1999, 446; 19.6.2001 NZA-RR 2002, 494). Eine solche Beschäftigung setzt aber voraus, dass die Tätigkeit entweder hins. ihres Umf. oder ihrer Art nach über das hinausgeht, was Vereinssatzung, Beschlüsse der Vereinsorgane oder allg. Vereinsübung an Arbeitsverpflichtungen der Vereinsmitglieder festlegen. Dass die Tätigkeit gefährl. ist oder eine bes. Fachkunde erfordert, genügt für sich allein nicht, wenn es der Vereinswirklichkeit entspricht, derartige Arbeiten den Vereinsmitgliedern aufzuerlegen (BSG 5.8.1987 SozR 2200 § 539 Nr. 123; 24.3.1998 NJW 1999, 446). 27

4. Beschäftigungs- und Versicherungsverhältnis. Die Eigenschaft als „Beschäftigter" ist weder notwendige noch (von der UV abgesehen) hinreichende Voraussetzung für das Bestehen eines Versicherungsverhältnisses. Zum einen näml. sind in allen Zweigen der Sozialvers. auch andere Personen als Beschäftigte versichert, wie sich sowohl aus § 2 II als auch aus den Versicherungstatbeständen in den verschiedenen Büchern des SGB ergibt, vgl. etwa § 2 SGB VI für die ges. Rentenvers. Zum anderen verlangen diese Tatbestände (mit Ausnahme von § 2 I Nr. 1 SGB VII), dass die Beschäftigung **„gegen Arbeitsentgelt"** erfolgt (§ 25 I SGB III, § 5 I Nr. 1 SGB V, § 1 Nr. 1 SGB VI, § 20 I Nr. 1 SGB XI) und stellen damit neben dem Bestand des BeschVerh. eine zusätzl. versicherungsrechtl. Voraussetzung auf (dazu BSG 7.10.2004 E 93, 214, 220 ff.). 28

a) Unterbrechung der Beschäftigung von bis zu einem Monat (Abs. 3). Die tats. Ausübung der Beschäftigung ist keine notwendige Voraussetzung für den Fortbestand eines BeschVerh., solange das ArbVerh. aufrechterhalten wird und AG und AN **den Willen haben, das BeschVerh. fortzusetzen** (BSG 31.8.1976 SozR 2200 § 1227 Nr. 4; 4.7.2012 SozR 4–4300 § 123 Nr. 6). IdS sind nicht nur Bummeltage (RVA 18.7.1941 AN 1941, II 323), unbezahlter Urlaub (BSG 13.2.1964 NJW 1964, 1824; 18.4.1991 NZA 1991, 912), Untersuchungshaft (BSG 18.4.1991 NZA 1991, 912) und Streik (BSG 15.12.1971 NJW 1972, 1101; 11.12.1973 E 37, 10, 13 ff.) von jeweils begrenzter Dauer als unschädl. für den Fortbestand des BeschVerh. angesehen worden, sondern auch Krankheit (RVA 16.11.1914 AN 1914, 813, 815; BSG 9.12.1975 E 41, 41, 54), Annahmeverzug des AG (RVA 7.12.1926 AN 1927, 581, 583; BSG 25.9.1981 E 52, 152, 156), bezahlter Urlaub und Freistellung von der Arbeit bei Fortzahlung des Arbeitsentgelts (BSG 18.9.1973 E 36, 161, 163 f.; 12.11.1975 E 41, 24, 25 ff.; ausf. *Schlegel* NZA 2005, 972 ff.). Der **Versicherungsschutz** würde in den erstgenannten Fällen dennoch regelm. entfallen, weil der Entgeltanspruch ruht und die Beschäftigung daher nicht gegen Arbeitsentgelt ausgeübt wird. Zur Perpetuierung des sozialen Schutzes normiert Abs. 3 für alle Zweige der Sozialvers. in diesen Fällen, dass Zeiträume des fortbestehenden BeschVerh. ohne Anspruch auf Arbeitsentgelt von der Dauer **bis zu einem Monat** versicherungsrechtl. generell unschädl. sind (näher HS-RV/*Kreikebohm/Mette* § 78 Rn. 14 ff.). Abs. 3 findet auch dann Anwendung, wenn die Dauer der Unterbrechung nicht vorhersehbar war oder sogar bei ihrem Beginn feststand, dass sie einen Monat überschreiten würde (KK/*Seewald* Rn. 183). 29

b) Freistellung unter Inanspruchnahme von Wertguthaben (Abs. 1a S. 1). Erfolgt die **Freistellung unter Auflösung von Wertguthaben,** verstetigt § 7 I a 1 iVm. § 23b (Beitragspflichtigkeit des Arbeitsentgelts) den Sozialversicherungsschutz in Zeiten des Entgeltbezugs ohne Arbeitsleistung (näher *Debler* NZA 2001, 1285, 1290 f.; *Rolfs/Witschen* NZS 2009, 295, 297). Voraussetzung ist, dass 30 während der Freistellung das **Wertguthaben** iSv. § 7b **fällig** ist. Die Fälligkeit eines vor oder nach der Zeit der Freistellung erarbeiteten Wertguthabens ersetzt die tats. Erbringung der Arbeitsleistung im Freistellungszeitraum und fingiert den Fortbestand des sozialversicherungsrechtl. BeschVerh. gegen Arbeitsentgelt mit all seinen rechtl. Folgen, insb. der Versicherungspflicht. Selbst wenn der AN in der „Arbeitsphase" tats. nicht beschäftigt worden ist, kann in der „Freistellungsphase" eine Auflösung von Wertguthaben erfolgen und damit über Abs. 1a kontinuierl. Versicherungsschutz erzielt werden (BSG 24.9.2008 NJW 2009, 1772). Ob das Wertguthaben mit Arbeitsentgelt aufgebaut wurde, das in der Arbeitsphase die BBG überschritten hat, ist unerhebl. (BSG 20.3.2013 SozR 4–2400 § 7 Nr. 18). Das fällige Wertguthaben darf **nicht unangemessen** von dem für die vorausgegangenen 12 Monate bezogenen Arbeitsentgelt **abweichen** (S. 1 Nr. 2). Dafür ist erforderl., dass das aus dem Wertguthaben fällige Arbeitsentgelt im Monat mind. 70% und höchstens 130% des durchschnittl. gezahlten Arbeitsentgelts der unmittelbar vorangegangenen 12 Kalendermonate der Arbeitsphase beträgt (BSG 20.3.2013 SozR 4–2400 § 7 Nr. 18; *Hanau/Veit* NJW 2009, 182, 183). Kommt es zu einer nicht vorhersehbaren Beendigung des BeschVerh., zB durch außerordentl. Kündigung, vollständige Erwerbsminderung oder Tod des Beschäftigten, bevor das durch Freistellungsphasen belastete Wertguthabenkonto wieder ausgeglichen werden konnte **(Störfall)**, so wird auch in diesem Fall ein entgeltl. BeschVerh. fingiert (Abs. 1a S. 4).

31 **c) Freistellung ohne Wertguthaben (Abs. 1a S. 2, Abs. 1).** Auch bei einer Freistellung ohne Auflösung von Wertguthaben können das BeschVerh. und damit der Sozialversicherungsschutz fortbestehen. Hier sind zwei Fallgruppen zu unterscheiden: § 7 I a 2 erfasst die Konstellation, dass die Arbeitsvertragsparteien eine Vereinb. zur **flexiblen Gestaltung der werktägl. oder wöchentl. AZ** oder zum Ausgleich betriebl. Produktions- und AZZyklen getroffen haben. Die hierbei gebildeten Gleitzeit- oder Flexi-Konten des AN stellen wegen § 7b Nr. 2 keine Wertguthaben im Rechtssinne dar (§ 7b Rn. 3). Werden sie abgebaut oder aufgelöst und der AN aus ihnen vergütet, bleibt die Beschäftigung gegen Arbeitsentgelt trotz fehlender tats. Arbeitsleistung für die Dauer von bis zu drei Monaten erhalten (*Rolfs/Witschen* NZS 2012, 241, 242 ff.).

32 Von § 7 I a 2 nicht erfasst und damit auch nicht der zeitl. Beschränkung auf drei Monate unterworfen sind **alle übrigen Freistellungen**, die nicht auf einer Vereinb. zur flexiblen Gestaltung der werktägl. oder wöchentl. AZ beruhen und nicht dem Ausgleich betriebl. Produktions- und Arbeitszyklen dienen. Das betrifft, weil „Freistellung" im sozialrechtl. Sinne nur Änd. der Arbeitspflicht ggü. den sonst hierzu getroffenen Vereinb. meint (KKW/*Berchtold* Rn. 56), erstens all diejenigen Fälle, in denen der AN schon nach seinem Arbeitsvertrag nur „vertikale Teilzeitarbeit" (EuGH 10.6.2010 NZA 2010, 753) schuldet, sich also **planmäßig** Phasen der Beschäftigung und Nichtbeschäftigung abwechseln (*Rolfs/Witschen* NZA 2011, 881, 883). Zweitens sind Freistellungen auch dann für einen längeren Zeitraum mögl., wenn sie anderen als den im G genannten Zwecken dienen, zB bis zum Ablauf der Kündigungsfrist oder Sonderurlaub aus privaten Gründen (*Rolfs/Witschen* NZS 2012, 241, 244 ff.). Das Vorliegen einer Beschäftigung beurteilt sich in diesen Fällen allein nach Abs. 1, nicht nach Abs. 1a. Dementspr. hat das BSG sie bei einer etwa neunmonatigen Freistellung nach gerichtl. Vergleich (BSG 24.9.2008 NZA-RR 2009, 272) und sogar bei einem fünfjährigen „ATZVertrag", während dessen der AN – auch in der Arbeitsphase – vollständig freigestellt wurde (BSG 24.9.2008 NJW 2009, 1772), bejaht. **Anders** liegen die Dinge dagegen, wenn während der (einen Monat überschreitenden) Freistellung **kein Arbeitsentgelt** geschuldet ist (LSG BY 30.4.2013 NZS 2013, 757; *Schweiger* NZS 2013, 767, 768). Verneint wurde der Fortbestand des BeschVerh. auch, wenn der AG den Betrieb endgültig stillgelegt hatte, selbst wenn die Kündigung des ArbVerh. unwirksam war und der AG Annahmeverzugslohn zu zahlen hatte (BSG 4.7.2012 SozR 4–4300 § 123 Nr. 6).

33 Die **Praxis der Sozialversicherungsträger** weicht vom G tw. ab. Sie wollten schon seit 2005 danach diff., ob die Freistellung einseitig durch den AG erfolgte oder ob sie zwischen den Parteien vereinbart war und ob sie widerrufl. oder unwiderrufl. erfolgte (vgl. *Giesen/Ricken* NZA 2006, 88; *Greiner* NZS 2009, 657, 661). Dieser Praxis, die von Beginn an der Kritik unterlag (*Bauer/Krieger* DB 2005, 2242, 2243 ff.; *Schlegel* NZA 2005, 972 ff.; **aA** *Knospe* NJW 2006, 3676, 3678 ff.), hat sich die Rspr. nicht angeschlossen: Auch bei einer vereinbarten und unwiderrufl. Freistellung des AN am Ende des ArbVerh. besteht das BeschVerh. bis zur rechtl. Beendigung des ArbVerh. fort (BSG 24.9.2008 NZA-RR 2009, 272; LSG RP 21.6.2007 NZA 2008, 578). Gleichwohl halten die Sozialversicherungsträger unter Hinweis auf den erst nach Erlass der BSG-Urt. neu gefassten § 7 I a an ihrer Rechtsauff. fest (bei *Giesen/Ricken* NZA 2010, 1056, NZA 2011, 336; dagegen *Hanau/Greiner* FS Gagel 2011 S. 103, 111 ff.; *Rolfs/Witschen* NZA 2011, 881, 882 ff.).

§ 7b Wertguthabenvereinbarungen

Eine Wertguthabenvereinbarung liegt vor, wenn
1. der Aufbau des Wertguthabens auf Grund einer schriftlichen Vereinbarung erfolgt,
2. diese Vereinbarung nicht das Ziel der flexiblen Gestaltung der werktäglichen oder wöchentlichen Arbeitszeit oder den Ausgleich betrieblicher Produktions- und Arbeitszeitzyklen verfolgt,

3. Arbeitsentgelt in das Wertguthaben eingebracht wird, um es für Zeiten der Freistellung von der Arbeitsleistung oder der Verringerung der vertraglich vereinbarten Arbeitszeit zu entnehmen,
4. das aus dem Wertguthaben fällige Arbeitsentgelt mit einer vor oder nach der Freistellung von der Arbeitsleistung oder der Verringerung der vertraglich vereinbarten Arbeitszeit erbrachten Arbeitsleistung erzielt wird und
5. das fällige Arbeitsentgelt insgesamt 450 Euro monatlich übersteigt, es sei denn, die Beschäftigung wurde vor der Freistellung als geringfügige Beschäftigung ausgeübt.

1. Geltende Fassung, Normzweck. Zweck des § 7b ist es, den für die Anwendung der §§ 7c bis 7f zentralen Begriff des „Wertguthabens" zu definieren. Dabei ist nur eine Klarstellung der schon vor 2009 geltenden Rechtslage angestrebt. Die urspr. in § 7d, zwischenzeitl. in § 7b verortete Bestimmung zum Insolvenzschutz von Wertguthaben befindet sich nunmehr in § 7e. 1

2. Begriff des Wertguthabens. a) Schriftliche Vereinbarung (Nr. 1). Die Wertguthabenvereinb. hat schriftl. zu erfolgen. Sie kann individualvertragl., in einer BV oder in einem TV getroffen werden. Ausgehend vom Zweck des Schriftformerfordernisses, den Finanzämtern und Trägern der Sozialvers. im Rahmen ihrer Betriebsprüfungen die Verifikation der Wertguthabenvereinb. zu ermöglichen, sind an die Schriftlichkeit der Vereinb. **nicht** die strengen Anforderungen des **§ 126 BGB** zu stellen. So sind auch ledigl. per Telefax zustande gekommene Verträge oder dynamische Verweisungen auf den jeweils geltenden TV mögl. 2

b) Abgrenzung zu Gleitzeit- und Flexi-Konten (Nr. 2). Keine Wertguthaben iSd. G sind Guthaben auf Gleitzeit- oder Flexi-Konten. Das Ziel von **Gleitzeitvereinb.** ist es, dem AN die Möglichkeit zur eigenverantwortl. Gestaltung der werktägl. oder wöchentl. AZ innerhalb eines vorgegebenen Rahmens zu geben. Durch die vorgegebene RegelAZ, die innerhalb eines bestimmten Zeitraums eingehalten werden muss, kommt es insg. zu keiner Verlängerung oder Verkürzung der AZ, sondern nur zu einer Flexibilisierung ihrer Lage. Gleitzeitkonten erfassen, abhängig von den betriebl. Gegebenheiten, regelm. eher kurze Zeiträume etwa von einer Woche, einem Monat oder einem Quartal (*Klemm* NZA 2006, 946, 947). Ähnl. verhält es sich mit Vereinb., die bei blockweiser Erbringung „vertikaler Teilzeitarbeit" (vgl. EuGH 10.6.2010 NZA 2010, 753) unterschiedl. AZ im Verlaufe des Kj. bei gleichbleibendem Arbeitsentgelt und entspr. Kontierung des Entgeltguthabens (*Rolfs/Witschen* NZA 2011, 881, 883) oder den Ausgleich betriebl. Produktions- und Arbeitszyklen verfolgen, welche ebenfalls nicht als Wertguthabenvereinb. gelten. Für solche AZModelle wird der Begriff **„Flexi-Konten"** verwendet (BT-Drs. 16/10289 S. 14; *Wellisch/Lenz* DB 2008, 2762). Diese Vereinb. tragen in erster Linie betriebl. Interessen Rechnung und gewährleisten eine am zyklischen Arbeitsaufkommen orientierte, wirtschaftl. sinnvolle Auslastung der Arbeitskräfte sowie einen gleichmäßigen Mitarbeiterbestand. Wertguthabenvereinb. sind dagegen regelm. langfristig darauf angelegt, ein Guthaben anzusparen, mit dem Freistellungsphasen wie ein vorzeitiger Ruhestand, Sabbatjahre, Zeiten für die Erziehung von Kindern oder die Pflege von Angehörigen finanziell überbrückt werden sollen. Entscheidend ist, dass die Freistellung das Primärziel der Vereinb. bildet (*Hanau/Veit* NJW 2009, 182, 183; *Rolfs/Witschen* NZS 2009, 295, 296). Ein **Guthabentransfer** zwischen Wertguthaben- und anderen Zeitwertkonten ist zulässig, was den Vertragsparteien Gestaltungsspielräume eröffnet (BT-Drs. 16/10289 S. 15). 3

c) Verwendungszweck: Freistellung (Nr. 3). Arbeitsentgelt kann nur in Wertguthabenkonten eingebracht werden, um es für Zeiten der Freistellung von der Arbeitsleistung oder der Verringerung der vertragl. vereinbarten AZ zu entnehmen. In § 7c I sind einige Freistellungsmöglichkeiten exemplarisch aufgeführt. Der ges. Intention entspr. sind gem. § 7 I a 5 andere Zwecke als die Freistellung von der Pflicht zur Arbeitsleistung oder die Verringerung der vertragl. vereinbarten AZ in Wertguthabenvereinb. nur subsidiär zulässig (*Rolfs/Witschen* NZS 2009, 295, 296). 4

d) Einbringung von Arbeitsentgelt (Nr. 4). Das Wertguthaben muss durch die Einbringung von Arbeitsentgelt iSv. § 14, also durch Einnahmen aus einer Beschäftigung, aufgebaut werden. Wertguthaben fallen insb. dadurch an, dass mehr als die vertragl. geschuldete Arbeitsleistung erbracht und das für die geleistete Mehrarbeit geschuldete Entgelt nicht unmittelbar ausgezahlt wird. Ob die für das Entgelt zu leistende Arbeit vor oder nach der Freistellungsphase erbracht wird, ist unerhebl. 5

e) Anspruchsuntergrenze (Nr. 5). Grds. muss das aus dem Wertguthaben fällige Arbeitsentgelt während der Freistellungsphase **450 € mtl.** übersteigen. Damit soll verhindert werden, dass die Beschäftigung unter die Geringfügigkeitsschwelle des § 8 I Nr. 1 absinkt und damit der kontinuierl. Sozialversicherungsschutz des AN gefährdet wird (*Rolfs/Witschen* NZS 2009, 295, 296). War der AN aber schon vor der Freistellungsphase unterhalb der Geringfügigkeitsgrenze beschäftigt wurde, kann er auch während der Zeit der Freistellung ein Arbeitsentgelt von bis zu 450 € mtl. aus dem angesparten Wertguthaben in Anspruch nehmen. Damit können auch **geringfügig Beschäftigte** und ihre AG Wertguthabenvereinb. abschl. (*Jacobsen* ZTR 2009, 115, 116; zur Behandlung von AN mit schwankendem Einkommen s. Ziff. 3.2.3. des RdSchr. v. 31.3.2009, AuR 2009, 202, 203). Es muss allerdings beachtet werden, dass ein AN nicht erst in der Freistellungsphase in eine geringfügige Beschäftigung wechseln 6 kann. Mit dieser Einschränkung soll einer missbräuchl. Herbeiführung der mit einer geringfügigen Beschäftigung verbundenen Vorteile zu Lasten der Sozialversicherungsträger vorgebeugt werden.

§ 7c Verwendung von Wertguthaben

(1) Das Wertguthaben auf Grund einer Vereinbarung nach § 7b kann in Anspruch genommen werden

1. für gesetzlich geregelte vollständige oder teilweise Freistellungen von der Arbeitsleistung oder gesetzlich geregelte Verringerungen der Arbeitszeit, insbesondere für Zeiten,

a) in denen der Beschäftigte eine Freistellung nach § 3 des Pflegezeitgesetzes oder nach § 2 des Familienpflegezeitgesetzes verlangen kann,

b) in denen der Beschäftigte nach § 15 des Bundeselterngeld- und Elternzeitgesetzes ein Kind selbst betreut und erzieht,

c) für die der Beschäftigte eine Verringerung seiner vertraglich vereinbarten Arbeitszeit nach § 8 des Teilzeit- und Befristungsgesetzes verlangen kann; § 8 des Teilzeit- und Befristungsgesetzes gilt mit der Maßgabe, dass die Verringerung der Arbeitszeit auf die Dauer der Entnahme aus dem Wertguthaben befristet werden kann,

2. für vertraglich vereinbarte vollständige oder teilweise Freistellungen von der Arbeitsleistung oder vertraglich vereinbarte Verringerungen der Arbeitszeit, insbesondere für Zeiten,

a) die unmittelbar vor dem Zeitpunkt liegen, zu dem der Beschäftigte eine Rente wegen Alters nach dem Sechsten Buch bezieht oder beziehen könnte oder

b) in denen der Beschäftigte an beruflichen Qualifizierungsmaßnahmen teilnimmt.

(2) Die Vertragsparteien können die Zwecke, für die das Wertguthaben in Anspruch genommen werden kann, in der Vereinbarung nach § 7b abweichend von Absatz 1 auf bestimmte Zwecke beschränken.

1 **1. Verwendung für gesetzlich geregelte Freistellungszeiträume (Abs. 1 Nr. 1).** Das Wertguthaben kann, wenn es auf einer seit dem 1.1.2009 abgeschlossenen Vereinb. beruht (§ 116 II), für ges. geregelte vollständige oder tw. Freistellungen von der Arbeitsleistung in Anspruch genommen werden. Exemplarisch erwähnt sind Pflege- und EZ (§ 3 PflegeZG, § 15 BEEG) sowie Arbeitszeitverringerungen nach § 8 TzBfG (krit. *Cisch/Ulbrich* BB 2009, 550, 552). In diesen Fällen besteht ein ges. Anspruch auf die Inanspruchnahme des Wertguthabens. § 8 TzBfG findet dabei mit der Maßgabe Anwendung, dass sich die Reduzierung der AZ auch nur auf den befristeten Zeitraum der Inanspruchnahme des Wertguthabens beziehen kann. Damit wird der allg. **Anspruch auf AZVerringerung,** der im Gegensatz zu jenen aus § 3 IV PflegeZG, § 15 BEEG und § 164 V SGB IX [bis 31.12.2017: § 81 V SGB IX] grds. nur zeitl. unbefristet geltend gemacht werden kann (BAG 12.9.2006 NZA 2007, 253; 24.6.2008 NZA 2008, 1309), in einem entscheidenden Punkt modifiziert (*Rolfs/Witschen* NZS 2009, 295, 298).

2 **2. Verwendung für vertraglich vereinbarte Freistellungszeiträume (Abs. 1 Nr. 2).** Eine Verwendung des Wertguthabens ist neben den ges. geregelten auch für vertragl. vereinbarte Freistellungen von der Arbeitsleistung mögl. Beispielhaft nennt das G **ATZ- und Vorruhestandsregelungen** sowie die Teilnahme an Maßnahmen der berufl. Qualifikation. Mit der stufenweisen Anhebung des Renteneintrittsalters auf 67 Jahre (dazu SGB VI § 41 Rn. 4) und dem Auslaufen der Förderung der ATZ durch die BA (ATG § 1 Rn. 2, § 16 Rn. 1) gewinnen Wertguthabenvereinb. insb. für die Gestaltung des Übergangs vom Erwerbsleben in den Ruhestand an Attraktivität. Die Parteien können in freier Gestaltung auch andere Freistellungszwecke festlegen, für die das Wertguthaben in Anspruch genommen werden kann. Ein Bsp. bilden die sog. „Sabbatjahre". Wird in der Wertguthabenvereinb. kein bestimmter Freistellungszweck festgelegt, so gelten nur die ges. geregelten Freistellungszeiträume als Verwendungszweck (*Hanau/Veit* NJW 2009, 182, 183).

3 **3. Gestaltungsmöglichkeiten (Abs. 2).** Es steht den Vertragsparteien frei, die Verwendung des Wertguthabens abw. von Abs. 1 auf bestimmte Freistellungszwecke zu beschränken. Sofern die ges. Verwendungsansprüche vor dem Hintergrund betriebl. Gegebenheiten als nicht zweckmäßig erscheinen, bleibt also die Möglichkeit, sie abzubedingen. Allerdings darf ein anderer Zweck als die Freistellung von der Arbeitsleistung von den Parteien gem. § 7 I a 5 nur subsidiär, näml. für den Fall vereinbart werden, dass das BeschVerh. vor Inanspruchnahme des Wertguthabens auf Grund verminderter Erwerbsfähigkeit, des Erreichens einer Altersgrenze, zu der eine Altersrente beansprucht werden kann, oder wegen des Todes des Beschäftigten endet. Die Verwendung von Wertguthaben **zum Zwecke der betriebl. Altersversorgung** (dazu umfassend *Veit,* Arbeitszeitkonten und betriebl. Altersversorgung, 2008) wurde vom Gesetzgeber für Vereinb., die nach dem 13.11.2008 abgeschlossen werden, ausgeschlossen (§ 23b III a 2). Er wollte verhindern, dass sich Wertguthabenvereinb. als sechster Durchführungsweg der betriebl. Altersversorgung etablieren (BRO/*Rolfs* § 1 Rn. 268).

4 Auf rechtspolitische Forderungen, einen ges. Anspruch auf **Vorruhestand,** dh. auf Freistellung und Inanspruchnahme des Wertguthabens auch für die unmittelbar vor dem Bezug einer Altersrente

liegende Zeit einzuführen (*Perreng* AiB 2008, 342, 345), ist der Gesetzgeber nicht eingegangen. Gleichwohl ist das Bestehen eines solchen Anspruchs des Beschäftigten gegen den AG aus der nach §§ 133, 157 BGB ausgelegten Wertguthabenvereinb. selbst denkbar. Eine Wertguthabenvereinb. iSv. § 7b hat definitionsgemäß die Freistellung des AN zum Zweck. Dieser Zweck wird nicht erreicht, wenn die Beschäftigung mit dem Renteneintritt endet, bevor das Wertguthaben vollständig aufgebraucht wurde. Es läge ein Störfall vor. Da der Übergang von der Beschäftigung zum Bezug einer Altersrente vorhersehbar ist, haben die Parteien es in der Hand, den Störfall durch eine vorhergehende Freistellungsphase zu verhindern. Der AG verhielte sich widersprüchl. (§ 242 BGB), wenn er den Zweck der Wertguthabenvereinb. einseitig vereitelte, ohne dass betriebl. Gründe der Freistellung entgegenstehen. Freil. hat umgekehrt auch der AN seine Freistellung durch den AG zu akzeptieren. Ein einvernehml. Absehen von einer in der Wertguthabenvereinb. anvisierten Freistellung ist jederzeit mögl. Ledigl. die einseitige Vereitelung des Verwendungszwecks ist unzulässig (§ 162 BGB analog). Es steht den Parteien frei, ausdr. zu vereinbaren, dass ein Anspruch für die unmittelbar vor dem Rentenbezug liegende Zeit auch dann nicht bestehen soll, wenn das Wertguthaben noch nicht aufgebraucht worden ist.

Ein solcher Anspruch auf Freistellung besteht nicht, wenn ein **AGWechsel** stattgefunden hat und 5
Wertguthaben auf die DRVB übertragen wurde, weil der neue AG keine Wertguthabenvereinb. abschl. wollte. In diesem Fall hat der AN aber die Möglichkeit, das neue ArbVerh. durch Eigenkündigung zu beenden und das Wertguthaben außerhalb des ArbVerh. nach § 7f II 1 iVm. § 7c I Nr. 2 lit. a in Anspruch zu nehmen. Der AN kann also in den allermeisten Fällen das Wertguthaben für einen vorzeitigen Ruhestand verwenden, ohne dass er auf das Einverständnis seines AG angewiesen wäre.

§ 7d Führung und Verwaltung von Wertguthaben

(1) [1]Wertguthaben sind als Arbeitsentgeltguthaben einschließlich des darauf entfallenden Arbeitgeberanteils am Gesamtsozialversicherungsbeitrag zu führen. [2]Die Arbeitszeitguthaben sind in Arbeitsentgelt umzurechnen.

(2) Arbeitgeber haben Beschäftigte mindestens einmal jährlich in Textform über die Höhe ihres im Wertguthaben enthaltenen Arbeitsentgeltguthabens zu unterrichten.

(3) [1]Für die Anlage von Wertguthaben gelten die Vorschriften über die Anlage der Mittel von Versicherungsträgern nach dem Vierten Titel des Vierten Abschnitts entsprechend, mit der Maßgabe, dass eine Anlage in Aktien oder Aktienfonds bis zu einer Höhe von 20 Prozent zulässig und ein Rückfluss zum Zeitpunkt der Inanspruchnahme des Wertguthabens mindestens in der Höhe des angelegten Betrages gewährleistet ist. [2]Ein höherer Anlageanteil in Aktien oder Aktienfonds ist zulässig, wenn

1. dies in einem Tarifvertrag oder auf Grund eines Tarifvertrages in einer Betriebsvereinbarung vereinbart ist oder

2. das Wertguthaben nach der Wertguthabenvereinbarung ausschließlich für Freistellungen nach § 7c Absatz 1 Nummer 2 Buchstabe a in Anspruch genommen werden kann.

1. Führung des Guthabens in Geld (Abs. 1). Wertguthaben einschl. des AGAnteils am Gesamt- 1
sozialversicherungsbeitrag sind als Arbeitsentgeltguthaben zu führen. Die ges. Vorgabe soll die Betriebsprüfung nach § 28p erleichtern, ist aber rechtspolitisch auf Kritik gestoßen (*Frank* ZRP 2008, 255, 256; *Langohr-Plato/Sopora* NZA 2008, 1377, 1378; *Perreng* AiB 2008, 342, 345). Eine Alternative zu Arbeitsentgeltkonten waren AZKonten, die die eingebrachte Arbeitsleistung in AZ und nicht in Arbeitsentgelt führten. Bei ihnen entwickelte sich der Wert des Guthabens entspr. der allg. Lohnentwicklung fort. Demggü. bleibt der Wert des Entgeltguthabens statisch, wenn die Vertragsparteien nicht die Rendite aus seiner Anl. dem AN zukommen lassen (wozu sie aber kraft G nicht verpflichtet sind, s. Rn. 3). Das kann auch rentenversicherungsrechtl. zu **erhebl. Nachteilen für den AN** führen, weil das Wertguthaben erst im Zpkt. seiner Inanspruchnahme zu verbeitragen ist (§ 23b I, näher § 7 Rn. 30) und der relative Wert eines gleichbleibenden Arbeitsentgelts mit der Zeit sinkt. Ob diese „Zwangsentwertung" des Wertguthabens verfassungsrechtl. Prüfung standhält, darf bezweifelt werden. Bereits vor dem 1.1.2009 bestehende Wertguthaben dürfen nach der Übergangsregelung des § 116 I auch weiterhin als AZKonten geführt werden, dies gilt auch bei späteren Änd. der früheren Vereinb. (*Jacobsen* ZTR 2009, 115, 116f.; *Huke/Lepping* ZIP 2009, 1204, 1205). Für sie gelten auch die Anlagevorschr. des Abs. 3 nicht (*Cisch/Ulbrich* BB 2009, 550, 552).

2. Aufzeichnungs- und Unterrichtungspflicht (Abs. 2). Das Wertguthaben aus flexibler AZ ist 2
einschl. der Zu- und Abgänge, der Abrechnungsmonat der ersten Gutschrift sowie der Abrechnungsmonat für jede Änd. **in die Entgeltunterlagen aufzunehmen** (§ 8 I 1 Nr. 7 BVV). Darüber hinaus müssen diejenigen in das Wertguthaben eingebrachten Entgeltbestandteile, die oberhalb der BBG in den einzelnen Zweigen der Sozialvers. liegen, bes. geführt werden, um ihre Beitragsfreiheit zu dokumentieren (SV-Luft). Das Wertguthaben ist getrennt danach zu erfassen, ob das entspr. Arbeitsentgelt in den alten oder neuen Bundesländern erzielt wurde (§ 7 I a 7). Abs. 2 statuiert eine Informations-

pflicht des AG, wonach AN mind. einmal jährl. in Textform über die Höhe des Wertguthabens zu unterrichten sind. Die Verletzung dieser Pflicht kann Schadensersatzansprüche aus § 280 I BGB auslösen.

3 **3. Anlage des Wertguthabens (Abs. 3). a) Wertgarantie (S. 1 aE).** Der AG hat sicherzustellen, dass zum Zpkt. der Inanspruchnahme mind. der angelegte Wertguthabenbetrag verfügbar ist (Abs. 3 S. 1 aE). Diese Norm ist § 217 SGB VI nachgebildet, der die Anl. der Nachhaltigkeitsrücklage regelt. Die Verteilung einer Rendite, die mit der Anl. des Wertguthabens erzielt werden kann, bleibt den Vertragsparteien überlassen. Wird keine Vereinb. über die Verteilung geschlossen, so **steht die Rendite dem AG zu,** der das Risiko des Wertverlusts und die Kosten der Insolvenzsicherung trägt (*Hanau/Veit* NJW 2009, 182, 185; *Rolfs/Witschen* NZS 2009, 295, 300; **aA** *Knospe* NZS 2009, 600, 604). Die Garantie muss sich aber nur auf den Zpkt. einer „planmäßigen", also vertragl. vereinbarten Inanspruchnahme des Wertguthabens, nicht auch auf den Zpkt. einer Störfallabrechnung beziehen (*Cisch/Ulbrich* BB 2009, 550, 553; *Huke/Lepping* ZIP 2009, 1204, 1206; *Knospe* NZS 2009, 600, 603).

4 **b) Entsprechende Anwendung der §§ 80ff.** Für die Anl. des Wertguthabens gelten die §§ 80ff. mit der Maßgabe, dass eine Anl. in Aktien oder Aktienfonds bis zu einer Höhe von 20% zulässig ist. Ein höherer Anteil ist zulässig, wenn dies entweder in einem TV bzw. auf Grund eines TV in einer BV vereinbart ist oder die Wertguthabenvereinb. eine Verwendung ausschl. für Vorruhestandsfreistellungen vorsieht. Für die Wertermittlung ist der Zpkt. der Anl. maßgebl.; spätere Veränderungen bleiben außer Betracht (Ziff. 4.3.1. des RdSchr. v. 31.3.2009, ArbuR 2009, 202, 204). Nach § 80 I sind die Mittel so anzulegen und zu verwalten, dass ein Verlust ausgeschlossen scheint, ein angemessener Ertrag erzielt wird und eine ausreichende Liquidität gewährleistet ist. Für die Anl. des Wertguthabens stehen grds. nur die in § 83 aufgeführten Optionen zur Vfg. Die Verletzung dieser Vorschr. ist ohne ein relevantes Haftungsrisiko mögl., solange nur ein wirksamer Insolvenzschutz gewährleistet ist (*Langohr-Plato/Sopora* NZA 2008, 1377, 1378).

5 **Keinen Beschränkungen** hins. der Anlageform unterliegen Wertguthabenvereinb., die ausschl. auf eine Freistellung des Beschäftigten im Wege der ATZ oder des Vorruhestands abzielen. Solche Lebenszyklusmodelle sind so langfristig ausgerichtet, dass ein mit der Investition des Wertguthabens in Aktien oder Aktienfonds verbundenes Anlagerisiko abgefedert wird. Auch die Einrichtung von **zwei Wertguthabenkonten** für einen AN ist denkbar. Dabei kann eines renditeorientiert als Lebenszyklusmodell auf der Basis von Aktien ausgestaltet und das zweite kann für andere Zwecke eingerichtet werden und auf Anlagevarianten zugreifen, die eine schnelle und sichere Verfügbarkeit des Guthabens gewährleisten (*Rolfs/Witschen* NZS 2009, 295, 300).

§ 7e Insolvenzschutz

(1) [1]Die Vertragsparteien treffen im Rahmen ihrer Vereinbarung nach § 7b durch den Arbeitgeber zu erfüllende Vorkehrungen, um das Wertguthaben einschließlich des darin enthaltenen Gesamtsozialversicherungsbeitrages gegen das Risiko der Insolvenz des Arbeitgebers vollständig abzusichern, soweit

1. ein Anspruch auf Insolvenzgeld nicht besteht und wenn

2. das Wertguthaben des Beschäftigten einschließlich des darin enthaltenen Gesamtsozialversicherungsbeitrages einen Betrag in Höhe der monatlichen Bezugsgröße übersteigt.

[2]In einem Tarifvertrag oder auf Grund eines Tarifvertrages in einer Betriebsvereinbarung kann ein von Satz 1 Nummer 2 abweichender Betrag vereinbart werden.

(2) [1]Zur Erfüllung der Verpflichtung nach Absatz 1 sind Wertguthaben unter Ausschluss der Rückführung durch einen Dritten zu führen, der im Fall der Insolvenz des Arbeitgebers für die Erfüllung der Ansprüche aus dem Wertguthaben für den Arbeitgeber einsteht, insbesondere in einem Treuhandverhältnis, das die unmittelbare Übertragung des Wertguthabens in das Vermögen des Dritten und die Anlage des Wertguthabens auf einem offenen Treuhandkonto oder in anderer geeigneter Weise sicherstellt. [2]Die Vertragsparteien können in der Vereinbarung nach § 7b ein anderes, einem Treuhandverhältnis im Sinne des Satzes 1 gleichwertiges Sicherungsmittel vereinbaren, insbesondere ein Versicherungsmodell oder ein schuldrechtliches Verpfändungs- oder Bürgschaftsmodell mit ausreichender Sicherung gegen Kündigung.

(3) Keine geeigneten Vorkehrungen sind bilanzielle Rückstellungen sowie zwischen Konzernunternehmen (§ 18 des Aktiengesetzes) begründete Einstandspflichten, insbesondere Bürgschaften, Patronatserklärungen oder Schuldbeitritte.

(4) Der Arbeitgeber hat den Beschäftigten unverzüglich über die Vorkehrungen zum Insolvenzschutz in geeigneter Weise schriftlich zu unterrichten, wenn das Wertguthaben die in Absatz 1 Satz 1 Nummer 2 genannten Voraussetzungen erfüllt.

(5) Hat der Beschäftigte den Arbeitgeber schriftlich aufgefordert, seinen Verpflichtungen nach den Absätzen 1 bis 3 nachzukommen und weist der Arbeitgeber dem Beschäftigten nicht innerhalb von zwei Monaten nach der Aufforderung die Erfüllung seiner Verpflichtung zur Insolvenzsiche-

rung des Wertguthabens nach, kann der Beschäftigte die Vereinbarung nach § 7b mit sofortiger Wirkung kündigen; das Wertguthaben ist nach Maßgabe des § 23b Absatz 2 aufzulösen.

(6) [1]Stellt der Träger der Rentenversicherung bei der Prüfung des Arbeitgebers nach § 28p fest, dass
1. für ein Wertguthaben keine Insolvenzschutzregelung getroffen worden ist,
2. die gewählten Sicherungsmittel nicht geeignet sind im Sinne des Absatzes 3,
3. die Sicherungsmittel in ihrem Umfang das Wertguthaben um mehr als 30 Prozent unterschreiten oder
4. die Sicherungsmittel den im Wertguthaben enthaltenen Gesamtsozialversicherungsbeitrag nicht umfassen,
weist er in dem Verwaltungsakt nach § 28p Absatz 1 Satz 5 den in dem Wertguthaben enthaltenen und vom Arbeitgeber zu zahlenden Gesamtsozialversicherungsbeitrag aus. [2]Weist der Arbeitgeber dem Träger der Rentenversicherung innerhalb von zwei Monaten nach der Feststellung nach Satz 1 nach, dass er seiner Verpflichtung nach Absatz 1 nachgekommen ist, entfällt die Verpflichtung zur sofortigen Zahlung des Gesamtsozialversicherungsbeitrages. [3]Hat der Arbeitgeber den Nachweis nach Satz 2 nicht innerhalb der dort vorgesehenen Frist erbracht, ist die Vereinbarung nach § 7b als von Anfang an unwirksam anzusehen; das Wertguthaben ist aufzulösen.

(7) [1]Kommt es wegen eines nicht geeigneten oder nicht ausreichenden Insolvenzschutzes zu einer Verringerung oder einem Verlust des Wertguthabens, haftet der Arbeitgeber für den entstandenen Schaden. [2]Ist der Arbeitgeber eine juristische Person oder eine Gesellschaft ohne Rechtspersönlichkeit, haften auch die organschaftlichen Vertreter gesamtschuldnerisch für den Schaden. [3]Der Arbeitgeber oder ein organschaftlicher Vertreter haften nicht, wenn sie den Schaden nicht zu vertreten haben.

(8) Eine Beendigung, Auflösung oder Kündigung der Vorkehrungen zum Insolvenzschutz vor der bestimmungsgemäßen Auflösung des Wertguthabens ist unzulässig, es sei denn, die Vorkehrungen werden mit Zustimmung des Beschäftigten durch einen mindestens gleichwertigen Insolvenzschutz abgelöst.

(9) Die Absätze 1 bis 8 finden keine Anwendung gegenüber dem Bund, den Ländern, Gemeinden, Körperschaften, Stiftungen und Anstalten des öffentlichen Rechts, über deren Vermögen die Eröffnung des Insolvenzverfahrens nicht zulässig ist, sowie solchen juristischen Personen des öffentlichen Rechts, bei denen der Bund, ein Land oder eine Gemeinde kraft Gesetzes die Zahlungsfähigkeit sichert.

1. Geltende Fassung, Normzweck. Die 1998 eingeführte Pflicht zur Insolvenzsicherung von Wertguthaben (zu ihr *Rombach* RdA 1999, 194, 197 f.; *Wonneberger* DB 1998, 982, 984 f.) hat sich als **Achillesferse vieler Zeitwertkonten** erwiesen. Es bestand zwar mit § 7b (urspr.: § 7d) aF eine Pflicht zur Absicherung des Wertguthabens für den Fall der Insolvenz (ausf. *Kleingers,* Der ges. Insolvenzschutz von AZWertguthaben, 2007). Es fehlten jedoch wirksame Sanktionen für den Fall einer Pflichtverletzung. § 7b/§ 7d aF hatten keinen Schutzgesetzcharakter iSd. § 823 II BGB, der eine pers. Inanspruchnahme der Verantwortlichen ermöglicht hätte (BAG 8.10.2008 NZA 2009, 98; 12.4.2011 NZA 2011, 1350). So blieben einige AG den wirksamen Schutz schuldig, was bes. für die betroffenen AN, aber auch für die Sozialversicherungsträger und Finanzämter im Insolvenzfall empfindl. Ausfälle zur Folge hatte. 1

2. Insolvenzrechtliche Behandlung des Wertguthabens. Der Anspruch auf Auskehrung des Guthabens ist Masseforderung (§ 55 I Nr. 2 InsO), soweit es auf vom AN nach Eröffnung des Insolvenzverf. erbrachter Arbeitsleistung resultiert; iÜ ist er einfache Insolvenzforderung (näher InsO Einf. Rn. 43). Der auf das Arbeitsentgelt entfallende ANAnteil zum Gesamtsozialversicherungsbeitrag kann trotz § 28e I 2 im Wege der Insolvenzanfechtung zur Masse zurückgeholt werden (BGH 5.11.2009 NJW 2010, 870; 7.4.2011 NZI 2011, 456). 2

3. Insolvenzschutzpflicht des Arbeitgebers. a) Voraussetzung. Voraussetzung der Insolvenzschutzverpflichtung ist, dass Wertguthaben iSv. § 7b für einen bestimmten Zeitraum und in einer bestimmten Höhe aufgebaut worden ist. Der Zeitraum, in dem das Wertguthaben erarbeitet worden ist, muss **mind. drei Monate zurückliegen,** weil anderenfalls Anspruch auf Insolvenzgeld besteht (§ 165 I 1 SGB III), und die Höhe des vor mehr als drei Monaten erarbeiteten Guthabens muss einschl. des darin enthaltenen Gesamtsozialversicherungsbeitrages einen Betrag iHd. mtl. Bezugsgröße (2017: 2975 €/West bzw. 2660 €/Ost) übersteigen. Nach Auff. der Spitzenverbände der Sozialversicherungsträger soll nicht erforderl. sein, dass dieser Betrag bereits erreicht ist; vielmehr soll genügen, dass seine Überschreitung in vorausschauender Betrachtungsweise absehbar ist (Ziff. 4.3.2. des RdSchr. v. 31.3.2009, AuR 2009, 202, 204). Die Regelung gilt auch für **vor dem 1.1.2009 aufgebaute Wertguthaben** (§ 116 III). Die Insolvenzsicherungspflicht besteht nicht für die in Abs. 9 genannten AG (zu ihnen näher BRO/*Rolfs* § 17 Rn. 133 ff.). 3

4 **b) Sicherungsumfang.** Dieser erstreckt sich mit Ausnahme der in Rn. 3 genannten Beträge auf das gesamte vom AN erdiente, aber noch nicht ausgezahlte Arbeitsentgelt. Zudem sind die AGAnteile zur Sozialvers. abzusichern.

5 **c) Sicherungsart (Abs. 2 und 3).** Die in Abs. 1 nur allg. formulierte Pflicht zur Insolvenzabsicherung des Wertguthabens wird in Abs. 2 konkretisiert. Das Wertguthaben ist unter Ausschluss der Rückführung auf einen Treuhänder zu übertragen oder es ist auf andere Weise sicherzustellen, dass es von dem in die Insolvenzmasse fallenden Vermögen des AG getrennt wird und vom AN **im Insolvenzfall vollständig ausgesondert** werden könnte (§ 47 InsO). Ein Ausschluss der Rückführung ist freil. nur solange sinnvoll, wie ein Sicherungsbedürfnis besteht. Hat der AG im Fall der Freistellung oder eines Störfalls die Ansprüche aus der Wertguthabenvereinb. erfüllt, so spricht nichts dagegen, dass er sich die entspr. Leistung vom Treuhänder erstatten lässt (Ziff. 4.5.2. des RdSchr. v. 31.3.2009, AuR 2009, 202, 205; *Hanau/Veit* NJW 2009, 182, 185; **aA** *Langohr-Plato/Sopora* NZA 2008, 1377, 1380).

6 Alternativ kann der **Einsatz eines gleichwertigen Sicherungsmittels** vereinbart werden. Gleichwertigkeit besteht jdf. dann, wenn der Gläubiger in der Insolvenz des AG zur **Absonderung** (§ 50 InsO) berechtigt ist (*Cisch/Ulbrich* BB 2009, 552, 555). Als Bsp. sind Versicherungs-, schuldrechtl. Verpfändungs- und Bürgschaftsmodelle (vgl. OLG M 30.1.2009 VersR 2009, 928) genannt, die über einen ausreichenden Schutz gegen Kündigung verfügen müssen. Diese Sicherungsmittel ermöglichen es dem AG, die Wertguthabenkonten selbst zu führen. Die Vorgabe eines ausreichenden Kündigungsschutzes bezieht sich wohl auf die Gestaltungsrechte des Sicherungsgebers, da der AG die Sicherungsabrede schon wegen Abs. 8 nicht frei kündigen darf (*Rolfs/Witschen* NZS 2009, 295, 301). Maßnahmen zum Insolvenzschutz dürfen vor der Auflösung des Wertguthabens nur dann aufgeh. werden, wenn sie unter Zust. des AN durch mind. gleichwertige Ersatzmaßnahmen abgelöst werden (Abs. 8). Damit soll eine einseitige Beseitigung der Insolvenzsicherung durch den AG verhindert werden.

7 Sowohl lohnsteuer- als auch insolvenzrechtl. empfehlen sich insoweit insb. **CTA-Modelle**, bei denen der AG Vermögensgegenstände auf einen neu gegründeten Rechtsträger überträgt und zugunsten der AN ein Pfandrecht bestellt (näher LAG BB 27.10.2011 NZA-RR 2012, 311; *Cisch/Ulbrich* BB 2009, 552, 555; *Höfer/Verver*s DB 2007, 1365 ff.; *Rolfs/Schmid* ZIP 2010, 701 ff.). Sie ähneln im Ansatz dem schon lange praktizierten **Verpfändungsmodell**, bei dem dem Inhaber des Wertguthabens das Wertpapier- bzw. Investmentdepot oder die Rückdeckungsvers. verpfändet, in die die entspr. in Geld bemessenen AZGuthaben nebst AGAnteil am Gesamtsozialversicherungsbeitrag eingebracht werden (*Grabmaier*, Insolvenzschutz von Arbeitszeitkonten, 2003; *Hanau/Arteaga* BB 1998, 2054 ff.; weitere Modelle bei *Knospe* NZA 2006, 187, 191; *Langohr-Plato/Morisse* BB 2002, 2330). Die **Insolvenzfestigkeit** derartiger Doppeltreuhandmodelle ist anerkannt (BT-Drs. 16/10289 S. 17; BAG 18.7.2013 NZA 2013, 1440). Nicht ausreichend ist demggü. die Bildung eines Unterkontos auf dem Geschäftskonto des AG, auch wenn AG und BR vereinbart haben, dass sie nur gemeinsam über dieses Konto verfügen können (BAG 24.9.2003 NZA 2004, 980). Ausdr. als Sicherungsmittel ausgenommen sind bilanzielle Rückstellungen sowie Einstandspflichten zwischen Konzernunternehmen nach § 18 AktG (Abs. 3), es sei denn, das Konzernunternehmen böte unter Aufsicht der BaFin den Deckungsschutz auch kommerziell an (vgl. Ziff. 4.5.2. des RdSchr. v. 31.3.2009, AuR 2009, 202, 205).

8 **d) Nachweis (Abs. 4).** § 7e IV statuiert eine Informationspflicht des AG, wonach dieser den Beschäftigten unverzügl. (ohne schuldhaftes Zögern, § 121 I 1 BGB) über die zum Insolvenzschutz getroffenen Vorkehrungen in geeigneter Weise schriftl. (Textform, § 126b BGB, genügt, vgl. *Jacobsen* ZTR 2009, 115, 119) zu unterrichten hat, wenn die Voraussetzungen des Abs. 1 vorliegen.

9 **e) Sanktionen bei Verletzung der Insolvenzsicherungspflicht (Abs. 5 bis 7).** Bis zum 31.12.2008 blieben Verstöße gegen die Verpflichtung zum Insolvenzschutz zumeist sanktionslos (Rn. 1). Diesen Missstand sollen die Abs. 5 und 6 beheben. Kommt der AG einer schriftl. Aufforderung des AN, die Verpflichtungen bzgl. des Insolvenzschutzes einzuhalten, nicht nach, so kann der AN die Wertguthabenvereinb. **kündigen,** was zu einer Auflösung des Guthabens führt (§ 23b II). Der AG hat nach der Aufforderung des AN zwei Monate Zeit, um nachzuweisen, dass er die ges. Anforderungen an den Insolvenzschutz erfüllt.

10 Die Einhaltung der Insolvenzsicherungspflichten durch den AG wird auch von den Trägern der Rentenvers. iRd. **Betriebsprüfung** (§ 28p) überprüft. Wird dabei festgestellt, dass für Wertguthaben kein Insolvenzschutz getroffen worden ist oder die gewählten Sicherungsmittel nicht geeignet sind, mehr als 30% des Wertguthabens oder den im Wertguthaben enthaltenen Gesamtsozialversicherungsbeitrag nicht erfassen, so wird der Gesamtsozialversicherungsbeitrag im VA nach § 28p I 5 ausgewiesen und der AG hat zwei Monate Zeit, nachzuweisen, dass er seinen Verpflichtungen nachgekommen ist (Abs. 6). Andernfalls wird der Gesamtsozialversicherungsbeitrag sofort fällig und die Wertguthabenvereinb. gilt als von Anfang an unwirksam. Das Wertguthaben ist in diesem Fall aufzulösen (§ 23b II).

11 Beanstandungen des AN haben also als Sanktion die Beendigung der Wertguthabenvereinb. für die Zukunft zur Folge, während Beanstandungen des Sozialversicherungsträgers eine Unwirksamkeit von Anfang an herbeiführen. Im ersten Fall findet eine Störfallabrechnung, im zweiten eine vollständige Rückabwicklung statt. Gründe für die **unterschiedl. Rechtsfolgen** sind nicht zu erkennen (*Frank* ZRP 2008, 255, 257; *Hanau/Veit* NJW 2009, 182, 186). Die Auflösung des Wertguthabens trägt in erster

Linie den Interessen der Sozialversicherungsträger und der Finanzämter an einer Sicherung der Beitrags- und Steuerzahlung Rechnung. Die Position des AN kann dagegen durch die Beendigung der Wertguthabenvereinb. geschwächt werden (*Langohr-Plato/Sopora* NZA 2008, 1377, 1381).

Gem. § 116 III gelten die Abs. 5 und 6 ab dem 1.6.2009 auch für Wertguthabenvereinb., die vor dem 31.12.2008 (gemeint ist wohl: vor dem 1.1.2009) geschlossen worden sind, und in denen entgegen § 7e I, II keine Vorkehrungen für den Fall der Insolvenz des AG vereinbart sind. Bis zu diesem Zpkt. mussten Versäumnisse nachgeholt werden. 12

Abs. 7 statuiert eine **Ersatzpflicht des AG** für Schäden, die aus einem nicht geeigneten oder nicht ausreichenden Insolvenzschutz resultieren. Erstaunlicherweise erfasst jdf. der Wortlaut nicht den Fall der völlig fehlenden Insolvenzsicherung, dieser dürfte jedoch zumindest aus teleologischen Gründen miterfasst sein. Handelt es sich bei dem AG um eine jur. Person oder eine Gesellschaft ohne Rechtspersönlichkeit, so erstreckt sich die Ersatzpflicht als Gesamtschuld auch auf die **organschaftl. Vertreter** (GF der GmbH, Vorstandsmitglieder der AG etc.). Damit ist auch über § 823 II BGB iVm. § 263 StGB (Betrug) oder § 266 StGB (Untreue) sowie § 826 BGB hinaus (zu deren Voraussetzungen näher ATG § 8a Rn. 9) eine pers. Inanspruchnahme der Verantwortlichen mögl. Dies gilt jedoch nur für die Verletzung der Insolvenzsicherungspflicht von Wertguthaben nach § 7e und damit außerhalb der ATZ; für seit dem 1.7.2004 abgeschlossene ATZ-Verträge gilt demggü. allein § 8a ATG. Dieser ist ggü. § 7e auch insoweit lex specialis, als er eine pers. Haftung der Repräsentanten des AG nicht kennt (§ 8a I 1 aE ATG; BAG 23.2.2016 NZA 2016, 703; LAG MV 9.12.2015 NZA-RR 2016, 149; *Kock* EWiR 2015, 715, 716; **aA** *Deinert* RdA 2014, 327, 328 ff.). Die Ersatzpflicht nach § 7e VII 2 kann abgewendet werden, indem sich der AG oder der organschaftl. Vertreter exkulpiert (Abs. 7 S. 3). Der Schadensersatzanspruch ergänzt die Vorschr. über den Insolvenzschutz für die Fälle, in denen sich die fehlende Insolvenzfestigkeit des Wertguthabens nachträgl. herausstellt, und überträgt dem AG die Pflicht, die Vollständigkeit und Wirksamkeit des Insolvenzschutzes sorgfältig zu prüfen. 13

§ 7f Übertragung von Wertguthaben

(1) [1]Bei Beendigung der Beschäftigung kann der Beschäftigte durch schriftliche Erklärung gegenüber dem bisherigen Arbeitgeber verlangen, dass das Wertguthaben nach § 7b

1. **auf den neuen Arbeitgeber übertragen wird, wenn dieser mit dem Beschäftigten eine Wertguthabenvereinbarung nach § 7b abgeschlossen und der Übertragung zugestimmt hat,**
2. **auf die Deutsche Rentenversicherung Bund übertragen wird, wenn das Wertguthaben einschließlich des Gesamtsozialversicherungsbeitrages einen Betrag in Höhe des Sechsfachen der monatlichen Bezugsgröße übersteigt; die Rückübertragung ist ausgeschlossen.**

[2]Nach der Übertragung sind die mit dem Wertguthaben verbundenen Arbeitgeberpflichten vom neuen Arbeitgeber oder von der Deutschen Rentenversicherung Bund zu erfüllen.

(2) [1]Im Fall der Übertragung auf die Deutsche Rentenversicherung Bund kann der Beschäftigte das Wertguthaben für Zeiten der Freistellung von der Arbeitsleistung und Zeiten der Verringerung der vertraglich vereinbarten Arbeitszeit nach § 7c Absatz 1 sowie auch außerhalb eines Arbeitsverhältnisses für die in § 7c Absatz 1 Nummer 2 Buchstabe a genannten Zeiten in Anspruch nehmen. [2]Der Antrag ist spätestens einen Monat vor der begehrten Freistellung schriftlich bei der Deutschen Rentenversicherung Bund zu stellen; in dem Antrag ist auch anzugeben, in welcher Höhe Arbeitsentgelt aus dem Wertguthaben entnommen werden soll; dabei ist § 7 Absatz 1a Satz 1 Nummer 2 zu berücksichtigen.

(3) [1]Die Deutsche Rentenversicherung Bund verwaltet die ihr übertragenen Wertguthaben einschließlich des darin enthaltenen Gesamtsozialversicherungsbeitrages als ihr übertragene Aufgabe bis zu deren endgültiger Auflösung getrennt von ihrem sonstigen Vermögen treuhänderisch. [2]Die Wertguthaben sind nach den Vorschriften über die Anlage der Mittel von Versicherungsträgern nach dem Vierten Titel des Vierten Abschnitts anzulegen. [3]Die der Deutschen Rentenversicherung Bund durch die Übertragung, Verwaltung und Verwendung von Wertguthaben entstehenden Kosten sind vollständig vom Wertguthaben in Abzug zu bringen und in der Mitteilung an den Beschäftigten nach § 7d Absatz 2 gesondert auszuweisen.

1. Übertragung auf den neuen Arbeitgeber (Abs. 1 Nr. 1). § 7f soll den AN verbesserte Möglichkeiten zur Übertragung von Wertguthaben bei Beendigung der Beschäftigung bieten. Das Wertguthaben kann bei Beendigung der Beschäftigung auf einen neuen AG übertragen werden. Während der neue AG in seiner Entsch. frei ist, ob er mit dem AN eine Vereinb. nach § 7b abschließt und der Übertragung des Wertguthabens zustimmt (*Huke/Lepping* ZIP 2009, 1204, 1207), besteht – wenn eine solcher Vertrag zustande kommt – gegen den bisherigen AG ein **Anspruch** des AN auf Übertragung des Wertguthabens. Die Vereinb. kann bei dem neuen AG nicht nur unverändert fortgeführt werden, sondern auch in modifizierter Form oder völlig neu abgeschlossen werden. § 7f folgt damit dem Modell des § 4 BetrAVG, vgl. dazu BRO/*Rolfs* § 4 Rn. 74 ff., 96 ff. 1

2 **2. Übertragung auf die Deutsche Rentenversicherung Bund (Abs. 1 Nr. 2, Abs. 2 und 3).** Das Wertguthaben kann auch auf die DRVB übertragen werden. Dafür muss es allerdings einen Betrag iHd. sechsfachen Bezugsgröße übersteigen (2017: 17 850 €/West bzw. 15 960 €/Ost). Außerdem ist eine Rückübertragung des Wertguthabens ausgeschlossen. Die weitere Einzahlung von Entgeltbestandteilen auf ein der DRVB übertragenes Wertguthabenkonto ist ebenfalls nicht mögl. Dem AN bleibt nur die Möglichkeit, das vorhandene Wertguthaben nach § 7 f II 1 zu verwenden.

3 Auf die DRVB übertragene Wertguthaben werden von dieser treuhänderisch verwaltet und nach den §§ 80 ff. angelegt (Abs. 3). Die **Kosten** für die Übertragung, Verw. und Verwendung von Wertguthaben sind von diesem vollständig in Abzug zu bringen. Zu diesen Kosten gehören auch die bei der Einführung entstehenden Anlaufkosten (BT-Drs. 16/10289 S. 19). Die mit dem Wertguthaben verbundenen AGPflichten gehen mit der Übertragung auf den neuen AG oder die DRVB über. Der alte AG wird von seinen Pflichten frei.

4 **3. Auflösung des Wertguthabens.** Durch § 7 f unangetastet bleibt ist die Möglichkeit, Wertguthaben bei Beendigung der Beschäftigung aufzulösen. Das Wertguthaben wird dann versteuert und verbeitragt als Einmalbetrag an den AN ausgezahlt (*Rolfs/Witschen* NZS 2009, 295, 302). Weil damit der eigentl. Zweck des Wertguthabens, näml. die Finanzierung von Freistellungsphasen, verfehlt wird, liegt ein Störfall (§ 23b II) vor.

§ 8 Geringfügige Beschäftigung und geringfügige selbständige Tätigkeit

(1) Eine geringfügige Beschäftigung liegt vor, wenn

1. das Arbeitsentgelt aus dieser Beschäftigung regelmäßig im Monat 450 Euro nicht übersteigt,

2. die Beschäftigung innerhalb eines Kalenderjahres auf längstens zwei Monate oder 50 Arbeitstage nach ihrer Eigenart begrenzt zu sein pflegt oder im Voraus vertraglich begrenzt ist, es sei denn, dass die Beschäftigung berufsmäßig ausgeübt wird und ihr Entgelt 450 Euro im Monat übersteigt.

(2) [1]Bei der Anwendung des Absatzes 1 sind mehrere geringfügige Beschäftigungen nach Nummer 1 oder Nummer 2 sowie geringfügige Beschäftigungen nach Nummer 1 mit Ausnahme einer geringfügigen Beschäftigung nach Nummer 1 und nicht geringfügige Beschäftigungen zusammenzurechnen. [2]Eine geringfügige Beschäftigung liegt nicht mehr vor, sobald die Voraussetzungen des Absatzes 1 entfallen. [3]Wird beim Zusammenrechnen nach Satz 1 festgestellt, dass die Voraussetzungen einer geringfügigen Beschäftigung nicht mehr vorliegen, tritt die Versicherungspflicht erst mit dem Tag ein, an dem die Entscheidung über die Versicherungspflicht nach § 37 des Zehnten Buches durch die Einzugsstelle nach § 28i Satz 5 oder einen anderen Träger der Rentenversicherung bekannt gegeben wird. [4]Dies gilt nicht, wenn der Arbeitgeber vorsätzlich oder grob fahrlässig versäumt hat, den Sachverhalt für die versicherungsrechtliche Beurteilung der Beschäftigung aufzuklären.

(3) [1]Die Absätze 1 und 2 gelten entsprechend, soweit anstelle einer Beschäftigung eine selbständige Tätigkeit ausgeübt wird. [2]Dies gilt nicht für das Recht der Arbeitsförderung.

Hinweis: Vom 1.1.2015 bis zum 31.12.2018 ist in Abs. 1 Nr. 2 anstelle von „zwei Monate oder 50 Arbeitstage" vorübergehend „drei Monate oder 70 Arbeitstage" zu lesen, § 115 SGB IV.

I. Normzweck

1 Während die „Beschäftigung" (§ 7) regelm. zur Versicherungspflicht in allen fünf Zweigen der Sozialvers. führt (vgl. § 7 Rn. 28), sind Personen, die einer nur geringfügigen Beschäftigung nachgehen, in der Kranken-, Renten-, Pflege- und Arbeitslosenvers. gewöhnl. **versicherungsfrei** (§ 7 SGB V, § 5 II 1 SGB VI, § 27 II 1 SGB III; zu Ausnahmen Rn. 8). Dies findet in den sachleistungsgeprägten Versicherungszweigen Kranken- und Pflegevers. seine Berechtigung in den **Grenzen des Solidarprinzips.** Dieses verlangt zwar einen gewissen sozialen Ausgleich zugunsten derjenigen Versicherten, die zur Aufbringung risikoäquivalenter Beiträge nicht imstande sind. Es reicht aber nicht soweit, dass auch die Mitfinanzierung von Personen gefordert ist, die zwar auch als Beschäftigte tätig sind, die aber ihren Lebensunterhalt überw. durch Einkünfte anderer Art bestreiten. Diesbzgl. geht der Gesetzgeber in zulässiger Weise traditionell typisierend davon aus, dass geringfügig Beschäftigte in dieser Eigenschaft nicht sozial schutzbedürftig sind, weil das geringe Arbeitsentgelt nicht ihre hauptsächl. Lebensgrdl. darstellen kann (HS-KV/*Schulin* § 6 Rn. 77).

2 Seit jeher zweifelhaft war und ist die sachl. Berechtigung der Versicherungsfreiheit geringfügig Beschäftigter dagegen in der Renten- und Arbeitslosenvers. Hier gebietet allenfalls die Verwaltungsökonomie, jedoch weder das Versicherungs- noch das Solidarprinzip die Aufrechterhaltung irgendeiner Geringfügigkeitsgrenze, jdf. nicht für kontinuierl. geringfügig Beschäftigte. Sie näml. könnten mit ihren Beiträgen – wenn auch geringe – Leistungsansprüche erwerben, die in keinem besseren oder schlechteren Äquivalenzverhältnis zu den Beiträgen stünden als Leistungen an andere Versicherte auch. Dass

das geringfügige Einkommen typischerweise nicht zur Bestreitung des Lebensunterhalts ausreicht, bedeutet ja nicht, dass es nicht wenigstens dazu beiträgt, sodass bei dessen Wegfall durchaus Bedarf in Bezug auf ein Erwerbsersatzeinkommen besteht (*Rolfs* Versicherungsprinzip S. 252 ff.).

Die Rechtspolitik steht der geringfügigen Beschäftigung uneinheitl. ggü. (zusf. *Knospe* SGb 2007, 8 ff.; *ders.*, VSSR 2011, 233 ff.; *Waltermann* NJW 2013, 118 ff.). Mit Wirkung zum 1.1.2013 wurde die Geringfügigkeitsgrenze des § 8 I Nr. 1 von 400 auf 450 € angehoben, im Gegenzug aber eine Versicherungspflicht in der Rentenvers. eingeführt (*Griese/Preis/Kruchen* NZA 2013, 113 ff.). 3

II. Arbeitsrechtliche Bedeutung

Entgegen weitverbreiteter Auff. in der Bevölkerung durften geringfügig Beschäftigte seit jeher (dh. spätestens seit dem Inkrafttreten der RL 76/207/EWG) arbeitsrechtl. nicht anders behandelt werden als sonstige Teil- oder Vollzeitbeschäftigte (EuGH 9.9.1999 NZA 1987, 445; 10.2.2000 AP EG-Vertrag Art. 119 Nr. 18; *Wissing* SGb 2003, 554). Die Versicherungsfreiheit in der Sozialvers. stellt keinen sachl. rechtfertigenden Grund für eine Ungleichbehandlung im ArbVerh. dar, und zwar weder in Bezug auf das Brutto-Arbeitsentgelt (*Hanau* DB 2005, 946 ff.; *ders.* ZIP 2013, 1752, 1754 f.) einschl. der Sonderzuwendungen und sonstiger geldwerter Vorteile noch hins. aller übrigen Arbeitsbedingungen (EuGH 9.9.1999 NZA 1999, 1151; BAG 28.3.1996 NZA 1996, 1280; 25.4.2007 NZA 2007, 881). Daher kann auch der Wegfall der Versicherungsfreiheit (zB infolge einer GÄnd.) nicht die Kündigung des ArbVerh. rechtfertigen (BAG 18.1.2007 NZA 2007, 680). § 2 II TzBfG hat nur klarstellende Bedeutung (*Rolfs* RdA 2001, 129, 130). 4

Eine Ausnahme erscheint auch für die **betriebl. Altersversorgung** grds. nicht angezeigt. AN, deren geringfügiges BeschVerh. nach dem 31.12.2012 begonnen hat (§ 230 VIII SGB VI), sind in der ges. Rentenvers. versicherungspflichtig (vgl. § 5 II Nr. 1 SGB VI). Solange sie keinen Antrag auf Befreiung von der Versicherungspflicht gestellt haben (§ 6 I b SGB VI), stehen sie hins. ihrer ges. Alterssicherung nicht anders als nicht geringfügig Beschäftigte. Für eine Ungleichbehandlung bei der Betriebsrente fehlt es damit an einem sachl. Grund (*Rolfs* SR 2013, 41, 48 f.). 5

III. Unions- und verfassungsrechtliche Grundlagen

1. Unionsrecht. Die Versicherungsfreiheit geringfügig Beschäftigter ist mit Unionsrecht vereinbar. Art. 157 AEUV ist nicht betroffen, da § 8 den Grds. des gleichen Entgelts für gleiche Arbeit nicht in Frage stellt. Jdf. iE ist auch eine Verletzung der RL 79/7/EWG nicht zu besorgen. Das mit § 8 verfolgte sozial- und beschäftigungspolitische Ziel hat obj. nichts mit einer Diskriminierung auf Grund des Geschlechts zu tun und der dt. Gesetzgeber ist in vertretbarer Weise davon ausgegangen, dass die fragl. Rechtsvorschr. zur Erreichung dieses Zieles erforderl. sind (EuGH 14.12.1995 NZA 1996, 129; 14.12.1995 NZA 1996, 131; näher *Knospe* ZESAR 2008, 323, 331 f.; *Rolfs* SGb 1999, 611, 617 f.; *ders.* Versicherungsprinzip S. 252 f.). 6

2. Grundgesetz. Demggü. sind die Regelungen zur geringfügigen Beschäftigungen mit dem allg. Gleichheitssatz des Art. 3 I GG tw. unvereinbar. Zwar hat das BVerfG zwei Anträge auf Erlass einer einstweiligen Anordnung gegen das G zur Neuregelung der geringfügigen Beschäftigung 1999 zurückgewiesen (BVerfG 20.4.1999 NJW 1999, 2107; 28.7.1999 NJW 1999, 3036). Die Begr. setzen sich aber auf Grund des beschränkten Streitgegenstandes materiell gar nicht mit dem SGB auseinander. Es ist aber obj. willkürl., dass der AG eines nicht im Privathaushalt geringfügig Beschäftigten mit Pauschalbeiträgen von 13% zur Kranken- und mit 15% zur Rentenvers. (§ 249b SGB V, § 172 III 1 SGB VI) relativ stärker zu Sozialversicherungsbeiträgen herangezogen wird als der AG eines gewöhnl. Vollzeit- oder in der Gleitzone (§ 20 II) Beschäftigten, in Bezug auf den er nur einen AGAnteil von knapp 20% vom Arbeitsentgelt zu tragen hat. Ebenso willkürl. ist, dass den Beschäftigten, die sich von ihrer Versicherungspflicht in der Rentenvers. haben befreien lassen und für die daher nur der Pauschalbeitrag entrichtet worden ist, ledigl. in so geringem Umf. Wartezeitmonate gutgebracht werden (§ 52 II SGB VI), dass damit allein der Erwerb eines Rentenanspruchs faktisch ausgeschlossen ist (*Rolfs* SGb 1999, 611, 613 ff.; **aA** *Rombach* SGb 1999, 215, 218). IÜ aber sind § 8 und die an ihn anknüpfenden Vorschr. über die Beitragspflicht verfassungsgemäß (BSG 25.1.2006 SozR 4–2500 § 249b Nr. 2 für die ges. Krankenvers.). 7

IV. Geringfügige Beschäftigung (§ 8 Abs. 1)

1. Anwendungsbereich; Erscheinungsformen. § 8 SGB IV gilt für alle Versicherungszweige mit Ausnahme der ges. UV (SGB VII § 2 Rn. 4). Die Vorschr. gilt nicht für Auszubildende, Praktikanten ua. (§ 7 I 1 Nr. 1 SGB V, § 5 II 3 SGB VI, § 27 II 2 Nr. 1 SGB III). In diesen Fällen finden auch bei einem Arbeitsentgelt von bis zu 450 € die allg. Beitragsregeln Anwendung (BSG 15.7.2009 NZA-RR 2010, 381; LSG BW 10.6.2008 NZS 2009, 447; verfassungsrechtl. Bedenken bei *Wallrabenstein* SGb 2010, 493 f.). Geringfügige und damit grds. versicherungsfreie Beschäftigungen existieren in zwei **Erscheinungsformen,** näml. als regelm. Tätigkeiten gegen geringes Entgelt (§ 8 I Nr. 1: Entgeltgering- 8 fügigkeit) und als kurzfristige Tätigkeiten (§ 8 I Nr. 2: Zeitgeringfügigkeit; Kurzfrist- oder Saisonbeschäftigung). Geringfügige Beschäftigungen in Privathaushalten (§ 8a) sind gleichfalls sowohl als entgelt- als auch als zeitgeringfügige Tätigkeiten mögl. Eine **Sonderregelung** zu Nr. 1 enthält für die Arbeitslosenvers. § 27 V SGB III.

9 **2. Entgeltgeringfügigkeit (Abs. 1 Nr. 1).** Wie sich im Umkehrschluss aus § 8 I Nr. 2 Hs. 2 ergibt, kann Entgeltgeringfügigkeit nur hins. derjenigen Personen in Betracht kommen, die einer berufsmäßigen und damit regelm. Tätigkeit nachgehen (BSG 11.5.1993 NZS 1993, 550; 23.5.1995 NZS 1995, 516). **Regelmäßigkeit** idS setzt allerdings nicht zwgd. ein DauerArbVerh. voraus. Ausreichend ist vielmehr eine Beschäftigung, die von vornherein auf st. Wiederholung gerichtet ist und über mehrere Jahre hinweg ausgeübt werden soll (BSG 11.5.1993 NZS 1993, 550). Dies ist zB der Fall, wenn ein über ein Jahr hinausgehender Rahmenvertrag geschlossen wird, und zwar selbst dann, wenn dieser Vertrag max. nur Arbeitseinsätze an 50 (70) Arbeitstagen innerhalb eines Kj. vorsieht (vgl. BSG 28.4.1982 SozR 2200 § 168 Nr. 6: Einsatz an jeweils zwei Tagen in der Mitte und am Ende eines Monats = 48 Tage im Jahr; BSG 23.5.1995 NZS 1995, 516: Raumpflege an einem Tag in jeder zweiten Woche = 26 Tage im Jahr; LSG RP 25.6.2007 NZS 2008, 373: osteurop. Erntehelfer). Zwar ist eine vorausschauende Betrachtungsweise erforderl. (BSG 28.2.1984 SozR 2100 § 8 Nr. 4; KKW/*Berchtold* Rn. 5), der Beweis wird sich jedoch häufig erst durch die entspr. nachf. Handhabung erbringen lassen (BSG 23.5.1995 NZS 1995, 516).

10 Das **regelm. Arbeitsentgelt** darf 450 € im Monat nicht übersteigen, wobei gelegentl. Überschreitungen unschädl. sind (*Lembke* NJW 1999, 1825, 1826). Zum Arbeitsentgelt zählen alle lfd. und einmaligen Einnahmen, gleichgültig, ob ein Rechtsanspruch auf sie besteht, unter welcher Bezeichnung oder in welcher Form sie geleistet werden und ob sie unmittelbar aus der Beschäftigung oder ledigl. im Zusammenhang mit ihr erzielt werden (§ 14 I). **Einmalzahlungen** wie Weihnachts- und Urlaubsgeld sind nicht nur in dem Monat, in dem sie gezahlt werden, zu berücksichtigen, sondern auf den gesamten Zeitraum, für den sie gewährt werden, umzulegen, soweit sie bei vorausschauender Betrachtung innerhalb eines Beschäftigungszeitraums von einem Jahr mit hinreichender Sicherheit zu erwarten sind (BSG 28.2.1984 SozR 2100 § 8 Nr. 4; s. aber Rn. 11). Die 450 €-Grenze ist auch dann maßgebl., wenn das BeschVerh. im Verlaufe eines Kalendermonats beginnt oder endet; eine ant. Umrechnung nach Kalender- oder Arbeitstagen findet nicht statt (LSG BY 21.10.2015 NZS 2016, 189).

11 Zu beachten ist insb., dass es im Sozialversicherungsrecht für die Höhe des **lfd. Arbeitsentgelts** nicht allein auf dessen tats. Zufluss ankommt. Es gilt die sog. **kombinierte Anspruchs- und Zuflusstheorie** („Entstehungsprinzip", BSG 28.6.1995 NZA-RR 1996, 187; 14.7.2004 NZS 2005, 538; BGH 2.12.2008 NJW 2009, 528), die dazu führt, dass auch solche Entgelte berücksichtigt werden, die der Beschäftigte zwar hätte beanspruchen können, die ihm aber tats. nicht zugeflossen sind. Sieht daher zB ein (ggf. auch nur kraft Allgemeinverbindlichkeit: BVerfG 11.9.2008 NZA 2009, 44; LSG NW 22.8.2002 NZS 2003, 100) einschlägiger TV vor, dass der AN bestimmte Zuschläge zu beanspruchen hat, werden diese der Ermittlung des Arbeitsentgelts auch dann zugrunde gelegt, wenn sie tats. nicht zur Auszahlung gelangen (BSG 14.7.2004 NZS 2005, 538; 14.7.2004 NZA 2004, 1378; *Hanau* ZIP 1999, 726). Demggü. gilt für **Einmalzahlungen** (§ 23a) wie das Weihnachts- oder Urlaubsgeld das **strenge Zuflussprinzip** (*Figge* DB 2003, 150; *Rolfs* NZA 2003, 65, 67; vgl. LSG NI/HB 18.4.2007 NZS 2008, 95). Hier entsteht der Beitragsanspruch nach § 22 I nur, wenn die Sonderleistung tats. zur Auszahlung gelangt.

12 Ist ein **Nettoarbeitsentgelt** vereinbart, sind den Einnahmen des Beschäftigten die darauf entfallenden Steuern und der ANAnteil zum Gesamtsozialversicherungsbeitrag hinzuzuaddieren (§ 14 II), es sei denn, der AG versteuert pauschal nach § 40a EStG (BSG 12.11.1975 E 41, 16, 18 ff.).

13 **3. Zeitgeringfügigkeit, Saisonbeschäftigung (Abs. 1 Nr. 2).** Ohne Rücksicht auf das dabei erzielte Einkommen liegt eine geringfügige Beschäftigung nach § 8 I Nr. 2 dann vor, wenn sie innerhalb eines Kj. seit ihrem Beginn auf längstens zwei Monate oder 50 Arbeitstage (vom 1.1.2015 bis 31.12.2018; drei Monate oder 70 Arbeitstage, § 115) begrenzt ist. Zusätzl. verlangt die Rspr., dass die Beschäftigung nur unregelmäßig (gelegentl.) ausgeübt wird, weil bei regelm. Beschäftigungen die Beurteilung allein anhand von § 8 I Nr. 1 erfolgt (BSG 11.5.1993 NZS 1993, 550). Nur **unregelm.** und daher einer Versicherungsfreiheit nicht entgegenstehend idS sind Beschäftigungen, die in den ges. zeitl. Höchstgrenzen über Jahre hinweg beim selben AG zwar „immer wieder" ausgeübt werden, die einzelnen Arbeitseinsätze aber ohne bestehende Abrufbereitschaft nicht vorhersehbar zu unterschiedl. Anlässen und ohne erkennbaren Rhythmus erfolgen sowie der Betrieb des AG nicht strukturell auf den Einsatz von Aushilfskräften ausgerichtet ist (BSG 7.5.2014 SozR 4–2400 § 8 Nr. 6).

14 Welche der beiden Grenzen der Kurzfristigkeit – zwei (bzw. drei) Monate oder fünfzig (bzw. 70) Arbeitstage – Anwendung findet, hängt davon ab, ob die Beschäftigung iRd. betriebsübl. AZ werktägl. ausgeübt wird oder nicht. Wird der AN tägl. beschäftigt, ist allein die **Zwei-(Drei-)Monats-Grenze** zu beachten, selbst wenn innerhalb dieses Zeitraums 50 (70) Arbeitstage nicht erreicht (BSG 27.1.1971 E 32, 182, 183 ff.) oder mehr als 50 (70) Arbeitstage abgeleistet werden. Demggü. findet die **Fünfzig-(Siebzig-)Tage-Grenze** Anwendung, wenn das BeschVerh. auf einen Teil der betriebs- oder berufsübl. wöchentl. Arbeitstage beschränkt ist. Tagesaushilfen, die aufgrund einer entspr. Rahmenvereinb. vom

AG unregelm., aber nicht mehr als 50 (70) Tage im Jahr abgerufen werden, fallen unter diese Regelung (BSG 7.5.2014 SozR 4–2400 § 8 Nr. 6). Ein Nachtdienst, der sich über zwei Kalendertage erstreckt, gilt als ein Arbeitstag (HWK/*Ricken* Rn. 11).

Die Begrenzung auf den Zwei-(Drei-)Monats- oder den Fünfzig-(Siebzig-)Tage-Zeitraum muss sich entweder aus der Eigenart der Tätigkeit oder der vertragl. Vereinb. ergeben. Steht bei Aufnahme der Beschäftigung nicht sicher fest, dass sie innerhalb dieses Zeitraums beendet werden wird, ist sie nicht geringfügig (LSG NI/HB 15.2.2005 NZS 2005, 483). Dabei ist zu bedenken, dass für **befristete ArbVerh.** gem. § 14 IV TzBfG zwgd. die **Schriftform** erforderl. ist und Arbeitsverträge, die diese Form missachten, als unbefristet abgeschlossen gelten (TzBfG § 14 Rn. 122). Dementspr. können BeschVerh., die nicht schriftl. vereinbart worden sind, auch nicht geringfügig iSv. § 8 I Nr. 2 sein (vgl. LSG HB 14.2.1975 SozVers. 1975, 304). 15

Eine geringfügige Beschäftigung nach § 8 I Nr. 2 ist **ausgeschlossen,** wenn die Tätigkeit **berufsmäßig ausgeübt** wird und ihr Entgelt 450 € im Monat übersteigt. Eine Beschäftigung wird berufsmäßig ausgeübt, wenn der Erwerbstätige hierdurch seinen Lebensunterhalt überw. oder doch in solchem Umf. erwirbt, dass seine wirtschaftl. Stellung zu einem erhebl. Teil auf der Beschäftigung oder Tätigkeit beruht (BSG 11.6.1980 SozR 2200 § 168 Nr. 5; 21.5.1996 NZA-RR 1997, 152). Dann näml. bedarf er desjenigen sozialen Schutzes, den ihm die Pflichtmitgliedschaft in der Sozialvers. vermittelt. 16

Berufsmäßigkeit liegt dementspr. idR vor, wenn die Tätigkeit – und sei es mit Unterbrechungen – mit einer gewissen Regelmäßigkeit aufgenommen, also häufig und voraussehbar ausgeübt wird (KK/*Seewald* Rn. 27 f.). Nur ausnahmsweise führen wiederholte Beschäftigungen nicht zur Berufsmäßigkeit, wenn sie näml. in größeren Abständen aufgenommen werden oder die betr. Aushilfskraft hauptsächl. anderweitig in Anspruch genommen ist (BSG 11.5.1993 NZS 1993, 550). Unmaßgebl. ist demggü. die Dauer der tägl. Beanspruchung oder das Erg. der Umrechnung auf einen Acht-Stunden-Tag. Ebenso ist die wirtschaftl. Abhängigkeit des Beschäftigten unerhebl., da für eine Beschäftigung die pers. Abhängigkeit und die Eingliederung in einen Betrieb entscheidend sind (vgl. § 7 Rn. 7 ff.; BSG 1.2.1979 SozR 2200 § 165 Nr. 36). Zu **Einzelfällen der Berufsmäßigkeit** s. das RdSchr. der Spitzenverbände NZA Beil. 7/2003, S. 6, sub B 2.2.3. 17

V. Zusammenrechnung (Abs. 2)

1. Grundsatz. Die in dem komplizierten Wortlaut des § 8 II nur schwer verständl. zum Ausdruck gebrachte Regel lautet: Gleichartige geringfügige Beschäftigungen werden zusammengerechnet (also dauerhaft geringfügige mit anderen dauerhaft geringfügigen, kurzfristige mit anderen kurzfristigen), ungleichartige dagegen nicht. In beiden Fällen spielt es jeweils keine Rolle, ob eine oder mehrere Beschäftigungen in privaten Haushalten (§ 8a) erbracht werden, sodass zB eine dauerhaft geringfügige (§ 8 I Nr. 1) gewerbl. Tätigkeit mit einer dauerhaft geringfügigen Beschäftigung im Privathaushalt (§ 8a S. 1 iVm. § 8 I Nr. 1) addiert wird. Nicht geringfügige Beschäftigungen werden nur mit dauerhaft geringfügigen Nebenjobs addiert, und zwar auch nur dann, wenn der Beschäftigte mehr als eine dauerhaft geringfügige Nebentätigkeit ausübt. **Tätigkeiten bei demselben AG** werden stets als einheitl. BeschVerh. behandelt (BSG 31.10.2012 NZS 2013, 349), und zwar auch dann, wenn sie einen unterschiedl. Inhalt haben. Daher kann neben einer versicherungspflichtigen Hauptbeschäftigung mit demselben Vertragspartner keine geringfügige Beschäftigung begr. werden (BSG 16.2.1983 NZA 1984, 206; 27.6.2012 SozR 4–2400 § 8 Nr. 5). In folgenden **drei Fallgruppen** werden mehrere BeschVerh. addiert mit der Folge, dass insg. Versicherungspflicht eintritt, wenn durch die Zusammenrechnung die Grenzen des § 8 I überschritten werden: **(1)** Der Erwerbstätige übt neben einer versicherungspflichtigen (Haupt-)Beschäftigung mehr als eine geringfügige (Neben-)Beschäftigung iSv. § 8 I Nr. 1 aus, dann bleibt die zeitl. zuerst aufgenommene Nebentätigkeit versicherungsfrei, während (nur) die zweite und jede weitere geringfügige Beschäftigung der Hauptbeschäftigung hinzuaddiert werden (*Kazmierczak* NZS 2003, 186, 188; *Rombach* SGb 2003, 196, 198); **(2)** er übt mehrere geringfügige Beschäftigungen iSv. § 8 I Nr. 1 nebeneinander aus; **(3)** er übt mehrere kurzfristige Beschäftigungen iSv. § 8 I Nr. 2 gleichzeitig oder nacheinander innerhalb eines Kj. aus (dazu *Löwisch* BB 2000, 260), und zwar jeweils auch dann, wenn diese Tätigkeiten tw. in privaten Haushalten und tw. außerhalb ders. ausgeübt werden. Steht bereits bei Aufnahme der ersten Kurzfristbeschäftigung fest, dass diese gemeinsam mit anderen innerhalb eines Kj. beabsichtigten Tätigkeiten die Grenzen des § 8 I Nr. 2 übersteigen wird, ist sie von Beginn an nicht geringfügig. Ebenso endet die Geringfügigkeit an dem Tag, an dem während der Beschäftigung ungewiss wird, ob sie innerhalb der zunächst beabsichtigten Frist beendet wird; spätestens jedoch, wenn die Zwei-(Drei-)Monats- bzw. die Fünfzig-(Siebzig-)Tage-Grenze tats. überschritten wird (**§ 8 II 2**). 18

2. Ausnahmen. Ausnahmen von der Zusammenrechnungsregel des § 8 II 1 sind in einzelnen Büchern des SGB geregelt. In der **Arbeitslosenvers.** findet gem. § 27 II 1 SGB III eine Addition geringfügiger und nicht geringfügiger Beschäftigungen „wegen des bes. Charakters des in der Arbeitslosenvers. versicherten Risikos" nicht statt (so die wenig überzeugende Begr. in BT-Drs. 14/280 S. 12; 19

dazu krit. *Boecken* NZA 1999, 393, 400). In der **Krankenvers.** ist § 8 II mit der Maßgabe anzuwenden, dass eine Zusammenrechnung mit einer nicht geringfügigen Beschäftigung nur erfolgt, wenn diese ihrerseits die Versicherungspflicht begr. (§ 7 I 2 SGB V). Damit wird verhindert, dass ein Erwerbstätiger, der zB wegen Überschreitens der Jahresarbeitsentgeltgrenze des § 6 I Nr. 1 SGB V krankenversicherungsfrei und stattdessen privat krankenversichert ist, durch die zusätzl. ausgeübte geringfügige Beschäftigung wieder versicherungspflichtig wird.

20 **3. Nichtzusammenrechnung. Schon nach § 8 II nicht zusammenzurechnen** ist demggü. **(1)** eine versicherungspflichtige Hauptbeschäftigung mit der ersten iSv. § 8 I Nr. 1 dauerhaft geringfügigen Nebenbeschäftigung (*Rolfs* NZA 2003, 65, 68) **(2)** eine geringfügige Beschäftigung mit einer nicht versicherungspflichtigen oder versicherungsfreien Hauptbeschäftigung, zB als Selbständiger oder Beamter (*Bauer/Schuster* DB 1999, 689, 690; *Löwisch* BB 1999, 739, 740); **(3)** eine kurzfristige Beschäftigung nach § 8 I Nr. 2 mit einer versicherungspflichtigen (Haupt-)Beschäftigung und **(4)** eine geringfügige Dauerbeschäftigung nach § 8 I Nr. 1 mit einer geringfügigen Kurzfristbeschäftigung nach § 8 I Nr. 2 (*Bauer/Schuster* DB 1999, 689, 690), es sei denn, die kurzfristige Beschäftigung erfüllt zugleich die Voraussetzungen des § 8 I Nr. 1 (BSG 23.5.1995 NZS 1995, 516).

21 **4. Arbeitsvertragliche Konsequenzen.** Die Zusammenrechnung kann für den AG erhebl. wirtschaftl. Konsequenzen zeitigen, weil er, nur durch die vierjährige (bei vorsätzl. Vorenthaltung sogar dreißigjährige) Verjährung des § 25 I begrenzt, die Sozialversicherungsbeiträge für den nur scheinbar geringfügig beschäftigten AN nachentrichten und dabei wegen § 28g S. 3 nicht nur den AG-, sondern häufig auch den ANAnteil tragen muss (vgl. LSG SH 10.6.2003 NZS 2004, 432).

22 Dieses Risiko besteht jedoch nur, wenn der AG es vorsätzl. oder grob fahrlässig versäumt hat, den **Sachverhalt für die versicherungsrechtl. Beurteilung der Beschäftigung aufzuklären** (§ 8 II 4). In welchem Umf. der AG überhaupt verpflichtet ist, eine derartige „Aufklärung" vorzunehmen, ist indessen zw. (vgl. zur Pflicht des AN, den AG über weitere Nebenbeschäftigungen zu unterrichten, BAG 18.11.1988 NZA 1989, 389). Gemeint sind wohl vornehml. diejenigen Fälle, in denen der AG von der weiteren geringfügigen Beschäftigung des AN wusste oder trotz entspr. Anhaltspunkte die Augen hiervor verschlossen hat. IÜ – also bei nur einfacher Fahrlässigkeit oder gar Schuldlosigkeit – gilt, dass die Versicherungspflicht erst mit dem Tage der Bekanntgabe der Feststellung durch die Einzugsstelle oder einen Träger der Rentenvers. eintritt, wenn bei der Zusammenrechnung festgestellt wird, dass die Voraussetzungen einer geringfügigen Beschäftigung nicht mehr vorliegen.

VI. Geringfügige selbständige Tätigkeit (Abs. 3)

23 Die für geringfügig Beschäftigte in § 8 I, II normierten Regeln gelten gem. § 8 III auch, soweit eine selbständige Tätigkeit ausgeübt wird. Dies ist äußerst missverständl., weil Abs. 3 keineswegs jede selbständige Tätigkeit erfassen will, sondern ausschl. solche, die – etwa nach § 2 SGB VI – der Versicherungspflicht unterliegen. Da nur wenige Selbständige versicherungspflichtig sind, ist die praktische Bedeutung der Vorschr. dementspr. gering. **§ 8 III 2** kann praktische Bedeutung nur bei Personen erlangen, die in der Arbeitslosenvers. als Selbständige auf ihren Antrag versicherungspflichtig geworden sind (§ 28a I Nr. 2 SGB III). Eine **Zusammenrechnung** (Abs. 3 S. 1 iVm. Abs. 2) findet nur zwischen mehreren selbständigen Tätigkeiten, nicht aber zwischen solchen und abhängigen Beschäftigungen statt.

VII. Feststellungslast

24 Können die entscheidungserhebl. Tatsachen nicht zweifelsfrei festgestellt werden, trägt im Verf. des Beitragseinzugs derjenige, der sich auf den Ausnahmetatbestand „geringfügige Beschäftigung" beruft, hierfür die obj. Beweislast. Das wird idR der zu Beiträgen herangezogene AG sein. Demggü. ist der Versicherungsträger wegen der negativen Formulierung in § 8 I Nr. 2 mit der Feststellung der Berufsmäßigkeit belastet (BSG 11.5.1993 NZS 1993, 550). Im Leistungsrecht sind die Rollen dagegen umgekehrt verteilt, hier genügt dem Erwerbstätigen der Nachweis der abhängigen Beschäftigung, während der Versicherungsträger das Risiko der Unaufklärbarkeit einer mögl. Geringfügigkeit ders. trägt (HWK/*Ricken* Rn. 23).

VIII. Rechtsfolgen der Geringfügigkeit

25 **1. Überblick.** Übersicht über typische Fallkonstellationen geringfügiger Beschäftigung und ihre Auswirkungen auf die Sozialvers. und Einkommensteuer für Personen, die ihre geringfügige Beschäftigung nach dem 31.12.2012 aufgenommen haben (für Altfälle s. Rn. 27 und die Tabelle in der 13. Aufl.):

Fallkonstellation		Zusammenrechnung § 8 Abs. 2 SGB IV)	Abgabenbelastung der geringfügigen Beschäftigungsverhältnisse			
Erste Beschäftigung	**Zweite Beschäftigung**		**Rentenversicherung**	**Krankenversicherung**	**Arbeitslosenversicherung**	**Einkommensteuer**
dauerhaft geringfügig[1] (außer in Privathaushalten)	–	–	15% Pauschalbeitrag des AG, 3,7% Aufstockung durch AN, falls nicht auf Versicherungspflicht verzichtet[2]	versicherungsfrei, 13% Pauschalbeitrag des AG, falls bereits in der Krankenvers. versichert	versicherungsfrei	steuerpflichtig (Pauschalsteuer mögl.)[3]
dauerhaft geringfügig[1] in Privathaushalten	–	–	5% Pauschalbeitrag des AG, 13,7% Aufstockung durch AN, falls nicht auf Versicherungspflicht verzichtet[2]	versicherungsfrei, 5% Pauschalbeitrag des AG, falls bereits in der Krankenvers. versichert	versicherungsfrei	steuerpflichtig (Pauschalsteuer mögl.)[3]
kurzfristig geringfügig (Saisonbeschäftigung)[4] (auch in Privathaushalten)	–	–	versicherungsfrei	versicherungsfrei	versicherungsfrei	steuerpflichtig (Pauschalsteuer mögl.)[5]
dauerhaft geringfügig[1] (auch in Privathaushalten)	dauerhaft geringfügig[1] (auch in Privathaushalten)	ja	versicherungspflichtig, wenn nicht darauf verzichtet oder 450 € überschritten	versicherungspflichtig, wenn 450 € überschritten	versicherungspflichtig, wenn 450 € überschritten	steuerpflichtig (Pauschalsteuer mögl.)[3/6]
kurzfristig geringfügig (Saisonbeschäftigung)[4] (auch in Privathaushalten)	kurzfristig geringfügig (Saisonbeschäftigung)[4] (auch in Privathaushalten)	ja	versicherungspflichtig, wenn Zeitgrenze überschritten oder berufsmäßig	versicherungspflichtig, wenn Zeitgrenze überschritten oder berufsmäßig	versicherungspflichtig, wenn Zeitgrenze überschritten oder berufsmäßig	steuerpflichtig (Pauschalsteuer mögl.)[5/6]
versicherungspflichtige Hauptbeschäftigung	dauerhaft geringfügig[1] (auch in Privathaushalten)	In der Arbeitslosenvers. nie, in den übrigen Versicherungszweigen erst ab der 2.	bei nur einer geringfügigen Nebenbeschäftigung 15% (in Privathaushalten 5%) Pau-	bei nur einer geringfügigen Nebenbeschäftigung versicherungsfrei, 13% (bzw.	versicherungsfrei	steuerpflichtig (Pauschalsteuer mögl.)[3/6]

Fallkonstellation		**Zusammenrechnung § 8 Abs. 2 SGB IV)**	**Abgabenbelastung der geringfügigen Beschäftigungsverhältnisse**			
Erste Beschäftigung	**Zweite Beschäftigung**		**Rentenversicherung**	**Krankenversicherung**	**Arbeitslosenversicherung**	**Einkommensteuer**
		geringfügigen Nebenbeschäftigung	schalbeitrag des AG, 3,7% (in Privathaushalten 13,7%) Aufstockung durch AN, falls nicht auf Versicherungspflicht verzichtet[2], ab der zweiten Nebenbeschäftigung versicherungspflichtig	5%) Pauschalbeitrag des AG, falls bereits in der Krankenvers. versichert, ab der zweiten Nebenbeschäftigung versicherungspflichtig		
versicherungspflichtige Hauptbeschäftigung	kurzfristig geringfügig (Saisonbeschäftigung)[4] (auch in Privathaushalten)	nein	versicherungsfrei	versicherungsfrei	versicherungsfrei	steuerpflichtig (Pauschalsteuer mögl.)[5/6]
Hauptberuf Beamter (versicherungsfrei)	dauerhaft geringfügig[1] (auch in Privathaushalten)	nein	15% (in Privathaushalten 5%) Pauschalbeitrag des AG, 3,7% (in Privathaushalten 13,7%) Aufstockung durch AN, falls nicht auf Versicherungspflicht verzichtet[2]	versicherungsfrei, wenn nicht Mitglied der ges. Krankenvers.	versicherungsfrei	steuerpflichtig (Pauschalsteuer mögl.)[3/6]
Hauptberuf Beamter (versicherungsfrei)	kurzfristig geringfügig (Saisonbeschäftigung)[4] (auch in Privathaushalten)	nein	versicherungsfrei	versicherungsfrei	versicherungsfrei	steuerpflichtig (Pauschalsteuer mögl.)[5/6]
selbständig im Hauptberuf (nicht versicherungspflichtig)	dauerhaft geringfügig[1] (auch in Privathaushalten)	nein	15% (in Privathaushalten 5%) Pauschalbeitrag des AG, 3,7% (in Privathaushalten 13,7%)	versicherungsfrei, 13% (in Privathaushalten 5%) Pauschalbeitrag des AG	versicherungsfrei	steuerpflichtig (Pauschalsteuer mögl.)[3/6]

Fallkonstellation		Zusammenrechnung § 8 Abs. 2 SGB IV)	Abgabenbelastung der geringfügigen Beschäftigungsverhältnisse			
Erste Beschäftigung	Zweite Beschäftigung		Rentenversicherung	Krankenversicherung	Arbeitslosenversicherung	Einkommensteuer
			Aufstockung durch AN, falls nicht auf Versicherungspflicht verzichtet[2]	(ohne Aufstockungsoption), falls bereits in der Krankenvers. versichert		
selbständig im Hauptberuf (nicht versicherungspflichtig)	kurzfristig geringfügig (Saisonbeschäftigung)[4] (auch in Privathaushalten)	nein	versicherungsfrei	versicherungsfrei	versicherungsfrei	steuerpflichtig (Pauschalsteuer mögl.)[5/6]

Fallkonstellation		Zusammenrechnung § 8 Abs. 2 SGB IV)	Abgabenbelastung der geringfügigen Beschäftigungsverhältnisse			
Ohne Hauptbeschäftigung	Geringfügige Beschäftigung		Rentenversicherung	Krankenversicherung	Arbeitslosenversicherung	Einkommensteuer
Rentner mit Vollrente wegen Alters)	dauerhaft geringfügig[1] (auch in Privathaushalten)	–	versicherungsfrei, 15% (in Privathaushalten 5%) Pauschalbeitrag des AG; 3,7% (in Privathaushalten 13,7%) Aufstockung durch AN, falls nicht auf Versicherungspflicht und ab Erreichen der Regelaltersgrenze zusätzl. nicht auf Versicherungsfreiheit für Rentner verzichtet[7]	versicherungsfrei, 13% (in Privathaushalten 5%) Pauschalbeitrag des AG (ohne Aufstockungsoption), falls bereits in der Krankenvers. versichert	versicherungsfrei	steuerpflichtig (Pauschalsteuer mögl.)[3/6/8]
Versorgungsempfänger (zB Beamter im Ruhestand	dauerhaft geringfügig[1] (auch in Privathaushalten)	–	versicherungsfrei, 15% (in Privathaushalten 5%)	versicherungsfrei, 13% (in Privathaushalten 5%)	versicherungsfrei	steuerpflichtig (Pauschalsteuer mögl.)[3/6/8]

Fallkonstellation		**Zusammenrechnung § 8 Abs. 2 SGB IV)**	**Abgabenbelastung der geringfügigen Beschäftigungsverhältnisse**			
Ohne Hauptbeschäftigung	**Geringfügige Beschäftigung**		**Rentenversicherung**	**Krankenversicherung**	**Arbeitslosenversicherung**	**Einkommensteuer**
			Pauschalbeitrag des AG	Pauschalbeitrag des AG (ohne Aufstockungsoption), falls bereits in der Krankenvers. versichert		
Rentner mit Vollrente wegen Erwerbsminderung	dauerhaft geringfügig[1] (auch in Privathaushalten)	–	15% (in Privathaushalten 5%) Pauschalbeitrag des AG, 3,7% (in Privathaushalten 13,7%) Aufstockung durch AN, falls nicht auf Versicherungspflicht verzichtet	versicherungsfrei, 13% (in Privathaushalten 5%) Pauschalbeitrag des AG (ohne Aufstockungsoption), falls bereits in der Krankenvers. versichert	versicherungsfrei	steuerpflichtig (Pauschalsteuer mögl.)[3/6/8]
Rentner mit Vollrente (Erwerbsminderungs-, Altersrente) und Versorgungsempfänger (zB Beamter im Ruhestand)	kurzfristig geringfügig (Saisonbeschäftigung)[4] (auch in Privathaushalten)	–	versicherungsfrei	versicherungsfrei	versicherungsfrei	steuerpflichtig (Pauschalsteuer mögl.)[5/6/8]
Hausfrau	dauerhaft geringfügig[1] (auch in Privathaushalten)	–	15% (in Privathaushalten 5%) Pauschalbeitrag des AG, 3,7% (in Privathaushalten 13,7%) Aufstockung durch AN, falls nicht auf Versicherungspflicht verzichtet[2]	versicherungsfrei, 13% (in Privathaushalten 5%) Pauschalbeitrag des AG (ohne Aufstockungsoption), falls bereits in der Krankenvers. versichert	versicherungsfrei	steuerpflichtig (Pauschalsteuer mögl.)[3]

Fallkonstellation		Zusammenrechnung § 8 Abs. 2 SGB IV)	Abgabenbelastung der geringfügigen Beschäftigungsverhältnisse			
Ohne Hauptbeschäftigung	**Geringfügige Beschäftigung**		**Rentenversicherung**	**Krankenversicherung**	**Arbeitslosenversicherung**	**Einkommensteuer**
Hausfrau	kurzfristig geringfügig (Saisonbeschäftigung)[4] (auch in Privathaushalten)	–	versicherungsfrei	versicherungsfrei	versicherungsfrei	steuerpflichtig (Pauschalsteuer mögl.)[5]
Arbeitsloser	dauerhaft geringfügig[1] (auch in Privathaushalten)	–	15% (in Privathaushalten 5%) Pauschalbeitrag des AG, 3,7% (in Privathaushalten 13,7%) Aufstockung durch AN, falls nicht auf Versicherungspflicht verzichtet[2]	versicherungsfrei, 13% (in Privathaushalten 5%) Pauschalbeitrag des AG (ohne Aufstockungsoption), falls bereits in der Krankenvers. versichert	versicherungsfrei	steuerpflichtig (Pauschalsteuer mögl.)[3]
Schüler Student	dauerhaft geringfügig[1] (auch in Privathaushalten)	–	15% (in Privathaushalten 5%) Pauschalbeitrag des AG, 3,7% (in Privathaushalten 13,7%) Aufstockung durch AN, falls nicht auf Versicherungspflicht verzichtet[2]	versicherungsfrei, 13% (in Privathaushalten 5%) Pauschalbeitrag des AG (ohne Aufstockungsoption), falls bereits in der Krankenvers. versichert	versicherungsfrei	steuerpflichtig (Pauschalsteuer mögl.)[3]
Schüler Student	kurzfristig geringfügig (Saisonbeschäftigung)[4] (auch in Privathaushalten)	–	versicherungsfrei	versicherungsfrei	versicherungsfrei	steuerpflichtig (Pauschalsteuer mögl.)[5]

Hinweis: Bei den geringfügigen BeschVerh. ergeben sich keine Auswirkungen auf die Pflegevers. (versicherungs- und beitragsfrei); Ausnahmen in den Fällen der Zusammenrechnung, dann tritt Versicherungspflicht ein (wie in der Krankenvers.).

Erläuterung der Fußnoten:

1 § 8 I Nr. 1: regelm. nicht mehr als 450 €/Monat.

2 Für ab 1.1.2013 neu begr. BeschVerh. grds. Versicherungspflicht in der ges. Rentenvers. mit anteiliger Beitragszahlung durch den AN (3,7%, in Privathaushalten 13,7%, bis 175 € Mindestbeitrag von 32,73 €, auf den der AGAnteil angerechnet wird). Bei Verzicht auf die Versicherungspflicht (§ 6 Ib SGB VI) nur Pauschalbeitrag des AG von 15% (in Privathaushalten 5%).

3 Unter den Voraussetzungen des § 40a II EStG kann der AG unter Verzicht auf die Vorlage der Lohnsteuerkarte einen Pauschalsteuersatz iHv. 2% (in den Fällen des § 40a II a EStG: 20%) entrichten. Ist arbeitsvertragl. – wie regelm. – ein **Bruttoarbeitsentgelt** vereinbart, hat zwar der AG die Pauschalsteuer mit dem Pauschalbeitrag für die Sozialvers. abzuführen. Er ist aber ggü. dem AN berechtigt, diese Pauschalsteuer einzubehalten und nur das um 2% geringere Nettoarbeitsentgelt auszuzahlen (BAG 1.2.2006 NZA 2006, 682). Werden vom AN keine anderen Einkünfte (etwa aus Vermietung und Verpachtung, Kapitalerträgen etc.) erzielt, kann sich statt der Pauschalbesteuerung der gewöhnl. Lohnsteuerabzug empfehlen, da das Einkommen (also die Einnahmen nach Abzug insb. der Werbungskosten-Pauschbeträge und der steuerl. abziehbaren Vorsorgeaufwendungen) bis zum Grundfreibetrag (2017: 8820 €) steuerfrei bleibt. Der AG darf, wenn ihm die Lohnsteuerkarte vorliegt, die Regelbesteuerung aber auch dann wählen, wenn sie für den AN ungünstiger ist. Dadurch macht er sich nicht schadensersatzpflichtig (BAG 13.11.2014 NZA 2015, 166).

4 § 8 I Nr. 2: 2 Monate bzw 50 Arbeitstage/Kj. (vom 1.1.2015 bis 31.12.2018: 3 Monate oder 70 Arbeitstage/Kj., § 115) ohne Begrenzung beim Arbeitsentgelt, soweit die Beschäftigung nicht berufsmäßig ausgeübt wird.

5 Unter den Voraussetzungen des § 40a I EStG kann der AG unter Verzicht auf die Vorlage der Lohnsteuerkarte einen Pauschalsteuersatz iHv. 25% entrichten. Werden vom AN keine anderen Einkünfte (etwa aus Vermietung und Verpachtung, Kapitalerträgen etc.) erzielt, kann sich statt der Pauschalbesteuerung der gewöhnl. Lohnsteuerabzug empfehlen, da das Einkommen bis zum Grundfreibetrag (2017: 8820 €) steuerfrei bleibt.

6 Im Gegensatz zur Sozialvers. wird bei der Lohnsteuerpauschalierung jedes BeschVerh. für sich betrachtet (keine Zusammenrechnung); die Lohngrenzen der Beschäftigung gelten jeweils für die Beschäftigung bei einem AG. Durch die Pauschalsteuer ist die Besteuerung dieses Arbeitslohnes in vollem Umf. abgeschlossen, er bleibt bei der individuellen Einkommensteuerveranlagung außer Betracht.

7 Bei Vollrentnern ist seit 2017 zu diff.: Bis zum Erreichen der Regelaltersgrenze (SGB VI § 41 Rn. 4) gelten für sie die allg. Regeln (§ 5 IV 1 Nr. 1), dh., sie sind trotz der Geringfügigkeit ihrer Beschäftigung versicherungspflichtig, wenn sie hierauf nicht verzichtet haben. Ab Erreichen der Regelaltersgrenze (SGB VI § 41 Rn. 4) sind sie dagegen versicherungsfrei, können hierauf aber verzichten (§ 5 IV 2). Personen, die sich in einer geringfügigen Beschäftigung vor Bezug einer Vollrente nach § 6 Ib von der Versicherungspflicht haben befreien lassen, können wegen der Bindungswirkung der Antragsbefreiung in ders. Beschäftigung später nicht mehr auf die Versicherungsfreiheit verzichten (*Rolfs* NZS 2017, 164, 168).

8 Sofern außer dem Entgelt aus der geringfügigen Beschäftigung nur Rente aus der ges. Rentenvers. bezogen wird, dürfte es bei Wahl des Lohnsteuerabzugsverf. mit Lohnsteuerkarte letztl. wegen der günstigen Rentenbesteuerung (Ertragsanteil) in vielen Fällen zu keiner Steuerbelastung kommen, da die Einkünfte (also Einnahmen nach Abzug insb. der Werbungskosten-Pauschbeträge und der steuerl. abziehbaren Vorsorgeaufwendungen) unter dem Grundfreibetrag (2017: 8820 €) bleiben.

26 **2. Krankenversicherung.** Geringfügig Beschäftigte sind gem. § 7 SGB V in dieser Beschäftigung versicherungsfrei. Die bes. Zusammenrechnungsregel des § 7 I 2 SGB V (Rn. 19) ist zu beachten. Trotz der Versicherungsfreiheit hat der AG für Entgeltgeringfügige (§ 8 I Nr. 1), nicht aber für Kurzfristbeschäftigte (§ 8 I Nr. 2) gem. § 249b S. 1 SGB V einen Pauschalbeitrag iHv. 13% des Arbeitsentgelts zur ges. Krankenversicherung zu entrichten, wenn der AN aus anderen Gründen, zB wegen einer versicherungspflichtigen Hauptbeschäftigung oder als Familienangehöriger (§ 10 SGB V) versichert ist. In Privathaushalten beträgt der Pauschalbeitrag 5% (§ 249b S. 2 SGB V). Bei der Beitragsbemessung für freiwillige Mitglieder (§ 240 SGB V) sind die bereits pauschal verbeitragten Einkünfte aus der geringfügigen Beschäftigung nicht (nochmals) zu berücksichtigen (BSG 16.12.2003 NZS 2004, 537). Ein zusätzl. Leistungsanspruch wird durch den Pauschalbeitrag nicht begr. (*Löwisch* BB 1999, 739, 740). Eine Abwälzung des Pauschalbeitrags auf den AN ist unzulässig (ArbG Kassel 13.1.2000 DB 2000, 479; *Krause* AuR 1999, 390).

27 **3. Rentenversicherung.** Bei einer **dauerhaft geringfügigen Beschäftigung** (§ 8 I Nr. 1; 450 €-Job) ist zu unterscheiden: **(1)** Wurde die Beschäftigung **nach dem 31.12.2012** aufgenommen, besteht grds. Versicherungspflicht (*Griese/Preis/Kruchen* NZA 2013, 113, 114). Der AG trägt gem. § 168 I Nr. 1b SGB VI einen Pauschalbeitrag von 15% (in Privathaushalten 5%) vom Arbeitsentgelt, der AN die Differenz zum allg. Beitragssatz (2017: 18,7%, AN-Anteil also 3,7% [in Privathaushalten 13,7%]) bei einer Mindestbeitragsbemessungsgrundlage von 175 € (§ 163 VIII SGB VI). Dadurch reduziert sich sein Nettoentgelt entspr. Dafür erhält er die vollen Ansprüche der ges. Rentenvers. einschl. der Invaliditätsabsicherung (§ 43 SGB VI) und den Leistungen zur Rehabilitation (§§ 9 ff. SGB VI). Der AN kann ggü. seinem AG schriftl. beantragen, auf die Versicherungspflicht zu verzichten („opt-out", § 6 Ib SGB VI). Dann entfällt auf der Beitragsseite der AN-Anteil, auf der Leistungsseite werden nur geringfügige „Zuschläge zu Entgeltpunkten" erworben (§ 76b SGB VI; *Hanau* ZIP 2013, 1752, 1753). **(2)** Wurde die geringfügige Beschäftigung **vor dem 1.1.2013** aufgenommen, ist der AN grds. versicherungsfrei, solange sein Arbeitsentgelt 400 € nicht übersteigt (§ 230 VIII SGB VI). Der AG trägt

einen Pauschalbeitrag von 15% (in Privathaushalten 5%), der AN nichts. Leistungsrechtl. steht er genauso wie bei einem „opt-out". Der AN kann jederzeit mit ex-nunc-Wirkung auf die Versicherungsfreiheit verzichten, indem er dies dem AG ggü. schriftl. erklärt („opt-in"). Der Verzicht gilt für die gesamte Dauer des BeschVerh. (sowie aller übrigen parallel ausgeübten geringfügigen BeschVerh.) und kann nicht widerrufen werden. Macht der AN von dieser Möglichkeit Gebrauch, muss er die Differenz zwischen dem vom AG zu tragenden Pauschalbeitrag und dem gewöhnl. Beitrag (im Jahr 2016: 18,7% vom Arbeitsentgelt, mind. jedoch von 175 €) tragen (*Feldhoff* AuR 1999, 249, 252), wird dadurch jedoch leistungsrechtl. jedem anderen Versicherten gleichgestellt (näher *Boecken* NZA 1999, 393, 399 f.; *Lembke* NJW 1999, 1825, 1827). Erhöht sich bei einem vor dem 1.1.2013 aufgenommenen geringfügigen BeschVerh. das Arbeitsentgelt nach dem 31.12.2012 auf einen Betrag zwischen 400,01 € und 450 €, wird der AN versicherungspflichtig mit der Möglichkeit des opt-out.

Bei einer **Saisonbeschäftigung** (§ 8 I Nr. 2 SGB VI) besteht unabhängig vom Datum der Aufnahme 28
der Tätigkeit Versicherungsfreiheit (§ 5 II Nr. 1 SGB VI). Weder der AG noch der AN haben Beiträge zur Rentenvers. zu entrichten, auch nicht pauschal. Leistungsansprüche entstehen nicht.

4. Unfallversicherung. Die UV kennt keine Geringfügigkeitsgrenze, in ihr ist jeder Beschäftigte 29
unabhängig vom Umf. der Tätigkeit versichert (vgl. SGB VII § 2 Rn. 4; *Hanau* ZIP 1999, 726, 727).

5. Pflegeversicherung. In der Pflegevers. bleibt es für geringfügig Beschäftigte bei der Versiche- 30
rungsfreiheit (*Bauer/Schuster* DB 1999, 689, 690), eine bes. Zusammenrechnungsregel existiert nicht. Auch einen Pauschalbeitrag braucht der AG nicht zu entrichten. Geringfügig Beschäftigte, die wegen anderer Einkünfte (zB Renten) freiwillig kranken- und daher ges. pflegeversichert sind (§ 20 III SGB XI), müssen jedoch nach allg. Regeln (§ 240 SGB V) Beiträge zur Pflegevers. entrichten (BSG 29.11.2006 SozR 4–3300 § 57 Nr. 3).

6. Arbeitslosenversicherung. Geringfügig Beschäftigte sind gem. § 27 II 1 SGB III in dieser Be- 31
schäftigung versicherungsfrei. Dies gilt nicht für Personen, die wegen eines Arbeitsausfalls mit Entgeltausfall iSd. Vorschr. über das Kug. oder wegen stufenweiser Wiedereingliederung in das Erwerbsleben (§ 74 SGB V, § 44 SGB IX [bis 31.12.2017: § 28 SGB IX]) oder aus einem der in § 146 I SGB III genannten Gründe (Krankheit etc.) nur geringfügig beschäftigt sind. Abw. von § 8 II sind geringfügige und nicht geringfügige Beschäftigungen nicht zusammenzurechnen (Rn. 19). Versicherungsfreiheit kann gem. § 27 V SGB III auch beim Überschreiten der in § 8 I Nr. 1 genannten 450 €-Grenze eintreten bzw. bestehen bleiben, wenn die Beschäftigung während einer Zeit ausgeübt wird, in der Anspruch auf Alg. besteht.

§ 8a Geringfügige Beschäftigung in Privathaushalten

[1]Werden geringfügige Beschäftigungen ausschließlich in Privathaushalten ausgeübt, gilt § 8. [2]Eine geringfügige Beschäftigung im Privathaushalt liegt vor, wenn diese durch einen privaten Haushalt begründet ist und die Tätigkeit sonst gewöhnlich durch Mitglieder des privaten Haushalts erledigt wird.

1. Normzweck. Mit § 8a will der Gesetzgeber einen weiteren Weg zur Bewältigung des Problems 1
der illegalen Beschäftigung eingeschlagen. Gerade in privaten Haushalten werden in großer Zahl Tätigkeiten ausgeübt, die ohne sozialrechtl. Absicherung in der Illegalität stattfinden. Einkünfte aus bisher an der Sozialvers. vorbei ausgeübter Schwarzarbeit sollen legalisiert werden, um Beschäftigte oder selbständig Tätige, die in privaten Haushalten Dienstleistungen erbringen, zu motivieren, dies legal und damit unter dem Schutz der Sozialvers. zu tun (BT-Drs. 15/26 S. 23 f.).

2. Voraussetzung des § 8a ist, dass diese Beschäftigungen durch einen privaten Haushalt begr. sind 2
und ausschl. Beschäftigungen in Privathaushalten ausgeübt werden, die Tätigkeiten also sonst gewöhnl. durch Mitglieder des privaten Haushalts erledigt werden. Der **AG** des geringfügig Beschäftigten muss also eine natürl. Person und selbst Mitglied des privaten Haushalts sein. Diese Voraussetzung erfüllt eine Eigentümergemeinschaft nach dem WEG nicht (BSG 29.8.2012 SozR 4–2400 § 8a Nr. 1). Ebenso wenig unter § 8a fallen Beschäftigungen in privaten Haushalten, die durch Dienstleistungsagenturen oder andere Unternehmen begr. sind (BT-Drs. 15/26 S. 24; *Rolfs* NZA 2003, 65, 69 f.). Erforderl. ist ferner, dass der **AN einfache Dienstleistungen, die keine bes. Fachkenntnisse erfordern,** verrichtet, zB Hilfen im Haushalt, Kinderbetreuung und Gartenpflege (*Rolfs* NZA 2003, 65, 69), ferner handwerkl. Tätigkeiten in der zu eigenen Wohnzwecken genutzten Wohnung, wenn es sich um Schönheitsreparaturen oder kleine Ausbesserungsarbeiten im Rahmen eines BeschVerh. handelt (BFH 29.1.2009 NJW 2009, 1839). Nicht erfasst werden demggü. Tätigkeiten, die eine spezifische Qualifikation voraussetzen (zB Renovierung einer Hausfassade: BFH 1.2.2007 NJW 2007, 1551) oder die nicht mit der privaten Lebens- und Haushaltsführung in unmittelbarem Zusammenhang stehen. Auszuscheiden haben ferner Werkverträge, zB über Reparaturen an Haus oder Wohnung, Haushalts- und Einrichtungsgegenständen, weil sie schon nicht auf Grund eines BeschVerh. erbracht werden (vgl. zum

Schneeräumen BGH 6.6.2013 NJW 2013, 3022; zu Maler- und Tapezierarbeiten BFH 6.5.2010 NJW 2010, 3326).

3 **3. Rechtsfolge.** Kraft der Verweisung des § 8a S. 1 gelten auch für geringfügige Beschäftigungen, die ausschl. in Privathaushalten ausgeübt werden, die 450 €-Grenze des § 8 I Nr. 1, die Regeln über die Kurzfristbeschäftigung des § 8 I Nr. 2 und die Zusammenrechnungsregel des § 8 II entspr. Damit werden mehrere geringfügige Beschäftigungen gleicher Art (Entgeltgeringfügigkeit bzw. Kurzfristbeschäftigung) auch dann zusammengerechnet, wenn eine von ihnen im Haushalt, die andere außerhalb eines solchen ausgeübt wird (*Gaul/Otto* DB 2003, 94, 95; *Rolfs* NZA 2003, 65, 68). Allerdings trägt der private AG nach § 8a geringere Pauschalbeiträge als der gewerbl. AG in den Fällen des § 8, näml. nur jeweils 5% zur Kranken- und Rentenvers. sowie 2% Pauschalsteuer, s. § 8 Rn. 25.

550. Sozialgesetzbuch (SGB) Fünftes Buch (V)
– Gesetzliche Krankenversicherung –

Vom 20. Dezember 1988 (BGBl. I S. 2477)

Zul. geänd. durch Gesetz vom 17. Juli 2017 (BGBl. I S. 2615)*

(FNA 860-5)

– Auszug –

§ 24c Leistungen bei Schwangerschaft und Mutterschaft

Die Leistungen bei Schwangerschaft und Mutterschaft umfassen
1. ärztliche Betreuung und Hebammenhilfe,
2. Versorgung mit Arznei-, Verband-, Heil- und Hilfsmitteln,
3. Entbindung,
4. häusliche Pflege,
5. Haushaltshilfe,
6. Mutterschaftsgeld.

§ 24c ist eine bloße **Einweisungsvorschr.** (BT-Drs. 17/10170 S. 23). Sie legt Umf. und Inhalt der Leistungen fest, die von der ges. Krankenvers. bei Schwangerschaft und Mutterschaft zu erbringen sind. Eine Rechtsgrdl. für die Leistung an die Versicherte gibt die Vorschr. selbst aber nicht, sondern nur die §§ 24d ff. Schwangerschaft und Entbindung sind keine Krankheiten. Daher richten sich die Leistungen auch bei regelwidrig verlaufender Entbindung oder bei Schwangerschaftsbeschwerden nicht nach den Regeln für den Krankheits-, sondern den Mutterschaftsfall (*Kießling* NZS 2017, 373, 374). Die Pflicht zu Zuzahlungen zu Arznei-, Verband-, Heil- oder Hilfsmitteln sowie zur Krankenhausbehandlung entfällt (§ 24e S. 2 Hs. 2). Versicherte sind ges. Versicherte (§ 5), freiwillig Versicherte (§ 9) sowie die Familienversicherten (§ 10), die als Angehörige eines Krankenversicherten ggf. einen eigenen Rechtsanspruch auf die Mutterschaftsleistungen haben, ausgenommen Krankengeld und Mutterschaftsgeld. Nr. 1 bis 5 legt Sachleistungen fest, die die Krankenkasse zur Vfg. stellt (vgl. BSG 9.10.2001 NZS 2002, 484). Ersatzweise **Kostenerstattung** ist nur mögl., wenn dies ausdr. vorgesehen ist, vgl. § 24g S. 2 iVm. § 37 IV, § 24h S. 2 iVm. § 38 IV sowie § 13. 1

Für die Leistungen nach den §§ 24d ff. gelten die **allg. Leistungsvoraussetzungen des SGB V.** Die Krankenkasse ist leistungspflichtig, wenn zum Zpkt. des Eintritts des Versicherungsfalles (Beginn der Schutzfrist, Entbindung) ein Versicherungsverhältnis (Rn. 1) oder ein nachgehender Leistungsanspruch gem. § 19 II besteht. Während eines Auslandsaufenthalts, und sei er auch nur vorübergehend und kurzfristig, ruht der Anspruch auf die Leistungen (§ 16 I Nr. 1) mit Ausnahme desjenigen auf das Mutterschaftsgeld nach § 24i (§ 16 I 2). 2

§ 24d Ärztliche Betreuung und Hebammenhilfe

1 Die Versicherte hat während der Schwangerschaft, bei und nach der Entbindung Anspruch auf ärztliche Betreuung sowie auf Hebammenhilfe einschließlich der Untersuchungen zur Feststellung der Schwangerschaft und zur Schwangerenvorsorge; ein Anspruch auf Hebammenhilfe im Hinblick auf die Wochenbettbetreuung besteht bis zum Ablauf von zwölf Wochen nach der Geburt, weitergehende Leistungen bedürfen der ärztlichen Anordnung. 2 Sofern das Kind nach der Entbindung nicht von der Versicherten versorgt werden kann, hat das versicherte Kind Anspruch auf die Leistungen der Hebammenhilfe, die sich auf dieses beziehen. 3 Die ärztliche Betreuung umfasst auch die Beratung der Schwangeren zur Bedeutung der Mundgesundheit für Mutter und Kind einschließlich des Zusammenhangs zwischen Ernährung und Krankheitsrisiko sowie die Einschätzung oder Bestimmung des Übertragungsrisikos von Karies. 4 Die ärztliche Beratung der Versicherten umfasst bei Bedarf auch Hinweise auf regionale Unterstützungsangebote für Eltern und Kind.

Voraussetzung des Anspruchs nach S. 1 ist ein bestehendes Versicherungsverhältnis bei einer ges. Krankenvers. Eine Vorversicherungszeit ist nicht erforderl. Versicherungsfall ist die Schwangerschaft. Die Untersuchung zur Feststellung einer Schwangerschaft wird auch dann übernommen, wenn sie 1

* Die Kommentierung ist auf dem Stand der Gesetzgebung v. 1.1.2018. Für die Rechtslage bis 31.12.2017 ist auf die Voraufl. zu verweisen.

negativ ausgeht (*Buchner/Becker* § 15 MuSchG Rn. 22). Nicht unter § 24d fällt die vom AG zur Feststellung des Nichtbestehens einer Schwangerschaft veranlasste Untersuchung. Ihre Kosten hat nach § 9 VI 2 MuSchG [bis 31.12.2017: § 5 III MuSchG] der AG zu tragen (*Buchner/Becker* § 5 MuSchG Rn. 95 ff.).

2 Der **Anspruch auf ärztl. Betreuung** ist umfassender als der auf „ärztl. Behandlung" (§ 28 I), setzt also insb. keine behandlungsbedürftige Krankheit voraus, sondern soll optimale Vorsorge gewährleisten. Dazu zählt auch die Beratung zur Mundgesundheit und zur Ernährung (**S. 3**). Sonstige ärztl. Leistungen, die nicht in direktem Zusammenhang mit Schwangerschaft/Entbindung erbracht werden, unterliegen den allg. Vorschr. der Krankenbehandlung. Der Umf. der ärztl. Leistungen ist nicht abschl. ges. festgelegt, sondern durch RL des Gemeinsamen Bundesausschusses gem. § 92 I 2 Nr. 4 konkretisiert.

3 Die Schwangere hat zudem Anspruch auf **Hebammenhilfe**. Die Hilfe umfasst Beratung während der Schwangerschaft, Überwachung und Hilfe bei Geburten und Fehlgeburten sowie die Versorgung von Mutter und Neugeborenem, wenn auch dieses ges. krankenversichert (§ 10) ist (**S. 2**). Hebammenhilfe während und bis zu 12 Wochen nach der der Geburt ist stets zu gewähren, iÜ bedarf sie der ärztl. Anordnung. Auf Wunsch der Schwangeren oder bei Erforderlichkeit ist zusätzl. ärztl. Betreuung zu gewährleisten. Die Krankenkasse trägt die anfallenden Entgelte unmittelbar.

§ 24e Versorgung mit Arznei-, Verband-, Heil- und Hilfsmitteln

[1]Die Versicherte hat während der Schwangerschaft und im Zusammenhang mit der Entbindung Anspruch auf Versorgung mit Arznei-, Verband-, Heil- und Hilfsmitteln. [2]Die für die Leistungen nach den §§ 31 bis 33 geltenden Vorschriften gelten entsprechend; bei Schwangerschaftsbeschwerden und im Zusammenhang mit der Entbindung finden § 31 Absatz 3, § 32 Absatz 2, § 33 Absatz 8 und § 127 Absatz 4 keine Anwendung.

1 Die Versicherte hat Anspruch auf Versorgung mit Arzneimitteln und Verbandstoffen sowie auf Heil- und Hilfsmittel im gleichen Umf. wie bei Krankenbehandlung (§ 27 I 2 Nr. 3, §§ 31 f.). Solche ärztl. verordneten Mittel sind **von der Pflicht zur Zuzahlung** (§ 31 III, § 32 II, § 33 VIII) **befreit**. Diese Ausnahme gilt nicht für Krankheiten, die nicht zumindest mitursächl. auf die Schwangerschaft zurückgehen, sondern ledigl. zeitl. mit ihr zusammentreffen. Schwangerschaftsabbrüche und Fehlgeburten sind keine Entbindungen (APS/*Rolfs* § 9 MuSchG 1968 Rn. 24, 26), dabei verordnete Mittel sind der Krankenbehandlung bzw. § 24b zuzuordnen und nicht von der Zuzahlung befreit (*Buchner/Becker* § 15 MuSchG Rn. 33). Für die Mittel zur Behandlung vorangegangener Schwangerschaftsbeschwerden gilt dagegen auch in diesen Fällen ausschl. § 24e.

§ 24f Entbindung

[1]Die Versicherte hat Anspruch auf ambulante oder stationäre Entbindung. [2]Die Versicherte kann ambulant in einem Krankenhaus, in einer von einer Hebamme oder einem Entbindungspfleger geleiteten Einrichtung, in einer ärztlich geleiteten Einrichtung, in einer Hebammenpraxis oder im Rahmen einer Hausgeburt entbinden. [3]Wird die Versicherte zur stationären Entbindung in einem Krankenhaus oder in einer anderen stationären Einrichtung aufgenommen, hat sie für sich und das Neugeborene Anspruch auf Unterkunft, Pflege und Verpflegung. [4]Für diese Zeit besteht kein Anspruch auf Krankenhausbehandlung. [5]§ 39 Absatz 2 gilt entsprechend.

1 Die Versicherte kann zwischen **Entbindung im Krankenhaus** und Hausgeburt frei wählen (S. 1). Sie kann sich auch für eine ambulante Entbindung in einem Krankenhaus, in einer von einer Hebamme oder einem Entbindungspfleger geleiteten Einrichtung, in einer ärztl. geleiteten Einrichtung oder in einer Hebammenpraxis entscheiden (S. 2). Damit ist die gegenteilige ältere Rspr. (BSG 21.2.2006 NZS 2006, 648) überholt (**aA** KK/*Nolte* Rn. 8). S. 3 gibt erg. den Anspruch auf kostenlose Unterkunft, Verpflegung und Pflege für sie und das Neugeborene, wenn zu diesem Zpkt. noch ein Versicherungsverhältnis besteht. Der Leistungsanspruch wird durch die Aufnahme in ein Krankenhaus oder eine sonst zur Entbindung geeignete Einrichtung (VGH BW 3.9.1986 ZfSH/SGB 1987, 154) erfüllt. Eine ärztl. Einweisung ist nicht erforderl., eine stationäre Entbindung muss auch nicht aus medizinischen Gründen erforderl. sein.

2 Während des Aufenthalts in einer Einrichtung gem. S. 1 schließt S. 4 einen **zusätzl. Anspruch auf Krankenhausbehandlung aus.** Die Regelung beeinträchtigt die Leistungsansprüche der Versicherten nicht, sondern klärt intern die Abrechnung der Krankenkassen. Die Versicherte hat die **freie Wahl unter den zugelassenen Krankenhäusern** oder geeigneten Einrichtungen. Zugelassene Krankenhäuser (§ 108) sind Hochschulkliniken, in den Krankenhausplan eines Landes aufgenommene Krankenhäuser und solche Häuser, die Versorgungsverträge mit den Kassenverbänden geschlossen haben. Nicht dazu gehören Privatkliniken, deren Kosten die Krankenkasse grds. nicht übernimmt (BSG 23.11.1995 SozR 3–2500 § 13 Nr. 9).

Das **Wirtschaftlichkeitsgebot** verpflichtet die Kassen grds. nur zur Übernahme der Kosten für die in der ärztl. Einweisung genannte Einrichtung. Gem. § 73 IV 3 hat der Arzt eines der beiden nächst erreichbaren geeigneten Krankenhäuser zu bestimmen. Wählt die Versicherte ohne zwgd. Grund ein zwar zugelassenes, aber von der ärztl. Einweisung abw. Krankenhaus, kann die Krankenkasse ihr entstehende Mehrkosten auferlegen, S. 4 iVm. § 39 II. Mehrkosten sind sämtl. durch die Wahl des Krankenhauses verursachten höheren Aufwendungen der Krankenkasse, insb. höhere Fahrtkosten (KK/*Gamperl* § 39 SGB V Rn. 98). **„Zwingende Gründe"** zur Wahl eines anderen als des in der ärztl. Verordnung genannten Krankenhauses iSv. § 39 II können neben obj. Umständen auch solche subj. Art sein (BT-Drs. 11/2237 S. 177). Daher darf die Versicherte zB ein anderes Krankenhaus wählen, wenn sie oder ihre Angehörigen bei früheren Behandlungen erhebl. negative Erfahrungen gemacht haben, das Vertrauensverhältnis zu den Krankenhausärzten gestört ist oder religiöse Gründe der Wahl dieses Krankenhauses entgegenstehen. 3

§ 24g Häusliche Pflege

¹Die Versicherte hat Anspruch auf häusliche Pflege, soweit diese wegen Schwangerschaft oder Entbindung erforderlich ist. ²§ 37 Absatz 3 und 4 gilt entsprechend.

Die Vorschr. ergänzt die Hebammenhilfe und ärztl. Betreuung bei Hausgeburten und sog. ambulanten Geburten, soll aber auch eine Alternative zu längeren Krankenhausaufenthalten vor und nach der Geburt schaffen. Häusl. Pflege muss wegen Schwangerschaft/Entbindung einer Versicherten (§ 24c Rn. 1) erforderl. sein. Ist die Pflege aus anderen Gründen erforderl., kann sie nur auf der Grdl. von § 37 I erfolgen, ist also auf höchstens 4 Wochen je Krankheitsfall begrenzt. Vorgeburtl. kommt § 24g zur Anwendung, wenn eine Fehlgeburt zu befürchten ist und deshalb Schonung bzw. Bettruhe verordnet ist. Bei und nach der Geburt setzt die Leistung aus § 24g Pflegebedürftigkeit der Versicherten voraus. Leistungsinhalt ist die allg. Grundpflege (zB Betten, Lagern, Körperpflege), nicht aber hauswirtschaftl. Betreuung (vgl. § 24h) oder Behandlungspflege iS einer medizinischen Hilfeleistung. Insoweit ist allein § 37 einschlägig. Die Leistungsdauer richtet sich nach den konkreten Erfordernissen. Der Anspruch setzt voraus, dass keine Person im Haushalt lebt, die die Versicherte im erforderl. Umf. versorgen kann, S. 2 iVm. § 37 III. Grds. stellt die Krankenkasse der Versicherten die Pflegeperson; anderenfalls werden auch die Kosten für eine selbstbeschaffte Pflege in angemessener Höhe ersetzt, § 37 IV. 1

§ 24h Haushaltshilfe

¹Die Versicherte erhält Haushaltshilfe, soweit ihr wegen Schwangerschaft oder Entbindung die Weiterführung des Haushalts nicht möglich und eine andere im Haushalt lebende Person den Haushalt nicht weiterführen kann. ²§ 38 Absatz 4 gilt entsprechend.

Kann eine Versicherte (§ 24c Rn. 1) ihren Haushalt wegen Schwangerschaft oder Entbindung (max. bis zu 6 Tage nach der Geburt: LSG SH 9.5.2007 NZS 2008, 258) nicht weiterführen und kann dies auch keine andere im Haushalt lebende Person übernehmen, können Haushalt und betreuungsbedürftige Angehörige durch eine Haushaltshilfe versorgt werden. Der Anspruch besteht bei stationärer Entbindung, bei Hausgeburten, bei frühzeitiger Rückkehr aus dem Krankenhaus oder in Fällen, in denen schwangerschaftsbedingt die Haushaltsführung wegen drohender Gesundheitsgefährdung nicht mögl. ist. Ob er auch bei Fehl- und Totgeburten zu gewähren ist, ist str. (*Kießling* NZS 2017, 373, 374 f.). Zur **Haushaltsführung** zählen ua. Reinigung der Wohnung, Waschen, Bügeln, Einkaufen, Kochen, Kinderbetreuung und -beaufsichtigung (BSG 22.4.1987 SozR 2200 § 185b Nr. 11). 1

Eine im Haushalt lebende Person kann die **Haushaltsführung nicht übernehmen,** wenn sie gesundheitl. oder aus Altersgründen dazu nicht in der Lage bzw. durch Schule, Berufsausbildung oder Erwerbstätigkeit daran gehindert ist. Urlaub oder Freistellung zum Zwecke der Haushaltsführung brauchen nicht beantragt zu werden (BSG 28.1.1977 E 43, 170, 171). Grds. stellt die Krankenkasse die Haushaltshilfe; anderenfalls werden Kosten für eine selbst beschaffte Hilfe erstattet, S. 2 iVm. § 38 IV. Ist die Hilfsperson mit der Versicherten bis zum zweiten Grad verwandt oder verschwägert (§§ 1589, 1590 BGB), besteht gem. § 38 IV 2 kein Anspruch auf Kostenerstattung, doch kann die Kasse Fahrtkosten und Verdienstausfall der Hilfsperson ersetzen. 2

§ 24i Mutterschaftsgeld

(1) **¹Weibliche Mitglieder, die bei Arbeitsunfähigkeit Anspruch auf Krankengeld haben oder denen wegen der Schutzfristen nach § 3 des Mutterschutzgesetzes kein Arbeitsentgelt gezahlt wird, erhalten Mutterschaftsgeld. ²Mutterschaftsgeld erhalten auch Frauen, deren Arbeitsverhält-**

nis unmittelbar vor Beginn der Schutzfrist nach § 3 Absatz 1 des Mutterschutzgesetzes endet, wenn sie am letzten Tag des Arbeitsverhältnisses Mitglied einer Krankenkasse waren.

(2) [1]Für Mitglieder, die bei Beginn der Schutzfrist vor der Entbindung nach § 3 Absatz 1 des Mutterschutzgesetzes in einem Arbeitsverhältnis stehen oder in Heimarbeit beschäftigt sind oder deren Arbeitsverhältnis nach Maßgabe von § 17 Absatz 2 des Mutterschutzgesetzes gekündigt worden ist, wird als Mutterschaftsgeld das um die gesetzlichen Abzüge verminderte durchschnittliche kalendertägliche Arbeitsentgelt der letzten drei abgerechneten Kalendermonate vor Beginn der Schutzfrist nach § 3 Absatz 1 des Mutterschutzgesetzes gezahlt. [2]Es beträgt höchstens 13 Euro für den Kalendertag. [3]Für die Ermittlung des durchschnittlichen kalendertäglichen Arbeitsentgelts gilt § 21 des Mutterschutzgesetzes entsprechend. [4]Übersteigt das durchschnittliche Arbeitsentgelt 13 Euro kalendertäglich, wird der übersteigende Betrag vom Arbeitgeber oder von der für die Zahlung des Mutterschaftsgeldes zuständigen Stelle nach den Vorschriften des Mutterschutzgesetzes gezahlt. [5] Für Frauen nach Absatz 1 Satz 2 sowie für andere Mitglieder wird das Mutterschaftsgeld in Höhe des Krankengeldes gezahlt.

(3) [1]Das Mutterschaftsgeld wird für die letzten sechs Wochen vor dem voraussichtlichen Tag der Entbindung, den Entbindungstag und für die ersten acht Wochen nach der Entbindung gezahlt. [2]Bei Früh- und Mehrlingsgeburten sowie in Fällen, in denen vor Ablauf von acht Wochen nach der Entbindung bei dem Kind eine Behinderung im Sinne von § 2 Absatz 1 Satz 1 des Neunten Buches ärztlich festgestellt und ein Antrag nach § 3 Absatz 2 Satz 4 des Mutterschutzgesetzes gestellt wird, verlängert sich der Zeitraum der Zahlung des Mutterschaftsgeldes nach Satz 1 auf die ersten zwölf Wochen nach der Entbindung. [3]Wird bei Frühgeburten und sonstigen vorzeitigen Entbindungen der Zeitraum von sechs Wochen vor dem voraussichtlichen Tag der Entbindung verkürzt, so verlängert sich die Bezugsdauer um den Zeitraum, der vor der Entbindung nicht in Anspruch genommen werden konnte. [4]Für die Zahlung des Mutterschaftsgeldes vor der Entbindung ist das Zeugnis eines Arztes oder einer Hebamme maßgebend, in dem der voraussichtliche Tag der Entbindung angegeben ist. [5]Bei Entbindungen nach dem voraussichtlichen Tag der Entbindung verlängert sich die Bezugsdauer bis zum Tag der Entbindung entsprechend. [6] Für Mitglieder, deren Arbeitsverhältnis während der Schutzfristen nach § 3 des Mutterschutzgesetzes beginnt, wird das Mutterschaftsgeld von Beginn des Arbeitsverhältnisses an gezahlt.

(4) [1]Der Anspruch auf Mutterschaftsgeld ruht, soweit und solange das Mitglied beitragspflichtiges Arbeitsentgelt, Arbeitseinkommen oder Urlaubsabgeltung erhält. [2]Dies gilt nicht für einmalig gezahltes Arbeitsentgelt.

1 **1. Normzweck.** Die Vorschr. begr. einen Anspruch auf Mutterschaftsgeld für ges. Krankenversicherte (Rn. 4); für Nichtmitglieder gilt § 19 II MuSchG [bis 31.12.2017: § 13 II, III MuSchG]. Das Mutterschaftsgeld soll den Einkommensausfall infolge der Beschäftigungsverbote gem. § 3 I, II MuSchG [bis 31.12.2017: § 3 II, § 6 I MuSchG] ausgleichen (BAG 25.2.2004 NZA 2004, 537). Anspruchsberechtigt sind über die von § 1 MuSchG erfassten Personen hinaus alle, denen bei AU Krankengeldansprüche zustehen. Die Mitgliedschaft muss grds. zum Zpkt. des Versicherungsfalls (Rn. 2) bestehen. Liegen die Voraussetzungen des Abs. 1 vor, so erhält die AN Mutterschaftsgeld. Zur Höhe vgl. Rn. 7 ff.

2 **2. Anspruchsvoraussetzungen (Abs. 1). a) Versicherungsfall.** Der Anspruch auf Mutterschaftsgeld entsteht mit Beginn der Schutzfrist des § 3 I MuSchG [bis 31.12.2017: § 3 II MuSchG] oder mit der Frist des Abs. 3, wenn die Schwangere nicht dem MuSchG unterliegt. Beginnt das ArbVerh. erst während der Mutterschutzfristen vor oder nach der Geburt (§ 3 I, II MuSchG [bis 31.12.2017: § 3 II, § 6 I MuSchG]), wird das Mutterschaftsgeld von Beginn des ArbVerh. an gezahlt (Abs. 3 S. 6; dazu *Friese* NJW 2002, 3208, 3210), und zwar auch und gerade dann, wenn die Frau wegen der Schutzfristen die Arbeit tats. nicht aufnehmen kann (BSG 28.2.2008 NZA-RR 2009, 30). Mutterschaftsgeld wird auch gewährt, wenn das BeschVerh. unmittelbar vor Beginn der Schutzfrist geendet hat. Der Anspruch endet mit Ablauf der Frist des § 3 II MuSchG [bis 31.12.2017: § 6 I MuSchG], bei Fehlgeburten/Abbruch dagegen mit Ende der Schwangerschaft, da es hier an einer „Entbindung" fehlt.

3 **b) Weibliche Mitglieder.** Der Anspruch steht nur der **leibl. Mutter** zu, jedoch weder der Adoptivmutter (BSG 3.6.1981 NJW 1981, 2719) noch dem (erwerbstätigen) Vater (BSG 19.10.1983 NJW 1984, 631). Diese Differenzierung ist sachgerecht und vom bes. Schutzauftrag zugunsten von Müttern umfasst, sie verstößt weder gegen Art. 3 GG noch gegen Art. 6 GG (BVerfG 5.8.1986 SozR 2200 § 200 Nr. 9; 5.8.1986 NJW 1987, 179 f.). **Familienversicherte** (§ 10) sind keine Kassen*mitglieder* und erhalten also kein Mutterschaftsgeld.

4 **c) Anspruch auf Krankengeld oder kein Entgelt wegen der Schutzfristen.** Der Anspruch steht allen weibl. Mitgliedern zu, die Anspruch auf Krankengeld haben, also entweder krankheitsbedingt

arbeitsunfähig sind oder auf Kosten der Kasse stationär behandelt werden (§ 44; zu Ausnahmen s. § 44 Rn. 6). Eine Pflichtvers. ist nicht Voraussetzung, freiwillige Mitgliedschaft genügt.

Personen ohne Anspruch auf Krankengeld kann der Anspruch aus Abs. 1 gleichwohl zustehen, wenn ihnen **wegen der Schutzfristen des MuSchG kein Arbeitsentgelt** gezahlt wird, zB Studentinnen gem. § 5 I Nr. 9, Bezieherinnen von Erwerbsminderungs- oder Hinterbliebenenrente gem. § 50 I Nr. 1 sowie geringfügig beschäftigte freiwillig Versicherte (§ 9) oder Personen, die wegen Überschreitens der Jahresarbeitsentgeltgrenze des § 6 versicherungsfrei sind. 5

IÜ muss der Ausfall des Arbeitsentgelts jedoch gerade **„wegen"** der Schutzfristen eintreten: Ein Anspruch auf Mutterschaftsgeld besteht daher nicht, wenn die Schwangere während der (gesamten) Schutzfrist unbezahlt beurlaubt worden war. Da die Zahlungspflicht des AG bereits auf Grund des unbezahlten Urlaubs entfällt, kann auch kein Anspruch auf Lohnersatzleistungen mehr entstehen (BSG 8.3.1995 NZS 1995, 459). Ähnl. wurde im Falle des Eintritts einer weiteren Schwangerschaft während des Erziehungsgeldbezuges, aber bei beendetem ArbVerh. argumentiert (BSG 8.8.1995 SozR 3–2200 § 200 Nr. 4). Demggü. ist Mutterschaftsgeld zu gewähren, wenn die Frau zwar bei Beginn der Mutterschutzfrist noch beurlaubt war, infolge der Schwangerschaft aber ihre Tätigkeit zum vereinbarten Termin nicht wieder aufnehmen konnte (BSG 17.2.2004 NZS 2005, 147; vgl. a. BAG 25.2.2004 NZA 2004, 537). Wird wegen der Beendigung des BeschVerh. die Mitgliedschaft in der Krankenkasse nur noch gem. § 192 I Nr. 2 wegen Elterngeldbezugs aufrechterhalten, entsteht kein Anspruch aus § 24 i. 6

3. Höhe des Mutterschaftsgeldes (Abs. 2). Die Höhe des Mutterschaftsgeldes bestimmt sich danach, ob die Versicherte entweder bei Beginn der Schutzfrist (schon oder noch) in einem ArbVerh. steht, in Heimarbeit beschäftigt ist bzw. ihr ArbVerh. vom AG zulässig aufgelöst wurde oder ihr ArbVerh. erst während der Schutzfrist begann (S. 1 bis 4) oder ein anderes Mitglied ist (S. 5). Letztere erhalten Mutterschaftsgeld iHd. Krankengeldes, Erstere iHd. durchschnittl. Netto-Arbeitsentgelts der letzten drei abgerechneten Kalendermonate vor Beginn der Schutzfrist, höchstens aber 13 € kalendertägl. 7

a) Mutterschaftsgeld für Arbeitnehmer usw. (Abs. 2 S. 1 bis 4). In der ersten Alt. (Abs. 2 S. 1 bis 4) muss die Versicherte bei Beginn der Frist aus § 3 I MuSchG [bis 31.12.2017: § 3 II MuSchG] **in einem ArbVerh. stehen oder in Heimarbeit beschäftigt sein,** oder das ArbVerh. muss während der Mutterschutzfrist vor (§ 3 I MuSchG [bis 31.12.2017: § 3 II MuSchG]) oder nach der Geburt (§ 3 II MuSchG [bis 31.12.2017: § 6 I MuSchG]) beginnen. Es kommt nur auf den Bestand des ArbVerh., nicht auf die tats. Arbeitsleistung an. Unerhebl. ist auch, ob das ArbVerh. danach sofort endet. Steht die Versicherte während des Bezugszeitraums in mehreren ArbVerh. nebeneinander, stützt sich der Anspruch auf Mutterschaftsgeld dem Grunde und der Höhe nach auf alle diese ArbVerh. Eine wirksame Kündigung des ArbVerh. durch den AG während der Schwangerschaft oder der Schutzfrist nach § 3 II MuSchG [bis 31.12.2017: § 6 I MuSchG] oder eine einvernehml. Auflösung des ArbVerh., wenn der AG die Möglichkeit zur Kündigung gehabt hätte (*Friese* NJW 2002, 3208, 3210), stehen dem Bestand des ArbVerh. bei Beginn der Schutzfrist des § 3 I MuSchG [bis 31.12.2017: § 3 II MuSchG] gleich (Abs. 2 S. 1). Durch Abs. 3 S. 6 ist auch der Beginn des ArbVerh. während der Schutzfristen nach § 3 I, II MuSchG [bis 31.12.2017: § 3 II, § 6 I MuSchG] gleichgestellt (vgl. BT-Drs. 14/8525 S. 9). 8

Das Mutterschaftsgeld ist **kalendertägl. zu berechnen** und zu gewähren. Es wird nach dem Durchschnittslohn ermittelt (Referenzmethode), dh. der gesamte Nettoverdienst der Schwangeren im Berechnungszeitraum wird durch die Anzahl der Kalendertage dieses Zeitraums geteilt. **Arbeitsentgelt** sind die lfd. oder einmaligen Einnahmen aus einer Beschäftigung. Sachbezüge sind einzurechnen und mit dem Verkehrswert anzusetzen, der auf Grund § 3 SvEV festgelegt wird, falls sie nicht während der Schutzfrist weitergewährt werden. Einmalig gezahltes Arbeitsentgelt (§ 23a SGB IV, vgl. § 49 Rn. 5 aE) wird nicht eingerechnet (§ 21 II Nr. 1 MuSchG 2018). Verdiensterhöhungen im Berechnungszeitraum sind von dem Tag einzurechnen, von dem an sie wirksam werden; rückwirkende Tariflohnerhöhungen werden insoweit ebenfalls berücksichtigt (EuGH 13.2.1996 AP EWG-Vertrag Art. 119 Nr. 74; BAG 6.6.1994 NZA 1994, 793; **aA** wohl BSG 30.5.1978 E 46, 203, 205). Verdienstminderungen infolge von Krankheit, Arbeitsausfällen oder unverschuldeter Arbeitsversäumnis sind für die Feststellung des Arbeitsentgelts nicht heranzuziehen. Auswirkungen hat somit nur verschuldete Arbeitsversäumnis, betriebl. bedingte Verdienstminderungen sind nicht zu berücksichtigen. 9

Das **Nettoentgelt** errechnet sich aus dem Arbeitsentgelt abzgl. Lohnsteuer, Solidaritätszuschlag, Kirchensteuer und Sozialversicherungsbeiträgen, § 14 II SGB IV. Da durch Änd. steuerl. Merkmale (Steuerklasse, Freibeträge) die Höhe des Mutterschaftsgeldes beeinflusst werden kann, ist zu prüfen, inwieweit die Änd. gerechtfertigt oder rechtsmissbräuchl. war (so zum Parallelproblem bei § 20 MuSchG [bis 31.12.2017: § 14 MuSchG] BAG 18.9.1991 NZA 1992, 411; **aA** zum Elterngeld BSG 25.6.2009 NJW 2010, 1485). 10

Der **Berechnungszeitraum** berücksichtigt nur die letzten drei vollständig abgerechneten Kalendermonate vor Beginn der Schutzfrist des § 3 I MuSchG [bis 31.12.2017: § 3 II MuSchG]. Wird der Antrag erst nach der Entbindung gestellt, ist der tats. Entbindungstag für die Berechnung maßgebl., 11 sonst der in der Bescheinigung benannte. Abgerechnet ist ein Zeitraum dann, wenn die endgültige Entgeltabrechnung erstellt oder das Entgelt vollständig geleistet wurde; bloße Abschlagszahlungen genügen dafür nicht (BSG 21.7.1977 SozR 4100 § 112 Nr. 5; 23.11.1988 E 64, 179, 180 f.). Die drei abgerechneten Monate müssen nicht zusammenhängen, es kann sich auch um Entgelt aus verschiedenen ArbVerh. handeln (BSG 22.2.1972 E 34, 79, 80 f.).

12 Der **Berechnungsgrds.** sieht vor, dass das ermittelte Nettoentgelt auf den Kalendertag umgerechnet wird; bei festem Monatsverdienst wird der Monat zu 30 Tagen gerechnet, sonst entspr. der tats. Zahl der Kalendertage. Die Woche wird mit 7 Tagen gerechnet, unabhängig von der vereinbarten AZ. Ledigl. die unverschuldeten Ausfallzeiten iSd. § 21 II Nr. 2 MuSchG 2018 werden in die Zeitberechnung nicht einbezogen, damit sie die Höhe des Tagesentgelts im Bezugszeitraum nicht (nachteilig) beeinflussen.

13 Kann ein repräsentatives Durchschnittsentgelt tats. nicht ermittelt werden (zu große Fehlzeiten, fehlende Verdienstbescheinigung, Beginn des ArbVerh. während der Schutzfrist), ist das Entgelt einer **gleichartig Beschäftigten** zugrunde zu legen, § 21 III MuSchG 2018. Dasselbe gilt, wenn die Berechnung gem. Abs. 2 S. 1 bis 3 zu normzweckwidrigen Ergebnissen führen würde, zB weil die Schwangere im Berechnungszeitraum nur zum Teil Arbeitsentgelt, iÜ aber noch die wesentl. niedrigere Ausbildungsvergütung bezogen hat (vgl. BSG 29.8.1962 E 17, 246, 249). Die Vergleichsperson ist eine „gleichartig Beschäftigte", wenn sie im selben Betrieb unter vergleichbaren Arbeitsbedingungen tätig ist; hilfsweise ist der ortsübl. Verdienst heranzuziehen.

14 Der **Höchstbetrag** des Mutterschaftsgeldes beträgt kalendertägl. 13 €. Liegt das Nettoarbeitsentgelt höher, muss die Differenz vom AG gem. § 20 I, II MuSchG [bis 31.12.2017: § 14 I MuSchG] geleistet werden, bei zulässig aufgelöstem ArbVerh. oder Zahlungsunfähigkeit des AG gem. § 20 III MuSchG [bis 31.12.2017: § 14 II, III MuSchG] von der Krankenkasse (MuSchG § 14 Rn. 5).

15 **b) Mutterschaftsgeld für andere Mitglieder (Abs. 2 S. 5).** „Andere Mitglieder" als AN oder in Heimarbeit Beschäftigte haben Anspruch auf Mutterschaftsgeld iHd. Krankengeldes (Abs. 2 S. 5). Gemeint sind Versicherte, die die Voraussetzungen des Abs. 1 erfüllen, aber nicht die Voraussetzungen des Abs. 2 S. 1 oder Abs. 3 S. 6; das sind NichtAN, zB GmbH-Geschäftsführerinnen (BSG 16.2.2005 NZA-RR 2005, 542), freiwillig versicherte Selbständige, Bezieherinnen von Leistungen nach dem SGB III, EZ-AN, die erneut schwanger werden, und AN ohne Anspruch auf AGZuschuss. Die Höhe des Krankengeldes beträgt gem. § 47 70% des wegen der AU entgangenen Regelentgelts. Eine Begrenzung auf den Höchstbetrag von 13 € pro Tag entfällt.

16 **4. Dauer des Anspruchs (Abs. 3).** Mutterschaftsgeld wird für die letzten sechs Wochen vor dem mutmaßl. Tag der Entbindung, den Entbindungstag und für die ersten acht Wochen, bei Mehrlings- und Frühgeburten sowie bei der Geburt eines behinderten Kindes für die ersten zwölf Wochen nach der Entbindung gezahlt (vgl. BT-Drs. 17/10170 S. 24). Für die Berechnung der Fristen gelten gem. § 26 I SGB X die § 187 I, § 188 II BGB. Tritt die Entbindung später als zum bescheinigten Termin ein, verlängert sich die Bezugsdauer bis zum tats. Entbindungstermin (Abs. 3 S. 5); eine spätere Berichtigung des Zeugnisses beeinflusst die Verlängerung nicht. Tritt die Entbindung früher als erwartet ein, so verlängert sich die Bezugsdauer nach der Entbindung um den Zeitraum, der vorher nicht in Anspruch genommen werden konnte (Abs. 3 S. 3).

17 **5. Ruhen des Mutterschaftsgeldes (Abs. 4).** Während der Schutzfristen gem. § 3 I, II MuSchG [bis 31.12.2017: § 3 II, § 6 I MuSchG] ruht das ArbVerh. nicht (BAG 10.5.1989 NZA 1989, 759), zur Gewährung von Arbeitsentgelt bzw. Mutterschutzlohn ist der AG aber nicht verpflichtet (MuSchG § 6 Rn. 7). Wird Entgelt oder Urlaubsabgeltung gezahlt, ruht der Anspruch aus § 24 i. Der Anspruch ruht insoweit nicht, als der AG das Entgelt tats. nicht zahlt. Die Ruhenszeit wird auf den Bezugszeitraum angerechnet, dieser verlängert sich also nicht. Ist die Versicherte vor Beginn der Schutzfrist arbeitsunfähig, hat sie den Anspruch aus § 3 EFZG, dieser endet mit Einsetzen der Schutzfrist (BAG 12.3.1997 NZA 1997, 763). Der Zuschuss gem. § 20 MuSchG [bis 31.12.2017: § 14 MuSchG] ist kein Arbeitsentgelt iSd. Abs. 4, sondern muss zusätzl. zum Mutterschaftsgeld gezahlt werden.

18 **6. Zusammentreffen mit anderen Leistungen. a) Elterngeld.** Mutterschaftsgeld wird auf das Elterngeld angerechnet (§ 3 I BEEG), so dass Elterngeld nur noch zu zahlen ist, soweit es das Mutterschaftsgeld übersteigt. Wird eine versicherungspflichtige Mutter während einer lfd. EZ erneut schwanger, hat sie wiederum Anspruch auf Mutterschaftsgeld. Der Anspruch berechnet sich nach Abs. 2 S. 1 bis 4, wobei das Arbeitsentgelt zugrunde zu legen ist, das in den letzten drei abgerechneten Kalendermonaten vor Beginn der ersten Schwangerschaft gezahlt worden ist (*Meisel/Sowka* § 200 RVO Rn. 114). Endet das ArbVerh. während der EZ, besteht das Versicherungsverhältnis der AN weiter, § 192 I Nr. 2. Sie verliert aber den Anspruch auf Krankengeld und damit auch den aus § 24i (Rn. 6).

19 **b) Krankengeld, Arbeitslosengeld.** Gem. § 49 I Nr. 3a ruht das Krankengeld, wenn Mutterschaftsgeld gezahlt wird (vgl. BAG 12.3.1997 NZA 1997, 763). Das Stammrecht besteht aber weiter, sodass die Zeiten für die Höchstbezugsdauer gem. § 48 III mitgerechnet werden. Auch der Anspruch auf Leistungen nach dem SGB III (Alg. etc.) ist ggü. dem Mutterschaftsgeld nachrangig.

§ 44 Krankengeld

(1) Versicherte haben Anspruch auf Krankengeld, wenn die Krankheit sie arbeitsunfähig macht oder sie auf Kosten der Krankenkasse stationär in einem Krankenhaus, einer Vorsorge- oder Rehabilitationseinrichtung (§ 23 Abs. 4, §§ 24, 40 Abs. 2 und § 41) behandelt werden.

(2) [1] Keinen Anspruch auf Krankengeld haben

1. die nach § 5 Abs. 1 Nr. 2 a, 5, 6, 9, 10 oder 13 sowie die nach § 10 Versicherten; dies gilt nicht für die nach § 5 Abs. 1 Nr. 6 Versicherten, wenn sie Anspruch auf Übergangsgeld haben, und für Versicherte nach § 5 Abs. 1 Nr. 13, soweit sie abhängig beschäftigt und nicht nach den §§ 8 und 8a des Vierten Buches geringfügig beschäftigt sind,

2. hauptberuflich selbständig Erwerbstätige, es sei denn, das Mitglied erklärt gegenüber der Krankenkasse, dass die Mitgliedschaft den Anspruch auf Krankengeld umfassen soll (Wahlerklärung),

3. Versicherte nach § 5 Absatz 1 Nummer 1, die bei Arbeitsunfähigkeit nicht mindestens sechs Wochen Anspruch auf Fortzahlung des Arbeitsentgelts auf Grund des Entgeltfortzahlungsgesetzes, eines Tarifvertrags, einer Betriebsvereinbarung oder anderer vertraglicher Zusagen oder auf Zahlung einer die Versicherungspflicht begründenden Sozialleistung haben, es sei denn, das Mitglied gibt eine Wahlerklärung ab, dass die Mitgliedschaft den Anspruch auf Krankengeld umfassen soll. Dies gilt nicht für Versicherte, die nach § 10 des Entgeltfortzahlungsgesetzes Anspruch auf Zahlung eines Zuschlages zum Arbeitsentgelt haben,

4. Versicherte, die eine Rente aus einer öffentlich-rechtlichen Versicherungseinrichtung oder Versorgungseinrichtung ihrer Berufsgruppe oder von anderen vergleichbaren Stellen beziehen, die ihrer Art nach den in § 50 Abs. 1 genannten Leistungen entspricht. Für Versicherte nach Satz 1 Nr. 4 gilt § 50 Abs. 2 entsprechend, soweit sie eine Leistung beziehen, die ihrer Art nach den in dieser Vorschrift aufgeführten Leistungen entspricht.

[2] Für die Wahlerklärung nach Satz 1 Nummer 2 und 3 gilt § 53 Absatz 8 Satz 1 entsprechend. [3] Für die nach Nummer 2 und 3 aufgeführten Versicherten bleibt § 53 Abs. 6 unberührt.

(3) Der Anspruch auf Fortzahlung des Arbeitsentgelts bei Arbeitsunfähigkeit richtet sich nach arbeitsrechtlichen Vorschriften.

(4) [1] Versicherte haben Anspruch auf individuelle Beratung und Hilfestellung durch die Krankenkasse, welche Leistungen und unterstützende Angebote zur Wiederherstellung der Arbeitsfähigkeit erforderlich sind. [2] Maßnahmen nach Satz 1 und die dazu erforderliche Erhebung, Verarbeitung und Nutzung personenbezogener Daten dürfen nur mit schriftlicher Einwilligung und nach vorheriger schriftlicher Information des Versicherten erfolgen. [3] Die Einwilligung kann jederzeit schriftlich widerrufen werden. [4] Die Krankenkassen dürfen ihre Aufgaben nach Satz 1 an die in § 35 des Ersten Buches genannten Stellen übertragen. [5] Das Bundesministerium für Gesundheit legt dem Deutschen Bundestag bis zum 31. Dezember 2018 einen Bericht über die Umsetzung des Anspruchs auf individuelle Beratung und Hilfestellung durch die Krankenkassen nach diesem Absatz vor.

1. Normzweck. Zu den Leistungen der Krankenkassen bei Krankheit der Versicherten gehört neben der in den §§ 27 bis 43a geregelten ärztl. Behandlung einschl. der Psychotherapie, der zahnärztl. Behandlung einschl. der Versorgung mit Zahnersatz, der Versorgung mit Arznei-, Verband-, Heil- und Hilfsmitteln, der Krankenhausbehandlung sowie medizinischen und erg. Leistungen zur Rehabilitation sowie Belastungserprobung und Arbeitstherapie auch die Zahlung von **Krankengeld** bei AU und **gleichgestellten Tatbeständen** nach Maßgabe der §§ 44 ff. Bei dieser Geldzahlung handelt es sich um eine Leistung zur wirtschaftl. Sicherung des Versicherten bei Krankheit iSd. § 4 II 1 Nr. 2 SGB I. 1

Das Krankengeld hat **Entgeltersatzfunktion,** wie in § 47 III ausdr. erwähnt ist. Es wird ua. geleistet, wenn der Versicherte seines Entgeltanspruchs verlustig ist oder er ihn nicht erfüllt bekommt. Ihm kommt damit die Funktion zu, den Verlust von Arbeitsentgelt auszugleichen (BSG 20.8.1986 E 60, 189, 192; 17.9.1986 NZA 1987, 140). Der Anspruch besteht unabhängig von einem arbeitsrechtl. Anspruch auf EFZ nach dem EFZG, Abs. 3. Er ruht allerdings, sofern und solange Arbeitsentgelt gezahlt wird, § 49 I Nr. 1 (§ 49 Rn. 3 ff.). Zum Schutz der Solidargemeinschaft ist der Anspruch für bestimmte Versicherte ausgeschlossen (Abs. 2). Die in Abs. 2 Nr. 2 und 3 genannten Versicherten können eine **Wahlerkl.** des Inhalts abgeben, dass der Versicherungsschutz auch das Krankengeld umfassen soll (Rn. 13). 2

2. Anspruchsvoraussetzungen (Abs. 1). a) Versicherungsverhältnis. Anspruch auf Krankengeld haben nur Versicherte, wobei es nicht darauf ankommt, ob eine **Pflichtvers.** nach § 5 oder eine **freiwillige** Vers. nach § 9 vorliegt. Das durch die Mitgliedschaft in einer Krankenkasse vermittelte Versicherungsverhältnis begr. den Anspruch (BSG 5.10.1977 E 45, 11, 13). Versichert iSd. Abs. 1 ist auch derjenige, der Alg. nach dem SGB III bezieht, § 5 I Nr. 2. Die weiteren Versicherungsarten sind für das ArbR von untergeordneter Bedeutung. 3

4 Es genügt auch die Mitgliedschaft, die durch § 7 III SGB IV (Fortdauer des BeschVerh. ohne Anspruch auf Arbeitsentgelt bis zur Dauer eines Monats) vermittelt wird. Die Vorschr. betrifft zB den **Streik,** die **Aussperrung** oder den **unbezahlten Urlaub** (KKW/*Waltermann* Rn. 2). Die frühere Rspr. (BSG 14.12.1976 AP BUrlG § 9 Nr. 7), nach der in Fällen des unbezahlten Urlaubs kein Anspruch auf Krankengeld bestand, wenn der unbezahlte Urlaub nicht im Anschluss an einen Erholungsurlaub genommen wurde, ist damit überholt (BSG 27.11.1990 NZA 1991, 532). Erkrankt der AN am Ende des ArbVerh., kann der Krankengeldanspruch auch darüber hinaus auf der fortbestehenden Mitgliedschaft aus dem BeschVerh. (§ 192 SGB V) beruhen (BSG 4.3.2014 NZS 2014, 458). Ein Versicherungsverhältnis besteht nicht mehr, wenn das BeschVerh. beendet ist und der AN anstelle des ihm zustehenden Urlaubs in Natur ledigl. Urlaubsabgeltung erhält (BSG 4.3.2014 NZS 2014, 418). Im Falle des Arbeitskampfes kommt es auf die Rechtmäßigkeit des Streiks bzw. der Aussperrung bis zum Ablauf der Monatsfrist nicht an, solange das ArbVerh. von keiner Seite gekündigt wird. Nach Ablauf eines Monats endet das Beschäftigungs- und damit das Versicherungsverhältnis aus § 7 III SGB IV. Im Falle eines rechtmäßigen Arbeitskampfes besteht die Mitgliedschaft jedoch nach Maßgabe des § 192 I Nr. 1 fort.

5 Die Versicherungspflicht für AN nach § 5 I Nr. 1 **beginnt** gem. § 186 I mit dem Tag des Eintritts in das BeschVerh. Es ist nicht erforderl., dass der AN die Arbeit tats. aufgenommen hat. Vielmehr beginnt das BeschVerh. und damit die Versicherungspflicht auch dann, wenn die Arbeit zB infolge Freistellung erst gar nicht aufgenommen wird (BT-Drs. 13/9741 S. 12). Anders entscheidet das BSG (4.3.2014 E 115, 158, 160 ff.; **aA** *Rolfs* RdA 2015, 248 ff.) aber für den Fall der AU: Hier soll ein BeschVerh. gegen Arbeitsentgelt (§ 5 I Nr. 1) nicht begr. werden, solange der AN die Arbeit weder tats. aufgenommen noch einen Anspruch auf EFZ erworben hat (an dem es wegen § 3 III EFZG in den ersten vier Wochen des ArbVerh. fehlt). Damit belebt das Gericht den „missglückten Arbeitsversuch" wieder und rückt zugleich von seiner Rspr. kurz nach Inkrafttreten des SGB V ab. Nach dieser sollte der Versicherungsschutz nur in Fällen des Rechtsmissbrauchs (§ 242 BGB) versagt werden, in denen das ArbVerh. mit einem Arbeitsunfähigen allein zum Zwecke der Verschaffung des Versicherungsschutzes begr. wird (BSG 4.12.1997 NZS 1998, 234; 4.12.1997 NZA-RR 1998, 97; 29.9.1998 NZS 1999, 500; dazu *Rolfs* Versicherungsprinzip S. 315 ff.).

6 **b) Ausgeschlossene Versicherte (Abs. 2).** Vom Bezug des Krankengelds sind nach Abs. 2 Nr. 1 bestimmte Versicherte, näml. die in § 5 I Nr. 2 a, 5, 6, 9, 10 oder 13 und in § 10 genannten Personen ausgeschlossen, zu denen AN regelm. nicht gehören. Da die dort Genannten keine Vergütung in ihrem die Vers. begründenden Rechtsverhältnis erhalten, kann es nicht zu einem Entgeltausfall bei AU kommen, sodass kein Anlass für eine Leistung mit Entgeltersatzfunktion besteht. Bei den von Abs. 2 Nr. 2 bis 4 erfassten Personen handelt es sich um solche, deren Versicherungspflicht auf § 5 I Nr. 13 beruht. Ein Krankengeldanspruch ist für diese Versicherten grds. nicht erforderl., da es sich überw. um Personen handelt, denen bei AU kein Arbeitsentgelt entgeht (BT-Drs. 16/3100 S. 107). Versicherte, für die die Dinge anders liegen (namentl. hauptberufl. Selbständige), können eine sog. Wahlerkl. abgeben, mit der sie – ohne zusätzl. Beiträge – Anspruch auf Krankengeld erlangen (BT-Drs. 16/12256 S. 64).

7 **c) Krankheitsbedingte Arbeitsunfähigkeit.** Ebenso wie ein arbeitsrechtl. Anspruch auf EFZ nur besteht, wenn der AN arbeitsunfähig krank ist, setzt der Anspruch auf Zahlung von Krankengeld in der ersten Alt. des Abs. 1 S. 1 voraus, dass der Versicherte nach (vertrags-)ärztl. Feststellung (§ 46 S. 1 Nr. 2, dazu BSG 8.11.2005 AP SGB V § 44 Nr. 1; 8.11.2005 E 95, 219, 221) krank und deshalb arbeitsunfähig ist. Das SGB V verwendet den Begriff der AU in unterschiedl. Bedeutung (BSG 31.1.1995 NZS 1995, 363). In Abs. 1 S. 1 wird er ieS gebraucht. Danach ist nur derjenige arbeitsunfähig, der überhaupt nicht oder nur auf die Gefahr, seinen Zustand zu verschlimmern, fähig ist, seiner bisher ausgeübten Erwerbstätigkeit oder einer ähnl. (gleich gearteten) Tätigkeit nachzugehen (BSG 9.12.1986 E 61, 66, 70). Die AU entfällt nicht dadurch, dass der Versicherte sich nach Beendigung seines bisherigen BeschVerh. arbeitslos meldet und der Arbeitsvermittlung zur Vfg. stellt (BSG 15.11.1984 NZA 1985, 373; 8.2.2000 NZS 2000, 611). Hat der Versicherte längere Zeit keine Beschäftigung ausgeübt, so ist eine mutmaßl. Tätigkeit zugrunde zu legen. Vgl. zum arbeitsrechtl. Begriff der AU EFZG § 3 Rn. 4 ff.

8 Im Wesentlichen decken sich der krankenversicherungsrechtl. Begriff der AU (im weiteren Sinn) und der arbeitsrechtl. Begriff. Das gilt auch hins. der **Verweisung auf eine andere, gleich geartete Tätigkeit,** die der Erkrankte ausüben kann (BSG 8.2.2000 NZS 2000, 611; 14.2.2001 SozR 3–2500 § 44 Nr. 9; 19.9.2002 NZA 2003, 907). Der arbeitsrechtl. Begriff der AU unterscheidet sich von dem krankenversicherungsrechtl. Begriff aber insofern, als es im ArbR nur auf die Fähigkeit ankommt, im lfd. oder nach § 8 EFZG beendeten ArbVerh. einer geschuldeten Tätigkeit nachzukommen. Im Krankenversicherungsrecht ist das berufl. Bezugsfeld auch außerhalb eines ArbVerh. mit zu beurteilen. Allerdings ist bei **fortbestehendem ArbVerh.** eine zur Beendigung der AU führende „Verweisung" auf einen anderen Arbeitsplatz nur unter zwei Voraussetzungen mögl.: Erstens tritt die Beendigung der AU nicht bereits bei der abstrakten Möglichkeit einer innerbetriebl. Versetzung ein, denn wenn der AG eine Versetzung nicht vornehmen kann oder will, bleibt Ursache des durch das Krankengeld auszugleichenden Entgeltausfalls weiterhin die AU. Der AG muss daher eine Versetzung konkret

angeboten haben. Zweitens muss der zugewiesene Arbeitsplatz sich im Rahmen dessen bewegen, was der AG dem AN arbeitsrechtl. zulässigerweise im Rahmen seines Direktionsrechts (§ 106 GewO) zuweisen darf. Lässt der Arbeitsvertrag dem AG keinen ausreichenden Spielraum hins. Art oder Ort einer anderweitigen Tätigkeit und würde die zugewiesene Arbeit eine Änd. des ArbVerh. iS einer Änderungskündigung voraussetzen, ist die Verweisung unzulässig (BSG 7.8.1991 E 69, 180, 183). Auf eine Tätigkeit **bei einem anderen AG** darf der AN nur verwiesen werden, wenn das alte ArbVerh. nicht mehr besteht (ausf. zu den Grenzen der Verweisbarkeit *Bley* SGb 1983, 115, 116; *May* SGb 1988, 477, 479 ff.; *Steinwedel* SozVers. 1988, 151, 155). Dies gilt selbst dann, wenn die AU bereits lange andauert und nicht mehr damit gerechnet werden kann, dass der AN auf seinen bisherigen Arbeitsplatz wird zurückkehren können (BSG 7.8.1991 E 69, 180, 183). Erst wenn der Versicherungsschutz nicht mehr durch das BeschVerh. vermittelt wird, sondern auf einem **anderen Versicherungspflichttatbestand** beruht, kann eine abw. Beurteilung geboten sein (vgl. BSG 19.9.2002 NZA 2003, 907 [versicherungspflichtiger Rehabilitand]; 14.12.2006 NZS 2007, 552 [„Kurzarbeit Null" bei einer Auffanggesellschaft]). Das gilt insb. für **Arbeitslose** (BSG 7.12.2004 NZS 2005, 650; 22.3.2005 NZS 2006, 91; 4.4.2006 NZS 2007, 150).

Die AU muss durch eine **Krankheit** begr. sein. Der Begriff der Krankheit iSd. ges. Krankenvers. ist 9
im arbeitsrechtl. EFZRecht übernommen. Auf die Ausführungen zu EFZG § 3 Rn. 5 ff. wird verwiesen. Der Nachweis wird durch ärztl. Feststellung geführt, dazu näher BSG 10.5.2012 E 111, 18, 21 f.

Während im EFZRecht von einer **monokausalen Verknüpfung** von AU und Krankheit ausgegan- 10
gen wird (EFZG § 3 Rn. 14 ff.), ist im Krankenversicherungsrecht darauf abgestellt, dass die Krankheit ursächl. oder mitursächl. iS einer wesentl. Bedingung ist (BSG 23.11.1971 NJW 1972, 1157; 9.12.1986 E 61, 66, 69). Das ist in der Funktion der Leistungen begr. Der AG soll bereits dann von der Verpflichtung befreit werden, für den Lebensunterhalt seines Beschäftigten zu sorgen, wenn andere Ursachen als die Krankheit die Unmöglichkeit, den Arbeitsverpflichtungen nachzukommen, herbeigeführt haben. Die Interessen der Versichertengemeinschaft sind ggü. den Interessen des Versicherten an seiner wirtschaftl. Absicherung durch Krankengeld nicht so hoch zu bewerten.

d) Stationäre Behandlung. Ein Anspruch auf Krankengeld besteht auch, wenn der Versicherte auf 11
Kosten der Krankenkasse in einem Krankenhaus oder einer Vorsorge- oder Rehabilitationseinrichtung nach den § 23 IV, §§ 24, 40 II oder § 41 behandelt wird. Erforderl. ist, dass die Kosten der stationären Behandlung **von der Krankenkasse** getragen werden. Bei einer Kostentragung anderer Sozialleistungsträger besteht kein Anspruch auf Krankengeld nach § 44. **Nicht erforderl.** ist bei dieser Var. des Abs. 1 (S. 1), dass der Versicherte arbeitsunfähig iSd. 1. Alternative ist. Nicht anders als der AG gem. § 9 EFZG im Falle stationärer Behandlung EFZ leisten muss, ist die Krankenkasse zur Gewährung des Krankengeldes unabhängig von einer AU verpflichtet, solange der Versicherte sich auf ihre Kosten im Krankenhaus oder einer Rehabilitationseinrichtung befindet.

3. Arbeitsrechtliche Regelungen (Abs. 3). Abs. 3 enthält **keine eigenständige Regelung,** sondern 12
verweist nur auf die bestehenden arbeitsrechtl. Regelungen. Diese gehen insoweit vor, als Krankengeld für den nach § 5 I Nr. 1 Versicherten nur zu leisten ist, wenn keine arbeitsrechtl. Leistung erbracht wird. Denn der Anspruch des Versicherten auf Krankengeld ruht, soweit und solange der AG EFZ leistet, § 49 I Nr. 1.

4. Anspruch auf Beratung und Hilfe (Abs. 4). Versicherte, die Krankengeld beziehen, haben regel- 12a
mäßig eine länger andauernde Krankheit zu überwinden und oft einen erhebl. Beratungs- und Unterstützungsbedarf, der im konkreten Einzelfall über bloße Auskünfte oder allg. Beratung hinausgehen kann. Abs. 4 dient dazu, die Versorgungsqualität und -kontinuität zu verbessern und die Wirtschaftlichkeit des Gesamtversorgungssystems durch Vermeidung von Fehl-, Unter- und Überversorgung zu steigern. Eine Übermittlung der Daten, die die Krankenkasse in diesem Rahmen von ihren Versicherten erhält, an deren AG ist ausgeschlossen (BT-Drs. 18/4095 S. 79).

5. Wahltarife für freiwillig Versicherte (§ 53). Die in Abs. 2 Nr. 2 und 3 genannten Versicherten, 13
zu denen insb. hauptberufl. Selbständige gehören, können eine sog. **Wahlerkl.** abgeben. Dadurch erwerben sie ohne zusätzl. Beiträge Anspruch auf Krankengeld im Falle der AU, allerdings erst nach Ablauf von sechs Wochen (§ 49 I Nr. 7; dazu § 49 Rn. 19). Die übrigen Versicherten sind auf – kostenpflichtige – **Wahltarife** angewiesen, die die Kassen nach Maßgabe des § 53 einführen können (dazu *Neumann* NJW 2008, 3617 ff.; *Thüsing* NZS 2008, 449 ff.). Insoweit kommen verschiedenartige Regelungen in Betracht (ausf. BSG 19.9.2007 NZS 2008, 479) wie zB eine Bestimmung, dass der Krankengeldanspruch erst nach einer bestimmten Zahl von Karenztagen beginnt (BSG 28.9.1993 NZS 1994, 176; 13.7.2004 SozR 4–2500 § 44 Nr. 2; 26.6.2007 NZS 2008, 315). Dabei muss sich die Satzung an die ges. Vorgaben halten und darf nicht Zwischenstufen einführen, die § 53 nicht kennt (BSG 22.6.2010 NZS 2011, 426; 8.11.2011 NZS 2012, 263).

6. Forderungsübergang (§ 115 SGB X). Der Anspruch auf Krankengeld des AN ist immer dann zu 14
erfüllen, wenn der AG seiner Verpflichtung zur Zahlung von EFZ nicht nachkommt. Die Gründe für dessen Verhalten sind unbeachtl. Die Krankenkasse kann geltend machen, der AG habe zu Unrecht

nicht geleistet, und deshalb sei die Forderung des AN nach § 115 SGB X auf sie in Höhe ihrer Leistung kraft G übergegangen. Lehnt der AG weiter ab, so kann die Krankenkasse versuchen, den Anspruch vor den Gerichten für Arbeitssachen durchzusetzen.

§ 44a Krankengeld bei Spende von Organen, Geweben oder Blut zur Separation von Blutstammzellen oder anderen Blutbestandteilen

[1] Spender von Organen, Geweben oder Blut zur Separation von Blutstammzellen oder anderen Blutbestandteilen nach § 27 Absatz 1a Satz 1 haben Anspruch auf Krankengeld, wenn die Spende an Versicherte sie arbeitsunfähig macht. [2] Das Krankengeld wird den Spendern von der Krankenkasse der Empfänger in Höhe des vor Beginn der Arbeitsunfähigkeit regelmäßig erzielten Nettoarbeitsentgelts oder Arbeitseinkommens bis zur Höhe des Betrages der kalendertäglichen Beitragsbemessungsgrenze geleistet. [3] Für nach dem Künstlersozialversicherungsgesetz versicherungspflichtige Spender ist das ausgefallene Arbeitseinkommen im Sinne von Satz 2 aus demjenigen Arbeitseinkommen zu berechnen, das der Beitragsbemessung für die letzten zwölf Kalendermonate vor Beginn der Arbeitsunfähigkeit im Hinblick auf die Spende zugrunde gelegen hat. [4] § 44 Absatz 3, § 47 Absatz 2 bis 4, die §§ 47b, 49 und 50 gelten entsprechend; Ansprüche nach § 44 sind gegenüber Ansprüchen nach dieser Vorschrift ausgeschlossen. [5] Ansprüche nach dieser Vorschrift haben auch nicht gesetzlich krankenversicherte Personen.

1 Wer zugunsten eines in der **ges. Krankenversicherung Versicherten** ein Organ, Gewebe oder Blut spendet, hat – nach Ablauf des Zeitraums der EFZ (§ 3a EFZG, vgl. § 49 I Nr. 1) – Anspruch auf Krankengeld, solange er **arbeitsunfähig** ist. Ob der Spender selbst ges. versichert ist, ist unerhebl. (S. 5; § 27 I a 8). Der Anspruch unterscheidet sich der **Höhe** nach von demjenigen nach § 44, weil die Krankenkasse dem Spender das Nettoarbeitsentgelt bis zur BBG (§ 6 VI, VII) in voller Höhe ersetzt (*Greiner* NZS 2013, 241, 246 f.). Die **Dauer** des Anspruchs richtet sich nach der „spendebedingten AU" (*Neumann* NJW 2013, 1401, 1403). Insoweit gelten die Ausführungen bei § 44 Rn. 7 ff. entspr. Die Begrenzung auf 78 Wochen findet keine Anwendung, da S. 4 nicht auf § 48 verweist. Erleidet der Organspender infolge der Spende einen **Folgeschaden**, der ihn über den unmittelbar mit der Organentnahme zusammenhängenden Zeitraum arbeitsunfähig werden bzw. verbleiben lässt, erhält er Leistungen der ges. UV (§ 2 I Nr. 13 lit. b, § 12a SGB VII; näher *Banafsche* SGb 2013, 677 ff.; *Greiner* NZS 2013, 241, 246). § 44a gilt hierfür nicht.

2 Erfolgt die Spende zugunsten eines **privat Versicherten**, besteht nach dem G kein Anspruch. Der Verband der privaten Krankenversicherer hat jedoch zugesagt, dass dem Organspender in diesen Fällen die aus der Spende entstehenden Kosten (ambulante und stationäre Behandlung, Rehabilitationsmaßnahmen, Fahrt- und Reisekosten sowie nachgewiesener Verdienstausfall) iHd. tarifl. Erstattungssatzes erstattet werden (Wortlaut der Selbstverpflichtung in BT-Drs. 17/9773 S. 38). Die Kosten des Spenders werden vom jeweiligen Versicherer als Teil der medizinisch notwendigen Heilbehandlung des Empfängers (und Versicherten) behandelt, § 192 I VVG. Dies gilt unabhängig davon, ob der Organspender ges. oder privat versichert ist.

§ 45 Krankengeld bei Erkrankung des Kindes

(1) [1] Versicherte haben Anspruch auf Krankengeld, wenn es nach ärztlichem Zeugnis erforderlich ist, daß sie zur Beaufsichtigung, Betreuung oder Pflege ihres erkrankten und versicherten Kindes der Arbeit fernbleiben, eine andere in ihrem Haushalt lebende Person das Kind nicht beaufsichtigen, betreuen oder pflegen kann und das Kind das zwölfte Lebensjahr noch nicht vollendet hat oder behindert und auf Hilfe angewiesen ist. [2] § 10 Abs. 4 und § 44 Absatz 2 gelten.

(2) [1] Anspruch auf Krankengeld nach Absatz 1 besteht in jedem Kalenderjahr für jedes Kind längstens für 10 Arbeitstage, für alleinerziehende Versicherte längstens für 20 Arbeitstage. [2] Der Anspruch nach Satz 1 besteht für Versicherte für nicht mehr als 25 Arbeitstage, für alleinerziehende Versicherte für nicht mehr als 50 Arbeitstage je Kalenderjahr. [3] Das Krankengeld nach Absatz 1 beträgt 90 Prozent des ausgefallenen Nettoarbeitsentgelts aus beitragspflichtigem Arbeitsentgelt der Versicherten, bei Bezug von beitragspflichtigem einmalig gezahltem Arbeitsentgelt (§ 23a des Vierten Buches) in den der Freistellung von Arbeitsleistung nach Absatz 3 vorangegangenen zwölf Kalendermonaten 100 Prozent des ausgefallenen Nettoarbeitsentgelts aus beitragspflichtigem Arbeitsentgelt; es darf 70 Prozent der Beitragsbemessungsgrenze nach § 223 Absatz 3 nicht überschreiten. [4] Erfolgt die Berechnung des Krankengeldes nach Absatz 1 aus Arbeitseinkommen, beträgt dies 70 Prozent des erzielten regelmäßigen Arbeitseinkommens, soweit es der Beitragsberechnung unterliegt. [5] § 47 Absatz 1 Satz 6 bis 8 und Absatz 4 Satz 3 bis 5 gilt entsprechend.

(3) [1] Versicherte mit Anspruch auf Krankengeld nach Absatz 1 haben für die Dauer dieses Anspruchs gegen ihren Arbeitgeber Anspruch auf unbezahlte Freistellung von der Arbeitsleis-

tung, soweit nicht aus dem gleichen Grund Anspruch auf bezahlte Freistellung besteht. [2]Wird der Freistellungsanspruch nach Satz 1 geltend gemacht, bevor die Krankenkasse ihre Leistungsverpflichtung nach Absatz 1 anerkannt hat, und sind die Voraussetzungen dafür nicht erfüllt, ist der Arbeitgeber berechtigt, die gewährte Freistellung von der Arbeitsleistung auf einen späteren Freistellungsanspruch zur Beaufsichtigung, Betreuung oder Pflege eines erkrankten Kindes anzurechnen. [3]Der Freistellungsanspruch nach Satz 1 kann nicht durch Vertrag ausgeschlossen oder beschränkt werden.

(4) [1]Versicherte haben ferner Anspruch auf Krankengeld, wenn sie zur Beaufsichtigung, Betreuung oder Pflege ihres erkrankten und versicherten Kindes der Arbeit fernbleiben, sofern das Kind das zwölfte Lebensjahr noch nicht vollendet hat oder behindert und auf Hilfe angewiesen ist und nach ärztlichem Zeugnis an einer Erkrankung leidet,

a) die progredient verläuft und bereits ein weit fortgeschrittenes Stadium erreicht hat,

b) bei der eine Heilung ausgeschlossen und eine palliativ-medizinische Behandlung notwendig oder von einem Elternteil erwünscht ist und

c) die lediglich eine begrenzte Lebenserwartung von Wochen oder wenigen Monaten erwarten lässt.

[2]Der Anspruch besteht nur für ein Elternteil. [3]Absatz 1 Satz 2, Absatz 3 und § 47 gelten entsprechend.

(5) Anspruch auf unbezahlte Freistellung nach den Absätzen 3 und 4 haben auch Arbeitnehmer, die nicht Versicherte mit Anspruch auf Krankengeld nach Absatz 1 sind.

1. Normzweck. Die Vorschr. sichert die **wirtschaftl. Existenz** des Versicherten, der unter bestimm- 1
ten Voraussetzungen gezwungen ist, ein versichertes Kind zu pflegen, indem ohne die Voraussetzungen des § 44 I 1 ein Anspruch auf Krankengeld (das sog. Pflegekrankengeld) begr. wird. Wie das Krankengeld nach § 44 hat das Pflegekrankengeld Entgeltersatzfunktion. Unabhängig davon, ob der AN ges. krankenversichert ist oder nicht (Abs. 5), gewährt ihm das G in Abs. 3 auch einen unmittelbar gegen den AG gerichteten **arbeitsrechtl. Freistellungsanspruch** ohne EFZ, soweit nicht ohnehin nach arbeitsrechtl. Vorschr. wie § 616 BGB (BGB § 616 Rn. 8) ein bezahlter Freistellungsanspruch besteht, damit der AN auch dann, wenn die Voraussetzungen des § 275 III BGB nicht erfüllt sind, keine arbeitsrechtl. Pflichtverletzung bei der Betreuung des Kindes begehen muss (ausf. *Brose* NZA 2011, 719, 720 ff.).

2. Anspruch auf Krankengeld (Abs. 1). a) Anspruchsberechtigter Personenkreis. Es muss wie bei 2
§ 44 ein **Versicherungsverhältnis** bestehen (§ 44 Rn. 3), wenn der Berechtigte erstmals der Arbeit fernbleibt (BSG 22.10.1980 AP RVO § 185c Nr. 1). Er muss einer Beschäftigung nachgehen. Das muss nicht die Arbeit in einem Arbeits- oder BeschVerh. iSv. § 7 I SGB IV sein; auch ein als Selbständiger Versicherter bleibt der Arbeit fern und kann unter den ges. Voraussetzungen Krankengeld beanspruchen. Bei AN, die ihrer Arbeitsverpflichtung zu Hause nachkommen, genügt es, wenn die wegen der Krankheit des Kindes notwendige Betreuung keine Arbeit an der häusl. Arbeitsstelle zulässt.

b) Voraussetzungen auf Seiten des Kindes. (1) Auch das Kind muss **versichert** sein. Ein Verstoß 3
gegen Verfassungsrecht liegt darin nicht (BSG 31.3.1998 NZS 1999, 29). Es genügt die Familienvers. nach § 10 (BT-Drs. 11/2237 S. 22, 181). Einbezogen sind ausdr. die in § 10 IV genannten Personen. Der Status des Kindes wird nach BürglR bestimmt. **(2)** Ferner darf das Kind entweder das **12. Lebensjahr** noch nicht vollendet haben oder es muss behindert und auf Hilfe angewiesen sein. In der ersten Alt. endet mit der Vollendung des zwölften Lebensjahrs der Anspruch auch bei lfd. Bezug (KK/*Schifferdecker* Rn. 9). Die zweite Alt. erfasst auch Kinder nach Vollendung des 12. Lebensjahres, wenn das Kind behindert (§ 2 I SGB IX, nicht notwendig schwerbehindert) und auf Hilfe angewiesen ist (näher *Niemann* NZS 2001, 583, 586). **(3)** Das Kind muss **im Haushalt des Betreuenden** leben. Unter Haushalt wird die private Lebens- und Wirtschaftsführung verstanden, die mit dem Ort verbunden ist, an dem die menschl. Grundbedürfnisse wie Ernährung, Hygiene, Ruhe und Schlaf befriedigt werden (BSG 15.3.1988 E 63, 79, 82; 21.11.2002 NZS 2003, 657). **(4)** Das Kind muss krank iSd. Krankengeldrechts sein (§ 44 Rn. 9). Die Krankheit muss die Ursache für die Betreuung sein, wobei Mitverursachung zur ohnehin bei Kindern notwendigen Betreuung genügt (KK/*Schifferdecker* Rn. 14). Krankheiten, die ein Tätigwerden des Versicherten nicht erfordern, berechtigen nicht zum Fernbleiben von der Arbeit und zum Krankengeldbezug. **(5)** Die Krankheit des Kindes muss ärztl. belegt werden. Das Zeugnis kann jeder approbierte Arzt abgeben; er muss nicht Vertragsarzt sein. Das Zeugnis kann schriftl., aber auch mdl. ggü. der Kasse abgegeben werden (KK/*Schifferdecker* Rn. 16). Regelm. wird das im Bundesmantelvertrag-Ärzte verabredete Formular benutzt.

c) Fernbleiben von der Arbeit. Der auf Grund der Krankheit des Kindes entstandene Betreuungs- 4
bedarf muss es nach sich ziehen, dass der Versicherte seiner Arbeit nicht nachgehen kann. Diese medizinische Erforderlichkeit muss ebenfalls der behandelnde Arzt entscheiden. Dabei trifft er nicht nur eine sozialrechtl. bedeutsame Entsch.; sie wirkt auch arbeitsrechtl. und dient dem Versicherten ggü. seinem AG als Rechtfertigung für die Nichterfüllung einer vertragl. Arbeitspflicht. Ggf. ist sie auch

Grdl. für einen Entgeltanspruch nach § 616 BGB oder die ihm vorgehenden Tarifnormen (zB § 29 TV-L: LAG HM 15.12.2011 NZA-RR 2012, 384).

5 **d) Keine andere Person.** Die Betreuung durch den arbeitenden Versicherten muss obj. erforderl. sein. Das ist der Fall, wenn keine andere im Haushalt lebende Person zur Betreuung in der Lage ist. Das erfordert nicht nur Anwesenheit des Dritten, sondern auch **obj. und subj. Pflegefähigkeit.** Ist dem Dritten die Pflege zB wegen Ansteckungsgefahr nach gerade überstandener eigener Erkrankung nicht zumutbar, so ist der Tatbestand des Abs. 1 gegeben (KKW/*Waltermann* Rn. 4). Soweit der Dritte ebenfalls arbeitet und er seinerseits einen Anspruch nach § 45 geltend machen müsste, kann der antragstellende Versicherte darauf nicht verwiesen werden.

6 **e) Leistungsinhalt.** Das Pflegekrankengeld nach § 45 wird anders als das Krankengeld nach § 44 nicht für Kalendertage, sondern für **Arbeitstage** gewährt. Das können auch Sonn- und Feiertage sein, wenn der Versicherte an diesen Tagen eine Arbeitspflicht hat, der er nicht nachkommen kann. Der Anspruch auf Pflegekrankengeld beginnt mit dem Fernbleiben von der Arbeit. Es gibt keinen Karenztag.

7 Der Anspruch endet spätestens mit Ablauf des in Abs. 2 genannten Zeitraums von 10 Tagen oder 20 Tagen bei allein erziehenden Müttern oder Vätern im Kj. Unter Alleinerziehung ist sowohl das alleinige Personensorgerecht nach familienrechtl. Vorschr. als auch tats. Verhältnisse wie ein langfristiger Auslandsaufenthalt des anderen Personensorgeberechtigten oder die Trennung der Eltern zu verstehen (BSG 26.6.2007 NZA 2007, 1270). Bei zusammen erziehenden Eltern hat jedes Elternteil den Anspruch auf Arbeitsbefreiung und Krankengeld iHv. 10 Tagen, also auf insg. 20 Tage für dasselbe Kind. Die Spitzenverbände der Krankenkassen haben sich dafür ausgesprochen, die **Übertragung von Ansprüchen** zwischen versicherten Ehegatten zuzulassen, wenn ein Elternteil die Betreuung nicht übernehmen kann und der AG den Freistellungsanspruch (nochmals) gegen sich gelten lässt (vgl. das Besprechungsergebnis in DOK 1994, 656).

8 Die Anspruchsdauer bezieht sich zunächst auf ein Kind. Haben die Betreuungspersonen **mehrere Kinder,** so erhöht sich der Anspruch auf 20 Tage bei zwei Kindern und auf 25 Tage bei drei und mehr Kindern. Alleinerziehende können Krankengeld für 40 Tage bei zwei Kindern und für 50 Tage bei drei und mehr Kindern beanspruchen.

9 **3. Arbeitsrechtlicher Freistellungsanspruch (Abs. 3, 5).** Die Arbeitspflicht des AN entfällt, wenn die kind- und betreuungsbezogenen Voraussetzungen des Abs. 1 (Rn. 3 ff.) erfüllt sind. Dagegen ist es für den Freistellungsanspruch gem. Abs. 5 **nicht erforderl.,** dass der AN **Versicherter** ist (Rn. 2). Im Interesse der Gleichbehandlung aller AN gewährt das G den Freistellungsanspruch auch denjenigen Personen, die (zB wegen Überschreitens der Jahresarbeitsentgeltgrenze, § 6 I Nr. 1 oder wegen der Geringfügigkeit ihrer Beschäftigung, § 7 SGB V, §§ 8, 8a SGB IV) versicherungsfrei oder von der Versicherungspflicht befreit (§ 8) sind (vgl. BT-Drs. 14/9585 S. 4). Bleibt der AN der Arbeit fern, so liegt keine Pflichtverletzung vor (LAG RP 8.11.2016 NZA-RR 2017, 188). Er verliert allerdings seinen Entgeltanspruch nach § 326 I iVm. § 275 BGB, sofern er nicht einen bezahlten Anspruch nach § 616 BGB oder anderen Vorschr. (TV, BV) hat. In diesem Fall ruht für versicherte AN der Anspruch auf Krankengeld nach § 49 I Nr. 1. Erfüllt der AG seine Zahlungspflicht nicht, so muss die Kasse Pflegekrankengeld leisten. IHd. Leistung geht der Anspruch auf sie nach § 115 SGB X über, vgl. § 44 Rn. 14. Ob eine Kürzung von **Sonderleistungen** wegen der Fehltage zulässig ist, hängt von der entspr. tarifl. oder betriebl. Regelung ab (BAG 31.7.2002 AP TVG § 1 Tarifverträge: Wohnungswirtschaft Nr. 3).

10 Bleibt der beschäftigte Versicherte seinem Arbeitsplatz unter Berufung auf Abs. 3 fern, bevor die Krankenkasse ihre Leistungsverpflichtung anerkannt hat, und stellt sich hinterher heraus, dass der Versicherte **zu Unrecht** einen Fall des Abs. 1 angenommen hat, so hat er nicht nur keinen Krankengeldanspruch. Arbeitsrechtl. hat der Irrtum gem. Abs. 3 S. 2 die Folge, dass der AG den Freistellungsanspruch iHd. freien Tage als verbraucht ansehen kann (nicht muss) und bei einer späteren Freistellung, die auch außerhalb des lfd. Kj. liegen darf, darauf hinweisen kann. Aus dieser Berechtigung folgt im Umkehrschluss zugleich, dass der AG keine anderen Maßnahmen wegen der obj. vorliegenden Verletzung der Arbeitspflicht unternehmen, insb. nicht **abmahnen** oder gar **kündigen** kann. Etwas anderes kann nur gelten, wenn das Fernbleiben offensichtl. unbegründet, der Freistellungsanspruch erschöpft ist und festgestellt werden kann, dass der Versicherte seine Rechte bewusst zu Lasten des AG missbraucht. In diesem Fall kann der AG nicht auf seine Möglichkeit nach Abs. 3 S. 2 verwiesen werden.

11 Die Vorschr. des § 45 sind **zwgd. Recht** und können weder durch Vertrag noch durch TV ausgeschlossen oder beschränkt werden (Abs. 3 S. 3). Der arbeitsrechtl. Teil (Freistellung) kann zugunsten der Versicherten erweitert werden; eine längere Freistellung hat auf die Dauer des Krankengeldanspruchs jedoch keine Auswirkungen.

12 **4. Schwerstkranke Kinder (Abs. 4).** Ein dem Abs. 3 entspr. Freistellungsanspruch räumt das G in Abs. 4 auch demjenigen Elternteil ein, der ein unheilbar schwerkrankes Kind mit nur noch begrenzter Lebenserwartung beaufsichtigt, betreut oder pflegt. Der anspruchsberechtigte Personenkreis ist mit

demjenigen des Abs. 1 identisch (Rn. 2). Die drei krankheitsbezogenen Voraussetzungen (lit. a bis c) müssen kumulativ vorliegen und ärztl. bezeugt sein. Wie bei Abs. 1 darf das Kind entweder das 12. Lebensjahr noch nicht vollendet haben oder es muss behindert und auf Hilfe angewiesen sein (Rn. 3).

Mit der Gewährung von **Krankengeld** entspricht der Leistungsinhalt demjenigen der Abs. 1 und 2 (Rn. 6 ff.), ist im Gegensatz zu ihm aber **zeitl. unbegrenzt** (BT-Drs. 14/9031 S. 3). Dasselbe gilt für den arbeitsrechtl. Freistellungsanspruch, dessen Inhalt iÜ desjenigen des Abs. 3 (Rn. 9 ff.) entspricht. 13

§ 49 Ruhen des Krankengeldes

(1) Der Anspruch auf Krankengeld ruht,

1. soweit und solange Versicherte beitragspflichtiges Arbeitsentgelt oder Arbeitseinkommen erhalten; dies gilt nicht für einmalig gezahltes Arbeitsentgelt,

2. solange Versicherte Elternzeit nach dem Bundeselterngeld- und Elternzeitgesetz in Anspruch nehmen; dies gilt nicht, wenn die Arbeitsunfähigkeit vor Beginn der Elternzeit eingetreten ist oder das Krankengeld aus dem Arbeitsentgelt zu berechnen ist, das aus einer versicherungspflichtigen Beschäftigung während der Elternzeit erzielt worden ist,

3. soweit und solange Versicherte Versorgungskrankengeld, Übergangsgeld, Unterhaltsgeld oder Kurzarbeitergeld beziehen,

3a. solange Versicherte Mutterschaftsgeld oder Arbeitslosengeld beziehen oder der Anspruch wegen einer Sperrzeit nach dem Dritten Buch ruht,

4. soweit und solange Versicherte Entgeltersatzleistungen, die ihrer Art nach den in Nummer 3 genannten Leistungen vergleichbar sind, von einem Träger der Sozialversicherung oder einer staatlichen Stelle im Ausland erhalten,

5. solange die Arbeitsunfähigkeit der Krankenkasse nicht gemeldet wird; dies gilt nicht, wenn die Meldung innerhalb einer Woche nach Beginn der Arbeitsunfähigkeit erfolgt,

6. soweit und solange für Zeiten einer Freistellung von der Arbeitsleistung (§ 7 Abs. 1a des Vierten Buches) eine Arbeitsleistung nicht geschuldet wird,

7. während der ersten sechs Wochen der Arbeitsunfähigkeit für Versicherte, die eine Wahlerklärung nach § 44 Absatz 2 Satz 1 Nummer 3 abgegeben haben.

(2) (aufgehoben)

(3) Auf Grund gesetzlicher Bestimmungen gesenkte Entgelt- oder Entgeltersatzleistungen dürfen bei der Anwendung des Absatzes 1 nicht aufgestockt werden.

(4) *[wird zum 1.1.2018 aufgehoben]* ***Erbringt ein anderer Träger der Sozialversicherung bei ambulanter Ausführung von Leistungen zur medizinischen Rehabilitation Verletztengeld, Versorgungskrankengeld oder Übergangsgeld, werden diesem Träger auf Verlangen seine Aufwendungen für diese Leistungen iRd. nach § 13 Abs. 2 Nr. 7 des Neunten Buches vereinbarten gemeinsamen Empfehlungen erstattet.***

1. Normzweck. Die Vorschr. unterstreicht die Entgeltersatzfunktion des Krankengeldes. Sie soll den Doppelbezug von Arbeitsentgelt und Arbeitseinkommen in seinen verschiedenen Var. sowie vergleichbaren Leistungen einerseits und Krankengeld andererseits verhindern (BSG 31.8.1977 E 44, 226, 229). Ledigl. Abs. 1 Nr. 5 hat eine andere Funktion. Indem er den Versicherten zur Erfüllung seiner Nebenpflichten aus dem Versicherungsverhältnis anhält, werden der Krankenkasse Nachprüfungsmöglichkeiten eröffnet und die Einflussnahme bei der Behandlung gesichert (Rn. 16). 1

2. Begriff und Bedeutung des Ruhens. Der Begriff des Ruhens wird im Krankengeldrecht für den Sachverhalt verwandt, der das Stammrecht unberührt lässt und nur den Bezug der fälligen Einzelleistungen hindert (BSG 31.8.1977 E 44, 226, 228; 29.6.1994 NZS 1995, 267). Die Berechnung der Bezugszeit nach § 48 I bleibt von der Ruhenszeit unberührt, § 48 III (BSG 11.7.1976 E 27, 66, 68). Die Zeiten, in denen der Anspruch ruht, darf nicht mit den Zeiten verwechselt werden, in denen der Anspruch nicht besteht, zB nach § 44 II. Das Ruhen tritt **kraft G** ein, wenn die tatbestandl. Voraussetzungen der Nr. 1 bis Nr. 7 gegeben sind. Es bedarf keiner Entsch. der Krankenkasse. 2

3. Die einzelnen Ruhenstatbestände. a) Bezug von Entgelt (Abs. 1 Nr. 1). Der für versicherte AN wichtigste Anwendungsfall ist der Bezug von Arbeitsentgelt, Abs. 1 Nr. 1 Alt. 1. **Arbeitsentgelt** idS sind alle Einnahmen aus nicht selbständiger Arbeit (BSG 20.3.1984 E 56, 208, 208 f.). Gemeint ist das Bruttoarbeitsentgelt vor Abzug der Lohnsteuer und der vom AN zu tragenden Beiträge zur Sozialvers. und zur BA. Nicht dazu gehören die AGAnteile zur Sozialvers., weil sie gem. § 3 Nr. 62 EStG steuerfrei gezahlt werden und daher gem. § 1 I Nr. 1 SvEV kein beitragspflichtiges Arbeitsentgelt darstellen. Kein lfd. Arbeitsentgelt iSd. Abs. 1 Nr. 1 ist die Urlaubsabgeltung nach § 7 IV BUrlG (BSG 20.3.1984 E 56, 208, 209; 30.5.2006 NZS 2007, 153), wohl aber – praktisch bes. bedeutsam – die **EFZ** nach dem EFZG (BSG 3.12.2002 SozR 3–2200 § 577 Nr. 2). 3

4 Einer ges. Sonderbehandlung unterliegen **Zuschüsse, die der AG zum Krankengeld** auf Grund vertragl. oder tarifvertragl. Grdl. (vgl. BAG 13.2.2002 NZA 2003, 49; 5.11.2003 NZA 2004, 989; 18.8.2004 NZA 2005, 240) **leistet**. Diese stellen nach § 23c SGB IV grds. kein beitragspflichtiges Arbeitsentgelt dar und führen daher nicht zum Ruhen des Krankengeldanspruchs, weil dies dem sozialpolitischen Zweck des AGZuschusses widerspräche. Das Ruhen tritt nur dann (tw.) ein, wenn der lfd. gezahlte Zuschuss und das Krankengeld zusammen das Nettoarbeitsentgelt übersteigen. Dieser Teilbetrag des Zuschusses ist (Teil-)Arbeitsentgelt und mindert den Anspruch auf Krankengeld entspr. (BSG 30.1.1963 NJW 1963, 1518), sodass der Versicherte iE nicht mehr erhält als sein Nettoarbeitsentgelt.

5 Das Arbeitsentgelt muss **beitragspflichtig** sein. Das Tatbestandsmerkmal wird nach den in den §§ 226 ff. enthaltenen Vorschr. über die beitragspflichtigen Einnahmen der Mitglieder bestimmt. Das Arbeitsentgelt, das der Versicherte während der Zeit erhält, in der er (auch) Anspruch auf Krankengeld hat, muss ferner **lfd.** gewährt werden, Abs. 1 Nr. 1 Hs. 2. Lfd. Arbeitsentgelt ist all dasjenige Arbeitsentgelt, das nicht iSv. § 23a SGB IV einmalig gewährt wird. Einmaliges Arbeitsentgelt sind Zuwendungen, die dem Arbeitsentgelt zuzurechnen sind und nicht für die Arbeit in einem einzelnen Entgeltabrechnungszeitraum gezahlt werden, also zB Weihnachts- und Urlaubsgeld, Jubiläumsprämien, sonstige Sonderzuwendungen, Gewinnbeteiligungen wie Tantiemen etc.

6 Der Krankengeldanspruch ruht nur, wenn der Versicherte das lfd. Arbeitsentgelt **tats. erhält**, es ihm also zufließt (BSG 29.6.1994 NZS 1995, 267). Der Rechtsgrund für die Leistung ist ohne Bedeutung. Das unstreitige Bestehen eines arbeitsrechtl. Anspruchs und/oder die Zusage des Schuldners, das Arbeitsentgelt „ganz sicher" in den nächsten Tagen zahlen zu wollen, erfüllt den Ruhenstatbestand nicht (KKW/*Waltermann* Rn. 3). Denn von solchen Versprechungen kann der Versicherte seinen Lebensunterhalt nicht bestreiten. Dazu benötigt er (wenigstens) das Krankengeld. Hat die Kasse in diesem Fall geleistet, geht der Anspruch auf EFZ auf sie über, § 115 SGB X (vgl. § 44 Rn. 14). Sie muss versuchen, ihn ggf. im arbeitsgerichtl. Verf. zu realisieren.

7 **Eine Ausnahme** von der Voraussetzung des tats. Bezugs von Arbeitsentgelt ist die **Aufrechnung** des AG mit einer fälligen Gegenforderung, weil der Gegenwert des Aufrechnungsbetrags, das Arbeitsentgelt, zugeflossen ist (BSG 29.6.1994 NZS 1995, 267; KKW/*Waltermann* Rn. 3). Ohne Bedeutung ist, dass mit diesem Zufluss kein akuter Lebensunterhalt bestritten werden kann. Es ist davon auszugehen, dass der Versicherte mit dem, was er durch das Erlöschen der Gegenforderung erspart, seinen Lebensunterhalt bestreiten kann. Wird die Aufrechnung erklärt, nachdem die Krankenkasse bereits Krankengeld geleistet hat, so kann die Krankenkasse das Krankengeld zurückfordern, muss dabei aber eine Ermessensentsch. nach § 48 I 2 SGB X treffen, weil ein atypischer Fall vorliegt und seinerzeit jdf. kein Arbeitsentgelt zugeflossen ist (BSG 29.6.1994 NZS 1995, 267).

8 Hat der Versicherte veranlasst, dass er keinen arbeitsrechtl. Entgeltanspruch (mehr) hat, zB durch **Eigenkündigung**, Verstreichenlassen einer Ausschlussfrist oder durch – allerdings arbeitsrechtl. nur unter bestimmten Voraussetzungen statthaften – Erlassvertrag, negatives Schuldanerkenntnis oder Vergleich, so kommt eine unmittelbare Anwendung des Abs. 1 Nr. 1 nicht in Betracht, weil dem Versicherten kein Gegenwert zugeflossen ist. Ob die zur RVO entwickelte Rspr. des BSG, wonach der Anspruch auf Krankengeld ruht, wenn der Versicherte vorsätzl. bzw. bewusst zum Nachteil der Krankenkasse gehandelt hat (BSG 16.12.1980 E 51, 82, 83; 13.5.1992 NZA 1993, 142), unter der Geltung des SGB V aufrecht erhalten werden kann, ist str. (bejahend KK/*Schifferdecker* Rn. 16; verneinend LSG NI/HB 27.8.2002 NZS 2003, 378). Bereits entschieden hat das BSG, dass die Krankenkasse jdf. dann nicht von einem Ruhen des Krankengeldanspruchs ausgehen darf, wenn der Versicherte mit einem Dritten, dessen Verhalten für die AU ursächl. gewesen ist, einen den **Schadensersatzanspruch ausschließenden Vergleich** schließt, der dem AG ein dauerhaftes Leistungsverweigerungsrecht nach § 7 I Nr. 2 EFZG gibt (BSG 13.5.1992 NZA 1993, 142).

9 **b) Elternzeit (Abs. 1 Nr. 2).** Hat ein Versicherter EZ genommen und wird er nunmehr arbeitsunfähig krank, so ruht der Anspruch im vollen Umf. Ausnahmen von diesem Grds. formuliert das G selbst in seinem zweiten Hs. Zunächst kann derjenige Versicherte seinen Anspruch realisieren, der zu Beginn der EZ arbeitsunfähig erkrankt ist, zB während der Schutzfrist nach § 3 II MuSchG [bis 31.12.2017: § 6 I MuSchG] arbeitsunfähig geworden ist. Außerdem kommt der Bezug von Krankengeld in Betracht, wenn der Elternzeitberechtigte während der EZ einer Erwerbstätigkeit nach § 15 IV bis VII BEEG nachgeht (versicherungspflichtige Beschäftigung iSd. G). Allerdings bemisst sich das Krankengeld dann nach der Höhe des auf diese Weise erzielten Arbeitsentgelts (KKW/*Waltermann* Rn. 5). Arbeitet der Versicherte über das nach § 1 I Nr. 4, VI BEEG erlaubte Maß hinaus, so berechnet sich das Krankengeld nach dem insoweit erlangten Entgelt; die elterngeldrechtl. Rechtsfolgen bei unerlaubter Tätigkeit haben keinen Einfluss auf Grund und Höhe der Krankengeldzahlungen. **Beginnt die EZ** erst **während des Bezugs von Krankengeld**, greift § 49 I Nr. 2 nicht; der AN kann beide Leistungen parallel beanspruchen (BSG 18.2.2016 NZS 2016, 544).

10 **c) Bezug von Sozialleistungen (Abs. 1 Nr. 3).** Der Versicherte kann auch insoweit kein Krankengeld verlangen, als er eine der in Nr. 3 der Vorschr. genannten Sozialleistungen erhält. Es handelt sich dabei um

- **Versorgungskrankengeld** nach § 16 BVG oder in entspr. Anwendung dieser Vorschr. Tritt eine nicht beschädigungsbedingte Erkrankung hinzu, die für sich allein AU ausgelöst hätte, so bleibt es bei der Zahlung von Versorgungskrankengeld (BSG 23.2.1987 SozR 3100 § 16 Nr. 4);
- **Übergangsgeld,** das von den Trägern der ges. Rentenvers. nach Maßgabe der §§ 20, 21 SGB VI, §§ 64 ff. SGB IX [bis 31.12.2017: §§ 46 ff. SGB IX] während des Bezugs von Leistungen der Rehabilitation gewährt wird;
- **Kug.** nach § 95 SGB III. Der Ruhenstatbestand ist gegeben, wenn diese Leistungen tats. gewährt werden. Ruht der Anspruch darauf nach arbeitsförderungsrechtl. Bestimmungen, so muss Krankengeld bezahlt werden.

Der Ruhenstatbestand endet nicht nur, wenn die Zahlung der vorgenannten Leistungen eingestellt wird („solange"). Der Anspruch ruht auch nur **insoweit,** als die vorgenannten Sozialleistungen tats. erbracht werden. Ist die andere Leistung niedriger als das Krankengeld, so muss der überschießende Teil, der sog. **Spitzbetrag,** dem Versicherten verbleiben, soweit sich nicht aus Abs. 3 etwas anderes ergibt (Rn. 20). 11

d) Bezug von Sozialleistungen (Abs. 1 Nr. 3a). Die in Abs. 1 Nr. 3a genannten Leistungen waren früher Bestandteil der Nr. 3. Das hatte zur Folge, dass sie wie die jetzt dort genannten Leistungen auch nur insoweit zum Ruhen des Krankengeldanspruchs führten, als sie wenigstens so hoch waren wie das Krankengeld. Mit der Herausnahme von Mutterschaftsgeld und Alg. aus der Nr. 3 und ihrer Zusammenfassung in der neuen Nr. 3a ruht der Krankengeldanspruch, solange überhaupt eine Leistung der genannten Art gewährt wird. Auf die Höhe kommt es nicht an, der Krankengeldanspruch ruht auch dann in vollem Umf., wenn die andere Leistung geringer ist (BSG 25.6.2002 NZS 2003, 479). Die **Verfassungsmäßigkeit** dieser Regelung ist im Hinblick auf die Rspr. des BVerfG (9.11.1988 E 79, 87 ff.) bestritten, vom BSG aber bejaht worden (BSG 25.6.2002 NZS 2003, 479). 12

Bei den Leistungen handelt es sich iE um 13

- **Mutterschaftsgeld** nach § 24i und
- **Alg.** nach § 146 SGB III; in den Fällen der Minderung der Leistungsfähigkeit des Versicherten (§ 145 SGB III) ruht demggü. nicht der Anspruch auf Krankengeld, sondern derjenige auf das Alg. (§ 156 I Nr. 2 SGB III), weil die Leistungsverpflichtung der Krankenkasse vorrangig ist (BSG 3.6.2004 E 93, 59, 61 f.). Das Konkurrenzverhältnis zwischen § 156 I Nr. 2 SGB III, der das Ruhen des Anspruchs auf Alg. während des Bezugs von Krankengeld anordnet, und § 49 I Nr. 3a, der das Ruhen des Krankengeldanspruchs bei Alg.-Bezug betrifft, ist dahin aufzulösen, dass das Krankengeld nur während des Zeitraums ruht, in dem Alg. während der ersten sechs Wochen einer AU gem. § 146 SGB III fortzuzahlen ist (BSG 14.12.2006 SozR 4–2500 § 44 Nr. 11). Ruht der Anspruch auf Alg. auf Grund einer Sperrzeit (§ 159 I SGB III), ruht auch der Anspruch auf Krankengeld, der Versicherte erhält also weder die eine noch die andere Leistung.

Mit Wirkung zum 1.1.2005 hat der Gesetzgeber das früher gleichfalls in dieser Vorschr. genannte **Verletztengeld** herausgestrichen, weil sich die ausschließl. Zuständigkeit der Unfallversicherungsträger für auf einem Arbeitsunfall beruhenden Leistungsbedarf schon aus § 11 V ergebe (BT-Drs. 15/4228 S 26). Dies gilt allerdings dann nicht, wenn der AN mehrere BeschVerh. ausübt und den Arbeitsunfall in dem zweiten BeschVerh. erlitten hat. Dann erhält er dort Verletztengeld aus der UV, in dem ersten BeschVerh. dagegen Krankengeld (BSG 25.11.2015 NJW 2016, 2061; vgl. a. BSG 8.11.2005 SozR 4–2500 § 48 Nr. 2). 14

e) Vergleichbare Leistungen aus dem Ausland (Abs. 1 Nr. 4). Durch Abs. 1 Nr. 4 sind ausl. Ersatzleistungen iSd. Nr. 3 in die Ruhensregelung einbezogen worden. Nr. 4 gilt nicht nur für die jetzigen in der Nr. 3 genannten Leistungen, sondern auch für die nach neuem Recht in der Nr. 3a ausgesonderten Leistungen. Der Begriff der Vergleichbarkeit setzt voraus, dass die ausl. Leistungen in ihrem Wesensgehalt den dt. Entgeltersatzleistungen entsprechen. Das kann nur nach einer entspr. Überprüfung des fremden SozR im Einzelfall festgestellt werden. Die Leistungen müssen von einem ausl. Sozialversicherungsträger oder einer staatl. Stelle erbracht werden; Leistungen anderer Organisationen führen nicht zum Ruhen des Krankengeldanspruchs. 15

f) Meldeversäumnis (Abs. 1 Nr. 5). Die Meldepflicht des Abs. 1 Nr. 5 soll gewährleisten, dass die Kasse über das (Fort-)Bestehen der AU informiert und in die Lage versetzt wird, vor der Entsch. über den Krankengeldanspruch und ggf. auch während des nachf. Leistungsbezugs den Gesundheitszustand des Versicherten durch den medizinischen Dienst überprüfen zu lassen, um Zweifel an der ärztl. Beurteilung zu beseitigen und ggf. Maßnahmen zur Sicherung des Heilerfolges und zur Wiederherstellung der Arbeitsfähigkeit einleiten zu können (BSG 8.2.2000 NZS 2000, 611). Der Versicherte ist verpflichtet, der Krankenkasse die AU zu melden. Ausreichend ist es, wenn bei AU im ArbVerh. der Arzt der Verpflichtung nach § 5 I 4 EFZG nachkommt. Die Meldung kann auch in einem Leistungsantrag enthalten sein. Sie ist nicht nur bei der erstmaligen, sondern auch bei **jeder weiteren Bewilligung von Krankengeld** erforderl. Dementspr. muss die AU der Krankenkasse erneut gemeldet werden, wenn nach einer vorübergehenden leistungsfreien Zeit wieder Krankengeld gezahlt werden soll (BSG 19.10.1983 E 56, 13, 14; 8.2.2000 NZS 2000, 611). Die Meldepflicht entfällt, wenn der Krankengeldanspruch auch ohne AU entsteht (zB bei stationärer Behandlung, vgl. § 44 Rn. 11). Hatte die Kranken- 16 kasse das Krankengeld **zu Unrecht eingestellt**, weil der AN sich arbeitslos gemeldet hatte, so kann sie dem nachträgl. erhobenen Leistungsbegehren nicht entgegenhalten, der Versicherte habe das Fortbestehen der AU nicht iSv. Abs. 1 Nr. 5 „gemeldet" (BSG 8.2.2000 NZS 2000, 611).

17 Die Meldung ist an eine **Ausschlussfrist** (BSG 28.10.1981 NJW 1982, 715) von einer Woche gebunden, die nach den §§ 187 ff. BGB zu berechnen ist, § 26 I SGB X. Hält der Versicherte die Frist ein, so bekommt er Krankengeld vom Beginn der AU, anderenfalls erst von dem Tag an, an dem der Krankenkasse die AU gemeldet wird. Das gilt auch dann, wenn die Voraussetzungen für das Krankengeld unzweifelhaft gegeben waren oder den Versicherten an der verspäteten Meldung kein Verschulden trifft. Nur wenn das Fehlen der Meldung oder ihre Verspätung in den Verantwortungsbereich der Krankenkasse fällt, darf diese sich nicht auf den Ruhenstatbestand berufen. Da zu dem Verantwortungsbereich der Krankenkasse auch das Verhalten ihrer Vertragsärzte zählt (BSG 28.10.1981 NJW 1982, 715; strenger aber LSG BW 21.10.2015 NZS 2016, 145) hat der Ruhenstatbestand in der Praxis kaum Bedeutung.

18 **g) Zeiten der Freistellung von der Arbeitsleistung (Abs. 1 Nr. 6).** Der Anspruch auf Krankengeld ruht gem. Abs. 1 Nr. 6, soweit und solange für Zeiten einer Freistellung von der Arbeitsleistung (§ 7 I a SGB IV) eine Arbeitsleistung nicht geschuldet wird. Auch diese Regelung beruht auf dem Gedanken, dass Krankengeld nicht zu leisten ist, soweit der Versicherte infolge der AU keinen Entgeltausfall erleidet. In den Fällen des § 7 I a SGB IV erhält der AN näml. auch während der Freistellung von der Arbeitsleistung Arbeitsentgelt, weil er seine Arbeitsleistung (regelm.) bereits zuvor erbracht hat oder (ausnahmsweise) diese nachholt. Typischer Beispielsfall ist die Freizeitphase bei ATZ im Blockmodell (§ 2 II 1 Nr. 1, III ATG). Da der AN hier Anspruch auf Arbeitsentgelt gegen seinen AG auch dann hat, wenn er während der Freizeitphase erkrankt, bedarf er des Krankengeldes nicht, sodass der Anspruch auf diese Leistung nach Abs. 1 Nr. 6 ruht (zu Einzelheiten der sozialen Sicherung des AN bei Krankheit im Blockmodell vgl. ATG § 10 Rn. 4).

19 **h) Versicherte, die eine Wahlerklärung abgegeben haben (Abs. 1 Nr. 7).** Versicherte, die trotz eines Einkommensverlustes im Falle der AU keinen Anspruch auf Entgeltfortzahlung im Krankheitsfall haben (namentl. hauptberufl. Selbständige) können nach Maßgabe des § 44 Abs. 2 Nr. 3 eine sog. Wahlerkl. abgeben. Sie erhalten bei AU dann Krankengeld, jedoch erst nach Ablauf von sechs Wochen. Damit wird verhindert, dass sie bei gleichem Beitragssatz ein höheres Risiko als AN in die Versichertengemeinschaft einbringen. Dieses Risiko kann nur im Rahmen eines Wahltarifs (§ 53) gegen zusätzl. Beiträge oder privatversicherungsrechtl. abgesichert werden.

20 **4. Aufstockungsverbot (Abs. 3).** Abs. 3 hat hins. der EFZ keine aktuelle Bedeutung mehr. Er kann jedoch bei anderen Entgeltersatzleistungen wie dem Übergangsgeld Auswirkungen haben (vgl. BSG 12.3.2013 SozR 4–2500 § 49 Nr. 6).

§ 164 Auseinandersetzung, Abwicklung der Geschäfte, Haftung bei Verpflichtungen, Dienstordnungsangestellte

(1) [1] **Bei Auflösung und Schließung von Innungskrankenkassen gelten die §§ 154 und 155 Abs. 1 bis 3 entsprechend. [2] Reicht das Vermögen einer aufgelösten oder geschlossenen Innungskrankenkasse nicht aus, um die Gläubiger zu befriedigen, hat die Handwerksinnung die Verpflichtungen zu erfüllen. [3] Sind mehrere Handwerksinnungen beteiligt, haften sie als Gesamtschuldner. [4] Reicht das Vermögen der Handwerksinnung nicht aus, um die Gläubiger zu befriedigen, haben die übrigen Innungskrankenkassen die Verpflichtungen zu erfüllen. [5] Die Sätze 2 bis 4 gelten nicht, wenn die Satzung der geschlossenen Innungskrankenkasse eine Regelung nach § 173 Abs. 2 Satz 1 Nr. 4 enthält; in diesem Fall haben die übrigen Innungskrankenkassen die Verpflichtungen zu erfüllen. [6] Für die Haftung nach den Sätzen 4 und 5 gilt § 155 Abs. 4 Satz 5 bis 7 und Abs. 5 entsprechend. [7] Für die Haftung im Zeitpunkt des Inkrafttretens einer Satzungsbestimmung nach § 173 Abs. 2 Satz 1 Nr. 4 gilt § 155 Abs. 4 Satz 8 entsprechend.**

(2) **Die Versorgungsansprüche der am Tag der Auflösung oder Schließung einer Innungskrankenkasse vorhandenen Versorgungsempfänger und ihrer Hinterbliebenen bleiben unberührt.**

(3) [1] **Die dienstordnungsmäßigen Angestellten sind verpflichtet, eine vom Landesverband der Innungskrankenkassen nachgewiesene dienstordnungsmäßige Stellung bei ihm oder einer anderen Innungskrankenkasse anzutreten, wenn die Stellung nicht in auffälligem Mißverhältnis zu den Fähigkeiten der Angestellten steht. [2] Entstehen hierdurch geringere Besoldungs- oder Versorgungsansprüche, sind diese auszugleichen. [3] Den übrigen Beschäftigten ist bei dem Landesverband der Innungskrankenkassen oder einer anderen Innungskrankenkasse eine Stellung anzubieten, die ihnen unter Berücksichtigung ihrer Fähigkeiten und bisherigen Dienststellung zuzumuten ist. [4] Jede Innungskrankenkasse ist verpflichtet, entsprechend ihrem Anteil an der Zahl der Versicherten aller Innungskrankenkassen dienstordnungsmäßige Stellungen nach Satz 1 nachzuweisen und Anstellungen nach Satz 3 anzubieten; die Nachweise und Angebote sind den Beschäftigten in geeigneter Form zugänglich zu machen.**

(4) [1]Die Vertragsverhältnisse der Beschäftigten, die nicht nach Absatz 3 untergebracht werden, enden mit dem Tag der Auflösung oder Schließung. [2]Vertragsmäßige Rechte, zu einem früheren Zeitpunkt zu kündigen, werden hierdurch nicht berührt.

(5) Für die Haftung aus den Verpflichtungen nach den Absätzen 2 bis 4 gilt Absatz 1 und § 155 Abs. 5 entsprechend.

1. Normzweck, Anwendungsbereich. Krankenkassen sind insolvenzfähig (§ 171b; näher *Steinmeyer* NZS 2008, 393, 395 ff.). Um die mit einer Insolvenz zusammenhängenden Nachteile, insb. für die Versicherten, zu vermeiden, soll eine Krankenkasse jedoch von der Aufsichtsbehörde geschlossen werden, wenn ihre Leistungsfähigkeit nicht mehr auf Dauer gesichert ist (zB § 163 S. 1 Nr. 3). Damit geht die Schließung der Insolvenz vor (*Rolfs* NZA 2013, 529). Die Schließungsverf. der Aufsichtsbehörde kann von den AN der Kasse nicht angefochten werden (BSG 12.3.2013 NZS 2013, 581). Die **Abs. 3 und 4** regeln das Schicksal der ArbVerh. der von der Schließung betroffenen AN. 1

§ 164 gilt unmittelbar nur für **Innungskrankenkassen.** Die Abs. 2 bis 5 finden über § 146a S. 3 vollumfängl. auch bei der Schließung einer **Ortskrankenkasse** Anwendung. Auf **Ersatz- und Betriebskrankenkassen** sind dagegen nur die Abs. 2 bis 4 des § 164 und auch diese nur mit der Maßgabe anzuwenden, dass § 164 III 3 nur für Beschäftigte gilt, deren ArbVerh. nicht durch ordentl. Kündigung beendet werden kann (§ 171 S. 1 bzw. § 155 IV 9). Dies macht eine Unterscheidung zwischen den verschiedenen Kassenarten und AN-Gruppen erforderl. 2

2. Orts- und Innungskrankenkassen. a) Dienstordnungs-Angestellte. DO-Ang. werden im Rahmen eines privatrechtl. Arbeitsvertrages tätig, der ihnen jedoch eine beamtenähnl. Stellung verschafft (§ 352 RVO; vgl. BAG 24.5.2012 NZA 2012, 1158). Seit Anfang 1993 ist die Begr. neuer DO-Anstellungsverhältnisse nicht mehr zulässig (§ 358 RVO). Infolge ihrer bes. Stellung stehen DO-Ang. bei Schließung der Kasse bes. Rechte zu: Sie sind beim jeweiligen Kassenverband oder einer anderen Krankenkasse der gleichen Kassenart „unterzubringen". Entstehen hierdurch geringere Besoldungs- oder Versorgungsansprüche, sind diese auszugleichen (Abs. 3 S. 1, 2). Die Reichweite der **„Unterbringungsverpflichtung"** ist unklar, zB, ob eine Beschäftigung innerhalb des gesamten Bundeslandes oder gar des gesamten Bundesgebietes und damit auch ein Umzug zumutbar ist (*Bohlen-Schöning* KrV 2011, 85; *Grau/Sittard* KrV 2012, 6, 7), ob und ggf. wie eine soziale Auswahl zu erfolgen hat, wenn nur einige AN ortsnah untergebracht werden können (vgl. *Grau/Sittard* KrV 2012, 6, 8 f.; *Thomma* KrV 2012, 27, 29) und ob eine Kasse die Aufnahme ablehnen kann, insb., wenn sie anderenfalls selbst in finanzielle Bedrängnis geriete (verneinend *Bohlen-Schöning* KrV 2011, 85, 87). Ebenso ungeklärt sind die damit zusammenhängenden prozessualen Fragen. 3

Abs. 3 S. 1 verpflichtet die DO-Ang., die ihnen angebotene (zumutbare) neue Stellung anzunehmen. Das ist jedoch keine echte Rechtspflicht (eine solche wäre mit Art. 12 I GG unvereinbar, vgl. BVerfG 25.1.2011 NJW 2011, 1427; BAG 2.10.1974 NJW 1975, 1378), sondern ledigl. eine Obliegenheit. Ihre Verletzung zeitigt die Rechtsfolge des Abs. 4 S. 1: Die ArbVerh. der nicht nach den zuvor dargestellten Regeln bei einer anderen Kasse oder dem Kassenverband „untergebrachten" AN **enden mit dem Tag der Schließung der Kasse.** Wegen des systematischen Zusammenhangs mit Abs. 3 gilt dies jedoch nur, wenn dem AN zuvor ein ordnungsgem. Angebot gemacht worden ist und er dieses ausgeschlagen hat (LAG B 12.4.2012 BeckRS 2012, 70157; 8.5.2012 BeckRS 2012, 71055; 24.5.2012 BeckRS 2012, 70789; LAG BW 21.5.2012 BeckRS 2012, 71378; LAG D 7.9.2012 BeckRS 2012, 76175; *Klimpe-Auerbach* SozSich 2011, 270, 272). Dazu ist er berechtigt, muss dann aber hinnehmen, dass sein ArbVerh. mit kurzer Frist endet, ohne dass er sich auf allg. oder bes. Kündigungsschutz berufen kann. Die Beendigung tritt demggü. nicht ein, wenn die anderweitige Unterbringung nicht oder nur zu unzumutbaren Bedingungen angeboten wurde. Die gegenteilige Auff. (LAG B 12.9.2012 BeckRS 2013, 65236; LAG BW 18.5.2012 BeckRS 2012, 71380; *Bohlen-Schöning* KrV 2011, 85, 86; *Gutzeit* NZS 2012, 361, 364; *Thomma* KrV 2012, 27, 28) ist mit Art. 12 I GG unvereinbar (*Rolfs* NZA 2013, 529, 531). 4

b) Andere Arbeitnehmer. Die „normalen" AN von Orts- und Innungskrankenkassen genießen im Falle der Kassenschließung ebenfalls weitreichenden Schutz. Ihnen ist beim Landesverband oder einer anderen Krankenkasse ders. Kassenart eine Stellung anzubieten, die ihnen unter Berücksichtigung ihrer Fähigkeiten und bisherigen Dienststellung zumutbar ist (Abs. 3 S. 3). Im Vergleich zu den DO-Ang. fehlt hier jedoch der Anspruch auf Ausgleich etwaiger Besoldungs- und Versorgungslücken; die neue Stellung muss ledigl. zumutbar sein (näher *Grau/Sittard* KrV 2012, 6, 7). IÜ folgt das „Unterbringungsverf." demjenigen bei DO-Ang. (Rn. 3 f.). 5

3. Ersatz- und Betriebskrankenkassen. a) Ordentlich unkündbare Arbeitnehmer. Ersatz- und Betriebskrankenkassen beschäftigen seit jeher keine DO-Ang., sondern nur „normale" AN (KK/*Peters* § 349 RVO Rn. 6; *Wolter* FS Bepler 2012 S. 675, 676). Auf AN, die ordentl. (zB aufgrund TV) unkündbar sind, findet § 164 II bis IV vollumfängl. Anwendung. Für sie gelten dies. Regeln wie für die vergleichbaren AN von Orts- oder Innungskrankenkassen (Rn. 5). Zur Zumutbarkeit der neuen Beschäftigung dürfte gehören, dass die ordentl. Unkündbarkeit unangetastet bleibt (ArbG BE 25.11.2011 NZS 2012, 427; aA *Bohlen-Schöning* KrV 2011, 85, 87; *Grau/Sittard* KrV 2012, 6, 7). Nur, 6 wenn AN eine solche Beschäftigung ablehnen, enden ihre ArbVerh. mit Schließung der Kasse kraft G, Abs. 4 S. 1 (BAG 21.11.2013 NZA 2015, 127; *Boemke* SGb 2014, 93, 94; *Klimpe-Auerbach* SozSich 2011, 270, 272).

7 **b) Ordentlich kündbare Arbeitnehmer.** Auf ordentl. kündbare AN findet § 164 III 3 wegen der „Maßgabe" in § 155 IV 9 bzw. § 171 S. 1 (Rn. 2) keine Anwendung. Ihnen braucht ein Übernahmeangebot nicht gemacht zu werden (*Rolfs* NZA 2013, 529, 532). Daraus folgt aber nicht, dass ihre ArbVerh. nach Abs. 4 automatisch – ohne Kündigung – enden: Die Abwicklungskörperschaft, die die Geschäfte der geschlossenen Krankenkasse liquidiert, ist mit dieser rechtl. identisch (§ 155 I 2). Den AN kommt also nicht etwa schon durch die Schließung der Kasse ihr AG „abhanden" (BAG 21.11.2013 AP SGB V § 164 Nr. 3; LAG B 24.8.2012 BeckRS 2012, 74152; LAG BW 18.5.2012 BeckRS 2012, 71380; LAG D 7.9.2012 BeckRS 2012, 76175; **aA** *Gutzeit* NZS 2012, 361, 365). Es liegt auch kein Fall des § 613a BGB vor, der AG ändert ledigl. seinen bislang werbenden Betriebszweck in einen liquidierenden. Bei der (eingeschränkten) Verweisung der § 155 IV 9 bzw. § 171 S. 1 auf § 164 II bis IV, handelt es sich auch nicht bloß um eine Rechtsfolgenverweisung (so aber LAG B 12.9.2012 BeckRS 2013, 65236; *Bohlen-Schöning* KrV 2011, 85, 86). Das ergibt sich aus der Systematik des G, insb. dem Umstand, dass Ersatz- und Betriebskrankenkassen gar keine DO-Ang. beschäftigen (Rn. 6) und daher die tatbestandl. Voraussetzungen des § 164 einer eigenständigen Prüfung unterliegen (LAG D 7.9.2012 BeckRS 2012, 76175; *Rolfs* NZA 2013, 529, 532). Weil aber eine **Rechtsgrundverweisung** anzunehmen ist, findet Abs. 4 nur im Anschluss an Abs. 3 Anwendung, also nicht, wenn eine Übernahme bei einer anderen Kasse oder dem Kassenverband nicht versucht worden ist – was wegen der eingeschränkten Verweisung auf § 164 III nicht notwendig ist.

8 Die ArbVerh. der ordentl. kündbaren AN enden also nicht „automatisch" mit Schließung der Krankenkasse. Ihnen kann unter Beachtung des allg. und bes. Kündigungsschutzes ordentl. gekündigt werden. Die Schließung der Kasse reduziert den Arbeitskräftebedarf erhebl., sodass eine **betriebsbedingte Kündigung** (KSchG § 1 Rn. 211 ff.) in Betracht kommt. Allerdings ist im Hinblick auf den mit der Abwicklung der Geschäfte (§ 155) verbleibenden Bedarf eine soziale Auswahl (§ 1 III bis V KSchG) vorzunehmen. Erst eine sozial gerechtfertigte und auch iÜ wirksame Kündigung führt zur Beendigung der ArbVerh. (BAG 21.11.2013 AP SGB V § 164 Nr. 3; LAG B 12.4.2012 BeckRS 2012, 70157; LAG BW 21.5.2012 BeckRS 2012, 71378; LAG D 7.9.2012 BeckRS 2012, 76175). Die gegenteilige sog. „tabula-rasa-Lösung" (*Gutzeit* NZS 2012, 361, 366) erscheint demggü. mit Blick auf Art. 3 I GG (*Wolter* FS Bepler 2012 S. 675, 686 ff.) und Art. 12 I GG (vgl. insb. BVerfG 25.1.2011 NJW 2011, 1427) auch verfassungsrechtl. unhaltbar (*Klimpe-Auerbach* SozSich 2011, 270, 273; *Rolfs* NZA 2013, 529, 534).

9 **4. Keine Sozialplanpflicht.** Die Schließung einer Krankenkasse ist nicht als Rationalisierungsmaßnahme zu werten, welche die Mitbestimmung des PR bei Aufstellung eines Sozialplans nach § 75 III Nr. 13 BPersVG auslöst (BVerwG 28.11.2012 NZA-RR 2013, 330). Bei Krankenkassen, deren Tätigkeitsbereich nicht über das Gebiet eines Bundeslandes hinaus reicht und auf die deshalb Landespersonalvertretungsrecht zur Anwendung gelangt, kann die Rechtslage je nach dem LPVG des jeweiligen Landes anders sein.

560. Sozialgesetzbuch (SGB) Sechstes Buch (VI) – Gesetzliche Rentenversicherung –

In der Fassung der Bekanntmachung vom 19. Februar 2002 (BGBl. I S. 754, ber. S. 1404, 3384)
Zul. geänd. durch Gesetz vom 17. Juli 2017 (BGBl. I S. 2575)

(FNA 860-6)

– Auszug –

Arbeitsrechtliche Fragen der gesetzlichen Rentenversicherung

1. Hinzuverdienstgrenzen. a) Altersrenten. aa) Bis zum Erreichen der Regelaltersgrenze. Neben dem Bezug einer Rente wegen Alters (§§ 35 ff.) ist vor Erreichen der Regelaltersgrenze (seit 2012 stufenweise von 65 auf 67 Jahre ansteigend; dazu § 41 Rn. 2 ff.) ein Hinzuverdienst nur begrenzt zulässig, § 34. Mit der Zielsetzung der flexiblen Altersgrenze wäre es nach Auff. des Gesetzgebers nicht vereinbar gewesen, wenn den Versicherten neben ihrem Arbeitseinkommen das Altersruhegeld in voller Höhe zugebilligt würde. Vielmehr sollte die Rente vor Erreichen der Regelaltersgrenze nur jenen Versicherten zugutekommen, die sich den Arbeitsanforderungen nicht mehr voll gewachsen fühlen und in Anbetracht dessen ihre Erwerbstätigkeit einschränken (BT-Drs. VI/3767 S. 6). Auch wenn sich die versicherungsmathematischen Abschläge beim vorzeitigen Bezug einer Altersrente (§ 77 II) dogmatisch nicht mit den Hinzuverdienstgrenzen vereinbaren lassen (*Rolfs* Versicherungsprinzip S. 453 f.), ist anges. ihrer **arbeitsmarktpolitischen Zielsetzung** ein Verstoß gegen Art. 3 I GG iE nicht zu besorgen (BVerfG 11.11.2008 NJW 2009, 499). 1

Mit dem **FlexirentenG** (v. 8.12.2016, BGBl. I S. 2838; dazu *Rolfs* NZS 2017, 164 ff.; *Ruland* SGb 2017, 121 ff.) ist die Hinzuverdienstgrenze flexibilisiert worden. Die mtl. Hinzuverdienstgrenzen sind zugunsten einer kalenderjährl. Grenze entfallen. Eine Teilrente kann damit stufenlos in individueller Höhe bezogen werden. Ihre Höhe kann entweder mit mind. 10% frei gewählt werden (§ 42 II) oder sie ergibt sich durch eine Anrechnung von 40% des Hinzuverdienstes auf die Rente, soweit er die Hinzuverdienstgrenze übersteigt. Die jährl. **Hinzuverdienstgrenze** beträgt beim Bezug einer Vollrente 6300 € (§ 34 III Nr. 1). Berücksichtigt wird ledigl. **Arbeitsentgelt und Arbeitseinkommen** aus einer abhängigen oder selbständigen Tätigkeit (§ 34 III b 1). Mehrere Beschäftigungen und selbständige Tätigkeiten werden zusammengerechnet (§ 34 III b 2). Unter Arbeitsentgelt sind gem. § 14 SGB IV die einmaligen und lfd. Einnahmen aus einer Beschäftigung nach § 7 SGB IV (unselbständige Tätigkeit) einschl. aller Zuschläge, Provisionen etc. zu verstehen. Ausgeklammert bleiben Nachzahlungen aus einem bereits vor Rentenbeginn beendeten BeschVerh (BSG 10.7.2012 NZA-RR 2013, 307). Nicht als Arbeitsentgelt gilt das Entgelt, das eine Pflegeperson von dem Pflegebedürftigen erhält, sofern es das entspr. Pflegegeld iSv. § 37 SGB XI nicht übersteigt, sowie das Entgelt, das ein Behinderter in WfB sowie vergleichbaren Einrichtungen erhält (§ 34 III b 3). Arbeitseinkommen ist gem. § 15 SGB IV der nach den allg. Gewinnermittlungsvorschr. des EStG ermittelte Gewinn aus einer selbständigen Tätigkeit. **Unberücksichtigt** bleibt dagegen der Bezug von Einkünften aus Kapitalvermögen, aus Vermietung und Verpachtung usw., er ist in unbegrenzter Höhe zulässig (*Rolfs* NZS 2017, 164, 166). 2

Bei **Überschreitung der Hinzuverdienstgrenze** wird anstelle der Vollrente eine individuell berechnete Teilrente geleistet. Deren Höhe hängt vom „Hinzuverdienstdeckel" ab, der auf der Basis des Einkommens mit den höchsten Entgeltpunkten aus den letzten 15 Kj. vor Beginn der ersten Rente wegen Alters berechnet wird (§ 34 III a). 40% von 1/12 des 6300 € übersteigenden Betrages werden von der Vollrente abgezogen. Überschreitet der sich dabei ergebende Rentenbetrag zusammen mit 1/12 des kalenderjährl. Hinzuverdienstes den Hinzuverdienstdeckel, wird der überschreitende Betrag hiervon nochmals in Abzug gebracht. Damit wird erreicht, dass das Einkommen aus (Teil-)Rente und Hinzuverdienst das frühere Einkommen nicht übersteigt (BT-Drs. 18/9787 S. 36). Erreicht oder übersteigt der von der Rente abzuziehende Hinzuverdienst den Betrag der Vollrente, besteht kein Rentenanspruch (Bsp. bei *Rolfs* NZS 2017, 164, 165). 3

bb) Nach Erreichen der Regelaltersgrenze. Mit Erreichen der Regelaltersgrenze entfällt die Hinzuverdienstgrenze. Der Versicherte ist (wieder) berechtigt, in unbegrenztem Umf. Arbeitsentgelt aus einer abhängigen Beschäftigung oder Arbeitseinkommen aus einer selbständigen Tätigkeit zu erzielen. Rechtspolitische Forderungen, die Hinzuverdienstgrenzen auch auf die Zeit nach Erreichen der Regelaltersgrenze zu erstrecken (*Boecken* Gutachten B zum 62. DJT, S. B 68 ff.; *Eichenhofer* JZ 1998, 808, 814; *Steinmeyer* NZA 1998, 905, 906; *Waltermann* NJW 1998, 2488, 2492), sind von der Politik zu 4

Recht nicht aufgegriffen worden (abl. a. der 62. DJT, Beschl. 20a und 20b der Abteilung Arbeits- und Sozialrecht, NJW 1999, 119).

5 **b) Renten wegen verminderter Erwerbsfähigkeit. aa) Allgemeines.** Der Bezug von Einkommen neben einer Erwerbsminderungsrente ist nicht unbeschränkt zulässig. Auch das Einkommen, das durch eine auf Kosten der Gesundheit verrichtete Arbeit (sog. „Raubbauarbeit") erzielt wird, ist rentenmindernd zu berücksichtigen. Eine Rente wegen verminderter Erwerbsfähigkeit, das ist seit 2001 gem. § 33 III die Rente wegen tw. Erwerbsminderung, wegen voller Erwerbsminderung (früher: wegen Berufs- oder Erwerbsunfähigkeit) sowie für Bergleute, wird als Vollrente nur geleistet, wenn die Hinzuverdienstgrenze nicht überschritten wird (§ 96a). Hier kommen neben Arbeitsentgelt (§ 14 SGB IV) und Arbeitseinkommen (§ 15 SGB IV; dazu BSG 7.10.2004 E 93, 226, 227; 17.2.2005 NZS 2005, 654) auch „vergleichbare Einkünfte" wie das Alg. (dazu BSG 20.11.2003 NZS 2004, 542; 26.6.2008 E 101, 92, 94), Leistungen der **EFZ im Krankheitsfall** und Zuschüsse zum Krankengeld in Betracht, die ggf. trotz Erwerbsunfähigkeit vom AG geleistet werden (zu Einzelheiten s. § 96a II).

6 Ist wegen Überschreitens der Hinzuverdienstgrenze eine Rente nicht, auch nicht tw., zu leisten, hat der Rentenversicherungsträger vAw. zu prüfen, ob nicht stattdessen eine **gem. § 89 verdrängte Rente zu leisten** ist, für die eine höhere oder gar keine Hinzuverdienstgrenze gilt. So kann zB statt der Rente wegen verminderter Erwerbsfähigkeit (§ 43) die Rente für Bergleute (§ 45) oder eine Erziehungsrente (§ 47) zu leisten sein (KK/*Gürtner* § 96a SGB VI Rn. 3).

7 **bb) Erwerbsminderungsrente (Rentenneuzugänge ab 1.1.2001).** Bei einer **Rente wegen voller Erwerbsminderung** (§ 43 II) beträgt die jährl. Hinzuverdienstgrenze 6300 € (§ 96a I c Nr. 2). Wie bei den vorgezogenen Altersrenten (vgl. Rn. 2) werden auch hier nur Arbeitsentgelt und Arbeitseinkommen (dazu BSG 17.2.2005 NZS 2005, 654; 9.10.2012 E 112, 74), nicht aber Einkünfte aus Kapitalvermögen, Vermietung und Verpachtung etc. berücksichtigt. Wird die Hinzuverdienstgrenze überschritten, wird die Erwerbsminderungsrente als Teilrente geleistet; auch insoweit gelten dies. Regeln wie bei der Altersrente (Rn. 3). Der Hinzuverdienstdeckel wird ebenso berechnet wie dort, er beträgt mind. die Summe aus 1/12 von 6300 € und dem Monatsbetrag der Rente. Selbst wenn der abzuziehende Hinzuverdienst den Betrag der Rente in voller Höhe erreicht und daher Rente nicht geleistet wird (§ 96a I a 4), führt dies nicht zum Verlust des Rentenstammrechts, sondern nur zum **Ruhen der einzelnen Monatsrente,** sodass die übrigen an den Rentenbezug gebundenen Rechtsfolgen in jedem Falle erhalten bleiben (BT-Drs. 18/9787 S. 41; BSG 6.3.2003 NZS 2004, 209).

8 Bei einer **Rente wegen tw. Erwerbsminderung** (§ 43 I) beträgt die Hinzuverdienstgrenze das 0,81fache der jährl. Bezugsgröße, vervielfältigt mit den Entgeltpunkten des Kj. mit den höchsten Entgeltpunkten aus den letzten 15 Kj. vor Eintritt der Erwerbsminderung, mind. jedoch mit 0,5 Entgeltpunkten. Der Hinzuverdienstdeckel ist auf die Summe aus 1/12 des so berechneten Betrags und dem Monatsbetrag der Rente in voller Höhe festgesetzt (§ 96a I b 2 Nr. 1). IÜ gelten hins. der Berechnung des Hinzuverdienstdeckels, der Wirkungen der Hinzuverdienstgrenze und ihres Überschreitens die Ausführungen aus Rn. 7 entspr.

9 Bei einer **Rente für Bergleute** (§ 45) liegen die Dinge ähnl. wie bei der Rente wegen tw. Erwerbsminderung (Rn. 8), doch ist hier die Hinzuverdienstgrenze um rund 10% höher (§ 96a I c Nr. 3).

10 **cc) Berufs- und Erwerbsunfähigkeitsrente (Bestandsrenten am 31.12.2000).** Die in Rn. 8 ff. beschriebenen Hinzuverdienstgrenzen und -deckel gelten seit 1.7.2017 grds. auch für diejenigen Rentner, die noch eine Berufs- oder Erwerbsunfähigkeitsrente nach altem Recht beziehen. Nur wenn sich danach **eine niedrigere** tw. **zu leistende Rente** ergäbe, als sie bis zum 30.6.2017 beansprucht werden konnte, wird diese **Rente unter den sonstigen Voraussetzungen des geltenden Rechts so lange weitergeleistet, bis** die am 30.6.2017 für diese anteilig geleistete Rente geltende Hinzuverdienstgrenze nach den §§ 96a, 313 aF überschritten wird oder sich nach §§ 96a, 313 nF eine mind. gleich hohe Rente ergibt (§ 313 I).

11 **2. Anrechnung von Einkommen bei Hinterbliebenenrenten.** Die Einkommensanrechnung auf Hinterbliebenenrenten soll deren **Unterhaltsersatzfunktion** stärken (krit. *Kolb* DRV 1984, 635, 637 ff.; *ders.* DRV 1985, 40, 43 f.; *Ruland* DRV 1985, 278, 280 f.). Nahezu unbestritten ist, dass die durch § 97 SGB VI, §§ 18a bis 18e SGB IV bewirkte Anrechnung lfd. Einkommen auf Versicherungsleistungen zum Versicherungsprinzip in krassem Widerspruch steht (umfangr. Nachweise bei *Ruland* NJW 1986, 20, 26 Fn. 51). Gleichwohl hat das BVerfG sie – mit wenig überzeugender Begr. – für mit dem GG vereinbar gehalten (BVerfG 18.2.1998 E 97, 271, 283 ff.). **Keine Anrechnung** erfolgt gem. § 97 I 2 während des sog. Sterbequartals (§ 67 Nr. 5 und 6, jeweils erste Alt.) sowie gem. § 97 I 1 Nr. 3 bei Waisenrenten an ein noch nicht 18-jähriges Kind.

12 IÜ erfolgt gem. § 97 eine Anrechnung von Einkommen in der Weise, dass – wie bei den Erwerbsminderungsrenten – der Anspruch auf den einzelnen Rentenzahlbetrag ganz oder tw. ruht, wenn und soweit die jeweilige Freigrenze überschritten ist. Diese **Freigrenze** erhöht sich für jedes waisenrentenberechtigte Kind um das 5,6-fache des aktuellen Rentenwerts. Von dem danach verbleibenden Einkommen werden 40% angerechnet. Das **anrechenbare Einkommen** ist weiter gefasst als bei den Erwerbsminderungsrenten und umfasst durch den Verweis auf die §§ 18a bis 18e SGB IV neben dem **Erwerbs- und Erwerbsersatzeinkommen** wie Krankengeld und Renten aus der ges. Renten- oder

Unfallvers., Beamtenpensionen und Leistungen der berufsständischen Versorgungswerke auch Einkünfte aus Kapitalvermögen, aus privaten Lebensvers., aus Vermietung und Verpachtung sowie aus privaten Veräußerungsgeschäften.

§ 2 Selbständig Tätige

[1] Versicherungspflichtig sind selbständig tätige
1. –8. (…)
9. Personen, die
a) im Zusammenhang mit ihrer selbständigen Tätigkeit regelmäßig keinen versicherungspflichtigen Arbeitnehmer beschäftigen und
b) auf Dauer und im Wesentlichen nur für einen Auftraggeber tätig sind; bei Gesellschaftern gelten als Auftraggeber die Auftraggeber der Gesellschaft.

[2] Als Arbeitnehmer im Sinne des Satzes 1 Nr. 1, 2, 7 und 9 gelten
1. auch Personen, die berufliche Kenntnisse, Fertigkeiten oder Erfahrungen im Rahmen beruflicher Bildung erwerben,
2. nicht Personen, die geringfügig beschäftigt sind,
3. für Gesellschafter auch die Arbeitnehmer der Gesellschaft.

1. Normzweck. § 2 S. 1 Nr. 9 soll der Erosion des versicherungspflichtigen Personenkreises entgegenwirken und zugleich diejenigen **Selbständigen** in die **Pflichtaltersvorsorge** einbeziehen, die sozial ebenso schutzwürdig erscheinen wie die von § 2 S. 1 Nr. 1 bis 8 erfassten Personen (BT-Drs. 14/45 S. 20). Die Vorschr. hat keinen Einfluss auf den arbeitsrechtl. Begriff der **ANähnl. Person.** Dieser bestimmt sich nach ihrer wirtschaftl. Unselbständigkeit (§ 5 I ArbGG, § 2 S. 2 BUrlG) oder ihrer Qualifizierung als „wirtschaftl. abhängig und vergleichbar einem AN sozial schutzbedürftig“ (§ 12a I Nr. 1 TVG). Erforderl. ist zumindest die Absicht, positive Einkünfte selbständig zu erzielen (BSG 23.4.2015 NZS 2015, 710). Verfassungsrechtl. Bedenken bestehen gegen § 2 S. 1 Nr. 9 nicht (BSG 10.5.2006 NZS 2007, 97). 1

2. Tatbestandliche Voraussetzungen. a) Keine Beschäftigung versicherungspflichtiger Arbeitnehmer (lit. a). Versicherungspflicht als Selbständiger nach § 2 S. 1 Nr. 9 besteht nur, wenn der Betroffene regelm. keinen versicherungspflichtigen und mehr als nur geringfügig beschäftigten (S. 2 Nr. 2) AN (oder Auszubildenden: Spitzenverbände NZA 2000, 190, 191, sub 3.5.1) beschäftigt (Einzelheiten bei *Hanau/Eltzschig* NZS 2002, 281, 282 ff.). Die Beschäftigung selbständiger Hilfskräfte (zB von Handelsvertretern) genügt nicht (BSG 10.5.2006 NZS 2007, 97). Das Merkmal der Versicherungspflicht ist so zu verstehen, dass es nicht auf die generelle Versicherungspflicht des Mitarbeiters, sondern darauf ankommt, ob die **Tätigkeit** gerade bei diesem Auftraggeber dem Grunde, also **ihrer Art nach versicherungspflichtig** ist (BSG 11.12.1987 SozR 2400 § 2 Nr. 24; 30.1.1997 SozR 3–2600 § 2 Nr. 2). Der Versicherungspflichttatbestand greift daher nicht, wenn der Selbständige eine Person mehr als nur geringfügig beschäftigt, die wegen § 5 I, III, IV trotz ihres mehr als nur geringfügigen Einkommens absolut versicherungsfrei ist, weil dieser AN dann eine dem Grunde nach versicherungspflichtige Tätigkeit ausübt. **Geringfügig Beschäftigte** zählen grds. nicht als AN (S. 2 Nr. 2), unabhängig davon, ob sie vor dem 1.1.2013 eingestellt wurden und daher versicherungsfrei sind oder auf ihre Versicherungsfreiheit verzichtet haben oder ob sie ihre Beschäftigung nach dem 31.12.2012 begonnen haben und versicherungspflichtig sind oder sich auf Antrag von der Versicherungspflicht haben befreien lassen (zu diesen Optionen näher SGB IV § 8 Rn. 27). Die **geringfügige Beschäftigung mehrerer AN** genügt aber, wenn sie zusammengenommen die Geringfügigkeitsgrenze des § 8 I SGB IV übersteigt (zB die Summe der Arbeitsentgelte 450 € überschreitet; BSG 23.11.2005 E 95, 238, 240 und daran anschließend BT-Drs. 16/3794 S. 32; vgl. a. BSG 23.11.2005 SozR 4–2600 § 231 Nr. 1; ferner *Gaul/Wisskirchen* DB 1999, 2466, 2468; *Schmidt* NZS 2000, 57, 60). Bei der versicherungsrechtl. Beurteilung von (geschäftsführenden) **Gesellschaftern** sind gem. S. 2 Nr. 3 auch die AN der Gesellschaft zu berücksichtigen. Allerdings ist deren Tätigkeit auf die Gesellschafter rechnerisch aufzuteilen, sodass zB eine aus Gesellschaft mit zwei Gesellschaftern ihrem AN ein Arbeitsentgelt von mehr als 900 € (bzw. ihren zwei oder mehr AN in der Summe mehr als 900 €) zahlen muss, um die Versicherungsfreiheit der Gesellschafter zu erreichen (BSG 29.8.2012 NZS 2013, 233). 2

b) Tätigkeit für nur einen Auftraggeber (lit. b). Versicherungspflicht tritt nur ein, wenn der Betroffene kumulativ die Voraussetzungen des lit. b erfüllt (dazu *Freckmann* BB 2006, 2077, 2081 f.). Der Begriff des „Auftraggebers“ ist unspezifisch und erfasst Verhältnisse verschiedenster Art, selbst wenn sie nicht vertragl. Natur sind (BSG 23.4.2015 NZS 2015, 710). Mehrere rechtl. eigenständige jur. Personen gelten dabei als ders. Auftraggeber, wenn eine qualifizierte Verbundenheit der Unternehmen iSd. Konzernrechts (§ 18 AktG) besteht (BSG 9.11.2011 E 109, 265, 270 ff.; *Bernsdorff* DB 2014, 1551, 1554). Die Voraussetzungen müssen grds. von dem Betroffenen pers. erfüllt werden. Dies gilt jedoch nicht für **geschäftsführende Gesellschafter;** bei ihnen gelten die Auftraggeber der Gesellschaft als die ihren. Damit besteht in Korrektur der Rspr. (BSG 24.11.2005 NZA 2006, 396) für diesen Personenkreis Rentenversicherungspflicht nur dann, wenn *die Gesellschaft* auf Dauer und im Wesentlichen nur für 3 einen Auftraggeber tätig ist *und* keinen versicherungspflichtigen AN beschäftigt (S. 2 Nr. 3). Ob diese Vorschr. analog auf **FremdGF** angewendet werden kann, die wegen ihrer im Einzelfall fehlenden Weisungsunterworfenheit ausnahmsweise nicht als Beschäftigte iSv. § 7 I SGB IV gelten (vgl. SGB IV § 7 Rn. 20), ist noch offen.

4 Mit dem Merkmal **„auf Dauer"** will der Gesetzgeber va. im Hinblick auf Existenzgründer die Versicherungspflicht nicht eingreifen lassen, wenn die Tätigkeit zwar langfristig darauf angelegt ist, für mehrere Auftraggeber ausgeführt zu werden, dies in der Startphase der Selbständigkeit aber nicht gleich gelingt (NZA 1999, 1145, 1147). Dementspr. kommt es darauf an, ob der Auftragnehmer nach seinem Unternehmenskonzept die Zusammenarbeit mit mehreren Auftraggebern anstrebt und dies nach den tats. und rechtl. Gegebenheiten Erfolg verspricht (BT-Drs. 14/1855 S. 7).

5 Die **Wesentlichkeit** ist nicht schon bei überw. Tätigkeit für einen Auftraggeber, sondern erst bei Überschreiten einer, allerdings nicht auf die Dauer, sondern das erzielte Entgelt bezogenen, **Fünf-Sechstel-Grenze** anzunehmen (LSG BW 1.2.2011 NZS 2011, 946; *Bieback* SGb 2000, 189, 194; *Oberthür/Lohr* NZA 2001, 126, 128). Sie besteht stets in den Fällen einer vertragl. vereinbarten und entspr. praktizierten Ausschließlichkeitsbindung, zB durch ein Wettbewerbsverbot (*Leuchten/Zimmer* DB 1999, 381, 382), ebenso im Falle eines **Franchisevertrages** (BSG 4.11.2009 NJW 2010, 2539; *Timmermann* BB 2015, 309 ff.; **aA** *Plagemann/Radtke-Schwenzer* NJW 2010, 2481, 2482). Ist dem Betreffenden die Tätigkeit für weitere Auftraggeber vertragl. erlaubt, ist er jedoch faktisch an den Auftraggeber gebunden, so ist diese faktische Bindung ausreichend (BT-Drs. 14/1855 S. 7). Auch wenn der Selbständige sich ohne Zwang dafür entscheidet, von dieser vertragl. Erlaubnis keinen Gebrauch zu machen, kann dieser Umstand herangezogen werden (*Bauer/Diller/Schuster* NZA 1999, 1297, 1299). Ist der Betreffende sowohl (hauptberufl.) als AN als auch als Selbständiger tätig, besteht Versicherungspflicht nach § 2 S. 1 Nr. 9 schon dann, wenn die selbständige Tätigkeit im Wesentlichen für einen Auftraggeber ausgeübt wird, selbst wenn das Gesamteinkommen (§ 16 SGB IV) überw. aus der abhängigen Beschäftigung resultiert (BSG 4.11.2009 NZS 2010, 569; 2.3.2010 rv 2010, 99). Das betrifft zB im **Nebenberuf** als Versicherungsvertreter Tätige, die ihre Provisionen im Wesentlichen von nur einem Versicherungsunternehmen beziehen, selbst wenn diese in ihrer Summe deutl. hinter dem Arbeitsentgelt aus der hauptberufl. ausgeübten abhängigen Beschäftigung zurückbleiben.

6 **3. Konkurrenzen.** Ggü. den Versicherungstatbeständen des § 2 S. 1 Nr. 1 bis 8, § 229a ist die Versicherungspflicht nach Nr. 9 nachrangig (*Hanau/Eltzschig* NZS 2002, 281, 283). Das folgt schon daraus, dass die übrigen Tatbestände des § 2 S. 1 spezieller sind und Nr. 9 daher nur eine Auffangfunktion zukommt (*Spitzenverbände* NZA 2000, 190, 196 sub 11). Bedeutung hat dies zB hins. des Vorrangs der – beitrags- und leistungsrechtl. Unterschiede aufweisenden – Rentenvers. selbständiger Künstler und Publizisten (§ 2 S. 1 Nr. 5 iVm. dem KSVG) und der Befreiungsmöglichkeit nach § 6 I a, die nur zugunsten derjenigen Versicherten eingreift, die *nur* nach § 2 S. 1 Nr. 9, nicht aber auch aus anderen Gründen versicherungspflichtig sind (insoweit wie hier KK/*Gürtner* Rn. 41).

7 **4. Rechtsfolgen der Versicherungspflicht.** Der die Voraussetzungen des § 2 S. 1 Nr. 9 erfüllende Selbständige ist versicherungspflichtig und damit einerseits beitragspflichtig, andererseits (bei Erfüllung der versicherungsrechtl. Voraussetzungen, zB der Zurücklegung der Wartezeit) leistungsberechtigt. Anders als versicherungspflichtige Beschäftigte, aber ebenso wie sonstige Selbständige, muss er die **Beiträge allein tragen** (§ 169 Nr. 1), erhält also von seinen Auftraggebern keinen „AGAnteil". Leistungsrechtl. genießt er **alle Vorteile der Pflichtvers.**, ist also – anders als bloß freiwillig Versicherte – auch gegen das Risiko der Erwerbsminderung versichert (vgl. *Kreikebohm/von Koch* § 43 SGB VI Rn. 13).

8 **5. Befreiungsmöglichkeiten (§ 6).** Versicherungspflichtige können sich unter den Voraussetzungen des § 6 von der Versicherungspflicht befreien lassen. Praktische Bedeutung haben va. die Befreiungsmöglichkeiten nach § 6 I 1 Nr. 1 und nach § 6 I a.

9 a) **Berufsständische Versorgung.** Die Befreiungsmöglichkeit nach § 6 I 1 Nr. 1 besteht für Mitglieder berufsständischer Versorgungswerke (*Hanau* ZIP 1999, 252, 253). Beschäftigte (§ 7 SGB IV) und selbständig Tätige, die auf Grund einer durch G angeordneten oder auf G beruhenden Verpflichtung Mitglied einer ör. Versicherungseinrichtung ihrer Berufsgruppe und zugleich kraft ges. Verpflichtung Mitglied einer berufsständischen Kammer sind, werden danach auf Antrag von der Versicherungspflicht befreit, wenn am jeweiligen Ort der Beschäftigung oder selbständigen Tätigkeit für ihre Berufsgruppe bereits vor dem 1.1.1995 eine ges. Verpflichtung zur Mitgliedschaft in der berufsständischen Kammer bestanden hat, für sie nach näherer Maßgabe der Satzung einkommensbezogene Beiträge unter Berücksichtigung der Beitragsbemessungsgrenze zur berufsständischen Versorgungseinrichtung zu zahlen sind und auf Grund dieser Beiträge Leistungen für den Fall verminderter Erwerbsfähigkeit und des Alters sowie für Hinterbliebene erbracht und angepasst werden, wobei auch die finanzielle Lage der berufsständischen Versorgungseinrichtung zu berücksichtigen ist (näher dazu *Kunz/Kunz* DB 1999, 583; HS-RV/*Voelzke* § 17 Rn. 76 ff.).

10 Nachdem das BSG **Syndikusanwälten** die Befreiungsmöglichkeit versagt hatte (BSG 3.4.2014 NZA 2014, 971; dazu *Giesen* NZA 2014, 1297 ff.; *Rolfs/Marcelli* NZA 2014, 574, 575), ist die BRAO zum 1.1.2016 novelliert worden: Nunmehr besteht die Möglichkeit der Zulassung als Syndikusrechtsanwalt

(§ 46 III-V BRAO; näher AGH NW 10.2.2017 NJW-Spezial 2017, 255; *Offermann-Burckart* NJW 2016, 113 ff.; *Henssler/Deckenbrock* DB 2016, 215 ff.). Vor der Zulassung durch die Kammer ist der Träger der ges. Rentenvers. zu hören. Dieser kann selbst Rechtsmittel gegen die Entsch. der Kammer einlegen, ist iÜ aber an sie gebunden (§ 46a II BRAO). Damit besteht für Syndici (wieder) die Befreiungsmöglichkeit nach § 6 I Nr. 1. § 231 IVa-IVd trifft die notwendigen Übergangsregelungen (zu Einzelfragen *Henssler/Deckenbrock* NJW 2016, 1345, 1346 ff.), § 286 f regelt die Erstattung zwischenzeitl. zu Unrecht gezahlter Pflichtbeiträge unmittelbar an die berufsständische Versorgungseinrichtung.

b) Existenzgründer und ältere Selbständige. § 6 I a 1 Nr. 1 ermöglicht in der **Existenzgründungsphase,** näml. für einen Zeitraum von drei Jahren nach erstmaliger Aufnahme einer selbständigen Tätigkeit, die die Merkmale des § 2 S. 1 Nr. 9 erfüllt, die Befreiung von der Versicherungspflicht (dazu BSG 24.11.2005 SozR 4–2600 § 6 Nr. 5). Dadurch wird dem Umstand Rechnung getragen, dass viele Existenzgründer nur in der Anfangsphase die Voraussetzungen des § 2 S. 1 Nr. 9 erfüllen, später aber versicherungspflichtige AN einstellen und/oder für mehrere Auftraggeber tätig werden (vgl. NZA 1999, 1260, 1262). Außerdem wird es ihnen ermöglicht, ihre finanziellen Kräfte zu Beginn ganz auf den Aufbau des Unternehmens zu konzentrieren (BT-Drs. 14/1855 S. 9). Auch bei einem **zweiten Existenzgründungsversuch** besteht die Befreiungsmöglichkeit nochmals (§ 6 I a 2), nicht aber beim dritten und bei weiteren Versuchen, sich selbständig zu machen (*Bauer/Diller/Schuster* NZA 1999, 1297, 1302). 11

§ 6 I a 1 Nr. 2 betrifft **Selbständige nach Vollendung des 58. Lebensjahres,** die nach einer zuvor ausgeübten (anderen) selbständigen Tätigkeit erstmals nach § 2 S. 1 Nr. 9 versicherungspflichtig werden (vgl. zu Einzelheiten BSG 30.10.2013 NZS 2014, 182). Die Befreiungsmöglichkeit trägt dem Umstand Rechnung, dass der Übergang von der Selbständigkeit in den Ruhestand häufig das Zwischenstadium einer Selbständigkeit nach § 2 S. 1 Nr. 9 durchläuft. Die Betroffenen erhalten die Möglichkeit, ihre bisherige Form der Altersvorsorge außerhalb der ges. Rentenvers. ausbauen zu können (BT-Drs. 14/1855 S. 9). 12

§ 41 Altersrente und Kündigungsschutz

[1] Der Anspruch des Versicherten auf eine Rente wegen Alters ist nicht als ein Grund anzusehen, der die Kündigung eines Arbeitsverhältnisses durch den Arbeitgeber nach dem Kündigungsschutzgesetz bedingen kann. [2] Eine Vereinbarung, die die Beendigung des Arbeitsverhältnisses eines Arbeitnehmers ohne Kündigung zu einem Zeitpunkt vorsieht, zu dem der Arbeitnehmer vor Erreichen der Regelaltersgrenze eine Rente wegen Alters beantragen kann, gilt dem Arbeitnehmer gegenüber als auf das Erreichen der Regelaltersgrenze abgeschlossen, es sei denn, dass die Vereinbarung innerhalb der letzten drei Jahre vor diesem Zeitpunkt abgeschlossen oder von dem Arbeitnehmer innerhalb der letzten drei Jahre vor diesem Zeitpunkt bestätigt worden ist. [3] Sieht eine Vereinbarung die Beendigung des Arbeitsverhältnisses mit dem Erreichen der Regelaltersgrenze vor, können die Arbeitsvertragsparteien durch Vereinbarung während des Arbeitsverhältnisses den Beendigungszeitpunkt, gegebenenfalls auch mehrfach, hinausschieben.

1. Allgemeines. a) Normzweck. Das Kündigungsverbot des S. 1, der Bestätigungsvorbehalt des S. 2 und die Verlängerungsmöglichkeit des S. 3 **flankieren arbeitsrechtl. die Anhebung der ges. Altersgrenzen.** Der AN soll die Freiheit haben, die Dauer seiner berufl. Tätigkeit und damit die Art der Sicherung seines Lebensunterhalts im Alter selbst zu bestimmen und diese möglichst unbeeinflusst von arbeitsrechtl. Vereinb. nutzen, um möglichst lange zu arbeiten und damit das Verhältnis von Beitragszahlern und Rentnern im Interesse der Finanzierbarkeit der Rentenvers. günstig zu beeinflussen (BT-Drs. 11/4124 S. 144). 1

b) Anhebung der Altersgrenzen. Seit 2012 werden die Altersgrenzen in der ges. Rentenvers. stufenweise angehoben (*Schrader/Straube* NJW 2008, 1025 ff.). Die Regelaltersgrenze steigt für die Geburtsjahrgänge 1947 bis 1958 um jeweils einen Monat auf 66 Jahre, für die Geburtsjahrgänge 1959 bis 1964 um jeweils zwei Monate auf 67 Jahre an. Auch die übrigen Altersgrenzen werden angepasst. Die neue Altersrente für bes. langjährig Versicherte (45 Versicherungsjahre), kann abschlagsfrei mit 63 Jahren, für Versicherte der Geburtsjahrgänge 1953 und jünger stufenweise ansteigend auf 65 Jahre, beansprucht werden (§§ 38, 236b SGB VI; krit. dazu *Ruland* NJW 2012, 492, 496). 2

Abschlagsfrei kann Rente vorzeitig beansprucht werden: (1) von langjährig unter Tage beschäftigten Bergleuten (§ 40) mit 62 Jahren, (2) von schwerbehinderten Menschen (§ 37) sowie (3) von besonders langjährig Versicherten (§ 38) mit 65 Jahren. **Mit Abschlägen** kann Rente beansprucht werden: (1) von schwerbehinderten Menschen (§ 37) mit 62 Jahren, (2) von langjährig Versicherten (§ 36) mit 63 Jahren. Verfassungsrechtl. Bedenken gegen die Höhe der Abschläge (0,3% je Monat der vorzeitigen Inanspruchnahme) hat das BVerfG zurückgewiesen (BVerfG 11.11.2008 NJW 2009, 499; 5.2.2009 NZS 2009, 621). Für die Geburtsjahrgänge 1947 bis 1964 existieren jeweils langfristige Übergangsregelungen (Rn. 4). 3

Übersicht über die Übergangsregelungen zu den Altersgrenzen idF des RV-LeistungsverbesserungsG (§§ 235 ff.) 4

Geburts-monat und -jahr	Regelaltersrente			Altersrente für langjährig Versicherte (35 Versicherungsjahre)							Altersrente für schwerbehinderte Menschen						
	Anhebung	auf Alter	Altersgrenze Vertrauensschutz ATZ*	Abschlagsfrei ab Alter (ohne ATZ)		Abschlagsfrei mit Vertrauensschutz ATZ* ab Alter	Vorzeitige Inanspruchnahme ab Alter (ohne ATZ)		Vorzeitige Inanspruchnahme mit Vertrauensschutz ATZ* ab Alter		Abschlagsfrei ab Alter (ohne ATZ)		Abschlagsfrei mit Vertrauensschutz ATZ* ab Alter	Vorzeitige Inanspruchnahme mögl. ab Alter (ohne ATZ)		Vorzeitige Inanspruchnahme mit Vertrauensschutz ATZ* ab Alter	
	um Monate	Jahr/Monat		Anhebung um Monate	Jahr/Monat	Jahr/Monat	Jahr/Monat	max. Abschlag	Jahr/Monat	max. Abschlag	Anhebung um Monate	Jahr/Monat	Jahr/Monat	Jahr/Monat	max. Abschlag	Jahr/Monat	max. Abschlag
1947	1	65+1	65	–	65	65	63	7,2%			–	63	63	60	10,8%	60	10,8%
1948																	
01/02	2	65+2	65	–	65	65	63	7,2%	62+11	7,5%	–	63	63	60	10,8%	60	10,8%
03/04	2	65+2	65	–	65	65	63	7,2%	62+10	7,8%	–	63	63	60	10,8%	60	10,8%
05/06	2	65+2	65	–	65	65	63	7,2%	62+9	8,1%	–	63	63	60	10,8%	60	10,8%
07/08	2	65+2	65	–	65	65	63	7,2%	62+8	8,4%	–	63	63	60	10,8%	60	10,8%
09/10	2	65+2	65	–	65	65	63	7,2%	62+7	8,7%	–	63	63	60	10,8%	60	10,8%
11/12	2	65+2	65	–	65	65	63	7,2%	62+6	9,0%	–	63	63	60	10,8%	60	10,8%
1949																	
01	3	65+3	65	1	65+1	65	63	7,5%	62+5	9,3%	–	63	63	60	10,8%	60	10,8%
02	3	65+3	65	2	65+2	65	63	7,8%	62+5	9,3%	–	63	63	60	10,8%	60	10,8%
03/04	3	65+3	65	3	65+3	65	63	8,1%	62+4	9,6%	–	63	63	60	10,8%	60	10,8%
05/06	3	65+3	65	3	65+3	65	63	8,1%	62+3	9,9%	–	63	63	60	10,8%	60	10,8%
07/08	3	65+3	65	3	65+3	65	63	8,1%	62+2	10,2%	–	63	63	60	10,8%	60	10,8%
09/10	3	65+3	65	3	65+3	65	63	8,1%	62+1	10,5%	–	63	63	60	10,8%	60	10,8%
11/12	3	65+3	65	3	65+3	65	63	8,1%	62	10,8%	–	63	63	60	10,8%	60	10,8%
1950	4	65+4	65	4	65+4	65	63	8,4%	62	10,8%	–	63	63	60	10,8%	60	10,8%
1951	5	65+5	65	5	65+5	65	63	8,7%	62	10,8%	–	63	63	60	10,8%	60	10,8%
1952																	
01	6	65+6	65	6	65+6	65	63	9,0%	62	10,8%	1	63+1	63	60+1	10,8%	60	10,8%
02	6	65+6	65	6	65+6	65	63	9,0%	62	10,8%	2	63+2	63	60+2	10,8%	60	10,8%
03	6	65+6	65	6	65+6	65	63	9,0%	62	10,8%	3	63+3	63	60+3	10,8%	60	10,8%
04	6	65+6	65	6	65+6	65	63	9,0%	62	10,8%	4	63+4	63	60+4	10,8%	60	10,8%

Geburtsmonat und -jahr	Regelaltersrente			Altersrente für langjährig Versicherte (35 Versicherungsjahre)							Altersrente für schwerbehinderte Menschen						
	Anhebung	auf Alter	Altersgrenze Vertrauensschutz ATZ*	Abschlagsfrei ab Alter (ohne ATZ)		Abschlagsfrei mit Vertrauensschutz ATZ* ab Alter	Vorzeitige Inanspruchnahme ab Alter (ohne ATZ)		Vorzeitige Inanspruchnahme mit Vertrauensschutz ATZ* ab Alter		Abschlagsfrei ab Alter (ohne ATZ)		Abschlagsfrei mit Vertrauensschutz ATZ* ab Alter	Vorzeitige Inanspruchnahme mögl. ab Alter (ohne ATZ)		Vorzeitige Inanspruchnahme mit Vertrauensschutz ATZ* ab Alter	
05	6	65+6	65	6	65+6	65	63	9,0%	62	10,8%	5	63+5	63	60+5	10,8%	60	10,8%
06–12	6	65+6	65	6	65+6	65	63	9,0%	62	10,8%	6	63+6	63	60+6	10,8%	60	10,8%
1953	7	65+7	65	7	65+7	65	63	9,3%	62	10,8%	7	63+7	63	60+7	10,8%	60	10,8%
1954	8	65+8	65	8	65+8	65	63	9,6%	62	10,8%	8	63+8	63	60+8	10,8%	60	10,8%
1955	9	65+9	–	9	65+9	–	63	9,9%	–	–	9	63+9	–	60+9	10,8%	–	–
1956	10	65+10	–	10	65+10	–	63	10,2%	–	–	10	63+10	–	60+10	10,8%	–	–
1957	11	65+11	–	11	65+11	–	63	10,5%	–	–	11	63+11	–	60+11	10,8%	–	–
1958	12	66	–	12	66	–	63	10,8%	–	–	12	64	–	61	10,8%	–	–
1959	14	66+2	–	14	66+2	–	63	11,4%	–	–	14	64+2	–	61+2	10,8%	–	–
1960	16	66+4	–	16	66+4	–	63	12,0%	–	–	16	64+4	–	61+4	10,8%	–	–
1961	18	66+6	–	18	66+6	–	63	12,6%	–	–	18	64+6	–	61+6	10,8%	–	–
1962	20	66+8	–	20	66+8	–	63	13,2%	–	–	20	64+8	–	61+8	10,8%	–	–
1963	22	66+10	–	22	66+10	–	63	13,8%	–	–	22	64+10	–	61+10	10,8%	–	–
1964 und jünger	24	67	–	24	67	–	63	14,4%	–	–	24	65	–	62	10,8%	–	–

*: Vertrauensschutz ATZ für Versicherte, die vor dem 1. Januar 2007 ATZ iSd. §§ 2, 3 I Nr. 1 ATG vereinbart haben.

Geburtsjahr	Altersrente für besonders langjährig Versicherte (45 Versicherungsjahre)
	Abschlagsfrei ab Alter
1947	63
1948	63
1949	63
1950	63
1951	63
1952	63
1953	63+2
1954	63+4
1955	63+6
1956	63+8
1957	63+10
1958	64
1959	64+2
1960	64+4
1961	64+6
1962	64+8
1963	64+10
1964 und jünger	65

Geburtsmonat und -jahr	**Altersrente für Frauen**			**Altersrente wegen Arbeitslosigkeit oder nach Altersteilzeitarbeit**		
	Abschlagsfrei ab Alter	Vorzeitige Inanspruchnahme mögl. ab Alter		Abschlagsfrei ab Alter	Vorzeitige Inanspruchnahme mögl. ab Alter	
		Jahr/ Monat	max. Abschlag		Jahr/ Monat	max. Abschlag
1947						
01	65	60	18%	65	61+1	14,1%
02	65	60	18%	65	61+2	13,8%
03	65	60	18%	65	61+3	13,5%
04	65	60	18%	65	61+4	13,2%
05	65	60	18%	65	61+5	12,9%
06	65	60	18%	65	61+6	12,6%
07	65	60	18%	65	61+7	12,3%
08	65	60	18%	65	61+8	12,0%
09	65	60	18%	65	61+9	11,7%
10	65	60	18%	65	61+10	11,4%
11	65	60	18%	65	61+11	11,1%
12	65	60	18%	65	62	10,8%
1948						
01	65	60	18%	65	62+1	10,5%
02	65	60	18%	65	62+2	10,2%
03	65	60	18%	65	62+3	9,9%
04	65	60	18%	65	62+4	9,6%
05	65	60	18%	65	62+5	9,3%
06	65	60	18%	65	62+6	9,0%
07	65	60	18%	65	62+7	8,7%
08	65	60	18%	65	62+8	8,4%
09	65	60	18%	65	62+9	8,1%
10	65	60	18%	65	62+10	7,8%
11	65	60	18%	65	62+11	7,5%
12	65	60	18%	65	63	7,2%
1949	65	60	18%	65	63	7,2%
1950	65	60	18%	65	63	7,2%
1951	65	60	18%	65	63	7,2%
1952 und jünger	–	–	–	–	–	–

2. Kündigung wegen des Anspruchs auf Altersrente (S. 1). a) Anwendungsbereich. § 41 schützt 5
allein **Versicherte** iSd. SGB VI, die in einem ArbVerh. stehen (HWK/*Ricken* Rn. 2). Dabei findet S. 1 nur Anwendung auf ArbVerh., die dem **KSchG** unterliegen, also solche, die länger als sechs Monate in einem Betrieb bestehen, der den Schwellenwert des § 23 KSchG überschreitet.

b) Materielle Voraussetzungen. Ein Anspruch auf Rente wegen Alters ist gegeben, wenn nach den 6
sozialrechtl. Bestimmungen alle Voraussetzungen der Rentenzahlung **mit Ausnahme des Rentenantrags** des AN erfüllt sind. Die Regelung des S. 1 gilt unabhängig vom Alter des AN. Zu dem erforderl. Lebensalter, das der Versicherte erreicht haben muss, um die Regel- oder eine andere Altersrente, ggf. mit Abschläge, beanspruchen zu können, s. Rn. 4.

Eine Kündigung wegen **tats. Bezugs einer Altersrente** ist durch S. 1 nicht ausgeschlossen. Die 7
Rentenkassen könnten durch eine solche Regelung nicht mehr entlastet werden, vielmehr werden sie gestärkt, wenn der AG die durch Kündigung frei gewordene Stelle wieder mit einem rentenversicherungspflichtigen AN besetzt. Ob eine Kündigung wegen Bezugs von Rente wegen Alters sozial gerechtfertigt ist, muss anhand von § 1 II KSchG beurteilt werden.

Wird bei Erreichen der Regelaltersgrenze gekündigt, um einen vernünftigen **Altersaufbau der** 8
Belegschaft zu erreichen und/oder Aufstiegschancen für jüngere Mitarbeiter zu eröffnen, steht S. 1 dem gleichfalls nicht entgegen. Das BVerfG (30.3.1999 NZA 1999, 816, 817) hat darauf hingewiesen, dass es den Betriebsfrieden gefährden würde, wenn ältere AN Rente beziehen und zugleich Arbeitsplätze für Nachwuchskräfte blockieren würden. Das Verbot der Benachteiligung wegen des Alters (Art. 1 RL 2000/78/EG) führt zu keiner anderen Beurteilung (EuGH 12.10.2010 NZA 2010, 1167; 5.7.2012 NZA 2012, 785; BAG 6.11.2008 NZA 2009, 361). Umstr. ist, ob diese Gesichtspunkte als dringende betriebl. Erfordernisse die Kündigung sozial rechtfertigen (vgl. *Reiserer* BB 1994, 69, 70; abl. *Pfeiffer* ZIP 1994, 264, 273).

c) Rechtsfolge. Der Anspruch des AN auf Rente wegen Alters rechtfertigt keine Kündigung iSv. § 1 9
KSchG, sodass die Kündigung bei Fehlen eines anderen die Kündigung sozial rechtfertigenden Grundes unwirksam ist. Allerdings gilt die Kündigung nach § 7 KSchG als von Anfang an rechtswirksam, wenn der AN nicht innerhalb der Drei-Wochen-Frist des § 4 S. 1 KSchG Kündigungsschutzklage erhebt (HWK/*Ricken* Rn. 5).

3. Einvernehmliche Auflösung bei Anspruch auf Altersrente (S. 2). a) Anhebung der Alters- 10
grenzen ab 2012 und „Altersgrenze 65". S. 2 setzt voraus, dass die Parteien eine Vereinb. getroffen haben, die die Beendigung des ArbVerh. eines AN ohne Kündigung zu einem Zpkt. vorsieht, zu dem der AN vor Erreichen der Regelaltersgrenze eine Rente wegen Alters beantragen kann. Es muss also ein spezifischer Zusammenhang zwischen der vereinbarten Altersgrenze und dem Rentenanspruch bestehen (Rn. 16). Da die Vollendung des 65. Lebensjahres für den Rentenanspruch vom Jahre 2012 an (außer für bes. langjährig Versicherte ab Jahrgang 1964, § 38) ohne Belang ist, löst S. 2 das in der Praxis anges. der Anhebung der Altersgrenzen ab 2012 drängendste Problem nicht: Dass näml. fast alle älteren TV, BV und Arbeitsverträge auf die Vollendung des 65. Lebensjahres abstellen, der AN zu diesem Zpkt. aber noch gar keine (Regel-)Altersrente beanspruchen kann (**aA** *Hanau* ZIP 2011, 1, 1; *ders.* NZA 2011, 537, 538). Zw. ist, ob derartige Vereinb. dahingehend **ausgelegt** werden können, dass an die Stelle des „65. Lebensjahres" jeweils das „Erreichen der Regelaltersgrenze" tritt. Anges. des Umstands, dass diese Altersgrenze seit dem Jahre 1916 bei 65 Jahren lag (G v. 17.6.1916, RGBl. S. 525), wird man jdf. für vor dem Inkrafttreten des RV-AltersgrenzenanpassungsG abgeschlossene Verträge einen derartigen gemeinsamen Willen der Vertragsparteien annehmen können, der im Vertragstext eben nur unvollständig seinen Ausdruck gefunden hat (BAG 13.10.2015 NZA 2016, 54; 9.12.2015 NZA 2016, 695; HWK/*Ricken* Rn. 9). Für ab dem 1.1.2008 abgeschlossene Verträge dürfte dagegen die Vereinb. „65. Lebensjahr" konstitutiv sein (*Schumacher* DB 2013, 2331, 2333; **aA** *Löwisch* ZTR 2011, 78, 79). Nimmt man aber die „Vollendung des 65. Lebensjahres" beim Wort, ist die Vertragsklausel wohl unwirksam, weil sie den AN zu einem Zpkt. aus dem ArbVerh. drängt, zu dem er wirtschaftl. noch nicht durch Leistungen der ges. Rentenvers. abgesichert ist (vgl. BAG 20.11.1987 NZA 1988, 617; 14.8.2002 NZA 2003, 1397 und u. Rn. 17).

b) Anwendungsbereich des S. 2. Einen Anspruch auf Rente wegen Alters können nur AN haben, 11
die Versicherte iSd. SGB VI sind. Auf nicht ges. rentenversicherte Personen ist § 41 unanwendbar (BAG 14.10.1997 NZA 1998, 652). Aus dem Wortlaut des S. 2 ergibt sich jedoch nicht, ob diese Regelung auf alle oder nur auf dem **Anwendungsbereich des KSchG** unterliegende ArbVerh. Anwendung findet. Beide Normzwecke (Schutz der Rentenkassen und der Entscheidungsfreiheit der AN) sprechen dafür, S. 2 umfassend auf alle ArbVerh. von Versicherten anzuwenden (KKW/*Roßbach* Rn. 3; **aA** HWK/*Ricken* Rn. 7).

S. 2 findet nur auf Vereinb. Anwendung, die das **Ausscheiden** zu einem bestimmten Alter betreffen. 12
S. 2 erfasst nicht die mit dem Ausscheiden verbundenen Leistungen, also bspw. das Versprechen, dem AN ab einem bestimmten Lebensalter eine Abfindung oder ein betriebl. Ruhegehalt zu gewähren (BAG 18.2.2003 NJW 2003, 3005; 14.10.2003 NZA 2004, 679). Die Vorschr. findet ferner nur auf diejenigen ArbVerh. Anwendung, die auf einen vor Erreichen der Regelaltersgrenze liegenden Zpkt.

befristet sind. Entscheidend ist das Bestehen eines Anspruches auf **Rente wegen Alters vor Vollendung der Regelaltersgrenze.** Eine Spezialregelung für die ATZ enthält § 8 III ATG. Sie geht § 41 vor (ATG § 8 Rn. 20), wenn die Vereinb. der Parteien ihre Voraussetzungen erfüllt (BAG 22.5.2012 AP TVG § 1 Altersteilzeit Nr. 58).

13 **c) Einzelvertragliche Vereinbarung. Vereinb.** iSv. S. 2 ist nur die einzelvertragl. Vereinb (BAG 4.11.2015 NZA 2016, 634). Die Vorschr. regelt nur die Rechtsfolgen (nicht aber die Zulässigkeit, die sich allein nach § 14 TzBfG bemisst: BAG 19.11.2003 NZA 2004, 1336; 18.1.2017 NZA 2017, 849) der Vereinb. der Auflösung eines ArbVerh. ohne Kündigung zu einem Zpkt., zu dem der AN Rente wegen Alters beantragen kann. Die Vorschr. erfordert eine Vereinb., die auf einen Zpkt. abstellt, zu dem eine Rente wegen Alters beantragt werden kann. Der Zpkt. braucht ledigl. objektiv die Antragstellung zu ermöglichen. Eine entspr. Willensrichtung der Arbeitsvertragsparteien wird nicht vorausgesetzt. Auf arbeitsrechtl. Befristungsvereinb., die auf einen Zpkt. abstellen, in dem der AN keinen Anspruch auf Altersrente, sondern ledigl. auf Altersversorgung nach beamtenrechtl. Grds. durch seinen AG hat, ist S. 2 nicht anwendbar (BAG 26.4.1995 NZA 1995, 889). Auch eine erweiternde Auslegung dieser Vorschr. ist nicht mögl. (BAG 26.4.1995 NZA 1995, 889).

14 **Tarifnormen,** die eine Altersgrenze statuieren, werden dagegen von S. 2 nicht unmittelbar erfasst (BAG 20.10.1993 NZA 1994, 128; 1.12.1993 NZA 1994, 369; *Boerner* ZfA 1995, 537, 540). Daraus folgt indes nicht, dass kollektivvertragl. Altersgrenzen ohne weiteres zulässig sind. Das BAG hat vielmehr mit dem Umkehrschluss argumentiert, dass es dem Gesetzeszweck widerspräche, wenn TV unabhängig von der Entsch. des einzelnen AN Altersgrenzen verbindl. regelten. Es hat deshalb angenommen, die vom Gesetzgeber mit § 41 beabsichtigte arbeitsrechtl. Flankierung einer flexiblen Lebensarbeitszeit setze eine an bestimmte Voraussetzungen geknüpfte individualrechtl. Vereinb. oder Bestätigung voraus und **schließe kollektivrechtl. Altersgrenzen aus,** die zur automatischen Beendigung des ArbVerh. vor Erreichen der Regelaltersgrenze führen und auf den Zpkt. des Entstehens sozialversicherungsrechtl. Ansprüche der AN auf Altersruhegeld abstellen (BAG 20.10.1993 NZA 1994, 128; 1.12.1993 NZA 1994, 369).

15 Für **BV** gelten die Ausführungen in Bezug auf TV (Rn. 14) entspr. (KK/*Gürtner* Rn. 17; strenger HWK/*Ricken* Rn. 14). Sie können gem. § 88 BetrVG ohnehin nur freiwillig abgeschlossen werden. Individualvertragl. Regelungen haben gem. S. 3 und auf Grund eines individuellen Günstigkeitsvergleiches Vorrang, wenn sie im Verhältnis zu kollektivvertragl. Regelungen auf einen späteren Zpkt. abstellen oder dem AN die Wahlmöglichkeit einräumen, in den Ruhestand einzutreten oder im ArbVerh. zu verbleiben (BAG 7.11.1989 NZA 1990, 816).

16 **d) Anspruch auf Rente wegen Alters vor Erreichen der Regelaltersgrenze.** S. 2 ist nur auf Vereinb. anwendbar, bei denen ein Zusammenhang zwischen dem Anspruch auf Rente vor Erreichen der Regelaltersgrenze und der **Beendigung des ArbVerh.** besteht. Ein solcher Rentenanspruch ist gegeben, wenn nach den Vorschr. der §§ 36 ff., 236 ff. alle Voraussetzungen einer vorgezogenen Altersrente mit Ausnahme des Rentenantrags des AN erfüllt sind. Dem steht der tats. Bezug der Rente wegen Alters nicht gleich. Vereinbaren AG und AN die Auflösung des ArbVerh. für den Zpkt. des erstmaligen Bezugs von Rente wegen Alters, ist dies kein Fall des S. 2 (BAG 4.11.2015 NZA 2016, 634). Deshalb ist zwischen dem „Anspruch auf" und dem „Bezug von" Rente wegen Alters zu differenzieren. Im letzteren Fall unterliegt die Vereinb. gar nicht dem Anwendungsbereich der Norm (*Pfeiffer* ZIP 1994, 264, 272).

17 Vereinb., nach denen das ArbVerh. vor Erreichen der Regelaltersgrenze sein Ende finden soll, **ohne dass ein Zusammenhang mit einem Rentenanspruch besteht,** sind nicht an S. 2 zu messen. Dies gilt ab 2012 insb. für die bislang üblicherweise vereinbarte „Altersgrenze 65", da es außer für bes. langjährig Versicherte (§ 38) keine Altersgrenze von 65 Jahren mehr gibt (Rn. 10). Derartige Vereinb. sind – selbst in TV – regelm. nicht zulässig (EuGH 13.9.2011 NZA 2011, 1039; BAG 18.1.2012 NZA 2012, 575; 15.2.2012 NZA 2012, 866). Da der entscheidende Gesichtspunkt für die sachl. Rechtfertigung der Beendigung des ArbVerh. mit Erreichen der Regelaltersgrenze – die wirtschaftl. Absicherung durch die ges. Altersrente – hier nicht besteht, sind derartige Regelungen sowohl im Hinblick auf die arbeitsrechtl. Befristungskontrolle als auch in Bezug auf Art. 12 I GG nicht gerechtfertigt. Der zweckmäßige Altersaufbau sowie die Personal- und Nachwuchsplanung sind für sich gesehen nicht in der Lage, die Beendigung des ArbVerh. zu rechtfertigen. Dies gilt auch, wenn dem AN eine Abfindung gezahlt oder das Alg. auf den Betrag des letzten Nettogehalts aufgestockt werden soll (Preis/*Rolfs* II A 20 Rn. 23; *Vollstädt*, Die Beendigung von ArbVerh. durch Vereinb. einer Altersgrenze, 1997, S. 302 f.).

18 **e) Rechtsfolge: Fiktion.** Die Vereinb. gilt dem AN ggü. als auf die Erreichung der Regelaltersgrenze abgeschlossen, also einseitig zugunsten des AN. Damit wird eine **Wahlfreiheit des AN** begr. Er kann sich entscheiden, ob er zum vereinbarten Termin ausscheiden oder das ArbVerh. bis zum Erreichen der Regelaltersgrenze fortsetzen will. Macht der AN den Fortbestand des ArbVerh. bis zum Erreichen der Regelaltersgrenze nicht geltend, kann sich der AG nicht auf das Fortbestehen des ArbVerh. berufen. Der AN hat das Wahlrecht spätestens **drei Wochen** nach der vertragl. vorgesehenen Auflösung des ArbVerh. auszuüben. Die Klagefrist des § 17 TzBfG findet Anwendung, denn die Rechtsfolge des Hinausschiebens des vereinbarten Beendigungstermins auf den Zpkt. des Erreichens der

Regelaltersgrenze beinhaltet zugleich die Unwirksamkeit der vertragl. vereinbarten Beendigung des ArbVerh. zu dem früher liegenden Zpkt. Mit der Versäumung der Klagefrist gilt nach § 7 KSchG die Auflösung des ArbVerh. zu dem vereinbarten Zpkt. als wirksam geworden (BAG 9.2.2000 NZA 2000, 721). Diese Fiktion kommt auch zum Tragen, wenn der AN die erhobene Klage später zurücknimmt.

Tritt die Rechtsfolge des S. 2 ein, endet das ArbVerh. mit Ablauf des Tages, der dem Erreichen der Regelaltersgrenze vorangeht. Ist das befristete **ArbVerh. ordentl. unkündbar,** bleibt diese Regelung auch während des Verlängerungszeitraumes bestehen. 19

f) Ausnahme: Vereinbarung oder Bestätigung innerhalb der letzten drei Jahre. Die Rechtsfolge tritt nicht ein, wenn die Vereinb. innerhalb der letzten drei Jahre vor diesem Zpkt. abgeschlossen oder von dem AN bestätigt worden ist. Maßgebl. für die Berechnung der 3-Jahres-Frist ist der vereinbarte Zpkt. des Ausscheidens, nicht die Erreichung der Regelaltersgrenze (BAG 17.4.2002 AP SGB VI § 41 Nr. 14; 19.11.2003 NZA 2004, 1336). Die Fristberechnung erfolgt gem. §§ 187 ff. BGB. Die Bestätigung kann innerhalb des 3-Jahres-Zeitraumes zu jedem beliebigen Zpkt. erfolgen. Da sie keines Vertrages, sondern ledigl. einer Willenserkl. des AN bedarf (BAG 22.5.2012 AP TVG § 1 Altersteilzeit Nr. 58), kommt ihr iE die Wirkung einer Kündigung zu. Mit Abgabe der Bestätigungserkl. wird das ArbVerh. zu dem in der Vereinb. bestimmten Termin aufgelöst, sofern dieser nicht mehr als drei Jahre entfernt liegt. 20

4. Verlängerung des Arbeitsverhältnisses über die Regelaltersgrenze hinaus (S. 3). Zweck des 2014 eingefügten S. 3 ist es, die arbeitsrechtl. Altersgrenze flexibler zu gestalten. AG und AN soll die Möglichkeit eröffnet werden, trotz der in Individual- und Tarifverträgen übl. Befristung des ArbVerh. auf die Regelaltersgrenze dieses über sie hinaus befristet fortsetzen zu können (*Kreikebohm* ZfA 2016, 499, 502). Das war zwar auch schon zuvor mögl., doch bedurfte es hierzu eines sachl. Grundes iSv. § 14 I TzBfG. Ein solcher kann zwar zB im „Wissenserhalt" oder dem „Wissenstransfer" (*Sprenger* BB 2016, 757) liegen, insb. der Einarbeitung eines Nachfolgers (BAG 11.2.2015 NZA 2015, 1066), nicht jedoch allein darin, dass der AN das ges. Rentenalter erreicht hat. Der vereinbarte Beendigungszpkt. kann – ggf. auch mehrfach – zeitl. hinausgeschoben werden. Damit stellt die Vorschr. eine **Sonderregelung** ggü. § 14 TzBfG dar. 21

Die **Vereinbarkeit der Norm mit Unionsrecht** ist zw. Das LAG HB (23.11.2016 NZA-RR 2017, 290) hat den EuGH um Vorabentsch. ersucht. Die amtl. Begr. (BT-Drs. 18/1489 S. 25) setzt sich nur mit der Rspr. des EuGH zur Zulässigkeit der Befristung von ArbVerh. auf die Regelaltersgrenze auseinander (vgl. EuGH 12.10.2010 NZA 2010, 1167). Ob es allerdings anges. des Verbots der Benachteiligung wegen des Alters (Art. 1, 2 RL 2000/78/EG; EuGH 22.11.2005 NZA 2005, 1345; s. insb. BAG 6.4.2011 NZA 2011, 970) zulässig ist, den Beendigungszeitpunkt beliebig häufig und beliebig lange immer wieder (im Extremfall: jeweils von Tag zu Tag) zu verschieben, ist ungeklärt. Jdf. dürfte § 41 S. 3 mit der Befristungs-RL 1999/70/EG unvereinbar sein, weil er weder einen sachl. Grund für die Verlängerung verlangt noch die Zahl der zul. Verlängerungen oder deren max. Dauer begrenzt (*Heinz* BB 2016, 2037, 2040 f.; *Waltermann* RdA 2015, 343, 348; **aA** *Giesen* ZfA 2014, 217, 235 f.). Zugelassen hat der EuGH die befristete Verlängerung über die Altersgrenze hinaus ledigl. mit sachl. Grund (EuGH 18.11.2010 NZA 2011, 29). Dann aber kann die Befristung schon auf § 14 I TzBfG gestützt werden. AG, die von § 41 S. 3 Gebrauch machen, müssen damit rechnen, dass die Befristung aus unionsrechtl. Gründen unwirksam ist und das ArbVerh. unbefristet fortbesteht (§ 16 S. 1 TzBfG). **Verfassungsrechtl.** ist die Norm unbedenkl. Sie geht im Hinblick auf die Berufsfreiheit des AN (Art. 12 I GG) davon aus, dass die befristete Verlängerung des ArbVerh. iSv. § 4 III TVG günstiger als die „Zwangsverrentung" und daher auch ggü. tarifl. Altersgrenzen wirksam ist (BAG 7.11.1989 NZA 1990, 816). 22

Voraussetzung der Verlängerung ist, dass AG und AN während des lfd. ArbVerh. eine individuelle Vereinb. (auch in AGB) treffen, mit der sie die urspr. Befristung auf die Regelaltersgrenze aufheben und einen späteren Beendigungszeitpunkt vereinbaren. Dabei wird entweder der bisherige Arbeitsvertrag abgeändert oder eine ggü. der kollektivrechtl. Beendigungsnorm abw. Individualabrede getroffen. Sie muss spätestens am letzten Tag des ArbVerh. (*Kroll* ZTR 2016, 179, 181; *Sprenger* BB 2016, 757, 759) schriftl. (§ 14 IV TzBfG; *Giesen* ZfA 2014, 217, 222; *Waltermann* RdA 2015, 343, 347) abgeschlossen werden. Ein zeitl. Zusammenhang mit dem Ruhestand des AN ist nicht erforderl., die Vereinb. kann auch schon deutl. früher getroffen werden (nicht jedoch bereits im Arbeitsvertrag, sondern nur „im lfd. ArbVerh."); ebenso wenig bedarf es eines sachl. Grundes iSv. § 14 I TzBfG (sonst wäre die Vorschr. überflüssig; *Heinz* BB 2016, 2037, 2040; *Poguntke* NZA 2014, 1372, 1373 f.; **aA** *Bader* NZA 2014, 749, 752). Offen ist, ob der neue Beendigungstermin kalendermäßig bestimmt sein muss oder ob er sich auch aus dem Zweck der Verlängerung (§ 3 I Hs. 2 TzBfG, zB Abschluss eines konkreten Projekts) ergeben kann (bejahend *Giesen* ZfA 2014, 217, 221 f.; *Waltermann* RdA 2015, 343, 347; **aA** *Bader* NZA 2014, 749, 751); ebenso, ob anders als bei der „Verlängerung" eines sachgrundlos befristeten ArbVerh. nach § 14 II TzBfG eine Änd. der Arbeitsbedingungen, zB eine Reduzierung der AZ, zulässig ist (*Groeger* ZTR 2015, 115, 120; *Poguntke* NZA 2014, 1372, 1375 f.; **aA** *Bader* NZA 2014, 749, 751; *Bayreuther* NZA-Beil. 2015, S. 84, 88; *Kleinebrink* DB 2014, 1490, 1492; *Kroll* ZTR 2016, 179, 181). Die Verlängerung ist als „Einstellung" nach § 99 I 1 BetrVG **mitbestimmungspflichtig** 23

(*Bader* NZA 2014, 749, 751). S. 3 findet keine Anwendung, wenn das ArbVerh. infolge der Befristung auf die Regelaltersgrenze bereits beendet ist (*Bayreuther* NZA-Beil. 2015, S. 84, 88; *Groeger* ZTR 2015, 115, 120). Die Parteien schließen dann ein neues ArbVerh., dessen Befristung (nur) nach Maßgabe des § 14 TzBfG bzw. Sonderbefristungstatbeständen wie § 21 BEEG zulässig ist.

24 **Rechtsfolge** ist die Verlängerung des ArbVerh. über die Regelaltersgrenze hinaus bis zu dem vereinbarten neuen Zpkt. Der übrige Vertragsinhalt bleibt, wenn nicht anders vereinbart (Rn. 23), unverändert. Die Unwirksamkeit der Befristung kann nach Maßgabe des § 17 TzBfG gerichtl. geltend gemacht werden. **Rente** kann neben dem Arbeitsentgelt in unbegrenzter Höhe bezogen werden, es gibt keine Hinzuverdienstgrenze (SGB VI Einl. Rn. 4). Wird die Rente erst bei Beendigung der Beschäftigung beantragt, erhöht sie sich um jeden Monat der ggü. der Regelaltersgrenze „verspäteten" Inanspruchnahme um 0,5% (§ 77 II 1 Nr. 2 lit. b)).

570. Siebtes Buch Sozialgesetzbuch – Gesetzliche Unfallversicherung –

Vom 7. August 1996 (BGBl. I S. 1254)

Zul. geänd. durch Gesetz vom 17. Juli 2017 (BGBl. I S. 2575)

(FNA 860-7)

– Auszug –

Erstes Kapitel. Aufgaben, versicherter Personenkreis, Versicherungsfall

Zweiter Abschnitt. Versicherter Personenkreis

§ 2 Versicherung kraft Gesetzes

(1) Kraft Gesetzes sind versichert

1. Beschäftigte,

2. Lernende während der beruflichen Aus- und Fortbildung in Betriebsstätten, Lehrwerkstätten, Schulungskursen und ähnlichen Einrichtungen,

3., 4. (...)

5. Personen, die

a) Unternehmer eines landwirtschaftlichen Unternehmens sind und ihre im Unternehmen mitarbeitenden Ehegatten oder Lebenspartner,

b) in landwirtschaftlichen Unternehmen nicht nur vorübergehend mitarbeitende Familienangehörige sind,

c) im landwirtschaftlichen Unternehmen in der Rechtsform von Kapital- oder Personenhandelsgesellschaften regelmäßig wie Unternehmer selbständig tätig sind,

d) ehrenamtlich in Unternehmen tätig sind, die unmittelbar der Sicherung, Überwachung oder Förderung der Landwirtschaft überwiegend dienen,

e) ehrenamtlich in den Berufsverbänden der Landwirtschaft tätig sind, wenn für das Unternehmen die landwirtschaftliche Berufsgenossenschaft zuständig ist,

6. Hausgewerbetreibende und Zwischenmeister sowie ihre mitarbeitenden Ehegatten oder Lebenspartner,

7. selbständig tätige Küstenschiffer und Küstenfischer, die zur Besatzung ihres Fahrzeugs gehören oder als Küstenfischer ohne Fahrzeug fischen und regelmäßig nicht mehr als vier Arbeitnehmer beschäftigen, sowie ihre mitarbeitenden Ehegatten oder Lebenspartner,

8.–13. (...)

14. Personen, die

a) nach den Vorschriften des Zweiten oder des Dritten Buches der Meldepflicht unterliegen, wenn sie einer besonderen, an sie im Einzelfall gerichteten Aufforderung der Bundesagentur für Arbeit, des nach § 6 Absatz 1 Satz 1 Nummer 2 des Zweiten Buches zuständigen Trägers oder eines nach § 6a des Zweiten Buches zugelassenen kommunalen Trägers nachkommen, diese oder eine andere Stelle aufzusuchen,

b) an einer Maßnahme teilnehmen, wenn die Person selbst oder die Maßnahme über die Bundesagentur für Arbeit, einen nach § 6 Absatz 1 Satz 1 Nummer 2 des Zweiten Buches zuständigen Träger oder eines nach § 6a des Zweiten Buches zugelassenen kommunalen Trägers gefördert wird.

15.–17. (...)

(1a) (...)

(2) [1] Ferner sind Personen versichert, die wie nach Absatz 1 Nr. 1 Versicherte tätig werden. [2] Satz 1 gilt auch für Personen, die während einer aufgrund eines Gesetzes angeordneten Freiheitsentziehung oder aufgrund einer strafrichterlichen, staatsanwaltlichen oder jugendbehördlichen Anordnung wie Beschäftigte tätig werden.

(3) (...)

(4) Familienangehörige im Sinne des Absatzes 1 Nr. 5 Buchstabe b sind

1. Verwandte bis zum dritten Grade,

2. Verschwägerte bis zum zweiten Grade,
3. Pflegekinder (§ 56 Abs. 2 Nr. 2 des Ersten Buches)
der Unternehmer, ihrer Ehegatten oder ihrer Lebenspartner.

1 **1. Allgemeines. a) Versicherte.** Versicherte in der ges. UV sind die kraft G (§ 2), kraft Satzung (§ 3) und die freiwillig (§ 6) Versicherten. Anders als in allen anderen Zweigen der Sozialvers. erfasst der Versicherungsschutz die Person nicht „rund um die Uhr" und unabhängig von der konkret verrichteten Tätigkeit. Vielmehr beschränkt er sich auf Verrichtungen, die mit der versicherten Tätigkeit in einem inneren, sachl. Zusammenhang stehen. Abgesehen von der freiwilligen Vers. (§ 6) entsteht der Versicherungsschutz ipso iure und ist weder von einem Antrag noch von der (rechtzeitigen) Entrichtung von Beiträgen an den zust. UVTräger abhängig.

2 **b) Formalversicherung.** Auch wenn keiner der in den §§ 2 ff. genannten Tatbestände vorliegt, kann ein Versicherungsverhältnis unter dem Gesichtspunkt des **Vertrauensschutzes** als sog. formalrechtl. Versicherungsverhältnis anzunehmen sein (*Gierhardt* NZS 2001, 635 f.; *Rolfs* Versicherungsprinzip S. 322 ff.), wenn ein UVTräger einen entspr. Vertrauenstatbestand geschaffen hat, zB wenn die Berufsgenossenschaft Beiträge für einen nur freiwillig versicherbaren Unternehmer (§ 6 I Nr. 1) erhoben hat, obwohl dieser keinen Antrag gestellt hatte (BSG 27.7.1972 E 34, 230, 233). Auch die Forderung und Annahme von Beiträgen für andere bestimmte Personen oder Personengruppen begr. ein formalrechtl. Versicherungsverhältnis (BSG 14.11.1974 SozR 2200 § 671 Nr. 1; 2.2.1999 NZS 1999, 507), ebenso die Aufnahme in das Mitgliederverzeichnis (BSG 3.4.2014 E 115, 256, 257 ff.) oder das Belassen der Eintragung in demselben trotz Wegfalls der Voraussetzungen (BSG 26.11.1987 SozR 2200 § 776 Nr. 8; 30.3.1988 SozR 2200 § 539 Nr. 126). Die Annahme von Beiträgen auf Grund eines Entgeltnachweises für nicht versicherte Personen im Lohnnachweis (§ 165 I) genügt ledigl. dann, wenn der UVTräger das Fehlen der Versicherteneigenschaft bei ordnungsgemäßer Prüfung hätte erkennen können und über einen längeren Zeitraum Beiträge aufgrund dieser Lohnnachweise erhoben hat (BSG 3.4.2014 SozR 4–2700 § 87 Nr. 3). Die Herbeiführung des Vertrauenstatbestandes durch den Unternehmer steht der Formalvers. nur entgegen, wenn er auf einem qualifizierten Verschulden – insb. **arglistigem Verhalten,** mind. jedoch grober Fahrlässigkeit – beruht (BSG 26.6.1973 E 36, 71, 73; 30.3.1988 SozR 2200 § 539 Nr. 126). Die Formalvers. besteht bis zu ihrer **Aufhebung durch den UVTräger,** zB durch ausdr. Widerruf oder Aufhebung des Beitragsbescheides.

3 **2. Die kraft Gesetzes Versicherten. a) Beschäftigte (Abs. 1 Nr. 1).** Beschäftigte sind alle Personen, die **nichtselbständige Arbeit, insb. in einem ArbVerh.** verrichten (§ 7 I SGB IV, näher dort Rn. 7 ff.). Als Beschäftigung gilt auch der Erwerb berufl. Kenntnisse, Fertigkeiten oder Erfahrungen im Rahmen betriebl. Berufsbildung (§ 7 II SGB IV). Zum Verhältnis der vertragl. Vereinb. zu einer davon abw. tats. Praxis bei der Durchführung des Vertrages s. SGB IV § 7 Rn. 17.

4 **aa) Arbeitnehmer.** In einem rechtl. wirksamen ArbVerh. kommt es nicht darauf an, ob der AN tats. Arbeitsleistungen erbringt. Beschäftigter ist dementspr. auch, wer bspw. von der Arbeitsleistung freigestellt worden ist oder an einem (und sei es auch rechtswidrigen) Streik teilnimmt (BSG 11.12.1973 AP GG Art. 9 Arbeitskampf Nr. 48; vgl. zur versicherten Tätigkeit aber § 8 Rn. 6). Selbst derjenige, der am ersten Tag seines ArbVerh. seine AUB überbringen will, ist Beschäftigter und damit (namentl. gegen das Risiko des Wegeunfalls, § 8 II Nr. 1 bis 4) Versicherter (vgl. BSG 28.2.1967 NJW 1967, 1389; 23.10.1970 DB 1970, 2180).

5 Beschäftigte sind weiter diejenigen Personen, die auf Grund eines **fehlerhaften (faktischen) ArbVerh.** Arbeit leisten. Ein Verstoß gegen ein ges. Beschäftigungsverbot oder die wirksame Anfechtung des Arbeitsvertrages ist dem UVSchutz folgl. nicht abträgl. Beschäftigte sind ferner auch diejenigen, die ihre Weiterbeschäftigung nach einem ihrer Bestandsschutzklage stattgebenden Instanzurt. erzwungen haben (KK/*Seewald* § 7 SGB IV Rn. 16). Der Versicherungsschutz in der ges. UV ist vollständig einkommensunabhängig. Beschäftigte und damit Versicherte sind auch die **geringfügig Beschäftigten** (§ 8 SGB IV), ja sogar Personen, die eine ANTätigkeit ausüben, ohne dafür ein Entgelt zu erhalten (BSG 23.4.2015 SozR 4–2700 § 2 Nr. 33); freil. wird bei dem letztgenannten Personenkreis idR nicht Abs. 1 Nr. 1, sondern Abs. 2 S. 1 einschlägig sein. Zu Einzelfällen (GmbH-GF, Mitarbeitende Familienangehörige, Vereinsmitglieder etc.) s. SGB IV § 7 Rn. 19 ff.

6 **bb) Heimarbeiter uä.** Obwohl sie nach allg. arbeitsrechtl. Kriterien keine AN sind (vgl. BGB § 611a Rn. 85), gelten **Heimarbeiter** (zu ihnen LSG SH 31.8.2005 NZS 2006, 366) gem. § 12 II SGB IV als Beschäftigte. Dies freil. nur solange, wie sie die ihnen übertragenen Tätigkeiten vollständig in Person verrichten. Die Einstellung fremder Hilfskräfte macht sie zu **Hausgewerbetreibenden,** die nicht als Beschäftigte nach Abs. 1 Nr. 1, sondern (trotz ihrer Selbständigkeit) nach Abs. 1 Nr. 6 Versicherungsschutz genießen.

7 **b) Beruflich Lernende (Abs. 1 Nr. 2).** Der Versicherungsschutz nach Abs. 1 Nr. 2 erfasst Lernende, auch wenn sie nicht oder noch nicht berufl. tätig sind, und unabhängig davon, ob sie freiwillig oder auf Grund einer Rechtspflicht handeln (BSG 9.12.1976 E 43, 60, 63). Es ist nicht erforderl., dass die Bildungsmaßnahme auf eine ihrer Art nach versicherte Beschäftigung ausgerichtet ist. Beruf iSd.

Bestimmung ist jede erlaubte und auf Dauer angelegte, im Allgemeinen dem Lebensunterhalt dienende Tätigkeit, auch eine selbständige oder berufl. atypische (BSG 9.12.1976 E 43, 60, 62). **Berufl. Aus- und Fortbildung** ist jede Bildungsmaßnahme einschl. der Prüfungen (BSG 9.12.1976 E 43, 60, 62; 29.10.1986 SozR 2200 § 539 Nr. 117), die berufsnützl. Kenntnisse und/oder Fähigkeiten jeder Art und jeden (auch geringfügigen) Umf. vermittelt.

In **Betriebsstätten, Lehrwerkstätten, Schulungskursen oder ähnl. Einrichtungen** müssen die 8
Kenntnisse oder Fähigkeiten vermittelt werden. Betriebsstätten sind Arbeitsstätten jeder Art, Lehrwerkstätten sind als solche unterhaltene oder anderswo ein- oder angegliederte Einrichtungen zur berufsbezogenen Vermittlung praktischer Fertigkeiten. Schulungskurse sind Lehrveranstaltungen unterschiedlichster Institutionen mit kürzerer Dauer als an berufsbildenden Schulen. Ähnl. Einrichtungen sind alle, in denen die Bildungsinhalte in vergleichbarer, dh. pers., unterrichtsmäßiger und beaufsichtigter Weise im organisatorischen Verantwortungsbereich der Bildungsinstitutionen außerhalb des häusl. Bereichs vermittelt werden (BSG 9.12.1976 E 43, 60, 63 f.), zB Volkshochschulen, schulmäßig organisierte Arbeitsgemeinschaften zur Vorbereitung auf berufl. Prüfungen (BSG 25.2.1976 E 41, 214, 215), nicht aber Fernlehrgänge (BSG 22.2.1973 AP RVO § 539 Nr. 8; 9.12.1976 E 43, 60, 63 f.). Vom Versicherungsschutz umfasst sind – unbeschadet des Versicherungsschutzes für Wegeunfälle (§ 8 II Nr. 1 bis 4) – nur solche Tätigkeiten, die **im organisatorischen Verantwortungsbereich** der Bildungseinrichtung usw. liegen (BSG 30.6.2009 NZS 2010, 455; 4.12.2014 E 118, 1, 7 f.), unversichert ist also insb. die häusl. Vor- und Nachbereitung des Lernstoffes.

c) Landwirtschaftliche Unternehmer (Abs. 1 Nr. 5). Abs. 1 Nr. 5 erweitert den Kreis der in der 9
Landwirtschaft Versicherten um die in landwirtschaftl. Unternehmen nicht nur vorübergehend mitarbeitenden Familienangehörigen (lit. b). **Unternehmer** ist derjenige, für dessen Rechnung das Unternehmen (Betrieb, Verw., Einrichtung, Tätigkeit) geht, § 121 I. **Landwirtschaftl. Unternehmen** sind die in § 123 genannten Unternehmen, darunter auch solche der Forstwirtschaft (BSG 27.3.2012 NZS 2012, 826). Hins. des im Unternehmen mitarbeitenden **Ehegatten** oder Lebenspartners kann uU offen bleiben, ob die Mitarbeit auf familien- oder auf arbeitsrechtl. Grdl. und dementspr. der Versicherungsschutz auf Abs. 1 Nr. 5 oder Nr. 1 beruht.

Mitarbeitende Familienangehörige sind gem. Abs. 4 Verwandte bis zum dritten Grade, Verschwä- 10
gerte bis zum zweiten Grade sowie Pflegekinder (§ 56 II Nr. 2 SGB I) des bzw. der Unternehmer, ihrer Ehegatten oder Lebenspartner. Es kommt nicht darauf an, ob der Ehegatte oder Lebenspartner mit dem landwirtschaftl. Unternehmer in häusl. Gemeinschaft lebt (BT-Drs. 13/2204 S. 74). Familienangehörige, die nur vorübergehend in dem landwirtschaftl. Unternehmen mitarbeiten, können, wenn ihre Hilfe nicht vornehml. den familiären Bindungen entspringt, Versicherungsschutz nach Abs. 2 S. 1 erlangen. Bei den von **Abs. 1 Nr. 5 lit. c** erfassten Personen handelt es sich va. um **Kommanditisten,** die auf Grund des Gesellschaftsvertrages im Unternehmen mitarbeiten und um **geschäftsführende Gesellschafter** einer GmbH, auf die sie beherrschenden Einfluss ausüben. **Ehrenamtl. Tätige** in unmittelbar der Sicherung, Überwachung oder Förderung der Landwirtschaft oder in den Berufsverbänden der Landwirtschaft sind alle Personen, die – ohne Beschäftigte zu sein – in den in § 123 I Nr. 6 und 7 genannten Unternehmen tätig sind, die zB durch Wirtschafts- und Betriebsberatung, Schädlingsbekämpfung, Saatgutverbesserung, Windschutzarbeiten etc. ihrem Ziel nach der Erhaltung, Unterstützung und Entwicklung der Landwirtschaft im weitesten Sinne dienen (KK/*Ricke* § 123 SGB VII Rn. 27b). **In die Zust. der landwirtschaftl. Berufsgenossenschaft** muss das Unternehmen fallen. Die von Abs. 1 Nr. 5 erfassten Personen genießen demzufolge Versicherungsschutz nur, solange und soweit sie für das bei der landwirtschaftl. Berufsgenossenschaft versicherte Unternehmen tätig sind.

d) Hausgewerbetreibende und Zwischenmeister (Abs. 1 Nr. 6). Hausgewerbetreibende sind gem. 11
§ 12 I SGB IV selbständig Tätige, die in eigener Arbeitsstätte im Auftrag und für Rechnung von Gewerbetreibenden, gemeinnützigen Unternehmen oder ör. Körperschaften gewerbl. arbeiten, auch wenn sie Roh- und Hilfsstoffe selbst beschaffen oder vorübergehend für eigene Rechnung tätig sind. Die Zahl der Hilfskräfte oder Heimarbeiter ist für die Eigenschaft als Hausgewerbetreibender – anders als nach § 2 II HAG – unerhebl. (vgl. BSG 28.8.1968 SozR § 729 RVO Nr. 1). **Zwischenmeister** ist, wer, ohne AN zu sein, die ihm übertragene Arbeit an Hausgewerbetreibende oder Heimarbeiter weitergibt, § 12 IV SGB IV. Auf die zusätzl. Aufzählung auch der **Heimarbeiter** hat Abs. 1 Nr. 6 verzichtet, weil diese ohnehin als Beschäftigte gelten und deshalb Versicherungsschutz nach Nr. 1 genießen (Rn. 5).

e) Küstenschiffer und -fischer (Abs. 1 Nr. 7). In der ges. UV versichert sind gem. Abs. 1 Nr. 7 12
Küstenschiffer und Küstenfischer als Unternehmer gewerbl. Betriebe der Seefahrt (§ 121 III). **Küstenschiffer** ist, wer die Schifffahrt gewerbl., also nicht nur als einmalige oder gelegentl. Einnahmequelle oder ohne Gewinnabsicht betreibt, unabhängig davon, ob das Fahrzeug sein eigenes oder ein gechartertes ist. Zur **Besatzung** gehört der Küstenschiffer, wenn er an Bord Besatzungsfunktionen (zB als Kapitän oder Steuermann) hat, bloßes Mitfahren genügt nicht. **Küstenfischer** sind auch diejenigen, die ohne Fahrzeug auf Watten der See und den Seeschifffahrtsstraßen bis zu ihrer jeweiligen Grenze gewerbl. (nicht nur als Hobby) fischen, ohne dass jedoch der Lebensunterhalt zum überw. Teil aus der Fischerei bestritten werden müsste (HS-UV/*Göttsch* § 71 Rn. 45).

13 **f) Meldepflichtige Arbeitslose (Abs. 1 Nr. 14).** Da sich Arbeitslose und nach dem SGB II Leistungsberechtigte nicht ohne rechtl. Nachteile der Meldepflicht (§ 59 SGB II, § 309 SGB III) entziehen können und die Vorstellung bei den JobCentern bzw. der AA in einer Beziehung zum Arbeitsleben steht, hat der Gesetzgeber den Versicherungsschutz auch auf diesen Personenkreis erstreckt (dazu BSG 11.9.2001 NZS 2002, 208).

14 **g) Wie nach Abs. 1 Nr. 1 Tätige (Abs. 2 S. 1).** Gem. Abs. 2 S. 1 sind Personen gegen die in der ges. UV versicherten Risiken geschützt, die auf Grund eines fremdnützigen Verhaltens, das einem Beschäftigten gleichsteht, tätig werden. Der Versicherungsschutz erstreckt sich auf Tätigkeiten, die zwar nicht sämtl. Merkmale eines Arbeits- oder BeschVerh. aufweisen, in ihrer Grundstruktur aber einer abhängigen Beschäftigung ähneln, indem eine ernstl., einem fremden Unternehmen dienende, dem wirkl. oder mutmaßl. Willen des Unternehmers entspr. Tätigkeit von wirtschaftl. Wert erbracht wird, die ihrer Art nach sonst von Personen verrichtet werden könnte, die in einem abhängigen BeschVerh. stehen (BSG 5.7.2005 NZS 2006, 375; 27.3.2012 NZS 2012, 826). Nicht verlangt wird eine Beziehung zu dem Unternehmen, die arbeitsrechtl. als die eines AN zu qualifizieren ist, weil insoweit Versicherungsschutz bereits durch Abs. 1 Nr. 1 gewährt wird (BGH 6.12.1977 NJW 1978, 2553; BAG 22.8.1991 NZA 1991, 597).

15 **aa) Dem fremden Unternehmen dienende Tätigkeit.** Die Tätigkeit muss einen wirtschaftl. Wert haben und einem Unternehmen dienen, in dem der Betreffende nicht bereits als Beschäftigter nach Abs. 1 Nr. 1 versichert ist. Dabei genügt schon eine **geringfügige und kurze Hilfe** (OLG S 8.10.2003 VersR 2004, 68; OLG BB 2.8.2006 NZM 2007, 129) ohne erhebl. Nutzen, auch wenn sie ledigl. zur Erleichterung oder Beschleunigung der Arbeiten beiträgt. Wesentl. ist die situationsbedingte Einfügung des Betroffenen in den geordneten Arbeitsablauf des Unfallunternehmens, auch wenn sie nur spontan erfolgt und ledigl. vorübergehend und punktuell ist (OLG KO 5.3.2001 r+s 2001, 196; OLG OL 11.12.2001 r+s 2002, 283). Die Tätigkeit ist nach dem **Gesamtbild des** ausgeführten und beabsichtigten **Vorhabens** zu beurteilen, ohne dass es allein auf die Zeitdauer ankäme (BSG 25.10.1989 NJW 1990, 1558; 24.1.1991 SozR 3–2200 § 539 Nr. 8; BGH 16.4.1996 NJW 1996, 2023). **Nicht ausreichend** ist jdf., dass die Tätigkeit ledigl. der **Bequemlichkeit** des Unterstützten dient, ohne im Interesse seines Unternehmens verrichtet worden zu sein (BSG 29.6.1966 E 25, 102, 104), oder dass sie gar vornehml. im Interesse des Unterstützenden liegt (BSG 20.1.1987 NZA 1987, 539; 5.7.2005 NZS 2006, 375), zB seiner Freizeitgestaltung dient (OLG OL 14.10.2015 VersR 2016, 461). Versicherungsschutz nach Abs. 2 wird nicht gewährt in Fällen, in denen eine Person von den Gefahren eines Unternehmens bei der Verrichtung von Arbeiten für ihren Stammbetrieb wie ein „Außenstehender" (Externer) nur deshalb betroffen wird, weil sie sich in die dem fremden Unternehmen obliegenden Verrichtungen in irgendeine Weise eingeschaltet hat oder ihre Arbeitsstelle im Einflussbereich des Unfallunternehmens liegt, mag diese **„Arbeitsberührung"** auch auf gemeinsame Aufgaben zurückzuführen sein. Wirken die Angehörigen zweier verschiedener Unternehmen in partnerschaftl. Weise zusammen, bleiben die Beteiligten jedoch ausschl. ihrem Stammunternehmen zugeordnet und nehmen sie nur dessen Aufgaben wahr, scheidet (ungeachtet des wegen § 106 III gleichwohl mögl. Haftungsausschlusses) eine „Wie-Beschäftigung" für das fremde Unternehmen aus (BGH 8.4.1986 NJW-RR 1986, 1028; 23.3.2004 NJW-RR 2004, 884; BAG 15.1.1985 NZA 1985, 789).

16 Eine den Versicherungsschutz auslösende **„Eingliederung"** eines Beschäftigten in ein für ihn fremdes Unternehmen findet auch dann nicht statt, wenn sein Stammunternehmen für das fremde Unternehmen tätig wird, der Betroffene aber nur eigene Aufgaben seines Unternehmens besorgt (BGH 25.9.1990 NJW 1991, 98; 8.3.1994 NJW 1994, 1480). Nützt die Handlung sowohl dem Stamm- als auch dem fremden Unternehmen, so ist im Zweifel darauf abzustellen, welche Aufgaben der Tätigkeit ihr **„Gepräge"** geben. Wenn die Tätigkeit zumindest auch den Interessen des eigenen Unternehmens dient, ist idR anzunehmen, dass der Verletzte allein zur Förderung seines Stammbetriebes tätig geworden ist und demzufolge Versicherungsschutz nur in diesem, nicht aber auch in dem anderen Unternehmen genießt (BGH 11.10.1988 NJW-RR 1989, 90; 23.3.2004 VersR 2004, 1045; HWK/*Giesen* § 104 SGB VII Rn. 3).

17 **bb) Einverständnis des Unternehmers.** Die Tätigkeit muss mit dem Willen des fremden Unternehmers oder eines Vertreters erbracht worden sein. Dieser Wille kann **ausdr.** erklärt sein oder sich **aus den Umständen ergeben,** etwa bei der stillschweigenden Annahme von Hilfe oder wiederholter Duldung der Tätigkeit (vgl. OLG D 7.6.1990 VersR 1991, 1036; *Krasney* NZS 1999, 577, 579). Eine Tätigkeit für das fremde Unternehmen scheidet aus, wenn sie entweder dem ausdr. Willen des Unternehmers widerspricht oder sich der Betroffene hätte sagen müssen, dass sein Handeln von dem Unternehmer nicht gebilligt werden würde. Dabei kommt es primär auf die **obj. Zweckrichtung** der Hilfe und nicht auf den Willen des Helfenden an (OLG F 9.11.1988 VersR 1990, 997), ebenso wenig darauf, ob er zu seiner Mithilfe aufgefordert worden ist oder ob er sich aus freiem Entschl., etwa aus Gefälligkeit, dem Betriebsvorgang des Unfallunternehmens eingegliedert hat (BGH 7.6.1977 VersR 1977, 959).

18 **cc) Abstrakte Arbeitnehmertätigkeit.** „Wie" ein nach Abs. 1 Nr. 1 Versicherter kann nur tätig werden, wer eine Leistung erbringt, die nicht nur nach theoretischer Möglichkeit sonstigen Personen

zugängl. ist, die in einem dem allg. Arbeitsmarkt zuzurechnenden BeschVerh. stehen. Dabei ist unerhebl., ob für die Tätigkeit ein Entgelt bezahlt wird oder der Unternehmer die Tätigkeit ohne den Helfenden hätte verrichten lassen; auch ist wohl nicht erforderl., dass die Tätigkeit üblicherweise zum Gewerbezweig des Unternehmers gehört (BGH 2.12.1980 NJW 1981, 760; BSG 27.7.1972 AP RVO § 539 Nr. 3; aA BGH 19.5.1969 NJW 1969, 1665). Verlangt wird insoweit ein **„innerer Zusammenhang"** zwischen der Tätigkeit und dem unterstützten Unternehmen. Damit ist gemeint, dass die Tätigkeit „ernsthaft Arbeit" und in dieser Beziehung der Tätigkeit auf Grund eines ArbVerh. ähnl. ist (BGH 13.1.1981 NJW 1981, 627; OLG D 7.6.1990 VersR 1991, 1036). Abzugrenzen sind ANähnl. Handlungen iSv. Abs. 2 S. 1 ggü. solchen Hilfeleistungen, die im Verkehr als **Gefälligkeit** oder **Bagatelle** angesehen werden.

dd) Konkrete Arbeitnehmertätigkeit im Einzelfall. Das Erfordernis der konkreten Vergleichbar- 19
keit der erbrachten Leistung mit der eines AN dient vornehml. der negativen Ausgrenzung derjenigen Fälle, die nach ihrem gesamten rechtl. und tats. Erscheinungsbild, insb. den Handlungsmotiven und den Beziehungen der Beteiligten untereinander, mit der Tätigkeit eines AN nicht vergleichbar sind (*Krasney* NZS 1999, 577, 580). Es lässt jedoch solche Handlungen unberührt, die zwar aus **Freundschaft, Gefälligkeit, nachbarl. Rücksichtnahme** oder dergleichen erbracht werden, diese Motivation des Helfenden der Tätigkeit aber nicht ihr „Gepräge" gibt (vgl. BSG 30.4.1979 SozR 2200 § 539 Nr. 57; 17.3.1992 NZS 1992, 79; OLG D 1.3.2011 r+s 2012, 103). Nicht kraft G (uU aber gem. § 3 I Nr. 2) versichert sind demnach bspw. Personen, die als **Stellenbewerber** einen fremden Betrieb nur besichtigen, und zwar auch dann, wenn sie bei dieser Gelegenheit in das betriebl. Geschehen eingreifen, solange dies ledigl. zu dem Zweck geschieht, das eigene Interesse, die eigene Eignung oder Befähigung zu erkunden (BGH 25.6.1985 NZA 1985, 789). Etwas anderes gilt erst dann wieder, wenn der Unternehmer die Initiative des Bewerbers in der Weise ausnutzt, dass er ihn nicht neben, sondern an der Stelle sonst erforderl. Arbeitskräfte des Betriebes einsetzt.

Auszuscheiden haben ferner solche Hilfeleistungen, die von **Verwandten, Verschwägerten, Ehe-** 20
leuten oder sonst durch familiäre Bindungen verbundenen Personen erbracht werden, wenn sie nach Art, Dauer und Umf. mit Rücksicht auf die verwandtschaftl. Beziehungen zwischen ihnen übl. sind (KKW/*Holtstraeter* Rn. 55). Versicherungsschutz greift jedoch ein, sobald die konkrete Erbringung der Hilfeleistung ausschl. von den durch die Arbeitsleistung und Arbeitserfordernisse bestimmten Umständen gekennzeichnet ist und die familiäre Bindung ledigl. noch den Anlass für die Hilfeleistung bildet (BSG 5.7.1994 NJW 1995, 2182; 27.3.2012 NZS 2012, 826). Nicht von Abs. 2 S. 1 erfasst sind auch **unternehmerähnl. Tätigkeiten,** bei denen die Selbständigkeit der Leistung im Vordergrund steht (BGH 21.3.1991 VersR 1991, 1053; BSG 31.5.2005 NZS 2006, 257; LSG RP 23.2.2011 NZS 2011, 952). Wer (zB als Vorstandsmitglied einer AG) wie ein Unternehmer selbständig tätig ist, kann daher jdf. für dieses Unternehmen nicht wie ein abhängig Beschäftigter tätig sein (BSG 14.12.1999 NZA-RR 2000, 434).

§ 3 Versicherung kraft Satzung

(1) Die Satzung kann bestimmen, daß und unter welchen Voraussetzungen sich die Versicherung erstreckt auf

1. Unternehmer und ihre im Unternehmen mitarbeitenden Ehegatten oder Lebenspartner,
2. Personen, die sich auf der Unternehmensstätte aufhalten; § 2 Abs. 3 Satz 2 erster Halbsatz gilt entsprechend,
3. Personen, die
   a) im Ausland bei einer staatlichen deutschen Einrichtung beschäftigt werden,
   b) im Ausland von einer staatlichen deutschen Einrichtung anderen Staaten zur Arbeitsleistung zur Verfügung gestellt werden;

   Versicherungsschutz besteht nur, soweit die Personen nach dem Recht des Beschäftigungsstaates nicht unfallversichert sind,
4. ehrenamtlich Tätige und bürgerschaftlich Engagierte,
5. Kinder und Jugendliche während der Teilnahme an Sprachförderungskursen, wenn die Teilnahme aufgrund landesrechtlicher Regelungen erfolgt.

(2) Absatz 1 gilt nicht für

1. Haushaltsführende,
2. Unternehmer von nicht gewerbsmäßig betriebenen Binnenfischereien oder Imkereien und ihre im Unternehmen mitarbeitenden Ehegatten oder Lebenspartner,
3. Personen, die aufgrund einer vom Fischerei- oder Jagdausübungsberechtigten erteilten Erlaubnis als Fischerei- oder Jagdgast fischen oder jagen,
4. Reeder, die nicht zur Besatzung des Fahrzeugs gehören, und ihre im Unternehmen mitarbeitenden Ehegatten oder Lebenspartner.

§ 5 Versicherungsbefreiung

[1] Von der Versicherung nach § 2 Abs. 1 Nr. 5 werden auf Antrag Unternehmer landwirtschaftlicher Unternehmen im Sinne des § 123 Abs. 1 Nr. 1 bis zu einer Größe von 0,25 Hektar und ihre Ehegatten oder Lebenspartner unwiderruflich befreit; dies gilt nicht für Spezialkulturen. [2] Das Nähere bestimmt die Satzung.

§ 6 Freiwillige Versicherung

(1) **[1] Auf schriftlichen oder elektronischen Antrag können sich versichern**
1. **Unternehmer und ihre im Unternehmen mitarbeitenden Ehegatten oder Lebenspartner; ausgenommen sind Haushaltsführende, Unternehmer von nicht gewerbsmäßig betriebenen Binnenfischereien, von nicht gewerbsmäßig betriebenen Unternehmen nach § 123 Abs. 1 Nr. 2 und ihre Ehegatten oder Lebenspartner sowie Fischerei- und Jagdgäste,**
2. **Personen, die in Kapital- oder Personenhandelsgesellschaften regelmäßig wie Unternehmer selbständig tätig sind,**
3. **gewählte oder beauftragte Ehrenamtsträger in gemeinnützigen Organisationen,**
4. **Personen, die in Verbandsgremien und Kommissionen für Arbeitgeberorganisationen und Gewerkschaften sowie anderen selbständigen Arbeitnehmervereinigungen mit sozial- oder berufspolitischer Zielsetzung (sonstige Arbeitnehmervereinigungen) ehrenamtlich tätig sind oder an Ausbildungsveranstaltungen für diese Tätigkeit teilnehmen,**
5. **Personen, die ehrenamtlich für Parteien im Sinne des Parteiengesetzes tätig sind oder an Ausbildungsveranstaltungen für diese Tätigkeit teilnehmen.**

[2] In den Fällen des Satzes 1 Nummer 3 kann auch die Organisation, für die die Ehrenamtsträger tätig sind, oder ein Verband, in dem die Organisation Mitglied ist, den Antrag stellen; eine namentliche Bezeichnung der Versicherten ist in diesen Fällen nicht erforderlich. [3] In den Fällen des Satzes 1 Nummer 4 und 5 gilt Satz 2 entsprechend.

(2) **[1] Die Versicherung beginnt mit dem Tag, der dem Eingang des Antrags folgt. [2] Die Versicherung erlischt, wenn der Beitrag oder Beitragsvorschuß binnen zwei Monaten nach Fälligkeit nicht gezahlt worden ist. [3] Eine Neuanmeldung bleibt so lange unwirksam, bis der rückständige Beitrag oder Beitragsvorschuß entrichtet worden ist.**

Dritter Abschnitt. Versicherungsfall

§ 7 Begriff

(1) **Versicherungsfälle sind Arbeitsunfälle und Berufskrankheiten.**

(2) **Verbotswidriges Handeln schließt einen Versicherungsfall nicht aus.**

1 Die privatrechtl. Haftung des Unfallverursachers kann nach §§ 104 ff. nur ausgeschlossen sein, wenn das Schadensereignis für den Geschädigten einen **Versicherungsfall** (zum Begriff BSG 25.10.1963 NJW 1964, 222; 27.7.1989 NZA 1990, 75) der ges. UV darstellt. Versicherungsfälle sind, wie sich aus § 7 ergibt, Arbeitsunfälle und Berufskrankheiten. Für gesundheitl. Schäden des AN, die aus einer Pflichtverletzung des AG resultieren, für den AN aber keinen Versicherungsfall nach §§ 8, 9 darstellen (zB BAG 13.3.1967 AP BGB § 618 Nr. 15: Überforderung des AN, der daraufhin einen Schlaganfall erleidet; BAG 25.10.2007 NZA 2008, 223; OLG Z 6.5.1997 NJW 1998, 995: Mobbing; BAG 14.12.2006 NZA 2007, 262: Verursachung einer Erkrankung, die keine Berufskrankheit ist), haftet der AG nach allg. Regeln (§§ 280 I, 823 BGB etc.). Ob der Versicherungsfall auch einen **Leistungsfall** darstellt, ist demggü. unerhebl. (Staudinger/*Oetker* § 618 BGB Rn. 342). Der Ausschluss privatrechtl. Ansprüche nach den §§ 104 ff. ist nicht davon abhängig, dass dem Versicherten etwa eine Unfallrente infolge des Versicherungsfalls gewährt wird. Auch wenn die unfallbedingte Minderung der Erwerbsfähigkeit nicht mind. 20% erreicht (vgl. § 56 I), bleiben dem Verletzten Schadensersatzansprüche versagt (BGH 12.11.1992 NJW 1993, 1529).

2 Zum Begriff des **Arbeitsunfalls** einschl. des Wegeunfalls s. § 8. § 7 II stellt klar, dass verbotswidriges Handeln einen Versicherungsfall nicht ausschließt. Erst bei einer absichtl. Unfallherbeiführung durch den Versicherten liegt kein Versicherungsfall mehr vor, und zwar schon deshalb nicht, weil in einem solchen Falle kein rechtl. wesentl. Kausalzusammenhang zwischen der versicherten Tätigkeit und dem Schadensereignis mehr besteht (BSG 30.1.1970 E 30, 278, 281).

3 **Berufskrankheiten** sind diejenigen Krankheiten, die die BReg. durch RechtsVO mit Zust. des BR als Berufskrankheiten bezeichnet hat und die der Versicherte infolge einer den Versicherungsschutz nach §§ 2, 3 oder 6 begründenden Tätigkeit erlitten hat. Derzeit gültig ist die BKV v. 31.10.1997, BGBl. I S. 2623. Unter **haftungsrechtl. Gesichtspunkten** (dazu LAG K 26.7.2002 NZA-RR 2003,

350; *Fuchs* FS Gitter 1995 S. 253, 262 ff.; *Seewald* BG 1990, 146, 232) kommt den Berufskrankheiten keine Bedeutung zu (näher *Seewald* BG 1990, 233 f.; aA BAG 28.4.2011 NZA-RR 2012, 290; 20.6.2013 NZA-RR 2014, 63; dazu § 104 Rn. 12).

§ 8 Arbeitsunfall

(1) [1]Arbeitsunfälle sind Unfälle von Versicherten infolge einer den Versicherungsschutz nach §§ 2, 3 oder 6 begründenden Tätigkeit (versicherte Tätigkeit). [2]Unfälle sind zeitlich begrenzte, von außen auf den Körper einwirkende Ereignisse, die zu einem Gesundheitsschaden oder zum Tod führen.

(2) Versicherte Tätigkeiten sind auch

1. das Zurücklegen des mit der versicherten Tätigkeit zusammenhängenden unmittelbaren Weges nach und von dem Ort der Tätigkeit,

2. das Zurücklegen des von einem unmittelbaren Weg nach und von dem Ort der Tätigkeit abweichenden Weges, um

a) Kinder von Versicherten (§ 56 des Ersten Buches), die mit ihnen in einem gemeinsamen Haushalt leben, wegen ihrer, ihrer Ehegatten oder ihrer Lebenspartner beruflichen Tätigkeit fremder Obhut anzuvertrauen oder

b) mit anderen Berufstätigen oder Versicherten gemeinsam ein Fahrzeug zu benutzen,

3. das Zurücklegen des von einem unmittelbaren Weg nach und von dem Ort der Tätigkeit abweichenden Weges der Kinder von Personen (§ 56 des Ersten Buches), die mit ihnen in einem gemeinsamen Haushalt leben, wenn die Abweichung darauf beruht, daß die Kinder wegen der beruflichen Tätigkeit dieser Personen oder deren Ehegatten oder deren Lebenspartner fremder Obhut anvertraut werden,

4. das Zurücklegen des mit der versicherten Tätigkeit zusammenhängenden Weges von und nach der ständigen Familienwohnung, wenn die Versicherten wegen der Entfernung ihrer Familienwohnung von dem Ort der Tätigkeit an diesem oder in dessen Nähe eine Unterkunft haben,

5. das mit einer versicherten Tätigkeit zusammenhängende Verwahren, Befördern, Instandhalten und Erneuern eines Arbeitsgeräts oder einer Schutzausrüstung sowie deren Erstbeschaffung, wenn diese auf Veranlassung der Unternehmer erfolgt.

(3) Als Gesundheitsschaden gilt auch die Beschädigung oder der Verlust eines Hilfsmittels.

1. Arbeitsunfälle (Abs. 1). a) Allgemeines. Arbeitsunfälle sind Unfälle von Versicherten infolge einer den Versicherungsschutz begründenden Tätigkeit. § 8 I 2 definiert den **Unfall** als ein zeitl. begrenztes, von außen auf den Körper einwirkendes Ereignis, das zu einem Gesundheitsschaden oder zum Tod führt (dazu BSG 12.4.2005 NZS 2006, 214). **Gesundheitsschäden** sind alle regelwidrigen körperl., geistigen oder seelischen Zustände; sie können auch in der Form einer Verschlimmerung bereits bestehender Leiden auftreten. Die **haftungsausfüllende Kausalität** zwischen Schadensereignis und Gesundheitsschaden kann entweder durch körperl.-gegenständl. Einwirkungen (physische Kausalität) oder durch geistig-seelische (psychische Kausalität) vermittelt sein (BSG 18.12.1962 NJW 1963, 1693; 9.5.2006 NZS 2007, 212). Das Erfordernis der zeitl. Begrenzung verlangt keine Plötzlichkeit iSd. allg. Sprachgebrauchs, erfasst sind vielmehr Vorgänge von der Dauer bis zu einer Arbeitsschicht (BSG 26.9.1961 E 15, 112, 113; 28.1.1966 E 24, 216, 219). Das **äußere Ereignis** verlangt einen von außen auf den Körper einwirkenden Vorgang gleich welcher Stärke (BSG 30.1.2007 SozR 4–2700 § 8 Nr. 22; 29.11.2011 NZS 2012, 390). Hier stellt die Rspr. nur sehr geringe Anforderungen, die es als fragl. erscheinen lassen, ob es als eigenständige Tatbestandsvoraussetzung überhaupt erforderl. ist (HS-UV/*Schulin* § 28 Rn. 4 ff.). Ausgeschlossen sind neben Unfällen aus rein **innerer Ursache,** die in gar keiner Beziehung zu der versicherten Tätigkeit stehen (BSG 24.6.1981 SozR 2200 § 548 Nr. 56; vgl. aber a. 15.2.2005 SozR 4–2700 § 8 Nr. 12), nur solche Unfälle, bei denen die versicherte Tätigkeit ledigl. eine **Gelegenheitsursache** darstellt, die also wahrscheinl. etwa zur selben Zeit und etwa im selben Umf. auch spontan, dh. ohne Mitwirkung äußerer Ereignisse, oder unter zwar notwendiger Mitwirkung eines äußeren Ereignisses, das jedoch das Maß alltägl. Belastung nicht übersteigt, eingetreten wären (BSG 27.11.1980 SozR 2200 § 548 Nr. 51). 1

Die **versicherte Tätigkeit** ist bei Versicherten nach § 2 I Nr. 1 die Beschäftigung, bei Nr. 2 das Lernen während der berufl. Ausbildung in Betriebsstätten usw. Zwischen dieser versicherten Tätigkeit und dem Unfall verursachenden Ereignis muss ein Zurechnungszusammenhang bestehen, für den es – von Besonderheiten in der See- und Binnenschifffahrt abgesehen (vgl. § 10) – weder notwendig noch hinreichend ist, dass die Handlung mit der Tätigkeit in einem räuml. oder zeitl. Bezug steht (BSG 30.4.1985 E 58, 76, 77; 5.5.1994 NZS 1994, 522; zum Unfall im Home-Office BSG 5.7.2016 NZS 2016, 948). Vielmehr verlangt die sozialrechtl. Zurechnungslehre, dass der Unfall mit der versicherten Tätigkeit in einem **inneren Zusammenhang** steht, diese muss zumindest eine wesentl. Teilursache für den Eintritt des Unfalls darstellen (BSG 26.10.2004 NZA 2005, 806). An diesem fehlt es va. bei eigenwirtschaftl. Tätigkeiten des Versicherten (zu Einzelfällen Rn. 11 ff.). 2

3 Wegen des Schutzzwecks, den die ges. UV entfaltet, ist für die Frage nach dem Vorliegen eines Versicherungsfalls auf die **Sichtweise des Verletzten** – seine „Handlungstendenz“ – abzustellen mit der Folge, dass alle Handlungen, die ihm von dem Betrieb oder für den Betrieb übertragen waren oder die von ihm ohne bes. Weisung, aber im Betriebsinteresse ausgeführt wurden, dem Versicherungsschutz unterfallen (ausf. *Krasney* NZS 2013, 681 ff.). Neben der „eigentl. Arbeit“, die dem Beschäftigten als Inhalt des BeschVerh. nach konkreten oder allg. Weisungen obliegt (Erfüllung von Haupt- oder Nebenpflichten), sind daher auch solche Handlungen geschützt, die er unter Anlegung eines großzügigen, ledigl. abwegige Vorstellungen ausschließenden Maßstabes nach eigenen subj. Vorstellungen als dem Unternehmen nützl. ansieht, wenn diese Vorstellungen in den obj., ihm erkennbaren Umständen eine Stütze finden. Dies gilt auch dann, wenn der Beschäftigte einer Fehleinschätzung unterliegt oder sein Handeln sogar schädl. Folgen hat (BSG 28.2.1964 AP RVO § 542 Nr. 15; 18.3.2008 NJW 2009, 937).

4 **Unversicherte eigenwirtschaftl. Tätigkeiten** sind alle Verrichtungen, die rechtl. wesentl. von der Verfolgung privater, pers. Belange des Versicherten geprägt sind. Dies sind alle Tätigkeiten, die üblicherweise auch ohne die versicherte Tätigkeit im tägl. Leben anfallen, auch wenn sie die Arbeitsaufnahme erleichtern oder erst ermöglichen (BSG 12.10.1973 E 36, 222, 223 f.). Wer zB kurzzeitig seine Arbeitsstelle zum Rauchen, Trinken oder für ein privates Telefonat verlässt, ist dabei (einschl. der Wege) nicht versichert (BSG 5.7.2016 NZS 2016, 948; LSG HE 16.10.2013 NZS 2014, 74); ebenso nicht, wer während der Freistellungsphase der ATZ eine Bescheinigung seines AG einholt, die er im eigenen Interesse zur Vorlage bei der Rentenvers. benötigt (BSG 15.5.2012 E 111, 37, 39 ff.). Dient eine Handlung sowohl betriebl. als auch eigenwirtschaftl. Interessen (**gemischte Tätigkeit**) ist (nur) entscheidend, ob das Unfallereignis und der dadurch eingetretene Gesundheitsschaden obj. und rechtl. wesentl. durch die Verrichtung der versicherten Tätigkeit verursacht worden sind (BSG 26.6.2014 NZS 2014, 788). Demggü. ist bei einer **gemischten Motivationslage** nach der Theorie der wesentl. Bedingung zusätzl. zu prüfen, ob die Verrichtung hypothetisch auch dann vorgenommen worden wäre, wenn die privaten Gründe des Handelns nicht vorgelegen hätten (BSG 12.4.2005 NZS 2006, 154; 12.5.2009 NZA-RR 2010, 258). Wird die versicherte Tätigkeit aus eigenwirtschaftl. Motiven unterbrochen, kommt es va. auf die Dauer und Intensität der Unterbrechung an (vgl. BSG 12.4.2005 NZS 2006, 154; 31.1.2012 NZS 2012, 513).

5 **b) Einzelfälle.** Ist bei einem Unfall **Alkohol** im Spiel gewesen, fehlt es an dem erforderl. Ursachenzusammenhang zwischen versicherter Tätigkeit und Schadensereignis, wenn der alkoholbedingte Ausfall kognitiver oder motorischer Fähigkeiten von derart überragender Bedeutung ist, dass ihm ggü. die versicherte Tätigkeit in ihrer Wirksamkeit in den Hintergrund tritt. Daher stellen im Zustand der **Volltrunkenheit** erlittene Schäden auch dann keinen Arbeitsunfall dar, wenn die konkrete Unfallursache mit dem Alkoholgenuss in keinerlei Zusammenhang steht (BSG 28.6.1979 E 48, 224, 226 ff.; 30.4.1991 NZA 1992, 93; *Köhler* VSSR 2011, 63, 69 f.). **Sonstige Trunkenheit** schließt dagegen einen Arbeitsunfall nur dann aus, wenn sie rechtl. allein wesentl. Ursache des Unfalles war (BSG 28.6.1979 E 48, 228, 230 f.; 5.9.2006 E 97, 54, 59 f.). Für die letztgenannte Feststellung ist außerhalb des Straßenverkehrs (zu ihm Rn. 12 aE) erforderl., dass neben der erhöhten Blutalkoholkonzentration (für die es keinen allg. Grenzwert gibt) weitere beweiskräftige Umstände für ein alkoholtypisches Fehlverhalten vorhanden sind (BSG 30.4.1991 NZA 1992, 93; Einzelheiten – auch zu Beweisfragen – bei KK/*Ricke* § 8 SGB VII Rn. 108 ff.; *Sandbiller* SGb 2012, 576 ff.; zum **Cannabiskonsum** s. BSG 30.1.2007 NZA 2007, 916; *Köhler* VSSR 2011, 63, 82 ff.).

6 Dass sich bei dem Schadensereignis ledigl. eine **alltägl. Gefahr** (Stolpern, Ausrutschen; zum Blitzschlag *Winter* NZS 2009, 199 ff.) verwirklicht hat, schließt den Arbeitsunfall nicht aus; entscheidend ist, dass der Versicherte den Unfall wahrscheinl. nicht erlitten hätte, wenn er zur Unfallzeit nicht der versicherten Tätigkeit nachgegangen wäre (BSG 29.11.2011 NZS 2012, 390; KK/*Ricke* § 8 SGB VII Rn. 27). Während der **Pausen** bleibt der Versicherungsschutz nur im Hinblick auf betriebl. Gefahren, die mit dem Aufenthalt auf dem Betriebsgelände in Zusammenhang stehen, erhalten (BSG 22.1.1976 SozR 2200 § 548 Nr. 15; 26.10.2004 NZA 2005, 806). Die während der Pausen verrichteten eigenwirtschaftl. Tätigkeiten sind als solche dagegen unversichert (BSG 26.6.2001 NZS 2002, 323). Unversichert ist auch das Aufsuchen des Betriebes während des Urlaubs oder Zeiten der Freistellung aus eigenwirtschaftl. Motiven (BSG 15.5.2012 E 111, 37, 39 ff.).

7 Versicherte Tätigkeit ist auch die Wahrnehmung von Aufgaben als **BR- oder PRMitglied** (BSG 20.5.1976 E 42, 36, 37; *Krasney* ZTR 2004, 21, 22 ff.; s. aber a. BSG 20.2.2001 NJW 2002, 1446; dazu *Wolber* NZS 2001, 587 f.); nicht dagegen der Einsatz als **Streikposten** (LAG HM 17.2.1999 NZA-RR 1999, 656; *Rolfs* DB 2001, 2294) oder die Erledigung von ehrenamtl. **Gewerkschaftsaufgaben,** es sei denn, hier bestünde über § 2 II Versicherungsschutz im Unternehmen der Gewerkschaft (BSG 20.5.1976 E 42, 36, 38 f.).

8 In Bezug auf Verletzungen, die ein Beschäftigter beim **Betriebssport** erlitten hat, ist maßgebl., ob diese dem Ausgleich für die Betriebstätigkeit dienen, mit einer gewissen Regelmäßigkeit durchgeführt werden, der Teilnehmerkreis im Wesentlichen auf die Beschäftigten des Unternehmens oder der an der gemeinsamen Durchführung des Betriebssports beteiligten Unternehmen beschränkt ist, die Übungs-

zeiten und die jeweilige Übungsdauer in einem dem Ausgleichszweck entspr. Zusammenhang mit der Betriebstätigkeit stehen und die Übungen im Rahmen einer unternehmensbezogenen Organisation stattfinden (grdl. BSG 28.11.1961 NJW 1962, 1174; zul. BSG 7.12.2004 NZS 2005, 657; 13.12.2005 NJW 2007, 399; 22.9.2009 SGb 2009, 662; *Greiner* SGb 2009, 581 ff.; *Köhler* VSSR 2016, 31 ff.; *Schlaeger/Lenger* DB 2010, 2280 ff.; zum **Berufssport** BSG 13.11.2012 NZS 2013, 351; *Leube* VersR 2008, 880 ff.; zu Incentive- oder **Motivationsreisen** BSG 25.8.1994 NZS 1995, 41; 1.7.1997 NJW 1998, 404; *Göpfert/Siegrist* NJW 2006, 2806, 2807).

Bei anderen **betriebl. Gemeinschaftsveranstaltungen** kommt es darauf an, ob die Zusammenkunft der Pflege der Verbundenheit zwischen der Unternehmensleitung und der Belegschaft sowie der Betriebsangehörigen untereinander durch die Teilnahmemöglichkeit möglichst aller Betriebsangehörigen dient und deshalb grds. allen AN – bei Großbetrieben mind. allen AN einzelner Abteilungen oder anderer betriebl. Einheiten (BSG 9.12.2003 NZS 2004, 599; 5.7.2016 NZS 2017, 25) – offen stehen soll, und dass sie von der Unternehmensleitung selbst veranstaltet oder zumindest gebilligt oder gefördert und von ihrer Autorität als betriebl. Gemeinschaftsveranstaltung getragen wird (BSG 20.2.2001 NJW 2002, 1446; 26.6.2014 NJW 2015, 1407; *Krasney* NZS 2006, 57 ff.). Die Öffnung der Veranstaltung für Dritte (Familienangehörige und Bekannte) steht ihrer Eigenschaft als „betriebl." entgegen, sodass kein Versicherungsschutz besteht (BSG 15.11.2016 NJW 2017, 1421). 9

Erleidet der AN den Unfall auf einer **Dienst- oder Geschäftsreise,** gilt: Versicherungsschutz besteht, solange das den Unfall auslösende Ereignis mit der berufl. Tätigkeit in einem inneren Zusammenhang steht. Allein der Umstand, dass der Reisende gezwungen ist, sich an einem fremden Ort in einer fremden Umgebung aufzuhalten, begr. den UVSchutz nicht (BSG 13.2.1975 E 39, 180 f.; 4.8.1992 NJW 1992, 3190). Ausnahmsweise kann eine privatwirtschaftl. Verrichtung versichert sein, wenn der Reisende gezwungen ist, sich bei seiner privaten Lebensgestaltung am Aufenthaltsort Risiken auszusetzen, die ihm während seines normalen Verweilens am Wohn- oder Beschäftigungsort nicht begegnet wären (BSG 30.5.1985 AP RVO § 539 Nr. 15; 18.3.2008 NZS 2009, 288). Voraussetzung ist allerdings zum einen, dass die am Ort der auswärtigen Beschäftigung bestehende Gefahrenquelle sich bei solchen privaten Verrichtungen des tägl. Lebens auswirkt, die auch während einer Dienst- oder Geschäftsreise zwangsläufig anfallen, mit der Folge, dass sich der Versicherte der Gefährdung nicht entziehen kann (BSG 30.7.1958 NJW 1958, 1558; 29.10.1980 SozR 2200 § 539 Nr. 72). Dagegen begründen Gefährdungen, denen sich der Reisende bei privaten Unternehmungen am Aufenthaltsort freiwillig aussetzt, keinen Versicherungsschutz (BSG 22.6.1976 SozR 2200 § 548 Nr. 21). Erforderl. ist zum anderen, dass es sich um eine Gefahrenquelle handelt, die in ihrer **bes. Eigenart** dem Versicherten am Wohn- oder Betriebsort nicht begegnet wäre (BSG 4.8.1992 NJW 1992, 3190; 18.3.2008 NZS 2009, 288). 9a

Der **Verzehr von Nahrungsmitteln** während der AZ steht grds. nicht unter UVSchutz, weil die Nahrungsaufnahme für jeden Menschen ein Grundbedürfnis ist und damit regelm. nicht davon ausgegangen werden kann, dass sie gerade zur Erhaltung oder Wiederherstellung der Arbeitskraft dient (BSG 27.6.2000 NZS 2001, 153; 10.10.2002 NZS 2003, 268; zu einem Ausnahmefall BSG 24.2.2000 NJW 2000, 2836). Demggü. wird für den Weg zur und von der Werkskantine ebenso wie für die notwendigen **Wege zur Besorgung von Nahrungsmitteln** auf dem Betriebsgelände oder außerhalb während der AZ oder einer Arbeitspause Versicherungsschutz gewährt (BSG 6.12.1989 NZA 1990, 455; 24.2.2000 NJW 2000, 2836; 5.7.2016 NZS 2016, 948), es sei denn, der Versicherte hätte sich alkoholische Getränke oder sonstige bloße Genussmittel besorgen wollen, deren Verzehr nicht der Befriedigung eines natürl. und unabweisbaren Hunger- oder Durstgefühls, sondern pers. Angewohnheiten entspricht (BSG 27.6.2000 NZS 2001, 153). 10

Unfälle bei **handgreifl. Auseinandersetzungen** stellen grds. keine Arbeitsunfälle dar, es sei denn, dass entweder der Streit unmittelbar aus der versicherten Tätigkeit resultiert (zB Zuspätkommen; vgl. BSG 30.10.1962 NJW 1963, 927; 19.6.1975 SozR 2200 § 558 Nr. 1; BAG 22.4.2004 NZA 2005, 163) oder der Verletzte ohne eigene Beteiligung an der Auseinandersetzung unfreiwillig Opfer einer Tätlichkeit geworden ist (vgl. aber a. BSG 19.12.2000 NZA 2001, 1134 zu einem tätl. Angriff auf einen versicherten Unternehmer). Eine sog. **selbstgeschaffene Gefahrenlage,** die durch ein in hohem Grade leichtfertiges Verhalten verursacht wurde, bei dem der Versicherte mit einer Schädigung rechnen musste, hebt den Versicherungsschutz – wie § 7 II deutl. macht – solange nicht auf, als das Motiv dafür noch in der versicherten Tätigkeit zu finden ist (BSG 4.6.2002 NJW 2002, 3275; 12.4.2005 NZS 2006, 154). Selbst die Strafbarkeit einer zum Unfall führenden grob rücksichtslosen und verkehrswidrigen Fahrweise schließt Versicherungsschutz nicht aus (BSG 19.12.2000 NJW 2001, 3652; 4.6.2002 NJW 2002, 3275). 11

2. Wegeunfälle (Abs. 2 Nr. 1 bis 4). Der Versicherungsschutz des § 8 II Nr. 1 bis 4 (zu ihm *Marburger* NZV 2012, 159 ff.; *Schur/Spellbrink* SGb 2014, 589 ff.) **beginnt mit Verlassen** des häusl. Wirkungskreises, also **des vom Versicherten bewohnten Gebäudes,** exakt mit dem Durchschreiten der dortigen Außenhaustür (BSG 7.11.2000 NJW 2002, 84). Er **endet mit dem Erreichen des Betriebsgeländes,** idR also dem Durchschreiten des Werkstores. An dieser Stelle setzt dann der Versicherungsschutz nach § 8 I ein (BSG 22.9.1988 NZA 1989, 533; vgl. a. BGH 9.2.1995 VersR 1995, 561; *Krasney* SGb 2013, 313, 314). Für den Rückweg vom Arbeitsplatz zur Wohnung gilt Entspr. Auch ein anderer 12

Ausgangs- oder Zielpunkt als die häusl. Wohnung („Dritter Ort") kann zulässig sein, wenn dadurch das von der UV zu tragende Risiko nicht wesentl. erhöht wird (BSG 5.5.1998 NJW 1998, 3292; 3.12.2002 NJW 2003, 2260); erforderl. ist, dass an dem „dritten Ort" ein Aufenthalt von mind. zwei Stunden beabsichtigt war bzw. stattgefunden hat (BSG 5.5.1998 NJW 1998, 3292; 5.7.2016 NZS 2017, 38). Umfasst sind – bei grds. freier Wegewahl – auch geringfügige **Umwege** (BSG 19.3.1991 NZA 1991, 825; BGH 18.12.2007 VersR 2008, 410), nicht jedoch aus eigenwirtschaftl. Motiven gewählte Abwege und Wegeunterbrechungen (BVerfG 30.11.2004 NJW 2005, 816; BSG 2.12.2008 NZA 2010, 555; 4.7.2013 NZS 2013, 872), es sei denn, die Unterbrechung dient unmittelbar der Wiederherstellung der Arbeitsfähigkeit (BSG 18.3.1997 NZS 1997, 483). Unversichert sind Unfälle auf dem zurückgelegten Weg, wenn sie rechtl. wesentl. allein auf einer anderen Ursache als dem Wegerisiko beruhen, zB der **Alkoholisierung** des Versicherten (BSG 13.11.2012 NJW 2013, 3676; LSG SH 16.3.2016 NZS 2016, 591).

13 Nicht nach § 8 II, sondern bereits nach § 8 I versichert sind sog. **Betriebs- oder Arbeitswege.** Damit werden Wege bezeichnet, die in Ausführung der versicherten Tätigkeit zurückgelegt werden, wie etwa Botengänge, Lieferfahrten, Dienst- und Geschäftsreisen, auch wenn sie von der Wohnung des Beschäftigten ausgehen oder dorthin zurückführen (BAG 24.6.2004 NZA 2004, 1182; BGH 25.10.2005 AP SGB VII § 8 Nr. 1; s. aber a. BSG 9.11.2010 NZS 2011, 784; ausf. *Krasney* ZTR 2004, 292 ff.). Dies hat zur Konsequenz, dass sie dem Haftungsprivileg des § 104 unterliegen, und zwar auch dann, wenn bei ihrer Gelegenheit private Dinge miterledigt werden, die jedoch nach dem Gesamtbild der Fahrt nach Anlass und Grund nicht überwiegen bzw. nur eine untergeordnete Rolle spielen (BGH 9.3.2004 NZA 2004, 1165).

Viertes Kapitel. Haftung von Unternehmern, Unternehmensangehörigen und anderen Personen

Erster Abschnitt. Beschränkung der Haftung gegenüber Versicherten, ihren Angehörigen und Hinterbliebenen

§ 104 Beschränkung der Haftung der Unternehmer

(1) [1]**Unternehmer sind den Versicherten, die für ihre Unternehmen tätig sind oder zu ihren Unternehmen in einer sonstigen die Versicherung begründenden Beziehung stehen, sowie deren Angehörigen und Hinterbliebenen nach anderen gesetzlichen Vorschriften zum Ersatz des Personenschadens, den ein Versicherungsfall verursacht hat, nur verpflichtet, wenn sie den Versicherungsfall vorsätzlich oder auf einem nach § 8 Abs. 2 Nr. 1 bis 4 versicherten Weg herbeigeführt haben.** [2]**Ein Forderungsübergang nach § 116 des Zehnten Buches findet nicht statt.**

(2) **Absatz 1 gilt entsprechend für Personen, die als Leibesfrucht durch einen Versicherungsfall im Sinne des § 12 geschädigt worden sind.**

(3) **Die nach Absatz 1 oder 2 verbleibenden Ersatzansprüche vermindern sich um die Leistungen, die Berechtigte nach Gesetz oder Satzung infolge des Versicherungsfalls erhalten.**

I. Allgemeines

1 **1. Normzweck.** Der durch die §§ 104 ff. statuierte weitgehende Ausschluss privatrechtl. Schadensersatzansprüche rechtfertigt sich durch die bes. Finanzierung der UV sowie das Arg. des Betriebsfriedens (BGH 30.4.2013 NZA 2013, 1218; *Gitter*, Schadensausgleich im Arbeitsunfallrecht, 1969, S. 238 ff.), ferner wird der Gedanke der betriebl. Gefahrengemeinschaft bemüht (BGH 3.7.2001 NZA 2001, 1143; 24.6.2003 NJW 2003, 2984; 8.3.2012 NZS 2012, 546; krit. *Tischendorf* VersR 2003, 1361 ff.). Das **Finanzierungsargument** besagt, dass die ges. UV als einziger Zweig der Sozialvers. allein durch die AG finanziert wird (§ 150 I) und diese Regelung ihren Sinn verlöre, wenn neben sie eine Einstandspflicht nach privatrechtl. Maßstäben träte (BT-Drs. 13/2204 S. 72; *Lepa* VersR 1985, 8, 9). Die ges. UV erfülle für die sie finanzierenden Unternehmer zugleich die Funktion einer Haftpflichtvers., es finde eine **Haftungsersetzung durch Versicherungsschutz** statt (grdl. *Sieg* ZHR 113, 95, 104). Das **Friedensargument** (*Krasney* AuR 2001, 423, 424; HWK/*Giesen* Vor §§ 104–113 SGB VII Rn. 3) weist insb. auf den historischen Kontext der Entstehung der UV hin. Eines der vornehml. Ziele des Gesetzgebers schon des UVG 1884 sei es gewesen, den durch Haftpflichtprozesse zwischen AN und AG gestörten sozialen Frieden dadurch wieder herzustellen, dass die „feindl. Stellung" beseitigt und an ihre Stelle ein Versorgungssystem gesetzt wurde, das „ein soziales Band zwischen AG und AN knüpft" (so seinerzeit im Reichstag Staatsminister *Hoffmann* RT-Sten. Berichte Bd. 52 S. 141).

2 Beide Aspekte unterliegen jedoch der **Kritik** (ua. *Nipperdey* und *Sinzheimer*, Verh. des 35. DJT 1928 Bd. 2 S. 909; *Hanau* JurA 1970, 112; ZLH/*Loritz* § 22 Rn. 24). Anders als das Haftungsrecht des BGB ersetzt das UVRecht nicht den konkret durch den Unfall erlittenen Schaden, sondern nimmt einen

abstrakten Schadensausgleich nach Maßgabe der Minderung der Erwerbsfähigkeit vor. Außerdem wird grds. nur der materielle, nicht aber der **immaterielle Schaden** ausgeglichen, sodass der verletzte AN namentl. keinen Ersatz für die erlittenen Schmerzen erhält. Hins. des Betriebsfriedens wird man Zweifel anmelden dürfen, ob in einer liberalen Arbeits- und Wirtschaftsverfassung, in der die Ordnung der Arbeitsbedingungen vornehml. den Arbeits- und den TVParteien obliegt, der Ausschluss wirtschaftl. uU ganz erhebl. Ansprüche unter Hinweis auf einen möglichst ungestörten Produktionsprozess durch den Gesetzgeber gerechtfertigt ist (*Rolfs* Haftung S. 53).

2. Verfassungsrechtliche Bewertung. Die bis zum 31.12.1996 geltenden Vorläuferbestimmungen der §§ 104 ff. – §§ 636 ff. RVO – und ihre beamtenrechtl. Parallelnormen (§ 46 II BeamtVG, § 91a SVG) sind im Hinblick darauf, dass sie auch den Anspruch auf **Schmerzensgeld** ausschließen, mehrfach Gegenstand verfassungsrechtl. Prüfung gewesen (ausf. OSK/*Schwarze* § 21 Rn. 2 ff.). Das BVerfG hat die Normenkontrollanträge und Verfassungsbeschwerden stets zurückgewiesen (BVerfG 22.6.1971 E 31, 212, 218 ff.; 7.11.1972 E 34, 118, 128 ff.; 8.2.1995 NJW 1995, 1607). Das Entschädigungssystem der UV sei insg. nicht ungünstiger als das des Privatrechts, weil es anders als dieses Leistungen einerseits auch dann gewähre, wenn der Unfall nicht von einem Dritten verschuldet worden sei, und andererseits ein Mitverschulden des Verletzten nicht zu einer Leistungskürzung führe. Zudem haben § 93 II Nr. 2 a SGB VI und § 57 SGB VII die Situation der Schwerverletzten weiter verbessert, indem die Unfallrente tw. nicht mehr auf die Erwerbsminderungsrente angerechnet (zur Verfassungsmäßigkeit der Anrechnung iÜ BSG 20.10.2005 E 95, 159, 161 ff.; 8.12.2005 E 95, 286, 290 ff.), bzw., wenn eine solche nicht zu zahlen ist, der Verletzte infolge des Unfalls aber einer Erwerbstätigkeit nicht mehr nachgehen kann, um 10% erhöht wird. Damit wird den Schwerverletzten eine Leistung gewährt, die über den materiellen Schadensausgleich hinausreicht und als Kompensation der Einbußen an Immaterialgüterrechten verstanden werden kann. In der dem Sozialversicherungsrecht typischen pauschalierenden Betrachtungsweise wird damit der Entzug des Schmerzensgeldanspruchs durch die §§ 104 ff. zumindest tw. kompensiert (*Rolfs* Versicherungsprinzip S. 338 ff.; **aA** *Fuhlrott* NZS 2007, 237, 241 f.; zw. *Burmann/Jahnke* NZV 2014, 5, 7 f.). 3

3. Unfälle mit Auslandsbezug. Ob bei Unfällen mit Auslandsbezug dt. oder ausl. Recht Anwendung findet, beurteilt sich nicht nach Int. Privat-, sondern **Int. SozR** (BGH 7.11.2006 NJW 2007, 1754; *Jerczynski/Zimmermann* NZS 2007, 243, 245 ff.). Innerhalb der EU, des EWR sowie der Schweiz ist insoweit Art. 85 VO (EG) 883/2004 einschlägig, für Nicht-EU/EWR-Staaten gelten die mit diesen vereinbarten völkerrechtl. Abkommen (§ 6 SGB IV), in Ermangelung solcher die §§ 4 f. SGB IV (BSG 19.12.2013 NZS 2014, 303 – Kasachstan; 17.12.2015 SozR 4–2400 § 4 Nr. 2 – Vietnam). Nach **Art. 85 II VO (EG) 883/2004** sind die sozialrechtl. Vorschr. zur Haftungsfreistellung von AG und den von ihnen beschäftigten AN bei Arbeitsunfällen dem Sozialversicherungsrecht zu entnehmen, das auf den Geschädigten anzuwenden ist. Maßgebl. sind danach die Rechtsvorschr. des Mitgliedstaates, nach denen für den Arbeitsunfall Leistungen zu erbringen sind, dessen Sozialversicherungsträger die Unfallfürsorge also zu gewähren haben. Diese Rechtsvorschr. gelten auch dann, wenn das zivilrechtl. Haftungsrecht und das Sozialversicherungsrecht für Arbeitsunfälle dem Recht verschiedener Mitgliedstaaten zu entnehmen sind (BGH 15.7.2008 NJW 2009, 916). Für AN, die die Staatsangehörigkeit eines Mitgliedstaates der EU, des EWR oder der Schweiz besitzen und für die die VO (EG) 883/2004 gilt, ist allein das SozR des Mitgliedstaats anzuwenden, in dem der AN abhängig beschäftigt ist, selbst wenn er in einem anderen Mitgliedstaat wohnt (BGH 15.7.2008 NJW 2009, 916). Nach Ansicht des OGH Wien steht der Anwendung der §§ 104 ff. nicht entgegen, dass (einer) der Geschädigte(n) UVSchutz nach einer ausl. (hier: österreichischen) Rechtsordnung genießt (OGH 27.8.2013 r+s 2016, 537). 4

II. Tatbestandliche Voraussetzungen des Haftungsausschlusses

Voraussetzung des Ausschlusses privatrechtl. Ansprüche durch § 104 ist, dass **(1)** der Geschädigte Versicherter in der ges. UV ist und sich **(2)** das schädigende Ereignis für ihn als Versicherungsfall darstellt (dazu §§ 7 u. 8). Ist er **(3)** für ein Unternehmen tätig gewesen oder hat er in einer sonstigen die Vers. begründenden Beziehung zu einem Unternehmen gestanden, ist **(4)** die Haftung des Unternehmers ausgeschlossen, es sei denn, **(5)** dieser hat den Versicherungsfall vorsätzl. herbeigeführt oder er ist **(6)** auf einem nach § 8 II Nr. 1 bis 4 versicherten Weg eingetreten. 5

1. Versicherter. Bei dem durch das schädigende Ereignis in seiner körperl. Integrität Verletzten bzw. Getöteten muss es sich um eine Person gehandelt haben, die im Unfallzeitpunkt in der ges. UV Versicherter war (BGH 17.6.1997 NJW 1997, 2883). Mit dieser Voraussetzung nimmt § 104 unmittelbar auf die §§ 2, 3 und 6 Bezug, denn der Ausschluss privatrechtl. Ansprüche muss, damit das Prinzip der **Haftungsersetzung durch Versicherungsschutz** (Rn. 1) greifen kann, davon abhängig sein, dass der Geschädigte dem Schutz der UV unterliegt. 6

Ob der Geschädigte im Unfallzeitpunkt Versicherter in der ges. UV war, steht – ebenso wie die Frage, ob das schädigende Ereignis einen Versicherungsfall darstellt – für die an der schadensersatzrechtl. Auseinandersetzung Beteiligten in aller Regel auf Grund des **Bescheids des UVTrägers bindend** 7

(§ 108) fest (vgl. BAG 14.12.2006 NZA 2007, 262). Daher ist eine selbständige Beurteilung, ob ein Versicherungsfall eines Versicherten vorliegt, nur geboten, wenn die Anerkennung des Unfalls als Versicherungsfall nicht beantragt worden ist, weil bspw. keine nach dem SGB VII zu entschädigenden Verletzungsfolgen eingetreten sind.

8 **2. Versicherungsschutz in einem Unternehmen.** Die Haftung des Unternehmers ist sowohl ggü. denjenigen Versicherten (sowie jeweils deren Angehörigen und Hinterbliebenen) ausgeschlossen, die für ihre Unternehmen tätig sind, als auch ggü. solchen Personen, die zu ihren Unternehmen in einer sonstigen die Vers. begründenden Beziehung stehen (§ 2 II).

9 **a) Versicherungsschutz als (Stamm-)Beschäftigter.** Für ein Unternehmen tätig sind zunächst alle Personen, die Beschäftigte (§ 2 I Nr. 1) dieses Unternehmens sind. Neben diesen Stammbeschäftigten sind auch diejenigen Personen erfasst, die nur vorübergehend in dem Unternehmen tätig werden. Keine Rolle spielt dabei, ob die fremden AN freiwillig in dem Unternehmen tätig geworden sind oder ob sie eine andere hauptberufl. Tätigkeit ausüben (BGH 1.7.1975 NJW 1975, 1742; OLG D 11.7.1978 NJW 1978, 2557; OLG HM 11.12.1986 VersR 1988, 475). Hins. des Haftungsprivilegs ggü. **LeihAN** macht es – da die arbeitsrechtl. Einordnung eines Rechtsverhältnisses für seine Qualifizierung als „Beschäftigung" nicht maßgebl. ist – keinen Unterschied, ob der überlassene AN nur vorübergehend von seinem StammAG an den Dritten „verliehen" wird oder ob er zum Zwecke der Ausleihe eingestellt wurde (BGH 18.11.2014 NZA 2015, 689). Aus demselben Grunde ist die Haftung des Unternehmers auch ggü. denjenigen Personen ausgeschlossen, die ihm als Bedienungspersonal für eine Maschine von ihrem StammAG zeitweise zur Vfg. gestellt und in seinem Betrieb tätig werden (BGH 22.9.1981 VersR 1982, 40; BAG 15.2.1974 AP RVO § 637 Nr. 7; OLG D 29.10.1993 NJW-RR 1995, 160).

10 **b) Versicherungsschutz durch eine sonstige die Versicherung begründende Beziehung.** Gem. § 104 I 1 erstreckt sich das Haftungsprivileg des Unternehmers auch auf diejenigen Personen, die zwar nicht für ihr Unternehmen tätig sind, aber zu dem Unternehmen in einer sonstigen die Vers. begründenden Beziehung stehen. Dies zielt in erster Linie auf § 2 I Nr. 1 (dazu Krasney FS Steffen 1995 S. 235 ff.); nicht jedoch auf § 2 I Nr. 13 lit. a (BGH 24.1.2006 NJW 2006, 1592). Selbst wenn es an einer solchen versicherungsrechtl. Beziehung fehlt, der Unternehmer und der Geschädigte jedoch auf einer „gemeinsamen Betriebsstätte" tätig waren, kann der Haftungsausschluss über § 106 III zum Tragen kommen, vgl. § 106 Rn. 3. Genießt der Verletzte im Unfallzeitpunkt Versicherungsschutz sowohl aus § 2 I Nr. 1 in seinem Stammbetrieb als auch aus § 2 II in dem Unternehmen, in dem sich der Unfall ereignet, ist für die haftungsrechtl. Privilegierung des Unfallunternehmers die Bindungswirkung (§ 108) des den Unfall anerkennenden Bescheids des zust. UVTrägers zu beachten (dazu § 108 Rn. 3).

11 **3. Haftungsprivilegiert: Der Unternehmer.** Der Haftungsausschluss des § 104 wirkt zugunsten des „Unternehmers". Unternehmen iSd. UVRechts sind gem. § 121 I Betriebe, Verw., Einrichtungen und Tätigkeiten. Unternehmer ist derjenige, dem das wirtschaftl. Erg. des Unternehmens, der Wert oder Unwert der in dem Unternehmen verrichteten Arbeiten unmittelbar zum Vorteil oder Nachteil gereicht, mithin derjenige, der das Geschäftswagnis, das Unternehmerrisiko, trägt (BGH 5.7.1977 VersR 1977, 968; BSG 12.11.1986 NZA 1987, 326; Staudinger/*Oetker* § 618 BGB Rn. 327 ff.). Ausschlaggebend dafür ist die Rechtsform, in der das Unternehmen betrieben wird (BGH 4.10.1988 NJW-RR 1989, 23; BSG 16.1.1978 NJW 1978, 2527). Nicht Unternehmer einer GmbH oder AG sind folgl. deren Vorstands- oder ARMitglieder, auch nicht der GF einer GmbH (OLG K 23.10.1998 VersR 1999, 777; vgl. aber § 105). Anders liegen die Dinge dagegen bei Personenhandelsgesellschaften (OHG, KG) sowie der GbR, hier sind die Gesellschafter selbst Unternehmer iSd. § 104 (OLG D 27.3.1973 VersR 1973, 662; *Gamillscheg/Hanau* S. 161 f.). Da es ausschl. auf das Unternehmen, nicht aber den Betrieb ankommt, ist die Haftung des AG auch dann ausgeschlossen, wenn ein AN in einem anderen als seinem Beschäftigungsbetrieb desselben Unternehmens einen Arbeitsunfall erleidet (RG 12.3.1941 Z 166, 257, 262; 16.12.1942 Z 170, 311, 316; BGH 10.12.1974 NJW 1975, 537).

12 **4. Keine vorsätzliche Herbeiführung des Versicherungsfalles.** Das Haftungsprivileg des § 104 entfällt, wenn der Unternehmer den Versicherungsfall vorsätzl. verursacht hat. Bedingt vorsätzl. handelt, wer den möglicherweise eintretenden Erfolg für den Fall seines Eintritts billigt; ledigl. bewusst fahrlässig hingegen, wer den möglicherweise eintretenden Erfolg zwar sieht, aber hofft, er werde ausbleiben, oder wem es gleichgültig ist, ob er eintritt (BGH 15.7.2008 NJW 2009, 681; 20.12.2011 NJW-RR 2012, 404). Nach Auff. von BAG und BGH soll es erforderl. sein, dass den Unternehmer dieser qualifizierte Schuldvorwurf nicht nur hins. der haftungsbegründenden Kausalität trifft, sondern er auch die konkrete Verletzungsfolge bewusst und gewollt herbeigeführt hat (BAG 10.10.2002 NZA 2003, 436; 28.4.2011 NZA-RR 2012, 290; BGH 11.2.2003 NJW 2003, 1605; 8.3.2012 NZS 2012, 546). Wie bei § 103 VVG und der ANHaftung iÜ (BGB § 619a Rn. 14) ist auch hier also erforderl., dass sich Wissen und Wollen des Schädigers nicht nur auf die Handlung und deren Erfolg erstrecken, sondern auch auf den **konkreten Schadensumf.** (*Brose* RdA 2011, 205, 210 ff.; *Waltermann* NJW 1997, 3401, 3402; **aA** LAG K 30.10.2000 LAGE SGB VII § 105 Nr. 4; OSK/*Schwarze* § 23 Rn. 7; *Rolfs* NJW 1996, 3177, 3178; *ders.* DB 2001, 2294, 2297 und jdf. de lege ferenda auch HWK/*Giesen* Rn. 10; falsch dagegen BAG 20.6.2013 NZA-RR 2014, 63). Zu berücksichtigen ist aber, auch bei **Berufskrankheiten,**

dass den **Unternehmer selbst** der Vorwurf vorsätzl. Verhaltens treffen muss. Für die Anwendung von § 31 oder § 278 BGB ist, wie sich im Umkehrschluss aus dem nur für den Regress (§ 110) geltenden § 111 ergibt, bei der Anwendung der §§ 104 bis 106 kein Raum (*Lindemann/Polzer* DB 2017, 1087, 1091 f.; **aA** BAG 28.4.2011 NZA-RR 2012, 290). Eine jur. Person haftet folgl. dem Versicherten ggü. (anders als ggü. den Trägern der Sozialvers., § 111) für vorsätzl. durch ein Organmitglied herbeigeführte Arbeitsunfälle nicht (vgl. LG Fulda 9.4.1987 VersR 1987, 1202).

5. Kein Wegeunfall iSv. § 8 II Nr. 1 bis 4. Arbeitsunfälle nach § 8 II Nr. 1 bis 4 stellen zwar Versicherungsfälle dar, bei ihnen ist die Haftung des Unternehmers gem. § 104 I jedoch ausdr. nicht ausgeschlossen (der Haftpflichtanspruch also „entsperrt"). Zum Begriff des Wegeunfalls s. § 8 Rn. 12 f. Das betrifft zB Verletzungen, die sich der AN noch vor dem Werkstor zugezogen hat, weil der AG dort seiner Räum- und Streupflicht im Winter nicht nachgekommen war (OLG KO 29.4.2015 NZA-RR 2015, 594). **Kein Wegeunfall** im haftungsrechtl. Sinne sollen – unbeschadet ihrer versicherungsrechtl. Einordnung unter § 8 II – Unfälle sein, die sich beim sog. **Werkverkehr** ereignen (BGH 12.10.2000 NJW 2001, 442; BAG 30.10.2003 NZS 2005, 35; 19.8.2004 AP SGB VII § 104 Nr. 4; **aA** *Krasney* NZS 2004, 7, 10 ff.; *Rolfs* NJW 1996, 3177, 3179). Ein solcher Werkverkehr kennzeichnet sich dadurch, dass der Unternehmer Betriebsangehörige mit Rücksicht auf den Betrieb und ihre berufl. Aufgaben im betriebseigenen Fahrzeug zum Arbeitsplatz (bzw. zurück) bringen lässt (BGH 2.12.2003 NJW 2004, 949; 9.3.2004 NZA 2004, 1165; *Lepa* VersR 1985, 8, 12 f.; sehr zw. OLG CE 10.3.2006 VersR 2006, 1086; OLG DD 24.7.2013 NZV 2014, 125) oder ein Beschäftigter auf Anordnung des Unternehmers nach einer Betriebsveranstaltung im werkseigenen Kfz. nach Hause gefahren wird (weitergehend OLG NMB 16.2.2015 VersR 2016, 123: Werkverkehr liege schon dann vor, wenn der AG den AN für die Heimfahrt einen Firmen-Pkw überlasse). Die gemeinsame Fahrt erscheine näml. als Teil des innerbetriebl. Organisations- und Funktionsbereichs, wenn sie durch die Organisation als innerbetriebl. Vorgang gekennzeichnet oder wenn sie durch die Anordnung des Arbeitgebers zur betriebl. Aufgabe erklärt worden ist (BGH 16.1.1953 NJW 1953, 458; 5.11.1991 NJW 1992, 572; 2.12.2003 NJW 2004, 949). Dies rechtfertige es, bei derartigen Gelegenheiten erlittene Unfälle dem Haftungsprivileg des § 104 zu unterwerfen. 13

III. Rechtsfolgen des Haftungsausschlusses

1. Umfang des Haftungsausschlusses. Nach § 104 I ausgeschlossen sind die privatrechtl. Schadensersatzansprüche des Versicherten, seiner Angehörigen und Hinterbliebenen wegen des **Personenschadens,** nicht hingegen wegen der Sachschäden (mit Ausnahme der Sachschäden, die durch § 8 III Gesundheitsschäden gleichgestellt sind). Hinterbliebene iSd. § 104 sind diejenigen Personen, die bei einem tödl. Versicherungsfall nach den §§ 63 ff. leistungsberechtigt sind, also namentl. der überlebende (uU auch ehem., § 66) Ehegatte, die minderjährigen oder noch in der Ausbildung befindl. Kinder sowie die Eltern, solange sie ohne den Versicherungsfall gegen den Verstorbenen einen Anspruch auf Unterhalt wegen Unterhaltsbedürftigkeit hätten geltend machen können. Der Haftungsausschluss ist umfassend und erfasst neben den in Rn. 18 genannten Anspruchsgrdl. zB auch Amtshaftungsansprüche aus Art. 34 GG, § 839 BGB (BGH 18.12.2007 VersR 2008, 410). 14

Der **Personenschaden** ist zwar zunächst ein immaterieller Schaden, der jedoch zur Quelle eines Vermögensschadens werden kann, sei es, dass zu seiner Beseitigung oder Milderung Geldaufwendungen (Heilungs- und Therapiekosten) erforderl. sind, sei es, dass er einen Erwerbsausfall, Gewinnentgang, vermehrte Bedürfnisse oder einen sonstigen allg. Vermögensschaden zur Folge hat (BGH 8.3.2012 NZS 2012, 546). Aus diesem Grunde ausgeschlossen sind neben dem Ersatz der Heilungs- und Therapiekosten und dem Verdienstausfall auch Ansprüche wegen der Beerdigungskosten, des entgangenen Unterhalts, der entgangenen Dienste, der Aufwendungen für Pflege und Besuch des Verletzten etc. Diese Kosten werden durch die UVLeistungen abstrakt abgegolten (BAG 24.5.1989 NZA 1989, 795; LAG HM 10.5.1990 LAGE RVO § 636 Nr. 1). Ausgeschlossen ist auch das **Schmerzensgeld,** obwohl die Sozialversicherungsträger keine diesem kongruenten Leistungen erbringen (zur Verfassungsmäßigkeit Rn. 3). § 104 erfasst jedoch nicht **Schockschäden,** die Dritte auf Grund der Nachricht von dem Unfall oder auf Grund des Anblicks des Verletzten erleiden. Da der Anspruch auf Ersatz des Schockschadens schadensrechtl. als eigener Anspruch des Angehörigen wegen einer ihm zugefügten – ledigl. psychisch vermittelten – Gesundheitsbeschädigung ausgestaltet ist (RG 21.9.1931 Z 133, 270, 272; BGH 27.1.2015 NJW 2015, 1451), die §§ 104 bis 107 die Haftung zu Lasten der Angehörigen und Hinterbliebenen des Versicherten jedoch nur wegen dessen Personenschaden ausschließen, bleibt der Unternehmer für Schockschäden in vollem Umf. ersatzpflichtig (BGH 6.2.2007 NJW-RR 2007, 1395; *Gamillscheg/Hanau* S. 169; *Rolfs* Haftung S. 206 f.). Ob dies auch für das **Hinterbliebenengeld** (§ 844 III BGB) gilt, ist noch unklar. Der Normzweck der §§ 104 ff., Auseinandersetzungen um Verschulden des AG und Mitverschulden des AN zu vermeiden, würde jedoch evident verfehlt, wenn er bei tödl. Arbeitsunfällen zwischen dem AG und den Hinterbliebenen ausgetragen würde. 15

16 **2. Kein Forderungsübergang (Abs. 1 S. 2).** § 104 I 2 stellt klar, dass ein Forderungsübergang nach § 116 SGB X auf den Sozialversicherungsträger in den Fällen, in denen die Haftung des Unternehmers nach § 104 I 1 SGB VII ausgeschlossen ist, nicht stattfindet (BGH 8.7.2003 NJW 2003, 3193; 25.10.2005 AP SGB VII § 8 Nr. 1).

17 **3. Schädigung der Leibesfrucht (Abs. 2).** Abs. 2 stellt die nach § 12 zu entschädigenden Personen den im Unternehmen tätigen Versicherten bzw. den sonstigen Personen, die in einer den Versicherungsschutz begründenden Beziehung zu dem Unternehmen stehen, gleich, da sie nicht mehr Ansprüche haben können als die unmittelbar geschädigte Mutter ggü. dem Unternehmer.

18 **4. Leistungsanrechnung bei bestehender Haftung (Abs. 3).** Erleidet der Geschädigte einen Versicherungsfall durch eine vorsätzl. Handlung des Unternehmers oder auf einem nach § 8 II Nr. 1 bis 4 versicherten Weg, kann er vom AG Schadensersatz nach den Vorschr. des BürglR verlangen. Die Ansprüche finden ihre Grdl. neben den bes. Haftungstatbeständen wie §§ 7, 18 StVG va. in § 280 I 1 BGB (ggf. iVm. § 618 BGB; dazu BAG 14.12.2006 NZA 2007, 262) sowie den §§ 823 ff., 249 ff. BGB.

19 § 104 III bestimmt jedoch, dass der Verunglückte sich auf die vorgenannten privatrechtl. Haftpflichtansprüche die ges. oder satzungsmäßigen Leistungen, die von den Trägern der Sozialvers. – nicht nur der UV – aus Anlass des Unfalles erbracht werden, anrechnen lassen muss. Damit wird das **versicherungsrechtl. Bereicherungsverbot** durchgesetzt und zugleich eine doppelte Belastung des Unternehmers mit den Beiträgen zur Vers. und dem Rückgriffsanspruch vermieden (HWK/*Giesen* Rn. 14). Dem Geschädigten verbleibt als wirtschaftl. zumeist wertvollster Anspruch derjenige auf das **Schmerzensgeld** (BGH 22.9.1970 VersR 1970, 1053; **aA** *Fischinger* NZS 2014, 721, 723 ff., der Teile der Verletztenrente anrechnen will). Ferner sind ersatzfähig die Differenz zwischen den von den Sozialversicherungsträgern zu tragenden Kosten der medizinischen Behandlung und den etwaigen zusätzl. Kosten einer **privatärztl. Behandlung** oder Inanspruchnahme einer sonstigen Wahlleistung, soweit der Verletzte sie iRd. § 249 BGB ersetzt verlangen kann (dazu BGH 20.3.1973 NJW 1973, 1196; 18.10.1988 VersR 1989, 54; OLG HM 2.6.2003 r+s 2004, 343), uU auch die Kosten des Krankenbesuchs durch nahe Angehörige (BGH 19.2.1991 NJW 1991, 2340; vgl. ferner 22.11.1988 NJW 1989, 766). Beim Ausgleich des **Erwerbsschadens** kann die abstrakte Schadensberechnung des Sozialversicherungsrechts, die nur auf die unfallbedingte Minderung der Erwerbsfähigkeit abstellt, gleichfalls hinter dem privatrechtl. Ersatzanspruch zurückbleiben; dasselbe gilt für die **vermehrten Bedürfnisse** (vgl. BGH 19.5.1981 NJW 1982, 757; 18.2.1992 NJW-RR 1992, 792).

20 **5. Beteiligung Dritter an der Schadensverursachung.** Wird ein Versicherungsfall, den ein nach dem SGB VII Versicherter erleidet, nicht allein vom haftungsprivilegierten AG (dem Erstschädiger), sondern zugleich von einem außerhalb des Versicherungsverhältnisses stehenden Dritten (dem Zweitschädiger) verschuldet, kann der Geschädigte den Zweitschädiger insoweit nicht auf Schadensersatz in Anspruch nehmen, als der für den Unfall mitverantwortl. Unternehmer ohne seine Haftungsfreistellung im Verhältnis zu dem Zweitschädiger für den Schaden aufkommen müsste (BGH 24.6.2003 NJW 2003, 2984; 11.11.2003 NJW 2004, 951; 23.9.2014 NZV 2015, 179). IE haftet der Zweitschädiger also schon im Außenverhältnis zum Geschädigten nur auf die **Quote**, zu deren Tragung er im Innenverhältnis ggü. dem Erstschädiger verpflichtet wäre, wenn dieser nicht völlig von der Haftung befreit wäre (OSK/*Schwarze* § 26 Rn. 1; *Schmieder* JZ 2009, 189, 190). Daraus folgt auch, dass der Erstschädiger, der aus einem anderen Grund möglicherweise trotz seiner Haftungsprivilegierung ausnahmsweise zur Zahlung an den Geschädigten verpflichtet ist, sich bei der Geltendmachung von Ausgleichsansprüchen gegen den Zweitschädiger sein eigenes Mitverschulden bei der Entstehung des Schadens anrechnen lassen muss (BGH 9.6.1970 NJW 1970, 1546). Umgekehrt kann ein Zweitschädiger, der an den Geschädigten Schadensersatz in einer seine Haftungsquote übersteigenden Höhe geleistet hat, den überzahlten Betrag allenfalls von diesem kondizieren, nicht jedoch bei dem haftungsprivilegierten Erstschädiger Rückgriff nehmen (BGH 10.1.1967 NJW 1967, 982). Dies gilt auch in den Fällen des § 106 III, vgl. § 106 Rn. 6.

§ 105 Beschränkung der Haftung anderer im Betrieb tätiger Personen

(1) [1]Personen, die durch eine betriebliche Tätigkeit einen Versicherungsfall von Versicherten desselben Betriebs verursachen, sind diesen sowie deren Angehörigen und Hinterbliebenen nach anderen gesetzlichen Vorschriften zum Ersatz des Personenschadens nur verpflichtet, wenn sie den Versicherungsfall vorsätzlich oder auf einem nach § 8 Abs. 2 Nr. 1 bis 4 versicherten Weg herbeigeführt haben. [2]Satz 1 gilt entsprechend bei der Schädigung von Personen, die für denselben Betrieb tätig und nach § 4 Abs. 1 Nr. 1 versicherungsfrei sind. [3]§ 104 Abs. 1 Satz 2, Abs. 2 und 3 gilt entsprechend.

(2) [1]Absatz 1 gilt entsprechend, wenn nicht versicherte Unternehmer geschädigt worden sind. [2]Soweit nach Satz 1 eine Haftung ausgeschlossen ist, werden die Unternehmer wie Versicherte, die einen Versicherungsfall erlitten haben, behandelt, es sei denn, eine Ersatzpflicht des Schädigers

gegenüber dem Unternehmer ist zivilrechtlich ausgeschlossen. [3]Für die Berechnung von Geldleistungen gilt der Mindestjahresarbeitsverdienst als Jahresarbeitsverdienst. [4]Geldleistungen werden jedoch nur bis zur Höhe eines zivilrechtlichen Schadenersatzanspruchs erbracht.

1. Haftung unter Arbeitskollegen (Abs. 1). § 105 I schließt die privatrechtl. Haftung von durch Arbeitskollegen verursachte Versicherungsfälle aus, wenn der Unfall weder vorsätzl. noch auf einem nach § 8 II Nr. 1 bis 4 versicherten Weg herbeigeführt worden ist. Der **Normzweck** dieser Bestimmung ist darin zu erblicken, dass ein AN, der durch eine betriebl. Tätigkeit einem Dritten einen Schaden zufügt, nach allg. Grds. diesem zwar zum Ersatz verpflichtet ist, von seinem AG aber nach Maßgabe des innerbetriebl. Schadensausgleichs **Freistellung** wegen dieser Ansprüche verlangen kann (BAG 25.9.1957 NJW 1958, 235; 23.6.1988 NZA 1989, 181). Im wirtschaftl. Erg. trüge der AG dann nicht nur die Kosten des UVSchutzes des Geschädigten (§ 150 I), sondern er hätte auch für den (darüber hinausgehenden) Schadensersatzanspruch einzustehen. Damit würde die von der ges. UV bezweckte Haftungsersetzung durch Versicherungsschutz unterlaufen (*Rolfs* Haftung S. 219 ff.). 1

a) Der Unfallverursacher. Dieser muss nicht notwendig selbst Angehöriger des Unfallbetriebes sein. Er kann auch bei einem anderen AG beschäftigt sein. Es genügt, dass er im Zpkt. des Unfallgeschehens „wie" ein Beschäftigter (§ 2 II iVm. I Nr. 1) für das Unfallunternehmen tätig geworden ist (BAG 19.2.2009 NZA-RR 2010, 123; OLG HM 15.6.1998 VersR 1999, 597; *Rolfs* NJW 1996, 3177, 3180). Durch die Verwendung des neutralen Begriffs „Personen" wird deutl., dass der Unfallverursacher nicht selbst Versicherter sein muss, weil es für den potenziellen Freistellungsanspruch gegen den AG gleichgültig ist, ob er den Schutz der ges. UV genießt oder nicht (OLG D 15.6.1973 MDR 1973, 932). 2

Durch eine **betriebl. Tätigkeit** muss der Unfall verursacht worden sein. Auch diese Voraussetzung ist durch den Normzweck (Rn. 1) begr., denn der innerbetriebl. Schadensausgleich findet nur bei betriebl. Tätigkeiten Anwendung (BAG 27.9.1994 NZA 1994, 1083; 18.4.2002 NZA 2003, 37; *Brose* RdA 2011, 205, 209 f.). Betriebl. ist eine Tätigkeit, die dem AN, der einen Schaden verursacht, entweder ausdr. von dem Betrieb und für den Betrieb übertragen ist oder die er im Interesse des Betriebes ausführt, die in nahem Zusammenhang mit dem Betrieb und seinem betriebl. Wirkungskreis steht und idS betriebsbezogen ist (BAG 18.4.2002 NZA 2003, 37; 18.1.2007 NZA 2007, 1230; *Plagemann* SGb 2016, 244, 247 f.). Entscheidend ist nicht, ob die zu dem schädigenden Ereignis führende Arbeitstätigkeit zum eigentl. Aufgabengebiet des Beschäftigten gehört, wenn sie nur überhaupt mit dem Betriebszweck in Zusammenhang steht (BGH 2.3.1971 AP RVO § 637 Nr. 6; BAG 14.3.1974 AP RVO § 637 Nr. 8). Erst dann, wenn das schädigende Ereignis mit dem Betrieb in keinem oder nur noch in losem Zusammenhang steht, fällt sie in das allg. Lebensrisiko des AN (OLG K 2.5.1969 VersR 1970, 353; OLG M 29.10.1976 VersR 1977, 328; Staudinger/*Oetker* § 618 BGB Rn. 353). Das BAG lässt es genügen, dass der Schädiger bei obj. Betrachtungsweise aus seiner Sicht im Betriebsinteresse handeln durfte, sein Verhalten unter Berücksichtigung der Verkehrsüblichkeit nicht untypisch ist und keinen Exzess darstellt (BAG 22.4.2004 NZA 2005, 163 zu einem Stoß vor die Brust eines verspätet an seinem Arbeitsplatz erschienenen AN). Darüber hinaus sind sogar solche Tätigkeiten als betriebl. anzuerkennen, die zwar obj. dem Betrieb nicht dienl. waren, von denen der AN aber ohne grobe Fahrlässigkeit annehmen durfte, dass sie es seien (BAG 9.8.1966 NJW 1967, 220). Daher verliert eine Tätigkeit ihre Eigenschaft als „betriebl." nicht dadurch, dass sie unter Verletzung von UVV oder sachwidrig ausgeübt worden ist (BAG 19.8.2004 AP SGB VII § 104 Nr. 4). Der notwendige innere Zusammenhang zwischen der betriebl. Tätigkeit und dem Schadensereignis ist erst dann zu verneinen, wenn nicht mehr die Verfolgung betriebl. Zwecke, sondern die durch die Eigeninteressen des AN bedingte Art und Weise der Tätigkeit als entscheidende Schadensursache anzusehen ist (BGH 30.6.1998 NZA-RR 1998, 454; BAG 19.3.2015 NZA 2015, 1057: Werfen mit Metallteilen „aus Spaß"; *Denck* BB 1986, 590 f.). Das BAG vermengt aber das (schädigerbezogene) Tatbestandsmerkmal „betriebl. Tätigkeit" mit dem (auf den Geschädigten bezogenen) Versicherungsfall nach § 8 I, wenn es das **Verlassen des Arbeitsplatzes** einschl. des Weges auf dem Werksgelände bis zum Werkstor regelm. noch als betriebl. Tätigkeit einordnet; die erst mit dem Durchschreiten oder Durchfahren des Werkstores ende (BAG 14.12.2000 NZA 2001, 549; ebenso OLG SL 19.12.2000 r+s 2002, 67; HWK/*Giesen* Rn. 4; dagegen mit Recht krit. *Ricke* VersR 2002, 413 f.). 3

b) Der Geschädigte. Dieser muss nach Abs. 1 S. 1 Versicherter in der ges. UV sein, das Schadensereignis muss sich für ihn als Versicherungsfall darstellen. Insoweit gelten dies. Maßstäbe wie beim Ausschluss der AGHaftung (§ 104). Hier wie dort kommt es nicht darauf an, ob der Versicherungsfall zugleich auch ein Leistungsfall ist (§ 7 Rn. 1). Abs. 1 S. 2 erweitert den Kreis der mit dem Haftungsausschluss belasteten Personen auf diejenigen, die nach § 4 I Nr. 1 **versicherungsfrei** sind. Bedeutung hat dies insb. im öffentl. Dienst und in den privatisierten Unternehmen von Bahn und Post, in denen Beamte und AN nebeneinander tätig sind (*Rolfs* NJW 1996, 3177, 3180; *Waltermann* NJW 1997, 3401, 3402). Zum Begriff der **Angehörigen und Hinterbliebenen** vgl. § 104 Rn. 14. 4

c) Derselbe Betrieb. Der Unfallverursacher und der Geschädigte müssen im Unfallzeitpunkt demselben Betrieb angehören. Während es früher einhelliger Auff. entsprach, dass der allg. arbeitsrechtl. 5

Betriebsbegriff (BGB § 611a Rn. 194) heranzuziehen ist (BGH 18.10.1957 NJW 1958, 182; 14.7.1987 NJW 1988, 493; OLG SL 27.6.1980 VersR 1983, 263), hatte das BAG zwischenzeitl. die Auff. vertreten, es existiere ein spezifisch unfallversicherungsrechtl. Betriebsbegriff, der mit dem allg. arbeitsrechtl. Begriff des **Unternehmens** identisch sei (BAG 24.9.1992 NZA 1993, 451; krit. *Hanau* FS Steffen 1995 S. 177, 186 ff.). Da § 105 jetzt aber – anders als im RefE zunächst beabsichtigt – wieder den Begriff des „Betriebes" wählt, ist klargestellt, dass der Haftungsausschluss nur zum Tragen kommt, wenn Schädiger und Geschädigter im Unfallzeitpunkt zumindest nach § 2 II 1 in demselben Betrieb tätig sind (BGH 26.11.2002 NJW 2003, 1121; HWK/*Giesen* Rn. 6; *Krasney* NZS 2004, 7, 13 f.; *Rolfs* NJW 1996, 3177, 3180; **aA** OSK/*Schwarze* § 22 Rn. 48 ff.; *von Koppenfels-Spies* NZS 2006, 561, 563 ff.; *Waltermann* NJW 2004, 901, 907). Allerdings erweitert § 106 III den Haftungsausschluss auf Versicherungsfälle, die sich bei einer bloß vorübergehenden Tätigkeit auf einer „gemeinsamen Betriebsstätte" ereignen, auch wenn Unfallverursacher und Geschädigter nicht demselben Betrieb angehören, vgl. § 106 Rn. 3.

6 **d) Unfälle.** Zu **vorsätzl. herbeigeführten** und zu **Wegeunfällen** sowie den Rechtsfolgen des Haftungsausschlusses gelten die Ausführungen zu § 104 (dort Rn. 12 f.) entspr. § 105 I 3 ordnet außerdem die entspr. Geltung von § 104 I 2 (kein Forderungsübergang nach § 116 SGB X, dazu § 104 Rn. 16), Abs. 2 (Haftungsausschluss bei Schädigung der Leibesfrucht, § 104 Rn. 17) und Abs. 3 (Anrechnung der Sozialversicherungsleistungen auf den Schadensersatzanspruch bei bestehender Haftung, § 104 Rn. 18 f.) an.

7 **2. Verletzung des Unternehmers (Abs. 2).** Abs. 2 erstreckt den Haftungsausschluss auch auf Unternehmer, die keinen Versicherungsschutz in der ges. UV genießen. Bedeutung und Tragweite dieser Bestimmung sind unklar, ihre Vereinbarkeit mit Art. 3 I GG mehr als zw. (*Rolfs* Versicherungsprinzip S. 466 ff.; *ders.* DB 2001, 2294, 2298 f.; *Waltermann* NJW 2002, 1225, 1228; **aA** *Kock* NZS 2006, 471, 475 f.).

8 Zu Lasten des **nicht versicherten Unternehmers** ordnet § 105 II ausdr. die Geltung des unfallversicherungsrechtl. Haftungsprivilegs an. Damit wird – auf Kosten eines Systembruchs (*Lepa* NZV 1997, 137, 140) – dem Betriebsfrieden durch die Vermeidung von Rechtsstreitigkeiten zwischen Unternehmer und Beschäftigten gedient (*Waltermann* NJW 1997, 3401, 3403). Zum Ausgleich für den entgangenen Haftpflichtanspruch wird der nicht versicherte Unternehmer von der ges. UV wie ein Versicherter behandelt und erhält deren Leistungen (LSG BW 3.8.2001 NJW 2002, 1290; *Kock* NZS 2006, 471, 473 ff.; *Stern-Krieger/Arnau* VersR 1997, 408, 411), soweit die Ersatzpflicht des Schädigers nicht zivilrechtl. – zB wegen mangelnden Vertretenmüssens oder nach den Grds. des innerbetriebl. Schadensausgleichs (BGB § 619a Rn. 9 ff.) – ausgeschlossen ist (dazu BSG 24.6.2003 NJW 2004, 966; *Waltermann* NJW 2004, 901, 904). Allerdings – und va. darin wurzeln die verfassungsrechtl. Bedenken – wird als Bemessungsgrdl. für die Einkommensersatzleistungen nur der Mindestjahresarbeitsverdienst zugrunde gelegt (Abs. 2 S. 3 iVm. § 85 I), sodass von einer Gleichwertigkeit der berufsgenossenschaftl. Ersatzleistungen mit dem privatrechtl. Schadensersatzanspruch keine Rede mehr sein kann (*Rolfs* Versicherungsprinzip S. 466 ff.; HWK/*Giesen* Rn. 12; *Plagemann* NZV 2001, 233, 237).

9 Nicht ausdr. geregelt ist dagegen, ob § 105 auch den Ersatzanspruch eines **versicherten Unternehmers** gegen den ihn verletzenden AN sperrt. Unter der Geltung der §§ 636, 637 RVO hatte der BGH diese Frage mit Recht verneint, weil dem Unfallverursacher nicht zum Vorteil gereichen darf, dass der Unternehmer sich auf eigene Kosten versichert hat (BGH 6.5.1980 NJW 1981, 53; 26.6.1990 NJW 1991, 174). Die hM steht heute allerdings auf dem gegenteiligen Standpunkt und zieht aus § 105 II den Erst-Recht-Schluss, dass auch die Ersatzansprüche des versicherten Unternehmers gesperrt sind (OLG KA 24.5.2002 VersR 2003, 506; OLG KO 19.4.2004 r+s 2004, 345; HWK/*Giesen* Rn. 9; *Waltermann* NJW 2008, 2895, 2896). Im Rahmen von § 106 III hat der BGH ebenso entschieden (BGH 17.6.2008 NJW 2008, 2916; dazu § 106 Rn. 4).

§ 106 Beschränkung der Haftung anderer Personen

(1) In den in § 2 Abs. 1 Nr. 2, 3 und 8 genannten Unternehmen gelten die §§ 104 und 105 entsprechend für die Ersatzpflicht
1. der in § 2 Abs. 1 Nr. 2, 3 und 8 genannten Versicherten untereinander,
2. der in § 2 Abs. 1 Nr. 2, 3 und 8 genannten Versicherten gegenüber den Betriebsangehörigen desselben Unternehmens,
3. der Betriebsangehörigen desselben Unternehmens gegenüber den in § 2 Abs. 1 Nr. 2, 3 und 8 genannten Versicherten.

(2) Im Fall des § 2 Abs. 1 Nr. 17 gelten die §§ 104 und 105 entsprechend für die Ersatzpflicht
1. der Pflegebedürftigen gegenüber den Pflegepersonen,
2. der Pflegepersonen gegenüber den Pflegebedürftigen,
3. der Pflegepersonen desselben Pflegebedürftigen untereinander.

(3) **Wirken Unternehmen zur Hilfe bei Unglücksfällen oder Unternehmen des Zivilschutzes zusammen oder verrichten Versicherte mehrerer Unternehmen vorübergehend betriebliche Tätigkeiten auf einer gemeinsamen Betriebsstätte, gelten die §§ 104 und 105 für die Ersatzpflicht der für die beteiligten Unternehmen Tätigen untereinander.**

(4) **Die §§ 104 und 105 gelten ferner für die Ersatzpflicht von Betriebsangehörigen gegenüber den nach § 3 Abs. 1 Nr. 2 Versicherten.**

1. Unfälle von Lernenden ua. (Abs. 1). § 106 dehnt den durch §§ 104, 105 statuierten Haftungsausschluss – auch insoweit verfassungskonform (BGH 4.6.2009 NJW 2009, 2956) – auf weitere Personengruppen aus. **Abs. 1** ordnet an, dass die nach § 2 I Nr. 2, 3 und 8 versicherten Personen (Lernende während der berufl. Aus- und Fortbildung; Personen, die sich Untersuchungen, Prüfungen uÄ zur Aufnahme oder infolge einer abgeschlossenen versicherten Tätigkeit unterziehen; Kinder in Kindergärten, Schüler und Studierende) weder untereinander noch im Verhältnis zu den Beschäftigten der entspr. Unternehmen haften. 1

Bei der entspr. Anwendung der §§ 104, 105 ist jedoch zweierlei zu beachten: Zum einen muss der Begriff der **betriebl. Tätigkeit** für Lernende usw. anders interpretiert werden als für Beschäftigte. Denn bei Lernenden usw. bestehen keine gegenseitigen Leistungsbeziehungen iS geschuldeter Dienstleistungen, sondern der „Lernbetrieb" ist darauf ausgerichtet, die Jugendlichen und Heranwachsenden durch den Unterricht auf das spätere Arbeitsleben vorzubereiten und neben ihrem Wissen auch ihre sozialen Fähigkeiten so zu entwickeln, dass sie als Erwachsene ein ihren Fähigkeiten entspr. Leben in der Gesellschaft führen können. Ihre Handlungen und Tätigkeiten dienen daher nicht in erster Linie den besuchten Einrichtungen, sondern den Jugendlichen selbst (BGH 12.10.1976 NJW 1977, 296; BSG 26.10.2004 NZS 2005, 383). Aus diesem Grunde ist insb. bei durch **Spielereien und Neckereien** verursachten Unfällen ein großzügigerer Maßstab anzulegen. Die mangelnde Erfahrung der Lernenden, aufeinander Rücksicht zu nehmen und sich in eine nicht selbst gewählte Gruppe einzufügen, und die typischen Gefährdungen, die sich aus dem engen Kontakt der Lernenden untereinander ergeben, sind dem bes. Gefahrenbereich der **(Berufs-)Schule** zuzurechnen und deshalb als betriebl. Tätigkeit anzuerkennen (BGH 15.7.2008 NJW 2009, 681; zu Schulunfällen *Burmann/Jahnke* NZV 2017, 63, 66 ff.; *Matz/Baumann* NJW 2016, 673 ff.). **Auszubildende** genießen diese Privilegierung aber nicht. Sie sind nach § 7 II SGB IV Beschäftigte, für sie gelten die dortigen Regeln (SGB VII § 8 Rn. 11, § 105 Rn. 3; BAG 19.3.2015 NZA 2015, 1057). Zum anderen brauchen die von § 106 betroffenen Personen nicht in demselben Betrieb, sondern nur im **gleichen „Unternehmen"** tätig zu sein. Der Haftungsausschluss greift deshalb zugunsten und zu Lasten aller Personen ein, deren Lernen sich in einer räuml. Einheit vollzieht, auch wenn zB verschiedene Berufsschulen unterschiedl. Träger in einem Gebäude untergebracht sind (BGH 14.7.1987 NJW 1988, 493; *Krasney* NZS 2004, 68, 69; *Leube* VersR 2010, 1561, 1562). Abs. 2, Abs. 3 Alt. 1 (dazu BGH 18.12.2007 VersR 2008, 410) und Alt. 2 haben keine arbeitsrechtl. Bedeutung. 2

2. Unfälle auf „gemeinsamer Betriebsstätte" (Abs. 3 Alt. 3). a) Sachlicher Geltungsbereich. Abs. 3 Alt. 3 (dazu *Krasney* NZS 2004, 68, 69 ff.; *Möhlenkamp* VersR 2016, 224 ff.; *Stöhr* VersR 2004, 809 ff.) erweitert den Haftungsausschluss der §§ 104, 105 auf Arbeitsunfälle, die ein Versicherter auf einer „gemeinsamen Betriebsstätte" mit dem Unfallverursacher erleidet. „Gemeinsam" ist eine Betriebsstätte, wenn die Tätigkeit der beteiligten Unternehmer ein **bewusstes Miteinander im Arbeitsablauf** erfordert, das zwar nicht nach einer rechtl. Verfestigung oder auch nur einer ausdr. Vereinb. verlangt, sich aber zumindest tats. als ein aufeinander bezogenes betriebl. Zusammenwirken darstellt. Die Haftungsfreistellung aus Abs. 3 Alt. 3 erfasst damit über die Fälle der Arbeitsgemeinschaft hinaus betriebl. Aktivitäten von Versicherten mehrerer Unternehmen, die bewusst und gewollt bei einzelnen Maßnahmen ineinander greifen, miteinander verknüpft sind, sich ergänzen oder unterstützen, wobei es ausreicht, dass die gegenseitige Verständigung stillschweigend durch bloßes Tun erfolgt (BGH 22.1.2008 NJW 2008, 2116; 22.1.2013 NZS 2013, 431; BAG 12.12.2002 NZA 2003, 968). Dafür ist jedoch erforderl., dass die betriebl. Aktivitäten der beteiligten Unternehmen voneinander **wechselseitig abhängig** sind (BGH 16.12.2003 NJW 2004, 947; 14.9.2004 NJW 2005, 288; BAG 28.10.2004 NZA 2005, 1375), sie sich typischerweise „ablaufbedingt in die Quere kommen" (BGH 10.5.2011 NJW 2011, 3298; *Wellner* NJW 2016, 1681, 1682). Dazu kann auch die Tätigkeit für ein fremdes Unternehmen auf einer gemeinsamen Baustelle (BGH 22.1.2008 NJW 2008, 2116 Bauarbeiter und mit der Sicherung der Baustelle beauftragter AN) oder beim Beladen eines LKW gehören (OLG D 25.11.2014 r+s 2015, 525: LKW-Fahrer und Einweiser; dazu a. *Plagemann* SGb 2016, 244, 250 f.; OLG SH 15.9.2016 r+s 2017, 221: Gabelstaplerfahrer verletzt beim Beladen eines LKW dessen betriebsfremden Fahrer); im Berufssport auch der gemeinsame Wettkampf, die Sportstätte ist daher auch hins. der gegeneinander kämpfenden Sportler ihre „gemeinsame Betriebsstätte" (OLG KA 27.9.2012 NZS 2013, 106; *Burmann/Jahnke* NZS 2017, 52, 58). Demggü. reicht allein eine vertragl. Beziehung der beteiligten Unternehmen (BGH 11.10.2011 NZS 2012, 347; 30.4.2013 NZA 2013, 1218), ein ledigl. einseitiger Bezug oder der Umstand, dass mehrere Unternehmen ledigl. zufällig gleichzeitig an einer Betriebsstätte Arbeiten ausführen, wie dies namentl. bei den verschiedenen Gewerken auf einem Bau übl. ist, nicht aus (BGH 3

8.4.2003 VersR 2003, 904; 1.2.2011 NJW 2011, 3296; OLG NMB 24.7.2014 NZV 2015, 191; **aA** *Leube* VersR 2005, 622, 623 ff.; zu großzügig a. OLG HM 14.3.2011 VersR 2011, 1448; dagegen zutr. *Berg* VersR 2011, 1495, 1497; *Kampen* NJW 2012, 2234, 2239). Ebenso wenig genügt es, wenn auf einer Großbaustelle Mitarbeiter verschiedener Subunternehmer beziehungslos nebeneinander arbeiten (BGH 22.1.2013 NZS 2013, 431; OLG F 29.5.2002 r+s 2003, 306) oder wenn zwei betriebsfremde LKW-Fahrer jeweils im Auftrag ihrer AG und unabhängig voneinander auf dem Gelände des Empfängerbetriebes Ware anliefern und sich dabei verletzen (BGH 23.1.2001 NJW-RR 2001, 741; 23.9.2014 NZV 2015, 179; BAG 12.12.2002 NZA 2003, 968).

4 **b) Persönlicher Geltungsbereich.** § 106 III Alt. 3 sperrt den Haftpflichtanspruch nur zugunsten von Personen, die auf der gemeinsamen Betriebsstätte „Tätigkeiten verrichten". Das hat die Frage aufgeworfen, ob die Vorschr. auch Ansprüche des Geschädigten gegen den fremden Unternehmer, zB wegen Organisationsverschuldens oder aus § 831 BGB, ausschließt (vgl. *Imbusch* VersR 2001, 547, 552 ff.). Nach hM kommt die Haftungsprivilegierung nur zugunsten eines **auf der gemeinsamen Betriebsstätte selbst tätigen Unternehmers** (BGH 3.7.2001 NZA 2001, 1080; 16.12.2003 NJW 2004, 947; 14.6.2005 NJW 2005, 3144), nicht aber eines solchen zur Anwendung, der dort entweder gar nicht anwesend (BGH 3.7.2001 NZA 2001, 1143; 8.6.2010 NJW 2011, 449; 18.11.2014 NZA 2015, 689; **aA** *Kock,* Arbeitsunfälle von Unternehmern, S. 164 ff.) oder dessen Pflichtverletzung von seiner Präsenz unabhängig war (OLG HM 2.7.2002 VersR 2003, 905). Der Geschädigte kann daher in den letztgenannten Fällen von dem Unternehmer Schadensersatz, insb. aus § 831 BGB, beanspruchen.

5 Weitere Voraussetzung der Haftungsprivilegierung ist, dass sowohl der Schädiger (BGH 24.6.2003 NJW 2003, 2984; 11.10.2011 NZS 2012, 347; **aA** HWK/*Giesen* Rn. 9) als auch der Geschädigte Versicherte in der UV sind. Der Grund der Vers. ist unerhebl. Dementspr. kommt die Vorschr. auch bei einem freiwillig (§ 6) oder kraft Satzung (§ 3) versicherten Unternehmer (BGH 17.6.2008 NJW 2008, 2916), trotz § 105 I 2 nicht aber bei der Verletzung einer **nichtversicherten Person,** zB eines Beamten, zum Tragen (BSG 26.6.2007 NZA 2008, 344; BGH 20.11.2007 NJW 2008, 1877; *Diederichsen* r+s 2011 Sonderheft 4 S. 20, 22; *Kampen* NJW 2012, 2234, 2236).

6 **c) Mehrere Unfallverursacher.** Genießt zwar der AN des Fremdunternehmens, nicht aber dessen AG (der fremde Unternehmer) das Haftungsprivileg aus § 106 III (weil er zB im Unfallzeitpunkt gar nicht auf der gemeinsamen Betriebsstätte anwesend war, Rn. 4), steht der Inanspruchnahme des Fremdunternehmers § 840 II BGB iVm. den Grds. über das **gestörte Gesamtschuldverhältnis** (§ 104 Rn. 20) entgegen. Dies gilt sowohl für den Fall, dass der Erstschädiger nicht in einem ArbVerh. zum Zweitschädiger steht (BGH 24.6.2003 NJW 2003, 2984; 8.6.2010 NJW 2011, 449; 23.9.2014 NZV 2015, 179), als auch bei einer arbeitsrechtl. Beziehung der Gesamtschuldner zueinander, weil der arbeitsrechtl. Freistellungsanspruch des AN (Erstschädigers) ggü. seinem AG (Zweitschädiger) im Außenverhältnis zum Geschädigten außer Betracht bleibt (BGH 11.11.2003 NJW 2004, 951; 10.5.2005 NJW 2005, 2309; 14.6.2005 NJW 2005, 3144).

7 **3. Kraft Satzung Versicherte (Abs. 4).** Abs. 4 belastet auch Personen, die sich ledigl. an der Unternehmensstätte aufhalten, mit dem Haftungsprivileg, wenn sie kraft Satzung (§ 3) in den UVSchutz einbezogen sind.

§ 107 Besonderheiten in der Seefahrt

(1) [1]**Bei Unternehmen der Seefahrt gilt § 104 auch für die Ersatzpflicht anderer das Arbeitsentgelt schuldender Personen entsprechend.** [2]**§ 105 gilt für den Lotsen entsprechend.**

(2) **Beim Zusammenstoß mehrerer Seeschiffe von Unternehmen, für die die Berufsgenossenschaft für Verkehrswirtschaft Post-Logistik Telekommunikation zuständig ist, gelten die §§ 104 und 105 entsprechend für die Ersatzpflicht, auch untereinander, der Reeder der dabei beteiligten Fahrzeuge, sonstiger das Arbeitsentgelt schuldender Personen, der Lotsen und der auf den beteiligten Fahrzeugen tätigen Versicherten.**

1 Ist nicht der Reeder (also der Schiffseigentümer), sondern ein Dritter AG der Schiffsbesatzung (etwa bei einer Charter des Schiffes), bleibt gem. § 136 III Nr. 4 der Reeder versicherungsrechtl. der Unternehmer, sodass es der bes. Anordnung in **Abs. 1 S. 1** bedarf, um auch den AG haftungsrechtl. von seiner Verantwortung freizustellen. Dies ist nicht nur wegen der „bes. Gefahren der Seeschifffahrt", sondern auch deshalb gerechtfertigt, weil der AG neben dem Reeder für die Beiträge zur UV haftet. **Abs. 1 S. 2** stellt den Lotsen, obwohl er primär für seinen eigenen Betrieb tätig wird (§ 21 I SeelotsG), dem Unternehmer (Reeder) gleich. Die Regelung des **Abs. 2** verfolgt das Ziel, den Unternehmer ggü. außerbetriebl. Unfallbeteiligten bei einem Zusammenstoß mehrerer Seeschiffe zu enthaften (verfassungsrechtl. Bedenken meldet insoweit OSK/*Schwarze* § 24 Rn. 14 an).

§ 108 Bindung der Gerichte

(1) Hat ein Gericht über Ersatzansprüche der in den §§ 104 bis 107 genannten Art zu entscheiden, ist es an eine unanfechtbare Entscheidung nach diesem Buch oder nach dem Sozialgerichtsgesetz in der jeweils geltenden Fassung gebunden, ob ein Versicherungsfall vorliegt, in welchem Umfang Leistungen zu erbringen sind und ob der Unfallversicherungsträger zuständig ist.

(2) [1]**Das Gericht hat sein Verfahren auszusetzen, bis eine Entscheidung nach Absatz 1 ergangen ist.** [2]**Falls ein solches Verfahren noch nicht eingeleitet ist, bestimmt das Gericht dafür eine Frist, nach deren Ablauf die Aufnahme des ausgesetzten Verfahrens zulässig ist.**

1. Normzweck, Anwendungsbereich. § 108 gewährleistet die einheitl. Bewertung der maßgebl. 1
unfallrechtl. Kriterien und verhindert divergierende Entsch. (BGH 20.4.2004 NJW-RR 2004, 1093; 20.11.2007 NJW 2008, 1877). Die Entsch. darüber, ob der Verunglückte seinen Schaden nach Privat- oder Sozialversicherungsrecht ersetzt erhält, muss, wenn schon nicht in demselben Verf., so doch notwendig in der Sache einheitl. ergehen. Anders ist das den §§ 104 ff. zugrunde liegende Prinzip der **Haftungsersetzung durch Versicherungsschutz** nicht zu verwirklichen (OSK/*Schwarze* § 22 Rn. 56). Die ordentl. und die Gerichte für Arbeitssachen haben daher etwaige Fehlentsch. im sozialrechtl. Verf. auch dann hinzunehmen, wenn die dortige Entsch. auf einer unvollständigen Tatsachengrdl. beruht und sie selbst abw. Feststellungen treffen könnten (BAG 14.12.2006 NZA 2007, 262; BGH 20.11.2007 NJW 2008, 1877; 22.4.2008 NJW-RR 2008, 1239). Wegen dieses Normzwecks findet die Vorschr. auch im PKH-Verf. (OLG KO 25.9.2015 VersR 2016, 531) sowie dann Anwendung, wenn der AG im Wege des Regresses seine Kosten der EFZ (§ 6 EFZG) vom Unfallverursacher ersetzt verlangt (BGH 12.6.2007 VersR 2007, 1131), nicht aber, wenn in einem Streit des Sozialversicherungsträgers des Geschädigten mit dem Haftpflichtversicherer des Schädigers über einen Anspruch aus einem **Teilungsabkommen** zu befinden ist (BGH 20.9.2005 NZS 2006, 432).

2. Umfang der Bindungswirkung (Abs. 1). Die Bindungswirkung erstreckt sich zunächst darauf, 2
ob ein **Versicherungsfall** vorliegt (BAG 14.12.2006 NZA 2007, 262; 19.2.2009 NZA-RR 2010, 123). Da ein solcher nur von einem Versicherten erlitten werden kann, ist zugleich die Frage mitentschieden, ob der Verunglückte im Unfallzeitpunkt den **Versicherungsschutz** der ges. UV genossen hat (BAG 6.11.1974 AP RVO § 636 Nr. 8; BGH 20.4.2004 NJW-RR 2004, 1093). Gebunden sind die ordentl. und die ArbG ferner an die Feststellung, in welchem Umf. der Geschädigte **Leistungen der UV** erhält, welche Leistungsarten er also in welcher Höhe und für welche Dauer beanspruchen kann (*Krasney* ZTR 2010, 184, 186 f.). Auch an die Feststellung, von welchem Träger der UV die Leistungen zu erbringen sind, sind die ordentl. Gerichte gebunden (BGH 22.4.2008 NJW-RR 2008, 1239). Da die Berufsgenossenschaften nur solche Unfälle als Versicherungsfälle anzuerkennen verpflichtet sind, die sich in dem Betrieb eines Mitgliedsunternehmens ereignet haben, ergibt sich aus dieser Feststellung auch, in welchem **Betrieb** sich der Unfall ereignet hat (RG 7.2.1918 Z 92, 96, 97 f.; 27.11.1919 Z 97, 202, 206; BGH 30.4.2013 NZA 2013, 1218; *Krasney* NZS 2004, 68, 72).

Die Bindungswirkung betrifft auch die Frage, ob der Verletzte **Versicherungsschutz** nicht nur in 3
seinem **Stammunternehmen**, sondern gem. § 2 II 1 auch im **Unfallbetrieb** beanspruchen konnte, in denen der Unfall aber nur von dem für das Stammunternehmen zust. UVTräger anerkannt worden ist. Unter Aufgabe seiner gegenteiligen Rspr. unter der Geltung der RVO (BGH 19.3.1957 NJW 1957, 1319; 29.1.1980 NJW 1980, 1796) erkennt der BGH heute zu Recht, dass § 108 im Haftungsprozess einer Zuordnung des Arbeitsunfalls zu einem weiteren Betrieb entgegensteht (BGH 22.4.2008 NJW-RR 2008, 1239; 19.5.2009 NJW 2009, 3235; *Wellner* NJW 2016, 1681, 1682; **aA** KK/*Ricke* § 104 SGB VII Rn. 9). Das gilt allerdings nicht in den Fällen der Leiharbeit (BGH 18.11.2014 NZA 2015, 689; OLG J 30.8.2010 r+s 2010, 533) sowie denjenigen des § 106 III, da mit der bindend festgestellten Zust. eines UVTrägers keine Aussage darüber getroffen ist, ob sich der Unfall nicht auf einer gemeinsamen Betriebsstätte mit einem dritten Unternehmen ereignet hat (BAG 19.2.2009 NZA-RR 2010, 123; BGH 22.1.2013 NZS 2013, 431; *Rolfs* FS Wank 2014 S. 483, 494). Von diesen Ausnahmen abgesehen kann der um Schadensersatz angegangene Unternehmer oder Arbeitskollege im Schadensersatzprozess nicht mehr einwenden, der Verunglückte sei im Unfallzeitpunkt (auch) in dem Unfallbetrieb versichert gewesen, sodass die §§ 104 ff. zu Lasten des Verunglückten eingriffen, wenn entspr. Feststellung im sozialrechtl. Verf. nicht getroffen worden sind (*Hanau* FS Steffen 1995 S. 177, 188 f.; *Horst/Katzenstein* VersR 2009, 165, 170 f.; *Rolfs* NJW 1996, 3177, 3182). Der BGH begr. dies mit § 135 SGB VII, der eine umfassende Regelung des Konkurrenzverhältnisses beim Zusammentreffen mehrerer Versicherungstatbestände getroffen habe (BGH 19.5.2009 NJW 2009, 3235; **aA** *von Koppenfels-Spies* SGb 2013, 373, 375; *Ricke* NZS 2011, 454 ff.; zw. a. OLG D 12.6.2012 r+s 2012, 462).

Nicht gebunden sind die Gerichte an die übrigen Feststellungen des sozialrechtl. Verf. Insb. sind sie 4
in ihrer Beurteilung der durch den Versicherungsfall eingetretenen Schadensfolgen frei. Zwar müssen auch sie vom SG notwendig festgestellt werden, um den Umf. der von der UV zu erbringenden Entschädigung feststellen zu können. Da jedoch sowohl die Kausalität (Theorie der wesentl. Bedin-

gung/Adäquanztheorie) als auch die Schadensberechnung (abstrakte/konkrete Betrachtungsweise) im SozR anderen Regeln folgt als im privaten Schadensrecht, verbietet es sich, die für die eine Entsch. maßgebl. Feststellungen auch zur Grdl. der anderen zu machen (BGH 25.3.1958 VersR 1958, 377; 25.4.2006 NZS 2006, 600; *Dahm* NZV 2011, 118, 119; vgl. a. BGH 23.2.2010 NJW 2010, 1532). Die Bindungswirkung erstreckt sich auch nicht auf die Feststellung, ob ein „echter" Arbeits- oder ob ein Wegeunfall vorliegt, bei dem die Haftung des Schädigers nach §§ 104 I, 105 I erhalten bleibt (LSG TH 9.6.2016 r+s 2016, 486); ebenso nicht auf Beurteilungen aus einem parallel geführten Strafverf. gegen den Unfallverursacher. Selbst wenn dieser sich in Beziehung auf den Versicherungsfall nach strafricht-erl. Feststellung etwa einer vorsätzl. Körperverletzung schuldig gemacht hat, ist die Vorsatzfrage im Haftpflichtprozess erneut und ohne Präjudizierung durch die Erg. des Strafverf. zu prüfen (RG 22.10.1943 Z 172, 101, 103).

5 **3. Aussetzung des Verfahrens (Abs. 2).** Die wegen des Schadensersatzanspruchs angegangenen Gerichte sind zur Aussetzung des Verf. verpflichtet. Anders als § 148 ZPO räumt § 108 II ihnen kein Ermessen ein, sondern verpflichtet sie zur Aussetzung (BGH 20.4.2004 NJW-RR 2004, 1093). Die Aussetzungspflicht besteht auch dann, wenn das sozialrechtl. Verwaltungsverf. zwar bereits abgeschlossen, dort aber ein Beteiligter entgegen § 12 II SGB X bzw. § 75 SGG nicht hinzugezogen worden ist (BGH 4.4.1995 NJW 1995, 2038; **aA** OLG HH 19.6.2009 VersR 2010, 1620). Die Beteiligung ist dann nachzuholen (BGH 12.6.2007 VersR 2007, 1131; 20.11.2007 NJW 2008, 1877; Einzelheiten zur Beteiligung bei *Kampen* NJW 2010, 2311, 2312 ff.), es sei denn, dass sie unter keinem rechtl. Gesichtspunkt zu Feststellungen führen kann, die für die Entsch. im Haftungsprozess von Relevanz sind (BGH 30.4.2013 NZA 2013, 1218). Es ist aber zw., ob der VA, mit dem der Unfall dem AN ggü. anerkannt worden ist, der aber den haftungsprivilegierten Unternehmer nicht benennt, nur wegen dessen Nichtbeteiligung aufgeh. werden kann (§ 42 SGB X). Dies wäre allenfalls nach § 45 SGB X mögl., weil der VA für den AN begünstigend wirkt, indem er die Bindungswirkung des § 108 gerade vermeidet (*Spellbrink* NZS 2013, 441, 445 f.; vgl. a. BSG 31.1.2012 NZS 2012, 548).

6 Nur wenn ein sozialrechtl. Verf. noch nicht eingeleitet ist und der Betroffene trotz der Aussetzung die ihm nach Abs. 2 S. 2 gesetzte Frist fruchtlos hat verstreichen lassen, kann und muss das Gericht alle tatbestandl. Voraussetzungen der §§ 104 ff. in eigener Verantwortung prüfen (*Horst/Katzenstein* VersR 2009, 165 f.). § 108 II soll nach Ansicht des BSG trotz § 112 keine Anwendung auf den Rückgriffsanspruch nach § 110 I finden, der in die alleinige Rechtswegzust. der ordentl. Gerichte falle (BSG 31.1.2012 NZS 2012, 548).

§ 109 Feststellungsberechtigung von in der Haftung beschränkten Personen

[1]Personen, deren Haftung nach den §§ 104 bis 107 beschränkt ist und gegen die Versicherte, ihre Angehörigen und Hinterbliebene Schadenersatzforderungen erheben, können statt der Berechtigten die Feststellungen nach § 108 beantragen oder das entsprechende Verfahren nach dem Sozialgerichtsgesetz betreiben. [2]Der Ablauf von Fristen, die ohne ihr Verschulden verstrichen sind, wirkt nicht gegen sie; dies gilt nicht, soweit diese Personen das Verfahren selbst betreiben.

1 Die durch die Bindungswirkung des § 108 I ausgelöste Präjudizierung des Schadensersatzprozesses durch das sozialrechtl. Verf. führt dazu, dass der Leistungsbescheid des UVTrägers neben seiner begünstigenden Wirkung für den Versicherten zugleich uU eine belastende für den Unfallverursacher hat, indem er feststellt, in welchem Betrieb sich der Unfall ereignet hat und welche Personen damit in den Genuss des Haftungsprivilegs der §§ 104 ff. gelangen und welche nicht. Es handelt sich also um einen **VA mit Doppelwirkung,** gegen den nicht nur der unmittelbar Betroffene, sondern auch der mittelbar beteiligte Dritte um Rechtsschutz nachsuchen kann.

2 **Voraussetzung des Antragsrechts** nach § 109 ist, dass der Schädiger (oder dessen Haftpflichtversicherer, der dann selbständig das Verf. nach § 109 betreiben kann, BSG 1.7.1997 NJW 1998, 477; 27.3.2012 NZS 2012, 826) von dem Verletzten tats. auf Schadensersatz in Anspruch genommen wird (BSG 28.10.1960 NJW 1961, 239), ohne dass jedoch schon Klage erhoben worden sein müsste. Der Unfallverursacher kann nur **statt des Berechtigten** (als dessen Prozessstandschafter) handeln. Betreibt der Verletzte das Verf. selbst, ist er im Verwaltungsverf. gem. § 12 II SGB X beizuziehen, entspr. gilt für den Rechtsstreit vor den SG, § 75 SGG (*Boudon* BB 1993, 2446, 2448; *Dahm* SozVers 1996, 39, 40). Die Interessen des Verletzten braucht der das Verf. nach § 109 Betreibende nicht zu berücksichtigen (BSG 16.5.1984 NZA 1985, 165). Die **Geltendmachung der Beteiligung** erfolgt im Verwaltungsverf. durch eine einfache Erkl., aus der sich ergibt, dass der UVTräger das Feststellungsverf. betreiben soll, ohne dass es eines konkreten Antrags bedürfte (BSG 28.10.1960 NJW 1961, 239). Im Widerspruchs- und im gerichtl. Verf. gelten die allg. Anforderungen des SGB X und des SGG.

3 Da **Antragsfristen** nicht zu beachten und demjenigen, der das Verf. nach § 109 betreibt, einschlägige Entsch. zuzustellen sind, hat **S. 2** Hs. 1 allenfalls dann Bedeutung, wenn zunächst allein der Berechtigte das Verf. betrieben und gegen eine Entsch. kein Rechtsmittel eingelegt hat. Nur, wenn zusätzl. der Berechtigte das Verf. nicht mehr „betreibt" (S. 1; dazu BSG 29.11.2011 E 109, 285, 289 f.) kann der

Unfallverursacher auch nach Ablauf der für den Berechtigten geltenden Frist Rechtsmittel einlegen, die dann auch mit Wirkung gegen den Berechtigten die Bestands- bzw. Rechtskraft der Entsch. wieder aufhebt (vgl. BSG 16.5.1984 NZA 1985, 165). Hs. 2 stellt klar, dass der Schädiger sich in einem von ihm selbst betriebenen Verf. auf Hs. 1 nicht berufen kann.

Zweiter Abschnitt. Haftung gegenüber den Sozialversicherungsträgern

§ 110 Haftung gegenüber den Sozialversicherungsträgern

(1) [1]Haben Personen, deren Haftung nach den §§ 104 bis 107 beschränkt ist, den Versicherungsfall vorsätzlich oder grob fahrlässig herbeigeführt, haften sie den Sozialversicherungsträgern für die infolge des Versicherungsfalls entstandenen Aufwendungen, jedoch nur bis zur Höhe des zivilrechtlichen Schadenersatzanspruchs. [2]Statt der Rente kann der Kapitalwert gefordert werden. [3]Das Verschulden braucht sich nur auf das den Versicherungsfall verursachende Handeln oder Unterlassen zu beziehen.

(1a) [1]Unternehmer, die Schwarzarbeit nach § 1 des Schwarzarbeitsbekämpfungsgesetzes erbringen und dadurch bewirken, dass Beiträge nach dem Sechsten Kapitel nicht, nicht in der richtigen Höhe oder nicht rechtzeitig entrichtet werden, erstatten den Unfallversicherungsträgern die Aufwendungen, die diesen infolge von Versicherungsfällen bei Ausführung der Schwarzarbeit entstanden sind. [2]Eine nicht ordnungsgemäße Beitragsentrichtung wird vermutet, wenn die Unternehmer die Personen, bei denen die Versicherungsfälle eingetreten sind, nicht nach § 28a des Vierten Buches bei der Einzugsstelle oder der Datenstelle der Rentenversicherung angemeldet hatten.

(2) Die Sozialversicherungsträger können nach billigem Ermessen, insbesondere unter Berücksichtigung der wirtschaftlichen Verhältnisse des Schuldners, auf den Ersatzanspruch ganz oder teilweise verzichten.

1. Allgemeines. Anstelle des gem. § 104 I 2 ausgeschlossenen Forderungsübergangs hat der Gesetzgeber den Sozialversicherungsträgern (nicht aber den AG, **aA** OSK/*Schwarze* § 25 Rn. 17) in Abs. 1 eine **bes. Regressmöglichkeit** eröffnet. Hat der Schädiger den Versicherungsfall vorsätzl. oder grob fahrlässig herbeigeführt, so haftet er, wenn zu Lasten des unmittelbar Geschädigten die §§ 104 bis 107 eingreifen, den Sozial- (nicht nur den Unfall-, **aA** OLG R 18.6.2004 VersR 2006, 430) versicherungsträgern für die infolge des Versicherungsfalls entstandenen Aufwendungen, jedoch nur bis zur Höhe des zivilrechtl. Schadensersatzanspruchs. Der **Zweck dieses Rückgriffs** liegt in der Refinanzierung der UV (BGH 30.11.1971 NJW 1972, 442; 15.1.1974 NJW 1974, 797), § 110 kommt aber auch erzieherische Funktion im Hinblick auf die Unfallverhütung zu (BGH 20.11.1979 NJW 1980, 996; *von Koppenfels-Spies* FS Stürner 2013 S. 201, 203). 1

Abs. 1 statuiert einen originären Ersatzanspruch der Sozialversicherungsträger (BGH 15.5.1973 VersR 1973, 818), der gerade dann zum Tragen kommt, wenn ein überleitungsfähiger Schadensersatzanspruch wegen des Haftungsprivilegs nicht zur Entstehung gelangt ist. Gegen das Risiko des Regressanspruchs besteht, wie sich mittelbar aus Ziff. 7.9 AHB 2008 ergibt, **Versicherungsschutz in der Betriebshaftpflichtvers.**, wenn der Arbeitsunfall (nicht vorsätzl., Ziff. 7.1 AHB 2008) durch den Unternehmer selbst oder eine der in § 102 VVG genannten Personen (zur Vertretung des Unternehmens befugte Personen sowie Personen, die in einem Dienstverhältnis zu dem Unternehmen stehen) verursacht wurde (vgl. OLG F 24.5.2007 r+s 2008, 66). Dagegen sind gem. Ziff. 7.1.2 aE der Musterbedingungen für die Betriebshaftpflichtversicherung – Allgemeiner Teil – (Mustertarif 2007) Ansprüche wegen Personenschäden ausgeschlossen, bei denen es sich um Arbeitsunfälle und Berufskrankheiten im Betrieb des Versicherungsnehmers nach dem SGB VII handelt (dazu Prölss/Martin/*Lücke* VVG, Betriebshaftpflicht Ziff. 7.1.2 Rn. 17). Auch in der **KfzHaftpflichtvers.** besteht gem. Ziff. A 1 AKB 2008 wegen des Regressanspruchs Deckungsschutz (BGH 22.1.1969 VersR 1969, 363). 2

Abs. 1a soll dagegen **Präventions- und Sanktionscharakter** haben, indem er Arbeitsunfälle bei Schwarzarbeit durch den vollen Rückgriff gegen den Unternehmer sanktioniert und damit (weitere) Anreize zur Anmeldung aller Beschäftigten zur UV schafft. Der Regressanspruch kann über die rückständigen Beiträge hinausgehen, er kann auch neben den bestehen bleibenden Beitragsansprüchen geltend gemacht werden. 3

Obwohl der Anspruch aus **Abs. 1** durch eine ör. Vorschr. festgelegt sind, ist er **privatrechtl. Natur.** Er steht der Berufsgenossenschaft nicht gerade in ihrer Eigenschaft als Trägerin öffentl. Gewalt zu, was sich schon darin zeigt, dass die Forderung nicht nur gegen den Unternehmer als ein Zwangsmitglied der ör. organisierten UV, sondern auch gegen die sonstigen nach §§ 105, 106 haftungsprivilegierten Personen geltend gemacht werden kann (BGH 28.9.1971 NJW 1972, 107; *Baltzer* SGb 1987, 529, 541; HS-UV/*Plagemann* § 67 Rn. 11). Verfahrensrechtl. folgt aus dieser Beurteilung, dass der Sozialversicherungsträger den Rückgriffsanspruch nicht durch VA (Leistungsbescheid) geltend machen, sondern einen vollstreckbaren Titel ledigl. durch Klage vor den ordentl. Gerichten erlangen kann (BSG 4

31.1.2012 NZS 2012, 548; OLG DD 28.10.2011 VersR 2012, 1538). Demggü. ist der Regress bei Schwarzarbeit (**Abs. 1a**) ör. Natur. Er steht den UVTrägern allein ggü. den Unternehmern zu, die zu ihnen in einem für ÖffR typischen Unterordnungsverhältnis stehen. Rechtsstreitigkeiten hieraus gehören daher vor die SG (BGH 14.4.2015 NJW 2015, 3718; **aA** *Leube* SGb 2006, 404, 407 f.).

5 **2. Qualifiziert schuldhafte Herbeiführung des Versicherungsfalles (Abs. 1). a) Voraussetzungen des Regresses.** Der Rückgriffsanspruch setzt voraus, dass die Haftung des Regressschuldners ggü. dem unmittelbar Geschädigten durch die §§ 104 bis 107 beschränkt ist. Durch Abs. 1 S. 1 wird nicht nur der Kreis der mögl. Rückgriffsverpflichteten umschrieben (zum Entleiher von LeihAN BGH 18.11.2014 NZA 2015, 639; *Lemcke* r+s 2015, 423 f.), sondern durch die Verweisung auf diese Vorschr. die Erfüllung deren sämtl. Tatbestandsmerkmale zur Voraussetzung des Regresses erhoben. Erforderl. ist ferner, dass der Schädiger den Versicherungsfall vorsätzl. oder grob fahrlässig herbeigeführt hat, wobei sich das grobe Verschulden nach Abs. 1 S. 3 nur auf die haftungsbegründende Kausalität zu beziehen braucht (BGH 15.7.2008 NJW 2009, 681; krit. *Brose* RdA 2011, 205, 214 f.). **Grobe Fahrlässigkeit** (zum **Vorsatz** § 104 Rn. 12) setzt einen obj. schweren und subj. nicht entschuldbaren Verstoß gegen die Anforderungen der im Verkehr erforderl. Sorgfalt voraus; diese Sorgfalt muss in ungewöhnl. hohem Maß verletzt und es muss dasjenige unbeachtet geblieben sein, was im gegebenen Fall jedem hätte einleuchten müssen (BGH 15.7.2008 NJW 2009, 681; 18.2.2014 NZS 2014, 470; Einzelfälle bei *Lemcke/Heß* r+s 2007, 221, 222 ff.). Daher sind nicht nur zur obj. Schwere der Pflichtwidrigkeit, sondern auch zur subj. (personalen) Seite konkrete Feststellungen zu treffen. Es darf nicht schon aus einem obj. groben Pflichtverstoß allein deshalb auf ein entspr. gesteigertes personales Verschulden geschlossen werden, weil ein solches häufig damit einherzugehen pflegt. Ein Regress kommt nur in Betracht, wenn eine bes. krasse und auch subj. schlechthin unentschuldbare Pflichtverletzung vorliegt, die das in § 276 BGB bestimmte Maß erhebl. überschreitet (BGH 18.10.1988 NJW-RR 1989, 339; 30.1.2001 NJW 2001, 2092; KKW/*von Koppenfels-Spies* Rn. 6).

6 Ein **Verstoß gegen eine UVV** genügt für sich alleine zur Bejahung grober Fahrlässigkeit grds. auch dann nicht, wenn diese als bes. wichtig anzusehen ist (zur Bedeutung der UVV für die Verkehrssicherungspflicht BGH 18.11.2014 NZA 2015, 689; OLG D 24.9.2003 VersR 2004, 65). Ein derartiger Vorwurf ist gegen den Betreffenden vielmehr erst dann zu erheben, wenn auch in subj. Hinsicht ein ggü. einfacher Fahrlässigkeit gesteigertes Verschulden vorliegt (BAG 10.10.2002 NZA 2003, 436; BGH 12.1.1988 VersR 1988, 474; OLG J 15.10.2015 r+s 2016, 210). Ein solches kann bspw. dann nahe liegen, wenn ein bes. gewichtiger obj. Pflichtenverstoß vorliegt, zB ein Verstoß gegen eine UVV, die mit eindeutigen Sicherungsanweisungen vor tödl. Gefahren schützen soll (BGH 30.1.2001 NJW 2001, 2092; 18.2.2014 NZS 2014, 470), wenn gleich in mehrfacher Weise gegen einschlägige UVV verstoßen worden ist, wenn der später verunfallte AN den AG auf die Verletzung der UVV hingewiesen (OLG BA 3.3.2008 VersR 2009, 132) oder wenn die Berufsgenossenschaft den Verstoß zuvor bereits mehrfach beanstandet hatte (BGH 18.10.1988 NJW-RR 1989, 339; OLG D 18.1.1991 VersR 1992, 723).

7 **b) Umfang des Rückgriffsanspruchs.** Der vorsätzl. oder grob fahrlässig Handelnde hat den Sozialversicherungsträgern die infolge des Versicherungsfalls entstandenen Aufwendungen zu ersetzen, jedoch nur bis zur Höhe des zivilrechtl. Schadensersatzanspruchs. Die Berechnung der Anspruchshöhe (Beispielsrechnung bei *Gamperl* NZV 2001, 401, 403 f.) vollzieht sich also in vier Schritten: **(1)** Zunächst ist der fiktive Schadensersatzanspruch des Verletzten zu errechnen, den dieser hätte, wenn die Haftung nicht durch die §§ 104 ff. ausgeschlossen wäre (zu einzelnen Schadenspositionen *Müller* SGb 2016, 680 ff.). Nach Auff. des BGH sollen auch diejenigen Schadensposten berücksichtigt werden dürfen, die den Leistungen der Sozialvers. nicht kongruent sind (BGH 27.6.2006 NJW 2006, 3563; 29.1.2008 NJW 2008, 2033; ebenso *Brose* RdA 2011, 205, 217 f.; *Deinert* RdA 2013, 146, 149; **aA** zu Recht *von Koppenfels-Spies* FS Stürner 2013 S. 201, 209 ff.; *Küppersbusch* NZV 2005, 393, 395; *Lemcke* r+s 2005, 307 f.; MüArbR/*Reichold* § 53 Rn. 28); das betr. insb. das Schmerzensgeld. Dabei trifft den regressierenden Sozialversicherungsträger die Darlegungs- und Beweislast (BGH 29.1.2008 NJW 2008, 2033; OLG KA 14.2.2007 r+s 2007, 260). Auch ein etwaiges **Mitverschulden** des Verletzten ist zu berücksichtigen (BGH 24.1.2017, r+s 2017, 336; OSK/*Schwarze* § 25 Rn. 10; *Rolfs* NJW 1996, 3177, 3181). **(2)** Sodann ist festzustellen, welche Leistungen die Sozialversicherungsträger auf Grund des Unfalls erbracht oder zu erbringen haben. Hier hilft zunächst § 112, der für den Regressanspruch auf die Bindungswirkung des § 108 I verweist, sodass auf die entspr. Berechnungen aus dem sozialrechtl. Verf. zurückgegriffen werden kann und muss, wobei der Schädiger einwenden kann, dass der Geschädigte schon vor dem Unfall Anspruch auf Rente hatte oder auch ohne den Unfall ab einem bestimmten Zpkt. gehabt hätte (BGH 30.11.1971 NJW 1972, 442). Zu diesem Betrag zu addieren sind noch die konkreten Verfahrenskosten, bspw. für Gutachten, Arztberichte, Zeugengebühren und Verwaltungskostenersatz an andere Leistungsträger, nicht dagegen anteilige eigene Verwaltungskosten. **(3)** Anschließend ist der sich aus der Berechnung zu (2) ergebende Betrag von dem unter Ziffer (1) ermittelten abzuziehen. **(4)** Schließl. ist zu bedenken, ob den UVTräger selbst ein Mitverschulden an der Entstehung des Schadens trifft, das ihm nach § 254 BGB entgegengehalten werden kann (BGH 15.5.1997 NJW 1998, 298).

3. Schwarzarbeit (Abs. 1a). a) Voraussetzungen des Regresses. Schwarzarbeit sind die in § 1 II SchwArbG genannten Beschäftigungen und Tätigkeiten. Nach § 1 II Nr. 1 SchwArbG leistet Schwarzarbeit insb. derjenige, der Dienst- oder Werkleistungen erbringt oder ausführen lässt und dabei als AG, Unternehmer oder versicherungspflichtiger Selbständiger seine sich auf Grund der Dienst- oder Werkleistungen ergebenden sozialversicherungsrechtl. Melde-, Beitrags- oder Aufzeichnungspflichten nicht erfüllt. Auf ein Verschulden kommt es tatbestandl. nicht an (zw. *Ricke* SGb 2008, 648, 649 f.), es ist aber iRd. nach Abs. 2 mögl. Regressverzichts beachtl. Durch die Schwarzarbeit müssen **Beiträge** nach den §§ 150 ff. **nicht,** nicht in der richtigen Höhe oder nicht rechtzeitig **entrichtet** worden sein. Wenn die Beschäftigung nicht in einer der Branchen erfolgt ist, in denen nach § 28a SGB IV eine Sofortmeldung bei Arbeitsaufnahme erforderl. ist, kann es hieran wegen der nachträgl. Beitragsumlage (§ 152 I) im ersten Jahr der Schwarzarbeit fehlen, falls der UVTräger keine Beitragsvorschüsse erhebt (vgl. *Giesen* FS Leinemann 2006 S. 831, 839 ff.; *Leube* SGb 2006, 404). Ein Beitragsnachteil entsteht auch dann nicht, wenn die Schwarzarbeit noch vor dem Versicherungsfall aufgedeckt und die Beitragspflicht durch Bescheid festgestellt worden ist (KK/*Ricke* Rn. 24). Demggü. reicht es zur Vermeidung des Regresses nicht aus, dass die Beiträge nach dem Versicherungsfall nachentrichtet werden, weil schon die nicht rechtzeitige Beitragsentrichtung den Tatbestand des Abs. 1a erfüllt. Vermutet wird Schwarzarbeit, wenn der Unternehmer seiner Meldepflicht (§ 28a SGB IV) hins. der Person, die den Versicherungsfall erlitten hat, im Zpkt. des Unfalls (noch) nicht nachgekommen war. Die Vermutung kann widerlegt werden (näher *Dahm* r+s 2004, 403 f.). 8

b) Umfang des Rückgriffsanspruchs. Der Unternehmer, der Schwarzarbeit erbringt bzw. erbringen lässt, erstattet den UVTrägern (nur ihnen, nicht auch den übrigen Sozialversicherungsträgern) die Aufwendungen, die ihnen infolge des Versicherungsfalls entstanden sind. Anders als in den Fällen des Abs. 1 ist der Ersatzanspruch nicht auf die Höhe des privatrechtl. Schadensersatzes des Versicherten beschränkt. Der Regress des Abs. 1a ist näml. von einem privatrechtl. Schadensersatzanspruch des Geschädigten unabhängig. 9

4. Regressverzicht (Abs. 2). Die Sozialversicherungsträger können nach billigem Ermessen materiell-rechtl. ganz oder tw. auf den Regressanspruch verzichten (ausf. zu typischen Ermessenserwägungen sowie zur Darlegungs- und Beweislast *Konradi* SGb 2016, 195, 196 ff.). Die Entschließung des Leistungsträgers, ob und in welchem Umf. er von dieser Verzichtsmöglichkeit Gebrauch macht, unterliegt der gerichtl. Nachprüfung (BGH 28.9.1971 NJW 1972, 107; BSG 11.12.1973 E 37, 20, 21 ff.). Abs. 2 beruht näml. auf der Erwägung, dass es va. bei sozial schwachen Personen zu existenzvernichtenden Ersatzforderungen kommen kann, was auch unter Berücksichtigung des Strafzwecks der Norm nicht gerechtfertigt ist. Hieraus folgt, dass die Sozialversicherungsträger nicht nur ermächtigt, sondern – wenn billiges Ermessen das gebietet – auch verpflichtet sind, auf den Rückgriffsanspruch zu verzichten (BGH 28.9.1971 NJW 1972, 107). Dies gilt auch in den Fällen des Abs. 1a, wenn zB den AG nur ein geringes Verschulden an der fehlenden, nicht rechtzeitigen oder nicht vollständigen Zahlung der Versicherungsbeiträge trifft, die Schwarzarbeit nur einen geringen Umf. und der Versicherungsfall hohe Aufwendungen verursacht hatte (KK/*Ricke* Rn. 32) oder die Schwarzarbeit in einem privaten Haushalt erledigt wurde (BT-Drs. 15/2573 S. 32). Ein **Familienprivileg** wie § 116 VI SGB X kennt § 110 zwar nicht (BGH 16.8.2016 NZS 2016, 830), die familiäre Verbundenheit des Schuldners mit dem Geschädigten ist jedoch im Rahmen der Ermessensentsch. nach Abs. 2 zu berücksichtigen (*Jahnke/Vatter* NJW 2016, 1477, 1480 ff.). 10

Der Deckungsschutz durch eine **Betriebshaftpflichtvers.** ist zu berücksichtigen (BGH 28.9.1971 NJW 1972, 107; vgl. a. BGH 11.10.1994 NJW 1995, 452 zur Parallelproblematik bei § 829 BGB). Dagegen lehnt der BGH die entspr. Anwendung der § 116 VI SGB X, § 86 III VVG ab, wenn Schädiger und Geschädigter in häusl. Gemeinschaft leben, weil das durch § 110 II geschaffene Regulativ zur Vermeidung sozialer Härten ausreiche (BGH 18.10.1977 NJW 1978, 218; *v. Koppenfels-Spies* zfs 2004, 97, 100 f.). Bei einem Unfall, der sich im **Straßenverkehr** ereignet hat, besteht für eine Regressbeschränkung idR kein Bedürfnis. Denn der Haftpflichtversicherer ist bei Obliegenheitsverletzungen seines Versicherungsnehmers vor dem Versicherungsfall nicht vollständig, sondern gem. § 5 III KfzPflVV und dem damit übereinstimmenden Ziff. D 3.3 AKB 2008 nur iHv. 5000 € leistungsfrei. Der vom Sozialversicherungsträger in Regress genommene Schädiger kann daher wegen des überschießenden Betrags Freistellung durch seinen Haftpflichtversicherer verlangen (BGH 22.1.1969 VersR 1969, 363); andererseits kann der Sozialversicherungsträger insoweit auch gleich den Haftpflichtversicherer in Anspruch nehmen. Das Verweisungsprivileg des § 117 III 2 VVG kommt wegen des 5000 € übersteigenden Betrags nicht zur Anwendung, weil der Versicherer insoweit im Außen- *und* im Innenverhältnis leistungspflichtig, das Versicherungsverhältnis also nicht notleidend ist (näher *Rolfs* NVersZ 1999, 204, 209). 11

Waren an der Entstehung des Unfalls **mehrere Personen** beteiligt, von denen einzelne das Haftungsprivileg der §§ 104 ff. nicht genießen, ist auch iRd. Rückgriffs nach § 110 zu berücksichtigen, dass der Rückgriffsschuldner ohne seine Eingliederung in das System der ges. UV für den Schaden nicht allein aufzukommen hätte. Der Regress ist folgl. auf den Schadensanteil beschränkt, den der im Verhältnis zum Verletzten haftungsprivilegierte Schädiger zu tragen hätte, wenn zu seinen Gunsten nicht die §§ 104 ff. eingreifen würden (BGH 29.10.1968 NJW 1969, 236; 2.5.1972 NJW 1972, 1577). 12

§ 111 Haftung des Unternehmens

[1]Haben ein Mitglied eines vertretungsberechtigten Organs, Abwickler oder Liquidatoren juristischer Personen, vertretungsberechtigte Gesellschafter oder Liquidatoren einer Personengesellschaft des Handelsrechts oder gesetzliche Vertreter der Unternehmer in Ausführung ihnen zustehender Verrichtungen den Versicherungsfall vorsätzlich oder grob fahrlässig verursacht, haften nach Maßgabe des § 110 auch die Vertretenen. [2]Eine nach § 110 bestehende Haftung derjenigen, die den Versicherungsfall verursacht haben, bleibt unberührt. [3]Das gleiche gilt für Mitglieder des Vorstandes eines nicht rechtsfähigen Vereins oder für vertretungsberechtigte Gesellschafter einer Personengesellschaft des bürgerlichen Rechts mit der Maßgabe, daß sich die Haftung auf das Vereins- oder das Gesellschaftsvermögen beschränkt.

§ 112 Bindung der Gerichte

§ 108 über die Bindung der Gerichte gilt auch für die Ansprüche nach den §§ 110 und 111.

§ 113 Verjährung

[1]Für die Verjährung der Ansprüche nach den §§ 110 und 111 gelten die §§ 195, 199 Abs. 1 und 2 und § 203 des Bürgerlichen Gesetzbuchs entsprechend mit der Maßgabe, daß die Frist von dem Tag an gerechnet wird, an dem die Leistungspflicht für den Unfallversicherungsträger bindend festgestellt oder ein entsprechendes Urteil rechtskräftig geworden ist. [2]Artikel 229 § 6 Abs. 1 des Einführungsgesetzes zum Bürgerlichen Gesetzbuche gilt entsprechend.

580. Sozialgesetzbuch (SGB) Neuntes Buch (IX) – Rehabilitation und Teilhabe von Menschen mit Behinderungen –

Vom 19. Juni 2001 (BGBl. I S. 1046)

Zul. geänd. durch G vom 17. Juli 2017 (BGBl. I S. 2541)*

(FNA 860-9)

– Auszug –

Vorbemerkung: Der abgedruckte und kommentierte Gesetzestext berücksichtigt bereits die zum 1.1.2018 in Kraft tretenden Änd. durch das BundesteilhabeG (v. 23.12.2016, BGBl. I S. 3234). 1

Teil 3. Besondere Regelungen zur Teilhabe schwerbehinderter Menschen (Schwerbehindertenrecht)

Kapitel 1. Geschützter Personenkreis

§ 151 [bis 31.12.2017: § 68] Geltungsbereich

(1) Die Regelungen dieses Teils gelten für schwerbehinderte und diesen gleichgestellte behinderte Menschen.

(2) [1]Die Gleichstellung behinderter Menschen mit schwerbehinderten Menschen (§ 2 Absatz 3) erfolgt auf Grund einer Feststellung nach § 152 auf Antrag des behinderten Menschen durch die Bundesagentur für Arbeit. [2]Die Gleichstellung wird mit dem Tag des Eingangs des Antrags wirksam. [3]Sie kann befristet werden.

(3) Auf gleichgestellte behinderte Menschen werden die besonderen Regelungen für schwerbehinderte Menschen mit Ausnahme des § 208 und des Kapitels 13 angewendet.

(4) [1]Schwerbehinderten Menschen gleichgestellt sind auch behinderte Jugendliche und junge Erwachsene (§ 2 Absatz 1) während der Zeit einer Berufsausbildung in Betrieben und Dienststellen oder einer beruflichen Orientierung, auch wenn der Grad der Behinderung weniger als 30 beträgt oder ein Grad der Behinderung nicht festgestellt ist. [2]Der Nachweis der Behinderung wird durch eine Stellungnahme der Agentur für Arbeit oder durch einen Bescheid über Leistungen zur Teilhabe am Arbeitsleben erbracht. [3]Die Gleichstellung gilt nur für Leistungen des Integrationsamtes im Rahmen der beruflichen Orientierung und der Berufsausbildung im Sinne des § 185 Absatz 3 Nummer 2 Buchstabe c.

1. Behinderung (§ 2 I). Ein Mensch ist behindert, wenn er körperl., seelische, geistige oder Sinnesbeeinträchtigungen hat, die ihn in Wechselwirkung mit einstellungs- und umweltbedingten Barrieren an der gleichberechtigten Teilhabe an der Gesellschaft mit hoher Wahrscheinlichkeit länger als sechs Monate hindern können (§ 2 I). Behindert iSd. G ist dabei nur derjenige, dessen Zustand vom alterstypischen Zustand negativ abweicht, was insb. bei Kindern und hochbetagten Menschen zu Unsicherheiten in der Feststellung führen kann. Außerdem muss der Zustand „mit hoher Wahrscheinlichkeit" länger als sechs Monate vom alterstypischen Zustand abweichen, womit vorübergehende Störungen mit kurzer Heilungsdauer unbeachtl. bleiben. Unerhebl. ist, ob der regelwidrige Zustand schon mehr als sechs Monate lang besteht, entscheidend ist allein, dass seine Dauer prognostisch sechs Monate überschreitet (BSG 12.4.2000 SozR 3–3870 § 3 Nr. 9). 1

Auf **Art oder Ursache der Behinderung** kommt es nicht an. Es kann sich um angeborene Leiden oder Beeinträchtigungen handeln, aber auch um solche, die berufl. bedingt oder im privaten Bereich verursacht sind. Ursache können eine Krankheit oder regelwidrige Verschleiß- oder Abnutzungserscheinungen sein (EuGH 11.4.2013 NZA 2013, 553; MüArbR/*Heenen* § 313 Rn. 4), auch Fettleibigkeit (EuGH 18.12.2014 NZA 2015, 33; LAG NI 29.11.2016 DB 2017, 853), eine HIV-Infektion (BAG 19.12.2013 NZA 2014, 372) oder Drogenabhängigkeit (BAG 14.1.2004 NZA 2005, 839). Kein Merkmal der Behinderteneigenschaft sind das (mangelnde) Verschulden, die ANEigenschaft des behinderten Menschen, ein etwaiger Anspruch auf Rente, die behördl. Anerkennung der Behinderung (dazu näher § 152 Rn. 1 und NPM/*Neumann* § 2 Rn. 26) oder das Lebensalter (LAG D 29.5.1980 DB 1980, 1551 f.). 2

* Die Kommentierung ist auf dem Stand der Gesetzgebung v. 1.1.2018. Für die Rechtslage bis 31.12.2017 ist auf die Voraufl. zu verweisen.

3 **2. Schwerbehinderung (§ 2 II, 151 I).** Schwerbehindert iSd. §§ 151 ff. sind Menschen, bei denen ein GdB von mind. 50 vorliegt und die ihren Wohnsitz, ihren gewöhnl. Aufenthalt oder ihre Beschäftigung auf einem Arbeitsplatz iSv. § 156 rechtmäßig im Geltungsbereich des SGB haben, § 2 II.

4 **a) Mindestens 50% GdB.** Grundvoraussetzung für die Schwerbehinderteneigenschaft ist zunächst eine **Behinderung** iSv. § 2 I. Diese muss eine erhebl. Schwere, näml. einen Grad von mind. 50% erreichen. Der GdB ist unabhängig vom angestrebten oder ausgeübten Beruf zu beurteilen und steht mithin in keiner Beziehung zur Leistungsfähigkeit am Arbeitsplatz. Ob der AN infolge der Behinderung einen Einkommensverlust erleidet und welchen Umf. dieser ggf. erreicht, ist unerhebl. Der ärztl. Sachverständigenbeirat Versorgungsmedizin beim BMAS gibt in regelm. Abständen **„Versorgungsmedizinische Grds."** heraus (§ 2 VersMedV). Bei diesen Grds. handelt es sich nicht um Rechtsnormen, sondern um ein Beurteilungsgefüge zur Bestimmung der Minderung der Erwerbsfähigkeit und des GdB. Diese äußern allerdings insoweit normähnl. Wirkungen, als sie va. aus Gründen der Gleichbehandlung wie unterges. Rechtsnormen angewendet werden (vgl. BSG 18.9.2003 E 91, 205, 209; 24.4.2008 SozR 4–3250 § 69 Nr. 4). Ihrem Inhalt nach stellen sie antizipierte Sachverständigengutachten dar (BSG 2.12.2010 SozR 4–3250 § 69 Nr. 12). Die geltenden „Grds." müssen jeweils dem aktuellen medizinischen Wissens- und Erkenntnisstand entsprechen. Sie ermöglichen damit der Versorgungsverw. und den Gerichten, mit Hilfe von Willensentsch. für Schädigungen oder eine Behinderung den zutr. GdB zu bestimmen (vgl. BSG 11.10.1994 E 75, 176, 177; 18.9.2003 E 91, 205, 209; *Wachholz* BehinR 1992, 35, 36). Ihre Wirkung beschränkt sich jedoch darauf, eine gleichmäßige Gutachtertätigkeit und damit eine gleichmäßige Rechtsanwendung sicherzustellen; die Grds. unterliegen daher der richterl. Kontrolle und sind nur so mit dem GG vereinbar (BVerfG 6.3.1995 NJW 1995, 3049, 3050). Eine Änd. der versorgungsmedizinischen Grds. wird zu dem Zpkt. wirksam, den der Sachverständigenbeirat als Hrsg. bestimmt. Die bis zu diesem Zpkt. geltenden Grds. werden gleichwohl unanwendbar, soweit und sobald sie dem Stand der medizinischen Wiss. nicht mehr entsprechen (BSG 21.10.1998 SozR 3–3870 § 3 Nr. 8).

5 **b) Inlandsbezug.** Um insb. die vielfältigen sozialen Vergünstigungen auf diejenigen behinderten Menschen zu beschränken, die in einem Bezug zum Geltungsbereich des G stehen, fordert § 2 II außerdem, dass der behinderte Mensch seinen Wohnsitz oder gewöhnl. Aufenthalt oder seinen Arbeitsplatz iSv. § 156 rechtmäßig im Inland hat (zur Verfassungsmäßigkeit BVerfG 30.12.1999 NZA 2000, 391). Das rechtfertigt es aber nicht ohne weiteres, bei einem Wegzug ins Ausland den GdB-Feststellungsbescheid wieder aufzuheben (BSG 5.7.2007 SozR 4–3250 § 69 Nr. 5). Selbst bei behinderten Menschen mit Auslandswohnsitz ist auf Antrag der GdB festzustellen, wenn davon in Deutschland Vergünstigungen abhängen, die keinen Inlandswohnsitz voraussetzen (BSG 5.7.2007 E 99, 9, 12 ff.). Die **Staatsangehörigkeit** des behinderten Menschen ist nicht von Belang.

6 Der **Wohnsitz** eines Menschen ist – iSd. SozR – gem. § 30 III 1 SGB I dort, wo der Betreffende eine Wohnung unter Umständen innehat, die darauf schließen lassen, dass er die Wohnung beibehalten und benutzen wird. Der **gewöhnl. Aufenthalt** eines Menschen liegt dort, wo er sich unter Umständen aufhält, die erkennen lassen, dass er an diesem Ort oder in diesem Gebiet nicht nur vorübergehend verweilt, § 30 III 2 SGB I (dazu HN/*Hauck* K § 30 SGB I Rn. 10 ff.). Obwohl diese Normierung im Allg. Teil des SGB getroffen ist, sieht sich das BSG nicht gehindert, für die verschiedenen Sozialleistungsbereiche uU unterschiedl. Anforderungen an den „gewöhnl. Aufenthalt" zu stellen (vgl. BSG 1.9.1999 E 84, 253, 254). Zum Begriff des **Arbeitsplatzes** s. § 156.

7 Die **Rechtmäßigkeit** des Aufenthalts im Inland setzt für nichtdeutsche Staatsangehörige regelm. einen entspr. Aufenthaltstitel voraus. Im Falle einer bloßen ausländerrechtl. Duldung, also der zeitweisen Aussetzung der Abschiebung eines Ausländers, bleibt der Aufenthalt zwar rechtswidrig (BVerwG 25.9.1997 NVwZ 1998, 297; *Westphal/Stoppa* NJW 1999, 2137, 2139). Da der dauerhafte Ausschluss von auf unabsehbare Zeit in Deutschland lebenden ausl. Behinderten von den Vergünstigungen des SGB IX mit Art. 2 I, 3 I, 20 I GG jedoch nicht vereinbar wäre, besteht Anspruch auf Feststellung des GdB unabhängig von der ausländerrechtl. Stellung bereits dann, wenn der Aufenthalt in Deutschland voraussichtl. länger als 6 Monate andauern wird (BSG 1.9.1999 E 84, 253, 255; 29.4.2010 E 106, 101, 105 ff.; vgl. a. BT-Drs. 14/5074 S. 99).

8 Liegen die Voraussetzungen der Schwerbehinderung und des Inlandsbezugs gem. § 2 II vor, hat dies zwar zur Folge, dass er als schwerbehinderter Mensch anzuerkennen ist, nicht jedoch, dass damit zwgd. alle Normen der §§ 151 ff. auf ihn und sein ArbVerh. anzuwenden sind. So bedarf zB bei einem reinen AuslandsArbVerh. eines schwerbehinderten Menschen, das nach Vertrag und Abwicklung auf den Einsatz des AN bei ausl. Baustellen beschränkt ist und keinerlei Ausstrahlung auf den inländischen Betrieb des AG hat, die Kündigung des AG auch dann keiner Zust. des Integrationsamts, wenn AG und AN die Anwendung dt. Rechts vereinbart haben und die Kündigung im Bundesgebiet ausgesprochen worden ist (BAG 30.4.1987 NZA 1988, 135; vgl. a. BAG 22.10.2015 NZA 2016, 473).

9 **3. Gleichstellung. a) Voraussetzungen (§ 2 III, § 151 IV). aa) Gleichstellung nach § 2 III.** Schwerbehinderten Menschen gleichgestellt werden sollen gem. § 2 III behinderte Menschen mit einem GdB von weniger als 50%, aber mind. 30%, wenn bei ihnen die übrigen Voraussetzungen des § 2 II vorliegen und sie infolge ihrer Behinderung ohne die Gleichstellung einen geeigneten Arbeitsplatz iSv.

§ 156 nicht erlangen oder nicht behalten können. Die Voraussetzungen der Gleichstellung sind bezogen auf die konkreten Anforderungen am Arbeitsplatz und die konkreten Einschränkungen des behinderten Menschen zu prüfen (BSG 6.8.2014 E 116, 272, 275).

Eine **Gleichstellung zur Erlangung eines Arbeitsplatzes** soll erfolgen, wenn der Betreffende infolge seiner Behinderungen bei wertender Betrachtung (iS einer wesentl. Bedingung) in seiner Wettbewerbsfähigkeit ggü. den Nichtbehinderten in bes. Weise beeinträchtigt ist. Gleichgestellt werden können nach dieser Alt. sowohl Personen, die einen Arbeitsplatz innehaben, aber einen berufl. Aufstieg anstreben, der ohne die Gleichstellung erschwert wäre (BSG 6.8.2014 SozR 4–3250 § 2 Nr. 5), als auch Arbeitslose, denn die Gleichstellung hat zur Folge, dass der Gleichgestellte auf die Pflichtquote (§ 154) des AG angerechnet wird (vgl. Cramer/*Ritz* § 68 Rn. 25). Für einen potentiellen AG wird auf diese Weise ein Anreiz geschaffen, den Arbeitslosen einzustellen. Es bedarf also keines konkreten Arbeitsplatzangebotes und keiner Prognose darüber, dass die Gleichstellung zur Erlangung eines Arbeitsplatzes führt; vielmehr ist Ziel der Gleichstellung die rechtzeitige Hilfe für den behinderten Menschen zur Behebung einer ungünstigen Konkurrenzsituation auf dem Arbeitsmarkt (BSG 2.3.2000 NZA 2000, 876). 10

Festzustellen ist daher, welche Arbeitsplätze für den behinderten Menschen nach seinen berufl. Kenntnissen und Fertigkeiten und seinen gesundheitl. Voraussetzungen zumutbar in Betracht kommen, ob und inwieweit hierfür (geeignete) Arbeitsplätze vorhanden sind und inwieweit der behinderte Mensch im Hinblick auf diese Arbeitsplätze ggü. Nichtbehinderten bzw. Behinderten mit einem GdB von weniger als 30% bei der bestehenden Arbeitsmarktlage konkurrenzfähig ist. Die Konkurrenzfähigkeit des behinderten Menschen misst sich allerdings nicht allein an seiner früheren Tätigkeit und seinen berufl. Wünschen, sondern auch an anderen iSv. § 140 SGB III zumutbaren Tätigkeiten (BSG 2.3.2000 NZA 2000, 876). 11

Die **Gleichstellung zur Erhaltung des Arbeitsplatzes** soll erfolgen, wenn mit Rücksicht auf die vom G geforderte Kausalität („infolge ihrer Behinderung ohne die Gleichstellung […] nicht behalten können") bei wertender Betrachtung in der Behinderung, also gerade in ihrer Art und Schwere, die Schwierigkeit der Erhaltung des Arbeitsplatzes liegt (vgl. BVerwG 17.5.1973 E 42, 189, 193). Da der behinderte Mensch insoweit in seiner ungünstigen Konkurrenzsituation am Arbeitsplatz und auf dem Arbeitsmarkt zu sehen ist und die Gleichstellung wie die Anerkennung als Schwerbehinderter eine Rehabilitationsmaßnahme in einem weiten Sinne darstellt, ist bei der erforderl. Prognose über das Behaltenkönnen des Arbeitsplatzes keine absolute Sicherheit erforderl. Es genügt vielmehr, dass durch eine Gleichstellung der Arbeitsplatz sicherer gemacht werden kann (BVerwG 17.5.1973 E 42, 189, 195). Dies ist bereits durch den bes. Kündigungsschutz des § 168 der Fall. Für die Gleichstellung ist nicht erforderl., dass eine Kündigung bereits konkret droht oder gar bereits ausgesprochen worden ist (BSG 6.8.2014 E 116, 272, 277). Ist der behinderte Mensch auf seinem Arbeitsplatz ggü. Nichtbehinderten nicht mehr konkurrenzfähig, so wird diese ungünstige Konkurrenzsituation durch eine Gleichstellung verbessert und somit der Arbeitsplatz sicherer gemacht (BSG 2.3.2000 NZA 2000, 876). Auch ordentl. unkündbare AN können, wie sich durch die Bezugnahme des § 2 III auf § 156 und damit (auch) auf das Beamtenverhältnis ergibt, gleichgestellt werden, wenn ihr Arbeitsplatz zB aus wirtschaftl. Gründen bedroht ist (BSG 1.3.2011 NJW 2011, 3117). 12

bb) Gleichstellung nach Abs. 4. Die „Gleichstellung" von behinderten Jugendlichen oder jungen Erwachsenen mit einem GdB von unter 30% ist systemwidrig, will sie doch nur erreichen, dass dem AG auch für diesen Personenkreis Leistungen nach § 185 III Nr. 2 lit. c (Prämien und Zuschüsse zu den Kosten der Berufsausbildung) gewährt werden können (BT-Drs. 15/1783 S. 13). Arbeitsrechtl. Konsequenzen resultieren aus dieser Gleichstellung gerade nicht, wie S. 3 klarstellt. Die Betroffenen genießen also insb. nicht den Sonderkündigungsschutz der §§ 168 ff. (*Bauer/Powietzka* NZA-RR 2004, 505, 506). 13

b) Rechtsfolgen (Abs. 3). Ist die Gleichstellung erfolgt, werden auf den einem schwerbehinderten Menschen gem. § 2 III – nicht aber nach § 151 IV – Gleichgestellten alle Vorschr. der §§ 151 ff. mit Ausnahme des § 208 (Zusatzurlaub) und der §§ 228 bis 237 (unentgeltl. Beförderung schwerbehinderter Menschen im öffentl. Personenverkehr) angewendet. Soweit andere Rechtsnormen, TV oder Kollektivvereinb. schwerbehinderten AN bes. Rechte einräumen, ist jeweils durch Auslegung zu ermitteln, ob diese auch Gleichgestellten gewährt werden sollen (verneint für die Ermäßigung des Regelstundensatzes für sächsische Lehrer auf Grund allg. Verwaltungsvorschr., BAG 19.9.2000 ZTR 2001, 565). 14

4. Wegfall der Behinderung (§§ 199 ff.). Nach dem Wegfall der Voraussetzungen des § 2 II werden die bes. Regeln für schwerbehinderte Menschen nicht mehr angewendet; wenn sich der GdB auf weniger als 50 verringert, jedoch erst am Ende des dritten Kalendermonats nach Eintritt der Unanfechtbarkeit des diese Verringerung feststellenden Bescheids (§ 199 I). Dasselbe gilt für Gleichgestellte (§ 2 III), wenn der Gleichstellungsbescheid widerrufen oder zurückgenommen wird (§ 199 II; näher Cramer/*Ritz* § 69 Rn. 45). Darüber hinaus können einem schwerbehinderten oder gleichgestellten Menschen, der einen zumutbaren Arbeitsplatz ohne berechtigten Grund zurückweist oder aufgibt oder sich ohne berechtigten Grund weigert, an einer Maßnahme zur Teilhabe am Arbeitsleben teilzunehmen, oder sonst durch sein Verhalten seine Teilhabe am Arbeitsleben schuldhaft vereitelt, die bes. Hilfen für schwerbehinderte Menschen zeitweilig entzogen werden, § 200 (dazu KHM/*Kossens* § 117 Rn. 2 ff.). 15

§ 152 [bis 31.12.2017: § 69] Feststellung der Behinderung, Ausweise

(1) [1]Auf Antrag des behinderten Menschen stellen die für die Durchführung des Bundesversorgungsgesetzes zuständigen Behörden das Vorliegen einer Behinderung und den Grad der Behinderung zum Zeitpunkt der Antragstellung fest. [2]Auf Antrag kann festgestellt werden, dass ein Grad der Behinderung oder gesundheitliche Merkmale bereits zu einem früheren Zeitpunkt vorgelegen haben, wenn dafür ein besonderes Interesse glaubhaft gemacht wird. [3]Beantragt eine erwerbstätige Person die Feststellung der Eigenschaft als schwerbehinderter Mensch (§ 2 Absatz 2), gelten die in § 14 Absatz 2 Satz 2 und 3 sowie § 17 Absatz 1 Satz 1 und Absatz 2 Satz 1 genannten Fristen sowie § 60 Absatz 1 des Ersten Buches entsprechend. [4]Das Gesetz über das Verwaltungsverfahren der Kriegsopferversorgung ist entsprechend anzuwenden, soweit nicht das Zehnte Buch Anwendung findet. [5]Die Auswirkungen auf die Teilhabe am Leben in der Gesellschaft werden als Grad der Behinderung nach Zehnergraden abgestuft festgestellt. [6]Eine Feststellung ist nur zu treffen, wenn ein Grad der Behinderung von wenigstens 20 vorliegt. [7]Durch Landesrecht kann die Zuständigkeit abweichend von Satz 1 geregelt werden.

(2) [1]Feststellungen nach Absatz 1 sind nicht zu treffen, wenn eine Feststellung über das Vorliegen einer Behinderung und den Grad einer auf ihr beruhenden Erwerbsminderung schon in einem Rentenbescheid, einer entsprechenden Verwaltungs- oder Gerichtsentscheidung oder einer vorläufigen Bescheinigung der für diese Entscheidungen zuständigen Dienststellen getroffen worden ist, es sei denn, dass der behinderte Mensch ein Interesse an anderweitiger Feststellung nach Absatz 1 glaubhaft macht. [2]Eine Feststellung nach Satz 1 gilt zugleich als Feststellung des Grades der Behinderung.

(3) [1]Liegen mehrere Beeinträchtigungen der Teilhabe am Leben in der Gesellschaft vor, so wird der Grad der Behinderung nach den Auswirkungen der Beeinträchtigungen in ihrer Gesamtheit unter Berücksichtigung ihrer wechselseitigen Beziehungen festgestellt. [2]Für diese Entscheidung gilt Absatz 1, es sei denn, dass in einer Entscheidung nach Absatz 2 eine Gesamtbeurteilung bereits getroffen worden ist.

(4) Sind neben dem Vorliegen der Behinderung weitere gesundheitliche Merkmale Voraussetzung für die Inanspruchnahme von Nachteilsausgleichen, so treffen die zuständigen Behörden die erforderlichen Feststellungen im Verfahren nach Absatz 1.

(5) [1]Auf Antrag des behinderten Menschen stellen die zuständigen Behörden auf Grund einer Feststellung der Behinderung einen Ausweis über die Eigenschaft als schwerbehinderter Mensch, den Grad der Behinderung sowie im Falle des Absatzes 4 über weitere gesundheitliche Merkmale aus. [2]Der Ausweis dient dem Nachweis für die Inanspruchnahme von Leistungen und sonstigen Hilfen, die schwerbehinderten Menschen nach diesem Teil oder nach anderen Vorschriften zustehen. [3]Die Gültigkeitsdauer des Ausweises soll befristet werden. [4]Er wird eingezogen, sobald der gesetzliche Schutz schwerbehinderter Menschen erloschen ist. [5]Der Ausweis wird berichtigt, sobald eine Neufeststellung unanfechtbar geworden ist.

1 **1. Feststellung der Schwerbehinderung.** Sie erfolgt auf Antrag des Betreffenden durch das Versorgungsamt oder die andere durch das Landesrecht bestimmte Stelle. Der AG hat weder ein Antrags- noch ein Widerspruchsrecht (BSG 22.10.1986 NJW 1987, 2462; BVerwG 21.10.1987 NZA 1988, 431). Auf Antrag wird ein Ausweis über die Eigenschaft als schwerbehinderter Mensch und den GdB ausgestellt (Abs. 5). Die Feststellung hat nur **deklaratorischen Charakter** (BSG 7.11.2001 E 89, 79, 81; BAG 13.2.2008 NZA 2008, 1055; BVerwG 12.7.2012 NZA 2013, 97), sie kann daher auch rückwirkend auf einen Zpkt. vor der Antragstellung erfolgen (BSG 7.4.2011 SozR 4–3250 § 69 Nr. 13; 16.2.2012 SozR 4–3250 § 69 Nr. 15; *Lange/Meßmann* SGb 2013, 257 ff.). Die daraus für das Kündigungsrecht resultierenden Konsequenzen (Unwirksamkeit einer Kündigung, wenn im Zpkt. ihres Zugangs der Antrag auf Anerkennung bereits gestellt war und die Versorgungsbehörde ihm später rückwirkend entspricht) sind freil. durch § 173 III eingeschränkt (näher § 173 Rn. 5 ff.).

2 Das **Feststellungsverf.** ist im Interesse der Gleichbehandlung aller behinderten Menschen schematisiert. Gem. Abs. 1 S. 4 werden die Auswirkungen auf die Teilhabe am Leben in der Gesellschaft als GdB nach Zehnergraden abgestuft festgestellt. Bei mehreren sich gegenseitig beeinflussenden Funktionsbeeinträchtigungen ist deren Gesamtauswirkung maßgebl., Abs. 3 S. 1. Dabei besteht keine Bindung der Versorgungsbehörde an Entsch. der Berufsgenossenschaften über die Höhe der MdE nach § 56 SGB VII (BSG 5.7.2007 SozR 4–3250 § 69 Nr. 4).

3 **2. Gleichstellung.** Im Gegensatz zur bloß deklaratorischen Feststellung der Schwerbehinderteneigenschaft hat der **Gleichstellungsbescheid konstitutive Wirkung** (BAG 10.4.2014 NZA 2015, 162; 31.7.2014 NZA 2015, 358). Er ergeht durch die AA (§ 151 II 1) und kann gem. § 151 II 2 immer nur bis zum Zpkt. der Antragstellung zurückwirken, weil der **Antrag** des behinderten Menschen auf Gleichstellung nicht nur verfahrens-, sondern materiell-rechtl. Voraussetzung iSv. § 40 SGB I ist (BAG 31.7.2014 NZA 2015, 358; HN/*Rolfs* K § 40 SGB I Rn. 8 ff.). Antragsberechtigt ist nur der behinderte

Mensch selbst (MüArbR/*Heenen* § 313 Rn. 6). Der AG kann weder den Gleichstellungsantrag stellen noch Widerspruch gegen die Entsch. der AA einlegen (BSG 19.12.2001 AP SchwbG 1986 § 2 Nr. 1). Die AA kann die Gleichstellung befristen, also zeitl. begrenzen (§ 151 II 3). Dies wird freil. nur in Ausnahmefällen in Betracht kommen, weil die zur Gleichstellung führenden Gründe idR auf Dauer vorliegen werden.

Wenn die tatbestandl. Voraussetzungen der Gleichstellung (§ 151 Rn. 9 ff.) vorliegen, „soll" sie erfolgen, § 2 III. Dies bedeutet, dass der behinderte Mensch, der die Voraussetzungen erfüllt, idR einen **Rechtsanspruch** auf die Gleichstellung hat. Eine Sollvorschr. bedeutet näml., dass der angegangene Leistungsträger an das G gebunden (§ 38 SGB I) und ihm nicht etwa ein Ermessen (§ 39 SGB I) eingeräumt ist. Nur wenn ein atypischer Fall vorliegt, kann (und muss) der Leistungsträger nach pflichtgemäßem Ermessen entscheiden, den Antrag also ggf. auch ablehnen (BSG 2.3.2000 NZA 2000, 876). Ob aber überhaupt ein atypischer Fall vorliegt, unterliegt als Rechtsvoraussetzung der uneingeschränkten gerichtl. Überprüfung (BSG 3.7.1991 NZA 1992, 87). 4

§ 164 [bis 31.12.2017: § 81] Pflichten des Arbeitgebers und Rechte schwerbehinderter Menschen

(1) [1]Die Arbeitgeber sind verpflichtet zu prüfen, ob freie Arbeitsplätze mit schwerbehinderten Menschen, insbesondere mit bei der Agentur für Arbeit arbeitslos oder arbeitssuchend gemeldeten schwerbehinderten Menschen, besetzt werden können. [2]Sie nehmen frühzeitig Verbindung mit der Agentur für Arbeit auf. [3]Die Bundesagentur für Arbeit oder ein Integrationsfachdienst schlägt den Arbeitgebern geeignete schwerbehinderte Menschen vor. [4]Über die Vermittlungsvorschläge und vorliegende Bewerbungen von schwerbehinderten Menschen haben die Arbeitgeber die Schwerbehindertenvertretung und die in § 176 genannten Vertretungen unmittelbar nach Eingang zu unterrichten. [5]Bei Bewerbungen schwerbehinderter Richter und Richterinnen wird der Präsidialrat unterrichtet und gehört, soweit dieser an der Ernennung zu beteiligen ist. [6]Bei der Prüfung nach Satz 1 beteiligen die Arbeitgeber die Schwerbehindertenvertretung nach § 178 Absatz 2 und hören die in § 176 genannten Vertretungen an. [7]Erfüllt der Arbeitgeber seine Beschäftigungspflicht nicht und ist die Schwerbehindertenvertretung oder eine in § 176 genannte Vertretung mit der beabsichtigten Entscheidung des Arbeitgebers nicht einverstanden, ist diese unter Darlegung der Gründe mit ihnen zu erörtern. [8]Dabei wird der betroffene schwerbehinderte Mensch angehört. [9]Alle Beteiligten sind vom Arbeitgeber über die getroffene Entscheidung unter Darlegung der Gründe unverzüglich zu unterrichten. [10]Bei Bewerbungen schwerbehinderter Menschen ist die Schwerbehindertenvertretung nicht zu beteiligen, wenn der schwerbehinderte Mensch die Beteiligung der Schwerbehindertenvertretung ausdrücklich ablehnt.

(2) [1]Arbeitgeber dürfen schwerbehinderte Beschäftigte nicht wegen ihrer Behinderung benachteiligen. [2]Im Einzelnen gelten hierzu die Regelungen des Allgemeinen Gleichbehandlungsgesetzes.

(3) [1]Die Arbeitgeber stellen durch geeignete Maßnahmen sicher, dass in ihren Betrieben und Dienststellen wenigstens die vorgeschriebene Zahl schwerbehinderter Menschen eine möglichst dauerhafte behinderungsgerechte Beschäftigung finden kann. [2]Absatz 4 Satz 2 und 3 gilt entsprechend.

(4) [1]Die schwerbehinderten Menschen haben gegenüber ihren Arbeitgebern Anspruch auf
1. Beschäftigung, bei der sie ihre Fähigkeiten und Kenntnisse möglichst voll verwerten und weiterentwickeln können,
2. bevorzugte Berücksichtigung bei innerbetrieblichen Maßnahmen der beruflichen Bildung zur Förderung ihres beruflichen Fortkommens,
3. Erleichterungen im zumutbaren Umfang zur Teilnahme an außerbetrieblichen Maßnahmen der beruflichen Bildung,
4. behinderungsgerechte Einrichtung und Unterhaltung der Arbeitsstätten einschließlich der Betriebsanlagen, Maschinen und Geräte sowie der Gestaltung der Arbeitsplätze, des Arbeitsumfeldes, der Arbeitsorganisation und der Arbeitszeit, unter besonderer Berücksichtigung der Unfallgefahr,
5. Ausstattung ihres Arbeitsplatzes mit den erforderlichen technischen Arbeitshilfen
unter Berücksichtigung der Behinderung und ihrer Auswirkungen auf die Beschäftigung.
[2]Bei der Durchführung der Maßnahmen nach Satz 1 Nummern 1, 4 und 5 unterstützt die Bundesagentur für Arbeit und die Integrationsämter die Arbeitgeber unter Berücksichtigung der für die Beschäftigung wesentlichen Eigenschaften der schwerbehinderten Menschen. [3]Ein Anspruch nach Satz 1 besteht nicht, soweit seine Erfüllung für den Arbeitgeber nicht zumutbar oder mit unverhältnismäßigen Aufwendungen verbunden wäre oder soweit die staatlichen oder berufsgenossenschaftlichen Arbeitsschutzvorschriften oder beamtenrechtliche Vorschriften entgegenstehen.

(5) [1]**Die Arbeitgeber fördern die Einrichtung von Teilzeitarbeitsplätzen.** [2]**Sie werden dabei von den Integrationsämtern unterstützt.** [3]**Schwerbehinderte Menschen haben einen Anspruch auf Teilzeitbeschäftigung, wenn die kürzere Arbeitszeit wegen Art oder Schwere der Behinderung notwendig ist; Absatz 4 Satz 3 gilt entsprechend.**

1 **1. Stellenbesetzung (Abs. 1).** § 164 I legt dem AG im Zusammenhang mit der **Einstellung von AN** verschiedene Prüfungspflichten auf. Diese bestehen für jeden AG unabhängig davon, ob der AG seine Pflichtquote (§ 154) erfüllt oder nicht (BAG 17.8.2010 NZA 2011, 153 unter Aufgabe von BAG 15.2.2005 NZA 2005, 870). Wie bei § 99 BetrVG versteht das BAG den Begriff der „Einstellung" weit und sieht von ihm zB auch die Besetzung des Arbeitsplatzes mit einem LeihAN als erfasst an (BAG 23.6.2010 NZA 2010, 1362).

2 IE: **(1)** Der AG muss prüfen, ob freie Arbeitsplätze mit schwerbehinderten Menschen besetzt werden können; im Rahmen dieser Prüfung sind zwgd. die SBV und der **BR bzw. PR anzuhören** (Abs. 1 S. 1, 6). Beteiligungsrechte nach dem BetrVG bzw. Personalvertretungsrecht bleiben unberührt. **(2)** Kann die Besetzung des Arbeitsplatzes mit einem schwerbehinderten Menschen erfolgen, ist der AG zur Prüfung verpflichtet, ob der Arbeitsplatz mit bei der AA arbeitslos oder arbeitsuchend gemeldeten Schwerbehinderten besetzt werden kann. Das setzt denklogisch voraus, dass der AG den **freien Arbeitsplatz der AA** überhaupt erst einmal **meldet** (*Schrader/Klagges* NZA-RR 2009, 169, 172). AG, die freie Stellen nur intern ausschreiben (LAG HM 23.1.2015 BeckRS 2015, 66949), allein über den freien Arbeitsmarkt oder über professionelle Arbeitsvermittler zu besetzen versuchen, verstoßen also gegen Abs. 1 (zu Besonderheiten **öff. AG** s. § 165 S. 1; dort Rn. 2). **(3)** Nach S. 4 hat der AG die SBV und den BR bzw. PR über eingehende Bewerbungen von Schwerbehinderten **„unmittelbar nach deren Eingang zu unterrichten"**, ebenso über Vermittlungsvorschläge der AA. Gegen diese Pflicht wird verstoßen, wenn zunächst alle eingehenden Bewerbungen gesichtet werden, eine Vorauswahl getroffen und erst dann die ANVertretung eingeschaltet wird. Vorauszusetzen ist allerdings, dass der AN seine Schwerbehinderung im Bewerbungsschreiben offengelegt hat; ein bloß „versteckter" Hinweis (zB unter „sonstige Qualifikationen") genügt nicht (BAG 26.9.2013 NZA 2014, 258; 18.9.2014 AP AGG § 15 Nr. 20). **(4)** Der AG muss, wenn er die Pflichtquote (§ 154) nicht erfüllt oder die SBV und/oder der BR bzw. PR mit der beabsichtigten Entsch. nicht einverstanden sind (aber nur dann: BAG 21.1.2013 NZA 2013, 840), diese unter Darlegung der Gründe mit den genannten Vertretungen **erörtern** (Abs. 1 S. 7) und dabei den betroffenen schwerbehinderten Menschen **anhören** (Abs. 1 S. 8). **(5)** Unter den gleichen Voraussetzungen (also nur bei Nichterfüllung der Pflichtquote oder fehlendem Einverständnis der genannten Vertretungen, vgl. BAG 21.2.2013 NZA 2013, 840) hat der AG alle Beteiligten über die getroffene Entsch. unter Darlegung der Gründe unverzügl. zu **unterrichten. (6)** Öffentl. AG schließl. müssen Schwerbehinderte, die sich beworben haben oder von der BA vorgeschlagen wurden, stets zu einem Vorstellungsgespräch **einladen**, es sei denn, dass die fachl. Eignung offensichtl. fehlt (§ 165 Rn. 3).

3 Kraft der Verweisung des Abs. 1 S. 6 auf § 178 II steht der **SBV** das Recht zu, an den **Vorstellungsgesprächen teilzunehmen**, wenn sich ein schwerbehinderter Mensch beworben hat, und Einsicht in die entscheidungsrelevanten Teile aller Bewerbungsunterlagen zu nehmen (vgl. ArbG Marburg 29.7.2005 DB 2005, 1860). Eine Ausnahme gilt nur für den Fall, dass der schwerbehinderte Bewerber (im Falle mehrerer Bewerbungen: alle schwerbehinderten Bewerber) die Beteiligung der SBV ausdr. ablehnt (ablehnen), Abs. 1 S. 10.

4 Eine **Verletzung dieser Obliegenheiten** – oder auch nur einzelner von ihnen – begr. bei Schwerbehinderten und ihnen nach § 2 III gleichgestellten AN ein ausreichendes **Indiz für die Benachteiligung** wegen der Behinderung iSv. § 22 AGG (BAG 13.10.2011 AP AGG § 15 Nr. 9: Fehlende Prüfung, ob die freie Stelle mit einem Schwerbehinderten besetzt werden kann und unterbliebene Ausschreibung über die AA; BAG 18.11.2008 NZA 2009, 728; 17.8.2010 NZA 2011, 153: Unterlassene Meldung freier Stellen bei der AA; 15.2.2005 NZA 2005, 870; 16.9.2008 NZA 2009, 79: Fehlende Beteiligung der SBV bei der Prüfung der Eignung des Arbeitsplatzes und unterlassene unverzügl. Weiterleitung der Bewerbungen an die ANVertretungen; LAG HE 7.11.2005 NZA-RR 2006, 312 und wohl a. BAG 18.11.2008 NZA 2009, 728: Fehlende Mitt. der Gründe für die Nichteinstellung ggü. dem Bewerber; **nicht jedoch** die unterbliebene Teilnahme der SBV am Vorstellungsgespräch, wenn der AG sie hierzu rechtzeitig geladen hatte; LAG HM 26.11.2015 BeckRS 2016, 67324). Ein schuldhaftes Handeln oder gar eine Benachteiligungsabsicht sind nicht erforderl. (BAG 17.8.2010 NZA 2011, 153). Für „einfach" behinderte AN begr. die Verletzung von § 164 demggü. kein Indiz für die Benachteiligung iSv. § 22 AGG (BAG 27.1.2011 NZA 2011, 737). Zur **Rechtfertigung der Benachteiligung** kann der AG sich aber auch auf Gründe berufen, die er dem Bewerber im Ablehnungsschreiben nicht mitgeteilt hat (BAG 18.11.2008 NZA 2009, 728; LAG HM 28.9.2010 NZA-RR 2011, 8; **aA** LAG HE 7.11.2005 NZA-RR 2006, 312).

5 Außerdem steht, wenn der AG seine Pflichten nicht erfüllt, dem BR bei Neueinstellungen ein **Zustimmungsverweigerungsrecht** analog § 99 II BetrVG zu (BAG 10.11.1992 NZA 1993, 376; 23.6.2010 NZA 2010, 1361; *Düwell* BB 2001, 1527, 1528 f.). Bei Versetzungen besteht dieses Zustimmungsverweigerungsrecht jedoch nicht (BAG 17.6.2008 NZA 2008, 1139).

2. Benachteiligungsverbot (Abs. 2). Die früher in Abs. 2 normierten Benachteiligungsverbote ergeben sich heute aus dem AGG. Zu Einzelheiten s. AGG §§ 2, 3, 7, 12, 15, 16 und 22. 6

3. Behindertengerechte Einrichtung des Betriebes (Abs. 3). Abs. 3 verpflichtet die AG, ihren Betrieb behindertengerecht so zu organisieren, dass wenigstens die vorgeschriebene Zahl schwerbehinderter Menschen eine möglichst dauerhafte behinderungsgerechte Beschäftigung finden kann. Dazu gehört die behindertengerechte Einrichtung und Unterhaltung der Arbeitsräume, Betriebsvorrichtungen, Maschinen und Gerätschaften unter bes. Berücksichtigung der Unfallgefahr sowie ggf. die Ausstattung der Arbeitsplätze mit den erforderl. technischen Hilfsmitteln (näher NPM/*Neumann* § 81 Rn. 36 ff.). 7

Aus § 164 III ergibt sich jedoch weder eine Pflicht des AG, neue Arbeitsplätze zu schaffen, noch einen unbeteiligten Dritten zu entlassen (BVerwG 28.2.1968 AP SchwBeschG § 14 Nr. 29; BAG 28.4.1998 NZA 1999, 152). Abs. 3 fordert aber eine angemessene Berücksichtigung schwerbehinderter Menschen bei der Besetzung von freien Arbeitsplätzen, was im Einzelfall dazu führen kann, dass dem Schwerbehinderten der Vorrang einzuräumen ist (BAG 28.4.1998 NZA 1999, 152). Kraft der Verweisung auf Abs. 4 S. 3 besteht die Verpflichtung nicht, soweit ihre Erfüllung für den AG nicht zumutbar oder mit unverhältnismäßigen Aufwendungen verbunden wäre oder soweit die staatl. oder berufsgenossenschaftl. Arbeitsschutzvorschr. oder beamtenrechtl. Vorschr. entgegenstehen (vgl. Rn. 14 ff.). 8

4. Individuelle Ansprüche schwerbehinderter Menschen (Abs. 4). a) Entfaltung und Entwicklung der Fähigkeiten und Kenntnisse (Nr. 1). Nr. 1 beeinflusst schon beim Vertragsabschluss die Vertragsfreiheit des AG und schränkt im bestehenden ArbVerh. sein Direktionsrecht ein (ausf. *Boecken* RdA 2012, 210, 211 ff.). Aus der Vorschr. resultiert die Verpflichtung des AG, den schwerbehinderten AN so zu fördern, dass er seine eingeschränkte Arbeitskraft durch entspr. Tätigkeit noch einsetzen kann (vgl. § 106 S. 3 GewO). Dazu gehört es zB, dass er ihm die stufenweise Wiedereingliederung ermöglicht (§ 74 SGB V), wenn der schwerbehinderte AN ein ärztl. Zeugnis über die AU, einen Wiedereingliederungsplan und die aus ärztl. Sicht zulässige Arbeit sowie eine ärztl. Prognose darüber vorlegt, ob und ab wann mit einer Wiederherstellung der vollen oder tw. Arbeitsfähigkeit zu rechnen ist (BAG 13.6.2006 NZA 2007, 91). Aus § 164 III resultiert aber weder ein **EFZAnspruch** für den Fall, dass der AN seine geschuldete Arbeitsleistung infolge der Behinderung nicht mehr zu erbringen vermag (BAG 23.1.2001 NZA 2001, 1020; 4.10.2005 NZA 2006, 442, s. aber Rn. 13), noch ein Anspruch des schwerbehinderten AN darauf, nur noch nach seinen Neigungen beschäftigt zu werden (BAG 23.1.2001 NZA 2001, 1020), noch ein solcher auf Schaffung eines leidensgerechten Arbeitsplatzes (BAG 22.11.2005 NZA 2006, 389). 9

Ist der infolge eines Arbeitsunfalls schwerbehinderte AN nicht mehr in der Lage, seine bisherige vertragl. geschuldete Tätigkeit auszuüben und steht dem AG ein freier Arbeitsplatz zur Vfg., auf dem eine den Fähigkeiten und Kenntnissen des AN entspr. Beschäftigung mögl. ist, so ist dem AN der Abschluss eines Arbeitsvertrages zu den betriebsübl. Bedingungen anzubieten, der die dem schwerbehinderten AN mögl. Arbeitsaufgabe zum Inhalt hat (BAG 28.4.1998 NZA 1999, 152; 14.3.2006 NZA 2006, 1214). Der AG muss sich – soweit betriebsverfassungsrechtl. erforderl. – um die Zust. des BR zu der beabsichtigten Maßnahme bemühen, zur Vermeidung einer Kündigung aber nur ausnahmsweise die gerichtl. Zustimmungsersetzung (§ 99 IV BetrVG) beantragen (BAG 22.9.2005 NZA 2006, 486; vgl. aber a. BAG 3.12.2002 NZA 2003, 1215). Eine Verletzung der dem AG obliegenden Pflichten kann zu **Schadensersatzansprüchen** des schwerbehinderten AN führen (BAG 3.12.2002 NZA 2003, 1215; 4.10.2005 NZA 2006, 442). 10

Dazu muss der AN sein eingeschränktes Leistungsvermögen **darlegen und ggf. beweisen,** seine Weiterbeschäftigung geltend machen und die Beschäftigungsmöglichkeiten aufzeigen, die seinen Fähigkeiten und Kenntnissen entsprechen sollen. Hierauf hat sich der AG substantiiert einzulassen und die Tatsachen vorzutragen, aus denen sich ergibt, dass keine für den AN geeignete behinderungsgerechte Beschäftigung besteht. Es obliegt dann dem AN, die Tatsachen zu konkretisieren und ggf. zu beweisen, aus denen gleichwohl auf eine bestehende Beschäftigungsmöglichkeit zu schließen ist. Will der AG geltend machen, die Beschäftigung des AN sei unzumutbar, so trägt er für diesen anspruchsausschließenden Grund die Beweislast (BAG 10.5.2005 NZA 2006, 155; vgl. a. LSG SH 7.6.2005 NZA-RR 2005, 514; 8.6.2005 NZA-RR 2005, 510). **Erleichtert** wird die Darlegungslast des AN allerdings, wenn der AG seinen Pflichten aus § 167 nicht nachgekommen ist (BAG 4.10.2005 NZA 2006, 442; s. § 167 Rn. 3). 11

b) Förderung der beruflichen Bildung (Nr. 2 und 3). Der AG hat die berufl. Aus- und Fortbildung schwerbehinderter AN zu fördern, wobei der Umf. der Pflicht davon abhängt, ob eine inner- oder eine außerbetriebl. Fortbildungsmaßnahme in Rede steht. Bei **innerbetriebl.** Maßnahmen ist der Schwerbehinderte bevorzugt zu berücksichtigen (Nr. 2; vgl. BAG 19.9.1979 AP SchwbG § 11 Nr. 2), während der AG ihm den Zugang zu **außerbetriebl.** Maßnahmen ledigl. erleichtern muss (Nr. 3). 12

c) Behindertengerechte Gestaltung von Arbeitsplatz und Arbeitsumgebung (Nr. 4 und 5). 13
§ 164 belässt es nicht bei einer allg. Verpflichtung des AG, seinen Betrieb behindertengerecht zu

organisieren, sondern gibt – über Abs. 3 hinaus – dem einzelnen schwerbehinderten AN einen individuellen, klagbaren Rechtsanspruch (BAG 4.10.2005 NZA 2006, 442; *Rolfs/Paschke* BB 2002, 1260, 1263 f.) auf behindertengerechte Gestaltung von Arbeitsplatz und Arbeitsumgebung. Ob anges. dessen die noch zum SchwbG ergangene Entsch. des BAG, der AG gerate nicht in Annahmeverzug, wenn der schwerbehinderte AN außerstande sei, die arbeitsvertragl. geschuldete Leistung zu erbringen (BAG 23.1.2001 NZA 2001, 1020), auch dann noch aufrechterhalten werden kann, wenn der Arbeitsplatz leidensgerecht umgestaltet werden könnte, ist fragl. Die Vorschr. ist SchutzG iSv. § 823 II BGB, sodass ihre Verletzung Schadensersatzansprüche begründen kann (vgl. BAG 12.11.1980 AP SchwbG § 11 Nr. 3; 3.12.2002 NZA 2004, 1219). **Nr. 4** erfasst zB Dauer und Lage der AZ, Ablauf der Fertigungsorganisation, Vermeidung von den schwerbehinderten AN bes. belastendem Lärm, Schwingungen, Nässe, Hitze, Kälte, Staub, leistungsabhängigen Entgeltdifferenzierungen usw. (HN/*Schröder* § 81 Rn. 38). Im Einzelfall kann der AG daher verpflichtet sein, den schwerbehinderten AN von Nachtarbeit freizustellen und dessen AZ auf eine Fünf-Tage-Woche zu beschränken (BAG 3.12.2002 NZA 2004, 1219). **Nr. 5** bezieht sich demggü. auf technische Arbeitshilfen wie Stühle, Signalanlagen, Seh- und Hörhilfen, Einrichtungen zur Verringerung des Kraftaufwandes etc.

14 **d) Unzumutbarkeit oder Unverhältnismäßigkeit der Aufwendungen (Abs. 4 S. 3).** Die in Abs. 4 S. 1 Nr. 1 bis 5 genannten Pflichten des AG finden ihre Grenze in der **Zumutbarkeit.** Das G erfordert insoweit eine Abwägung der ges. geschützten Interessen des schwerbehinderten Menschen auf der einen und der entgegenstehenden Belange auf der anderen Seite (näher *Mückl/Hiebert* NZA 2010, 1259, 1260 ff.). Die vom AG an sich verlangte Maßnahme kann für ihn unzumutbar sein, wenn zB die wirtschaftl. Lage des Unternehmens sie nicht zulässt, andere Arbeitsplätze durch sie gefährdet oder der AG oder andere Teile der Belegschaft durch sie unzumutbar belastet würden (HN/*Schröder* § 81 Rn. 41). So ist der AG zB berechtigt, die Zust. zur TZArbeit nach Abs. 5 S. 3 zu verweigern, wenn er deshalb Änd. in der Arbeitsorganisation vornehmen müsste, die einen Eingriff in andere ArbVerh. erforderten (LAG SH 23.10.2001 LAGReport 2002, 29), nicht aber nur deshalb, weil er befürchtet, dass es zu Auseinandersetzungen über die Verteilung der AZ kommen wird (ArbG F 27.3.2002 NZA-RR 2002, 573).

15 **Unverhältnismäßig hohe Kosten** stehen dem Anspruch des schwerbehinderten Menschen entgegen, wenn – auch unter Berücksichtigung des Umstandes, dass das Arbeits- und das Integrationsamt den AG in den Fällen der Nrn. 1, 4 und 5 bei der Umsetzung seiner Maßnahmen ggf. aus Mitteln der Ausgleichsabgabe (§ 160 V) durch Zuschüsse und Darlehen unterstützen kann (NPM/*Neumann* § 81 Rn. 44) – eine sehr schlechte Kosten-Nutzen-Relation zu besorgen ist, weil zB die erforderl. Aufwendungen sehr hoch wären und das ArbVerh. infolge Befristung oder Erreichen der Altersgrenze ohnehin in absehbarer Zeit sein Ende finden wird.

16 Schließl. braucht der AG den Anspruch auch nicht zu erfüllen, soweit **staatl. oder berufsgenossenschaftl. Arbeitsschutzvorschr.** oder beamtenrechtl. Vorschr. entgegenstehen. Der Anspruch des schwerbehinderten Menschen besteht nur im Rahmen dieser EU-RL, G, VO und Satzungen der Berufsgenossenschaften.

17 **5. Teilzeitarbeit (Abs. 5).** Der schwerbehinderte AN hat Anspruch auf TZArbeit, wenn die kürzere AZ wegen Art oder Schwere der Behinderung notwendig ist (*Seidel* BehinR 2001, 153 ff.; vgl. a. EuGH 11.4.2013 NZA 2013, 553). Ein Anspruch auf Wechsel in die **ATZ** unter Inanspruchnahme der Vorteile des ATG resultiert daraus jedoch nicht (BAG 26.6.2001 NZA 2002, 44). Vom allg. TZAnspruch nach § 8 TzBfG unterscheidet sich Abs. 5 S. 3 dadurch, dass er auch in Kleinunternehmen mit bis zu 15 Beschäftigten und bereits in den ersten sechs Monaten des ArbVerh. besteht, dafür aber an strengere Voraussetzungen gebunden ist. Im Gegensatz zu jenem soll er außerdem schon durch die einseitige Erkl. des schwerbehinderten AN vollzogen werden, ohne dass es einer Willenserkl. des AG bedürfte; außerdem soll auch eine zeitl. befristete Herabsetzung der AZ beansprucht werden können (BAG 14.10.2003 NZA 2004, 614; **aA** *Boecken* RdA 2012, 210, 222). Die **Zumutbarkeits- und Verhältnismäßigkeitsgrenze** des Abs. 4 S. 3 gilt entspr. (vgl. Rn. 14 ff.).

18 Die Ansprüche aus § 164 V 3 und **§ 8 TzBfG** stehen nebeneinander (*Hanau* NZA 2001, 1168, 1173), sodass im Zweifelsfall der von einem schwerbehinderten Menschen erhobene Anspruch unter beiden Gesichtspunkten auf seine Berechtigung überprüft werden muss (*Rolfs* RdA 2001, 129, 138 f.). Darüber hinaus kann ein schwerbehinderter Mensch, der seine AZ bereits nach § 164 IV vermindert hat, eine weitere Reduzierung auf der Basis des § 8 TzBfG auch vor Ablauf der Zweijahresfrist des § 8 VI TzBfG verlangen (Cramer/*Ritz* § 81 Rn. 36). Diese gilt näml. nur im Verhältnis mehrerer auf das TzBfG gestützter Ansprüche zueinander, nicht bei der Kombination von TZAnsprüchen nach unterschiedl. G. Nach Sinn und Zweck des § 81 V 3 ausgeschlossen ist dagegen ein anschließendes **Verlängerungsverlangen nach § 9 TzBfG,** es sei denn, der gesundheitl. Zustand des Schwerbehinderten hätte sich so weit verbessert, dass eine TZBeschäftigung wegen Art und Schwere der Behinderung nicht mehr notwendig wäre (*Rolfs* RdA 2001, 129, 139).

§ 165 [bis 31.12.2017: § 82] Besondere Pflichten der öffentlichen Arbeitgeber

[1]Die Dienststellen der öffentlichen Arbeitgeber melden den Agenturen für Arbeit frühzeitig nach einer erfolglosen Prüfung zur internen Besetzung des Arbeitsplatzes frei werdende und neu zu besetzende sowie neue Arbeitsplätze (§ 156). [2]Mit dieser Meldung gilt die Zustimmung zur Veröffentlichung der Stellenangebote als erteilt. [3]Haben schwerbehinderte Menschen sich um einen solchen Arbeitsplatz beworben oder sind sie von der Bundesagentur für Arbeit oder einem von dieser beauftragten Integrationsfachdienst vorgeschlagen worden, werden sie zu einem Vorstellungsgespräch eingeladen. [4]Eine Einladung ist entbehrlich, wenn die fachliche Eignung offensichtlich fehlt. [5]Einer Inklusionsvereinbarung nach § 166 bedarf es nicht, wenn für die Dienststellen dem § 166 entsprechende Regelungen bereits bestehen und durchgeführt werden.

Öffentl. AG sind die in § 154 II bezeichneten Behörden und Stellen. Sie treffen über die §§ 163, 164 hinausgehende Pflichten. Damit soll die Vorbildfunktion des öffentl. Dienstes herausgestellt werden (KHM/*Kossens* § 82 Rn. 2). Die Vorschr. ist zwgd. und kann nicht zum Nachteil der Bewerber durch eine Inklusionsvereinb. abgeändert werden (BAG 16.2.2012 NZA 2012, 667). 1

S. 1 verpflichtet die öffentl. AG, frühzeitig alle frei werdenden und neu zu besetzenden sowie neuen **Arbeitsplätze** (§ 156) **der AA zu melden**. Die Meldepflicht besteht jedoch nicht, wenn die Stelle zulässigerweise (vgl. § 8 I 3 BBG) nur intern zur Wiederbesetzung ausgeschrieben wird, S. 1 (BVerwG 15.12.2011 NVwZ-RR 2012, 320; LAG SL 13.2.2008 LAGE SGB IX § 82 Nr. 2). „Frühzeitig" bedeutet, dass die Stelle zu dem Zpkt. der AA zu melden ist, da sicher davon ausgegangen werden kann, dass sie (erstmals oder wieder) zu besetzen ist. Der AA mitzuteilen sind die Aufgaben- und Tätigkeitsbeschreibung, die notwendige Qualifikation der Bewerber, pers. Anforderungen, Vergütungshöhe bzw. Eingruppierung und eine etwaige Befristung. Mit der Meldung gilt die Zust. zur Veröff. der Stellenangebote als erteilt (**S. 2**). Zu den Rechtsfolgen eines Verstoßes s. § 164 Rn. 4 f. 2

Schwerbehinderte Bewerber müssen nach **S. 3** zwgd. zu einem **Vorstellungsgespräch eingeladen** werden. Dies gilt zwar nur, wenn sie anlässl. ihrer aktuellen Bewerbung deutl. (im Anschreiben oder einer gut erkennbaren Stelle im Lebenslauf, nicht jedoch in Anlagen oÄ „versteckt", BAG 26.9.2013 NZA 2014, 258; 18.9.2014 AP AGG § 15 Nr. 20) auf ihre Schwerbehinderung und den GdB (BAG 22.10.2015 NZA 2016, 625) hingewiesen haben; jedoch auch dann, wenn die Sichtung der Bewerbungsunterlagen sicher ergibt, dass andere Bewerber deutl. besser geeignet sind (BAG 21.7.2009 NZA 2009, 1087; LAG BW 3.11.2014 NZA-RR 2015, 163; NPM/*Neumann* § 82 Rn. 5). Ein schriftl., von allen Bewerbern zu absolvierender Auswahltest ersetzt das Gespräch nicht (LAG SH 25.11.2015 BeckRS 2015, 73427). Nur wenn der schwerbehinderte Mensch fachl. **offensichtl. ungeeignet** ist, kann die Einladung unterbleiben (**S. 4**). Maßstab für die Eignung bzw. ihr Fehlen sind die Ausbildungs- oder Prüfungsvoraussetzungen für die zu besetzende Stelle, die von den in der Stellenausschreibung geforderten Qualifikationsmerkmalen konkretisiert werden (BAG 16.9.2008 NZA 2009, 79; 21.7.2009 NZA 2009, 1087). Die Einladung darf nur dann unterbleiben, wenn der Bewerber diese Voraussetzungen offensichtl., also unzweifelhaft verfehlt (BAG 11.8.2016 NZA 2017, 43). Dass er sie nur geringfügig verfehlt oder sogar knapp erfüllt, genügt nicht. Daher müssen auch schwerbehinderte Bewerber mit schlechten Zeugnisnoten eingeladen werden, wenn in der Ausschreibung nicht eine bestimmte Note ausdr. als Mindestqualifikation gefordert worden ist (BVerwG 3.3.2011 NZA 2011, 977). Ist der Bewerber zu dem vorgeschlagenen Termin verhindert, hängt die Notwendigkeit der Anberaumung eines neuen Termins von dem Gewicht des Verhinderungsgrundes und der Zumutbarkeit für den AG ab (*Reus/Mühlhausen* NZS 2012, 534, 535 ff.). 3

Verletzt der öffentl. AG die Pflicht zur Einladung des schwerbehinderten Bewerbers, begr. dies die Vermutung (§ 22 AGG) einer Diskriminierung wegen der Behinderung (BAG 24.1.2013 NZA 2013, 896; 22.10.2015 NZA 2016, 625; 20.1.2016 NZA 2016, 681; **aA** *Diller* NZA 2007, 1321, 1323 f. und für den Fall, dass der AG den AN in einem anderen Bewerbungsverf. bereits kurz zuvor pers. kennengelernt hatte, auch ArbG Karlsruhe 26.1.2016 NZA-RR 2016, 294). Das gilt auch dann, wenn die Einladung auf Rüge des Bewerbers später nachgeholt wird (BAG 22.8.2013 NZA 2014, 82). Die Vermutung kann jedoch widerlegt werden. Nach Ansicht des BAG ist dafür erforderl., dass der AG den Nachweis führt, dass schon die Einladung zum Vorstellungsgespräch aus Gründen unterblieben ist, die weder einen Bezug zur Behinderung des Bewerbers noch dessen fachl. Eignung haben (BAG 16.2.2012 NZA 2012, 667; 24.1.2013 NZA 2013, 896; 20.1.2016 NZA 2016, 681), während andere es genügen lassen, dass der Bewerber iÜ diskriminierungsfrei abgelehnt wurde (LAG RP 1.9.2005 ZTR 2006, 207; LAG NI 24.4.2008 LAGE § 15 AGG Nr. 4; VGH BW 21.9.2005 NJW 2006, 538). Gerechtfertigt ist es jdf., Personen nicht einzuladen, die deutl. überqualifiziert sind (BAG 20.1.2016 NZA 2016, 681). 4

§ 166 [bis 31.12.2017: § 83] Inklusionsvereinbarung

(1) [1]Die Arbeitgeber treffen mit der Schwerbehindertenvertretung und den in § 176 genannten Vertretungen in Zusammenarbeit mit dem Inklusionsbeauftragten des Arbeitgebers (§ 181) eine verbindliche Inklusionsvereinbarung. [2]Auf Antrag der Schwerbehindertenvertretung wird unter Beteiligung der in § 176 genannten Vertretungen hierüber verhandelt. [3]Ist eine Schwerbehindertenvertretung nicht vorhanden, steht das Antragsrecht den in § 176 genannten Vertretungen zu. [4]Der Arbeitgeber oder die Schwerbehindertenvertretung kann das Integrationsamt einladen, sich an den Verhandlungen über die Inklusionsvereinbarung zu beteiligen. [5]Das Integrationsamt soll dabei insbesondere darauf hinwirken, dass unterschiedliche Auffassungen überwunden werden. [6]Der Agentur für Arbeit und dem Integrationsamt, die für den Sitz des Arbeitgebers zuständig sind, wird die Vereinbarung übermittelt.

(2) [1]Die Vereinbarung enthält Regelungen im Zusammenhang mit der Eingliederung schwerbehinderter Menschen, insbesondere zur Personalplanung, Arbeitsplatzgestaltung, Gestaltung des Arbeitsumfelds, Arbeitsorganisation, Arbeitszeit sowie Regelungen über die Durchführung in den Betrieben und Dienststellen. [2]Dabei ist die gleichberechtigte Teilhabe schwerbehinderter Menschen am Arbeitsleben bei der Gestaltung von Arbeitsprozessen und Rahmenbedingungen von Anfang an zu berücksichtigen. [3]Bei der Personalplanung werden besondere Regelungen zur Beschäftigung eines angemessenen Anteils von schwerbehinderten Frauen vorgesehen.

(3) In der Vereinbarung können insbesondere auch Regelungen getroffen werden
1. **zur angemessenen Berücksichtigung schwerbehinderter Menschen bei der Besetzung freier, frei werdender oder neuer Stellen,**
2. **zu einer anzustrebenden Beschäftigungsquote, einschließlich eines angemessenen Anteils schwerbehinderter Frauen,**
3. **zu Teilzeitarbeit,**
4. **zur Ausbildung behinderter Jugendlicher,**
5. **zur Durchführung der betrieblichen Prävention (betriebliches Eingliederungsmanagement) und zur Gesundheitsförderung,**
6. **über die Hinzuziehung des Werks- oder Betriebsarztes auch für Beratungen über Leistungen zur Teilhabe sowie über besondere Hilfen im Arbeitsleben.**

(4) In den Versammlungen schwerbehinderter Menschen berichtet der Arbeitgeber über alle Angelegenheiten im Zusammenhang mit der Eingliederung schwerbehinderter Menschen.

1 Abs. 1 normiert eine Verpflichtung des AG zum **Abschluss einer Inklusionsvereinb.** Vertragspartner des AG sind die SBV und der BR bzw. PR, in den Fällen des § 180 VI 1 aE die Gesamt-SBV. Welche Rechtsnatur der Vereinb. zukommt, ist umstr. Da das G Schriftform nicht zwgd. vorsieht (KKW/*Kohte* § 83 Rn. 18), kann es sich nicht um eine BV handeln (aA KHM/*Kossens* § 83 Rn. 4; NPM/*Neumann* § 83 Rn. 8). Es liegt wohl eine Vereinb. eigener Art vor. Das Initiativrecht für Verh. steht sowohl dem AG als auch der SBV (Abs. 1 S. 2), bei ihrem Fehlen dem BR bzw. PR zu (Abs. 1 S. 3). Auf Einladung des AG oder der SBV kann das Integrationsamt an den Beratungen teilnehmen (Abs. 1 S. 4). Die Inklusionsvereinb. selbst ist aber **nicht erzwingbar** (LAG HM 19.1.2007 NZA-RR 2007, 535; MüArbR/*Heenen* § 313 Rn. 29; NPM/*Neumann* § 83 Rn. 4). Unklar ist, ob gleichwohl die Errichtung einer Einigungsstelle gerichtl. durchgesetzt werden kann, die dann allerdings – ähnl. dem Interessenausgleich (BetrVG §§ 112, 112a Rn. 6 ff.) – nur eine Einigung der Parteien versuchen, aber keinen diese ersetzenden Spruch fällen könnte (KKW/*Kohte* § 83 Rn. 24; KHM/*Kossens* § 83 Rn. 5). Unberührt bleibt das Recht des BR, auf der Basis echter MBR (zB § 87 I Nr. 1 und 7 BetrVG) eine BV über einzelne Aspekte zu erzwingen, die auch Gegenstand einer Inklusionsvereinb. sein könnten (vgl. LAG K 3.5.2005 NZA-RR 2006, 580, zu einer AuswahlRL nach § 95 II BetrVG zugunsten schwerbehinderter Menschen).

2 Der mögl. **Inhalt der Inklusionsvereinb.** ergibt sich aus Abs. 2, 3. Es können konkrete Maßnahmen und/oder Ziele vereinbart werden, um die Beschäftigung und die Aufstiegschancen schwerbehinderter Menschen zu erhöhen, einschl. entspr. Zeitpläne. Mögl. ist auch die Statuierung individueller Ansprüche behinderter Menschen (KKW/*Kohte* § 83 Rn. 25). Die Abbedingung zwgd. Rechts ist nicht mögl. (BAG 16.2.2012 NZA 2012, 667), zB können die Pflichten des AG ggü. der SBV aus § 164 I nicht modifiziert werden (BAG 20.1.2016 NZA 2016, 681).

3 Für die **Beendigung** der Vereinb. enthält das G keine eigenständigen Regeln. Sie können von den Parteien in der Inklusionsvereinb. niedergelegt werden. Fehlt eine Bestimmung, ist auf die entspr. Regeln bei BV zurückzugreifen (BetrVG § 77 Rn. 89 ff.). Eine **Nachwirkung** gibt es grds. nicht (NPM/*Neumann* § 83 Rn. 12); anders nach Maßgabe des § 77 VI BetrVG nur in Bezug auf Regelungsgegenstände, die einem erzwingbaren MBR des BR aus dem BetrVG unterliegen.

§ 167 [bis 31.12.2017: § 84] Prävention

(1) Der Arbeitgeber schaltet bei Eintreten von personen-, verhaltens- oder betriebsbedingten Schwierigkeiten im Arbeits- oder sonstigen Beschäftigungsverhältnis, die zur Gefährdung dieses Verhältnisses führen können, möglichst frühzeitig die Schwerbehindertenvertretung und die in § 176 genannten Vertretungen sowie das Integrationsamt ein, um mit ihnen alle Möglichkeiten und alle zur Verfügung stehenden Hilfen zur Beratung und mögliche finanzielle Leistungen zu erörtern, mit denen die Schwierigkeiten beseitigt werden können und das Arbeits- oder sonstige Beschäftigungsverhältnis möglichst dauerhaft fortgesetzt werden kann.

(2) [1]Sind Beschäftigte innerhalb eines Jahres länger als sechs Wochen ununterbrochen 4oder wiederholt arbeitsunfähig, klärt der Arbeitgeber mit der zuständigen Interessenvertretung im Sinne des § 176, bei schwerbehinderten Menschen außerdem mit der Schwerbehindertenvertretung, mit Zustimmung und Beteiligung der betroffenen Person die Möglichkeiten, wie die Arbeitsunfähigkeit möglichst überwunden werden und mit welchen Leistungen oder Hilfen erneuter Arbeitsunfähigkeit vorgebeugt und der Arbeitsplatz erhalten werden kann (betriebliches Eingliederungsmanagement). [2]Soweit erforderlich, wird der Werks- oder Betriebsarzt hinzugezogen. [3]Die betroffene Person oder ihr gesetzlicher Vertreter ist zuvor auf die Ziele des betrieblichen Eingliederungsmanagements sowie auf Art und Umfang der hierfür erhobenen und verwendeten Daten hinzuweisen. [4]Kommen Leistungen zur Teilhabe oder begleitende Hilfen im Arbeitsleben in Betracht, werden vom Arbeitgeber die Rehabilitationsträger oder bei schwerbehinderten Beschäftigten das Integrationsamt hinzugezogen. [5]Diese wirken darauf hin, dass die erforderlichen Leistungen oder Hilfen unverzüglich beantragt und innerhalb der Frist des § 14 Absatz 2 Satz 2 erbracht werden. [6]Die zuständige Interessenvertretung im Sinne des § 176, bei schwerbehinderten Menschen außerdem die Schwerbehindertenvertretung, können die Klärung verlangen. [7]Sie wachen darüber, dass der Arbeitgeber die ihm nach dieser Vorschrift obliegenden Verpflichtungen erfüllt.

(3) Die Rehabilitationsträger und die Integrationsämter können Arbeitgeber, die ein betriebliches Eingliederungsmanagement einführen, durch Prämien oder einen Bonus fördern.

1 **1. Konfliktprävention (Abs. 1).** Durch die rechtzeitige Einschaltung der SBV und ggf. der Rehabilitationsträger bzw. des Integrationsamts bei Eintreten von personen-, verhaltens- oder betriebsbedingten Schwierigkeiten soll der Bestand des ArbVerh. durch frühzeitige Hilfestellung der genannten Einrichtungen nach Möglichkeit gesichert werden (ausf. *Kohte* DB 2008, 582 ff.; *Welti* NZS 2006, 623 ff.). Abs. 1 betrifft nur **schwerbehinderte Menschen** und ihnen nach § 2 III **Gleichgestellte** (*Deinert* NZA 2010, 969, 970; *Schlewing* ZfA 2005, 485, 488), im Grds. jedoch unabhängig von der Anwendbarkeit des KSchG, also auch in Kleinbetrieben (§ 23 I KSchG) und während der sechsmonatigen Wartezeit des § 1 I KSchG (**aA** *Fuhlrott* DB 2012, 2343, dessen rein kündigungsrechtl. Arg. aber die Präventivfunktion des § 167 Abs. 1 verkennt).

2 **Schwierigkeiten** sind alle Störungen des ArbVerh. § 167 I hat die Eingriffsschwelle bewusst niedrig angesetzt, so dass auch schon eine geringe Intensität genügt. In Betracht kommen zB Alkohol- und Drogenprobleme, Verstöße gegen den Betriebsfrieden, unzulässige private Internet- oder Telefonnutzung, unentschuldigtes Fehlen, häufiges Zuspätkommen (NPM/*Neumann* § 84 Rn. 3). Zumindest längerfristig muss zudem eine Gefährdung des ArbVerh. aufgrund dieser Schwierigkeiten zu besorgen sein. Ihre **Ursache** ist ohne Belang. Der AG ist verpflichtet, beim Auftreten solcher „Schwierigkeiten" möglichst frühzeitig die SBV und den BR bzw. PR sowie das Integrationsamt einzuschalten, um mit ihnen alle Möglichkeiten und alle zur Vfg. stehenden Hilfen zur Beratung und mögl. finanzielle Leistungen zu erörtern, mit denen die Schwierigkeiten beseitigt werden können und das ArbVerh. mögl. dauerhaft fortgesetzt werden kann. Bei länger andauernder AU genießt die Gesundheitsprävention des Abs. 2 als lex specialis den Vorrang vor der allg. Konfliktprävention (*Brose* RdA 2006, 149, 152).

3 Eine klare **Rechtsfolge** bei Verletzung der Präventionsverpflichtung ergibt sich aus Abs. 1 nicht. IRd. **Beschäftigungspflicht** nach § 164 IV können sich Auswirkungen auf die Darlegungs- und Beweislast ergeben: Hat der AG seine Erörterungspflicht nach § 167 I verletzt, trifft ihn die sekundäre Darlegungslast dafür, dass ihm auch unter Berücksichtigung der bes. AGPflicht nach § 164 IV eine zumutbare Beschäftigung des AN nicht mögl. war (BAG 4.10.2005 NZA 2006, 442). Für die **Kündigung** ist die Einhaltung des Verf. keine formelle Voraussetzung (BAG 7.12.2006 NZA 2007, 617; 28.6.2007 NZA 2007, 1049; BVerwG 29.8.2007 NJW 2008, 166; vgl. a. BGH 20.12.2006 NVwZ-RR 2007, 328). Vielmehr konkretisiert § 167 I nur den Grds. der Verhältnismäßigkeit. Daher kann zB außerhalb des KSchG eine ordentl. Kündigung auch ohne vorheriges Präventionsverf. wirksam erklärt werden (BAG 28.6.2007 NZA 2007, 1049; 24.1.2008 NZA-RR 2008, 404; **aA** *Deinert* NZA 2010, 969, 970). Auch im Anwendungsbereich des KSchG verhindert ein unterbliebenes Präventionsverf. die Wirksamkeit der Kündigung nicht: Hat näml. das Integrationsamt die nach § 168 erforderl. **Zust. zur Kündigung** erteilt, kann allenfalls in Ausnahmefällen davon ausgegangen werden, dass präventive

Maßnahmen die Kündigung hätten verhindern können. „Schwierigkeiten" iSv. § 167 I 1 sind näml. ledigl. Unzuträglichkeiten, die noch nicht das Gewicht von Kündigungsgründen haben. Sind die Störungen des ArbVerh. aber bereits so erhebl., dass sie eine Kündigung sozial rechtfertigten, können sie durch Präventionsmaßnahmen nicht mehr verhindert werden (BAG 7.12.2006 NZA 2007, 61; 8.11.2007 NZA 2008, 471; **aA** *Düwell* BB 2011, 2485, 2487).

4 **2. Gesundheitsprävention; BEM (Abs. 2). a) Normzweck; Voraussetzungen und Inhalt des BEM.** § 167 II verfolgt den Zweck, einer Gefährdung des ArbVerh. aus gesundheitl. Gründen mögl. frühzeitig vorzubeugen (BT-Drs. 14/5074 S. 61). Zudem soll durch das BEM versucht werden, die AU zu überwinden. Rehabilitationsbedarfe sollen erkannt und entspr. Maßnahmen rechtzeitig eingeleitet werden (KHM/*Kossens* § 84 Rn. 12). Abs. 2 verpflichtet alle AG unabhängig von Größe und Gegenstand des Unternehmens, der Existenz eines BR bzw. PR usw. (BAG 30.9.2010 NZA 2011, 39; LAG SH 17.11.2005 BehinR 2006, 170; *Baumeister/Richter* ZfA 2010, 3, 5). Nach hM soll die Pflicht des AG, das BEM durchzuführen, ggü. allen, auch den **nicht behinderten Beschäftigten** bestehen (BAG 12.7.2007 NZA 2008, 173; 24.3.2011 NZA 2011, 992; 28.4.2011 NJW 2011, 2458; *Cramer* NZA 2004, 698, 703; *Schrader/Klagges* NZA-RR 2009, 169, 174). Aus diesem Grunde stelle das pflichtwidrige Unterlassen eines BEM auch kein Indiz (§ 22 AGG) für eine Benachteiligung wegen einer Behinderung dar (BAG 28.4.2011 NJW 2011, 2458). Damit wird aber die systematische Stellung des § 167 im Zweiten Teil des SGB IX verkannt, der nur schwerbehinderte Menschen und ihnen Gleichgestellte betrifft (*Brose* DB 2005, 390, 390 f.).

5 **Voraussetzung des BEM** ist, dass der AN innerhalb eines Jahres (nicht notwendig Kj.) länger als sechs Wochen ununterbrochen oder wiederholt (BAG 24.3.2011 NZA 2011, 992) arbeitsunfähig ist. Auf die Ursache(n) der AU kommt es nicht an (*Deinert* NZA 2010, 969, 971; *Kempter/Steinat* NZA 2015, 840; **aA** *Balders/Lepping* NZA 2005, 854, 855). Sobald diese Zeitgrenze überschritten ist, muss der AG mit dem AN Kontakt aufnehmen und ihm die Durchführung des BEM anbieten. Der AG ist nach § 167 II 3 verpflichtet, den AN auf die Ziele des BEM usw. hinzuweisen; ihn trifft damit die Initiativlast (BAG 24.3.2011 NZA 2011, 992; 20.11.2014 NZA 2015, 612; 16.7.2015 NZA 2016, 99). Nach Auff. des LAG SH soll der AG dabei auch verpflichtet sein, dem AN mitzuteilen, welche Daten iSv. § 3 IX BDSG im Rahmen des BEM erhoben und gespeichert werden und für welche Zwecke sie dem AG zugängl. gemacht werden (LAG SH 22.9.2105 NZA-RR 2016, 250; dazu *Vossen* DB 2016, 1814, 1817 ff.). Der AN hat seinerseits einen Anspruch auf Durchführung des BEM (*Wullenkord*, Arbeitsrechtl. Kernfragen des BEM in der betriebl. Praxis, 2014, S. 106 f.). Auch der BR kann verlangen, dass der AG das BEM einleitet (BAG 7.2.2012 NZA 2012, 744; **aA** *Kort* DB 2012, 688 f.). Für den AN ist die Beteiligung dagegen freiwillig, er ist „Herr des Verfahrens" (BAG 22.3.2016 NZA 2016, 1283; *Gagel* NZA 2004, 1359, 1360) und kann daher bspw. beeinflussen, welche der in Abs. 2 genannten Stellen beteiligt und welche personenbezogenen Daten an sie weitergegeben werden (Abs. 2 S. 3; BVerwG 23.6.2010 NZA-RR 2010, 554). Vielfach wird angenommen, den AN treffe eine echte Mitwirkungspflicht (LAG RP 12.2.2010 BeckRS 2010, 68195; *Gagel* NZA 2004, 1359, 1361; *Wetzling/Habel* NZA 2007, 1129 ff.); in Wahrheit handelt es sich aber wohl nur um eine Obliegenheit, da seine Obstruktion Nachteile bei der Darlegungs- und Beweislast im Kündigungsschutzprozess hat (vgl. BAG 10.12.2009 NZA 2010, 398; ausf. zur Zust. des AN *Boecken/Gebert* VSSR 2013, 77 ff.).

6 Der **Inhalt des BEM** ist vom G nicht festgelegt (BAG 10.12.2009 NZA 2010, 639). Er kann Gegenstand einer Inklusionsvereinb. sein (§ 166 III Nr. 5). Zu empfehlen ist ein strukturiertes Verf., das nach einem einführenden Gespräch mit dem AN die Mobilisierung internen und externen Sachverstandes beinhaltet. Daran beteiligt werden können zB Betriebsärzte, Sicherheitsfachkräfte, Sicherheitsbeauftragte und die Rehabilitationsträger (Abs. 2 S. 4; §§ 6, 25; näher *Kempter/Steinat* NZA 2015, 840, 841 ff.; *vom Stein* ZfA 2016, 549, 560 ff.). Eine bloß betriebsärztl. Untersuchung des AN genügt nicht (BAG 20.11.2014 NZA 2015, 612). Das BEM verlangt vom AG nicht, bestimmte Vorschläge zu unterbreiten. Vielmehr hat es jeder am BEM Beteiligte – auch der AN – selbst in der Hand, alle ihm sinnvoll erscheinenden Gesichtspunkte und Lösungsmöglichkeiten in das Gespräch einzubringen (BAG 10.12.2009 NZA 2010, 639; *Schiefer/Borchard* DB 2010, 1884, 1886 f.). **Ziel des BEM** wird es regelm. sein, über eine **stufenweise Wiedereingliederung** (§ 44) des AN dessen Arbeitskraft mögl. zügig vollständig wieder herzustellen oder andere Maßnahmen der Rehabilitation zu ergreifen (BAG 20.11.2014 NZA 2015, 612; *Schmidt* RdA 2016, 166, 169).

7 **b) Beteiligung der ANVertretungen.** Am BEM sind neben dem AG und dem AN mit dessen Zust. die SBV, der BR bzw. PR, und, wenn Leistungen zur Teilhabe oder begleitende Hilfen in Betracht kommen, die örtl. Rehabilitationsträger (§§ 6, 25) und/oder das Integrationsamt zu beteiligen (KHM/*Kossens* § 84 Rn. 14). Dem BR steht aus § 84 II 7 ein **Überwachungsrecht** zu, das nicht von einer Zust. der AN abhängig ist (BAG 7.2.2012 NZA 2012, 744). Deshalb kann der BR verlangen, dass der AG ihm in regelm. Abständen, mind. halbjährl., mitteilt, welche AN innerhalb eines Jahres länger als sechs Wochen ununterbrochen oder wiederholt arbeitsunfähig waren (vgl. BVerwG 4.9.2012 NZA-RR 2013, 164). Weitergehende Inf. darüber, wie sich der AN zur Durchführung eines ihm angebotenen BEM geäußert hat, kann der BR hingegen nicht verlangen (*Wullenkord*, Arbeitsrechtl. Kernfragen des BEM in der betriebl. Praxis, 2014, S. 83 f.). Ein **erzwingbares MBR** ist dem BR bzw. PR dagegen nur

in sehr eingeschränktem Umf. eingeräumt. Aus § 167 II ergibt sich ein solches Recht nicht (KKW/*Kohte* § 84 Rn. 30). Allerdings kann es aus § 87 I Nr. 1, Nr. 6 und Nr. 7 BetrVG resultieren, soweit diese Norm reicht (BAG 13.3.2012 NZA 2012, 748; *Hoffmann-Remy* NZA 2016, 1261, 1262; **aA** *Schiefer/Borchard* DB 2011, 2435, 2437). Das betrifft zB die Einführung strukturierter Krankengespräche (BAG 8.11.1994 NZA 1995, 857) und betriebl. Regelungen über den Gesundheitsschutz, die der AG auf Grund einer ör. Rahmenvorschr. zu treffen hat, bei deren Gestaltung ihm aber Handlungsspielräume verbleiben (BAG 15.1.2002 NZA 2002, 995; 8.6.2004 NZA 2005, 227), nicht jedoch die Unterrichtung der AN über das BEM, die Einrichtung eines dauerhaften Gremiums zu seiner Durchführung und die Überwachung der Qualität und Wirksamkeit ergriffener Maßnahmen (BAG 22.3.2016 NZA 2016, 1283; LAG HH 20.2.2014 NZA-RR 2014, 295). Da infolgedessen die **Einigungsstelle** jdf. in Teilbereichen einen die Einigung zwischen AG und BR ersetzenden Spruch (§ 87 II, § 76 V BetrVG) fällen kann, ist sie nicht iSv. § 100 ArbGG offenkundig unzust. (LAG SH 19.12.2006 DB 2007, 924; LAG HM 18.12.2009 BeckRS 2010, 66756; KKW/*Kohte* § 84 Rn. 40).

c) Kündigungsrechtl. Konsequenzen bei ordnungsgemäßer Durchführung des BEM. Ist das BEM ordnungsgemäß durchgeführt worden, ist der AG seiner Verpflichtung aus Abs. 2 nachgekommen. Was er darüber hinaus tun muss, hängt vom Erg. des BEM ab: Sind in seinem Rahmen Maßnahmen entwickelt worden, die AU des AN zu überwinden und künftig zu vermeiden, ist der AG grds. verpflichtet, diese – soweit sie in seiner alleinigen Macht stehen – vor Ausspruch einer krankheitsbedingten Kündigung als milderes Mittel umzusetzen (*Joussen* DB 2009, 286, 290). Kündigt er, ohne sie umgesetzt zu haben, muss er iE und konkret darlegen, warum die Maßnahme entweder trotz Empfehlung undurchführbar war oder selbst bei einer Umsetzung diese keinesfalls zu einer Vermeidung oder Reduzierung von AUZeiten geführt hätte. Dem wird der AN regelm. mit einfachem Bestreiten entgegentreten können (BAG 10.12.2009 NZA 2010, 398; *Düwell* BB 2011, 2485, 2486). 8

Hat das BEM dagegen zu der Erkenntnis geführt, dass es keine Möglichkeiten gibt, die AU des AN zu überwinden oder künftig zu vermeiden, genügt der AG seiner Darlegungslast im Kündigungsschutzprozess, wenn er auf diesen Umstand hinweist und behauptet, es bestünden keine anderen Beschäftigungsmöglichkeiten. Der AN kann dann nicht einfach auf alternative Beschäftigungsmöglichkeiten verweisen, die während des BEM behandelt und verworfen worden sind. Auch der Verweis auf nicht behandelte Alternativen wird grds. ausgeschlossen sein. Der AN muss diese bereits in das BEM einbringen. Er kann allenfalls auf Möglichkeiten verweisen, die sich erst nach Abschluss des BEM bis zum Zpkt. der Kündigung ergeben haben (BAG 10.12.2009 NZA 2010, 398). Ob und inwieweit die iRd. BEM gewonnenen Daten vom AG in den Kündigungsschutzprozess eingeführt werden dürfen, ist str. (näher *vom Stein* ZfA 2016, 549, 563 ff.). 9

d) Kündigungsrechtl. Konsequenzen bei unterbliebenem oder nicht ordnungsgemäßem BEM. 10
Welche Rechtsfolgen an die mangelnde oder fehlerhafte Durchführung des BEM anknüpfen, ist umstr. Das **BAG** vertritt eine **vermittelnde Auff.:** Die Gesundheitsprävention ist ebenso wenig wie die Konfliktprävention (Rn. 3) formelle Voraussetzung für die Wirksamkeit einer Kündigung (BAG 28.6.2007 NZA 2007, 1049; 20.11.2014 NZA 2015, 931; 13.5.2015 NZA 2015, 1249; *Eylert/Sänger* RdA 2010, 24, 34). Das BEM ist ggü. der Kündigung kein „milderes Mittel" (BAG 12.7.2007 NZA 2008, 173; *Schlewing* ZfA 2005, 485, 495). Durch das BEM können aber solche milderen Mittel, zB die Umgestaltung des Arbeitsplatzes oder eine Weiterbeschäftigung zu geänderten Arbeitsbedingungen auf einem anderen Arbeitsplatz erkannt und entwickelt werden (BAG 10.12.2009 NZA 2010, 398; MüArbR/*Heenen* § 313 Rn. 25; dazu auch EuGH 11.4.2013 NZA 2013, 553). Dementspr. beeinflusst die Verletzung der Pflicht aus Abs. 2 die Darlegungs- und Beweislast. Nach **aA** soll das Integrationsamt im Verf. auf Erteilung der Zust. zur Kündigung (§§ 168, 174) verpflichtet sein, das Verf. auszusetzen, wenn der AG präventive Maßnahmen nach § 167 nicht in ausreichender Weise dargetan hat (*Schimanski* BehinR 2002, 121, 127; dagegen zu Recht BVerwG 29.8.2007 NJW 2008, 166). Andere wollen (va. krankheitsbedingte) Kündigungen in Ermangelung der vorherigen Ausschöpfung milderer Mittel für sozial nicht gerechtfertigt iSv. § 1 II KSchG erachten, wenn der AG das BEM nicht durchgeführt hat (LAG BE 27.10.2005 NZA-RR 2006, 184; *Brose* RdA 2006, 149, 154 f.; *Düwell* BB 2000, 2570, 2573; *Welti* NZS 2006, 623, 626). Das soll sogar dann gelten, wenn nicht das Eingliederungsmanagement selbst, sondern nur die dabei erforderl. Beteiligung des BR unterblieben ist (ArbG Marburg 11.4.2008 DB 2008, 994). Wiederum andere halten § 167 für eine vollkommen sanktionslose Norm (LAG N 21.6.2006 NZA-RR 2007, 75; *Balders/Lepping* NZA 2005, 854, 857).

Geht man von der Rspr. des BAG aus, liegt die Darlegungs- und Beweislast **außerhalb des** 11 **Anwendungsbereichs des KSchG** beim AN, der dartun muss, dass und warum die Kündigung sitten- (§ 138 BGB) oder treuwidrig (§ 242 BGB) ist (BAG 22.5.2003 NZA 2004, 399). Insoweit ist das BEM ohne Bedeutung (Kündigung während der Wartezeit des § 1 I KSchG: BAG 28.6.2007 NZA 2007, 1049; 21.4.2016 NZA 2016, 1131; Kündigung eines ArbVerh., das nicht dt. Sachrecht unterlag: BAG 22.10.2015 NZA 2016, 473).

Im Geltungsbereich des KSchG kann die fehlende Durchführung des BEM dagegen zB Folgen für 12 die Darlegungs- und Beweislast iRd. Prüfung der betriebl. Auswirkungen von erhebl. Fehlzeiten haben. Der AG kann sich dann nicht pauschal darauf berufen, ihm seien keine alternativen, der Erkrankung angemessenen Einsatzmöglichkeiten bekannt (BAG 12.7.2007 NZA 2008, 173; 24.3.2011 NZA 2011, 992; 20.11.2014 NZA 2015, 931; *Baumeister/Richter* ZfA 2010, 3, 19; *Eylert/Sänger* RdA 2010, 24, 34; **aA** LAG D 25.1.2008 EzA SGB IX § 81 Nr. 8; *Tschöpe* NZA 2008, 398, 399 f.). Vielmehr muss er umfassend und konkret zu einem nicht mehr mögl. Einsatz des AN auf dem bisher innegehabten Arbeitsplatz einerseits und zu den Gründen vortragen, warum eine leidensgerechte Anpassung und Veränderung ausgeschlossen ist, warum durch ges. vorgesehene Hilfen oder Leistungen der Reha-Träger eine Reduzierung der krankheitsbedingten Fehlzeiten nicht hätte erreicht werden können (BAG 20.11.2014 NZA 2015, 612; 13.5.2015 NZA 2015, 1249) oder der AN nicht auf einem (alternativen) anderen Arbeitsplatz bei geänd. Tätigkeit eingesetzt werden kann (BAG 24.3.2011 NZA 2011, 992; 20.3.2014 NZA 2014, 602; *Joussen* DB 2009, 286, 290; *Rupp* NZA 2017, 361, 362 ff.; Kritik an dieser als zu streng empfundenen Rspr. bei *Hoffmann-Remy* NZA 2016, 267 ff.; *Kempter/Steinat* NZA 2015, 840 ff.).

Kapitel 4. Kündigungsschutz

§ 168 [bis 31.12.2017: § 85] Erfordernis der Zustimmung

Die Kündigung des Arbeitsverhältnisses eines schwerbehinderten Menschen durch den Arbeitgeber bedarf der vorherigen Zustimmung des Integrationsamtes.

1 **1. Normzweck.** Die Zust. des Integrationsamts gem. § 168 ist eine **ör. Wirksamkeitsvoraussetzung** (vgl. BVerwG 2.7.1992 NZA 1993, 123; 10.9.1992 NZA 1993, 76) präventiver Art, die die Ausübung des Kündigungsrechts durch den AG einer vorherigen staatl. Kontrolle unterwirft, um bereits im Vorfeld der Kündigung die bes. Schutzinteressen schwerbehinderter AN zur Geltung zu bringen. Sie soll außerdem verhindern, dass AG sich ihrer bes. Pflichten ggü. schwerbehinderten AN, insb. aus § 164, durch Beendigung des ArbVerh. entledigen (BAG 16.3.1994 NZA 1994, 879). Der bes. Kündigungsschutz der §§ 168 ff. tritt neben alle übrigen vertragl. und ges. Kündigungsschranken (vgl. BAG 11.5.2000 NZA 2000, 1106; BVerwG 2.7.1992 NVwZ 1993, 588; SPV/*Vossen* Rn. 1523 ff.), insb. auch neben den Sonderkündigungsschutz für Inhaber eines BVS (dazu APS/*Vossen* BergmannsVSG).

2 **2. Geltungsbereich und persönliche Voraussetzungen des Kündigungsschutzes. a) Räumlicher Geltungsbereich.** Das Erfordernis der Zust. besteht nur für ArbVerh., die (1) entweder keine Auslandsberührung aufweisen (die Wahl einer ausl. Rechtsordnung wäre dann gem. Art. 3 III Rom I-VO unbeachtl.) oder (2) dt. Vertragsstatut unterliegen und bei denen der AN eine der Voraussetzungen des § 2 II (Wohnsitz, gewöhnl. Aufenthalt oder Arbeitsplatz im Inland) erfüllt (BAG 22.10.2015 NZA 2016, 473; *Joussen* RdA 2017, 57, 59 ff.), uU also auch bei einer Beschäftigung im Ausland, wenn der AN trotz der vorübergehenden Entsendung einem inländischen Betrieb zugeordnet bleibt (**Ausstrahlung;** BAG 30.4.1987 NZA 1988, 135). Dagegen reicht es nicht aus, dass die Parteien bei einer die vorgenannten Voraussetzungen nicht erfüllenden Auslandsbeschäftigung die Geltung dt. ArbR vereinbart haben (Art. 3, 8 I Rom I-VO) oder dieses in Ermangelung einer Rechtswahl kraft Art. 8 II Rom I-VO zur Anwendung gelangt (BAG 30.4.1987 NZA 1988, 135; APS/*Vossen* § 85 Rn. 4; **aA** *Callsen* ZESAR 2016, 21 ff.).

3 **b) Persönlicher Geltungsbereich.** Der bes. Kündigungsschutz besteht mit den in § 173 genannten Ausnahmen für alle AN, unabhängig von der Größe des Betriebes (auch in Kleinbetrieben nach § 23 KSchG: VGH BW 4.3.2002 NZA-RR 2002, 417) oder dem zeitl. Umf. der Beschäftigung, auch für AN im Dienste der Kirche (VGH BW 26.5.2003 NZA-RR 2003, 629). Er gilt ferner für Auszubildende (BAG 10.12.1987 NZA 1988, 428) und gem. § 210 II 2 für in Heimarbeit beschäftigte und diesen gleichgestellte schwerbehinderte Menschen. Auf **freie Dienstverträge** (zB von Organmitgliedern jur. Personen) und **ANähnl. Personen** finden die §§ 168 ff. dagegen keine Anwendung, selbst wenn sie Beschäftigte iSv. § 7 I SGB IV sind (vgl. BVerwG 8.3.1999 NZA 1999, 826). Dies verstößt nicht gegen die RL 2000/78/EG, weil diese keinen bes. Kündigungsschutz für behinderte Menschen verlangt (BAG 22.10.2015 NZA 2016, 473). Aus diesem Grunde ist auch die gegenteilige Rspr. des EuGH zum Mutterschutzrecht (EuGH 11.11.2010 NZA 2011, 143; MuSchG § 1 Rn. 3) nicht übertragbar (OLG D 18.10.2012 BB 2013, 1403). Personen, die in einer **WfB** tätig sind, werden dort regelm. nicht als AN, sondern aufgrund eines ANähnl. Rechtsverhältnisses beschäftigt (§ 221 I). Auf dessen Beendigung sind die §§ 168 ff. nicht anzuwenden (LAG BW 26.1.2009 BeckRS 2009, 73764; *Rühle* DB 2001, 1364, 1365; **aA** ArbG Koblenz 9.8.2002 NZA-RR 2003, 188).

4 **c) Schwerbehinderter Mensch oder Gleichgestellter. aa) Schwerbehinderter Mensch.** Grds. genügt es für die Anwendung der Vorschr. des Zweiten Teils des SGB IX, dass der AN obj. schwerbehindert ist. Sowohl die förml. Anerkennung als auch die Feststellung des GdB haben nur deklaratorische Bedeutung (§ 152 Rn. 1). Von diesem Grds. gibt es aber für den bes. Kündigungsschutz zwei bedeutsame Ausnahmen: Erstens muss der AN, dessen Schwerbehinderung noch nicht förml. festgestellt ist, die Anerkennung mind. drei Wochen vor Zugang der Kündigung bereits beantragt gehabt

haben (§ 173 III, dort Rn. 5ff.). Zweitens muss dem AG die Schwerbehinderung bei Ausspruch der Kündigung bekannt gewesen oder ihm kurz danach vom AN mitgeteilt worden sein (hier Rn. 6ff.). Beide Ausnahmen greifen freil. nicht ein, wenn die Schwerbehinderung des AN offenkundig ist. Zum Fall der vom AG irrtüml. vermuteten, in Wahrheit aber nicht existierenden Schwerbehinderung s. *Grimm/Baron* DB 2000, 570ff.

bb) Gleichgestellte. Anders als der Anerkennungsbescheid bei schwerbehinderten Menschen hat der Gleichstellungsbescheid nach § 2 III bei AN mit einem GdB von mind. 30, aber weniger als 50 konstitutive Wirkung (§ 152 Rn. 3). AN mit einem GdB von 30 bis 45, die nicht gleichgestellt sind, genießen also keinen bes. Kündigungsschutz (BAG 10.4.2014 NZA 2015, 162); ebenso wenig Jugendliche und junge Erwachsene mit einem GdB von weniger als 30, die (nur) nach § 151 IV gleichgestellt sind (§ 151 IV 3). Da die Gleichstellung jedoch gem. § 151 II 2 mit dem Tag des Antragseingangs wirksam wird, kann eine Kündigung, die zwischen Antragseingang und Gleichstellungsbescheid ausgesprochen wird, unwirksam sein, wenn das Integrationsamt ihr nicht zugestimmt oder dem AG ein Negativattest (zu ihm § 173 Rn. 7 aE) erteilt hat. Der AG muss dann ggf. unter Beachtung der §§ 168ff. neu kündigen (BT-Drs. 10/3138 S. 16). Auch hiervon gibt es jedoch zwei Ausnahmen: Der Zust. des Integrationsamts zur Kündigung bedarf es wegen § 173 III nicht, wenn der Gleichstellungsantrag weniger als drei Wochen vor Zugang der Kündigung gestellt worden (BAG 1.3.2007 NZA 2008, 302; 31.7.2014 NZA 2015, 358) oder wenn dem AG die Gleichstellung bei Ausspruch der Kündigung nicht bekannt war und sie ihm auch nicht innerhalb von drei Wochen danach vom AN mitgeteilt worden ist (Rn. 6ff.). Ein später als drei Wochen vor oder sogar erst nach Kündigungszugang gestellter Antrag vermag den Sonderkündigungsschutz nicht mehr zu begründen (BAG 24.11.2005 NZA 2006, 665). 5

cc) Kenntnis des Arbeitgebers. Der Sonderkündigungsschutz der §§ 168ff. steht dem AN grds. auch dann zu, wenn der AG von der Schwerbehinderung, der Beantragung ihrer Anerkennung oder der Gleichstellung oder ihrer Beantragung keine Kenntnis hatte (BAG 6.9.2007 NZA 2008, 407; 9.6.2011 NZA-RR 2011, 516). Um jedoch eine übermäßige Belastung des AG für den Fall zu vermeiden, dass der schwerbehinderte Mensch erst zu einem sehr späten Zpkt. seine Schwerbehinderung offenbart, muss der AN allerdings nach Zugang der Kündigung innerhalb einer angemessenen Frist ggü. dem AG seine bereits festgestellte oder zur Feststellung beantragte Schwerbehinderteneigenschaft oder Gleichstellung geltend machen. Anderenfalls verliert er den Sonderkündigungsschutz (BAG 12.1.2006 NZA 2006, 1035; 22.9.2016 NZA 2017, 304), es sei denn, dass die Schwerbehinderung offenkundig ist (BVerfG 9.4.1987 NZA 1987, 563; BAG 20.10.1977 NJW 1978, 1397; 7.3.2002 NZA 2002, 1145). 6

Die Mitt. kann **formfrei** erfolgen. Sie muss zum Inhalt haben, dass der AN schwerbehindert oder einem schwerbehinderten Menschen gleichgestellt ist oder dass er die Anerkennung der Schwerbehinderung oder die Gleichstellung beantragt hat und damit erkennen lassen, dass er sich auf den bes. Kündigungsschutz beruft (BAG 1.3.2007 AP KSchG 1969 § 1 Betriebsbedingte Kündigung Nr. 164; vgl. a. BAG 9.6.2011 NZA-RR 2011, 516). Sie muss dem AG (dh. bei jur. Personen einem vertretungsberechtigten Organmitglied) oder einer Person mitgeteilt werden, die für eine Kündigung des ArbVerh. Vertretungsmacht oder – bei fehlender Entlassungsbefugnis – eine ähnl. selbständige Stellung wie ein rechtsgeschäftl. Vertreter des AG hat (BAG 5.7.1990 NZA 1991, 667; LAG K 30.6.1994 LAGE SchwbG 1986 § 15 Nr. 6; *Schrader/Klagges* NZA-RR 2009, 169, 172). Eine dem Betriebsveräußerer ggü. gemachte Mitt. wirkt ggü. dem Erwerber gem. § 613a I 1 BGB fort (BAG 11.12.2008 NZA 2009, 556). Die Mitt. löst den bes. Kündigungsschutz nicht aus, wenn sie zum Inhalt hat, dass der Antrag auf Feststellung der Schwerbehinderung zurückgewiesen worden ist und der AN zugleich verschweigt, dass er gegen den abl. Bescheid Widerspruch eingelegt hat (BAG 2.6.1982 AP SchwbG § 12 Nr. 8). 7

Die Mitt. muss **nicht vom AN pers.** gemacht werden. Es genügt, dass der AG zB durch den BR im Zuge des Anhörungsverf. nach § 102 BetrVG unterrichtet wird (BAG 20.1.2005 NZA 2005, 689). Die Mitt. der Versorgungsbehörde oder der AA an den AG über den Eingang des Anerkennungs- oder Gleichstellungsantrags ist demggü. wohl nicht ausreichend (BAG 1.3.2007 AP KSchG 1969 § 1 Betriebsbedingte Kündigung Nr. 164; etwas unklar aber BAG 1.3.2007 NZA 2008, 302; offen lassend *Eylert/Sänger* RdA 2010, 24, 36). 8

Die Mitt. muss **fristgerecht** erfolgen. Es gilt die Drei-Wochen-Frist des § 4 S. 1 KSchG. Der AN kann die Frist entweder dadurch wahren, dass er **innerhalb von drei Wochen** nach Zugang der Kündigung **Kündigungsschutzklage erhebt** und sich hierbei auf seine Schwerbehinderung beruft (§ 167 ZPO analog; BAG 23.2.2010 NZA 2011, 411; 24.9.2015 NZA 2016, 351; krit. *Gelhaar* NZA 2011, 673ff.). Oder er kann die Mitt. innerhalb dieser Frist dem AG ggü. machen (BAG 12.1.2006 NZA 2006, 1035; 6.9.2007 NZA 2008, 407), wobei die Absendung innerhalb der Frist genügen soll (BAG 22.9.2016 NZA 2017, 304), muss dann aber ebenfalls fristgerecht (§ 4 KSchG, dazu Rn. 13) Klage erheben (BAG 13.2.2008 NZA 2008, 1055). Unterrichtet der AN den AG dagegen erst im späteren Verlauf des Kündigungsschutzprozesses über seine Schwerbehinderung, kann diese trotz § 6 KSchG allenfalls iRd. Interessenabwägung iRd. § 1 KSchG bzw. § 626 BGB berücksichtigt werden (dazu BAG 20.1.2000 NZA 2000, 768; *Bütefisch,* Die Sozialauswahl, 2000, S. 248ff.). In Ausnahme- 9 fällen kann die Berufung des AN auf seine Schwerbehinderung auch **treuwidrig** sein (zur Verwirkung LAG RP 9.10.2003 ZTR 2004, 268; ArbG Trier 9.4.2003 NZA-RR 2003, 535; ähnl. BAG 25.3.2004 NZA 2004, 1064 zu § 18 BEEG). So handelt ein AN zB treuwidrig, wenn er die im Vorfeld der Kündigung vom AG zur Durchführung einer korrekten Sozialauswahl (§ 1 III bis V KSchG) gestellte Frage nach der Schwerbehinderung wahrheitswidrig verneint und dann später eine Verletzung von § 168 geltend macht (BAG 16.2.2012 NZA 2012, 555).

10 Die **Drei-Wochen-Frist** kann analog § 5 KSchG **überschritten** werden, wenn die Voraussetzungen für eine nachträgl. Klagezulassung erfüllt sind (großzügiger LAG M 23.7.2009 NZA-RR 2010, 19). Ist der AN zB ausnahmsweise infolge bes. Umstände nicht in der Lage, die Frist einzuhalten und macht er dem AG erst später die Mitt., steht die Überschreitung der Regelfrist dem bes. Kündigungsschutz nicht entgegen (BAG 16.1.1985 NZA 1986, 31). Ähnl. hatte das BAG früher anerkannt, wenn der AG Kenntnis von gesundheitl. Beeinträchtigungen des AN in solchem Maße hatte, dass der Verdacht einer Schwerbehinderung nahe lag (BAG 31.8.1989 NZA 1990, 612). Daran kann, wenn für die Regelausschlussfrist die Vorschr. der §§ 4 ff. KSchG analog herangezogen werden (BAG 12.1.2006 NZA 2006, 1035), allerdings nicht festgehalten werden.

11 **d) Sachlicher Geltungsbereich.** Das Zustimmungserfordernis besteht nach Ablauf der Sechs-Monats-Frist des § 173 I Nr. 1 und mit den sich aus § 173 weiter ergebenden Ausnahmen für jede ordentl. und kraft der Verweisung des § 174 I auch für die außerordentl. **Kündigung,** und zwar sowohl für die Beendigungs- als auch für die **Änderungskündigung** (KDZ/*Söhngen* § 85 Rn. 9; KR/*Gallner* §§ 85–90 SGB IX Rn. 8). Es ist – wie sich mittelbar aus § 172 III ergibt – in der Insolvenz des AG vom InsV zu beachten, der ggf. die Zust. des Integrationsamts einzuholen hat. § 113 InsO verkürzt ledigl. die Kündigungsfrist in der Insolvenz des AG, lässt aber den bes. Kündigungsschutz schwerbehinderter AN unberührt (LAG NI 4.4.2003 LAGE SGB IX § 85 Nr. 1). Der schwerbehinderte AN kann jedoch nach Zugang der Kündigung auf den Kündigungsschutz verzichten (vgl. BAG 11.3.1999 NZA 1999, 761). Ein solcher Verzicht unterliegt nicht dem Schriftformzwang des § 623 BGB (BAG 23.11.2006 NZA 2007, 466; **aA** BAG 19.4.2007 NZA 2007, 1227), doch sind an ein entspr. konkludentes Handeln des AN strenge Anforderungen zu stellen. Dies gilt auch für den Verzicht in einer **Ausgleichsquittung** (BAG 29.6.1978 AP KSchG 1969 § 4 Nr. 5; 3.5.1979 NJW 1979, 2267), die zudem an § 305c I, § 307 I BGB zu messen ist (BGB §§ 305 bis 310 Rn. 77 f.) und den AN unangemessen benachteiligen soll, wenn sie keine Gegenleistung des AG (Abfindung) für den Klageverzicht vorsieht (BAG 6.9.2007 NZA 2008, 219; 25.9.2014 NZA 2015, 350; **aA** *Rolfs* FS Reuter 2010 S. 825, 832 ff.). Hat das Integrationsamt die Zust. erteilt, darf der AG im Kündigungsschutzprozess die Kündigung auch auf andere als die im Zustimmungsverf. geltend gemachten Gründe stützen (LAG ST 24.11.1999 BB 2000, 2051; **aA** ArbG Lüneburg 18.5.2000 NZA-RR 2000, 530).

12 **Keine Anwendung** findet § 168 dagegen im Falle der Berufung auf die Nichtigkeit des ArbVerh., seine Anfechtung, den Ablauf einer Befristung oder den Eintritt einer auflösenden Bedingung (§ 21 TzBfG), einen Aufhebungsvertrag, die Eigenkündigung des AN oder die Auflösung des ArbVerh. nach §§ 9, 10 KSchG (LAG BW 12.3.2003 BehinR 2003, 154; VGH BW 12.12.2005 NZA-RR 2006, 356; **aA** OVG Lüneburg 12.7.1989 NZA 1990, 66; ArbG Stuttgart 27.6.2002 DB 2002, 2278). Auch kündigungsvorbereitende Maßnahmen wie die Suspendierung unterliegen § 168 nicht (HN/*Griebeling* § 85 Rn. 33). Für den Fall der Beendigung des ArbVerh. wegen des Eintritts einer Erwerbsminderung ist jedoch § 174 zu beachten. Demggü. ergibt sich aus § 178 II 1 kein Anhörungsrecht der SBV vor Abschluss eines Aufhebungsvertrages (BAG 14.3.2012 AP SGB IX § 95 Nr. 4).

13 **3. Rechtsfolgen der Verletzung des Kündigungsverbots.** Eine ohne vorherige Zust. des Integrationsamts erklärte Kündigung ist gem. § 134 BGB **unwirksam** (BAG 16.3.1994 NZA 1994, 879; 22.10.2015 NZA 2016, 473; BVerwG 19.10.1995 NZA-RR 1996, 288). Sie wird nicht durch eine später erteilte Zust. geheilt (vgl. BAG 6.9.2007 NZA 2008, 407). Allerdings kann sie gem. § 7 KSchG **wirksam werden,** wenn der AN die Klagefrist des § 4 S. 1 KSchG verstreichen lässt. Insoweit ist allerdings zu diff.: **(1)** Wusste der AG von der Schwerbehinderung oder Gleichstellung des AN im Zpkt. der Kündigung oder ist sie ihm innerhalb von drei Wochen nach diesem Zpkt. mitgeteilt worden (Rn. 6 ff.), beginnt die Klagefrist wegen § 4 S. 4 KSchG gar nicht zu laufen. Denn der AG hat die Zust. nicht beantragt und folgl. wird dem AN auch kein Zustimmungsbescheid bekannt gegeben (BAG 13.2.2008 NZA 2008, 1055). Die Geltendmachung der Unwirksamkeit wird in diesen Fällen nur durch den Einwand der Verwirkung (§ 242 BGB) zeitl. begrenzt. **(2)** Ist dem AG dagegen die Schwerbehinderung oder Gleichstellung nicht bekannt gewesen und auch nicht innerhalb von drei Wochen nach Zugang der Kündigung bekannt geworden, wird sie wirksam, wenn der AN mit seiner Klage die Frist des § 4 S. 1 nicht wahrt. § 4 S. 4 KSchG findet dann keine Anwendung (BAG 13.2.2008 NZA 2008, 1055; *Eylert/Sänger* RdA 2010, 24, 36). Hins. des **Weiterbeschäftigungsanspruchs** des schwerbehinderten AN und des **Annahmeverzugs** des AG nach unwirksamer Kündigung gelten die allg. Regeln (KR/*Gallner* §§ 85–90 SGB IX Rn. 164).

14 **4. Rechtsweg.** Der Rechtsweg ist für beide Beteiligten **doppelgleisig.** Für die Überprüfung der Entsch. des Integrationsamts, die Zust. zu erteilen oder zu verweigern, sind – nach durchgeführtem

Widerspruchsverf. – die Gerichte der Verwaltungsgerichtsbarkeit zust. (BVerwG 10.9.1992 NZA 1993, 76; 12.7.2012 NZA 2013, 97); es gelten insoweit die Regeln der VwGO. Die Wirksamkeit der Kündigung wird dagegen von den Gerichten für Arbeitssachen überprüft, die allerdings bei ihrer Entsch. an diejenige des Integrationsamts gebunden sind (BAG 25.11.1980 NJW 1981, 2023; 26.9.1991 NZA 1992, 1073), solange der Bescheid nicht iSv. § 40 SGB X nichtig ist (BAG 24.10.1996 NZA 1997, 373; 7.7.1999 NZA 2000, 51). Die **Bindungswirkung** besteht wegen § 171 IV auch dann, wenn der Bescheid noch nicht unanfechtbar oder angefochten ist (BAG 23.5.2013 NZA 2013, 1373); ggf. kann das ArbG den Rechtsstreit gem. § 148 ZPO bis zur endgültigen Entsch. im verwaltungsgerichtl. Verf. aussetzen (BAG 26.9.1991 NZA 1992, 1073; 13.9.1995 NZA 1996, 81). Entscheidet sich das Gericht im Hinblick auf das Beschleunigungsgebot der § 9 I, § 61a ArbGG für eine Fortführung des Kündigungsrechtsstreits, ohne die vorgreifl. Entsch. der VG abzuwarten, kann der unterlegene Teil ggf. Restitutionsklage analog § 580 Nr. 6 ZPO (so BAG 13.9.1995 NZA 1996, 81; 23.5.2013 NZA 2013, 1373; BVerwG 12.7.2012 NZA 2013, 97) bzw. § 580 Nr. 7 lit. b ZPO erheben (so BAG 24.11.2005 NZA 2006, 665; 2.3.2006 NZA-RR 2006, 636; vgl. a. OLG D 3.11.2009 VersR 2011, 1060).

§ 169 [bis 31.12.2017: § 86] Kündigungsfrist

Die Kündigungsfrist beträgt mindestens vier Wochen.

Nach einem **mind. sechsmonatigen Bestand** des ArbVerh. (§ 173 I Nr. 1) beträgt die Frist für alle 1
ordentl. Kündigungen des AG (§ 174 nimmt für außerordentl. Kündigungen § 169 ausdr. aus) mind. vier Wochen, und zwar sowohl für Änderungs- als auch für Beendigungskündigungen (NPM/*Neumann* § 86 Rn. 4). Für Kündigungen des AN gilt § 169 nicht (KR/*Gallner* §§ 85–90 SGB IX Rn. 150). Die Vorschr. ist einseitig zwgd. und kann weder durch Arbeitsvertrag noch durch TV oder BV zu Lasten des AN abbedungen werden. Längere Kündigungsfristen (zB § 622 II BGB) sind jedoch zu beachten (SPV/*Vossen* Rn. 1548). Die Frist beginnt mit Zugang der Kündigungserkl. (die ihrerseits gem. § 168 nur dann wirksam ist, wenn die Zust. des Integrationsamts vorliegt) und berechnet sich nach §§ 187 ff. BGB.

§ 170 [bis 31.12.2017: § 87] Antragsverfahren

(1) [1]**Die Zustimmung zur Kündigung beantragt der Arbeitgeber bei dem für den Sitz des Betriebes oder der Dienststelle zuständigen Integrationsamt schriftlich oder elektronisch.** [2]**Der Begriff des Betriebes und der Begriff der Dienststelle im Sinne dieses Teils bestimmen sich nach dem Betriebsverfassungsgesetz und dem Personalvertretungsrecht.**

(2) **Das Integrationsamt holt eine Stellungnahme des Betriebsrates oder Personalrates und der Schwerbehindertenvertretung ein und hört den schwerbehinderten Menschen an.**

(3) **Das Integrationsamt wirkt in jeder Lage des Verfahrens auf eine gütliche Einigung hin.**

Die Zust. des Integrationsamts muss vor Ausspruch der Kündigung beantragt werden (Abs. 1). 1
Dagegen steht es dem AG frei, ob er die **Anhörung des BR oder PR** (§ 102 I BetrVG, § 79 BPersVG ua.) bereits vor der Antragstellung durchführt (BAG 18.5.1994 NZA 1995, 65; 20.1.2000 NZA 2000, 768) oder ob er die Beteiligung während oder erst nach der Zust. des Integrationsamts vornimmt (BAG 1.4.1981 NJW 1981, 2772; 18.5.1994 NZA 1995, 65). Die gegenteilige Rspr. des EuGH zum Mutterschutzrecht (EuGH 11.10.2007 NZA 2007, 1271) ist auf das SGB IX nicht übertragbar, da das EU-Recht, insb. die RL 2000/78/EG, keinen Sonderkündigungsschutz für schwerbehinderte Menschen vorschreibt. Allerdings ist, wenn eine Anhörung bereits vor der Zust. des Integrationsamts stattgefunden hat, eine erneute Beteiligung des BR oder PR erforderl., wenn sich der Kündigungssachverhalt zwischenzeitl. wesentl. verändert hat (BAG 11.3.1998 RzK IV 8a Nr. 45; 20.1.2000 NZA 2000, 768). Bei unverändertem Sachverhalt ist eine Wiederholung der Anhörung dagegen selbst dann entbehrl., wenn die Zust. erst nach jahrelangem verwaltungsgerichtl. Verf. erteilt wird (BAG 18.5.1994 NZA 1995, 65).

Der Antrag ist **schriftl.** (§ 126 BGB, dh. mit Originalunterschrift des AG oder eines seiner Vertreter) 2
oder elektronisch unter Beachtung des § 36a SGB I beim Integrationsamt zu stellen. Telefax oder Telegramm genügen (NPM/*Neumann* § 87 Rn. 1). Bei Missachtung der Form muss das Integrationsamt bei dem AG zwar auf eine korrekte Antragstellung hinwirken (§ 13 SGB I), darf den „Antrag" in der Sache aber nicht bescheiden. Eine gleichwohl erteilte Zust. ist zwar rechtswidrig, aber von den Gerichten für Arbeitssachen bindend (§ 168 Rn. 14) zu beachten, wenn sie vom AN nicht mit Widerspruch und ggf. Klage im Verwaltungsrechtsweg angefochten worden ist (str., vgl. BAG 11.5.2000 NZA 2000, 1106; APS/*Vossen* § 87 Rn. 5). **Örtl. zust.** ist das Integrationsamt, in dessen Bezirk der Betrieb seinen Sitz hat.

In dem Antrag ist neben dem Namen des schwerbehinderten AN anzugeben, ob die Kündigung 3
ordentl. oder außerordentl. erfolgen soll, ob eine Änderungs- oder eine Beendigungskündigung be-

absichtigt ist und zu welchem Zpkt. gekündigt werden soll. Im Falle der beabsichtigten außerordentl. Kündigung ist zu empfehlen, stets vorsorgl. auch die Zust. zur hilfsweisen ordentl. Kündigung zu beantragen. Eine **Begr.** ist zwar vom G nicht zwgd. vorgeschrieben, sie ist jedoch in jedem Falle zweckdienl. und beschleunigt das Verf. (KR/*Gallner* §§ 85–90 SGB IX Rn. 78).

4 **Verfahren (Abs. 2 und 3).** Das Integrationsamt holt eine Stellungn. des BR oder PR und der SBV ein und hört den schwerbehinderten Menschen an. Abs. 2 hat zwgd. Charakter (BVerwG 28.9.1995 NZA-RR 1996, 290), sodass eine unter Missachtung dieser Vorschr. gefällte Entsch. durch Widerspruch und ggf. Klage anfechtbar ist (näher *Wahrendorf* BB 1986, 523, 524). Allerdings ist die Verletzung dieser Verfahrensvorschr. unbeachtl., wenn keine andere Entsch. in der Sache hätte ergehen können (§ 42 SGB X, vgl. BVerwG 28.9.1995 NZA-RR 1996, 290); iÜ kann die Beteiligung auch noch im Widerspruchsverf. (§ 41 I Nr. 3 und 5, II SGB X iVm. § 12 SGB X) nachgeholt werden (BVerwG 11.11.1999 NZA 2000, 146; OVG NW 9.12.1983 AP SchwbG § 14 Nr. 1). Das Integrationsamt wirkt in jeder Lage des Verf. auf eine gütl. Einigung hin (Abs. 3), dazu zählt auch der Abschluss eines Aufhebungsvertrages (BGH 2.6.2010 VersR 2010, 1211).

§ 171 [bis 31.12.2017: § 88] Entscheidung des Integrationsamtes

(1) **Das Integrationsamt soll die Entscheidung, falls erforderlich, auf Grund mündlicher Verhandlung, innerhalb eines Monats vom Tage des Eingangs des Antrages an treffen.**

(2) [1] **Die Entscheidung wird dem Arbeitgeber und dem schwerbehinderten Menschen zugestellt.** [2] **Der Bundesagentur für Arbeit wird eine Abschrift der Entscheidung übersandt.**

(3) **Erteilt das Integrationsamt die Zustimmung zur Kündigung, kann der Arbeitgeber die Kündigung nur innerhalb eines Monats nach Zustellung erklären.**

(4) **Widerspruch und Anfechtungsklage gegen die Zustimmung des Integrationsamtes zur Kündigung haben keine aufschiebende Wirkung.**

(5) [1] **In den Fällen des § 172 Absatz 1 Satz 1 und Absatz 3 gilt Absatz 1 mit der Maßgabe, dass die Entscheidung innerhalb eines Monats vom Tage des Eingangs des Antrages an zu treffen ist.** [2] **Wird innerhalb dieser Frist eine Entscheidung nicht getroffen, gilt die Zustimmung als erteilt.** [3] **Die Absätze 3 und 4 gelten entsprechend.**

1 **1. Verfahren (Abs. 1).** Die Monatsfrist des Abs. 1 unterstreicht, dass das Integrationsamt das Zustimmungsverf. beschleunigt durchzuführen hat. Eine Überschreitung der Frist darf nur in außergewöhnl. Fällen erfolgen, wenn zB über den Antrag des AN auf Anerkennung seiner Schwerbehinderung oder Gleichstellung noch nicht entschieden ist. Nach Ablauf von drei Monaten ist Untätigkeitsklage mögl. (*Seidel* MDR 1997, 804, 805). Ob das Integrationsamt über den Antrag mdl. verhandelt, liegt in seinem pflichtgemäßen Ermessen (KR/*Gallner* §§ 85–90 SGB IX Rn. 85).

2 **2. Zustellung der Entscheidung (Abs. 2).** Die Entsch. des Integrationsamts muss schriftl. (und damit gem. §§ 35, 36 SGB X mit Begr. und Rechtsbehelfsbelehrung) ergehen und förml. zugestellt werden. Dabei hat die Zustellung sowohl **an den AG** als auch an den **schwerbehinderten AN** zu erfolgen, damit der Beginn der Widerspruchsfristen zweifelsfrei festgestellt werden kann. Liegt zwischen der Antragstellung und der Entsch. ein Betriebsübergang, kann der Erwerber sich auf die Erteilung der Genehmigung nur berufen, wenn sie *ihm* zugestellt worden ist. Eine ggü. dem Veräußerer zu einem Zpkt. erteilte Genehmigung, da dieser nicht mehr Betriebsinhaber war, ist unwirksam (BAG 15.11.2012 NZA 2013, 505). Eine **ordentl. Kündigung** darf der AG erst erklären, wenn ihm der schriftl. Bescheid zugegangen ist (LAG B 19.12.2014 BB 2015, 627); die bloß (fern-)mdl. Mitt. des Integrationsamtes, die Zust. sei erteilt worden und befinde sich auf dem Postweg, beseitigt die Kündigungssperre noch nicht (BAG 16.10.1991 NZA 1992, 503). Nicht erforderl. ist demggü., dass der Bescheid auch schon dem AN zugestellt worden ist (BAG 16.10.1991 NZA 1992, 503; LAG N 29.8.1995 NZA 1996, 503). Zur **außerordentl. Kündigung** s. § 174 Rn. 7 f. Wird der Antrag des AG vom Integrationsamt abgelehnt und hat er mit seiner Verpflichtungsklage vor dem VG Erfolg, ersetzt das verwaltungsgerichtl. Urt. nicht den zust. Bescheid. Das Integrationsamt ist auf Grund des Urt. ledigl. verpflichtet, die Zust. zu erteilen; erst wenn sie vorliegt, ist die Kündigungssperre beseitigt (LAG SL 14.5.1997 LAGE SchwbG 1986 § 15 Nr. 8). Der AA ist eine Abschrift der Entsch. formlos zu übersenden; für die Wirksamkeit der Kündigung ist dies ohne Belang.

3 **3. Kündigungserklärungsfrist (Abs. 3).** Damit der AN nicht längere Zeit im Unklaren darüber bleibt, ob der AG von seinem Kündigungsrecht Gebrauch macht, statuiert Abs. 3 eine einmonatige Ausschlussfrist (BAG 17.2.1982 NJW 1982, 2630) für die Kündigungserkl. Die Frist beginnt mit der Zustellung des Bescheids (oder eines sog. Negativattests, das dem AG bescheinigt, einer Zust. nicht zu bedürfen, vgl. BAG 27.5.1983 AP SchwbG § 12 Nr. 12; 6.9.2007 NZA 2008, 407; *Düwell* BB 2004, 2811) an den AG unabhängig davon, wann die Zust. dem AN bekannt gegeben wird (BAG 17.2.1982 NJW 1982, 2630; 16.10.1991 NZA 1992, 503). Dies gilt auch im Widerspruchs- oder Klageverf. Für die

Fristberechnung gelten kraft § 26 I SGB X die §§ 187 ff. BGB. Die Kündigung muss **innerhalb der Monatsfrist zugehen,** es genügt nicht, dass sie ledigl. den Machtbereich des AG verlassen hat (LAG K 27.2.1997 NZA-RR 1997, 337; vgl. BAG 15.5.1997 NZA 1998, 33 zur außerordentl. Kündigung). Soweit die Beteiligung des BR oder PR nicht bereits vor oder während des Zustimmungsverf. erfolgt ist (vgl. § 170 Rn. 1), muss der AG sie so rechtzeitig einleiten, dass er die Monatsfrist des Abs. 3 wahren kann. Benötigt er noch die Zust. weiterer Stellen (zB nach § 17 MuSchG [bis 31.12.2017: § 9 MuSchG] oder § 18 BEEG), muss er diese innerhalb der Monatsfrist beantragen und, wenn bei Erteilung der Zust. die Monatsfrist verstrichen ist, analog § 174 V unverzügl. kündigen (BAG 24.11.2011 NZA 2012, 610). Eine Wiedereinsetzung in den vorigen Stand kommt nicht in Betracht (APS/*Vossen* § 88 Rn. 10a). Bei unverändertem Sachverhalt kann der AG innerhalb der Monatsfrist auch mehrfach kündigen, wenn ihm zB Bedenken hins. der ordnungsgemäßen BR-Anhörung kommen (BAG 8.11.2007 NZA 2008, 471). Ein **Nachschieben anderer**, im Verf. vor dem Integrationsamt nicht eingebrachter **Gründe** im Kündigungsschutzprozess ist unzul. (vgl. BAG 8.11.2007 NZA 2008, 471 Rn. 24; **aA** KR/*Gallner* §§ 85–90 SGB IX Rn. 158). Die bei BetrVG § 102 Rn. 27 dargestellten Regeln gelten insoweit entspr. Versäumt der AG die Frist, verliert die Zust. ihre privatrechtsgestaltende Wirkung und die Kündigungssperre des § 168 lebt wieder auf.

4. Sofortige Vollziehung (Abs. 4). Die Zust. des Integrationsamts ist sofort vollziehbar, auch wenn der Bescheid noch nicht unanfechtbar oder angefochten ist. Widerspruch und Anfechtungsklage haben keine aufschiebende Wirkung (so bereits BAG 17.2.1982 NJW 1982, 2630). Daher muss der AG die Monatsfrist des Abs. 3 auch dann wahren, wenn der AN die Aufhebung des Bescheides betreibt (KR/*Gallner* §§ 85–90 SGB IX Rn. 120). Ebenso sind die Gerichte für Arbeitssachen an den Bescheid gebunden, solange er nicht aufgeh. ist (vgl. § 168 Rn. 14). Ein Antrag des AN auf Herstellung der aufschiebenden Wirkung des Bescheids durch das VG ist nach hM unzulässig, weil damit nur die (ör.) Vollziehbarkeit, nicht aber die für die privatrechtl. Kündigung des AG ausreichende Wirksamkeit des VA beseitigt werden könnte (VGH BW 10.1.2012 NJW 2012, 2603; OVG HH 19.5.2015 NZA-RR 2015, 467; **aA** OVG Bautzen 25.8.2003 NZA-RR 2004, 408). 4

5. Zustimmungsfiktion (Abs. 5). Abs. 5 S. 1 verpflichtet die Integrationsämter, die Entsch. in den Fällen des § 172 I 1, III innerhalb eines Monats zu fällen (näher *Westers* BehinR 2004, 93 f.). Die Regelung trägt dem berechtigten Interesse des AG an mögl. kurzfristiger Klärung der Frage Rechnung, ob die ör. Wirksamkeitsvoraussetzungen für eine Kündigung vorliegen. S. 2 enthält – wie § 174 III 2 bei der außerordentl. Kündigung – die Fiktion einer positiven Entsch. zugunsten des antragstellenden AG (*Cramer* NZA 2004, 698, 704). Die entspr. Geltung der Abs. 3 und 4 bedeutet, dass die Kündigung nur innerhalb eines Monats erklärt werden kann und Widerspruch und Anfechtungsklage (vgl. zu ihnen BAG 22.10.2015 NZA 2016, 482) auch in den Fällen der Zustimmungsfiktion keine aufschiebende Wirkung haben (BT-Drs. 15/1783 S. 16). 5

§ 172 [bis 31.12.2017: § 89] Einschränkungen der Ermessensentscheidung

(1) [1]**Das Integrationsamt erteilt die Zustimmung bei Kündigungen in Betrieben und Dienststellen, die nicht nur vorübergehend eingestellt oder aufgelöst werden, wenn zwischen dem Tag der Kündigung und dem Tag, bis zu dem Gehalt oder Lohn gezahlt wird, mindestens drei Monate liegen.** [2]**Unter der gleichen Voraussetzung soll es die Zustimmung auch bei Kündigungen in Betrieben und Dienststellen erteilen, die nicht nur vorübergehend wesentlich eingeschränkt werden, wenn die Gesamtzahl der weiterhin beschäftigten schwerbehinderten Menschen zur Erfüllung der Beschäftigungspflicht nach § 154 ausreicht.** [3]**Die Sätze 1 und 2 gelten nicht, wenn eine Weiterbeschäftigung auf einem anderen Arbeitsplatz desselben Betriebes oder derselben Dienststelle oder auf einem freien Arbeitsplatz in einem anderen Betrieb oder einer anderen Dienststelle desselben Arbeitgebers mit Einverständnis des schwerbehinderten Menschen möglich und für den Arbeitgeber zumutbar ist.**

(2) **Das Integrationsamt soll die Zustimmung erteilen, wenn dem schwerbehinderten Menschen ein anderer angemessener und zumutbarer Arbeitsplatz gesichert ist.**

(3) **Ist das Insolvenzverfahren über das Vermögen des Arbeitgebers eröffnet, soll das Integrationsamt die Zustimmung erteilen, wenn**

1. **der schwerbehinderte Mensch in einem Interessenausgleich namentlich als einer der zu entlassenden Arbeitnehmer bezeichnet ist (§ 125 der Insolvenzordnung),**
2. **die Schwerbehindertenvertretung beim Zustandekommen des Interessenausgleichs gemäß § 178 Absatz 2 beteiligt worden ist,**
3. **der Anteil der nach dem Interessenausgleich zu entlassenden schwerbehinderten Menschen an der Zahl der beschäftigten schwerbehinderten Menschen nicht größer ist als der Anteil der zu entlassenden übrigen Arbeitnehmer an der Zahl der beschäftigten übrigen Arbeitnehmer und**
4. **die Gesamtzahl der schwerbehinderten Menschen, die nach dem Interessenausgleich bei dem Arbeitgeber verbleiben sollen, zur Erfüllung der Beschäftigungspflicht nach § 154 ausreicht.**

1 **1. Grundsatz.** Das Integrationsamt trifft seine Entsch., ob es dem Antrag des AG nach § 170 I 1 stattgibt oder ihn ablehnt, grds. nach **pflichtgemäßem Ermessen,** § 39 SGB I (BVerwG 21.10.1964 AP SchwBeschG § 14 Nr. 28; 28.2.1968 AP SchwBeschG § 14 Nr. 29; MüArbR/*Heenen* § 313 Rn. 43). Dabei lässt es sich vom Zweck des SGB IX, behinderungsbedingte Nachteile auszugleichen, leiten (BVerwG 2.7.1992 NVwZ 1993, 588). Bei der Ermessensausübung sind deshalb die Interessen des AG und des AN gegeneinander abzuwägen (BVerwG 28.9.1995 NZA-RR 1996, 290; 19.10.1995 NZA-RR 1996, 288), wobei die Interessen des schwerbehinderten AN desto mehr an Gewicht verlieren, je weniger der Kündigungsgrund mit der Behinderung in Zusammenhang steht (BVerwG 19.10.1995 NZA-RR 1996, 288; BayVGH 9.3.1995 BehinR 1995, 199). Genießt der AG bes. verfassungsrechtl. Schutz (zB Presseunternehmen, kirchl. AG etc.), ist auch dies zu berücksichtigen (VGH BW 26.5.2003 NZA-RR 2003, 629).

2 Da der bes. Kündigungsschutz der §§ 168 ff. neben alle übrigen Kündigungsschranken tritt (vgl. § 168 Rn. 1), findet eine Prüfung der **übrigen Kündigungsvoraussetzungen** durch das Integrationsamt grds. nicht statt (vgl. BVerwG 19.10.1995 NZA-RR 1996, 288; OVG HH 10.12.2014 NZA-RR 2015, 194). Allenfalls bei offenkundiger Unwirksamkeit der beabsichtigten Kündigung kann die Zust. verweigert werden (BVerwG 11.11.1999 NZA 2000, 146; VGH BW 24.11.2005 NZA-RR 2006, 183; BayVGH 14.11.2006 ZTR 2008, 173; **aA** offenbar OVG Bautzen 25.8.2003 NZA-RR 2004, 408). Die Zust. gibt dem AG nur diejenige Rechtsstellung zurück, die er hätte, wenn es den bes. Kündigungsschutz für schwerbehinderte Menschen nicht gäbe (BVerwG 2.7.1992 NVwZ 1993, 588; *Bachmann* ZfA 2003, 43, 51 ff.; vgl. a. *Seidel* MDR 1997, 804, 805). Bei der Entsch. des Integrationsamts können daher nur diejenigen Umstände Relevanz gewinnen, die speziell aus der Fürsorge des Staates ggü. schwerbehinderten Menschen resultieren. Es hat nur zu prüfen, ob und inwieweit die Kündigung durch die bes. Leiden des schwerbehinderten Menschen bedingt ist.

3 Bei einer **personenbedingten Kündigung** (zu ihr APS/*Vossen* § 89 Rn. 3a), die sich auf wiederholte Kurzerkrankungen oder eine krankheitsbedingte AU des AN stützt, darf die Zust. nur erteilt werden, wenn infolge von hohen Fehlzeiten in den vergangenen Jahren die Prognose gerechtfertigt ist, dass mit einer sinnvollen Arbeitsleistung des AN nicht mehr gerechnet werden kann (OVG NW 21.3.1990 BehinR 1991, 93; 27.2.1998 BehinR 1998, 170). Dabei ist zu prüfen, ob der AG dem AN einen leidensgerechten Arbeitsplatz zur Vfg. zu stellen in der Lage ist (BAG 29.1.1997 NZA 1997, 709; 28.4.1998 NZA 1999, 152). Bei einer **verhaltensbedingten Kündigung** ist zu prüfen, inwieweit die Pflichtverletzung auf der Behinderung beruht (vgl. BVerwG 12.7.2012 NZA 2013, 97). Selbst bei einem ursächl. Zusammenhang kann die Zust. freil. zu erteilen sein, wenn zB der schwerbehinderte AN die Würde und das Persönlichkeitsrecht anderer AN des Betriebes wiederholt verletzt hat (OVG Lüneburg 4.12.1990 AP SchwbG 1986 § 19 Nr. 1). Im Falle einer beabsichtigten **betriebsbedingten Kündigung** ist die unternehmerische Entsch. des AG, den Arbeitsplatz einsparen zu wollen, vom Integrationsamt hinzunehmen (OVG Schleswig 12.6.2002 BehinR 2003, 91; VG Minden 27.5.2002 NZA-RR 2003, 248; KR/*Gallner* §§ 85–90 SGB IX Rn. 90). Es hat jedoch zu prüfen, ob eine Weiterbeschäftigung des AN – ggf. nach zumutbarer Umschulung oder Fortbildung – mögl. erscheint (BVerwG 28.2.1968 AP SchwBeschG § 14 Nr. 29; 5.6.1975 E 48, 264, 267; vgl. a. BAG 28.4.1998 NZA 1999, 152). Daher darf das Integrationsamt, wenn anstelle der Betriebsstillegung ein Betriebsübergang in Betracht kommt, die Zulässigkeitserkl. zwar nicht mit der Begründung verweigern, es liege ein Fall des § 613a BGB vor. Dies ist allein vom ArbG zu entscheiden. Die Zulässigkeitserkl. darf aber als „vorsorgl. VA" erteilt werden, die rechtl. nur dann wirkt, wenn das ArbG einen Betriebsübergang rechtskräftig verneint (vgl. BAG 18.10.2012 NZA 2013, 1007).

4 **2. Einschränkungen des Ermessens. a) Allgemeines.** Dieses pflichtgemäße Ermessen des Integrationsamts wird in den Fällen des § 172 eingeschränkt. Die Einschränkungen haben eine unterschiedl. Reichweite: Im Falle des Abs. 1 S. 1 **muss** die beantragte Zust. erteilt werden, in den übrigen Fällen „soll" sie dagegen nur erfolgen. Diese Sollvorschr. bedeutet, dass das Integrationsamt im Regelfall die Zust. erteilen muss (VGH BW 24.11.2005 NZA-RR 2006, 183). Nur wenn ein atypischer Fall vorliegt, kann (und muss) es nach pflichtgemäßem Ermessen entscheiden, den Antrag also ggf. auch ablehnen (BSG 2.3.2000 NZA 2000, 876). Ob aber überhaupt ein atypischer Fall vorliegt, unterliegt als Rechtsvoraussetzung der uneingeschränkten gerichtl. Überprüfung (BSG 3.7.1991 NZA 1992, 87; BVerwG 2.7.1992 NZA 1993, 123).

5 **b) Einstellung oder Auflösung von Betrieben (Abs. 1 S. 1).** Eine solche liegt vor, wenn der AG beabsichtigt, den Betriebszweck dauernd oder zumindest für eine wirtschaftl. erhebl. Zeit nicht mehr weiter zu verfolgen (KSchG § 1 Rn. 277). Dafür genügen weder ein Betriebsübergang noch die Stellung des Insolvenzantrages. Entscheidend ist vielmehr, dass Betriebserwerber bzw. InsV ihrerseits eine Stilllegungsabsicht haben (APS/*Vossen* § 89 Rn. 6). Deshalb liegt ein Fall des Abs. 1 S. 1 nicht vor, wenn der Betrieb eines in der Insolvenz befindl. AG von einer Auffanggesellschaft übernommen und weitergeführt wird (VGH BW 14.5.1980 BB 1981, 615). Erforderl. ist in jedem Falle die Stilllegung des **gesamten Betriebes;** auf Abteilungen oder Betriebsteile ist Abs. 1 S. 1 nicht anwendbar (KR/*Gallner* §§ 85–90 SGB IX Rn. 96 aE).

Der Anspruch auf Zust. besteht nur, wenn zwischen dem Tag der Kündigung und dem Tag, bis zu dem Lohn oder Gehalt gezahlt wird, mind. drei Monate liegen. Eine Verlängerung dieser Frist durch das Integrationsamt kommt wegen § 32 I SGB X nicht in Betracht. Es kann seine Zust. aber durch eine **Bedingung** oder **Auflage** davon abhängig machen, dass der AG seiner Zahlungspflicht nachkommt (BAG 12.7.1990 NZA 1991, 348). Dabei darf die Bedingung jedoch nur als auflösende Bedingung formuliert werden, weil anderenfalls der AG doch wieder zu einer über drei Monate hinausgehenden Lohnzahlung verpflichtet würde; er könnte näml. die Kündigung erst nach Ablauf der Frist wirksam erklären und müsste dann zusätzl. die Kündigungsfrist einhalten. 6

Die Einschränkung des Ermessens besteht gem. Abs. 1 S. 3 nicht, wenn eine Weiterbeschäftigung auf einem anderen Arbeitsplatz desselben Betriebes oder auf einem freien Arbeitsplatz in einem anderen Betrieb desselben AG mit Einverständnis des schwerbehinderten AN mögl. und für den AG zumutbar ist. Diesbzgl. kann im Wesentlichen auf die Rspr. zu § 1 II 2 Nr. 1 lit. b und Nr. 2 lit. b KSchG zurückgegriffen werden (dazu näher KSchG § 1 Rn. 372 ff.). 7

c) **Einschränkung von Betrieben (Abs. 1 S. 2).** Bei einer nicht nur vorübergehenden wesentl. Einschränkung soll das Integrationsamt dagegen die Zust. nur dann erteilen, wenn die Gesamtzahl der weiterhin beschäftigten schwerbehinderten AN zur Erfüllung der Beschäftigungspflicht nach § 154 ausreicht. Zur Konkretisierung des Begriffs der „wesentl. Einschränkung" greift die Rspr. auf die zu § 111 S. 3 Nr. 1 BetrVG entwickelten Maßstäbe und damit auf § 17 KSchG zurück (OVG Koblenz 29.5.1998 BehinR 1999, 202; Cramer/*Ritz/Dopatka* § 89 Rn. 20). Vgl. dazu BetrVG § 111 Rn. 10. Die Einschränkung aus Rn. 7 gilt auch hier, Abs. 1 S. 3. 8

d) **Sicherung eines anderen Arbeitsplatzes (Abs. 2).** § 172 II ist va. auf die **Änderungskündigung** zugeschnitten, bei der das ArbVerh. des AN – so er das Änderungsangebot unbedingt oder unter dem Vorbehalt seiner sozialen Rechtfertigung (§ 2 KSchG) annimmt – gesichert ist (OVG Koblenz 28.11.1996 BehinR 1997, 210). Darüber hinaus ist die Vorschr. aber auch dann anwendbar, wenn ders. oder ein anderer AG dem schwerbehinderten AN den Abschluss eines neuen Arbeitsvertrages verbindl. zugesagt hat (BVerwG 12.1.1966 AP SchwBeschG § 18 Nr. 6; APS/*Vossen* § 89 Rn. 15). Allerdings muss der neue Arbeitsplatz **angemessen und zumutbar** sein, dh. insb. hins. der Art der Tätigkeit, den Arbeitsbedingungen und der Höhe des Arbeitsentgelts, den durch die Behinderung bedingten Einsatzmöglichkeiten und der Vorbildung des schwerbehinderten AN entsprechen (BVerwG 15.4.1959 NJW 1959, 2033; 12.1.1966 AP SchwBeschG § 18 Nr. 6), seine „Lebensstellung" darf nicht beeinträchtigt werden (BayVGH 13.11.2012 NVwZ-RR 2013, 265). Außerdem müssen die sonstigen Umstände wie der Weg zur Arbeit und die Verhältnisse der neuen Arbeitsumgebung dem AN zumutbar sein. 9

e) **Insolvenz des Arbeitgebers (Abs. 3).** Schließl. soll das Integrationsamt die Zust. in der Insolvenz des AG erteilen, wenn die weiteren, in Abs. 3 enumerativ genannten Voraussetzungen erfüllt sind. Der Anwendung der Vorschr. steht nicht entgegen, dass eine SBV beim AG nicht gebildet worden ist; in diesem Falle genügt das Vorliegen der übrigen Voraussetzungen (APS/*Vossen* § 89 Rn. 18; NPM/*Neumann* § 89 Rn. 34; **aA** HN/*Griebeling* § 89 Rn. 45; KDZ/*Söhngen* § 89 Rn. 37; KR/*Gallner* §§ 85–90 SGB IX Rn. 109). 10

§ 173 [bis 31.12.2017: § 90] Ausnahmen

(1) Die Vorschriften dieses Kapitels gelten nicht für schwerbehinderte Menschen,

1. deren Arbeitsverhältnis zum Zeitpunkt des Zugangs der Kündigungserklärung ohne Unterbrechung noch nicht länger als sechs Monate besteht oder

2. die auf Stellen im Sinne des § 156 Absatz 2 Nummer 2 bis 5 beschäftigt werden oder

3. deren Arbeitsverhältnis durch Kündigung beendet wird, sofern sie

a) das 58. Lebensjahr vollendet haben und Anspruch auf eine Abfindung, Entschädigung oder ähnliche Leistung auf Grund eines Sozialplanes haben oder

b) Anspruch auf Knappschaftsausgleichsleistung nach dem Sechsten Buch oder auf Anpassungsgeld für entlassene Arbeitnehmer des Bergbaus haben.

Satz 1 Nummer 3 (Buchstabe a und b) finden Anwendung wenn der Arbeitgeber ihnen die Kündigungsabsicht rechtzeitig mitgeteilt hat und sie der beabsichtigten Kündigung bis zu deren Ausspruch nicht widersprechen.

(2) Die Vorschriften dieses Kapitels finden ferner bei Entlassungen, die aus Witterungsgründen vorgenommen werden, keine Anwendung, sofern die Wiedereinstellung der schwerbehinderten Menschen bei Wiederaufnahme der Arbeit gewährleistet ist.

(3) Die Vorschriften dieses Kapitels finden ferner keine Anwendung, wenn zum Zeitpunkt der Kündigung die Eigenschaft als schwerbehinderter Mensch nicht nachgewiesen ist oder das Versorgungsamt nach Ablauf der Frist des § 152 Absatz 1 Satz 3 eine Feststellung wegen fehlender Mitwirkung nicht treffen konnte.

(4) Der Arbeitgeber zeigt Einstellungen auf Probe und die Beendigung von Arbeitsverhältnissen schwerbehinderter Menschen in den Fällen des Absatzes 1 Nr. 1 unabhängig von der Anzeigepflicht nach anderen Gesetzen dem Integrationsamt innerhalb von vier Tagen an.

1 **1. Bis zu sechsmonatige Beschäftigung (Abs. 1 Nr. 1).** In den in § 173 geregelten Fällen finden die Vorschr. des Kap. 4 keine Anwendung, dh. der AG braucht weder die Zust. des Integrationsamts einzuholen noch die Mindestkündigungsfrist des § 169 zu beachten. Dieses Privileg genießt der AG gem. Abs. 1 Nr. 1 bei einem ArbVerh. von höchstens sechsmonatiger Dauer. Die Frist lehnt sich an § 1 I KSchG an, sodass die dort entwickelten Grds. (KSchG § 1 Rn. 32 ff.) entspr. heranzuziehen sind (BAG 4.2.1993 NZA 1994, 214). Wie § 1 I KSchG ist auch § 173 I Nr. 1 einschlägig, wenn die Kündigung spätestens **am letzten Tag der Frist zugeht,** auch wenn das ArbVerh. erst zu einem nach Fristablauf liegenden Zpkt. beendet wird (BAG 25.2.1981 NJW 1981, 2831). Hins. der Unterbrechung des ArbVerh. innerhalb der Frist (BAG 19.6.2007 NZA 2007, 1103), den Voraussetzungen der Anrechnung eines vorhergehenden Arbeits- oder Ausbildungsverhältnisses und der vorzeitigen Anwendung der §§ 168 ff. im Falle der treuwidrigen Vereitelung des Fristeintritts durch den AG (§ 162 BGB) vgl. KSchG § 1 Rn. 50. Vereitelt der AN treuwidrig den Zugang der Kündigung innerhalb der ersten sechs Monate, muss er sich so behandeln lassen, als wäre die Kündigung noch innerhalb der Frist zugegangen (BAG 22.9.2005 NZA 2006, 204).

2 **2. Beschäftigung auf Stellen iSv. § 156 II Nr. 2 bis 5 (Abs. 1 Nr. 2).** Nicht anzuwenden sind die §§ 168 ff. auf schwerbehinderte AN, die auf Stellen iSv. § 156 II Nr. 2 bis 5 beschäftigt werden. Damit soll dem bes. sozialpolitischen Zweck der Beschäftigung, den religiösen und karitativen Beweggründen der Tätigkeit oder der bes. Art des Auswahlverf. Rechnung getragen werden. Die gegenteilige ältere Rspr. (BAG 4.2.1993 NZA 1994, 214) ist durch die Novellierung des G überholt.

3 **3. Vollendung des 58. Lebensjahres usw. (Abs. 1 Nr. 3).** Personen, deren Altersversorgung gesichert ist, bedürfen nach Auff. des Gesetzgebers des bes. Schutzes der §§ 168 ff. gleichfalls nicht, wenn sie der Kündigung nicht widersprechen (SPV/*Vossen* Rn. 1494 f.). Darin wird tw. eine unzulässige Benachteiligung wegen des Alters gesehen (*Bertelsmann* ZESAR 2005, 242, 249; DB/*Brors* § 10 AGG Rn. 64). Sie dürfte aber durch Art. 6 lit. a RL 2000/78/EG gerechtfertigt sein, zumal die RL keinen Sonderkündigungsschutz für Menschen mit Behinderungen vorschreibt. Bei **Nr. 3 lit. a** bezieht sich das Sozialplanerfordernis auf alle drei Formen der Entlassungsentschädigung, sodass die Zust. des Integrationsamts nur verzichtbar ist, wenn der schwerbehinderte AN seinen Anspruch auf § 77 VI BetrVG stützen kann (LAG K 4.4.1997 AiB 1998, 351). Die einzelvertragl. Zusage einer Abfindung genügt dagegen nicht. In beiden Alt. muss der AG dem schwerbehinderten AN die Kündigungsabsicht rechtzeitig mitgeteilt und dieser darf der beabsichtigten Kündigung bis zu deren Ausspruch nicht widersprochen haben. Die an die „Rechtzeitigkeit" zu stellenden Anforderungen hängen von den Umständen des Einzelfalles ab. In jedem Falle ausreichend ist die Wahrung einer Frist von drei Wochen, weil der AN wegen §§ 4, 7 KSchG eine dreiwöchige Überlegungsfrist hat, ob er eine Kündigung angreifen oder akzeptieren will (NPM/*Neumann* § 90 Rn. 17; **aA** KR/*Gallner* §§ 85–90 SGB IX Rn. 41: eine Woche).

4 **4. Entlassung aus Witterungsgründen (Abs. 2).** Die §§ 168 ff. brauchen auch dann nicht beachtet zu werden, wenn die Kündigung aus Witterungsgründen (zum Begriff SPV/*Vossen* Rn. 1497) erfolgt und der AG die Wiedereinstellung verbindl. zugesagt hat. Dabei ist unerhebl., ob der Wiedereinstellungsanspruch auf TV, BV oder Einzelvertrag beruht. Stellt der AG den AN trotz der verbindl. Zusage nicht wieder ein, führt das nicht rückwirkend zur Unwirksamkeit der Kündigung (APS/*Vossen* § 90 Rn. 9a; vgl. a. BAG 7.3.1996 NZA 1996, 931); vielmehr muss der AN seinen Wiedereinstellungsanspruch ggf. gerichtl. durchsetzen.

5 **5. Fehlender Nachweis der Schwerbehinderung (Abs. 3). Zweck** des Abs. 3 ist es, zu gewährleisten, dass der AG zur Kündigung eines schwerbehinderten AN nicht der vorherigen Zust. des Integrationsamts bedarf, wenn zum Zpkt. der beabsichtigten Kündigung die Eigenschaft als schwerbehinderter Mensch nicht nachgewiesen ist. Unangetastet bleibt der Kündigungsschutz aber in den Fällen, in denen ein Verf. auf Feststellung der Eigenschaft als schwerbehinderter Mensch zwar anhängig ist, die zust. Behörde aber ohne ein Verschulden des Antragstellers noch keine Feststellung treffen konnte (BT-Drs. 15/2357 S. 24).

6 **Voraussetzungen:** Der AG bedarf der Zust. des Integrationsamts zur Kündigung nur dann, wenn der AN im Zpkt. des Zugangs der Kündigung entweder bereits als schwerbehinderter Mensch anerkannt (§ 152 I, II), seine Schwerbehinderung trotz fehlender Anerkennung offenkundig (BT-Drs. 15/2357 S. 24; BAG 7.3.2002 NZA 2002, 1145; 13.2.2008 NZA 2008, 1055; *Schlewing* NZA 2005, 1218, 1219), er nach § 2 III einem Schwerbehinderten gleichgestellt war (BAG 1.3.2007 NZA 2008, 302; *Bauer/Powietzka* NZA-RR 2004, 505, 507) oder er den Antrag auf Anerkennung oder Gleichstellung mind. drei Wochen vorher bei der Versorgungsbehörde bzw. der AA gestellt hatte (BAG 1.3.2007 NZA 2008, 302 mit Bespr. *Göttling/Neumann* NZA-RR 2007, 281 ff.; BAG 29.11.2007 NZA 2008, 361). Die Kündigung ist dagegen auch ohne Zust. des Integrationsamts wirksam, wenn der Antrag

weniger als drei Wochen vor Kündigungszugang gestellt und die Schwerbehinderung des AN nicht offenkundig war (vgl. a. BAG 28.6.1995 NZA 1996, 374; 18.12.2000 NZA 2001, 315).

Nicht erforderl. ist dagegen, dass die Versorgungsbehörde den gestellten Antrag bereits beschieden hat. Den bes. Kündigungsschutz der §§ 168 ff. genießt auch derjenige schwerbehinderte AN, der mind. drei Wochen vor Kündigungszugang den **Anerkennungsantrag gestellt** hatte, wenn die Schwerbehinderung zu diesem Zpkt. bereits obj. vorlag und die Versorgungsbehörde dem Antrag daher später rückwirkend für eine Zeit vor dem Kündigungszugang stattgibt (BAG 20.1.2005 NZA 2005, 689; 24.11.2005 NZA 2006, 665). Dem gleich steht der Fall, dass die Versorgungsbehörde den Antrag zwar zunächst aus anderen Gründen als der mangelnden Mitwirkung des AN ablehnt, dem Widerspruch oder der Klage des AN jedoch iE stattgegeben wird (BAG 6.9.2007 NZA 2008, 407; BVerwG 15.12.1988 NZA 1989, 554; LAG SH 11.12.2007 NZA-RR 2008, 408; *Eylert/Sänger* RdA 2010, 24, 35; *Rolfs/Barg* BB 2005, 1678, 1680; **aA** *Schlewing* NZA 2005, 1218, 1221). Der AG bedarf in den genannten Fällen also weiterhin der Zust. des Integrationsamts, die jedoch durch ein **Negativattest** ersetzt werden kann (BAG 6.9.2007 NZA 2008, 407). Liegt dieses Negativattest dem AG bei Ausspruch der Kündigung vor, bleibt die Kündigung auch dann zustimmungsfrei, wenn dem Antrag des AN im Widerspruchs- oder Klageverf. rückwirkend entsprochen wird. 7

Sehr diff. Regeln hatte das BAG vor Inkrafttreten des Abs. 3 für den Fall aufgestellt, dass der urspr. Antrag des AN zwar bestandskräftig abgelehnt worden war, er aber **innerhalb eines Monats nach Zugang der Kündigung** erneut einen Antrag nach § 152 gestellt hatte: Stützt der AN seinen erneuten Antrag auf eine fehlerhafte Sachbehandlung (§ 44 SGB X), die zur Rücknahme des Erstbescheides führt, macht er dem AG hiervon Mitt. und stellt die Versorgungsbehörde daraufhin die Schwerbehinderung rückwirkend auf einen Zpkt. vor Zugang der Kündigungserkl. fest, greift § 168 ein (BAG 30.6.1983 AP SchwbG § 12 Nr. 11). Ob daran anges. von § 173 III heute noch festgehalten werden kann, ist offen. Dagegen kann der AN den Sonderkündigungsschutz nicht in Anspruch nehmen, wenn er zwar innerhalb von drei Wochen nach Zugang der Kündigung den AG von der Stellung eines Antrages auf Anerkennung als schwerbehinderter Mensch unterrichtet, die Versorgungsbehörde aber nach Ablauf dieser Frist zunächst durch bestandskräftigen Bescheid nur einen GdB von 40% und erst längere Zeit danach in einem neuen Bescheid schließl. einen bereits vor Ausspruch der Kündigung bestehenden GdB von 50% feststellt (BAG 16.8.1991 NZA 1992, 23). 8

6. Anzeigepflicht (Abs. 4). Die Anzeigepflicht dient dazu, dem Integrationsamt eine „nachgehende Hilfe im Arbeitsleben" vorzubereiten (vgl. BAG 21.3.1980 AP SchwbG § 17 Nr. 1). Ihre Verletzung führt weder zur Unwirksamkeit der Probezeitvereinb. noch zum Aufleben des bes. Kündigungsschutzes (LAG D 9.6.1978 DB 1978, 1698). Allerdings kann die Verletzung der Anzeigepflicht Schadensersatzansprüche des schwerbehinderten AN aus § 280 I 1 BGB auslösen (vgl. BAG 21.3.1980 AP SchwbG § 17 Nr. 1). 9

§ 174 [bis 31.12.2017: § 91] Außerordentliche Kündigung

(1) Die Vorschriften dieses Kapitels gelten mit Ausnahme von § 169 auch bei außerordentlicher Kündigung, soweit sich aus den folgenden Bestimmungen nichts Abweichendes ergibt.

(2) [1]Die Zustimmung zur Kündigung kann nur innerhalb von zwei Wochen beantragt werden; maßgebend ist der Eingang des Antrages bei dem Integrationsamt. [2]Die Frist beginnt mit dem Zeitpunkt, in dem der Arbeitgeber von den für die Kündigung maßgebenden Tatsachen Kenntnis erlangt.

(3) [1]Das Integrationsamt trifft die Entscheidung innerhalb von zwei Wochen vom Tag des Eingangs des Antrages an. [2]Wird innerhalb dieser Frist eine Entscheidung nicht getroffen, gilt die Zustimmung als erteilt.

(4) Das Integrationsamt soll die Zustimmung erteilen, wenn die Kündigung aus einem Grund erfolgt, der nicht im Zusammenhang mit der Behinderung steht.

(5) Die Kündigung kann auch nach Ablauf der Frist des § 626 Absatz 2 Satz 1 des Bürgerlichen Gesetzbuchs erfolgen, wenn sie unverzüglich nach Erteilung der Zustimmung erklärt wird.

(6) Schwerbehinderte Menschen, denen lediglich aus Anlass eines Streiks oder einer Aussperrung fristlos gekündigt worden ist, werden nach Beendigung des Streiks oder der Aussperrung wieder eingestellt.

1. Voraussetzungen des bes. Kündigungsschutzes (Abs. 1). Hins. des internationalen Geltungsbereichs sowie der pers. Voraussetzungen des bes. Schutzes gegen außerordentl. Kündigungen gelten zunächst dies. Regeln wie iRd. § 168 (s. dazu § 168 Rn. 2 ff.). Die **Ausnahmen vom Geltungsbereich** gem. § 173, insb. während der ersten sechs Monate des ArbVerh. (§ 173 I Nr. 1) sind zu beachten. Auch bei der außerordentl. Kündigung ist dem AN, wenn der AG bei Ausspruch der Kündigung keine Kenntnis von der anerkannten oder beantragten Schwerbehinderung oder Gleichstellung hatte, eine regelm. dreiwöchige Frist zur nachträgl. Mitt. zuzubilligen. Der AG kann dann analog § 626 II BGB 1 innerhalb von zwei Wochen nach Kenntniserlangung die Zust. zur Kündigung beantragen (BAG 14.5.1982 AP SchwbG § 18 Nr. 4), die er nach deren Erteilung dann erneut aussprechen muss.

2 § 174 findet auf alle **außerordentl. Kündigungen** des AG Anwendung, unabhängig davon, ob sie als Beendigungs- oder Änderungskündigung und ob sie fristlos oder mit sozialer Auslauffrist erklärt werden (vgl. BAG 12.8.1999 NZA 1999, 1267; 12.5.2005 NZA 2005, 1173). Das gilt auch hins. der Zustimmungsfiktion des Abs. 3 S. 2 (BAG 22.10.2015 NZA 2016, 482).

3 **2. Antragstellung (Abs. 2).** Hins. der Form des Antrages und der zust. Behörde gilt § 170. Die **zweiwöchige Ausschlussfrist** des Abs. 2 beginnt mit dem Zpkt., in dem der AG von den für die Kündigung maßgebenden Tatsachen Kenntnis erlangt, Abs. 2 S. 2. Insoweit gelten die zu § 626 II BGB entwickelten Maßstäbe entspr. (BAG 18.12.1986 RzK IV 8c Nr. 9; APS/*Vossen* § 91 Rn. 7), auf die daher verwiesen werden kann (vgl. BGB § 626 Rn. 200 ff.). Auch bei sog. Dauerstörtatbeständen wie lang anhaltenden Erkrankungen ist die Rspr. des BAG zu § 626 II BGB auf § 174 zu übertragen (BAG 13.5.2004 NZA 2004, 1271; VG Frankfurt/Main 17.8.2001 NZA-RR 2002, 469; unrichtig daher VG Arnsberg 11.9.2001 BehinR 2002, 182). Zu den für die Kündigung maßgebenden Tatsachen gehören auch die bereits festgestellte oder beantragte Anerkennung als schwerbehinderter Mensch (BAG 23.2.1978 NJW 1978, 2568; 14.5.1982 AP SchwbG § 18 Nr. 4). Die Frist endet mit dem Eingang des Antrages beim Integrationsamt. Sie ist nicht verlängerbar; eine Wiedereinsetzung kommt selbst dann nicht in Betracht, wenn die ordentl. Kündigung ausgeschlossen ist (VGH BW 5.8.1996 NZA-RR 1997, 90; HN/*Griebeling* § 91 Rn. 8).

4 Das Integrationsamt muss die Wahrung der Frist vAw. prüfen und den Antrag bei Verletzung der Frist als unzulässig zurückweisen (BAG 17.2.1977 NJW 1977, 1701; BVerwG 2.5.1996 Buchholz 436.61 § 21 SchwbG Nr. 7). Der AG hat damit seine Möglichkeit zur außerordentl. Kündigung verloren, weil stets zugleich die Frist des § 626 II BGB verstrichen ist. Er ist dann auf eine neue Antragstellung für eine allein noch zulässige ordentl. Kündigung beschränkt. Entscheidet das Integrationsamt rechtsfehlerhaft gleichwohl in der Sache, besteht für das ArbG zwar die in § 168 Rn. 14 beschriebene **Bindungswirkung** (BAG 11.5.2000 NZA 2000, 1106). Diese hindert es aber nicht, selbständig zu prüfen, ob der AG auch die Frist des § 626 II BGB gewahrt hat. Die Kündigung kann damit bei verspäteter Antragstellung selbst dann unwirksam sein, wenn das Integrationsamt die Zust. fälschl. erteilt hat (BAG 2.3.2006 NZA 2006, 1211; 1.2.2007 NZA 2007, 744).

5 **3. Entscheidungsfrist (Abs. 3).** Das Integrationsamt muss über den Antrag innerhalb von **zwei Wochen** endgültig entscheiden. Dabei genügt es, dass die Entsch. innerhalb dieser Frist den Machtbereich der Behörde verlassen hat, zB zur Post gegeben wurde (BAG 16.3.1983 NJW 1984, 1374; 9.2.1994 NZA 1994, 1030). Nicht erforderl. ist dagegen, dass sie dem AG innerhalb dieser Frist zugeht (anders früher BAG 3.7.1980 NJW 1981, 1332). Der AG muss daher einige Tage länger zuwarten und ggf. beim Integrationsamt rückfragen, ob eine Entsch. bereits getroffen ist (BAG 19.4.2012 NZA 2013, 507). Versäumt das Integrationsamt die Zwei-Wochen-Frist, gilt die Zust. gem. Abs. 3 S. 2 als erteilt (vgl. KR/*Gallner* § 91 Rn. 20). Der Fristablauf fingiert den Zustimmungsbescheid; da er den VA surrogiert, kann der AN sich mit Widerspruch und Anfechtungsklage wehren (BAG 22.10.2015 NZA 2016, 482).

6 **4. Einschränkung des Ermessens (Abs. 4).** Bei der Entscheidungsfindung des Integrationsamts ist nach dem Zusammenhang von Kündigungsgrund und Behinderung zu diff. Dabei ist derjenige Kündigungsgrund zugrunde zu legen, den der AG angegeben hat, sowie grds. diejenigen Beeinträchtigungen, die im Verf. nach § 152 zur Anerkennung der Schwerbehinderung geführt haben (BVerwG 12.7.2012 NZA 2013, 97). Zu berücksichtigen sind ferner Behinderungen, die trotz Antragstellung ohne Vertretenmüssen des AN noch nicht festgestellt wurden, sowie solche, die offenkundig sind (BVerwG 12.7.2012 NZA 2013, 97). Sodann gilt: **(1)** Erfolgt die Kündigung aus einem Grunde, der nicht mit der Behinderung in (unmittelbarem, OVG NW 23.5.2000 NZA-RR 2000, 587) Zusammenhang steht, soll die Zust. erteilt werden. Das bedeutet, dass **(a)** in typischen Fällen die Zust. erteilt werden muss (vgl. § 172 Rn. 4) und **(b)** das Integrationsamt nur in atypischen Fällen ein Ermessen hat. Ein derartiger atypischer Fall liegt vor, wenn die außerordentl. Kündigung den schwerbehinderten AN in einer die Schutzzwecke des SGB IX berührenden Weise bes. hart trifft, das ihm im Vergleich zu den der Gruppe der schwerbehinderten AN im Falle außerordentl. Kündigung allg. zugemuteten Belastungen ein Sonderopfer abverlangt (BVerwG 2.7.1992 NZA 1993, 123; OVG NW 8.3.1996 BehinR 1997, 47). Eine Kontrolle der übrigen arbeitsrechtl. Wirksamkeitsvoraussetzungen der Kündigung obliegt im Streitfall dem ArbG. Auf sie darf das Integrationsamt seine Zustimmungsverweigerung selbst dann nicht stützen, wenn die Unwirksamkeit offenkundig ist (str., wie hier VGH BW 24.11.2005 NZA-RR 2006, 183; APS/*Vossen* § 91 Rn. 18; **aA** OVG NW 25.4.1989 NVwZ-RR 1990, 573; KR/*Gallner* § 91 Rn. 22). **(2)** Hängen Kündigungsgrund und Behinderung dagegen zusammen, entscheidet das Integrationsamt über den Antrag nach pflichtgemäßem Ermessen, § 39 SGB I. Dabei lässt es sich im Wesentlichen von denselben Maßstäben wie bei der ordentl. Kündigung leiten (vgl. § 172 Rn. 2 f.), berücksichtigt aber zusätzl. die bes. Härte einer fristlosen Kündigung (vgl. VG Oldenburg 21.1.2003 BehinR 2003, 226 zur außerordentl. krankheitsbedingten Kündigung eines ordentl. unkündbaren AN).

5. Die Kündigung des Arbeitgebers (Abs. 5). Der AG darf die Kündigung erklären, sobald ihm die Entsch. des Integrationsamtes (oder im Widerspruchsverf. des Widerspruchsausschusses) **bekannt gegeben** worden oder die Zwei-Wochen-Frist des Abs. 3 fruchtlos verstrichen ist. Die mdl. oder fernmdl. Mitt. reicht aus (BAG 12.8.1999 NZA 1999, 1267; 12.5.2005 NZA 2005, 1173), nicht aber die Mitt., dass das Integrationsamt die Zust. nur zu erteilen beabsichtigt (LAG BW 6.9.2004 NZA-RR 2005, 297). Ist im Zpkt. der (ggf. nichtförml.) Bekanntgabe die zweiwöchige Ausschlussfrist des § 626 II BGB noch nicht verstrichen, darf der AG sie voll ausnutzen (BAG 15.11.2001 NZA 2002, 970; *Joussen* DB 2002, 2162, 2164 f.). Ist diese Frist dagegen bereits abgelaufen, darf der AG gem. Abs. 5 nur kündigen, wenn er dies unverzügl., ohne schuldhaftes Zögern, tut. Daher darf der AG, dem die Zust. mdl. bekannt gegeben worden ist, **nicht abwarten**, bis ihm der Bescheid schriftl. vorliegt; darin läge ein schuldhaftes Zögern, das zur Unwirksamkeit der Kündigung führte (BAG 21.4.2005 NZA 2005, 991; 19.6.2007 NZA 2007, 1153). Den AG trifft bei Ablauf der Zwei-Wochen-Frist eine Obliegenheit, beim Integrationsamt nachzufragen, ob eine Entsch. bereits getroffen ist (BAG 19.4.2012 NZA 2013, 507). Ist sie nicht getroffen, gilt die Zust. als erteilt und der AG muss unverzügl. kündigen. Abs. 5 fordert vom AG den **unverzügl. Zugang** der Kündigungserkl.; die bloß unverzügl. Absendung des Kündigungsschreibens ist nicht ausreichend (BAG 3.7.1980 NJW 1981, 1332; vgl. aber a. BAG 7.11.2002 NZA 2003, 719; 22.9.2005 NZA 2006, 204 für die treuwidrige Zugangsvereitelung). „Unverzüglichkeit" beinhaltet keine starre Zeitvorgabe, vielmehr kommt es auf eine verständige Abwägung der beiderseitigen Interessen an (BAG 21.4.2005 NZA 2005, 991; 19.4.2012 NZA 2013, 507). Gleichwohl können 3 Tage schon zu lang sein (LAG RP 5.10.2005 NZA-RR 2006, 245; 13.2.2014 NZA-RR 2014, 352; großzügiger offenbar BAG 1.2.2007 NZA 2007, 744). Hins. der **Kündigungsgründe** ist der AG nicht an die Entsch. des Integrationsamts gebunden; er kann im arbeitsgerichtl. Verf. auch weitere oder andere Gründe zur Rechtfertigung seiner Kündigung vorbringen (BAG 20.1.1984 BeckRS 1984, 30710800; 19.12.1991 BeckRS 2009, 55110; **aA** *Nägele-Berkner* NZA 2016, 19, 21 f. und wohl a. BVerwG 12.7.2012 NZA 2013, 97). 7

Will der AG **fristlos, hilfsweise fristgerecht** kündigen, muss er im Verf. vor dem Integrationsamt deutl. machen, dass er mit seinem Antrag die Zust. zu beiden Kündigungen begehrt. Rechtl. handelt es sich um zwei getrennte Verwaltungsverf., die unterschiedl. Regeln folgen. Insb. kann die Entsch. des Integrationsamts unterschiedl. ausfallen, weil § 172 einerseits und § 174 IV andererseits unterschiedl. Voraussetzungen an die Einschränkung des Ermessens stellen (APS/*Vossen* § 91 Rn. 24). Dementspr. liegt in der Zust. zur außerordentl. Kündigung nicht zugleich die Zust. zur ordentl. Kündigung (BAG 7.7.2011 NZA 2011, 1412), was zugleich einer Umdeutung entgegensteht (BAG 23.1.2014 NZA 2014, 895). Im Falle einer **mdl. Bekanntgabe der Zust.** muss der AG zweigleisig vorgehen: Die fristlose Kündigung muss er unverzügl. erklären, ohne den schriftl. Bescheid abwarten zu dürfen (Rn. 7). Mit der ordentl. Kündigung muss er dagegen zuwarten; diese darf er erst aussprechen, wenn ihm die Zust. schriftl. vorliegt (§ 171 Rn. 2; BAG 16.10.1991 NZA 1992, 503). 8

Hat der AG den **BR** oder eine vergleichbare Vertretung der AN noch nicht vor oder während des Verf. beim Integrationsamt beteiligt, muss er das Anhörungs- bzw. sonstige Beteiligungsverf. unverzügl. nach Zustellung des Zustimmungsbescheids einleiten (vgl. BAG 21.10.1983 AP BGB § 626 Ausschlussfrist Nr. 16; 22.1.1987 NZA 1987, 563). Bei der Zust. kraft Fiktion (Abs. 3 S. 2) muss der AG dieses Verf. normalerweise am 15. Tag nach dem Eingang seines Antrages beim Integrationsamt in Gang setzen. Er muss sodann unverzügl., dh. grds. am ersten Arbeitstag nach Abschluss des Anhörungsverf., für den Zugang der Kündigung sorgen (BAG 27.5.1983 AP SchwbG § 12 Nr. 12). Dass die Ausschlussfrist des § 626 II 1 BGB dann bereits verstrichen ist, ist unschädl. (BAG 2.2.2006 NZA-RR 2006, 440). IÜ gelten die Bemerkungen bei § 171 Rn. 3 entspr. 9

6. Arbeitskämpfe (Abs. 6). Die Vorschr. des Abs. 6 ist heute praktisch ohne Bedeutung, weil das BAG eine lösende Aussperrung selbst bei nichtbehinderten AN praktisch nicht mehr zulässt (vgl. BAG 3.8.1999 NZA 2000, 487) und schon 1971 ggü. schwerbehinderten AN generell untersagt hat (BAG 21.4.1971 NJW 1971, 1668; 7.6.1988 NZA 1988, 890). Die Aussperrung hat daher nur noch suspendierenden Charakter (vgl. GG Art. 9 Rn. 265). 10

§ 175 [bis 31.12.2017: § 92] Erweiterter Beendigungsschutz

[1] Die Beendigung des Arbeitsverhältnisses eines schwerbehinderten Menschen bedarf auch dann der vorherigen Zustimmung des Integrationsamtes, wenn sie im Falle des Eintritts einer teilweisen Erwerbsminderung, der Erwerbsminderung auf Zeit, der Berufsunfähigkeit oder der Erwerbsunfähigkeit auf Zeit ohne Kündigung erfolgt. [2] Die Vorschriften dieses Kapitels über die Zustimmung zur ordentlichen Kündigung gelten entsprechend.

Die Vorschr. regelt eine Ausnahme von dem Grds., dass eine Zust. des Integrationsamts nur bei Beendigung eines ArbVerh. durch Kündigung erforderl. ist (vgl. § 168 Rn. 11, § 172 Rn. 2). Sie nimmt dabei Bezug auf die Versicherungsfälle der verminderten Erwerbsfähigkeit nach §§ 43, 45, 240 ff. SGB VI. Ausgenommen ist jedoch die **volle dauernde Erwerbsminderung,** bei der es folgl. einer Zust. 1

des Integrationsamts nicht bedarf, wenn die Beendigung des ArbVerh. anders als durch Kündigung erfolgt. Die Regelung hat Bedeutung insb. für die Fälle des § 33 II TVöD/TV-L (vgl. BAG 28.6.1995 NZA 1996, 374; *Seel* NZS 2013, 373, 374 f.). Sie gilt nicht, wenn das ArbVerh. bei den in S. 1 genannten Tatbeständen nicht beendet, sondern ledigl. zum Ruhen gebracht wird. Ebenso findet § 175 auf die Versetzung eines DO-Ang. in den Ruhestand keine Anwendung (BAG 24.5.2012 NZA 2012, 1158).

2 Das Integrationsamt hat seine Entsch. iRd. Zweckbindung des G zu treffen (OVG BB 19.11.2014 NZA-RR 2015, 191). Die vom BAG entwickelten Grds. zum Erhalt des Sonderkündigungsschutzes schwerbehinderter AN, deren **Antrag auf Feststellung der Schwerbehinderung** zumindest vor Ausspruch der Kündigung gestellt und dem AG auch innerhalb von drei Wochen nach Ausspruch der Kündigung bekannt gegeben worden ist (§ 168 Rn. 6 ff.), gelten auch für den erweiterten Kündigungsschutz nach § 175 (BAG 28.6.1995 NZA 1996, 374; KR/*Gallner* § 92 Rn. 5). Das BAG wendet zudem § 4 S. 4 KSchG iRd. Bedingungskontrollklage nach §§ 21, 17 TzBfG analog an, sodass die dreiwöchige Klagefrist nicht zu laufen beginnt, wenn der AG trotz Kenntnis der Schwerbehinderung des AN die Zust. des Integrationsamts nach § 175 nicht beantragt hat (BAG 9.2.2011 NZA 2011, 854).

Kapitel 5 Betriebs-, Personal-, Richter-, Staatsanwalts- und Präsidialrat, Schwerbehindertenvertretung, Inklusionsbeauftragter des Arbeitgebers

§ 178 [bis 31.12.2017: § 95] Aufgaben der Schwerbehindertenvertretung

(1) [1]Die Schwerbehindertenvertretung fördert die Eingliederung schwerbehinderter Menschen in den Betrieb oder die Dienststelle, vertritt ihre Interessen in dem Betrieb oder der Dienststelle und steht ihnen beratend und helfend zur Seite. [2]Sie erfüllt ihre Aufgaben insbesondere dadurch, dass sie

1. darüber wacht, dass die zugunsten schwerbehinderter Menschen geltenden Gesetze, Verordnungen, Tarifverträge, Betriebs- oder Dienstvereinbarungen und Verwaltungsanordnungen durchgeführt, insbesondere auch die dem Arbeitgeber nach den §§ 154, 155 und 164 bis 167 obliegenden Verpflichtungen erfüllt werden,
2. Maßnahmen, die den schwerbehinderten Menschen dienen, insbesondere auch präventive Maßnahmen, bei den zuständigen Stellen beantragt,
3. Anregungen und Beschwerden von schwerbehinderten Menschen entgegennimmt und, falls sie berechtigt erscheinen, durch Verhandlung mit dem Arbeitgeber auf eine Erledigung hinwirkt; sie unterrichtet die schwerbehinderten Menschen über den Stand und das Ergebnis der Verhandlungen.

[3]Die Schwerbehindertenvertretung unterstützt Beschäftigte auch bei Anträgen an die nach § 152 Absatz 1 zuständigen Behörden auf Feststellung einer Behinderung, ihres Grades und einer Schwerbehinderung sowie bei Anträgen auf Gleichstellung an die Agentur für Arbeit. [4]In Betrieben und Dienststellen mit in der Regel mehr als 100 beschäftigten schwerbehinderten Menschen kann sie nach Unterrichtung des Arbeitgebers das mit der höchsten Stimmenzahl gewählte stellvertretende Mitglied zu bestimmten Aufgaben heranziehen. [5]Ab jeweils 100 weiteren beschäftigten schwerbehinderten Menschen kann jeweils auch das mit der nächsthöheren Stimmenzahl gewählte Mitglied herangezogen werden. [6]Die Heranziehung zu bestimmten Aufgaben schließt die Abstimmung untereinander ein.

(2) [1]Der Arbeitgeber hat die Schwerbehindertenvertretung in allen Angelegenheiten, die einen einzelnen oder die schwerbehinderten Menschen als Gruppe berühren, unverzüglich und umfassend zu unterrichten und vor einer Entscheidung anzuhören; er hat ihr die getroffene Entscheidung unverzüglich mitzuteilen. [2]Die Durchführung oder Vollziehung einer ohne Beteiligung nach Satz 1 getroffenen Entscheidung ist auszusetzen, die Beteiligung ist innerhalb von sieben Tagen nachzuholen; sodann ist endgültig zu entscheiden. [3]Die Kündigung eines schwerbehinderten Menschen, die der Arbeitgeber ohne eine Beteiligung nach Satz 1 ausspricht, ist unwirksam. [4]Die Schwerbehindertenvertretung hat das Recht auf Beteiligung am Verfahren nach § 164 Absatz 1 und beim Vorliegen von Vermittlungsvorschlägen der Bundesagentur für Arbeit nach § 164 Absatz 1 oder von Bewerbungen schwerbehinderter Menschen das Recht auf Einsicht in die entscheidungsrelevanten Teile der Bewerbungsunterlagen und Teilnahme an Vorstellungsgesprächen.

(3) [1]Der schwerbehinderte Mensch hat das Recht, bei Einsicht in die über ihn geführte Personalakte oder ihn betreffende Daten des Arbeitgebers die Schwerbehindertenvertretung hinzuzuziehen. [2]Die Schwerbehindertenvertretung bewahrt über den Inhalt der Daten Stillschweigen, soweit sie der schwerbehinderte Mensch nicht von dieser Verpflichtung entbunden hat.

(4) [1]Die Schwerbehindertenvertretung hat das Recht, an allen Sitzungen des Betriebs-, Personal-, Richter-, Staatsanwalts- oder Präsidialrates und deren Ausschüssen sowie des Arbeitsschutzausschusses beratend teilzunehmen; sie kann beantragen, Angelegenheiten, die einzelne

oder die schwerbehinderten Menschen als Gruppe besonders betreffen, auf die Tagesordnung der nächsten Sitzung zu setzen. ²Erachtet sie einen Beschluss des Betriebs-, Personal-, Richter-, Staatsanwalts- oder Präsidialrates als eine erhebliche Beeinträchtigung wichtiger Interessen schwerbehinderter Menschen oder ist sie entgegen Absatz 2 Satz 1 nicht beteiligt worden, wird auf ihren Antrag der Beschluss für die Dauer von einer Woche vom Zeitpunkt der Beschlussfassung an ausgesetzt; die Vorschriften des Betriebsverfassungsgesetzes und des Personalvertretungsrechts über die Aussetzung von Beschlüssen gelten entsprechend. ³Durch die Aussetzung wird eine Frist nicht verlängert. ⁴In den Fällen des § 21e Absatz 1 und 3 des Gerichtsverfassungsgesetzes ist die Schwerbehindertenvertretung, außer in Eilfällen, auf Antrag einer betroffenen schwerbehinderten Richterin oder eines schwerbehinderten Richters vor dem Präsidium des Gerichtes zu hören.

(5) **Die Schwerbehindertenvertretung wird zu Besprechungen nach § 74 Absatz 1 des Betriebsverfassungsgesetzes, § 66 Absatz 1 des Bundespersonalvertretungsgesetzes sowie den entsprechenden Vorschriften des sonstigen Personalvertretungsrechts zwischen dem Arbeitgeber und den in Absatz 4 genannten Vertretungen hinzugezogen.**

(6) **¹Die Schwerbehindertenvertretung hat das Recht, mindestens einmal im Kalenderjahr eine Versammlung schwerbehinderter Menschen im Betrieb oder in der Dienststelle durchzuführen. ²Die für Betriebs- und Personalversammlungen geltenden Vorschriften finden entsprechende Anwendung.**

(7) **Sind in einer Angelegenheit sowohl die Schwerbehindertenvertretung der Richter und Richterinnen als auch die Schwerbehindertenvertretung der übrigen Bediensteten beteiligt, so handeln sie gemeinsam.**

(8) **Die Schwerbehindertenvertretung kann an Betriebs- und Personalversammlungen in Betrieben und Dienststellen teilnehmen, für die sie als Schwerbehindertenvertretung zuständig ist, und hat dort ein Rederecht, auch wenn die Mitglieder der Schwerbehindertenvertretung nicht Angehörige des Betriebes oder der Dienststelle sind.**

1. Allgemeines. Kap. 5 befasst sich mit den **betriebl. Interessenvertretungen schwerbehinderter AN.** Dabei wirken alle Beteiligten eng zusammen (§ 182 I). § 176 S. 1 hebt hervor, dass auch BR und PR die Eingliederung schwerbehinderter AN zu fördern haben. Die Verpflichtung zur Förderung der Belange schwerbehinderter AN wird dadurch konkretisiert, dass diesen Interessenvertretungen insb. auferlegt wird, auf die Erfüllung der dem AG nach den §§ 154, 155 (Beschäftigungspflicht) und §§ 164 bis 167 (Rechte der AN, Inklusionsvereinb., Prävention) obliegenden Verpflichtungen zu achten. 1

2. Wahl der Schwerbehindertenvertretung (§ 177). In dem Betrieb (dazu BAG 7.4.2004 NZA 2004, 745; zur Geltung eines ZuordnungsTV nach § 3 BetrVG auch für die SBV BAG 10.11.2004 AP BetrVG 1972 § 3 Nr. 4) oder der Dienststelle müssen mind. **fünf schwerbehinderte AN** nicht nur vorübergehend beschäftigt werden. Ltd. Ang. rechnen mit (NPM/*Pahlen* § 94 Rn. 5). Nach § 177 VI 4 wird in Betrieben mit weniger als 50 wahlberechtigten schwerbehinderten Menschen im vereinfachten Wahlverf. gewählt, sofern der Betrieb nicht aus räuml. weit auseinander liegenden Teilen besteht. Die Verletzung dieser Bestimmung führt ebenso zur Anfechtbarkeit der Wahl (BAG 16.11.2005 NZA 2006, 340; 23.7.2014 NZA-RR 2015, 51) wie diejenige des Öffentlichkeitsgebots aus § 12 I SchwbWVO (BAG 10.7.2013 AP SGB IX § 94 Nr. 6; näher zur Wahlanfechtung BAG 23.7.2014 NZA 2014, 1288; *Adlhoch* NZA 2004, 1372 ff.; *Lamster* NZA 2004, 301 ff.). Um zu verhindern, dass bei **kleinen Betrieben** keine SBV errichtet werden, sieht § 177 I 4 die Möglichkeit vor, mehrere Betriebe eines AG bei räuml. Nähe zusammenzufassen. Die Entsch. über die Zusammenfassung trifft der AG im Benehmen mit dem zust. Integrationsamt (§ 177 I 5). Zu wählen ist mind. eine **Vertrauensperson** und ein **stellvertretendes Mitglied** (dessen Wahl isoliert angefochten werden kann: BAG 29.7.2009 NZA-RR 2010, 76; 23.7.2014 NZA 2014, 1288). Damit ist grds. nur eine Vertretung durch eine einzelne Person vorgesehen. Dies wird für Großbetriebe mit mehr als 100 schwerbehinderten AN in § 178 I 4 vorsichtig modifiziert (*Kleinebrink* DB 2017, 126). Ist das reguläre Mitglied (zB wegen eigener Betroffenheit) verhindert, tritt an seine Stelle der Stellvertreter (§ 177 I 1; die gegenteilige Rspr. von BAG 22.8.2013 AP SGB IX § 81 Nr. 21 ist durch die Neufassung überholt). 2

Wahlberechtigt sind alle im Betrieb **beschäftigten schwerbehinderten AN.** Unmaßgebl. ist die Dauer der Beschäftigung ebenso wie der Zpkt. des Eintritts in den Betrieb oder die Dienststelle. Auch dann, wenn der Umfang der Beschäftigung unter den Grenzen des § 156 III liegt, also ein Arbeitsplatz iSd. SGB IX nicht gegeben ist, besteht die Wahlberechtigung. Wahlberechtigt sind deshalb sogar AN, die nicht in einem ArbVerh. beschäftigt sind, wie dies etwa in den Fällen der §§ 52, 156 II Nr. 2 und 3 der Fall ist (BAG 16.4.2003 NZA 2003, 1105; s. zur Wahlberechtigung schwerbehinderter AN, die Maßnahmen zur Rehabilitation in einem privatwirtschaftl. Berufsbildungswerk erhalten, BAG 27.6.2001 NZA 2002, 50). **Wählbar** sind solche **im Betrieb Beschäftigten,** die am Wahltag diesem mindestens 6 Monate angehören und das 18. Lebensjahr vollendet haben (§ 177 III). Auf den Umf. der Beschäftigung kommt es nicht an, sodass auch cin geringfügig Beschäftigter wählbar ist. Die Vertrauensperson muss nicht selbst schwerbehindert sein. Die Wahl, die **alle vier Jahre** zwischen dem 3

1.10. und dem 30.11. stattzufinden hat, ist geheim und unmittelbar und erfolgt nach den Grds. der Mehrheitswahl. Wahlschutz und Wahlkosten richten sich nach dem BetrVG bzw. dem anwendbaren PersVG (§ 177 VI 2). Deshalb genießen auch hier Wahlbewerber und Wahlvorstand den bes. Kündigungsschutz des § 15 III KSchG (näher zum Wahlverf. *Düwell/Sachadae* NZA 2014, 1241 ff.). Für die Wahnanfechtung ist der Rechtsweg zu den ArbG auch dann nach § 2a I Nr. 3a ArbGG eröffnet, wenn die Wahl in einer Dienststelle der öff. Verwaltung stattgefunden hat (BAG 11.11.2003 NZA-RR 2004, 657; 22.3.2012 NZA 2012, 690). Bei **grober Verletzung der Amtspflichten** kann der Widerspruchsausschuss beim Integrationsamt auf Antrag eines Viertels der wahlberechtigten Schwerbehinderten das Amt einer Vertrauensperson für erloschen erklären (§ 177 VII 5). Das Recht zur Einl. des Verf. haben jedoch weder der AG noch der BR noch das Integrationsamt.

4 **3. Aufgaben der Schwerbehindertenvertretung (§ 178).** Ihre Aufgabe ist es va., die Eingliederung behinderter Menschen zu fördern (Abs. 1). Dies beschränkt sich nicht auf die im Betrieb bereits tätigen schwerbehinderten AN, sondern bezieht sich allg. auf die soziale Gruppe der schwerbehinderten Menschen (vgl. BAG 16.4.2003 NZA 2003, 1105: Zust. auch für im Betrieb beschäftigte schwerbehinderte Rehabilitanden iSv. § 52 SGB IX, die keine AN sind). Diese so allg. umschriebenen Aufgaben werden in Abs. 1 S. 2 im Einzelnen konkretisiert. Die Aufgabe besteht damit va. in der Überwachung der Vorschriften zugunsten der schwerbehinderten Menschen, der Beantragung von Maßnahmen, die den Schwerbehinderten dienen und der Übermittlung und ggf. Umsetzung von Anregungen und Beschwerden von schwerbehinderten AN (HN/*Mushoff* § 95 Rn. 4 ff.).

5 Der AG hat die SBV nach Abs. 2 in allen Angelegenheiten, die einzelne schwerbehinderte AN oder die Gesamtheit der schwerbehinderten AN betreffen, rechtzeitig und umfassend zu **unterrichten** und vor einer Entsch. zu **hören.** Damit normiert die Bestimmung zwei Verpflichtungen des AG, die sich nach Inhalt, Umf. und Zpkt. voneinander unterscheiden: Der Anspruch auf Unterrichtung erfasst nicht nur einseitige Maßnahmen des AG, sondern erstreckt sich grds. auf alle Angelegenheiten, die sich spezifisch auf schwerbehinderte Menschen auswirken. Die Unterrichtung hat unverzügl. (§ 121 I BGB) zu erfolgen (BAG 14.3.2012 AP SGB IX § 95 Nr. 4). Die Verpflichtung zur Anhörung geht darüber hinaus. Sie verlangt, dass der SBV Gelegenheit zur Stellungnahme gegeben wird und der AG eine entspr. Stellungnahme auch zur Kenntnis nimmt. Die Anhörung muss „vor" der Entsch. erfolgen (BAG 14.3.2012 AP SGB IX § 95 Nr. 4).

6 **Unterrichtungs- und anhörungspflichtig** sind **insb. Einstellung** (dazu BAG 15.10.2014 NZA 2015, 176), **Versetzung, Umgruppierung und Kündigung von Schwerbehinderten,** daneben aber auch alle anderen sie betr. Maßnahmen des AG wie Er- oder Abmahnungen (*Kleinebrink* DB 2017, 126, 131), nicht aber der Abschluss von Aufhebungsverträgen (BAG 14.3.2012 AP SGB IX § 95 Nr. 4; **aA** HN/*Mushoff* § 95 Rn. 34). Die SBV hat ein Recht zur Teilnahme an allen Bewerbungsgesprächen, wenn sich ein schwerbehinderter Mensch beworben hat (LAG HE 17.3.2016 NZA-RR 2016, 573). Wird eine Stelle mit Personalführungsfunktion nicht selbst mit einem schwerbehinderten Menschen besetzt, muss die SBV nur dann am Besetzungsverf. beteiligt werden, wenn die Aufgabe bes. schwerbehinderungsspezifische Führungsanforderungen stellt (BAG 17.8.2010 NZA 2010, 1431). Für den Fall der Verletzung des Unterrichtungs- und Anhörungsrechts durch den AG sieht das SGB IX nur bei Kündigungen eine dem BetrVG vergleichbare Sanktion vor (Abs. 2 S. 3; dazu Rn. 8 ff.), sonst nicht (BAG 28.7.1983 NJW 1984, 687). Nach Abs. 2 S. 2 ist jedoch die Durchführung oder Vollziehung einer Entsch. auszusetzen, die ohne die Beteiligung nach Abs. 2 S. 1 erfolgt ist. Der AG muss dann innerhalb von 7 Tagen die Beteiligung nachholen.

7 Ein in der Praxis bedeutsames Recht der SBV ist die **beratende Teilnahme an allen Sitzungen** (dh. auch solchen, bei denen nicht spezifisch Fragen schwerbehinderter AN auf der Tagesordnung stehen, LAG HE 4.12.2001 NZA-RR 2002, 587) der BR und PR usw. und deren Ausschüssen (vgl. BAG 4.6.1987 NZA 1987, 861 zum Wirtschaftsausschuss; BAG 21.4.1993 NZA 1994, 43 zu gemeinsamen Ausschüssen von AG und BR iSv. § 28 III BetrVG) sowie dem Arbeitsschutzausschuss, Abs. 4 S. 1 (*Düwell* BB 2000, 2570, 2574). Die SBV hat hier zwar nur **beratende Funktion,** kann aber in den Sitzungen ihren bes. Sachverstand einbringen und die Interessen der Schwerbehinderten zum Ausdruck bringen. Sie kann auch beantragen, Angelegenheiten, die einzelne schwerbehinderte AN oder die schwerbehinderten AN als Gruppe bes. betreffen, auf die Tagesordnung der nächsten Sitzung zu setzen (Cramer/*Ritz/Dopatka* § 95 Rn. 18).

8 **4. Insbesondere: Anhörung vor Kündigungen (§ 178 II).** Nach Abs. 2 S. 3 ist die Kündigung eines schwerbehinderten Menschen, die der AG ohne vorherige Anhörung der SBV ausspricht, unwirksam. Damit entspricht das G seit Ende 2016 einer älteren rechtspolitischen Forderung (*Düwell* FS Eichenhofer 2015 S. 155, 162; *ders.* FS Kohte 2016 S. 47, 49 f.). Voraussetzungen: Die Anhörungspflicht besteht – wie diejenige des BR nach § 102 BetrVG – bei allen Kündigungen (inkl. Änderungskündigungen) schwerbehinderter AN, auch solchen in der Wartezeit des § 1 I KSchG und damit auch dann, wenn es der Zust. des Integrationsamts wegen § 173 I Nr. 1 nicht bedarf (*Bayreuther* NZA 2017, 87, 88). Erforderl. ist ferner die **obj. Schwerbehinderung oder Gleichstellung** des AN. Umstr. ist die Behandlung der Fälle, in denen der AG hiervon keine Kenntnis hatte. Nach der zutr. Rspr. des BVerwG bestehen die Beteiligungsrechte der SBV nach § 178 nur, wenn dem AG die Schwerbehin-

derung, Gleichstellung oder zumindest die Beantragung ders. durch den AN bekannt ist (BVerwG 17.9.1981 DVBl. 1982, 582; 7.4.2011 BeckRS 2011, 50613; ebenso KHM/*Kossens* § 95 Rn. 23). Daher scheitert die Wirksamkeit der Kündigung nicht an § 178 II 3, wenn der AG erst nach deren Zugang hiervon erfährt. Demggü. wollen Teile der Lit. die bei § 168 anerkannten Regeln (vgl. § 168 Rn. 6 ff.) auf § 178 übertragen und dem AN damit die Möglichkeit eröffnen, sich auch noch innerhalb von drei Wochen nach Zugang der Kündigung auf die in diesem Zpkt. bereits bestehende Schwerbehinderung oder die (ggf. rückwirkend auf den Antragszpkt. bewilligte) Gleichstellung zu berufen (zur Fristberechnung BAG 22.9.2016 NZA 2017, 304), wenn er sie im Vorfeld der Kündigung nicht wahrheitswidrig verneint hat (vgl. BAG 16.2.2012 NZA 2012, 555). Ob dann auch § 173 III (analoge) Anwendung finden müsste, ist ebenfalls str., aber trotz dessen Beschränkung auf „dieses Kapitel" (das 4.), wohl zu bejahen (*Bayreuther* NZA 2017, 87, 88; *Boecken* VSSR 2017, 69, 81 ff.; *Lingemann/Steinhauser* NJW 2017, 1369, 1370; **aA** *Kleinebrink* DB 2017, 126, 128).

Das Verf. der Anhörung ist nur rudimentär geregelt. Die Anhörung muss „unverzügl. und umfassend" erfolgen (Abs. 2 S. 1). Die **Unverzüglichkeit** fordert vom AG, die SBV ohne schuldhaftes Zögern (§ 121 I BGB) anzuhören, sobald er seinen Kündigungswillen gebildet hat. Es muss daher am Beginn der vom AG zu treffenden Maßnahmen stehen. Die Anhörung des BR (§ 102 BetrVG) bzw. des PR kann zeitgleich erfolgen, darf derjenigen nach § 178 II aber nicht vorgehen (*Lingemann/Steinhauser* NJW 2017, 1369, 1370). Die Zust. des Integrationsamts darf erst danach beantragt werden (*Bayreuther* NZA 2017, 87, 90; *Klein* NJW 2017, 853, 854; **aA** *Kleinebrink* DB 2017, 126, 128 f.: zeitgleich). Die Anhörung kann nicht nachgeholt werden (Abs. 2 S. 2), da S. 3 nur auf S. 1 Bezug nimmt (*Klein* NJW 2017, 853, 855). Bei einer beabsichtigten außerordentl. Kündigung muss die Anhörung innerhalb der Frist des § 626 II BGB eingeleitet werden; die Kündigung darf analog § 174 V auch nach Ablauf dieser Frist erfolgen, wenn zuvor alle weiteren Schritte unverzügl. eingeleitet worden waren. Die umfassende Inf. verlangt, dass die SBV in demselben Umfang zu unterrichten ist wie der BR bzw. PR (näher BetrVG § 102 Rn. 5 ff.; **aA** *Bayreuther* NZA 2017, 87, 89); es gilt der Grds. der subj. Determinierung (zu dessen Grenzen BAG 16.7.2015 NZA 2016, 99). Auf Gründe, die der AG nicht mitgeteilt hat, kann er die Kündigung individualrechtl. nicht stützen (vgl. BetrVG § 102 Rn. 27; *Bayreuther* NZA 2017, 87, 89). Die Anhörung bedarf keiner Form, aus Beweisgründen empfiehlt sich aber Schrift- oder Textform (*Kleinebrink* DB 2017, 126, 128). Inhaltl. verlangt sie, dass der AG der SBV die Möglichkeit gibt, Einwendungen zu erheben, und dass er sich mit diesen, wenn sie gemacht werden, auseinandersetzt (Richardi/*Richardi* BetrVG Vor § 74 Rn. 25). Eine Erörterung oder Beratung mit der SBV ist nicht gefordert (*Bayreuther* NZA 2017, 87, 89; *Lingemann/Steinhauser* NJW 2017, 1369, 1371). 9

Das G nennt keine **Frist**, innerhalb derer sich die SBV abschließend äußern muss und nach deren Ablauf der AG die Kündigung aussprechen darf. Es erscheint sachgerecht, die nach dem BetrVG (eine Woche, bei außerordentl. Kündigungen drei Tage) bzw. dem anwendbaren PersVG einschlägigen Fristen entspr. heranzuziehen (*Klein* NJW 2017, 853, 855; *Kleinebrink* DB 2017, 126, 129), zumal das SGB IX zB auch hins. der pers. Rechtsstellung der SBV-Mitglieder auf das für die allg. betriebl. Interessenvertretung anwendbare Recht verweist (vgl. Rn. 11). Tw. wird empfohlen, der AG solle der SBV selbst eine Frist setzen (*Lingemann/Steinhauser* NJW 2017, 1369, 1370). Die Reaktion der SBV auf die Anhörung ist für das weitere Verf. gleichgültig. Es bedarf – anders als in manchen PersVG – weder ihrer Zust. (HN/*Mushoff* § 95 Rn. 40a) noch hat sie – anders als der BR (§ 102 V BetrVG) – ein Widerspruchsrecht. Hält der AG nach der Anhörung an seiner Kündigungsabsicht fest, muss er dies der SBV unverzügl. mitteilen (Abs. 2 S. 1 Hs. 2; *Kleinebrink* DB 2017, 126, 130). Als **Rechtsfolge** einer unterbliebenen Anhörung sieht Abs. 2 S. 3 die Unwirksamkeit der Kündigung vor. Diese kann nicht nachträgl. geheilt werden. Sie muss aber vom AN fristgerecht (§ 4 KSchG) gerichtl. geltend gemacht werden. Zudem darf das Integrationsamt die Zust. zur Kündigung nicht erteilen (*Bayreuther* NZA 2017, 87, 90) und dem AG droht ein **Bußgeld** (§ 238 I Nr. 8, II). Demggü. bleibt die Verletzung der Pflicht zur Mitt. der getroffenen Entsch. nach der Anhörung (Abs. 2 S. 1 Hs. 2) kündigungsrechtl. sanktionslos (*Boecken* VSSR 2017, 69, 78 ff.). 10

5. Persönliche Rechtsstellung der Mitglieder (§ 179). Hins. der pers. Rechtsstellung der Mitglieder der SBV knüpft § 179 III 1 an diejenigen betr. den BR bzw. PR an (näher *Cramer* NZA 2004, 698, 705 f.). Sie verbietet die Benachteiligung der Amtsträger ebenso wie deren Bevorzugung (vgl. LAG K 27.2.2002 NZA-RR 2003, 221); ein Weisungsrecht des AG bzgl. der Amtsausübung besteht nicht (BAG 21.2.2013 NZA 2013, 840). Die Gleichbehandlung der Mitglieder der SBV mit den Mitgliedern der anderen betriebl. Interessenvertretungen hat zur Folge, dass für SBV in Betrieben die Regelungen des BetrVG und für solche in Dienststellen die des einschlägigen PersVG gelten (vgl. BAG 14.8.1986 NZA 1987, 277). Für die Erforderlichkeit der Teilnahme an **Schulungs- und Bildungsveranstaltungen** gelten dies. Grds. wie bei § 37 BetrVG (BAG 8.6.2016 AP SGB IX § 96 Nr. 4; näher BetrVG § 37 Rn. 12 ff.); allerdings hat der erste Stellvertreter denselben Schulungsanspruch wie das reguläre Mitglied (§ 179 IV 3; *Kleinebrink* DB 2017, 126 f.). 11

Eine **Freistellung** der Vertrauensperson erfolgt in Betrieben mit weniger als 100 schwerbehinderten AN nur, wenn und soweit dies zur Durchführung der Arbeiten der SBV erforderl. ist (zur Erforder- 12 lichkeit einer Schulungsveranstaltung LAG K 5.7.2001 AP SchwbG 1986 § 26 Nr. 3). Eine völlige Freistellung kann auf freiwilliger Basis vereinbart werden, wenn dies wegen der Fülle der zu erledigenden Aufgaben geboten ist (vgl. BAG 30.4.1987 NZA 1988, 172). In Betrieben mit 100 und mehr schwerbehinderten AN wird die Vertrauensperson dagegen auf ihren Wunsch von der Arbeitsleistung vollständig freigestellt, Abs. 4 S. 2. Für den **Nachteilsausgleich** bei Freistellung wird an § 38 IV BetrVG angeknüpft. Für Tätigkeiten der Mitglieder der SBV außerhalb der AZ sieht Abs. 6, anders als § 37 III 3 BetrVG, keinen Abgeltungsanspruch vor (BAG 28.5.2014 NZA 2015, 564).

13 Die Vertrauenspersonen besitzen ggü. dem AG den gleichen Kündigungs-, Versetzungs- und Abordnungsschutz wie ein Mitglied des BR, PR, Staatsanwalts- oder Richterrates. Daher ist ihre **ordentl. Kündigung** nach § 179 III 1 iVm. § 15 KSchG außer im Falle der Stilllegung des Betriebs (§ 15 IV KSchG) ausgeschlossen (näher KSchG § 15 Rn. 16 ff.). Ihre **außerordentl. Kündigung** ist nur aus wichtigem Grund (§ 626 I BGB) und nur mit Zust. des BR (§ 103 I BetrVG) bzw. PR zulässig. Einer Zust. der SBV bedarf es dagegen nicht (BAG 19.7.2012 NZA 2013, 143).

14 Die Regelungen über Kosten sowie räuml. und sächl. Mittel (§ 179 VIII, IX) entspr. denen des § 40 BetrVG (zu Reisekosten BAG 27.7.2011 NZA 2012, 169). Die Kosten sind **vom AG zu tragen,** soweit sie für die Tätigkeit der SBV notwendig sind. Dabei bringt § 179 IX zum Ausdruck, dass die SBV grds. die Infrastruktur der allg. betriebl. Interessenvertretung mitbenutzen soll. Allerdings hat er Anspruch auf eine eigene Bürokraft (§ 179 VIII 3). Rechtsstreitigkeiten hierüber gehören auch im öff. Dienst vor die ArbG (BAG 20.3.2010 NZA 2010, 668).

15 **6. Gesamt- und Konzern-SBV (§ 180).** Sowohl im BetrVG als auch in den PersVG sind sog. Stufenvertretungen vorgesehen (§§ 47 ff. BetrVG, §§ 53 ff. BPersVG). Eine **Gesamt-SBV** wird gebildet, wenn ein GBR bzw. ein entspr. PR bestehen. Ist dieser nicht errichtet, kann auch keine Gesamt-SBV gebildet werden. Die Gesamt-SBV wird **gewählt** von den SBV der einzelnen Betriebe bzw. Dienststellen (§ 180 I). Die **Aufgaben** der Gesamt-SBV beziehen sich einerseits auf Angelegenheiten, die das Gesamtunternehmen oder mehrere Betriebe oder Dienststellen betreffen, insb. den Abschluss einer Inklusionsvereinb. Daneben ist die Gesamt-SBV auch zust. für die allg. Wahrung der Belange der schwerbehinderten AN, wenn in einem Betrieb eine SBV nicht gewählt worden ist (§ 180 VI). Für die **Konzern-SBV** (vgl. *Cramer* DB 2000, 2217, 2219) gilt Entsprechendes, § 180 II, VI 2 (BAG 4.11.2015 NZA-RR 2016, 191). Sie kann an allen Sitzung des KBR auch ohne dessen Zust. teilnehmen, § 59a BetrVG.

16 **7. Inklusionsbeauftragter (§ 181).** Nach § 181 ist jeder AG – sanktionslos – zur Bestellung eines Inklusionsbeauftragten verpflichtet, unabhängig davon, ob eine SBV besteht oder ob der AG beschäftigungspflichtig ist (Einzelheiten bei *Braun* ZTR 2003, 18 ff.). Es ist ledigl. erforderl., dass er überhaupt einen schwerbehinderten AN beschäftigt. Die Pflicht trifft den AG als solchen, sodass auch dann nur ein Beauftragter zu bestimmen ist, wenn der AG mehrere Betriebe hat. Es obliegt allein dem AG, zu entscheiden, wen er als Beauftragten bestellt. Er kann ihn jederzeit wieder abberufen und an Weisungen binden. Der AG kann sich auch selbst benennen, da der Beauftragte Vertreter des AG ist (NPM/*Pahlen* § 98 Rn. 3; **aA** Cramer/*Ritz* § 98 Rn. 7).

Kapitel 10. Sonstige Vorschriften

§ 205 [bis 31.12.2017: § 122] Vorrang der schwerbehinderten Menschen

Verpflichtungen zur bevorzugten Einstellung und Beschäftigung bestimmter Personenkreise nach anderen Gesetzen entbinden den Arbeitgeber nicht von der Verpflichtung zur Beschäftigung schwerbehinderter Menschen nach den besonderen Regelungen für schwerbehinderte Menschen.

1 Die Vorschr. stellt klar, dass die Beschäftigungspflicht nach dem SGB IX ohne Rücksicht darauf zu erfüllen ist, ob auch nach anderen ges. Vorschr. eine Verpflichtung zur bevorzugten Einstellung und Beschäftigung bestimmter Personenkreise gegeben ist. Dies bedeutet entgegen der Gesetzesüberschrift keinen allg. Vorrang der Beschäftigung schwerbehinderter Menschen, da die Verpflichtung des AG durch die Zahl der Pflichtarbeitsplätze nach oben begrenzt ist und der schwerbehinderte Mensch kein subj. Recht auf Einstellung ggü. dem AG hat (vgl. § 15 VI AGG). Auch § 205 begr. keine subj. Rechte des schwerbehinderten Menschen gegen einen AG (KHM/*Kossens* § 122 Rn. 8). Die Vorschr. gilt auch für die Gleichgestellten iSd. § 2 III, nicht aber für diejenigen nach § 151 IV (KHM/*Kossens* § 122 Rn. 2).

§ 206 [bis 31.12.2017: § 123] Arbeitsentgelt und Dienstbezüge

(1) [1]**Bei der Bemessung des Arbeitsentgelts und der Dienstbezüge aus einem bestehenden Beschäftigungsverhältnis werden Renten und vergleichbare Leistungen, die wegen der Behinderung bezogen werden, nicht berücksichtigt.** [2]**Die völlige oder teilweise Anrechnung dieser Leistungen auf das Arbeitsentgelt oder die Dienstbezüge ist unzulässig.**

(2) Absatz 1 gilt nicht für Zeiträume, in denen die Beschäftigung tatsächlich nicht ausgeübt wird und die Vorschriften über die Zahlung der Rente oder der vergleichbaren Leistung eine Anrechnung oder ein Ruhen vorsehen, wenn Arbeitsentgelt oder Dienstbezüge gezahlt werden.

Das Anrechnungsverbot des Abs. 1 stellt klar, dass der Bezug von Renten und vergleichbaren Leistungen infolge einer Behinderung eine Kürzung des Arbeitsentgelts nicht rechtfertigt. Es ist **unabdingbar** und korrespondiert mit dem Benachteiligungsverbot des § 7 AGG. Der schwerbehinderte AN, der eine vollwertige Arbeitsleistung erbringt, hat Anspruch auf ein ungekürztes Arbeitsentgelt. Daraus ergibt sich eine erste wichtige Grenze der Vorschr.: Auf sog. **Minderleistungsklauseln** in TV, die eine Lohnminderung bei verringerter Leistungsfähigkeit vorsehen, ist § 206 unanwendbar. Derartige Klauseln sind zulässig (BAG 8.12.1982 NJW 1983, 1136; 10.7.1991 NZA 1992, 27). Dasselbe gilt für Vereinb., nach denen der AN einen vom AG wegen der Behinderung gewährten Lohnausgleich zurückzuzahlen hat, wenn ihm eine Rente gewährt wird (BAG 10.11.1982 NJW 1983, 1135). 1

Die Vorschr. ist auf alle Arbeits- und sonstigen Dienstverhältnisse anzuwenden, sie gilt sowohl für schwerbehinderte AN (auch ohne förml. Anerkennung: BAG 9.12.1981 AP SchwbG § 42 Nr. 2) als auch für nach § 2 III Gleichgestellte (vgl. § 151 III). Sie verlangt, dass dem schwerbehinderten AN Arbeitsentgelt und Dienstbezüge ungekürzt ausgezahlt werden. **Arbeitsentgelt** iSv. Abs. 1 ist die Summe der Gegenleistungen des AG, nicht nur das Arbeitsentgelt iSv. § 14 SGB IV. 2

Das Anrechnungsverbot erfasst nur Leistungen im **bestehenden ArbVerh.** Es schließt deshalb nicht aus, dass wegen der Behinderung gewährte Renten auf Abfindungen, Sozialplanabfindungen (vgl. BAG 10.11.1982 NJW 1983, 1136; 28.10.1999 NZA 2000, 778); Übergangsgelder und Überbrückungsbeihilfen (BAG 16.11.1982 AP SchwbG § 42 Nr. 6; 30.3.2000 NZA-RR 2001, 203), Betriebsrenten (BAG 19.7.1983 AP BetrAVG § 5 Nr. 9) etc. angerechnet werden. Verfassungsrechtl. Bedenken gegen diese Begrenzung bestehen nicht (BAG 21.8.1984 NZA 1985, 739). Als **wegen der Behinderung bezogene Leistungen** kommen Leistungen der sozialen Entschädigung (insb. nach dem BVG), der ges. Unfallvers., der ges. Rentenvers. (Renten wegen verminderter Erwerbsfähigkeit, wenn die Erwerbsminderung und die Schwerbehinderung auf demselben Leiden beruhen, vgl. BAG 9.12.1981 AP SchwbG § 42 Nr. 2; 13.7.1982 NJW 1983, 1392; 16.11.1982 AP SchwbG § 42 Nr. 6) und Leistungen aus Zusatzversorgungssystemen in Betracht. Entscheidend ist, dass für die Entstehung dieser Leistungen die Behinderung die wesentl. Ursache war; deshalb kommt eine Regelaltersrente nicht in Betracht, wohl aber die vorgezogene Altersrente für Schwerbehinderte gem. § 37 SGB VI (BAG 10.5.1978 AP SchwbG § 42 Nr. 1). 3

Eine **Ausnahme vom Anrechnungsverbot** ergibt sich aus Abs. 2. Selbst in einem rechtl. bestehenden ArbVerh. ist die Anrechnung in Zeiträumen zulässig, in denen eine Beschäftigung tats. nicht ausgeübt wird. Dadurch wird dem Umstand Rechnung getragen, dass es bei einem tarifvertragl. verlängerten Bezug von Kranken- und ähnl. Bezügen zu einer Kollision mit Renten wegen verminderter Erwerbsfähigkeit kommen kann. Die gegenteilige ältere Rspr. (BAG 28.3.1984 NZA 1984, 126) ist damit überholt. 4

§ 207 [bis 31.12.2017: § 124] Mehrarbeit

Schwerbehinderte Menschen werden auf ihr Verlangen von Mehrarbeit freigestellt.

Mit dieser Vorschr. soll die Leistungsfähigkeit der Schwerbehinderten erhalten bleiben und der AN **vor Überbeanspruchung geschützt** werden. Sie gilt für alle schwerbehinderten AN und ihnen Gleichgestellte in allen Beschäftigungs- und Dienstverhältnissen. Aus der Vorschr. ergibt sich kein Verbot der Mehrarbeit, sondern nur ein Anspruch auf Befreiung von Mehrarbeit. Mehrarbeit iSd. Vorschr. ist die über die normale ges. AZ (§ 3 S. 1 ArbZG) einschl. etwaiger Bereitschaftsdienste (BAG 21.11.2006 NZA 2007, 446) hinaus geleistete Arbeit, nicht aber die über die individuelle AZ des Schwerbehinderten hinausgehende tägl. AZ (BAG 8.11.1989 NZA 1990, 309; vgl. a. ArbG Aachen 2.12.1999 NZA-RR 2000, 462). Aus dem Verbot der Mehrarbeit folgt nicht, dass der schwerbehinderte AN auf sein Verlangen nur in einer 5-Tage-Woche beschäftigt werden darf. Dies kann sich jedoch aus § 164 IV ergeben (§ 164 Rn. 13; BAG 3.12.2002 NZA 2004, 1219). **Sonn-, Feiertags- und Nachtarbeit** werden von § 207 nicht erfasst (BAG 3.12.2002 NZA 2004, 1219; Cramer/*Ritz* § 124 Rn. 5). Auch insoweit bleibt § 164 IV jedoch unberührt. 1

§ 208 [bis 31.12.2017: § 125] Zusatzurlaub

(1) [1]Schwerbehinderte Menschen haben Anspruch auf einen bezahlten zusätzlichen Urlaub von fünf Arbeitstagen im Urlaubsjahr; verteilt sich die regelmäßige Arbeitszeit des schwerbehinderten Menschen auf mehr oder weniger als fünf Arbeitstage in der Kalenderwoche, erhöht oder vermindert sich der Zusatzurlaub entsprechend. [2]Soweit tarifliche, betriebliche oder sonstige Ur-

laubsregelungen für schwerbehinderte Menschen einen längeren Zusatzurlaub vorsehen, bleiben sie unberührt.

(2) [1]**Besteht die Schwerbehinderteneigenschaft nicht während des gesamten Kalenderjahres, so hat der schwerbehinderte Mensch für jeden vollen Monat der im Beschäftigungsverhältnis vorliegenden Schwerbehinderteneigenschaft einen Anspruch auf ein Zwölftel des Zusatzurlaubs nach Absatz 1 Satz 1.** [2]**Bruchteile von Urlaubstagen, die mindestens einen halben Tag ergeben, sind auf volle Urlaubstage aufzurunden.** [3]**Der so ermittelte Zusatzurlaub ist dem Erholungsurlaub hinzuzurechnen und kann bei einem nicht im ganzen Kalenderjahr bestehenden Beschäftigungsverhältnis nicht erneut gemindert werden.**

(3) **Wird die Eigenschaft als schwerbehinderter Mensch nach § 152 Absatz 1 und 2 rückwirkend festgestellt, finden auch für die Übertragbarkeit des Zusatzurlaubs in das nächste Kalenderjahr die dem Beschäftigungsverhältnis zugrunde liegenden urlaubsrechtlichen Regelungen Anwendung.**

1 **Abs. 1** liegt der Gedanke zugrunde, dass ein **schwerbehinderter AN** seine **Arbeitskraft schneller als ein gesunder verbraucht.** § 208 soll die verbliebene Arbeitskraft sichern und erhalten. Eine im konkreten Fall gegebene Erholungsbedürftigkeit ist nicht erforderl.; sie wird unwiderlegl. vermutet (BAG 21.2.1995 NZA 1995, 839). Die Vorschr. gilt für alle schwerbehinderten AN, auch wenn sie auf Stellen beschäftigt werden, die nicht als „Arbeitsplätze" iSv. § 156 gelten; sie gilt aber nicht für Gleichgestellte, vgl. § 151 III. Es genügt die obj. Schwerbehinderung. Die förml. Anerkennung ist nicht erforderl. Der AN muss ledigl. den Anspruch unter Berufung auf seine Schwerbehinderteneigenschaft geltend machen (BAG 28.1.1982 AP SchwbG § 44 Nr. 3; 26.6.1986 NZA 1986, 823).

2 Der Zusatzurlaub tritt zu dem nach den allg. Regeln (dh. nicht nur zum ges. Mindesturlaub nach § 3 I BUrlG, sondern zu dem aufgrund Arbeitsvertrags, TV oder sonstiger anwendbarer Regelung) zu gewährenden Erholungsurlaub hinzu (BAG 24.10.2006 NZA 2007, 330). Er wird deshalb nur dann und **insoweit erworben, wie ein Hauptanspruch auf Erholungsurlaub entstanden** ist, sodass auch für den vollen Zusatzurlaub die Wartezeit zurückzulegen ist (NPM/*Pahlen* § 125 Rn. 10). Auch iÜ unterliegt der Anspruch auf Zusatzurlaub den allg. Grds. des Urlaubsrechts, soweit nicht in § 208 etwas bes. bestimmt ist (BAG 21.2.1995 NZA 1995, 839). Zusätzl. **Urlaubsgeld** kann auf Grund von § 208 nicht gefordert werden (BAG 20.1.1983 AP SchwbG § 44 Nr. 4; 30.7.1986 NZA 1986, 835; vgl. aber BAG 23.1.1996 NZA 1996, 831).

3 **Abs. 2** korrigiert die Rspr. des BAG, nach der ein Anspruch auf den **vollen Zusatzurlaub** auch dann bestehen sollte, wenn erst **im Laufe des Kj. die Schwerbehinderung** entsteht oder anerkannt wird (BAG 21.2.1995 NZA 1995, 746). Bei Ausscheiden innerhalb eines Kj. bleibt der Zusatzurlaub von einem tarifvertragl. Zwölftelungsprinzip unberührt, da es sich hier um einen ges. Urlaubsanspruch handelt, dessen Gehalt durch TV nicht geänd. werden kann. Ein in der zweiten Jahreshälfte nach Erfüllung der Wartezeit ausscheidender AN hat deshalb nach § 5 I lit. c BUrlG Anspruch auf den vollen Jahresurlaub (BAG 8.3.1994 NZA 1994, 1095; LAG MV 24.6.2014 NZA-RR 2015, 66). Kann dieser wegen der Beendigung des ArbVerh. nicht mehr gewährt werden, ist er nach § 7 IV BUrlG selbst dann abzugelten, wenn der AG erst nach der Beendigung des ArbVerh. von der Schwerbehinderung des AN Kenntnis erlangt (BAG 25.6.1996 NZA 1996, 1153).

4 **Abs. 3** ergänzt die Rspr. des BAG, nach der die Ungewissheit über das Erg. des Feststellungsverf. keinen in der Person des AN liegenden Übertragungsgrund darstellt (BAG 21.2.1995 NZA 1995, 1008). Die rückwirkende Feststellung der Schwerbehinderteneigenschaft soll nicht zur Folge haben, dass dem AN in größerem Umf. aufgestaute Urlaubsansprüche zufallen. Daher wird auch in diesem Fall die Urlaubsübertragung entspr. § 7 III BUrlG oder davon abw. tarifl. Regelungen (§ 13 I BUrlG) beschränkt (BT-Drs. 15/1783 S. 18; zweifelnd *Edenfeld* NZA 2012, 713, 719f.; krit. *Fenski* NZA 2004, 1255, 1257). Die Rspr. des EuGH zur Übertragbarkeit des Urlaubsanspruchs nach der RL 2003/88/EG (EuGH 20.1.2009 NZA 2009, 135; 22.11.2011 NZA 2011, 1333) gilt nach Auff. des BAG auch für § 208 III (BAG 23.3.2010 NZA 2010, 810; 7.8.2012 NZA 2012, 1216), obwohl der Zusatzurlaub nach dieser Vorschr. nicht auf Unionsrecht beruht (**aA** daher zu Recht LAG B 2.10.2009 ZTR 2010, 211; ArbG BE 22.4.2009 NZA-RR 2009, 411). Allerdings können Ausschlussfristen eingreifen, die deutl. kürzer als ein Jahr sind (BAG 13.12.2011 NZA 2012, 514; 21.2.2012 NZA 2012, 750).

§ 209 [bis 31.12.2017: § 126] Nachteilsausgleich

(1) **Die Vorschriften über Hilfen für behinderte Menschen zum Ausgleich behinderungsbedingter Nachteile oder Mehraufwendungen (Nachteilsausgleich) werden so gestaltet, dass sie unabhängig von der Ursache der Behinderung der Art oder Schwere der Behinderung Rechnung tragen.**

(2) **Nachteilsausgleiche, die auf Grund bisher geltender Rechtsvorschriften erfolgen, bleiben unberührt.**

§ 210 [bis 31.12.2017: § 127] Beschäftigung schwerbehinderter Menschen in Heimarbeit

(1) **Schwerbehinderte Menschen, die in Heimarbeit beschäftigt oder diesen gleichgestellt sind (§ 1 Absatz 1 und 2 des Heimarbeitsgesetzes) und in der Hauptsache für den gleichen Auftraggeber arbeiten, werden auf die Arbeitsplätze für schwerbehinderte Menschen dieses Auftraggebers angerechnet.**

(2) [1] **Für in Heimarbeit beschäftigte und diesen gleichgestellte schwerbehinderte Menschen wird die in § 29 Absatz 2 des Heimarbeitsgesetzes festgelegte Kündigungsfrist von zwei Wochen auf vier Wochen erhöht; die Vorschrift des § 29 Absatz 7 des Heimarbeitsgesetzes ist sinngemäß anzuwenden.** [2] **Der besondere Kündigungsschutz schwerbehinderter Menschen im Sinne des Kapitels 4 gilt auch für die in Satz 1 genannten Personen.**

(3) [1] **Die Bezahlung des zusätzlichen Urlaubs der in Heimarbeit beschäftigten oder diesen gleichgestellten schwerbehinderten Menschen erfolgt nach den für die Bezahlung ihres sonstigen Urlaubs geltenden Berechnungsgrundsätzen.** [2] **Sofern eine besondere Regelung nicht besteht, erhalten die schwerbehinderten Menschen als zusätzliches Urlaubsgeld 2 Prozent des in der Zeit vom 1. Mai des vergangenen bis zum 30. April des laufenden Jahres verdienten Arbeitsentgelts ausschließlich der Unkostenzuschläge.**

(4) [1] **Schwerbehinderte Menschen, die als fremde Hilfskräfte eines Hausgewerbetreibenden oder eines Gleichgestellten beschäftigt werden (§ 2 Absatz 6 des Heimarbeitsgesetzes) können auf Antrag eines Auftraggebers auch auf dessen Pflichtarbeitsplätze für schwerbehinderte Menschen angerechnet werden, wenn der Arbeitgeber in der Hauptsache für diesen Auftraggeber arbeitet.** [2] **Wird einem schwerbehinderten Menschen im Sinne des Satzes 1, dessen Anrechnung die Bundesagentur für Arbeit zugelassen hat, durch seinen Arbeitgeber gekündigt, weil der Auftraggeber die Zuteilung von Arbeit eingestellt oder die regelmäßige Arbeitsmenge erheblich herabgesetzt hat, erstattet der Auftraggeber dem Arbeitgeber die Aufwendungen für die Zahlung des regelmäßigen Arbeitsverdienstes an den schwerbehinderten Menschen bis zur rechtmäßigen Beendigung seines Arbeitsverhältnisses.**

(5) **Werden fremde Hilfskräfte eines Hausgewerbetreibenden oder eines Gleichgestellten (§ 2 Absatz 6 des Heimarbeitsgesetzes) einem Auftraggeber gemäß Absatz 4 auf seine Arbeitsplätze für schwerbehinderte Menschen angerechnet, erstattet der Auftraggeber die dem Arbeitgeber nach Absatz 3 entstehenden Aufwendungen.**

(6) **Die den Arbeitgeber nach § 163 Absatz 1 und 5 treffenden Verpflichtungen gelten auch für Personen, die Heimarbeit ausgeben.**

Mit dieser Vorschr. werden auch in **Heimarbeit** beschäftigte schwerbehinderte Menschen in den **Schutzbereich des G** einbezogen. Diese Regelung war erforderl., da die Auftraggeber der Heimarbeiter als solche keine AG sind, weil sie nicht über Arbeitsplätze iSd. § 156 verfügen. Die Heimarbeiter sind auch nicht AN, sondern nur ANähnl. Personen (BGB § 611a Rn. 85). Für den **Begriff des Heimarbeiters** gilt § 2 I HAG. Erfasst werden neben den Heimarbeitern auch die diesen nach § 2 II HAG Gleichgestellten, also insb. die Hausgewerbetreibenden. Erfasst von der Vorschr. werden schwerbehinderte Menschen und ihnen nach § 2 III Gleichgestellte. 1

Abs. 1 sieht vor, dass schwerbehinderte Menschen, die in Heimarbeit oder dem gleichgestellt beschäftigt sind, auf die Pflichtplätze des Auftraggebers angerechnet werden. Eine Beschäftigungspflicht der Auftraggeber von Heimarbeitern besteht demggü. nicht. Deshalb sind Auftraggeber nur dann beschäftigungspflichtig, wenn sie über Arbeitsplätze nach § 156 I verfügen. Heimarbeitsplätze rechnen also bei der Berechnung der Pflichtzahl nicht mit; der AG kann ledigl. seiner Beschäftigungspflicht auch durch Beschäftigung von Heimarbeitern genügen. Um angerechnet werden zu können, muss der Heimarbeiter „in der Hauptsache" für den gleichen Auftraggeber arbeiten, womit der Auftraggeber gemeint ist, der den Heimarbeiter ausschl. oder überw. beschäftigt (NPM/*Pahlen* § 127 Rn. 14). Nicht maßgebend ist, dass der Behinderte seinen Lebensunterhalt überw. aus dem BeschVerh. bezieht (BAG 27.9.1974 AP BetrVG 1972 § 6 Nr. 1). 2

Abs. 2 überträgt den Sonderkündigungsschutz für schwerbehinderte AN auf die Beschäftigung in Heimarbeit, indem er die Kündigungsfrist nach § 29 II HAG von 2 auf 4 Wochen erhöht. Durch die Verweisung auf § 29 VII HAG wird klargestellt, dass der Heimarbeiter für die Dauer der Kündigungsfrist Anspruch auf Arbeitsentgelt in der bisherigen Höhe behält. § 173 findet keine Anwendung. Die Verlängerung der Kündigungsfrist setzt also nicht voraus, dass das ArbVerh. mehr als sechs Monate bestanden hat (KHM/*Kossens* § 127 Rn. 10). IÜ wird auf den Sonderkündigungsschutz in vollem Umf. verwiesen. 3

Zum Zusatzurlaub **(Abs. 3)** wird ebenfalls grds. auf die allg. Regelungen des SGB IX – hier § 208 – verwiesen. Abs. 3 regelt nur die bes. Berechnung der Bezahlung dieses Zusatzurlaubs. Die Berechnung richtet sich nach den für den Erholungsurlaub geltenden Grds. 4

5 **Abs. 4 und 5** tragen den Besonderheiten der Beschäftigung von Hilfskräften durch Hausgewerbetreibende Rechnung. Der Auftraggeber des Hausgewerbetreibenden kann die Arbeitsplätze der Hilfskräfte auf seine Pflichtplätze anrechnen lassen. Die Anrechnung erfolgt auf Antrag und hat ua. zur Konsequenz, dass den Auftraggeber des Hausgewerbetreibenden eine Pflicht zur Erstattung des vom Hausgewerbetreibenden an die Hilfskraft bis zur rechtmäßigen Lösung des ArbVerh. zu zahlenden Arbeitsentgelts trifft, wenn er die Zuteilung von Arbeit eingestellt oder die Arbeitsmenge erhebl. herabgesetzt hat. Der Auftraggeber muss dem Hausgewerbetreibenden dann zudem das an den schwerbehinderten Menschen gezahlte Urlaubsentgelt erstatten.

6 **Abs. 6** erlegt die Verzeichnispflicht und die Auskunftspflicht nach § 163 I und V, nicht aber auch die Meldepflicht nach § 163 II dem auf, der Heimarbeit ausgibt. Dass eine Meldepflicht nicht besteht, erklärt sich aus der fehlenden Beschäftigungspflicht.

§ 211 [bis 31.12.2017: § 128] Schwerbehinderte Beamtinnen und Beamte, Richterinnen und Richter, Soldatinnen und Soldaten

(1) Die besonderen Vorschriften und Grundsätze für die Besetzung der Beamtenstellen sind unbeschadet der Geltung dieses Teils auch für schwerbehinderte Beamtinnen und Beamte so zu gestalten, dass die Einstellung und Beschäftigung schwerbehinderter Menschen gefördert und ein angemessener Anteil schwerbehinderter Menschen unter den Beamten und Beamtinnen erreicht wird.

(2) Absatz 1 gilt für Richterinnen und Richter entsprechend.

(3) [1] Für die persönliche Rechtsstellung schwerbehinderter Soldatinnen und Soldaten gelten die §§ 2, 152, 176 bis 182, 199 Absatz 1 sowie die §§ 206, 208, 209 und 228 bis 230. [2] Im Übrigen gelten für Soldatinnen und Soldaten die Vorschriften über die persönliche Rechtsstellung der schwerbehinderten Menschen, soweit sie mit den Besonderheiten des Dienstverhältnisses vereinbar sind.

590. Gesetz über Sprecherausschüsse der leitenden Angestellten (Sprecherausschußgesetz – SprAuG)

Vom 20. Dezember 1988 (BGBl. I S. 2312)

Zul. geänd. durch Verordnung vom 31. Oktober 2006 (BGBl. I S. 2407)

(FNA 801-11)

Einleitung

Auf ltd. Ang. findet das BetrVG (s. § 5 III) keine Anwendung. Da der Gesetzgeber dort bewusst keine ges. Vertretung der ltd. Ang. schuf (BT-Drs. VI/2729 S. 12), bildeten sich zunächst auf Grund von Vereinb. zwischen ltd. Ang. und AG freiwillige SprAu. (MüArbR/*Joost* § 233 Rn. 2; *Säcker* FS 25 Jahre BAG 1979 S. 471 ff.), die das BAG als zulässig ansah (BAG 19.2.1975 NJW 1975, 1941). 1

Nach früheren ergebnislosen Anläufen (s. BT-Drs. 8/3490; BT-Drs. 10/3384) trat das „G über Sprecherausschüsse der ltd. Ang." in der 11. Legislaturperiode am 1.1.1989 in Kraft (ausf. *Fuchs,* Die Entstehung des G über SprAu. der ltd. Ang., 2000). Das G schloss die in der BetrVerf. in personeller Hinsicht bestehende Lücke und entsprach dem in zuvor ca. 400 freiwilligen SprAu. dokumentierten Bedürfnis nach einer eigenständigen Interessenvertretung (BT-Drs. 11/2503 S. 26). Spätestens mWv. 1.6.1990 bestanden diese nach § 37 II nicht mehr fort (§ 37 Rn. 2). Hieraus folgt, dass das G die Errichtung von SprAu. abschl. regelt. Deshalb können keine SprAu. auf Grund eines TV errichtet werden. Zwar setzen die TVParteien nach den §§ 1 I, 3 II TVG grds. betriebsverfassungsrechtl. Normen, das SprAuG ist aber für die Organisation des SprAu. abschl. (MüArbR/*Joost* § 233 Rn. 40; *Wlotzke* NZA 1989, 709, 710). Eine Ausweitung der Befugnisse des SprAu. per TV wird zT ausgeschlossen, weil die notwendig werdende Einf. von Konfliktlösungsmechanismen dem vom SprAuG verfolgten Interesse an einer reibungslosen Zusammenarbeit zwischen Unternehmer und ltd. Ang. widerspreche (MüArbR/*Joost* § 233 Rn. 41; *Löwisch* Vorb. Rn. 2). Dem ist nicht zu folgen, da die Beteiligungsrechte dem ANSchutzrecht zuzuordnen sind, so dass für deren zweiseitig zwgd. Charakter positive Anhaltspunkte vorliegen müssen (BAG 18.8.1987 NZA 1987, 779; 10.2.1988 NZA 1988, 699). Da es hieran fehlt, können TV die Befugnisse des SprAu. erweitern (*Oetker* ZfA 19-90, 43, 79). 2

Erster Teil. Allgemeine Vorschriften

§ 1 Errichtung von Sprecherausschüssen

(1) **In Betrieben mit in der Regel mindestens zehn leitenden Angestellten (§ 5 Abs. 3 des Betriebsverfassungsgesetzes) werden Sprecherausschüsse der leitenden Angestellten gewählt.**

(2) **Leitende Angestellte eines Betriebs mit in der Regel weniger als zehn leitenden Angestellten gelten für die Anwendung dieses Gesetzes als leitende Angestellte des räumlich nächstgelegenen Betriebs desselben Unternehmens, der die Voraussetzungen des Absatzes 1 erfüllt.**

(3) **Dieses Gesetz findet keine Anwendung auf**

1. **Verwaltungen und Betriebe des Bundes, der Länder, der Gemeinden und sonstiger Körperschaften, Anstalten und Stiftungen des öffentlichen Rechts sowie**
2. **Religionsgemeinschaften und ihre karitativen und erzieherischen Einrichtungen unbeschadet deren Rechtsform.**

1. Persönlicher Geltungsbereich. Das G gilt gem. § 1 I für alle ltd. Ang. iSv. § 5 III und IV BetrVG. Wegen des Klammerzusatzes ist die Begriffsbildung des BetrVG (BetrVG § 5 Rn. 17 ff.) bindend. Bei den AG der früheren Dt. Bundespost sind die funktional vergleichbaren Beamten einzubeziehen (§ 36 II PostPersRG); entspr. gilt bei Kooperationsbetrieben der Bundeswehr (§ 6 II KooperationsG der Bundeswehr v. 30.7.2004) sowie der Bundesrepublik Deutschland-Finanzagentur GmbH (§ 5 II BundeswertpapierverwaltungspersonalG v. 12.7.2006). 1

SprAu. werden nach § 1 I auf betriebl. Ebene errichtet. Der Betriebsbegriff wird nicht definiert, sondern vorausgesetzt. Da das SprAuG dem materiellen Betriebsverfassungsrecht angehört, ist auf den Betriebsbegriff des BetrVG abzustellen (*Löwisch* Rn. 38 sowie BetrVG § 1 Rn. 7 ff.). Die Vermutung für das Vorliegen eines **gemeinsamen Betriebs** mehrerer Unternehmen in § 1 II BetrVG (BetrVG § 1 Rn. 15) gilt auch für die Errichtung von SprAu. (HWK/*Annuß/Girlich* Rn. 8; iE *Goldschmidt* FA 2003, 6, 7). Ebenso sind auf Grund TV oder BV gebildete betriebsverfassungsrechtl. Organisations- 2 einheiten (§ 3 V BetrVG) für das SprAuG maßgebend (GK-BetrVG/*Franzen* § 3 Rn. 68 aE; *Mückl* DB 2010, 2615, 2617; DKKW/*Trümner* § 3 Rn. 204; **aA** *Fitting* § 3 Rn. 79). Zwar kennt das G keine § 3 II MitbestG, § 3 II DrittelbG vergleichbare Verweisung und § 3 V 1 BetrVG beschränkt sich ausdr. auf das BetrVG; ein Gleichlauf ist aber wegen der im SprAuG angelegten Verzahnung beider Interessenvertretungen geboten (s. *Mückl* DB 2010, 2615, 2617).

3 **2. Sachlicher Geltungsbereich. a) Betrieb.** Umstr. ist die Einbeziehung der Modifikationen durch § 4 BetrVG, da eine dieses anordnende Regelung im SprAuG fehlt. Bei entspr. Anwendung des § 4 BetrVG könnten in Betriebsteilen, wenn dort zehn oder mehr ltd. Ang. beschäftigt sind und diese entweder räuml. weit vom Hauptbetrieb entfernt oder durch Aufgabenbereich und Organisation eigenständig sind, eigene SprAu. gebildet werden (§ 4 I 1 BetrVG). **Kleinstbetriebe** mit weniger als zehn ltd. Ang. wären dem Hauptbetrieb zuzuordnen (§ 4 II BetrVG). Hierfür spricht, dass § 4 BetrVG **integraler Bestandteil** des betriebsverfassungsrechtl. Betriebsbegriffs ist und sowohl das MBR (s. § 3 II MitbestG, § 3 II DrittelbG) als auch § 170 I 2 SGB IX (bis 1.1.2018: § 87 I 2 SGB IX auf § 4 BetrVG zurückgreifen (*Oetker* ZfA 1990, 43, 48). Die überw. Ansicht lehnt eine analoge Anwendung des § 4 BetrVG indes ab (zB *Hromadka/Sieg* Rn. 18; MüArbR/*Joost* § 233 Rn. 16f.; *Löwisch* Rn. 41f.), da ltd. Ang. in Kleinstbetrieben gem. § 1 II dem **nächstgelegenen Betrieb** zuzurechnen sind. Dies muss nicht immer der Hauptbetrieb sein. Auch die Wahl von SprAu. für Betriebsteile wird abgelehnt, da § 1 I diese organisatorisch abhängigen Bestandteile des Hauptbetriebs umfasse und insoweit abschl. sei.

4 **b) Sprecherausschussfähiger Betrieb.** SprAu. können nur in Betrieben gewählt werden, in denen regelm. mind. zehn ltd. Ang. beschäftigt sind. Entscheidend ist die bei normalem Betriebsverlauf für den Betrieb kennzeichnende Beschäftigtenzahl (HWK/*Annuß/Girlich* Rn. 9; zum BetrVG BAG 12.10.1976 AP BetrVG 1972 § 8 Nr. 1). Ltd. Ang. eines Betriebs, in dem die Mindestzahl nicht erreicht wird, sind dem räuml. nächstgelegenen Betrieb desselben Unternehmens zuzuordnen, der die Mindestzahl erfüllt (§ 1 II). Ist dies bei keinem Betrieb der Fall, kann ein USprAu. gebildet werden (§ 20; BT-Drs. 11/2503 S. 41). Sinkt während der Amtsperiode eines SprAu. die Zahl der ltd. Ang. auf unter zehn, so verliert der Betrieb die SprAuFähigkeit und das Amt des SprAu. endet. Die ltd. Ang. werden in diesem Fall bis zum Ablauf der Amtsperiode von dem SprAu. des **räuml. nächstgelegenen** Betriebs mit vertreten (*Hromadka/Sieg* Rn. 45; NK-GA/*v. Steinau-Steinrück* Rn. 3; **aA** *Löwisch* Rn. 48). Dies ist nicht der Betrieb mit der geringsten Luftlinienentfernung (so *Bauer* SprAuG Anm. 4), sondern der mit den übl. Verkehrsmitteln am schnellsten erreichbare (*Löwisch* Rn. 47; *Hromadka/Sieg* Rn. 46). Das G findet keine Anwendung auf den öffentl. Dienst sowie Religionsgemeinschaften. § 1 III Nr. 1 entspricht § 130 BetrVG, § 1 III Nr. 2 stimmt mit § 118 II BetrVG überein.

5 **3. Räumlicher Geltungsbereich.** Das G gilt für im Inland gelegene Betriebe (**Territorialitätsprinzip**; MüArbR/*Joost* § 233 Rn. 23; NK-GA/*v. Steinau-Steinrück* Rn. 5), unabhängig von der Staatsangehörigkeit des Betriebsinhabers (s. BetrVG § 1 Rn. 5) und der der ltd. Ang. sowie des Arbeitsstatuts, dem ihr ArbVerh. unterstellt ist. Für im **Ausland** gelegene Betriebe eines inländischen Unternehmens gilt das G nicht (MüArbR/*Joost* § 233 Rn. 23). Sind ltd. Ang. im Ausland tätig, geht es nicht um den räuml., sondern den pers. Geltungsbereich des G (BAG 7.12.1989 NZA 1990, 658). Es kommt darauf an, ob sie nach den **Grds. der Betriebsausstrahlung** dem inländischen Betrieb zuzuordnen sind (s. BetrVG § 1 Rn. 4). Dies ist regelm. zu verneinen, wenn sie auf Dauer in den im Ausland liegenden Betrieb eingegliedert sind (*Löwisch* Vorb. Rn. 9). Selbst wenn das G auf im Ausland Beschäftigte anzuwenden ist, kann der SprAu. im Ausland keine organschaftl. Handlungen (zB Versammlungen ltd. Ang.) durchführen (für Betriebsversammlungen BAG 27.5.1983 NJW 1983, 413).

§ 2 Zusammenarbeit

(1) [1]**Der Sprecherausschuß arbeitet mit dem Arbeitgeber vertrauensvoll unter Beachtung der geltenden Tarifverträge zum Wohl der leitenden Angestellten und des Betriebs zusammen.** [2]**Der Arbeitgeber hat vor Abschluß einer Betriebsvereinbarung oder sonstigen Vereinbarung mit dem Betriebsrat, die rechtliche Interessen der leitenden Angestellten berührt, den Sprecherausschuß rechtzeitig anzuhören.**

(2) [1]**Der Sprecherausschuß kann dem Betriebsrat oder Mitgliedern des Betriebsrats das Recht einräumen, an Sitzungen des Sprecherausschusses teilzunehmen.** [2]**Der Betriebsrat kann dem Sprecherausschuß oder Mitgliedern des Sprecherausschusses das Recht einräumen, an Sitzungen des Betriebsrats teilzunehmen.** [3]**Einmal im Kalenderjahr soll eine gemeinsame Sitzung des Sprecherausschusses und des Betriebsrats stattfinden.**

(3) [1]**Die Mitglieder des Sprecherausschusses dürfen in der Ausübung ihrer Tätigkeit nicht gestört oder behindert werden.** [2]**Sie dürfen wegen ihrer Tätigkeit nicht benachteiligt oder begünstigt werden; dies gilt auch für ihre berufliche Entwicklung.**

(4) [1]**Arbeitgeber und Sprecherausschuß haben Betätigungen zu unterlassen, durch die der Arbeitsablauf oder der Frieden des Betriebs beeinträchtigt werden.** [2]**Sie haben jede parteipolitische Betätigung im Betrieb zu unterlassen; die Behandlung von Angelegenheiten tarifpolitischer, sozialpolitischer und wirtschaftlicher Art, die den Betrieb oder die leitenden Angestellten unmittelbar betreffen, wird hierdurch nicht berührt.**

1. Zusammenarbeit mit dem Arbeitgeber. a) Vertrauensvolle Zusammenarbeit. § 2 I 1 normiert nicht nur die Verpflichtung des SprAu. als Organ zur **vertrauensvollen Zusammenarbeit** mit dem AG, sondern begr. diese zusätzl. für den AG und die Mitglieder des SprAu. (*Löwisch* Rn. 1; *Kronisch/Deich* AR-Blattei SD 1490.3 Rn. 1). Dieses Gebot wird insb. durch § 2 I 2 (Anhörungspflicht des AG), § 2 IV (Friedenspflicht), § 25 II (Unterrichtungspflicht des AG), § 27 I (Gleichbehandlungsgebot), § 27 II (Schutz und Förderung der freien Entfaltung der Persönlichkeit) sowie § 29 (Geheimhaltungspflicht) konkretisiert. Nach § 2 I 1 hat die Zusammenarbeit zum Wohl der ltd. Ang. und des Betriebs zu erfolgen; SprAu. und AG sollen den Ausgleich der beiderseitigen Interessen verfolgen. Zudem sind die Interessen der übrigen Belegschaft als Betriebsinteresse zu berücksichtigen (*Hromadka/Sieg* Rn. 5; MüArbR/*Joost* § 233 Rn. 27). SprAu. und AG haben bei ihrer Zusammenarbeit sowohl den normativen als auch den obligatorischen Teil von **TV zu beachten,** sofern sich deren pers. Geltungsbereich auf die ltd. Ang. erstreckt (*Löwisch* Rn. 3). Vertrauensvolle Zusammenarbeit bedeutet für den SprAu., dass er nicht in **Weisungen des AG** eingreifen und den **Betriebsfrieden** stören darf; den AG verpflichtet sie in erster Linie, mit dem SprAu. über alle Angelegenheiten zu verhandeln, welche die Belange der ltd. Ang. betreffen (HWK/*Annuß/Girlich* Rn. 2; *Bauer* SprAuG Anm. 2). 1

b) Anhörung des Sprecherausschusses. Die Pflicht des AG zur vertrauensvollen Zusammenarbeit konkretisiert **§ 2 I 2.** Der AG muss vor dem Abschluss von **Vereinb. mit dem BR** (BV, Regelungsabreden), die die rechtl. Interessen der ltd. Ang. berühren, den SprAu. **anhören** und dessen Stellungn. dem BR zuleiten (ausf. *Wüllner*, Die Pflicht des AG zur Anhörung des SprAu. vor Abschluss von BV und sonstigen Vereinb. mit dem BR, Diss. Gießen 1993). Für **Entsch. der Einigungsstelle** gilt § 2 I 2 entspr., da die Norm gewährleisten soll, dass sich der SprAu. äußern kann, bevor im Verhältnis zu ihm vollendete Tatsachen geschaffen werden (*Löwisch* Rn. 7). Trotz der Verfahrensherrschaft der Einigungsstelle wird tw. verlangt, dass der AG die Anhörung durchführt und die Äußerung des SprAu. sodann der Einigungsstelle übermittelt (so *Hromadka/Sieg* Rn. 14; **aA** *Oetker* ZfA 1990, 43, 65: Vors. der Einigungsstelle). Eine § 2 I 2 entspr. Vorschr. fehlt im BetrVG. Dennoch ergibt sich aus dem **Gebot der vertrauensvollen Zusammenarbeit** (§ 2 I BetrVG), dass der AG den BR vor Abschluss von Vereinb. mit dem SprAu., die dic Interessen der AN berühren, anhören muss (*Löwisch* Rn. 9). 2

Vereinb., die **rechtl. Interessen** der ltd. Ang. berühren, sind nicht solche, die **direkt** in die Rechte der ltd. Ang. eingreifen, da dem BR hierfür die Regelungskompetenz fehlt. Ebenfalls nicht gemeint sind Vereinb., welche die Rechtslage der ltd. Ang. unmittelbar dadurch ändern, dass sie durch Bezugnahme im Arbeitsvertrag Inhalt desselben werden, da die Beeinträchtigung auf einer vertragl. Abrede beruht, die vom Willen der ltd. Ang. getragen ist (*Buchner* NZA 1989, Beil. 1, 2, 14; **aA** *BFJ* Rn. 5; *Goldschmidt* Rn. 266; *Kronisch/Deich* AR-Blattei SD 1490.3 Rn. 12). Vielmehr normiert das G ein **Anhörungsrecht** bei Vereinb., die den Regelungsspielraum des SprAu. **faktisch** reduzieren. Dies ist der Fall, wenn diese eine betriebseinheitl. Regelung zwgd. erforderl. machen (zB betriebl. AZ, Unfallverhütung, Urlaubsplanung) oder Leistungen des AG alle AN des Betriebs betreffen (*Buchner* NZA 1989, Beil. 1, 2, 14 f.; *Hromadka/Sieg* Rn. 16; *Goldschmidt* Rn. 267; *Weigle* S. 279 ff.). 3

Die Anhörung ist so rechtzeitig durchzuführen, dass der SprAu. vor Abschluss der Vereinb. genügend Zeit hat, sich mit der Angelegenheit zu befassen und zu dieser Stellung zu nehmen. Die **Verletzung der Anhörungspflicht** berührt nicht die Wirksamkeit der Vereinb. mit dem BR, da das G keine Sanktion vorsieht (*Löwisch* Rn. 8; NK-GA/*v. Steinau-Steinrück* Rn. 2; *Weigle* S. 290 ff.). In einer wiederholten und beharrl. Verletzung liegt aber eine nach § 34 I Nr. 2 strafbare Behinderung der Tätigkeit des SprAu. (*Hromadka/Sieg* Rn. 19; *Goldschmidt* Rn. 271). Sowohl SprAu. als auch AG können den Anspruch auf vertrauensvolle Zusammenarbeit nach § 2a I Nr. 2 ArbGG im BeschlV geltend machen (*Löwisch* Rn. 11). Ein Erzwingungsverfahren gegen den AG entspr. § 23 III BetrVG kennt das G nicht. Verstößt der SprAu. gegen § 2 I 1, kann ein Auflösungs- oder Ausschlussverfahren gem. § 9 I eingeleitet werden. 4

2. Stellung der Koalitionen. Das G weist Gewerkschaften und AGVerbänden, im Unterschied zum BetrVG, keine Funktionen zu (näher *Oetker* ZfA 1990, 43, 55 f.). Sie können aber **Werbungs-, Informations- und Betreuungsrechte** unmittelbar aus Art. 9 III 1 GG geltend machen (*Hromadka/Sieg* Rn. 74 f.; MüArbR/*Joost* § 233 Rn. 39; HWK/*Annuß/Girlich* Rn. 8; **aA** *Bauer* SprAuG Anm. 2). 5

3. Zusammenarbeit mit dem Betriebsrat. Eine Pflicht zur vertrauensvollen Zusammenarbeit von SprAu. und BR ist nicht ausdr. geregelt. Allerdings verbieten die §§ 78 S. 1, 119 I Nr. 2 BetrVG und die §§ 2 III 1, 34 I Nr. 2, das jeweils andere Organ bei der Ausübung seiner Tätigkeit zu behindern (*Löwisch* Rn. 13). § 2 II 1 und 2 soll die Zusammenarbeit von SprAu. und BR dadurch fördern, dass 6 die Organe sich gegenseitig oder einzelnen Mitgliedern das **Recht zur Teilnahme** an ihren Sitzungen einräumen. Eine Ausnahme von der **Pflicht zur Geheimhaltung** (§ 29) ordnet das SprAuG hierfür nicht an, so dass überw. angenommen wird, diese Pflicht bestehe auch im Verhältnis des SprAu. zum BR (*Hromadka/Sieg* § 29 Rn. 16; *Löwisch* § 29 Rn. 8; *Deich* AR-Blattei SD 1490.2 Rn. 127 f.; **aA** *Oetker* ZfA 1990, 43, 53 f.; s. § 29 Rn. 3). Einladungs- und Teilnahmerecht stehen im Ermessen des jeweiligen Organs (*Hromadka/Sieg* Rn. 22); § 2 II 3 sieht einmal im Kj. eine gemeinsame Sitzung von SprAu. und BR vor. Die Verletzung dieser „Soll"-Vorschrift ist nicht ges. sanktioniert (HWK/*Annuß/Girlich* Rn. 5). § 2 II 3 verleiht der Zusammenarbeit der beiden Organe Ausdruck. Eine **engere Zusammenarbeit** von AG, SprAu. und BR ist deshalb gestattet, zB durch „Gesamtvereinbarungen", die hins. der ltd. Ang. RL iSv. § 28, bzgl. der übrigen AN BV oder Regelungsabreden sind (AR/*Maschmann* Rn. 2; *Löwisch* Rn. 18; NK-GA/*v. Steinau-Steinrück* Rn. 3; exemplarisch BAG 10.2.2009 NZA 2009, 970).

7 **4. Behinderungsverbot.** Das Behinderungsverbot schützt SprAu., USprAu., GSprAu. und KSprAu. und deren Mitglieder sowie Ersatzmitglieder (§§ 18 III, 20 I 2, 24 I). **Adressat** ist jedermann, also AG, BR und seine Mitglieder sowie AN und Außenstehende (Bsp. für Behinderungen bei BetrVG § 78 Rn. 4). Eine rechtsgeschäftl. Handlung (zB Kündigung, Versetzung) verstößt gegen § 2 III 1, wenn sie wegen der Tätigkeit als Mitglied des SprAu. erfolgt. Rechtsfolge des Verstoßes ist die Nichtigkeit nach § 134 BGB. Ein weitergehender **Kündigungsschutz** ist nicht vorgesehen; insb. sind Mitglieder des SprAu. nicht durch § 15 KSchG geschützt (ausf. *C. Abeln*, Organrechtl. und kündigungsrechtl. Stellung des Sprecherausschussmitgliedes im Vergleich zum BRMitglied, 1993).

8 **5. Benachteiligungs- und Begünstigungsverbot.** Nach § 2 III 2 dürfen Mitglieder des SprAu. im Vergleich zu den übrigen ltd. Ang. wegen ihrer Amtstätigkeit weder benachteiligt noch begünstigt werden. Für einen Verstoß genügt die **tats. Besser- oder Schlechterstellung,** eine entspr. Absicht ist nicht erforderl. (so zu § 78 BetrVG BAG 23.6.1975 AP BetrVG 1972 § 40 Nr. 10). Auch die Bestimmung eines Mitglieds des SprAu. zum Verhandlungspartner des SprAu. kann gegen § 2 III 2 verstoßen, da es hierdurch seine Mitgliedschaft im SprAu. gem. § 3 II 2 Nr. 1 iVm. § 9 II Nr. 1 verliert (*C. Abeln,* Organrechtl. und kündigungsrechtl. Stellung des Sprecherausschussmitgliedes im Vergleich zum BRMitglied, 1993 S. 13 ff.; **aA** HWK/*Annuß/Girlich* Rn. 12). Grds. trifft denjenigen, der eine Benachteiligung geltend macht bzw. eine unzulässige Begünstigung behauptet, die Beweislast bzgl. des **Kausalzusammenhangs** (HWK/*Annuß/Girlich* Rn. 14). Sind nur Mitglieder des SprAu. begünstigt oder benachteiligt, spricht der Beweis des ersten Anscheins für eine Kausalität; der AG hat den Gegenbeweis anzutreten (*Deich* AR-Blattei SD 1490.2 Rn. 130).

9 Ein Verstoß gegen § 2 III 2 verpflichtet nach **§ 823 II BGB** zum Schadensersatz (HWK/*Annuß/Girlich* Rn. 15; NK-GA/*v. Steinau-Steinrück* Rn. 7). Beim Unterlassen einer Beförderung eines ltd. Ang. wegen seiner Amtstätigkeit kann dieser die Zuweisung einer entspr. höher dotierten Stellung beanspruchen (zu § 78 BetrVG BAG 26.9.1990 NZA 1991, 694). Eine rechtsgeschäftl. Handlung (zB Kündigung, Versetzung), die gegen § 2 III 2 verstößt, ist gem. **§ 134 BGB nichtig.** Es besteht bei einer Kündigung auf Grund der Tätigkeit im SprAu. bei offensichtl. Unwirksamkeit der Kündigung bzw. bei obsiegendem erstinstanzl. Urt. ein **Weiterbeschäftigungsanspruch** des ltd. Ang. (str., s. *Löwisch* § 31 Rn. 37 mwN). Auch die Vereinb. einer Begünstigung, die gegen § 2 III 2 verstößt, ist nach § 134 BGB nichtig; bereits gewährte Vergünstigungen können aber nicht zurückgefordert werden (§ 817 S. 2 BGB). Die vorsätzl. Verletzung des § 2 III ist nach § 34 I Nr. 2 und 3 strafbar.

10 **6. Betriebliche Friedenspflicht.** AG und SprAu. haben es nach § 2 IV 1 zu unterlassen, die Atmosphäre friedl. Zusammenarbeit im Betrieb **(Betriebsfrieden)** und die Durchführung der im Betrieb anfallenden Arbeiten **(Arbeitsablauf)** zu beeinträchtigen (Bsp. für Beeinträchtigung bei BetrVG § 74 Rn. 20). Die Friedenspflicht umfasst auch ein **Arbeitskampfverbot** (*Hromadka/Sieg* Rn. 46; MüArbR/*Joost* § 233 Rn. 35; NK-GA/*v. Steinau-Steinrück* Rn. 8). Des Weiteren ist nach § 2 IV 2 Hs. 1 jede **parteipolitische Betätigung** im Betrieb zu unterlassen. Geschützt wird ua. die Meinungs- und Wahlfreiheit der ltd. Ang. Die Betätigung muss nicht zu einer tats. Gefährdung des Betriebsfriedens führen (Bsp. für Verstöße bei BetrVG § 74 Rn. 25). Nicht erfasst werden gelegentl. politische Meinungsäußerungen. Ebenso ist die Behandlung tarifpolitischer, sozialpolitischer und wirtschaftl. Fragen nicht untersagt (§ 2 IV 2 Hs. 2). Bei Verstößen gegen § 2 IV besteht ein Unterlassungsanspruch (*Löwisch* Rn. 36; HWK/*Annuß/Girlich* Rn. 18; NK-GA/*v. Steinau-Steinrück* Rn. 8; **aA** *Hromadka/Sieg* Rn. 64 sowie zu § 74 II 3 BetrVG BAG 17.3.2010 NZA 2010, 1133). Der SprAu. kann bei groben Verstößen nach § 9 I aufgelöst, einzelne Mitglieder können nach § 9 I vom Amt ausgeschlossen werden. Für ltd. Ang. ergibt sich die betriebl. Friedenspflicht und das Verbot parteipolitischer Betätigung nicht aus § 2 IV, sondern aus dem Arbeitsvertrag. Insb. hins. der parteipolitischen Betätigung ist Zurückhaltung der ltd. Ang. geboten, da auf Grund ihrer Position im Betrieb die erhebl. Gefahr besteht, dass Meinungsdruck auf die ihnen unterstellten AN ausgeübt wird.

Zweiter Teil. Sprecherausschuß, Versammlung der leitenden Angestellten, Gesamt-, Unternehmens- und Konzernsprecherausschuß

Erster Abschnitt. Wahl, Zusammensetzung und Amtszeit des Sprecherausschusses

§ 3 Wahlberechtigung und Wählbarkeit

(1) Wahlberechtigt sind alle leitenden Angestellten des Betriebs.

(2) [1] Wählbar sind alle leitenden Angestellten, die sechs Monate dem Betrieb angehören. [2] Auf die sechsmonatige Betriebszugehörigkeit werden Zeiten angerechnet, in denen der leitende Angestellte unmittelbar vorher einem anderen Betrieb desselben Unternehmens oder Konzerns (§ 18 Abs. 1 des Aktiengesetzes) als Beschäftigter angehört hat. [3] Nicht wählbar ist, wer

1. aufgrund allgemeinen Auftrags des Arbeitgebers Verhandlungspartner des Sprecherausschusses ist,

2. nicht Aufsichtsratsmitglied der Arbeitnehmer nach § 6 Abs. 2 Satz 1 des Mitbestimmungsgesetzes in Verbindung mit § 105 Abs. 1 des Aktiengesetzes sein kann oder

3. infolge strafgerichtlicher Verurteilung die Fähigkeit, Rechte aus öffentlichen Wahlen zu erlangen, nicht besitzt.

§ 4 Zahl der Sprecherausschußmitglieder

(1) Der Sprecherausschuß besteht in Betrieben mit in der Regel

10 bis 20 leitenden Angestellten	**aus einer Person,**
21 bis 100 leitenden Angestellten	**aus drei Mitgliedern,**
101 bis 300 leitenden Angestellten	**aus fünf Mitgliedern,**
über 300 leitenden Angestellten	**aus sieben Mitgliedern.**

(2) Männer und Frauen sollen entsprechend ihrem zahlenmäßigen Verhältnis im Sprecherausschuß vertreten sein.

§ 5 Zeitpunkt der Wahlen und Amtszeit

(1) [1] Die regelmäßigen Wahlen des Specherausschusses finden alle vier Jahre in der Zeit vom 1. März bis 31. Mai statt. [2] Sie sind zeitgleich mit den regelmäßigen Betriebsratswahlen nach § 13 Abs. 1 des Betriebsverfassungsgesetzes einzuleiten.

(2) Außerhalb dieses Zeitraums ist der Sprecherausschuß zu wählen, wenn

1. im Betrieb ein Sprecherausschuß nicht besteht,

2. der Sprecherausschuß durch eine gerichtliche Entscheidung aufgelöst ist,

3. die Wahl des Sprecherausschusses mit Erfolg angefochten worden ist oder

4. der Sprecherausschuß mit der Mehrheit seiner Mitglieder seinen Rücktritt beschlossen hat.

(3) [1] Hat außerhalb des in Absatz 1 festgelegten Zeitraums eine Wahl des Sprecherausschusses stattgefunden, ist der Sprecherausschuß in dem auf die Wahl folgenden nächsten Zeitraum der regelmäßigen Wahlen des Sprecherausschusses neu zu wählen. [2] Hat die Amtszeit des Sprecherausschusses zu Beginn des in Absatz 1 festgelegten Zeitraums noch nicht ein Jahr betragen, ist der Sprecherausschuß in dem übernächsten Zeitraum der regelmäßigen Wahlen des Sprecherausschusses neu zu wählen.

(4) [1] Die regelmäßige Amtszeit des Sprecherausschusses beträgt vier Jahre. [2] Die Amtszeit beginnt mit der Bekanntgabe des Wahlergebnisses oder, wenn zu diesem Zeitpunkt noch ein Sprecherausschuß besteht, mit Ablauf von dessen Amtszeit. [3] Die Amtszeit endet spätestens am 31. Mai des Jahres, in dem nach Absatz 1 die regelmäßigen Wahlen des Sprecherausschusses stattfinden. [4] In dem Fall des Absatzes 3 Satz 2 endet die Amtszeit spätestens am 31. Mai des Jahres, in dem der Sprecherausschuß neu zu wählen ist.

(5) In dem Fall des Absatzes 2 Nr. 4 führt der Sprecherausschuß die Geschäfte weiter, bis der neue Sprecherausschuß gewählt und das Wahlergebnis bekanntgegeben ist.

§ 6 Wahlvorschriften

(1) Der Sprecherausschuß wird in geheimer und unmittelbarer Wahl gewählt.

(2) Die Wahl erfolgt nach den Grundsätzen der Verhältniswahl; wird nur ein Wahlvorschlag eingereicht, erfolgt die Wahl nach den Grundsätzen der Mehrheitswahl.

(3) [1]In Betrieben, deren Sprecherausschuß aus einer Person besteht, wird dieser mit einfacher Stimmenmehrheit gewählt. [2]In einem getrennten Wahlgang ist ein Ersatzmitglied zu wählen.

(4) [1]Zur Wahl des Sprecherausschusses können die leitenden Angestellten Wahlvorschläge machen. [2]Jeder Wahlvorschlag muß von mindestens einem Zwanzigstel der leitenden Angestellten, jedoch von mindestens drei leitenden Angestellten unterzeichnet sein; in Betrieben mit in der Regel bis zu zwanzig leitenden Angestellten genügt die Unterzeichnung durch zwei leitende Angestellte. [3]In jedem Fall genügt die Unterzeichnung durch fünfzig leitende Angestellte.

§ 7 Bestellung, Wahl und Aufgaben des Wahlvorstands

(1) Spätestens zehn Wochen vor Ablauf seiner Amtszeit bestellt der Sprecherausschuß einen aus drei oder einer höheren ungeraden Zahl von leitenden Angestellten bestehenden Wahlvorstand und einen von ihnen als Vorsitzenden.

(2) [1]Besteht in einem Betrieb, der die Voraussetzungen des § 1 Abs. 1 erfüllt, kein Sprecherausschuß, wird in einer Versammlung von der Mehrheit der anwesenden leitenden Angestellten des Betriebs ein Wahlvorstand gewählt. [2]Zu dieser Versammlung können drei leitende Angestellte des Betriebs einladen und Vorschläge für die Zusammensetzung des Wahlvorstands machen. [3]Der Wahlvorstand hat unverzüglich eine Abstimmung darüber herbeizuführen, ob ein Sprecherausschuß gewählt werden soll. [4]Ein Sprecherausschuß wird gewählt, wenn dies die Mehrheit der leitenden Angestellten des Betriebs in einer Versammlung oder durch schriftliche Stimmabgabe verlangt.

(3) [1]Zur Teilnahme an der Versammlung und der Abstimmung nach Absatz 2 sind die Angestellten berechtigt, die vom Wahlvorstand aus Anlaß der letzten Betriebsratswahl oder der letzten Wahl von Aufsichtsratsmitgliedern der Arbeitnehmer, falls diese Wahl später als die Betriebsratswahl stattgefunden hat, oder durch gerichtliche Entscheidung den leitenden Angestellten zugeordnet worden sind. [2]Hat zuletzt oder im gleichen Zeitraum wie die nach Satz 1 maßgebende Wahl eine Wahl nach diesem Gesetz stattgefunden, ist die für diese Wahl erfolgte Zuordnung entscheidend.

(4) [1]Der Wahlvorstand hat die Wahl unverzüglich einzuleiten, sie durchzuführen und nach Abschluß der Wahl öffentlich die Auszählung der Stimmen vorzunehmen, deren Ergebnis in einer Niederschrift festzustellen und es im Betrieb bekanntzugeben. [2]Dem Arbeitgeber ist eine Abschrift der Wahlniederschrift zu übersenden.

§ 8 Wahlanfechtung, Wahlschutz und Wahlkosten

(1) [1]Die Wahl kann beim Arbeitsgericht angefochten werden, wenn gegen wesentliche Vorschriften über das Wahlrecht, die Wählbarkeit oder das Wahlverfahren verstoßen worden ist und eine Berichtigung nicht erfolgt ist, es sei denn, daß durch den Verstoß das Wahlergebnis nicht geändert oder beeinflußt werden konnte. [2]Zur Anfechtung berechtigt sind mindestens drei leitende Angestellte oder der Arbeitgeber. [3]Die Wahlanfechtung ist nur innerhalb einer Frist von zwei Wochen, vom Tage der Bekanntgabe des Wahlergebnisses an gerechnet, zulässig.

(2) [1]Niemand darf die Wahl des Sprecherausschusses behindern. [2]Insbesondere darf kein leitender Angestellter in der Ausübung des aktiven und passiven Wahlrechts beschränkt werden. [3]Niemand darf die Wahl des Sprecherausschusses durch Zufügung oder Androhung von Nachteilen oder durch Gewährung oder Versprechen von Vorteilen beeinflussen.

(3) [1]Die Kosten der Wahl trägt der Arbeitgeber. [2]Versäumnis von Arbeitszeit, die zur Ausübung des Wahlrechts, zur Betätigung im Wahlvorstand oder zur Tätigkeit als Vermittler (§ 18a des Betriebsverfassungsgesetzes) erforderlich ist, berechtigt den Arbeitgeber nicht zur Minderung des Arbeitsentgelts.

1 § 9 Ausschluß von Mitgliedern, Auflösung des Sprecherausschusses und Erlöschen der Mitgliedschaft

(1) [1]Mindestens ein Viertel der leitenden Angestellten oder der Arbeitgeber können beim Arbeitsgericht den Ausschluß eines Mitglieds aus dem Sprecherausschuß oder die Auflösung des Sprecherausschusses wegen grober Verletzung seiner gesetzlichen Pflichten beantragen. [2]Der Ausschluß eines Mitglieds kann auch vom Sprecherausschuß beantragt werden.

(2) Die Mitgliedschaft im Sprecherausschuß erlischt durch

1. Ablauf der Amtszeit,
2. Niederlegung des Sprecherausschußamtes,
3. Beendigung des Arbeitsverhältnisses,

4. Verlust der Wählbarkeit,
5. Ausschluß aus dem Sprecherausschuß oder Auflösung des Sprecherausschusses aufgrund einer gerichtlichen Entscheidung oder
6. gerichtliche Entscheidung über die Feststellung der Nichtwählbarkeit nach Ablauf der in § 8 Abs. 1 Satz 3 bezeichneten Frist, es sei denn, der Mangel liegt nicht mehr vor.

§ 10 Ersatzmitglieder

(1) [1] Scheidet ein Mitglied des Sprecherausschusses aus, rückt ein Ersatzmitglied nach. [2] Dies gilt entsprechend für die Stellvertretung eines zeitweilig verhinderten Mitglieds des Sprecherausschusses.

(2) [1] Die Ersatzmitglieder werden der Reihe nach aus den nicht gewählten leitenden Angestellten derjenigen Vorschlagslisten entnommen, denen die zu ersetzenden Mitglieder angehören. [2] Ist eine Vorschlagsliste erschöpft, ist das Ersatzmitglied derjenigen Vorschlagsliste zu entnehmen, auf die nach den Grundsätzen der Verhältniswahl der nächste Sitz entfallen würde. [3] Ist das ausgeschiedene oder verhinderte Mitglied nach den Grundsätzen der Mehrheitswahl gewählt, bestimmt sich die Reihenfolge der Ersatzmitglieder nach der Höhe der erreichten Stimmenzahl.

(3) In dem Fall des § 6 Abs. 3 gilt Absatz 1 mit der Maßgabe, daß das gewählte Ersatzmitglied nachrückt oder die Stellvertretung übernimmt.

Zweiter Abschnitt. Geschäftsführung des Sprecherausschusses

§ 11 Vorsitzender

(1) Der Sprecherausschuß wählt aus seiner Mitte den Vorsitzenden und dessen Stellvertreter.

(2) [1] Der Vorsitzende vertritt den Sprecherausschuß im Rahmen der von diesem gefaßten Beschlüsse. [2] Zur Entgegennahme von Erklärungen, die dem Sprecherausschuß gegenüber abzugeben sind, ist der Vorsitzende berechtigt. [3] Im Falle der Verhinderung des Vorsitzenden nimmt sein Stellvertreter diese Aufgaben wahr.

(3) Der Sprecherausschuß kann die laufenden Geschäfte auf den Vorsitzenden oder andere Mitglieder des Sprecherausschusses übertragen.

§ 12 Sitzungen des Sprecherausschusses

(1) [1] Vor Ablauf einer Woche nach dem Wahltag hat der Wahlvorstand die Mitglieder des Sprecherausschusses zu der nach § 11 Abs. 1 vorgeschriebenen Wahl einzuberufen. [2] Der Vorsitzende des Wahlvorstands leitet die Sitzung, bis der Sprecherausschuß aus seiner Mitte einen Wahlleiter zur Wahl des Vorsitzenden und seines Stellvertreters bestellt hat.

(2) [1] Die weiteren Sitzungen beruft der Vorsitzende des Sprecherausschusses ein. [2] Er setzt die Tagesordnung fest und leitet die Verhandlung. [3] Der Vorsitzende hat die Mitglieder des Sprecherausschusses zu den Sitzungen rechtzeitig unter Mitteilung der Tagesordnung zu laden.

(3) Der Vorsitzende hat eine Sitzung einzuberufen und den Gegenstand, dessen Beratung beantragt ist, auf die Tagesordnung zu setzen, wenn dies ein Drittel der Mitglieder des Sprecherausschusses oder der Arbeitgeber beantragen.

(4) Der Arbeitgeber nimmt an den Sitzungen, die auf sein Verlangen anberaumt sind, und an den Sitzungen, zu denen er ausdrücklich eingeladen ist, teil.

(5) [1] Die Sitzungen des Sprecherausschusses finden in der Regel während der Arbeitszeit statt. [2] Der Sprecherausschuß hat bei der Anberaumung von Sitzungen auf die betrieblichen Notwendigkeiten Rücksicht zu nehmen. [3] Der Arbeitgeber ist über den Zeitpunkt der Sitzung vorher zu verständigen. [4] Die Sitzungen des Sprecherausschusses sind nicht öffentlich; § 2 Abs. 2 bleibt unberührt.

§ 13 Beschlüsse und Geschäftsordnung des Sprecherausschusses

(1) [1] Die Beschlüsse des Sprecherausschusses werden, soweit in diesem Gesetz nichts anderes bestimmt ist, mit der Mehrheit der Stimmen der anwesenden Mitglieder gefaßt. [2] Bei Stimmengleichheit ist ein Antrag abgelehnt.

(2) [1] Der Sprecherausschuß ist nur beschlußfähig, wenn mindestens die Hälfte seiner Mitglieder an der Beschlußfassung teilnimmt. [2] Stellvertretung durch Ersatzmitglieder ist zulässig.

(3) [1]Über jede Verhandlung des Sprecherausschusses ist eine Niederschrift anzufertigen, die mindestens den Wortlaut der Beschlüsse und die Stimmenmehrheit, mit der sie gefaßt sind, enthält. [2]Die Niederschrift ist von dem Vorsitzenden und einem weiteren Mitglied zu unterzeichnen. [3]Der Niederschrift ist eine Anwesenheitsliste beizufügen, in die sich jeder Teilnehmer eigenhändig einzutragen hat.

(4) Die Mitglieder des Sprecherausschusses haben das Recht, die Unterlagen des Sprecherausschusses jederzeit einzusehen.

(5) Sonstige Bestimmungen über die Geschäftsführung können in einer schriftlichen Geschäftsordnung getroffen werden, die der Sprecherausschuß mit der Mehrheit der Stimmen seiner Mitglieder beschließt.

§ 14 Arbeitsversäumnis und Kosten

(1) Mitglieder des Sprecherausschusses sind von ihrer beruflichen Tätigkeit ohne Minderung des Arbeitsentgelts zu befreien, wenn und soweit es nach Umfang und Art des Betriebs zur ordnungsgemäßen Durchführung ihrer Aufgaben erforderlich ist.

(2) [1]Die durch die Tätigkeit des Sprecherausschusses entstehenden Kosten trägt der Arbeitgeber. [2]Für die Sitzungen und die laufende Geschäftsführung hat der Arbeitgeber in erforderlichem Umfang Räume, sachliche Mittel und Büropersonal zur Verfügung zu stellen.

1 **1. Allgemeines.** § 14 regelt den Bereich, den das BetrVG in den §§ 37 bis 41 normiert. Dabei entspricht Abs. 1 § 37 II BetrVG und Abs. 2 § 40 I und II BetrVG. Die übrigen Bestimmungen des BetrVG finden keine Entsprechung. Der Gesetzgeber hielt es für selbstverständl., dass die Mitglieder ihr Amt unentgeltl. und ehrenamtl. ausüben und verzichtete auf eine § 37 I BetrVG entspr. Hervorhebung. Außerdem hielt er es für selbstverständl., dass Mitglieder des SprAu. nach Amtsende nicht bzgl. des Entgelts oder ihrer Arbeit diskriminiert werden (s. § 37 IV und V BetrVG). Nicht vorgesehen sind außerdem Regelungen über den Ausgleich für Amtstätigkeit außerhalb der AZ (§ 37 III BetrVG), Schulungsveranstaltungen (§ 37 VI und VII BetrVG), Freistellungen (§ 38 BetrVG), Sprechstunden (§ 39 BetrVG) und das Umlageverbot (§ 41 BetrVG).

2 **2. Arbeitsbefreiung.** Nach § 14 I sind Mitglieder des SprAu. von ihrer berufl. Tätigkeit zu befreien, wenn und soweit dies zur Erfüllung der **Amtstätigkeiten erforderl.** ist (zur Erforderlichkeit BetrVG § 37 Rn. 3). Für Amtstätigkeiten außerhalb der regelm. AZ sieht das G im Gegensatz zu § 37 III BetrVG keinen **Freizeitausgleich** vor. Tw. wird dennoch ein entspr. Anspruch aus § 2 III 2 hergeleitet (MüArbR/*Joost* § 234 Rn. 86). Dieser Auff. ist nicht zu folgen, da § 14 ggü. § 2 III 2 lex specialis ist. Außerdem gibt es für ltd. Ang. oft keine regelm. AZ (s. § 18 I Nr. 1 ArbZG), so dass kaum feststellbar ist, ob die Tätigkeit für den SprAu. außerhalb der AZ liegt (*Löwisch* Rn. 1; NK-GA/*v. Steinau-Steinrück* Rn. 2). Eine ausgleichende Arbeitsbefreiung kommt nur in Betracht, wenn die zeitl. unmittelbar auf die Amtstätigkeit folgende Arbeitsleistung unzumutbar ist; zB Arbeitsbefreiung nach einer die ganze Nacht dauernden Sitzung (AR/*Maschmann* Rn. 2; *Hromadka/Sieg* Rn. 9; *Löwisch* Rn. 1).

3 Die vollständige Freistellung von der berufl. Tätigkeit sieht das G nicht vor. Eine **pauschale Arbeitsbefreiung** würde mangels ges. Regelung gegen § 2 III 2 verstoßen. Daher richtet sich der Umf. der Freistellung nach den im Einzelfall wahrzunehmenden Aufgaben. Eine (vorübergehende) vollständige Freistellung von der berufl. Tätigkeit ist dadurch nicht generell ausgeschlossen (so aber *Hromadka/Sieg* Rn. 2; *Löwisch* Rn. 1; NK-GA/*v. Steinau-Steinrück* Rn. 2), wenn sie im Einzelfall zur ordnungsgemäßen Amtsausübung erforderl. ist (MüArbR/*Joost* § 234 Rn. 88; *Deich* AR-Blattei SD 1490.2 Rn. 100). Insoweit gelten die Grds. zur völligen Freistellung eines BRMitglieds zu § 37 II BetrVG (s. BetrVG § 38 Rn. 2).

4 **3. Kosten und Sachmittel.** Nach § 14 II 1 trägt der AG die Kosten für die Tätigkeit des SprAu., die dem **Grds. der Verhältnismäßigkeit** entsprechen (*Hromadka/Sieg* Rn. 15; *Löwisch* Rn. 8; *Deich* AR-Blattei SD 1490.2 Rn. 76; zur Erforderlichkeit BetrVG § 40 Rn. 1). Andernfalls haben die Mitglieder des SprAu. die Kosten selbst zu tragen (*Hromadka/Sieg* Rn. 16) und haften nach § 427 BGB als Gesamtschuldner (*Hromadka/Sieg* Rn. 16; *Löwisch* Rn. 8). Ein Recht des SprAu. auf **Hinzuziehung von Sachverständigen** lehnt die hM ab (*Dänzer-Vanotti* DB 1990, 41, 42; MüArbR/*Joost* § 234 Rn. 103; *Deich* AR-Blattei SD 1490.2 Rn. 85; **aA** *Goldschmidt* Rn. 449; *Hromadka/Sieg* Rn. 17; *Oetker* ZfA 1990, 43, 62 f.). Des Weiteren hat der AG nach § 14 II 2 die für eine ordnungsgemäße Durchführung der Aufgaben des SprAu. erforderl. **Sachmittel** zur Vfg. zu stellen (s. BetrVG § 40 Rn. 1). Sachl. Mittel für die Durchführung von Sprechstunden sind nicht vorgesehen, da für diese keine Notwendigkeit besteht. Freiwillige Vereinb. zwischen AG und SprAu. bzgl. des Abhaltens von Sprechstunden sind aber zulässig (*Hromadka/Sieg* Rn. 13).

5 **4. Schulungsveranstaltungen.** Das G sieht im Gegensatz zu § 37 VI und VII BetrVG keinen Anspruch auf **Arbeitsbefreiung** für die Teilnahme an Schulungsveranstaltungen vor. Der Gesetzgeber

ging anges. der bes. Vorbildung und Stellung der Mitglieder des SprAu. davon aus, dass sie außerhalb ihrer AZ an den notwendigen Schulungsveranstaltungen teilnehmen. Ist diese jedoch unerlässl. für die Tätigkeit des SprAu., ergibt sich aus § 14 I ein Anspruch auf Arbeitsbefreiung (HWK/*Annuß/Girlich* Rn. 4; MüArbR/*Joost* § 234 Rn. 89; *Löwisch* Rn. 17; NK-GA/*v. Steinau-Steinrück* Rn. 3; *Deich* AR-Blattei SD 1490.2 Rn. 109; *Goldschmidt* Rn. 453; **aA** *Buchner* NZA 1989, Beil. 1, 2, 15; AR/*Maschmann* Rn. 2; *Hromadka/Sieg* Rn. 11). Eine **freiwillige Freistellung** durch den AG ist rechtl. nicht zu beanstanden (*Hromadka/Sieg* Rn. 12). Die Kosten für Schulungsveranstaltungen sind vom AG unter den Voraussetzungen des § 14 II 1 zu tragen (§ 14 Rn. 4; *Hromadka/Sieg* Rn. 12, 24; *Goldschmidt* Rn. 451). Das gilt auch, wenn eine Vereinigung der ltd. Ang. die Schulung veranstaltet. Hierbei darf allerdings nicht gegen den Grds. der Unabhängigkeit vom sozialen Gegenspieler verstoßen werden, insb. ist der AG nicht zur Finanzierung des gegnerischen Verbandes verpflichtet (*Hromadka/Sieg* Rn. 25; *Löwisch* Rn. 19).

Dritter Abschnitt. Versammlung der leitenden Angestellten

§ 15 Zeitpunkt, Einberufung und Themen der Versammlung

(1) [1] **Der Sprecherausschuß soll einmal im Kalenderjahr eine Versammlung der leitenden Angestellten einberufen und in ihr einen Tätigkeitsbericht erstatten.** [2] **Auf Antrag des Arbeitgebers oder eines Viertels der leitenden Angestellten hat der Sprecherausschuß eine Versammlung der leitenden Angestellten einzuberufen und den beantragten Beratungsgegenstand auf die Tagesordnung zu setzen.**

(2) [1] **Die Versammlung der leitenden Angestellten soll während der Arbeitszeit stattfinden.** [2] **Sie wird vom Vorsitzenden des Sprecherausschusses geleitet.** [3] **Sie ist nicht öffentlich.**

(3) [1] **Der Arbeitgeber ist zu der Versammlung der leitenden Angestellten unter Mitteilung der Tagesordnung einzuladen.** [2] **Er ist berechtigt, in der Versammlung zu sprechen.** [3] **Er hat über Angelegenheiten der leitenden Angestellten und die wirtschaftliche Lage und Entwicklung des Betriebs zu berichten, soweit dadurch nicht Betriebs- oder Geschäftsgeheimnisse gefährdet werden.**

(4) [1] **Die Versammlung der leitenden Angestellten kann dem Sprecherausschuß Anträge unterbreiten und zu seinen Beschlüssen Stellung nehmen.** [2] **§ 2 Abs. 4 gilt entsprechend.**

1. Allgemeines. § 15 regelt die Versammlung der ltd. Ang. in Anlehnung an das Recht der Betriebsversammlung. Deren Zweck besteht insb. im Meinungs- und Informationsaustausch zwischen SprAu. und ltd. Ang. zur Förderung der sachgerechten Aufgabenerfüllung durch den SprAu. Hierzu dient auch die Erstattung des **Tätigkeitsberichts** seitens des SprAu. Die Versammlung ist außerdem ein **innerbetriebl. Artikulationsforum** für den AG, der nach § 15 III 3 über Angelegenheiten der ltd. Ang. sowie die wirtschaftl. Lage und Entwicklung des Betriebs informiert. Ferner können alle Angelegenheiten erörtert werden, die die ltd. Ang. oder den Betrieb bzw. das Unternehmen betreffen. Die Unterschiede zum BetrVG bestehen va. in der Häufigkeit der Versammlungen, dem Verzicht auf Teil- und Abteilungsversammlungen sowie der Unterscheidung zwischen weiteren außerordentl. Versammlungen und solchen während und außerhalb der AZ; ferner fehlen Regelungen über Verdienstausfall und Kosten. 1

2. Anzahl, Art, Zeitpunkt und Ort der Versammlungen. a) Anzahl. Die **Sollbestimmung** in § 15 I 1 ermöglicht dem SprAu. (im Gegensatz zu § 43 I BetrVG) bzgl. der Häufigkeit der Versammlungen bei bes. Umständen Ausnahmen von der Regel (einmal im Kj.). Er kann auch auf die Versammlung verzichten, wenn alle ltd. Ang. keinen Wert auf deren Durchführung legen (*Hromadka/Sieg* Rn. 7; *Löwisch* Rn. 1; *Deich* AR-Blattei SD 1490.2 Rn. 186; **aA** MüArbR/*Joost* § 234 Rn. 109) bzw. diese wegen Terminschwierigkeiten ins nächste Jahr verschieben (*Löwisch* Rn. 1). Des Weiteren kann er zusätzl. zu der jährl. Versammlung **außerordentl. Versammlungen** abhalten (MüArbR/*Joost* § 234 Rn. 110; *Löwisch* Rn. 3; HWK/*Annuß/Girlich* Rn. 2); auf Antrag des AG oder eines Viertels der ltd. Ang. muss der SprAu. eine außerordentl. Versammlung einberufen (§ 15 I 2). 2

b) Art. Im Gegensatz zu § 42 BetrVG sieht § 15 keine **Teil- und Abteilungsversammlungen** vor. Dies erschwert die Durchführung der jährl. Versammlung, wenn einzelne Betriebsteile, deren ltd. Ang. dem Betrieb nach § 1 II zuzurechnen sind, weit auseinander liegen und ein USprAu. (§ 20) gebildet wurde. Der Gesetzgeber hat dies in Kauf genommen, da die Versammlung nur einmal jährl. stattfindet (MüArbR/*Joost* § 234 Rn. 108; *Löwisch* Rn. 2; **aA** AR/*Maschmann* Rn. 1; *Hromadka/Sieg* Rn. 4; *Deich* AR-Blattei SD 1490.2 Rn. 188). Der SprAu. kann gleichwohl außerordentl. Versammlungen als Teil- bzw. Abteilungsversammlung durchführen, sofern dies sachl. gerechtfertigt ist, weil es zB nur um Angelegenheiten eines Betriebs oder Betriebsteils geht (*Löwisch* Rn. 3). 3

c) Zeitpunkt und Ort. Nach § 15 II 1 soll die Versammlung während der betriebl. AZ stattfinden, was nach hM auch für außerordentl. Versammlungen gilt (*Hromadka/Sieg* Rn. 10; MüArbR/*Joost* 4

§ 234 Rn. 114; *Löwisch* Rn. 4). Dem steht die Wertung des § 44 BetrVG entgegen, wonach außerordentl. Versammlungen, die nicht auf Veranlassung des AG anberaumt wurden, ihn nicht mit Arbeitsausfall belasten sollen und deshalb außerhalb der AZ durchzuführen sind (*Oetker* ZfA 1990, 43, 58). Der SprAu. darf die ordentl. Versammlung der ltd. Ang. daher nur bei bes. Umständen außerhalb der regelm. AZ einberufen (*Hromadka/Sieg* Rn. 10; *Löwisch* Rn. 4). Er trifft seine Entsch. über den Zpkt. ohne Mitspracherecht des AG, muss jedoch dessen Belange, insb. betriebl. Notwendigkeiten, wegen des Gebots vertrauensvoller Zusammenarbeit (§ 2 I 1) berücksichtigen, so dass nur die Durchführung außerhalb der regelm. AZ ermessensfehlerfrei sein kann (*Hromadka/Sieg* Rn. 10). Die Versammlung findet im Betrieb statt. Besteht dieser wegen § 1 II aus mehr als einer räuml. Einheit, so hat der SprAu. unter Berücksichtigung des Gebots der Vermeidung übermäßiger Kosten ein Wahlrecht, in welcher räuml. Einheit die Versammlung stattfinden soll.

5 **3. Teilnahmerecht.** Teilnahmeberechtigt sind **alle ltd. Ang.** des Betriebs bzw. Unternehmens, ferner der **AG bzw. sein Vertreter.** Das G enthält anders als § 43 II 3 BetrVG keine ausdr. Regelung über die Möglichkeit des AG, sich in der Versammlung vertreten zu lassen. Eine solche ist wegen der uneingeschränkten Vertretungsmöglichkeit, die sich aus § 3 II 3 Nr. 1 ergibt, nicht erforderl. (*Hromadka/Sieg* Rn. 13). Die Versammlung ist nach § 15 II 3 nicht öffentl.; im Unterschied zu § 46 BetrVG besteht kein Teilnahmerecht der Verbände. Eine Erweiterung des Teilnehmerkreises wahrt den Schutzzweck des § 15 II 3, einen unbefangenen Meinungsaustausch zu gewährleisten, jdf. dann, wenn alle Teilnahmeberechtigten zustimmen. Nach hM soll der SprAu. zudem durch Beschl. über die Teilnahme weiterer Personen an der Beratung einzelner Tagesordnungspunkte entscheiden können, wenn dies für die Aufgaben der Versammlung sachdienl. ist (*Hromadka/Sieg* Rn. 14; *Löwisch* Rn. 5), insb. kommt die Hinzuziehung von Mitgliedern des GSprAu. oder KSprAu., Verbandsmitgliedern und uU eines Protokollführers in Betracht (*Löwisch* Rn. 5).

6 **4. Entgeltfortzahlung und Kosten.** Das G trifft keine Regelungen über das **Arbeitsentgelt** während der Teilnahme und bei etwaigen Wegezeiten. Aus § 15 II 1, wonach die Versammlungen in der AZ stattfinden, ergibt sich, dass die Teilnahme den Entgeltanspruch der ltd. Ang. nicht beeinträchtigen soll (*Hromadka/Sieg* Rn. 38; *Kaiser* Rn. 180; *Löwisch* Rn. 15). Findet die Versammlung außerhalb der pers. AZ statt, so besteht kein Vergütungsanspruch (*Hromadka/Sieg* Rn. 39; *Löwisch* Rn. 15). Den **Sach- und Personalaufwand** für die Versammlung hat der AG entspr. § 14 II in den Grenzen der Verhältnismäßigkeit zu tragen (*Hromadka/Sieg* Rn. 41; MüArbR/*Joost* § 234 Rn. 127). Anders als § 44 I 3 Hs. 2 BetrVG sieht das G keine **Fahrtkostenerstattung** vor. Diese sind aber untrennbar mit der Durchführung der Versammlung verbunden und es ist kein Grund ersichtl., bei ltd. Ang. von der Wertung des § 44 BetrVG abzuweichen, so dass der AG diese analog § 14 II zu ersetzen hat (MüArbR/*Joost* § 234 Rn. 128; *Hromadka/Sieg* Rn. 40; NK-GA/*v. Steinau-Steinrück* Rn. 3; ähnl. *Löwisch* Rn. 15 [§ 675 BGB iVm. § 670 BGB analog]; **aA** *Kramer* Personal 1993, 386, 389). Für die Verhältnismäßigkeitsprüfung folgt allerdings aus der Wertung des § 44 BetrVG, dass Kosten für Fahrten zu **außerordentl. Versammlungen,** die der SprAu. auf eigene Initiative oder auf Antrag der ltd. Ang. nach § 15 I 2 durchführt, nicht zu erstatten sind (*Deich* AR-Blattei SD 1490.2 Rn. 202).

Vierter Abschnitt. Gesamtsprecherausschuß

§ 16 Errichtung, Mitgliederzahl und Stimmengewicht

(1) Bestehen in einem Unternehmen mehrere Sprecherausschüsse, ist ein Gesamtsprecherausschuß zu errichten.

(2) [1]In den Gesamtsprecherausschuß entsendet jeder Sprecherausschuß eines seiner Mitglieder. [2]Satz 1 gilt entsprechend für die Abberufung. [3]Durch Vereinbarung zwischen Gesamtsprecherausschuß und Arbeitgeber kann die Mitgliederzahl des Gesamtsprecherausschusses abweichend von Satz 1 geregelt werden.

(3) Der Sprecherausschuß hat für jedes Mitglied des Gesamtsprecherausschusses mindestens ein Ersatzmitglied zu bestellen und die Reihenfolge des Nachrückens festzulegen; § 10 Abs. 3 gilt entsprechend.

(4) [1]Jedes Mitglied des Gesamtsprecherausschusses hat so viele Stimmen, wie in dem Betrieb, in dem es gewählt wurde, leitende Angestellte in der Wählerliste der leitenden Angestellten eingetragen sind. [2]Ist ein Mitglied des Gesamtsprecherausschusses für mehrere Betriebe entsandt worden, hat es so viele Stimmen, wie in den Betrieben, für die es entsandt ist, leitende Angestellte in den Wählerlisten eingetragen sind. [3]Sind für einen Betrieb mehrere Mitglieder des Sprecherausschusses entsandt worden, stehen diesen die Stimmen nach Satz 1 anteilig zu.

§ 17 Ausschluß von Mitgliedern und Erlöschen der Mitgliedschaft

(1) Mindestens ein Viertel der leitenden Angestellten des Unternehmens, der Gesamtsprecherausschuß oder der Arbeitgeber können beim Arbeitsgericht den Ausschluß eines Mitglieds aus dem Gesamtsprecherausschuß wegen grober Verletzung seiner gesetzlichen Pflichten beantragen.

(2) Die Mitgliedschaft im Gesamtsprecherausschuß endet mit Erlöschen der Mitgliedschaft im Sprecherausschuß, durch Amtsniederlegung, durch Ausschluß aus dem Gesamtsprecherausschuß aufgrund einer gerichtlichen Entscheidung oder Abberufung durch den Sprecherausschuß.

§ 18 Zuständigkeit

(1) [1] Der Gesamtsprecherausschuß ist zuständig für die Behandlung von Angelegenheiten, die das Unternehmen oder mehrere Betriebe des Unternehmens betreffen und nicht durch die einzelnen Sprecherausschüsse innerhalb ihrer Betriebe behandelt werden können. [2] Er ist den Sprecherausschüssen nicht übergeordnet.

(2) [1] Der Sprecherausschuß kann mit der Mehrheit der Stimmen seiner Mitglieder den Gesamtsprecherausschuß schriftlich beauftragen, eine Angelegenheit für ihn zu behandeln. [2] Der Sprecherausschuß kann sich dabei die Entscheidungsbefugnis vorbehalten. [3] Für den Widerruf der Beauftragung gilt Satz 1 entsprechend.

(3) Die Vorschriften über die Rechte und Pflichten des Sprecherausschusses und die Rechtsstellung seiner Mitglieder gelten entsprechend für den Gesamtsprecherausschuß.

§ 19 Geschäftsführung

(1) Für den Gesamtsprecherausschuß gelten § 10 Abs. 1, die §§ 11, 13 Abs. 1, 3 bis 5 und § 14 entsprechend.

(2) [1] Ist ein Gesamtsprecherausschuß zu errichten, hat der Sprecherausschuß der Hauptverwaltung des Unternehmens oder, sofern ein solcher nicht besteht, der Sprecherausschuß des nach der Zahl der leitenden Angestellten größten Betriebs zu der Wahl des Vorsitzenden und des stellvertretenden Vorsitzenden des Gesamtsprecherausschusses einzuladen. [2] Der Vorsitzende des einladenden Sprecherausschusses hat die Sitzung zu leiten, bis der Gesamtsprecherausschuß aus seiner Mitte einen Wahlleiter zur Wahl des Vorsitzenden und seines Stellvertreters bestellt hat. [3] § 12 Abs. 2 bis 5 gilt entsprechend.

(3) [1] Der Gesamtsprecherausschuß ist nur beschlußfähig, wenn mindestens die Hälfte seiner Mitglieder an der Beschlußfassung teilnimmt und die Teilnehmenden mindestens die Hälfte aller Stimmen vertreten. [2] Stellvertretung durch Ersatzmitglieder ist zulässig.

Fünfter Abschnitt. Unternehmenssprecherausschuß

§ 20 Errichtung

(1) [1] Sind in einem Unternehmen mit mehreren Betrieben in der Regel insgesamt mindestens zehn leitende Angestellte beschäftigt, kann abweichend von § 1 Abs. 1 und 2 ein Unternehmenssprecherausschuß der leitenden Angestellten gewählt werden, wenn dies die Mehrheit der leitenden Angestellten des Unternehmens verlangt. [2] Die §§ 2 bis 15 gelten entsprechend.

(2) [1] Bestehen in dem Unternehmen Sprecherausschüsse, hat auf Antrag der Mehrheit der leitenden Angestellten des Unternehmens der Sprecherausschuß der Hauptverwaltung oder, sofern ein solcher nicht besteht, der Sprecherausschuß des nach der Zahl der leitenden Angestellten größten Betriebs einen Unternehmenswahlvorstand für die Wahl eines Unternehmenssprecherausschusses zu bestellen. [2] Die Wahl des Unternehmenssprecherausschusses findet im nächsten Zeitraum der regelmäßigen Wahlen im Sinne des § 5 Abs. 1 Satz 1 statt. [3] Die Amtszeit der Sprecherausschüsse endet mit der Bekanntgabe des Wahlergebnisses.

(3) [1] Besteht ein Unternehmenssprecherausschuß, können auf Antrag der Mehrheit der leitenden Angestellten des Unternehmens Sprecherausschüsse gewählt werden. [2] Der Unternehmenssprecherausschuß hat für jeden Betrieb, der die Voraussetzungen des § 1 Abs. 1 erfüllt, einen Wahlvorstand nach § 7 Abs. 1 zu bestellen. [3] Die Wahl von Sprecherausschüssen findet im nächsten Zeitraum der regelmäßigen Wahlen im Sinne des § 5 Abs. 1 Satz 1 statt. [4] Die Amtszeit des Unternehmenssprecherausschusses endet mit der Bekanntgabe des Wahlergebnisses eines Sprecherausschusses.

(4) Die Vorschriften über die Rechte und Pflichten des Sprecherausschusses und die Rechtsstellung seiner Mitglieder gelten entsprechend für den Unternehmenssprecherausschuß.

Sechster Abschnitt. Konzernsprecherausschuß

§ 21 Errichtung, Mitgliederzahl und Stimmengewicht

(1) [1]Für einen Konzern (§ 18 Abs. 1 des Aktiengesetzes) kann durch Beschlüsse der einzelnen Gesamtsprecherausschüsse ein Konzernsprecherausschuß errichtet werden. [2]Die Errichtung erfordert die Zustimmung der Gesamtsprecherausschüsse der Konzernunternehmen, in denen insgesamt mindestens 75 vom Hundert der leitenden Angestellten der Konzernunternehmen beschäftigt sind. [3]Besteht in einem Konzernunternehmen nur ein Sprecherausschuß oder ein Unternehmenssprecherausschuß, tritt er an die Stelle des Gesamtsprecherausschusses und nimmt dessen Aufgaben nach den Vorschriften dieses Abschnitts wahr.

(2) [1]In den Konzernsprecherausschuß entsendet jeder Gesamtsprecherausschuß eines seiner Mitglieder. [2]Satz 1 gilt entsprechend für die Abberufung. [3]Durch Vereinbarung zwischen Konzernsprecherausschuß und Arbeitgeber kann die Mitgliederzahl des Konzernsprecherausschusses abweichend von Satz 1 geregelt werden.

(3) Der Gesamtsprecherausschuß hat für jedes Mitglied des Konzernsprecherausschusses mindestens ein Ersatzmitglied zu bestellen und die Reihenfolge des Nachrückens festzulegen; nimmt der Sprecherausschuß oder der Unternehmenssprecherausschuß eines Konzernunternehmens die Aufgaben des Gesamtsprecherausschusses nach Absatz 1 Satz 3 wahr, gilt § 10 Abs. 3 entsprechend.

(4) [1]Jedes Mitglied des Konzernsprecherausschusses hat so viele Stimmen, wie die Mitglieder des Gesamtsprecherausschusses, von dem es entsandt wurde, im Gesamtsprecherausschuß Stimmen haben. [2]Ist ein Mitglied des Konzernsprecherausschusses von einem Sprecherausschuß oder Unternehmenssprecherausschuß entsandt worden, hat es so viele Stimmen, wie in dem Betrieb oder Konzernunternehmen, in dem es gewählt wurde, leitende Angestellte in der Wählerliste der leitenden Angestellten eingetragen sind. [3]§ 16 Abs. 4 Satz 2 und 3 gilt entsprechend.

§ 22 Ausschluß von Mitgliedern und Erlöschen der Mitgliedschaft

(1) Mindestens ein Viertel der leitenden Angestellten der Konzernunternehmen, der Konzernsprecherausschuß oder der Arbeitgeber können beim Arbeitsgericht den Ausschluß eines Mitglieds aus dem Konzernsprecherausschuß wegen grober Verletzung seiner gesetzlichen Pflichten beantragen.

(2) Die Mitgliedschaft im Konzernsprecherausschuß endet mit dem Erlöschen der Mitgliedschaft im Gesamtsprecherausschuß, durch Amtsniederlegung, durch Ausschluß aus dem Konzernsprecherausschuß aufgrund einer gerichtlichen Entscheidung oder Abberufung durch den Gesamtsprecherausschuß.

§ 23 Zuständigkeit

(1) [1]Der Konzernsprecherausschuß ist zuständig für die Behandlung von Angelegenheiten, die den Konzern oder mehrere Konzernunternehmen betreffen und nicht durch die einzelnen Gesamtsprecherausschüsse innerhalb ihrer Unternehmen geregelt werden können. [2]Er ist den Gesamtsprecherausschüssen nicht übergeordnet.

(2) [1]Der Gesamtsprecherausschuß kann mit der Mehrheit der Stimmen seiner Mitglieder den Konzernsprecherausschuß schriftlich beauftragen, eine Angelegenheit für ihn zu behandeln. [2]Der Gesamtsprecherausschuß kann sich dabei die Entscheidungsbefugnis vorbehalten. [3]Für den Widerruf der Beauftragung gilt Satz 1 entsprechend.

§ 24 Geschäftsführung

(1) Für den Konzernsprecherausschuß gelten § 10 Abs. 1, die §§ 11, 13 Abs. 1, 3 bis 5, die §§ 14, 18 Abs. 3 und § 19 Abs. 3 entsprechend.

(2) [1]Ist ein Konzernsprecherausschuß zu errichten, hat der Gesamtsprecherausschuß des herrschenden Unternehmens oder, sofern ein solcher nicht besteht, der Gesamtsprecherausschuß des nach der Zahl der leitenden Angestellten größten Konzernunternehmens zu der Wahl des Vorsitzenden und des stellvertretenden Vorsitzenden des Konzernsprecherausschusses einzuladen. [2]Der Vorsitzende des einladenden Gesamtsprecherausschusses hat die Sitzung zu leiten, bis der Konzernsprecherausschuß aus seiner Mitte einen Wahlleiter zur Wahl des Vorsitzenden und seines Stellvertreters bestellt hat. [3]§ 12 Abs. 2 bis 5 gilt entsprechend.

Dritter Teil. Mitwirkung der leitenden Angestellten

Erster Abschnitt. Allgemeine Vorschriften

§ 25 Aufgaben des Sprecherausschusses

(1) [1]Der Sprecherausschuß vertritt die Belange der leitenden Angestellten des Betriebs (§ 1 Abs. 1 und 2). [2]Die Wahrnehmung eigener Belange durch den einzelnen leitenden Angestellten bleibt unberührt.

(2) [1]Der Sprecherausschuß ist zur Durchführung seiner Aufgaben nach diesem Gesetz rechtzeitig und umfassend vom Arbeitgeber zu unterrichten. [2]Auf Verlangen sind ihm die erforderlichen Unterlagen jederzeit zur Verfügung zu stellen.

1. Allgemeine Aufgaben. § 25 I 1 weist dem SprAu. die Wahrnehmung der Belange der ltd. Ang. als allg. Aufgabe zu. Die Vertretungsbefugnis erstreckt sich **allein** auf diesen Personenkreis. Hierbei hat der SprAu. ein Mandat auch für ltd. Ang., die nicht an den Wahlen teilgenommen haben (*Wlotzke* DB 1989, 173, 177). Stets ist die Interessenvertretung durch den SprAu. jedoch auf die ltd. Ang. des Betriebs beschränkt, für den der SprAu. gebildet worden ist. Für AN, die für eine Position als ltd. Ang. vorgesehen sind, bleibt bis zur tats. Übernahme der BR zust. (*Löwisch* Rn. 5). Ebenso ist der SprAu. – abgesehen von § 1 II – nicht berechtigt, Belange ltd. Ang. in anderen Betrieben oder Unternehmen (zB konzernabhängigen Tochtergesellschaften) wahrzunehmen, selbst dann nicht, wenn dort kein SprAu. errichtet wurde. 1

Belange iSv. § 25 I 1 sind alle **kollektiven Interessen** der ltd. Ang. ggü. dem AG im sozialen, technisch-organisatorischen und personellen Bereich. Hiernach hat der SprAu. Vertretungsbefugnisse im allg. personellen Bereich zB bei der Personalplanung, der Erstellung von AuswahlRL, bei Aus- und Fortbildung, im sozialen Bereich bei Sozialeinrichtungen, im organisatorischen Bereich bei der Einf. neuer Arbeitssysteme für ltd. Ang. (s. *Hromadka/Sieg* Rn. 12). Erfasst wird von § 25 I 1 auch die Festlegung von Zielgrößen für den Frauenanteil in den beiden Führungsebenen unterhalb des Vorstands (§ 76 IV 1 AktG; ebenso *Löwisch* BB 2015, 1909, 1911). Ferner zählt zu den allg. Aufgaben des SprAu., die Einhaltung arbeitsrechtl. Vorschr. und Grds., insb. der Vereinb. nach § 28, zu überwachen (*Hromadka/Sieg* Rn. 14). Für wirtschaftl. Angelegenheiten gilt abschl. § 32. Eine Angelegenheit hat kollektiven Bezug, wenn diese nicht allein das Verhältnis zwischen AG und einem einzelnen ltd. Ang., sondern auch die Interessen der übrigen ltd. Ang. berührt (AR/*Maschmann* Rn. 1). Die Beschränkung des SprAu. auf die Wahrnehmung kollektiver Interessen ergibt sich aus § 25 I 2, wonach die Wahrnehmung pers. Interessen jedem einzelnen ltd. Ang. obliegt, der selbst entscheiden kann, ob er sich hierbei des SprAu. bedient (§ 26 I und II 2). 2

Die Vertretungsbefugnis nach § 25 I 1 steht selbstständig neben den Mitwirkungsrechten im 2. Abschn. (§§ 30 ff.). Allerdings begr. § 25 I 1 keine zusätzl. Mitwirkungsrechte, sondern ledigl. eine Befassungskompetenz für den SprAu. (*Buchner* NZA 1989, Beil. 1, 2, 11; HWK/*Annuß/Girlich* Rn. 1). Deshalb ist er bei Wahrnehmung allg. Interessen im Wesentlichen auf ein **Unterrichtungsrecht** nach § 25 II beschränkt. Außerdem steht ihm im Rahmen seiner Kompetenzen ein **Initiativrecht** idS zu, dass er dem AG Anregungen und Vorschläge unterbreiten kann (*Löwisch* Rn. 9; *Kronisch/Deich* AR-Blattei SD 1490.3 Rn. 16; ähnl. *Hromadka/Sieg* Rn. 13). Wegen des Gebots vertrauensvoller Zusammenarbeit (§ 2 I) muss er Vorschläge des SprAu. entgegennehmen und beantworten. Eine Verpflichtung zur Erörterung mit dem SprAu. besteht nicht (*Hromadka/Sieg* Rn. 13; **aA** *Löwisch* Rn. 11; *Kronisch/Deich* AR-Blattei SD 1490.3 Rn. 4 f.). Das Gebot vertrauensvoller Zusammenarbeit begrenzt auch die Arbeit des SprAu.; er hat Betätigungen zu unterlassen, die den Arbeitsablauf bzw. den Betriebsfrieden beeinträchtigen (§ 2 Rn. 10). 3

2. Informationsrechte. Nach § 25 II ist der SprAu. zur Durchführung seiner Aufgaben vom AG rechtzeitig und umfassend zu informieren. Ferner sind ihm auf Verlangen die erforderl. Unterlagen jederzeit zur Vfg. zu stellen. Diese Regelung entspricht im Wesentlichen § 80 II BetrVG (s. BetrVG § 80 Rn. 17 ff.). 4

Umstr. ist, ob der SprAu. in die **Bruttogehaltslisten** der ltd. Ang. Einblick nehmen darf. Tw. wird dies wegen des Verzichts auf eine § 80 II Hs. 2 BetrVG entspr. Regelung abgelehnt (so *Bauer* SprAuG Anm. 4; *Engels/Natter* BB 1989, Beil. 8, 31; NK-GA/*v. Steinau-Steinrück* Rn. 2; *Weigle* S. 185 ff.; *Wlotzke* DB 1989, 173, 179). Hiergegen spricht, dass das in § 80 II Hs. 2 BetrVG normierte Einsichtsrecht als **Einschränkung** des allg. Unterrichtungsrechts zu bewerten ist. Die Gehaltslisten, die als Unterlagen iSv. § 80 II Hs. 1 BetrVG anzusehen sind, müssen nicht zur Vfg. gestellt werden, es besteht ledigl. ein Einblicksrecht, das nur durch den Betriebsausschuss, den weiteren Ausschuss und bei kleinen Betrieben durch den BRVorsitzenden oder ein beauftragtes Mitglied des BR ausgeübt werden kann (BAG 23.2.1973 NJW 1973, 1472). Deshalb liegt der Schluss nahe, der SprAu. habe bzgl. der Gehaltslisten ein umfangreicheres Unterrichtungsrecht als der BR, da die Einschränkung des § 80 II 5

Hs. 2 BetrVG in § 25 II fehlt. Dieses Defizit beruht aber eher darauf, dass der SprAu. wegen seiner geringen personellen Größe keine Ausschüsse bildet, denen das Einsichtsrecht gesondert zugeschrieben werden müsste. Da ein teleologisch überzeugender Grund für unterschiedl. Kompetenzen von BR und SprAu. in diesem Bereich fehlt, sollte die Regelungslücke durch **analoge Anwendung des § 80 II Hs. 2 BetrVG** geschlossen werden (*Hromadka/Sieg* Rn. 30; MüArbR/*Joost* § 235 Rn. 53; *Löwisch* Rn. 20; HWK/*Annuß/Girlich* Rn. 3; im Ansatz wohl ebenso *Goldschmidt* Rn. 303; *Kronisch/Deich* AR-Blattei SD 1490 Rn. 51), so dass auch der SprAu. kein Recht auf Überlassung, sondern ledigl. auf Einsichtnahme hat. Dieses kann nur der Vors. oder ein beauftragtes Mitglied ausüben (AR/*Maschmann* Rn. 2; *Hromadka/Sieg* Rn. 30; HWK/*Annuß/Girlich* Rn. 3).

6 **3. Rechtsstellung außerhalb des SprAuG.** Weitere Rechte des SprAu. sind in anderen G geregelt, so insb. im **AktG** (§§ 98 II 1 Nr. 7, 104 I 3 Nr. 2 u. 4, 250 II Nr. 2 u. 4) sowie im **MitbestG** (§§ 21 II 1 Nr. 3, 22 II 1 Nr. 2) und im **SEBG** (§§ 8 I 5, 36 III, 37 I 1 Nr. 4). Im Unterschied zum SEBG kennt das **EBRG** keine Beteiligung des SprAu. bei der Bildung des bes. Verhandlungsgremiums. An der Beteiligung des EBR kraft G kann jedoch auch ein von SprAu. bestimmter Vertreter teilnehmen (§ 23 VI EBRG; anders beim SE-BR kraft G). Von der Unterrichtung und Anhörung hat der EBR auch den SprAu. zu informieren (§ 36 II EBRG), entspr. gilt für den SE-BR kraft G (§ 30 SEBG).

§ 26 Unterstützung einzelner leitender Angestellter

(1) **Der leitende Angestellte kann bei der Wahrnehmung seiner Belange gegenüber dem Arbeitgeber ein Mitglied des Sprecherausschusses zur Unterstützung und Vermittlung hinzuziehen.**

(2) [1]**Der leitende Angestellte hat das Recht, in die über ihn geführten Personalakten Einsicht zu nehmen.** [2]**Er kann hierzu ein Mitglied des Sprecherausschusses hinzuziehen.** [3]**Das Mitglied des Sprecherausschusses hat über den Inhalt der Personalakten Stillschweigen zu bewahren, soweit es von dem leitenden Angestellten im Einzelfall nicht von dieser Verpflichtung entbunden wird.** [4]**Erklärungen des leitenden Angestellten zum Inhalt der Personalakten sind diesen auf sein Verlangen beizufügen.**

1 **1. Wahrnehmung individueller Belange.** Aus § 26 I, der an § 25 I 2 anknüpft, folgt, dass die Wahrnehmung individueller Belange Sache des ltd. Ang. selbst ist. § 26 I eröffnet ihm darüber hinaus die umfassende Möglichkeit, bei allen seinen rechtl. und sonstigen Belangen wie zB Gehaltsgestaltung, Leistungsbewertung, Aufstiegschancen, Ausscheiden durch Aufhebungsvertrag, Arbeitsbedingungen etc. zur Unterstützung und Beratung **ein Mitglied des SprAu. hinzuzuziehen.** Die Durchführung entspricht der nach dem BetrVG (s. BetrVG § 82 Rn. 10, § 84 Rn. 6). Anders als § 82 II 3 BetrVG normiert § 26 keine Pflicht des Mitglieds des SprAu., Stillschweigen über den Inhalt der Verhandlungen mit dem AG zu bewahren. Sie folgt aber aus der Verpflichtung zum Persönlichkeitsschutz nach § 27 II (*Hromadka/Sieg* Rn. 9; *Löwisch* Rn. 5; anders in der Begr. MüArbR/*Joost* § 235 Rn. 64: § 82 II 3 BetrVG analog). Ein Verstoß ist nicht nach § 35 II strafbar, löst aber Schadensersatzansprüche aus (§ 27 Rn. 5).

2 **2. Einsicht in Personalakten.** § 26 II regelt wortgleich mit § 83 BetrVG das Einsichtsrecht der ltd. Ang. in ihre Personalakte und hat den gleichen Norminhalt (BAG 16.11.2010 NZA 2011, 453 Rn. 21; s. näher Erl. zu § 83 BetrVG). Ein vom ltd. Ang. unabhängiges Einsichtsrecht in die Personalakte steht dem SprAu. nicht zu (s. *Kort* NZA-RR 2015, 113, 115 f.)

§ 27 Grundsätze für die Behandlung der leitenden Angestellten

(1) **Arbeitgeber und Sprecherausschuss haben darüber zu wachen, dass alle leitenden Angestellten des Betriebs nach den Grundsätzen von Recht und Billigkeit behandelt werden, insbesondere, dass jede Benachteiligung von Personen aus Gründen ihrer Rasse oder wegen ihrer ethnischen Herkunft, ihrer Abstammung oder sonstigen Herkunft, ihrer Nationalität, ihrer Religion oder Weltanschauung, ihrer Behinderung, ihres Alters, ihrer politischen oder gewerkschaftlichen Betätigung oder Einstellung oder wegen ihres Geschlechts oder ihrer sexuellen Identität unterbleibt.**

(2) **Arbeitgeber und Sprecherausschuß haben die freie Entfaltung der Persönlichkeit der leitenden Angestellten des Betriebs zu schützen und zu fördern.**

1 **1. Schutzbereich.** § 27 verpflichtet AG und SprAu. gleichermaßen, die Grundrechte der ltd. Ang. zu wahren. Insb. der Gleichbehandlungsgrds. und das Recht auf freie Entfaltung der Persönlichkeit sollen geschützt und gefördert werden. Diese Aufgabenumschreibung entspricht § 75 BetrVG für BR und AG bzgl. der übrigen AN (näher Erl. zu § 75 BetrVG), in Erg. dazu gilt der Appell des **§ 17 I AGG** auch für SprAu. (s. auch AGG § 17 Rn. 1).

2. Rechtsfolgen bei Verstößen. Verstöße des AG gegen § 27 sind keine Ordnungswidrigkeit (s. § 36). Da auch eine § 23 III BetrVG entspr. Norm fehlt, kann allein ein Feststellungs- bzw. Unterlassungsanspruch im BeschlV nach § 2a I Nr. 2, II ArbGG geltend gemacht werden (zust. NK-GA/*v. Steinau-Steinrück* Rn. 1). **Vereinb.** mit dem SprAu. nach § 28, die gegen § 27 verstoßen, sind nichtig (§ 28 Rn. 6). Verstöße des SprAu. und seiner Mitglieder kommen als grobe Verletzungen der ges. Pflichten in Betracht und können nach den §§ 9 I, 17 I, 20 IV, 22 I zur Auflösung des SprAu. oder zur Amtsenthebung einzelner Mitglieder führen. 2

Aus der Verletzung des § 27 lassen sich keine individualrechtl. Rechtsfolgen herleiten; dem einzelnen ltd. Ang. stehen weder Leistungs- noch Unterlassungsansprüche oder Leistungsverweigerungsrechte zu. § 27 ist kein SchutzG iSv. § 823 II BGB, da sonst über das Deliktsrecht Individualrechte geschaffen würden, die § 27 nicht begr. (AR/*Maschmann* Rn. 2; *Hromadka/Sieg* Rn. 53; HWK/*Annuß/Girlich* Rn. 2; **aA** *Kronisch/Deich* AR-Blattei SD 1490.3 Rn. 23 sowie zu § 75 BetrVG BAG 5.4.1984 NZA 1985, 329 und BetrVG § 75 Rn. 12). Führt der Verstoß gegen § 27 zugleich zu einer Verletzung von Pflichten aus dem ArbVerh. (zB Verletzung der Interessenwahrungspflicht [§ 241 II BGB] oder des arbeitsrechtl. Gleichbehandlungsgrds.), so stehen dem ltd. Ang. hieraus individualrechtl. Ansprüche zu (*Hromadka/Sieg* Rn. 52). Entspr. gilt für Ansprüche und Rechte aus dem AGG (insb. § 15 I und II), diese bleiben von § 27 I unberührt. 3

§ 28 Richtlinien und Vereinbarungen

(1) Arbeitgeber und Sprecherausschuß können Richtlinien über den Inhalt, den Abschluß oder die Beendigung von Arbeitsverhältnissen der leitenden Angestellten schriftlich vereinbaren.

(2) [1]**Der Inhalt der Richtlinien gilt für die Arbeitsverhältnisse unmittelbar und zwingend, soweit dies zwischen Arbeitgeber und Sprecherausschuß vereinbart ist.** [2]**Abweichende Regelungen zugunsten leitender Angestellter sind zulässig.** [3]**Werden leitenden Angestellten Rechte nach Satz 1 eingeräumt, so ist ein Verzicht auf sie nur mit Zustimmung des Sprecherausschusses zulässig.** [4]**Vereinbarungen nach Satz 1 können, soweit nichts anderes vereinbart ist, mit einer Frist von drei Monaten gekündigt werden.**

1. Allgemeines. Dem SprAu. stehen keine MBR, sondern nur Mitwirkungsrechte (§§ 30 bis 32) zu. Nach § 28 können AG und SprAu. mittels Vereinb. von RL über Inhalt, Abschluss und Beendigung des ArbVerh. auf freiwilliger Basis die Angelegenheiten der ltd. Ang. regeln (ausf. *Mitzlaff*, Vereinb. nach § 28 SprAuG, 1996; *Wollenberg*, Die Regelungsbefugnis von AG und SprAu. nach § 28 SprAuG, 1999). 1

Durch § 28 werden Angelegenheiten ohne kollektiven Bezug sowie solche, die nicht in § 28 geregelt sind, aber zum Aufgabenbereich des SprAu. gehören (zB Zusage an den SprAu., ihm eine Schreibkraft zur Vfg. zu stellen oder eines seiner Mitglieder für eine Schulungsveranstaltung freizustellen), nicht erfasst. Fragl. ist aber, ob es neben den Vereinb. nach § 28 weitere Formen gibt, in denen sich der AG ggü. dem SprAu. verpflichten kann. Hiergegen spricht, dass der SprAu. ledigl. teilrechtsfähig ist und folgl. nur die Rechte und Pflichten hat, die ihm das G zuweist (*Löwisch* Rn. 1; *Oetker* ZfA 1990, 43, 83). Gleichwohl erachten, wie für das BetrVG, Teile des Schrifttums Abreden zwischen SprAu. und AG in Form von **Regelungsabreden** für mögl., da es nicht sein könne, dass das G dem SprAu. Kompetenzen zuweise, ohne ihm zugleich die erforderl. Regelungsinstrumente zur Vfg. zu stellen (so *Hromadka/Sieg* Rn. 2, 37; MüArbR/*Joost* § 235 Rn. 8; HWK/*Annuß/Girlich* Rn. 14). 2

2. Gegenstand. a) Arbeitsbedingungen. Nach § 28 I kann der SprAu. mit dem AG RL über Inhalt, Abschluss und Beendigung von ArbVerh. vereinbaren. Diese Formulierung ist § 1 I TVG entlehnt, so dass die dortigen Grds. entspr. herangezogen werden können (AR/*Maschmann* Rn. 2; *Hromadka/Sieg* Rn. 1; näher TVG § 1 Rn. 41 ff.). Wichtigster Gegenstand sind Vereinb. über den **Inhalt** von ArbVerh. Regelbar ist grds. alles, was auch die Arbeitsvertragsparteien vereinbaren können, insb. RL über die **Gehaltsgestaltung** (*Oetker* BB 1990, 2181, 2182), also Bestimmungen über Gehaltshöhe sowie Sonder- und Zusatzvergütungen (zB Gratifikationen, Tantiemen, Weihnachtsgeld, 13. Monatsgehalt uä.), Sachleistungen, die betriebl. AV, Vergütungen im Krankheitsfall sowie den Ausgleich wirtschaftl. Nachteile bei Betriebsänd. (§ 32 II 2), ferner solche über Urlaub, Dauer und Lage der AZ und Nebenpflichten (Wettbewerbsverbote, Verschwiegenheit, Haftung), Reisekosten und Spesen, Dienstfahrzeuge, Werkswohnungen oder Beurteilungs- und Beförderungsgrds. (*Löwisch* Rn. 6; NK-GA/*v. Steinau-Steinrück* Rn. 1). RL über den **Abschluss** von ArbVerh. betreffen va. die Durchführung der Stellenausschreibung, den Umf. vorzulegender Bewerbungsunterlagen und die Kriterien für die Bewerberauswahl (intern/extern, Tests) (*Löwisch* Rn. 7). Zur **Beendigung** gehören zB Vereinb. über Form und Fristen von Kündigungen und Aufhebungsverträgen, bes. Kündigungsschutz sowie die Zahlung von Abfindungen (*Kaiser* Rn. 220). 3

b) Betriebliche und betriebsverfassungsrechtliche Fragen. Die RLBefugnis von SprAu. und AG umfasst nicht betriebl. und betriebsverfassungsrechtl. Fragen. Betriebl. Fragen betreffen betriebsein- 4 heitl. Regelungen mit Geltung für alle AN. Sie sind nicht Gegenstand von Einzelarbeitsverträgen und können folgl. auch nicht in einer RL vereinbart werden (MüArbR/*Joost* § 235 Rn. 21). Ebenso wenig können Regelungen über **wirtschaftl. Angelegenheiten** (zB bes. Informationspflichten des AG ggü. ltd. Ang.) Gegenstand von Einzelarbeitsverträgen sein, so dass hierfür keine Vereinbarungsbefugnis besteht (*Löwisch* Rn. 10; *Kronisch/Deich* AR-Blattei SD 1490.3 Rn. 72). Deshalb können auch keine Abreden über die **SprAuVerf.** getroffen werden (*Hromadka/Sieg* Rn. 11; *Oetker* ZfA 1990, 43, 79).

5 **c) Generelle Regelung.** RL iSv. § 28 müssen einen **kollektiven Bezug** aufweisen und dürfen sich nicht auf die Regelung eines Einzelfalles beschränken (*Hromadka/Sieg* Rn. 14; MüArbR/*Joost* § 235 Rn. 23; *Löwisch* Rn. 9). Die Zahl der von der Regelung Betroffenen ist jedoch nicht entscheidend. Denkbar sind auch generelle Regelungen, die nur auf einen ltd. Ang. anwendbar sind (zB Wettbewerbsverbot) (*Hromadka/Sieg* Rn. 14; *Löwisch* Rn. 9).

6 **d) Schranken.** Vereinb. mit dem SprAu. sind unwirksam, wenn sie gegen **höherrangiges zwgd. Recht** verstoßen, insb. nicht im Einklang mit § 27 stehen. Selbst wenn TV von ges. Regelungen abweichen können (zB § 622 IV BGB, § 7 ArbZG, § 13 BUrlG), dürfen SprAuVereinb. gegen diese nicht verstoßen, da der SprAu. keine TVPartei ist. Auch tarifdispositives Richterrecht ist vorrangig (*Hromadka/Sieg* Rn. 16). Dagegen kann eine Vereinb. abgeschlossen werden, sofern G, TV oder Richterrecht keine zwgd. Wirkung entfalten. Des Weiteren gelten die allg. **Schranken für BV** auch für Vereinb. mit dem SprAu., so insb. das Verbot von Eingriffen in Individualrechte der AN (*Hromadka/Sieg* Rn. 15). Wegen ihrer unmittelbaren und zwgd. Wirkung gilt die **Bereichsausnahme in § 310 IV 1 BGB** für Vereinb. iSd. § 28 II analog (*Gaul* ZfA 2003, 75, 85; *Hromadka/Sieg* Rn. 17; Staudinger/*Krause* Anh. zu § 310 Rn. 105; *Löwisch* FS Canaris I 2007 S. 1403, 1405; **aA** ohne Begr. WLP/*Stoffels* ArbR Rn. 10 sowie BGB §§ 305 bis 310 Rn. 9 aE), nicht jedoch für RL iSd. § 28 I (**aA** Staudinger/*Krause* Anh. zu § 310 Rn. 105), da diese einer Transformation in den Arbeitsvertrag bedürfen (s. Rn. 7) und dieser der **Inhaltskontrolle** anhand der §§ 307 ff. BGB unterliegt. Die Unwirksamkeit einer Bestimmung in der RL nach § 27 I strahlt nicht unmittelbar auf den zwecks Umsetzung der RL abgeschlossenen Arbeitsvertrag aus, so dass dieser einer Inhaltskontrolle nach den §§ 307 ff. BGB bedarf (ebenso *Hromadka/Sieg* Rn. 20).

7 **3. Wirkung. a) Richtlinien nach I.** RL iSv. § 28 I (zu ihrer Regelungsdichte *Oetker* BB 1990, 2181, 2182) bedürfen der einzelvertragl. Umsetzung. Sie gelten nicht kraft G unmittelbar und zwgd. und sind auch keine Verträge zugunsten Dritter. Aus der RL selbst kann der ltd. Ang. keine Ansprüche herleiten; sie entstehen erst mit deren Umsetzung und ergeben sich dann aus dem Arbeitsvertrag (BT-Drs. 11/2503 S. 42; BAG 10.2.2009 NZA 2009, 970 Rn. 23). Eine praktizierte RL entfaltet jedoch **mittelbare Wirkungen.** So kann der AG keinen ltd. Ang. willkürl. zu dessen Ungunsten von ihren Regelungen ausschließen, da diese eine betriebl. Ordnung schaffen, die dem arbeitsrechtl. Gleichbehandlungsgrds. unterliegt (*Hromadka/Sieg* Rn. 22; MüArbR/*Joost* § 235 Rn. 31).

8 Aus dem Begriff der RL folgt, dass diese den Entscheidungsspielraum des AG nicht vollständig beseitigen darf; sie regelt den **Normalfall,** von dem der AG in begr. Einzelfällen abweichen darf (MüArbR/*Joost* § 235 Rn. 29; *Hromadka/Sieg* Rn. 19; HWK/*Annuß/Girlich* Rn. 8; NK-GA/*v. Steinau-Steinrück* Rn. 3; **aA** *Löwisch* Rn. 12, der im Verhältnis zum SprAu. eine Verpflichtung des AG annimmt, den ltd. Ang. den RLInhalt als Mindestarbeitsbedingung anzubieten). Dies ergibt sich auch aus § 28 II, wonach der zwgd. Charakter einer RL gesondert vereinbart werden muss. Die RLBefugnis nach § 28 I ermöglicht eine flexible Handhabung und wird dadurch den Besonderheiten der ltd. Ang. gerecht (BT-Drs. 11/2503 S. 42). Flexibilität besteht auch insoweit, als RL unverbindl. Handlungsmaximen aufstellen oder den AG ggü. dem SprAu. zur Umsetzung der RL verpflichten können (*Hromadka/Sieg* Rn. 21; *Löwisch* Rn. 12). Der SprAu. kann dann die Umsetzung aus eigenem Recht einklagen. In beiden Fällen verbleibt dem AG die Möglichkeit, in begr. Einzelfällen von der RL abzuweichen.

9 **b) Vereinbarungen nach II.** Nach § 28 II können SprAu. und AG die unmittelbare und zwgd. Geltung vereinbaren; dies muss sich aus der vom SprAu. unterzeichneten Urkunde deutl. und zweifelsfrei ergeben (BAG 10.2.2009 NZA 2009, 970 Rn. 24). **Unmittelbare** Geltung bedeutet wie bei einer BV (§ 77 IV 1 BetrVG), die RL wirken auf die ArbVerh. ein, ohne dass es eines Transformationsakts bedarf (BAG 10.2.2009 NZA 2009, 970 Rn. 24). Weiterhin wirken Vereinb. nach § 28 II zwgd., sie verdrängen abw. Bestimmungen in den Einzelarbeitsverträgen und ergänzen dort fehlende Regelungen. Diese Wirkungen erstrecken sich auf alle ltd. Ang. eines Betriebs, auch auf solche, die erst nach Abschluss der Vereinb. in diesen eingetreten sind (*Löwisch* Rn. 16). Für die **Auslegung** einer Vereinb. nach § 28 II 1 gelten die Grds. für BV (BAG 10.2.2009 NZA 2009, 970 Rn. 27; 17.1.2012 AP BetrAVG § 1 Auslegung Nr. 30 Rn. 24; s. auch BetrVG § 77 Rn. 31).

10 Die ltd. Ang. haben einen einklagbaren **Anspruch** gegen den AG **auf Erfüllung** der Individualansprüche, die sich aus den Vereinb. ergeben (*Kaiser* Rn. 224; *Kronisch/Deich* AR-Blattei SD 1490.3 Rn. 80). Keinen derartigen Erfüllungsanspruch begründen Bestimmungen über Leistungen, die den ltd. Ang. als Gruppe zukommen (zB Kantine, Sporteinrichtungen). Diesbzgl. steht dem einzelnen Ang. im Rahmen von Treu und Glauben (§ 242 BGB) nur ein Zurückbehaltungsrecht bzgl. seiner arbeitsver-

tragl. Pflichten zu (*Hromadka/Sieg* Rn. 27; *Löwisch* Rn. 13). Bewerber können mangels bestehenden Rechtsverhältnisses keine Rechte aus AbschlussRL iSv. § 28 II herleiten, wenn sie nicht eingestellt wurden (*Löwisch* Rn. 15). Verbreitet wird eine Regelungsbefugnis für in Ruhestand getretene Ang. bzgl. der sie betr. Abreden bejaht (*Löwisch* Rn. 15; mit Einschränkungen auch *Hromadka/Sieg* Rn. 29).

In § 28 II 2 wird das **Günstigkeitsprinzip** ausdr. verankert, so dass Vereinb. nur „halbzwingend" wirken, dh., sofern der Einzelarbeitsvertrag eine günstigere Regelung vorsieht, ist diese vorrangig. Enthält die RL im Vergleich zum Arbeitsvertrag günstige und ungünstige Elemente, so erfolgt ein **Sachgruppenvergleich,** dh., zu vergleichen sind die Bestimmungen, die in einem engen sachl. Zusammenhang zueinander stehen (*Hromadka/Sieg* Rn. 31; *Löwisch* Rn. 17; s. auch TVG § 4 Rn. 38). Lässt sich die Günstigkeit der einzelvertragl. Regelung im Verhältnis zur SprAuVereinb. nicht eindeutig feststellen, so räumt eine verbreitete Auff. der privatautonomen Wertung des ltd. Ang. und somit der arbeitsvertragl. Regelung den Vorrang ein (*Hromadka/Sieg* Rn. 31; MüArbR/*Joost* § 235 Rn. 37). 11

Die für die Geltung des Günstigkeitsprinzips im Verhältnis zwischen **allg. Arbeitsbedingungen** und BV entwickelten Grds. (s. BetrVG § 77 Rn. 70 ff.) gelten für SprAuVereinb. entspr. (BAG 23.4.2013 AP BetrAVG § 1 Auslegung Nr. 40 Rn. 25; *Röder* NZA 1989, Beil. 4, 2, 3; *Hromadka/Sieg* Rn. 32 f.; *Oetker* BB 1990, 2181, 2184; **aA** *Nebel* DB 1990, 1512 ff.). Das gilt auch für den sog. kollektiven Günstigkeitsvergleich (*Hromadka/Sieg* Rn. 33; *Oetker* BB 1990, 2181, 2184; *Weigle* S. 222 ff.; **aA** *Löwisch* Rn. 18). Außerhalb dieses Bereichs (Sozialleistungen) erfordert eine Verschlechterung allg. Arbeitsbedingungen einen kollektivvertragl. Änderungsvorbehalt (*Hromadka/Sieg* Rn. 33). 12

Wie nach § 4 IV 1 TVG und § 77 IV 2 BetrVG ist ein **Verzicht** auf Rechte, die dem ltd. Ang. durch RL eingeräumt werden, nur mit Zust. des SprAu. zulässig (§ 28 II 3). Im Unterschied zu § 4 IV TVG und § 77 IV BetrVG schließt § 28 die Vereinb. von Ausschlussfristen für Rechte aus RL sowie die Verwirkung dieser Rechte nicht aus (*Hromadka/Sieg* Rn. 35; *Löwisch* Rn. 19). 13

4. Zustandekommen. a) Parteien. RL nach § 28 I und II kommen durch Einigung zwischen AG und SprAu. zustande. Der AG kann sich nach allg. Grds. vertreten lassen. Hat er Prokura (§ 49 I HGB) erteilt, ist der Prokurist auch zum Abschluss von RL befugt (*Löwisch* Rn. 20). Eine **Handlungsvollmacht** (§ 54 I HGB) erstreckt sich auf den Abschluss von RL, wenn diese zum Betrieb des Handelsgewerbes gehört, in dem der Handlungsbevollmächtigte tätig ist (MüArbR/*Joost* § 235 Rn. 13). Allein aus dem Verhandlungsauftrag iSv. § 3 II 3 Nr. 1 folgt jedoch nicht zwgd. zugleich die Vertretungsmacht zum Abschluss von RL (*Hromadka/Sieg* Rn. 41; *Löwisch* Rn. 20; *Kronisch/Deich* AR-Blattei SD 1490.3 Rn. 84). Der SprAu. wird von seinem Vors. iRd. gefassten Beschlüsse vertreten (§ 11 II). Bei einem Handeln der einen oder anderen Seite **ohne Vertretungsmacht** ist die getroffene Vereinb. nach den §§ 164 ff., 177 I BGB schwebend unwirksam. 14

b) Wirksamkeit. Voraussetzung für die Wirksamkeit einer RL ist die ordnungsgemäße Willensbildung der Parteien. Auf Seiten des SprAu. muss der in der konkreten Angelegenheit **zust. SprAu.** einen ordnungsgemäßen **Beschl.** (§ 13) gefasst haben, da der Abschluss von RL und Vereinb. keine Aufgabe der lfd. Geschäftsführung ist, über die der Vors. allein entscheiden kann (*Hromadka/Sieg* Rn. 41; *Löwisch* Rn. 21). Des Weiteren muss die RL **schriftl.** vereinbart werden (§ 28 I iVm. § 125 BGB). Dies erfordert eine Unterschrift seitens beider Parteien (§ 126 II BGB; s. auch BetrVG § 77 Rn. 21). Ist die Wahl des SprAu. nichtig, so handelt dieser ohne Mandat; die Vereinb. sind unwirksam. Die rkr. **Anfechtung** der Wahl des SprAu. wirkt nur ex nunc, so dass bis zur rkr. Entsch. des ArbG ein ordnungsgemäßer SprAu. besteht, dessen Vereinb. mit dem AG wirksam sind. Willensmängel einzelner Mitglieder des SprAu. bei der Beschlussfassung berechtigen diese, ihr Votum anzufechten. Bei entspr. vielen Anfechtungen entfällt die Vertretungsmacht und die Vereinb. wird schwebend unwirksam (s. Rn. 14). 15

5. Beendigung. a) Kündigung. Die Rechtswirkungen einer **RL** können durch eine Kündigung beendet werden. Diese ist formlos mögl. (*Hromadka/Sieg* Rn. 54; *Löwisch* Rn. 27), bedarf seitens des SprAu. aber eines entspr. Beschl., da es sich nicht um eine lfd. Angelegenheit iSv. § 11 III handelt (HWK/*Annuß/Girlich* Rn. 9). Das G trifft keine Regelung über die Kündigung von RL **nach § 28 I.** Bei solchen auf unbestimmte Zeit und ohne Vereinb. einer Kündigungsfrist entfaltet eine Kündigung nach hM sofort ihre Rechtswirkungen (*Hromadka/Sieg* Rn. 57; MüArbR/*Joost* § 235 Rn. 40; *Löwisch* Rn. 29; *Kronisch/Deich* AR-Blattei SD 1490.3 Rn. 97; **aA** *Oetker* ZfA 1990, 43, 80). 16

§ 28 II 2 sieht für die Kündigung von **Vereinb. nach § 28 II** eine Frist von drei Monaten vor, soweit keine abw. Regelung getroffen wurde. Eine einvernehml. Verlängerung bzw. Verkürzung der Kündigungsfrist ist zulässig (*Hromadka/Sieg* Rn. 56; *Löwisch* Rn. 26). Ferner kann die Vereinb. von vornherein befristet werden. Bei einem wichtigen Grund ist eine außerordentl. Kündigung mögl. (*Hromadka/Sieg* Rn. 54). Die Sonderregelung in **§ 120 InsO** erfasst nach ihrem Wortlaut nur BV, ist aber auf Abreden zwischen AG und SprAu. entspr. anzuwenden (s. *Oetker/Friese* DZWIR 2000, 397, 401; zust. *Hromadka/Sieg* Rn. 62; *Kronisch/Deich* AR-Blattei SD 1490.3 Rn. 94). Mit Ablauf der Kündigungsfrist endet die unmittelbare und zwgd. Wirkung der Vereinb. Eine **Nachwirkung** entspr. § 77 VI 17

BetrVG sieht das G nicht vor (*Hromadka/Sieg* Rn. 55; *Löwisch* Rn. 28), kann aber vereinbart werden (*Hromadka/Sieg* Rn. 55; *Löwisch* BB 1990, 1631; *Weigle* S. 227).

18 **b) Aufhebung und Ablösung.** Sowohl RL nach § 28 I als auch Vereinb. nach § 28 II können jederzeit durch Aufhebungsvertrag beendet oder durch Änderungsvertrag modifiziert werden (*Löwisch* Rn. 29 f.). Schließen SprAu. und AG eine neue RL über einen bereits geregelten Gegenstand ab, so verdrängt die **ablösende RL** die frühere (*Löwisch* Rn. 31).

19 **c) Betriebsübergang.** Die Auswirkungen eines Betriebsübergangs auf Vereinb. sind nicht geregelt; § 613a I 2 BGB beschränkt sich seinem Wortlaut nach auf BV. Solange eine **RL nach § 28 I** noch nicht umgesetzt wurde und nur schuldrechtl. Wirkung zwischen AG und SprAu. entfaltet, endet diese mit dem Betriebsübergang (**aA** wohl *Kronisch/Deich* AR-Blattei SD 1490.3 Rn. 184). Ist bereits eine einzelvertragl. Umsetzung erfolgt, so wirken die getroffenen Regelungen nach § 613a I 1 BGB auch ggü. dem neuen AG. Für **RL nach § 28 II** findet § 613a I 2 bis 4 BGB entspr. Anwendung (*Hromadka/Sieg* Rn. 59; MüArbR/*Joost* § 235 Rn. 44; *Löwisch* Rn. 32 f.; *Medla* FS Leinemann 2006 S. 243, 252; NK-GA/*v. Steinau-Steinrück* Rn. 4).

§ 29 Geheimhaltungspflicht

(1) [1] **Die Mitglieder und Ersatzmitglieder des Sprecherausschusses sind verpflichtet, Betriebs- oder Geschäftsgeheimnisse, die ihnen wegen ihrer Zugehörigkeit zum Sprecherausschuß bekanntgeworden und vom Arbeitgeber ausdrücklich als geheimhaltungsbedürftig bezeichnet worden sind, nicht zu offenbaren und nicht zu verwerten.** [2] **Dies gilt auch nach dem Ausscheiden aus dem Sprecherausschuß.** [3] **Die Verpflichtung gilt nicht gegenüber Mitgliedern des Sprecherausschusses, des Gesamtsprecherausschusses, des Unternehmenssprecherausschusses, des Konzernsprecherausschusses und den Arbeitnehmervertretern im Aufsichtsrat.**

(2) **Absatz 1 gilt entsprechend für die Mitglieder und Ersatzmitglieder des Gesamtsprecherausschusses, des Unternehmenssprecherausschusses und des Konzernsprecherausschusses.**

1 **1. Allgemeines.** Die Geheimhaltungspflicht von Mitgliedern des SprAu. sowie Ersatzmitgliedern nach § 29 I 1 und 2 entspricht sinngemäß derjenigen für Mitglieder des BR und ihrer Ersatzmitglieder (s. Erl. zu § 79 BetrVG).

2 **2. Inhalt der Geheimhaltungspflicht.** Geheimzuhalten sind nur Betriebs- und Geschäftsgeheimnisse iSv. § 17 UWG (**materielles Geheimnis;** s. BetrVG § 79 Rn. 2). Die Verschwiegenheitspflicht nach § 29 tritt nur ein, wenn der AG durch ausdr. Erkl. darauf hinweist, dass eine Angelegenheit als Betriebs- oder Geschäftsgeheimnis anzusehen ist (**formelles Geheimnis;** s. BetrVG § 79 Rn. 7 f.). Sie umfasst jedoch nicht die von einzelnen Mitgliedern des SprAu. im Rahmen ihrer Amtstätigkeit erlangte Kenntnis von **pers. Angelegenheiten der ltd. Ang.** Eine Verschwiegenheitspflicht besteht aber nach § 26 II für Inf., die durch Einsichtnahme in Personalakten gewonnen wurden, sowie nach § 31 II iRd. Beteiligung vor personellen Einzelmaßnahmen erlangte Kenntnisse. Ansonsten sieht das G keine bes. Geheimhaltungspflicht vor, wird aber dennoch allg. angenommen und aus § 27 II (*Löwisch* Rn. 6) oder einer entspr. Anwendung des § 31 III (*Hromadka/Sieg* Rn. 20) hergeleitet.

3 **3. Umfang.** Den Mitgliedern des SprAu. ist es sowohl verboten, die erlangten Kenntnisse über Betriebs- und Geschäftsgeheimnisse zu **offenbaren,** dh. an Dritte weiterzugeben, als auch die Geheimnisse zu **verwerten,** dh. zu eigenen wirtschaftl. Zwecken auszunutzen (*Hromadka/Sieg* Rn. 14). Die Geheimhaltungspflicht gilt grds. ggü. jedermann. Ausgenommen sind ledigl. Mitglieder der in § 29 I 3 genannten Gremien, um deren effektive Zusammenarbeit zu gewährleisten. Die Geheimhaltung wird hierdurch nicht gefährdet, weil § 29 II die Mitglieder dieser Gremien ihrerseits zur Geheimhaltung verpflichtet. Nicht zu dem von § 29 I 3 erfassten Personenkreis zählen **Mitglieder des BR.** Obwohl auch sie zur Geheimhaltung (§ 79 I BetrVG) verpflichtet sind, besteht ihnen ggü. die Geheimhaltungspflicht. Anges. der Aufzählung in § 29 I 3 lehnt die hM eine planwidrige Regelungslücke ab; § 2 II regele ledigl. eine lockere Zusammenarbeit von SprAu. und BR, die eine Befreiung von der Geheimhaltungspflicht nicht rechtfertige (*Hromadka/Sieg* Rn. 16 mit Fn. 17; MüArbR/*Joost* § 234 Rn. 98; *Deich* AR-Blattei SD 1490.2 Rn. 177 f.; **aA** *Oetker* ZfA 1990, 43, 53 f.; s. § 2 Rn. 6).

4 **4. Rechtsfolgen von Verstößen.** Die Verletzung der Geheimhaltungspflicht ist nach § 35 **strafbar.** Es handelt sich gem. § 35 V um ein Antragsdelikt. Zudem kommt der Verstoß gegen § 29 als grobe Verletzung ges. Pflichten in Betracht, die nach § 9 (§§ 17, 20, 22) zum Ausschluss aus dem SprAu. führen kann (*Bauer* SprAuG Anm. 6; *Löwisch* Rn. 12). Ferner kann die Pflichtverletzung einen Schadensersatzanspruch des AG nach § 823 II BGB iVm. § 29 I begründen (*Hromadka/Sieg* Rn. 21).

Zweiter Abschnitt. Mitwirkungsrechte

§ 30 Arbeitsbedingungen und Beurteilungsgrundsätze

[1]Der Arbeitgeber hat den Sprecherausschuß rechtzeitig in folgenden Angelegenheiten der leitenden Angestellten zu unterrichten:
1. Änderungen der Gehaltsgestaltung und sonstiger allgemeiner Arbeitsbedingungen;
2. Einführung oder Änderung allgemeiner Beurteilungsgrundsätze.
[2]Er hat die vorgesehenen Maßnahmen mit dem Sprecherausschuß zu beraten.

1. Allgemeines. Dem SprAu. steht bei den Angelegenheiten in § 30 S. 1 Nr. 1 und 2 ein Unterrichtungs- und Beratungsrecht zu. Hierbei handelt es sich um einen wesentl. Grundtatbestand der Mitwirkung, der das Initiativrecht des SprAu. zur Wahrnehmung der allg. Interessen der ltd. Ang. (§ 25 I) und die Kompetenz zu Vereinb. über Inhalt, Abschluss und Beendigung von ArbVerh. (§ 28; s. *Löwisch* Rn. 1) ergänzt. Der Mitwirkung nach § 30 unterliegen nur **kollektive** Tatbestände, dh., der AG muss den SprAu. nur bei abstrakt generellen Regelungen beteiligen (*Hromadka/Sieg* Rn. 1). Wie bei § 28 (Rn. 5) kommt es nicht auf die Zahl der tats. betroffenen ltd. Ang. an. 1

2. Gehaltsgestaltung und allgemeine Arbeitsbedingungen. a) Gehaltsgestaltung. Gehalt iSv. § 30 S. 1 Nr. 1 ist nicht nur das eigentl. Arbeitsentgelt, sondern jede geldwerte Leistung, die der AG ltd. Ang. auf Grund ihrer Arbeitsleistung gewährt, zB Gratifikationen, Urlaubsgeld, Sachleistungen, Leistungen der AV, AGDarlehen etc. (MüArbR/*Joost* § 235 Rn. 69; *Kaiser* Rn. 244). Der Begriff der Gehaltsgestaltung entspricht dem der Lohngestaltung in § 87 I Nr. 10 BetrVG (BetrVG § 87 Rn. 96 ff.). Dabei geht es um die Festlegung der **Grds. der Gehaltsfindung,** wie zB Bildung von Gehaltsgruppen bzw. Gehaltsbändern, Aufstellung von Kriterien, nach denen die ltd. Ang. zugeordnet werden, Ranking-Systeme, Aufteilung des Gehalts in feste und variable Bestandteile etc. (näher *Kaiser* Rn. 245; *Oetker* BB 1990, 2181, 2182). Die mitbestimmungsfreie Zone bei § 87 I Nr. 10 BetrVG (s. BetrVG § 87 Rn. 103) hat für § 30 S. 1 Nr. 1 keine Bedeutung. 2

Umstr. ist, ob die Gehaltsgestaltung Regelungen der **Gehaltshöhe** umfasst. Hierfür wird tw. der Wortlaut des § 30 angeführt, der nur von Gehaltsgestaltung spricht und damit weiter gefasst ist als § 87 I Nr. 10 BetrVG, der den Begriff der Lohngestaltung insoweit konkretisiert und einschränkt, als dass hierunter insb. **Entlohnungsgrds.** zu verstehen sind. Zudem sieht § 30, anders als § 87 I Nr. 10 BetrVG, ledigl. ein Mitwirkungsrecht vor, so dass kein Grund bestehe, die Gehaltshöhe aus diesem auszuklammern (*BFJ* Rn. 3; *Löwisch* Rn. 1; *Wlotzke* DB 1989, 173, 177). Allein aus dem Weglassen einer Konkretisierung folgt jedoch noch kein unterschiedl. Gesetzeswille. Hätte der Gesetzgeber § 30 eine weiterreichende Bedeutung zumessen wollen, hätte er dieses eindeutig formulieren müssen (*Hromadka/Sieg* Rn. 12 f.; MüArbR/*Joost* § 235 Rn. 68; *Weigle* S. 249 ff.). Ein Mitwirkungsrecht besteht erst recht nicht bei der Festlegung der Gehaltshöhe des einzelnen ltd. Ang.; hierbei handelt es sich um eine individuelle Regelung (Rn. 2; allgA zB *Löwisch* Rn. 4). Insoweit kann der SprAu. nur auf der Grdl. eines entspr. Verlangens des ltd. Ang. nach § 26 tätig werden. 3

b) Allgemeine Arbeitsbedingungen. Das Mitwirkungsrecht umfasst neben der Gehaltsgestaltung auch sonstige allg. Arbeitsbedingungen. Hierunter fallen alle formellen und materiellen Arbeitsbedingungen (allgA *Engels/Natter* BB 1989, Beil. 8, 32; *Weigle* S. 256 ff.), also der gesamte Inhalt des ArbVerh., soweit der AG diesbzgl. allg. Regelungen trifft (*Buchner* NZA 1989, Beil. 1, 2, 17). Dazu zählen zB Dauer und Lage der AZ, Schriftformklauseln, Urlaubsregelungen, Sozialleistungen, Verschwiegenheits- und Loyalitätspflichten, Wettbewerbsverbote, Reisekosten- und Spesenregelungen (*Löwisch* Rn. 6; *Kronisch/Deich* AR-Blattei SD 1490.3 Rn. 109). 4

c) Änderung. Der Wortlaut des § 30 S. 1 Nr. 1 sieht eine Mitwirkung des SprAu. nur bei einer „Änderung" der Gehaltsgestaltung und der allg. Arbeitsbedingungen vor und setzt begriffl. etwas Bestehendes voraus. Gleichwohl greift das Mitwirkungsrecht wegen des GZwecks auch bei der **erstmaligen Einf.** ein. Allein die ausdr. Nennung der „Einführung" in § 30 S. 1 Nr. 2 lässt nicht den Rückschluss zu, die Einf. sei von Nr. 1 nicht umfasst. Bei der unterschiedl. Formulierung hat sich der Gesetzgeber davon leiten lassen, dass Gehaltsgestaltung und allg. Arbeitsbedingungen notwendigerweise mit jedem ArbVerh. verbunden sind, während Beurteilungsgrds. regelm. erst geschaffen werden müssen (*Hromadka/Sieg* Rn. 18; MüArbR/*Joost* § 235 Rn. 71; *Löwisch* Rn. 7). 5

3. Einführung oder Änderung allgemeiner Beurteilungsgrundsätze. Gegenstand der Mitwirkung nach § 30 S. 1 Nr. 2 ist die Einf. oder Änd. einheitl. Regelungen und Kriterien, nach denen die Leistungen und das Verhalten von ltd. Ang. und sowohl internen als auch externen Bewerbern bewertet werden (*Hromadka/Sieg* Rn. 19; MüArbR/*Joost* § 235 Rn. 72; *Löwisch* Rn. 8). Sie sollen eine Beurteilung nach verobjektivierten Maßstäben ermöglichen und das Verfahren bei Personalentsch. versachlichen (BT-Drs. 11/2503 S. 43). Bei ltd. Ang. ist die Bewertung des **Führungsverhaltens im Hinblick auf die anderen AN** von bes. Relevanz. Nicht zu den Beurteilungsgrds. zählen Stellen- 6 beschreibungen und Anforderungsprofile sowie FührungsRL (*Hromadka/Sieg* Rn. 21, 23; *Kronisch/Deich* AR-Blattei SD 1490.3 Rn. 116). Das Mitwirkungsrecht besteht bei jeder Einf. und Änd., nicht aber bei der Anwendung der RL auf den einzelnen ltd. Ang. (*Hromadka/Sieg* Rn. 24; *Löwisch* Rn. 11).

7 **4. Unterrichtungs- und Beratungsrecht.** Der AG hat den SprAu. **rechtzeitig** zu unterrichten und die vorgesehene Maßnahme zu beraten. Die **Unterrichtungspflicht** entsteht, wenn der AG die **konkrete Absicht** zur Durchführung einer im S. 1 genannten Maßnahme hat (*Hromadka/Sieg* Rn. 26), und ist rechtzeitig, wenn der SprAu. sich noch der Bedeutung der Sache gem. mit ihr befassen kann und seine Vorschläge und Bedenken Berücksichtigung finden können (*Hromadka/Sieg* Rn. 27; *Löwisch* Rn. 12). Nach § 25 II 2 sind dem SprAu. auf Verlangen die für die Unterrichtung erforderl. Unterlagen zur Vfg. zu stellen. **Beratung** bedeutet, dass der AG dem SprAu. Gelegenheit zur Stellungn. bietet und sowohl seine eigenen Absichten als auch die Stellungn. des SprAu. gemeinsam mit diesem erörtert (*Hromadka/Sieg* Rn. 29; *Löwisch* Rn. 15).

8 Ein **Verstoß** gegen die Unterrichtungspflicht kann als Ordnungswidrigkeit gem. § 36 geahndet werden. Die Wirksamkeit einer vom AG eingeführten allg. Regelung bleibt unberührt (*Oetker* BB 1990, 2181, 2186; HWK/*Annuß/Girlich* Rn. 5), ohne indes zum Untergang der Unterrichtungs- und Beratungspflicht zu führen. Nach dem Zweck des § 30 kann der SprAu. auch noch nachträgl. Unterrichtung und Beratung verlangen (*Löwisch* Rn. 12; *Kronisch/Deich* AR-Blattei SD 1490.3 Rn. 122). Ein Anspruch, die Durchführung der jeweiligen Maßnahme zu unterlassen, steht dem SprAu. nicht zu (*Hromadka/Sieg* Rn. 34; *Kronisch/Deich* AR-Blattei SD 1490.3 Rn. 122; NK-GA/*v. Steinau-Steinrück* Rn. 5; *Weigle* S. 264 ff. mwN).

§ 31 Personelle Maßnahmen

(1) **Eine beabsichtigte Einstellung oder personelle Veränderung eines leitenden Angestellten ist dem Sprecherausschuß rechtzeitig mitzuteilen.**

(2) [1]**Der Sprecherausschuß ist vor jeder Kündigung eines leitenden Angestellten zu hören.** [2]**Der Arbeitgeber hat ihm die Gründe für die Kündigung mitzuteilen.** [3]**Eine ohne Anhörung des Sprecherausschusses ausgesprochene Kündigung ist unwirksam.** [4]**Bedenken gegen eine ordentliche Kündigung hat der Sprecherausschuß dem Arbeitgeber spätestens innerhalb einer Woche, Bedenken gegen eine außerordentliche Kündigung unverzüglich, spätestens jedoch innerhalb von drei Tagen, unter Angabe der Gründe schriftlich mitzuteilen.** [5]**Äußert er sich innerhalb der nach Satz 4 maßgebenden Frist nicht, so gilt dies als Einverständnis des Sprecherausschusses mit der Kündigung.**

(3) **Die Mitglieder des Sprecherausschusses sind verpflichtet, über die ihnen im Rahmen personeller Maßnahmen nach den Absätzen 1 und 2 bekanntgewordenen persönlichen Verhältnisse und Angelegenheiten der leitenden Angestellten, die ihrer Bedeutung oder ihrem Inhalt nach einer vertraulichen Behandlung bedürfen, Stillschweigen zu bewahren; § 29 Abs. 1 Satz 2 und 3 gilt entsprechend.**

1 **1. Allgemeines.** § 31 weist dem SprAu., der ansonsten in der Hauptsache kollektive Aufgaben wahrnimmt, die Zust. für die **Wahrnehmung individueller Belange** der ltd. Ang. bei Einstellungen, personellen Veränderungen und Kündigungen zu. Die Regelung dient zudem **kollektiven Interessen** der ltd. Ang., weil die genannten personellen Maßnahmen üblicherweise auch deren Interessen als Gruppe berühren (*Löwisch* Rn. 1).

2 **2. Einstellung oder personelle Veränderung.** Der AG ist nach § 31 I verpflichtet, die beabsichtigte Einstellung oder personelle Veränderung dem SprAu. rechtzeitig mitzuteilen. Seine frühzeitige Unterrichtung ist Voraussetzung, um die Belange der ltd. Ang. in personellen Angelegenheiten wirksam vertreten zu können (BT-Drs. 11/2503 S. 43; zur Unterrichtung des BR s. BetrVG § 105 Rn. 3). Eine Verletzung der Mitteilungspflicht kann als Ordnungswidrigkeit nach § 36 geahndet werden. Weitere Sanktionen sieht das G nicht vor, insb. führt ein Verstoß gegen § 31 I nicht zur Unwirksamkeit der personellen Maßnahme (*Hromadka/Sieg* Rn. 20; HWK/*Annuß/Girlich* Rn. 3).

3 Unter **Einstellung** ist, wie bei § 99 BetrVG (BetrVG § 99 Rn. 4), die dauerhafte oder vorübergehende tats. Übertragung von Funktionen und Aufgaben eines ltd. Ang. an externe Bewerber zu verstehen (*Kaiser* Rn. 263; *Löwisch* Rn. 2). Von der Mitteilungspflicht ist außerdem die **Beförderung** bereits im Betrieb beschäftigter AN zum ltd. Ang. erfasst (*Hromadka/Sieg* Rn. 4; *Löwisch* Rn. 3; *Wlotzke* DB 1989, 173, 178; HWK/*Annuß/Girlich* Rn. 2). Des Weiteren ist die **Weiterbeschäftigung** über die vertragl. vereinbarten Altersgrenzen hinaus eine Einstellung, da der AG eine neue Entsch. über die Besetzung des Arbeitsplatzes trifft (*Löwisch* Rn. 2; *Kronisch/Deich* AR-Blattei SD 1490.3 Rn. 126).

4 Der Begriff der **personellen Veränderung** umfasst jede Änd. der Arbeitsaufgabe oder der Stellung des ltd. Ang. im Unternehmen (*Bauer* SprAuG Anm. 2; *Kronisch/Deich* AR-Blattei SD 1490.3 Rn. 129). Hierunter fallen Versetzungen (BetrVG § 99 Rn. 13 ff.), Umgruppierungen, Veränderungen

der Leitungsaufgaben (*Oetker* ZfA 1990, 43, 73; *Wlotzke* DB 1989, 173, 177) sowie Erteilung und Entzug handelsrechtl. **Vollmachten** wie Prokura, Handlungs- und Generalvollmacht (*Engels/Natter* BB 1989, Beil. 8, 32; *Hromadka/Sieg* Rn. 8). Eine personelle Veränderung ist auch das Ausscheiden eines ltd. Ang., gleichgültig ob durch Eintritt in den (Vor-)Ruhestand, Eigenkündigung, Aufhebungsvertrag oder Anfechtung (*Hromadka/Sieg* Rn. 11; *Löwisch* Rn. 7; *Oetker* ZfA 1990, 43, 75).

Die **Unterrichtung** muss rechtzeitig erfolgen, dh. ausreichend Gelegenheit geben, die Belange des Betroffenen und der übrigen ltd. Ang. vorzubringen (*Bauer* SprAuG Anm. 2; MüArbR/*Joost* § 235 Rn. 78). Das G beschränkt die Verpflichtung des AG auf die Mitt.; eine Beratung mit dem SprAu. muss nicht erfolgen, wohl aber ist er auf Grund des Gebots einer vertrauensvollen Zusammenarbeit (§ 2 I) verpflichtet, Bedenken entgegenzunehmen. Für den **Umf.** der Mitteilungspflicht gilt § 25 II, dh. der AG muss über alle Umstände informieren, deren Kenntnis für die Aufgabenwahrnehmung erforderl. ist (*Löwisch* Rn. 9). Dazu zählen die **Person** der/des einzustellenden Bewerber(s) bzw. des von der personellen Maßnahme betroffenen ltd. Ang., die vorgesehene Änd. und die Auswirkungen auf den oder die ltd. Ang. (*Hromadka/Sieg* Rn. 16; *Löwisch* Rn. 9). Die Mitteilungspflicht erstreckt sich aber nicht auf den **Inhalt des Anstellungsvertrags** oder dessen einzelvertragl. Änd. (*Löwisch* Rn. 10). 5

3. Kündigung. a) Anhörung. Nach § 31 II 1 bis 3 ist der SprAu. vor jeder Kündigung eines ltd. Ang. anzuhören. Dazu muss er – wie bei § 102 I BetrVG (BetrVG § 102 Rn. 5) – die Person des zu Kündigenden, die Art der Kündigung (ordentl. oder außerordentl.), die Kündigungsgründe und ggf. die Kündigungsfrist mitteilen. Eine ohne Anhörung des SprAu. ausgesprochene Kündigung ist unwirksam. Bedenken gegen die Kündigung hat der SprAu. dem AG innerhalb der Fristen in § 31 II 4 mitzuteilen, ansonsten fingiert § 31 II 5 seine Zust. Diese Regelung entspricht § 102 I und II BetrVG, so dass bzgl. Gegenstand (BetrVG § 102 Rn. 2), Zpkt. (BetrVG § 102 Rn. 3), Inhalt (BetrVG § 102 Rn. 5), Form (BetrVG § 102 Rn. 4), Beschlussfassung (BetrVG § 102 Rn. 10 ff.) und Rechtsfolgen mangelhafter Anhörung (BetrVG § 102 Rn. 29) die dortigen Grds. anzuwenden sind (BAG 27.9.2001 NZA 2002, 1277, 1279 f.; LAG D 3.2.2012 BeckRS 2012, 66503). Bei den AG der früheren Dt. Bundespost findet die Vorschr. für Beamte im Hinblick auf deren Status keine Anwendung (§ 36 PostPersRG). 6

Da die Zuordnung der Ang. nach § 18a BetrVG außerhalb des Wahlverfahrens keine Rechtswirkungen entfaltet (BetrVG § 18a Rn. 1), kann bei Kündigungen probl. sein, ob der AG das richtige Repräsentativorgan beteiligt hat. Deshalb sind bei Zweifeln bzgl. der Zuordnung **vorsorgl.** sowohl SprAu. als auch BR anzuhören (*Hanau* AuR 1988, 261; *Wlotzke* DB 1989, 173, 178). 7

b) Widerspruch des Sprecherausschusses. Wegen der bes. Vertrauensstellung des SprAu. räumt das G ihm kein § 102 III BetrVG entspr. Widerspruchsrecht ein. Deshalb kennt das G auch keinen mit § 102 V BetrVG vergleichbaren **Weiterbeschäftigungsanspruch** des gekündigten ltd. Ang. Eine Pflicht des AG zur Weiterbeschäftigung kann nur nach den allg. Regeln entstehen (KSchG § 4 Rn. 42 ff.). Hierfür muss das Interesse des ltd. Ang. an der Weiterbeschäftigung das Interesse des AG an der Nichtbeschäftigung überwiegen (*Bauer* NZA 1989, Beil. 1, 20, 28; *Löwisch* Rn. 37). Nach verbreiteter Ansicht ist dies wegen der bes. Vertrauensstellung des ltd. Ang. idR zu verneinen (*Löwisch* Rn. 37; HWK/*Annuß/Girlich* Rn. 5; NK-GA/*v. Steinau-Steinrück* Rn. 3). 8

c) Einspruch des leitenden Angestellten. Nach § 3 KSchG kann ein AN, der zwar ltd. Ang. iSd. SprAuG, nicht aber ltd. Ang. iSv. § 14 KSchG ist und der seine Kündigung für sozial ungerechtfertigt hält, **Einspruch beim BR** einlegen (*Löwisch* Rn. 19). Dieser vom Wortlaut des § 3 KSchG gedeckten Auslegung wird entgegengehalten, der BR vertrete nicht die Interessen der ltd. Ang. Hierfür hat der SprAu. nach § 25 I 1 die alleinige Kompetenz (MüArbR/*Joost* § 235 Rn. 84). Deshalb soll der ltd. Ang. in analoger Anwendung des § 3 KSchG **Einspruch beim SprAu.** einlegen können (offen *Hromadka/Sieg* Rn. 25). Mangels planwidriger Regelungslücke ist dies zu verneinen, da § 26 I dem ltd. Ang. ermöglicht, auch bei einer Kündigung ein Mitglied des SprAu. zur Unterstützung und Vermittlung hinzuzuziehen (MüArbR/*Joost* § 235 Rn. 85; *Löwisch* Rn. 19; KR/*Rost* § 3 KSchG Rn. 31 mwN). 9

4. Verschwiegenheitspflicht. Die den Mitgliedern des SprAu. im Rahmen personeller Maßnahmen bekannt gewordenen pers. Angelegenheiten und Verhältnisse unterliegen nach § 31 III der Verschwiegenheitspflicht, sofern sie der **bes. Geheimhaltung** bedürfen. Ggü. Mitgliedern des SprAu., USprAu., GSprAu., KSprAu. und den ANVertretern im AR besteht diese Pflicht nicht (§ 31 III iVm. § 29 I 2 und 3). Sie sind jedoch ihrerseits zur Verschwiegenheit verpflichtet. Mangels Verweisung folgt dies zwar nicht aus § 29 II, wohl aber aus § 35 II, der die Offenbarung eines Geheimnisses unter Strafandrohung untersagt (*Hromadka/Sieg* Rn. 45; *Löwisch* Rn. 43). Für ANVertreter im AR folgt die Verschwiegenheitspflicht aus den §§ 116 S. 1, 93 I 3 AktG. Bei bes. **sensiblen Daten** kann sich aus § 27 II auch ggü. dem vom Offenbarungsverbot ausgenommenen Personenkreis eine Pflicht zur Verschwiegenheit ergeben (*Hromadka/Sieg* Rn. 46; *Löwisch* Rn. 43). 10

§ 32 Wirtschaftliche Angelegenheiten

(1) [1]Der Unternehmer hat den Sprecherausschuß mindestens einmal im Kalenderhalbjahr über die wirtschaftlichen Angelegenheiten des Betriebs und des Unternehmens im Sinne des § 106 Abs. 3 des Betriebsverfassungsgesetzes zu unterrichten, soweit dadurch nicht die Betriebs- oder Geschäftsgeheimnisse des Unternehmens gefährdet werden. [2]Satz 1 gilt nicht für Unternehmen und Betriebe im Sinne des § 118 Abs. 1 des Betriebsverfassungsgesetzes.

(2) [1]Der Unternehmer hat den Sprecherausschuß über geplante Betriebsänderungen im Sinne des § 111 des Betriebsverfassungsgesetzes, die auch wesentliche Nachteile für leitende Angestellte zur Folge haben können, rechtzeitig und umfassend zu unterrichten. [2]Entstehen leitenden Angestellten infolge der geplanten Betriebsänderung wirtschaftliche Nachteile, hat der Unternehmer mit dem Sprecherausschuß über Maßnahmen zum Ausgleich oder zur Milderung dieser Nachteile zu beraten.

1 **1. Allgemeines. a) Zweck.** § 32 regelt die Pflicht des AG, den SprAu. über wirtschaftl. Angelegenheiten und gepl. Betriebsänd. zu unterrichten sowie mit ihm über Maßnahmen zum Ausgleich und zur Milderung von Nachteilen für ltd. Ang. zu beraten, und verweist bzgl. des Umf. des Unterrichtungsrechts und des Begriffs der Betriebsänd. auf die §§ 106 III und 111 BetrVG. Die Unterrichtungspflicht nach § 32 soll dem SprAu. einen allg. Einblick in die wirtschaftl. Angelegenheiten des Unternehmens und der Betriebe verschaffen, obwohl einzelne ltd. Ang. idR bereits über diese Angelegenheiten unterrichtet sein werden (*Bauer* SprAuG Anm. 2). Zudem soll die rechtzeitige Inf. und Beratung dem SprAu. ermöglichen, wirtschaftl. Nachteile für die ltd. Ang. abzuwenden.

2 **b) Zuständigkeit.** Das Unterrichtungs- und Beratungsrecht nach § 32 steht idR dem BetriebsSprAu. bzw. dem USprAu. zu, falls ein solcher gebildet wurde (*Hromadka/Sieg* Rn. 4; *Löwisch* Rn. 18; MüArbR/*Joost* § 235 Rn. 117; **aA** *BFJ* Rn. 4; *Ulmer*, Legalisierte SprAu., 1989 S. 296, 310: originäre Zust. des GSprAu.). Bei betriebsübergreifenden Betriebsänd. kann eine Zust. des GSprAu. oder KSprAu. vorliegen. Um Zuständigkeitskonflikte zu vermeiden, kann der BetriebsSprAu. den GSprAu. gem. § 18 II mit der Wahrnehmung der Mitwirkungsrechte beauftragen (*BFJ* Rn. 4; *Löwisch* Rn. 18).

3 **c) Adressat.** Die Unterrichtungs- und Beratungspflicht trifft den Unternehmer als denjenigen, der die wirtschaftl. Ziele fest setzt. In der Insolvenz tritt der InsV an seine Stelle (*Hromadka/Sieg* Rn. 7; *Löwisch* Rn. 57; *Kronisch/Deich* AR-Blattei SD 1490.3 Rn. 157).

4 **2. Unterrichtung über wirtschaftliche Angelegenheiten. a) Wirtschaftliche Angelegenheiten.** Bzgl. des Begriffs der wirtschaftl. Angelegenheiten verweist § 32 I auf § 106 III BetrVG, so dass der SprAu. im selben Umf. wie der Wirtschaftsausschuss zu informieren ist (BetrVG § 106 Rn. 4 ff.). § 32 bezieht die Unterrichtungspflicht im Gegensatz zu § 106 III BetrVG, der diese auf wirtschaftl. Angelegenheiten des Unternehmens beschränkt, auf wirtschaftl. Angelegenheiten des Betriebs und des Unternehmens. Das bes. Abstellen in § 32 I auf Angelegenheiten des Betriebs ist überflüssig, da der Betrieb Teil des Unternehmens ist. Die diff. Formulierung führt deshalb nicht zu einer Ausweitung der Unterrichtungspflicht über die in § 106 III BetrVG genannten Gegenstände hinaus (*Hromadka/Sieg* Rn. 8; MüArbR/*Joost* § 235 Rn. 96; *Löwisch* Rn. 1).

5 **b) Unterrichtung.** Anders als § 106 I BetrVG setzt § 32 **keine Mindestgröße** des Unternehmens voraus. Es genügt, wenn in einem Betrieb zehn ltd. Ang. beschäftigt sind und ein SprAu. gebildet wurde. Eine Diskrepanz zwischen der Beteiligung des SprAu. und der Bildung des Wirtschaftsausschusses ist jedoch unwahrscheinl., da bei zehn ltd. Ang. regelm. mehr als 100 AN, die nicht der Gruppe der ltd. Ang. angehören, beschäftigt sein werden. Keine Unterrichtungspflicht besteht bzgl. wirtschaftl. Angelegenheiten, deren Offenlegung **Betriebs- und Geschäftsgeheimnisse** gefährdet (§ 32 I 1). Die Regelung entspricht derjenigen für die Unterrichtung des Wirtschaftsausschusses (BetrVG § 106 Rn. 6), ohne allerdings das Instrumentarium des § 109 BetrVG zu übernehmen. Tendenzunternehmen und -betriebe iSv. § 118 I BetrVG sind nach § 32 I 2 von der Unterrichtungspflicht ausgenommen. Gleiches gilt für die Unterrichtung des Wirtschaftsausschusses (§ 118 I 2 BetrVG), so dass die dazu entwickelten Grds. (BetrVG § 118 Rn. 17) Anwendung finden.

6 Die Unterrichtung des SprAu. über wirtschaftl. Angelegenheiten hat nach § 32 I 1 mind. **einmal im Kalenderhalbjahr** zu erfolgen, wobei der Unternehmer den genauen Zpkt. nach seinem Ermessen bestimmt (*Löwisch* Rn. 19). Wegen des Gebots vertrauensvoller Zusammenarbeit ist bei Bedarf auch außerhalb der ges. Zpkt. eine Unterrichtungspflicht anzuerkennen (*Hromadka/Sieg* Rn. 51; *Löwisch* Rn. 19). Das Mitwirkungsrecht nach § 32 I ist auf eine Unterrichtung beschränkt. Ein § 106 BetrVG entspr. **Beratungsrecht** sieht das G nicht ausdr. vor. Der SprAu. kann aber sein Initiativrecht aus § 25 I und § 28 ausüben und so aus Anlass der Unterrichtung in Beratungen mit dem Unternehmer eintreten (MüArbR/*Joost* § 235 Rn. 101; *Löwisch* Rn. 20). Eine § 106 II 1 BetrVG entspr. Vorschr. über die rechtzeitige Unterrichtung fehlt. Es widerspricht aber einer vertrauensvollen Zusammenarbeit, den SprAu. vor vollendete Tatsachen zu stellen (*Hromadka/Sieg* Rn. 51).

§ 32 I sieht nicht die Unterrichtung unter **Vorlage der erforderl. Unterlagen** vor. Eine solche Pflicht wird aber tw. angenommen, wenn der SprAu. die Unterlagen, welche für seine Aufgabenerfüllung erforderl. sind, nach § 25 II 2 verlangt (*Hromadka/Sieg* Rn. 52; *Kronisch/Deich* AR-Blattei SD 1490.3 Rn. 159; NK-GA/*v. Steinau-Steinrück* Rn. 1). Dem wird entgegengehalten, dass der SprAu. nach § 25 II 2 eine zur Vfg. Stellung der Unterlagen beanspruchen kann und somit weiterreichende Befugnisse als der Wirtschaftsausschuss hätte. Da dieses nicht gerechtfertigt sei, dem SprAu. aber ein Einblicksrecht in die für die Aufgabendurchführung erforderl. Unterlagen zusteht, soll eine Vorlagepflicht aus einer entspr. Anwendung des § 106 II BetrVG folgen (so MüArbR/*Joost* § 235 Rn. 99). 7

3. Unterrichtung und Beratung bei Betriebsänderungen. a) Unterrichtung. Nach § 32 II hat der Unternehmer über **gepl. Betriebsänd.** zu unterrichten. Bzgl. des Begriffs der Betriebsänd. wird an § 111 S. 3 BetrVG angeknüpft (s. BetrVG § 111 Rn. 9 ff.). Nach verbreiteter Ansicht bezieht sich dies auf die gesamte Vorschr. des § 111 BetrVG (so *Hromadka/Sieg* Rn. 56; *Löwisch* Rn. 54; *Goldschmidt* Rn. 253). Deshalb sollen in dem von der Betriebsänd. betroffenen Unternehmen mind. **20 zur BRWahl berechtigte AN** regelm. beschäftigt sein müssen (AR/*Maschmann* Rn. 3). § 32 II stellt aber ausschl. auf die Belange der ltd. Ang. ab, so dass es keinen Grund gibt, das Unterrichtungsrecht von der Größe der übrigen Belegschaft abhängig zu machen. Die Verweisung des § 32 II dient allein der Konkretisierung des Begriffs der Betriebsänd. (MüArbR/*Joost* § 235 Rn. 106; *Oetker* ZfA 1990, 43, 75). 8

Weiterhin setzt § 32 II voraus, dass die Betriebsänd. **wesentl. Nachteile für die ltd. Ang.** zur Folge haben kann. Gemeint sind, wie die amtl. Überschrift „Wirtschaftliche Angelegenheiten" zeigt, nur wirtschaftl. Nachteile, dh. Gehaltseinbußen, Entlassungen, erhöhte Aufwendungen infolge von Betriebsverlegungen (Fahrtkosten, Umzugskosten etc.) (*Hromadka/Sieg* Rn. 76; MüArbR/*Joost* § 235 Rn. 107; *Löwisch* Rn. 43). Die herrschende Ansicht zu § 111 BetrVG, die beim Vorliegen einer Betriebsänd. nach § 111 S. 3 BetrVG wesentl. Nachteile der AN unwiderlegbar vermutet (BetrVG § 111 Rn. 7), kann bzgl. der ltd. Ang. nicht übernommen werden, da § 32 II ausdr. und damit **zusätzl. die konkrete Möglichkeit** des Eintritts von wesentl. Nachteilen für die ltd. Ang. verlangt (*Löwisch* Rn. 43). Dies ist bei einer Betriebsänd. iSv. § 111 S. 3 BetrVG für sich allein nicht notwendigerweise der Fall, so dass stets unter Beachtung der konkreten Betriebsänd. festzustellen ist, ob diese wirtschaftl. Nachteile bei den ltd. Ang. bewirken kann. Ausreichend ist, anders als bei § 111 BetrVG (BetrVG § 111 Rn. 8), dass wenigstens ein ltd. Ang. nachteilig betroffen ist (*Hromadka/Sieg* Rn. 76; MüArbR/*Joost* § 235 Rn. 107; *Goldschmidt* Rn. 253). Nach § 32 II muss die Unterrichtung rechtzeitig und umfassend erfolgen. Dies entspricht § 111 S. 1 BetrVG, so dass die dortigen Grds. anzuwenden sind (BetrVG § 111 Rn. 20 f.). 9

b) Beratung. Anders als § 111 S. 1 BetrVG schreibt § 32 II keine Beratung über die **Betriebsänd. als solche** vor. Eine derartige Pflicht besteht aber nach § 32 II 2, wenn zumindest einem ltd. Ang. infolge der gepl. Betriebsänd. aller Wahrscheinlichkeit nach wirtschaftl. Nachteile entstehen werden. Die Beratung beschränkt sich auf Maßnahmen zum Ausgleich oder zur Milderung dieser Nachteile. Der SprAu. kann den Abschluss von Vereinb. über den Ausgleich oder die Milderung der wirtschaftl. Nachteile **(Sozialplan)** nicht erzwingen. Mögl. sind aber freiwillige Vereinb. nach § 28 I und II, die alles regeln können, was Inhalt von Sozialplänen iSv. § 112 BetrVG (BetrVG §§ 112, 112a Rn. 23 ff.) sein kann (MüArbR/*Joost* § 235 Rn. 115; *Hromadka/Sieg* Rn. 83; *Löwisch* Rn. 62). Insb. kommen als Annex zur Beendigung des ArbVerh. Vereinb. über die Zahlung von **Abfindungen** in Betracht (*Löwisch* Rn. 64). RL nach § 28 II 1 entsprechen bei einer Vereinb. der unmittelbaren und zwgd. Wirkung materiell den Sozialplänen nach § 112 I 2 BetrVG (MüArbR/*Joost* § 235 Rn. 115). Deshalb sind auf sie die §§ 123, 124 InsO entspr. anwendbar (MüArbR/*Joost* § 235 Rn. 116; *Oetker/Friese* DZWIR 2001, 265, 267 f.; **aA** MüKoInsO/*Caspers* § 123 Rn. 10). 10

Vereinb. zwischen Unternehmer und SprAu. zum Ausgleich oder zur Milderung wirtschaftl. Nachteile sind an zwgd. staatl. Recht gebunden. Dazu zählt auch der arbeitsrechtl. **Gleichbehandlungsgrds.**, der sich aber nur auf die Gruppe der ltd. Ang. bezieht, sonstige AN sind von der Betrachtung ausgeschlossen (*Hromadka/Sieg* Rn. 85, 93; MüArbR/*Joost* § 235 Rn. 115). Vom Unternehmer mit dem BR oder im Einigungsstellenverfahren abgeschlossene **Sozialpläne** können keine Regelungen über die ltd. Ang. enthalten, da dem BR hierfür die Kompetenz fehlt (BAG 31.1.1979 AP BetrVG 1972 § 112 Nr. 8; 10.2.2009 NZA 2009, 970 Rn. 23). Weder der SprAu. noch ltd. Ang. können aus dem arbeitsrechtl. Gleichbehandlungsgrds. eine Verpflichtung des Unternehmers zur Vereinb. eines Sozialplans mit dem SprAu. herleiten, wenn der Unternehmer diesen mit dem BR vereinbart hat (BAG 16.7.1985 NZA 1985, 713; MüArbR/*Joost* § 235 Rn. 115). 11

c) Verstöße. Die Verletzung der Unterrichtungsrechte nach § 32 I und II 1 kann gem. § 36 I als Ordnungswidrigkeit geahndet werden. Darüber hinaus kann die nachhaltige und vorsätzl. Verletzung der Unterrichtungs- und Beratungspflichten eine Behinderung der Tätigkeit des SprAu. und auf dessen Antrag nach § 34 I Nr. 2 zu verfolgen sein. Ein Anspruch des SprAu. auf Unterlassung der Betriebsänd. besteht nicht (zust. AR/*Maschmann* Rn. 1; HWK/*Annuß/Girlich* Rn. 9; *Hromadka/Sieg* Rn. 100). 12

Vierter Teil. Besondere Vorschriften

§ 33 Seeschiffahrt

(1) Auf Seeschiffahrtsunternehmen (§ 114 Abs. 2 des Betriebsverfassungsgesetzes) und ihre Betriebe ist dieses Gesetz anzuwenden, soweit sich aus den Absätzen 2 bis 4 nichts anderes ergibt.

(2) Sprecherausschüsse werden nur in den Landbetrieben von Seeschiffahrtsunternehmen gewählt.

(3) [1]Leitende Angestellte im Sinne des § 1 Abs. 1 dieses Gesetzes sind in einem Seebetrieb (§ 114 Abs. 3 und 4 des Betriebsverfassungsgesetzes) nur die Kapitäne. [2]Sie gelten für die Anwendung dieses Gesetzes als leitende Angestellte des Landbetriebs. [3]Bestehen mehrere Landbetriebe, so gelten sie als leitende Angestellte des nach der Zahl der leitenden Angestellten größten Landbetriebs.

(4) Die Vorschriften über die Wahl des Sprecherausschusses finden auf Sprecherausschüsse in den Landbetrieben von Seeschiffahrtsunternehmen mit folgender Maßgabe Anwendung:
1. Die in § 7 Abs. 1 genannte Frist wird auf sechzehn Wochen verlängert.
2. Die Frist für die Wahlanfechtung nach § 8 Abs. 1 Satz 3 beginnt für die leitenden Angestellten an Bord, wenn das Schiff nach Bekanntgabe des Wahlergebnisses erstmalig einen Hafen im Geltungsbereich dieses Gesetzes oder einen Hafen, in dem ein Seemannsamt seinen Sitz hat, anläuft. Nach Ablauf von drei Monaten seit Bekanntgabe des Wahlergebnisses ist eine Wahlanfechtung unzulässig. Die Wahlanfechtung kann auch zu Protokoll des Seemannsamtes erklärt werden. Die Anfechtungserklärung ist vom Seemannsamt unverzüglich an das für die Anfechtung zuständige Arbeitsgericht weiterzuleiten.

Fünfter Teil. Straf- und Bußgeldvorschriften

§ 34 Straftaten gegen Vertretungsorgane der leitenden Angestellten und ihre Mitglieder

(1) Mit Freiheitsstrafe bis zu einem Jahr oder mit Geldstrafe wird bestraft, wer
1. eine Wahl des Sprecherausschusses oder des Unternehmenssprecherausschusses behindert oder durch Zufügung oder Androhung von Nachteilen oder durch Gewährung oder Versprechen von Vorteilen beeinflußt,
2. die Tätigkeit des Sprecherausschusses, des Gesamtsprecherausschusses, des Unternehmenssprecherausschusses oder des Konzernsprecherausschusses behindert oder stört oder
3. ein Mitglied oder ein Ersatzmitglied des Sprecherausschusses, des Gesamtsprecherausschusses, des Unternehmenssprecherausschusses oder des Konzernsprecherausschusses um seiner Tätigkeit willen benachteiligt oder begünstigt.

(2) Die Tat wird nur auf Antrag des Sprecherausschusses, des Gesamtsprecherausschusses, des Unternehmenssprecherausschusses, des Konzernsprecherausschusses, des Wahlvorstands oder des Unternehmers verfolgt.

§ 35 Verletzung von Geheimnissen

(1) Wer unbefugt ein fremdes Betriebs- oder Geschäftsgeheimnis offenbart, das ihm in seiner Eigenschaft als Mitglied oder Ersatzmitglied des Sprecherausschusses, des Gesamtsprecherausschusses, des Unternehmenssprecherausschusses oder des Konzernsprecherausschusses bekanntgeworden und das vom Arbeitgeber ausdrücklich als geheimhaltungsbedürftig bezeichnet worden ist, wird mit Freiheitsstrafe bis zu einem Jahr oder mit Geldstrafe bestraft.

(2) Ebenso wird bestraft, wer unbefugt ein fremdes Geheimnis eines leitenden Angestellten oder eines anderen Arbeitnehmers, namentlich ein zu dessen persönlichen Lebensbereich gehörendes Geheimnis, offenbart, das ihm in seiner Eigenschaft als Mitglied oder Ersatzmitglied des Sprecherausschusses oder einer der in Absatz 1 genannten Vertretungen bekanntgeworden ist und über das nach den Vorschriften dieses Gesetzes Stillschweigen zu bewahren ist.

(3) [1]Handelt der Täter gegen Entgelt oder in der Absicht, sich oder einen anderen zu bereichern oder einen anderen zu schädigen, so ist die Strafe Freiheitsstrafe bis zu zwei Jahren oder Geldstrafe. [2]Ebenso wird bestraft, wer unbefugt ein fremdes Geheimnis, namentlich ein Betriebs- oder Geschäftsgeheimnis, zu dessen Geheimhaltung er nach den Absätzen 1 oder 2 verpflichtet ist, verwertet.

(4) Die Absätze 1 bis 3 sind auch anzuwenden, wenn der Täter das fremde Geheimnis nach dem Tode des Betroffenen unbefugt offenbart oder verwertet.

(5) [1]Die Tat wird nur auf Antrag des Verletzten verfolgt. [2]Stirbt der Verletzte, so geht das Antragsrecht nach § 77 Abs. 2 des Strafgesetzbuches auf die Angehörigen über, wenn das Geheimnis zum persönlichen Lebensbereich des Verletzten gehört; in anderen Fällen geht es auf die Erben über. [3]Offenbart der Täter das Geheimnis nach dem Tode des Betroffenen, so gilt Satz 2 entsprechend.

§ 36 Bußgeldvorschriften

(1) Ordnungswidrig handelt, wer eine der in § 30 Satz 1, § 31 Abs. 1 oder § 32 Abs. 1 Satz 1 oder Abs. 2 Satz 1 genannten Unterrichtungs- oder Mitteilungspflichten nicht, wahrheitswidrig, unvollständig oder verspätet erfüllt.

(2) Die Ordnungswidrigkeit kann mit einer Geldbuße bis zu zehntausend Euro geahndet werden.

Sechster Teil. Übergangs- und Schlußvorschriften

§ 37 Erstmalige Wahlen nach diesem Gesetz

(1) [1]Die erstmaligen Wahlen des Sprecherausschusses oder des Unternehmenssprecherausschusses finden im Zeitraum der regelmäßigen Wahlen nach § 5 Abs. 1 im Jahre 1990 statt. [2]§ 7 Abs. 2 und 3 findet Anwendung.

(2) [1]Auf Sprecherausschüsse, die aufgrund von Vereinbarungen gebildet worden sind und bei Inkrafttreten dieses Gesetzes bestehen, findet dieses Gesetz keine Anwendung. [2]Sie bleiben bis zur Wahl nach Absatz 1, spätestens bis zum 31. Mai 1990, im Amt.

1. Erstmalige Wahlen des Sprecherausschusses. Die Bedeutung des § 37 I beschränkt sich heute auf die Festlegung des Jahres, in dem nach dem vierjährigen Turnus der SprAu. gewählt wird. Danach finden die nächsten regelm. Wahlen entspr. den BRWahlen in der Zeit v. 1. 3. bis 31.5.2014 statt (s. § 5 I, § 13 I BetrVG). Die für die Durchführung der Wahlen nach § 7 I bzw. II erforderl. Bildung des Wahlvorstands sowie die Abstimmung über die Errichtung eines SprAu. (§ 7 II) können jederzeit erfolgen. 1

2. Freiwillige Sprecherausschüsse. § 37 II 1 regelt, dass die Vorschr. des G auf vor dessen Inkrafttreten gebildete freiwillige SprAu. keine Anwendung finden. Diese SprAu. waren aber nach § 37 II 2 spätestens mit dem 31.5.1990 aufgelöst. Keine Regelung enthält das G zur **Neubildung freiwilliger SprAu.** Dies ist jdf. ausgeschlossen, wenn bereits ein SprAu. auf der Grdl. des G errichtet wurde und der freiwillige SprAu. Aufgaben wahrnehmen soll, die das G dem ges. SprAu. zuweist (MüArbR/*Joost* § 233 Rn. 44; *Löwisch* Rn. 2; *Martens* NZA 1989, 409, 412). Wird trotzdem zusätzl. ein freiwilliger SprAu. gebildet, so liegt hierin ein nach § 34 I Nr. 2 strafbarer Verstoß gegen § 2 III (*Löwisch* Rn. 2; *Martens* NZA 1989, 409, 412). 2

Str. ist die Zulässigkeit freiwilliger SprAu., wenn keine Mehrheit der ltd. Ang. (§ 7 II) für die Errichtung eines ges. SprAu. stimmt. ZT wird angenommen, dass § 37 II 2 nur die vorzeitige Amtsbeendigung der ehemals gebildeten freiwilligen SprAu. regelt. Ein allg. Errichtungsverbot für freiwillige SprAu. sei § 37 II 2 nicht zu entnehmen; es verstoße, insb. wegen der Notwendigkeit des Mehrheitsquorums/ nach § 7 II, gegen die Vereinigungsfreiheit (Art. 9 I GG), die Vertragsfreiheit (Art. 2 I GG) und das Sozialstaatsgebot (Art. 20 GG) (*Bauer* SprAuG § 1 Anm. 5; *Martens* NZA 1989, 509 ff.; *Kronisch* AR-Blattei SD 1490.1 Rn. 9 ff.; *Goldschmidt* FS Leinemann 2006 S. 523 ff.). 3

Andererseits bestimmt § 37 II ausdr., dass die Amtszeit **aller freiwilligen SprAu.** spätestens am 31.5.1990 endet, unabhängig davon, ob bereits ein ges. SprAu. gebildet wurde. Dies verdeutlicht, dass der nach dem G errichtete SprAu. entspr. dem BR ein ges. Vertretungsmonopol hat und das ausschl. Repräsentationsorgan der ltd. Ang. ist. Die Regelungen des G als OrganisationsG sind zwgd., so dass ltd. Ang. eine Mitbestimmung nur in der ges. vorgesehenen Form realisieren können und für die Errichtung freiwilliger SprAu. kein Raum bleibt (*Bauer* NZA 1989, Beil. 1, 20, 21; *Hanau* AuR 1988, 261, 263; MüArbR/*Joost* § 233 Rn. 43; *Löwisch* Rn. 2). Das gilt auch für die Errichtung eines KSprAu.; dieser kann nur nach den §§ 21 ff. gebildet werden. Etwas anderes ergibt sich nicht aus der Rspr. des BAG, welche die Errichtung freiwilliger SprAu. vor Inkrafttreten des G generell für zulässig erklärte (Einl. Rn. 1). Diese stellte entscheidend auf den ges. nicht geregelten Freiraum ab und wies darauf hin, dass der Ausschluss der ltd. Ang. von jegl. kollektiver Interessenvertretung gegen das **Sozialstaatsprinzip** verstößt. Da das G den Freiraum geschlossen hat, findet diese Rspr. keine Anwendung mehr (ebenso *BFJ* § 1 Rn. 12). 4

5 Etwas anderes gilt für die Errichtung von freiwilligen SprAu. in **Unternehmen mit weniger als zehn ltd. Ang.** Für sie besteht keine ges. Regelung, so dass die Bildung freiwilliger SprAu. zulässig ist (*BFJ* § 1 Rn. 13; MüArbR/*Joost* § 233 Rn. 48; *Löwisch* Rn. 2). Relevant ist dies insb. bei konzernabhängigen Unternehmen, wenn in den anderen Konzernunternehmen SprAu. gebildet sind. Um ein Mindestmaß an Inf. und gemeinsamer Interessenwahrnehmung zu gewährleisten und diesbzgl. eine Ausklammerung der ltd. Ang. des betr. Konzernunternehmens zu vermeiden, bietet sich die Wahl eines freiwilligen SprAu. an (*BFJ* § 1 Rn. 13). Ihm stehen jedoch nicht die Befugnisse des kraft G errichteten SprAu. zu. Auch durch Vereinb. mit dem freiwilligen SprAu. ist diesem insb. nicht das Recht zuzubilligen, einen Vertreter in den GSprAu. oder KSprAu. zu entsenden. Gleiches gilt für freiwillige Vereinigungen der ltd. Ang., die andere als den ges. SprAu. zugewiesene Aufgaben wahrnehmen (zB an Gesprächskreise und Führungszirkel oder an Pflege und Schulung des Führungsnachwuchses). Für diese sind keine ges. Regelungen getroffen, so dass diesen Vereinigungen keine rechtl. Bedenken entgegenstehen (MüArbR/*Joost* § 233 Rn. 45; *Wlotzke* NZA 1989, 709, 710).

6 Streitigkeiten über die Zulässigkeit von SprAu. auf Grund freiwilliger Vereinb. sind im BeschlV nach § 2a I Nr. 2 ArbGG zu entscheiden. Antragsberechtigt ist ein bereits bestehender SprAu. und im Stadium des Wahlverfahrens ein Wahlvorstand. Falls kein SprAu. besteht und auch kein Wahlvorstand gebildet wurde, sind einzelne ltd. Ang. (mind. drei) analog § 8 I 2 antragsbefugt (*Löwisch* Rn. 3). Keine Antragsbefugnis steht dem BR und dem AG (aA insoweit *Löwisch* Rn. 3) zu, da die Errichtung freiwilliger SprAu. sie nicht in ihren Rechten verletzt.

§ 38 Ermächtigung zum Erlaß von Wahlordnungen

Das Bundesministerium für Arbeit und Soziales kann durch Rechtsverordnung zur Regelung des Wahlverfahrens Vorschriften über die in den §§ 3 bis 8, 20 und 33 bezeichneten Wahlen erlassen, insbesondere über

1. die Vorbereitung der Wahl, insbesondere die Aufstellung der Wählerlisten;
2. die Frist für die Einsichtnahme in die Wählerlisten und die Erhebung von Einsprüchen gegen sie;
3. die Vorschlagslisten und die Frist für ihre Einreichung;
4. das Wahlausschreiben und die Fristen für seine Bekanntmachung;
5. die Stimmabgabe;
6. die Feststellung des Wahlergebnisses und die Fristen für seine Bekanntmachung;
7. die Aufbewahrung der Wahlakten.

1 Von der Ermächtigung in § 38 wurde durch Erlass der „Wahlordnung zum Sprecherausschussgesetz" (Erste VO zur Durchführung des SprAuG) v. 28.9.1989 (BGBl. I S. 1798) Gebrauch gemacht, die am 6.10.1989 in Kraft getreten ist. Auf Grund der Gesetzesänd. durch Art. 222 der 9. ZuständigkeitsanpassungsV v. 31.10.2006 (BGBl. I S. 2407, 2434) ist das BMAS für den Erlass der VO zust.

§ 39 Berlin-Klausel *(gegenstandslos)*

600. Tarifvertragsgesetz (TVG)

In der Fassung vom 25. August 1969 (BGBl. I S. 1323)
Zul. geänd. durch Gesetz vom 3. Juli 2015 (BGBl. I S. 1130)

(FNA 802-1)

§ 1 Inhalt und Form des Tarifvertrages

(1) Der Tarifvertrag regelt die Rechte und Pflichten der Tarifvertragsparteien und enthält Rechtsnormen, die den Inhalt, den Abschluß und die Beendigung von Arbeitsverhältnissen sowie betriebliche und betriebsverfassungsrechtliche Fragen ordnen können.
(2) Tarifverträge bedürfen der Schriftform.

Übersicht

A. Grundlagen des Tarifvertrags

I. Funktion des Tarifvertrags

1 TV bestimmen faktisch den Großteil der Bedingungen, unter denen die meisten AN ihre Arbeitsleistung erbringen. Am Jahresende 2016 gab es in Deutschland ca. 73500 gültige TV – davon etwa 30500 VerbandsTV und 43000 FirmenTV – ggü. ca. 72000 gültigen TV am Jahresende 2015 (WSI-Tarifarchiv, Statistisches Taschenbuch Tarifpolitik, 2017, 1. 3). Im Jahr 2016 wurden ca. 5300 neue TV abgeschlossen und in das Tarifregister beim BMAS eingetragen, davon ca. 1800 VerbandsTV und 3500 FirmenTV (WSI-Tarifarchiv, Statistisches Taschenbuch Tarifpolitik, 2017, 1. 2).

2 TV erfüllen vielfältige Aufgaben. Zunächst sind TV darauf ausgelegt, die strukturelle Unterlegenheit des einzelnen AN auszugleichen und damit ein annähernd gleichgewichtiges Aushandeln der Arbeitsbedingungen zu ermöglichen (**Schutzfunktion**, vgl. BVerfG 26.6.1991 AP GG Art. 9 Arbeitskampf Nr. 117). Daher sichern TV va. **Mindestarbeitsbedingungen** für die AN. Für die Unternehmen bietet der TV während seiner Laufzeit eine sichere Kalkulationsgrdl., da die tarifl. Regelungen für die Dauer der Friedenspflicht (Rn. 81 ff.) nicht durch Änderungsbegehren der tarifschließenden Gewerkschaft Art in Frage gestellt werden können. Ökonomisch kommt den TV daher **Kartellwirkung** zu, weil TV den Mindestinhalt der Arbeitsbedingungen einheitl. festlegen und Wettbewerb um die Arbeitskosten nur im übertarifl. Bereich zulassen. Darüber hinaus institutionalisiert der TV Arbeitskonflikte und trägt somit auch gesamtgesellschaftl. zur Befriedung des Arbeitslebens bei (**Friedensfunktion**). Schließl. wird dem TV vielfach eine **Ordnungsaufgabe** zugesprochen (BAG 9.6.1982 AP TVG § 1 Durchführungspflicht Nr. 1; *Gamillscheg* KollArbR I S. 291 ff.). TV schaffen dezentral Kodifikationen der Arbeitsbedingungen und entlasten somit einerseits den Gesetzgeber, aber andererseits auch die Arbeitsvertragsparteien. Diesen werden unabhängig von einer etwaigen Tarifbindung Regelungswerke zur Vfg. gestellt, an welchen sie sich bei der Gestaltung der Arbeitsbedingungen orientieren können.

II. Tarifautonomie

3 Art. 9 III GG enthält die verfassungsrechtl. Grdl. für die Koalitionsfreiheit. In den Schutzbereich der Koalitionsfreiheit in der Ausprägung der Betätigungsfreiheit fällt der Schutz eines TVWesens (**Tarifautonomie**). Art. 9 III GG gewährleistet somit die Institution eines ges. geregelten und geschützten TVSystems. In diesem Rahmen können die TVParteien die Arbeits- und Wirtschaftsbedingungen ihrer Mitglieder in kollektiven Verträgen autonom gestalten (GG Art. 9 Rn. 51 ff.). Eine Regelungspflicht ist hiermit nicht verbunden (GG Art. 9 Rn. 53). In sachl. Hinsicht ist die Tarifautonomie beschränkt auf den Bereich der Arbeits- und Wirtschaftsbedingungen. Hierzu zählen alle Bedingungen, unter denen abhängige Arbeit geleistet wird (BVerfG 3.4.2001 AP BUrlG § 10 Kur Nr. 2; *Säcker/Oetker* S. 72). In pers. Hinsicht beschränkt sich die Tarifautonomie als Teil der Betätigungsfreiheit der Koalition grds. auf deren Mitglieder.

4 Ein funktionsfähiges TVSystem verlangt, den Koalitionen Mittel zur Vfg. zu stellen, welche gewährleisten, dass die eigenen Ziele und Interessen auch ggü. dem sozialen Gegenspieler wirksam durchgesetzt werden können. Tarifautonomie kann daher nach verbreiteter Auff. nur funktionieren, wenn die Akteure des Tarifsystems, Gewerkschaften und AGVerbände, auf den jeweiligen Gegenspieler Druck und Gegendruck ausüben können, um zu einem Tarifabschluss zu gelangen. Der **Arbeitskampf** ist daher als Hilfsmittel der Tarifautonomie von der Betätigungsfreiheit der Koalitionen umfasst (BVerfG 26.6.1991 AP GG Art. 9 Arbeitskampf Nr. 117).

5 Die Tarifautonomie bedarf der **einfachges. Ausgestaltung**, um die Vereinb. der TVParteien auch im Rechtsverkehr zu schützen. Dieser Schutz wird sichergestellt durch die grds. unmittelbar und zwgd. Wirkung der Tarifnormen (§ 4 I) sowie über den Vorrang des TV vor der BV nach § 77 III BetrVG (dazu BetrVG § 77 Rn. 40 ff.). Umstr. ist, ob die zwgd. Wirkung der Tarifnormen unverzichtbare Vorbedingung der Tarifautonomie und daher verfassungsrechtl. durch Art. 9 III GG abgesichert ist (in dieser Richtung GG Art. 9 Rn. 60; Wiedemann/*Wiedemann* Einl. Rn. 33; **aA** *Höfling/Burkiczak* NJW 2005, 469; *Rieble* ZfA 2004, 1, 39).

6 Zur Erkl. der Legitimation der TVParteien, die Arbeits- und Wirtschaftsbedingungen ihrer Mitglieder zu regeln, werden im Wesentlichen zwei Grundpositionen mit erhebl. Variationsbreite vertreten (Überbl. bei *Giesen* ZfA 2016, 153, 157 f.): Für die **Delegationslehre** beruht die Legitimation auf staatl. Verleihung. Dem steht die heute überw. vertretene **Theorie mitgliedschaftl. Legitimation** ggü., welche die Tarifautonomie rechtsgeschäftl. erklärt und im rechtsgeschäftl. Verbandsbeitritt des Mitglieds die entscheidende Legitimationswirkung sieht. Nach diesem Erklärungsansatz handelt es sich bei der Tarifautonomie um **kollektiv ausgeübte Privatautonomie** (näher GG Art. 9 Rn. 55 ff.). Beide Ansätze können für sich genommen die Wirkung der Tarifnormen nicht vollständig erklären (ähnl. *Waltermann* RdA 2014, 86; *Wiedemann* BB 2013, 1397). Gegen die Delegationstheorie spricht entscheidend, dass es sich bei Art. 9 III GG um eine Grundrechtsgewährleistung und nicht um die Ausübung von Hoheitsgewalt handelt, welche vom Staat abgeleitet ist. Die Lehre von der mitgliedschaftl. Legitimation legt

den Hauptakzent zu stark auf die im rechtsgeschäftl. Verbandsbeitritt liegende Unterwerfungserklärung des einzelnen Mitglieds und beachtet zu wenig, dass der in Art. 9 III GG verfassungsrechtl. eingerichtete Autonomiebereich in erster Linie der Staatsfreiheit der Akteure dient. Außerdem kann diese Lehre nicht hinreichend erklären, aus welchem Geltungsgrund die TVParteien berechtigt sind, Normen obj. Rechts (§§ 1 I, 4 I) zu setzen. Schließl. überwiegen insb. bei der Wirkung des VerbandsTV ggü. seinen Mitgliedern die heteronomen Elemente, welche durch den Gedanken eines privatautonomen Unterwerfungsakts nicht mehr vollständig erfasst werden können.

Den TVParteien ist durch Art. 9 III GG ein **sachl. Betätigungsgebiet zur autonomen Regelung** 7 überlassen. Dies bedeutet jedoch nicht, dass der staatl. Gesetzgeber nicht ebenso auf diesen Feldern tätig werden könnte. Den TVParteien kommt ein **Normsetzungsrecht**, nicht aber ein Normsetzungsmonopol zu. TVParteien und staatl. Gesetzgeber iRd. Kompetenzen der jeweiligen Körperschaft sind im Prinzip gleichermaßen zur Gesetzgebung auf dem Gebiet der Arbeits- und Wirtschaftsbedingungen befugt. Jede staatl. Regulierung auf diesem Gebiet tangiert jedoch den durch Art. 9 III GG eingeräumten Autonomiebereich. Die Regulierungsansprüche der TVParteien und des staatl. Gesetzgebers müssen daher nach dem Grds. der praktischen Konkordanz in einen angemessenen Ausgleich gebracht werden. Der staatl. Gesetzgeber kann somit auch auf dem Gebiet der Arbeits- und Wirtschaftsbedingungen Regelungen erlassen, wenn und soweit damit Grundrechte Dritter und andere mit Verfassungsrang ausgestattete Rechtsgüter geschützt werden sollen und der Grds. der Verhältnismäßigkeit gewahrt ist. Die Anforderungen an die Verhältnismäßigkeit der ges. Regelung steigen dabei umso mehr, als die jeweilige Materie aus Sachgründen am besten von den TVParteien geregelt werden kann, weil diese nach der Art. 9 III GG zugrunde liegenden Vorstellung des Verfassungsgebers die gegenseitigen Interessen besser zum Ausdruck bringen können als der staatl. Gesetzgeber (BVerfG 24.4.1996 AP HRG § 57a Nr. 2). Dies gilt va. für das Arbeitsentgelt und andere materielle Arbeitsbedingungen (BVerfG 27.4.1999 NZA 1999, 992; krit. daher zum allg. Mindestlohn nach dem MiLoG *Lobinger* JZ 2014, 810). Umgekehrt sind die Anforderungen an die Verhältnismäßigkeit auf den Gebieten am niedrigsten, die nicht zu den traditionellen Sachgebieten tarifvertragl. Betätigung gehören (BVerfG 24.4.1996 AP HRG § 57a Nr. 2).

III. Verhältnis des Tarifvertrags zu anderen Rechtsquellen

1. Recht der Europäischen Union. TV sind an das **primäre Unionsrecht** und die **VO** der EU 8 gebunden, soweit diese unionsrechtl. Rechtsformen unmittelbar im innerstaatl. Rechtskreis anwendbar sind (EuGH 12.2.1974 AP EWG-Vertrag Art. 177 Nr. 6; BAG 6.7.1974 AP EWG-Vertrag Art. 177 Nr. 7; Däubler/*Schiek* Einl. Rn. 503). Das gilt insb. für den Lohngleichheitssatz des Art. 157 AEUV (ex-Art. 141 EG) und die ANFreizügigkeit nach Art. 45 AEUV (ex-Art. 39 EG) (AEUV Vorb. Rn. 10).

RL sind **grds. staatsgerichtet**, produzieren keine Rechte und Pflichten der innerstaatl. Rechtssub- 9 jekte und sind daher im innerstaatl. Rechtskreis nicht unmittelbar anwendbar. Eine Ausnahme besteht nach der Rspr. des EuGH ggü. staatl. Institutionen, wenn die RL nicht oder fehlerhaft in innerstaatl. Recht umgesetzt wurde und aus sich heraus handhabbar ist, so dass aus der RL unmittelbar Rechte und Pflichten für die innerstaatl. Rechtssubjekte erwachsen können (AEUV Vorb. Rn. 12 ff.). TV rühren von Rechtssetzern her, die im Rahmen eines Autonomiebereichs (Art. 9 III GG) tätig werden. Sie sind daher dem Staat und seinen Institutionen nicht zuzuordnen. Auf TV ist daher die skizzierte EuGH-Rspr. zur unmittelbaren Anwendbarkeit von RL nicht anwendbar (vgl. Däubler/*Schiek* Einl. Rn. 523, 549 ff.). Allerdings können sich öffentl. AG nicht auf eine Tarifnorm berufen, welche gegen eine Vorschr. einer unmittelbar anwendbaren RL verstößt (Däubler/*Schiek* Einl. Rn. 549; *Löwisch/Rieble* Rn. 610). Nur soweit wie eben skizziert RL auch für TV beachtl. sind, besteht eine Pflicht zu richtlinienkonformer Auslegung von TV (näher *Wißmann* FS Bepler 2012 S. 649, 655 ff.).

2. Völkerrecht. Dies. Grds. gelten für völkerrechtl. Verpflichtungen: Soweit VölkerR unmittelbare 10 Wirkung in der innerstaatl. Rechtsordnung entfaltet und dem Einzelnen Rechte verleiht, dürfen die TVParteien dieses nicht verletzen (Wiedemann/*Thüsing* Einl. Rn. 180 f.; Däubler/*Schiek* Einl. Rn. 498). Ist dies – wie häufig – nicht der Fall, wirkt der Inhalt völkerrechtl. Regelungen ledigl. über das Gebot völkerrechtsfreundl. Auslegung des Tarifrechts (*Löwisch/Rieble* Rn. 619, 621).

3. Verfassung. a) Grundrechte. In welchem Umf. TV die **Grundrechte** beachten müssen, ist 11 Gegenstand einer kontrovers geführten Diskussion (*Burkiczak* RdA 2007, 17; *Gornik*NZA 2012, 1399; *Waltermann* FS BAG 2004 S. 913). Überholt sind Ansätze in der früheren Rspr. des BAG, die Grundrechtsbindung der TVParteien auf Art. 1 III GG zu stützen (vgl. etwa BAG 15.1.1955 AP GG Art. 3 Nr. 4), weil die TVParteien nicht Grundrechtsadressaten, sondern Grundrechtsträger sind (vgl. *Löwisch/Rieble* Rn. 663). Nachdem die Tarifautonomie im Ausgangspunkt überw. privatautonom gedeutet wird (Rn. 6), wird vielfach eine (nur) mittelbare Grundrechtsbindung der TVParteien über die Schutzpflichtdimension der Grundrechte mit demHinweis auf die nur eingeschränkte Grundrechtsbindung von Privatpersonen vertreten (vgl. dazu GG Einl. Rn. 20, 46 ff.; GG Art. 9 Rn. 77 ff.; *Dieterich* FS Schaub 1998 S. 117 ff.; in dieser Richtung etwa BAG 25.2.1998 AP TVG § 1 Tarifverträge:

Luftfahrt Nr. 11; 11.3.1998 AP TVG § 1 Tarifverträge: Luftfahrt Nr. 12; offengelassen von BAG 27.5.2004 AP TVG § 1 Gleichbehandlung Nr. 5; 22.12.2009 NZA 2010, 521). Allerdings unterscheiden sich Privatautonomie und Tarifautonomie nicht unerhebl. Daher ist auch mit einem privatautonomen Erklärungsansatz der Tarifautonomie (Rn. 6) eine (nur) mittelbare und somit eingeschränkte Grundrechtsbindung der TVParteien nicht zwangsläufig verbunden. Die Anhänger einer unmittelbaren Grundrechtsbindung begründen diese mit dem Geltungsbefehl des TVG: Indem das TVG Rechtsnormen eines TV umfassend wie Normen obj. Rechts behandelt, wolle dieses auch eine Grundrechtskontrolle wie bei sonstigem obj. Recht sicherstellen (*Löwisch*SAE 2001, 295, 297; ähnl. BAG 8.12.2010 NZA 2011, 751 Rn. 45). Da die beiden grds. vertretenen Ansätze zur Erkl. der Wirkungsweise der Tarifautonomie für sich genommen nicht vollständig überzeugen (Rn. 6), dürfen von ihnen auch keine generellen Antworten auf die Frage der Grundrechtsbindung der TVParteien erwartet werden. Daher erscheint ein Ansatz vorzugswürdig, der nach der Funktion der Tarifautonomie, den einzelnen Arten der Tarifnormen (Rn. 41 ff., vgl. BAG 8.12.2010 NZA 2011, 751; krit. *Gornik*NZA 2012, 1399, 1403 f.) und dem jeweils betroffenen Grundrecht vorgeht (vgl. etwa *Schlachter* ArbRGeg. 40 (2002) S. 51 ff.). Ferner ist zu berücksichtigen, dass die Rspr. den TVParteien bei der tarifl. Normsetzung in Wahrnehmung der durch Art. 9 III GG geschützten Tarifautonomie einen weiten Gestaltungsspielraum zubilligt, der sich auf die Beurteilung der tats. Gegebenheiten, der betroffenen Interessen und der Regelungsfolgen sowie auf den Inhalt der Regelungen erstreckt (vgl. BAG 12.12.2012 NZA 2013, 577 Rn. 32). S. zu den Einzelheiten außerdem die Kommentierung der einzelnen Grundrechte.

12 **b) Verfassungsrechtl. Prinzipien.** Aus dem **Rechtsstaatsprinzip** folgt das Gebot der Normenklarheit. Dies hat im TVRecht Bedeutung bei tarifl. Leistungsbestimmungsklauseln, welche zumeist den AG zu einseitigen Regelungen ermächtigen (Rn. 70). Weiter spielt das Rechtsstaatsprinzip eine Rolle für die Problematik der Rückwirkung von TV (§ 4 Rn. 19 f.). Das **Sozialstaatsprinzip** hat im Zusammenhang mit TV nur geringe Bedeutung (Däubler/*Schiek* Einl. Rn. 450). Es begrenzt die Regelungsmacht der TVParteien va. insoweit, wie sie ges. Regelungen (ABM, befristete ArbVerh. usw.) nicht konterkarieren dürfen. Das BAG gewinnt aus dem Sozialstaatsprinzip iVm. der in Art. 2 I GG geschützten allg. Handlungsfreiheit den Rechtssatz, dass TV elementaren Gerechtigkeitsanforderungen genügen müssen (BAG 24.3.2004 NZA 2004, 971). Diese Grenze ist bei der tarifl. Lohngestaltung erst dann überschritten, wenn der Tariflohn unter Berücksichtigung der Besonderheiten des jeweiligen Wirtschaftszweigs und der zu verrichtenden Tätigkeiten geradezu einen „Hungerlohn" darstellt (BAG 24.3.2004 NZA 2004, 971). Aus dem **Demokratieprinzip** folgt, dass die TVParteien grds. eine demokratische Organisationsstruktur haben müssen (§ 2 Rn. 15). Unklar ist, ob die TVParteien das Gemeinwohl beachten müssen (bejahend BVerfG 18.12.1974 E 38, 281, 307 = AP GG Art. 9 Nr. 23). Selbst wenn man dies bejaht, bleiben Anwendungsprobleme hins. Justiziabilität und Rechtsfolgen; außerdem besteht die Gefahr einer Tarifzensur (ausf. *Thüsing* FS BAG 2004 S. 889).

13 **4. Gesetzesrecht.** Von **zweiseitig zwgd. GRecht** können TV weder zugunsten noch zu Lasten des AN abweichen. Es ist im ArbR selten und kommt va. in der Betriebs- und Personalverfassung vor (Wiedemann/*Wiedemann* Einl. Rn. 351). **Einseitig zwgd. GRecht** lässt eine Verbesserung der Rechtsstellung des AN zu, nicht aber seine Verschlechterung. Fehlen eindeutige Anhaltspunkte im G, ist davon auszugehen, dass es günstigere Regelungen für die AN erlaubt (sog. **Günstigkeitsprinzip**, § 4 Rn. 31 ff.). **Dispositives GRecht** lässt ein Abweichen von der ges. Regelung zugunsten wie zu Lasten des AN durch vertragl. Abreden zu. In demselben Umf. kann auch in TV von dispositivem GRecht – etwa §§ 615, 616 BGB – abgewichen werden. Hierbei unterliegen TV wegen der ihnen immanenten Richtigkeitsgewähr keiner Inhaltskontrolle (BGB §§ 305 bis 310 Rn. 8).

14 Darüber hinaus kann der Gesetzgeber Abweichungen zu Lasten des AN nur durch TV zulassen (**tarifdispositives Recht**, vgl. § 3 Nr. 3 S. 3 AÜG, § 622 IV BGB, § 13 I BUrlG, § 4 IV EFZG, § 17 III BetrAVG, § 14 II 3 TzBfG, § 22 II TzBfG). Das G geht insoweit von einer Richtigkeitsgewähr des TV aus und unterstellt, dass die TVParteien nur in angemessenem Umf. vom G abweichen werden. Dies bedeutet allerdings nicht, dass die TVParteien in der Ausgestaltung völlig frei wären. Insb. müssen sie ein Mindestmaß an inhaltl. Regelung selbst treffen und dürfen nicht Dritten, etwa den AG, weitgehende Bestimmungsrechte einräumen. Außerdem müssen sich die TVParteien an den ges. Vorgaben orientieren, soweit solche vorhanden sind, wie etwa bei § 4 IV EFZG. Im Rahmen von § 14 TzBfG bindet das BAG die tarifl. Regelungsbefugnis an den Wertungseinklang mit dem übrigen G. Daraus folgt, dass ein tarifl. geregelter Sachgrund für eine Befristung den Wertungsmaßstäben des § 14 I TzBfG genügen sowie Anzahl und Dauer sachgrundloser Befristungen der Höhe nach begrenzt sein müssen (BAG 26.10.2016 NZA 2017, 463; 5.12.2012 NZA 2013, 515; näher *Francken* NZA 2013, 122; *Loth/Ulber* NZA 2013, 130; *Seiwerth* RdA 2016, 214; s. a. TzbfG § 14 Rn. 101 ff.). Die Problematik spielt ferner bei den TV in der Leiharbeit eine Rolle (vgl. *Waltermann* NZA 2010, 482, 485 mwN; *Riechert* NZA 2013, 303; AÜG § 3 Rn. 22 ff.; allg. *Schlachter/Klauk* AuR 2010, 254). Da TV im ArbVerh. grds. nur im Falle der Tarifbindung anzuwenden (§ 4 I) sind, würden die ArbVerh. der tarifgebundenen AN bei Abweichungen des TV von tarifdispositivem Recht zu Lasten der AN schlechtere Arbeitsbedingungen enthalten als die ArbVerh. der nicht tarifgebundenen AN. Um dies zu verhindern, ist bei allen Formen des tarifdispositiven GRechts den **nicht tarifgebundenen Arbeits-**

vertragsparteien gestattet, auf die tarifl. Regelungen Bezug zu nehmen. Alsdann gelten die schlechteren Arbeitsbedingungen auch für Nichttarifgebundene. Verwiesen werden kann auf TV mit demselben räuml., fachl. und zeitl. Geltungsbereich (näher § 3 Rn. 35).

5. Richterrechtlich entwickelte Rechtsgrundsätze. Zahlr. Arbeitsschutzbestimmungen sind richterrechtl. geregelt oder haben sich aus dem Richterrecht entwickelt, wie zB die Befristungskontrolle von ArbVerh., die betriebl. AV, das Gratifikationsrecht und nicht zul. das Arbeitskampfrecht. Alle diese Regelungsmaterien sind auch der Regelung durch TV zugängl. Im Allg. ist das Richterrecht **tarifdispositiv**, nur in einigen Fällen ist es zwgd.; so darf im Arbeitskampfrecht die Kampfparität nicht beeinträchtigt werden. Maßgebend ist die Begr. des Richterrechts (BAG 4.12.1969 AP BGB § 620 Befristeter Arbeitsvertrag Nr. 32; 10.6.1980 AP GG Art. 9 Arbeitskampf Nr. 64). Das BAG geht grds. davon aus, dass das Richterrecht tarifdispositiv ist, etwa hins. der Grds. zur Zulässigkeit von Rückzahlungsklauseln bei Gratifikationen (BAG 31.3.1966 AP BGB § 611 Gratifikation Nr. 54), und früher für Befristungsregelungen (BAG 30.9.1971 AP BGB § 620 Befristeter Arbeitsvertrag Nr. 36) (ausf. zum Ganzen *Käppler,* Voraussetzungen und Grenzen tarifdispositiven Richterrechts, 1977). 15

6. Sonstige Rechtsnormen. Zu sonstigem höherrangigem Recht zählen neben dem GG und den Länderverfassungen G und RechtsVO, VA mit unmittelbarer Außenwirkung (vgl. zu Torkontrollen: BAG 26.5.1988 AP BetrVG 1972 § 87 Ordnung des Betriebes Nr. 14). Dagegen kommt bloßen Verwaltungsvorschr. ohne Außenwirkung kein Vorrang zu (Wiedemann/*Wiedemann* Einl. Rn. 415). Allerdings kann der Staat seine Rechtsnormen hinter TV zurückweichen lassen. Dies ist der Fall bei dispositivem und tarifdispositivem Recht. **Autonomes Recht**, etwa Rechtsnormen von Gemeinden, Landkreisen, Universitäten, ör. Kammern und Sozialversicherungsträgern, ist grds. gleichrangig, sofern nicht der staatl. Gesetzgeber abw. angeordnet hat (HWK/*Henssler* Einl. Rn. 33). Bei autonom gesetztem Recht muss jedoch stets im Wege der Auslegung entschieden werden, ob es sich um autonomes Recht oder um staatl. Recht handelt. Bei polizeil. oder ordnungsbehördl. Normen handelt es sich nicht um autonomes Recht, sondern um von den Ländern, den Gemeinden und Kreisen übertragene Rechtsetzungsmacht. Insoweit gehen diese den Tarifnormen vor. Im Sozialversicherungsrecht hat der Gesetzgeber den Vorrang der Dienstordnung vor TV (§§ 144 ff. SGB VII, früher §§ 351 ff., 699 ff. RVO) angeordnet (BAG 25.4.1979 AP BGB § 611 Dienstordnungs-Angestellte Nr. 49; 26.6.1985 AP TVG § 1 Teilnichtigkeit Nr. 1). UVV gehen nach allgA den TV vor. Sie sind Mindestnormen; sie können daher eine Unterschreitung nicht zulassen (Wiedemann/*Wiedemann* Einl. Rn. 416). Dasselbe gilt für Ausbildungsordnungen der Kammern und zust. Stellen nach § 5 BBiG (Wiedemann/*Wiedemann* Einl. Rn. 417 f.). 16

7. Betriebs- und Dienstvereinbarungen. Nach allg. Grds. geht der TV als höherrangige Rechtsquelle einer BV oder DV vorbehaltl. des Günstigkeitsprinzips (§ 4 Rn. 31 ff.) vor. § 77 III BetrVG schließt darüber hinaus eine BV über Arbeitsbedingungen aus, die tarifl. geregelt sind oder üblicherweise geregelt werden (BetrVG § 77 Rn. 40 ff.). Eine Ausnahme hiervon gilt nach § 112 I 4 BetrVG für den Sozialplan. Schließen BR, AG und zust. Gewerkschaft einen KonsolidierungsTV, der die Verkürzung von Ansprüchen aus einem TV in dessen fachl. und räuml. Bereich vorsieht, so handelt es sich iZw. um einen TV, da eine BV mit diesem Inhalt nicht zulässig wäre (BAG 7.11.2000 NZA 2001, 727). 17

IV. Tarifvertrag bei Auslandsberührung

S. dazu Rom I-VO Rn. 30 f. 18

B. Abschluss und Beendigung des Tarifvertrags

I. Begriff des Tarifvertrags

Das Eigentümliche des TV ist seine Doppelnatur; nach § 1 I besteht er aus zwei Teilen: Im **schuldrechtl. Teil** regelt er Rechte und Pflichten der vertragsschließenden Parteien (Rn. 79 ff.) und stellt insoweit einen herkömml. privatrechtl. Vertrag dar. Daneben und hauptsächl. kann der TV **Rechtsnormen** über den Inhalt, den Abschluss und die Beendigung von ArbVerh. sowie über betriebl. und betriebsverfassungsrechtl. Fragen enthalten (normativer Teil, Rn. 41 ff.). Die in den Rechtsnormen des TV enthaltenen Regeln richten sich an Dritte, die am Vertragsschluss nicht mitgewirkt haben. Die **Normsetzungsbefugnis der TVParteien** wird durch § 1 I begrenzt; mit normativer Wirkung regelbar sind somit nur Sachmaterien, die sich unter die Normenarten des § 1 I (und § 4 II) subsumieren lassen. 19

Ein TV ist grds. ein **Vertrag,** auf den die Vorschr. des BGB über den Vertrag anwendbar sind. Ein **Vorvertrag** ist zulässig (*Gamillscheg* KollArbR I § 13 I 3c; Däubler/*Nebe* Rn. 16). Nach Auff. des BAG ist er nicht als TV, sondern als schuldrechtl. Vertrag zu qualifizieren (BAG 25.8.1992 AP ArbGG 1972 § 72a Grundsatz Nr. 23; 26.1.1983 AP TVG § 1 Nr. 20). Daher bedarf es für solche Vorverträge insb. nicht der Schriftform nach § 1 II (BAG 19.10.1976 AP TVG § 1 Form Nr. 6; ausdr. offen gelassen von BAG 5.7.2006 AP TVG § 1 Nr. 38; 26.8.2009 NZA 2010, 230 Rn. 34). Vorverträge werden abge- 20 schlossen, wenn die TVParteien bereits bei Teilverh. Erg. erzielen und diese verbindl. festlegen oder wenn bereits ein TV vereinbart wird, aber der Abschluss von der Zust. von Kommissionen abhängig gemacht wird. Der Inhalt des abzuschließenden Hauptvertrags muss durch den Vorvertrag hinreichend klar bestimmt oder jdf. bestimmbar sein (BAG 5.7.2006 AP TVG § 1 Nr. 38; 25.9.2013 BeckRS 2014, 68159 Rn. 32). Der Abschluss eines FirmenTV für eine zukünftige Gesellschaft ist ebenfalls zulässig (BAG 24.1.2001 NZA 2001, 1149).

II. Tarifvertragsparteien

21 TVParteien können nur **tariffähige Organisationen** sein (§ 2 Rn. 6 ff.). Dies sind nach § 2 grds. Gewerkschaften und AGVerbände, der einzelne AG sowie Spitzenorganisationen der Verbände. Vertragsparteien des VerbandsTV sind somit auf ANSeite die Gewerkschaft und auf AGSeite der AGVerband, nicht das einzelne Mitglied. Beim FirmenTV (auch Haus- oder UnternehmensTV genannt) ist dies auf AGSeite der einzelne AG. Rechte und Pflichten treffen nur die vertragsschließenden TVParteien, nicht die Mitglieder der Verbände (zur Einwirkungspflicht des Verbands auf seine Mitglieder Rn. 87 f.). Die TVParteien können aber nach allg. Grds. (§§ 328 ff. BGB) unmittelbare Rechtsansprüche zugunsten ihrer Mitglieder oder außenstehender Dritter begründen (BAG 26.1.1983 AP TVG § 1 Nr. 20).

22 Auf beiden Seiten des TV können jeweils eine oder mehrere TVParteien auftreten. Im zul. genannten Fall (sog. **mehrgliedriger TV**) ist zw., ob es sich dann um mehrere TV handelt oder ob ein EinheitsTV gewollt ist, an dem nur mehrere Parteien auf einer Seite beteiligt sind. Das BAG geht iZw. von der Vereinb. mehrerer selbständiger TV aus, auch wenn diese in einer Urkunde zusammengefasst sind; im Regelfall wolle sich eine TVPartei ihrer jeweils autonomen Tarifmacht nicht dadurch begeben, dass sie die Herrschaft über den TV durch Kündigung, Änd. oder Aufhebung nur gemeinsam mit einer anderen TVPartei ausüben könne (BAG 29.6.2004 AP TVG § 1 Nr. 36; 8.11.2006 NZA 2007, 576). Anhaltspunkte gegen diese Auslegungsregel und für einen EinheitsTV können dann vorliegen, wenn die Parteien die mehrgliedrigen TV in ihrem Bestand voneinander abhängig machen oder wenn die TVParteien einer Seite gesellschafts- oder verbandsrechtl. verbunden sind (BAG 29.6.2004 AP TVG § 1 Nr. 36). In diesem Fall können die TVParteien des EinheitsTV die Rechte aus dem TV nur gemeinsam ausüben und ihn auch nur gemeinsam ändern oder kündigen; die TVParteien sind dann notwendige Streitgenossen nach § 62 ZPO (BAG 29.6.2004 AP TVG § 1 Nr. 36). Ein solcher EinheitsTV ist nur wirksam, wenn alle Vertragsparteien tariffähig sind (BAG 15.11.2006 NZA 2007, 448). Zur Problematik der Bezugnahme auf mehrgliedrige TV § 3 Rn. 34a.

III. Zustandekommen des Tarifvertrags

23 **1. Vertragsschluss.** Der **Vertragsschluss** erfolgt grds. nach den Regeln der §§ 145 ff. BGB (BAG 4.6.2008 NZA 2008, 1366; Däubler/*Nebe* Rn. 109). Wie bei allen Verträgen mit komplexem Vertragsinhalt wird das Nacheinander von Angebot und Annahme dadurch modifiziert, dass die Parteien (Verhandlungskommissionen) den Text des Vertrags festlegen und sich dann wechselseitig Fristen für die Erkl. der Annahme setzen. Dieses Verf. ermöglicht es, Tarifkommissionen einzuschalten. Einen Anspruch auf Abschluss eines TV erwächst grds. nicht. Etwas anderes kann nur dann gelten, wenn ein Vorvertrag (Rn. 20) abgeschlossen wird, aus dem sich die Verpflichtung zum Abschluss des TV ergibt. Der TV wird erst wirksam, wenn die letzte Unterschrift unter den TV vollzogen ist (*Schaub*ZTR 1997, 481).

24 Umstr. ist, ob eine TVPartei vom sozialen Gegenspieler die Aufnahme von Verh. zum Abschluss eines TV verlangen kann (sog. **Verhandlungsanspruch**). Die Rspr. des BAG lehnt dies mit der Erwägung ab, dass eine ledigl. formale Pflicht zur Aufnahme von Verh. bloße Förmelei wäre und eine inhaltl. Überprüfung der Aufnahme ernster Verh. zur Inhaltskontrolle des TV führte, was Art. 9 III GG widerspreche (BAG 14.7.1981 AP TVG § 1 Verhandlungspflicht Nr. 1; Däubler/*Nebe* Rn. 121 ff.). Die Gegenauffassung leitet va. aus dem arbeitskampfrechtl. ultima-ratio-Prinzip einen Verhandlungsanspruch her (Wiedemann/*Thüsing* Rn. 218 ff.). Die Rspr. führt dazu, dass die Verh. begehrende TVPartei einen Arbeitskampf führen muss, um die andere TVPartei überhaupt an den Verhandlungstisch zu bringen. Dies erscheint freil. durchaus folgerichtig und ist Ausdruck der in Art. 9 III GG geschützten tarifvertragl. Abschlussfreiheit. Von dieser Problemlage zu unterscheiden sind Verhandlungspflichten der TVParteien im Rahmen bereits bestehender TV. Hier bejaht die Rspr. vielfältige Verhandlungspflichten, etwa bei der Regelung des Notdienstes im Arbeitskampf (BAG 31.1.1995 AP GG Art. 9 Arbeitskampf Nr. 135) oder vor dem Ausspruch einer außerordentl. Kündigung beim FirmenTV (BAG 18.12.1996 AP TVG § 1 Kündigung Nr. 1; 18.6.1997 AP TVG § 1 Kündigung Nr. 2). Außerdem können die TVParteien Verhandlungspflichten in TV vereinbaren (BAG 25.9.2013 BeckRS 2014, 68159).

25 **2. Vertretung.** Die TV werden regelm. durch **ges. Vertreter** oder sonstige **satzungsmäßige Vertreter** der TVParteien oder auch durch dritte Personen abgeschlossen. Insoweit gelten die Regeln der §§ 164 ff. BGB (BAG 24.11.1993 AP TVG § 1 Tarifverträge: Einzelhandel Nr. 39; 10.11.1993 AP TVG

§ 1 Tarifverträge: Einzelhandel Nr. 43) einschl. der Grds. über die Anscheins- und Duldungsvollmacht (BAG 12.12.2007 NZA 2008, 893 Rn. 17). Aus der Urkunde muss sich das Auftreten als Vertreter zweifelsfrei ergeben (BAG 12.2.1997 AP TVG § 2 Nr. 46). Daran fehlt es bei einer Konzernobergesellschaft im Verhältnis zu den konzernabhängigen Gesellschaften, wenn diese ledigl. in dem Abschn. des TV über den räuml. Geltungsbereich aufgeführt werden (BAG 18.11.2009 NJW 2010, 888; 7.7.2010 NZA-RR 2011, 137; 22.2.2012 ZTR 2012, 438 Rn. 28 f.; zum TV im Konzern § 2 Rn. 24). Die Vollmacht bedarf keiner Form (vgl. BAG 17.10.2007 NZA 2008, 713). Häufig bindet die Satzung der jeweiligen TVPartei die Vertretungsmacht der Verhandlungsführer an die zust. bes. Organe wie etwa Tarifkommissionen, was nach § 26 I 3 BGB zulässig ist. Etwaige Mängel in der innerverbandl. Willensbildung lassen die Vertretungsmacht im Außenverhältnis nicht entfallen (BAG 16.11.2011 NZA-RR 2012, 308). Für TV im Bereich des öffentl. Dienstes sind auch § 40 BHO, § 24 HGrG und die entspr. Vorschr. der Landeshaushaltsordnungen zu beachten, wonach ausgabenwirksame TV der Zust. des Finanzministers bedürfen. Sind die für die TVParteien tätig werdenden Personen bzw. Organe nicht zum Vertragsschluss befugt oder überschreiten sie die Grenzen der Vertretungsmacht, handeln sie als Vertreter ohne Vertretungsmacht nach § 177 BGB (Däubler/*Nebe* Rn. 138).

3. Willensmängel. Im Falle eines **Einigungsmangels** sind die Regelungen der §§ 154, 155 BGB aus Gründen der Rechtssicherheit auf den normativen Teil des TV nicht anzuwenden (BAG 30.5.1984 AP TVG 1969 § 9 Nr. 3; 24.2.1988 AP TVG § 1 Tarifverträge: Schuhindustrie Nr. 2). Für **Willensmängel** der TVParteien bei Vertragsabschluss aufgrund Irrtum oder Drohung gelten §§ 119, 123 BGB (*Gamillscheg* KollArbR I § 13 I 1b, § 17 IV 4d; *Löwisch/Rieble* Rn. 1536; **aA** Däubler/*Nebe* Rn. 179 ff.; KeZa/*Stein* § 4 Rn. 193; Wiedemann/*Thüsing* Rn. 245, 327; offen gelassen BAG 19.10.1976 AP TVG § 1 Form Nr. 6). Die Normwirkung des TV verbietet freil. eine Rückwirkung der Anfechtung (*Löwisch/Rieble* Rn. 1537). Ein anfechtbarer TV kann von den TVParteien bestätigt werden (§ 144 BGB). Die Bestätigung kann konkludent erfolgen, etwa dadurch, dass eine TVPartei den TV in Kenntnis des Irrtums durchführt. 26

4. Schriftform (§ 1 II). a) Umfang. Das Schriftformerfordernis dient der Klarstellung des Vertragsinhalts und damit dem Gebot der **Normenklarheit** (BAG 9.7.1980 AP TVG § 1 Form Nr. 7; 18.12.1982 AP TVG § 1 Form Nr. 8). Es ersetzt die Bekanntgabe des TV durch förml. Veröff. als Wirksamkeitsvoraussetzung. Dem Formerfordernis kommt daher keine Warnfunktion zu (BAG 10.11.1982 AP TVG § 1 Form Nr. 8). Es erfasst auch **ÄnderungsTV** (BAG 21.3.1973 AP TVG § 4 Geltungsbereich Nr. 12), nach der Rspr. des BAG aber nicht **AufhebungsTV**, weil insoweit das Gebot der Normenklarheit nicht berührt sei (BAG 8.9.1976 AP TVG § 1 Form Nr. 5). Demggü. bejaht das Schrifttum überw. mit Recht die Notwendigkeit der Schriftform auch für AufhebungsTV unter dem Gesichtspunkt des actus contrarius (Däubler/*Nebe* Rn. 170 f.; KeZa/*Stein* § 4 Rn. 190; *Löwisch/Rieble* Rn. 1655; Wiedemann/*Thüsing* Rn. 319). Aus einem Gebot der Rechtsquellenklarheit folgert das BAG die Unwirksamkeit gemischter Vereinb. zwischen AG, Gewerkschaft und BR, wenn sich die Urheberschaft für die einzelnen Regelungskomplexe nicht zweifelsfrei ergibt (BAG 15.4.2008 NZA 2008, 1074; *Bepler* AuR 2010, 234, 238; abl. *Giesen* NZA 2014, 1; s. a. Rn. 74). Ist ein TV wirksam gekündigt, stellt eine spätere Vereinb. der TVParteien über die Fortgeltung des TV einen Neuabschluss dar, der der Schriftform bedarf (LAG K 2.8.1999 NZA-RR 2000, 147). Zum Vorvertrag s. Rn. 20. 27

Dem Schriftformerfordernis genügt auch die **Bezugnahme auf eine andere Regelung**, sei es ein G, VO oder Verwaltungsvorschr. (BAG 9.6.1982 AP TVG § 1 Durchführungspflicht Nr. 1; 24.9.1986 AP FeiertagslohnzahlungsG § 1 Nr. 50). Nach stRspr. können die TVParteien ebenso auf jeweils geltende andere tarifl. Vorschr. statisch oder dynamisch verweisen, sofern deren Geltungsbereich mit dem Geltungsbereich der verweisenden Tarifnorm in einem engen sachl. Zusammenhang steht (BAG 10.11.1982 AP TVG § 1 Form Nr. 8). Dieses Erfordernis dient dazu, dass auch bei der Inkorporierung fremden Normsetzungswillens dem Postulat der Sachgerechtigkeit tarifl. Regelungen Rechnung getragen wird (BAG 22.2.2012 ZTR 2012, 436 Rn. 20 mwN.). Die andere Rechtsnorm muss jeweils hinreichend bezeichnet sein (BAG 9.7.1980 AP TVG § 1 Form Nr. 7; 22.8.2006 NZA 2007, 1187). Verweist ein HausTV auf die jeweiligen Bestimmungen des BAT, so sind damit auch die Sonderregelungen nach § 2 BAT in Bezug genommen (BAG 8.3.1995 AP TVG § 1 Verweisungstarifvertrag Nr. 5). Durch die Verweisung wird die Normenklarheit nicht berührt, wenn die andere Rechtsnorm schriftl. niedergelegt ist. 28

b) Wahrung der Schriftform. Es gilt **§ 126 BGB**. Die Urkunde muss daher von den TVParteien bzw. deren Vertretern eigenhändig unterzeichnet werden. Die elektronische Form (§ 126a BGB) ist nicht ausgeschlossen, so dass nach dem Wortlaut des G auch die elektronische Form zulässig ist (Däubler/*Nebe* Rn. 163; KeZa/*Zachert* Rn. 764; BGB § 125 Rn. 25). Ungenügend sind Textform (§ 126b BGB), ein Briefwechsel oder Telefax. Das Schriftformerfordernis ist erst dann erfüllt, wenn die letzte der notwendigen Unterschriften der Vertragsparteien geleistet ist (BAG 9.7.1997 AP BAT 1975 § 22 Nr. 233). Die Annahmeerklärung eines unter Abwesenden erklärten Antrags auf Abschluss eines TV muss daher in der ges. angeordneten Schriftform auch zugehen (BAG 7.7.2010 NZA-RR 2011, 30). Genügt der TV dem Schriftformerfordernis nicht, ist er nichtig (§ 125 S. 1 BGB). Der Verstoß gegen 29 das Formgebot kann nicht durch die Berufung auf Treu und Glauben geheilt werden (BAG 21.3.1973 AP TVG § 4 Geltungsbereich Nr. 12). Genügt ein TV nur tw. dem Schriftformerfordernis nicht, bleibt hiervon die Wirksamkeit des übrigen Teils unberührt, soweit der verbleibende Rest noch für sich zu einem sinnvollen Erg. führt.

IV. Beendigung des Tarifvertrags

30 **1. Beendigungstatbestände. a) Überblick.** Für TV kommen die auch für Verträge bekannten Beendigungstatbestände in Betracht, namentl. Befristung, Bedingung, Aufhebungsvertrag, ordentl. und auch außerordentl. Kündigung. Für den Abschluss von TV auf **bestimmte Zeit** ist kein sachl. Grund erforderl. In diesem Fall ist eine ordentl. Kündigung regelm. ausgeschlossen, es sei denn, diese ist ausdr. im TV zugelassen. TV können darüber hinaus auflösend bedingt abgeschlossen werden. Die Rechtssicherheit verlangt aber, dass der Eintritt der Bedingung leicht feststellbar ist. Ein **AufhebungsTV** bedarf nach der Rspr. nicht der Schriftform (Rn. 27). Heben bei einem mehrgliedrigen TV nicht alle auf einer Seite stehenden Parteien den TV auf, so bleibt er mit den übrigen bestehen (BAG 8.9.1976 AP TVG § 1 Form Nr. 5). Ein **ÄnderungsTV** beseitigt die Wirkungen den diesen ablösenden TV über denselben Regelungsgegenstand (vgl. BAG 20.3.2002 AP TVG § 1 Tarifverträge: Gebäudereinigung Nr. 12).

31 Der TV endet auch mit dem **Verlust der Tariffähigkeit** einer der TVParteien, etwa durch Auflösungsbeschl. des AGVerbands (BAG 28.5.1997 AP TVG § 4 Nachwirkung Nr. 26; krit. *Buchner* RdA 1997, 259, 264; *Fastrich/Albrecht* SAE 2002, 324, 325; **aA** nun a. BAG 23.1.2008 NZA 2008, 771), durch Eröffnung des Insolvenzverf. über den AGVerband (**aA** BAG 27.6.2000 AP TVG § 2 Nr. 56), nicht aber durch Eröffnung des Insolvenzverf. über den einzelnen AG bei einem HausTV, da dieser AG bleibt und daher seine Tariffähigkeit bis zur vollständigen Liquidation behält (näher § 2 Rn. 17 f.).

32 **b) Ordentliche Kündigung.** Typisches Beendigungsinstrument eines unbefristet geschlossenen TV ist die **ordentl. Kündigung**. Regelm. legen die TVParteien iE fest, welche Formen und Fristen eingehalten werden müssen. Ist keine Kündigungsfrist bestimmt, beträgt diese in entspr. Anwendung von § 77 V BetrVG, § 28 II 4 SprAuG drei Monate (BAG 10.11.1982 AP TVG § 1 Form Nr. 8;). Nimmt ein FirmenTV auf einen VerbandsTV Bezug, so gelten auch die darin vorgesehenen Kündigungsfristen (BAG 18.6.1997 AP TVG § 1 Kündigung Nr. 2). Einer Begr. bedarf die ordentl. Kündigung nicht. Kündigungsberechtigt ist nur eine im TV benannte Partei (BAG 26.4.2000 AP TVG § 1 Kündigung Nr. 4). **Teilkündigungen** sind regelm. unwirksam, da durch sie das Gesamtgefüge des TV verletzt wird. Eine Umdeutung in eine Vollkündigung scheidet aus (BAG 3.5.2006 NZA 2006, 1125). Die TVParteien können jedoch die Zulässigkeit einer Teilkündigung vereinbaren (BAG 16.8.1990 AP TVG § 4 Nachwirkung Nr. 19; 3.5.2006 NZA 2006, 1125). Für die **Kündigungserklärung** gelten die allg. Lehren des BGB über die Willenserklärung. Wegen des eindeutigen Wortlauts von § 1 II bedarf die Kündigung vorbehaltl. anderer Abreden im TV nicht der Schriftform (hM; BAG 26.7.2016, 1543 Rn. 35; Wiedemann/*Thüsing* Rn. 319; *Oetker* RdA 1995, 82, 100; **aA** Däubler/*Deinert* § 4 Rn. 122; MüArbR/*Rieble/Klumpp* § 166 Rn. 10).

33 **c) Außerordentliche Kündigung.** Eine außerordentl. Kündigung eines TV – auch eines befristeten – ist nach allgA grds. zulässig (vgl. BAG 14.11.1958 AP TVG § 1 Friedenspflicht Nr. 4; *Löwisch/Rieble* Rn. 1603 ff.). Sie kommt als Beendigungskündigung und als Änderungskündigung in Betracht. Manche TV gewähren mit dem Eintritt bestimmter tats. Umstände ein außerordentl. Kündigungsrecht, etwa im Fall von Gesetzesänd., an welche der TV bestimmte Leistungen knüpft. Unabhängig von einer Vereinb. hat die Rspr. vor der Schuldrechtsreform die Möglichkeit einer außerordentl. Kündigung aus wichtigem Grund angenommen (BAG 18.2.1998 AP TVG § 1 Kündigung Nr. 3). Dieses Recht zur außerordentl. Kündigung folgt nun ohne Änd. in der Sache aus § 314 BGB. Ein **wichtiger Grund** liegt vor, wenn die Fortsetzung des TV bis zum vereinbarten Ende oder bis zum Ablauf der ordentl. Kündigungsfrist dem Kündigenden nicht zugemutet werden kann (BAG 18.12.1996 AP TVG § 1 Kündigung Nr. 1). Die Rspr. stellt an die **Unzumutbarkeit** hohe Anforderungen. Wichtiger Grund sind insb. schwere Pflichtverletzungen, etwa Verstoß gegen die Friedens- oder Durchführungspflicht (*Löwisch/Rieble* Rn. 1604) oder Gründe, die zur Anfechtung berechtigen. Besteht der wichtige Grund in der Verletzung einer Pflicht aus dem Vertrag, ist die Kündigung nach § 314 II 1 BGB erst nach erfolglosem Ablauf einer zur Abhilfe bestimmten Frist oder nach erfolgloser Abmahnung zulässig, es sei denn, die Voraussetzungen des § 323 II BGB liegen vor. Die Kündigung muss nach § 314 III BGB innerhalb einer angemessenen Frist erklärt werden, nachdem der Kündigungsberechtigte Kenntnis vom Kündigungsgrund erlangt hat. Die Angemessenheit hängt von den Umständen des Einzelfalls ab. Soweit eine Pflicht zu Neuverh. besteht (Rn. 35), beginnt die Frist mit dem Scheitern der Verh.

34 Bes. Probleme bereitet die Frage, inwieweit nach TVAbschluss eingetretene erhebl. und unerwartbare **wirtschaftl. Veränderungen** die **Unzumutbarkeit** des Festhaltens an der Tarifbindung begründen können (*Belling* NZA 1996, 906; *Beuthien/Meik* DB 1993, 1518; *Steffan* JuS 1993, 1027; *Zachert* NZA 1993, 299; *ders.* RdA 1996, 140). Es kann sich hierbei handeln um Steigerung der Lebenshaltungskosten, Erhöhung der Steuerlast, exorbitante Steigerung der Unternehmensgewinne oder auch rapide Ertragseinbrüche bei den Unternehmen, welche Arbeitsplätze gefährden können. Solche Veränderun-

gen haben für die Beurteilung der Unzumutbarkeit grds. außer Betracht zu bleiben: Zum einen werden insb. LohnTV nur über einen relativ kurzen Zeitraum abgeschlossen und sind daher anders als gewöhnl. Dauerschuldverhältnisse auf ein nahes zeitl. Ende angelegt (vgl. *Löwisch/Rieble* Rn. 1622). Zum anderen ist durch eine jeweils positive Regelung im TV das Risiko der Änd. der Verhältnisse regelm. bereits einer TVPartei zugewiesen. So trägt bei einer nur geringen Lohnerhöhung eben die ANSeite das Risiko, dass die Unternehmensgewinne wider Erwarten stärker steigen und ein größerer Verteilungsspielraum offen gestanden hätte. Umgekehrt trägt die AGSeite das Risiko, dass sich die vereinbarten Tarifbedingungen vor dem Hintergrund der eingetretenen wirtschaftl. Entwicklung als unvertretbar erweisen. IÜ können die TVParteien die entspr. Risiken durch Öffnungs-, Anpassungsklauseln sowie die Vereinb. eines Rechts zur außerordentl. Kündigung steuern. Daher wird das Festhalten am TV nur in ganz außergewöhnl. gelagerten Ausnahmefällen unzumutbar sein (ähnl. *Löwisch/Rieble* Rn. 1621).

Soweit in solchen Fällen Unzumutbarkeit erwogen wird, ist umstr., ob hierbei nur auf die Situation 35
des Kündigenden (so Däubler/*Deinert* § 4 Rn. 149; KeZa/*Stein* § 4 Rn. 182) oder auch auf die Situation der Verbandsmitglieder abgestellt werden kann (dafür *Buchner*NZA 1993, 289, 298; *Henssler* ZfA 1994, 487, 491; *Oetker* RdA 1995, 82, 95). Die erstgenannte Auff. kann daher Unzumutbarkeit nur annehmen, wenn die wirtschaftl. schwierige Situation auf den Verband durchschlägt, etwa aufgrund von Verbandsflucht. Die Rspr. des BAG musste die Problematik noch nicht abschl. behandelt. Das BAG folgert aus dem ultima-ratio-Prinzip des Kündigungsrechts, dass die unzumutbar belastete TVPartei alles versuchen muss, um zu einer tarifautonomen Anpassung des TV zu gelangen; daher bestünden auch ohne ausdr. geregelte Nachverhandlungsklauseln Nachverhandlungsobliegenheiten (BAG 18.2.1998 AP TVG § 1 Kündigung Nr. 3). Außerdem muss die Unzumutbarkeit bereits eingetreten oder jdf. greifbar sein (BAG 18.2.1998 AP TVG § 1 Kündigung Nr. 3) und der Zeitraum bis zum regulären Ende des TV durch ordentl. Kündigung oder Zeitablauf noch relativ lange sein.

d) Wegfall der Geschäftsgrundlage. Ob neben dem Recht zur außerordentl. Kündigung die Grds. 36
von der **Störung und dem Wegfall der Geschäftsgrdl.** auf TV Anwendung finden können, ist umstr. (s. Wiedemann/*Wank* § 4 Rn. 65 ff.), dürfte aber eher akademische Bedeutung haben. Auf der Tatbestandseite lassen sich näml. sachl. Unterschiede zwischen außerordentl. Kündigung und Störung der Geschäftsgrdl. nicht ausmachen (*Henssler* ZfA 1994, 487, 494). Daran hat die Kodifikation dieses Rechtsinstituts in § 313 BGB nur insofern etwas geänd., als die ges. Regelung den Grds. Vertragsanpassung vor Kündigung statuiert. Wendete man diese Regelung auf TV an, wird mit Recht befürchtet, dass der Richter hierdurch die Tarifinhalte bestimmen könnte, was mit Art. 9 III GG nicht vereinbar wäre (HWK/*Henssler* Rn. 34; *Löwisch/Rieble* Rn. 1614; ähnl. BAG 23.4.2013 NZA-RR 2013, 542 Rn. 36). Vorzugswürdig ist es daher, derjenigen TVPartei, welche die Bindung an den TV abstreifen möchte, die Pflicht aufzuerlegen, der anderen Partei vor einer Kündigung ein Angebot zur Vertragsanpassung vorzulegen (*Löwisch/Rieble* Rn. 1615). Diese Lösung entstammt dem Verhältnismäßigkeitsgrds. und entspricht bereits der BAG-Rspr. vor Inkrafttreten von § 313 BGB (Rn. 35). Selbst wenn einer TVPartei nach diesen Grds. ein Anspruch auf Vertragsanpassung zusteht, begr. dies kein Zurückbehaltungsrecht ggü. bereits entstandenen tarifl. ANAnsprüchen (LAG HE 28.8.2015 NZA-RR 2016, 146).

2. Wirkung der Beendigung. Mit der Beendigung des TV enden die schuldrechtl. Pflichten der 37
TVParteien, insb. Friedens- und Durchführungspflicht. Abw. gilt dann, wenn im TV nachwirkende Pflichten, etwa Verhandlungspflichten etc. vereinbart wurden. Die Rechtsnormen des TV verlieren mit der Beendigung des TV ihre zwgd. Wirkung und können nach § 4 V durch andere Abmachungen ersetzt werden (sog. **Nachwirkung**; § 4 Rn. 50 ff.). Die TVParteien können die Nachwirkung im TV ausschließen (§ 4 Rn. 58 f.).

C. Normen des Tarifvertrags

I. Regelungsgegenstand: Arbeitsverhältnisse

§ 1 I beschreibt den Regelungsgegenstand der Rechtsnormen des TV: er bezieht sich auf ArbVerh., 38
also **Arbeitsverträge zwischen AG und AN.** Für die Begriffe des AN oder AG sind die allg. arbeitsrechtl. Definitionen maßgebend (BGB § 611 Rn. 44 ff.). Erfasst sind auch TZ- oder befristete ArbVerh., Arbeitsverträge zwischen Verleiher und AN sowie die staatl. geförderten BeschVerh. nach §§ 217, 260 ff. SGB III (BAG 26.4.1995 AP AFG § 91 Nr. 4). Für Vertragsverhältnisse von arbeitnehmerähnl. Personen gilt § 12a, für HeimArbVerh. § 17 HAG. Nicht tarifl. geregelt werden können etwa die Rechtsverhältnisse von Beamten, wohl aber die Rechtsverhältnisse von Kirchenbediensteten, sofern diese AN sind. TV werden jedoch nur von der Nordelbischen Ev. Landeskirche abgeschlossen. Soweit für Kirchenbedienstete keine TV abgeschlossen werden, tritt an die Stelle der TV der sog. Dritte Weg (näher GG Art. 4 Rn. 49 ff.). Berufsausbildungsverhältnisse werden grds. von TV erfasst (arg. § 10 II BBiG; s. a. BAG 18.5.2011 NZA 2011, 943). Dasselbe gilt für Praktikanten und Volontärverhältnisse, es sei denn deren Beschäftigung erfolgt auf ör. Grdl. Dies kommt bei Referendaren und Doktoranden

in Betracht (vgl. BAG 19.6.1974 AP BAT § 3 Nr. 3). Zur Tarifsituation Studierender Dualer Studiengänge s. den Schiedsspruch v. 27.7.2009 (AuR 2009, 428). Das vor- bzw. nachvertragl. Stadium des Arbeitsvertrags kann ebenfalls Gegenstand tarifl. Regelung sein (etwa Vorruhestand: BAG 10.10.1989 AP TVG § 1 Vorruhestand Nr. 3; 25.10.1994 AP TVG § 1 Vorruhestand Nr. 22). Demgem. erfasst die Regelungsbefugnis der TVParteien grds. auch Betriebsrentner (BAG 11.8.2009 NZA 2010, 408; 20.9.2016 BeckRS 2016, 74174).

39 AG ist jede **natürl.** oder **jur. Person**, die AN beschäftigt oder dies für die Zukunft beabsichtigt (BAG 24.6.1998 AP UmwG § 20 Nr. 1; 24.1.2001 AP BetrVG 1972 § 3 Nr. 1). Bei Personengesellschaften BürgerlR waren nach der früheren Rspr. des BAG die Gesellschafter AG (BAG 6.7.1989 AP BGB § 705 Nr. 4). Nachdem das BAG sich der BGH-Rspr. zur Rechts- und Parteifähigkeit der BGB-Gesellschaft angeschlossen hat (BAG 1.12.2004 NZA 2005, 318; BGH 29.1.2001 NJW 2001, 1056; 18.6.2002 NJW 2002, 2958), ist es konsequent, die GbR als AG zu qualifizieren (HWK/*Henssler* Rn. 43; *Löwisch/Rieble* Rn. 193). Bei KG ist es nach der Rspr. des BAG eine Frage des Einzelfalls, ob die Mitgliedschaft des Komplementärs im AGVerband für die Stellung der KG als AG genügt (vgl. BAG 22.2.1957 AP TVG § 2 Nr. 2; 4.5.1994 AP TVG § 1 Tarifverträge: Elektrohandwerk Nr. 1; 10.12.1997 AP TVG § 3 Nr. 20).

40 **Nicht arbeitsrechtl. Rechtsbeziehungen** können ebenfalls tarifvertragl. gestaltet werden, wenn sie im ArbVerh. ihre Grdl. haben. Dies ist der Fall, wenn das Rechtsverhältnis ohne das ArbVerh. überhaupt nicht oder jdf. nicht zu diesen Konditionen abgeschlossen worden wäre (*Löwisch/Rieble* Rn. 229; **aA** *Loritz* DB 1985, 531, 534). Anerkannt ist dies etwa bei Werksmietwohnungen, Mitarbeiterdarlehen (BAG 18.6.1980 AP TVG § 4 Ausschlussfristen Nr. 68), Jahreswagen (BAG 20.1.1982 AP TVG § 4 Ausschlussfristen Nr. 72) oder sonstigem Personaleinkauf. Mit dem ArbVerh. einhergehende ges. Schuldverhältnisse werden ebenfalls erfasst, etwa bei Lohnüberzahlung durch den AG (BAG 26.4.1978 AP TVG § 4 Ausschlussfristen Nr. 64) oder Vermögensdelikten zulasten des AG durch den AN (BAG 10.1.1974 AP TVG § 4 Ausschlussfristen Nr. 54; 26.5.1981 AP TVG § 4 Ausschlussfristen Nr. 71).

II. Die einzelnen Normenarten

41 **1. Inhaltsnormen.** Gegenstand einer Inhaltsnorm kann alles sein, was **Inhalt eines ArbVerh.** ist (BAG [GS] 16.9.1986 AP BetrVG 1972 § 77 Nr. 17). Geregelt werden können die Haupt-, Nebenleistungs- und Schutzpflichten der Arbeitsvertragsparteien, etwa Dauer und Lage der AZ, Mehrarbeit und Kurzarbeit, Erholungsurlaub, Höhe des Entgeltes einschl. der Eingruppierung in das Entgeltsystem (BAG 4.5.2011 NZA 2011, 1239 Rn. 22; 23.8.2016 NZA 2017, 74 Rn. 18), Entgeltzuschläge für Nacht-, Sonn- und Feiertagsarbeit, Sonderzahlungen, wie Urlaubsgeld und Sonderzuwendungen (Gratifikationen). Häufig enthalten TV auch Regelungen über Aufwendungsersatz, Auslösungen und Fahrtkosten, Modifikationen des ges. Leistungsstörungs- und Haftungsrechts sowie Regelungen über vor- und nachvertragl. Ansprüche wie Rechtsfragen im Zusammenhang mit der Begr. des ArbVerh. (Vorstellungskosten) und dessen Beendigung (betriebl. AV). Um als Inhaltsnorm qualifiziert werden zu können, muss die tarifl. Bestimmung einen unmittelbaren Anspruch der normunterworfenen AN selbst schaffen und nicht ledigl. eine Verhandlungspflicht der TVParteien begründen (Rn. 79 f.; BAG 27.6.2012 DB 2012, 2756).

42 **Nicht Gegenstand** von **Inhaltsnormen** können Regelungen sein, welche über die schuldrechtl. Beziehungen der Arbeitsvertragsparteien hinausreichen, etwa solche sachenrechtl. Art, wie eine Insolvenzsicherung durch Schaffung von Sicherungsmitteln am Betriebseigentum (MüArbR/*Rieble/Klumpp* § 171 Rn. 12) oder Fragen der Unternehmenspolitik (MüArbR/*Rieble/Klumpp* § 171 Rn. 14), wie bspw. Vorschr. zur Übernahme bestimmter Aufträge. Dasselbe gilt für Regelungen, welche die private Lebensführung des AN betreffen.

43 **2. Abschlussnormen.** Abschlussnormen regeln das Zustandekommen neuer, die Wiederaufnahme alter oder die Fortsetzung unterbrochener Arbeitsverträge (Wiedemann/*Thüsing* Rn. 601). Hierzu zählen zunächst Bestimmungen über Form und sonstige Modalitäten des Abschlusses des Arbeitsvertrags. Darüber hinaus können Abschlussgebote und -verbote vereinbart werden. **Abschlussgebote** enthalten die Verpflichtung zur Begr. oder zum Wiederauflebenlassen von Arbeitsverträgen, zB bei Auszubildenden nach der Ausbildung, bei befristet Eingestellten oder nach Arbeitskämpfen. Dagegen können Abschlussgebote keine ges. ArbVerh. nach dem Vorbild des § 10 I AÜG begründen (MüArbR/*Rieble/Klumpp* § 171 Rn. 27). Ebenso wenig kann ein Kontrahierungszwang für den AG geschaffen werden mit dem Inhalt, eine bestimmte Anzahl von AN einzustellen oder eine bestimmte ANZahl zu beschäftigen. Qualitative oder quantitative Besetzungsregeln sind Betriebsnormen, weil sie das Zahlenverhältnis bestimmter ANGruppen zur Gesamtbelegschaft steuern sollen (BAG 21.1.1987 AP GG Art. 9 Nr. 47; Rn. 45 ff.). **Abschlussverbote** untersagen den Abschluss des Arbeitsvertrags. Hierdurch können die TVParteien festlegen, dass bestimmte AN nicht auf bestimmten Arbeitsplätzen beschäftigt werden können, etwa aus Gründen des Schutzes einzelner AN (Bsp. Gesundheitsschutz). Der Schutz der Belegschaft als Kollektiv – etwa Schutz vor unterqualifizierten Kollegen – kann

allerdings nicht mit Abschlussverboten, sondern nur mit betriebl. Normen erreicht werden (*Löwisch/Rieble* Rn. 342). Die Rspr. des BAG ordnet Befristungsregeln als Abschlussnormen ein, da es für die Wirksamkeit der Befristung auf den Abschluss des Arbeitsvertrags ankomme und damit Tarifbindung zu diesem Zpkt. vorliegen müsse (BAG 14.2.1990 AP BeschFG 1985 § 1 Nr. 12; **aA** Däubler/*Nebe* Rn. 341; *Löwisch/Rieble* Rn. 354: Beendigungsnorm).

3. Beendigungsnormen. Beendigungsnormen regeln die **Berechtigung von AG und AN** zur **Beendigung des ArbVerh.** sowie die **entspr. Modalitäten** („Ob" und „Wie" der Beendigung des ArbVerh.). Zum „Wie" der Beendigung zählen Vorschr. zur Form der Kündigung oder des Aufhebungsvertrags, Kündigungsfristen und -termine. Zum „Ob" der Beendigung zählen Kündigungsverbote für AN mit einer bestimmten Beschäftigungsdauer oder für alle AN für einen bestimmten Zeitraum (BAG 27.9.2001 ZTR 2002, 120) oder Regelungen, welche die Kündigungsmöglichkeit des AG beschränken (BAG 14.5.1987 AP KSchG 1969 § 1 Wartezeit Nr. 5; 26.2.1990 AP KSchG 1969 § 1 Wartezeit Nr. 28). RL für die soziale Auswahl nach § 1 IV KSchG sind als Betriebsnormen zu qualifizieren (Rn. 46). Beendigungsgebote begegnen in der Praxis selten; für sie besteht auch kein praktisches Bedürfnis, da die TVParteien eher Beendigungstatbestände, wie Befristung oder auflösende Bedingung, normieren. Hierzu gehören Regelungen, wonach das ArbVerh. bei Erreichen einer bestimmten Altersgrenze (AGG § 10 Rn. 5) oder Eintritt der Erwerbsunfähigkeit endet. 44

4. Betriebsnormen. Betriebsnormen gehen über den Inhalt des einzelnen individuellen ArbVerh. hinaus und regeln das **betriebl. Rechtsverhältnis zwischen AG und Belegschaft** (Däubler/*Nebe* Rn. 349; *Löwisch/Rieble* Rn. 401). In gegenständl. Hinsicht sind nach Auff. des BAG damit Fragen erfasst, die **unmittelbar die Organisation und Gestaltung des Betriebs**, also der Betriebsmittel und der Belegschaft betreffen. Das BAG erkennt selbst an, dass diese Umschreibung keine scharfe Grenze markiert, aber die Funktion und Eigenart von Betriebsnormen verdeutlicht (BAG 26.1.2011 NZA 2011, 808 Rn. 24). In eine ähnl. Richtung weist der Definitionsvorschlag, wonach der Anwendungsbereich betriebl. Normen die gesamte betriebl. Organisationsgewalt des AG umfasst; regelbar seien Aspekte, die mit dem multilateralen Ordnungs-, Ausgleichs- und Verteilungsfragen zwischen (potentiellen) AN desselben Betriebs zusammenhängen (JKOS/*Krause* § 4 Rn. 62; ausf. Diskussion aus jüngerer Zeit *Giesen*ZfA 2012, 143, 146 ff.). Offen gelassen hat das BAG, ob das Verbot von Outsourcingmaßnahmen eine Betriebsnorm darstellen kann, weil es sich um „Betriebsgestaltung" handele (BAG 26.1.2011 NZA 2011, 808 Rn. 25). Dies ist abzulehnen: Betriebsnormen setzen die Existenz des Betriebs voraus. Daher sind unternehmerische Maßnahmen, welche das betriebl. Rechtsverhältnis erst konstituieren oder als actus contrarius ganz oder tw. beenden, einer Regelung durch tarifl. Betriebsnormen nicht zugängl. (ebenso iE *Löwisch/Rieble* Rn. 403 ff.; *Krause*, Standortsicherung und ArbR, 2007, S. 57; Wiedemann/*Thüsing* Rn. 707; **aA** *Dieterich* FS Däubler 1999 S. 451, 462). 45

Die Qualifizierung als Betriebsnorm ist ferner deshalb mit Schwierigkeiten verbunden, weil viele Regelungen solcher Art grds. auch als Inhaltsnorm eingeordnet werden könnten und im Fall der Betriebsnorm nach § 3 II Außenseiter vom TV erfasst werden, sofern nur der AG tarifgebunden ist. Diese Rechtsetzungsmacht für Außenseiter wurde im Schrifttum stark angegriffen (vgl. etwa *Giesen* S. 176 ff., 381 ff.). Das BAG versucht den Bereich der Betriebsnormen daher einzugrenzen: Es muss sich um Bestimmungen handeln, „die in der sozialen Wirklichkeit aus tats. oder rechtl. Gründen nur einheitl. gelten können" (BAG 26.4.1990 AP GG Art. 9 Nr. 57; 17.6.1997 AP TVG § 3 Betriebsnormen Nr. 2). Schließl. nimmt das BAG (8.12.2010 NZA 2011, 751) bei tarifl. Betriebsnormen, die AN eines Betriebs ungeachtet ihrer Gerwerkschaftszugehörigkeit in ihren Rechten beschränken oder ihnen Pflichten auferlegen, eine gerichtl. Inhaltskontrolle vor und überprüft solche tarifl. Betriebsnormen wie Regelungen eines G am Maßstab der Grundrechte (BAG 8.12.2010 NZA 2011, 751 Rn. 47). Zur Ermittlung der Reichweite betriebl. Tarifnormen ist vor diesem Hintergrund in einem ersten Schritt stets zu prüfen, ob die TVParteien eine Betriebsnorm überhaupt setzen und die Außenseiter erfassen wollten. In einem zweiten Schritt ist zu prüfen, ob die Regelung notwendigerweise einheitl. im Betrieb gelten muss. Außerdem kann eine Betriebsnorm keinen Erfüllungsanspruch des einzelnen AN begründen (BAG 17.6.1997 AP TVG § 3 Betriebsnormen Nr. 2); sie wirkt auf diesen ledigl. als „Rechtsreflex" (*Löwisch/Rieble* Rn. 408). 45a

Aus **rechtl. Gründen** müssen im Betrieb bspw. AuswahlRL nach § 1 IV KSchG einheitl. gelten, da anderenfalls die nach § 1 III KSchG erforderl. soziale Auswahl gestört ist (KSchG § 1 Rn. 352). **Tats. Gründe**, die die betriebseinheitl. Geltung von Tarifnormen fordern, können im technisch-organisatorischen oder wirtschaftl. Bereich liegen. Technisch-organisatorische Einrichtungen müssen betriebseinheitl. gelten; hierzu werden bspw. gezählt: Torkontrollen, technische Überwachungseinrichtungen, Kleiderordnungen, Rauchverbote, Lage der Schichtzeiten, qualitative (BAG 26.4.1990 AP GG Art. 9 Nr. 57) und quantitative (LAG B 24.6.2015 BeckRS 2015, 70760) Besetzungsregelungen, Regelungen über die Schließung des Unternehmens an bestimmten Tagen (BAG 7.11.1995 AP TVG § 3 Betriebsnormen Nr. 1), Anforderungen an Körpergröße und Höchstalter für die Einstellung von AN (BAG 8.12.2010 NZA 2011, 751), Verf. über die Arbeitsplatzbewertung durch paritätisch besetzte Kommissionen (BAG 22.2.2012 AP TVG § 3 Nr. 52) sowie Zeitzuschläge, die sich auf die Arbeitsintensität und Personalstärke auswirken (BAG 3.4.1990 AP GG Art. 9 Nr. 56). Ferner hat die Rspr. Regelungen als 46

Betriebsnormen eingeordnet, die dem AG vorschreiben, welcher Anteil der Belegschaft mit verlängerter regelm. AZ beschäftigt werden kann (BAG 17.6.1997 AP TVG § 3 Betriebsnormen Nr. 2). Ein Bsp. aus dem wirtschaftl. Bereich für eine notwendige betriebseinheitl. Regelung kann die Schaffung von Sozialeinrichtungen sein (betriebl. AV, Werksmietwohnungen).

47 Die Formel des BAG von der Notwendigkeit betriebseinheitl. Geltung aus tats. oder rechtl. Gründen erweist sich als Leerformel. Sie vermag den Zweck der Befugnis der TVParteien, betriebl. Fragen durch Rechtsnormen mit Außenseiterwirkung zu regeln, nicht hinreichend zu erfassen. Es sollen solche Arbeitsbedingungen durch Betriebsnormen einer tarifl. Regelung zugeführt werden können, die aus dem Betrieb als organisatorische Einheit resultieren. Es geht also um Arbeitsbedingungen, die nicht individuell zwischen dem einzelnen AN und AG ausgehandelt werden können, weil diese **Arbeitsbedingungen** in einer **Wechselbeziehung** zu den **Arbeitsbedingungen der anderen AN** stehen und daher nur in dieser Wechselbezüglichkeit geregelt werden können (*Löwisch/Rieble* Rn. 406). So können bspw. Kurzarbeit und andere Formen der AZVerkürzung nicht über eine tarifl. Betriebsnorm eingeführt werden (**aA** in obiter dictum BAG 1.8.2001 AP TVG § 3 Betriebsnormen Nr. 5). Die Dauer der AZ stellt zusammen mit der Höhe des hierfür erzielten Entgelts den Kernbestand des arbeitsvertragl. Leistungsversprechens dar und steht nicht in einer Wechselbeziehung zur Dauer der AZ anderer AN. Sie kann daher nur Gegenstand einer Individualnorm (Inhaltsnorm) sein. Dasselbe gilt für tarifl. Vergütungsordnungen (BAG 14.4.2015 NZA 2015, 1077).

48 **5. Betriebsverfassungsrechtliche Normen.** Betriebsverfassungsrechtl. Normen beziehen sich auf **Einrichtung und Organisation der Betriebsvertretung** und deren **Befugnisse und Rechte**. Aufgrund der ges. Regelung der BetrVerf. im BetrVG hat die Befugnis der TVParteien zur Setzung betriebsverfassungsrechtl. Normen nur noch dort praktische Bedeutung, wo das BetrVG dies zulässt. Im organisatorischen Bereich des BetrVG ist dies nur in den ausdr. im G genannten Fällen mögl. und das BetrVG insoweit iÜ zweiseitig zwgd. (BetrVG § 1 Rn. 19). Die weitestgehende Vorschr. enthält insoweit § 3 BetrVG mit der Möglichkeit, die betriebsverfassungsrechtl. Repräsentationseinheit abw. vom Betriebsbegriff des BetrVG durch TV zuzuschneiden. Die übrigen Abweichungsbefugnisse zugunsten der TVParteien in diesem Bereich beziehen sich im Wesentlichen auf die Zusammensetzung von GBR und KBR sowie auf die Anzahl der freizustellenden BRMitglieder (§§ 38, 47, 55 BetrVG). Im materiell-rechtl. Bereich der Beteiligungsrechte des BR ist eine Abweichung durch TV nicht unprobl., weil hierdurch in das ges. austarierte Verhältnis von AG und BR eingegriffen würde und ausdr. Regelungen im BetrVG fehlen. Die hM hält es nach allg. Grds. (Günstigkeitsprinzip) gleichwohl für zulässig, MBR des BR durch TV zu erweitern, nicht aber einzuschränken (BAG 18.8.1987 AP BetrVG 1972 § 77 Nr. 23; 10.2.1988 AP BetrVG 1972 § 99 Nr. 53). Das Personalvertretungsrecht kann wegen § 97 BPersVG nicht abw. vom G geregelt werden. Für die BetrVerf. der im Flugbetrieb beschäftigten AN von Luftfahrtunternehmen gilt § 117 II BetrVG. Nach Auff. des BAG (14.1.2014 NZA 2014, 910 Rn. 51) sind solche Tarifnormen nur wirksam, wenn die beteiligten Gewerkschaften für alle ArbVerh. der erfassten betriebl. Einheit tarifzuständig sind.

49 **6. Prozessuale Normen.** § 1 I erwähnt prozessuale Normen nicht. Daher können prozessuale Tarifnormen grds. nicht getroffen werden. Prozessuale Regelungen sind jedoch im ArbGG zugunsten der TVParteien vorgesehen. Nach § 48 II ArbGG kann in bestimmten Fällen im TV die Zust. eines an sich örtl. nicht zust. Gerichtes festgelegt werden. Außerdem kann nach § 101 II ArbGG für bestimmte ANGruppen die Arbeitsgerichtsbarkeit ausgeschlossen und durch ein Schiedsgericht ersetzt werden.

50 **7. Normen für gemeinsame Einrichtungen.** Über § 1 hinaus erlaubt § 4 II den TVParteien, die Rechtsverhältnisse der gemeinsamen Einrichtungen zu regeln. Nach § 4 II gelten solche Normen nicht nur für die nach § 3 I Tarifgebundenen, sondern auch im Verhältnis zwischen gemeinsamer Einrichtung und AG und zwischen gemeinsamer Einrichtung und AN. Näher § 4 Rn. 22 ff.

51 **8. Tarifnormen zugunsten Dritter.** Wie ein Individualvertrag zugunsten Dritter kann auch ein TV zugunsten Dritter abgeschlossen werden. Dies kommt va. iRd. Alters- und Hinterbliebenenversorgung vor (vgl. BAG 13.11.1985 AP TVG § 1 Tarifverträge: Metallindustrie Nr. 35). Die Auslegung erfolgt nach denselben Grds. wie bei den Tarifnormen (BAG 5.11.1997 AP TVG § 1 Nr. 29). Tarifnormen zu Lasten Dritter – also von nichttarifgebundenen Personen – sind unzulässig.

III. Rechtsfolgen unzulässiger Tarifnormen

52 Verstößt eine Rechtsnorm eines TV gegen **höherrangiges Recht** oder überschreiten die TVParteien die **Grenzen der tarifl. Rechtssetzungsbefugnis**, ist die Rechtsnorm unwirksam. Dies gilt grds. ebenso für Verstöße gegen den Gleichheitssatz des Art. 3 GG (BAG 4.5.2010 AP TVG § 1 Altersteilzeit Nr. 46; s. a. Rn. 55). Falls die übrige Regelung im TV noch eine sinnvolle und in sich geschlossene Regelung enthält, bleibt dieser Teil des TV wirksam; die Regelung des § 139 BGB findet keine Anwendung (BAG 16.11.2011 NZA-RR 2012, 308; 12.12.2007 NZA 2008, 892 Rn. 21). Reicht das höherrangige Recht nicht so weit wie der TV, sind die Rechtsnormen des TV nur insoweit unwirksam, wie sie dem höherrangigen Recht widersprechen. Entsteht aufgrund der Kollision einer tarifl. Regelung

mit höherrangigem Recht wegen der Unwirksamkeit der entspr. Tarifnorm eine Regelungslücke, kann diese uU durch erg. Vertragsauslegung geschlossen werden (Rn. 102 f.).

Das höherrangige Recht kann dem TV zeitl. vorgehen oder auch nachfolgen. Folgt das höherrangige Recht dem TV nach, so wird den TVParteien im Allg. eine Übergangszeit zustehen, binnen deren sie den TV anpassen können (vgl. für staatl. Recht BVerfG 17.10.1990 NJW 1991, 555). IÜ ist ein derartiger Eingriff in bestehende TV durch höherrangiges Recht zulässig, sofern der Eingriff zum Schutz von Rechtsgütern mit Verfassungsrang erfolgt und die Verhältnismäßigkeit im Hinblick auf den Schutz der Tarifautonomie (Art. 9 III GG) gewahrt ist (vgl. BVerfG 3.4.2001 AP BUrlG § 10 Kur Nr. 2). 53

Wird das vorrangige, dem TV widersprechende Recht später aufgeh. oder fällt es anderweitig weg, sind grds. zwei Folgen denkbar: Zum einen kann man annehmen, der TV werde durch entgegenstehendes höherrangiges Recht endgültig vernichtet (*Löwisch/Rieble* Rn. 656). Zum anderen kann der TV ledigl. verdrängt worden sein und nach Wegfall des entgegenstehenden Rechts wiederaufleben. Das BAG geht davon aus, dass die jeweils zutr. Rechtsfolge vom höherrangigen Recht gesetzt werde oder sich aus entspr. Auslegung ergebe (vgl. BAG 26.4.1995 AP SGB VI § 41 Nr. 6; BVerfG 8.11.1994 SGB VI § 41 Nr. 5). Folgt man dem, können die TVParteien bereits im Vorgriff auf gesetzgeberische Neuregelungen vom zu ändernden GRecht abw. Rechtsnormen durch TV setzen (*Löwisch/Rieble* Rn. 657). 54

Bei **Verstoß gegen unmittelbar anwendbares Unionsrecht** (Rn. 8) gelten einige Besonderheiten: Im Kollisionsfall sind Tarifnormen wegen des Anwendungsvorrangs des Unionsrechts (AEUV Vorb. Rn. 23 ff.) nicht nichtig, sondern nur unanwendbar und leben daher nach Wegfall der entspr. Vorschr. des Unionsrechts wieder auf. Bei einem Verstoß einer Tarifnorm gegen den **Gleichheitsgrds.** (Art. 157 AEUV, ex-Art. 141 EG) behandelt der EuGH die von einer begünstigenden Regelung im TV ausgeschlossenen AN wie die Begünstigten („Gleichbehandlung nach oben", vgl. EuGH 27.6.1990 AP EWG-Vertrag Art. 119 Nr. 21). Das BAG gewährt für die Vergangenheit eine solche Angleichung nach oben, weil der AG den begünstigten AN die Leistung für diesen Zeitraum nicht mehr entziehen kann. Für die Zukunft sollte es den TVParteien überlassen bleiben, die Rechtsfolgen eines Gleichheitsverstoßes zu regeln (BAG 13.11.1985 AP GG Art. 3 Nr. 136). Dies muss ebenso für Verstöße von TV gegen das AGG, insb. wegen Altersdiskriminierung, gelten (näher AGG § 7 Rn. 4 f.; BAG 8.12.2010 NZA 2011, 751; 10.11.2011 NZA 2012, 161; 10.11.2011 NZA-RR 2012, 100; 20.3.2012 NZA 2012, 803). 55

IV. Einzelne Tarifklauseln

1. Altersgrenze. Die Rspr. hält tarifl. Altersgrenzen für grds. zulässig und qualifiziert diese als Beendigungsnormen (BAG 18.6.2008 NZA 2008, 1302). S. näher TzBfG § 14 Rn. 56 ff. und AGG § 10 Rn. 4 f. 56

2. Annahmeverzug. § 615 BGB enthält dispositives Recht. Die TVParteien können daher die Voraussetzungen und die Rechtsfolgen des Annahmeverzuges regeln (BAG 8.12.1982 AP BGB § 616 Nr. 58). Dasselbe gilt für das Betriebsrisiko (BAG 6.11.1968 AP BGB § 615 Betriebsrisiko Nr. 16; 30.1.1991 AP BGB § 615 Betriebsrisiko Nr. 33), auch nach Einfügung von § 615 S. 3 BGB durch das SMG (HWK/*Henssler* Rn. 92), sowie das Arbeitskampfrisiko (BAG 22.12.1980 AP GG Art. 9 Arbeitskampf Nr. 70). 57

3. Arbeitsverhinderung. Der Vergütungsfortzahlungsanspruch des § 616 BGB ist dispositiv (BAG 8.12.1982 AP BGB § 616 Nr. 58). Die TVParteien können daher Abw. regeln und insb. enumerativ aufzählen, in welchen Fällen EFZ geleistet werden muss (BAG 25.8.1982 AP BGB § 616 Nr. 55; 4.9.1985 AP BMTG II § 29 Nr. 1). 58

4. Ausschlussfristen. S. dazu § 4 Rn. 48 f. und BGB §§ 194 bis 218 Rn. 32 ff. 59

5. Besetzungsregeln. Man unterscheidet qualitative und quantitative Besetzungsregeln. **Qualitative Besetzungsregeln** schreiben dem AG vor, welche Qualifikation ein AN für die Beschäftigung auf einem bestimmten Arbeitsplatz haben muss. Sie verfolgen das Ziel, bestimmte Arbeitsplätze für AN mit einer bestimmten Ausbildung zu erhalten, auch wenn die entspr. Qualifikation für die konkrete Tätigkeit aufgrund technologischen Fortschritts nicht mehr notwendig ist. Zur Abgrenzung qualitativer Besetzungsregeln von tarifl. Eingruppierungsvorschr. s. BAG 18.3.2008 NZA 2008, 832. **Quantitative Besetzungsregeln** bestimmen, wie viele AN für einen bestimmten Tätigkeitsbereich mind. beschäftigt werden müssen, und dienen zumeist dem Rationalisierungsschutz (BAG 17.6.1999 AP KSchG 1969 § 1 Betriebsbedingte Kündigung Nr. 103). Verbreitet sind auch Höchstquoten für den Einsatz bestimmter ANGruppen, etwa LeihAN (vgl. *Krause* NZA 2012, 830, 833 mwN; krit. *Giesen* ZfA 2012, 143, 150 ff.). 60

Beide Kategorien von Besetzungsklauseln sind an Art. 12 GG zu messen, weil hierdurch in die Freiheit des AG, die Arbeitsplätze nach seinen Präferenzen zu besetzen, sowie in die Arbeitsplatzwahlfreiheit Arbeitssuchender bzw. Dritter eingegriffen wird. Die Rspr. betrachtet solche Regelungen als 61

Betriebsnormen (BAG 26.4.1990 AP GG Art. 9 Nr. 57; 27.10.2010 NZA 2011, 527 Rn. 27) und hält sie für zulässig, da sie durch sachl. Gründe gerechtfertigt seien; **qualitative Besetzungsregeln** dienten dem Schutz der gelernten Fachkräfte vor Dequalifikation, dem Schutz von ungelerntem Personal vor Überforderung und förderten die Arbeitsqualität, indem sie nicht ausreichend qualifizierte Mitarbeiter vom arbeitsteiligen Produktionsprozess fernhielten (vgl. BAG 13.9.1983 AP TVG § 1 Tarifverträge: Druckindustrie Nr. 1; 26.4.1990 AP GG Art. 9 Nr. 57; 22.1.1991 AP GG Art. 12 Nr. 67; krit. *H. Hanau* RdA 1996, 158 ff.; *Rieble* ZfA 2004, 1, 23 f.). **Quantitative Besetzungsregeln** greifen in das Art. 12 GG entspringende Recht des AG ein, die Stärke der Belegschaft festzusetzen (vgl. BAG 24.4.1997 AP KSchG 1969 § 2 Nr. 42). Die hM hält sie für zulässig, da sie dem Schutz der Beschäftigten vor physischer oder psychischer Überforderung oder auch dem Schutz Dritter (etwa bei Cockpit-Besetzungen, vgl. BAG 9.6.1984 AP TVG § 1 Verhandlungspflicht Nr. 3) dienen (vgl. *Gamillscheg* KollArbR I § 7 III 5d; Wiedemann/*Thüsing* Rn. 746).

62 **6. Differenzierungsklauseln.** Differenzierungsklauseln bezwecken, ausschl. Gewerkschaftsmitgliedern bestimmte Leistungen des AG vorzubehalten und den nicht oder anders Organisierten zu verwehren. Nach der Rechtswirkung der Differenzierungsklausel kann man verschiedene Arten unterscheiden: Die **einfache** mitgliedschaftsanknüpfende Differenzierungsklausel erhebt die Mitgliedschaft des AN in der betr. Gewerkschaft zur Tatbestandsvoraussetzung des tarifl. Anspruchs mit der Folge, dass Nichtmitgliedern bei AVE oder in den Fällen des § 3 III kein Anspruch zusteht. Weitergehende Rechtsfolgen lösen **qualifizierte mitgliedschaftsanknüpfende Differenzierungsklauseln** aus: Als **Tarifausschlussklauseln** verwehren sie dem AG, an Nichtorganisierte tarifl. Leistungen zu gewähren; als **Spannenklauseln** verpflichten sie den AG, allg. gewährte Leistungen wie Sonderzuwendungen oder Erholungsurlaub für der tarifschließenden Gewerkschaft angehörende AN um den Spannenbetrag aufzustocken, so dass diesen stets eine höhere Leistung erbracht werden muss. Der Große Sen. des BAG hielt die Differenzierung nach der Gewerkschaftseigenschaft bei einem tarifl. Urlaubsgeld und deren Absicherung durch eine Spannenklausel wegen Verstoßes gegen die negative Koalitionsfreiheit für rechtswidrig (BAG [GS] 29.11.1967 AP GG Art. 9 Nr. 13). Nach Auff. des 4. Sen. des BAG überschreiten solche qualifizierte mitgliedschaftsanknüpfende Differenzierungsklauseln in Form von Spannenklauseln die Grenzen der Tarifmacht, weil die TVParteien hierdurch auf ArbVerh. nicht oder anders Organisierter zugreifen, wofür sie keine Regelungsbefugnis besitzen (BAG 23.3.2011 NZA 2011, 920 Rn. 48).

62a Der 4. Sen. des BAG (18.3.2009 NZA 2009, 1028; 23.3.2011 NZA 2011, 920) hält aber **einfache Differenzierungsklauseln für zulässig**, soweit solche Klauseln nicht an das Austauschverhältnis von Leistung und Gegenleistung anknüpfen und keinen unzumutbaren Beitrittsdruck auf nicht oder anders organisierte AN ausüben. Der arbeitsrechtl. Gleichbehandlungsgrds. ist auf solche Vorteilsregelungen für Gewerkschaftsmitglieder auch außerhalb tarifvertragl. Regelungen nicht anwendbar, weil bei Vereinb. zwischen TVParteien von einem Verhandlungsgleichgewicht ausgegangen werden kann und daher eine strukturelle Unterlegenheit der ANSeite nicht besteht (BAG 21.5.2014 NZA 2015, 115 Rn. 29 für eine sog. „Erholungsbeihilfe"). Noch nicht abschl. geklärt ist, welchen Umf. eine zulässige Differenzierung erreichen darf. Das BAG (18.3.2009 NZA 2009, 1028 Rn. 82) hat eine Besserstellung organisierter AN iHv. einem Viertel einer durchschnittl. Monatsvergütung und nicht mehr als zwei Jahresmitgliedsbeiträgen akzeptiert, weil ein verständiger AN hierdurch noch keinen Druck verspüre, von einer Entsch. gegen die Mitgliedschaft in einer Gewerkschaft Abstand zu nehmen. Das LAG HM (12.6.2012 ZInsO 2012, 2000) hat eine für die Gewerkschaftsmitglieder um drei Bruttomonatsentgelte pro Beschäftigungsjahr erhöhte Abfindung in einem sozialplanähnl. TV (Rn. 74) wegen Verstoßes gegen die negative Koalitionsfreiheit verworfen (ähnl. ArbG M 20.12.2012 NZA-RR 2013, 125). Ist die Differenzierung wegen der Gewerkschaftszugehörigkeit unzulässig, soll der Anspruch auf die Leistung gleichwohl bestehen bleiben und damit grds. allen AN zustehen, sofern der AG die Leistung den Gewerkschaftsmitgliedern erbracht hat und sie nicht mehr zurückfordern kann (vgl. BAG 9.5.2007 NZA 2007, 1439 Rn. 37 ff.; 18.3.2009 NZA 2009, 1028 Rn. 125 ff.; LAG HM 12.6.2012 ZInsO 2012, 2000 Rn. 157 ff.; LAG M 4.12.2014 – 3 Sa 691/14: Grds. der Gleichbehandlung „nach oben"). Dies begegnet Bedenken, weil die Anspruchsvoraussetzung „Gewerkschaftsmitgliedschaft" und die daran anknüpfende Leistung des AG als Einheit zu betrachten sind und damit Gesamtunwirksamkeit eintritt.

62b Insb. in Zusammenhang mit TV zur Standortsicherung (Rn. 74) vereinbaren TVParteien vielfach, dass die **Gewerkschaftsmitgliedschaft zu einem bestimmten Stichtag** vorliegen muss (vgl. BAG 22.9.2010 AP GG Art. 9 Nr. 144; Überblick über weitere Gestaltungen bei *Lelley/Becker* BB 2015, 1397, 1398 ff.; *Lunk/Leder/Seidler* RdA 2015, 399, 403 f.). Solche Stichtagsregelungen sind grds. zulässig (vgl. BAG 18.3.2009 NZA 2009, 1028 Rn. 122 ff.; 5.9.2012 BeckRS 2013, 66928 Rn. 31 f.; 21.8.2013 NZA-RR 2014, 201; 15.4.2015 NZA 2015, 1388; LAG M 16.10.2013 BeckRS 2014, 719222 Rn. 95 ff.). Das BAG (15.4.2015 NZA 2015, 1388 Rn. 27 ff.) qualifiziert solche Regelungen nicht einmal als Differenzierungsklauseln, weil sie zwischen verschiedenen Gruppen von Mitgliedern einer Gewerkschaft unterscheiden würden, und misst solche Regelungen daher nur am Maßstab des allg. Gleichheitssatzes (Art. 3 I GG), in dessen Rahmen auch koalitionsspezifische Interessen einen hinreichenden Differenzierungsgrund bilden können (Rn. 32; krit. dazu *Corzelius* ZTR 2016, 188; *Greiner* NZA 2016

10; *Lunk/Leder/Seidler* RdA 2015, 399, 404). Allerdings hat das BAG (9.5.2007 NZA 2007, 1439) einen **in der Vergangenheit liegenden Stichtag** für künftige lfd. Zahlungen für unzulässig gehalten, weil dies gegen die ges. Regelung über die Tarifbindung nach § 3 I verstoße. Diese Begr. ist nicht haltbar; eine solche Stichtagsklausel derogiert nicht die Tarifbindung, sondern schränkt ledigl. den pers. Geltungsbereich des TV ein (§ 4 Rn. 16f.). IÜ entspricht eine solche in der Vergangenheit liegende Stichtagsklausel durchaus den übereinstimmenden Interessen der TVParteien: Der AG kann mit einer bestimmten, nicht mehr größer werdenden Anzahl von Anspruchsinhabern kalkulieren; die Gewerkschaft hat einen Anreiz gegen Austritte gesetzt. Schließl. geht von einer derartigen Stichtagsregelung kein Anreiz aus, einer Gewerkschaft beizutreten, so dass Bedenken wegen der negativen bzw. positiven Koalitionsfreiheit nicht oder anders organisierter AN ohnehin nicht bestehen. Ohne ausdr. Vereinb. einer Stichtagsregelung muss der AN der tarifschließenden Gewerkschaft regelm. zum Zpkt. der Fälligkeit des Anspruchs angehören (vgl. BAG 22.9.2010 AP GG Art. 9 Nr. 144 Rn. 32).

Nach der Rspr. des BAG kann ein nicht organisierter AN allerdings selbst dann keinen Anspruch aus einer wirksamen einfachen Differenzierungsklausel geltend machen, wenn sein Arbeitsvertrag eine als Gleichstellungsabrede auszulegende Bezugnahmeklausel enthält (BAG 18.3.2009 NZA 2009, 1028 Rn. 28; 22.9.2010 AP GG Art. 9 Nr. 144 Rn. 25; s. zu Bezugnahmeklauseln allg. § 3 Rn. 29ff., 37f.). Dies ist zumindest wegen der Unklarheitenregel des § 305c II BGB abzulehnen (näher zur Rspr. des BAG *Bauer/Arnold* NZA 2011, 945; *Lobinger/Hartmann* RdA 2010, 235; *Leydecker* AuR 2009, 338; *Schubert* ZTR 2011, 579). 62c

7. Effektivklauseln. Erbringt der AG übertarifl. Leistungen und erhöht sich später das tarifl. geschuldete Arbeitsentgelt, so stellt sich die Frage, ob und inwieweit der AG die Lohnerhöhung auf die übertarifl. Zulage anrechnen kann. Individualrechtl. ist dies grds. mögl., sofern dem AN die Zulage nicht als selbständiger Entgeltbestandteil neben dem jeweiligen Tarifentgelt zugesagt worden ist (stRspr. zul. BAG 30.5.2006 NZA 2006, 1170; zur Inhaltskontrolle BAG 1.3.2006 NZA 2006, 746; 27.8.2008 NZA 2009, 49; zur Abgrenzung über-/außertarifl. Zulage BAG 7.2.2007 NZA 2007, 934; zur Mitbestimmung des BR vgl. BetrVG § 87 Rn. 111ff.). Um diese individualrechtl. Rechtslage zu korrigieren und eine Aufstockung der Tariflohnerhöhung auf übertarifl. Zulagen zu erreichen, werden bisweilen sog. **Effektivklauseln** in TV vereinbart. Die **Effektivgarantieklausel** macht die Tariflohnerhöhung zusammen mit etwaigen übertarifl. Zulagen zum Bestandteil des neuen tarifl. Mindestlohns. Die **begrenzte Effektivklausel** lässt die übertarifl. Zulage als solche bestehen und ordnet an, dass die Tariflohnerhöhung auf die bisher gewährte Effektivvergütung aufzustocken ist. **Besitzstandsklauseln** verbieten dem AG die einseitige Kürzung oder Anrechnung übertarifl. Entgelte aus Anlass der Tariflohnerhöhung. **Verdienstsicherungsklauseln** erhalten leistungsgeminderten AN, die auf einen geringer bezahlten Arbeitsplatz umgesetzt wurden, das bislang bezogene Gesamtarbeitsentgelt; ein Schutz vor Aufsaugung bei Tariflohnerhöhung ist damit nicht verbunden. Die negative Effektivklausel oder **Anrechnungsklausel** bestimmt, dass übertarifl. Entgelte von der Tariflohnerhöhung aufgesogen werden. 63

Das BAG hält die Effektivgarantieklausel (BAG 13.6.1958 AP TVG § 4 Effektivklausel Nr. 2) und die begrenzte Effektivklausel wegen Überschreitung der Grenzen der Tarifmacht für unwirksam, weil sie einzelvertragl. vereinbarte Lohnbestandteile der Vfg. der Arbeitsvertragsparteien entziehen und damit in unzulässiger Wese in deren Vertragsbeziehungen eingreifen (BAG 14.2.1968 AP TVG § 4 Effektivklausel Nr. 7; 21.7.1993 AP TVG § 1 Auslegung Nr. 144). Dagegen hält das BAG Besitzstandsklauseln (BAG 5.9.1985 AP TVG § 4 Besitzstand Nr. 1), Verdienstsicherungsklauseln (BAG 16.4.1980 AP TVG § 4 Effektivklausel Nr. 9; 15.5.1991 AP TVG § 1 Tarifverträge: Metallindustrie Nr. 97; 16.6.2004 AP TVG § 4 Effektivklausel Nr. 24) und im Grds. auch Anrechnungsklauseln vorbehaltl. einer günstigeren Regelung im Arbeitsvertrag für zulässig (BAG 18.8.1971 AP TVG § 4 Effektivklausel Nr. 8). 64

8. Formvorschriften. TV können für die Begr., den Inhalt oder die Beendigung des Arbeitsvertrags oder auch für einzelne, bes. wichtig erachtete Regelungen des ArbVerh. Formvorschr. vereinbaren. Diese können daher insoweit Abschluss-, Inhalts- oder Beendigungsnormen sein. Dabei handelt es sich dann um ges. Formvorschr. nach § 125 BGB (BAG 6.9.1972 AP BAT § 4 Nr. 2). Allerdings wird nicht stets die in § 125 BGB vorgeschriebene Nichtigkeitsfolge ausgelöst, sondern nur dann, wenn die Formvorschr. **konstitutive** Wirkung hat, nicht aber bei nur **deklaratorischen** Formvorschr. Wie die jeweilige tarifl. Formvorschr. aufzufassen ist, muss durch Auslegung ermittelt werden (näher BGB §§ 125 bis 127 Rn. 32ff.). Im Allg. werden für die Begr. des ArbVerh. keine konstitutiven Formvorschr. vereinbart, weil dies bei deren Verletzung zur Unwirksamkeit des Arbeitsvertrags führen würde (BAG 24.6.1981 AP TVG § 4 Formvorschriften Nr. 2). Anders ist dies bei Nebenabreden; hier wird regelm. eine konstitutive Formvorschr. vorliegen (BAG 9.12.1981 AP BAT § 4 Nr. 8). Nach § 2 I 1 NachwG sind die wesentl. Vertragsbedingungen schriftl. niederzulegen. Dabei handelt es sich um ein deklaratorisches Formerfordernis (NachwG Einf. Rn. 7), von der nach § 5 NachwG durch TV nicht zuungunsten des AN abgewichen werden kann (NachwG § 5 Rn. 2). § 623 BGB ist zwgd.; die TVParteien können das Formerfordernis nicht aufheben, wohl aber verschärfen (BGB § 623 Rn. 10), etwa durch das Erfordernis, Kündigungsgründe anzugeben, oder durch formalisierte Zugangsvoraussetzungen. 65

66 **9. Gewerkschaftliche Vertrauensleute.** Gewerkschaftl. Vertrauensleute sollen die Gewerkschaftsmitglieder in den Betrieben betreuen, neue Mitglieder werben und den gewerkschaftl. Ziele in den Betrieben Gehör verschaffen. Ihre Arbeit ist von der Koalitionsfreiheit garantiert (BAG 8.12.1978 AP GG Art. 9 Nr. 28). In der Praxis existieren TV, welche die **Rechtsstellung der gewerkschaftl. Vertrauensleute** regeln und diesen gewisse Vergünstigungen und Unterstützung einräumen. Für zulässig gehalten werden tarifl. Regelungen wie etwa Arbeitsbefreiung bei Fortzahlung des Arbeitsentgelts (ArbG Kassel 5.8.1976 EzA GG Art. 9 Nr. 18), eine bes. Aufwandsentschädigung oder Sonderurlaub (BAG 19.7.1983 AP BetrVG 1972 § 87 Betriebsbuße Nr. 5; 11.9.1985 AP BGB § 616 Nr. 67; 5.4.1987 AP TVG § 1 Tarifverträge: Banken Nr. 2) oder auch ein gewisser Sonderkündigungsschutz, sofern hierdurch nicht in die Sozialauswahl anderer, insb. nicht organisierter AN eingegriffen wird (Rn. 67 f.). Demggü. sind vorbehaltl. § 3 BetrVG Regelungen unzulässig, welche die Rechtsstellung des BR berühren, etwa der Aufbau einer parallelen BetrVerf. für organisierte AN. Darüber hinaus steht den Gewerkschaften kein ges. Anspruch ggü. dem AG zu, die Wahlen der gewerkschaftl. Vertrauensleute im Betrieb durchführen zu lassen (BAG 8.12.1978 AP GG Art. 9 Nr. 28) oder den gewerkschaftl. Vertrauensleuten ein Büro zu überlassen (MüArbR/*Löwisch/Rieble* § 157 Rn. 76). TV über gewerkschaftl. Vertrauensleute wirken nach allg. Grds. nach (§ 4 V). Wegen der Besonderheiten des tarifl. Regelungsgegenstands „gewerkschaftl. Vertrauensleute" ist die Nachwirkung bereits dann konkludent ausgeschlossen, wenn die Parteien während der Dauer der Kündigungsfrist eine Pflicht zur Nachverh. vereinbart haben (BAG 8.10.1997 AP TVG § 4 Nachwirkung Nr. 29).

67 **10. Kündigungsschutz.** Kündigungsregelungen in TV beziehen sich typischerweise auf folgende Bereiche: Zugunsten älterer oder lange Zeit im Unternehmen beschäftigter AN wird vielfach die ordentl. Kündigung ausgeschlossen, so dass diese AN nur noch außerordentl. kündbar sind. Das Recht zur außerordentl. Kündigung ist demggü. durch TV nicht beschränkbar (BAG 12.4.1978 AP BGB § 626 Ausschlussfrist Nr. 13; 4.6.1987 AP KSchG 1969 § 1 Soziale Auswahl Nr. 16; BVerwG 2.7.1981 AP MuSchG 1968 § 9a Nr. 1). Darüber hinaus werden in TV häufig die ges. Kündigungsfristen des § 622 BGB verändert. Hierbei dürfen grds. keine unterschiedl. Kündigungsfristen für Arbeiter und Ang. vorgesehen werden, es sei denn, für die Ungleichbehandlung existiert ein sachl. Grund (BAG 21.3.1991 AP BGB § 622 Nr. 29). Außerdem regeln TV vielfach **Form und Verf.** der Kündigung. Bei betriebsbedingten Kündigungen können die TVParteien gem. § 1 IV KSchG die Bewertung der für die **soziale Auswahl relevanten Gesichtspunkte** festlegen (KSchG § 1 Rn. 350 ff.) und bes. **Abfindungen** vorsehen (BAG 10.11.1993 AP TVG § 1 Tarifverträge: Einzelhandel Nr. 42; 22.5.1996 AP TVG § 4 Rationalisierungsschutz Nr. 13). Andererseits dürfen TV den materiellen Kündigungsschutz nicht verschlechtern, da § 626 BGB und § 1 KSchG nicht tarifdispositiv sind (BAG 19.1.1973 AP BGB § 626 Ausschlussfrist Nr. 5). Insb. kann der Begriff des wichtigen Grundes (§ 626 BGB) oder des verhaltensbedingten Kündigungsgrundes (§ 1 II KSchG) nicht legaldefiniert werden. Außerdem sind die in § 1 III KSchG normierten Auswahlgesichtspunkte nicht tarifdispositiv (vgl. BAG 12.10.1979 AP KSchG 1969 § 1 Betriebsbedingte Kündigung Nr. 7; 8.8.1985 AP KSchG 1969 § 1 Soziale Auswahl Nr. 10).

68 Im Falle des **Ausschlusses der ordentl. Kündigung durch TV** stellen sich Folgeprobleme: Ein TV kann dem AG nicht auferlegen, das ArbVerh. mit einem AN, für den keine Beschäftigung vorhanden ist, bis zum Eintritt in dessen Ruhestand fortzusetzen. Daher lässt die Rspr. in solchen Fällen die außerordentl. Kündigung zu und wendet auf solche außerordentl. Kündigungen die hypothetisch einschlägige Frist für eine ordentl. Kündigung an (BAG 5.2.1998 AP BGB § 626 Nr. 143; 8.4.2003 AP BGB § 626 Nr. 181; krit. dazu *Bröhl* FS Schaub 1998 S. 55 ff.). Probl. ist in solchen Fällen die soziale Auswahl bei betriebsbedingten Kündigungen. Nach hM werden tarifl. unkündbare AN nicht in die soziale Auswahl einbezogen (KSchG § 1 Rn. 312 mwN; Däubler/*Heuschmid/Klein* Rn. 912; Wiedemann/*Thüsing* Rn. 681; einschränkend nun BAG 20.6.2013 NZA 2014, 208 Rn. 49 wegen § 10 AGG), mit der Folge, dass deren tarifl. Sonderkündigungsschutz im Einzelfall zu Lasten anderer, möglicherweise sozial schwächerer AN gehen kann. Dieser Eingriff in den sozialen Besitzstand anderer AN durch TV ist sachl. nicht gerechtfertigt. Richtigerweise müssten die tarifl. unkündbaren AN zwar in einem ersten Schritt gedankl. in die Sozialauswahl einbezogen werden, deren Kündigung müsste aber unterbleiben, wenn einzelne tarifl. geschützte AN zum eigentl. zu kündigenden Personenkreis zählen. Das Risiko, dass tarifl. Kündigungsschutz von älteren oder langjährig beschäftigten AN und die Anforderungen der Sozialauswahl nicht parallel laufen, trägt dann der AG.

69 **11. Kurzarbeit.** TVKlauseln über **Kurzarbeit** regeln die näheren Voraussetzungen, unter denen Kurzarbeit im Betrieb eingeführt werden kann. Eine tarifl. Ermächtigung an den AG, AZ und Arbeitsentgelt einseitig zu reduzieren, ohne die Voraussetzungen festzulegen, ist wegen Verstoßes gegen zwgd. Kündigungsschutzrecht unwirksam (BAG 27.1.1994 AP BAT-O § 15 Nr. 1; 18.10.1994 AP BGB § 615 Nr. 11). Denkbar sind insb. Ankündigungsfristen, innerhalb der AG die AN über die Einf. von Kurzarbeit informieren muss, die Regelung der Modalitäten des Arbeitsentgelts, etwa Zuschüsse zum Kug. Die hM hält tarifl. Regelungen über die Einf. von Kurzarbeit für Betriebsnormen, da sie einheitl. im gesamten Betrieb gelten müssten (vgl. BAG 1.8.2001 AP TVG § 3 Betriebsnormen Nr. 5; Däubler/*Nebe* Rn. 353: Inhalts- und Betriebsnorm; *Gamillscheg* KollArbR I § 15 VI 3; *Säcker/Oetker* ZfA 1991, 131, 141 ff.; Wiedemann/*Thüsing* Rn. 747; Rn. 47 und BGB § 611 Rn. 657 ff.).

12. Leistungsbestimmungsklauseln. Die TVParteien müssen die zu regelnden Arbeitsbedingungen nicht in allen Einzelheiten festlegen, sondern können auch einer dritten Partei, zumeist dem AG, die nähere Festlegung überlassen. Sie räumen dieser Person dann **Leistungsbestimmungsrechte nach §§ 315 ff. BGB** ein. Dies ist grds. zulässig, sofern insb. zwgd. GRecht – etwa KSchG oder BetrVG – beachtet wird (LAG BB 30.6.2005 ZIP 2006, 392; Däubler/*Nebe* Rn. 232; *Löwisch/Rieble* Rn. 2286). Das BAG hat bspw. Tarifklauseln für zulässig gehalten, die den AG zur Bestimmung folgender Arbeitsbedingungen ermächtigen: Die Festlegung des angemessenen Gehaltsabstands zu einer bestimmten Tarifgruppe (BAG 7.11.1990 AP TVG § 1 Tarifverträge: Druckindustrie Nr. 26; 18.6.1997 AP TVG § 1 Tarifverträge: Presse Nr. 12); die Festlegung der Höhe des Kinderzuschlages (BAG 28.9.1977 AP TVG § 1 Tarifverträge: Rundfunk Nr. 4) und der Höhe der Schreibzulage (BAG 17.10.1990 AP BAT §§ 22, 23 Zulagen Nr. 7); die Zuweisung einer anderen, auch niedriger zu vergütenden Tätigkeit (BAG 22.5.1985 AP TVG § 1 Tarifverträge: Bundesbahn Nr. 7; 23.9.2004 AP BMTG II § 27 Nr. 1); die Verkürzung der tarifl. festgelegten AZ für AN mit erschwerten Arbeitsbedingungen (BAG 28.11.1984 AP TVG § 4 Bestimmungsrecht Nr. 1; 28.11.1984 AP TVG § 4 Bestimmungsrecht Nr. 2); die Festlegung der AZ bei Auslandseinsätzen abw. vom TV entspr. den Gegebenheiten des Einsatzlandes (BAG 12.12.1990 AP TVG § 4 Arbeitszeit Nr. 2). 70

Vereinbaren die TVParteien solche Leistungsbestimmungsklauseln, muss der zur Leistungsbestimmung berechtigte Dritte den ihm eingeräumten Spielraum nach billigem Ermessen ausfüllen (§§ 315, 317 ff. BGB). Dritte können nicht nur der AG sein, sondern auch andere Personen, insb. **paritätische Kommissionen** (vgl. BAG 18.5.2016 NZA 2016, 1089), nicht aber der BR. Er ist hins. des EinzelArbVerh. nicht rechtsgeschäftsfähig und kann daher den Vertragswillen der Arbeitsvertragsparteien nicht vervollständigen (*Löwisch/Rieble* Rn. 2295; **aA** Däubler/*Nebe* Rn. 234). Davon zu unterscheiden ist die (von der hM bejahte) Frage, ob dem BR MBR durch TV eingeräumt werden können, welche über das BetrVG hinausgehen (Rn. 48). Außerdem darf die Einräumung des Leistungsbestimmungsrechts zugunsten des AG oder einer solchen paritätischen Kom. nicht die MBR des BR einschränken. TV können umgekehrt AG von den Bindungen des § 315 BGB freistellen (BAG 30.8.2000 AP TVG § 1 Tarifverträge: Metallindustrie Nr. 172; 9.2.2005 ZTR 2005, 421). Die Entsch. einer solchen paritätischen Kom. wird gerichtl. auf Rechtsfehler und grobe Unbilligkeit hin überprüft; letzteres ist zu bejahen, wenn die Entsch. nicht begr. wurde (BAG 17.3.2005 AP TVG § 1 Tarifverträge: Verkehrsgewerbe Nr. 13). 71

13. Maßregelungsverbote. Tarifl. Maßregelungsverbote werden va. in Zusammenhang mit **Arbeitskämpfen** vereinbart. Sie schützen vor Sanktionen durch den AG und dienen der endgültigen Beendigung eines Arbeitskampfs. Solche Verbote erweitern das ges. Maßregelungsverbot des § 612a BGB (BGB § 612a Rn. 17). Nach der Rspr. des BAG stellt die Zahlung einer Prämie an diejenigen AN, die sich nicht an einem Streik beteiligen, eine unzulässige Maßregelung der streikenden AN dar (sog. **Streikbruchprämie**) und verstößt gegen ein tarifl. vereinbartes Maßregelungsverbot. Dies gilt auch dann, wenn die Prämie schon während des Arbeitskampfes zugesagt und gezahlt wurde (BAG 17.9.1991 AP GG Art. 9 Arbeitskampf Nr. 120; 28.7.1992 AP GG Art. 9 Arbeitskampf Nr. 123; 13.7.1993 AP GG Art. 9 Arbeitskampf Nr. 127). Auch bei Bestehen von Maßregelungsverboten verliert der AN während der Streikzeit seinen Vergütungsanspruch (BAG 17.6.1997 AP GG Art. 9 Arbeitskampf Nr. 150). Stellt ein tarifl. Maßregelungsverbot das ArbVerh. für Zeiten des Arbeitskampfs als „nicht ruhend", kann ein streikender AN eine tarifl. Jahressonderzahlung beanspruchen, deren Höhe für Zeiten unbezahlter Arbeitsbefreiung gekürzt werden kann (BAG 13.2.2007 NZA 2007, 573). 72

14. Rückzahlungsklauseln. Rückzahlungsklauseln verpflichten den AN, arbeitgeberseitige Leistungen wie **Sonderzahlungen**, Ausbildungsbeihilfen oÄ zurückzuzahlen, wenn das ArbVerh. vor einem bestimmten Stichtag beendet wurde. Die von der Rspr. erarbeiteten Grenzen der Rückzahlungsklauseln für Sonderzuwendungen in Arbeitsverträgen sind tarifdispositiv (BAG 23.2.1967 AP BGB § 611 Gratifikation Nr. 57). Damit sind die TVParteien hins. der Ausgestaltung tarifl. Rückzahlungsklauseln freier als die Arbeitsvertragsparteien. Die Grenze tarifl. Gestaltungsmacht wird wegen der berufsregelnden Tendenz solcher Verpflichtungen durch Art. 12 GG und den Verhältnismäßigkeitsgrds. gezogen. Die Verpflichtung zur Rückzahlung von **Ausbildungskosten** darf den AN ebenfalls in der Freiheit der Berufswahl nicht unangemessen beschränken (BAG 24.7.1991 AP BGB § 611 Ausbildungsbeihilfe Nr. 16). Auch insoweit steht den TVParteien ein größerer Gestaltungsspielraum offen als den Parteien des Einzelarbeitsvertrags (vgl. BAG 6.9.1995 AP BGB § 611 Ausbildungsbeihilfe Nr. 22). Näher BGB § 611 Rn. 547 ff. 73

15. Standortsicherung/Sozialplan. In jüngerer Zeit werden vermehrt sog. StandortsicherungsTV (auch SanierungsTV genannt) zumeist als FirmenTV geschlossen. Darin werden zT AZVerkürzung und entspr. Arbeitsentgeltreduktion sowie Verzicht auf betriebsbedingte Kündigungen für einen bestimmten Zeitraum vereinbart (vgl. *Bayreuther*NJW 2010, 378; *Bepler*AuR 2010, 234). Das BAG hat solche Gestaltungen gebilligt (vgl. BAG 25.10.2000 AP TVG § 1 Tarifverträge: Internationaler Bund Nr. 1; 28.6.2001 AP BGB § 611 Arbeitszeit Nr. 24; zur Rechtsnatur dreigliedriger Standortsicherungs- 74 vereinb. – AG, BR und Gewerkschaft – BAG 15.4.2008 NZA 2008, 1074; *Thüsing*NZA 2008, 201; s. a. Rn. 27). Im Zuge der Auseinandersetzungen über Standortverlagerungen fordern Gewerkschaften von den betroffenen Unternehmen häufig auch den Abschluss von sog. **tarifl. Sozialplänen**, in denen Abfindungen vorgesehen sind (vgl. etwa LAG SH 27.3.2003 AP GG Art. 9 Arbeitskampf Nr. 165). Solche TV sind grds. zulässig (BAG 6.12.2006 NZA 2007, 821), können aber mit Blick auf Art. 12 GG nicht erstreikt werden, wenn hierdurch der Sache nach die unternehmerische Entsch. verhindert werden soll (näher *Franzen*ZfA 2005, 315, 329 ff.; *Höfling*ZfA 2008, 1 ff.; **aA** BAG 24.4.2007 AP TVG § 1 Sozialplan Nr. 2; LAG NI 2.6.2004 AP GG Art. 9 Arbeitskampf Nr. 164; GG Art. 9 Rn. 75, 116). Das BAG hält es für zulässig, dass in einem derartigen AbfindungsTV der Anspruch auf Abfindung davon abhängig gemacht werden kann, dass der AN Kündigungsschutzklage nicht erhebt (BAG 6.12.2006 NZA 2007, 821; offen gelassen von BAG 23.2.2005 AP TVG § 1 Tarifverträge: Druckindustrie Nr. 42). Ferner finden sich hier bisweilen Regelungen, welche die Wirksamkeit einer AGseitigen Kündigung an die Zust. der Gewerkschaft binden (vgl. BAG 24.2.2011 NZA 2011, 708; krit. *Berger* NZA 2015, 208; *Lunk/Leder/Seidler* RdA 2015, 399, 401).

75 **16. Teilzeitarbeit.** Die TVParteien können Regelungen für TZArbVerh. treffen. Ges. Vorgaben enthält das TzBfG. Nach § 22 TzBfG sind folgende Regelungen tarifdispositiv und Abweichungen zum Nachteil des AN mögl.: § 12 III (Abrufarbeit), § 13 IV (Arbeitsplatzteilung), § 14 II 3, 4 TzBfG (Zulässigkeit der Befristung). Außerdem müssen die TVParteien das Diskriminierungsverbot des § 4 I TzBfG beachten. Danach darf ein teilzeitbeschäftigter AN nicht wegen der TZBeschäftigung ggü. vollzeitbeschäftigten AN unterschiedl. behandelt werden, es sei denn, es existieren sachl. Gründe, die eine unterschiedl. Behandlung rechtfertigen. Ferner muss bei einer Differenzierung wegen der TZBeschäftigung immer beachtet werden, dass hierin eine mittelbare Benachteiligung wegen des Geschlechts liegen kann (AEUV Art. 157 Rn. 14 ff.). Näher TzBfG § 4 Rn. 25 ff.

76 **17. Vergütungsgruppen.** TV setzen regelm. Vergütungsgruppen fest, welche die Anforderungen an die Person und die auszuübende Tätigkeit beschreiben. Dies geschieht typischerweise zunächst in allg. Form, an die sich regelm. **Tätigkeitsbsp.** anschließen. In diesem Fall ist davon auszugehen, dass die allg. Merkmale der Vergütungsgruppe gegeben sind, wenn der AN eine beispielhaft genannte Tätigkeit ausübt; eine Subsumtion unter die allg. Merkmale erübrigt sich (BAG 17.3.2005 AP TVG § 1 Tarifverträge: Einzelhandel Nr. 90). Erfüllt der AN keines der Tätigkeitsbsp., kommt es für die Eingruppierung darauf an, ob es sich hierbei um einen beispielhaften oder um einen enumerativen abschl. Katalog handelt. Nur im ersten Fall können die Gerichte andere, den Regelbsp. gleichwertige Tätigkeiten ebenfalls dem Oberbegriff der Vergütungsgruppe zuordnen (BAG 8.3.2006 NZA 2007, 159).

77 Die Eingruppierung in die einzelnen Vergütungsgruppen ist unabhängig davon, ob der AG die Eingruppierung zutr. vorgenommen hat, da die richtige Einordnung bereits aus dem TV folgt; daher hat der AN Anspruch auf das Arbeitsentgelt nach der richtigen Vergütungsgruppe (sog. **Tarifautomatik**). Wurde der AN zu niedrig eingruppiert, schuldet der AG wegen der Tarifautomatik die Vergütung der hypothetisch richtigen Vergütungsgruppe. Wurde der AN irrtüml. zu hoch eingruppiert, ist der AG daran grds. nicht gebunden (zu Ausnahmen vgl. BAG 23.8.2006 NZA 2007, 516). Daher kann der AG für die Vergangenheit überzahltes Entgelt nach Bereicherungsrecht herausverlangen und für die Zukunft nach der richtigen Vergütungsgruppe abrechnen (ebenso *Löwisch/Rieble* Rn. 2439; Wiedemann/*Wank* § 4 Rn. 208 ff.; **aA** Däubler/*Deinert* § 4 Rn. 407). Anders ist dies im Fall einer wissentl. höheren Eingruppierung. Dies stellt eine vertragl. Abrede zur Zahlung einer übertarifl. Zulage dar. Zu Einzelheiten der Eingruppierung und Eingruppierungsprozessen s. ArbGG § 46 Rn. 30 ff.

78 **18. Wiedereinstellungsklauseln.** TV können zugunsten von AN, die ihren Arbeitsplatz verloren haben, einen Anspruch auf Wiedereinstellung normieren. Solche **Wiedereinstellungsklauseln** kommen in TV va. im Zusammenhang mit betriebsbedingten Kündigungen und Befristungen vor und normieren die Pflicht des AG iS eines Abschlussgebotes, bei Neueinstellungen zuerst auf AN zurückzugreifen, welchen innerhalb eines bestimmten zurückliegenden Zeitraums gekündigt worden war oder deren Arbeitsvertrag infolge Zeitablauf wegen Befristung geendet hatte. Denkbar ist auch ein Wiedereinstellungsanspruch nach Wiederherstellung der Berufsfähigkeit nach § 59 BAT (BAG 24.1.1996 AP BAT § 59 Nr. 7). Darüber hinaus kann eine Wiedereinstellungsklausel den ges. Wiedereinstellungsanspruch konkretisieren. Demggü. spielen Wiedereinstellungsklauseln nach Arbeitskämpfen wegen der nur suspendierenden Wirkung rechtmäßiger Streiks heute regelm. keine große Rolle mehr.

D. Der schuldrechtliche Teil des Tarifvertrags

I. Allgemeines

79 Neben Rechtsnormen enthält der TV einen schuldrechtl. Teil, in dem die Rechte und Pflichten der TVParteien geregelt werden. Man unterscheidet immanente Pflichten, welche unabhängig von einer ausdr. Regelung Bestandteil eines jeden TV sind, und ausdr. vereinbarte Pflichten. Zu den immanenten

Pflichten gehören die **relative Friedenspflicht** und die **Durchführungspflicht.** Darüber hinaus können weitere Pflichten nach allg. Grds. (§§ 311 II, 241 II BGB) ohne ausdr. rechtsgeschäftl. Vereinb. erwachsen. So können sich aus dem Anbahnungsverhältnis der TVParteien Auskunfts- und Mitteilungspflichten, aber auch Schutzpflichten ergeben, bspw. wenn die Delegierten einer Seite bei der anderen zu Gast sind. Ferner gehören zum schuldrechtl. Teil des TV die Kündigung des TV und die hierfür ggf. erforderl. Voraussetzungen (BAG 27.2.2013 NZA 2013, 1026). In der nachvertragl. Phase können schuldrechtl. Nebenpflichten aus der Abwicklung eines TV, namentl. über gemeinsame Einrichtungen erwachsen. Schließl. kann eine langjährige Geschäftsbeziehung zwischen TVParteien außerhalb konkreter TV zum Entstehen gegenseitiger Rechte und Pflichten führen (*Löwisch/Rieble* Rn. 1142 f.).

Nach § 1 I dürfen die TVParteien zur Regelung der Arbeits- und Wirtschaftsbedingungen ihrer 80
Mitglieder Rechtsnormen setzen. Sie können sich aber auch darauf beschränken, **allein schuldrechtl. Regelungen** zu vereinbaren, aus denen sich die Ausgestaltung der ArbVerh. der Mitglieder ergibt (sog. normersetzender Vertrag, Koalitionsvertrag oder auch Sozialpartner-Vereinb., BAG 21.5.2014 NZA 2015, 115 Rn. 31; zur Terminologie: BAG 5.11.1997 AP TVG § 1 Nr. 29). Mangels normativer Wirkung gelten derartige Regelungen nicht unmittelbar für das ArbVerh., sondern bedürfen der Umsetzung in das ArbVerh. durch eine entspr. Bezugnahmevereinb. der Arbeitsvertragsparteien. Dogmatisch kann man nach der Intensität der Bindung RLVertrag, schuldrechtl. Normenvertrag oder berechtigenden schuldrechtl. Normenvertrag unterscheiden (näher *Rieble* Rn. 769 ff.). Ein **RLVertrag** liegt vor, wenn die Koalitionsvertragsparteien die Entsch. über die Umsetzung den Arbeitsvertragsparteien überlassen. Verpflichten sich die Koalitionsvertragsparteien, dafür zu sorgen, dass sich die Arbeitsvertragsparteien die Regelung zu Eigen machen, handelt es sich um einen schuldrechtl. Normenvertrag. Begr. dieser unmittelbar Rechte der AN, liegt ein **berechtigender Vertrag zugunsten Dritter** vor (§ 328 BGB). Da für den Inhalt der schuldrechtl. Regelungen Vertragsfreiheit besteht (Art. 2 I GG), können diese grds. jeden rechtl. zulässigen Inhalt haben und sind daher nicht an die durch § 1 I gezogenen Grenzen der Normsetzungsbefugnis gebunden. Die Auslegung folgt den Regeln der Auslegung von Tarifnormen, sofern die TVParteien an sich tarifl. regelbare Arbeitsbedingungen unter Verzicht auf die normative Wirkung gestalten (BAG 5.11.1997 AP TVG § 1 Nr. 29). Dagegen richtet sich die Frage der Einordnung des Koalitionsvertrags als TV oder schuldrechtl. Normenvertrag nach den allg. Grds. der Vertragsauslegung (BAG 8.12.2011 AP TVG § 1 Nr. 58 Rn. 15). Gegenstand eines Koalitionsvertrags sind häufig Regelungen, bei denen sich die TVParteien scheuen, echte Rechtsnormen zu begründen, zB zur Schaffung neuer Arbeitsplätze, auf dem Gebiet des Umweltschutzes oder zur Berufsbildung (*Zachert* NZA 2006, 10, 11).

II. Immanente Rechte und Pflichten

1. Friedenspflicht. a) Gegenstand. Die Friedenspflicht verbietet den TVParteien negativ, während 81
der Laufzeit des TV Kampfmaßnahmen gegen den TVPartner zu führen (Unterlassungspflicht) und die Mitglieder zu Arbeitskampfmaßnahmen aufzurufen (BAG 8.2.1957 AP TVG § 1 Friedenspflicht Nr. 1; 21.12.1982 AP GG Art. 9 Arbeitskampf Nr. 76; 12.9.1984 AP GG Art. 9 Arbeitskampf Nr. 81), und sie gebietet positiv, mit verbandsrechtl. zulässigen Mitteln gegen Mitglieder vorzugehen, die während der Laufzeit eines TV von sich aus Kampfmaßnahmen durchführen (Einwirkungspflicht). Die Friedenspflicht ist nach hM in ihrer Ausprägung als **relative** Friedenspflicht (Rn. 83) jedem TV immanent (BAG 27.6.1989 AP GG Art. 9 Arbeitskampf Nr. 113) und bezieht sich auf alle Gegenstände, welche durch den TV geregelt sind. Demggü. verbietet die **absolute** Friedenspflicht jegl. Kampfmaßnahmen unabhängig von einer Normierung des jeweiligen Regelungsgegenstands im TV. Eine absolute Friedenspflicht muss im TV eigens vereinbart werden (ausf. *Bartz*ZTR 2004, 122, 170).

Die Friedenspflicht untersagt entspr. ihrem Zweck **alle Kampfmaßnahmen**, die sich gegen den 82
Bestand oder einzelne Teile des TV richten. Insoweit verbietet die Friedenspflicht auch Substitutionsmaßnahmen, durch welche die Friedenspflicht unterlaufen werden kann. Unzulässig sind während der Laufzeit eines TV auch Arbeitskampfmaßnahmen, mit denen die Änd. tarifl. Bestimmungen nach dessen Ablauf bezweckt wird (*Löwisch/Rieble* Rn. 1216; Däubler/*Ahrendt* Rn. 1195). Dasselbe soll nach allerdings bereits lange zurückliegender Rspr. auch für Massenänderungskündigungen der AN während eines bestehenden TV gelten (vgl. BAG 8.2.1957 AP TVG § 1 Friedenspflicht Nr. 1; 28.4.1966 AP GG Art. 9 Arbeitskampf Nr. 37; **aA** die hM mit dem Arg., „was der AN allein tun darf, darf er auch mit anderen tun", *Gamillscheg* KollArbR I § 21 II 2). Nach der Rspr. des BAG verstößt es wegen des Gedankens der Partizipation nicht gegen die Friedenspflicht, wenn ein nicht verbandsangehöriger AG in einen um den Neuabschluss eines VerbandsTV geführten Streik einbezogen wird, obwohl mit ihm ein ungekündigter FirmenTV besteht, der allerdings ledigl. auf den jeweils geltenden und umkämpften VerbandsTV verweist (BAG 18.2.2003 AP GG Art. 9 Arbeitskampf Nr. 163; zust. BVerfG 10.9.2004 NZA 2004, 1338). Dies erscheint nicht unprobl., weil der verbandsfremde AG die Arbeitskampfstrategie des Verbands überhaupt nicht beeinflussen kann und die Friedenspflicht des FirmenTV vom VerbandsTV abhängig wäre. Durch die Friedenspflicht in einem VerbandsTV werden auch die einzelnen AG und AN geschützt; insoweit ist der TV Vertrag zugunsten Dritter (§ 328 BGB; vgl. BAG 31.10.1958 AP TVG § 1 Friedenspflicht Nr. 2). Andere Dritte sind regelm. nicht in die Schutz-

wirkung der Friedenspflicht einbezogen (BAG 25.8.2015 NZA 2016, 175 Rn. 43). Durch die Friedenspflicht gebunden sind nur die Parteien des jeweiligen TV, so dass eine nicht am TV beteiligte Gewerkschaft einen Arbeitskampf ohne Verletzung der Friedenspflicht führen kann. Einem Unterstützungsstreik steht die Friedenspflicht ebenfalls nicht entgegen (BAG 19.6.2007 NZA 2007, 1055). Wegen der Auswirkung der Friedenspflicht auf Arbeitskämpfe vgl. GG Art. 9 Rn. 124 f.

83 **b) Reichweite.** Die Reichweite der relativen Friedenspflicht ist durch **Auslegung des TV** zu ermitteln. Sie bezieht sich auf alle im TV abschl. geregelten Sachbereiche. Nach hM werden hierunter alle Regelungen verstanden, welche in einem sachl. inneren Zusammenhang mit dem durch die ausdr. tarifl. Regelung befriedeten Sachbereich stehen (BAG 26.7.2016 NZA 2016, 1543 Rn. 27; 10.12.2002 AP GG Art. 9 Arbeitskampf Nr. 162; Wiedemann/*Thüsing* Rn. 885). Ein solcher innerer Zusammenhang wird dann bejaht, wenn die Erfüllung einer entspr. Tarifforderung das wirtschaftl. Gewicht der in dem lfd. TV festgelegten Arbeitsbedingungen verändern würde (MüArbR/*Rieble/Klumpp* § 187 Rn. 5). Dementspr. hat das BAG einen Verstoß gegen die relative Friedenspflicht durch einen Streik bejaht, der hauptsächl. auf den Abschluss eines RationalisierungsschutzTV mit ausgebautem Kündigungsschutz zielte und während der Laufzeit eines VerbandsTV mit allg. kündigungsschutzrechtl. Regelungen stattfand (BAG 10.12.2002 AP GG Art. 9 Arbeitskampf Nr. 162). Die relative Friedenspflicht erstreckt sich auch auf Forderungen, die Gegenstand der Verh. waren, aber im Zuge einer Gesamtregelung wieder fallen gelassen wurden (*Gamillscheg* KollArbR I § 22 II 2a).

84 Die TVParteien können die Friedenspflicht zeitl. und inhaltl. näher regeln (BAG 26.7.2016 NZA 2016, 1543 Rn. 27). Dies geschieht häufig in **Schlichtungsabkommen**. Zeitl. kann zB geregelt werden, dass erst vier Wochen nach Ablauf eines TV Arbeitskampfmaßnahmen eingeleitet werden dürfen. Die TVParteien können aber auch die sachl. Reichweite der Friedenspflicht in Richtung einer absoluten Friedenspflicht erweitern, indem sie während des Laufes mehrerer TV alle Arbeitskampfmaßnahmen untersagen oder Arbeitskämpfe vorübergehend ganz verbieten. Umgekehrt können die TVParteien die relative Friedenspflicht nicht einschränken, da damit die Friedens- und Ordnungsfunktion des TV aufgegeben wäre (hM; *Gamillscheg* KollArbR I § 22 II 1e; *Löwisch/Rieble* Rn. 1241; Wiedemann/*Thüsing* Rn. 887; weitergehend Däubler/*Ahrendt* Rn. 1209; s. a. BAG 21.12.1982 AP GG Art. 9 Arbeitskampf Nr. 76; GG Art. 9 Rn. 125).

85 **c) Sanktionen.** Bei Verletzung der Friedenspflicht durch eine TVPartei entstehen **Schadensersatzansprüche** nach § 280 BGB. Dagegen ist der Rücktritt nach §§ 323 ff. BGB ausgeschlossen. Er verträgt sich nicht mit der Ordnungsfunktion des TV. Erhebl. Vertragsverletzungen berechtigen zur fristlosen Kündigung aus wichtigem Grund (§§ 314, 626 BGB). Die Ansprüche setzen Verschulden voraus. Die TVPartei haftet für eigenes Verschulden ihrer Organe (§§ 31, 276 BGB), grds. nicht aber für ihre Mitglieder, es sei denn, die TVPartei setzt diese als Erfüllungsgehilfen ein (vgl. BAG 21.6.1988 AP GG Art. 9 Nr. 108). Es besteht grds. der strenge Verschuldensmaßstab der verkehrsübl. Sorgfalt (vgl. aber BAG 9.4.1991 AP GG Art. 9 Arbeitskampf Nr. 116). Darüber hinaus können die Satzungen der Verbände vereinsrechtl. Sanktionen bei Verletzung der Friedenspflichten vorsehen. In Betracht kommen auf Gewerkschaftsseite der Entzug von Unterstützungsleistungen und der Ausschluss aus der Gewerkschaft, auf AGSeite die vorübergehende Suspendierung der Mitgliedschaft. Die Friedenspflicht kann im Wege der **Leistungsklage** durchgesetzt werden. Es kann positiv auf eine Handlung und negativ auf eine Unterlassung der Arbeitskampfmaßnahme geklagt werden. Das Leistungsurt. ist nach § 888 I, § 890 ZPO vollstreckbar. Werden durch die Friedenspflicht Dritte begünstigt (§ 328 BGB), haben sie einen eigenen Erfüllungsanspruch (LAG F 23.4.1985 LAGE TVG § 1 Friedenspflicht Nr. 1).

86 **2. Durchführungspflicht.** Ebenso ist dem TV die **Durchführungspflicht** immanent. Zunächst trifft die TVParteien die Pflicht, den TV selbst zu erfüllen (Tariferfüllungspflicht). Bei einem **HausTV** bereitet die Durchführungspflicht keine Schwierigkeiten, da der AG Schuldner der Durchführungspflicht und die Gewerkschaft von ihm direkt die Durchführung des TV verlangen kann. Das BAG hat diese Durchführungspflicht auf Unternehmen ausgedehnt, welche zwar nicht TVPartei sind, zu dem tarifschließenden Unternehmen aber in einem konzernmäßigen Abhängigkeitsverhältnis stehen, sofern die tarifgebundene Konzernobergesellschaft die abhängigen Unternehmen nach Abschluss des HausTV durch Ausgründung erst geschaffen hat (BAG 11.9.1991 AP Internat. Privatrecht, Arbeitsrecht Nr. 29). Der Sache nach handelt es sich hierbei allerdings nicht um ein Problem der tarifvertragl. Durchführungspflicht, sondern der konzernrechtl. Weisungspflicht (Wiedemann/*Thüsing* Rn. 927).

87 Bei einem **VerbandsTV** ist Schuldner der Durchführungspflicht der tarifschließende Verband. Die Durchführungspflicht kann der Verband nur dadurch erfüllen, dass er auf seine Mitglieder einwirkt, den TV zutr. im ArbVerh. anzuwenden **(Einwirkungspflicht)**. Die Frage, mit welchen Mitteln die Einwirkungspflicht erfüllt wird, betrifft den Binnenbereich des gegnerischen Verbands; daher hat der Schuldner einen relativ weiten Beurteilungsspielraum, welcher von Inf. über die Anforderungen tarifkonformen Verhaltens bis hin zur Androhung von verbandsrechtl. zulässigen Sanktionen einschl. des Ausschlusses des Mitglieds reichen kann (BAG 9.6.1982 AP TVG § 1 Durchführungspflicht Nr. 1; 29.4.1992 AP TVG § 1 Durchführungspflicht Nr. 3). Maßgebl. hierfür ist die Satzung des Verbands. Darüber hinaus erkennt das BAG an, dass einem Verband nicht zugemutet werden kann, auf sein Mitglied einzuwirken, wenn sich das Mitglied eine uU vertretbare Rechtsauffassung hins. der Anwen-

dung des TV zu eigen macht. Daher besteht der Einwirkungsanspruch in materiell-rechtl. Hinsicht nur, wenn das tarifwidrige Verhalten des Mitglieds eindeutig ist (BAG 29.4.1992 AP TVG § 1 Durchführungspflicht Nr. 3). Die Rspr. lässt es allerdings genügen, wenn über die Einwirkungsverpflichtung der TVParteien in einem Rechtsstreit zusammen mit der ausdr. zum Streitgegenstand erhobenen tarifvertragl. Auslegungsfrage entschieden wird (BAG 10.6.2009 ZTR 2010, 73 Rn. 43; 17.11.2010 NZA-RR 2011, 365 Rn. 30). Der Durchführungsanspruch unterliegt dem allg. Leistungsstörungsrecht. Er kann daher nach § 275 BGB entfallen, wenn das damit verfolgte Ziel nicht mehr erreicht werden kann, etwa wenn aufgrund eines TV eine paritätisch besetzte Kom. über die Auswahl zu kündigender AN entscheiden soll, der Personalabbau aber bereits vollzogen ist (BAG 26.7.2012 BB 2012, 3008).

Die Einwirkungspflicht kann mit einer **Leistungsklage** erzwungen werden (BAG 29.4.1992 AP 88 TVG § 1 Durchführungspflicht Nr. 3; **aA** noch 9.6.1982 AP TVG § 1 Friedenspflicht Nr. 1; 3.2.1988 AP TVG § 1 Tarifverträge: Druckindustrie Nr. 20: Feststellungsklage). Für die Bestimmtheit des Klageantrags genügt die Bezeichnung des durch die Einwirkung zu erreichenden Ergebnisses. Das Rechtsschutzinteresse besteht, weil der vom Kl. der Leistungsklage behauptete Anspruch auf Einwirkung nicht erfüllt wurde. Außerdem gibt es keinen anderen Weg zur Durchsetzung des Einwirkungsanspruchs. Der Einwirkungsanspruch kann mit einer einstweiligen Vfg. verfolgt werden (§ 935 ZPO). Die ZV richtet sich nach § 888 I oder § 890 ZPO (LAG K 2.7.1987 EzA GG Art. 9 Arbeitskampf Nr. 53).

3. Exkurs: Deliktsrechtlicher Schutz des Tarifvertrags durch Unterlassungsanspruch analog 89 **§ 1004 BGB.** Die skizzierte Rechtslage zur Durchführungs- und Einwirkungspflicht zeigt, dass die Möglichkeiten der Parteien eines VerbandsTV, insb. der Gewerkschaften, beschränkt sind, aus dem TV selbst gegen tarifwidrige Praktiken von Verbandsmitgliedern der anderen TVPartei vorzugehen. Daher stellt sich die Frage, ob und inwieweit tarifwidrige Praktiken als Eingriff in die Koalitionsfreiheit zu bewerten sind und daher mit einem quasi-negatorischen Unterlassungsanspruch analog § 1004 BGB bewehrt sein können. Das BAG hat einen derartigen Unterlassungsanspruch im Grds. bejaht (BAG 20.4.1999 AP GG Art. 9 Nr. 89). In Rspr. von BGH und BAG ist bereits seit längerer Zeit anerkannt, dass die Koalitionsfreiheit Schutzgut iSv. § 823 I BGB ist und daher mit einem quasi-negatorischem Unterlassungsanspruch bewehrt sein kann (BAG 26.4.1988 AP GG Art. 9 Arbeitskampf Nr. 101; BGH 6.10.1964 Z 42, 210, 220; *Konzen* FS *Kissel* 1994 S. 571 ff.). Nach Auff. des BAG wird von der Koalitionsfreiheit (Tarifautonomie) nicht nur der Abschluss von TV, sondern auch deren tats. Durchsetzung garantiert (BAG 20.4.1999 AP GG Art. 9 Nr. 89; **aA** noch 20.8.1991 AP BetrVG 1972 § 77 Tarifvorbehalt Nr. 2).

Die **Voraussetzungen des Unterlassungsanspruchs** analog §§ 1004 I, 823 I BGB sind noch nicht 90 abschl. geklärt (vgl. *Franzen* ZIAS 2004, 32, 46 ff.; *Krause* FS Kempen 2013 S. 313 ff.; *Walker* ZfA 2000, 29 ff.). Jdf. muss die Koalitionsbetätigungsfreiheit als absolutes Recht durch rechtswidrige Abweichung vom TV beeinträchtigt worden sein. Es genügt also nicht eine bloß marginale Außerachtlassung des TV. Daher muss eine Vielzahl von AN betroffen sein, insb. aufgrund arbeitsvertragl. Einheitsregelung oder BV. Weiter ist Tarifbindung des AG erforderl. Dasselbe muss für die AN gelten, weil anderenfalls insoweit die Abweichung vom TV ohnehin von vornherein zulässig ist. Der 1. Sen. des BAG hat die Tarifbindung des AG genügen lassen, wenn dieser die abw. innerbetriebl. Regelung ersichtl. einheitl. auf alle AN unabhängig von ihrer Tarifbindung anwenden möchte und dem Unternehmen tarifgebundene AN angehören (BAG 20.4.1999 AP GG Art. 9 Nr. 89; *Krause* FS Kempen 2013 S. 313, 327; **aA** hL *Buchner* NZA 1999, 897; *Hromadka* ZTR 2000, 253, 257; *Walker* ZfA 2000, 29, 42). Darüber hinaus muss der TV normativ wirken; eine Tarifweitergeltung nach § 613a I 2 BGB oder § 4 V genügt nicht. Schließl. muss die Rechtswidrigkeit des Eingriffs in die Koalitionsfreiheit positiv festgestellt werden, wobei sich insb. auch die Frage der Zumutbarkeit normgemäßen Verhaltens stellt (s. *Löwisch* BB 1999, 2080, 2081). Als **Rechtsfolge** sieht der Anspruch ledigl. die Beseitigung der Störung des TV vor, nicht aber die Erfüllung der Ansprüche aus dem TV durch den AG (vgl. BAG 17.5.2011 NZA 2011, 1169; dazu *Reichold* RdA 2012, 245). Nach Auff. des BAG ist der Unterlassungsanspruch im **BeschlV** geltend zu machen (BAG 13.3.2001 AP ArbGG 1979 § 2a Nr. 17). Der Antrag muss hinreichend bestimmt sein (näher zu den Voraussetzungen BAG 17.5.2011 NZA 2011, 1169). Die betroffenen AN müssen jdf. dann nicht namentl. benannt werden, wenn sich der Unterlassungs- bzw. Beseitigungsantrag auf alle AN des Betriebs und nicht nur auf die Gewerkschaftsmitglieder unter ihnen bezieht (BAG 17.5.2011 NZA 2011, 1169 Rn. 25; LAG ST 1.7.2015 BeckRS 2015, 69779 Rn. 100; s. a. BAG 19.3.2003 NZA 2003, 1221; *K. Schmidt* RdA 2004, 152, 157).

III. Vereinbarte Pflichten

Neben die ohne ausdr. Vereinb. wesensgemäß aus dem TV entspringenden immanenten Pflichten 91 können die TVParteien vielfältige **weitere Rechte und Pflichten ausdr. vereinbaren.** Hierher gehören neben der Erweiterung der Friedenspflicht (Rn. 84) Vereinb. zu Schieds- und Schlichtungsverf. (vgl. BAG 31.10.1958 AP TVG § 1 Friedenspflicht Nr. 2), Vereinb. über Regelungen im Arbeitskampf, etwa über Notdienst- und Erhaltungsarbeiten (dazu GG Art. 9 Rn. 180 ff.), Absprachen über die Beantragung von AVE oder deren Unterlassen oder auch Bestimmungen über das Inkrafttreten des TV und Modalitäten der Beendigung wie Kündigungsfristen, Form der Kündigung und Laufzeiten des TV. Probl. sind sog. **„Meistbegünstigungsklauseln"**, etwa § 17 des für allgemeinverbindl. erklärten BRTV-Bau oder der TV-Meistbegünstigung zwischen ver.di und dem Bund (dazu *Hanau* ZTR 2008, 234). Danach verpflichten sich die TVParteien, mit anderen Organisationen und einzelnen AG keine von diesem TV abw. TV zu vereinbaren; tut eine TVPartei dies gleichwohl, besteht ein Anspruch der anderen TVPartei auf Übernahme des Inhalts des abw. TV. Diese Absprache sichert die tarifl. Regelungen ggü. TV mit konkurrierenden Partnern und greift daher nicht unerhebl. in die Tarifgestaltungsfreiheit anderer TVParteien und damit in Art. 9 III GG ein (näher *Rieble/Klebeck* RdA 2006, 65). Die tarifvertragl. Verpflichtung des AG in einem HausTV, bestimmte tarifl. Regelungen, etwa den tarifl. Kündigungsschutz, auch in die Einzelarbeitsverträge aufzunehmen, überschreitet nach Auff. des BAG unzulässigerweise die Grenzen der tarifl. Regelungsmacht (BAG 10.12.2002 AP GG Art. 9 Arbeitskampf Nr. 162; dazu *Stamm* RdA 2006, 39). Gegen Art. 9 III 2 GG verstößt die Verpflichtung des AG, auf Dauer Mitglied in einem AGVerband zu bleiben (BAG 19.9.2006 NZA 2007, 277; 26.8.2009 NJW 2010, 1017).

E. Die Auslegung von Tarifverträgen

I. Grundlagen

92 **1. Normativer Teil.** Die hM unterscheidet bei der Auslegung des TV im Grds. zwischen dem **schuldrechtl.** und dem **normativen Teil des TV** (*Wank* RdA 1998, 71). Hins. des normativen Teils werden drei unterschiedl. Ansätze vertreten, welche auf die Doppelnatur des TV zurückzuführen sind, der einerseits Vertrag, aber andererseits Rechtsnorm ist: Nach früher in der Rspr. und vorwiegend älteren Lit. vertretenen Auff. sind TV wie **G** und damit in erster Linie obj. auszulegen (BAG 30.9.1971 AP TVG § 1 Auslegung Nr. 121; 12.9.1984 AP TVG § 1 Auslegung Nr. 135; *Hueck* II 1 § 18 V 3). Dem steht der vertragsrechtl. Ansatz ggü., der stärker auf den Willen der TVParteien abstellt, weil dies am besten der Tarifautonomie entspricht (Däubler/*Däubler* Einl. Rn. 600). Der dritte Ansatz kombiniert beide Ansätze (vgl. *Gamillscheg* KollArbR I § 15 IX 1; *Löwisch/Rieble* Rn. 1679; Wiedemann/*Wank* Rn. 991 ff.). Das BAG formuliert die von ihm angewandten Auslegungsgrds. heute folgendermaßen (BAG 22.4.2010 NZA 2011, 1293 Rn. 17):

„Die Auslegung des normativen Teils eines TV folgt nach stRspr. den für die Auslegung von G geltenden Regeln. Dabei ist zunächst vom Tarifwortlaut auszugehen, wobei der maßgebl. Sinn der Erkl. zu erforschen ist, ohne am Buchst. zu haften. Bei einem nicht eindeutigen Tarifwortlaut ist der wirkl. Wille der TVParteien mit zu berücksichtigen, soweit er in der tarifl. Norm seinen Niederschlag gefunden hat. Abzustellen ist stets auf den tarifl. Gesamtzusammenhang, weil dieser Anhaltspunkte für den wirkl. Willen der TVParteien liefern und nur so der Sinn und Zweck der Tarifnorm zutr. ermittelt werden kann. Lässt dies zweifelsfreie Auslegungsergebnisse nicht zu, dann können die Gerichte für Arbeitssachen ohne Bindung an eine Reihenfolge weitere Kriterien wie die Entstehungsgeschichte des jeweiligen TV, ggf. auch die praktische Tarifübung erg. hinzuziehen. Auch die Praktikabilität denkbarer Auslegungsergebnisse gilt es zu berücksichtigen; iZw. gebührt derjenigen Tarifauslegung der Vorzug, die zu einer vernünftigen, sachgerechten, zweckorientierten und praktisch brauchbaren Regelung führt." Führen diese Grds. nicht zu einem eindeutigen Erg., ist letztl. der Auslegung der Vorzug zu geben, die bei einem unbefangenen Durchlesen der Regelung als näherliegend erscheint und folgl. von den Normadressaten typischerweise als maßgebl. empfunden wird (BAG 22.4.2010 NZA 2011, 1293).

93 An diesen Ausführungen zeigt sich, dass auch die Rspr. heute einem eher vermittelnden Ansatz folgt und dem Willen der TVParteien hohes Gewicht beimisst. IÜ leidet die Diskussion va. darunter, dass tw. nicht hinreichend zwischen **Auslegungsziel** und **Auslegungsmittel** unterschieden wird. Auslegungsziel ist die Erforschung des wirkl. Willens der TVParteien, wie auch das BAG betont (BAG 12.9.1984 AP TVG § 1 Auslegung Nr. 135). Auslegungsmittel sind die Einzelnen, seit *Savigny* geläufigen Kriterien, wie Wortlaut, Entstehungsgeschichte, Systematik und Sinn und Zweck, welche bei der Auslegung von G verwendet werden (Rn. 97 ff.). Ein Gegensatz zwischen einer „vertragl." und einer „ges." Theorie der TVAuslegung besteht deshalb nicht in dieser Schärfe, weil auch bei der GAuslegung inzwischen anerkannt ist, dass dem Willen des Gesetzgebers entscheidende Bedeutung zukommt und daher auch die GAuslegung in erster Linie einer „subj." Theorie folgt (vgl. MüKoBGB/*Säcker* Einl. Rn. 105 ff. mwN); der gesetzgeberische Wille wird freil. „geltungszeitl." weitergedacht und damit objektiviert. Die Auseinandersetzung reduziert sich damit auf die Frage, inwieweit der wirkl. Wille der TVParteien im Text des TV seinen Niederschlag gefunden haben muss. Die Rspr. verlangt dies mit Recht und folgt damit der sog. **„Andeutungstheorie"** (vgl. BAG 24.11.1988 AP BGB § 611 Gratifikation Nr. 127; *Gamillscheg* KollArbR I § 15 XI 2b; *Löwisch/Rieble* Rn. 1675 f.).

94 **2. Insbesondere: Auslegung von Verweisungsklauseln.** Vielfach verweisen TV auf ohnehin für das ArbVerh. geltende G, sei es dass der GText wortgleich oder sinngemäß im TV wiederholt oder dass auf

das entspr. G im TV einfach hingewiesen wird. Dabei stellt sich die Frage, ob eine entspr. Bestimmung eines TV das Sachproblem eigenständig regeln will **(konstitutive Regelung)** oder ob dies nicht der Fall ist und es sich somit nur um eine **deklaratorische Bestimmung** handelt. Die frühere Rspr. insb. zu den unterschiedl. Kündigungsfristen für Arbeiter und Ang. iRd. Änd. von § 622 BGB nahm eine konstitutive Regelung nur an, wenn der eigenständige Regelungswille der TVParteien einen hinreichenden Ausdruck im TV gefunden hatte, und ging iZw. von einer deklaratorischen Bestimmung aus (BAG 27.8.1982 AP TVG § 1 Auslegung Nr. 133; 5.10.1995 AP BGB § 622 Nr. 48; 14.2.1996 AP TVG § 1 Tarifverträge: Textilindustrie Nr. 21). Im Zusammenhang mit der Senkung des im Krankheitsfall fortzuzahlenden Arbeitsentgelts von 100% auf 80% nach § 4 I EFZG aF in den Jahren 1996 bis 1998 hat die Rspr. diesen Grds. relativiert. Sie unterscheidet nun zwischen einer wörtl. oder inhaltsgleichen Übernahme und eine bloßen Verweisung: Bei einer bloßen Verweisung – etwa „es gelten die ges. Bestimmungen" – steht bereits der Wortlaut der Tarifbestimmung der Annahme einer eigenständigen Regelung im TV entgegen. Bei einer wörtl. oder inhaltsgleichen Übernahme könne sich ein eigenständiger Regelungswille aus anderen Auslegungskriterien ergeben (BAG 16.6.1998 AP TVG § 1 Tarifverträge: Bau Nr. 212; 1.7.1998 AP TVG § 1 Tarifverträge: Fleischwarenindustrie Nr. 1). Die Lit. lehnt diese Rspr. mit Recht überw. ab und formuliert die umgekehrte Auslegungsregel: IZw. hat die wörtl. oder inhaltsgleiche Übernahme einer ges. Bestimmungen in den TV konstitutive Bedeutung, da jeder Normgeber grds. eine eigene Regelung schaffen will. Anders ist dies bei einer bloßen Verweisung (vgl. Däubler/*Däubler* Einl. Rn. 635; *Löwisch/Rieble* Rn. 1723 f.; *Preis* FS Schaub 1998 S. 571, 592; **aA** BGB § 622 Rn. 24 ff.).

3. Schuldrechtlicher Teil. Die schuldrechtl. Bestimmungen von TV werden nach den für die Auslegung von Verträgen geltenden Grds. (§§ 133, 157 BGB) ausgelegt. Diese Grds. unterscheiden sich nicht sehr von denjenigen, die für den normativen Teil des TV gelten, da auch hier der Wortlaut, der Gesamtzusammenhang der Regelung sowie deren Sinn und Zweck Maß geben. Allerdings braucht der wirkl. Wille der TVParteien nicht im Wortlaut der schuldrechtl. Regelung seinen Niederschlag gefunden haben; es gilt also auch der Grds. „falsa demonstratio non nocet". Das Arg. der Rechtssicherheit der Normunterworfenen trägt insoweit nicht, da die schuldrechtl. Regelungen nur die vertragsschließenden TVParteien betreffen. Soweit dies anders ist, etwa bei der Gestaltung von Rechtsverhältnissen Dritter oder deren Begünstigung durch schuldrechtl. Regelungen (Rn. 80), hat das BAG daher mit Recht die Methoden der GAuslegung angewandt (BAG 5.11.1997 AP TVG § 1 Nr. 29: Auslegung eines Koalitionsvertrags; 15.2.2005 EzA TVG § 4 Altersteilzeit Nr. 13). Für den schuldrechtl. Teil gelten auch die Regelungen der erg. Vertragsauslegung (BAG 8.11.1972 AP BGB § 157 Nr. 3). 95

4. Prozessuale Fragen. Der Richter muss einen TV vAw. auslegen und die hierfür zugrundezulegenden Tatsachen nach § 46 II ArbGG iVm. § 293 ZPO ermitteln (vgl. BAG 25.8.1982 AP BGB § 616 Nr. 55). Die rechtl. Würdigung muss der Richter selbst vornehmen, unzulässig ist die Einholung von Gutachten der TVParteien (BAG 16.10.1985 AP BAT 1975 §§ 22, 23 Nr. 108). In der Revisionsinstanz kann das Gericht das Auslegungsergebnis des Vorderrichters vollständig überprüfen (BAG 10.10.1957 AP TVG § 1 Nr. 12; 13.6.1996 AP TVG § 1 Tarifverträge: Lufthansa Nr. 21). Bei Streitigkeiten der TVParteien über die Auslegung des TV ist die Feststellungsklage nach § 9 eröffnet (BAG 17.6.1997 ArbGG 1979 § 72a Grundsatz Nr. 51). 96

II. Die einzelnen Auslegungsmerkmale

1. Wortlaut. Ausgangspunkt jeder Auslegung ist der Wortlaut. Hierfür ist zunächst der von den **TVParteien verwendete Sprachgebrauch** maßgebl. So ist bspw. im Bereich des Baugewerbes ein eigener Begriff des Betriebes entwickelt worden (BAG 28.4.1982 AP TVG § 1 Tarifverträge: Bau Nr. 39). Soweit sich die TVParteien der **jur. Fachsprache** bedienen, ist davon auszugehen, dass sie die entspr. Begriffe in der Bedeutung der Fachsprache verwenden (BAG 19.8.1987 AP TVG § 1 Tarifverträge: Fernverkehr Nr. 3; 18.3.2003 AP MTArb § 49 Nr. 1). In anderen Fällen muss auf den **allg. Sprachgebrauch** abgestellt werden, der nach Grammatiken, Lexika und Wörterbüchern zu erschließen ist (vgl. zB BAG 12.12.2001 AP TVG § 1 Auslegung Nr. 179). Vielfach definieren die TVParteien bestimmte tarifl. Begriffe selbst. Sofern solche Erkl., Protokollnotizen oder Bem. die formellen Geltungsvoraussetzungen des § 1 II erfüllen – also schriftl. Niederlegung und Unterzeichnung durch die TVParteien –, müssen sie als verbindl. Interpretation des entspr. Begriffs der Tarifnorm zugrunde gelegt werden, auch wenn die entspr. Erkl. nicht in den TV – etwa als Fußnote oder als Protokollerklärung – eingearbeitet worden ist (BAG 17.9.2003 AP TVG § 1 Tarifverträge: Verkehrsgewerbe Nr. 9; ausf. *Fieberg* ZTR 2014, 75). Klammerzusätze zu einem best. Begriff sollen diesen erläutern, was dazu führen kann, dass der erläuterte Begriff einen anderen Sinn erhält, als ihm nach seinem Wortlaut und dem allg. Sprachgebrauch zukommen würde (BAG 2.11.2016 BeckRS 2016, 113482). Bei Redaktionsversehen ist auf das wirkl. Gewollte abzustellen (BAG 31.10.1990 AP TVG § 1 Tarifverträge: Presse Nr. 11; 18.5.1994 AP BAT 1975 §§ 22, 23 Nr. 175). IÜ ist davon auszugehen, dass die TVParteien es den TVUnterworfenen grds. ermöglichen wollen, ohne Rückfragen bei ihren Koalitionen den Inhalt der Tarifnormen dem TV entnehmen zu können (BAG 19.9.2007 NZA 2008, 950). 97

98 **2. Systematik.** Erhebl. Bedeutung für die Auslegung von TV hat der **systematische Zusammenhang**, in welchen die einzelne Tarifnorm steht. Regelm. kann man davon ausgehen, dass die TVParteien einen Begriff im gesamten TV einheitl. verwenden. Ausgewertet werden müssen die Stellung der Tarifnorm zu anderen Vorschr. des TV, die innere Gliederung der Vorschr. und die Einordnung unter eine Überschrift (BAG 16.5.1995 AP TVG § 4 Verdienstsicherung Nr. 8). Haben die TVParteien abstrakten Tätigkeitsmerkmalen einer Vergütungsgruppe einzelne Bsp. zugeordnet, sind bei Vorliegen der Beispieltätigkeit regelm. die allg. Merkmale gegeben. Anders ist dies, wenn in den tarifl. Bsp. selbst wieder unbestimmte Rechtsbegriffe enthalten sind, die aus sich heraus nicht ausgelegt werden können; in solchen Fällen muss wieder auf den Oberbegriff zurückgegriffen werden (BAG 8.2.1984 AP TVG § 1 Auslegung Nr. 134; 21.10.1987 AP TVG § 1 Tarifverträge: Druckindustrie Nr. 19). In die Auslegung nach dem Gesamtzusammenhang sind alle TV ders. TVParteien für denselben fachl. Geltungsbereich einzubeziehen. Dies gilt insb. für EinzelTV und MTV (BAG 20.4.1988 AP TVG § 1 Tarifverträge: Bau Nr. 95; 15.5.1991 AP TVG § 1 Tarifverträge: Metallindustrie Nr. 97). Dagegen können zwgd. Schlüsse im Allg. nicht aus verwandten TV eines anderen Geltungsbereiches abgeleitet werden, zB BauTV und DachdeckerTV (BAG 31.10.1984 AP TVAL II § 42 Nr. 3).

99 Darüber hinaus müssen TV in **Konformität zu höherrangigem Recht** ausgelegt werden. Führt eine von mehreren Auslegungen zur Verfassungswidrigkeit eines TV, so ist die verfassungskonforme Auslegung zu wählen (BAG 21.1.1987 AP GG Art. 9 Nr. 46, 47; 21.7.1988 AP TVG § 1 Rückwirkung Nr. 10). Dasselbe gilt für Konformität mit EU-Recht, soweit europ. Recht unmittelbar im innerstaatl. Rechtskreis anwendbar ist und dem TV Vorgaben macht (Däubler/*Däubler* Einl. Rn. 620; MüArbR/*Rieble/Klumpp* § 175 Rn. 31, 32), sowie für einfaches GRecht (BAG 20.9.2016 NZA 2017, 76 Rn. 17), soweit dieses nicht (tarif)dispositiv und daher ohnehin ggü. TV nachrangig ist (BAG 10.8.1967 AP BUrlG § 13 Nr. 9; s. zum Verhältnis des TV zu anderen Rechtsquellen Rn. 8 ff.). Ergänzt ein TV die ges. Regelung, ist anzunehmen, dass die Grds. der ges. Regelung auch für die tarifl. Regelung gelten sollen. Schließl. muss die Auslegung auch die **stRspr.** berücksichtigen: Wollen die TVParteien von einer stRspr. des BAG abweichen, müssen sie dies deutl. zum Ausdruck bringen (BAG 21.7.1993 AP TVG § 1 Auslegung Nr. 144; 17.9.2003 AP TVG § 1 Tarifverträge: Verkehrsgewerbe Nr. 9). Wenn die Rspr. eine Tarifnorm in einer bestimmten Weise ausgelegt hat, kann davon ausgegangen werden, dass die TVParteien die Rspr. kannten und bei einem wortgleichen Neuabschluss bestätigen wollten (BAG 5.10.1995 AP BGB § 622 Nr. 48; 18.9.2001 AP ATG § 3 Nr. 3; krit. *Löwisch/Rieble* Rn. 1727).

100 **3. Entstehungsgeschichte und Tarifentwicklung.** Die Entstehungsgeschichte des TV kann ebenfalls herangezogen werden (BAG 12.9.1984 AP TVG § 1 Auslegung Nr. 135). Allerdings dürfte die Entstehungsgeschichte wenig ergiebig sein, da Mat. zumeist nicht existieren und Protokollnotizen vielfach bereits Inhalt des TV sind und daher ohnehin berücksichtigt werden müssen (Rn. 97; *Fieberg* ZTR 2014, 75, 76). Zur Entstehungsgeschichte zählt auch die **Tarifgeschichte**, also die weitere Fortentwicklung des TV (BAG 4.4.2001 AP TVG § 1 Auslegung Nr. 172). Haben die TVParteien über einen längeren Zeitraum eine tarifl. Regelung beibehalten, ist davon auszugehen, dass sich ein fester Begriffsinhalt gebildet hat, den die TVParteien zugrunde legen wollten. Dies gilt insb. dann, wenn zur Auslegung des TV Rspr. ergangen ist. Dagegen bietet die Tarifpraxis nach Abschluss des TV ledigl. Anhaltspunkte für die Willensbildung bei Vertragsschluss und hat für die Auslegung ledigl. indizielle Bedeutung (vgl. BAG 4.4.2001 AP TVG § 1 Auslegung Nr. 172; Wiedemann/*Wank* Rn. 1028 f.). Ferner dürfen Gerichte Tarifnormen wegen neuer technischer Entwicklungen nicht eineingend oder ausdehnend auslegen, wenn Wortlaut und Gesamtzusammenhang der tarifl. Regelung hierfür keine Möglichkeit bieten (BAG 16.3.2016 NZA 2017, 131).

101 **4. Zweck.** Von bes. Bedeutung ist, welchen Zweck die TVParteien mit der Norm im Einzelfall oder dem Normenkomplex verfolgen. Insoweit ist auch darauf Bedacht zu nehmen, dass die TVParteien eine vernünftige und praktisch brauchbare Regelung treffen wollen; daher ist derjenigen Auslegung der Vorzug zu geben, die diesen Anforderungen des Arbeitslebens am besten entspricht (BAG 9.3.1983 AP TVG § 1 Auslegung Nr. 128). Bisweilen wird in der Lit. eine Auslegungsregel befürwortet, wonach die für den AN günstigste Auslegung des TV vorzuziehen sei (Däubler/*Däubler* Einl. Rn. 621; KeZa/*Brecht-Heitzmann/Zachert* Grundl. Rn. 535). Eine solche Auslegungsregel lässt sich nicht begründen. Das Tarifsystem mit der Richtigkeitsgewähr von TV geht davon aus, dass TV von gleich starken Partnern geschlossen werden. Ein solches Auslegungsprinzip würde überdies gegen den Grds. staatl. Neutralität verstoßen. Es gibt auch keinen Sachgrund dafür, dass allein die AGSeite das Risiko unklarer TV zu tragen hat (ebenso *Gamillscheg* KollArbR I § 15 XI 1c; MüArbR/*Rieble/Klumpp* § 175 Rn. 23; Wiedemann/*Wank* Rn. 998); eine Unklarheitenregel wie im AGB-Recht (§ 305c II BGB) gibt es daher folgerichtig nicht (BAG 15.1.2015 NZA 2015, 1139 Rn. 18).

III. Fortbildung von Tarifverträgen

102 Treten in einem TV Lücken auf, so können die TVParteien selbst die Lücke durch eine gemeinsame Erkl. oder eine Anm. zum TV verbindl. schließen (vgl. BAG 23.10.1991 AP TVG § 1 Auslösung Nr. 26). Dies kann auch im Wege der Schlichtung geschehen. Tun die TVParteien dies nicht, stellt sich die Frage,

inwieweit der Rechtsanwender die Lücke schließen kann. Bei **bewussten Regelungslücken** im TV hält die hM eine Lückenschließung durch den Richter für ausgeschlossen, da hierdurch in die autonome Gestaltung des TV eingegriffen würde (BAG 10.11.1982 AP BAT 1975 §§ 22, 23 Nr. 69; 15.6.1994 AP BAT 1975 §§ 22, 23 Nr. 179; *Gamillscheg* KollArbR I § 15 XII 2; *Wank* RdA 1998, 71, 85). Eine bewusste Regelungslücke liegt vor, wenn die TVParteien das Fehlen einer tarifl. Regelung erkannt haben.

Unbewusste Regelungslücken entstehen zumeist durch eine spätere Änd. der Umstände, etwa technischer Wandel, Gesetzesänd. oder Feststellung der Unwirksamkeit einer tarifl. Regelung durch die Rspr. Die Rspr. und hL halten die Schließung solcher Lücken grds. für zulässig (BAG 29.4.2004 NZA 2005, 57; *Gamillscheg* KollArbR I § 15 XII 3; *Löwisch/Rieble* Rn. 1737; Wiedemann/*Wank* Rn. 1040 ff.). Dabei muss darauf abgestellt werden, wie die TVParteien die betr. Frage bei obj. Betrachtung der wirtschaftl. und sozialen Zusammenhänge im Zpkt. des Abschlusses des TV voraussichtl. geregelt hätten, wenn sie das Regelungsbedürfnis bedacht hätten (BAG 21.6.2000 AP BAT 1975 §§ 22, 23 Nr. 276; 20.7.2000 AP BMT-G II § 2 Nr. 1); Grundzüge und Systematik des konkreten TV müssen „zu Ende gedacht" werden (BAG 12.12.2013 NZA-RR 2014, 431 Rn. 22). Die Rspr. verlangt allerdings, dass hinreichende und va. sichere Anhaltspunkte im TV zu finden sind, wie die TVParteien eine Regelung vorgenommen hätten. Fehlen solche sicheren Anhaltspunkte, kommen insb. mehrere Möglichkeiten zur Lückenschließung in Betracht, kann ein mutmaßl. Wille der TVParteien nicht festgestellt werden; eine Lückenschließung durch den Rechtsanwender ist dann unzulässig, weil sie in die Gestaltungsfreiheit der TVParteien eingriffe (BAG 15.11.2005 AP TVG § 1 Tarifverträge: Krankenanstalten Nr. 4; 18.11.2015 NZA-RR 2016, 197 Rn. 36). Die Neuregelung bzw. Erg. bleibt dann den TVParteien überlassen (bedenkl. daher BAG 29.4.2004 NZA 2005, 57; weniger weitgehend BGH 14.2.2007 NJW-RR 2007, 1441; BAG 26.10.2006 NZA 2007, 1179). 103

§ 2 Tarifvertragsparteien

(1) Tarifvertragsparteien sind Gewerkschaften, einzelne Arbeitgeber sowie Vereinigungen von Arbeitgebern.

(2) Zusammenschlüsse von Gewerkschaften und von Vereinigungen von Arbeitgebern (Spitzenorganisationen) können im Namen der ihnen angeschlossenen Verbände Tarifverträge abschließen, wenn sie eine entsprechende Vollmacht haben.

(3) Spitzenorganisationen können selbst Parteien eines Tarifvertrages sein, wenn der Abschluß von Tarifverträgen zu ihren satzungsgemäßen Aufgaben gehört.

(4) In den Fällen der Absätze 2 und 3 haften sowohl die Spitzenorganisationen wie die ihnen angeschlossenen Verbände für die Erfüllung der gegenseitigen Verpflichtungen der Tarifvertragsparteien.

I. Gesetzliche Vorgaben für die Tariffähigkeit

§ 2 zählt abschl. diejenigen Personen bzw. Vereinigungen auf, die TVParteien sein können und umschreibt damit den Kreis derjenigen Rechtssubjekte, denen **Tariffähigkeit** zukommt. Dies sind Gewerkschaften, Vereinigungen von AG und einzelne AG. Für diese Vereinigungen werden die Voraussetzungen der Tariffähigkeit nicht näher beschreiben. Eine ges. Legaldefinition, insb. des Begriffs der Gewerkschaft, fehlt. Ledigl. der Vertrag über die Schaffung einer Wirtschafts-, Währungs- und Sozialunion zwischen der Bundesrepublik Deutschland und der DDR v. 18.5.1990 enthält im Gemeinsamen Prot. über Leitsätze in LS III. 2 eine einschlägige Bestimmung (BGBl. II S. 537), welche an der bis zu diesem Zpkt. ergangenen BAG-Rspr. orientiert war: 1

„Tariffähige Gewerkschaften und AGVerbände müssen frei gebildet, gegnerfrei, auf überbetriebl. Grdl. organisiert und unabhängig sein sowie das geltende Tarifrecht als für sich verbindl. anerkennen; ferner müssen sie in der Lage sein, durch Ausüben von Druck auf den Tarifpartner zu einem Abschluss zu kommen." 1a

Die Bedeutung dieser Bestimmung ist umstr.: ZT wird sie als verbindl. ges. Auslegungsregel gesehen (*Gitter* FS Kissel 1994 S. 265, 270; *Kissel* NZA 1990, 545, 549 f.), zT als Willensbekundung des dt. Gesetzgebers und damit zu berücksichtigende Interpretationshilfe (Richardi/*Richardi* § 2 Rn. 40; Wiedemann/*Oetker* Rn. 6, 201 ff.), zT wird angenommen, die Bestimmung sei wegen Art. 40 I EVertr. gegenstandslos geworden (*Löwisch/Rieble* Rn. 17). Die Rspr. des BAG ist uneinheitl.: Das BAG (20.11.1990 AP TVG § 2 Nr. 40) hat für die Tariffähigkeit eines AGVerbands auf das Erfordernis der sozialen Mächtigkeit verzichtet, ohne auf den genannten LS einzugehen, obwohl das Erg. in deutl. Widerspruch zu ihm steht. In späteren Entsch. hat das BAG (6.6.2000 AP ArbGG § 97 Nr. 9; 28.3.2006 AP TVG § 2 Tariffähigkeit Nr. 4) den Leitsätzen zwar keinen Normcharakter, aber doch die Qualität einer „Willensbekundung" des Gesetzgebers und damit einer die Rechtskraft eines Urt. durchbrechenden Gesetzesänd. zugebilligt. Richtigerweise muss man die Leitsätze für gegenstandslos halten, weil sie Verbindlichkeit nur für die DDR entfalteten und diese mit Beitritt zur BRD untergegangen ist. 2

3 **Tariffähige Verbände** sind von den Koalitionen iSv. Art. 9 III GG zu unterscheiden. Der Koalitionsbegriff ist ggü. dem Begriff der tariffähigen Vereinigung weiter, weil eine Koalition iSv. Art. 9 III GG nicht notwendigerweise mit den Mitteln des TV die Arbeits- und Wirtschaftsbedingungen ihrer Mitglieder gestalten muss (näher GG Art. 9 Rn. 26, 65). Tariffähigkeit kommt einer nach Art. 9 III GG geschützten Koalition nur dann zu, wenn sie die ihr durch die Tarifautonomie zugewiesene Aufgabe auszufüllen vermag (näher Rn. 7 ff.). Andererseits ist der Koalitionsbegriff auch enger, da es dem Gesetzgeber unbenommen bleibt, den in § 2 genannten Kreis zu erweitern. So sind die Handwerksinnungen nach § 54 III Nr. 1 HandwO und die Innungsverbände durch § 85 II iVm. § 82 HandwO kraft ges. Verleihung ohne weitere Voraussetzungen tariffähig, sofern der Abschluss von TV zu ihren satzungsgemäßen Aufgaben zählt (§§ 54 III, 55 II Nr. 2 HandwO; verfassungsrechtl. gebilligt von BVerfG 19.10.1966 AP TVG § 2 Nr. 24). Umgekehrt sind Handwerksinnungen als Körperschaften des ÖffR keine Koalitionen iSv. Art. 9 III GG. Weder um Koalitionen noch um Gewerkschaften handelt es sich mangels ANEigenschaft der Mitglieder bei Gefangenenvereinigungen (KG 29.6.2015 NZA-RR 2015, 602).

II. Begriff der Tariffähigkeit

4 Tariffähigkeit ist die Fähigkeit, durch Vereinb. mit dem sozialen Gegenspieler ua. die **Arbeitsbedingungen des Einzelarbeitsvertrags** mit der Wirkung zu regeln, dass sie für die tarifgebundenen Personen unmittelbar und **unabdingbar wie Rechtsnormen** gelten (BVerfG 19.10.1966 AP TVG § 2 Nr. 24). Nicht tariffähige Koalitionen können die Arbeitsbedingungen ihrer Mitglieder nur zivilrechtl. über sog. „RL-“ oder „Normenverträge“ regeln (*Löwisch/Rieble* Rn. 8; § 1 Rn. 80). Für die Tariffähigkeit ist Rechtsfähigkeit nicht erforderl. Insb. Gewerkschaften haben sich früher aus historischen Gründen als nichtrechtsfähige Vereine organisiert, gleichwohl sind sie tariffähig. Diese Funktion der Tariffähigkeit, die fehlende Rechtsfähigkeit va. der Gewerkschaften zu kompensieren, ist mit der Anerkennung der allg. Rechts- und Parteifähigkeit auch für BGB-Gesellschaften (BAG 1.12.2004 AP ZPO § 50 Nr. 14; BGH 29.1.2001 NJW 2001, 1056) entfallen. Es bleibt daher die Funktion, den Kreis der Personen und Vereinigungen abzugrenzen, die zum Abschluss von TV und damit zur Setzung entspr. Normen berechtigt sein sollen. Mit der zivilrechtsdogmatischen Kategorie der Geschäftsfähigkeit ist dies nicht zu erklären (Wiedemann/*Oetker* Rn. 13; **aA** *Löwisch/Rieble* Rn. 8).

5 Die Tariffähigkeit ist eine **Voraussetzung für die Wirksamkeit des TV.** Ist eine der TVParteien beim Abschluss des TV nicht tariffähig, ist der TV unwirksam. Das Fehlen der Tariffähigkeit kann auch nicht nachträgl. geheilt werden. Der gute Glaube an die Tariffähigkeit wird nicht geschützt (BAG 15.11.2006 NZA 2007, 448). Denkbar ist, dass die schuldrechtl. Wirkungen des Vertrags nach BürgerlR aufrechterhalten bleiben (*Gamillscheg* KollArbR I § 14 I 4). Entfällt die Tariffähigkeit einer Partei nach Abschluss des TV, fehlt ab diesem Zpkt. ein Wirksamkeitserfordernis für den TV; er wird ex-nunc unwirksam (*Löwisch/Rieble* Rn. 241; ebenso für die Auflösung des Verbands BAG 15.10.1986 AP TVG § 3 Nr. 4; diff. Wiedemann/*Oetker* Rn. 32; **aA** für die Auflösung des Verbandes aber BAG 23.1.2008 NZA 2008, 771).

5a Stellt ein ArbG im Verf. nach § 97 ArbGG rkr. fest, dass eine ANKoalition nicht tariffähig ist, führt dies nach allg. Grds. zur Unwirksamkeit der von dieser ANKoalition abgeschlossenen TV (Rn. 39). Diese Rechtsfolge will die sog. Lehre vom fehlerhaften TV einschränken; die TV sollen ledigl. ex-nunc unwirksam sein (näher dazu HWK/*Henssler* Rn. 3; *ders.*, in *Brand/Lembke*, Der CGZP-Beschluss des BAG, 2012, S. 19). Diese Lehre ist für den Bereich der Tariffähigkeit abzulehnen (s. a. § 1 Rn. 26 hins. Willensmängel). Dies zeigt bereits die Existenz der Aussetzungspflicht nach § 97 V 2 ArbGG (Rn. 37), die praktisch jegl. Bedeutung verlöre, weil eine Entsch. über die Tariffähigkeit regelm. nicht mehr vorgreifl. wäre. Außerdem würde damit das grdl. Schutzkonzept der Tariffähigkeit entfallen. Dieses soll verhindern, dass tarifunfähige, idR schwache und nicht sozial mächtige (Rn. 11 ff.) ANKoalitionen die Arbeitsbedingungen durch TV mit Normwirkung gestalten können (vgl. *Rieble* BB 2012, 2945, 2948; *Wendeling-Schröder* AuR 2013, 192; BAG 13.3.2013 NZA 2013, 1226 Rn. 13 f.). Die skizzierte Rechtsfolge der ex-tunc-Unwirksamkeit ist verfassungskonform (BVerfG 25.4.2015 NZA 2015, 757).

III. Tariffähigkeit von Berufsverbänden

6 **1. Ausgangspunkt: Koalitionsbegriff iSv. Art. 9 III GG.** Grds. können Gewerkschaften und Vereinigungen von AG iSv. § 2 I nur Koalitionen iSv. Art. 9 III GG sein. Daher ist Ausgangspunkt für die Bestimmung der tariffähigen Verbände der Begriff der Koalition. Es muss sich um einen Zusammenschluss mehrerer Personen auf freiwilliger privatrechtl. Grdl. handeln, der vom Wechsel der Mitglieder unabhängig und zu organisierter Willensbildung fähig ist. Weiter muss diese so charakterisierte Vereinigung den Zweck verfolgen, die **Arbeits- und Wirtschaftsbedingungen seiner Mitglieder zu wahren und zu fördern**; darunter fällt die Gesamtheit der Bedingungen, unter denen abhängige Arbeit geleistet wird. Diese Zweckverfolgung setzt weiter voraus, dass die Vereinigung unabhängig ist, insb. vom sozialen Gegenspieler oder Dritten, etwa Staat, Parteien, Kirchen und anderen gesellschaftl. relevanten Gruppen (BVerfG 18.11.1954 GG AP Art. 9 Nr. 1). Dies bedeutet nicht, dass Koalitionen

parteipolitisch oder religiös neutral sein müssten; es genügt, wenn andere Organisationen keinen entscheidenden Einfluss in der Koalition ausüben (Däubler/*Peter* Rn. 51; KeZa/*Kempen* Rn. 81). Früher wurde als Ausfluss der Gegnerunabhängigkeit auch das Erfordernis der Überbetrieblichkeit verlangt, weil auf Betriebs- (besser: Unternehmens-)Ebene organisierte Koalitionen von ihrem AG als sozialem Gegenspieler abhängig waren, da dieser mittels Kündigung auf ihren Mitgliederbestand Einfluss nehmen konnte (vgl. *Hueck* II/1 S. 98 ff.). Dieses Arg. ist mit dem derzeit erreichten Bestandsschutz des ArbVerh. nicht mehr tragfähig. Die Überbetrieblichkeit ist somit als Kriterium des Koalitionsbegriffs obsolet und fungiert allenfalls als Indiz (weitergehend *Löwisch/Rieble* Rn. 198; Wiedemann/*Oetker* Rn. 347 ff.; aA *Kempen* FS BAG 2004 S. 733, 747 f.). Näher zum Begriff der Koalition nach GG Art. 9 III Rn. 21 ff.

2. Weitere Voraussetzungen für die Tariffähigkeit. Für die Tariffähigkeit, insb. von ANKoalitionen, bestehen nach hM weitere Mindestvoraussetzungen: Gewerkschaften iSv. § 2 I müssen **tarifwillig** sein, sie müssen das geltende Tarif-, Arbeitskampf- und Schlichtungsrecht als für sich verbindl. anerkennen und eine gewisse Durchsetzungsfähigkeit ggü. dem sozialen Gegenspieler verfügen (sog. **soziale Mächtigkeit**). Darüber hinaus wird vielfach verlangt, dass die innere Ordnung und die Willensbildung des Berufsverbands demokratischen Grds. entsprechen müssen. Diese weiteren Voraussetzungen resultieren aus der Funktion der Tarifautonomie. TV sollen nur Organisationen abschl. können, die über eine gewisse Leistungsfähigkeit verfügen und als verlässl. einzuschätzen sind. 7

a) Tarifwilligkeit. Die Tarifwilligkeit richtet sich nach der **Satzung der Koalition**; der Abschluss von TV muss zu den satzungsmäßigen Aufgaben des Verbands gehören (BVerfG 20.10.1981 AP TVG § 2 Nr. 31; BAG 10.9.1985 AP TVG § 2 Nr. 34; 25.11.1986 AP TVG § 2 Nr. 36). Die Satzung kann nicht bestimmte, als heikel empfundene Sachbereiche, etwa AZ oÄ. von der Tarifwilligkeit ausnehmen, um sich der Regelung dieser Gebiete durch TV zu entziehen. Dies würde zur Tarifunfähigkeit des Verbands führen. Es gibt in gegenständl. Hinsicht keine Teiltariffähigkeit (*Gamillscheg* KollArbR I § 14 I 6c; Wiedemann/*Oetker* Rn. 370; **aA** Däubler/*Peter* Rn. 60 ff., 126). 8

Einen Fall der gewillkürten (partiellen) Tarifunwilligkeit stellt auf Seiten der AGVerbände die sog. **OT-Mitgliedschaft** dar. Hierbei werden zwei Modelle unterschieden: Beim **Aufteilungsmodell** werden zwei Organisationen geschaffen. Eine Organisation übernimmt die Funktionen der Dienstleistung und Interessenvertretung der Mitglieder, die andere die tarifrechtl. Aufgaben. Dies kann durch Teilung in zwei Verbände oder auch durch eine Aufteilung in einen AGVerband und eine Tarifgemeinschaft realisiert werden. Nur diejenigen AG, welche der für das Tarifgeschehen zust. Organisation (Verband oder Tarifgemeinschaft) angehören, sind tarifgebunden. Der Tarifverband muss hins. der tarifpolitischen Entsch. unabhängig sein vom allg. AGVerband. Beim **Stufenmodell** bleibt es bei einer Organisation, welche verschiedene Mitgliedschaften anbietet: Vollmitgliedschaft, Gast- bzw. Fördermitgliedschaft und Mitgliedschaft ohne Tarifbindung. IRd. Vereinsrechts haben die Vereinsmitglieder ohne Tarifbindung kein Stimmrecht in den Ausschüssen, die über den Abschluss von TV und etwaige Arbeitskampfmaßnahmen beschließen. 9

Derartige Organisationsstrukturen sind **grds. zulässig** (BAG 23.2.2005 AP TVG § 4 Nachwirkung Nr. 42; 18.7.2006 AP TVG § 2 Tarifzuständigkeit Nr. 19; 4.6.2008 NZA 2008, 1366); aus der Lit.: *Buchner* NZA 2006, 1377; *Bayreuther* BB 2007, 325; **aA** *Deinert* AuR 2006, 217; *Hensche* NZA 2009, 815). Sie verstoßen nicht gegen die in § 3 I festgelegte Tarifbindung der Mitglieder der TVParteien. Eine entspr. Beitrittserklärung kann sich auf einen tariffreien Bereich beziehen, sofern die Satzung des Verbands entspr. organisatorische Vorkehrungen trifft, dass die nicht tarifgebundenen Mitglieder die tarifpolitischen Entsch. nicht beeinflussen können (BAG 22.4.2009 NZA 2010, 105; 15.12.2010 NZA-RR 2012, 260; 21.1.2015 NZA 2015, 1521). Das BAG postuliert insoweit im Hinblick auf den Abschluss von TV und deren normative Wirkung einen **„Gleichlauf von Verantwortung und Betroffenheit"** und begr. dies mit der Funktionsfähigkeit der Tarifautonomie (BAG 19.6.2012 NZA 2012, 1372 mwN). Nicht akzeptiert hat das BAG (22.4.2009 NZA 2010, 105; zust. BVerfG 1.12.2010 NZA 2011, 60) jedoch eine Gestaltung, in der die Tarifbindung erst durch einen zusätzl. Beitritt in eine sog. **„Fachgruppe"** erworben wird, wenn der von allen Mitgliedern gewählte Vorstand diese Fachgruppe führt und insb. den Arbeitskampffonds verwaltet (etwas großzügiger wohl LAG MV 20.2.2013 NZA-RR 2013, 247). Demggü. sind gleiche Mitgliedsbeiträge für OT- und T-Mitglieder zulässig (BAG 20.5.2009 NZA 2010, 102; 20.5.2009 BB 2009, 1237). Eine tarifrechtl. wirksame Begr. einer OT-Mitgliedschaft setzt eine zum Zpkt. ihrer Begr. wirksame Satzungsänd., insb. Eintragung in das Vereinsregister, voraus (BAG 26.8.2009 ZTR 2010, 188). Dabei muss die notwendige Trennung von T- und OT-Bereich bereits in der Satzung und nicht ledigl. in einer Geschäftsordnung niedergelegt sein (BAG 21.1.2015 NZA 2015, 1521). Aus diesen Anforderungen folgert das BVerwG (23.3.2016 NZA 2016, 779) die Unzulässigkeit der OT-Mitgliedschaft bei Handwerksinnungen wegen zwgd. Vorgaben der Handwerksordnung (**aA** OVG Lüneburg 25.9.2014 NZA-RR 2015, 31; zum Problem *Walser/Boor* AuR 2016, 157; *Schliemann* NZA 2016, 738). 9a

Als ein weiterer Problembereich hat sich die in der Praxis verbreitete Möglichkeit eines kurzfristigen Wechsels von der Mitgliedschaft mit Tarifbindung in die OT-Mitgliedschaft erwiesen (sog. **„Blitzwechsel"**), weil diese Option die Strategie der Gewerkschaften bei TVVerh. belasten kann (näher 9b

Franzen FS Picker 2010 S. 929; *Krause* GS Zachert 2010 S. 605). Das BAG (4.6.2008 NZA 2008, 1366; 26.8.2009 NZA 2010, 230) sucht diese Problematik nicht vereinsrechtl. über eine vorzugswürdige Inhaltskontrolle entspr. Satzungsbestimmungen zu entschärfen, sondern relativiert in bedenkl. Weise die tarifvertragsrechtl. Anknüpfung der Tarifbindung des § 3 I an das Verbandsrecht (§ 3 Rn. 11a).

10 **b) Anerkennung des Tarif-, Schlichtungs- und Arbeitskampfrechts.** Eine weitere Voraussetzung der Tariffähigkeit ist, dass der Berufsverband das geltende Tarif-, Schlichtungs- und Arbeitskampfrecht anerkennt (BVerfG 20.10.1981 AP TVG § 2 Nr. 31; BAG 10.9.1985 AP TVG § 2 Nr. 34; 25.11.1986 AP TVG § 2 Nr. 36; krit. KeZa/*Kempen* Rn. 84). Das geltende TVRecht und sein Konfliktlösungssystem können nur funktionieren, wenn die Akteure die Spielregeln befolgen. Dagegen ist die **Arbeitskampfbereitschaft** nicht notwendige Bedingung für die Tariffähigkeit einer Koalition (BVerfG 6.5.1964 AP TVG § 2 Nr. 15; BAG 9.7.1968 TVG § 2 Nr. 25; 21.11.1975 AP BetrVG 1972 § 118 Nr. 6). Die Tarifautonomie ist nicht in ihrer Funktion beeinträchtigt, wenn kampfunwillige Verbände TV schließen können. Wirtschaftsfriedl. Berufsverbände verfügen uU über andere Mittel, um ihre Ziele durchzusetzen als die Drohung mit dem Vorenthalten der an sich geschuldeten arbeitsvertragl. Leistung, etwa Beeinflussung der öffentl. Meinung, Verh. oder Lobbyismus (Wiedemann/*Oetker* Rn. 379 ff.). Solche Mittel sind nicht von vornherein ungeeignet, um zum Abschluss eines TV zu gelangen.

11 **c) „Soziale Mächtigkeit" (Druckausübungsfähigkeit).** Die hM verlangt als Voraussetzung für den tarifrechtl. Gewerkschaftsbegriff die sog. **„soziale Mächtigkeit"** (Druckausübungsfähigkeit; vgl. Wiedemann/*Oetker* Rn. 383 f. Fn. 407 mwN). Die Rspr. versteht darunter die Durchsetzungsfähigkeit der Gewerkschaft ggü. dem sozialen Gegenspieler; nur solche ANVereinigungen sollen TV schließen können, die in der Lage sind, sich mit ihren Tarifforderungen beim sozialen Gegenspieler Gehör zu verschaffen (stRspr. vgl. BAG 28.3.2006 AP TVG § 2 Tariffähigkeit Nr. 4). Demggü. spielt das Merkmal der „sozialen Mächtigkeit" für einen AGVerband nach Auff. des BAG keine Rolle (BAG 20.11.1990 AP TVG § 2 Nr. 40; zust. *Gamillscheg* KollArbR I § 9 IV 3 f): Nach § 2 I ist auch der einzelne AG unabhängig von seiner Durchsetzungsfähigkeit tariffähig; dann könne für einen AGVerband nichts anderes gelten. Dieses Arg. erscheint indes nicht zwgd.: Die Tariffähigkeit des einzelnen AG ist als Auffangtatbestand aus Gründen der Funktionsfähigkeit des Tarifsystems stets erforderl., da anderenfalls TV dann nicht geschlossen werden könnten, wenn sich die AG der Koalitionsbildung verweigerten (Rn. 20 f.). Bilden sie aber Koalitionen, besteht an sich kein Grund, diese anders zu behandeln als ANKoalitionen (ebenso iE *Löwisch/Rieble* Rn. 201 ff.; Wiedemann/*Oetker* Rn. 396 f.).

12 Der unbestimmte Begriff der „sozialen Mächtigkeit" wird von der Rspr. **konkretisiert durch obj. Kriterien** wie die Zahl der Mitglieder und ihre Stellung in den Betrieben – ggf. in „Schlüsselpositionen", der sachl. und personellen Ausstattung des Verbands sowie dem erfolgreichen Abschluss von TV in der Vergangenheit (vgl. BAG 28.3.2006 AP TVG § 2 Tariffähigkeit Nr. 4; 5.10.2010 NZA 2011, 300). Das Erfordernis der Druckausübungsfähigkeit erschwert zwar die Betätigung kleinerer und neu gegründeter Gewerkschaften (vgl. *Franzen* RdA 2001, 1, 6 f.). Dies widerspricht aber nicht grds. dem Erfordernis der „sozialen Mächtigkeit", sondern kann nur als Arg. gegen zu hohe Anforderungen dienen, welche an die Konkretisierung des Begriffs im Einzelfall gestellt werden. Nachdem die Rspr. in früherer Zeit die Anforderungen an die soziale Mächtigkeit tendenziell verschärft hatte (vgl. *Dütz* DB 1996, 2385, 2388), war eine Phase einer gewissen Lockerung zu beobachten (vgl. *Bayreuther* BB 2005, 2633), die aber wohl beendet sein dürfte (vgl. *Greiner* NZA 2011, 825; *Lembke* FS Bepler 2012 S. 345). Ob nach Inkrafttreten von § 4a und des MiLoG die Anforderungen an die „soziale Mächtigkeit" wegen Art. 9 III GG sinken müssen, wird unterschiedl. beurteilt (dafür LAG HH 4.5.2016 BeckRS 2016, 69929; dagegen *Deinert* AuR 2016, 444). Das Erfordernis des Abschlusses von TV sollte jdf. bei neugegründeten ANKoalitionen aufgegeben werden (ebenso BAG 5.10.2010 NZA 2011, 300; näher dazu *Greiner* NZA 2011, 825; *Ulber* RdA 2011, 353; *Meyer* DB 2011, 1920). Es kommt einem Zirkelschluss gleich, weil die Tariffähigkeit Voraussetzung und nicht Folge des Abschlusses eines TV ist (vgl. *Rieble* FS Wiedemann 2002 S. 519, 534). Bei neugegründeten Gewerkschaften ist die Tariffähigkeit daher prognostisch zu beurteilen (LAG HE 9.4.2015 NZA-RR 2015, 482, 486), während bei lange existierenden ANKoalitionen auch das Tarifgeschehen berücksichtigt werden muss (LAG HH 4.5.2016 BeckRS 2016, 69929).

13 Die soziale Mächtigkeit wird in Bezug auf **das jeweilige Betätigungsgebiet der ANKoalition** bestimmt. Dieses ergibt sich aus der Satzung. Dies bedeutet, dass Verbände als sozial mächtig anzusehen sind, die nur in einem sehr kleinen satzungsmäßigen Betätigungsgebiet eine **relative Stärke** aufweisen, wie bspw. viele nach dem Berufsverbandsprinzip organisierte ANKoalitionen (Rn. 34). Darüber hinaus kann die Tariffähigkeit einer ANKoalition aber nur einheitl. und nicht für verschiedene Wirtschaftszweige und Regionen je nach Stärke der Koalition unterschiedl. beurteilt werden (so aber *Rieble* FS Wiedemann 2002 S. 519, 532 ff.). Gegen ein solches Konzept der **partiellen Tariffähigkeit** sprechen die Rechtssicherheit und die Existenz des Verf. nach § 97 ArbGG (Rn. 39) (BAG 28.3.2006 AP TVG § 2 Tariffähigkeit Nr. 4). Es genügt somit, wenn eine ANKoalition in einem relevanten Teil des beanspruchten Zuständigkeitsbereichs durchsetzungsfähig ist (BAG 28.3.2006 AP TVG § 2 Tariffähigkeit Nr. 4). Untergliederungen von Gewerkschaften (zB Ortsgruppen) können selbst tariffähig

und damit Gewerkschaften iSv. § 2 sein. Voraussetzung dafür ist eine körperschaftl. Organisation, eine gewisse Selbständigkeit ggü. der Gesamtorganisation, AN als eigene Mitglieder, eigenes Vermögen und die satzungsgemäße Befugnis, selbständig TV abzuschließen (*Oetker* AuR 2001, 82; vgl. BAG 19.11.1985 AP TVG § 2 Tarifzuständigkeit Nr. 4; 25.9.1990 TVG 1969 § 9 Nr. 8; LAG HE 17.9.2008 NZA-RR 2009, 26). Dasselbe gilt für regionale AGVerbände (vgl. BAG 25.1.2006 AP TVG § 1 Durchführungspflicht Nr. 6).

Entspr. den geschilderten Anforderungen an den Gewerkschaftsbegriff hat die Rspr. bei zahlr. 14
Vereinigungen die **Gewerkschaftseigenschaft verneint:** Bedienstete der Technischen Überwachung (BTÜ; BAG 6.6.2000 AP TVG § 2 Nr. 55); Berliner Akademiker Bund (BAG 9.7.1986 AP TVG § 2 Nr. 25); Christl. Gewerkschaft Bergbau, Chemie und Energie (vgl. BAG 14.3.1978 AP ArbGG 1953 § 97 Nr. 3; 25.11.1986 AP TVG § 2 Nr. 36; 16.1.1990 AP TVG § 2 Nr. 39); CGD (ArbG Gera 17.10.2002 AuR 2003, 198); Christl. Gewerkschaft Holz und Bau (BAG 16.1.1990 AP TVG § 2 Nr. 38); Dt. Arbeitnehmer-Verband Marl (BAG 14.3.1978 AP TVG § 2 Nr. 30; zust. BVerfG 20.10.1981 AP TVG § 2 Nr. 31); Gewerkschaft der Kraftfahrer Deutschlands (GKD; LAG BE 21.6.1996 AP TVG § 2 Nr. 48); Gewerkschaft für Kunststoffgewerbe und Holzverarbeitung (GKH; LAG HM 23.9.2011 NZA-RR 2012, 25); Verband Dt. Zahntechniker (BAG 1.2.1983 AP ZPO § 322 Nr. 14); Gewerkschaft der Neuen Brief- und Zustelldienste (GNBZ; LAG K 20.5.2009 AuR 2009, 316); medsonet.Die Gesundheitsgewerkschaft (BAG 11.6.2013 NZA-RR 2013, 641); Neue Assekuranz Gewerkschaft (NAG; LAG HE 9.4.2015 NZA-RR 2015, 482) sowie die Tarifgemeinschaft christl. Gewerkschaften Zeitarbeit (CGZP, BAG 14.12.2010 NZA 2011, 289; zu arbeits- und sozialrechtl. Folgen *Bissels DB 2016, 231; Plagemann/Brand* NZA 2011, 1488; *Schlegel* NZA 2011, 380). Demggü. hat das BAG die Gewerkschaftseigenschaft der Christl. Gewerkschaft Metall (CGM), ehemals Christl. Metallarbeiterverband **ebenso anerkannt** wie die Gewerkschaftseigenschaft der Unabhängige Flugbegleiter Organisation (UFO) (BAG 14.12.2004 AP TVG § 2 Tariffähigkeit Nr. 1; 28.3.2006 AP TVG § 2 Tariffähigkeit Nr. 4). Dasselbe gilt für die Tariffähigkeit der DHV-Die Berufsgewerkschaft (LAG HH 4.5.2016 BeckRS 2016, 69929; **aA** die Vorinstanz ArbG HH 19.6.2015 BeckRS 2016, 65320). Hins. der Tariffähigkeit des ANVerbandes land- und ernährungswirtschaftl. Berufe (ALEB) hatte das BAG (10.9.1985 AP TVG § 2 Nr. 34) zurückverwiesen (Tariffähigkeit urspr. abschl. bejaht von LAG K 5.6.1986 – 2 TaBV 17/81; inzwischen rkr. verneint von ArbG Bonn 31.10.2012 AuR 2012, 501). Die Tariffähigkeit der Gewerkschaft der Flugsicherung wird in der Rspr. unterschiedl. beurteilt (bejahend LAG HE 22.7.2004 AP GG Art. 9 Arbeitskampf Nr. 168; verneinend LAG RP 22.6.2004 AP GG Art. 9 Arbeitskampf Nr. 169). Die Tariffähigkeit der DGB-Tarifgemeinschaft Zeitarbeit hält das BAG (19.12.2012 ArbRB 2013, 43 Rn. 15) nicht für zw. (**aA** LAG BW 20.3.2012 DB 2013, 127; *Rieble* BB 2012, 2177, *Fischer* RdA 2013, 326 ff. bezweifeln deren Tarifzust., dazu Rn. 33 ff.).

d) Demokratische Willensbildung. Die innere Ordnung eines tariffähigen Berufsverbands muss 15
demokratischen Grds. entsprechen (einschränkend aber BAG 28.3.2006 AP TVG § 2 Tariffähigkeit Nr. 4). Dies rührt daher, dass Gewerkschaften und AGVerbände Normsetzungsbefugnis ggü. ihren Mitgliedern haben und dies eine bes., über den rechtsgeschäftl. Beitrittsakt hinausgehende Legitimation erfordert. Zu diesen Grds. zählen: Mehrheitsprinzip, Mitwirkung der Mitglieder an der Meinungs- und Willensbildung des Verbands, Gleichbehandlung der Mitglieder sowie das Recht des Mitglieds, den Verband zu verlassen (vgl. *Gamillscheg* KollArbR I § 9 II 5 mwN).

3. Einheitlicher Gewerkschaftsbegriff. Nach hM gilt der vorst. entwickelte Begriff der Gewerk- 16
schaft einheitl. in der ganzen Rechtsordnung und ist insb. auch für das BetrVG und das ArbGG maßgebl. (vgl. BAG 15.3.1977 AP GG Art. 9 Nr. 24; 19.9.2006 NZA 2007, 518; BetrVG § 2 Rn. 4; ArbGG § 10 Rn. 5; KeZa/*Kempen* Rn. 89). Dieser sog. einheitl. Gewerkschaftsbegriff **ist abzulehnen** (ebenso *Buchner* FS 25 Jahre BAG 1979 S. 55 ff.; *Dütz* DB 1996, 2385, 2390; *Rieble* Rn. 1874 ff.; *Franzen* RdA 2001, 1, 7 ff.). Normzweck und Rechtsfolgenanordnungen der unterschiedl. Regelungswerke, die den Terminus „Gewerkschaft" enthalten, entsprechen sich keineswegs. Es ist auch nicht ungewöhnl., dass denselben Begriffen in verschiedenen Normzusammenhängen unterschiedl. Bedeutung zukommt (vgl. *Wank*, Die jur. Begriffsbildung, 1985 S. 24, 111 ff.). Die Anforderungen an die Gewerkschaftseigenschaft wurden aus spezifischen Erfordernissen des TVSystems entwickelt (Rn. 7, 11 ff.), welche nicht auf andere Rechtsgebiete, insb. das BetrVG, übertragen werden können. Außerdem erschwert der einheitl. Gewerkschaftsbegriff die Bildung und Betätigung neu gegründeter ANKoalitionen erhebl., da solche Koalitionen sogleich die recht hohen Anforderungen des tarifrechtl. Gewerkschaftsbegriffs erfüllen müssen (vgl. *Franzen* RdA 2001, 1, 6 f.).

4. Beginn und Ende der Tariffähigkeit. Die Tariffähigkeit eines Berufsverbands beginnt, wenn ein 17
Verband alle vorst. entwickelten Merkmale erfüllt, die an einen tariffähigen Verband gestellt werden. Die Tariffähigkeit endet, wenn die Voraussetzungen einer Gewerkschaft oder eines tariffähigen AG-Verbands wegfallen (Wiedemann/*Oetker* Rn. 34). Dies kann bspw. der Fall sein, wenn die Koalition das geltende Tarif-, Schlichtungs- oder Arbeitskampfrecht nicht mehr anerkennt, ihre Mächtigkeit oder demokratische Organisationsstruktur verliert. Der Verlust der Tariffähigkeit führt zur Unwirksamkeit des TV ex-nunc (Rn. 5).

18 Die Tariffähigkeit endet ferner, wenn sich der Verband auflöst. Mit dem **Auflösungsbeschl.** tritt der Verband in das Liquidationsstadium, in dem die werbende Tätigkeit eingestellt wird und daher TV für die Zukunft nicht mehr abgeschlossen werden können; damit entfällt auch die Tariffähigkeit (vgl. BAG 25.9.1990 AP TVG 1969 § 9 Nr. 8; 28.5.1997 AP TVG § 4 Nachwirkung Nr. 26; **aA** BAG 23.1.2008 NZA 2008, 771; *Buchner* RdA 1997, 259, 264; Däubler/*Peter* Rn. 175 f.; *Fastrich/Albrecht* SAE 2002, 324, 325). Hins. der Frage der Fortwirkung eines TV nach Verbandsauflösung wandte die Rspr. in der Vergangenheit nicht § 3 III an, sondern § 4 V (BAG 15.10.1986 TVG § 3 Nr. 4; 28.5.1997 AP TVG § 4 Nachwirkung Nr. 26; **aA** BAG 23.1.2008 NZA 2008, 771). Dies ist folgerichtig, da die Verbandsauflösung, anders als der Austritt eines Mitglieds, konstruktiv zum Wegfall der Tariffähigkeit führt und somit zur Beendigung des TV (**aA** offenbar nun BAG 23.1.2008 NZA 2008, 771). Dies. Grds. müssen auch im Fall der Eröffnung des **Insolvenzverf.** über einen AGVerband gelten, da in diesem Stadium TV schon aus Legitimationsgründen nicht mehr geschlossen werden können und es daher an der Tariffähigkeit des Verbands fehlt (*Fastrich/Albrecht* SAE 2002, 324 ff.; **aA** BAG 27.6.2000 AP TVG § 2 Nr. 56).

19 Rechtsfähige TVParteien können das UmwG zur Umstrukturierung nutzen und sich unter Ausschluss von Abwicklung und Auflösung verschmelzen oder spalten. Damit gehen die Mitgliedschaft und die TV auf den neu entstandenen Verband über. Die nichtrechtsfähigen Verbände, insb. die Gewerkschaften haben diese Möglichkeit nicht. Allerdings wird man den Gewerkschaften die Möglichkeiten des UmwG durch analoge Anwendung eröffnen müssen (näher *Löwisch/Rieble* Rn. 50 ff.).

IV. Tariffähigkeit des einzelnen Arbeitgebers

20 **1. Allgemeine Grundsätze.** Nach § 2 I ist **jeder einzelne AG tariffähig.** Diese Regelung soll gewährleisten, dass die Gewerkschaft in jedem Fall einen TVPartner findet, auch wenn sich auf der Seite der AG keine Koalition gebildet hat. Damit dient die Regelung dem Schutz des TVSystems und der kollektiven Koalitionsfreiheit der Gewerkschaften. Es bedarf daher weder einer sozialen Mächtigkeit des einzelnen AG (BAG 20.11.1990 AP TVG § 2 Nr. 40) noch dessen Tarifwilligkeit (*Löwisch/Rieble* Rn. 462). Der AG verliert seine Tariffähigkeit auch nicht durch Eintritt in den AGVerband, weil die Tariffähigkeit Ausfluss der verfassungsrechtl. geschützten Koalitionsbetätigungsfreiheit ist, die auch dem einzelnen AG zukommt (hM; BAG 10.12.2002 AP GG Art. 9 Arbeitskampf Nr. 162; **aA** *Matthes* FS Schaub 1998 S. 477, 481 ff.).

21 Der AG kann trotz Verbandszugehörigkeit und trotz eines für ihn geltenden VerbandsTV wirksam einen konkurrierenden oder erg. **FirmenTV abschl.** (BAG 4.4.2001 AP TVG § 4 Tarifkonkurrenz Nr. 26). Dies gilt selbst dann, wenn die Satzung des AGVerbands den einzelnen Mitgliedern verbietet, solche HausTV zu vereinbaren. Unabhängig von der Wirksamkeit solcher Satzungsregelungen (bejahend *Reuter* NZA 2001, 1097, 1101; abl. *Rieble* NZA 2000, 255, 230) kommt diesen jdf. keine Außenwirkung zu und lässt daher die Wirksamkeit eines abgeschlossenen TV unberührt. Besteht neben dem FirmenTV ein VerbandsTV über denselben Regelungsgegenstand, kommt es innerhalb tarifgebundener ArbVerh. zur Tarifkonkurrenz, welche grds. durch einen Vorrang des FirmenTV aufgelöst wird (§ 4 Rn. 68). Die Besonderheit eines Haus-(Unternehmens-, Firmen-, Werks-) TV besteht darin, dass der AG zugleich TVPartei und Normunterworfener ist. Bei Individualnormen (Inhalts-, Abschluss- bzw. Beendigungsnormen, § 1 Rn. 41 ff.) ist der AG ggü. der tarifschließenden Gewerkschaft zur Durchführung des TV verpflichtet (§ 1 Rn. 86 ff.). Gleichzeitig ist er ggü. seinen tarifgebundenen AN aufgrund des Arbeitsvertrags verpflichtet, ihnen die durch den TV gestalteten Arbeitsbedingungen zu gewähren.

22 **FirmenTV** können nach allg. Grds. auch **erstreikt** werden, sofern die allg. Rechtmäßigkeitsvoraussetzungen eines Streiks – insb. gewerkschaftl. Führung und Einhaltung der Friedenspflicht (näher GG Art. 9 Rn. 112 ff.) – vorliegen, auch wenn der verbandsangehörige AG an einen noch lfd. VerbandsTV gebunden ist (BAG 10.12.2002 AP GG Art. 9 Arbeitskampf Nr. 162; ebenso *Jacobs* ZTR 2001, 249; *v. Hoyningen-Huene* ZfA 1980, 453). Die Gegenauffassung hält einen Streik in dieser Konstellation stets für unzulässig, weil hierdurch die individuelle Koalitionsfreiheit des bestreikten verbandsangehörigen AG, die kollektive Koalitionsfreiheit des AGVerbands sowie die Kampfparität beeinträchtigt würden (vgl. *Buchner* DB 2001 Beil. Nr. 9 S. 1; *Hanau/Thüsing* ZTR 2002, 506; *Schleusener* NZA 1998, 239). Beide Auff. kommen zu unterschiedl. Erg. nur bei inkongruenten Tarifgegenständen im Firmen- und VerbandsTV sowie im Nachwirkungsstadium des VerbandsTV. In jedem Fall verstoßen Streiks, die auf den Austritt des AG aus dem AGVerband zielen, gegen die individuelle Koalitionsfreiheit des betroffenen AG (BAG 10.12.2002 AP GG Art. 9 Arbeitskampf Nr. 162).

23 **2. Begriff des Arbeitgebers.** AG kann jede **natürl. oder jur. Person des privaten oder öffentl. Rechts** sein. Nachdem der BGH die Rechtsfähigkeit von Personengesellschaften BürgerlR anerkannt hat (BGH 29.1.2001 NJW 2001, 1056), muss man als tariffähigen AG im tarifrechtl. Sinne konsequenterweise die Personengesellschaft als solche (oHG, KG, GbR, EWIV, Partnerschaft) ansehen (ebenso HWK/*Henssler* Rn. 23). Daher sind auch die Trägerunternehmen eines gemeinsamen Betriebs als GbR tariffähig. Auf die Staatsangehörigkeit des AG kommt es nicht an; daher ist auch ein ausl. AG tarif-

fähig, sofern er im Inland AN beschäftigt. Die privatisierten Nachfolgeunternehmen von Bahn und Post sind bereits nach § 2 I tariffähig. Darüber hinaus existieren Sonderregelungen für den Abschluss von TV, die iRd. Privatisierung von Post und Bahn erlassen wurden (§§ 4 I, 7 III 1 BENeuglG; § 23 PostPersRG). Gegen die Tariffähigkeit von **Gewerkschaften in ihrer Eigenschaft als AG** werden Bedenken wegen einer angebl. vorliegenden Doppelstellung als Gewerkschaft und AG sowie wegen § 181 BGB geäußert (vgl. BAG 28.4.1992 AP BetrVG 1972 § 50 Nr. 11; einschränkend Wiedemann/*Oetker* Rn. 135 f.). Diese Bedenken zielen darauf, dass hins. der ArbVerh. von Gewerkschaftsbeschäftigten häufig der soziale Gegenspieler, die Organisation auf ANSeite, fehlt (s. BAG 20.2.2001 AP BetrVG 1972 § 87 Lohngestaltung Nr. 107). Dieser Umstand ändert aber nichts an der grds. bestehenden Tariffähigkeit von Gewerkschaften in ihrer Eigenschaft als AG (BAG 17.2.1998 AP GG Art. 9 Nr. 87). Außerdem ist zu beachten, dass es einen Verband der Gewerkschaftsbeschäftigten gibt und dass die Gewerkschaft ver.di nach ihrer Satzung die Zust. für Parteien, Wirtschafts- und Fachverbände und damit auch für bei Gewerkschaften beschäftigte AN beansprucht.

Der **Konzern** ist als solcher nicht tariffähig (*Gamillscheg* KollArbR I § 14 I 2 e; KeZa/*Stein* Rn. 111; *Löwisch/Rieble* Rn. 481). § 55 IV BetrVG steht dem nicht entgegen; dort wird nicht die Tariffähigkeit des Konzerns vorausgesetzt, sondern nur ein konzerneinheitl. geltender TV. IÜ kann die konzerneinheitl. Geltung eines TV dadurch herbeigeführt werden, dass alle Konzernunternehmen dem AGVerband angehören (dann VerbandsTV) oder dass alle Konzernunternehmen einen mehrgliedrigen FirmenTV abschl., ggf. vertreten durch die Konzernobergesellschaft (vgl. BAG 17.10.2007 NZA 2008, 713; *Kilg/Muschal* BB 2007, 1670; zur Vertretung konzernangehöriger Unternehmen durch die Konzernobergesellschaft BAG 18.11.2009 NJW 2010, 888; 7.7.2010 NZA-RR 2011, 137; § 1 Rn. 25). Außerdem kann ein eigener Konzernarbeitgeberverband gegründet werden (ausf. *Rieble* Der Konzern 2005, 475, 549). Schließl. können die Konzernverträge die einzelnen Konzerngesellschaften verpflichten, einheitl. Arbeitsbedingungen einzuhalten. UU kann sich aus dem TV des herrschenden Unternehmens die Verpflichtung ergeben, für die Anwendung des TV durch die Einzelnen konzernabhängigen Unternehmen zu sorgen (BAG 11.9.1991 AP Internat. Privatrecht, Arbeitsrecht Nr. 29). Daneben kann die Konzernobergesellschaft nach allg. Grds. tariffähiger AG für die bei ihr beschäftigten AN sein. Rechtsfähige **Beschäftigungsgesellschaften** sind ebenfalls tariffähige AG (LAG BB 24.2.1994 AP TVG § 2 Nr. 45). 24

3. Beginn und Ende der Tariffähigkeit. Die Tariffähigkeit des AG **beginnt**, wenn die Einstellung von AN vorgesehen ist. Im Falle der Ausgliederung können damit bereits im Gründungsstadium TV abgeschlossen werden. Ein FirmenTV kann für eine künftige Gesellschaft abgeschlossen werden (BAG 24.1.2001 AP BetrVG 1972 § 3 Nr. 1). Mit der Eintragung der Gesellschaft gehen die Rechte und Pflichten auf diese über. 25

Die Tariffähigkeit **endet**, wenn der AG als TVPartei ersatzlos wegfällt. Die bloße Beendigung der Eigenschaft als AG, etwa wenn der AG nach Betriebsstilllegung keine AN mehr beschäftigt, führt nicht notwendigerweise zum Wegfall der Tariffähigkeit, da es insoweit auf die potentielle AGEigenschaft ankommt (*Löwisch/Rieble* Rn. 497). Die Insolvenz des AG lässt die AGEigenschaft unberührt. Der InsV bleibt für das Unternehmen an den bestehenden HausTV gebunden und kann neue HausTV aushandeln. Im Erbfall treten die Erben im Wege der Universalsukzession sowohl in die Arbeitsverträge als auch in die TV ein; die AGEigenschaft und damit die Tariffähigkeit bleiben bestehen. Eine jur. Person verliert ihre AGStellung nicht bereits mit dem Auflösungsbeschl., sondern erst nach **Abschluss der Liquidation**, wenn keine AN mehr beschäftigt werden. Entspr. gilt für die Personengesellschaften (oHG, KG, GbR). Die Tariffähigkeit endet dagegen nicht, wenn einzelne Gesellschafter ausscheiden, da AG die Personengesellschaft als solche ist. Soweit die Identität einer jur. Person bei einer **Umwandlung** nach dem UmwG bestehen bleibt – etwa beim Formwechsel –, gilt dies selbstverständl. ebenso für die AGStellung und damit die Tariffähigkeit. Sofern eine Umwandlung nach dem UmwG zur Universalsukzession führt – etwa bei der Verschmelzung durch Aufnahme –, geht die Stellung als TVPartei über; die Tariffähigkeit endet ebenfalls nicht. Allerdings wird der neue Rechtsträger durch den TV nur im Rahmen von dessen Geltungsbereich gebunden (BAG 15.6.2016 NZA 2017, 326). Bei der Spaltung können die Rechtsverhältnisse nach § 126 I Nr. 9 UmwG auf die beteiligten Rechtsträger verteilt werden. Dies gilt auch für die Eigenschaft als Partei eines HausTV (BAG 21.11.2012 NZA 2013, 512; *Boecken* Rn. 207; **aA** *Däubler* RdA 1995, 136, 142). Bei einer Unternehmensveräußerung oder einem **Betriebsübergang** gehen die ArbVerh. nach § 613a I 1 BGB auf den Erwerber über. Für die betroffenen AN fällt daher der bisherige AG ersatzlos weg. Allerdings tritt der Erwerber kraft G nur in die ArbVerh. und nicht auch in den FirmenTV ein. Dessen Rechtsnormen werden vielmehr nach § 613a I 2 BGB in den Arbeitsvertrag transformiert. Mit dem Betriebserwerber kann ein neuer HausTV abgeschlossen werden. Näher BGB § 613a Rn. 107 ff. 26

V. Abschluss von Tarifverträgen durch Spitzenorganisationen (§ 2 II–IV)

1. Allgemeines. Spitzenorganisationen sind nach der Legaldefinition von § 2 II **Zusammenschlüsse von Gewerkschaften und Vereinigungen von AG**. Die Satzung des entspr. Verbands muss vorsehen, 27 dass dem Verband Gewerkschaften bzw. Vereinigungen von AG beitreten können, welche ihrerseits tariffähig sind. Darüber hinaus steht der Eigenschaft als Spitzenorganisation nicht entgegen, dass diese auch Einzelmitglieder zulässt (BAG 6.5.2003 AP TVG § 3 Verbandszugehörigkeit Nr. 21; 22.3.2000 AP TVG § 2 Nr. 49; **aA** 2.11.1960 AP ArbGG 1953 § 97 Nr. 1). Eine Spitzenorganisation kann daher Tariffähigkeit sowohl aufgrund von § 2 I als orginäre als auch nach § 2 III als abgeleitete (näher Rn. 29 ff.) erlangen (BAG 22.3.2000 AP TVG § 2 Nr. 49). Im zuerst genannten Fall muss die Spitzenorganisation selbst die Anforderungen an den Gewerkschaftsbegriff erfüllen (Rn. 6 ff.); auf ihre Mitglieder kommt es dann nicht an (näher *Jacobs* ZfA 2010, 27, 47 ff). Der Begriff der Spitzenorganisation nach § 2 II ist nicht identisch mit demjenigen in § 12.

28 Nach § 2 II können Spitzenorganisationen **im Namen der ihnen angeschlossenen Verbände** TV abschl. Nach allg. Grds. (§§ 164 ff. BGB) können sich TVParteien beim Abschluss von TV durch Dritte rechtsgeschäftl. vertreten lassen (BAG 11.6.1975 AP TVG § 2 Nr. 29; 12.2.1997 AP TVG § 2 Nr. 46). § 2 II stellt klar, dass dies auch für Spitzenorganisationen gilt, selbst wenn sie nicht rechtsfähig sind, obwohl die Rechtsfähigkeit nach allg. Grds. für rechtl. relevantes Vertreterhandeln erforderl. ist. Handeln die Spitzenorganisationen in Vertretung für ihr Mitglied, bleibt das Mitglied als vertretener Verband TVPartei. Dieser muss daher tariffähig sein. IÜ sind die allg. Grds. für rechtsgeschäftl. Vertreterhandeln hier anwendbar, auch die Grds. der Anscheins- und Duldungsvollmacht. Fehlt die Offenkundigkeit des Vertreterhandelns, liegt ein Eigengeschäft des Vertreters vor; der angebl. Vertretene ist nicht Partei des TV geworden und kann diesen nicht kündigen (BAG 26.4.2000 AP TVG § 1 Kündigung Nr. 4).

29 **2. Tariffähigkeit von Spitzenorganisationen (§ 2 III).** Die von den Mitgliedern abgeleitete Tariffähigkeit nach § 2 III kommt Spitzenorganisationen zu, wenn der **Abschluss von TV zu ihren satzungsmäßigen Aufgaben** gehört. Dabei müssen nicht alle Mitglieder der Spitzenorganisation tariffähig iSv. § 2 I sein, sofern nur die tariffähigen Mitglieder Einfluss auf das Tarifgeschehen haben (BAG 14.12.2010 NZA 2011, 289 Rn. 72 ff.; *Franzen* BB 2009, 1472, 1474; *Jacobs* ZfA 2010, 27, 42 ff.; Wiedemann/*Oetker* Rn. 425 f.; *Wiedemann/Thüsing* RdA 1995, 280, 282; **aA** BAG 2.11.1960 AP ArbGG 1953 § 97 Nr. 1; *Ulber* NZA 2008, 438). In diesem Fall wirken die von der Spitzenorganisation abgeschlossenen TV aber nur für ihre tariffähigen Mitglieder und deren Mitglieder, weil die Tariffähigkeit der Spitzenorganisation von ihren (tariffähigen) Mitgliedern abgeleitet ist (Wiedemann/*Oetker* Rn. 432; **aA** HWK/*Henssler* Rn. 32; *Jacobs* ZfA 2010, 27, 45). Allerdings müssen nach Auff. des BAG im CGZP-Beschl. die tariffähigen Mitglieder der Spitzenorganisation dieser ihre Tariffähigkeit vollständig für deren ges. Organisationsbereich und nicht nur bezogen auf einen bestimmten Wirtschaftszweig, in konkreto die ANÜberlassung, vermitteln (BAG 14.12.2010 NZA 2010, 289 Rn. 76 ff.; verfassungskonform nach BVerfG 25.4.2015 NZA 2015, 757). Das BAG begr. dieses Erfordernis mit dem Erg. einer Auslegung des Begriffs der Spitzenorganisation nach § 2 II und der Funktionsfähigkeit der Tarifautonomie. Dies überzeugt nicht. Das genannte Erfordernis der vollständigen Übertragung der Tarifzust. auf die Spitzenorganisation hat in der bisherigen Diskussion überhaupt keine Rolle gespielt (vgl. *Franzen* BB 2009, 1472 ff.); das BAG hat also einen bislang noch unbekannten Rechtssatz kreiert und nicht ledigl. den bereits lange geläufigen Rechtsbegriff der „Spitzenorganisation" ausgelegt (ebenso *Löwisch* SAE 2013, 11, 13 „nicht vorhersehbar"). Ferner bleibt das BAG den Nachw. dafür schuldig, inwieweit die Tarifautonomie ohne die genannte Einschränkung nicht mehr funktionieren würde. Schließl. existiert ein Rechtssatz nicht, wonach der Rechteinhaber alle ihm zustehende Rechte auf einen Dritten übertragen müsste (näher zur Kritik HWK/*Henssler* Rn. 31a; *Löwisch* SAE 2011, 61; *Lembke* FS Bepler 2012 S. 345; *Löwisch/Rieble* Rn. 410 ff.). Auf Spitzenorganisationen von AGVerbänden kann diese Rspr. ohnehin nicht übertragen werden, weil sie auf solche von ANVereinigungen zugeschnitten ist (*Löwisch/Rieble* Rn. 418; **aA** *Thüsing* NZA-Beil. 2017, S. 3, 5 f.).

29a Nicht erforderl. ist, dass der Abschluss von TV als Aufgabe der Spitzenorganisation ausdr. in der Satzung aufgeführt ist; es genügt, wenn sich dies durch **Auslegung der Satzung der Spitzenorganisation** entnehmen lässt (zur Auslegung von Satzungsbestimmungen *Zachert* NZA 2000, 121, 123). Sieht die Satzung einer Spitzenorganisation die Wahrnehmung ihrer Aufgaben als AGVerband durch eine in ihr gebildete tarifpolitische Arge. vor, der nur Einzelmitglieder angehören können, gehört der Abschluss von TV nicht zu den satzungsgemäßen Aufgaben der Spitzenorganisation iSv. § 2 III (BAG 22.3.2000 AP TVG § 2 Nr. 40). Hat die Spitzenorganisation den TV im eigenen Namen abgeschlossen, ist nur sie als TVPartei zur Kündigung und zu anderen Änd. berechtigt. Die Existenz von TV durch Spitzenorganisationen nimmt deren Mitgliedern nicht die Befugnis, ihrerseits TV abzuschließen; Konflikte werden nach den Grds. der Tarifkonkurrenz gelöst (BAG 22.2.1957 AP TVG § 2 Nr. 2; § 4 Rn. 65 ff.; **aA** Wiedemann/*Oetker* Rn. 442).

30 **Int. Spitzenorganisationen** iSv. § 2 III bestehen nach derzeitigem Stand des int. Tarifrechts nicht. Businesseurope versteht sich als Wirtschaftsverband. Der EGB ist wohl bislang nicht ermächtigt worden, grenzüberschreitende TV abzuschließen. Das BAG hat offen gelassen, ob die int. Transportarbeiter Föderation (ITF) als Spitzenorganisation iSd. § 2 III tariffähig ist (BAG 16.2.2000 NZA 2001, 331).

Die Tariffähigkeit der Spitzenorganisation **beginnt**, wenn sie alle Voraussetzungen einer tariffähigen Koalition erfüllt. Die Tariffähigkeit **endet**, wenn eine der Voraussetzungen der Eigenschaft als tariffähige Koalition wegfällt oder die Spitzenorganisation aufgelöst wird. Zu Fragen der Nachwirkung vgl. § 4 Rn. 60 ff. Der Verband, der sich durch Beschl. aufgelöst und durch Vertrag alle Forderungen und Rechte aus den von ihm abgeschlossenen TV auf einen anderen Verband übertragen hat, hat seine koalitionspolitische Tätigkeit eingestellt und seine Tariffähigkeit verloren (BAG 25.9.1990 AP TVG § 9 Nr. 8). 31

3. Gesetzliche Haftungserweiterung (§ 2 IV). § 2 IV ordnet eine gesamtschuldnerische Haftung von Spitzenverband und Mitglied an, wenn der Spitzenverband als Vertreter der Mitgliedsverbände oder im eigenen Namen einen TV abschließt. Die Haftung schließt sowohl die primären Leistungspflichten aus dem schuldrechtl. Teil des TV (Friedenspflicht, Durchführungspflicht) als auch Schadensersatzpflichten wegen Verletzung von schuldrechtl. Pflichten aus dem TV ein. Hat der Spitzenverband im eigenen Namen nach § 2 III einen TV abgeschlossen, hafteten die Mitglieder nach allg. Grds. nicht aus dem schuldrechtl. Teil des TV. § 2 IV normiert insoweit eine ges. Durchgriffshaftung auf das Mitglied. Handelt der Spitzenverband nach § 2 II als Vertreter **im Namen der Mitglieder**, führt § 2 IV zu einer Eigenhaftung des Vertreters trotz Bestehen von Vertretungsmacht entgegen §§ 164, 179 BGB. In beiden Fällen rechtfertigt sich die Haftungserweiterung aus der Stellung des Spitzenverbands und dem bes. Vertrauen, welches ihm entgegengebracht wird. Eine notwendige Streitgenossenschaft zwischen Mitglied und Spitzenverband ist damit nicht verbunden (Löwisch/*Rieble* Rn. 447). 32

VI. Tarifzuständigkeit

1. Begriff. Aus der Tariffähigkeit ergibt sich die generelle Befugnis zum Abschluss von TV. Die Tarifzuständigkeit eines tariffähigen Verbands bestimmt dagegen den Geschäftsbereich, innerhalb dessen **der Verband TV abschl. kann.** Sie richtet sich grds. nach der Satzung des jeweiligen Verbands (BAG 25.9.1996 AP TVG § 2 Tarifzuständigkeit Nr. 10; 12.11.1996 AP TVG § 2 Tarifzuständigkeit Nr. 11; 14.12.1999 AP TVG § 2 Tarifzuständigkeit Nr. 14). Die Verbände legen im Rahmen ihrer Satzungsautonomie fest, für welchen räuml., fachl. und pers. Organisationsbereich sie von ihrer Regelungsbefugnis Gebrauch machen wollen. Die insoweit maßgebl. Merkmale müssen anhand obj. Merkmale grds. abstrakt umschrieben werden und hinreichend bestimmt sein (BAG 10.2.2009 NZA 2009, 908 Rn. 39). Insb. kann sich die Tarifzuständigkeit nicht auf die jeweiligen Mitglieder des Verbands beschränken, da damit der Umf. der Tarifzuständigkeit von der Entsch. einzelner Mitglieder über den Ein- oder Austritt abhängig wäre und somit das nicht tarifdispositive Merkmal der Tarifgebundenheit (§ 3 Rn. 2) sowie die Vorschr. der § 3 III, § 5 IV und § 77 III 1 BetrVG weitgehend funktionslos würden (BAG 18.7.2006 AP TVG § 2 Tarifzuständigkeit Nr. 19). Davon unberührt bleibt die Möglichkeit der Verbände, in ihrer Satzung Formen der Mitgliedschaft vorzusehen, die keine Tarifbindung nach § 3 I erzeugen (sog. **OT-Mitgliedschaft,** Rn. 9). 33

2. Tarifzuständigkeit bei Gewerkschaften. Die TVParteien legen ihre Zust. selbständig in den Satzungen durch das vereinsrechtl. zust. Organ, regelm. die Mitglieder- bzw. Delegiertenversammlung, fest (ausf. Darst. einzelner Gewerkschaftssatzungen bei *Fischer* RdA 2013, 326, 330 ff.). Dies ist Ausdruck der verfassungsrechtl. garantierten Vereins- und Koalitionsfreiheit. Eine ANVereinigung kann ihren Organisationsbereich betriebs- oder unternehmensbezogen, branchen- oder berufsbezogen, regional- oder personenbezogen festlegen. Ebensogut können mehrere Kriterien kombiniert werden. Außerdem ist es zulässig, die Tarifzust. für die AN bestimmter konkret bezeichneter Unternehmen zu beanspruchen (BAG 17.4.2012 NZA 2012, 1104 Rn. 53; 11.6.2013 NZA 2013, 1363 Rn. 29). Allerdings ist stets die Rückwirkung der Tarifzust. auf die Tariffähigkeit und die soziale Mächtigkeit zu bedenken, da diese Voraussetzungen in Bezug auf den satzungsmäßigen Organisationsbereich bestimmt werden (Rn. 12 f.). Eine ANKoalition kann allerdings ihre Tarifzust. nicht von ihrer Repräsentativität abhängig machen, weil hierdurch die Tarifzust. nicht an die eigene satzungsmäßige Festlegung, sondern an das Handeln eigener Mitglieder oder Dritter gebunden ist (BAG 17.4.2012 NZA 2012, 1104 Rn. 61 ff.). 34

Die Verbände richten die Zust. ihrer Organisation im allg. an zwei Grundprinzipien aus, dem Industrieverbandsprinzip oder dem Berufsverbandsprinzip. Nach dem **Industrieverbandsprinzip** sind die DGB-Mitgliedsgewerkschaften und die christl. Gewerkschaften organisiert. Danach sind alle Unternehmen des jeweiligen Wirtschaftszweigs einbezogen, unabhängig von der jeweiligen Tätigkeit der AN, einschl. etwaiger branchenfremder Betriebsstätten. Allerdings können einzelne, etwa branchenfremde Betriebe auch von der Tarifzuständigkeit ausgenommen werden (BAG 19.11.1985 AP TVG § 2 Tarifzuständigkeit Nr. 4). Demggü. stellt das **Berufsverbandsprinzip** auf die Zugehörigkeit zu bestimmten Berufsgruppen unabhängig von der jeweiligen Branche ab. Nach diesem Prinzip sind die ANKoalitionen mancher Berufsgruppen organisiert, wie etwa die Gewerkschaft Dt. Lokomotivführer (GDL), die Vereinigung Cockpit (VC), die Unabhängige Flugbegleiter Organisation (UFO) oder der Marburger Bund für angestellte Ärzte. Die von diesen Organisationen abgeschlossenen TV beanspruchen aufgrund der in pers. Hinsicht eingeschränkten Tarifzuständigkeit ledigl. Geltung für die Angehörigen des jeweiligen Berufs und damit nur für einen Teil der Belegschaftsmitglieder. Eine 34a

Annexzuständigkeit für den an sich nicht erfassten Teil der Belegschaft besteht grds. nicht (BAG 10.2.2009 NZA 2009, 908). Das Auftreten von nach unterschiedl. Prinzipien organisierten Gewerkschaften stellt die Unternehmen vor neue Herausforderungen, da sie uU unterschiedl. TV anwenden müssen. Das BAG hatte dies in der Vergangenheit mit Hilfe des Grds. der **Tarifeinheit im Betrieb** zu vermeiden gesucht. Nach der Aufgabe dieses Grds. durch das BAG (7.7.2010 NZA 2010, 1068) hat ihn der Gesetzgeber durch das TarifeinheitsG aus dem Jahr 2015 partiell wiederhergestellt (näher § 4a). Echte Tarifkonkurrenzen werden allerdings außer bei AVE regelm. nicht entstehen, da ein AN kaum verschiedenen Gewerkschaften angehören wird (§ 4a Rn. 29 ff.).

35 Die dem DGB angehörenden Gewerkschaften stimmen ihre Tarifzuständigkeiten aufeinander ab, um Kompetenzkonflikte zu vermeiden (§ 15 der Satzung des DGB; hierzu *Brecht-Heitzmann* FS Kempen 2013 S. 333 ff.). Insoweit folgen diese Gewerkschaften dem Prinzip **„ein Betrieb – eine Gewerkschaft"** (vgl. DGB-Schiedsgericht 4.4.2002 AP TVG § 2 Tarifzuständigkeit Nr. 16). Nach § 16 DGB-Satzung werden Streitigkeiten zwischen den Mitgliedsgewerkschaften des DGB nach vorausgegangenem Vermittlungsverf. beim Bundesvorstand durch ein Schiedsverf. entschieden (hierzu *Kempen* FS v. Hoyningen-Huene 2014 S. 191 ff.). Nach der Rspr. des BAG interpretieren die Entsch. des Schiedsgerichts die Tarifzuständigkeit auch für den tarifl. Gegenspieler verbindl. (BAG 17.2.1970 AP TVG § 2 Tarifzuständigkeit Nr. 3; 22.11.1988 AP TVG § 2 Tarifzuständigkeit Nr. 5; 25.9.1996 AP TVG § 2 Tarifzuständigkeit Nr. 10; 12.11.1996 AP TVG § 2 Tarifzuständigkeit Nr. 11). Dies. Wirkung soll eine Einigung in einem Vermittlungsverf. beim Bundesvorstand des DGB haben (BAG 14.12.1999 AP TVG § 2 Tarifzuständigkeit Nr. 14). Solange das Schiedsverf. nicht stattgefunden hat, bleibt es bei der Tarifzuständigkeit der Gewerkschaft, die vor Entstehung der Konkurrenzsituation als zust. angesehen worden ist (BAG 12.11.1996 AP TVG § 2 Tarifzuständigkeit Nr. 11; 27.9.2005 AP TVG § 2 Tarifzuständigkeit Nr. 18 für die Zust. von ver.di und IG Metall bei IBM). Diese Rspr. des BAG ist erhebl. Kritik ausgesetzt, da hierdurch Organe des DGB in die Bestimmung des Geschäftsbereichs der Mitgliedsgewerkschaften und damit in deren Satzungsautonomie eingreifen können. Außerdem sind die einzelnen Mitglieder der Einzelgewerkschaften nach erfolgter Zuordnung durch das DGB-Schiedsgericht oder nach Einigung im Vermittlungsverf. beim DGB-Bundesvorstand gezwungen, die Gewerkschaft zu wechseln, falls sie sich tarifl. geregelte Arbeitsbedingungen sichern wollen. Dies aber greift nicht unerhebl. in die positive Koalitionsfreiheit der Mitglieder ein (näher zur Kritik *Konzen* FS Kraft 1998 S. 291, 310 ff.; *Löwisch/Rieble* Rn. 294 ff.; der BAG-Rspr. zust.: *Linsenmaier* GG Art. 9 Rn. 68; Däubler/*Peter* Rn. 192 f.; *Gamillscheg* KollArbR I § 14 II 2b; Wiedemann/*Oetker* Rn. 84 f.). Organisationskonflikte zwischen DGB-Gewerkschaften können nun auch über § 4a und das dort verankerte betriebsbezogene Mehrheitsprinzip gelöst werden (§ 4a Rn. 11; s. auch *Ludwig/Ramcke* BB 2015, 2933).

36 **3. Tarifzuständigkeit bei Arbeitgeberverbänden.** Die AGVerbände bestimmen ihre Tarifzuständigkeit in der Satzung ebenfalls durch die Festlegung ihres Geschäftsbereichs in räuml. und fachl. Hinsicht. In **räuml. Hinsicht** kommt als Anknüpfungspunkt beim Mitglied der Unternehmenssitz oder der Ort der Betriebsstätte in Betracht. In **fachl. Hinsicht** wird vielfach angeknüpft an die Zugehörigkeit des Mitglieds zu einer bestimmten Branche. Bei Unternehmen mit Betriebstätten, die mehreren Branchen zugeordnet werden können, entscheidet diejenige Branche, welche dem Unternehmen das **„Gepräge"** gibt (Wiedemann/*Oetker* Rn. 68; **aA** Däubler/*Peter* Rn. 190: betriebsbezogener Anknüpfungspunkt, Rn. 37). Indizien für die das Unternehmen prägende Branche bilden in erster Linie die Anzahl der einschlägig beschäftigten AN und in zweiter Linie der maßgebl. Anteil an Umsatz und Gewinn (BAG 22.11.1988 AP TVG § 2 Tarifzuständigkeit Nr. 5; 19.2.2003 AP TVG § 2 Tarifzuständigkeit Nr. 17).

37 **4. Tarifzuständigkeit bei einzelnen Arbeitgebern.** Der einzelne AG ist tariffähig und kann diese nicht dadurch aushebeln, dass er seine Tarifzuständigkeit begrenzt. Der einzelne AG ist mithin **tarifzuständig für alle seine Betriebe**. Die Tarifzuständigkeit des einzelnen AG kann entfallen, wenn er den Unternehmenszweck ändert oder seinen Betrieb aus dem räuml. Geltungsbereich des HausTV verlagert (vgl. BAG 22.11.1988 AP TVG § 2 Tarifzuständigkeit Nr. 5). Betreibt der AG mehrere branchenverschiedene Betriebe, müsste man nach den soeben entwickelten Grds. (Rn. 36) auf die Branche abstellen, welche dem Unternehmen das „Gepräge" gibt. Das BAG lehnt dies jedoch dann ab, wenn die Gewerkschaft nach ihrer Satzung betriebsbezogen operiert, und stellt in solchen Fällen auf den Zweck des einzelnen Betriebs ab (BAG 25.9.1996 AP TVG § 2 Tarifzuständigkeit Nr. 10; 27.9.2005 AP TVG § 2 Tarifzuständigkeit Nr. 18; anders noch BAG 22.11.1988 AP TVG § 2 Tarifzuständigkeit Nr. 5). Dies führt dazu, dass der einzelne AG seine Tarifzuständigkeit nicht mehr autonom durch die Entfaltung entspr. wirtschaftl. Aktivitäten festlegen kann, sondern hins. seiner Tarifzuständigkeit von der Gestaltung der Satzung des tarifl. Gegenspielers abhängig ist. Will der einzelne AG Schutz bei einem AGVerband suchen, muss er uU mehreren Verbänden beitreten und ist hierin ebenfalls abhängig von der Satzungsgestaltung der sich für zust. haltenden Gewerkschaft. Dies aber würde die Tarifautonomie des einzelnen AG erhebl. beeinträchtigen. Daher ist auch insoweit nicht auf die Situation einzelner Betriebe, sondern des Unternehmens abzustellen (ebenso *Buchner* SAE 1998, 262 ff.; *Henssler* ZfA 1998, 517, 523 ff.; dem BAG zust. Däubler/*Peter* Rn. 190; Wiedemann/*Oetker* Rn. 69).

5. Rechtsfolgen fehlender Tarifzuständigkeit. Fehlt einer der TVParteien bei Abschluss eines TV die Tarifzuständigkeit, ist der **TV unwirksam** (BAG 27.11.1964 AP TVG § 2 Tarifzuständigkeit Nr. 1; 24.7.1990 AP TVG § 2 Tarifzuständigkeit Nr. 7; krit. *Gamillscheg* KollArbR I § 14 II 3b). Besteht nur tw. eine gemeinsame Tarifzuständigkeit, ist der TV soweit wirksam, wie sich die Tarifzuständigkeiten beider TVParteien überschneiden (BAG 15.11.2006 NZA 2007, 448; einschränkend *Bayreuther* NZA 2012, 14, 17). Ändert sich die Tarifzuständigkeit nachträgl., so lebt der TV nicht nachträgl. wieder auf (BAG 24.7.1990 AP TVG § 2 Tarifzuständigkeit Nr. 7). Das gilt auch dann, wenn die Verbände gutgläubig von ihrer jeweiligen Zust. ausgegangen sind. Zu den arbeitskampfrechtl. Auswirkungen *Konzen* FS Kraft 1998 S. 291, 306 ff. Fällt die Tarifzuständigkeit nachträgl. weg, wird der TV mit Wirkung für die Zukunft unwirksam. Zur Nachwirkung § 4 Rn. 60. 38

VII. Gerichtliche Feststellung von Tariffähigkeit und Tarifzuständigkeit

Nach §§ 2a I Nr. 4, 97 ArbGG kann die Tariffähigkeit und Tarifzuständigkeit in einem **bes. BeschlV** festgestellt werden. Antragsberechtigt sind die Koalition selbst, deren Tariffähigkeit oder Tarifzuständigkeit bestritten ist (BAG 25.11.1986 AP TVG § 2 Nr. 36), der tarifl. Gegenspieler, insb. auch ein einzelner AG (BAG 17.2.1970 AP TVG § 2 Tarifzuständigkeit Nr. 2), nicht aber ein dort existierender BR (BAG 13.3.2007 NZA 2007, 1069); konkurrierende Organisationen (BAG 10.9.1985 AP TVG § 2 Nr. 34; krit. *Löwisch/Rieble* Rn. 690 ff.), die aber selbst tariffähig sein müssen; die oberste Arbeitsbehörde des Bundes- oder eines Landes, in dessen Gebiet die Vereinigung tätig ist (§ 97 I ArbGG) sowie die Parteien des Rechtsstreits, dessen Ausgang von der Entsch. über die Tariffähigkeit oder Tarifzuständigkeit abhängt (§ 97 V 2 ArbGG), im Hinblick auf die zu klärende Vorfrage (BAG 29.6.2004 NZA 2004, 1236; 18.7.2006 AP TVG § 2 Tarifzuständigkeit Nr. 19). Örtl. zust. ist das LAG, in dessen Bezirk der Sitz der Vereinigung liegt, um deren Tariffähigkeit oder -zuständigkeit es geht (GMP/*Matthes* § 82 Rn. 20). Die Entsch. des Gerichtes bindet die Beteiligten in entspr. Anwendung von § 9 TVG (BAG 10.5.1989 AP TVG § 2 Tarifzuständigkeit Nr. 6). Die **Bindungswirkung** entfällt, wenn sich die Mächtigkeit der Koalition ändert (BAG 1.2.1983 AP ZPO § 322 Nr. 14) oder die Satzung geänd. wird (BAG 19.11.1985 AP TVG § 2 Tarifzuständigkeit Nr. 4). Werden die Fragen der Tarifzuständigkeit oder Tariffähigkeit in einem anderen Prozess str. und hängt der Ausgang des Rechtsstreits von der Klärung dieser Fragen ab, so ist dieser vAw. auszusetzen, bis das Statusverf. durchgeführt wurde (§ 97 V ArbGG; BAG 28.1.2008 NZA 2008, 489; 24.7.2012 NZA 2012, 1061; *Lembke* NZA 2008, 451). Zur **Beteiligung** s. ArbGG § 97 Rn. 4 und ausf. *Ulber* SR 2012, 141. Nach hM wird in dem Verf. bestehende oder fehlende Tariffähigkeit oder Tarifzust. festgestellt, nicht aber zu- oder aberkannt. Wird einer ANKoalition rkr. fehlende Tariffähigkeit bescheinigt, sind die von ihr abgeschlossenen TV von Anfang an unwirksam (BAG 15.11.2006 NZA 2007, 448; krit. *Buchner* DB 2004, 1042; s. a. Rn. 5a). Entspr. gilt für den umgekehrten Fall. 39

§ 3 Tarifgebundenheit

(1) **Tarifgebunden sind die Mitglieder der Tarifvertragsparteien und der Arbeitgeber, der selbst Partei des Tarifvertrages ist.**

(2) **Rechtsnormen des Tarifvertrages über betriebliche und betriebsverfassungsrechtliche Fragen gelten für alle Betriebe, deren Arbeitgeber tarifgebunden ist.**

(3) **Die Tarifgebundenheit bleibt bestehen, bis der Tarifvertrag endet.**

I. Begriff der Tarifgebundenheit

Die Befugnis zur Normsetzung erfordert die Legitimation des Normsetzenden ggü. den Normunterworfenen. Für den Bereich des TV beruht diese grds. auf der Mitgliedschaft der Arbeitsvertragsparteien in den TVschließenden Institutionen (§ 1 Rn. 6). Dementspr. bezeichnet § 3 I den Personenkreis, dem ggü. die TVParteien zur Normsetzung berechtigt sind und begr. die **staatl. Legitimation** zur Normsetzung. Tarifgebunden sind daher grds. die Mitglieder der TVParteien. Erweitert wird dies beim FirmenTV um den AG, der selbst Partei eines TV ist. Dies ist notwendig, um das TVSystem zu sichern für den Fall, dass auf AGSeite keine tariffähigen Koalitionen gebildet werden. Dieses Prinzip der grds. mitgliedschaftl. Legitimation kennt einige Ausnahmen: Die Allgemeinverbindlichkeit (§ 5), betriebl. und betriebsverfassungsrechtl. Normen (§ 3 II), Fortgeltung der Tarifbindung nach Beendigung der Mitgliedschaft (sog. Nachbindung, § 3 III), Erstreckung von TV auf entsandte AN im Anwendungsbereich des AEntG (§ 7 I AEntG) sowie mittelbar die Durchsetzung von TV des Entleihers ggü. den LeihAN des Verleihers (§§ 3 Nr. 3, 9 Nr. 2 AÜG). 1

Die TVParteien können die ges. nach § 3 vorgegebene Tarifbindung nicht erweitern. Insoweit ist **§ 3 nicht dispositiv**. Sofern eine Partei eines Arbeitsvertrags über Mitgliedschaftsrechte in einem tariffähigen Verband verfügt, welche diesem Einfluss vermitteln auf die tarifpolitische Willensbildung, ergibt sich die Tarifbindung als ges. Folge aus § 3. Allerdings können die TVParteien im Rahmen ihrer Satzungsautonomie den Umf. dieser Mitgliedschaftsrechte in mehrerlei Hinsicht festlegen. Zunächst 2 bestimmen die TVParteien aufgrund ihrer Satzung selbständig über ihren Aufgabenbereich und damit über ihre Tarifzuständigkeit (s. § 2 Rn. 33; BAG 18.7.2006 AP TVG § 2 Tarifzuständigkeit Nr. 19). Darüber hinaus können die TVParteien den Umf. der Mitgliedschaftsrechte in der Satzung ebenfalls autonom regeln. Zur **OT-Mitgliedschaft** § 2 Rn. 9. Schließl. können die TVParteien den Geltungsbereich des TV autonom festlegen und daher auch auf einen Teil ihrer Mitglieder begrenzen (BAG 24.2.1999 AP TVG § 3 Verbandszugehörigkeit Nr. 17; § 4 Rn. 16 f.). Dies berührt freilich nicht die Tarifbindung, sondern ledigl. eine weitere Voraussetzung für die Normwirkung von TV und steht daher auch nicht im Widerspruch zur zwgd. Geltung von § 3.

II. Tarifbindung aufgrund Mitgliedschaft im Berufsverband

3 **1. Anforderungen an das Mitglied.** Für die Mitgliedschaft ist das **Satzungsrecht des Vereins** maßgebl. (BAG 16.2.1962 AP TVG § 3 Verbandszugehörigkeit Nr. 12; 22.11.2000 AP TVG § 3 Verbandszugehörigkeit Nr. 20). Auf **AGSeite** kommt es auf die Mitgliedschaft des Unternehmens als AG an, nicht auf diejenige des Betriebs oder Konzern. Daher kann eine Konzernobergesellschaft einer rechtl. selbständigen abhängigen Gesellschaft die Mitgliedschaft und damit auch die Tarifbindung nicht vermitteln. Mitglieder der TVParteien können dabei neben den jur. Personen (AG, GmbH) die Personenhandelsgesellschaften (oHG, KG) sowie die GbR sein. Eine Arbeitsgemeinschaft des Baugewerbes (sog. Arge.) kann daher als GbR Mitglied im AGVerband und damit tarifgebunden sein oder die Tarifbindung aufgrund der Mitgliedschaft aller beteiligten Gesellschaften vermittelt bekommen (Wiedemann/*Oetker* Rn. 124 f.). Auch ein einzelner Gesellschafter kann in Ausnahmefällen für die Gesellschaft die Mitgliedschaft im AGVerband erwerben, wenn der Gesellschafter selbst unternehmerisch tätig ist und einen beherrschenden Einfluss in der Gesellschaft hat (BAG 22.2.1957 AP TVG § 2 Nr. 2; 10.12.1997 AP TVG § 3 Nr. 20; 10.12.1997 AP TVG § 3 Nr. 21). Ist die TVPartei eine Spitzenorganisation, genügt für die Tarifbindung die Mitgliedschaft in dem jeweiligen Verband, welcher der Spitzenorganisation angehört. Auf **ANSeite** ist die Mitgliedschaft des AN, also einer natürl. Person, in der ANKoalition erforderl.

4 **2. Anforderungen an die Mitgliedschaft.** Die Tarifbindung setzt voraus, dass dem Mitglied die wesentl. Mitgliedschaftsrechte zustehen, also die Mitwirkungs- und Stimmrechte. Entscheidend ist, dass das Mitglied aufgrund dieser Mitgliedschaftsrechte die tarifpolitische Willensbildung des Verbands beeinflussen kann. Sieht die Verbandssatzung eine Vollmitgliedschaft und eine Gastmitgliedschaft vor, die nicht mit Stimmrechten verbunden ist, so besteht keine Tarifbindung für Gastmitglieder (BAG 16.2.1962 AP TVG § 3 Verbandszugehörigkeit Nr. 12; 25.9.2002 AP TVG § 1 Bezugnahme auf Tarifvertrag Nr. 26; Wiedemann/*Oetker* Rn. 135). Zur Problematik der sog. **OT-Mitgliedschaft** § 2 Rn. 9.

5 **Keine Tarifbindung** erwächst kraft Rechtsscheins einer Mitgliedschaft oder aufgrund Mitgliedschaft kraft Rechtsscheins (ebenso *Löwisch/Rieble* Rn. 321 ff.; **aM** aber obiter BAG 2.12.1992 AP TVG § 3 Nr. 14; Däubler/*Lorenz* Rn. 20; Wiedemann/*Oetker* Rn. 138). Zum Rechtsschein kann es kommen, wenn ein Nichtmitglied sich ständig durch einen Verband vertreten lässt oder wenn ein Mitglied wegen Rückständen in der Beitragszahlung aus der Organisation ausgeschlossen wird. Bis dieser Umstand bekannt wird, kann sich allenfalls die Arbeitsvertragspartei darauf berufen, sie habe darauf vertraut, dass eine Tarifgebundenheit bestehe. Dagegen entfaltet der Rechtsschein weder mitgliedschaftl. Rechtswirkungen ggü. Dritten noch hat dies Auswirkungen auf die Tarifbindung.

6 **3. Erwerb der Mitgliedschaft.** Die Mitgliedschaft wird durch Vertrag erworben (sog. **Mitgliedsaufnahmevertrag**). Daher erfordert der Erwerb der Mitgliedschaft einen Antrag des aufnahmewilligen Mitglieds und die Annahme durch die Organisation (LAG HM 11.5.1989 LAGE TVG § 4 Abschlussnormen Nr. 1). Die Verbandssatzung kann für die Form von Aufnahmeantrag und Annahmeerklärung des Verbands sowie über die Zust. des über die Annahme entscheidenden Verbandsorgans bes. Voraussetzungen aufstellen. Ein Minderjähriger bedarf zum Erwerb der Mitgliedschaft grds. der Zust. seines ges. Vertreters (§§ 107, 108 BGB); im Falle der Ermächtigung zur Aufnahme eines Dienst- oder ArbVerh. nach § 113 BGB ist davon auch der Gewerkschaftsbeitritt erfasst (BGB § 113 Rn. 9). Im Falle der Verschmelzung von zwei Gewerkschaften erwerben die Mitglieder der bisherigen Gewerkschaften die Mitgliedschaft in der neu gegründeten Gewerkschaft (BAG 11.5.2005 NZA 2005, 1362).

7 Ist der Aufnahmeantrag unwirksam, das Mitgliedschaftsverhältnis aber in Vollzug gesetzt worden, so begr. dies die formgültige Mitgliedschaft entspr. den **Grds. zur fehlerhaften Gesellschaft.** Danach führt der fehlerhafte Beitritt zur wirksamen Mitgliedschaft, die durch außerordentl. Austritt beendet werden kann. In diesem Fall erwächst hieraus auch die Tarifbindung nach § 3 I. Allerdings treten die Rechtsfolgen des § 3 III nicht ein, nachdem die Unwirksamkeit der Mitgliedschaft geltend gemacht wurde. § 3 III dient nicht dazu, eine fehlerhafte Mitgliedschaft und daraus resultierender Tarifbindung für die Zukunft der fehlerfreien Mitgliedschaft gleichzustellen, nachdem der Fehler entdeckt und geltend gemacht wurde (vgl. *Gamillscheg* KollArbR I § 17 I 1 d; *Löwisch/Rieble* Rn. 99).

8 Einen **Anspruch auf Aufnahme** in eine Koalition sehen die Satzungen tarifschließender Verbände normalerweise nicht vor. Allerdings besteht zwischen den DGB-Gewerkschaften ein Übertrittsrecht, wenn ein Mitglied in die Zust. einer anderen DGB-Gewerkschaft gelangt. Außerdem ergibt sich aus

der Rspr. des BGH ein ges. Aufnahmeanspruch, wenn ein Verband eine überragende Machtstellung im wirtschaftl. oder sozialen Bereich innehat, ein wesentl. Interesse am Erwerb der Mitgliedschaft besteht und die Ablehnung der Aufnahme im Verhältnis zu den bereits aufgenommenen Mitgliedern eine sachl. nicht gerechtfertigte Ungleichbehandlung und unbillige Benachteiligung der die Aufnahme begehrenden Person darstellen würde (BGH 10.12.1984 NJW 1985, 1216; 15.10.1990 NJW 1991, 485; OLG F 22.8.2001 NZA-RR 2002, 551; Wiedemann/*Oetker* § 2 Rn. 239 ff.). Dies trifft auf die DGB-Gewerkschaften und die der BDA angehörenden AGVerbände und deren Mitgliedsverbände zu.

4. Ende der Mitgliedschaft. a) Austritt bzw. Kündigung. Die Austrittsmodalitäten ergeben sich aus der **Verbandssatzung** sowie aus der abdingbaren Vorschr. des § 39 I BGB, welche die Verbandsmitglieder zum grds. entfristeten Verbandsaustritt berechtigt. Nach § 39 II BGB kann die Satzung vorsehen, dass der Austritt nur zum Schluss eines Geschäftsjahres oder erst nach dem Ablauf einer Kündigungsfrist zulässig ist, die höchstens zwei Jahre beträgt. Diese Frist hat die Rspr. wegen der Bedeutung der Koalitionen unter dem rechtl. Gesichtspunkt der negativen Koalitionsfreiheit bei Gewerkschaftssatzungen auf ein halbes Jahr reduziert (BGH 4.7.1977 AP GG Art. 9 Nr. 25; 22.9.1980 AP GG Art. 9 Nr. 33). Der BGH hat diese Rspr. auf Satzungen von AGVerbänden übertragen (BGH 29.7.2014 NZA 2014, 1352 **aA** Däubler/*Lorenz* Rn. 47; *Oetker* ZfA 1998, 41, 69 ff.; GG Art. 9 Rn. 38; offen gelassen von BAG 14.12.2004 AP TVG § 3 Verbandsaustritt Nr. 12). Sehen die Verbandssatzungen längere Kündigungsfristen vor, werden diese nach hM auf die angemessene Frist reduziert (BGH 29.7.2014 NZA 2014, 1352 Rn. 32). Die Kündigungserklärung „zum nächstmögl. Termin" beendet die Mitgliedschaft zum nächstmögl. satzungsmäßigen Beendigungstermin (BAG 14.12.2004 AP TVG § 3 Verbandsaustritt Nr. 12). 9

Falls die Verbandssatzung ledigl. einen befristeten Austritt erlaubt und insoweit § 39 I BGB abbedingt, ist ein **sofortiger Austritt** nur bei wichtigem Grund zulässig. Ein wichtiger Grund stellt nicht bereits der Neuabschluss eines unliebsamen TV dar. Denkbar ist freil., dass die Anwendung des geltenden Tarifrechts zur wirtschaftl. Notlage des Mitgliedsunternehmens führt. Die Voraussetzungen für den wichtigen Grund iE sind in solchen Fällen noch nicht ausgelotet. Jdf. wenn das Festhalten an der Tarifbindung für den Verband unzumutbar wäre (§ 1 Rn. 34), muss dies unter denselben Voraussetzungen zur Unzumutbarkeit der Mitgliedschaft für das Verbandsmitglied führen, mit der Folge, dass ein wichtiger Grund für die außerordentl. Kündigung der Mitgliedschaft besteht. In solchen Ausnahmefällen muss dann auch die Nachbindung nach § 3 III entfallen, da diese dem Sinne einer außerordentl. Kündigung wegen Unzumutbarkeit der Mitgliedschaft zuwiderläuft (*Löwisch/Rieble* Rn. 154; Wiedemann/*Oetker* Rn. 54; **aA** Däubler/*Lorenz* Rn. 54). 10

b) Aufhebungsvertrag. Ein Austritt aus dem Verband ist auch aufgrund eines Aufhebungsvertrags mit sofortiger Wirkung für die Zukunft mögl. Hierbei handelt es sich nicht um einen Verzicht auf die Kündigungsfrist (in dieser Richtung aber *Plander* NZA 2005, 897), sondern um ein legitimes und aufgrund der Vereinigungsfreiheit gebotenes Gestaltungsmittel für die Rechtsbeziehungen von Verband und Mitglied (ebenso *Oetker* ZfA 1998, 41, 46 f.; *Löwisch/Rieble* Rn. 159 ff.; BAG 18.5.2011 NZA 2011, 1378). Von dieser Frage zu unterscheiden ist, ob der Vorstand des Verbands zum Abschluss solcher Aufhebungsverträge vertretungsbefugt ist. Dies bestimmt sich nach der Verbandssatzung; fehlt die Vertretungsbefugnis, ergibt sich die Rechtsfolge aus § 177 BGB. Die Tarifbindung selbst kann durch einen „rückdatierten" Aufhebungsvertrag ebenso wenig verändert werden wie durch einen „rückdatierten" Beitritt; insoweit gelten dies. Grds. (Rn. 19). 11

In jüngerer Zeit haben die Rspr. Fälle des sog. **„Blitzaustritts"** aus dem AGVerband bzw. **„Blitzwechsels"** in die OT-Mitgliedschaft beschäftigt (vgl. BAG 20.2.2008 NZA 2008, 946; 4.6.2008 NZA 2008, 1366; 26.8.2009 NZA 2010, 230; 18.5.2011 NZA 2011, 1378; 19.6.2012 NZA 2012, 1372). Das BAG hält dies erlaubende Satzungsgestaltungen für vereinsrechtl. zulässig und will die Problematik für den Zeitraum vom Beginn der TVVerh. bis zum Abschluss des TV tarifrechtl. mit Hilfe einer dogmatisch nicht abgesicherten Pflicht des AGVerbands zur Inf. ggü. der verhandelnden Gewerkschaft über den Austritt bzw. Wechsels des Mitglieds lösen, weil anderenfalls die Funktionsfähigkeit der Tarifautonomie beeinträchtigt sei; bei unterlassener Inf. soll die Tarifbindung des ausgeschiedenen Mitglieds nach § 3 I weiterbestehen (allg. zu einem solchen Informationsanspruch *Ahrendt* RdA 2010, 345; zu den Anforderungen an die Darlegungslast des klagenden AN BAG 18.5.2011 NZA 2011, 1378) – allerdings nur hins. des TV, um den während der Zeit des Wechsels in die OT-Mitgliedschaft verhandelt wurde, nicht hins. später abgeschlossener TV (BAG 21.11.2012 NZA-RR 2014, 545 Rn. 31). An die Inf. über den Statuswechsel selbst stellt das BAG geringe formale Anforderungen; es genügt, wenn das Mitglied die Gewerkschaft über den Wechsel in die OT-Mitgliedschaft mdl. unterrichtet (BAG 19.6.2012 NZA 2012, 1372 Rn. 35; dazu *Willemsen/Mehrens* NZA 2013, 79). 11a

Das BAG bleibt allerdings den Nachw. dafür schuldig, worin in diesen Fällen die Beeinträchtigung der Tarifautonomie liegen soll, und erweitert hierdurch in bedenkl. Weise die an das Verbandsrecht anknüpfende Tarifbindung nach § 3 I (mit Recht krit. *Bauer/Haußmann* RdA 2009, 99; *Konzen* FS Bauer 2010 S. 559; *Höpfner* ZfA 2009, 541; *Rieble* RdA 2009, 280; *Willemsen/Mehrens* NJW 2009, 1916; dem BAG grds. zust. *Krause* GS Zachert 2010 S. 605). Nach allg. Grds. ist daher ein kurzfristiger Austritt aus dem AGVerband nur zulässig aufgrund eines Aufhebungsvertrags mit Wirkung für die 11b

Zukunft (Rn. 11), durch einseitige Erkl. nur unter den engen Voraussetzungen eines wichtigen Grundes, falls die Verbandssatzung nur einen befristeten Austritt vorsieht (Rn. 10). Eine andere Bewertung verdient der vielfach in Verbandssatzungen vorgesehene **kurzfristige Wechsel in die OT-Mitgliedschaft**, weil AGVerbände wegen der gleichen Beitragspflichten regelm. keine Anreize haben, solche Wechsel zu vermeiden (§ 2 Rn. 9a).

12 **c) Ausschluss.** Regelm. sehen die Satzungen vor, unter welchen Voraussetzungen ein Mitglied aus dem Verband ausgeschlossen werden kann. Für den Ausschluss muss das in der Satzung vorgesehene Verf. eingehalten werden (BGH 27.9.1993 AP GG Art. 9 Nr. 70). Verfahrensfehler beim Ausschluss werden dann geheilt, wenn das Mitglied die in der Satzung vorgesehene Möglichkeit, einen bes. Ausschuss, die Mitgliederversammlung oder ein Schiedsgericht anzurufen, versäumt (BGH 6.3.1967 Z 47, 172, 174). Falls der Verband wegen seiner überragenden Machtstellung im wirtschaftl. oder sozialen Bereich in gewissem Umf. einer Aufnahmepflicht unterliegt (Rn. 8), muss für den Ausschluss in materieller Hinsicht ein rechtfertigender Grund bestehen sowie ein Ausschluss in der Verbandssatzung vorgesehen sein. Sachl. gerechtfertigt ist etwa der Ausschluss eines Gewerkschaftsmitglieds, der einer Partei oder Organisation als Funktionär (BGH 28.9.1972 AP GG Art. 9 Nr. 21) oder einfaches Mitglied (BGH 4.3.1991 EzA GG Art. 9 Nr. 51) angehört, die gewerkschaftsfeindl. Ziele verfolgt oder ein prinzipiell anderes Verständnis von der Rolle der Gewerkschaften im demokratischen Rechtsstaat hat. Das BVerfG hat die Anforderungen an den Gewerkschaftsausschluss wegen des Selbstbestimmungsrechts der Koalition als Ausfluss der Koalitionsfreiheit tendenziell gesenkt. Wegen des Erfordernisses eines einheitl. Erscheinungsbildes nach außen und der Solidarität der Mitglieder untereinander könne ein Gewerkschaftsmitglied ausgeschlossen werden, wenn es sich auf einer konkurrierenden Liste um ein Mandat als BR bemüht (BVerfG 24.2.1999 AP BetrVG 1972 § 20 Nr. 18; nicht so weitgehend: BAG 2.12.1960 AP BetrVG § 19 Nr. 2; vgl. BGH 13.6.1966 AP BetrVG § 19 Nr. 5; 30.5.1983 AP BetrVG 1972 § 20 Nr. 9; 25.3.1991 AP BGB § 25 Nr. 3).

13 **d) Bedingung und Befristung.** Die Mitgliedschaft endet, wenn diese befristet oder auflösend bedingt ist und die Bedingung eingetreten bzw. die vereinbarte Zeit abgelaufen ist. In Gewerkschaftssatzungen ist gelegentl. vorgesehen, dass die Mitgliedschaft endet, wenn Beiträge für eine bestimmte Zeit rückständig sind oder auf Mahnungen nicht gezahlt werden. Derartige Klauseln sind zulässig, wenn sie nach dem Rechtsgedanken der §§ 543 II Nr. 3, 498 I Nr. 1 BGB an die Voraussetzung des Verzugs mit zwei Monatsbeiträgen anknüpfen (*Löwisch/Rieble* Rn. 170 f.). Auf AGSeite ist gelegentl. vorgesehen, dass die Mitgliedschaft endet, wenn über das Vermögen des AG das Konkurs/Insolvenzverf. eröffnet wird. Ferner kann nach der Satzung die Mitgliedschaft enden, wenn der AG seine AGEigenschaft verliert. Zur Tariffähigkeit des AG in solchen Fällen § 2 Rn. 26.

14 **e) Weitere Tatbestände.** Der **Tod** des AN (§ 38 BGB) und die Vollbeendigung einer jur. Person beenden die Mitgliedschaft im jeweiligen Verband. Die Eröffnung eines **Insolvenzverf.** über das Mitglied berührt die Mitgliedschaft nicht, es sei denn, dass die Satzung etwas anderes bestimmt. Die Tarifbindung bleibt über die Insolvenzeröffnung erhalten, weil der InsV nach § 80 InsO die Rechte aus der Mitgliedschaft wahrnehmen kann (BAG 28.1.1987 AP TVG § 4 Geltungsbereich Nr. 14; 27.6.2000 AP TVG § 2 Nr. 56). Die Eröffnung des Insolvenzverf. berechtigt den InsV nicht zur sofortigen Beendigung der Mitgliedschaft nach § 103 InsO (*Löwisch/Rieble* Rn. 173). Der InsV ist als solcher nicht tarifgebunden, wenn und soweit er dem tarifschließenden Verband nicht angehört. Die mitgliedschaftl. Stellung des Mitglieds kann nach der allerdings dispositiven (§ 40 BGB) Vorschr. des § 38 BGB nicht übertragen werden. Dies gilt sowohl in Fällen, in denen das Mitglied einer Umwandlung nach dem UmwG unterliegt, als auch für den Fall eines Betriebsinhaberwechsels nach § 613a BGB; der Erwerber/neue Rechtsträger tritt nicht in die mitgliedschaftsrechtl. Stellung des Veräußerers/bisherigen Rechtsträgers ein (BAG 2.12.1992 AP TVG § 3 Nr. 14; 10.11.1993 AP TVG § 3 Verbandszugehörigkeit Nr. 13). Demggü. ist die Mitgliedschaft auf Seiten des Verbands nicht höchstpers. Im Fall der Verschmelzung von zwei AGVerbänden oder Gewerkschaften erwerben die Mitglieder der zuvor bestehenden Verbände die Mitgliedschaft im neu entstandenen Rechtsträger, weil das UmwG die Sukzession anordnet (vgl. zur Fusion zu ver.di BAG 11.5.2005 NZA 2005, 1362).

III. Tarifgebundenheit beim Firmentarifvertrag

15 Der AG, der einen FirmenTV abschließt, ist TVPartei und zugleich Partei des Arbeitsvertrags. Als Partei des FirmenTV ist er gleichzeitig Normgeber und Normunterworfener. Die ges. Legitimation für die Normunterwerfung liegt in der ges. Anordnung von § 3 I aE. Die **Tarifgebundenheit** des einzelnen AG **endet** mit dem TV selbst (zu den Beendigungstatbeständen § 1 Rn. 30 ff.), mit dem Verlust seiner eigenen Tariffähigkeit (§ 2 Rn. 26) sowie der Tariffähigkeit der Gewerkschaft (§ 2 Rn. 18). Die bloße Beendigung der AGEigenschaft als solche beendet die Tarifgebundenheit nicht, weil es für die Tariffähigkeit des AG auf dessen potentielle AGEigenschaft ankommt (§ 2 Rn. 26); der AG, der keine AN mehr beschäftigt, muss mit den zulässigen rechtl. Instrumentarien den TV beenden (§ 1 Rn. 30 ff.). Bei einem Betriebsübergang nach § 613a I BGB tritt der Betriebserwerber nur in die Stellung des Betriebsveräußerers als Partei des Arbeitsvertrags ein, nicht aber in die Stellung des AG als Partei des

FirmenTV (§ 613a I 1 BGB; BAG 26.8.2009 NZA 2010, 238 Rn. 28 f. mwN.). Bei einer Verschmelzung (Neugründung bzw. Aufnahme) geht wegen der in § 20 I Nr. 1 UmwG angeordneten Gesamtrechtsnachfolge ein FirmenTV uneingeschränkt auf den neuen Rechtsträger über (BAG 4.7.2007 NZA 2008, 307). Die Tarifgebundenheit kann sich bei einem mehrgliedrigen TV (§ 1 Rn. 22) auch auf eine Mehrheit von AG erstrecken, bspw. wenn eine Konzernobergesellschaft namens und in Vollmacht für die abhängigen Unternehmen TV abschließt (BAG 24.11.1993 AP TVG § 1 Tarifverträge: Einzelhandel Nr. 39; 10.11.1993 AP TVG § 1 Tarifverträge: Einzelhandel Nr. 42).

IV. Tarifgebundenheit bei Betriebsnormen und betriebsverfassungsrechtlichen Normen (§ 3 II)

16 Rechtsnormen des TV über betriebl. und betriebsverfassungsrechtl. Fragen gelten für alle Betriebe, deren AG tarifgebunden ist (§ 3 II). Diese Vorschr. trägt dem Umstand Rechnung, dass solche Normen nur einheitl. im Betrieb gelten können und daher deren Anwendung nicht von der Mitgliedschaft der AN im tarifschließenden Verband abhängig gemacht werden kann. Zum Begriff „Betriebsnorm" § 1 Rn. 45 ff. und „Betriebsverfassungsnorm" § 1 Rn. 48. Im Falle eines gemeinsamen Betriebs mehrerer Unternehmen müssen alle Trägerunternehmen tarifgebunden sein und dem tarifschließenden Verband auf AGSeite angehören (HWK/*Henssler* Rn. 35). Denkbar ist aber auch die Mitgliedschaft des gemeinsamen Betriebs als GbR. Die Wirksamkeit einer Tarifnorm als Betriebsnorm hängt nicht davon ab, dass der TV von allen im Betrieb vertretenen Gewerkschaften abgeschlossen wurde (BAG 9.12.2009 NZA 2010, 712).

17 Gegen § 3 II werden verschiedene **verfassungsrechtl. Bedenken** geltend gemacht; insb. wird ein Verstoß gegen die negative Koalitionsfreiheit der AußenseiterAN behauptet, weil den TVParteien die Legitimation fehle, für diese Rechtsnormen zu setzen (*Giesen* S. 275 ff., 379 ff.; dagegen die hM: *Gamillscheg* KollArbR I S. 720; *H. Hanau* RdA 1996, 158 ff., 165 ff.). Das BVerfG hat bislang lediglich die Verfassungsmäßigkeit von § 5 ausdr. bejaht (BVerfG 24.3.1977 AP TVG § 5 Nr. 15; 15.7.1980 AP TVG § 5 Nr. 17). Nach den dort aufgestellten Grds. dürfte § 3 II weder gegen die negative Koalitionsfreiheit noch gegen andere Verfassungsprinzipien wie das Rechtsstaats- oder Demokratieprinzip verstoßen: Die negative Koalitionsfreiheit ist nicht verletzt, weil § 3 II als solcher keinen unangemessen Druck ausübt, dem tarifschließenden Verband beizutreten; das Demokratie- und das Rechtsstaatsprinzip sind nicht verletzt, weil § 3 II als Ermächtigungsgrdl. zur Normsetzung ggü. nicht organisierten AN ausreicht (ebenso BAG 7.11.1995 AP TVG § 3 Betriebsnormen Nr. 1). Voraussetzung der Tarifbindung des AG ist allerdings, dass wenigstens ein AN Mitglied der tarifschließenden Gewerkschaft ist (MüArbR/*Rieble/Klumpp* § 177 Rn. 37 ff.; **aA** Däubler/*Heuschmid/Klein* § 1 Rn. 1134; HWK/*Henssler* Rn. 35; Wiedemann/*Oetker* Rn. 168). Die Gewerkschaft hat keine Legitimation, ausschl. Außenseiter an den TV zu binden. Die Darlegungs- und Beweislast für diesen Umstand trägt diejenige Partei des Rechtsstreit, welche aus der Tarifbindung des AG günstige Folgen für sich herleitet, regelm. also die Gewerkschaft oder ein klagender AN. Für die ähnl. gelagerte Fragestellung, unter welchen Voraussetzungen eine Gewerkschaft nach dem BetrVG im Betrieb vertreten ist, hat das BAG im Ansatz zutr. einen mittelbaren Beweis zugelassen (BAG 25.3.1992 AP BetrVG 1972 § 2 Nr. 4; näher BetrVG § 2 Rn. 4). Diese Rspr. kann auf die vorliegende Problematik übertragen werden.

V. Beginn der Tarifbindung

18 Die Bindung an einen existierenden, in Kraft gesetzten TV beginnt, wenn die Erfordernisse für die Tarifbindung erfüllt sind. Dies hängt davon ab, ob das G beiderseitige Tarifbindung verlangt oder ausnahmsweise die Tarifbindung einer der Arbeitsvertragsparteien genügen lässt. Demgemäß beginnt die Tarifbindung bei Inhalts-, Abschluss- und Beendigungsnormen eines VerbandsTV mit der beiderseitigen Mitgliedschaft der Arbeitsvertragsparteien in den jeweiligen tarifschließenden Verbänden. Bei **Betriebsnormen und Normen über betriebsverfassungsrechtl. Fragen** beginnt die Tarifbindung mit dem Beginn der Mitgliedschaft des AG im tarifschließenden AGVerband. Bei HausTV beginnt die Tarifbindung, wenn der AN Mitglied der Gewerkschaft wird, die den TV abgeschlossen hat. Im Falle des § 3 III beginnt die Tarifbindung mit Wirksamwerden des Beitritts des AN in die tarifschließende Gewerkschaft (BAG 4.8.1993 AP TVG § 3 Nr. 15). Dasselbe gilt im Nachwirkungsstadium nach § 4 V; mit dem Beitritt wirken nachwirkende TVNormen unmittelbar, aber nicht zwgd. (*Gamillscheg* KollArbR I § 17 I 4a S. 722). Liegen die Voraussetzungen der Tarifbindung bereits bei Abschluss bzw. dem Inkrafttreten des TV vor, beginnt die Tarifbindung bereits zu diesem Zpkt.

19 In den meisten Fällen ist demnach entscheidend für den Beginn der Tarifbindung der uU übereinstimmende **Beginn der Mitgliedschaft** im jeweiligen tarifschließenden Verband. Dies hängt grds. vom Binnenrecht des Verbands ab. So kann die Verbandssatzung bspw. vorsehen, dass die Mitgliedschaft bereits mit Abgabe oder Zugang der Beitrittserklärung durch die aufnahmewillige Person beginnt (vgl. BAG 27.4.1988 AP BeschFG 1985 § 1 Nr. 4; 22.11.2000 AP TVG § 3 Verbandszugehörigkeit Nr. 20). Außerdem kann iRd. Verbandsautonomie auch vereinbart werden, dass das Mitglied für einen Zeitraum in der Vergangenheit rückwirkend aufgenommen wird. Solche Vereinb. entfalten

jedoch keine Außenwirkung und lassen daher den Beginn der Tarifbindung unberührt. Daher ist es ausgeschlossen, den Beitritt eines AN zur Gewerkschaft zurückzudatieren und diesem hierdurch tarifl. Rechte zu sichern; für den Beginn der Tarifbindung kommt es daher auf den sog. „tats. Beitritt" an (BAG 20.12.1988 AP BetrVG 1972 § 87 Auszahlung Nr. 9; 22.11.2000 AP TVG § 3 Verbandszugehörigkeit Nr. 20).

20 Werden tarifl. Ansprüche für bestimmte Zeiträume geltend gemacht, müssen demgemäß die Erfordernisse der Tarifbindung für den jeweiligen Zeitraum vorliegen (*Schliemann* ZTR 2004, 502, 503). Setzen die TVParteien den TV mit **Rückwirkung** in Kraft, ist erforderl., aber auch ausreichend, wenn die Tarifbindung zum Zpkt. des Abschlusses des TV bestanden hat; auf die Tarifbindung für den Rückwirkungszeitraum kommt es nicht an (*Löwisch/Rieble* Rn. 212 ff.; **aA** BAG 20.6.1958 AP TVG § 1 Rückwirkung Nr. 2; 30.4.1969 AP TVG § 1 Rückwirkung Nr. 6; 6.8.2002 AP BetrVG 1972 § 112 Nr. 154; Wiedemann/*Oetker* Rn. 47 f.). Dies folgt aus dem Umstand, dass eine rückwirkende Rechtsnorm nicht in der Vergangenheit gelten, sondern in der Gegenwart Rechtsfolgen für die Vergangenheit setzen soll. Dagegen besteht für Mitglieder der TVParteien, die zZ des TVAbschlusses diesen nicht mehr angehören, keine Regelungskompetenz mehr. Daher werden die ausgeschiedenen Mitglieder auch dann nicht erfasst, wenn der TV zurückwirken soll (BAG 20.6.1958 AP TVG § 1 Rückwirkung Nr. 2; 13.12.1995 AP TVG § 1 Rückwirkung Nr. 15). Davon zu unterscheiden ist der Fall, dass der TV mit seinem Abschluss in Kraft tritt, aber seine Rechtsfolgen stufenweise eintreten (sog. **StufenTV**). In diesen Fällen genügt es, dass bei Abschluss des TV Tarifbindung bestand. Der TV gilt dann nach § 3 III fort (BAG 17.5.2000 AP TVG § 3 Verbandsaustritt Nr. 8). Hierbei steht es grds. im Ermessen der TVParteien, zu welchem Zpkt. sie den TV in Kraft setzen (LAG HM 10.6.1998 NZA-RR 1999, 195).

VI. Ende der Tarifbindung

21 **1. Beendigungstatbestände.** Die Tarifgebundenheit endet nach der Grundregel des § 3 I, wenn der TV**abläuft** oder wenn im Normalfall des Erfordernisses beiderseitiger Tarifgebundenheit eine der Arbeitsvertragsparteien die **Mitgliedschaft** im tarifschließenden Verband beendet. Beendigungstatbestände des TV sind Kündigung, Zeitablauf bei Befristung oder Vorliegen eines Unwirksamkeitsgrundes (§ 1 Rn. 30 ff.). Die Beendigung der Mitgliedschaft im tarifschließenden Verband richtet sich nach der Satzung des Verbands (Rn. 9 ff.). Die Tarifgebundenheit endet überdies, wenn das ArbVerh. der tarifgebundenen Personen den Geltungsbereich des TV verlässt, etwa durch Betriebsübergang (§ 613a I BGB) oder Branchenwechsel (BAG 10.12.1997 AP TVG § 3 Nr. 20). Von diesen Grds. macht § 3 III eine Ausnahme. Diese Vorschr. erweitert die Tarifgebundenheit auch über den Austritt des Mitglieds aus dem tarifschließenden Verband hinaus bis zur Beendigung des TV.

22 **2. Fortbestand der Tarifbindung bei Verbandsaustritt (§ 3 III). a) Normzweck.** Ohne § 3 III könnten sich die Arbeitsvertragsparteien nach Ablauf der verbandsrechtl. verlangten Austrittsfrist der Tarifbindung entziehen, wenn ihnen ein neu abgeschlossener TV nicht gefällt. Dementspr. dient § 3 III der Sicherung der TVTreue (*Löwisch/Rieble* Rn. 245) und ist insoweit Ausdruck des Grds. „pacta sunt servanda" (*Büdenbender* NZA 2000, 519, 513 f.). Die Tarifgebundenen sollen sich also der Bindung an einen ihnen nicht passenden TV nicht entziehen können, sondern durch Einflussnahme auf den innerverbandl. Willensbildungsprozess auf einen passenden TV hinwirken. Zu diesem Zweck fingiert § 3 III für die Tarifbindung die fehlende Mitgliedschaft der jeweiligen Arbeitsvertragspartei im tarifschließenden Verband.

23 **b) Anwendungsfälle.** § 3 III gilt für AG und AN gleichermaßen; der AN kann sich seiner Tarifbindung durch Austritt ebenso wenig entziehen wie der AG (BAG 4.4.2001 AP TVG § 4 Tarifkonkurrenz Nr. 26). Tritt ein im Betrieb beschäftigter AN der tarifschließenden Gewerkschaft bei, nachdem der AG den tarifschließenden AGVerband verlassen hat, ergibt sich die Tarifgebundenheit des AG aus § 3 III (BAG 4.8.1993 AP TVG § 3 Nr. 15; 6.7.2011 NZA 2011, 281). Der Hauptanwendungsfall von § 3 III ist demnach der **Austritt von AG oder AN** aus ihren jeweiligen Verbänden. Dem müssen der Verbandsausschluss, die anderweitige Beendigung der Verbandsmitgliedschaft und auch der Wechsel in die OT-Mitgliedschaft (BAG 23.2.2005 AP TVG § 4 Nachwirkung Nr. 42; 4.6.2008 NZA 2008, 1366; § 2 Rn. 9) gleichgestellt werden.

24 Dagegen ist **§ 3 III nicht anzuwenden** im Falle des Todes von AG oder AN, weil der Erbe nicht automatisch in die Vereinsmitgliedschaft eintritt (*Löwisch/Rieble* Rn. 249). Das Gleiche gilt für die Umwandlung (Verschmelzung und Spaltung jur. Personen nach dem UmwG), für den Betriebsinhaberwechsel nach (§ 613a I BGB) sowie für den Fall des Herauswachsens des AG aus dem Geltungsbereich des TV (BAG 10.12.1997 AP TVG § 3 Nr. 20), weil § 3 III nur die fehlende Verbandsmitgliedschaft fingiert. Die Auswirkungen auf bestehende TV werden für die Umwandlung von § 324 UmwG iVm. § 613a I 2 bis 4 BGB sowie für den Betriebsübergang nach § 613a I 2 bis 4 BGB geregelt, so dass für einen Rückgriff auf § 3 III kein Raum ist. Davon zu unterscheiden ist freil. die Frage, ob § 613a I 2 bis 4 BGB eine kollektiv-rechtl. Weitergeltung eines TV nach §§ 3 I, 4 I zulässt, wenn alle Voraussetzungen für eine TVNormwirkung – insb. beiderseitige Tarifgebundenheit – vorliegen. Diese Frage ist richtigerweise zu bejahen (näher BGB § 613a Rn. 113). Für den Übergang von Dienststellen

bei einer Neuorganisation im öffentl. Dienst gelten jeweils Sonderregelungen über die Fortgeltung der TV (vgl. bspw. § 60 PostVerfG). Ebenso ist § 3 III nicht anzuwenden auf den Wegfall einer TVPartei, etwa wegen Verlust der Tariffähigkeit wegen Auflösung des Verbands (BAG 15.10.1986 AP TVG § 3 Nr. 4; **aA** aber BAG 23.1.2008 NZA 2008, 771) oder Eröffnung des Insolvenzverf. über den Verband (§ 2 Rn. 18; für Insolvenzverf. **aA** BAG 27.6.2000 AP TVG § 2 Nr. 56; zum Ganzen *Houben*NJOZ 2008, 2170, 2173 ff.).

c) Ende des Tarifvertrags. Die **Nachbindung an einen TV** nach Beendigung der Mitgliedschaft im tarifschließenden Verband endet mit dem Ende des TV. Daraus folgt, dass nach der Beendigung der Mitgliedschaft neu abgeschlossene TV für den Ausgetretenen nicht gelten (BAG 13.12.1995 AP TVG § 1 Rückwirkung Nr. 15); dies trifft auch auf die Verlängerung befristeter TV nach Beendigung der Mitgliedschaft zu. Ebenso besteht keine Tarifbindung nach § 3 III, wenn der TV insg. beendet wird, sei es durch Kündigung, Aufhebungsvertrag oder andere Beendigungstatbestände. Die Nachbindung ist nicht durch eine absolute Höchstdauer begrenzt; insb. kann die Jahresfrist des § 613a I 2 BGB nicht analog angewandt werden (BAG 1.7.2009 NZA 2010, 253; **aA** *Willemsen/Mehrens* NZA 2010, 307, 309). 25

Zw. ist die Rechtslage, wenn nur **ein Teil des TV beendet wird,** zB weil dieser Teil befristet war oder gekündigt werden konnte. Der verbliebene Teil des TV wird dann insoweit weitergelten, wie er noch eine sinnvolle Regelung darstellt. Gerade bei dem Vorbehalt von Teilkündigungen im TV wird die Auslegung ergeben, dass die TVParteien den Rest aufrechterhalten wollten (*Gamillscheg* KollArbR I § 17 I 5 d; KeZa/*Kempen* Rn. 71); in diesen Fällen muss § 3 III auf den verbliebenen Teil des TV angewandt werden. Davon zu unterscheiden ist die **inhaltl. Änd.** eines TV. Für den geänd. TV fehlt es bzgl. der ausgetretenen Mitglieder an der erforderl. mitgliedschaftl. Legitimation; den bisherigen TV halten die TVParteien nicht mehr für einen angemessenen Interessenausgleich, sonst hätten sie ihn nicht geänd. Daraus wird man folgern müssen, dass jede inhaltl. Änd. eines TV der Beendigung gleichsteht und die Nachbindung nach § 3 III dann ebenfalls endet (BAG 7.11.2001 AP TVG § 3 Verbandsaustritt Nr. 11; 4.4.2001 AP TVG § 3 Verbandsaustritt Nr. 9; *Hromadka/Maschmann/Wallner* Rn. 241; *Löwisch/Rieble* Rn. 280). Hierfür genügt es, wenn sich die durch den fragl. TV normierte Rechtslage ändert, eine Norm des TV muss nicht geänd. werden (BAG 25.2.2009 AP TVG § 3 Nr. 40 Rn. 40). Eine inhaltl. Änd. idS stellt auch die verbindl. Interpretation einer tarifl. Auslegungsfrage durch die TVParteien selbst oder eine tarifl. Schlichtungsstelle dar, weil die TVParteien zur verbindl. Feststellung des Inhalts des TV ggü. ausgetretenen Mitgliedern nicht mehr legitimiert sind (*Löwisch/Rieble* Rn. 288; **aA** KeZa/*Kempen* Rn. 72). Anders ist dies jedoch im Falle der verbindl. TVAuslegung durch Gerichte nach § 9, da bei Rechtsnormen stets die Möglichkeit besteht, dass ein Gericht ihren Inhalt verbindl. feststellt (*Löwisch/Rieble* Rn. 290). Eine inhaltl. Änd. in diesem Sinn mit der Folge des Endes der Nachbindung nach § 3 III liegt ebenso in der Änd. eines in Bezug genommenen TV, sofern der AG nach § 3 III an den verweisenden TV gebunden ist, weil der in Bezug genommene TV aufgrund der Verweisung in den verweisenden TV inkorporiert wird (BAG 22.2.2012 ZTR 2012, 436 Rn. 26). 26

Lässt ein tarifschließender Verband die Möglichkeit ungenutzt, einen TV zu kündigen, handelt es sich hierbei nicht um eine inhaltl. Änd. und damit partielle Beendigung des TV; der Wortlaut von § 3 III erfasst diesen Fall nicht mehr. Indes sprechen gewichtige Gründe für eine entspr. teleologische Extension von § 3 III. Die Nachbindung soll die Vertragstreue des ausgeschiedenen Mitglieds sichern. Dies kann aber nur soweit gehen, wie die Mitglieder der tarifschließenden Parteien noch theoretisch die Chance haben, den Inhalt des TV zu beeinflussen. Ein bereits ausgeschiedenes Mitglied kann die Organe des Verbands nicht mehr dazu bewegen, eine nach dem TV bestehende Beendigungsmöglichkeit zu nutzen. Die Nichtausübung einer Beendigungsmöglichkeit durch die Verbandsorgane ist dem ehem. Mitglied ggü. daher nicht mehr legitimiert. **„Ende des TV"** iSv. § 3 III ist mithin als „Verstreichenlassen der auf den Austritt folgenden nächsten Beendigungsmöglichkeit" zu lesen (*Hanau* RdA 1998, 65, 68; *Rieble* Rn. 1555; *Walker* ZfA 1996, 353, 380 f.; LAG ST 1.7.2015 BeckRS 2015, 69779 Rn. 114; **aA** BAG 1.7.2009 NZA 2010, 53; HWK/*Henssler* Rn. 44; *Höpfner* NJW 2010, 2173, 2176; Wiedemann/*Oetker* Rn. 89; *Willemsen/Mehrens* NZA 2010, 307, 308; andere Konzeption bei *Lobinger* JZ 2013, 915: Einzelkündigungsbefugnis der ehem. Verbandsmitglieder). 27

d) Rechtsfolgen. Die Fortgeltung bezieht sich auf alle Normenarten eines TV und auch auf die schuldrechtl. Rechte und Pflichten, soweit sie das einzelne Verbandsmitglied begünstigen, wie etwa die Friedenspflicht (HWK/*Henssler* Rn. 41; Wiedemann/*Oetker* Rn. 78 f.; *Willemsen/Mehrens* NZA 2009, 169; **aA** LAG HE 17.9.2008 NZA-RR 2009, 26; JKOS/*Krause* § 4 Rn. 151). Scheidet der einzige tarifgebundene AN aus dem Betrieb aus (s. Rn. 17), bleibt der Betrieb an die Betriebsnormen gebunden. Eine andere Lösung würde dem AG die Möglichkeit eröffnen, durch Versetzung eines AN des Betriebs in einen anderen Betrieb die Tarifbindung zu beseitigen. Die Tarifnormen wirken im Nachbindungszeitraum des § 3 III unmittelbar und zwgd. nach § 4 I. An den Nachbindungszeitraum des § 3 III schließt sich die Nachwirkung nach § 4 V an (stRspr. BAG 6.7.2011 NZA 2011, 281 Rn. 45; § 4 Rn. 60). 28

VII. Bezugnahme auf den Tarifvertrag

29 **1. Funktion von Bezugnahmevereinbarungen.** Die große Mehrzahl der Arbeitsverträge enthält vollumfängl. oder tw. Verweisungen auf einen oder mehrere TV (sog. Bezugnahmeklauseln, vgl. *Preis* Vertragsgestaltung S. 62). Die Gründe hierfür sind unterschiedl.: Für den **tarifgebundenen AG** liegt der Vorteil darin, dass er hierdurch einheitl. Arbeitsbedingungen für alle AN ungeachtet ihrer Gewerkschaftszugehörigkeit schaffen (BAG 6.4.1955 AP GG Art. 3 Nr. 7; 4.9.1996 AP TVG § 1 Bezugnahme auf Tarifvertrag Nr. 5) und damit Anreize zum Gewerkschaftsbeitritt vermeiden kann. Außerdem hat der AG schon aus Rechtsgründen (§ 28 VI BDSG) keine Kenntnisse über die Gewerkschaftsangehörigkeit der AN. Für die **nichtorganisierten AG** besteht der Vorteil einer Bezugnahme auf TV darin, dass sie kein eigenes Regelwerk erstellen müssen und auf diese Weise Transaktionskosten sparen. Überdies kann die Gewährleistung tarifl. Arbeitsbedingungen im Wettbewerb um qualifizierte Arbeitskräfte notwendig sein. Entspr. Grds. gelten bei Bezugnahme kirchl. Regelungen (vgl. BAG 19.2.2003 AP BGB § 611 Kirchendienst Nr. 36; 8.6.2005 NZA 2006, 611), nicht aber bei der Bezugnahme auf vom AG satzungsgemäß einzuhaltende allg. Arbeitsbedingungen (BAG 27.11.2002 AP BGB § 611 Rotes Kreuz Nr. 18). Bezugnahmeklauseln auf TV sind grds. zulässig, weil TV Urheberrechtsschutz nach § 5 UrhG nicht zukommt (BAG 11.11.1968 AP GG Art. 9 Nr. 14).

30 **2. Instrumente.** Als Instrumente für die Bezugnahme auf einen TV kommen der **Arbeitsvertrag** oder auch eine **BV** (BAG 11.3.1987 AuR 1987, 177) in Betracht. Insoweit kann aber die Sperrwirkung des § 77 III BetrVG entgegenstehen (vgl. BAG 9.4.1991 AP BetrVG 1972 § 77 Tarifvorbehalt Nr. 1; 29.1.2002 NZA 2002, 927). Die Bezugnahme kann ausdr. oder konkludent (BAG 1.8.2001 AP BGB § 157 Nr. 20) erfolgen oder sich aus betriebl. Übung ergeben (BAG 19.1.1999 AP TVG § 1 Bezugnahme auf Tarifvertrag Nr. 9). Wendet ein tarifgebundener AG die für ihn einschlägigen TV wiederholt auch auf Außenseiter an, kann dies als betriebl. Übung dahingehend verstanden werden, dass der AG organisierte und nichtorganisierte AN gleichbehandeln will (Rn. 37). Die betriebl. Übung begr. dann eine schuldrechtl. Bindung, welche grds. soweit reicht, wie die Bindung des AG ggü. tarifgebundenen AN. Damit werden grds. auch Leistungsabsenkungen durch SanierungsTV einbezogen (LAG D 24.6.2014 ZIP 2015, 144). Demggü. wirkt eine entspr. betriebl. Übung bei einem nicht tarifgebundenen AG nur statisch, weil dieser sich nicht für die Zukunft der Regelungsmacht der Verbände unterwerfen will (BAG 24.2.2016 ZTR 2016, 267; vgl. *Henssler* FS BAG 2004 S. 683 ff.). **Vorformulierte Bezugnahmeklauseln** sind AGB iSv. § 305 I BGB; daher sind hierauf §§ 305 ff. BGB anwendbar (BGB §§ 305 bis 310 Rn. 12 ff.), nicht aber wegen § 310 IV BGB auf die in Bezug genommenen Tarifbestimmungen (BAG 28.6.2007 NZA 2007, 1049).

31 **3. Form.** Die Bezugnahmevereinb. ist an **keine Form** gebunden (BAG 19.1.1999 AP TVG § 1 Bezugnahme auf Tarifvertrag Nr. 9). Allerdings verlangt § 2 I NachwG die Aushändigung eines schriftl. Dokuments über die wesentl. Arbeitsbedingungen. Dieses kann nach § 2 III NachwG durch einenHinweis auf die einschlägigen TV ersetzt werden. Daher muss der AG ohnehin schriftl. über die einschlägigen TV informieren, wenn diese kraft Tarifbindung oder Vereinb. für das ArbVerh. gelten sollen. Daher dürfte eine schriftl. Abfassung der Bezugnahmevereinb. tunlich sein. Damit entfällt bei einem schriftl. ausgefertigten Arbeitsvertrag nach § 2 IV NachwG auch die Verpflichtung zur Aushändigung eines schriftl. Nachw.

32 **4. Wirkung der Bezugnahmeabrede.** Durch die Verweisung in einem Arbeitsvertrag auf die tarifl. Regelungen entsteht **keine Tarifbindung**; vielmehr wird die tarifl. Regelung zum Inhalt des Arbeitsvertrags (allgA BAG 7.12.1977 AP TVG § 4 Nachwirkung Nr. 9; Däubler/*Lorenz* Rn. 223; KeZa/*Brecht-Heitzmann* Rn. 169; *Löwisch/Rieble* Rn. 576; aA *v. Hoyningen-Huene* RdA 1974, 138 ff.). Daraus ergibt sich weiter zwgd., dass eine Bezugnahmeklausel im Arbeitsvertrag nicht zur Tarifkonkurrenz führen kann (BAG 29.8.2007 AP TVG § 1 Bezugnahme auf Tarifvertrag Nr. 61; 22.10.2008 NZA 2009, 151 unter ausdr. Aufgabe von BAG 23.3.2005 AP TVG § 4 Tarifkonkurrenz Nr. 29; 20.3.1991 AP TVG § 4 Tarifkonkurrenz Nr. 20). Treten bei einer arbeitsvertragl. Bezugnahme Kollisionen zwischen den in Bezug genommenen Tarifwerken auf, müssen die Kollisionen zuvörderst über die Auslegung der Bezugnahmeklausel ausgeräumt werden (Rn. 44). Mit der Bezugnahme nimmt der AN grds. unabhängig von seiner Tarifgebundenheit an der Tarifentwicklung des in Bezug genommenen TV teil, wie wenn er tarifgebunden wäre (BAG 26.9.2001 AP TVG § 1 Bezugnahme auf Tarifvertrag Nr. 21). IÜ hängt dies davon ab, wie die Bezugnahmeabrede im Einzelfall ausgestaltet ist (Rn. 36 ff.).

33 Die Bezugnahme hat regelm. **konstitutive** und **nicht nur deklaratorische Bedeutung**. Dies muss von vornherein in allen Fällen gelten, in denen der TV nicht unmittelbar und zwgd. auf das ArbVerh. einwirkt, da der TV hier nur über die Bezugnahme Wirkung für das ArbVerh. entfaltet. Eine konstitutive Regelung ist aber auch in anderen Fällen, insb. bei beiderseitiger Tarifgebundenheit, anzunehmen, da weder AG noch AN im Regelfall um die Tarifbindung der jeweils anderen Seite wissen. Um sicherzugehen, dass die TV auch Anwendung finden sollen, müssen die Arbeitsvertragsparteien von einer konstitutiven Regelung der Bezugnahmeabrede ausgehen (Däubler/*Lorenz* Rn. 225; *Schliemann*

ZTR 2004, 502, 507; *Thüsing/Lambrich* RdA 2002, 192, 201 f.). Sind die Arbeitsvertragsparteien an einen anderen TV normativ gebunden, als an denjenigen, auf den im Arbeitsvertrag verwiesen wurde, gilt als Kollisionsregel grds. das Günstigkeitsprinzip (§ 4 Rn. 37; BAG 29.8.2007 NZA 2008, 364 unter ausdr. Aufgabe von BAG 23.3.2005 AP TVG § 4 Tarifkonkurrenz Nr. 29; BAG 22.2.2012 ZTR 2012, 438 für HausTV); nach Ablauf des normativ wirkenden TV gilt § 4 V (*Bauer/Günther* NZA 2008, 6, 9; § 4 Rn. 63). Keine Bezugnahmevereinb. mit vertragsrechtl. Wirkung liegt vor, wenn der Hinweis auf einen TV lediglich der Inf. über die tarifrechtl. Lage dient. Ein TV, der in einem Arbeitsvertrag in Bezug genommen wurde, wird für diesen Zweck genauso ausgelegt, wie wenn es sich um ein tarifgebundenes ArbVerh. handeln würde (BAG 12.8.1959 AP BGB § 305 Nr. 1).

5. Verweisungsgegenstand. Die Arbeitsvertragsparteien können auf den **einschlägigen TV** verweisen, also denjenigen, in dessen Geltungsbereich das ArbVerh. fällt und der bei Tarifbindung der Parteien gelten würde. Sie können aber grds. auch TV eines anderen betriebl./fachl., räuml. oder zeitl. Geltungsbereiches in Bezug nehmen, also zB abgelaufene (vgl. BAG 20.9.2006 AP TVG § 1 Bezugnahme auf Tarifvertrag Nr. 44; 20.6.2013 NZA 2014, 384 Rn. 30) oder branchenfremde (BAG 21.9.2011 NZA 2012, 31) TV. Zulässig ist darüber hinaus grds. eine vollständige und auch eine tw. Inbezugnahme eines TV (BAG 29.7.1986 AP BetrAVG § 1 Zusatzversorgungskassen Nr. 16; 19.1.1999 AP TVG § 1 Bezugnahme auf Tarifvertrag Nr. 9). Bei einer tw. Inbezugnahme eines TV bzw. Inbezugnahme eines nicht einschlägigen TV kommt in vorformulierten Arbeitsverträgen allerdings grds. eine Inhaltskontrolle nach § 307 BGB in Betracht, weil dann von Rechtsvorschr. iSv. § 307 III BGB abgewichen wird, wozu nach § 310 IV 3 BGB auch TV zählen (näher BGB §§ 305 bis 310 Rn. 17 ff.). Eine tw. Inbezugnahme liegt bspw. vor, wenn der Arbeitsvertrag auf die einschlägigen tarifl. Bestimmungen der Vergütungsgruppe (BAG 9.11.2005 AP BGB § 305c Nr. 1; 13.2.2013 NZA 2013, 1024; 13.5.2015 NZA-RR 2016, 6; 8.7.2015 NZA 2015, 1462) oder des Urlaubs (vgl. BAG 17.11.1998 AP TVG § 1 Bezugnahme auf Tarifvertrag Nr. 10) verweist. Damit wird der gesamte tarifl. Regelungskomplex „Urlaub" einschl. eines zusätzl. tarifl. Urlaubsgeldes in Bezug genommen (BAG 17.1.2006 AP TVG § 1 Bezugnahme auf Tarifvertrag Nr. 40). 34

Die Rspr. des BAG hält die **Bezugnahme auf einen mehrgliedrigen TV** (§ 1 Rn. 22) für intransparent iSd. § 307 I 2 BGB, wenn die vertragl. Vereinb. nicht gleichzeitig eine Kollisionsregel enthält, der sich entnehmen lässt, welches der mehreren in Bezug genommenen tarifl. Regelwerke den Vorrang haben soll (BAG 13.3.2013 NZA 2013, 680 Rn. 30 ff.). Ohne eine solche Kollisionsregel im Arbeitsvertrag lasse sich nicht für jeden Zpkt. bestimmen, welches der in Bezug genommenen tarifl. Regelwerke gelten solle (BAG 13.3.2013 NZA 2013, 680 Rn. 30). Dieser Rspr. ist nur zT zu folgen (ähnl. *Bayreuther* DB 2014, 717; der Rspr. zustimmend *Brors* RdA 2014, 182): Intransparenz kann bereits dann nicht vorliegen, wenn die in Bezug genommenen TV identisch sind und Ausschlussklauseln existieren. In solchen Fällen kann allenfalls unklar sein, aus welchem der einzelnen TV ein Anspruch erwächst; dies aber verstößt nicht gegen das Transparenzgebot, weil eine solche Gestaltung nicht geeignet ist, die Rechtsdurchsetzung zu erschweren (LAG D 24.10.2012 BB 2013, 307; ähnl. *Stoffels/Bieder* RdA 2012, 27, 34). Anders zu beurteilen ist demggü. die **hilfsweise Inbezugnahme mehrerer TV mit unterschiedl. Inhalt.** In dieser Konstellation kann ein AN kaum erkennen, welcher TV anwendbar ist und welche Rechte dem AN zustehen. Eine solche Gestaltung erschwert daher die Rechtsdurchsetzung und verlangt eine Kollisionsregel – aber erst in dem Zpkt., in dem die verschiedenen TV inhaltl. divergieren (*Stoffels/Bieder* RdA 2012, 27, 34). Die Problematik stellt sich va. in der Leiharbeit. Zur Anwendung der skizz. Rspr. auf die TV der DGB-Tarifgem. Zeitarbeit *Müntefering* NZA 2015, 711; *Schindele/Söhl* NZA 2014, 1049; LAG RP 2.3.2016 BeckRS 2016, 68640. 34a

Bezugnahmeklauseln können auf TV verweisen, welche von **tarifdispositivem GRecht** abweichen, etwa nach § 7 III ArbZG, § 622 IV 2 BGB, § 13 I 2 BUrlG, § 17 III 2 BetrAVG, § 4 IV 2 EFZG, § 3 I Nr. 3 S. 3 AÜG. Der Gesetzgeber lässt dies regelm. zu, um eine Schlechterstellung der tarifgebundenen ggü. den nichttarifgebundenen AN zu vermeiden (§ 1 Rn. 14). Grds. können bei tarifdispositivem GRecht nur TV desselben fachl., betriebl. und zeitl. Geltungsbereiches in Bezug genommen werden. In diesen Fällen hält der Gesetzgeber selbst Teilverweisungen in Arbeitsverträgen auf die entspr. tarifl. Regelungskomplexe für grds. angemessen. Daher erscheint eine Inhaltskontrolle solcher tw. in Bezug genommener TV bei Abweichungen vom tarifdispositiven GRecht nicht erforderl., weil der Gesetzgeber insoweit von einer ausgewogenen Regelung im TV ausgeht (BGB §§ 305 bis 310 Rn. 18). 35

6. Inhalt von Bezugnahmeklauseln. In der Lit. hat sich folgende inhaltl. Typologie von Bezugnahmeklauseln herausgebildet (*Annuß* ZfA 2005, 405, 411 ff.; s. a. *Henssler* FS Wißmann 2005 S. 133, 136): Zunächst kann auf einen TV in einer ganz bestimmten Fassung verwiesen werden **(statische Verweisung)**. In diesem Fall nimmt das ArbVerh. an den Änd. des TV nicht teil (BAG 19.9.2007 AP BGB § 133 Nr. 54). Als **kleine dynamische Verweisung** wird die Bezugnahme der jeweiligen Fassung eines bestimmten TV und als **große dynamische Verweisung** die Bezugnahme auf die jeweilige Fassung der einschlägigen TV der Branche bezeichnet. Diese Typologie ersetzt nicht die genaue Auslegung der jeweiligen Vertragsklausel. So hat das BAG die Formulierung im Arbeitsvertrag: „Der AN erhält folgende Vergütung" iVm. der Benennung der tarifl. Vergütungsgruppe wegen § 305c II BGB als dynamische Verweisung auf die tarifl. Vergütungsgruppenentwicklung verstanden (BAG 36

9.11.2005 NZA 2006, 202; ähnl. BAG 13.2.2013 NZA 2013, 1024). Eine dynamische Verweisung auf den einschlägigen TV ist nicht intransparent iSv. § 307 I 2 BGB, auch dann nicht, wenn es sich um eine mehrstufige Verweisung handelt; es genügt, wenn die im Zpkt. der jeweiligen Anwendung geltenden Regeln bestimmbar sind (BAG 21.11.2012 NZA 2013, 512 Rn. 34 ff.).

37 Das BAG hat eine dynamische Verweisung von **tarifgebundenen AG** bis ins Jahr 2005 iZw. als sog. **Gleichstellungsabrede** verstanden (BAG 4.8.1999 AP TVG § 1 Tarifverträge: Papierindustrie Nr. 14; 26.9.2001 AP TVG § 1 Bezugnahme auf Tarifvertrag Nr. 21; 21.8.2002 AP BGB § 157 Nr. 21; 27.11.2002 AP TVG § 4 Tarifkonkurrenz Nr. 20). Mit einer solchen Verweisung will der tarifgebundene AG regelm. den AN ungeachtet seiner Gewerkschaftszugehörigkeit so stellen, als sei dieser tarifgebunden. Die arbeitsvertragl. Verweisung ersetzt also die fehlende oder unsichere Tarifbindung des AN. Bei zum Zpkt. der Vereinb. der Bezugnahmeklausel **nicht tarifgebundenen AG** scheidet eine Gleichstellungsabrede nach Auff. des BAG regelm. aus (BAG 25.8.2002 AP TVG § 1 Bezugnahme auf Tarifvertrag Nr. 26; 1.12.2004 AP TVG § 1 Bezugnahme auf Tarifvertrag Nr. 34). Eine Auslegung als Gleichstellungsabrede kommt nach der bisherigen Rspr. des BAG ebenfalls nicht in Betracht, wenn eine dynamische Verweisungsklausel einen **branchen-** (BAG 25.10.2000 AP TVG § 1 Bezugnahme auf Tarifvertrag Nr. 13) oder **ortsfremden** (BAG 21.10.2009 NZA-RR 2010, 361 Rn. 22 f.; 17.11.2010 NZA 2011, 457) **TV** in Bezug nimmt; die tw. Inbezugnahme steht der Auslegung als Gleichstellungsabrede aber nicht entgegen (BAG 11.12.2013 NZA 2014, 900). Sind im Arbeitsvertrag die bei dem AG jeweils gültigen TV in Bezug genommen, so gelten für die Zeit einer von einer konzernbezogenen Versetzungsklausel gedeckten Abordnung zu einer anderen Konzerngesellschaft auch die schlechteren Bedingungen eines von dem AG und der Konzerngesellschaft mit einer Gewerkschaft über den Einsatz von Angehörigen dieser ANGruppe bei der Konzerngesellschaft abgeschlossenen TV (BAG 18.6.1997 AP TVG § 1 Tarifverträge: Lufthansa Nr. 24). Arbeitsvertragl. Verweisungen auf TV zur betriebl. AV sind regelm. dynamisch auszulegen (BAG 27.6.2006 NZA 2006, 1285).

38 In der **Lit.** wurde die Auslegungsregel als „Gleichstellungsabrede" va. im Hinblick auf die Unklarheitenregel des § 305c II BGB kritisiert (vgl. *Annuß* ZfA 2005, 405; *Thüsing/Lambrich* RdA 2002, 193). Außerdem führe das Konzept der „Gleichstellungsabrede" zu einer unterschiedl. Behandlung von tarifgebundenen und ungebundenen AG dann, wenn der tarifgebundene AG den Verband verlässt oder anders aus dem Geltungsbereich des TV ausscheidet (*Hanau* NZA 2005, 489). Der zust. 4. Sen. des BAG hat seine Rspr. für **nach dem 1.1.2002 abgeschlossene Arbeitsverträge** geänd. und hält insoweit an der Auslegungsregel der „Gleichstellungsabrede" nicht mehr fest, sondern wendet bei Auslegungszweifeln die Unklarheitenregel des § 305c II BGB an (BAG 14.12.2005 AP TVG § 1 Bezugnahme auf Tarifvertrag Nr. 39; 18.4.2007 AP TVG § 1 Bezugnahme auf Tarifvertrag Nr. 53; 22.10.2008 NZA 2009, 151; 22.4.2009 NZA 2009, 1286). Dies führt bei dynamischen Verweisungen idR zu dem TV, der in der konkreten Prozesssituation für den AN am günstigsten ist (DBD/*Däubler* § 305c BGB Rn. 24; **aA** BAG 24.9.2008 NZA 2009, 154). Mit dieser Rspr. werden die Arbeitsvertragsparteien bei der Verwendung von Bezugnahmeklauseln grds. so gestellt, als seien beide tarifgebunden (*Bepler* FS Arge. ArbR DAV 2006 S. 791, 805 f.). Wurde ein vor dem 1.1.2002 abgeschlossener Arbeitsvertrag nach diesem Zpkt. geänd., hängt die Einordnung als „Alt"- oder „Neuvertrag" davon ab, ob die Vertragsparteien die Bezugnahmeklausel in ihren rechtsgeschäftl. Änderungswillen aufgenommen haben (BAG 18.11.2009 NZA 2010, 170; 16.5.2012 ZTR 2012, 707; 13.5.2015 NZA-RR 2016, 6).

39 **7. Folgen von Veränderungen der Geltung des Tarifvertrags. a) Verbandsaustritt.** Das **bisherige Konzept** des BAG von der Gleichstellungsabrede bei tarifgebundenen AG führt bei Geltungsveränderung des TV zur Gleichstellung mit tarifgebundenen ArbVerh. Bei einem Verbandsaustritt des bislang tarifgebundenen AG wirkt der TV nach seinem Ablauf (§ 3 III) noch nach (§ 4 V). Die Bezugnahmeklausel verweist dann nur noch auf einen nachwirkenden TV. An späteren Änd. haben die AN aufgrund der Gleichstellungsabrede dann nicht mehr teil (BAG 19.2.2003 AP TVG § 1 Bezugnahme auf Tarifvertrag Nr. 33 für sog. „kleine dynamische Verweisung"; 18.4.2007 AP TVG § 1 Bezugnahme auf Tarifvertrag Nr. 54; 11.12.2013 NZA 2014, 900; **aA** *Thüsing/Lambrich* RdA 2002, 192, 203). Dasselbe gilt iE bei einer statischen Verweisung, da hier die Bezugnahme auf den bisherigen TV ohnehin allerdings ohne Dynamik erhalten bleibt. Das **neue Konzept** des 4. Sen. des BAG erhält nun die Dynamik bis zu dem Zpkt., an dem das ArbVerh. nicht mehr unter den Geltungsbereich des urspr. TV fällt (vgl. *Bepler* FS Arge. ArbR DAV 2006 S. 791, 805 f.; BAG 18.4.2007 AP TVG § 1 Bezugnahme auf Tarifvertrag Nr. 53; 22.10.2008 NZA 2009, 323).

40 **b) Verbandswechsel.** Tarifrechtl. führt ein Verbandswechsel zur Tarifkonkurrenz, die nach den Grds. der Sachnähe zugunsten des mitgliedschaftl. legitimierten, also TV des neuen Verbands aufgelöst werden muss (§ 4 Rn. 67 ff.). Dies bedeutet für als **Gleichstellungsabreden verstandene Bezugnahmeklauseln:** Eine kleine dynamische Bezugnahmeklausel kann nur bei Vorliegen bes. Umstände als sog. Tarifwechselklausel interpretiert werden (BAG 6.7.2011 NZA 2012, 100 Rn. 45). Es bleibt also bei den ausdr. benannten TV in der zzt. des Endes der Nachbindung (§ 3 III) geltenden Fassung. Eine große dynamische Bezugnahmeklausel kann dagegen als **Tarifwechselklausel** ausgelegt werden (BAG 16.10.2002 AP TVG § 1 Bezugnahme auf Tarifvertrag Nr. 22). Der AG kann sich mit einer Tarifwechselklausel vorbehalten, ein anderes Tarifwerk einzuführen (BAG 25.10.2000 AP TVG § 1 Bezugnahme

auf Tarifvertrag Nr. 13). Eine solche Verweisung wird im Allg. für zulässig gehalten (vgl. *Hanau* NZA 2005, 489, 492; *Jordan/Bissels* NZA 2010, 71). Das BAG hat einen Verstoß gegen §§ 310 IV, 305c II BGB für vor dem 1.1.2002 abgeschlossene Bezugnahmeklauseln verneint (BAG 19.3.2003 AP TVG § 1 Bezugnahme auf Tarifvertrag Nr. 33; 14.12.2005 AP TVG § 1 Bezugnahme auf Tarifvertrag Nr. 39). Künftig muss eine Tarifwechselklausel eindeutig formuliert werden (Rn. 44)

c) **Betriebsübergang.** Bei kongruenter Tarifgebundenheit von AN und AG/Betriebserwerber werden die bei diesem geltenden TV normativ angewandt; § 613a I 2 BGB gilt wegen § 613a I 3 BGB nicht (BAG 11.5.2005 NZA 2005, 1362). Bei inkongruenter Tarifbindung werden die beim Betriebsveräußerer geltenden Tarifnormen nach § 613a I 2 BGB zum Inhalt des ArbVerh. zum Zpkt. des Betriebsübergangs. Die Auslegung von Bezugnahmeklauseln als Gleichstellungsabreden bedeutet dann: Eine **kleine dynamische Bezugnahmeklausel** führt zur weiteren Anwendung der TV, an die der Betriebsveräußerer gebunden war, in der zzt. des Betriebsübergangs geltenden Fassung (BAG 14.12.2005 AP TVG § 1 Bezugnahme auf Tarifvertrag Nr. 39; 17.11.2010 NZA 2011, 356 für vor dem 1.1.2002 geschlossene Bezugnahmevereinb.; EuGH 9.3.2006 NZA 2006, 376). Dasselbe gilt für eine **große dynamische Bezugnahmeklausel,** wenn der Betriebserwerber überhaupt nicht oder an TV mit einer anderen Gewerkschaft gebunden ist. Ist der Betriebserwerber an einen TV mit ders. Gewerkschaft gebunden, kommt dieser zur Anwendung (vgl. BAG 21.11.2012 NZA 2013, 512 Rn. 29 ff.). 41

Kann die Bezugnahmeklausel nach dem **neuen Konzept des BAG nicht als Gleichstellungsabrede** ausgelegt werden, gilt folgendes: Die Dynamik bleibt bei dynamischen Verweisungsklauseln stets erhalten (BAG 18.4.2007 AP TVG § 1 Bezugnahme auf Tarifvertrag Nr. 53; 22.10.2008 NZA 2009, 323; 23.9.2009 NJW 2010, 1831; 24.2.2010 DB 2010, 1593; zust. EuGH 27.4.2017 NZA 2017, 571 näher BGB § 613a Rn. 127a). Eine Tarifwechselklausel muss eindeutig formuliert sein (BAG 29.8.2007 AP TVG § 1 Bezugnahme auf Tarifvertrag Nr. 61; Rn. 44). Im Fall einer Tarifwechselklausel gilt der beim Erwerber geltende TV für sämtl. AN nach § 613a I 1 BGB; als weiterer Geltungsgrund tritt für Gewerkschaftsmitglieder im Fall beiderseitiger Tarifbindung nach § 613a I 3 BGB die normative Wirkung des TV hinzu. Fehlt es an beiderseitiger Tarifbindung, kommt der VeräußererTV für die ArbVerh. der organisierten AN weiterhin (statisch) nach § 613a I 2 BGB und der ErwerberTV über die als Tarifwechselklausel verstandene Bezugnahmeklausel nach § 613a I 1 BGB zur Anwendung; die Bezugnahmeklausel kann nicht als Vereinb. iSv. § 613a I 4 Var. 2 BGB angesehen werden, da diese Vorschr. auf Vereinb. nach erfolgtem Betriebsübergang zugeschnitten ist (*Löwisch/Rieble* Rn. 634; **aA** *Bauer/Günther* NZA 2008, 6, 11; *Müller-Bonanni/Mehrens* NZA 2012, 1194, 1196). Divergieren nach diesen Grds. der kraft arbeitsvertragl. Bezugnahme anwendbare TV und der normativ nach §§ 3 I, 4 I iVm. § 613a I 3 BGB geltende TV für dasselbe tarifgebundene ArbVerh., muss zur Auflösung der Kollision das Günstigkeitsprinzip angewandt werden (Rn. 33; BAG 29.8.2007 NZA 2008, 364; zum Günstigkeitsvergleich in diesem Fall § 4 Rn. 37). 41a

d) **Tarifwegfall.** Ein noch nicht abschl. geklärtes Problem entsteht, wenn der in Bezug genommene TV nicht mehr fortgeführt wird und durch einen neuen TV ersetzt wird, etwa wenn ein kleinerer Verband in einem größeren aufgeht oder ein FirmenTV beendet wird. Für die Lösung kommt es zunächst auf die jeweilige Bezugnahmeklausel und ihre Auslegung an. Das BAG nimmt in solchen Fällen eine erg. Vertragsauslegung vor und stellt gem. der Konzeption der Gleichstellungsabrede darauf ab, welcher TV bei kongruenter Tarifgebundenheit für das ArbVerh. gelten würde (BAG 13.11.2002 AP TVG § 1 Bezugnahme auf Tarifvertrag Nr. 27; 6.7.2011 NZA 2012, 100). Die Problematik wird derzeit bei der **Ablösung des BAT** durch den **TVöD** im öffentl. Dienst virulent. Hier geht ein Teil der Lit. davon aus, dass der TVöD bei fehlender beiderseitiger Tarifgebundenheit nur Anwendung findet bei einer Tarifwechselklausel iSd. Rspr. des BAG (*Hümmerich/Mäßen* NZA 2005, 961). Demggü. wird von anderen diese Thematik nicht als Tarifwegfall, sondern ledigl. als Tarifersatz verstanden; die arbeitsvertragl. Verweisungen auf den BAT müssten sinngemäß auch als Verweisungen auf das Nachfolgetarifwerk verstanden werden (*Fieberg* NZA 2005, 1226; *Greiner* NZA 2009, 877). Das BAG (16.12.2009 NZA 2010, 401; 25.2.2015 NZA 2015, 943) wendet in solchen Fällen die Grds. der erg. Vertragsauslegung an, weil die Bezugnahmeklausel insoweit lückenhaft ist. 42

8. Bewertung. Der bisherigen BAG-Rspr. ist hins. des Verständnisses von Bezugnahmeklauseln als **„Gleichstellungsabreden"** grds. zuzustimmen, sofern die entspr. Klausel insoweit auslegungsfähig ist, wie dies bei dynamischen Bezugnahmeklauseln regelm. der Fall ist. Es kann nicht angenommen werden, dass die Arbeitsvertragsparteien über die Abfassung von Bezugnahmeklauseln intensiver und veränderungsresistenter an TV gebunden werden als dies bei normativer Geltung des TV der Fall wäre. Diese Erkenntnis muss aber auch für nichttarifgebundene AG gelten. Das frühere Konzept des BAG zur Gleichstellungsabrede führte dazu, dass diese stärker an TV gebunden werden, als urspr. tarifgebundene AG. Urspr. tarifgebundene AG können mit Verbandsaustritt nach Ablauf der Nachbindung nach § 3 III die Dynamik beenden. Nicht tarifgebundenen AG wird dies bei kleinen und großen dynamischen Verweisungsklauseln vorenthalten; sie stehen insoweit schlechter (ebenso *Hanau* NZA 2005, 489, 490). Außerdem gelangte die Rspr. zu unterschiedl. Auslegungsergebnissen für ein und dies. Bezugnahmeklausel, je nachdem ob der diese Klausel verwendende AG zzt. des Abschlusses der Vereinb. tarifgebunden ist oder nicht. Dies ist insofern missl., als der Umstand der Tarifbindung beim 43

Abschluss des Arbeitsvertrags nicht offenliegt und damit vom Vertragspartner nicht erkannt werden kann. Auch nicht tarifgebundene AG können ein Interesse daran haben, ihren AN die tarifl. Standards der Branche zu gewähren, auf deren TV im Arbeitsvertrag verwiesen wird. Bei Änd. der Umstände (Branchenwechsel etc.) muss im Wege erg. Vertragsauslegung oder in Extremfällen nach § 313 BGB die Möglichkeit für tarifungebundene AG bestehen, die zeitl. Dynamik entgegen dem Wortlaut einer Bezugnahmeklausel zu begrenzen.

44 Für **nach dem 1.1.2002 abgeschlossene Arbeitsverträge** empfiehlt sich wegen der RsprÄnd. (BAG 14.12.2005 NZA 2006, 15; seither stRspr. vgl. 23.9.2009 NJW 2010, 1831), va. im Hinblick auf die Anwendung von § 305c II BGB, ohnehin eine klare Fassung der Bezugnahmeklauseln. Für tarifgebundene AG empfiehlt sich bspw. folgende Formulierung: „Für das ArbVerh. gelten unabhängig von der Gewerkschaftszugehörigkeit des AN die für den Betrieb/Unternehmen fachl./betriebl. einschlägigen TV, an die der AG gebunden ist, in ihrer jeweiligen Fassung (vgl. *Schliemann* ZTR 2004, 502, 508). Entfällt die Tarifbindung des AG, finden die Bestimmungen des TV in der Folgezeit in ihrer zzt. des Wegfalls der Tarifbindung des AG geltenden Fassung Anwendung. Diese Bezugnahme erfasst auch den künftigen Wechsel zu einem fachl./betriebl. einschlägigen Tarifwerk einer anderen Branche oder anderen Gewerkschaft." (s. a. *Bauer/Günther* NZA 2008, 6; *Hanau* NZA 2012, 825, 829; *Preis/Greiner* NZA 2007, 1073). Wegen § 2 III NachwG sollte dies um einen ausdr. als solchen gekennzeichneten Hinweis auf die derzeit geltenden TV ergänzt werden. Darüber hinaus sollten Regelungen für den Fall getroffen werden, dass mehrere Tarifwerke einschlägig sind. Denkbar ist, an die Rspr. des BAG zur Lösung von Tarifkonkurrenzen (§ 4 Rn. 67 ff.) anzuknüpfen (*Giesen* NZA 2006, 625, 630; ebenso BAG 14.12.2005 AP TVG § 1 Bezugnahme auf Tarifvertrag Nr. 37; **aA** *Preis/Greiner* NZA 2007, 1073, 1077) oder dem AG ein Leistungsbestimmungsrecht gem. § 315 BGB einzuräumen (*Löwisch/Rieble* Rn. 642). Für tarifungebundene AG gilt das Gesagte entspr., soweit dies nicht an die Tarifbindung anknüpft. Außerdem können diese AG einen Widerrufsvorbehalt vereinbaren, mit welchem der Bezugnahmeabrede die Dynamik genommen werden kann. Allerdings sind hierbei §§ 307, 308 Nr. 4 BGB zu beachten (vgl. *Preis/Greiner* NZA 2007, 1073, 1078; *Reinecke* BB 2006, 2637, 2645). Zur Anpassung von nach dem 1.1.2002 geschlossenen Bezugnahmeklauseln an die neue Rspr. s. *Bayreuther* DB 2007, 166; *Giesen* NZA 2006, 625, 632; *Klebeck* NZA 2006, 15, 20.

VIII. Prozessuale Fragen

45 Im Prozess ist derjenige für die Tarifgebundenheit **darlegungs- und beweispflichtig**, der sich darauf beruft. Hieraus folgt, dass sowohl die eigene Tarifbindung als auch die der anderen Partei des Arbeitsvertrags dargelegt und nachgewiesen werden muss (vgl. BAG 5.9.1990 AP TVG § 4 Tarifkonkurrenz Nr. 19; 18.8.1999 AP TVG § 3 Nr. 22). Im Allg. werden weder AG noch AN wissen, ob die Gegenseite tarifgebunden ist. Daher muss insoweit die Darlegungs- und Beweislast abgestuft werden: Behauptet die eine Partei, dass der Gegner Mitglied einer tarifvertragsschließenden Partei ist, so muss die Gegenseite dies substantiiert bestreiten. Ergibt sich aus dem Parteivortrag, dass tarifl. Normen für die Entsch. erhebl. sein können, so haben die Gerichte den Inhalt dieser Rechtsnormen nach § 293 ZPO zu ermitteln (BAG 3.5.1995 AP ZPO § 293 Nr. 8).

46 Für eine **Feststellungsklage**, mit der geklärt werden soll, welcher TV auf das ArbVerh. Anwendung findet, ist das Feststellungsinteresse dann gegeben, wenn hiervon die Entsch. über mehrere Forderungen aus dem ArbVerh. abhängt (BAG 28.5.1997 AP TVG § 1 Bezugnahme auf Tarifvertrag Nr. 6; 25.9.2002 AP TVG § 1 Bezugnahme auf Tarifvertrag Nr. 26; 27.11.2002 AP TVG § 1 Bezugnahme auf Tarifvertrag Nr. 28). Die Tarifgebundenheit als solche ist allerdings kein feststellungsfähiges Rechtsverhältnis iSv. § 256 ZPO (BAG 24.4.2007 NZA 2007, 1011). Dem BR fehlt regelm. das Rechtsschutzinteresse, die Tarifgebundenheit des AG festzustellen, solange sich der BR nicht auf ein konkretes betriebsverfassungsrechtl. Rechtsverhältnis bezieht (BAG 10.6.2009 NZA 2010, 51). Bei einer arbeitsvertragl. Verweisung auf einen TV gelten auch die prozessualen Privilegien des Tarifrechts.

§ 4 Wirkung der Rechtsnormen

(1) [1]**Die Rechtsnormen des Tarifvertrages, die den Inhalt, den Abschluß oder die Beendigung von Arbeitsverhältnissen ordnen, gelten unmittelbar und zwingend zwischen den beiderseits Tarifgebundenen, die unter den Geltungsbereich des Tarifvertrages fallen.** [2]**Diese Vorschrift gilt entsprechend für Rechtsnormen des Tarifvertrages über betriebliche und betriebsverfassungsrechtliche Fragen.**

(2) **Sind im Tarifvertrag gemeinsame Einrichtungen der Tarifvertragsparteien vorgesehen und geregelt (Lohnausgleichskassen, Urlaubskassen usw.), so gelten diese Regelungen auch unmittelbar und zwingend für die Satzung dieser Einrichtung und das Verhältnis der Einrichtung zu den tarifgebundenen Arbeitgebern und Arbeitnehmern.**

(3) **Abweichende Abmachungen sind nur zulässig, soweit sie durch den Tarifvertrag gestattet sind oder eine Änderung der Regelungen zugunsten des Arbeitnehmers enthalten.**

(4) [1] Ein Verzicht auf entstandene tarifliche Rechte ist nur in einem von den Tarifvertragsparteien gebilligten Vergleich zulässig. [2] Die Verwirkung von tariflichen Rechten ist ausgeschlossen. [3] Ausschlußfristen für die Geltendmachung tariflicher Rechte können nur im Tarifvertrag vereinbart werden.

(5) Nach Ablauf des Tarifvertrages gelten seine Rechtsnormen weiter, bis sie durch eine andere Abmachung ersetzt werden.

I. Normwirkung des Tarifvertrags (Abs. 1)

1. Unmittelbare Wirkung. Die Rechtsnormen, nicht aber schuldrechtl. Regelungen des TV (§ 1 Rn. 19, 79 ff.) gelten mit unmittelbarer und zwgd. Wirkung für die tarifgebundenen und von seinem Geltungsbereich erfassten ArbVerh. Die unmittelbare Wirkung besagt, dass die Tarifnormen nicht wie etwa bei § 613a I 2 BGB zum Inhalt des ArbVerh. werden. Vielmehr überlagern die Tarifnormen die arbeitsvertragl. Vereinb. wie ein G. Es kommt daher nicht darauf an, dass die Arbeitsvertragsparteien die Geltung der Regelungen des TV vereinbaren oder von der Wirkung des TV auch nur Kenntnis haben. 1

2. Zwingende Wirkung. Die zwgd. Wirkung der Tarifnormen besagt, dass die tarifgebundenen und vom Geltungsbereich des TV erfassten Arbeitsvertragsparteien von den Tarifnormen grds. nicht abweichen dürfen. Tarifnormen sind also grds. **nicht dispositiv.** § 4 III modifiziert die zwgd. Wirkung der Tarifnormen nicht unerhebl.: zum einen können die TVParteien die zwgd. Wirkung ihrer TV insb. durch Öffnungsklauseln beseitigen (Rn. 27 f.), zum anderen sind die Tarifnormen nur halbseitig zwgd. ausgestaltet und Abweichungen zugunsten des AN zugängl. (Rn. 31 ff.). 2

Umstr. ist, ob die zwgd. Wirkung im Fall einer **Kollision von Regelungen im TV und im Einzelarbeitsvertrag** zur Unwirksamkeit entgegenstehender vertragl. Regelungen führt (so BAG 10.2.1999 AP KSchG 1969 § 2 Nr. 52 für eine gegen TV verstoßende Änderungskündigung), oder ob die vertragl. Regelungen ledigl. verdrängt werden und damit grds. wieder aufleben können (so wohl hM; Däubler/*Deinert* Rn. 515; KeZa/*Stein* Rn. 15; *Löwisch/Rieble* Rn. 36, 38 f.; BAG 21.9.1989 AP BetrVG 1972 § 77 Nr. 43 für BV; 14.2.1991 AP TVG § 3 Nr. 10; 12.12.2007 NZA 2008, 649; offen gelassen von 23.2.2005 AP TVG § 4 Nachwirkung Nr. 42). Dieser Streit hat wegen § 4 V nur Bedeutung, wenn der TV nicht nach § 4 V nachwirkt oder die Nachwirkung beendet wird. In der Sache wird man grds. von einer ledigl. verdrängenden Wirkung der TVNorm ausgehen müssen, es sei denn die Tarifnorm muss als ges. Verbot iSv. § 134 BGB ausgelegt werden (iE ähnl. *Gamillscheg* KollArbR I § 18 I 1b S. 792; Wiedemann/*Wank* Rn. 370 ff.). Dies ist bspw. zu bejahen, wenn der TV sittenwidrige Vertragsbestimmungen untersagen will (Wiedemann/*Wank* Rn. 371). 3

3. Normqualität. Die Rechtsnormen eines TV können nicht nur abstrakt-generelle, sondern auch einzelfallbezogene Regelungen treffen. Für Einzelfallregelungen kann insb. bei Umstrukturierungsmaßnahmen oder tarifl. Sozialplänen (§ 1 Rn. 74) ein Bedürfnis bestehen. Die TVParteien können Generalklauseln und unbestimmte Rechtsbegriffe verwenden. Namentl. bei den unbestimmten Rechtsbegriffen der Eingruppierung im öffentl. Dienst wird hierdurch noch nicht der Bestimmtheitsgrds. von Rechtsnormen verletzt (BAG 29.1.1986 AP BAT 1975 §§ 22, 23 Nr. 115). Die Rechtsnormen des TV sind **G im materiell-rechtl. Sinne** und erfüllen daher den GBegriff nach Art. 2 EGBGB, § 12 EGZPO, § 7 EGStPO (HWK/*Henssler* Rn. 4). Tarifl. Normen können SchutzG iSv. § 823 II BGB sein (MüKoBGB/*Wagner* § 823 Rn. 322). Legen TV für Willenserklärungen ein Schriftformgebot fest, handelt es sich um eine ges. Schriftform iSv. § 126 I BGB (BAG 9.2.1972 AP BAT § 4 Nr. 1). 4

4. Normadressaten. Normadressaten des TV sind nicht die TVParteien, sondern die tarifgebundenen AG und AN, die in den **Geltungsbereich des TV** fallen. Beim HausTV ist der AG sowohl TVPartei als auch Normadressat. Außerdem können nach dem Inhalt des TV auch außenstehende Dritte aus dem TV begünstigt werden, etwa bei Übergangsgeldern, die den Hinterbliebenen des AN aufgrund TV gezahlt werden. Bei Betriebsverfassungsnormen ist auch der BR Normadressat. Der Rechtsnachfolger einer Arbeitsvertragspartei unterfällt einem TV nur dann, wenn er selbst tarifgebunden ist, bspw. Mitglied der tarifschließenden Organisation ist bzw. wird. Für den Fall des Betriebsinhaberwechsels gilt die individualrechtl. Transformation des TV in den Einzelarbeitsvertrag nach § 613a I 2 bis 4 BGB als Auffangtatbestand. 5

5. Durchsetzung tariflicher Rechte. Die Durchsetzung tarifl. Rechte obliegt grds. den **von den Tarifnormen Begünstigten**, regelm. also den tarifunterworfenen Arbeitsvertragsparteien. Die ANVertretungen können den einzelnen AN hierbei unterstützen. So hat der BR über die Einhaltung von tarifl. Rechten zu wachen (§ 80 I Nr. 1 BetrVG; für die Personalvertretung § 68 I Nr. 2 BPersVG, die Schwerbehindertenvertretung § 95 SGB IX und die Jugend- und Auszubildendenvertretung § 70 I Nr. 2 BetrVG). Außerdem können die Arbeitsvertragsparteien die TVParteien mit der gerichtl. Durchsetzung ihrer Ansprüche aus dem TV betrauen. 6

Die Möglichkeiten der TVParteien, auf die Durchsetzung und tats. Beachtung des TV hinzuwirken, sind demggü. begrenzt. Eine TVPartei kann zwar mit der **Durchführungsklage** auf die jeweils andere 7 einwirken, damit diese mit verbandsrechtl. Mitteln die Einhaltung des TV gewährleistet. Dieses Verf. ist jedoch nicht sehr effektiv (§ 1 Rn. 86 ff.). Deshalb hat die BAG-Rspr. einen **Unterlassungsanspruch der Koalitionen** wegen tarifwidriger Abweichung vom TV direkt aus Art. 9 III GG abgeleitet (§ 1 Rn. 89 f.). Darüber hinaus können die TVParteien nach § 23 BetrVG vorgehen, wenn BR oder AG gegen Pflichten aus dem BetrVG grob verstoßen. Eine solche Pflichtverletzung liegt nach Auff. des BAG vor, wenn ein AG entgegen § 77 III BetrVG eine tarifwidrige BV im Betrieb anwendet, weil dann die betriebsverfassungsrechtl. Ordnung gestört sei (BAG 20.8.1991 AP BetrVG 1972 § 77 Tarifvorbehalt Nr. 2; **aA** noch 18.8.1987 AP ArbGG 1979 § 81 Nr. 6; 23.2.1988 AP ArbGG 1979 § 81 Nr. 9). Ein entspr. Unterlassungsanspruch der Gewerkschaft gegen den AG setzt allerdings eine grobe Pflichtverletzung voraus und kann sich nur auf eine tarifwidrige BV beziehen. Darüber hinaus steht den TVParteien keine ges. Prozessstandschaft zu, die Ansprüche ihrer Mitglieder einzuklagen (vgl. BAG 8.11.1957 AP ZPO § 256 Nr. 7; 21.12.1982 AP GG Art. 9 Arbeitskampf Nr. 76; 3.12.1985 AP KO § 146 Nr. 3; näher *Franzen* ZIAS 2004, 32, 51 ff.). Schließl. können die TVParteien nach § 9 TVG den Inhalt der Tarifnormen durch gerichtl. Entsch. verbindl. klären lassen.

II. Geltungsbereich des Tarifvertrags

8 **1. Allgemeines.** Die normative und zwgd. Wirkung des TV erfordert nach § 4 I S. 1 neben der **Tarifbindung** der Arbeitsvertragsparteien, dass das ArbVerh. unter den Geltungsbereich des TV fällt. Die TVParteien legen mit dem Geltungsbereich fest, für welchen Normadressaten der TV gelten soll. Während sich die Tarifbindung aus dem G ergibt (§ 3), sind die TVParteien grds. autonom, für welche AN- und AGGruppen sie den Geltungsbereich festlegen. Inwieweit die TVParteien bei der Festlegung insb. des personellen Geltungsbereichs eines TV den Gleichheitssatz des GG beachten müssen, ist umstr. (Rn. 17).

9 Der Geltungsbereich setzt die **übereinstimmende Tarifzuständigkeit** beider TVParteien voraus (§ 2 Rn. 33 ff.). Die gemeinsame Tarifzuständigkeit markiert somit die Maximalgrenze des Geltungsbereiches eines TV. Decken sich die Zust. der TVParteien nicht vollständig, kann sich eine gemeinsame Tarifzuständigkeit nur aus dem übrig gebliebenen Überschneidungsbereich ergeben. Wenn der TV auf den Zuständigkeitsbereich des Verbands mit der weiteren Tarifzuständigkeit abstellt, ist er insoweit unwirksam (§ 2 Rn. 38). Darüber hinaus können die TVParteien vereinbaren, dass ihre Regelungen ggü. anderen TV zurücktreten. So gelten bspw. TV in der Bauwirtschaft nur dann, wenn keine fachnäheren TV eingreifen. Dagegen können TV nicht für sich den Vorrang beanspruchen, weil insoweit in die Regelungskompetenz der zust. TVParteien eingegriffen würde. Wird in einem TV der Geltungsbereich nicht ausdr. festgelegt, muss im Wege der Auslegung aus dem TVZusammenhang ermittelt werden, welchen konkreten Geltungsbereich der TV haben soll. IZw. ist anzunehmen, dass ein EntgeltTV denselben Geltungsbereich hat wie der MTV (BAG 13.6.1957 AP TVG § 4 Geltungsbereich Nr. 6; 20.4.1988 AP TVG § 1 Tarifverträge: Bau Nr. 93).

10 **2. Räumlicher Geltungsbereich.** Mit dem räuml. Geltungsbereich werden die **geographischen Grenzen des TV** festgelegt. Die TVParteien können bestimmen, ob der TV für das gesamte Staatsgebiet Deutschlands, ein Bundesland, Bezirk usw. gilt. Zulässig ist ebenso, dass sich ein TV Geltung nur für im Ausland beschäftigte AN beimisst, wenn eine hinreichende Beziehung zum Inland vorliegt, zB bei im Ausland beschäftigten AN des Goethe-Institutes (BAG 9.7.1980 AP TVG § 1 Form Nr. 7; 11.9.1991 AP Internat. Privatrecht, Arbeitsrecht Nr. 29). Das BAG hat dies allerdings unter den Vorbehalt gestellt, dass zwgd. ausl. Recht der Anwendung dt. Tarifrechts nicht entgegensteht (BAG 11.9.1991 AP Internat. Privatrecht, Arbeitsrecht Nr. 29). Ob dt. TVParteien Regelungsbefugnis nur für ArbVerh. zusteht, die dt. Recht unterliegen, ist umstr. (bejahend BAG 9.7.2003 AP TVG § 1 Tarifverträge: Bau Nr. 261; *Junker* Internationales ArbR im Konzern, 1992, S. 430 ff.; ausf. Wiedemann/*Thüsing* § 1 Rn. 82 ff.; abl. BAG 10.9.1985 AP BetrVG 1972 § 117 Nr. 3 für tarifl. Betriebsverfassungsnormen; Rom I-VO Rn. 31).

11 **Anknüpfungspunkt für den räuml. Geltungsbereich** kann der Sitz des Unternehmens, des Betriebs oder der Erfüllungsort bzw. Schwerpunkt des ArbVerh. sein. Bei betriebsbezogenen ArbVerh. ist dies iZw. der Ort des Betriebes oder Betriebsteiles, in dem der AN arbeitet (BAG 3.12.1985 AP TVG § 1 Tarifverträge: Großhandel Nr. 5). Hat das ArbVerh. seinen Schwerpunkt außerhalb des räuml. Geltungsbereichs des für den Betriebssitz maßgebl. TV, wird das ArbVerh. von dem räuml. Geltungsbereich des dort geltenden TV erfasst (BAG 25.5.2005 AP TVG § 1 Tarifverträge: Gebäudereinigung Nr. 17). Gilt ein TV für einen bestimmten Bezirk und liegen Betriebe eines Unternehmens teils innerhalb und teils außerhalb des Bezirks, erfasst der TV nur die im Bezirk liegenden Betriebe (BAG 13.6.1957 AP TVG § 4 Geltungsbereich Nr. 6). Bei Außendienstmitarbeitern ist regelm. der Ort des Betriebes maßgebend, von dem aus die Tätigkeit verrichtet wird. Hat ein Betrieb aus NRW in NI eine Niederlassung, so findet für die aus NI eingesetzten AN der niedersächsische TV Anwendung (Däubler/*Deinert* Rn. 244). Die Niederlassung muss jedoch über eine gewisse organisatorische Selbständigkeit verfügen und darf sich nicht ledigl. als völlig unselbständige Arbeitsstätte darstellen. Ein in den alten Bundesländern abgeschlossener FirmenTV gilt auch für Betriebe, die später in den neuen Bundes-

ländern errichtet wurden (BAG 18.8.1999 AP BAT-O § 1 Nr. 14). Ändern sich die staatl. oder kommunalen Grenzen, auf die ein TV Bezug genommen hat, bleibt hiervon der räuml. Geltungsbereich der TV unberührt. Es bedurfte mithin im Beitrittsgebiet der Erstreckung des BAT bzw. des BRTV-Bau. Wird ein Betrieb aus dem räuml. Geltungsbereich eines TV verlegt, tritt Nachwirkung nach § 4 V ein (Rn. 60).

3. Fachlicher Geltungsbereich. Mit dem fachl. oder betriebl. Geltungsbereich bestimmen die TVParteien, für welche Betriebe der TV gelten soll. Regelm. wird nach dem **Industrieverbandsprinzip** auf die Ausrichtung des Betriebs und nicht auf die Tätigkeit der AN abgestellt. Die TVParteien können dabei an den Betriebsbegriff des BetrVG anknüpfen, aber auch einen eigenen Begriff des Betriebs definieren, zB im Baugewerbe (BAG 11.9.1991 AP TVG § 1 Tarifverträge: Bau Nr. 145); hiernach gilt auch eine selbständige Betriebsabteilung iSv. § 175 II SGB III (früher § 211 I SGB III) als Betrieb (BAG 25.1.2005 AP AEntG § 1 Nr. 22; 26.9.2007 NZA 2007, 1442). Der TV gilt für alle AN des Betriebs, unabhängig davon, welche Tätigkeiten die AN ausführen. Stellt der TV auf die Branchenzugehörigkeit des Betriebs ab, so können in einem Unternehmen mehrere TV gelten. Auf den Hauptzweck des Unternehmens kommt es nicht an (BAG 31.3.1955 AP TVG § 4 Geltungsbereich Nr. 1; 13.6.1957 AP TVG § 4 Geltungsbereich Nr. 6). Davon zu unterscheiden ist die Frage, nach welchen Kriterien sich die Tarifzuständigkeit des einzelnen AG bestimmt; hier muss man richtigerweise auf den Hauptzweck des Unternehmens abstellen (§ 2 Rn. 37). Inzwischen nimmt die Anzahl der Gewerkschaften zu, welche sich nach dem **Berufsverbandsprinzip** organisieren (§ 2 Rn. 34) und somit nur für AN bestimmter Berufsgruppen offen stehen, zB Unabhängige Flugbegleiter Organisation (UFO; BAG 14.12.2004 AP TVG § 2 Tariffähigkeit Nr. 1), Vereinigung Cockpit, Gewerkschaft der Flugsicherung (GdF; LAG HE 22.7.2004 AP GG Art. 9 Arbeitskampf Nr. 168; **aA** LAG RP 22.6.2004 AP GG Art. 9 Arbeitskampf Nr. 169). Von diesen ANKoalitionen abgeschlossene TV knüpfen folgerichtig regelm. an die berufl. Tätigkeit der AN und nicht an die Ausrichtung des Betriebs an. Darüber hinaus kommt in Betracht, dass der fachl. Geltungsbereich eines TV nicht durch Angabe eines Wirtschaftszweigs, sondern durch die Mitgliedschaft des Unternehmens im tarifschließenden Verband bestimmt wird. Dann erstreckt sich der fachl. Geltungsbereich des TV auf alle Unternehmen, die Mitglieder des betr. AGVerbands werden können (BAG 22.3.2005 AP TVG § 4 Geltungsbereich Nr. 26). 12

In **Mischbetrieben** werden unterschiedl. arbeitstechnische Zwecksetzungen verfolgt. Für die Zuordnung kommt es auf den Hauptzweck des Betriebs an. Die Rspr. stellt darauf ab, mit welchen Arbeiten die AN überw. betraut sind, nicht aber auf handels- oder gewerberechtl. Kriterien oder Umsatzkennzahlen (stRspr. BAG 15.11.2006 NZA 2007, 448). Werden in einem baugewerbl. Betrieb in nicht unerhebl. Umf. auch andere Arbeiten verrichtet, können die SozialkassenTV der Bauwirtschaft unanwendbar sein (BAG 15.11.2006 NZA 2007, 448). Selbständige Betriebsabteilungen und Nebenbetriebe unterfallen regelm. dem Geltungsbereich des Hauptbetriebs, sofern die TVParteien nichts anderes bestimmt haben (BAG 3.2.1965 AP TVG § 4 Geltungsbereich Nr. 11). Unterliegen alle beteiligten Unternehmen demselben TV, gilt dieser auch für einen gemeinsamen Betrieb dieser Unternehmen (LAG HM 18.2.1992 DB 1992, 2198). IÜ ist ein gemeinsamer Betrieb mehrerer Unternehmen selbständig daraufhin zu beurteilen, inwieweit dessen Betriebszweck die vom jeweiligen TV aufgestellten Voraussetzungen erfüllt. Wird ein Gemeinschaftsunternehmen zur Herstellung von Transportbeton gegründet, unterliegt es nicht dem Bautarif (BAG 19.9.1973 AP TVG § 1 Tarifverträge: Bau Nr. 14). 13

Beschreiben die TVParteien die **Art der Tätigkeit des AG** (Gewerbebetrieb, Industrie, Handwerk), so werden nur solche Betriebe erfasst, die diesem Tätigkeitsbereich zuzurechnen sind. Ein IndustrieTV gilt somit nicht für Handwerksbetriebe (vgl. BAG 9.4.2014 NJOZ 2014, 1675). Knüpft ein TV wie etwa die TV des Baugewerbes an den „Gewerbebetrieb“ an, ist dies iSd. Gewerberechts zu verstehen; nicht erfasst werden mithin gemeinnützige und karitative Betriebe (BAG 20.4.1988 AP TVG § 1 Tarifverträge: Bau Nr. 95) oder Beschäftigungs- und Qualifizierungsgesellschaften, auch wenn sie dem AGVerband angehören (**aA** Wiedemann/*Wank* Rn. 139). IÜ muss auf den Schwerpunkt der betriebl. Tätigkeit abgestellt werden. So wird bspw. ein Betrieb zur industriellen Fertigung feiner Backwaren, deren handwerkl. Herstellung zum Berufsbild des Bäcker- und des Konditorhandwerks gehört, vom fachl. Geltungsbereich des TV für die Beschäftigten in der Brot- und Backwarenindustrie dann erfasst, wenn Fachpersonal des Bäckergewerbes die Aufsicht führt (BAG 14.11.2001 AP TVG § 1 Tarifverträge: Brotindustrie Nr. 6). Werden von einem Garten-Center Zier- und Grünpflanzen angekauft und nach mehreren Monaten weiter verkauft, unterfällt diese Tätigkeit nicht der Einzelhandelsbranche, weil die Pflege der Pflanzen im Vordergrund steht (BAG 7.11.2001 AP TVG § 1 Tarifverträge: Einzelhandel Nr. 79). 14

Im Wege der Auslegung des TV ist zu ermitteln, ab welchem Zpkt. und bis zu welchem **Zpkt.** der Betrieb dem Geltungsbereich des TV unterliegt. Im Allg. wird sich dies von der Aufnahme der betriebl. Tätigkeit bis zur Beendung von Abwicklungsarbeiten erstrecken. Daher unterfällt auch noch der AG nach Eröffnung des Insolvenzverf. dem tarifl. Geltungsbereich (BAG 28.1.1987 AP TVG § 4 Geltungsbereich Nr. 14). Ändert sich der Unternehmenszweck und scheidet ein Betrieb aus dem fachl. Geltungsbereich aus, so endet die Bindung an den TV; dieser entfaltet Nachwirkung nach § 4 V (BAG 10.12.1997 AP TVG § 3 Nr. 20; 10.12.1997 AP TVG § 3 Nr. 21; Rn. 60). Eine Nachwirkung kommt 15 jedoch für die in § 4 II genannten Regelungen über gemeinsame Einrichtungen nicht in Betracht, wenn der AG durch Änd. des Betriebszwecks aus dem fachl. Geltungsbereich des TV herausfällt und keine Beiträge an die gemeinsame Einrichtung mehr entrichtet (BAG 14.6.1994 AP TVG § 3 Verbandsaustritt Nr. 2).

16 **4. Persönlicher Geltungsbereich.** Mit dem pers. Geltungsbereich wird festgelegt, für welche AN-Gruppen der TV gilt, also zB Ang., Arbeiter, Auszubildende. Der pers. Geltungsbereich wird weiter eingeschränkt, wenn die TVParteien nur Regelungen für bestimmte ANGruppen treffen. So stellen bspw. die Eingruppierungsmerkmale der EntgeltrahmenTV eine Umschreibung des pers. Geltungsbereiches dar. Häufig beschränkt der TV seinen pers. Geltungsbereich auf die **Mitglieder der tarifschließenden Gewerkschaft** (vgl. BAG 24.2.1999 TVG § 3 Verbandszugehörigkeit Nr. 17). Dies stellt regelm. deklaratorisch klar, was §§ 3 I, 4 I ohnehin sagen, dass näml. ein tarifl. Anspruch nur bei regelm. beiderseitiger Tarifbindung entsteht (BAG 23.3.2005 AP TVG § 4 Tarifkonkurrenz Nr. 29). Anders ist dies zu beurteilen, wenn bestimmte Leistungen im TV den Gewerkschaftsmitgliedern vorbehalten sind (zur Abgrenzung BAG 15.4.2015 NZA 2015, 1388 Rn. 26). In einem solchen Fall handelt es sich regelm. um eine uU zulässige sog. einfache mitgliedschaftsanknüpfende Differenzierungsklausel (BAG 18.3.2009 NZA 2009, 1028; § 1 Rn. 62). Diese bewirkt, dass nicht organisierten AN im Falle der AVE gem. § 5 IV oder Nachbindung gem. § 3 III kein tarifl. Anspruch zusteht, weil insoweit der pers. Geltungsbereich des TV nicht eröffnet ist. Ein derartige Tarifklausel hindert die Arbeitsvertragsparteien aber nicht, einen arbeitsvertragl. Anspruch durch Bezugnahme auf den TV zu begründen (*Löwisch/Rieble* Rn. 325; § 1 Rn. 62 c). Auf AGSeite kann der pers. Geltungsbereich eines TV ebenfalls auf die Mitglieder des AGVerbandes beschränkt sein. Hierfür bedarf es deutl. Hinweise im TV selbst; ein Verweis auf § 3 I genügt nicht (BAG 21.1.2015 NZA 2015, 1521; s. a. BAG 16.11.2016 BeckRS 2016, 120144 Rn. 28 ff.).

17 Probl. ist die **(partielle) Herausnahme von bestimmten ANGruppen** aus dem pers. Geltungsbereich des TV, insb. in Zusammenhang mit der Gewährung von Leistungen, etwa aus der betriebl. AV (BAG 16.12.2003 AP MTArb § 2 SR 2gNr. 1), unter dem Aspekt von **Art. 3 I GG.** Die Rspr. der einzelnen Sen. des BAG ist hierzu nicht einheitl. Die Festlegung des (pers.) Geltungsbereichs eines TV gehört zu den grdl. Befugnissen der Koalitionen und muss daher Teil der grundrechtl. geschützten Koalitionsfreiheit sein; eine strenge Rechtskontrolle könnte zu einer Zweckmäßigkeits- und Angemessenheitskontrolle für die Tarifinhalte führen. Aus dieser Überlegung leitet insb. der 4. Sen. einen Vorrang von Art. 9 III GG vor dem allg. Gleichheitssatzes nach Art. 3 I GG her (BAG 24.4.1985 AP BAT § 3 Nr. 4; 30.8.2000 AP TVG § 4 Geltungsbereich Nr. 25; **aA** 27.5.2004 NZA 2004, 1399). Dem lässt sich entgegenhalten, dass der allg. Gleichheitssatz Ausdruck eines fundamentalen Gerechtigkeitsgebots ist und das BVerfG bei einer Ungleichbehandlung von Personengruppen strengere Prüfungsmaßstäbe anlegt (GG Art. 3 Rn. 38). Diese Überlegung hat die Rspr. insb. veranlasst, die Herausnahme von TZBeschäftigten aus dem pers. Geltungsbereich von TV als gleichheitswidrig zu beanstanden (BAG 7.3.1995 AP BetrAVG § 1 Gleichbehandlung Nr. 26; 15.10.2003 AP BeschFG 1985 § 2 Nr. 87). Demggü. kann eine tätigkeitsbezogene Differenzierung eher gerechtfertigt werden (vgl. BAG 27.5.2004 NZA 2004, 1399 für die Herausnahme von Lektoren aus dem pers. Geltungsbereich des BAT). Schließl. muss das AGG beachtet werden (BAG 11.8.2009 NZA 2010, 408). Näher zum Problemkreis GG Art. 3 Rn. 25 f., 44.

18 **5. Zeitlicher Geltungsbereich.** TV enthalten häufig Regelungen über den zeitl. Geltungsbereich, etwa Inkrafttreten sowie Beendigungstatbestände wie Befristung, Kündigung (§ 1 Rn. 30 ff.). Fallen Abschluss und Inkraftreten des TV zeitl. auseinander, ist für den Beginn der Tarifgeltung grds. der Zpkt. des Inkrafttretens und nicht des Abschlusses maßgebl. (BAG 16.5.2012 NZA 2012, 923 Rn. 27). Vielfach sehen TV vor, dass manche Ansprüche der AN zeitversetzt entstehen sollen (bspw. stufenweise Entgelterhöhungen). In diesen Fällen tritt der TV sofort in Kraft, während die Rechtsfolgen (partiell) zu einem späteren Zpkt. eintreten sollen. An das Ende eines TV schließt sich regelm. die Nachwirkung an (Rn. 50 ff.).

19 Häufig ordnen in Kraft gesetzte TV Rechtsfolgen für die Vergangenheit an. Nach der Rspr. tragen TV den immanenten Vorbehalt ihrer rückwirkenden Abänderung durch TV in sich (BAG 2.2.2006 AP TVG § 1 Tarifverträge: Gewerkschaften Nr. 7). Insoweit ist zu unterscheiden zwischen der echten und unechten Rückwirkung (vgl. *Beckers* ZTR 1999, 145). Eine **echte Rückwirkung** liegt vor, wenn die nachträgl. abw. Regelung einen bereits in der Vergangenheit abgeschlossenen Sachverhalt betrifft, zB nachträgl. Einf. eines Kündigungsverbots (BAG 21.7.1988 AP TVG § 1 Rückwirkung Nr. 10; a. 10.10.1989 AP TVG § 1 Vorruhestand Nr. 2). Die TVParteien setzen wie der Gesetzgeber Rechtsnormen. Daher gelten für TV insoweit dies. Grds. hins. der Zulässigkeit von rückwirkenden Rechtsnormen (BAG 23.11.1994 AP TVG § 1 Rückwirkung Nr. 12). Eine echte Rückwirkung von TVNormen ist wegen des Vertrauensschutzes der Normunterworfenen grds. unzulässig. Ausnahmen bestehen, wenn das Vertrauen in den Bestand der Rechtslage erschüttert ist, die Rechtslage unklar und verworren ist, nicht auf den Rechtsschein einer ungültigen Norm vertraut werden darf oder zwgd. Gründe des Gemeinwohls eine Änd. der Rechtslage verlangen (*Beckers* ZTR 1999, 145). Dies kann der Fall sein bei rückwirkenden Lohnerhöhungen, wenn der vorhergehende TV gekündigt war, oder eine unwirksame Tarifnorm ersetzt werden muss (vgl. BAG 21.3.1991 AP BGB § 622 Nr. 29 für ungleiche Kündigungs-

fristen von Arbeitern und Ang.; 17.5.2000 AP TVG § 1 Rückwirkung Nr. 19). Das BAG hat eine rückwirkende Lohnsenkung ebenso als wirksam anerkannt (BAG 23.11.1994 AP TVG § 1 Rückwirkung Nr. 12; 22.10.2003 AP TVG § 1 Rückwirkung Nr. 21; 11.10.2006 AP TVG § 1 Rückwirkung Nr. 24; **aA** 28.9.1983 AP TVG § 1 Rückwirkung Nr. 9) wie Veränderungen des tarifl. Sonderkündigungsschutzes (BAG 2.2.2006 AP TVG § 1 Tarifverträge: Gewerkschaften Nr. 7). Zum Abbau betriebl. AVZusagen durch TV BAG 27.2.2007 NZA 2007, 1371; *Houben* AuR 2007, 239.

Um eine **unechte Rückwirkung** handelt es sich, wenn an einen in der Vergangenheit liegenden Tatbestand angeknüpft wird, aber die Rechtsfolgen für Gegenwart und Zukunft geregelt werden. Im Allg. geht es um die Einräumung von Sonderzuwendungen, Ruhegeldern, Berücksichtigung von Vordienstzeiten bei Beförderungen usw. Die unechte Rückwirkung ist im Allg. zulässig. Führt eine tarifl. Regelung in solchen Fällen zu einem Eingriff in bereits erwachsene Rechtspositionen, bedürfen die TVParteien hierfür bes., den Eingriff legitimierender Gründe (BAG 20.9.2016 BeckRS 2016, 74174). Keine Anwartschaft, also ein vom Zeitablauf aufschiebend bedingtes Vollrecht, ist erwachsen, wenn dem AN nur eine Aussicht eröffnet wurde, zB auf Beförderung (vgl. BAG 28.9.1983 AP TVG § 1 Rückwirkung Nr. 9; dagegen 23.11.1994 AP TVG § 1 Rückwirkung Nr. 12) oder die Aussicht nach Ablauf bestimmter Fristen am Bewährungsaufstieg teilzunehmen (BAG 14.6.1995 AP TVG § 1 Rückwirkung Nr. 13). Im Stadium der **Nachwirkung** eines TV (§ 4 V) müssen die Tarifunterworfenen grds. damit rechnen, dass der neu abgeschlossene TV den nachwirkenden TV rückwirkend ändert; insoweit besteht Vertrauensschutz grds. nicht (BAG 8.9.1999 AP TVG § 4 Nachwirkung Nr. 33; 5.7.2006 AP TVG § 1 Nr. 38). 20

6. Veränderungen des Geltungsbereiches. Die pers. Merkmale der Arbeitsvertragsparteien, an welche der Geltungsbereich des TV anknüpft, können sich ändern. Dies kann zB der Fall sein, wenn ein Arbeiter Ang. wird und damit dem pers. Geltungsbereich des TV entwächst oder der AG den Betriebszweck ändert, zB der Bergbaubetrieb zum Chemiebetrieb wird. Tritt eine Arbeitsvertragspartei in den Geltungsbereich eines anderen TV, so gilt hinfort der neue TV, wenn dessen übrige Anwendungsvoraussetzungen und die regelm. erforderl. beiderseitige Tarifbindung gegeben sind. Ist dies nicht der Fall, wirkt der bisherige TV nach (Rn. 60 ff.). 21

III. Gemeinsame Einrichtungen (Abs. 2)

1. Regelungsgehalt. Nach § 4 I wirken die Tarifnormen nur auf das ArbVerh. der Tarifunterworfenen unmittelbar und zwgd. ein. Abs. 2 erstreckt die unmittelbare und zwgd. Wirkung des TV über die gemeinsame Einrichtung auf die Rechtsbeziehungen zwischen der Einrichtung und den tarifgebundenen AN und AG sowie auf die Satzung der Einrichtung. Die Tarifbindung muss den für die jeweilige Normenart geltenden Erfordernissen genügen: bei Inhaltsnormen ist nach § 4 I grds. beiderseitige Tarifbindung erforderl.; bei betriebl. Normen genügt die Tarifbindung des AG (HWK/*Henssler* Rn. 27; weitergehend Däubler/*Heuschmid/Klein* § 1 Rn. 1134; KeZa/*Seifert* Rn. 316). Vielfach werden TV zur Schaffung gemeinsamer Einrichtungen für allgemeinverbindl. erklärt, wie etwa die TV über die Sozial- und Urlaubskassen des Baugewerbes (vgl. *Hauck* FS Schaub 1998 S. 263). 22

Als Gegenstände gemeinsamer Einrichtungen kommen alle Regelungen in Betracht, welche auch Gegenstand einer Individualnorm sein könnten, neben Urlaubsgewährung, Lohnausgleich bei Arbeitsausfall, betriebl. AV als klassische Felder auch Berufsbildung und Qualifizierung, Errichtung von Beschäftigungsgesellschaften (*Kaiser* NZA 1992, 193 ff.), Förderung der Arbeitsaufnahme, Zahlung von Abfindungen bei Rationalisierung usw. Nach der Rspr. des BAG lassen sich auch Gesamthafenbetriebe als gemeinsame Einrichtungen errichten (BAG 25.1.1989 AP GesamthafenbetriebsG § 1 Nr. 5). Der TV, welcher eine gemeinsame Einrichtung schafft, statuiert echte Rechtsnormen. **§ 4 II erweitert die Tarifmacht nicht**; die Rechtssetzungskompetenz der TVParteien ist wie bei den anderen Rechtsnormen auf die Vorgaben von § 1 I beschränkt (§ 1 Rn. 19). Für die Gestaltung davon nicht erfasster Fragen, etwa Umweltschutz, Wettbewerbsfähigkeit der Branche (vgl. *Otto/Schwarze* ZfA 1995, 639, 652 ff.; *Rieble* ZTR 2000, 1) können sich die TVParteien schuldrechtl. Regelungen außerhalb des TVG bedienen (§ 1 Rn. 80). 23

2. Begriff. Für die Schaffung einer gemeinsamen Einrichtung durch die TVParteien ist ein **eigener Rechtsträger** erforderl., dessen Zweck von den TVParteien festgelegt wird. Nicht notwendig ist, dass es sich um eine jur. Person handelt. Denkbar ist auch eine Personengesamtheit, wie etwa ein Gesamthafenbetrieb (BAG 25.1.1989 AP GesamthafenbetriebsG § 1 Nr. 5). Ebenso wenig muss ein eigenes Vermögen oder eine eigenständige Organisation mit Personal- und Sachmitteln eingerichtet werden. Die Einrichtung muss von den TVParteien gemeinsam getragen sein. Die TVParteien müssen paritätisch vertreten sein. Dritte – etwa AN, AG oder sonstige Dritte, etwa Versicherungsgesellschaften – können an ihr nicht beteiligt sein. Allerdings ist denkbar, dass ein Dritter als gemeinsame Einrichtung benutzt wird (BAG 28.4.1981 AP TVG § 4 Gemeinsame Einrichtungen Nr. 3). 24

3. Rechtsbeziehung zwischen den Beteiligten. Man unterscheidet die sog. **Beitragsbeziehung** zwischen der gemeinsamen Einrichtung und den AG, weil diese in aller Regel zur Beitragszahlung herangezogen werden, um die Leistungen der gemeinsamen Einrichtung zu finanzieren, und die 25

Leistungsbeziehung zwischen AN und der gemeinsamen Einrichtung, weil die AN regelm. unter bestimmten Voraussetzungen Leistungen von der Einrichtung beanspruchen können. Beide Rechtsbeziehungen sind für die Tarifgebundenen mit normativer Wirkung ausgestattet. Nicht endgültig geklärt ist, ob ein Anspruch des AN gegen die gemeinsame Einrichtung (also die Leistungsbeziehung) die beiderseitige Tarifbindung von AG und AN voraussetzt oder ob die Tarifbindung nur des AN genügt (dafür *Gamillscheg* KollArbR I S. 621 f.; KeZa/*Seifert* Rn. 317; Däubler/*Heuschmid/Klein* § 1 Rn. 1134 mit Verweis auf den Wortlaut von Abs. 2 im Gegensatz zu Abs. 1). Die Rspr. verlangt die beiderseitige Tarifbindung von AG und AN (BAG 5.10.1993 NZA 1994, 848; GS 29.11.1967 AP GG Art. 9 Nr. 13; offengelassen 9.12.2009 NZA 2010, 712 Rn. 46). Dem einzelnen TV wird man allerdings häufig im Wege der Auslegung entnehmen können, dass auch nicht tarifgebundene AN eines tarifgebundenen AG leistungsberechtigt sein sollen (HWK/*Henssler* Rn. 28). Umgesetzt wird dies dann durch eine Bezugnahmeklausel im Arbeitsvertrag (§ 3 Rn. 29 ff.). Davon abgesehen kann eine arbeitsvertragl. Inbezugnahme eines TV über eine gemeinsame Einrichtung einen Leistungsanspruch des nicht tarifgebundenen AN nicht begründen, weil dies einen unzulässigen Vertrag zu Lasten Dritter, der gemeinsamen Einrichtung, darstellte (ganz hM: KeZa/*Seifert* Rn. 320; *Löwisch/Rieble* Rn. 356). Ob umgekehrt eine Leistung einer gemeinsamen Einrichtung den Gewerkschaftsmitgliedern unter den AN vorbehalten bleiben darf, ist nach den für Differenzierungsklauseln entwickelten Grds. (§ 1 Rn. 62 ff.) zu beurteilen. Näher zur Problematik *Thüsing/v. Hoff* ZfA 2008, 77.

26 Die TVParteien können die **Satzung der gemeinsamen Einrichtung** mit unmittelbarer und zwgd. Wirkung ausgestalten. Dabei sind sie an die zwgd. Vorgaben des staatl. Verbandsrechts gebunden, dessen sich die TVParteien für die Gestaltung der Rechtsform bedienen müssen. Als Rechtform einer gemeinsamen Einrichtung kommt insb. in Betracht eine GmbH, AG, VVaG usw. (näher *Oetker* FS SOKA-Bau 2007 S. 123). Die Gründung und Beendigung der entspr. Rechtsform folgt den jeweils hierfür maßgebl. Regeln. Die gemeinsame Einrichtung ist daher mit dem Abschluss und dem Inkrafttreten des entspr. TV noch nicht errichtet. Hierfür bedarf es eines bes. Errichtungsaktes, etwa Abschluss des Gesellschaftsvertrags bei einer GmbH. Dieser zählt zum schuldrechtl. Teil des TV über die gemeinsame Einrichtung.

IV. Öffnungsklauseln (Abs. 3, 1. Var.)

27 **1. Begriff.** Abs. 3 erlaubt Abweichungen vom TV, wenn diese durch den TV gestattet sind. Die TVParteien können also wie jeder Normgeber dispositives Recht setzen und damit die zwgd. Wirkung des TV aufheben, während die unmittelbare Wirkung erhalten bleibt (sog. **Tariföffnungsklauseln**). Hierdurch können die tarifl. geregelten Arbeitsbedingungen flexibilisiert werden. Derartige tarifl. Öffnungsklauseln haben in der Tarifpraxis der letzten Jahre erhebl. an Bedeutung gewonnen und dienen va. der Absenkung der Tarifstandards in wirtschaftl. Notlagen, zur Beschäftigungssicherung und für bestimmte leistungsschwache oder mit hohem Arbeitsplatzrisiko behaftete AN (zur Verbreitung s. *Kohaut/Schnabel*, Sozialer Fortschritt 2007, 33). Die Tariföffnungsklausel muss ausdr. im TV vorgesehen und der Auslegung zugängl. sein; eine konkludente Öffnung kommt nicht in Betracht (*Löwisch/Rieble* Rn. 478; offengelassen von BAG 20.1.2009 NZA 2010, 295 Rn. 34).

28 Von Tariföffnungsklauseln iSv. § 4 III zu unterscheiden sind im TV festgelegte **Rahmenregelungen,** die von den Betriebspartnern bzw. Parteien des Einzelarbeitsvertrags ausgefüllt werden können. Eine Rahmenregelung enthält keine eigenständige inhaltl. Vorgabe, solange der Rahmen eingehalten wird. Demggü. enthält die Öffnungsklausel sehr wohl eine eigenständige inhaltl. Regelung, welche aber dispositiv ist. Die tarifrechtl. Tariföffnung nach Abs. 3 muss überdies von der betriebsverfassungsrechtl. nach § 77 III 2 BetrVG unterschieden werden. Danach können TV den Abschluss erg. BV zulassen und damit die Regelungssperre des § 77 III 1 BetrVG überwinden. Diese betriebsverfassungsrechtl. Tariföffnung bezieht sich nur auf einen bestimmten Regelungsgegenstand und ein bestimmtes Regelungsinstrument (BV), während die Tariföffnung nach § 4 III die tarifl. Regelung dispositiv macht. Beide Möglichkeiten der Tariföffnung stehen nebeneinander und können kombiniert werden.

29 **2. Reichweite.** Die TVParteien haben für Tariföffnungsklauseln einen **breiten Gestaltungsspielraum**. Sie können die TVÖffnung räuml., zeitl. und pers. beschränken und mit Einschränkungen versehen, zB die Abweichungen von der Zust. des BR abhängig machen oder an die ausdr. Zust. des AN binden (BAG 30.5.2001 AP TVG § 1 Tarifverträge: Großhandel Nr. 16). Denkbar ist ferner ein gebundener Zustimmungsvorbehalt der TVParteien selbst (BAG 20.10.2010 NZA 2011, 468). Das BAG hat auch eine nachträgl. Öffnungsklausel mit Rückwirkung zugelassen (BAG 20.4.1999 AP BetrVG 1972 § 77 Tarifvorbehalt Nr. 12). Die TVParteien unterliegen bei der Normierung von Tariföffnungsklauseln den allg. Schranken der Tarifmacht (§ 1 Rn. 8 ff.). Darüber hinaus darf eine Tariföffnungsklausel nicht ohne sachl. Grund bestimmte ANGruppen oder AGGruppen schlechter behandeln als andere. Schließl. wird eine Grenze für die Öffnung von TV dort gesehen, wo die TVParteien auf jegl. inhaltl. Gestaltung des ArbVerh. verzichten (BAG 18.8.1987 AP BetrVG 1972 § 77 Nr. 23; **aA** *Rieble* ZfA 2004, 405).

30 Der TV kann sowohl **zugunsten der individualvertragl. Regelungsebene** (ausdr. Abrede im Arbeitsvertrag, Formulararbeitsvertrag) als auch **zugunsten einer BV** geöffnet werden. Durch Tarif-

öffnungsklauseln für BV werden die Regelungssperren von § 87 I Einleitungssatz bzw. § 77 III BetrVG beseitigt (vgl. BAG 24.11.1987 AP BetrVG 1972 § 87 Akkord Nr. 6; 20.2.2001 AP BetrVG 1972 § 77 Tarifvorbehalt Nr. 15; 29.10.2002 AP BetrVG 1972 § 77 Tarifvorbehalt Nr. 18). Erlaubt eine tarifl. Öffnungsklausel ledigl. eine BV, ist eine Regelungsabrede oder eine vertragl. Einheitsregelung unzureichend. Die als Erg. zum TV geschlossene BV ist in ihrer Laufzeit grds. auf die Dauer des TV bzw. dessen Nachwirkung beschränkt (*Gamillscheg* KollArbR I S. 812). Darüber hinaus kann sich eine Öffnungsklausel auch auf einen **anderen TV** beziehen. Dadurch nimmt der sich öffnende TV seinen Geltungsanspruch ggü. dem anderen TV zurück. Im sachl. Gehalt kommt einer (ges.) Öffnungsklausel gleich die Regel der Tarifkonkurrenz, dass HausTV im Kollisionsfall VerbandsTV vorgehen und diese verdrängen (Rn. 68). Insoweit bedarf es daher keiner tarifl. Öffnungsklausel. Daher können sog. betriebl. Bündnisse für Arbeit zur Beschäftigungssicherung in der Form eines FirmenTV auch ohne Öffnungsklauseln im VerbandsTV gestaltet werden (vgl. *Bauer/Haußmann* NZA 2000 Sonderbeil. zu Heft 24; *Federlin* FS BAG 2004 S. 645).

V. Günstigkeitsprinzip (Abs. 3, 2. Var.)

1. Funktion: Gesetzliche Tariföffnung. Das Günstigkeitsprinzip stellt ein allg. Prinzip des ArbR 31
für das Verhältnis von Regelungen auf verschiedenen Regelungsstufen dar: Grds. setzt sich die Regelung auf der höheren Rangebene durch, es sei denn, die Regelung auf der niederen Rangebene ist für den AN günstiger. Dieses Rechtsprinzip hat der Gesetzgeber für das Verhältnis des TV zu anderen Abmachungen in § 4 III 2. Var. kodifiziert; daneben findet sich eine ges. Ausprägung des Günstigkeitsprinzips in § 28 II 2 SprAuG. Nach § 4 III 2. Var. haben für den AN günstigere Abmachungen den Vorrang vor dem TV. Damit wirkt § 4 III 2. Var. wie eine ges. Tariföffnung, welche die zwgd. Wirkung des TV partiell aufhebt und in eine halbseitig zwgd. umwandelt. Das Günstigkeitsprinzip gewährleistet die Privatautonomie der Arbeitsvertragsparteien in den Bereichen, in denen die zwgd. Wirkung des TV zum Schutz der AN nicht erforderl. ist, und garantiert die Funktion des TV als Gestaltungsinstrument für die Regelung von **Mindestarbeitsbedingungen**.

Das Günstigkeitsprinzip gilt auch für das **Verhältnis vom TV zur BV**. Allerdings wird dies selten 32
praktisch werden, da § 77 III BetrVG die Regelung von Arbeitsbedingungen durch BV sperrt, wenn diese durch TV geregelt sind oder üblicherweise geregelt werden. Damit soll die Tarifautonomie vor Regelungskonkurrenz durch die Betriebspartner geschützt werden, § 77 III BetrVG besagt aber nichts über die grds. Geltung des Günstigkeitsprinzips. Individualvereinb. sind auch dann vorrangig, wenn sie vor dem TV abgeschlossen worden sind. Die Lehre, wonach TV günstigere Individualabmachungen verschlechtern können, ist überholt (BAG [GS] 7.11.1989 AP BetrVG 1972 § 77 Nr. 46). § 4 III 2. Var. ist zwgd. TV, die günstigere Arbeitsbedingungen verdrängen oder verhindern wollen, sind unwirksam (BAG 15.12.1960 AP TVG § 4 Angleichungsrecht Nr. 2, 3; 26.2.1986 AP TVG § 4 Ordnungsprinzip Nr. 12).

2. Anwendungsbereich. Das Günstigkeitsprinzip des § 4 III 2. Var. bezieht sich in erster Linie auf 33
Individualnormen, also Inhalts-, Abschluss- und Beendigungsnormen (§ 1 Rn. 41 ff.). Früher wurde angenommen, das Günstigkeitsprinzip könne auf solche Individualnormen, welche Ge- oder Verbote enthalten, nicht angewandt werden, da in einem Individualvertrag ein Verbot nicht noch strenger geregelt werden könne als in einem TV (vgl. BAG 7.12.1956 AP BGB § 817 Nr. 1; LAG D 17.5.1966 AP TVG § 4 Abschlußverbote Nr. 1). Die heute wohl hM macht sich diese Einschränkung nicht mehr zu eigen (vgl. Däubler/*Deinert* Rn. 639; *Löwisch/Rieble* Rn. 566; diff. Wiedemann/*Wank* Rn. 412 f.; KeZa/*Schubert/Zachert* Rn. 356 ff.; **aA** *Gamillscheg* KollArbR I S. 846). Auch das BAG [GS] hat anerkannt, dass eine tarifl. Altersgrenze mit dem Günstigkeitsprinzip überwunden werden kann, und damit die tarifl. Altersgrenze nicht als Verbotsnorm verstanden (BAG [GS] 7.11.1989 AP BetrVG 1972 § 77 Nr. 46). Allerdings muss bei derartigen Normen, insb. sog. negativen Inhaltsnormen wie etwa Beschäftigungsverboten oder HöchstAZ, der Durchführung des Günstigkeitsvergleichs bes. Beachtung geschenkt werden (Rn. 39 f.).

Die Anwendung des Günstigkeitsprinzips auf **Betriebsnormen** ist umstr. Dies wird zT mit dem Arg. 34
abgelehnt, dass sich formelle Arbeitsbedingungen dem Günstigkeitsprinzip entziehen (*Buschmann* NZA 1990, 387, 388) bzw. dass Betriebsnormen als betriebseinheitl. Gesamtordnung dem Günstigkeitsvergleich nicht unterstellt werden könnten (*Linnenkohl* ua. BB 1990, 628, 630; *Zachert* DB 1990, 988; dagegen *Gamillscheg* KollArbR I S. 851). Gegen diese Arg. spricht jedoch, dass auch bei Tarifnormen, die notwendigerweise einheitl. im Betrieb gelten müssen, wie Betriebsnormen (§ 1 Rn. 45 ff.), die Verbesserung der Rechtsstellung einzelner AN nicht von vornherein ausgeschlossen werden kann. Das Günstigkeitsprinzip ist daher auch auf Betriebsnormen anwendbar (Däubler/*Deinert* Rn. 643; *Löwisch/Rieble* Rn. 570 f.; Wiedemann/*Wank* Rn. 415; **aA** KeZa/*Schubert/Zachert* Rn. 357). Dasselbe gilt für **betriebsverfassungsrechtl. Normen** (§ 1 Rn. 48). Weitgehend theoretisch ist die Frage der Anwendung des Günstigkeitsprinzips bei **gemeinsamen Einrichtungen**. Dessen Anwendung kann näml. nicht dazu führen, dass die Beitragspflicht des AG zur gemeinsamen Einrichtung entfällt, wenn dieser höhere Leistungen ggü. einzelnen AN im Arbeitsvertrag zusagt (BAG 5.12.1958 AP TVG § 4 Aus-

gleichskasse Nr. 1; *Gamillscheg* KollArbR I S. 851; KeZa/*Schubert/Zachert* Rn. 358; **aA** *Löwisch/Rieble* Rn. 579 ff.). Umgekehrt ist der AG nicht gehindert, seine AN durch Zusatzleistungen besser zu stellen (*Gamillscheg* KollArbR I S. 851 f.).

35 **3. Durchführung des Günstigkeitsvergleichs. a) Bezugsobjekt: einzelnes ArbVerh. oder Belegschaft?** Der Günstigkeitsvergleich wird bei Individualnormen (Inhalts-, Abschluss-, Beendigungsnormen) bezogen auf das einzelne ArbVerh. durchgeführt, **also individuell**. Dies rührt daher, dass das Günstigkeitsprinzip dem Schutz der Privatautonomie des einzelnen AN dient (KeZa/*Schubert/Zachert* Rn. 402). Demggü. kommt es bei Betriebsnormen darauf an, ob die Belegschaft insg. besser gestellt wird (*Löwisch/Rieble* Rn. 590; sog. **kollektiver Günstigkeitsvergleich**). Einen kollektiven Günstigkeitsvergleich hat das BAG ([GS] 16.9.1986 AP BetrVG 1972 § 77 Nr. 17) vorgenommen bei der Ablösung einer betriebl. Einheitsregelung (Jubiläumszuwendung nach 25 Jahren Betriebszugehörigkeit) durch eine BV, dies allerdings auf Sozialleistungen beschränkt, welche in einem Bezugssystem stehen und damit ein geschlossenes Regelungssystem bilden (BAG 28.3.2000 AP BetrVG 1972 § 77 Nr. 83). Indes erscheint die Konzeption des BAG [GS] zw., da es sich tarifrechtl. gesprochen nicht um Betriebsnormen, sondern um Individualansprüche begründende Inhaltsnormen handeln würde. Näher hierzu BetrVG § 77 Rn. 70 ff.

36 **b) Vergleichsgegenstand.** Der Günstigkeitsvergleich verlangt in einem weiteren Schritt die Isolierung der Regelungsgegenstände im TV und der abw. Abmachung iSv. § 4 III, die verglichen werden sollen (Vergleichsgegenstand). Das G gibt nicht unmittelbar vor, welche jeweiligen Regelungen in den Vergleich einbezogen müssen. Grds. in Betracht kommen drei Vorgehensweisen: Vergleich der Einzelregelungen im TV und abw. Abmachung **(Einzelvergleich)**, Bildung und Vergleich von Sachgruppen **(Sachgruppenvergleich)** sowie der Vergleich der Gesamtregelung **(Gesamtvergleich)**. Die Rspr. und hL bevorzugen mit Recht den Sachgruppenvergleich, weil sowohl der Einzel- als auch der Gesamtvergleich erhebl. Schwächen aufweisen (*Gamillscheg* KollArbR I S. 852 f.; KeZa/*Schubert/Zachert* Rn. 409). Der Einzelvergleich läuft auf eine Art „Rosinentheorie" hinaus, und der Gesamtvergleich ist prinzipiell kaum durchführbar und würde tendenziell das Günstigkeitsprinzip aushöhlen, da die Günstigkeit eines Regelungswerks ggü. dem anderen realistischerweise kaum festgestellt werden kann.

37 Ein Sonderproblem stellt sich, wenn das Günstigkeitsprinzip nur deshalb angewandt werden muss, weil eine **arbeitsvertragl. Bezugnahmeklausel** auf einen TV verweist und ein anderer TV unmittelbar und zwgd. auf das ArbVerh. einwirkt. Dogmatisch ist in einer solchen Konstellation das Günstigkeitsprinzip anwendbar (§ 3 Rn. 33; *Löwisch/Rieble* Rn. 544; BAG 29.8.2007 NZA 2008, 364 unter ausdr. Aufgabe von BAG 23.3.2005 AP TVG § 4 Tarifkonkurrenz Nr. 29); sachl. handelt es sich jedoch um die Kollision von zwei tarifl. Regelungswerken, auf welche das Günstigkeitsprinzip so nicht zugeschnitten ist. Die Auslegung der Bezugnahmeklausel wird idR ergeben, dass das in Bezug genommene tarifl. Regelwerk insg. angewandt werden soll und daher ein Sachgruppenvergleich ausgeschlossen sein soll (ebenso *Löwisch/Rieble* Rn. 612; **aA** BAG 15.4.2015 NZA 2015, 1274 Rn. 28; 17.4.2002 AP BGB § 611 Mehrarbeitsvergütung Nr. 40; 12.12.2012 BB 2013, 1780; s. a. BAG 24.9.2008 NZA 2009, 154 Rn. 27 mit Blick auf § 305c II BGB). Daher erscheint es gerechtfertigt, in solchen Fällen einen **Gesamtvergleich** zwischen dem in Bezug genommenen TV und dem normativ das ArbVerh. gestaltenden TV vorzunehmen (ebenso Wiedemann/*Oetker* § 3 Rn. 291). Dies wird regelm. dazu führen, dass eine günstigere Regelung nicht ausgemacht werden kann, so dass sich der normativ wirkende TV durchsetzt. Anders ist der Fall zu beurteilen, dass die Bezugnahmeklausel nur auf einen Teil des TV verweist. Hier ist die Durchführung des Sachgruppenvergleichs sachgerecht.

38 Nach dem regelm. anzuwendenden **Sachgruppenvergleich** ist maßgebend, ob die Regelungen im TV und der abw. Abmachung nach der Verkehrsanschauung denselben Regelungsgegenstand betreffen (BAG 23.5.1984 AP BGB § 339 Nr. 9; 20.4.1999 AP GG Art. 9 Nr. 89; LAG M 4.5.1990 LAGE TVG § 4 Günstigkeitsprinzip Nr. 3; *Gamillscheg* KollArbR I S. 853; *Heise* FS BAG 2004 S. 657). Erforderl. ist ein sachl. Zusammenhang zwischen den Regelungen im TV und den abw. Abreden. Die Rspr. hat eine solchen bejaht zwischen Urlaubsdauer, Länge der Wartezeit und Höhe des Urlaubsgeldes, Grundlohn und tarifl. Lohnzuschlägen, Stundenlohn und Auslösung (BAG 12.4.1972 AP TVG § 4 Günstigkeitsprinzip Nr. 13), Grundvergütung und Leistungszulage ggü. einer Gesamtvergütung (BAG 10.12.1965 AP TVG § 4 Tariflohn und LeistungsprämieNr. 1), prozentuale Zuschlagssätze und die zugrundeliegenden Stundenlöhne (BAG 17.4.2013 BB 2013, 2227), Höhe der Vergütung und Dauer der AZ (BAG 15.4.2015 NZA 2015, 1274 Rn. 34 ff.; 12.5.2016 NZA 2016, 1030 Rn. 27). Demggü. soll ein Sachzusammenhang nicht bestehen zwischen tarifvertragl. AZ einerseits und längerer AZ bei gleichem Arbeitsentgelt sowie Beschäftigungszusage für einen bestimmten Zeitraum andererseits (BAG 20.4.1999 AP GG Art. 9 Nr. 89). Damit hat die Rspr. sog. „betriebl. Bündnissen für Arbeit" ohne Mitwirkung der tarifschließenden Gewerkschaft die rechtl. Anerkennung versagt. Demggü. will eine im Vordringen befindl. Auff. in der Lit. die Beschäftigungssicherung berücksichtigen, in dem ein sog. synallagmatischer Günstigkeitsvergleich vorgenommen wird; zum Synallagma gehörten nicht nur die ausdr. normierten Vertragsbedingungen, sondern auch das Arbeitsplatzrisiko und die Arbeitsplatzsicherheit (*Schliemann* NZA 2003, 122, 125; *Federlin* FS BAG 2004 S. 645). Dem ist grds. zuzustimmen; in den herauszuarbeitenden Sachzusammenhang können diejenigen Regelungsbereiche einbezo-

gen werden, welche die Arbeitsvertragsparteien in einen solchen Regelungszusammenhang stellen (krit. Däubler/*Deinert* Rn. 720ff.; *Raab* ZfA 2004, 371, 386). Allerdings wirft dann der Vergleichsmaßstab (Rn. 39) nicht unerhebl. Probleme auf.

c) Vergleichsmaßstab. Einen Maßstab für den Vergleich der Regelungen im TV und der abw. Abmachung stellt das G nicht auf. Rspr. und hL haben bislang weder eine rein obj. noch eine subj. Betrachtungsweise vorgenommen, sondern auf eine Gesamtbetrachtung abgestellt und gefragt, wie ein **verständiger AN** unter Berücksichtigung der Umstände des Einzelfalls die **Bestimmung im Arbeitsvertrag im Vergleich zu der des TV** einschätzen würde (vgl. LAG M 14.5.1990 LAGE TVG § 4 Günstigkeitsprinzip Nr. 3; *Gamillscheg* KollArbR I S. 855; *Heise* FS BAG 2004 S. 657). In den meisten Fällen wird dieser Maßstab des verständigen, objektivierten AN zu einem eindeutigen Erg. führen: 5% mehr Arbeitsentgelt, ein Tag mehr Urlaub sind danach günstiger. Allerdings sind viele Regelungen ambivalent. Dies gilt schon bei längeren Kündigungsfristen für AN und AG in der abw. Abmachung ggü. dem TV. Einerseits wird die Mobilität eingeschränkt, andererseits aber auch dem erhöhten Sicherungsbedürfnis einzelner AN Rechnung getragen (BAG 29.8.2001 AP TVG § 1 Auslegung Nr. 174). Dasselbe trifft auf Beschäftigungszusagen als Ausgleich für längere AZ bei gleichem Arbeitsentgelt im Rahmen von sog. „betriebl. Bündnissen für Arbeit" zu: so hängt der Wert einer Beschäftigungszusage vom Risiko des Arbeitsplatzverlustes ab, welches für den einzelnen AN wegen § 1 III KSchG je nach deren sozialen Stärke unterschiedl. beurteilt werden kann. Außerdem kann die Beschäftigungszusage durch ungünstige wirtschaftl. Entwicklungen völlig entwertet werden. Dies gilt ebenso für die Frage, ob die individualvertragl. Verlängerung der AZ ggü. der tarifl. kürzeren AZ bei angemessener Mehrarbeitsvergütung günstiger ist (vgl. LAG K 26.4.2007 AuR 2007, 357; offengelassen von BAG 17.4.2002 AP BGB § 615 Nr. 40; ausf. *Joost* ZfA 1984, 173). Das LAG B (20.8.2013 – 7 Sa 2002/12) und das LAG BW (30.9.2013 NZA-RR 2014, 23) vergleichen in solchen Fällen das errechnete Arbeitsentgelt pro Stunde und nicht die Monatsvergütungen. Bei derartigen ambivalenten Regelungen ist eine Regelung nur dann als günstiger einzustufen, wenn die Bewertung als günstiger für jeden denkbaren Einzelfall zutrifft; maßgebl. ist also die abstrakte Anwendung der Regelungen und nicht die Anwendung im Einzelfall (BAG 29.1.2015 NZA 2015, 673; 10.12.2014 NZA 2015, 946; 19.7.2016 NZA 2016, 1475 Rn. 45). 39

Lässt sich nicht eindeutig beantworten, ob die abw. Regelungen günstiger ist als die Regelung im TV (sog. **günstigkeits-neutrale** Regelung), bleibt es bei der tarifl. Regelung (BAG 12.4.1972 AP TVG § 4 Günstigkeitsprinzip Nr. 13; 15.4.2015 NZA 2015, 1274 Rn. 32; Däubler/*Deinert* Rn. 690; *Gamillscheg* KollArbR I S. 857). Demggü. will eine im Vordringen begriffene Auff. in solchen Fällen bei günstigkeits-neutralen Regelungen der vom TV abw. Regelung, idR dem Arbeitsvertrag, den Vorzug einräumen (*Buchner* NZA 1999, 897, 901; *Heinze* NZA 1991, 329; *Adomeit* NJW 1984, 26f.). Diese Auff. ist abzulehnen, weil hierdurch das ges. Grundprinzip der zwgd. Wirkung von TV nach § 4 I ausgehöhlt würde (ebenso *Raab* ZfA 2004, 371, 391). Der Vergleichsmaßstab darf nicht so gehandhabt werden, dass die ges. Grundentsch. für die zwgd. Wirkung des TV überspielt wird. Außerdem haben sich die Arbeitsvertragsparteien durch ihren Verbandsbeitritt in der Weise selbst gebunden, dass bei günstigkeits-neutralen Regelungen die Vorgabe des TV gelten soll (vgl. *Käppler* NZA 1991, 745, 753). 40

Die Günstigkeitsbeurteilung kann bei solchen günstigkeits-neutralen Regelungen allerdings dann anders ausfallen, wenn dem AN in der abw. Abmachung selbst ein ausdr. **Wahlrecht** eingeräumt wird zwischen der tarifl. Regelung und der anderweitigen Abmachung. Ein echtes Wahlrecht ist als zusätzl. Option in jedem Fall günstiger als das Fehlen eines Wahlrechts (*Buchner* ZfA 2004, 229, 241; *Löwisch/Rieble* Rn. 638; vgl. auch BAG 22.10.2015 NZA 2016, 1081 Rn. 26; **aA** Däubler/*Deinert* Rn. 748; KeZa/*Schubert/Zachert* Rn. 398ff.; *Raab* ZfA 2004, 371, 389). Allerdings besteht ein solches echtes Wahlrecht nur dann, wenn die abw. Abmachung eine jederzeit ausübbare **Rückkehroption** zu den tarifl. Regelungen einräumt. Anderenfalls erschöpft sich ein Wahlrecht in der vorst. abgelehnten Subjektivierung des Vergleichsmaßstabs. Diese Möglichkeit eines echten Wahlrechts wird va. im Hinblick auf die Dauer der AZ und die Wahl zwischen Arbeit und Ruhestand (vgl. BAG [GS] 7.11.1989 AP BetrVG 1972 § 77 Nr. 46) in Betracht kommen. Durch die Wahlmöglichkeit darf aber der unabdingbare ANSchutz nicht unterlaufen werden. Dieser wird zumindest durch den unabdingbaren AZSchutz markiert. 41

d) Vergleichszeitpunkt. Maßgebl. für die Durchführung des Vergleichs ist derjenige Zpkt., in dem die tarifl. Regelungen erstmals mit den anderweitigen Abmachungen kollidieren. Bezogen auf diesen Zpkt. muss entschieden werden, welche Regelung anzuwenden ist (BAG 25.11.1970 AP TVG § 4 Günstigkeitsprinzip Nr. 12; 15.4.2015 NZA 2015, 1274 Rn. 31). 42

VI. Sicherung tariflicher Rechte (Abs. 4)

1. Zweck und Anwendungsbereich. Die unmittelbare und zwgd. Wirkung des TV nach § 4 I bewirkt zunächst, dass ein AN nicht im Voraus auf Rechtspositionen aus dem TV verzichten kann. Sind die tarifl. Rechte aber einmal im Arbeitsvertrag erwachsen, ist der AN durch § 4 I nicht mehr geschützt. § 4 IV 1 soll dies ausgleichen und dient der Sicherung der unmittelbaren und zwgd. 43

Wirkung des TV nach Entstehung der tarifl. Rechtspositionen. **Tarifl. Rechte** sind va. Ansprüche des AN aus dem ArbVerh. aufgrund von tarifl. Individualnormen, also Ansprüche auf Arbeitsentgelt, Abfindung, Urlaub etc., bis hin zu Gestaltungsrechten, wie das Recht zur Kündigung des ArbVerh. oder ein tarifl. eingeräumtes Rücktrittsrecht bei Abschluss eines Aufhebungsvertrags (vgl. BAG 24.1.1985 AP TVG § 1 Tarifverträge: Einzelhandel Nr. 7; 24.1.1985 AP TVG § 1 Tarifverträge: Einzelhandel Nr. 8). Unverzichtbar sind auch Zurückbehaltungsrechte und die Einhaltung der Kündigungsfrist eines allgemeinverbindl. TV (BAG 18.11.1999 AP TVG § 4 Nr. 18). Der Schutz durch Abs. 4 reicht entspr. dem Regelungszweck der Vorschr. nur soweit, wie die tarifl. Rechte zwgd. entstanden sind. § 4 IV gilt daher nicht im Nachwirkungsstadium und auch nicht bzgl. arbeitsvertragl. Ansprüche, die sich ggü. dem TV über das Günstigkeitsprinzip durchsetzen. Dasselbe gilt für tarifl. Rechte, wenn der TV auf das ArbVerh. nicht unmittelbar und zwgd. einwirkt, sondern nur aufgrund einer arbeitsvertragl. Bezugnahmeklausel anwendbar ist (Däubler/*Zwanziger* Rn. 1003; Wiedemann/*Wank* Rn. 671; diff. *Gamillscheg* KollArbR I S. 802).

44 **2. Verzicht. a) Unwirksamkeit.** Ein Verzicht liegt vor, wenn der AN über ein tarifl. Recht in der Art verfügt, dass er dieses Recht verliert oder es nicht mehr durchsetzen kann. Dementspr. umfasst der Begriff des Verzichts den Erlassvertrag (§ 397 I BGB), das negative Schuldanerkenntnis (§ 397 II BGB) und die Ausgleichsquittung. Von dem Verzichtsverbot erfasst werden ferner das pactum de non petendo, das einem Vertragsanspruch die Durchsetzbarkeit nimmt, die Verpflichtung, eine Klage zurückzunehmen (BAG 19.11.1996 AP TVG § 4 Verdienstsicherung Nr. 9) sowie die Stundung. Zw. ist, ob auch eine privative Schuldübernahme oder die Vereinb. einer Leistung an Erfüllungs statt verboten sein sollen (dafür *Löwisch/Rieble* Rn. 694 f.; **aA** Wiedemann/*Wank* Rn. 655). Vom **Verzichtsverbot nicht erfasst** werden demggü. die Abtretung oder die Aufrechnung der ANForderung. Dies folgt aus dem Umstand, dass der AN grds. in der Verwendung seiner Forderungen frei ist. Eine Ausnahme von diesem Grds. wird dann gelten, wenn der AN seine Forderungen an den AG abtritt. Dies läuft darauf hinaus, die Forderung durch Konfusion zum Erlöschen zu bringen.

45 Das Verzichtsverbot greift auch bei einem prozessualen Anspruchsverzicht nach § 306 ZPO und bei einem prozessualen Anerkenntnis nach § 307 ZPO aufgrund einer negativen Feststellungsklage ein. Das Gericht darf ein entspr. Urt. nicht erlassen. Ergeht es gleichwohl, kann ein solches Urt. mit Rechtsmitteln angegriffen werden. Ist das Urt. rkr. geworden, so wird im Allg. eine Wiederaufnahme des Verf. keinen Erfolg versprechen. Von § 4 IV 1 nicht erfasst wird dagegen die Klagerücknahme, da sie nur prozessuale Wirkung hat. Ein **Vergleich** ist ebenfalls grds. (Rn. 46) in das Verzichtsverbot einbezogen, da im Wege gegenseitigen Nachgebens über rechtl. Positionen disponiert wird (BAG 20.8.1980 AP LohnFG § 6 Nr. 11). Dies gilt auch für den Prozessvergleich. Allerdings muss man zwischen einem Vergleich über die Tatsachengrdl. und einem Vergleich über die Rechtslage unterscheiden. Der tarifl. Anspruch als solcher kann nicht in den Vergleich eingehen, wohl aber die entspr. tats. Voraussetzungen (BAG 5.11.1997 AP TVG § 4 Nr. 17; Wiedemann/*Wank* Rn. 680 ff.; **aA** KeZa/*Brecht-Heitzmann* Rn. 592). So fällt unter § 4 IV 1 eine Abrede über den Erlass von tarifl. Überstundenzuschlägen (§ 397 I BGB), während die Abrede, ein AN habe nicht 100, sondern nur 50 Überstunden geleistet, als Tatsachenvergleich wirksam bleibt (BAG 5.11.1997 AP TVG § 4 Nr. 17). In Eingruppierungsstreitigkeiten können die Parteien nicht die Vergütungsgruppe unstr. stellen, wohl aber, ob bestimmte Voraussetzungen einer Vergütungsgruppe in der Vergangenheit vorgelegen haben.

46 **b) Ausnahme bei von Tarifvertragsparteien gebilligtem Vergleich.** § 4 IV 1 lässt eine Ausnahme vom grds. bestehenden Verzichtsverbot zu, wenn der Verzicht in einem Vergleich enthalten ist und die TVParteien diesem Vergleich zustimmen (§§ 182 ff. BGB). Erfasst ist der materiell-rechtl. Vergleich iSv. § 779 BGB und auch der Prozessvergleich. Notwendig ist die Zust. beider TVParteien, die sowohl vor dem Abschluss des Vergleichs (Einwilligung) als auch nachträgl. (Genehmigung) erteilt werden kann. Diese Ausnahme rechtfertigt sich vor dem Hintergrund des Zwecks von § 4 IV, die unmittelbare und zwgd. Wirkung des TV auch in seinem Anwendungs- und Durchführungsstadium zu sichern. Dieser Zweck entfällt, wenn die TVParteien selbst einem Verzicht des AN auf dessen tarifl. Rechtspositionen in einem Vergleich zustimmen. Für die Zustimmung zust. sind die Organe der TVParteien, die von den TVParteien zur Erteilung der Zust. ermächtigt sind. Unzureichend ist das Bestehen einer bloßen Prozessvollmacht, die von den Parteien erteilt wird (BAG 25.7.1961 AP TVG § 1 Nr. 114).

47 **3. Verwirkung (Abs. 4 S. 2).** Nach § 4 IV 2 ist die Verwirkung tarifl. Rechte ausgeschlossen. Damit wird dem AG die **Einwendung illoyal verspäteter Rechtsverfolgung** des AN abgeschnitten (BAG 9.8.1990 AP BGB § 615 Nr. 46; *Löwisch/Rieble* Rn. 718; Wiedemann/*Wank* Rn. 703; weitergehend Däubler/*Zwanziger* Rn. 1016 f.; KeZa/*Brecht-Heitzmann* Rn. 596). Der AG kann dieses Ziel nur durch Vereinb. einer Ausschlussfrist erreichen. Mit diesem Verständnis der hM werden von dem Verwirkungsverbot nicht erfasst alle sonstigen Einwendungen aus § 242 BGB. Der AG kann mithin den Einwand unzulässiger Rechtsausübung, alle Fälle des Einwandes der Arglist oder des Verbotes des venire contra factum proprium unabhängig von § 4 IV 2 erheben. Ein Recht ist dann verwirkt, wenn seit der Möglichkeit seiner Geltendmachung längere Zeit verstrichen ist (Zeitmoment) und der Verpflichtete sich darauf eingerichtet hat und nach dem gesamten Verhalten des Berechtigten auch darauf

einrichten durfte, dass dieser das Recht auch in Zukunft nicht geltend machen werde (Umstandsmoment) (BAG 23.12.1957 AP BGB § 242 Verwirkung Nr. 4; BGH 19.10.2005 NJW 2006, 219). Entgegen dem insoweit zu weit gefassten Wortlaut von § 4 IV 2 können auch Rechte des AG verwirken. Das Verwirkungsverbot reicht genauso weit wie das Verzichtsverbot (Rn. 43; Däubler/*Zwanziger* Rn. 1015), gilt also insb. nicht im Nachwirkungsstadium eines TV (**aA** KeZa/*Brecht-Heitzmann* Rn. 598; Wiedemann/*Wank* Rn. 700).

4. Vereinbarung von Ausschlussfristen (Abs. 4 S. 3). Nach § 4 IV 3 können nur die TVParteien Ausschlussfristen für die Geltendmachung tarifl. Rechte vereinbaren. Ausschlussfristen in Einzelarbeitsverträgen und BV sind daher unzulässig, soweit sie tarifl. Rechte (Rn. 43) erfassen. Dies entspricht dem Zweck von § 4 IV insg., wonach aus einem TV entsprungene Rechte gesichert werden sollen und solche Ansprüche nur mit Zust. der TVParteien wegfallen können. Ausschlussfristen (Verfallfristen) iSv. § 4 IV 3 sind Regelungen, wonach ein individueller Rechtsanspruch entfällt, wenn er nicht innerhalb einer bestimmten, regelm. relativ kurzen Frist geltend gemacht wurde. Hierdurch wird das Recht ipso iure begrenzt. Daraus folgt, dass Ausschlussfristen vAw. zu beachten sind, wenn das Gericht erkennt, dass auf ein ArbVerh. ein TV anzuwenden ist. Der Zweck der Ausschlussfrist besteht darin, **kurzfristig Rechtsklarheit** zu schaffen. Einer Geltendmachung von Rechten bedarf es dann nicht, wenn die Ansprüche anerkannt sind (BAG 8.8.1979 AP TVG § 4 Ausschlussfristen Nr. 67; 20.10.1982 AP TVG § 4 Ausschlussfristen Nr. 76). Die Dauer der tarifl. Ausschlussfrist steht im Beurteilungsermessen der TVParteien. Unangemessen kurze Ausschlussfristen sind jedoch unwirksam. Im Allg. sind Ausschlussfristen in TV zwischen zwei und sechs Monaten übl. und zulässig (vgl. BAG 27.2.2002 AP TVG § 4 Ausschlussfristen Nr. 162). Ausschlussfristen sind zu unterscheiden von Nachprüfungsfristen für eine Abrechnung und den Verjährungsfristen, nach deren Ablauf eine Einrede erhoben werden kann (BGB §§ 194 bis 218 Rn. 5 ff.). 48

Durch **Auslegung** tarifl. Ausschlussfristen ist zu ermitteln, welche Ansprüche (ges., tarifl., vertragl.) sie erfassen. Die Auslegung richtet sich nach den allg. Regeln der Auslegung von TV (§ 1 Rn. 92 ff.; BAG 19.12.2006 NZA 2007, 259). Regelm. normieren die TVParteien, dass sämtl. beiderseitigen Ansprüche aus dem ArbVerh. und solche, die mit dem ArbVerh. in Verbindung stehen, der Ausschlussfrist unterliegen (zur Auslegung von Ausschlussfristen BGB §§ 194 bis 218 Rn. 48). In der Praxis häufig anzutreffen sind sog. zweistufige Ausschlussfristen. Danach muss der Anspruch innerhalb einer bestimmten Frist formlos oder schriftl. ggü. dem Anspruchsgegner, und falls dies erfolglos war, innerhalb einer weiteren Frist gerichtl. geltend gemacht werden. Nach Auffassung des BAG (16.3.3016 NZA 2016, 1154) ist auf solche tarifl. Ausschlussfristen § 167 ZPO nicht anwendbar. Der AG ist ebenso gehalten, beiderseitige Ausschlussfristen einzuhalten (BAG 26.4.1978 AP TVG § 4 Ausschlussfristen Nr. 64). Rechtl. zulässig soll aber auch die Einf. einseitiger Ausschlussfristen nur für Ansprüche der AN sein; der sachl. Grund hierfür ergibt sich daraus, dass es sich bei Ansprüchen von AN ggü. AG um Massentatbestände handeln kann, während dies umgekehrt nicht der Fall ist (BAG 4.12.1997 AP TVG § 4 Ausschlussfristen Nr. 143). Nicht erfasst werden Ansprüche der AN untereinander. Dies gilt auch dann, wenn sie etwa nach § 6 EFZG auf den AG übergegangen sind. Dagegen können Ausschlussfristen auch dem Rechtsnachfolger des Anspruchsberechtigten entgegengehalten werden (BAG 19.11.1968 AP TVG § 4 Ausschlussfristen Nr. 40; 15.11.1973 AP TVG § 4 Ausschlussfristen Nr. 53). Näher zu tarifvertragl. Ausschlussfristen BGB §§ 194 bis 218 Rn. 36 ff., 47, 51 ff. 49

VII. Nachwirkung (Abs. 5)

1. Funktion. Die vom G angeordnete Nachwirkung verhindert, dass die Tarifnormen nach ihrem Ablauf jede Wirkung für das dem TV unterliegende ArbVerh. verlieren. Diese Folge würde ohne § 4 V eintreten, da die TVNormen unmittelbar und zwgd. von außen wie Rechtsnormen das ArbVerh. gestalten und daher nach der Beendigung des TV keine Bedeutung für das ArbVerh. mehr entfalteten. Dieses unerwünschte Erg. wird durch die ges. Anordnung der Nachwirkung unterbunden. Danach gelten die Tarifnormen weiter, bis sie durch eine andere Abmachung ersetzt wurden. Damit **verlieren die Tarifnormen im Nachwirkungsstadium ihre zwgd. Wirkung** (ganz hM; BAG 29.1.1975 AP TVG § 4 Nachwirkung Nr. 8; 28.1.1987 AP TVG § 4 Nachwirkung Nr. 16; 17.5.2000 AP TVG § 3 Verbandsaustritt Nr. 8; Däubler/*Bepler* Rn. 888; KeZa/*Kempen* Rn. 718 f.; *Löwisch/Rieble* Rn. 824; Wiedemann/*Wank* Rn. 323). Außerdem schließen sich aufeinander folgende TV in der Praxis vielfach nicht nahtlos aneinander an, sondern es vergeht bis zum Neuabschluss nicht unerhebl. Zeit, weil sich die TVVerh. einschl. der Durchführung von Arbeitskämpfen hinziehen können. Damit hat die Nachwirkung nach § 4 V zwei Funktionen: Zum einen soll die Nachwirkung den Zeitraum bis zum Abschluss eines neuen TV überbrücken (Überbrückungsfunktion); zum anderen soll die Nachwirkung den Inhalt des ArbVerh. bis zum Abschluss eines neuen TV erhalten (Inhaltsschutz) (*Löwisch/Rieble* Rn. 743 f.). Die Nachwirkung ist zeitl. nicht begrenzt (BAG 15.10.2003 AP TVG § 4 Nachwirkung Nr. 41). Dies verstößt nach Auff. des BVerfG nicht gegen die negative Koalitionsfreiheit (BVerfG 3.7.2000 AP TVG § 4 Nachwirkung Nr. 36). Allerdings muss dann § 4 V auf der Ebene der Rechtsanwendung so gehandhabt werden, dass eine faktische „Endlosbindung" des AG vermieden wird. 50

51 Entspr. der Funktion der Nachwirkung bleiben die tarifl. geregelten Arbeitsbedingungen in dem Zustand erhalten, wie sie sich zzt. des Ablaufs des TV darstellten. Die Tarifnormen gelten also im Nachwirkungsstadium **statisch** weiter; an künftigen Änd. des TV partizipieren die Arbeitsvertragsparteien nicht, es sei denn, der geänd. TV beendet die Nachwirkung (Rn. 61). Dies gilt auch dann, wenn ein TV auf einen anderen TV verweist und dieser im Nachwirkungsstadium des verweisenden TV geänd. wird (BAG 10.3.2004 ZTR 2004, 407; 22.3.2017 NZA 2017, 587 für arbeitsvertragl. Bezugnahme auf nur noch nachwirkenden und dynamisch auf anderen TV verweisenden AnerkennungsTV) oder wenn ein TV ges. Berechnungsgrößen (Beitragssatz zur ges. Rentenvers.) in Bezug nimmt und diese im Nachwirkungsstadium geänd. werden (BAG 24.11.1999 AP TVG § 4 Nachwirkung Nr. 34). Die Arbeitsvertragsparteien müssen im Stadium der Nachwirkung eines TV damit rechnen, dass die Nachwirkung rückwirkend beseitigt wird, indem die TVParteien den ablösenden TV möglichst nahtlos an den Ablauf des vorigen TV anschließen lassen. Insoweit kommt den Tarifunterworfenen grds. kein Vertrauensschutz zu (BAG 8.9.1999 AP TVG § 4 Nachwirkung Nr. 33). Dem Inhalts- und Überbrückungsschutz der Nachwirkung entspricht es, dass nachwirkende Tarifnormen tarifdispositives GRecht verdrängen, sofern dieses wie regelm. auch eine bloße individualrechtl. Verweisung auf den abw. TV zulässt (BAG 27.6.1978 AP BUrlG § 13 Nr. 12; **aA** *Bayreuther* BB 2010, 309; *Kocher* DB 2010, 900; *Ulber* ZTR 2010, 287 für TV nach §§ 3 I, 9 Nr. 2, 10 IV AÜG).

52 **2. Dogmatische Grundlage.** Die Tarifnormen gelten als Normen weiter und werden nicht wie etwa bei § 613a I 2 BGB in das ArbVerh. transformiert. Darüber hinaus ist die dogmatische Grdl. der Nachwirkung umstr. Nach der stRspr. des BAG beruht die Nachwirkung auf der ges. Anordnung von § 4 V und damit auf **staatl. Recht**, weil der TV als solcher mit seinem Ablauf vollständig außer Kraft getreten sei und daher nur noch aufgrund der ges. Anordnung des § 4 V weitergelten könne (BAG 29.1.1975 AP TVG § 4 Nachwirkung Nr. 8; 16.8.1990 AP TVG § 4 Nachwirkung Nr. 19). Demggü. begreift die wohl hL die Nachwirkung als andere Form der Tarifwirkung derart, dass nach Ablauf des TV dieser nur noch dispositiv weitergelte, der TV iÜ aber weiterhin den Geltungsgrund bilde (*Gamillscheg* KollArbR I S. 880; KeZa/*Kempen* Rn. 724; Wiedemann/*Wank* Rn. 325; **aA** *Rüthers* FS Müller 1981 S. 445 ff.). Diese dogmatische Einordnung der Tarifwirkung im Nachwirkungsstadium als staatl. Recht oder dispositives tarifvertragl. Recht hat Auswirkungen auf einige praktische Anwendungsfragen der Nachwirkung, die Geltung von nachwirkenden Tarifnormen für im Nachwirkungsstadium begr. ArbVerh. (Rn. 53) sowie die Befugnis der TVParteien, den nachwirkenden TV zu ändern (Rn. 59).

53 **3. Bezugsobjekt der Nachwirkung.** Aufgrund des in der Rspr. herrschenden Verständnisses der Nachwirkung als staatl. Recht folgerichtig (Rn. 52) gelten nach Auff. der Rspr. die nachwirkenden Tarifnormen nur für ArbVerh., die bereits **vor dem Ablauf des TV bestanden haben** und im Nachwirkungszeitraum weiter bestehen, also insb. nicht für ArbVerh., die erst im Nachwirkungszeitraum begr. wurden (stRspr. BAG 22.7.1998 TVG § 4 Nachwirkung Nr. 29; 2.3.2004 AP TVG § 3 Nr. 31; 7.5.2008 NZA 2008, 886). Für neu eingestellte AN gilt der nur nachwirkende TV daher von vornherein nicht; es bedarf daher keiner ausdr. Vereinb. untertarifl. Arbeitsbedingungen, es sei denn der AG verwendet im Arbeitsvertrag formularmäßig Bezugnahmeklauseln (Rn. 61; § 3 Rn. 37 ff.; vgl. BAG 29.1.1975 AP TVG § 4 Nachwirkung Nr. 8). Ebenso wenig soll § 4 V Anwendung finden, wenn erst im Nachwirkungsstadium die Erfordernisse der Tarifbindung erfüllt werden, insb. der AN erst in diesem Zeitraum der tarifschließenden Gewerkschaft beitritt (BAG 10.12.1997 AP TVG § 3 Nr. 20). Die Nachwirkung erfasst nach diesem Verständnis also nur ArbVerh., die bereits vor Ablauf des TV von diesem unmittelbar und zwgd. gestaltet wurden. Dies entspricht dem Überbrückungsschutz und dem Inhaltsschutz der Nachwirkung (Rn. 50). Demggü. nimmt die wohl hM in der Lit. entspr. ihres dogmatischen Verständnisses der Nachwirkung an, dass auch im Nachwirkungsstadium begr. ArbVerh. unter die nachwirkenden Tarifnormen fallen (Däubler/*Bepler* Rn. 891 ff.; *Gamillscheg* KollArbR I S. 880; KeZa/*Kempen* Rn. 722 f.; Wiedemann/*Wank* Rn. 332; **aA** *Löwisch/Rieble* Rn. 814).

54 Gleichgültig ist, auf welcher Grdl. der TV unmittelbar und zwgd. gegolten hat – ob aufgrund **Verbandszugehörigkeit oder AVE**. In diesem Fall erstreckt sich die Nachwirkung auch auf die Nichtorganisierten. Eindeutig ist dieses Erg. jedoch nur dann, wenn die AVE nicht an das Ende des TV gebunden ist, weil dann die Erstreckung des TV auf Außenseiter weiterhin legitimiert wird. Indes wendet die hM § 4 V im Hinblick auf die nicht tarifgebundenen AN auch dann an, wenn die AVE vor dem TV oder zeitgleich mit diesem endet (BAG 27.11.1991 AP TVG § 4 Nachwirkung Nr. 22; 25.10.2000 AP TVG § 4 Nachwirkung Nr. 38; KeZa/*Kempen* Rn. 734; § 5 Rn. 24; Däubler/*Bepler* Rn. 961; *Löwisch/Rieble* Rn. 774; Wiedemann/*Wank* § 5 Rn. 125). Die Nachwirkung ist in diesen Fällen aufgrund ihrer Funktion (Überbrückung und Vertragsinhaltsschutz) geboten. Endet eine **VO**, die nach **§ 7 AEntG** die Geltung eines MindestlohnTV auf Außenseiter erstreckt, scheidet nach Auff. des BAG eine Nachwirkung des TV nach § 4 V aus, da diese Geltungserstreckung auf staatl. Recht beruhe (BAG 20.4.2011 NZA 2011, 1105; krit. zur Begr. *Sittard* NZA 2012, 299).

55 **4. Gegenstand der Nachwirkung.** § 4 V ordnet die Nachwirkung der **Rechtsnormen des TV** an. Der schuldrechtl. Teil des TV kann damit nicht nachwirken; auf ihn treffen auch die Funktionen der Nachwirkung (Überbrückung und Vertragsinhaltsschutz) nicht zu. Von den Rechtsnormen wirken die

Individualnormen unprobl. nach. Bei Abschlussnormen wird dies allerdings nicht praktisch, weil nach der Rspr. § 4 V für im Nachwirkungsstadium abgeschlossene ArbVerh. nicht gilt (Rn. 52) und überdies der normwidrige Abschluss des Arbeitsvertrags die „andere Abmachung" iSv. § 4 V darstellte (BAG 18.5.1977 AP BAT § 4 Nr. 4). Betriebsnormen und Betriebsverfassungsnormen wirken ebenfalls grds. nach (Däubler/*Bepler* Rn. 949 f.; KeZa/*Kempen* Rn. 742 f.; für nur befristete Nachwirkung *Löwisch/Rieble* Rn. 763, 794). Allerdings muss bei diesen beiden Normenarten stets geprüft werden, ob Ablösungsinstrumente (Rn. 61 ff.) zur Vfg. stehen, da anderenfalls eine „ewige Nachwirkung" droht, welche der Gesetzgeber nicht gewollt haben kann. Dies gilt insb. für Betriebsverfassungsnormen, weil für diese Normen der Einzelarbeitsvertrag stets und auch die BV als andere Abmachung häufig ausscheiden, insb. bei TV nach § 3 BetrVG wegen § 3 II BetrVG. Außerdem spielt bei TV nach § 3 BetrVG der Überbrückungs- und Vertragsinhaltsschutz keine Rolle, weil die ges. Regelung des BetrVG mit Ablauf des TV zur Vfg. steht. Daher spricht viel dafür, bei solchen TV eine Nachwirkung abzulehnen (näher GK-BetrVG/*Franzen* § 3 Rn. 35). Normen über gemeinsame Einrichtungen können grds. ebenfalls nachwirken, freil. dann nicht, wenn die TVParteien die gemeinsame Einrichtung auflösen (Däubler/*Bepler* Rn. 955; enger BAG 25.10.1994 AP TVG § 1 Vorruhestand Nr. 22: keine Nachwirkung beim Herausfallen des Betriebs aus dem Geltungsbereich des TV, Rn. 60). Die Satzung der gemeinsamen Einrichtung kann als andere Abmachung iSv. § 4 V fungieren (*Löwisch/Rieble* Rn. 795).

Fragl. ist, ob ein TV nachwirkt, der **zulässigerweise außerordentl.** gekündigt wurde (§ 1 Rn. 33 ff.). 56
Die Nachwirkung würde die Rechtsfolgen zT konterkarieren, welche mit der Zulässigkeit einer außerordentl. Kündigung erstrebt werden (in dieser Richtung *Bauer/Diller* DB 1993, 1085; *Oetker* RdA 1995, 82, 95). Allerdings muss beachtet werden, dass ohne Nachwirkung des TV insb. im Bereich des Arbeitsentgelts in Ermangelung anderer Maßstäbe § 612 II BGB Anwendung finden und damit regelm. der Tariflohn bezahlt werden müsste. Diese Rechtsfolge sollte ebenfalls durch die Zulässigkeit der außerordentl. Kündigung vermieden werden. Insg. sprechen daher die besseren Arg. dafür, eine teleologische Reduktion von § 4 V in solchen Fällen abzulehnen (ebenso Däubler/*Bepler* Rn. 929 ff.; Wiedemann/*Wank* Rn. 49; offen gelassen von BAG 18.6.1997 AP TVG § 1 Kündigung Nr. 2).

Verweisen die TVParteien auf einen **anderen TV**, bezieht sich die Verweisung auch auf die nach- 57
wirkenden TVNormen (BAG 27.1.1987 AP BetrVG 1972 § 99 Nr. 42). IÜ kommt es für die Wirkung des TV grds. nur auf den verweisenden, nicht aber auf den in Bezug genommenen TV an, weil die Verweisung nur den Inhalt, nicht aber die Wirkung inkorporiert (BAG 30.1.1990 AP BetrVG 1972 § 99 Nr. 78; 29.1.2008 NZA 2008, 541; 22.2.2012 ZTR 2012, 436 Rn. 25; *Löwisch/Rieble* Rn. 808). Anders ist dies nur, wenn es sich bei dem verweisenden TV um einen reinen AnerkennungsTV handelt (vgl. BAG 22.3.2017 NZA 2017, 587; Däubler/*Bepler* Rn. 996 ff.; tw. abw. BAG 29.8.2007 AP TVG § 4 Nr. 27; 7.5.2008 AP TVG § 1 Nr. 45; 16.6.2010 AP TVG § 1 Tarifverträge: Bau Nr. 323).

5. Tarifvertragl. Gestaltung der Nachwirkung. Der Gesetzgeber hat zwar in § 4 V die Nach- 58
wirkung ausdr. angeordnet. Allerdings fasst die hM diese gesetzgeberische Anordnung als tarifdispositiv auf: Die TVParteien können die Nachwirkung somit ausschließen oder einschränken (BAG 3.9.1986 AP TVG § 4 Nachwirkung Nr. 12; 16.8.1990 AP TVG § 4 Nachwirkung Nr. 19; 8.10.1997 AP TVG § 4 Nachwirkung Nr. 29). Die TVParteien verzichten in solchen Fällen auf die Überbrückungsfunktion des TV. Dies soll auch konkludent mögl. sein. Das BAG hat einen **konkludenten Ausschluss der Nachwirkung** durch TV bejaht, wenn die TVParteien eine sehr lange Kündigungsfrist und eine bes. Verhandlungspflicht vereinbaren (BAG 8.10.1997 AP TVG § 4 Nachwirkung Nr. 29; 16.5.2012 NZA 2013, 220); diese Gestaltung könne nahelegen, dass durch die Beendigung des TV an sich eintretende tariflose Zeiten, welchen die Nachwirkung vorbeugen soll, nach Auff. der TVParteien von vornherein nicht entstehen und nahtlos geschlossen werden sollten. Einer entspr. Auslegung des TV ist va. dort näherzutreten, wo es an Ablösungsinstrumenten für die Nachwirkung fehlt oder diese nur eingeschränkt zur Vfg. stehen, wie insb. bei tarifl. Betriebsverfassungsnormen (Rn. 55).

Ferner nimmt das BAG einen **konkludenten Nachwirkungsausschluss** vielfach bei TV an, die 58a
unternehmensspezifisch vom FlächenTV zuungunsten der AN abweichen, sofern diese Abweichung zeitl. befristet und mit Neuverhandlungspflichten verbunden ist (BAG 16.5.2012 NZA 2013, 220; sog. **„SanierungsTV"**, dazu umfassend *Bepler* AuR 2010, 234 ff.; s. a. § 1 Rn. 74). Diese Fallgestaltungen zeichnen sich nach Auff. des BAG dadurch aus, dass der AG als Gegenleistung für die Abweichung von tarifl. Standards zulasten der AN zeitl. befristet auf den Ausspruch betriebsbedingter Kündigungen verzichtet. Die Nachwirkung eines solchen TV würde die von der ANSeite akzeptierte Abweichung vom FlächenTV perpetuieren, während die Zugeständnisse der AGSeite mit Zeitablauf wegfallen. Damit wäre der einem solchen TV immanente Interessenausgleich gestört (BAG 16.5.2012 NZA 2013, 220 Rn. 32 ff.).

Umgekehrt können die TVParteien nach Auff. des BAG nicht einen von vornherein nur nach- 59
wirkenden TV vereinbaren und einen nachwirkenden TV bei einer Änd. im Nachwirkungsstadium belassen (BAG 14.2.1973 AP TVG § 4 Nachwirkung Nr. 6; 29.1.1975 AP TVG § 4 Nachwirkung Nr. 8; 7.11.2001 AP TVG § 3 Verbandsaustritt Nr. 11; **aA** Däubler/*Bepler* Rn. 974). Dies wird damit begr., dass die TVParteien keine TV schaffen könnten, welche der Friedenspflicht nicht unterliegen (*Löwisch/Rieble* Rn. 866). Die Problematik ist nur von theoretischem Interesse, weil die TVParteien

nach Auff. des BAG einen TV mit kurzer Kündigungsfrist vereinbaren können, der nach der Erkl. der Kündigung ebenfalls nur noch nachwirkt (BAG 28.6.1972 AP TVG § 4 Nachwirkung Nr. 7).

60 **6. Ablauf des Tarifvertrags.** Der Wortlaut von § 4 V sieht vor, dass die Nachwirkung eintritt, wenn der TV abläuft, wenn also seine Normwirkung im Wege der Beseitigung des TV aufgrund von Kündigung, Zeitablauf bei Befristungen oder Aufhebungsvertrag endet (§ 1 Rn. 30ff.). Die Normwirkung des TV endet jedoch auch dann, wenn eine andere Voraussetzung der Tarifgeltung entfällt. In diesen Fällen bejaht die hM grds. die Anwendung von § 4 V. Dies gilt insb. für den Fall, dass das ArbVerh. aus dem Geltungsbereich des TV hinauswandert (vgl. BAG 10.12.1997 AP TVG § 3 Nr. 21). Anders ist dies, wenn der TV eine gemeinsame Einrichtung nach § 4 II zum Gegenstand hat (BAG 5.10.1993 AP BetrAVG § 1 Zusatzversorgungskassen Nr. 42). Darüber hinaus schließt sich die Nachwirkung des § 4 V an die **Nachbindung nach § 3 III** an (BAG 14.2.1991 AP TVG § 3 Nr. 10; 17.5.2000 AP TVG § 3 Verbandsaustritt Nr. 8; 7.11.2001 AP TVG § 3 Verbandsaustritt Nr. 11; *Löwisch/Rieble* Rn. 788; Wiedemann/*Wank* Rn. 338ff.; KeZa/*Kempen* Rn. 729; **aA** LAG K 25.10.1989 AP TVG § 3 Nr. 2). Ein weiterer Anwendungsfall der Nachwirkung stellt der von § 613a I 2 BGB nicht erfasste Betriebsinhaberwechsel kraft Hoheitsakts dar (BAG 13.7.1994 AP TVG § 3 Verbandszugehörigkeit Nr. 14). § 4 V greift in solchen Fällen des Wegfalls der Tarifgeltung ein, wenn nicht dessen Rechtsfolgen eigens geregelt wurden wie etwa bei § 613a I 2 bis 4 BGB. Man kann daher § 4 V als subsidiäre Auffangregelung für alle Fälle des Wegfalls der Tarifgeltung betrachten (KeZa/*Kempen* Rn. 728).

61 **7. Ablösungsinstrumente. a) Tarifvertrag.** Andere Abmachungen nach § 4 V können TV, BV in den Rechtsgrenzen der BV insb. § 77 III BetrVG und arbeitsvertragl. Einheitsregeln und echte Individualabreden sein (vgl. BAG 24.2.1987 AP BetrVG 1972 § 77 Nr. 21; 27.11.2002 AP BetrVG 1972 § 87 Tarifvorrang Nr. 34). Ein TV beendet die Nachwirkung allerdings nur, wenn er unmittelbar und zwgd. auf das ArbVerh. einwirkt und auch die übrigen **Voraussetzungen der Tarifgeltung** in Bezug auf das ArbVerh. gegeben sind (BAG 20.4.2005 AP TVG § 4 Nachwirkung Nr. 43). Außerdem verlangt das BAG (23.8.2016 NZA 2017, 74 Rn. 24), dass die Normgeber identisch sein müssen. Unter diesen Voraussetzungen kann ein neu abgeschlossener TV den nachwirkenden TV partiell oder vollständig ablösen und die Arbeitsbedingungen zum Vor- wie zum Nachteil der AN ändern (BAG 28.1.1987 AP TVG § 4 Nachwirkung Nr. 16). Dementspr. gilt bei Inkrafttreten eines neuen TV für die an diesen TV gebundenen Arbeitsvertragsparteien der neue TV, während bei den nicht (mehr) Tarifgebundenen der nachwirkende TV grds. weiter anwendbar bleibt (BAG 24.11.1999 AP TVG § 4 Nachwirkung Nr. 34). IÜ ist bei nichttarifgebundenen AN die Funktion der Bezugnahmeklausel entscheidend: Kann eine Bezugnahmeklausel als Gleichstellungsabrede ausgelegt werden, verweist sie auf den TV, der bei Tarifgebundenheit des AN gelten würde (§ 3 Rn. 37ff.). Anderenfalls wird die Verweisung in aller Regel den nachwirkenden TV berufen (vgl. BAG 29.1.1975 AP TVG § 4 Nachwirkung Nr. 8). Dies gilt auch dann, wenn der Arbeitsvertrag mit der Verweisungsklausel im Nachwirkungsstadium geschlossen wurde (BAG 20.9.2006 NZA 2007, 164).

62 **b) Betriebsvereinbarung.** Bei BV müssen die **Rechtsgrenzen von § 77 III BetrVG** beachtet werden. Soweit ein TV Arbeitsentgelt und sonstige Arbeitsbedingungen geregelt hat oder üblicherweise regelt, entfaltet dieser TV auch weiterhin Sperrwirkung und schließt damit eine BV aus; dies gilt auch im Nachwirkungsstadium. Soweit dagegen ein TV im Rahmen von § 87 I Einleitungssatz BetrVG Gegenstände der Mitbestimmung in sozialen Angelegenheiten geregelt hat, besteht im Nachwirkungszeitraum keine Sperrwirkung, weil der Tarifvorrang des § 87 I Einleitungssatz BetrVG die zwgd. Wirkung des TV voraussetzt (BAG 24.2.1987 AP BetrVG 1972 Nr. 21; [GS] 3.12.1991 AP BetrVG 1972 § 87 Lohngestaltung Nr. 51). Daher lebt die Regelungskompetenz der Betriebspartner wieder auf.

63 **c) Arbeitsvertrag.** Individualnormen des TV können durch **arbeitsvertragl. Vereinb.** während des Nachwirkungszeitraums abgelöst werden (BAG 28.6.1972 AP TVG § 4 Nachwirkung Nr. 7). Der AN braucht sich allerdings auf ein entspr. Ansinnen des AG nicht einlassen. Entgegen dem etwas missverständl. Wortlaut von § 4 V ist der AG aber nicht auf eine Vereinb. angewiesen. Vielmehr kann der AG die von ihm gewünschten Änd. der Arbeitsbedingungen im Nachwirkungsstadium auch durch Änderungskündigung durchsetzen (BAG 27.9.2001 AP TVG § 4 Nachwirkung Nr. 40; *Gamillscheg* KollArbR I S. 871). Hiergegen kann der AN nach Maßgabe von § 2 KSchG Änderungsschutzklage erheben. Als Ablösungsinstrument kommt auch eine arbeitsvertragl. Bezugnahmeklausel auf einen TV in Betracht (BAG 17.1.2006 AP TVG § 1 Bezugnahme auf Tarifvertrag Nr. 40). Betriebsverfassungsrechtl. Normen können durch arbeitsvertragl. Vereinb. regelm. nicht abgelöst werden, weil dem einzelnen AN insoweit die Regelungskompetenz fehlt; denkbar erscheinen aber vertragl. Abreden des AG mit der gesamten Belegschaft. Weicht der TV von tarifdispositivem GRecht ab, kann die arbeitsvertragl., die Nachwirkung beendende Vereinb. nicht hinter den ges. Mindeststandard zurückgehen. Weitere Grenzen der Ablösungsbefugnis durch arbeitsvertragl. Vereinb. ergeben sich aus MBR des BR, etwa in Fragen der Vergütungsgestaltung § 87 I Nr. 10 BetrVG (BAG 2.3.2004 AP TVG § 3 Nr. 31; 15.4.2008 NZA 2008, 888; näher *Bayreuther* BB 2010, 2177; *Kreft* FS Bepler 2012 S. 317; krit. *Reichold* FS Konzen 2006 S. 763). Außerdem kommt bei AGB eine Inhaltskontrolle nach § 307 BGB in Betracht (BAG 3.4.2007 NZA 2007, 1045).

d) Zeitpunkt der Ablösung. Die „andere Abmachung" muss den nachwirkenden TV „ersetzen", also denselben Regelungsbereich erfassen (BAG 21.10.2009 AP TVG § 4 Nachwirkung Nr. 50). In zeitl. Hinsicht legt die GFormulierung nahe, dass die „andere Abmachung" nach Ablauf des TV getroffen werden muss (so wohl Däubler/*Bepler* Rn. 987). Dies ist nicht in einem strengen zeitl. Sinn, sondern funktional zu verstehen. Es genügt, wenn die „andere Abmachung" iSv. § 4 V im Hinblick auf die Nachwirkung vereinbart wird. Sie kann also bereits zZ der normativen und zwgd. Wirkung des TV verabredet worden sein, wenn sich aus den Umständen ergibt, dass sie für den Fall der Nachwirkung gelten soll (BAG 23.2.2005 AP TVG § 4 Nachwirkung Nr. 42; 17.1.2006 AP TVG § 1 Bezugnahme auf Tarifvertrag Nr. 40; 22.10.2008 NZA 2009, 265; 20.5.2009 BB 2009, 1237; 1.7.2009 NZA 2010, 53; 1.7.2009 NZA-RR 2010, 30; *Bauer/Günther* NZA 2008, 6, 9; *Gamillscheg* KollArbR I S. 878). Dem entspricht es, dass einzelvertragl. Abreden, welche dem normativ wirkenden TV im Zeitraum von dessen Tarifwirkung entgegenstanden, nach dem Ende des TV wegen der Nachwirkung nach § 4 V nicht wieder aufleben (Rn. 3). Die „andere Abmachung" muss also den TV **ersetzen.** Daran fehlt es im Verhältnis von allgemeinerem zu speziellerem TV, wenn der speziellere vor dem allgemeineren endet und nur noch nachwirkt (Däubler/*Bepler* Rn. 936; *Jacobs/Krois* FS Bepler 2012 S. 241, 246 f.; **aA** *Löwisch/Rieble* FS Schaub 1998 S. 457, 462 f.; wohl **aA** BAG 15.11.2006 NZA 2007, 448 für allgemeinverbindl. erklärten TV; LAG HH 6.2.2007 NZA-RR 2007, 482; offen gelassen von BAG 20.4.2005 AP TVG § 4 Nachwirkung Nr. 43; 4.7.2007 NZA 2008, 307). Insoweit handelt es sich um ein Problem der Tarifkonkurrenz (dazu § 4a Rn. 29 ff.). 64

§ 4a Tarifkollision

(1) Zur Sicherung der Schutzfunktion, Verteilungsfunktion, Befriedungsfunktion sowie Ordnungsfunktion von Rechtsnormen des Tarifvertrags werden Tarifkollisionen im Betrieb vermieden.

(2) [1]Der Arbeitgeber kann nach § 3 an mehrere Tarifverträge unterschiedlicher Gewerkschaften gebunden sein. [2]Soweit sich die Geltungsbereiche nicht inhaltsgleicher Tarifverträge verschiedener Gewerkschaften überschneiden (kollidierende Tarifverträge), sind im Betrieb nur die Rechtsnormen des Tarifvertrags derjenigen Gewerkschaft anwendbar, die zum Zeitpunkt des Abschlusses des zuletzt abgeschlossenen kollidierenden Tarifvertrags im Betrieb die meisten in einem Arbeitsverhältnis stehenden Mitglieder hat. [3]Kollidieren die Tarifverträge erst zu einem späteren Zeitpunkt, ist dieser für die Mehrheitsfeststellung maßgeblich. [4]Als Betriebe gelten auch ein Betrieb nach § 1 Absatz 1 Satz 2 des Betriebsverfassungsgesetzes und ein durch Tarifvertrag nach § 3 Absatz 1 Nummer 1 bis 3 des Betriebsverfassungsgesetzes errichteter Betrieb, es sei denn, dies steht den Zielen des Absatzes 1 offensichtlich entgegen. [5]Dies ist insbesondere der Fall, wenn die Betriebe von Tarifvertragsparteien unterschiedlichen Wirtschaftszweigen oder deren Wertschöpfungsketten zugeordnet worden sind.

(3) Für Rechtsnormen eines Tarifvertrags über eine betriebsverfassungsrechtliche Frage nach § 3 Absatz 1 und § 117 Absatz 2 des Betriebsverfassungsgesetzes gilt Absatz 2 Satz 2 nur, wenn diese betriebsverfassungsrechtliche Frage bereits durch Tarifvertrag einer anderen Gewerkschaft geregelt ist.

(4) [1]Eine Gewerkschaft kann vom Arbeitgeber oder von der Vereinigung der Arbeitgeber die Nachzeichnung der Rechtsnormen eines mit ihrem Tarifvertrag kollidierenden Tarifvertrags verlangen. [2]Der Anspruch auf Nachzeichnung beinhaltet den Abschluss eines die Rechtsnormen des kollidierenden Tarifvertrags enthaltenden Tarifvertrags, soweit sich die Geltungsbereiche und Rechtsnormen der Tarifverträge überschneiden. [3]Die Rechtsnormen eines nach Satz 1 nachgezeichneten Tarifvertrags gelten unmittelbar und zwingend, soweit der Tarifvertrag der nachzeichnenden Gewerkschaft nach Absatz 2 Satz 2 nicht zur Anwendung kommt.

(5) [1]Nimmt ein Arbeitgeber oder eine Vereinigung von Arbeitgebern mit einer Gewerkschaft Verhandlungen über den Abschluss eines Tarifvertrags auf, ist der Arbeitgeber oder die Vereinigung von Arbeitgebern verpflichtet, dies rechtzeitig und in geeigneter Weise bekanntzugeben. [2]Eine andere Gewerkschaft, zu deren satzungsgemäßen Aufgaben der Abschluss eines Tarifvertrags nach Satz 1 gehört, ist berechtigt, dem Arbeitgeber oder der Vereinigung von Arbeitgebern ihre Vorstellungen und Forderungen mündlich vorzutragen.

I. Entstehung und Bedeutung der Vorschrift

§ 4a ist das Kernstück des G zur Tarifeinheit. Vor Inkrafttreten des TarifeinheitsG am 10.7.2015 war das **Verhältnis kollidierender TV im TVG nicht geregelt**. Die Rspr. des BAG hatte im Jahr 1957 den Grds. der Tarifeinheit aufgestellt, wonach grds. nur ein TV in einem Betrieb gelten soll (näher 15. Aufl. § 4 TVG Rn. 70 ff.). Im Jahr 2010 hat das BAG diesen Grds. mangels Anknüpfungspunkts im TVG und wegen Zweifeln an seiner Verfassungskonformität aufgegeben (BAG 7.7.2010 NZA 2010, 1068). Nach dieser Rechtsprechungsänd. galt der Grds., dass ein AG an mehrere TV gebunden sein kann und grds. alle TV beachten muss, an die er gebunden ist (**Tarifmehrheit oder Tarifpluralität**); eine 1

Auflösung der Kollisionslage fand nur statt, wenn es sich um **echte Tarifkonkurrenz** handelte (dazu Rn. 29 ff.). Mit dem TarifeinheitsG aus dem Jahr 2015 wollte der Gesetzgeber den Grds. der Tarifeinheit wiederherstellen. Hintergrund war die zunehmende Gewerkschaftskonkurrenz insb. zwischen Berufsgruppen- und Branchengewerkschaften. Das G dürfte nun den Handlungsspielraum insb. von Berufsgewerkschaften beschneiden, aber nicht völlig beseitigen. Es kehrt allerdings nicht zur früheren Rechtslage vor der Rechtsprechungswende aus dem Jahr 2010 zurück, sondern verändert diese zT nicht unerhebl. Zur rechtspolitischen Diskussion zwischen 2010 und 2015 s. 15. Aufl. § 4 Rn. 72.

1a Das **BVerfG** (11.7.2017 – 1 BvR 1571/15) hält das **TEG im wesentlichen für verfassungsgemäß**. Es hat allerdings Anforderungen an die verfassungskonforme Anwendung von § 4a formuliert: So wird die **Reichweite der Verdrängungswirkung** nach § 4a Abs. 2 S. 2 auf dasjenige beschränkt, was nach objektiver Betrachtung im sich durchsetzenden TV als abweichend vereinbart gilt (BVerfG 11.7.2017 – 1 BvR 1571/15 Rn. 186). Außerdem wird ein TV nicht verdrängt, wenn dieser langfristige, bereits verfestigte Ansprüche der AN begründet hat – etwa zur Alterssicherung, Arbeitsplatzgarantie oder zur Lebensarbeitszeit (BVerfG 11.7.2017 – 1 BvR 1571/15 Rn. 187). Ferner gilt das **Nachzeichnungsrecht** nach § 4 IV (Rn. 24) umfassend und ist – entgegen dem Gesetzeswortlaut – nicht auf kongruente Regelungsgegenstände beschränkt (BVerfG 11.7.2017 – 1 BvR 1571/15 Rn. 194). Darüber hinaus schließt eine **Verletzung von Bekanntgabepflicht und Anhörungsrecht** nach § 4 V (Rn. 25) die Rechtsfolge der Verdrängung nach § 4 Abs. 2 S. 2 aus (BVerfG 11.7.2017 – 1 BvR 1571/15 Rn. 196). **Verfassungswidrig,** nicht aber nichtig, ist das TEG insoweit, als es die Interessen der Mitglieder von Berufsgewerkschaften nicht strukturell sichert (BVerfG 11.7.2017 – 1 BvR 1571/15 Rn. 200 ff.). Der Gesetzgeber muss insoweit bis Ende 2018 Abhilfe schaffen. Von einem verfassungskonformen Zustand ist für die Übergangszeit auszugehen, wenn die betreffenden Berufsgruppen in einem bestimmten Mindestmaß in der Gewerkschaft organisiert sind, deren Tarifvertrag sich nach Maßgabe von § 4 II 2 durchsetzt, oder wenn diesen Berufsgruppen in der Satzung der Gewerkschaft ein hinreichender Einfluss auf die für sie relevanten tarifpolitischen Verbandsentscheidungen eingeräumt ist (BVerfG 11.7.2017 – 1 BvR 1571/15 Rn. 215).

II. Überblick über den Inhalt des Tarifeinheitsgesetzes

2 Das G zur Tarifeinheit soll ausweisl. der Begr. des GE nach der Aufgabe des richterrechtl. Grds. der Tarifeinheit durch die Rspr. des BAG (7.7.2010 NZA 2010, 1068) die Funktionsfähigkeit der Tarifautonomie sichern. Nach Auff. der GVerfasser wird die Funktionsfähigkeit der Tarifautonomie durch Tarifkollisionen beeinträchtigt. Tarifkollisionen würden die Gefahr bergen, dass die Koalitionen ihrer Aufgabe der Ordnung und Befriedung des Arbeitslebens nicht mehr gerecht werden können (BT-Drs. 18/4062 S. 8). Das TarifeinheitsG hält aber nicht jede Tarifkollision für bedenkl., wie § 4a II 1 klarstellt. Hinzuweisen ist ferner auf § 5 IV 2, wonach eine über § 5 Ia und § 3 vermittelte Tarifpluralität nicht aufgelöst wird. Wenn sich aber die Geltungsbereiche nicht inhaltsgleicher TV verschiedener Gewerkschaften überschneiden und idS **kollidierende TV** vorliegen, soll nur ein TV gelten – und zwar derjenige der Gewerkschaft, die im Betrieb die meisten Mitglieder hat. Die Tarifpluralität wird also nur insoweit aufgelöst, wie die verschiedenen TV für dies. ArbVerh. Geltung beanspruchen, was bisheriger Rspr. auch unter der Geltung des richterrechtl. Grds. der Tarifeinheit entsprach (BAG 11.2.2004 – 4 AZR 94/03).

3 Das früher zugrundegelegte Sachnähe- oder Spezialitätsprinzip (dazu noch Rn. 31 f.) wird abgelöst durch das **Mehrheitsprinzip**; Bezugspunkt für die Feststellung der Mehrheit soll der **Betrieb** bleiben. Für die Feststellung der Mehrheit der Gewerkschaftsmitglieder unter den AN etabliert der Gesetzgeber ein BeschlV nach dem Vorbild der §§ 97, 98 ArbGG (§ 99 ArbGG). Der rkr. Beschluss wirkt hier wie dort erga-omnes. Im Unterschied zu diesen BeschlV wird das Verf. nach § 99 ArbGG aber nur auf **Antrag einer Partei eines kollidierenden TV** in einem abstrakten Verf. eingeleitet; eine Aussetzungspflicht des Gerichts bei Vorgreiflichkeit der Frage der Mehrheitsfestellung gibt es nicht. Der Antrag einer der TVParteien ist allerdings nicht Voraussetzung für die materiell-rechtl. Wirkung des § 4a II 2, sondern dient ledigl. dazu, das Verf. zur Mehrheitsfeststellung einzuleiten (ebenso HWK/*Henssler* Rn. 36; *Ubber* RdA 2016, 361, 365; **aA** *Löwisch* NZA 2015, 1369; *ders.* NZA 2016, 997; missverständl. BVerfG 6.10.2015 NJW 2015, 3294). Die Anzahl der Mitglieder in der jeweiligen Gewerkschaft unter den AN soll mit Hilfe der **Erkl. eines Notars** festgestellt werden, der über die Identität der Gewerkschaftsmitglieder Stillschweigen bewahrt. Dieses Verf. ähnelt demjenigen, welches das BAG für die Feststellung des „Vertretenseins" einer Gewerkschaft nach dem BetrVG zugelassen hat (BAG 25.3.1992 NZA 1993, 134). Zu diesem Zweck wird § 58 ArbGG um einen Abs. 3 ergänzt. Danach kann über die Zahl der in einem ArbVerh. stehenden Mitglieder einer Gewerkschaft Beweis auch durch Vorlegung öffentl. Urkunden angetreten werden. Das G wird abgerundet durch flankierende Verfahrensrechte: ein **Nachzeichnungsrecht der Gewerkschaft**, deren TV nach dem Mehrheitsprinzip verdrängt wird (§ 4a IV), sowie die Pflicht der AGSeite, die **Aufnahme von TVVerhandlungen bekannt zu geben** (§ 4a V).

III. Kollidierende Tarifverträge (Abs. 2 S. 2)

4 **1. Tarifverträge verschiedener Gewerkschaften.** Von vornherein nicht aufgelöst werden Tarifpluralitäten, welche durch TV ders. Gewerkschaft verursacht werden. Hier bleibt es bei den bisherigen

Grds.: Nur eine echte Tarifkonkurrenz wird nach dem Sachnähe- und Spezialiätsprinzip aufgelöst (näher Rn. 31 f.). Damit dies für die nicht der tarifschließenden Gewerkschaft angehörenden AN ebenso gilt, muss die Bezugnahmeklausel sorgsam abgefasst werden (dazu Rn. 35 f.).

2. Mehrfache Tarifbindung des Arbeitgebers nach § 3. Nach § 4a II 1 kann der AG nach § 3 an mehrere TV unterschiedl. Gewerkschaften gebunden sein, die dann zu einer nach § 4a II 2 auflösungsbedürftigen Tarifkollision führen kann. Aufgrund dieses Verweises auf § 3 sollen Tarifkollisionen nur aufgelöst werden, soweit sie durch eine Tarifbindung des AG nach § 3 verursacht wurden – also bei Mitgliedschaft des AG im tarifschließenden Verband, HausTV (§ 3 I) oder Nachbindung (§ 3 III). Eine durch AVE verursachte mehrfache Tarifbindung des AG nach § 5 IV genügt für die Anwendung des § 4a II 2 nicht. Eine dann entstehende Tarifkonkurrenz wird nach allg. Regeln (Rn. 31 f.), eine bloße Tarifmehrheit überhaupt nicht aufgelöst. § 4a II 2 ist aber einschlägig, wenn die AVE nicht kausal war für die Tarifpluralität, diese also auch ohne AVE eingetreten ist, etwa bei einem für allgemeinverbindl. erklärten VerbandsTV, wenn der AG dem tarifschließenden Verband angehört und gleichzeitig an einen FirmenTV mit einer anderen Gewerkschaft gebunden ist. Ebenso scheidet eine Tarifkollision iSv. § 4a II 2 aus im Falle der Anwendung von TV verschiedener Gewerkschaften aufgrund vertragl. Gestaltung (Bezugnahmeklauseln; **aA** wohl *Fischer* NZA 2015, 662, 665) oder aufgrund von § 613a I 2 BGB (dazu *Hohenstatt/Schuster* ZIP 2016, 5; *Gräf* NZA 2016, 327, 329 ff.), weil diese Vorgänge nicht zu einer Tarifbindung nach § 3 führen, was § 4a II 2 voraussetzt. Bei § 613a I 2 BGB müssten allerdings diejenigen konsequenterweise anders entscheiden (vgl. *Gräf* NZA 2016, 327, 331 f.), die einem „Sukzessionsmodell" folgen (BGB § 613a Rn. 112). Bilden mehrere Unternehmen einen Betrieb (§ 4a II 4), ist für den AGBegriff bei Individualnormen auf den VertragsAG abzustellen. 5

3. Überschneidung der Geltungsbereiche der Tarifverträge. a) Räumlich, persönlich, fachlich. Überschneiden sich die Geltungsbereiche der TV nicht, besteht keine Kollisionslage, die aufgelöst werden müsste. Dies sagt der Wortlaut des § 4a II 2 klar und entspricht dem Anliegen des G. Die Regelung soll nur subsidiär zur Anwendung kommen; autonomen Auflösungs- oder -Vermeidungsmechanismen einer Tarifpluralität soll der Vorrang gebühren (BT-Drs. 18/4062 S. 9). Wenn also die betreffenden Gewerkschaften die Geltungsbereiche ihrer TV in pers., räuml. oder fachl./betriebl. Hinsicht abgrenzen, gibt es keine auflösungsbedürftige Tarifkollision. Dies entspricht der bisherigen Rspr. auch unter der Geltung des richterrechtl. Grds. der Tarifeinheit (BAG 11.2.2004 – 4 AZR 94/03). Zur Bestimmung der einzelnen Geltungsbereiche eines TV § 4 Rn. 8 ff. Bzgl. des pers. Geltungsbereichs ist zu beachten, dass in TV zT an die Mitgliedschaft in der tarifschließenden Gewerkschaft angeknüpft wird. Eine solche Regelung würde das G nicht leerlaufen lassen, vielmehr hat dies regelm. nur deklaratorische Bedeutung (§ 4 Rn. 16). 6

b) Zeitlich (Nachwirkung nach § 4 Abs. 5 TVG). Der Wortlaut des § 4a II 2 sagt nicht eindeutig, ob sich die erforderl. Überschneidung auch auf den zeitl. Geltungsbereich beziehen muss. Damit ist das Problem angesprochen, ob ein nachwirkender TV ebenfalls als kollidierender TV iSd. G zu betrachten ist. Nach der GBegr. sollen kollidierende TV nur vorliegen, wenn die Geltungsbereiche der TV sich jeweils in zeitl., räuml., fachl. und pers. Hinsicht überschneiden (BT-Drs. 18/4062 S. 13). Streng genommen liegt eine Überschneidung in zeitl. Hinsicht nicht mehr vor, wenn ein bislang kollidierender TV nur noch nachwirkt. Daher wird man die Nachwirkung generell aus dem Anwendungsbereich des § 4a ausklammern müssen. 7

Dies führt zu folgenden Erg.: Wirkt der verdrängende TV der Mehrheitsgewerkschaft nur noch nach, kann ihm eine solche Wirkung nicht mehr zukommen – es fehlt an einer Überschneidung des zeitl. Geltungsbereichs der beiden TV. Ein verdrängter TV der Minderheitsgewerkschaft mit längerer Laufzeit lebt dann wieder auf, würde aber bei Neuabschluss des TV der Mehrheitsgewerkschaft wieder nach Maßgabe von § 4a II 2 verdrängt werden. Entscheidet man anders (so etwa *Bepler* JbArbR 53 [2016], 23, 31 f.), hätte es die Mehrheitsgewerkschaft dauerhaft in der Hand, die Minderheitsgewerkschaft zu blockieren, ohne eigenständige Tarifpolitik zu betreiben. Gelangt der verdrängte TV der Minderheitsgewerkschaft in das Nachwirkungsstadium, lebt dieser allerdings nicht wieder auf. Dieser TV hat niemals normativ gegolten; er kann die Überbrückungs- und Inhaltsschutzfunktion der Nachwirkung nicht für sich in Anspruch nehmen. Den verdrängten TV im Nachwirkungsstadium wieder aufleben zu lassen, wäre iÜ auch recht kurios, was aber immerhin der früheren Rspr. entsprechen würde (vgl. BAG 28.5.1997 AP TVG § 4 Nachwirkung Nr. 26) und auch schon früher vielfältig kritisiert worden war (näher *Franzen* RdA 2008, 193, 195 mwN). Insg: Ein nachwirkender TV kann zwar nach § 4a II 2 nicht mehr verdrängen, wohl aber verdrängt werden. 8

4. Keine inhaltliche Identität der Tarifregelungen. Ein kollidierender TV liegt zunächst aufgrund des klaren Wortlauts des § 4a II 2 nur vor, wenn er nicht inhaltl. identisch mit einem anderen TV ist. AnschlussTV und sonstige inhaltl. identische TV werden also nicht verdrängt. Dasselbe gilt für mehrgliedrige TV, auch dann, wenn sie von der Rspr. als echte selbständige TV behandelt werden (§ 1 Rn. 22) – ein EinheitsTV begr. ohnehin keine auflösungsbedürftige Tarifpluralität. 9

Diesen Begriff der „Nicht-Inhaltsgleichheit" iSv. § 4a II 2 wird man großzügig interpretieren müssen. Der Gesetzgeber wollte die Regelung nur **subsidiär** zu Anwendung kommen lassen. Auto- 10 nomen Auflösungs- oder Vermeidungsmechanismen einer Tarifpluralität soll der Vorrang gebühren. Dazu zählt die GBegr. Regelungen zur ZustAbgrenzung unter den Gewerkschaften, Tarifgemeinschaften, AnschlussTV, Gestattung der Ergänzung eines Tarifwerks durch eine andere Gewerkschaft (BT-Drs. 18/4062 S. 9). Diese Bsp. lassen sich noch unter den GWortlaut subsumieren, der eine Auflösung der Kollision nur bei nicht inhaltsgleichen und sich im Geltungsbereich überschneidenden TV verlangt.

11 Der Gesetzgeber nennt an dieser Stelle auch ein verbandinternes Konfliktlösungsverf. innerhalb eines Zusammenschlusses von Gewerkschaften (BT-Drs. 18/4062 S. 9). Damit ist wohl in erster Linie das Schiedsgerichtsverf. des DGB gemeint. Der Wortlaut des § 4a II 2 ist aber auf kollidierende TV von DGB-Gewerkschaften ebenfalls anwendbar, wenn diese inhaltl. nicht identisch sind und sich im Geltungsbereich überschneiden. Daher können Organisationskonflikte, wie sie bspw. zwischen der IG Metall und ver.di im Logistikbereich existieren (LAG HH 21.5.2014 BeckRS 2014, 69823), ebenfalls über das betriebl. Mehrheitsprinzip nach dem TarifeinheitsG gelöst werden, sofern die konkurrierenden DGB-Gewerkschaften bereits TV geschlossen haben (aA wohl *Ludwig/Ramcke* BB 2015, 2933: Vorrang der Auslegung der Gewerkschaftssatzungen im Lichte der DGB-Satzung).

12 **5. Inhaltliche Kongruenz nicht erforderlich.** Umgekehrt ist es nicht erforderl., dass sich die TV inhaltl., also vom Regelungsgegenstand her, überschneiden. Dies sagt der Wortlaut des § 4a II 2 deutl: Zwei TV, die nicht einmal denselben Gegenstand regeln, sind auf jeden Fall nicht inhaltsgleich. Dasselbe sagt die Begr. des RegE: „Satz 2 (des § 4a II) setzt nicht voraus, dass sich die Regelungsgegenstände decken. Der Grds. der Tarifeinheit gilt auch dann, wenn die TV unterschiedl. Regelungsgegenstände beinhalten, sofern es nicht dem Willen der TVParteien des MehrheitsTV entspricht, eine Ergänzung ihrer Regelungen durch Vereinb. mit konkurrierenden Gewerkschaften zuzulassen“ (BT-Drs. 18/4062 S. 13).

13 Dieses Erg. entspricht früherer Rspr. (BAG 5.9.1990 AP TVG § 4 Tarifkonkurrenz Nr. 19), erhält aber nun durch die ges. Regelung einen ganz eigenen und sehr viel weiter reichenden Stellenwert. Der TV der Minderheitsgewerkschaft wird näml. schon dann verdrängt, wenn die Mehrheitsgewerkschaft ledigl. einen, vielleicht auch unbedeutenden Regelungsgegenstand aufgreift und im Geltungsbereich des TV der Minderheitsgewerkschaft tarifiert. Dies birgt erhebl. Missbrauchsgefahren, insb. im Verhältnis von Branchen- zu Berufsgruppengewerkschaft zum Nachteil der Berufsgruppengewerkschaften. Die vom BVerfG (11.7.2017 – 1 BvR 1571/15) aufgestellten verfassungsrechtl. Anforderungen (Rn. 1a) schließen diese Missbrauchsgefahren nun weitgehend aus.

14 Eine Ausnahme von diesem Grds., wonach sich die Regelungsgegenstände der kollidierenden TV für die Anwendung des § 4a II 2 nicht decken müssen, enthält § 4a III. Danach wird eine Tarifpluralität bei **TV über betriebsverfassungsrechtl. Fragen nach § 3 I und § 117 II BetrVG nur bei inhaltl. Kongruenz** aufgelöst. Damit will man die Kontinuität der hierdurch geschaffenen ANVertretungen erhalten (BT-Drs. 18/4062 S. 14).

15 **6. Zeitpunkt der Feststellung der Mehrheit: Erstmaliger Eintritt der Kollisionslage.** Den Zpkt. der Kollisionslage legt § 4a II 2 auf den Abschluss des TV fest, der die Kollisionslage auslöst. Auf diesen – recht späten – Zpkt. bezieht sich das betriebl. Mehrheitsprinzip. Bis zu diesem Zpkt. können konkurrierende Gewerkschaften versuchen, die Mehrheitsverhältnisse im Betrieb zu ihren Gunsten zu verändern. Dies kann den Gewerkschaftswettbewerb in den betroffenen Branchen allerdings eher anheizen. Nach diesem Zpkt. eintretende tats. Entwicklungen – etwa Veränderungen der ANZahl aufgrund Betriebsteilübergängen (dazu *Gräf* NZA 2016, 327) – wirken sich nicht mehr auf die Mehrheitsfeststellung aus.

16 Nach § 4a II 3 ist ein späterer Zpkt. maßgebl., wenn die Kollision erst zu diesem Zpkt. eintritt. Dies kommt etwa in Betracht, wenn der AG erst nach dem Abschluss des kollidierenden TV dem tarifschließenden AGVerband beitritt, der kollidierende TV erst nach Abschluss in Kraft tritt oder ein Betrieb neu geschaffen wird (BT-Drs. 18/4062 S. 13). Dieser für die Mehrheitsfeststellung maßgebl. Zpkt. des erstmaligen Eintritts der Kollisionslage gilt so lange, wie die beiden TV unverändert fortbestehen. Wird ein TV geänd. (dazu § 3 Rn. 26) oder neuabgeschlossen, ereignet sich dann eine erneute Kollision, für welche wiederum ggf. die Mehrheit im Streitfall erneut festgestellt werden muss. Wird ein TV mit Wirkung für die Vergangenheit in Kraft gesetzt, bildet der Zpkt. des Abschlusses des TV die Basis für die Feststellung der Mehrheit, während das (rückwirkende) Inkrafttreten die Kollisionslage überhaupt auslöst (s. a. Rn. 5).

17 **7. Rechtsfolge: Unanwendbarkeit der Rechtsnormen des Minderheitstarifvertrags.** Als Rechtsfolge formuliert § 4a II 2: Im Betrieb sind „nur die Rechtsnormen des TV der – verkürzt – Mehrheitsgewerkschaft anwendbar“. Damit wird der verdrängte TV nicht etwa unwirksam. Ledigl. seine Rechtsnormen sind während der Dauer der Kollisionslage ipso iure unanwendbar; eine etwaige gerichtl. Feststellung der Mehrheitsverhältnisse im Verf. nach § 99 ArbGG wirkt nicht konstitutiv, sondern ledigl. feststellend. Schuldrechtl. Verpflichtungen aus dem verdrängten TV bleiben weiter anwendbar – dies gilt va. für die Friedenspflicht. Die Minderheitsgewerkschaft darf während der Laufzeit ihres verdrängten TV nicht zum Streik aufrufen. Eine Minderheitsgewerkschaft, die um ihre Stellung weiß, wird sich daher wohl hüten, einen TV abzuschließen, der dann sicher verdrängt wird. Dies erscheint systemgerecht: Die Minderheitsgewerkschaft hat sich mit dem Abschluss des TV und seiner Laufzeit

eben selbst gebunden. Damit korrespondiert die Regelung des Nachzeichnungsrechts der Minderheitsgewerkschaft nach § 4a IV: Der Anspruch auf Nachzeichnung bezieht sich nur auf die Rechtsnormen des verdrängenden TV der Mehrheitsgewerkschaft. Die schuldrechtl. Pflichten gelten nur für die TVParteien, die sie eingegangen sind (BT-Drs. 18/4062 S. 13).

IV. Bezugspunkt des Mehrheitsprinzips: Der „Betrieb"

Der Bezugspunkt der Mehrheitsfeststellung ist der Betrieb. Bei einer beschriebenen Kollision zweier TV verschiedener Gewerkschaften setzt sich im Überschneidungsbereich der TV der Gewerkschaft durch, die **im Betrieb über die meisten Mitglieder** verfügt. Der Bezugspunkt „Betrieb" kann im Fall der Kollision von BranchenTV verschiedener Gewerkschaften dazu führen, dass kein TV vollständig in der Fläche gilt, sondern beide je nach Mehrheitsverhältnissen. Dies kann – ungewollt – zur Erosion des FlächenTV beitragen. 18

Der Begriff des Betriebs iSd. TarifeinheitsG wird nicht definiert. Der Begriff ist nach der GBegr. **tarifrechtl.** zu verstehen; die GBegr. wiederholt aber dann den allg. Betriebsbegriff (BT-Drs. 18/4062 S. 13), der sich weithin als untaugl. für die Bewältigung praktischer Anwendungsfragen wegen der Vielgestaltigkeit des Wirtschaftslebens erwiesen hat (vgl. *Gamillscheg* ZfA 1975, 357; *Joost*, Betrieb und Unternehmen als Grundbegriffe im ArbR, 1988; *Preis* RdA 2001, 257). Nach Einschätzung der GBegr. orientiert sich der tarifrechtl. Betriebsbegriff am betriebsverfassungsrechtl. (BT-Drs. 18/4062 S. 13). Diese Einschätzung trifft allerdings nicht zu. Denn nach der Rspr. des BAG zu diesem betriebsverfassungsrechtl. Betriebsbegriff kommt es in erster Linie auf die einheitl. Leitung in den mitbestimmungsrelevanten Angelegenheiten an, die sich wiederum an den Zwecken des BetrVG orientiert (BetrVG § 1 Rn. 7 ff.). Dies dürfte für das TarifeinheitsG und den tarifrechtl. Betriebsbegriff weniger in Betracht kommen. Immerhin liefert die GBegr. noch einen klaren Hinweis: Anknüpfungspunkt für das Mehrheitsprinzip soll die **„Solidargemeinschaft"** sein, die infolge der Zusammenfassung von AN zur Verfolgung arbeitstechnischer Zwecke entsteht (BT-Drs. 18/4062 S. 13). 19

Dem GText lässt sich folgendes entnehmen: Nach § 4a II 4 können auch **gemeinsame Betriebe iS des BetrVG** und **aufgrund von TV nach § 3 BetrVG gebildete Vertretungseinheiten** Betriebe in diesem tarifrechtl. Sinne sein, es sei denn, dies steht den Zielen des TarifeinheitsG offensichtl. entgegen. Dies soll bspw. der Fall sein, wenn Betriebe aus unterschiedl. Wirtschaftszweigen oder Wertschöpfungsketten zu einer Vertretungseinheit nach § 3 BetrVG zusammengeführt worden sind. In solchen Fällen kann nach der Auff. des Gesetzgebers eine für die Zwecke der Tarifeinheit notwendige „Solidargemeinschaft" nicht entstehen (BT-Drs. 18/4062 S. 14). Der gesetzgeberische Hinweis auf § 1 II BetrVG und § 3 BetrVG darf aber nicht den Blick dafür verstellen, dass auch insoweit grdl. Voraussetzung für die Anwendung von § 4a eine Tarifkollision beim AG ist – und das ist im Rahmen eines gemeinsamen Betriebs der jeweilige VertragsAG, soweit es um die Geltung von Individualnormen geht. Eine solche Tarifkollision liegt nicht vor, wenn die jeweiligen VertragsAG an verschiedene TV, aber jeder nur an einen, gebunden sind. 20

GText und Begr. bleiben im Hinblick auf die erforderl. Konkretisierung des Betriebsbegriffs blass. Der Begriff des Betriebs ist allerdings der Schlüsselbegriff, mit dem die Anwendung des G steht und fällt. GText und Begr. kann man entnehmen, dass der Begriff des Betriebs eigenständig tarifrechtl. entwickelt werden muss. Ein Rückgriff auf das BetrVG kann in Betracht kommen, wenn dies dem Zweck des TarifeinheitsG nicht zuwiderläuft. Insoweit dürfte die **Verteilungsfunktion des TV** der entscheidende Gesichtspunkt sein. Daher wird es in erster Linie darauf ankommen, wie weit die jeweilige tarifl. Vergütungsstruktur und damit die Verteilungsfunktion des TV reicht. Je nach Ausgestaltung der Vergütungsstruktur kann der Betrieb in diesem tarifrechtl. Sinne auch das gesamte Unternehmen oder möglicherweise sogar den Konzern meinen – bspw. dann, wenn die Vergütung durch einen einheitl. VergütungsTV im Unternehmen oder durch abgestimmte VergütungsTV für den gesamten Konzern einheitl. geregelt wird. In solchen Fällen bilden eben alle AN des Unternehmens oder sogar des Konzerns die „Solidargemeinschaft", auf die das G entscheidend abstellt. 21

V. Dispositivität von § 4a II

Mit dem Problem der Dispositivität von § 4a II ist die allg. Fragestellung aufgeworfen, ob die TVParteien vom G abweichen können. Unzulässig wäre dabei eine Regelung in einem TV, welche die Wirkung von § 4a einfach ausschließt, weil sich dies zu Lasten anderer konkurrierender Gewerkschaften auswirken könnte (ebenso wohl *Greiner* NZA 2015, 769, 774 f.; **aA** und für völlige Tarifdispositivität der Vorschrift *Bepler* RdA 2015, 194; *Däubler/Bepler* Rn. 294). Allerdings könnten **alle betroffenen TVParteien auf AG- und ANSeite** verabreden, dass § 4a für einen bestimmten Bereich nicht gelten solle. Dies wird man dann für zulässig halten müssen, wenn gleichzeitig ein anderer Konfliktlösungsmechanismus für den Fall von Tarifkollisionen vereinbart wird. Ausweisl. der GBegr. soll § 4a nur subisidiär zur Anwendung kommen und autonom vereinbarten Auflösungsmechanismen einer Tarifkollision der Vorrang gebühren (BT-Drs. 18/4062 S. 9). Ferner könnten die TVParteien eine Regelung folgenden Inhalts im TV vereinbaren: „Falls der TV nach § 4a verdrängt wird, verpflichtet 22 sich der AG, die Inhalte des TV auf arbeitsvertragl. Ebene anzuwenden." Bei VerbandsTV würde an die Stelle des AG eine entspr. Einwirkungspflicht des AGVerbands treten (§ 1 Rn. 87). Schließl. ist denkbar, dass die TVParteien sich gegenseitig verpflichten, keinen Antrag nach § 99 ArbGG zu stellen, bzw. die AGSeite zusagt, sich nicht auf § 4a zu berufen.

23 Solche oder ähnl. Gestaltungen wird man grds. für zulässig halten müssen (ebenso in der Sache HWK/*Henssler* Rn. 35; *Löwisch* DB 2015, 1102; wohl auch *Greiner* NZA 2015, 769, 776). Der TV der Minderheitsgewerkschaft wird durch § 4a II nicht unwirksam (Rn. 17) und ist somit taugl. Gegenstand von Bezugnahmeklauseln in Arbeitsverträgen. Daher kann einem AG nicht untersagt werden, auf den TV der Minderheitsgewerkschaft im Arbeitsvertrag Bezug zu nehmen (*Däubler/Bepler* Rn. 171 ff.; *Schliemann* NZA 2015, 1298); bisweilen wird sich diese Rechtsfolge sogar aus der Auslegung der verwendeten Bezugnahmeklausel ergeben (Rn. 35 f.). Dann aber muss sich der AG auch zu einer entspr. Regelung im TV freiwillig verpflichten können. Eine derartige Abrede kann nach dem Grds., wonach schuldrechtl. Regelungen in TV nicht erstreikbar sind, nicht Gegenstand eines Arbeitskampfs sein (vgl. *Otto* AK § 5 Rn. 21 f.; **aA** GG Art. 9 Rn. 114; *Löwisch* DB 2015, 1102; *Greiner* NZA 2015, 769, 776). Für die Tarifdispositivität von § 4a spricht ferner, dass selbst der Mehrheitsgewerkschaft im Betrieb in solchen Fällen kein Nachteil entsteht. Ihre Mitglieder kommen stets wegen § 4a in den Genuss des TV ihrer Gewerkschaft und können darüber hinaus je nach den Auswirkungen der arbeitsvertragl. Umsetzung des TV der Minderheitsgewerkschaft auch noch arbeitsvertragl. Rechtspositionen aus diesem TV für sich beanspruchen. Im Fall einer Kollision gilt wie auch sonst im Verhältnis zwischen normativ wirkendem TV und arbeitsvertragl. Vereinb. das Günstigkeitsprinzip (allg. § 4 Rn. 31 ff.; speziell zum Verhältnis normativ wirkender TV und Bezugnahme eines anderen TV § 3 Rn. 33). IÜ regelt § 4a II ledigl. die Kollision von Rechtsnormen eines TV, nicht aber die Tarifgeltung auf vertragsrechtl. Ebene.

VI. Flankierende Verfahrensrechte (Abs. 4, 5)

24 **1. Nachzeichnungsrecht.** Nach § 4a IV kann die Gewerkschaft, deren TV sich nach Maßgabe von § 4a II nicht durchsetzt, vom AG oder AGVerband die Nachzeichnung der Rechtsnormen des TV verlangen, zugunsten dessen § 4a II die Tarifkollision aufgelöst hatte. Mit diesem Nachzeichnungsrecht soll etwaigen verfassungsrechtl. Bedenken im Hinblick auf die kollektive Koalitionsfreiheit der Minderheitsgewerkschaft im Betrieb Rechnung getragen werden (BT-Drs. 18/4062 S. 9). Das Nachzeichnungsrecht besteht nur, wenn die Minderheitsgewerkschaft im Betrieb einen eigenen TV abgeschlossen hatte, weil es anderenfalls nicht zu einer nach § 4a auflösungsbedürftigen Kollisionslage kommt. Damit kommen die AN, die der Minderheitsgewerkschaft im Betrieb angehören, in den Genuss der tarifl. Rechte, die sich aus dem nach § 4a II anwendbaren MehrheitsTV ergeben. Anderenfalls stünden diese AN tariflos, obwohl sie einer Gewerkschaft angehören. Dieses Nachzeichnungsrecht bezieht sich nur auf die **Rechtsnormen des TV der Mehrheitsgewerkschaft.** Es besteht nach dem Wortlaut des § 4a IV nur in dem Umf., wie sich die **Geltungsbereiche der beiden TV sowie deren inhaltl. Regelungen überschneiden.** Endet bspw. der verdrängende TV der Mehrheitsgewerkschaft vor dem verdrängten TV der Minderheitsgewerkschaft, wirken die Rechtsnormen des nachgezeichneten verdrängenden TV der Mehrheitsgewerkschaft nur iRd. Laufzeit dieses TV. Nach BVerfG (11.7.2017 – 1 BvR 1517/15 Rn. 194) gilt das Nachzeichnungsrecht umfassend und ist nicht auf kongruente Regelungsgegenstände beschränkt (Rn. 1a). Hins. der Rechte und Pflichten bleibt die Minderheitsgewerkschaft an den von ihr abgeschlossenen TV gebunden; das gilt va. für die Friedenspflicht (*Vielmeier* NZA 2015, 1294, 1296).

25 **2. Bekanntgabepflicht und Anhörungrecht.** Nach § 4a V 1 ist der AG oder AGVerband verpflichtet, die Aufnahme von Tarifverh. mit einer Gewerkschaft bekannt zu geben. Der Wortlaut von § 4a V 1 schreibt nicht vor, dass diese Bekanntmachung einer konkurrierenden Gewerkschaft auch zugehen muss. Allerdings muss die Bekanntgabe **in geeigneter Weise** erfolgen. Daraus folgert die GBegr., dass der konkurrierenden Gewerkschaft die Möglichkeit verschafft werden muss, tats. von der Aufnahme der TVVerh. Kenntnis zu erlangen, und verlangt eine **„Mitteilung"** an die konkurrierende Gewerkschaft (BT-Drs. 18/4062 S. 15). Allerdings dürfte der AGSeite unzumutbar sein, alle denkbaren konkurrierenden Gewerkschaften zu ermitteln. Daher wird man eine solche Mitteilung an die konkurrierende Gewerkschaft – mdl., schriftl. oder elektronisch oder bei HausTV auch durch Aushang in den Betrieben des AG (BT-Drs. 18/4062 S. 15) – nur verlangen können, wenn der AGSeite die entspr. konkurrierende Gewerkschaft bereits bekannt ist. Anderenfalls genügt insb. bei VerbandsTV eine Bekanntgabe auf der Homepage des Verbands. Diese muss **rechtzeitig** erfolgen, also „unverzügl. nach Aufnahme der TVVerh. und möglichst vor Abschluss des TV" (BT-Drs. 18/4062 S. 15). Eine andere tarifzuständige Gewerkschaft hat dann nach § 4a V 2 das Recht, ihre Vorstellungen mdl. der AGSeite vorzutragen. Es handelt sich um ein **Anhörungsrecht;** es genügt nicht, dieser Gewerkschaft ledigl. die Möglichkeit zur schriftl. oder elektronischen Stellungnahme einzuräumen. Dieses Anhörungsrecht kann eingeklagt werden; es begr. aber kein Erörterungs- oder Verhandlungsrecht (BT-Drs. 18/4062 S. 15). Das BVerfG (11.7.2017 – 1 BvR 1571/15 Rn. 196) bindet die Rechtsfolge des § 4a II 2 an die Beachtung der Vorgaben des § 4 V (Rn. 1a).

VII. Folgen für andere Regelungsbereiche

1. Arbeitskampfrecht. § 4a enthält keine Regelung über die Auswirkungen des G auf das Arbeitskampfrecht. Die GBegr. sagt hierzu folgendes: „Die Regelungen zur Tarifeinheit ändern nicht das Arbeitskampfrecht. Über die Verhältnismäßigkeit von Arbeitskämpfen, mit denen ein kollidierender TV erwirkt werden soll, wird allerdings im Einzelfall iSd. Prinzips der Tarifeinheit zu entscheiden sein" (BT-Drs. 18/4062 S. 12). Diese Einschätzung der GBegr. ist unzutr. (ebenso *Däubler/Bepler* Rn. 191 ff.; HWK/*Henssler* Rn. 45 f.; s. a. BVerfG 11.7.2017 – 1 BvR 1571/15 Rn. 140; wohlwollendere Bewertung bei *Linsenmaier* RdA 2015, 369, 384 f.): Die Frage, ob der Grds. der Tarifeinheit arbeitkampfrechtl. Auswirkungen hat, war selbst unter seiner Geltung umstritten (15. Aufl. § 4 Rn. 72); das BAG hat solche Folgerungen niemals gezogen, eher war das Gegenteil der Fall (vgl. BAG 26.10.1971 AP GG Art. 9 Arbeitskampf Nr. 44). Außerdem spricht gegen die Einschätzung der GBegr. der GText: Danach ist der relevante Zpkt. für die Feststellung der Mehrheit der Eintritt der Kollisionslage, die aber in solchen Konstellationen noch gar nicht vorliegen kann. An dieser Stelle zeigt sich ein logischer Bruch zwischen GText und GBegr.: Nach dem GText wird nur eine Tarifkollision iSd. Tarifeinheit aufgelöst. Diese existiert allerdings noch nicht, wenn eine Minderheitsgewerkschaft im Betrieb einen TV mithilfe eines Streiks erst durchsetzen will. Nach der GBegr. soll eine solche Situation aber gleichwohl bereits rechtl. relevant sein. Ein ArbG, welches das Anliegen der GBegr. umsetzen wollte, müsste also auf einen in der Zukunft liegenden Zpkt. – Eintritt der Kollisionslage durch Abschluss des kollidierenden TV – für die Feststellung der Mehrheitsverhältnisse unter den Gewerkschaften im Betrieb abstellen, obwohl sich die Verhältnisse bis zu diesem künftigen Zpkt. noch ändern können. Eine Feststellung von Tatsachen bezogen auf einen in der Zukunft liegenden Zpkt. erscheint aber denknotwendig ausgeschlossen (ebenso *Linsenmaier* RdA 2015, 369, 385). Schließl. setzt das Nachzeichnungsrecht (Rn. 24) den Abschluss eines TV der Minderheitsgewerkschaft voraus. Bereits zu diesem Zweck muss die Minderheitsgewerkschaft streiken können dürfen (ebenso *Greiner* NZA 2015, 769, 776 f.; *Linsenmaier* RdA 2015, 369, 386; *Vielmeier* NZA 2015, 1294, 1296). 26

2. Bezugnahmeklausel. § 4a regelt nur die Tarifanwendung kraft G. Betroffen sind also nur die ArbVerh., die unmittelbar und zwgd. an den TV der Mehrheitsgewerkschaft gebunden sind. Das sind bei Individualnormen eines TV die Mitglieder der Mehrheitsgewerkschaft unter den AN des Betriebs und ggf. die Mitglieder der Minderheitsgewerkschaft, soweit diese von ihrem Nachzeichnungsrecht (§ 4a IV, Rn. 24) Gebrauch gemacht hat. Für alle anderen ArbVerh. enthält § 4a keine unmittelbar relevante Regelung. Für diese ArbVerh. kommt es auf die Abfassung der vom AG verwendeten Bezugnahmeklausel an (§ 3 Rn. 29 ff.). Kann diese als Gleichstellungsabrede ausgelegt werden (§ 3 Rn. 36 ff.), folgt die vertragsrechtl. Tarifgeltung der ges.: Es kommt der TV der Mehrheitsgewerkschaft nach Maßgabe von § 4a zur Anwendung (aA wohl *Greiner* NZA 2015, 769, 775 f.). Kann die Bezugnahmeklausel nicht als Gleichstellungsabrede ausgelegt werden, muss durch Auslegung der entspr. Abrede der für die Außenseiter relevante TV ermittelt werden. Dies wird regelm. der TV sein, der im Arbeitsvertrag genannt wurde. 27

VIII. Exkurs: Verhältnis des Tarifvertrags zu anderen Tarifverträgen außerhalb des Anwendungsbereichs von § 4a

Soweit § 4a eine Tarifkollision auflöst, ist das Verhältnis des TV zu einem anderen TV ges. durch diese Vorschr. geregelt; ein Rückgriff auf die bisherige Rspr. scheidet aus. Außerdem kann es im Regelungsbereich des § 4a ohnehin keine Tarifkonkurrenz geben, weil die mehrfache Tarifbindung des AG aufgelöst wird. Außerhalb des Anwendungsbereichs von § 4a – also insb. bei durch AVE verursachten Tarifkollisionen und bei TV, die von ders. Gewerkschaft geschlossen wurden (Rn. 4) –, sind die bisher maßgebl. Grds. zur Tarifkonkurrenz und Tarifpluralität auch nach Inkrafttreten des TarifeinheitsG weiter anwendbar. 28

1. Tarifkonkurrenz. a) Erscheinungsformen. Von einer Tarifkonkurrenz spricht man, wenn verschiedene TV mit sich überschneidenden Regelungsbereichen für ein und dasselbe ArbVerh. normativ gelten, ohne dass sich diese TV ergänzen, wie diese zB bei MTV und EntgeltTV der Fall ist (BAG 5.9.1990 AP TVG § 4 Tarifkonkurrenz Nr. 19; 20.3.1991 AP TVG § 4 Tarifkonkurrenz Nr. 20). Die Tarifkonkurrenz kann durch die TVParteien selbst verursacht werden, wenn der AG an einen **VerbandsTV** gebunden ist und mit ders. Gewerkschaft einen **HausTV** mit demselben Regelungsbereich abschließt. Ein weiterer Beispielsfall der Tarifkonkurrenz ist der Verbandswechsel des AG: Hier entsteht gleichzeitige Bindung des AG an den bisherigen TV nach § 3 III und an den TV des neuen AGVerbands nach § 3 I. Eine Tarifkonkurrenz kann in diesen Fällen entstehen, wenn beide TV von ders. Gewerkschaft geschlossen wurden. Eine Tarifkonkurrenz kann auch durch Hoheitsakt (AVE) verursacht sein: ein allgemeinverbindl. VerbandsTV überschneidet seinen Regelungsbereich mit einem HausTV. 29

30 **Keine Tarifkonkurrenz** liegt daher vor, wenn bereits die Auslegung der TV ergibt, dass nur einer von mehreren TV gelten kann und gelten soll (BAG 24.3.2010 ZTR 2010, 462), wenn bspw. ein TV einen anderen ablösen soll, was Identität der TVParteien voraussetzt (BAG 19.11.2014 NZA 2015, 950). Tarifkonkurrenz wird ebenso wenig durch arbeitsvertragl. Bezugnahme auf einen TV bei gleichzeitiger normativer Geltung eines anderen TV begr. (BAG 29.8.2007 AP TVG § 1 Bezugnahme auf Tarifvertrag Nr. 61; 22.10.2008 NZA 2009, 151 unter ausdr. Aufgabe von BAG 23.3.2005 AP TVG § 4 Tarifkonkurrenz Nr. 29; 20.3.1991 AP TVG § 4 Tarifkonkurrenz Nr. 20; § 3 Rn. 32). Keine Tarifkonkurrenz liegt vor im Verhältnis eines ledigl. nachwirkenden TV zu einem im Nachwirkungsstadium vereinbarten TV, der unmittelbar und zwgd. auf das ArbVerh. einwirkt (BAG 20.4.2005 AP TVG § 4 Nachwirkung Nr. 43). Weitergehend soll nach Auff. des LAG HH (6.2.2007 NZA-RR 2007, 482) Tarifkonkurrenz generell auf die Laufzeit der konkurrierenden TV begrenzt sein. Eine Tarifkonkurrenz kann außerdem nur zwischen einzelnen TV entstehen, nicht aber verschiedenen Tarifgefügen, es sei denn, diese sind so eng aufeinander abgestimmt, dass sie als ein TV zu betrachten sind (BAG 20.4.2005 AP TVG § 4 Nachwirkung Nr. 43). Sonderfragen der Tarifkonkurrenz können sich ergeben, wenn Gewerkschaften auf eine neu zu gründende Gewerkschaft verschmelzen, wie dies bei der Gründung von ver.di der Fall war. In solchen Fällen kann eine Tarifkonkurrenz entstehen, wenn die fusionierenden Gewerkschaften vor der Verschmelzung TV mit sich überschneidenden Geltungsbereichen mit denselben AG bzw. AGVerbänden abgeschlossen haben. Für ver.di wird das Problem in § 95 der Satzung angesprochen (näher BAG 11.5.2005 AP TVG § 4 Tarifkonkurrenz Nr. 30; 4.7.2007 NZA 2008, 307; *Kempen* NZA 2003, 415; *Melms* NZA 2002, 296).

31 **b) Kollisionsregeln.** Eine Tarifkonkurrenz muss notwendigerweise durch Kollisionsregeln aufgelöst werden, weil die konkurrierenden TV unterschiedl. Rechtsfolgeanordnungen im selben ArbVerh. setzen können, welche regelm. nicht kompatibel sind. Das BAG hat mangels ausdr. Regelung im TVG als Kollisionsregel das Prinzip der **Sachnähe** oder **Spezialität** entwickelt, dem die hL im Ausgangspunkt zustimmt (vgl. Däubler/*Zwanziger* Rn. 12; *Gamillscheg* KollArbR I S. 755 f.; KeZa/*Wendeling-Schröder* Rn. 227; Wiedemann/*Wank* Rn. 298; *Löwisch/Rieble* Rn. 337). Danach setzt sich derjenige TV durch, der dem Betrieb räuml., betriebl., fachl. und pers. am nächsten steht und deshalb den Erfordernissen und Eigenarten des Betriebs am ehesten gerecht wird (stRspr. BAG 20.3.1991 AP TVG § 4 Tarifkonkurrenz Nr. 20; 23.3.2005 AP TVG § 4 Tarifkonkurrenz Nr. 29; für Betriebsnormen ausdr. offengelassen von BAG 9.12.2009 NZA 2010, 712 Rn. 49).

32 Nach diesen Grds. geht der FirmenTV dem VerbandsTV vor (BAG 4.4.2001 AP TVG § 4 Tarifkonkurrenz Nr. 26; 20.4.1999 AP BetrVG 1972 § 77 Tarifvorbehalt Nr. 12). Unter den VerbandsTV verdrängt derjenige mit dem engeren betriebl. Anwendungsbereich denjenigen mit dem weiteren (BAG 24.9.1975 AP TVG § 4 Tarifkonkurrenz Nr. 11; 29.11.1978 AP TVG § 4 Tarifkonkurrenz Nr. 12). Bei iÜ gleicher Sachnähe entscheidet der Organisationsgrad und die Repräsentativität des Verbandes (BAG 14.6.1989 AP TVG § 4 Tarifkonkurrenz Nr. 16). Beim Verbandswechsel kommt dem neuen TV ggü. dem nach § 3 III geltenden grds. der Vorrang zu (BAG 26.10.1983 AP TVG § 3 Nr. 3; **aA** *Kempen* NZA 2003, 415). Von diesen Grds. machte das BAG bei TV nach § 3 AEntG eine Ausnahme: Dieser TV soll sich aufgrund von Anforderungen des Rechts der EU auch ggü. HausTV durchsetzen (BAG 25.6.2002 AP AEntG § 1 Nr. 12; 18.10.2006 AP TVG § 1 Tarifverträge: Bau Nr. 287). Inzwischen ist dies durch § 8 II AEntG klargestellt (AEntG § 8 Rn. 3). Dies. Rechtsfolge enthält § 5 IV 2.

33 Der skizzierten Rspr. ist nur zT zu folgen. Die herausgearbeitete Kollisionsregel der Spezialität erscheint nur dort sachgerecht, wo das Regelwerk vom selben Normgeber stammt (*Kempen* NZA 2003, 415, 417). In den anderen Fällen geht es darum zu ermitteln, welchem Normgeber vorrangig die Rechtssetzungskompetenz zukommt (näher *Löwisch/Rieble* Rn. 339). Da sich die Tarifautonomie in erster Linie mitgliedschaftl. legitimiert und auf kollektiv ausgeübte Privatautonomie zurückgeführt werden kann (§ 1 Rn. 6), muss dann die grdl. Kollisionsregel grds. lauten: **Vorrang des mitgliedschaftl. legitimierten TV** (*Jacobs/Krois* FS Bepler 2012 S. 241, 248; *Löwisch/Rieble* Rn. 358 ff.; **aA** KeZa/*Wendeling-Schröder* Rn. 232). Dies ist insb. bei Kollisionen von Individualnormen (§ 1 Rn. 41 ff.) in Haus- oder VerbandsTV, die nach §§ 3 I, 4 I auf das ArbVerh. einwirken, mit allgemeinverbindl. TV, mit TV nach § 7 I AEntG (allerdings vorbehaltl. § 8 II AEntG und § 5 IV 2 TVG) sowie mit TV nach § 3 III zu beachten. Diese Kollisionsregel kann darüber hinaus den Vorrang des FirmenTV vor dem VerbandsTV schlüssiger erklären: der FirmenTV ist der autonomienähere, weil der AG selbst ihn vereinbart hat. Wo diese Kollisionsregel eine Tarifkonkurrenz nicht auflösen kann, muss auf den **Grds. der Spezialität** zurückgegriffen werden. Das **Mehrheitsprinzip** wird vielfach herangezogen für Kollisionen von Betriebs- und Betriebsverfassungsnormen (JKOS/*Jacobs* § 7 Rn. 232; offengelassen von BAG 9.12.2009 NZA 2010, 712 Rn. 49) und für allgemeinverbindl. erklärte TV von gemeinsamen Einrichtungen nach § 4 II (*Oetker* NZA Beil. 2010, 13, 27 ff.).

34 **2. Tarifpluralität.** Eine sog. Tarifpluralität (Tarifmehrheit) liegt vor, wenn ein AG an mehrere TV gebunden ist, sei es aufgrund von Verbandsmitgliedschaft oder G (§ 3 III, § 5 IV). Zu einer echten Tarifkonkurrenz im skizzierten Sinn (Rn. 29) wird eine Tarifmehrheit dann, wenn auch der AN an die TV gebunden ist, so dass das ArbVerh. von mind. zwei TV unmittelbar und zwgd. gestaltet wird, ohne dass diese TV von ihren Normgebern aufeinander abgestimmt waren. Außerhalb des Anwendungs-

bereichs des § 4a wird eine bloße Tarifmehrheit, die nicht zu echter Tarifkonkurrenz führt, nicht aufgelöst, weil eine Kollision mehrerer TV in einem ArbVerh. gerade nicht besteht. Dies gilt va. bei Kollisionen von TV, die von ders. Gewerkschaft abgeschlossen wurden, für die ArbVerh. der Nichtorganisierten.

Insoweit kommt der **Ausgestaltung der Bezugnahmeklausel** erhebl. Bedeutung zu (§ 3 Rn. 36 ff.). 35
Eine statische und kleine dynamische Bezugnahmeklausel verweisen auf einen konkret bezeichneten TV und werden daher einer Auslegung entgegen dieser Bezeichnung selten zugängl. sein (§ 3 Rn. 36). Eine große dynamische Verweisung kann grds. als **Gleichstellungsabrede** ausgelegt werden, nach der Rspr. (BAG 14.12.2005 NZA 2006, 607) jdf., wenn sie vor dem 1.1.2002 vereinbart wurde (§ 3 Rn. 36 ff.). Liegt eine Gleichstellungsabrede vor und ist **der AG an mehrere Tarifwerke gebunden, die von ders. Gewerkschaft abgeschlossen wurden**, muss ermittelt werden, welcher TV sich bei Mitgliedschaft des AN in dieser Gewerkschaft durchsetzen würde. Dies bestimmt sich nach den Regeln der Tarifkonkurrenz (Rn. 31 ff.; BAG 14.12.2005 AP TVG § 1 Bezugnahme auf Tarifvertrag Nr. 37). Dabei schließt eine derartige Bezugnahmeklausel auch die Verweisung auf einen FirmenTV ein (BAG 23.3.2005 AP TVG § 4 Tarifkonkurrenz Nr. 29; 14.12.2005 AP TVG § 1 Bezugnahme auf Tarifvertrag Nr. 37).

Kann die **Auslegungsregel der „Gleichstellungsabrede" nicht angewandt werden** – bei „Neuver- 36
trägen" und bei nicht tarifgebundenen AG (§ 3 Rn. 37 f.), gilt folgendes: Maßgebl. ist zunächst der Wortlaut der Bezugnahmeklausel. Falls dieser nicht eindeutig auf einen bestimmten TV verweist, müssen die Grds. der erg. Vertragsauslegung herangezogen werden. Es ist zu fragen, welche Vereinb. die Vertragsparteien getroffen hätten, wenn sie die Regelungslücke im Vertrag gekannt hätten (ähnl. *Sprenger* NZA 2015, 719, 720 f.). Dies hängt von den Zwecken ab, welche mit der Vereinb. von Bezugnahmeklauseln verbunden sind. Steht bei einem tarifungebundenen AG der Zweck der Vereinheitlichung der Arbeitsbedingungen und Verwaltungsvereinfachung im Vordergrund, führt dies zur Anwendung des TV, der alle beim AG bestehenden ArbVerh. regelt, und nicht nur die ArbVerh. einer bestimmten Berufsgruppe (vgl. BAG 18.4.2012 NZA 2012, 1171 Rn. 36). Irrelevant ist ferner die Mitgliedschaft des AN in einer Gewerkschaft, da der (tarifungebundene) AG regelm. keine Kenntnis von der Gewerkschaftszugehörigkeit einzelner AN hat und daran die von ihm verwendeten Bezugnahmeklauseln auch nicht ausrichtet (BAG 18.4.2012 NZA 2012, 1171 Rn. 35; zum Fragerecht des AG LAG HE 7.11.2012 ZTR 2013, 665; BAG 18.11.2014 NZA 2015, 306; *Sprenger* NZA 2015, 719, 721 ff.).

§ 5 Allgemeinverbindlichkeit

(1) [1]Das Bundesministerium für Arbeit und Soziales kann einen Tarifvertrag im Einvernehmen mit einem aus je drei Vertretern der Spitzenorganisationen der Arbeitgeber und der Arbeitnehmer bestehenden Ausschuss (Tarifausschuss) auf gemeinsamen Antrag der Tarifvertragsparteien für allgemeinverbindlich erklären, wenn die Allgemeinverbindlicherklärung im öffentlichen Interesse geboten erscheint. [2]Die Allgemeinverbindlicherklärung erscheint in der Regel im öffentlichen Interesse geboten, wenn

1. **der Tarifvertrag in seinem Geltungsbereich für die Gestaltung der Arbeitsbedingungen überwiegende Bedeutung erlangt hat oder**
2. **die Absicherung der Wirksamkeit der tarifvertraglichen Normsetzung gegen die Folgen wirtschaftlicher Fehlentwicklung eine Allgemeinverbindlicherklärung verlangt.**

(1a) [1]Das Bundesministerium für Arbeit und Soziales kann einen Tarifvertrag über eine gemeinsame Einrichtung zur Sicherung ihrer Funktionsfähigkeit im Einvernehmen mit dem Tarifausschuss auf gemeinsamen Antrag der Tarifvertragsparteien für allgemeinverbindlich erklären, wenn der Tarifvertrag die Einziehung von Beiträgen und die Gewährung von Leistungen durch eine gemeinsame Einrichtung mit folgenden Gegenständen regelt:

1. **den Erholungsurlaub, ein Urlaubsgeld oder ein zusätzliches Urlaubsgeld,**
2. **eine betriebliche Altersversorgung im Sinne des Betriebsrentengesetzes,**
3. **die Vergütung der Auszubildenden oder die Ausbildung in überbetrieblichen Bildungsstätten,**
4. **eine zusätzliche betriebliche oder überbetriebliche Vermögensbildung der Arbeitnehmer,**
5. **Lohnausgleich bei Arbeitszeitausfall, Arbeitszeitverkürzung oder Arbeitszeitverlängerung.**

[2]Der Tarifvertrag kann alle mit dem Beitragseinzug und der Leistungsgewährung in Zusammenhang stehenden Rechte und Pflichten einschließlich der dem Verfahren zugrunde liegenden Ansprüche der Arbeitnehmer und Pflichten der Arbeitgeber regeln. [3]§ 7 Absatz 2 des Arbeitnehmer-Entsendegesetzes findet entsprechende Anwendung.

(2) Vor der Entscheidung über den Antrag ist Arbeitgebern und Arbeitnehmern, die von der Allgemeinverbindlicherklärung betroffen werden würden, den am Ausgang des Verfahrens interessierten Gewerkschaften und Vereinigungen der Arbeitgeber sowie den obersten Arbeitsbehörden der Länder, auf deren Bereich sich der Tarifvertrag erstreckt, Gelegenheit zur schriftlichen Stellungnahme sowie zur Äußerung in einer mündlichen und öffentlichen Verhandlung zu geben.

(3) Erhebt die oberste Arbeitsbehörde eines beteiligten Landes Einspruch gegen die beantragte Allgemeinverbindlicherklärung, so kann das Bundesministerium für Arbeit und Soziales dem Antrag nur mit Zustimmung der Bundesregierung stattgeben.

(4) [1]Mit der Allgemeinverbindlicherklärung erfassen die Rechtsnormen des Tarifvertrages in seinem Geltungsbereich auch die bisher nicht tarifgebundenen Arbeitgeber und Arbeitnehmer. [2]Ein nach Absatz 1a für allgemeinverbindlich erklärter Tarifvertrag ist vom Arbeitgeber auch dann einzuhalten, wenn er nach § 3 an einen anderen Tarifvertrag gebunden ist.

(5) [1]Das Bundesministerium für Arbeit und Soziales kann die Allgemeinverbindlicherklärung eines Tarifvertrages im Einvernehmen mit dem in Absatz 1 genannten Ausschuß aufheben, wenn die Aufhebung im öffentlichen Interesse geboten erscheint. [2]Die Absätze 2 und 3 gelten entsprechend. [3]Im übrigen endet die Allgemeinverbindlichkeit eines Tarifvertrages mit dessen Ablauf.

(6) Das Bundesministerium für Arbeit und Soziales kann der obersten Arbeitsbehörde eines Landes für einzelne Fälle das Recht zur Allgemeinverbindlicherklärung sowie zur Aufhebung der Allgemeinverbindlichkeit übertragen.

(7) [1]Die Allgemeinverbindlicherklärung und die Aufhebung der Allgemeinverbindlichkeit bedürfen der öffentlichen Bekanntmachung. [2]Die Bekanntmachung umfasst auch die von der Allgemeinverbindlicherklärung erfassten Rechtsnormen des Tarifvertrages.

I. Bedeutung der Allgemeinverbindlicherklärung

1 **1. Zweck.** Die AVE eines TV bewirkt, dass dieser TV auch die nicht tarifgebundene ArbVerh. erfasst, wenn und soweit diese unter den Geltungsbereich des TV fallen (§ 5 IV). Mit einer AVE werden im allg. mehrere Normzwecke verfolgt: Zunächst hat die AVE eine **soziale Schutzfunktion** zugunsten der AN; nichttarifgebundenen AN sollen angemessene Arbeitsbedingungen gewährleistet werden (BAG 24.1.1979 AP TVG § 5 Nr. 16; 28.3.1990 AP TVG § 5 Nr. 25). Darüber hinaus kommt einer AVE Ordnungsfunktion insoweit zu, wie auch dem TV im allg. eine Ordnungsfunktion beigelegt wird (§ 1 Rn. 2). Damit verbunden ist ein weiterer Zweck der AVE, der Einsatz in Zusammenhang mit gemeinsamen Einrichtungen der TVParteien. Durch AVE soll die Beitragsbelastung gleichmäßig auf alle AG verteilt werden, was va. bei ArbVerh. erforderl. erscheint, die wie in der Bauwirtschaft starker Fluktuation unterliegen (BVerfG 15.7.1980 AP TVG § 5 Nr. 17). Die AVE sorgt insoweit dafür, dass die Soziallasten bei organisierten und nichtorganisierten AG gleich sind (vgl. BAG 28.3.1990 AP TVG § 5 Nr. 25).

2 Vielfach werden der AVE darüber hinaus **wettbewerbl. Zwecke** zugewiesen. Die AVE soll die organisierten AG vor dem Wettbewerb der nichtorganisierten AG schützen und verhindern, dass diese mit geringeren Arbeitskosten arbeiten lassen können; damit soll die AVE auch die Koalitionen gegen den Austritt von AG schützen (BVerwG 3.11.1988 AP TVG § 5 Nr. 23; Wiedemann/*Wank* Rn. 5; *Zachert* NZA 2003, 132). Dieser Auff. ist zu widersprechen (ebenso BAG 24.1.1979 AP TVG § 5 Nr. 16; *Buchner* ZfA 2004, 229, 235; *Löwisch/Rieble* Rn. 32 ff.). Durch die AVE sollen die AN vor unangemessenen Arbeitsbedingungen geschützt werden; sie verfolgt als arbeitsrechtl. Instrument ausschl. arbeitnehmerschützende Zwecke. Damit korrespondiert, dass die Nichtbeachtung eines für allgemeinverbindl. erklärten TV keinen unlauteren Wettbewerb darstellt, weil die AVE nicht dem Wettbewerbsschutz dient (BGH 3.12.1992 AP UnlWG § 1 Nr. 10; aA *Fechner/Kocher* NZA 2017, 755). Davon unberührt bleibt der Umstand, dass die AVE faktisch die Kartellwirkung des TV (§ 1 Rn. 2) verstärkt, weil die AVE den Außenseiterwettbewerb vollständig unterbindet. Die für den Erlass einer AVE zust. Behörde darf diese Wirkung jedoch als Zweck nicht verfolgen, sondern hat sich ausschl. an den arbeitnehmerschützenden Zwecksetzungen zu orientieren (Rn. 12 ff.). Das Instrument der AVE stellt sich insoweit als für die Tarifautonomie milderes Mittel ggü. anderen Formen der staatl. Festsetzung von Mindestarbeitsbedingungen dar.

3 **2. Verbreitung.** Von rd. 73000 TV waren am 1.4.2017443 TV allgemeinverbindl. (BMAS, Verzeichnis der für allgemeinverbindl. erklärten TV, Stand: 1.4.2017 S. 3). Dies entspricht einer Quote von ca. 0,61%. Der größte Teil davon entfällt auf die Bereiche Baugewerbe, Textil und Bekleidung sowie Friseurhandwerk und betrifft va. Gegenstände der tarifl. Sozialpolitik wie Lohnausgleichs- und Urlaubskassen. Nur ein geringer Teil der für allgemeinverbindl. erklärten TV sind EntgeltTV ieS. Insg. kommt der AVE in der Tarifpraxis in quantitativer Hinsicht keine große Bedeutung zu. Der Gesetzgeber des sog. „TarifautonomiestärkungsG" hat dies im Jahr 2014 zum Anlass genommen, die Anforderungen an die materiell-rechtl. Voraussetzungen einer AVE zu senken (Rn. 11 ff.).

4 **3. Rechtsnatur.** Bei der AVE von TV handelt es sich im Verhältnis zu den ohne eine AVE nicht tarifgebundenen AN und AG um einen **Rechtssetzungsakt sui generis** (BVerfG 24.5.1977 AP TVG § 5 Nr. 15; 15.7.1980 AP TVG § 5 Nr. 17). Dasselbe gilt nach heute ganz hM ggü. den TVParteien (BVerwG 3.11.1988 AP TVG § 5 Nr. 23; 28.3.1990 AP TVG § 5 Nr. 25; *Löwisch/Rieble* Rn. 159 f.). Die früher vertretene Einordnung als VA oder die Annahme einer rechtl. Doppelnatur sind heute überholt (HWK/*Henssler* Rn. 5). Wegen dieser Einordnung als Rechtssetzungsakt sui generis führen

alle formellen und materiellen Mängel zur Nichtigkeit der AVE. Dies gilt für einen fehlenden Antrag wie für fehlendes Einverständnis des Tarifausschusses, Abwägungsfehler usw. (*Löwisch/Rieble* Rn. 336 ff.).

II. Wirkung der Allgemeinverbindlicherklärung (Abs. 4)

Nach § 5 IV erfassen die Rechtsnormen des TV in seinem Geltungsbereich auch die bisher nicht tarifgebundenen AG und AN. Der für allgemeinverbindl. erklärte TV wird mithin nach Maßgabe seines Geltungsbereichs auf die **nicht tarifgebundenen AG und AN erstreckt.** Dazu gehören auch anderweitig tarifgebundene AN und AG (ganz hM; BVerwG 28.1.2010 NZA 2010, 718 Rn. 31; Wiedemann/*Wank* Rn. 146; **aA** *Greiner* FS v. Hoyningen-Huene 2014 S. 103, 115; *Sittard* Voraussetzungen und Wirkungen der Tarifnormerstreckung nach § 5 TVG und dem AEntG, 2010, S. 247 ff.). Entsteht hierdurch Tarifkonkurrenz, kommen die allg. Regeln zu ihrer Auflösung zur Anwendung (§ 4 Rn. 65, 67 ff.; hM vgl. nur *Giesen* ZfA 2008, 355, 361). Für allgemeinverbindl. erklärte TV einer gemeinsamen Einrichtung nach § 5 I a ist allerdings die Sonderregelung des § 5 IV 2 zu beachten: Danach bleibt ein AG an die entspr. TV auch dann gebunden, wenn für ihn ein anderer TV gilt; eine Tarifkonkurrenz wird also nicht aufgelöst. Diese Vorschr. ist § 8 II AEntG nachgebildet. Der für allgemeinverbindl. erklärte TV wirkt auf die ArbVerh. von Nichttarifgebundenen so ein wie auf die ArbVerh. von Tarifgebundenen, also unmittelbar und zwgd. Das BVerfG hat diese Wirkung der AVE für verfassungsgemäß erachtet (BVerfG 24.5.1977 AP TVG § 5 Nr. 15; 15.7.1980 AP TVG § 5 Nr. 17). Die AVE kann allerdings weder die Tarifnormen ändern noch ihren Inhalt erweitern, insb. nicht deren Geltungsbereich. Sie kann wegen der antragsabhängigen Ausgestaltung des Verf. (Rn. 20 ff.) auch nicht über den gestellten Antrag hinausgehen (BAG 12.5.2010 NZA 2010, 953 Rn. 18). 5

Die AVE bezieht sich auf alle Arten von **Rechtsnormen** in TV, also Individualnormen, wie Abschluss-, Inhalts- und Beendigungsnormen, Normen über gemeinsame Einrichtungen, betriebl. und betriebsverfassungsrechtl. Normen, sowie prozessuale Normen (BAG 19.3.1975 AP TVG § 5 Nr. 14 zur örtl. Zust. der ArbG). Bezugsobjekt einer AVE können Verbands- wie HausTV sein. Bei HausTV wird jedoch vielfach das nach § 5 I 1 erforderl. öffentl. Interesse fehlen. Theoretisch können auch TV nach ausl. TVOrdnungen für allgemeinverbindl. erklärt werden (**aA** *Löwisch/Rieble* Rn. 69). Allerdings wird es auch insoweit regelm. an den materiell-rechtl. Voraussetzungen fehlen (Rn. 11 ff.). Für eine AVE nicht zugängl. ist der schuldrechtl. Teil eines TV. Dies folgt daraus, dass die TVParteien nicht Normadressaten des TV sind. 6

III. Materiell-rechtliche Voraussetzungen der Allgemeinverbindlicherklärung (Abs. 1)

1. Wirksamer Tarifvertrag. Die AVE setzt einen wirksamen TV voraus. Ein unwirksamer TV ist unbeachtl.; seine Rechtsnormen können weder auf Außenseiter erstreckt werden noch Organisierte berechtigen und verpflichten. Dies gilt für alle Arten von Unwirksamkeitsgründen (fehlende Schriftform, fehlende Tariffähigkeit bzw. Tarifzuständigkeit). Wird der TV gleichwohl für allgemeinverbindl. erklärt, bleibt es bei der Unwirksamkeit. Eine Heilung durch AVE kann nicht eintreten. Nach hM kann auch ein TV, der nur noch nach § 4 V nachwirkt, für allgemeinverbindl. erklärt werden (*Gamillscheg* KollArbR I S. 889; KeZa/*Seifert* Rn. 42; Wiedemann/*Wank* Rn. 54; **aA** *Löwisch/Rieble* Rn. 93). 7

Die AVE kann den gesamten TV erfassen, aber auch ledigl. **einzelne Teile** (Däubler/*Lakies* Rn. 196 f.; KeZa/*Seifert* Rn. 44; *Löwisch/Rieble* Rn. 117; **aA** OVG Münster 23.9.1983 BB 1984, 723; HWK/*Henssler* Rn. 8; Wiedemann/*Wank* Rn. 57 ff.). Die Gegenmeinung verkennt, dass die TVParteien einen TV ohne weiteres aufteilen können und das BMAS die AVE vollständig ablehnen kann. Dann aber muss das BMAS auch die Möglichkeit haben, nur Teile eines TV für allgemeinverbindl. zu erklären, va. wenn gegen einzelne Teile des TV rechtl. Bedenken bestehen oder nur für Teile des TV die Voraussetzungen für eine AVE vorliegen. Dies entspricht iÜ auch der Tarifpraxis (vgl. BMAS, Verzeichnis der für allgemeinverbindl. erklärten TV, Stand: 1.1.2016 S. 3, einsehbar unter www. bmas. de/Themen/Arbeitsrecht/Tarifvertraege). 8

Die AVE bezieht sich auf den **räuml., pers. und fachl. Geltungsbereich des TV**. Die AVE kann dessen Geltungsbereich nicht erweitern, muss ihn aber auch nicht ausschöpfen. Sie kann nur einen bestimmten fachl. oder räuml. Teil des TV erfassen (BAG 14.10.1987 AP TVG § 1 Nr. 88; 18.10.2006 AP TVG § 1 Tarifverträge: Bau Nr. 287; Wiedemann/*Wank* Rn. 60 ff.). Dies kommt va. vor, wenn ein TV nur für ein bestimmtes Gebiet für allgemeinverbindl. erklärt wird oder bei sog. Einschränkungsklauseln, nach denen eine AVE zur Vermeidung von anderenfalls entstehenden Tarifkonkurrenzen begrenzt wird, wie häufig im Baugewerbe (BAG 23.2.2005 AP TVG § 1 Tarifverträge: Bau Nr. 270; zur Einschränkung bei „Spezialität" BAG 16.6.2010 NJOZ 2011, 167). Denkbar ist weiter, dass der pers. Geltungsbereich eines TV nicht ausgeschöpft wird, indem das BMAS bestimmte Unternehmen ausnimmt, weil dies wirtschaftl. unvertretbar wäre und zum Verlust von Arbeitsplätzen führen könnte. 9

Die AVE kann den **zeitl. Geltungsbereich** des TV nicht erweitern, muss ihn aber ebenso wenig ausschöpfen. In keinem Fall kann die Normenerstreckung durch AVE früher einsetzen als die Normenwirkung des TV. Tritt der TV zulässigerweise rückwirkend in Kraft (§ 4 Rn. 19), kann dies die 10

AVE ebenso (BAG 21.8.2007 NZA 2008, 182; s. a. § 5 Rn. 16). Die AVE endet mit dem Ablauf des TV oder bei Abschluss eines NachfolgeTV bzw. seiner Änd. (BAG 17.1.2006 AP TVG § 1 Bezugnahme auf Tarifvertrag Nr. 40). Allerdings wirkt auch ein für allgemeinverbindl. erklärter TV nach seinem Ablauf in den ArbVerh. der Nichtorganisierten gem. § 4 V nach (BAG 18.6.1980 AP TVG § 4 Ausschlussfristen Nr. 68). Dies ergibt sich aus der Überlegung, dass die Außenseiter in demselben Umf. wie die Tarifgebundenen von den Normwirkungen des TV erfasst werden sollen (BAG 24.10.2002 AP BBiG § 4 Nr. 2). Darüber hinaus nimmt die hM an, dass ein für allgemeinverbindl. erklärter TV für die Nichtorganisierten auch dann nachwirkt, wenn die AVE aufgeh. wurde oder zeitgleich mit dem TV endet (§ 4 Rn. 54). Kommt es zu einem NachfolgeTV, der nicht mehr für allgemeinverbindl. erklärt wird, könnte hierdurch eine „Endlosbindung" der Nichtorganisierten an den nachwirkenden TV entstehen, da ein NachfolgeTV ohne AVE die Nachwirkung nicht beenden würde (§ 4 Rn. 61). Daher muss das BMAS genauso wie die TVParteien (§ 4 Rn. 58 f.) die Möglichkeit haben, die Nachwirkung des TV in der AVE auszuschließen (ebenso iE *Löwisch/Rieble* Rn. 128).

11 **2. Öffentliches Interesse (Abs. 1 S. 1).** Bis **zum Inkrafttreten des TarifautonomiestärkungsG im Jahr 2014** war für den Erlass einer AVE in materiell-rechtl. Hinsicht erforderl., dass die tarifgebundenen AG **mind. 50%** der AN beschäftigen, die unter den räuml., fachl. und pers. Geltungsbereich des für die AVE vorgesehenen TV fallen. Der Zweck dieser 50%-Klausel bestand darin sicherzustellen, dass nur solche TV für allgemeinverbindl. erklärt werden können, welche über eine gewisse **Repräsentativität** in ihrem selbst gewählten Verbreitungsgebiet verfügen (*Gamillscheg* KollArbR I S. 892; KeZa/*Seifert* Rn. 46; **aA** *Löwisch/Rieble* Rn. 178: Schutz der Vertragsfreiheit der AußenseiterAG). Außerdem musste die AVE im **öffentl. Interesse geboten erscheinen.** Diese materiell-rechtl. Anforderungen hat das TarifautonomiestärkungsG 2014 erhebl. erleichtert, weil das Erfordernis eines 50%-Quorum aufgegeben wurde. Ferner wird das nach wie vor erforderl. öffentl. Interesse durch zwei Regelbsp. konkretisiert (dazu Rn. 14 ff.).

12 Ein **öffentl. Interesse** ist dann gegeben, wenn die AVE drohende wesentl. Nachteile für eine erhebl. Anzahl von AN abwenden kann. Es muss mithin eine Interessenabwägung zwischen den Vor- und Nachteilen der AVE vor dem Hintergrund ihrer Schutzzwecke stattfinden. Die Rspr. hat das öffentl. Interesse bejaht, um der Gefährdung des Arbeitsfriedens durch Aushöhlung der TV zu begegnen (BVerfG 24.5.1977 AP TVG § 5 Nr. 15), um die Funktionsfähigkeit von tarifl. Einrichtungen bei stark flukturierenden ArbVerh. zu gewährleisten (BAG 24.1.1979 AP TVG § 5 Nr. 16; 28.3.1990 AP TVG § 5 Nr. 25; BVerfG 10.9.1991 AP TVG § 5 Nr. 27), wenn die AVE anderweitig zum Ausdruck gekommene Zielvorstellungen des Gesetzgebers verwirklichen soll (bspw. Absicherung der AV: BAG 28.3.1990 AP TVG § 5 Nr. 25; Sicherung von Mindestlöhnen durch das AEntG: *Zachert* NZA 2003, 132, 136).

13 Dem BMAS steht ein gerichtl. nur **eingeschränkt nachprüfbarer Beurteilungsspielraum** hins. des unbestimmten Rechtsbegriffs des öffentl. Interesses zu (BVerfG 24.5.1977 AP TVG § 5 Nr. 15; 10.9.1991 AP TVG § 5 Nr. 27; BVerwG 3.11.1988 AP TVG § 5 Nr. 23; BAG 28.3.1990 AP TVG § 5 Nr. 25). Die Behörde hat sich bei der Ausfüllung dieses Beurteilungsspielraums an den Zwecken der AVE zu orientieren (Rn. 1 f.). Andere Zwecke sind im Allg. nicht zu berücksichtigen; dies gilt insb. für allg. wirtschaftspolitische Interessen. Unzulässig wäre es daher, wenn die AVE eines TV ausschl. dem Zweck diente, Unterbietungswettbewerb durch AußenseiterAG zu unterbinden, da die AVE ein Instrument des ANSchutzes darstellt und daher keine wettbewerbl. Zwecke verfolgen darf (Rn. 2). Berücksichtigt werden können die Interessen von Langzeitarbeitslosen. Ihre Arbeitsmarktchancen werden im Allg. jdf. bei EntgeltTV und fehlender Tarifbindung durch eine AVE verringert, da tarifungebundene Arbeitslose dann ihren Lohnkostenvorteil nicht mehr ausnutzen können. Darüber hinaus können auch die Interessen der Spitzenorganisationen einbezogen werden, da sie für die Tarifpolitik zust. sind und es in ihrem Interesse liegt, dass bestimmte TV keine Abwertung erfahren.

14 **3. Regelbeispiele des öffentlichen Interesses(Abs. 1 S. 2).** Nach § 5 I 2 erscheint die AVE idR im öffentl. Interesse geboten, wenn zwei alternativ zur Anwendung kommende Sachverhalte (Nr. 1 und Nr. 2) vorliegen. Nach Nr. 1 ist das öffentl. Interesse idR zu bejahen, wenn der **TV in seinem Geltungsbereich für die Gestaltung der Arbeitsbedingungen überw. Bedeutung erlangt** hat. Hier kehrt das frühere 50%-Quorum in veränderter Form zurück. Für die Konkretisierung des unbestimmten Rechtsbegriffs der „überwiegenden Bedeutung" können nach der Gesetzesbegr. nun sämtl. ArbVerh. herangezogen werden, die „tarifgemäß ausgestaltet" sind – etwa durch inhaltsgleiche AnschlussTV, vertragl. Inbezugnahmen oder anderweitige Orientierung des ArbVerh. an den tarifl. Regelungen. Hierfür reicht es allerdings nicht aus, wenn die ArbVerh. sich nur an einen Teil der tarifl. Regelungen – etwa der Entgeltgestaltung oder -höhe – anlehnen. Erforderl. ist vielmehr, dass der für allgemeinverbindl. zu erklärende TV in seinem gesamten oder doch wesentl. Regelungsbereich als Orientierung für die Gestaltung der Arbeitsbedingungen dient. Dabei kommt einem TV „überwiegende" Bedeutung zu, wenn die Anzahl der ArbVerh., die sich an seinen Regelungen orientieren, größer ist als die Anzahl der ArbVerh., welche dies nicht tun. Die für den Erlass der AVE zust. Behörde muss den Umstand, ob der TV überw. Bedeutung für die Gestaltung der Arbeitsbedingungen erlangt hat, nach pflichtgemäßem Ermessen ermitteln. Hierbei müssen alle Erkenntnisquellen ausgeschöpft werden,

etwa Auskünfte der IHK, Handwerkskammern, BA; notfalls ist die Anzahl der betroffenen AN zu schätzen (so zur früheren Rechtslage BAG 28.3.1990 AP TVG § 5 Nr. 25; 22.10.2003 AP TVG § 1 Tarifverträge: Gebäudereinigung Nr. 16; tendenziell strenger VG D 16.11.2010 ZTR 2011, 87; dazu *Sittard* ZTR 2011, 131). Enthält die AVE ggü. dem TV Einschränkungen (Rn. 9), kommt es für die Ermittlung des Bezugspunkts der „überwiegenden Bedeutung" nicht auf den engeren Geltungsbereich der AVE, sondern den weiteren des TV an (BAG 21.9.2016 BeckRS 2016, 74224; 25.1.2017 BeckRS 2017, 108319 zur früheren Rechtslage).

Nach Nr. 2 kann ein TV für allgemeinverbindl. erklärt werden, wenn die **Absicherung der Wirksamkeit der tarifl. Normsetzung gegen die Folgen wirtschaftl. Fehlentwicklungen eine AVE verlangt**. Diese Vorschr. enthält eine Ansammlung unbestimmter Rechtsbegriffe und unklarer Formulierungen (krit. auch *Henssler* RdA 2015, 43, 51). Mit dem Begriff „Wirksamkeit der tarifl. Normsetzung" ist nicht die rechtl. Wirksamkeit, sondern die faktische Wirkung der TV gemeint. Nach der Gesetzesbegr. soll Nr. 2 einschlägig sein in Fallkonstellationen, in denen der TV in seinem Geltungsbereich zwar keine überw. Bedeutung iSv. Nr. 1 erlangt hat, aber gleichwohl ein bes. Bedürfnis besteht, eine tarifl. Ordnung zu stützen, um angemessene Arbeitsbedingungen zu gewährleisten. Hierzu müssen wirtschaftl. Fehlentwicklungen existieren, aufgrund derer die tarifl. Ordnung ausgehöhlt wird und dadurch der Arbeitsfrieden gefährdet ist. Allerdings muss der TV auch in diesen Fällen eine gewisse Breitenwirkung erreichen. Wird der TV von Koalitionen geschlossen, die in seinem konkreten Geltungsbereich keine bes. Bedeutung erlangt haben, kommt eine AVE mangels schützenswerter tarifl. Ordnung nicht in Betracht. Vor dem Hintergrund der völlig unbestimmten Rechtsbegriffe der Nr. 2 wird man von einem Regel-Ausnahmeverhältnis von Nr. 1 und Nr. 2 ausgehen können: Eine AVE sollte primär auf Nr. 1 und die überw. Bedeutung des TV für Gestaltung der Arbeitsbedingungen in seinem Geltungsbereich gestützt werden; erg. kommt die Anwendung von Nr. 2 in Betracht. 14a

4. Tarifvertrag über eine gemeinsame Einrichtung (Abs. 1a). Das TarifautonomiestärkungsG 2014 enthält eine Sonderregelung für TV über gemeinsame Einrichtungen (§ 4 Rn. 22 ff.). Das BMAS kann unter den übl. formellen Voraussetzungen (Rn. 20 ff.) einen TV einer solchen Einrichtung für allgemeinverbindl. erklären, wenn der **TV die Einziehung von Beiträgen und Gewährung von Leistungen durch die Einrichtung** mit im einzelnen aufgeführten Gegenständen regelt. Hierzu gehören Regelungen über Erholungsurlaub, betriebl. AV nach BetrAVG, Vergütung der Auszubildenden oder Ausbildung in überbetriebl. Bildungsstätten, Vermögensbildung der AN oder Lohnausgleich bei Arbeitsausfall oder -verlängerung. Damit sind wichtige, aber nicht alle mögl. Regelungsgegenstände gemeinsamer Einrichtungen erfasst. Gemeinsame Einrichtungen mit anderen Regelungsgegenständen können nur nach Maßgabe von Abs. 1 für allgemeinverbindl. erklärt werden. Der für allgemeinverbindl. zu erklärende TV kann ferner alle Regelungen zum Beitragseinzug und zur Leistungsgewährung einschl. Verfahrensregelungen wie Melde-, Nachweis- und Informationspflichten sowie Prüf- und Auskunftsrechte der gemeinsamen Einrichtung enthalten. Wegen der Sonderregelung des § 5 IV 2 muss ein AG einen aufgrund von Abs. 1a für allgemeinverbindl. erklärten TV auch dann beachten, wenn er an einen anderen TV gebunden ist. Liegen mehrere Anträge auf AVE von TV mit sich überschneidenden Geltungsbereichen vor, gilt nach Abs. 1a S. 3 § 7 II AEntG; die Behörde hat den „repräsentativen" TV auszuwählen. 14b

Einzige materiell-rechtl. Voraussetzung für den Erlass einer AVE nach Abs. 1a ist die **Sicherung der Funktionsfähigkeit der gemeinsamen Einrichtung**, was nach der bisherigen Rspr. bereits ein öffentl. Interesse an einer AVE begr. (BVerfG 10.9.1991 AP TVG § 5 Nr. 27; BAG 24.1.1979 AP TVG § 5 Nr. 16; 28.3.1990 AP TVG § 5 Nr. 25). Wegen der Aufhebung des 50%-Quorums spielt nun allerdings die Bedeutung der gemeinsamen Einrichtung für die Gestaltung der Arbeitsbedingungen im Geltungsbereich des TV jdf. bei den materiell-rechtl. Voraussetzungen für die AVE keine Rolle mehr. Dies erscheint nicht unprobl., weil damit auch TV über gemeinsame Einrichtungen für allgemeinverbindl. erklärt werden könnten, die an sich nur eine Minderheit der ArbVerh. im Tarifgebiet erfassen. Dies wäre vor dem Hintergrund bedenkl., dass ein für allgemeinverbindl. erklärter TV über eine gemeinsame Einrichtung eine Selbstverwaltungskörperschaft mit erhebl. Pflichten für die AußenseiterAG etabliert und den Nichtmitgliedern der tarifschließenden Verbände keinerlei Mitwirkungs- und Kontrollrechte innerhalb der Einrichtung zustehen (dazu *Kolbe/Rieble* ZfA 2015, 125 ff.). Daher wird die zust. Behörde iRd. Ausübung ihres Ermessens beim Erlass einer AVE genau prüfen müssen, ob der für allgemeinverbindl. zu erklärende TV überhaupt Bedeutung in seinem Geltungsbereich erlangt hat. Ferner wird es darauf ankommen, ob die gemeinsame Einrichtung bereits etabliert ist oder sie neu errichtet werden soll. 14c

5. Verfassungsrechtliche Grenzen. Der AVE sind aus Gründen des **Rechtsstaatsprinzips** Grenzen gesetzt. Eine AVE ist wegen der Rechtsnormerstreckung auf Außenseiter nur aufgrund des staatl. Mitwirkungsakts zulässig, weil dieser die Rechtssetzung auch den Außenseitern ggü. legitimiert (BVerfG 24.5.1977 AP TVG § 5 Nr. 15; 15.7.1980 AP TVG § 5 Nr. 17). Aus diesem Grund scheidet eine AVE eines TV, der auf andere TV dynamisch verweist, aus. In solchen Fällen würden die Außenseiter wegen der dynamischen Verweisung einer für sie fremden Rechtssetzungsmacht unterworfen, ohne dass an den Änd. der in Bezug genommenen TV ein staatl. Organ mitgewirkt hätte. 15

Daher kommt eine AVE in solchen Fällen nur in Betracht, wenn auch die in Bezug genommenen TV für allgemeinverbindl. erklärt werden (*Löwisch/Rieble* Rn. 136). Unbedenkl. ist demggü. die AVE eines TV, der ledigl. statisch auf andere TV verweist, da spätere Änd. durch die TVParteien für die Außenseiter dann nicht verbindl. sind.

16 Aus rechtsstaatl. Gründen ist auch eine Rückwirkung der AVE nur beschränkt zulässig (§ 4 Rn. 19). Eine **echte Rückwirkung** ist grds. unzulässig; daher kann eine AVE grds. erst mit ihrer Bekanntgabe Wirkung entfalten. Zulässig ist eine Rückwirkung aber dann, wenn die Normunterworfenen mit der Rückwirkung rechnen mussten, etwa wenn in der Veröff. des Antrages auf AVE auf die mögl. Rückwirkung hingewiesen wird (BAG 3.11.1982 AP TVG § 5 Nr. 18; 20.3.2013 BB 2013, 1203). Dasselbe gilt, wenn der TV bereits für allgemeinverbindl. erklärt worden war, im Hinblick auf den Nachfolge- oder ÄnderungsTV (BAG 25.9.1996 AP TVG § 5 Nr. 30; 20.3.2013 BB 2013, 1203). Wird ein TV rückwirkend geänd., müssen die Normunterworfenen mit einer rückwirkenden AVE rechnen, wenn der AusgangsTV für allgemeinverbindl. erklärt worden war.

17 Außerdem muss die AVE dem **Verhältnismäßigkeitsgrds.** entsprechen. Das BMAS darf nicht stets eine AVE erlassen, wenn das öffentl. Interesse nach § 5 I 1, 1a bejaht wurde. Vielmehr muss das BMAS eine Abwägung vornehmen, in welche die Vorteile der AVE zugunsten des sozialen ANSchutzes und die Nachteile, insb. der durch die AVE stets bewirkte Eingriff in die Vertragsfreiheit der nicht aufgrund Verbandszugehörigkeit tarifgebundenen AN und AG, eingestellt werden (BVerfG 24.5.1977 AP TVG § 5 Nr. 15). IRd. AVE von TV über gemeinsame Einrichtungen muss das BMAS daher die Kostenbelastung für die nicht tarifgebundenen AG mit dem Gewinn an sozialem Schutz für die AN abwägen. Aus dem **Demokratieprinzip** leitet das BAG (21.9.2016 BeckRS 2016, 74224; 25.1.2017 NZA 2017, 731) ab, dass der zust. Minister oder Staatssekretär mit dem Erlass der AVE befasst sein muss.

18 Die AVE darf darüber hinaus nicht gegen **Grundrechte** verstoßen. Der Erlass einer AVE stellt hoheitl. Tätigkeit dar; daher ist das BMAS hierbei nach Art. 1 III GG uneingeschränkt an die Grundrechte gebunden, unabhängig von der str. Frage, inwieweit die TVParteien an Grundrechte gebunden sind (§ 1 Rn. 11 ff.; GG Einl. Rn. 20 ff.). Umgekehrt verstößt eine AVE eines grundrechtswidrigen TV bereits deshalb gegen das GG. Bspw. verletzt nach Auff. eines Teils der Lit. die AVE von TV über Schiedsgerichte (§ 101 II ArbGG) den ges. Richter, weil die nicht organisierten Arbeitsvertragsparteien hierdurch einer privaten Rechtssetzungsgewalt ausgeliefert würden, ohne dass sich der Staat hinreichenden Einfluss vorbehalten habe (HWK/*Henssler* Rn. 10; *Löwisch/Rieble* Rn. 100; **aA** Däubler/*Lakies* Rn. 77). Die Problematik erscheint praktisch nicht sehr relevant, da das BMAS die jeweiligen prozessualen Normen über Schiedsgerichte mit Recht aus der AVE ausnimmt (vgl. Däubler/*Lakies* Rn. 78). Ein öffentl. Interesse an dem Ausschluss der staatl. Gerichtsbarkeit ist nicht erkennbar, weshalb es an einer materiell-rechtl. Voraussetzung für eine AVE in solchen Fällen fehlt.

19 **Einzelfälle:** Das BAG hat die AVE des TV über die AV für Redakteure an Zeitschriften für vereinbar mit Art. 2 I GG unter dem Aspekt des Kontrahierungszwangs des AG mit Versicherungsunternehmen sowie mit Art. 3 I GG erachtet (BAG 28.3.1990 AP TVG § 5 Nr. 25). Die AVE über Sozialkassenverf. im Gerüstbaugewerbe und im Baugewerbe verstoßen nach Auff. der Rspr. trotz der Zahlungspflichten der AußenseiterAG ggü. den Sozialkassen nicht gegen deren Berufsfreiheit nach Art. 12 GG (BVerfG 10.9.1991 AP TVG § 5 Nr. 27; BAG 22.9.1993 AP TVG § 1 Tarifverträge: Gerüstbau Nr. 2). Das BAG hat ebenso wenig die AVE eines TV über eine gemeinsame Einrichtung beanstandet, durch die eine sog. Prüf- und Beratungsstelle errichtet wurde, die im Wesentlichen als Inkassobüro für ANForderungen gegen AG fungiert, welche sich nicht an die für allgemeinverbindl. erklärten MTV und EntgeltTV des Gebäudereiniger-Handwerks halten (BAG 22.10.2003 AP TVG § 1 Tarifverträge: Gebäudereinigung Nr. 16). Das BAG hat offen gelassen, ob sog. Verbandsklauseln in TV für allgemeinverbindl. erklärt werden können (BAG 21.2.2001 AP TVG § 1 Tarifverträge: Einzelhandel Nr. 76). Derartige Tarifklauseln sehen Regelungen zugunsten von AN vor, die ehrenamtl. für die Gewerkschaft tätig sind, wie etwa Arbeitsfreistellung unter Aufrechterhaltung der Vergütung (§ 1 Rn. 66).

19a Die **AVE der SozialkassenTV für das Baugewerbe** für die Jahre 2008, 2010, 2012 und 2014 hat das BAG (21.9.2016 BeckRS 2016, 74224; 25.1.2017 NZA 2017, 731) für unwirksam erachtet, weil das nach damaligem Rechtszustand erforderl. 50%-Quorum nicht erreicht und der zust. Minister bzw. Staatssekretär nicht in jedem Fall mit der AVE befasst war. Um den Fortbestand der Sozialkasse für das Baugewerbe zu gewährleisten, haben BT und BR das SOKA-SiG beschlossen (näher *Engels* NZA 2017, 680; *Biedermann* BB 2017, 1333; *Klein* AuR 2017, 48; *Thüsing* NZA-Beil. 2017, 3; *Walser* NZA 2016, 1510).

IV. Verfahren der Allgemeinverbindlicherklärung (Abs. 2, 3, 7)

20 **1. Antrag.** Der Verfahrensablauf ergibt sich aus § 5 II sowie aus der DVO zum TVG (BGBl. I 1989 S. 76). Das Verf. zum Erlass einer AVE wird **nur aufgrund eines gemeinsamen Antrags beider TVParteien** eingeleitet. Der Antrag muss nicht gemeinsam gestellt werden, er muss aber inhaltl. identisch sein. Das BMAS wird also nicht vAw. tätig. Bei mehrgliedrigen TV müssen alle TVParteien den Antrag stellen. Antragsbefugt sind nur die TVParteien, nicht aber die nichttarifgebundenen AG oder AN. Ein Spitzenverband ist nur antragsbefugt, wenn er den TV in eigenem Namen abgeschlossen

hat. Hat er in Vertretung der angeschlossenen Verbände gehandelt, sind diese antragsbefugt. Der Antrag muss hinreichend bestimmt sein. Der für allgemeinverbindl. zu erklärende TV oder dessen Teile müssen genau bezeichnet sein. Adressat des Antrags ist stets das BMAS, auch wenn die AVE nach § 5 VI iVm. § 12 DVO TVG auf eine zust. oberste Arbeitsbehörde eines Landes delegiert wird. In TV werden bisweilen Pflichten der Verbände vereinbart, einen Antrag auf AVE zu stellen oder dies zu unterlassen. Einer derartigen Pflicht kommt keine Wirkung ggü. Dritten zu; ein gleichwohl gestellter Antrag bleibt wirksam.

2. Bekanntmachung. Das BMAS muss den Antrag auf AVE eines TV nach § 4 I DVO TVG im **BAnz. bekannt machen**. Dabei weist das BMAS darauf hin, dass die AVE mit Rückwirkung ergehen kann. Außerdem bestimmt das BMAS eine mind. dreiwöchige Frist, innerhalb derer zu dem Antrag **schriftl. Stellung** genommen werden kann. Der Inhalt der Bek. wird den TVParteien und den obersten Arbeitsbehörden der Länder mitgeteilt, auf deren Bereich sich der TV erstreckt. Die von der AVE betroffenen AG und AN sowie die am Ausgang des Verf. interessierten Gewerkschaften und Vereinigungen der AG (§ 5 II) können zum Zweck der schriftl. Stellungn. von einer der TVParteien eine Abschrift des TV gegen Erstattung der Selbstkosten verlangen (§ 5 DVO TVG). Am Ausgang interessierte Gewerkschaften und Verbände können konkurrierende Vereinigungen sein oder sonstige Organisationen mit sozialpolitischer Zwecksetzung. Die Bek. ist nach § 4 II DVO TVG entbehrl., wenn die Voraussetzungen für eine AVE offensichtl. nicht vorliegen. In einem solchen Fall kann das BMAS den Antrag sofort abweisen. 21

3. Verhandlung des Tarifausschusses. Nach Ablauf der in der Bek. bezeichneten Frist beruft das BMAS den Tarifausschuss zu einer Verh. über den Antrag auf AVE ein (§ 6 I DVO TVG). Eine AVE kann nach § 5 I nur im **Einvernehmen mit dem Tarifausschuss** erlassen werden; Voraussetzung ist also die Zust. des Tarifausschusses. Die Zusammensetzung und das Verf. des Tarifausschusses sind in §§ 1 ff. DVO TVG geregelt. Der Tarifausschuss besteht aus je drei Vertreter der Spitzenorganisationen der AG und AN (§ 12 Rn. 2 ff.). Die Beratungen leitet ein Vertreter des BMAS, der aber kein Stimmrecht besitzt. Die eingegangenen Stellungnahmen (Rn. 21) müssen den Mitgliedern des Tarifausschusses zur Kenntnis gebracht werden. Außerdem haben die in § 5 II genannten Personen und Institutionen das Recht, in der Verh. des Tarifausschusses gehört zu werden (§ 6 III DVO TVG). An die öffentl. Verh. schließt sich die geheime Beratung des Tarifausschusses an. Der Tarifausschuss beschließt mit der Mehrheit seiner Mitglieder. Für das Einvernehmen für den Erlass einer AVE sind somit mind. 4 Stimmen erforderl. (näher zum Tarifausschuss *Seifert* FS Kempen 2013 S. 196). 22

4. Entscheidung des BMAS. Das BMAS ist nach außen für die Entsch. über den Erlass einer AVE **allein verantwortl.** Das BMAS verfügt über mehrere Entscheidungsmöglichkeiten: Gegen die AVE kann sich das BMAS stets unabhängig vom Votum des Tarifausschusses entscheiden. Ledigl. für den Erlass einer AVE benötigt das BMAS die Zust. des Tarifausschusses. Erhebt die oberste Arbeitsbehörde eines beteiligten Landes Einspruch gegen die beantragte AVE, so kann das BMAS den TV nur mit Zust. der BReg. für allgemeinverbindl. erklären (§ 5 III). Haben Tarifausschuss bzw. BReg. zugestimmt, kann das BMAS die AVE noch einschränken. Die Behörde bedarf hierzu jedoch des Benehmens mit dem Ausschuss (vgl. § 7 DVO TVG). Gegen das Votum des Tarifausschusses kann eine AVE nicht ergehen; sie muss abgelehnt werden. Davon unabhängig steht dem BMAS bei der Entsch. über die AVE ein Beurteilungsspielraum zur Ausfüllung der unbestimmten Rechtsbegriffe des Abs. 1, insb. das öffentl. Interesse sowie auf der Rechtsfolgenseite ein Ermessen zu (vgl. BVerfG 24.5.1977 AP TVG § 5 Nr. 15; BVerwG 3.11.1988 AP TVG § 5 Nr. 23; BAG 28.3.1990 AP TVG § 5 Nr. 25; einschränkend *Gamillscheg* KollArbR I S. 895). Der zust. Minister oder Staatssekretär muss mit dem Erlass der AVE befasst worden sein (Rn. 17). 23

Erlässt das BMAS die AVE, muss dies ebenso wie die Aufhebung einer AVE im **BAnz. bekanntgemacht** werden (§ 5 VII TVG iVm. § 11 S. 1 DVO TVG). Dabei sind die von der AVE erfassten Rechtsnormen des TV wiederzugeben, damit die von der AVE betroffenen AG und AN den Inhalt der Rechtsnormen des erstreckten TV zur Kenntnis nehmen können (Abs. 7 S. 2). Die Bek. ist Wirksamkeitsvoraussetzung. Die AVE wird darüber hinaus in das Tarifregister eingetragen. Die Normunterworfenen haben einen Anspruch auf Erteilung einer Abschrift des TV gegen Erstattung der Selbstkosten (§ 9 DVO TVG). Die Bek. genügt den verfassungsrechtl. Vorgaben (BVerfG 10.9.1991 AP TVG § 5 Nr. 27; BAG 28.3.1990 AP TVG § 5 Nr. 25). 24

V. Ende der Allgemeinverbindlicherklärung (Abs. 5)

Das BMAS kann die AVE eines TV im Einvernehmen mit dem Tarifausschuss **aufheben,** wenn die Aufhebung im öffentl. Interesse geboten erscheint (§ 5 V). Dem BMAS steht auch insoweit ein Ermessen sowie ein Beurteilungsspielraum hins. des unbestimmten Rechtsbegriffs des öffentl. Interesses zu. Die AVE kann insg. oder auch nur für Teile des TV aufgeh. werden. Für die materiell-rechtl. Voraussetzungen und das Verf. gelten die Vorschr. für den Erlass entspr. (§ 5 V 2). 25

26 Außerdem können die TVParteien die **Beendigung** der AVE herbeiführen, indem sie den TV beenden, sei es durch Kündigung, Aufhebungsvertrag oder Zeitablauf bei Befristung. Mit der Beendigung oder Änd. des TV endet auch die Allgemeinverbindlichkeit. Die TVNormen wirken dann für die Außenseiter nach (BAG 27.11.1991 AP TVG § 4 Nachwirkung Nr. 22; 25.10.2000 AP TVG § 4 Nachwirkung Nr. 38; 8.11.2006 NZA 2007, 576; ausf. *Creutzfeld* FS Bepler 2012 S. 45). Soll der Nachfolge- oder ÄnderungsTV für allgemeinverbindl. erklärt werden, muss ein neuer Antrag gestellt werden.

VI. Rechtsschutz

27 Wird der **Antrag der TVParteien auf AVE abgelehnt**, können diese Verwaltungsrechtsschutz in Anspruch nehmen. Es handelt sich um eine ör. Rechtsstreitigkeit (BVerwG 3.11.1988 AP TVG § 5 Nr. 23; 18.12.1985 E 71, 305). Mangels VAQualität der AVE (Rn. 4) scheidet eine Verpflichtungsklage nach § 42 VwGO aus. Nach Auff. des BVerwG kann es sich hierbei nur um eine Feststellungsklage handeln, da es eine Leistungsklage mit dem Ziel eines Normenerlasses nicht gebe (vgl. BVerwG 3.11.1988 AP TVG § 5 Nr. 23). Demggü. können Koalitionen, die an dem für allgemeinverbindl. erklärten TV nicht beteiligt waren, eine AVE nicht durchsetzen, weil sie kein rechtl. geschütztes Interesse daran haben, dass eine AVE erlassen wird (**aA** Wiedemann/*Wank* Rn. 176). Wird dagegen **eine AVE erlassen**, können va. konkurrierende Koalitionen in ihren eigenen Rechten verletzt sein, etwa wegen einer aufgrund der AVE entstehenden Tarifkonkurrenz (BVerwG 28.1.2010 NZA 2010, 1141 Rn. 46). Nach § 2a I Nr. 5 ArbGG entscheidet über die Wirksamkeit einer AVE im BeschlV mit Wirkung erga-omnes das LAG, in dessen Bezirk sich die Behörde befindet, welche die AVE erlassen hat.

28 Die **Normunterworfenen** haben kein rechtl. schützenswertes Interesse daran, eine AVE durchzusetzen. Wird eine AVE erlassen, können die Normunterworfenen in Rechtsstreitigkeiten untereinander die Wirksamkeit der AVE **inzident** überprüfen lassen (BAG 14.6.1967 AP ZPO § 91a Nr. 13; 24.1.1979 AP TVG § 5 Nr. 16; 22.9.1993 AP TVG § 1 Tarifverträge: Gerüstbau Nr. 2; **aA** VG D 16.11.2010 ZTR 2011, 87). Dabei genügt es nicht, dass die materiell-rechtl. Voraussetzungen der AVE bloß pauschal bestritten werden; erforderl. ist vielmehr ein substantiierter Parteivortrag, aus dem sich begr. Zweifel an der Rechtmäßigkeit der AVE ergeben (BAG 28.3.1990 AP TVG § 5 Nr. 25). Diese Inzidentkontrolle einer AVE führte in der Vergangenheit dazu, dass nahezu alle Gerichtsbarkeiten mit Fragen der Wirksamkeit von AVE befasst wurden und uU zu divergierenden Entsch. gelangen konnten. Aus diesem Grund hat der Gesetzgeber im TarifautonomiestärkungsG 2014 die Zust. hierfür nach § 98 ArbGG bei der Arbeitsgerichtsbarkeit konzentriert. Ein Rechtsstreit, in dem inzident die Wirksamkeit einer AVE geklärt werden muss, ist auszusetzen und ein BeschlV bei dem LAG einzuleiten, in dessen Bezirk die die AVE erlassende Behörde ansässig ist (näher § 98 ArbGG). Die Aussetzung verlangt nach Auff. des BAG, dass eine Partei ernsthafte Zweifel an der Wirksamkeit der AVE vorbringt oder solche gerichtsbekannt sind (BAG 10.9.2014 NZA 2014, 1282; zur Aussetzungspflicht in anhängigen Verf. BAG 7.1.2015 NZA 2015, 237; 7.1.2015 NZA 2015, 759; s. a. *Bader* NZA 2015, 644).

VII. Erstreckung von Tarifverträgen auf Außenseiter außerhalb des TVG

29 **1. AEntG und MiLoG.** Die AVE ist nicht das einzige Instrument, um TV auf Außenseiter zu erstrecken. Eine weitere Möglichkeit besteht über eine VO der BReg. bzw. des BMAS nach Maßgabe des AEntG. Schließl. können **Mindestarbeitsentgelte** für den Bereich der Leiharbeit nach § 3a AÜG durch VO des BMAS sowie generell nach Maßgabe des MiLoG durch VO der BReg. festgesetzt werden. Näher dazu s. die Erl. zum AEntG, zum AÜG und zum MiLoG.

30 **2. Tariftreuegesetze der Bundesländer.** Öffentl. Auftraggeber sind nach §§ 97 ff. GWB verpflichtet, ihr Beschaffungswesen nach wettbewerbl. Gesichtspunkten und im Wege transparenter Vergabeverf. zu organisieren. Nach § 97 IV, V GWB werden **öffentl. Aufträge** an fachkundige, leistungsfähige und zuverlässige Unternehmen vergeben; das wirtschaftl. Angebot soll den Zuschlag erhalten. Zur Konkretisierung dieser Vorgaben haben einige Bundesländer ges. Regelungen eingeführt, wonach öffentl. Aufträge, insb. Bauleistungen, nur an Unternehmen vergeben werden dürfen, welche die einschlägigen TV, insb. EntgeltTV anwenden (sog. TariftreueG). Dies führt auf Märkten, auf denen die öffentl. Auftraggeber eine starke Nachfragemacht haben, insb. im Bereich der Bauwirtschaft, zu einem faktischen Zwang, die einschlägigen TV anzuwenden. Abgesichert wird dies durch das Erfordernis für die Leistungsanbieter, sog. Tariftreueerklärungen abzugeben. Derartige Regelungen über Tariftreueerklärungen fanden sich in zahlr. LandesG. Das BVerfG (11.7.2006 NZA 2007, 42) hat solche Tariftreueregelungen im Gegensatz zum BGH (18.1.2000 AP GWB § 20 Nr. 1) nicht für verfassungswidrig gehalten, weil solche Regelungen weder Art. 9 III GG berührten noch unverhältnismäßig in das Grundrecht des nicht tarifgebundenen AG aus Art. 12 GG eingriffen (BVerfG 11.7.2006 NZA 2007, 42; dazu *Höfling/Rixen* RdA 2007, 360). Demggü. verstoßen nach Auff. des EuGH (3.4.2008 NZA 2008, 537) derartige Tariftreueregelungen gegen die Entsende-RL 96/71/EG und Art. 56 AEUV (ex-Art. 49 EG). In Umsetzung dieses Urt. haben die meisten Bundesländer ihre Regelungen angepasst, außer Vollzug gesetzt oder aufgeh. (näher *Thüsing/Granetzny* NZA 2009, 183; *Hoffmann* RdA 2010, 351).

Inzwischen ist ein Trend zu TariftreueG der „zweiten Generation“ zu beobachten, welche auf die im Rüffert-Urt. des EuGH aufgestellten Vorgaben (Rn. 30) reagieren. Diese VergabeG wollen zum einen mit vergaberechtl. Instrumenten sicherstellen, dass der Auftragnehmer die nach dem AEntG oder aufgrund einer AVE ohnehin zu zahlenden Mindestentgelte gewährt (vgl. *Däubler* NZA 2014, 694; *Pünder/Klafki* NJW 2014, 429). Zum anderen wird für den öffentl. Personennahverkehr vielfach auf die Einhaltung des repräsentativen TV abgestellt. Außerhalb dieses Bereichs und des AEntG sind zT vergabespezifische Mindestlöhne vorgesehen (s. etwa § 185 SGB III für Aus- und Weiterbildungsdienstleistungen). Der EuGH (17.11.2015 NZA 2016, 155) hält solche in landesrechtl. Vorschriften enthaltenen vergabespezifische Mindestlöhne für zulässig (zu den neueren Entwicklungen *Giesen/Junker/Rieble* [Hrsg.], Vergaberecht und Arbeitsbedingungen, 2015). 31

§ 6 Tarifregister

Bei dem Bundesministerium für Arbeit und Soziales wird ein Tarifregister geführt, in das der Abschluß, die Änderung und die Aufhebung der Tarifverträge sowie der Beginn und die Beendigung der Allgemeinverbindlichkeit eingetragen werden.

Das TVG schreibt nicht vor, dass TVNormen öffentl. bekannt gemacht werden müssen, auch dann nicht, wenn der TV für allgemeinverbindl. erklärt worden ist. Um gleichwohl ein Mindestmaß an **Publizität** zu gewährleisten, wird beim BMAS ein Tarifregister geführt (§ 6). Diesem müssen die TVParteien ihre TV übersenden nach Maßgabe von § 7. Dem Publizitätserfordernis dient darüber hinaus die Auslegung des TV durch den AG an geeigneter Stelle im Betrieb (§ 8) sowie § 2 I Nr. 10 NachwG. Die begrenzte Publizität der TVNormen genügt den verfassungsrechtl. Anforderungen des Rechtsstaatsprinzips (BVerfG 24.5.1977 AP TVG § 5 Nr. 15; 10.9.1991 AP TVG § 5 Nr. 27; BAG 28.3.1990 AP TVG § 5 Nr. 25). 1

Der **Inhalt der Eintragungen** in das Tarifregister wird durch die DVO v. 16.1.1989 (BGBl. I S. 76) näher geregelt. Bei der Eintragung des Abschlusses von TV in das Tarifregister werden die TV durch die Angabe der TVParteien, des Geltungsbereiches sowie des Zpkt. ihres Abschlusses und ihres Inkrafttretens bezeichnet (§ 14 II DVO). Dagegen ergibt sich der Inhalt des TV nicht unmittelbar aus dem Inhalt des Tarifregisters; vielmehr werden die nach § 7 zu übermittelnden Ur- und Abschriften des TV als Anl. zum Tarifregister aufbewahrt. Das Tarifarchiv kann nach § 14 I DVO auch in elektronischer Form geführt werden. Grdl. der Eintragungen in das Tarifregister sind die Meldungen der TVParteien nach § 7. Weder hat die Eintragung konstitutive Wirkung noch kommt dem Tarifregister eine dem Handelsregister vergleichbare positive oder negative Publizitätswirkung zu. Wird eine Eintragung zu Unrecht vorgenommen, ist dies rechtl. ohne Bedeutung (vgl. BAG 5.11.1997 AP TVG § 1 Nr. 29). Die Eintragung, ein Realakt, wird einfach gelöscht. Da Grdl. der Eintragungen allein die Mitt. der TVParteien sind, hat das BMAS kein Prüfungsrecht hins. des Inhalts der TV. Andererseits ist das BMAS nur verpflichtet, rechtl. existente TV im Tarifregister einzutragen. Daher kann es die Eintragung verweigern, wenn eine vorgelegte Vereinb. offensichtl. die Voraussetzungen eines TV nicht erfüllt. Lehnt das BMAS die Eintragung ab, kann Leistungsklage zu den VG erhoben werden. Sind Eintragungen in das Tarifregister zu Unrecht unterblieben oder fehlerhaft vorgenommen, bestehen keine Amtshaftungsansprüche nach § 839 BGB, da insoweit keine Dritte schützende Amtspflicht verletzt wurde (Däubler/*Reinecke/Rachor* Rn. 19). 2

Nach § 16 DVO hat jedermann ein **Recht zur Einsichtnahme** des Tarifregisters sowie der registrierten TV. Die Einsicht kann eingeschränkt oder verweigert werden, wenn der TV Betriebs- oder Geschäftsgeheimnisse oder personenbezogene Daten enthält (§ 16 S. 3 DVO, krit. dazu *Rieble* NZA 2015, 2013). Das BMAS erteilt auf Anfrage Auskunft über die Eintragungen; es ist aber nicht verpflichtet, über den Inhalt der TV Auskunft zu erteilen oder Abschriften zur Vfg. zu stellen. Das Einsichtsrecht erstreckt sich auch auf den Inhalt der TV. Der Einsichtnehmende kann sich Notizen machen und Fotokopien anfertigen. Darüber hinaus steht organisierten AN oder AG aufgrund ihrer verbandsrechtl. Mitgliedschaftsrechte ein Auskunftsanspruch gegen ihren Verband wegen des Inhalts der TV zu. Nichtorganisierte, für die der TV aufgrund AVE gilt, können von einer der TVParteien eine Abschrift des TV gegen Erstattung der Selbstkosten verlangen (§ 9 DVO). Selbstkosten sind die Papier- und Vervielfältigungs- oder Druckkosten sowie das Übersendungsporto (§ 5 S. 3 DVO). Gilt ein TV nur kraft Verweisung im Arbeitsvertrag, besteht insoweit kein Anspruch gegen die Verbände. 3

Den obersten Arbeitsbehörden der Länder steht es frei, **Landestarifregister** aufzubauen, was soweit ersichtl. durchweg geschehen ist. Inwieweit sie das Einsichtsrecht regeln, unterliegt ihrem pflichtgemäßen Ermessen. Die Eintragung in das Landestarifregister ersetzt nicht die Eintragung in das Register beim BMAS. Ein weiteres Tarifregister wird bei dem Wirtschafts- und Sozialwissenschaftl. Institut des DGB geführt. 4

§ 7 Übersendungs- und Mitteilungspflicht

(1) [1]Die Tarifvertragsparteien sind verpflichtet, dem Bundesministerium für Arbeit und Soziales innerhalb eines Monats nach Abschluß kostenfrei die Urschrift oder eine beglaubigte Abschrift sowie zwei weitere Abschriften eines jeden Tarifvertrages und seiner Änderungen zu übersenden; sie haben ihm das Außerkrafttreten eines jeden Tarifvertrages innerhalb eines Monats mitzuteilen. [2]Sie sind ferner verpflichtet, den obersten Arbeitsbehörden der Länder, auf deren Bereich sich der Tarifvertrag erstreckt, innerhalb eines Monats nach Abschluß kostenfrei je drei Abschriften des Tarifvertrages und seiner Änderungen zu übersenden und auch das Außerkrafttreten des Tarifvertrages innerhalb eines Monats mitzuteilen. [3]Erfüllt eine Tarifvertragspartei die Verpflichtungen, so werden die übrigen Tarifvertragsparteien davon befreit.

(2) [1]Ordnungswidrig handelt, wer vorsätzlich oder fahrlässig entgegen Absatz 1 einer Übersendungs- oder Mitteilungspflicht nicht, unrichtig, nicht vollständig oder nicht rechtzeitig genügt. [2]Die Ordnungswidrigkeit kann mit einer Geldbuße geahndet werden.

(3) Verwaltungsbehörde im Sinne des § 36 Abs. 1 Nr. 1 des Gesetzes über Ordnungswidrigkeiten ist die Behörde, der gegenüber die Pflicht nach Absatz 1 zu erfüllen ist.

1 Die ör. **Übersendungs- und Mitteilungspflicht** nach § 7 bezweckt, das BMAS bzw. die obersten Arbeitsbehörden der Bundesländer in die Lage zu versetzen, von dem Inhalt der TV lückenlos Kenntnis zu nehmen. Mit dieser Kenntnis können das BMAS und die obersten Arbeitsbehörden der Bundesländer die Auswirkungen der TV auf den Arbeitsmarkt einschätzen und entspr. arbeits- und wirtschaftspolitische Maßnahmen iRd. politischen Zielsetzungen ergreifen.

2 Aufgrund der Übersendungspflicht müssen die Urschrift oder eine beglaubigte Abschrift sowie zwei weitere Abschriften eines jeden TV und seiner Änd. innerhalb eines Monats nach Abschluss des TV dem BMAS kostenfrei übermittelt werden. Die Pflicht zur Beglaubigung verweist nicht auf § 42 BeurkG. Vielmehr genügt es, wenn die TVParteien auf der Kopie einen Bestätigungsvermerk anbringen, aus dem sich ergibt, dass die Abschrift mit der Urschrift übereinstimmt. Die **Mitteilungspflicht** erstreckt sich auf die Tatsache und den Zpkt. des Außerkrafttretens eines TV sowie auf die Veränderung einer TVPartei; sie kann mdl. oder schriftl. erfüllt werden. Die Übersendungs- und Mitteilungspflicht besteht ggü. dem BMAS und der obersten Arbeitsbehörde des jeweiligen Bundeslandes.

3 **Adressaten** von Übersendungs- und Mitteilungspflicht sind die jeweiligen TVParteien, die den TV abgeschlossen haben. Das kann eine TVPartei nach § 2 I, also eine Gewerkschaft, einzelne AG bei FirmenTV sowie Vereinigungen von AG sein. Schließt eine Spitzenorganisation einen TV ab, ist dieser übersendungspflichtig. Erfüllt eine TVPartei die Übersendungs- und Mitteilungspflicht, werden die übrigen TVParteien befreit (§ 7 I 3). In diesem Fall ist die sozialpolitische Zwecksetzung der Übersendungs- und Mitteilungspflicht erreicht. Eine flankierende Vorschr. enthält § 63 ArbGG. Danach müssen rkr. Urt., die in bürgerl. Rechtsstreitigkeiten zwischen TVParteien aus dem TV oder über das Bestehen oder Nichtbestehen eines TV ergangen sind, alsbald der zust. obersten Landesbehörde und dem BMAS übersandt werden.

4 Die **Verletzung der Pflichten** aus § 7 berührt die Wirksamkeit des TV nicht (BAG 16.5.1995 AP TVG § 4 Ordnungsprinzip Nr. 15) und löst auch keine Schadensersatzansprüche aus, da § 7 TVG eine reine Ordnungsvorschr. darstellt. Das BMAS bzw. die zust. Landesbehörden können zur Durchsetzung der Pflichten aus § 7 einen VA festsetzen, durch den die TVParteien zur Erfüllung ihrer Pflichten angehalten werden. Der VA wird nach den VwVfG des Bundes und der Länder vollstreckt (Däubler/*Reinecke/Rachor* Rn. 9). Außerdem stellt die unrichtige, nicht rechtzeitige oder nicht vollständige Erfüllung der Verpflichtung aus § 7 I 1, 2 nach § 7 II eine Ordnungswidrigkeit dar, welche die zust. Verwaltungsbehörde (§ 7 III) mit einer Geldbuße bis zu 1000 €, bei Fahrlässigkeit bis zu 500 € ahnden kann (§§ 17 I, II OWiG). Haben die TVParteien abgesprochen, wer die Pflicht erfüllen soll, wird ein Verschulden der anderen Partei regelm. fehlen, es sei denn, dass sie berechtigten Anlass hat, von der Nichterfüllung auszugehen. Handelt es sich bei der TVPartei um eine jur. Person oder eine Personenhandelsgesellschaft, ist das vertretungsberechtigte Organ der Täter. Die Buße kann aber auch nach § 30 OWiG gegen die jur. Person/Handelsgesellschaft festgesetzt werden.

§ 8 Bekanntgabe des Tarifvertrags

Der Arbeitgeber ist verpflichtet, die im Betrieb anwendbaren Tarifverträge sowie rechtskräftige Beschlüsse nach § 99 des Arbeitsgerichtsgesetzes über den nach § 4a Absatz 2 Satz 2 anwendbaren Tarifvertrag im Betrieb bekanntzumachen.

1 Die Veröff. der Tarifnormen ist nicht Voraussetzung für die Wirksamkeit des TV. Das daraus entstehende Publizitätsdefizit soll dadurch ausgeglichen werden, dass der AG die einschlägigen TV im Betrieb bekannt macht, damit sich die AN über ihre tarifl. Rechte ggü. dem AG informieren können. Diese Bekanntmachungspflicht bezieht sich auf den gesamten TV, also den schuldrechtl. und normati-

von Teil (§ 1 Rn. 19ff.). Der schuldrechtl. Teil wird von der Bekanntmachungspflicht umfasst, weil er als Vertrag zugunsten Dritter (§ 328 BGB) Rechtswirkungen zugunsten der AN entfalten kann. Die Bekanntmachungspflicht umfasst auch solche TV, auf die in einem TV Bezug genommen ist (BAG 10.11.1982 AP TVG § 1 Form Nr. 8). Sie **beginnt** mit Inkrafttreten des TV. Sie besteht auch während des Nachwirkungszeitraums und **endet** erst, wenn der TV im Betrieb nicht mehr angewandt wird.

Die Bekanntmachungspflicht bezieht sich auf die im Betrieb **anwendbaren TV**. Anwendbar im Betrieb ist ein TV dann, wenn der TV in einem Betrieb Rechtsfolgen auslösen kann. Dies setzt die Tarifbindung des AG, sei es aufgrund Verbandsmitgliedschaft nach § 3 I, III oder AVE nach § 5 IV, sowie den Umstand voraus, dass der Betrieb in den Geltungsbereich des TV fällt. Außerdem ist erforderl., dass mind. ein AN des Betriebs tarifgebunden ist, weil der TV anderenfalls keine Wirkungen für den Betrieb entfaltet (§ 3 Rn. 17; *Löwisch/Rieble* Rn. 11; **aA** Däubler/*Reinecke/Rachor* Rn. 11; KeZa/*Zeibig/Zachert*Rn. 8; Wiedemann/*Oetker* Rn. 14). Demggü. greift die Bekanntmachungspflicht nach § 8 nicht ein, wenn der AG nicht tarifgebunden ist und TV im Betrieb anwendet (offen gelassen BAG 5.11.1963 AP TVG § 1 Bezugnahme auf Tarifvertrag Nr. 1; 23.1.2002 AP NachwG § 2 Nr. 5). Allerdings muss in solchen Fällen die Informationspflicht aus § 2 I Nr. 10 NachwG beachtet werden (KeZa/*Zeibig/Zachert* Rn. 2; Wiedemann/*Oetker* Rn. 16). Die hM hält es insoweit für ausreichend, wenn auf den TV hingewiesen wird (BAG 23.1.2002 AP NachwG § 2 Nr. 5; LAG RP 16.7.2002 NZA-RR 2003, 30; weitergehend *Bepler* ZTR 2001, 241). Eine Aushändigung des TV ist dann nicht erforderl. (LAG NI 26.7.2001 NZA-RR 2002, 118). Ist in einer BV auf einen TV verwiesen, ergibt sich die Auslagepflicht aus § 77 II 3 BetrVG. 2

Der TV muss in einer Weise bekannt gemacht werden, dass die AN ohne bes. Mühe die Möglichkeit haben, den TV zur Kenntnis zu nehmen. Dies kann durch **Auslage im Betrieb an geeigneter Stelle**, aber auch durch **elektronische Veröff. im Intranet** geschehen (BT-Drs. 18/4062 S. 15). Was insoweit als geeignet angesehen werden kann, muss anhand des Zwecks von § 8 ermittelt werden, den AN die jederzeitige Kenntnisnahme der tarifl. Bestimmungen zu ermöglichen (LAG N 25.11.2004 NZA-RR 2005, 377). Der TV muss somit an solchen Orten ausgelegt werden, an denen die AN sich üblicherweise informieren. Der TV kann mithin am Schwarzen Brett, das für allg. Inf. bestimmt ist, ausgehängt, aber auch bei der Personalverw. oder beim BR ausgelegt werden (BAG 5.11.1963 AP TVG § 1 Bezugnahme auf Tarifvertrag Nr. 1). Es genügt, wenn der TV für die AN im Betrieb jederzeit zugängl. ist; der AG muss den AN auf den Ort und die Zeiten der Einsichtnahme hinweisen (LAG NI 7.12.2000 NZA-RR 2001, 145). Auch wenn ausl. AN beschäftigt werden, genügt die Bekanntgabe in dt. Sprache. 3

Die **Rechtsfolgen bei Verletzung der Bekanntgabepflicht** sind umstr. (ausf. *Bunte* RdA 2008, 21, 24ff.). Die hM und Rspr. sehen in der Bekanntgabeverpflichtung eine reine Ordnungsvorschr., die weder arbeitsvertragl. Verpflichtungen des AG konkretisiere noch ein SchutzG iSv. § 823 II BGB darstelle (BAG 30.9.1970 AP BAT § 70 Nr. 2; 8.1.1970 AP TVG § 4 Ausschlussfristen Nr. 43; 6.7.1972 AP TVG 1969 § 8 Nr. 1; 23.2.2002 AP NachwG § 2 Nr. 5; 27.1.2004 AP BetrVG 1972 § 112 Nr. 166; **aA** LAG HE 17.10.2001 NZA-RR 2002, 427). Hiergegen wird eingewandt, dass § 8 auch arbeitnehmerschützende Dimension aufweise, weshalb es sich um ein SchutzG handele (Däubler/*Reinecke/Rachor* Rn. 22; **aA** Wiedemann/*Oetker* Rn. 22). Außerdem enthalte § 8 eine Obliegenheit des AG, die es ihm verwehre, sich bei Verletzung der Bekanntgabeverpflichtung auf den TV zu berufen (KeZa/*Zeibig/Zachert* Rn. 17). Die hM wird durch § 2 I Nr. 10 NachwG gestützt. Danach genügt es, wenn der AG in dem auszuhändigenden Dok. auf die einschlägigen TV verweist. Kommt der AG dieser Pflicht nach, ist dem AN zuzumuten, im eigenen Interesse den Inhalt der TV und mögl. tarifl. Ausschlussfristen zu erfragen (*Löwisch/Rieble* Rn. 53ff.). Kommt der AG der Pflicht aus § 2 I Nr. 10 NachwG nicht nach, ergeben sich die Sanktionen aus dieser Norm (NachwG § 2 Rn. 23ff.). IÜ ist ein Schadensersatzanspruch des AN wegen Verletzung arbeitsvertragl. Nebenpflichten nur zu bejahen, wenn der AG auf Nachfrage des AN die Geltung von Tarifnormen und insb. tarifl. Ausschlussfristen verschweigt (BAG 8.11.1963 AP TVG § 1 Bezugnahme auf Tarifvertrag Nr. 1; 22.11.1963 AP BGB § 611 Öffentlicher Dienst Nr. 6; 15.10.1985 AP BetrAVG § 1 Zusatzversorgungskasse Nr. 12). 4

§ 9 Feststellung der Rechtswirksamkeit

Rechtskräftige Entscheidungen der Gerichte für Arbeitssachen, die in Rechtsstreitigkeiten zwischen Tarifvertragsparteien aus dem Tarifvertrag oder über das Bestehen oder Nichtbestehen des Tarifvertrages ergangen sind, sind in Rechtsstreitigkeiten zwischen tarifgebundenen Parteien sowie zwischen diesen und Dritten für die Gerichte und Schiedsgerichte bindend.

1. Regelungsgegenstand. Der Vorschr. liegt folgendes **Regelungsbedürfnis** zugrunde: Die TVParteien haben ein berechtigtes Interesse daran, Meinungsverschiedenheiten über die Wirksamkeit und den Inhalt ihrer TV gerichtl. klären und mit verbindl. Wirkung auch für die Normunterworfenen losgelöst vom Einzelfall ausstatten zu lassen. Dieses Interesse dient der Rechtssicherheit und Rechtsklarheit, weil dann der Inhalt und die Wirksamkeit des TV für eine Vielzahl von Fällen feststeht (BAG 4.7.2007 NZA 2008, 307). Außerdem dient es der Prozessökonomie, weil Auslegungsprobleme des TV 1 regelm. alle Normunterworfenen und damit eine Vielzahl von ArbVerh. betreffen. Diese beiden Anliegen verwirklicht das allg. Prozessrecht nur unzureichend. Danach haben die TVParteien nur eine eingeschränkte Möglichkeit, Wirksamkeit und Inhalt eines TV gerichtl. klären zu lassen. Ledigl. aus dem schuldrechtl. Teil des TV ergeben sich Rechte und Pflichten der TVParteien, die Gegenstand einer Leistungsklage sein können oder ein feststellbares Rechtsverhältnis begründen (BAG 21.12.1982 AP Art. 9 GG Arbeitskampf Nr. 76). Der normative Teil begr. keine Rechte und Pflichten der TVParteien, weil diese nicht Normadressaten sind (§ 4 Rn. 5). Ohne § 9 könnten die TVParteien über den Inhalt der Tarifnorm nur im Wege einer Inzidentprüfung iRd. Durchführungsklage (§ 1 Rn. 88) prozessieren. § 9 ermöglicht den TVParteien in Abweichung von § 256 ZPO, den Inhalt der Tarifnormen mit verbindl. Wirkung im Klagewege feststellen zu lassen (BAG 7.11.1995 AP TVG § 3 Betriebsnormen Nr. 1; *Löwisch/Rieble* Rn. 6; **aA** Däubler/*Reinecke/Rachor* Rn. 9).

2 Darüber hinaus erweitert § 9 ggü. dem allg. Prozessrecht die **Rechtskraft**. Nach allg. Prozessrecht entfaltet eine Entsch. über Wirksamkeit oder Inhalt eines TV dann keine Rechtskraft zwischen den Parteien des Rechtsstreits, wenn es sich nur um eine Vorfrage handelt. Falls die Parteien die entspr. tarifrechtl. Vorfrage im Wege der Zwischenfeststellungsklage nach § 256 ZPO klären lassen, ist dies zwar der Rechtskraft zugängl. (BAG 25.11.1987 AP TVG § 1 Tarifverträge: Einzelhandel Nr. 18; 24.2.1987 AP BetrVG 1972 § 80 Nr. 28), allerdings nur zwischen den Parteien des Prozesses. Es bleibt also die Gefahr divergierender Entsch. anderer Gerichte hins. der tarifrechtl. Vorfrage bestehen. § 9 hilft dem ab und erstreckt die Rechtskraftwirkung auch auf andere Parteien. Die Entsch. entfalten Bindungswirkung auch für andere Gerichte.

3 Dementspr. enthält § 9 **zwei verschiedene Verf.:** Die TVParteien und nur diese können das Bestehen oder Nichtbestehen eines TV durch eine Verbandsklage nach § 9 klären zu lassen. Das Verf. ähnelt einem Normenkontrollverf. Daneben geht es um die verbindl. Feststellung des Inhalts eines TV. Die TVParteien können zwar den TV einvernehml. ändern oder seinen Inhalt klarstellen, wenn der Inhalt des TV zwischen anderen Personen str. ist (BAG 23.9.1981 AP TVG § 1 Tarifverträge: Bau Nr. 35). Können die TVParteien sich nicht einigen, ermöglicht § 9, den str. Inhalt durch eine Entsch. der Gerichte klären zu lassen. Die Verbandsklage ist auch dann zulässig, wenn sie ledigl. Gültigkeit oder Auslegung einer einzelnen Tarifnorm betrifft (BAG 28.9.1977 AP TVG 1969 § 9 Nr. 1).

4 **2. Zulässigkeitsvoraussetzungen der Verbandsklage. a) Beteiligte des Verfahrens.** Die Klage nach § 9 können nur die TVParteien erheben. Anderen Parteien fehlt die **Parteifähigkeit**, was zur Unzulässigkeit der Klage führt (BAG 10.5.1989 AP TVG § 2 Tarifzuständigkeit Nr. 6). Für die Zulässigkeit der Klage genügt es, wenn sich die TVPartei als solche bezeichnet (BAG 26.4.2000 AP TVG § 1 Kündigung Nr. 4). Hat sich ein Verband aufgelöst, so verliert er die Befugnis zur Durchführung einer Verbandsklage (BAG 25.9.1990 AP TVG 1969 § 9 Nr. 8). Hat ein Spitzenverband im eigenen Namen an einem Tarifabschluss mitgewirkt, ist er parteifähig, wenn er den TV abgeschlossen hat. Hat er dagegen in Vertretung seiner Mitglieder gehandelt, so sind diese parteifähig. Ist ein mehrgliedriger TV nur einheitl. änderbar oder kündbar (§ 1 Rn. 22), so muss die Verbandsklage einheitl. betrieben werden; die Parteien sind dann notwendige Streitgenossen iSv. § 62 ZPO (BAG 28.9.1977 AP TVG 1969 § 9 Nr. 1; 29.6.2004 AP TVG § 1 Nr. 36). Tritt eine TVPartei an die Stelle der den Prozess führenden TVPartei, muss danach unterschieden werden, ob sich dies im Wege der Gesamt- oder Einzelrechtsnachfolge vollzieht. Im Falle der Gesamtrechtsnachfolge (zB Erbfall) kann der Nachfolger den Rechtsstreit fortsetzen. Im Falle der Einzelrechtsnachfolge, insb. durch vertragl. Übernahme des TV, wird die Klage wegen fehlender Parteifähigkeit dieser Partei unzulässig (BAG 25.9.1990 AP TVG 1969 § 9 Nr. 8).

5 Umstr. ist, ob **sonstige Beteiligte**, etwa die Normunterworfenen, zur Unterstützung einer der beiden Prozessparteien als Nebenintervenienten nach § 66 ZPO beitreten können. Ein Teil des Schrifttums bejaht dies mit der Begr., dass die gerichtl. Entsch. ggü. allen von der Bindungswirkung Betroffenen wirkt und diese damit in ihren materiellen Rechten berührt seien (Däubler/*Reinecke/Rachor* Rn. 18; GMP/*Matthes/Schlewing* § 2 Rn. 23; *Grunsky* § 2 Rn. 62; nicht eindeutig BAG 30.5.2001 AP ZPO 1977 § 256 Nr. 64). Die Gegenauffassung beruft sich auf den Charakter der Verbandsklage als abstraktes Normenkontrollverf. und macht die fehlende Praktikabilität geltend. Außerdem könnten die tarifunterworfenen AG und AN eine ihnen nicht genehme authentische Interpretation durch die TVParteien nicht verhindern (*Gamillscheg* KollArbR I S. 551; *Löwisch/Rieble* Rn. 75 ff.).

6 **b) Streitgegenstand.** Streitgegenstand der Verbandsklage ist die **Wirksamkeit oder die Interpretation** von Tarifnormen eines TV, nicht aber der schuldrechtl. Teil des TV (GMP/*Matthes/Schlewing* § 2 Rn. 20; *Löwisch/Rieble* Rn. 32, 44; **aA** Wiedemann/*Oetker* Rn. 23). Für diesen stehen nur die nach allg. Prozessrecht zulässige Leistungs- und Feststellungsklage zur Vfg. (vgl. BAG 8.2.1963 AP ZPO § 256 Nr. 42; 9.6.1982 AP TVG § 1 Durchführungspflicht Nr. 1). Tarifnormen sind auch solche, die auf einem von den TVParteien akzeptierten Schlichtungsspruch beruhen (BAG 24.2.1988 AP TVG § 1 Tarifverträge: Schuhindustrie Nr. 2). Streitigkeiten aus dem schuldrechtl. und dem normativen Teil können im Wege der kumulativen Klagehäufung zur Entsch. des Gerichts gestellt werden. Die TVParteien können den gesamten TV oder nur Teile davon vom Gericht überprüfen lassen. Sie können den Prüfungsmaßstab des Gerichts jedoch nicht einschränken; vielmehr muss die Überprüfung unter

jedem rechtl. Gesichtspunkt erfolgen. Die Verbandsklage kann auch auf einen bereits gekündigten TV (BAG 23.3.1957 AP GG Art. 3 Nr. 18; 28.9.1977 AP TVG 1969 § 9 Nr. 1) oder nachwirkenden TV (*Gamillscheg* KollArbR I S. 550; **aA** LAG D 7.12.1973 EzA TVG § 9 Nr. 1) gerichtet sein. Die Klage wird unzulässig, wenn der TV keine normativen Wirkungen mehr entfaltet.

Eine Klage nach § 9 kann **nicht die Wirksamkeit oder Auslegung einer AVE** nach § 5 zum Gegen- 7
stand haben, sondern nur die Wirksamkeit oder den Inhalt des für allgemeinverbindl. erklärten TV (*Löwisch/Rieble* Rn. 35; **aA** *Gamillscheg* KollArbR I S. 550; GMP/*Matthes/Schlewing* § 2 Rn. 18; *Grunsky* § 2 Rn. 54). Die AVE ist kein TV, sondern Rechtsakt sui generis (§ 5 Rn. 4). Ebenso wenig kann Gegenstand der Verbandsklage die Wirksamkeit eines anderen TV, einer BV oder einer Individualvereinb. sein, wohl aber die Reichweite einer tarifl. Öffnungsklausel (§ 4 Rn. 27 ff.; BAG 15.12.2010 NZA 2011, 1000). Mit der Verbandsklage nach § 9 kann mithin nicht geklärt werden, ob ein TV nach den Regelungen der Tarifkonkurrenz ggü. anderen TV zurücktritt (BVerwG 28.1.2010 NZA 2010, 718 Rn. 54) oder eine BV infolge der Sperrwirkung des TV (§§ 77 III, 87 I BetrVG) unwirksam ist. Ebenso wenig ist eine Klage nach § 9 eröffnet, um die „Unzulässigkeit" einer Tarifpraxis festzustellen (BAG 18.4.2012 NZA 2013, 161). Die hM wendet § 9 analog auf die im BeschlV nach §§ 2a I Nr. 4, 97 ArbGG ergehenden Entsch. über die Tariffähigkeit und Tarifzuständigkeit von Koalitionen an (BAG 10.5.1989 AP TVG § 2 Tarifzuständigkeit Nr. 6; KeZa/*Zeibig/Zachert* Rn. 22; *Löwisch/Rieble* Rn. 13 ff.).

c) Feststellungsinteresse. Nach § 9 muss anders als nach § 256 ZPO **kein konkretes Rechtsverhält-** 8
nis zwischen den Parteien bestehen. Dagegen ist auch für die Verbandsklage ein Feststellungsinteresse notwendig (BAG 30.5.2001 AP ZPO 1977 § 256 Nr. 64). Erforderl. ist, dass zwischen den TVParteien die Gültigkeit oder der Inhalt einer Tarifnorm umstr. ist; dass Dritte, andere Verbände oder staatl. Stellen die Wirksamkeit oder Auslegung eines TV anzweifeln, genügt nicht, wenn sich diese Zweifel nicht eine der TVParteien zu eigen macht (Däubler/*Reinecke/Rachor* Rn. 27; *Löwisch/Rieble* Rn. 56). Die Rspr. hat das Feststellungsinteresse auch dann bejaht, wenn Musterprozesse zwischen den Tarifunterworfenenen anhängig sind, da den TVParteien die eigenständige Klärung der tarifvertragl. Rechtsfrage nicht versagt werden könne (BAG 30.5.1984 AP TVG 1969 § 9 Nr. 3; 25.9.1987 AP BeschFG 1985 § 1 Nr. 1). Dasselbe muss gelten, wenn bereits höchstrichterl. Rspr. zu der tarifrechtl. Frage existiert, weil die dort aufgestellten Aussagen keine rechtl. Verbindlichkeit über den individuellen Rechtsstreit hinaus beanspruchen. Das Feststellungsinteresse entfällt ferner ebenso wenig, wenn die klagende TVPartei den TV kurz zuvor unterzeichnet hat, weil es jeder TVPartei unbenommen ist, die Wirksamkeit selbst abgeschlossener TV überprüfen zu lassen (BAG 23.3.2011 NZA 2011, 920 Rn. 19).

d) Zuständigkeit der Arbeitsgerichte. Für die Verbandsklage sind nach § 2 I Nr. 1 ArbGG **ausschl.** 9
die Gerichte für Arbeitssachen zust. (BAG 23.3.1957 AP GG Art. 3 Nr. 18). Nach § 101 I ArbGG können die TVParteien für ihre arbeitsrechtl. Rechtsstreitigkeiten aus TV oder über das Bestehen oder Nichtbestehen von TV die Arbeitsgerichtsbarkeit allg. oder für den Einzelfall durch ausdr. Vereinb. ausschließen und ein **Schiedsgericht** zur Entsch. berufen. Den Entsch. der Schiedsgerichte kommt keine verbindl. Wirkung gem. § 9 zu. Dies zeigt der Wortlaut von § 9, der deutl. „Gerichte für Arbeitssachen" benennt und damit Schiedsgerichte nicht erfasst. Außerdem soll die mit allg. Wirkung ausgestattete Rechtskontrolle über TV nach § 9 den staatl. Gerichten vorbehalten bleiben (Däubler/*Reinecke/Rachor* Rn. 33; *Löwisch/Rieble* Rn. 65 f.; **aA** BAG 9.9.1981 AP TVG § 1 Tarifverträge: Bau Nr. 34; GMP/*Germelmann* § 108 Rn. 31; für analoge Anwendung von § 9 KeZa/*Zeibig/Zachert* Rn. 27).

Die **örtl. Zust.** bestimmt sich nach § 46 ArbGG iVm. §§ 12 bis 37 ZPO. Der allg. Gerichtsstand 10
richtet sich nach dem Sitz der jeweiligen TVPartei. Beim HausTV kommt zusätzl. die Niederlassung des AG als Gerichtsstand in Betracht. Der Gerichtsstand des Erfüllungsortes (§ 29 ZPO) kann nicht direkt angewandt werden, weil Streitgegenstand (Rn. 6) der Inhalt oder die Gültigkeit von TVNormen und nicht die schuldrechtl. Verpflichtungen aus dem TV ist. Allerdings kommt eine analoge Anwendung in Betracht, weil die Durchführungspflicht hins. der Tarifnormen vor jedem ArbG im Tarifgebiet geltend gemacht werden kann (BAG 23.3.1960 AP TVG § 1 Friedenspflicht Nr. 5).

3. Entscheidung des Gerichts. Für das Verf. und die Entsch. des Gerichts gelten grds. die Vorschr. 11
des ArbGG und der ZPO nach Maßgabe von § 46 ArbGG. § 9 enthält selbst keine Vorgaben für die Gestaltung des Verf. Der Charakter der Verbandsklage nach § 9 bringt allerdings **Besonderheiten** mit sich. So schließt es die durch das Urt. nach § 9 erzeugte Bindungswirkung aus, dass im Rahmen einer Verbandsklage nach § 9 ein Anerkenntnis-, Verzichts- und klageabweisendes Versäumnisurt. gefällt wird (§§ 306, 307, 330 ZPO). Diese Urt. ergehen ohne Sachprüfung durch das Gericht. Ließe man solche Urt. im Verf. nach § 9 zu, könnten die TVParteien mit Hilfe der staatl. Gerichte einer unwirksamen TVNorm Geltung verschaffen (Däubler/*Reinecke/Rachor* Rn. 31; *Löwisch/Rieble* Rn. 87 ff.). Ein klageabweisendes Versäumnisurt. kommt damit nur als ein der Rechtskraft nicht fähiges Prozessurt. in Betracht. Dagegen ist ein zusprechendes Versäumnisurt. mögl., da das Gericht den Sachvortrag des Kl. auf seine Schlüssigkeit hin geprüft hat. Außerdem können sich die Parteien vergleichen. Der Vergleich ist selbst ein TV. Die gerichtl. Protokollierung ersetzt die Schriftform (§ 1 II).

12 Bei der Entsch. ist das Gericht nach § 308 ZPO an die gestellten Anträge gebunden. Es ist also nur ein Teil des TV zu prüfen, wenn nur ein eingeschränkter Antrag gestellt worden ist. Dagegen können die TVParteien iRd. gestellten Anträge den rechtl. Prüfungsmaßstab nicht verändern. Im Allg. ergeht ein **Feststellungsurt.** Dieses wirkt bei Rechtsverstößen der TVNormen auf den Zpkt. ihrer Entstehung zurück. Das ArbG hat die Berufung nach § 64 III Nr. 2 ArbGG zuzulassen. Das LAG wird regelm. die Rev. nach § 72 II Nr. 1 ArbGG zulassen müssen, da eine Verbandsklage wegen der sich aus § 9 ergebenden Bindungswirkung der rkr. Entsch. in aller Regel grds. Bedeutung haben wird (BAG 17.6.1997 AP ArbGG 1979 § 72a Grundsatz Nr. 51; aufgegeben aber durch BAG 10.7.2014 – 10 AZN 307/14 zVb.; GMP/*Müller-Glöge* § 72 Rn. 17). Bei einem Rechtsstreit über die Auslegung des TV, der zwischen den TVParteien geführt wird, ist die Rev. auf die Nichtzulassungsbeschwerde auch dann zuzulassen, wenn der Geltungsbereich eines TV nicht über den Bezirk des LAG hinausgeht (GMP/*Müller-Glöge* § 72 Rn. 17). Rkr. Urt. sind nach § 63 ArbGG an das BMAS und die zust. oberste Landesbehörde zu übersenden.

13 **4. Wirkung der Entscheidung. a) Rechtsnatur der Bindungswirkung.** Die auf eine Verbandsklage ergangene Entsch. nach § 9 entfaltet zunächst wie jedes Urt. iRd. Streitgegenstands Rechtskraft zwischen den TVParteien selbst. Ein weiteres Verf. zwischen den TVParteien über denselben Streitgegenstand wäre damit unzulässig. Darüber hinaus sind Entsch. nach § 9 für die Gerichte und Schiedsgerichte in Rechtsstreitigkeiten zwischen tarifgebundenen Parteien bindend. Die Rechtsnatur dieser Bindungswirkung ist umstr. ZT wird sie rein prozessual gedeutet und als Erweiterung der subj. Rechtskraft begriffen (BAG 30.5.1984 AP TVG 1969 § 9 Nr. 3; KeZa/*Zeibig/Zachert* Rn. 4; Wiedemann/*Oetker* Rn. 8 ff.). Die Gegenmeinung geht von einem **materiell-rechtl. Verständnis** aus: Die Bindungswirkung folge aus der Normwirkung des TV und dem Charakter von § 9 als Normenkontrollverf.; das Urt. habe dies. Wirkung wie die ausgelegte Tarifnorm (*Gamillscheg* KollArbR I S. 551; *Löwisch/Rieble* Rn. 102 ff.). Der Streit ist eher akademischer Natur, da er nur bei der Frage der Reichweite der Bindungswirkung für Nichttarifgebundene (Rn. 14) und bei der Frage der Nebenintervention (Rn. 5) eine Rolle spielt, es aber für die Lösung der konkreten Fragen nicht auf die verschiedenen Erklärungsansätze ankommt.

14 **b) Persönlicher Umfang der Bindungswirkung.** Die rkr. Entsch. entfaltet nach dem Wortlaut von § 9 Bindungswirkung in Rechtsstreitigkeiten zwischen **tarifgebundenen Parteien** sowie zwischen diesen und Dritten. Damit werden nur Tarifgebundene und solche Personen erfasst, die nach § 328 BGB von den Tarifnormen begünstigt werden sollen, etwa iRd. AV für Hinterbliebene (*Löwisch/Rieble* Rn. 114; Wiedemann/*Oetker* Rn. 46). ZT wird als Dritter iSv. § 9 auch der nicht tarifgebundene AN angesehen, der in einem ArbVerh. zu einem tarifgebundenen AG steht, wenn der Arbeitsvertrag auf den TV verweist; damit würde sich die Bindungswirkung einer Entsch. nach § 9 auch auf solche Personen beziehen (Däubler/*Reinecke/Rachor* Rn. 40; KeZa/*Zeibig/Zachert* Rn. 33; Wiedemann/*Oetker* Rn. 37). Weiter gehend wollen andere Stimmen die Bindungswirkung auch auf beidseitig nichttarifgebundenen ArbVerh. erstrecken, wenn darauf der TV kraft arbeitsvertragl. Bezugnahme angewandt wird (GMP/*Matthes/Schlewing* § 2 Rn. 22; *Grunsky* § 2 Rn. 62).

15 Beide Auff. überzeugen nicht, weil sie dem ges. Tarifsystem widersprechen, wonach die Normwirkung des TV grds. die Tarifgebundenheit der Arbeitsvertragsparteien voraussetzt. Die gerichtl. Entsch. nach § 9 kann daher keine weitergehende Bindungswirkung entfalten als der TV selbst. Dabei ist es irrelevant, ob nur der AG oder keine der Arbeitsvertragsparteien tarifgebunden ist; in beiden Fällen wirken die TVNormen, von § 3 II abgesehen, nicht unmittelbar und zwgd. auf das ArbVerh. ein. Die Bindung kann sich in diesen Fällen daher nur mittelbar über die arbeitsvertragl. **Bezugnahmeklausel** auf den TV ergeben (*Löwisch/Rieble* Rn. 116). Die Arbeitsvertragsparteien entscheiden über den Umf. der Verweisung auf den TV. Im Regelfall will der tarifgebundene AG alle bei ihm beschäftigten AN unabhängig von der Tarifbindung gleichbehandeln (§ 3 Rn. 36 ff.). Daher wird man iZw., insb. bei einer vollständigen Inbezugnahme des TV, annehmen können, dass die arbeitsvertragl. Verweisungsabrede auch rkr. gerichtl. Entsch. in Bezug nimmt, welche die Tarifnormen verbindl. auslegen.

16 **c) Sachlicher Umfang der Bindungswirkung.** Die rkr. Entsch. entfaltet Bindungswirkung **für alle Gerichte.** Ein ArbG kann somit über den Inhalt eines TV mit verbindl. Wirkung auch für das BAG entscheiden. Die Bindungswirkung besteht ggü. den Gerichten aller Gerichtszweige. Die ordentl. Gerichte müssen mithin eine Entsch. über die Auslegung eines TV über Werkswohnungen oder das BSG eine Entsch. über den Begriff der Berufsunfähigkeit in einem TV hinnehmen (vgl. BSG 14.5.1991 NZA 1992, 85).

17 Die Bindungswirkung erstreckt sich immer **nur auf den TV**, zu dem eine Entsch. nach § 9 ergangen ist, nicht aber auf ÄnderungsTV und wortidentische NachfolgeTV. Die TVParteien können den aufgrund der Entsch. nach § 9 verbindl. festgestellten Inhalt des TV ggü. der anderen TVPartei im Rahmen einer Durchführungsklage und ggü. dem tarifunterworfenen Mitglied des gegnerischen Verbands iRd. Unterlassungsklage geltend machen (§ 1 Rn. 86 ff.). In Individualstreitigkeiten können die betroffenen Parteien ihre Ansprüche auf die im Rahmen von § 9 ergangene Entsch. stützen.

18 Ist ein **Individualrechtsstreit** bereits anhängig, setzt das Gericht diesen gem. § 148 ZPO bis zur rkr. Entsch. der Verbandsklage nach § 9 aus. Existiert bereits eine rkr. Entsch. in einem Individualprozess,

bleibt diese von der Verbandsklage nach § 9 unberührt. Über den vom AN oder AG erhobenen prozessualen Anspruch kann nicht erneut entschieden werden; die rkr. Entsch. nach § 9 stellt keinen Restitutionsgrund nach §§ 580, 581 ZPO dar. Ergeht nachträgl. eine rkr. Entsch. nach § 9, welche die Unwirksamkeit einer Tarifnorm feststellt, kann wegen des Charakters der Verbandsklage als Normenkontrollverf. entspr. § 79 II 2, 3 BVerfGG; §§ 47, 183 S. 2, 3 VwGO die Vollstreckung eines Urt. abgewendet werden, falls dieses auf die ungültige Tarifnorm gestützt wurde. Die im Individualprozess unterlegene Partei kann dann nach § 767 ZPO Vollstreckungsgegenklage erheben (*Löwisch/Rieble* Rn. 131 f.; Wiedemann/*Oetker* Rn. 42; aA Däubler/*Reinecke/Rachor* Rn. 50 f.). Dieser Weg ist bei Auslegungsstreitigkeiten allerdings nicht gangbar.

§ 10 Tarifvertrag und Tarifordnungen

(1) Mit dem Inkrafttreten eines Tarifvertrages treten Tarifordnungen, die für den Geltungsbereich des Tarifvertrages oder Teile desselben erlassen worden sind, außer Kraft, mit Ausnahme solcher Bestimmungen, die durch den Tarifvertrag nicht geregelt worden sind.

(2) Das Bundesministerium für Arbeit und Soziales kann Tarifordnungen aufheben; die Aufhebung bedarf der öffentlichen Bekanntmachung.

§ 11 Durchführungsbestimmungen

Das Bundesministerium für Arbeit und Soziales kann unter Mitwirkung der Spitzenorganisationen der Arbeitgeber und der Arbeitnehmer die zur Durchführung des Gesetzes erforderlichen Verordnungen erlassen, insbesondere über

1. die Errichtung und die Führung des Tarifregisters und des Tarifarchivs;

2. das Verfahren bei der Allgemeinverbindlicherklärung von Tarifverträgen und der Aufhebung von Tarifordnungen und Anordnungen, die öffentlichen Bekanntmachungen bei der Antragsstellung, der Erklärung und Beendigung der Allgemeinverbindlichkeit und der Aufhebung von Tarifordnungen und Anordnungen sowie die hierdurch entstehenden Kosten;

3. den in § 5 genannten Ausschuß.

Das BMAS ist ermächtigt, eine DVO zu erlassen. Es gilt die VO zur Durchführung des TV v. 1
16.1.1989 (BGBl. I S. 76) zul. geänd. durch VO v.11.3.2014 (BGBl. I S. 263). Der Inhalt der DVO ist nicht auf die Nr. 1 bis 3 beschränkt, wie sich aus dem Wort „insbesondere" ergibt. Allerdings enthält sie keine anderen Regelungen.

§ 12 Spitzenorganisationen

[1]Spitzenorganisationen im Sinne dieses Gesetzes sind – unbeschadet der Regelung in § 2 – diejenigen Zusammenschlüsse von Gewerkschaften oder von Arbeitgebervereinigungen, die für die Vertretung der Arbeitnehmer- oder der Arbeitgeberinteressen im Arbeitsleben des Bundesgebietes wesentliche Bedeutung haben. [2]Ihnen stehen gleich Gewerkschaften und Arbeitgebervereinigungen, die keinem solchen Zusammenschluß angehören, wenn sie die Voraussetzungen des letzten Halbsatzes in Satz 1 erfüllen.

Die Vorschr. regelt die Mitwirkung der Spitzenorganisationen bei der **staatl. Rechtsetzung** auf dem 1
Gebiet des Tarifrechts, also beim Erlass von AVE (§ 5) und von DVO (§ 11). Davon zu unterscheiden ist der Begriff der Spitzenorganisation nach § 2. Dieser bezieht sich auf die Mitwirkung an der tarifautonomen Rechtssetzung. Zahlr. Vorschr. des Bundes- und Landesrechts knüpfen an den Begriff der Spitzenorganisation an, wie etwa § 98 II Nr. 9 AktG, § 6 Montan-MitbestG, § 5 I HAG. Es bedarf im Einzelfall der Prüfung, ob hierbei die Definition des § 12 maßgebend ist. So wird in § 11 ArbnErfG ausdr. auf § 12 verwiesen. Für § 37 VII BetrVG hat das BAG den Begriff des § 12 zugrunde gelegt (BAG 18.12.1973 AP BetrVG 1972 § 37 Nr. 7).

Der **Begriff der Spitzenorganisation** setzt nach hM voraus, dass die Mitgliedsverbände oder die 2
Spitzenorganisationen selbst tariffähig sind. Spitzenorganisation ist mithin der DGB und die BDA. Zw. ist dies bei dem CGB, weil einigen Mitgliedsverbänden des CGB nach der Rspr. des BAG die Tariffähigkeit fehlt (§ 2 Rn. 14). § 12 S. 2 stellt den Spitzenorganisationen solche Gewerkschaften und AGVerbände gleich, die keinen Dachverband haben. Diese Vorschr. war auf die DAG zugeschnitten, die in ver.di aufgegangen ist.

Im Interesse der Arbeitsfähigkeit des Staates und seiner Gesetzgebungsorgane können nicht alle 3
Verbände an dem Verf. zur AVE und am Erlass von DVO nach § 11 beteiligt werden. Daher beschränkt § 12 dies auf Spitzenorganisationen, denen **wesentl. Bedeutung im Bundesgebiet** zukommt. Ob dieses Merkmal erfüllt ist, erschließt sich aus einer Gesamtschau von Mitgliederzahl, wirtschaftl. Stellung, Anzahl und Bedeutung von Tarifabschlüssen. Die Organisation muss für das

gesamte Gebiet Deutschlands Bedeutung haben; nicht zu berücksichtigen sind daher Regionalverbände. Diese Beschränkung ist verfassungsrechtl. nicht zu beanstanden. Aus Art. 9 III GG erwächst den Koalitionen kein Recht, an der staatl. Gesetzgebung mitzuwirken (Däubler/*Reinecke/Rachor* Rn. 7). Die unverbindl. ILO-Empfehlung Nr. 113 sieht eine Beratung mit den Koalitionen vor. Das ILO-Abkommen Nr. 150 über die Konsultationspflicht bezieht sich allein auf die Arbeitsverw.

4 Ob ein Verband Spitzenorganisation ist, entscheiden die **zust. Behörden** für ihren Bereich (BMAS, oberste Landesbehörde für den Fall des § 5 VI). Die Entsch. muss nach pflichtgemäßem Ermessen getroffen werden, der Behörde ist ein erhebl. Beurteilungsspielraum einzuräumen. IRd. Gesetzgebungsverf. war angesprochen worden, das arbeitsgerichtl. BeschlV zur Feststellung der Tariffähigkeit und Tarifzuständigkeit nach §§ 2a I Nr. 4, 97 ArbGG auch auf die Feststellung der Eigenschaft einer Spitzenorganisation zu erstrecken. Dies ist abgelehnt worden (Wiedemann/*Oetker* Rn. 11 mwN). Rechtsschutz besteht mithin nur über Art. 19 IV GG, wenn geltend gemacht wird, die Bevorzugung anderer Organisationen sei willkürl. Zust. sind die VG (Däubler/*Reinecke/Rachor* Rn. 8).

§ 12a Arbeitnehmerähnliche Personen

(1) Die Vorschriften dieses Gesetzes gelten entsprechend

1. für Personen, die wirtschaftlich abhängig und vergleichbar einem Arbeitnehmer sozial schutzbedürftig sind (arbeitnehmerähnliche Personen), wenn sie auf Grund von Dienst- oder Werkverträgen für andere Personen tätig sind, die geschuldeten Leistungen persönlich und im wesentlichen ohne Mitarbeit von Arbeitnehmern erbringen und

a) überwiegend für eine Person tätig sind oder

b) ihnen von einer Person im Durchschnitt mehr als die Hälfte des Entgelts zusteht, das ihnen für ihre Erwerbstätigkeit insgesamt zusteht; ist dies nicht voraussehbar, so sind für die Berechnung, soweit im Tarifvertrag nichts anderes vereinbart ist, jeweils die letzten sechs Monate, bei kürzerer Dauer der Tätigkeit dieser Zeitraum, maßgebend,

2. für die in Nummer 1 genannten Personen, für die die arbeitnehmerähnlichen Personen tätig sind, sowie für die zwischen ihnen und den arbeitnehmerähnlichen Personen durch Dienst- oder Werkverträge begründeten Rechtsverhältnisse.

(2) Mehrere Personen, für die arbeitnehmerähnliche Personen tätig sind, gelten als eine Person, wenn diese mehreren Personen nach der Art eines Konzerns (§ 18 des Aktiengesetzes) zusammengefaßt sind oder zu einer zwischen ihnen bestehenden Organisationsgemeinschaft oder nicht nur vorübergehenden Arbeitsgemeinschaft gehören.

(3) Die Absätze 1 und 2 finden auf Personen, die künstlerische, schriftstellerische oder journalistische Leistungen erbringen, sowie auf Personen, die an der Erbringung, insbesondere der technischen Gestaltung solcher Leistungen unmittelbar mitwirken, auch dann Anwendung, wenn ihnen abweichend von Absatz 1 Nr. 1 Buchstabe b erster Halbsatz von einer Person im Durchschnitt mindestens ein Drittel des Entgelts zusteht, das ihnen für ihre Erwerbstätigkeit insgesamt zusteht.

(4) Die Vorschrift findet keine Anwendung auf Handelsvertreter im Sinne des § 84 des Handelsgesetzbuchs.

1 **1. Bedeutung der Vorschrift.** Gegenstand der Normen des TV sind ausweisl. von § 1 ArbVerh., also Rechtsverhältnisse von AG und AN (§ 1 Rn. 38). § 12a erstreckt die Wirkungen des TVG auch **auf andere Rechtsverhältnisse**, auf Verträge zwischen den dort genannten arbeitnehmerähnl. Personen und deren Auftraggebern. Damit können für diese Personengruppen TV abgeschlossen werden. Die Vorschr. steht im Zusammenhang mit § 17 HAG. Diese Bestimmung ermöglicht ebenfalls den Abschluss von TV zum Schutz von Personen, die von der Rechtsordnung nicht als AN eingestuft, aber als vergleichbar schutzbedürftig angesehen werden. Vorschr., die arbeitsrechtl. G auch für arbeitnehmerähnl. Personen öffnen, finden sich darüber hinaus bspw. in § 2 S. 2 BUrlG, § 2 II Nr. 3 ArbSchG und § 5 I 2 ArbGG.

2 § 12a gestaltet **die Koalitionsfreiheit nach Art. 9 III GG** näher aus. Der pers. Schutzbereich der Koalitionsfreiheit ist nicht auf AN iSd. ArbR beschränkt, sondern bezieht auch **arbeitnehmerähnl. Personen** mit ein (BAG 15.2.2005 NZA 2006, 223). Alle Beschäftigten können Koalitionen bilden, soweit eine solche kollektive Gegenmachtbildung zur Wahrung und Förderung ihrer Arbeits- und Wirtschaftsbedingungen notwendig erscheint. Den Koalitionen steht dann das Recht zu, die Rechtsverhältnisse dieser Personengruppe zu regeln (GG Art. 9 Rn. 28; KeZa/*Stein* Rn. 7; *Löwisch/Rieble* Rn. 2; Wiedemann/*Wank* Rn. 24). Damit ist nicht gesagt, dass § 12a TVG verfassungsrechtl. geboten ist. Der Gesetzgeber hat bei der Ausgestaltung der Koalitionsfreiheit einen weiten Gestaltungsspielraum. Er muss nicht jeder Personengruppe, welche unter den pers. Geltungsbereich von Art. 9 III GG fällt, die Möglichkeit einräumen, die Arbeits- und Wirtschaftsbedingungen gerade durch mit unmittelbarer und zwgd. Wirkung ausgestatteten TV zu regeln. Der Gesetzgeber kann auch mit anderen von ihm als wirksam erachteten Schutzmechanismen auf bestimmte gesellschaftl. Situationen reagieren.

Daher ist der Ausschluss der Handelsvertreter nach § 12a IV verfassungskonform, va., weil für diese Personengruppe die Möglichkeit besteht, nach Anhörung der entspr. Verbände Mindestarbeitsbedingungen durch VO nach § 92a HGB festzulegen (Däubler/*Reinecke/Rachor* Rn. 18; *Löwisch/Rieble* Rn. 5; **aA** HWK/*Henssler* Rn. 15; KeZa/*Stein* Rn. 35; Wiedemann/*Wank* Rn. 53).

§ 12a wurde 1974 durch das **HeimarbeitsÄndG** eingeführt (BGBl. I S. 2879). Zielgruppe des G waren nicht die „arbeitnehmerähnl. Personen" schlechthin, sondern va. freie Mitarbeiter im Bereich des Rundfunks und die in § 12a III bes. genannten Personen, welche künstlerische, schriftstellerische oder journalistische Leistungen erbringen. Die rechtstats. Bedeutung beschränkt sich im Wesentlichen auf den Bereich des (ör.) Rundfunks. In diesem Bereich existieren einige TV für arbeitnehmerähnl. Personen. 3

2. Der Begriff der arbeitnehmerähnlichen Personen. a) Merkmale (Abs. 1). Im Eingangssatz geht § 12a I von einem allg. Begriff einer arbeitnehmerähnl. Person aus. Eine arbeitnehmerähnl. Person ist im Gegensatz zum AN nicht pers. abhängig (zum Begriff des AN BGB § 611 Rn. 34 ff.), zeichnet sich aber durch **wirtschaftl. Abhängigkeit und soziale Schutzbedürftigkeit** vergleichbar einem AN aus. Die wirtschaftl. Abhängigkeit wird durch § 12a I Nr. 1 lit. a und b näher konkretisiert. Eine Person ist wirtschaftl. abhängig, wenn sie in zeitl. (lit. a) oder finanzieller (lit. b) Hinsicht im Wesentlichen nur einen Auftraggeber hat. Die arbeitnehmerähnl. Person muss mind. die Hälfte ihres Erwerbseinkommens von einer Person beziehen (§ 12a I Nr. 1 lit. b). Auf die Festlegung exakter Entgeltgrenzen wurde dabei allerdings verzichtet. Die ANÄhnlichkeit entfällt erst, wenn der anderweitige Verdienst den Tätigen unabhängig macht (vgl. BAG 2.10.1990 AP TVG § 12a Nr. 1). 4

Soziale Schutzbedürftigkeit ist anzunehmen, wenn das Maß der Abhängigkeit nach der Verkehrsanschauung einen solchen Grad erreicht, wie er im Allg. nur in einem ArbVerh. vorkommt, und die geleisteten Dienste nach ihrer sozialen Typik mit denen eines AN vergleichbar sind (BAG 2.10.1990 AP TVG § 12a Nr. 1; 15.3.1978 AP BGB § 611 Abhängigkeit Nr. 26). Die TVParteien können den Begriff der sozialen Schutzbedürftigkeit nicht über den ges. Begriff hinaus erweitern; § 12a ist also nicht tarifdispositiv. Allerdings können die TVParteien den Begriff der sozialen Schutzbedürftigkeit konkretisieren und hierzu Entgeltgrenzen vorsehen, oberhalb derer die soziale Schutzbedürftigkeit fehlt (BAG 14.12.2004 AP TVG § 1 Tarifverträge: Rundfunk Nr. 43); hierbei kommt es nicht auf das erzielte Bruttoeinkommen, sondern auf die nach den allg. Gewinnermittlungsvorschr. des Einkommensteuerrechts ermittelten Gewinne an (BAG 21.6.2011 EzA TVG § 4 Rundfunk Nr. 29). Entscheidend für eine zulässige Konkretisierung des Merkmals der „sozialen Schutzbedürftigkeit" soll nach der Rspr. des BAG sein, ob eine für AN typische Notwendigkeit besteht, die Arbeitskraft zur Sicherung der wirtschaftl. Existenz zu verwerten (BAG 2.10.1990 AP TVG § 12a Nr. 1). Wirtschaftl. Abhängigkeit und soziale Schutzbedürftigkeit müssen kumulativ vorliegen. Näher zum Begriff der arbeitnehmerähnl. Person und zu Einzelfällen: BGB § 611 Rn. 110 ff. 5

Das G verlangt dem Wortlaut nach weiter, dass die Tätigkeit aufgrund eines **Dienst- oder Werkvertrags** geleistet wird. Vom Schutzzweck von § 12a her betrachtet, darf diese Begrifflichkeit nicht iSd. Vertragsregimes des BGB verstanden werden, zumal es eine Vielzahl von Vertragstypen gibt, die ges. nicht geregelt sind. Daher können auch Werklieferungsverträge (*Löwisch/Rieble* Rn. 30; **aA** Wiedemann/*Wank* Rn. 63), Pachtverträge (LAG D 21.3.1957 AP ArbGG 1953 § 5 Nr. 6 [Toilettenpächter]), Geschäftsbesorgungsverträge (Wiedemann/*Wank* Rn. 64; **aA** *Wlotzke* DB 1974, 2258) und Franchise-Verträge (Däubler/*Reinecke/Rachor* Rn. 37; KeZa/*Stein* Rn. 32) einbezogen sein. Es genügt, wenn die Tätigkeit dem Grundtyp des Dienst- oder Werkvertrags entspricht (KeZa/*Stein* Rn. 32). Allerdings muss stets die Bereichsausnahme des Abs. 4 für Handelsvertreter beachtet werden, was va. bei Franchisenehmern und Tankstellenpächtern bedeutsam sein kann (Däubler/*Reinecke/Rachor* Rn. 37, 38). Das BAG hat auch die Einbeziehung von sog. Rundfunkgebührenbeauftragten, die gegen Provision nicht bei der Gebühreneinzugszentrale angemeldete Rundfunkteilnehmer aufspüren sollen, durch TV für zulässig erachtet (BAG 15.2.2005 NZA 2006, 223). 6

Die arbeitnehmerähnl. Person muss die geschuldeten Leistungen **pers.** und im Wesentlichen ohne Mitarbeit von AN erbringen. Dieses Tatbestandsmerkmal stellt die Abhängigkeit der arbeitnehmerähnl. Person sicher und garantiert darüber hinaus die Gegnerfreiheit der Koalitionen auf beiden Seiten. Die arbeitnehmerähnl. Person darf somit keine oder nur in sehr geringem Umf. AGFunktionen ausüben. 7

b) Sonderregelungen für Medienmitarbeiter und Handelsvertreter (Abs. 3, 4). § 12a III privilegiert Personen, die künstlerische, schriftstellerische oder journalistische Leistungen erbringen, und solche, die an der Erbringung, insb. der technischen Gestaltung solcher Leistungen unmittelbar mitwirken. Für diese Personen sind die Voraussetzungen des Abs. 1 erleichtert. Diese Vorschr. ist insb. auf **freie Mitarbeiter der Medien** zugeschnitten. Auf diese Personengruppe findet das TVG bereits dann Anwendung, wenn sie im Durchschnitt mind. ein Drittel ihres Einkommens von einer Person beziehen, während dies bei anderen arbeitnehmerähnl. Personen erst bei der Hälfte des erzielten Einkommens der Fall ist (Rn. 4). Demggü. sind selbständige Handelsvertreter nach Abs. 4 vollständig von tarifl. Regelungen ausgenommen. Dies ist verfassungsgemäß (Rn. 2). 8

9 **3. Auftraggeber der arbeitnehmerähnlichen Personen (Abs. 1 Nr. 2, Abs. 2).** § 12a I Nr. 2 **erweitert die Tarifmacht** auf die Auftraggeber, die arbeitnehmerähnl. Personen beschäftigen, und auf die zwischen den Auftraggebern und den arbeitnehmerähnl. Personen bestehenden Rechtsverhältnisse. § 12a II versucht Umgehungsmöglichkeiten auf Seiten der Auftraggeber zu vermeiden, indem bestimmte Formen der korporativen und unternehmerischen Zusammenarbeit von Auftraggebern zusammengefasst und als eine Person fingiert werden. Dies ist bei einer konzernmäßigen Verknüpfung nach § 18 AktG, bei einer Organisationsgemeinschaft im Versicherungsbereich nach § 92a II 1 HGB sowie bei anderen Formen der Zusammenarbeit der Fall, den das G mit Arge. umschreibt. Gedacht wurde hier in erster Linie an die Arge. der Rundfunkanstalten Deutschlands (ARD) (BAG 19.10.2004 NZA 2005, 529), aber auch an Arge. im Baugewerbe (KeZa/*Stein* Rn. 36). Praktisch bedeutsam ist dies bei freien Mitarbeitern im Rundfunkbereich, die Leistungen an verschiedene, der ARD angehörende Rundfunkanstalten erbringen. Diese gelten für die Bestimmung der wirtschaftl. Abhängigkeit nach § 12a I Nr. 1 lit. b als eine Person (BAG 19.10.2004 NZA 2005, 529).

10 **4. Rechtsfolge.** § 12a ordnet die **entspr. Anwendung** des TVG an. Damit können sich tariffähige Vereinigungen für arbeitnehmerähnl. Personen bzw. ihre Auftraggeber öffnen und unter den Voraussetzungen des TVG TV für diese abschl. Dies bedeutet, dass die allg. Voraussetzungen eines TV vorliegen müssen, wie Schriftform, Tariffähigkeit und Tarifzuständigkeit, und die allg. Grenzen der Tarifmacht (§ 1 Rn. 11 ff.) auch hier beachtet werden müssen. So verstößt die Herausnahme von Studenten aus einem TV für arbeitnehmerähnl. Personen nach Auff. des BAG gegen Art. 3 I GG (BAG 20.1.2004 NZA 2004, 1058). Bei TV im Medienbereich stellt die Rundfunkfreiheit nach Art. 5 I GG eine zusätzl. Rechtsgrenze eines TV dar. Dies gilt insb. für TV, welche den Bestandsschutz der arbeitnehmerähnl. Personen verbessern wollen (vgl. BVerfG 13.1.1982 AP GG Art. 5 I Rundfunkfreiheit Nr. 1; 18.2.2000 AP GG Art. 5 I Rundfunkfreiheit Nr. 9). Außerdem steht den arbeitnehmerähnl. Personen in den allg. Grenzen das Instrument des Streiks, den Auftraggebern dasjenige der Aussperrung zur Seite.

11 Darüber hinaus besteht Einigkeit, dass TV für arbeitnehmerähnl. Personen **Individualnormen** enthalten können, also Inhalts- (§ 1 Rn. 41 f.), Abschluss- (§ 1 Rn. 43) und Beendigungsnormen (§ 1 Rn. 44). Die wohl überw. Auff. bezieht die tarifl. Regelungsmacht auch auf betriebl. und betriebsverfassungsrechtl. Normen sowie Normen über gemeinsame Einrichtungen zugunsten der arbeitnehmerähnl. Personen (Däubler/*Reinecke/Rachor* Rn. 68 ff.; HWK/*Henssler* Rn. 18; KeZa/*Stein* Rn. 39 ff.; Wiedemann/*Wank* Rn. 87 ff.). Dem ist grds. zuzustimmen. Allerdings setzt dies voraus, dass die arbeitnehmerähnl. Person in einen Betrieb eingegliedert ist, woran es häufig fehlen wird. Außerdem dürfen die TVParteien arbeitnehmerähnl. Personen nicht in die ges. BetrVerf. einbeziehen, weil § 5 BetrVG nicht tarifdispositiv ist. Zulässig wäre die Errichtung einer eigenständigen Vertretung der arbeitnehmerähnl. Personen im Betrieb durch TV, die aber nicht die ges. MBR des BR erlangen kann. Die Gegenauffassung lehnt Tarifmacht für betriebl. und betriebsverfassungsrechtl. Tarifnormen generell ab: Der Wortlaut von § 12a I Nr. 2 beziehe sich ausdr. auf die zwischen den Auftraggebern und den arbeitnehmerähnl. Personen bestehenden Rechtsverhältnisse, weshalb nur Individualnormen vereinbart werden könnten (*Löwisch/Rieble* Rn. 16, 19). Außerdem habe der Gesetzgeber in § 12a dies. tarifl. Regelungsmacht einführen wollen wie für Heimarbeiter (*Lund* BArbBl. 1974, 683). Nach § 17 HAG können für Heimarbeiter aber nur schriftl. Vereinb. über Inhalt, Abschluss und Beendigung von Vertragsverhältnissen der in Heimarbeit Beschäftigten als TV geschlossen werden (*Löwisch/Rieble* Rn. 19).

§ 13 Inkrafttreten

(1) **Dieses Gesetz tritt mit seiner Verkündung in Kraft.**

(2) **Tarifverträge, die vor dem Inkrafttreten dieses Gesetzes abgeschlossen sind, unterliegen diesem Gesetz.**

(3) **§ 4a ist nicht auf Tarifverträge anzuwenden, die am 10. Juli 2015 gelten.**

1 Abs. 1 und 2 haben kaum noch praktische Bedeutung. Abs. 3 wurde durch das TarifeinheitsG im Jahr 2015 eingeführt und enthält eine Übergangsvorschr.: Danach ist § 4a TVG nicht auf TV anwendbar, die am Tag nach der Verkündung des G – 10.7.2015 – gelten. Damit sollen sich die Akteure auf die neuen Regeln zur Tarifeinheit nach dem betriebl. Mehrheitsprinzip gem. § 4a einstellen können. Ledigl. nachwirkende TV kommen nicht in den Genuss dieser Privilegierung (BT-Drs. 18/4062 S. 15).

605. Gesetz über Teilzeitarbeit und befristete Arbeitsverträge (Teilzeit- und Befristungsgesetz – TzBfG)

Vom 21. Dezember 2000 (BGBl. I S. 1966)

Zul. geänd. durch Gesetz vom 20. Dezember 2011 (BGBl. I S. 2854)

(FNA 800-26)

Erster Abschnitt. Allgemeine Vorschriften

§ 1 Zielsetzung

Ziel des Gesetzes ist, Teilzeitarbeit zu fördern, die Voraussetzungen für die Zulässigkeit befristeter Arbeitsverträge festzulegen und die Diskriminierung von teilzeitbeschäftigten und befristet beschäftigten Arbeitnehmern zu verhindern.

Das G über Teilzeitarbeit und befristete Arbeitsverträge und zur Änd. und Aufhebung arbeitsrechtl. Bestimmungen, dessen Art. 1 das TzBfG enthält, hat zum 1.1.2001 das frühere BeschFG ersetzt. Es setzt die EG-RL 1997/81/EG v. 15.12.1997 über Teilzeitarbeit und 1999/70/EG v. 28.6.1999 über befristete ArbVerh. in nationales Recht um. Nach der **RL 1999/70/EG** ist jeder Mitgliedstaat verpflichtet, eine oder mehrere der folgenden Maßnahmen zu ergreifen (näher zur Auslegung durch den EuGH *Riesenhuber* S. 328 f.; *Rolfs/de Groot* ZESAR 2009, 5; *Krebber* EuZA 2017, 3 ff.; vgl. ferner die vergleichende Untersuchung des Rechts der Kettenbefristung in ausgewählten EU-Mitgliedstaaten von *Kamanabrou* NZA 2016, 385 ff.): 1

– Festlegung sachl. Gründe, welche die Verlängerung eines befristeten Arbeitsvertrags rechtfertigen.
– Festlegung der Höchstdauer aufeinander folgender befristeter Arbeitsverträge.
– Festlegung der zulässigen Zahl der Verlängerungen eines befristeten Arbeitsvertrags.

Nach Sinn und Zweck der Rahmenvereinb. soll der wiederholte Rückgriff auf befristete Arbeitsverträge oder -verh., der als eine **Quelle potentiellen Missbrauchs** zu Lasten der AN gesehen wird, eingegrenzt werden, indem eine Reihe von Mindestschutzbestimmungen vorgesehen wird, die die Prekarisierung der Lage der Beschäftigten verhindern sollen (vgl. EuGH 26.1.2012 NZA 2012, 135; 14.9.2016 NZA 2016, 1265 Rn. 26). Danach obliegt es den nationalen Stellen, Maßnahmen zu ergreifen, die nicht nur verhältnismäßig, sondern auch hinreichend effektiv und abschreckend sein müssen, um die volle Wirksamkeit der zur Durchführung der Rahmenvereinb. erlassenen Normen sicherzustellen (EuGH 14.9.2016 NZA 2016, 1265 Rn. 31). Dem unionsrechtl. Gebot des **effet utile** ist im nationalen Recht bei der Verhinderung eines missbräuchl. Einsatzes aufeinanderfolgender befristeter Arbeitsverträge durch die Möglichkeit, missbräuchl. Gestaltungen zu prüfen und zu verhindern, genügt worden (BAG 19.3.2014 NZA 2014, 840 Rn. 24). Während die RL 1999/70/EG weder auf das befristete ArbVerh. zwischen einem LeihAN und dem Verleiher noch auf das Rechtsverhältnis zum Entleiher Anwendung finden soll (EuGH 11.4.2013 NZA 2013, 495 – Rocca –; krit. PS/*Brose* § 9 Rn. 29 ff.), enthält das TzBfG keine entspr. Einschränkung seines Geltungsbereichs, es findet auf LeihAN Anwendung (BAG 15.5.2013 NZA 2013, 1214; 23.7.2014 NZA 2015, 46 Rn. 42; *Greiner* NZA 2014, 284, 285). HeimAN gehören ebenso wenig wie Beamte zu den AN iSd. Unionsrechts (BAG 24.8.2016 NZA 2017, 244 Rn. 43, 45; 15.2.2017 – 7 AZR 143/15 – Rn. 25). 2

§ 5 Nr. 1 der Rahmenvereinb. verpflichtet die Mitgliedstaaten zum effektiven und verbindl. Erlass **mind. einer der dort aufgeführten Maßnahmen**, um Missbrauch durch aufeinanderfolgende befristete Arbeitsverträge oder -verh. zu vermeiden, wenn ihr innerstaatl. Recht keine gleichwertigen ges. Maßnahmen enthält (EuGH 8.3.2012 NZA 2012, 441 Rn. 36 mwN). Zu beachten ist, dass die Rahmenvereinb. die erstmalige Befristung eines ArbVerh. nicht erfasst, sondern ledigl. zum Ziel hat, den Missbrauch von aufeinanderfolgenden befristeten ArbVerh. zu verhindern (EuGH 23.4.2009 AP Richtlinie 99/70/EG Nr. 6; 13.3.2014 NZA 2014, 475; *Linsenmaier* RdA 2012, 193, 195). Der nationale Gesetzgeber muss nicht alle Möglichkeiten ergreifen. Er muss aber für alle Sektoren zumindest eine dieser drei Schutzformen vorsehen (BAG 19.3.2008 NZA 2009, 84). Die verwendete Variante muss aber zur Zweckerreichung geeignet sein (*Schlachter* FS Wank 2014 S. 503, 507 zB nicht Begrenzung der Höchstzahl der Befristungen auf 50). Sektorale Ausnahmen von allen Schutzformen (zB für AN in Privathaushalten) lässt die RL nicht zu (EuGH 26.11.2014 NZA 2015, 153 Rn. 68; 14.9.2016 NZA 2016, 1265 Rn. 24 f.). Doch sind die Vorgaben des § 14 II so ausgestaltet, dass dieser Fall der sachgrundlosen Befristung von ArbVerh. mit dem Unionsrecht (einschl. Art. 30 GRC) vereinbar ist (BAG 22.1.2014 NZA 2014, 483 Rn. 36; 19.3.2014 NZA 2014, 840 Rn. 23). 3

4 Der Begriff „sachl. Gründe" iSd. § 5 Nr. 1 lit. a der Rahmenvereinb. wird vom EuGH (23.4.2009 AP Richtlinie 99/70/EG Nr. 6 Rn. 96; 26.1.2012 NZA 2012, 135 Rn. 27; 13.3.2014 NZA 2014, 475 Rn. 45; 21.9.2016 NZA 2016, 1323 Rn. 49) dahin verstanden, dass er **genau bezeichnete, konkrete Umstände** meint, die eine bestimmte Tätigkeit kennzeichnen und daher in diesem speziellen Zusammenhang die Verwendung aufeinander folgender befristeter Arbeitsverträge rechtfertigen können. Diese Umstände können sich etwa aus der bes. Art der Aufgaben, zu deren Erfüllung diese Verträge geschlossen worden sind, und deren Wesensmerkmalen oder ggf. aus der Verfolgung eines legitimen sozialpolitischen Zieles durch einen Mitgliedstaat ergeben. Erforderl. sind obj. Faktoren, die mit den Besonderheiten der Tätigkeit und den Bedingungen ihrer Ausübung zusammenhängen. Sie müssen geeignet sein, den Normzweck der RL zu erreichen (*Schlachter* Anm. AP TzBfG § 14 Haushalt Nr. 18). Eine innerstaatl. Vorschrift, die sich darauf beschränkt, den Rückgriff auf aufeinanderfolgende befristete Arbeitsverträge allg. und abstrakt durch G oder VO zuzulassen, genügt nicht den vom EuGH aufgestellten Erfordernissen (EuGH 21.9.2016 NZA 2016, 1323 Rn. 50). Aus Anlass der Umsetzung der RL durften nationale Standards nicht abgesenkt werden. Da die Auslegung des nationalen Rechts allein Sache der nationalen Gerichte ist, kommt es diesen zu, durch einen Vergleich des jeweiligen Schutzgrades der einzelnen nationalen Bestimmungen festzustellen, inwieweit Änd. des bestehenden nationalen Rechts ggf. zu einer Herabsetzung des Schutzes von AN mit einem befristeten Arbeitsvertrag geführt haben (EuGH 23.4.2009 AP Richtlinie 99/70/EG Nr. 6; 24.6.2010 NZA 2010, 805; BAG 5.12.2012 NZA 2013, 515). Hierzu weist der EuGH darauf hin, dass eine nationale Regelung nicht als dem Verschlechterungsverbot zuwiderlaufend angesehen werden könne, wenn die Senkung, die sie mit sich bringe, in keinem Zusammenhang mit der Umsetzung der Rahmenvereinb. stehe.

5 Im Interesse des gesamtwirtschaftl. Gleichgewichts und speziell der **Vollbeschäftigung** soll das G die TZArbeit zu fördern. Im Bereich der TZArbeit werden bisherige Lücken im G geschlossen, das bestehende Diskriminierungsverbot ggü. Vollzeitbeschäftigten angepasst, den AN ein Rechtsanspruch auf TZArbeit bei gleichzeitiger Bevorzugung von TZBeschäftigten bei der Rückkehr zur Vollzeitarbeit eingeräumt und Regeln über die Teilnahme von TZBeschäftigten an Weiterbildungsmaßnahmen aufgestellt.

6 In Bezug auf **befristet beschäftigte AN** drückt das G selbst keine allg. Zielsetzung aus. Es nennt seine Zwecke: Die Zulässigkeit befristeter Arbeitsverträge soll ges. geregelt und die Diskriminierung von befristet beschäftigten AN verhindert werden. Nach der Vorstellung des Gesetzgebers ist nicht der befristete, sondern der unbefristete Arbeitsvertrag der sozialpolitisch erwünschte Normalfall (BT-Drs. 14/4374 S. 12). Dies drückt sich darin aus, dass der befristete Arbeitsvertrag bes. Regeln unterworfen wird, die für unbefristete nicht einzuhalten sind (BAG 25.3.2009 NZA 2009, 1417). Ob das G, den Abschluss befristeter Arbeitsverträge im Interesse der Arbeitsmarktlage fördern oder einschränken will, wird ausdr. nicht erwähnt. Eine Zielsetzung ergibt sich auch nicht aus den einzelnen Regelungen. Während die Regeln über den Abschluss befristeter Arbeitsverträge mit Sachgrund (§ 14 I) erkennbar den bisherigen Stand der Rspr. aufnehmen, in Teilen sogar die zulässigen Befristungsgründe erweitern (va. im öffentl. Dienst), ist die Regelung der Befristung ohne Sachgrund (§ 14 II) iE enger ausgefallen als die Vorläuferbestimmung in § 1 BeschFG 1996 und in der Rspr. Dazu hat wesentl. beigetragen, dass ein Sachgrund nach § 14 I auch dann erforderl. ist, wenn keine Umgehung von Bestimmungen des Kündigungsschutzrechts in Betracht kommt. Damit bedarf der (wiederholte) Abschluss von kurzfristigen Arbeitsverträgen (bis zur Dauer von sechs Monaten) erstmals eines Sachgrunds. Entspr. ist auch von **KleinAG** zu beachten. Demggü. ist die Regelung für ältere AN (§ 14 III) so großzügig geraten, dass bereits eine Verletzung der unionsrechtl. Vorgaben in Betracht zu ziehen ist.

7 Das den Abschluss befristeter Arbeitsverträge nicht erleichternde **Schriftformerfordernis** (§ 14 IV) war bereits seit dem 1.5.2000 in § 623 BGB geregelt. Die Bestimmungen über das Ende des befristeten ArbVerh. (§ 15) und die Folgen unwirksamer Befristungen (§ 16) entsprechen weitgehend der bisherigen durch das BGB, die Rspr. und das Schrifttum geprägten Rechtslage. Die **Klagefrist** des § 17 löst die gleichwertige Bestimmung des § 1 V BeschFG ab. Neu sind die Informationspflichten des AG ggü. den AN (§ 18) und ihrer Vertretung (§ 20) sowie die Pflicht zu angemessener Aus- und Weiterbildung (§ 19). Eine im Vergleich zur früheren Rspr. und Lehre deutl. Bestätigung hat der auflösend bedingte Arbeitsvertrag gefunden (§ 21). IE kann angenommen werden, dass das TzBfG den Abschluss befristeter Arbeitsverträge zwar an geschriebene Rechtsregeln binden, nicht aber unterdrücken will.

§ 2 Begriff des teilzeitbeschäftigten Arbeitnehmers

(1) [1]**Teilzeitbeschäftigt ist ein Arbeitnehmer, dessen regelmäßige Wochenarbeitszeit kürzer ist als die eines vergleichbaren vollzeitbeschäftigten Arbeitnehmers.** [2]**Ist eine regelmäßige Wochenarbeitszeit nicht vereinbart, so ist ein Arbeitnehmer teilzeitbeschäftigt, wenn seine regelmäßige Arbeitszeit im Durchschnitt eines bis zu einem Jahr reichenden Beschäftigungszeitraums unter der eines vergleichbaren vollzeitbeschäftigten Arbeitnehmers liegt.** [3]**Vergleichbar ist ein vollzeitbeschäftigter Arbeitnehmer des Betriebes mit derselben Art des Arbeitsverhältnisses und der gleichen oder einer ähnlichen Tätigkeit.** [4]**Gibt es im Betrieb keinen vergleichbaren vollzeitbeschäf-**

tigten Arbeitnehmer, so ist der vergleichbare vollzeitbeschäftigte Arbeitnehmer auf Grund des anwendbaren Tarifvertrages zu bestimmen; in allen anderen Fällen ist darauf abzustellen, wer im jeweiligen Wirtschaftszweig üblicherweise als vergleichbarer vollzeitbeschäftigter Arbeitnehmer anzusehen ist.

(2) **Teilzeitbeschäftigt ist auch ein Arbeitnehmer, der eine geringfügige Beschäftigung nach § 8 Abs. 1 Nr. 1 des Vierten Buches Sozialgesetzbuch ausübt.**

Legaldefinition: Als TZBeschäftigte gelten nach § 2 in Übereinstimmung mit § 3 RV-TzA (Rahmenvereinb. über TZArbeit v. 6.6.1997, aufgenommen in die RL 97/81/EG des Rates v. 15.12.1997, ABlEG 20.1.1998, L 14 S. 9 ff.) alle AN, deren regelm. WochenAZ geringer ist als diejenige vergleichbarer vollzeitbeschäftigter AN. Ist eine regelm. WochenAZ nicht vereinbart, liegt TZArbeit dann vor, wenn die regelm. AZ in einem Beschäftigungszeitraum von bis zu einem Jahr unter der eines vergleichbaren VollzeitAN liegt. Teilzeitbeschäftigt können danach also auch AN sein, die in einigen Monaten gleich lang arbeiten wie Vollzeitkräfte, in anderen dagegen gar nicht (zB Saisonarbeiter). Das TzBfG umfasst alle Formen der TZArbeit, auch flexible AZSysteme (*Laux/Schlachter* Rn. 54 ff.). 1

Die **Bestimmung des vergleichbaren vollzeitbeschäftigten AN** erfolgt nach **einem abgestuften Verfahren.** Vergleichbar ist ein AN mit ders. Art des ArbVerh. und der gleichen oder einer ähnl. Tätigkeit. Zu beachten ist, dass der Begriff der Vergleichbarkeit im Kontext des § 4 I eine wesentl. Rolle spielt. Hier kommt es nicht nur auf die vergleichbare Tätigkeit an. Wenn der AG zB bei der Leistungserbringung nicht auf die Tätigkeit, sondern auf andere Faktoren – etwa die Betriebszugehörigkeit – abstellt. Entscheidend für die Vergleichbarkeit ist dann, wie der AG selbst die Gruppenbildung vorgenommen hat (BAG 28.5.2013 AP BetrAVG § 1 Teilzeit Nr. 17). Nicht ohne Weiteres vergleichbar sind tarifgebundene und nicht tarifgebundene AN (BAG 14.3.2007 NZA 2007, 981) sowie vor einem Betriebsübergang beschäftigte und übergegangene AN (BAG 14.3.2007 NZA 2007, 862). Hins. der AZ ist zunächst auf vergleichbare vollzeitbeschäftigte AN desselben Betriebs abzustellen. Fehlen solche – etwa in Kleinbetrieben und Wirtschaftszweigen, in denen ausschl. TZAN beschäftigt werden (zB Reinigungsgewerbe) – ist zunächst der anwendbare TV maßgebl., in Ermangelung eines solchen die Üblichkeit im jeweiligen Wirtschaftszweig. Letztere bestimmt sich nach dem TV, der im Betrieb hypothetisch anwendbar ist (BT-Drs. 14/4374 S. 15). Existieren mehrere TV, ist derjenige heranzuziehen, der die meisten AN erfasst (*Laux/Schlachter* Rn. 46). Maßstab für die Definition einer auf Dauer angelegten TZArbeit ist also nicht die zulässige HöchstAZ nach § 3 ArbZG, sondern die **tats. geschuldete AZ** im Betrieb, im Wirtschaftszweig oder nach TV. 2

§ 2 erfasst alle AN, deren **AZ dauerhaft oder vorübergehend verkürzt** ist, unabhängig davon, ob sie befristet oder unbefristet beschäftigt sind. Auch AN im öffentl. Dienst, nebenberufl. Beschäftigte sowie ltd. Ang. fallen unter § 2. Unbeachtl. ist auch, ob die AZ nach Tagen, Wochen oder längeren Zeiträumen bestimmt ist und ob es sich um Sonderformen der TZBeschäftigung wie die Anpassung der AZ an den Arbeitsanfall, die Arbeitsplatzteilung oder die Turnusarbeit handelt. Bei Kurzarbeit oder vorübergehender Arbeitsfreistellung liegt kein TZArbVerh. Bei Vereinb. eines ruhenden ArbVerh. wird nicht gleichzeitig ein TZArbVerh. iSd. § 2 I vereinbart (BAG 6.5.2014 NJW 2014, 2974 Rn. 14). § 2 II bezieht (klarstellend) ausdr. die **geringfügig Beschäftigten** iSv. § 8 I Nr. 1 SGB IV in den Kreis der TZBeschäftigten mit ein, so dass eine Sonderbehandlung dieser Gruppe von TZBeschäftigten nicht mehr zulässig ist (§ 4 Rn. 57). 3

Der **ANBegriff** bestimmt sich auch für TZBeschäftigte nach § 611a BGB. Er wird **nicht durch die Länge der AZ beeinflusst** (*Laux/Schlachter* Rn. 10). TZBeschäftigte sind nicht etwa infolge ihrer verkürzten AZ weniger schutzbedürftig (*Laux/Schlachter* Rn. 8 ff.). 4

Die verschiedenen Arten von TZArbeit sind dadurch gekennzeichnet, dass die AZ gleichmäßig oder ungleichmäßig, regelm. oder unregelmäßig verkürzt ist. Gemeinhin unterscheidet man zum einen starre, herkömml. Formen der TZArbeit mit **festgelegter Dauer und Lage der AZ,** zum anderen Regelungen, die eine flexible Gestaltung der AZ hins. Dauer und/oder Lage zulassen (vgl. Preis/*Preis* II T 10 sowie II A 90 Rn. 44 ff.). Bei der herkömml. TZArbeit erbringt der AN seine Leistung entweder jeden Tag verkürzt (Halbtagsarbeit, Schichtarbeit) oder verrichtet seine Tätigkeit ganztägig nur an einigen Arbeitstagen der Woche oder des Monats. Bei den flexiblen TZArbeitsmodellen werden dem AG (Abrufarbeit, KAPOVAZ; vgl. § 12) bzw. dem AN (gleitende AZ, Arbeitsplatzteilung) gewisse Gestaltungsspielräume hins. der konkreten AZ zugebilligt. 5

§ 3 Begriff des befristet beschäftigten Arbeitnehmers

(1) [1]**Befristet beschäftigt ist ein Arbeitnehmer mit einem auf bestimmte Zeit geschlossenen Arbeitsvertrag.** [2]**Ein auf bestimmte Zeit geschlossener Arbeitsvertrag (befristeter Arbeitsvertrag) liegt vor, wenn seine Dauer kalendermäßig bestimmt ist (kalendermäßig befristeter Arbeitsvertrag) oder sich aus Art, Zweck oder Beschaffenheit der Arbeitsleistung ergibt (zweckbefristeter Arbeitsvertrag).**

(2) [1] Vergleichbar ist ein unbefristet beschäftigter Arbeitnehmer des Betriebes mit der gleichen oder einer ähnlichen Tätigkeit. [2] Gibt es im Betrieb keinen vergleichbaren unbefristet beschäftigten Arbeitnehmer, so ist der vergleichbare unbefristet beschäftigte Arbeitnehmer auf Grund des anwendbaren Tarifvertrages zu bestimmen; in allen anderen Fällen ist darauf abzustellen, wer im jeweiligen Wirtschaftszweig üblicherweise als vergleichbarer unbefristet beschäftigter Arbeitnehmer anzusehen ist.

1 **1. Normzweck.** § 3 gibt im Interesse erleichterter Anwendbarkeit anderer Bestimmungen des G Legaldefinitionen wichtiger Begriffe des Befristungsrechts wieder. Ein ArbVerh. kann kalendermäßig befristet werden **(Zeitbefristung)**. Ebenso kann die Beendigung des ArbVerh. vom Eintritt eines bestimmten Ereignisses abhängig gemacht werden **(Zweckbefristung)**. Der auflösend bedingte Arbeitsvertrag ist gleichfalls zulässig (§ 21), wird aber nicht näher definiert, was wegen § 158 BGB entbehrl. ist.

2 **2. Geltungsbereich.** Die Grds. über die eingeschränkte Zulässigkeit befristeter Verträge gelten nur für **ArbVerh.** Sie sind dementspr. auf TZArbVerh. (BAG 16.10.1987 AP BGB § 620 Hochschule Nr. 5) und LeihAN (BAG 15.5.2013 NZA 2013, 1214) anwendbar. Arbeitnehmerähnl. Personen unterliegen dem nicht (BAG 15.11.2005 AP BGB § 611 Arbeitnehmerähnlichkeit Nr. 12). Verträge über freie Mitarbeit können uneingeschränkt befristet abgeschlossen werden (BAG 9.5.1984 AP BGB § 611 Abhängigkeit Nr. 45). Für Berufsausbildungsverhältnisse gelten die bes. Vorschr. des BBiG. Auf die Anstellungsverhältnisse der Organe jur. Personen sind die Bestimmungen des TzBfG nur dann anzuwenden, wenn sie (ausnahmsweise – vgl. MüKoBGB/*Müller-Glöge* § 611 Rn. 146 ff.) AN sind (vgl. *Busch/Schönhöft* DB 2008, 2650, 2652 ff.; offen BGH 25.7.2002 NZA 2002, 1040). Ör. Dienstverhältnisse sind keine ArbVerh. iSd. TzBfG, deshalb unterliegen durch VA geregelte Befristungen keiner Kontrolle nach diesem G (vgl. BAG 13.7.2005 ZTR 2006, 46; 18.7.2007 NZA-RR 2008, 103; 14.9.2011 EzA BGB 2002 § 611 Arbeitnehmerbegriff Nr. 19).

3 **3. Arten der Befristung. a) Feste Vertragsdauer.** Der Arbeitsvertrag kann **auf bestimmte Zeit** abgeschlossen werden, dann ist die vereinbarte Dauer iZw. sowohl Höchst- als auch Mindestzeit. Es kann aber auch eine Mindest- oder eine Höchstdauer vereinbart werden (s. Rn. 7 f.). Dann handelt es sich nur ausnahmsweise um ein befristetes ArbVerh., was jeweils durch Auslegung des Arbeitsvertrags nach §§ 133, 157 BGB zu ermitteln ist. Dh., es ist der wirkl. Wille der Parteien unter Berücksichtigung aller maßgebenden Begleitumstände zu ermitteln (BAG 6.10.1960 AP BGB § 620 Befristeter Arbeitsvertrag Nr. 15). Es entscheidet der erklärte Wille, also das, was als rechtsgeschäftl. Absicht für denjenigen erkennbar geworden ist, für den die Erkl. bestimmt war. Es gibt zwar keine Auslegungsregel, dass iZw. ein unbefristeter Arbeitsvertrag gewollt sei (*Dörner* Rn. 32; AG/*Gräfl* Rn. 9; **aA** APS/*Backhaus* Rn. 5; zur Unklarheitenregel vgl. Rn. 5); fehlt aber eine Befristungsvereinb., kommt ein unbefristetes ArbVerh. zustande. Auch unbefristete ArbVerh. können eine Mindestdauer vorsehen (BAG 15.12.2016 NZA 2017, 502 Rn. 69). Allein die Angabe im Arbeitsvertrag, die Beschäftigung erfolge „auf unbestimmte Zeit", schließt die Anwendung einer in Bezug genommenen tarifvertragl. Altersgrenzenregelung nicht aus (BAG 8.12.2010 NZA 2011, 586).

4 Eine feste Vertragsdauer kann sowohl bei Abschluss des Arbeitsvertrags als auch durch **spätere Vertragsänd.** vereinbart werden. Eine anfängl. vereinbarte Befristung kann einvernehml. aufgeh. werden. Eine Rahmenvereinb., welche nur die Bedingungen der erst noch abzuschließenden, auf den jeweiligen Einsatz befristeten Arbeitsverträge wiedergibt, selbst aber noch keine Verpflichtung zur Arbeitsleistung begr., ist kein Arbeitsvertrag (BAG 15.2.2012 NZA 2012, 733; 16.5.2012 NZA 2012, 974). Der Befristungskontrolle unterliegen die einzelnen Arbeitsverträge (BAG 31.7.2002 AP TzBfG § 12 Nr. 1; 16.4.2003 NZA 2004, 40). IRd. Vertragsfreiheit bleibt es Arbeitsvertragsparteien grds. unbenommen, entweder mehrere – sich zeitl. überschneidende – befristete Verträge zu schließen oder innerhalb eines befristeten Arbeitsvertrags zusätzl. eine Arbeitsbedingung – wie etwa die AZ – befristet zu ändern (BAG 19.2.2014 NZA-RR 2014, 408).

5 Die Dauer des ArbVerh. kann sich, wie Abs. 1 S. 2 formuliert, auch aus Art, Zweck oder Beschaffenheit der Arbeitsleistung ergeben **(zweckbefristeter Arbeitsvertrag)**. Dies setzt voraus, dass nach dem Willen der Vertragsparteien die Beschaffenheit der Dienste oder deren Zweck die Dauer des Arbeitsvertrags bestimmen soll. Sie dürfen nicht ledigl. Anstellungsmotiv gewesen sein. Hierzu rechnen insb. AushilfsArbVerh. für urlaubs- oder krankheitsbedingt an der Erbringung der Dienstleistung verhinderte AN. Weiterhin zählen hierzu die ArbVerh., die vom AG zur Bewältigung eines bestimmten, idR einmaligen Arbeitsanfalls eingegangen werden (Schlussverkauf, Ausverkauf oä.). Da das Erfordernis der Rechtsklarheit und Rechtssicherheit bei allen Beendigungsgründen gewahrt sein muss, ist eine möglichst eindeutige und unmissverständl. Vereinb. über die Zeit oder den Zweck des Vertrags zu verlangen (BAG 15.2.2017 – 7 AZR 291/15 – BeckRS 2017, 110539 Rn. 17). Regelt ein befristeter Arbeitsvertrag zusätzl. die Befristung des ArbVerh. auf die Dauer der (kürzeren) Probezeit, muss diese doppelte Befristung deutl. herausgestellt werden. Etwaige Unklarheiten in AGB gehen zu Lasten des Verwenders (§ 305c II BGB), zumeist des AG (BAG 16.4.2008 NZA 2008, 876).

SaisonArbVerh. können sowohl aufgrund einer Zweckbefristung als auch einer Zeitbefristung enden (BAG 20.10.1967 AP BGB § 620 Befristeter Arbeitsvertrag Nr. 30; 29.1.1987 AP BGB § 620 Saisonarbeit Nr. 1). Der für eine wiederholte befristete Anstellung notwendige Sachgrund wird idR aus § 14 I 2 Nr. 1 herzuleiten sein (vgl. § 14 Rn. 26). Einen ges. Anspruch des SaisonAN auf Erteilung einer Wiedereinstellungszusage für die nächste Saison gibt es nicht, jedoch finden sich in verschiedenen TV entspr. Regelungen. Nach der Rspr. des BAG (29.1.1987 AP BGB § 620 Saisonarbeit Nr. 1) kann auch die wiederholte Befristung des Arbeitsvertrags mit einem Saisonarbeiter sachl. gerechtfertigt sein. Dem AN soll aber unter dem Gesichtspunkt des Vertrauensschutzes ein Anspruch auf Wiedereinstellung zustehen können (zu den Grenzen richterrechtl. begr. Wiedereinstellungsansprüche BAG 20.10.2015 NZA 2016, 299 Rn. 16). Ein derartiger Vertrauenstatbestand soll entstehen, wenn Jahr für Jahr alle AN in der Saison wieder eingestellt werden, die dies verlangen, der AG den Beginn der Saison ohne Vorbehalt am Schwarzen Brett bekanntgibt und sogar AN neu einstellt. In **Kampagnebetrieben** wird im Jahr nicht länger als drei Monate gearbeitet. Dem wird durch Abschluss befristeter Arbeitsverträge entsprochen werden. 6

b) Mindestdauer. Bestimmen die Parteien eines ArbVerh., dass ihr Rechtsverhältnis nur dann mit dem Ablauf einer bestimmten Zeit enden soll, wenn eine Kündigung erfolgt, beinhaltet diese Vereinb. einer Mindestvertragsdauer keine Befristung des Vertragsverhältnisses, sondern idR den befristeten Ausschluss der ordentl. Kündigung (MüKoBGB/*Hesse* Rn. 6; KR/*Bader* Rn. 36). Das ArbVerh. kann dann unter Einhaltung der Kündigungsfrist frühestens zum Ende der Mindestdauer gekündigt werden. Erfolgt keine Kündigung, besteht das ArbVerh. auf unbestimmte Zeit fort. Hins. des Kündigungsschutzes gelten die allg. Bestimmungen. Andererseits ist ein Arbeitsvertrag, der eine bestimmte Mindestdauer des ArbVerh. vorsieht, echt befristet, wenn die Parteien zunächst einen festen Zpkt. für seine Beendigung festlegen und sich ledigl. eine **spätere Verlängerung des ArbVerh.** vorbehalten. Dies kann in der Form einer ein- oder beiderseitigen Verlängerungsoption geschehen (vgl. zur Anwendung im Profisport *Menke* NJW 2007, 2820; zur Nichtverlängerungsmitteilung bei Künstlern vgl. BGB § 620 Rn. 37a). Ebenso können die Vertragsparteien vereinbaren, dass sich der Vertrag jeweils um einen bestimmten Zeitraum, zB ein Jahr, verlängert, wenn er nicht vorher gekündigt wird. In diesem Fall endet das ArbVerh. zu keinem Zpkt. aufgrund einer Befristung, sondern es bedarf stets einer Kündigung, die jeweils nur zum Ablauf der Mindestdauer zulässig ist (BAG 12.10.1979 AP BGB § 620 Befristeter Arbeitsvertrag Nr. 48). 7

c) Höchstdauer. Die Parteien können vereinbaren, dass das ArbVerh. bis zu einem bestimmten Zpkt. dauern soll, eine frühere ordentl. Kündigung aber mögl. ist. Die Möglichkeit einer vorzeitigen ordentl. Kündigung befristeter ArbVerh. bedarf nicht unbedingt einer ausdr. Vereinb. der Arbeitsvertragsparteien, vielmehr genügt es, wenn ein dahingehender **beiderseitiger Wille aus den Umständen** eindeutig erkennbar wird (jetzt § 15 III; *Dörner* Rn. 44). In diesem Fall endet das Dienstverhältnis spätestens mit dem Ablauf der Zeit, für die es eingegangen ist, sofern es nicht schon zu einem früheren Zpkt. ordentl. oder außerordentl. gekündigt wird. Typischer Fall einer entspr. Höchstbefristung ohne Ausschluss der ordentl. Kündbarkeit ist die Vereinb. einer Altersgrenze (vgl. § 14 Rn. 56 ff.). 8

d) Zeit- und Zweckbefristung. Das TzBfG gilt sowohl für die kalendermäßige als auch die Zweckbefristung. Dies wird in § 3 I und bes. deutl. in § 15 herausgestellt. Dort regelt der Abs. 1 das Ende eines nach dem Kalender befristeten Arbeitsvertrags und Abs. 2 das Ende eines zweckbefristeten Arbeitsvertrags. Nicht alle Regelungen des TzBfG gelten gleichermaßen für Zeit- und Zweckbefristungen. Während dies zB für die Grundregel der Befristung mit Sachgrund in § 14 I der Fall ist, darf die Befristung nach **§ 14 II ausschl. kalendermäßig** erfolgen. 9

Eine **Zeitbefristung** liegt vor, wenn das ArbVerh. mit Ablauf einer kalendermäßig bestimmten Frist sein Ende finden soll. Regelm. endet das ArbVerh. am letzten Tag um 24.00 Uhr; die Vereinb. kann aber auch das Ende der AZ (insb. Schichtende) zum maßgebl. Zpkt. bestimmen (vgl. ArbG Marburg 10.3.2006 – 2 Ca 891/05 – BeckRS 2006, 42652). Für eine wirksame Zeitbefristung genügt es, wenn anhand des Kalenders und des Arbeitsvertrags der Ablauf der Vertragsdauer bestimmt werden kann. Ggf. sind zur **Bestimmbarkeit** weitere Erkenntnisquellen heranzuziehen (zB Schulferientabelle; MüKoBGB/*Hesse* Rn. 10). Bei der **Zweckbefristung** soll das ArbVerh. mit Eintritt eines von den Parteien als gewiss, aber zeitl. unbestimmbar angesehenen Ereignisses (zB Fertigstellung eines Bauwerks) enden (BAG 26.3.1986 AP BGB § 620 Befristeter Arbeitsvertrag Nr. 103; 16.11.2005 NZA 2006, 535; 16.7.2008 AP HRG § 57b Nr. 31; 15.5.2012 NZA 2012, 1366). Die Begr. eines zweckbefristeten ArbVerh. setzt die Einigung der Parteien voraus, dass ihr ArbVerh. mit dem **Eintritt eines bestimmten Ereignisses** ohne weiteres enden soll. Die Beschaffenheit oder der Zweck der Arbeitsleistung, für die der AN eingestellt wird, müssen bei Vertragsabschluss erörtert und beiden Parteien erkennbar gewesen sein. Das Schriftformerfordernis des § 14 IV umfasst den Vertragszweck (BAG 21.12.2005 NZA 2006, 321; § 14 Rn. 118). Allein die Zuweisung eines begrenzten Aufgabenbereiches reicht regelm. nicht zum konkludenten Abschluss eines zweckbefristeten Arbeitsvertrags aus (BAG 16.3.2000 – 2 AZR 196/99 – BeckRS 2000, 30783764; *Dörner* Rn. 52). Die Bestimmbarkeit der Zweckerreichung als Wirksamkeitsvoraussetzung der Befristungsabrede liegt nur vor, wenn allein anhand obj. Maßstäbe zweifelsfrei festgestellt werden kann, ob der Zweck, mit dessen Erreichung das ArbVerh. enden soll, eingetreten ist 10

(BAG 21.3.2017 NZA 2017, 631 Rn. 24). Ist der Vertragszweck idS obj. bestimmbar, kommt es nicht darauf an, wann die Zweckerfüllung tats. eintritt. Die Wirksamkeit der Abrede ist nicht von der Überschaubarkeit des Vertragszeitraums abhängig (*Dörner* Rn. 49; **aA** *Rolfs* Rn. 10).

11 Als **zulässige Zweckbefristungen** hat die Rspr. ua. die Aushilfe für verhinderte Mitarbeiter (BAG 8.3.1962 AP BGB § 620 Befristeter Arbeitsvertrag Nr. 22), insb. die Vertretung während der EZ nach § 21 I BEEG (BAG 9.9.2015 NZA 2016, 169 Rn. 11, 14 „Ende der EZ einer bestimmten AN"), die Einstellung für eine Saison (BAG 20.10.1967 AP BGB § 620 Befristeter Arbeitsvertrag Nr. 30), bestimmten, einmaligen Arbeitsanfall (Ausverkauf, Lottoauswertung – BAG 28.9.1961 AP BGB § 620 Befristeter Arbeitsvertrag Nr. 21), Ablauf der ABM-Förderungsdauer (BAG 19.1.2005 NZA 2005, 873), zukünftige Schließung eines Betriebs (BAG 21.3.2017 NZA 2017, 631 Rn. 22), Bewilligung einer Altersrente (BAG 16.11.2005 NZA 2006, 535) und vorübergehenden Personalmehrbedarf angesehen. Hingegen hat das BAG in der Vereinb. der Beendigung des ArbVerh. zum Ablauf des Kalendermonats, in dem der AN die ges. Altersrente frühestmögl. in Anspruch nehmen kann, keine Zweckbefristung, sondern eine auflösende Bedingung gesehen (BAG 8.8.2007 AP TzBfG § 21 Nr. 4).

11a Eine Zweckbefristung kann mit einer **Zeitbefristung kombiniert** werden (vgl. Rn. 13; BAG 21.4.1993 AP BGB § 620 Befristeter Arbeitsvertrag Nr. 148). Ob dies der Fall ist, ergibt die Auslegung des Vertrags gem. §§ 133, 157 BGB (BAG 27.6.2001 EzA BGB § 620 Nr. 179). Die sachl. Gleichstellung der Zweckbefristung mit der Zeitbefristung ergibt sich heute aus dem G. Nach der Rspr. war sie nur gerechtfertigt, wenn der AN aufgrund des von vornherein begrenzten Zweckes seiner Arbeitsaufgabe und ihrer fortschreitenden Erledigung ähnl. wie bei einer zeitl. Festlegung die Möglichkeit hatte, die Beendigung des ArbVerh. vorauszusehen und sich rechtzeitig darauf einzurichten (BAG 26.3.1986 AP BGB § 620 Befristeter Arbeitsvertrag Nr. 103). Wäre der Abschluss eines zweckbefristeten Arbeitsvertrags sachl. gerechtfertigt, können die Parteien wirksam eine Zeitbefristung auf einen späteren Endtermin vereinbaren (BAG 16.11.2005 NZA 2006, 535). Nach § 2 I Nr. 3 NachwG ist es die unabdingbare Pflicht des AG, dem befristet beschäftigten AN spätestens einen Monat nach vereinbartem Arbeitsbeginn die vorhersehbare Dauer des ArbVerh. schriftl. mitzuteilen. Bei Zweckbefristungen ist der Zweck oder das die Befristung beendende Ereignis schriftl. festzuhalten.

12 **e) Auflösende Bedingung.** Der Eintritt eines bestimmten Ereignisses, das zur Beendigung des ArbVerh. führen soll, kann gewiss oder ungewiss sein. Wenn der Eintritt des zukünftigen Ereignisses ungewiss ist, liegt eine auflösende Bedingung vor. Eine Befristung wird hingegen vereinbart, wenn der Eintritt des zukünftigen Ereignisses feststeht, und zwar auch dann, wenn der Zpkt. seines Eintritts ungewiss ist (BAG 19.1.2005 NZA 2005, 873; 29.6.2011 NZA 2011, 1346). Also unterscheiden sich Zweckbefristung und auflösende Bedingung in der Frage der Gewissheit des Eintritts des künftigen Ereignisses (BAG 21.3.2017 NZA 2017, 631 Rn. 21). Ob der Eintritt eines Ereignisses als **gewiss oder ungewiss** angesehen werden muss, richtet sich nach dem Parteiwillen, besser gesagt, nach den subj. Vorstellungen beider Vertragsparteien und ist durch Auslegung zu ermitteln (BAG 29.6.2011 NZA 2011, 1346; MüKoBGB/*Hesse* Rn. 13; *Enderlein* RdA 1998, 90, 91; *Löwisch* ZTR 2000, 531; APS/*Backhaus* Rn. 14). So entspricht es regelm. der subj. Erwartung beider Arbeitsvertragsparteien, dass der AN die vertragl. vereinbarte Altersgrenze lebend erreichen werde. Deshalb ist die Altersgrenze idR eine Höchstbefristung (BAG 14.8.2002 NZA 2003, 1397; *Richardi* NZA 2001, 57, 61 f.) und keine auflösende Bedingung, wie das BAG (20.12.1984 AP BGB § 620 Bedingung Nr. 9) früher angenommen hat (vgl. aber BAG 8.8.2007 AP TzBfG § 21 Nr. 4). Hingegen regelt ein TV eine auflösende Bedingung, wenn das ArbVerh. bei witterungsbedingter Unmöglichkeit der Arbeitsleistung nicht nur suspendiert, sondern rechtl. beendet wird (BAG 12.8.2015 NZA 2016, 173 Rn. 15). Ein befristetes ArbVerh. kann zugleich auflösend bedingt ausgestaltet werden (BAG 4.12.2002 NZA 2003, 611; 2.7.2003 NZA 2004, 311; 29.6.2011 NZA 2011, 1346). Im Fall der vertragl. geregelten Weiterbeschäftigung für die **Dauer des Kündigungsrechtsstreits** (vgl. § 14 Rn. 76; § 21 Rn. 2, 8) ist eine auflösende Bedingung vereinbart, wenn dieses ArbVerh. im Zpkt. der rkr. Abweisung der Kündigungsschutzklage enden soll. Hingegen liegt eine Zweckbefristung vor, wenn die rkr. Entsch. über die anhängige Kündigungsschutzklage (unabhängig von ihrem Inhalt) das Vertragsende bestimmen soll (vgl. BAG 22.10.2003 NZA 2004, 1275).

13 **f) Doppelbefristung.** Eine Doppelbefristung, dh. eine Zweckbefristung oder eine auflösende Bedingung jeweils iVm. einer gleichzeitigen Höchstbefristung (zB „für die Zeit der Verhinderung des AN" „längstens jedoch bis zum"), ist zulässig (BAG 3.10.1984 AP BGB § 620 Befristeter Arbeitsvertrag Nr. 87; 18.6.2008 NZA 2009, 35; 4.5.2011 NZA 2011, 1178; 29.6.2011 NZA 2011, 1346; 19.2.2014 NZA-RR 2014, 408; 14.12.2016 NZA 2017, 638 Rn. 13). Dementspr. ist die Kombination einer Befristung mit einer auflösenden Bedingung (zB Berechtigung Altersrente zu beziehen) vom BAG (20.2.2008 – 7 AZR 990/06 – AP TzBfG § 21 Nr. 6 [LS]; 29.6.2011 NZA 2011, 1346) als wirksam angesehen worden. Es ist durch Auslegung der Befristungsabrede zu ermitteln, ob eine Doppelbefristung vereinbart oder ledigl. eine Prognose des wahrscheinl. Zpkt. der Zweckerreichung mitgeteilt sein soll (BAG 21.12.2005 NZA 2006, 321). Sie ermöglicht es dem AN, sich darauf einzustellen, dass das ArbVerh. jdf. zu dem zuerst eintretenden Termin endet. Die Wirksamkeit der Zweckbefristung/auflösenden Bedingung und der Höchstbefristung sind rechtl. getrennt zu beurteilen (BAG 15.8.2001 NZA 2002, 85; 4.5.2011 NZA 2011, 1178; 29.6.2011 NZA 2011, 1346), beide können auf ganz unterschiedl. Rechtsgrdl. gestützt sein (vgl.

BAG 16.7.2008 AP HRG § 57b Nr. 31 zu HRG und TzBfG). Eine Zweckbefristung erfordert eine unmissverständl. Einigung darüber, dass das ArbVerh. bei Zweckerreichung enden soll, wobei der Zweck gem. § 14 IV schriftl. vereinbart sein muss (BAG 14.12.2016 NZA 2017, 638 Rn. 13). Die Zeitbefristung kann sowohl mit als auch ohne Sachgrund erfolgen. Ist eine ges. unzulässige Zweckbefristung in Form einer Doppelbefristung mit einer zulässigen Zeitbefristung verbunden worden, gilt allein die Zeitbefristung (BAG 13.6.2007 NZA 2008, 108). Ein sowohl kalendermäßig als auch zweckbefristeter Vertrag kann zusätzl. mit einer auflösenden Bedingung versehen sein (zB Eintritt der Erwerbsunfähigkeit; vgl. BAG 2.7.2003 NZA 2004, 311; *Dörner* Rn. 66). Ist die Doppelbefristung in AGB des AG enthalten, kann ein Teil ders. wegen der Doppelung der Beendigungstatbestände überraschend und damit nach § 305c I BGB unbeachtl. sein (BAG 8.8.2007 AP TzBfG § 21 Nr. 4; **aA** *Picker* ZfA 2013, 73, 77). Das Transparenzgebot des § 307 I 2 BGB wird regelm. nicht verletzt sein, weil die Kombination einer auflösenden Bedingung oder einer Zweckbefristung mit einer zeitl. Höchstbefristung einer gebräuchl. Regelungstechnik entspricht. Der AN kann erkennen, dass die Wirksamkeit der beiden Beendigungstatbestände rechtl. getrennt zu beurteilen und anzugreifen ist (BAG 11.9.2013 NZA 2014, 150 Rn. 20; 19.2.2014 NZA-RR 2014, 408; Staudinger/*Preis* § 620 Rn. 32).

g) Abschluss befristeter Arbeitsverträge und Mitbestimmung. Der BR ist vor der Einstellung eines befristet zu beschäftigenden AN nach § 99 I BetrVG zu beteiligen. Er kann seine Zust. zur Einstellung allein aus den in § 99 II BetrVG abschl. aufgeführten Gründen versagen. Hierzu gehört das Fehlen eines die Befristung sachl. rechtfertigenden Grundes nicht. In einem solchen Falle verstößt nicht die „Einstellung“ des AN gegen ein G, sondern erst die vorgesehene Art der späteren Beendigung des ArbVerh. (*Dörner* Rn. 679). Das begr. kein **Zustimmungsverweigerungsrecht des BR**. Andernfalls würde die dem § 99 BetrVG innewohnende Schutzfunktion für den einzustellenden AN in ihr Gegenteil verkehrt (BAG 28.6.1994 AP BetrVG 1972 § 99 Einstellung Nr. 4). Der AG ist bei der befristeten Einstellung von AN nicht verpflichtet, dem BR mitzuteilen, ob die Befristung mit oder ohne Sachgrund sowie ggf. mit welchem erfolgen soll, denn das MBR des BR bei Einstellungen ist kein Instrument zur umfassenden Vertragsinhaltskontrolle (BAG 27.10.2010 NZA 2011, 418). Verstößt der befristete Arbeitsvertrag gegen eine Norm, deren Schutzzweck die Einstellung von ZeitAN verbietet, kann hierauf die Zustimmungsverweigerung gestützt werden (BAG 28.6.1994 AP BetrVG 1972 § 99 Einstellung Nr. 4). 14

Wird ein **befristetes ArbVerh. verlängert** oder in ein ArbVerh. auf unbestimmte Zeit umgewandelt, so ist der BR erneut nach § 99 BetrVG zu beteiligen, sofern es sich nicht ledigl. um die Fortsetzung eines befristeten ProbeArbVerh. handelt (BAG 7.8.1990 AP BetrVG 1972 § 99 Nr. 82). Eine bes. mittelbare Wirkung zur befristeten Einstellung externer Bewerber kann § 99 II Nr. 3 BetrVG auslösen, der dem BR ein Zustimmungsverweigerungsrecht gibt, wenn durch die vom AG beabsichtigte unbefristete Einstellung eines externen Bewerbers Nachteile für einen gleich geeigneten befristet beschäftigten AN entstehen werden. Reagiert der AG auf die mit diesem Tatbestand begr. Zustimmungsverweigerung des BR mit der befristeten Einstellung desselben Bewerbers, haben der BR kein Zustimmungsverweigerungsrecht und der möglicherweise benachteiligte befristet beschäftigte AN keinen Vorteil (vgl. BetrVG § 99 Rn. 31a). 15

Das BPersVG gibt kein MBR des PR (BAG 4.5.2011 NZA 2011, 1178; 29.6.2011 NZA 2011, 1151). Doch räumten einzelne **PersVG der Länder** dem PR nicht nur bei der Einstellung, sondern auch bei der Befristung von ArbVerh. und insoweit bei der inhaltl. Ausgestaltung des Arbeitsvertrags ein MBR ein (vgl. BAG 21.2.2001 NZA 2001, 1382; 24.10.2001 NZA 2002, 1335). Unter dieser Voraussetzung genügt der AG seiner Unterrichtungspflicht, wenn er dem PR neben der Dauer der Befristung den Sachgrund seiner Art nach deutl. macht (BAG 20.2.2002 ZTR 2002, 439; 14.2.2007 NZA 2007, 871). Der Sachgrund ist zumindest typisierend zu bezeichnen (BAG 15.2.2006 ZTR 2006, 508; 10.3.2004 AP BGB § 620 Befristeter Arbeitsvertrag Nr. 257). Schließt der AG mit dem AN unter Verletzung dieses MBR einen befristeten Arbeitsvertrag, ist ledigl. die vereinbarte Befristung unwirksam, der AN steht also in einem ArbVerh. auf unbestimmte Dauer (BAG 20.2.2002 NZA 2002, 811; *Dörner* Rn. 696). Ist nach dem PersVG die „Änd. des Arbeitsvertrags“ zustimmungspflichtig, erfasst dieser Tatbestand nicht die zum Zweck der Verlängerung eines befristeten Arbeitsvertrags getroffene Befristungsabrede (BAG 21.2.2001 NZA 2001, 1382; 24.10.2001 NZA 2002, 1335). Greift kein bes. Mitbestimmungstatbestand ein, fallen Befristungsabreden nicht unter die mitbestimmungsrechtl. Allzust. des PR (BAG 6.10.2010 NZA 2011, 1155; 8.6.2016 NZA 2016, 1463 Rn. 39). 16

h) Befristung einzelner Arbeitsbedingungen des Arbeitsvertrags. Die Vertragsfreiheit rechtfertigt es, nicht das ArbVerh. insg., sondern hins. einzelner Arbeitsbedingungen (zB Tätigkeit, AZ oder Zulagen) zu befristen. Doch bezieht sich der Kündigungsschutz nicht nur auf den Bestand des ArbVerh., sondern wie sich aus § 2 KSchG ergibt, auch auf seine konkrete inhaltl. Ausgestaltung. Das Kündigungsschutzrecht gewährleistet auch den Inhaltsschutz. Dieser Inhaltsschutz wird durch die Befristung einzelner Bedingungen eines Arbeitsvertrags zumindest berührt. Er wird sogar obj. umgangen, wenn durch **missbräuchl. Verwendung** von Teilbefristungen die Änd. der Arbeitsbedingungen dem ges. Änderungsschutz (§ 2 KSchG) entzogen wird (BAG 13.6.1986 AP KSchG 1969 § 2 Nr. 19; 15.4.1999 AP BAT § 2 SR 2y Nr. 18). Ob eine missbräuchl. Verwendung anzunehmen ist, bestimmt 17 sich nach dem Grund der Befristungsabrede. Danach beurteilte die bisherige Rspr. die Wirksamkeit solcher Befristungsabreden. War der Kernbereich des Änderungsschutzes betroffen (BAG 21.4.1993 AP KSchG 1969 § 2 Nr. 34), bedurfte die Befristung einzelner Arbeitsbedingungen eines Sachgrunds (*Boewer* § 14 Rn. 42).

18 Das TzBfG regelt die Befristung einzelner Arbeitsbedingungen nicht (BAG 14.1.2004 NZA 2004, 719; 27.7.2005 NZA 2006, 40; 24.2.2016 NZA 2016, 814 Rn. 33). Seit dem Inkrafttreten des SMG findet eine Beurteilung der in AGB oder einem Verbrauchervertrag geregelten Befristung einzelner Arbeitsbedingungen auf ihre **Angemessenheit** statt. Es wird wegen § 307 BGB nach dem Grund der Befristung gefragt und dessen Tragfähigkeit beurteilt (vgl. BGB §§ 305 bis 310 Rn. 51). Gleiches gilt für die auflösende Bedingung, die allein einzelne Vertragsbedingungen betrifft (BAG 18.5.2011 NZA 2011, 1289). Da nach § 310 III Nr. 2 BGB idR jeder vom AG formulierte Arbeitsvertrag/Änderungsvertrag als Verbrauchervertrag der AGB-Kontrolle unterliegt (BAG 25.5.2005 NZA 2005, 1111; 7.10.2015 NZA 2016, 441 Rn. 34; 24.2.2016 NZA 2016, 814 Rn. 25) werden durchweg alle befristeten Vertragsänd. erfasst. Trotz des unterschiedl. Prüfungsmaßstabs sind bei der nach **§ 307 I BGB** vorzunehmenden Inhaltskontrolle der Befristung einzelner Vertragsbedingungen Umstände, die die Befristung eines Arbeitsvertrags insg. nach § 14 I rechtfertigen würden, nicht ohne Bedeutung. Diese Umstände sind bei der Interessenabwägung nach § 307 I BGB als Wertmaßstäbe zugunsten des AG zu berücksichtigen (BAG 24.2.2016 NZA 2016, 814 Rn. 34). Liegt zB der Befristung einer AZErhöhung ein Sachverhalt zugrunde, der die Befristung eines Arbeitsvertrags insg. nach § 14 I 2 Nr. 3 rechtfertigen könnte, überwiegt idR das Interesse des AG an der nur befristeten Erhöhung der AZ das Interesse des AN an der unbefristeten AZRegelung (BAG 8.8.2007 NZA 2008, 229). Entspr. Maßstäbe gelten für die befristete Übertragung einer höherwertigen Tätigkeit (BAG 24.2.2016 NZA 2016, 814 Rn. 36). Das Schriftformerfordernis (§ 14 IV) und die Klagefrist (§ 17) finden keine Anwendung (BAG 24.2.2016 NZA 2016, 814 Rn. 15, 57).

19 **4. Vergleichbarkeit.** Eine Tätigkeit ist gleich, wenn die Arbeitsvorgänge übereinstimmen und die AN sich ohne weiteres wechselseitig ersetzen können. Eine Tätigkeit ist ähnl., wenn die Arbeitsvorgänge beurteilt anhand der an den Beschäftigten zu stellenden Anforderungen weitgehend übereinstimmen und eine Austauschbarkeit der AN ohne bes. Einarbeitungsschwierigkeiten mögl. ist (MüKoBGB/*Hesse* Rn. 19). Dabei genügt eine Gleichwertigkeit der Tätigkeiten nicht (ähnl. KR/*Bader* Rn. 59; AT/*Annuß* Rn. 13). Der Vergleich ist **betriebsbezogen** anzustellen. Gibt es im Betrieb keinen vergleichbaren unbefristet Beschäftigten, ist auf den anwendbaren TV abzustellen. Anwendbar ist der nach dem pers. und betriebl. Geltungsbereich einschlägige TV, an den zumindest der AG gebunden ist. Wird ein TV kraft betriebl. Übung auf alle AN des Betriebs angewendet, genügt dies (MüKoBGB/*Hesse* Rn. 20; KR/*Bader* Rn. 60). Fehlt es hieran, ist auf die Verhältnisse im **Wirtschaftszweig** abzustellen.

§ 4 Verbot der Diskriminierung

(1) [1]**Ein teilzeitbeschäftigter Arbeitnehmer darf wegen der Teilzeitarbeit nicht schlechter behandelt werden als ein vergleichbarer vollzeitbeschäftigter Arbeitnehmer, es sei denn, dass sachliche Gründe eine unterschiedliche Behandlung rechtfertigen.** [2]**Einem teilzeitbeschäftigten Arbeitnehmer ist Arbeitsentgelt oder eine andere teilbare geldwerte Leistung mindestens in dem Umfang zu gewähren, der dem Anteil seiner Arbeitszeit an der Arbeitszeit eines vergleichbaren vollzeitbeschäftigten Arbeitnehmers entspricht.**

(2) [1]**Ein befristet beschäftigter Arbeitnehmer darf wegen der Befristung des Arbeitsvertrages nicht schlechter behandelt werden als ein vergleichbarer unbefristet beschäftigter Arbeitnehmer, es sei denn, dass sachliche Gründe eine unterschiedliche Behandlung rechtfertigen.** [2]**Einem befristet beschäftigten Arbeitnehmer ist Arbeitsentgelt oder eine andere teilbare geldwerte Leistung, die für einen bestimmten Bemessungszeitraum gewährt wird, mindestens in dem Umfang zu gewähren, der dem Anteil seiner Beschäftigungsdauer am Bemessungszeitraum entspricht.** [3]**Sind bestimmte Beschäftigungsbedingungen von der Dauer des Bestehens des Arbeitsverhältnisses in demselben Betrieb oder Unternehmen abhängig, so sind für befristet beschäftigte Arbeitnehmer dieselben Zeiten zu berücksichtigen wie für unbefristet beschäftigte Arbeitnehmer, es sei denn, dass eine unterschiedliche Berücksichtigung aus sachlichen Gründen gerechtfertigt ist.**

Übersicht

I. Normzweck

Mit § 4 wurden zwei europ. RL in innerstaatl. Recht umgesetzt und ein Diskriminierungsverbot sowohl für den Bereich der **TZArbeit** (Abs. 1) als auch für den Bereich der **Befristung** (Abs. 2) geschaffen. 1

§ 4 I setzt das Diskriminierungsverbot aus § 4 RV-TzA (Rahmenvereinb. über TZArbeit, aufgenommen in die RL 97/81/EG des Rates v. 15.12.1997, ABlEG 20.1.1998, L 14 S. 9 ff.) um und entspricht inhaltl. im Wesentlichen dem bisherigen § 2 I BeschFG. Unzulässig ist eine sachl. nicht gerechtfertigte Schlechterbehandlung wegen der **unterschiedl. AZVolumen.** Neu hinzugekommen ist die ausdr. Normierung des pro-rata-temporis-Grds. für Arbeitsentgelt ua. teilbare geldwerte Leistungen (hierzu näher Rn. 10 ff.). 2

Bisher nicht ausdr. geregelt war ein Diskriminierungsverbot im Bereich befristeter ArbVerh. (hierzu *Hanau* NZA 2000, 1045). § 4 II verbietet nunmehr in Umsetzung von § 4 Nr. 1 RV-B (Rahmenvereinb. über befristete Arbeitsverträge, aufgenommen in die RL 1999/70/EG des Rates v. 28.6.1999, ABlEG 10.7.1999, L 175 S. 43 ff.) sachl. nicht gerechtfertigte Schlechterstellungen aufgrund der **Befristung oder auflösenden Bedingung.** Auch hier ist der pro-rata-temporis-Grds. zu beachten. Ausdr. normiert wird der Gleichbehandlungsgrds. darüber hinaus für die Anrechnung von Beschäftigungszeiten. 3

Zweck des § 4 ist, zum Schutz der befristet oder in TZ beschäftigten AN Diskriminierungen auszuschließen (RL 97/81/EG, Erwägungsgrund 11), die Gleichbehandlung mit Vollzeit- und unbefristet beschäftigten AN zu sichern (Präambel der Rahmenvereinb. über befristete ArbVerh.), die Qualität der Arbeit zu verbessern (RL 1999/70/EG, Erwägungsgrund 14) und TZArbeit zu fördern (§ 1). Da überw. noch immer Frauen in TZ arbeiten, kann durch § 4 I auch eine **mittelbare Diskriminierung aufgrund des Geschlechts** verhindert werden. Dogmatisch ist § 4 als Spezialnorm ggü. dem allg. Gleichbehandlungsgrds. einzuordnen und enthält insoweit typisierte Bsp. sachwidriger Gruppenbildung (Rn. 13). Die in § 4 enthaltenen Teilgrds. sind Ausschnitte aus dem allg. arbeitsrechtl. Gleichbehandlungsgrds. (ebenso TZA/*Buschmann* Rn. 10). 4

§ 4 ist – wie aus § 22 I TzBfG folgt und in Übereinstimmung mit der Rechtslage zum allg. Gleichbehandlungsgrds. steht – **zwgd. Recht** und steht nicht zur Disposition der Tarifparteien (BAG 21.2.2013 NZA 2013, 625 Rn. 33; 10.2.2015 NZA 2015, 1005 Rn. 16). § 4 ist ein **VerbotsG** iSd. § 134 BGB (vgl. BAG 24.5.2000 NZA 2001, 216; MHH/*Herms* Rn. 48; *Richardi* NZA 1992, 625, 626). 5

Das BAG stufte § 2 I BeschFG aF darüber hinaus als **SchutzG iSd. § 823 II BGB** ein (BAG 12.6.1996 NZA 1997, 191 unter Berufung auf GK-TzA/*Lipke* § 2 BeschFG Rn. 95; 24.10.2001 NZA 2002, 209; zust. *Boewer* Rn. 11; TZA/*Buschmann* Rn. 44; MHH/*Herms* Rn. 57; MüKoBGB/*Müller-Glöge* Rn. 4). Das ist abzulehnen, weil auch der Gleichbehandlungsgrds. und damit auch § 4 I ledigl. eine Konkretisierung arbeitgeberseitiger vertragl. Nebenpflichten ist und allenfalls vertragl. Schadensersatzansprüche begründen kann (ebenso LAG NI 11.5.1999 LAGE BeschFG 1985 § 2 Nr. 33; *Adomeit* NJW 1997, 2295; AT/*Thüsing* Rn. 4; **aA** HKTzBfG/*Joussen* Rn. 9). Das BAG stellte darauf ab, dass § 2 I BeschFG ein Verbot der sachl. nicht gerechtfertigten Schlechterstellung TZBeschäftigter enthält, das dem Individualschutz dient. Die Anwendung des § 823 II BGB sei auch im Hinblick auf das haftungsrechtl. Gesamtsystem sinnvoll und tragbar (bestätigt durch BAG 25.4.2001 NZA 2002, 1211; vgl. aber jetzt 17.4.2002 NZA 2002, 1096, wo der Schutzgesetzcharakter des § 2 NachwG abgelehnt wird, vgl. NachwG § 2 Rn. 39). Dagegen ist zu Recht geltend gemacht worden, dass der Gesetzgeber TZBeschäftigten ledigl. einen arbeitsrechtl., vertragl. Individualschutz gewähren wollte, beschränkt auf das erforderl. Mindestmaß zur Erreichung des beschäftigungspolitischen Zwecks des BeschFG 1985 (LAG NI 11.5.1999 LAGE BeschFG 1985 § 2 Nr. 33). Als SchutzG iSv. § 823 II BGB sind nur solche Normen anzusehen, die Verhaltenspflichten für denjenigen Schädiger aufstellen, mit dem der Geschädigte in keiner vertragl. Beziehung steht (AT/*Thüsing* Rn. 4). Dementspr. kann die Verletzung des § 4 I als konkretisierte vertragl. Nebenpflicht allenfalls vertragl., nicht aber deliktische 6

Schadensersatzansprüche auslösen. Nicht jedes arbeitsrechtl. zwgd. G, das dem Individualschutz des AN dient, ist zugleich ein SchutzG. Das gilt auch für § 2 NachwG (*Müller-Glöge* RdA 2001, 46, 54; *Krause* AR-Blattei 220.2.2 Rn. 262). Auch § 618 BGB spricht dafür, da die entspr. Anwendung der §§ 842 bis 846 BGB überflüssig wäre, wenn der Gesetzgeber einen Verstoß gegen die dort geregelte, Individualrechtsgüter schützende Norm des Arbeitsvertragsrechts zugleich als deliktische Schutznormverletzung angesehen hätte (vgl. *Schmiedel,* Deliktsobligationen nach dt. Kartellrecht, Erster Teil 1974 S. 57). Das Recht der Sonderverbindungen darf nicht über das Deliktsrecht ausgehöhlt werden. Es wäre mit der Systematik des BGB nicht vereinbar, die de lege lata gezogene Grenzlinie zwischen Vertragsrecht und Deliktsrecht über die Brücke des § 823 II BGB zu verwischen (*Schmiedel,* Deliktsobligationen nach dt. Kartellrecht, Erster Teil 1974 S. 58). Ein entspr. Wille des Gesetzgebers lässt sich den Prot. der Zweiten Kom. entnehmen (Prot. II. Komm. Bd. 2 S. 572; *Mugdan* II S. 1072; *Schmiedel* aaO S. 58). Nur absolut geschützte Positionen kommen demnach als SchutzG in Betracht.

7 Ein deliktsrechtl. Schutz über § 823 I BGB kann ausnahmsweise bejaht werden, wenn mit der Ungleichbehandlung ein Eingriff in das Persönlichkeitsrecht verbunden ist (hierzu BGB § 611a Rn. 620; BGB § 619a Rn. 83 ff.; BAG 14.3.1989 NZA 1990, 21, ob § 611a BGB ein SchutzG iSd. § 823 II BGB darstellt, ließ das BAG offen). Eine andere Beurteilung kann bei zwgd. ör. Normen erfolgen, da diese Pflichten begründen können, die auch dem Schutz außerhalb des Vertrags liegender Interessen dienen (*Schmiedel* aaO S. 58).

II. Normstruktur des § 4

8 § 4 untersagt eine Ungleichbehandlung wegen der TZBeschäftigung (I) oder wegen der Befristung des ArbVerh. (II), es sei denn, dass sachl. Gründe eine unterschiedl. Behandlung rechtfertigen. Diese Vorschr. **konkretisiert den ohnehin geltenden allg. Gleichbehandlungsgrds.** für den Bereich der TZArbeit (so zu § 2 I BeschFG BAG 28.7.1992 NZA 1993, 215). Neu ist die ausdr. Regelung des pro-rata-temporis-Grds. in § 4 I 2 und 4 II 2, nach der einem TZAN oder befristet beschäftigten AN das Arbeitsentgelt oder eine andere teilbare geldwerte Leistung ant. mind. in dem Umf. zu gewähren ist, der dem Anteil seiner AZ an der AZ eines vergleichbaren vollzeitbeschäftigten AN bzw. bei befristet beschäftigten AN dem Anteil ihrer Beschäftigungsdauer am Bemessungszeitraum entspricht. Hierunter fallen bspw. Urlaub, Sozialleistungen sowie betriebl. AV. Damit wird – jdf. im Bereich der TZArbeit – keine neue Rechtslage geschaffen, sondern ledigl. die Rspr. des BAG (27.7.1994 NZA 1994, 1130; 12.3.1996 NZA 1996, 939) ges. festgeschrieben.

9 **Systematisch** ist das Diskriminierungsverbot entspr. dem allg. Gleichbehandlungsgrds. wie folgt zu prüfen: (1) Vorliegen einer Ungleichbehandlung „wegen" der TZArbeit (§ 4 I) oder der befristeten Beschäftigung (§ 4 II); (2) Vergleichbarkeit des schlechter gestellten (befristet oder in TZ beschäftigten) AN mit anderen (in Vollzeit oder befristet beschäftigten) AN nach Maßgabe des § 2 I bzw. § 3 II; (3) Rechtfertigung der unterschiedl. Behandlung durch einen sachl. (dh. obj.) Grund.

10 TZBeschäftigte dürfen wegen der TZBeschäftigung „nicht schlechter" behandelt werden. Der Gesetzgeber intendierte mit der Formulierung eine Besserstellung von TZBeschäftigten, zB aus arbeitsmarktpolitischen Gründen (BT-Drs. 14/4374 S. 28). Die gewählte Formulierung entspricht zwar der RL, doch bringt der Unionsgesetzgeber die (ausnahmsweise) Zulässigkeit einer positiven Sonderbehandlung deutl. zum Ausdruck. Eine ähnl. Fragestellung verbirgt sich in § 4 II 1 und in § 4 II 2. Auch mit der Formulierung „mind. in dem Umf. zu gewähren" ist **keine Legitimation einer generellen Besserstellung** der befristet beschäftigten AN ggü. den unbefristet beschäftigten AN iS einer positiven Diskriminierung gemeint. Ein dahingehendes Verständnis des § 4 I, II 1 und 2 würde zum einen gegen Unionsrecht verstoßen, da die RL 1999/70/EG und 97/81/EG keine positiven Maßnahmen dieser Art vorsehen (anders zB Art. 5 RL 2000/43/EG und Art. 7 RL 2000/78/EG). Zum anderen läge in einer dahingehenden Benachteiligung von unbefristet Beschäftigten oder Vollzeitbeschäftigten ein Verstoß gegen den allg. Gleichbehandlungsgrds. (*Thüsing* ZfA 2002, 249, 259), der einer sachgrundlosen Besserstellung entgegensteht, denn allein der Umf. der AZ kann für sich genommen kein sachl. Differenzierungskriterium sein (wie hier AT/*Thüsing* Rn. 47; MHH/*Herms* Rn. 24; MüKoBGB/*Müller-Glöge* Rn. 9; *Richardi/Annuß* BB 2000, 2201, 2204; TZA/*Buschmann* Rn. 2; *Kliemt* NZA 2001, 63, 69; **aA** *Däubler* ZIP 2001, 218; jegl. Ungleichbehandlung im Bereich des Entgelts abl. *Rolfs* Rn. 3). Davon unberührt bleibt die **individuelle Besserstellung einzelner AN** entspr. der Rechtslage beim allg. Gleichbehandlungsgrds. (hierzu BGB § 611a Rn. 575 mwN; zu § 2 BeschFG ebenso BAG 25.4.2001 NZA 2002, 1211; krit. *Thüsing* ZfA 2002, 249, 261).

11 Unklar ist die Kodifikation des pro-rata-temporis-Grds., der im Wesentlichen die bestehende Rspr. (hierzu Rn. 8) widerspiegeln solle, in § 4 I 2 und § 4 II 2. Arbeitsentgelt ua. teilbare geldwerte Leistungen sind den TZBeschäftigten zeitanteilig und befristet Beschäftigten entspr. dem Anteil an der Beschäftigungsdauer zu gewähren. Eine Anwendung des pro-rata-temporis-Grds. für andere Leistungen oder Verpflichtungen von AN kommt nur in Betracht, wenn ein enger Zusammenhang zur AZ vorliegt. Dies ist bei einer Verpflichtung zur Rufbereitschaft nach Auff. des LAG M nicht der Fall (LAG M 10.5.2014 ZTR 2015, 105). Sachl. ist die Regelung im Prinzip gerechtfertigt, weil die Anwendung dieses Grds. gerade bei geldwerten Leistungen angemessen ist, während hingegen andere,

unteilbare AGLeistungen, wie zB der Zugang zu sozialen Einrichtungen (Kantine, Betriebskindergärten etc.) ohnehin allen AN gewährt werden müssen. Probl. ist, dass der Wortlaut des G nicht ausdr. klarstellt, dass eine Differenzierung aus sachl. Grund mögl. ist, so dass str. ist, ob ausnahmsweise aus sachl. Gründen eine auch nur zeitanteilige Gewährung der Leistung unterbleiben darf. Die Rspr. bejaht dies und erachtet § 4 I als einheitl. Regelung, die **kein absolutes Benachteiligungsverbot im Entgeltbereich** begründe (BAG 5.11.2003 NZA 2005, 222; 5.8.2009 NZA-RR 2010, 336; zust. HWK/*Schmalenberg* Rn. 6; MüKoBGB/*Müller-Glöge* Rn. 6; *Kliemt* NZA 2001, 63, 69; *Lindemann/Simon* BB 2001, 146, 147; Küttner/*Poeche* TZBeschäftigung Rn. 10; *Richardi/Annuß* BB 2000, 2201; dagegen *Däubler* ZIP 2001, 217, 218; *Nielebock* AiB 2001, 75, 76). Der Pro-rata-temporis-Grds. verbietet jdf. eine unterschiedl. Abgeltung von TZ- und Vollzeitarbeit in qualitativer Hinsicht. Andererseits erlaubt er eine unterschiedl. Abgeltung von TZ- und Vollzeitarbeit **in quantitativer Hinsicht** (s. a. BAG 19.4.2016 NZA 2016, 820). So kann das Arbeitsentgelt oder eine andere teilbare geldwerte Leistung für TZBeschäftigte entspr. ihrer ggü. vergleichbaren Vollzeitbeschäftigten verringerten Arbeitsleistung ant. gekürzt werden (BAG 24.9.2008 ZTR 2009, 20). Das BAG stellt jedoch klar, dass allein die Beachtung des pro-rata-temporis-Grds. eine sonstige Benachteiligung (zB diff. Vertragsgestaltung) nicht ausschließt (BAG 14.12.2011 NZA 2012, 663). Führt etwa die (zulässige) Erhöhung des Stundendeputats bei Lehrkräften zu einer Absenkung der Vergütung des TZAN, während die Vergütung bei VollzeitAN unverändert bleibt, kann darin eine sachl. nicht gerechtfertigte Ungleichbehandlung liegen (s. hierzu a. *Henssler/Höpfner* FS Bauer 2010 S. 434, 442).

Auch wenn der GWortlaut eine abw. Behandlung aus sachl. Gründen nicht zuzulassen scheint, geht 12
die GBegr. ohne weiteres von der **Differenzierungsmöglichkeit aus sachl. Grund** aus. Auch die RL verlangt die Berücksichtigung des pro-rata-temporis-Grds. nur dort, wo es angemessen ist (BAG 5.11.2003 NZA 2005, 222). Der pro-rata-temporis-Grds. stellt überdies nur einen Ausschnitt aus dem Bereich der Rechtsfolgen des Gleichheitsverstoßes dar, modifiziert aber nicht die Voraussetzungen des § 4 I 1 und des § 4 II 1. So ändert der Grds. auch nichts daran, dass in den Fällen, in denen der Leistungszweck dies nicht rechtfertigt, eine ant. Kürzung unzulässig ist (hierzu Rn. 76). Auch die GBegr. geht davon aus, dass nur „regelm." eine ant. Kürzung in Betracht kommt. Überzeugend ist schließl. der Hinweis, dass § 4 insg. kein absolutes Diskriminierungsverbot nur hins. der Frage des teilbaren Entgelts statuiert (hM BAG 5.11.2003 NZA 2005, 222; 18.3.2014 AP TzBfG § 4 Nr. 25; *Laux/Schlachter* Rn. 54 mwN).

III. Abgrenzung zu anderen Gleichbehandlungsgeboten

1. Allgemeiner arbeitsrechtlicher Gleichbehandlungsgrundsatz. Der allg. arbeitsrechtl. Gleichbe- 13
handlungsgrds. verbietet es dem AG, einzelne AN oder Gruppen von AN ohne sachl. Grund von allg. begünstigenden Regelungen des ArbVerh. auszunehmen und schlechter zu stellen als andere AN in vergleichbarer Lage (BGB § 611a Rn. 572 ff.). Obwohl **§ 4** als Diskriminierungsverbot in der amtl. Überschrift bezeichnet wird, konkretisiert die Norm den **allg. Gleichbehandlungsgrds.** § 4 fordert einen spezifischen Gruppenvergleich zwischen Voll- und TZAN (Abs. 1) oder unbefristet und befristet beschäftigten AN (Abs. 2). § 4 beschränkt sich nicht auf ein bloßes Willkürverbot. Fragl. ist, ob § 4 I über den allg. arbeitsrechtl. Gleichbehandlungsgrds. hinausgeht, soweit vertreten wird, dass dem Grds. der Vertragsfreiheit Vorrang vor dem Gleichbehandlungsgrds. zukomme, was bei § 4 I nicht der Fall sei (*Richardi* NZA 1992, 625, 626). Dies ist zu verneinen, weil auch nach § 4 I ebenso wie beim allg. Gleichbehandlungsgrds. eine individuelle Besserstellung nicht ausgeschlossen ist (vgl. a. BAG 24.10.1989 NZA 1990, 486; *Laux/Schlachter* Rn. 43). Bei Anwendung eines generalisierenden Prinzips (Vollzeit – TZ) setzen beide Gleichbehandlungsgrds. zwgd. Schranken.

2. Art. 157 AEUV. Im Falle einer **ungleichen Entlohnung TZBeschäftigter** liegt häufig auch ein 14
Verstoß gegen Art. 157 AEUV (ex Art. 141 EG, Art. 119 EGV) in Form einer mittelbaren Geschlechtsdiskriminierung vor, da TZBeschäftigte hauptsächl. Frauen sind (HKTzBfG/*Joussen* Rn. 3, 14). Art. 157 AEUV verbietet die unmittelbare und die mittelbare Diskriminierung beim Entgelt wegen des Geschlechts (AEUV Art. 157 Rn. 13 ff.).

Seit In-Kraft-Treten des BeschFG 1985 stützt das BAG seine Gleichbehandlungsrspr. richtigerweise 15
vorrangig auf die Unionsrecht umsetzenden Normen des nationalen Rechts, so dass ein Rückgriff auf Art. 157 AEUV regelm. entbehrl. ist. Ggü. Art. 157 AEUV hat § 4 den weiteren Anwendungsbereich. Er ist nicht auf Fälle der Geschlechtsdiskriminierung beschränkt und erstreckt sich über die Gleichheit des Arbeitsentgelts hinaus auch auf die Gleichheit der sonstigen Arbeitsbedingungen. Die stärkere Betroffenheit eines Geschlechts muss nicht nachgewiesen werden, auch wenn die mögl. Geschlechtsdiskriminierung ein Motiv für die Einf. des § 4 gewesen ist. Insb. bei Fragen der TZArbeit ist es aber wenig sinnvoll, hins. der Frage, ob verschiedene AN gleich oder ungleich behandelt werden, zwischen den Anforderungen, die Art. 157 AEUV stellt, und § 4 I zu diff. (vgl. BAG 21.4.1999 NZA 1999, 939).

3. Art. 3 GG. Ein Rückgriff auf das Grundrecht des Art. 3 GG ist iRd. Schutzgebotsfunktion der 16
Grundrechte mögl. (GG Art. 3 Rn. 11; zur „neuen Formel" vgl. GG Art. 3 Rn. 32 ff.). Als **allg. Grds.** tritt **Art. 3 I GG** allerdings hinter das speziell konkretisierte Benachteiligungsverbot des § 4 I zurück.

17 Da vom Anwendungsbereich des Art. 3 II GG auch mittelbare Diskriminierungen erfasst werden, überschneiden sich die Normen für den Fall, dass mit einer Ungleichbehandlung iSd. § 4 eine Diskriminierung wegen des Geschlechts einhergeht. Das BAG hat in entspr. Fällen seine Rspr. nebeneinander auf mehrere Rechtsgrdl. gestützt (Art. 3 II GG, Art. 157 AEUV; vgl. *Hunold* DB 1991, 1670). Zur Frage des **Rückwirkungsverbots** wird Art. 3 II GG im Hinblick darauf relevant, ob AG eine Übergangsfrist zur Anpassung ihrer betriebl. – zwischen Voll- und TZAN ungerechtfertigterweise diff. – Versorgungsordnungen zusteht. Der Umstand, dass die Frage der mittelbaren Diskriminierung erst später in Rspr. und Lit. aufgegriffen worden ist, kann auch nicht zu einer nur zeitweiligen Aufrechterhaltung mit Art. 3 II GG unvereinbarer diskriminierender Regelungen angeführt werden (BAG 20.11.1990 NZA 1991, 635). Das BVerfG nahm eine Verfassungsbeschwerde gegen ein Urt. des BAG aus dem Jahre 1986 (BAG 14.10.1986 NZA 1987, 445) nicht zur Entsch. an (BVerfG 28.9.1992 AP GG Art. 20 Nr. 6).

18 **4. AGG, § 75 I BetrVG.** Als spezialges. Regelung ist § 4 insoweit vorrangig zu prüfen, als die spezifische Ungleichbehandlung von TZBeschäftigten und befristet Beschäftigten in Rede steht. Das AGG geht jedoch insoweit über § 4 I hinaus, als dort Diskriminierungen umfassend, insb. auch bei der Einstellung eines AN, untersagt werden. § 4 wird durch das AGG iÜ nicht berührt (§ 2 III AGG). Ansprüche auf Gleichbehandlung bei der Einstellung können aus § 4 nicht hergeleitet werden. Zur Anwendung des EntgelttransparenzG: § 1 Rn. 2 f.)

IV. Anwendungsbereich

19 **1. Sachlicher Geltungsbereich.** § 4 erstreckt sich auf einseitige Maßnahmen des AG (BAG 15.11.1994 NZA 1995, 939) und auf vertragl. Regelungen (BAG 16.1.2003 NZA 2003, 971). Erfasst wird das **gesamte rechtserhebl. Handeln des AG** ggü. seinen AN (BAG 25.1.1989 AP BeschFG 1985 § 2 Nr. 2; *Laux/Schlachter* Rn. 19). So kann auch die Ausübung des arbeitgeberseitigen Weisungsrechts an § 4 gemessen werden (BAG 1.12.1994 NZA 1995, 590; zum überproportionalen Einsatz von TZAN an Wochenenden LAG B 20.8.2015 BeckRS 2015, 73250). Insoweit gelten die gleichen Erwägungen wie beim allg. Gleichbehandlungsgrds. (BGB § 611a Rn. 575). Ebenso gilt § 4 auch für tarifvertragl. Regelungen (BAG 5.8.2009 NZA-RR 2010, 336). Auch bei Stellenbesetzungen und Auswahlentsch. ist ein Verstoß gegen § 4 I mögl. (LAG HE 8.4.2011 BeckRS 2011, 74354).

20 **2. Persönlicher Geltungsbereich.** § 2 bestimmt den Begriff des teilzeitbeschäftigten AN, § 3 den des befristet beschäftigten AN (vgl. die Kommentierung dort).

21 **3. Gleichbehandlung innerhalb der Gruppe der Teilzeit- und befristet Beschäftigten.** Nach der Normfassung könnte zw. sein, ob auch TZBeschäftigte oder befristet Beschäftigte untereinander „nicht schlechter" behandelt werden dürfen. Diese Zweifel sind unbegründet. § 4 stellt nur eine Ausprägung des allg. Gleichbehandlungsgrds. dar und verbietet daher nicht nur die Ungleichbehandlung von TZ- im Vergleich zu Vollzeitbeschäftigten, sondern auch von AN mit unterschiedl. AZ oder Vertragsdauer untereinander (BAG 5.8.2009 NZA-RR 2010, 336). Auch bei der Fallgruppe der Ungleichbehandlung nebenberufl. Beschäftigter mit „hauptberufl." TZBeschäftigten hielt das BAG § 2 I BeschFG für anwendbar (BAG 1.11.1995 NZA 1996, 813; 1.11.1995 NZA 1996, 816), weil es bei dem Gruppenvergleich die Vollzeitbeschäftigten zugrunde legt, obwohl im Kern eine sachwidrige Differenzierung zwischen TZBeschäftigten (uU bei gleicher Stundenzahl) vorliegt. Nach dem Wortlaut der Norm ist dies allerdings unrichtig, weil sich § 4 (wie sein Vorbild § 2 I BeschFG) expressis verbis nur auf die Gruppenbildung Vollzeit – TZ bzw. unbefristet – befristet bezieht.

22 Erfolgt eine **unterschiedl. Gruppenbildung** innerhalb der TZBeschäftigten oder befristet Beschäftigten, ist der allg. arbeitsrechtl. Gleichbehandlungsgrds. anwendbar (MHH/*Herms* Rn. 21; **aA** *Laux/Schlachter* Rn. 36). Dies ist auch der richtige Ansatzpunkt, wenn TZBeschäftigte mit einem bestimmten Stundendeputat ggü. Vollzeitbeschäftigten zulässigerweise unterschiedl. behandelt werden, dieser Rechtfertigungsgrund innerhalb der Gruppe der TZBeschäftigten mit anderem Stundendeputat aber nicht durchgreift. Diese Frage stellt sich also insb. bei der diff. Behandlung TZBeschäftigter mit gleichem Stundenvolumen (ähnl. Schaub/*Linck* § 43 Rn. 31). In der Sache ist damit jedoch kein wesentl. materieller Unterschied verbunden, weil die Maßstäbe des § 4 und des allg. Gleichbehandlungsgrds. gleich sind (MüArbR/*Schüren* § 45 Rn. 93; ebenso Schaub/*Linck* § 43 Rn. 37; für einen Anspruch auf Gleichbehandlung kumulativ aus § 2 I BeschFG iVm. dem allg. arbeitsrechtl. Gleichbehandlungsgrds. BAG 12.1.1994 NZA 1994, 993).

23 Da § 4 Ausdruck des schon zuvor anerkannten Grds. ist, dass allein der unterschiedl. Umf. der Arbeitsleistung für sich genommen kein sachl. Differenzierungskriterium hins. der materiellen Arbeitsbedingungen sein darf (BAG 6.4.1982 AP BetrAVG § 1 Gleichbehandlung Nr. 1), kann man in erweiternder Auslegung § 4 auch als allg. Konkretisierung dieses Grundgedankens ansehen und damit dessen Anwendung auch innerhalb der Gruppe der TZBeschäftigten rechtfertigen (s.a. MüKoBGB/*Müller-Glöge* Rn. 10). IE bedarf es sowohl nach der einen wie der anderen dogmatischen Grdl. sachl. Gründe, wenn die eine Gruppe der teilzeitbeschäftigten AN wie vollzeitbeschäftigte AN behandelt,

die andere Gruppe der teilzeitbeschäftigten AN jedoch von Leistungen ausgeschlossen würde (BAG 29.8.1989 NZA 1990, 37; so a. als Hilfserwägung BAG 15.11.1990 NZA 1991, 346).

4. Stichtagsregelung. Der Grds. der Gleichbehandlung TZBeschäftigter ist seit dem 1.5.1985 geltendes Recht. Die Norm des § 2 BeschFG (jetzt § 4) war auf alle BeschVerh. nach ihrem In-Kraft-Treten und ab diesem Stichtag auch auf solche ArbVerh. anwendbar, die am 1.5.1985 bereits bestanden haben (BAG 25.1.1989 AP BeschFG 1985 § 2 Nr. 2). 24

V. Diskriminierungsverbot bei Teilzeitbeschäftigten (Abs. 1)

1. Ungleichbehandlung. § 4 I verbietet jede unterschiedl. Behandlung von teilzeitbeschäftigten AN ggü. vollzeitbeschäftigten AN wegen der TZArbeit, es sei denn, dass sie durch sachl. Gründe gerechtfertigt ist. Eine Ungleichbehandlung wegen der TZArbeit ist immer dann zu bejahen, wenn die **Dauer der AZ** das Kriterium darstellt, an das die Differenzierung hins. der unterschiedl. Arbeitsbedingungen knüpft (BAG 29.1.1992 NZA 1992, 1037; 12.6.1996 NZA 1997, 191; 24.9.2003 NZA 2004, 611; 10.2.2015 NZA 2015, 1005 Rn. 16; AT/*Thüsing* Rn. 19). 25

Auch bei der Prüfung des § 4 I kommt es zunächst zur Feststellung der Ungleichbehandlung auf eine **korrekte Vergleichsgruppenbildung** an. § 4 I verbietet als Konkretisierungsnorm des allg. arbeitsrechtl. Gleichbehandlungsgrds. die Ungleichbehandlung im Wesentlichen vergleichbarer Tatbestände. Verlangt ein teilzeitbeschäftigter AN die Gleichbehandlung mit einem vollzeitbeschäftigten AN, so setzt das voraus, dass die AN vergleichbar sind (BAG 9.2.1989 NZA 1989, 593; *Lipke* AuR 1991, 76, 77). Dabei ist für eine Vergleichbarkeit nicht erforderl., dass eine Identität der gesamten Arbeitsbedingungen vorliegt. Es reicht aus, wenn ein gemeinsamer Bezugspunkt der betriebl. Ordnung oder ein vom AG aufgestelltes System beide ANGruppen erfasst. Das kann bspw. eine gleiche bzw. gleichwertige Arbeitsleistung oder eine gleichlange Betriebstreue sein (GK-TzA/*Lipke* § 2 BeschFG Rn. 73). 26

Aus § 2 I 3 ergibt sich, dass der **Bezugsrahmen** für die Vergleichsgruppenbildung grds. **der Betrieb** sein soll. Etwas anderes gilt aber dann, wenn ein AG für seine Betriebe eine überbetriebl. Regelung aufstellt und anwendet (näher BGB § 611a Rn. 583 ff.; ebenso *Laux/Schlachter* Rn. 40). In diesem Fall können sich AN auch dann auf das Gleichbehandlungsgebot des § 4 I iVm. dem allg. arbeitsrechtl. Gleichbehandlungsgrds. berufen, wenn es begünstigte AN mit vergleichbarer Tätigkeit überhaupt nicht oder aber in demselben Betrieb nicht gibt (BAG 12.1.1994 NZA 1994, 993; krit. AT/*Thüsing* Rn. 27). 27

Gelegentl. treten jedoch Schwierigkeiten auf, das Vorliegen einer Ungleichbehandlung von der Frage der sachl. Rechtfertigung zu trennen. Das BAG hat eine wegen der AZ diff. Ungleichbehandlung verneint, wenn Arbeitsschutznormen ein bestimmtes **zeitl. Höchstmaß für bestimmte (gesundheitsschädl.) Arbeiten** vorschreiben, die zu einem unterschiedl. prozentualen Anteil der gesundheitsgefährdenden Tätigkeit bezogen auf die vertragl. geschuldete Arbeitsleistung führen. Darf aus arbeitsschutzrechtl. Erwägungen eine bestimmte Tätigkeit nicht mehr als 4 Stunden tägl. ausgeübt werden, so liegt keine unzulässige Differenzierung wegen der TZArbeit vor, wenn der Vollzeitbeschäftigte idR nur zu 50% seiner vertragl. geschuldeten Leistung mit dieser Tätigkeit betraut wird, der TZBeschäftigte jedoch uU auch 100% leisten muss, wenn nur die arbeitstägl. HöchstAZ nicht überschritten wird (vgl. zur Bildschirmarbeit BAG 9.2.1989 NZA 1989, 593). 28

Nach Ansicht des BAG liegt keine Ungleichbehandlung vor, wenn TZKräfte aufgrund eines Schichtplanes im Krankenhaus ebenso häufig wie Vollzeitkräfte zu Wochenenddiensten eingeteilt werden, da die **Einteilung zum Wochenenddienst** ausschl. die Lage der AZ beträfe, nicht jedoch deren Dauer (BAG 1.12.1994 NZA 1995, 590). Eine Ungleichbehandlung bejaht das BAG demggü., wenn sich durch die Schichtplanregelung die AZ teilzeit- und vollzeitbeschäftigter AN in einem ungleichen Verhältnis auf den Wochenenddienst und auf den Dienst an anderen Wochentagen verteilt (BAG 24.4.1997 NZA 1997, 1047; noch offen gelassen in 1.12.1994 NZA 1995, 590). Eine Ungleichbehandlung liegt auch vor, wenn der AG von einem teilzeitbeschäftigten Lehrer in einem Umf. Tätigkeiten außerhalb der Unterrichtserteilung verlangt, die den Umf. einer Vollzeitbeschäftigung haben. Teilzeitbeschäftigte Lehrer sind für die Dauer der Teilnahme an **Klassenfahrten** wie Vollzeitbeschäftigte zu vergüten (BAG 22.8.2001 AP BGB § 611 Lehrer, Dozenten Nr. 144 unter tw. Aufgabe von 20.11.1996 NZA 1997, 885; 25.5.2005 NZA 2005, 981; LAG D 25.3.2010 BeckRS 2010, 73248). Eine Ungleichbehandlung liegt auch in der Kürzung des **Weihnachtsgeldes** um einen absoluten Betrag, wenn dies dazu führt, dass der errechnete Betrag unter der Summe liegt, der dem Anteil der TZArbeit im Verhältnis zur Vollzeitarbeit entspricht (BAG 24.5.2000 NZA 2001, 33). Nach Ansicht des LAG RP soll eine Ungleichbehandlung einer TZAN wegen Nichtgewährung von Brückentagen ausscheiden, wenn diese an Wochentagen, auf die Brückentage fallen, so oder so nicht arbeitet (LAG RP 13.1.2015 BeckRS 2015, 71773). 29

Str. ist auch, ob die Nichtleistung von **Überstundenzuschlägen** an TZBeschäftigte bei Überschreiten ihrer individuellen, nicht aber der betriebsübl. AZ eines vollzeitbeschäftigten AN eine Ungleichbehandlung darstellt (BAG 20.6.1995 NZA 1996, 597; LAG HM 22.10.1992 DB 1993, 232; ArbG HH 21.10.1991 DB 1992, 482; *Hanau/Gilberg* BB 1995, 1238 ff.; *Stückmann* DB 1995, 826 ff.; *Goergens* 30

PersR 1993, 117f.). Die gleiche Frage stellt sich, wenn **Zuschläge für Bereitschaftsdienst** gezahlt werden, soweit dieser die individuelle bzw. die regelm. betriebl. oder tarifl. AZ überschreitet (BAG 21.11.1991 NZA 1992, 545; *Peifer* ArbRGeg Bd. 30, 1993, 139, 150). Zu anderen Zulagen vgl. Rn. 45 f.

31 Es sind **zwei Ansatzpunkte** zu unterscheiden: Man kann entweder auf die Vergütung für die gleiche Arbeit bei gleicher AZ abstellen, mithin die Entlohnung des TZBeschäftigten für die erste über seine individuelle AZ hinausgehende Arbeitsstunde der Entlohnung des Vollzeitbeschäftigten für diese Arbeitsstunde ggü. stellen. Diesen Ansatzpunkt wählte der EuGH in seinem Urt. v. 15.12.1994 (NZA 1995, 218; ebenso BAG 5.11.2003 NZA 2005, 222; 16.6.2004 NZA 2004, 1119; zust. AT/*Thüsing* Rn. 37; MHH/*Herms* Rn. 71, 101; MüKoBGB/*Müller-Glöge* Rn. 22). Beide verneinen daher eine Ungleichbehandlung. Man kann jedoch auch auf die Vergütung beider Gruppen bei einer gleich langen Überschreitung ihrer jeweiligen AZ abstellen. Der TZBeschäftigte erhält dann eine geringere Vergütung und wird dementspr. ungleich behandelt. Wählt man den letzteren Ansatzpunkt, so ist allerdings auch umgekehrt bei Zahlung einer Überstundenzulage an TZBeschäftigte bei Überschreiten ihrer individuellen AZ eine Ungleichbehandlung der Vollzeitbeschäftigten anzunehmen, da diese dann für die gleiche Anzahl geleisteter Arbeitsstunden absolut betrachtet geringer entlohnt werden (*Stückmann* DB 1995, 826, 828; **aA** *Hanau/Gilberg* BB 1995, 1238).

32 Die besseren Gründe sprechen dafür, im Anschluss an die Rspr. von EuGH und BAG eine Ungleichbehandlung iSv. § 4 I 1 nur zu bejahen, wenn bei gleicher Anzahl von Stunden die den Vollzeitbeschäftigten gezahlte Vergütung höher ist als die den TZBeschäftigten gezahlte (ebenso BAG 24.9.2008 NZA-RR 2009, 221). Wenn TZBeschäftigte für die gleiche Anzahl geleisteter Arbeitsstunden die gleiche Gesamtvergütung wie Vollzeitbeschäftigte erhalten, liegt dementspr. keine Ungleichbehandlung vor (BAG 5.11.2003 NZA 2005, 222). Eine davon zu unterscheidende Frage ist, ob die Verweigerung von Überstundenzuschlägen vor Überschreiten der regelm. AZ eines Vollzeitbeschäftigten gerechtfertigt ist (Rn. 44).

33 **2. Kausalität.** § 4 I untersagt ausschl. die nicht gerechtfertigte Ungleichbehandlung, wenn sie auf die TZArbeit an sich zurückzuführen ist. Ist die Ungleichbehandlung demggü. anders als mit der Dauer der AZ zu begründen, so liegt keine Ungleichbehandlung **wegen der TZArbeit** vor. § 4 I stellt daher kein absolutes, sondern ein relatives Differenzierungsverbot dar (*Oetker* Anm. EzA BeschFG 1985 § 2 Nr. 7).

34 Eine Ungleichbehandlung erfolgt schon dann wegen der TZArbeit, wenn die **Dauer der AZ** Anknüpfungspunkt für die Ungleichbehandlung ist (BAG 30.9.1998 NZA 1999, 774 mwN), nicht jedoch dann, wenn andere Umstände, die keinen Bezug zu der AZ haben, ausschlaggebend sind (Schaub/*Linck* § 43 Rn. 32f.). Die AZ ist maßgebl. Kriterium, wenn eine Vereinb. oder Maßnahme ausdr. nur für Vollzeitbeschäftigte gilt oder wenn AN erst ab einer bestimmten AZ von einer Arbeitsbedingung erfasst werden (Schaub/*Linck* § 43 Rn. 32f.; *Peifer* ArbRGeg Bd. 30, 1993 S. 139, 143).

35 Nicht verwechselt werden darf die Zulässigkeit einer auf andere Gründe als auf die TZArbeit gestützten Ungleichbehandlung mit der **Möglichkeit der Rechtfertigung** einer Ungleichbehandlung wegen der TZArbeit. Das BAG hilft sich gelegentl. mit dem Hinweis darauf, dass die Grenzen zwischen beiden Tatbestandsmerkmalen im Einzelfall fließend sein könnten (BAG 9.2.1989 NZA 1989, 593; 12.6.1996 NZA 1997, 191).

36 Es ist also eine **zweistufige Prüfung** erforderl. (*Oetker* Anm. EzA BeschFG 1985 § 2 Nr. 7). Zunächst ist zu hinterfragen, ob die Ungleichbehandlung kausal wegen der TZArbeit erfolgt. Erst wenn diese Frage positiv beantwortet wird, stellt sich iRd. § 4 I die Frage der Rechtfertigung der Ungleichbehandlung. Kann die Kausalität nicht bejaht werden, so ist freil. immer noch zu hinterfragen, ob die Diskriminierung gegen den allg. arbeitsrechtl. Gleichbehandlungsgrds. bzw. andere Gleichbehandlungsgebote, zB wegen des Geschlechts, verstößt.

37 **3. Diskriminierungsabsicht.** Für die Anwendbarkeit des § 4 I kommt es allein auf das Vorliegen einer obj. Ungleichbehandlung wegen der TZArbeit an. Anders als etwa bei § 613a IV BGB kommt es **nicht auf die subj. Absicht** einer Diskriminierung an (BAG 7.3.1995 NZA 1996, 48; 21.2.2013 NZA 2013, 955; AT/*Thüsing* Rn. 22; MHH/*Herms* Rn. 37; abw. *Oetker* Anm. EzA BeschFG 1985 § 2 Nr. 7). Das hätte wegen erhebl. Beweisschwierigkeiten nicht nur zur Folge, dass an sich unzulässige Diskriminierungen geduldet werden müssten, sondern liefe insb. auch dem Schutzzweck der Norm zuwider. Denn § 4 I gewährt im Gegensatz zu § 613a IV BGB nicht nur einen bes. Kündigungsschutz, sondern konkretisiert den allg. Gleichheitssatz des Art. 3 I GG. Ebenso wie bei einem Verstoß gegen Art. 3 I GG kommt es daher auf ein Verschulden des AG nicht an, sondern nur auf die obj. diskriminierenden Auswirkungen einer Vereinb. oder Maßnahme (BAG 28.7.1992 NZA 1993, 215; GK-TzA/*Lipke* § 2 BeschFG Rn. 68).

38 **4. Rechtfertigungsgründe.** Knüpft eine Ungleichbehandlung an die Dauer der AZ an und erfolgt sie daher wegen der TZArbeit, so kann sie dennoch zulässig sein, wenn hierfür ein Rechtfertigungsgrund angeführt werden kann. Nach dem **Wortlaut** der Norm ist jede unterschiedl. Behandlung gerechtfertigt, die auf **sachl. Gründe** gestützt werden kann. Welche sachl. Gründe in Betracht kommen, wird im G nicht näher ausgeführt (ausf. Übersicht bei *Laux/Schlachter* Rn. 67ff.). Nach der

GBegr. ist entweder ein Aufgabenbezug gefordert oder zumindest eine AGLeistung, deren Rechtfertigung sich aus einem bestimmten Mindestumf. der Arbeitsleistung ergibt (BT-Drs. 10/2102 S. 24). Der Begriff „sachl. Gründe" iSd. § 4 RV-TzA ist nach der Rspr. des EuGH so zu verstehen, dass eine unterschiedl. Behandlung nicht damit gerechtfertigt werden kann, dass sie in einer allg. und abstrakten Regelung vorgesehen ist. Vielmehr muss diese Ungleichbehandlung einem echten Bedarf entsprechen und zur Erreichung des verfolgten Ziels geeignet und erforderl. sein (EuGH 22.4.2010 NZA 2010, 557, 559 Rn. 44).

Die Rspr. legt einen bes. **strengen Rechtfertigungsmaßstab** an. Eine unterschiedl. Behandlung kann 39 nur gerechtfertigt sein, wenn sich ihr Grund aus dem Verhältnis von Leistungszweck und Umf. der TZArbeit herleiten lässt (BAG 24.9.2003 NZA 2004, 611). Dieser Maßstab ist auch darauf zurückzuführen, dass in der Ungleichbehandlung TZBeschäftigter regelm. zugleich eine Diskriminierung aufgrund des Geschlechts liegt (*Hanau/Gilberg* BB 1995, 1238, 1239) und damit zugleich eine Überprüfung am Gleichbehandlungsgebot des Art. 157 AEUV bzw. des AGG erforderl. wäre. Die Rspr. erspart sich jedoch mittels des einheitl. Prüfungsmaßstabs die ggf. erforderl. doppelte Prüfung.

Allein das unterschiedl. Arbeitspensum der Teil- und Vollzeitbeschäftigten rechtfertigt eine unter- 40 schiedl. Behandlung nicht (BAG 6.12.1990 NZA 1991, 350; ebenso für die Abweichung vom pro-rata-temporis-Grds. BAG 18.3.2014 AP TzBfG § 4 Nr. 25). Die Sachgründe müssen anderer Art sein, sie können etwa auf **Arbeitsleistung, Qualifikation, Berufserfahrung oder unterschiedl. Arbeitsplatzanforderungen** beruhen (BAG 25.10.1994 NZA 1995, 730). Diff. ein TV allerdings bei der Eingruppierung eines AN nicht hins. der Qualifikation, so kann eine unterschiedl. Qualifikation im Nachhinein nicht als Rechtfertigung für eine Ungleichbehandlung angeführt werden (BAG 16.6.1993 NZA 1994, 133).

In Anlehnung an die Rspr. des EuGH (s. ausf. Schaub/*Linck* § 43 Rn. 39, 53) ist eine Ungleichbe- 41 handlung iSd. § 4 I sachl. gerechtfertigt, wenn hierfür obj. Gründe gegeben sind, die einem **wirkl. Bedürfnis des Unternehmens dienen und für die Erreichung dieses Ziels geeignet und erforderl. sind** (EuGH 13.5.1986 NZA 1986, 599; BAG 14.10.1986 NZA 1987, 445). Die Ungleichbehandlung kann auch aufgrund sozialpolitischer Zielsetzungen obj. gerechtfertigt sein, wenn sie zur Zielerreichung geeignet und erforderl. ist (EuGH 13.7.1989 NZA 1990, 437; 14.12.1995 NZA 1996, 129). Geeignet ist eine Maßnahme, wenn mit ihr das angestrebte Ziel erreicht werden kann; sie ist erforderl., wenn sie das mildeste Mittel zur Zielerreichung darstellt, also kein anderes, gleich wirksames Mittel zur Vfg. steht, das gar nicht oder weniger nachteilig für die benachteiligte ANGruppe wäre.

Zu beachten ist ferner, dass wie beim allg. Gleichbehandlungsgrds. (hierzu BGB § 611a Rn. 590) 42 die getroffene Unterscheidung auch **vom Zweck der jeweiligen Leistung getragen** sein muss (BAG 25.10.1994 NZA 1995, 730). Hierbei ist wesentl., dass der Aspekt der Betriebsbindung und der Betriebstreue bei TZ- wie bei Vollzeitbeschäftigten gleichermaßen greift und eine Differenzierung regelm. nicht rechtfertigt (BAG 27.7.1994 NZA 1994, 1130; 25.10.1994 NZA 1995, 730). Eine unterschiedl. Vergütung einer vergleichbaren Arbeit kann auch nicht allein mit dem Hinweis auf den größeren Umf. der Freizeit gerechtfertigt werden (BAG 15.12.1998 NZA 1999, 882). Im Bereich der **betriebl. AV** erachtet das BAG die Leistungen nicht als reines Äquivalent mit der Folge, dass idR nur TZ- und Vollzeitbeschäftigte mit einer gleich langen Beschäftigungszeit miteinander vergleichbar sind.

a) Leistungszweck. Die Rechtfertigung einer Ungleichbehandlung kann sich aus dem jeweiligen 43 Zweck einer Leistung ergeben (BAG 25.10.1994 NZA 1995, 730; ausf. *Laux/Schlachter* Rn. 59 ff.). Der Zweck kann in Ausnahmefällen den völligen Wegfall der Leistung rechtfertigen oder aber nur die ant. Leistungskürzung.

Stehen **tarifvertragl. Leistungen** zur Überprüfung, so kommt es nicht auf alle denkbaren Zwecke 44 an, die mit der betr. Leistung verfolgt werden können, sondern auf diejenigen, um die es den TVParteien nach ihrem im TV selbst zum Ausdruck gekommenen, durch die Tarifautonomie geschützten Willen geht (BAG 20.6.1995 NZA 1996, 597 19.2.1998 NZA 1998, 1131; 14.10.1998 NZA 1999, 874). So ist die Zahlung eines Überstundenzuschlags erst ab Überschreiten der regelm. wöchentl. AZ als Ausgleich für bes. körperl. Belastungen und um den AG vor übermäßiger Inanspruchnahme des AN abzuhalten, als legitimer, sachl. Grund hinzunehmen, auch wenn für andere Zwecküberlegungen ebensolche gewichtigen Arg. sprechen können (BAG 25.7.1996 EzA BGB § 611 Mehrarbeit Nr. 6; **aA** *Schüren* Anm. AP TVG § 1 Tarifverträge: Nährmittelindustrie Nr. 1; vgl. a. Rn. 31). Nicht gerechtfertigt ist aber die pauschale Regelung, dass **Mehrarbeit** bis zu drei Stunden im Monat weder bei Vollnoch TZBeschäftigten vergütet wird, weil durch diese Regelung (geringfügig) TZBeschäftigte viel stärker belastet werden (EuGH 27.5.2004 NZA 2004, 783). Leistet ein TZBeschäftigter auf der Basis von Mehrarbeit die gleiche AZ wie ein Vollbeschäftigter müssen ihm auch die Sonderleistungen in gleicher Höhe gewährt werden (BAG 24.9.2008 NZA-RR 2009, 221; zu diff. Stundensätzen zwischen TZ- und VollzeitAN LAG HM 16.9.2011 BeckRS 2011, 79245). Individualvertragl. Vereinb. sind stets an ihrer obj. Zweckbestimmung zu überprüfen, den Arbeitsvertragsparteien steht keine Richtigkeitsvermutung zur Seite, wie sie für TVParteien unterstellt wird.

45 Die Zulässigkeit einer ant. Kürzung der Leistung hängt davon ab, ob der Entgeltcharakter der Leistung im Vordergrund steht oder ein anderer an die Dauer der AZ anknüpfender, mit der Leistung verbundener Zweck (BAG 11.12.1996 NZA 1997, 661; *Schüren/Beduhn* Anm. AP BeschFG 1985 § 2 Nr. 35). Regelm. rechtfertigt der Leistungszweck nicht den völligen Wegfall der Leistung für TZBeschäftigte. Erfüllen TZAN ebenso wie VollzeitAN die (tarifl.) Voraussetzungen für eine **Schicht- oder Wechselschichtzulage,** besteht jdf. ein ant. Anspruch. Sieht eine Regelung (wie § 24 II TVöD) nur den Anspruch auf die ant. Zahlung der tarifl. **Wechselschichtzulage** iHd. Quote der zwischen den Parteien vereinbarten und der regelm. tarifl. AZ vor, werden TZBeschäftigte nicht benachteiligt (BAG 24.9.2008 ZTR 2009, 20; 25.9.2013 NZA-RR 2014, 8). Auch die mit Wechselschichtarbeit verbundenen Belastungen und Erschwernisse können mit einer ant. Zulage ausgeglichen werden. Die Einschätzung, dass die aus Wechselschichtarbeit folgenden Erschwernisse einen TZBeschäftigten proportional geringer belasten, ist nicht zu beanstanden. Ob und inwieweit möglicherweise ein voller Anspruch besteht, hängt von der Ausgestaltung der Zulagenregelung ab. So kann, wenn Arbeitsvertrags- oder TVParteien keine ant. Wechselschichtzulage regeln oder bestimmen, dass ab eine bestimmten Mindeststundenzahl die Zulage zu zahlen ist, für TZBeschäftigte auch ein voller Anspruch bestehen (BAG 23.6.1993 NZA 1994, 41; zu Schichtarbeit: LAG SH 27.3.2007 ZTR 2007, 545; zum Ganzen *Peter* ZTR 2007, 646). Das Gleiche gilt für Spätarbeits- und Nachtarbeitszuschläge (BAG 15.12.1998 NZA 1999, 882). Ebenso ist eine **Erschwerniszulage,** die für die mit der Fernmeldeaufklärung verbundenen Sicherheitsbestimmungen im Bereich der Bundesmarine gezahlt wird, auch an TZBeschäftigte ungekürzt zu zahlen (LAG SH 17.11.1992 LAGE EWG-Vertrag Art. 119 Nr. 2; bestätigt durch BAG 8.12.1993 BeckRS 1993, 07236). Gleiches gilt für eine **Schmutzzulage.** Nur dann, wenn die TZBeschäftigten der Belastung, zu deren Ausgleich die bes. Erschwerniszulage geleistet wird, auch nicht nur ant. ausgesetzt sind, kann ihnen die Leistung ganz verwehrt werden (BAG 29.1.1992 NZA 1992, 1037).

46 Hat eine **„Sicherheitszulage"** jedoch unter Abwägung der jeweiligen Anspruchsvoraussetzungen, Ausschließungs- und Kürzungsregelungen primär Entgeltcharakter, so kommt es auf ihre Bezeichnung und die Motivation ihrer Gewährung nicht an. Eine ant. Kürzung ist mögl. Für den Entgeltcharakter können die Abhängigkeit der Zulage von der Besoldungseinstufung und ihre Nichtgewährung in Zeiten, in denen dem AN keine Ansprüche auf Vergütung, Urlaubsvergütung oder Krankenbezüge zustehen, sprechen (BAG 11.12.1996 NZA 1997, 661). Kürzungsfähig ist auch eine **Funktionszulage,** die ein Arbeitsentgelt für die Verrichtung von Arbeit in einer bestimmten Funktion darstellt (BAG 17.4.1996 NZA 1997, 324). Eine Ungleichbehandlung wegen der TZArbeit wurde des Weiteren abgelehnt hins. einer Arbeitsschutz-Regelung, nach der **Zusatzurlaub bei gesundheitsschädl. Tätigkeiten** erst dann gewährt wird, wenn der AN mehr als die Hälfte der betriebl. – nicht der individuellen – AZ mit solchen Tätigkeiten befasst ist (BAG 19.3.2002 EzA EG-Vertrag 1999 Art. 141 Nr. 9). Eine an der Grundvergütung orientierte ant. Kürzung von **Weihnachtsgratifikation, Urlaubsentgelt** nach § 11 BUrlG und einem evtl. gewährten zusätzl. Urlaubsgeld ist zulässig (BAG 24.10.1989 NZA 1990, 486; 15.11.1989 NZA 1991, 346; 6.12.1990 NZA 1991, 350; 16.4.2003 NZA 2004, 991). Zwar werden diese Leistungen (auch) zum Ausgleich erhöhter Ausgaben anlässl. des Weihnachtsfestes bzw. Urlaubs gezahlt, die für TZBeschäftigte wie Vollzeitbeschäftigte gleichermaßen anfallen. Dennoch überwiegt hier der Entgeltcharakter der Leistung wesentl. (zur Zwecksetzung bei Sonderzahlungen näher BGB § 611a Rn. 527).

47 Wird eine Leistung als Anerkennung einer bes. **Betriebstreue** (Jubiläumszuwendungen uä.) der AN erbracht oder soll sie zur Versorgung der AN im Alter beitragen, ist sie Voll- wie TZKräften gleichermaßen zu gewähren (BAG 22.5.1996 NZA 1996, 938; noch **aA** BAG 25.10.1994 NZA 1995, 730). Werden Vollzeitbeschäftigten Sonderkonditionen für Darlehen zum Erwerb von Immobilien eingeräumt, um sie an das Unternehmen zu binden, spricht kein sachl. Grund dafür, diese Konditionen nicht auch TZAN einzuräumen (BAG 27.7.1994 NZA 1994, 1130). Mit dem Zweck eines **Übergangsgeldes,** das dem ausscheidenden AN als Überbrückungs- und Umstellungshilfe dient und die Aufrechterhaltung des bisherigen sozialen Status für einen bestimmten Zeitraum sicherstellt, ist eine Nichtgewährung an TZBeschäftigte nicht zu begründen (BAG 10.11.1994 NZA 1995, 692).

48 **Sozialplanabfindungen** orientieren sich gemeinhin an der Dauer des ArbVerh. Ihr Ziel ist der Ausgleich und die Milderung wirtschaftl. Nachteile und damit die Sicherung des pers. Besitzstandes, für den die AZ, nach welchem sich das Arbeitsentgelt richtet, wesentl. ist. Sie können daher entspr. der Vergütung bei TZBeschäftigten geringer berechnet werden als bei Vollzeitbeschäftigten (BAG 28.10.1992 NZA 1993, 717; 28.4.1993 AP BetrVG 1972 § 112 Nr. 67; 14.8.2001 NZA 2002, 451; 13.2.2007 NZA 2007, 860). Für eine Sozialzulage, die sich allein am Familienstand und an der Kinderzahl orientiert, muss sich ein Kürzungswille aus dem TV erschließen (BAG 7.10.1992 NZA 1993, 902). Versorgungssatzungen, die TZBeschäftigten entspr. ihrer geringeren AZ eine niedrigere Gesamtversorgung als Vollzeitkräften gewähren, verstößt nicht gegen § 4 I. Die Anrechnung der vollen Sozialversicherungsrente entspricht dem Versorgungsziel und der Ergänzungsfunktion der Zusatzversorgung (BAG 14.10.1998 NZA 1999, 874).

49 Führt die Gewährung einer Vergünstigung auch an TZBeschäftigte zu einer **Veränderung des Leistungszwecks,** dh. der Art der Leistung, dann rechtfertigt dies eine Ungleichbehandlung. Daher haben TZAN keinen Anspruch auf bezahlte Freistellung an Tagen, an denen der AG ab 12 Uhr

Arbeitsbefreiung unter Fortzahlung der Vergütung gewährt (Heiligabend und Silvester). Denn es handelt sich bei den fragl. Freistellungen um **streng anlass- und zeitbezogene Freistellungen**, die mit der Einräumung von Urlaub oder bezahlter Freistellung zu anderen Zeiten nicht zu vergleichen sind. Die bezahlte Freistellung knüpft an die Lage und nicht an die Dauer der AZ an (Schaub/*Linck* § 43 Rn. 33; *Wank* SAE 1994, 195, 196 f.). Der AG berücksichtigt insoweit nationale Besonderheiten und – regional bei Freistellung an Karneval – örtl. Brauchtum (BAG 26.5.1993 NZA 1994, 413).

Erhält eine teilzeitbeschäftigte Lehrkraft zwar eine ant. Vergütung wie Vollzeitkräfte, berechnet sich die Vergütung jedoch für sie auf einer 30 Stunden-Basis, für die Vollzeitkräfte aber auf einer 28 Stunden-Basis, da sie noch zu einem Zpkt. in das ArbVerh. eingestellt worden sind, als das Unterrichtssoll nach der für sie geltenden Musikschullehrer-RL zwei Unterrichtsstunden weniger vorsah, dann liegt nach der Ansicht des BAG und auch der Lit. in der **Wahrung sozialer Besitzstände** ein sachl. Grund für eine unterschiedl. Behandlung (BAG 26.5.1993 NZA 1993, 1049). Vermindert ein TV die AZ von in Vollzeit beschäftigten AN und gewährt diesen für die Absenkung des Entgelts eine **Ausgleichszulage**, führt dies dazu, dass die Arbeitsleistung der zuvor in Vollzeit beschäftigten AN besser vergütet wird als die Leistung der AN, die schon bislang in TZ beschäftigt wurden; das verstößt gegen § 4 I (BAG 5.8.2009 NZA-RR 2010, 336). 50

b) Motivation und Arbeitsmarktlage. Die überw. behauptete, in der Sache aber nicht bewiesene geringere Motivation oder Eingliederungsbereitschaft TZBeschäftigter hat das BAG mangels Nachweislichkeit zu Recht als Sachgrund unberücksichtigt gelassen. Im Gegenteil könne die geringere AZ sogar zu qualitativ und quantitativ besseren Arbeitsleistungen führen (BAG 25.10.1994 NZA 1995, 730). An einem substantiierten Vortrag fehlte es der Rspr. bislang auch, soweit AG vortrugen, TZBeschäftigte stünden am Arbeitsmarkt beliebig zur Vfg., Vollzeitkräfte hingegen seien schwer zu gewinnen (BAG 27.7.1994 NZA 1994, 1130; zust. *Thüsing* ZfA 2002, 249, 265). 51

c) Unternehmerische Entscheidungen im Kündigungsrecht. Wirken sich betriebsbedingte Kündigungen primär bei TZBeschäftigten aus, kann § 4 I verletzt sein. Es ist allerdings der Entsch. des AG überlassen, ob ein Arbeitskräfteüberhang durch eine geringere Zahl von Beendigungskündigungen oder durch eine höhere Zahl von Änderungskündigungen zur Reduzierung der AZ abgebaut werden soll (BAG 19.5.1993 NZA 1993, 1075). Nicht gerechtfertigt ist es, ein ArbVerh. iRd. **Sozialauswahl** nach § 1 III KSchG allein deshalb als sozial weniger schutzbedürftig einzustufen, weil das ArbVerh. ledigl. TZBeschäftigung bzw. eine Nebentätigkeit darstellt. Das BAG macht die Notwendigkeit einer Sozialauswahl zwischen Vollzeit- und TZAN vom Inhalt der kündigungsbegründenden Unternehmerentsch. abhängig (BAG 3.12.1998 NZA 1999, 431; ähnl. *Linck* AR-Blattei SD 1020.1.2 Rn. 64 f.; *Oetker* FS Wiese 1998 S. 333, 349; krit. *Preis/Bütefisch* Anm. EzA KSchG § 1 Soziale Auswahl Nr. 37; näher APS/*Greiner* § 4 TzBfG Rn. 31 ff.). 52

d) Wirtschaftlichkeitsüberlegungen. Die Beschäftigung von TZKräften kann in einigen Branchen mit erhebl. Mehrkosten verbunden sein (*Bertelsmann/Rust* RdA 1985, 146 ff.). Hieraus kann ein Bedürfnis resultieren, ausschl. Vollzeitkräfte zu beschäftigen, das eine Ungleichbehandlung TZ- und Vollzeitbeschäftigter rechtfertigt (EuGH 13.5.1986 NZA 1986, 599; BAG 14.10.1986 NZA 1987, 445). Bislang konnte die Ungleichbehandlung in keinem Fall in einen plausiblen Zusammenhang mit dem Unternehmensziel gebracht werden (BAG 27.7.1994 NZA 1994, 1130). Sparsame Personalbewirtschaftung bzw. Haushaltserwägungen vermögen eine Diskriminierung nicht zu rechtfertigen (EuGH 22.4.2010 NZA 2010, 557, 560 Rn. 46). 53

e) Beschäftigungsdauer und Erfahrungswissen. Vielfach hängen ANAnsprüche von der individuellen Beschäftigungszeit ab, die für TZBeschäftigte länger bemessen wird als für Vollzeitkräfte. Längere Betriebszugehörigkeit als Voraussetzung für die Erlangung eines bes. tarifl. Kündigungsschutzes für TZBeschäftigte ggü. Vollzeitbeschäftigten (BAG 13.3.1997 NZA 1997, 842) oder die tarifl. Regelung, dass Zeiten geringfügiger Beschäftigung nicht als Beschäftigungszeit iSd. TV gelten (BAG 25.4.2007 NZA 2007, 881) erachtet das BAG für nicht gerechtfertigt. Eine längere Bewährungszeit TZBeschäftigter ist nur dann gerechtfertigt, wenn zwischen der Art der ausgeübten Tätigkeit und der Erfahrung, die die Ausübung dieser Tätigkeit nach einer bestimmten Anzahl geleisteter Arbeitsstunden verschafft, eine Beziehung besteht (EuGH 7.2.1991 AP BAT § 23a Nr. 25). Zu berücksichtigen sind stets die Umstände des Einzelfalls. Das Erfahrungswissen des Vollzeitbeschäftigten darf nach Ablauf der regelm. Bewährungszeit nicht nur unwesentl. größer sein als dasjenige des TZBeschäftigten (BAG 2.12.1992 NZA 1993, 367; hierzu *Däubler* FS Gnade 1992 S. 95, 109; *Thüsing* ZfA 2002, 249, 265). Ein mtl. Zuschlag zur Anerkennung einer Unternehmenszugehörigkeit kann an TZBeschäftigte entspr. dem Verhältnis zur tarifl. WochenAZ gezahlt werden (BAG 16.4.2003 NZA 2004, 991). 54

f) Soziale Lage. Das BAG lehnt die soziale Lage eines AN als Rechtfertigungsgrund ab, weil als solche nur Gründe aus dem Bereich der Arbeitsleistung in Betracht kommen (BAG 1.11.1995 NZA 1996, 813 unter Aufgabe von BAG 22.8.1990 NZA 1991, 107; 11.3.1992 NZA 1992, 893). Der AG schuldet dem AN keinen „Soziallohn" oder dessen Alimentation nach beamtenrechtl. Grds. Soweit bei der Lohnfindung soziale Gesichtspunkte Berücksichtigung finden sollen, müssen sie gleichermaßen auf Vollzeit- wie TZKräfte angewendet werden (BAG 1.11.1995 NZA 1996, 813; 9.10.1996 NZA 1997, 55

728). Zu einem entspr. Erg. kommt das BAG auch für den Fall, dass ein teilzeitbeschäftigter AN eine geringere Vergütung mit Hinweis auf seine **familienrechtl. Unterhaltsansprüche** und die Versicherungsfreiheit von Studenten in der Sozialvers. erhält (BAG 28.3.1996 NZA 1996, 1280; 12.6.1996 NZA 1997, 191). Die Eigenschaft eines AN als Student steht in keinem Zusammenhang mit dem ArbVerh. und verändert nicht den Wert der Arbeitsleistung. Die Gegenleistung für die Arbeit besteht unabhängig von Steuerklasse, Freibeträgen und Sozialversicherungsbeiträgen und damit von den privaten Lebensumständen in der Zahlung von Bruttobeträgen durch den AG. Die Lebensumstände bedingen zwar die Höhe der steuerl. Abzüge, dürfen aber nicht die Höhe des Arbeitsentgelts beeinflussen (BAG 12.6.1996 NZA 1997, 191). Insofern ist mehr als zw., ob die Entsch. des BAG (30.8.2000 NZA 2001, 613), in der die Entgeltdifferenzierung in einem FirmenTV bei Werkstudenten nur mit deren Status, deren geringerer Gewerkschaftsbindung (!) und deren sozialer Lage trotz gleicher Arbeitsleistung gerechtfertigt wird, im Lichte des nicht tarifdispositiven § 4 gehalten werden kann.

56 **g) Strukturprinzipien der Sozialpolitik; geringfügig Beschäftigte.** Im Zusammenhang mit der Frage nach der Zulässigkeit des Ausschlusses geringfügig teilzeitbeschäftigter AN aus der Sozialvers. hat der EuGH die für den Ausschluss vorgetragenen sozial- und beschäftigungspolitischen Ziele obj. nicht mit einer Diskriminierung aufgrund des Geschlechts in Verbindung stehend eingestuft (EuGH 14.12.1995 NZA 1996, 129). Das BAG hat daraufhin für den Fall des Ausschlusses geringfügig TZBeschäftigter von der als Gesamtversorgungssystem ausgestalteten **Zusatzversorgung im öffentl. Dienst** sachl. Gründe in der Anknüpfung an das Sozialversicherungsrecht gesehen (BAG 27.2.1996 NZA 1996, 992; 12.3.1996 NZA 1996, 939). Im Hinblick auf die geänd. sozialrechtl. Behandlung der geringfügig Beschäftigten (hierzu SGB IV §§ 8, 8a Rn. 8 ff.) kann dies jedoch nur bis zum 31.3.1999 angenommen werden (BAG 22.2.2000 NZA 2000, 659; 22.5.2001 NZA 2002, 54 [LS]; s. a. *Ackermann* NZA 2000, 465; *Fodor* DB 1999, 800; *Laux/Schlachter* Rn. 217). Die Ungleichbehandlung war schon nach der früheren Rechtslage nicht gerechtfertigt, sofern auch geringfügige BeschVerh. kraft Zusammenrechnung (vgl. hierzu § 8 SGB IV) der Sozialversicherungspflicht unterlagen (BAG 27.2.1996 NZA 1996, 992). Die ausdr. Einbeziehung geringfügig Beschäftigter in das TzBfG (§ 2 II) gibt ein zusätzl. Arg., dass auch insoweit eine sachl. gerechtfertigte Differenzierung nicht mehr angenommen werden kann (LAG M 13.1.2016 BeckRS 2016, 68611 nrkr.; ebenso MHH/*Herms* Rn. 71; *Thüsing* ZfA 2002, 249, 266).

57 IÜ sind **geringfügig Beschäftigte** als TZAN wie diese mit den Vollzeitbeschäftigten gleich zu behandeln. Dies hat auch der EuGH unter dem Gesichtspunkt der Entgeltgleichheit (Art. 157 AEUV) in ausdr. Abgrenzung zu der unter Rn. 56 wiedergegebenen Entsch. anerkannt (EuGH 9.9.1999 EAS EG-Vertrag Art. 119 Nr. 51). Sie haben Anspruch auf Zahlung des ant. (Tarif-)lohnes (BAG 25.1.1989 AP BeschFG 1985 § 2 Nr. 2; LAG HB 27.4.1999 ZTR 1999, 553; LAG D 3.2.2011 BeckRS 2011, 70521; LAG HM 29.7.2011 BeckRS 2012, 65169), auf Samstags- und Sonntagszuschläge, auf vermögenswirksame Leistungen, Urlaubsgeld und auf Abgeltung von Tarifurlaub (BAG 19.6.1991 – 5 AZR 310/90 – BeckRS 1991, 30737959; LAG M 1.10.1998 BeckRS 199830463770). Das gilt auch, wenn der TV in seinem Geltungsbereich geringfügig Beschäftigte ausdr. ausklammert (LAG BW 7.11.2001 PflR 2002, 100). Ferner haben sie Anspruch auf Zeitzuschläge für Feiertags- und Nachtarbeit (ArbG Marburg 2.9.1994 BB 1995, 1853) sowie auf Gratifikationen wie Weihnachts- und Jubiläumsgeld (LAG HE 14.3.1995 NZA 1995, 1162). Geringfügig Beschäftigte sind hins. der Dauer des Erholungsurlaubs, einer Arbeitsbefreiung und Schichtzulage gleich zu behandeln (BAG 28.3.1996 NZA 1996, 1280). Bei ihrer Eingruppierung hat der AG – auch bei Vereinb. eines Nettolohnes – den BR nach § 99 BetrVG zu beteiligen (BAG 18.6.1991 NZA 1991, 903). Umstr. ist, ob sich das **Arbeitsentgelt geringfügig Beschäftigter** am Nettoentgelt (iE für TV bejahend *Thüsing* ZTR 2005, 118 ff.) oder am – was zutr. ist – Bruttoentgelt (dafür LAG HM 29.7.2011 BeckRS 2012, 65169; *Hanau* DB 2005, 946 ff.) vergleichbarer Vollbeschäftigter orientieren muss. Für einen Beurteilungsspielraum der TVParteien ist in dieser Frage kein Raum. Der Anspruch auf EFZ im Krankheitsfall ist nach den einschlägigen Urt. des EuGH (13.7.1989 NZA 1990, 437) und des BAG (9.10.1991 NZA 1992, 259) nunmehr ges. fixiert (§ 3 I EFZG).

58 **h) Beamtenrechtliche Bestimmungen.** Die Angleichung des Beihilferechts für Beamte und Ang. des öffentl. Dienstes rechtfertigt keine Ungleichbehandlung von Vollzeit- und (unterhälftig) TZBeschäftigten. Gewährt ein AG des öffentl. Dienstes seinen Ang. **Beihilfen in Krankheits-, Geburts- und Todesfällen**, so muss er diese auch dann an unterhälftig teilzeitbeschäftigte Ang. erbringen, wenn er sie unterhälftig teilzeitbeschäftigten Beamten verwehrt (BAG 17.6.1993 NZA 1994, 764; 25.9.1997 NZA 1998, 151). Arbeits- und Beamtenverhältnisse unterscheiden sich so wesentl., dass sie nicht miteinander vergl. werden können (BAG 17.12.1992 NZA 1993, 691; BGB § 611a Rn. 600). Während der Dienstherr dem Beamten ggü. verfassungsrechtl. zu Beihilfeleistungen verpflichtet ist, besteht diese Verpflichtung ggü. Ang. des öffentl. Dienstes nicht. Wird den Ang. dennoch eine Beihilfe gewährt, so muss der Dienstherr das Diskriminierungsverbot des § 4 I beachten. Die Zulässigkeit einer ant. Kürzung der Beihilfe ist Auslegungsfrage (BAG 17.6.1993 NZA 1994, 764). Die Auslegung hat den inneren Zusammenhang zwischen AZDauer und Leistungszweck zu beachten. Dient die Beihilfe nicht der Deckung des vollen Bedarfs der Anspruchsberechtigten, sondern stellt sie nur noch einen anlass-

bezogenen Zuschuss zur lfd. Vergütung dar, ist die ant. Kürzung in einer Tarifnorm entspr. der geringeren AZ gerechtfertigt (zu § 40 MTA und § 40 BAT vgl. BAG 19.2.1998 NZA 1998, 1131 und 19.2.1998 NZA 1998, 887; 25.2.1999 ZTR 1999, 522; krit. AT/*Thüsing* Rn. 41).

5. Übersicht zu Einzelfragen. Ein Anspruch auf **Gleichbehandlung TZBeschäftigter** wurde von der Rspr. **bei folgenden Maßnahmen und Vereinb. prinzipiell bejaht**, sofern nicht ein sachl. Differenzierungsgrund (Rn. 38 ff.) gegeben ist: **Altersbedingte AZVerkürzung** (BAG 3.3.1993 NZA 1993, 839; 16.1.2003 NZA 2003, 971; a. soweit AN sich in ATZ befindet); durch **ATZ** bedingte verminderte Vergütung (BAG 24.6.2004 NZA-RR 1996, 194; zum Ausschluss von einer Einmalzahlung während der Freistellungsphase von AN im Blockmodell BAG 19.1.2016 NZA 2016, 391); **Beihilfen** (BAG 17.6.1993 NZA 1994, 764; 25.9.1997 NZA 1998, 151; anders bei arbeitszeitbezogener, quotaler Beihilfe BAG 25.2.1999 ZTR 1999, 522); **Betriebl. AV** (stRspr. seit BAG 6.4.1982 AP BetrAVG § 1 Gleichbehandlung Nr. 1; 9.10.1996 NZA 1997, 728; 28.5.2013 AP BetrAVG § 1 Teilzeit Nr. 17); Anrechnung von **Betriebszugehörigkeits- und Dienstzeiten** (BAG 5.11.1992 TV Arb Bundespost § 10 Nr. 5; 15.5.1997 NZA 1997, 1355); **Bewährungsaufstieg** (BAG 25.9.1991 NZA 1992, 519; 9.3.1994 NZA 1994, 1042); **Darlehen** (BAG 27.7.1994 NZA 1994, 1130); unterschiedl. Vergütung bei TZArbeit während des **ErzUrl.** (BAG 23.4.1996 NZA 1997, 160); zeitanteilige Kürzung des **Ehegattenanteils** (BAG 19.10.2010 NZA-RR 2011, 159; **Entgelt** (BAG 16.6.1993 NZA 1994, 133; 1.11.1995 NZA 1996, 816); **Entgelterhöhung** (BAG 29.1.1992 NZA 1992, 611 zum Ausgleich tarifl. AZVerkürzung; 5.11.1992 TV Arb Bundespost § 10 Nr. 5); **Essensgeldzuschuss** (BAG 26.9.2001 EzA BeschFG 1985 § 2 Nr. 65); **Feiertagslohn** (BAG 10.7.1996 NZA 1996, 1324); **Geringfügig Beschäftigte** (hierzu Rn. 56); **Interessenausgleich**, Namensliste (LAG K 31.3.2006 AuR 2006, 334 [LS]); **Jubiläumszuwendungen** (BAG 22.5.1996 NZA 1996, 938); tarifl. **Kündigungsschutz** (BAG 13.3.1997 NZA 1997, 842; 18.9.1997 NZA 1998, 153; LAG K 3.7.1996 LAGE BeschFG 1985 § 2 Nr. 32); im Falle der Mehrarbeit muss der AG entspr. der geleisteten **Mehrarbeitsstunden auch ant. Sonderleistungen** wie Urlaubsgeld, Zuwendungen oder vermögenswirksame Leistungen zahlen (BAG 24.9.2008 NZA-RR 2009, 221); **Schichtzulage** (BAG 25.9.2013 NZA-RR 2014, 8); **Sozialplanregelungen** (BAG 28.10.1992 NZA 1993, 717; 28.4.1993 AP BetrVG 1972 § 112 Nr. 67; 22.9.2009 AP BetrVG 1972 § 112 Nr. 204; LAG HB 27.4.2006 NZA-RR 2007, 68); **Theaterbetriebszulage** (BAG 23.2.2011 AP TVöD § 24 Nr. 5); **Übergangsgeld** (BAG 7.11.1991 NZA 1992, 954; 10.11.1994 NZA 1995, 692); ant. tarifgerechte **Überstundenvergütung** bei Mehrarbeit (BAG 21.4.1999 NZA 1999, 939); **Überstundenzuschläge** (hierzu Rn. 44); **Urlaubsentgelt und Urlaubsgeld** (BAG 24.10.1989 NZA 1990, 486; 15.4.2003 NZA 2004, 494: zeitanteilige Bemessung des Urlaubsgelds ist sachl. gerechtfertigt); **Urlaubstage** (BAG 10.2.2015 NZA 2015, 1005); jdf. **Weihnachtsgratifikationen ua. Sondervergütungen** (BAG 6.12.1990 NZA 1991, 350; abw. und probl. 19.4.1995 NZA 1995, 985); zeitanteilige Berücksichtigung einer **tarifl. Sonderzahlung** (BAG 14.11.2012 NZA 2013, 634); **Zulagen** (Erschwerniszulage: LAG SH 17.11.1992 LAGE EWG Art. 119 Nr. 2; Funktionszulagen: BAG 17.4.1996 NZA 1997, 324; 18.3.2009 AP TzBfG § 4 Nr. 20; LAG HM 24.9.1998 ZTR 1999, 32 [LS]; Pflegezulage: LAG B 3.3.2016 BeckRS 2016, 68937; Schmutzzulage: BAG 29.1.1992 NZA 1992, 1037; Spätarbeit- und Nachtarbeitszulage: BAG 15.12.1998 NZA 1999, 882; Sozialzulage: BAG 7.10.1992 NZA 1993, 902; Wechselschichtzulage: BAG 23.6.1993 NZA 1994, 41; 25.9.2013 NZA-RR 2014, 8). 59

Prinzipiell verneint wurde ein Anspruch auf Gleichbehandlung dagegen: tarifl. Regelung der sog. **Altersfreizeit** (LAG K 12.5.2000 BeckRS 2000, 30784809; anders LAG BW 29.1.2016 LAGE AGG § 10 Nr. 17); **Arbeitsfreistellung** ab 12.00 Uhr am 24. 12. und 31. 12. (BAG 26.5.1993 NZA 1994, 413); Zuschläge für **Bereitschaftsdienst** (BAG 21.11.1991 NZA 1992, 545); Gruppenbildung nach dem Umf. der AZ bei **Direktvers.** (BAG 5.10.1993 NZA 1994, 315); Entgeltsicherungsklausel entspr. dem Umf. der jeweiligen regelm. AZ (BAG 24.2.2000 NZA 2001, 733) bei relativ gleicher Einteilung zum **Wochenenddienst** (BAG 1.12.1994 NZA 1995, 590); aber nicht bei überproportionaler Einteilung (BAG 24.4.1997 NZA 1997, 1047); Erg. des Arbeitsentgelts durch Überbrückungsbeihilfen erst ab einer Mindestbeschäftigungsdauer von regelm. 21 Std. wöchentl. (BAG 31.7.2014 NZA-RR 2014, 674). 60

VI. Diskriminierungsverbot bei befristet Beschäftigten (Abs. 2)

§ 4 II 1 untersagt dem AG die Ungleichbehandlung von befristet beschäftigten AN im Verhältnis zu unbefristet beschäftigten AN. Hiervon erfasst sind nicht nur die nach § 14 I–III befristeten ArbVerh., sondern auch Verträge, die aufgrund anderer Normen, zB § 21 BEEG, WZVG, befristet werden (AT/*Thüsing* Rn. 71). Das Gleichbehandlungsgebot ist **nicht tarifdispositiv** und gilt zwgd. auch für die TVParteien (§ 22 I; Rn. 5; BAG 11.12.2003 NZA 2004, 723; 18.1.2012 ZTR 2012, 338; 10.2.2015 NZA 2015, 1005 Rn. 16). Auf auflösend bedingte Arbeitsverträge ist das Diskriminierungsverbot gem. § 21 entspr. anwendbar. 61

Grds. soll durch § 4 II die Gleichbehandlung befristet beschäftigter AN im Rahmen **aller Arbeitsbedingungen** und bei allen Leistungen des AG gewährleistet werden. Der AG darf danach befristet beschäftigte AN wegen der Befristung des Arbeitsvertrags weder geringer entlohnen noch bei anderen Beschäftigungsbedingungen (zB Dauer der AZ oder des Urlaubs) grundlos benachteiligen. In systema- 62 tischer Hinsicht ist § 4 II ebenso zu handhaben wie § 4 I (zB hins. Vergleichsgruppenbildung, Kausalität, Diskriminierungsabsicht, vgl. Rn. 25 ff.). § 4 II verbietet zwar nicht die Befristung als solche, aber doch die Ungleichbehandlung des mit einem unbefristet Beschäftigten vergleichbaren befristet Beschäftigten (BAG 21.2.2013 NZA 2013, 625; unter Aufgabe von BAG 11.12.2003 NZA 2004, 723; 18.1.2012 ZTR 2012, 338, die einen Schutz vor Verschlechterung der Arbeitsbedingungen in AnschlussArbVerh. verneinten).

63 Nach § 4 II 2 ist einem befristet beschäftigten AN das Arbeitsentgelt oder eine andere teilbare geldwerte Leistung (zB Urlaub, Sozialleistungen, betriebl. AV), die für einen bestimmten Bemessungszeitraum gewährt wird, mind. in dem Umf. zu gewähren, der dem Anteil seiner Beschäftigungsdauer am Bemessungszeitraum entspricht **(pro-rata-temporis-Grds.)**. Obgleich ein zeitanteiliger Anspruch auf dies. Leistungen bereits aus § 4 II 1 folgt, ist mit der Formulierung „mindestens in dem Umf. zu gewähren" jedoch keine Besserstellung der befristet beschäftigten AN ggü. den unbefristet beschäftigten AN iS einer positiven Diskriminierung gemeint. Ein dahingehendes Verständnis des § 4 II S. 2 würde zum einen gegen Unionsrecht verstoßen, da die RL 1999/70/EG über befristete Arbeitsverträge v. 28.6.1999 keine positiven Maßnahmen dieser Art vorsieht (anders Art. 5 RL 2000/43/EG und Art. 7 RL 2000/78/EG). Zum anderen läge in einer dahingehenden Benachteiligung von unbefristet Beschäftigten ggü. befristet Beschäftigten ein Verstoß gegen den allg. Gleichbehandlungsgrds. (vgl. Rn. 10 ff.).

64 Ein Verstoß gegen das Diskriminierungsverbot liegt immer dann vor, wenn ein befristet beschäftigter AN allein wegen der Befristung des Arbeitsvertrags schlechter behandelt wird als ein vergleichbarer unbefristet beschäftigter AN (zur Frage der Vergleichbarkeit s. die Legaldefinition in § 3 II und § 3 Rn. 17). **Vergleichbar ist ein unbefristet beschäftigter AN des Betriebes mit der gleichen oder einer ähnl. Tätigkeit** (einschränkend BAG 21.2.2013 NZA 2013, 625 Rn. 30: „identische Aufgaben"). Da § 4 II weder tarif- noch betriebsvereinbarungsdispositiv ist, sind zahlr. Kollektivnormen seit 1.1.2001 als unwirksam zu erachten, die – insb. im Entgeltbereich – zwischen unbefristet und befristet Beschäftigten diff. Auch TV dürfen für befristet Beschäftigte ohne sachl. Grund keine anderen Entgeltsätze vorsehen als für unbefristet Beschäftigte (*Hanau* NZA 2000, 1045). Das BAG hat in der Entsch. v. 30.8.2000 (NZA 2001, 613) nicht auf den Tatbestand der Befristung abgestellt, sondern die geringere Vergütung von Werkstudenten für gerechtfertigt erachtet. Auch dies ist zw. (hierzu Rn. 55). Hingegen stellt es keine Ungleichbehandlung dar, wenn ein Anspruch das Bestehen des ArbVerh. voraussetzt und der aufgrund einer Befristung ausgeschiedene AN ebenso wie ein aufgrund Kündigung ausgeschiedener AN hiervon ausgeschlossen wird (BAG 19.12.2007 NZA-RR 2008, 275).

65 Eine Ungleichbehandlung wegen der befristeten Beschäftigung stellt ausnahmsweise keinen Verstoß gegen das Diskriminierungsverbot dar, wenn sie **aus sachl. Gründen gerechtfertigt** ist. Dies gilt auch für Differenzierungen beim Arbeitsentgelt und anderen teilbaren geldwerten Leistungen, obwohl § 4 II 2 – anders als die S. 1 und 3 – nicht ausdr. sachl. Gründe als Rechtfertigungsmöglichkeit nennt. § 4 II 2 muss insofern im Kontext mit S. 1 und als dessen Konkretisierung gelesen werden (vgl. BT-Drs. 14/4374 S. 16). Dabei können nur solche Gründe eine Schlechterstellung rechtfertigen, die weder unmittelbar noch mittelbar durch den Umstand der Befristung selbst verursacht werden (vgl. ArbG Göttingen 20.3.2002 LAGE TzBfG § 4 Nr. 1).

66 Es ist zulässig, befristet Beschäftigte abw. vom pro-rata-temporis-Grds. nach § 4 II 2 **von Zusatzleistungen völlig auszuschließen**, wenn bei nur kurzzeitigen ArbVerh. die ant. Gewährung nur zu sehr geringfügigen Beträgen führen würde, die in keinem angemessenen Verhältnis zum Zweck der Leistung stehen (vgl. BT-Drs. 14/4374 S. 16). Unzulässig ist es jedoch, befristet Beschäftigte generell von Besitzstandszulagen auszuschließen (BAG 11.12.2003 NZA 2004, 723; LAG HB 5.11.2002 LAGE TzBfG § 4 Nr. 2). Eine Regelung, die AN, die von demselben AG innerhalb eines Kj. in mehreren ArbVerh. beschäftigt wurden, von einer Zuwendung ausschließt, ist ebenfalls unzulässig (BAG 20.9.2006 AP TVG § 1 Bezugnahme auf Tarifvertrag Nr. 44).

67 Schwierigkeiten bereitet der Grds. bei **Jahressonderzahlungen**. Klar dürfte sein, dass eine Sondervergütung mit reinem Entgeltcharakter, die zeitanteilig verdient ist, und bei der nur die Fälligkeit aufgeschoben ist (vgl. BGB § 611a Rn. 538), auch befristet Beschäftigten zeitanteilig zu gewähren ist. Nach der neueren Sichtweise des BAG zu sog. „Jahressonderzahlungen mit Mischcharakter" (näher BGB § 611a Rn. 534 ff.) dürfte dies auch in diesen Fällen gelten. Allein bei Sonderzahlungen, die ausschl. der Vergütung der Betriebstreue dienen, also das Bestehen eines (ungekündigten) ArbVerh. zu einem bestimmten Stichtag voraussetzen, hat der befristet beschäftigte AN, der am Stichtag nicht mehr beschäftigt ist, keinen Anspruch auf eine zeitanteilige Gratifikation, weil er die tatbestandl. Voraussetzungen nicht erfüllt.

68 § 4 II 3 greift die **Dauer des Bestehens des ArbVerh.** als sachl. Differenzierungsgrund ausdr. auf. Zwar sind grds. bei Beschäftigungsbedingungen, die von der Dauer des Bestehens des ArbVerh. in demselben Betrieb oder Unternehmen abhängig sind, für befristet beschäftigte AN dies. Zeiten zu berücksichtigen wie für unbefristet beschäftigte AN. Dies gilt für alle Wartefristen bei der Anspruchsbegr., so bspw. für tarifl. Ansprüche auf Urlaub oder Entgelt, die von der Dauer des Bestehens des ArbVerh. abhängen. Werden Vorbeschäftigungszeiten wegen einer Befristung nicht berücksichtigt und steht der AN inzwischen in einem unbefristeten ArbVerh., verstößt es gegen das Schlechterstellungsgebot, wenn Beschäftigungszeiten in befristeten ArbVerh. nicht berücksichtigt werden (zur Besetzung

von Beförderungsstellen BAG 12.10.2010 NZA 2011, 306; zur unbefristeten Wiedereinstellung in einer niedrigeren Vergütungsgruppe BAG 17.12.2015 AP TV-L § 16 Nr. 10). Auch bei der Eingruppierung gilt generell, dass befristet Beschäftigte unzulässig benachteiligt werden, wenn bei ihrer Einstufung Berufserfahrung nur deshalb nicht berücksichtigt wird, weil diese (zuvor) in befristeten ArbVerh. beim selben AG erlangt wurde (BAG 21.2.2013 NZA 2013, 625; *Kahl* ZTR 2012, 611; unter Aufgabe von BAG 11.12.2003 NZA 2004, 723; 18.1.2012 ZTR 2012, 338; vgl. auch EuGH 18.10.2012 NZA 2013, 261). Ein VersorgungsTV, der nach dem Beginn eines unbefristeten ArbVerh. diff., ist aus dem Gesichtspunkt der Honorierung von Betriebstreue nach Auff. des 3. Sen. des BAG gerechtfertigt, soweit auch die unmittelbar zuvor verbrachte Betriebszugehörigkeit berücksichtigt wird (BAG 15.1.2013 BeckRS 2013, 68672). Wenn der AG eine personelle Maßnahme (zB Versetzung) ausschl. an den Umstand knüpft, ob der Arbeitsvertrag der betroffenen AN zuvor befristet war, kann dies gegen § 4 II verstoßen (BAG 10.7.2013 NZA 2013, 1142).

VII. Beweislast

Es gelten die **allg. Beweislastregeln**, nach denen jede Partei die Voraussetzungen der für sie günstigen Normen darzulegen und erforderlichenfalls zu beweisen hat. Die Beweiserleichterung des § 22 AGG greift nicht (*Laux/Schlachter* Rn. 228, 264). 69

Der **AN** hat die unterschiedl. Behandlung wegen der TZArbeit oder der Befristung darzulegen und zu beweisen (MHH/*Herms* Rn. 45 ff., 136 ff.). Er hat auch auszuführen, warum der AG an einen bestimmten Behandlungsmaßstab gebunden ist. Kann der AN seiner Beweispflicht nicht nachkommen, weil er Tatsachen aus der Sphäre des AG darlegen muss, die für ihn unzugängl. sind, so ist nach den Grds. der abgestuften Darlegungs- und Beweislast zu verfahren (für einen **Auskunftsanspruch** *Laux/Schlachter* Rn. 228 mwN). Darüber hinaus können Beweislasterleichterungen bei undurchschaubaren Vergütungssystemen greifen (EuGH 17.10.1989 NZA 1990, 772; Stücklohnsystem: 31.5.1995 AP EWG-Vertrag Art. 119 Nr. 68; 26.6.2001 NZA 2002, 44). Der AG hat, wenn er AN mit ähnl. Tätigkeit nach unterschiedl. Vergütungssystemen entlohnt, darzulegen, wie groß der begünstigte Personenkreis ist, wie er sich zusammensetzt, wie er abgegrenzt ist und warum der klagende AN nicht dazugehört (BAG 19.8.1992 NZA 1993, 171). 70

Der **AG** muss darlegen und beweisen, dass die Ungleichbehandlung auf einem sachl. Grund gem. § 4 I oder II beruht (*Laux/Schlachter* Rn. 232). Das kann unmittelbar der sprachl. Fassung des § 4 I 1 und des § 4 II 2 entnommen werden, der nach einem Regel-Ausnahme-Schema aufgebaut ist (BAG 16.1.2003 NZA 2003, 971). 71

VIII. Rechtsfolgen

Ein Verstoß gegen § 4 führt nach § 134 BGB zur Nichtigkeit der diskriminierenden Vereinb. oder Maßnahme. § 4 ist ein Diskriminierungsverbot, das zur Unwirksamkeit des diskriminierenden Anspruchsausschlusses und zur uneingeschränkten Anwendung der begünstigenden Regelung führt (BAG 15.12.1998 NZA 1999, 882; 24.5.2000 NZA 2001, 216; 24.9.2003 NZA 2004, 611). Ein Arbeits- oder TV ist hins. der diskriminierenden Regelung teilnichtig (BAG 25.1.1989 AP BeschFG 1985 § 2 Nr. 2; 24.10.2013 NZA-RR 2014, 98 Rn. 18; *Laux/Schlachter* Rn. 180). Dies gilt auch bei einem Verstoß gegen § 4 I in einem gerichtl. Vergleich (vgl. BAG 24.8.2014 NJW 2015, 1198 Rn. 15). Als Teilprinzip des arbeitsrechtl. Gleichbehandlungsgrds. ist der Anspruch auf die Beseitigung einer Ungleichbehandlung gerichtet; eine immaterielle Entschädigung enthält das G als Rechtsfolge nicht (BAG 21.2.2013 NZA 2013, 955). Als Folge der Nichtigkeit einer Vergütungsabrede hat der AN einen Anspruch auf die übl. Vergütung gem. **§ 612 II BGB** (BAG 26.9.1990 NZA 1991, 247; 17.4.2002 NZA 2002, 1334; 5.8.2009 NZA-RR 2010, 336; **aA** *Laux/Schlachter* Rn. 182; MüArbR/*Schüren* § 45 Rn. 120: Rückgriff auf § 612 II BGB unnötig). Diese kann sich aus einem auf das ArbVerh. anwendbaren TV oder Entlohnungssystem ergeben (BAG 15.11.1994 NZA 1995, 936). Im öffentl. Dienst ist dies generell die tarifl. Vergütung, weil dort tarifl. Regelungen unabhängig von der Tarifgebundenheit angewandt werden (BAG 25.1.1989 AP BeschFG 1985 § 2 Nr. 2; 26.9.1990 NZA 1991, 247). Werden die VollzeitAN jedoch übertarifl. entlohnt und die TZBeschäftigten tarifl. und liegt die Diskriminierung gerade darin, dass für diese übertarifl. Entlohnung kein rechtfertigender Grund vorliegt, so ist der übertarifl. Lohn der nach § 612 II BGB als übl. anzusehende (BAG 26.5.1993 NZA 1993, 1049; iE ebenso *Laux/Schlachter* Rn. 182). Eine „korrigierende Rückgruppierung" kommt dann nicht mehr in Betracht (LAG NI 30.6.2000 BeckRS 2000, 30785627). Ohne Rücksicht auf den Grund einer Vergütungserhöhung sind TZBeschäftigte aber auch an faktischen Entgelterhöhungen durch Absenkung eines Pflichtstundendeputats zu beteiligen (BAG 3.3.1993 NZA 1993, 839). 72

Für die Vergangenheit kann dem Gleichheitsverstoß nur durch Gleichbehandlung mit den bevorzugten VollzeitAN abgeholfen werden (vgl. BGB § 611a Rn. 607; BAG 28.7.1992 NZA 1993, 215). Werden infolge einer Entgeltanpassung sozialversicherungsrechtl. Grenzen überschritten, die zu einer **ungewollten Versicherungspflicht** führen, so können die Arbeitsvertragsparteien dieser Folge nur für 73 die Zukunft durch eine Absenkung der Arbeitsstundenverpflichtung begegnen (MüKoBGB/*Müller-Glöge* Rn. 47; **aA** *Hunold* DB 1991, 1670, 1671 f.).

74 Infolge des Gleichbehandlungsanspruchs werden die TZKräfte auf **das Niveau der Vollzeitkräfte angehoben.** Andere Möglichkeiten, eine Gleichbehandlung herbeizuführen – etwa durch Rückforderung der den begünstigten AN gewährten Leistung – werden aus Bestandsschutzgesichtspunkten, jdf. aber faktisch nicht in Betracht kommen (für den allg. arbeitsrechtl. Gleichbehandlungsgrds. vgl. BAG 13.11.1985 NZA 1986, 321). IdR erfolgt eine „Anpassung nach oben", wobei leistungsgewährende TVBestimmungen auf diejenigen Personen erstreckt werden, die entgegen dem Gebot der Gleichbehandlung von der Gewährung tarifl. Leistungen – auch tw. – ausgeschlossen wurden. Dies entspricht auch der Rspr. des EuGH (zB EuGH 27.6.1990 NZA 1990, 771; vgl. a. BAG 24.5.2000 NZA 2001, 216; 21.3.2001 NZA 2001, 782; MHH/*Herms* Rn. 50).

75 Es ist damit jedoch nicht vorbestimmt, dass die günstigere Regelung **für die Zukunft** festgeschrieben ist (vgl. EuGH 28.9.1994 NZA 1994, 1073). IRd. rechtl. Grenzen (zB Änderungskündigung) steht es dem AG frei, neue (Entgelt-)regelungen zu finden, die das Diskriminierungsverbot des § 4 beachten. Fällt der Gleichheitsverstoß weg (zB der AG beschäftigt keine VollzeitAN mehr), erlangt die urspr. Vergütung, die jetzt nicht mehr diskriminierend ist, Wirkung (BAG 17.4.2002 NZA 2002, 1334; abl. *Bepler* NZA Sonderbeil. 18/2004, 3 f.).

76 Bei zeitabhängigen Leistungen (zB Entgelt) haben die TZBeschäftigten nur einen Anspruch auf die **ant. Leistung.** Dies ergibt sich jetzt aus unmittelbarer Anwendung des pro-rata-temporis-Grds. in § 4 I 2 und § 4 II 2. Es ist gerade Ausdruck der Gleichbehandlung, dass TZArbeit nach dem zeitl. Anteil der Arbeitsleistung im Vergleich zur Vollzeitarbeit vergütet wird (BAG 25.10.1994 NZA 1995, 730). So wird zB zulässigerweise das Arbeitsentgelt, das Urlaubsgeld/-entgelt oder – bei entspr. Zweckbestimmung – eine freiwillige Sozialleistung (zB Betriebsrente) oder Sonderzuwendung (BAG 25.10.1994 NZA 1995, 730) ant. gekürzt. Die mit der TZArbeit begr. Zahlung einer geringeren Vergütung stellt jedoch eine Diskriminierung dar (zB Stundenvergütung anstelle von Monatsvergütung, vgl. nur BAG 25.1.1989 AP BeschFG 1985 § 2 Nr. 2).

77 Grds. ersatzfähig ist auch der **Verzugsschaden** des AN (vgl. BAG 10.2.2015 NZA 2015, 1005 Rn. 12; noch **aA** wegen unklarer Rechtslage und dadurch entstehenden entschuldbaren Rechtsirrtums noch abl. BAG 12.11.1992 NZA 1993, 500). Für die Zukunft werden sich AG jedoch nicht mehr erfolgreich auf einen entschuldbaren Rechtsirrtum berufen können. Auch bei Änd. der Rspr. hat das BAG ein Verschulden des AG verneint (BAG 9.10.1996 NZA 1997, 728).

78 **Geltung von Ausschlussfristen**: Tarifvertragl. Ausschlussfristen müssen – sofern sie nicht kraft Tarifgebundenheit gelten – zu ihrer Wirksamkeit einzelvertragl. vereinbart werden (BAG 26.9.1990 NZA 1991, 247; 19.6.1991 BeckRS 1991, 30737959). Der Gleichbehandlungsanspruch hins. des Tariflohns führt daher nicht zu einer Gleichbehandlung hins. der nachteiligen Bestimmungen eines TV. Unklar ist die Rechtslage, wenn die Ausschlussfrist einzelvertragl. oder kraft Tarifbindung gilt. In der Entsch. v. 9.10.1996 (NZA 1997, 728) hat der 5. Sen. die vereinbarte Ausschlussfrist angewandt.

79 Andererseits hat das BAG tarifl. Ausschlussfristen auf Gleichbehandlungsansprüche (geringfügig) TZBeschäftigter, die vom Anwendungsbereich eines TV unter Verstoß gegen § 4 I (§ 2 I BeschFG) ausgeschlossen worden sind, nicht angewendet. In der Entsch. v. 12.6.1996 (NZA 1997, 191) hat das BAG die Anwendung der allgemeinverbindl. Ausschlussfrist in § 22 IV MTV Einzelhandel NRW mit der Begr. verneint, der Verstoß gegen § 2 I BeschFG sei zugleich eine unerlaubte Handlung wegen Verletzung eines SchutzG nach § 823 II BGB. Diese Auff. ist abzulehnen (vgl. Rn. 6). Für dieses Erg. werden unterschiedl. Begr. herangezogen. Rechtsfolge des Verstoßes gegen § 4 I ist die Nichtigkeit nach § 134 BGB. An die Stelle der entfallenen Vergütungsregelung tritt § 612 II BGB, der ledigl. die Höhe der Vergütung in Anlehnung an die tarifl. Vergütung regelt.

§ 5 Benachteiligungsverbot

Der Arbeitgeber darf einen Arbeitnehmer nicht wegen der Inanspruchnahme von Rechten nach diesem Gesetz benachteiligen.

1 § 5 stellt ein speziell für den Bereich der TZArbeit bestehendes Diskriminierungsverbot dar. Inhaltl. stimmt die Vorschr. im Wesentlichen mit § 612a BGB überein, so dass auf die Ausführungen hierzu verwiesen werden kann (vgl. § 612a BGB). Der Wortlaut ist einschränkend dahingehend auszulegen, dass § 5 nur dann zur Anwendung kommt, wenn das Recht tats. besteht und **in zulässiger Weise geltend gemacht** wird (AT/*Thüsing* Rn. 3; MHH/*Herms* Rn. 5).

2 Als **Anwendungsfälle** iRd. TzBfG kommen in Betracht die Geltendmachung des Anspruchs auf AZVerringerung, die Verweigerung der Vertretung eines ausgefallenen Kollegen bei Arbeitsplatzteilung, die Weigerung der Arbeitsaufnahme bei Versäumung der Abruffrist sowie die Geltendmachung der Unwirksamkeit einer Befristung.

Zweiter Abschnitt. Teilzeitarbeit

§ 6 Förderung von Teilzeitarbeit

Der Arbeitgeber hat den Arbeitnehmern, auch in leitenden Positionen, Teilzeitarbeit nach Maßgabe dieses Gesetzes zu ermöglichen.

Mit § 6 wird der Inhalt von § 5 Nr. 3 d 1. Alt. RV-TzA übernommen. Der Gesetzgeber selbst hat 1
zum Zweck der Förderung von TZArbeit ges. Ansprüche auf Reduzierung der AZ geschaffen (§ 8, § 15 BEEG, § 81 V 3 SGB IX). Durch die ausdr. Erwähnung der ltd. Positionen in § 6 soll TZArbeit auch im Bereich **qualifizierter und ltd. Stellungen** gefördert werden (BT-Drs. 14/4374 S. 16). Selbst wenn die Aufteilung einer ltd. Position in mehrere TZStellen mit Problemen verbunden sein kann, stellt der Gesetzgeber durch § 6 klar, dass eine ltd. Position als solche nicht als Grund für die Ablehnung eines Antrags auf AZReduzierung nach § 8 II, I genügt (MHH/*Heyn* Rn. 3; s. a. ArbG BE 20.4.2012 BeckRS 2012, 70503). **Ansprüche** der AN lassen sich aus § 6 allerdings **nicht** herleiten. Möchte ein AN in TZ statt in Vollzeit arbeiten, muss er nach den entspr. Vorschr. vorgehen. § 6 hat also ledigl. Klarstellungsfunktion (*Rolfs* Rn. 2).

§ 7 Ausschreibung; Information über freie Arbeitsplätze

(1) **Der Arbeitgeber hat einen Arbeitsplatz, den er öffentlich oder innerhalb des Betriebes ausschreibt, auch als Teilzeitarbeitsplatz auszuschreiben, wenn sich der Arbeitsplatz hierfür eignet.**

(2) **Der Arbeitgeber hat einen Arbeitnehmer, der ihm den Wunsch nach einer Veränderung von Dauer und Lage seiner vertraglich vereinbarten Arbeitszeit angezeigt hat, über entsprechende Arbeitsplätze zu informieren, die im Betrieb oder Unternehmen besetzt werden sollen.**

(3) [1]**Der Arbeitgeber hat die Arbeitnehmervertretung über Teilzeitarbeit im Betrieb und Unternehmen zu informieren, insbesondere über vorhandene oder geplante Teilzeitarbeitsplätze und über die Umwandlung von Teilzeitarbeitsplätzen in Vollzeitarbeitsplätze oder umgekehrt.** [2]**Der Arbeitnehmervertretung sind auf Verlangen die erforderlichen Unterlagen zur Verfügung zu stellen; § 92 des Betriebsverfassungsgesetzes bleibt unberührt.**

1. Normzweck. Durch die Ausschreibungs- und Informationspflichten in § 7, die unabhängig von 1
der Unternehmensgröße gelten, soll zum einen das **Angebot an TZStellen erweitert** werden, zum anderen eine transparentere und bedarfsgerechte Ausgestaltung der Möglichkeiten, in TZ zu arbeiten, erreicht werden (BT-Drs. 14/4374 S. 12, 16; *Däubler* ZIP 2000, 1962). Des Weiteren soll durch die Pflicht zur Inf. über Vollzeitarbeitsplätze ggü. TZAN, die ihre AZ verlängern wollen, die **Hemmschwelle zur zeitweiligen TZArbeit abgesenkt** werden (vgl. zur entspr. Regelung des § 3 S. 1 BeschFG BT-Drs. 10/2102 S. 25).

2. Stellenausschreibung (Abs. 1). Schreibt der AG eine Stelle extern und/oder intern aus, muss er 2
sie **auch als TZArbeitsplatz ausschreiben**, wenn sie sich hierfür eignet. Die Beurteilung dieser Eignung obliegt als unternehmerische Entsch. allein dem AG (AT/*Mengel* Rn. 3; MüKoBGB/*Müller-Glöge* Rn. 3; *Kliemt* NZA 2001, 63, 68; *Preis/Gotthardt* DB 2001, 145, 150; *Rolfs* Rn. 1; **aA** TZA/*Buschmann* Rn. 4; *Däubler* ZIP 2000, 1961, 1962; MHH/*Heyn* Rn. 10, allerdings mit der Maßgabe, dass ein arbeitgeberseitig vorhandenes Organisationskonzept zu beachten ist). Dieser stellt das Anforderungsprofil für die angebotenen Arbeitsplätze auf (vgl. zur betriebsbedingten Kündigung BAG 7.11.1996 NZA 1997, 253; LAG D 19.8.1999 LAGE BGB § 620 Nr. 60) und kann daher entscheiden, ob er die Stelle als TZStelle für geeignet hält. Die GBegr. bestätigt dies. Danach muss die Ausschreibung als TZStelle nur iRd. betriebl. Möglichkeiten erfolgen (BT-Drs. 14/4625 S. 23). Darüber hinaus ist im BetrVG das Recht des BR, eine solche Ausschreibung anzuregen, nicht mehr vorgesehen. Die entspr. S. 2 und 3 des § 93 BetrVG wurden gestrichen.

Die **Eignungsbeurteilung** durch den AG kann als **unternehmerische Entsch**. nicht auf ihre sachl. 3
Rechtfertigung oder ihre Zweckmäßigkeit hin überprüft werden, sondern nur darauf, ob sie offenbar unsachl., unvernünftig oder willkürl. ist.

Verletzt der AG die Ausschreibungspflicht nach § 7 I, steht dem BR **kein Zustimmungsverweigerungsrecht** nach § 99 II Nr. 5 BetrVG zu (dazu ausf. *Preis/Lindemann* NZA Sonderheft 2001, 33, 36 f.; so a. AT/*Mengel* Rn. 5; MüKoBGB/*Müller-Glöge* Rn. 4; *Beckschulze* DB 2000, 2598, 2605; *Ehler* BB 2001, 1146, 1147 f.; für ein Zustimmungsverweigerungsrecht *Boewer* Rn. 19; TZA/*Buschmann* Rn. 5; *Däubler* ZIP 2001, 217, 218; *Mayer* AiB 2002, 502, 506; MHH/*Heyn* Rn. 13; *Rolfs* RdA 2001, 129, 141; *Schmidt* AuR 2002, 245, 251; *Laux/Schlachter* Rn. 40 ff.; **aA** HWK/*Schmalenberg* Rn. 7; anders offenbar BAG 28.2.2006 NZA 2006, 1178). Der AG soll frei sein bei der Entsch., ob er letztl. einen Vollzeit- oder TZAN einstellt (*Richardi/Annuß* BB 2000, 2201, 2202). Bestünde ein Zustimmungsverweigerungsrecht, wäre diese Freiheit stark eingeschränkt. Des Weiteren enthält das TzBfG 4 keine Sanktionen für den Fall der Verletzung der Ausschreibungspflicht nach § 7 I. Daher ist bei einer iÜ ordnungsgemäß durchgeführten Ausschreibung ein Zustimmungsverweigerungsrecht des BR abzulehnen.

5 **3. Information der Arbeitnehmer (Abs. 2).** Äußert ein AN ggü. dem AG den Wunsch nach einer Veränderung der AZLage und AZDauer, muss der AG ihn über entspr. TZ- oder Vollzeitarbeitsplätze im Betrieb und Unternehmen informieren. Die Vorschr. verlangt nicht, dass bereits TZArbeitsplätze bestehen. Sie zielt sowohl auf **frei werdende** wie auch auf **neugestaltete** oder **umgestaltete Arbeitsplätze**; zur Disposition kann auch der konkrete Arbeitsplatz des die Veränderung wünschenden AN stehen. Erfasst ist nicht nur der Wechsel von Vollzeit- in TZArbeit und umgekehrt, sondern pauschal jede Verkürzung oder Verlängerung der AZ (Verringerung der bisher schon nachgegangenen TZArbeit oder stundenmäßige Erhöhung einer TZArbeit). Die Inf. soll sich auf „entspr." Arbeitsplätze beziehen, also auf solche, die für den AN aufgrund seiner Eignung und Wünsche in Frage kommen (BAG 8.5.2007 NZA 2007, 1349).

6 Der Veränderungswunsch muss sich auf **Lage und Dauer** der AZ beziehen. Tw. wird § 7 II allerdings dahingehend ausgelegt, dass die Informationspflicht auch dann besteht, wenn der AN nur die Lage ändern möchte (*Lakies* DZWIR 2001, 1, 3). Dagegen spricht jedoch neben dem eindeutigen Wortlaut auch § 5 Nr. 3 c RV-TzA, auf dem § 7 II beruht. Danach sollen die Inf. über freie Stellen dazu dienen, den Wechsel von einem Vollzeit- in ein TZArbVerh. und umgekehrt zu erleichtern. Diese Vorschr. zielt also primär auf die Veränderung der Dauer der AZ ab und nicht auf die bloße (Neu) Verteilung der AZ nach den Wünschen des AN. Erforderl. ist daher, dass der AN jdf. auch die Dauer der AZ verringern oder erhöhen möchte. Bezieht sich der Veränderungswunsch allein auf die AZLage, greift § 7 II nicht ein (*Hanau* NZA 2001, 1168).

7 Die Informationspflicht bezieht sich nicht nur auf den Betrieb, in dem der AN beschäftigt ist, sondern auf das **gesamte Unternehmen** mit möglicherweise europa- oder weltweiten Standorten. Der AN hat einen individuellen Anspruch auf Inf. über entspr. Arbeitsplätze, dh. über solche Stellen, für die er aufgrund seiner Eignung sowie seiner AZWünsche in Betracht kommt (BT-Drs. 14/4625 S. 23). Ebenso wie der Wunsch nach Veränderung formlos geäußert werden kann, kann auch die Unterrichtung formlos erfolgen (*Kliemt* NZA 2001, 63, 68). Sie muss einen aktuellen Überbl. über das Arbeitsplatzangebot geben und erstreckt sich auf solche Arbeitsplätze, die zum Zpkt. der Anzeige oder in naher Zukunft vakant sind. Nicht erforderl. ist, dass es sich um eine gleichartige Tätigkeit handelt. Es reicht aus, wenn der AG den Arbeitsplatz mit seinen Besonderheiten in Bezug auf Dauer und Lage der AZ benennt. Auch bei positiver Unterrichtung über seinem Veränderungswunsch entspr. freie Stellen hat der AN **keinen Anspruch** darauf, dass seinem Begehren nachgekommen wird (*Kliemt* NZA 2001, 63, 68). Ob der AG dem Wunsch entsprechen muss, bestimmt sich nach § 8 bzw. § 9.

8 Verstößt der AG gegen die Informationspflicht, kommt ein **Schadensersatzanspruch** nach § 280 I BGB iVm. §§ 251 I, 252 BGB in Betracht (*Hanau* NZA 2001, 1168, 1169; MHH/*Heyn* Rn. 26; **aA** AT/*Mengel* Rn. 17; *Rolfs* § 7 Rn. 5). Voraussetzung dafür ist, dass sich der AN bei erfolgter Inf. auf die freie Stelle beworben hätte und er – was in der Praxis probl. sein kann – darlegen und beweisen kann, dass er die Stelle tats. hätte bekommen müssen (MüKoBGB/*Müller-Glöge* Rn. 8). Konnte der AN wegen der unterbliebenen Inf. seine AZ nicht verlängern, besteht der Schaden in der Differenz zwischen dem Einkommen als TZBeschäftigter und demjenigen als Vollzeitbeschäftigter (BAG 25.10.1994 AuR 2001, 146; *Hanau* NZA 2001, 1168, 1169). Denkbar ist umgekehrt bspw., dass ein VollzeitAN wegen Kinderbetreuung seine AZ verringern möchte. Entgeht ihm wegen der nicht erfolgten Inf. die Möglichkeit zur TZArbeit und muss er deswegen jemanden zur Kinderbetreuung einstellen, kann ein Schaden in der Vergütung für die Kinderbetreuung liegen, wenn diese höher ist als die Einkommensdifferenz zwischen Voll- und TZArbeit. **Deliktische Ansprüche** auf Schadensersatz bestehen dagegen nicht, § 7 stellt kein SchutzG iSd. § 823 II BGB dar (AT/*Mengel* Rn. 6; *Kliemt* NZA 2001, 63, 68; MHH/*Heyn* Rn. 26; *Laux/Schlachter* Rn. 35; **aA** TZA/*Buschmann* Rn. 28).

9 **4. Information der Arbeitnehmervertretung (Abs. 3).** § 7 III konstatiert in Übereinstimmung mit § 5 Nr. 3 e RV-TzA die Pflicht des AG, die **ANVertretung** (BR, PR, Mitarbeitervertretung bei kirchl. AG) über TZArbeit zu informieren und ihr die erforderl. Unterlagen zur Vfg. zu stellen. Auch hier bezieht sich die Informationspflicht auf das gesamte Unternehmen. Die Pflicht zur Beteiligung des BR nach § 92 BetrVG bleibt unberührt (§ 7 III 2). Bei einer Verletzung der Informationspflicht durch den AG kann der BR die Rechte aus § 23 III BetrVG geltend machen (MüArbR/*Schüren* § 46 Rn. 43). Die gerichtl. Durchsetzung des Informationsanspruchs erfolgt im BeschlV.

10 **5. Verhältnis zum BetrVG.** Die Vorschr. des **§ 7 ändern nichts** an den Beteiligungsrechten nach **anderen G**, zB dem BetrVG sowie den PersVG. Überschneidungen von BetrVG und § 7 kann es bspw. hins. der Ausschreibung einer Stelle geben. Nach § 93 BetrVG muss der AG eine Stelle innerbetriebl. ausschreiben, wenn der BR dies verlangt. Diese Pflicht besteht unabhängig davon, ob die Stelle sich als TZArbeitsplatz eignet. Voraussetzung ist allein, dass der BR eine innerbetriebl. Ausschreibung verlangt. Verstößt der AG dagegen, kann der BR seine Zust. zu der beabsichtigten Einstellung verweigern, § 99 II Nr. 5 BetrVG.

§ 7 I hat einerseits einen **weiteren Anwendungsbereich** als § 93 BetrVG, da es auf ein Bestehen und eine Mitwirkung des BR nicht ankommt und die Vorschr. sowohl für innerbetriebl. als auch für externe Ausschreibungen gilt. Andererseits besteht die Ausschreibungspflicht nach § 7 I im Gegensatz zur Pflicht nach § 93 BetrVG nur, wenn die Stelle als TZArbeitsplatz geeignet ist. § 7 I kommt also erst zum Tragen, wenn eine Ausschreibung tats. vorgenommen wird und statuiert keine allg. Ausschreibungspflicht (*Lakies* DZWIR 2001, 1, 3; *Schiefer* DB 2000, 2118, 2119). Ein Verstoß gegen die Ausschreibungspflicht nach § 7 I ist nicht sanktioniert, insb. steht dem BR kein Zustimmungsverweigerungsrecht gegen eine dennoch erfolgte Einstellung zu (vgl. Rn. 2). 11

§ 8 Verringerung der Arbeitszeit

(1) Ein Arbeitnehmer, dessen Arbeitsverhältnis länger als sechs Monate bestanden hat, kann verlangen, dass seine vertraglich vereinbarte Arbeitszeit verringert wird.

(2) [1]Der Arbeitnehmer muss die Verringerung seiner Arbeitszeit und den Umfang der Verringerung spätestens drei Monate vor deren Beginn geltend machen. [2]Er soll dabei die gewünschte Verteilung der Arbeitszeit angeben.

(3) [1]Der Arbeitgeber hat mit dem Arbeitnehmer die gewünschte Verringerung der Arbeitszeit mit dem Ziel zu erörtern, zu einer Vereinbarung zu gelangen. [2]Er hat mit dem Arbeitnehmer Einvernehmen über die von ihm festzulegende Verteilung der Arbeitszeit zu erzielen.

(4) [1]Der Arbeitgeber hat der Verringerung der Arbeitszeit zuzustimmen und ihre Verteilung entsprechend den Wünschen des Arbeitnehmers festzulegen, soweit betriebliche Gründe nicht entgegenstehen. [2]Ein betrieblicher Grund liegt insbesondere vor, wenn die Verringerung der Arbeitszeit die Organisation, den Arbeitsablauf oder die Sicherheit im Betrieb wesentlich beeinträchtigt oder unverhältnismäßige Kosten verursacht. [3]Die Ablehnungsgründe können durch Tarifvertrag festgelegt werden. [4]Im Geltungsbereich eines solchen Tarifvertrages können nicht tarifgebundene Arbeitgeber und Arbeitnehmer die Anwendung der tariflichen Regelungen über die Ablehnungsgründe vereinbaren.

(5) [1]Die Entscheidung über die Verringerung der Arbeitszeit und ihre Verteilung hat der Arbeitgeber dem Arbeitnehmer spätestens einen Monat vor dem gewünschten Beginn der Verringerung schriftlich mitzuteilen. [2]Haben sich Arbeitgeber und Arbeitnehmer nicht nach Absatz 3 Satz 1 über die Verringerung der Arbeitszeit geeinigt und hat der Arbeitgeber die Arbeitszeitverringerung nicht spätestens einen Monat vor deren gewünschtem Beginn schriftlich abgelehnt, verringert sich die Arbeitszeit in dem vom Arbeitnehmer gewünschten Umfang. [3]Haben Arbeitgeber und Arbeitnehmer über die Verteilung der Arbeitszeit kein Einvernehmen nach Absatz 3 Satz 2 erzielt und hat der Arbeitgeber nicht spätestens einen Monat vor dem gewünschten Beginn der Arbeitszeitverringerung die gewünschte Verteilung der Arbeitszeit schriftlich abgelehnt, gilt die Verteilung der Arbeitszeit entsprechend den Wünschen des Arbeitnehmers als festgelegt. [4]Der Arbeitgeber kann die nach Satz 3 oder Absatz 3 Satz 2 festgelegte Verteilung der Arbeitszeit wieder ändern, wenn das betriebliche Interesse daran das Interesse des Arbeitnehmers an der Beibehaltung erheblich überwiegt und der Arbeitgeber die Änderung spätestens einen Monat vorher angekündigt hat.

(6) Der Arbeitnehmer kann eine erneute Verringerung der Arbeitszeit frühestens nach Ablauf von zwei Jahren verlangen, nachdem der Arbeitgeber einer Verringerung zugestimmt oder sie berechtigt abgelehnt hat.

(7) Für den Anspruch auf Verringerung der Arbeitszeit gilt die Voraussetzung, dass der Arbeitgeber, unabhängig von der Anzahl der Personen in Berufsbildung, in der Regel mehr als 15 Arbeitnehmer beschäftigt.

I. Normzweck

Das TzBfG insg. dient in seinen teilzeitrechtl. Regelungen der Umsetzung der RL 97/81/EWG über TZArbeit (EAS A 3540). Die Schaffung eines ges. Anspruchs auf TZArbeit gebietet die RL freil. nicht. Sie verlangt nur, dass „die AG, soweit dies mögl. ist, Anträge von Vollzeitbeschäftigten auf Wechsel in ein im Betrieb zur Vfg. stehendes TZArbVerh. berücksichtigen sollten" bzw. „dass sie Maßnahmen, die den Zugang zur TZArbeit erleichtern, in Erwägung ziehen" (§ 5 Nr. 3 lit. a, d RV-TzA). Der dt. Gesetzgeber wollte mit dem Rechtsanspruch nach § 8 nach dem Vorbild der Niederlande (*Waas* NZA 2000, 583 ff.) va. **beschäftigungspolitische Effekte** erzielen. Die vermehrte Inanspruchnahme von TZArbeit soll zum Abbau der Arbeitslosigkeit beitragen (BT-Drs. 14/4374 S. 11 f., 17; zur Ambivalenz dieser Effekte *Preis/Gotthardt* DB 2000, 2065, 2067). Gegenwärtig tritt dieser Zweck wegen niedriger Arbeitslosigkeit, Fachkräftemangels und nicht auskömml. Entgelte im Niedriglohnsektor in den Hintergrund. Der GZweck verlangt nach Auff. des BAG eine möglichst weitgehende Flexibilisierung der Dauer der AZ (BAG 13.11.2012 NZA 2012, 373). Nach BAG (12.4.2011 NZA 2011, 603) folgt aus den 1 spezifischen Zwecken des § 8, dass die Vorschr. auf Fälle des ATZ nicht anwendbar ist. Vermehrt taucht die Frage auf, ob TZVerlangen missbräuchl. sind, wenn sie dazu dienen, bestimmte Urlaubsansprüche durchzusetzen (zB Verringerungsbegehren von 3,29% um „Brückentage" oder bestimmte Monate (LAG D 25.8.2011 LAGE TzBfG § 8 Nr. 20; LAG K 30.6.2014 BeckRS 2014, 72322). Das BAG hat im ersten Fall die Annahme der Rechtsmissbräuchlichkeit durch das LAG nicht beanstandet. Zwar enthält das G keine Vorgaben hins. des Umf. der Vertragsänd. Grds. habe daher ein AN auch Anspruch auf eine verhältnismäßig geringfügige Verringerung seiner AZ. Dies indiziere folgl. keinen **Rechtsmissbrauch.** Etwas anderes gelte, wenn das Recht zweckwidrig genutzt werde, um etwa eine faktische Urlaubszeit zu erlangen, auf die er sonst keinen Anspruch gehabt hätte (BAG 11.6.2013 NZA 2013, 1074). Das Verlangen nach einer einmonatigen AZVerringerung in den Schulferien ist nach LAG B (23.2.2017 BeckRS 2017, 108134) nicht rechtsmissbräuchl.

II. Anspruchsinhalt

2 **1. Verringerung der Arbeitszeit.** Der Anspruch aus § 8 IV 1 ist zunächst auf die Verringerung der mit dem AG vertragl. vereinbarten AZ gerichtet. Anspruchsinhalt ist die Abgabe einer Willenserkl. durch den AG, näml. die **Zust. zur Änd. des Arbeitsvertrags** („Kontrahierungszwang" BAG 19.8.2003 AP TzBfG § 8 Nr. 4). Der Anspruch besteht nur unbefristet. Grds. kann die AZVerringerung nicht nur für einen zeitl. begrenzten Zeitraum verlangt werden (BAG 18.3.2003 AP TzBfG § 8 Nr. 3; 12.9.2006 NZA 2007, 253). Für Vereinb. nach dem 1.1.2009 kann die AZVerringerung auch für einen begrenzten Zeitraum verlangt werden, wenn das hierfür angesparte Wertguthaben aufgelöst werden soll (§ 7c I 1 Nr. 1 lit. c SGB IV, dazu SGB IV § 7c Rn. 1).

3 Der Anspruch bezieht sich auf die **vertragl. vereinbarte AZ.** § 8 gilt deshalb nicht nur für an der WochenAZ orientierte AZRegelungen, sondern ebenso für flexible, auf längere Zeiträume erstreckte AZModelle (BT-Drs. 14/4625 S. 23; BAG 13.11.2012 NZA 2013, 373; krit. *Heyn* Anm. AP TzBfG § 8 Nr. 31). Die Verringerung der vertragl. vereinbarten AZ trifft noch keine Aussage über die tats. AZ (vgl. *Peters-Lange/Rolfs* NZA 2000, 682, 685 f.). **Mehrarbeit** richtet sich auch bei nach § 8 reduzierter vertragl. AZ nach allg. Grds. (hierzu BGB § 611a Rn. 486 ff.) und ist nicht ausgeschlossen. Tarifl. Regelungen über Überstundenarbeit bleiben deshalb zulässig, weil sich der TZAnspruch nur auf die vertragl. vereinbarte RegelAZ bezieht (*Preis/Gotthardt* DB 2001, 145, 147; s. a. § 15 VII 1 Nr. 3 BEEG bzw. BAG 12.2.1992 NZA 1992, 839; **aA** *Däubler* ZIP 2000, 1961, 1965). § 8 erfasst selbst bei beiderseitiger Tarifbindung auch die tarifl. AZ (*Bauer* NZA 2000, 1039, 1040; *Preis/Gotthardt* DB 2001, 145, 147).

4 Nach Auff. des BAG sind die „betrieblichen Gründe iSd. § 8 IV 1 [...] nicht arbeitsplatz-, sondern **betriebsbezogen**" zu bestimmen (BAG 13.11.2013 NZA 2012, 373 Rn. 24). Die Vorschr. enthalte weder das Tatbestandsmerkmal „Arbeitsplatz" noch andere Begriffe, die auf einen Willen des Gesetzgebers schließen lassen, die Prüfung, ob betriebl. Gründe die vom AN beantragte Verringerung der AZ hindern, auf seinen Arbeitsplatz zu verengen (**aA** *Hanau* NZA 2001, 1168, 1169; MüKoBGB/*Müller-Glöge* Rn. 12). Die tatbestandl. Voraussetzungen des Kontrahierungszwangs begründe das G ohne Rückgriff auf den Begriff des Arbeitsplatzes.

5 Keine Aussage enthält § 8 über das **Schicksal der Gegenleistung** des AN in Folge der AZReduzierung. Haben die Parteien insoweit keine einvernehml. Regelung gefunden, zB bei gerichtl. Durchsetzung durch den AN, und ist auch keine tarifl. oder betriebl. Regelung für TZBeschäftigte anwendbar, reduziert sich die Vergütung grds. ant., wenn nicht nach Art der Leistung auch TZAN Anspruch auf die volle Leistung haben (ausf. AT/*Mengel* Rn. 199 ff.; *Grobys* DB 2001, 758 ff. erg. Vertragsauslegung; *Kelber/Zeißig* NZA 2001, 577 ff. „automatische Reduzierung"; *Rolfs* Rn. 45 ff.).

6 **2. Festlegung der Lage der Arbeitszeit.** § 8 IV gibt dem AN daneben das Recht, die Festlegung der Lage der AZ ggü. dem AG durchzusetzen. Auch insoweit ist der Anspruch auf Zust. des AG zu einer entspr. vertragl. Vereinb. gerichtet (BAG 19.8.2003 AP TzBfG § 8 Nr. 4; *Preis/Gotthardt* DB 2001, 145, 146; **aA** *Grobys/Bram* NZA 2001, 1175, 1178). Der AN ist auch nicht auf das arbeitsvertragl. vereinbarte Modell der AZVerteilung beschränkt; er kann nicht nur eine **proportionale Verkürzung** der AZ im Rahmen einer Fünftagewoche, sondern bis zur Grenze des Rechtsmissbrauchs den Übergang zu einer Viertagewoche verlangen (BAG 18.8.2009 NZA 2009, 1207). Denkbar ist auch eine Freistellung in einem oder mehreren **Blöcken**, zB neun Arbeitstage im Monat (BAG 24.6.2008 NZA 2008, 1309; LAG HE 17.12.2012 – 17 Sa 613/12 – BeckRS 2013, 67413; LAG B 23.2.2017 BeckRS 2017, 108134, jeweils für Piloten; Grenze im Einzelfall LAG K 10.10.2012 BeckRS 2014, 67222). Auch der AZVerteilungswunsch, nur in einem bestimmten Monat nicht zu arbeiten, soll zulässig sein (LAG D 25.8.2011 LAGE § 8 TzBfG Nr. 20; s. a. zum Rechtsmissbrauch Rn. 1). Wie sich aus der Systematik des § 8 ergibt, dessen Grundvoraussetzungen (§ 8 I, VII) sich nur auf den Anspruch auf Verringerung der AZ beziehen, besteht der Anspruch auf Festlegung der Lage der AZ nur als **Annex zum Verringerungsanspruch** (LAG HE 23.4.2012 BeckRS 2012, 71984; AT/*Mengel* Rn. 73; MüKoBGB/*Müller-Glöge* Rn. 13; *Gotthardt* NZA 2001, 1183, 1187; MHH/*Heyn* Rn. 30; *Rieble/Gutzeit* NZA 2002, 7, 8; *Rolfs* RdA 2001, 129, 134; **aA** *Straub* NZA 2001, 919 f.). Er kann nur zusammen mit dem

Anspruch aus § 8 IV geltend gemacht werden, nicht aber von Vollzeitbeschäftigten oder AN, die aus anderen Gründen ihre AZ bereits reduziert haben. Insoweit verbleibt es beim Direktionsrecht des AG. Es kommt so zu einer Ungleichbehandlung in Betrieb und Unternehmen. Aus der Annexfunktion folgt auch, dass sich der Anspruch auf die Festlegung der Lage der AZ nur auf die Verteilung der AZ bezieht, um welche die bisherige AZ verringert wird (MüKoBGB/*Müller-Glöge* Rn. 13; *Hanau* NZA 2001, 1168, 1170; **aA** TZA/*Buschmann* Rn. 23). Damit wird verhindert, dass ein AN die Verkürzung der AZ um zB 1 Stunde zum Anlass nimmt, seine gesamte AZ neu zu verteilen (zum Rechtsmissbrauch Rn. 1).

III. Anwendungsvoraussetzungen

1. Arbeitnehmer. Der Rechtsanspruch steht nur AN zu. **Auszubildende** können sich nicht auf § 8 berufen. Ein allg. arbeitsmarktpolitischer TZAnspruch ist mit dem Wesen und Zweck eines Ausbildungsvertrags (§ 10 II BBiG) nicht vereinbar (*Preis/Gotthardt* DB 2001, 145, 148). Ausnahmen von diesem Grds. sind ges. normiert (vgl. zB § 21 III, § 6 III ArbPlSchG, § 20 I BEEG). Für § 8 fehlt eine solche Regelung. Der Anspruch gilt, wie sich aus § 6 ergibt, auch für Führungskräfte. TZArbeit ist für diese nicht per se unmögl. (*Riesenhuber* NZA 1995, 56, 58; vgl. a. *Feldhoff* AiB 2003, 84, 86, die Führungsaufgaben als betriebl. Grund iSv. § 8 IV ansieht). Befristet beschäftigte AN fallen ebenfalls in den Anwendungsbereich des § 8 (*Schiefer* DB 2000, 2118, 2119). Eine vollständige Versagung des Anspruchs verstieße gegen § 4 II. Erfasst sind auch TZBeschäftigte (BAG 13.11.2012 NZA 2013, 373). Anders als § 15 VI 1 Nr. 3 BEEG, sieht § 8 keine Untergrenze für den Umf. der AZ vor. Der bes. Situation ist jeweils einzelfallspezifisch über die entgegenstehenden betriebl. Belange (Rn. 23 ff.) Rechnung zu tragen. § 8 ist auch auf AN in der EZ anwendbar (BAG 8.5.2007 NZA 2007, 1349). 7

2. Wartezeit. Der TZAnspruch setzt voraus, dass das ArbVerh. länger als **sechs Monate** bestanden hat. Bezugspunkt ist insoweit der **AG** und nicht etwa der Betrieb, was auch § 8 VII belegt. Maßgebl. ist der rechtl. Bestand des ArbVerh. und nicht, ob tats. gearbeitet worden ist. Wenn der Gesetzgeber anders als in anderen Wartezeitregelungen (§ 1 I KSchG, § 4 III EFZG, § 15 VII 1 Nr. 2 BEEG) nicht ausdr. auf den ununterbrochenen Bestand des ArbVerh. abstellt, wird man dies als redaktionelles Versehen betrachten müssen (AT/*Mengel* Rn. 26; MüKoBGB/*Müller-Glöge* Rn. 4; MHH/*Heyn* Rn. 21; *Preis/Gotthardt* DB 2001, 145, 149; *Rolfs* RdA 2001, 129, 133). Ansonsten würde ein nicht gewollter Einstellungsanspruch als TZBeschäftigter begr., wenn vor längerer Zeit zum selben AG ein länger als sechs Monate währendes ArbVerh. bestanden hatte. Für kurzfristig unterbrochene und in einem inneren Zusammenhang stehende ArbVerh. wird man auf die Rspr. zu § 1 I KSchG zurückgreifen können (wie hier *Boewer* Rn. 26 f.; MHH/*Heyn* Rn. 22; **aA** HKTzBfG/*Boecken* Rn. 19; für Analogie zu § 14 III 2, 3 *Rolfs* RdA 2001, 129, 134). 8

Der AN muss den Anspruch ggü. dem AG drei Monate vor dem gewünschten Beginn der Verringerung der AZ geltend machen (§ 8 II). Weil der AN die Verringerung nach § 8 I aber erst nach sechsmonatigem Bestand des ArbVerh. verlangen kann und diese Wartezeit im Zpkt. des Zugangs des Verlangens abgelaufen sein muss, bedeutet dies eine **faktische Wartezeit von neun Monaten** (*Bauer* NZA 2000, 1040; *Hromadka* NJW 2001, 400, 402; vgl. Rn. 13). 9

3. Mindestbeschäftigtenzahl. Der Anspruch auf AZVerkürzung besteht nur, wenn der AG unabhängig von der Anzahl der in der Berufsausbildung beschäftigten Personen idR **mehr als 15 AN** beschäftigt (zur Verfassungsmäßigkeit dieser Vorschr. LAG K 18.1.2002 DB 2002, 1057). Bezugsgröße ist dabei richtigerweise der AG und nicht der Betrieb. Entgegen anders lautenden Vorschlägen hat die Berechnung, anders als zB bei § 23 I 3 KSchG, pro Kopf, dh. unabhängig vom Beschäftigungsumf. zu geschehen, womit derjenige AG, der 15 Vollzeitkräfte beschäftigt, dem gleichgestellt wird, der bereits 15 TZKräfte beschäftigt (krit. *Preis/Gotthardt* DB 2000, 2065, 2068). Mitzuzählen sind, allerdings unter Berücksichtigung von § 21 VII BEEG, auch AN, deren ArbVerh. ruht. Auch LeihAN dürften künftig mitzuzählen sein (vgl. *Uffmann* ZfA 2015, 110 f.). Ob idR mehr als 15 AN beschäftigt werden, ist aufgrund der allg. Beschäftigungslage festzustellen, die durch einen Blick auf die bisherige personelle Situation unter Einbeziehung der zukünftigen Entwicklung zu ermitteln ist (so für § 23 KSchG BAG 31.1.1991 NZA 1991, 562; APS/*Moll* § 23 KSchG Rn. 29). Vorübergehende Schwankungen nach oben oder unten bleiben außer Betracht (*Däubler* ZIP 2001, 217, 218; *Hanau* NZA 2001, 1168, 1171). Maßgebl. Zpkt. ist derjenige der beantragten AZReduzierung (MüKoBGB/*Müller-Glöge* Rn. 7). 10

IV. Verfahren und Verhandlungslösung

Aus Systematik und Aufbau des § 8, insb. aus § 8 III folgt, dass TZArbeit primär einvernehml. zwischen AG und AN vereinbart werden soll. Dem dienen die verfahrensrechtl. Absicherungen, die allerdings kompliziert, unübersichtl. und in sich nicht widerspruchsfrei sind. 11

1. Geltendmachung des Anspruchs. a) Umfang der Arbeitszeit. Der AN muss den Anspruch auf Verringerung der AZ und den gewünschten Umf. der Verringerung drei Monate vor deren Beginn 12 geltend machen (§ 8 II 1). Mit der Geltendmachung trägt der AN dem AG – oder einer berechtigten Empfangsperson, zB der Personalabt. (hierzu AT/*Mengel* Rn. 76; *Rolfs* Rn. 16) – die Änd. des Arbeitsvertrags an. Der Antrag ist ein Angebot auf Abschluss eines Änderungsvertrags iSd. **§ 145 BGB**, das so konkret sein muss, dass es mit einem einfachen „Ja" angenommen werden kann (BAG 16.10.2007 NZA 2008, 289; 15.11.2011 AP TzBfG § 8 Nr. 30; 20.1.2015 NJW 2015, 2829 Rn. 19). Nicht erforderl. ist, dass der AN sein Änderungsangebot ausdr. als TZAntrag bezeichnet (BAG 20.1.2015 NJW 2015, 2829 Rn. 19). Die Geltendmachung ist eine empfangsbedürftige Willenserkl. des AN, die nach ihrem Zugang gem. § 130 I BGB nicht mehr widerrufbar ist (ArbG Passau 5.6.2003 NZA-RR 2003, 572, 573). Der AN kann das Angebot **formfrei**, dh. auch mdl. unterbreiten. Diese gesetzgeberische Wertung ist verfehlt, weil vom AG eine schriftl. Antwort erwartet wird (§ 8 V 1) und Missbrauchsmöglichkeiten eröffnet werden (hierzu *Preis/Gotthardt* DB 2001, 145; *Rolfs* RdA 2001, 129, 134). Anges. des zwgd. Charakters des § 8 (§ 22 I) kann jedoch ein Formzwang weder einzel- noch kollektivvertragl. vorgesehen werden. Der AN muss den **Umf.** der gewünschten AZReduzierung angeben. Er kann zB die Stundenzahl, die er weniger arbeiten will, oder die gewünschte neue Stundenzahl angeben. Gibt der AN nur einen AZRahmen vor (zB 20 bis 25 Wochenstunden) ist das Änderungsverlangen nicht hinreichend bestimmt und daher unwirksam (LAG K 14.10.2009 BB 2010, 955 [LS]). Zudem muss sich der AN im Rahmen seines bisherigen AZModells halten, dh. die Reduzierung bei WochenAZ bezogen auf Wochen, bei anderen AZModellen auf den entspr. Zeitraum, bei einem Jahresarbeitszeitkonto zB auf das Jahr, angeben (LAG D 17.5.2006 DB 2006, 1682; *Hanau* NZA 2001, 1168, 1170; *Rolfs* Rn. 14). Die Abkehr von der WochenAZ in § 8 I (Rn. 3) bedeutet nur, dass der Anspruch sich auch auf flexible AZModelle bezieht, nicht aber dass unflexible in völlig neue flexible Modelle umgewandelt werden können. Die Angabe einer prozentualen, an einem vergleichbaren VollzeitAN ausgerichteten AZ wird man wohl jdf. dann zulassen müssen, wenn bereits die bisherige AZ so bestimmt war (so allg. *Rolfs* RdA 2001, 129, 134, 137; unklar LAG BW 20.7.2000 BeckRS 200030453466 „30% der tarifl. WochenAZ von 38,5 Stunden"; **aA** *Hanau* NZA 2001, 1168, 1170). Eine Mindest- oder Höchstgrenze für die gewünschte Verringerung sieht § 8 nicht vor (ArbG Mönchengladbach 30.5.2001 NZA 2001, 970, 972; ArbG Essen 19.6.2001 NZA-RR 2001, 573, 574: Verringerung von 40 auf 12 Wochenstunden).

13 Die **Drei-Monats-Frist** berechnet sich gem. §§ 187 I, 188 II BGB vom Zpkt. des Zugangs des Verlangens beim AG; § 193 BGB ist nicht anzuwenden (*Rolfs* RdA 2001, 129, 134). Es handelt sich um eine Mindestfrist; der AN kann den TZAnspruch auch früher geltend machen (LAG K 4.12.2001 AuR 2002, 189; ArbG Mönchengladbach 30.5.2001 NZA 2001, 970, 971). Sie soll dem AG die Möglichkeit geben, bis zur Entsch. über den TZWunsch (§ 8 V 1), dh. innerhalb von zwei Monaten, die Anspruchsvoraussetzungen und arbeitsorganisatorischen und personellen Auffangmaßnahmen zu prüfen bzw. vorzubereiten (BT-Drs. 14/4374 S. 17). Der AG kann auf die Einhaltung der Frist verzichten (BAG 14.10.2003 NZA 2004, 975) und mit dem AN TZArbeit deshalb auch vor Ablauf der Drei-Monats-Frist vereinbaren. Die Fristeinhaltung ist materielle Wirksamkeitsvoraussetzung; hält der AN sie nicht ein, ist das Verlangen unwirksam (AT/*Mengel* Rn. 49; MüKoBGB/*Müller-Glöge* Rn. 17; *Preis/Gotthardt* DB 2001, 145 f.; MHH/*Heyn* Rn. 40; *Schulte* DB 2001, 2144 f.; so zu § 15 VII 1 Nr. 5 BEEG BT-Drs. 14/3553 S. 22; **aA** BAG 20.7.2004 NZA 2004, 1090; 16.12.2008 NZA 2009, 565; HWK/*Schmalenberg* Rn. 9; TZA/*Buschmann* Rn. 25; *Däubler* ZIP 2001, 217, 221; *Rolfs* RdA 2001, 129, 134; s. a. Rn. 9). Allerdings kann ein zu kurzfristig gestelltes TZVerlangen so ausgelegt werden, dass es sich hilfsweise auf den Zpkt. richtet, zu dem der AN frühestmögl. die Verringerung verlangen kann (BAG 20.7.2004 NZA 2004, 1090). Während des Laufs der Frist ist der AN entspr. §§ 145, 148 BGB an sein Verlangen gebunden (AT/*Mengel* Rn. 69; *Hanau* NZA 2001, 1168 f.; *Rolfs* RdA 2001, 129, 134). Ansonsten wäre dem AG gerade bei mehreren TZBegehren eine vernünftige Personalplanung unmögl. Die Bindungswirkung endet mit Ablehnung durch den AG oder bei Annahme mÄnd. (vgl. § 150 II BGB). Das Angebot bleibt aber rechtl. existent, es kann bei formwidriger Ablehnung die ges. Fiktion (Rn. 19) eintreten. Mangels Bindungswirkung kann der AN dies durch Erkl. ggü. dem AG aber verhindern. Schließt der AN die Bindungswirkung von vornherein aus, handelt es sich nur um eine unverbindl. Anfrage, welche die Folgen des § 8 nicht auslöst.

14 **b) Lage der Arbeitszeit.** Nach § 8 II 2 **soll** der AN die gewünschte Verteilung der AZ angeben. Die Angabe ist nicht zwgd. Der AN kann den TZAnspruch auch nur bzgl. des Umf. der AZ verfolgen. Bzgl. der Lage der AZ verbleibt es dann bei dem Direktionsrecht des AG, das gem. § 106 GewO nach billigem Ermessen auszuüben ist (BAG 8.5.2007 NZA 2007, 1349; 10.12.2014 NZA 2015, 483). Begehrt der AN eine AZVerringerung und die Festlegung der Lage der AZ, so handelt es sich – wie der fakultative Charakter des § 8 II 2 zeigt – bei der Festlegung der Lage der AZ um ein **nicht notwendig mit dem Verringerungswunsch verbundenes Begehren**. Stellt der AN beide Anträge kumulativ, kann der AG bzw. das Gericht auch nur dem Antrag auf AZVerringerung stattgeben (*Grobys/Bram* NZA 2001, 1175, 1178). Der AN kann die Begehren aber dergestalt miteinander verbinden, dass die AZVerringerung unter der auflösenden Bedingung (§ 158 II BGB) des Zuspruchs zum Verteilungswunsch steht. Dafür müssen aber anges. der Konzeption des § 8 Anhaltspunkte vorliegen; ein anderer Wille kann dem AN nicht ohne Weiteres unterstellt werden (LAG BE 18.1.2002 LAGReport 2003,

193; MüArbR/*Schüren* § 46 Rn. 58; MüKoBGB/*Müller-Glöge* Rn. 19; wohl a. *Rolfs* RdA 2001, 129, 135; TZA/*Buschmann* Rn. 23; sogar gegen konditionale Verknüpfbarkeit *Rieble/Gutzeit* NZA 2002, 7, 12 f.; **aA** für einheitl. Begehren LAG BW 20.7.2000 BeckRS 2000, 30453466 (zu § 15b BAT); LAG HM 2.9.1999 NZA-RR 2000, 356). Nach Ansicht des BAG sollen die Begehren des AN erfahrungsgemäß voneinander abhängen. Für eine gegenteilige Auslegung bedürfe es bes. Anhaltspunkte (BAG 18.2.2003 NZA 2003, 1392, 1394). Verbindet der AN die Verringerung mit einer bestimmten Verteilung der AZ, kann das Änderungsangebot gem. § 150 II BGB nur einheitl. angenommen oder abgelehnt werden (BAG 18.2.2003 NZA 2003, 911). Der AN muss einen Antrag auf Verteilung der verbleibenden AZ spätestens in die Erörterung mit dem AG einbringen (BAG 23.11.2004 NZA 2005, 769; vgl. dazu *Feuerborn* SAE 2006, 1). Nach ggf. Erörterung (§ 8 III) und Ablehnung durch den AG ist der AN an den Verteilungswunsch gebunden. Eine Änd. im Prozess ist nicht mögl. (BAG 24.6.2008 NZA 2008, 1289). Der AN kann seinen Verteilungswunsch nach Ablehnung durch den AG nicht mehr ändern. Das folgt aus § 8 VI, wonach die „neuerl. Geltendmachung" nur nach Ablauf einer zweijährigen Sperrfrist mögl. ist, wenn der AG den zunächst gestellten Antrag „berechtigt abgelehnt" hat.

2. Die Verhandlungsphase. a) Verhandlungsobliegenheit. § 8 III bringt zum Ausdruck, dass vom 15 Gesetzgeber vorrangig eine Verhandlungslösung gewollt ist. Als präzise Stufenfolge ist dieser Vorrang aber nicht ausgestaltet. Eine selbständige einklagbare Verhandlungspflicht ist nicht anzunehmen, allenfalls eine **(beiderseitige) Verhandlungsobliegenheit** (*Preis/Gotthardt* DB 2001, 145, 146; ausf. *Rolfs* RdA 2001, 129, 134 f.; ebenso BAG 18.2.2003 NZA 2003, 911; 20.7.2004 NZA 2004, 1090). Lehnt der AG den Antrag des AN ab, ohne verhandelt zu haben, führt dieser Verstoß gegen die Verhandlungsobliegenheit nicht zur Unwirksamkeit der Ablehnung (BAG 18.2.2003 NZA 2003, 911; *Rolfs* RdA 2001, 129, 135), insb. gilt dadurch nicht die Zust. des AG als erteilt (BAG 18.2.2003 NZA 2003, 911; vgl. a. *Rolfs* Rn. 23, der von einer „sanktionslosen Aufforderung" zur Einigung spricht). Nach Ansicht des BAG zeitigt der Verstoß gegen § 8 III 1 dennoch Rechtsfolgen: Verhandelt der AG nicht, kann er dem AN im Rechtsstreit keine Einwendungen entgegenhalten, die iRd. Verh. hätten ausgeräumt werden können (BAG 18.2.2003 NZA 2003, 911; MHH/*Heyn* Rn. 46; **aA** *Boewer* Rn. 148 f.; *Mengel* BB 2003, 1847). Die GBegr. und die fehlende ges. Regelung lassen eine solche Rechtsfortbildung nicht zu (vgl. MüKoBGB/*Müller-Glöge* Rn. 20). § 8 III 1 erstreckt die Verhandlungsobliegenheit nur auf die AZReduzierung. Die in § 8 III 2 bzgl. der Verteilung der AZ eingefügte Regelung ist missverständl. Keineswegs beschränkt sie, weil von Einvernehmen mit dem AN die Rede ist, allg. das Direktionsrecht des AG bzgl. der Lage der AZ (s. § 106 I 1 GewO). Man wird § 8 III insg. so zu verstehen haben, dass dieser Abs.– in wenig geglückter Formulierung – den Vorrang der Verhandlungslösung zum Ausdruck bringen und den AN darauf hinweisen soll, dass prinzipiell der AG die Verteilung der Lage der AZ festlegt, wobei dieser Grds. nur für den TZAnspruch nach § 8 umgekehrt wird (*Preis/Gotthardt* DB 2001, 145 f.).

b) Mitteilung der Entscheidung. Nach § 8 V 1 muss der AG dem AN die Entsch. über die Ver- 16 ringerung der AZ und ihre Verteilung spätestens einen Monat vor dem gewünschten Beginn schriftl. mitteilen. Inhaltl. reicht insoweit ein **reines „Nein"** des AG aus; anders als in § 15 VII 4 BEEG ist keine Begr. gefordert (BAG 18.2.2003 NZA 2003, 911; AT/*Mengel* Rn. 115; *Kliemt* NZA 2001, 63, 66; *Lakies* DZWIR 2001, 1, 5; **aA** TZA/*Buschmann* Rn. 39). Teilt der AG dem AN Gründe mit, ist er an diese im Prozess nicht gebunden, sondern kann auch völlig neue betriebl. Gründe in den Prozess einführen (AT/*Mengel* Rn. 229 f.; *Diller* NZA 2001, 589, 592; *Rolfs* RdA 2001, 129, 137), es sei denn, er hat seine Verhandlungsobliegenheit verletzt (BAG 18.2.2003 NZA 2003, 911). Die Ablehnung muss durch den AG oder einen von ihm bevollmächtigten Vertreter erklärt werden, aus dem Gebot der Rechtsklarheit und der Transparenz folgt, dass die Ablehnung ggü. dem AN hinreichend deutl. erfolgen muss (BAG 20.1.2015 NJW 2015, 2829 Rn. 25).

Für die **Schriftlichkeit der Mitt.** ist die Textform des § 126b BGB ausreichend, auch wenn dies, 17 anders als von § 126b BGB verlangt, in § 8 V nicht ausdr. vorgesehen ist (*Gotthardt/Beck* NZA 2002, 876, 880 mwN; **aA** MHH/*Heyn* Rn. 88; MüKoBGB/*Müller-Glöge* Rn. 22; *Rolfs* RdA 2001, 129, 135). Die Textform kann auch aufgrund des Normzwecks des Schriftformerfordernisses ausreichend sein, wenn die Warn- und Beweisfunktion keine wesentl. Rolle spielen und der funktionale Mehrwert der eigenhändigen Unterschrift nicht erforderl. ist (s. a. BGB §§ 125 bis 127 Rn. 33). Bei § 8 V 1 geht es nur um die Mitt. einer negativen Entsch. des AG. Geht es darum, den Empfänger der Erkl. über bestimmte Sachverhalte zu informieren, die ggf. seine rechtl. Reaktion erfordern, hat die eigenhändige Unterschrift idR keinen Mehrwert (BT-Drs. 14/4987 S. 19). Auch wenn die form- und fristgerechte Mitt. über die ges. Fiktion (Rn. 19) entscheidet, ist die eigenhändige Unterschrift nicht erforderl. Reicht für die Einl. des Verf. Mündlichkeit durch den AN, muss auch für die Ablehnung durch den AG Textform ausreichen (gegen § 126 BGB *Hanau* NZA 2001, 1168, 1171 im Anschluss an BAG 11.10.2000 NZA 2001, 231; **aA** *Rolfs* RdA 2001, 132, 135). Der Praxis ist allerdings zur rechtssicheren Vermeidung der ges. Fiktion nach § 8 V 2, 3 (Rn. 19) die Einhaltung des § 126 BGB anzuraten.

Der AG muss die Ablehnung einen Monat vor dem gewünschten Beginn erklären. Zu diesem Zpkt. 18 muss die Mitt. dem AN zugegangen sein. Die Fristberechnung erfolgt entspr. §§ 187 I, 188 II BGB; § 193 BGB findet keine Anwendung (*Rolfs* RdA 2001, 129, 135). Bezugspunkt ist der **gewünschte**

Beginn der AZVerringerung. Nimmt man dies wörtl., könnte der AN durch ein verfristetes Verlangen dem AG sogar die Möglichkeit nehmen, die Ablehnung überhaupt rechtzeitig zu erklären. Dies vermeidet man, wenn man die Frist für die Geltendmachung des Anspruchs in § 8 II als materielle Wirksamkeitsvoraussetzung (Rn. 9) betrachtet (s. a. *Preis/Gotthardt* DB 2001, 145, 146). Mangels wirksamen Antrags kann auch keine Fiktion eintreten. Die Lösung, den verfristeten TZWunsch des AG als Wunsch zum nächst fristgerechten Termin auszulegen (*Rolfs* RdA 2001, 129, 134), versagt, wo für die Auslegung aufgrund des eindeutigen Willens des AN kein Raum ist.

19 **3. Die gesetzliche Fiktion. a) Umfang der Arbeitszeit.** Als zivilrechtl. Sanktion dafür, dass der AG sich weigert, rechtzeitig und formgerecht eine Entsch. über den Verringerungswunsch des AN zu treffen, sieht § 8 V 2 eine ges. Fiktion vor. **Voraussetzung** ist, dass sich AG und AN nicht geeinigt haben und der AG die Ablehnung gar nicht, nicht rechtzeitig, dh. einen Monat vor dem gewünschten Beginn, und/oder nicht formgerecht erklärt hat. Die ges. Fiktion tritt aber nur dann ein, wenn die materiellen Grundvoraussetzungen des TZAnspruchs vorliegen, zB dann nicht, wenn der AN die Wartezeit nicht einhält. Die Fiktion gewährt keine Rechtsvorteile, die über den § 8 zu Grunde liegenden Interessenausgleich hinausgehen. Die Fiktion greift nur, wenn das Änderungsverlangen des AN bestimmt ist. Wird dem AG kein der Annahme fähiges eindeutiges Angebot unterbreitet, ginge eine Annahme ins Leere (BAG 16.10.2007 NZA 2008, 289). Ein Verlangen auf Reduzierung der AZ, dass die Stundenzahl nicht genau beziffert, genügt nicht.

20 **Rechtsfolge** ist die Verringerung der AZ im vom AN gewünschten Umf. Damit wird die Änd. des Arbeitsvertrags fingiert, dh. die Zust. des AG zur ihm angetragenen Vertragsänd. kraft G ersetzt (*Preis/Gotthardt* DB 2001, 145, 146). Anders als bei § 8 IV 1 kommt es nicht darauf an, ob dem Wunsch des AN betriebl. Gründe entgegenstehen. Den geänd. Arbeitsvertrag kann der AG nur nach allg. Regeln wieder ändern, zB durch Änderungsvertrag oder Änderungskündigung.

21 **b) Lage der Arbeitszeit.** Die gleiche Fiktionswirkung tritt im Hinblick auf die Lage der AZ ein, wenn die Parteien kein Einvernehmen erzielen und der AG die gewünschte Verteilung nicht spätestens einen Monat vor Beginn der gewünschten Verringerung der AZ schriftl. ablehnt. Rechtsfolge ist hier, dass die AZ als entspr. den Wünschen des AN festgelegt gilt. Es handelt sich um die ges. Fiktion einer arbeitsvertragl. Vereinb. bzgl. der Lage der AZ (*Preis/Gotthardt* DB 2001, 145, 146). Die Ersetzung der einseitigen Festlegung der AZ durch den AG iRd. Direktionsrechts reicht dann nicht, wenn ausnahmsweise die AZLage bereits vorher vertragl. festgelegt war (zB LAG BE 26.7.1993 LAGE BGB § 611 Direktionsrecht Nr. 16). Bei fehlender vertragl. Festlegung gilt § 106 GewO (BAG 10.12.2014 NZA 2015, 483)

22 Aus der **Annexfunktion** des Anspruchs auf Festlegung der Lage der AZ (Rn. 6) folgt, dass die ges. Fiktion insoweit nur eintreten kann, wenn auch die AZ verringert wird. Die isolierte Fiktion einer geänd. AZVerteilung ohne AZVerringerung gibt es nicht (AT/*Mengel* Rn. 121). Mögl. ist es deshalb zB, dass eine Einigung über die Verringerung erzielt wird und bzgl. der Lage mangels Ablehnung die Fiktion greift. Einigen sich die Parteien aber über eine andere als urspr. geltend gemachte Verringerung der AZ, während es bzgl. der Verteilung der Lage der AZ bei dem bisherigen Wunsch des AN bleibt, wird die Fiktion aufgrund der Annexfunktion des Anspruchs zur Festlegung der Lage nicht eintreten, da die gewünschte Verteilung der AZ in diesen Fällen idR keinen Sinn macht (*Rolfs* RdA 2001, 129, 135). Lehnt der AG nur die Verringerung ab, schweigt aber zur Verteilung der Lage, so wird die Fiktion bzgl. der Lage der AZ nicht eintreten (ArbG Mönchengladbach 30.5.2001 NZA 2001, 970, 971; *Preis/Gotthardt* DB 2001, 145, 147).

V. Die betrieblichen Gründe

23 **1. Umfang der Arbeitszeit. a) Allgemeine Anforderungen und verfassungsrechtlicher Rahmen.** Haben AG und AN sich nicht nach § 8 III über die Verringerung der AZ geeinigt und ergibt diese sich nicht aufgrund der ges. Fiktion, kann der AN den Anspruch auf Zust. zur Verringerung der vertragl. vereinbarten AZ nur durchsetzen, soweit betriebl. Gründe nicht entgegenstehen (§ 8 IV). Abw. vom RefE kommt es nicht auf entgegenstehende „dringende" betriebl. Gründe an. Trotz der in § 8 IV 2 genannten Bsp. hat sich dadurch der Prüfungsmaßstab geänd. (s. BAG 18.2.2003 NZA 2003, 1392, 1395). Ordnet man die Norm näml. in das bestehende Begriffsgefüge ein, ergibt sich, dass vom Gesetzgeber **kein strenger Maßstab gewollt** ist. Das zeigt der Blick auf diff. Formulierungen in anderen Vorschr. AZ- und Urlaubswünschen von AN können zB „dringende betriebl. Erfordernisse" (§ 6 IV ArbZG) oder „dringende betriebl. Belange bzw. Gründe" (§ 7 I, II BUrlG) entgegengehalten werden (vgl. den Überbl. bei *Beckschulze* DB 2000, 2598 ff.). Selbst das TzBfG diff. und geht in § 8 IV von entgegenstehenden betriebl. Gründen, in § 9 dagegen von entgegenstehenden dringenden betriebl. Gründen aus (hierzu § 9 Rn. 7 ff.).

24 Wenn § 8 IV ausdr. davon abgeht, das Tatbestandsmerkmal „dringend" zu verwenden, folgt daraus zwgd., dass – auch im Unterschied zu § 15 VII S. 1 Nr. 4 BEEG – geringere Anforderungen zu stellen sind. Dies ist auch deshalb gerechtfertigt und konsequent, weil der TZAnspruch aus § 15 BEEG – im Unterschied zu § 8 – auf der Tatbestandsseite für den AN von verfassungsrechtl. bes. geschützten

Positionen, näml. der Kindererziehung, ausgeht. Tatbestand und entgegenstehende betriebl. Gründe wird man anges. des Eingriffs in die **Berufsausübungsfreiheit des AG** (Art. 12 I GG; BVerfG 27.1.1998 NZA 1998, 470) und in die Vertragsfreiheit (Art. 2 I GG; s. BVerfG 8.4.1997 E 95, 267, 303) als kommunizierende Röhren verstehen müssen: Je präziser die – verfassungsrechtl. legitimierten – Tatbestandsvoraussetzungen für den TZAnspruch gefasst sind, umso gewichtiger müssen die entgegenstehenden betriebl. Gründe sein. Bei einem praktisch voraussetzungslosen, allg. TZAnspruch müssen dagegen die Anforderungen an die betriebl. Gründe geringer sein. Denn der AG hat verfassungsrechtl. schutzwürdige Positionen (Art. 2, 12 I GG) auf seiner Seite, grds. die einmal vereinbarte AZ beizubehalten. Dem AN steht dagegen bei dem TZAnspruch aus § 8 kein bes. geschütztes verfassungsrechtl. Gut zur Seite, zumal er selbst mit dem urspr. Vertragsschluss ebenfalls seine Grundrechte aus Art. 2, 12 GG ausgeübt hat. Der Eingriff in die Berufsausübungs- und Vertragsfreiheit des AG durch § 8 rechtfertigt sich aus – allerdings legitimen (*Rolfs* RdA 2001, 129, 132 f.) – allg. arbeitsmarkt- und gleichstellungspolitischen Zielsetzungen des Gesetzgebers (BAG 18.2.2003 NZA 2003, 1392), was bei der Auslegung des Begriffs der entgegenstehenden betriebl. Gründe zu beachten ist. Dieses Verständnis wird von der GBegr. (BT-Drs. 14/4374 S. 17) bestärkt, wonach keine unzumutbaren Anforderungen an den AG gestellt werden sollen. Vor diesem – systematischen und verfassungsrechtl. – Hintergrund sind die in § 8 IV 2 genannten Bsp. Umstände, bei denen jdf. ein betriebl. Grund vorliegt, die aber in ihrer Intensität nicht die Anforderungen des allg. Tatbestandes bestimmen (*Rolfs* RdA 2001, 129, 136; MüKoBGB/*Müller-Glöge* Rn. 26). Ausreichend sind damit grds. **rationale und nachvollziehbare Gründe** (BAG 8.5.2007 NZA 2007, 1349; 20.1.2015 NZA 2015, 816 Rn. 17; s. a. AG/*Vossen* Rn. 67 ff.). Das BAG geht darüber hinaus und verlangt wegen der Bsp. des § 8 IV 2, dass die Gründe zudem hinreichend gewichtig sein müssen (BAG 18.2.2003 NZA 2003, 911; 15.8.2006 NZA 2007, 259; 8.5.2007 NZA 2007, 1349). Die im G angeführten Gründe dienten der Erl. des betriebl. Grundes (BAG 18.2.2003 NZA 2003, 911). Nach § 8 IV 3 können die Ablehnungsgründe auch in einem TV festgelegt werden, der aber nicht zum Ausschluss des ges. Anspruchs auf AZVerringerung führen darf oder dazu, dass dieser Anspruch aus tats. Gründen ins Leere geht, zB durch eine Befristung der TZStelle auf ein Jahr (LAG D 14.12.2005 DB 2006, 510, 511). Eine tarifvertragl. Beschränkung der Anzahl der TZStellen und ihre Vergabe nach dem Auswahlkriterium Seniorität ist dagegen zulässig (LAG D 14.12.2005 DB 2006, 510, 511). Das im Rahmen von § 8 entwickelte Prüfungskonzept wendet das BAG auch auf gleichgerichtete tarifl. oder einzelvertragl. Verringerungsansprüche an (BAG 16.10.2007 NZA-RR 2008, 210).

Da auf der Seite des AN keine Gründe für den TZAnspruch erforderl. sind, findet, anders als vom 25
Gesetzgeber nur in § 8 IV 4 vorgesehen, **keine Abwägung** der betriebl. Gründe **mit den ANInteressen** an TZ statt (BAG 16.10.2007 NZA 2008, 289; AG/*Vossen* Rn. 69). Für die Beurteilung des TZAnspruchs soll es sogar unerhebl. sein, aus welchen Gründen der AN eine Verringerung seiner AZ anstrebt (BAG 9.12.2003 NZA 2004, 921). Die betriebl. Gegengründe sind jedoch nicht weniger gewichtig, weil der AN erhebl. Interessen, zB Kindererziehung, anführen kann, sondern vielmehr davon losgelöst. Soweit der Gesetzgeber Interessen des AN ggü. den AGInteressen stärker gewichten wollte, hat er dies spezialges. zum Ausdruck gebracht (zB § 15 VII BEEG). Diese spezialges. Wertungen dürfen durch § 8 nicht unterlaufen werden. ANInteressen sind nur im einstweiligen Rechtsschutz (Rn. 52) und dort nur beim Verfügungsgrund, nicht aber beim Verfügungsanspruch zu berücksichtigen. Der Gesetzgeber hat in § 8 IV 2 Bsp. für betriebl. Gründe genannt:

b) Organisatorische Gründe. Der TZAnspruch des AN muss sich auch aus verfassungsrechtl. 26
Gründen in das arbeitgeberseitig vorgegebene **Organisationskonzept** einfügen (LAG NI 2.8.2002 NZA-RR 2003, 6; *Kliemt* NZA 2001, 63, 65; MHH/*Heyn* Rn. 52; *Preis/Gotthardt* DB 2000, 2065, 2068; *Rolfs* RdA 2001, 129, 133; *Wisskirchen* DB 2003, 277; **aA** TZA/*Buschmann* Rn. 32; krit. *Schmidt* AuR 2002, 245, 248). Dies bedeutet aber nicht, dass der AG den TZAnspruch mit der einfachen Aussage abwenden kann, er wolle bestimmte Arbeiten nur mit TZBeschäftigten oder mit Vollzeitbeschäftigten durchführen. Vielmehr muss der AG im Einzelfall unter Berücksichtigung aller Umstände die zumutbaren Anstrengungen zur Schaffung eines TZArbeitsplatzes für den betr. AN unternehmen (LAG BW 19.5.2004 LAGReport 2004, 291). Des Weiteren genügt es auch nicht, dass der AG ledigl. einwendet, das TZBegehren und der Vorschlag des AN zur Realisierung dieses Wunsches entspreche nicht seiner abw. unternehmerischen Vorstellung von der „richtigen" AZVerteilung (BAG 13.10.2009 NZA 2010, 339). Der Vortrag, die Arbeitsabläufe „bestmögl." und „effektiv" gestalten zu wollen, ist zu allg., um ein vom ArbG nur auf Willkür überprüfbares Organisationskonzept darstellen zu können (BAG 18.5.2004 NZA 2005, 108; vgl. a. LAG HM 13.7.2009 BeckRS 2009, 74889: „kompetenter und effizienter" Einsatz qualifizierter AN kein hinreichendes Organisationskonzept). Anderenfalls würde der TZAnspruch vollständig entwertet. Erforderl. sind vielmehr wirkl. betriebl. Gründe, die dem TZBegehren des AN entgegenstehen. Auch unter Beachtung der verfassungsrechtl. Rahmenbedingungen wird man vom AG deshalb verlangen müssen, dass er ein Konzept darlegt, das von **plausiblen wirtschaftl. oder unternehmenspolitischen Gründen** getragen ist. Er kann sich nicht auf allg. Floskeln zurückziehen (BAG 18.5.2004 NZA 2005, 108). Es handelt sich dabei aber letztl. nicht um mehr als um eine Missbrauchskontrolle (ArbG Freiburg 4.9.2001

NZA 2002, 216, 217). Das Konzept kann keinesfalls vom ArbG auf seine Zweckmäßigkeit überprüft werden. Dieses Verständnis stimmt auch mit der GBegr. überein, die vom AG nur eine nachvollziehbare, rationale Begr. verlangt.

26a Strenger verlangt jedoch das BAG, der AG müsse auf einer **ersten Stufe** darlegen, dass das **Organisationskonzept die AZRegelung iS einer Ursächlichkeit bedinge** (BAG 18.2.2003 NZA 2003, 1392, 1395; 18.3.2003 AP TzBfG § 8 Nr. 3; 16.3.2004 NZA 2004, 1047; 21.6.2005 AP TzBfG § 14 Nr. 8). Ob ein solches Konzept besteht, tats. durchgeführt wird und ob sich daraus das vorgetragene AZModell ergibt, sei gerichtl. voll überprüfbar (BAG 18.2.2003 NZA 2003, 1392, 1395; 19.8.2003 AP TzBfG § 8 Nr. 4; 16.3.2004 NZA 2004, 1047). Nicht zu überprüfen seien die dem Organisationskonzept zugrunde liegende unternehmerische Aufgabenstellung und die daraus abgeleiteten organisatorischen Entsch., sofern sie nicht willkürl. seien (BAG 18.2.2003 NZA 2003, 1392, 1395; 19.8.2003 AP TzBfG § 8 Nr. 4; 16.3.2004 NZA 2004, 1047). Die sich hieraus ergebenden Widersprüche zur verbindl. und gerichtl. nur auf Willkür zu überprüfenden Unternehmerentsch. nach § 1 II KSchG (vgl. BAG 24.4.1997 NZA 1997, 1047) will der 9. Sen. durch eine Anpassung der Rspr. des 2. Sen. an die Erfordernisse des § 8 erreichen (BAG 18.2.2003 NZA 2003, 1392, 1395; hierzu *Rost* JbArbR Bd. 39, 83, 100; **aA** *Hohenhaus* DB 2003, 1954, 1956). Jedoch spricht § 8 IV 1 nicht von hinreichend gewichtigen Gründen, vielmehr sollen einfache betriebl. Gründe genügen (s. bereits Rn. 24; MHH/*Heyn* Rn. 51). Dies ergibt sich ebenso aus der Entstehungsgeschichte und dem Willen des Gesetzgebers, der gerade keine dringenden betriebl. Gründe verlangte (s. Rn. 23). Dieser gesetzgeberische Wille wird geradezu verkehrt, wenn aus § 8 IV 2 auch noch verschärfte Anforderungen an den strengeren Begriff der dringenden betriebl. Erfordernisse und die Unternehmerentsch. abgeleitet werden. In der Praxis wird der AG mit einer strengen Überprüfung seiner Unternehmerentsch. rechnen müssen, selbst wenn das Konzept in einer BV konkretisiert ist (vgl. BAG 20.1.2015 NZA 2015, 816).

27 Bsp.: **Pädagogische Konzepte** der umfassenden, kontinuierl. Kinderbetreuung können ein Organisationskonzept begründen, das dem Verringerungsanspruch entgegensteht, wenn es iS einer kontinuierl. Betreuung der Kinder erforderl. ist, dass die verantwortl. Gruppenleiter während der Öffnungszeiten des Kindergartens anwesend sind (BAG 18.3.2003 AP TzBfG § 8 Nr. 3; 19.8.2003 AP TzBfG § 8 Nr. 4). Ein betriebl. Grund besteht nicht, wenn der AG die ausfallende AZ durch die Einstellung einer TZKraft ausgleichen kann (BAG 14.10.2003 NZA 2004, 975; 9.12.2003 NZA 2004, 921). Es stellt auch einen betriebl. Grund dar, wenn der AG ein nachvollziehbares **servicefreundl. Organisationskonzept** verfolgt, das so weitgehend wie mögl. sicherstellen soll, dass seine Kunden jeweils nur einen Verkäufer als Ansprechpartner haben (BAG 30.9.2003 NZA 2004, 382). Das gilt ebenso, wenn der AG zur Wahrung der **Einheitlichkeit des Marktauftritts** die kreative Tätigkeit einer „Art Directorin" durch nur eine für alle Kunden zust. Vollzeitmitarbeiterin ausführen lässt (BAG 13.10.2009 NZA 2010, 339). Das Konzept muss aber nach der geschuldeten Tätigkeit plausibel sein (verneint für Kassentätigkeit BAG 16.10.2007 NZA 2008, 289; zw. für den Fall eines Callcenters LAG RP 11.10.2012 BeckRS 2012, 76223). Je näher das unternehmerische Konzept an die einfache Entsch., keine TZBeschäftigung zuzulassen, heranrückt, umso höher sind die Anforderungen an die Darlegung dieses Konzepts (LAG K 3.2.2006 NZA-RR 2006, 343). Weiterhin wird man vom AG verlangen müssen, dass er sein Konzept auch **konsequent umsetzt** (BAG 18.3.2003 AP TzBfG § 8 Nr. 3; 16.10.2007 NZA-RR 2008, 210). Lässt der AG zB eine Leitungsfunktion dauerhaft tw. von der Stellvertreterin der Leiterin wahrnehmen, wird es ihm schwerfallen, bei einer moderaten AZReduzierung der Leiterin entgegenstehende betriebl. Gründe darzulegen (BAG 29.11.1995 NZA 1996, 533). Auch der Einsatz von TZKräften bei der Tätigkeit, für die ein TZWunsch eines anderen AN abgelehnt wurde, begr. Zweifel an der konsequenten Umsetzung des Organisationskonzepts (LAG K 4.12.2001 AuR 2002, 189).

28 Auf einer **zweiten Stufe** soll nach Ansicht des BAG zu prüfen sein, inwieweit die AZRegelung dem AZVerlangen des AN entgegensteht (BAG 18.3.2003 AP TzBfG § 8 Nr. 3, 320; 19.8.2003 AP TzBfG § 8 Nr. 4). Dabei sei der Frage nachzugehen, ob durch eine dem AG zumutbare Änd. von betriebl. Abläufen oder des Personaleinsatzes die betriebl. erforderl. AZRegelung unter Wahrung des Organisationskonzeptes mit dem individuellen AZWunsch des AN in Einklang gebracht werden kann (BAG 18.2.2003 NZA 2003, 1392; 18.3.2003 AP TzBfG § 8 Nr. 3; 19.8.2003 AP TzBfG § 8 Nr. 4). Steht etwa eine Ersatzkraft in TZ für den zeitweise ausfallenden AN nicht zur Vfg., kann der AG regelm. nicht darauf verwiesen werden, eine Vollzeitkraft oder Leiharbeiter einzustellen und Überstunden abzubauen (BAG 9.12.2003 NZA 2004, 921; zur Ersatzkraft s. Rn. 35), ebenso wenig, eine Änderungskündigung ggü. einer für die Zeit der EZ eingestellten Vertretung auszusprechen (BAG 19.4.2005 NZA 2005, 1354).

29 Auf der **dritten Stufe** ist dann nach Ansicht des BAG das Gewicht der entgegenstehenden betriebl. Gründe zu prüfen: Ein Anspruch scheidet aus, wenn die vom AN gewünschte Abweichung von der vertragl. vereinbarten AZ die in § 8 IV 2 genannten bes. Interessen und die ihm zugrunde liegende **unternehmerische Entsch. wesentl. beeinträchtigt** (BAG 18.2.2003 NZA 2003, 1392; 19.8.2003 AP TzBfG § 8 Nr. 4; 14.10.2003 NZA 2004, 975; 16.3.2004 NZA 2004, 1047). Eine vom AG aufgrund von Umsatzeinbrüchen verlangte Bereitschaft zur Leistung von TZArbeit hat eine Indizwirkung dafür, dass TZArbeit die Organisation und den Arbeitsablauf im Betrieb nicht wesentl. beeinträchtigt (LAG BE

20.2.2002 NZA 2002, 858). Die Beeinträchtigung eines Organisationskonzepts ist nicht wesentl., wenn dieses Ziel auch bei Einsatz aller AN in Vollzeit nicht erreichbar ist (BAG 30.9.2003 NZA 2004, 382). Gegen eine derart strenge Prüfung bei den Gründen des § 8 IV 2 spricht aber, dass S. 2 als Regelbsp. systematisch im Lichte des S. 1 auszulegen ist. Unklar bleibt in der Entsch. des BAG, ob das Merkmal der wesentl. Beeinträchtigung nur für die Bsp. in § 8 IV 2 gelten soll. Eine Übertragung dieser Anforderung auf sonstige betriebl. Gründe scheidet jdf. am eindeutigen Wortlaut des Abs. 4 S. 1 aus („entgegenstehen"). Ausreichend iSv. nachvollziehbar und rational ist zB die Organisationsentsch., die Kinder einer Kindergartengruppe durchgehend nur von einer Kraft betreuen zu lassen (BAG 18.3.2003 AP TzBfG § 8 Nr. 3; 19.8.2003 AP TzBfG § 8 Nr. 4; vgl. a. LAG NI 2.8.2002 NZA-RR 2003, 6 für eine Kindertagesstätte für behinderte Kinder; LAG HM 13.10.1998 RzK I 7a Nr. 13 zur Änderungskündigung; strenger für § 8 ArbG Bonn 20.6.2001 NZA 2001, 973, 975; dagegen zu Recht *Rieble/Gutzeit* NZA 2002, 7).

c) Arbeitsablauf und Sicherheit im Betrieb. Gründe des **Arbeitsablaufs** lassen sich oft nicht von denjenigen der Arbeitsorganisation trennen. Der Gesetzgeber verweist insoweit auf den technischen Arbeitsablauf (BT-Drs. 14/4374 S. 17). So können zB unverhältnismäßig lange Übergabezeiten, notwendige Maschinenlaufzeiten (*Flatten/Coeppicus* ZIP 2001, 1477, 1479) oder Reisetätigkeit betriebl. Gründe darstellen. Gleiches gilt, wenn ein komplexes Schichtsystem durch die TZArbeit mit der Folge mangelnder Maschinenauslastung oder termingebundene Auslandsmontagen beeinträchtigt werden (vgl. zur AZReduzierung im Zwei-Schicht-Betrieb ArbG Bielefeld 15.1.2002 – 2 Ca 3037/01 – BeckRS 2002, 31042975; AT/*Mengel* Rn. 154) oder wenn die Arbeit nur in Team- oder Gruppenarbeit geleistet werden kann (*Flatten/Coeppicus* ZIP 2001, 1477, 1479). Betriebl. Gründe sind demnach insb. anzuerkennen, wenn die gewünschte Verringerung zu einer erhebl. Störung tarifl. AZModelle führen würde, zB wenn der AG den AN, der den TZWunsch äußert, oder andere AN nicht mit ihrer gesamten AZ einsetzen kann (BAG 13.11.2007 NZA 2008, 314). Allein die intensive Kundenbetreuung rechtfertigt jedoch keine Ablehnung, da der AN auch aus anderen Gründen zeitweise abwesend sein kann, zB Krankheit und Urlaub (MHH/*Heyn* Rn. 61; **aA** aber hins. Arbeit in Projekten AT/*Mengel* Rn. 154 sowie *Flatten/Coeppicus* ZIP 2001, 1477, 1480). Die bloße Notwendigkeit des Informationsaustauschs zwischen zwei TZKräften rechtfertigt eine Ablehnung grds. nicht; die mit einer Arbeitsplatzteilung einhergehenden übl. Reibungsverluste und Ablaufstörungen sind vom AG grds. hinzunehmen (BAG 8.5.2007 NZA 2007, 1349). Die **Sicherheit im Betrieb** wird durch die Inanspruchnahme von TZ nur selten gefährdet sein. 30

d) Unverhältnismäßige Kosten. Dem Anspruch auf TZArbeit können auch unverhältnismäßige Kosten entgegenstehen (zum Begriff BAG 23.11.2004 NZA 2005, 770; 26.6.2003 NZA-RR 2004, 123, 125). Die ausdr. Normierung ist erfolgt, weil das BAG es abgelehnt hat, unter eine tarifl. Norm, nach der betriebl. Notwendigkeiten einer Verkürzung der AZ entgegenstehen können, auch wirtschaftl. Gesichtspunkte zu subsumieren (BAG 28.10.1999 NZA 2000, 953, 955). Aus der Konzeption des G folgt zunächst, dass die allg., mit jeder TZArbeit einhergehenden finanziellen Belastungen dem Anspruch nicht entgegenstehen (LAG K 15.3.2006 NZA-RR 2006, 515; ArbG Stuttgart 5.7.2001 NZA 2001, 968, 969; *Beckschulze* DB 2000, 2598, 2602; MHH/*Heyn* Rn. 68). Unverhältnismäßige Kosten wird man aber nicht erst dann bejahen, wenn der AG durch die AZReduzierung in eine wirtschaftl. Zwangslage gerät. Eine unverhältnismäßige Kostenbelastung kann zB gegeben sein, wenn der AG zur Ausführung der freiwerdenden Arbeitskapazität neue, sehr kostspielige, zusätzl. Betriebsmittel anschaffen oder aber eine nur in sehr geringem Umf. beschäftigte TZErsatzkraft mit erhebl. Aufwand einarbeiten müsste (BAG 14.10.2003 NZA 2004, 975; LAG NI 26.6.2003 NZA-RR 2004, 123, 125; *Beckschulze* DB 2000, 2598, 2601; MHH/*Heyn* Rn. 71). Bei der Einarbeitung einer TZKraft soll ein größerer Aufwand als bei einem VollzeitAN entstehen. Drei Monate an Einarbeitungszeit sind dem AG noch zumutbar (LAG NI 26.6.2003 NZA-RR 2004, 123, 125 unter Hinweis auf die Einarbeitungszeit für die Vergleichbarkeit der AN bei der Sozialauswahl). Unverhältnismäßige Kosten sind zB auch dann gegeben, wenn ein bisher Gewinn erwirtschaftendes ArbVerh. für den AG bei Reduzierung der AZ wirtschaftl. defizitär wird, weil dann beide TZKräfte an sehr kostspieligen Fortbildungsmaßnahmen teilnehmen müssen. Führt die Einstellung einer Ersatzkraft dazu, dass etwa $^{2}/_{5}$ der AZ auf „unproduktive" Zeiten (hier: Fortbildungsveranstaltungen) entfallen, scheidet ein Anspruch auf TZArbeit wegen unverhältnismäßiger Kosten aus (BAG 21.6.2005 NZA 2006, 316); dasselbe gilt für das Annahmeverzugsrisiko, wenn durch den TZWunsch AN nicht mehr in vollem Umf. sinnvoll eingesetzt werden können (BAG 13.11.2007 NZA 2008, 314). 31

Es ist zw., ob der AG sich darauf berufen kann, er könne aus Kostengründen nur eine **bestimmte Quote** von AN in TZ beschäftigen. Dagegen spricht, dass der Gesetzgeber bei § 8 VII vom Pro-Kopf-Prinzip ausgeht, dh. der TZAnspruch nach seiner Vorstellung auch bei einem AG besteht, der bereits 15 TZKräfte beschäftigt (**aA** *Uffmann* ZfA 2015, 101, 112). Zudem fehlt eine Überforderungsregel wie in § 3 I Nr. 3 ATG. Bezieht sich der TZAnspruch nur auf den innegehabten Arbeitsplatz, muss der AG darlegen, warum an diesem Arbeitsplatz durch TZ eine unverhältnismäßige Kostenbelastung eintritt. Der Vortrag einer pauschalen TZHöchstquote ist nicht ausreichend (ebenso MüKoBGB/*Müller-Glöge* Rn. 30). 32

33 **e) Sonstige Gründe.** Neben den genannten Gründen können auch weitere („insb.") Umstände betriebl. Gründe darstellen (zu künstlerischen Belangen BAG 27.4.2004 NZA 2004, 1225; vgl. zu sonstigen Gründen AT/*Mengel* Rn. 148: Maßgebl. sollen sein die Art der Tätigkeit des AN, der Umf. der gewünschten Verringerung, die Anzahl der TZWünsche, die Größe des Betriebs sowie das AZModell des Betriebs, nicht hingegen die pers. und sozialen Umstände des AN). Kein betriebl. Grund sind die Urlaubswünsche anderer AN (LAG RP 11.2.2004 NZA-RR 2004, 341).

34 Der Anspruch auf TZArbeit besteht auch dann nicht, wenn der betroffene **Arbeitsplatz nicht teilbar** ist, was der AG mit organisatorischen Gründen begründen kann (vgl. BAG 8.5.2007 NZA-RR 2008, 616; 13.10.2009 NZA 2010, 339). Abw. hiervon stellt das BAG jedoch neuerdings nicht mehr auf den Arbeitsplatz ab, sondern betrachtet die **Teilbarkeit betriebsbezogen** unter Einbeziehung anderer Arbeitsplätze (BAG 13.11.2012 NZA 2013, 373); so müsse ggf. auch ein Ringtausch iRd. Direktionsrechts des AG vorgenommen werden (vgl. auch LAG HE 20.10.2014 BeckRS 2015, 70680). Man wird jedoch aus verfassungsrechtl. Gesichtspunkten die Organisationsfreiheit des AG zu beachten haben (Rn. 24). Ein Arbeitsplatz kann zB deshalb nicht teilbar sein, weil die Kunden des AG erwarten, während der betriebsübl. AZ einen festen Ansprechpartner zu haben (LAG K 4.12.2001 AuR 2002, 189; ArbG Stuttgart 5.7.2001 NZA 2001, 968, 969; ArbG Nienburg 23.1.2002 NZA 2002, 382 (Gruppenleiter). Ausfallzeiten durch Urlaub oder Krankheit sind dem Betriebsablauf immanent und bleiben deshalb außer Betracht (ArbG Freiburg 4.9.2001 NZA 2002, 216, 218; tw. **aA** ArbG Mannheim 20.11.2001 NZA-RR 2002, 78). Die störungsfreie Aufteilung eines Arbeitsplatzes während einer zweijährigen EZ kann hingegen die in der Praxis mögl. Teilbarkeit indizieren (BAG 13.10.2009 NZA 2010, 339).

35 Der Einwand des AG, **keine geeignete Ersatzkraft** finden zu können, ist nur beachtl., wenn der AG nachweist, dass eine dem Berufsbild des AN, der seine AZ reduzieren möchte, entspr. zusätzl. TZErsatzkraft auf dem für ihn maßgebl. Arbeitsmarkt nicht zur Vfg. steht (BAG 14.10.2003 NZA 2004, 975; LAG K 15.3.2006 NZA-RR 2006, 515; LAG NI 26.6.2003 NZA-RR 2004, 123, 124; vgl. BT-Drs. 14/4374 S. 17). Der AG wird sich dafür an die AA wenden und ggf. Bewerbungsgespräche führen müssen (*Beckschulze* DB 2000, 2598, 2599). Er wird zudem darlegen und beweisen müssen, dass innerbetriebl. eine Ersatzkraft nicht zu finden ist. Das Schalten von Anzeigen in betriebsfremden Tageszeitungen wird man anges. der Kürze der Frist (2 Monate), innerhalb derer der AG reagieren muss, nicht verlangen können (**aA** *Däubler* ZIP 2001, 217, 221). Letztl. handelt es sich bei den geforderten Anstrengungen nur um die Ausfüllung des Nachw. des Fehlens der Ersatzkraft. Steht dies unabhängig davon fest, ist es dem AG nicht verwehrt, sich auf das Fehlen einer Ersatzkraft zu berufen, auch wenn er sich zB nicht an die AA gewandt hat. Nicht ausreichend ist aber der Verweis auf Schwierigkeiten bei der früheren Suche nach einer Ersatzkraft (ArbG Mönchengladbach 30.5.2001 NZA 2001, 970, 973; ArbG Kempten 13.12.2001 NZA-RR 2002, 399).

36 Der AG wird die TZErsatzkraft, die den vom AG geforderten Anforderungen entspricht, außerdem nicht mehr begründungslos ablehnen können, weil er den TZAnspruch sonst ohne weiteres vereiteln könnte. Die Festlegung des **Anforderungsprofils** an sich obliegt aber dem AG (BAG 7.11.1996 NZA 1997, 253; LAG D 19.8.1999 LAGE BGB § 620 Nr. 60). Ohne Begr. wird er jedoch nicht für die frei werdende Arbeitskapazität strengere fachlichere Anforderungen stellen können als bisher, weil er auch so den TZAnspruch bewusst vereiteln könnte. Für die Frage, ob ein Bewerber dem Anforderungsprofil des AG entspricht, wird man diesem aber einen weitgehenden **Beurteilungsspielraum** zugestehen müssen, weil auch insoweit die unternehmerische Freiheit betroffen ist (ebenso MüKoBGB/*Müller-Glöge* Rn. 33; *Beckschulze* DB 2000, 2598, 2599; ähnl. *Däubler* ZIP 2001, 217, 221; entspr. zur Eignung im öffentl. Dienst: BAG 5.3.1980 AP GG Art. 33 Abs. 2 Nr. 6; 5.9.1991 BeckRS 1991, 30914470).

37 Aufgrund seiner Organisationsfreiheit muss der AG nicht begründen, warum nur ein **befristetes ArbVerh.** in Frage kam (**aA** LAG BW 20.7.2000 BeckRS 2000, 30453466 zu § 15b BAT) oder er sich nicht auf **Leiharbeit** einlässt (BAG 9.12.2003 NZA 2004, 921). Greift der AG aber üblicherweise auf Leiharbeit zurück, muss er sich bei mehr als nur einem Personaldienstleister nach einer TZErsatzkraft erkundigen (LAG RP 30.1.2009 EzAÜG TzBfG § 8 Nr. 1).

38 Die Überschreitung von **Schwellenwerten nach dem BetrVG** ist kein betriebl. Grund. Sie ist ledigl. ges. Rechtsfolge, welche in Folge der AZReduzierung eintritt (*Rolfs* Rn. 33).

39 Ein **MBR** steht dem BR in Bezug auf die Verringerung der AZ als solche nicht zu (*Preis/Lindemann* NZA Sonderheft 2001, 33, 41, 44; *Rieble/Gutzeit* NZA 2002, 7, 8). Insb. die bloße Änd. der Dauer der AZ ist keine mitbestimmungspflichtige Versetzung iSv. §§ 95 III, 99 BetrVG (*Hanau* NZA 2001, 1168, 1172; MHH/*Heyn* Rn. 13; *Rolfs* RdA 2001, 129, 138; allg. BAG 16.7.1991 NZA 1992, 180; **aA** *Schüren* AuR 2001, 321, 324 f.). Anders ist dies, wenn mit der AZReduzierung eine Versetzung verbunden ist, zB durch den Entzug wesentl. Teilfunktionen (hierzu *Preis/Lindemann* NZA Sonderheft 2001, 33, 44).

40 **2. Lage der Arbeitszeit.** Auch der gewünschten Lage der AZ dürfen betriebl. Gründe nicht entgegenstehen. Grds. gelten insoweit die Ausführungen zu Rn. 23 ff., auch wenn sich die Bsp. in § 8 IV 2 vom Wortlaut her nur auf die Verringerung der AZ als solche beziehen (BAG 18.2.2003 NZA 2003, 1392: einheitl. Prüfungsmaßstab; *Rolfs* Rn. 7). Insb. muss sich die vom AN gewünschte Lage der AZ in

das vom AG vorgegebene Organisationskonzept einfügen. Zwgd. Beeinträchtigungen desselben sind nicht erforderl. Keinesfalls wird der AN durch seinen Wunsch bzgl. der Lage der AZ längere **Öffnungszeiten** oder längere **Maschinenlaufzeiten** verlangen können (*Rolfs* RdA 2001, 129, 133). Organisationsentsch. des AG kann auch sein, dass er für Ratsuchende möglichst ständig ansprechbares Personal einsetzen kann, was der Verlagerung der AZ auf bestimmte Wochentage entgegenstehen kann (LAG BE 18.1.2002 AuA 2002, 133, 136). Dem Wunsch des AN, die AZ in mtl. Phasen voller Arbeitsleistung und Phasen voller Arbeitsbefreiung aufzuteilen, stehen betriebl. Gründe entgegen, wenn es dabei typischerweise zu Überschneidungen der Freizeitphase mit einer Vielzahl von Erholungsurlaubsanträgen kommt, etwa in Schulferien und zum Jahresende (LAG D 17.5.2006 DB 2006, 1682).

Das **MBR des BR** (§ 87 I Nr. 2 BetrVG) bezieht sich auch auf die Lage der AZ von TZAN (BAG 16.7.1991 NZA 1992, 70; 16.3.2004 NZA 2004, 1047; *Preis/Lindemann* NZA Sonderheft 2001, 33, 41). Es ist trotz des individualrechtl. Anspruchs aus § 8 IV 1 – vor der vertragl. Änd. der AZ – zu wahren (BAG 18.8.2009 NZA 2009, 1207; vgl. BT-Drs. 14/4625 S. 24; LAG HM 15.1.2003 LAGReport 2003, 196; MHH/*Heyn* Rn. 11; MüKoBGB/*Müller-Glöge* Rn. 36; *Rieble/Gutzeit* NZA 2002, 7; *Waas* Anm. AP TzBfG § 8 Nr. 10; **aA** *Gaul/G. Wisskirchen* BB 2000, 2466, 2468 für § 15 VII BEEG). Eine Definitionsbefugnis bzgl. der entgegenstehenden betriebl. Gründe für die Betriebspartner sieht das TzBfG allerdings ebenso wenig vor wie die Möglichkeit der Abweichung zum Nachteil der AN von § 8. Die durch § 8 eröffneten Reduzierungsmöglichkeiten werden nur durch die vom AG darzulegenden entgegenstehenden betriebl. Gründe iSd. § 8 IV S. 1 und 2 beschränkt, die allerdings in einer BV dokumentiert sein können (BAG 20.1.2015 NZA 2015, 818). Gleichwohl wird man allg. Festlegungen der AZLage im Wege einer BV nicht nur dann als zulässig ansehen können, wenn keine betriebl. Gründe entgegenstehen. Den Arbeitsablauf und die betriebl. Organisation kann der AG gestalten. Die Organisationsentsch. ist dem Anspruch auf Festlegung der Lage der AZ vorgelagert, was auch gilt, wenn der AG dazu der Zust. des BR bedarf. Jdf. eine **erzwingbare** BV über die AZLage kann einen betriebl. Grund darstellen, hinter dem die AZWünsche der AN zurückstehen müssen (BAG 18.2.2003 NZA 2003, 1392; 16.3.2004 NZA 2004, 1047; 24.6.2008 NZA 2008, 1309; 16.12.2008 NZA 2009, 565). Doch können sowohl ein Arbeitsvertrag als auch eine BV nicht über das G hinausgehende Beschränkungen des zwgd. TZAnspruchs regeln (BAG 20.1.2015 NZA 2015, 818; großzügiger bei TV wegen § 8 IV 3: BAG 21.11.2006 AP TzBfG § 8 Nr. 18). **Regelungsabreden** mit kollektivem Bezug können einer Änd. der AZVerteilung jedoch entgegenstehen (BAG 18.8.2009 NZA 2009, 1207). Jedoch dürfte es bei der individuellen Durchsetzung des Anspruchs aus § 8 regelm. an einem kollektiven Tatbestand fehlen (BAG 16.3.2004 NZA 2004, 1047; LAG HM 15.1.2003 LAGReport 2003, 19 6; *Rolfs* RdA 2001, 129, 137; **aA** *Rieble/Gutzeit* NZA 2002, 7, 11). Anders ist dies dann, wenn sich die beabsichtigte AZVerteilung auf den gesamten Betrieb, eine Gruppe von AN oder mind. einen weiteren AN auswirkt (BAG 18.8.2009 NZA 2009, 1207) oder der AG durch das TZBegehren erstmalig veranlasst wird, betriebl. Gründe iS einer Organisationsentsch. anzuführen, die der begehrten AZLage entgegenstehen. Greift das MBR des § 87 I Nr. 2 BetrVG deshalb ein, ist es vorrangig (ausf. *Preis/Lindemann* NZA Sonderheft 2001, 33, 44 ff.). Dies gilt auch dann, wenn die Änd. der AZLage durch die ges. Fiktion (Rn. 21) einträte (*Preis/Lindemann* NZA Sonderheft 2001, 33, 45 f.; *Rieble/Gutzeit* NZA 2002, 7, 9, 13). 41

3. Beurteilungszeitpunkt. Die betriebl. Belange besitzen im Hinblick auf die Dauer der AZ ein **prognostisches Element**. Zukünftige entgegenstehende betriebl. Gründe sind, soweit sie bereits für den beantragten Zpkt. feststehen, mit in die Betrachtung einzubeziehen. Umgekehrt wird man den TZAnspruch nicht versagen können, wenn feststeht, dass in kurzer Zeit, aber nicht sofort eine Ersatzarbeitskraft zur Vfg. steht (**aA** *Beckschulze* DB 2000, 2598, 2603 für befristetes Ablehnungsrecht). Bzgl. der Lage der AZ wird man den AG insoweit auf § 8 V 4 verweisen können. 42

Im Prozess kommt es für die Beurteilung des TZBegehrens auf den Zpkt. der Ablehnung an (BAG 18.2.2003 NZA 2003, 911; *Beckschulze* DB 2000, 2598, 2606; HWK/*Schmalenberg* Rn. 55; diff. MHH/*Heyn* Rn. 123 f.; **aA** LAG NI 18.11.2002 DB 2003, 1064; 26.6.2003 NZA-RR 2004, 123, 124; MüKoBGB/*Müller-Glöge* Rn. 28; *Diller* NZA 2001, 589, 590 f.; *Rolfs* RdA 2001, 129, 137). Das BAG begr. seine Position aus § 8 VI, der eine unbeschränkte Berücksichtigung von Tatsachen nicht zulasse (BAG 18.2.2003 NZA 2003, 911; zust. *Thüsing* SAE 2004, 4). Für die Ansicht des BAG lässt sich der Wortlaut des § 8 VI anführen („berechtigte Ablehnung"). Da der Anspruch aus § 8 ein Anspruch eigener Art mit eigenen Fristenregelungen ist, gelten **Ausschlussfristen** nicht (LAG NI 18.11.2002 DB 2003, 1064). 43

VI. Teilkündigungsrecht bzgl. der Lage der Arbeitszeit

§ 8 V 4 gibt dem AG das Recht, die AZLage wieder zu ändern. Dogmatisch wird dem AG hier ein ges. **Teilkündigungsrecht** (*Preis/Gotthardt* DB 2001, 145, 148; **aA** *Richardi/Annuß* BB 2000, 2201, 2203; HWK/*Schmalenberg* Rn. 37; MüKoBGB/*Müller-Glöge* Rn. 37: Direktionsrecht) bzgl. arbeitsvertragl. Vereinb. gewährt, mit dem er eine andere Verteilung der AZ erreichen kann. Inhaltl. kann der AG über § 8 V 4 nur die AZLage, nicht aber den Umf. der AZ wieder ändern. Mit einer Änderungs- 44 kündigung iSd. § 2 KSchG zur Herbeiführung des Rechtszustands, der vor Reduzierung der AZ nach § 8 V 2 und 3 bestand, kann kein anderes Erg. erzielt werden; auch hier sind die Wertungen des TzBfG zu beachten (vgl. BAG 20.1.2015 NJW 2015, 2829 Rn. 37 ff.).

45 § 8 V 4 bezieht sich ausdr. nur auf die einvernehml. (§ 8 III 2) oder kraft ges. Fiktion eintretende (§ 8 V 3) Festlegung der AZLage. § 8 V 4 ist entspr. auf die vom AN gerichtl. durchgesetzte **Festlegung der AZLage** anzuwenden (AT/*Mengel* Rn. 183; MHH/*Heyn* Rn. 99; *Preis/Gotthardt* DB 2001, 145, 148; **aA** *Däubler* ZIP 2001, 217, 221) ebenso wie auf einen gerichtl. Vergleich (BAG 10.12.2014 NZA 2015, 483). Außerhalb des § 8 bleibt es für Änd. der AZLage beim Direktionsrecht des AG, so dass diese auch nicht an § 8 V 4 zu messen sind (BAG 17.7.2007 NZA 2008, 118; *Rolfs* RdA 2001, 129, 137).

46 Die Änd. der AZLage muss der AG **einen Monat** vorher formlos ankündigen. Tatbestandl. Voraussetzung des Teilkündigungsrechts ist, dass das betriebl. Interesse das Interesse des AN an der Beibehaltung der Lage der AZ erhebl. überwiegt. Erforderl. ist eine einzelfallbezogene Interessenabwägung, welche auch die vom AG intendierte neue Lage der AZ mit einzubeziehen hat. Die Anforderungen sind etwas höher als bei den entgegenstehenden betriebl. Gründen (§ 8 IV), weil ein erhebl. Überwiegen der Interessen des AG verlangt wird.

47 Soweit bei Ausübung des Rechts des AG aus § 8 V 4 der **Mitbestimmungstatbestand** des § 87 I Nr. 2 BetrVG eingreift, verdrängt § 8 V 4 diesen Tatbestand nicht (*Preis/Lindemann* NZA Sonderheft 2001, 33, 45). So geht das BAG zur Änderungskündigung davon aus, dass der AG diese nicht durchsetzen kann, solange die Mitbestimmung nicht durchgeführt ist (BAG 17.6.1998 NZA 1998, 1225).

VII. Die Sperrfrist des § 8 VI

48 Zweck des § 8 VI ist es, dem AG ein gewisses Maß an **Planungssicherheit** zu geben. Der AN kann deshalb eine erneute Verringerung der AZ erst nach Ablauf von zwei Jahren verlangen. Diese Frist beginnt, wenn der AG der Verringerung der AZ zugestimmt oder sie berechtigt abgelehnt hat. Der Zust. gleichzustellen ist die kraft ges. Fiktion sowie gerichtl. Entsch. eintretende Verringerung der AZ (Küttner/*Poeche* TZBeschäftigung Rn. 48; MHH/*Heyn* Rn. 107; *Richardi/Annuß* BB 2000, 2201, 2203). Die Interessenlage ist die gleiche und die Fiktion bzw. die rkr. gerichtl. Entsch. ersetzt die Zust. des AG. Eine **unberechtigte Ablehnung** setzt die Frist von zwei Jahren nicht in Gang (BAG 24.6.2008 NZA 2008, 1289; LAG RP 4.6.2004 NZA-RR 2005, 123; MHH/*Heyn* Rn. 108; **aA** AT/*Mengel* Rn. 82); ebenso wenig ein unbestimmtes TZVerlangen (BAG 16.10.2007 NZA 2008, 289; zur Änd. des Antrags nach Hinweis in einer Güteverh. LAG HE 24.10.2011 BeckRS 2014, 66433). Lässt sich der AG rügelos inhaltl. auf ein erneutes TZBegehren des AN ein und beruft sich nicht auf § 8 VI, kann hierin ein Verzicht auf die Sperrfrist liegen (LAG HM 13.7.2009 BeckRS 2009, 74889). IÜ muss der AG bei der Ablehnung des Wunsches des AN, um den Eintritt der ges. Fiktion zu vermeiden, die ges. Voraussetzungen nicht beachten (Rn. 16); er wird diese aber bedenken müssen, wenn er Planungssicherheit für zwei Jahre erreichen will. Die Berechtigung der ersten Ablehnung kann deshalb inzident im Rahmen eines erneuten Begehrens nach Verringerung der AZ zu prüfen sein. Der AG lehnt den Antrag auch dann berechtigt ab, wenn er sich zu Recht auf die Kleinunternehmensklausel des § 8 VII beruft. Aus der systematischen Stellung des § 8 VII nach § 8 VI folgt aber, dass in diesem Fall die Sperrfrist nicht eingreift, dass der AN also, wenn der AG die Schwelle des § 8 VII überschreitet, erneut einen Antrag stellen kann (*Lindemann/Simon* BB 2001, 146, 150).

49 Dem Wortlaut nach schafft die Norm keine Planungssicherheit für den AG in Bezug auf Wünsche des AN bzgl. der **Lage der AZ.** Aus der Annexfunktion des Anspruchs auf Festlegung der Lage der AZ folgt aber, dass die Zwei-Jahres-Frist auch die Geltendmachung des Anspruchs auf Veränderung der Lage der AZ ausschließt.

VIII. Gerichtliche Durchsetzung

50 Bei einem „Nein" des AG bleibt dem AN nur der Klageweg, auch wenn dies, anders als in § 15 VII BEEG, nicht ausdr. erwähnt ist. Der AN darf die AZReduzierung nach Ablehnung durch den AG durch schlichtes Fernbleiben nicht selbst vollziehen. **Selbstvollstreckung** wäre Arbeitsverweigerung mit der Konsequenz einer fristlosen Kündigung (LAG HE 23.10.2015 BeckRS 2016, 67034; vgl. BAG 20.1.1994 NZA 1994, 548 zum Urlaubsrecht; *Kaiser* ZTR 1996, 107, 114).

51 **1. Verringerung der Arbeitszeit.** Den Anspruch auf Zust. zur Änd. des Arbeitsvertrags muss der AN im Wege der allg. Leistungsklage verfolgen. Sie ist gerichtet auf Abgabe der entspr. Willenserkl. durch den AG, welche mit Rechtskraft des Urt. gem. **§ 894 ZPO** als abgegeben gilt (BAG 18.3.2003 AP TzBfG § 8 Nr. 3; 24.6.2008 NZA 2008, 1289; *Gotthardt* NZA 2001, 1183; AG/*Vossen* Rn. 185). Die Auff., dass eine entspr. Verurteilung nicht auf den Zpkt. der gewünschten Vertragsänd. zurückwirkt (ArbG Essen 19.6.2001 NZA-RR 2001, 573, 574; **aA** MüArbR/*Schüren* § 46 Rn. 77), ist mit Inkrafttreten des § 311a I BGB zum 1.1.2002 hinfällig geworden; ab diesem Zpkt. (bzw. dem 1.1.2003 gem. Art. 229 § 5 S. 2 EGBGB) ist die Verurteilung zu einer rückwirkenden Verringerung der AZ zulässig (BAG 27.4.2004 NZA 2004, 1225; 20.1.2015 NZA 2015, 816 Rn. 15). Dem **Bestimmtheits-**

erfordernis des § 253 II Nr. 2 ZPO ist genügt, auch wenn der Zpkt., zu dem die Vertragsänd. eintreten soll, nicht angegeben ist, weil jede Nennung willkürl. wäre und sich der Zpkt. durch die Rechtskraft des Urt. ohne Weiteres bestimmen lässt (BAG 23.11.2004 NZA 2005, 769; AG/*Vossen* Rn. 186). Auch der bloße Verringerungsantrag, der die Verteilung der AZ dem AG überlässt, genügt dem Bestimmtheitserfordernis (BAG 27.4.2004 NZA 2004, 1225).

Aus dem Weg über § 894 ZPO folgt, dass der AN die Verringerung der AZ ggf. erst nach Ausschöpfung des Instanzenzuges erreichen kann, weil sich die vorl. Vollstreckbarkeit des Urt. (§ 62 II 1 ArbGG) nur auf die Kostenfolge bezieht (Baumbach/*Hartmann* § 894 ZPO Rn. 7). Der Verweis auf den Rechtsschutz in der Hauptsache ist dem AN jedoch nicht regelm. unzumutbar. Ebenso wenig ist der **einstweilige Rechtsschutz** generell ausgeschlossen (so aber *Berger-Delhey* ZTR 2002, 371, 372; *Dütz* AuR 2003, 161; *Rolfs* RdA 2001, 129, 136). Die Wertung des § 894 ZPO steht der Zulassung des einstweiligen Rechtsschutzes nicht generell entgegen und dieser ist aus Gründen des effektiven Rechtsschutzes auch geboten (LAG D 14.12.2003 NZA-RR 2004, 181; MüKoBGB/*Müller-Glöge* Rn. 43; *Gotthardt* NZA 2001, 1183 ff.; *Kliemt* NZA 2001, 63, 67 f.; AG/*Vossen* Rn. 205). Weil die Hauptsache vorweggenommen wird und es sich um eine Befriedigungsvfg. handelt, ist ein **Verfügungsgrund** nur dann gegeben, wenn der AN seinerseits Gründe darlegen kann, welche ergeben, dass er auf die AZReduzierung dringend angewiesen ist (LAG RP 12.4.2002 NZA 2002, 856; LAG HM 5.5.2002 NZA-RR 2004, 181; LAG HH 4.9.2006 NZA-RR 2007, 122; AT/*Mengel* Rn. 264; *Flatten/Coeppicus* ZIP 2001, 1477, 1482; *Gotthardt* NZA 2001, 1183, 1186; *Kliemt/Reinhard* NZA 2005, 545, 549). Dies ist zB der Fall, wenn das Kind des AN bislang nachmittags nach der Schule durch die Großmutter betreut worden ist, diese verstirbt und keine andere Betreuungsperson zur Vfg. steht (vgl. *Kaiser* ZTR 1996, 107, 114; LAG HH 4.9.2006 NZA-RR 2007, 122). Auch wenn derartige Umstände auf Seiten des AN vorliegen, ist jedoch kein Raum für eine einstweilige Vfg., wenn der Verfügungsanspruch nicht gegeben ist. Der AG kann auch iRd. einstweiligen Verfügungsverf. entgegenstehende betriebl. Gründe geltend machen, was zudem idR eine Entsch. durch Urt. erfordert (§ 937 II ZPO). 52

2. Lage der Arbeitszeit. Bei der vom AN als Annex zum Verringerungsanspruch durchsetzbaren Festlegung der Lage der AZ handelt es sich um einen Bestandteil einer vom AN gewünschten arbeitsvertragl. Vereinb., welche dieser ebenfalls im Wege der Klage auf Abgabe einer Willenserkl. gem. § 894 ZPO durchsetzen muss (ArbG Bonn 20.6.2001 NZA 2001, 973, 975 f.; ArbG Mönchengladbach 30.5.2001 NZA 2001, 970, 971; *Gotthardt* NZA 2001, 1183, 1187). Begehrt der AN sowohl eine Verringerung der AZ als auch ihre Neuverteilung und will er beide Begehren miteinander verbinden, liegt regelm. nur ein prozessualer Anspruch und damit ein einheitl. Klageantrag vor, da die Vertragsänd. durch die Abgabe einer Annahmeerkl. des AG vollzogen wird (BAG 18.2.2003 NZA 2003, 1392). Das ArbG muss über den Antrag als Ganzes entscheiden und darf ihn nicht in zwei prozessuale Ansprüche aufteilen, weil dies gegen § 308 ZPO verstößt (BAG 18.2.2003 NZA 2003, 1392). Die Klage auf Verringerung der AZ ist daher unbegründet, wenn der AN die Verringerung der AZ von der Verteilung der AZ abhängig macht (einheitl. Vertragsangebot) und ein Anspruch auf die gewünschte Verteilung nicht besteht (BAG 23.11.2004 NZA 2005, 769; 24.6.2008 NZA 2008, 1289). Ob ein einheitl. Vertragsangebot vorliegt, ist durch Auslegung gem. §§ 133, 157 BGB zu ermitteln. 53

Die obigen Grds. (Rn. 52) zur einstweiligen Vfg. können übertragen werden. Gerichtet auf eine vorl. Befriedigung, ist sie ausnahmsweise zulässig. Der AN muss dringende Gründe darlegen, weshalb er auf eine bestimmte AZLage angewiesen ist. Der bloße Wunsch nach mehr Freizeit am Nachmittag reicht keinesfalls aus. Denkbar ist ein dringender Grund dann, wenn in dem obigen (Rn. 52) Beispielsfall nach dem Tod der Großmutter das Kind morgens in der Schule versorgt ist und nachmittags keine andere Betreuungsperson zur Vfg. steht. 53a

3. Rechtsschutz gegen die Änderung der Verteilung der Arbeitszeit. Macht der AG von seinem Recht aus § 8 IV 4 Gebrauch, muss der AN, wenn er nicht das Risiko einer Kündigung eingehen will, zunächst nach der geänd., vom AG festgelegten AZ arbeiten (*Preis/Gotthardt* DB 2001, 145, 148). Der AN kann durch Feststellungsklage (§ 256 ZPO) feststellen lassen, dass die Änd. der AZLage durch den AG unwirksam war (vgl. BAG 23.6.1992 NZA 1993, 89; s. a. 20.1.1960 E 8, 338, 341; **aA** *Kliemt* NZA 2001, 63, 67). Es besteht **keine Klagefrist**, es bleibt bei den allg. Grds. der Verwirkung. Ist der AN dringend auf die Beibehaltung der AZLage angewiesen, weil er bei ihrer Änd. zB die Kinderbetreuung nicht mehr sicherstellen kann, kommt eine einstweilige Vfg. gerichtet auf vorl. Weiterbeschäftigung zur bisherigen AZLage in Betracht (*Gotthardt* NZA 2001, 1183, 1188). 54

4. Darlegungs- und Beweislast; Streitwert. Bei dem TZAnspruch aus § 8 IV 1 muss der AN die anspruchsbegründenden Tatsachen, wie die Unternehmensgröße, die Dauer des ArbVerh. sowie die fristgerechte Geltendmachung des Anspruchs darlegen und beweisen. Den AG trifft die Darlegungs- und Beweislast **für die betriebl. Gründe** (BAG 8.5.2007 NZA 2007, 1349; vgl. zur Glaubhaftmachung im vorl. Rechtsschutz LAG RP 12.4.2002 NZA 2002, 856; LAG HH 6.9.2001 AfP 2001 533). Es handelt sich insoweit nicht um eine negative Anspruchsvoraussetzung (so zu § 15b BAT LAG HB 23.11.2000 DB 2001, 1203, 1204; *Kaiser* ZTR 1996, 107, 111 f.). Bei § 8 V 4 muss der AG die 55

Einhaltung der Monatsfrist und seine Interessen darlegen und beweisen. Zum Vortrag des AG, dass der AN keine eigenen überw. Interessen hat, muss der AN im Wege einer abgestuften Darlegungs- und Beweislast substantiiert Stellung nehmen. Für den **Streitwert** des Anspruchs auf Verringerung der AZ hat die Rspr. bislang überw. auf die Grds., die für die Streitwertfestsetzung in Änderungsschutzverf. gelten, zurückgegriffen (LAG HE 28.11.2001 NZA-RR 2002, 327; LAG HH 8.11.2001 NZA-RR 2002, 551; LAG BE 4.9.2001 NZA-RR 2002, 104; 24.11.2000 MDR 2001, 636 f.; 18.1.2002 NZA-RR 2002, 401; LAG D 12.11.2001 LAGE ZPO § 3 Nr. 14; AG/*Vossen* Rn. 204; *Ennemann* NZA 2001, 1190; **aA** *Kliemt* NZA 2001, 63, 68) und für den Verteilungsantrag den halben Regelstreitwert angenommen (LAG BE 18.1.2002 NZA-RR 2002, 401; LAG RP 8.3.2011 BeckRS 2011, 72922).

IX. Verhältnis zu anderen Teilzeitansprüchen und Tarifverträgen

56 Bes. ges. Regelungen über TZArbeit bleiben von § 8 unberührt (§ 23). Spezielle TZRegelungen enthalten insb. das **ATG, § 15 VI, VII BEEG, § 81 V 3 SGB IX** (vgl. zum Verhältnis von § 8 und § 15 BEEG *Rudolf/Rudolf* NZA 2002, 602). Die Ansprüche sind nicht aufeinander abgestimmt und enthalten bemerkenswerte Unterschiede. Bei § 8 beträgt die Einigungsobliegenheit zB zwei Monate, bei § 15 BEEG vier Wochen. § 15 VII BEEG gibt einen AZRahmen von 15 bis 30 Wochenstunden vor, § 8 keinen. Die Sonderregelungen sind nur insoweit abschl., wie sich die Regelungskreise überschneiden. Weil die bes. ges. Regelungen unberührt bleiben, kann ein AN auch während der EZ einen TZAnspruch nach § 8 in Anspruch nehmen (BAG 19.4.2005 NZA 2005, 1354, *Däubler* ZIP 2001, 217, 219; *Hanau* NZA 2001, 1168, 1172). Da es sich bei § 15 BEEG jedoch um die speziellere Regelung handelt und § 15 BEEG wegen der Rückkehrmöglichkeit für den AN insg. günstiger ist, ist iZw. von einem Antrag auf TZ nach § 15 BEEG auszugehen (*Rolfs* RdA 2001, 129, 138). Auch im Anwendungsbereich des § 81 V 3 SGB IX kann sich der AN auf § 8 berufen (*Hanau* NZA 2001, 1168, 1173).

57 Den **TVParteien** wird nur ein **begrenzter Gestaltungsspielraum** eingeräumt. Abweichungen zum Nachteil der AN von § 8 sind auch in TV unzulässig. Damit wird in bestehende TV eingegriffen (*Rolfs* RdA 2001, 129, 139). Unzulässig ist es zB, eine längere Vorbeschäftigungszeit oder andere Unternehmensgrößen für das Eingreifen des TZAnspruchs zu vereinbaren oder diesen für bestimmte Branchen ganz auszuschließen. Günstigere tarifvertragl. TZAnsprüche sind und bleiben jedoch zulässig (wie zB die Vereinb. einer befristeten TZArbeit BAG 16.12.2014 NZA 2015, 825). Mit der Befugnis der TVParteien, die betriebl. Ablehnungsgründe festzulegen (§ 8 IV 3), ist nur noch eine Konkretisierung gemeint (BT-Drs. 14/4374 S. 17; *Rolfs* RdA 2001, 129, 136), weil anders als im RefE § 8 IV nicht in § 22 I enthalten ist. In stRspr. hält das BAG es für zulässig, in TV sog. Überforderungsquoten festzulegen (BAG 27.4.2004 NZA 2004, 1225; 21.11.2006 NZA 2007, 712; 24.6.2008 NZA 2008, 1309; das gilt nicht für BV, s. LAG HE 16.12.2013 BeckRS 2014, 68794; abl. *Uffmann* ZfA 2015, 101, 114 f.). Sind die Ablehnungsgründe tarifl. festgelegt, können im Anwendungsbereich eines solchen TV nicht tarifgebundene AN und AG die Anwendung dieser Festlegungen vereinbaren (§ 8 IV 4).

58 Auch den Arbeitsvertragsparteien und den Betriebspartnern ist nach § 22 I der Zugriff auf den ges. TZAnspruch aus § 8 versagt. Arbeitsvertragl. Regelungen, die einen nach § 8 I bestehenden Anspruch des AN auf Abschluss eines TZArbeitsvertrags einschränken, sind unwirksam (BAG 20.1.2015 NZA 2015, 816). Ebenso wie die TVParteien können diese aber zusätzl. zum ges. Anspruch die Möglichkeit vorsehen, die AZ für eine begrenzte Dauer zu reduzieren (BAG 10.12.2014 NZA 2015, 811).

§ 9 Verlängerung der Arbeitszeit

Der Arbeitgeber hat einen teilzeitbeschäftigten Arbeitnehmer, der ihm den Wunsch nach einer Verlängerung seiner vertraglich vereinbarten Arbeitszeit angezeigt hat, bei der Besetzung eines entsprechenden freien Arbeitsplatzes bei gleicher Eignung bevorzugt zu berücksichtigen, es sei denn, dass dringende betriebliche Gründe oder Arbeitszeitwünsche anderer teilzeitbeschäftigter Arbeitnehmer entgegenstehen.

1 **1. Normzweck.** § 9 setzt § 5 Nr. 3 lit. b, c RV-TzA um und soll den Wechsel von TZ- in Vollzeitarbeit erleichtern. **TZArbeit** wird damit insg. **attraktiver.** Dies gilt allg. für alle TZBeschäftigten. § 9 ist nicht nur Annex zu § 8. Daneben ist es auch erklärter Zweck von § 9, AN, die aufgrund von § 8 in TZ arbeiten, die Rückkehr zur Vollzeitarbeit zu ermöglichen und dies nicht in das völlige Belieben des AG zu stellen, und sie so nicht von der Inanspruchnahme des Rechts aus § 8 abzuhalten (BT-Drs. 14/4374 S. 18; *Preis/Gotthardt* DB 2000, 2065, 2068). § 9 steht zudem in Bezug zu § 7 II, wonach der AG einen AN, der ihm den Wunsch nach Veränderung seines AZUmf. angezeigt hat, über entspr. Arbeitsplätze zu informieren hat (§ 7 Rn. 5 ff.).

2 **2. Rechtscharakter des Berücksichtigungsgebots.** Unter den Voraussetzungen des § 9 hat der AG den Wunsch eines TZBeschäftigten nach Vollzeitbeschäftigung bevorzugt zu berücksichtigen. Anders als bei der EZ (§ 15 V 4 BEEG) ist damit kein bedingungsloser Anspruch auf Rückkehr zur Vollzeit-

arbeit gemeint. Aus dem Wortlaut „hat bevorzugt zu berücksichtigen" folgt aber, dass auch § 9 einen **individuellen Rechtsanspruch** begr. (BAG 15.8.2006 NZA 2007, 255; ausf. *Hamann* FS Düwell 2011 S. 131; AT/*Jacobs* Rn. 34; MüKoBGB/*Müller-Glöge* Rn. 2; *Bauer* NZA 2000, 1039, 1041; *Gotthardt* NZA 2001, 1183, 1188; *Kliemt* NZA 2001, 63, 68). Der Zweck der Regelung, näml. den Wechsel TZBeschäftigter in ein VollzeitArbVerh. zu ermöglichen, würde verfehlt, nähme man keine gerichtl. durchsetzbare Rechtsposition, sondern nur eine vage Hoffnung an (vgl. BAG 25.10.1994 BeckRS 1994, 30367681).

3. Anwendungsvoraussetzungen. § 9 gilt für **alle teilzeitbeschäftigten AN,** dh. nicht nur für solche, die ihre AZ gem. § 8 verkürzt haben, sondern zB auch für bereits in TZ eingestellte AN (BT-Drs. 14/4374 S. 18; MHH/*Heyn* Rn. 10; *Rolfs* RdA 2001, 129, 139). Vollzeitbeschäftigte AN können sich nicht auf § 9 berufen und über § 9 keine Verlängerung ihrer AZ erreichen (BAG 21.6.2011 NZA 2011, 1274), weil das TzBfG darauf abzielt, mehr Arbeitsplätze zu schaffen, nicht aber Überstunden zu verfestigen (*Däubler* ZIP 2001, 217, 222; *Kliemt* NZA 2001, 63, 69). Maßgebl. für die Abgrenzung von anspruchsberechtigten TZAN zu VollzeitAN ist § 2. Daraus folgt zugleich, dass Höchstgrenze für das Verlangen nach Erhöhung der AZ eines TZAN die AZ eines vergleichbaren Vollzeitbeschäftigten ist (*Preis/Gotthardt* DB 2001, 145, 150). § 9 gilt auch für befristet beschäftigte AN. Über § 9 kann aber nicht die Verlängerung eines Arbeitsvertrags erreicht werden. Nach Ablauf der Befristung steht der AN einem externen Bewerber gleich (LAG BE 2.12.2003 LAGReport 2004. 161, 163; *Schüren* AuR 2001, 321, 322), weshalb eine Verlängerung der Befristung oder unbefristete Beschäftigung idR nur in Betracht kommt, wenn er besser qualifiziert ist als der interne Bewerber. § 9 **erfasst alle AG.** Anders als § 8 VII normiert § 9 keine Kleinunternehmensklausel (*Rolfs* RdA 2001, 129, 139) und sieht auch **keine Wartezeit** vor. 3

Das Berücksichtigungsgebot greift nur ein, wenn der AN dem AG den Wunsch nach Verlängerung der AZ angezeigt hat. Für die Anzeige verlangt das G keine Form; Schriftform ist dem AN aus Beweisgründen aber dringend anzuraten. Einen gewünschten Verlängerungsumf. kann, muss der AN aber nicht angeben (LAG D 23.3.2006 FA 2006, 253 LS; AT/*Jacobs* Rn. 9). Auch muss sich die Anzeige des AN zunächst nicht auf einen bestimmten Arbeitsplatz beziehen; dies folgt aus dem Regelungszusammenhang des § 9 mit § 7 II (LAG BE 2.12.2003 LAGReport 2004, 161, 162). Adressat der Anzeige ist der AG, oder andere AN, die den AG insoweit vertreten. Der Verlängerungswunsch bezieht sich auf die **vertragl. vereinbarte AZ,** womit auch flexible AZModelle und die tarifl. AZ bei beiderseitiger Tarifbindung erfasst sind (vgl. § 8 Rn. 3). § 9 bezieht sich nur auf die Verlängerung der AZ, nicht auf die Lage der AZ (anders § 7 II); insoweit verbleibt es beim Direktionsrecht des AG (§ 106 GewO). 4

Das Berücksichtigungsgebot greift nur ein, wenn der AG einen **freien Arbeitsplatz** einrichtet. Das Vorhandensein eines solchen ist tatbestandl. Voraussetzung (zur Frage, ob der dauerhaft mit einem LeihAN besetzte Arbeitsplatz „frei" ist LAG HM 25.2.2014 BeckRS 2014, 72318; zum Kündigungsrecht BAG 11.12.2011 NZA 2012, 1044). Der Begriff der entgegenstehenden dringenden betriebl. Gründe erlangt bei § 9 – anders als bei § 8 IV 1 – erst in den Fällen Relevanz, in denen feststeht, dass ein freier Arbeitsplatz vorhanden ist (BAG 13.11.2012 NZA 2013, 373 Rn. 29). Der AN kann den AG über § 9 nicht zwingen, einen Arbeitsplatz einzurichten (AT/*Jacobs* Rn. 14; MHH/*Heyn* Rn. 16; *Rolfs* RdA 2001, 129, 139 f., **aA** *Hinrichs* AiB 2001, 65, 72). Ob und welche Arbeitsplätze der AG einrichtet, obliegt seiner unternehmerischen Organisationsentsch. (vgl. BAG 25.10.1994 AuR 2001, 146, 147 zu § 2 Nr. 5 MTV Massa). Allerdings muss er bei einer Ausschreibung § 7 beachten (*Kliemt* NZA 2001, 63, 69); er muss den AN, der einen Verlängerungswunsch angezeigt hat, also über freie Arbeitsplätze informieren (BAG 15.8.2006 NZA 2007, 255). Richtet der AG einen TZArbeitsplatz ein, kann der teilzeitbeschäftigte AN nicht verlangen, dass der AG, um den Verlängerungswunsch zu erfüllen, beide Arbeitsplätze vereinigt oder anders zuschneidet (BAG 25.10.1994 AuR 2001, 146, 147; MüKoBGB/*Müller-Glöge* Rn. 6; LAG BE 9.6.2006 NZA-RR 2007, 12; **aA** TZA/*Buschmann* Rn. 22; *Hanau* NZA 2001, 1168, 1174). Die unternehmerische Gestaltungsfreiheit ist aber nicht unbeschränkt: Nach Ansicht des BAG muss der AG grds. für die Entsch., ausschl. TZStellen mit einem bestimmten Stundenmaß einzurichten, betriebl. Gründe vorweisen können (BAG 15.8.2006 NZA 2007, 255). Richtet der AG, statt die AZ aufstockungswilliger TZAN zu verlängern, weitere TZArbeitsplätze ein, verlangt das BAG hierfür „arbeitsplatzbezogene" Sachgründe (BAG 1.6.2011 NZA 2011, 1435 Rn. 30). In seiner **Reichweite** bezieht sich § 9 auf alle Arbeitsplätze, welche der AG besetzt, ohne dass eine Einschränkung auf den Betrieb vorgenommen ist (TZA/*Buschmann* Rn. 20). 5

Das Berücksichtigungsgebot bezieht sich nur auf Arbeitsplätze, für welche der AN nach Ausbildung und Qualifikation geeignet ist (BAG 8.5.2007 NZA 2007, 1349; BT-Drs. 14/4374 S. 18). Ein entspr. Arbeitsplatz liegt nur vor, wenn der zu besetzende freie Arbeitsplatz zum einen den vom AN geäußerten AZWünschen und zum anderen der Wertigkeit seines derzeitigen Arbeitsplatzes entspricht (LAG K 27.6.2003 BeckRS 2003, 30463063). Ein Konkurrenzproblem zB zwischen einem externen Bewerber und einem innerbetriebl. TZBeschäftigten tritt nur bei gleicher **Eignung** auf. Das Anforderungsprofil des Arbeitsplatzes legt der AG fest (BAG 7.11.1996 NZA 1997, 253; LAG D 19.8.1999 LAGE BGB § 620 Nr. 60; AT/*Jacobs* Rn. 16; *Preis/Lindemann* NZA Sonderheft 2001, 33, 35). Ebenso 6 wie bzgl. der Ersatzarbeitskraft bei § 8 steht dem AG für die Feststellung der Eignung ein Beurteilungsspielraum zu (LAG BE 2.12.2003 LAGReport 2004, 161, 163; *Hanau* NZA 2001, 1168, 1174). Bezugspunkt der Eignungsfeststellung ist der zu besetzende Arbeitsplatz, wobei es unerhebl. sein soll, wenn der Mitbewerber eine geringfügig bessere Qualifikation hat und keine nennenswerten Unterschiede bei der Erfüllung der arbeitsvertragl. Leistung zu erwarten sind (BAG 25.10.1994 AuR 2001, 146, 147 zu § 2 Nr. 5 MTV Massa; dies für § 9 abl. *Hanau* NZA 2001, 1168, 1174). Der AN muss den Arbeitsplatz ohne weitere Ausbildung übernehmen können, wobei eine Einarbeitungszeit entspr. derjenigen externer Bewerber hinzunehmen ist (LAG BE 2.12.2003 LAGReport 2004, 161, 163; *Schüren* AuR 2001, 321 f.). Für die Vergleichbarkeit der beiden Arbeitsplätze besteht ein hinreichender Anhaltspunkt, wenn der AG dem AN die angestrebte Tätigkeit mit Ausnahme des veränderten AZUmf. durch Ausübung seines Direktionsrechts nach § 106 S. 1 GewO zuweisen könnte (BAG 16.9.2008 NZA 2008, 1285 mwN). Das Gebot der bevorzugten Berücksichtigung gilt nicht in Bezug auf höherwertige Tätigkeiten bzw. eine Beförderung: Eine solche kann über den Umweg des § 9 nicht erreicht werden. Dieses Grundprinzip hat das BAG in einem Ausnahmefall durchbrochen, wenn die Personalorganisation des AG TZArbeit ledigl. auf einer niedrigeren Hierarchiestufe als der bisher eingenommenen zulässt. In diesem Fall gelte auch der Arbeitsplatz mit der höherwertigen Tätigkeit als „entspr. Arbeitsplatz" iSv. § 9 (BAG 16.9.2008 NZA 2008, 1285). Bei der Gewichtung dieses Einzelfalls ist allerdings zu berücksichtigen, dass die AN vor der TZArbeit in Vollzeit auf der höherwertigen Stelle bereits eingesetzt war. IRd. beantragten TZ nach § 8 waren sie dann zugleich in die niedrigere Hierarchie „gerutscht". Die Verlängerung der AZ diente va. dazu, die Änd. rückgängig zu machen, die erforderl. waren, um den früheren TZWunsch zu realisieren.

7 **4. Entgegenstehende Gründe.** Das Berücksichtigungsgebot entfällt – anders als bei § 8 – nur bei entgegenstehenden **dringenden betriebl. Gründen**. Dies ist weitergehend. Die Interessen der AN genießen grds. Vorrang (*Preis/Gotthardt* DB 2000, 2065, 2068). Die Gründe können sich zB aus der Organisation, dem Arbeitsablauf oder der Sicherheit des Betriebs ergeben. Strenger meint nun das BAG, regelm. käme nur eine abw. personelle Auswahlentsch. bei der Besetzung des freien Arbeitsplatzes als entgegenstehender Grund in Betracht (BAG 8.5.2007 NZA 2007, 1349; krit. *M. Schmidt* RdA 2008, 41, 43). Noch schärfer formuliert jetzt der 9. Sen., „dringende betriebl. Gründe" müssten „gleichsam zwgd." sein (BAG 16.9.2008 NZA 2008, 1285). Auch demnach können jdf. Rechtsansprüche Dritter vorrangig sein (*Rolfs* Rn. 6 mwN). So muss der AG einen AN, der sonst betriebsbedingt gekündigt würde, auf dem freien Arbeitsplatz weiterbeschäftigten. Diese Weiterbeschäftigungspflicht geht § 9 vor (*Rolfs* RdA 2001, 129, 140). Vorrangig ist auch § 78a BetrVG. Als weitere Gründe kommen in Betracht fehlende Stellen, mangelnder Bedarf, insb. Personalüberhang innerhalb des Unternehmens (LAG M 4.5.2006 AuA 2006, 489), die fehlende Qualifikation des AN und krankheitsbedingte Fehlzeiten, die eine Beendigungskündigung sozial rechtfertigen würden (LAG HE 28.11.2014 – 14 Sa 465/12 –) nicht hingegen die bessere Arbeitsleistung eines anderen AN allein (ArbG Marburg 12.7.2002 – BeckRS 2002, 30939111). Ebenso kann der AG den Berücksichtigungsanspruch nicht allein dadurch umgehen, dass er die gleiche Tätigkeit auf dem zu besetzenden Arbeitsplatz nun anders vergüten will (BAG 8.5.2007 NZA 2007, 1349). Dem Aufstockungsverlangen kann zudem die Entsch., einen entspr. Arbeitsbereich generell nur mit TZStellen auszustatten, nur entgegengehalten werden, wenn dies durch arbeitsplatzbezogene Gründe gerechtfertigt ist (ArbG K 30.8.2013 LAGE TzBfG § 9 Nr. 6).

8 Bei **mehreren interessierten TZBeschäftigten** muss der AG keine Auswahl unter sozialen Gesichtspunkten vornehmen. Seine Auswahlentsch. muss er aber nach billigem Ermessen treffen (BT-Drs. 14/4625 S. 24).

9 Ist es zur Verlängerung der AZ gekommen, erhöht sich der Anspruch auf Arbeitsentgelt grds. entspr., auch wenn § 9 dazu keine Regelung enthält (abw. MüKoBGB/*Müller-Glöge* Rn. 10: Vereinb. erforderl., bei deren Fehlen eine Anpassung jedoch durch erg. Auslegung zu erreichen sein wird; s. a. § 8 Rn. 5).

10 **5. Verhältnis zur Mitbestimmung.** Ob der BR der Verlängerung der AZ des TZBeschäftigten zustimmen muss, hängt von dem Umf. der Erhöhung der AZ ab. Nach der Rspr. des BAG kann eine **sowohl nach Dauer als auch nach Umf. nicht unerhebl. Erweiterung** der arbeitsvertragl. geschuldeten regelm. AZ eine neuerl. Einstellung darstellen. Durch die Erhöhung des bisherigen AZVolumens würden regelm. dies. mitbestimmungsrechtl. bedeutsamen Fragen aufgeworfen wie bei der Ersteinstellung (BAG 25.1.2005 NZA 2005, 945). In einer weiteren Entsch. hat das BAG „eine nicht unerhebl. **Erweiterung des Umf. der AZ**" verlangt, die jdf. dann vorliege, wenn der AG den Arbeitsplatz ausgeschrieben hatte oder ihn wegen § 93 BetrVG hätte ausschreiben müssen (BAG 15.5.2007 NZA 2007, 1240: Erhöhung um fünf Stunden ist unerhebl.; 9.12.2008 NZA-RR 2009, 260: mind. 10 Stunden; krit. *Kania* BetrVG § 99 Rn. 6). Ist mit der AZVerlängerung eine Versetzung verbunden, bleibt die Mitbestimmung des BR nach § 99 BetrVG unberührt (*Fitting* § 99 Rn. 42).

11 Besetzt der AG jedoch einen freien Arbeitsplatz unter Missachtung des § 9 mit einem anderen AN, so handelt es sich um eine gegen ein G verstoßende personelle Maßnahme, weshalb der BR die Zust. zur Einstellung verweigern darf (BAG 1.6.2011 NZA 2011, 1435 Rn. 31; BT-Drs. 14/4625 S. 20; *Preis/*

Lindemann NZA Sonderheft 2001, 33, 34 f.; *Rolfs* RdA 2001, 129, 140). Die abwägende Entsch., ob der AN für den Arbeitsplatz geeignet ist, steht dem AG zu und unterliegt nicht der Mitbestimmung des BR (*Preis/Lindemann* NZA Sonderheft 2001, 33, 35 f.). IÜ ist zu beachten, dass § 9 zwgd. ist. Für AN ungünstigere Regelungen können auch durch TV oder BV nicht festgelegt werden (§ 22 I).

6. Gerichtliche Durchsetzung und Sanktionen. Der Anspruch aus § 9 ist gerichtet auf Zust. des AG zur Aufstockung der AZ, dh. zur Änd. des Arbeitsvertrags. Die Zust. kann der AN im Wege der Leistungsklage durchsetzen. Die Zust. des AG gilt gem. **§ 894 ZPO** mit Rechtskraft als erteilt (MHH/*Heyn* Rn. 37; s. a. BAG 25.10.1994 AuR 2001, 146, 147 zu § 2 Nr. 5 MTV Massa). 12

Der anspruchsberechtigte TZAN kann in Anwendung der Grds. der arbeitsrechtl. Konkurrentenklage (vgl. BAG 2.12.1997 NZA 1998, 882; 22.6.1999 NZA 2000, 606) den Berücksichtigungsanspruch dadurch sichern, dass er die endgültige Besetzung der Stelle mit einem Mitbewerber im Wege des **einstweiligen Rechtsschutzes** verhindert (*Buschmann* AuR 2001, 148; *Gotthardt* NZA 2001, 1183, 1189; *Rolfs* RdA 2001, 129, 140). Zu § 2 Nr. 5 MTV Massa hat das BAG (25.10.1994 AuR 2001, 146 f.) den AG allerdings zur Annahme des Angebotes des teilzeitbeschäftigten AN zur Verlängerung der AZ verurteilt, obwohl die maßgebl. Stelle bereits anderweitig in Vollzeit besetzt war. Ob der AG den zustande gekommenen weiteren Vollzeitarbeitsvertrag aufgrund eines vorhandenen Beschäftigungsbedarfs überhaupt erfüllen konnte, hat das BAG nicht geprüft. Weil bei § 9 aber tatbestandl. Voraussetzung ein freier Arbeitsplatz ist, besteht die Gefahr, dass der Anspruch endgültig erlischt, weil der AG ihn mit einem Dritten besetzt (*Gotthardt* NZA 2001, 1183, 1189; *Schüren* AuR 2001, 321, 323; **aA** MHH/*Heyn* Rn. 34, wonach der Anspruch aus § 9 außerhalb des öffentl. Dienstes auch bei anderweitiger Stellenbesetzung besteht; vgl. a. BAG 14.11.2001 NZA 2002, 392 zum Anspruch auf bevorzugte Berücksichtigung bei der Besetzung eines Dauerarbeitsplatzes nach Protokollnotiz Nr. 4 zu Nr. 1 SR 2a MTA). Diese Sicherung ist jedoch ausreichend, weshalb eine vorl. Beschäftigung auf dem Arbeitsplatz mit dem höheren Stundendeputat nicht in Frage kommt (*Seitz,* Die arbeitsrechtl. Konkurrentenklage, 1995 S. 84 f.). 13

Die **Darlegungs- und Beweislast** für die anspruchsbegründenden Voraussetzungen, dh. die Anzeige des Wunsches nach AZVerlängerung, das Vorliegen eines freien Arbeitsplatzes sowie der Eignung, insoweit iS einer abgestuften Darlegungs- und Beweislast (s. LAG BE 2.12.2003 LAGReport 2004, 161, 163 f.), trägt der AN. Der AG trägt die Darlegungs- und Beweislast für die entgegenstehenden dringenden betriebl. Gründe bzw. die Ermessensgründe bei der Auswahl mehrerer teilzeitbeschäftigter AN. Zur Darlegung eines Organisationskonzepts, wenn AG Arbeitsplätze mit LeihAN besetzt: LAG HB 11.3.2010 BeckRS 2010, 76039. 14

Verstößt der AG gegen § 9, weil er die Stelle anderweitig besetzt, kommt ein **Schadensersatzanspruch** wegen Unmöglichkeit (LAG K 12.8.2015 BeckRS 2015, 73341) der Erfüllung der Stellenbesetzung in Betracht (§§ 280 I, III, 283 BGB; BAG 16.9.2008 NZA 2008, 1285; LAG BW 27.1.2010 ZMV 2011, 345; LAG TH 26.1.2012 – 6 Sa 393/10; LAG K 6.5.2014 BeckRS 2014, 70944). Ein Anspruch auf Annahmeverzugslohn wegen schuldhafter Nichtberücksichtigung besteht nicht (LAG K 17.8.2010 BeckRS 2011, 66070). Von seinem Ausgangspunkt hat das BAG einen solchen Anspruch gerichtet auf die Zahlung der Gehaltsdifferenz zwischen der TZBeschäftigung und der Vollzeitbeschäftigung für die Vergangenheit angenommen (vgl. a. BAG 25.10.1994 AuR 2001, 146, 147 f.). Das BAG hat sogar eine zeitl. Beschränkung des Schadensersatzanspruches abgelehnt (BAG 16.9.2008 NZA 2008, 1285). Eine Übertragung der zu § 628 BGB diskutierten Begrenzung des Anspruchs (hierzu BGB § 628 Rn. 22) wurde nicht erwogen und kommt wegen einer nicht vergleichbaren Lage nicht in Betracht. 15

§ 10 Aus- und Weiterbildung

Der Arbeitgeber hat Sorge zu tragen, dass auch teilzeitbeschäftigte Arbeitnehmer an Aus- und Weiterbildungsmaßnahmen zur Förderung der beruflichen Entwicklung und Mobilität teilnehmen können, es sei denn, dass dringende betriebliche Gründe oder Aus- und Weiterbildungswünsche anderer teilzeit- oder vollzeitbeschäftigter Arbeitnehmer entgegenstehen.

§ 10 regelt die Pflicht des AG, **TZAN gleichberechtigt** an Aus- und Weiterbildungsmaßnahmen teilhaben zu lassen. Dadurch sollen Karrierehindernisse ausgeräumt werden und die Akzeptanz und Attraktivität von TZArbeit verbessert werden (BT-Drs. 14/4374 S. 12). 1

§ 10 erfasst **alle Maßnahmen der Berufsbildung** nach § 1 BBiG, dh. Ausbildung, Fortbildung und Umschulung. Dazu zählen nicht nur Maßnahmen, die die aktuelle Tätigkeit des TZAN betreffen, sondern auch solche zur Verbesserung der berufl. Qualifikation, die die berufl. Mobilität fördern (BT-Drs. 14/4374 S. 18). Unerhebl. ist, ob die Bildungsmaßnahmen während oder außerhalb der AZ, im Betrieb oder an anderer Stelle stattfinden (MHH/*Heyn* Rn. 9). 2

Allerdings statuiert § 10 **keinen allg. Anspruch** auf Aus- und Weiterbildung, sondern fordert den AG ledigl. zur gleichberechtigten Teilhabe an den Maßnahmen auf, die auch den VollzeitAN angeboten werden. Die Vorschr. stellt damit eine bes. Ausprägung des Diskriminierungsverbots dar und entspricht inhaltl. im Wesentlichen der Berücksichtigungspflicht nach § 96 II 2 BetrVG. 3

4 Der AG kann die Teilnahme an Aus- und Weiterbildungsmaßnahmen verweigern, wenn dringende betriebl. Gründe oder Aus- und Weiterbildungswünsche anderer AN entgegenstehen. Als Maßstab für dringende betriebl. Gründe können die Grds. zur Auswahl von AN bei kollidierenden Urlaubswünschen herangezogen werden (*Däubler* ZIP 2000, 1961, 1964; vgl. zu den Maßstäben BUrlG § 7 Rn. 19). Die Auswahl der teilnehmenden AN hat der AG nach **billigem Ermessen** iSv. § 315 Abs. 1 BGB zu treffen (BT-Drs. 14/4625 S. 24). Sowohl die Frage der Wahrung billigen Ermessens als auch das Vorliegen dringender betriebl. Gründe sind gerichtl. nachprüfbar. Hins. der Darlegungs- und Beweislast kann auf die Ausführungen zum Diskriminierungsverbot des § 4 verwiesen werden (§ 4 Rn. 69 ff.).

5 Verstößt der AG gegen die Pflicht zur gleichberechtigten Teilhabe an Bildungsmaßnahmen, ist ein **Schadensersatzanspruch** des AN denkbar, wenn der AN wegen der Nichtteilnahme an der Aus- oder Weiterbildung eine besser qualifizierte Stelle nicht bekommt. Allerdings zielen die Aus- und Weiterbildungsmaßnahmen vorwiegend auf den innerbetriebl. Aufstieg. Der AG wird jedoch eine besser qualifizierte Stelle nicht dem AN anbieten, dem er die Bildungsmaßnahme verweigert. Für den AN dürfte es daher schwierig sein, Kausalität und Schaden darzulegen und zu beweisen. Denkbar ist des Weiteren ein Anspruch auf Teilnahme an der Aus- bzw. Weiterbildungsmaßnahme im Einzelfall, da § 10 eine spezielle Ausprägung des Diskriminierungsverbots ist (AT/*Jacobs* Rn. 14). Gerichtl. durchsetzen kann der AN den Anspruch aus § 10 im Wege der Leistungsklage (MHH/*Heyn* Rn. 17), ggf. per einstweiligem Rechtsschutz (MüKoBGB/*Müller-Glöge* Rn. 4).

§ 11 Kündigungsverbot

[1] **Die Kündigung eines Arbeitsverhältnisses wegen der Weigerung eines Arbeitnehmers, von einem Vollzeit- in ein Teilzeitarbeitsverhältnis oder umgekehrt zu wechseln, ist unwirksam.** [2] **Das Recht zur Kündigung des Arbeitsverhältnisses aus anderen Gründen bleibt unberührt.**

1 § 11 bestimmt in Anlehnung an § 5 Nr. 2 RV-TzA, dass die **Weigerung**, von einem Vollzeit- in ein TZArbVerh. oder umgekehrt zu wechseln, als solche keinen Kündigungsgrund darstellt. Eine allein aus diesem Grund erfolgte Beendigungs- oder Änderungskündigung ist unwirksam (die Unwirksamkeit auch auf Aufhebungsverträge, die zur Vermeidung einer solchen Kündigung geschlossen werden, ausdehnend AT/*Jacobs* Rn. 3). Diese Vorschr. gilt **unabhängig vom Eingreifen des KSchG** (MHH/*Heyn* Rn. 3), also auch während der ersten sechs Monate des ArbVerh. sowie in Kleinbetrieben. Sie soll verhindern, dass der AN seinen Arbeitsplatz allein deswegen verliert, weil er ein Angebot des AG auf Veränderung der AZDauer nicht annimmt.

2 In der Praxis wird die Weigerung des AN allerdings häufig nicht der eigentl. Grund, sondern ledigl. der Auslöser für eine Kündigung sein (vgl. *Richardi/Annuß* BB 2001, 2201, 2203; *Rolfs* RdA 2001, 129, 131). In diesen Fällen greift § 11 nicht ein, denn S. 2 stellt klar, dass eine **Beendigungs- oder Änderungskündigung** aus anderen, zB wirtschaftl., technischen oder organisatorischen Gründen mögl. bleibt. So kann der AG eine Änderungskündigung wegen zurückgegangenen Arbeitsanfalls mit dem Ziel der Verringerung der AZ aussprechen (vgl. BAG 19.5.1993 NZA 1993, 1075; *Kliemt* NZA 2001, 63, 69; *Preis/Gotthardt* DB 2000, 2065, 2069). Könnte der AG die Kündigung von TZKräften jedoch mit der bloßen Behauptung rechtfertigen, in Zukunft nur noch Vollzeitmitarbeiter und keine TZKräfte mehr zu beschäftigen, würde das Kündigungsverbot leer laufen. Daher muss dieser Entsch. des AG ein von plausiblen oder unternehmenspolitischen Gründen getragenes Konzept zugrunde liegen, was bereits derzeit iRd. Missbrauchskontrolle verlangt wird. Das Vorliegen eines solchen unternehmerischen Konzepts kann gerichtl. nachgeprüft werden.

§ 12 Arbeit auf Abruf

(1) [1] **Arbeitgeber und Arbeitnehmer können vereinbaren, dass der Arbeitnehmer seine Arbeitsleistung entsprechend dem Arbeitsanfall zu erbringen hat (Arbeit auf Abruf).** [2] **Die Vereinbarung muss eine bestimmte Dauer der wöchentlichen und täglichen Arbeitszeit festlegen.** [3] **Wenn die Dauer der wöchentlichen Arbeitszeit nicht festgelegt ist, gilt eine Arbeitszeit von zehn Stunden als vereinbart.** [4] **Wenn die Dauer der täglichen Arbeitszeit nicht festgelegt ist, hat der Arbeitgeber die Arbeitsleistung des Arbeitnehmers jeweils für mindestens drei aufeinander folgende Stunden in Anspruch zu nehmen.**

(2) **Der Arbeitnehmer ist nur zur Arbeitsleistung verpflichtet, wenn der Arbeitgeber ihm die Lage seiner Arbeitszeit jeweils mindestens vier Tage im Voraus mitteilt.**

(3) [1] **Durch Tarifvertrag kann von den Absätzen 1 und 2 auch zuungunsten des Arbeitnehmers abgewichen werden, wenn der Tarifvertrag Regelungen über die tägliche und wöchentliche Arbeitszeit und die Vorankündigungsfrist vorsieht.** [2] **Im Geltungsbereich eines solchen Tarifvertrages können nicht tarifgebundene Arbeitgeber und Arbeitnehmer die Anwendung der tariflichen Regelungen über die Arbeit auf Abruf vereinbaren.**

1. Begriff, Normzweck. Ein AbrufArbVerh. iSd. § 12 liegt vor, wenn die **Dauer der AZ** bezogen auf einen bestimmten Zeitraum im Arbeitsvertrag festgelegt ist und die Lage der AZ von der Konkretisierung des AG durch Abruf der Arbeitsleistung abhängt. 1

Die Erwähnung des Begriffs des **Arbeitsanfalls** in § 12 I 1 bedeutet nicht, dass es dem alleinigen unternehmerischen Ermessen des AG entzogen ist, wann er den AN (iRd. Vertragsvereinb. und der übrigen ges., insb. in § 12 I und II aufgestellten Schranken) abrufen will (*Laux/Schlachter* Rn. 41). Das Vorliegen eines Arbeitsbedarfs ist obj. kaum nachprüfbar. Dieser hängt nicht nur von dem variablen Anfall der Arbeitsmenge ab, sondern auch von der dem AG zur Vfg. stehenden Zahl der AN. § 12 erfasst auch die Abrufarbeit zum Zweck der Vertretung aus irgendwelchen Gründen ausgefallener oder fehlender AN. Ferner muss es dem AG überlassen bleiben, ob er die Arbeitsleistung nicht zu einem späteren, aus seiner Sicht dringenderen Bedarf abrufen will. 2

Die freie Gestaltung solcher Arbeitsverträge, die zumeist dem Bedürfnis der AGSeite nach einer **Flexibilisierung** des ArbVerh. entgegenkommen (AG/*Arnold* Rn. 1), wird durch § 12 zum Schutz des AN und zur Sicherung sozialverträgl. Arbeitsbedingungen eingeschränkt. Das gilt insb. für das Gebot des § 12 I, eine **Mindestdauer der wöchentl. AZ** (so BAG 7.12.2005 NZA 2006, 423) festzulegen. Des Weiteren wird durch § 12 I und II das **Direktionsrecht des AG** hins. der Bestimmung der **Lage der AZ** eingeschränkt, um einen Mindestschutz für AbrufArbVerh. zu schaffen. Mit der Verpflichtung des AG zur Einhaltung einer mind. viertägigen Ankündigungsfrist gem. § 12 II soll dem AN die Planung seines Arbeitseinsatzes erleichtert werden. Die Einhaltung einer mind. dreistündigen Arbeitsfrist gem. § 12 I 4 soll die Belastung durch nur kurze tägl. oder kurze, nicht zusammenhängende Arbeitseinsätze mindern. 3

2. Geltungsbereich. a) Teilzeit- und Vollzeitarbeit. § 12 gilt nach seinem Wortlaut nur für TZArbVerh. Tw. wird in der Lit. eine entspr. Anwendung auf VollzeitArbVerh. befürwortet (AT/*Jacobs* Rn. 5; HKTzBfG/*Boecken* Rn. 12; MüArbR/*Schüren* § 41 Rn. 9; *Rolfs* Rn. 3). Andere lehnen eine Ausdehnung der Vorschr. ab (LAG HE 17.1.1997 NZA-RR 1997, 487; *Lindemann* § 16 I 1; AG/*Arnold* Rn. 13; MHH/*Heyn* Rn. 7; MüKoBGB/*Müller-Glöge* Rn. 3). Nicht akzeptable Vertragsgestaltungen und Praktiken einseitiger Bestimmung der AZ seien über §§ 134, 138, 242, 315 BGB zu verwerfen (einschränkend a. *Laux/Schlachter* Rn. 31, die nur Abs. 2 auf VollzeitArbVerh. anwenden, nicht aber Abs. 1). Letztere Ansicht erscheint aus dogmatischen Gründen vorzugswürdig. Zwar können bei der Vollzeitarbeit **ähnl. gelagerte Probleme** auftreten. Auch hier besteht bei Vereinb. einer variablen Lage und/oder Dauer der AZ ein Schutzbedürfnis des AN und ist eine Einschränkung des einseitigen Leistungsbestimmungsrechts des AG erforderl. (plastisch bei sog. geteilten Diensten (LAG K 14.12.2011 BeckRS 2012, 66758). Dem kann jedoch durch andere Kontrollinstrumente Genüge getan werden. IRd. Schuldrechtsreform wurde das ArbR in das AGB-Recht integriert und damit eine Grdl. für die **Kontrolle einseitiger Leistungsbestimmungsrechte** geschaffen. Durch diese Kontrolle nach §§ 307 ff. BGB (vgl. BGB §§ 305 bis 310 Rn. 51 ff.; zust. AG/*Arnold* Rn. 13) sollen unangemessene Benachteiligungen des AN – die sich auch aus einer Vereinb. über Abrufarbeit ergeben können – verhindert werden (iE BAG 7.12.2005 NZA 2006, 423; hierzu *Preis/Lindemann* NZA 2006, 632). Ferner hat der AG bei der Bestimmung der Lage der AZ nach § 106 GewO, § 315 BGB auch die Interessen der AN zu berücksichtigen (AG/*Arnold* Rn. 13). § 12 gewährleistet lediglich einen Mindestschutz. Eine analoge Anwendung des § 12 auf VollzeitArbVerh. ist ausgeschlossen (*Lindemann* § 16 I 1). 4

b) Anwendbarkeit. In der Praxis finden sich die **unterschiedlichsten Modelle** variabler AZVereinb., bei denen Lage und/oder Dauer der AZ einseitig durch den AG festgelegt werden sollen (zu den einzelnen AZModellen s. Preis/*Preis* II A 90 Rn. 44 ff.). Die Vereinb. einer variablen AZDauer, bei der keine Bestimmung über den Umf. der Hauptleistungspflicht getroffen ist, unterfällt dem Anwendungsbereich des § 12 ebenso wie die sog. **Bandbreitenregelungen.** Letztere zeichnen sich dadurch aus, dass für die Dauer der AZ ein bestimmter Rahmen vereinbart wird, innerhalb dessen der AG die AZ und damit auch die Höhe des Entgelts variieren kann. In Betracht kommt die Vereinb. einer MindestAZ, einer HöchstAZ, eine Kombination aus beidem oder eine ungefähre AZDauer. Ferner finden sich Regelungen, die es zulassen, etwaige Zeitguthaben oder -defizite des AN aE eines Bezugszeitraums auf den folgenden Bezugszeitraum zu übertragen. 5

Die typische sog. „KAPOVAZ-Abrede" ist die Vereinb. einer **variablen Lage der AZ** im Rahmen eines vorbestimmten Bezugszeitraums bei festgeschriebenem Arbeitsumf. Während die Dauer der AZ hier für den Bezugszeitraum feststeht, steht die Verteilung unter dem Direktionsrecht des AG. Arbeitsbeginn und -ende werden also nicht bereits vertragl. festgelegt, sondern hängen von dem Abruf des AG ab. Es kann dabei nicht nur die Lage der AZ variieren (zB Arbeitsleistung an verschiedenen Wochentagen), sondern auch die Dauer des tägl. Arbeitseinsatzes, wenn nur innerhalb eines Ausgleichszeitraums die vereinbarte AZDauer erreicht wird. 6

AbrufArbVerh., die dem Anwendungsbereich des § 12 unterfallen, sind auch solche Vereinb., bei welchen ein Teil der AZ nach Lage und Dauer genau bestimmt ist, während ein weiterer Teil nur der Dauer nach bestimmt ist (MHH/*Heyn* Rn. 12). Sie zeichnen sich durch eine **Mischform fester und variabler AZ** aus. § 12 ist auch anwendbar auf Abreden, bei welchen AZ und Dauer grds. fest im Voraus bestimmt sind, für bestimmte Zeitperioden befristet (zB Saison) jedoch zusätzl. eine Variabilität des Abrufs offen gehalten wird. 7

8 c) **Keine Anwendbarkeit.** Nicht vom Anwendungsbereich des § 12 erfasst wird neben VollzeitArbVerh. (vgl. Rn. 4) die **ungleichmäßige TZArbeit** (feste, aber ungleichmäßige Lage der AZ). Hat der AG kein einseitiges Bestimmungsrecht, sondern findet der Arbeitseinsatz nur nach Vereinb. statt, findet § 12 keine Anwendung (LAG RP 7.4.2011 BeckRS 2011, 74684).

9 **Gleitzeitvereinb.** mit oder ohne feste Kernzeiten fallen ebenso nicht unter den Geltungsbereich des § 12. Hier ist zwar die Lage der tägl. AZ und uU auch die Dauer der tägl. oder wöchentl. AZ unbestimmt oder bewegt sich zumindest innerhalb einer bestimmten Bandbreite. Der AN kann die AZ jedoch innerhalb vorgegebener Grenzen selbst bestimmen, so dass gerade die Abhängigkeit vom Arbeitsanfall und der darauf gestützte Abruf vom AG fehlen (MHH/*Heyn* Rn. 14; MüKoBGB/*Müller-Glöge* Rn. 6; AG/*Arnold* Rn. 22). Denkbar sind aber auch Mischformen zwischen Gleitzeit und Abrufarbeit mit der Folge der Anwendbarkeit des § 12.

10 § 12 ist weder auf die **Arbeitsbereitschaft** (ArbZG § 2 Rn. 21 f.) noch auf die **Rufbereitschaft** (ArbZG § 2 Rn. 30) oder den **Bereitschaftsdienst** (ArbZG § 2 Rn. 23 ff.) anwendbar. Diese Var. der AZ bilden nur ein Annex zu einer iÜ nach Lage und Dauer fest bestimmten AZ (AT/*Jacobs* Rn. 10; für die Anwendbarkeit des § 12 auf Rufbereitschaft jedoch TZA/*Buschmann* Rn. 26). Sie werden als eigenständige Arbeitsleistung gesondert vergütet, wohingegen § 12 den Abruf aus unbezahlter Freizeit erfasst (AG/*Arnold* Rn. 26). Bei Abgrenzungsschwierigkeiten gilt diese Prämisse auch als Abgrenzungskriterium. Entscheidend ist nicht die Bezeichnung im Arbeitsvertrag, sondern die tats. Ausgestaltung der Arbeitsbeziehung.

11 Auf die Anordnung von **Überstunden** findet § 12 nach hM ebenfalls keine Anwendung (vgl. MüKoBGB/*Müller-Glöge* Rn. 7; AG/*Arnold* Rn. 27; diff. *Schüren* NZA 1997, 1306 f.; ähnl. ArbG F 26.11.1998 NZA-RR 1999, 357, wonach die Ankündigungsfrist bei der Heranziehung von Überstunden zu beachten ist; **aA** KDZ/*Zwanziger* Rn. 5). Zwar ist auch die Möglichkeit der Anordnung von Überstunden eine Form variabler AZGestaltung durch AGAbruf. Es gibt jedoch keine Anhaltspunkte dafür, dass der Gesetzgeber mit § 12 Überstundenregelungen erfassen wollte. Insb. wird durch die Überstundenanordnung nach der Anschauung des Arbeitslebens auch die regelm. Dauer der AZ nicht verändert. Gleiches gilt für die Anordnung von **Kurzarbeit** (vgl. GK-TzA/*Mikosch* § 4 BeschFG Rn. 55). Freil. ist zu erwägen, dass bei einer Vereinb. einer niedrigen SockelAZ und regelm. Anordnung von Überstunden, die über die SockelAZ hinausgehen, eine rechtsmissbräuchl. Vertragsgestaltung vorliegt.

12 Schwierig kann sich die **Abgrenzung partieller Abrufarbeit von Überstunden** gestalten (dazu Preis/*Preis* II A 90 Rn. 95 ff.). Man wird Überstunden stets anzunehmen haben, wenn als MindestAZ oder als regelm. AZ eine der VollzeitAZ entspr. Stundenzahl vertragl. vereinbart ist. Für eine entspr. Anwendung des § 12 ist dann weder Raum noch Bedarf, da die ges. und tarifl. Schutzvorschr. für Überstundenarbeit eingreifen. Bei TZArbVerh. muss die Abgrenzung durch einen Vergleich mit den Regeln für VollzeitArbVerh. erfolgen. Sind die TZAN verpflichtet, an den Überstunden der VollzeitAN teilzunehmen und handelt es sich um vorübergehende, unregelm. Mehrarbeit aufgrund dringender betriebl. Erfordernisse, so ist § 12 nicht anzuwenden. Besteht dagegen für den TZBeschäftigten eine selbständige, nicht auf die Kriterien der Unregelmäßigkeit und Dringlichkeit beschränkte Verpflichtung zu überplanmäßiger nach Dauer und/oder Lage nicht fixierter Arbeit, liegt in Wirklichkeit eine Abrufabrede vor, für die § 12 eingreift (vgl. a. AT/*Jacobs* Rn. 11; MüKoBGB/*Müller-Glöge* Rn. 7) und die als funktionsgleiche Gestaltung der Inhaltskontrolle nach § 307 BGB nach Maßgabe der in Rn. 19 mitgeteilten Grds. unterliegt (zutr. LAG HM 1.10.2014 – 3 Sa 706/14).

13 Auch Abrufvereinb. in **kurzzeitig befristeten ArbVerh.** werden von § 12 nicht erfasst, da diese ad hoc für einen bestimmten Anlass abgeschlossen werden. Auch sind Rahmenverträge anzuerkennen, in denen Bedingungen der noch abzuschließenden Einzelverträge niedergelegt sind und auf die bei Abschluss der Einzelverträge jeweils Bezug genommen wird (BAG 15.2.2012 NZA 2012, 733). Die Parteien sind nicht gezwungen, statt der Kombination von Rahmenvereinb. und Einzelarbeitsverträgen ein AbrufArbVerh. nach § 12 zu begründen (BAG 16.5.2012 NZA 2012, 974). Doch kann die Vertragskonstruktion, nur befristete einsatzbezogene TagesArbVerh. und kein AbrufArbVerh. iSd. § 12 zu begründen, im Wege der Befristungskontrolle zu einem unbefristeten BedarfsArbVerh. führen mit der weiteren Rechtsfolge des § 12 I 2 (vgl. zum entspr. § 4 BeschFG LAG BE 12.1.1999 ZTR 1999, 327 [LS]; zu dieser Vertragsgestaltung a. BAG 31.7.2002 AP TzBfG § 12 Nr. 1; LAG RP 18.3.2010 LAGE § 12 TzBfG Nr. 3; AG/*Arnold* Rn. 32 ff.).

14 **3. Dauer der Arbeitszeit und Mindestbeschäftigungszeit (Abs. 1). a) Wöchentliche Arbeitszeit.** Nach § 12 I 2 muss eine **bestimmte wöchentl. und tägl. Mindestdauer der AZ** vertragl. festgehalten werden. Im Hinblick auf das seit 1.1.2002 für nicht ausgehandelte Arbeitsverträge geltende Transparenzgebot des § 307 I 2 BGB ist eine klare und eindeutige Formulierung erforderl (zur Inhaltskontrolle von AZAbreden BGB §§ 305 bis 310 Rn. 56).

15 § 12 I 2 ist kein ges. Verbot iSd. § 134 BGB, so dass der einen unbestimmten AZUmf. enthaltende Arbeitsvertrag nicht unwirksam ist. Fehlt die Vereinb. einer wöchentl. AZDauer, gilt vielmehr eine AZ von zehn Stunden pro Woche als vereinbart (§ 12 I 3). Die Vereinb. einer **zehn Stunden unterschreitenden** WochenAZ wird durch § 12 I jedoch **nicht** ausgeschlossen. Die Dauer der AZ ist

insoweit privatautonom gestaltbar. § 12 garantiert also keine MindestAZ, sondern greift nur subsidiär ein und fingiert eine Arbeitsdauer von zehn Wochenstunden, wenn vertragl. keine Dauer bestimmt ist (HWK/*Schmalenberg* Rn. 12; MüKoBGB/*Müller-Glöge* Rn. 9; AG/*Arnold* Rn. 51).

§ 12 I 2 erfordert nicht, dass die AZDauer ausdr. festgelegt wird; eine konkludente Vereinb. genügt (zur einvernehml. Vertragspraxis: BAG 26.9.2012 AP BGB § 611 Fleischbeschauer-Dienstverhältnis Nr. 25). Fehlt auch eine solche, ist der mutmaßl. Wille der Parteien im Wege der erg. Vertragsauslegung zu bestimmen; hierzu ist entscheidend auf die **tats. Vertragsdurchführung** in der Vergangenheit abzustellen, so dass die bisherige durchschnittl. AZDauer als vertragl. vereinbart anzusehen ist (BAG 7.12.2005 NZA 2006, 423; LAG K 7.12.2001 NZA-RR 2002, 415; LAG RP 10.5.2007 AE 2008, 25; LAG D 29.7.2015 BeckRS 2015, 71935 Rev. 10 AZR 469/15; MHH/*Heyn* Rn. 36; AT/*Jacobs* Rn. 27; Preis/*Preis* II A 90 Rn. 59; **aA** HKTzBfG/*Boecken* Rn. 26 f.). Diese AZDauer gilt dann auch für die Zukunft. Ein Rückgriff auf die ges. Fiktion des § 12 I 3 gegen den Willen der Parteien wäre demggü. nicht interessengerecht (BAG 7.12.2005 NZA 2006, 423) und würde den Schutzzweck der Norm ins Gegenteil verkehren (AG/*Arnold* Rn. 53). Für § 12 I 3 verbleibt daher praktisch kein relevanter Anwendungsbereich; die Norm greift nur ein, wenn sich eine vertragl. AZDauer in keiner Weise ermitteln lässt (*Laux/Schlachter* Rn. 49; MüArbR/*Schüren* § 41 Rn. 16). 16

Trotz der Pflicht zur Festlegung einer wöchentl. AZ muss der AN **nicht in jeder Woche genau so viele Stunden arbeiten,** wie im Vertrag festgelegt sind, denn sonst wäre eine Flexibilisierung der AZ durch Anpassung an den Arbeitsanfall und damit der Zweck des § 12 nicht erreichbar. Es ist also zulässig, AZGuthaben bzw. -defizite aufkommen zu lassen und einen Ausgleichszeitraum zu bestimmen, innerhalb dessen die vertragl. festgelegte WochenAZ durchschnittl. erreicht werden muss (AT/*Jacobs* Rn. 22; AG/*Arnold* Rn. 42; *Hanau* NZA 2001, 1168, 1175; MHH/*Heyn* Rn. 23). Das BAG (7.12.2005 NZA 2006, 423) hat diese Frage nicht entschieden. Es ist der Auff. zu folgen, aus § 12 keine Vorgaben zum Bezugszeitraum abzuleiten (AG/*Arnold* Rn. 42). Die Pflicht nach § 12 I 2 soll also vorrangig dazu dienen, eine verlässl. Berechnungsgrdl. für ein regelm. Einkommen und damit auch für einen sozialversicherungsrechtl. Schutz zu schaffen. 17

So ist bspw. die Vereinb. von **Jahresarbeitszeitverträgen zulässig** (vgl. BAG 20.6.1995 NZA 1996, 597; 9.8.2000 BeckRS 2000, 30786102; LAG HM 19.7.2000 BeckRS 2000, 30785889; *Laux/Schlachter* Rn. 57; MHH/*Heyn* Rn. 27; MüArbR/*Schüren* § 42 Rn. 7). Hierunter können Vertragsgestaltungen fallen, nach denen der AG die Arbeitsleistung im Block abrufen kann (zB im Saisonbetrieb 48 Wochenarbeitsstunden, ansonsten 24 Wochenarbeitsstunden, oder auch solche, für die zwar ein wöchentl. Bezugszeitraum gewählt wird, daneben aber die Möglichkeit eröffnet wird, den Ausgleichszeitraum durch Übertragung von Zeitguthaben oder -defiziten auf ein Jahr zu erweitern. Wird die AZ bis zu zehn Stunden tägl. verlängert, muss § 3 S. 2 ArbZG beachtet werden, wonach innerhalb von sechs Kalendermonaten oder innerhalb von 24 Wochen ein Ausgleich zu erfolgen hat. 18

Eine **variable Dauer der AZ** durch Abrufbarkeit oder **Bandbreitenregelungen** verstößt nach der Rspr. des BAG (7.12.2005 NZA 2006, 423) **nicht gegen § 12 I 2.** Weder Wortlaut noch Zweck der Regelung sprechen dagegen, „Dauer" iSv. „Mindestdauer" zu verstehen. Die Festsetzung einer Mindestdauer sei durch § 12 I 3, 4 sogar naheliegend. Ein angemessener Schutz der TZBeschäftigten erfolgt vielmehr über eine umfassende Inhaltskontrolle gem. §§ 305 ff. BGB. Eine unangemessene Benachteiligung des AN iSv. § 307 I 1 BGB liege vor, wenn die vom AG abrufbare über die vereinbarte MindestAZ hinausgehende Arbeitsleistung des AN mehr als 25% der vereinbarten wöchentl. MindestAZ betrage. Diese Rspr. ist zu begrüßen. Die Unzulässigkeit der Bandbreitenregelungen erklärte sich damit, dass nach überkommener Rspr. Bandbreitenregelungen ohne Mindestarbeitszeitumf. zwgd. Kündigungsschutzregelungen umgehen (BAG 12.12.1984 NZA 1985, 321), ohne dass der AN dagegen geschützt werden könnte. Dieser Schutz ist nun durch die Anwendbarkeit der §§ 305 ff. BGB auf das ArbVerh. gewährleistet (LAG B 16.10.2014 LAGE BGB 2002 § 307 Nr. 45; verfehlt BAG 24.9.2014 NZA 2014, 1328, wo die Prüfung des § 307 I 1 BGB unterbleibt; abl. *Preis* RdA 2015, 244 ff.; *Bepler* FA 2016, 362; an der bisherigen Rspr. festhaltend LAG RP 11.5.2016 BeckRS 2016, 74164; zust. hingegen *Bieder* RdA 2015, 388, 395 [keine Korrektur allg. vertragl. Paritätsstörungen durch § 307 I 1 BGB]). Außerdem bewirkt die Entsch. einen weitgehenden Gleichlauf von Abrufarbeit und der Rspr. zum Widerrufsvorbehalt (näher BGB §§ 305 bis 310 Rn. 51 ff.; *Preis/Lindemann* NZA 2006, 632; AG/*Arnold* Rn. 16 ff.; *Arnold* FS Löwisch 2007 S. 1 ff.; *Weth/Weber* FS Birk 2008 S. 993; abl. *Laux/Schlachter* Rn. 42). Daran ist festzuhalten. Die abl. Sicht vermag nicht die evidenten Wertungswidersprüche zu anderen Leistungsbestimmungsrechten zu erklären. 19

Ist die **Bandbreitenregelung gem. § 307 I 1 BGB unwirksam**, ist durch den untrennbaren Zusammenhang von regelm. AZ und AbrufAZ auch die regelm. unwirksam. Sie ist im Wege der **erg. Vertragsauslegung** neu zu ermitteln (BAG 7.12.2005 NZA 2006, 423). Davon ausgehend kann dann Abrufarbeit bis zu der vereinbarten Stundenhöhe erfolgen, solange diese nicht wiederum mehr als 25% der regelm. AZ beträgt (ebenso LAG B 16.10.2014 BeckRS 2015, 65167). 20

b) Tägliche Arbeitszeit. Das Recht des AG iRd. AbrufArbVerh. die Dauer des konkreten Arbeitseinsatzes frei zu bestimmen, wird nach § 12 I 4 eingeschränkt. Haben die Arbeitsvertragsparteien die 21

Dauer der tägl. AZ nicht festgelegt, so ist der AG verpflichtet, den AN jeweils für **mind. drei aufeinander folgende Stunden** zur Arbeitsleistung heranzuziehen. Dadurch soll vermieden werden, dass der AN entgegen seinen Erwartungen nur kurzzeitig zur Arbeitsleistung in Anspruch genommen wird. Denn eine kurze tägl. GesamtAZ oder die Zerstückelung der tägl. AZ in mehrere kurze, durch Untätigkeit unterbrochene Arbeitseinsätze kann zu unangemessenen Belastungen des AN, zB durch unverhältnismäßig lange Anfahrtswege oder die Stückelung der verbleibenden AZ, führen.

22 Die Regelung des § 12 I 4 ist nicht zwgd. Einzelvertragl. kann eine **kürzere tägl. AZ** als drei Stunden oder die Stückelung ders. in kürzere als dreistündige Arbeitsperioden vereinbart werden (MüKoBGB/*Müller-Glöge* Rn. 13). Insb. greift die Drei-Stunden-Grenze dann nicht ein, wenn die zusammenhängende Dauer der tägl. AZ festgelegt ist, ein Direktionsrecht des AG sich mithin allein auf die Lage der zusammenhängenden AZ bezieht. In diesen Fällen bedarf der AN keines Schutzes, weil er sich auf die vereinbarte AZ einstellen kann und die kurzen Einsatzzeiten bei Vertragsschluss kannte. Vertragsgestaltungen, die dem AG das globale Recht einräumen, den AN auch zu kürzeren Arbeitseinheiten als drei Stunden tägl. abzurufen, sind unzulässig (vgl. GK-TzA/*Mikosch* § 4 BeschFG Rn. 81; MüKoBGB/*Müller-Glöge* Rn. 13).

23 Bei der vertragl. Festlegung einer bestimmten tägl. AZDauer ist regelm. von einer zusammenhängenden AZ auszugehen, wenn nicht ausdr. etwas anderes vereinbart ist. Bei der Vereinb. einer **tägl. Höchstdauer** soll es dem AG vorbehalten bleiben, auch eine geringere Arbeitsleistung in Anspruch zu nehmen. Dies hat zur Folge, dass keine bestimmte tägl. Dauer der AZ festgelegt ist und § 12 I 4 zur Anwendung kommt. Eine vertragl. vereinbarte Höchstdauer beschränkt allerdings das Direktionsrecht des AG wirksam nach oben (so zu § 4 III BeschFG GK-TzA/*Mikosch* § 4 BeschFG Rn. 80). Eine tägl. AZ iSv. § 12 I 4 liegt auch vor, wenn die Arbeit im Nachtschichtbetrieb über Mitternacht hinausgeht (vgl. GK-TzA/*Mikosch* § 4 BeschFG Rn. 79).

24 Ruft der AG den AN zu einem kürzeren als dreistündigem Einsatz ab, so hat der AN das **Wahlrecht**, ob er die (kurze) Arbeitsleistung erbringen will, ob er sie nur unter Bezahlung und Anrechnung von drei Stunden erbringen oder gänzl. ablehnen will (abw. BAG 24.5.1989 BeckRS 1989, 30731050 nv. zu § 4 III BeschFG aF.: kein Leistungsverweigerungsrecht des AN und Anspruch auf Vergütung für drei Stunden; MüArbR/*Schüren* § 41 Rn. 48). Erbringt er die Arbeitsleistung ohne Einschränkung auf die tägl. MindestAZ, so sind nur die tats. geleisteten Stunden zu vergüten und auf das AZDeputat anzurechnen. Darüber hinausgehende Ansprüche hat der AN nicht (GK-TzA/*Mikosch* § 4 BeschFG Rn. 91 f.). Erklärt er sich nur unter Beachtung der 3-Stunden-Grenze einverstanden, so hat der AG ohne Berücksichtigung der kürzeren tats. Arbeitsleistung drei Stunden zu vergüten und auf das AZDeputat anzurechnen. Verweigert der AN den kürzeren Arbeitseinsatz, so kann der AG gänzl. auf die Leistung verzichten oder den Einsatzzeitraum verlängern, wobei er dann jedoch wieder die Ankündigungsfrist gem. § 12 II zu beachten hat.

25 **4. Mindestankündigungsfrist.** Bei der Bestimmung des Arbeitseinsatzes hat der AG neben den allg. Regeln für die Ausübung des Direktionsrechts § 12 II zu beachten. Danach ist er verpflichtet, dem AN die Lage seiner AZ jeweils mind. vier Tage im Voraus anzukündigen, um ihm die Planung seines Arbeitseinsatzes zu ermöglichen. Eine zu kurze Ankündigungsfrist ist nicht in eine zulässige Frist umzudeuten. Eine arbeitsvertragl. Vereinb., nach der der AN im Vorhinein auf die Einhaltung der viertägigen Ankündigungsfrist verzichtet oder nach welcher eine **kürzere Ankündigungsfrist vereinbart** ist, ist gem. § 12 II iVm. § 134 BGB unwirksam. Der **Inhaltsumf.** der Mitt. ist von der arbeitsvertragl. Regelung abhängig. Ist etwa arbeitsvertragl. eine bestimmte WochenAZ festgelegt, muss sich aus der Mitt. die tägl. Dauer des Arbeitseinsatzes, der Zpkt. des Arbeitsbeginns und der Zpkt. des Arbeitsendes ergeben.

26 Für die **Fristberechnung** gelten die allg. zivilrechtl. Bestimmungen der §§ 186 ff. BGB (MüKoBGB/*Müller-Glöge* Rn. 15). Entscheidend ist nicht die Kenntnisnahme oder Abgabe, sondern der Zugang der Mitt. (vgl. GK-TzA/*Mikosch* § 4 BeschFG Rn. 66, 74). Eine einzelvertragl. Vereinb. über den Zugang darf nicht zu einer Verkürzung der zwgd. Vier-Tages-Frist führen. Der Tag des Zuganges zählt ebenso wenig bei der Berechnung der Frist mit (§ 187 I BGB), wie der Tag der Arbeitsleistung (vier Tage „im Voraus"). Ist der letzte Tag vor dem Vier-Tages-Zeitraum ein Samstag, Sonntag oder Feiertag, so muss die Mitt. am „nächsten" Werktag, dh. wegen der anzustellenden Rückrechnung am nächsten vorhergehenden Werktag erfolgen (§ 193 BGB). Dem entspr. gilt – vorbehaltl. einer etwaigen Vorverlegung der Mitt. wegen eines Feiertages – folgende Tabelle:

Geplanter Arbeitstag	**Letzter Mitteilungstag (Zugang)**
Montag	Mittwoch
Dienstag	Donnerstag
Mittwoch	Freitag
Donnerstag	Freitag
Freitag	Freitag (Vorwoche)
Samstag	Montag
Sonntag	Dienstag

Die **Bek.** des Arbeitsabrufs kann unmittelbar ggü. dem AN erfolgen (zB durch telefonische Benachrichtigung) oder durch einen Aushang (zB am schwarzen Brett des Betriebs). Im letzteren Fall muss der rechtzeitige Zugang der Bek. gesichert sein, dh. der AN muss aufgrund seiner Anwesenheit im Betrieb die Möglichkeit der Kenntnisnahme haben. 27

Ein **Widerruf oder eine Änd.** einer einmal erfolgten Ausübung des Direktionsrechts durch Mitt. an den AN ist grds. mögl., ohne dass es der Voraussetzungen des § 130 I BGB oder einer Anfechtung durch den AG bedürfte (GK-TzA/*Mikosch* § 4 BeschFG Rn. 67; MüKoBGB/*Müller-Glöge* Rn. 15; HWK/*Schmalenberg* Rn. 18; **aA** MüArbR/*Schüren* § 41 Rn. 30; MHH/*Heyn* Rn. 39 mwN). Der AG ist – in den Grenzen billigen Ermessens – stets frei, iRd. geschuldeten Tätigkeit, einmal erteilte Weisungen zu ändern. Allerdings kann durch eine spätere Änd. oder durch einen Widerruf nicht die Vier-Tages-Frist des § 12 II umgangen werden. Dadurch wird dem Schutzinteresse des AN hinreichend Rechnung getragen (**aA** MüArbR/*Schüren* § 41 Rn. 30). 28

Dem AN steht bei Nichteinhaltung der Frist – ohne Darlegung des Grundes – ein **Leistungsverweigerungsrecht** zu. Im Regelfall braucht er eine nicht fristgerechte Mitt. nicht zurückzuweisen. Erkennt der AN, dass der AG die Versäumung der Ankündigungsfrist nicht bemerkt hat (zB wegen Verzögerung des Postlaufs), ist er ausnahmsweise zur Zurückweisung der Arbeitsaufforderung verpflichtet, weil der AG in diesem Fall mit der Arbeitsaufnahme rechnen durfte (vgl. MüKoBGB/*Müller-Glöge* Rn. 16; GK-TzA/*Mikosch* § 4 BeschFG Rn. 90). 29

Selbstverständl. kann der AN dadurch auf die Vier-Tages-Frist **verzichten,** dass er trotz Fristunterschreitung freiwillig der Arbeit nachkommt. In diesem Fall ist er nicht schutzwürdig (vgl. Begr. des RegE zum BeschFG v. 11.10.1984, BT-Drs. 10/2102 S. 25; GK-TzA/*Mikosch* § 4 BeschFG Rn. 73; *Rolfs* § 12 Rn. 6, der einen nicht fristgemäßen Abruf in ein Angebot zur kurzfristigeren Arbeitsaufnahme umdeutet, das der AN konkludent durch das Tätigwerden annehmen kann). Dies ergibt sich aus dem **Zweck** des § 12 II, der dem Schutz der Planbarkeit und **selbstbestimmten Dispositionsmöglichkeit** des AN über seine arbeitsfreie Zeit dient. 30

Kommt der AN trotz Verstoßes gegen die ges., tarifl. oder einzelvertragl. bestimmte Mitteilungsfrist der Arbeit nach, ist **die geleistete Arbeit zu vergüten** und auf das AZDeputat anzurechnen. Tritt der AN die Arbeit wegen Unterschreitung der Mindestankündigungsfrist nicht an, wird die Zeit weder auf das Arbeitsdeputat angerechnet noch kann er Entgelt verlangen. Gegenteiliges gilt dann, wenn der AG in Annahmeverzug gerät, weil die festgelegte Dauer der AZ keine andere Lage mehr zulässt (vgl. AT/*Jacobs* Rn. 44, 52 mwN). 31

5. Weitere Einschränkungen des Direktionsrechts. Neben der **Ankündigungsfrist** des § 12 II und der dreistündigen Beschäftigungsdauer des § 12 I 4 bestehen weitere Einschränkungen des arbeitgeberseitigen Direktionsrechts. Zu beachten sind die ges. Arbeitsverbote zu bestimmten Zeiten (§§ 14, 16 I JArbSchG, §§ 5, 6, 9 ArbZG) sowie tarifvertragl. Regelungen (AZRegelungen, zB Bestimmungen, nach denen nur mit 20% der AN Abrufarbeit vereinbart werden darf uä.). 32

Bei dem konkreten Abruf der Leistung hat der AG die Grds. des **billigen Ermessens gem. § 106 GewO** zu wahren. Er muss also vor dem Abruf die wesentl. Umstände des Einzelfalls abwägen und die beiderseitigen Interessen angemessen berücksichtigen. Die Interessen des AN können insb. durch familiäre oder weitere berufl. Verpflichtungen, durch Freizeitinteressen, aber auch durch die Abhängigkeit von öffentl. Verkehrsmitteln oder der verkehrs(un)günstigen Lage des Arbeitsortes betroffen sein (*Laux/Schlachter* Rn. 82 ff.). 33

Einzel- oder tarifvertragl. sowie durch **BV** kann das Direktionsrecht weiter eingeschränkt werden. Mögl. sind Vereinb., nach denen der AN nur nachmittags oder nur an bestimmten Wochentagen oder zu bestimmten Zeiten zur Arbeit herangezogen werden kann. Formulierungen, dass der Abruf nur bei einer betriebl. Notwendigkeit oder Erforderlichkeit erfolgt, sind freil. wenig aussagekräftig, wenn keine genaue Bestimmung des Begriffs erfolgt. Als weitere Einschränkung des Direktionsrechts kann die Verpflichtung des AN in einem ArbVerh. mit einem Dritten in Betracht kommen, jedoch nur, wenn dieses andere ArbVerh. schon bei Vertragsschluss bestand oder gepl. war und der AG hiervon Kenntnis hatte (MüArbR/*Schüren* § 41 Rn. 32). 34

Zum **MBR des BR**, das bei Regelungen der AZ von TZAN in demselben Umf. wie bei VollzeitAN besteht s. BetrVG § 87 Rn. 25 ff. sowie MHH/*Heyn* Rn. 5; *Preis/Lindemann* NZA Sonderheft 2001 S. 33 ff. Es bezieht sich nach der Rspr. des BAG sowohl auf die grds. Einf. bzw. Abschaffung von Abrufarbeit als auch auf ihre Ausgestaltung iE (BAG 28.9.1988 NZA 1989, 184; 13.10.1987 NZA 1988, 251; abl. hins. der Einf. und Abschaffung *Preis* II A 90 Rn. 174; *Preis/Lindemann* NZA Sonderheft 2001 S. 33, 42), nicht aber auf den einzelnen Abruf (BAG 28.9.1988 NZA 1989, 184). 35

6. Abweichende tarifvertragliche Regelungen. § 12 III eröffnet die Möglichkeit, durch TV zuungunsten des AN von Abs. 1 und Abs. 2 abzuweichen. Im Gegensatz zur Vorgängerregelung des § 6 BeschFG stellt diese **begrenzte bereichsspezifische Tariföffnungsklausel** jedoch bestimmte Mindestanforderungen an den TV. Der TV muss Regelungen über die tägl. und wöchentl. AZ und die Vorankündigungsfrist vorsehen. Die frühere Ansicht des BAG, wegen des Tarifvorrangs des § 6 BeschFG sei eine Festlegung der AZDauer für Abrufarbeit nicht erforderl. (BAG 12.3.1992 NZA 1992, 938; 8.9.1994 NZA 1995, 1006), ist daher nicht mehr haltbar (MüKoBGB/*Müller-Glöge* Rn. 17). 36

37 Allerdings genügt es nach dem Wortlaut des § 12 III, dass der TV überhaupt Regelungen über die wöchentl. und tägl. AZ sowie die Vorankündigungsfrist vorsieht. Erforderl. ist nicht, dass er eine bestimmte wöchentl. und tägl. AZ festlegt. § 12 III stellt damit ebenso wie § 6 BeschFG keine sehr hohen Anforderungen an TV. Dennoch kann nunmehr auch durch TV **kein unbegrenztes Direktionsrecht** des AG hins. der AZDauer eingeführt werden (dazu a. MHH/*Heyn* Rn. 55; *Preis/Gotthardt* DB 2000, 2065, 2069; Preis/*Preis* II A 90 Rn. 55 ff.). Im **Umkehrschluss** ergibt sich aus § 12 III, dass durch andere Vereinb. als TV, also in Einzelverträgen und BV, nicht von § 12 I und II abgewichen werden darf.

38 **7. Arbeits- und Entgeltbedingungen.** Sowohl für die Arbeits- als auch die Entgeltbedingungen gelten für das AbrufArbVerh. die allg. Grds., die auch für das klassische TZArbVerh. zur Anwendung kommen (§ 4 Rn. 14). Im Rahmen eines EFZAnspruchs können jedoch Probleme tats. Art auftreten, wenn eine **Feiertagsvergütung** in Rede steht oder der AN aufgrund Krankheit an der Arbeitsleistung verhindert ist (vgl. hierzu ausf. AT/*Jacobs* Rn. 33 ff.; MHH/*Heyn* Rn. 49 ff.). In beiden Fällen kann näml. der AG den Anspruch auf EFZ dadurch umgehen, dass er den AN nicht zur Arbeit einteilt. Das gilt im bes. für die Feiertagsvergütung, da die Feiertage kalendarisch festgelegt sind. Hier wird der Vorschlag gemacht, dass eine Feiertagsvergütung immer dann zu gewähren ist, wenn die Heranziehung zur Arbeit einem bestimmten Rhythmus folgt, zB immer montags, und der Feiertag auf einen dieser Tage fällt (GK-TzA/*Mikosch* § 4 BeschFG Rn. 108 f.). Nach einer Entsch. des BAG (24.10.2001 AP EntgeltFG § 2 Nr. 8) hat der AN die tats. Umstände vorzutragen, aus denen sich eine hohe Wahrscheinlichkeit dafür ergibt, dass die Arbeit allein wegen des Feiertags ausgefallen ist. Der AG hat seinerseits tats. Umstände darzulegen, dass der Feiertag für den Arbeitsausfall nicht ursächl. war. Probl. ist auch der Fall, dass eine plötzl. Kurzerkrankung des AN vorliegt und der AG den AN noch nicht abgerufen hat. Denn der AN ist verpflichtet, seine Arbeitsverhinderung schon mit ihrem Eintritt und nicht erst bei Abruf dem AG mitzuteilen. Es wird diskutiert, eine Berechnung nach der **hypothetischen AZLage** (angedeutet bei BAG 12.6.1996 NZA 1997, 191) bzw. eine Durchschnittsberechnung entspr. § 11 II EFZG vorzunehmen (MüArbR/*Schüren* § 41 Rn. 55; *Ostermeier* RdA 2008, 86, 88; diff. AT/*Jacobs* Rn. 34 f.; GK-TzA/*Mikosch* § 4 BeschFG Rn. 102 ff.).

§ 13 Arbeitsplatzteilung

(1) [1]Arbeitgeber und Arbeitnehmer können vereinbaren, dass mehrere Arbeitnehmer sich die Arbeitszeit an einem Arbeitsplatz teilen (Arbeitsplatzteilung). [2]Ist einer dieser Arbeitnehmer an der Arbeitsleistung verhindert, sind die anderen Arbeitnehmer zur Vertretung verpflichtet, wenn sie der Vertretung im Einzelfall zugestimmt haben. [3]Eine Pflicht zur Vertretung besteht auch, wenn der Arbeitsvertrag bei Vorliegen dringender betrieblicher Gründe eine Vertretung vorsieht und diese im Einzelfall zumutbar ist.

(2) [1]Scheidet ein Arbeitnehmer aus der Arbeitsplatzteilung aus, so ist die darauf gestützte Kündigung des Arbeitsverhältnisses eines anderen in die Arbeitsplatzteilung einbezogenen Arbeitnehmers durch den Arbeitgeber unwirksam. [2]Das Recht zur Änderungskündigung aus diesem Anlass und zur Kündigung des Arbeitsverhältnisses aus anderen Gründen bleibt unberührt.

(3) Die Absätze 1 und 2 sind entsprechend anzuwenden, wenn sich Gruppen von Arbeitnehmern auf bestimmten Arbeitsplätzen in festgelegten Zeitabschnitten abwechseln, ohne dass eine Arbeitsplatzteilung im Sinne des Absatzes 1 vorliegt.

(4) [1]Durch Tarifvertrag kann von den Absätzen 1 und 3 auch zuungunsten des Arbeitnehmers abgewichen werden, wenn der Tarifvertrag Regelungen über die Vertretung der Arbeitnehmer enthält. [2]Im Geltungsbereich eines solchen Tarifvertrages können nicht tarifgebundene Arbeitgeber und Arbeitnehmer die Anwendung der tariflichen Regelungen über die Arbeitsplatzteilung vereinbaren.

1 **1. Begriff, Normzweck.** § 13 stimmt inhaltl. mit den Regelungen zur Arbeitsplatzteilung des § 5 BeschFG überein. Eine Arbeitsplatzteilung (auch „Job-Sharing") liegt nach § 13 I vor, wenn der AG **mit zwei oder mehr AN** vereinbart, dass diese sich die AZ an einem Arbeitsplatz teilen. Zumindest die erstmalige Zusammensetzung der Job-Sharing-Partner bestimmt der AG allein unter Berücksichtigung der für die Betriebsgruppe entwickelten Kriterien (hierzu BGB § 611 Rn. 153, 164 ff.).

2 Im Unterschied zur Eigengruppe (Job-Pairing) bestehen beim Job-Sharing zwischen den einzelnen AN **keine vertragl. Beziehungen.** Sie bieten sich dem AG gemeinhin nicht als Partner eines Job-Sharing-ArbVerh. an (so beim Job-Pairing), sondern werden von diesem zu einer Gruppe zusammengefasst.

3 Kennzeichnend für ein Job-Sharing-ArbVerh. ist die Dauer der AZ, die unter der betriebsübl. bleiben muss (Schaub/*Linck* § 43 Rn. 20) sowie die **eigenverantwortl. Festlegung** der AZ durch die Partner (AT/*Maschmann* Rn. 11; *Heinze* NZA 1997, 681, 686; hier liegt der Unterschied zur Betriebsgruppe, vgl. BGB § 611a Rn. 165 ff.; abw. MüArbR/*Schüren* § 41 Rn. 78). Die Aufteilung der AZ kann

in der Weise erfolgen, dass die Job-Sharer nacheinander während einer Schicht am selben Arbeitsplatz arbeiten, oder aber sie tägl., wöchentl. oder mtl. wechseln. Das bei einem „normalen" ArbVerh. innerhalb der ges. und vertragl. Schranken bestehende Direktionsrecht des AG hins. der AZ ist bei einem Job-Sharing-ArbVerh. – auch ohne spezielle Regelung im Arbeitsvertrag – in der Weise eingeschränkt, dass die Job-Sharer die **Verteilung der AZ** untereinander selbst bestimmen können. Ihnen kommt insoweit eine begrenzte Zeitsouveränität zu (MüKoBGB/*Müller-Glöge* Rn. 3). Den von ihnen aufgestellten **AZPlan** haben sie dem AG rechtzeitig bekannt zu geben. Ledigl. wenn sie keine Einigung erzielen, fällt das Direktionsrecht in diesem Bereich auf den AG zurück (Schaub/*Linck* § 43 Rn. 20; krit. für den Fall, dass der Job-Sharing-Vertrag keine Regelungen für den Fall der Nichteinigung der AN enthält AT/*Maschmann* Rn. 12: kein Selbstentscheidungsrecht des AG, sondern Änderungskündigung erforderl.).

Mit der Regelung des § 13 hat der Gesetzgeber die Arbeitsplatzteilung als zulässiges Arbeitsvertragsmodell anerkannt, ihr aber zugleich **rechtl. Grenzen** gesetzt (zur Kritik an diesem Modell; *Eich* DB 1982, Beil. 9 S. 1; *Löwisch/Schüren* BB 1984, 925, 928). 4

2. Geltungsbereich. Während der Job-Sharing-Arbeitsplatz sowohl ein Vollzeit- als auch ein TZArbeitsplatz sein kann, sind Partner eines Job-Sharing-ArbVerh. oder eines TurnusArbVerh. immer **TZAN** (MHH/*Heyn* Rn. 8; *Mosler* AR-Blattei SD 1560 Rn. 330, 335; diff. GK-TzA/*Danne* § 5 BeschFG Rn. 53 ff.). Bestrebungen, Job-Sharer aufgrund ihrer freieren AZGestaltung ggü. sog. „NormalAN" nicht als AN zu klassifizieren (*Lieb* RdA 1974, 257, 260; *Wank* RdA 1985 1, 3), haben sich nicht durchgesetzt. 5

3. Gesetzliche Ausgestaltung (Abs. 1). a) Vertragsverhältnis zum Arbeitgeber. Jeder Job-Sharer schließt einen eigenen Arbeitsvertrag mit dem AG. Er verpflichtet sich, den ihm zugewiesenen Arbeitsplatz in Abstimmung mit dem/den anderen Partner(n) während der betriebsübl. AZ alternierend zu besetzen. Der AG kann verschiedene TZArbVerh. nicht im Wege des **Direktionsrechts** in ein Job-Sharing-ArbVerh. umwandeln (vgl. GK-TzA/*Danne* § 5 BeschFG Rn. 75). 6

Die Partner stehen nicht in einem eigenen Rechtsverhältnis zueinander. Das Job-Sharing-ArbVerh. begr. **kein Gesamtschuldverhältnis** nach § 421 BGB. Jeder Partner schuldet nur seine Teilleistung und die Besetzung des Arbeitsplatzes während der von ihm zu erbringenden AZ (GK-TzA/*Danne* § 5 BeschFG Rn. 100). Vertritt ein Partner ausnahmsweise den anderen, ohne dass dies auf einer vorherigen Absprache der Partner beruht, so besteht ein unmittelbarer Anspruch gegen den AG, nicht jedoch ein Ausgleichsanspruch nach § 426 BGB gegen den Partner. Der verhinderte Partner ist auch nicht zur Nachleistung seiner Arbeit verpflichtet. 7

Erledigen die Partner die ihnen übertragene Aufgabe eigenverantwortl., so hat jeder für die während seiner AZ erbrachte Leistung selbst einzustehen, erledigen sie die Aufgabe jedoch in gemeinsamer Verantwortung, so sind für den Fall der **Leistungsstörung** die von der Rspr. zur Betriebsgruppe entwickelten Grds. entspr. anwendbar (hierzu BGB § 611a Rn. 171), wenn nicht die Leistung einem konkreten Partner zurechenbar oder ein Partner als Leitungsverantwortlicher herangezogen werden kann (Schaub/*Linck* § 43 Rn. 20). 8

b) Vertretungsverpflichtung. Fällt ein Partner aus (zB wegen Krankheit; nach Ansicht des LAG M nicht jedoch wegen Arbeitsverweigerung: LAG M 15.9.1993 LAGE BeschFG 1985 § 5 Nr. 1), so sind nach § 13 I 2 die anderen in die Arbeitsplatzteilung einbezogenen AN zu dessen Vertretung nur aufgrund einer für den einzelnen Vertretungsfall geschlossenen Vereinb. verpflichtet (*Heinze* NZA 1997, 681, 686). Im Rahmen dieser Vereinb. können die übrigen Partner eine wechselseitige Vertretungsvereinb. treffen. Die Vertretungspflicht kann nicht im Wege der Änderungskündigung eingeführt werden (ArbG BE 28.10.1983 AP BeschFG 1985 § 5 Nr. 1). Eine **generelle Vorabvereinb.** zur gegenseitigen Vertretungspflicht ist nach § 134 BGB nichtig. Damit wird gewährleistet, dass das Risiko einer anerkannten Arbeitsverhinderung beim AG verbleibt und nicht auf die AN übergeleitet werden kann. 9

Ausnahmsweise sind Vorabvereinb. zulässig, wenn sie die Pflicht zur gegenseitigen Vertretung für den Fall eines dringenden betriebl. Erfordernisses regeln, § 13 I 3 (LAG M 15.9.1993 LAGE BeschFG 1985 § 5 Nr. 1). Zusätzl. muss die Vertretung dem AN im konkreten Einzelfall zumutbar sein. Hier ist eine Interessenabwägung erforderl., die sich an Billigkeitsgesichtspunkten zu orientieren hat (GK-TzA/*Danne* § 5 BeschFG Rn. 94; MHH/*Heyn* Rn. 22). Ein **dringendes betriebl. Erfordernis** iSd. § 13 I 3 ist zu bejahen, wenn Arbeiten zu erledigen sind, die so dringl. sind, dass bei unterlassener Erledigung erhebl. Nachteile für den Betriebsablauf oder die Außenbeziehungen des Unternehmens entstehen, und die nicht auch durch andere AN des Betriebes erledigt werden können (MüKoBGB/*Müller-Glöge* Rn. 6; *Buschmann* AiB 2002, 507, 509; *Löwisch* BB 1985, 1200, 1204; *Lorenz* NZA 1985, 473, 475). Die Beweislast für das Vorliegen eines dringenden betriebl. Erfordernisses trifft den AG (Schaub/*Linck* 43 Rn. 20). 10

4. Kündigungsschutz (Abs. 2). Das ArbVerh. eines Job-Sharers wird von dem Ausscheiden eines anderen AN, mit welchem er sich einen Arbeitsplatz teilt, grds. nicht berührt. Es ist dem AG gem. § 13 II 1 untersagt, im Falle des Ausscheidens dem verbleibenden AN eine Kündigung auszusprechen, diese 11 wäre gem. § 134 BGB nichtig. Für die Geltendmachung der Unwirksamkeit ist seit dem 1.1.2004 die dreiwöchige Klagefrist des § 4 KSchG zu beachten. Auch eine Vereinb., nach der das Job-Sharing-ArbVerh. unter der **auflösenden Bedingung** (hierzu § 21) des Bestandes des ArbVerh. mit dem Partner eingegangen wird, ist unzulässig. Damit hat der **Bestandsschutz** des ArbVerh. zunächst Vorrang ggü. dem AGInteresse.

12 Allein der Umstand, dass der AG im Zusammenhang mit dem Ausscheiden eines TZAN kündigt, ist noch kein Indiz für einen Verstoß gegen § 13 II 1. Dem AG bleibt das Recht zur **Änderungskündigung** aus diesem Anlass sowie zur **Beendigungskündigung** aus anderen Gründen (§ 13 II 2). Hiermit stellt der Gesetzgeber klar, dass insoweit die allg. Regelungen gelten und der AG außerordentl. oder ordentl. aus personen-, verhaltens- oder betriebsbedingten Gründen kündigen kann. Ein Verstoß gegen das Kündigungsverbot liegt daher nur vor, wenn das Ausscheiden des anderen AN tragender Grund (Motiv) des AG gewesen ist.

13 **5. Turnusarbeitsverhältnis (Abs. 3).** Die Regelungen der Abs. 1 und 2 des § 13 gelten entspr. für das **TurnusArbVerh.** Ein solches liegt vor, wenn sich Gruppen von AN auf bestimmten Arbeitsplätzen in festgelegten Zeitabschnitten abwechseln, ohne dass der AG mit ihnen eine Arbeitsplatzteilung iSd. § 13 I 1 vereinbart hat. Entscheidend für das Vorliegen eines TurnusArbVerh. ist der Wechsel zu **festgelegten Zeitabschnitten** (LAG M 15.9.1993 LAGE BeschFG 1985 § 5 Nr. 1). Es ist nicht erforderl., dass jeweils zwei oder mehr AN gleichzeitig arbeiten (GK-TzA/*Danne* § 5 BeschFG Rn. 149).

14 **6. Abweichende tarifvertragliche Regelungen (Abs. 4).** Im Gegensatz zu § 6 BeschFG kann nach § 13 IV nur dann zu Lasten des AN von den Abs. 1 und 3 durch TV abgewichen werden, wenn der TV **Vertretungsregelungen** enthält. Eine Abweichung vom Kündigungsverbot des Abs. 2 ist dagegen auch durch TV nicht mögl. Nicht tarifgebundene Arbeitsvertragsparteien können eine solche Regelung des einschlägigen TV, also des TV, der bei beiderseitiger Tarifgebundenheit der Parteien normativ gelten würde, übernehmen (S. 2).

Dritter Abschnitt. Befristete Arbeitsverträge

§ 14 Zulässigkeit der Befristung

(1) [1]Die Befristung eines Arbeitsvertrages ist zulässig, wenn sie durch einen sachlichen Grund gerechtfertigt ist. [2]Ein sachlicher Grund liegt insbesondere vor, wenn
1. der betriebliche Bedarf an der Arbeitsleistung nur vorübergehend besteht,
2. die Befristung im Anschluss an eine Ausbildung oder ein Studium erfolgt, um den Übergang des Arbeitnehmers in eine Anschlussbeschäftigung zu erleichtern,
3. der Arbeitnehmer zur Vertretung eines anderen Arbeitnehmers beschäftigt wird,
4. die Eigenart der Arbeitsleistung die Befristung rechtfertigt,
5. die Befristung zur Erprobung erfolgt,
6. in der Person des Arbeitnehmers liegende Gründe die Befristung rechtfertigen,
7. der Arbeitnehmer aus Haushaltsmitteln vergütet wird, die haushaltsrechtlich für eine befristete Beschäftigung bestimmt sind, und er entsprechend beschäftigt wird oder
8. die Befristung auf einem gerichtlichen Vergleich beruht.

(2) [1]Die kalendermäßige Befristung eines Arbeitsvertrages ohne Vorliegen eines sachlichen Grundes ist bis zur Dauer von zwei Jahren zulässig; bis zu dieser Gesamtdauer von zwei Jahren ist auch die höchstens dreimalige Verlängerung eines kalendermäßig befristeten Arbeitsvertrages zulässig. [2]Eine Befristung nach Satz 1 ist nicht zulässig, wenn mit demselben Arbeitgeber bereits zuvor ein befristetes oder unbefristetes Arbeitsverhältnis bestanden hat. [3]Durch Tarifvertrag kann die Anzahl der Verlängerungen oder die Höchstdauer der Befristung abweichend von Satz 1 festgelegt werden. [4]Im Geltungsbereich eines solchen Tarifvertrages können nicht tarifgebundene Arbeitgeber und Arbeitnehmer die Anwendung der tariflichen Regelungen vereinbaren.

(2a) [1]In den ersten vier Jahren nach der Gründung eines Unternehmens ist die kalendermäßige Befristung eines Arbeitsvertrages ohne Vorliegen eines sachlichen Grundes bis zur Dauer von vier Jahren zulässig; bis zu dieser Gesamtdauer von vier Jahren ist auch die mehrfache Verlängerung eines kalendermäßig befristeten Arbeitsvertrages zulässig. [2]Dies gilt nicht für Neugründungen im Zusammenhang mit der rechtlichen Umstrukturierung von Unternehmen und Konzernen. [3]Maßgebend für den Zeitpunkt der Gründung des Unternehmens ist die Aufnahme einer Erwerbstätigkeit, die nach § 138 der Abgabenordnung der Gemeinde oder dem Finanzamt mitzuteilen ist. [4]Auf die Befristung eines Arbeitsvertrages nach Satz 1 findet Absatz 2 Satz 2 bis 4 entsprechende Anwendung.

(3) [1]Die kalendermäßige Befristung eines Arbeitsvertrages ohne Vorliegen eines sachlichen Grundes ist bis zu einer Dauer von fünf Jahren zulässig, wenn der Arbeitnehmer bei Beginn des

befristeten Arbeitsverhältnisses das 52. Lebensjahr vollendet hat und unmittelbar vor Beginn des befristeten Arbeitsverhältnisses mindestens vier Monate beschäftigungslos im Sinne des § 138 Absatz 1 Nummer 1 des Dritten Buches Sozialgesetzbuch gewesen ist, Transferkurzarbeitergeld bezogen oder an einer öffentlich geförderten Beschäftigungsmaßnahme nach dem Zweiten oder Dritten Buch Sozialgesetzbuch teilgenommen hat. [2]Bis zu der Gesamtdauer von fünf Jahren ist auch die mehrfache Verlängerung des Arbeitsvertrages zulässig.

(4) **Die Befristung eines Arbeitsvertrages bedarf zu ihrer Wirksamkeit der Schriftform.**

Übersicht

A. Rechtsentwicklung

Bis zum 31.12.2000 erlaubte § 620 BGB den Abschluss befristeter Arbeitsverträge. Abw. vom 1
offenen Wortlaut dieser Norm entwickelte die Rspr. Restriktionen. Bereits das RAG (2.7.1932 ARS 16, 66) erklärte **Kettenarbeitsverträge**, also die Aneinanderreihung mehrerer Zeitarbeitsverträge, für unwirksam, wenn der AG mit dieser Vertragsgestaltung die ges. Kündigungsbestimmungen zu umgehen suchte. Da das wirksam befristete ArbVerh. ohne Ausspruch einer Kündigung mit Ablauf der Frist oder der Erledigung der beschränkten Arbeitsaufgabe endet, sind die Vorschr. über den allg. und den bes. Kündigungsschutz nicht unmittelbar anwendbar. Dies hat der Gesetzgeber bereits bei der Beratung des KSchG gesehen, aber nicht geregelt (BT-Drs. 1951 S. 2090; RdA 1951, 12ff.). Er hat es vielmehr bewusst der Rspr. überlassen, das allg. arbeitsrechtl. Schutzprinzip (vgl. dazu *Wiedemann/Palenberg* RdA 1977, 85, 87) auch bei befristeten Arbeitsverträgen zur Geltung zu bringen. Einer denkbaren Umgehung des KSchG durch Abschluss befristeter Arbeitsverträge sollte begegnet werden.

Dem entsprach die Rspr. mit dem Beschl. des GS v. 12.10.1960 (AP BGB § 620 Befristeter Arbeitsvertrag Nr. 16) und der späteren Anwendung und Verfeinerung der in dieser Entsch. gefundenen Grds.

2 Der GS des BAG beurteilte die Wirksamkeit befristeter Arbeitsverträge mit Hilfe der **„obj. Gesetzesumgehung"**. Danach war eine rechtl. Gestaltung unwirksam, wenn durch sie der Zweck einer zwgd. Rechtsnorm vereitelt wurde und ihre Verwendung obj. als missbräuchl. zu bewerten war. Auf eine Umgehungsabsicht oder eine bewusste Missachtung des zwgd. Rechtssatzes kam es nicht an. Ob eine Gesetzesumgehung vorlag, war an dem Zweck der unverzichtbaren Bestimmungen des **Kündigungsrechts** zu messen, in erster Linie am KSchG. Daneben war der ges. Kündigungsschutz bes. Personengruppen, insb. der schwerbehinderten Menschen, der werdenden Mütter sowie der BR- und der PRMitglieder zu berücksichtigen. Eine obj. missbräuchl. Verwendung des arbeitsrechtl. grds. zulässigen Gestaltungsmittels „Befristung" lag nach der Rspr. vor, wenn für sie **kein verständiger, sachl. rechtfertigender Grund** sprach. Die wirtschaftl. oder sozialen Verhältnisse der Parteien oder jdf. einer Partei mussten es als gerechtfertigt erscheinen lassen, dass auf den befristeten Arbeitsvertrag die Kündigungsschutzvorschr. nicht anwendbar waren. Fehlten derartige sachl. Gründe, war der befristete Vertrag obj. funktionswidrig, der Tatbestand der obj. Umgehung des G lag vor. Die von der Rspr. als sachl. Gründe anerkannten Tatbestände waren keinesfalls abschl., sondern zukünftigen Entwicklungen ggü. offen. Das BAG verstand seine Lösung als gesetzesimmanente Rechtsfortbildung des § 620 BGB (BAG 29.8.1979 AP BGB § 620 Befristeter Arbeitsvertrag Nr. 50). In Wahrheit lag eine **teleologische Reduktion** dieser Norm vor (*Kraft* Anm. AP BGB § 620 Befristeter Arbeitsvertrag Nr. 50). Die Rspr. verfestigte sich im Verlaufe der Jahre so sehr, dass sie sogar vom Gesetzgeber als gegeben vorausgesetzt wurde. Dies zeigte sich beim Erlass des BeschFG 1985 und dessen Novellierung im Jahre 1996 ebenso wie bei der Regelung befristeter Arbeitsverträge im Hochschulbereich (vgl. § 57b I HRG aF).

3 Ziel des 1985 in Kraft getretenen BeschFG war es, zusätzl. Beschäftigungsmöglichkeiten zu schaffen (*Löwisch* NZA 1985, 478). Vor dem Hintergrund anhaltender Massenarbeitslosigkeit sollte den AG durch eine Reihe von Änd. des Arbeits- und Sozialrechts ein Anreiz zur Einstellung von mehr AN gegeben werden (BR-Drs. 393/84 S. 15). Die anhaltenden Arbeitsmarktprobleme veranlassten den Gesetzgeber, die urspr. bis zum 1.1.1990 befristete Regelung zweimal um jeweils fünf Jahre zu verlängern (G v. 22.12.1989 BGBl. I S. 2406; G v. 26.7.1994 BGBl. I S. 1786). Durch das ArbRBeschFG v. 25.9.1996 (BeschFG 1996) wurde die Zulässigkeit der Befristung von ArbVerh. in § 1 neu geregelt. Nach § 1 I BeschFG 1996 war es zulässig, einen Arbeitsvertrag ohne weiteres bis zur **Dauer von zwei Jahren** zu befristen. Bis zur Gesamtdauer von zwei Jahren war auch die höchstens dreimalige Verlängerung eines befristeten Arbeitsvertrags zulässig. Der Gesetzgeber erwartete, dass die befristeten Arbeitsverträge in vielen Fällen in unbefristete ArbVerh. münden würden (BR-Drs. 393/84 S. 15; BT-Drs. 12/6719 S. 11). Dabei sollte das unbefristete ArbVerh. die Regel bleiben. Die Geltung der Abs. 1 bis 4 des § 1 BeschFG 1996 war bis zum 31.12.2000 befristet. Da die Umsetzung der RL über befristete ArbVerh. v. 28.6.1999 (1999/70/EG – ABlEG Nr. L 175 v. 10.7.1999 S. 43 – Umsetzungsfrist 10.7.2001) nationale Regelungen erforderte, wurde zum 1.1.2001 das TzBfG in Kraft gesetzt. Auch dieses G geht davon aus, dass der unbefristete Arbeitsvertrag der Normalfall und der befristete Arbeitsvertrag die Ausnahme sein soll (BAG 8.8.2007 NZA 2008, 229).

B. Befristung mit Sachgrund

I. Allgemeine Grundsätze

4 **1. Normstruktur.** Im Verlauf der Rechtsprechungsentwicklung bildeten sich verschiedene **Typen anerkannter Sachgründe** heraus, diese waren nicht abschl. (BAG 13.4.1983 AP BGB § 620 Befristeter Arbeitsvertrag Nr. 76; 26.8.1998 AP BGB § 620 Befristeter Arbeitsvertrag Nr. 204). Diese Rechtsprechungsentwicklung wird in § 14 I 1 aufgegriffen, indem die wirksame Befristung eines Arbeitsvertrags grds. von der Rechtfertigung durch einen sachl. Grund abhängig gemacht wird. Eine vollständige Norm, die mittels eines unbestimmten Rechtsbegriffs alles Weitere der Rspr. überantwortet hätte. Das G geht aber weiter und benennt im S. 2 insg. acht Fälle eines sachl. Grundes. Liegt ein solcher vor, bedarf es keiner Prüfung anhand allg. Merkmale mehr. Es handelt sich nicht nur um RegelBsp. (*Rolfs* Rn. 3; KR/*Lipke* § 620 BGB Rn. 102; **aA** *Kliemt* NZA 2001, 296, 297), die widerlegt werden könnten. Zulässige Ausnahmen sieht das G selbst in den Abs. 2, 2a und 3 vor. Die acht Tatbestände des G müssen nicht iS einer Ausschließlichkeit gegeneinander abgegrenzt werden. Es können mehrere Gründe nebeneinander bestehen. Da kein Zitiergebot besteht (BAG 18.5.2016 NZA 2016, 1276 Rn. 21), können sie im Falle einer späteren gerichtl. Auseinandersetzung über die Wirksamkeit der Befristung ggf. nachgeschoben werden. So kann zB die Erprobung (Nr. 5) neben der Erstanstellung (Nr. 2) die erstmalige befristete Einstellung eines Hochschulabsolventen rechtfertigen. Bei der Auslegung und Anwendung der Sachgründe ist zu beachten, dass sie im **Anwendungsbereich des Unionsrechts** erfolgen und deshalb die konkretisierende Rspr. des EuGH einzuhalten haben (vgl. § 1 Rn. 1 ff.). Danach ist der Begriff „sachl. Gründe" so zu verstehen, dass er genau bezeichnete, konkrete Umstände

meint, die eine bestimmte Tätigkeit kennzeichnen und daher in diesem speziellen Zusammenhang die Verwendung aufeinanderfolgender befristeter Arbeitsverträge rechtfertigen können. Diese Umstände können sich etwa aus der bes. Art der Aufgaben, zu deren Erfüllung die entspr. Verträge geschlossen worden sind, und deren Wesensmerkmalen oder ggf. aus der Verfolgung eines legitimen sozialpolitischen Ziels durch einen Mitgliedstaat ergeben (EuGH 23.4.2009 AP Richtlinie 99/70/EG Nr. 6 Rn. 96; 26.1.2012 NZA 2012, 135 Rn. 27; 13.3.2014 NZA 2014, 475 Rn. 45; 21.9.2016 NZA 2016, 1323 Rn. 49).

Durch das Wort „insbesondere" im S. 2 verdeutlicht das G, dass die acht Fälle **nicht abschl.** gemeint sind (BAG 13.10.2004 NZA 2005, 401; 11.9.2013 NZA 2014, 150 Rn. 29). Es kann weitere sachl. Gründe geben (BAG 16.3.2005 NZA 2005, 923; 15.2.2006 ZTR 2006, 508; MüKoBGB/*Hesse* Rn. 12; *Dörner* Rn. 164). Doch folgt aus dem S. 2 eine derartige Konkretisierung des unbestimmten Rechtsbegriffs, dass nur Gründe anzuerkennen sind, die in ihrem Gewicht den ausdr. benannten gleichwertig sind (BAG 9.12.2009 NZA 2010, 495). Sie müssen den in Abs. 1 zum Ausdruck kommenden Wertungsmaßstäben entsprechen (BAG 11.9.2013 NZA 2014, 150 Rn. 29). Somit wird die Formulierung in der Gesetzesbegr. (BT-Drs. 14/3474 S. 13), die genannten Gründe gäben eine „Orientierung", der Bedeutung dieses Katalogs nicht ganz gerecht. Es sind nur wenige Gründe vorstellbar, die nicht unter die Nr. 1 bis 8 einzuordnen und gleichwohl wegen ihres Gewichts als gleichwertig anzuerkennen sind (BAG 16.3.2005 NZA 2005, 923; näher Rn. 78 ff.). Die befristungsrechtl. Bestimmungen des Abs. 1 sind nicht tarifdispositiv; durch TV können keine Sachgründe minderer Qualität geschaffen werden (vgl. § 22 I). Tarifl. Regelungen über die Beendigung von ArbVerh. aufgrund von Befristungen unterliegen der arbeitsgerichtl. Befristungskontrolle und bedürfen zu ihrer Wirksamkeit eines sie rechtfertigenden Sachgrundes iSv. § 14 I (BAG 17.6.2009 NZA 2009, 1355 Rn. 14; 9.12.2009 NZA 2010, 495; 8.12.2010 NZA 2011, 586). Auch ein tarifl. geregelter Sachgrund muss den Wertungsmaßstäben des § 14 I genügen, denn von dieser Vorschr. darf auch durch TV nicht zu Ungunsten der AN abgewichen werden. 5

Die Wirksamkeit einer Befristung ist **als Rechtsgeschäft** nur wirksam, wenn die allg. Vorschr., insb. des BGB (wie §§ 305 bis 310) eingehalten sind (vgl. BAG 29.6.2011 NZA 2011, 1151). Sie setzt idR kein bestimmtes Personalkonzept voraus (BAG 11.12.1991 AP BGB § 620 Befristeter Arbeitsvertrag Nr. 144). Es muss nur im Einzelfall plausibel erklärt werden können, warum ein einzelner AN im Gegensatz zu anderen AN nur befristet beschäftigt wird. Werden jedoch zur Erledigung von Daueraufgaben sowohl befristet als auch unbefristet angestellte Mitarbeiter eingesetzt, bedarf es zur sachl. Rechtfertigung der Befristung einer am Sachgrund orientierten Konzeption (BAG 12.9.1996 AP BGB § 620 Befristeter Arbeitsvertrag Nr. 183). 6

2. Bedeutung des Kündigungsschutzes. Die Zulässigkeit befristeter Arbeitsverträge hebt nicht auf die Umgehung des allg. und des bes. Kündigungsschutzes ab. Sie ist eigenständig und bleibt von der Frage des Kündigungsschutzes unbeeinflusst (**aA** *Lange*, Die arbeitsgerichtl. Befristungskontrolle als Angemessenheitskontrolle, 2009, S. 169: ohne Kündigungsschutz reine Plausibilitätskontrolle). Va. der Sechs-Monats-Frist kommt keine Bedeutung zu (BAG 6.11.2003 NZA 2005, 218). Sofern nicht ein Fall des § 14 II (kalendermäßige Befristung ohne Sachgrund) gegeben ist, folgt allein aus der Kürze der vorgesehenen Vertragslaufzeit kein Arg. für den Verzicht auf einen die Befristung rechtfertigenden Sachgrund. Dies wird rechtssystematisch durch § 8 I bestätigt, der für den Regelungsbereich TZ eine Sechs-Monats-Frist kennt. Das TzBfG lässt, anders als es die Gesetzesbegr. (BT-Drs. 14/4374 S. 18 zu § 14 I) nahelegt, für **Kleinbetriebe** keine Ausnahmen von § 14 zu (MüKoBGB/*Hesse* Rn. 10; KR/*Lipke* § 620 BGB Rn. 96; ArbRBGB/*Dörner* § 620 Rn. 68). Das TzBfG nimmt weder Kleinbetriebe noch Haushalte aus dem Anwendungsbereich der Befristungsregelungen aus. § 14 gilt für jede Art von ArbVerh. Dies wird rechtssystematisch durch die Kleinbetriebsklausel in § 8 VII (mehr als 15 AN) bestätigt, denn für befristete ArbVerh. fehlt eine entspr. Bestimmung. 7

Die Notwendigkeit zu dieser umfassenden Regelung folgt aus der **RL 1999/70/EG**, denn diese lässt jdf. keine vollständigen Bereichsausnahmen zu (**aA** *Schiefer* DB 2000, 2118, 2121). Das TzBfG musste zumindest eine der in der RL vorgesehenen Schutzformen für Kleinbetriebe vorsehen. Dem ist mit der Gleichbehandlung aller Betriebe Genüge getan. Wegen des nur eingeschränkt gewährleisteten Kündigungsschutzes bedurfte nach altem Recht die Befristung des Arbeitsvertrags mit einem ltd. Ang. iSv. § 14 II KSchG ledigl. dann eines sachl. Grundes, wenn der ltd. Ang. beim Ausscheiden infolge Befristung keinen finanziellen Ausgleich erhielt, der einer Abfindung gem. §§ 9, 10 KSchG gleichwertig war (BAG 26.4.1979 AP BGB § 620 Befristeter Arbeitsvertrag Nr. 47; *Hanau* FS Zöllner 1998 Band II S. 753 f.). Diese Ausnahme ist nicht aufrecht zu erhalten, weil das Sachgrunderfordernis nicht mehr aus der Umgehung des Kündigungsschutzes, sondern aus § 14 I folgt (BAG 21.3.2017 – 7 AZR 207/15 – Rn. 110; Rn. 79). 7a

Während nach bisherigem Recht **bes. Kündigungsschutz** (zB nach § 15 KSchG) Bedeutung für die Zulässigkeit befristeter Arbeitsverträge zukam, kommt es hierauf nach § 14 I nicht mehr an (KR/*Lipke* Rn. 72). Bes. Kündigungsschutz schließt (sachgrundlose) Befristungen nicht aus und schränkt sie auch nicht ein (BAG 5.12.2012 NZA 2013, 515; 25.6.2014 NZA 2014, 1209 Rn. 16, 29 zu einem mögl. Anspruch auf Abschluss eines unbefristeten Folgevertrags aus § 78 S. 2 BetrVG iVm. § 280 BGB, wenn 8 der AG gerade wegen der BRTätigkeit oder wegen des BRMandats eine Befristung vereinbart; abl. *Pallasch* RdA 2015, 108, 113 f.). Das Bestehen bes. Kündigungsschutzes führt zu keinen höheren Anforderungen an den Sachgrund (MüKoBGB/*Hesse* Rn. 11). Allerdings ist **§ 175 SGB IX** zu beachten. Danach bedarf die Beendigung des ArbVerh. eines schwerbehinderten Menschen auch dann der vorherigen Zust. des Integrationsamtes, wenn sie im Falle des Eintritts einer tw. Erwerbsminderung, der Erwerbsminderung auf Zeit, der Berufsunfähigkeit oder Erwerbsunfähigkeit auf Zeit ohne Kündigung erfolgt. Es gelten die Vorschr. über die Zust. bei ordentl. Kündigung entspr. Im Falle der unbefristeten Rentenbewilligung wegen dauernder Erwerbsunfähigkeit besteht kein Zustimmungserfordernis (BAG 6.4.2011 NJW 2011, 2748; 27.7.2011 AP TzBfG § 21 Nr. 9).

9 **3. Maßgeblichkeit des letzten Arbeitsvertrags.** Das TzBfG erlaubt den Abschluss eines mit Sachgrund befristeten Arbeitsvertrags im Anschluss an ein ohne Sachgrund befristetes ArbVerh. ohne jede Einschränkung. Ebenso wenig sieht es für den **wiederholten Abschluss** befristeter Arbeitsverträge mit Sachgrund Limits vor (BAG 22.4.2009 AP TzBfG § 14 Vertretung Nr. 7). Auch ein Wechsel des Sachgrunds von Vertrag zu Vertrag ist erlaubt. Deshalb besteht keine Notwendigkeit, die bisherige Rspr. zu Mehrfachbefristungen in Frage zu stellen (BAG 25.8.2004 NZA 2005, 357; 13.10.2004 NZA 2005, 469). Dies gilt va. für befristete Verträge aus Gründen der Vertretung oder wegen vorübergehenden Arbeitskräftebedarfs.

9a Jede vom AG darzulegende Prognose wird einer ex-ante-Beurteilung unterzogen. Wird erneut befristet beschäftigt, erweist sich die frühere Prognose in vielen Fällen als unzutr. Die Anforderungen an weitere Prognosen steigen mit jedem neuen Vertrag (BAG 22.11.1995 AP BGB § 620 Befristeter Arbeitsvertrag Nr. 178; Staudinger/*Preis* § 620 Rn. 43), sofern es sich nicht um ausgesprochen kurzfristige Vertragsverhältnisse handelt (BAG 24.9.1997 – 7 AZR 654/96 – BeckRS 2009, 56446). Insb. sind an die Prognose, der Vertretungs- oder Arbeitskräftemehrbedarf werde enden, höhere Anforderungen zu stellen (vgl. die Tendenz in EuGH 26.11.2014 NZA 2015, 153 Rn. 101; **aA** BAG 18.7.2012 NZA 2012, 1351; 18.7.2012 NZA 2012, 1359; 13.2.2013 NZA 2013, 777). Nach der Rspr. des EuGH (26.1.2012 NZA 2012, 135; 26.11.2014 NZA 2015, 153 Rn. 102; 21.9.2016 NZA 2016, 1323 Rn. 66) sind stets alle Umstände des jeweiligen Einzelfalls zu prüfen und dabei namentl. die Zahl der mit ders. Person oder zur Verrichtung der gleichen Arbeit geschlossenen aufeinanderfolgenden befristeten Verträge zu berücksichtigen, um auszuschließen, dass AG „missbräuchl." auf befristete Arbeitsverträge oder -verhältnisse zurückgreifen, mögen diese auch angebl. zur Deckung eines Vertretungsbedarfs geschlossen worden sein. Der EuGH (3.7.2014 – C-362/13 – BeckRS 2014, 81092 – Fiamingo) geht davon aus, dass eine zwischen den ArbVerh. liegende Unterbrechung von mehr als 60 Tagen genügt, die Annahme aufeinander folgender ArbVerh. auszuschließen (dazu Staudinger/*Preis* § 620 Rn. 54g; *vom Stein* NJW 2015, 369, 370). Das BAG setzt diese Vorgaben des EuGH um, indem es § 242 BGB neben § 14 anwendet (zust. *vom Stein* NJW 2015, 369, 371; im Grds. auch PS/*Brose* § 9 Rn. 162; krit. Staudinger/*Preis* § 620 Rn. 54b; *Greiner* ZESAR 2013, 305, 311; *Bayreuther* NZA 2013, 23; *Schlachter* FS Wank 2014 S. 503, 512; *Loth*, Prognoseprinzip und Vertragskontrolle, 2015, S. 290). Dazu prüft die nationale Rspr. den Rechtsmissbrauch neben dem Befristungsgrund (BAG 12.11.2014 NZA 2015, 379 Rn. 27). Das BAG erstreckt seine **Rspr. zum institutionellen Rechtmissbrauch** auf alle Tatbestände des Abs. 1 (BAG 12.11.2014 NZA 2015, 379 Rn. 31; 14.1.2015 NZA 2016, 39 Rn. 40 evtl. mit Ausnahme der Befristung auf Wunsch des AN) und auch die Befristungen nach Abs. 2 (BAG 24.2.2016 NZA 2016, 758 Rn. 39) und Abs. 3 (vgl. BAG 28.5.2014 NZA 2015, 1131 Rn. 43).

9b Zur Bestimmung der **Schwelle einer rechtsmissbräuchl. Gestaltung** von Sachgrundbefristungen knüpft das BAG (9.9.2015 NZA 2016, 169 Rn. 47) an die ges. Wertung in § 14 II 1 (2 Jahre, 3 Verlängerungen) an. Es sieht eine rechtsmissbräuchl. Gestaltung als indiziert an, die bei Fehlen bes. Umstände die Unwirksamkeit der Befristung auslöst, wenn unter Würdigung sämtl. Umstände des Einzelfalls (BAG 12.11.2014 NZA 2015, 379 Rn. 28) wiederholte Befristungsvereinb. zu einer sehr langen Gesamtdauer der befristeten ArbVerh. oder einer außergewöhnl. hohen Anzahl aufeinander folgender Arbeitsverträge mit dems. AN geführt haben (BAG 18.7.2012 NZA 2012, 1351; 18.7.2012 NZA 2012, 1359; 13.2.2013 NZA 2013, 777; 19.2.2014 NZA-RR 2014, 408; 14.1.2015 NZA 2016, 39 Rn. 38 ff.; zust. *Böhm* DB 2013, 516; *Eckert*, Die Vertretungsbefristung, 2016, S. 260 f., wenn die Grenzen des § 14 II 1 überschritten sind; diff. *Drosdeck/Bitsch* NJW 2012, 977, 980; *Brose/Sagan* NZA 2012, 308, 309; *Bayreuther* NZA 2013, 23). Einen institutionellen Rechtmissbrauch durch Abschluss wiederholter befristeter Arbeitsverträge hat das BAG für verschiedene Sachverhalte untersucht (ua. BAG 18.7.2012 NZA 2012, 1351; 18.7.2012 NZA 2012, 1359; 13.2.2013 NZA 2013, 777; 10.7.2013 NZA 2014, 26 Rn. 34 [verneint für 4 befristete ArbVerh. in 4 Jahren]; 19.2.2014 NZA-RR 2014, 408 [bejaht bei einer Gesamtdauer der befristeten ArbVerh. von 13 Jahren]; 29.4.2015 NZA 2015, 928 Rn. 27; 9.9.2015 NZA 2016, 169 Rn. 49 [verneint für 7 befristete ArbVerh. bei einer Gesamtdauer von insg. 6 Jahren und 3 Monaten]; 24.8.2016 NZA 2017, 307 Rn. 32 [verneint für 8 befristete Arbeitsverträge in 3 Jahren und 9 Monaten]; 26.10.2016 NZA 2017, 382 Rn. 30 [verneint für 16 befristete Arbeitsverträge mit einer Gesamtlaufzeit von 6 Jahren und 4 Monaten]), ohne zunächst allg. Grenzen zu ziehen. Mit Urt. v. 26.10.2016 hat es dies jdf. für Fälle der Vertretungsbefristung (Nr. 3) nachgeholt und seine Rspr. konkretisiert (BAG 26.10.2016 NZA 2017, 382 Rn. 28), indem es Grenzwerte beschrieben hat, bei deren Überschreitung Rechtsmissbrauch zu prüfen oder gar indiziert ist.

Ist ein Sachgrund nach Abs. 1 gegeben, lässt erst das erhebl. Überschreiten dieser Grenzwerte den Schluss auf eine missbräuchl. Gestaltung zu (BAG 24.8.2016 NZA 2017, 307 Rn. 32). Davon geht das BAG im Regelfall aus, wenn **mind. das Vierfache** eines der in Abs. 2 S. 1 bestimmten Werte oder das **Dreifache beider Werte** überschritten wird. Liegt ein Sachgrund vor, kann also von der Befristung des ArbVerh. Gebrauch gemacht werden, solange das ArbVerh. nicht die Gesamtdauer von sechs Jahren überschreitet und zudem nicht mehr als neun Vertragsverlängerungen vereinbart wurden, es sei denn, die Gesamtdauer übersteigt bereits acht Jahre oder es wurden mehr als zwölf Vertragsverlängerungen vereinbart (BAG 26.10.2016 NZA 2017, 382 Rn. 26). Werden diese Grenzen alternativ oder kumulativ mehrfach überschritten, ist eine umfassende Missbrauchskontrolle geboten. Überschreitet also die Gesamtdauer des befristeten ArbVerh. acht Jahre oder wurden mehr als zwölf Verlängerungen des befristeten Arbeitsvertrags vereinbart, hängt es von den weiteren, zunächst vom AN vorzutragenden Umständen ab, ob ein Rechtsmissbrauch anzunehmen ist. Gleiches gilt, wenn die Gesamtdauer des befristeten ArbVerh. sechs Jahre überschreitet und mehr als neun Vertragsverlängerungen vereinbart wurden (BAG 26.10.2016 NZA 2017, 382 Rn. 27; 21.3.2017 – 7 AZR 369/15 – BeckRS 2017, 109938 Rn. 26). Werden die genannten Grenzen alternativ oder kumulativ in bes. gravierendem Ausmaß überschritten, kann eine missbräuchl. Ausnutzung der an sich eröffneten Möglichkeit zur Sachgrundbefristung indiziert sein (BAG 26.10.2016 NZA 2017, 382 Rn. 28). Von einem so indizierten Rechtsmissbrauch ist idR auszugehen, wenn durch die befristeten Verträge einer der Werte des Abs. 2 S. 1 um mehr als das Fünffache überschritten wird oder beide Werte mehr als das jeweils Vierfache betragen. Somit ist ein **Rechtsmissbrauch indiziert**, wenn die Gesamtdauer des ArbVerh. **zehn Jahre überschreitet oder mehr als 15 Vertragsverlängerungen** vereinbart wurden oder wenn mehr als zwölf Vertragsverlängerungen bei einer Gesamtdauer von mehr als acht Jahren vorliegen (BAG 21.3.2017 – 7 AZR 369/15 – BeckRS 2017, 109938 Rn. 27). Ist der Rechtsmissbrauch danach indiziert, kann der AG die Annahme eines Gestaltungsmissbrauchs durch den Vortrag bes. Umstände entkräften (BAG 29.4.2015 NZA 2015, 928 Rn. 27 im Fall von 10 befristeten Verträgen in 15 Jahren; 7.10.2015 NZA 2016, 354 Rn. 19 im Fall von 18 Vertragsverlängerungen bei 8 Jahren Gesamtvertretungsdauer; 26.10.2016 NZA 2017, 382 Rn. 28). Liegen zwischen den ArbVerh. erhebl. Unterbrechungen, welche die Annahme „aufeinanderfolgender Arbeitsverträge" ausschließen, sind iRd. Rechtsmissbrauchsprüfung nur die Dauer des ArbVerh. und die Zahl der Vertragsverlängerungen nach der Unterbrechung zu berücksichtigen (Rn. 9a; BAG 14.1.2015 NZA 2016, 39 Rn. 47; 21.3.2017 – 7 AZR 369/15 – BeckRS 2017, 109938 Rn. 31). Obgleich die vom BAG gewählte Anwendung von § 242 BGB neben dem spezialges. geregelten Tatbestand einer Befristung mit Sachgrund Bedenken begegnet (vgl. Rn. 9), ist die durch die Rspr.-Entwicklung gewonnene Konkretisierung zu begrüßen, weil sie praktisch umsetzbar ist und deshalb Rechtssicherheit verspricht. Zur Darlegungs- und Beweislast § 17 Rn. 14a. 9c

Wollen die Arbeitsvertragsparteien im Anschluss an einen befristeten Arbeitsvertrag ihr ArbVerh. noch für eine bestimmte Zeit fortsetzen und schließen sie deshalb vorbehaltlos einen weiteren befristeten Arbeitsvertrag ab, bringen sie damit idR zum Ausdruck, dass allein der neue Vertrag fortan für ihre Rechtsbeziehungen maßgebl. sein soll. Daher kommt es für die Frage, ob die Befristung des ArbVerh. mangels eines die Befristung sachl. rechtfertigenden Grundes unwirksam ist, grds. nur auf den **zul.** (vor Klageerhebung – BAG 22.4.1998 AP BGB § 611 Rundfunk Nr. 25; 5.6.2002 AP BGB § 620 Befristeter Arbeitsvertrag Nr. 236; 27.7.2005 NZA 2006, 40) **abgeschlossenen befristeten Arbeitsvertrag** an (stRspr.; BAG 25.3.2009 NZA 2010, 34; 6.10.2010 NZA 2011, 1155; 18.7.2012 NZA 2012, 1351; 18.7.2012 NZA 2012, 1359; 24.2.2016 NZA 2016, 949 Rn. 14; krit. *Wolter* AuR 2011, 382; *Persch* NZA 2011, 1068 aus unionsrechtl. Gründen). Die Erg. dieser Rspr. werden durch die sich aus § 1 V BeschFG 1996 bzw. der Nachfolgevorschr. des § 17 TzBfG ergebenden Konsequenzen bestätigt (BAG 8.6.2016 NZA 2016, 1463 Rn. 38). Danach gilt das ArbVerh. als aufgrund wirksamer Befristung beendet, wenn nicht binnen drei Wochen nach Vertragsende Klage erhoben wird. Deshalb verbleibt für eine Befristungskontrolle des früheren Arbeitsvertrags kein Raum (BAG 22.3.2000 AP BeschFG 1996 § 1 Nr. 1). Dies gilt auch dann, wenn die Parteien irrtüml. davon ausgingen, sie hätten zuvor in einem wirksam befristeten ArbVerh. gestanden (BAG 4.4.1990 AP BGB § 620 Befristeter Arbeitsvertrag Nr. 136). Die Unkenntnis berechtigt nicht zur Anfechtung nach § 119 BGB (BAG 30.10.1987 AP BGB § 119 Nr. 8; 3.12.1997 AP BGB § 620 Befristeter Arbeitsvertrag Nr. 196). Hat der AN Klage nach § 17 erhoben (iSv. § 253 I ZPO) und schließt sodann einen neuen befristeten Arbeitsvertrag, wirkt der anhängige Rechtsstreit wie ein vereinbarter Vorbehalt (*Dörner* Rn. 119; AG/*Gräfl* Rn. 43). 10

Hiervon abw. ist die vorhergehende Befristung maßgebl., wenn der letzte Vertrag ledigl. ein **unselbständiger Annex** des vorletzten Vertrags darstellt und ohne diesen nicht denkbar ist (BAG 15.2.1995 AP BGB § 620 Befristeter Arbeitsvertrag Nr. 166; 25.3.2009 NZA 2010, 34; 6.10.2010 NZA 2011, 1155). Solche bes. Umstände liegen vor, wenn es sich bei dem Anschlussvertrag nur um eine verhältnismäßig geringfügige Korrektur des in dem früheren Vertrag vereinbarten Endzeitpunktes handelt, diese Korrektur sich am Sachgrund für die Befristung des früheren Vertrags orientiert und allein in der Anpassung der urspr. vereinbarten Vertragslaufzeit an später eingetretene, nicht vorhergesehene Umstände besteht (BAG 24.2.2016 NZA 2016, 949 Rn. 21; Staudinger/*Preis* § 620 Rn. 44). Die Bedeutung 11 des neuen Vertrags soll sich nach den Vorstellungen der Parteien darauf beschränken, die Laufzeit des alten Vertrags mit dem Sachgrund wieder in Einklang zu bringen (BAG 1.12.1999 AP HRG § 57b Nr. 21; 18.4.2007 AP TzBfG § 14 Vertretung Nr. 2; 24.2.2016 NZA 2016, 949 Rn. 21).

11a Ein Annexvertrag liegt zB vor, wenn ein aus Drittmitteln finanzierter Arbeitsvertrag um drei Monate verlängert wird, weil ein Mitarbeiter ausgeschieden ist und deshalb noch restl. Mittel zur Vfg. stehen (BAG 21.1.1987 AP BGB § 620 Hochschule Nr. 4) oder die Vertragsdauer der Laufzeit einer ABM-Förderung angepasst wird (BAG 15.2.1995 AP BGB § 620 Befristeter Arbeitsvertrag Nr. 166). Erfolgt die letzte Befristungsabrede aufgrund einer nach Abschluss des vorletzten Vertrags eingetretenen **neuen Ursache**, ist der letzte Vertrag kein unselbständiger Annex (BAG 25.8.2004 NZA 2005, 357; 13.10.2004 NZA 2005, 469). Die Verschiebung des Fristablaufs um sechs Monate wird nicht mehr als verhältnismäßig geringfügige Korrektur der im Erstvertrag vereinbarten Vertragslaufzeit angesehen (BAG 10.10.2007 NZA 2008, 295; ebenso zu einer Korrektur um sieben Monate BAG 7.11.2007 NZA 2008, 467 und um zehn Monate BAG 1.12.1999 AP HRG § 57b Nr. 21). Zur Bedeutung für die Klagefrist vgl. § 17 Rn. 8. Ist ein nach den Bestimmungen des HRG befristeter Arbeitsvertrag gem. § 57c VI Nr. 5 HRG aF verlängert worden, so ist nicht der Verlängerungsvertrag, sondern der urspr. Vertrag der Befristungskontrolle zu unterziehen (BAG 23.2.2000 AP HRG § 57b Nr. 26).

12 Will der AN seine Rechte aus einem früheren, unwirksam befristeten ArbVerh. sichern, muss er mit dem AG einen entspr. **Vorbehalt** dergestalt vereinbaren, dass der neue befristete Arbeitsvertrag nur gelten soll, wenn die Parteien nicht schon aufgrund des vorangegangenen Vertrags in einem unbefristeten ArbVerh. stehen (vgl. § 17 Rn. 5 f.). Darüber hinaus hat der AN die Klagefrist des § 17 einzuhalten. Ein ledigl. einseitiger Vorbehalt des AN genügt nicht (BAG 4.6.2003 AP BGB § 620 Befristeter Arbeitsvertrag Nr. 252). Die Befristungskontrolle des vorangegangenen Arbeitsvertrags setzt eine entspr. vertragl. Vorbehaltsvereinb. voraus, die von den Tatsacheninstanzen festzustellen ist (BAG 24.8.2011 NZA 2012, 385). Der Vorbehalt unterliegt nicht einem etwaigen tarifl. geregelten Schriftformerfordernis für Nebenabreden (BAG 27.7.2005 NZA 2006, 40).

13 **4. Nachträgliche Befristung eines unbefristeten Arbeitsverhältnisses.** Obwohl § 14 I ledigl. die Befristung eines „Arbeitsvertrags" vom Vorliegen eines Sachgrunds abhängig macht, wird auch die nachträgl., vertragl. Befristung eines Arbeits-„Verhältnisses" von der Regelung erfasst (KR/*Lipke* Rn. 81; AT/*Annuß* § 3 Rn. 8). Sie unterliegt denselben Anforderungen wie ein von Anfang an befristeter Arbeitsvertrag. Sie bedarf eines sachl. Grundes (BAG 15.2.2017 – 7 AZR 223/15 – Rn. 21, 38; AG/*Gräfl* Rn. 8). Dies ist unabhängig davon, ob zZ der Vereinb. Bestandsschutz nach dem KSchG bereits besteht oder nicht (BAG 8.7.1998 AP BGB § 620 Befristeter Arbeitsvertrag Nr. 201). Damit entspricht die Neuregelung der bisherigen Rspr. (BAG 24.1.1996 AP BGB § 620 Befristeter Arbeitsvertrag Nr. 179; 30.1.1997 AP TVG § 4 Rationalisierungsschutz Nr. 16; 20.11.1997 EzA EGBGB Art. 30 Nr. 4), die an den sachl. Grund einer nachträgl. Befristung keine geringeren Anforderungen als in anderen Fällen der Befristung stellte. So hat die Rspr. (BAG 26.8.1998 AP BGB § 620 Befristeter Arbeitsvertrag Nr. 203) es nicht ausreichen lassen, dass der neue befristete Arbeitsvertrag für den AN günstigere Arbeitsbedingungen vorsah und der AN zwischen diesem neuen Arbeitsvertrag und der Fortsetzung seines bisherigen unbefristeten ArbVerh. frei wählen konnte. Liegt ein sachl. Grund vor, ist die nachträgl. Befristung eines unbefristeten ArbVerh. auch dann wirksam, wenn sich der AN des Bestehens eines unbefristeten ArbVerh. **nicht bewusst war** und deshalb auch nicht den Willen hatte, auf seinen Bestandsschutz nach dem KSchG zu verzichten (BAG 3.12.1997 AP BGB § 620 Befristeter Arbeitsvertrag Nr. 196).

14 Kommt es zu keiner einvernehml. Befristung des zuvor unbefristeten ArbVerh., kann der AG die nachträgl. Befristung mittels **Änderungskündigung** herbeiführen (BAG 25.4.1996 AP KSchG 1969 § 1 Betriebsbedingte Kündigung Nr. 78; 20.11.1997 EzA EGBGB Art. 30 Nr. 4; 16.12.2010 AP KSchG 1969 § 2 Nr. 150; AT/*Maschmann* Rn. 12). Die soziale Rechtfertigung der Änderungskündigung ist gem. §§ 2, 4 KSchG gerichtl. überprüfbar. Dabei wird der sachl. Grund der Befristung inzidenter mitbeurteilt (BAG 25.4.1996 AP KSchG 1969 § 1 Betriebsbedingte Kündigung Nr. 78; AG/*Gräfl* Rn. 9; AT/*Maschmann* Rn. 13). Hat der AN den befristeten Arbeitsvertrag unter Vorbehalt angenommen, wird der Sachgrund bei Versäumung der Klagefrist des § 4 KSchG gem. § 7 KSchG fingiert (APS/*Backhaus* Rn. 23). Hat der AN den befristeten Arbeitsvertrag ohne Vorbehalt angenommen, ist er nicht gehindert, auch nach Ablauf der Frist des § 4 KSchG die Unwirksamkeit der Befristung geltend zu machen (BAG 8.7.1998 AP BGB § 620 Befristeter Arbeitsvertrag Nr. 201; AG/*Gräfl* Rn. 9; **aA** AT/*Maschmann* Rn. 13; KR/*Lipke* Rn. 86; APS/*Backhaus* Rn. 23).

15 Schließen die Arbeitsvertragsparteien einen **Aufhebungsvertrag**, liegt darin keine nachträgl. Befristung iSd. Befristungskontrolle. Vielmehr ist die einvernehml. Auflösung des ArbVerh. vom Vorliegen eines sachl. Grundes unabhängig. Sie wird durch die Vertragsfreiheit der Parteien gedeckt (BAG 13.11.1996 AP BGB § 620 Aufhebungsvertrag Nr. 4; 12.1.2000 AP BGB § 620 Aufhebungsvertrag Nr. 16; 15.2.2007 NZA 2007, 614). Dies gilt auch dann, wenn die Parteien den zunächst vereinbarten Auflösungszeitpunkt noch während der Dauer des ArbVerh. um drei Monate hinausschieben. Anders als bei der nachträgl. Befristung eines zunächst unbefristeten ArbVerh. ist der Aufhebungsvertrag **primär auf die Beendigung** und nicht die (befristete) Fortsetzung des ArbVerh. gerichtet (BAG

28.11.2007 NZA 2008, 348; 10.11.2011 NZA 2012, 205; 14.12.2016 NZA 2017, 634 Rn. 20). Die rechtl. Differenzierung und damit das Erfordernis des sachl. Grundes ist zum einen von der tats. Relevanz der noch zu erbringenden Arbeitsleistungen abhängig. Zum anderen wird ein Aufhebungsvertrag Regelungen enthalten, die im Falle einer nachträgl. Befristung des Vertragsverhältnisses typischerweise nicht geregelt zu werden pflegen (BAG 15.2.2007 NZA 2007, 614; 28.11.2007 NZA 2008, 348; 10.11.2011 NZA 2012, 205; 18.1.2017 – 7 AZR 236/15 – Rn. 26). Insofern ist neben der Vereinb. einer Abfindung (BAG 28.11.2007 NZA 2008, 348; 10.11.2011 NZA 2012, 205) an die Gewährung des Resturlaubs, die Erteilung und den Inhalt eines Zeugnisses sowie die weiteren Arbeitspapiere zu denken (BAG 14.12.2016 NZA 2017, 634 Rn. 20). Des Weiteren kommt der anwendbaren Kündigungsfrist Indizwirkung zu (BAG 12.1.2000 AP BGB § 620 Aufhebungsvertrag Nr. 16; 26.9.2001 EzA TVG § 4 Einzelhandel Nr. 51; MüKoBGB/*Hesse* Rn. 19; AT/*Maschmann* Rn. 14; **aA** APS/*Backhaus* § 3 Rn. 37 [zur Abgrenzung sei ausschl. auf die Kündigungsfrist abzustellen]; vgl. zur Gleichsetzung im Arbeitsförderungsrecht BSG 15.12.1999 AP AFG § 128 Nr. 2). Deren Bedeutung wird aber abgeschwächt, wenn dem AN die Möglichkeit eingeräumt wird, sich aus einem ungekündigten ArbVerh. um eine neue Stelle zu bewerben und hierzu die Arbeitspflicht eingeschränkt wird (BAG 28.11.2007 NZA 2008, 348). Wird der nach Ablauf der ges. Kündigungsfrist liegende Beendigungstermin auf Wunsch des AN vereinbart, spricht dies für und nicht gegen die Annahme eines Aufhebungsvertrags (BAG 28.11.2007 NZA 2008, 348; *Linck* JbArbR 45 [2008], 73, 76). Zur Abgrenzung des Aufhebungsvertrags mit Wiedereinstellungszusage vom auflösend bedingten Vertrag BAG 7.3.2002 AP BGB § 620 Aufhebungsvertrag Nr. 22.

5. Maßgeblicher Zeitpunkt; Prognose. Grds. ist die Wirksamkeit einer Befristungsabrede nach den Verhältnissen im **Zpkt. des Vertragsabschlusses** zu beurteilen (BAG 27.7.2005 NZA 2006, 37; 29.6.2011 NZA 2011, 1346 Rn. 39; 24.9.2014 NZA 2015, 301 Rn. 22). Dies gilt vorrangig für das anwendbare Recht und damit Vorliegen des Sachgrunds (BAG 24.10.2001 NZA 2002, 443; 20.2.2002 NZA 2002, 789; 27.7.2005 NZA 2006, 37; 19.10.2005 NZA 2006, 154; 9.12.2015 NZA 2016, 695 Rn. 26; *Worzalla* FS Leinemann 2006 S. 409, 412; ArbRBGB/*Dörner* § 620 Rn. 86). Dabei macht es keinen Unterschied, ob die Befristung beim Abschluss des Arbeitsvertrags oder im Laufe eines schon bestehenden, zunächst unbefristeten ArbVerh. vereinbart wird (BAG 24.1.1996 AP BGB § 620 Befristeter Arbeitsvertrag Nr. 179). Der Zpkt. des Vertragsschlusses ist auch dann maßgebend, wenn der Sachgrund auf eine „entspr. Beschäftigung" abstellt (BAG 14.2.2007 NZA 2007, 871; *Dörner* FS Otto 2008 S. 55, 62). 16

Ist die Befristung wirksam, bleibt ein **späterer Wegfall der Gründe** für die Befristung ohne Belang (BAG 29.6.2011 NZA 2011, 1346 Rn. 40), dh. während der Vertragslaufzeit eintretende Änd. berühren die Wirksamkeit der vereinbarten Befristung nicht (BAG 16.11.2005 NZA 2006, 784; 29.6.2011 NZA 2011, 1346 Rn. 40). Entfällt der bei Vertragsschluss gegebene Sachgrund während der Laufzeit des befristeten Arbeitsvertrags, wandelt sich das befristete ArbVerh. nicht von selbst in ein unbefristetes ArbVerh. (BAG 15.8.2001 EzA BGB § 620 Nr. 182). Andere nachträgl. Ereignisse (Wahl in den BR, Schwangerschaft) lassen ebenso wenig eine wirksam vereinbarte Befristung entfallen (vgl. Rn. 8). Beruht die Entsch. des AG, den befristeten Arbeitsvertrag nicht zu verlängern, auf der Weigerung des AN, trotz AU zu arbeiten, führt dies nicht zur Unwirksamkeit der Befristungsvereinb. und begr. keinen Anspruch auf Abschluss eines neuen ArbVerh. (BAG 23.4.2009 NZA 2009, 974). Ergibt sich nach Abschluss eines Zeitvertrags die Möglichkeit zu einer Dauerbeschäftigung, wandelt sich das ZeitArbVerh. nicht von selbst in einen Vertrag auf unbestimmte Dauer um. Hiervon ist das BAG auch dann nicht abgewichen, wenn es die nach Abschluss des Vertrags eingetretenen Umstände zur Begr. dafür herangezogen hat, der AG handele rechtsmissbräuchl., wenn er sich auf den Fristablauf berufe (zB BAG 16.3.1989 AP BeschFG 1985 § 1 Nr. 8). In diesen Fällen ist die Wirksamkeit der Befristung gerade vorausgesetzt worden. Für eine den Endtermin ändernde erg. Vertragsauslegung müssen deutl. Anhaltspunkte bestehen (großzügig LAG D 31.8.2007 NZA-RR 2008, 64). Verweigert der AG rechtswidrig (zB unter Verletzung des AGG) den Abschluss eines weiteren befristeten Arbeitsvertrags oder die Verlängerung eines noch lfd. befristeten Vertrags, berührt dies die Wirksamkeit der Befristung nicht (BAG 11.7.2007 – 7 AZR 197/06 – BeckRS 2009, 65946; 13.8.2008 NZA 2009, 27). 16a

Die meisten Sachgründe setzen eine **tats. fundierte Prognose** voraus. So muss beim Sachgrund des vorübergehenden Arbeitskräftemehrbedarfs ermittelt werden, ob zum Zpkt. des Ablaufs der Befristung mit hinreichender Wahrscheinlichkeit kein Bedarf mehr an der Weiterbeschäftigung des AN besteht (zB BAG 12.9.1996 AP BGB § 620 Befristeter Arbeitsvertrag Nr. 182; 20.2.2008 AP TzBfG § 14 Nr. 45). Bei der Befristung aus Haushaltsgründen muss die Prognose darauf gerichtet sein, ob die Haushaltsmittel voraussichtl. entfallen werden (zB BAG 7.7.1999 AP BGB § 620 Befristeter Arbeitsvertrag Nr. 215). Allein die bloße Unsicherheit über die weitere Entwicklung ergibt keinen sachl. Grund (BAG 12.9.1996 AP BGB § 620 Befristeter Arbeitsvertrag Nr. 182; 4.12.2013 NZA 2014, 480 Rn. 17). Der prognostizierte Wegfall des Beschäftigungsbedarfs ist in diesen Fällen Teil des Sachgrunds (KR/*Lipke* Rn. 144). Eine Ausnahme bildet die Nr. 8 (gerichtl. Vergleich). 17

Der AG muss aufgrund greifbarer Tatsachen mit einiger Sicherheit annehmen können, dass der in der Zukunft liegende Tatbestand eintreten wird (BAG 28.3.2001 NZA 2002, 666). Die Prognose hat 18 sich darauf zu beziehen, ob im Zpkt. des Ablaufs der Befristung mit hinreichender Wahrscheinlichkeit kein Bedarf mehr an der Weiterbeschäftigung des AN besteht. Jede Prognose bedarf der Anwendung von Erfahrungstatsachen auf die Prognosebasis und kann mit erhebl. Unsicherheiten verbunden sein. Die gerichtl. Kontrolle hat nach den Verhältnissen im Zpkt. des Vertragsschlusses zu erfolgen, kann dementspr. die tats. Grdl. der Prognosebasis und die herangezogenen Erfahrungstatsachen, nicht aber den wirkl. eingetretenen Verlauf umfassen. Spätere tats. Abweichungen von der Prognose können das Fehlen des Sachgrunds bei Vertragsschluss indizieren (BAG 24.9.2014 NZA 2015, 301 Rn. 22). Nicht jeder Prognose ist notwendigerweise ein **Beurteilungsspielraum** immanent, doch liegt es nahe anzunehmen, dem AG komme eine Einschätzungsprärogative zu (**aA** NK-GA/*Studt* Rn. 5). Dem folgen die Gerichte aber nicht, sondern vergleichen die Prognose mit dem tats. Verlauf und erwarten vom AG eine schlüssige Begr. für das Auseinanderfallen (BAG 28.3.2001 NZA 2002, 666; 23.1.2002 ZTR 2002, 437). Nach dieser Rspr. muss der AG, wenn sich die Prognose nicht bestätigt hat, die ihm bei Vertragsschluss bekannten Tatsachen vorbringen, die ihm jdf. zum damaligen Zpkt. den hinreichend sicheren Schluss darauf erlaubten, dass nach Ablauf der Befristung kein konkreter Bedarf mehr an der Arbeitsleistung des eingestellten AN bestehen werde (BAG 12.9.1996 AP BGB § 620 Befristeter Arbeitsvertrag Nr. 182).

18a Wird die Prognose durch die **spätere Entwicklung bestätigt**, begr. dies die Vermutung, sie sei hinreichend fundiert erstellt worden (BAG 13.10.2004 NZA 2005, 401; 24.9.2014 NZA 2015, 301 Rn. 22). Es ist dann Sache des AN, Tatsachen vorzutragen, nach denen zumindest im Zpkt. des Vertragsabschlusses diese Prognose nicht gerechtfertigt gewesen sei (BAG 16.11.2005 NZA 2006, 784; 20.2.2008 AP TzBfG § 14 Nr. 45). Während der Vertragslaufzeit eintretende Änd. berühren die Wirksamkeit der vereinbarten Befristung grds. nicht (BAG 16.11.2005 NZA 2006, 784; 6.12.2006 AP HRG § 57a Nr. 8). Ist die Prognose rechtsfehlerfrei gestellt worden, hat die tats. Entwicklung aber einen anderen Verlauf genommen, lässt sich ein **Wiedereinstellungsanspruch** nicht begründen (BAG 20.2.2002 NZA 2002, 896; *Dörner* ZTR 2001, 485, 491; *Rolfs* Rn. 15; AT/*Maschmann* Rn. 8; *ders.* BB 2002, 1650, 1652; *Auktor* BuW 2003, 168, 171). Das TzBfG sieht Abweichendes nicht vor.

19 **6. Sachgrund für die Befristung an sich.** Der sachl. Grund muss für die Befristung an sich sprechen. Einer bes. Prüfung, ob auch für die Dauer ein sachl. Grund gegeben ist, bedarf es nach der Rspr. nicht (BAG 22.11.1995 AP BGB § 620 Befristeter Arbeitsvertrag Nr. 178; 21.2.2001 NZA 2001, 1382; 21.1.2009 NZA 2009, 727). Hieran hat sich durch das TzBfG nichts geänd. (KR/*Lipke* Rn. 121; ArbRBGB/*Dörner* § 620 Rn. 85; krit. DDZ/*Wroblewski* Rn. 20). Eine **Kongruenz von Vertragsdauer und Befristungsgrund** ist nicht erforderl. (BAG 13.10.2004 NZA 2005, 469; 14.2.2007 NZA 2007, 871; 27.7.2016 NZA 2016, 1531 Rn. 33; **aA** *Rolfs* Rn. 11 für den Sachgrund Nr. 1; *Boemke/Jäger* RdA 2017, 20, 24 diff. nach Sachgrund). Die Notwendigkeit eines sachl. Grunds bedeutet nicht, dass die gewählte Vertragsdauer stets mit der Dauer des Sachgrunds für die Befristung übereinstimmen muss. Der Beendigungszeitpunkt des Vertrags braucht sich nicht mit dem voraussichtl. Zpkt. des Wegfalls des Befristungsgrunds zu decken. Es genügt für die sachl. Rechtfertigung der Befristung, wenn der Vertragszweck durch die vereinbarte (kürzere) Vertragsdauer erreicht wird (BAG 26.8.1988 AP BGB § 620 Befristeter Arbeitsvertrag Nr. 124). Die Vertragsdauer muss sich am Sachgrund der Befristung orientieren und so mit ihm im Einklang stehen, dass sie den behaupteten Sachgrund nicht in Frage stellt (BAG 14.12.2016 – 7 AZR 688/14 – BeckRS 2016, 119687 Rn. 14). Das bloße Zurückbleiben der Vertragslaufzeit hinter der voraussichtl. Dauer eines Projekts ist nur dann geeignet, den Sachgrund für die Befristung in Frage zu stellen, wenn die Vertragslaufzeit derart hinter der bei Vertragsschluss voraussehbaren Dauer des vorübergehenden Bedarfs zurückbleibt, dass eine sinnvolle, dem Sachgrund der Befristung entspr. Mitarbeit des AN nicht mehr mögl. erscheint (BAG 27.7.2016 NZA 2016, 1531 Rn. 33). Hiervon abw. bestimmt die bes. ges. Regelung in § 2 II WZVG, dass die vereinbarte Befristungsdauer dem bewilligten Projektzeitraum entsprechen „soll". Eine ganz eigenständige Beurteilung erfordert der im G nicht benannte Sachgrund „Wahrung der Kontinuität der BR-Arbeit" (BAG 20.1.2016 NZA 2016, 755 Rn. 17; 8.6.2016 NZA 2016, 1535 Rn. 19). Stützt der AG die Befristung des Arbeitsvertrags mit einem BRMitglied auf die Wahrung der personellen Kontinuität des BR, stellt die vereinbarte Vertragsdauer diesen Sachgrund in Frage, wenn der befristete Arbeitsvertrag die noch verbleibende Amtszeit des BR nicht ausschöpft, denn die Befristung führt zu einer erneuten personellen Diskontinuität des BR. In einem solchen Fall bedarf es bes. Umstände, die die Befristung geeignet und erforderl. erscheinen lassen (BAG 20.1.2016 NZA 2016, 755 Rn. 17; 8.6.2016 NZA 2016, 1535 Rn. 19).

19a Dem vorsichtigen AG kann also nicht entgegengehalten werden, die gewählte Befristungsdauer sei zu kurz, wenn überhaupt ein obj. Befristungsgrund vorlag (BAG 28.11.1990 – 7 AZR 625/89 – BeckRS 1990, 30735630). Aus der vereinbarten Befristungsdauer lassen sich jedoch Rückschlüsse darauf ziehen, ob ein sachl. Befristungsgrund überhaupt vorliegt oder nur vorgeschoben ist (BAG 26.8.1988 AP BGB § 620 Befristeter Arbeitsvertrag Nr. 124; 26.10.2016 NZA 2017, 382 Rn. 39). Klaffen Vertrags- und Projektdauer sehr weit auseinander oder ist eine sinnvolle Mitarbeit am Projekt durch die gewählte Vertragsdauer zw., kann der sachl. Grund für die Befristung fehlen. Diese den Sachgrund in Frage stellende Diskrepanz wird va. dann in Betracht zu ziehen sein, wenn das befristete ArbVerh. deutl.

länger als der Sachgrund währen soll. Ist die gewählte **Befristungsdauer diskriminierend** und deshalb nach § 7 II AGG unwirksam, führt dies zur Unwirksamkeit der Befristungsabrede und damit zum Bestehen eines unbefristeten ArbVerh., obgleich die Befristung als solche sachl. gerechtfertigt ist (vgl. BAG 6.4.2011 NZA 2011, 970; *Linsenmaier* RdA 2012, 193, 202).

7. Mitteilung des Befristungsgrundes. Sofern keine abw. tarifvertragl. Regelungen eingreifen, setzt eine rechtswirksame Zeitbefristung nicht voraus, dass der **Befristungsgrund** in den Vertragsverh. erörtert (BAG 26.7.2000 NZA 2001, 546) oder dem AN bei Vertragsschluss mitgeteilt worden ist (BAG 15.8.2001 NZA 2002, 85; krit. *Wolter* AuR 2011, 382). Im RefE des BMA zu § 14 IV war noch die schriftl. Angabe der Rechtsgrdl. der Befristung vorgesehen. Dieser Vorschlag ist nicht G geworden, so dass die gegebene Rechtslage bestätigt worden ist (KR/*Lipke* Rn. 720). Rechtfertigt der angegebene Grund die Befristung nicht, kann ein anderer Grund nachgeschoben werden. 20

Bei **Zweckbefristungen** ist die Mitt. des Grundes erforderl. (KR/*Lipke* Rn. 167; *Boewer* Rn. 90), weil nur durch diese Angabe der Inhalt der Befristungsabrede bestimmt wird. Anders als nach alter Rechtslage, ist für den Sachgrund **„Erprobung"** keine Angabe im Arbeitsvertrag mehr erforderl. (BAG 23.6.2004 NZA 2004, 1333; KR/*Lipke* Rn. 171, 217; *Dörner* Rn. 173; APS/*Backhaus* Rn. 256; MüKoBGB/*Hesse* Rn. 51). Dieser Sachgrund ist in Abs. 1 S. 2 Nr. 5 ausdr. benannt und steht gleichberechtigt neben den anderen Sachgründen. Der Erprobungszweck braucht nicht schriftl. vereinbart zu werden (vgl. Rn. 118a). 21

8. Zeitlicher Geltungsbereich. Das TzBfG ist ohne Übergangsvorschr. am 1.1.2001 in Kraft getreten (Art. 4). Für Vereinb., die seit dem 1.1.2001 getroffen werden, gilt allein das TzBfG (BAG 15.1.2003 NZA 2003, 1092; 15.1.2003 NZA 2003, 914). Aus der Zeitkollisionsregel folgt, dass nach dem BeschFG 1996 letztmals am 31.12.2000 eine Befristung vereinbart werden konnte. Die Vereinb. einer Befristung oder auflösenden Bedingung vor dem 1.1.2001 beurteilt sich nach altem Recht, also insb. der einschlägigen Rspr. (BAG 9.12.2015 NZA 2016, 695 Rn. 26). 22

II. Einzelne sachliche Gründe

1. Im Gesetz benannte Gründe. a) Vorübergehender Arbeitskräftebedarf (§ 14 I 2 Nr. 1). Sicher ausmachbarer, vorübergehender Arbeitsanfall rechtfertigt die Befristung des ArbVerh. (BAG 14.1.1982 AP BGB § 620 Befristeter Arbeitsvertrag Nr. 65). Wird die Befristung auf einen vorübergehend erhöhten Arbeitsanfall gestützt, hängt die Wirksamkeit der Befristung von der prognostizierten künftigen Entwicklung ab, deren Beurteilung dem AG obliegt (BAG 25.11.1992 AP BGB § 620 Befristeter Arbeitsvertrag Nr. 150; 15.5.2012 NZA 2012, 1366). Die Prognose des AG muss ergeben, dass für die Beschäftigung des AN über das vereinbarte Vertragsende hinaus **mit hinreichender Sicherheit kein Bedarf** mehr bestehen wird (BAG 25.8.2004 NZA 2005, 357; 17.3.2010 NZA 2010, 633). Ein die Befristung rechtfertigender vorübergehender Bedarf an der Arbeitsleistung liegt nicht vor, wenn dem AN Daueraufgaben übertragen werden sollen, die von dem beschäftigten Stammpersonal wegen einer von vornherein unzureichenden Personalausstattung nicht erledigt werden können (BAG 14.12.2016 – 7 AZR 688/14 – BeckRS 2016, 119687 Rn. 13). Es reicht demnach nicht aus, dass sich ledigl. unbestimmt abzeichnet, aufgrund welcher Abläufe eine Tätigkeit des AN in der Zukunft entbehrl. sein könnte (BAG 11.9.2013 NZA 2014, 150 Rn. 25). Die Befristung wegen eines nicht voraussehbaren künftigen Bedarfs an AN ist nicht mögl. (BAG 15.5.2012 NZA 2012, 1366; 11.9.2013 NZA 2014, 150 Rn. 25). Es muss eine zeitl. begrenzte Arbeitsaufgabe vorliegen. Dabei kann allein der Umstand, dass eine sich aus der Art der Tätigkeit oder aus der Situation des Betriebs ergebende Ungewissheit vom AG nicht zu steuern ist, den Abschluss befristeter Arbeitsverträge nicht rechtfertigen. In dieser Lage befindet sich mehr oder weniger jeder AG, der AN mit Daueraufgaben beschäftigt (BAG 12.9.1996 AP BGB § 620 Befristeter Arbeitsvertrag Nr. 182; vgl. zur mögl. Umgehung der Rechtsfolgen des § 613a BGB bei befristeter Vergabe eines Bewachungsauftrags BAG 22.1.2015 NZA 2015, 1325 Rn. 35 ff.). 23

Die **Unsicherheit der künftigen Entwicklung** des Arbeitskräftebedarfs rechtfertigt allein keine Befristung (BAG 22.3.2000 NZA 2000, 881; 4.12.2013 NZA 2014, 480 Rn. 17), insb. die Sorge des AG um die konjunkturelle und wirtschaftl. Entwicklung rechtfertigt noch keine Befristung (BAG 25.11.1992 AP BGB § 620 Befristeter Arbeitsvertrag Nr. 150; *Wiedemann* FS Lange 1970 S. 395, 403). Entscheidend ist nach dem G der „betriebl." Bedarf, es kommt nicht auf den AG oder das Unternehmen an (bzw. der Dienststelle – LAG SH 19.12.2006 NZA-RR 2007, 221; **aA** *Plander/Witt* DB 2002, 1002). Deshalb ist die befristete Einstellung bis zum Zpkt. der vom AG prognostizierten Schließung einer Dienststelle durch den Sachgrund der Nr. 1 gerechtfertigt (BAG 30.10.2008 NZA 2009, 723). Ein im Haushaltsplan ausgebrachter kw-Vermerk (künftig wegfallend), gleichgültig ob datiert oder undatiert, rechtfertigt allein nicht die Prognose, an der Arbeitsleistung des AN bestehe nur ein vorübergehender Bedarf (BAG 2.9.2009 NZA 2009, 1257). 23a

Erfolgt die Einstellung zur **Durchführung eines bestimmten Projekts** (vgl. Rn. 25), kommt es allein auf den in dieser Maßnahme zu erwartenden Bedarf an (BAG 25.8.2004 NZA 2005, 357). Aus der Entsch. des AG, den Arbeitsbedarf zukünftig durch den Einsatz eines LeihAN zu decken, folgt kein Befristungsgrund für den zunächst eingestellten AN (BAG 17.1.2007 NZA 2007, 332). Die Nr. 1 23b erfordert nicht, dass der befristet eingestellte AN mit den Aufgaben betraut wird, die den vorübergehenden Arbeitskräftebedarf begründen (BAG 14.12.2016 – 7 AZR 688/14 – BeckRS 2016, 119687 Rn. 15). Vielmehr kann der AG die Arbeit auf andere AN durch Änd. der Aufgabenverteilung neu organisieren. Die Wirksamkeit einer Befristung wegen eines vorübergehenden Bedarfs an der Arbeitsleistung erfordert nicht, dass der befristet beschäftigte AN in dem Bereich eingesetzt wird, in dem der Mehrbedarf entstanden ist (BAG 17.3.2010 NZA 2010, 633; 14.12.2016 – 7 AZR 688/14 – BeckRS 2016, 119687 Rn. 15). Vielmehr genügt es, wenn zwischen dem zeitweilig erhöhten Arbeitsanfall und der befristeten Einstellung ein vom AG darzulegender ursächl. Zusammenhang besteht (BAG 14.12.2016 – 7 AZR 688/14 – BeckRS 2016, 119687 Rn. 15). Der AG ist nicht gehindert, die vorhandene Arbeitsmenge zu verteilen, seine Arbeitsorganisation zu ändern oder die zusätzl. Arbeiten anderen AN zuzuweisen (BAG 17.3.2010 NZA 2010, 633; 14.12.2016 – 7 AZR 688/14 – BeckRS 2016, 119687 Rn. 15). Dabei darf er aber nicht mehr AN befristet einstellen als insg. zur Deckung des Mehrbedarfs erforderl. sind (BAG 12.9.1996 AP BGB § 620 Befristeter Arbeitsvertrag Nr. 182; 14.12.2016 – 7 AZR 688/14 – BeckRS 2016, 119687 Rn. 15; KR/*Lipke* Rn. 195). Der befristete Vertrag muss nicht für die gesamte Laufzeit des Projekts geschlossen werden (BAG 7.11.2007 NZA 2008, 467). Das bloße Zurückbleiben der Vertragslaufzeit hinter der voraussichtl. Dauer des Vorhabens ist nicht stets und ohne weiteres geeignet, den sachl. Grund für die Befristung in Frage zu stellen.

24 Der vorübergehend erhöhte Arbeitsanfall ist nur gegeben, wenn die künftige Entwicklung vom AG prognostiziert wird und einen zukünftigen Abfall erwarten lässt (BAG 5.6.2002 NZA 2003, 149; 4.12.2002 AP BAT § 2 SR 2y Nr. 24). Wird die Befristung auf einen zusätzl. Arbeitskräftebedarf im Bereich der Daueraufgaben gestützt, hat der AG darzutun, aufgrund welcher Umstände bei Abschluss des befristeten Arbeitsvertrags davon auszugehen war, dass künftig nach Ablauf der mit dem befristet beschäftigten AN vereinbarten Vertragslaufzeit das zu erwartende Arbeitspensum mit dem vorhandenen Stammpersonal wird erledigt werden können (BAG 14.12.2016 – 7 AZR 688/14 – BeckRS 2016, 119687 Rn. 13). **Aufgrund greifbarer Tatsachen** muss der Wegfall des Mehrbedarfs mit einiger Sicherheit zu erwarten sein (BAG 14.1.1982 AP BGB § 620 Befristeter Arbeitsvertrag Nr. 64; 16.10.2008 NZA 2009, 676; LAG SH 23.3.2005 NZA-RR 2005, 628). Erforderl. ist eine tats. fundierte Prognose, während die bloße Unsicherheit über die weitere Entwicklung keinen sachl. Grund ergibt (BAG 12.9.1996 AP BGB § 620 Befristeter Arbeitsvertrag Nr. 182; 5.6.2002 NZA 2003, 149; 20.2.2008 AP TzBfG § 14 Nr. 45; 4.12.2013 NZA 2014, 480 Rn. 17). Allerdings erfordert der Sachgrund nicht, dass der Zpkt. des prognostizierten Wegfalls korrekt bestimmt wurde (BAG 20.2.2008 AP TzBfG § 14 Nr. 45; 17.3.2010 NZA 2010, 633). Die gewählte Befristungsdauer wird grds. nicht überprüft (vgl. Rn. 19 f.).

24a Der Wegfall muss nicht auf Dauer eintreten, sondern kann wie in Saison- und Kampagne-Betrieben mit großer Regelmäßigkeit wiederholt auftreten (**periodisch wiederkehrender Arbeitsanfall** – vgl. MüArbR/*Wank* § 97 Rn. 50 ff.). Der Sachgrund ist gegeben, wenn bei Vertragsschluss feststeht, dass der erneute Arbeitsanfall erst nach einer Unterbrechung von vielen Wochen auftreten wird (BAG 11.2.2004 NZA 2004, 978; LAG K 27.11.2006 LAGE TzBfG § 14 Nr. 34). Hier sollte auf die Dauer der jeweils einschlägigen Kündigungsfrist abgestellt werden, so dass zB ein Sachgrund iSd. Nr. 1 gegeben ist, wenn prognostiziert werden kann, dass die Arbeitsleistung für zehn Monate benötigt wird, anschließend für zwei Monate kein Bedarf bestehen wird, um anschließend wieder für zehn Monate zu bestehen (zB Busfahrer in einem Unternehmen, das ausschl. Schülerbeförderung betreibt, oder Reinigungskräfte in einem Schulgebäude – vgl. BAG 10.1.2007 NZA 2007, 384). IdS kann auch die Entsch. des EuGH v. 3.7.2014 (C-362/13 – BeckRS 2014, 81092 – Fiamingo) verstanden werden, wonach eine Unterbrechung von 60 Tagen ausreicht, um von separat zu beurteilenden ArbVerh. auszugehen. Allerdings kann aus TV die Verpflichtung des AG folgen, zur Aufrechterhaltung des versicherungspflichtigen BeschVerh. beizutragen (BAG 13.7.2010 AP TVG § 1 Altersteilzeit Nr. 47).

25 Nicht nur im Hochschulbereich kommt die Mitwirkung an einem **bestimmten, zeitl. begrenzten Projekt** als ein dem Sachgrund Nr. 1 zuzuordnender Sachverhalt in Betracht (BAG 25.8.2004 NZA 2005, 357; 13.2.2013 NZA 2013, 1271; 24.9.2014 NZA 2015, 301 Rn. 16; *Preis/Hausch* NJW 2002, 927, 932). Die Projektbefristung ist im WZVG nicht geregelt und bestimmt sich auch im Anwendungsbereich dieses G nach Nr. 1 (BAG 8.6.2016 NZA 2016, 1463 Rn. 47). Es darf sich aber um keine Dauer- oder gar Pflichtaufgaben des AG handeln (BAG 11.2.2004 NZA 2004, 978; 7.11.2007 NZA 2008, 467). Bei den iRd. Projekts zu bewältigenden Aufgaben muss es sich um eine auf vorübergehende Dauer angelegte und ggü. den Daueraufgaben des AG abgrenzbare Zusatzaufgabe handeln (BAG 13.2.2013 NZA 2013, 1271; 27.7.2016 NZA 2016, 1531 Rn. 18). Dies ist nicht der Fall bei Tätigkeiten, die der AG iRd. von ihm verfolgten Betriebszwecks dauerhaft wahrnimmt oder zu deren Durchführung er verpflichtet ist. Deshalb kann der AG einen Sachgrund für die Befristung nicht dadurch herbeiführen, dass er im Wesentlichen unveränderte Daueraufgaben in organisatorisch eigenständige „Projekte" aufteilt (BAG 27.7.2016 NZA 2016, 1531 Rn. 18). Für das Vorliegen eines Projekts spricht es regelm., wenn dem AG für die Durchführung der im Projekt verfolgten Tätigkeiten von einem Dritten finanzielle Mittel oder sonstige Sachleistungen zur Vfg. gestellt werden (BAG 7.11.2007 NZA 2008, 467; 7.5.2008 AP TzBfG § 14 Nr. 49; 27.7.2016 NZA 2016, 1531 Rn. 18). Wird ein AN für die Mitwirkung an einem Projekt befristet eingestellt, muss bereits im Zpkt. des Vertragsschlusses zu erwarten sein, dass die iRd. Projekts durchgeführten Aufgaben nicht dauerhaft anfallen (BAG

27.7.2016 NZA 2016, 1531 Rn. 19; deshalb krit. für Aufgaben der Entwicklungshilfe *Bader/Hohmann* NZA 2017, 761). Für eine solche Prognose müssen ausreichend konkrete Anhaltspunkte vorliegen BAG 7.5.2008 AP TzBfG § 14 Nr. 49). Dabei setzt die wirksame Befristung nicht voraus, dass nach dem prognostizierten Auslaufen des Projekts keine anderweitige Einsatzmöglichkeit für den AN (zB in anderen Projekten) mehr vorhanden sei (BAG 25.8.2004 NZA 2005, 357; 27.7.2016 NZA 2016, 1531 Rn. 19; skeptisch *Petrovicki* NZA 2006, 411, 412). Auch hier ist nicht zu untersuchen, ob für die gewählte Vertragslaufzeit ein Sachgrund besteht (BAG 29.7.2009 AP TzBfG § 14 Nr. 65; 27.7.2016 NZA 2016, 1531 Rn. 33; allg. Rn. 19 f.). Insofern unterscheiden sich die Prognoseanforderungen von den der anderen Fallgruppen der Nr. 1, bei denen im Zpkt. des Vertragsschlusses mit hinreichender Sicherheit zu erwarten sein muss, dass für die Beschäftigung des AN über das vereinbarte Vertragsende hinaus kein Bedarf besteht (so ausdr. BAG 7.11.2007 NZA 2008, 467).

Der nur vorübergehende projektbedingte personelle Mehrbedarf stellt den Sachgrund für die Be- **25a**
fristung des Arbeitsvertrags mit einem projektbezogen beschäftigten AN für die Dauer des Projekts dar (BAG 7.11.2007 NZA 2008, 467; 13.2.2013 NZA 2013, 1271; 24.9.2014 NZA 2015, 301 Rn. 17). Ein anerkennenswertes Interesse des AG am Abschluss eines befristeten Arbeitsvertrags zur Durchführung eines Projekts liegt aber nur vor, wenn die projektbezogene Tätigkeit den AN **voraussichtl. überw. beanspruchen** wird (BAG 24.9.2014 NZA 2015, 301 Rn. 21). Dann ist der projektbedingt vorübergehende Bedarf an der Arbeitsleistung ausschlaggebend für den Abschluss des Arbeitsvertrags, weil nach Ablauf der Vertragslaufzeit voraussichtl. die Beschäftigungsmöglichkeit für den AN im Wesentlichen entfallen wird. Ist daher bei Vertragsschluss die Prognose gerechtfertigt, dass die Arbeit an dem Forschungsprojekt den AN überw. beanspruchen wird, schadet es nicht, wenn bereits feststeht oder absehbar ist, dass der AN nicht ausschl. projektbezogene Tätigkeiten ausüben wird, sondern daneben auch andere Arbeiten erledigen soll. Ist hingegen bereits bei Vertragsschluss absehbar, dass die Beschäftigung des AN mit projektbezogenen Aufgaben nicht den wesentl. Teil der AZ in Anspruch nehmen wird, sondern der AN überw. mit projektfremden Aufgaben eingesetzt werden soll, besteht kein anerkennenswertes Interesse des AG am Abschluss eines nur befristeten Arbeitsvertrags (BAG 24.9.2014 NZA 2015, 301 Rn. 21). In diesem Fall kann nicht angenommen werden, dass die Mitwirkung an dem Projekt ursächl. für den Vertragsschluss ist, da bereits vorhersehbar ist, dass der AN nach Ablauf der Vertragslaufzeit weiterhin in erhebl. Umf. mit projektfremden Tätigkeiten beschäftigt werden kann (BAG 16.11.2005 NZA 2006, 784; 7.5.2008 AP TzBfG § 14 Nr. 49).

Ein typischer Fall der Nr. 1 sind die **SaisonArbVerh.** Sie können sowohl aufgrund einer Zweck- **26**
befristung als auch einer Zeitbefristung enden (BAG 20.10.1967 AP BGB § 620 Befristeter Arbeitsvertrag Nr. 30; 29.1.1987 AP BGB § 620 Saisonarbeit Nr. 1). Voraussetzung der Zweckbefristung ist ein bestimmbarer Zpkt. des Saisonendes. IdR werden Saisonarbeiten in einer bestimmten Jahreszeit verstärkt auftreten. Dies kann zB wetterbedingt oder Folge einer jahreszeitl. Produktion oder Dienstleistung sein (Badeanstalten, Verkauf von Weihnachtsartikeln oä.). Zu den saisonbedingten Arbeiten zählen die auf den verstärkten Auftragseingang in der Saison zurückzuführenden Arbeiten in der Produktion (zB Herstellung von Eis oder Feuerwerkskörpern), die unmittelbar davon abhängigen Arbeiten im Lager, in der Verpackung und in der Auslieferung sowie Reinigungsarbeiten in den während der Saison zusätzl. genutzten Produktionsräumen.

Auch die wiederholte Befristung des Arbeitsvertrags mit einem SaisonAN kann sachl. gerechtfertigt **26a**
sein (BAG 29.1.1987 AP BGB § 620 Saisonarbeit Nr. 1). Mit der Anzahl der geschlossenen befristeten Arbeitsverträge steigen die Anforderungen an die Prognose. Sind die dem SaisonAN übertragenen Arbeiten nicht zumindest mittelbar durch den verstärkten Arbeitsanfall während der Saison bedingt, ist eine Befristung nur dann sachl. gerechtfertigt, wenn der AN sachl. zur **Aushilfe** eingestellt worden ist, um Arbeiten zu verrichten, die außerhalb der Saison von AN aus der Produktion (StammAN) übernommen werden. Die Wirksamkeit einer Befristung setzt idR kein bestimmtes Personalkonzept voraus (BAG 11.12.1991 AP BGB § 620 Befristeter Arbeitsvertrag Nr. 144). Es muss ledigl. im Einzelfall plausibel erklärt werden können, warum ein einzelner AN im Gegensatz zu anderen AN nur befristet beschäftigt wird. Werden jedoch zur Erledigung von Daueraufgaben sowohl befristet als auch unbefristet angestellte Mitarbeiter eingesetzt, bedarf es zur sachl. Rechtfertigung der Befristungen einer am Sachgrund orientierten Konzeption (BAG 12.9.1996 AP BGB § 620 Befristeter Arbeitsvertrag Nr. 183).

In **Kampagnebetrieben** wird im Jahr nicht länger als drei Monate gearbeitet. Dem wird durch **27**
Abschluss befristeter Arbeitsverträge entsprochen werden, die vor dem 1.1.2001 wegen ihrer kurzen Dauer, unabhängig von § 1 BeschFG 1996 grds. keiner sachl. Rechtfertigung bedurften. Heute ist dies anders. Sie bedürfen eines solchen Grundes, weil § 14 II 2 eine Befristung ohne Sachgrund ausschließt, wenn bereits zuvor mit demselben AG ein befristetes oder unbefristetes ArbVerh. bestand.

Vorübergehender Arbeitskräftebedarf ist ferner gegeben (*Dörner* Rn. 288), wenn eine in einem **28**
befristeten oder gekündigten ArbVerh. begonnene Aufgabe sinnvoll abgeschlossen werden soll oder der Betrieb in absehbarer Zeit stillgelegt wird und ein vorübergehender Arbeitskräftebedarf besteht (vgl. BAG 30.10.2008 NZA 2009, 723), um den Betrieb bis zur Stilllegung aufrechtzuerhalten **(Abwicklungsarbeiten)**. Nach der Rspr. zur alten Rechtslage musste sich der AG bei Vertragsabschluss zur Schließung des Betriebs entschlossen haben und die Prognose begründen können, dass auch eine Weiterbeschäftigung des AN in einem anderen Betrieb nicht mögl. sein werde (BAG 3.12.1997 AP

BGB § 620 Befristeter Arbeitsvertrag Nr. 196). Demggü. stellt Abs. 1 S. 2 Nr. 1 allein auf den betriebl. Bedarf ab (vgl. Rn. 23). Beabsichtigt der AG bei Vertragsschluss, seine betriebl. Tätigkeit nach einer räuml. und/oder organisatorischen Änd. fortzuführen, und besteht der betriebl. Bedarf an der vertragl. Arbeitsleistung des befristet eingestellten AN dort fort, sind die Voraussetzungen der Nr. 1 nur erfüllt, wenn bereits bei Vertragsschluss feststeht, dass die vertragl. Tätigkeit für den befristet beschäftigten AN an dem neuen Standort nicht mehr anfällt oder ihm diese nicht zugewiesen werden könnte (BAG 21.3.2017 NZA 2017, 631 Rn. 32).

29 **b) Erstanstellung (§ 14 I 2 Nr. 2).** Die Befristung ist sachl. berechtigt, wenn sie „im Anschluss an eine Ausbildung oder ein Studium erfolgt, um den Übergang des AN in eine Anschlussbeschäftigung zu erleichtern". Soll dem Absolventen einer Ausbildung oder speziell eines Studiums eine Anschlussbeschäftigung geboten werden, ist bereits dieser Anschlusszweck ges. Befristungsgrund. Gedacht ist vorrangig an die befristete Anstellung von Hochschul- und Fachhochschulabsolventen, die bereits während ihres Studiums beschäftigt wurden und deshalb nach § 14 II 2 nicht ohne Sachgrund befristet eingestellt werden dürfen, sowie an die in verschiedenen TV vorgesehene Übernahme von Auszubildenden in ein sechsmonatiges oder einjähriges AnschlussArbVerh. Da Auszubildende im Anschluss an ein **Berufsausbildungsverhältnis** in einem ohne Sachgrund befristeten ArbVerh. von max. zwei Jahren Dauer beschäftigt werden können, weil ein Berufsausbildungsverhältnis kein ArbVerh. iSv. § 14 II 2 ist (BAG 21.9.2011 NZA 2012, 255), hat der Sachgrund der Nr. 2 nur Bedeutung für Befristungen von mehr als zwei Jahren Dauer oder im Falle eines früheren, nicht länger als 3 Jahre zurückliegenden ArbVerh. ders. Parteien vor dem Berufsausbildungsverhältnis (vgl. Rn. 99).

30 Das befristete ArbVerh. eines zuvor als **Auszubildender** Beschäftigten muss spätestens am Tage nach Beendigung des Ausbildungsverhältnisses begr. werden. Wird der Ausgebildete auch nur einen Tag im Anschluss an das Ausbildungsverhältnis ohne Befristungsabrede weiterbeschäftigt, greift die Fiktion des § 24 BBiG ein. Es gilt dann ein ArbVerh. auf unbestimmte Zeit als begr. (vgl. die Erl. zu § 24 BBiG). Nach § 12 BBiG ist es dem Auszubildenden erlaubt, sich innerhalb der letzten sechs Monate des Berufsausbildungsverhältnisses zu verpflichten, im Anschluss an das Ausbildungsverhältnis ein ArbVerh. mit dem Ausbildenden einzugehen (gleichgültig, ob dieses befristet oder unbefristet ist).

31 Zur **Ausbildung** rechnen die Berufsausbildungsverhältnisse nach § 10 BBiG, die Ausbildungsverhältnisse iSv. § 26 BBiG sowie ör. ausgestaltete Ausbildungsverhältnisse, nicht aber innerbetriebl. Fortbildungen oder Umschulungen (MüKoBGB/*Hesse* Rn. 25; ArbRBGB/*Dörner* § 620 Rn. 111; AT/*Maschmann* Rn. 30; APS/*Backhaus* Rn. 85; DDZ/*Wroblewski* Rn. 69; *Sievers* Rn. 216; **aA** KR/*Lipke* Rn. 222; *Boewer* Rn. 114; MüArbR/*Wank* § 95 Rn. 58; diff. *Laux/Schlachter* Rn. 40 [Befristung zulässig nach außerbetriebl. Umschulung]), denn das TzBfG diff. zwischen Aus- und Weiterbildung, wie sich aus § 10 ergibt. Auch eine Promotion ist keine Ausbildung idS (*Preis/Hausch* NJW 2002, 927, 933; **aA** NK-GA/*Studt* Rn. 27). Die Nr. 2 setzt nicht voraus, dass die vorangegangene Berufsausbildung bei demselben AG absolviert wurde. Ein **Studium** ist ein geordneter Ausbildungsgang an einer nach dem Hochschulrecht anerkannten Einrichtung (*Rolfs* Rn. 24; **aA** MHH/*Meinel* Rn. 106; BeckOK/*Bayreuther* Rn. 37). Es ist nicht erforderl., dass das Studium in Deutschland absolviert wurde (*Dörner* Rn. 239). Ebenso wenig ist ein förml. Abschluss des Studiums oder zumindest ein entspr. Bemühen Voraussetzung für die wirksame Befristung des Erstvertrags (Staudinger/*Preis* § 620 Rn. 107; *Dörner* Rn. 240).

32 Die Erstanstellung muss im **„Anschluss"** begr. werden. Deshalb schließt ein zwischenzeitl. ArbVerh. oder BeschVerh. einen Anschluss iSv. Nr. 2 aus (BAG 10.10.2007 NZA 2008, 295; 24.8.2011 AP TzBfG § 14 Nr. 85 [offen wie Gelegenheitsjobs gewertet werden]; Staudinger/*Preis* § 620 Rn. 108; *Boewer* Rn. 117; ähnl. MüKoBGB/*Hesse* Rn. 27, *Dörner* Rn. 242; MüArbR/*Wank* § 95 Rn. 59 und *Rolfs* Rn. 25, die aber Gelegenheitsjobs unberücksichtigt lassen wollen; *Schwefer,* Die befristete Übernahme, 2005 S. 100 [im Tätigkeitsfeld der Ausbildung]). Da das G anders als § 1 I 1 Ziff. 2 BeschFG 1985 nicht vom „unmittelbaren" Anschluss spricht, kann aber im Einzelfall eine Ausnahme zugelassen werden. Hat der AN eine Erstanstellung gesucht und nicht gefunden, kann der Sachgrund der Nr. 2 nicht wegen Ablaufs einer bestimmten Höchstfrist ausgeschlossen werden (*Dörner* Rn. 243; MHH/*Meinel* Rn. 107; *Boewer* Rn. 117; *Rolfs* Rn. 25; *Hromadka* BB 2001, 621, 623; HaKo/*Mestwerdt* Rn. 81; *Schwefer,* Die befristete Übernahme, 2005 S. 97; **aA** KR/*Lipke* Rn. 228; MüKoBGB/*Hesse* Rn. 26; AR/*Schüren* Rn. 19; *Kliemt* NZA 2001, 296, 297 [sechs Monate]; *Däubler* ZIP 2001. 223 [drei Monate]), vielmehr ist dieser Sachgrund gerade für den Langzeitarbeitslosen die Chance zum Berufsstart. Da die Erstanstellung im Anschluss an die Ausbildung erfolgen muss, kann auf die Nr. 2 keine wiederholte Befristung gestützt werden (BAG 10.10.2007 NZA 2008, 295; *Dörner* Rn. 245). Dies schließt auch eine Verlängerung des nach Nr. 2 befristeten Arbeitsvertrags noch während der urspr. Laufzeit aus (BAG 10.10.2007 NZA 2008, 295).

33 Die **Aussicht auf Anschlussbeschäftigung** muss noch nicht konkret bestehen. Im Rechtssinne ist ein „Erleichtern" auch gegeben, wenn ledigl. die Chance auf eine Anschlussbeschäftigung gegeben ist. Diese Chance auf Anschlussbeschäftigung muss sich nicht auf den AG des befristeten ArbVerh. beziehen (KR/*Lipke* Rn. 232; *Böhm* RdA 2005, 360, 366). Es kann die Verbesserung der Vermittlungschancen auf dem Arbeitsmarkt genügen (*Schwefer,* Die befristete Übernahme, 2005 S. 111; *Worzalla* FS Leinemann 2006 S. 409, 413). Deshalb besteht kein Grund, die zulässige **Befristungsdauer** nur kurz

zu bemessen. Es kann auch nicht die Frist von zwei Jahren aus Abs. 2 herangezogen werden (*Dörner* Rn. 247; AG/*Gräfl* Rn. 87; **aA** LAG K 13.6.2006 – 13 Sa 124/06 – BeckRS 2006, 44457; MüKoBGB/*Hesse* Rn. 29; *Laux/Schlachter* Rn. 45; AT/*Maschmann* Rn. 32; KR/*Lipke* Rn. 229; AR/*Schüren* Rn. 20; Staudinger/*Preis* § 620 Rn. 109; *Sievers* Rn. 229; HKTzBfG/*Boecken* Rn. 53). Würde diese Frist gelten, liefe Nr. 2 in vielen Sachverhaltskonstellationen leer. Da jdf. nach Auff. des Gesetzgebers ein vorangegangenes Berufsausbildungsverhältnis kein „bereits zuvor"-ArbVerh. iSv. Abs. 2 S. 2 ist, kann mit diesem Personenkreis ohnehin ein nach Abs. 2 S. 1 ohne Sachgrund auf zwei Jahre befristetes ArbVerh. begr. werden. Gleiches gilt für alle neu eingestellten AN. Die Nr. 2 behielte allein für Arbeitsverträge mit AN Bedeutung, die nach Abs. 2 S. 2 gehindert sind, erneut ohne Sachgrund ein befristetes ArbVerh. einzugehen. Deshalb ergibt sich die zulässige Befristungshöchstdauer aus der im Einzelfall festzustellenden Erwartung, die Eingehung einer Anschlussbeschäftigung werde so gefördert. Dabei kommt den spezifischen Vorkenntnissen des AN und der Situation auf dem angesprochenen Arbeitsmarkt wesentl. Bedeutung zu. Soweit es um akademisch ausgebildete AN geht, werden Befristungen von drei und mehr Jahren Dauer zulässig sein. Immerhin wird im G über die ärztl. Weiterbildung mit Befristungen von acht Jahren Dauer operiert.

c) Vertretung (§ 14 I 2 Nr. 3). Nach dieser Bestimmung liegt ein sachl. Grund für die Befristung eines Arbeitsvertrags vor, wenn der AN zur Vertretung eines anderen AN beschäftigt wird. Der Grund für die Befristung liegt darin, dass der AG bereits zu einem vorübergehend ausfallenden Mitarbeiter in einem Rechtsverhältnis steht und mit der Rückkehr dieses Mitarbeiters rechnet. Damit besteht für die Wahrnehmung der an sich dem ausfallenden Mitarbeiter obliegenden Arbeitsaufgaben durch eine Vertretungskraft von vornherein nur ein zeitl. begrenztes Bedürfnis (BAG 11.2.2015 NZA 2015, 617 Rn. 15; 24.8.2016 NZA 2017, 307 Rn. 17). Die Vertretung erkrankter, beurlaubter (BAG 24.8.2016 NZA 2017, 307 Rn. 18, 24; **aA** ArbG HB 21.8.2012 – 4 Ca 4196/11 – AuR 2012, 453 [LS] hins. des Erholungsurlaubs) oder aus anderen Gründen **vorübergehend an der Arbeitsleistung verhinderter AN** gehört zu den typischen, allg. anerkannten und heute G gewordenen sachl. Gründen für den Abschluss befristeter Arbeitsverträge (vgl. BAG 21.2.2001 NZA 2001, 1382; 13.10.2004 NZA 2005, 469). Der EuGH (26.1.2012 NZA 2012, 135) hat in der Entsch. Kücük anerkannt, dass die nationale Regelung in Nr. 3 mit der Rahmenvereinb. über befristete ArbVerh. im Anh. der RL 1999/70/EG des Rates v. 28.6.1999 (vgl. § 1 Rn. 1) vereinbar ist. Diese Sicht hat der EuGH wiederholt bestätigt (vgl. EuGH 26.11.2014 NZA 2015, 153 Rn. 91; 14.9.2016 NZA 2016, 1265 Rn. 44). Anwendungsfälle sind darüber hinaus Vertretungen für die Dauer des Beschäftigungsverbots nach dem MuSchG, der Abordnung eines AN ins Ausland, der Freistellung nach den Bestimmungen des BetrVG oder Personalvertretungsrechts, der EZ, die speziell in § 21 BEEG geregelt ist (vgl. BAG 26.10.2016 NZA 2017, 382 Rn. 14; 15.2.2017 – 7 AZR 223/15 – Rn. 22 „konkretisiert"); sowie des Wehr- oder Zivildienstes. Es ist nicht erforderl., dass der zu vertretende AN vollständig an seiner Arbeitsleistung verhindert ist (BAG 10.7.2013 NZA 2013, 1292 Rn. 13). Es kann auch eine Kombination verschiedener Verhinderungsgründe (wie AZReduzierung und Abordnung ders. AN auf eine TZStelle) genügen (BAG 12.4.2017 – 7 AZR 436/15 – Rn. 23). 34

Die Befristung eines ArbVerh. wegen Vertretung eines Beschäftigten für die Dauer der kurzzeitigen **Arbeitsverhinderung wegen Pflege** oder PZ ist in § 6 PflegeZG geregelt (näher dazu die Erl. zum G Nr. 530). Auf diese Regelung verweist wiederum § 9 V FPfZG (G Nr. 300) für den Anwendungsbereich dieses G. Die Vertretung für die Dauer des Erholungsurlaubs eines StammAN ist sachl. nach Nr. 3 zu rechtfertigen (im Grundsatz a. *Dörner* Rn. 299). Der zu vertretende AN muss nicht vollständig ausfallen, es genügt auch eine Vertretung als TZKraft, zB weil der zu vertretende AN vorübergehend in TZ wechselt. Die Bedeutung des Sachgrunds der Vertretung hat mit dem Inkrafttreten des TzBfG zugenommen, weil auch die **kurzfristigen Arbeitsverträge zur Vertretung** (bis zu sechs Monaten Dauer) eines Sachgrunds bedürfen, sofern nicht die Abs. 2 und 3 eingreifen. Auch Ein-Tages-Arbeitsverträge bedürfen eines Sachgrunds, wenn bereits zuvor ein (ggf. Ein-Tages-)ArbVerh. der Parteien bestanden hat. Dient dieser Vertrag der Deckung eines ganz kurzfristigen Arbeitskräftemehrbedarfs greift die Nr. 1, im Falle der Vertretung eines kurzfristig ausfallenden Mitarbeiters die Nr. 3. Nach Nr. 3 darf ein durch den zeitweiligen Ausfall eines Mitarbeiters entstandener, vorübergehender Bedarf an Arbeitsleistung mit dem befristet eingestellten AN gedeckt werden (BAG 2.7.2003 NZA 2004, 1055). Darin liegt der Unterschied zur Nr. 1. Während dort der **Bedarf an Arbeitsleistung** vorübergehend erhöht ist, ist bei der Nr. 3 der Bedarf unverändert, doch sind (vorübergehende) Lücken in der Personaldecke zu schließen (*Dörner* Rn. 298). 34a

Teil des Sachgrunds ist eine Prognose des AG über den voraussichtl. Wegfall des Vertretungsbedarfs nach Rückkehr des zu vertretenden Mitarbeiters (BAG 24.8.2016 NZA 2017, 307 Rn. 18). Diese **Prognose** muss sich nur auf den **Wegfall des Vertretungsbedarfs** durch die zu erwartende Rückkehr des zu vertretenden Mitarbeiters, nicht aber auch auf den Zpkt. dieser Rückkehr und damit auf die Dauer des Vertretungsbedarfs erstrecken (BAG 21.2.2001 NZA 2001, 1382; 5.6.2002 AP BGB § 620 Befristeter Arbeitsvertrag Nr. 235; 2.7.2003 NZA 2004, 1055). Zu den Anforderungen bei wiederholter Befristung vgl. Rn. 9. Die Prognose braucht sich auch nicht darauf zu beziehen, ob die zu vertretende Stammkraft ihre Arbeit wieder in vollem Umf. aufnehmen wird (BAG 6.12.2000 NZA 2001, 721). Der AG kann regelm. auch bei wiederholten Befristungen nach fortbestehender AU des zu vertretenden AN von 35 dessen Rückkehr ausgehen (BAG 24.5.2006 – 7 AZR 640/05 – BeckRS 2009, 67940; 25.3.2009 NZA 2010, 34; 11.2.2015 NZA 2015, 617 Rn. 30). Er ist nicht gehalten, Erkundigungen beim zu vertretenden Mitarbeiter einzuholen (BAG 4.6.2003 AP BGB § 620 Befristeter Arbeitsvertrag Nr. 252; 2.7.2003 NZA 2004, 1055). Nur wenn der AG aufgrund ihm vorliegender Inf. erhebl. Zweifel daran haben muss, dass die zu vertretende Stammkraft überhaupt wieder an ihren Arbeitsplatz zurückkehren wird, kann dies dafür sprechen, der Sachgrund der Vertretung sei ledigl. vorgeschoben (BAG 25.3.2009 NZA 2010, 34; 29.6.2011 NZA 2011, 1346 Rn. 39). Hat zB die Stammkraft dem AG bereits vor dem Abschluss des befristeten Arbeitsvertrags verbindl. erklärt, sie werde die Arbeit nicht wieder aufnehmen, kann die notwendige Prognose des künftigen Wegfalls des Vertretungsbedarfs nicht gestellt werden (BAG 2.7.2003 NZA 2004, 1055; 24.5.2006 – 7 AZR 640/05 – BeckRS 2009, 67940; LAG RP 5.7.2012 NZA 2013, 16). Ansonsten muss der AG mit der Rückkehr des Vertretenen an den Arbeitsplatz rechnen.

35a **Unverbindl. Ankündigungen** stehen einer abw. Prognose nicht entgegen. Auch wenn die beurlaubte oder erkrankte Stammkraft beabsichtigt, nach dem Urlaubsende oder der Genesung die Arbeit nicht wieder aufzunehmen und dies dem AG ggü. unverbindl. äußert, können später eintretende Umstände oder unvorhersehbare Ereignisse im pers. Bereich dazu führen, dass die Stammkraft entgegen ihrer urspr. Planung an ihren Arbeitsplatz zurückkehrt. Solange die Stammkraft einen Anspruch hat, die Tätigkeit wieder aufzunehmen, muss und darf der AG daher mit der Rückkehr rechnen (BAG 13.6.2007 AP TzBfG § 14 Vertretung Nr. 3). Nur wenn der AG im Ausnahmefall aufgrund ihm vorliegender Inf. nicht mehr mit der Rückkehr des vertretenen Mitarbeiters rechnen muss, kann dies dafür sprechen, der Befristungsgrund der Vertretung sei nur vorgeschoben (BAG 23.1.2002 NZA 2002, 665; 2.7.2003 NZA 2004, 1055).

35b Das **Fehlen einer Personalreserve** schließt den Abschluss nach Nr. 3 befristeter Arbeitsverträge nicht aus (BAG 7.10.2015 NZA 2016, 354 Rn. 15; 24.8.2016 NZA 2017, 307 Rn. 26; 26.10.2016 NZA 2017, 382 Rn. 33; ArbRBGB/*Dörner* § 620 Rn. 123), der AG ist nicht gehalten, bei st. auftretendem Vertretungsbedarf einen Personal-Pool – zB in Form von unbefristet angestellten Springern – einzurichten (BAG 6.10.2010 NZA 2011, 1155; vgl. aber BAG 17.11.2010 NZA 2011, 34). Aus unionsrechtl. Gründen ist es aber unzulässig, den durch die Erfüllung einer Daueraufgabe begr. Arbeitskräftebedarf mit befristet angestellten Vertretungskräften zu decken (EuGH 14.9.2016 NZA 2016, 1265 Rn. 47 f.). Es ist nicht erforderl., dass die die Vertretung auslösenden Umstände aus der **Sphäre der Stammkraft** stammen. So kann auch die „betriebsbedingte" Abordnung einer Stammkraft die befristete Einstellung eines AN nach Nr. 3 rechtfertigen (BAG 16.1.2013 NZA 2013, 614; 10.7.2013 NZA 2013, 1292). Der befristet eingestellte AN muss dann die Stammkraft unmittelbar oder mittelbar vertreten. Für die Rechtsfigur der „gedankl. Zuordnung" (krit. BAG 7.10.2015 NZA 2016, 354 Rn. 22) ist in einem solchen Fall kein Raum, weil der AG nach Auff. der Rspr. von seinen Versetzungs- und Umsetzungsbefugnissen – bei identischem Anlass – nur einmal Gebrauch machen dürfe (BAG 16.1.2013 NZA 2013, 611; 13.2.2013 AP TzBfG § 14 Nr. 103; 10.7.2013 NZA 2013, 1292). Da die Rückkehr des abgeordneten AN auf seinen Stammarbeitsplatz häufig durch den AG gepl. und gesteuert werden kann, muss der AG bei der Prognose der voraussichtl. Rückkehr der abgeordneten Stammkraft sämtl. Umstände des Einzelfalls würdigen, um den Befristungsgrund der Nr. 3 gerichtsfest begründen zu können (BAG 16.1.2013 NZA 2013, 614; 12.4.2017 – 7 AZR 436/15 – Rn. 27).

36 Eine **Dauervertretung** (zB als Springer) ist unzulässig (BAG 13.4.1983 AP BGB § 620 Befristeter Arbeitsvertrag Nr. 76). Eine Dauervertretung liegt nur dann vor, wenn bereits bei Abschluss des Arbeitsvertrags eine über den Endtermin der Befristung hinausgehende Beschäftigung des AN vorgesehen ist (BAG 3.10.1984 AP BGB § 620 Befristeter Arbeitsvertrag Nr. 87; 25.3.2009 ZTR 2009, 441; 25.3.2009 NZA 2010, 34). Jdf. liegt eine unzulässige Dauervertretung nicht deshalb vor, weil die Vertretung mehrjährig angelegt ist. ZB hat das BAG (3.3.1999 – 7 AZR 608/97) die Vertretung eines AN als Sachgrund anerkannt, dem Erwerbsunfähigkeitsrente auf Zeit bewilligt worden war. Die Befristung ist aber sachwidrig, wenn sich dem AG aufgrund obj. Umstände erhebl. Zweifel daran aufdrängen müssen, ob der zu vertretende Mitarbeiter seine Tätigkeit überhaupt oder in unverändertem Umf. wieder aufnehmen wird (vgl. Rn. 35). In Fällen der Beurlaubung, Freistellung von der Arbeitspflicht nach Betriebsverfassungs- und Personalvertretungsrecht oder Erkrankung des zu vertretenden AN darf der AG regelm. von der Wiederaufnahme der Arbeit ausgehen (BAG 20.2.2002 NZA 2002, 896). Den AG trifft keine bes. Erkundigungspflicht (BAG 21.2.2001 NZA 2001, 1382; ArbRBGB/*Dörner* § 620 Rn. 119).

36a Liegen jeweils die Voraussetzungen der Nr. 3 vor, ist die **Zahl wiederholter Befristungen** grds. nicht begrenzt, doch kann eine rechtsmissbräuchl. Gestaltung indiziert sein, wenn ein wiederholt auftretender Vertretungsbedarf zu einer sehr langen Gesamtdauer der befristeten ArbVerh. oder einer außergewöhnl. hohen Anzahl aufeinander folgender Arbeitsverträge mit dems. AN geführt hat (näher Rn. 9).

36b Die **Laufzeit des befristeten Arbeitsvertrags** braucht nicht den gesamten prognostizierten Vertretungsbedarf abzudecken, sondern kann kürzer gewählt werden (BAG 13.10.2004 NZA 2005, 469; 6.11.2013 NZA 2014, 430 Rn. 31). Doch besteht bei wiederholter Befristung des ArbVerh. Veranlassung, aus unionsrechtl. Gründen den Sachgrund zu verneinen, wenn die Befristungsdauer erneut kurz bemessen wird (vgl. *Greiner* ZESAR 2013, 305, 311). Aus der parallelen Regelung in § 21 BEEG ist zu schließen, dass der Befristungsgrund nicht nur Befristungen für die Abwesenheitszeit des zu vertretenden AN trägt, sondern auch für die Zeit einer notwendigen **Einarbeitung des Vertreters** (APS/

Backhaus Rn. 341; **aA** KR/*Lipke* Rn. 249). Eine wiederholte Abkopplung der Vertretungsdauer von dem Vertretungsgrund kann aber für einen institutionellen Rechtsmissbrauch sprechen, wenn die befristeten Arbeitsverträge sachgrundlos nicht dem konkreten Vertretungsbedarf entsprechen (BAG 26.10.2016 NZA 2017, 382 Rn. 42).

Der befristet zur Vertretung eingestellte AN kann die vorübergehend ausfallende Stammkraft unmittelbar vertreten und die von ihr bislang ausgeübten Tätigkeiten erledigen (**unmittelbare Vertretung**). Der Sachgrund ist aber auch gegeben, wenn der Vertreter nicht unmittelbar die Aufgaben des vertretenen Mitarbeiters übernimmt, sondern die Aufgaben des ausfallenden Mitarbeiters von einem anderen AN oder mehreren anderen AN ausgeübt werden und deren Aufgaben dem Vertreter übertragen werden (**mittelbare Vertretung** – BAG 24.8.2016 NZA 2017, 307 Rn. 20; 26.10.2016 NZA 2017, 382 Rn. 15 ff.). Ob und wie der AG anlässl. der befristeten Einstellung die Arbeitsaufgaben umverteilt, ist unerhebl. (BAG 11.2.2015 NZA 2015, 617 Rn. 21). Der neu eingestellte AN muss also nicht die Arbeit des verhinderten Mitarbeiters verrichten (BAG 21.2.2001 NZA 2001, 1069; 10.3.2004 AP BGB § 620 Befristeter Arbeitsvertrag Nr. 257; 25.8.2004 NZA 2005, 472; 18.4.2007 AP TzBfG § 14 Vertretung Nr. 2; 4.5.2011 NZA 2011, 1178; *Dörner* Rn. 313), vielmehr genügt ein **ursächl. Zusammenhang** zwischen Vertretungsbedarf und befristeter Einstellung der Vertretungskraft, der im Prozess vom AG iE darzulegen ist (BAG 16.1.2013 NZA 2013, 611; 24.8.2016 NZA 2017, 307 Rn. 19; 26.10.2016 NZA 2017, 382 Rn. 15; *Laux/Schlachter* Rn. 49). Im Fall der mittelbaren Vertretung muss die Zuordnung (Vertretungskette) erkennbar geworden sein (BAG 15.2.2006 NZA 2006, 781; *Dörner* NZA 2007, 57, 63). Es muss eine geschlossene Kette der Aufgabenübertragung vorliegen, dh. die Beschäftigten, die die Kette bilden, müssen die Arbeitsaufgaben des jeweils in der Kette „vorgelagerten" Beschäftigten übernommen haben und diese Aufgabenübertragung muss eine Verbindung zwischen dem abwesenden Beschäftigten und dem zur Vertretung eingestellten AN begründen (BAG 6.11.2013 NZA 2014, 430 Rn. 27). Der mit dem Begriff „Vertretung" bezeichnete Sachgrund fordert weder eine unmittelbare noch eine mittelbare Vertretung in einem rechtl. näher definierten Sinne, sondern schlicht die Deckung eines durch den Ausfall von Stammkräften entstehenden Arbeitskräftebedarfs (BAG 17.4.2002 AP BAT § 2 SR 2y Nr. 21). Werden dem befristet beschäftigten AN Aufgaben übertragen, die der vertretene Mitarbeiter nie ausgeübt hat, besteht der erforderl. Kausalzusammenhang nicht nur, wenn eine mittelbare Vertretung erfolgt, sondern auch dann, wenn der AG rechtl. und tats. in der Lage wäre, dem vorübergehend abwesenden AN im Falle seiner Anwesenheit die dem Vertreter zugewiesenen Aufgaben zu übertragen. In diesem Fall ist zur Gewährleistung des Kausalzusammenhangs zwischen der zeitweiligen Arbeitsverhinderung der Stammkraft und der Einstellung der Vertretungskraft erforderl., dass der AG bei Vertragsschluss mit dem Vertreter dessen Aufgaben einem oder mehreren vorübergehend abwesenden Beschäftigten nach außen erkennbar gedankl. zuordnet (BAG 24.8.2016 NZA 2017, 307 Rn. 21). Dies kann insb. durch eine entspr. Angabe im Arbeitsvertrag geschehen. Bei einer Vertretung im Wege einer solchen gedankl. Zuordnung muss der AG rechtl. und tats. in der Lage sein, die dem Vertreter zugewiesenen Aufgaben der vorübergehend abwesenden Stammkraft zu übertragen, und diese gedankl. Zuordnung bei Vertragsschluss nach außen erkennbar dokumentieren (BAG 24.8.2016 NZA 2017, 307 Rn. 21). 37

Da der Vertretungsfall die Befristung auch dann rechtfertigt, wenn die **Aufgabenerfüllung neu organisiert** wird und ggf. ein neuer Arbeitsplatz entsteht (BAG 21.3.1990 AP BGB § 620 Befristeter Arbeitsvertrag Nr. 135; 25.3.2009 ZTR 2009, 441), hat der AG im Prozess, wenn die Tätigkeit des zeitweise ausgefallenen AN nicht von dem Vertreter, sondern einem anderen AN oder mehreren anderen AN ausgeübt wird (mittelbare Vertretung), zum Nachw. des „Kausalzusammenhangs" (BAG 18.4.2007 AP TzBfG § 14 Vertretung Nr. 2; 10.10.2012 NZA-RR 2013, 185; 7.10.2015 NZA 2016, 354 Rn. 12, 22) grds. die Vertretungskette zwischen dem Vertretenen und dem Vertreter darzulegen (BAG 6.11.2013 NZA 2014, 430 Rn. 27; krit. *Eisemann* NZA 2009, 1113, 1117, der für den Fall wiederholt veränderter Zuordnungen zusätzl. die Darlegung befristungsunabhängiger Gründe fordert). 37a

Nimmt der AG den Ausfall eines AN zum Anlass, die Aufgaben in seinem Betrieb oder seiner Dienststelle neu zu verteilen, so muss er zunächst die bisher dem vertretenen AN übertragenen Aufgaben darstellen. Anschließend ist die Neuverteilung dieser Aufgaben auf einen oder mehrere andere AN zu schildern. Schließl. ist darzulegen, dass sich die dem Vertreter zugewiesenen Tätigkeiten aus der geänd. Aufgabenzuweisung ergeben (BAG 15.2.2006 NZA 2006, 781; 24.5.2006 – 7 AZR 640/05 – BeckRS 2009, 67940). Die **gedankl. Zuordnung** des AG, welchem vorübergehend abwesenden AN die vom Vertreter ausgeübten Tätigkeiten übertragen werden könnten, muss erkennbar sein (BAG 18.4.2007 AP TzBfG § 14 Vertretung Nr. 2; 25.3.2009 NZA 2010, 34; 14.4.2010 NZA 2010, 942; 10.10.2012 NZA-RR 2013, 185; 11.2.2015 NZA 2015, 617 Rn. 21, 25; krit. 7.10.2015 NZA 2016, 354 Rn. 22 [Grenze des institutionellen Rechtsmissbrauchs überschritten]). Die Verdeutlichung der Überlegungen des AG kann bspw. durch eine entspr. Angabe im Arbeitsvertrag oder iRd. Beteiligung der ANVertretung bei der Einstellung erfolgen (BAG 6.10.2010 NZA 2011, 1155; 10.10.2012 NZA-RR 2013, 185). Diese Festlegung bildet die Grdl. für die gerichtl. Kontrolle der Befristungsabrede (BAG 24.5.2006 – 7 AZR 640/05 – BeckRS 2009, 67940). 37b

Werden dem befristet beschäftigten AN Aufgaben übertragen, die der vertretene AN zu keinem Zpkt. ausgeübt hat, besteht der **erforderl. Kausalzusammenhang**, wenn der AG rechtl. und tats. in 37c der Lage wäre, dem Vertretenen die Aufgaben des Vertreters zuzuweisen (BAG 14.4.2010 NZA 2010, 942 auch zur Dauer einer ggf. notwendigen Einarbeitungszeit; 10.10.2012 NZA-RR 2013, 185; 6.11.2013 NZA 2014, 430 Rn. 24). Das ist der Fall, wenn der AG nach dem Arbeitsvertrag iVm. § 106 GewO (BAG 12.1.2011 NZA 2011, 507) berechtigt wäre, dem vorübergehend abwesenden AN im Falle seiner Weiterarbeit oder nach seiner Rückkehr nicht dessen bisherige Tätigkeiten, sondern den Aufgabenbereich des Vertreters zuzuweisen (BAG 15.2.2006 NZA 2006, 781; 25.3.2009 ZTR 2009, 441; 20.1.2010 AP TzBfG § 14 Nr. 68; 4.5.2011 NZA 2011, 1178; 10.10.2012 NZA-RR 2013, 185; KR/*Lipke* Rn. 272). Für die Nr. 3 ist es aber unzureichend, wenn der AG die durch den vorübergehenden Ausfall eines AN frei werdenden Mittel dazu verwendet, eine andere Aufgabe durch die Aushilfskraft erledigen zu lassen, die nicht einmal in einer mittelbaren Beziehung zu der vom ausgefallenen AN erledigten Aufgabe steht (BAG 25.8.2004 NZA 2005, 472).

37d Die **Kongruenz von Einsatzort und Aufgabengebiet** einer Vertretungskraft und eines vorübergehend nicht zur Vfg. stehenden AN erleichtert zwar den Nachw. des Sachgrunds, wird aber von diesem nicht vorausgesetzt (BAG 15.2.2006 NZA 2006, 781). Der befristet eingestellte Vertreter muss nicht zeitl. und/oder fachl. in der Lage sein, die Aufgaben der vertretenen Stammkraft zu übernehmen. Entscheidend ist vielmehr, ob der zeitl. Umf. der AZ der vertretenen Stammkraft zumindest denjenigen der befristet eingestellten Vertretungskraft erreicht (BAG 20.1.2010 AP TzBfG § 14 Nr. 68). Folgl. vermag der Ausfall einer teilzeitbeschäftigten Kraft nicht die befristete Einstellung einer Vollzeitkraft zu rechtfertigen (BAG 4.6.2003 AP BGB § 620 Befristeter Arbeitsvertrag Nr. 252).

38 Ob die Rspr. die sog. **Gesamtvertretung** im Schulbereich (vgl. dazu KR/*Lipke* Rn. 283; ArbRBGB/*Dörner* § 620 Rn. 132; krit. *Preis/Loth* ZTR 2013, 232) weiterhin als Sachgrund anerkennen wird, ist offen (BAG 10.10.2012 NZA-RR 2013, 185 mit ausf. Darst. der Rspr.-Entwicklung). Nach bisheriger Rspr. konnte innerhalb einer durch Organisationsentsch. des AG festgelegten Verwaltungseinheit der Vertretungsbedarf für das Lehrpersonal eines Schulbereiches bezogen auf ein Schuljahr rechnerisch ermittelt und durch befristet eingestellte Vertretungskräfte gedeckt werden, die nicht an den Schulen der ausfallenden Stammlehrkräfte und nicht in deren Fächerkombinationen eingesetzt wurden.

39 Die Vertretung **„eines anderen AN"** ist sprachl. enger gefasst als die frühere Rspr., die auch die Vertretung eines Beamten ausreichen ließ (zB BAG 21.2.2001 NZA 2001, 1069). Unter Berufung auf die Gesetzesbegr. (BT-Drs. 14/4374 S. 19) hat das BAG auch für das TzBfG entschieden, die **Vertretung eines Beamten** rechtfertige die Befristung des Arbeitsvertrags eines Vertreters (BAG 25.3.2009 NZA 2010, 34; 12.4.2017 – 7 AZR 436/15 – Rn. 18; ebenso KR/*Lipke* Rn. 238; *Rolfs* Rn. 34; *Kliemt* NZA 2001, 296, 298; *Hunold* NZA 2002, 255, 256). Es formuliert durchgängig, es gehe um die Vertretung eines anderen Mitarbeiters (zB BAG 24.8.2016 NZA 2017, 307 Rn. 18). Nach dem Gesetzeszweck kommt auch die Vertretung eines freien Mitarbeiters durch einen befristet einzustellenden AN in Betracht (MüKoBGB/*Hesse* Rn. 34; HaKo/*Mestwerdt* Rn. 97).

40 Gründe der **Personalplanung** können eine Befristung rechtfertigen, wenn es sich nicht ledigl. um allg. personalpolitische Erwägungen handelt. So kann die Befristung bis zu dem Zpkt., an dem ein freier Dauerarbeitsplatz mit einem anderen AN oder Beamten besetzt werden soll, sachl. gerechtfertigt sein, wenn die rechtl. Bindung des AG bereits zZ des Abschlusses des befristeten Arbeitsvertrags besteht (BAG 6.11.1996 AP BGB § 620 Befristeter Arbeitsvertrag Nr. 188; 9.12.2009 NZA 2010, 495) oder der andere AN über eine bes. Qualifikation verfügt (BAG 5.6.2002 AP BGB § 620 Befristeter Arbeitsvertrag Nr. 235). In der Entsch. v. 9.12.2009 (NZA 2010, 495) ordnet das BAG diesen Sachgrund nicht der Nr. 3 zu, sondern sieht hierin einen Grund außerhalb der ges. ausdr. benannten Gründe (vgl. Rn. 78b). Wenn ein AG des öffentl. Dienstes eine freie Beamten-Planstelle vorübergehend mit einem AN besetzt, bis ein bereits in der Ausbildung befindl. Beamter auf der Stelle eingesetzt werden darf, kann der Arbeitsvertrag nach Nr. 3 befristet werden. Hingegen kommt eine Befristung aus sozialen Gründen nicht Betracht (vgl. BAG 7.7.1999 AP BGB § 620 Befristeter Arbeitsvertrag Nr. 211; vgl. Rn. 67 f.). Voraussetzung ist in jedem Fall, dass die endgültige Besetzung der Stelle zeitl. absehbar ist (EuGH 26.11.2014 NZA 2015, 153 Rn. 120 – Mascolo).

41 Ebenfalls unter Nr. 3 kann der Fall eingeordnet werden, dass ein AN vorübergehend bis zu dem Zpkt. beschäftigt werden soll, in dem ein **Auszubildender** des AG seine Berufsausbildung beendet, dessen **Übernahme** in ein unbefristetes ArbVerh. beabsichtigt ist (BAG 18.3.2015 NZA-RR 2015, 569 Rn. 14 f. nimmt für diesen Fall einen unbenannten Sachgrund an) oder einem ausgeschiedenen AN eine verbindl. Wiedereinstellungszusage gegeben wurde (**aA** BAG 2.6.2010 NZA 2010, 1172 kein Grund iSd. Nr. 3). Dieser Befristungsgrund setzt nicht voraus, dass der AG dem Auszubildenden die Übernahme bereits im Zpkt. des Vertragsabschlusses mit dem ersatzweise eingestellten AN zugesagt hat (BAG 19.9.2001 EzA BGB § 620 Nr. 181; **aA** *Dörner* Rn. 324 als sonstiger Befristungsgrund). Das berechtigte Interesse des AG an der befristeten Beschäftigung sieht die Rspr. in dem vom AG in die Ausbildung investierten Aufwand (BAG 1.12.1999 BB 2000, 1525). Andererseits erkennt das BAG (ua. 8.9.1983 AP BGB § 620 Befristeter Arbeitsvertrag Nr. 77) ein Bedürfnis, Stellen zugunsten künftiger, besser qualifizierter Bewerber frei zu halten, nicht als sachl. Grund an (vgl. aber BVerfG 13.1.1982 AP GG Art. 5 Abs. 1 Rundfunkfreiheit Nr. 1). Ist ein AG aufgrund eines TV verpflichtet, einen Auszubildenden nach Abschluss der Ausbildung in ein befristetes ArbVerh. zu übernehmen, besteht ein berechtigtes Interesse an der befristeten Beschäftigung eines anderen AN bis zum Zpkt. der Über-

nahme des Auszubildenden nur dann, wenn im Zpkt. des Vertragsschlusses mit dem anderen AN die Prognose gerechtfertigt ist, dass der Auszubildende nach Abschluss seiner Ausbildung nicht auf einem Arbeitsplatz beschäftigt werden kann, der aufgrund des Ausscheidens eines früher nach dem TV in ein befristetes ArbVerh. übernommenen Auszubildenden voraussichtl. frei wird (BAG 18.3.2015 NZA-RR 2015, 569 Rn. 15). Eine solche Befristung setzt nicht voraus, dass bei Abschluss des Arbeitsvertrags eine namentl. Zuordnung des befristet beschäftigten AN zu einem bestimmten Auszubildenden vorgenommen wird. Es muss allerdings gewährleistet sein, dass zwischen der Beschäftigung des befristet eingestellten AN und der beabsichtigten Übernahme des Auszubildenden ein Kausalzusammenhang besteht (BAG 18.3.2015 NZA-RR 2015, 569 Rn. 20). Nach Auff. des BAG (13.10.2004 NZA 2005, 401) ist die Befristung bis zur Übertragung der Stelle auf einen anderen AN kein Fall der Vertretung, sondern ein in S. 2 ungenannter Sachgrund (vgl. Rn. 78a).

Der Sachgrund der Nr. 3 greift auch dann ein, wenn **mehrere AN ant.** zu vertreten sind, und setzt nicht voraus, dass der Vertretungsbedarf in vollem Umf. durch Vertretungskräfte abgedeckt wird. Ob und wie der AG anlässl. der befristeten Einstellung die Arbeitsaufgaben umverteilt, ist für die Befristung unerhebl. 42

Wird ein AN zur Vertretung **auflösend bedingt oder zweckbefristet** eingestellt und scheidet der zu vertretende AN aus dem ArbVerh. aus, ist durch Auslegung zu ermitteln, ob auch der zur Vertretung geschlossene Arbeitsvertrag enden soll (BAG 26.6.1996 AP BGB § 620 Bedingung Nr. 23; *Picker* ZfA 2013, 73, 82 f. „erg. Vertragsauslegung"). Regelm. wird dies nicht der Fall sein, denn die umgekehrte Reaktion wäre logisch (**aA** *Maschmann* BB 2002, 2180, 2181; *Picker* ZfA 2013, 73, 83). Der Sachgrund der Vertretung rechtfertigt für sich allein idR nicht die Befristung des Arbeitsvertrags bis zum Ausscheiden des Vertretenen aus seinem ArbVerh. (BAG 24.9.1997 AP BGB § 620 Befristeter Arbeitsvertrag Nr. 192; 5.6.2002 AP BGB § 620 Befristeter Arbeitsvertrag Nr. 235). 43

d) Eigenart der Arbeitsleistung (§ 14 I 2 Nr. 4). Die Befristung wegen der Eigenart der Arbeitsleistung ist ein vielfältiger Befristungsgrund und nicht auf bestimmte Berufe beschränkt (BAG 18.5.2016 NZA 2016, 1276 Rn. 17). Hier sind verschiedene Gründe aus der bisherigen Rspr. einzuordnen, va. die sog. **Verschleißtatbestände**. Da eine weite Auslegung des Merkmals „Eigenart der Arbeitsleistung" ausscheidet, weil andernfalls hierüber nahezu jeder Arbeitsvertrag befristet abgeschlossen werden könnte (LAG SN 21.7.2014 – 5 Sa 504/13 – Rn. 32 [Revision zurückgewiesen BAG 18.5.2016 NZA 2016, 1276]), muss es sich um einen vertragstypischen, das übl. Maß deutl. übersteigenden Verschleiß handeln. Der allg. Verschleiß durch längere Ausübung desselben Berufs ist kein Sachgrund für die Befristung des Arbeitsvertrags (BAG 15.4.1999 AP AÜG § 13 Nr. 1). Die Befristung wird entweder wegen einer (zumeist altersbedingten) Minderung der Leistungsfähigkeit der AN oder wegen des Abwechslungsbedürfnisses des Publikums vereinbart. Vorrangig ist an die Arbeitsverträge (nicht Dienstverträge – vgl. BAG 28.1.2009 – 5 AZB 77/08) von **Sportlern und Trainern** zu denken (LAG RP 17.2.2016 – 4 Sa 202/15 – BeckRS 2016, 66310 [Revision 7 AZR 312/16] zu Profifußballern der 1. Bundesliga; *Zindel*, Die Befristung von ArbVerh. mit Trainern im Spitzensport, 2006 S. 381; *Schlachter* FamRZ 2006, 155, 158; *Katzer/Frodl* NZA 2015, 657; *Schulz* NZA-RR 2016, 460, 461; diff. *Blang*, Befristung von Arbeitsverträgen mit Lizenzspielern und Trainern, 2009 S. 119 f. [Verschleiß ist kein Befristungsgrund], S. 174 [mangelnde Beweisbarkeit des Kündigungsgrundes Verursachung des sportl. Misserfolgs ist Grund iSd. Nr. 4]; *Walker* ZfA 2017, 567, 596 [nur als Gesamtschau]; *Boemke/Jäger* RdA 2017, 20, 24 f.; abl. *Horst/Persch* RdA 2006, 166, 169; **aA** ArbG Mainz 19.3.2015 NZA 2015, 684; *Vogt*, Befristungs- und Optionsvereinb. im professionellen Mannschaftssport, 2013, S. 110 [eigen ständiger ungeschriebener Sachgrund]). Obwohl in jüngster Zeit die Rspr. sehr zurückhaltend bei der Anerkennung von Verschleißtatbeständen war. Sie hegt Zweifel, ob die Fähigkeit der Trainer, Sportler zu motivieren, einer Abnutzung unterliegt (zu Recht **aA** *Zindel* aaO S. 371). In jedem Fall muss die vereinbarte Befristung überhaupt geeignet sein, der Gefahr eines Verschleißes in der Beziehung zwischen dem Trainer und den zu betreuenden Sportlern wirksam vorzubeugen (BAG 29.10.1998 AP BGB § 611 Berufssport Nr. 14; 15.4.1999 AP AÜG § 13 Nr. 1). Hieran fehlt es, wenn die zu betreuenden Sportler während der vorgesehenen Vertragslaufzeit ohnehin wechseln (BAG 29.10.1998 AP BGB § 611 Berufssport Nr. 14). 44

Nach der Rspr. des BVerfG zur Rundfunkfreiheit können BeschVerh. mit programmgestaltenden Mitarbeitern wie **Regisseuren, Moderatoren und Kommentatoren,** sofern überhaupt ein ArbVerh. anzunehmen ist, wegen des sog. Innovationsbedürfnisses auf Zeit abgeschlossen werden (BVerfG 13.1.1982 AP GG Art. 5 Abs. 1 Rundfunkfreiheit Nr. 1; 28.6.1983 AP GG Art. 5 Abs. 1 Rundfunkfreiheit Nr. 4). Dem Bedürfnis nach Personalwechsel kann durch Befristungsabreden in gleicher Weise Rechnung getragen werden wie durch Begr. freier Mitarbeiterverhältnisse. Der verfassungsrechtl. in Art. 5 I GG geschützten Rundfunkfreiheit ist dadurch zu genügen, dass einzelne gegen die Befristung sprechende Umstände zurückzutreten haben (BAG 9.6.1993 AP BGB § 611 Abhängigkeit Nr. 66). Das BVerfG hat ausdr. bestätigt, dass der von der Rspr. der Gerichte für Arbeitssachen geforderte sachl. Grund bei programmgestaltender Tätigkeit in der Rundfunkfreiheit selbst liegt und weitere Gründe nicht hinzutreten müssen, wenn die Intensität der Einflussnahme des betr. Mitarbeiters auf die Programmgestaltung dies rechtfertigt (BVerfG 18.2.2000 NZA 2000, 653). 45

46 Die Rundfunkfreiheit erfordert es, die Rundfunkanstalten frei von fremdem Einfluss über die Auswahl, Einstellung und Beschäftigung programmgestaltender Mitarbeiter entscheiden zu lassen. Demzufolge können Rundfunk- und Fernsehanstalten AN, die an Hörfunk- und Fernsehsendungen **inhaltl. gestaltend mitwirken**, zeitl. befristet beschäftigen (BAG 8.11.2006 NZA 2007, 321). Es reicht aus, wenn der Rundfunk- und Fernsehmitarbeiter seine eigenen Vorstellungen und seinen eigenen Stil einbringen kann (BAG 11.12.1991 AP BGB § 620 Befristeter Arbeitsvertrag Nr. 144). Dieser Tatbestand fällt unter den Anwendungsbereich der Nr. 4, den die Rspr. durch eine im G nicht angesprochene Interessenabwägung einschränkt: Die sich aus der Rundfunkfreiheit ergebenden Interessen des Rundfunk- oder Fernsehveranstalters müssen das Interesse des AN an einer Dauerbeschäftigung überwiegen (BAG 26.7.2006 NZA 2007, 147; 4.12.2013 NZA 2014, 1018 Rn. 15, 32; GG Art. 5 Rn. 103 f.). Diese Entsch. stützt sich auf die Rspr. aus der Zeit vor Inkrafttreten des TzBfG (vgl. BAG 24.4.1996 AP BGB § 620 Befristeter Arbeitsvertrag Nr. 180; 22.4.1998 AP BGB § 611 Rundfunk Nr. 26), als nur Befristungen von mehr als sechs Monaten Dauer eines Sachgrunds bedurften und Befristungsketten zulässig waren, auf die das BVerfG mit Blick auf die Bedürfnisse der Rundfunk- und Fernsehanstalten ausdr. hingewiesen hatte (BVerfG 18.2.2000 NZA 2000, 653).

46a Der verfassungsrechtl. Schutz der Rundfunkfreiheit bezieht sich nicht auf Mitarbeiter, die nicht unmittelbar den Inhalt der Sendungen mitgestalten. Dazu gehören die betriebstechnischen Mitarbeiter, das Verwaltungspersonal sowie Mitarbeiter, deren Tätigkeit sich in der technischen Verwirklichung des Programms erschöpft, ohne darauf einen bestimmenden inhaltl. Einfluss zu nehmen (BAG 11.12.1991 AP BGB § 620 Befristeter Arbeitsvertrag Nr. 144). Im Einzelfall bedarf dies einer sorgfältigen Feststellung, denn auch Kameraleute oder Cutter sind in der Lage, den Wert und die Aussage eines Programmbeitrags wesentl. zu beeinflussen. Andere Tendenzbetriebe der **Presse**, der **Kunst** und der **Wiss.** haben dem Rundfunk und Fernsehen vergleichbare erleichterte Möglichkeiten, befristete ArbVerh. zu begründen (AG/*Gräfl* Rn. 131; **aA** BeckOK/*Bayreuther* Rn. 53). Die sachl. Rechtfertigung aus dem Sonderbefristungsgrund des Art. 5 GG beschränkt sich dabei auf die den Tendenzzweck unmittelbar beeinflussenden also „programmgestaltenden" Mitarbeiter (sog. Tendenzträger).

47 Bes. häufig werden **Arbeitsverträge mit Künstlern** befristet abgeschlossen (*Germelmann* ZfA 2000, 149, 153; *ders.* FS Arge. ArbR 2006 S. 289; *Opolony* ZfA 2000, 179, 185; *ders.* NZA 2001, 1351; *Maaß*, Befristungsabreden im BühnenArbR, Diss. Hannover 2004). Damit wird auf diesem arbeitsrechtl. Sektor die durch Art. 5 III 1 GG gewährleistete Kunstfreiheit realisiert (*Meinel* FS Raue 2006 S. 559, 567). Es ist ein Anwendungsfall der Nr. 4 (LAG K 11.9.2013 NZA-RR 2014, 124, 126 zu einer Dramaturgin). Bei Soloverträgen verlangt allein die Notwendigkeit der Veränderungsmöglichkeit der Programmgestaltung personelle Flexibilität (BAG 5.3.1970 AP BGB § 620 Befristeter Arbeitsvertrag Nr. 34). Die in den TV „Normalvertrag Bühne" und „Normalvertrag Chor/Tanz" vorgesehene Befristung von Arbeitsverträgen entspricht einem jahrzehntelangen Bühnengebrauch und ist nach wie vor durch sachl. Gründe gerechtfertigt (vgl. zur alten Rechtslage BAG 21.5.1981 AP BGB § 611 Bühnenengagementsvertrag Nr. 15; 26.8.1998 AP BGB § 611 Bühnenengagementsvertrag Nr. 53; vgl. a. BAG 2.7.2003 AP BGB § 611 Musiker Nr. 39). Auf AN ohne künstlerische (Hilfs-)Funktionen (wie Bühnentechniker oder Abendpersonal) lässt sich dieser Befristungsgrund nicht erstrecken (KR/*Lipke* Rn. 303; *Dörner* Rn. 406 f.; *Natter* AuR 2013, 156, 159).

48 **Parlamentsfraktionen** können zur Sicherung der verfassungsrechtl. geschützten Unabhängigkeit der freien Mandatsausübung mit ihren wiss. Mitarbeitern befristete Arbeitsverträge schließen (BAG 26.8.1998 AP BGB § 620 Befristeter Arbeitsvertrag Nr. 202). Hingegen geht das BAG (16.4.2008 AP TzBfG § 14 Nr. 44; 1.6.2011 NZA 2011, 1280 Rn. 49) davon aus, dass die Tätigkeit von Fremdsprachenlektoren an Hochschulen keine Befristung wegen der Eigenart ihrer Arbeit rechtfertigt.

49 e) **Erprobung (§ 14 I 2 Nr. 5).** Der Wunsch des AG, die Eignung eines AN zu erproben, rechtfertigt den Abschluss eines befristeten Arbeitsvertrags (BAG 15.3.1978 AP BGB § 620 Befristeter Arbeitsvertrag Nr. 45). Doch darf die Erprobung auch eine wechselseitige sein. Voraussetzung ist, dass die Erprobung nicht schon in einem vorgeschalteten ArbVerh. erfolgte. IZw. ist die Probezeit der Beginn eines auf unbestimmte Zeit eingegangenen ArbVerh., weil die Befristung des ArbVerh. auf die Dauer der Probezeit ausdr. und eindeutig vereinbart sein muss (BAG 30.9.1981 AP BGB § 620 Befristeter Arbeitsvertrag Nr. 61). Der **Befristungszweck** braucht im Arbeitsvertrag nicht angegeben zu sein (vgl. Rn. 20). An ein befristetes ProbeArbVerh. kann sich ein aus einem anderen Grund befristetes ArbVerh. anschließen. Bis zur Gesamtdauer von zwei Jahren kann es bei Einhaltung der Voraussetzungen des S. 1 des Abs. 2 sachgrundlos geschlossen werden (vgl. Rn. 97 ff.), darüber hinaus nur mit Sachgrund, sofern nicht die Voraussetzungen der Abs. 2a und 3 vorliegen.

49a Das G nennt keine Höchstfrist. Doch wird auch hier aus der vereinbarten Dauer auf das Vorliegen des Sachgrunds geschlossen werden. Im Allgemeinen werden nach dem Vorbild des § 1 I KSchG und der Kündigungsfristenregelung für Kündigungen während der Probezeit (§ 622 III BGB) **sechs Monate** ausreichen (BAG 2.6.2010 NZA 2010, 1293). Einschlägige TV können Anhaltspunkte dafür geben, welche Probezeit angemessen ist. Die befristete Verlängerung einer Probezeit ist rechtl. nicht ausgeschlossen (BAG 12.9.1996 AP BGB § 611 Musiker Nr. 27; *Dörner* Rn. 178). Kann der AG Eignung und Leistung eines AN wegen der bes. Anforderungen des Arbeitsplatzes innerhalb von sechs Monaten nicht genügend beurteilen, darf eine längere Probezeit vereinbart werden, ggf. durch nachträgl. befristete Verlängerung der Probezeit (BAG 12.9.1996 AP BGB § 611 Musiker Nr. 27). Die Gründe für eine über sechs Monate hinausreichende Probezeit können auch auf Gründen in der Person des AN beruhen (BAG 2.6.2010 NZA 2010, 1293: zwölf Monate wegen psychisch begr. Leistungsdefizite).

War der AN bereits in einem ohne Sachgrund befristeten ArbVerh. (§ 14 II) mit den **gleichen Aufgaben** beschäftigt, wird eine anschließende Befristung nach Nr. 5 regelm. nicht mehr zu rechtfertigen sein (AT/*Maschmann* Rn. 48; KR/*Lipke* Rn. 355; *Preis/Gotthardt* DB 2000, 2065, 2071; *Lakies* DZWIR 2001, 1, 11). Ausnahmen sind denkbar, wenn der neue Arbeitsplatz deutl. andere Anforderungen stellt (ArbRBGB/*Dörner* § 620 Rn. 156; *Böhm* RdA 2005, 360, 366) oder das frühere ArbVerh. länger zurückliegt (*Dörner* Rn. 174). Ein vorangegangenes Ausbildungsverhältnis ders. Vertragsparteien schließt den Sachgrund nach Nr. 5 für ein anschließendes befristetes ArbVerh. nicht aus. Zur ordentl. Kündbarkeit des befristeten ProbeArbVerh. vgl. § 15 Rn. 12. 50

f) Gründe in der Person des Arbeitnehmers (§ 14 I 2 Nr. 6). Ein bes. vielfältiger Befristungsgrund, der ganz unterschiedl. Sachverhalte umfasst. 51

aa) Aufenthaltserlaubnis. Die Befristung eines Arbeitsvertrags kann mit einer dem AN nur befristet erteilten Aufenthaltserlaubnis sachl. gerechtfertigt werden, wenn im Zpkt. des Vertragsschlusses die hinreichend zuverlässige Prognose erstellt werden kann, es werde zu keiner Verlängerung der Aufenthaltserlaubnis kommen (BAG 12.1.2000 NZA 2000, 722; KR/*Lipke* Rn. 412 ff.). 52

bb) Aus-, Fort- oder Weiterbildung von Arbeitnehmern. Dienen Arbeitsverträge der Aus-, Fort- oder Weiterbildung von AN können sie wirksam befristet werden, sofern dem AN **keine Daueraufgaben** übertragen werden. Dem AN müssen durch die Tätigkeit zusätzl. Kenntnisse und Erfahrungen vermittelt werden, die durch die übl. Berufstätigkeit nicht erworben werden können. Dies kann auch dann der Fall sein, wenn die Ausbildung nicht nur theoretische Kenntnisse vermittelt, sondern hauptsächl. dazu dient, bereits erworbene theoretische Kenntnisse in die Praxis umzusetzen. Allerdings reicht die allg. Aus- und Weiterbildung, die mit nahezu jeder mehrjährigen Berufsausübung einhergeht, nicht aus, um die Befristung eines Arbeitsvertrags zu rechtfertigen. Erforderl. ist vielmehr, dass ein bestimmtes Ausbildungsziel systematisch verfolgt wird und die dem AN vermittelten Kenntnisse, Erfahrungen oder Fähigkeiten auch außerhalb der Organisation des AG berufl. verwertbar sind. Da es für die Wirksamkeit der Befristung auf die Umstände bei Vertragsschluss ankommt, muss zu diesem Zpkt. feststehen, welches Ausbildungsziel die Parteien mit der Beschäftigung verfolgen (BAG 22.4.2009 NZA 2009, 1099; 24.8.2011 AP TzBfG § 14 Nr. 85). Eine ledigl. auf die betriebl. Bedürfnisse zugeschnittene Fortbildung gibt keinen Sachgrund. Die Rspr. ordnet diesen Tatbestand nicht der Nr. 6, sondern den „unbenannten" iSd. S. 1 zu (BAG 22.4.2009 NZA 2009, 1099; 24.8.2011 AP TzBfG § 14 Nr. 85). Die dem sog. Rotationsprinzip innewohnende Weiterbildungsfunktion ist als sachl. Grund für die Befristung nur anzuerkennen, wenn nach verhältnismäßig kurzer Zeit auch tats. ein Austausch stattfindet (BAG 25.2.1998 AP HRG § 57b Nr. 15; 26.4.2006 AP TzBfG § 14 Vergleich Nr. 1). 53

cc) Student. Die Befristung von Arbeitsverträgen mit Studenten hat das BAG (4.4.1990 AP BGB § 620 Befristeter Arbeitsvertrag Nr. 136) für zulässig erachtet, weil die Befristung den Studenten jeweils die Möglichkeit gibt, die Erfordernisse des Studiums mit denen des ArbVerh. zu vereinbaren. Wird allerdings dem Interesse des Studenten, die von ihm zu erbringende Arbeitsleistung mit den wechselnden Erfordernissen des Studiums in Einklang zu bringen, durch eine entspr. flexible Ausgestaltung des ArbVerh. Rechnung getragen, kann kein Sachgrund angenommen werden (BAG 10.8.1994 AP BGB § 620 Befristeter Arbeitsvertrag Nr. 162; 29.10.1998 AP BGB § 620 Befristeter Arbeitsvertrag Nr. 206; ArbRBGB/*Dörner* § 620 Rn. 164). 54

dd) Nebenbeschäftigung. Nach wie vor kein Befristungsgrund ist die aus anderen Gründen gesicherte wirtschaftl. Existenz des AN. Den im Schrifttum (*Wiedemann* FS Lange 1970 S. 395, 397, 404; *Preis* Vertragsgestaltung S. 315) vertretenen Standpunkt, Befristungen bei bloßen Nebenbeschäftigungen, mit denen der AN nicht seinen vollen Lebensunterhalt verdiene, seien idR sachl. begr., teilt die Rspr. nicht (vgl. BAG 14.1.1982 AP BGB § 620 Befristeter Arbeitsvertrag Nr. 65; 10.8.1994 AP BGB § 620 Befristeter Arbeitsvertrag Nr. 162); er ist auch vom TzBfG nicht übernommen worden. Deshalb ist auch die Beschäftigung von **Altersrentnern** als solche kein anerkennenswerter Unterfall der Nr. 6 (**aA** *Sonja Müller*, Beschäftigung von Rentnern, 2015, S. 250). 55

ee) Altersgrenze. Die in einem Arbeitsvertrag, einer BV oder einem TV für den Zpkt. der Vollendung eines bestimmten Lebensalters vorgesehene Beendigung des ArbVerh. ohne Ausspruch einer Kündigung ist keine auflösende Bedingung, sondern eine **Höchstbefristung** (BAG 19.11.2003 NZA 2004, 1336; 18.6.2008 NZA 2008, 1302). Entscheidend ist (BAG 14.8.2002 NZA 2003, 1397; *Enderlein* RdA 1998, 91; *Löwisch* ZTR 2000, 531; APS/*Backhaus* § 3 Rn. 26), ob die Vertragsparteien den Eintritt als gewiss oder ungewiss ansehen. Das Erreichen einer Altersgrenze werden sie als gewiss beurteilen, so dass von einer Höchstbefristung des ArbVerh. auszugehen ist. Die Beendigung des ArbVerh. steht zwar unter der Rechtsbedingung, dass das ArbVerh. noch besteht, und der Bedingung, dass der AN die vorgesehene Altersgrenze erreicht, doch stehen alle befristeten Arbeitsverträge unter derartigen Bedingungen. Seit dem Inkrafttreten des TzBfG kommt dieser Unterscheidung keine bes. Bedeutung mehr 56 zu, denn das G verlangt für die Höchstbefristung wie für die auflösende Bedingung gleichermaßen einen sachl. Grund (vgl. § 21).

56a Arbeitsverträge, die eine Altersgrenze vorsehen, gehören zu den befristeten Verträgen iSd. TzBfG. Solche ArbVerh. haben den Charakter von konsolidierten „Normal-ArbVerh." Sie werden häufig als „auf unbestimmte Zeit geschlossen" bezeichnet, ohne dass damit eine ggf. anwendbare Altersgrenze abbedungen wäre (vgl. BAG 8.12.2010 NZA 2011, 586 Rn. 19). Das BAG (19.10.2011 NZA 2012, 1297) hat bereits entschieden, dass ArbVerh., in denen eine Altersgrenze gilt, iSv. § 14 III 2 aF zu den unbefristeten gehören. Das TzBfG erwähnt die Fallgruppe der wegen Vereinb. einer Altersgrenze befristeten Arbeitsverträge nicht, obgleich es sich angeboten hätte, die Folgen für § 15 III (dazu dort Rn. 11), die Informationspflichten nach §§ 18 und 20 sowie den Weiterbildungsanspruch (§ 19) oder das Benachteiligungsverbot (§ 4 II) anzusprechen. Dieses Schweigen des G berechtigt, ArbVerh., in denen kraft TV, BV oder Arbeitsvertrag die **Regelaltersgrenze** gilt, als unbefristete anzusehen (Staudinger/*Preis* § 620 Rn. 135). § 14 als Kernbestimmung des Befristungsrechts ist ohne weiteres auf die Vereinb. einer Altersgrenze anwendbar (BAG 19.11.2003 NZA 2004, 1336; 18.6.2008 NZA 2008, 1302). Heute ist die **Vereinbarkeit jeder Altersgrenzenregelung mit dem AGG** entscheidend. Das AGG dient ua. der Umsetzung der GleichbehandlungsRL und ist deshalb grds. unionsrechtskonform in Übereinstimmung mit der RL auszulegen ist. Altersgrenzen benachteiligen „unmittelbar" wegen des Alters (EuGH 13.9.2011 NZA 2011, 1039; ebenso BVerfG 24.10.2011 NZA 2012, 202) und sind nach § 7 II AGG unwirksam, wenn sie nicht nach § 8 I oder § 10 S. 1 und 2 AGG gerechtfertigt sind (BAG 6.4.2011 NZA 2011, 970; 18.1.2012 NZA 2012, 575; 18.1.2012 NZA 2012, 691).

56b Nach § 8 I AGG ist eine unterschiedl. Behandlung wegen eines der in § 1 AGG genannten Merkmale zulässig, wenn dieses Merkmal wegen der **Art der auszuübenden Tätigkeit** oder der Bedingungen ihrer Ausübung eine wesentl. und entscheidende berufl. Anforderung darstellt, sofern der Zweck rechtmäßig und die Anforderung angemessen ist. Ungeachtet des § 8 AGG ist nach § 10 S. 1 AGG eine unterschiedl. Behandlung wegen des Alters zulässig, wenn sie obj. und angemessen und durch ein legitimes Ziel gerechtfertigt ist. Die Mittel zur Erreichung dieses Ziels müssen nach § 10 S. 2 AGG angemessen und erforderl. sein (BAG 6.4.2011 NZA 2011, 970). Werden diese Vorschr. richtlinienkonform iSd. EuGH-Rspr. ausgelegt, gehören zu diesen Zielen ausschl. sozialpolitische Ziele, wie solche aus den Bereichen Beschäftigungspolitik, Arbeitsmarkt oder berufl. Bildung (EuGH 5.3.2009 NZA 2009, 305 Rn. 46; 18.6.2009 NZA 2009, 891 Rn. 41; 21.7.2011 AP Richtlinie 2000/78/EG Nr. 21; 13.9.2011 NZA 2011, 1039 Rn. 81; 5.7.2012 NZA 2012, 785). Wird dem gefolgt, unterfällt das Ziel „Gewährleistung der Flugsicherheit" nicht dem Begriff des Ziels iSv. § 10 S. 1 und 2 AGG (BAG 18.1.2012 NZA 2012, 575; 18.1.2012 NZA 2012, 691). Für Altfälle aus der Zeit vor dem Inkrafttreten des AGG (18.8.2006) nimmt das BAG die Verletzung eines im primären Unionsrecht verankerten Verbots der Diskriminierung wegen des Alters an (BAG 15.2.2012 NZA 2012, 866; demggü. offen BVerfG 6.7.2010 NZA 2010, 995 Rn. 78). Ohnehin ist die Vereinbarkeit einer national geregelten Altersgrenze mit dem allg. Grundsatz des Unionsrechts, der in der GleichbehandlungsRL konkretisiert ist und jede Diskriminierung wegen des Alters verbietet, zu prüfen (vgl. EuGH 19.1.2010 NZA 2010, 85 Rn. 27). Eine für dt. G im formellen Sinne wesentl. Vorgabe (vgl. BAG 1.9.2010 NZA 2010, 1409).

56c Durch § 10 S. 3 Nr. 5 AGG ist die typische, ggf. durch Auslegung zu ermittelnde Vereinb. (vgl. BAG 6.8.2003 NZA 2004, 96), wonach das ArbVerh. mit oder nach **Vollendung des 65. Lebensjahres** des AN enden soll, rechtl. aufgewertet worden. Denn nach dieser mit dem Unionsrecht vereinbaren (BAG 21.9.2011 NZA 2012, 271) Bestimmung liegt keine Benachteiligung wegen Alters vor, wenn ein ArbVerh. auf den Zpkt. befristet wird, zu dem der AN Rente wegen Alters beantragen kann (EuGH 5.7.2012 NZA 2012, 785; 13.10.2015 NZA 2016, 54 Rn. 19; dazu *Bayreuther* NZA 2012, 2758; *ders.* NZA-Beil. 3/2015, 84; vgl. zur starren Altersgrenze „65" für Berufspiloten EuGH 5.7.2017 NZA 2017, 897). Ausgehend von der gegenwärtigen sozialrechtl. Lage, war dies jdf. für die vor dem 1.1.1947 geb. AN die Vollendung des 65. Lebensjahres (BAG 8.12.2010 NZA 2011, 586; 21.9.2011 NZA 2012, 271; LAG HM 11.11.2009 NZA-RR 2010, 249; entspr. zum Beamtenrecht EuGH 21.7.2011 AP Richtlinie 2000/78/EG Nr. 21). Dabei kommt es nicht auf die konkret-individuellen Verhältnisse des einzelnen AN im Zpkt. des Erreichens des Rentenalters, sondern auf die Verhältnisse zZ des Vertragsschlusses an (BAG 8.12.2010 NZA 2011, 586). Zur notwendigen Auslegung entspr. TV-, BV- oder arbeitsvertragl. Regelungen iS einer Befristung des ArbVerh. auf den Zpkt. „Erreichen der Regelaltersgrenze" vgl. SGB VI § 41 Rn. 10, die für die Geburtsjahrgänge ab 1947 nach § 35 S. 2, § 235 II SGB VI schrittweise auf die Vollendung des 67. Lebensjahres angehoben wird (*Bayreuther* NZA-Beil. 3/2015, 84, 85; vgl. BAG 15.5.2012 NZA-RR 2012, 433 zur entspr. Auslegung einer Versorgungsordnung). Eine Befristung auf die Vollendung des 65. Lebensjahres in AGB des AG oder einem Verbrauchervertrag wird als Befristung auf den Zpkt. des Erreichens der Regelaltersgrenze für den Bezug einer Rente wegen Alters aus der ges. Rentenvers. ausgelegt (BAG 9.12.2015 NZA 2016, 695 Rn. 11, 16; 18.1.2017 – 7 AZR 236/15 – Rn. 24). Gleiches gilt für freiwillige BV (BAG 13.10.2015 NZA 2016, 54 Rn. 25).

56d Eine dem AGG entspr. Altersbefristung ist sachl. gerechtfertigt (BAG 12.6.2013 NZA 2013, 1428; Staudinger/*Preis* § 620 Rn. 139). Eine Bestätigung folgt aus § 8 III ATG (BAG 18.6.2008 NZA 2008, 1302), der ausdr. Vereinb. für zulässig erklärt, die die Beendigung des ArbVerh. ohne Kündigung zu einem Zpkt. vorsehen, in dem der AN Anspruch auf **Rente wegen ATZArbeit** hat (zur Auslegung

BAG 27.4.2004 NZA 2005, 821; 16.11.2005 NZA 2006, 535). Dementspr. hat das BAG (27.7.2005 NZA 2006, 37) eine einzelvertragl. Altersgrenze, nach der das ArbVerh. mit Erreichen des ges. Rentenalters enden sollte, als wirksam beurteilt; ebenso für eine kirchl. Arbeitsrechtsregelung im BAT-KF BAG 12.6.2013 NZA 2013, 1428 Rn. 24 ff. Freiwillige BV können eine auf das Regelrentenalter bezogene Altersgrenze bestimmen, wenn die Regelungssperre des § 77 III BetrVG beachtet wird (BAG 13.10.2015 NZA 2016, 54 Rn. 13; 21.2.2017 – 1 AZR 292/15 – BeckRS 2017, 108324 Rn. 16). Führen die Betriebsparteien erstmals eine Altersgrenze ein, gebietet es der rechtsstaatl. Vertrauensschutz, auf die Interessen der bei Inkrafttreten der BV bereits rentennahen AN Rücksicht zu nehmen (BAG 21.2.2017 – 1 AZR 292/15 – BeckRS 2017, 108324 Rn. 19). Gegen die Altersgrenze „65" bestehen auch keine verfassungsrechtl. Bedenken (BAG 11.6.1997 AP SGB VI § 41 Nr. 7; *Preis* FS Stahlhacke 1995 S. 417, 440; *Simitis* RdA 1994, 257, 261; *Vollstädt*, Beendigung von ArbVerh. durch Vereinb. einer Altersgrenze, 1997 S. 296; *Tettinger* DVBl. 2005, 1397).

Die Anbindung an eine rentenrechtl. Versorgung bei Ausscheiden durch eine Altersgrenze ist Bestandteil des Sachgrunds, der nach den Verhältnissen im Zpkt. des Vertragsschlusses beurteilt wird (BAG 18.6.2008 NZA 2008, 1302; zu AN, die von der Rentenversicherungspflicht befreit werden können, *Berg/Natzel* BB 2010, 2885, 2888 f.). Hieran ist festzuhalten, obgleich der EuGH (5.7.2017 NZA 2017, 897) für Berufspiloten die starre Altersgrenze „65" für die Ausübung ihres Berufs als wirksam beurteilt hat. Die Notwendigkeit einer verlässl. Personalplanung und der Nachwuchsförderung kommen als Arg. hinzu (EuGH 12.10.2010 NZA 2010, 1167; 18.11.2010 NZA 2011, 29; 21.7.2011 AP Richtlinie 2000/78/EG Nr. 21; BAG 18.6.2008 NZA 2008, 1302; 8.12.2010 NZA 2011, 586; ebenso für die Altersgrenze „65" im Beamtenrecht BVerwG 6.12.2011 NVwZ 2012, 1052; MüKoBGB/*Hesse* Rn. 60; *Schmidt* FS Dieterich 1999 S. 585, 588; *Bahnsen* NJW 2008, 407, 408; **aA** *Boerner* ZfA 1995, 537, 559; *Trebeck*, Die verfassungsrechtl. Zulässigkeit von Altersgrenzen, 2008, S. 133 ff., insb. S. 152). **56e**

Der EuGH legt die **RL 2000/78/EG** dahingehend aus, dass diese auf Altersgrenzenvereinb. Anwendung findet (EuGH 16.10.2007 NZA 2007, 1219 Rn. 47; 5.3.2009 NZA 2009, 305; 21.7.2011 AP Richtlinie 2000/78/EG Nr. 21; näher *Wank* FS Bepler 2012 S. 585; zust. *Laux/Schlachter* Rn. 78; *Kamanabrou* EuZA 2008, 251, 254; **aA** *Bauer* NJW 2001, 2672, 2673; *Rieble/Zedler* ZfA 2006, 273; 297 f.). Aus der Anwendbarkeit der RL folgen aber national keine rechtl. durchgreifenden Konsequenzen für die kollektiv- oder einzelvertragl. Vereinb. einer Befristung des ArbVerh. auf die Vollendung des 65. Lebensjahres des AN bzw. den Zpkt. seiner Altersrentenberechtigung (BAG 18.6.2008 NZA 2008, 1302; 8.12.2010 NZA 2011, 586; 21.9.2011 NZA 2012, 271; [jeweils zu TVRegelungen]; *Bauer/Krieger* NJW 2007, 3672, 3674 f.; *Bauer/Diller* DB 2010, 2727 ff.; *Berg/Natzel* BB 2010, 2885, 2886 f.; *Sonja Müller*, Beschäftigung von Rentnern, 2015, S. 149; wohl a. *Preis* NZA 2010, 1323 ff.; unter engen Voraussetzungen *Temming* S. 602 ff., 617 ff.; *ders.* NZA 2007, 1193, 1198 [allenfalls bei Absicherung durch Altersrente und nicht in AGB des AG]; **aA** *Bertelsmann* AiB 2007, 689, 692 ff.; *Waltermann* FS Birk 2008 S. 915, 928). Dabei ist bezogen auf den Zpkt. des Vertragsschlusses eine generalisierende und keine individuelle Beurteilung anzustellen (BAG 18.6.2008 NZA 2008, 1302; 8.12.2010 NZA 2011, 586). Die Befristung ist wirksam mögl., ohne dass es einer Abfindungs- oder Entschädigungsregelung bedürfte. Die an das Erreichen des Renteneintrittsalters anknüpfende Befristung bewirkt zwar eine unmittelbar auf dem Merkmal des Alters beruhende Ungleichbehandlung bei den Entlassungsbedingungen iSd. AGG, sie ist aber sachl. gerechtfertigt (BAG 9.12.2015 NZA 2016, 695 Rn. 28, 32). **56f**

Die **gerechte Verteilung der Berufschancen** zwischen den Generationen ist vom BVerfG (5.1.2011 NJW 2011, 1131) als billigenswertes Ziel iSv. Art. 6 I RL anerkannt worden. Notwendige Wirksamkeitsvoraussetzung ist jdf., dass der AN die sozialversicherungsrechtl. Voraussetzungen für den Bezug einer beitragsbezogenen Altersrente erfüllt (EuGH 16.10.2007 NZA 2007, 1219 Rn. 77). Tarifl. Bestimmungen dürfen nicht zuungunsten der AN von § 14 I abweichen (vgl. § 22 Rn. 4). Aus dem EuGH-Urt. v. 5.7.2012 (NZA 2012, 785; dazu *Bayreuther* NZA 2012, 2758) lässt sich schließen, dass ein wegen Erreichens der Altersgrenze ausgeschiedener AN keinen Anspruch auf altersdiskriminierungsfreie Entsch. über seinen Antrag auf Abschluss eines neuen Arbeitsvertrags hat (so bereits *Bauer/Diller* DB 2010, 2727 ff.; noch offen EuGH 12.10.2010 NZA 2010, 1167). Für die befristete Fortsetzung des ArbVerh. **nach Erreichen des Renteneintrittsalters** bedarf es, sofern kein Fall des § 41 S. 3 SGB VI (vgl. dazu die dortigen Erl. sowie den Vorlagebeschl. des LAG HB v. 23.11.2016 – 3 Sa 78/16 – BeckRS 2016, 118440) vorliegt, eines Sachgrunds, der sich allein wegen des Rentenbezugs nicht aus der Nr. 6 ergibt (BAG 11.2.2015 NZA 2015, 1066 Rn. 27; *Klösel/Reitz* NZA 2014, 1366, 1369; krit. *Bruns* NJW 2015, 2686; **aA** *Sonja Müller*, Beschäftigung von Rentnern, 2015, S. 250). **56g**

Die Befristung auf ein **früheres als das 65. Lebensjahr** wird unter Geltung des AGG nicht mehr als wirksam beurteilt werden können, nachdem selbst die Altersgrenze „60" für Piloten von Verkehrsflugzeugen ungeachtet der herausragenden Bedeutung der bedrohten Güter als „unverhältnismäßig" eingestuft worden ist, weil die Gewährleistung der Flugsicherheit nicht zu den durch RL und AGG geschützten Zielen gehören soll (BAG 18.1.2012 NZA 2012, 575; 18.1.2012 NZA 2012, 691 in Exekution von EuGH 13.9.2011 NZA 2011, 1039). Bereits früher war die Altersgrenze „55" für Kabinenpersonal als unwirksam beurteilt worden, weil die mit zunehmendem Alter wachsende Gefahr, Ausfallerscheinungen oder unerwartete Fehlreaktionen zu zeigen, beim Kabinenpersonal **57** kein signifikant erhöhtes Risiko für Gesundheit oder Leben bzw. bedeutende Vermögenswerte anderer bedeutete (BAG 31.7.2002 NZA 2002, 1155; 19.10.2011 NZA 2012, 1297). Aus den gleichen Gründen ist für die Altersgrenze „60" bei Flugbegleitern kein Sachgrund anerkannt worden (BAG 16.10.2008 NZA 2009, 378; 23.6.2010 NZA 2010, 1248). Die Notwendigkeit, schwere körperl. Arbeit zu verrichten, und das Abwechslungsbedürfnis der Kunden sind hier keine geeigneten Sachgründe. Zumindest wird eine wirksame Altersgrenzenregelung voraussetzen, dass dem AN der Bezug einer ges. Altersrente ab Erreichen der Altersgrenze mögl. sein wird, eine entspr. Ausgleichszahlung des AG genügt nicht (BAG 18.1.2017 – 7 AZR 236/15 – Rn. 37).

58 Für den Fall der Bewilligung einer **Rente wegen Erwerbsminderung** kann kollektiv- oder einzelvertragl. eine auflösende Bedingung vereinbart werden (vgl. § 21 Rn. 4; *Dörner* Rn. 344f.). Endet das ArbVerh. wegen Gewährung einer Rente auf Zeit, muss tarifvertragl. für den Fall der Wiederherstellung der Berufsfähigkeit ein unbedingter Wiedereinstellungsanspruch des AN vorgesehen sein, um der grundrechtl. Schutzpflicht zu genügen (BAG 23.2.2000 NZA 2000, 894).

59 Vor dem Inkrafttreten des TzBfG konnte mit ltd. Ang. iSv. § 14 II KSchG ohne Umgehung des KSchG eine Höchstbefristung auf das 60. oder 63. Lebensjahr vereinbart werden, wenn deren finanzielle Interessen bereits bei der Vertragsgestaltung in Form einer Abfindung berücksichtigt wurden (BAG 26.4.1979 AP BGB § 620 Befristeter Arbeitsvertrag Nr. 47). Unter dem TzBfG bedarf es hierfür eines sachl. Grundes (vgl. Rn. 79). Eine Vorverlegung der Altersgrenze auf unter 65 für **Führungskräfte** wegen abnehmender Leistungsfähigkeit ist kaum zu begründen. Gleiches gilt für deutl. niedrigere Altersgrenzenvereinb. mit Profisportlern (*Bepler* FS Fenn 2000 S. 43, 59f.).

60 **Unterschiedl. tarifvertragl. Altersgrenzen** für Männer (65. Lebensjahr) und Frauen (60. Lebensjahr) begegnen erhebl. auf Art. 3 II GG gestützten verfassungsrechtl. Bedenken (vgl. BVerfG 28.1.1987 AP AVG § 25 Nr. 3 „Kompensation erlittener Nachteile"; ferner EuGH 17.5.1990 NZA 1990, 775; 14.12.1993 NZA 1994, 165).

61 **ff) Wunsch des Arbeitnehmers.** Der Wunsch des AN rechtfertigt eine Befristung sachl., wenn im Zpkt. des Vertragsschlusses obj. Anhaltspunkte vorliegen, aus denen gefolgert werden kann, dass der AN ein Interesse **gerade an einer befristeten** Beschäftigung hat (BAG 6.11.1996 AP BGB § 620 Befristeter Arbeitsvertrag Nr. 188; 18.1.2017 – 7 AZR 236/15 – Rn. 30). Ein solcher obj. Anhaltspunkt wird insb. dann anzunehmen sein, wenn der AN aus Gründen in seiner Person (zB familiäre Verpflichtungen, noch nicht abgeschlossene Ausbildung, Einblick in die Berufspraxis, zukünftige Aufnahme einer Ausbildung) nur für einen begrenzten Zeitraum arbeiten will oder kann. Es muss der wirkl., vom AG nicht beeinflusste Wunsch des AN sein, nur befristet beschäftigt zu werden (BAG 11.2.2015 NZA 2015, 1066 Rn. 36). Die Entscheidungsfreiheit des AN muss bei Abschluss des befristeten Arbeitsvertrags unbeeinträchtigt gewesen sein. Der AN muss bei Abschluss des befristeten Arbeitsvertrags über eine Gestaltungsfreiheit zur Wahrung eigener Interessen mit der realen Möglichkeit verfügt haben, die Vertragsbedingungen zu beeinflussen. Der Wille des AN muss ausschl. auf die Befristung des ArbVerh. gerichtet sein (BAG 3.3.1999 AP HRG § 57c Nr. 5). Maßstab ist, ob der AN auch bei einem Angebot des AG auf Abschluss eines unbefristeten Arbeitsvertrags nur einen befristeten vereinbart hätte (BAG 6.11.1996 AP BGB § 620 Befristeter Arbeitsvertrag Nr. 188; 19.1.2005 AP BGB § 620 Befristeter Arbeitsvertrag Nr. 260; 18.1.2017 – 7 AZR 236/15 – Rn. 30; ArbRBGB/*Dörner* § 620 Rn. 159; **aA** MHH/*Meinel* Rn. 192). Insofern liegt ein starkes Indiz vor, wenn der AN von sich aus die Vereinb. der Befristung wünschte. Nach der Rspr. (BAG 11.12.1991 AP BGB § 620 Befristeter Arbeitsvertrag Nr. 144) ist es unzureichend, wenn der AN bei Vertragsschluss frei von wirtschaftl. Zwängen handelte und vom Angebot eines befristeten Arbeitsvertrags nicht überrascht wurde.

62 Der **Wunsch ist individuell festzustellen**. Unzureichend ist es zB, dass Studenten generell gern befristet neben dem Studium tätig werden (BAG 10.8.1994 AP BGB § 620 Befristeter Arbeitsvertrag Nr. 162) oder Fußballtrainer nicht unter ihrem Niveau in einer niedrigeren Klasse agieren wollen (vgl. BAG 4.12.2002 NZA 2003, 611). Die Befristung des ArbVerh. eines Studenten kann nicht mit dessen Interesse, seine Arbeitspflicht mit den Anforderungen des Studiums in Einklang zu bringen, gerechtfertigt werden, wenn bereits die Kündigungsmöglichkeit in einem unbefristeten ArbVerh. sowie Umf. und Lage der AZ dem Interesse des Studenten ausreichend Rechnung tragen (BAG 29.10.1998 AP BGB § 620 Befristeter Arbeitsvertrag Nr. 206; 16.4.2003 NZA 2004, 40). Fehlt es an dieser flexiblen Vertragsgestaltung ist die Befristung nach wie vor wirksam mögl. (zB BAG 12.5.1999 – 7 AZR 45/98 – BeckRS 1999, 30778662).

63 Der von *Gamillscheg* (Anm. EzA BGB § 620 Nr. 154) unterbreitete Vorschlag, die Befristung des Arbeitsvertrags keiner weiteren richterl. Kontrolle zu unterziehen, wenn sich der AN bar jeder wirtschaftl. oder intellektuellen Unterlegenheit in aller Freiheit für die Befristung entschieden hat, ist von der Rspr. des BAG nicht aufgegriffen worden (abl. KR/*Lipke* Rn. 375). Va. die **Chance einer Beförderung** in eine ltd. Position wird den AN ernsthaft überlegen lassen, ob er einen befristeten Arbeitsvertrag abschließen sollte. Soweit dies durch eine befristete Änd. des Arbeitsvertrags geschehen soll, wird der rechtl. Rahmen durch § 307 BGB und nicht durch § 14 vorgegeben (vgl. § 3 Rn. 18).

64 **gg) Arbeitsbeschaffungsmaßnahme.** Der zahlenmäßig wichtigste Fall einer Befristung mit Sachgrund betrifft die ABM-Kräfte. Für die Befristung des ArbVerh. lag nach der Rspr. (BAG 15.2.1995

AP BGB § 620 Befristeter Arbeitsvertrag Nr. 166; 19.1.2005 NZA 2005, 873) ein sachl. Grund vor, wenn der AN dem AG im Rahmen einer ABM zugewiesen wurde und sich die Dauer der Befristung an der **Dauer der Zuweisung** orientierte. Dabei ist im Verhältnis zwischen AG und AN die zeitl. befristete Übernahme eines erhebl. Kostenanteils durch die Arbeitsverw. wesentl. Der AG würde ohne eine entspr. Zusage entweder keinen oder jdf. einen leistungsfähigeren AN einstellen. Deswegen ist auch bei Daueraufgaben die Befristung des ArbVerh. für die Zeit der Zuweisung zulässig, zumal der AG nicht davon ausgehen kann, dass die AA gerade diesen AN nach Ablauf der Zuweisung erneut für diese oder eine andere Maßnahme zuweist. Deshalb ist die ABM an die Person des so geförderten AN gebunden. Dieser Befristungsgrund kann unter § 14 I Nr. 6 subsumiert werden (ebenso KR/*Lipke* Rn. 371; AG/*Gräfl* Rn. 178 ff.; **aA** MüArbR/*Wank* § 95 Rn. 105; *Dörner* Rn. 180; *Rolfs* Rn. 67 ff. [unbenannter weiterer Sachgrund]). Außer in Fällen der Nichtigkeit des VA findet eine Überprüfung des Vorliegens der ges. Voraussetzungen der ABM nicht statt (BAG 12.6.1987 AP BGB § 620 Befristeter Arbeitsvertrag Nr. 114). Die Gewährung eines Eingliederungszuschusses für AN mit Vermittlungshemmnissen ist kein Sachgrund für die Befristung (vgl. BAG 4.6.2003 NZA 2003, 1143).

Eine **Nebenbestimmung im Zuweisungsbescheid**, die die Förderung im Rahmen einer ABM von 65
einer späteren Übernahme des zugewiesenen AN in ein unbefristetes ArbVerh. abhängig machte (§ 267 II SGB III aF), begr. keinen Anspruch des AN auf Abschluss eines unbefristeten Arbeitsvertrags (BAG 19.1.2005 NZA 2005, 873). Hiervon unabhängig konnte der Maßnahmeträger beim AN die berechtigte Erwartung geweckt haben, mit ihm ein unbefristetes ArbVerh. begründen zu wollen (BAG 26.4.1995 AP AFG § 91 Nr. 4).

hh) Sozialhilfemaßnahmen. Sozialhilfemaßnahmen nach den früheren §§ 18 ff. BSHG (Hilfe zur 66
Arbeit) waren idR nur von vorübergehender Natur, sie konnten die Befristung eines ArbVerh. sachl. rechtfertigen (BAG 7.7.1999 AP BGB § 620 Befristeter Arbeitsvertrag Nr. 216). Ihr Grund lag in der Person des hilfebedürftigen AN, sie waren unter Nr. 6 einzuordnen (KR/*Lipke* Rn. 387). Stellte der Sozialhilfeträger den Hilfesuchenden bei sich selbst ein, galt dies nur, wenn das aufgrund §§ 18 ff. BSHG begr. ArbVerh. sich von denen unterschied, die der Sozialhilfeträger auf dem ersten Arbeitsmarkt zur Erfüllung seiner Verwaltungsaufgaben begr. (BAG 7.7.1999 AP BGB § 620 Befristeter Arbeitsvertrag Nr. 216). Im Einzelfall konnte hiervon abgesehen werden, wenn dadurch die Eingliederung in das Arbeitsleben besser gefördert wurde (BAG 22.3.2000 NZA 2001, 605).

ii) Befristung aus sozialen Gründen. Außerhalb des Sozialhilferechts ist eine Befristung aus sozia- 67
len Gründen sachl. gerechtfertigt, wenn die sozialen Gründe des AG anges. des individuellen Interesses des AN an unbefristeter Beschäftigung überwiegen (BAG 26.4.1985 AP BGB § 620 Befristeter Arbeitsvertrag Nr. 91; 21.1.2009 NZA 2009, 727). Das ist der Fall, wenn es ohne den sozialen, in der Person des AN begr. Überbrückungszweck überhaupt nicht zum Abschluss des Arbeitsvertrags, auch nicht eines befristeten, gekommen wäre (BAG 7.7.1999 AP BGB § 620 Befristeter Arbeitsvertrag Nr. 211; 21.1.2009 NZA 2009, 727; 24.8.2011 AP TzBfG § 14 Nr. 85). Die sozialen Erwägungen müssen das **überw. Motiv** des AG sein (BAG 12.12.1985 AP BGB § 620 Befristeter Arbeitsvertrag Nr. 96; 16.12.2010 AP KSchG 1969 § 2 Nr. 150). Die Befristung wird ausschl. oder überw. dem Interesse des AN dienen, wenn zB der AG nach dem Auslaufen eines unbefristeten oder wirksam befristeten Vertrags aus sozialen Erwägungen dem AN eine befristete Übergangsregelung ermöglicht (BAG 3.10.1984 AP BGB § 620 Befristeter Arbeitsvertrag Nr. 88; 11.2.2015 NZA 2015, 1066 Rn. 33; LAG RP 30.6.2005 NZA-RR 2006, 107, 111; *Koch* NZA 1985, 345, 348) oder während des Bezugs einer auf Zeit bewilligten Rente eine TZBeschäftigung ermöglicht (BAG 21.1.2009 NZA 2009, 727). Hieran fehlt es, wenn der AN das unbefristete ArbVerh. selbst außerordentl. gekündigt hat, um in das befristete einzutreten (BAG 23.1.2002 EzA BGB § 620 Nr. 186).

Allein die Tatsache, dass eine sinnvolle Beschäftigung auf Dauer mögl. ist, schließt zwar die 68
bestimmende Kausalität sozialer Aspekte für den Vertragsabschluss noch nicht aus, aber soziale Erwägungen dürfen **nicht nur der Vorwand** für die Befristung sein. Die Weiterbeschäftigung auf einem Dauerarbeitsplatz spricht gegen anerkennenswerte soziale Beweggründe des AG. Die sozialen Gründe müssen für die Weiterbeschäftigung ausschlaggebend sein; unschädl. ist es jedoch, dass ein Bedarf an der Tätigkeit des AN besteht und er daher noch sinnvoll beschäftigt werden kann (BAG 24.1.1996 AP BGB § 620 Befristeter Arbeitsvertrag Nr. 179; *Dörner* Rn. 252).

Schließt ein Land in sozialen Härtefällen mit Lehrern, deren Examensnote für eine Übernahme in 69
den Schuldienst des Landes nicht ausreicht, einen befristeten Arbeitsvertrag für die Dauer eines Jahres ab und sagt es diesen Lehrern zu, sie **nach Vertragsablauf in das Beamtenverhältnis** zu übernehmen, wenn sie sich als für den Schuldienst geeignet erwiesen haben, ist die vereinbarte Befristung des ArbVerh. wirksam (BAG 31.8.1994 AP BGB § 620 Befristeter Arbeitsvertrag Nr. 163). Der befristete Arbeitsvertrag mit einem vormaligen Beamten auf Widerruf nach Abschluss seiner Ausbildung kann sachl. gerechtfertigt sein, wenn dem AN damit Gelegenheit gegeben werden soll, berufl. Erfahrungen zu sammeln, um seine Vermittlungschancen auf dem Arbeitsmarkt zu erhöhen (BAG 7.7.1999 AP BGB § 620 Befristeter Arbeitsvertrag Nr. 211).

jj) Sprachkenntnisse. Erfordert die Tätigkeit (zB eines Redakteurs oder Reporters) aktuelle Kennt- 70
nisse des AN über die politischen, wirtschaftl. und kulturellen Verhältnisse des von ihm zu betreuenden

Gebiets, kann dies die Befristung seines Anstellungsvertrags sachl. rechtfertigen (BAG 25.1.1973 AP BGB § 620 Befristeter Arbeitsvertrag Nr. 37; enger *Dörner* Rn. 375; vgl. a. BAG 12.9.1996 AP BGB § 620 Befristeter Arbeitsvertrag Nr. 183). Sind allein aktuelle Sprachkenntnisse gefordert (Lektor, Übersetzer), wird dies wegen der heute eröffneten Informationsquellen regelm. keinen Sachgrund ergeben (vgl. zum Hochschulsektor BAG 20.9.1995 AP HRG § 57b Nr. 4; 16.4.2008 AP TzBfG § 14 Nr. 44).

71 **g) Zweckbindung von Haushaltsmitteln (§ 14 I 2 Nr. 7).** Die Begrenzung des Haushalts durch das **Haushaltsjahr** oder die Notwendigkeit allg. Einsparungen stellen keinen sachl. Grund für die Befristung eines ArbVerh. im öffentl. Dienst dar (vgl. BAG 27.1.1988 AP BGB § 620 Befristeter Arbeitsvertrag Nr. 116). Die Befristung kann nicht auf die Ungewissheit gestützt werden, ob entspr. Mittel auch in Zukunft weiter zur Vfg. stehen (BAG 16.10.2008 NZA 2009, 676). Dies kann zB der Fall sein, wenn das HaushaltsG die vorübergehende Besetzung einer Beamten-Planstelle mit einem AN erlaubt. Allein der haushaltsrechtl. kw-Vermerk (künftig wegfallend) rechtfertigt die Befristung nicht (BAG 16.1.1987 AP BGB § 620 Befristeter Arbeitsvertrag Nr. 111; 2.9.2009 NZA 2009, 1257; krit. *Groeger* NJW 2008, 465, 470). Unionsrechtl. können nationale Haushaltserwägungen zwar den sozialpolitischen Entsch. eines Mitgliedstaats zu Grunde gelegt werden, sind aber für sich genommen kein sozialpolitisches Ziel (EuGH 26.11.2014 NZA 2015, 153 Rn. 110 – Mascolo; 21.9.2016 NZA 2016, 1323 Rn. 63).

71a Die Nr. 7 übernimmt einen Befristungsgrund aus dem alten HRG (§ 57b II aF; zur Rechtsentwicklung *Dörner* FS Otto 2008 S. 55, 56). Da dieser Sachgrund AG des öffentl. Dienstes privilegiert, indem er ihnen einen zusätzl. Befristungstatbestand gibt, auf den sich private AG nicht berufen können, ersuchte das BAG (27.10.2010 NZA-RR 2011, 272) den EuGH um Vorabentscheidung. Doch wurde dieser Rechtsstreit nach § 91a ZPO beendet. Da nach der **Rspr. des EuGH** (23.4.2009 AP Richtlinie 99/70/EG Nr. 6 Rn. 96; 26.1.2012 NZA 2012, 135 Rn. 27; 13.3.2014 NZA 2014, 475 Rn. 45; 21.9.2016 NZA 2016, 1323 Rn. 49) der Begriff „sachl. Gründe" so zu verstehen ist, dass er genau bezeichnete, konkrete Umstände meint, die eine bestimmte Tätigkeit kennzeichnen und daher in diesem speziellen Zusammenhang die Verwendung aufeinanderfolgender befristeter Arbeitsverträge rechtfertigen können, bestehen – unabhängig von der mögl. Bevorzugung des öffentl. Dienstes – erhebl. Zweifel, ob die Nr. 7 ohne weitere Konkretisierung durch die nationale Rspr. (vgl. dazu Rn. 72 f.) unionsrechtl. Vorgaben genügt (vgl. BAG 28.9.2016 NZA 2017, 249 Rn. 30, 43). Eine innerstaatl. Vorschrift, die sich darauf beschränkt, den Rückgriff auf aufeinanderfolgende befristete Arbeitsverträge allg. und abstrakt durch G oder VO zuzulassen, genügt nicht den vom EuGH aufgestellten Erfordernissen (EuGH 21.9.2016 NZA 2016, 1323 Rn. 50). Ausgehend von der EuGH-Rspr. könnte sich die notwendige Konkretisierung aus der bes. Art der Aufgaben, zu deren Erfüllung die entspr. Verträge geschlossen worden sind, und deren Wesensmerkmalen oder ggf. aus der Verfolgung eines legitimen sozialpolitischen Ziels herleiten lassen (vgl. EuGH 21.9.2016 NZA 2016, 1323 Rn. 49).

71b Nach bisheriger Rspr. erfordert der Sachgrund der Nr. 7 die Vergütung des AN aus Haushaltsmitteln, die mit einer konkreten Sachregelung auf der **Grdl. einer nachvollziehbaren Zwecksetzung** versehen sind (BAG 28.9.2016 NZA 2017, 249 Rn. 38). Die Haushaltsmittel müssen für eine Aufgabe von vorübergehender Dauer vorgesehen sein (BAG 18.10.2006 NZA 2007, 332; 14.2.2007 NZA 2007, 871; 7.5.2008 NZA 2008, 880; 2.9.2009 NZA 2009, 1257), dh. die Fortführung oder Einstellung der Aufgabe dürfen nicht offen sein (BAG 16.10.2008 NZA 2009, 676). Es ist nicht erforderl., dass bei einer die Laufzeit des Haushaltsjahres übersteigenden Befristungsdauer die entspr. haushaltsrechtl. Grdl. der Folgejahre bereits in Kraft sind, es genügt vielmehr, dass bei Vertragsschluss aufgrund konkreter Tatsachen prognostiziert werden kann, die Vergütung des AN könne während der Vertragslaufzeit aus Haushaltsmitteln bestritten werden, die haushaltsrechtl. für eine befristete Beschäftigung bestimmt seien (BAG 22.4.2009 NZA 2009, 1143; 28.9.2016 NZA 2017, 249 Rn. 40). Erforderl. ist der überw. Einsatz des befristet beschäftigten AN entspr. der Zwecksetzung der ausgebrachten Haushaltsmittel (BAG 18.10.2006 NZA 2007, 332; 7.5.2008 NZA 2008, 880). Dabei sind die Umstände bei Vertragsschluss maßgebl. (BAG 14.2.2007 NZA 2007, 871; 7.5.2008 NZA 2008, 880; *Dörner* FS Otto 2008 S. 55, 62). Beurteilt nach den Verhältnissen in diesem Zpkt. muss der AN durch den befristeten Arbeitsvertrag zu einer entspr. Tätigkeit verpflichtet werden. Eine spätere abw., **nicht vertragsgemäße Beschäftigung** berührt die Wirksamkeit der Befristung unmittelbar nicht (BAG 15.2.2006 ZTR 2006, 509). Doch kann dies ein Indiz dafür sein, dass der Befristungsgrund nur vorgeschoben ist. Des Weiteren muss, beurteilt nach den Verhältnissen bei Vertragsschluss, der AN aus den Haushaltsmitteln vergütet werden (BAG 7.5.2008 NZA 2008, 880; 22.4.2009 NZA 2009, 1143).

71c Da die Nr. 7 nicht vom HaushaltsG spricht, sondern von „Haushaltsmitteln" und dem Haushaltsrecht, sind nicht nur der Bundeshaushalt und die Haushalte der Länder, sondern alle nach dem öffentl. Haushaltsrecht durch demokratisch legitimierte Organe aufgestellten Haushaltspläne vom Geltungsbereich umfasst. Hierzu gehören insb. die **Haushalte der Gebietskörperschaften** (*Dörner* FS Otto 2008 S. 55, 70; KR/*Lipke* Rn. 462) und weiterer jur. Personen des ÖffR (MüKoBGB/*Hesse* Rn. 67; AT/*Maschmann* Rn. 60; *Steinherr* ZTR 2003, 216, 219; *Hantel* NJ 2007, 479; offen BAG 2.9.2009 NZA 2009, 1257; 17.3.2010 NJW 2010, 2536; 17.3.2010 NZA 2010, 633; **aA** LAG B 16.3.2007 LAGE TzBfG § 14 Nr. 35; KR/*Lipke* Rn. 462; *Roth*, Haushalts- und Vertretungsbefristung, 2013, S. 222; krit. APS/*Greiner* Rn. 103), wenn das den Haushaltsplan aufstellende Organ nicht mit dem AG identisch ist (BAG 9.3.2011 NZA 2011, 911 betr. den Vorstand der BA; *Schlachter* Anm. AP TzBfG § 14 Haushalt Nr. 18). Auf ArbVerh. der ör. Religionsgemeinschaften findet die Nr. 7 keine Anwendung (KR/*Lipke* Rn. 461; MüKoBGB/*Hesse* Rn. 67; **aA** *Joussen* RdA 2010, 65 unter Hinweis auf Art. 140 GG, Art. 137 III WRV). Grds. zur Problematik der Bevorzugung öffentl. AG im Verhältnis zu privaten vgl. BVerfG 15.7.1998 AP BetrAVG § 18 Nr. 26; *Preis/Greiner* RdA 2010, 148, 156.

Haushaltsrechtl. müssen die Haushaltsmittel gerade für eine befristete Beschäftigung von AN be- 72
stimmt sein (*Groeger* NJW 2008, 465, 466). Die Haushaltsmittel müssen für eine **Aufgabe von nur vorübergehender Dauer** vorgesehen sein (BAG 17.3.2010 NJW 2010, 2536). Dabei sind gleichermaßen ein summenmäßiger Ansatz oder die Ausweisung als Planstelle/Stelle zulässig (*Dörner* FS Otto 2008 S. 55, 65). Die Rechtsvorschr., mit denen die Haushaltsmittel ausgebracht werden, müssen selbst die inhaltl. Anforderungen für die iRd. befristeten Arbeitsverträge auszuübenden Tätigkeiten oder die Bedingungen, unter denen sie auszuführen sind, enthalten (BAG 17.3.2010 NZA 2010, 633; 13.2.2013 NZA 2013, 777). Darüber hinaus hat sich das Haushaltsrecht an den Tatbeständen der Nr. 1 und der Nr. 3 zu „orientieren", ohne allerdings deren Anforderungen erfüllen zu müssen (vgl. BAG 7.11.2007 ZTR 2008, 393; 7.11.2007 AP TzBfG § 14 Haushalt Nr. 4; ebenso *Dörner* FS Otto 2008 S. 55, 68). Jdf. liegen die Voraussetzungen der Nr. 7 nicht vor, wenn die Haushaltsmittel ledigl. allg. („pauschal") für die Beschäftigung von AN im Rahmen von befristeten ArbVerh. bereitgestellt werden (BAG 7.5.2008 NZA 2008, 880; 17.3.2010 NJW 2010, 2536; 17.3.2010 NZA 2010, 633) oder dem befristet beschäftigten AN **überw. Daueraufgaben** des öffentl. AG übertragen werden (BAG 18.10.2006 NZA 2007, 332; 14.2.2007 NZA 2007, 871). IÜ würde die Ausbringung von Haushaltsmitteln ohne eine tätigkeitsbezogene Zwecksetzung nicht den Anforderungen des Unionsrechts an eine sachl. gerechtfertigte Befristung genügen (BAG 18.10.2006 NZA 2007, 332; 7.11.2007 ZTR 2008, 393; 9.3.2011 NZA 2011, 911).

Bereits aus der Entsch. des BVerfG v. 24.4.1996 (AP HRG § 57a Nr. 2) zu § 57b II HRG aF war zu 72a
folgern, dass die **Mittel erkennbar für eine zeitl. begrenzte Aufgabe gewidmet** sein müssen (BAG 14.2.2007 NZA 2007, 871; **aA** *Löwisch* NZA 2006, 457, 459). Ausreichend ist es, wenn im HaushaltsG die Beschäftigung von Aushilfskräften bei vorübergehender Abwesenheit des Stelleninhabers aus den so frei werdenden Mitteln vorgesehen ist (BAG 14.2.2007 NZA 2007, 871; 7.11.2007 ZTR 2008, 393; 13.2.2013 NZA 2013, 777). Eine betragsmäßige Ausweisung von Mitteln ist nicht erforderl. (BAG 14.2.2007 NZA 2007, 871). Die Deckung des Vertretungsbedarfs braucht nicht an ders. Dienststelle zu erfolgen (BAG 14.2.2007 NZA 2007, 871; 7.11.2007 AP TzBfG § 14 Haushalt Nr. 4). Anders als beim Sachgrund der Nr. 3 ist keine Kausalität erforderl. (BAG 20.2.2008 AP TzBfG § 14 Haushalt Nr. 6), es genügt ein „erkennbarer Zusammenhang" (BAG 13.2.2013 NZA 2013, 777).

Allein die Abhängigkeit von Zahlungen anderer ör. Rechtsträger und deren Haushaltsmitteln recht- 73
fertigt keine Befristung (BAG 8.4.1992 AP BGB § 620 Befristeter Arbeitsvertrag Nr. 146; *Lakies* NZA 1995, 296). Ebenso wenig reicht die stets gegebene Unsicherheit über das Weiterlaufen von Drittmitteln dafür aus (BAG 21.1.1987 AP BGB § 620 Hochschule Nr. 4). Hingegen vermag die weitgehende Fremdbestimmtheit durch **Vorgaben des Drittmittelgebers** eine Befristung sachl. zu rechtfertigen, wenn sich der AG entschließt, die finanzierten Aufgaben nur für die Dauer der Bewilligung von Drittmitteln durchzuführen und sich sowohl der Drittmittelgeber als auch der AG gerade mit den Verhältnissen dieser Stelle befasst und ihre Entsch. über den Wegfall des konkreten Arbeitsplatzes aus sachl. Erwägungen getroffen haben (BAG 3.12.1982 AP BGB § 620 Befristeter Arbeitsvertrag Nr. 72; 7.4.2004 AP TzBfG § 17 Nr. 4; 22.6.2005 EzBAT BAT SR 2y Hochschulen/Forschungseinrichtungen Nr. 57; LAG B 23.11.2012 NZA-RR 2013, 191; *Boewer* Rn. 213). Dieser Befristungsgrund unterfällt der Nr. 7, obgleich die Drittmittel nur zu einem Teil aus öffentl. Haushalten stammen (**aA** BAG 15.2.2006 ZTR 2006, 509; 29.7.2009 AP TzBfG § 14 Nr. 65; *Dörner* Rn. 221; KR/*Lipke* Rn. 480 ff.; MüKoBGB/*Hesse* Rn. 68 mit rechtshistorischem Hinweis auf die Differenzierung in § 57b II HRG aF). Entscheidend ist vielmehr ihre haushaltsrechtl. Planung, zB im Etat einer als Stiftung des ÖffR organisierten Universität. Die Dauer eines auf den Sachgrund der Drittmittelfinanzierung gestützten befristeten Arbeitsvertrags muss nicht mit der Laufzeit der zur Vfg. gestellten Drittmittel übereinstimmen (BAG 15.1.2003 – 7 AZR 616/01 – BeckRS 2003, 40844). Der Sachgrund „Drittmittelfinanzierung" des TzBfG findet auf wiss. Personal an Hochschulen und Forschungseinrichtungen keine Anwendung, weil insofern die spezialges. Regelung des § 2 II WZVG vorgeht (BAG 8.6.2016 NZA 2016, 1463 Rn. 42).

Wird eine Maßnahme nicht als zeitl. begrenztes Projekt, sondern als Teil einer Daueraufgabe des 74
staatl. Auftraggebers durchgeführt, stellt allein die Übertragung der sozialstaatl. Aufgabe keinen hinreichenden Sachgrund für die Befristung dar (BAG 22.3.2000 NZA 2000, 881 in Abgrenzung zu BAG 28.5.1986 AP BGB § 620 Befristeter Arbeitsvertrag Nr. 101; *Dörner* Rn. 228). Auch im Fall der Nr. 7 sind die bei Vertragsschluss vorliegenden Umstände für die Beurteilung der Wirksamkeit der Befristungsabrede maßgebl. (BAG 24.10.2001 NZA 2002, 443; 14.2.2007 NZA 2007, 871). Eine Kongruenz von **Vertragsdauer und Befristungsgrund** ist auch hier nicht erforderl. (BAG 14.2.2007 NZA 2007, 871; **aA** LAG D 21.12.2005 LAGE TzBfG § 14 Nr. 25). Es genügt für die sachl. Rechtfertigung der Befristung, wenn der geförderte Vertragszweck durch die vereinbarte (kürzere) Vertragsdauer erreicht wird (BAG 26.8.1988 AP BGB § 620 Befristeter Arbeitsvertrag Nr. 124). Klaffen Vertrags- und Projektdauer sehr weit auseinander oder ist eine sinnvolle Mitarbeit am Projekt durch die gewählte Vertragsdauer zw., kann der sachl. Grund für die Befristung fehlen.

75 **h) Gerichtlicher Vergleich (§ 14 I 2 Nr. 8).** Eine Befristung war durch die Interessen beider Parteien gerechtfertigt, wenn sie in einem gerichtl. Vergleich festgelegt wird, der dazu dient, den Rechtsstreit über den Fortbestand des ArbVerh. beizulegen (BAG 9.2.1984 AP BGB § 620 Bedingung Nr. 7; 2.12.1998 AP HRG § 57a Nr. 4). Über diesen allg. anerkannten Befristungsgrund ist das TzBfG hinausgegangen. Nach dem Gesetzeswortlaut kann jeder gerichtl. Vergleich einen Sachgrund abgeben (MüKoBGB/*Hesse* Rn. 70; **aA** AG/*Gräfl* Rn. 243). ZB auch der Vergleich, der einen auf Neuabschluss eines Arbeitsvertrags geführten Rechtsstreit beendet. Demggü. hält das BAG an seiner zur alten Rechtslage entwickelten Rspr. fest, um eine **„missbräuchl. Ausnutzung"** des durch die Nr. 8 eröffneten Sachgrunds zu verhindern (BAG 26.4.2006 AP TzBfG § 14 Vergleich Nr. 1; 15.2.2012 NZA 2012, 919). Danach müssen beide Parteien gegensätzl. Rechtsstandpunkte darüber eingenommen haben, ob bzw. wie lange zwischen ihnen noch ein ArbVerh. bestehe (BAG 24.1.1996 AP BGB § 620 Befristeter Arbeitsvertrag Nr. 179). Die bloße Androhung der Kündigung eines unbefristeten ArbVerh. ist hierfür unzureichend. Der Vergleich hat der **„Beilegung einer Bestandsstreitigkeit"** zu dienen (BAG 13.6.2007 AP TzBfG § 17 Nr. 7; 14.1.2015 NZA 2016, 39 Rn. 24 f.; 8.6.2016 NZA 2016, 1485 Rn. 14). Dafür müssen die Parteien einen Rechtsstreit über den Fortbestand des zwischen ihnen bestehenden ArbVerh. geführt haben (BAG 12.11.2014 NZA 2015, 379 Rn. 13; zust. APS/*Backhaus* Rn. 321). Insb. muss der AN nachdrückl. seine Rechtsposition vertreten und ggü. dem AG geltend gemacht haben, der AG muss die (Weiter-)Beschäftigung des AN abgelehnt haben (BAG 15.2.2012 NZA 2012, 919 Rn. 13; 14.1.2015 NZA 2016, 39 Rn. 25). Ein solcher Vergleich wird der Beilegung eines Kündigungsschutzverf. oder eines sonstigen Feststellungsrechtsstreits über den Fortbestand oder die Fortsetzung des ArbVerh. mittels Folgevertrags dienen (BAG 12.11.2014 NZA 2015, 379 Rn. 17; 21.3.2017 – 7 AZR 369/15 – BeckRS 2017, 109938 Rn. 14). Unter dieser Voraussetzung kann selbst die nachträgl. Befristung eines unbefristeten ArbVerh. in einem Prozessvergleich wirksam vereinbart werden (BAG 24.1.1996 AP BGB § 620 Befristeter Arbeitsvertrag Nr. 179).

76 Ein wichtiger Anwendungsfall ist die vom AG dem gekündigten AN für die Dauer des lfd. Kündigungsrechtsstreits freiwillig angebotene **vorl. Weiterbeschäftigung** (vgl. § 21 Rn. 8; BAG 22.10.2003 NZA 2004, 1275). Da zumindest der AG davon ausgeht, die streitgegenständl. Kündigung habe das ArbVerh. der Parteien aufgelöst, trägt er dem AN unter der Bedingung, die Kündigungsschutzklage des AN werde rkr. abgewiesen, den Abschluss eines auflösend bedingten Arbeitsvertrags an (*Ricken* NZA 2005, 323, 329). Dabei kann der AG, solange keine dem AN günstige Entsch. in der Bestandsschutzstreitigkeit vorliegt (BAG 22.7.2014 NZA 2014, 1330 Rn. 18), die Auslegung als entspr. Willenserkl. nicht dadurch ausschließen, dass er zugleich erklärt, er wolle keinen Neuabschluss eines ArbVerh. (BAG 19.1.2005 EzBAT BAT § 53 Beschäftigung Nr. 13). Hierfür bedarf es nach § 21 eines Sachgrunds iSv. § 14 I (LAG HM 16.1.2003 NZA-RR 2003, 468, 469 f.; *Sievers* Rn. 634; KR/*Lipke* Rn. 495; **aA** KR/*Fischermeier* § 625 BGB Rn. 35), denn der Anwendungsbereich des TzBfG kann wegen des Gebots der richtlinienkonformen Auslegung nicht dahingehend reduziert werden, dass bestimmte befristete oder auflösend bedingte Arbeitsverträge außerhalb der Regelungen dieses G wirksam geschlossen werden könnten (*Ricken* NZA 2005, 323, 329; **aA** *Bayreuther* DB 2003, 1736, 1738 f.; *Bengelsdorf* NZA 2005, 277, 281 [teleologische Reduktion]). Da die vom AG bezweckte Minimierung seines Verzugslohnrisikos keinen Sachgrund ergibt (**aA** *Ricken* NZA 2005, 323, 330), vielmehr den Sachgrund Nr. 5 (Wunsch des AN) ausschließt, kommt allein der gerichtl. Vergleich in Betracht. Dieser könnte zB in der Güteverh. des Kündigungsschutzverf. protokolliert werden und so das Schriftformerfordernis des Abs. 4 (vgl. Rn. 115) erfüllen. Ebenso ist eine Zweckbefristung des ArbVerh. denkbar (vgl. § 3 Rn. 11; § 21 Rn. 8; BAG 22.10.2003 NZA 2004, 1275), indem allein (ergebnisunabhängig) auf die rkr. Beendigung des Kündigungsrechtsstreits abgehoben wird. Auch eine solche Zweckbefristung bedarf eines Sachgrunds, der am Zuverlässigsten in der Nr. 8 gefunden wird. Anders ist das auf der Entsch. des GS des BAG (27.2.1985 AP BGB § 611 Beschäftigungspflicht Nr. 14) beruhende **WeiterBeschVerh.** jdf. zu beurteilen, wenn das ArbG oder das LAG im Bestandsrechtsstreit ein stattgebendes Urt. erlässt und der AG den AN ohne Abschluss eines Vertrags ggf. sogar zur Abwendung der ZV aus einem Weiterbeschäftigungstitel tats. weiterbeschäftigt (BAG 22.7.2014 NZA 2014, 1330 Rn. 16 ff.; 14.6.2016 – 9 AZR 8/15 – BeckRS 2016, 73357 Rn. 18). Wird in diesen Fällen kein befristeter oder auflösend bedingter Arbeitsvertrag vereinbart (BAG 24.9.2003 NZA 2004, 90; 22.7.2014 NZA 2014, 1330 Rn. 18), muss das WeiterbeschVerh. bei rkr. Abweisung der Bestandsschutzklage nach Bereicherungsrecht rückabgewickelt werden (BAG 10.3.1987 AP BGB § 611 Weiterbeschäftigung Nr. 1; 17.1.1991 AP BGB § 611 Weiterbeschäftigung Nr. 8; 12.2.1992 AP BGB § 611 Weiterbeschäftigung Nr. 9).

77 Der Begriff des gerichtl. Vergleichs iSd. Nr. 8 ist nach der Rspr. des BAG (BAG 15.2.2012 NZA 2012, 919) nicht deckungsgleich mit **Prozessvergleich** iSv. § 794 I Nr. 1 ZPO, sondern enger. Der Vergleich muss wirksam sein, so dass eine Anfechtung der Willenserkl. den Sachgrund mit Rückwirkung beseitigen kann (BAG 26.4.2006 AP TzBfG § 14 Vergleich Nr. 1). Das gegenseitige Nachgeben beider Parteien ergibt zwar den sachl. Grund, so dass nach alter Rechtslage auch ein **außergerichtl. Vergleich** genügen konnte (BAG 4.12.1991 EzA BGB § 620 Nr. 113; 22.10.2003 AP BGB § 620 Befristeter Arbeitsvertrag Nr. 255), doch stellt Nr. 8 ausdr. auf die Mitwirkung des Gerichts ab (BAG 21.3.2017 – 7 AZR 369/15 – BeckRS 2017, 109938 Rn. 14). Deshalb reicht der außergerichtl. Vergleich als solcher nicht mehr aus. Da die Rspr. die Mitwirkung des Gerichts an der inhaltl. Ausformung des Vergleichs als unverzichtbar ansieht (BAG 26.4.2006 AP TzBfG § 14 Vergleich Nr. 1; 15.2.2012 NZA 2012, 919;

12.11.2014 NZA 2015, 379 Rn. 19; 8.6.2016 NZA 2016, 1485 Rn. 15, 17) genügt ein gem. **§ 278 VI ZPO** geschlossener Prozessvergleich nach Auff. des BAG idR nur dann als Sachgrund, wenn die Parteien einen schriftl. Vergleichsvorschlag des Gerichts durch Schriftsatz ggü. dem Gericht annehmen und das Gericht das Zustandekommen und den Inhalt des Vergleichs durch Beschl. festgestellt hat (BAG 15.2.2012 NZA 2012, 919; 14.1.2015 NZA 2016, 39 Rn. 26 f.). Hatten die Parteien dem Gericht den Vergleich vorgeschlagen (1. Alt.), erkennt das BAG aus unionsrechtl. Gründen (BAG 12.11.2014 NZA 2015, 379 Rn. 22 f.) idR keinen Sachgrund nach Nr. 8 an (BAG 15.2.2012 NZA 2012, 919; 14.1.2015 NZA 2016, 39 Rn. 26 f.; 8.6.2016 NZA 2016, 1485 Rn. 17; 8.6.2016 NZA 2016, 1535 Rn. 23; 21.3.2017 – 7 AZR 369/15 – BeckRS 2017, 109938 Rn. 15; **aA** mit gewichtigen Argumenten LAG NI 5.11.2013 LAGE TzBfG § 14 Nr. 79 Rn. 51; *Marschner* Anm. EzTöD § 30 Abs. 1 Nr. 42 „lebensfremd"; *Serr* SAE 2013, 44; Staudinger/*Preis* § 620 Rn. 164; krit. *Bohlen* NZA-RR 2015, 449, 454). Nach der BAG-Rspr. genügt es aber, wenn sich das Gericht einen von den Parteien vorgelegten Einigungsentw. als seinen Vorschlag zu eigen macht und diesen den Parteien unterbreitet (BAG 14.1.2015 NZA 2016, 39 Rn. 28; 8.6.2016 NZA 2016, 1485 Rn. 17; 21.3.2017 – 7 AZR 369/15 – BeckRS 2017, 109938 Rn. 16).

2. Weitere Gründe. Nach der hier vertretenen weiten Auslegung der ges. ausdr. benannten Sachgründe (anders die Rspr., vgl. nur BAG 18.3.2015 NZA-RR 2015, 569 Rn. 13) bleiben nur wenige Sachverhalte übrig, die als Sachgrund eine Befristung rechtfertigen können. Zu denken ist an die „Sicherung der personellen **Kontinuität der BRArbeit**", die einen AG veranlasste, mit einem Mitglied des BR einen erneuten befristeten Arbeitsvertrag zu schließen (BAG 23.1.2002 NZA 2002, 986). Dieser von der Rspr. nach dem Inkrafttreten des TzBfG noch zur alten Rechtslage entwickelte Grund liegt nicht allein in der Person des AN (Nr. 6) begr. und wird weiterhin anzuerkennen sein (BAG 20.1.2016 NZA 2016, 755 Rn. 15; 8.6.2016 NZA 2016, 1535 Rn. 16; *Boewer* Rn. 40). Er erfordert, dass die Befristung geeignet und erforderl. ist die Kontinuität der BRArbeit zu wahren (BAG 20.1.2016 NZA 2016, 755 Rn. 15; 8.6.2016 NZA 2016, 1535 Rn. 18). Dies kann dann der Fall sein, wenn der Arbeitsvertrag befristet bis zum Ablauf der Amtszeit des BR verlängert wird. Erfolgt die Verlängerung nur für einen kürzeren Zeitraum, bedarf es bes. Darlegungen dazu, weshalb dies zur Wahrung der Kontinuität der BRTätigkeit geboten sein soll (BAG 20.1.2016 NZA 2016, 755 Rn. 15; 8.6.2016 NZA 2016, 1535 Rn. 18). 78

Des Weiteren hat die Rspr. (BAG 28.8.1996 AP BGB § 620 Befristeter Arbeitsvertrag Nr. 181; 6.12.2000 ZTR 2001, 525) nicht allein aus in der Person des AN liegenden Gründen eine Befristung zugelassen, wenn zum Zwecke eines **vorübergehenden Personalaustausches** zwischen verschiedenen AG neben dem fortbestehenden Arbeits- oder Beamtenverhältnis ein neues befristetes ArbVerh. begr. wird. Die gesicherte Rückkehrmöglichkeit hat dabei den bestimmenden Ausschlag gegeben. Außerhalb des Katalogs des S. 2 steht die vorübergehende Beschäftigung eines AN auf einem Arbeitsplatz, der zu einem späteren Zpkt. dauerhaft mit einem anderen AN besetzt werden soll. Das BAG (13.10.2004 NZA 2005, 401) sieht hierin einen Sachgrund, wenn im Zpkt. des Vertragsschlusses mit dem anderen AN bereits eine vertragl. Bindung besteht (BAG 12.1.2011 NZA 2011, 507). 78a

Ebenso zur vorübergehenden Beschäftigung auf einem Arbeitsplatz, der entspr. einem stimmigen Konzept für einen mit **verbindl. Wiedereinstellungszusage** ausgeschiedenen AN freigehalten werden soll (BAG 2.6.2010 NZA 2010, 1172). Neu ist die Befristung für die Dauer eines Konkurrentenrechtsstreits um die betr. Stelle (BAG 16.3.2005 NZA 2005, 923). Nach der Rspr. kann die für einen späteren Zpkt. gepl. anderweitige Besetzung des Arbeitsplatzes als sonstiger in § 14 I 2 Nr. 1 bis 8 nicht erwähnter Sachgrund geeignet sein, die befristete Einstellung eines AN bis zu diesem Zpkt. zu rechtfertigen. Dies setzt grds. voraus, dass der AG bei Abschluss des befristeten Arbeitsvertrags mit dem anderen als Dauerbesetzung vorgesehenen AN bereits vertragl. gebunden ist (BAG 9.12.2009 NZA 2010, 495; vgl. hierzu Rn. 40). 78b

Anders sieht es für die sog. **Leitungsaufgabe** aus. Nach alter Rechtslage bedurfte wegen des nur eingeschränkt gewährleisteten Kündigungsschutzes die Befristung des Arbeitsvertrags mit einem ltd. Ang. iSv. § 14 II KSchG nach der Rspr. ledigl. dann eines sachl. Grundes, wenn der ltd. Ang. beim Ausscheiden infolge Befristung keinen finanziellen Ausgleich erhielt, der einer Abfindung gem. §§ 9, 10 KSchG gleichwertig war (BAG 26.4.1979 AP BGB § 620 Befristeter Arbeitsvertrag Nr. 47; *Hanau* FS Zöllner 1998 Bd. II S. 753 f.). Da es unter dem TzBfG nicht auf die Umgehung von Kündigungsschutz ankommt, liegt kein Sonderfall mehr vor. Deshalb wird dieser Tatbestand nicht aufrecht zu erhalten sein, die Befristung der Anstellungsverträge ltd. Mitarbeiter bedarf jetzt eines Sachgrunds (BAG 21.3.2017 – AZR 7 207/15 – Rn. 110; KR/*Lipke* Rn. 443; AG/*Gräfl* Rn. 5; DDZ/*Wroblewski* Rn. 30), dieser Sachgrund kann nicht allein in der Vereinb. eines Abfindungsanspruches gesehen werden (**aA** *Dietz/Richardi* § 2 Rn. 58; APS/*Backhaus* Rn. 19). 79

Der Befristungsgrund **„Drittmittelfinanzierung"** besteht zwar in den engen, von der Rspr. (vgl. BAG 5.6.2002 NZA 2003, 149; 15.1.2003 – 7 AZR 616/01 – BeckRS 2003, 40844) gezogenen Grenzen fort, ist aber in diesem Rahmen dem Sachgrund Nr. 7 zuzuordnen (vgl. Rn. 71 ff.; **aA** [selbständiger Sachgrund] BAG 15.2.2006 ZTR 2006, 509; 29.7.2009 AP TzBfG § 14 Nr. 65 [LS]; *Dörner* Rn. 221; ArbRBGB/*Dörner* § 620 Rn. 195; AG/*Gräfl* Rn. 241, 251; inzidenter auch BAG 7.11.2007 NZA 2008, 467). Der Unterschied der hier vertretenen Auff. zu der des BAG kommt außerhalb des Anwendungsbereichs von § 2 WZVG zum Tragen, wenn der AG nicht ör. Haushaltsrecht unterliegt. 80

80a Der auch in den Gesetzesmat. erwähnte Befristungsgrund **„Arbeitsbeschaffungsmaßnahme“** (vgl. Rn. 64 f.) gehört ebenso wie die Sozialhilfemaßnahme (vgl. Rn. 66), die Aus-, Fort- und Weiterbildung (vgl. Rn. 53) sowie die Aufenthaltserlaubnis (vgl. Rn. 52) zu den in der Person des AN (Nr. 6) liegenden Sachgründen. Die Mitarbeit in den Diensten einer Parlamentsfraktion rechtfertigt die Befristung nach Nr. 4 (vgl. Rn. 48). Bringen die Parteien ihr ArbVerh. im Inland für die Dauer eines befristeten ArbVerh. zur Entsendung ins Ausland zum Ruhen, ist die Befristung des **AuslandsArbVerh.** wirksam, wenn sie dem Erhalt der dt. Sozialversicherung (§ 4 SGB IV) dient (BAG 14.7.2005 NZA 2005, 1411). Die im Wege der Insichbeurlaubung freigestellten Beamten können ein wirksam befristetes ArbVerh. zu einem Rechtsnachfolger ihres Dienstherrn eingehen (BAG 25.5.2005 NZA 2006, 858). Der Bezug einer **Rente wegen verminderter Erwerbsfähigkeit** iSv. § 59 BAT ist ein weiterer Sachgrund außerhalb der ausdr. in § 14 I gelisteten Gründe (BAG 15.3.2006 AP BAT § 59 Nr. 14).

C. Befristung ohne Sachgrund

I. Grundsatz

81 § 14 II 1 hat der Sache nach die Regelung des § 1 I BeschFG übernommen, sie aber nicht nur sprachl. anders gefasst, sondern sie (erstmals) in den dogmatischen Zusammenhang eingeordnet. Der Grundsatz des § 14 I, dass die Befristung eines Arbeitsvertrags eines sachl. Grundes bedarf, wird im Abs. 2 aufgegriffen und um einen Ausnahmetatbestand erweitert: Die kalendermäßige Befristung eines Arbeitsvertrags ist ohne Vorliegen eines sachl. Grundes bis zur Dauer von zwei Jahren zulässig. Wird die **Befristung als Höchstdauer** ausgestaltet (Vorbehalt der ordentl. Kündigung auch während des befristeten ArbVerh.), kann der AN während des lfd. Befristungszeitraumes Kündigungsschutz erlangen, wenn das ArbVerh. im Anwendungsbereich des KSchG (§ 23 KSchG) ohne Unterbrechung länger als sechs Monate besteht. Ein etwaiger Sonderkündigungsschutz steht dem Abschluss und der Verlängerung eines nach Abs. 2 ohne Sachgrund befristeten Arbeitsvertrags nicht entgegen (BAG 5.12.2012 NZA 2013, 515; KR/*Lipke* Rn. 526 f.). Abs. 2 gilt für öffentl. AG ebenso wie für private (BAG 9.9.2015 NZA 2016, 232 Rn. 24).

82 Mit der Befristung kann eine **Probezeit** verbunden werden. Die Verbindung der Befristung mit einer Probezeit wird regelm. dazu dienen, die Kündigungsfrist während der Probezeit abzukürzen (§ 622 III BGB). Das ArbVerh. kann auf die Dauer der Probezeit befristet werden. Wird in diesem Fall das ArbVerh. über den Ablauf der Probezeit hinaus fortgesetzt, kann hierin eine Verlängerung iSv. § 14 II 1 2. Hs. liegen.

83 Die Wirksamkeit einer Befristung nach § 14 II ist von **keiner entspr. Einigung** über die Anwendung dieser Bestimmung oder einen entspr. Hinweis abhängig (BAG 29.6.2011 NZA 2011, 1151). Ein solches Erfordernis ergibt sich weder aus dem G noch aus allg. Befristungsgrds. Gem. § 14 IV bedarf ledigl. die Befristung des Arbeitsvertrags der Schriftform. Es besteht kein Zitiergebot (BAG 18.5.2016 NZA 2016, 1276 Rn. 21). Gibt der Arbeitsvertrag einen obj. unzutr. Sachgrund an, schließt dies nicht aus, die Wirksamkeit der Befristungsabrede nach § 14 II zu beurteilen und ggf. zu bejahen. Somit kommt Abs. 2 eine Auffangfunktion zu (*Däubler* ZIP 2001, 217, 224; wohl **aA** *Straub* NZA 2001, 919, 926).

84 Als **einseitig zwgd.** ges. Vorschr. (vgl. § 22 I) steht § 14 II einer einzelvertragl., für den AN günstigeren Vereinb. nicht entgegen. Die Wirksamkeit der arbeitsvertragl. Befristung bedarf eines sachl. Grundes, wenn die Parteien im Arbeitsvertrag nicht ledigl. auf einen Sachgrund hingewiesen, sondern durch eine genaue Beschreibung der sachl. Begr. der Befristung oder in anderer Weise verdeutlicht haben, dass § 14 II abbedungen werden soll (BAG 5.6.2002 NZA 2003, 149; 26.6.2002 AP BeschFG 1996 § 1 Nr. 15; 26.6.2002 AP BeschFG 1996 § 1 Nr. 16; 4.12.2002 NZA 2003, 916; 9.2.2011 NZA 2011, 791; 21.9.2011 NZA 2012, 255; 20.1.2016 NZA 2016, 755 Rn. 27). IZw. kann ein entspr. Wille des AG nicht vermutet werden (MüKoBGB/*Hesse* Rn. 13). Die Angabe eines Sachgrunds ist ein Indiz, reicht allein aber nicht aus (BAG 5.6.2002 NZA 2003, 149; 26.6.2002 AP BeschFG 1996 § 1 Nr. 16; 4.12.2002 NZA 2003, 916; 29.6.2011 NZA 2011, 1151). Zur Bezugnahme auf TV vgl. Rn. 102.

85 Haben die Arbeitsvertragsparteien eine befristete Beschäftigung vereinbart, ohne klarzustellen, ob die Befristung ihrer Auff. nach eines sachl. Grundes bedarf oder nicht, liegen die Voraussetzungen des § 14 II aber nicht vor, kann der AG Sachgründe für die Befristung anführen. Das Vorliegen eines Sachgrunds ist keine formale, sondern eine **obj. Wirksamkeitsvoraussetzung** (vgl. BAG 22.10.2003 AP BGB § 620 Befristeter Arbeitsvertrag Nr. 255). § 14 II begr. nicht die Notwendigkeit, darauf abzustellen, ob ein Vertrag nach dem Willen der Arbeitsvertragsparteien aufgrund dieser Bestimmung befristet sein sollte, denn § 14 II enthält kein mit § 1 III BeschFG vergleichbares Anschlussverbot.

II. Dauer der Befristung

86 Der Rahmen von zwei Jahren braucht nicht ausgeschöpft zu werden. Es ist also auch der Abschluss von Zeitverträgen mit kürzerer Laufzeit rechtswirksam mögl. § 14 II verlangt eine **kalendermäßige**

Bestimmung des Befristungszeitraumes. Somit können Zweckbefristungen oder auflösende Bedingungen nicht iRd. § 14 II vereinbart werden (KR/*Lipke* Rn. 532). Ebenso wenig können einzelne Arbeitsbedingungen befristet werden.

III. Verlängerung

Im Unterschied zu der ganz alten, bis zum 30.9.1996 geltenden Rechtslage (§ 1 BeschFG 1985) ist nicht nur die einmalige Befristung ohne sachl. Grund zulässig. Vielmehr dürfen bis zur Gesamtdauer von zwei Jahren **bis zu drei Verlängerungen** eines befristeten Arbeitsvertrags vereinbart werden. Dadurch wird dem AG die Möglichkeit eröffnet, einen zunächst nicht vorhandenen aber später eintretenden Arbeitskräftebedarf mit erneuten Befristungen abzudecken (vgl. BT-Drs. 13/4612). ZB kann nach einer Ausgangsbefristung von sechs Monaten die dreimalige Verlängerung um jeweils ein halbes Jahr vereinbart werden. 87

Unter einer **Verlängerung** ist das einvernehml. Hinausschieben des Endtermins zu verstehen. Das urspr. (befristete) ArbVerh. wird über den zunächst vereinbarten Endtermin bis zu dem neu vereinbarten Endtermin hinaus fortgesetzt (BAG 15.1.2003 NZA 2003, 1092; 18.1.2006 NZA 2006, 605). Die allein die Befristungsdauer regelnde Vereinb. hat den sonstigen Vertragsinhalt unberührt zu lassen (BAG 26.7.2000 NZA 2001, 546; 25.10.2000 NZA 2001, 659; 20.9.2006 AP TVG § 1 Bezugnahme auf Tarifvertrag Nr. 41; *Gräfl* FS Bauer 2010 S. 375, 377 ff.; diff. *Dörner* Rn. 473 ff. [wenn auch im unbefristeten ArbVerh. angefallen]; MüKoBGB/*Hesse* Rn. 84 [Anpassung an die geltende Rechtslage]; **aA** APS/*Backhaus* Rn. 374; Staudinger/*Preis* § 620 Rn. 192; *ders.* NZA 2005, 714, 716; *Bauer* NZA 2011, 241, 242; *Richter/Wilke* RdA 2011, 305; *Rens/Mühlhausen* RdA 2013, 226, 235). Hingegen bedarf eine Befristungsvereinb., mit der die Laufzeit eines nach Abs. 2 sachgrundlos befristeten Arbeitsvertrags verkürzt wird, eines sachl. Grundes gem. Abs. 1 (BAG 14.12.2016 NZA 2017, 634 Rn. 26). 88

Wird anlässl. der „Verlängerung" ein im Ausgangsvertrag vorbehaltenes **Kündigungsrecht (vgl. § 15 III) aufgeh.**, liegt keine Verlängerung iSv. Abs. 2 S. 2, sondern ein Neuabschluss vor (BAG 20.2.2008 NZA 2008, 883). Ebenso ist von einem Neuabschluss auszugehen, wenn die Parteien eine andere WochenAZ vereinbaren, ohne dass der AN auf diese Änd. einen Rechtsanspruch hatte (zB aus § 9; BAG 16.1.2008 NZA 2008, 701). Es steht grds. der Annahme einer Vertragsverlängerung nicht entgegen, wenn Änd. des Arbeitsvertrags vereinbart werden, auf die der AN einen Anspruch hat (BAG 16.1.2008 NZA 2008, 701). 88a

Bleibt der Vertragsinhalt ansonsten durch die Verlängerungsvereinb. unverändert, können andere Faktoren wirksam werden, **ohne die Verlängerung iSv. § 14 II auszuschließen** (BAG 23.8.2006 NZA 2007, 204; offen LAG HB 25.8.2005 LAGReport 2005, 292; *Dörner* NZA 2007, 57, 62). ZB kann eine Änd. des kollektiven ArbR greifen (wie Erhöhung der tarifl. Vergütung) oder der AG kann kraft seines Direktionsrechts Veränderungen herbeiführen (BAG 4.12.2013 NZA 2014, 623 Rn. 20; zB Zuweisung eines anderen Arbeitsplatzes). Einer Verlängerung steht ebenso nicht entgegen, dass bereits zuvor (uU mdl.) erfolgte Änd. der Vertragsbedingungen in den Text der Verlängerungsvereinb. aufgenommen werden (BAG 23.8.2006 NZA 2007, 204). Da eine rückwirkende „Verlängerung" eine inhaltl. neue Abrede über die Hauptleistungspflichten im Zeitraum zwischen dem urspr. Endtermin und dem tats. Wiederaufleben des ArbVerh. erfordert, ist diese Form der nachträgl. Vereinb. eines nahtlosen Übergangs keine Verlängerung iSv. § 14 II 1. IE muss die Einigung der Arbeitsvertragsparteien über die Vertragsverlängerung noch während der urspr. Vertragsdauer zustande kommen (BAG 25.10.2000 NZA 2001, 659; 19.10.2005 NZA 2006, 154; 23.8.2006 NZA 2007, 204; 20.2.2008 NZA 2008, 883; APS/*Backhaus* Rn. 371; *Gräfl* FS Bauer 2010 S. 375, 379; so a. der 10. Sen. im Urt. v. 5.8.2009 AP TVG § 4 Nr. 32). Folgl. kann die Zweijahresfrist nicht in der Weise genutzt werden, dass in dieser Zeit mehrere, in einem engen sachl. Zusammenhang stehende befristete Arbeitsverträge geschlossen werden, die jeweils durch mehr oder minder lange Zwischenräume unterbrochen werden. Die Wiederaufnahme zwischenzeitl. unterbrochener ArbVerh. ist keine Verlängerung. Als Unterbrechungszeitraum genügen einzelne Tage wie zB ges. Feiertage. 88b

Die Wirksamkeit der Verlängerung eines befristeten ArbVerh. richtet sich nach der Rechtslage im **Zpkt. ihrer Vereinb.** (BAG 15.1.2003 EzA TzBfG § 14 Nr. 3). Deshalb bestand die Verlängerungsmöglichkeit auch dann, wenn der zu verlängernde Arbeitsvertrag nach dem **BeschFG 1996** geschlossen wurde (BAG 15.1.2003 NZA 2003, 1092; 15.1.2003 NZA 2003, 914; *Hopfner* BB 2001, 200, 201). Dh. auch ein nach dem BeschFG im Anschluss an ein mit Sachgrund befristetes ArbVerh. ohne Sachgrund geschlossener Arbeitsvertrag konnte nach § 14 II 1 verlängert werden, weil § 14 II 2 auf den Fall der Verlängerung keine Anwendung findet (BAG 15.1.2003 NZA 2003, 914). Allerdings durfte die Gesamtdauer zwei Jahre nicht überschreiten. 89

Wird das befristete ArbVerh. nicht verlängert, sondern ein neues befristetes ArbVerh. begr., findet **§ 14 II 2** Anwendung (BAG 16.3.2005 NZA 2005, 923). Gleiches gilt für die vertragl. Verkürzung der Laufzeit eines befristeten ArbVerh. (BAG 14.12.2016 NZA 2017, 634 Rn. 26). Danach ist eine Befristung unzulässig, wenn mit demselben AG bereits zuvor ein befristetes oder unbefristetes ArbVerh. bestanden hat. Ein Arbeitsvertrag, der nicht auf § 14 II 1 gestützt werden konnte, kann auch nicht iSd. 90

Vorschr. verlängert werden (BAG 25.10.2000 NZA 2001, 659 zu § 1 I 2 BeschFG 1996). Unerhebl. ist aber, ob er tats. auf § 14 II 1 gestützt wurde. Gleichviel ob ausdr. oder stillschweigend.

91 Um die Voraussetzungen für eine Verlängerung zu sichern, werden vorausschauende AG die **Vertragsänd.** (zB betr. die Tätigkeit oder die Vergütung) jeweils zeitl. vor oder nach der Verlängerung vereinbaren (BAG 19.10.2005 NZA 2006, 154; 18.1.2006 NZA 2006, 605; 26.7.2006 NZA 2006, 1402; 23.8.2006 NZA 2007, 204; 12.8.2009 – 7 AZR 270/08 – BeckRS 2009, 74191). Insb. sollte die Bezugnahme auf einen TV iSd. S. 3 nicht anlässl. einer Verlängerung des sachgrundlos befristeten Arbeitsvertrags vereinbart werden (*Grimm/Wölfel* ArbRB 2010, 193, 195). Die **Änd. von Arbeitsbedingungen** in einem lfd. befristeten ArbVerh. ohne Veränderung der Laufzeit des befristeten Vertrags unterliegt nicht der Befristungskontrolle (BAG 19.2.2003 – 7 AZR 648/01 – BeckRS 2003, 40994; 19.10.2005 NZA 2006, 154; 18.1.2006 NZA 2006, 605; AG/*Gräfl* Rn. 278).

IV. „Bereits zuvor"-Arbeitsverhältnis

92 Nach der Regelung des § 1 BeschFG 1985 war es zwar zulässig, einen Arbeitsvertrag zunächst nach § 1 BeschFG zu befristen und im Anschluss daran einen weiteren befristeten Arbeitsvertrag aus sachl. Grund iSd. Rspr. des BAG zu schließen, nicht aber umgekehrt. Weil die Neuregelung des Jahres 1996 auf das Erfordernis der Neueinstellung verzichtete, zugleich aber Befristungen im Anschluss an ein unbefristetes oder (nur) nach § 1 befristetes ArbVerh. verbot (§ 1 III BeschFG), ermöglichte es die **Begr. von Befristungsketten.** Mit einem AN, der bislang aus sachl. Grund befristet beschäftigt war, konnte eine Anschlussbefristung ohne sachl. Grund vereinbart werden. Diese Rechtslage wurde vom BVerfG als gegeben bestätigt (BVerfG 18.2.2000 NZA 2000, 653).

93 Im Interesse einer Restriktion ohne Sachgrund befristeter Arbeitsverträge schließt § 14 II 2 die Befristung nach S. 1 aus, wenn mit demselben AG bereits zuvor ein befristetes oder unbefristetes ArbVerh. bestanden hat. Zur Vereinbarkeit mit Verfassungs- und Unionsrecht § 1 Rn. 3. Dieser Ausschlusstatbestand ist nur erfüllt, wenn auf beiden Seiten **Identität der Arbeitsvertragsparteien** bestanden hat (BAG 19.3.2014 NZA 2014, 840; 24.6.2015 NZA 2015, 1507 Rn. 16). Entscheidend sind Arbeitsverträge zu demselben AG, nicht in demselben Betrieb oder ders. Behörde oder ders. Dienststelle. Andererseits liegt eine Vorbeschäftigung iSd. S. 2 auch dann vor, wenn der AN vor der sachgrundlosen Befristung in einem anderen Betrieb oder einer anderen Dienststelle desselben AG beschäftigt war, es sei denn, das Ende des vorangegangenen ArbVerh. liegt mehr als drei Jahre zurück (vgl. Rn. 99). Wegen der Betonung „demselben" ist auf den rechtl. AG-Begriff abzustellen (BAG 18.8.2005 NZA 2006, 145; 18.10.2006 NZA 2007, 443; 16.7.2008 NZA 2008, 1347; 18.7.2012 NZA 2012, 1369; KR/*Lipke* Rn. 582; *Boewer* Rn. 232). Das ArbVerh. muss zu ders. natürl. oder jur. Person bestanden haben (BAG 9.3.2011 NZA 2011, 1147). Eine Anstalt des ÖffR und das sie errichtende Bundesland sind verschiedene AG (BAG 24.2.2016 NZA 2016, 758 Rn. 12).

93a Eine **Gesamtrechtsnachfolge** (zB § 1922 BGB oder § 2 UmwG [Verschmelzung] BAG 10.11.2004 NZA 2005, 514) genügt ebenso wenig wie eine Anstellung bei einem anderen Konzernunternehmen (BAG 18.10.2006 NZA 2007, 443; APS/*Backhaus* Rn. 397; AT/*Maschmann* Rn. 75; *Rolfs* Rn. 77; BBAKNSV/*Bader* § 620 BGB Rn. 60; *Bauer/Fischinger* DB 2007, 1410, 1413; **aA** DDZ/*Wroblewski* Rn. 206). Ebenso findet § 14 II 2 im Falle des nach dem Ausscheiden des AN vollzogenen **Betriebsübergangs** (§ 613a BGB) auf eine spätere Einstellung durch den Betriebserwerber keine Anwendung (BAG 18.8.2005 NZA 2006, 145; 25.10.2012 AP BGB § 613a Nr. 436; APS/*Backhaus* Rn. 398; AT/*Maschmann* Rn. 76; *Dörner* Rn. 450; KR/*Lipke* Rn. 588). Hingegen sind im Falle des AG-Wechsels nach § 613a BGB beide früheren AG gehindert, einen neuen Arbeitsvertrag mit dem früheren AN ohne Sachgrund zu befristen. Wegen der gewandelten rechtl. Anschauungen ist ein ArbVerh. mit einer GbR ein anderes als das zu einem Gesellschafter dieser GbR (vgl. BGH 29.1.2001 AP ZPO § 50 Nr. 9). Doch darf durch die Befristung des Arbeitsvertrags das Verbot des § 14 II 2 nicht in einer mit den Grds. von **Treu und Glauben** oder mit unionsrechtl. Vorgaben unvereinbaren Weise umgangen werden (BAG 9.3.2011 NZA 2011, 1147; 15.5.2013 NZA 2013, 1214; 4.12.2013 NZA 2014, 426 Rn. 25). Dies wird der Fall sein, wenn mehrere rechtl. und tats. verbundene AG in bewusstem und gewolltem Zusammenwirken mit demselben AN aufeinanderfolgende befristete Arbeitsverträge ausschl. deshalb schließen, um über die nach Abs. 2 vorgesehenen Befristungsmöglichkeiten hinaus sachgrundlose Befristungen aneinanderreihen zu können (BAG 9.3.2011 NZA 2011, 1147; 15.5.2013 NZA 2013, 1214; 4.12.2013 NZA 2014, 426 Rn. 30 ff. jeweils m. Ausf. zu verwertbaren Indizien). Liegt idS eine rechtsmissbräuchl. Ausnutzung des § 14 II vor, besteht die mit § 242 BGB unvereinbare Rechtsfolge nicht in dem Vertragsschluss „an sich", sondern in der Rechtfertigung der in dem Vertrag vereinbarten Befristung. Der unredl. Vertragspartner kann sich auf eine solche Befristung nicht berufen (BAG 15.5.2013 NZA 2013, 1214 Rn. 26). Das ArbVerh. besteht unbefristet zu dem kollusiv „eintretenden" AG fort (BAG 22.1.2014 NZA 2014, 483 Rn. 26; krit. *Greiner* NZA 2014, 284, 287 wegen Nichtvorlage an den EuGH).

94 Das frühere Rechtsverhältnis **muss ein ArbVerh. gewesen sein** (BAG 19.10.2005 NZA 2006, 154; *Gräfl* FS Bauer 2010 S. 375, 380). Es ist auf den allg. ANBegriff des ArbR abzustellen (BAG 24.8.2016 NZA 2017, 244 Rn. 14, 37). Mit dem Inkrafttreten des AÜG-ReformG am 1.4.2017 ist der erreichte

Stand der Rspr. in eine ges. Definition des Arbeitsvertrags in § 611a BGB überführt worden, aus ihr ist der allg. ANBegriff abzuleiten (krit. *Richardi* NZA 2017, 36; *Wank* AuR 2017, 140 ff.). Ein früheres Beamtenverhältnis steht einer sachgrundlosen Befristung nach Abs. 2 nicht entgegen (BAG 24.2.2016 NZA 2016, 758 Rn. 26). Gleiches gilt für ein früheres HeimArbVerh. der Parteien (BAG 24.8.2016 NZA 2017, 244 Rn. 12). Somit ist für die Befristung nach Abs. 2 die vorangegangene Beschäftigung im Rahmen eines freiwilligen sozialen Jahres oder als selbständiger Mitarbeiter aufgrund eines Dienst- oder Werkvertrags unschädl. (*Dörner* Rn. 441). Ein früheres **Berufsausbildungsverhältnis** ist kein ArbVerh. iSv. § 14 II 2 (BAG 21.9.2011 NZA 2012, 255; 12.4.2017 – 7 AZR 446/15 – Rn. 15; MüKoBGB/*Hesse* Rn. 81a; *Dörner* Rn. 438; abl. DDZ/*Wroblewski* Rn. 202; *Schlachter* NZA 2003, 1180, 1182). Dies ergibt sich bereits aus der amtl. Begr. des G. Damit hat der Gesetzgeber erneut seine Vorstellung bekräftigt, dass ohne bes. ges. Regelung Berufsausbildungsverhältnisse **keine ArbVerh.** sind, sondern die Anwendung der Regeln des ArbR auf § 10 II BBiG beruht (ebenso *Leinemann/Taubert* § 10 Rn. 3 ff.; MüArbR/*Natzel* § 320 Rn. 47; *Herkert/Töltl* § 10 Rn. 39; *Knopp/Kraegeloh* § 3 Rn. 3; Tschöpe/*Leuchten*, Anwalts-Handbuch ArbR, 9. Aufl. 2015, Teil 1 B Rn. 116; **aA** ZLH/*Hergenröder* § 6 Rn. 26 und § 30 Rn. 1). Damit schließt ein früheres Ausbildungsverhältnis der Parteien eine sachgrundlose Befristung nach Abs. 2 nicht aus. Dem steht auch nicht der bes. Sachgrund der Nr. 2 (Erstanstellung) entgegen, denn für diesen verbleiben auch dann genügend Anwendungsfälle, wenn die Erstverträge mit früheren Auszubildenden desselben AG nicht hierzu zu rechnen sind. Ebenso wenig schließt die frühere Beschäftigung als **Praktikant, Volontär** oder Umschüler eine sachgrundlose Erstbefristung nach Abs. 2 aus, wenn die Vordienstzeit in keinem ArbVerh. verbracht wurde (BAG 19.10.2005 NZA 2006, 154; *Dörner* Rn. 440; *Nebeling/Dippel* NZA-RR 2004, 617, 620).

§ 14 II 2 liegt nicht vor, wenn ein Arbeitsvertrag erstmalig mit einem AN abgeschlossen wird, der 95 zuvor als **LeihAN** in demselben Betrieb tätig war (BAG 9.2.2011 NZA 2011, 791; 9.3.2011 NZA 2011, 1147; 15.5.2013 NZA 2013, 1214; APS/*Backhaus* Rn. 399; *Dörner* Rn. 443; *Boewer* Rn. 231; *Werthebach* NZA 2005, 1044, 1045). Umgekehrt ist die Befristung des Erstvertrags beim Verleiher wirksam, wenn dieser den AN anstellt, um ihn an den vormaligen AG zu verleihen, und der AN auf demselben Arbeitsplatz weiterarbeitet (BAG 18.10.2006 NZA 2007, 443). Darin kann eine rechtsmissbräuchl. Gestaltung liegen (*Düwell/Dahl* NZA 2007, 889, 892), die aber nicht allein damit begr. werden kann, dass AG und Verleiher gesellschaftsrechtl. verbunden sind (BAG 18.10.2006 NZA 2007, 443; 9.2.2011 NZA 2011, 791; 9.3.2011 NZA 2011, 1147). Eine rechtsmissbräuchl. Umgehung von S. 2 kann zur Unwirksamkeit der Befristung nicht aber zur Begründung eines ArbVerh. mit Dritten führen (BAG 23.9.2014 AP TzBfG § 14 Nr. 122 Rn. 15). Die Tätigkeit im selben **Gemeinschaftsbetrieb**, aber bei einem anderen VertragsAG schließt eine Befristung nach Abs. 2 nicht aus (zur alten Rechtslage: BAG 25.4.2001 NZA 2001, 1384 mit Überlegungen zum Rechtsmissbrauch). Die Ausnutzung der durch das TzBfG vorgesehenen Gestaltungsmöglichkeiten kann rechtsmissbräuchl. sein, wenn mehrere rechtl. und tats. verbundene AG in bewusstem und gewolltem Zusammenwirken aufeinanderfolgende befristete Arbeitsverträge mit demselben AN ausschl. deshalb schließen, um auf diese Weise über die nach Abs. 2 vorgesehenen Befristungsmöglichkeiten hinaus sachgrundlose Befristungen aneinanderreihen zu können (BAG 24.6.2015 NZA 2015, 1507 Rn. 24). Bei einer Umgehung des Anschlussverbots besteht die mit Treu und Glauben nicht zu vereinbarende Rechtsfolge nicht in dem Vertragsschluss „an sich", sondern in der Rechtfertigung der in dem Vertrag vereinbarten Befristung. Der unredl. Vertragspartner kann sich auf eine solche Befristung nicht berufen (BAG 19.3.2014 NZA 2014, 840 Rn. 25; 24.6.2015 NZA 2015, 1507 Rn. 24). Insofern darlegungs- und beweispflichtig ist der AN. Allerdings greift bei Vorliegen bestimmter Indizien – wie tats. und rechtl. Verbindung der AG, Identität des Arbeitsplatzes, Fortführung der Tätigkeit ohne zeitl. Unterbrechung – eine gestufte Darlegungs- und Beweislast (BAG 24.6.2015 NZA 2015, 1507 Rn. 25).

§ 14 II 2 regelt den Fall der **„Begründung" eines befristeten ArbVerh.** und nicht den seiner 96 „Verlängerung" (BAG 15.1.2003 NZA 2003, 1092; 15.1.2003 NZA 2003, 914), denn die Verlängerung des Arbeitsvertrags kann keinen Anwendungsfall des S. 2 bilden. Andernfalls würde § 14 II 2 das ausschließen, was § 14 II 1 2. Hs. gerade vorsieht, näml. die bis zu dreimalige Verlängerung des urspr. ohne Sachgrund geschlossenen Arbeitsvertrags (ebenso zu § 1 I 2 BeschFG 1996 BAG 26.7.2000 NZA 2001, 546). Deshalb verstößt die Verlängerung eines im Zpkt. des Änderungsvertragsschlusses noch nicht beendeten befristeten ArbVerh. nicht gegen § 14 II 2. Wer vor Ablauf des Arbeitsvertrags diesen verlängert, also bei ansonsten unveränderten Arbeitsbedingungen allein den Endtermin hinausschiebt, kann noch nicht auf ein beendetes ArbVerh. zurückblicken. Doch liegt in der nachträgl. Befristung eines durch unbefristeten Arbeitsvertrag vereinbarten ArbVerh. die Begr. eines befristeten ArbVerh. iSd. S. 2, so dass diese Befristung eines Sachgrunds bedarf, weil sie nicht auf Abs. 2 gestützt werden kann (BAG 11.2.2015 NZA 2015, 1066 Rn. 21; LAG B 8.5.2007 LAGE TzBfG § 14 Nr. 37 [aus anderen Gründen aufgeh. durch BAG 12.11.2008 – 7 AZR 499/07]). Gleiches gilt für die vertragl. Verkürzung der Laufzeit eines befristeten ArbVerh. (BAG 14.12.2016 NZA 2017, 634 Rn. 26).

Der **Normzweck** liegt nach der amtl. Gesetzesbegr. darin, den Arbeitsvertragsparteien die Möglich- 97 keit zu geben, ohne Sachgrund ein befristetes ArbVerh. von bis zu zwei Jahren Dauer begründen zu können, aber Befristungsketten unter Wechsel von Befristungen mit und ohne Sachgrund zu unterbinden. Gerade hierin lag nach dem Willen des Gesetzgebers die abzustellende Lücke des BeschFG 1996. Dieser Normzweck, Befristungsketten zu verhindern, betrifft zwei Formen von Ketten. Zum einen Befristungen ohne Sachgrund. Nur ein befristeter Arbeitsvertrag ist zugelassen, der höchstens dreimal auf eine Gesamtdauer von 24 Monaten verlängert werden darf. Hat ein solcher Vertrag bestanden, darf kein neuer befristeter Arbeitsvertrag ohne Sachgrund mehr abgeschlossen werden, auch wenn das erste befristete ArbVerh. kürzer als 24 Monate bestanden hat. Zum anderen Befristungen mit Sachgrund. Erlaubt ist die Kette mit Sachgrund befristeter Arbeitsverträge, wobei der erste mit Sachgrund befristete Arbeitsvertrag auch an einen ohne Sachgrund befristeten Arbeitsvertrag anschließen darf. Eine Rückkehr zu Befristungen ohne Sachgrund ist unzulässig.

97a Dem Gesetzeszweck läuft es nicht zuwider, wenn in den Gesamtzeitrahmen von zwei Jahren auch mit Sachgrund befristete Arbeitsverträge integriert sind. Damit würde zwar eine **Befristungskette mit der Reihenfolge Sachgrund-Befristung** vor Ohne-Sachgrund-Befristung ermöglicht, doch würde der Gesamtrahmen von zwei Jahren eingehalten, in dem ohnehin ohne Sachgrund verlängert werden kann. Demzufolge entfällt jede nachträgl. Bestimmung eines von den Vertragsparteien gar nicht bedachten Befristungsgrundes. Bsp.: Ein AG sucht für drei Monate einen Lagerarbeiter, weil ein Stammarbeiter für diese Zeit ausfällt. Es wird ein entspr. befristeter Arbeitsvertrag geschlossen. Ein Befristungsgrund wird ebenso wenig angegeben wie ein Hinweis auf § 14 II, obwohl § 14 I Nr. 3 gegeben wäre. Vor Ablauf der drei Monate kehrt der Stammarbeiter zurück, der AG macht gute Umsätze und entschließt sich, den neu eingestellten Lagerarbeiter noch ein Jahr länger zu beschäftigen, obwohl er weder hofft noch glaubt, in einem Jahr würden seine Umsätze wieder zurückgehen (also kein Fall der Nr. 1). Wird der Verlängerungsvertrag vor Ablauf der drei Monate geschlossen, gibt es für diesen Vertrag anders als für den Ursprungsvertrag keinen Sachgrund. Dies schadet aber nicht, weil der urspr. Vertrag nicht in der Vergangenheit seine Beendigung fand, sondern noch bestand. Die Verlängerung bis zur Gesamtdauer von zwei Jahren ist ohne Sachgrund zulässig (APS/*Backhaus* Rn. 378; iE a. *Dörner* Rn. 479 ff.).

97b Für das **BeschFG** ließ das BAG (4.12.2002 NZA 2003, 916) sogar die Verlängerung um die volle Laufzeit einer sachgrundlosen Befristung zu. Ob für den ersten Vertrag ein Sachgrund bestand oder nicht und ob der Arbeitsvertrag hierüber eine (zutr.) Aussage enthält oder nicht, ist für das Erg. einer wirksamen Befristung des Verlängerungsvertrags unerhebl. (LAG N 19.3.2008 LAGE TzBfG § 14 Nr. 43; AG/*Gräfl* Rn. 279). War der zu verlängernde Arbeitsvertrag aus einem Sachgrund befristet und besteht der Grund fort, bedarf es ohnehin nicht der Anwendung von § 14 II 1. Fehlt ein Sachgrund im Zpkt. des Verlängerungsvertrags, ist es zwar keine Verlängerung in einem eng verstandenen Sinne von § 14 II 1 2. Hs., doch fördert diese Auslegung eine relativ einfache, hypothetische Sachgründe unberücksichtigt lassende Gesetzesanwendung, steht im Einklang mit dem Gesetzeszweck und wahrt den Wortlaut des S. 2. Anders stellt sich die Situation dar, wenn die erneute Befristung erst nach Ablauf des mit Sachgrund befristeten ArbVerh. vereinbart wird. Die Möglichkeit des § 14 II 1 ist nicht (mehr) eröffnet. IE gleich liegt der Fall eines ohne Sachgrund befristeten ArbVerh. mit integriertem befristeten ProbeArbVerh. Der Ausschlusstatbestand des § 14 II 2 greift nicht ein. Die Gesamtbefristung ist wirksam.

98 Nach bislang herrschender Auff. sollte jedes irgendwann in der Vergangenheit liegende ArbVerh. ein **„bereits-zuvor-ArbVerh."** iSv. § 14 II 2 sein (BAG 29.7.2009 – 7 AZN 368/09 – BeckRS 2011, 77126; MüKoBGB/*Hesse* Rn. 79; APS/*Backhaus* Rn. 381 ff.; KR/*Lipke* Rn. 564; *Boewer* Rn. 231; *Schiefer* DB 2000, 2118, 2122; *Dörner* Rn. 431; MHH/*Meinel* Rn. 257; *Rolfs* Rn. 75; *Laux/Schlachter* Rn. 112; *Heidl* RdA 2009, 297, 299; *Gräfl* FS Bauer 2010 S. 375, 380; krit. *Schmalenberg* NZA 2001, 938; *Preis/Gotthardt* DB 2000, 2065, 2072; *Köstner* BuW 2003, 827, 830; so im Grds. a. BAG 6.11.2003 NZA 2005, 218; krit. *A. Wisskirchen* GS Heinze 2005 S. 1081, 1089; *Thüsing* ZfA 2004, 67, 90; **aA** *Löwisch* BB 2001, 254; AT/*Maschmann*[2] Rn. 78; *Straub* NZA 2001, 919, 926; *Osnabrügge* NZA 2003, 639, 642; *Persch* ZTR 2010, 2, 10 [verfassungsrechtl. begr. Restriktion der Norm]; zT a. MüArbR/*Wank* § 95 Rn. 119 [zB Aushilfstätigkeit als Werkstudent]; zeitl. diff. *Boch* SAE 2004, 217, 219 [nur im zeitl. Geltungsbereich des TzBfG]; *Hanau* FS Wißmann 2005 S. 27, 35 [aus verfassungsrechtl. Gründen]; krit. *Preis/Greiner* RdA 2010, 148, 158).

99 Diese Interpretation der Worte „bereits zuvor" hat das BAG in seiner uneingeschränkt begrüßenswerten Entsch. v. 6.4.2011 (NZA 2011, 905; erg. begr. von BAG 21.9.2011 NZA 2012, 255; *Wank* RdA 2012, 361 [teleologische Reduktion einer verfassungs- und richtlinienwidrigen Regelung]; *Linsenmaier* FS Bepler 2012 S. 373 f.; *ders.* RdA 2012, 193, 204 f.; *Greiner* ZESAR 2013, 305, 307 (unionsrechtskonforme Auslegung eines auslegungsfähigen GWortlauts); iE zust. LAG K 28.4.2016 – 8 Sa 1015/15 – BeckRS 2016, 71005; ArbG Kiel 25.4.2014 LAGE TzBfG § 14 Nr. 84, weil andernfalls ungerechtfertigte mittelbare Diskriminierung älterer AN; AT/*Maschmann* Rn. 71; *Marschner* EzTöD 100 § 30 Abs. 1 TVöD-AT Sachgrundlose Befristung Nr. 15; *Persch* ZTR 2011, 404; *Reinsch* BB 2011, 1011; *Schiefer* DB 2011, 1220; *Steinkühler* BB 2011, 2099; *Kuhnke* NJW 2011, 3131; *Fink* AuA 2012, 16; **abl.** LAG BW 26.9.2013 ZIP 2013, 2481; *Buntenbach* AiB 2011, 345; *Höpfner* NZA 2011, 893; *Lakies* AuR 2011, 190; *Kittner* AiBplus 5/2011, 9; *Däubler/Stoye* AiB 2012, 14; KR/*Lipke* Rn. 567 ff.; Staudinger/*Preis* § 620 Rn. 184; *ders.* FS Wank 2014 S. 413, 418 ff.; diff. *Frieling* EzA TzBfG § 14 Nr. 77; beim BVerfG ist unter dem Az. 1 BvR 3041/13 eine dies. Rechtsfrage betr. Verfassungsbeschwerde anhängig;

ebenso eine Vorlage des ArbG Braunschweig nach Art. 100 GG v. 3.4.2014 LAGE TzBfG § 14 Nr. 83) aufgegeben. Nach der Rspr. des BAG liegt eine „Zuvor-Beschäftigung" iSv. Abs. 2 nicht vor, wenn das Ende eines früheren ArbVerh. zZ der Neubegr. **mehr als drei Jahre zurückliegt**. Dies folgt aus einer am Sinn und Zweck orientierten, verfassungsorientierten Auslegung der ges. Regelung. Diese soll zum einen AG ermöglichen, auf schwankende Auftragslagen und wechselnde Marktbedingungen durch befristete Einstellungen zu reagieren, und für AN eine Brücke zur Dauerbeschäftigung schaffen. Zum andern sollen durch das Verbot der „Zuvor-Beschäftigung" Befristungsketten und der Missbrauch befristeter Arbeitsverträge verhindert werden. Allerdings kann das Verbot zu einem Einstellungshindernis werden. Das Verbot ist daher nur insoweit gerechtfertigt, als dies zur Verhinderung von Befristungsketten erforderl. ist. Das ist bei lange Zeit zurückliegenden früheren Beschäftigungen typischerweise nicht mehr der Fall. Hier rechtfertigt der Gesetzeszweck die Beschränkung der Vertragsfreiheit der Arbeitsvertragsparteien und die damit verbundene Einschränkung der Berufswahlfreiheit des AN nicht.

Die **Gefahr missbräuchl. Befristungsketten** besteht regelm. nicht mehr, wenn zwischen dem 99a
Ende des früheren ArbVerh. und dem sachgrundlos befristeten neuen Arbeitsvertrag mehr als drei Jahre liegen. Dieser Zeitraum entspricht der gesetzgeberischen Wertung, die in der regelm. zivilrechtl. Verjährungsfrist zum Ausdruck kommt. Zudem steht ihr der Rechtsbegriff „zuvor" entgegen. Würde dieses Wort fehlen, bliebe die grammatikalische Bedeutung des Satzes dies., denn ein „späteres" ArbVerh. kommt bereits denknotwendig nicht in Betracht. Vielmehr stellt das Wort „zuvor" einen stärkeren zeitl. Zusammenhang her als zB „früher" (vgl. „Zuvorkommen" oder „zuvor noch eine Bemerkung"). Soll sprachl. die zeitl. Erstreckung erweitert werden, wird üblicherweise das Adverb „zuvor" um das Wort „je" ergänzt. Also: „je zuvor". Eine Gleichsetzung mit „irgendwann" scheidet deshalb aus. Die Grenzen der Wortbedeutung werden überschritten, wenn der Gesetzeswortlaut um den Begriff „irgendwann" erweitert oder mit „nie zuvor" übersetzt wird. Die Gesetzesmat. betonen den Gesetzeszweck, Kettenverträge einzuschränken, und sprechen von einer „Neueinstellung". Dies ist der Gesetzesbegriff des BeschFG in seiner Ursprungsfassung. Danach lag eine Neueinstellung nicht vor, wenn zu einem vorhergehenden befristeten oder unbefristeten Arbeitsvertrag mit demselben AG ein enger sachl. Zusammenhang bestand (zur Auslegung dieses Rechtsbegriffs im Zusammenhang der aF von Abs. 3 S. 2 vgl. BAG 19.10.2011 NZA 2012, 1297). Des Weiteren findet sich in der Gesetzesbegr. das Wort „erstmalig", das jeden früheren Arbeitsvertrag erhebl. werden lässt.

Bestand „bereits zuvor" ein ArbVerh. der Arbeitsvertragsparteien, ist die ohne Sachgrund getroffe- 100
ne Befristungsabrede unwirksam. Es kommt ein unbefristetes ArbVerh. zustande. Bemerken dies die Parteien nicht und lässt der AN die **Klagefrist des § 17** verstreichen, gilt das ArbVerh. gleichwohl als durch wirksame Befristung beendet. Dieser Fall kann va. dann eintreten, wenn die Parteien im Anschluss an das unwirksam nach § 14 II befristete ArbVerh. einen neuen nach § 14 I befristeten Arbeitsvertrag schließen. Kommt es bei Auslaufen dieses letzten befristeten Arbeitsvertrags zur gerichtl. Auseinandersetzung über das Bestehen eines unbefristeten ArbVerh., besitzt der frühere Verstoß gegen § 14 II keine Bedeutung mehr (vgl. zur entspr. Rechtslage nach § 1 V BeschFG 1996: BAG 24.10.2001 NZA 2002, 1335). In diesem Zusammenhang ist es rechtl. belanglos, ob die nachf. Befristungsvereinb. mit oder ohne zeitl. Unterbrechung geschlossen und ob sie als Neuabschluss oder als Vertragsverlängerung bezeichnet wurde (BAG 24.10.2001 NZA 2002, 1335). Da die im Schrifttum hM jedes ArbVerh. genügen lässt, das irgendwann zuvor bestanden hat (vgl. Rn. 98), zugleich aber einsieht, dass viele AG den dafür notwendigen Überbl. verloren haben könnten, wird gern das **Fragerecht** und darauf aufbauend das Anfechtungsrecht des AG (§ 123 BGB) betont (krit. *Dörner* Rn. 454).

V. Tariföffnungsklausel (§ 14 II 3 und 4)

Nach Nr. 10 der Allg. **Erwägungen der Rahmenvereinb.** ist es ua. den Sozialpartnern überlassen, 101
„die Anwendungsmodalitäten" der „allg. Grds., Mindestvorschr. und Bestimmungen" der Rahmenvereinb. „zu definieren, um so der jeweiligen Situation der einzelnen Mitgliedstaaten und den Umständen bestimmter Branchen und Berufe einschl. saisonaler Tätigkeiten Rechnung zu tragen". Gem. Nr. 12 der Allg. Erwägungen der Rahmenvereinb. sind „die Sozialpartner … am besten in der Lage, Lösungen zu finden, die den Bedürfnissen der AG und der AN gerecht werden. Daher ist ihnen eine bes. Rolle bei der Umsetzung und Anwendung dieser Vereinb. einzuräumen".

Nach nationalem Recht kann durch TV die Anzahl der zulässigen Verlängerungen oder die Höchst- 101a
dauer der Befristung abw. festgelegt werden. Dabei wird es sich um Beendigungsnormen handeln (*Boecken/Jacobsen* ZfA 2012, 37, 60 f.). Wie sich aus der Gesetzesbegr. ergibt, ist das sprachl. nicht eindeutige „oder" als **„und/oder"** zu lesen und zu verstehen (BAG 15.8.2012 NZA 2013, 45; 5.12.2012 NZA 2013, 515; 18.3.2015 NZA 2015, 821 Rn. 20; 26.10.2016 NZA 2017, 463 Rn. 16). § 22 I bestätigt, dass die tarifl. Regelungen sowohl zugunsten als auch zuungunsten der AN vom G abweichen dürfen (BAG 15.8.2012 NZA 2013, 45; 5.12.2012 NZA 2013, 515; *Francken* NZA 2010, 305, 306).

101b Die Regelungsbefugnis der TVParteien ist aus verfassungs- und unionsrechtl. Gründen **nicht schrankenlos** (BAG 5.12.2012 NZA 2013, 515; 18.3.2015 NZA 2015, 821 Rn. 22 ff.; 26.10.2016 NZA 2017, 463 Rn. 23). Die den TVParteien mit Abs. 2 S. 3 eröffnete Möglichkeit ist nach dem Gesetzeswortlaut weder hins. der Höchstdauer noch der Anzahl der Verlängerungen eingeschränkt. Die Rspr. nimmt wegen des systematischen Gesamtzusammenhangs, des Sinn und Zwecks des TzBfG sowie verfassungs- und unionsrechtl. Gründe eine immanente Beschränkung an (BAG 15.8.2012 NZA 2013, 45; 5.12.2012 NZA 2013, 515). Danach erlaubt S. 3 keine tarifvertragl. Gestaltung sachgrundloser Befristungen, die das Konzept grds. sachgrundgebundener Befristungen konterkariert. Diese Grenze tarifl. Regelungsbefugnis wird – unabhängig von spezifischen Erfordernissen im jeweiligen Geltungsbereich des TV (insoweit **aA** *Seiwerth* RdA 2016, 214, 224) – bei einer Gesamtdauer des sachgrundlos befristeten ArbVerh. von sechs Jahren und der höchstens neunmaligen Verlängerung bis zu dieser Gesamtdauer erreicht (BAG 26.10.2016 NZA 2017, 463 Rn. 31; abl. *Frieling/Münder* NZA 2017, 766). Dementspr. ist die Grenze des Zulässigen bei einer Begrenzung der Höchstdauer kalendermäßiger Befristungen auf fünf Jahre bei fünfmaliger Verlängerungsmöglichkeit (BAG 26.10.2016 NZA 2017, 463 Rn. 17) oder auf 48 Monate bei max. 6 Verlängerungen (BAG 18.3.2015 NZA 2015, 821 Rn. 31; 20.1.2016 NZA 2016, 755 Rn. 24) oder auf 42 Monate bei höchstens 4 Verlängerungen eingehalten worden (BAG 15.8.2012 NZA 2013, 45; 5.12.2012 NZA 2013, 515). Das G versteht den TV als Kollektivvertrag iSd. TVG und lässt eine entspr. Regelung durch kirchl. ArbR (Dritter Weg) nicht zu (BAG 25.3.2009 NZA 2009, 1417).

101c Durch TV kann die Öffnung nicht auf die Betriebsparteien delegiert werden (*Boecken/Jacobsen* ZfA 2012, 37, 48). Andererseits kann ein TV die **Befristung nach § 14 II ausschließen.** Ob dies der Fall ist, bestimmt sich durch Auslegung des TV (BAG 25.9.1987 AP BeschFG 1985 § 1 Nr. 1; 10.6.1988 AP BeschFG 1985 § 1 Nr. 5). TV, die nur einzelne Befristungsfälle regeln, zB Probe- und AushilfsArbVerh., lassen die Befristungsmöglichkeit nach § 14 II unberührt, weil sie keine umfassende und abschl. Regelung für den Abschluss befristeter Arbeitsverträge enthalten (BAG 10.6.1988 AP BeschFG 1985 § 1 Nr. 5). Ebenso stehen § 14 II solche TV nicht entgegen, die keine eigene Regelung enthalten, sondern nur deklaratorisch die bisherige Rspr. wiedergeben. Für Teile des öffentl. Dienstes führen § 30 III bis V TVöD (bzw. TVL) die alte SR 2y BAT fort. Die Befristungsdauer muss mind. sechs Monate betragen und soll idR zwölf Monate nicht unterschreiten. Dem AG obliegt nach Abs. 3 (Verfahrensnorm) die Prüfung einer Weiterbeschäftigungsmöglichkeit, ohne dass sich hieran materiellrechtl. Pflichten knüpfen (BAG 15.5.2012 NZA-RR 2013, 159). Nach Ablauf der Probezeit ist eine ordentl. Kündigung nur zugelassen, wenn die Vertragsdauer mind. zwölf Monate beträgt.

101d Bei **fehlender Tarifbindung** beider oder nur einer Arbeitsvertragspartei können diese gem. S. 4 im räuml., fachl. und pers. Geltungsbereich (BAG 18.3.2015 NZA 2015, 821 Rn. 36; 26.10.2016 NZA 2017, 463 Rn. 37) des TV (formfrei, aber nicht anlässl. einer Vertragsverlängerung, vgl. Rn. 91) die Anwendung der nach S. 3 zugelassenen tarifl. Regelung über die Anzahl der zulässigen Verlängerungen oder die Höchstdauer der Befristung vereinbaren (BAG 15.8.2012 NZA 2013, 45; 5.12.2012 NZA 2013, 515; 18.3.2015 NZA 2015, 821 Rn. 34), ohne den gesamten TV oder alle Tarifregelungen zur Befristung in ihrer Gesamtheit in Bezug nehmen zu müssen (BAG 26.10.2016 NZA 2017, 463 Rn. 37; KR/*Lipke* Rn. 610; *Dörner* Rn. 489; *Francken* NZA 2010, 305, 306; **aA** APS/*Backhaus* Rn. 410 [alle Befristungsregelungen]; *Laux/Schlachter* Rn. 128). Andererseits bleibt es ihnen unbenommen, bei Übernahme von Tarifvorschr. die Befristungsregelungen auszunehmen (BAG 6.12.1989 AP BeschFG 1985 § 1 Nr. 13; 21.2.2001 NZA 2001, 1141; MüKoBGB/*Hesse* Rn. 89). Findet der TVöD/TVL kraft arbeitsvertragl. Bezugnahme Anwendung, sind die Arbeitsvertragsparteien rechtl. nicht gehindert, im Arbeitsvertrag **vom Tarifrecht abw. Bestimmungen zu treffen** (vgl. Rn. 102; ArbRBGB/*Dörner* § 620 Rn. 260; MüKoBGB/*Hesse* Rn. 89; APS/*Greiner* SR 2y BAT Rn. 4; offenbar **aA** BAG 24.9.2014 NZA 2015, 301 Rn. 47 f.). Ob sie dies im Einzelfall getan haben, ist eine Frage der Vertragsauslegung (BAG 21.2.2001 NZA 2001, 1141; 16.7.2008 NZA 2008, 1347 hat diese Möglichkeit in Bezug auf die Vorläuferregelung in der Protokollnotiz Nr. 6 Buchst. a zu Nr. 1 SR 2y BAT nicht problematisiert).

101e Der TV kann wirksam ein **Zitiergebot** vorsehen (BAG 10.10.2007 NZA 2008, 295; 16.7.2008 NZA 2008, 1347 dort jeweils zur Protokollnotiz Nr. 6 Buchst. a zu Nr. 1 SR 2y BAT), das dann nicht nur für den Erstvertrag, sondern auch die Verlängerungsverträge gelten kann (vgl. BAG 16.7.2008 NZA 2008, 1347). Dem Zitiergebot wird genügt, wenn der Erstvertrag die Angabe enthält, dass es sich um ein ArbVerh. nach § 14 II handelt, die Parteien in dem Anschlussvertrag auf den Erstvertrag Bezug nehmen und sie ausschl. regeln, dass der Beendigungszeitpunkt des ArbVerh. hinausgeschoben wird. Treffen die Parteien hingegen die Verlängerungsabrede dergestalt, dass sie die geltenden Arbeitsbedingungen nochmals – wie im Erstvertrag – schriftl. fixieren, muss aus Gründen der Rechtssicherheit und Rechtsklarheit auch das Zitiergebot des TV beachtet werden (BAG 16.7.2008 NZA 2008, 1347).

102 Nicht ausdr. geregelt, aber anzuerkennen, ist die Möglichkeit der TVParteien, befristete **Arbeitsverträge mit Sachgrund** abw. oder erg. zu § 14 I zu regeln. Dabei sind sie ledigl. an die einseitig zwgd. Wirkung des G gebunden (vgl. § 22 I). Befristungsregelungen in TV sind überw. Abschluss- und keine Beendigungsnormen (BAG 14.2.1990 AP BeschFG 1985 § 1 Nr. 12). Sie gelten deshalb nur zwgd., wenn AN und AG bereits bei Abschluss des Arbeitsvertrags tarifgebunden sind (BAG 27.4.1988 AP BeschFG 1985 § 1 Nr. 4). Sind die Arbeitsvertragsparteien im Zpkt. der Befristungsvereinb. nicht

tarifgebunden, nehmen aber im selben Vertrag auf eine tarifvertragl. Regelung Bezug, die § 14 II ausschließt oder zB mittels eines Zitiergebots einschränkt, steht die tarifvertragl. Regelung mangels normativer Wirkung der Wirksamkeit der sachgrundlosen Befristung nicht entgegen, sofern nicht die Arbeitsvertragsparteien § 14 II ausdr. abbedingen (vgl. Rn. 84; **aA** BAG 17.6.2009 AP TzBfG § 14 Nr. 69).

VI. Privilegierung junger Unternehmen (§ 14 II a)

Durch das G zu Reformen am Arbeitsmarkt v. 24.12.2003 (BGBl. I S. 3002) ist § 14 mWv. 1.1.2004 um einen Abs. 2a erweitert werden. Mit dieser Regelung sollen die anhand von § 112a II BetrVG gesammelten Erfahrungen beschäftigungspolitisch nutzbar gemacht werden. Danach ist es für neu gegründete Unternehmen in den **ersten vier Jahren** nach ihrer Gründung über Abs. 2 hinaus mögl., kalendermäßig befristete Arbeitsverträge bis zu einer Gesamtdauer von vier Jahren (ggf. mehrfach) ohne Sachgrund zu verlängern. Der Begriff der Verlängerung stimmt mit dem in § 14 II 1 verwendeten überein (APS/*Backhaus* Rn. 415 l; vgl. Rn. 88). Die Zahl der Verlängerungsverträge ist nicht begrenzt (*Dörner* Rn. 500; *Preis* DB 2004, 70, 78; *Lembke* DB 2003, 2702, 2703; krit. *Düwell/Weyand,* Agenda 2010, Rn. 328). § 14 II 2 ist entspr. anzuwenden, so dass die Befristungsmöglichkeit nicht besteht, wenn zwischen denselben Arbeitsvertragsparteien bereits zuvor ein ArbVerh. bestanden hat (BAG 25.10.2012 AP BGB § 613a Nr. 436; näher Rn. 93 ff.). Die **Tariföffnungsklausel** (vgl. Rn. 101 f.) einschl. der zulässigen einzelvertragl. Bezugnahme gilt gem. S. 4 auch hier. Zweckbefristungen und auflösende Bedingungen sind wie bei Abs. 2 nicht zugelassen (*Dörner* Rn. 499). 103

Auf die **Rechtsform des neu gegründeten Unternehmens** kommt es nicht an. Begünstigt sind ua. natürl. Personen und GbR als AG. Die Errichtung eines neuen Betriebs ist unzureichend (*Bader* NZA 2004, 65, 76; zu § 112a BetrVG: BAG 27.6.2006 NZA 2007, 106). Neugründungen iRd. rechtl. Umstrukturierung von Unternehmen und Konzernen sind vom Geltungsbereich ausgenommen. Hierzu gehören zB die Verschmelzung oder Umwandlung bestehender Unternehmen, die Auflösung eines Unternehmens und die Übertragung seines Vermögens auf ein neu gegründetes Unternehmen, die Aufspaltung von Unternehmen und die Abspaltung von Unternehmensteilen. Übernimmt aber ein neu gegründetes Unternehmen den Betrieb oder Betriebsteil eines anderen länger als vier Jahre bestehenden Unternehmens, kann es von der Befristungsmöglichkeit des Abs. 2a Gebrauch machen (MüKoBGB/*Hesse* Rn. 94; *Dörner* Rn. 496; BeckOK/*Bayreuther* Rn. 105; krit. *Düwell/Weyand,* Agenda 2010, Rn. 314; HaKo/*Mestwerdt* Rn. 223; *Lipinski* BB 2004, 1221, 1222; *Bader* NZA 2004, 65, 76; zu § 112a BetrVG vgl. BAG 13.6.1989 AP BetrVG 1972 § 112a Nr. 3; 22.2.1995 AP BetrVG 1972 § 112a Nr. 7; 22.2.1995 AP BetrVG 1972 § 112a Nr. 8; **aA** APS/*Backhaus* Rn. 415 h; krit. *Preis* DB 2004, 70, 79). 104

Unternehmen, die länger als vier Jahre bestehen, können Arbeitsverträge nicht nach Abs. 2a befristen, wenn sie einen neuen Betrieb gründen oder einen bestehenden Betrieb örtl. verlegen (APS/*Backhaus* Rn. 415e; *Dörner* Rn. 495). Maßgebend für den Zpkt. der Gründung des Unternehmens ist die Aufnahme einer Erwerbstätigkeit, die nach § 138 AO der Gemeinde oder dem Finanzamt mitzuteilen ist. Es entscheidet der **Zpkt. der tats. Aufnahme** der anzeigepflichtigen Tätigkeit, nicht ihrer Anzeige (APS/*Backhaus* Rn. 415 i; *Dörner* Rn. 494; *Lipinski* BB 2004, 1221). Die Terminologie des G schließt es aus, Arbeitsverträge von AN, die in privaten Haushalten beschäftigt werden, nach Abs. 2a sachgrundlos zu befristen. 104a

§ 14 II a erlaubt den neu gegründeten Unternehmen den Abschluss befristeter Arbeitsverträge bis zu ihrem **„4. Geburtstag"** für die Dauer von höchstens vier Jahren, sofern die Arbeitsaufnahme noch innerhalb der nach §§ 187, 188 II BGB zu bestimmenden Vier-Jahres-Frist liegt (APS/*Backhaus* Rn. 415 k; *Dörner* Rn. 497; HaKo/*Mestwerdt* Rn. 218; *Lakies* Rn. 224; *Preis* DB 2004, 70, 79; *Lembke* DB 2003, 2702, 2703). Damit kann die Privilegierung noch bis zum Ablauf des achten Jahres nach Gründung des Unternehmens wirken (AG/*Gräfl* Rn. 312; **aA** KR/*Lipke* Rn. 633). Das setzt aber voraus, dass der letzte Vertrag über eine vierjährige Laufzeit vereinbart wird, denn Verlängerungsverträge können von einem über vier Jahre alten Unternehmen nicht mehr nach Abs. 2a geschlossen werden (MüKoBGB/*Hesse* Rn. 97; *Preis* NZA 2004, 197; *Thüsing* ZfA 2004, 67, 96; *Ritter/Rudolf* FS Arge. ArbR 2006 S. 367, 391; **aA** *Bauer* NZA 2004, 197; *Lembke* NJW 2006, 325, 330). 105

Da es an einer bes. Regelung des Inkrafttretens fehlte, fand Abs. 2a auch auf die **vor dem 1.1.2004** neu gegründeten Unternehmen Anwendung (MüKoBGB/*Hesse* Rn. 96; *Bader* NZA 2004, 65, 76). War das Unternehmen zum Zpkt. des Inkrafttretens noch keine vier Jahre alt, konnte es von der gebotenen Befristungsmöglichkeit des Abs. 2a Gebrauch machen (*Preis* DB 2004, 70, 78; *Lembke* DB 2003, 2702, 2703; **aA** *Bader* NZA 2004, 65, 76 nur bis zum Ablauf des vierjährigen Bestehens des Unternehmens), allerdings bestimmte sich auch hier der Beginn des Vier-Jahres-Zeitraum nach dem Zpkt. der tats. Aufnahme der unternehmerischen Tätigkeit (APS/*Backhaus* Rn. 415 o). 105a

Der Wortlaut des Abs. 2a erlaubt es nicht, den befristeten Arbeitsvertrag bereits vor der Aufnahme der Unternehmenstätigkeit zu schließen (**aA** *Bader* NZA 2004, 65, 76; wohl a. BT-Drs. 15/1204 S. 14). In jedem Fall darf der Arbeitsbeginn zeitl. nicht früher liegen. Doch wird in dieser Phase regelm. die sachgrundlose Befristung nach Abs. 2 mögl. sein, so dass dieser befristete Arbeitsvertrag nach der Aufnahme der unternehmerischen Tätigkeit gem. Abs. 2a bis zur Gesamtdauer von vier Jahren sach- 106 grundlos verlängert werden kann. Allerdings gilt kraft der in S. 4 enthaltenen Verweisung auf § 14 II 2 das Verbot des Abschlusses eines befristeten **Arbeitsvertrags mit einem bereits zuvor Beschäftigten**, so dass nach einer Unterbrechung keine Verlängerung (vgl. Rn. 88) nach Abs. 2a mehr mögl. ist.

VII. Darlegungs- und Beweislast

107 Zur Darlegungs- und Beweislast für die Voraussetzungen einer wirksamen Befristung vgl. § 17 Rn. 13 f.

D. Befristung von Arbeitsverträgen älterer Arbeitnehmer (§ 14 III)

I. Rechtsentwicklung und Grundsatz

108 Nach § 1 II BeschFG war die Befristung eines Arbeitsvertrags ohne Einschränkung zulässig, wenn der AN bei Beginn des befristeten ArbVerh. (nicht des Vertragsschlusses) das 60. Lebensjahr vollendet hatte. Die am 1.1.2001 in Kraft getretene Regelung in § 14 III senkte diese Altersgrenze auf 58. Durch Art. 7 des Ersten G für moderne Dienstleistungen am Arbeitsmarkt v. 23.12.2002 (BGBl. I S. 4607) wurde § 14 III mit Wirkung ab 1.1.2003 für die Zeit bis zum 31.12.2006 dahingehend geänd., dass an die Stelle des 58. Lebensjahres **das 52. Lebensjahr** treten sollte. Diese Regelung in ihrer urspr. und erst recht in ihrer vorübergehenden Neufassung verstieß gegen die RL 1999/70/EG (BAG 26.4.2006 NZA 2006, 1162; 17.6.2009 AP TzBfG § 14 Nr. 69; **aA** *Koberski* NZA 2005, 79, 84), weil für den Personenkreis der älteren AN überhaupt keine der drei in der RL vorgegebenen Schutzformen vorgesehen war (vgl. dazu § 1 Rn. 1 f.).

109 Während die Entsch. des EuGH v. 22.11.2005 (NZA 2005, 1345; dazu BVerfG 6.7.2010 NZA 2010, 995) in der Frage der Vereinbarkeit mit der RL 1999/70 unmissverständl. ist, kann dies über ihre tragenden Teile nicht gesagt werden. Die zu beklagende Rechtsunsicherheit wird va. durch die wohl tragende Begr. in den Rn. 74 bis 76 der Gründe hervorgerufen.

110 Daraufhin ist Abs. 3 durch das G zur Verbesserung der Beschäftigungschancen älterer Menschen v. 19.4.2007 (BGBl. I S. 538) mWv. 1.5.2007 (vgl. Rn. 113b) geänd. worden. Diese Fassung dient der **Anpassung an das Unionsrecht** (BT-Drs. 16/3793 S. 16 ff.). Zusätzl. zur bisherigen Rechtslage setzt die Befristung über das Mindestalter des AN hinaus voraus, dass der AN unmittelbar vor Beginn des befristeten ArbVerh. mind. vier Monate beschäftigungslos war oder TransferKug. bezogen oder an einer öffentl. geförderten Beschäftigungsmaßnahme nach SGB II oder SGB III teilgenommen hat. Diese Zeiten der Beschäftigungslosigkeit bzw. gleichgestellter Tatbestände müssen bis unmittelbar an das neu begr. ArbVerh. heranreichen und dürfen in den letzten vier Monaten nicht durch ein ArbVerh. unterbrochen worden sein. Die in der Begr. des GE erwähnte Möglichkeit der Unterbrechung durch ganz kurzfristige AushilfsArbVerh. hat im Gesetzeswortlaut keinen Niederschlag gefunden (vgl. Rn. 111 f). Abw. von Abs. 2 S. 2 ist ein früheres ArbVerh. ders. Vertragsparteien rechtl. unerhebl. (vgl. Rn. 112b). Bis zu einer Gesamtdauer von fünf Jahren ist auch die mehrfache Verlängerung des Arbeitsvertrags mögl. Dabei ist unter Verlängerung das Gleiche wie in Abs. 2 S. 1 zu verstehen (vgl. Rn. 87 f.; 112a). Die Zahl der Verlängerungsverträge ist nicht limitiert (vgl. Rn. 112a).

110a Die Neufassung des Abs. 3 bemüht sich, die vom EuGH (22.11.2005 NZA 2005, 1345) aus dem unionsrechtl. Verbot der Diskriminierung wegen des Alters und der AntidiskriminierungsRL 2000/78/EG entwickelten Vorgaben umzusetzen. Da die Neufassung des Abs. 3 nicht mehr ausschl. an das Alter des AN anknüpft, vielmehr mit der Voraussetzung der mind. viermonatigen Beschäftigungslosigkeit oder gleichgestellter Tatbestände auf die pers. Arbeitsmarktsituation des AN abstellt, darf von der Verhältnismäßigkeit des Abs. 3 ausgegangen werden (BAG 28.5.2014 NZA 2015, 1131 Rn. 28). Darüber hinaus hat der Gesetzgeber die Vorgaben der BefristungsRL 1999/70/EG zu beachten gehabt (vgl. § 1 Rn. 1). Danach hat der Gesetzgeber jdf. eine der vorgegebenen Schutzformen vollständig in nationales Recht umzusetzen. Die nunmehr gewählte Regelung lässt vorrangig an die Begrenzung der insg. max. zulässigen Dauer aufeinander folgender Arbeitsverträge (vgl. hierzu EuGH 4.7.2006 NZA 2006, 909) denken, obgleich das G ledigl. „Verlängerungen" iRd. Höchstfrist von fünf Jahren zulässt, so dass aE nur ein (ggf. wiederholt verlängertes) befristetes ArbVerh. nach Abs. 3 bestanden hat.

110b Die Rspr. sieht in der Befristungsmöglichkeit des Abs. 3 eine **Befristung ohne Sachgrund** iSd. RL (BAG 28.5.2014 NZA 2015, 1131 Rn. 30; ebenso *Sonja Müller*, Beschäftigung von Rentnern, 2015, S. 177), die jdf. im Falle ihrer erstmaligen Anwendung zwischen denselben Arbeitsvertragsparteien mit Unions- und Verfassungsrecht vereinbar und wirksam ist (BAG 28.5.2014 NZA 2015, 1131 Rn. 28).

II. Voraussetzungen der Befristung nach Abs. 3

111 **1. Mindestalter.** Die sachgrundlose Befristung darf nur mit AN vereinbart werden, die bei Beginn des befristeten ArbVerh. (nicht Zpkt. des Vertragsschlusses!; *Schiefer/Köster/Korte* DB 2007, 1081, 1083) das 52. Lebensjahr vollendet haben. Da nach § 187 II 2 BGB der Tag der Geburt mitrechnet und damit das Lebensjahr jeweils mit Ablauf des Vortags des Geburtstags vollendet wird, darf der erste Tag

des ArbVerh. der 52. Geburtstag des AN sein. Eine bes. Regelung für AN über 65 besteht nicht, so dass auch mit ihnen befristete Arbeitsverträge nur unter den Voraussetzungen des Abs. 3 zugelassen sind.

2. Beschäftigungslosigkeit im Sinne von § 138 I Nr. 1 SGB III. Mit der Verweisung auf das SGB III und damit mittelbar auf den Begriff des BeschVerh. iSv. § 7 I SGB IV löst sich das G vom ArbR und verwendet eine sozialrechtl. Terminologie, was nicht unbedingt zu eindeutigeren Erg. führen muss. Das G stellt bewusst auf den ggü. der Arbeitslosigkeit umfassenderen Begriff der Beschäftigungslosigkeit ab (BT-Drs. 16/3793 S. 16 ff.). Damit sollen auch die AN gefördert werden, die aus pers. Gründen nicht arbeitsuchend gemeldet sind (*Schiefer/Köster/Korte* DB 2007, 1081, 1084 f.; *Grimm/Brock* ArbRB 2007, 154, 156). ZB weil sie Angehörige pflegten, eine Freiheitsstrafe verbüßten oder vorübergehend erwerbsunfähig waren. Der ausdr. in Bezug genommene § 138 I Nr. 1 SGB III gehört zu den Normen des Leistungsrechts, nach denen über den Bezug von Alg. zu entscheiden ist. Danach ist das Bestehen oder Nichtbestehen eines ArbVerh. keine Leistungsvoraussetzung. Leistungsrechtl. steht ein AN ungeachtet des rechtl. Fortbestands des ArbVerh. auch dann in keinem BeschVerh., wenn der AG weitere Dienste nicht mehr annimmt, also sein Direktionsrecht nicht ausübt (zB bei Suspendierung, längerfristiger Beurlaubung ohne Arbeitsentgelt, Verweigerung der Annahme der Dienste nach unwirksamer Kündigung; vgl. BSG 28.9.1993 SozR 3–4100 § 101 Nr. 5; 10.9.1998 SozR 3–4100 § 101 Nr. 9; 25.4.2002 NZA-RR 2003, 105; Gagel/*Baldschun* SGB III § 138 Rn. 32 ff.; Brand/*Brand* SGB III § 138 Rn. 16). Es darf erwartet werden, dass diese Fälle der **Beschäftigungslosigkeit trotz fortbestehenden ArbVerh.** arbeitsgerichtl. Auseinandersetzungen um die Wirksamkeit der auf Abs. 3 gestützten Befristungsvereinb. nach sich ziehen werden (vgl. *Laux/Schlachter* Rn. 153; BeckOK/*Bayreuther* Rn. 127b; *Grimm/Brock* ArbRB 2007, 154, 157; *Bader* NZA 2007, 713, 715; *Bruns* NZA-RR 2010, 113, 116; *Sievers* [Rn. 591] fordert einen Mindestabstand der „ArbVerh." von mehr als vier Monaten). 111a

Nicht als Beschäftigung iSv. § 138 I Nr. 1 SGB III werden angesehen: Arbeitstherapie als Maßnahme der Kranken- und Heilbehandlung oder medizinischen Rehabilitation (BSG 29.6.1995 SozR 3–4100 § 101 Nr. 6; Brand/*Brand* SGB III § 138 Rn. 12), gemeinnützige und zusätzl. Arbeiten bzw. Arbeitsgelegenheiten, wenn dafür nicht das übl. Arbeitsentgelt, sondern eine **Entschädigung für Mehraufwendungen** bzw. Hilfe zum Lebensunterhalt gezahlt wird (Gagel/*Baldschun* SGB III § 138 Rn. 26; Brand/*Brand* SGB III § 138 Rn. 13), sowie ehrenamtl. Tätigkeit (s. Gagel/*Baldschun* SGB III § 138 Rn. 333 ff., 369 ff.). AN, deren ArbVerh. unwirksam gekündigt worden ist, sind während des lfd. Kündigungsrechtsstreits beschäftigungslos iSd. G, solange sie nicht vorl. weiterbeschäftigt werden oder ein anderes ArbVerh. begründen. 111b

§ 14 III verweist ausschl. auf Abs. 1 Nr. 1 und nicht auf Abs. 3 des § 138 SGB III. Diese Ausnahmevorschr. findet daher keine Anwendung (BT-Drs. 16/3793 S. 22; *Grimm/Brock* ArbRB 2007, 154, 156; *Kleinebrink* MDR 2007, 762, 763; *Bader* NZA 2007, 713, 715). Nach § 138 III SGB III schließt die Ausübung einer Beschäftigung, selbständigen Tätigkeit oder Tätigkeit als mithelfender Familienangehöriger (Erwerbstätigkeit) die Beschäftigungslosigkeit nicht aus, wenn die Arbeits- oder Tätigkeitszeit weniger als 15 Stunden wöchentl. umfasst. Somit hat der Bestand eines geringfügigen BeschVerh. (450 Euro-Job) zur Folge, dass der AN kein nach Abs. 3 befristetes ArbVerh. eingehen kann (*Laux/Schlachter* Rn. 152). Aus der auf Abs. 1 Nr. 1 beschränkten Verweisung und der Nichterwähnung des § 138 III SGB III folgt weiter, dass jede selbständige Erwerbstätigkeit des AN (auch im geringfügigen Umf.) die Annahme einer Beschäftigungslosigkeit iSv. § 138 I Nr. 1 SGB III ausschließt. Da der Begriff der Beschäftigungslosigkeit auch Tatbestände einschließt, die zu Zweifeln Anlass bieten, ob die davon betroffenen AN sich tats. in einer altersspezifisch benachteiligten Situation befinden, werden bereits unionsrechtl. begr. Bedenken erhoben (zB APS/*Backhaus* Rn. 425, 430; vgl. dazu EuGH 4.7.2006 NZA 2006, 909). In jedem Fall hat eine obj. Umgehung der in den Abs. 1 bis 2a geregelten Schranken befristeter ArbVerh. zu unterbleiben. Insb. wird die Wirksamkeit eines nach Abs. 3 befristeten Arbeitsvertrags Zweifeln ausgesetzt sein, wenn der befristet eingestellte AN den über die Arbeitslosigkeit hinausgehenden Zustand der Beschäftigungslosigkeit nach einer Beschäftigung beim selben AG erreicht oder erlebt hat (so a. APS/*Backhaus* Rn. 430; *Bauer* NZA 2007, 544 f.; *Grimm/Brock* ArbRB 2007, 154, 157). 111c

3. Bezug von Transferkurzarbeitergeld. Der Bezug von TransferKug. nach § 111 SGB III ist als weitere Tatbestandsvoraussetzung neben Beschäftigungslosigkeit aufgenommen worden, weil ältere AN, die durch eine Betriebsänd. ihren Arbeitsplatz verlieren, bes. Hilfe bedürfen, um eine Anschlussbeschäftigung finden und Arbeitslosigkeit vermeiden zu können (BT-Drs. 16/3793 S. 22 f.). Während des Bezugs von TransferKug. besteht zwar der rechtl. Rahmen des versicherungspflichtigen ArbVerh. entweder zum alten AG oder zur **Beschäftigungs- und Qualifizierungsgesellschaft** weiter, doch hat sich dessen Inhalt grdl. gewandelt. Die früheren Beschäftigungsmöglichkeiten sind für die Bezieher von TransferKug. infolge einer Betriebsänd. iSv. § 111 BetrVG dauerhaft entfallen (§ 111 II SGB III). Die AN nehmen nicht mehr am aktiven Arbeitsprozess teil. An die Stelle ihrer bisherigen Tätigkeit tritt die Verpflichtung, an Qualifizierungs- und Fortbildungsmaßnahmen teilzunehmen und die Aufnahme einer Anschlussbeschäftigung anzustreben. Die in beE zusammengefassten AN müssen von einem 111d

Wegfall ihrer Beschäftigungsmöglichkeit und einem damit verbundenen Arbeitsausfall betroffen sein. Sie dürfen also nicht mehr voll beschäftigt werden. In dieser Situation bedeutet die Möglichkeit des Abschlusses eines nach Abs. 3 befristeten Arbeitsvertrags eine ernst zu nehmende Chance.

111e **4. Teilnahme an geförderter Beschäftigungsmaßnahme.** Den Zeiten der Beschäftigungslosigkeit werden die Zeiten gleichgestellt, in denen der AN an einer öffentl. geförderten Beschäftigungsmaßnahme nach dem 2. oder 3. Buch SGB teilgenommen hat. Die Teilnehmer an solchen Maßnahmen befinden sich in einer ähnl. schwierigen Situation wie beschäftigungslose AN (BT-Drs. 16/3793 S. 22 f.). Die Gesetzesbegr. nennt als Bsp. solcher Beschäftigungsmaßnahmen nur ABM und Arbeitsgelegenheiten. Das G verzichtet auf eine nähere Begriffsbestimmung. Auch im SozR fehlt es daran. Im 2. und 3. Buch SGB finden sich unterschiedlichste Förderungsmodelle, so dass endgültige Rechtssicherheit erst durch die Rspr. des BAG herbeigeführt werden wird (krit. APS/*Backhaus* Rn. 435 ff.).

111f **5. Vier-Monats-Zeitraum.** In den letzten vier Monaten vor Beginn des befristeten ArbVerh. muss der AN durchgängig beschäftigungslos iSd. G gewesen sein oder TransferKug. bezogen haben oder an einer öffentl. geförderten Beschäftigungsmaßnahme nach dem 2. oder 3. Buch SGB teilgenommen haben. Diese mit den Vorgaben der Mangold-Entsch. des EuGH (22.11.2005 NZA 2005, 1345; dazu BVerfG 6.7.2010 NZA 2010, 995) harmonierende Frist (wohl **aA** *Bayreuther* BB 2007, 1113) ist beginnend mit dem letzten Tag vor dem rechtl. Beginn des ArbVerh. durch Rückrechnung zu bestimmen, so dass der letzte Tag der Frist vor dem Beginn des befristeten Vertrags abgelaufen ist. Es kommt nicht auf den Zpkt. der Vertragsunterzeichnung an. „Unmittelbar" bedeutet, dass der Beginn des ArbVerh. nahtlos an diese Zeiten anzuschließen hat (*Sievers* Rn. 597). Der Vier-Monats-Zeitraum muss ununterbrochen mit den Zeiten iSd. Rn. 111a bis c belegt sein. Auch **kurzzeitige Unterbrechungen** sind beachtl., wie sich aus der Nichtanwendbarkeit von § 138 III SGB III ergibt (APS/*Backhaus* Rn. 432; *Sievers* Rn. 599; wohl auch *Laux/Schlachter* Rn. 156; *Bader* NZA 2007, 713, 716; **aA** BT-Drs. 16/3793 S. 23; KR/*Lipke* Rn. 671; *Bauer* NZA 2007, 544; zur Vorsicht mahnen: *Schiefer/Köster/Korte* DB 2007, 1081, 1084; *Kleinebrink* MDR 2007, 762, 763; *Grimm/Brock* ArbRB 2007, 154, 156 f.). Aus der Regelung des § 191 BGB ist zu schließen, dass ges. Fristen iZw. zusammenhängend laufen und nur bei einer bes. Regelung in Teilabschnitten zurückgelegt werden können. Allerdings können die vier Monate durch unterschiedl. Formen der Beschäftigungslosigkeit bzw. gleichgestellter Tatbestände belegt sein.

III. Zugelassene Vertragsform

112 **1. Kalendermäßige Befristung.** Im Gegensatz zur bisherigen Fassung des Abs. 3, die auch Zweckbefristungen zuließ, ist § 14 III nF auf kalendermäßige Befristungen beschränkt. Zweckbefristungen können nicht auf Abs. 3 gestützt werden. Ebenso wenig kann die Vereinb. einer **auflösenden Bedingung** mit Abs. 3 gerechtfertigt werden, denn § 21 verweist nicht auf § 14 III. Ein Zitiergebot besteht nicht. Weder in der schriftl. Befristungsabrede (vgl. Abs. 4) noch in einem ggf. abzuschließenden Arbeitsvertrag bedarf es eines Hinweises auf § 14 III.

112a **2. Höchstdauer und Verlängerung.** Der nach Abs. 3 eröffnete Befristungszeitraum ist auf fünf Jahre begrenzt. Die hierin liegende Abweichung von den in Abs. 2 und 2a geregelten Grenzen (zwei bzw. vier Jahre) bedarf unionsrechtl. keiner bes. sachl. Rechtfertigung (**aA** *Kohte* AuR 2007, 168, 169; *Perreng* AiB 2007, 386, 387). Die längste zulässige Befristung beträgt fünf Jahre. Diese Höchstdauer rechnet ab dem **rechtl. Beginn des ArbVerh.**, nicht dem Zpkt. des Vertragsschlusses. Bis zu einer Gesamtdauer von fünf Jahren ist auch die mehrfache Verlängerung des ArbVerh. mögl. Die Zahl der Verlängerungsverträge ist nicht limitiert (krit. BAG 28.5.2014 NZA 2015, 1131 Rn. 14). Ebenso wenig gibt das G eine Mindestdauer der Verlängerungsperioden vor. Dabei ist unter Verlängerung das Gleiche wie in Abs. 2 S. 1 zu verstehen (vgl. Rn. 87 f.; *Sievers* Rn. 602; *Kleinebrink* MDR 2007, 762, 766; *Bader* NZA 2007, 713, 716). Auch der Verlängerungsvertrag ist nach Abs. 4 formbedürftig. Somit kann nach Ablauf der Vertragsdauer das ArbVerh. nicht mehr wirksam verlängert werden. Es liegt dann ein Neuabschluss vor. Wird in diesem Arbeitsvertrag eine Befristung vereinbart, bedarf diese eines Sachgrunds außerhalb des Abs. 3, denn von Abs. 3 kann erst nach einer mind. viermonatigen Beschäftigungslosigkeit erneut Gebrauch gemacht werden (vgl. Rn. 112b). Das Tatbestandsmerkmal „Verlängerung" wird selbst vorsichtig agierende AG veranlassen, die jeweils zu vereinbarende Vertragslaufzeit nicht unübersichtl. kurz zu wählen. Denn mit der Notwendigkeit jeder weiteren (formwirksamen!) Verlängerungsvereinb. wächst das Risiko, dass durch die Weiterarbeit des AN über das Vertragsende hinaus kraft G (§ 15 V) ein unbefristetes ArbVerh. entsteht.

112b **3. Weitere befristete Arbeitsverhältnisse.** Nach Ablauf des nach Abs. 3 befristeten ArbVerh. kann der AN zum selben AG ein unbefristetes oder ein aus einem anderen Sachgrund befristetes ArbVerh. eingehen. Eine erneute Befristung nach Abs. 3 ist auch nach Ablauf von vier Monaten nicht mehr wirksam mögl. (so iE BAG 28.5.2014 NZA 2015, 1131 Rn. 28; *Bader* NZA 2007, 713, 716; **aA** *Schiefer/Köster/Korte* DB 2007, 1081, 1083; *Grimm/Brock* ArbRB 2007, 154, 157). Die Möglichkeiten der Befristung von ArbVerh. nach dem WZVG (vgl. dortige Erl.) bestehen selbständig neben denen des

Abs. 3. Damit wird älteren AN, die dem wiss. Personal zuzurechnen sind, die Möglichkeit eröffnet, ihre Hochschullaufbahn nach Ablauf der Höchstfristen des WZVG und einer ggf. als ABM-Kraft verbrachten Wartezeit in einem aus Altersgründen befristeten ArbVerh. fortzusetzen. In jedem Fall ist § 41 S. 2 SGB VI (vgl. dortige Erl.) zu beachten, der selbständig neben Abs. 3 weitergilt.

IV. Verfahren

1. Fragerecht. Der AG kann die Voraussetzungen der Beschäftigungslosigkeit, des Bezugs von TransferKug. oder der Teilnahme an einer öffentl. geförderten Maßnahme in aller Regel nur anhand der Angaben des AN feststellen. Deshalb ist ihm ein entspr. Fragerecht zuzubilligen (BT-Drs. 16/3793 S. 24; APS/*Backhaus* Rn. 435 i). Bes. wesentl. sind der Ausschluss jeder geringfügigen Beschäftigung und jeder selbständigen Tätigkeit des Bewerbers während der letzten vier Monate vor dem in Aussicht genommenen Beginn des ArbVerh. (vgl. Rn. 111a). Die bewusste Falschbeantwortung löst das Anfechtungsrecht des AG nach § 123 BGB aus. Irrt sich der AN über die rechtl. Bewertung, besteht kein **Anfechtungsrecht des AG**. Sofern der AG (wie regelm.) nicht aus wichtigem Grund außerordentl. kündigen kann, ist die ordentl. Kündigung von einer entspr. Vereinb. abhängig (vgl. § 15 III). Im Fall des gemeinsamen Irrtums beider Vertragsparteien kann eine Störung der Geschäftsgrdl. vorliegen, die den AG nach § 313 III 2 BGB bei Unzumutbarkeit einer Vertragsanpassung zur Kündigung berechtigt (**aA** *Sievers* Rn. 609 [nur wenn § 626 BGB oder § 1 KSchG vorliegt]; KR/*Lipke* Rn. 674 allein vom AG zu tragendes Risiko). 113

2. Darlegungs- und Beweislast. Im Rechtsstreit hat der AG die Voraussetzungen des Abs. 3 darzulegen und ggf. zu beweisen (*Grimm/Brock* ArbRB 2007, 154, 157). Dabei kann sich **aus Gründen der Sachnähe** das Erfordernis einer gestuften Darlegungslast ergeben (APS/*Backhaus* Rn. 435 k). 113a

3. Übergangsrecht. Die Neufassung des Abs. 3 ist **am 1.5.2007 in Kraft getreten**. Die Wirksamkeit der seit diesem Termin geschlossenen befristeten Arbeitsverträge beurteilt sich nach neuem Recht (vgl. zum Grds. BAG 26.7.2000 NZA 2001, 264; 1.12.2004 NZA 2006, 211; 27.7.2005 NZA 2006, 37). Zuvor abgeschlossene Arbeitsverträge sind nach der Altregelung (vgl. hierzu 7. Aufl. TzBfG § 14 Rn. 133 ff.) auf ihre Wirksamkeit zu beurteilen. Die Novellierung des Abs. 3 hat zu keiner Heilung der in Altverträgen vereinbarten unwirksamen Befristungen geführt (APS/*Backhaus* Rn. 435 l). Insofern verbleibt es bei der Rechtsfolge des § 16. 113b

E. Schriftform (Abs. 4)

I. Grundsatz

Abs. 4 ersetzt seit dem 1.1.2001 die zum 1.5.2000 in Kraft getretene Regelung des Schriftformerfordernisses in § 623 BGB. Die Regelung ist im Wesentlichen unverändert geblieben und hat ledigl. Korrekturen in Randfragen erbracht. So ist an die Stelle des in § 623 BGB verwendeten Rechtsbegriffs „ArbVerh." der des „Arbeitsvertrags" getreten. Damit verdeutlicht das TzBfG seinen Regelungsgegenstand. Das ges. Schriftformerfordernis betrifft **ausschl. vertragl. Befristungsabreden** (einschl. der aufgrund einer bes. ges. Regelung vereinbarten Befristungen, wie zB nach dem ÄArbVtrG – BAG 13.6.2007 NZA 2008, 108), die nach dem 30.4.2000 vereinbart wurden (BAG 12.6.2013 NZA 2013, 1428 Rn. 21), nicht aber aus anderen Rechtsquellen folgende Befristungen von ArbVerh. Anders als nach § 623 BGB ist die elektronische Form nicht ausgeschlossen. Die Dauer der Befristung ist für die Formvorschr. unerhebl. Auch Ein-Tages-ArbVerh. bedürfen hins. der Befristungsabrede der Schriftform (*Dörner* Rn. 73; vgl. BAG 15.2.2012 NZA 2012, 733 Rn. 21). Dies ist mit den praktischen Bedürfnissen in Branchen, die auf kurzfristige Aushilfen angewiesen sind – wie die Landwirtschaft oder der Einzelhandel –, nur schwer zu vereinbaren (krit. *A. Wisskirchen* GS Heinze 2005 S. 1081, 1090). Allein § 17 vermag etwas Rechtssicherheit zu gewährleisten. – § 14 IV betrifft die Befristung des Arbeitsvertrags, nicht die Befristung einzelner Arbeitsbedingungen (BAG 3.9.2003 NZA 2004, 255; 10.12.2014 NZA 2015, 811 Rn. 52; 24.2.2016 NZA 2016, 814 Rn. 57). 114

Die Befristung eines Arbeitsvertrags bedarf zu ihrer Wirksamkeit der Schriftform. Ebenso die Verlängerung eines befristeten Arbeitsvertrags nach § 14 II 1 (BAG 16.3.2005 NZA 2005, 923), jede Änd. der Vertragslaufzeit oder die erstmalige Befristung eines unbefristeten ArbVerh. IRd. Vertragsfreiheit bleibt es Arbeitsvertragsparteien grds. unbenommen, entweder mehrere – sich zeitl. überschneidende – befristete Verträge zu schließen oder innerhalb eines befristeten Arbeitsvertrags zusätzl. eine Arbeitsbedingung – wie etwa die AZ – befristet zu ändern (BAG 19.2.2014 NZA-RR 2014, 408). Wird ein gekündigtes ArbVerh. noch während der lfd. Kündigungsfrist befristet verlängert, bedarf diese Abrede der Schriftform (BAG 21.11.2013 NZA 2014, 362). Der Abschluss eines Arbeitsvertrags ist ebenso wie die nachträgl. Aufhebung der Befristungsabrede nach wie vor formfrei mögl., **formbedürftig ist allein die Befristungsabrede** unabhängig davon, aus welcher ges. Bestimmung die Zulässigkeit der Befristung folgt (BAG 23.6.2004 NZA 2004, 1333; 26.7.2006 NZA 2007, 34). Die Befristungsabrede ist ein zweiseitiges Rechtsgeschäft (BAG 13.6.2007 AP TzBfG § 14 Nr. 37). Sie kann durch Vertreter ver- 115 einbart werden. Die Vollmacht des Bevollmächtigten bedarf nicht der Schriftform (§ 167 II BGB; vgl. zu der vergleichbaren Problematik des § 623 BGB BAG 28.11.2007 NZA 2008, 348). Ergibt sich aus der schriftl. Befristungsabrede, dass der Unterzeichner die Erkl. ersichtl. im Namen eines anderen abgegeben hat, ist von einem Handeln als Vertreter auszugehen (BAG 4.5.2011 NZA 2011, 1178). Die Vertretung kann durch Zusätze wie „iV" oder „iA" ausgedrückt werden (BAG 13.12.2007 NZA 2008, 403; 12.4.2017 – 7 AZR 446/15 – Rn. 18). Entscheidend sind die Gesamtumstände. Der Grund der Vertretung braucht in der Befristungsabrede nicht genannt zu werden. Für wen der Vertreter handelt, ist vom Empfängerhorizont unter Berücksichtigung aller Umstände auszulegen (BAG 19.4.2007 NZA-RR 2007, 571). Für die Wahrung der Schriftform kommt es nicht darauf an, ob der Unterzeichner tats. bevollmächtigt war (vgl. BAG 13.12.2007 NZA 2008, 403; 4.5.2011 NZA 2011, 1178; 12.4.2017 – 7 AZR 446/15 – Rn. 18).

115a Wird eine formwirksame Befristungsabrede in einem aus anderen Gründen **nichtigen Vertrag** geschlossen, bedarf die Bestätigung dieses Vertrags iSv. § 141 I BGB nach Abs. 4 der Schriftform (BAG 26.4.2006 AP TzBfG § 14 Vergleich Nr. 1; allg. BGH 6.5.1985 NJW 1985, 2579), so dass allein die Weiterarbeit nicht genügt. Wird der Vertrag für eine bestimmte Dauer geschlossen, kommt es anders als nach § 623 BGB nicht mehr darauf an, ob es sich um eine Zeit- oder Zweckbefristung oder eine auflösende Bedingung handelt (vgl. zur alten Rechtslage: BAG 23.2.2000 NZA 2000, 821), denn auf letztere findet Abs. 4 gem. § 21 entspr. Anwendung. Liegt der **tats. Weiterbeschäftigung** während eines Kündigungs- oder Befristungsrechtsstreits ein auflösend bedingter oder zweckbefristeter Arbeitsvertrag zugrunde (vgl. Rn. 76; § 3 Rn. 12; § 21 Rn. 8), bedarf die diesbzgl. Abrede nach Abs. 4 der Schriftform (BAG 22.10.2003 NZA 2004, 1275; LAG N 25.6.2004 NZA-RR 2005, 18; *Dörner* Rn. 72; *Sievers* Rn. 628; *Ricken* NZA 2005, 323, 329, **aA** *Zimmerling*, Freiwillig angebotene Weiterbeschäftigung, 2011, S. 266).

116 Die Vereinb. einer **Mindestvertragslaufzeit**, also des befristeten Ausschlusses der ordentl. Kündigung, ist keine Befristung des Arbeitsvertrags und begr. kein Schriftformerfordernis (KR/*Lipke* Rn. 700; *Richardi/Annuß* NJW 2000, 1231, 1233). Ist, wie in § 30 III 1 TVöD, für die Befristung eine Mindestlaufzeit des befristeten Arbeitsvertrags tarifvertragl. vorgegeben (dort sechs Monate) und wird diese einzelvertragl. unterschritten, ist diese Abrede bei im Zpkt. des Vertragsschlusses gegebener Tarifgebundenheit beider Arbeitsvertragsparteien nichtig und wird durch die eingreifende tarifl. Mindestfrist ersetzt. Die insofern gegebene materielle Unrichtigkeit der schriftl. getroffenen Befristungsabrede führt nicht zur Unwirksamkeit der Befristung als solcher. Jdf. ergibt sich dieses Erg. aus der Übertragung der sog. Andeutungsrspr. des BGH (BGH 12.7.1996 NJW 1996, 2792 f.; 17.2.2000 NJW 2000, 1569, 1331; ebenso BAG 19.11.2003 NZA 2004, 554; 20.9.2006 NZA 2007, 377), die für die lückenfüllende erg. Auslegung eine umfassende Würdigung aller Auslegungsgesichtspunkte voraussetzt und es für die ges. Form genügen lässt, wenn das Auslegungserg. in der formgerechten Erkl. seinen Ausdruck gefunden hat, wenn auch nur einen unvollkommenen oder versteckten.

117 Ergibt sich die Befristung des ArbVerh. aus einem normativ wirkenden TV (zB eine Altersgrenze), folgt hieraus kein Schriftformerfordernis für Teile des Arbeitsvertrags (BAG 23.7.2014 NZA 2014, 1341 Rn. 29). Dies wird durch die von § 623 BGB abw. Terminologie des Abs. 4 verdeutlicht, denn an die Stelle des in § 623 BGB verwendeten Rechtsbegriffs „ArbVerh." ist der des „Arbeitsvertrags" getreten. Gleiches gilt für den Fall der einzelvertragl. Bezugnahme auf einen einschlägigen TV in seiner Gesamtheit, Abs. 4 ist auch in diesem Fall nicht anwendbar (BAG 23.7.2014 NZA 2014, 1341 Rn. 45; **aA** *Schneider* RdA 2015, 263, 266). Anders stellt sich die Rechtslage dar, wenn arbeitsvertragl. ausschl. die tarifvertragl. Befristungsregelung in Bezug genommen wird. Dann findet Abs. 4 auf diese Bezugnahme Anwendung und muss dessen Klarstellungs-, Beweis- und Warnfunktion wahren. Diesen Funktionen kann auch dann genügt sein, wenn der Wortlaut der in Bezug genommenen **tarifvertragl. Befristungsregelung** nicht einzelvertragl. wiederholt oder der TVText körperl. mit dem Arbeitsvertrag verbunden ist.

118 Die Befristungsabrede muss den **Termin** oder den zu erreichenden **Zweck** schriftl. niederlegen (BAG 21.12.2005 NZA 2006, 321; 14.12.2016 NZA 2017, 638 Rn. 13). Somit ist bei Zweckbefristungen die Mitt. des Ereignisses erforderl. (*Dörner* FS Richardi 2007 S. 219, 223). Hingegen muss bei einer Zeitbefristung der **Befristungsgrund** nicht in den Vertragstext aufgenommen werden (BAG 22.10.2003 AP BGB § 620 Befristeter Arbeitsvertrag Nr. 255; 25.5.2005 NZA 2006, 858; vgl. a. BAG 29.6.2011 NZA 2011, 1151; ebenso *Dörner* FS Richardi 2007 S. 219, 223). Die abw. Formulierung des GE (BR-Drs. 671/96) ist nicht verabschiedet worden. Dieses Auslegungserg. entspricht der Praxis des Gesetzgebers, zwischen Befristung und deren Grund zu diff. (zB § 57b V HRG aF, § 11 I Nr. 4 AÜG aF). Somit ist es bei dem allg. Grundsatz verblieben, dass der Befristungsgrund bei Vertragsschluss weder mitgeteilt noch vereinbart werden muss.

118a Der **Befristungsgrund muss nicht Vertragsinhalt** geworden sein (BAG 24.4.1996 AP BGB § 620 Befristeter Arbeitsvertrag Nr. 180). Für das befristete ProbeArbVerh. ist keine Abweichung begründbar (vgl. Rn. 21; BAG 23.6.2004 NZA 2004, 1333; *Preis/Gotthardt* NZA 2000, 348, 359; *Dörner* Rn. 77; vgl. aber BAG 31.8.1994 AP BGB § 620 Befristeter Arbeitsvertrag Nr. 163). Ist gleichwohl ein Befristungsgrund in den schriftl. Text aufgenommen worden, begr. dies keine Exklusivität dieses Grundes. Der AG ist nicht gehindert, im Streitfall andere Gründe nachzuschieben (*Müller-Glöge/von Senden* AuA 2000, 199, 200; wohl **aA** *Preis/Gotthardt* NZA 2000, 348, 360).

Auch die einzelvertragl. Vereinb. einer **Altersgrenze** bedarf der Schriftform (BAG 27.7.2005 NZA 2006, 37). Dies ist mit dem Inkrafttreten des TzBfG (vgl. zum zeitl. Geltungsbereich Rn. 22) unabhängig von dem dogmatischen Streit über die Einordnung der Altersgrenze als Höchstbefristung oder auflösende Bedingung (vgl. BAG 14.8.2002 NZA 2003, 1397; 19.11.2003 NZA 2004, 1336) geregelt worden, indem § 21 für auflösende Bedingungen die entspr. Anwendung von Abs. 4 anordnet. Sind die Arbeitsvertragsparteien normativ an einen TV gebunden, der eine Altersgrenze regelt, ist diese Befristung zwar nach den Bestimmungen des NachwG mitzuteilen, doch findet Abs. 4 keine Anwendung. Folgt die Vereinb. der Altersgrenze aus der einzelvertragl. Bezugnahme auf den TV, reicht die Bezugnahme auf den TV zur Wahrung des Schriftformerfordernisses aus. Das Problem ist das Gleiche wie bei tarifl. Befristungsregelungen und im Schrifttum umstr. (vgl. *Richardi* NZA 2001, 57, 62). Die von der zivilgerichtl. Rspr. insb. im Zusammenhang mit notariellen Urkunden entwickelten Anforderungen passen nicht auf die Lebensverhältnisse der Arbeit. TV wandeln sich, ArbVerh. bleiben hoffentl. sehr viel länger bestehen. Dies greift auch der Gesetzgeber auf, wenn er im § 22 II ua. anordnet, dass außerhalb des Geltungsbereiches eines TV des öffentl. Dienstes Bestimmungen über die Verlängerung von ohne Sachgrund befristeten Arbeitsverträgen und die ordentl. Kündbarkeit befristeter ArbVerh. unter bestimmten Voraussetzungen Anwendung finden. 119

II. § 2 I Nr. 3 Nachweisgesetz

Nach § 2 I 1 Nr. 3 NachwG ist es die unabdingbare Pflicht des AG, dem befristet beschäftigten AN spätestens einen Monat nach vereinbartem Arbeitsbeginn die vorhersehbare Dauer des ArbVerh. schriftl. mitzuteilen. Bei Zweckbefristungen ist der Zweck oder das die Befristung beendende Ereignis schriftl. festzuhalten. Entspr. gilt für auflösende Bedingungen. Insb. ist die in einer Altersgrenze liegende **Höchstbefristung** des ArbVerh. mitzuteilen. Ergibt sich die Altersgrenze aus einem TV oder einer BV, genügt der Nachw. dieser Regelungen. 120

III. Schriftform

Wegen der Einzelheiten der aus dem ges. Schriftformerfordernis folgenden Anforderungen an den wirksamen Abschluss einer Befristungsabrede wird auf die Erl. zu §§ 125 bis 127 BGB verwiesen. Bei einem Vertrag muss die Unterzeichnung auf ders. Urkunde erfolgen. Werden über den Vertrag mehrere gleichlautende Urkunden aufgenommen, genügt es, wenn jede Partei die für die andere Partei bestimmte Urkunde unterzeichnet (BAG 14.12.2016 NZA 2017, 638 Rn. 27). Zur Wahrung der Schriftform des Abs. 4 genügt es, wenn der AG in einem von ihm unterzeichneten, an den AN gerichteten Schreiben den Abschluss eines befristeten Arbeitsvertrags anbietet und der AN das Vertragsangebot annimmt, indem er das **Schriftstück ebenfalls unterzeichnet** (BAG 26.7.2006 NZA 2006, 1402) und dem AG noch vor Vertragsbeginn zuleitet (BAG 14.12.2016 NZA 2017, 638 Rn. 44; 14.12.2016 – 7 AZR 142/15 – BeckRS 2016, 118165 Rn. 32). Die Unterzeichnung einer Blankoabrede durch den AN, die später vom AG ausgefüllt wird, genügt nur, wenn die schriftl. Annahmeerkl. des AG dem AN zugeht (LAG BW 30.3.2007 NZA-RR 2008, 66; ferner allg. BGH 20.11.1990 NJW 1991, 487). Ein aus mehreren Teilen bestehendes Vertragswerk kann eine einheitl. Urkunde bilden, wenn die Blätter des Vertrags nebst Anl. bei dessen Unterzeichnung körperl. miteinander verbunden werden oder sich die Einheitlichkeit aus anderen eindeutigen Merkmalen ergibt (BAG 4.11.2015 NZA 2016, 547 Rn. 18). 121

Hat der AG dem AN einen nicht unterzeichneten Vertrag übergeben, den der AN vor dem vorgesehenen Vertragsbeginn unterzeichnet zurückgibt, wird Abs. 4 nur gewahrt, wenn der AG seinerseits die Urkunde vor dem Vertragsbeginn unterzeichnet und dem AN zuleitet (BAG 14.12.2016 – 7 AZR 756/14 – BeckRS 2016, 118462 Rn. 30 f.). Nimmt der AN mit Wissen und Wollen des AG vor Erhalt der schriftl. Befristungsabrede die Arbeit auf, kommt der Arbeitsvertrag mit unwirksamer Befristungsabrede zustande, denn der AG nimmt so konkludent das vom AN schriftl. abgegebene Vertragsangebot an (BAG 14.12.2016 NZA 2017, 638 Rn. 30, 42). Will der AG den Abschluss des befristeten Arbeitsvertrags von der Unterzeichnung der Vertragsurkunde durch den AN abhängig machen, muss er seinerseits dem AN vor der Arbeitsaufnahme ein unterschriebenes Vertragsangebot unterbreiten, das der AN nur schriftl. annehmen kann. Hierfür genügt es, wenn der AG dem AN – ohne vorangegangene Absprache – ein von ihm **bereits unterschriebenes Vertragsformular** mit der Bitte um Unterzeichnung übersendet. Der AG muss das Zustandekommen des Vertrags für den AN erkennbar unter den Vorbehalt eines schriftl. Vertragsabschlusses gestellt haben (BAG 7.10.2015 NZA 2016, 358 Rn. 20; 4.11.2015 NZA 2016, 547 Rn. 27). Der AN kann in diesen und anderen Fällen, in denen der Abschluss des befristeten Arbeitsvertrags nach den Vertragsumständen von der Einhaltung des Schriftformerfordernisses abhängen soll, ein ihm vorliegendes schriftl. Vertragsangebot des AG nicht durch die Arbeitsaufnahme konkludent, sondern nur durch die Unterzeichnung der Vertragsurkunde annehmen (*Greiner* RdA 2009, 82, 88). Nimmt der AN vor diesem Zpkt. die Arbeit auf, besteht zwischen den Parteien nur ein faktisches (fehlerhaftes) ArbVerh., weil es an der Abgabe der zum Vertragsschluss erforderl. übereinstimmenden Willenserkl. fehlt (BAG 7.10.2015 NZA 2016, 358 Rn. 20; 4.11.2015 NZA 2016, 547 Rn. 27; 14.12.2016 NZA 2017, 638 Rn. 38). Hat der AG in den Vertragsverh. den Abschluss des 121a befristeten Arbeitsvertrags ausdr. unter den Vorbehalt eines schriftl. Vertragsschlusses gestellt oder dem AN die schriftl. Niederlegung des Vereinbarten angekündigt, ist diese Erkl. ohne Hinzutreten außergewöhnl. Umstände nach dem maßgebl. Empfängerhorizont dahingehend zu verstehen, dass der AG dem ges. Schriftformgebot entsprechen will und sein auf den Vertragsschluss gerichtetes schriftl. Angebot nur durch die der Form genügende Unterzeichnung der Vertragsurkunde angenommen werden kann (BAG 14.12.2016 NZA 2017, 638 Rn. 38). Ist danach die Befristung formunwirksam vereinbart worden, kann das ArbVerh. noch nachträgl. wirksam befristet werden, wenn hierauf gerichtete Willenserkl. der Vertragsparteien gewechselt werden. Daran wird es aber regelm. fehlen, wenn die Parteien nach Vertragsbeginn lediglich eine bereits zuvor formunwirksam vereinbarte Befristung in einem schriftl. Arbeitsvertrag niederlegen (BAG 15.2.2017 – 7 AZR 223/15 – Rn. 38). Anders aber, wenn urspr. keine Befristung vereinbart wurde oder die Neuregelung sachl. abweicht.

121b Wird die Befristung des ArbVerh. nicht unmissverständl. geregelt, ist das Gewollte durch Auslegung zu ermitteln. Dabei sind zunächst alle nach §§ 133, 157 BGB berücksichtigungsfähigen **Auslegungsgesichtspunkte** einzubeziehen. Formvorschr. schränken den Kreis der für die Auslegung relevanten Tatsachen nicht ein. Vielmehr sind Auslegungs- und Formfrage voneinander zu trennen (MüKoBGB/*Einsele* § 125 Rn. 38). Deshalb können auch die außerhalb der Urkunde liegenden Umstände berücksichtigt werden (BGH 20.12.1974 Z 63, 359, 362; 8.12.1982 NJW 1983, 672; Palandt/*Ellenberger* § 133 Rn. 19). Erst wenn anhand dieser Auslegungskriterien der Wille der Parteien zur Befristung des ArbVerh. ermittelt ist, stellt sich die Frage, ob diese Befristungsabrede der Form des Abs. 4 genügt (wohl enger BAG 21.12.2005 NZA 2006, 321). Nach der vom BGH vertretenen **Andeutungstheorie** (BGH 23.3.1979 NJW 1979, 1350, 1351; 27.2.1985 NJW 1985, 1554, 1555) genügt es, wenn der fragl. Erklärungssinn in der formgerechten Erkl. seinen Ausdruck gefunden hat, wenn auch nur einen unvollkommenen oder versteckten (BGH 12.7.1996 NJW 1996, 2792 f.; 26.4.1968 NJW 1968, 1331; zust. *Scherer,* Andeutungsformel und falsa demonstratio, 1987, S. 61, 79; *Bernard,* Formbedürftige Rechtsgeschäfte, 1979, S. 21 ff.; *Krause* ZIP 2000, 2284, 2285; Palandt/*Ellenberger* § 133 Rn. 19).

121c Anders als nach § 623 BGB ist die **elektronische Form** nicht ausgeschlossen, so dass die Befristungsabrede auch in dieser Form getroffen werden könnte (*Dörner* Rn. 81; krit. *Rolfs* Rn. 117), doch bedarf der Nachw. (vgl. Rn. 120) der Schriftform (§ 2 I 5 NachwG). Handelt ein Vertreter für eine Arbeitsvertragspartei, ist er Aussteller der Urkunde. Die Schriftform wird gewahrt, wenn der Vertreter die Vertretung zu erkennen gibt (BAG 25.3.2009 ZTR 2009, 441; Palandt/*Ellenberger* § 126 Rn. 9). Ob der Vertreter tats. bevollmächtigt ist oder nicht und mit dem Zusatz „i. A." oder „i. V." unterschreibt, ist für die Wahrung von § 14 IV unerhebl. (BAG 25.3.2009 ZTR 2009, 441; 4.5.2011 NZA 2011, 1178; 9.9.2015 NZA 2016, 232 Rn. 33). § 14 IV ist nicht auf die Vollmacht zu erstrecken (§ 167 II BGB).

122 Der **gerichtl. protokollierte Vergleich** wahrt die ges. Schriftform (§ 127a iVm. § 126 IV BGB; BAG 18.6.2008 NZA 2009, 35; wichtig für Befristungen mit dem Sachgrund der Nr. 8); handelt eine der Prozessparteien als Vertreter eines Dritten muss dies deutl. hervorgehoben werden (vgl. BAG 13.6.2007 AP TzBfG § 14 Nr. 37). Gleiches gilt für den nach § 278 VI ZPO geschlossenen Prozessvergleich (BAG 23.11.2006 NZA 2007, 333). Zu den formalen Hürden eines Vergleichsschlusses im schriftl. Verf. (§ 278 VI ZPO) *Nungeßer* NZA 2005, 1027.

IV. Rechtsfolgen eines Formverstoßes

123 Die in Abs. 4 geregelte ges. Schriftform ist Wirksamkeitsvoraussetzung. Da der Abschluss des Arbeitsvertrags nach wie vor formfrei wirksam mögl. ist, bewirkt die Nichtigkeit einer Befristungsabrede nicht die Unwirksamkeit des Arbeitsvertrags in seiner Gesamtheit. Vielmehr kommt, sofern ein abw. Parteiwille nicht feststellbar ist (zB Aushilfe), gem. § 16 S. 1 ein **unbefristetes ArbVerh.** zustande (BAG 22.10.2003 NZA 2004, 1275; 14.12.2016 – 7 AZR 142/15 – BeckRS 2016, 118165 Rn. 14). Die ordentl. Kündigung dieses unbefristeten ArbVerh. ist auch ohne entspr. Vereinb. der Parteien von G wegen zugelassen und nicht für die vereinbarte Laufzeit des Arbeitsvertrags ausgeschlossen (§ 16 S. 2).

124 Hat der AG durch sein vor der Arbeitsaufnahme liegendes Verhalten verdeutlicht, dass er den Abschluss des befristeten Arbeitsvertrags von der Einhaltung des Schriftformgebots des Abs. 4 abhängig machen will (Rn. 121a), liegt in der bloßen Entgegennahme der Arbeitsleistung regelm. keine Annahme eines vermeintl. Vertragsangebots des AN. Der AN kann den schriftl. Antrag des AG dann noch nach der Arbeitsaufnahme durch die Unterzeichnung des Arbeitsvertrags annehmen (BAG 16.4.2008 NZA 2008, 1184; 14.12.2016 – 7 AZR 142/15 – BeckRS 2016, 118165 Rn. 24). Dies setzt voraus, dass der AG dem AN seinen Antrag schriftl. – dh. unterschrieben – unterbreitet hat (BAG 14.12.2016 NZA 2017, 638 Rn. 39; 14.12.2016 – 7 AZR 142/15 – BeckRS 2016, 118165 Rn. 25). Zum gleichen Erg. kommt man durch die entspr. Anwendung von § 154 II BGB. Ist den Parteien die Formbedürftigkeit der Befristungsabrede bei Abschluss des befristeten Arbeitsvertrags bewusst und wollen sie **diese später beurkunden,** kommt iZw. noch kein wirksamer Vertrag zustande (so LAG BW 6.11.2006 AuA 2007, 113; *Buchner* FS Konzen 2006 S. 31, 36; *Pallasch* Anm. AP TzBfG § 14 Nr. 46: krit. *Nadler/v. Medem* NZA 2005, 1214, 1217; **aA** BAG 16.4.2008 NZA 2008, 1184). In jedem Fall kann die formwirksame Befristungsabrede noch vor Arbeitsantritt nachgeholt werden. Kommt es zur **formwirksamen Bestätigung** noch vor der tats. Arbeitsaufnahme, kann diese nachträgl. Befristung

auch auf Abs. 2 gestützt werden, denn es hat nicht „bereits zuvor" ein ArbVerh. der Parteien bestanden (*Riesenhuber* NJW 2005, 2268, 2269; *Nadler/v. Medem* NZA 2005, 1214, 1217). Hat der AG durch sein vor der Arbeitsaufnahme liegendes Verhalten nicht hinreichend verdeutlicht, dass er den Abschluss des befristeten Arbeitsvertrags von der Einhaltung des Schriftformgebots des Abs. 4 abhängig machen will, wird mit der tats. Arbeitsaufnahme des AN ein nach § 16 unbefristetes ArbVerh. begr. (BAG 1.12.2004 NZA 2005, 575; 13.6.2007 NZA 2008, 108; 14.12.2016 – 7 AZR 142/15 – BeckRS 2016, 118165 Rn. 14; *Dörner* FS Richardi 2007 S. 219, 230). Die spätere schriftl. Niederlegung der zunächst nur mdl. vereinbarten Befristung heilt nicht die zunächst formnichtige Befristung rückwirkend (BAG 15.2.2017 – 7 AZR 223/15 – Rn. 38). Dadurch kann allenfalls das bei Vertragsbeginn entstandene unbefristete ArbVerh. nachträgl. befristet werden, wenn hierauf gerichtete Willenserklärungen der Parteien festzustellen sind (BAG 14.12.2016 NZA 2017, 638 Rn. 28, 51; 14.12.2016 – 7 AZR 142/15 – BeckRS 2016, 118165 Rn. 14; 15.2.2017 – 7 AZR 223/15 – Rn. 38).

§ 141 II BGB steht der **Geltendmachung des Formmangels** nicht entgegen, denn diese Bestimmung 125 ist auf die nach Vertragsbeginn erfolgte schriftl. Niederlegung einer zuvor nur mdl. vereinbarten Befristung weder unmittelbar noch analog anwendbar (BAG 1.12.2004 NZA 2005, 575; 16.3.2005 NZA 2005, 923; einschränkend *Kortstock* Anm. AP TzBfG § 14 Nr. 16; abl. *Preis* NZA 2005, 714, 717 unter Hinweis auf BGH 14.7.2004 NJW 2004, 2962; *Buchner* FS Konzen 2006 S. 31, 36; *Bauer/Krieger* Anm. AP TzBfG § 14 Nr. 15; *Bauer* FS Buchner 2009 S. 30, 31; *Weth/Breyer* FS Bauer 2010 S. 1093, 1100 ff.), weil der mdl. geschlossene Arbeitsvertrag als solcher von Anfang an wirksam ist.

Haben die Vertragsparteien bei ihrem mdl. Vertragsschluss keine Befristung vereinbart oder eine 126 mdl. Befristungsabrede getroffen, die inhaltl. mit der in dem später unterzeichneten schriftl. Arbeitsvertrag enthaltenen Befristung nicht übereinstimmt, können sie ihr ArbVerh. auch nach der Arbeitsaufnahme im schriftl. Arbeitsvertrag **noch (nachträgl.) wirksam befristen** (BAG 13.6.2007 NZA 2008, 108; 16.4.2008 NZA 2008, 1184; 15.2.2017 – 7 AZR 223/15 – Rn. 38), allerdings ist ihnen die Möglichkeit der sachgrundlosen Befristung nach Abs. 2 verschlossen (**aA** *Greiner* RdA 2009, 82, 90 f.). Wird die zunächst formnichtig getroffene Befristungsabrede, nach Vertragsbeginn schriftl. nachgeholt oder bestätigt, kommt damit ein (nachträgl.) wirksam befristetes ArbVerh. zustande, wenn ein entspr. rechtsgeschäftl. Wille der Arbeitsvertragsparteien feststellbar ist (BAG 13.6.2007 NZA 2008, 108; 16.4.2008 NZA 2008, 1184; 15.2.2017 – 7 AZR 223/15 – Rn. 38).

Wird eine formwirksam getroffene **Befristungsabrede nachträgl. formnichtig geänd.**, bleibt die 127 urspr. Abrede in Kraft (**aA** KR/*Spilger* § 623 BGB Rn. 185; *Preis/Gotthardt* NZA 2000, 348, 360 unbefristetes ArbVerh.). Dies wird insb. am Fall der mdl. vereinbarten Abkürzung der Laufzeit deutl., das ArbVerh. endet erst zu dem schriftl. vereinbarten Termin. Wird die Laufzeit in einer formnichtigen Vereinb. verlängert, wird diese Abrede in ihrer Gesamtheit von der Nichtigkeitsfolge erfasst. Sie wird nicht in verschiedene Elemente der Aufhebung des wirksam vereinbarten Endtermins und die (unwirksame) Vereinb. eines neuen, späteren Endtermins getrennt. Die Änd. des Endtermins kann nicht der Aufhebung der Befristungsvereinb. gleichgestellt werden. Die formnichtige Änd. führt allein kein unbefristetes ArbVerh. herbei. Setzt der AN seine Tätigkeit über den urspr. vereinbarten Endtermin hinaus fort, wird dies die Rechtsfolge des § 15 V nach sich ziehen. Der in dem Angebot auf Abschluss eines (weiteren) befristeten Arbeitsvertrags liegende Widerspruch des AG bedarf nach § 14 IV der Schriftform.

Der AN ist anders als im Falle der nur mdl. erklärten Kündigung (vgl. § 4 S. 1 KSchG) bei der 128 formunwirksamen Befristung an die **Drei-Wochen-Frist des § 17** gebunden (*Dörner* Rn. 93). Erhebt der AN nicht fristgerecht die in § 17 vorgesehene Feststellungsklage, gilt das ArbVerh. als durch die Befristung beendet.

§ 15 Ende des befristeten Arbeitsvertrages

(1) Ein kalendermäßig befristeter Arbeitsvertrag endet mit Ablauf der vereinbarten Zeit.

(2) Ein zweckbefristeter Arbeitsvertrag endet mit Erreichen des Zwecks, frühestens jedoch zwei Wochen nach Zugang der schriftlichen Unterrichtung des Arbeitnehmers durch den Arbeitgeber über den Zeitpunkt der Zweckerreichung.

(3) Ein befristetes Arbeitsverhältnis unterliegt nur dann der ordentlichen Kündigung, wenn dies einzelvertraglich oder im anwendbaren Tarifvertrag vereinbart ist.

(4) [1] Ist das Arbeitsverhältnis für die Lebenszeit einer Person oder für längere Zeit als fünf Jahre eingegangen, so kann es von dem Arbeitnehmer nach Ablauf von fünf Jahren gekündigt werden. [2] Die Kündigungsfrist beträgt sechs Monate.

(5) Wird das Arbeitsverhältnis nach Ablauf der Zeit, für die es eingegangen ist, oder nach Zweckerreichung mit Wissen des Arbeitgebers fortgesetzt, so gilt es als auf unbestimmte Zeit verlängert, wenn der Arbeitgeber nicht unverzüglich widerspricht oder dem Arbeitnehmer die Zweckerreichung nicht unverzüglich mitteilt.

I. Rechtsfolgen einer wirksamen Befristung

1 Ist die **kalendermäßige Befristung** rechtswirksam vereinbart, endet das ArbVerh. gem. § 15 I mit Ablauf der vereinbarten Zeit. Dies kann das Ende eines Kalendertags, einer Woche, eines Monats oder eines anderen Zeitraumes sein. Die Vertragsfreiheit erlaubt es auch, die Befristung zu einem im Verlaufe eines Tages liegenden Zpkt. wirksam zu vereinbaren (*Dörner* Rn. 700). Einer schriftl. Unterrichtung des AN durch den AG über den Ablauf der Vertragsdauer bedarf es nicht (**aA** für Befristungen ohne Sachgrund *Schimana/Glasz* AuR 2002, 365, 368). Nach § 38 SGB III hat sich der AN spätestens drei Monate vor Beendigung des ArbVerh. bei der AA arbeitslos zu melden. Hierüber soll der AG den AN informieren (§ 2 II 2 Nr. 3 SGB III). Diese Norm ist kein SchutzG zugunsten des AN, eine Pflichtverletzung begr. keine Schadensersatzpflicht des AG (BAG 29.9.2005 NZA 2005, 1406). Generell zu Aufklärungspflichten des AG bei Abschluss befristeter Arbeitsverträge: BAG 16.11.2005 NZA 2006, 535.

2 Ein **zweckbefristetes ArbVerh.** endet mit Erreichen des Zweckes, frühestens zwei Wochen nach Zugang der schriftl. Unterrichtung des AN durch den AG über den Zpkt. der Zweckerreichung (vgl. BAG 18.6.2008 NZA 2009, 35). Diese Mitt. ist keine Willens-, sondern eine Wissenserklärung. Wegen der ges. vorgeschriebenen Schriftform wird § 126 BGB entspr. Anwendung finden (*Dörner* Rn. 706; *Rolfs* Rn. 14; APS/*Backhaus* Rn. 8; **aA** *Boewer* Rn. 27; *Sievers* Rn. 9). Die elektronische Form ist zugelassen (APS/*Backhaus* Rn. 8; *Boewer* Rn. 28; *Dörner* Rn. 706; **aA** *Rolfs* Rn. 14; AT/*Maschmann* Rn. 4; AR/*Schüren* Rn. 7). Der AG kann sich zur Mitt. eines Vertreters bedienen, eine Mitt. durch einen Dritten reicht aber nicht. Kann der vereinbarte Zweck (zB wegen Unmöglichkeit oder Aufgabe der Zweckverfolgung durch den AG) nicht mehr erreicht werden, endet das ArbVerh. zwei Wochen nach Zugang der entspr. Mitt. des AG beim AN (*Dörner* Rn. 701; MüKoBGB/*Hesse* Rn. 23; MHH/*Meinel* Rn. 10; diff. AT/*Maschmann* Rn. 2).

3 Die Unterrichtung hat den Tag der (voraussichtl.) Zweckerreichung oder des Bedingungseintritts genau anzugeben (MüKoBGB/*Hesse* Rn. 14; AT/*Maschmann* Rn. 6), denn § 15 II findet auf auflösende Bedingungen entspr. Anwendung (BAG 23.6.2004 NZA 2005, 520; 15.3.2006 AP BAT § 59 Nr. 14; 27.7.2011 AP TzBfG § 21 Nr. 9; 12.8.2015 NZA 2016, 173 Rn. 20). Ist die Angabe obj. unrichtig, sind die Rechtsfolgen davon abhängig, ob der **Zpkt. der wirkl. Zweckerreichung bzw. des Bedingungseintritts vor** oder nach dem in der Mitt. angegebenen Datum liegt. Liegt er davor, endet das ArbVerh. zu dem in der Mitt. angegebenen Datum (MüKoBGB/*Hesse* Rn. 14; *Laux/Schlachter* Rn. 5). Im anderen Fall erst mit dem Erreichen des Zweckes oder des Bedingungseintritts (*Dörner* Rn. 716; MüKoBGB/*Hesse* Rn. 14; **aA** APS/*Backhaus* Rn. 10 [wirkungslos, neue zutr. Mitt. erforderl.]; MHH/*Meinel* Rn. 31: AG muss sich am mitgeteilten Zpkt. festhalten lassen). In jedem Fall endet das ArbVerh. frühestens zwei Wochen nach Zugang der schriftl. Unterrichtung des AN durch den AG über den Zpkt. des Eintritts der auflösenden Bedingung oder der Zweckerreichung (BAG 27.7.2011 AP TzBfG § 21 Nr. 9). Zumeist wird das ArbVerh. mit Ablauf des in der Mitt. angegebenen Tages enden (wohl auch BAG 9.9.2015 NZA 2016, 169 Rn. 53). Zwgd. ist dies aber nicht, denn der Grundsatz der Zivilkomputation lässt abw. Vereinb. zu. § 15 II ist aber einseitig zwgd., so dass die Zwei-Wochen-Frist iSd. §§ 187 ff. BGB vollständig gewahrt sein muss. Dh. der Tag, in dessen Verlauf die Unterrichtung dem AN zugeht, rechnet nicht mit und der 14. Tag muss mit 24 Stunden enthalten sein. § 193 BGB findet keine Anwendung (BAG 27.7.2011 AP TzBfG § 21 Nr. 9; *Sievers* Rn. 12; **aA** AT/*Maschmann* Rn. 7; HKTzBfG/*Joussen* Rn. 37). Die zwgd. Wirkung des Abs. 2 besteht auch ggü. TV (§ 22; BAG 12.8.2015 NZA 2016, 173 Rn. 29).

4 Erfolgt keine Unterrichtung oder erfolgt diese nicht formgerecht, besteht das ArbVerh. als zweckbefristetes fort (vgl. zu den möglicherweise nach Abs. 5 eintretenden Folgen der Weiterarbeit Rn. 27 ff.). Deshalb wird der AG die schriftl. Unterrichtung dem AN frühzeitig zukommen lassen. Andernfalls müsste ein nach Zweckerreichung sinnentleertes ArbVerh. noch für die Dauer der ges. Auslauffrist fortgesetzt werden. Diese ist zwar kürzer als die ges. Mindestkündigungsfrist (§ 622 I BGB), doch wird (je nach Inhalt der vertragl. Abrede) beim zweckbefristeten ArbVerh. nach Erreichen des Zweckes jede (zulässige) Beschäftigungsmöglichkeit entfallen. Unter den Voraussetzungen des § 615 BGB kommt der AG in dieser Phase zwischen Zweckerreichung und Ablauf der Zwei-Wochen-Frist in **Annahmeverzug** (BAG 23.9.2015 NZA 2016, 293 Rn. 19; **aA** Vorauf l.). Das ArbVerh. besteht in der Verlängerungsphase mit allen beiderseitigen Rechten und Pflichten fort, Abs. 2 besagt aber nicht, dass auch der Vergütungsanspruch unabhängig von der Erfüllung seiner jeweiligen Voraussetzungen aufrechterhalten werde. Dieser Anspruch kann nur aus einer den Entgeltanspruch aufrechterhaltenden Norm (wie § 326 II, § 615 S. 1 BGB) folgen. Das gilt für die ges. Mindestauslauffrist von zwei Wochen ebenso wie für eine individual- oder tarifvertragl. vereinbarte längere Auslauffrist. Abs. 2 entspricht damit in seiner Rechtsfolge § 622 BGB vergleichbaren Zweck: IRd. zeitl. Bestandsschutzes soll die Beendigungswirkung auf einen späteren Zpkt. verschoben werden. Nimmt der AG die angebotene Arbeitsleistung während der Kündigungsfrist nicht an, besteht ein Vergütungsanspruch wegen Annahmeverzugs nur, wenn der AN für die vertragl. geschuldete Tätigkeit leistungsfähig ist (BAG 23.9.2015 NZA 2016, 293 Rn. 19). Insb. bei (tarifl.) Vereinb. der auflösenden Bedingung „Bewilligung

einer Rente wegen Erwerbsminderung" (vgl. § 21 Rn. 4) kann der Fall eintreten, dass allein der AN Kenntnis von der Rentenbewilligung erlangt, diese aber dem AG verschweigt. Dann besteht das ArbVerh. zwar fort, doch kann sich der AN wegen der Verletzung der Mitteilungspflicht (vgl. nur § 33 II 2 TVöD) schadensersatzpflichtig machen.

Aus der bes. Regelung des Abs. 5 folgt, dass mit der Fortsetzung der Tätigkeit nach Zweckerreichung **nicht sofort ein unbefristetes ArbVerh.** entsteht, sondern erst dann, wenn der AG den AN nicht unverzügl. nach Zweckerreichung unterrichtet. Damit kommt es auf die Kenntnis des AG von der Zweckerreichung an, weil in Unkenntnis kein schuldhaftes Zögern (§ 121 BGB) angenommen werden kann (*Backhaus* NZA-Beil. 24/2001, 8, 12). 5

Abs. 2 schließt es nicht aus, dass die Arbeitsvertragsparteien unter Beachtung von § 623 BGB zum Termin der Zweckerreichung die Auflösung des ArbVerh. vereinbaren (MüKoBGB/*Hesse* Rn. 19). Ein einseitiges **Lossagungsrecht des AN** besteht aber nicht (KR/*Lipke* Rn. 15; *Sievers* § 16 Rn. 5; AR/*Schüren* Rn. 10; **aA** AT/*Maschmann* Rn. 5; MüKoBGB/*Hesse* Rn. 21; AG/*Arnold* Rn. 37; HKTzBfG/*Joussen* Rn. 51). Wird und kann der AN nicht mehr vertragsgerecht beschäftigt werden, darf er das zweckbefristete ArbVerh. aus wichtigem Grund außerordentl. kündigen. Unabhängig davon, ob das ArbVerh. aufgrund einer Zeit- oder einer Zweckbefristung endet, kommt etwaiger Sonderkündigungsschutz nicht zum Tragen. Eine BR-Beteiligung nach § 102 BetrVG scheidet gleichfalls aus. Wegen der Einberufung zum Grundwehrdienst oder zu einer Wehrübung wird ein befristetes ArbVerh. nicht verlängert (§ 1 IV ArbPlSchG). 6

Der rechtswirksam befristete Arbeitsvertrag endet auch dann, wenn die **Möglichkeit der Weiterbeschäftigung** besteht. Ist die Befristung aus einem sachl. Grund wirksam erfolgt, verbietet es die Rechtssicherheit anzunehmen, bei späterem Wegfall des Befristungsgrundes würde der Arbeitsvertrag als unbefristeter fortbestehen (*Dörner* Rn. 157). Besteht zB im Zpkt. des Abschlusses eines befristeten Arbeitsvertrags Vertretungsbedarf, entfällt die sachl. Rechtfertigung der Befristung nicht deshalb, weil sich im Nachhinein herausstellt, dass aufgrund veränderter Umstände ein Dauerbedarf gegeben ist. Allerdings ist zu beachten, dass die Nichterneuerung eines befristeten Arbeitsvertrags wegen zwischenzeitl. eingetretener Schwangerschaft der AN, eine unmittelbare Diskriminierung aufgrund des Geschlechts darstellt, die gegen §§ 1, 3 AGG verstößt. Die Rechtsfolgen ergeben sich aus § 15 AGG. Danach steht der AN kein Anspruch auf Abschluss eines Arbeitsvertrags, wohl aber ein **Entschädigungsanspruch** zu, wenn sie wegen der unmittelbaren Benachteiligung bei der Einstellung nicht berücksichtigt worden ist (KR/*Lipke* § 14 Rn. 363; offen BAG 13.8.2008 NZA 2009, 27). Aus dem Gleichbehandlungsgrundsatz folgt kein Anspruch auf Abschluss eines weiteren befristeten Arbeitsvertrags, denn die Vertragsfreiheit des AG geht vor (vgl. BAG 13.8.2008 NZA 2009, 27 für den Fall des § 14 II; offener BAG 27.7.2016 NZA 2016, 1531 Rn. 37). Dies gilt selbst dann, wenn die Praxis des AG Art. 33 II GG verletzt hat (BAG 19.2.2003 NZA 2003, 1271). 7

Ist der AG tarifvertragl. verpflichtet, Zeitangestellte bei der Besetzung von Dauerarbeitsplätzen bevorzugt zu berücksichtigen (zB § 30 II TVöD/TV-L), gilt dies regelm. nur im Verhältnis zu externen Bewerbern (offen gelassen von BAG 14.11.2001 NZA 2002, 392). Jdf. setzt die Verurteilung des AG voraus, dass im Zpkt. der letzten mdl. Verh. in der Tatsacheninstanz der freie Arbeitsplatz (noch) vorhanden ist. Ein Anspruch des AN auf **Wiedereinstellung** besteht nach Ablauf eines wirksam befristeten ArbVerh. grds. auch dann nicht, wenn sich entgegen der urspr. Prognose aufgrund neuer Umstände eine Möglichkeit zur Weiterbeschäftigung ergibt (BAG 20.2.2002 NZA 2002, 896; *Dörner* ZTR 2001, 485, 491; *ders.* Rn. 967). Die Rspr. zum Wiedereinstellungsanspruch nach betriebsbedingter Kündigung ist auf befristete Arbeitsverträge nicht übertragbar (vgl. zu den Grenzen richterrechtl. begr. Wiedereinstellungsansprüche BAG 20.10.2015 NZA 2016, 299 Rn. 16). 8

Die Berufung auf den Fristablauf kann in Ausnahmefällen **rechtsmissbräuchl.** sein. Ein Verstoß gegen Treu und Glauben kann in Betracht zu ziehen sein, wenn der AN aufgrund des Verhaltens des AG berechtigterweise darauf vertrauen durfte, das ArbVerh. werde nach Ablauf der Befristung fortgesetzt werden. Dafür reichen allein die subj. Erwartung des AN oder ein im Verlauf des ArbVerh. begr. bes. Schutz (zB als Mitglied des BR, vgl. LAG RP 8.8.2008 – 9 Sa 145/08 – BeckRS 2008, 56842) nicht aus. Der AG muss vielmehr bei Vertragsabschluss oder während der Dauer des Zeitvertrags obj. einen Vertrauenstatbestand geschaffen haben (BAG 26.4.1995 AP AFG § 91 Nr. 4; 24.10.2001 NZA 2003, 153; enger *Dörner* Rn. 759 f.). Das BAG (26.8.1998 AP BGB § 620 Befristeter Arbeitsvertrag Nr. 202) hat auch darauf hingewiesen, dass die Nichterfüllung der so begr. Erwartung einen **Schadensersatzanspruch** wegen Verschuldens bei Vertragsabschluss auslösen könne. Doch geht dieser auf das negative Interesse (vgl. BAG 26.4.2006 AP BGB § 611 Wiedereinstellung Nr. 1), so dass nur in Fällen der Zusage ein Einstellungsanspruch anzuerkennen sein wird (BAG 13.8.2008 NZA 2009, 27; 21.9.2011 NZA 2012, 317). Aus § 78 S. 2 BetrVG iVm. § 280 BGB folgt ein Anspruch eines BRMitglieds auf Abschluss eines unbefristeten Arbeitsvertrags, wenn die Nichtübernahme allein auf der BRTätigkeit beruht (BAG 25.6.2014 NZA 2014, 1209 Rn. 29; abl. *Pallasch* RdA 2015, 108, 113 f.). 9

II. Kündbarkeit

10 Ein befristetes ArbVerh. kann aus wichtigem Grund außerordentl. fristlos (uU auch mit Auslauffrist – vgl. *Buse*, Unkündbarkeit im ArbR, 2009, S. 136) gekündigt werden (§ 626 BGB). Die auf Abschluss eines weiteren befristeten Arbeitsvertrags gerichtete Willenserkl. kann vom AN nicht nach § 123 BGB wegen Drohung angefochten werden, weil der AG den AN zur Abgabe dieser Willenserkl. durch die Ankündigung bestimmte, er lehne eine unbefristete Fortsetzung des lfd. ArbVerh, ab (BAG 13.12.2007 NZA-RR 2008, 341). Der ordentl. Kündigung unterliegt es nach § 15 III aber nur dann, wenn dies **einzelvertragl. oder im anwendbaren TV vereinbart** ist. Dafür genügt die einzelvertragl. Bezugnahme auf den TV. Gleiches gilt für kirchl. Arbeitsrechtsregelungen (BAG 21.11.2013 NZA 2014, 362). Die Regelung in einer BV reicht nicht (*Dörner* Rn. 727). Wenn die ordentl. Kündbarkeit vereinbart ist, findet § 622 BGB (einschl. Abs. 2) Anwendung. Diese Gleichbehandlung unbefristeter und befristeter ArbVerh. entspricht § 4 Nr. 1 der Rahmenvereinb. im Anh. der RL 1999/70/EG (vgl. EuGH 13.3.2014 NZA 2014, 421 Rn. 40).

10a Eine bes. ges. Regelung der Kündbarkeit ordentl. nicht kündbarer ArbVerh. enthält § 113 InsO (vgl. die dortigen Erl.). **Eigenständige ges. Regelungen** der ordentl. Kündigung befristeter ArbVerh. finden sich in § 6 PflegeZG (näher dazu die Erl. zum G Nr. 530) und § 9 V FPfZG (G Nr. 300). Abs. 3 löst die Anwendung der früher notwendigen Auslegungsregel gleichen Inhalts ab. Die einzelvertragl. Inbezugnahme eines TV, der eine entspr. Regelung enthält, reicht zur Begr. der ordentl. Kündbarkeit aus (BAG 18.9.2003 NZA 2004, 222; 28.6.2007 NZA 2007, 1049; *Dörner* Rn. 729). § 22 II erlaubt keinen gegenteiligen Umkehrschluss (iE a. KR/*Lipke* Rn. 39), denn Abs. 3 enthält kein zwgd. ANSchutzrecht, sondern eine G gewordene Auslegungsregel. Zu den **Grenzen zulässiger Drittbelastungen** (zB iRd. Sozialauswahl bei betriebsbedingten Kündigungen) vgl. *Bröhl* FS Küttner 2006 S. 287, 303. Die Vereinb. der Kündbarkeit in AGB unterliegt als vom G zugelassene Abrede keiner Angemessenheitskontrolle nach § 307 BGB (*Buse*, Unkündbarkeit im ArbR, 2009, S. 31). Es ist für die Vereinb. in AGB ausreichend, dass unter einer zutr. Überschrift (§ 305c I BGB!) die Wahl der ges. Kündigungsfrist durch Ankreuzen ausgeübt worden ist (BAG 4.8.2011 AP TzBfG § 15 Nr. 6). Will der AN geltend machen, eine vom AG erklärte Kündigung sei nach Abs. 3 ausgeschlossen und deshalb unwirksam, hat er die fristgebundene Kündigungsschutzklage nach § 4 KSchG zu erheben (BAG 22.7.2010 NZA 2010, 1142).

11 Die große Gruppe der AN, für deren ArbVerh. kraft TV, BV oder Arbeitsvertrag die **Regelaltersgrenze** gilt, stehen zwar in einem befristeten ArbVerh., doch ist dieses keines iSd. TzBfG (vgl. § 14 Rn. 56a), so dass diese ArbVerh. nach Abs. 3 kündbar sind (Staudinger/*Preis* § 620 Rn. 135).

12 Die Vereinb. der ordentl. Kündbarkeit ist **nicht formgebunden**. Sie kann durch Auslegung ermittelt werden (*Dörner* Rn. 728; MüKoBGB/*Hesse* Rn. 28). So darf aus dem Umstand einer Probezeitabrede auf die stillschweigende Vereinb. geschlossen werden, das befristete Rechtsverhältnis sei ordentl. mit der ges. oder tarifl. zulässigen Mindestkündigungsfrist kündbar (BAG 4.7.2001 EzA BGB § 620 Kündigung Nr. 4). Ebenso wie im Rahmen eines nach § 1 BeschFG befristeten ArbVerh. kann eine Probezeit auch für nach § 14 II befristete Arbeitsverträge vereinbart werden. Die Darlegungs- und Beweislast für die die ordentl. Kündbarkeit des befristeten ArbVerh. begründenden Tatsachen trägt die Vertragspartei, die sich dieser Kündigungsmöglichkeit berühmt (*Dörner* Rn. 728 und 850).

III. Langfristiges Arbeitsverhältnis (§ 15 IV)

13 § 15 IV schafft eine eigenständige, mit § 624 BGB nahezu wörtl. übereinstimmende Regelung für ArbVerh. Damit ist der Anwendungsbereich der allg. BGB-Vorschr. dahingehend verändert worden, dass sie nur noch Dienstverhältnisse betrifft, die keine ArbVerh. sind. Die zu § 624 BGB ergangene Rspr. ist auf Abs. 4 übertragbar.

14 **1. Normzweck.** Abs. 4 gewährt dem AN, der ein ArbVerh. auf Lebenszeit oder auf mehr als fünf Jahre abgeschlossen hat, eine Kündigungsmöglichkeit mit sechsmonatiger Frist. Die Vorschr. dient dem **Schutz des AN**. Eine über fünf Jahre hinausgehende Bindung würde ihn übermäßig in seiner pers. Freiheit einschränken (BAG 19.12.1991 AP BGB § 624 Nr. 2; 24.10.1996 AP ZPO 1977 § 256 Nr. 37; KR/*Fischermeier* § 624 BGB Rn. 1). Abs. 4 gibt dem AG keine entspr. Kündigungsbefugnis, er kann nur bei Vorliegen eines wichtigen Grundes nach § 626 BGB außerordentl. (ggf. unter Gewährung einer Auslauffrist) kündigen (BAG 25.3.2004 AP BGB § 138 Nr. 60). Längere Kündigungsfristen oder der Ausschluss der ordentl. Kündigung sind für ihn bindend. Durchgreifende verfassungsrechtl. Bedenken bestehen gegen diese Regelung nicht (vgl. BAG 25.4.2013 NZA 2013, 1206 Rn. 32).

15 Der historische Gesetzgeber des BGB ging davon aus, allein aus der Vertragsbindungsdauer könne keine Nichtigkeit des Dienstvertrags wegen Verstoßes gegen die guten Sitten gem. § 138 BGB folgen (Motive II S. 466). Insofern haben sich die Anschauungen gewandelt. Heute vermeidet das einseitige Kündigungsrecht des AN die **Nichtigkeit von Arbeitsverträgen,** die ohne Kündigungsmöglichkeit auf Lebenszeit oder für eine längere Zeit als fünf Jahre eingegangen worden sind (vgl. a. BGH 31.3.1982 AP BGB § 624 Nr. 1).

Der Rechtsgedanke des Abs. 4 ist bei der **Kontrolle vertragl. Vereinb.**, die faktisch zu einer überlangen Bindung des AN führen, zu berücksichtigen, und zwar sowohl iRd. § 138 BGB als auch der §§ 310 IV, 307 BGB 2002 (so in BAG 28.5.2009 NZA 2009, 1337). Hingegen betrifft § 309 Nr. 9 lit. a) BGB 2002 den Fall, dass der Verwender zur Dienstleistung verpflichtet ist, also eine Situation, die im ArbVerh. nur ganz selten anzutreffen sein wird. Im ArbR wird der Rechtsgedanke des § 15 IV va. bei der Rechtskontrolle von Vereinb. wirksam, die Rückzahlungspflichten des AN an eine von ihm erklärte Kündigung knüpfen (zB BAG 6.9.1989 AP BGB § 622 Nr. 27 „Abfindungszahlung des AN"; 16.3.1994 AP BGB § 611 Ausbildungsbeihilfe Nr. 18). 16

2. Anwendungsbereich. Abs. 4 gilt ausschl. für ArbVerh., für sonstige Dienstverhältnisse gilt nach wie vor § 624 BGB. Die Norm lässt keine Ausnahmen für bestimmte Arten von Beschäftigungen (zB künstlerische oder wiss. Tätigkeiten) zu (RG 25.10.1912 Z 80, 278) und stellt nicht darauf ab, ob die Arbeitsleistung in einem Betrieb oder einem Haushalt erbracht wird (KR/*Lipke* Rn. 43). Ebenso wenig kommt es auf die Art der Vergütung oder die Zahlungsmodalitäten an. 17

3. Anstellung auf Lebenszeit. Ein ArbVerh. ist auf Lebenszeit einer Person eingegangen, wenn auf die Lebensdauer des AG, des AN (dann fällt der Endtermin mit der Auflösung wegen Todes zusammen, vgl. dazu BGB § 620 Rn. 35) oder einer dritten Person (zB Anstellung zur Pflege eines Kranken) abgestellt wird. Anstellungen auf Lebenszeit sind im Arbeitsleben **höchst seltene Ausnahmen.** Eine so weitgehende Bindung muss sich eindeutig aus den Vereinb. der Parteien unter Berücksichtigung aller Begleitumstände ergeben (*Neumann* DB 1956, 571). Die Anstellung auf Lebenszeit ist nicht mit der rechtl. mehrdeutigen und auslegungsbedürftigen Zusage einer **Lebens- oder Dauerstellung** gleichzusetzen (KR/*Fischermeier* § 624 BGB Rn. 13; **aA** *Kramer* S. 43). In diesen Fällen ist jeweils durch Auslegung zu ermitteln, ob zB das Recht zur ordentl. Kündigung auf Dauer oder nur vorübergehend ausgeschlossen sein soll, ob verlängerte Kündigungsfristen oder sofortiger Kündigungsschutz gelten sollen oder ob nur eine rechtl. unverbindl. Hoffnung auf ein langes Bestehen des ArbVerh. ausgedrückt worden ist. Ist in einem TV die ordentl. Kündigung ausgeschlossen, führt die dadurch begr. tarifl. Unkündbarkeit des AN zu keiner Anstellung auf Lebenszeit iSv. Abs. 4, denn das ordentl. Kündigungsrecht des AN bleibt durch derartige tarifl. Regelungen unangetastet. 18

4. Arbeitsverhältnis für längere Zeit als fünf Jahre. Abs. 4 stellt der Anstellung auf Lebenszeit den Tatbestand gleich, dass ein ArbVerh. auf mehr als fünf Jahre eingegangen wird. Diese 2. Alt. des Abs. 4 greift aufgrund des Normzwecks nicht nur im Falle einer **Zeitbefristung**, sondern auch dann ein, wenn das Dienstverhältnis auflösend bedingt oder zweckbefristet ist und die Bedingung oder Zweckerreichung erst nach mehr als fünf Jahren eintritt (AT/*Maschmann* Rn. 14; APS/*Backhaus* Rn. 38 und § 21 Rn. 33 [entspr. Anwendung]; **aA** *Dörner* Rn. 736 [nicht für auflösend bedingte ArbVerh.]; *Laux/Schlachter* Rn. 19; HKTzBfG/*Joussen* Rn. 66). Abs. 4 setzt voraus, dass das Vertragsverhältnis von vornherein auf mehr als fünf Jahre eingegangen wird. Er findet somit keine Anwendung, wenn Arbeitsverträge über jeweils fünf Jahre abgeschlossen werden. Dies gilt auch dann, wenn ein ArbVerh. für die Dauer von zunächst fünf Jahren vereinbart wird und sich um weitere fünf Jahre verlängert, falls es nicht zuvor vom AN mit einer angemessenen Kündigungsfrist gekündigt worden ist (BAG 1.10.1970 AP BGB § 626 Nr. 59; 19.12.1991 AP BGB § 624 Nr. 2). 19

Wird ein auf fünf Jahre eingegangenes ArbVerh. nach dem Ablauf der fünf Jahre vertragl. verlängert, begr. dies kein Kündigungsrecht nach Abs. 4. Gleiches gilt, wenn das auf fünf Jahre eingegangene ArbVerh. bereits kurz vor Ablauf der Vertragszeit um weitere fünf Jahre verlängert wird (RG 25.10.1912 Z 80, 277, 280; KR/*Fischermeier* § 624 BGB Rn. 24; MüKoBGB/*Hesse* Rn. 38). Dieser Fall steht der von vornherein vereinbarten (automatischen) Verlängerung um fünf Jahre für den Fall des Nichtausspruches einer ANKündigung gleich. Wird hingegen das auf fünf Jahre eingegangene ArbVerh. schon frühzeitig vor Ablauf der Vertragszeit um weitere fünf Jahre verlängert, kommt eine **Umgehung des Abs. 4** in Betracht (MüKoBGB/*Hesse* Rn. 38; KR/*Fischermeier* § 624 BGB Rn. 24; Staudinger/*Preis* § 624 Rn. 21). Ausgehend vom Normzweck des Abs. 4, eine übermäßige Einschränkung der pers. Freiheit des AN zu verhindern, wird – abhängig von den Umständen des Einzelfalls – eine Frist von höchstens einem Jahr vor Ablauf des ersten Vertrags den Schluss erlauben, der AN habe die für seinen Entschl. maßgebl. Gesichtspunkte übersehen können, so dass eine Umgehung ausscheidet. 20

5. Kündigungszeitpunkt. Der AN kann das ArbVerh. nach dem Ablauf von fünf Jahren vorzeitig kündigen. Für den Beginn der Bindung ist der Zpkt. der Aktualisierung des ArbVerh. und nicht des Vertragsschlusses maßgebend (MüKoBGB/*Hesse* Rn. 36). Das Kündigungsrecht entsteht erst mit Ablauf der Fünf-Jahres-Frist (*Dörner* Rn. 738). Der Vertrag kann somit nicht schon zum Ablauf des fünften Jahres gekündigt werden. Eine **vorzeitige Kündigung** ist in eine fristgemäße Kündigung umzudeuten, die das ArbVerh. nach fünf Jahren und sechs Monaten beendet (MüKoBGB/*Hesse* Rn. 39). Es steht im Belieben des AN, sein ges. Kündigungsrecht auszuüben. Die Ausübung des Kündigungsrechts ist nicht an eine **Ausschlussfrist** gebunden (Staudinger/*Preis* § 624 Rn. 23). Das einmal erwachsene Kündigungsrecht steht dem AN weiterhin zu. Es unterliegt auch nicht der Verwirkung, weil der AN sonst entgegen dem Zweck des Abs. 4 doch auf Lebenszeit oder auf länger als 21 fünf Jahre an den Arbeitsvertrag gebunden wäre. Ein **Verzicht** auf das bereits entstandene Kündigungsrecht ist zwar zulässig, bindet aber seinerseits nur für fünf Jahre (KR/*Fischermeier* § 624 BGB Rn. 28).

22 **6. Kündigungsfrist.** Die Kündigungsfrist beträgt **sechs Monate.** § 622 BGB findet daneben keine Anwendung, so dass die Kündigung **zu jedem Termin** und nicht nur zum Fünfzehnten oder Monatsende ausgesprochen werden kann (BAG 24.10.1996 AP ZPO 1977 § 256 Nr. 37; KR/*Fischermeier* § 624 BGB Rn. 29).

23 **7. Unabdingbarkeit.** Abs. 4 ist **zwgd. Natur** (§ 22 I). Da die Kündigungsfrist des S. 2 allein das Mobilitätsinteresse des AN schützt, können zwar keine längeren, wohl aber kürzere Fristen zwischen den Parteien vereinbart werden (MüKoBGB/*Hesse* Rn. 41; MHH/*Meinel* Rn. 49). Dem AG gibt Abs. 4 kein Kündigungsrecht. Er ist an einen auf Lebenszeit oder mehr als fünf Jahre abgeschlossenen Vertrag gebunden, denn eine sittenwidrige Knebelung des AG wird regelm. nicht vorliegen (BAG 25.3.2004 AP BGB § 138 Nr. 60). Hiervon unberührt bleibt seine Möglichkeit, dieses Rechtsverhältnis aus wichtigem Grunde durch außerordentl. Kündigung nach § 626 BGB fristlos (RAG 13.12.1939 ARS 38, 90) oder wegen Fortfalls jeder Beschäftigungsmöglichkeit mit Auslauffrist (BAG 25.3.2004 AP BGB § 138 Nr. 60) zu beenden.

24 **8. Darlegungs- und Beweislast.** Wer den **Ausschluss der ordentl. Kündigung** eines ArbVerh. geltend macht, muss dies darlegen und beweisen (**aA** NK-GA/*Worzalla* Rn. 34: stets der AG). Beruft sich demggü. der AN auf die Kündigungsmöglichkeit des Abs. 4, hat er dessen Voraussetzungen darzulegen und zu beweisen.

IV. Fortsetzung nach Fristablauf (§ 15 V)

25 **1. Anwendungsbereich.** Im Abs. 5 des § 15 ist eine dem § 625 BGB entspr. Sonderregelung für ArbVerh. geschaffen worden, die abw. von § 625 BGB unabdingbar ist (BAG 11.7.2007 – 7 AZR 197/06 – BeckRS 2009, 65946; KR/*Bader* § 3 Rn. 54; *Nehls* DB 2001, 2718, 2720; vgl. § 22 I). Anders als Abs. 4 verdrängt Abs. 5 die entspr. Vorschr. des BGB für ArbVerh. nicht vollständig, sondern nur für die Fälle der Fortsetzung des ArbVerh. nach Ablauf der Zeit, für die es eingegangen ist, oder nach Zweckerreichung oder nach Eintritt einer auflösenden Bedingung. IÜ (insb. bei Kündigung und Anfechtung) ist auf § 625 BGB abzustellen (BAG 3.9.2003 NZA 2004, 255; *Boewer* Rn. 55). Die Fortsetzung des ArbVerh. durch die Vertragsparteien iSd. Abs. 5 ist ein Tatbestand schlüssigen Verhaltens kraft ges. Fiktion, durch die ein unbefristetes ArbVerh. zu den Bedingungen des vorangegangenen befristeten Arbeitsvertrags zu Stande kommt (BAG 28.9.2016 NZA 2017, 55 Rn. 30). Abs. 5 findet keine Anwendung, wenn die Fortsetzung des ArbVerh. auf einer ausdr. oder konkludenten Vereinb. der Arbeitsvertragsparteien beruht (BAG 18.10.2006 AP TzBfG § 14 Nr. 28). Sieht diese eine befristete Fortsetzung vor, ist § 14 IV zu beachten (BAG 21.11.2013 NZA 2014, 362). Heilung kann aber nach § 17 iVm. § 7 KSchG eintreten.

26 **2. Ablauf der Vertragszeit.** Die Vertragsdauer des zwischen den Parteien abgeschlossenen Vertrags muss wegen Zeitbefristung, Zweckbefristung oder Eintritt einer auflösenden Bedingung abgelaufen sein (zum maßgebl. Zpkt. vgl. § 3 Rn. 10). Die Beendigung muss das ArbVerh. **in seiner Gesamtheit** betreffen. Allein das Auslaufen einzelner Vertragsbedingungen genügt nicht (BAG 3.9.2003 NZA 2004, 255).

27 **3. Fortsetzung des Arbeitsverhältnisses durch den Arbeitnehmer.** Der AN muss die vertragsgemäßen Dienste nach dem Ablauf der Vertragszeit (beim bisherigen AG – vgl. BAG 18.10.2006 AP TzBfG § 14 Nr. 28) tats. erbringen (BAG 2.12.1998 AP BGB § 625 Nr. 8; 24.10.2001 NZA 2003, 153; 28.9.2016 NZA 2017, 55 Rn. 30; MüKoBGB/*Hesse* Rn. 44; *Dörner* Rn. 742; *Boewer* Rn. 70; *Sievers* Rn. 49). Deshalb genügen Fortsetzungshandlungen des AG wie die EFZ an einen arbeitsunfähig erkrankten AN (LAG HM 5.9.1990 LAGE BGB § 625 Nr. 1) oder die Bewilligung von **Erholungsurlaub** oder Freizeitausgleich für geleistete Überstunden (BAG 2.12.1998 AP BGB § 625 Nr. 8; 20.2.2002 NZA 2002, 789) über das Vertragsende hinaus (LAG HM 3.2.1992 LAGE BGB § 625 Nr. 3) nicht (HaKo/*Mestwerdt* Rn. 32; **aA** APS/*Backhaus* Rn. 62; AT/*Maschmann* Rn. 18; KR/*Fischermeier* § 625 BGB Rn. 26). Setzt ein LeihAN nach Ablauf der Befristung seine Tätigkeit beim Entleiher fort, wird dadurch nach Abs. 5 kein ArbVerh. zum Entleiher begr. Dies gilt auch dann, wenn der Verleiher sich wegen § 242 BGB nicht auf die Befristung des LeihArbVerh. berufen darf (BAG 15.5.2013 NZA 2013, 1214 Rn. 34).

27a Die Fortsetzung des ArbVerh. muss **willentl. und im unmittelbaren Anschluss** an den Ablauf der Vertragszeit erfolgen (BAG 28.9.2016 NZA 2017, 55 Rn. 30; *Dörner* Rn. 742). Eine zehntägige Unterbrechung steht der Fiktion entgegen (BAG 2.12.1998 AP BGB § 625 Nr. 8; 19.9.2001 EzA BeschFG 1985 § 1 Klagefrist Nr. 7). Eine Fortsetzung der vertragsgemäßen Dienste ist kaum vorstellbar, wenn das ArbVerh. wegen Erreichens des vertragl. vereinbarten Zwecks geendet hat. In Fällen dieser Art dürfte regelm. eine bes. vertragl. Absprache über den neuen Inhalt der Arbeitspflicht notwendig sein.

Der AN muss geschäftsfähig sein – §§ 104 ff. BGB – (Erman/*Belling* § 625 BGB Rn. 4). Er muss seine Arbeitsleistungen **in Kenntnis des Ablaufs** der Vertragszeit fortsetzen (BAG 18.10.2006 AP TzBfG § 14 Nr. 28; 11.7.2007 AP HRG § 57a Nr. 12; *Worzalla* FS Leinemann 2006 S. 409, 418). Dieser tats. Vorgang ist keine Willenserkl. und kann deshalb nicht angefochten werden. Zur Zulässigkeit des Bestreitens mit Nichtwissen durch den AG im Prozess vgl. BAG 11.7.2007 AP HRG § 57a Nr. 12.

4. Wissen des Arbeitgebers. Das ArbVerh. muss mit Wissen des AG fortgesetzt werden (BAG 28.9.2016 NZA 2017, 55 Rn. 30). Der AG muss von der **Beendigung des ArbVerh.** durch Ablauf der Vertragszeit sowie den weiteren Arbeitsleistungen des AN wissen (BAG 1.12.1960 AP BGB § 625 Nr. 1; 30.11.1984 AP MTV Ausbildung § 22 Nr. 1; *Dörner* Rn. 743; **aA** LAG D 26.9.2002 NZA-RR 2003, 175, 176 f.; APS/*Backhaus* Rn. 67; AT/*Maschmann* Rn. 20; *Rolfs* Rn. 31; *Laux/Schlachter* Rn. 28; BeckOK/*Bayreuther* Rn. 23; *Kramer* NZA 1993, 1115, 1116; *Worzalla* FS Leinemann 2006 S. 409, 418; AG/*Arnold* Rn. 75; offen BAG 29.6.2011 NZA 2011, 1346 Rn. 27 zur Kenntnis vom Bedingungseintritt). Kenntnis des AG bedeutet weniger als sein Einverständnis mit der Fortsetzung, dieses braucht nicht vorzuliegen (vgl. BAG 30.11.1984 AP MTV Ausbildung § 22 Nr. 1). Ist der AG mit der ihm bekannten Fortsetzung der Arbeitsleistungen nicht einverstanden, kann er den Eintritt der Rechtsfolgen des Abs. 5 durch einen rechtzeitigen Widerspruch vermeiden. 28

Maßgebl. ist die Kenntnis des (geschäftsfähigen) AG oder seines Vertreters, der den AG durch eine entspr. vertragl. Abrede binden könnte (BAG 24.10.2001 NZA 2003, 153; 20.2.2002 ZTR 2002, 439; 28.9.2016 NZA 2017, 55 Rn. 31). Unzureichend ist es, wenn ledigl. Kollegen des AN, Fachvorgesetzte (BAG 28.9.2016 NZA 2017, 55 Rn. 31; seien sie auch Schulleiter – BAG 20.2.2002 ZTR 2002, 439) oder Mitglieder des BR über dessen weiteres Verbleiben am Arbeitsplatz unterrichtet sind (LAG K 27.6.2001 – 3 Sa 220/01 – BeckRS 2001, 30791911). Im Hochschulbereich genügt nicht die Kenntnis eines Institutsleiters, sondern allein die Kenntnis der für die Universität zum Abschluss von Arbeitsverträgen berechtigten Stelle (BAG 21.2.2001 NZA 2001, 1141; 24.10.2001 NZA 2003, 153; 11.7.2007 AP HRG § 57a Nr. 12 und – 7 AZR 197/06 – BeckRS 2009, 65946). **Ein Irrtum des AG** über die Beendigung des ArbVerh. kann seine Kenntnis und damit die Rechtsfolgen des Abs. 5 ausschließen (**aA** LAG HB 30.3.1955 BB 1955, 510; MüKoBGB/*Henssler* § 625 Rn. 12; Soergel/*Kraft* § 625 BGB Rn. 6; HaKo/*Mestwerdt* Rn. 34; MHH/*Meinel* Rn. 55). Deshalb bedarf es bei beiderseitigem Irrtum über das rechtl. Ende des ArbVerh. keiner Anwendung der Regeln über den Wegfall der Geschäftsgrdl. oder einer Anfechtung der fingierten Willenserklärung. Bei LeihArbVerh. ist auf den Verleiher als VertragsAG abzustellen, ihm ist die Kenntnis des Entleihers von der Weiterarbeit nur dann zuzurechnen, wenn er den Entleiher zum Abschluss von ArbVerh. bevollmächtigt hat oder dessen Handeln ihm nach den Grds. der Duldungs- oder Anscheinsvollmacht zuzurechnen ist (BAG 28.9.2016 NZA 2017, 55 Rn. 32). 28a

5. Keine unverzügliche Mitteilung der Zweckerreichung. Eine von § 625 BGB abw. Regelung beinhaltet der letzte Satzteil des Abs. 5. Danach kommt bei Weiterarbeit des AN ein unbefristetes ArbVerh. zustande, wenn der AG dem AN die Zweckerreichung nicht unverzügl. mitgeteilt hat. Entspr. gilt für die Mitt. des Bedingungseintritts bei der auflösenden Bedingung (§ 21). Während das G für die Unterrichtung des AN durch den AG über den Zpkt. der Zweckerreichung die Schriftform vorschreibt, sieht Abs. 5 für die Mitt. der Zweckerreichung ebenso wenig eine Form wie für den Widerspruch des AG vor (*Dörner* Rn. 745; *Hromadka* BB 2001, 675, 676; *Lakies* DZWIR 2001, 1, 15; **aA** APS/*Backhaus* Rn. 80; AT/*Maschmann* Rn. 22; *Kliemt* NZA 2001, 296, 302; *Worzalla* FS Leinemann 2006 S. 409, 419; *Hansen* Rn. 707). 29

Erfährt der AG von der Zweckerreichung noch vor ihrem Eintritt, wird er dies dem AN aus eigenem Interesse alsbald mitteilen. Erlangt er die **Kenntnis erst nach Eintritt** der Zweckerreichung, ist der AG gehalten, dies ohne schuldhaftes Zögern dem AN mitzuteilen. Prüft er zu lange oder versäumt aus anderen Gründen die rechtzeitige Mitt., soll nach dem Gesetzeswortlaut das vom AN durch Arbeitsleistungen fortgesetzte ArbVerh. von G wegen auf unbestimmte Zeit verlängert werden. Eine unverständl. Regelung, wenn davon ausgegangen wird, das Ende der Vertragszeit iSd. Abs. 2 sei gleichbedeutend mit dem Ende des ArbVerh. iSd. Abs. 2. Denn ohne die formgerechte Unterrichtung nach Abs. 2 besteht das zweckbefristete bzw. auflösend bedingte ArbVerh. als solches fort. Die wichtigste Voraussetzung des Abs. 5, die Weiterarbeit nach Ende der Vertragszeit könnte gar nicht erfüllt werden. Deshalb ist anzunehmen, dass Abs. 5 bei Zweckbefristungen und auflösenden Bedingungen nicht das Ende des ArbVerh. iSd. Abs. 2, sondern den Zpkt. des tats. Eintritts der Zweckerreichung oder der Bedingung meint. Wird hiervon ausgegangen, treten die Rechtsfolgen des Abs. 5 ein, wenn nach tats. Eintritt der Zweckerreichung oder der Bedingung der AN seine Arbeitsleistung mit Kenntnis des AG fortsetzt und der AG dem AN die Zweckerreichung oder den Bedingungseintritt nicht unverzügl. mitteilt. Daran wird erneut deutl., dass die Mitt. nach Abs. 5 und die Unterrichtung nach Abs. 2 von G wegen zwei sorgsam zu unterscheidende Erkl. des AG sind. 30

Ist das ArbVerh. **doppelt befristet** (vgl. § 3 Rn. 13) und wird es nach Zweckerreichung sowie entspr. Unterrichtung (Abs. 2) fortgesetzt, findet zwar § 15 V Anwendung. Doch bleibt es als zeitbefristetes ArbVerh. bestehen (vgl. Rn. 35). 31

32 **6. Kein Widerspruch des Arbeitgebers.** Der AG kann die Rechtsfolgen des Abs. 5 ausschließen, indem er der Fortsetzung der Arbeitsleistung unverzügl. widerspricht. Der Widerspruch ist eine rechtsgeschäftl., empfangsbedürftige Willenserkl. (BAG 11.7.2007 AP HRG § 57a Nr. 12; 7.10.2015 NZA 2016, 358 Rn. 24). Er kann ausdr. oder konkludent (zB durch Aushändigung der Arbeitspapiere oder Angebot eines weiteren befristeten Arbeitsvertrags) erklärt werden (BAG 20.2.2002 ZTR 2002, 439; 22.7.2014 NZA 2014, 1330 Rn. 25). Er ist nicht formbedürftig gem. § 623 BGB (*Richardi/Annuß* NJW 2000, 1231, 1233; *Preis/Gotthardt* NZA 2000, 348, 360) oder aufgrund einer im beendeten ArbVerh. getroffenen Vereinb. (*Nehls* DB 2001, 2718, 2719). Er bedarf keiner Begr. Der Widerspruch kann gem. §§ 119ff. BGB angefochten werden. § 174 BGB findet Anwendung. Hingegen ist das Unterlassen des Widerspruches keine Willenserkl. und kann deshalb nicht angefochten werden. Der Widerspruch kann **bereits kurz vor Ablauf** des befristeten ArbVerh. erklärt werden (BAG 26.7.2000 NZA 2001, 546; 20.2.2002 ZTR 2002, 439; 11.7.2007 AP HRG § 57a Nr. 12; 7.10.2015 NZA 2016, 358 Rn. 24). Der ausdr. Hinweis auf den unmittelbar bevorstehenden Ablauf des befristeten ArbVerh. kann genügen (BAG 11.7.2007 AP HRG § 57a Nr. 12). Doch kann der Widerspruch nicht bereits in den Arbeitsvertrag aufgenommen werden, hierin läge eine nach § 22 verbotene Abweichung vom G zum Nachteil des AN (BAG 22.7.2014 NZA 2014, 1330 Rn. 25). Der Widerspruch kann in dem Angebot eines (ggf. weiteren) befristeten Vertrags liegen (BAG 26.7.2000 NZA 2001, 261; 5.5.2004 NZA 2004, 1346; *Dörner* Rn. 745). Nimmt der AN dieses Angebot nicht formgerecht (§ 14 IV) an, arbeitet aber mit Wissen des AG weiter, wird ein unbefristetes ArbVerh. begr. (§ 16 S. 1; ArbG HB 10.10.2012 – 8 Ca 8079/12 – BeckRS 2014, 69856; abl. *Baumgarten* BB 2014, 2165). Kommt der angebotene Vertrag trotz Weiterarbeit nicht zustande, bleibt die Wirkung des Widerspruchs erhalten (BAG 5.5.2004 NZA 2004, 1346).

33 Der Vollzug eines **zweckbefristeten ArbVerh.** über den Zpkt. der Zweckerreichung hinaus ist sachl. kaum vorstellbar, doch kann der AG die Mitt. über den Zpkt. der Zweckerreichung (Abs. 2) mit dem vorsorgl. Widerspruch gem. Abs. 5 verbinden (*Nehls* DB 2001, 2718). Die Auslegung einer Mitt. über den Zpkt. der Zweckerreichung (Abs. 2) kann ergeben, dass zugleich einer etwaigen Weiterarbeit über den Endtermin des ArbVerh. hinaus widersprochen wird (zur Vorsicht mahnend *Dörner* Rn. 750). In einer nicht formgerechten Unterrichtung iSd. Abs. 2 kann ein (formgerechter) Widerspruch iSd. Abs. 5 liegen (*Lakies* DZWIR 2001, 1, 15). Macht der AG dem AN deutl., dass die Weiterbeschäftigung kein ArbVerh. auf unbestimmte Zeit, sondern nur für einen befristeten Zeitraum begründen soll (vgl. Rn. 32), liegt darin ein ausreichender Widerspruch (BAG 14.8.2002 AP LPVG Brandenburg § 90 Nr. 1; *Rolfs* Rn. 32; AT/*Maschmann* Rn. 21). Ein Widerspruch ist des Weiteren anzunehmen, wenn sich der AG zu einer **vorl. Weiterbeschäftigung** mit dem Hinweis bereiterklärt, er sei dazu nur aus sozialen Gründen oder bis zur endgültigen Regelung der künftigen Vertragsbeziehungen bereit.

34 Der Widerspruch des AG muss unverzügl., also **ohne schuldhaftes Zögern** (§ 121 BGB) erfolgen. Dies ist nach den Umständen des Einzelfalles unter Berücksichtigung der Interessenlage der Parteien zu beurteilen. Die Frist beginnt erst mit der Kenntnis des AG von den für die Entsch. über das Fortbestehen des ArbVerh. maßgebenden Umständen. Es ist nicht schuldhaft, wenn der AG zunächst den Versuch einer Einigung über Dauer und Form einer Weiterbeschäftigung anstrebt oder den Einwand des BR überprüft, der AN befinde sich bereits in einem unbefristeten ArbVerh. (BAG 13.8.1987 – 2 AZR 122/87 – BeckRS 2009, 67375; *Dörner* Rn. 747).

35 **7. Rechtsfolgen.** Liegen die Voraussetzungen des Abs. 5 vor, wird das ArbVerh. kraft G mit den bisherigen Rechten und Pflichten fortgesetzt. Somit bleibt der Vertragsinhalt erhalten. Dies gilt namentl. für die Vergütungsregelungen (Staudinger/*Preis* § 625 Rn. 29) oder ein Vertragsstrafeversprechen (LAG HM 15.9.1997 NZA 1999, 1050). Allein die der ges. Rechtsfolge des Bestehens eines dauernden ArbVerh. **entgegenstehenden Vereinb.** der Parteien verlieren ihre Geltung. Einzelvertragl. wirksam vereinbarte Kündigungsfristen werden nur dann durch die ges. verdrängt, wenn sie im dauernden Rechtsverhältnis ihre Bedeutung verloren haben (BAG 11.8.1988 AP BGB § 625 Nr. 5; MüKoBGB/*Henssler* § 625 Rn. 18f.; *Nehls* DB 2001, 2718, 2721; **aA** RAG 22.3.1939 ARS 36, 7; Erman/*Belling* § 625 BGB Rn. 9).

36 War das ArbVerh. nicht nur auflösend bedingt oder zweckbefristet, bleibt die daneben vereinbarte Höchstbefristung (= **Doppelbefristung**) im nach Abs. 5 fortbestehenden ArbVerh. wirksam. Das BAG (29.6.2011 NZA 2011, 1346 Rn. 37) formuliert: Die Rechtsfolge des § 15 V ist bei Doppelbefristungen oder – iVm. § 21 TzBfG – bei auflösenden Bedingungen, die mit Zeitbefristungen kombiniert sind, auf einen nur befristeten Fortbestand des ArbVerh. für die Dauer der Kalenderbefristung beschränkt (iE zust. *Picker* ZfA 2013, 73, 87). Der AN kann das Recht, sich auf die Begr. eines unbefristeten ArbVerh. zu berufen, nach allg. Grds. verwirken (LAG K 27.6.2001 DB 2001, 2256). Macht der AN mittels Feststellungsklage geltend, es sei nach § 15 V ein unbefristetes ArbVerh. zustande gekommen, handelt es sich um keine Befristungskontrollklage. § 17 ist nicht anwendbar (BAG 18.10.2006 AP TzBfG § 14 Nr. 28 Rn. 10; 7.10.2015 NZA 2016, 358 Rn. 15). Setzt der AN seine Tätigkeit fort und widerspricht der AG rechtzeitig, besteht für die Dauer dieser tats. Arbeitsleistungen kein ArbVerh. (BAG 7.10.2015 NZA 2016, 358 Rn. 25; MüKoBGB/*Hesse* Rn. 53; *Nehls* DB 2001, 2718, 2721). Die Leistungen sind nach **Bereicherungsrecht** rückabzuwickeln (MüKoBGB/*Hesse* Rn. 53).

8. Darlegungs- und Beweislast. Nimmt der AN für sich die **Rechtsfolgen des Abs. 5** in Anspruch, muss er im Streitfall darlegen und ggf. beweisen, dass das ArbVerh. mit Wissen des AG fortgesetzt worden ist (BAG 21.2.2001 NZA 2001, 1141; MüKoBGB/*Hesse* Rn. 56). Für einen unverzügl. erklärten Widerspruch ist der AG beweispflichtig (KR/*Fischermeier* § 625 BGB Rn. 42; Staudinger/*Preis* § 625 Rn. 41). 37

§ 16 Folgen unwirksamer Befristung

[1] Ist die Befristung rechtsunwirksam, so gilt der befristete Arbeitsvertrag als auf unbestimmte Zeit geschlossen; er kann vom Arbeitgeber frühestens zum vereinbarten Ende ordentlich gekündigt werden, sofern nicht nach § 15 Abs. 3 die ordentliche Kündigung zu einem früheren Zeitpunkt möglich ist. [2] Ist die Befristung nur wegen des Mangels der Schriftform unwirksam, kann der Arbeitsvertrag auch vor dem vereinbarten Ende ordentlich gekündigt werden.

1. Unwirksame Befristungsabrede. Bei unwirksamer Befristung oder Bedingung gilt der Arbeitsvertrag als auf unbestimmte Zeit geschlossen. Dabei erfasst § 16, wie sich aus der Normentwicklung während des Gesetzgebungsverf. ergibt, in unmittelbarer Anwendung allein die Unwirksamkeit der Befristungsvereinb. aus einem der in § 14 geregelten Gründe (APS/*Backhaus* Rn. 2; ähnl. MHH/*Meinel* Rn. 11; **aA** *Dörner* Rn. 779; AR/*Schüren* Rn. 3; HKTzBfG/*Joussen* Rn. 6), iÜ kommt allenfalls eine entspr. Anwendung in Betracht (*Rolfs* Rn. 1 ff.; MüArbR/*Wank* § 95 Rn. 173 ff.). Diese scheidet jdf. bei Unwirksamkeit wegen mangelnder Bestimmtheit des Zwecks oder einer Bedingung aus (BAG 23.4.2009 NZA 2009, 1260). § 16 vermeidet die sich ansonsten aus Verstößen gegen ges. Verbote ergebende Nichtigkeit des Rechtsgeschäfts (BAG 18.10.2006 AP TzBfG § 14 Nr. 28). Besteht das ArbVerh. wegen Unwirksamkeit der Befristungsabrede fort, bleibt der weitere Vertragsinhalt hiervon unberührt (BAG 18.9.2008 NZA 2009, 425). Der Bestand eines nach § 16 begr. unbefristeten ArbVerh. ist auflösend bedingt durch die **Versäumung der Klagefrist** des § 17. Erhebt der AN binnen drei Wochen nach dem vereinbarten Ende des ArbVerh. keine Klage, gilt die Befristung entspr. § 7 KSchG als wirksam. Damit hat der Gesetzgeber das Unterlassen der gerichtl. Geltendmachung mit der Rechtsfolge einer Fiktion wirksamer Beendigung verbunden, so dass es allein der AN in der Hand hat, das wegen Unwirksamkeit der Befristung gegebene unbefristete ArbVerh. ohne Abgabe einer Willenserkl. zu beenden. Dabei steht ihm eine Bedenkzeit von drei Wochen über das vereinbarte Vertragsende hinaus zu, sofern er nicht zuvor wirksam auf sein Klagerecht verzichtet. 1

2. Kündigungsmöglichkeit des Arbeitgebers. Liegen die Voraussetzungen des § 16 vor, kann der AG das ArbVerh. frühestens **zum vereinbarten Ende** ordentl. kündigen, sofern nicht nach § 15 III die ordentl. Kündigungsmöglichkeit ausdr. einzelvertragl. oder im anwendbaren TV vereinbart ist. Dieses Kündigungsrecht des AG besteht auch bei Unwirksamkeit der Befristungsabrede weiter (BAG 23.4.2009 NZA 2009, 1260). Davon unabhängig kann das ArbVerh. aus wichtigem Grund außerordentl. gekündigt (§ 626 BGB) oder vertragl. aufgelöst (Aufhebungsvertrag) werden. Diese Möglichkeiten werden durch § 16 nicht eingeschränkt. Allerdings finden die allg. Regeln des Kündigungsschutzrechts Anwendung. Bedarf danach die vom AG erklärte Kündigung keines sie sozial rechtfertigenden Grundes, weil die Mindestbeschäftigungsdauer nicht erreicht ist oder der Betrieb nach § 23 KSchG nicht dem Anwendungsbereich des Ersten Abschn. des KSchG unterfällt, kann die Unwirksamkeit der Kündigung nicht aus einer „Umgehung" von § 14 II abgeleitet werden (BAG 6.11.2003 NZA 2005, 218). 2

Kündigt der AG nach erfolgreicher Befristungskontrollklage (§ 17), widerspricht S. 1 Hs. 2 der Annahme, die Kündigung verstoße gegen Treu und Glauben (BAG 22.9.2005 NZA 2006, 429). Besteht allein die ges. Kündigungsmöglichkeit zum vereinbarten Ende der Vertragslaufzeit, kann die Kündigung bereits während der Vertragsdauer zum Zpkt. des vereinbarten Endes erklärt werden (MüKoBGB/*Hesse* Rn. 6). Die ges. Kündigungsfrist ist einzuhalten. Der Zpkt. des vereinbarten Endes ist durch Auslegung zu ermitteln. Dabei besteht keine Auslegungsregel, es sei jeweils der späteste Zpkt. zulässig. § 16 S. 1 enthält ein an den AG gerichtetes Kündigungsverbot, das mit Art. 12 und 2 I GG vereinbar bleiben muss. Folgt die Unwirksamkeit der Befristungsabrede allein aus dem **Mangel der Schriftform,** kann der AG unabhängig von einer Vereinb. (unter Beachtung sonstiger ges. Bestimmungen) ordentl. kündigen (S. 2; krit. zu dieser ges. Differenzierung *Persch* NZA 2012, 1079, 1081). Als einseitig zwgd. ANSchutznorm kann diese Regelung zugunsten des AN durch eine vertragl. Vereinb. ausgeschlossen werden (BAG 23.4.2009 NZA 2009, 1260). 3

3. Kündigungsmöglichkeit des Arbeitnehmers. Diese wird vom G stillschweigend vorausgesetzt (BAG 23.4.2009 NZA 2009, 1260; KR/*Lipke* Rn. 7; MüKoBGB/*Hesse* Rn. 9 f.; MüArbR/*Wank* § 95 Rn. 175; *Dörner* Rn. 786; *Preis/Gotthardt* DB 2001, 145, 151; *Däubler* ZIP 2001, 217, 224 f.; krit. *Backhaus* NZA-Beil. 24/2001, 8, 13; wohl **aA** *Richardi* NZA 2001, 57, 62; *Hansen* Rn. 723; BGH 10.7.2013 NJW 2013, 2820 hat für Miete mittels erg. Vertragsauslegung beiderseitigen Kündigungsverzicht begr.). **§ 626 BGB** bleibt auch für den AN unberührt. 4

5 **4. Annahmeverzug.** Streiten die Arbeitsvertragsparteien über die Beendigung eines ArbVerh. wegen Ablaufs einer Zeit- oder Zweckbefristung oder Eintritts einer auflösenden Bedingung, genügt zur Begr. des Annahmeverzugs des AG ein wörtl. Angebot des AN (§ 295 BGB), weil der AG mit der Berufung auf das Ende des ArbVerh. erklärt, er werde keine weitere Arbeitsleistung mehr annehmen. Sind die Voraussetzungen von § 295 BGB gegeben, muss der AN nicht ausdr. erklären, er biete die Arbeitsleistung an. Ein Angebot ist, ohne dass hieran hohe Anforderungen zu stellen sind, konkludent mögl. (BAG 30.4.2008 NZA-RR 2008, 551 Rn. 23; 24.8.2016 NZA-RR 2017, 76 Rn. 24). Es genügt, wenn der AN gegen die Ablehnung seiner Arbeitsleistung oder das Unterlassen einer erforderl. Mitwirkungshandlung protestiert und damit seine **Leistungsbereitschaft zum Ausdruck bringt** (BAG 25.2.2015 NZA 2015, 494 Rn. 42; 24.8.2016 NZA-RR 2017, 76 Rn. 24). Das wörtl. Angebot kann darin liegen, dass der AN eine Befristungskontrollklage einreicht (BAG 19.9.2012 NZA 2013, 101; 12.12.2012 AP BGB § 615 Nr. 129; 4.11.2015 NZA 2016, 547 Rn. 34). Anders als im Fall einer unwirksamen AGKündigung wendet die Rspr. § 296 BGB (dazu BAG 22.2.2012 NZA 2012, 858 Rn. 14) nicht an. Gehen beide Parteien von einem wirksam befristeten oder auflösend bedingten ArbVerh. aus, das wegen Zeitablaufs, Zweckerreichung oder Eintritts der Bedingung beendet sei, besteht kein Annahmeverzug des AG. Ein Annahmeverzug des AG tritt dann frühestens mit einem tats. oder zumindest wörtl. Angebot der Arbeitsleistung durch den AN ein (BAG 19.9.2012 NZA 2013, 101; 12.12.2012 AP BGB § 615 Nr. 129; 4.11.2015 NZA 2016, 634 Rn. 74; **aA** BGB § 615 Rn. 32; KR/*Lipke* Rn. 22 [§ 296 BGB]).

§ 17 Anrufung des Arbeitsgerichts

[1] Will der Arbeitnehmer geltend machen, dass die Befristung eines Arbeitsvertrages rechtsunwirksam ist, so muss er innerhalb von drei Wochen nach dem vereinbarten Ende des befristeten Arbeitsvertrages Klage beim Arbeitsgericht auf Feststellung erheben, dass das Arbeitsverhältnis auf Grund der Befristung nicht beendet ist. [2] Die §§ 5 bis 7 des Kündigungsschutzgesetzes gelten entsprechend. [3] Wird das Arbeitsverhältnis nach dem vereinbarten Ende fortgesetzt, so beginnt die Frist nach Satz 1 mit dem Zugang der schriftlichen Erklärung des Arbeitgebers, dass das Arbeitsverhältnis auf Grund der Befristung beendet sei.

I. Klagefrist

1 **1. Rechtsentwicklung.** Der AN, der geltend machen will, eine vereinbarte Befristung sei unwirksam, musste bis zum 30.9.1996 keine Klagefrist einhalten. Insb. fand die Klagefrist des § 4 S. 1 KSchG auf Befristungsstreitigkeiten keine analoge Anwendung. Der AN konnte jedoch sein Klagerecht verwirken (BAG 7.3.1980 AP BGB § 620 Befristeter Arbeitsvertrag Nr. 54; 11.11.1982 AP BGB § 620 Befristeter Arbeitsvertrag Nr. 71). MWv. **1.10.1996** wurde mit § 1 V BeschFG erstmals eine Klagefrist eingeführt. Diese Bestimmung ist als § 17 S. 1 und 2 in das TzBfG übernommen worden. Es ist ledigl. das Wort „Arbeitsvertrag" an die Stelle des Begriffs „ArbVerh." getreten. Die durch das G zu Reformen am Arbeitsmarkt zum 1.1.2004 in Kraft gesetzten Änd. der §§ 6 und 7 KSchG wirken sich wegen der Verweisung in § 17 S. 2 auf die Befristungskontrolle aus (vgl. Rn. 16).

2 **2. Anwendungsbereich.** § 17 regelt die Schutzklage des AN (Befristungs- oder Bedingungskontrollklage), nicht eine vom AG erhobene Klage. Da die §§ 1, 23 KSchG nicht entspr. anwendbar sind, findet die Klagefrist unabhängig von der individuellen Beschäftigungsdauer des AN und unabhängig von der Größe des Beschäftigungsbetriebs Anwendung. Die Klagefrist gilt sowohl für Zeit- als auch Zweckbefristungen. Anders als die Vorläuferbestimmung in § 1 V BeschFG 1996 (BAG 23.2.2000 NZA 2000, 821) gilt sie wegen § 21 auch für **auflösende Bedingungen** (BAG 23.6.2004 NZA 2005, 520; 27.7.2011 AP TzBfG § 21 Nr. 9 „Bedingungskontrollantrag"; ebenso BAG 4.11.2015 NZA 2016, 634 Rn. 13; vgl. ferner BAG 23.7.2014 NZA 2014, 1341 Rn. 16 „Bedingungskontrollklage"). Dies gilt auch dann, wenn der AN nicht die Unwirksamkeit der Zweckbefristung oder auflösenden Bedingung, sondern den Nichteintritt der Bedingung oder des Zwecks, also den Fortbestand des ArbVerh. geltend machen will (BAG 6.4.2011 NJW 2011, 2748; 27.7.2011 AP TzBfG § 21 Nr. 9; 10.10.2012 AP TzBfG § 21 Nr. 10; 10.12.2014 AP TVöD § 33 Nr. 1 Rn. 14; 27.7.2016 NZA-RR 2017, 84 Rn. 16; 15.2.2017 – 7 AZR 82/15 – Rn. 13). Nach Auff. des BAG (15.2.2017 – 7 AZR 153/15 – Rn. 12 f.) stellt § 17 eine abschl. Regelung dar, die für ihren Anwendungsbereich jede allg. Feststellungsklage (auch des AG) ausschließt. § 17 ist aber nicht anwendbar, wenn der AN mittels Feststellungsklage geltend macht, es sei nach § 15 V ein unbefristetes ArbVerh. zustande gekommen (BAG 18.10.2006 AP TzBfG § 14 Nr. 28; 28.9.2016 NZA 2017, 55 Rn. 28) oder die Auslauffrist des § 15 II sei nicht eingehalten worden (BAG 12.8.2015 NZA 2016, 173 Rn. 33; 4.11.2015 NZA 2016, 634 Rn. 34). Ebenso unanwendbar ist § 17, wenn geltend gemacht werden soll, es sei keine entspr. Vereinb. getroffen worden (BAG 4.11.2015 NZA 2016, 634 Rn. 17; 14.12.2016 NZA 2017, 638 Rn. 11) oder diese sei kein Vertragsbestandteil geworden (BAG 18.1.2017 – 7 AZR 236/15 – Rn. 22). Dieses Klagebegehren ist mit einer allg. Feststellungsklage (§ 256 I ZPO) geltend zu machen (BAG 14.12.2016 NZA 2017, 638 Rn. 11; 15.2.2017 – 7 AZR 291/15 – BeckRS 2017, 110539 Rn. 11).

Das G ist **ohne Übergangsvorschr.** in Kraft getreten. Deshalb erfasste es alle noch nicht abgewickelten ArbVerh. Hins. der bereits beendeten, auflösend bedingten ArbVerh. begann die Klagefrist am 1.1.2001 und endete am Montag, dem 22.1.2001. Es gilt insofern das Gleiche wie beim Inkrafttreten von § 1 V BeschFG 1996 am 1.10.1996 (KR/*Bader* Rn. 9). Die Entsch. über eine Befristungskontrollklage setzt die wirksame Vereinb. eines ArbVerh. voraus. Fehlt es hieran, besteht kein der gerichtl. Kontrolle zugängl. befristetes ArbVerh. Die Befristungskontrollklage ist als unbegründet abzuweisen (BAG 26.4.2006 AP TzBfG § 14 Vergleich Nr. 1). Die Befristungskontrollklage kann bereits vor dem vereinbarten Ende des ArbVerh. erhoben werden (BAG 13.10.2004 NZA 2005, 469; 21.12.2005 NZA 2006, 321). Die Klagefrist läuft im ArbVerh. auch dann, wenn der AG den AN als freien Dienstnehmer behandelt hat (BAG 20.8.2003 AP BGB § 620 Befristeter Arbeitsvertrag Nr. 245; 20.1.2010 AP BGB § 611 Abhängigkeit Nr. 119). 2a

Die Klagefrist gilt für **alle befristeten Arbeitsverträge**, nicht nur für Befristungen nach § 14 (so bereits zu § 1 V BeschFG 1996: BAG 20.1.1999 AP BeschFG 1985 § 1 Nr. 21). § 17 ist auch auf Vereinb. iSv. § 41 S. 2 SGB VI anzuwenden, denn die Rechtsfolge der Fiktion der Beendigung mit Vollendung des 65. Lebensjahres beinhaltet zugleich die Unwirksamkeit der vertragl. vereinbarten Beendigung des ArbVerh. zu dem früher liegenden Zpkt. mit Anspruch auf Rente wegen Alters (*Boewer* Rn. 7; offen gelassen von BAG 17.4.2002 AP SGB VI § 41 Nr. 14; **aA** BAG 18.1.2017 – 7 AZR 236/15 – Rn. 22; *Vossen* FS Schwerdtner 2003 S. 693, 696). Die Frist findet auch auf auflösende Bedingungen Anwendung (BAG 21.1.2011 NZA-RR 2011, 439 betr. TV). Eine Befristungskontrollklage wahrt nicht die Frist des § 15 IV AGG (BAG 21.2.2013 NZA 2013, 955). 3

Unanwendbar ist § 17 bei einem Streit darüber, ob **überhaupt eine Befristung oder auflösende Bedingung** vereinbart worden ist, weil diese Auseinandersetzung nicht die Rechtsunwirksamkeit der Befristung eines Arbeitsvertrags, sondern deren Existenz betrifft (BAG 20.2.2002 – 7 AZR 622/00 – BeckRS 2002, 41081; KR/*Bader* Rn. 5; *Dörner* Rn. 807; *Backhaus* NZA-Beil. 24/2001, 8, 13; *Vossen* FS Schwerdtner 2003 S. 693, 696; **aA** *Worzalla* FS Bauer 2010 S. 1183, 1184). So findet § 17 keine Anwendung, wenn die Vereinbarkeit der in AGB des AG enthaltenen Befristungsabrede mit den §§ 305 bis 310 BGB in Frage steht (BAG 16.4.2008 NZA 2008, 876). Konsequenz kann sein, dass bei Streit der Parteien über eine ggf. mdl. Vereinb. Beweis zu erheben ist. Ist die Befristung oder auflösende Bedingung **mangels hinreichender Bestimmtheit** unwirksam, besitzt die Klagefrist keine Bedeutung, weil die Fiktion ihrer Wirksamkeit (§ 7 KSchG) keine Auflösung des ArbVerh. zu einem bestimmten Termin herbeiführen kann (ähnl. *Boewer* Rn. 8 f.; *Dörner* Rn. 815; *Vossen* FS Schwerdtner 2003 S. 693, 697; **aA** KR/*Bader* Rn. 5). Steht die Frage im Streit, ob die vereinbarte Bedingung oder der vereinbarte Zweck eingetreten ist, muss die Klagefrist des § 17 beachtet werden (BAG 6.4.2011 NJW 2011, 2748; noch **aA** BAG 23.6.2004 NZA 2005, 520; KR/*Bader* Rn. 5). 4

Ist § 17 unanwendbar, wird Rechtsschutz in der Form der allg. Feststellungsklage gewährt (BAG 16.4.2008 NZA 2008, 876). Auf die **Befristung einzelner Arbeitsbedingungen** findet § 17 gleichfalls keine Anwendung (BAG 4.6.2003 AP TzBfG § 17 Nr. 1; 24.2.2016 NZA 2016, 814 Rn. 15; ArbRBGB/*Dörner* § 620 Rn. 311; KR/*Bader* Rn. 10; vgl. § 3 Rn. 17 f.; diff. *Löwisch* Anm. AP BeschFG 1996 § 1 Nr. 12 [je nachdem, ob bei Einstellung oder nachträgl.]; **aA** *Worzalla* FS Bauer 2010 S. 1183). 4a

Wollen die Arbeitsvertragsparteien im Anschluss an einen befristeten Arbeitsvertrag ihr ArbVerh. noch für eine bestimmte Zeit fortsetzen und schließen sie deshalb **vorbehaltlos** einen weiteren befristeten Arbeitsvertrag ab, so bringen sie damit jdf. regelm. zum Ausdruck, dass allein der neue Vertrag fortan für ihre Rechtsbeziehungen maßgebl. sein soll (BAG 10.3.2004 NZA 2004, 925; 13.10.2004 NZA 2005, 401). Ob und welchen Vorbehalt die Arbeitsvertragsparteien vereinbart haben, ist von den Tatsacheninstanzen festzustellen (BAG 24.8.2011 NZA 2012, 385; 24.2.2016 NZA 2016, 949 Rn. 14; 12.4.2017 – 7 AZR 436/15 – Rn. 13). Lehnt der AG einen vom AN gewünschten Vorbehalt ausdr. ab und schließen die Parteien einen neuen Vertrag ohne diesen Vorbehalt, ist kein Vorbehalt vereinbart (BAG 24.8.2011 NZA 2012, 385). Erklärt der AN den Vorbehalt und schweigt der AG hierzu, kommt mit der Weiterarbeit die Vorbehaltsvereinbarung zustande (BAG 12.4.2017 – 7 AZR 436/15 – Rn. 14). 5

Nach einem vorbehaltlosen Vertragsschluss kommt es für die Frage, ob die Befristung des ArbVerh. mangels eines die Befristung sachl. rechtfertigenden Grundes unwirksam ist, grds. nur auf den zul. (vor Klageerhebung – BAG 22.4.1998 AP BGB § 611 Rundfunk Nr. 25) abgeschlossenen befristeten Arbeitsvertrag an (stRspr.; BAG 10.3.2004 NZA 2004, 925; 24.2.2016 NZA 2016, 949 Rn. 14). Das Erg. der Rspr. wird durch § 17 untermauert. Danach gilt das ArbVerh. als aufgrund wirksamer Befristung beendet, wenn nicht binnen drei Wochen nach Vertragsende Klage erhoben wird. Deshalb verbleibt für eine **Befristungskontrolle des früheren Arbeitsvertrags** kein Raum (BAG 22.3.2000 NZA 2000, 1714; 24.2.2016 NZA 2016, 949 Rn. 14). Diese Rechtslage tritt auch dann ein, wenn die Parteien irrtüml. davon ausgegangen sind, sie hätten zuvor in einem wirksam befristeten ArbVerh. gestanden (BAG 4.4.1990 AP BGB § 620 Befristeter Arbeitsvertrag Nr. 136). Will der AN seine Rechte aus einem früheren, unwirksam befristeten ArbVerh. sichern, muss er mit dem AG einen entspr. **Vorbehalt** dergestalt vereinbaren, dass der neue befristete Arbeitsvertrag nur gelten soll, wenn die Parteien nicht schon aufgrund des vorangegangenen Vertrags in einem unbefristeten ArbVerh. stehen (BAG 10.3.2004 NZA 2004, 925; 18.6.2008 NZA 2009, 35; 24.2.2016 NZA 2016, 949 Rn. 14). Ein vom AN einseitig geäußerter Vorbehalt genügt nicht und schließt die Wirkungen des § 7 KSchG nicht aus (BAG 5a

16.11.2005 NZA 2006, 784). Allerdings kann der AG ein entspr. Angebot des AN konkludent annehmen (BAG 10.3.2004 NZA 2004, 925). Eine konkludente Vereinb. kommt zB in Betracht, wenn eine Befristungskontrollklage bereits im Zpkt. der erneuten Vereinb. eines befristeten ArbVerh. rechtshängig, also dem AG zugestellt ist (BAG 10.3.2004 NZA 2004, 925; 13.10.2004 NZA 2005, 401; 18.6.2008 NZA 2009, 35; krit. *Worzalla* FS Leinemann 2006 S. 409, 415 f.; *ders.* FS Bauer 2010 S. 1183, 1188). Dies gilt aber nicht, wenn der weitere befristete Arbeitsvertrag auf Seiten des AG von einer anderen Dienststelle abgeschlossen wird als der vorherige Vertrag und der AN deshalb bei Vertragsschluss davon ausgehen muss, dass die Vertreter des AG von der Rechtshängigkeit der Befristungskontrollklage keine Kenntnis haben (BAG 18.6.2008 NZA 2009, 35). Ist die Klage noch nicht zugestellt, bedarf es anderer Anhaltspunkte, um eine konkludente Vereinb. annehmen zu können. Die Klageerhebung binnen drei Wochen ist in jedem Fall unverzichtbar (AT/*Maschmann* Rn. 6; *Rolfs* Rn. 6; *Vossen* FS Schwerdtner 2003 S. 693, 700). Lehnt der AG die Vereinb. eines Vorbehalts ab und nimmt der AN das Angebot des vorbehaltlosen Abschlusses an, verliert der AN das Recht, die mögl. Unwirksamkeit der Befristung des vorangegangenen Vertrags gerichtl. geltend zu machen. Darin liegt keine unzulässige Benachteiligung des AN iSv. § 612a BGB (BAG 14.2.2007 NZA 2007, 803; 24.2.2016 NZA 2016, 949 Rn. 16).

6 **3. Fristlauf.** Für den Lauf der Klagefrist und insb. deren Wahrung durch Einreichung einer Klageschrift gilt das Gleiche wie zu § 4 KSchG. Auf die dortigen Erl. wird verwiesen. Abweichungen treten jedoch beim Fristbeginn auf, denn dieser wird nicht durch den Zugang einer Kündigung bestimmt. Die **Klagefrist beginnt** vielmehr „nach dem vereinbarten Ende des befristeten Arbeitsvertrags" (S. 1). Liegt dieses Ende, wie übl. **aE eines Kalendertags**, beginnt die Frist am darauf folgenden Tag, die Frist endet drei Wochen später mit Ablauf des Wochentags, der in seiner Benennung dem Tag entspricht, an dem das vereinbarte Ende des befristeten Arbeitsvertrags lag, sofern dieser Tag kein Samstag, Sonntag oder (beurteilt nach dem am Gerichtssitz maßgebl. Recht) ges. Feiertag ist und die Frist erst mit Ablauf des nächsten folgenden Werktags endet.

6a Die Frist beginnt nicht, wenn der AG (jdf. im vorgesehenen Beendigungszeitpunkt) weiß, dass der AN schwerbehindert ist und – soweit erforderl. – das Integrationsamt der erstrebten Beendigung durch auflösende Bedingung nicht zugestimmt hat (entspr. § 4 S. 4 KSchG; BAG 9.2.2011 NZA 2011, 854; 27.7.2011 AP TzBfG § 21 Nr. 9). Wird die Laufzeit eines befristeten Vertrags **kraft bes. ges. Regelung (zB § 2 V WZVG) verlängert**, beginnt die Frist zur gerichtl. Geltendmachung der Unwirksamkeit der vereinbarten Befristung erst mit Ablauf des kraft G verlängerten ArbVerh. zu laufen (BAG 14.8.2002 APLPVG Brandenburg § 90 Nr. 1). Die Frist läuft auch dann an, wenn das Rechtsverhältnis vom AG nicht als ArbVerh., sondern als freies Mitarbeiterverhältnis behandelt worden ist und der Status des AN erst später gerichtl. geklärt wird (vgl. Rn. 3; BAG 20.8.2003 AP BGB § 620 Befristeter Arbeitsvertrag Nr. 245; 20.1.2010 AP BGB § 611 Abhängigkeit Nr. 119). Der AN kann die Befristungskontrollklage ohne Rechtsnachteil bereits längere Zeit vor dem vereinbarten Vertragsende erheben (BAG 2.6.2010 NZA 2010, 1172; 23.6.2010 NZA 2010, 1248; 18.1.2012 NZA 2012, 575; 9.12.2015 NZA 2016, 695 Rn. 22), nicht aber im Falle einer Zweckbefristung oder einer auflösenden Bedingung, weil diese die Unterrichtung durch den AG nach § 15 II voraussetzen (BAG 6.4.2011 NJW 2011, 2748; 15.5.2012 NZA 2012, 1366; 27.7.2016 NZA-RR 2017, 84 Rn. 17; 21.3.2017 NZA 2017, 631 Rn. 12). Erfolgt die schriftl. Unterrichtung erst während des Revisionsverf., steht einer entspr. Antragsänd. entgegen, dass diese Klageänd. die Berücksichtigung neuer, vom Berufungsgericht nicht festgestellter Tatsachen erforderte (BAG 21.3.2017 NZA 2017, 631 Rn. 13). Es bedarf einer gesondert zu erhebenden Befristungs(Bedingungs-)kontrollklage.

7 Beim **zeitbefristeten** Arbeitsvertrag ist das vereinbarte Ende des befristeten Arbeitsvertrags relativ einfach durch Auslegung der Vereinb. zu bestimmen. Beim **zweckbefristeten** Arbeitsvertrag ist das vereinbarte Ende an sich der Termin der Zweckerreichung, bei der **auflösenden Bedingung** der Termin ihres Eintritts (BAG 12.8.2015 NZA 2016, 173 Rn. 20; 4.11.2015 NZA 2016, 634 Rn. 33). Doch wirkt aufgrund der bes. ges. Regelung in § 15 II der Eintritt der Bedingung bzw. die Zweckerreichung nur dann mit sofortiger Wirkung vertragsbeendend, wenn zumindest 14 Tage zuvor dem AN eine entspr. schriftl. Unterrichtung zugegangen ist (§ 21 iVm. § 15 II). Damit wird das vereinbarte Vertragsende durch die ges. Regelung modifiziert. Deshalb wird die Klagefrist erst mit dem Zugang der schriftl. Erkl. des AG, das ArbVerh. sei aufgrund des Eintritts der Bedingung beendet, in Lauf gesetzt, wenn die Bedingung bereits vor Ablauf der Zwei-Wochen-Frist eingetreten ist (BAG 12.8.2015 NZA 2016, 173 Rn. 20; 4.11.2015 NZA 2016, 634 Rn. 27; 27.7.2016 NZA-RR 2017, 84 Rn. 17; 15.2.2017 – 7 AZR 82/15 – Rn. 14). Das gilt nicht nur, wenn der Eintritt der auflösenden Bedingung im Streit steht, sondern auch, wenn die Parteien über den Zpkt. des Eintritts der auflösenden Bedingung streiten. In diesem Fall beginnt die Drei-Wochen-Frist mit dem vom AG in der schriftl. Erkl. angegebenen Zpkt. zu laufen. Geht dem AN die schriftl. Erkl. des AG nach diesem Zpkt. zu, beginnt die Drei-Wochen-Frist mit dem Zugang der schriftl. Erkl. (BAG 6.4.2011 NJW 2011, 2748; 15.8.2012 NZA 2012, 1116; 23.7.2014 NZA 2014, 1341 Rn. 19; 10.12.2014 AP TVöD § 33 Nr. 1 Rn. 15; 4.11.2015 NZA 2016, 634 Rn. 27; 23.3.2016 AP TV-L § 33 Nr. 1 Rn. 15).

Der Wortlaut des S. 1 belegt, dass **bei mehreren aufeinander folgenden Befristungsabreden** die Klagefrist für jede Befristungsabrede mit dem Ablauf der darin vereinbarten Befristung und nicht erst mit dem Ablauf der letzten Befristung in Lauf gesetzt wird (BAG 24.10.2001 NZA 2002, 1335; vgl. hierzu § 14 Rn. 9 f.). Eine **Rahmenvereinb.**, welche nur die Bedingungen der erst noch abzuschließenden, auf den jeweiligen Einsatz befristeten Arbeitsverträge wiedergibt, selbst aber noch keine Verpflichtung zur Arbeitsleistung begr., ist kein Arbeitsvertrag (BAG 15.2.2012 NZA 2012, 733; 16.5.2012 NZA 2012, 974). Der Befristungskontrolle unterliegen die einzelnen Arbeitsverträge, so dass jeweils nach deren Ende die Drei-Wochen-Frist zu laufen beginnt (BAG 31.7.2002 AP TzBfG § 12 Nr. 1). Dies gilt auch beim sog. Annexvertrag, dessen materielle Bedeutung sich darauf beschränkt, die Laufzeit des alten Vertrags mit dem Sachgrund wieder in Einklang zu bringen (vgl. § 14 Rn. 11). 8

Die Frist wird durch die **Einreichung der Klage** beim ArbG gewahrt, wenn sie demnächst zugestellt wird (§ 167 ZPO; dazu BAG 23.8.2012 NZA 2013, 227). Eine Klage genügt § 17 S 1, wenn aus dem Klageantrag, der Klagebegr. oder sonstigen Umständen bei Klageerhebung zu erkennen ist, dass der Kl. geltend machen will, sein ArbVerh. habe nicht durch die Befristung/Bedingung zu dem vorgesehenen Termin geendet (BAG 24.8.2011 NZA 2012, 385). Ein als echter Eventualantrag gestellter Befristungskontrollantrag erfüllt die Voraussetzungen des § 17 S. 1 (BAG 24.8.2011 NZA 2012, 385). Unzureichend ist eine Klage auf Wiedereinstellung, die gerade die Auflösung des bisherigen ArbVerh. voraussetzt (BAG 24.6.2015 NZA 2015, 1511 Rn. 32). Ob eine Klage auf Weiterbeschäftigung genügt, ist durch Auslegung zu bestimmen (BAG 24.6.2015 NZA 2015, 1511 Rn. 34). Hat der AN innerhalb der Drei-Wochen-Frist wirksam im Klagewege die Unwirksamkeit der Befristung oder auflösenden Bedingung geltend gemacht, kann er sich kraft der in S. 2 enthaltenen **Verweisung auf § 6 KSchG** noch bis zum Schluss der mdl. Verh. erster Instanz zur Begr. der behaupteten Unwirksamkeit auch auf innerhalb der Klagefrist nicht geltend gemachte Gründe berufen (vgl. Rn. 16). Hierauf soll ihn das ArbG hinweisen. 9

Das ArbG genügt der Hinweispflicht auf die Präklusionsvorschr. des § 6 S. 1 KSchG, wenn es den AN darauf hinweist, dass er sich bis zum Schluss der mdl. Verh. erster Instanz zur Begr. der Unwirksamkeit der Befristung/Bedingung auch auf innerhalb der Klagefrist des § 4 KSchG nicht geltend gemachte Gründe berufen könne (BAG 18.1.2012 NZA 2012, 817; *Linsenmaier* RdA 2012, 193, 209). Hinweise des ArbG auf **konkrete Unwirksamkeitsgründe** sind unter dem Gesichtspunkt des § 6 S. 2 KSchG auch dann nicht geboten, wenn im Laufe des erstinstanzl. Verf. deutl. wird, dass Unwirksamkeitsgründe in Betracht kommen, auf die sich der AN bisher nicht berufen hat. Die Pflicht zu derartigen Hinweisen kann sich allerdings aus der in § 139 ZPO geregelten Prozessleitungspflicht des Gerichts ergeben (BAG 18.1.2012 NZA 2012, 817). Ist jeder gerichtl. Hinweis unterblieben, können weitere Unwirksamkeitsgründe noch in der Berufungsinstanz gerügt werden (BAG 9.9.2015 NZA 2016, 232 Rn. 27). Hat der AN innerhalb der Drei-Wochen-Frist eine auf den Bestand eines unbefristeten ArbVerh. gerichtete allg. Feststellungsklage (§ 256 I ZPO) erhoben, ist eine entspr. Anwendung von § 6 S. 1 KSchG iVm. § 17 S. 2 gerechtfertigt und die erstinstanzl. Umstellung des Klageantrags als fristwahrend anzusehen (BAG 15.5.2012 NZA 2012, 1148). 9a

§ 17 S. 3 meint nicht den Fall der vertragl. geregelten (befristeten) Fortsetzung des ArbVerh. (LAG RP 24.2.2005 NZA-RR 2005, 444; MüKoBGB/*Hesse* Rn. 11; MüArbR/*Wank* § 95 Rn. 182; *Rolfs* Rn. 10), sondern das Auseinanderfallen von vertragl. geregeltem Vertragsablauf und ges. Bestimmung des Endtermins (BAG 6.4.2011 NJW 2011, 2748; 27.7.2011 AP TzBfG § 21 Nr. 9). Damit kommt S. 3 zum Tragen, wenn die Mitt. des AG gem. § 15 II dem AN so spät zugeht, dass das Vertragsende nach der Zweckerreichung oder dem Bedingungseintritt liegt und kein Fall des § 15 V vorliegt (vgl. Rn. 7). Da im Fall des § 15 V durch die Fortsetzung des ArbVerh. über das (wirksam vereinbarte) Fristende hinaus ein unbefristetes zustande kommen kann, braucht der AN bei tats. Weiterarbeit keine Befristungskontrollklage zu erheben, sondern kann ohne Rechtsnachteil die Reaktion des AG abwarten. Ein Bsp. hierfür bietet der Fall der Fortsetzung der Arbeitsleistung in Unkenntnis des AG iSv. § 15 V, also der Weiterarbeit nach Ablauf der Vertragszeit eines wirksam befristeten ArbVerh. ohne Begr. eines neuen unbefristeten ArbVerh. (ArbRBGB/*Dörner* § 620 Rn. 322, 324; MüKoBGB/*Hesse* Rn. 12 f.; DDZ/*Wroblewski* Rn. 6). Bemerkt dies der AG und widerspricht iSv. § 15 V schriftl., beginnt die Klagefrist erst mit Zugang dieser Erkl. (*Vossen* FS Schwerdtner 2003 S. 693, 707). 10

II. Rechtswirkungen der Fristversäumung

§ 7 KSchG gilt entspr. Allein durch die bes. Befristungskontrollklage kann der AN verhindern, dass das ArbVerh. als aufgrund wirksamer Befristung beendet gilt (§ 7 KSchG analog; BAG 1.12.1999 AP HRG § 57b Nr. 21). Deshalb kommt der Frist **materiell-rechtl. Wirkung** zu (*Rolfs* NZA 1996, 1134, 1139; *Künzl* ZTR 2000, 392, 393). Zugleich liegt in der Erhebung der Befristungskontrollklage ein wörtl. Angebot der Arbeitsleistung, durch das der Annahmeverzug des AG begr. wird (§§ 615, 295 BGB; vgl. § 16 Rn. 5). 11

Wird die Klage nicht innerhalb von 3 Wochen erhoben, ist die Klage als unbegründet abzuweisen. Gleichwohl ist das Erfordernis einer fristgebundenen Klage **nicht dem materiellen Recht** zuzuordnen (BAG 18.1.2012 NZA 2012, 691). Da dem AN nur befristet die Möglichkeit eingeräumt ist, Rechts- 11a schutz zu erlangen, führt die Versäumung der Frist zum Verlust des Klagerechts. Folgl. ist die Drei-Wochen-Frist eine prozessuale Klageerhebungsfrist mit materiell-rechtl. Wirkung (BAG 18.1.2012 NZA 2012, 691). Wird die Klagefrist versäumt, muss sich der AN ein etwaiges Verschulden seiner PV an der Versäumung der Klagefrist nach § 85 II ZPO zurechnen lassen (vgl. BAG 11.12.2008 NZA 2009, 692; 28.5.2009 NZA 2009, 1052; 24.11.2011 NZA 2012, 413). Daraus folgt weiter, dass die Befristung (auflösende Bedingung) als von Anfang an rechtswirksam gilt, wenn nicht innerhalb der Frist Klage mit dem ges. vorgesehenen Antrag erhoben worden ist (so zu § 1 V BeschFG 1996: BAG 22.3.2000 NZA 2000, 1714). Im Fall einer etwaigen Klagrücknahme tritt die entspr. Rechtsfolge rückwirkend ein (BAG 26.6.2002 NZA 2003, 220; 15.2.2006 ZTR 2006, 508). Ist die Frist versäumt, kann nach § 5 KSchG die nachträgl. Zulassung beantragt und gewährt werden (näher die Erl. dort). § 17 enthält (anders als § 4 KSchG für die Kündigung) keine Einschränkungen hins. der Gründe, die die Unwirksamkeit der Befristung bedingen. Die Vorschr. erfasst grds. **alle Unwirksamkeitsgründe** (BAG 4.5.2011 NZA 2011, 1178; 21.11.2013 NZA 2014, 362; **aA** *Schmitt* SAE 2000, 23, 27). Zur mangelnden Bestimmtheit der Befristungsabrede s. aber Rn. 4.

11b Die **Formnichtigkeit der Befristung** gehört zu den Mängeln, die binnen drei Wochen klageweise geltend gemacht werden müssen, wie jetzt durch die Terminologie in § 16 S. 2 und § 17 S. 1 klargestellt worden ist (BAG 4.5.2011 NZA 2011, 1178; 21.11.2013 NZA 2014, 362; *Vossen* FS Schwerdtner 2003 S. 693, 695; *Linsenmaier* RdA 2012, 193, 209; **aA** *v. Koppenfels* AuR 2001, 201, 205). Dieses Erg. wird durch den aus der zum 1.1.2004 in Kraft getretenen Neufassung des § 4 S. 1 KSchG zu ziehenden Umkehrschluss bestätigt. Die seit diesem Termin auf grds. alle Unwirksamkeitsgründe der Kündigung erweiterte Klagefrist rechnet ab Zugang einer „schriftl." Kündigung, so dass die mangelnde Schriftform nicht zu den nach § 7 KSchG durch Fristversäumung zu heilenden Mängeln gehört. Weitere Mängel, die bei Versäumung der Klagefrist nicht mehr geltend gemacht werden können, sind ua. die Unwirksamkeitsgründe des BGB (*Dörner* Rn. 814; *Hansen* Rn. 739 f.), das Fehlen eines Sachgrunds nach § 14 I, der Voraussetzungen nach § 14 II und III oder eines TV und der ggf. erforderl. Zust. des PR (vgl. BAG 20.2.2002 ZTR 2002, 439). Die Wirkung tritt auch ein, wenn die Vertragsparteien ein weiteres befristetes ArbVerh. vereinbaren (BAG 22.3.2000 NZA 2000, 1714). Kommt es bei Auslaufen des letzten befristeten Arbeitsvertrags zur gerichtl. Auseinandersetzung über das Bestehen eines unbefristeten ArbVerh. besitzen frühere gesetzwidrige Befristungsabreden keine Bedeutung mehr (vgl. zur entspr. Rechtslage nach § 1 V BeschFG 1996: BAG 24.10.2001 NZA 2002, 1335). Dabei ist es rechtl. belanglos, ob die nachf. Befristungsvereinb. mit oder ohne zeitl. Unterbrechung geschlossen und ob sie als Neuabschluss oder als **Vertragsverlängerung** bezeichnet wurde (BAG 24.10.2001 NZA 2002, 1335; KR/*Bader* Rn. 61).

III. Weiterbeschäftigung, Wiedereinstellung

12 Die Rspr. hat in Rechtsstreiten über die Wirksamkeit einer Befristung die Grds. des GS (BAG 27.2.1985 AP BGB § 611 Beschäftigungspflicht Nr. 14) über die **vorl. Weiterbeschäftigung** in Kündigungsrechtsstreiten entspr. angewendet (BAG 13.6.1985 AP BGB § 611 Beschäftigungspflicht Nr. 19; 26.6.1996 AP BGB § 620 Bedingung Nr. 23; 22.7.2014 NZA 2014, 1330 Rn. 16). Ein erfolgreicher Weiterbeschäftigungsantrag setzt das Bestehen eines ArbVerh. voraus (BAG 15.8.2001 EzA BGB § 620 Nr. 182). Deshalb kann mit dem Antrag auf Weiterbeschäftigung kein **Wiedereinstellungsverlangen** verfolgt werden (BAG 15.8.2001 EzA BGB § 620 Nr. 182; 19.9.2001 EzA BeschFG 1985 § 1 Klagefrist Nr. 7). Hierzu ist Klage auf Abgabe einer Willenserkl. zu erheben (zur Auslegung des Antrags BAG 9.11.2006 AP BGB § 311a Nr. 1). Das Bestimmtheitsgebot des § 253 II Nr. 2 ZPO erfordert, dass der Klageantrag – ggf. iVm. der Klagebegr. – die wesentl. Vertragsbedingungen festlegt. Dazu gehören die Art der Tätigkeit, der Arbeitsumf., die Vergütung, die übrigen Arbeitsbedingungen, der Vertragsbeginn und die Angabe, ob der Vertrag befristet oder auf unbefristete Zeit abgeschlossen werden soll (BAG 16.7.2008 AP HRG § 57b Nr. 31). Die ZV erfolgt nach § 894 ZPO, damit scheidet ein rückwirkender Vertragsschluss aus (BAG 15.9.2009 NZA 2010, 32). Der in der Klage liegende Antrag auf Abschluss eines Arbeitsvertrags gilt mit der Rechtskraft des der Klage stattgebenden Urt. als angenommen.

IV. Darlegungs- und Beweislast

13 Die Beweislast dafür, dass die Klagefrist gewahrt ist, trägt der Kl. (vgl. Rn. 16a). Hingegen ist die Darlegungs- und Beweislast hins. der materiell-rechtl. relevanten Tatsachen diff. zu beurteilen. Der Große Sen. des BAG (12.10.1960 AP BGB § 620 Befristeter Arbeitsvertrag Nr. 16) vertrat die Auff., der AN trage die Darlegungs- und Beweislast dafür, dass für den Abschluss eines befristeten Arbeitsvertrags keine sachl. Gründe vorgelegen hätten oder dass sie nur vorgeschoben worden seien. Es spreche eine Vermutung für die Rechtswirksamkeit befristeter Arbeitsverträge. Für die Ausnahme, dh. das Fehlen sachl. Gründe, müsse der AN entspr. Behauptungen aufstellen und Beweise antreten. Demggü. sieht die neuere Rspr. (BAG 12.10.1994 AP BGB § 620 Befristeter Arbeitsvertrag Nr. 165) in der Berufung auf das Ende des ArbVerh. durch Fristablauf eine rechtsvernichtende Einwendung. Wer diese Einwendung erhebe, trage die Beweislast für den Befristungsgrund und die Befristungsdauer. Nach der Gesetzessystematik des TzBfG trägt die Darlegungs- und Beweislast für die **Vereinb. einer**

Befristung (auflösenden Bedingung) die Partei, die hieraus für sich eine günstige Rechtsfolge (zB Beendigung des ArbVerh. und damit Entfall einer Hauptleistungspflicht) herleitet (BAG 20.8.2014 NZA-RR 2015, 9 Rn. 33; APS/*Backhaus* § 3 Rn. 38; AG/*Gräfl* § 14 Rn. 52; KR/*Lipke* § 14 Rn. 762; *Laux/Schlachter* § 14 Rn. 27). IdR wird dies der AG sein, notwendig ist dies aber nicht (*Rolfs* Rn. 119; insofern **aA** AT/*Maschmann* § 14 Rn. 29). Besteht Streit über die Wahrung der Schriftform, ist die Partei darlegungs- und beweisbelastet, die sich auf die Wirksamkeit der Befristung beruft (BAG 20.8.2014 NZA-RR 2015, 9 Rn. 33). Liegt ein schriftl. Arbeitsvertrag vor, der eine Befristungsabrede enthält, und macht der AN geltend, die Urkunde sei insofern ge- bzw. verfälscht worden, trägt er die diesbzgl. Darlegungs- und Beweislast (LAG BE 6.5.2003 LAGE ZPO 2002 § 440 Nr. 1).

Wenn zwischen den Parteien die Tatsachen str. sind, aus denen das Erfordernis eines die Befristung 14 sachl. rechtfertigenden Grundes folgt, hat insofern der AN die Darlegungs- und Beweislast zu tragen. Die Beweislast für die tats. Grdl. eines Sachgrunds iSv. § 14 I oder III wird von der allgemeineren Beweislast für das Vorliegen einer wirksamen Befristung umfasst (vgl. Rn. 13). Diese grds. Darlegungs- und Beweislast umfasst auch die tats. Voraussetzungen einer nach § 14 II 1 zulässigen Befristung ohne Sachgrund. IdR wird der AG sie zu tragen haben, notwendig ist dies aber nicht. Die tats. **Voraussetzungen des Ausnahmetatbestandes in § 14 II 2** hat darzulegen und ggf. zu beweisen, wer sich auf diese Einwendung beruft (BAG 19.10.2005 NZA 2006, 154; LAG NI 26.7.2004 NZA-RR 2005, 410; *Dörner* Rn. 846; MüKoBGB/*Hesse* Rn. 35; AG/*Gräfl* § 14 Rn. 304; *Laux/Schlachter* § 14 Rn. 27; *Sievers* RdA 2004, 291, 299; *Lembke* NJW 2006, 325, 331; **aA** APS/*Backhaus* § 14 Rn. 414; *Rolfs* Rn. 124; *Lakies* Rn. 479; HzA/*Schütz* Gruppe 1.2 Rn. 701; KR/*Lipke* § 14 Rn. 757), denn die Ausnahme von einer Ausnahmevorschr. ist nicht negativ von demjenigen zu beweisen, der die Beweislast hins. der Voraussetzungen der Ausnahmevorschr. trägt (so zu § 1 III BeschFG 1996 BAG 28.6.2000 NZA 2000, 1110). Darlegungs- und beweispflichtig für das Vorliegen einer missbräuchl. Vertragsgestaltung zur Umgehung von § 14 II 2 ist derjenige, der eine solche geltend macht, bei einer Befristungsabrede also regelm. der AN. Allerdings ist insoweit den Schwierigkeiten, die sich aus den fehlenden Kenntnissen des AN ergeben, durch die Grds. der abgestuften Darlegungs- und Beweislast Rechnung zu tragen (BAG 4.12.2013 NZA 2014, 426 Rn. 26).

Ist die Rechtfertigung der Befristungsabrede wie im Fall des vorübergehenden Mehrbedarfs von 14a einer **Prognose** abhängig, sind deren tats. Grdl. im Prozess vom AG darzulegen (BAG 12.9.1996 AP BGB § 620 Befristeter Arbeitsvertrag Nr. 182). Zu den Anforderungen an die Substantiierung der tats. Prognosegrdl. im Fall der Deckung eines Gesamtvertretungsbedarfs BAG 23.2.2000 – 7 AZR 555/98 – BeckRS 2000, 30783308 und bei fehlgeschlagenen früheren Prognosen zur Verlängerung von Aufenthaltserlaubnissen BAG 12.1.2000 NZA 2000, 722. Wer sich auf den **Eintritt einer auflösenden Bedingung** beruft, hat die tats. Grdl. des Bedingungseintritts darzulegen und ggf. zu beweisen (LAG HE 9.7.1999 NZA-RR 2000, 380). Für das Vorliegen eines obj. Vertrauenstatbestandes (vgl. § 15 Rn. 9), der es dem AG nach § 242 BGB verwehrt, sich auf den Ablauf des befristeten ArbVerh. zu berufen, ist der AN darlegungs- und beweispflichtig. Wird mit dem BAG § 242 BGB neben § 14 I angewendet (vgl. § 14 Rn. 9a und 36a), ist der **institutionelle Rechtsmissbrauch** eigenständig neben dem Befristungsgrund zu prüfen (BAG 12.11.2014 NZA 2015, 379 Rn. 27; 7.10.2015 NZA 2016, 354 Rn. 14; 26.10.2016 NZA 2017, 382 Rn. 23). Der Rechtsmissbrauch ist dazu vom AN darzulegen und ggf. zu beweisen (BAG 24.6.2015 NZA 2015, 1507 Rn. 25; 26.10.2016 NZA 2017, 382 Rn. 27; *Kiel* JbArbR 50 [2013], 25, 47; Staudinger/*Preis* § 620 Rn. 54c). Wird die rechtsmissbräuchl. Gestaltung durch die vorangegangene Entwicklung indiziert, ist deren Widerlegung Sache des AG (BAG 24.6.2015 NZA 2015, 1507 Rn. 25; 26.10.2016 NZA 2017, 382 Rn. 28; *Busemann* MDR 2015, 314, 317).

V. Prozessuales

Der **Klageantrag** ist auf die Feststellung zu richten, „dass das ArbVerh. nicht aufgrund der am 15 (Datum) vereinbarten Befristung zum (Datum) geendet hat" (BAG 24.10.2001 NZA 2002, 443). Das Datum des die Befristung enthaltenden Vertrags und der streitbefangene Beendigungstermin sollten unbedingt im Klageantrag bezeichnet werden, um die notwendige Bestimmtheit iSv. § 253 II Nr. 2 ZPO zu gewährleisten (BAG 20.1.2010 AP TzBfG § 14 Nr. 68). Es ist nicht angezeigt, darauf zu vertrauen, dass sich das Gericht die notwendigen Angaben aus der Klagebegr. zusammenstellen kann. Damit ist Streitgegenstand allein die Frage, ob das ArbVerh. aufgrund einer ganz bestimmten Befristungsabrede (Vereinb. einer auflösenden Bedingung) zu dem darin vorgesehenen Termin beendet worden ist.

Es gilt wie zu § 4 KSchG die **punktuelle Streitgegenstandstheorie** (*Dörner* Rn. 798). Das Bestehen 15a eines ArbVerh. im Zpkt. des streitbefangenen Beendigungstermins ist grds. Voraussetzung für den Erfolg einer Befristungs- oder Bedingungskontrollklage (BAG 23.7.2014 NZA 2015, 46 Rn. 25; 21.3.2017 – 7 AZR 207/15 – Rn. 54). Demzufolge wird durch ein stattgebendes Urt. zugleich entschieden, dass jdf. zum str. Auflösungszeitpunkt ein ArbVerh. der Parteien bestanden hat (BAG 21.3.2017 – 7 AZR 207/15 – Rn. 54; *Boewer* Rn. 35; *Vossen* FS Schwerdtner 2003 S. 693, 701; vgl. zur entspr. Lage im Kündigungsschutzprozess BAG 18.9.2003 NZA 2004, 1061; 28.11.2007 NZA-RR 2008, 344). Im Falle eines Betriebsübergangs (§ 613a BGB) ist die Befristungs- oder Bedingungskontrollklage gegen den VertragsAG im Zpkt. des Eintritts der Rechtshängigkeit zu richten. Tritt der

Betriebsübergang später ein, kommen die §§ 265, 325 ZPO zur entspr. Anwendung (dahin tendierend BAG 23.7.2014 NZA 2015, 46 Rn. 24). Die Erben eines AN können Befristungskontrollklage erheben oder sie anstelle des AN fortführen, wenn der AN nach dem Ende der Befristung stirbt (BAG 18.1.2012 NZA 2012, 575). Wird der von § 17 vorgegebene Antrag um den Zusatz „sondern unverändert über den (Datum) hinaus fortbesteht" erweitert, kommt diesem Antragsteil regelm. keine eigenständige Bedeutung zu (BAG 19.11.2003 NZA 2004, 1336; 28.3.2007 NZA 2007, 937; 20.1.2010 NZA 2010, 636; 2.6.2010 NZA 2010, 1172; 29.4.2015 NZA 2015, 928 Rn. 11; 18.5.2016 NZA 2017, 254 Rn. 17; 26.10.2016 NZA 2017, 382 Rn. 10). Mit diesem Zusatz will der Kl. ledigl. die typische Folge einer erfolgreichen Befristungskontrollklage – den unbefristeten Fortbestand des ArbVerh. – umschreiben (BAG 18.1.2012 NZA 2012, 691). Dies ist durch Auslegung zu ermitteln, wobei der Klagebegr. die zentrale Rolle zukommt. Ist eine selbständige Feststellung begehrt, bedarf es eines entspr. rechtl. Interesses (§ 256 ZPO). Fehlt es hieran, ist dieser Streitgegenstand als unzulässig abzuweisen (LAG HM 24.11.2005 – 11 Sa 549/05 – BeckRS 2006, 40311).

15b Eine **Leistungsklage oder eine allg. Feststellungsklage** wahrt die Frist nicht (BAG 16.4.2003 NZA 2004, 283; 21.11.2013 NZA 2014, 362). Wegen des Feststellungsinteresses und der Formalien einer ordnungsgemäßen Klageerhebung einschl. der Wirkung des § 167 ZPO (vgl. dazu BAG 23.8.2012 NZA 2013, 227) kann auf die Erl. zu § 4 KSchG verwiesen werden. Geht der AN davon aus, die Befristung sei wirksam gewesen, es sei aber nach § 15 V ein unbefristetes ArbVerh. begr. worden, ist insofern die allg. Feststellungsklage die richtige Klageart (*Vossen* FS Schwerdtner 2003 S. 693, 698 f.). Die Unwirksamkeit einer Befristung kann nicht in mehreren Rechtsstreiten geltend gemacht werden, zulässig ist die erste Klage (BAG 21.12.2005 NZA 2006, 321). Will der AN geltend machen, es sei gar keine Befristung des ArbVerh. oder eine auflösende Bedingung vereinbart worden, ist die allg. Feststellungsklage eröffnet, die ggf. mit einem Hilfsantrag nach § 17 kombiniert werden kann (BAG 8.12.2010 NZA 2011, 586). Hingegen ist die Befristungskontrollklage zu erheben, wenn der AN den Nichteintritt des Zwecks oder der Bedingung geltend machen will (Rn. 2; BAG 6.4.2011 NJW 2011, 2748).

16 Die **§§ 5 bis 7 KSchG gelten entspr.** Dh. die Regelung über die nachträgl. Zulassung der Klage, die verlängerte Anrufungsfrist und die Fiktion der von Anfang an wirksamen Auflösung des ArbVerh. sind analog anzuwenden. Hierzu kann auf die dortigen Erl. verwiesen werden. Das Zeitmoment für eine grds. auch hier denkbare **Prozessverwirkung** (vgl. BAG 24.5.2006 EzAÜG AÜG § 10 Fiktion Nr. 114 Rn. 20; 10.10.2007 AP AÜG § 10 Nr. 20 [LS]) ist jdf. dann nicht erfüllt, wenn die Höchstfrist für die nachträgl. Zulassung der Befristungskontrollklage (§ 5 III 2 KSchG) noch läuft (BAG 9.2.2011 NZA 2011, 854).

16a Die **Beweislast** dafür, dass die Klagefrist gewahrt ist, trägt der Kl. (BAG 18.1.2012 NZA 2012, 691). Da die Versäumung der Klageerhebungsfrist den Verlust des Klagerechts zur Folge hat (vgl. Rn. 11a), gelten die Regeln des Freibeweises (BAG 18.1.2012 NZA 2012, 691). Dies ändert nichts an dem Gebot bestmögl. Sachaufklärung. Ein etwaiges Verschulden seiner PV an der Versäumung der Klagefrist muss sich der AN nach § 85 II ZPO zurechnen lassen (vgl. BAG 11.12.2008 NZA 2009, 692; 28.5.2009 NZA 2009, 1052; 24.11.2011 NZA 2012, 413). In diesem Rahmen gelten die gleichen Anforderungen wie bei der Wiedereinsetzung in den vorigen Stand entspr. § 234 ZPO (BAG 6.10.2010 NJW 2011, 1246).

16b Ob die Klagefrist gewahrt ist, kann das **BAG als Revisionsgericht** selbst im Wege des Freibeweises klären. Es muss das angefochtene Urt. nicht aufheben und die Sache an das LAG zurückverweisen. Hierzu darf das BAG selbst Ermittlungen anstellen (BAG 18.1.2012 NZA 2012, 691). Der AN kann auf die Erhebung der Klage zwar nicht im Vorhinein (BAG 19.1.2005 AP BGB § 620 Befristeter Arbeitsvertrag Nr. 260; 13.6.2007 AP TzBfG § 17 Nr. 7; 13.6.2007 AP TzBfG § 14 Nr. 37), jdf. aber bei Ablauf der vereinbarten Laufzeit des Vertrags verzichten (*Vossen* FS Schwerdtner 2003 S. 693, 701).

16c Aus § 6 KSchG folgt, dass der AN bis zum Schluss der mdl. Verh. erster Instanz die Unwirksamkeit der Befristung aus anderen Gründen als denjenigen geltend machen kann, die er innerhalb der dreiwöchigen Klagefrist benannt hat. Grds. müssen **alle Unwirksamkeitsgründe** im ersten Rechtszug vorgebracht werden (BAG 4.5.2011 NZA 2011, 1178; 10.10.2012 AP TzBfG § 21 Nr. 10), dh. der AN muss sich auf den Unwirksamkeitsgrund berufen (vgl. BAG 8.11.2007 NZA 2008, 936; 24.8.2011 NZA 2012, 385; 20.1.2016 NZA 2016, 490 Rn. 14 „in den Prozess einführen"; schwächer BAG 4.5.2011 NZA 2011, 1178 „ansatzweise geltend machen"). Hierauf soll das ArbG den Kl. hinweisen (s. Rn. 9). Hat das ArbG seine Hinweispflicht verletzt, kann die Rüge in der Berufungsinstanz nachgeholt werden (BAG 4.5.2011 NZA 2011, 1178; 20.8.2014 NZA-RR 2015, 9 Rn. 21; *Eylert* NZA 2012, 9, 13). Das LAG kann dann selbst entscheiden, einer Zurückverweisung bedarf es nicht (BAG 4.5.2011 NZA 2011, 1178). Die Verweisung auf § 6 KSchG erfasst auch die Fälle, in denen ein AN aus der Unwirksamkeit der Befristung Ansprüche herleitet und deswegen Leistungsklage erhoben hat (BAG 16.4.2003 NZA 2004, 283; *Dörner* Rn. 797). Dann kann der AN bis zum Schluss der mdl. Verh. erster Instanz noch die Unwirksamkeit der Befristung nach § 17 S. 1 geltend machen.

17 Ist mit dem Antrag nach S. 1 ein Antrag auf vorl. **Weiterbeschäftigung** bis zum rkr. Abschluss des Rechtsstreits verbunden, wird dieser Antrag regelm. als **uneigentl. Eventualantrag** nur für den Fall des Obsiegens mit dem Feststellungsantrag gestellt. Jdf. wird dies die Auslegung iZw. ergeben (BAG 24.10.2001 NZA 2002, 1335).

Die Tatsacheninstanzen haben bei der Prüfung des sachl. Grundes einen gewissen Wertungsspielraum. Das BAG geht aus revisionsrechtl. Sicht nur dann von einer Rechtsverletzung der Tatsachengerichte aus, wenn der Begriff des sachl. Grundes selbst verkannt, Denkgesetze und allg. Erfahrungssätze verletzt oder wesentl. Umstände übersehen worden sind (BAG 22.3.1985 AP BGB § 620 Befristeter Arbeitsvertrag Nr. 89). Da es keinen abschl. Katalog sachl. rechtfertigender Befristungsgründe gibt, können die Instanzgerichte den Umständen des Einzelfalls großes Gewicht beimessen und damit die **revisionsgerichtl. Kontrolle** einschränken. 18

§ 18 Information über unbefristete Arbeitsplätze

[1]Der Arbeitgeber hat die befristet beschäftigten Arbeitnehmer über entsprechende unbefristete Arbeitsplätze zu informieren, die besetzt werden sollen. [2]Die Information kann durch allgemeine Bekanntgabe an geeigneter, den Arbeitnehmern zugänglicher Stelle im Betrieb und Unternehmen erfolgen.

In Ausführung von § 6 I der Rahmenvereinb. über befristete Arbeitsverträge (vgl. § 1 Rn. 1) verpflichtet § 18 den AG, die bei ihm befristet angestellten AN zu informieren, wenn jeweils entspr. „unbefristete Arbeitsplätze" besetzt werden sollen. Dieser Informationspflicht kann durch allg. Bekanntgabe an geeigneter, den AN zugängl. Stelle im Betrieb und Unternehmen erfolgen. Nach Sinn und Zweck des § 18 brauchen AN, mit denen eine **Altersgrenze** vereinbart ist und die deshalb in einem befristeten ArbVerh. stehen (vgl. § 14 Rn. 56 ff.), nicht informiert zu werden. Solche ArbVerh. haben den Charakter von konsolidierten „Normal-ArbVerh.". Sie werden häufig als „auf unbestimmte Zeit geschlossen" bezeichnet, ohne dass damit die anwendbare Altersgrenze abbedungen wäre (vgl. BAG 8.12.2010 NZA 2011, 586 Rn. 19). Das BAG (19.10.2011 NZA 2012, 1297) hat bereits entschieden, dass ArbVerh., in denen eine Altersgrenze gilt, iSv. § 14 III 2 aF zu den unbefristeten gehören. 1

Ein aus mehreren Betrieben bestehendes Unternehmen hat in **allen Betrieben** zu informieren, in denen entspr. „befristete Arbeitsplätze" vorhanden sind (MüKoBGB/*Hesse* Rn. 2). Allein ein Aushang auf Unternehmensebene ist dann unzureichend. Der AG hat über freie und frei werdende Arbeitsplätze zu informieren, wenn diese wieder mit einem unbefristet angestellten AN besetzt werden sollen. Aus der Satzstellung ist zu schließen, dass das G vorrangig eine individuelle Inf. der AN erwartet. Die im S. 2 geregelte allg. Bekanntgabe kann von G wegen ledigl. an die Stelle der individuellen Inf. treten. Der AG kann beide Informationswege kombinieren. Die allg. Bekanntgabe entspricht § 18 nur dann, wenn der ungehinderte Zugang der AN zur Inf. gewährleistet ist (KR/*Bader* Rn. 8). Der Zugang ist zB nicht hinreichend gewährleistet, wenn die Bekanntgabe durch Auslegung im Personalbüro erfolgt. Das G schreibt **keine bestimmte Informationstechnik** vor. Neben dem Schwarzen Brett kommen ua. eine Mitarbeiterzeitung oder die elektronische Form (zB Intranet) in Betracht (AT/*Annuß* Rn. 5). 2

Es ist über **„entspr." unbefristete Arbeitsplätze** zu informieren. Dh. die Informationspflicht besteht nur dann, wenn der oder die befristet beschäftigten AN für die Besetzung der freien Stellen aus obj. Sicht pers. und fachl. in Betracht kommen (weiter *Rolfs* Rn. 2). Die Inf. hat so rechtzeitig zu erfolgen, dass noch Bewerbungen befristet beschäftigter AN Aussicht auf Erfolg haben (AT/*Annuß* Rn. 5). Die ges. Informationspflicht besteht unabhängig von einem entspr. Begehren der befristet angestellten AN (KR/*Bader* Rn. 2; **aA** *Worzalla/Will/Mailänder/Worch/Heise,* TZArbeit und befristete Arbeitsverträge, 2001 S. 311), weil das G von einem Bedürfnis nach unbefristeter Anstellung als Regelfall ausgeht und auf ein einschränkendes Merkmal verzichtet hat. 3

Über § 18 hinausgehend gibt es **tarifvertragl. Regelungen**, die den AG verpflichten, Zeitangestellte bei der Besetzung von Dauerarbeitsplätzen bevorzugt zu berücksichtigen. Dieser Anspruch setzt voraus, dass jdf. im Zpkt. der letzten mdl. Verh. in der Tatsacheninstanz der freie Arbeitsplatz (noch) vorhanden ist (BAG 14.11.2001 NZA 2002, 392). 4

§ 18 begr. eine vertragl. Nebenpflicht, deren Verletzung zum Schadensersatz nach § 280 BGB verpflichten kann (BAG 6.4.2011 NZA 2011, 905; AT/*Annuß* Rn. 6). Hingegen gehört § 18 **nicht zu den SchutzG** iSv. § 823 II BGB (MüKoBGB/*Hesse* Rn. 4; *Rolfs* Rn. 1). Ein SchutzG muss dazu dienen, den Einzelnen oder einzelne Personenkreise gegen die Verletzung eines „Rechtsguts" zu schützen. Zu fragen ist, ob es nach Maßgabe des Regelungszusammenhangs, in den die Norm gestellt ist, in der Tendenz des Gesetzgebers liegen konnte, an die Verletzung des geschützten Interesses die deliktische Einstandspflicht des dagegen Verstoßenden zu knüpfen (BAG 25.4.2001 NZA 2002, 1211 mwN). Dabei kommt es nicht auf die Wirkung, sondern auf Inhalt und Zweck des G nach der Intention des Gesetzgebers bei Erlass des G an. Die Schaffung eines individuellen Schadensersatzanspruches muss erkennbar vom G erstrebt sein oder zumindest iRd. haftungsrechtl. Gesamtsystems tragbar erscheinen (BAG 25.4.2001 NZA 2002, 1211). Dieses kann den GMat. des § 18 nicht entnommen werden (*Kliemt* NZA 2001, 296, 304). § 18 bezweckt zwar den Schutz des AN, die Begr. von deliktischen Schadensersatzansprüchen lag aber außerhalb der Diskussion. 5

§ 19 Aus- und Weiterbildung

Der Arbeitgeber hat Sorge zu tragen, dass auch befristet beschäftigte Arbeitnehmer an angemessenen Aus- und Weiterbildungsmaßnahmen zur Förderung der beruflichen Entwicklung und Mobilität teilnehmen können, es sei denn, dass dringende betriebliche Gründe oder Aus- und Weiterbildungswünsche anderer Arbeitnehmer entgegenstehen.

1 § 19 dient der Umsetzung der Rahmenvereinb. über befristete Arbeitsverträge (vgl. § 1 Rn. 1). § 19 verlangt keine Besserstellung der befristet beschäftigten AN ggü. den unbefristet angestellten AN, sondern strebt ihre Gleichbehandlung an. Damit konkretisiert § 19 auf dem Gebiet der Aus- und Weiterbildung die allg. Regelung des § 4 II. Nach § 19 hat der AG dafür Sorge zu tragen, dass auch befristet beschäftigte AN an angemessenen Aus- und Weiterbildungsmaßnahmen zur Förderung der berufl. Entwicklung und Mobilität teilnehmen können. Aus- und Weiterbildungsmaßnahmen iSv. § 19 bedürfen einer didaktischen Ausgestaltung und müssen auf die Förderung der berufl. Entwicklung und Mobilität ausgerichtet sein. Die Verbesserung der Allgemeinbildung ist nicht umfasst (MüKoBGB/*Hesse* Rn. 3).

2 Das G betrifft sowohl **interne Bildungsmaßnahmen des AG als auch externe** (AG/*Spinner* Rn. 6). § 19 gibt keinen Anspruch auf Einf. oder Durchführung von derartigen Maßnahmen. Der AG entscheidet über die Höhe seiner entspr. Aufwendungen (AT/*Annuß* Rn. 6). Der befristet beschäftigte AN hat ledigl. einen Anspruch auf Teilnahme an **tats. lfd. Maßnahmen**, wenn die weiteren Voraussetzungen des G erfüllt sind. Insb. hat der AG bei der Einladung zu Weiterbildungsmaßnahmen Benachteiligungen der befristet beschäftigten AN zu unterlassen. Zwischen dem Aufwand des AG und dem für den befristet beschäftigten AN zu erwartenden Bildungserfolg muss Verhältnismäßigkeit gegeben sein. Insb. ganz kurzfristige ArbVerh. werden keine Basis für eine Förderung nach § 19 bieten. Der Anspruch des AN auf benachteiligungsfreie Berücksichtigung besteht nicht, wenn dringende betriebl. Gründe oder Aus- und Weiterbildungswünsche anderer AN entgegenstehen. Dieser Wortlaut ähnelt sehr der Regelung in § 7 I 1 BUrlG. Deshalb ist davon auszugehen, dass mit dringenden betriebl. Gründen gleiche Sachverhalte wie im Urlaubsrecht bei Vorliegen dringender betriebl. Belange gemeint sind. Es kann auf die Erl. zu § 7 I 1 BUrlG verwiesen werden.

3 Die **Weiterbildungswünsche anderer AN** sind in der verabschiedeten Gesetzesfassung ohne jedes qualifizierende Merkmal geblieben. Insb. ist die im Entw. der BReg. enthaltene Einschränkung „unter berufl. oder sozialen Gesichtspunkten vorrangig" nicht verabschiedet worden. Deshalb besteht bei einem Bewerberüberhang eine Entscheidungsfreiheit des AG, die ihre Grenze im billigen Ermessen (§ 315 BGB) findet (*Rolfs* Rn. 5; *Hromadka* BB 2001, 674, 675). Aus der Verwendung der Worte „es sei denn" ergibt sich, dass der AG die Darlegungs- und Beweislast für die Ausschlussgründe trägt. Erleidet der befristet beschäftigte AN wegen eines Verstoßes seines AG gegen § 19 einen materiellen Schaden, ist ihm der AG nach § 280 BGB zum **Schadensersatz** verpflichtet, wenn er nicht sein Verschulden ausräumen kann (MüKoBGB/*Hesse* Rn. 7; AT/*Annuß* Rn. 7). Ein Anspruch aus unerlaubter Handlung kommt aus den gleichen Gründen wie bei § 18 nicht in Betracht (vgl. § 18 Rn. 5).

§ 20 Information der Arbeitnehmervertretung

Der Arbeitgeber hat die Arbeitnehmervertretung über die Anzahl der befristet beschäftigten Arbeitnehmer und ihren Anteil an der Gesamtbelegschaft des Betriebes und des Unternehmens zu informieren.

1 Gem. § 7 III der Rahmenvereinb. über befristete Arbeitsverträge (vgl. § 1 Rn. 1) muss der AG die ANVertretung über befristete Arbeitsverträge informieren. Der dt. Gesetzgeber hat davon Abstand genommen, aus Anlass des Inkrafttretens des TzBfG das Personalvertretungs- und das Betriebsverfassungsrecht zu ändern. Stattdessen verpflichtet § 20 den AG, die „ANVertretung" über die **Anzahl** der befristet beschäftigten AN und ihren **Anteil an der Gesamtbelegschaft** des Betriebs und des Unternehmens zu informieren. Daraus ist zu schließen, dass der AG (also nicht die Betriebsleitung und auch nicht der Konzern – ebenso AT/*Annuß* Rn. 2) die auf den verschiedenen Stufen bestehenden Vertretungen zu informieren hat, also BR, SpartenBR und GBR sowie PR, GesamtPR und HauptPR ferner die verschiedenen SprAu, kirchl. Mitarbeitervertretungen (MHH/*Meinel* Rn. 3; jdf. örtl. BR neben dem GBR, so *Engels* AuR 2009, 65, 69) und Betriebsvertretungen im Bereich der alliierten Streitkräfte (ähnl. AT/*Annuß* Rn. 2). Unter den Sammelbegriff „ANVertretung" lassen sich auch weitere betriebsverfassungsrechtl. Interessenvertretungen wie Arbeitsgemeinschaften einordnen (KR/*Bader* Rn. 4; aA AT/*Annuß* Rn. 2; NK-GA/*Worzalla* Rn. 2). Dass der AG nicht allein auf Betriebsebene zur Inf. der dort bestehenden ANVertretung verpflichtet ist, folgt aus der in Oberbegriffen abgefassten Gesetzessprache und dem zweiten Satzteil, der den Anteil an der Gesamtbelegschaft des Unternehmens in die Berichtspflicht aufnimmt. Hingegen ist der AG bei der befristeten Einstellung von AN nicht verpflichtet, dem BR mitzuteilen, ob die Befristung mit oder ohne Sachgrund sowie ggf. mit welchem erfolgen soll (BAG 27.10.2010 NZA 2011, 418). Aus Sinn und Zweck des § 20 folgt, dass

der AG die ANVertretung nicht über die AN zu informieren hat, mit denen eine Altersgrenze vereinbart ist und die deshalb in einem befristeten ArbVerh. stehen (vgl. § 14 Rn. 56 ff., § 18 Rn. 1).

Eine bestimmte **Form** und die Vorlage erg. **Unterlagen** sind nicht vorgeschrieben, so dass auch elektronische Medien in Betracht kommen (AT/*Annuß* Rn. 3). Das G macht nur dann Sinn, wenn es eine wiederholt zu erfüllende Verpflichtung begr. Näheres regelt § 20 nicht, das G gibt nicht einmal Anhaltspunkte. Aus der Gesetzesbegr. folgt, dass der Informationsaufwand selbst im öffentl. Dienst keinen messbaren Vollzugsmehraufwand hervorrufen soll. Deshalb wird eine **jährl. Periode** dem G Genüge tun (KR/*Bader* Rn. 7; MüKoBGB/*Hesse* Rn. 3; AG/*Spinner* Rn. 8 (ein- oder zweimal jährl.); **aA** DDZ/*Wroblewski* Rn. 3; *Rolfs* Rn. 3 [alle drei Monate]; AT/*Annuß* Rn. 4 [unverzügl. nach jeder Veränderung, mind. mtl.]). 2

§ 21 Auflösend bedingte Arbeitsverträge

Wird der Arbeitsvertrag unter einer auflösenden Bedingung geschlossen, gelten § 4 Abs. 2, § 5, § 14 Abs. 1 und 4, § 15 Abs. 2, 3 und 5 sowie die §§ 16 bis 20 entsprechend.

1. Normzweck und Rechtsentwicklung. Der auflösend bedingte Arbeitsvertrag ist vorrangig aus Bestandsschutzgründen eher skeptisch beurteilt worden. Das BAG (9.7.1981 AP BGB § 620 Bedingung Nr. 4) hat zunächst erwogen, das auflösend bedingte ArbVerh. grds. für unwirksam zu erklären, sofern die auflösende Bedingung nicht vornehml. dem Interesse des AN diene oder ihr Eintritt allein von seinem Willen abhänge. In der Folgezeit hat es (BAG 17.2.1983 AP BGB § 620 Befristeter Arbeitsvertrag Nr. 74) aber auch auflösende Bedingungen für zulässig erachtet, die für den AN nicht uneingeschränkt vorteilhaft waren. Mit der Entsch. v. 4.12.1991 (AP BGB § 620 Bedingung Nr. 17) hat das BAG die Vereinb. auflösender Bedingungen unter der Voraussetzung eines sie sachl. rechtfertigenden Grundes zugelassen, wenn und soweit durch sie dem AN der Schutz zwgd. Kündigungsschutzvorschr. genommen wird. Mit Urt. v. 26.6.1996 hat das BAG (AP BGB § 620 Bedingung Nr. 23) ausdr. dahinstehen lassen, ob eine Zweckbefristung oder eine auflösende Bedingung vereinbart war, weil die rechtl. Maßstäbe gleich seien. Dementspr. führt das BAG im Urt. v. 20.10.1999 (AP BGB § 620 Bedingung Nr. 25) aus, eine auflösende Bedingung unterliege nicht der arbeitsgerichtl. Befristungskontrolle, wenn sie das ArbVerh. zu einem Zpkt. beende, in dem der AN noch keinen Kündigungsschutz nach dem KSchG habe und auch keine andere Kündigungsschutzvorschr. umgangen werden könne (bestätigt durch BAG 2.7.2003 NZA 2004, 311). Das **TzBfG** hat sich in Kenntnis der Rechtsprechungsentwicklung und der Diskussion im Schrifttum für die schlichte **Gleichstellung** der auflösenden Bedingung mit der Zeit- und der Zweckbefristung entschieden. Diese drei Formen sind unabhängig von der mögl. Umgehung von Kündigungsschutzrecht gleichermaßen nach den Bestimmungen dieses G auf ihre Wirksamkeit zu beurteilen (*Boewer* FS Schwerdtner 2003 S. 37, 44; MüKoBGB/*Hesse* Rn. 3; *Sievers* Rn. 8; **aA** APS/*Backhaus* Rn. 5; DDZ/*Wroblewski* Rn. 12). 1

2. Anwendungsbereich. Ist der Eintritt eines bestimmten Ereignisses, das zur Beendigung des ArbVerh. führen soll, nach den Vorstellungen der Arbeitsvertragsparteien ungewiss, liegt die Vereinb. einer auflösenden Bedingung vor (vgl. zur Abgrenzung von der Zweckbefristung § 3 Rn. 12). ZB regelt ein TV eine auflösende Bedingung, wenn das ArbVerh. bei witterungsbedingter Unmöglichkeit der Arbeitsleistung nicht nur suspendiert, sondern rechtl. beendet wird (BAG 12.8.2015 NZA 2016, 173 Rn. 15). Der für den klagenden AN negative Ausgang eines Kündigungsrechtsstreits gehört zu den **ungewissen Ereignissen**, so dass die von den Parteien des Kündigungsrechtsstreits vertragl. vereinbarte (nicht die zur Abwendung der ZV aus einem Titel) vorl. Weiterbeschäftigung des AN bis zur endgültigen Abweisung der Kündigungsschutzklage eine auflösende Bedingung beinhaltet (vgl. Rn. 8 sowie § 3 Rn. 12; § 14 Rn. 76 und 115). Dabei handelt es sich um keine Rechtsbedingung, denn eine solche ist nur gegeben, wenn sie ges. Voraussetzung für das Zustandekommen und die Wirksamkeit eines Rechtsgeschäfts ist. Die Abweisung der Kündigungsschutzklage ist keine derartige ges. Voraussetzung des Weiterbeschäftigungsvertrags (**aA** *Bayreuther* DB 2003, 1736, 1738 f.; KR/*Fischermeier* § 625 BGB Rn. 35). 2

3. Materielle Regelung. Eine auflösende Bedingung kann unter den gleichen Bedingungen vereinbart werden wie eine Befristung mit Sachgrund (BAG 4.12.2002 NZA 2003, 611; KR/*Lipke* § 620 BGB Rn. 114; **aA** APS/*Backhaus* Rn. 5; Staudinger/*Preis* § 620 Rn. 254 „strengere Anforderungen"). Das G bietet keinen Anhaltspunkt dafür, dass an die Vereinb. einer auflösenden Bedingung „strengere" Anforderungen zu stellen seien (KR/*Lipke* Rn. 21). Dies gilt jdf. für die in diesem G geregelten Voraussetzungen. Anders sieht es für die aus allg. Vorschr. folgenden Voraussetzungen aus. So ist es für eine kalendermäßige Befristung sehr viel einfacher, einen Vertragswortlaut zu formulieren, der dem Bestimmtheitsgebot genügt, als für eine auflösende Bedingung oder eine Zweckbefristung. Nach dem TzBfG ist die Vereinb. einer auflösenden Bedingung im Arbeitsvertrag **ausschl. mit Sachgrund** zulässig. § 14 I gilt entspr., § 14 II und III hingegen nicht (*Rolfs* Rn. 3). Somit ist die Vereinb. einer auflösenden Bedingung ohne Sachgrund ges. nicht zugelassen. Es ist anhand der ges. zugelassenen Gründe (§ 14 I) zu bestimmen, ob und welche ungewissen zukünftigen Ereignisse zulässigerweise über 3 die Auflösung des ArbVerh. entscheiden dürfen. Es kommt nicht auf die mögl. Umgehung des Kündigungsschutzes an, so dass eine Differenzierung nach Sphären des AG oder des AN oder ihrer (ausschl.) Willensentsch. überholt ist (KR/*Lipke* Rn. 26).

4 Vorrangig kommen **Gründe in der Person des AN** (§ 14 I 2 Nr. 6) als Sachgrund in Betracht. Hierher gehören va. die **Erwerbsunfähigkeit** oder Erwerbsminderung des AN (BAG 1.12.2004 NZA 2006, 211; 27.7.2011 AP TzBfG § 21 Nr. 9; 23.7.2014 NZA 2014, 1341 Rn. 51), die Bewilligung einer Versorgungsrente (BAG 6.12.2000 NZA 2001, 792; 26.9.2001 EzA TVG § 4 Einzelhandel Nr. 51; krit. *Rolfs* Rn. 8), Bezug einer ungekürzten Altersrente (BAG 20.2.2008 – 7 AZR 990/06 – AP TzBfG § 21 Nr. 6 [LS]; 9.12.2015 NZA 2016, 695 Rn. 26) oder die Bewilligung einer Rente wegen Berufsunfähigkeit (BAG 31.7.2002 NZA 2003, 620). Allerdings ordnet die Rspr. diesen Tatbestand nicht der Nr. 6, sondern den im G nicht ausdrückl. geregelten zu (BAG 15.2.2017 – 7 AZR 82/15 – Rn. 21). Bei schwerbehinderten Menschen ist § 175 SGB IX zu beachten (hierzu BAG 6.4.2011 NJW 2011, 2748; 27.7.2011 AP TzBfG § 21 Nr. 9). Ebenso kann die festgestellte **Fluguntauglichkeit** als auflösende Bedingung zur Beendigung der ArbVerh. von Bordpersonal führen, denn es handelt sich um einen in der Person des AN liegenden Grund (BAG 11.10.1995 AP BGB § 620 Bedingung Nr. 20; 16.10.2008 AP TzBfG § 14 Nr. 53 betr. eine tarifvertragl. Regelung).

4a Ein weiteres Bsp. ist der Entzug der einem Wachmann erteilten **Bewachungserlaubnis** (BAG 25.8.1999 AP BGB § 620 Bedingung Nr. 24; LAG RP 14.12.2007 – 9 Sa 304/07 – BeckRS 2008, 50982; zur entspr. auflösenden Bedingung „Entzug der Einsatzgenehmigung durch die US-Streitkräfte für den Wachmann" BAG 19.3.2008 AP TzBfG § 21 Nr. 5). Darüber hinaus könnte es – anders als nach bisheriger Rechtslage (BAG 19.12.1974 AP BGB § 620 Bedingung Nr. 3) – mögl. sein, die Beendigung des ArbVerh. für den Fall zu vereinbaren, dass der AN nach dem Ende seines Urlaubs die Arbeit an dem vereinbarten Tag nicht wieder aufnimmt (aA MüKoBGB/*Hesse* Rn. 20; HKTzBfG/*Joussen* Rn. 22; Staudinger/*Preis* § 620 Rn. 262 [Umgehung des Kündigungsschutzrechts, weil die Wirkung absoluter Kündigungsgründe erreicht wird]; AR/*Schüren* Rn. 15). Bei Profisportlern und ihren Trainern kommt ihr Wunsch als Sachgrund in Betracht, wenn das ArbVerh. auflösend bedingt mit dem **Klassenerhalt** der AG-Mannschaft verbunden wird, weil ihr berufl. Ansehen von Leistungen auf bestimmtem Niveau abhängig ist (BAG 4.12.2002 NZA 2003, 611; APS/*Backhaus* § 14 Rn. 350; *Vogt*, Befristungs- und Optionsvereinb. im professionellen Mannschaftssport, 2013, S. 128). Aus Gründen der **Kunstfreiheit** (Art. 5 III GG) kann mit einem Schauspieler die auflösende Bedingung vereinbart werden, das ArbVerh. ende, wenn seine Rolle aus maßgebl. künstlerischen Erwägungen in der zu verfilmenden Fernsehserie nicht mehr enthalten sei (BAG 2.7.2003 NZA 2004, 311).

5 Wird der **Arbeitsvertrag eines Ehegatten** auflösend bedingt vom Bestand des ArbVerh. des anderen abgeschlossen, kann dies durch die Eigenart der Arbeitsleistung (§ 14 I 2 Nr. 4) gerechtfertigt sein (krit. APS/*Backhaus* § 14 Rn. 213). Wird in diesem Fall einem Ehegatten wirksam gekündigt, enden beide ArbVerh. (BAG 17.5.1962 AP BGB § 620 Bedingung Nr. 2).

6 Die Rspr. erkennt im Bezug einer **Rente wegen verminderter Erwerbsfähigkeit** einen Sachgrund außerhalb der ausdr. in § 14 I gelisteten Gründe (BAG 15.3.2006 AP BAT § 59 Nr. 14; 23.7.2014 NZA 2014, 1341 Rn. 51; 10.12.2014 AP TVöD § 33 Nr. 1 Rn. 26; 23.3.2016 AP TV-L § 33 Nr. 1 Rn. 20; 27.7.2016 NZA-RR 2017, 84 Rn. 25). Die rentenrechtl. Absicherung muss auf unbestimmte Zeit gerichtet sein (BAG 15.2.2017 – 7 AZR 82/15 – Rn. 22). Die fehlende Bestandskraft des Rentenbescheids steht der Beendigung des ArbVerh. nicht grds. entgegen. Lässt der AN den Rentenbescheid formell bestandskräftig werden, verbleibt es auch dann bei der eingetretenen Beendigung des ArbVerh., wenn der Rentenbescheid später zurückgenommen wird (BAG 3.9.2003 NZA 2004, 328; 23.6.2004 NZA 2005, 520). Der AN kann der durch Zustellung des Rentenbescheids und den Ablauf der Zwei-Wochen-Frist des § 15 II herbeigeführten Beendigung des ArbVerh. nicht nachträgl. durch Rücknahme des Rentenantrags die Grdl. entziehen. Das bereits beendete ArbVerh. lebt nicht rückwirkend wieder auf (BAG 15.2.2017 – 7 AZR 82/15 – Rn. 29). Beträgt die arbeitsvertragl. vereinbarte Leistungsverpflichtung weniger als drei Stunden tägl., kann aufgrund § 43 II 2 SGB VI aus der Bewilligung einer Rente wegen voller Erwerbsminderung allein nicht geschlossen werden, dass der AN voraussichtl. nicht mehr in der Lage ist, die vertragl. geschuldete Leistung zu erbringen. Ist der AN trotz der festgestellten vollen Erwerbsminderung in der Lage, die vertragl. Leistung zu erbringen, besteht im Lichte des Art. 12 I GG kein anerkennenswerter Grund, das ArbVerh. ohne Kündigung zu beenden (BAG 27.7.2016 NZA-RR 2017, 84 Rn. 29). Das ArbVerh. endet nicht bei Bewilligung einer Rente wegen Erwerbsminderung, wenn der AN die vertragl. geschuldete Leistung noch erbringen kann (BAG 9.8.2000 NZA 2001, 730; 21.1.2009 AP TVG § 1 Tarifverträge: Waldarbeiter Nr. 7) und dies in Textform (§ 126b BGB; 27.7.2016 NZA-RR 2017, 84 Rn. 36) binnen zwei Wochen nach Zugang der an den Erlass des Rentenbescheids anknüpfenden Mitt. des AG, das ArbVerh. ende aufgrund des Rentenbescheids, verlangt (BAG 23.7.2014 NZA 2014, 1341 Rn. 65; 27.7.2016 NZA-RR 2017, 84 Rn. 34). Kommt nur die Beschäftigung auf einem anderen Arbeitsplatz in Betracht, muss dieser bereits vorhanden sein, zur Neueinrichtung ist der AG nicht verpflichtet (BAG 21.1.2009 AP TVG § 1 Tarifverträge: Waldarbeiter Nr. 7). Zur Vereinbarkeit mit dem AGG BAG 10.12.2014 AP TVöD § 33 Nr. 1 Rn. 40 ff.

Beim Zusammentreffen einer **unbefristeten Rente wegen tw. Erwerbsminderung** und einer befristeten Rente wegen voller Erwerbsminderung endet das ArbVerh., wenn der AN nicht form- und fristgerecht seine Weiterbeschäftigung beantragt hat (BAG 15.3.2006 AP BAT § 59 Nr. 14; vgl. ferner BAG 23.7.2014 NZA 2014, 1341 Rn. 65). Wird eine Rente auf Zeit bewilligt, kann dies kraft einer tarifl. geregelten auflösenden Bedingung zur Beendigung des ArbVerh. führen. Für den Fall der Rentenbewilligung auf Zeit ist zu fordern, dass dem AN zumindest ein **Wiedereinstellungsanspruch** für den Fall der Wiedererlangung der Berufsfähigkeit eingeräumt ist (BAG 23.2.2000 NZA 2000, 776; 6.12.2000 NZA 2001, 792; anders für die Rente wegen voller Erwerbsminderung auf unbestimmte Dauer BAG 10.12.2014 AP TVöD § 33 Nr. 1 Rn. 35 f.). Der vorherigen Zust. des Integrationsamtes nach § 175 SGB IX bedarf es nur bei der Beendigung des ArbVerh. ohne Kündigung, wenn sie wegen tw. Erwerbsminderung, Erwerbsminderung auf Zeit, der Berufsunfähigkeit oder der Erwerbsunfähigkeit auf Zeit erfolgt. Im Falle der unbefristeten Rentenbewilligung wegen dauernder Erwerbsunfähigkeit besteht kein Zustimmungserfordernis (BAG 6.4.2011 NJW 2011, 2748; 27.7.2011 AP TzBfG § 21 Nr. 9); auch nicht wegen entspr. Anwendung der Norm (BAG 15.2.2017 – 7 AZR 82/15 – Rn. 35). **Einzelvertragl.** kann eine diesen Tarifnormen entspr. auflösende Bedingung wirksam vereinbart werden (*Dörner* Rn. 345). Zur Bewilligung des vorzeitigen Altersruhegelds als auflösende Bedingung vgl. BAG 21.1.2011 NZA-RR 2011, 439. 6a

Die Besonderheiten für auflösend bedingte Arbeitsverträge werden jeweils im Zusammenhang mit den speziellen Regelungen des TzBfG erläutert. Hierauf wird verwiesen. Einer bes. Diskussion bedarf die entspr. Anwendung **von § 15 III.** Danach unterliegt ein auflösend bedingtes ArbVerh. nur dann der **ordentl. Kündigung,** wenn dies einzelvertragl. oder im anwendbaren TV vereinbart ist (*Boewer* FS Schwerdtner 2003 S. 37, 43). Da auflösende Bedingungen häufig so gefasst sind, dass sie ein langjähriges ArbVerh. beenden sollen (s. Erwerbsunfähigkeit), wäre der (ges.) Ausschluss der ordentl. Kündigungsmöglichkeit von außerordentl. Tragweite. Wiederum ein Grund, Arbeitsverträge schriftl. zu schließen und darin die ordentl. Kündigung zu regeln, was wegen § 2 I 2 Nr. 9 NachwG ohnehin geschehen sollte. IdR wird die einzelvertragl. Regelung der anwendbaren Kündigungsfrist ausreichen, um die Vereinb. der Kündbarkeit des ArbVerh. annehmen zu können. 7

Wird von den Parteien eines **Kündigungs- oder Befristungskontrollrechtsstreits die vorl. Weiterbeschäftigung** des AN vereinbart, begr. dies ein auflösend bedingtes ArbVerh., wenn der Fortbestand des ArbVerh. von der rkr. Abweisung der Kündigungsschutzklage als ungewissem Ereignis abhängig gemacht wird (vgl. Rn. 2; § 3 Rn. 12; § 14 Rn. 76). Begr. der AG die dem AN angebotene Weiterbeschäftigung allein mit der einschlägigen Rspr., lässt dies nicht auf die Abgabe einer Willenserkl., sondern die Hinnahme der durch Rechtsfortbildung geschaffenen Rechtslage schließen (BAG 22.7.2014 NZA 2014, 1330 Rn. 16; 14.6.2016 – 9 AZR 8/15 – BeckRS 2016, 73357 Rn. 18). Dies setzt den Erl. eines dem AN günstigen erstinstanzl. Urt. voraus (BAG 22.7.2014 NZA 2014, 1330 Rn. 18). Wird aber der AN während der Bestandsschutzstreitigkeit auf der Basis einer vertragl. Abrede tats. weiterbeschäftigt, liegt iZw. nur eine Weiterbeschäftigung unter der auflösenden Bedingung des für den AG **erfolgreichen rkr. Abschlusses des Prozesses** vor (BAG 4.9.1986 AP BGB § 611 Beschäftigungspflicht Nr. 22; *Ricken* NZA 2005, 323, 329). Diese vertragl., freiwillige vorl. Weiterbeschäftigung unterliegt §§ 21, 14 I und III, bedarf also eines Sachgrunds (vgl. § 14 Rn. 76) und ihre Vereinb. hat die Schriftform zu wahren (§ 14 Rn. 115; BAG 22.10.2003 NZA 2004, 1275; LAG N 25.6.2004 NZA-RR 2005, 18; *Dörner* Rn. 72; *Sievers* § 14 Rn. 633 f.; *Dollmann* BB 2003, 2681, 2688; *Ricken* NZA 2005, 323, 329; *Sittard/Ulbrich* RdA 2006, 218, 222 f.; *Oberthür* ArbRB 2006, 268 ff.; **aA** KR/*Fischermeier* § 625 BGB Rn. 35; *Bayreuther* DB 2003, 1736, 1738 f.; *Bengelsdorf* NZA 2005, 277, 281 [teleologische Reduktion]; krit. *A. Wisskirchen* GS Heinze 2005 S. 1081, 1092). Demggü. begr. ein später aufgehobenes Weiterbeschäftigungsurt. ledigl. ein nach Bereicherungsrecht abzuwickelndes Rechtsverhältnis (BAG 10.3.1987 AP BGB § 611 Weiterbeschäftigung Nr. 1). Diese Prozessbeschäftigung ist kein Fall des § 21 (LAG NI 27.9.2005 NZA-RR 2006, 179). 8

Vierter Abschnitt. Gemeinsame Vorschriften

§ 22 Abweichende Vereinbarungen

(1) Außer in den Fällen des § 12 Abs. 3, § 13 Abs. 4 und § 14 Abs. 2 Satz 3 und 4 kann von den Vorschriften dieses Gesetzes nicht zuungunsten des Arbeitnehmers abgewichen werden.

(2) Enthält ein Tarifvertrag für den öffentlichen Dienst Bestimmungen im Sinne des § 8 Abs. 4 Satz 3 und 4, § 12 Abs. 3, § 13 Abs. 4, § 14 Abs. 2 Satz 3 und 4 oder § 15 Abs. 3, so gelten diese Bestimmungen auch zwischen nicht tarifgebundenen Arbeitgebern und Arbeitnehmern außerhalb des öffentlichen Dienstes, wenn die Anwendung der für den öffentlichen Dienst geltenden tarifvertraglichen Bestimmungen zwischen ihnen vereinbart ist und die Arbeitgeber die Kosten des Betriebes überwiegend mit Zuwendungen im Sinne des Haushaltsrechts decken.

1 **1. Individualrechtl. Abweichungen.** Das G erlaubt **grds. keine Abweichungen** zuungunsten des AN (BAG 25.3.2009 NZA 2009, 1417; 10.12.2014 NZA 2015, 811 Rn. 40). Ausnahmen sieht Abs. 1 ledigl. in den Fällen des § 12 III, § 13 IV und § 14 II 3 und 4 vor. Diese Bestimmungen sind tarifdispositiv. Sie gestatten zudem nicht tarifgebundenen AG und AN, im pers., fachl. und betriebl. Geltungsbereich eines Abweichungen regelnden TV einzelvertragl. diese Bestimmungen in Bezug zu nehmen. Abweichungen zugunsten des AN können weitgehend einzelvertragl. vereinbart werden (BAG 10.12.2014 NZA 2015, 811 Rn. 40; AT/*Thüsing* Rn. 20). Es gibt aber Bestimmungen wie § 17, die wegen ihrer Wirkungen auf Dritte und die Rechtspflege zweiseitig zwgd. ausgestaltet sind (KR/*Bader* Rn. 2; MüKoBGB/*Hesse* Rn. 4; AT/*Thüsing* Rn. 22; **aA** ArbRBGB/*Dörner* § 620 Rn. 365).

2 Ein für den **öffentl. Dienst** geschlossener TV kann auch außerhalb seines Geltungsbereiches durch einzelvertragl. Bezugnahme verbindl. Bestimmungen iSv. § 8 IV 3 und 4, § 12 III, § 13 IV, § 14 II 3 und 4 oder § 15 III treffen, wenn an dem Arbeitsvertrag ein AG beteiligt ist, der die Kosten seines Betriebs überw. mit Zuwendungen iSd. Haushaltsrechts deckt. Für eine überw. Kostentragung genügen mehr als 50% der Gesamtkosten des Betriebs (nicht des Unternehmens), wobei die Zuwendungen von mehreren Kostenträgern geleistet werden können (AT/*Thüsing* Rn. 18; DDZ/*Wroblewski* Rn. 28).

3 Die tarifl. Bestimmungen können **selektiv in Bezug genommen** werden, denn Abs. 2 spricht von „Bestimmungen" und nicht vom TV als Ganzem (AT/*Thüsing* Rn. 12; **aA** MüKoBGB/*Hesse* Rn. 18; *Laux/Schlachter* Rn. 21; KR/*Bader* Rn. 12; AR/*Schüren* Rn. 7). Mit Haushaltsrecht ist das für die Aufstellung und Durchführung der Haushalte jur. Personen des ÖffR maßgebende Recht gemeint. Solange keine kirchenges. Regelungen mit normativem Geltungsbefehl ergangen sind, sind die einzelvertragl. in Bezug genommenen **kirchl. Arbeitsvertragsregelungen** des „Dritten Weges" (zB AVR) ledigl. Arbeitsvertragsinhalt und mit Tarifrecht nicht vergleichbar (BAG 20.3.2002 NZA 2002, 1402; 25.3.2009 NZA 2009, 1417). Auf sie findet § 22 weder unmittelbare noch entspr. Anwendung (KR/*Bader* Rn. 4; **aA** AT/*Thüsing* Rn. 6; HKTzBfG/*Joussen* Rn. 3). Gleichwohl hat der Siebte Sen. § 5 V UAbs. 1 S. 2 AVR des Diakonischen Werkes der EKD in einer Weise angewandt, als ob die darin vorgesehene Angabe des Grundes der Befristung im Arbeitsvertrag in einer normativ auf das ArbVerh. einwirkenden TVNorm enthalten wäre (BAG 26.7.2006 NZA 2007, 34).

4 **2. Tarifvertrag. a) Allgemein.** Durch TV kann nur in den Fällen des § 12 III, § 13 IV und § 14 II 3 zuungunsten der AN von den Bestimmungen des G abgewichen werden. Dies gilt für bestehende und zukünftige TV. § 4 steht nicht zur Disposition der TVParteien (BAG 10.2.2015 AP TVöD § 26 Nr. 6 Rn. 16; 12.5.2016 AP TVG § 1 Tarifverträge: Verkehrsgewerbe Nr. 23 Rn. 21). Ebenso unzulässig sind tarifl. geregelte Anspruchsvoraussetzungen, die über § 8 hinausgehen (BAG 14.10.2003 NZA 2004, 614). Des Weiteren kann durch TV nicht zuungunsten der AN von den zwgd. Regelungen des § 14 abgewichen werden, so dass auch tarifl. Normen über Befristungen zu ihrer Wirksamkeit eines sie rechtfertigenden Sachgrundes iSv. § 14 I 1 bedürfen (BAG 31.7.2002 NZA 2002, 1155; 8.12.2010 NZA 2011, 586; 21.9.2011 NZA 2012, 271). **Abweichungen zugunsten der AN** können geregelt werden (BAG 10.12.2014 NZA 2015, 811 Rn. 40). Hiervon ist aber § 17 ausgenommen, der im Interesse der Rechtssicherheit zweiseitig zwgd. ausgestaltet ist (KR/*Bader* Rn. 2). Keine Abweichung im eigentl. Sinne lässt § 15 III zu, denn diese Regelung enthält kein zwgd. ANSchutzrecht, sondern eine G gewordene Auslegungsregel. Danach kann die ordentl. Kündbarkeit eines befristeten Arbeitsvertrags nicht nur einzelvertragl., sondern auch durch TV vorgesehen werden.

5 Befristungsregelungen in TV sind überw. **Abschluss- und keine Beendigungsnormen** (BAG 14.2.1990 AP BeschFG 1985 § 1 Nr. 12), was jeweils durch Auslegung zu ermitteln ist. Sie begrenzen von vornherein die Laufzeit des befristet begr. ArbVerh. Wohl wegen der Ungewissheit des Eintritts einer auflösenden Bedingung (Erwerbsunfähigkeit) hat das BAG hierin eine Beendigungsnorm gesehen (BAG 28.6.1995 AP BAT § 59 Nr. 6; **aA** KR/*Bader* Rn. 5). Abschlussnormen gelten nur zwgd., wenn AN und AG bereits bei Abschluss des Arbeitsvertrags tarifgebunden sind (BAG 27.4.1988 AP BeschFG 1985 § 1 Nr. 4). Verstößt eine einzelvertragl. vereinbarte Befristungsregelung, die mit den Bestimmungen des TzBfG vereinbar ist, gegen die Abschlussnorm eines nicht normativ geltenden, aber im selben Arbeitsvertrag in Bezug genommenen TV, ist durch Auslegung zu ermitteln, ob diese Abschlussnorm von der allg. Bezugnahme ausgenommen sein soll (BAG 14.2.1990 AP BeschFG 1985 § 1 Nr. 12; 21.2.2001 NZA 2001, 1141; MüKoBGB/*Hesse* Rn. 10). Tarifvertragl. Regelungen über die Befristung von ArbVerh. unterliegen im Einzelfall der gerichtl. Befristungskontrolle (BAG 31.7.2002 NZA 2002, 1155; 16.11.2005 NZA 2006, 535; 18.6.2008 NZA 2008, 1302). Gleiches gilt für tarifvertragl. geregelte auflösende Bedingungen (BAG 16.10.2008 AP TzBfG § 14 Nr. 53).

6 **b) Öffentl. Dienst.** Für den öffentl. Dienst besaß die **SR 2y BAT** wesentl. Bedeutung. Vgl. hierzu 7. Aufl. Rn. 5 f. TVöD und des TV-L sehen jeweils im § 30 keine entspr. Vorgaben mehr vor.

7 **3. Betriebsvereinbarung.** Durch eine BV kann nicht zuungunsten der AN vom G abgewichen werden (BAG 5.3.2013 NZA 2013, 916; DDZ/*Wroblewski* Rn. 24). Eine BV kann unter den Voraussetzungen des § 14 I Befristungen regeln (BAG 21.2.2017 – 1 AZR 292/15 – BeckRS 2017, 108324

Rn. 18). So kann durch BV nach § 88 BetrVG eine Altersgrenze für alle AN eines Betriebs festgelegt werden (§ 14 Rn. 56d; BAG 21.2.2017 – 1 AZR 292/15 – BeckRS 2017, 108324 Rn. 16), die § 14 I genügen muss, was der Fall ist, wenn die Altersgrenze an den Zpkt. anknüpft, zu dem der AN die Regelaltersrente aus der ges. Rentenversicherung beziehen kann. Eine solche Regelung verstößt nicht gegen das Verbot der Altersdiskriminierung (BAG 5.3.2013 NZA 2013, 916).

Günstigere einzelvertragl., nicht betriebsvereinbarungsoffene Abreden zur **Altersgrenze** können nicht durch eine **nachf. BV verschlechtert** werden. AGB mit kollektivem Bezug sind regelm. betriebsvereinbarungsoffen (BAG 5.3.2013 NZA 2013, 916). Allein die Vereinb. eines unbefristeten ArbVerh. ist keine dem AN günstigere Abrede (BAG 5.3.2013 NZA 2013, 916). Zugunsten der AN können die Betriebspartner durch freiwillige BV nach § 88 BetrVG die Befristung von Arbeitsverträgen regeln (MüKoBGB/*Hesse* Rn. 5; **aA** *Waltermann* NZA 1994, 822), sofern nicht § 77 III BetrVG eingreift. Arbeitsbedingungen, die durch TV geregelt sind oder üblicherweise geregelt werden, können nicht Gegenstand einer BV sein. 8

§ 23 Besondere gesetzliche Regelungen

Besondere Regelungen über Teilzeitarbeit und über die Befristung von Arbeitsverträgen nach anderen gesetzlichen Vorschriften bleiben unberührt.

1. Befristung. Nach § 23 bleiben andere ges. Regelungen über die Befristung von Arbeitsverträgen unberührt. Danach sind bestimmte Arbeitsverträge kraft G befristet (zB § 21 I BBiG) oder können kraft G befristet werden (zB § 21 BEEG, den die Rspr. als Konkretisierung des § 14 I 2 Nr. 3 bezeichnet, vgl. BAG 29.4.2015 NZA 2015, 928 Rn. 16; 7.10.2015 NZA 2016, 354 Rn. 11; 26.10.2016 NZA 2017, 382 Rn. 14; 15.2.2017 – 7 AZR 223/15 – Rn. 22). Allerdings sind die Regeln des TzBfG erg. heranzuziehen, wenn die speziellen Vorschr. unvollständig sind (BAG 13.6.2007 NZA 2008, 108; KR/*Lipke* § 620 BGB Rn. 117). Soweit Art. 31 GG den Ländern die Gesetzgebungskompetenz auf dem Gebiet des ArbR belässt, können sich Regelungen der Befristung auch im Landesrecht finden. Dies hat das BAG für im ArbVerh. beschäftigte **Hochschullehrer** (einschl. Juniorprofessoren) anerkannt (BAG 11.9.2013 NZA 2013, 1352 Rn. 30; **aA** *Gronemeyer* RdA 2016, 24, 28). Das **ATG** erlaubt den Arbeitsvertragsparteien die Befristung ihres ArbVerh. auf den Zpkt., zu dem der AN Anspruch auf eine Rente nach ATZArbeit hat (zu Übergangsproblemen für die nach 1951 geb. AN vgl. *Birk* NZA 2007, 244). In diesem Zusammenhang sind bes. tarifvertragl. Befristungsregelungen zu beachten (vgl. BAG 27.4.2004 NZA 2005, 821). Erweiternd wird diese Regelung dahingehend ausgelegt, dass sie auch die Befristung auf den Zpkt. rechtfertigt, zu dem der AN Anspruch auf (ungekürzte) Regelaltersrente (oder Leistungen einer befreienden Lebensversicherung) hat (BAG 16.11.2005 NZA 2006, 535). 1

Nach dem ÄArbVtrG v. 15.5.1986 (BGBl. I S. 742), das unter Nr. 25 erläutert ist, sind die arbeitsrechtl. Vorschr. und damit auch das TzBfG nur anzuwenden, soweit sie den Vorschr. dieses G nicht widersprechen. Da das **ÄArbVtrG** in § 1 III 5 und 6 Mindestbefristungszeiten vorschreibt, darf bei Einstellung eines Arztes zur Weiterbildung keine Befristung nach § 14 II TzBfG vereinbart werden (noch zur alten Rechtslage: *Dreher* DB 1999, 1396, 1397; KR/*Treber* ÄArbVtrG Rn. 13; **aA** LAG N 22.12.2015 – 7 Sa 298/15 – BeckRS 2016, 67403; *Kuhla/Schleusener* MedR 1999, 24, 27). Für die in der ANÜberlassung tätigen AN gibt es keine eigenständigen ges. Regelungen mehr (vgl. zur Rechtsentwicklung *Düwell/Dahl* NZA 2007, 889 f.). Die befristete Beschäftigung von wiss. und künstlerischem Personal an staatl. und staatl. anerkannten Hochschulen, an staatl. und überw. staatl. finanzierten Forschungseinrichtungen sowie dort geschlossene Privatdienstverträge mit Hochschulmitgliedern und aus Drittmitteln vergütetes Personal ist im WZVG (vgl. G Nr. 700) geregelt. S. dazu die dortigen Erl. Das WZVG findet neben dem TzBfG Anwendung (vgl. WZVG § 1 Rn. 17). 2

Weitere **eigenständige Regelungen** der Befristung von Arbeitsverträgen finden sich in § 6 des PflegeZG (G Nr. 530), auf das wiederum § 9 V FPfZG verweist (G Nr. 300). S. dazu die dortigen Erl. Der Bund hat mit dem TzBfG und den Sonderbefristungstatbeständen die Befristung von ArbVerh. nahezu umfassend und damit abschl. geregelt, doch überlässt das WZVG den Bundesländern kleine Sektoren einer (subsidiären) Gesetzgebungskompetenz zur Schaffung von Befristungstatbeständen (vgl. WZVG § 1 Rn. 10). 3

2. Teilzeitarbeit. Die Vorschr. des TzBfG lassen bes. ges. Regelungen der TZArbeit unberührt. Dh. sie bestehen unverändert fort und können auch neu erlassen werden. Dabei ist unter G nur das **Gesetz im formellen Sinne** und nicht jede Rechtsnorm zu verstehen, wie sich aus dem Wortlaut des § 23 und aus § 22 ergibt, der für abw. Regelungen in TV nur enge Grenzen belässt. Angesprochen sind va. die FrauenförderG des Bundes und der Länder, die für den öffentl. Dienst erg. Regelungen der TZArbeit vorsehen, das ATG (vgl. die dortigen Erl.), die EZ nach dem BEEG (vgl. die Erl. zu § 15 BEEG) und § 164 V SGB IX (vgl. die dortigen Erl.). 4

650. Umwandlungsgesetz (UmwG)

Vom 28. Oktober 1994 (BGBl. I S. 3210, ber. 1995 I S. 428)
Zul. geänd. durch G vom 17. Juli 2017 (BGBl. I 2434)

(FNA 4120-9-2)

– Auszug –

§ 1 Arten der Umwandlung; gesetzliche Beschränkungen

(1) Rechtsträger mit Sitz im Inland können umgewandelt werden
1. durch Verschmelzung;
2. durch Spaltung (Aufspaltung, Abspaltung, Ausgliederung);
3. durch Vermögensübertragung;
4. durch Formwechsel.

(2) Eine Umwandlung im Sinne des Absatzes 1 ist außer in den in diesem Gesetz geregelten Fällen nur möglich, wenn sie durch ein anderes Bundesgesetz oder ein Landesgesetz ausdrücklich vorgesehen ist.

(3) [1]Von den Vorschriften dieses Gesetzes kann nur abgewichen werden, wenn dies ausdrücklich zugelassen ist. [2]Ergänzende Bestimmungen in Verträgen, Satzungen oder Willenserklärungen sind zulässig, es sei denn, daß dieses Gesetz eine abschließende Regelung enthält.

1 **1. Allgemeines.** Das G stellt die zentrale Rechtsgrdl. zur Umstrukturierung von Unternehmen zur Vfg. und ermöglicht insb., das Vermögen eines Rechtsträgers mittels Universalsukzession auf einen anderen Rechtsträger zu übertragen. Es beschränkt sich auf die in § 1 aufgezählten Formen einer Umwandlung; verbleibende Lücken können nicht im Wege der **Analogie** geschlossen werden (§ 1 II). Das ist insb. von Bedeutung, wenn für die gewünschte Form der „Umwandlung" die in § 1 I genannten Formen nicht zur Vfg. stehen. Das G schließt jedoch nicht aus, dass andere BundesG oder LandesG eine Umwandlung einschl. einer Gesamtrechtsnachfolge eröffnen oder ein spezielles OrganisationsG diese anordnet (s. BAG 18.12.2008 AP BGB § 613a Nr. 366 Rn. 41). Die Umwandlung durch Errichtung einer **SE** regelt nicht das UmwG, sondern die SE-VO sowie das zu deren Ausführung in Deutschland erlassene SEAG (zur ANBeteiligung s. MitbestG Einl. Rn. 9 ff.). Die (Rück-)Umwandlung einer SE mit Sitz in Deutschland richtet sich hingegen nach dem UmwG, für dessen Anwendung die SE wie eine nach dt. Recht gegründete AG zu behandeln ist (Art. 9, 10, 66 SE-VO).

2 **2. Verschmelzung.** Bei der Verschmelzung sind zwei Formen zu unterscheiden: Erstens kann das Vermögen eines oder mehrerer Rechtsträger auf einen anderen bereits bestehenden Rechtsträger übertragen werden (**Verschmelzung zur Aufnahme,** § 2 Nr. 1). Zweitens können ein oder mehrere Rechtsträger mittels Verschmelzung einen neuen Rechtsträger errichten (**Verschmelzung zur Neugründung,** § 2 Nr. 2). Die verschmelzungsfähigen Rechtsträger bestimmt insb. § 3 I; übertragender, übernehmender oder neuer Rechtsträger können va. Personenhandelsgesellschaften (OHG, KG) sowie Kapitalgesellschaften (GmbH, AG, KGaA), aber auch Genossenschaften sein. Grdl. für die Verschmelzung ist der zwischen den beteiligten Rechtsträgern abgeschlossene und notariell zu beurkundende (§ 6) **Verschmelzungsvertrag** (§ 4 I), für den § 5 I einen Mindestinhalt (Pflichtangaben) vorgibt, der ua. die Folgen für die AN und ihre Vertretungen umfasst (§ 5 I Nr. 9, s. § 5 Rn. 2 ff.). Über den Verschmelzungsvertrag müssen die Anteilsinhaber der beteiligten Rechtsträger in einer Versammlung des jeweiligen Rechtsträgers beschließen (§ 13 I). Nach Vorliegen der **Verschmelzungsbeschl.** ist die Verschmelzung zur Eintragung in das jeweilige Register anzumelden (§ 16). Mit Eintragung (§ 19) geht das Vermögen der übertragenden Rechtsträger auf den übernehmenden Rechtsträger über (§ 20 I Nr. 1); die übertragenden Rechtsträger erlöschen, ohne dass es einer gesonderten Löschung bedarf (§ 20 I Nr. 2). Die §§ 2 bis 122 beschränken sich auf Verschmelzungen von Rechtsträgern, die dem dt. Recht unterliegen **(innerstaatl. Verschmelzungen)**. Ist an der Verschmelzung mind. ein Rechtsträger beteiligt, der dem Recht eines anderen Mitgliedstaats der EU oder des EWR unterfällt **(grenzüberschreitende Verschmelzung)**, gelten grds. die §§ 2 ff., sofern die §§ 122b bis § 122l keine Abweichungen regeln.

3 **3. Spaltung.** Für eine Spaltung des Rechtsträgers stellt § 123 **drei Arten** zur Vfg. Bei der **Aufspaltung (§ 123 I)** überträgt ein Rechtsträger unter Auflösung ohne Abwicklung sein Vermögen zur Aufnahme auf andere bestehende Rechtsträger oder zur Neugründung auf andere von ihm dadurch gegründete Rechtsträger. Demggü. bleibt die Existenz des übertragenden Rechtsträger bei der **Abspaltung (§ 123 II)** erhalten, da sich die Übertragung auf einen Teil oder einzelne Teile des Rechtsträgers beschränkt und er diese auf einen oder mehrere bestehende Rechtsträger (Abspaltung zur Aufnahme,

§ 123 II Nr. 1) oder auf einen oder mehrere dadurch neu gegründete Rechtsträger (Abspaltung zur Neugründung, § 123 II Nr. 2) überträgt. Zum Ausgleich erhalten die Anteilsinhaber des übertragenden Rechtsträgers Anteile an dem(n) übernehmenden Rechtsträger(n). Im Unterschied dazu stehen die Anteile des übernehmenden Rechtsträgers bei der **Ausgliederung (§ 123 III)** nicht den Anteilsinhabern des übertragenden Rechtsträgers, sondern diesem selbst zu. Auch insoweit kennt das G sowohl die Ausgliederung zur Aufnahme (§ 123 III Nr. 1) als auch eine solche zur Neugründung (§ 123 III Nr. 2). Für den Kreis spaltungsfähiger Rechtsträger verweist § 124 grds. auf die in § 3 I aufgezählten verschmelzungsfähigen Rechtsträger. Grdl. für die Spaltung ist der notariell zu beurkundende Spaltungs- und Übernahmevertrag (§ 125 iVm. §§ 4, 6), dessen Mindestinhalt § 126 I in Anlehnung an § 5 konkretisiert (zu den arbeitnehmerbezogenen Pflichtangaben s. § 126 I Nr. 11). Mit Eintragung der Spaltung im Register (§ 130) geht das Vermögen des übertragenden Rechtsträgers entspr. der Aufteilung im Spaltungs- und Übernahmevertrag in seiner Gesamtheit auf die übernehmenden Rechtsträger über (**partielle Universalsukzession,** § 131 I Nr. 1). Zum Schutz der Gläubiger, zu denen auch die AN zählen, ordnet § 133 I zu Lasten der an der Spaltung beteiligten Rechtsträger eine gesamtschuldnerische Haftung bzgl. aller Verbindlichkeiten an, die vor Eintragung der Spaltung begr. wurden; § 134 trifft insoweit eine Sonderregelung für Unternehmensspaltungen zwecks Bildung einer Betriebs- und einer Anlagegesellschaft, da er die gesamtschuldnerische Haftung zT auch auf nach der Spaltung begr. Ansprüche ausdehnt.

4. Vermögensübertragung. Sofern die Gegenleistung für die Übertragung des Vermögens nicht in 4
Form von Anteilen oder Mitgliedschaftsrechten bestehen soll, eröffnen die §§ 174 ff. die Möglichkeit einer Universalsukzession durch eine Vermögensübertragung, wobei das G zwischen der zur Auflösung des übertragenden Rechtsträgers führenden **Vollübertragung** (§ 174 I) und der mit den Spaltungsarten vergleichbaren **Teilübertragung** (§ 174 II) unterscheidet. Während sich die Vollübertragung grds. nach den Bestimmungen zur Verschmelzung richtet (s. § 176), unterliegt die Teilübertragung weitgehend den Vorschr. zur Spaltung (s. § 177).

5. Formwechsel. Als weitere Form der Umwandlung eröffnet das G den **Wechsel der Rechtsform** 5
(§ 190 I), die sich von den anderen Arten der Umwandlung dadurch unterschiedet, dass der Rechtsträger seine Identität behält und ledigl. sein „Rechtskleid" wechselt. Die formwechselnde Umwandlung ist ausschl. den in § 191 aufgezählten Rechtsträgern eröffnet, die hierfür auf einer Versammlung der Anteilsinhaber einen notariell zu beurkundenden **Umwandlungsbeschl.** fassen müssen (§ 193). Für dessen Inhalt schreibt § 194 I Mindestangaben vor, zu denen auch die Folgen des Formwechsels für die AN und ihre Vertretungen zählen (§ 194 I Nr. 7). Ferner unterliegt der sich umwandelnde Rechtsträger den **Gründungsvorschr.** der neuen Rechtsform (§ 197) und hat die neue Rechtsform zur Eintragung in das Register anzumelden (§ 198). Mit **Eintragung des Formwechsels** besteht der formwechselnde Rechtsträger in der im Umwandlungsbeschl. bestimmten Rechtsform weiter (§ 202 I Nr. 1). Der Anwendungsbereich der Bestimmungen zum Formwechsel bezieht sich nicht nur auf nach dt. Recht errichtete Gesellschaften. Wegen der unionsrechtl. durch die Art. 49, 54 AEUV eröffneten Möglichkeit eines **„Herein-Formwechsels"** (s. EuGH 12.7.2012 NJW 2012, 2715 – Vale) sind diese ebenfalls anzuwenden, wenn eine nach dem Recht eines EU-Mitgliedstaats errichtete Gesellschaft in eine Rechtsform dt. Rechts wechselt (s. KG 21.3.2016 NZG 2016, 834; OLG N 19.6.2013 NZG 2014, 349; zum **„Heraus-Formwechsel"** OLG F 3.1.2017 NZG 2017, 423 ff.).

§ 5 Inhalt des Verschmelzungsvertrags

(1) Der Vertrag oder sein Entwurf muß mindestens folgende Angaben enthalten:

…

9. Die Folgen der Verschmelzung für die Arbeitnehmer und ihre Vertretungen sowie die insoweit vorgesehenen Maßnahmen.

(2) …

(3) Der Vertrag oder sein Entwurf ist spätestens einen Monat vor dem Tage der Versammlung der Anteilsinhaber jedes beteiligten Rechtsträgers, die gemäß § 13 Abs. 1 über die Zustimmung zum Verschmelzungsvertrag beschließen soll, dem zuständigen Betriebsrat dieses Rechtsträgers zuzuleiten.

1. Allgemeines. Die Vorschr. trägt den ANBelangen dadurch Rechnung, dass der Verschmelzungs- 1
vertrag auch die Folgen der Verschmelzung für die AN darstellen muss; Abs. 3 gewährleistet, dass der zust. BR von seinem Inhalt Kenntnis erhält. Deshalb bezwecken die Angaben nach § 5 I Nr. 9 primär eine frühzeitige Information der zust. BR der an der Verschmelzung beteiligten Rechtsträger (Begr. BT-Drs. 12/6699, 82 ff.; Lutter/*Drygala* Rn. 84; Kallmeyer/*Willemsen* Rn. 49). Ein Recht zur Stellungn. ist mit dem Einsichtsrecht nicht verbunden. Dieses Defizit wird zT durch die von § 5 III unberührt bleibenden Beteiligungsrechte nach dem BetrVG (KölnK-UmwG/*Hohenstatt/Schramm* Rn. 212; Kallmeyer/*Willemsen* Rn. 48), insb. die des Wirtschaftsausschusses (s. § 106 Abs. 3 Nr. 8

BetrVG), ausgeglichen. Ein systematisch stimmiges Regelungskonzept ist jedoch nicht erkennbar (s. Lutter/*Drygala* Rn. 85). Das gilt insb. anges. der durch § 324 iVm. § 613a V BGB vorgeschriebenen unmittelbaren Unterrichtung der AN (s. § 324 Rn. 7). Die Angaben nach § 5 I Nr. 9 gewährleisten auch, dass sich die an der Verschmelzung beteiligten Rechtsträger frühzeitig mit den Folgen der Verschmelzung für die AN auseinandersetzen können und insoweit ebenfalls die Anteilsinhaber der jeweiligen Rechtsträger für ihre Beschlussfassungen (§ 13) unterrichtet sind. Dies stand bei Schaffung der Norm jedoch nicht im Vordergrund (s. KölnK-UmwG/*Hohenstatt/Schramm* Rn. 135; abl. *Joost* ZIP 1995, 976, 979). Bei **grenzüberschreitender Verschmelzung** ist dem BR nicht der Verschmelzungsplan, sondern der Verschmelzungsbericht zuzuleiten (§ 122e S. 2; s. § 122e Rn. 1).

2 **2. Angaben zur Verschmelzung.** Der notariell zu beurkundende (§ 6) Verschmelzungsvertrag, über den die Versammlung der Anteilsinhaber der beteiligten Rechtsträger zu beschließen hat (§ 13), muss die wesentl. Angaben zur Verschmelzung enthalten. Hierzu zählen nach § 5 I Nr. 9 auch die Folgen der Verschmelzung für die AN sowie ihre Vertretungen einschl. der im Kontext der Verschmelzung gepl. Maßnahmen. Der Umf. der Pflichtangaben ist iE umstr., aber nicht isoliert nach § 5 I Nr. 9 zu konkretisieren. Im Wege einer systematischen Auslegung sind auch die Unterrichtungspflichten nach § 613a V BGB heranzuziehen, die über § 324 bei einer Verschmelzung ebenfalls zu beachten sind und sich sowohl auf die in Aussicht genommenen Maßnahmen (§ 613a V Nr. 4 BGB) als auch auf die „rechtl., wirtschaftl. und sozialen Folgen" für die AN (§ 613a V Nr. 3 BGB) erstrecken. Wegen des Zwecks der Angaben nach § 5 I Nr. 9 wäre es widersprüchl., wenn die hiernach aufzunehmenden Angaben hinter den Inf. ggü. den AN nach § 613a V Nr. 3 und 4 BGB zurückbleiben würden (s. a. Lutter/*Joost* § 324 Rn. 59; APS/*Steffan* § 324 Rn. 9).

3 Einbezogen sind jdf. die **individual- und kollektivrechtl. Auswirkungen** der Verschmelzung auf die ArbVerh. Hierzu zählen der Eintritt des übernehmenden Rechtsträgers in das ArbVerh. gem. § 324 iVm. § 613a I 1 BGB und der Hinweis, dass der AGWechsel Zeiten der Betriebszugehörigkeit nicht unterbricht. Verbreitet wird auch ein Hinweis auf das Kündigungsverbot in § 613a IV BGB für notwendig erachtet. Entspr. gilt für die Haftung des übertragenden Rechtsträgers, wobei die nach § 613a II BGB wegen § 613a III BGB entfällt und durch die Haftung nach den §§ 20, 22 substituiert wird (hierfür zB *Joost* ZIP 1995, 976, 981; **aA** KölnK-UmwG/*Hohenstatt/Schramm* Rn. 164). Zu den Pflichtangaben zählen ferner die Folgen für das ArbVerh. auf Grund bestehender **Kollektivverträge**. Das betrifft nicht nur das Schicksal der beim übertragenden Rechtsträger abgeschlossenen **BV**, sondern ebenso die Einbeziehung der AN in GesamtBV oder KonzernBV, die beim übernehmenden Rechtsträger gelten. Bzgl. der **TV** ist anzugeben, ob diese für den übertragenden und den übernehmenden Rechtsträger kraft Verbandzugehörigkeit oder auf anderweitiger Rechtsgrdl. verbindl. sind. Gelten bei dem übernehmenden Rechtsträger FirmenTV, ist anzugeben, ob sich deren Geltungsbereich auch auf die bislang beim übertragenden Rechtsträger beschäftigten AN erstrecken. Ob in die Pflichtangaben bzgl. der AN die **mittelbaren (sekundären) Folgen,** die bei den AN infolge der Verschmelzung eintreten, einzubeziehen sind, ist umstr. (bejahend zB *Joost* ZIP 1995, 976, 979; BeckOGK/*Wicke* UmwG § 5 Rn. 93; **aA** Lutter/*Drygala* Rn. 105 ff.). Dies betrifft insb. gepl. personelle Maßnahmen, aber auch sonstige Veränderungen der Arbeitsbedingungen. Wegen des Zwecks der Angaben, die zust. ANVertretungen frühzeitig in die Lage zu versetzen, ihre ges. Mitwirkungsrechte auszuüben (s. § 5 Rn. 1), ist ein extensives Verständnis der arbeitnehmerbezogenen Pflichtangaben zu befürworten. Bestätigt wird dies durch den Zusatz in § 5 I Nr. 9, dass auch die „insoweit vorgesehenen Maßnahmen" zu den Pflichtangaben zählen. Ferner ist zu § 613a V BGB ebenfalls ein extensives Verständnis anerkannt (s. BGB § 613a Rn. 88a). Stets können sich die Angaben jedoch auf solche „Folgen" beschränken, für die die Verschmelzung der **tragende Beweggrund** ist (KölnK-UmwG/*Hohenstatt/Schramm* Rn. 146). Zudem beziehen sich die Pflichtangaben nur auf solche AN, die bei den an der Verschmelzung **beteiligten Rechtsträgern** beschäftigt sind; Angaben zu AN anderer Rechtsträger (zB Tochtergesellschaften) sind nicht aufzunehmen (KölnK-UmwG/*Hohenstatt/Schramm* Rn. 147). Ob die Folgen der Verschmelzung für die AN nachteilig sind, ist für die nach § 5 I Nr. 9 aufzunehmenden Angaben unerhebl. (OLG D 15.5.1998 NZA 1998, 766, 767).

4 Zu den Folgen für die **ANVertretungen** zählen insb. alle rechtl. Auswirkungen der Verschmelzung für vorhandene Vertretungsstrukturen, so zB, wenn es iRd. Verschmelzung zur Zusammenlegung von Betrieben und damit zur Bildung neuer BR kommt. Hins. des GBR ist va. auf den idR beim übertragenden Rechtsträger eintretenden Untergang (s. BAG 5.6.2002 NZA 2003, 336, 337) hinzuweisen; entspr. gilt für Auswirkungen auf einen beim übernehmenden Rechtsträger bestehenden GBR, dessen Zusammensetzung sich nach der Verschmelzung verändert. Vergleichbare Auswirkungen sind auch für einen uU bestehenden KBR darzustellen. Der Begriff der ANVertretung in § 5 I Nr. 9 ist iwS zu verstehen und umfasst auch den Wirtschaftsausschuss, nach § 3 I BetrVG gebildete ANVertretungen, die JAV sowie den EBR (BeckOGK/*Wicke* UmwG § 5 Rn. 97). Darzustellen sind ferner die Auswirkungen der Verschmelzung auf die **Unternehmensmitbestimmung.** Das betrifft nicht nur die Beendigung einer Unternehmensmitbestimmung bei dem übertragenden Rechtsträger (s. BGH 27.1.2015 NZG 2015, 438 Rn. 9), sondern insb. die Auswirkungen beim übernehmenden Rechtsträger, va. ein bei diesem eintretender Wechsel im Mitbestimmungsstatut, der nicht nur wegen einer Ver-

änderung der ANZahl, sondern auch auf Grund einer Veränderung des Unternehmensgegenstands eintreten kann, weil infolge der Verschmelzung ein Tendenzschutz (§ 1 II DrittelbG, § 1 IV MitbestG) eingreift oder entfällt (BeckOGK/*Wicke* UmwG § 5 Rn. 99).

Die **„insoweit vorgesehenen Maßnahmen"** beziehen sich auf die Folgen der Verschmelzung, insb. die Abwendung von Nachteilen für die AN. Das betrifft va. hierzu abgeschlossene Vereinb. wie zB ein Rahmensozialplan, aber auch einen Interessenausgleich sowie Sozialplan, sofern das Beteiligungsverfahren bereits abgeschlossen ist oder dies unmittelbar bevorsteht. Bzgl. der Folgen für ANVertretungen kommen als Maßnahme iSd. § 5 I Nr. 9 auch ein nach § 325 II abgeschlossener TV oder BV in Betracht, ggf. aber auch ein nach § 3 I vereinbarter TV mit dem übernehmenden Rechtsträger. 5

Sind bei den an der Verschmelzung beteiligten Rechtsträgern **keine AN** beschäftigt, ist in dem Verschmelzungsvertrag hierauf iS einer Negativerkl. hinzuweisen (Lutter/*Drygala* Rn. 117). Bei Holding-Gesellschaften können Angaben zu den Folgen für ANVertretungen erforderl. werden, weil zB die Errichtung des KBR oder wegen Wegfalls der ANZurechnung (§ 5 I MitbestG) ein mitbestimmter AR entfällt. Soweit die Auff. vertreten wird, die Notwendigkeit zur Aufnahme der Angaben iSv. § 5 I Nr. 9 entfalle bei **betriebsratslosen Rechtsträgern,** ist dem nicht zu folgen (OLG D 15.5.1998 NZA 1998, 766, 767; *Henssler* FS Kraft 1998 S. 219, 239 f.; BeckOGK/*Wicke* UmwG § 5 Rn. 106), da die Pflichtangaben zwar vornehml., aber nicht ausschl. eine Inf. der betriebsverfassungsrechtl. ANVertretungen bezwecken (s. § 5 Rn. 1). 6

Der **Rechtscharakter** der Angaben in dem Verschmelzungsvertrag wird unterschiedl. beurteilt. Verbreitet werden diese ledigl. als Wissenserkl. eingeordnet (zB Kallmeyer/*Willemsen* Rn. 49), was idR zutrifft. Ein rechtsgeschäftl. Verpflichtungswille der an der Verschmelzung beteiligten Rechtsträger iS eines Vertrags zugunsten Dritter ist jedoch rechtl. nicht ausgeschlossen, liegt aber nur vor, wenn hierfür aus dem Verschmelzungsvertrag hinreichend deutl. Anhaltpunkte erkennbar sind. 7

Unzureichende oder unrichtige Angaben im Verschmelzungsvertrag können iRd. **Eintragung** zu berücksichtigen sein, da dieser zu den bei der Anmeldung einzureichenden Unterlagen zählt (§ 17 I). Ob das Registergericht die Eintragung wegen unzutr. Angaben ablehnen darf, wird unterschiedl. beantwortet, ist aber jdf. dann zu bejahen, wenn die von § 5 I Nr. 9 geforderten Angaben entweder vollständig fehlen oder in wesentl. Teilen unvollständig sind (so Lutter/*Drygala* Rn. 156; Semler/Stengel/*Simon* Rn. 95 f.; weiter gehend zB *Henssler* FS Kraft 1998 S. 219, 241 f.; *Joost* ZIP 1995, 976, 986; BeckOGK/*Wicke* UmwG § 5 Rn. 110: auch bei offensichtl. Unrichtigkeit). Zur Ablehnung der Eintragung ist das Registergericht berechtigt, wenn eine nachvollziehbare Darst. der arbeitsrechtl. Folgen fehlt (OLG D 15.5.1998 NZA 1998, 766, 767). Unvollständige oder fehlende Angaben nach § 5 I Nr. 9 berühren jedoch nicht die **Rechtswirksamkeit des Verschmelzungsvertrags** (KölnK-UmwG/*Hohenstatt/Schramm* Rn. 217; Kallmeyer/*Marsch-Barner* Rn. 64) oder eine eingetragene Verschmelzung. Eine **Anfechtbarkeit** der **Verschmelzungsbeschl.,** die die AE der beteiligten Rechtsträger gefasst haben (§ 13), wird überw. verneint (Lutter/*Drygala* Rn. 156; Semler/Stengel/*Simon* Rn. 98; BeckOGK/*Wicke* UmwG § 5 Rn. 113). Für den BR gilt dies auch deshalb, weil er nicht zum Kreis der nach § 245 AktG Anfechtungsberechtigten zählt; für eine Feststellungsklage iSd. § 256 ZPO fehlt ihm jdf. das Feststellungsinteresse (OLG NMB 6.2.1997 DB 1997, 466), sofern er überhaupt die aktive Parteifähigkeit (§ 50 I ZPO) besitzt. **Schadensersatzansprüche der AN** sind bei unrichtigen Angaben – anders als im Rahmen von § 613a V BGB (s. BGB § 613a Rn. 94) – ausgeschlossen, weil hierdurch keine unmittelbar ggü den AN bestehenden Rechtspflichten verletzt werden (Semler/Stengel/*Simon* Rn. 99; **aA** Lutter/*Drygala* Rn. 156; BeckOGK/*Wicke* UmwG § 5 Rn. 114, wenn auf Grund der Angaben Vertrauensdispositionen getroffen wurden; beschränkt auf atypische Sachverhalte *Henssler* FS Kraft 1998 S. 219, 247). 8

3. Zuleitung an Betriebsrat. Die Pflicht zur Zuleitung umfasst den **gesamten Vertrag** bzw. dessen Entw. und nicht nur die Angaben nach Abs. 1 Nr. 9 (allgA Semler/Stengel/*Schröer* Rn. 141; Kallmeyer/*Willemsen* Rn. 74). Nimmt der zuzuleitende Vertrag bzw. dessen Entw. auf **Anl.** Bezug, sind auch diese zuzuleiten (Semler/Stengel/*Schröer* Rn. 141). Die umwandlungsrechtl. Dok. müssen nicht im Original übersandt werden; im Interesse der Authentizität bedürfen **Abschriften** jedoch einer Beglaubigung (*Melchior* GmbHR 1996, 833, 835). 9

Als **Adressaten** der Zuleitung benennt Abs. 3 den zust. BR und knüpft damit an die betriebsverfassungsrechtl. ZustOrdnung an (*Blechmann* NZA 2005, 1143, 1147; *Boecken* Rn. 332; *Joost* ZIP 1995, 976, 984; Kallmeyer/*Willemsen* Rn. 76). IdR hat die Zuleitung wegen § 50 I BetrVG an den GBR zu erfolgen, der insoweit die BR auf betriebl. Ebene verdrängt (*Boecken* Rn. 333; Lutter/*Drygalla* Rn. 144). Eine Zust. des KBR kommt nicht in Betracht, da sich § 5 III auf bei dem jeweiligen Rechtsträger gebildete BR beschränkt (*Boecken* Rn. 334; *Henssler* FS Kraft 1998 S. 219, 239). Ist die Bildung eines BR/GBR unterblieben, entfällt die Pflicht zur Zuleitung und ist nicht durch eine solche an die AN zu ersetzen (*Boecken* Rn. 336; *Henssler* FS Kraft 1998 S. 219, 240; *Joost* ZIP 1995, 976, 985; Lutter/*Drygala* Rn. 145; *Willemsen* RdA 1998, 23, 32). Von einer mit § 122e S. 2 vergleichbaren Bestimmung, die dies anordnet (s. § 122e Rn. 3), sieht § 5 III ausdr. ab. Wegen des unionsrechtl. Fundaments von § 122e S. 2 scheidet dessen entspr. Anwendung aus. 10

Für die **Berechnung der Frist** sind die §§ 186 ff. BGB anzuwenden (Lutter/*Drygala* Rn. 147; Kallmeyer/*Willemsen* Rn. 77), allerdings bereitet die Rückwärtsrechnung Schwierigkeiten. Wegen des 11

Wortlauts von § 5 III („vor dem Tage") ist der Tag der Versammlung nicht in die Frist einzurechnen. Stets muss dem zust. BR mit Zugang ein Monat verbleiben. Fällt der letzte Tag der Frist bei der Rückwärtsrechnung auf einen Sonnabend, Sonntag oder Feiertag, tritt wegen § 193 BGB an dessen Stelle der zeitl. vorhergehende Werktag (KölnK-UmwG/*Hohenstatt/Schramm* Rn. 255). Ein Verzicht auf die Wahrung der Frist ist zulässig, da diese ausschl. zum Schutz des BR besteht (OLG NMB 17.3.2003 NZG 2004, 734; Lutter/*Drygala* Rn. 148; Kallmeyer/*Willemsen* Rn. 77b). Auf die Zuleitung als solche kann der BR indes nicht rechtswirksam verzichten (OLG NMB 17.3.2003 NZG 2004, 734; Lutter/*Drygala* Rn. 148; Kallmeyer/*Willemsen* Rn. 77 b; **aA** Semler/Stengel/*Schöer* Rn. 146; BeckOGK/*Wicke* UmwG § 5 Rn. 153).

12 **Nachträgl. Änd.** der Unterlagen sind dem zust. BR allenfalls dann zuzuleiten, wenn diese die Angaben nach § 5 I Nr. 9 betreffen und nicht rein redaktioneller Natur sind (OLG NMB 6.2.1997 DB 1997, 466, 467). Umstr. ist, ob zusätzl. auch unwesentl. Änd. auszuklammern sind (Semler/Stengel/*Schröer* Rn. 147) bzw. nur wesentl. Änd. eine erneute Zuleitungspflicht auslösen (so zB KölnK-UmwG/*Hohenstatt/Schramm* Rn. 250). Bei einer erneuten Zuleitungspflicht ist abermals die Frist des § 5 III zu beachten, sofern der zust. BR nicht auf deren Einhaltung verzichtet (s. § 5 Rn. 11).

13 **Unterbleibt die Zuleitung** an den zust. BR, stellt dies die Eintragung der Verschmelzung in Frage, da der Nachw. über die rechtzeitige Zuleitung des Verschmelzungsvertrags bzw. dessen Entw. Bestandteil der beim Registergericht einzureichenden Unterlagen ist (§ 17 I). Ein schriftl. und datiertes Empfangsbekenntnis durch den BRVors. (§ 26 II 2 BetrVG) genügt, ohne andere Formen des Nachw. auszuschließen. Entspr. gilt für den Verzicht des BR auf die vollständige Wahrung der Frist (Semler/Stengel/*Schröer* Rn. 141; s. § 5 Rn. 11). Fehlt der Nachw. über die Zuleitung an den zust. BR kann das Registergericht durch Zwischenvfg. (§ 382 IV FamFG) unter Fristsetzung Gelegenheit geben, den Mangel zu beseitigen. Nach fruchtlosem Ablauf der Frist, ist das Registergericht zur Zurückweisung der Anmeldung berechtigt, da der Nachw. Eintragungsvoraussetzung ist. Erfolgte die Eintragung der Verschmelzung ohne Nachw. über die rechtzeitige Zuleitung, bleibt die **Rechtswirksamkeit der Verschmelzung** als solche **unberührt** (*Henssler* FS Kraft 1998 S. 219, 241); tw. wird jedoch eine im Ermessen des Registergerichts stehende Löschung der Eintragung für mögl. erachtet (so *Melchior* GmbHR 1996, 833, 838). Ein **Anspruch auf Unterlassung** der Eintragung steht dem BR nicht zu (*Gaul* § 29 Rn. 180); auch ein Verfahren nach § 23 III BetrVG scheidet aus, da § 5 III nicht an die betriebsverfassungsrechtl. Stellung des AG anknüpft (KölnK-UmwG/*Hohenstatt/Schramm* Rn. 259; **aA** *Mengel* S. 347 sowie *Henssler* FS Kraft 1998 S. 219, 246: § 23 III BetrVG analog). Dem BR bleibt es unbenommen, beim Registergericht einen Verstoß gegen § 5 III zu beanstanden (Kallmeyer/*Willemsen* Rn. 75).

§ 20 Wirkungen der Eintragung

(1) **Die Eintragung der Verschmelzung in das Register des Sitzes des übernehmenden Rechtsträgers hat folgende Wirkungen:**

1. **Das Vermögen der übertragenden Rechtsträger geht einschließlich der Verbindlichkeiten auf den übernehmenden Rechtsträger über.**

...

(2) ...

1 Sowohl bei einer Verschmelzung zur Aufnahme (§ 2 Nr. 1) als auch einer solchen zur Neugründung (§ 2 Nr. 2) gehen die bislang zum übertragenden Rechtsträger bestehenden ArbVerh. mit Wirksamwerden der Verschmelzung auf den übernehmenden Rechtsträger über (s. allg. BAG 15.6.2016 NZA 2017, 326 Rn. 36). Dies folgt sowohl aus der **Gesamtrechtsnachfolge** nach § 20 I Nr. 1 als auch aus § 613a I 1 BGB, da der Verschmelzungsvertrag – wie § 324 zeigt (s. § 324 Rn. 1) – ein Rechtsgeschäft iSd. § 613a BGB ist und damit ein rechtsgeschäftl. Betriebsinhaberwechsel eintritt. Auf den alleinigen Rückgriff auf § 20 I Nr. 1 kommt es jedoch bei Rechtsverhältnissen an, die § 613a I 1 BGB nicht erfasst, wie zB Ruhestandsverhältnisse (s. BGB § 613a Rn. 69) sowie Anstellungsverhältnisse mit Organmitgliedern des übertragenden Rechtsträgers, selbst wenn die Verschmelzung zum Verlust der Organstellung führt (BAG 13.2.2003 NZA 2003, 552, 553 f.; zum mitbestimmten AR BGH 27.1.2015 NZG 2015, 438 Rn. 9).

2 Kommt es im Rahmen einer Verschmelzung zu einem **Interessenausgleich** (s. § 111 S. 3 Nr. 3 BetrVG), kann dieser im Hinblick auf die in einer **Namensliste** vorgenommene Zuordnung der AN zu einem Betrieb oder Betriebsteil nur auf grobe Fehler überprüft werden (s. § 323 II; dazu § 323 Rn. 7 ff.).

3 Wegen der Auflösung des übertragenden Rechtsträgers haftet dieser nicht für die vor Wirksamwerden der Verschmelzung begr. Verbindlichkeiten aus den ArbVerh. Nach § 613a III BGB gilt dies auch im Hinblick auf die gesamtschuldnerische Haftung nach § 613a II BGB. Den nunmehr beim übernehmenden Rechtsträger beschäftigten AN können jedoch nach § 22 für vor der Verschmelzung begr. Ansprüche Sicherheit verlangen.

4 Hins. der Bindung des übernehmenden Rechtsträgers an beim übertragenden Rechtsträger geltende TV ist zwischen Verbands- und FirmenTV zu unterscheiden. An beim übertragenden Rechtsträger

geltende **VerbandsTV** ist der übernehmende Rechtsträger nur gebunden, wenn dieser selbst Mitglied des AGVerbands ist, der den VerbandsTV abgeschlossen hat, oder bei entspr. Satzungsgestaltung des Verbands in die Mitgliedschaft des übertragenden Rechtsträgers eintritt (s. BAG 24.6.1998 NZA 1998, 1346; s. TVG § 3 Rn. 14). Andernfalls bleiben die für das ArbVerh. maßgebenden Tarifnormen gem. § 613a I 2 in der bei Wirksamwerden der Spaltung geltenden Fassung anwendbar. Ggf. wird die statische Geltung der bisherigen Tarifnormen durch eine dynamisch formulierte Bezugnahme im Arbeitsvertrag überlagert (s. TVG § 3 Rn. 41 f.). Bei **FirmenTV** tritt der übernehmende Rechtsträger in die Parteistellung ein, ohne dass es hierfür eines Beitritts des übernehmenden Rechtsträgers zu dem FirmenTV bedarf (BAG 24.6.1998 NZA 1998, 1346, 1347 f.; 29.8.2001 NZA 2002, 513, 514; 4.7.2007 NZA 2008, 307 Rn. 39 ff.; 22.11.2012 NZA 2013, 512 Rn. 19; 15.6.2016 NZA 2017, 326 Rn. 33, 37), unabhängig davon, ob es sich um eine Verschmelzung durch Aufnahme (§ 2 Nr. 1) oder durch Neugründung (§ 2 Nr. 2) handelt (BAG 4.7.2007 NZA 2008, 307 Rn. 41; 15.6.2016 NZA 2017, 326, Rn. 33). Der unternehmensbezogene Geltungsbereich des FirmenTV bleibt von der Verschmelzung unberührt. Deshalb soll sich dieser nach Ansicht des BAG nicht auf die AN des übernommenen Rechtsträgers beschränken, sondern auch beim aufnehmenden Rechtsträger bereits zuvor begründete ArbVerh. erfassen (BAG 15.6.2016 NZA 2017, 326 Rn. 49 ff.; **aA** als Vorinstanz LAG BW 29.9.2014 LAGE UmwG § 20 Nr. 1). Die Bindung des übernehmenden Rechtsträgers an den FirmenTV erstreckt sich nicht nur auf dessen Rechtsnormen, sondern wegen seiner Parteistellung auch auf den schuldrechtl. Teil (BAG 15.6.2016 NZA 2017, 326 Rn. 37). Für die Anwendung von § 613a I 2 BGB ist in dieser Konstellation kein Raum (s. § 324 Rn. 4). Eine mit FirmenTV vergleichbare Gesamtrechtsnachfolge tritt ein, wenn es bei einer TVPartei zu einer **Verschmelzung** kommt, weil zB die den TV abschl. Gewerkschaft mit anderen zu einer neuen **Gewerkschaft** verschmolzen wird. In diesem Fall tritt die neue Gewerkschaft nach § 20 I Nr. 1 in die Parteistellung des Firmen- oder VerbandsTV ein (BAG 11.5.2005 NZA 2005, 1362, 1364; 14.11.2007 NZA-RR 2008, 362 Rn. 39).

Die Geltung von **BV** bleibt von der Verschmelzung unberührt, wenn die **Betriebsidentität** von dieser und dem damit verbundenen Rechtsträgerwechsel unverändert bleibt (KölnK-UmwG/*Hohenstatt/Schramm* § 324 Rn. 27). Vom übertragenden Rechtsträger abgeschlossene **GesamtBV** bindet grds. (ggf. als EinzelBV) auch den übernehmenden Rechtsträger (s. BetrVG § 77 Rn. 117 ff.), deren Geltung bleibt jedoch auf die Betriebe des übertragenden Rechtsträgers beschränkt. Eine Ausnahme gilt, wenn infolge der Verschmelzung die Identität der früheren Betriebe aufgelöst worden ist; in diesem Fall gelten die Arbeitsbedingungen der GesamtBV nach § 613a I 2 BGB arbeitsvertragl. fort (BAG 31.8.2005 NZA 2006, 265 Rn. 12). Bzgl. der beim übernehmenden Rechtsträger bestehenden GesamtBV ist durch Auslegung zu ermitteln, ob sich deren Geltungsbereich auch auf beim übertragenden Rechtsträger zuvor begr. ArbVerh. erstreckt. 5

§ 122a Grenzüberschreitende Verschmelzung

(1) **Eine grenzüberschreitende Verschmelzung ist eine Verschmelzung bei der mindestens eine der beteiligten Gesellschaften dem Recht eines anderen Mitgliedstaats der Europäischen Union oder eines anderen Vertragsstaats des Abkommens über den Europäischen Wirtschaftsraum unterliegt.**

(2) **Auf die Beteiligung einer Kapitalgesellschaft (§ 3 Abs. 1 Nr. 2) an einer grenzüberschreitenden Verschmelzung sind die Vorschriften des Ersten Teils und des Zweiten, Dritten und Vierten Abschnitts des Zweiten Teils entsprechend anzuwenden, soweit sich aus diesem Abschnitt nichts anderes ergibt.**

1 Auf Grund der RL 2005/56/EG eröffnen die §§ 122a bis 122l erg. zu den §§ 2 ff. eine grenzüberschreitende Verschmelzung, an der sich die in § 122b benannten verschmelzungsfähigen Gesellschaften beteiligen können. Grdl. hierfür ist ein von den Vertretungsorganen der beteiligten Gesellschaften aufgestellter **Verschmelzungsplan** (§ 122c I), der notarieller Beurkundung bedarf (§ 122c IV). Abw. von § 5 I muss der Verschmelzungsplan keine Angaben über die **Folgen der Verschmelzung für die AN und ihre Vertretungen** enthalten; entspr. Inf. sind in den **Verschmelzungsbericht** (§ 122e) aufzunehmen (s. § 122e Rn. 1). Bei einem **Betriebsinhaberwechsel** infolge einer grenzüberschreitenden Verschmelzung sind die AN des Betriebs nach § 324 iVm. § 613a V BGB in Textform zu unterrichten (s. § 324 Rn. 7).

2 Hins. der Rechtswirkungen einer grenzüberschreitenden Verschmelzung gelten grds. die Erl. zu § 20. Bes. Schutzbestimmungen **(Sicherheitsleistung)** trifft § 122j auch für ArbVerh., wenn die übernehmende oder neue Gesellschaft nicht dem dt. Recht unterliegt. Nach dem Gesellschaftsstatut richtet sich auch die **Unternehmensmitbestimmung.** Dem Geltungsbereich des MitbestG/DrittelbG unterliegt die übernehmende oder die neue Gesellschaft nur, wenn für sie dt. Recht maßgebl. ist. Ungeachtet dessen eröffnet das MgVG den Abschluss einer Vereinb. zur Unternehmensmitbestimmung (s. MitbestG Einf. Rn. 12).

§ 122e Verschmelzungsbericht

[1]Im Verschmelzungsbericht nach § 8 sind auch die Auswirkungen der grenzüberschreitenden Verschmelzung auf die Gläubiger und Arbeitnehmer der an der grenzüberschreitenden Verschmelzung beteiligten Gesellschaften zu erläutern. [2]Der Verschmelzungsbericht ist den Anteilsinhabern sowie dem zuständigen Betriebsrat oder falls es keinen Betriebsrat gibt, den Arbeitnehmern der an der grenzüberschreitenden Verschmelzung beteiligten Gesellschaft spätestens einen Monat vor der Versammlung der Anteilsinhaber, die nach § 13 über die Zustimmung zum Verschmelzungsplan beschließen soll, nach § 63 Abs. 1 Nr. 4 zugänglich zu machen. [3]§ 8 Abs. 3 ist nicht anzuwenden.

1 Abw. von innerstaatl. Verschmelzungen sind bei grenzüberschreitenden Verschmelzungen die aus Sicht der AN relevanten Auswirkungen nicht im Verschmelzungsplan (§ 122c), sondern im Verschmelzungsbericht aufzunehmen. Dort sind auch die Auswirkungen für die AN der an der grenzüberschreitenden Verschmelzung beteiligten Rechtsträger zu erläutern (s. Lutter/*Bayer* Rn. 1; KölnK-UmwG/*Simon/Rubner* Rn. 3). Diese Abweichung beruht auf Art. 5 und 7 RL 2005/56/EG, die die Erl. bzgl. der Auswirkungen für die AN nicht zum Bestandteil des Verschmelzungsplans (Art. 5), sondern zum Inhalt des Berichts des Leitungs- oder Verwaltungsorgans (Art. 7 UA 1) erklären. Entspr. gilt für die Unterrichtung des zust. BR (s. Art. 7 UA 2 RL 2005/56/EG). Den **Verzicht** auf die Erstattung des Verschmelzungsberichts (§ 8 III) schließt § 122e S. 3 nicht nur im Hinblick auf die Belange der AN (so aber KölnK-UmwG/*Simon/Rubner* Rn. 10), sondern auch wegen des zumindest mittelbaren Gläubigerschutzes aus; eine teleologische Reduktion des Verzichtsausschlusses bei arbeitnehmerlosen Gesellschaften (hierfür KölnK-UmwG/*Simon/Rubner* Rn. 11; ebenso BeckOGK/*Klett* UmwG § 122e Rn. 24; Kallmeyer/*Marsch-Barner* Rn. 11; Semler/Stengel/*Drinhausen* Rn. 13, die zudem einen Verzicht des BR bzw. der AN für zulässig erachten), kommt deshalb nicht in Betracht (s. auch § 5 Rn. 6).

2 Hins. der **Auswirkungen** der grenzüberschreitenden Verschmelzung **auf die AN** gelten grds. die Ausführungen zu § 5 I Nr. 9 (s. § 5 Rn. 2 ff.). Allerdings beschränken sich die Erl. auf die AN der an der Verschmelzung beteiligten Gesellschaft, nicht auf diejenigen für AN anderer an der Verschmelzung beteiligten Gesellschaften, sofern kein gemeinsamer Verschmelzungsbericht erstellt wird (Lutter/*Bayer* Rn. 7). Nicht genannt werden wegen der Übernahme des Wortlauts von Art. 7 UA 1 RL 2005/56/EG die Auswirkungen für die „Vertretungen der AN" sowie die „insoweit gepl. Maßnahmen". Hieraus folgt jedoch nicht, dass über die letztgenannten Umstände in den Verschmelzungsbericht keine Erl. aufzunehmen sind (für deren Aufnahme zB auch Lutter/*Bayer* Rn. 9; Kallmeyer/*Marsch-Barner* Rn. 8), da zu den Auswirkungen auf die AN auch solche zählen, die deren kollektivrechtl. Stellung betreffen (allgA Lutter/*Bayer* Rn. 9; Semler/Stengel/*Drinhausen* Rn. 11).

3 Abw. von § 5 III ist der Verschmelzungsbericht dem **zust. BR oder den AN** nicht zuzuleiten, sondern § 122e S. 2 beschränkt sich entspr. der Vorgabe in Art. 7 UA 2 RL 2005/56/EG auf die Verpflichtung, diesen **zugängl. zu machen** (s. näher *Schädle,* Die Beteiligung des BR bei grenzüberschreitenden Verschmelzungen von Kapitalgesellschaften, 2014). Wegen der Inbezugnahme von § 63 I Nr. 4 reicht es hierfür aus, wenn der Verschmelzungsbericht in den Geschäftsräumen der an der grenzüberschreitenden Verschmelzung beteiligten Gesellschaft zur Einsichtnahme ausliegt. Das Einsichtsrecht steht dem zust. BR zu, den AN nur dann, wenn in der Gesellschaft kein BR besteht. Hins. der Zust. des BR gelten die Erl. zu § 5 III entspr. (s. § 5 Rn. 10). Dieses Informationsrecht ist beschränkt auf den Verschmelzungsbericht und erstreckt sich nicht auf die anderen in § 68 I genannten Unterlagen, insb. nicht den Verschmelzungsplan (Lutter/*Bayer* Rn. 16) und die Verschmelzungsberichte der anderen Gesellschaften (Kallmeyer/*Marsch-Barner* Rn. 4). Eine Übersendung des Verschmelzungsberichts ist nicht erforderl. (Semler/Stengel/*Drinhausen* Rn. 17). Da § 63 III nicht für entspr. anwendbar erklärt wird, können der BR oder die AN keine kostenlose Abschrift des Verschmelzungsberichts verlangen (Lutter/*Bayer* Rn. 16; BeckOGK/*Klett* UmwG § 122e Rn. 34; Kallmeyer/*Marsch-Barner* Rn. 4). Hins. des Zpkt. greift § 122e S. 2 in Übernahme von § 5 III und in Umsetzung von Art. 7 UA 3 RL 2005/56/EG auf die Frist von einem Monat zurück. Zur Rückrechnung s. § 5 Rn. 11. Die in Art. 7 UA 3 RL 2005/56/EG vorgesehene Möglichkeit, dem Bericht eine Stellungn. der ANVertreter beizufügen, findet im dt. Recht keine Entsprechung (s. Kallmeyer/*Marsch-Barner* Rn. 5). Mit Beginn der Versammlung der Anteilsinhaber endet die Pflicht, den Verschmelzungsbericht zugängl. zu halten und damit auch das Einsichtsrecht des zust. BR bzw. der AN; der Abschluss des Verfahrens über die Beteiligung der AN ist nicht abzuwarten (Lutter/*Bayer* Rn. 19; KölnK-UmwG/*Simon/Rubner* Rn. 18; **aA** WM/*Mayer* Rn. 15).

4 Eine **Verletzung der Pflichten** nach § 122e ist nicht verfahrensrechtl. sanktioniert, da der Verschmelzungsbericht nicht zu den Unterlagen zählt, die bei der Anmeldung der grenzüberschreitenden Verschmelzung einzureichen sind (s. § 122l). Allerdings kommt bei einem inhaltl. unzureichenden Verschmelzungsbericht eine Anfechtung des Beschl. der Versammlung der Anteilsinhaber in Betracht (Kallmeyer/*Marsch-Barner* Rn. 10). Zur Rechtslage bei innerstaatl. Verschmelzungen s. § 5 Rn. 8, 13.

§ 126 Inhalt des Spaltungs- und Übernahmevertrags

(1) Der Spaltungs- und Übernahmevertrag oder sein Entwurf muß mindestens folgende Angaben enthalten:

…

9. die genaue Bezeichnung und Aufteilung der Gegenstände des Aktiv- und Passivvermögens, die an jeden der übernehmenden Rechtsträger übertragen werden, sowie der übergehenden Betriebe und Betriebsteile unter Zuordnung zu den übernehmenden Rechtsträgern;

…

11. die Folgen der Spaltung für die Arbeitnehmer und ihre Vertretungen sowie der insoweit vorgesehenen Maßnahmen.

(2) …

(3) **Der Vertrag oder sein Entwurf ist spätestens einen Monat vor dem Tag der Versammlung der Anteilsinhaber jedes beteiligten Rechtsträgers, die gemäß § 125 in Verbindung mit § 13 Abs. 1 über die Zustimmung zum Spaltungs- und Übernahmevertrag beschließen soll, dem zuständigen Betriebsrat dieses Rechtsträgers zuzuleiten.**

Die Vorschr. entspricht aus arbeitsrechtl. Sicht der Parallelbestimmung zur Verschmelzung (§ 5) und passt diese an die Besonderheiten der Spaltung an. Hins. der Angaben in dem Spaltungs- und Übernahmevertrag sind die Erl. zu § 5 I Nr. 9 maßgebend (s. § 5 Rn. 2 ff.). Auch der Spaltungs- und Übernahmevertrag oder dessen Entw. ist dem zust. BR zuzuleiten. Die Regelung in § 126 III stimmt mit § 5 III überein (s. näher § 5 Rn. 9 ff.). 1

Gegenstand des Spaltungs- und Übernahmevertrags ist auch die Festlegung, in welchem Umf. vom übertragenden Rechtsträger begr. Vertragsverhältnisse auf einen übernehmenden Rechtsträger übergehen. Das gilt nicht nur für Betriebe und Betriebsteile (§ 126 I Nr. 9), sondern grds. auch für vom übertragenden Rechtsträger begr. ArbVerh. Deren Zuordnung zu dem übernehmenden Rechtsträger steht nicht im Belieben der an der Spaltung beteiligten Rechtsträger, sondern ist an die zwgd. **Vorgaben durch § 613a I 1 BGB** gebunden, sofern iRd. Spaltung ein Betrieb oder Betriebsteil auf einen übernehmenden Rechtsträger übertragen wird (s. § 323 Rn. 9, § 324 Rn. 3). Insofern kann der Spaltungs- und Übernahmevertrag die Bindung der ArbVerh. an den Betrieb bzw. Betriebsteil nicht aufheben (BAG 24.5.2012 NZA 2013, 277 Rn. 35, das jedoch ledigl. eine „Orientierung" fordert). Führt die Spaltung des Rechtsträgers zu einer Betriebsänd. iSd. § 111 S. 3 Nr. 3 BetrVG (s. BetrVG § 111 Rn. 16), kann ein **Interessenausgleich** in einer Namensliste auch die Zuordnung der AN festlegen, ist hierbei aber an die Vorgaben durch § 613a I 1 BGB gebunden. Die dort getroffene Zuordnungsentsch. ist jedoch nur eingeschränkt gerichtl. überprüfbar (§ 323 II, s. § 323 Rn. 7 ff.). Dies ist insb. dann von praktischer Bedeutung, wenn es infolge einer Unternehmensaufspaltung nicht zu einem Übergang von Betrieben oder Betriebsteilen iSd. § 613a I BGB kommt, weil die Betriebe erst infolge der Spaltung gebildet werden (s. § 323 Rn. 9). 2

In dem Spaltungs- und Übernahmevertrag ist auch festzulegen, ob **Ruhestandsverhältnisse** bei dem übertragenden Rechtsträger verbleiben oder einem übernehmenden Rechtsträger zugeordnet werden (BAG 22.2.2005 NZA 2005, 639 Rn. 15 ff.; 11.3.2008 NZA 2009, 790 Rn. 16 f.). Hierdurch können die zum übertragenden Rechtsträger bestehenden Ruhestandsverhältnisse auch vollständig einem einzigen übernehmenden Rechtsträger zugewiesen werden, der keine weiteren unternehmerischen Aufgaben verfolgt **(„Rentnergesellschaft")**. Eine Zust. des PSV oder der Zuwendungsempfänger ist hierfür nicht erforderl., da § 4 BetrAVG bei einer Gesamtrechtsnachfolge nicht anwendbar ist (BAG 22.2.2005 NZA 2005, 639 Rn. 30 ff.; 11.3.2008 NZA 2009, 790 Rn. 18 ff.). 3

Ferner ist in dem Spaltungs- und Übernahmevertrag aufzunehmen, ob ein übernehmender Rechtsträger in einen **FirmenTV** eintritt (BAG 22.11.2012 NZA 2013, 512 Rn. 25, 27). Ohne ausdr. Bestimmung im Spaltungs- und Übernahmevertrag (s. dazu *Gaul/Otto* BB 2014, 500, 501 f.) bleibt der übertragende Rechtsträger Partei des FirmenTV (BAG 22.11.2012 NZA 2013, 512 Rn. 25; zust. *Gaul/Otto* BB 2014, 500, 502 f.), sofern dieser nicht infolge der Spaltung erloschen ist, was nur bei einer Aufspaltung (§ 123 I) in Betracht kommt. Eine infolge der partiellen Universalsukzession eintretende Duplizierung der Parteistellung auf AGSeite hat das BAG ausdr. abgelehnt (BAG 22.11.2012 NZA 2013, 512 Rn. 25; zust. *Baeck/Winzer* NZG 2013, 655, 656 f.). 4

§ 131 Wirkungen der Eintragung

(1) Die Eintragung der Spaltung in das Register des Sitzes des übertragenden Rechtsträgers hat folgende Wirkungen:

1. Das Vermögen des übertragenden Rechtsträgers, bei Abspaltung und Ausgliederung der abgespaltene oder ausgegliederte Teil oder die abgespaltenen oder ausgegliederten Teile des Vermögens einschließlich der Verbindlichkeiten gehen entsprechend der im Spaltungs- und Über-

nahmevertrag vorgesehenen Aufteilung jeweils als Gesamtheit auf die übernehmenden Rechtsträger über.

2. Bei der Aufspaltung erlischt der übertragende Rechtsträger. Einer besonderen Löschung bedarf es nicht.

...

(2)–(3) **...**

1 Nach Maßgabe des Spaltungs- und Übernahmevertrags gehen die zu dem übertragenden Rechtsträger bestehenden Vertragsverhältnisse im Wege einer partiellen Gesamtrechtsnachfolge auf den übernehmenden Rechtsträger über. Das gilt auch für ArbVerh., sofern die insoweit im Spaltungs- und Übernahmevertrag getroffenen Festlegungen nicht den zwgd. Vorgaben durch **§ 613a I 1 BGB** widersprechen. Zum **Widerspruchsrecht des AN** s. § 324 Rn. 8 ff.

2 Bleibt bei einer Spaltung die Identität eines Betriebs erhalten und geht dieser auf einen neuen Rechtsträger über, bleibt die Geltung der bisherigen **BV** von der Spaltung unberührt (KölnK-UmwG/*Hohenstatt/Schramm* § 324 Rn. 27; s. auch BGB § 613a Rn. 114). Zur **GesamtBV** s. BetrVG § 77 Rn. 117 ff.

§ 133 Schutz der Gläubiger und der Inhaber von Sonderrechten

(1) [1]**Für die Verbindlichkeiten des übertragenden Rechtsträgers, die vor dem Wirksamwerden der Spaltung begründet worden sind, haften die an der Spaltung beteiligten Rechtsträger als Gesamtschuldner.** [2]**Die §§ 25, 26 und 28 des Handelsgesetzbuches sowie § 125 in Verbindung mit § 22 bleiben unberührt; zur Sicherheitsleistung ist nur der an der Spaltung beteiligte Rechtsträger verpflichtet, gegen den sich der Anspruch richtet.**

(2)–(6) **...**

1 Mit Eintragung der Spaltung im Handelsregister richten sich die Ansprüche der AN aus dem ArbVerh. im Grds. gegen ihren Vertragspartner. Ist ein übernehmender Rechtsträger auf Grund der partiellen Universalsukzession nach § 131 I Nr. 1 neuer AG, so ist dieser zugleich Schuldner aller Verbindlichkeiten aus dem ArbVerh., auch für solche, die vor dem Wirksamwerden der Spaltung begr. wurden. Zum Schutz der Gläubiger ordnet § 133 I jedoch eine **gesamtschuldnerische Haftung für Altverbindlichkeiten** an, die eine Parallele in § 613a II BGB hat. Bei Anwendung des § 133 auf ArbVerh. ist jedoch den Besonderheiten eines Dauerschuldverhältnisses Rechnung zu tragen. Selbst wenn das ArbVerh. vor dem Wirksamwerden der Spaltung begr. wurde, beschränkt sich die gesamtschuldnerische Haftung nach § 133 I auf solche Einzelforderungen, die vor diesem Zpkt. fällig geworden sind.

2 Die gesamtschuldnerische Haftung erstreckt § 133 I auf alle an der Spaltung beteiligten Rechtsträger. Das betrifft primär den übertragenden Rechtsträger, wenn dessen Existenz von der Spaltung unberührt bleibt. Einbezogen werden durch § 133 I zudem übernehmende Rechtsträger, die nach der Spaltung nicht in die Vertragspartnerstellung eintreten. Das ist insb. bei der Aufspaltung relevant. Die gesamtschuldnerische Haftung erstreckt sich in diesem Fall auf alle Rechtsträger, die mittels partieller Universalsukzession Rechtsnachfolger des übertragenden Rechtsträgers geworden sind. Allerdings ist bzgl. der Haftung für Altverbindlichkeiten zu unterscheiden, ob die Verbindlichkeit einem übernehmenden Rechtsträger zugewiesen ist. Dieser haftet für die Altverbindlichkeiten uneingeschränkt. Die anderen an der Spaltung beteiligten Rechtsträger haften zwar ebenfalls als Gesamtschuldner, ihre **„Mithaftung"** ist aber nach § 133 III 1 auf **fünf Jahre** zeitl. limitiert, sofern es sich nicht um **Versorgungsverpflichtungen** auf Grund des BetrAVG handelt (§ 133 III 2: zehn Jahre).

§ 134 Schutz der Gläubiger in besonderen Fällen

(1) [1]**Spaltet ein Rechtsträger sein Vermögen in der Weise, daß die zur Führung eines Betriebes notwendigen Vermögensteile im wesentlichen auf einen übernehmenden oder mehrere übernehmende oder auf einen neuen oder mehrere neue Rechtsträger übertragen werden und die Tätigkeit dieses Rechtsträgers oder dieser Rechtsträger sich im wesentlichen auf die Verwaltung dieser Vermögensteile beschränkt (Anlagegesellschaft), während dem übertragenden Rechtsträger die Vermögensteile bei der Führung eines Betriebes zur Nutzung überlassen werden (Betriebsgesellschaft), und sind in den an der Spaltung beteiligten Rechtsträgern im wesentlichen dieselben Personen beteiligt, so haftet die Anlagegesellschaft auch für die Forderungen der Arbeitnehmer der Betriebsgesellschaft als Gesamtschuldner, die binnen fünf Jahren nach dem Wirksamwerden der Spaltung auf Grund der §§ 111 bis 113 des Betriebsverfassungsgesetzes begründet werden.** [2]**Dies gilt auch dann, wenn die Vermögensteile bei dem übertragenden Rechtsträger verbleiben und dem übernehmenden oder neuen Rechtsträger oder den übernehmenden oder neuen Rechtsträgers zur Nutzung überlassen werden.**

(2) Die gesamtschuldnerische Haftung nach Absatz 1 gilt auch für vor dem Wirksamwerden der Spaltung begründete Versorgungsverpflichtungen auf Grund des Betriebsrentengesetzes.

(3) Für die Ansprüche gegen die Anlagegesellschaft nach den Absätzen 1 und 2 gilt § 133 Abs. 3 Satz 1, Abs. 4 und 5 entsprechend mit der Maßgabe, daß die Frist fünf Jahre nach dem in § 133 Abs. 4 Satz 1 bezeichneten Tage beginnt.

1. Allgemeines. Die Vorschr. reagiert auf die Besonderheit, dass die Spaltung eines Rechtsträgers zT erfolgt, um ein Unternehmen in eine Betriebs- und eine Anlagegesellschaft aufzuspalten, wobei die AN arbeitsvertragl. der Betriebsgesellschaft zugeordnet werden, während die zur Verfolgung des Betriebszwecks notwendigen Vermögensteile im Eigentum der Anlagegesellschaft stehen. Dies ist aus Sicht der AN mit dem Risiko verbunden, dass bei späteren Betriebsänderungen in der Betriebsgesellschaft keine ausreichenden finanziellen Mittel zur Befriedigung ihrer Ansprüche vorhanden sind. Um deren Ausfall vorzubeugen, ordnet § 134 eine gesamtschuldnerische Haftung der Anlagegesellschaft an, die jedoch auf die in § 134 benannten Ansprüche beschränkt ist (s. BAG 31.1.2008 NZA 2008, 642 Rn. 36; 15.3.2011 NZA 2011, 1112 Rn. 25). Bzgl. anderer Ansprüche der AN bleibt es bei dem allg. Grds. des § 133, so dass für nach der Spaltung begr. Ansprüche ausschl. die Betriebsgesellschaft mit ihrem Vermögen haftet. Konzeptionell erfasst die Norm zwei Var.: Während nach Abs. 1 S. 1 die betriebsnotwendigen Vermögensteile auf einen anderen Rechtsträger übertragen werden, betrifft die Gleichstellung in Abs. 1 S. 2 die in der Praxis vorherrschende Gestaltung, dass der übertragende Rechtsträger nach der Spaltung die Funktion einer Anlagegesellschaft wahrnimmt. 1

2. Erfasste Spaltungen. Nach dem Wortlaut in Abs. 1 werden nur **Abspaltungen** iSd. § 123 II erfasst, da nur bei diesen der übertragende Rechtsträger erhalten bleibt. Ausgeklammert bleiben hierdurch **Aufspaltungen** (§ 123 I) und **Ausgliederungen** (§ 123 III), was jedoch dem Normzweck zuwiderläuft. Mit der hM ist deshalb eine entspr. Anwendung der Norm bei allen in § 123 genannten Formen einer Spaltung geboten (BAG 15.3.2011 NZA 2011, 1112 Rn. 27; Lutter/*Schwab* Rn. 63 ff.; Kallmeyer/*Willemsen* Rn. 4 f.; **aA** für Aufspaltungen KölnK-UmwG/*Hohenstatt/Schramm* Rn. 4). Andererseits ist die Norm auf Spaltungen iSd. UmwG beschränkt (Lutter/*Schwab* Rn. 20). Wegen der für diese charakteristischen (partiellen) Universalsukzession greift § 134 nicht ein, wenn Vermögensteile des Rechtsträgers im Wege einer **Einzelrechtsnachfolge** auf einen anderen Rechtsträger übertragen werden (**aA** DKKW/*Däubler* § 111 Rn. 98). Wegen des systematischen Zusammenhangs der Norm mit § 133 scheidet auch eine entspr. Anwendung aus (KölnK-UmwG/*Hohenstatt/Schramm* Rn. 5; Lutter/*Schwab* Rn. 19; Kallmeyer/*Willemsen* Rn. 6). Selbst wenn der Normzweck eine Übertragung auf derartige Sachverhalte nahe legt, widerspricht die Regelungslücke nicht den Vorstellungen des Gesetzgebers, da § 134 keinen umfassenden ANSchutz für alle Arten einer Betriebs- bzw. Unternehmensspaltung schaffen, sondern ledigl. auf die Risiken einer partiellen Gesamtrechtsnachfolge reagieren soll. 2

Die Vorschr. erfasst nicht alle Formen einer dem G unterliegenden Spaltung, sondern nur eine solche, die durch Umf. und Art der Vermögensteile, deren anschließende Verwendung sowie die an der Spaltung beteiligten Rechtsträger gekennzeichnet sind. Der Begriff der Vermögensteile ist zwar in einem umfassenden Sinne zu verstehen, wird aber in Abs. 1 dahin eingegrenzt, dass diese für die Führung des Betriebs notwendig sein müssen. Maßgebend ist hierfür der arbeitstechnische Zweck und ob sie für dessen Verwirklichung notwendig sind. Dies umfasst das Anlagevermögen (§ 266 II A HGB), idR hingegen nicht das Umlaufvermögen (§ 266 II B HGB). Ob es sich dabei um „wesentl." Vermögensteile handelt, beurteilt sich wegen des Normzwecks nach deren Wert (Lutter/*Schwab* Rn. 35; Kallmeyer/*Willemsen* Rn. 11; **aA** KölnK-UmwG/*Hohenstatt/Schramm* Rn. 12), da § 134 I auf den Entzug bzw. die Verlagerung von Haftungsmasse reagiert. Deshalb entfällt die Anwendung der Norm, wenn die bei der Betriebsgesellschaft verbleibenden Vermögensteile im Rahmen einer Prognose ausreichen, um einen längerfristigen Bestand dieses Rechtsträgers zu gewährleisten (Lutter/*Schwab* Rn. 35). Abstrakte prozentuale Grenzziehungen (s. zB Kallmeyer/*Willemsen* Rn. 11: $^2/_3$ des Vermögens) tragen dem nicht genügend Rechnung (Lutter/*Schwab* Rn. 35). Entscheidend für das Eingreifen der Haftungsnorm ist ferner der Verbleib der Vermögensteile bei der Betriebsgesellschaft zwecks Fortführung des bisherigen Betriebszwecks, gleichgültig, auf welcher Rechtsgrdl. dies geschieht. Ausreichend, aber auch erforderl. ist die ggf. rein tats. Nutzung der Vermögensteile durch die Betriebsgesellschaft (KölnK-UmwG/*Hohenstatt/Schramm* Rn. 15; Kallmeyer/*Willemsen* Rn. 12). 3

Die gesamtschuldnerische Haftung der Anlagegesellschaft hängt davon ab, dass sich diese im Wesentl. auf die Verw. der übertragenen und betriebsnotwendigen Vermögensteile beschränkt. Probl. ist dies insb., wenn die Anlagegesellschaft weitere unternehmerische Aktivitäten entfaltet. Der Normzweck legt insoweit ein restriktives Verständnis nahe, da es aus Sicht der Haftungsmasse der Betriebsgesellschaft keinen Unterschied bedeutet, ob die Anlagegesellschaft weitere unternehmerische Aktivitäten verfolgt. Zw. ist insb., ob eine gesamtschuldnerische Haftung bereits bei nennenswerten eigenen betriebl. Aktivitäten der Anlagegesellschaft ausscheidet (hierfür Kallmeyer/*Willemsen* Rn. 3, 15). Bes. augenfällig ist dies, wenn die Anlagegesellschaft in größerem Umf. nicht betriebsnotwendige Vermögensteile verwaltet (im Ansatz zutr. Kallmeyer/*Willemsen* Rn. 15; weiter gehend Lutter/*Schwab* 4

Rn. 46 ff., wonach die Anwendung der Norm überhaupt nicht von sonstigen Aktivitäten der Anlagegesellschaft abhängen soll). Diesem Verständnis trägt eine Auslegung Rechnung, die nicht auf die allg. Tätigkeit der Anlagegesellschaft, sondern auf deren Aktivitäten im Hinblick auf betriebsnotwendige Vermögensteile abstellt. Ledigl. insoweit muss sich deren Tätigkeit auf die Verw. beschränken (ebenso KölnK-UmwG/*Hohenstatt/Schramm* Rn. 14).

5 Zu einer Mithaftung der Anlagegesellschaft kommt es nur, wenn die an Betriebs- und Anlagegesellschaft Beteiligten im Wesentl. identisch sind. Mit dieser Voraussetzung trägt das G dem Umstand Rechnung, dass eine gem. Haftung nur bei einer wirtschaftl. Identität der Unternehmensträger gerechtfertigt ist (Semler/Stengel/*Seulen* Rn. 26). Für das Vorliegen der Identität ist nach hM auf die Stimmrechte (so zB Lutter/*Schwab* Rn. 58 ff.; WM/*Vosius* Rn. 60 ff.; Kallmeyer/*Willemsen* Rn. 16), nach aA auf die Kapital- und Gewinnanteile (hierfür Semler/Stengel/*Seulen* Rn. 26) abzustellen. Eine vollst. Identität der Beteiligten ist nicht erforderl.; ob bereits eine Identität der Mehrheit ausreicht (so KölnK-UmwG/*Hohenstatt/Schramm* Rn. 17; Lutter/*Schwab* Rn. 58, 60 ff.; WM/*Vosius* Rn. 60; Kallmeyer/*Willemsen* Rn. 16), ist bei einem Vergleich mit § 4 I MitbestG zw. (s. Semler/Stengel/*Seulen* Rn. 28: mind. 85%), gleichwohl aber zu bejahen, da sich die Wesentlichkeit der Beteiligung danach bemisst, ob die Beteiligten einen beherrschenden Einfluss auf die Gesellschaften ausüben können, was bereits bei einer Mehrheitsbeteiligung der Fall ist.

6 **3. Begünstigte Arbeitnehmer.** Die gesamtschuldnerische Haftung beschränkt § 134 I 1 auf Ansprüche der AN auf Grund der §§ 111 bis 113 BetrVG. Begünstigt werden nur AN der Betriebsgesellschaft, wobei wegen der Verknüpfung mit dem BetrVG der dortige ANBegriff für § 134 gilt (Lutter/*Schwab* Rn. 71). Da die Vorschr. ausschl. auf die Rechtsgrdl. des Anspruchs abstellt, ist der Zpkt., in dem das ArbVerh. begr. wurde, ohne Bedeutung, so dass auch solche AN begünstigt werden, deren ArbVerh. zu der Betriebsgesellschaft erst nach der Spaltung begr. wurde (Lutter/*Schwab* Rn. 74; **aA** *Schubert* FS v. Hoyningen-Huene 2014 S. 441, 452; Kallmeyer/*Willemsen* Rn. 17: nur Alt-AN).

7 **4. Erfasste Ansprüche.** Mit der Bezugnahme auf die §§ 111 bis 113 BetrVG erfasst § 134 I alle Ansprüche von AN der Betriebsgesellschaft, die ihre rechtl. Grdl. in den Beteiligungsrechten des BR bei Betriebsänderungen haben. Dies sind in erster Linie Ansprüche, die auf einem **Sozialplan** beruhen. Überschreitet dieser die durch § 112 I 2 vorgegebene Schranke (Ausgleich oder Milderung wirtschaftl. Nachteile), kann eine entspr. Bestimmung zwar als freiwillige BV rechtswirksam sein (zB sog. Turbo-Prämie; s. BetrVG §§ 112, 112a Rn. 23), hierdurch begr. Ansprüche sind aber nicht in die gesamtschuldnerische Haftung der Anlagegesellschaft einbezogen (BeckOGK/*Annuß* UmwG § 134 Rn. 22). Entspr. gilt für Ansprüche aus Anlass einer Betriebsänderung auf **anderer Rechtsgrdl.** (zB TV). Zw. ist die Einbeziehung von Ansprüchen auf Grund eines **Rahmensozialplans**, da dieser zwar als freiwillige BV abgeschlossen werden darf, seine rechtl. Grdl. aber nicht in den §§ 111 bis 113 BetrVG hat. Wegen der Benennung des § 113 BetrVG sind auch Ansprüche auf einen **Nachteilsausgleich** einbezogen (BAG 15.3.2011 NZA 2011, 1112 Rn. 24), unabhängig davon, ob in der Betriebsgesellschaft der Versuch eines Interessenausgleichs unterlassen wurde oder von einem solchen ohne zwgd. Grund abgewichen wurde (Kallmeyer/*Willemsen* Rn. 17). Bzgl. aller **anderen Ansprüche** der AN der Betriebsgesellschaft verbleibt es bei der allg. Regelung in § 133 (s. § 134 Rn. 1), so dass die gesamtschuldnerische Haftung der Anlagegesellschaft auf Ansprüche begrenzt ist, die vor dem Wirksamwerden der Spaltung begr. wurden (Kallmeyer/*Willemsen* Rn. 1).

8 In **zeitl. Hinsicht** stellt § 134 I 1 auf die Begr. des Anspruchs ab und begrenzt die Mithaftung der Anlagegesellschaft auf solche Ansprüche, die in einem Zeitraum von fünf Jahren nach Wirksamwerden der Spaltung begr. werden. Liegt dieser vor dem Wirksamwerden der Spaltung, greift nicht § 134, sondern die Mithaftung nach § 133 ein (s. § 133 Rn. 1). Maßgebend für die Abgrenzung ist auch bei Sozialplänen nicht deren Abschluss, sondern der Zpkt. der Betriebsänderung, da erst mit dieser der Anspruch des einzelnen AN begr. ist (KölnK-UmwG/*Hohenstatt/Schramm* Rn. 22; Kallmeyer/*Willemsen* Rn. 17). Eine Mithaftung der Anlagegesellschaft scheidet deshalb aus, wenn die Betriebsänderung nach Ablauf der Fünf-Jahres-Frist vollzogen wird, der Sozialplan aber zuvor abgeschlossen wurde, mag auch der Anspruch zu einem späteren Zpkt. (zB Beendigung des ArbVerh.) fällig sein. Bei Ansprüchen auf Nachteilsausgleich kommt es zumindest bei solchen nach § 113 III BetrVG auf den Zpkt. der Betriebsänderung an (Kallmeyer/*Willemsen* Rn. 17), nicht hingegen auf den Zpkt., zu dem der auszugleichende Nachteil eintritt. Bzgl. des Nachteilsausgleichs nach § 113 I und II ist demggü. auf den Zpkt. des Abweichens von dem Interessenausgleich abzustellen.

9 In die privilegierte Haftung sind nach Abs. 2 ferner Ansprüche aus einer **betriebl. AV** einbezogen. Wegen der Bezugnahme in § 134 II auf Abs. 1 der Vorschr. gilt dies für die durch Abs. 1 privilegierten AN, ohne jedoch ltd. Ang. auszuklammern (Semler/Stengel/*Seulen* Rn. 43; weiter gehend Kallmeyer/*Willemsen* Rn. 20: ANBegriff iSd. § 17 BetrAVG). Da nur AN der Betriebsgesellschaft geschützt werden, sind hingegen Versorgungsverpflichtungen zugunsten von AN ausgeklammert, deren ArbVerh. vor der Spaltung rechtswirksam beendet wurde (BeckOGK/*Annuß* UmwG § 134 Rn. 34; Semler/Stengel/*Seulen* Rn. 44). Trotz der Bezugnahme auf das BetrAVG gilt die Vorschr. nicht nur für Verpflichtungen, die im Zpkt. der Spaltung unverfallbar waren (Semler/Stengel/*Maier-Reimer/Seulen* Rn. 45; ebenso nunmehr auch Lutter/*Schwab* Rn. 89 f.). In zeitl. Hinsicht erstreckt sich die Mithaftung

der Anlagegesellschaft auf alle Versorgungszusagen, die vor Wirksamwerden der Spaltung erteilt wurden (KölnK-UmwG/*Hohenstatt/Schramm* Rn. 24; Semler/Stengel/*Seulen* Rn. 46). Die Haftung der Anlagegesellschaft für Versorgungsverpflichtungen ist auf die bis zum Wirksamwerden der Spaltung erreichte Höhe beschränkt (so KölnK-UmwG/*Hohenstatt/Schramm* Rn. 24; Kallmeyer/*Willemsen* Rn. 21; **aA** Lutter/*Schwab* Rn. 91), da § 134 II nicht auf Versorgungs*zusagen*, sondern auf Versorgungs*verpflichtungen* abstellt, die vor dem Wirksamwerden der Spaltung begr. sein müssen. Anwartschaften oder Anpassungen nach diesem Zpkt. sind keine Verpflichtungen die zuvor begr. wurden.

5. Haftung der Anlagegesellschaft. Bzgl. der gesamtschuldnerischen Haftung der Anlagegesellschaft gelten die Grds. zu § 133. Eine Beschränkung der Haftung auf das der Betriebsgesellschaft überlassene Vermögen der Anlagegesellschaft kennt § 134 I nicht. Im Hinblick auf die **zeitl. Enthaftung** (§ 133 III 1) ist die Sonderregelung in § 134 III zu beachten. Die Fünf-Jahres Frist beginnt nicht mit der Bek. der Spaltung (§ 133 IV), sondern fünf Jahre später. Der Wortlaut des Abs. 3 ist insoweit missverständl.; gemeint ist, dass die Fünf-Jahres-Frist in § 133 III 1 erst fünf Jahre nach dem in § 133 IV 1 bezeichneten Tag zu laufen beginnt, so dass die Frist insg. **zehn Jahre** beträgt (allgM, KölnK-UmwG/*Hohenstatt/Schramm* Rn. 26; Lutter/*Schwab* Rn. 81; Kallmeyer/*Willemsen* Rn. 27). Diese gilt auch für die von § 134 II geschützten Versorgungsverpflichtungen, was sich zusätzl. aus § 133 III 2 ergibt. 10

Unmittelbare Auswirkungen hat die Mithaftung der Anlagegesellschaft nach hM für die **Dotierung eines Sozialplans**, wenn dieser durch eine Einigungsstelle beschlossen wird. Dessen wirtschaftl. Vertretbarkeit (§ 112 V 1 BetrVG) bemisst sich nicht ausschl. nach der wirtschaftl. Lage der Betriebsgesellschaft, sondern der Normzweck des § 134 erfordert einen **Bemessungsdurchgriff** auf die Anlagegesellschaft (BAG 15.3.2011 NZA 2011, 1112 Rn. 28 ff.; *Ahrendt* RdA 2012, 340, 341 f.; *Schubert* FS v. Hoyningen-Huene 2014 S. 441, 451; **aA** BeckOGK/*Annuß* UmwG § 134 Rn. 24; *Fiege/Höffler* FA 2012, 165 f.; KölnK-UmwG/*Hohenstatt/Schramm* Rn. 23; Kallmeyer/*Willemsen* Rn. 19 f.). Zwar führt § 134 bei der Betriebsgesellschaft nicht zu einem größeren Haftungsvolumen, wohl aber bezweckt die Vorschr., Nachteile der AN aus der Vermögensübertragung auf die Anlagegesellschaft zumindest im Hinblick auf Ansprüche auf Grund der §§ 111 bis 113 BetrVG abzuwenden (s. § 134 Rn. 1). Dies betrifft nicht nur die Erfüllung etwaiger Ansprüche, sondern auch deren Volumen, wenn dieses wegen der Vermögensübertragung geringer ausfällt. Allerdings begrenzt die Rspr. des BAG den Bemessungsdurchgriff auf den Wert der betriebsnotwendigen Vermögensteile, die infolge der Spaltung nicht zum Vermögen der Betriebsgesellschaft gehören (BAG 15.3.2011 NZA 2011, 1112 Rn. 32; zust. *Schubert* FS v. Hoyningen-Huene 2014 S. 441, 452; Lutter/*Schwab* Rn. 83; *Wutte* ZfA 2016, 261, 285). Für die gesamtschuldnerische Haftung kennt § 134 I eine derartige Begrenzung jedoch nicht (s. § 134 Rn. 10). Bzgl. der von Abs. 2 geschützten Ansprüche aus einer **betriebl. AV** wird ein Bemessungsdurchgriff iRd. Anpassungsverpflichtung nach § 16 BetrAVG ebenfalls befürwortet (so Semler/Stengel/*Seulen* Rn. 47). 11

§ 190 Allgemeiner Anwendungsbereich

(1) **Ein Rechtsträger kann durch Formwechsel eine andere Rechtsform erhalten.**

(2) …

Die **formwechselnde Umwandlung** (s. § 1 Rn. 5) hat bzgl. der zum formwechselnden Rechtsträger bestehenden ArbVerh. keine Auswirkungen, da der Rechtsträger nicht seine Identität, sondern nur sein „Rechtskleid" wechselt (s. BAG 18.12.2008 AP BGB § 613a Nr. 366 Rn. 40; 20.9.2016 NZG 2017, 69 Rn. 35). Anders ist die Rechtslage bzgl. solcher Rechtsvorschr., die nicht rechtsformneutral formuliert sind, wie zB bei der **Unternehmensmitbestimmung,** da diese nach § 1 I DrittelbG und § 1 I MitbestG von der Rechtsform des Rechtsträgers des Unternehmens abhängt. Hins. der durch den Formwechsel eintretenden Rechtsfolgen ist zu diff.: 1

Bei formwechselnden Umwandlungen, die dazu führen, dass der **Rechtsträger neuer Rechtsform keinen AR** hat (zB Wechsel von AG in OHG), erlischt grds. das Amt der ARMitglieder kraft G (OLG NMB 6.2.1997 AG 1998, 430 f.; *Henssler* FS 50 Jahre BGH Bd. II 2000 S. 387, 414; *Oetker* ZGR 2000, 19, 38 f.; UHH/*Ulmer/Habersack* § 1 MitbestG Rn. 54; **aA** *Horn/Wackerbarth* FS Söllner 2000 S. 447, 454: § 203 S. 1 analog). Anders ist die Rechtslage, wenn bei dem **Rechtsträger neuer Rechtsform kraft G ein AR** zu bilden ist, dieser aber eine **andere Zusammensetzung** als der bisherige AR aufweist; in diesem Fall ist das Statusverfahren nach den §§ 97 ff. AktG einzuleiten (UHH/*Ulmer/Habersack* § 1 MitbestG Rn. 54). Abw. davon ordnet **§ 203** die Amtskontinuität an, wenn bei dem Rechtsträger neuer Rechtsform ebenfalls ein AR zu bilden ist, der in seiner Zusammensetzung aber dem AR beim formwechselnden Rechtsträger entspricht. Das betrifft zB die Umwandlung einer dem MitbestG unterfallenden GmbH in eine AG. Die nach dem MitbestG gewählten ANVertreter bleiben in diesem Fall für den Rest ihrer Wahlzeit als Mitglieder des beim Rechtsträger neuer Rechtsform bestehenden AR im Amt (LAG HE 20.10.2016 BeckRS 2016, 116559; Lutter/*Decher/Hoger* § 203 Rn. 3; UHH/*Ulmer/Habersack* § 1 MitbestG Rn. 54; s. auch *Wulff/Buchner* ZIP 2007, 314, 317 f.). 2

3 Wechselt ein Rechtsträger, der auf Grund seiner Rechtsform **bislang keinem MitbestimmungsG** unterlag, in eine Rechtsform, die zur Anwendung eines MitbestimmungsG führt (zB Formwechsel von der KG in eine GmbH; zum Formwechsel einer Anstalt ÖffR in eine AG s. *Gottschalk* NZG 2003, 713 ff.), ist bei dem Rechtsträger neuer Rechtsform erstmals ein AR zu bilden. Auf welchem Wege dies zu geschehen hat, ist iE umstritten. Nach **§ 197 S. 1** ist grds. das jeweilige Gründungsrecht maßgebend, das für den Rechtsträger neuer Rechtsform gilt. Das führt an sich dazu, dass bei einem Formwechsel in eine mitbestimmte AG das MitbestG nicht anzuwenden ist (§ 30 II AktG). Dem steht jedoch § 197 S. 2 entgegen, der die Anwendung dieser Vorschr. ausdr. ausschließt, nach § 197 S. 3 gilt aber § 31 AktG, so dass die §§ 97 ff. AktG anzuwenden sind. Bis zur Wahl der ANVertreter ist der AR jedoch nicht nach den für ihn maßgebenden ges. Vorschr. zusammengesetzt. Deshalb bietet sich eine Ersatzbestellung nach § 104 II und III AktG für die Zeit bis zum Abschluss des Wahlverfahrens an (so bereits *Stirnberg,* Bildung und Funktion des AR beim Formwechsel in eine Kapitalgesellschaft, 2001 S. 74 ff.), was jedoch voraussetzt, dass die Vorschr. auch bei der erstmaligen Bildung des AR anzuwenden ist (diff. Lösung bei GroßK/*Oetker* § 6 MitbestG Rn. 4 f.; s. a. Lutter/*Decher/Hoger* § 197 Rn. 49).

§ 194 Inhalt des Umwandlungsbeschlusses

(1) **In dem Umwandlungsbeschluß müssen mindestens bestimmt werden:**

...

7. die Folgen des Formwechsels für die Arbeitnehmer und ihre Vertretungen sowie die insoweit vorgesehenen Maßnahmen.

(2) **Der Entwurf des Umwandlungsbeschlusses ist spätestens einen Monat vor dem Tage der Versammlung der Anteilsinhaber, die den Formwechsel beschließen soll, dem zuständigen Betriebsrat des formwechselnden Rechtsträgers zuzuleiten.**

1 Mit § 194 I Nr. 7 schreibt das G den Ansatz aus § 5 I Nr. 9 und § 126 I Nr. 11 fort. Bzgl. der Auswirkungen des Formwechsels für die AN und ihre Vertretungen übernimmt § 194 I Nr. 7 die Formulierung aus § 5 I Nr. 9 (s. § 5 Rn. 2 ff.). Das gilt auch für die Pflicht, den Entw. des Umwandlungsbeschl. einen Monat vor der maßgebl. Versammlung dem zust. BR zuzuleiten; hins. der Einzelheiten gelten die dortigen Erl. auch für § 197 II (s. § 5 Rn. 9 ff.).

§ 322 Gemeinsamer Betrieb

Führen an einer Spaltung oder an einer Teilübertragung nach dem Dritten oder Vierten Buch beteiligte Rechtsträger nach dem Wirksamwerden der Spaltung oder der Teilübertragung einen Betrieb gemeinsam, gilt dieser als Betrieb im Sinne des Kündigungsschutzrechts.

1 **1. Allgemeines.** Die Vorschr. regelte urspr. auch den Gemeinschaftsbetrieb iSd. BetrVG, § 322 I aF wurde jedoch mit dem BetrVerf-ReformG in das BetrVG verlagert (§ 1 I 2, II BetrVG). Auch im Hinblick auf das KSchG ist die Norm nur vor dem Hintergrund der Diskussionen vor dem UmwG verständl., da die rechtl. Einordnung von Gemeinschaftsbetrieben zunächst nicht geklärt war, bereits vor Inkrafttreten des G aber iSd. § 322 entschieden war, so dass die Vorschr. aus heutiger Sicht ledigl. klarstellende Bedeutung hat (KölnK-UmwG/*Hohenstatt/Schramm* Rn. 1 f.; Kallmeyer/*Willemsen* Rn. 9). Die Formulierung auf der Rechtsfolgenebene „gilt" ist deshalb nicht im übl. methodischen Sinne einer „Fiktion" zu verstehen (s. *Kreutz* FS Richardi 2007 S. 637, 639 Fn. 14; aA NK-GA/*Boecken* Rn. 19), sondern signalisiert, dass der von den beteiligten Rechtsträgern gebildete gemeinsame Betrieb ein solcher iSd. KSchG ist (s. BAG 15.2.2007 AP BGB § 613a Widerspruch Nr. 2 Rn. 31 ff.).

2 **2. Gemeinsamer Betrieb.** § 322 knüpft an das Vorliegen eines gemeinsamen Betriebs an, ohne zu dessen Bildung zu verpflichten (KölnK-UmwG/*Hohenstatt/Schramm* Rn. 6). Voraussetzung ist stets, dass die Rechtsträger des gemeinsamen Betriebs an der Spaltung beteiligt waren, wobei gleichgültig ist, ob es sich bei ihnen um übertragende oder übernehmende Rechtsträger handelt. Von § 322 ist nicht der Sachverhalt erfasst, dass an der Führung des Betriebs zusätzl. ein weiterer, nicht an der Spaltung beteiligter Rechtsträger teilnimmt. Die Voraussetzungen für einen gemeinsamen Betrieb ergeben sich nicht aus § 322, so dass verbreitet an die Grundsätze des BetrVG (s. BetrVG § 1 Rn. 14) angeknüpft wird (so zB KölnK-UmwG/*Hohenstatt/Schramm* Rn. 3; Semler/Stengel/*Simon* Rn. 4). Dem ist grds. zuzustimmen, da die dort maßgebenden Grundsätze keine normzweckspezifischen Besonderheiten aufweisen (s. auch KSchG § 23 Rn. 5). Umstr. ist, ob im Rahmen von § 322 auch die Vermutung in § 1 II Nr. 2 BetrVG eingreift, wobei die engen Verknüpfungen zwischen BetrVG und KSchG für einen Gleichlauf und damit eine (analoge) Anwendung der Norm sprechen (so Lutter/*Joost* Rn. 13). Wer hingegen für einen eigenständigen und aus dem Telos des KSchG zu entwickelnden Betriebsbegriff plädiert, muss diese Prämisse auf die Voraussetzungen des Gemeinschaftsbetriebs ausdehnen und eine

Anwendung der Vermutung in § 1 II Nr. 2 BetrVG ablehnen (so NK-GA/*Boecken* Rn. 17; KölnK-UmwG/*Hohenstatt/Schramm* Rn. 5; Semler/Stengel/*Simon* Rn. 7; APS/*Steffan* § 324 Rn. 32; Kallmeyer/*Willemsen* Rn. 14; offen BAG 24.5.2012 NZA 2013, 277 Rn. 23), so dass der AN stets das Vorliegen eines gemeinsamen Betriebs darlegen und beweisen muss (s. KSchG § 23 Rn. 21).

3. Reichweite der Vorschrift. Liegen die Voraussetzungen für einen gemeinsamen Betrieb iSd. § 322 3
vor, dann ist der von den an der Spaltung beteiligten Rechtsträgern gebildete Betrieb ein solcher iSd. KSchG. Dies begünstigt auch AN, die nach der Bildung des Gemeinschaftsbetriebs eingestellt wurden und in diesem tätig sind (KR/*Friedrich/Spilger* §§ 322–324 Rn. 56; Semler/Stengel/*Simon* Rn. 12). Wegen § 322 sind bei der Anwendung des **§ 23 I KSchG** die im Gemeinschaftsbetrieb eingesetzten AN zusammenzurechnen, sofern das ArbVerh. zu einem der beteiligten Rechtsträger besteht; die individualvertragl. Zuordnung der ArbVerh. ist insoweit irrelevant (KR/*Friedrich/Spilger* §§ 322–324 Rn. 57; Kallmeyer/*Willemsen* Rn. 13; s. auch KSchG § 23 Rn. 5). Die Bedeutung der Vorschr. für die Anwendung des KSchG zeigt sich darüber hinaus immer dann, wenn die jeweilige Vorschr. an den „Betrieb" anknüpft. So ist für die **Sozialauswahl** (§ 1 III 1 KSchG) stets auf die Verhältnisse im gemeinsamen Betrieb und nicht nur auf die mit dem jeweiligen Rechtsträger arbeitsvertragl. verbundenen ArbVerh. abzustellen (Kallmeyer/*Willemsen* Rn. 10; s. auch KSchG § 1 Rn. 322). Sollte sich hierdurch ergeben, dass der aus sozialen Gründen weniger schutzbedürftige AN zu einem anderen Rechtsträger in einem ArbVerh. steht, geht das G wegen der Verbindung der Rechtsträger zwecks Führung des gemeinsamen Betriebs davon aus, dass eine wechselseitige Verpflichtung besteht, die kündigungsrechtl. Folgen aus § 322 umzusetzen. Ebenso sind für eine **anderweitige Beschäftigungsmöglichkeit** (§ 1 II 1 KSchG) alle Arbeitsplätze des Gemeinschaftsbetriebs in Betracht zu ziehen (Kallmeyer/*Willemsen* Rn. 10). Die Vorschr. strahlt jedoch nicht generell auf die Weiterbeschäftigungsmöglichkeiten in anderen Betrieben der beteiligten Rechtsträger aus. In dieser Hinsicht sind die dortigen Verhältnisse nur zu berücksichtigen, wenn es sich bei dessen Rechtsträger um den AG des AN handelt (Kallmeyer/*Willemsen* Rn. 10). Betriebe des anderen Rechtsträgers sind hingegen nach hM ohne Bedeutung (NK-GA/*Boecken* Rn. 23 f.; KR/*Friedrich/Spilger* §§ 322–324 Rn. 59; Semler/Stengel/*Simon* Rn. 14; Kallmeyer/*Willemsen* Rn. 10; **aA** Lutter/*Joost* Rn. 14; *Kreutz* FS Richardi 2007 S. 637, 639 f.).

Der gemeinsame Betrieb ist nach § 322 nicht nur für die Anwendung des KSchG ein Betrieb, da die 4
Vorschr. auf das Kündigungsschutz*recht* abstellt. Bedeutung hat dies bei kündigungsschutzrechtl. Bestimmungen anderer G, sofern diese ebenfalls den Betrieb in Bezug nehmen (s. § 170 I 2 SGB IX [bis 1.1.2018: § 87 I SGB IX]). Ferner kommt eine Anwendung von § 322 in Betracht, wenn TV oder BV kündigungsschutzrechtl. Regelungen enthalten und auf dem Begriff des Betriebs aufbauen, sofern keine Anhaltspunkte für ein von § 322 abw. Begriffsverständnis erkennbar sind.

Für die Anwendung des KSchG auf Gemeinschaftsbetriebe **außerhalb des Anwendungsbereichs** 5
von § 322 sind aus der Vorschr. keine Rückschlüsse zu ziehen. Insb. steht sie nicht der Auff. entgegen, Gemeinschaftsbetriebe iRd. KSchG stets als „Betrieb" zu behandeln (s. KSchG § 23 Rn. 5), insb. auch, wenn es außerhalb des (engen) Anwendungsbereichs von § 322 zur Bildung eines Gemeinschaftsbetriebs durch zwei Rechtsträger kommt oder nicht nur an der Spaltung beteiligte Rechtsträger diesen bilden (s. BAG 15.2.2007 AP BGB § 613a Widerspruch Nr. 2 Rn. 31 ff.).

§ 323 Kündigungsrechtliche Stellung

(1) Die kündigungsrechtliche Stellung eines Arbeitnehmers, der vor dem Wirksamwerden einer Spaltung oder Teilübertragung nach dem Dritten oder Vierten Buch zu dem übertragenden Rechtsträger in einem Arbeitsverhältnis steht, verschlechtert sich auf Grund der Spaltung oder Teilübertragung für die Dauer von zwei Jahren ab dem Zeitpunkt ihres Wirksamwerdens nicht.

(2) Kommen bei einer Verschmelzung, Spaltung oder Vermögensübertragung ein Interessenausgleich zustande, in dem diejenigen Arbeitnehmer namentlich bezeichnet werden, die nach der Umwandlung einem bestimmten Betrieb oder Betriebsteil zugeordnet werden, so kann die Zuordnung der Arbeitnehmer durch das Arbeitsgericht nur auf grobe Fehlerhaftigkeit überprüft werden.

1. Allgemeines. Die Vorschr. regelt trotz ihrer Überschrift zwei unterschiedl. Sachverhalte. Erstens 1
soll sie die Rechtsstellung des AN im Hinblick auf seinen kündigungsrechtl. Status wahren, zweitens greift sie das Problem der Zuordnung der ArbVerh. auf, wenn AN im Rahmen einer Umwandlung einem bestimmten Betrieb oder Betriebsteil zugeordnet werden, da dies wegen § 324 iVm. § 613a I 1 BGB unmittelbare Auswirkungen auf deren vertragsrechtl. Anbindung hat. Kann sich die Zuordnung auf eine kollektivrechtl. Basis stützen, wird dieser Im Interesse der Rechtssicherheit eine erhöhte Richtigkeitsgewähr beigelegt, so dass die Zuordnungsentsch. in dem Interessenausgleich in einem geringeren Umf. gerichtl. überprüft werden kann (ebenso im Ansatz § 1 V 2 KSchG, § 125 I 1 Nr. 2 InsO). Auf Umstrukturierungen außerhalb der von § 323 erfassten Sachverhalte (Betriebsübergang iSd. § 613a BGB) findet die Vorschr. wegen des Fehlens einer planwidrigen Regelungslücke keine entspr. Anwendung (BAG 15.2.2007 NZA 2007, 739 Rn. 50; KR/*Friedrich/Spilger* §§ 322–324 Rn. 42). Das

gilt auch, wenn anlässl. eines Betriebsübergangs nach § 613a BGB ein Interessenausgleich abgeschlossen wird, in dem die AN namentl. bezeichnet und zugeordnet werden. Dort ggf. getroffene Zuordnungsentsch. unterliegen einer uneingeschränkten Rechtmäßigkeitskontrolle (KölnK-UmwG/*Hohenstatt/Schramm* Rn. 50).

2 **2. Wahrung der kündigungsrechtlichen Stellung, § 323 Abs. 1.** Die Wahrung des kündigungsrechtl. Besitzstands setzt voraus, dass der AN vor der Spaltung bzw. Vermögensübertragung zu dem übertragenden Rechtsträger in einem ArbVerh. stand. Ob dies auch nach der Spaltung oder Teilübertragung der Fall ist, ist für die Wahrung der kündigungsrechtl. Stellung ohne Bedeutung. Der Schutz besteht deshalb unabhängig davon, ob der AN nach der Spaltung bzw. Teilübertragung zu dem übertragenden oder dem übernehmenden Rechtsträger in einem ArbVerh. steht (AR/*Dornbusch* Rn. 2).

3 Zw. ist die Reichweite der „kündigungsrechtl. Stellung", die sich bis zum Ablauf der Zwei-Jahres-Frist nicht verschlechtern soll. Unstr. ist, dass die vor der Spaltung für das ArbVerh. maßgebenden kündigungsrechtl. Vorschr. nach der Spaltung selbst dann noch Anwendung finden, wenn deren tatbestandl. Voraussetzungen nicht mehr vorliegen. Die Entstehungsgeschichte der Norm zeigt, dass hierin ihr vornehml. Anwendungsfall liegt. So ist insb. das KSchG unabhängig davon auf das ArbVerh. anzuwenden, ob in dem Betrieb des übertragenden oder des übernehmenden Rechtsträgers nach der Spaltung der maßgebl. **Schwellenwert** in § 23 I KSchG erreicht wird (BAG 15.2.2007 NZA 2007, 1025 Rn. 45), sofern dieser vor der Spaltung bei dem übertragenden Rechtsträger erreicht wurde. Ebenso kann die Anwendung von § 1 I KSchG nicht allein mit der Begr. verneint werden, der AN habe bei dem übernehmenden Rechtsträger noch nicht die **Wartezeit** erfüllt (AR/*Dornbusch* Rn. 5). Umstr. ist, ob § 323 I auch die sonstigen Rahmenbedingungen für die Anwendung des KSchG auf das ArbVerh. für die Dauer von zwei Jahren konserviert. In Betracht kommt dies va. für Größe und Zusammensetzung des Betriebs. Mit der hM ist ein derartiges extensives Verständnis abzulehnen (APS/*Steffan* Rn. 6 f.; Kallmeyer/*Willemsen* Rn. 1 ff.; **aA** zB KR/*Friedrich/Spilger* §§ 322–324 Rn. 50). Die Vorschr. gewährleistet ledigl., dass die bislang maßgebl. ges. Vorschr. unverändert auf das ArbVerh. Anwendung finden (Kallmeyer/*Willemsen* Rn. 10). Hierin sind allerdings nur diejenigen Bestimmungen einbezogen, die unmittelbar die kündigungsrechtl. Stellung des AN ausgestalten. Deshalb hat § 323 I keine Bedeutung für den auswahlrelevanten Personenkreis bei der **Sozialauswahl** (§ 1 III 1 KSchG; BAG 22.9.2005 NZA 2006, 658 Rn. 28; **aA** NK-GA/*Boecken* Rn. 24) sowie die Möglichkeit einer **anderweitigen Beschäftigung** (§ 1 II 2 KSchG; offen BAG 24.5.2012 NZA 2013, 277 Rn. 39; **aA** NK-GA/*Boecken* Rn. 25). Ebenso bewirkt § 323 I nicht die unveränderte Anwendung der **§§ 17 ff. KSchG** (BeckOGK/*Annuß* UmwG § 323 Rn. 6; KR/*Friedrich/Spilger* §§ 322–324 Rn. 53; Kallmeyer/*Willemsen* Rn. 12; **aA** NK-GA/*Boecken* Rn. 26). Bzgl. **§ 15 I KSchG** beschränkt sich die Vorschr. auf den individualrechtl. Kern (KR/*Friedrich/Spilger* §§ 322–324 Rn. 52; APS/*Steffan* Rn. 13; offen BAG 18.10.2000 NZA 2001, 321, 324; **aA** NK-GA/*Boecken* Rn. 30); weder das BRAmt als solches noch das Zustimmungserfordernis des § 103 BetrVG wird durch § 323 I aufrechterhalten (Kallmeyer/*Willemsen* Rn. 13). Hins. der **betriebsverfassungsrechtl. Normen** mit Auswirkungen auf die kündigungsrechtl. Stellung des AN (zB § 102 BetrVG) findet § 323 I aus systematischen Gründen keine Anwendung, da hierfür § 325 II eine eigenständige Regelung trifft (BeckOGK/*Annuß* UmwG § 323 Rn. 7; KR/*Friedrich/Spilger* §§ 322–324 Rn. 52; Kallmeyer/*Willemsen* Rn. 14 f.).

4 Wegen der Anknüpfung an die „kündigungsrechtl." Stellung, ist der Schutz durch § 323 I nicht auf G im formellen Sinne beschränkt, so dass auch Bestimmungen in **TV** oder **BV** einbezogen sind, die den individuellen Schutz vor Kündigungen regeln (KR/*Friedrich/Spilger* §§ 322–324 Rn. 51; **aA** BeckOGK/*Annuß* UmwG § 323 Rn. 7; Kallmeyer/*Willemsen* Rn. 16; NK-GA/*Boecken* Rn. 28). Relevant ist dies insb. für verlängerte tarifvertragl. Kündigungsfristen sowie ein ggü. dem G erweiterter Schutz vor ordentl. Kündigungen (AR/*Dornbusch* Rn. 6; KR/*Friedrich/Spilger* §§ 322–324 Rn. 51). Im Verhältnis zu § 324 iVm. § 613a I 2 BGB ist § 323 I sowohl wegen des engeren Anwendungsbereichs als auch wegen der längeren Dauer des Bestandschutzes lex specialis (KR/*Friedrich/Spilger* §§ 322–324 Rn. 42; **aA** APS/*Steffan* Rn. 11: Vorrang von § 324 iVm. § 613a I 2 BGB).

5 Das Verschlechterungsverbot beschränkt sich auf Veränderungen, die allein infolge der Spaltung oder Teilübertragungen eintreten. Es schützt nicht davor, dass **andere Umstände** nach der Spaltung den Bestand des ArbVerh. berühren (BAG 22.9.2005 NZA 2006, 658 Rn. 22), insb. steht § 323 I Kündigungen nicht entgegen, wenn der abgespaltene Betrieb(steil) infolge späterer unternehmerischer Entsch. (ggf. durch InsV) stillgelegt wird (BAG 22.9.2005 NZA 2006, 658 Rn. 22).

6 Durch § 323 I wird kein genereller Vorrang der kündigungsrechtl. Stellung vor Wirksamwerden der Spaltung oder Teilübertragung begr., sondern die Norm steht ledigl. einer rechtl. **Verschlechterung** entgegen. Ist die kündigungsrechtl. Stellung unverändert oder sogar für den AN günstiger (zB infolge TV), dann ist ausschl. die bei Zugang der Kündigungserkl. für das ArbVerh. geltende Rechtslage maßgebend. Andernfalls folgt aus § 323 I die Anwendung der vor der Spaltung oder Teilübertragung für das ArbVerh. geltenden Vorschr., obwohl diese auf das ArbVerh. an sich nicht mehr anwendbar sind. Der Schutz durch § 323 I beginnt mit Eintragung der Spaltung oder Teilübertragung im Register (§ 131) und endet mit Ablauf von zwei Jahren. Für die **Fristberechnung** gelten die §§ 187 ff. BGB; maßgebend ist für das Ende der Frist der Zugang der Kündigungserkl., da sich deren Rechtswirk-

samkeit nach der bei Zugang geltenden Rechtslage richtet (s. BGB § 620 Rn. 16). Der durch § 323 I verlängerte Bestandsschutz gilt deshalb auch, wenn das ArbVerh. infolge der Kündigungsfrist nach Ablauf der Zwei-Jahres-Frist endet, sofern die Kündigungserkl. innerhalb der Frist zugegangen ist.

3. Zuordnung der Arbeitnehmer, § 323 Abs. 2. Im Unterschied zu § 323 I gilt die in § 323 II angeordnete Privilegierung der namentl. Zuordnung im Interessenausgleich nicht nur bei einer Spaltung oder Teilübertragung, sondern darüber hinaus bei einer **Verschmelzung** sowie einer **Vollübertragung**. Voraussetzung ist jedoch stets, dass eine Umstrukturierung auf der Grdl. des UmwG erfolgt. Nicht erfasst wird insb. ein Interessenausgleich, wenn dieser auf Grund eines Betriebsübergangs iSd. § 613a BGB oder kraft G abgeschlossen wird. 7

Die Regelung in § 323 II knüpft an das Vorliegen eines Interessenausgleichs und damit an eine Betriebsänderung iSd. § 111 BetrVG an (KölnK-UmwG/*Hohenstatt/Schramm* Rn. 39; Lutter/*Joost* Rn. 33 jeweils mwN). Bei den in § 323 II aufgezählten umwandlungsrechtl. Vorgängen ist dies nicht stets der Fall, kommt aber insb. bei einer Spaltung in Betracht, wenn mit dieser eine Spaltung des Betriebs verbunden ist (§ 111 S. 3 Nr. 3 BetrVG; s. BetrVG § 111 Rn. 16). § 323 II begr. keine Kompetenz zum Abschluss eines Interessenausgleichs, sondern setzt diese voraus. Zudem muss die Namensliste Bestandteil eines rechtswirksam abgeschlossenen Interessenausgleichs iSd. § 112 I 1 BetrVG sein. Bei dessen Rechtsunwirksamkeit entfällt auch die Privilegierung durch § 323 II. Hieran kann es zB zumindest im Hinblick auf die Namensliste auch fehlen, wenn die Zuordnungsentsch. bezweckt, Kündigungsschutzvorschr. zu umgehen, da dann die Zuordnungsentsch. nichtig ist (LAG HH 4.5.2016 – 6 Sa 2/16; 31.5.2016 BeckRS 2016, 110942 [Rev. unter 8 AZR 624/16]; LAG SH 7.7.2016 BeckRS 2016, 73947 [Rev. unter 8 AZR 573/16]). Ebenso partizipieren Vereinb. zwischen AG und BR außerhalb des hierdurch abgesteckten Rahmens nicht an der Privilegierung. Sofern die Norm darauf abstellt, dass die zugeordneten AN „in dem" Interessenausgleich bezeichnet werden, stimmt sie mit § 1 V 2 KSchG und § 125 I 1 Nr. 2 InsO überein; die dortigen Erl. (s. InsO § 125 Rn. 5, KSchG § 1 Rn. 360 f.) sind auch für § 323 II maßgebl. 8

Die Reichweite der Vorschr. ist beschränkt, da sie den Betriebsparteien nicht die Rechtsmacht einräumt, iRd. Interessenausgleichs von den verbindl. Vorgaben durch § 324 iVm. § 613a I BGB abzuweichen (LAG SH 5.11.2015 BeckRS 2016, 66237 [Rev. unter 8 AZR 50/16]; 7.7.2016 BeckRS 2016, 73947 [Rev. unter 8 AZR 573/16]; Lutter/*Joost* Rn. 36 ff.; NK-GA/*Boecken* Rn. 42; APS/*Steffan* Rn. 21). Im Rahmen eines von § 323 II erfassten Interessenausgleichs ist die Zuordnungsentsch. deshalb in einem ersten Schritt darauf zu überprüfen, ob die Zuordnung in der Namensliste mit den Vorgaben in § 613a I 1 BGB übereinstimmt. Für den Spaltungs- und Übernahmevertrag sind diese bindend, so dass § 322 II seine Rechtswirkung in den Fällen eines Betriebs- bzw. Betriebsteilübergangs nur entfalten kann, wenn die **Zuordnung** des AN zu einem Betrieb oder Betriebsteil zw. ist, zB bei der Wahrnehmung von Querschnittsaufgaben (s. KölnK-UmwG/*Hohenstatt/Schramm* Rn. 36; Lutter/*Joost* Rn. 38; APS/*Steffan* Rn. 23; s. auch LAG SH 5.11.2015 BeckRS 2016, 66460 [Rev. unter 8 AZR 63/16]; **aA** NK-GA/*Boecken* Rn. 43). Auch diesbzgl. begr. § 323 II keine ges. Vermutung, sondern schränkt – wie § 1 V 2 KSchG und § 125 I 1 Nr. 2 InsO – die gerichtl. Überprüfbarkeit der Zuordnung im Interessenausgleich ein (**aA** NK-GA/*Boecken* Rn. 45). Solange diese nicht „grob fehlerhaft" ist, bleibt diese auch für den AN verbindl., ohne jedoch dessen Widerspruchsrecht nach § 613a VI BGB zu berühren (Lutter/*Joost* Rn. 42). Ein bei unklaren Zuordnungssachverhalten tw. befürwortetes Wahlrecht des AN (s. BGB § 613a Rn. 72) ist mit dem Zweck des § 323 II unvereinbar, da die Norm davon ausgeht, dass die nicht grob fehlerhafte Zuordnung aus Gründen der Rechtssicherheit auch für die ArbVerh. verbindl. sein soll, ohne dass der Interessenausgleich hierdurch normativen Charakter erhält (s. KölnK-UmwG/*Hohenstatt/Schramm* Rn. 44). Dem AN bleibt es jedoch unbenommen, die Zuordnung in dem Interessenausgleich gerichtl. anzugreifen und auf Feststellung der ges. zutr. Zuordnung zu klagen, trägt in diesem Fall jedoch die (abgestufte) Darlegungs- und Beweislast dafür, dass die Zuordnung in dem Interessenausgleich „grob fehlerhaft" ist (s. APS/*Steffan* Rn. 27). Nur unter dieser Voraussetzung ist diese unverbindl. Aus dem Zweck der Norm folgt auch, dass die Zuordnung in dem Interessenausgleich grds. nicht zur Disposition des Verschmelzungs- bzw. Spaltungs- und Übernahmevertrags steht (KölnK-UmwG/*Hohenstatt/Schramm* Rn. 47). Etwas anderes gilt nur dann, wenn es bei einer Unternehmensaufspaltung nicht zum Übergang eines Betriebs oder Betriebsteils kommt, weil die Betriebe erst in diesem Zusammenhang geschaffen werden. Die Bindung der Zuordnungsentsch. an § 613a I 1 BGB greift in dieser Konstellation nicht ein (LAG HH 4.5.2016 – 6 Sa 2/16; 31.5.2016 BeckRS 2016, 110942 [Rev. unter 8 AZR 624/16]; 11.1.2017 – 6 Sa 54/16 [Rev. unter 8 AZR 82/17]; 30.1.2017 – 5 Sa 42/16 [Rev. unter 8 AZR 94/17]; LAG SH 7.7.2016 BeckRS 2016, 73947 [Rev. unter 573/16]; 7.9.2016 BeckRS 2016, 74768 [Rev. unter 8 AZR 732/16]). 9

Für die Beurteilung der **groben Fehlerhaftigkeit** kann nur eingeschränkt auf die Grds. zu § 1 V 2 KSchG (KSchG § 1 Rn. 366) und § 125 I 1 Nr. 2 InsO (InsO § 125 Rn. 9) zurückgegriffen werden, da diese maßgebl. von den ges. Vorgaben für die Auswahlentsch. geprägt werden. Deshalb richtet sich die gerichtl. Überprüfung insb. nach den ges. Wertungen des § 613a I 1 BGB (LAG SH 5.11.2015 BeckRS 2016, 66237 [Rev. unter 8 AZR 50/16]; 7.7.2016 BeckRS 2016, 73947 [Rev. unter 8 AZR 573/16]; BeckOGK/*Annuß* UmwG § 323 Rn. 12; KölnK-UmwG/*Hohenstatt/Schramm* Rn. 43; Lutter/*Joost* 10

Rn. 40; APS/*Steffan* Rn. 25; **aA** NK-GA/*Boecken* Rn. 48). Eine grobe Fehlerhaftigkeit kommt insb. in Betracht, wenn der AN einem Betrieb oder Betriebsteil eindeutig zugeordnet werden kann und die Zuordnung in dem Interessenausgleich hiervon abweicht (LAG SH 5.11.2015 BeckRS 2016, 66237 [Rev. unter 8 AZR 50/16]; 7.7.2016 BeckRS 2016, 73947 [Rev. unter 8 AZR 573/16]). Das G geht von einem Zuordnungsspielraum aus, in dem sich die Betriebsparteien bewegen können, ohne dass die getroffene Zuordnung „grob" fehlerhaft ist. Voraussetzung dafür ist va., dass sich die Betriebsparteien von sachl. Erwägungen haben leiten lassen, so dass eine willkürl. Zuordnung ausgeschlossen ist (zust. LAG SH 5.11.2015 BeckRS 2016, 66237 [Rev. unter 8 AZR 50/16]; 5.11.2015 BeckRS 2016, 66460 [Rev. unter 8 AZR 63/16]; 7.7.2016 BeckRS 2016, 73947 [Rev. unter 8 AZR 573/16]; 7.9.2016 BeckRS 2016, 74768 [Rev. unter 8 AZR 732/16]). Eine einseitige Berücksichtigung der AN-Interessen ist hiermit ebenso unvereinbar wie ein ausschl. Rückgriff auf die Belange des AG. Sind hiernach **sachl. Gründe** für die konkrete Zuordnung erkennbar, scheidet jdf. eine „grobe" Fehlerhaftigkeit aus (LAG HH 4.5.2016 – 6 Sa 2/16; 31.5.2016 BeckRS 2016, 110942 [Rev. unter 8 AZR 624/16]; 30.1.2017 – 5 Sa 42/16 [Rev. unter 8 AZR 94/17]; LAG SH 5.11.2015 BeckRS 2016, 66237 [Rev. unter 8 AZR 50/16]; KölnK-UmwG/*Hohenstatt/Schramm* Rn. 43; APS/*Steffan* Rn. 26). Eine grobe Fehlerhaftigkeit kommt demggü. in Betracht, wenn sich die Parteien des Interessenausgleichs bei unklarer Zuordnung einem ausdr. Wunsch des AN verschlossen haben, ohne dass dem sachl. Gründe gegenüberstehen.

11 Im Unterschied zu § 1 V 3 KSchG und § 125 I 2 InsO steht die Beschränkung der gerichtl. Kontrolle nicht unter dem Vorbehalt, dass sich die **Sachlage** nach Abschluss des Interessenausgleichs **wesentl. geänd.** hat (s. dazu KSchG § 1 Rn. 367). Hieraus ist jedoch nicht zu folgern, dass dieser Einwand im Rahmen von § 323 II unbeachtl. ist, da die Aufrechterhaltung der Privilegierung einer eingeschränkte gerichtl. Kontrolle dann einer Rechtfertigung entbehrt, wenn sich die Geschäftsgrdl. für die Zuordnungsentsch. wesentl. geänd. hat oder weggefallen ist. Deshalb gilt § 1 V 3 KSchG und § 125 I 2 InsO für die Anwendung von § 323 II entspr.

§ 324 Rechte und Pflichten bei Betriebsübergang

§ 613a Abs. 1, 4 bis 6 des Bürgerlichen Gesetzbuchs bleibt durch die Wirkungen der Eintragung einer Verschmelzung, Spaltung oder Vermögensübertragung unberührt.

1 **1. Allgemeines.** Die Vorschr. ist nur vor dem Hintergrund der Kontroverse vor Schaffung des UmwG verständl., ob § 613a BGB auch auf eine kraft G eintretende Universalsukzession anwendbar ist. Das BAG hatte dies urspr. für Verschmelzungen verneint (BAG 6.2.1985 NZA 1985, 735, 736; 21.2.1990 NZA 1990, 522, 523), da es wegen der kraft G eintretenden Rechtsnachfolge in das ArbVerh. an sich keines Schutzes des AN bedarf. Dies war jedoch aus zwei Gründen zw. (s. auch Lutter/*Joost* Rn. 2). Erstens blieben im Hinblick auf die vor der Verschmelzung auf das ArbVerh. anzuwendenden TV und BV Schutzlücken, die durch die kraft G eintretende Universalsukzession nicht vollständig beseitigt wurden, so dass wegen der Vorgaben durch Art. 11 RL 82/891/EWG zumindest partiell § 613a I 2 bis 4 BGB entspr. anzuwenden war (s. BAG 5.10.1993 NZA 1994, 848, 850 f.). Zweitens wurde sehr viel grds. die Auff. vertreten, dass trotz der kraft G eintretenden Rechtsnachfolge auch bei der Umwandlung eine rechtsgeschäftl. fundierte Gesamtrechtsnachfolge vorliegt (so va. *K. Schmidt* AcP 191, 494, 515 ff.), so dass bereits hierdurch der unmittelbare Anwendungsbereich des § 613a BGB eröffnet ist. Vor diesem Hintergrund ist § 324 wegen der Formulierung „bleibt … unberührt" zwar mehrdeutig, aber gleichwohl verständl., wenn entspr. der neueren Ansicht auch der infolge einer Verschmelzung, Spaltung oder Vermögensübertragung eintretende Übergang von Betrieben und Betriebsteilen ein solcher auf Grund eines Rechtsgeschäfts ist und damit § 613a BGB unterliegt (s. NK-GA/*Boecken* Rn. 4 f.; KölnK-UmwG/*Hohenstatt/Schramm* Rn. 4 mwN; **aA** APS/*Steffan* Rn. 1, da sich der Betriebsübergang nicht „durch" Rechtsgeschäft vollziehe). Anges. dessen stellt § 324 ledigl. klar (ebenso Lutter/*Joost* Rn. 3), dass die Eintragung der Umwandlung und die kraft G eintretende (partielle) Gesamtrechtsnachfolge der Anwendung des § 613a BGB nicht entgegensteht. Das Merkmal „durch Rechtsgeschäft" in § 613a I 1 BGB wird durch § 324 für die dort aufzählten Umwandlungen nicht fingiert, sondern vorausgesetzt (s. BAG 6.10.2005 NZA 2006, 990 Rn. 41). Die Norm entzieht der früheren Arg., die auf den kraft G eintretenden AGWechsel abstellte, die normative Grdl. (KölnK-UmwG/*Hohenstatt/Schramm* Rn. 16).

2 **2. Rechtsnatur der Verweisung.** Wegen des Klarstellungszwecks (s. Rn. 1) beinhaltet § 324 keine Rechtsfolgen-, sondern eine **Rechtsgrundverweisung** (BAG 25.5.2000 NZA 2000, 1115, 1117; 6.10.2005 NZA 2006, 990 Rn. 41; LAG HH 4.5.2016 – 6 Sa 2/16; 31.5.2016 BeckRS 2016, 110942 [Rev. unter 8 AZR 624/16]; 30.1.2017 BeckRS 2017, 106598 [Rev. unter 8 AZR 94/17]; LAG SH 5.11.2015 BeckRS 2016, 66237 [Rev. unter 8 AZR 50/16]; 7.7.2016 BeckRS 2016, 73947 [Rev. unter 8 AZR 573/16]; 7.9.2016 BeckRS 2016, 74768 [Rev. unter 8 AZR 732/16]; BeckOGK/*Annuß* UmwG § 324 Rn. 4; KR/*Friedrich/Spilger* §§ 322–324 UmwG Rn. 30; Lutter/*Joost* Rn. 6; **aA** NK-GA/*Boecken* Rn. 6). Für die Anwendung von § 613a BGB bei den vom UmwG erfassten Sachverhalten bleibt deshalb unverzichtbar, dass es infolge der Verschmelzung, Spaltung oder Vermögensübertragung hins. des Betriebs

bzw. -teils zu einem Rechtsträgerwechsel kommt, was sich nach den Maßstäben zu § 613a I 1 BGB richtet (BAG 25.5.2000 NZA 2000, 1115, 1117; 6.10.2005 NZA 2006, 990 Rn. 41; LAG SH 5.11.2015 BeckRS 2016, 66237 [Rev. unter 8 AZR 50/16]; BeckOGK/*Annuß* UmwG § 324 Rn. 4; Lutter/*Joost* Rn. 6; s. ferner BGB § 613a Rn. 5 ff.). Fehlt es hieran, weil zB Betriebe erst im Zuge einer Unternehmensaufspaltung geschaffen werden, kommt § 613a BGB auch nicht über § 324 zur Anwendung (KölnK-UmwG/*Hohenstatt/Schramm* Rn. 4; iE ebenso BAG 6.10.2005 NZA 2006, 990 Rn. 40 f.; LAG HH 4.5.2016 – 6 Sa 2/16; 31.5.2016 BeckRS 2016, 110942 [Rev. unter 8 AZR 624/16]; 30.1.2017 BeckRS 2017, 106598 [Rev. unter 8 AZR 94/17]; LAG SH 5.11.2015 BeckRS 2016, 66237 [Rev. unter 8 AZR 50/16]).

3. Arbeitgeberwechsel. Liegen bei den in § 324 aufgezählten Umwandlungen die Voraussetzungen des § 613a I 1 BGB vor, tritt der den Betrieb bzw. -teil übernehmende Rechtsträger sowohl nach § 613a I 1 BGB, als auch nach den umwandlungsrechtl. Bestimmungen zur (partiellen) Universalsukzession in das ArbVerh. ein. Bei einer Verschmelzung kann es deshalb dahingestellt bleiben, ob der übernehmende Rechtsträger nach § 613a I 1 BGB oder nach § 20 I Nr. 1 in das ArbVerh. eintritt (s. BAG 6.8.2002 NZA 2003, 449, 450). Wegen der von § 324 vorausgesetzten Anwendung von § 613a BGB kann die Verknüpfung von Betrieb bzw. -teil und ArbVerh. durch die Umwandlung nicht aufgelöst werden. Insb. bei einer Spaltung kann die Zuordnung eines ArbVerh. zu einem Betrieb bzw. -teil nicht iRd. Spaltungs- und Übernahmevertrags aufgeh. werden (KölnK-UmwG/*Hohenstatt/Schramm* Rn. 6). Den Parteien des Spaltungs- und Übernahmevertrags steht keine Kompetenz zu, die ArbVerh. abw. von den zwgd. Vorgaben des § 613a BGB den übernehmenden bzw. übertragenden Rechtsträgern zuzuordnen (s. § 323 Rn. 9). Zu der Privilegierung eines Interessenausgleichs mit Namensliste s. § 323 Rn. 7 ff. Auf formwechselnde Umwandlungen findet § 324 bereits nach seinem Wortlaut keine Anwendung, was schon deshalb zwgd. ist, weil bei diesen kein AGWechsel eintritt (s. § 190 Rn. 1; BAG 18.12.2008 AP BGB § 613a Nr. 366 Rn. 40; Lutter/*Joost* Rn. 14). 3

4. Rechtsnormen in Kollektivverträgen. Bzgl. der vor Wirksamwerden der Umwandlung auf das ArbVerh. anzuwendenden Rechtsnormen in TV oder BV bleibt **§ 613a I 2 bis 4 BGB** trotz § 324 nur insoweit anzuwenden, als nicht bereits die Rechtsnormen des TV bzw. der BV kraft des kollektiven ArbR auf das ArbVerh. auch nach der Umwandlung anwendbar bleiben. Das insoweit zu § 613a BGB vorherrschende Subsidiaritätsdogma (BAG 24.6.1998 NZA 1998, 1346,1347; 26.8.2009 NZA 2010, 238; **aA** das von einer Minderansicht zu § 613a I 2 BGB verfochtene Sukzessionsmodell, s. BGB § 613a Rn. 112 f.) wird durch § 324 nicht in Frage gestellt oder korrigiert. Unterliegt das ArbVerh. nach Wirksamwerden der Verschmelzung, Spaltung oder Vermögensübertragung unverändert den bislang für das ArbVerh. maßgebenden Rechtsnormen eines TV oder einer BV, besteht für die Anwendung von § 613a I 2 bis 4 BGB kein Raum (BAG 24.6.1998 NZA 1998, 1346, 1347; 29.8.2001 NZA 2002, 513, 514; 4.7.2007 NZA 2008, 307 Rn. 46; 15.6.2016 NZA 2017, 326 Rn. 33). 4

5. Haftung. Für die Verbindlichkeiten aus dem ArbVerh. hat stets der **neue AG** ohne Einschränkungen einzustehen, insb. haftet er auch für die Verbindlichkeiten aus dem ArbVerh., die vor dem AGWechsel entstanden sind. Bzgl. der Haftung des **bisherigen AG** ist die Rechtslage unklar, weil § 324 keine Aussage hins. der Haftung nach § 613a II BGB trifft. Dies war offensichtl. entbehrl., weil § 22 sowie § 133 eine gesamtschuldnerische Haftung des übertragenden Rechtsträgers bzw. der beteiligten Rechtsträger anordnet, die über § 613a II BGB hinausgeht. Deshalb sieht die hM mit Recht die Haftung nach den §§ 22, 133 als ggü. § 613a II BGB vorrangig an (Lutter/*Joost* Rn. 36; APS/*Steffan* Rn. 26; Kallmeyer/*Willemsen* Rn. 18). 5

6. Kündigungsverbot. Sofern es im Rahmen einer Verschmelzung, Spaltung oder Vermögensübertragung nach dem UmwG zu einem Betriebs(teil-)übergang kommt, gilt auch § 613a IV BGB (s. KR/*Friedrich/Spilger* §§ 322–324 Rn. 30, 34; Lutter/*Joost* Rn. 48; APS/*Steffan* Rn. 29). Deshalb darf die Verschmelzung, Spaltung oder Vermögensübertragung nicht zum Anlass einer Kündigung genommen werden. Zu weit ist allerdings die Aussage, dass die Umwandlung generell nicht zum Anlass einer Kündigung des ArbVerh. genommen werden darf, da § 324 ledigl. eine Rechtsgrundverweisung ist (s. § 324 Rn. 2). Einen erg. speziellen umwandlungsrechtl. Schutz vor Kündigungen begr. § 323 I für die Sachverhalte einer Spaltung und einer Teilübertragung (s. § 323 Rn. 3 ff.) 6

7. Unterrichtung der Arbeitnehmer. Unberührt bleibt wegen § 324 die Rechtspflicht nach § 613a V BGB, die AN in Textform zu unterrichten. Diese besteht aber nicht generell ggü. allen AN die bei den an der Umwandlung beteiligten Rechtsträgern beschäftigt sind, sondern nur ggü. solchen, die in Betrieben bzw. Betriebsteilen beschäftigt sind, bzgl. derer es infolge der Verschmelzung, Spaltung oder Vermögensübertragung zu einem Rechtsträgerwechsel kommt. Soweit wegen der Anwendung von § 613a BGB ggü. den AN eine Pflicht zur Unterrichtung besteht, wird diese durch das umwandlungsrechtl. Instrumentarium (Aufnahme der Umwandlungsfolgen für die AN in den Umwandlungsvertrag sowie dessen Zuleitung an den zust. BR; s. §§ 5, 126 UmwG) nicht verdrängt (KölnK-UmwG/*Hohenstatt/Schramm* Rn. 77; Lutter/*Joost* Rn. 52; APS/*Steffan* Rn. 9). 7

8 **8. Widerspruchsrecht der Arbeitnehmer.** Kommt es infolge der Verschmelzung, Spaltung oder Vermögensübertragung bzgl. des ArbVerh. zu einem AGWechsel, der § 613a I 1 BGB unterliegt, steht dem AN wegen § 613a VI BGB das Recht zu, dem AGWechsel zu widersprechen, so dass das ArbVerh. zu dem bisherigen AG fortbesteht. Dies wird durch die kraft G eintretende (partielle) Universalsukzession nicht berührt, was sowohl aus § 324 als auch aus dem grundrechtl. Fundament des Widerspruchsrechts (s. BGB § 613a Rn. 96 sowie BVerfG 25.1.2011 E 128, 157, 177, 182 ff.; BAG 18.12.2008 AP BGB § 613a Nr. 366 Rn. 47) folgt.

9 Ein Fortbestand des ArbVerh. zu dem **bisherigen Rechtsträger** des Betriebs bzw. Betriebsteils kommt nicht in Betracht, wenn dieser infolge der Umwandlung seine **rechtl. Existenz verliert**, wie bei der Verschmelzung oder der Aufspaltung. In diesem Fall entfällt auch im Anwendungsbereich von § 613a BGB die Grdl. für ein Widerspruchsrecht des AN (s. BAG 21.2.2008 NZA 2008, 815 Rn. 20 ff.; KR/*Friedrich/Spilger* §§ 322–324 Rn. 30, 31; APS/*Steffan* Rn. 10; **aA** Lutter/*Joost* Rn. 67; NK-GA/*Boecken* Rn. 19 f.; Semler/Stengel/*Simon* Rn. 51: Ausübung führt jedoch mit Erlöschen des Rechtsträgers zur Beendigung des ArbVerh.). Gleichwohl darf dem AN auch infolge einer (partiellen) Universalsukzession kein neuer AG aufgezwungen werden. Deshalb ist ihm in dieser Konstellation ein Recht zur außerordentl. Kündigung zuzubilligen (KR/*Friedrich/Spilger* §§ 322–324 Rn. 30; KölnK-UmwG/*Hohenstatt/Schramm* Rn. 92), wobei die grundrechtl. Wertungen des Widerspruchsrechts (s. § 324 Rn. 8) auf den wichtigen Grund iSd. § 626 I BGB ausstrahlen (s. auch BVerfG 25.1.2011 E 128, 157, 181 f.; BAG 21.2.2008 NZA 2008, 815 Rn. 24). Sofern das Widerspruchsrecht wegen des Wegfalls des bisherigen AG entfällt, kann ein gleichwohl erklärter Widerspruch des AN nicht gem. § 140 BGB in eine außerordentl. Kündigung umgedeutet werden, da diese zur endgültigen Beendigung des ArbVerh. führt, während der AN mit der Ausübung des Widerspruchsrechts dessen Fortbestand zu seinem bisherigen AG anstrebt (s. BAG 21.2.2008 NZA 2008, 815 Rn. 30 f.).

10 Tritt infolge einer Umwandlung ein AGWechsel ein, der nicht von § 613a I 1 BGB erfasst ist, kann sich der AN für ein Widerspruchsrecht nicht auf § 613a VI BGB stützen. Aus den vor dessen Kodifizierung maßgebenden grundrechtl. Gründen (s. § 324 Rn. 8) ist ein Widerspruchsrecht des AN gleichwohl anzuerkennen, sofern die rechtl. Existenz des bisherigen AG durch die Umwandlung nicht in Frage gestellt ist. Aus § 324 ist wegen seines Zwecks nicht die Willensbekundung des Gesetzgebers zu entnehmen, dem AN soll außerhalb des Anwendungsbereichs der Norm ein Widerspruchsrecht verwehrt sein, wenn bzgl. seines ArbVerh. eine (partielle) Universalsukzession eintritt (**aA** für ein LandesG BAG 18.12.2008 AP BGB § 613a Nr. 366 Rn. 32 f.). Die Ausübung des Widerspruchsrechts unterliegt ebenfalls einer zeitl. Beschränkung, für deren Konkretisierung auf den Rechtsgedanken in § 613a VI BGB zurückgegriffen werden kann. Erlischt der bisherige AG infolge der Umwandlung, so kann der AN den Eintritt des neuen AG in das ArbVerh. zwar nicht durch ein Widerspruchsrecht abwehren, ihm steht aber ein Recht zur außerordentl. Kündigung (§ 626 BGB) zu (s. § 324 Rn. 9).

§ 325 Mitbestimmungsbeibehaltung

(1) [1]**Entfallen durch Abspaltung oder Ausgliederung im Sinne des § 123 Abs. 2 und 3 bei einem übertragenden Rechtsträger die gesetzlichen Voraussetzungen für die Beteiligung der Arbeitnehmer im Aufsichtsrat, so finden die vor der Spaltung geltenden Vorschriften noch für einen Zeitraum von fünf Jahren nach dem Wirksamwerden der Abspaltung oder Ausgliederung Anwendung.** [2]**Dies gilt nicht, wenn die betreffenden Vorschriften eine Mindestzahl von Arbeitnehmern voraussetzen und die danach berechnete Zahl der Arbeitnehmer des übertragenden Rechtsträgers auf weniger als in der Regel ein Viertel dieser Mindestzahl sinkt.**

(2) [1]**Hat die Spaltung oder Teilübertragung eines Rechtsträgers die Spaltung eines Betriebes zur Folge und entfallen für die aus der Spaltung hervorgegangenen Betriebe Rechte oder Beteiligungsrechte des Betriebsrats, so kann durch Betriebsvereinbarung oder Tarifvertrag die Fortgeltung dieser Rechte und Beteiligungsrechte vereinbart werden.** [2]**Die §§ 9 und 27 des Betriebsverfassungsgesetzes bleiben unberührt.**

1 **1. Allgemeines.** Die Vorschr. reagiert auf insb. durch eine Spaltung eintretende Veränderungen bei dem übertragenden Rechtsträger im Hinblick auf bei diesem bislang maßgebl. Bestimmungen zur Unternehmensmitbestimmung (s. § 325 Rn. 2) sowie der Beteiligungsrechte des BR (s. § 325 Rn. 13). Eine systematisch geschlossene Regelung enthält § 325 schon deshalb nicht, weil diese nicht alle Sachverhalte erfasst, in denen eine nach dem G vollzogene Umwandlung zu einer aus Sicht der AN nachteiligen Veränderung des Status quo bei der Unternehmensmitbestimmung bzw. den Rechten des BR führen kann (treffend KölnK-UmwG/*Hohenstatt/Schramm* Rn. 2; s. auch Lutter/*Joost* Rn. 13 ff.).

2 **2. Beibehaltung der Unternehmensmitbestimmung. a) Inhalt und Normzweck.** Die erst durch die Beschl. des Vermittlungsausschusses (s. *Bartodziej* ZIP 1994, 580 ff.; *Schupp* S. 246 ff.) eingefügte und systematisch nicht ausgereifte (s. WM/*Wißmann* Rn. 3) Vorschr. in Abs. 1 erhält – vergleichbar mit § 1 III Montan-MitbestG – den mitbestimmungsrechtl. Status quo befristet aufrecht, wenn die ges. Voraussetzungen für die Beteiligung der AN im AR bei einem Rechtsträger wegen einer Abspaltung

oder Ausgliederung entfallen. Sachl. Gründe für Abweichungen von § 1 III Montan-MitbestG sowie dem nahezu gleichzeitig in Kraft getretenen § 1 MitbestBeiG sind regelm. nicht erkennbar.

b) Abspaltung oder Ausgliederung. Die Beibehaltung des mitbestimmungsrechtl. Status quo ordnet § 325 I nur für die dort benannten Umwandlungsfälle an, die § 123 II (Abspaltung) und III (Ausgliederung) näher umschreibt. Ihnen ist gemeinsam, dass der Rechtsträger, bei dem der AR gebildet ist, trotz der Spaltung erhalten bleibt. Keine Anwendung findet § 325 I bei einem **Untergang des Rechtsträgers** (zB infolge Verschmelzung [BGH 27.1.2015 NZG 2015, 438 Rn. 9] oder Aufspaltung; hierzu *Mengel* S. 402 ff., 411 ff.). Ebenso ist § 325 I nicht anwendbar, wenn einzelne Betriebe oder Betriebsteile **rechtsgeschäftl. übertragen** werden (KölnK-UmwG/*Hohenstatt/Schramm* Rn. 6; NK-GA/*Boecken* Rn. 4 f.; UHH/*Ulmer/Habersack* § 1 MitbestG Rn. 50; WM/*Wißmann* Rn. 10 f.; **aA** *Trittin/Gilles* RdA 2011, 46, 48). Zur Anwendbarkeit der Vorschr. bei **Montan-Unternehmen** s. § 325 Rn. 8; zum **Rechtsformwechsel** s. § 190 Rn. 2 f. 3

Die weitere Anwendung der bislang geltenden Vorschr. ordnet § 325 I 1 nur für den **übertragenden** Rechtsträger an; bzgl. des **übernehmenden Rechtsträgers** ist die Anwendung der MitbestimmungsG eigenständig zu prüfen (*Boecken* Rn. 428; UHH/*Ulmer/Habersack* § 1 MitbestG Rn. 50; Kallmeyer/*Willemsen* Rn. 3). Gegen die Rechtswirksamkeit von TV, die das bisherige Mitbestimmungsstatut für den übertragenden Rechtsträger fortschreiben, spricht ungeachtet tarif- und gesellschaftsrechtl. Bedenken die Entstehungsgeschichte der Vorschr., da Initiativen, die derartige Abreden ausdr. gestatten wollten, im Gesetzgebungsverfahren verworfen wurden (s. *Boecken* Rn. 438 ff.). 4

c) Entfallen der gesetzlichen Voraussetzungen. Den mitbestimmungsrechtl. Status quo erhält § 325 I stets aufrecht, wenn eine Mitbestimmung der AN im AR des übertragenden Rechtsträgers infolge der Spaltung **gänzl. entfallen** würde, weil der übertragende Rechtsträger im Anschluss keinem der verschiedenen MitbestimmungsG mehr unterliegt. Die tw. vertretene Auff., § 325 I greife nur ein, wenn vor der Umwandlung bei dem übertragenden Rechtsträger ein mitbestimmter AR errichtet war (so *Brodhun* NZG 2012, 1050 ff.; KölnK-UmwG/*Hohenstatt/Schramm* Rn. 8), findet im Wortlaut des G keine Stütze (abl. deshalb auch Semler/Stengel/*Simon* Rn. 4), da dieser ausschl. auf das Entfallen der „ges. Voraussetzungen" abstellt. 5

Nicht ausdr. geregelt ist der Fall, dass infolge der Abspaltung oder Ausgliederung nicht mehr das **bisherige Mitbestimmungsstatut,** sondern ein anderes zur Anwendung gelangen würde (zB statt MitbestG nunmehr DrittelbG). Wenn § 325 I 1 verlangt, dass die ges. Voraussetzungen durch die Abspaltung bzw. Ausgliederung entfallen, so sind hiermit die bislang für den übertragenden Rechtsträger geltenden ges. Vorschr. gemeint. Deshalb entfallen die Voraussetzungen für deren Anwendbarkeit auch, wenn infolge der Abspaltung oder Ausgliederung ein Wechsel im Mitbestimmungsstatut eintritt. Hierfür spricht insb. der Zweck des § 325 I 1, den mitbestimmungsrechtl. Status quo aufrechtzuerhalten (ebenso *Boecken* Rn. 430; Lutter/*Joost* Rn. 20; *Mengel* S. 420 f.; *Schupp* S. 274 ff.; UHH/*Ulmer/Habersack* § 1 MitbestG Rn. 51; WM/*Wißmann* Rn. 11). Dies soll nach hM nicht für **Veränderungen innerhalb eines Mitbestimmungsstatuts** gelten, wenn zB eine verringerte ANZahl eine Verkleinerung des nach § 7 I gebildeten AR erfordert (Lutter/*Joost* Rn. 20; *Mengel* S. 421; NK-GA/*Boecken* Rn. 10; *Schupp* S. 276 ff.; WKS/*Wißmann* § 1 MitbestG Rn. 83) und die ARGröße nicht in der Satzung festgelegt ist. Auch in dieser Konstellation entfallen aber die ges. Voraussetzungen für die bisherige Beteiligung der AN im AR, da diese nicht nur durch das zahlenmäßige Verhältnis der AE- und ANVertreter, sondern ebenso durch die Anzahl der ANVertreter im AR geprägt wird. 6

Eines Rückgriffs auf § 325 I bedarf es stets dann nicht, wenn die AN des übernehmenden Rechtsträgers nach der Spaltung auf Grund der §§ 4, 5 MitbestG oder § 2 II DrittelbG unverändert dem übertragenden Rechtsträger zuzuordnen sind (Kallmeyer/*Willemsen* Rn. 5; NK-GA/*Boecken* Rn. 12 mwN). Dies hat allerdings zur Konsequenz, dass bei einem späteren Wegfall der Voraussetzungen für die ANZurechnung das bisherige Mitbestimmungsstatut nicht mehr zur Anwendung kommt. Abgesehen von den Sonderfällen eines Gestaltungsmissbrauchs ist diese Rechtsfolge hinzunehmen. 7

Durch den **Unternehmenszweck** bedingte Besonderheiten können bei Tendenzunternehmen und Montanunternehmen eintreten. Nach der Abspaltung oder Ausgliederung kann der **Tendenzcharakter** des übertragenden Unternehmens überwiegen, so dass der Ausschlusstatbestand in § 1 IV bzw. § 1 II 1 Nr. 2 DrittelbG eingreift. Die Aufrechterhaltung der Unternehmensmitbestimmung auch in einem derartigen Fall (hierfür WKS/*Wißmann* § 1 MitbestG Rn. 86) widerspricht den verfassungsrechtl. Gründen des Tendenzschutzes, so dass § 325 I auf Grund einer einschränkenden verfassungskonformen Auslegung keine Anwendung findet (KölnK-UmwG/*Hohenstatt/Schramm* Rn. 11; NK-GA/*Boecken* Rn. 9; *Schupp* S. 331 ff.; UHH/*Ulmer/Habersack* § 1 MitbestG Rn. 51). Das gilt iE auch für Unternehmen, die der **Montan-Mitbestimmung** unterliegen, da § 325 I nicht die speziellen Regelungen in § 1 III Montan-MitbestG und § 16 II MitbestErgG modifizieren sollte. Andernfalls träte eine vom Gesetzgeber nicht gewollte rechtl. Verschlechterung ein. Zudem fehlen sachl. Gründe für eine diff. Behandlung zwischen den verschiedenen Gründen, die zum Wegfall der Montan-Mitbestimmung führen (KölnK-UmwG/*Hohenstatt/Schramm* Rn. 21; Lutter/*Joost* Rn. 36; *Schupp* S. 351 ff.; WM/*Wißmann* Rn. 45 ff.; **aA** NK-GA/*Boecken* Rn. 27 f.; *Heinze* ZfA 1997, 1, 17). 8

9 Keine Regelung trifft § 325 I für den Wegfall der **statutarischen Voraussetzungen.** Er kann zB relevant werden, wenn das Satzungsorgan die in § 7 I 2 eröffnete Möglichkeit in Anspruch genommen hat, die Größe des AR abw. von den ges. Vorgaben festzulegen. Da § 325 I den mitbestimmungsrechtl. Status quo in den erfassten Umwandlungsfällen aufrechterhalten will, ist eine analoge Anwendung der Vorschr. zu erwägen (abl. jedoch KölnK-UmwG/*Hohenstatt/Schramm* Rn. 13).

10 **d) Arbeitnehmermindestzahl.** § 325 I ordnet die Beibehaltung der Mitbestimmung nur an, wenn der übertragende Rechtsträger nach der Abspaltung oder Ausgliederung mind. noch ein Viertel der nach dem zuvor geltenden Mitbestimmungsstatut notwendigen ANZahl beschäftigt. Das Viertel berechnet sich nicht nach der bisherigen ANZahl, sondern nach den ges. Mindestvoraussetzungen; bei bisheriger Anwendung des DrittelbG also idR von 501 = 126, im Fall des MitbestG von 2001 = 501 AN (KölnK-UmwG/*Hohenstatt/Schramm* Rn. 14). Werden nach der Übertragung diese Zahlen unterschritten, scheidet eine Aufrechterhaltung des Mitbestimmungsstatuts nach § 325 I aus bzw. die Mitbestimmung endet mit Unterschreiten der ANZahl. Im Unternehmen eingesetzte LeihAN sind unter der Voraussetzung in § 14 II 6 AÜG zu berücksichtigen (s. *Oetker* NZA 2017, 29, 35). Der AR bleibt bis zum Abschluss des Statusverfahrens (§§ 97 ff. AktG; s. Rn. 12) im Amt (KölnK-UmwG/*Hohenstatt/Schramm* Rn. 16).

11 **e) Kausalität.** Die Spaltung muss alleinige Ursache dafür sein, dass die bisherigen ges. Vorschr. nicht mehr anzuwenden sind. Wegen des Merkmals „durch" erfasst § 325 I 1 andere zum Wegfall der Voraussetzungen führende Sachverhalte nicht. Das gilt insb. während des Zeitraums, in dem § 325 I 1 die Mitbestimmung aufrechterhält. Deshalb endet die Mitbestimmungsbeibehaltung, wenn die Voraussetzungen für die Anwendung der ges. Vorschr. aus anderen als den in § 325 I 1 UmwG genannten Gründen (zB Betriebsstilllegung, Personalabbau) entfallen (NK-GA/*Boecken* Rn. 13). Durch Einl. eines Statusverfahrens (§§ 97 ff. AktG) ist die Bildung des AR nach den nunmehr anzuwendenden ges. Vorschr. herbeizuführen (Lutter/*Joost* Rn. 23, 31; *Mengel* S. 422 ff.; WM/*Wißmann* Rn. 16 ff.; **aA** *Trittin* AiB 1996, 349, 363).

12 **f) Dauer der Beibehaltung.** Die Beibehaltung des bisherigen Mitbestimmungsstatuts begrenzt § 325 I 1 auf fünf Jahre. Die Frist beginnt mit Wirksamwerden der Abspaltung oder Ausgliederung, also der Eintragung in das Register (s. § 131). Nach Ablauf der Frist ist das Statusverfahren (§§ 97 ff. AktG) einzuleiten, um den Wechsel des Mitbestimmungsstatuts bzw. den Übergang zur mitbestimmungsfreien Gesellschaft herbeizuführen (Lutter/*Joost* Rn. 29; NK-GA/Boecken Rn. 24; WM/*Wißmann* Rn. 29). Bis zu dessen Abschluss bleibt der bisherige AR in unveränderter Zusammensetzung im Amt (s. AktG § 96 Rn. 1; OLG F 2.11.2010 NZG 2011, 353, 354). Zu einem früheren Ablauf der Frist kommt es, wenn die Voraussetzungen für die bisher angewendeten ges. Vorschr. aus anderen als den Gründen in § 325 I 1 wegfallen (Kallmeyer/*Willemsen* Rn. 10). Umgekehrt entfällt die Notwendigkeit eines Statusverfahrens, wenn das durch § 325 I anzuwendende Mitbestimmungsstatut auf Grund geänd. Verhältnisse unverändert anzuwenden bleibt, zB wegen eines Anstiegs der ANZahl ggf. auch auf Grund einer Zurechnung nach § 5 MitbestG oder § 2 II DrittelbG (Kallmeyer/*Willemsen* Rn. 10).

13 **g) Anwendung der zuvor geltenden Vorschriften.** Da § 325 I 1 den mitbestimmungsrechtl. Status quo konservieren soll, erstreckt sich die Beibehaltung nicht nur auf die Vorschr. zur Bildung und Zusammensetzung des mitbestimmten AR, sondern auf alle Bestimmungen, die für den übertragenden Rechtsträger wegen des bislang bei ihm maßgebenden Mitbestimmungsstatuts zur Anwendung gelangten. Das gilt auch für Regelungen zur inneren Ordnung des AR (zB §§ 25 bis 29 MitbestG) sowie Normen zur Bestellung des Vorstands und seiner Zusammensetzung, insb. diejenigen über die Bestellung eines Arbeitsdirektors und zu seiner Rechtsstellung innerhalb des Vorstands (§ 33 MitbestG; Lutter/*Joost* Rn. 28; NK-GA/*Boecken* Rn. 23; *Schupp* S. 321 f.; WKS/*Wißmann* § 1 MitbestG Rn. 89; **aA** BeckOGK/*Annuß* UmwG § 325 Rn. 17; KölnK-UmwG/*Hohenstatt/Schramm* Rn. 22; *Mengel* S. 419 f., 425; Kallmeyer/*Willemsen* Rn. 10).

14 **3. Fortgeltung von Beteiligungsrechten. a) Anwendungsbereich.** Mit § 325 II reagiert das G auf den bei Spaltung oder Teilübertragung eines Rechtsträgers eintretenden Fall, dass bei den hieraus hervorgegangenen Betrieben einzelne Beteiligungsrechte des BR nicht mehr eingreifen, weil die notwendige Betriebsgröße nicht mehr erreicht wird. Das gilt unabhängig davon, ob es sich bei dem Rechtsträger des Betriebs um den übertragenden oder den übernehmenden Rechtsträger handelt. Keine Anwendung findet § 325 II, wenn die aus der Spaltung hervorgegangenen Betriebe im Anschluss einen gemeinsamen Betrieb (§ 1 I 2 BetrVG) bilden (Kallmeyer/*Willemsen* Rn. 12; NK-GA/*Boecken* Rn. 34).

15 Da § 325 II ausdr. auf die Spaltung des Betriebs abstellt, erfasst die Vorschr. nicht den Sachverhalt einer Spaltung oder Teilübertragung, bei der der Betrieb unverändert bleibt, wegen der Unternehmensbezogenheit des jeweiligen Schwellenwertes, aber die Voraussetzungen für die Anwendung eines Beteiligungsrechts entfallen. In Betracht kommt dies für die Bildung eines Wirtschaftsausschusses (§ 106 I BetrVG) sowie die Beteiligung nach § 99 I BetrVG und § 111 BetrVG. Da § 325 II eine Möglichkeit schaffen soll, um in den Fällen der Spaltung bzw. Teilübertragung den betriebsverfas-

sungsrechtl. Status quo zu wahren, ist die Norm auf diesen Sachverhalt entspr. anzuwenden (iE auch NK-GA/*Boecken* Rn. 40 aE).

b) Gegenstand der Fortgeltung. Die Fortgeltung kann sich auf die **„Rechte und Beteiligungsrechte des BR"** erstrecken. Bzgl. der Beteiligungsrechte kommen insb. alle Vorschr. in Betracht, deren Anwendung davon abhängt, dass in dem Betrieb eine bestimmte Zahl von AN beschäftigt ist. Im Hinblick auf den Zweck der Norm ist diese auch auf unternehmensbezogene Schwellenwerte (§§ 99 I, 111 S. 1 BetrVG) anzuwenden (s. § 325 Rn. 15). Hierfür spricht zudem die Entstehungsgeschichte, da die Schwellenwerte in den §§ 99 I, 111 S. 1 BetrVG bei in Kraft treten der Vorschr. noch betriebsbezogen waren und erst durch das BetrVerf-RefG auf das Unternehmen umgestellt wurden, ohne dies mit einer Anpassung von § 325 II zu verbinden. Zu den **„Rechten" des BR** zählt insb. das Recht auf Freistellung (§ 38 BetrVG), nicht hingegen das Recht eines BR, zwei Mitglieder in einem GBR zu entsenden (KölnK-UmwG/*Hohenstatt/Schramm* Rn. 38; Lutter/*Joost* Rn. 50; NK-GA/*Boecken* Rn. 40; Kallmeyer/*Willemsen* Rn. 13; **aA** *Däubler* RdA 1995, 136, 145), da die Vorschr. nicht auf einen Wegfall der Unternehmenszugehörigkeit reagieren soll. Ausgeklammert von einer Fortgeltungsvereinb. sind die Größe des BR (§ 9 BetrVG) sowie die Bildung eines Betriebsausschusses (§ 27 BetrVG), da die genannten Vorschr. nach § 325 II 2 unberührt bleiben. Dies ist dahin zu verstehen, dass sie nicht zur Disposition einer TV oder einer BV stehen und es auch nach der Spaltung bei der ausschl. Anwendung des G bleibt (Lutter/*Joost* Rn. 49; Kallmeyer/*Willemsen* Rn. 14). 16

c) Fortgeltungsvereinbarung. Abw. vom BetrVG eröffnet § 325 II 1 die Befugnis, die Fortgeltung der „Rechte und Beteiligungsrechte" zu vereinbaren, ohne deren Dauer zu begrenzen, so dass diese zur Disposition der Fortgeltungsvereinb. steht. Die Fortgeltung kann befristet, aber auch unbefristet vereinbart werden (Lutter/*Joost* Rn. 48; **aA** NK-GA/*Boecken* Rn. 42: max. sechs Monate), bindet aber nur die Parteien der jeweiligen Vereinb. Bereits wegen der Beschränkung der Vereinbarungsbefugnis auf eine „Fortgeltung" können für den BR keine Rechte begr. werden, die nicht bereits vor der Umwandlung bestanden (Lutter/*Joost* Rn. 48). 17

Als Regelungsinstrumente kommen sowohl TV als auch BV in Betracht. Als TV kann insb. ein **FirmenTV** abgeschlossen werden. Es reicht allerdings nicht aus, wenn ausschl. der übertragende Rechtsträger diesen abschließt (so aber Kallmeyer/*Willemsen* Rn. 16), da der TV für den übernehmenden Rechtsverträger keine verbindl. Wirkung entfaltet. Deshalb kommt nur der Abschluss eines TV mit dem(n) jeweiligen Rechtsträger(n) des Betriebs in Betracht (NK-GA/*Boecken* Rn. 46; KölnK-UmwG/*Hohenstatt/Schramm* Rn. 45). Solange ein TV die Fortgeltung iSd. § 325 II 1 anordnet, soll der Abschluss einer BV nicht wegen § 77 III 1 BetrVG ausgeschlossen und das Günstigkeitsprinzip maßgebl. sein (KölnK-UmwG/*Hohenstatt/Schramm* Rn. 42; NK-GA/*Boecken* Rn. 43). Keine Antwort gibt § 325 II auf die Frage, ob der Abschluss eines TV mittels eines Arbeitskampfs erzwungen werden kann. Mangels gegenteiliger Anhaltspunkte kommen die allg. Grundsätze zur Anwendung (s. GG Art. 9 Rn. 114), so dass auch ein TV iSd. § 325 II 1 erstreikt werden kann (Semler/Stengel/*Simon* Rn. 34; **aA** KölnK-UmwG/*Hohenstatt/Schramm* Rn. 43; offen Lutter/*Joost* Rn. 44). 18

Eine Festlegung der Fortgeltung durch **BV** muss den allg. Voraussetzungen für deren rechtswirksamen Abschluss genügen. Abschlusspartei auf AGSeite ist der Rechtsträger des jeweils aus der Spaltung hervorgegangenen Betriebs (Kallmeyer/*Willemsen* Rn. 16); auf ANSeite ist die BV von dem BR des Betriebs abzuschließen, der aus der Spaltung hervorgegangen ist (Kallmeyer/*Willemsen* Rn. 16), eine Ausnahme kommt allenfalls in Betracht, wenn die BV in Ausübung des Übergangsmandats gem. § 21a BetrVG abgeschlossen wird (Lutter/*Joost* Rn. 45; Kallmeyer/*Willemsen* Rn. 16). Der Abschluss der BV ist freiwillig, eine Einigung hierüber kann nicht durch die Einigungsstelle ersetzt werden (Lutter/*Joost* Rn. 46; NK-GA/*Boecken* Rn. 43). Eine Nachwirkung der BV kommt deshalb nicht in Betracht, es sei denn, die Abschlussparteien vereinbaren diese (KölnK-UmwG/*Hohenstatt/Schramm* Rn. 47). 19

700. Gesetz über befristete Arbeitsverträge in der Wissenschaft (Wissenschaftszeitvertragsgesetz – WissZeitVG)

Vom 12. April 2007 (BGBl. I S. 506)

Zul. geänd. durch Gesetz vom 23. Mai 2017 (BGBl. I S. 1228)*

(FNA 800-28)

§ 1 Befristung von Arbeitsverträgen

(1) [1] Für den Abschluss von Arbeitsverträgen für eine bestimmte Zeit (befristete Arbeitsverträge) mit wissenschaftlichem und künstlerischem Personal mit Ausnahme der Hochschullehrerinnen und Hochschullehrer an Einrichtungen des Bildungswesens, die nach Landesrecht staatliche Hochschulen sind, gelten die §§ 2, 3 und 6. [2] Von diesen Vorschriften kann durch Vereinbarung nicht abgewichen werden. [3] Durch Tarifvertrag kann für bestimmte Fachrichtungen und Forschungsbereiche von den in § 2 Abs. 1 vorgesehenen Fristen abgewichen und die Anzahl der zulässigen Verlängerungen befristeter Arbeitsverträge festgelegt werden. [4] Im Geltungsbereich eines solchen Tarifvertrages können nicht tarifgebundene Vertragsparteien die Anwendung der tariflichen Regelungen vereinbaren. [5] Die arbeitsrechtlichen Vorschriften und Grundsätze über befristete Arbeitsverträge und deren Kündigung sind anzuwenden, soweit sie den Vorschriften der §§ 2 bis 6 nicht widersprechen.

(2) Unberührt bleibt das Recht der Hochschulen, das in Absatz 1 Satz 1 bezeichnete Personal auch in unbefristeten oder nach Maßgabe des Teilzeit- und Befristungsgesetzes befristeten Arbeitsverhältnissen zu beschäftigen.

1 **1. Normzweck und Rechtsentwicklung.** Als Konsequenz der mit der Föderalismusreform verbundenen Reduktion der Bundeszust. auf dem Gebiet des Hochschulrechts hat der Bund das WZVG erlassen. Die Bestimmungen des WZVG haben mWv. 18.4.2007 die §§ 57a bis f des HRG abgelöst. Diese Vorschr. waren urspr. durch Art. 1 des **HFVG v. 14.6.1985** (BGBl. I S. 1065) in das HRG eingefügt worden (zur historischen Entwicklung *Meißner*, Entstehung und Entwicklung des Hochschulbefristungsrechts, 2016). Das HFVG sollte die Leistungsfähigkeit der Hochschulen und außeruniversitären Forschungseinrichtungen stärken, die Heranbildung wiss. Nachwuchses fördern, va. auch die Chancen nachwachsender Altersgruppen wahren und der wachsenden Bedeutung der mit Mitteln Dritter finanzierten Forschung gerecht werden (BT-Drs. 10/3119 S. 1). Es sollten die Möglichkeiten der befristeten Beschäftigung von Mitarbeitern mit wiss., künstlerischen und ärztl. Aufgaben abgesichert und erweitert werden (BT-Drs. 10/2283 S. 1). Das G sollte den spezifischen Belangen von Wiss. und Forschung stärker Rechnung tragen, als es die Rspr. der Gerichte für Arbeitssachen nach Auff. des Gesetzgebers getan hatte (vgl. BT-Drs. 10/3119 S. 1).

2 Der Bund hatte und hat nach Art. 74 I Nr. 12 GG die konkurrierende Gesetzgebungskompetenz für das ArbR. Die Regelung befristeter Arbeitsverträge gehört dazu (BAG 21.6.2006 NZA 2007, 209; 6.12.2006 AP HRG § 57a Nr. 8). Einerseits regelte der Bundesgesetzgeber den arbeitsrechtl. Bereich befristeter Dienst- und ArbVerh. im Hochschulbereich abschl. und einheitl. im HRG (BAG 14.2.1996 AP HRG § 57c Nr. 4). Andererseits wurde für das **wiss. Personal an Forschungseinrichtungen** mit Art. 2 ein bes. G erlassen. Dieses G wurde durch das 5. HRGÄndG v. 16.2.2002 (BGBl. I S. 693) aufgeh. Eine Übergangsvorschr. enthielt das 5. HRGÄndG nicht, vielmehr ordnete seit dem 23.2.2002 § 57d HRG die entspr. Anwendung der §§ 57a bis 57c und 57e HRG an. Somit konnten an staatl. Forschungseinrichtungen sowie an überw. staatl. oder auf der Grdl. von Art. 91b GG finanzierten Forschungseinrichtungen befristete Arbeitsverträge nach gleichen Regeln wie an Hochschulen geschlossen werden. Bemerkenswert war, dass § 57d HRG nF, wie das alte Recht, einen größeren pers. Geltungsbereich als die §§ 57a und 57b HRG nF hatte. Nach § 57d HRG durften Arbeitsverträge mit „wiss. Personal" befristet abgeschlossen werden. Dieser Begriff umfasste ua. auch Wissenschaftler in Leitungsfunktionen.

3 Das WZVG beruht wie die letzte Fassung der §§ 57a ff. HRG auf den in einem Gutachten niedergelegten **Vorschlägen von *Dieterich* und *Preis*** (S. 42 ff.), die im Detail aufgezeigt haben, welche Gestaltungsmöglichkeiten die RL 1999/70/EG und die verfassungsrechtl. Vorgaben für den Wissenschaftsbereich dem dt. Gesetzgeber eröffnen und belassen. Am 17.3.2016 ist das Erste ÄndG v. 11.3.2016 (BGBl. I S. 442) in Kraft getreten. Die maßgebenden Übergangsvorschr. enthält § 7.

* Die Kommentierung ist auf dem Stand der Gesetzgebung v. 1.1.2018. Für die Rechtslage bis 31.12.2017 ist auf die Voraufl. zu verweisen.

Das Befristungsrecht des WZVG übernimmt im Grds. den Rechtsstand des HRG idF des G zur Änd. dienst- und arbeitsrechtl. Vorschr. im Hochschulbereich (HdaVÄndG) v. 27.12.2004 (BGBl. I S. 3835), sieht aber eine ganze Reihe nicht unwesentl. Veränderungen vor. Vorrangig ist die Kennzeichnung des **pers. Geltungsbereichs** zu nennen. An die Stelle der wiss. und künstlerischen Mitarbeiter, der (ausschl. nebenberufl. und deshalb unterhälftig beschäftigen – vgl. BAG 21.1.2009 ZTR 2009, 337) wiss. und künstlerischen Hilfskräfte sowie der studentischen Hilfskräfte ist der **Oberbegriff des wiss. bzw. künstlerischen Personals** getreten. Des Weiteren führt das WZVG für den Fall der Drittmittelfinanzierung einen eigenständigen Befristungstatbestand außerhalb des TzBfG ein (§ 2 II). Der strukturierte Sonderbefristungstatbestand der Drittmittelfinanzierung soll die mit dem allg. Sachgrund der Projektbefristung (§ 14 I 2 Nr. 1 TzBfG) verbundenen Anwendungsprobleme verringern. Das soll die Bereitschaft zur Drittmittelforschung stärken und damit die Leistungsfähigkeit der Hochschulen und der außeruniversitären Forschungseinrichtungen erhöhen (BT-Drs. 16/3438 S. 10). Darüber hinaus führt das WZVG eine zweijährige Verlängerungsmöglichkeit wegen Kinderbetreuung ein (§ 2 I 4). Damit soll der Mehrfachbelastung angehender Wissenschaftler durch die Dienstleistung im ArbVerh., der Arbeit an der Dissertation oder einer weiteren wiss. Qualifizierung und der Betreuung von Kindern Rechnung getragen werden, um die bemerkenswert hohe Kinderlosigkeit des wiss. Nachwuchses abzubauen (BT-Drs. 16/3438 S. 11). 3a

Das HRG in seiner bis zum 22.2.2002 geltenden Fassung stellte einen **Katalog sachl. Gründe** auf, die die Befristung von ArbVerh. rechtfertigten. Diese Tatbestände orientierten sich an der Rspr. des BAG, korrigierten diese aber zugleich in wichtigen Details. Darüber hinaus setzte bereits das HRG in seiner alten Fassung für die einzelnen Befristungsgründe Höchstfristen fest (§ 57c HRG aF). Die §§ 57a bis 57f HRG aF regelten die Befristung von ArbVerh. im Hochschulbereich abschl. (BAG 14.2.1996 AP HRG § 57c Nr. 4). Das 5. HRGÄndG brachte in dieser Frage eine Akzentverschiebung. Nach § 57a I 5 HRG waren die arbeitsrechtl. Vorschr. und Grds. über befristete Arbeitsverträge und deren Kündigung anzuwenden, wenn sie den HRG-Bestimmungen nicht widersprachen. Damit war vorrangig das am 1.1.2001 in Kraft getretene TzBfG gemeint, das komplementär zum HRG anzuwenden war. Diese unterstützende Funktion trat deutl. hervor, weil das 5. HRGÄndG **die Schutzprinzipien ausgetauscht** hatte. Während das bisherige Recht schwerpunktmäßig Sachgründe für befristete Arbeitsverträge regelte, schützte das veränderte Recht durch Regelungen der Befristungsdauer. Auch diese Regelungstechnik ist durch die RL 1999/70/EG über befristete Arbeitsverträge zugelassen (vgl. TzBfG § 1 Rn. 1; BAG 19.3.2008 NZA 2009, 84; *Kersten* DÖV 2002, 682, 684). Die BefristungsRL verlangt von den Mitgliedstaaten nur die Ergreifung einer der drei in § 5 I lit. a) bis c) der Rahmenvereinb. genannten Maßnahmen zur Verhinderung des Missbrauchs durch aufeinander folgende befristete Arbeitsverträge. Dem genügt die Regelung einer Höchstbefristungsdauer (BAG 21.6.2006 NZA 2007, 209; 11.7.2007 – 7 AZR 197/06 – BeckRS 2009, 65946; 19.3.2008 NZA 2009, 84). Das HRG kannte keinen Vertragstypenzwang (*Preis/Hausch* NJW 2002, 927, 928), aber weiterhin ein Zitiergebot (§ 57b III HRG). Deshalb kamen auch die Befristungsmöglichkeiten nach § 14 II und (für bes. alte Mitarbeiter und Hilfskräfte) III TzBfG zum Tragen, die va. dann eingreifen konnten, wenn das Zitiergebot verletzt wurde. Kraft § 57a I 5 HRG waren den Hochschulen und Forschungseinrichtungen des Weiteren die Sachgrundbefristungen nach § 14 I TzBfG eröffnet. Begrenzend wirkte das HRG aber dadurch, dass diese auf das TzBfG gestützten Zeitverträge nach § 57b II 2 HRG auf die zulässige Höchstbefristungsdauer anzurechnen waren. In der Summe der Vertragslaufzeiten durften keine länger währenden Anstellungsverhältnisse vereinbart werden, als es § 57b HRG nF zuließ. Darüber hinaus unterlagen die privatrechtl. ArbVerh. weiteren Bestimmungen des ör. Dienstrechts (zB Personalvertretungsrecht). Das WZVG hat in § 2 I die nach der RL 1999/70/EG zugelassene Schutzform der Regelung der Höchstbefristungsdauer aus der letzten Fassung des HRG übernommen und wahrt das Unionsrecht (BAG 9.12.2015 NZA 2016, 552 Rn. 43; **aA** *Hirdina* NZA 2009, 712, 715). 4

Da der Bundesgesetzgeber feststellen musste, dass an Hochschulen und Forschungseinrichtungen das wiss. Personal weit überw. befristet beschäftigt wird und dies mehrheitl. mit Laufzeiten von weniger als einem Jahr (BT-Drs. 18/7038 S. 2, 7; näher zum internationalen Vergleich *Maschmann/Konertz* NZA 2016, 257), wurde das WZVG durch ÄndG v. 11.3.2016 mWv. 17.3.2016 in wesentl. Punkten umgestaltet. Um unsachgemäße Kurzbefristungen zu unterbinden, dürfen Befristungen nur noch der eigenen wiss./künstlerischen Qualifizierung dienen und die Vertragslaufzeit muss der angestrebten Qualifizierung angemessen sein. Die Vertragsdauer muss sich auch bei der qualifizierungsunabhängigen Drittmittelbefristung am bewilligten Projektzeitraum ausrichten. Damit sind landesges. Regelungen einer Mindestvertragsdauer ausgeschlossen worden (*Hauck-Scholz* RdA 2016, 262, 267; zweifelnd *Kiel* JbArbR 54 [2017], 51, 62). Die bisherige Befristungsmöglichkeit für drittmittelfinanziertes nichtwiss. Personal entfällt. Darüber hinaus hat das Erste ÄndG des WZVG Verlängerungstatbestände konkretisiert und ergänzt. Neu eingeführt hat es die sachgrundlose Befristung für eine studienbegleitende Beschäftigung als studentische Hilfskraft (§ 6). Die in diesem Rechtsverhältnis verbrachte Zeit lässt die Rahmenfristen der Pre- oder der Post-Doc-Phase unberührt. Gleichfalls neu ist die in § 8 für das Jahr 2020 vorgesehene Evaluation des G. 4a

Eine zusätzl. Prüfung der Wirksamkeit der Befristung nach den im Anschluss an die Entsch. des EuGH in der Rs. Kücük (EuGH 26.1.2012 NZA 2012, 135) vom BAG entwickelten **Grds. des** 4b

institutionellen Rechtsmissbrauchs (BAG 18.7.2012 NZA 2012, 1351 Rn. 33; TzBfG § 14 Rn. 9a) ist grds. nicht geboten (BAG 9.12.2015 NZA 2016, 552 Rn. 46), zumal das WZVG für wiss. Personal an Hochschulen in weitaus größerem Umfang Befristungen zulässt als der sonst als Orientierung herangezogene § 14 II TzBfG (BAG 8.6.2016 NZA 2016, 1463 Rn. 37). Die Anwendung dieser Grds. kann ledigl. im Einzelfall angezeigt sein (BAG 20.4.2016 NZA 2016, 1078 Rn. 29; abw. LAG MV 19.5.2016 NZA-RR 2017, 12), weil sich die zeitl. Grenzen für den Abschluss befristeter Arbeitsverträge aus den ges. Regeln selbst ergeben, die ihrerseits durch die Freiheit von Wissenschaft, Forschung und Lehre (Art. 5 III GG) gerechtfertigt sind (BAG 20.1.2016 NZA 2016, 824 Rn. 30). Gleichwohl kann im Einzelfall die Nutzung der Befristungsmöglichkeiten des WZVG rechtsmissbräuchl. sein (BAG 8.6.2016 NZA 2017, 189 Rn. 46). Dient das befristete ArbVerh. auch der wiss. Qualifikation des AN, spricht dies gegen die Annahme von Rechtsmissbrauch (BAG 8.6.2016 NZA 2016, 1463 Rn. 37).

5 Die in § 14 I TzBfG normierten Sachgründe für befristete Arbeitsverträge sind tw. auch im Anwendungsbereich des WZVG anwendbar (§ 1 II; näher § 2 Rn. 20). Die **Möglichkeiten der sachgrundlosen Befristung nach § 14 II und der Altersbefristung nach III TzBfG** bestehen auch im Hochschul- und Forschungsbereich und zwar neben den Regelungen des WZVG. Tarifrecht steht dem nicht (mehr) entgegen. Die TVParteien des öffentl. Dienstes stellten zunächst mit der SR 2y BAT für befristete Arbeitsverträge im Geltungsbereich des BAT bestimmte Zulässigkeitsvoraussetzungen auf. Im räuml. Geltungsbereich des BAT-O konnte die SR 2y nur bei entspr. einzelvertragl. Vereinb. Anwendung finden (BAG 31.7.2002 AP BGB § 620 Befristeter Arbeitsvertrag Nr. 237). Seit dem 1.10.2005 gilt in verschiedenen Sektoren des öffentl. Dienstes der **TVöD**, der in § 30 I 2 die den §§ 57a ff. HRG unterliegenden ArbVerh. von seinen abw. Regelungen des Befristungsrechts ausnimmt. Diese Regelung wird heute dahin auszulegen sein, dass die Bestimmungen der Abs. 2 bis 5 des § 30 TVöD nicht für AN gelten, die unter den pers. Geltungsbereich des WZVG fallen (wohl a. MüKoBGB/*Hesse* § 23 TzBfG Rn. 31). § 30 TVL als der jüngere TV regelt bereits, dass die §§ 57a ff. HRG nachf. ges. Regelungen vorgehen. Eine Reduktion dieser Tarifnormen hins. des aus Drittmitteln finanzierten akzessorischen Personals (vgl. § 2 II 2 aF und jeweils S. 2 der §§ 3 bis 5) ließ sich nicht begründen (**aA** *Kortstock* ZTR 2007, 2, 7). Gem. § 1 II lit. s TVöD sind Hochschullehrer, wiss. und studentische Hilfskräfte sowie künstlerische Lehrkräfte ohnehin vom Geltungsbereich dieses TV ausgenommen. Für den **TVL** gilt das Gleiche. Die Sonderregelungen für Beschäftigte an Hochschulen und Forschungseinrichtungen (§ 40 Nr. 8 TVL) und Ärzte an Universitätskliniken (§ 41 Nr. 19 Abs. 1 TVL) betreffen die Höchstdauer eines einzelnen mit Sachgrund befristeten Arbeitsvertrags und erfassen deshalb die nach § 2 I bzw. den auf diese Vorschr. verweisenden Regelungen des WZVG ohne Sachgrund befristeten Verträge bereits unabhängig von § 1 I 2 nicht. Hins. der Befristung mit Sachgrund (§ 2 II) wirkt die Tarifsperre des § 1 I 2 (vgl. Rn. 18). Der nach § 41 Nr. 19 Abs. 2 TVL speziell für Ärzte dem § 30 angefügte Abs. 7 ist wegen dieser Tarifsperre im Geltungsbereich des WZVG nicht anwendbar.

6 § 1 I will sachgrundlose Befristungen regeln (*Kiel* JbArbR 54 [2017], 51, 59). und erweitert so die allg. nach dem TzBfG eröffneten Möglichkeiten im Hochschul- und Forschungsbereich. Für die Bemessung der zulässigen Befristungsdauer diff. die Neufassung danach, ob der AN bei Vertragsbeginn promoviert ist oder nicht. Mit **Studierenden** dürfen nach § 6 befristete Arbeitsverträge bis zur Gesamtdauer von sechs Jahren geschlossen werden. Eine Anrechnung dieser Vertragslaufzeiten auf spätere Verträge nach dem Examen und nach der Promotion erfolgt nicht (§ 2 III 3). Nach Studienabschluss, aber **vor der Promotion** darf die Dauer der befristeten Arbeitsverträge insg. sechs Jahre nicht übersteigen (§ 2 I 1). Hierauf sind mit Sachgrund befristete Arbeitsverträge und entspr. Dienstzeiten als Beamter auf Zeit sowie Privatdienstverträge nach § 3 anzurechnen, wenn die geschuldete AZ mehr als ein Viertel der regelm. AZ ausmachte. Diese Befristungsmöglichkeit besteht unabhängig davon, ob die Promotion tats. angestrebt wird.

7 **Nach abgeschlossener Promotion** darf die Dauer befristeter Arbeitsverträge insg. sechs Jahre (im Bereich der Medizin neun Jahre) nicht übersteigen (§ 2 I 2). Diese Frist verlängert sich um den Zeitraum, den frühere befristete Arbeitsverträge und Promotionszeiten ohne Beschäftigung hinter der zulässigen Befristungsdauer von sechs Jahren zurückgeblieben sind. Verzögert sich der Abschluss der Promotion, sollte wegen des ausgeklügelten Systems der Fristenregelung angenommen werden, dass weder mit demselben noch mit einem anderen dem Geltungsbereich des WZVG unterliegenden AG ein die sechs Jahre überschreitender Arbeitsvertrag geschlossen werden dürfte, weil § 1 I 5 die Anwendung des TzBfG nur zulässt, soweit sie den Vorschr. der §§ 2 bis 5 nicht widerspricht. Immerhin bilden die Höchstfristen von zusammen zwölf bzw. 15 Jahren den Kern der Neuregelung, wie sich va. aus der umfassenden Anrechnung anderer Dienstverhältnisse nach § 2 ergibt. Im Interesse der Innovationsfähigkeit der dt. Hochschulen und Forschungseinrichtungen sollte die Verweildauer der aufgrund befristeter Arbeitsverträge beschäftigten wiss. und künstlerischen Mitarbeiter sowie Hilfskräfte auf die Höchstfristen limitiert sein. So aber nicht das G. Dieses sieht in § 1 II vor, dass die weitere Befristung nach den Bestimmungen des TzBfG zulässig ist. Diese Regelung stellt zwar den Zweck der Förderung des wiss. Nachwuchses und der Innovationsfähigkeit der Hochschulen auf den Kopf, ist aber kein Versehen, sondern bewusst eröffnete Gestaltungsmöglichkeit zur weiteren Bindung bewährter Mitarbeiter und Hilfskräfte an die Hochschule. Somit können beim selben AG weitere Arbeitsverträge

nach § 14 I und III TzBfG, bei einem neuen AG auch nach § 14 II TzBfG befristet werden. IE erlaubt bereits das WZVG die Befristung der Arbeitsverträge des promovierten wiss. und künstlerischen Personals bis zur **Gesamtdauer von zwölf bzw. 15 Jahren** unabhängig davon, ob hierfür ein Sachgrund besteht oder nicht. Dabei werden Zeiten der Promotion ohne eine bzw. ohne eine anrechenbare Beschäftigung nach § 2 I 2 insofern erhebl., als sie eine Verlängerung der Post-Doc-Frist ausschließen, wenn und soweit vor der Promotion liegende ArbVerh. die Sechs-Jahres-Frist allein nicht ausgeschöpft haben. Die aus dem HRG bekannten Verlängerungsmöglichkeiten aus bes. sozialen Gründen gelten mit geringfügigen Änd. weiter (§ 2 V).

Das bes. Kündigungsrecht bei **Wegfall von Drittmitteln** (§ 57d HRG aF) besteht nach § 6 I ausschl. 8
für die vor dem 23.2.2002 und im Zeitraum v. 27. 7. bis zum 31.12.2004 geschlossenen Altverträge fort. Neuverträge können nicht mehr nach dieser aufgeh. Bestimmung gekündigt werden. Damit stellt sich bei Anwendbarkeit des KSchG die Frage nach der sozialen Auswahl, wenn durch den Ausspruch betriebsbedingter Kündigungen nicht alle befristet beschäftigten Mitarbeiter betroffen sind. Ggf. können berechtigte wiss. Belange (= berechtigte betriebl. Bedürfnisse iSv. § 1 III 2 KSchG) die Auswahl begrenzen (*Dieterich/Preis* S. 81). In jedem Fall bedarf es der vertragl. Abrede der ordentl. Kündbarkeit, weil andernfalls der befristete Arbeitsvertrag nach § 15 III TzBfG ordentl. nicht kündbar ist.

2. Geltungsbereich. a) Betrieblich. Die Anwendbarkeit des WZVG ist nicht davon abhängig, wer 9
AG ist, sondern wo die Arbeitsleistung erbracht werden soll (BAG 24.8.2011 NZA 2012, 385). Das WZVG setzt nicht voraus, dass die staatl. Hochschule der AG ist, sondern dass der AN an einer Einrichtung tätig werden soll, die nach Landesrecht eine staatl. Hochschule ist (BAG 20.1.2016 NZA 2016, 824 Rn. 25; 8.6.2016 NZA 2016, 1463 Rn. 13). Der AN kann auch beim Träger der Hochschule angestellt sein (zB dem Bundesland; BAG 9.12.2015 NZA 2016, 552 Rn. 28). Anzuwenden ist das WZVG auf alle Einrichtungen des Bildungswesens, die nach Landesrecht **staatl. Hochschulen** sind, und staatl. anerkannte Hochschulen (§ 4). Dazu zählen auch Fachhochschulen (vgl. BAG 19.8.1992 AP HRG § 57b Nr. 2; 18.3.2009 AP BAT §§ 22, 23 Lehrer Nr. 111; *Raab* S. 64; *Laux/Schlachter* Anh. G § 1 Rn. 2). Zu den staatl. anerkannten Hochschulen iSd. § 4 gehören die der Bundeswehr, die Fachhochschule des Bundes für öffentl. Verw. oder auch Hochschulen in kirchl. Trägerschaft. Für Hochschulen in privater Trägerschaft ohne staatl. Anerkennung gilt das WZVG nicht. Dort gilt allein das allg. Befristungsrecht (AG/*Rambach* Rn. 5). Hingegen gilt das WZVG kraft § 5 entspr. für die in dieser Vorschr. bezeichneten staatl. bzw. institutionell überw. staatl. finanzierten **Forschungseinrichtungen**. Auch insoweit führt das WZVG die Rechtslage nach dem HRG fort.

b) Persönlich. Nach § 1 gelten die Vorschr. des WZVG für befristete Arbeitsverträge mit wiss. und 10
künstlerischem Personal. Hiervon sind allein die **Hochschullehrer ausgenommen**. Jdf. gilt dies für die §§ 1 bis 3, während die §§ 4 und 5 auch Hochschullehrer einbeziehen (vgl. jeweils Rn. 1 zu § 4 und 5). Wer zum Personenkreis der Hochschullehrer rechnet, ergibt sich aus dem Landesrecht (*Laux/Schlachter* Anh. G § 1 Rn. 1; HKTzBfG/*Joussen* Rn. 11). Hierzu sind Juniorprofessoren zu rechnen (MüKoBGB/*Hesse* § 23 TzBfG Rn. 30; *Preis/Ulber* Rn. 66; HKTzBfG/*Joussen* Rn. 11). IÜ fallen die in einem befristeten ArbVerh. stehenden Hochschullehrer unter den Geltungsbereich des TzBfG. Durch Landesrecht können Regelungen über die Befristung von ArbVerh. der Hochschullehrer geschaffen werden, die sich selbstverständl. iRd. RL 1999/70/EG (vgl. TzBfG § 1 Rn. 1) und des Verfassungsrechts zu halten haben (BAG 11.9.2013 NZA 2013, 1352; 15.2.2017 – 7 AZR 143/15 – Rn. 19; *Morgenroth* DÖD 2016, 61; *Kiel* JbArbR 54 [2017], 51, 79; **aA** *Gronemeyer* RdA 2016, 24, 28). Das WZVG knüpft nicht mehr an die Regelung des § 53 HRG an, sondern bestimmt eigenständig seinen pers. Geltungsbereich (BAG 1.6.2011 NZA 2011, 1280; *Preis/Ulber* Anm. zu AP WissZeitVG § 12 Nr. 1; HKTzBfG/*Joussen* Rn. 8). Der Begriff des „wiss. und künstlerischen Personals" bestimmt sich inhaltl.-aufgabenbezogen (BAG 29.4.2015 AP WissZeitVG § 1 Nr. 2 Rn. 21; 9.12.2015 NZA 2016, 552 Rn. 30; 24.2.2016 NZA 2016, 949 Rn. 31; 28.9.2016 NZA 2017, 249 Rn. 18). Anknüpfungspunkt ist die Art der zu erbringenden Dienstleistung: Zum wiss. Personal gehören AN, die wiss. Dienstleistungen erbringen. Es kommt nicht auf die formelle Bezeichnung an, sondern auf den wiss. Zuschnitt der auszuführenden Tätigkeit (BAG 28.9.2016 NZA 2017, 249 Rn. 14). Wiss. meint „die Wiss. betr." (BAG 29.4.2015 AP WissZeitVG § 1 Nr. 2 Rn. 21; 9.12.2015 NZA 2016, 552 Rn. 30; 24.2.2016 NZA 2016, 949 Rn. 31; abl. *Morgenroth* DÖD 2016, 43, 44). Nach den Umständen bei Vertragsschluss muss die Tätigkeit insg. wiss. geprägt sein (BAG 24.2.2016 NZA 2016, 949 Rn. 33; 20.4.2016 NZA 2016, 1078 Rn. 21; *Kiel* JbArbR 54 [2017], 51, 55).

Wiss. Tätigkeit ist alles, was nach Inhalt und Form als ernsthafter planmäßiger Versuch zur Ermitt- 10a
lung der Wahrheit anzusehen ist (BAG 19.3.2008 NZA 2009, 84 Rn. 33; 29.4.2015 AP WissZeitVG § 1 Nr. 2 Rn. 21; 9.12.2015 NZA 2016, 552 Rn. 30; 20.1.2016 NZA 2016, 824 Rn. 29; 28.9.2016 NZA 2017, 249 Rn. 18; krit. wegen der Randunschärfen *Maschmann/Konertz* NZA 2016, 257, 258). Aus der Verweisung im S. 1 auf § 6 folgt, dass auch wiss. Hilfstätigkeiten genügen (*Maschmann/Konertz* NZA 2016, 257, 265). Sie ist nach Aufgabenstellung und anzuwendender Arbeitsmethode darauf angelegt, neue Erkenntnisse zu gewinnen und zu verarbeiten, um den Erkenntnisstand der jeweiligen wiss. Disziplin zu sichern oder zu erweitern (vgl. BAG 27.5.2004 NZA 2004, 1399). Zur wiss. Dienstleistung

kann auch die Vermittlung von Fachwissen und praktischen Fertigkeiten an Studierende und deren Unterweisung in der Anwendung wiss. Methoden gehören (BAG 1.6.2011 NZA 2011, 1280; 20.4.2016 NZA 2016, 1078 Rn. 20; 28.9.2016 NZA 2017, 249 Rn. 19). Die Wissenschaftlichkeit der Lehre ist nicht nur gegeben, wenn Kenntnisse vermittelt werden, die auf eigener Forschung beruhen. Lehre kann auch dann wiss. sein, wenn die Lehrveranstaltungen unter Berücksichtigung aktueller wiss. Erkenntnisse Dritter von dem Lehrenden eigenständig zu gestalten sind (BAG 29.4.2015 AP WissZeitVG § 1 Nr. 2 Rn. 9, 22). Es ist nicht erforderl., dass sich der Lehrende um eigene, neue wiss. Erkenntnisse bemüht (BAG 28.9.2016 NZA 2017, 249 Rn. 19). Dem Lehrenden muss die Möglichkeit zur eigenständigen Forschung und Reflexion verbleiben (BAG 24.2.2016 NZA 2016, 949 Rn. 32). Die wiss. Lehrtätigkeit ist somit von einer unterrichtenden Lehrtätigkeit ohne Wissenschaftsbezug abzugrenzen (BAG 1.6.2011 NZA 2011, 1280; 29.4.2015 AP WissZeitVG § 1 Nr. 2 Rn. 22). Für die Beurteilung, ob die Tätigkeit insg. wiss. Gepräge hat, kommt es auf die Umstände bei Vertragsschluss an (BAG 20.4.2016 NZA 2016, 1078 Rn. 21; 28.9.2016 NZA 2017, 249 Rn. 20). Maßgebl. ist, was von dem AN aufgrund des Arbeitsvertrags, einer Dienstaufgabenbeschreibung oder sonstiger Umstände nach obj. Gesichtspunkten bei Vertragsschluss erwartet wird (BAG 20.4.2016 NZA 2016, 1078 Rn. 21). Eine Lehrtätigkeit, die sich nach dem vereinbarten Vertragsinhalt auf eine rein repetierende Wiedergabe vorgegebener Inhalte beschränkt, ist nicht als wiss. Lehre anzusehen, während eine Lehrtätigkeit auch dann eine wiss. Dienstleistung ist, wenn zwar keine eigenen Forschungsergebnisse gelehrt, sondern Erkenntnisse Dritter vermittelt werden, von dem Lehrenden aber nach dem Vertragsinhalt erwartet wird, dass er diese Erkenntnisse krit. hinterfragt, sich damit auseinandersetzt und dass er diese eigenen Reflexionen in seine Lehrtätigkeit einbringt (BAG 29.4.2015 AP WissZeitVG § 1 Nr. 2 Rn. 23; 20.1.2016 NZA 2016, 824 Rn. 30, 36; 20.4.2016 NZA 2016, 1078 Rn. 20; 28.9.2016 NZA 2017, 249 Rn. 19). Diese Voraussetzung vermag auch die an Fachhochschulen zu erbringende Lehrtätigkeit zu erfüllen (*Raab* S. 65). Bei Mischtätigkeiten ist erforderl., dass die wiss. Dienstleistungen zeitl. überwiegen oder zumindest das ArbVerh. prägen (BAG 1.6.2011 NZA 2011, 1280; 20.4.2016 NZA 2016, 1078 Rn. 20). Ob die nach Landesrecht gebildeten Kategorien hierzu rechnen, bedarf der Feststellung anhand des WZVG und unterliegt nicht der Landesgesetzgebung (BAG 1.6.2011 NZA 2011, 1280; MüKoBGB/*Hesse* § 23 TzBfG Rn. 30; *Preis/Ulber* Rn. 11 f.; HG/*Krause* Rn. 7; *Lehmann-Wandschneider* S. 60; *Kiel* JbArbR 54 [2017], 51, 54; **aA** *Rambach/Feldmann* ZTR 2009, 286, 288).

10b Zum **künstlerischen Personal** zählt, wer zur Erfüllung der ihm vertragl. obliegenden Aufgaben selbst schöpferisch-gestaltend tätig werden muss und/oder die Studierenden unmittelbar dazu anzuleiten und dabei zu unterstützen hat, ihre Befähigung zu schöpferisch-gestaltendem Wirken zu entwickeln. Eine nur im weiteren Sinn der Ausbildung von Kunststudenten förderl. Tätigkeit – wie die Vermittlung von Wissen, das die technischen oder organisatorischen Voraussetzungen für die eigentl. schöpferische Tätigkeit schaffen soll – genügt nicht (LAG M 31.8.2016 – 8 Sa 118/16 – BeckRS 2016, 113574).

11 Soweit die Länder die **bisherigen Gruppen des HRG** fortführen, ist die Anwendbarkeit des WZVG zu bejahen (*Raab* S. 92). Zu den Aufgaben des wiss. und künstlerischen Personals gehört in jedem Fall die Vermittlung von Fachwissen und praktischen Fertigkeiten an Studierende (*Preis/Ulber* Rn. 42). Da die Befristungsmöglichkeiten für Arbeitsverträge bundesges. nahezu umfassend und damit abschl. geregelt sind, können LandesG nur dort Befristungsmöglichkeiten schaffen, wo das WZVG nach seinem pers. Geltungsbereich noch Lücken lässt (insb. an staatl. Hochschulen tätige Hochschullehrer im ArbVerh. BAG 11.9.2013 NZA 2013, 1352; **aA** BAG 28.1.1998 AP HRG § 57a Nr. 3; 1.6.2011 NZA 2011, 1280; *Gronemeyer* RdA 2016, 24, 28). Wird landesrechtl. der Kreis des wiss. und künstlerischen Personals per Definition über den bundesrechtl. vorgegebenen Begriff hinaus erweitert, führt dies nicht die Anwendbarkeit der §§ 1 bis 5 herbei (BAG 28.1.1998 AP HRG § 57a Nr. 3; 1.6.2011 NZA 2011, 1280; APS/*Schmidt* Rn. 5; *Preis/Ulber* Rn. 12; HG/*Krause* Rn. 9; *Oetker* FS v. Hoyningen-Huene 2014 S. 335, 340; **aA** *Löwisch* NZA 2007, 479; *Rambach/Feldmann* ZTR 2009, 286, 288). Wiss. und künstlerische Assistenten, Oberassistenten, Oberingenieure und Hochschuldozenten konnten im Unterschied zu den wiss. und künstlerischen Mitarbeitern als Zeitbeamte oder als Ang. beschäftigt werden. Wurde für sie ein ArbVerh. begr., galten die beamtenrechtl. Befristungsregeln des § 48 I HRG aF entspr. und nicht die Bestimmungen der §§ 57b ff. HRG (§ 48 III HRG aF; BAG 28.1.1998 AP HRG § 48 Nr. 1). Voraussetzung war aber, dass sie zu den wiss. und künstlerischen Assistenten iSv. § 47 HRG aF gehörten (BAG 27.6.2001 NZA 2002, 1153), was vorrangig nach dem Arbeitsvertrag und nicht der späteren Durchführung des Vertragsverhältnisses zu beurteilen war (BAG 6.8.2003 AP BGB § 620 Befristeter Arbeitsvertrag Nr. 253). War dies der Fall, standen frühere befristete Arbeitsverträge, bei denen die Voraussetzungen des § 47 HRG aF nicht vorlagen, dem erstmaligen Abschluss eines befristeten Vertrags nach § 48 I 1 HRG aF nicht entgegen (BAG 27.6.2001 NZA 2002, 1153). § 57b V HRG aF fand auf befristete Arbeitsverträge nach § 48 HRG aF keine Anwendung (BAG 6.8.2003 AP BGB § 620 Befristeter Arbeitsvertrag Nr. 253). Für angestellte wiss. Assistenten legte das HRG zwgd. eine Befristung auf drei Jahre mit Verlängerungsmöglichkeit um nochmals drei Jahre, in der Medizin um weitere vier Jahre fest.

12 Für die von rechtl. verselbständigten Universitätskliniken (ohne eigenen Forschungsbetrieb) als AG geschlossenen Arbeitsverträge gelten die Bestimmungen des ÄArbVtrG (MüKoBGB/*Hesse* § 23

TzBfG Rn. 29; *Preis/Ulber* Rn. 7; vgl. die bes. Erl. zum ÄArbVtrG). Die Befristungsmöglichkeiten des WZVG gelten aber für die bei der Universität oder ihrem Träger angestellten **Ärzte, die wiss. arbeiten** (HG/*Krause* Rn. 2). Hierzu gehören auch Tätigkeiten der Krankenversorgung (*Dörner* Rn. 536; KR/*Treber* Rn. 56; APS/*Schmidt* Rn. 24; *Laux/Schlachter* Anh. G § 1 Rn. 5).

Wiss. und künstlerische Hilfskräfte waren nach dem HRG Mitarbeiter, die wiss. (künstlerische) Dienstleistungen nebenberufl. zu erbringen haben. Aus § 57b IV HRG aF iVm. § 57b II Nr. 1 HRG aF ergab sich, dass wiss. Hilfskräften wiss. Dienstleistungen iSv. § 53 HRG oblagen. Sie gehören zum wiss. und künstlerischen Personal. Die Unterscheidung der wiss. und künstlerischen Hilfskräfte von den wiss. und künstlerischen Mitarbeitern hat durch das WZVG ihre Bedeutung verloren. Insb. ist die frühere Höchstbefristung für nicht promovierte wiss. und künstlerische Hilfskräfte von vier Jahren Dauer (§ 57b I 3 HRG) ersatzlos entfallen. Wie sich aus § 57b V HRG aF ergab, konnten wiss. Hilfskräfte auch vor Abschluss ihres Studiums beschäftigt werden (sog. studentische Hilfskräfte, hierzu näher *Oetker* FS v. Hoyningen-Huene 2014 S. 335). Durch das 5. HRGÄndG wurde dies ausdr. in § 57e HRG geregelt. Das WZVG übernahm diese Sonderregelung zunächst nicht, zeigte aber durch die Regelung der Nichtanrechnung in § 2 III 3, dass die studentischen Hilfskräfte zum wiss. und künstlerischen Personal gerechnet werden können (HG/*Krause* Rn. 15). § 6 idF des Ersten ÄndG greift die frühere Rechtslage nach dem HRG wieder auf und führt eine sechsjährige Befristungsmöglichkeit für studienbegleitende ArbVerh. ein. Der Studierende muss an einer dt. Hochschule mit dem Ziel eines ersten oder eines weiteren berufsqualifizierenden Abschlusses eingeschrieben sein und wiss./künstlerische Hilfstätigkeiten erbringen. Ein erster Abschluss als Bachelor hindert somit nicht, wenn ein weiterer Abschluss angestrebt wird und der Studierende eingeschrieben bleibt. Die Befristung setzt voraus, dass die Hilfskraft vertragsgemäß überw. mit wissenschaftsspezifischen Aufgaben betraut werden soll (MüKoBGB/*Hesse* § 23 TzBfG Rn. 30; *Haratsch/Holljesiefken* NZA 2008, 207, 209; *Oetker* FS v. Hoyningen-Huene 2014 S. 335, 341). Hierzu gehören ua. das Erstellen und Aufarbeiten wiss. Materials oder die Korrektur von Übungsarbeiten oder die Unterstützung von Hochschullehrern in ihren Hauptaufgaben (*Raab* S. 70). Unzureichend ist die Wahrnehmung von Sekretariats- oder Bibliotheksaufgaben (MüKoBGB/*Hesse* § 23 TzBfG Rn. 30; *Raab* S. 97; HKTzBfG/*Joussen* Rn. 9; HG/*Krause* Rn. 27). 13

Verwaltungskräfte und technisches Personal rechnen nicht zum wiss. oder künstlerischen Personal iSd. WZVG (HG/*Krause* Rn. 35). Die Mitwirkung an Förderungsanträgen kann abhängig von den konkret zu erbringenden Leistungen wiss. geprägt sein (BAG 24.2.2016 NZA 2016, 949 Rn. 36; *Kiel* JbArbR 54 [2017], 51, 56). 14

Da das WZVG von seinem pers. Geltungsbereich ledigl. die Hochschullehrer (einschl. der Juniorprofessoren; vgl. BAG 11.9.2013 NZA 2013, 1352 Rn. 26; HG/*Krause* Rn. 30) ausschließt, sind die **Lehrkräfte für bes. Aufgaben** einbezogen, wenn ihnen wiss. oder künstlerische Aufgaben übertragen werden (BAG 1.6.2011 NZA 2011, 1280; 20.4.2016 NZA 2016, 1078 Rn. 17, 23; 28.9.2016 NZA 2017, 249 Rn. 27; LAG D 3.11.2016 – 13 Sa 436/16 – BeckRS 2016, 114014; *Preis/Ulber* Rn. 69; *Raab* S. 169; HKTzBfG/*Joussen* Rn. 9; HG/*Krause* Rn. 31 [bei hinreichendem Freiraum]; *Lehmann-Wandschneider* S. 100 f.; ohne diese Einschränkung *Löwisch* NZA 2007, 479; *Rambach/Feldmann* ZTR 2009, 286, 290 ff. [abhängig vom Landesrecht]; diff. APS/*Schmidt* Rn. 20; **aA** MüKoBGB/*Hesse* § 23 TzBfG Rn. 30; *Kortstock* ZTR 2007, 350, 352; *Wiedemann* FS Otto 2008 S. 609, 618). Das betrifft ua. die als Lektoren bezeichneten fremdsprachl. Lehrkräfte, die in ihrer Muttersprache Sprachkenntnisse vermitteln sollen. Eine ledigl. sprachvermittelnde Dienstleistung gehört nicht zu den wiss. oder künstlerischen Aufgaben (Staudinger/*Preis* BGB § 620 Rn. 280). Ausgehend von der Rechtsentwicklung nimmt das BAG an, Lektoren seien „typischerweise“ auf Sprachvermittlung beschränkt und würden ihre eigene Qualifikation durch ihre Lehrtätigkeit nicht verbessern (BAG 1.6.2011 NZA 2011, 1280; abl. AG/*Rambach* Rn. 12). Die Feststellung einer wiss. Dienstleistung ist aber auch hier mögl. (BAG 20.4.2016 AP WissZeitVG § 1 Nr. 5 Rn. 24). 15

c) Sachlich. Das WZVG regelt den **Abschluss von Arbeitsverträgen für eine bestimmte Zeit.** § 1 I 1 enthält eine entspr. Klammerdefinition für den befristeten Arbeitsvertrag. Das G hebt auf den Abschluss des Vertrags ab, weil es dogmatisch auf diesen Zpkt. für die Vereinb. einer wirksamen Befristung ankommt (BAG 15.1.1997 AP HRG § 57b Nr. 14; unklar aber BAG 1.6.2011 NZA 2011, 1280 Rn. 47, wo auf die tats. Arbeitsanteile abgestellt wird). Mit Abschluss des Vertrags ist zugleich der Vertragsinhalt angesprochen, der durch das WZVG zT mitbeeinflusst wird. Ebenso wie § 57b III HRG (dazu BAG 16.7.2008 AP HRG § 57b Nr. 31) lässt § 2 IV 3 für die nach § 2 I befristeten Arbeitsverträge ausschl. Zeitbefristungen zu. Davon abw. dürfen nach dem WZVG im Bereich der Drittmittelforschung neben Zeit- auch Zweckbefristungen vereinbart werden (vgl. § 2 Rn. 16; **aA** *Laux/Schlachter* Anh. G § 1 Rn. 9). Die Kombination einer Zeitbefristung nach dem WZVG mit einer Zweckbefristung aufgrund einer anderen ges. Regelung (zB TzBfG) als sog. Doppelbefristung (vgl. TzBfG § 3 Rn. 13) ist wirksam mögl. (BAG 16.7.2008 AP HRG § 57b Nr. 31 noch zum HRG). Zum zeitl. Geltungsbereich vgl. § 7 Rn. 1. 16

3. Verhältnis zu anderen arbeitsrechtl. Vorschriften und Grundsätzen. Nach Abs. 1 S. 5 sind die arbeitsrechtl. Vorschr. und Grds. über befristete Arbeitsverträge und deren Kündigung anzuwenden, 17 soweit sie den Vorschr. des WZVG nicht widersprechen. Damit kommt den Regelungen des WZVG ein Vorrang zu. Die Arbeitsvertragsparteien sind aber nicht gehindert, ihr ArbVerh. nach allg. Vorschr. zu befristen. Insb. findet § 14 II TzBfG neben den §§ 2 ff. Anwendung (zum HRG: BAG 21.2.2001 NZA 2001, 1141; HG/*Waldeyer* § 57b HRG Rn. 58, 65; **aA** *Nagel*, Fristverträge an Hochschulen, 1986 Einl. Rn. 30). Die Sachgrundbefristung nach § 21 BEEG (vgl. dazu die dortigen Erl.) ist im Anwendungsbereich des WZVG mögl. (KR/*Treber* Rn. 92). Soweit das WZVG keine Regelungen enthält, finden die **allg. Vorschr. des TzBfG** Anwendung (MüKoBGB/*Hesse* § 23 TzBfG Rn. 32). Va. die Schriftform der Befristungsabrede (§ 14 IV TzBfG; BAG 14.12.2016 – 7 AZR 142/15 – BeckRS 2016, 118165 Rn. 12) und die Klagefrist (§ 17 TzBfG) sind zu nennen (BAG 24.2.2016 NZA 2016, 949 Rn. 24; *Dörner* Rn. 544; *Laux/Schlachter* Anh. G § 1 Rn. 15). Dies gilt auch für die Rspr. zur Kontrolle der letzten Befristungsvereinb. (vgl. TzBfG § 17 Rn. 5 f.; BAG 24.2.2016 NZA 2016, 949 Rn. 14). Wird die nach dem WZVG zulässige Höchstbefristungsdauer überschritten, ist die Befristung unwirksam und es besteht nach § 16 TzBfG ein unbefristetes ArbVerh. der Parteien (§ 2 Rn. 8). Allerdings wird nach § 17 TzBfG iVm. § 7 KSchG die Beendigung des ArbVerh. kraft wirksamer Befristung fingiert, wenn der AN nicht binnen drei Wochen nach Auslaufen der Vertragszeit Befristungskontrollklage erhebt. Zudem kommt die Anfechtung der auf Abschluss des befristeten Vertrags gerichteten Willenserklärung durch den AG in Betracht, wenn der AN den AG über wesentl. Umstände arglistig getäuscht hat (§ 123 BGB). Für wiss. und künstlerisches Personal stehen allerdings aus Gründen der Spezialität des WZVG nicht alle Sachgründe des § 14 I TzBfG zur Verfügung (näher § 2 Rn. 20).

18 **4. Zweiseitig zwingendes Bundesrecht und Tariföffnung.** Abw. Regelungen in den HochschulG der Länder waren und sind unzulässig. Widersprechendes Landesrecht wird nach Art. 31 GG gebrochen. Die Vorschr. des WZVG sind zweiseitig zwgd., können also auch nicht durch für den AN günstigere Normen oder Abreden abbedungen werden (APS/*Schmidt* Rn. 28; *Preis/Ulber* Rn. 85; *Oetker* FS v. Hoyningen-Huene 2014 S. 335, 345; *Laux/Schlachter* Anh. G § 1 Rn. 10; zum HRG BAG 24.1.1996 AP HRG § 57b Nr. 7; 15.3.1995 AP BAT § 2 SR 2y Nr. 10; MüKoBGB/*Hesse* § 23 TzBfG Rn. 31; *Preis/Hausch* NJW 2002, 927, 930). § 1 I 2 bestimmt ausdr., dass durch Vereinb. nicht von den Vorschr. der §§ 2 und 3 abgewichen werden darf. Die bereits durch das HRG bewusst und wirksam eingeführte **Tarifsperre** (BVerfG 24.4.1996 AP HRG § 57a Nr. 2) gilt für bestehende und zukünftige TV (BAG 30.3.1994 AP HRG § 57a Nr. 1; *Preis/Ulber* Rn. 88; abl. wegen Unverhältnismäßigkeit des Eingriffs *Hirdina* NZA 2009, 712, 714).

19 Die Tarifsperre nimmt den Sachgrund der **Drittmittelfinanzierung** nicht aus (§ 1 I 2). Dies galt auch für das akzessorische Personal (vgl. § 2 II 2 aF und jeweils S. 2 der §§ 3 bis 5), weil insoweit allein der nach Auff. des Gesetzgebers zu stärkende Sektor der drittmittelfinanzierten Forschung betroffen war (HG/*Krause* Rn. 39; krit. *Kortstock* ZTR 2007, 2, 7; *Laux/Schlachter* Anh. G § 1 Rn. 11; **aA** *Preis/Ulber* Rn. 100 [nur für das dort tätige wiss. Personal]; KR/*Treber* Rn. 65; *Lehmann-Wandschneider* S. 31; *Müller* öAT 2011, 49, 53). Dem Wortlaut nach erfasst die Tarifsperre auch Privatdienstverträge iSv. § 3 (*Kortstock* ZTR 2007, 2, 7), ist dort aber bedeutungslos, weil (soweit bekannt) noch kein Hochschullehrer als AG tarifgebunden ist. In § 1 I 3 werden Regelungen durch TV ausdr. nur für einen eng begrenzten Bereich zugelassen: Es können für bestimmte Fachrichtungen (= Mehrheit von Studiengängen; vgl. *Preis/Ulber* Rn. 95; *Reich* Rn. 4) und Forschungsbereiche **abw. Fristen und eine andere Anzahl der zugelassenen Verträge** festgelegt werden. Die Voraussetzungen dieser Öffnungsklausel erfüllen auch HausTV (*Preis/Ulber* Rn. 94). Im Geltungsbereich eines solchen TV können nicht tarifgebundene Vertragsparteien seine Anwendung vereinbaren (§ 1 I 4). Die Öffnungsklausel gilt nicht für den Sonderbefristungstatbestand der Drittmittelfinanzierung des § 2 II (APS/*Schmidt* Rn. 29; *Hirdina* NZA 2009, 712, 713; **aA** *Preis/Ulber* Rn. 100).

20 **5. Abschluss unbefristeter Arbeitsverträge (Abs. 2).** Die Beschäftigung in befristeten ArbVerh. ist eigenständig im WZVG geregelt. Daneben ist seit dem 23.2.2002 auch der Abschluss unbefristeter Arbeitsverträge zugelassen (§ 57a II HRG; jetzt § 1 II). Die Entsch. hierüber obliegt den Hochschulen und Forschungseinrichtungen, wenn sie die Personalhoheit besitzen, andernfalls dem **jeweiligen Bundesland.** Sie werden den Gesetzeszweck, die Innovationsfähigkeit der Hochschulen zu sichern und den wiss. Nachwuchs zu fördern (BT-Drs. 14/6853 S. 20), gewiss beachten (*Preis/Ulber* Rn. 118; krit. *Dörner* Rn. 547; APS/*Schmidt* Rn. 34; DDZ/*Nebe* Rn. 28). Die Wahlfreiheit kann durch Landesrecht eingeschränkt sein (*Preis/Ulber* Rn. 120).

§ 2 Befristungsdauer; Befristung wegen Drittmittelfinanzierung

(1) [1]**Die Befristung von Arbeitsverträgen des in § 1 Absatz 1 Satz 1 genannten Personals, das nicht promoviert ist, ist bis zu einer Dauer von sechs Jahren zulässig, wenn die befristete Beschäftigung zur Förderung der eigenen wissenschaftlichen oder künstlerischen Qualifizierung erfolgt.** [2]**Nach abgeschlossener Promotion ist eine Befristung bis zu einer Dauer von sechs Jahren, im Bereich der Medizin bis zu einer Dauer von neun Jahren, zulässig, wenn die befristete Beschäftigung zur Förderung der eigenen wissenschaftlichen oder künstlerischen Qualifizierung erfolgt;**

die zulässige Befristungsdauer verlängert sich in dem Umfang, in dem Zeiten einer befristeten Beschäftigung nach Satz 1 und Promotionszeiten ohne Beschäftigung nach Satz 1 zusammen weniger als sechs Jahre betragen haben. [3]Die vereinbarte Befristungsdauer ist jeweils so zu bemessen, dass sie der angestrebten Qualifizierung angemessen ist. [4]Die nach den Sätzen 1 und 2 insgesamt zulässige Befristungsdauer verlängert sich bei Betreuung eines oder mehrerer Kinder unter 18 Jahren um zwei Jahre je Kind. [5]Satz 4 gilt auch, wenn hinsichtlich des Kindes die Voraussetzungen des § 15 Absatz 1 Satz 1 des Bundeselterngeld- und Elternzeitgesetzes vorliegen. [6]Die nach den Sätzen 1 und 2 insgesamt zulässige Befristungsdauer verlängert sich bei Vorliegen einer Behinderung nach § 2 Absatz 1 des Neunten Buches Sozialgesetzbuch oder einer schwerwiegenden chronischen Erkrankung um zwei Jahre. [7]Innerhalb der jeweils zulässigen Befristungsdauer sind auch Verlängerungen eines befristeten Arbeitsvertrages möglich.

(2) [1]Die Befristung von Arbeitsverträgen des in § 1 Abs. 1 Satz 1 genannten Personals ist auch zulässig, wenn die Beschäftigung überwiegend aus Mitteln Dritter finanziert wird, die Finanzierung für eine bestimmte Aufgabe und Zeitdauer bewilligt ist und die Mitarbeiterin oder der Mitarbeiter überwiegend der Zweckbestimmung dieser Mittel entsprechend beschäftigt wird; die vereinbarte Befristungsdauer soll dem bewilligten Projektzeitraum entsprechen.

(3) [1]Auf die in Absatz 1 geregelte zulässige Befristungsdauer sind alle befristeten Arbeitsverhältnisse mit mehr als einem Viertel der regelmäßigen Arbeitszeit, die mit einer deutschen Hochschule oder einer Forschungseinrichtung im Sinne des § 5 abgeschlossen wurden, sowie entsprechende Beamtenverhältnisse auf Zeit und Privatdienstverträge nach § 3 anzurechnen. [2]Angerechnet werden auch befristete Arbeitsverhältnisse, die nach anderen Rechtsvorschriften abgeschlossen wurden. [3]Die Sätze 1 und 2 gelten nicht für Arbeitsverhältnisse nach § 6 sowie vergleichbare studienbegleitende Beschäftigungen, die auf anderen Rechtsvorschriften beruhen.

(4) [1]Im Arbeitsvertrag ist anzugeben, ob die Befristung auf den Vorschriften dieses Gesetzes beruht. [2]Fehlt diese Angabe, kann die Befristung nicht auf Vorschriften dieses Gesetzes gestützt werden. [3]Die Dauer der Befristung muss bei Arbeitsverträgen nach Absatz 1 kalendermäßig bestimmt oder bestimmbar sein.

(5) [1]Die jeweilige Dauer eines befristeten Arbeitsvertrages nach Absatz 1 verlängert sich im Einverständnis mit der Mitarbeiterin oder dem Mitarbeiter um

1. **Zeiten einer Beurlaubung oder einer Ermäßigung der Arbeitszeit um mindestens ein Fünftel der regelmäßigen Arbeitszeit, die für die Betreuung oder Pflege eines oder mehrerer Kindes unter 18 Jahren, auch wenn hinsichtlich des Kindes die Voraussetzungen des § 15 Absatz 1 Satz 1 des Bundeselterngeld- und Elternzeitgesetzes vorliegen, oder pflegebedürftiger sonstiger Angehöriger gewährt worden sind,**
2. **Zeiten einer Beurlaubung für eine wissenschaftliche oder künstlerische Tätigkeit oder eine außerhalb des Hochschulbereichs oder im Ausland durchgeführte wissenschaftliche, künstlerische oder berufliche Aus-, Fort- oder Weiterbildung,**
3. **Zeiten einer Inanspruchnahme von Elternzeit nach dem Bundeselterngeld- und Elternzeitgesetz und Zeiten eines Beschäftigungsverbots nach den §§ 3 bis 6, 10 Absatz 3, § 13 Absatz 1 Nummer 3 und § 16 des Mutterschutzgesetzes in dem Umfang, in dem eine Erwerbstätigkeit nicht erfolgt ist,**
4. **Zeiten des Grundwehr- und Zivildienstes,**
5. **Zeiten einer Freistellung im Umfang von mindestens einem Fünftel der regelmäßigen Arbeitszeit zur Wahrnehmung von Aufgaben in einer Personal- oder Schwerbehindertenvertretung, von Aufgaben eines oder einer Frauen- oder Gleichstellungsbeauftragten oder zur Ausübung eines mit dem Arbeitsverhältnis zu vereinbarenden Mandats und**
6. **Zeiten einer krankheitsbedingten Arbeitsunfähigkeit, in denen ein gesetzlicher oder tarifvertraglicher Anspruch auf Entgeltfortzahlung nicht besteht.**

[2]In den Fällen des Satzes 1 Nummer 1, 2 und 5 soll die Verlängerung die Dauer von jeweils zwei Jahren nicht überschreiten. [3]Zeiten nach Satz 1 Nummer 1 bis 6 werden in dem Umfang, in dem sie zu einer Verlängerung eines befristeten Arbeitsvertrages führen können, nicht auf die nach Absatz 1 zulässige Befristungsdauer angerechnet.

1. **Befristung ohne Sachgrund. a) Wissenschaftliches und künstlerisches Personal.** Das WZVG erlaubt die Zeitbefristung (vgl. § 2 IV 3) von Anstellungsverträgen mit wiss. und künstlerischem Personal ohne Sachgrund für insg. zwölf, im Bereich der Medizin 15 Jahre, ohne an diese Gesamt-Höchstgrenze rechtl. Folgerungen zu knüpfen (vgl. Rn. 3 ff.; BAG 24.8.2011 NZA 2012, 385). Dabei gliedert das G den Gesamtzeitraum in eine Qualifizierungsphase, die va. der Anfertigung einer Dissertation dienen kann (Pre-Doc-Phase), und die Post-Doc-Phase, die promoviertem wiss. und künstlerischen Personal durch Erbringung weiterer wiss. Leistungen in Forschung und Lehre die Qualifikation zum Hochschullehrer ermöglichen soll. Doch verzichtet das WZVG auf die Vorgabe eines formalen Qualifizierungsziels. Das Erreichen des Qualifikationsziels muss nicht zertifizierbar sein (aA *Hauck-Scholz* RdA 2016, 262, 264). Die im S. 1 des Abs. 1 angesprochene wiss. Qualifikation erschöpft 1

sich nicht in Promotions- oder Habilitationsvorhaben, sondern kann in ganz unterschiedl. Ausprägungen stattfinden (Rn. 2b). Anders als nach der Vorläuferbestimmung des § 57b I HRG wird nicht mehr zwischen hauptberufl. Mitarbeitern und teilzeitbeschäftigten Hilfskräften diff. Der frühere S. 4 des Abs. 1 ist ersatzlos gestrichen worden. Die AZ gewinnt allein über Abs. 3 Bedeutung, weil allein ArbVerh. mit mehr als einem Viertel der regelm. AZ auf die Höchstfristen angerechnet werden. Zeiten als studentische Hilfskraft werden gar nicht angerechnet (Abs. 3 S. 3). Eine Höchstaltersgrenze oder ein Höchstabstand zum Studienabschluss ist ges. nicht vorgesehen. Insg. diff. das WZVG nicht nach dem Lebensalter. Deshalb ist die Vereinbarkeit mit dem Grds. des Unionsrechts, der in der GleichbehandlungsRL konkretisiert ist und jede Diskriminierung wegen des Alters verbietet (vgl. EuGH 19.1.2010 NZA 2010, 85 Rn. 27), gegeben. Werden aber von der Einrichtung Altersgrenzen aufgestellt, sind diese anhand des AGG zu überprüfen, was nach § 7 II AGG zur Unwirksamkeit der Befristung führen kann (vgl. BAG 6.4.2011 NZA 2011, 970 betr. Grenze 40,5 Jahre).

2 **aa) Qualifizierungsphase (Pre-Doc-Phase).** Für das nicht promovierte Personal kann in einer ersten Qualifizierungsphase nach dem Hochschulstudium ein befristeter Arbeitsvertrag bis zur Dauer von **sechs Jahren** vereinbart werden (S. 1). Die Bestimmung kann also nicht mehr genutzt werden, wenn ein Mitarbeiter bereits promoviert ist, sei es auch an einer anderen Fakultät oder im Ausland (*Dörner* Rn. 551; APS/*Schmidt* Rn. 10; *Laux/Schlachter* Anh. G § 2 Rn. 2). Promoviert ist, wer zur Führung eines Doktorgrades berechtigt ist. Die Arbeitsvertragsparteien sind nicht verpflichtet, einen befristeten Arbeitsvertrag sogleich auf sechs Jahre abzuschließen. Innerhalb dieses Zeitraums können eine oder mehrere Verlängerung(en) vorgenommen werden (S. 5), sofern nicht der erste Vertrag den vollen Zeitraum ausgeschöpft hat oder die Promotion abgeschlossen ist. Es ist auch zulässig, unverbrauchte Zeiten nach einer Unterbrechung zum Abschluss eines weiteren befristeten Arbeitsvertrags zu nutzen (vgl. Rn. 7).

2a Der Mitarbeiter hat **keinen Anspruch auf Vertragsverlängerung** (APS/*Schmidt* Rn. 12; *Preis/Ulber* Rn. 24; HG/*Krause* Rn. 12; *Laux/Schlachter* Anh. G § 2 Rn. 2; *Lehmann-Wandschneider* S. 111). Wird das Promotionsverf. vor dem vorgesehenen Ende des befristeten ArbVerh. abgeschlossen, hat das auf die Dauer des ArbVerh. und die Wirksamkeit der Befristung keinen Einfluss, das ArbVerh. endet nicht wegen Zweckerreichung (HG/*Krause* Rn. 16). Gelingt der Abschluss des Promotionsverf. nicht binnen sechs Jahren, kann ein weiterer befristeter Arbeitsvertrag nur nach Maßgabe des allg. Befristungsrechts vereinbart werden (*Preis/Ulber* Rn. 40). Dabei kann das Promotionsvorhaben keinen Sachgrund iSv. § 14 I TzBfG ergeben, weil andernfalls der Normzweck des § 2 verletzt würde (*Preis/Ulber* Rn. 40; aA APS/*Schmidt* Rn. 13; HKTzBfG/*Joussen* Rn. 3; HG/*Krause* Rn. 17 [in Ausnahmefällen doch]). Sind die ges. Voraussetzungen erfüllt, können aber die Möglichkeiten der sachgrundlosen Befristung ausgeschöpft werden.

2b Seit dem Inkrafttreten des Ersten ÄndG am 17.3.2016 dürfen Befristungsabreden nur noch geschlossen werden, wenn die Beschäftigung der Förderung der eigenen wiss./künstlerischen Qualifizierung des AN dient (Abs. 1 S. 1). Der Qualifizierungszweck sowohl der Pre-Doc- als auch der Post-Doc-Phase muss im Vordergrund stehen (*Maschmann/Konertz* NZA 2016, 257, 258). Ein formales Qualifizierungsziel gibt das G aber nicht vor. Es genügt der angestrebte Erwerb über die allg. Lebenserfahrung hinausgehender wiss./künstlerischer Kompetenz, die in irgendeiner Form auch zu einer berufl. Karriere außerhalb der Wiss. befähigt (BT-Drs. 18/6489 S. 10). Nach Wortlaut und Zweck genügt es, wenn der Anteil derjenigen Arbeitsaufgaben überwiegt, die der jeweiligen Qualifizierung dienen sollen (*Maschmann/Konertz* NZA 2016, 257, 259 bei TZStellen mind. die Hälfte). Eine Beschäftigung im Bereich der Forschung, die Gelegenheit zum Erwerb einer formalen wiss./künstlerischen Qualifikation gibt, ist in jedem Fall geeignet, dabei genügt die Mitwirkung an der Forschung Dritter. Das Management eigener Forschung gehört dazu. Die Mitwirkung an einem fremden Forschungsprojekt darf sich aber nicht auf die Formulierung von Drittmittelanträgen, Berichten sowie der damit zusammenhängenden Korrespondenz beschränken (*Maschmann/Konertz* NZA 2016, 257, 260). Soll die Beschäftigung in der Lehre erfolgen, genügt auch dies der neuen ges. Anforderung an die Qualifizierung (*Maschmann/Konertz* NZA 2016, 257, 261), wenn sie wiss. Ansprüchen genügt, also dem Lehrenden die Möglichkeit zur eigenständigen Forschung und Reflexion belässt (BAG 1.7.2011 NZA 2011, 1280; 29.4.2015 AP WissZeitVG § 1 Nr. 2 Rn. 22; *Raab* S. 115). Die Wirksamkeit der am 17.3.2016 lfd. befristeten Arbeitsverträge bleibt hiervon unberührt.

3 **bb) Post-Doc-Phase.** Nach Abschluss der Promotion schließt sich eine **weitere Befristungsmöglichkeit** von nochmals sechs Jahren – bzw. neun Jahren im Bereich der Medizin – an, die nicht notwendigerweise der Habilitation dienen muss (BAG 24.2.2016 NZA 2016, 949 Rn. 32). Die Phasen müssen nicht nahtlos aneinander anschließen (BAG 29.4.2015 AP WissZeitVG § 1 Nr. 2 Rn. 17). Dem Wortlaut folgend darf der weitere befristete Arbeitsvertrag erst nach erfolgter Promotion geschlossen werden (BAG 18.5.2016 NZA 2017, 254 Rn. 27), andernfalls ist ein nach Ablauf der Höchstdauer für nicht promovierte AN geschlossener Arbeitsvertrag nicht wirksam befristet, wenn es hierfür an einem Sachgrund fehlt (BAG 20.1.2010 NJW 2010, 1622). Die Promotion kann an einer dt. oder ausl. Hochschule erfolgt sein (*Preis/Ulber* Rn. 44), jdf. muss der AN im Inland zur Führung des Doktorgrades (ggf. mit Zusatz – vgl. BVerwG 13.12.1988 NJW 1989, 1686) befugt sein. Wann eine Promotion

abgeschlossen ist, ist bundesrechtl. nicht geregelt, bestimmt sich vielmehr nach dem jeweiligen Landesrecht bzw. Satzungsrecht der Hochschule, insb. der Promotionsordnung (BAG 20.1.2010 NJW 2010, 1622; 18.5.2016 NZA 2017, 254 Rn. 31; *Preis/Ulber* Rn. 45; KR/*Treber* Rn. 21; *Laux/Schlachter* Anh. G § 2 Rn. 5). Dies kann der erfolgreiche Abschluss der wiss. Aussprache und der Aushändigung der vorl. Bescheinigung sein (BAG 18.5.2016 NZA 2017, 254 Rn. 32). Fehlt es an einer Regelung über die Promotion, ist auf die Verleihung des Doktorgrades, nicht den Tag des Rigorosums oder der Disputation (HG/*Krause* Rn. 19ff.; HKTzBfG/*Joussen* Rn. 3a; **aA** KR/*Treber* Rn. 21; AT/*Kühn* § 23 TzBfG Rn. 200; *Reich* Rn. 3; offen BAG 20.1.2010 NJW 2010, 1622) oder der Verkündung des Gesamterg. abzustellen (**aA** *Preis/Ulber* Rn. 45; *Laux/Schlachter* Anh. G § 2 Rn. 5; APS/*Schmidt* Rn. 17; *Preis/Hausch* NJW 2002, 927, 929; *Lehmann-Wandschneider* S. 119ff. [Vorlage einer Promotionsbescheinigung]).

Die in S. 2 festgelegte Dauer für eine zweite Qualifizierungsphase entspricht dem bisherigen Be- **3a**
fristungsvolumen für wiss. Assistenten und für Juniorprofessoren (§ 48 HRG). Diese Befristungsmöglichkeit betrifft **ausschl. das promovierte Personal.** Die zulässige Höchstbefristungsdauer in der Post-Doc-Phase verkürzt sich nicht um die Zeit, die der zum wiss. und künstlerischen Personal iSd. § 1 I 1 zählende AN vor der Promotion länger als sechs Jahre befristet tätig war (BAG 24.8.2011 NZA 2012, 385). § 2 I 1 und 2 legen keine Gesamt-Höchstbefristungsdauer in solch einem Verständnis fest. Die Anrechnungsbestimmung des § 2 III bezieht sich allein auf die jeweilige Qualifikationsphase (BAG 24.8.2011 NZA 2012, 385).

Die für den **Bereich der Medizin** vorgesehene längere Höchstfrist von insg. neun Jahren soll den **3b**
Erfordernissen der Facharztausbildung Rechnung tragen. Daraus folgt, dass diese Höchstfrist ausschl. auf Ärzte Anwendung findet, nicht aber auf Wissenschaftler anderer Fachbereiche, die in der klinischen Forschung tätig sind (BAG 2.9.2009 NZA 2009, 1407; *Dörner* Rn. 560; DDZ/*Nebe* Rn. 13; *Preis/Ulber* Rn. 49; KR/*Treber* Rn. 20). „Im Bereich der Medizin" ist umfassend zu verstehen, damit sind neben der ärztl. auch die zahnärztl. und tierärztl. Ausbildungsgänge gemeint (BAG 2.9.2009 NZA 2009, 1407; *Preis/Ulber* Rn. 49; KR/*Treber* Rn. 20).

Das G bietet Hochschulen und Mitarbeitern nur die Möglichkeit zum Abschluss eines neuen **4**
befristeten Arbeitsvertrags an. Ein **Rechtsanspruch** des Ang. auf Übernahme in die Post-Doc-Phase normiert das G nicht (*Dörner* Rn. 561; APS/*Schmidt* Rn. 16; *Preis/Ulber* Rn. 47; *Laux/Schlachter* Anh. G § 2 Rn. 4). Vielmehr kann die Hochschule frei entscheiden, ob sie die Stelle weiter mit der promovierten Kraft oder mit einem anderen Bewerber besetzen will. Die zweite Phase wird sich regelm. an den ersten Befristungsabschn. anschließen; zwgd. ist das aber nicht (*Preis/Ulber* Rn. 46; APS/*Schmidt* Rn. 17). So kann der Doktorand seine Dissertation nach Ablauf der ersten sechs Jahre außerhalb eines ArbVerh. fertigstellen und anschließend die Post-Doc-Phase absolvieren (KR/*Treber* Rn. 22; *Lakies* ZTR 2002, 250, 254). Schließt sich nach Ablauf des für die erste Qualifizierungsphase vereinbarten Zeitvertrags ein (zB nach § 14 I 2 TzBfG) befristeter Arbeitsvertrag an, wird dessen Laufzeit auf die verbleibende Höchstdauer angerechnet. Nach § 2 I 4 kann ein Arbeitsvertrag innerhalb der ges. Höchstdauer verlängert werden. Diese Vorschr. bezieht sich nicht nur auf Abs. 1 S. 1, sondern auch auf die Sätze 2 und 3. Das Erste ÄndG will **Kurzbefristungen** zurückdrängen (Staudinger/*Preis* BGB § 620 Rn. 282b). Nach dem neu eingefügten S. 3 soll die jeweils vereinbarte Befristungsdauer der konkret angestrebten Qualifizierung angemessen sein. Damit verzichtet das G auf die Festlegung bestimmter Vertragslaufzeiten sowohl für den Erstvertrag als auch für Verlängerungsverträge und verweist auf den unbestimmten Rechtsbegriff der Angemessenheit, obgleich das G selbst angemessene Fristen benennt (krit. Staudinger/*Preis* BGB § 620 Rn. 282a). Dieser soll sich nach den von Wissenschaftseinrichtungen zu erstellenden Leitlinien richten (BT-Drs. 18/6489 S. 11). Diese sind – soweit überhaupt vorliegend – für die Auslegung durch die Gerichte für Arbeitssachen aber nicht bindend, weil letztl. vom AG einseitig vorgegeben (krit. Staudinger/*Preis* § 620 Rn. 282a; *Maschmann/Konertz* NZA 2016, 257, 263; *Kroll* ZTR 2016, 235, 236). Allerdings will das G weiterhin sachgrundlose Befristungen regeln (*Kiel* JbArbR 54 [2017], 51, 59), für die S. 3 eine Mindestbefristungsdauer vorgibt. Dabei wird ein sehr flexibles Modell verfolgt, so dass die angemessene Befristungsdauer einzelfallbezogen und mit Blick auf die Verhältnisse bei Vertragsschluss zu ermitteln ist (Staudinger/*Preis* § 620 Rn. 282a). Da der GBegriff „Qualifizierung" sowohl den Weg zum Erreichen eines Qualifizierungsziels, also den Qualifizierungsprozess, als auch das Qualifizierungsziel selbst, also das Qualifizierungserg., bezeichnet (*Hauck-Scholz* RdA 2016, 262, 264), muss auf die Verhältnisse im jeweiligen Fach, das angestrebte Qualifizierungsziel und den Stand der individuellen Qualifizierung des AN abgestellt werden. Rechtsunsicherheit ist programmiert (krit. *Kiel* JbArbR 54 [2017], 51, 60).

Nach S. 2 verlängert sich die zul. Befristungsdauer für die Post-Doc-Phase in dem Umf., in dem **5**
Zeiten einer befr. Beschäftigung nach S. 1 und Promotionszeiten ohne Beschäftigung nach S. 1 zusammen weniger als sechs Jahre betragen haben (hierzu BAG 9.12.2015 NZA 2016, 552 Rn. 39). Diese Bestimmung soll eine in der ersten Phase zügig durchgeführte Promotion honorieren (*Preis/Ulber* Rn. 51). Die Anrechnungsregelung stellt sicher, dass die insg. zulässige Höchstdauer von zwölf bzw. 15 Jahren Qualifizierungszeit nicht überschritten, andererseits aber auch ausgeschöpft werden kann (KR/*Treber* Rn. 23). Im Interesse einer zügigen Qualifizierung des wiss. Nachwuchses stellt S. 2 Hs. 2 2. Alt. die außerhalb eines BeschVerh. iSv. S. 1 zurückgelegten **Promotionszeiten** (zB im Rahmen

eines Stipendiums) den im Anstellungsverhältnis verbrachten Zeiten der Qualifizierung gleich (*Laux/Schlachter* Anh. G § 2 Rn. 7). Damit werden Berechnungsschwierigkeiten aufgeworfen. Zu deren Lösung ist auf das Landesrecht bzw. Satzungsrecht der Hochschule abzustellen (BAG 23.3.2016 NZA 2016, 954 Rn. 47). Fehlt eine Regelung wird auf die Vereinb. des Promotionsthemas abgehoben (BAG 23.3.2016 NZA 2016, 954 Rn. 47; **aA** HKTzBfG/*Joussen* Rn. 6 [Einschreibung als Doktorand]). Anzurechnen sind auch im Ausland verbrachte Promotionszeiten und solche vor dem Erreichen des ersten berufsqualifizierenden Abschlusses (BT-Drs. 16/3438 S. 18; *Preis/Ulber* Rn. 54). Ein Wechsel des Promotionsthemas ist ohne Einfluss auf die Ermittlung der zurückgelegten Zeit (*Preis/Ulber* Rn. 56; HG/*Krause* Rn. 36). Die Umsetzung der so verlängerten Höchstdauer bedarf der vertragl. Vereinb. Das G eröffnet ledigl. die Möglichkeit, einen Vertrag über einen Zeitraum von mehr als sechs Jahren zu schließen. Das WZVG begr. keinen Rechtsanspruch des Mitarbeiters auf Vertragsverlängerung (APS/*Schmidt* Rn. 28; *Preis/Ulber* Rn. 57; AG/*Rambach* Rn. 23; *Dörner* Rn. 568).

6 cc) **Kinderbetreuungszeiten.** Die nach Abs. 1 S. 1 und 2 insg. zulässige Befristungsdauer verlängert sich bei Betreuung eines oder mehrerer Kinder unter 18 Jahren **um zwei Jahre je Kind**. S. 3 enthält ledigl. eine Option zur Vertragsverlängerung. Im Gegensatz zu den in § 2 V geregelten Unterbrechungssachverhalten begr. S. 3 keinen Kontrahierungszwang der Hochschule oder Forschungseinrichtung (MüKoBGB/*Hesse* § 23 TzBfG Rn. 39; HG/*Krause* Rn. 47; AR/*Löwisch* Rn. 6; *Laux/Schlachter* Anh. G § 2 Rn. 10 u. 12). Diese sind weder gehalten, dem Anspruchsberechtigten ein entspr. Vertragsangebot zu unterbreiten, noch im Falle des Vertragsschlusses den Zwei-Jahres-Zeitraum auszuschöpfen. Kommt eine Verlängerungsvereinb. zustande, bedarf sie nach § 14 IV TzBfG der **Schriftform**. Das Zitiergebot des Abs. 4 ist zu beachten.

6a Voraussetzung ist die **Betreuung eines Kindes unter 18 Jahren**. Eine nähere, insb. einengende Begriffsbestimmung fehlte in der urspr. Fassung (dazu BAG 8.6.2016 NZA 2017, 189 Rn. 25; vgl. zur probl. Berücksichtigung von Pflegekindern LAG HB 23.2.2016 – 1 Sa 55/15 – Rn. 60 Revision 7 AZR 181/16). Durch die am 17.3.2016 in Kraft getretene Neufassung ergibt sich, dass der Gleichklang zur EZ nach dem BEEG gesucht und jdf. eine rechtl. verfasste Verbindung zwischen AN und Kind vorausgesetzt wird, also die Betreuung von Nachbarskindern nicht genügt. Durch den neuen Verweis des S. 5 auf den in § 15 I 1 BEEG definierten Personenkreis wird deutl., dass es sich zumindest um im Haushalt des AN zu betreuende und zu erziehende Kinder (so bereits BAG 23.3.2016 NZA 2016, 954 Rn. 51; 8.6.2016 NZA 2017, 189 Rn. 25) einschl. der Stief- und Pflegekinder handeln muss (BT-Drs. 18/6489 S. 11). Der AN muss die Erziehung und Betreuung selbst übernehmen und kann sie nicht einem anderen überlassen. Hierzu rechnen auch die Kinder, die mit dem Ziel der Annahme als Kind aufgenommen sind, Kinder von Ehe- und Lebenspartnern (dh. eingetragenen gleichgeschlechtl. Lebenspartnern) sowie Kinder, bei denen die Vaterschaft anerkannt, aber noch nicht beschieden ist. Schließl. sind Kinder erfasst, die in Vollzeitpflege iSd. § 33 SGB VIII in den Haushalt aufgenommen sind. Die Voraussetzung der Kindesbetreuung muss während eines nach Abs. 1 S. 1 oder 2 befristeten ArbVerh. (zumindest) für die Dauer von zwei Jahren vorgelegen haben, um eine Verlängerung in entspr. Höchstumfang zu erlauben (HG/*Krause* Rn. 45; *Laux/Schlachter* Anh. G § 2 Rn. 11; krit. DDZ/*Nebe* Rn. 19; **aA** BAG 23.3.2016 NZA 2016, 954 Rn. 52; *Löwisch* NZA 2007, 479, 483). Nach Auff. des BAG genügt es, wenn der Betreuungsbedarf überhaupt noch während der Höchstbefristungsdauer aufgetreten ist (BAG 8.6.2016 NZA 2017, 189 Rn. 26). Aus der Altersgrenze folgt, dass das zu betreuende Kind nicht während des ArbVerh. geboren worden sein muss, es kann bereits zZ des Vertragsschlusses gelebt haben (BAG 8.6.2016 NZA 2017, 189 Rn. 27). Andernfalls verkürzt sich der Zeitraum einer mögl. Vertragsverlängerung entspr. (*Preis/Ulber* Rn. 70; *Lehmann-Wandschneider* S. 179). Jdf. müssen die Betreuungszeiten in der Vergangenheit liegen, in der Zukunft zu erwartende Zeiten genügen nicht (offen *Preis/Ulber* Rn. 72; *Kortstock* ZTR 2007, 2, 9). Hat der AN mehrere Kinder iSd. G betreut, kann sein Vertragsverhältnis für jedes Kind (auch bei Mehrlingsgeburten) um bis zu zwei Jahre verlängert werden. Dies gilt auch dann, wenn die Betreuungsphasen ganz oder tw. parallel verliefen.

6b Sind **beide Elternteile** als AN im Geltungsbereich des WZVG tätig, ist die Verlängerungsoption für beide unabhängig voneinander eröffnet (BAG 23.3.2016 NZA 2016, 954 Rn. 54; MüKoBGB/*Hesse* § 23 TzBfG Rn. 39; HG/*Krause* Rn. 44; *Laux/Schlachter* Anh. G § 2 Rn. 11; *Preis/Ulber* Rn. 69; APS/*Schmidt* Rn. 26). Das G sieht keine Aufteilung des Zwei-Jahres-Zeitraumes zwischen den Elternteilen vor. Eines Nachw. des zeitl. Betreuungsaufwands bedarf es nicht (DDZ/*Nebe* Rn. 19; *Preis/Ulber* Rn. 66; *Kortstock* ZTR 2007, 2, 9). Verlängerungsfähig sind Zeitverträge in beiden Phasen. Das lässt eine Aufteilung zu, soweit die zwei Jahre nicht für die Qualifizierungsphase verbraucht worden sind. Wegen der tats. und rechtl. Unwägbarkeiten wird eine Hochschule oder Forschungseinrichtung, die auf die Beschäftigung unbefristet angestellter Mitarbeiter keinen Wert legt, von der Regelung des S. 3 keinen Gebrauch machen (krit. *Kortstock* ZTR 2007, 2, 10).

6c Mit S. 6 soll den Vorgaben der UN-Behindertenrechtskonvention entsprochen werden. Die Vereinbarkeit von Wiss. und Behinderung soll verbessert werden (BT-Drs. 18/6489 S. 11). Dazu weitet das G die zeitl. Höchstgrenzen für das wiss./künstlerische Personal mit einer **Behinderung** oder einer schwerwiegenden Langzeiterkrankung aus. Die aus sozialpolitischen Gründen geschaffene Verlängerungsmöglichkeit verlangt entweder das Vorliegen einer Behinderung iSd. § 2 I SGB IX oder den Nachweis einer **schwerwiegenden chronischen Erkrankung**. Schwerwiegend ist die Krankheit nur dann, wenn ihre Auswirkungen von solchem Gewicht sind, dass sie geeignet ist, die angestrebte wiss./künstlerische Qualifizierung zu verzögern. Eine insg. krit. zu sehende Regelung, weil sie Ungewissheit in die Gerichtssäle tragen wird.

dd) Vertragsverlängerung (Abs. 1 S. 4). Innerhalb der ges. jeweils zugelassenen Befristungsdauer sind Verlängerungen des befristeten Arbeitsvertrags mögl. (Abs. 1 S. 4). Damit hat das WZVG zwar den aus dem BeschFG 1996 und § 14 II TzBfG bekannten Rechtsbegriff der Verlängerung übernommen (vgl. TzBfG § 14 Rn. 88), doch kommt dieser Begriffswahl hier keine rechtl. Relevanz zu, denn das G verbietet keinen erneuten Abschluss eines nach den Bestimmungen des HRG oder des WZVG befristeten Vertrags (BAG 9.12.2015 NZA 2016, 552 Rn. 40; 23.3.2016 NZA 2016, 954 Rn. 58; 8.6.2016 NZA 2017, 189 Rn. 30; MüKoBGB/*Hesse* § 23 TzBfG Rn. 40; HG/*Krause* Rn. 14; *Laux/Schlachter* Anh. G § 2 Rn. 13). Das WZVG enthält zwar keine Regelung für den Fall, dass der erneute Abschluss nicht mehr als Verlängerung iSv. S. 4, sondern als ein **neuer befristeter Arbeitsvertrag** anzusehen ist, doch fehlt eine § 14 II TzBfG vergleichbare Bestimmung, die allein den erstmaligen Abschluss eines Arbeitsvertrags zulassen würde. Es können vielmehr verschiedene Arbeitsverträge auch mit unterschiedl. AG nach dem WZVG befristet werden (HG/*Krause* Rn. 14). Entscheidend ist allein die Einhaltung der ges. Höchstgrenzen (BAG 29.4.2015 AP WissZeitVG § 1 Nr. 2 Rn. 18). 7

ee) S. 7 bezweckt einen Gleichlauf der Verlängerungsmöglichkeiten aus familien- oder sozialpolitischen Gründen. Die Verlängerungsmöglichkeiten beziehen sich auf beide Qualifizierungsphasen. 7a

b) Rechtsfolgen unwirksamer Befristungen. Überschreitet ein nach § 2 I 1 oder 2 befristeter Arbeitsvertrag die im G geregelten Höchstgrenze, ist die Befristung unwirksam (§ 16 TzBfG). Die Befristung gilt als wirksam, wenn nicht innerhalb der Drei-Wochen-Frist des § 17 TzBfG Befristungskontrollklage erhoben wird (vgl. § 1 Rn. 17). Überschreitet die Befristung die Höchstbefristungsdauer nach dem WZVG, kann die Befristung des letzten Vertrags nach anderen Rechtsvorschr. wirksam sein. Das lässt § 1 II zu (BT-Drs. 16/3438 S. 15). Beruht das Überschreiten der Höchstbefristungsgrenze auf einer bewusst falschen Antwort des AN auf die Frage nach Beginn und Abschluss seiner Promotion, etwaigen Kinderbetreuungszeiten iSv. § 2 I 3 oder Unterbrechungszeiten iSv. § 2 V, kommt eine Anfechtung des Arbeitsvertrags nach § 123 BGB in Betracht (KR/*Treber* Rn. 58). 8

2. Befristungsgrund Drittmittelfinanzierung. Hochschulen und Forschungseinrichtungen können Zeitverträge nach dem TzBfG schließen. Von der Rspr. wird ein Befristungsgrund „Drittmittelfinanzierung" anerkannt (vgl. BAG 5.6.2002 AP BeschFG 1996 § 1 Nr. 13; 15.1.2003 – 7 AZR 616/01 – BeckRS 2003, 40844; 15.2.2006 – 7 AZR 241/05 – BeckRS 2006, 42340; *Dörner* Rn. 221; ArbRBGB/*Dörner* § 620 Rn. 195; AG/*Gräfl* § 14 TzBfG Rn. 241, 251). Gleichwohl ist im Abs. 2 der aus § 57b II Nr. 4 HRG aF bekannte Befristungsgrund in abw. Formulierung wieder aufgelebt. Es soll **mehr Rechtssicherheit und Transparenz** beim Abschluss von Zeitverträgen für drittmittelfinanzierte Projekte geschaffen werden, um die Bereitschaft zur Drittmittelforschung zu fördern (BT-Drs. 16/3438 S. 1, 10). Dazu wird den Hochschulen und Forschungseinrichtungen die Prognose zum Wegfall des Beschäftigungsbedarfs trotz Fortführung drittmittelfinanzierter Forschungsvorhaben erleichtert, indem die vom AG zu prognostizierenden Umstände durch G festgelegt werden. 9

Aus § 25 HRG folgt, dass § 2 II **ausschl. iRd. Forschung,** nicht aber der Lehre zur Anwendung kommen kann (MüKoBGB/*Hesse* § 23 TzBfG Rn. 41; **aA** HG/*Krause* Rn. 55; vgl. zur alten Rechtslage: BAG 25.8.1999 AP HRG § 57b Nr. 19). Der Einsatz des AN muss im Rahmen eines Forschungsvorhabens erfolgen (*Preis/Ulber* Rn. 106), das keine Daueraufgabe darstellt (APS/*Schmidt* Rn. 37; *Preis/Ulber* Rn. 110; **aA** *Löwisch* NZA 2007, 479, 481 [zeitl. limitierte Teilabschn. genügen]). Die Regelung erfasst nur solche Finanzierungsbewilligungen, deren Endlichkeit hinreichend genau feststeht (BAG 13.2.2013 NZA 2013, 1271; näher zur Interpretation des Begriffs „hinreichend" *Thüsing/Fütterer/Thieken* ZfA 2014, 3, 17). Befristungsrechtl. ist die Prognose Teil des Sachgrunds. Ihre Grdl. sind offen zu legen (BAG 15.2.2006 – 7 AZR 241/05 – BeckRS 2006, 42340). Dazu dürfte es unumgängl. sein, die Aufteilung der Drittmittel entspr. zu dokumentieren und Vorkehrungen gegen einen projektfremden Einsatz zu treffen (*Kortstock* ZTR 2007, 2, 4). 9a

Drittmittel sind solche, die einer Hochschule oder Forschungseinrichtung **außerhalb ihrer regulären Haushaltsmittel** zufließen (BAG 31.1.1990 AP HRG § 57b Nr. 1; 8.6.2016 NZA 2016, 1463 Rn. 18; *Laux/Schlachter* Anh. G § 2 Rn. 15). Diese Mittel müssen nicht von einer dritten natürl. oder jur. Person des privaten Rechts zugewendet werden. Bei Drittmitteln kann es sich auch um mittelbare Staatsgelder handeln, wie Zuwendungen der DFG (BAG 15.2.2006 – 7 AZR 241/05 – BeckRS 2006, 42340; *Preis/Ulber* Rn. 96; *Kortstock* ZTR 2007, 2, 4). Sie können auch vom Träger der Hochschule/Forschungseinrichtung stammen, vorausgesetzt sie zählen nicht zu den lfd. Haushaltsmitteln (MüKoBGB/*Hesse* § 23 TzBfG Rn. 41; aber probl., vgl. BAG 7.5.2008 AP TzBfG § 14 Nr. 49). Drittmittel können auch von mehreren Gebern aufgebracht werden (BAG 22.11.1995 AP HRG § 57b Nr. 8). Um Drittmittel handelt es sich auch, wenn die Restmittel abgeschlossener Drittmittelprojekte hochschulintern zusammengefasst und von einem Beauftragten für ein bestimmtes Forschungsvorhaben zweckbestimmt wer- 10 den (HG/*Krause* Rn. 52; zum HRG BAG 15.1.1997 AP HRG § 57b Nr. 14; **aA** *Preis/Ulber* Rn. 105). Der Drittmittelgeber muss die **Mittel für eine bestimmte Aufgabe und Zeitdauer** bewilligt haben (*Laux/Schlachter* Anh. G § 2 Rn. 16; HG/*Krause* Rn. 58 ff.; *Preis/Ulber* Rn. 103). Die Endlichkeit der Finanzierungsbewilligung muss hinreichend genau feststehen (BAG 8.6.2016 NZA 2016, 1463 Rn. 19). Es kommt auf beide Aspekte an (BAG 13.2.2013 NZA 2013, 1271). Pauschale, nicht aufgaben- und zeitbezogene Mittelzuweisungen genügen nicht (BT-Drs. 16/3438 S. 21). Die Zusage muss befristet sein, Kündbarkeit genügt nicht (*Thüsing/Fütterer/Thieken* ZfA 2014, 3, 26). Der Drittmittelgeber braucht sich nicht konkret mit den Verhältnissen der jeweiligen Stelle und der vom einzelnen AN zu erledigenden Aufgabe befasst haben (**aA** APS/*Schmidt* Rn. 40; HG/*Krause* Rn. 63; *Preis/Ulber* Rn. 103; HKTzBfG/*Joussen* Rn. 13). Die Vertragslaufzeit soll sich am bewilligten Projektzeitraum orientieren. Darin liegt eine inhaltl. Anforderung, die über die des auf § 14 I TzBfG gestützten Sachgrunds hinausgeht. Da es sich um eine ges. Soll-Vorgabe handelt, sind Abweichungen zulässig und führen nicht zur Unwirksamkeit der Befristungsabrede (Staudinger/*Preis* BGB § 620 Rn. 284). So kann zB bei langfristigen Projekten die Befristungsdauer an dokumentierten Zwischenstationen ausgerichtet werden. Die Verlängerungsregelungen des Abs. 5 finden keine Anwendung. Soll die Anstellung für verschiedene Projekte erfolgen, rechtfertigt das WZVG jeweils die Befristung für ein einzelnes Projekt. Ergeben sich zwischen den Projekten Wartezeiten, rechtfertigt § 2 II keine Befristung für die Zwischenzeit.

11 Der AN muss überw. der Zweckbestimmung der Mittel entspr. beschäftigt werden. Es ist deshalb unschädl., wenn der AN zu einem geringen Teil in der Lehre oder mit Verwaltungsaufgaben eingesetzt wird. Die Befristung ist unwirksam, wenn bereits im Zpkt. des Vertragsschlusses absehbar ist, dass der AN nicht überw. projektbezogen eingesetzt werden wird (vgl. BAG 15.2.2006 – 7 AZR 241/05 – BeckRS 2006, 42340; 16.11.2005 NZA 2006, 784; 8.6.2016 NZA 2016, 1463 Rn. 21). Wegen des Merkmals „überw." erfordert die Befristung, dass sich der AN zu mehr als 50 % der AZ dem drittmittelfinanzierten Vorhaben widmen soll, wobei dieser Wert über die gesamte Laufzeit des ArbVerh. zu beurteilen ist (BAG 8.6.2016 NZA 2016, 1463 Rn. 20). Während der Vertragslaufzeit eintretende Änd. berühren die Wirksamkeit der vereinbarten Befristung grds. nicht (BAG 16.11.2005 NZA 2006, 784; 6.12.2006 AP HRG § 57a Nr. 8). Das ArbVerh. muss nicht vollständig aus Drittmitteln finanziert werden. Es genügt, wenn die konkrete Stelle **überw. aus Drittmitteln** finanziert wird (BAG 8.6.2016 NZA 2016, 1463 Rn. 18; *Laux/Schlachter* Anh. G § 2 Rn. 15). Demnach muss der Drittmittelanteil mehr als 50% betragen (BAG 8.6.2016 NZA 2016, 1463 Rn. 18; MüKoBGB/*Hesse* § 23 TzBfG Rn. 41; HG/*Krause* Rn. 69; *Preis/Ulber* Rn. 99). Dementspr. kann ein drittmittelfinanziertes ArbVerh. mittel- oder zeitanteilig aus regulären Haushaltsmitteln finanziert werden (BT-Drs. 16/3438 S. 20; BAG 22.11.1995 AP HRG § 57b Nr. 8; *Laux/Schlachter* Anh. G § 2 Rn. 15).

11a Zur **Berechnung des Drittmittelanteils** ist ausschl. auf die Personalkosten des konkret befristet Beschäftigten abzustellen (BT-Drs. 16/3438 S. 20; BAG 8.6.2016 NZA 2016, 1463 Rn. 18). Weicht die Laufzeit des Zeitvertrags vom Bewilligungszeitraum ab, kann das nach der Rspr. ein Indiz dafür sein, dass der Sachgrund der Drittmittelfinanzierung vorgeschoben ist. Ein vergleichbares Prognoserisiko besteht bei Mehrfachbefristungen im Rahmen aufeinander folgender Drittmittelprojekte oder solchen der Langfristforschung (BT-Drs. 16/3438 S. 21). Zur Mitwirkung der SBV bei der Besetzung von drittmittelfinanzierten Arbeitsplätzen vgl. BAG 15.8.2006 NZA 2007, 224. Die Befristung mit Sachgrund nach Abs. 2 kann sich an Befristungen nach Abs. 1 anschließen (*Hirdina* NZA 2009, 712, 713). Das G sieht **weder Mindest- noch Höchstlaufzeiten** vor. Zu den nach allg. Befristungsrecht (s. § 1 I 5) zu beachtenden Grenzen vgl. TzBfG § 14 Rn. 73 f. und 80. Die auf § 2 II gestützte Befristungsabrede kann aufgrund der bes. Umstände des Einzelfalls nach den Grundsätzen des **institutionellen Rechtsmissbrauchs** unwirksam sein (BAG 8.6.2016 NZA 2016, 1463 Rn. 32). Für das Vorliegen von Rechtsmissbrauch können insb. eine sehr lange Gesamtdauer des BeschVerh. und/oder eine außergewöhnl. hohe Anzahl von aufeinander folgenden befristeten Arbeitsverträgen mit demselben AG sprechen. Andererseits spricht es gegen eine missbräuchl. Ausnutzung der Befristungsmöglichkeit des § 2 II, wenn die Beschäftigungszeiten der wiss. Qualifikation des AN dienten (BAG 8.6.2016 NZA 2016, 1463 Rn. 37).

12 Werden zur Durchführung drittmittelfinanzierter Forschungsvorhaben AN eingesetzt, die keine wiss. Dienstleistungen, sondern organisatorisch vorbereitende, unterstützende oder technische Tätigkeiten erbringen, handelt es sich um **akzessorisches Personal**. Hierzu gehören zB Handwerker, Schreibkräfte, Bibliothekare, Laboranten, Techniker, Reinigungskräfte oder Wachleute (*Preis/Ulber* Rn. 123). Bei diesen AN kommt eine Befristung ihrer Arbeitsverträge nach dem TzBfG in Betracht. Bis zum 16.3.2016 ließ das WZVG in § 2 II 2 darüber hinausgehend die Sachgrundbefristung wegen Drittmittelfinanzierung auch für dieses Personal zu. Damit sollte ein Gleichlauf zwischen wiss. und nichtwiss. Personal erreicht werden, um die Beschäftigung aufeinander eingespielter Teams und einen reibungslosen Ablauf der Projekte zu gewährleisten (BT-Drs. 16/3438 S. 22). Seit dem 17.3.2016 können Befristungen der ArbVerh. des akzessorischen Personals nicht mehr auf § 2 gestützt werden (krit. *Maschmann/Konertz* NZA 2016, 257, 265). Dies berührt die Wirksamkeit lfd. Verträge nicht.

13 **3. Anrechnung früherer befristeter Anstellungen (Abs. 3).** § 2 III schließt die Möglichkeit einer mehrfachen Ausschöpfung der Befristungshöchstgrenzen aus, weil dies dem Ziel der zügigen wiss.

Qualifizierung entgegenstünde (BAG 8.6.2016 NZA 2017, 189 Rn. 20 „Innovationsfähigkeit der Hochschulen und Forschungseinrichtungen"). Von der Anrechnung werden alle nach Abschluss des Hochschulstudiums liegenden befristeten Beschäftigungen an einer dt. Hochschule (unabhängig davon, ob diese selbst oder ihr Träger Dienstherr oder AG ist) oder einer dt. Forschungseinrichtung iSv. § 5 erfasst (offen zu Werkverträgen BAG 8.6.2016 NZA 2017, 189 Rn. 18). Ausl. Einrichtungen stehen nach dem Gesetzeswortlaut nicht gleich. Art. 3 I GG könnte aber eine entspr. Anwendung erfordern (krit. a. *Preis/Ulber* Rn. 135; **aA** BAG 23.3.2016 NZA 2016, 954 Rn. 37 [Rechtssicherheit als Sachgrund]; KR/*Treber* Rn. 60; HG/*Krause* Rn. 85; *Lehmann-Wandschneider* S. 132). Wird die Promotion ohne ArbVerh. mittels Stipendiums finanziert, wird diese Zeit nicht angerechnet (BAG 23.3.2016 NZA 2016, 954 Rn. 32). Zeiten, die **vor dem Abschluss des Studiums** liegen, zB als studentische Hilfskraft, sind nicht auf die Höchstfristen des Abs. 1 anzurechnen (*Laux/Schlachter* Anh. G § 2 Rn. 20; *Kiel* JbArbR 54 [2017], 51, 58). Damit sind auch vor der Immatrikulation als Student liegende ArbVerh. von der Anrechnung ausgeschlossen. Folgt dem Bachelor-Abschluss ein Master-Studiengang, liegt der Abschluss des Studiums erst im Master-Grad (*Oetker* FS v. Hoyningen-Huene 2014 S. 335, 344).

Soweit die „Bonusregelung" des Abs. 1 S. 2 auf **Promotionszeiten ohne BeschVerh.** iSd. Abs. 1 S. 1 13a
abstellt, werden auch Promotionszeiten vor Abschluss des Studiums (vgl. hierzu Rn. 5) erfasst, unabhängig davon, ob der AN während dieser Zeit in einem ArbVerh. als studentische Hilfskraft stand und welchen zeitl. Umf. dieses ArbVerh. hatte (**aA** *Preis/Ulber* Rn. 53). Erfasst werden alle befristeten Arbeits- und Beamtenverhältnisse einschl. der privaten Dienstverträge mit Hochschullehrern iSv. § 3. Für die Anrechnung ist unbeachtl., ob die Befristung auf einer anderen Grdl. als dem WZVG erfolgt ist (S. 2). Nach dem Zweck der Regelung sind zweckbefristete und auflösend bedingte ArbVerh. im Umf. der tats. Vertragsdauer anzurechnen (*Reich* § 57b HRG Rn. 12; KR/*Treber* Rn. 61; *Preis/Ulber* Rn. 127). Die verschiedenen Regelungen der Nichtanrechnung des Abs. 3 bestehen nebeneinander (*Maschmann/Konertz* NZA 2016, 257, 267).

Die Anrechnung erfolgt periodengenau und lässt das AZVolumen unberücksichtigt (*Preis/Ulber* 13b
Rn. 161), wenn es über der Viertel-Grenze lag (vgl. Rn. 14). Die Anrechnungsbestimmung bezieht sich nur auf eine Tätigkeit im Rahmen einer wiss. oder künstlerischen Beschäftigung. **Andere Beschäftigungen** (wie die in einer Hochschulverw.) unterliegen nicht der Anrechnung (vgl. Rn. 2). Die Zeiten einer Juniorprofessur sind unabhängig davon anzurechnen, ob sie im Beamten- oder ArbVerh. geleistet wurden (*Preis/Ulber* Rn. 128; APS/*Schmidt* Rn. 52). Entscheidend ist der erste berufsqualifizierende Abschluss, der Bachelor genügt (diff. HG/*Krause* Rn. 97). Ein **Zweitstudium** mit einem weiteren berufsqualifizierenden Abschluss schließt die Anrechnung nach dem Erststudium liegender Beschäftigungszeiten als wiss. oder künstlerisches Personal nicht aus. Es kann somit keine Verdoppelung der Höchstfristen auf 24 oder gar 30 Jahre erreicht werden (*Preis/Ulber* Rn. 160).

Von der Anrechnung ausgenommen sind alle befristeten BeschVerh. mit einer AZVerpflichtung bis 14
zu einem **Viertel der regelm. AZ**. Diese Regelung ist mit der BefristungsRL nicht zu vereinbaren (*Preis/Ulber* Rn. 139; HG/*Krause* Rn. 92; *Stumpf* NZA 2015, 326, 329; offen BAG 8.6.2016 NZA 2017, 189 Rn. 23). Regelm. AZ idS ist die beim jeweiligen AG zZ des zu beurteilenden Anstellungsverhältnisses für wiss. und künstlerisches Personal geltende AZ. Unerhebl. ist, ob Teile der AZ für die eigene wiss. Tätigkeit des Mitarbeiters zur Vfg. standen (*Preis/Ulber* Rn. 138). Wenig konsequent ist die Beschränkung der Anrechnung auf Vordienstzeiten in befristeten Rechtsverhältnissen. Anhaltspunkte für ein Redaktionsversehen des Gesetzgebers gibt es nicht (*Dörner* Rn. 581). Auch wenn die praktische Bedeutung der Nichtanrechnung von Vordienstzeiten in unbefristeten Arbeits- und Beamtenverhältnissen gering bleiben dürfte, ist der Verstoß gegen Art. 3 I GG nicht zu ignorieren (iE ebenso *Lehmann-Wandschneider* 2009, S. 137; **aA** HG/*Krause* Rn. 87). **Vorsichtig handelnde AG** werden wegen der aus dem Verfassungsrecht und der BefristungsRL resultierenden Bedenken nicht dem Wortlaut des Abs. 3 folgen und einschlägige Arbeits- und Beamtenverhältnisse unabhängig von der AZ des AN und dem Zpkt. des Studienabschlusses des AN in vollem Umf. auf die Höchstfristen des Abs. 1 anrechnen, um nicht unbeabsichtigt wiss. oder künstlerisches Personal im unbefristeten ArbVerh. beschäftigen zu müssen.

4. Zitiergebot; Befristungsformen (Abs. 4). Gem. § 2 IV 1 ist im Arbeitsvertrag anzugeben, ob die 15
Befristung auf den Vorschr. des WZVG beruht. Die Angabe bestimmter Gesetzesbestimmungen ist vorbildl. (vgl. BAG 20.1.2016 NZA 2016, 824 Rn. 23; 28.9.2016 NZA 2017, 249 Rn. 14), es genügt aber die Nennung des G (BAG 21.6.2006 NZA 2007, 209 [zum HRG]; 1.6.2011 NZA 2011, 1280; 20.8.2014 NZA-RR 2015, 9 Rn. 45; 9.12.2015 NZA 2016, 552 Rn. 20; 18.5.2016 NZA 2016, 1276 Rn. 14 [unzureichend Nennung eines LandeshochschulG]; 18.5.2016 NZA 2017, 254 Rn. 25; HG/*Krause* Rn. 100; MüKoBGB/*Hesse* § 23 TzBfG Rn. 44; *Preis/Ulber* Rn. 165; *Reich* Rn. 12). Dem schriftl. Vertragstext muss durch Auslegung zu entnehmen sein, dass die Befristung auf dem WZVG beruhen soll (BAG 9.12.2015 NZA 2016, 552 Rn. 20; 18.5.2016 NZA 2017, 254 Rn. 25; 8.6.2016 NZA 2016, 1463 Rn. 15). Das Schriftformerfordernis betrifft allein die Befristungsabrede (§ 14 IV TzBfG), nicht den Arbeitsvertrag in seiner Gesamtheit. Nach der **Andeutungstheorie** (vgl. BGB § 623 Rn. 5a) genügt es, wenn der fragl. Erklärungssinn in der Urkunde seinen (wenn auch unvollkommenen) Ausdruck gefunden hat (enger *Preis/Ulber* Rn. 165). Dafür kann die Bezugnahme auf die Bedingungen eines

früheren Arbeitsvertrags genügen, der ausdr. auf das WZVG verwiesen hat (BAG 9.12.2015 NZA 2016, 552 Rn. 24; *Kiel* JbArbR 54 [2017], 51, 72). Wird das Zitiergebot verletzt, folgt allein hieraus nicht die Entfristung des ArbVerh., sondern ledigl. für den AG die Notwendigkeit, die Befristung auf einen anderen Tatbestand als § 2 stützen zu müssen (S. 2; BAG 17.1.2007 AP HRG § 57a Nr. 9 [zu § 57b III 1 HRG]; 18.5.2016 NZA 2016, 1276 Rn. 14; KR/*Treber* Rn. 73; APS/*Schmidt* Rn. 65). Gelingt dies nicht, ergibt sich die Rechtsfolge aus § 16 I TzBfG (AT/*Kühn* § 23 TzBfG Rn. 192).

16 Während § 57b III HRG **ausschl. Zeitbefristungen** zuließ, ist die Regelung des WZVG differenzierter. § 2 IV 3 stellt klar, dass im Falle der nach § 2 I befristeten Arbeitsverträge allein die Zeitbefristung zulässig ist, also Zweckbefristungen und auflösende Bedingungen ausgeschlossen sind (MüKoBGB/*Hesse* § 23 TzBfG Rn. 44). Allerdings bestehen begr. Zweifel, ob die Befristung noch sachgrundlos erfolgt, nachdem durch Änd. des Abs. 1 die eigene wiss. Qualifizierung des AN zur Voraussetzung der Vereinb. erhoben worden ist (vgl. *Kiel* JbArbR 54 [2017], 51, 60). Zudem passt das Erfordernis der angemessenen Dauer (Abs. 1 S. 3) nicht zum **Dogma der Sachgrundlosigkeit**. Aufgrund der Verweisungen in § 3 S. 1, § 4 S. 1 und § 5 S. 1 gilt auch dort der Ausschluss von Zweckbefristungen und auflösenden Bedingungen. Anders ist die Rechtslage für die in § 2 II geregelte Befristung aus dem Sachgrund „Drittmittel". Dort sind neben Zeit- auch Zweckbefristungen zugelassen (MüKoBGB/*Hesse* § 23 TzBfG Rn. 44; *Preis/Ulber* Rn. 95). Zudem verweisen § 3 S. 2, § 4 S. 2 und § 5 S. 2 nicht auf § 2 IV 3, so dass auch in diesen Bereichen die Sachgrundbefristung „Drittmittel" nicht zwgd. als Zeitbefristung umgesetzt werden muss.

17 **5. Verlängerung (Abs. 5). a) Grundsatz.** Die Nichtanrechnungsregelungen widersprechen zwar dem Grundprinzip der zügigen Qualifizierung, lassen sich aber aus sozialen Gründen rechtfertigen. Nach dem bis 2002 geltenden Recht kam es nur dann zur Verlängerung des ArbVerh., wenn ein neuer Vertrag geschlossen wurde (BAG 3.3.1999 AP HRG § 57c Nr. 5; 12.1.2000 – 7 AZR 764/98 – BeckRS 2000, 30782417). Der AG war zum Abschluss eines solchen Vertrags bei Vorliegen der ges. Voraussetzungen verpflichtet. Bereits nach dem zul. geltenden HRG verlängerte sich das befristete ArbVerh. ohne bes. Vertragsschluss um die Zeit der benannten Nichtanrechnungszeiträume, wenn der Mitarbeiter dazu sein Einverständnis gab (*Reich* § 57b HRG Rn. 13). Diese **Regelungstechnik** behält das WZVG bei (BAG 28.5.2014 AP WissZeitVG § 2 Nr. 3 Rn. 10 ff.; KR/*Treber* Rn. 80; *Laux/Schlachter* Anh. G § 2 Rn. 23; *Preis/Ulber* Rn. 175). Deshalb findet § 14 IV TzBfG keine Anwendung (LAG MV 14.7.2015 – 5 Sa 279/14 – BeckRS 2015, 71716 Rn. 44 Revision 7 AZR 524/15; MüKoBGB/*Hesse* § 23 TzBfG Rn. 47). Das befristete ArbVerh. dauert über das vereinbarte Fristende hinaus zunächst für die in Anspruch genommene Zeit eines der in Nr. 1 bis 6 bezeichneten Tatbestände fort und verlängert sich danach noch um die vor dem vereinbarten Fristende liegende Dauer dieser Auszeit (BAG 28.5.2014 AP WissZeitVG § 2 Nr. 3 Rn. 10 ff.). Das Einverständnis muss noch vor Ablauf der vereinbarten Vertragslaufzeit erklärt werden (Staudinger/*Preis* § 620 Rn. 283; KR/*Treber* Rn. 81; *Kiel* JbArbR 54 [2017], 51, 67; **aA** AT/*Kühn* § 23 WissZeitVG Rn. 205). Die Erkl. ist keine Willenserkl., sondern eine rechtsgeschäftsähnl. Handlung (APS/*Schmidt* Rn. 69; KR/*Treber* Rn. 80). Abs. 5 enthält eine abw. Spezialregelung zu § 15 V TzBfG, so dass die Fortsetzung des befristeten ArbVerh. mit Wissen und Wollen des AG kein unbefristetes ArbVerh. begründet. Da die Verlängerung nach Abs. 5 keiner Handlung oder Entsch. der Dienststelle bedarf, erfordert sie keine personalvertretungsrechtl. Mitbestimmung (VG Mainz 6.12.2016 – 5 K 664/16.MZ – BeckRS 2016, 115200). § 2 V betrifft alle AN iSd. Abs. 1 (nicht des Abs. 2) und regelt die Verlängerungsmöglichkeiten abschl. Weitergehende Vorschr. des Landesrechts sind nach Art. 31 GG (zur vergleichbaren alten Rechtslage: BAG 14.2.1996 AP HRG § 57c Nr. 4) nichtig (APS/*Schmidt* Rn. 71).

18 Die Hochschule oder Forschungseinrichtung wird den AN über die beabsichtigte Nichtanrechnung und den sich daraus ergebenden neuen **Endtermin unterrichten** und um Erkl. bitten. Erklärt der AN sein Einverständnis, tritt die Verlängerung des ArbVerh. ein. Andernfalls endet das ArbVerh. zum urspr. vereinbarten Termin. Aus Gründen der Rechtsklarheit sollte das Einverständnis schriftl. eingeholt und in eine schriftl. Vereinb. eingekleidet werden (APS/*Schmidt* Rn. 69; *Laux/Schlachter* Anh. G § 2 Rn. 23), um einem mögl. Streit über die Anwendung des § 15 V TzBfG vorzubeugen (AG/*Rambach* Rn. 31). Der AN kann unaufgefordert sein Einverständnis erklären und damit die ges. Rechtsfolge auslösen. Die Verlängerung nach Abs. 5 soll in den Fällen der Nr. 1, 2 und 5 eine Dauer von zwei Jahren nicht überschreiten. In den Fällen der EZ sowie des Grundwehr- und des Zivildienstes findet diese Zwei-Jahres-Sollgrenze keine Anwendung. Eine Überschreitung dieser Grenze ist arbeitsrechtl. bedeutungslos, wenn das Maß der individuell tats. eingetretenen Unterbrechungszeit nicht überschritten wird. Die **Verlängerungstatbestände** können nacheinander gegeben sein (KR/*Treber* Rn. 98; APS/*Schmidt* Rn. 83; *Laux/Schlachter* Anh. G § 2 Rn. 25; *Lakies* ZTR 2002, 250, 255). So kann zunächst EZ in Anspruch genommen werden und danach ein Betreuungsurlaub gewährt werden. In diesen Fällen addieren sich die Zeiten. Bestehen sie ausnahmsweise nebeneinander, zählt der länger währende Tatbestand (HG/*Krause* Rn. 123; *Preis/Ulber* Rn. 223; AT/*Kühn* § 23 TzBfG Rn. 211).

19 **b) Verlängerungstatbestände.** Wird ein AN beurlaubt oder seine AZ um wenigstens ein Fünftel reduziert und betreut er eine der im G genannten Personen (nach alter Rechtslage Kinder unter

18 Jahren oder pflegebedürftige sonstige Angehörige, mit denen der AN verwandt sein musste (aA KR/*Treber* Rn. 82 [wie § 28 TVöD]; *Lehmann-Wandschneider* S. 160 f. [gleicher Begriff wie § 7 III PflegeZG]; nach neuer Rechtslage gilt der erweiterte Begriff des Kindes wie in Abs. 1 S. 5), liegt der Verlängerungstatbestand der Nr. 1 vor. Die **Nichtanrechnung einer Beurlaubung** für eine wiss. Tätigkeit oder eine außerhalb des Hochschulbereichs oder im Ausland (auch an Hochschulen) durchgeführte wiss. oder berufl. Aus-, Fort- oder Weiterbildung ist mit dem Zweck der zügigen Qualifikation vereinbar, weil so der Wissenstransfer gefördert wird. Die dies regelnde Nr. 2 will junge Wissenschaftler animieren, Erkenntnisse in der Praxis und im Ausland zu sammeln und diese wieder in ihre universitäre Tätigkeit in Deutschland einfließen zu lassen. Die Inanspruchnahme von EZ führt nach Nr. 3 ohne zeitl. Begrenzung zur Nichtanrechnung. Allerdings wird die EZ nur zeitanteilig berücksichtigt, wenn sich der Berechtigte in einer TZBeschäftigung weiter qualifiziert (APS/*Schmidt* Rn. 76). Sollte der AN bei einem anderen AG mit Zust. der Hochschule einer Tätigkeit während der EZ nachgehen, so kann die Ausfallzeit jdf. dann insg. berücksichtigt werden, wenn die andere Tätigkeit nichts mit seiner Qualifizierung zu tun hat (*Lakies* ZTR 2002, 250). Nach Nr. 4 sind Zeiten des ges. Grundwehr- und Zivildienstes nach dem WPflG und dem ZDG begünstigt, nicht aber auf anderen Rechtsgrdl. beruhende Beurlaubungen für eine Tätigkeit bei der Bundeswehr oder in karitativen Organisationen (APS/*Schmidt* Rn. 78). Die Ausübung eines Mandats in der **Personalvertretung**, in der SBV, als Frauen- und Gleichstellungsbeauftragter und in einer anderen Organisation außerhalb der Hochschule führt nur dann zu einer Verlängerungsmöglichkeit nach Nr. 5, wenn der AN wenigstens in dem vom G genannten Umf. von einem Fünftel von der Arbeitsleistung freigestellt worden ist. Sozialen Zwecken dient der weitere Verlängerungstatbestand der Nr. 6 **„krankheitsbedingte Ausfallzeit"**. Er soll dem betroffenen wiss. AN die Möglichkeit eröffnen, trotz längerer krankheitsbedingter Einschränkungen oder Fehlzeiten das angestrebte Qualifizierungsziel zu erreichen (BT-Drs. 18/6489 S. 12). Da das G mit der Verwendung der EFZ als Anknüpfungstatsache Erkrankungen erfassen will, die länger als 6 Wochen währen, genügt ein tarifvertragl. Anspruch auf Zuschuss zum Krankengeld nicht.

6. Weitere befristete Arbeitsverträge. Kraft der bes. Regelung in § 1 II ist nach Ausschöpfung der nach dem WZVG zulässigen Befristungsdauer der Abschluss weiterer befristeter Arbeitsverträge nach Maßgabe des TzBfG mögl. Wegen der zeitl. vorgeschalteten ArbVerh. scheiden einzelne Sachgründe idR aus (wie die Erprobung [Nr. 5] oder Anschluss an Berufsausbildung [Nr. 2]; BAG 18.5.2016 NZA 2016, 1276 Rn. 24). Des Weiteren ergibt sich aus Sinn und Zweck der Befristungsregelungen in § 2 I, dass die Befristung von Arbeitsverträgen mit wiss. Personal an Hochschulen und Forschungseinrichtungen zum Zwecke ihrer wiss. Qualifikation abschl. im WZVG geregelt ist und aus diesem Grunde nicht auf Tatbestände des § 14 I TzBfG gestützt werden kann (BAG 18.5.2016 NZA 2016, 1276 Rn. 19; zust. *Preis/Deutzmann* Anm. BAG 18.5.2016 AP WissZeitVG § 1 Nr. 7). Eine Befristung kann nicht auf Sachgründe nach dem TzBfG gestützt werden, wenn der für die Befristung maßgebl. Sachverhalt von der Befristungsregelung des WZVG erfasst wird (BAG 18.5.2016 NZA 2016, 1276 Rn. 21). So folgt aus dem Umstand der eigenständigen Regelung der Befristung von Arbeitsverträgen des wiss. Nachwuchses im WZVG, dass die „Eigenart" der wiss. Tätigkeit nicht als Befristungsgrund iSv. § 14 I 2 Nr. 4 TzBfG herangezogen werden kann (BAG 18.5.2016 NZA 2016, 1276 Rn. 17; KR/*Treber* § 1 Rn. 80). Ebenso findet der Sachgrund „Drittmittelfinanzierung" des TzBfG auf wiss. Personal an Hochschulen und Forschungseinrichtungen keine Anwendung, weil insofern die spezialges. Regelung des § 2 II vorgeht (BAG 8.6.2016 NZA 2016, 1463 Rn. 42, 44 f.). Hingegen wird die unter § 14 I 2 Nr. 1 TzBfG fallende Projektbefristung nicht durch das WZVG verdrängt (BAG 8.6.2016 NZA 2016, 1463 Rn. 47). Nach diesem Sachgrund des allg. Befristungsrechts kann ein Arbeitsvertrag für die **Dauer eines Projekts** oder Teilprojekts befristet werden. Dazu muss der AG zZ des Vertragsschlusses prognostizieren, dass das Projekt nach Ablauf der vorgesehenen Zeit auslaufen wird (BAG 24.10.2001 NZA 2003, 153; 7.4.2004 AP TzBfG § 17 Nr. 4; 22.6.2005 – 7 AZR 499/04 – BeckRS 200530358412; APS/*Schmidt* Rn. 60; KR/*Treber* § 1 Rn. 81). Dafür reicht es nicht, wenn bei Vertragsschluss die Wahrscheinlichkeit besteht, dass das Projekt verlängert wird oder sich ein gleich gelagertes Projekt anschließen wird. Ein mit Sachgrund befristeter Vertrag kann auch zeitl. eingeschoben oder bei Überschreitung der Höchstfrist während der Laufzeit des letzten Anstellungsvertrags geschlossen werden. 20

Die staatl. Hochschulen können auch auf **§ 14 I 2 Nr. 7 TzBfG** zurückgreifen (BAG 28.9.2016 NZA 2017, 249 Rn. 30) und einen befristeten Arbeitsvertrag damit begründen, dass der AN aus **Haushaltsmitteln** vergütet wird (vgl. TzBfG § 14 Rn. 73), die haushaltsrechtl. für eine befristete Beschäftigung bestimmt sind, und der AN entspr. beschäftigt wird (BAG 16.10.2008 NZA 2009, 676 [im konkreten Fall verneint, weil die Voraussetzungen einer Haushaltsbefristung nach § 14 I 2 Nr. 7 TzBfG nicht vorlagen, denn es fehlte an einer ausreichenden Zwecksetzung der im Haushaltsplan ausgewiesener Haushaltsmittel für eine Aufgabe von nur vorübergehender Dauer]; KR/*Treber* § 1 Rn. 88; **aA** LAG B 16.3.2007 LAGE TzBfG § 14 Nr. 35). Der **Wunsch des AN** wird von der Rspr. nur in engen Grenzen als Sachgrund anerkannt (vgl. TzBfG § 14 Rn. 61 ff.). Dieser Sachgrund ist in dem auf Leistung und Effizienz angewiesenen Hochschul- und Forschungsbereich nur in seltenen Fällen vorstellbar (gleichfalls krit. APS/*Schmidt* Rn. 62). Aus dem gleichen Grunde wird auch eine soziale Überbrückung kaum 21 in Betracht kommen, zumal der „demnächst" bevorstehende Abschluss einer wiss. Qualifikation erhebl. Prognoserisiken birgt. Nach Ablauf der Befristungshöchstdauer können die Hochschulen einen AN **zur Vertretung eines ausgefallenen Mitarbeiters** (§ 14 I 2 Nr. 3 TzBfG) einstellen. § 1 II schließt auch sachgrundlose Befristungen nach § 14 II TzBfG ein, wenn ein AGWechsel stattfindet (APS/*Schmidt* Rn. 55; KR/*Treber* § 1 Rn. 89). Ist die jeweilige Hochschule Arbeitsvertragspartei, kommt somit die sachgrundlose Befristung für zwei Jahre an einer anderen Hochschule desselben Landes in Betracht.

§ 3 Privatdienstvertrag

Für einen befristeten Arbeitsvertrag, den ein Mitglied einer Hochschule, das Aufgaben seiner Hochschule selbständig wahrnimmt, zur Unterstützung bei der Erfüllung dieser Aufgaben mit überwiegend aus Mitteln Dritter vergütetem Personal im Sinne von § 1 Abs. 1 Satz 1 abschließt, gelten die Vorschriften der §§ 1, 2 und 6 entsprechend.

1 Die in der Forschung tätigen **Hochschulmitglieder** sind berechtigt (§ 25 I 1 HRG), im Rahmen ihrer dienstl. Aufgaben auch solche Forschungsvorhaben durchzuführen, die nicht aus den der Hochschule zur Vfg. stehenden Haushaltsmitteln, sondern aus Mitteln Dritter finanziert werden. Es soll zwar das Drittmittel-Personal von der Hochschule angestellt werden, dem Projektleiter ist es aber gestattet, die Mitarbeiter im Wege von Privatdienstverträgen selbst einzustellen. § 3 soll eine **Angleichung der Befristungen** von Privatdienstverträgen mit denen des wiss. Personals an Hochschulen erreichen. Ggü. dem HRG war neu, dass auch Hochschullehrern unter den Voraussetzungen des § 2 II ermöglicht wurde, akzessorisches Personal unabhängig von den Regelungen des TzBfG in befristeten ArbVerh. zu beschäftigen. Seit dem Inkrafttreten des Ersten ÄndG am 17.3.2016 ist diese Möglichkeit entfallen. Zugleich wurde sichergestellt, dass die Höchstbefristungsgrenzen des § 2 I auch für Privatdienstverträge gelten und sowohl Verträge mit den Hochschulen als auch mit Forschungseinrichtungen in die Berechnung der Höchstbefristungsgrenzen einfließen (vgl. APS/*Schmidt* Rn. 2; KR/*Treber* Rn. 2).

2 Ein Arbeitsvertrag, den ein Hochschullehrer für ein von ihm betriebenes **drittmittelfinanziertes Forschungsprojekt** im eigenen Namen mit einem wiss. Mitarbeiter abschließt, begr. nicht zugleich ein unmittelbares oder mittelbares ArbVerh. des Mitarbeiters zur Hochschule oder zu deren Träger (KR/*Treber* Rn. 17; HG/*Krause* Rn. 8; *Preis/Ulber* Rn. 25 f.; MüKoBGB/*Hesse* § 23 TzBfG Rn. 50; **aA** DDZ/*Nebe* Rn. 11: mittelbares). Dem AN steht auch kein Anspruch gegen die Hochschule oder deren Träger auf Begr. eines entspr. ArbVerh. zu (BAG 29.6.1988 AP HRG § 25 Nr. 1). Gleichwohl ist es unbedenkl., wenn die Verw. der Personalangelegenheiten der aufgrund von Privatdienstverträgen beschäftigten AN durch die Hochschule wahrgenommen wird (*Reich* § 57c HRG Rn. 7).

3 Zum Abschluss eines Privatdienstvertrags als AG sind nur die **Mitglieder einer Hochschule** berechtigt, die ihre Aufgaben an der Hochschule selbständig wahrnehmen. Wer für welche Zeit zu diesem Personenkreis gehört, bestimmt sich ab dem Zpkt. der Aufhebung des § 36 HRG ausschl. nach Landesrecht (MüKoBGB/*Hesse* § 23 TzBfG Rn. 51; *Preis/Ulber* Rn. 5). Dementspr. sind emeritierte Professoren und Honorarprofessoren nur dann zum Abschluss von Privatdienstverträgen berechtigt, wenn sie nach Landesrecht Mitglieder der Hochschule sind und ihnen dieses Recht die selbständige Wahrnehmung von Forschungsaufgaben zuweist (APS/*Schmidt* Rn. 3; MüKoBGB/*Hesse* § 23 TzBfG Rn. 51; *Reich* Rn. 3). § 3 findet nur Anwendung, wenn der Privatdienstvertrag zur Unterstützung bei der **Erfüllung von Hochschulaufgaben** abgeschlossen wird. Hierzu gehört auch die Durchführung drittmittelfinanzierter Forschungsvorhaben (*Preis/Ulber* Rn. 16). Die Drittmittelforschung ist Hochschulforschung (§ 25 I 2 HRG). Demggü. ist die Unterstützung bei einer Nebentätigkeit (APS/*Schmidt* Rn. 4; *Preis/Ulber* Rn. 18; KR/*Treber* Rn. 12; HG/*Krause* Rn. 5; *Reich* Rn. 5; zur Vorläuferbestimmung: BAG 27.9.2000 – 7 AZR 229/99 – BeckRS 2000, 30787085) oder sonstigen Dienstaufgaben kein Anwendungsfall von § 2.

4 Privatdienstverträge können mit **wiss. und künstlerischem Personal** iSd. § 1 I, § 6 (also einschl. der Studierenden) geschlossen werden (APS/*Schmidt* Rn. 6; KR/*Treber* Rn. 16; krit. *Laux/Schlachter* Anh. G § 3 Rn. 2). Die Einbeziehung des akzessorischen Personals ist am 17.3.2016 entfallen.

5 Da seit dem Inkrafttreten des TzBfG das Erfordernis des sachl. Grundes von der mögl. Umgehung des Kündigungsschutzrechts unabhängig ist, bedürften auch Projektleiter eines aus Drittmitteln finanzierten Forschungsvorhabens, die idR nicht mehr als fünf AN beschäftigen, zum Abschluss eines befristeten Arbeitsvertrags eines sachl. Grundes, sofern nicht § 14 II TzBfG eingreift. Aufgrund der Verweisung in § 3 finden aber die §§ 1, 2 und 6 entspr. Anwendung, so dass die Befristung eines Arbeitsvertrags nach diesen Bestimmungen wirksam vereinbart werden kann (APS/*Schmidt* Rn. 7). Bei Unwirksamkeit der Befristung treten dies. Rechtsfolgen wie im Fall der Anstellung durch die Hochschule oder deren Träger ein (vgl. § 1 Rn. 17). Das Zitiergebot ist zu beachten. Es gelten die **gleichen zeitl. Begrenzungen** des ArbVerh. wie für die anderen an der Hochschule tätigen Mitarbeiter. Der in der bisherigen GFassung wenig sinnvolle Verweis auf § 6 ist durch das ÄndG mit völlig neuem Inhalt gefüllt worden: Es gilt die Befristungsregelung für Studierende auch für Privatdienstverträge der Mitglieder einer Hochschule.

§ 4 Wissenschaftliches Personal an staatlich anerkannten Hochschulen

Für den Abschluss befristeter Arbeitsverträge mit wissenschaftlichem und künstlerischem Personal an nach Landesrecht staatlich anerkannten Hochschulen gelten die Vorschriften der §§ 1 bis 3 und 6 entsprechend.

Nach § 70 V HRG war das HRG-Befristungsrecht an nichtstaatl. Hochschulen anwendbar, wenn diese nach Maßgabe des Landesrechts staatl. anerkannt waren. § 4 löst diese Verweisungsvorschr. ab (BT-Drs. 16/3438 S. 25). 1

§ 4 regelt den personellen Geltungsbereich mit dem Oberbegriff „wiss. und künstlerisches Personal" umfassend. Erfasst sind neben den wiss./künstlerischen Mitarbeitern und Hilfskräften **auch Hochschullehrer**, unabhängig davon, ob sie mit Leitungsaufgaben betraut sind (APS/*Schmidt* Rn. 3; *Preis/Ulber* Rn. 6; **aA** HG/*Krause* Rn. 3). Die Einbeziehung des akzessorischen Personals (§ 2 II aF) ist mit Inkrafttreten des Ersten ÄndG am 17.3.2016 wieder entfallen. Zu diesem Termin lfd. Befristungsabreden bleiben in ihrer Wirksamkeit unberührt. Die §§ 1 bis 3 und 6 gelten entspr. Aufgrund des ÄndG gilt die Befristungsregelung für Studierende seit dem 17.3.2016 auch für nach Maßgabe des Landesrechts staatl. anerkannte Hochschulen. Das Zitiergebot ist zu beachten. Aufgrund dieser Verweisung ist gewährleistet, dass die Befristungshöchstgrenzen des § 2 I nicht durch einen Wechsel des VertragsAG umgangen werden. 2

§ 5 Wissenschaftliches Personal an Forschungseinrichtungen

Für den Abschluss befristeter Arbeitsverträge mit wissenschaftlichem Personal an staatlichen Forschungseinrichtungen sowie an überwiegend staatlich, an institutionell überwiegend staatlich oder auf der Grundlage von Artikel 91b des Grundgesetzes finanzierten Forschungseinrichtungen gelten die Vorschriften der §§ 1 bis 3 und 6 entsprechend.

Die befristeten Arbeitsverträge des wiss. Personals an Forschungseinrichtungen waren seit 1985 in einem eigenen G geregelt. Dieses wurde durch das 5. HRGÄndG aufgeh. Seither ordnete § 57d HRG die entspr. Anwendung der §§ 57a bis 57c und 57e HRG an. Im WZVG übernimmt § 5 diese Funktion. Somit können an staatl. Forschungseinrichtungen sowie an überw. staatl. oder auf der Grdl. von Art. 91b GG finanzierten Forschungseinrichtungen befristete Arbeitsverträge weiterhin nach gleichen Regeln wie an Hochschulen geschlossen werden (hierzu in aller Kürze BAG 8.6.2016 NZA 2017, 189 Rn. 15). Der Geltungsbereich umfasst Einrichtungen, die sich der Forschung widmen und keine Aufgaben der Lehre wahrnehmen. Hierzu zählen die **Bundes- und Landesforschungsanstalten** unabhängig von ihrer Rechtsform und -fähigkeit (BAG 19.3.2008 NZA 2009, 84; 13.2.2013 NZA 2013, 1271). Überw. staatl. finanzierte Forschungseinrichtungen können Stiftungen oder staatl. dominierte Einrichtungen ohne Erwerbscharakter sein, bei denen mehr als die Hälfte ihres Haushalts durch Bund und/oder Länder finanziert wird. Eine Forschungseinrichtung ist überw. institutionell staatl. finanziert, wenn Bund und/oder Länder ihre Grundfinanzierung übernehmen (HG/*Krause* Rn. 5; APS/*Schmidt* Rn. 3). Zu den auf der Grdl. von Art. 91b GG finanzierten Einrichtungen zählen ua. die in der Helmholtz-Gemeinschaft Dt. Forschungszentren zusammengeschlossenen Einrichtungen, die Institute der Max-Planck-Gesellschaft, die Einrichtungen der Fraunhofer-Gesellschaft sowie die in der Wissenschaftsgemeinschaft Gottfried Wilhelm Leibnitz zusammengeschlossenen Forschungsinstitute. Bei diesen Einrichtungen kommt es auf die Höhe des Anteils der staatl. Finanzierung nicht an (APS/*Schmidt* Rn. 3; KR/*Treber* Rn. 9). Anderseits gilt das WZVG nicht für Forschungseinrichtungen, die sich überw. durch nichtstaatl. (private bzw. kommunale) Mittel finanzieren, wie private Forschungsinstitute und Einrichtungen der Industrieforschung, auch wenn sie Drittmittel seitens des Bundes oder eines Landes erhalten (KR/*Treber* Rn. 10; *Dörner* Rn. 624; HG/*Krause* Rn. 7). Vorausgesetzt wird ledigl., dass die Einrichtung über eine Organisation verfügt, die eine freie wiss. Betätigung iSv. Art. 5 III GG ermöglicht, also erteilte Forschungsaufträge mit wiss. Methoden nach freier Methodenwahl bearbeitet werden können (BAG 19.3.2008 NZA 2009, 84). 1

Wiss. Tätigkeit ist alles, was nach Inhalt und Form als ernsthafter planmäßiger Versuch zur Ermittlung der Wahrheit anzusehen ist (BVerfG 29.5.1973 AP GG Art. 5 Abs. 3 Wissenschaftsfreiheit Nr. 1; 1.3.1978 E 47, 327, 367). Die Freiheit der Forschung umfasst insb. die Fragestellung und die Grds. der Methodik sowie die Bewertung des Forschungserg. und seine Verbreitung. Dementspr. handelt es sich nicht um wiss. Tätigkeit und damit auch nicht um Forschung, wenn ledigl. vorgefasste Meinungen oder Erg. der Anschein wiss. Gewinnung oder Nachweisbarkeit verliehen werden soll (BVerfG 11.1.1994 E 90, 1, 13; BAG 13.8.2008 – 7 AZR 295/07 – BeckRS 2009, 61508). Darüber hinausgehend erwartet das BAG, dass im Regelfall eine Publikation der Forschungserg. vorgesehen sein müsse. Pers. regelt § 5 die befristeten Arbeitsverträge des wiss. Personals. Abw. von § 1 I sind die Hochschullehrer nicht ausgenommen (*Preis/Ulber* Rn. 10). Damit sind auch Wissenschaftler in Leitungsfunktionen einbezogen (APS/*Schmidt* Rn. 4; KR/*Treber* Rn. 12; HG/*Krause* Rn. 8; *Dörner* Rn. 625; *Dieterich/Preis* S. 64; *Kersten* DÖV 2002, 682, 685; **aA** *Reich* Rn. 2). 2

3 Die §§ 1 bis 3 und 6 gelten entspr., so dass die Befristung keines Sachgrunds bedarf bzw. der Sachgrund der Drittmittelforschung eingreift. Der Verweis auf § 6 erlaubt die Befristung für studienbegleitende Tätigkeiten. Das Zitiergebot ist zu beachten. Die einheitl. Regelung der Befristungsmöglichkeiten für Hochschulen und **außeruniversitäre Forschungseinrichtungen** hat zur Folge, dass die Höchstgrenzen in beiden Bereichen einheitl. beurteilt werden. Die Befristungshöchstgrenzen können nur einmal in Anspruch genommen werden (APS/*Schmidt* Rn. 5). Das **nichtkünstlerische Personal** wird wegen der fehlenden Praxisrelevanz nicht vom Geltungsbereich des § 5 umfasst (BT-Drs. 16/3438 S. 26).

§ 6 Wissenschaftliche und künstlerische Hilfstätigkeiten

[1]Befristete Arbeitsverträge zur Erbringung wissenschaftlicher oder künstlerischer Hilfstätigkeiten mit Studierenden, die an einer deutschen Hochschule für ein Studium, das zu einem ersten oder einem weiteren berufsqualifizierenden Abschluss führt, eingeschrieben sind, sind bis zur Dauer von insgesamt sechs Jahren zulässig. [2]Innerhalb der zulässigen Befristungsdauer sind auch Verlängerungen eines befristeten Arbeitsvertrages möglich.

1 Der mit Wirkung vom 17.3.2016 neu eingefügte § 6 soll Zeitverträge mit Studierenden, die wiss./künstlerische Hilfstätigkeiten verrichten, auf eine rechtssichere Grdl. stellen (BT-Drs. 18/6489 S. 13). Durch die Einführung einer Befristungshöchstdauer von sechs Jahren wird unionsrechtl. begr. Bedenken (vgl. *Hedermann* ZESAR 2015, 109) wirksam begegnet. Damit hat der Bundesgesetzgeber von seiner Gesetzgebungskompetenz Gebrauch gemacht. Abw. Regelungen im Recht der Länder sind damit unvereinbar und nichtig (vgl. *Oetker* FS v. Hoyningen-Huene 2015 S. 335, 346).

2 § 6 findet ausschl. auf **Studierende** Anwendung, die an einer **dt. Hochschule** eingeschrieben sind. Das Vorliegen dieser Voraussetzung bestimmt sich nach Landesrecht. Die Befristung des ArbVerh. eines an einer ausl. Hochschule eingeschriebenen Studierenden ist nur nach § 14 TzBfG mögl. § 6 gibt keine Mindeststudiendauer vor, ob sie noch landesrechtl. geregelt werden darf, ist deshalb offen. Das Studium muss zu einem berufsqualifizierenden Abschluss führen, also neue Berufsfelder eröffnen, hierfür werden der Erwerb einer Zusatzqualifikation oder ein Weiterbildungsstudiengang nicht genügen (*Maschmann/Konertz* NZA 2016, 257, 265). § 6 erlaubt nur die befristete Anstellung während eines Erst- und eines Zweitstudiums, nicht aber für weitere Studien. Dabei zählen im Ausland verbrachte Studiengänge nicht mit.

3 Der Arbeitsvertrag muss die Erbringung wiss./künstlerischer Hilfstätigkeiten zum Gegenstand haben. Es muss die wiss. Arbeit eines an einer dt. Hochschule tätigen Wissenschaftlers unmittelbar unterstützt werden. Die vertragsgemäße Beschäftigung muss auf die **Erledigung wissenschaftsspezifischer Aufgaben** gerichtet sein (*Oetker* FS Hoyningen-Huene 2015 S. 335). Allerdings genügt nach dem G jede „Hilfs"-Tätigkeit, so dass keine bes. Anforderungen an die Wissenschaftlichkeit des vorgesehenen Einsatzes zu stellen sind (Staudinger/*Preis* § 620 Rn. 286c). Vollkommen unstr. zählen hierzu unterstützende wiss. Dienstleistungen wie Unterrichtstätigkeit als Tutor (*Raab* S. 45) oder die Korrektur von Klausuren und sonstigen Übungsarbeiten, ebenso die Zusammenstellung wiss. Materialien. Andererseits genügt die Erledigung von Aufgaben im Sekretariat oder in der Bibliothek nicht (abl. Staudinger/*Preis* § 620 Rn. 286d). Das vom G vorgegebene Aufgabenprofil kann durch Landesrecht zwar konkretisiert, nicht jedoch abgeändert werden.

4 Nach der GBegr. sollen die wiss./künstlerischen Hilfstätigkeiten des Studierenden nach § 6 weniger als der Hälfte der regelm. AZ ausmachen, also in TZ ausgeübt werden (BT-Drs. 18/6489 S. 14). Im Wortlaut der Vorschrift kommt dies nicht zum Ausdruck. Da für den Hauptberuf eines Studierenden weder eine tarifl. WochenAZ noch die ges. HöchstAZ gilt, ist die Erwägung der GMat. nicht nachvollziehbar. Studierender im Hauptberuf kann auch sein, wer als wiss./künstlerische Hilfskraft wöchentl. zwanzig oder mehr Stunden arbeiten muss. Sinnvoller wäre es gewesen, das höchstzulässige AZDeputat im Wortlaut der neuen Vorschrift zu verankern (*Maschmann/Konertz* NZA 2016, 257, 266).

5 Die urspr. vorgesehene Höchstbefristungsdauer von vier Jahren (BT-Drs. 18/6489) wurde auf Vorschlag des BR **auf sechs Jahre** verlängert (BR-Drs. 2/16). Das entspricht der kumulierten Regelstudienzeit eines Bachelor- und Masterstudiums. Die Erweiterung auf sechs Jahre dient dem Ziel, eine studienbegleitende Tätigkeit auch in der Endphase eines Studiums zu ermöglichen (BT-Drs. 18/7038 S. 12). Ein Wechsel des AG erweitert diese Höchstfrist nicht, allerdings rechnen Zeiten an ausl. Hochschulen nicht mit. Die in § 2 I 4 bis 6 sowie V geregelten Verlängerungsmöglichkeiten gelten für Studierende nicht. Erlaubt sind entspr. § 2 IV 3 allein Zeitbefristungen. Zweckbefristungen und auflösende Bedingungen können mit Studierenden nicht vereinbart werden.

6 Die zwgd. Anbindung der Befristung an den Status des Studierenden bewirkt, solange die Einschreibung jeweils semesterweise erfolgt, eine **Begrenzung der einzelnen Vertragslaufzeit auf** ein Semester. Dabei muss nicht in jedem Fall ein neuer Arbeitsvertrag geschlossen werden, vielmehr sind Verlängerungen des ArbVerh. um jeweils ein Semester bis zum Erreichen der Höchstgrenze von sechs Jahren mögl. (vgl. S. 2). Der hier verwendete Verlängerungsbegriff stimmt nicht mit dem des § 14 II TzBfG, sondern mit dem des WZVG (§ 2 Rn. 7) überein (AG/*Rambach* Rn. 10).

Auf § 6 gestützte Befristungen verkürzen die späteren **Befristungsmöglichkeiten** des § 2 I nicht (vgl. § 2 III 3). 7

§ 7 Rechtsgrundlage für bereits abgeschlossene Verträge; Übergangsregelung

(1) [1]Für die seit dem 23. Februar 2002 bis zum 17. April 2007 an staatlichen und staatlich anerkannten Hochschulen sowie an Forschungseinrichtungen im Sinne des § 5 abgeschlossenen Arbeitsverträge gelten die §§ 57a bis § 57f des Hochschulrahmengesetzes in der ab 31. Dezember 2004 geltenden Fassung fort. [2]Für vor dem 23. Februar 2002 an staatlichen und staatlich anerkannten Hochschulen sowie an Forschungseinrichtungen im Sinne des § 5 abgeschlossenen Arbeitsverträge gelten die §§ 57a bis 57e des Hochschulrahmengesetzes in der vor dem 23. Februar 2002 geltenden Fassung fort. [3]Satz 2 gilt entsprechend für Arbeitsverträge, die zwischen dem 27. Juli 2004 und dem 31. Dezember 2004 abgeschlossen wurden.

(2) [1]Der Abschluss befristeter Arbeitsverträge nach § 2 Abs. 1 Satz 1 und 2 mit Personen, die bereits vor dem 23. Februar 2002 in einem befristeten Arbeitsverhältnis zu einer Hochschule, einem Hochschulmitglied im Sinne von § 3 oder einer Forschungseinrichtung im Sinne von § 5 standen, ist auch nach Ablauf der in § 2 Abs. 1 Satz 1 und 2 geregelten jeweils zulässigen Befristungsdauer mit einer Laufzeit bis zum 29. Februar 2008 zulässig. [2]Satz 1 gilt entsprechend für Personen, die vor dem 23. Februar 2002 in einem Dienstverhältnis als wissenschaftlicher oder künstlerischer Assistent standen. [3]§ 2 Abs. 5 gilt entsprechend.

Das **WZVG ist am 18.4.2007 in Kraft getreten** und hat die §§ 57a bis 57f HRG aufgeh. (Art. 2). 1
Entscheidend für die Anwendung des neuen Rechts ist der Zpkt. der Befristungsvereinb. (BAG 1.6.2011 NZA 2011, 1280; 9.12.2015 NZA 2016, 552 Rn. 27; 20.1.2016 NZA 2016, 824 Rn. 24), nicht der Arbeitsaufnahme. Die Wirksamkeit der Befristung ist stets nach den Umständen zu beurteilen, die bei Vertragsschluss gelten (BAG 15.1.2003 NZA 2003, 914; 2.9.2009 NZA 2009, 1407; *Preis/Gotthardt* DB 2001, 145, 152). Damit unterliegen alle seit dem 18.4.2007 getroffenen Befristungsvereinb. den Regeln des WZVG, sofern das G keine Sonderregelung vorsieht (BAG 1.6.2011 NZA 2011, 1280; 24.8.2011 NZA 2012, 385; 18.5.2016 NZA 2017, 254 Rn. 22). Für die vor dem Inkrafttreten des G geschlossenen Zeitverträge (einschl. deren Verlängerung) regelt § 7 I das anzuwendende Recht. Dabei wird nach drei Zeitabschn. diff., die die Änd. des HRG seit 2002 nachvollziehen. Zusätzl. normiert Abs. 2 S. 1 eine **Übergangsregelung** für diejenigen AN, deren ArbVerh. nach der vor dem 23.2.2002 geltenden Rechtslage mit Sachgrund befristet waren, denen es seitdem aber nicht gelungen ist, ihre angestrebte wiss. Qualifikation innerhalb der Höchstfristen abzuschließen. Bei diesem Personenkreis durfte bis zum 29.2.2008 die ansonsten anwendbare Höchstgrenze überschritten werden.

Die alte Übergangsregelung des § 57f HRG idF des 5. HRGÄndG (16.2.2002 – BGBl. I S. 693) 2
ordnete für die vor dem 23.2.2002 abgeschlossenen Zeitverträge (sog. Altverträge) die Fortgeltung des früheren Rechts, also des **HRG in seiner urspr. Konzeption** an. Bereits durch das am 15.8.2002 ohne Rückwirkung in Kraft getretene 6. HRGÄndG v. 8.8.2002 (BGBl. I S. 3138; dazu BVerfG 26.1.2005 NJW 2005, 493) wurde § 57f HRG modifiziert. Als Abs. 1 galt die bisherige Bestimmung nur noch für neue Arbeitsverträge, während für AN, die beim Inkrafttreten des 5. HRGÄndG in einem befristeten ArbVerh. zu einer Hochschule, einer Forschungseinrichtung oder einem Hochschulmitglied iSv. § 57c HRG gestanden hatten, die Abs. 2 und 3 galten. Nach diesen Vorschr. konnten unabhängig von der neuen Befristungshöchstdauer befristete Arbeitsverträge mit wiss. oder künstlerischen Mitarbeitern sowie mit wiss. oder künstlerischen Hilfskräften ohne Rückgriff auf einen Sachgrund nach § 14 I TzBfG bis zum 28.2.2005 geschlossen werden (BAG 21.6.2006 NZA 2007, 209). Dabei war es unerhebl., ob bei Fortgeltung des alten Rechts noch ein befristeter Arbeitsvertrag zulässig gewesen wäre (BAG 21.6.2006 NZA 2007, 209). Die in diesem Zeitraum anfallenden Verlängerungstatbestände nach § 57b IV HRG waren zu berücksichtigen. Entspr. galt nach § 57f II 2 HRG für AN, die vor dem 23.2.2002 in einem Dienstverhältnis als wiss. oder künstlerischer Assistent standen.

Auf Personen, die **bereits vor dem 23.2.2002** ihre wiss. Qualifikation erreicht hatten (wie zB Ober- 3
assistenten), ist die Übergangsvorschr. nicht anzuwenden (BAG 11.11.2009 NZA 2010, 765). § 57f III HRG ordnete für die Verlängerung der Altverträge studentischer Hilfskräfte die Nichtanwendung der vierjährigen Höchstbefristungsgrenze längstens bis zum 28.2.2003 an. Diese Sonderregelung für studentische Hilfskräfte wurde später vom G zur Änd. dienst- und arbeitsrechtl. Vorschr. im Hochschulbereich (HdaVÄndG) v. 27.12.2004 (BGBl. I S. 3835) nicht aufrechterhalten.

Nachdem das BVerfG (27.7.2004 NJW 2004, 2803) das 5. HRGÄndG für **verfassungswidrig und** 4
nichtig erklärt hatte (vgl. zu den Folgen in der Übergangszeit: 5. Aufl. Vorb. HRG; *Preis* NJW 2004, 2782; *Löwisch* NZA 2004, 1065; *Dieterich/Preis* NZA 2004, 1241; *O. Müller* AuR 2004, 401), sind die §§ 57a bis e HRG in der vom BVerfG für nichtig erklärten Fassung durch das HdaVÄndG rückwirkend wieder in Kraft gesetzt worden (BAG 11.7.2007 AP HRG § 57a Nr. 12). Dies drückt die letzte Fassung des § 57f HRG ebenso wie § 6 I 1 aus, indem die Rückwirkung auf die Zeit bis zum 23.2.2002 erstreckt wird (BAG 20.4.2005 NZA 2005, 933). Gegen die Wirksamkeit dieser echten

Rückwirkung des G sind keine durchgreifenden verfassungsrechtl. Bedenken zu erheben (BAG 21.6.2006 NZA 2007, 209; 6.12.2006 AP HRG § 57a Nr. 8; 11.7.2007 AP HRG § 57a Nr. 12; 2.9.2009 NZA 2009, 1407), denn es konnte weder auf Seiten der AN noch der Hochschulen schützenswertes Vertrauen in den Fortbestand des durch die BVerfG-Entsch. hervorgerufenen Chaos entwickelt werden (iE auch *Löwisch* NZA 2005, 321, 322). Demzufolge fanden auf die im Zeitraum vom 23.2.2002 bis zur Verkündung der BVerfG-Entsch. am 27.7.2004 geschlossenen Arbeitsverträge wieder die bei Vertragsschluss maßgebend gewesenen Vorschr. des HRG Anwendung. Dabei sind auch die Vorschr. des 6. HRGÄndG wieder anzuwenden (BAG 21.6.2006 NZA 2007, 209). Auf die in der Zeit v. 27. 7. bis zum 31.12.2004 geschlossenen Arbeitsverträge einschl. der Verlängerungsverträge war kraft § 57 f I 3 HRG das alte Recht aus der Zeit vor dem 23.2.2002 (weiterhin) anzuwenden (BAG 11.7.2007 AP HRG § 57a Nr. 12; 11.7.2007 AP HRG § 57a Nr. 13 und – 7 AZR 197/06 – BeckRS 2009, 65946). Seit dem 31.12.2004 regelte sich der Abschluss befristeter Arbeitsverträge nach der wieder in Kraft gesetzten Neufassung der §§ 57a bis e HRG.

5 § 7 regelt in verschiedenen Bestimmungen die **Fortgeltung alter HRG-Regelungen.** IE bedeutet dies: Für die vor dem 23.2.2002 vereinbarten oder verlängerten Zeitverträge gilt das Recht vor Inkrafttreten des 5. HRGÄndG (Abs. 1 S. 2). Für die zwischen dem 27.7.2004 und dem 31.12.2004 vereinbarten oder verlängerten Zeitverträge gilt ebenfalls der Rechtszustand vor dem Inkrafttreten des 5. HRGÄndG (Abs. 1 S. 3). Darauf konnten die Arbeitsvertragsparteien anges. der am 27.7.2004 verkündeten Entsch. des BVerfG (vgl. Rn. 4) vertrauen. Für die zwischen dem 23.2.2002 und dem 15.8.2002 vereinbarten oder verlängerten Zeitverträge gilt grds. der durch das HdaVÄndG wiederhergestellte Rechtszustand nach dem 5. HRGÄndG. Bei wiss./künstlerischen Mitarbeitern, Hilfskräften und Assistenten, deren Altverträge ab dem 15.8.2002 verlängert werden sollte, bestimmte § 57 f II 1 HRG zwar die Geltung neuen Rechts, erlaubte aber bis längstens 28.2.2005 ein Abweichen von der sechsjährigen Höchstfrist. Demzufolge konnte ein wiss. Mitarbeiter, der bereits vor dem 23.2.2002 aufgrund eines Erstvertrags (§ 57b II Nr. 4 HRG aF), eines Promotionsvertrags (§ 57c III HRG aF) und mehrerer nach § 57b II HRG aF befristeter Verträge länger als sechs Jahre befristet beschäftigt war, ohne seine Promotion fertig zu stellen, ungeachtet der Sechs-Jahres-Grenze (§ 57b I 1 HRG) noch bis zum Abschluss der Promotion, längstens bis zum 28.2.2005 befristet beschäftigt werden. Schloss der wiss. Mitarbeiter seine Promotion tats. bis zu diesem Zpkt. ab, konnte eine weitere Befristung nach § 57b I 2 HRG (Post-Doc-Phase) angeschlossen werden. Seit dem 31.12.2004 galt eine Übergangsfrist bis zum 29.2.2008 (§ 57 f II idF des HdaVÄndG). Diese Frist ist aufrechterhalten worden. Damit hat der Gesetzgeber äußerst nachsichtig auf die Personalplanungen der Hochschulen und Forschungseinrichtungen Rücksicht genommen (BT-Drs. 16/3438 S. 26).

6 Nach § 74 I HRG blieben die am 23.2.2002 vorhandenen **wiss. oder künstlerischen Assistenten** in ihren bisherigen Dienstverhältnissen. Die Wirksamkeit einer auf § 48 I iVm. III HRG aF gestützten Befristung war nach altem Recht zu beurteilen. § 48 I 2 HRG aF gestattete eine Verlängerung der befristeten Beschäftigung als wiss. oder künstlerischer Assistent unter den darin genannten Voraussetzungen für weitere drei Jahre. Diese Vorschr. wurde durch das 5. HRGÄndG mWv. 23.2.2002 ersatzlos aufgeh. In der Folgezeit fehlte es an einer Verlängerungsregelung. Zum Ausgleich ließ § 57 f II 2 HRG bis längstens 28.2.2005 eine Abweichung von den ansonsten auch für diesen Personenkreis geltenden sechsjährigen qualifikationsbezogenen Höchstfristen zu. Das HdaVÄndG verlängerte diese Schonfrist bis zum 29.2.2008. Hieran hat das Gesetz festgehalten.

7 Das Erste ÄndG ist am 17.3.2016 in Kraft getreten. Es enthält keine Übergangsfrist. Demzufolge bestimmen sich lfd. Verträge nach dem alten Recht. Auf diese lfd. Verträge können die Neuregelungen ab dem Inkrafttreten angewendet werden. Dies lässt insb. die Verlängerung nach den Neuregelungen (zB wegen einer schwerwiegenden chronischen Erkrankung) zu. Dabei genügt es, wenn die Erkrankung während des lfd. ArbVerh. vorlag. Seit dem 17.3.2016 regelt sich der Abschluss neuer Arbeitsverträge nach neuem Recht.

§ 8 Evaluation

Die Auswirkungen dieses Gesetzes werden im Jahr 2020 evaluiert.

Sachverzeichnis

Die fett gedruckten Zahlen bezeichnen die Kennziffern, die mageren Zahlen bezeichnen die Paragraphen, die kursiven Zahlen bezeichnen die Randnummern.
Die Abkürzung „Einl." wird nachfolgend für Einleitung und Vorbemerkung synonym gebraucht.
Die Buchstaben ä, ö und ü sind wie a, o und u in das Alphabet eingeordnet.